スペイン語大辞典

GRAN DICCIONARIO ESPAÑOL-JAPONÉS

［監修］

山田善郎　吉田秀太郎　中岡省治　東谷穎人

［執筆］

安達丈夫	安保寛尚	井尻香代子	伊藤太吾
大垣貴志郎	小川雅美	篠原愛人	鈴木正士
杉本重雄	田澤耕	鼓宗	出口厚実
内藤みちよ	中本香	西川喬	長谷川信弥
日笠真理子	平田渡	福嶌教隆	堀内研二
宮本正美	藪中暁	山森靖人	和佐敦子

事典項目
［監修］

大内一　楠貞義　木村榮一　染田秀藤

［執筆］

井尻香代子　田辺加恵　中本香　成田瑞穂
野村竜仁　平田和重　松本健二

白水社

装幀　細野綾子

序

　大辞典を編もうという話が白水社との間でもち上がったのは，20年以上も前のことになる．スペイン語を公用語とする国は，ヨーロッパとアメリカの両大陸にまたがって20か国にも及び，その話者人口は4億にも達する．わが国におけるスペイン語の学習は，主として大学を中心に行われているが，このところ，履修者が漸増している上に，高等学校でも外国語の選択科目にスペイン語を加える傾向にあると聞いている．そのせいもあってか，最近になって，国内でも優れた西和辞典が何冊か刊行されているし，世界でも，これまで積み重ねられてきた語彙のデータや言語情報を参考に，新しい語学教育のシステムまでも利用した辞書が出版されだした．このような先行の偉業を種に，わが国でも，そろそろ英・独・仏語に並んでスペイン語の大辞典を，と言うのである．

　ことばが人間特有の持ち物だとすれば，語の持つ能力を開発することは，個人的にもまた社会的にも最も重要な仕事の一つになってくる．ことばの宝庫を豊かなものにすればそれだけ，人々は世界を理解し，世界を享受する可能性を広げてゆく．

　この辞書を編集するにあたり，「引く」ためだけでなく「読む」ことにも興味を抱かせるような辞書に出来ないものだろうかと，皆して考えた．大辞典だからといって，単に語数を増やすだけでなく，使用する側の興味とか関心のいかんによって，いろんなレベルの情報を提供したいものだ，とも願ったのである．スペイン語文を読んでいて，それが語の意味であれ，文化的な背景であれ，未知の事柄に出くわして，それを解明するためだけでなく，知っているつもりのことでも改めて確かめてみたり，興に乗れば，その周辺の知識をさらに広げてもらえるような辞書に，などと欲張ってもみた．及ばずながら，なんとかそれらをかなえようとするための具体的な内容を，概略，列挙すると次のようになる．

1. 読者が未知の言葉に出会って辞書を引いてみても，そこに載っていないという不満をできるだけ解消しようと見出語を約11万語とし，熟語，成句のほか，擬声語や擬態語の類も収録した．特に基本語，重要語については詳述するように努めた．
2. 語義は実用性を考慮し，使用頻度の高いものから順次配列するようにした．本書では，現代の標準的なスペイン語の忠実な記述を心がけているが，われわれにとってスペイン語はあくまでも外国語なので，文語，口語，俗語，古語，使用が稀な語，廃語といった語のレベルを示すようにした．またイスパノアメリカ特有の語や言い回しに加えて，スペインの地方語，それにアメリカ合衆国やフィリピンのスペイン語にも言及した．
3. 語の起源や原義を明らかにする目的で多くの語に語源を添えた．主な類義語，反意語を挙げて，その語の意味関係も示した．さらに補足説明として，その語がどのような場面で使われるのか，また必要があれば「語法」，「参考」なども付け加えるようにした．語義ごとの用例は，その語の意味だけでなく，文法情報なども知ってもらおうと出来るだけ文形式を採用した．その際，可能ならばスペイン語圏の文化や生活習慣などを盛るように心がけた．
4. スペイン語文法で，副詞，前置詞，接続詞，間投詞以外は，わずかな例外を除いて，すべて変化形を持つ．特に動詞は文の根幹をなすだけに，その活用形をマスターすることが必須になってくる．なかでも不規則動詞については，その見出語の箇所に変化形の「かこみ」を載せている場合もあるが，付録の動詞活用表を十二分に活用してほしい．
5. 従来からある各分野の専門用語に加えて，現代における社会科学の変遷や科学技術の進歩には目ざましいものがあるので，これらの分野の学術用語，専門用語を多く収録した．
6. 百科事典的に固有名詞を見出語として大幅に採り入れた．人名，地名のほか歴史上の事件，政治，経済，文化現象等々，読書の際に必要であろうと思われる事項を収集した．
7. 略語は，もともと話しことばで語や語群の一部を省略して頻繁に使われてきたが，今ではマス・メディアの世界でも話しことば・書きことばの別なく，日常的によく使われるので，できるだけ多く採録することにした．（凡例の補遺3参照）．
8. 見出語には一部の略語などを除いて，発音記号を付した．スペイン語の発音は国や地方によって，またそれを話す階層によって必ずしも一様であるとは言いがたいが，それでもその差異はさほど大きなものではない．本書では標準的な発音を示した．

　この辞書は実に多くの人々の協力によって作られた．執筆者や監修者の誰しもが多忙な公務のかたわら，寸暇

を惜しんで，ひたすらわが国のスペイン語世界の発展に少しでも寄与できればと地道な作業を進めてきた．思えばその間，業半ばにして監修者の森本久夫氏は幽明境を異にしてしまわれたし，病を得て，執筆を中断するのやむなきに至った方もいる．そのころ少壮教授だった方々の多くが引退してしまうほどの長い道のりであった．しかし，いざここに上梓の時を迎えてみると，この辞典の作成に携わったすべての人々が，それなりの努力を尽くしてきたつもりでいても，まだまだ至らないところばかりが目につき，目標としたところを達成するどころか，それに近づくことすらおぼつかないのではないかと内心忸怩たるものを禁じ得ない．ことここに至っては，本辞典をよりよいものに仕上げていくためにも，使用者の方々は申すに及ばず，各分野の専門家諸氏のご批判，ご教示をお願い申し上げるばかりである．

　最後に，この壮大な企画に当初から深い理解を示され，陰に陽に絶えず後押ししてくださった白水社社長及川直志氏ならびに関係者の方々，特に辞書作りのベテラン，水谷久和氏にはあらゆる場面でお世話になってしまった．辞書の完成前に同社を定年退職されてからも，変わらぬ情熱をこの辞書一筋に傾注された．ここに改めて心からお礼を申し上げる．また縁の下の力持ちよろしく，校正，製版，製作等々に当たられた皆様方のご苦労に深甚なる謝意を表したい．なお私どもの遅筆により，心ならずも刊行が随分と遅れてしまったせいで，たまたまこの大辞典が白水社の創立100周年の記念出版事業の一端を担うことが出来たことにただただ僥倖を覚える．

2015年9月

監修者，執筆者を代表して
山田　善郎

凡　例

1　見出語
① この辞書に収録した見出語は約11万語あり，アルファベット順に配列した．
② 現代スペイン語を中心に接頭辞・接尾辞，外来語，略語・記号なども収録した．
③ ヨーロッパのスペイン語に加えて，北アメリカのメキシコ，ブラジルを除く中南米，およびアメリカ合衆国とフィリピンのスペイン語も収録した．
④ 主要な人名・地名，政治・経済，文化などの項目について，百科事典的に簡単な解説をほどこした．
⑤ 見出語が性によって変化する場合は，その変化する部分を後に示した．
　　médico, ca 名 ＝男性 médico, 女性 médica
　　fabuloso, sa 形 ＝男性形 fabuloso, 女性形 fabulosa
⑥ 見出語として語形が同じだが品詞や発音が異なる時は，検索しやすいように肩付き数字を付して別見出しとした．
　　directiva[1] [diɾektíβa] 女 ❶ 重役会，役員会，理事会；［政党などの］執行部：…
　　directivo, va[2] [diɾektíβo, βa] … 形 ❶ 指導的な，指揮をとる；指導力を重視する …

2　発音
① 見出語の後に発音記号を [ ] に入れて示した．
② 本書で用いた発音記号は補遺1にまとめた．
③ アクセントの位置は母音の上にアクセント記号を付けて表わした．
　　casa [kása], **conclusión** [koŋklusjón]
④ 消えやすかったり，弱く発音される音は〔 〕に入れた．
　　acción [a(k)θjón], **leer** [l(e)ér]
⑤ 略語の読み方については補遺3を参照．

3　語源
① 語義・語形の理解に役立つことを主眼に，主要な見出語の語源，派生関係を《　》内に示した．語源が不確実・不明な時は？を付した．
　　agua [áɣwa] 《←ラテン語 aqua》
　　geografía [xeoɣɾafía] 《←ギリシア語 geographia < ge「土地」+ graphe「記述」》
　　aislar [ajslár] 《←a-＋isla》
② 擬声語・擬態語は《←擬声》，《←擬態》と記した．
③ 一つの見出語で語源が異なる場合は，I, II で分けた．
　　raña [řápa] I 《←ラテン語 farrago, -inis》女 ❶ 丘陵． ❷《地理》［平地・緩やかな傾斜地の上の］川による岩・石の堆積物
　　II《←raño》女［鉤のたくさん付いた］タコ釣り用具

4　動詞活用
① 見出語が正書法上変化・語幹母音変化などをする不規則動詞の場合，本書巻末付録の動詞活用表の活用番号を示した．
　　pagar [paɣár] 8 他 …
　　contar [kontár] 28 他 …
② 正書法上変化などと共に語幹母音変化もする不規則動詞の場合は，その番号を2つ並べた．
　　colgar [kolɣár] 8 28 他 …
③ 主要な不規則活用や注意すべき不規則動詞は，本文の各項目の最後に活用表を載せた．
④ 巻末の動詞活用表ではスペイン・アカデミアの新正書法 (2010年) に従った．

5　品詞
① 見出語の品詞，性数などは次の略語で示した．
　　男 男性名詞，男性形　　　副 副詞
　　女 女性名詞，女性形　　　前 前置詞
　　単 単数形　　　　　　　　接 接続詞
　　複 複数形　　　　　　　　間 間投詞
　　形 形容詞　　　　　　　　他 他動詞
　　冠 冠詞　　　　　　　　　自 自動詞
　　代 代名詞　　　　　　　　助 助動詞
② 名 は，語尾によって男性・女性を使い分ける名詞（たとえば profesor, ra）および男女共通名詞（たとえば comerciante）であることを示す．
③ 集名 は集合名詞，可算・不可算 は可算名詞・不可算名詞，現分・過分 は現在分詞・過去分詞を示す．
④ 再帰動詞は 〜se で表わした．

6　解説
① 語形変化
品詞の後の 【　】に見出語の注意すべき語形変化などを示した．長い説明は 語形 の後に示した．
　　audaz [auðáθ] … 形 【複 〜ces】
　　pasamanos [pasamános] … 男【単複同形】
　　alguno, na [alɣúno, na] … 形【語形】［形容詞＋］男性単数名詞の前で **algún** となる：…】

② 語の水準など
語義の前に, 次のように《 》で示した.
《文語》,《口語》,《俗語》,《卑語》
《古語》,《廃語》
親愛を表わす語・プラスイメージの語は《親愛》, 軽蔑を表わす語・マイナスイメージの語は《軽蔑》した.
使用がまれな語義や表現は《まれ》と付した.
諺的な表現は《諺》とした.
語義が比喩的であることを明示したい時は《比喩》とした.
民衆的・通俗的な用法は《俗用》とした.

③ 使用地域
《西》(スペイン).《バスク》・《アビラ》など州名・県名. 特定が難しい場合は《地方語》.
《メキシコ》,《中米》,《カリブ》,《南米》,《アンデス》,《ラプラタ》など国名・地域名. 中南米全体にまたがる場合や地域・国名の特定が難しい場合は《中南米》と表示した.

④ 専門分野
たとえば以下のように表示した.
《鳥》　鳥類　　《生化》　生化学
《魚》　魚類　　《考古》　考古学

⑤ 意味・用法の補足説明
語義の直前に, [　] に説明を入れた.
cita [θíta] ... 囡 ❶ [友人・恋人などと] 会う約束; デート: ...
❷ [診察・面会などの] 予約: ...
見出語と密接な関係を持つ前置詞なども [　] に入れた.
triunfar [trjunfár] ... 圁 ❶ [+en で] 勝利(成功)を収める, 優勝する; [+sobre に] 打ち勝つ

7 語義
① 語義の配列は原則として頻度順とした.
② 古語・廃語, 地方語・中南米語は原則として語義の最後に置いた.

8 補足説明
① 同じ意味を持ち見出語より一般的に使われる語やより厳密な表現は = で示し, 語義の後に〖　〗に入れて置いた.
leve [lébe] ... ❶ [重さが] 軽い〖=ligero〗
venado[1] [benáðo] ... 男 ❶ 《動物》シカ〖=ciervo〗;《料理》鹿肉〖=carne de ～〗
② 反意語は ⇔ で示した.
minoría [minoría] 囡 ❶ 少数〖⇔mayoría〗; 少数派, 非主流派: ...
③ その他の補足説明, 類義・語法・参考 も語義の後に示した.

9 用例
① 用例中の見出語は ～ で代用するか, イタリック体で示した.
estación [estaθjón] ... 囡 ❶ 季節, 時季: en la ～ actual 今の季節(時期)に. fuera de ～ 季節はずれの. las cuatro *estaciones* (del año) 四季. ...
② 前置詞など見出語と密接な関連のある語もイタリック体とした.
cubrir [kuβrír] ... 他 ... ❶ [+con・de で] 覆う, かぶせる: *Cubre* la mesa *con* un mantel blanco. テーブルに白いテーブルクロスをかけなさい.
③ 用例の配列は語義の理解に役立つように原則として, 語義との親疎, 例文・例句・合成語的なもの, アルファベット順とした.

10 熟語
① 熟語は太字イタリック体で, アルファベット順に並べ, 原則として各品詞の最後にまとめて示した.
② 見出語を ～ で代用している場合がある.
llamada[1] ... [ʎamáða] ... 囡 ❶ 呼ぶこと, 呼びかけ; 呼び声, 呼びかけの合図: ...
***acudir a la ～ de*+人** …の呼び声を聞いて駆けつける: La enfermera *acudió* rápidamente *a mi* ～. 看護師は私のナースコールにすぐ駆けつけた
devolver una ～ 電話をかけ直す
hacer una ～ [+a+人・場所 に] 電話をかける: ¿Puedo *hacer una ～*? 電話してもいいですか/電話を使ってもいいですか?

11 記号
① 項目の構成は, **I**, **II**, ...; ❶, ❷, ...; 1), 2), ...; i), ii) ... で分けた.
② 見出語の品詞を分ける場合は ── を用いた.
ordinal [orðinál] 〖←ラテン語 ordinalis < ordo, -inis「順序」〗 形
《文法》順序の: adjetivo numeral ～ 序数形容詞
── 男 《文法》序数〖=número ～. ⇔número cardinal〗
③ 語句の並列は , や ; や / で示した.
④ 置換は (　) や ・ で示した.
⑤ 省略可能は 〔　〕 で示した.
⑥ スペイン語の句読記号は補遺2に載せた.

補遺 1　発音

母音
母音とは声道内で,気流が何の障害も受けずに調音される音を言う.母音の音質は通常次の3つの観点から分類される.
1) 舌の高さによって高母音([i] [u]), 中母音([e] [o]), 低母音([a]) に分けられる.舌の位置は口の開きと関連しているので,口の開きが大きい [a] は開母音, [e] [o] は中母音, 口の開きが小さい [i] [u] は閉母音とも呼ばれる.それらの中間に半中(開)母音([ɛ] [ɔ])がある.
2) 舌のどの位置がもち上がっているかで,前舌母音,中舌母音,後舌母音に分けられる.
3) 唇の形状によって,円唇母音と非円唇母音とに分けられる.

[a]	中舌非円唇低母音	madre [máðre], pan [pán]
[e]	前舌非円唇中母音	leche [létʃe], pesca [péska]
[ɛ]	前舌非円唇半中母音	papel [papél], eje [éxe]
[i]	前舌非円唇高母音	vida [bíða]
[o]	後舌円唇中母音	copa [kópa], mano [máno]
[ɔ]	後舌円唇半中母音	orden [ɔ́rden], robo [r̄ɔ́bo]
[u]	後舌円唇高母音	lunes [lúnes], tubo [túbo]

二重母音と三重母音, 半母音と半子音
[a] [e] [o] は強母音, [i] [u] は弱母音とも呼ばれる.
半母音は [i̯] [u̯] で,半子音は [w] [j] で表わされる.
二重母音は「強母音＋弱母音(半母音化)」,「弱母音(半子音化)＋強母音」,「弱母音(半子音化)＋弱母音」の組み合わせ,三重母音は「弱母音(半子音化)＋強母音(o を除く)＋弱母音(半母音化)」の組み合わせで,ともに中断することなく連続して発音し,1音節を形成する.
　　aire [ái̯re], Asia [ásja], aula [áu̯la], bueno [bwéno], ciudad [θjuðáð]
　　estudiáis [estudjái̯s], Uruguay [uruɣwái̯]
なお二重母音の ay, ey, oy と三重母音の uay, uey の末尾の y は半母音 [i̯] 扱いとなる: rey [r̄éi̯]

子音
子音は,両唇とか軟口蓋のような調音の行なわれる位置(調音点,それが比較的広ければ調音域)と閉鎖か摩擦かといった調音様式があいまって,それぞれの音が特徴づけられる.なお,声帯の振動による声を伴うか否かによる有声か無声かの区別もある.

[b]	有声両唇閉鎖音	boca [bóka], vino [bíno]
[β]	有声両唇摩擦音	rabo [r̄áβo]; la vida [la βíða]
[d]	有声歯裏閉鎖音	dinero [dinéro], falda [fálda]
[ð]	有声歯裏摩擦音	nada [náða], adverbio [aðβérβjo]
[f]	無声唇歯摩擦音	favor [faβór], flor [flór]
[g]	有声軟口蓋閉鎖音	gota [góta], guerra [gér̄a], bilingüe [bilíŋgwe]
[ɣ]	有声軟口蓋摩擦音	lago [láɣo], la goma [la ɣóma], alga [álɣa], el gato [el ɣáto], signo [síɣno]
[j]	有声硬口蓋摩擦音	yema [jéma], mayo [májo]
[ĵ]	有声硬口蓋破擦音	inyección [inĵe(k)θjón], el yeso [el ĵéso]
[k]	無声軟口蓋閉鎖音	casa [kása], tecla [tékla]; queso [késo], máquina [mákina]; kayac [kaják], Tokio [tókjo]
[l]	有声歯茎側音	lugar [luɣár], sol [sól]
[m]	有声両唇鼻音	mosca [móska], amar [amár]; un beso [úm béso], invierno [imbjérno]
[n]	有声歯茎鼻音	nene [néne], tentar [tentár]; álbum [álbun]
[ŋ]	有声軟口蓋鼻音	cinco [θíŋko], tango [táŋgo]
[ɲ]	有声硬口蓋鼻音	araña [aráɲa], señor [seɲór]
[p]	無声両唇閉鎖音	paseo [paséo], comprar [komprár]
[r]	有声歯茎弾き音	fuerte [fwérte], trigo [tríɣo]
[r̄]	有声歯茎顫動音	razón [r̄aθón], sonrisa [sonr̄ísa], alrededor [a(l)r̄edeðór]; tierra [tjér̄a], barrer [bar̄ér]
[s]	無声歯茎摩擦音	sala [sála], tres [trés]; xilófono [silófono], excelente [ɛ(k)sθelénte], examen [ɛ(k)sámen]
[θ]	無声歯間摩擦音	cena [θéna], cierra [θjér̄a], zarzuela [θarθwéla], voz [bɔ́θ]
[ʃ]	無声硬口蓋摩擦音	chic [ʃík]
[t]	無声歯裏閉鎖音	tono [tóno], contra [kontra]; boicot [bɔi̯kɔ́(t)]
[tʃ]	無声硬口蓋破擦音	chocolate [tʃokoláte], mancha [mántʃa]
[ts]	無声歯茎破擦音	dantzari [dantsári]
[x]	無声軟口蓋摩擦音	giro [xíro], ángel [áŋxel]; Japón [xapón], ají [axí]
[ʎ]	有声硬口蓋側音	llamar [ʎamár], calle [káʎe]
[z]	有声歯間摩擦音	juzgar [xuzɣár]

発音の地域差
本書では標準的なスペイン語の発音を示したが,主に以下のような地域差がある.
1) アンダルシア地方やカナリア諸島,中南米の大部分の地域では [θ] を [s] で発音している (seseo): censo [θénso/sénso]
2) スペインや中南米で, [ʎ] と [j] の対立がなくなり, [j] の発音が多く聞かれる (yeísmo): llevar [ʎeβár/jeβár]
3) アルゼンチン,ウルグアイなど,およびスペインの一部では [ʎ], [j] の代わりに [ʃ] で発音されることがある: ella [éʎa/éʃa], yo [jó/ʃó]
4) スペイン・中南米の一部では音節末の [s] が脱落する傾向がある: Israel [i(s)r̄aél], adiós [adjó(s)]

補遺 2　句読記号

本書で使われている主な句読記号

´	acento, tilde アクセント記号: c*á*mara, pa*í*s
¨	diéresis 分音符: ambig*ü*edad
~	tilde 波形記号: a*ñ*o
-	guión ハイフン: Castilla-La Mancha
.	punto ピリオド: Voy a ver. Espere.
,	coma コンマ: primavera, verano y otoño
;	punto y coma セミ・コロン: No quiero verle; pero...
:	dos puntos コロン: Dijo: Soy Miguel...
...	puntos suspensivos 連続符: Oiga..., señor..., usted.
¿?	signos de interrogación 疑問符: ¿Qué es esto?
¡!	signos de admiración 感嘆符: ¡Qué alegría!
《 》" "	comillas 引用符: una perífrasis verbal 《tengo que salir》
—	raya, guión largo ダッシュ: —¿Cómo está usted?—dijo él.
( )	paréntesis パーレン: Vuélvete cosa que (para que) te vean.
[ ]	corchetes ブラケット: El día de la muerte de Cervantes [23 de abril] se celebra...
/	barra スラッシュ: Vive en c/Mayor. 120 km/h

補遺 3　略語

　略語 sigla はふつう語群の頭文字から作られる（RAE←*R*eal *A*cademia *E*spañola）が, RENFE/Renfe（←*R*ed *N*acional de los *F*errocarriles *E*spañoles）のように頭文字からだけとは限らないものもある. 後者は acrónimo とも言い, 頭文字だけを大文字で残りは小文字で書くことがある.

　読み方は, 原則としてシラブルごとに読めるものは ONU [ónu] のように, 子音だけで形成されている略語はスペルで FM [éfe éme] と読む. もともとは各語頭の文字ごとにピリオドで区切って書かれていたが, シラブルごとに読むのでピリオドの必要がなくなった.

　略語に冠詞を付ける必要があれば, 略語を形成する語群の中で最も重要な語の性に一致させる: *la* UVI（←*Unidad* de Vigilancia Intensiva）. 略語の複数形は冠詞で表わすことができる: *los* PVP（←*precios* de venta al público）.

　他に書きことばとして, 語または語群の一部を省略して短縮形 abreviatura を作り出していることがある: etc.（←etcétera）, Sra[s].（←señora[s], nº（←número）, c/（←calle, cuenta）, p.o.（←por orden）. 読み方は元の語の読み方で読む. 頭文字を繰り返して複数形を表わすことがある: ss.（←siglos, siguientes）, EE.UU.（←Estados Unidos de América del Norte）.

　なお口語では, bici（←*bici*cleta）, tele（←*tele*visión）や perrito（←*perrito* caliente）などのような短縮形は既に1単語とみなすのが通例になっている.

A

a[1] 【←ラテン語 ad】〖前〗〖語義〗定冠詞 el の直前では el と縮約し **al** となる: ir *al* parque 公園に行く．ただし固有名詞につく大文字の El とでは縮約形をとらない: Van *a* El Salvador. 彼らはエル・サルバドルへ行く．Vamos *a* El Escorial en vacaciones. 休みにはエル・エスコリアルに行こう♢

I ❶ [空間] 1) [行き先] …へ，…に ⇔de. 〖類義〗**hacia** は大まかな方向づけで，終着点の意識がなく行き先が漠然としている: En este momento muchos coches van *hacia* Madrid. この時間には多くの車がマドリードの方に向かって走っている．**para** は幅広く「方向」と「乗り物の行き先」，**a** は「到達点」と「目的地」: Voy *para* Madrid. 私はマドリードに向かう（終着点はマドリードとは限らない）．Voy *a* Madrid. 私はマドリードへ行く（終着点はマドリード）．¿A qué hora sale el avión *para* (*a*) Madrid? マドリード行きの飛行機は何時に出ますか♢ **con destino a...** も「乗り物の行き先」だが改まった表現: El tren *con destino a* Santiago sale a las once. サンティアゴ行きの列車は11時に発車する♢: Este autobús va *a* Toledo. このバスはトレド行きです．Este es el autobús ［que va］ *a* Toledo. これはトレド行きのバスだ．El vuelo a Londres dura doce horas. ロンドン行きのフライトは12時間かかる．Han cortado la carretera *al* pueblo. 町へ通じる道路が切断された．No tires las migas *al* suelo. 床にパンくずを捨てないで．¿Mañana vienes *a* esta plaza otra vez? 君は明日またこの広場に来るの♢ Ya habrán llegado *al* aeropuerto. 彼らはもう空港に着いただろう．2) [到達点] …まで［=hasta］: El agua me llegaba *a* la cintura en aquella inundación. あの洪水では私の腰のあたりまで水が来た．Es más baja que yo, me llegará *al* hombro. 彼女は私より背が低い，私の肩くらいまでだろう．Los daños ascendieron *a* diez millones de euros. 損害は1千万ユーロにのぼった．La situación llegó *a* un punto que exigía una urgente solución. 状況は早急に解決しなければならぬほど切迫していた．3) [間隔．+de から] …まで〖de... a... と desde... hasta... →desde 〗〖類義〗: ¿Cuánto tardas *de* casa a la oficina? 家からオフィスまでどれくらい時間がかかるのですか♢ Hay cien kilómetros *de* Madrid *a* mi ciudad. マドリードから町まで100キロある．4) [方向・方角] …の方へ・に: La moto viró *a* la izquierda. オートバイは左折した．Todos miraban *al* cielo de la noche para ver fuegos artificiales. 誰もが花火を見るために夜空を見上げていた．Mi pueblo está *al* norte de esa ciudad. 私の村はその町の北方にある．Nuestra casa mira *al* sur. 私たちの家は南向きだ．La cocina da *a* un patio interior. 台所は中庭に面している．5) [位置] …に，…で: Queda *a* la izquierda de la calle. それは通りの左側にある．Te esperaré *a* la puerta del cine. 映画館の入り口で君を待っています．El aparcamiento está *a* la orilla del río. 駐車場は川岸にある．Colóquense *a* la derecha. 右側にご寄席下さい．6) [命令] …のところへ行きなさい: ¡A la mesa!, que se enfría la comida. 食卓につきなさい! 食事が冷めるから．Tú, *a* la cama. さあ，寝なさい．7) [近接した場所] …のそばに: Vamos a estar de pie *a* la puerta. 入り口のところに立っていましょう．sentarse *a* la lumbre 火のそばに座る．8) [部位] llevar un cesto *al* brazo 腕にかごを下げている．9) [距離・高さ] …のところ）に: El aeropuerto está *a* 15 kilómetros del centro de la ciudad. 空港は町の中心部から15キロのところにある．La Paz está *a* 3.700 metros sobre el nivel del mar. ラパスは海抜3700メートルのところにある．10) [時間で計る地点，場所] …に: Mi casa está *a* 5 minutos de la estación. 私の家は駅から5分のところにある．El restaurante está *a* pocos minutos andando (en coche) de mi casa. その レストランは家から歩いて（車で）数分のところにある．**❷** [時間] …に: 1) [日付] …に: ¿A cuántos estamos hoy?〖口語〗¿A qué estamos hoy?—[Estamos] *A* uno (primero) de julio. 今日は何日ですか?—7月1日です．*A* domingo 24 de enero. 日曜日です．日曜の 24 de enero de 2015. 〖手紙など〗マドリードにて，2015年1月24日．2) [時刻] ¿Quedamos *a* las dos? 2時に会おうか♢ Vendrá *a* las diez de la mañana. 彼は午前10時に来るだろう．¿A qué hora sale el avión

Talgo a Ginebra ?—*A* las diecisiete cuarenta. ジュネーブ行きのタルゴ特急は何時に出ますか?—17時40分です．El cohete se lanzó el día 25 de septiembre de 1997 *a* las 3, 25 minutos, 25 segundos.〖口語〗El cohete se lanzó el día 25 de septiembre de 1997 *a* las 3 y 25 minutos, 25 segundos. ロケットは1997年9月25日午後3時25分25秒に発射された．3) [時点] …[の時]に: Siempre doy un paseo *a* la caída de la tarde. 私はいつも夕暮れ時に散歩する．Vienes *a* buena hora. 君はいい時に来た．Nos encontraremos en la cafetería *a* la salida del cine. 映画館を出てから例の喫茶店で会おう．*a* su llegada 彼の到着時に．*a* la hora del recreo [学校]の休憩時間に．4) [同時] *A* su muerte todo ha cambiado. 彼が死ぬとすべて変わってしまった．5) [間隔．+de から] …まで: El horario de trabajo es *de* ocho *a* tres. 就業時間は8時から3時までです．El niño no ha comido nada *de* ayer *a* hoy. その子は昨日から今日にかけて何も食べていない．Cierran *del* quince de julio *al* quince de agosto. 7月15日から8月15日まで閉店いたします．Ese escritor vivió aquí *de* 1991 *a* 2001. その作家は1991年から2001年までここに住んでいた．6) [経過時間] …後に: Vamos a comenzar *a* media hora. 30分後に始めましょう．Volvieron a encontrarse en España *a* los quince años. 彼らは15年後にスペインで再会した．**❸** [年齢] …歳の時に: Por primera vez fui a Europa *a* los 20 años. 私は20歳の時に初めてヨーロッパに行った．Se casó *a* los treinta años. 彼は30歳で結婚した．Mi padre ya trabajaba *a* mi edad. 父は私の歳にはもう働いていた．**❹** [速度] …の [速さ]で: Se puede correr aquí *a* cien kilómetros por hora. ここは時速100キロで走れる．Hablas *a* tal velocidad que no te entiendo nada. 君がそんなに早口でしゃべるものだから何を言っているのか私は全く分からない．**❺** [値段] …で: En esta tienda todos los artículos se venden *a* cien yenes. この店ではすべての商品が100円で売られている．La merluza está *a* treinta euros el kilo. メルルーサはキロあたり30ユーロです．Me parece muy caro el menú del día *a* quince euros. 今日の日替わり定食が15ユーロというのは高すぎるように思う．**❻** [割合・比率] …に [つき]，…で: Tome una cucharada de jarabe tres veces *al* día. 一日に3回シロップを匙に1杯ずつ飲んで下さい．Cobra 2000 euros *al* mes. 彼は月に2千ユーロ稼ぐ．Voy a la piscina una vez *a* la semana. 私は週に1回プールに通っている．Le concedieron un crédito *al* diez por ciento de interés. 彼は利子10%で貸付を受けた．**❼** [対応・反復．名詞+a+同一名詞] …ずつ，…ごとに: 1) Avanzaremos paso *a* paso. 一歩ずつ進もう．Eva se programa su tiempo libre hora *a* hora. エバは自由時間を小さな時間単位で決めている．casa *a* casa 一軒ずつ．2) [数字+a+同一数字] Responderé las preguntas una *a* una. 質問に一つずつ答えます．Se comía los cacahuetes *de* uno. 彼はピーナッツを2つずつ食べていた．**❽** [目的・意図] …のために〖[+名詞] Deben trabajar *a* beneficio del público. 彼らは公益のために働くべきだ．Muchos vendrán *a* la votación. 多くの人が投票に来るだろう．2) 〖狩猟，釣り〗+獲物を求めて: Él pasaba los días en los montes, *a* la perdiz y *al* conejo. 彼はウズラやウサギを求めて山で何日も過ごしていた．Madrugamos para ir *a* truchas. 私たちはマス釣りのために早起きした．3) [移動の動詞と共に，+不定詞] ¿A qué vienes?—Vengo *a* pedirte que me hagas un favor. 何しに来たの?—君にお願いがあってやって来た．Me invitó *a* cenar. 彼は私を夕食に招いてくれた．Nos reunimos *a* hablar de la democracia. 私たちは民主主義について話すために集まったのだ．4) [+que+接続法] Vengo *a que* me informen del Sr. Álvarez. アルバレス氏のことをお聞かせいただきたくやって参りました．Mi padre va *a que* le revisen los ojos. 私は目の検査をしてもらうために眼科医に行く．5) [結果] Por las tardes ella se sentaba *a* coser. 彼女は午後は座って縫い物をした．Se paró *a mirar* el paisaje. 彼は立ち止まって景色を眺めた．**❾** [準拠・根拠] …によれば，…に従って〖=por, según〗: A mi entender, no es ella la que lo hizo. 私の理解によれば，それをしたのは彼女ではない．A nuestro parecer, debe-

a

rías hablar con él. 私たちの考えでは君とは話をした方がいいのではないだろうか. *a ley de Castilla* カスティーリャの法に従って. ❿ [適合・順応] …に合わせて, 慣れて: He adaptado mi horario de trabajo *al* cuidado del bebé. 私は赤ん坊の世話に合わせて仕事のスケジュールを配置した. Nunca llegué a acostumbrarme *a* la vida de la ciudad. 私はどうしても都会の生活になじめなかった. ⓫ [比較. superior・inferior・anterior・posterior などの形容詞や動詞 preferir と共に] …よりも: Este vino es superior (inferior) *a* ese otro. このワインはそれよりも上等だ(劣る). Prefiero el café *al* té. 私は紅茶よりもコーヒーの方が好きだ. ⓬ [対象] …へ, …に, …に対する: Soy aficionado *al* béisbol. 私は野球ファンだ. Muestra una indiferencia *a* todo. 彼はすべてに無関心だ. Tengo miedo *a* la oscuridad. 私は暗闇が怖い. *amor a* Dios 神への愛. ⓭ [スポーツなどで] …で: ganar *al* tenis テニスで勝つ. perder *al* póquer ポーカーで負ける. ⓮ [対比] …に[に対して]: Dos y tres igual *a* cinco. 2足す3は5. En estas condiciones el silencio equivale *a* un consentimiento. この場合沈黙は承諾と同じだ. De este *a* aquel no hay diferencias. これとあれには違いがない. ⓯ [得点] 1) …で: Quedaron los dos igualados *a* puntos. 2人は同点になった. Los dos equipos han empatado *a* cero. 両チームは0点のまま引き分けた. 2) [得点比] …対…: El equipo de Madrid ganó el partido per dos *a* uno. マドリードは2対1で試合に勝った. ⓰ [様式・様態] …のような, …風の・に, …流の・に: 1) Ella viste *a* la moda de París. 彼女はパリの流行に合わせた服を着ている. 2) [+la+地名形容詞女性形] Siendo español, me saluda *a* la japonesa. スペイン人なのに彼は日本式の挨拶をする. *patio a la española* スペイン風の中庭. 3) [+lo+人名] Canta *a lo* Iglesias. 彼はイグレシアス風に歌う. ⓱ [形容詞+. 形容詞の表わす特性を示す] La angora es muy suave *al* tacto. アンゴラは手触りが非常に柔らかい. Es de un material resistente *al* fuego. それは火に強い素材でできている. ⓲ [手段・方法] …で, …によ,, …を用いた: Está muy cerca, podemos ir *a* pie. すぐそこで, 歩いて行けます. Se abrieron paso *a* empujones. 彼らは人ごみをかき分けて通った. Pagué el televisor *a* plazos. 私はテレビを分割払いにした. *boceto a lápiz* 鉛筆画. 2)《料理》[+調味料と一緒に] *pollo al ajillo* 若鶏のニンニクソース煮. *mejillones a la vinagreta* ムール貝のビネグレットソース和え. ii) [食材+a+器具] *sardinas a la plancha* イワシの鉄板焼き. *gambas a la parrilla* エビの網焼き. 3) 【←仏語】[機器+a+動力源・熱源] *olla a presión* 圧力釜. *máquina a vapor* 蒸気機関. 【語法】仏語的な用法なので de の方が好ましいとされる: *cocina a* (*al*) *gas* ガスレンジ. ⓳ [道具・機器] …を用いて, …で: Le gustaba pescar *a* caña. 彼は魚釣りをするのが好きだった. Escribe este documento *a* ordenador. パソコンでこの書類を打ってくれ. ⓴ [味・におい] …の味の, …のにおいの: Este helado sabe *a* vainilla. このアイスクリームはバニラ味だ. Compro caramelos de sabor *a* fresa. 私はストロベリー味のあめを買う. Huele *a* canela. シナモンの香りがする. *olor a rosa* バラの香り. ㉑ [庇護・保護] …の庇護[保護]の下で: Ya podemos vivir *al* amparo de la pensión. もう私たちは年金で暮らしていける. ㉒ [日光・風雨などにさらされて] Los niños juega *al* sol. 子供たちは日なたで遊んでいる. Es mejor dejar la herida *al* aire. 傷口は空気にさらしておく方がよい. Mi chalé está expuesto *al* viento. 私の別荘は吹きさらしだ. *a la luz de la luna* 月の光を浴びて. ㉓ [+不定詞] 1) [条件・仮定. 主に動詞] …すれば; であれば: *A* decir verdad, no quiero acompañarle. 実を言えば, 彼は行きたくないのです. *A juzgar por la situación, no debemos partir.* 状況から判断して, 私たちは出発すべきではない. 2) [命令] …せよ, [勧誘] …しよう, [勧告] …するように: ¡*A* dormir!, que ya son las doce. 寝なさい! もう12時だから. Venga, ¡*a* bailar todos! さあ, みんな踊ろうよ! ¡*A* callar! 黙れ! ¡No gritar! わめくな! 3) [←仏語] [名詞+*a*+不定詞] …すべき: Hay un problema *a* resolver. 解決すべき問題がある. *temas a discutir* 議論すべきテーマ. ㉔ [*al*+不定詞] →**al** II. ㉕ [挨拶の導入] *A las buens tardes* —saludó desde la puerta.「こんにちは」と彼はドアの所から挨拶した. ㉖ [+物を売り込む掛け声] ¡*A* las ricas gambas! おいしいエビだよ! ㉗ [+場所 への追加の要求] La muchedumbre, indignada, lanzaba gritos de "¡*a* los malditos bandidos!" 群集は怒り狂い,「悪党どもを絞首台へ送れ!」と大声で叫んでいた. ㉘ 《中南米》[時間] …に [=*por*]: *a* la tarde 午後に

a no ser por... …がなかったら, …でなければ: Es un hombre casi desconocido, *a no ser por* su hermano. 兄がいなかったら彼はほとんど無名の人だ

a no ser que+接続法 [条件] …でなければ, …でない限り: Vendré mañana *a no ser que* ocurra algo imprevisto. 何か不測の事態が起きない限りは明日来ます

a por →**por**

a que+直説法 →**que**

A que no 1) [相手の挑戦的な言葉への否定・拒絶の返答] ¡*A que* llego más pronto que tú!—¡*A que no*! 私の方が君より早く着くよ!—そんなことは絶対にないよ! Me levantaré temprano mañana.—¡*A que no*? 明日は早起きするぞ.—とても無理じゃないか! ¡*A que te rompo la cara!*—¡*A que no!* お前の顔にパンチを食わせてやる!—できもしないくせに! 2) [単独で] まさか, とんでもない: Tú la has acompañado. ¡*A que sí!*—¡*A que no!* 彼女を一緒に行ったな. そうだな!—とんでもない! 3) [念押し] そうですね: No te dijo la verdad. ¡*A que no*!—¡*A que no*! 彼は君に本当のことを言わなかった. そうだな!—そうだとも!

A que sí 1) [相手の挑戦的な言葉への肯定・承諾の返答] もちろん!: Tú no eres capaz de subir *a* ese árbol.—¡*A que sí*! 君にはこの木は登れないさ.—登れるとも! 2) [念押し] そうですね: Ha venido *a* verla. ¿*A que sí*? 君は彼女に会いに来たんだ, そうだろう?

¿A qué...? →**qué**

II [間接目的語を導く] ❶ …に: 1) [動作が及ぶ人] [*Le*] Escribo una carta *a María*./[*Le*] Escribo *a María* una carta. 私はマリアに手紙を書く. *A Juan le dan pánico las serpientes.* 蛇を見てフアンはパニック状態に陥っている. *Gasta bromas a todo el mundo.* 彼は誰彼なしにいつでも冗談を言う.《他動詞が直接目的語・間接目的語の両方をもつ場合, 間接目的語に *a* がつく: *Regalo caramelos a los niños.* 私は子供たちにあめをあげる. *Presentó su padre al profesor.* 彼は父親を先生に紹介した》 2) [付加する対象] *Agregaron un anexo al museo.* 美術館に別館が増設された. *Hay que ponerle tinta a la impresora.* プリンターにインクを入れなければならない. ❷ [自動詞の間接目的語] …にとって: *A mi padre le gusta mucho el café.* 父はコーヒーがとても好きだ. *A él le falta tiempo para viajar por el extranjero.* 彼は海外旅行をする時間がない. ❸ [身体の一部] *La madre le lava las manos al niño.* 母親は子供の手を洗ってやる. *Se le alegran los ojos a Luisa.* ルイサは目を輝かせる. ❹ [動作の利益を受ける人] …のために: *A Juan le he buscado un empleo.* 私はフアンに仕事を探してあげた. *Le hemos hecho a Alberto unas fotos.* 私たちはアルベルトの写真を撮ってあげた. ❺ [利害・得失] …から: *He comprado las flores a la niña.* 私は女の子から花を買った. *Saca a su abuela todo lo que quiere.* 彼は欲しいものは何でもよくお祖母さんから手に入れる. *Los padres le quitaron el cuchillo a ese niño.* 両親はその子からナイフを取り上げた. *Le han robado la cartera al turista.* その観光客は財布を盗まれた. *A mi padre se le averió el coche.* 父の車が壊れてしまった. ❻ [行為者の特定] …にとって: *A esta gente le es imposible aceptar la propuesta.* この人たちにとってその提案を受け入れるのは不可能だ. *A Carmen le será difícil probar la coartada.* カルメンにとってアリバイを証明することは難しいだろう. 【語法】間接目的語 (人・事物) の重複用法 (対比・強調・選別を表わす): 1) a+名詞 が動詞の前に置かれる場合は重複用法となる: *A José le escribí una carta.* 私はホセに手紙を書いた. 2) a+名詞 が動詞の後に置かれる場合は重複用法でも単独用法でもよい: [*Le*] Escribí *a José* una carta. 私はホセに手紙を書いた. 3) a+前置詞格人称代名詞が動詞の後にくる場合は重複用法が普通: *Le escribí a él una carta.* 私は彼に手紙を書いた

III [直接目的語 (人・動物・事物) を導く] …を: 1) [+固有名詞] *Vi a María en el cine.* 私は映画館でマリアを見かけた. *Lee a Cervantes.* 彼はセルバンテスを読んでいる. 《対照》普通名詞として使用される場合: *Me compré el Picasso en una subasta.* 2) [+人の特定名詞 (特定・既知)] *Dispersaron a la gente de la plaza*, pero vi una multitud avanzando hacia el estadio. その広場に集まった人々は追い払われたが, 一塊の群集がスタジアムの方へ進んで行くのを私は目にした. 3) [+普通名詞 (具体的な個人)] *Vi a los hijos del vecino escalar la tapia.* 私は近所の子供たちが塀をよじ登るのを見た. 4) [+普通名詞 (不特定でも弱者を想像させるよ

うな動詞の直接目的語）〕Acompañé *a* una anciana hasta su casa. 私はおばあさんに付き添って家まで送っていった. 5) 〔+普通名詞（不定であっても感覚・知覚動詞の直接目的語）〕Oí *a* una mujer cantar ópera. 私はある女性がオペラを歌っているのを聞いた. Observaba *a* algunos niños que jugaban al fútbol. サッカーをしている何人かの子供たちを私は観察していた. 6) 〔+指示代名詞・人称代名詞〕¿Dices que me vio *a* mí en el teatro? 劇場で私を見かけたって？ No creo que *a* ustedes los escuchen. あなたがたの言っていることを彼らがよく聴いているとは思えない. 7) 〔+指示代名詞・所有代名詞〕Vi *a* ese hablando con tu jefe. 私は君の上司と話しているそいつを見かけた. A ella no le gusta mi novio y yo no soporto *al* suyo. 彼女は私の恋人が気に入らないのだけれど, 私も彼女の恋人には我慢がならない. 8) 〔+人を表わす不定代名詞（alguien・alguno・nadie・ninguno・todo・uno など）〕Llévate *a* alguien a la fiesta. パーティーには誰か連れて行きなさい. No conozco *a* nadie. 私は誰一人知らない. Os necesito *a* todos. 私は君たち全員が必要だ. 〘語法〙i) haber の直接目的語の場合は除く: Hay *alguien* en la puerta. ドアのところに誰かいる. ii) 動詞が buscar・encontrar・hallar・necesitar・tener の場合は a をつけてもつけなくてもよい: Busco 〔*a*〕alguien que me ayude. 私は助けてくれそうな人を誰か探している. No necesito 〔*a*〕nadie que me acompañe. 私は一緒に来てくれる人など一人も必要ない. 9) 〔+普通名詞. 話し手の直接目的語に対する特定性・具体性が強い場合は a をつける〕Busco *a* un camarero que sabe hablar inglés. 英語の話せる何かウェイターを私は探している. Llevaré *a* unos amigos a la fiesta. 私は友達何人かと一緒にパーティーに行きます. 〔対照〕Busco *un camarero* que sepa hablar inglés. 誰か英語の話せるウェイターを探している. Llevaré 〔*unos*〕amigos a la fiesta. 友達を何人か誘って一緒にパーティーに行きます. 〘語法〙i) 直接目的語の名詞（複数・人）が2つ並置されている場合, 具体性に欠けていても周知の, あるいは慣例的な事柄への参加集団としての a をつける: Reunieron *a* chicos y chicas en la misma aula. 男の子も女の子も同じ教室に集められた〕. ii) 直接目的語・間接目的語が共に前置詞 a をとっている場合, あいまいさを避けるため, 直接目的語につく a を省略することがある. ただし直接目的語が固有名詞の場合は省略できない: Presentó 〔*a*〕su novio a sus padres. 彼女は恋人を両親に紹介した. Presentó *a* Juan a sus padres. 彼女はフアンを両親に紹介した. 10) 〔+関係代名詞（quien・el que）〕Ese es el hombre *a* quien (al que) golpean. あれが殴られた男だ. 11) 〔+人を表わす疑問代名詞（quién・cuál）〕¿A quién buscas? 誰を探しているの？ ¿A cuál de los dos encontraste llorando? 2人のうちどちらが泣いているのを見たの？ 12) 〔直接目的語が動物の場合〕i) 〔固有名詞には a をつける〕Dejé *a* Chico en la perrera. 私はチコを犬小屋に残しておいた. ii) 〔ペットや家畜など, 話し手の動物に対する親近感が強い場合は a をつける〕El veterinario vacunó *a* mi perro contra la rabia. 獣医が私の犬に狂犬病の予防注射をした. 13) 〔+事物. 主語ではなく直接目的語であることを明示するため〕Venció la dificultad *al* optimismo. 困難が楽観主義を打ち負かした. 〘語法〙交替・順序などを表わす動詞（preceder・seguir・acompañar・complementar・modificar・sustituir など）では直接目的語であることを明示する a の使用が多い: Una mañana soleada siguió *a* la tormenta. 雲一つない朝が嵐の後にやって来た. El aceite sustituye *a* la mantequilla en esta receta. オリーブ油がこのレシピではバターの代わりをする. El adjetivo modifica *al* sustantivo. 形容詞は名詞を修飾する 14) 〔+擬人化された事物〕La niña besó *a* la muñeca. 女の子は人形にキスをした. Esperó 〔*a*〕la muerte con serenidad. 彼は静かに死を迎えた. 15) 〔+人によって構成された集団〕Multaron *a* la empresa por realizar vertidos tóxicos. 有毒物を投棄したかどにより, その企業は罰金を科された. 〘語法〙i) a の有無が直接目的語の意味を変えることがある: En este país no se respeta nada *a* la justicia. この国では法なるものが一向に守られない. En este país no se respeta nada *la justicia*. この国では正義というものが一向に尊重されない. ii) a の有無が意味を変えることがある: Admiro *a* la iglesia. 私は教会をすばらしいと思う. Admiro la iglesia. 私は教会の建物に息をのむほど感心している. Quiere *a* su hija. 彼は娘を愛している. Quiere una hija. 彼は娘を欲しがっている. 16) 〔(a)+事物（害・益を表わす動詞の目的語）〕El tabaco perjudica *a* la salud. 喫煙は健康を損なう. La humedad afectó 〔*a*〕los cimientos del edificio. 湿気は建物の基礎部分に悪影響をもたらした. 17) 〔再帰動詞+a. 再

帰代名詞 se が無人称文の用法であることを示す〕Se trasladó en autocar *a* todos los invitados. 招待者全員を大型バスで移動してもらった. 〘語法〙かつては国名・地名が直接目的語になっている場合は a を前置していたが, 現在ではつけないのが普通になっている: No conozco *Bhután*. 私はブータンに行ったことがない. Este verano he visitado *Tokio*. 私はこの夏東京に行ってきた. Cruzaron *el Tajo* a nado. 彼らはタホ川を泳いで渡った. Escaló *el Himalaya*. 彼はヒマラヤに登った. しかし単なる地理上の固有名詞ではなく居住している人々を意識している場合はつけることが認められている: Es capaz de engañar *a* Medio Oriente. それは中東の〔人々〕をだましかねない〕. 〘語法〙直接目的語（人・事物）の重複用法は対比・強調・選別を表わす. i) a+名詞が動詞の前に置かれる場合は重複用法となる: *A* María *la* busco. 私はマリアを探している. ii) a+名詞が動詞の後に置かれる場合は重複しない: Busco *a* María. 私はマリアを探している. iii) a+前置詞名詞が動詞の後に置かれる場合は重複する. *a* usted は重複しなくてもよい: *La* busco *a ella*. 私は彼女を探している. Buscaba *a* ustedes. 私はあなたがたを捜していた〕

a² [á] 囡 《履 aes, as》❶ アルファベットの第1字; その名称《定冠詞 + la mayúscula de "Africa" se escribe con tilde. "Africa" の大文字の a はアクセント記号を付して書く》. ❷ 《音楽》ラ《=la》, イ音. ❸ 《論理》全称肯定
a por a y be por be 逐一, 詳細に
de la A a la Z 始めから終わりまで, 一から十まで

a-¹ 〖接頭辞〗〘母音の前で an-〙 〔+名詞・形容詞. 無, 非〕*a*moralidad 不道徳, *a*político 非政治的な
II 〖接頭辞〗❶ 〔+名詞・形容詞で動詞化〕1) 〔…させる〕*a*breviar 短縮する. 2) 〔置く, 付ける〕*a*notar 書き留める. 3) 〔似せる〕*a*feminar 女性化する. 4) 〔…の形にする〕*a*horquillar 二股にする. ❷ 〔形容詞化. …に似た, …のような〕*a*tigrado 虎のような縞模様の

A- 《略語》←autopista 高速道路: *A-7* 高速7号線
-a 〖接尾辞〗❶ 〔動詞+ で名詞化. 動作・結果〕*toma* 取ること, *costa* 費用. ❷ 〔地名形容詞〕*belga* ベルギーの, *persa* ペルシアの

A. 《略語》←área アール
A. 《略語》←amperio アンペア; aprobado 可
aa 《略語》年←año 〔下2桁を記入する〕
A.A. 《略語》←Alcohólicos Anónimos アルコール中毒者更生会, 断酒会
AA.AA. 《略語》←Antiguos Alumnos 同窓会
AA.EE. 《略語》←Asuntos Exteriores 外務省
aarónico, ca [a(a)róniko, ka] 形 《旧約聖書》アロン Aarón の《モーセに次いでヘブライ人最初の大祭司》
aaronita [a(a)roníta] 形 名 《旧約聖書》アロン Aarón の《子孫》《=aarónico》
ab [ab] 《ラテン語》前 …から〔ラテン語の成句中のみ〕: ~ initio 最初から. ~ aeterno 太古以来
ab- 〖接頭辞〗分離, 喪失〕*ab*jurar 棄教する
ab. 《略語》←abril 4月
aba [ába] 男 ベドウィン族のマント
—— 間 《古語, 地方語》気をつけろ, あぶない！
abab [abáb] 男 《漕役民団が足りないので》雇われてガレー船に乗る自由民のトルコ人水夫
ababa [abába] 囡 《植物》ヒナゲシ《=amapola》
ababábite [ababábite] 男 《メキシコ. 植物》マステート
ababillar [ababiʎár] ~**se** 《チリ. 獣医》〔関節・靭帯が〕損傷する
ababol [abaβól] 男 ❶ 《地方語. 植物》ヒナゲシ《=amapola》. ❷ 《ナバラ, アラゴン》ぼんやりした人, 間抜け
ab absurdo [ab a(b)súrdo] 《ラテン語》形 背理法による, 帰謬法による
ababuy [abaβúi] 男 《カリブ. 植物》タロウウッド
abacá [abaká] 男 〔←タガログ語〕《植物. 農業》アバカ, マニラ麻
abacal [abakál] 男 《フィリピン》マニラ麻の; マニラ麻の畑
abacalero, ra [abakaléro, ra] 形 《フィリピン》マニラ麻の; マニラ麻の栽培（生産・販売）者
abacería [abaθería] 囡 《まれ》食料品店, 乾物屋《油・酢・干鱈・豆などを売る》
abacero, ra [abaθéro, ra] 名 《まれ》食料品店 abacería の店主（店員）
abacial [abaθjál] 形 〔←俗ラテン語 abbacialis〕形 大修道院長の; 大修道院の
abacisco [abaθísko] 男 《古代ローマ》モザイク用の小石

ábaco [áƀako]〘←ラテン語 abacus < ギリシア語 abax, -akos〙[男] ❶ そろばん, 計算盤. ❷ ノモグラム, 計算図表. ❸《ビリヤード》点数盤. ❹《建築》[円柱頭部を飾る] 頂板. ❺《鉱山》[金鉱石などの] 洗い桶. ❻《古語》チェス盤

abacora [aƀakóra]〘albacora の語中音消失〙[女]《カリブ, ベネズエラ》ビンナガマグロ〘=albacora〙

abacorar [aƀakorár]〘←abacora〙[他]《キューバ, プエルトリコ, ベネズエラ, ペルー》[何かをさせるために人を] 追いつめる, 悩ます

abad [aƀá(đ)]〘←ラテン語 abbas, -atis < アラム語 abba「父」〙[男] ❶ 大修道院長, 参事会教会の長. ❷ [修道院外の聖職者で] 聖職録受給者〘=〜 comendaticio〙; [大学生・司祭などで] 修道服を着た人. ❸《廃語》司教座参事会を統率するために選ばれた司祭. ❹《まれ》国有化(売却)された修道院領を所有する在俗の人. ❺《ガリシア, ナバラ》教区司祭

abada [aƀáđa] [女]《動物》サイ〘=rinoceronte〙

abadejo [aƀađéxo]〘←?古語 abad「タラ」〙[男] ❶《魚》1) セイス, ポラック〘大西洋・地中海で一般的なコマイ型のタラ〙. 2) マダラ〘=bacalao〙. ❷《昆虫》ツチハンミョウ, ヨーロッパミドリゲンセイ. ❸《鳥》キクイタダキ〘=reyezuelo〙

abadengo, ga [aƀađéŋgo, ga] [形]《歴史》大修道院長の管轄下の
—— [男]《歴史》大修道院領; 大修道院の資産〘=bienes 〜*s*〙

abadernar [aƀađernár] [他]《船舶》つかみ綱で縛る

abadesa [aƀađésa]〘←ラテン語 abbatisa < abbas, -atis〙[女] 女子修道院長

abadí [aƀađí] [形] [名]〘[複] 〜es〙《歴史》アバド Abbad の〔子孫〕〘11世紀, 後ウマイア朝滅亡後の群小諸王 taifa の一人でセビーリャに建国〙; その王国の〔人〕

abadía [aƀađía] [女] ❶ [abad・abadesa の管理する] 大修道院, 女子修道院; 大修道院長・女子修道院長の職(地位). ❷《歴史》=**abadengo**. ❸《地方語》司祭館. ❹《主にガリシア》[教区民が死んだ時] 教区司祭に渡すお布施

abadiado [aƀađjáđo] [男] 大修道院, 女子修道院; 大修道院長・女子修道院長の職(地位)〘=abadía〙

abadiato [aƀađjáto] [男] 大修道院, 女子修道院; 大修道院長・女子修道院長の職(地位)〘=abadía〙

ab aeterno [aƀ aetérno]〘←ラテン語〙[副] ❶ 永遠(悠久)の昔から, 太古から, 古来: Dios lo dispone todo 〜. 神は永遠の昔からすべてを定める. ❷ ずっと, 常に

ab imo pectore [aƀ ímo pɛktóre]〘←ラテン語〙[副] 心底より, 心から: expresar su indignación 〜 心底からの怒りを表わす

ab initio [aƀ inítjo]〘←ラテン語〙[副] 最初から: narrar un hecho 〜 ある出来事を初めから話す

ab irato [aƀ iráto]〘←ラテン語〙[副] 腹を立てて, 怒りによって: no tomar ninguna resolución 〜 怒りによる決断は決してしない

abajadero [aƀaxađéro] [男]《地方語》坂, 傾斜地

abajamiento [aƀaxamjénto] [男] ❶ 下り, 低下, 降下. ❷《古語》落胆, 失意

abajar [aƀaxár] [他] [自]《文語》=**bajar**

abajeño, ña [aƀaxéɲo, ɲa]〘←abajo〙[形] [名] ❶《メキシコ, グアテマラ, プエルトリコ, アンデス》海岸地帯の〔人〕, 低地地方の〔人〕〘⇔arribeño〙. ❷《アルゼンチン》南部の

abajera [aƀaxéra] [女]《アルゼンチン, ウルグアイ》[主に [複]] 鞍敷〘=bajera〙

abajo [aƀáxo]〘←a-+bajo〙[副]〘⇔arriba〙❶ [静止の状態で] 下に, 下で; 階下に・で: 1) Hay un taxi esperando 〜. 下でタクシーが待っている. ¿Qué ocurre 〜? 下で何が起こっているのか? 2) [指示語+] El señor que busca usted vive aquí 〜. お探しの人はこの下〔の階〕に住んでいます. Escóndelo ahí 〜. それをその下に隠せ. 3) [前置詞+] Pulsé el botón hacia 〜. 私は下降ボタンを押した. Siempre se me quema el bizcocho por 〜. 私はいつもスポンジケーキの下側を焦がしてしまう. los vecinos 〔del piso〕 de 〜 下の〔階の〕住人. mirar desde 〜 下から見上げる. de la cintura para 〜 腰から下の・に. ❷ [動きを示して] 下へ, 下方へ: Fui 〜 a abrir la puerta. 私はドアを開けに下に降りていった. Mire más 〜. もっと下の方を見て下さい. Inclinó el cuerpo hacia 〜 hasta tocar el suelo con las manos. 彼は両手が床に触れるまで体を下に曲げた. ❸ [無冠詞名詞+. 川・坂・通りなどを] 下に, 下って; こちらに, 向こうに: Nuestro barco navegaba río 〜. 私たちの船は下流に向かって進んでいた. El pueblo queda a 20 kilómetros río 〜 de aquí. その村はここから20キロ下流にある. Se cometió el asesinato, dos calles más 〜. 通り2本向こうで殺人事件が起こった. Vino caminando calle 〜. 彼は通りをこちらの方へ歩いてきた. ir cuesta 〜 坂道を下る. corriente 〜/aguas 〜 下流に. escaleras 〜 階段を降りて. de cintura 〜 腰から下〔に〕. boca 〜 うつぶせになって. ❹ [形容詞的] 下の: ver el cuadro más 〜《表示》下図を見よ. la cuesta 〜 下り坂. los de escaleras 〜 階下の人々. ❺ [文書などで] 下記に, 後述して: Se explicará más 〜 con detalles. 詳しくは後で説明することにしよう. Véase 〜, pág. 70. 以下70ページ参照. el 〜 firmante《文語》下記の署名者, 下名者;《戯語》私. ❻《中南米》[+de の] 下に〘=debajo〙: 〜 *de* la mesa 机の下に. ❼《ペルー, チリ》北部海岸で

〜 de...《廃語》…の下に; …の足下に

〜 del todo 一番下に

aquí 〜 この世に

echar 〜 [建物などを] 取り壊す; [政権などを] 倒す

irse 〜 1) [建物などが] 崩壊する: La torre *se fue abajo* por el terremoto. 塔は地震で倒壊した. 2) [事業・夢などが] 挫折する, 失敗する, 当てが外れる, だめになってしまう: *Se ha ido abajo* su esperanza. 彼の期待は当て外れになってしまった. El proyecto de ley *se fue abajo*. 法案は流れてしまった

tirar 〜 1) 取り壊す: *Tiraron* 〜 la estatua. 彼らは像を破壊した. 2) [試験で] 不合格にする

venirse 〜 =**irse 〜**: El toro *se vino* 〜 después de picado. 牛は槍に刺されどうと倒れた
—— [間] [時に +con を] 打倒せよ!: ¡*A*〜 el Dictador! 独裁者を倒せ! ¡*A*〜 el Gobierno corrupto! 腐敗した政府を倒せ

abajofirmante [aƀaxofirmánte] [名] [定冠詞+] 署名者

abalanzar [aƀalanθár]〘←a-+balanza〙[9] [他] ❶《まれ》押す, 押しやる. ❷《廃語》[秤の分銅を] 釣り合わせる
—— **〜se** ❶ [反射的に, +hacia・sobre・a に] 飛びつく, 襲いかかる, 突進する, 急ぐ: El gato grande *se abalanzó sobre* Fausto. 大きな猫はファウストに飛びかかった. Todos *se abalanzaron hacia* la taquilla. みんな切符売り場へ押し寄せた. *Me abalancé* a coger la pelota. 私はボールをつかもうと飛びついた. ❷ [軽はずみに] 無謀な行動に走る. ❸《アルゼンチン, ウルグアイ》[馬が] 後脚で立つ

abalar [aƀalár] [他]《ガリシア, レオン, サラマンカ》揺り動かす

abalaustrado, da [aƀalaustráđo, đa] [形] 手すりのある

abaldonar [aƀaldonár] [他] ❶《アストゥリアス, サラマンカ》=**abandonar**. ❷《廃語》[感情・名誉を] 傷つける, 侮辱する
—— **〜se**《古語》引き渡す, 放棄する

abaleador, ra [aƀaleađór, ra] [名] わら屑・もみがらを穀物から掃き分ける人

abaleadura [aƀaleađúra] [女] [わら屑・もみがらの] 掃き分け; [複] その後に残ったわら屑・もみがら

abalear [aƀaleár] **I**〘←a-+古語 balea「ほうき」〙[他] [箕であおった後に残ったわら屑・もみがらを] ほうきで穀粒から掃き分ける
II〘←a-+bala〙[他]《南米. 口語》[人を] 射つ

abaleo [aƀaléo] [男] ❶ わら屑・もみがらの掃き分け; [それに使う] ほうき; [そのほうきの材料となる] とげの多い植物の総称. ❷《南米. 口語》射撃

abalizamiento [aƀaliθamjénto] [男]《船舶, 航空, 交通》標識の設置

abalizar [aƀaliθár] [9] [他]《船舶, 航空, 交通》標識 baliza を設置する
—— **〜se**《船舶》[自船の] 位置を測定する

aballar [aƀaʎár] [他] ❶《美術》[線・色調を] ぼかす. ❷《西》動かす. ❸《廃語》揺らす, 振る. ❹《サラマンカ》うち倒す, 取り壊す

aballestar [aƀaʎestár] [他]《船舶》[索具を] 強く引く, ぴんと張る

abalón [aƀalón] [男]《貝》〜 japonés (verde) アワビ

abalorio [aƀalórjo]〘←アラビア語 al-billauri「水晶体」< bullar/billaur「ガラス」< ギリシア語 beryllos「貴石」〙[男] ❶ ビーズ, ビーズ細工; ビーズ玉, 南京玉: collar de 〜*s* ビーズの首飾り. ❷ 安物のけばけばしい装身具

no valer un 〜 一文の値打ちもない

abaluartar [aƀalwartár] [他]《築城》稜堡で補強する

abambolo [aƀambólo] [男]《魚》マンジュウダラ, ボウズダラ

abamperio [aƀampérjo] [男]《電気》アブアンペア

abanador [aƀanađór] [男]《アンダルシア, カナリア諸島》[かまどの火をおこす] うちわ

abanar [aƀanár] [他] ❶ [扇子・うちわで] あおぐ〘=abanicar〙. ❷《アンダルシア, カナリア諸島》うちわで火をおこす

abancaíno, na [abaŋkaíno, na] 形 [地名] アバンカイ Abancay の[人]《ペルー, Aprímac 県の県都》
abancalado [abaŋkaláđo] 男 段々畑化
abancalamiento [abaŋkalamjénto] 男 =abancalado
abancalar [abaŋkalár] 他 [土地を] 段々畑にする
abancayno, na [abaŋkaíno, na] 形 名 =abancaíno
abanda [abánda] 形 [料理] [米を] 魚のスープで煮た
abandalizar [abandaliθár] 自 他 =abanderizar
abanderado, da [abanderáđo, đa] 形 ❶ [軍隊・スポーツ大会・行列などの] 旗手, 旗持ち. ❷ [思想運動などの] 指導者: Es un ～ de los ecologistas. 彼は環境保護運動のリーダーだ. ❸ 《メキシコ》線審
—— 男 [軍事] 連隊旗手[の士官]
abanderamiento [abanderamjénto] 男 船籍登録
abanderar [abanderár] 《←a-+bandera》他 ❶ [外国船の] 船籍を登録する [船に] 登記証明書を発行する: *Abanderan muchos barcos bajo pabellón liberiano.* 多数の船がリベリアの船籍を持つ. ❷ [思想運動などの] 先頭に立つ: *Siempre ha abanderado la causa antirracista.* 彼は常に人種差別反対を主唱してきた. ❸ [旗などを] 高く掲げる
abanderizar [abanderiθár] 自 他 [まれ] [党派・分派に] 分裂させる
—— **～se ❶** [まれ] [+en 党派・分派に] 分裂する; 党派を作る. ❷ 《チリ》[+a 政党・候補者の] 支持を表明する
abandonado, da [abandonáđo, đa] 形 ❶ [人が] なげやりな, だらしのない: Es ～ *da* en el vestir. 彼は着るものに無頓着な. Es un tipo muy ～, casi nunca se afeita. 彼は大変ずぼらで, めったにひげを剃らない. ❷ [物・場所が] 汚れた, 手入れされていない: *Tiene* ～ *su despacho.* 彼は自分の仕事部屋を散らかし放題にしている. ❸ 《ペルー》堕落した, 下劣な
abandonamiento [abandonamjénto] 男 [まれ] =abandono
abandonar [abandonár] 《←仏語 abandonner「支配に委ねる」》他 ❶ [途中で責任・計画などを] 放棄する, 見捨てる; 断念する [類義] **dejar** が一時的な放棄のニュアンスが強いのに対して, **abandonar** は決定的な放棄を表わす]: *Han abandonado el proyecto de construir el nuevo aeropuerto.* 新空港建設計画は中止になった. *Abandonó la carrera de derecho.* 彼は法律の勉強をあきらめた. *No abandones la vigilancia.* 用心を怠るな. ～ la banda バンドを抜ける. ～ la casa 家出する; 家を捨てる. ～ la empresa 会社をやめる. ～ el partido 試合を放棄する. ～ su puesto 職務を放棄する; 地位を捨てる. ❷ [面倒を見るべき人などを] 見捨てる: *Su padre los abandonó cuando eran pequeños.* 父親は彼らが幼いころに彼らを遺棄した. *Se ha sumido en una fuerte depresión porque lo abandonó su mujer.* 彼は妻が他の男性と去って行き重い憂鬱病になっている. niño *abandonado* 捨て子. ❸ [使用などを] やめる: *Este año he abandonado pronto el abrigo.* 私は今年は早目にオーバーを脱いだ. *No abandona nunca su sonrisa.* 彼は決して笑みを絶やさない. ～ el coche por la caballería 車を馬に乗り換える. casa *abandonada* 廃屋. mina *abandonada* 廃坑. pueblo *abandonado* 廃村. ❸ 手から放す, 投げ出す: ～ la cuerda del globo 気球のひもを手から放す. ～ su cuerpo al espacio 空中に身を投げ出す. ❹ [文語] [場所などから] 離れる, 去る: *Abandonaremos el hotel antes de las nueve.* 9時までにホテルを出る予定だ. [しぼらく来ないなど] *Estaba abandonando la veintena y se sentía viejo.* 彼は20歳代とさよならするにあたり, 歳を取ったと感じていた. ～ la ciudad 町を去る（明け渡す）. ～ la patria 祖国を捨てる（出る）. ❺ [+a に] 任せる, 譲る: *Abandonó por tres días la casa a su hermana.* 彼女は3日間家を妹に任せた. *Abandonaron el pueblo al pillaje.* 村は略奪されるがままだった. ❻ [権利・財産などを] 放棄する. ❼ [保険] [貨物などの被保険物を] 委付する. ❽ [情報] 終了する. ❾ [格闘技] 降参する;《チェスなど》投了する
—— 自 [スポーツ] 出場を中止する; [途中で] 棄権する, 試合を放棄する
—— **～se ❶** 負けを認める, あきらめる: *No me abandonaré, haré más esfuerzos.* あきらめるもんか, がんばるぞ. ❷ [身だしなみなどが] だらしなくなる: *No te abandones y cuídate bien.* 不養生するな, 身だいじにな. ❸ [+a に] 身をゆだねる: *Se abandonó* (en manos de) *la suerte.* 彼は運命に身を任せた. ～

a la alegría 喜びに我を忘れる. ～*se a* la desesperación やけになる, 自暴自棄になる. ～*se al* placer 快楽にふける. ❹ [災難・不運に] 落胆する, 打ちのめされる
abandonismo [abandonísmo] 男 敗北主義, 消極論: *darse al* ～ 敗北主義に陥る
abandonista [abandonísta] 形 名 敗北主義の(主義者): visión ～ 敗北主義的な考え方
abandono [abandóno] 《←abandonar》 男 ❶ 放置, 放棄: El jardín está en el ～. 庭は荒れ放題になっている. sentimiento de ～ 見捨てられた感じ. ～ de un cadáver 死体遺棄. ～ de estudios 中途退学. ～ del hogar 家庭放棄. ～ de los niños 育児放棄. ～ de tierras [農業再編の] 作付面積の削減. ❷ なげやり; 自暴自棄: *Estaba sentada con* ～. 彼女はしどけなく座っていた. *darse al* ～ だらしなくなる. ❸ 《文語》[場所から] 去ること. ❹ 《スポーツ》出場中止; [途中での] 棄権, 試合放棄: ganar por ～ 不戦勝になる. ❺ [保険・貨物などの] 委付. ❻ 放棄, 破棄. ❼ [法律] [特定の受益者を指定しない] 財産放棄
abanicador, ra [abanikađór, ra] 形 [まれ] あおぐ
abanicar [abanikár] 《←abanico》 [7] 他 ❶ [うちわ・扇子で] あおぐ, 風を送る: *Abanicaba a Teresa lentamente.* 彼女は扇子でゆっくりテレサに風を送っていた. ❷ [闘牛] カポーテを左右に動かして挑発する. ❸ 《野球》三振させる
—— 自 《野球》三振する
—— **～se ❶** [自分を] あおぐ, 扇子を使う. ❷ 《チリ》[+con ～] 問題ない, 気にしない
abanicazo [abanikáθo] 男 ❶ 扇子で叩くこと; [一般に] あちこち叩くこと. ❷ さわやかな風の一吹き
abanico [abaníko] 《abano の示小語》 男 ❶ 扇子, うちわ《スペインでは女性には使わない》: abrir (cerrar) el ～ 扇子を開く（閉じる）. lenguaje de ～ 扇子言葉《17～18世紀の女性が扇子を使って様々な合図を送った》. ❷ 扇形, 扇状のもの: ～ de chimenea [暖炉の] 火熱よけのついて. ❸ [同種のもののまとまり; 範囲, 幅: Puedes escoger entre un ～ de posibilidades. 君はさまざまな可能性の中から選ぶことができる. un ～ de efectos secundarios 一連の副作用. ❹ 《経済》[プロダクト・ライン《需要や特性が類似している製品系列》. 2) ～ salarial/ ～ de salarios [熟練・不熟練労働者間の賃金格差が鋏(はさみ)状に図示される] 賃金シェーレ, 鋏状賃金格差. ❺ 《船舶》[風よけの隊形. ❼ [自転車] 風よけの隊形. ❽ [地理] ～ aluvial 扇状地. ❽ マドリード模範刑務所《1876～1939. 扇子工場の上に建てられた》. ❾ [俗語] サーベル. ❿ [甲冑の] 扇形の肘当て[（膝当て）. ⓫ 《メキシコ》電風扇 [=ventilador]. ⓬ 《パナマ・プエルトリコ. 玩具》風車. ⓭ 《キューバ. 鉄道》転轍機の信号. ⓮ 《エクアドル》[火をあおぐための] エスパルト製のうちわ
en ～ 扇状に: *Las tropas se abrieron en* ～. 部隊は扇形に展開した. *extender las cartas en* ～ カードを扇形に広げる
parecer ～ *de tonta* [俗語] そわそわとよく体を動かす
abanillo [abaníʎo] 男 ❶ 《古語》扇子. ❷ 《廃語》襞襟(ひだえり), 襟の襞飾り
abanino [abaníno] 男 《廃語》[宮廷貴婦人の胴着の] 白い襟飾り
abaniquear [abanikeár] 他 《南米》 =abanicar
abaniqueo [abanikéo] 男 ❶ [扇子で] あおぐこと. ❷ [話す時に] 手を大げさに動かすこと
abaniquería [abanikería] 女 扇子工場, 扇子販売店
abaniquero, ra [abanikéro, ra] 名 扇子製造(販売)業者
abano [abáno] 《←ポルトガル語 abanar「ふるいにかける, 揺り動かす」》 男 [まれ] ❶ 扇子, うちわ. ❷ [天井から吊るした送風用の] 大うちわ
abanto [abánto] 形 ❶ 《闘牛》[牛が開始時に] 落ち着きのない, 戦意が見られない, おじけづいた. ❷ 《まれ》[人が] そそっかしい, うかつな
—— 男 [地方語. 鳥] エジプトハゲワシ [=alimoche; クロハゲワシ =buitre negro]
abañador, ra [abaɲađór, ra] 名 《カスティーリャ》種子をふるいにかけて選別する人
abañadura [abaɲađúra] 女 《カスティーリャ》[種子の] 選別
abañar [abaɲár] 他 《カスティーリャ》[選別するため種を] ふるいにかける
abar [abár] [不定詞・命令法のみ] ～**se** 道をあける, 離れる, 退く
abarajar [abaraxár] 他 ❶ 《中南米》1) [投げられたものを] 受けとめる. 2) [口語] […の意図を] すぐに見抜く. ❷ 《ラプラタ. 口

語〕〔相手の攻撃を〕かわす, ブロックする
abaranero, ra [abanéro, ra] 形 名《地名》アバラン Abarán の〔人〕《ムルシア県の町》
abaratador, ra [abaratadór, ra] 形 価格(コスト)を下げる
abaratamiento [abaratamjénto] 男 値下げ; 価格(コスト)の下落: ～ del petróleo 石油価格の値下がり. ～ de los costos コストダウン
abaratar [abaratár] 〖←a-+barato〗 他 〖価格・コストを〗下げる: ～ el pan パンの値段を下げる. La fábrica produce a gran escala para ～ costes. 工場はコストを下げるために大量生産する ── ～se 〖価格・コストが〗下がる: Últimamente *se han abaratado* mucho los pisos. 最近マンションが大幅に値下がりした
abarbechar [abarbetʃár] 他 =barbechar
abarbetar [abarbetár] 他 ❶《軍事》〖銃座で〗…の防備を固める(補強する). ❷《地方語》〖+en に〗しがみつく
abarca [abárka] 〖←前ローマ時代の語〗女 ❶《西》〖紐で縛る〗革(ゴム)製のサンダル: ～ ibicenca イビサ風サンダル《指の部分は幅広の革紐, 足首は細い革紐で縛る》. ❷《地方語》木靴〖= zueco〗
abarcable [abarkáble] 形 ❶ 一抱えにされ得る, 抱え込める. ❷〖問題などが〗扱われ得る: Este tema me parece muy ～. 私はこのテーマはとても扱いやすいと思う. ❸ 一望され得る
abarcado, da [abarkádo, da] 形《西》サンダル abarca をはいた
abarcador, ra [abarkadór, ra] 形 包括的な
abarcadura [abarkadúra] 女 =abarcamiento
abarcamiento [abarkamjénto] 男 ❶ 抱えること. ❷ 含むこと, 包含
abarcar [abarkár] 〖←俗ラテン語 abbracchiare「抱く」< bracchium「腕」〗 [7] 他 ❶〖手・腕を回して〗抱える, 囲う: No pudieron ～ aquel árbol entre los tres. 彼ら3人がかりでもあの木を抱えこむことはできなかった. ❷ 含む, 包含する: Este curso *abarca* todo lo relacionado con la literatura contemporánea. 本講座は現代文学に関するすべてをカバーしている. La provincia *abarca* varios valles y una amplia llanura. 県はいくつかの谷と広い平野にまたがっている. Es una vista *abarca* la región norte. 旅行は北部をずっと回る. palabras que *abarca* el paréntesis かっこ内の語. ❸〖仕事などを〗抱え込む, 一度にたくさん引き受ける: Es tan corta nuestra vida para ～ tantos conocimientos, trabajar y vivir... 私たちの人生は短すぎて, 仕事や生活など, それほどたくさんのことは覚え切れない. Quien mucho *abarca* poco aprieta. 〖諺〗二兎を追う者は一兎をも得ず. ❹ 一目で見渡す, 一望する 〖= ～ con una sola mirada〗: Desde la cima *abarqué* todo el valle. 山頂から私は谷間の全景を見晴らした. ❺《狩猟》〖獲物のいるあたりを〗取り囲む;〖獲物を〗追い込む. ❻《中南米》〖営利・投資目的で〗買う, 一人占めする, 独占する. ❼《エクアドル》〖雌鶏が〗卵を抱く ── 自 含まれる, 及ぶ: Las Islas Canarias no *abarcan* en este mapa. カナリア諸島はこの地図に載っていない
～ *mucho* 多岐に渡る
── ～se 見渡せる, 見晴らせる: Desde allí *se abarca* todo el lago. そこからは湖全体が一望できる
abarcón [abarkón] 男《技術》鉄製の締め具
abaritonado, da [abaritonádo, da] 形《音楽》バリトンの
abarloar [abarloár] 他《船舶》〖船を他の船や桟橋に〗横づけする
abarquero, ra [abarkéro, ra] 男女 サンダル abarca を作る(売る)人 ── 女《地方語》〖サンダル abarca を履く時の〗毛の長靴下
abarquillado, da [abarkiʎádo, da] 形 ❶〖estar+〗筒状に丸まった. ❷ アイスクリームコーン形の ── 男 反り
abarquillamiento [abarkiʎamjénto] 男 反り
abarquillar [abarkiʎár] 〖←a-+barquillo〗 他 反(ᵏ)り返らせる, 丸める ── ～se 反る, 丸まる: Se *abarquilló* la pared. 壁が反り返った. Las fotos se han *abarquillado*. 写真が丸まってしまった
abarracado, da [abaṙakádo, da] 形《まれ》バラックのような
abarracar [abaṙakár] [7] 自 ～se《軍事》〖仮小屋に〗野営する
abarrado, da [abaṙádo, da] 形 =barrado
abarraganamiento [abaṙaɣanamjénto] 男《まれ》同棲
abarraganar [abaṙaɣanár] ～se《まれ》同棲する

abarrajado, da [abaṙaxádo, da] 形 名《南米》恥知らずな〔人〕, 図々しい〔人〕, ふしだらな〔人〕, 身をもち崩した〔人〕
abarrajar [abaṙaxár] 他 投げつける ── ～se《ペルー, チリ》下品になる, 柄(ᵍ)が悪くなる
abarramiento [abaṙamjénto] 男《廃語》投げつけること; 殴打
abarrancadero [abaṙaŋkadéro] 男 ❶ ぬかるみ, 泥地. ❷ 行き詰まり, 窮地
abarrancado, da [abaṙaŋkádo, da] 形〖土地が〗細溝(雨裂)の
abarrancamiento [abaṙaŋkamjénto] 男《地質》細溝〔形成〕, 雨裂
abarrancar [abaṙaŋkár] [7] 他 ❶《地質》〖雨水などで地表に〗深い溝をうがつ, 峡谷を作る. ❷ 崖っぷちに追いやる ── 自〖船が〗座礁する ── ～se ❶ 窮地に陥る; 動きがとれなくなる. ❷〖船が〗座礁する
abarrar [abaṙár] 他《廃語》❶ 投げつける. ❷ 殴る; 棒で叩く
abarraz [abaṙáθ] 男《植物》=albarraz
abarredera [abaṙedéra] 女 ❶《古語》=barredera. ❷《アルバセテ》俗 井戸からバケツを引き上げる鉤(ᵍ)
abarrenado, da [abaṙenádo, da] 形《カナリア諸島》元気な, 強い; 多産な
abarrer [abaṙér] 他《廃語》=barrer
abarrisco [abaṙísko] 副 ごちゃまぜに, いっしょくたに
abarrocado, da [abaṙokádo, da] 形 バロック風の
abarrocamiento [abaṙokamjénto] 男 バロック化
abarrotamiento [abaṙotamjénto] 男 一杯にする(なる)こと
abarrotar [abaṙotár] 〖←a-+barrote「積み荷を固定する鉄の棒」〗 他 ❶〖人・物が, 場所を〗一杯にする: El público *abarrotó* la plaza de toros. 観客で闘牛場ははちきれそうだった / 大入満員だった. ❷《商業》限度一杯に仕入れる; 〖在庫で〗満杯にする. ❸《船舶》〖小さな荷物をすき間に詰めて〗積み荷を固定する; 〖船のあらゆる所に〗積載する. ❹《中南米》〖+de 商品を過剰供給して価格を〗暴落させる. ❺《チリ》買い占める, 独占する ── ～se ❶ 一杯になる. ❷《中南米》〖商品が市場にあふれ〗値下がりする
abarrote [abaṙóte] 〖←abarrotar〗 男 ❶《船舶》〖積み荷を固定する〗詰め物. ❷ =abarrotamiento. ❸《まれ》〖主に 複〗食料品. ❹《中南米》複 食料雑貨品; 食料雑貨店〖=tienda de ～s〗
abarrotería [abaṙotería] 女《中南米》食料雑貨店
abarrotero, ra [abaṙotéro, ra] 男女《中南米》食料雑貨商. ❷《メキシコ》〖スペインからの〗無知な移民
abarullar [abaruʎár] 他《地方語》=embarullar
abasí [abasí] 形 名《複 ～es》《歴史》アッバス朝の〔人〕
abasida [abasída] 男 =abasí
abaskokerketa [abaskokerkéta] 形 名 北西コーカサス〔カフカス〕諸語〔の〕《アブハズ語, アバザ語, チェルケス語など》
abastamiento [abastamjénto] 男 =abastecimiento
abastanza [abastánθa] 女《廃語》多量, 多数, 豊富 〖=abundancia〗 ── 副《廃語》かなり, 十分に 〖=bastantemente〗
abastar [abastár] 〖←a-+bastar〗 他《文語》=abastecer ── 自《廃語》=bastar ── ～se《廃語》満足する 〖=satisfacerse〗
abastardar [abastardár] 自 退化する 〖=bastardear〗
abastecedor, ra [abasteθedór, ra] 形 供給する: país ～ de uranio enriquecido 濃縮ウラン供給国. depósito ～ de agua 給水タンク ── 男女 供給者, 補給者: ～ de buques《船舶》シップチャンドラー
abastecer [abasteθér] 〖←a-+古語 bastecer「供給する」< ゲルマン語 bastjan「建築する」〗 [39] 他〖+de・con 必需品を〗供給する, 補給する: Los pantanos *abastecen* de agua a los municipios. 貯水池が市町村に水を供給する ── ～se: Cuba se *abastecía* del petróleo soviético. キューバはソ連の石油を買っていた
abastecimiento [abasteθimjénto] 男〖必需品の〗供給, 補給, 調達: línea de ～《軍事》補給路, 兵站線. ～ de víveres frescos 生鮮食品の供給
abastero, ra [abastéro, ra] 男女 ❶《中南米》八百屋, 青果業者. ❷《チリ》〖畜殺業者に卸す〗家畜の仲買人
abastionar [abastjonár] 他 …に要塞(砦)を築く; 砦で防御する

abasto [abásto]〔←abastar〕男 ❶ [主に 複] 生活必需品; [特に] 食糧: mercado de ～s 生鮮食品卸売市場. ❷ 供給, 補給. ❸ 豊富, 多量 [=abundancia]. ❹ [刺繍で] 中心の図柄以外の部分. ❺《ナバラ, サラマンカ》居酒屋. ❻《メキシコ》畜殺場 [=matadero]. ❼《南米》[生鮮] 食料品市場. ❽《ベネズエラ》食料雑貨店
　dar ～ [+a・para] …に十分である, …の必要を満たす《主に否定文で》: La fábrica no puede *dar* ～ *para* atender la demanda. 工場は注文に応じきれない. El presupuesto municipal *dará* ～ *a* las obras públicas. 市の予算は公共工事をまかなうのに十分だろう
　de ～ [家畜用] 食肉用の
abatanado, da [abatanáðo, ða] 形《中南米》布目のつんだ; [布が] 厚手の
　—— 男 縮絨
abatanar [abatanár]〔←batán〕他 ❶《繊維》縮絨(じゅう)する. ❷《まれ》殴る; ひどい目にあわせる
　—— ～se《メキシコ, ボリビア, アルゼンチン》[使用・洗濯によって布が] 縮む, 固くなる
abatatar [abatatár] 他《ラプラタ. 口語》❶ あわてさせる, あたふたさせる. ❷ 困惑させる, 恐縮させる, 恥じ入らせる
　—— ～se《ラプラタ. 口語》❶ あわてる, あたふたする. ❷ 動揺する, 恐縮する
abate [abáte]〔←ラテン語 abbas, -atis〕男 ❶《西》外国人の聖職者《特にフランス人, イタリア人》; [長くフランス・イタリアにいた] スペイン人の聖職者. ❷《歴史》[助祭になる前の] 下級聖職者; [軽薄な] 18世紀の宮廷聖職者
　—— 間《地方語》あぶない!
abatí [abatí]〔←グアラニー語〕男《アルゼンチン, パラグアイ》トウモロコシ [=maíz]; トウモロコシの蒸留酒
abatible [abatíβle] 形 [座席などが] 倒すことのできる; [テーブル・ベッドなどが] 折り畳める: asiento ～ リクライニングシート. butacas ～s de cine 映画館のはね上げシート
abatidamente [abatiðaménte] 副 意気消沈して, 落胆して, しょんぼりして
abatidero [abatiðéro] 男 排水溝
abatido, da [abatíðo, ða] 形 [estar+] 意気消沈した, がっかりした: Está muy ～ por el desengaño amoroso. 彼は失恋ですっかり力を落としている
abatidor, ra [abatiðór, ra] 打ち倒す
abatimiento [abatimjénto] 男 ❶ 落胆, 失意, 意気消沈; [心身の] 虚脱, 衰弱: Los pacientes depresivos sufren un ～ de la vitalidad en su conjunto. 鬱状態の患者は心身共に生気を失う. ❷ 破壊, 取り壊し. ❸《船》風圧偏位, リーウェー;《航空》偏流角. ❹ 侮辱, 屈辱, 不面目. ❺《廃語》不名誉
abatir [abatír]〔←ラテン語 abbattuere < ab-+battuere〕他 ❶ 打ち倒す, 取り壊す: ～ un árbol 木を切り倒す. ～ un edificio ビルを解体する. ～ una tienda de campamento テントを畳む. ～ el respaldo del asiento 座席の背を倒す. Roma *abatió* el poder de Cartago. ローマはカルタゴを打ち倒した. ❷ 撃ち落とす, 撃ち殺す: ～ un avión enemigo 敵機を撃墜する. ～ un pájaro 鳥を射止める. Los guerrilleros fueron *abatidos* a tiros. ゲリラたちは銃弾を浴びて撃ち殺された. ❸ 下ろす, 下ろす: *Abatimos* la cabeza en señal de reverencia. 私たちは敬意の印に頭を下げる. ～ las velas 帆を下ろす. ❹ 意気消沈させる; [心を] 傷つける, 侮辱する; [誇り・高慢を] くじく: La desastre lo *abatió* mucho. 災厄が彼を打ちのめした. ❺ [トランプ]勝って手札を扇状に開いて見せる
　—— ～se《文語》[鳥・飛行機などが, 主に攻撃するために, +sobre に] 降下する: El cóndor *se abatió sobre* su presa. コンドルは獲物の上に舞い降りた(獲物に襲いかかった). ❷《悪いことが》降りかかる, 襲いかかる: La enfermedad impensada *se abatió sobre* ella. 彼女は思いもよらぬ病気に襲われた. Se abaten todos los años algunos tifones *sobre* nuestro país. 毎年我が国は何回か台風に見舞われる. ❸ [+ante・a に] 屈服する, 譲歩する: Me *abatí a* sus lágrimas. 私は彼女の涙に折れた. ❹ がっかりする, 落胆する. ❺ 衰弱する, やつれる
abatís [abatís] 男 [複 *abatíses*]《パラグアイ. 歴史》木の幹・枝で作った塁壁
abatismo [abatísmo] 男《まれ》❶ 下位聖職者 abate の職位. ❷ 集名 下位聖職者

abayado, da [abajáðo, ða] 形《植物》漿果(しょうか)状の
abaz [aβáθ] 男《まれ》食器棚
abazón [aβaθón]〔←仏語 abajoue〕男《動物》[猿・齧歯類の] 頬袋
abbasí [abbasí] 形 名 =**abasí**
abbasida [abbasíða] 形 名 =**abasí**
abbevillense [abbeβiλénse] 形《歴史》アブビル期(の)
ABC [aβeθé] 男 アーベーセー《1903, マドリードで創刊されたスペインの保守系日刊紙》
abderitano, na [aβðeritáno, na] 形 名《歴史. 地名》アブデラ Abdera の(人)《スペイン, アルメリア地方, 現在のアドラ Adra》
Abderramán [aβðerramán]《人名》～ **I** アブデラマン1世《734-788, 後ウマイヤ朝 Califato de Córdoba の初代アミール emir》～ **III** アブデラマン3世《891-961, 後ウマイヤ朝初代カリフ califa. 929年にカリフを称しウマイヤ朝の最盛期を築く》
Abdías [aβðías] 男《旧約聖書》オバデア《ヘブライの預言者》; オバデア書
abdicación [aβðikaθjón] 女 ❶ [+en+人 への, 帝位・王位の] 退位, 譲位; [高位・重職の] 辞任, 退任: ～ de Carlos V en su hijo Felipe II カルロス5世から息子フェリペ2世への譲位. ❷《文語》[主義などの] 放棄
abdicar [aβðikár]〔←ラテン語 abdicare < ab-+dicare「おごそかに宣言する」〕7 自 他 ❶ [+en+人 に, 帝位・王位を] 譲る, 譲位する; [高位・重職を] 辞任する: El rey *abdicó* [la corona] *en* su hijo. 国王は王位を息子に譲った. ～ el gobierno 政権から退く. ～ la presidencia 大統領を辞職する. ～ el reino 王国を譲る. ❷《文語》[+de 主義などを] 放棄する: Yo nunca *abdicaré* [*de*] mis creencias. 私は絶対に自分の信念を曲げないだろう. ❸《アラゴン. 廃語》[権利・資格などを] 剥奪する
abdicativamente [aβðikatíβaménte] 副 委任を受けて, 代理で
abdicativo, va [aβðikatíβo, βa] 形 退位の, 譲位の, 辞任の; [主義などの] 放棄の
abdomen [aβðómen]〔←ラテン語 abdomen < abdere「隠す」〕男 ❶ [人・脊椎動物の] 腹, 腹部 [=vientre]; [昆虫・節足動物などの] 腹: clavar a ～ a una navaja en el ～ 腹にナイフを突き刺す. ～ agudo《医学》急性腹症. ❷ 太鼓腹, 脂肪肥り
abdominal [aβðominál]〔←ラテン語 abdominalis〕形 腹の, 腹部の: dolor ～ 腹痛
　—— 男 複 ❶《スポーツ》シットアップ: hacer ～*es* シットアップする. ❷ 腹筋 [=músculos ～*es*]
abdominalgia [aβðominálxja] 女《医学》腹痛
abdominocentesis [aβðominoθentésis] 女《医学》腹腔穿刺
abdominogenital [aβðominoxenitál] 形 腹と性殖器に関する
abdominoscopia [aβðominoskópja] 女《医学》腹腔鏡検査
abducción [aβðu(k)θjón] 女〔←ラテン語 abductio, -onis「導くこと, 分離」〕❶《生理》外転 [⇔aducción]. ❷《論理》アブダクゲ, 蓋然的三段論法. ❸《まれ》誘拐
abducente [aβðuθénte] 形《生理》[主に目が] 外転する
abducir [aβðuθír] 41 他《まれ》[宇宙人・悪霊などが人を] 誘拐する
abductor, ra [aβðuktór, ra] 形《生理》外転する
　—— 男《解剖》外転筋
abeadores [aβeaðóres] 男 複 [ビロードを織る時の] 綜絖(そうこう)糸
abebay [aβeβáj] 男《植物》サペリ [=sapelli]
abecé [aβeθé] 男 ❶ ABC, アルファベット [=abecedario]. ❷ 集名 [学問・技能・知識の] 基礎, 初歩: ～ de la física (la pintura) 物理学(絵画)の基本. no entender (saber) el ～ いろはも知らない
abecedario [aβeθeðárjo]〔←ラテン語 abecedarium〕男 ❶ アルファベット, 字母表; 字母順序: ～ japonés あいうえお《五十音表》. ❷ manual [指で形を作る] 手話文字. ❸ telegráfico 電信記号. ❹《古語》ABCの練習帳, 読み書き読本. ～ ilustrado 読み書きの絵本. ❺《まれ》基礎, 初歩 [=abecé]. ❻ [印刷] [紙の折り記号の] 順序
abecerrado, da [aβeθerráðo, ða] 形《闘牛》子牛 becerro のような
abedul [aβeðúl]〔←ケルト語 betule < betulla (a は abeto の影響)〕❶《植物》カバノキ, シラカンバ, 白樺 [=～ plateado]
abedular [aβeðulár] 男 カバノキ林
abeja [aβéxa]〔←ラテン語 apicula < apis〕女 ❶《昆虫》ミツバチ(蜜蜂): ～ reina (maesa・maestra) 女王蜂. ～ obrera (neu-

abejar [abexár] 男 養蜂場《=colmenar》
abejarrón [abexařón] 男《昆虫》マルハナバチ《=abejorro》. ❷《廃語》相手をいきなり平手打ちするゲーム《=abejón》
abejarruco [abexařúko] 男《地方語》=abejaruco
abejaruco [abexarúko] 男 ❶《鳥》ヨーロッパハチクイ. ❷《まれ》情報通, うわさ好きの人
abejear [abexeár] 自[ミツバチのように]ブンブン飛び回る
abejeo [abexéo] 自 ブンブン飛び回ること(音)
abejera[1] [abexéra] 女 ❶《植物》ヤマハッカ, コウスイハッカ. ❷ 養蜂場《=colmenar》
abejero, ra[2] [abexéro, ra]《←abeja》名 養蜂家《=colmenero》. ―― 男 ❶《鳥》ハチクイ《=abejaruco》. ❷《グアテマラ》ミツバチの密集した群れ
abejón [abexón]《abeja の示大語》男 ❶ 雄ミツバチ《=zángano》. ❷《昆虫》1) マルハナバチ《=abejorro》. 2) コフキコガネ《=escarabajo sanjuaneiro》. ❸《廃語》手を口に当ててハチの羽音を真似ながら相手をいきなり平手打ちするゲーム. ❹《コスタリカ, チリ》甲虫
abejonear [abexoneár] 自《ドミニカ, コロンビア》マルハナバチのようにうなる; 小声で話す, ささやく
abejorrear [abexořeár]《←abejorro》自 [ミツバチなどが]ブンブンいう. ❷ ざわめく, がやがやいう
abejorreo [abexořéo] 男 ❶ [ミツバチなどの]ブンブンいう羽音. ❷ ざわめき, がやがやいう声
abejorro [abexóřo]《←abeja》男 ❶《昆虫》1) マルハナバチ. 2) コフキコガネ《=escarabajo sanjuaneiro》. ❷ 話のくどい人, わずらわしい人
abejuno, na [abexúno, na] 形《廃語》ミツバチの
Abel [aβél] 男《旧約聖書》アベル《アダム Adán とエバ Eva の息子. 兄カイン Caín に殺された》
abeldar [aβeldár] 23 他《農業》=beldar
abelia [aβélja] 女《植物》アベリア, ハナゾノツクバネウツギ
abelita [aβelíta] 男《まれ》羊飼い《=pastor》
abellacado, da [aβeʎakádo, da] 形《まれ》不良の, 下劣な
abellacar [aβeʎakár] [7] 他《まれ》堕落させる, …の人品を卑しくする
―― ~se《まれ》下品になる, 堕落する
abellotado, da [aβeʎotádo, da] 形 ドングリ形の
abelmosco [aβelmósko] 男《植物》トロロアオイモドキ
abemoladamente [aβemoládamente] 副 優しい(穏やかな)声で
abemolar [aβemolár] 他 ❶ [声を]穏やかにする, 和らげる. ❷《音楽》フラット記号をつける, 半音下げる
abencerraje [aβenθeřáxe] 男《歴史》アベンセラヘ家の人; 图 アベンセラヘ家, アベンセラヘ派《15世紀ナスル Názar 朝グラナダ王国の有力イスラム貴族, の党派. セグリー家 los cegríes との対立がグラナダ王国の崩壊を早めた》
abenojareño, ña [aβenoxaréɲo, ɲa] 形《地名》アベノハル Abenójar の[人]《シウダー・レアル県の小村》
abenojense [aβenoxénse] 形 =abenojareño
abenuz [aβenúθ] 男《植物》コクタン(黒檀)《=ébano》
Abenzoar [aβenθoár]《人名》→Ibn Zuhr
abéñula [aβéɲula] 女《廃語》 ❶ まつげ用化粧品. ❷ まつげ《=pestaña》
aberchale [aβertʃále] 形 名《まれ》=abertzale
aberenjenado, da [aβeɾenxenádo, da] 形[ナスの]暗紫色の; ナスの形をした
aberia [aβérja] 女《植物》ケイアップル《生け垣に使われる灌木. 学名 Aberia caffra》
aberración [aβeřaθjón]《←ラテン語 aberratio, -onis < aberrare》女 ❶ 非常識, 無分別; 錯乱: Eso que dices es una ~. 君の言っていることは常軌を逸している. ~ mental 精神異常. ❷《天文》光行差. ❸《光学》収差: ~ cromática (esférica) 色(球面)収差. ❹《生物》変体, 異常: ~ cromosómica 染色体異常
aberrante [aβeřánte] 形 ❶ 常軌を逸した, 異常な: conducta ~ 奇行. ❷《生物》変体の
aberrantemente [aβeřántemente] 副 常軌を逸して, 異常に
aberrar [aβeřár]《←ラテン語 aberrare「さまよい歩く」》自 常軌を逸する; 脱する

abertal [aβertál]《←ラテン語 apertus「開いた」》形 ❶[畑が塀・垣で]囲まれていない, 開放農地の. ❷[土地が日照りで]ひび割れた
abertura [aβertúra]《←ラテン語 apertura < aperire「開く」》女 ❶ 開ける(開く)こと: ~ de la maleta スーツケースを開けること. ❷ すき間, 亀裂; [地面の]ひび割れ: ~ del muro 壁の穴. ~ de una herida 傷口. ❸ 建物の開口部《窓, 戸口など》: ~ de ventilación 換気孔. ❹ [山間の]開けた広い土地; 入り江. ❺《法律》遺言状の開封《=apertura》. ❻《服飾》スリット, ベンツ: falda con [una] ~ スリットの入ったスカート. chaqueta con ~ en el centro (con ~s laterales) センター(サイド)ベンツの上着. ❼《技術》開き: medir la ~ de un ángulo 角の開きを測る. ❽《音声》口の開き[発音の際, 調音器官が作る空気を通すすき間の広さ]; その違いによる音の特質. ❾《光学》[レンズの]有効口径; [カメラの]絞り: ~ numérica 開口数. ❿《電気》アパーチャ. ⓫《口語》心が広い(偏見がない)こと, 率直さ: ~ en el trato 気のおさなか
abertzale [aβertsále]《←バスク語》形 名 バスク愛国主義の(主義者), 急進的バスク独立主義の(主義者): movimiento ~ 急進的バスク独立運動
abertzalismo [aβertsalísmo] 男 バスク愛国主義, 急進的バスク独立主義
aberzale [aβerθále] 形 名 =abertzale
abés [aβés] 副《古語》苦労して, どうにか
abesana [aβesána] 女《廃語》=besana
abesón [aβesón] 男《植物》ウイキョウ《=eneldo》
abestiado, da [aβestjádo, da] 形 獣のような
abéstola [aβéstola] 女《農業》[鋤の]土落とし棒
abesugado, da [aβesugádo, da] 形《まれ》出目の
abetal [aβetál] 男 モミ林
abetar [aβetár] 男 =abetal
abete [aβéte] 男 ❶《高地アラゴン》=abeto. ❷ [ラシャの毛を漉く時の]布押さえ棒
abetinote [aβetinóte] 男 モミの樹脂
abeto [aβéto]《←ラテン語 abies, -etis》男《植物》モミ(樅)《[= ~ blanco]: ~ falso/~ rojo/~ del norte トウヒ》
abetuna [aβetúna] 女《地方語》モミの若木
abetunado, da [aβetunádo, da] 形 靴墨のような: piel ~da 褐色の肌
abetunar [aβetunár] 他《廃語》=embetunar
abey [aβéj] 男《植物》ジャカランダ
abiar [aβjár] 男《植物》イワコマギクの一種《=manzanilla loca》
abibute [aβiβúte] 男《アンダルシア. 鳥》ヤツガシラ《=abubilla》
abicar [aβikár] [7] 自《カナリア諸島》死ぬ
abichar [aβitʃár] ~se《アンダルシア; アルゼンチン, ウルグアイ》 ❶ [果物の中などから]虫が現われる. ❷ [傷口に]うじがわく
abichón [aβitʃón] 男《魚》トウゴウイワシ
abieldar [aβjeldár] 他《農業》=beldar
abiertamente [aβjértamente] 副 ❶ 率直に, 隠さずに: hablar ~ 率直に話す. ❷ 公然と: José nos propuso ~ trabajar con él en su tienda. ホセは自分の店で一緒に働こうと表だって私たちに提案した. criticar ~ 公然と批判する
abierto, ta [aβjérto, ta]《←ラテン語 apertus. abrir の過分》形 ❶ [ドア・引き出しなどが] 開いた, 開いている: La puerta de la calle está ~ta. 玄関のドアが開いている. El cajón de la mesa queda ~. 机の引き出しが開けっぱなしになっている. ❷ [鍵・栓などが]開いた, 開いている: No dejes el grifo ~. 蛇口を開けっ放しにしておくな. ❸ [目・口などが]開いている: Dormías con la boca ~ta. 君は口を開けて寝ていたよ. ❹ [花が]開いた, 咲いた: Las flores están ~tas. 花が咲いている. ❺ [傷口が]開いた. ❻ 広げられた, 広がった: Quédese de pie con las piernas ~tas. 脚を広げて立って下さい. periódico ~ 広げられた新聞. ❼ 広がった: toro ~ de cuernos 開きの角の牛《闘牛で危険とされる》. ❽ 広々とした, 遮るもののない: Desde esta colina se ve un campo ~. この丘から広々とした平野が見える. ❾ 開店(開館)している: El supermercado ya está ~. スーパーマーケットはもう開いている. ❿ 公開の, 自由に参加できる: Este palacio está ~ al público. この宮殿は一般公開されている. curso ~ 公開講座. prisión ~ta [自由がなり許される]開かれた刑務所. ⓫ 受け入れる, 受け入れた: Te dejaré ~ta mi habitación para la fiesta. パーティーのために私の部屋を開放してあげよう. ⓬ [estar+. +a+事に] 寛容である: Estamos muy ~s a las nuevas corrientes artísticas.

我々は芸術の新しい流れを広く受け入れる態勢が整っている. ⓭［通行・往来を］許された: puerto ～ 自由港. ⓮ 率直な, あけっぴろげな: Pronto hizo amistad con ella porque es muy ～. 彼はとてもあけっぴろげな人なので彼女とすぐ親しくなった. Tiene un corazón ～. 彼は心が広い. joven ～ y simpático あけっぴろげで感じのいい青年. ～ de mentalidad 精神的に柔軟な. ⓯ 公然とした, あからさまな: guerra ～ta 公然とした戦争（対立・敵対関係）. ⓰ ［都市が］城壁で囲まれていない, 無防備の, 非武装の: ciudad ～ ［国際法上の］無防備都市（古語）城壁のない都市. ⓱ ［音声］1）開口音の: La "a" es un sonido ～. "a" は開口音である. vocal ～ta 開母音. 2）［音節の］［船舶］甲板のない, 屋根のない. ⓳ ［物理, 情報］開放型の: sistema ～ 開放型システム. ⓴ 《中南米》1）寛大な, 気前のいい. 2）うぬぼれた, 思い上がった. ㉑ 《ペルー, メキシコ. 俗語》=abierto estar ～ 処女でない
── 男 ❶ 《スポーツ》オープン［トーナメント］. ❷ 《コロンビア》［森の中の］木のない空き地［耕作に適している］
en ～《西. 放送》［有料チャンネルで番組が］無料の
abietáceo, a [abjetáθeo, a] 女《植物》マツ科〔の〕〖=pináceo〗
abiete [abjéte] 男《廃語》=**abeto**
abietíneo, a [abjetíneo, a] 形 女《植物》マツ科〔の〕〖=pináceo〗
abietino, na [abjetíno, na] 形 モミの樹脂の
── 男 モミの樹脂〖=abetinote〗
abigarradamente [aβiɣařáðaménte] 副 ごてごてと; 雑多に
abigarrado, da [aβiɣařáðo, ða] ❶ 配色の悪い, 雑多な色の: cuadro ～ ごてごてした色彩の絵. ❷ 雑多な, まぜこぜの: discurso ～ まとまりのない演説. muchedumbre ～da 烏合の衆
abigarramiento [aβiɣařamjénto] 男 雑多な混合; 多種多様, 不統一, まとまりのなさ
abigarrar [aβiɣařár]〖←仏語 bigarré〗他《まれ》［色々なものを］雑多に混ぜ合わす
── **se** ［異質・多種多様なものが一か所に］集まる; ［統一なく］寄り集まる: Personas de todas las edades se abigarran en la plaza. 老若男女が広場に集まって来る
abigeato [aβixeáto] 男《中南米. 法律》家畜泥棒〖行為〗
abigeo [aβixéo] 男《中南米. 法律》家畜泥棒〖人〗
abigotar [aβiɣotár] 他《まれ》口ひげを生やさせる
abillelar [aβiʎelár] 他 =**abiyelar**
abilletado, da [aβiʎetáðo, ða] 形《美術》市松模様の
abinar [aβinár] 他《地方語. 農業》=**binar**
ab initio [ab iníθjo]〖←ラテン語〗副 最初から, 初めから
ab intestato [ab intestáto]〖←ラテン語〗遺言なしに
abintestato [abintestáto]《法律》無遺言相続手続き; 無遺言死亡
── 副 ❶ =**ab intestato**. ❷《地方語》孤立無援で
abiogenesia [aβjoxenésja] 女 =**abiogénesis**
abiogénesis [aβjoxénesis] 女《生物》自然発生〔説〕〖無生命物質から生物が発生するという旧説〗
abiología [aβjoloxía] 女 無機物学
abioquímica [aβjokímika] 女 無機化学〖=química inorgánica〗
abiosis [aβjósis] 女 非生物性;《医学》生命力欠如
abiótico, ca [aβjótiko, ka]〖←a-+ギリシャ語 bios「生命」〗形《生》［環境が］生命の存在が不可能な, 生命のない; ［環境要因が］非生物な: factor ～ 非生物要因. medio ～ 非生物的環境
abiotrofia [aβjotrófja] 女《医学》無生活力
abiotrófico, ca [aβjotrófiko, ka]《医学》無生活力の
abipón [aβipón] 男 [aβipóna, na] 形 アビポン族の〖パラナ川右岸の先住民. 18世紀末に滅亡〗
abirritación [aβiřitaθjón] 女《医学》刺激感受性減退
abirritar [aβiřitár] 他《医学》［体の一部への］刺激を除去する
abisagrar [aβisaɣrár] 他 ❶［扉などを］蝶番で取り付ける. ❷《チリ》［靴を］磨く
abisal [abisál]〖←ラテン語 abyssus < ギリシャ語 abyssos「底なしの」〗形〖深度6000m以上の〗深海の: pez ～ 深海魚. piso ～ 深海平原. ❷《文語》=**abismal**
abisalmente [abisálménte] 副《文語》=**abismalmente**
abiselado, da [aβiseláðo, ða]《技術》斜めの縁の
abiselar [aβiselár] 他 =**biselar**

abisinio, nia [abisínjo, nja] 形 名《地名》［エチオピアの旧称］アビシニア Abisinia の(人)
── 男 ❶《歴史》［スペイン内戦で海軍の］作業帽. ❷《猫》アビシニアン
abisino, na [abisíno, na] 形 名《地名》=**abisinio**
abismado, da [abismáðo, ða] ❶［+en に］ふけった, 没頭した. ❷《紋章》［盾の紋地の］中央に置かれた
abismal [abismál]〖←abismo〗形 ❶ 深淵の. ❷ 非常に深い, 底知れない: ～es profundidades del alma humana 人間の心のはかり知れぬ奥底. silencio ～ 深い沈黙. ❸［差異などが］大変大きな, 顕著な: diferencia ～ 雲泥の差. ❹ 深海の〖=abisal〗
abismalmente [abismálménte] 副 非常に深く; 顕著に
abismante [abismánte] 形《南米》並外れた, 普通と違った
abismar [abismár]〖←abismo〗他《文語. 比喩》深淵に沈める: La muerte de su mujer le ha abismado en una depresión inconsolable. 妻の死で彼は慰めようもないほど落ち込んだ. ❷ 当惑（混乱）させる. ❸《ドミニカ》壊す, 駄目にする. ❹《アンデス》驚かす
── 自《アンデス》驚く
── ～**se**《文語》［+en に］ふける: Volvió a ponerse los lentes y a ～se en la contemplación del gato. 彼は再び眼鏡をかけ, 猫をじっと見つめた. ～se en la lectura 読書に打ち込む. ～se en el dolor 痛みに我を忘れる
abismático, ca [abismátiko, ka]《文語》底知れない, 不可解な［=abismal］;［差異などが］顕著な
abismo [abísmo]〖←ラテン語 abyssus < ギリシャ語 abyssos「底のない」〗男 ❶［底が見えない］深淵, 深み, 奈落の底; 断崖絶壁: De ver aquel ～ se encoge a uno el corazón. あの深淵をのぞくと誰もがぞっとする. arrojarse al ～ del despeñadero 絶壁から身を投げる. ～ de la desesperación 絶望のどん底. ❷ 大きな相違（隔たり）: Entre tus pensamientos y los míos hay un ～. 君の考えと私の考えの間には大きな隔たりがある. ～ que existe entre las imágenes y el lenguaje イメージと言葉の間の溝. ～ generacional ジェネレーションギャップ. ❸ ［うかがい知れない］の奥底: descenso libertador a los ～s del alma aherrojada 抑圧された精神の奥底に下りて解き放つこと. ❹ ［抜け出したい］危機, 窮地: Por el mal funcionamiento táctico el euipo estuvo al borde del ～. 戦術のまずさからチームは崖っぷちに立っていた. Hace negocios siempre al borde del ～. 彼はいつも危ない橋を渡って商売をしている. ❺ ［悪いもの］の大量, 極度: un ～ de dolor 測り知れない苦しみ. un ～ de maldad 悪の塊. ❻《地理, 紋章》海淵, 深海の: ～ marino, ～ del mar］: A～ Challenger チャレンジャー海淵. ❼《紋章》［盾の紋地の］中央. ❽《まれ》地獄〖=infierno〗
abisopelágico, ca [abisopeláxiko, ka] 形《生物》深海遊泳性の
abitadura [abitaðúra] 女《船舶》錨索を係柱に巻き付けること
abitaque [abitáke] 男《建》化粧材〖=cuartón〗
abitar [abitár] 他《船舶》［錨索を］係柱に巻き付ける
abitón [abitón] 男《船舶》［船の綱を巻き付ける］もやい柱
abiyelar [abijelár] 他《隠語》持つ〖=tener〗
abizcochado, da [aβiθkotʃáðo, ða] 形 スポンジケーキのような
abjacio, cia [abxáθjo, θja] 形 =**abjasio**
abjasio, sia [abxásjo, sja] 形 名《地名》［コーカサスの］アブハジア Abjasia 自治共和国の〔人〕; アブハズ人
── 男 アブハズ語
abjaso, sa [abxáso, sa] 形 =**abjasio**
abjazio, zia [abxáθjo, θja] 形 =**abjasio**
abjazo, za [abxáθo, θa] 形 =**abjasio**
abjuración [abxuraxjón] 女 棄教, 棄教の宣誓; 転向
abjurar [abxurár]〖←ラテン語 abjurare < ab-+jurare「誓う」〗他 自《文語》［宣誓して, +de 宗教・主義などを］放棄する: Enrique IV abjuró del protestantismo para acceder al trono de Francia. アンリ4世はフランスの王位につくためプロテスタンティズムを放棄した.
ablación [ablaθjón] 女〖←ラテン語 ablatio, -onis < auferre「持っていく」〗❶《医学》切除. ❷《地質》［川・風・波などによる］削剥, 削磨: ～ glaciar 氷河削剥; 氷河後退. ❸《技術》アブレーション
ablana [abláńa] 女《アストゥリアス. 果実》ヘーゼルナッツ〖=avellana〗
ablanar [ablanár] 男《アストゥリアス. 植物》ハシバミ〖=avellano〗

ablandabrevas [aβlandaβréβas] 名《単複同形》《まれ》役立たず
ablandador, ra [aβlandaðór] 名 形 やわらかくする
—— 男 ~ de agua 硬水軟化剤. ~ de carne 肉を柔らかくするための香辛料
ablandadura [aβlandaðúra] 女《古語》=**ablandamiento**
ablandahígos [aβlandaíɣos] 名《単複同形》《古語》=**ablandabrevas**
ablandamiento [aβlandamjénto] 男 柔らかくする(なる)こと；緩和，軟化：operación de ~《軍事》無力化作戦. ~ del agua 軟水化
ablandante [aβlandánte] 形 柔らかくする
ablandar [aβlandár] [←a-+blando] 他 ❶ 柔らかくする: El calor *ablanda* la cera. 熱はろうを軟らかくする. ❷《反対・条件など》和らげる: He *ablandado* las exigencias de los creedores. 私は債権者たちの厳しい要求を軽減させた. ❸ 感動させる，同情をひく: Esta historia *ablandará* a todo el mundo. この話はすべての人の心を動かすだろう. ❹《敵軍などの》士気(抵抗力)を弱める，無力化する. ❺《医学》《下剤などで》通じをつける；《腫れもの》化膿させる. ❻ 軟水化する. ❼《南米.自動車》慣らし運転をする
—— 自《寒さが》ゆるむ；《風が》弱まる
—— ~se ❶ 柔らかになる: En agua hirviendo *se ablandan* los macarrones. マカロニは熱湯で柔らかくなる. ❷ 和らぐ, 穏やかになる: Su duro corazón *se ablandará* con el tiempo. 時と共に彼のかたくなな心も和らぐだろう
ablandativo, va [aβlandatíβo, ba] 形 柔らかくする[力のある]
ablande [aβlánde] [←ablandar] 男《キューバ、ボリビア、アルゼンチン、ウルグアイ. 自動車》慣らし運転: en ~ 慣らし運転中の
ablandecer [aβlandeθér] 39 他《古語》=**ablandar**
ablano [aβláno] 男《地方語.植物》ハシバミ [=avellano]
ablativo [aβlatíβo] 男《文法》❶ [ラテン語で] 奪格 [=caso ~]: ~ absoluto 奪格独立語句. ❷ [スペイン語で] 前置詞に支配され副詞句として使われる格(文の要素)
-able《接尾辞》→**-ble**
ablefaria [ableβárja] 女《医学》無眼瞼症
ablegado [aβleɣáðo] 男《カトリック》[新枢機卿に枢機卿帽birrete を授与する] 教皇特使
ablentador [aβlentaðór] 男《地方語》=**aventador**
ablentar [aβlentár] 他《地方語》=**aventar**
ablepsia [ablé(p)sja] 女《医学》視覚消失
ablitero, ra [aβlitéro, ra] 形 名《地名》アブリタス Ablitas の〔人〕《ナバラ県の小村》
ablución [abluθjón] [←ラテン語 ablutio, -onis < abluere < lavere「洗う」] 女 ❶ [宗教的な] 沐浴，みそぎ，水による清め；[体を洗うこと: En el Ganges hacen las *abluciones* los hindúes. ガンジス川でヒンズー教徒が沐浴をする. ❷《カトリック》[ミサの前後，司祭が聖杯と指を洗う] 洗浄式；又 洗浄式に用いるぶどう酒と水
ablucionar [abluθjonár] 他 沐浴させる
—— ~se 沐浴する
abluente [abluénte] 形《医学》洗浄の
abluir [ablwír] 48 他 [文字が鮮明になるように古文書などを] 洗う
ablusado, da [ablusáðo, ða] 形《服飾》ブラウジングした；[上半身] ゆったりとした: vestido ~ ブラウスドレス
ablusar [ablusár] 他《服飾》ブラウジングして着る，ゆったり着る: Quiero ~me este vestido. この服はゆったり着たい
abnegación [abneɣaθjón] 女 [自分の利益を犠牲にした] 献身, 無私の奉仕, 自己犠牲
abnegadamente [abneɣáðaménte] 副 献身的に
abnegado, da [abneɣáðo, ða] 形 献身的な, 自己犠牲的な: amor ~ 献身的な愛. ~ trabajo 奉仕活動
abnegar [abneɣár] [←ラテン語 abnegare < ab-+negare] 8 23 [→negar] ~se《まれ》自分の欲望や利益などを犠牲にする, 献身する
abobadamente [aboβáðaménte] 副 ぼうっとして
abobado, da [aboβáðo, ða] 形 [驚き・喜びなどがあまりにも大きくて] ぼうっとした, ばかみたいな: cara ~da ぼかんとした顔
abobamiento [aboβamjénto] 男 ぼうっとした状態
abobar [aboβár] 他 うっとりさせる, 夢中にさせる
—— ~se うっとりする, 夢中になる
abobilla [aboβíʎa] 女 =**abubilla**
abobillo [aboβíʎo] 男《アンダルシア》=**abubilla**

abobito [aboβíto]《カナリア諸島》=**abubilla**
abobo [aboβo]《カナリア諸島》=**abubilla**
abobra [aβóβra] 女《植物》ブリオニー《つる性の観葉植物》
abocadar [abokaðár] 他《地方語》口にくわえる
abocadear [abokaðeár] 他《廃語》かみついて傷を負わせる；一口食べてみる
abocado, da [abokáðo, ða] 形 ❶ [estar+. +a 悪い結果に] 向かっている: Nos vemos ~ al divorcio. 私たちの離婚は避けられない. El proyecto está ~ al fracaso. 計画は失敗に向かっている. ❷ [ワインの] [ser+] 少し甘口の, 中辛口の; [estar+] 口当たりのよい. ❸《南米》献身的な
—— 男《フィリピン. 植物, 果実》アボガド
abocamiento [abokamjénto] 男《容器から容器への》注入, 流入
abocanar [abokanár] 自《アストゥリアス》《単人称》雨がやむ [=escampar]
abocar [abokár] [←a-+boca] 7 他 ❶《容器の口から口へ中身を》移す, 注ぐ. ❷《危険に近づくように人を》仕向ける. ❸《廃語》
—— 自 ❶ [+a 悪い結果に] 導く. ❷《船が運河・海峡・港に》さしかかる, 入り始める
—— ~se ❶ [+hacia に] 向かう; [討議・交渉のために] 集まる. ❷《メキシコ、グアテマラ、コスタリカ、ボリビア、アルゼンチン、ウルグアイ》[+a に] 夢中になる, 熱心に貢献する; 困難な問題を解決しようとする
abocardado, da [abokarðáðo, ða] 形 [銃口などが] ラッパ状の
abocardamiento [abokarðamjénto] 男《技術》=**abocardado**
abocardar [abokarðár] 他《技術》[管・穴の] 口を広げる
abocardo [abokárðo] 男《鉱山》ラッパ口, 穿孔機 [=alegra]
abocatero [abokatéro] 男《ガリシア. 植物》アボカド [=aguacate]
abocelado, da [aboθeláðo, ða] 形《建築》トルス形の
abocelar [aboθelár] =**abocinar**
abocetadamente [aboθetáðaménte] 副 下絵のように
abocetado, da [aboθetáðo, ða] 形 [絵が] 未完成の, 下絵のような: retrato ~ 素描風の肖像画
abocetamiento [aboθetamjénto] 男 下絵を描くこと, 素描; 下絵スケッチ
abocetar [aboθetár] 他 ❶ 下絵を描く, デッサンする. ❷ 素描風に描く
abochornado, da [abotʃornáðo, ða] 形 ❶ 赤面した, 恥じ入った: Estaba ~da con mi error. 私は自分の間違いに赤面の至りだった. ❷《廃語》蒸し暑い [=bochornoso]
abochornante [abotʃornánte] 形 赤面させる, 当惑させる
abochornar [abotʃornár] [←a-+bochorno] 他 ❶ [暑さ・熱で] 上気させる, 息苦しくさせる. ❷ ~に恥をかかせる, 赤面させる, 当惑させる: Se me aparece como un Leonardo da Vinci.—No me *abochorne*. あなたはレオナルド・ダ・ビンチのようです.—とんでもありません
—— ~se ❶ 赤面する, 当惑する; [+de・por に] 恥ずかしく思う: Ella *se abochorna por* cualquier cosa. 彼女は何にでも顔を赤らめる. ❷ [植物が暑気で] やける. ❸《チリ》暗雲がかかる, 空が雲に覆われる
abocinado, da [aboθináðo, ða] 形 ❶《建築》隅切り形の. ❷《まれ》円錐形の, ラッパ状の
abocinar [aboθinár] [←a-+bocina] 他 [管・砲口などの] 口を朝顔形に広げる, ラッパ形にする
—— 自 [大の字になって] うつぶせに倒れる
—— ~se ❶ [馬などが] 前かがみになって歩く. ❷《チリ》[車輪のハブの] 穴が広がる
abodocar [aboðokár] 7 ~se《メキシコ》噴きこぼれる;《中米》波立つ
abofado, da [aboφáðo, ða] 形《アンダルシア; キューバ》ぶよぶよした, 柔らかく, 膨らんだ, 腫れる
abofar [aboφár] ~se《アンダルシア; キューバ》ぶよぶよになる, 柔らかくなる; 腫れる, むくむ
abofeteador, ra [aboφeteaðór, ra] 形 名 平手打ちする(人)
abofeteamiento [aboφeteamjénto] 男 繰り返しの平手打ち
abofetear [aboφeteár] [←a-+古語 bofete「平手打ち」] 他 ❶ [人を] 何発も平手打ちする: Los nazis la *abofetearon* como castigo por haberse negado a decir ¡Heil Hitler! ハイル・ヒッ

abogacía [aboɣaθía]〖女〗❶ 弁護士の職: ejercer la 〜 弁護士業を営む. estudiar 〜 弁護士の勉強をする. ❷〖集名〗弁護士, 弁護団

abogacil [aboɣaθíl]〖形〗《軽蔑》=abogadesco

abogadear [aboɣaðeár]〖自〗公正でない弁護士活動をする

abogaderas [aboɣaðéras]〖女〗〖複〗《チリ, アルゼンチン, ウルグアイ. 口語》[厄介な事態を避けるための] 欺瞞的な議論

abogadesco, ca [aboɣaðésko, ka]〖形〗《軽蔑》弁護士の

abogadil [aboɣaðíl]〖形〗《中南米. 軽蔑》弁護士の

abogadillo [aboɣaðíʎo]〖男〗《軽蔑》へっぽこ弁護士, 田舎弁護士

abogadismo [aboɣaðísmo]〖男〗《軽蔑》[公事への行き過ぎた] 弁護士の介入(干渉); 何にでも弁護士の流儀を押し通めやり方

abogado, da [aboɣáðo, ða]〖←ラテン語 advocatus < advocare「召喚する」< ad- (近接)+vocare「呼ぶ」〗〖名〗❶ 弁護士: ejercer de 〜 弁護士業を営む. hacerse el 〜 de... …の弁護人となる; 代弁する. recibirse de 〜《中南米》事務弁護士の資格を得る. 〜 defensor 被告側弁護人. 〜 de oficio/〜 de pobre[s] 国選弁護士. 〜 del Estado[国が連座している裁判の] 国側弁護人〖身分は公務員〗. 〜 fiscal 検事. ❷ 法学部卒業者. ❸ 代弁者; 調停者, 仲裁者: hacer 〜 entre los compañeros en riña 仲間内のけんかの仲裁を買って出る. ❹ 願い事をかなえる聖人: San Antonio es el 〜 de los objetos perdidos. サン・アントニオは失せ物の聖人である

〜 de causas perdidas《軽蔑》敗訴続きの弁護士

〜 de secano 1) 売れない(開店休業状態の)弁護士. 2)《キューバ》[法学部卒業者でもないのに] 法律の知識をひけらかす人

〜 del diablo 1) 真実性を証明するためにわざと反対の立場をとる人, 悪いとされることにあえて賛成する人. 2)《カトリック》列聖調査審問検事〖=promotor de la fe〗

abogador, ra [aboɣaðór, ra]〖形〗《古語》弁護の, 仲裁の
—— 〖男〗[信徒会・教団の] 世話人, 下男〖=muñidor〗

abogar [aboɣár]〖←ラテン語 advocare〗〖自〗《文語》[+por·en favor de+人·事 のために] 弁護する; 擁護する: 〜 por los presuntos terroristas en el proceso 裁判でテロ容疑者たちの弁護をする. Japón abogó por la construcción de centrales nucleares. 日本は原発建設推進を擁護した

abohardillado, da [aboarðiʎáðo, ða]〖形〗=abuhardillado

abohetado, da [aboetáðo, ða]〖形〗腫れた〖=abuhado〗

abohmio [abómjo]〖男〗《物理》絶対(アブ)オーム〖電気抵抗のcgs電磁単位〗

abolaga [aboláɣa]〖女〗《植物》=aulaga

abolengo [abolénɡo]〖←abuelo+-engo〗〖男〗❶〖集名〗[主に名門の] 祖先, 家柄: rancio 〜 旧家. Es de una familia de gran 〜. 彼は由緒ある家柄の出だ. ❷《まれ》[国籍·人種などの] 出自, 血統, 血統. ❸《法》父祖伝来の財産

abolición [aboliθjón]〖←ラテン語 abolitio, -onis〗〖女〗《法律·慣行などの》廃止: 〜 de la esclavitud 奴隷制廃止. 〜 de la pena de muerte 死刑制度廃止

abolicionismo [aboliθjonísmo]〖男〗《主に奴隷制》廃止論

abolicionista [aboliθjonísta]〖形〗〖名〗《主に奴隷制》廃止の; 廃止論者

abolindio [abolíndjo]〖男〗《ラマンチャ》暴徒, 不穏な群衆

abolido, da [abolíðo, ða]〖形〗絶滅した; 失効した

abolir [abolír]〖←ラテン語 abolere〗〖他〗〖欠如動詞: 語尾にiの残る活用〗[法律·慣行などを] 廃止する: Abolieron la ley de extranjería. 外国人登録法が撤廃された. ❷《口語》[日常的なものを] やめる: En esta casa hemos abolido el periódico. 家では新聞をやめてしまった

abolir		
現在分詞		過去分詞
aboliendo		abolido
直説法現在	点過去	線過去
—	abolí	abolía
—	aboliste	abolías
—	abolió	abolía
abolimos	abolimos	abolíamos
abolís	abolisteis	abolíais
—	abolieron	abolían

直説法未来	過去未来	命令法
aboliré	aboliría	—
abolirás	abolirías	—
abolirá	aboliría	—
aboliremos	aboliríamos	—
aboliréis	aboliríais	abolid
abolirán	abolirían	—
接続法現在	接続法過去	
—	aboliera, -se	
—	abolieras, -ses	
—	aboliera, -se	
—	aboliéramos, -semos	
—	abolierais, -seis	
—	abolieran, -sen	

abollado, da [aboʎáðo, ða]〖形〗《植物》くぼんだ
—— 〖男〗《廃語》[金属·布などの] 打ち出し(浮き出し)模様

abolladura [aboʎaðúra]〖女〗❶《衝撃による》へこみ, くぼみ: El coche está lleno de 〜s. 車はあちこちでこぼこだ. ❷《医学》球形のふくらみ. ❸《農業》モモの葉が変形する病気

abollar [aboʎár]〖←a-+bollo〗〖他〗❶ [叩いて·衝撃で] へこます, くぼませる: La camioneta abolló la puerta del coche. 軽トラックはその車のドアをへこませた. ❷ [金属·布に] 打ち出し(浮き出し) 模様をつける, エンボス加工する. ❸《ブルゴス》足を踏み入れる〖=hollar〗. ❹《ベネズエラ, ペルー》打つ〖=golpear〗
〜se へこむ, くぼむ

abollón [aboʎón]〖男〗大きなへこみ

abollonar [aboʎonár]〖他〗《まれ》球形に突起させる
—— 〖自〗《アラゴン》《植物》芽を出し始める

abolorio [abolórjo]〖男〗《地方語》父祖伝来の財産

abolsado, da [abolsáðo, ða]〖形〗袋形の, 袋になる

abolsar [abolsár]〖←a-+bolsa〗❶ 袋にする, ためさせる
〜se ふくらむ, たるむ: Se me abolsa el pantalón en las rodillas. 私のズボンは膝が抜けている

abomaso [abomáso]〖男〗《まれ》《反芻動物の》第4胃〖=cuajar〗

abombado, da [abombáðo, ða]〖形〗❶ 凸形の, 凸形の: frigorífico de forma ligeramente 〜da 少し丸みのある冷蔵庫. ❷ [屋根が] ドーム形の. ❸ [目が] 飛び出た. ❹《中南米》[水·食品が] 腐りかけた, 傷み始めた. ❺《エクアドル》退屈した. ❻《アルゼンチン, ウルグアイ. 軽蔑》愚かな, ぼんやりした: Me desperté 〜. 私は寝ぼけまなこで目をさました
—— 〖男〗=**abombamiento**

abombamiento [abombamjénto]〖男〗❶ 凸形化, 反り. ❷《地質》大きな褶曲

abombar [abombár]〖←a-+bomba〗〖他〗❶ 凸形にする, 反(⁺)らせる: El peso de los libros abombó la estantería. 本の重さで本棚が反った. ❷《衝撃·騒音などで頭を》くらくらさせる, ぼうっとさせる. ❸《ベネズエラ》[ガスなどで] ふくらます
—— 〖自〗ポンプを押す
〜se ❶ 弓状になる, 反る. ❷《中南米. 口語》[飲食物が] 腐り始める, 傷んで悪臭を放つ. ❸《ニカラグア, エクアドル, チリ》[飲み過ぎで] 正気を失う. ❹《アルゼンチン》[暑さ·疲労で馬などが] 歩けなくなる

abombe [abómbe]〖男〗《エクアドル》興味が持てないことによる] 退屈感, 嫌気

abombillado, da [abombiʎáðo, ða]〖形〗《まれ》電球形の

abominable [abomináble]〖←ラテン語 abominabilis〗〖形〗❶ 嫌悪すべき: Hoy a todo llamamos cultura, hasta a lo más 〜. 今日ではへどが出そうなものまで何でも文化と名づける. crimen 〜 いまわしい犯罪. ❷ 不愉快な; ひどい: tiempo 〜 嫌な天気. comida 〜 ひどい食事

abominablemente [abomináblemente]〖副〗いまわしく, 不愉快をわまりなく

abominación [abominaθjón]〖女〗❶ 嫌悪, 憎悪: La gente siente una 〜 enorme por las armas nucleares. 人々は核兵器に激しい嫌悪感を感じている. ❷ 嫌悪すべきこと

abominar [abominár]〖←ラテン語 abominare < ab- (から)+ominare「前兆を示す」〗〖他〗《まれ》嫌悪する
—— 〖自〗[+de+物] 嫌悪する, 憎悪する: Abomino de esa forma de pensar. 私はそんな考え方は大嫌いだ. Solo habla para 〜 de su suerte. 彼は口を開けば自分の運命を呪っている

abonable [abonáble]〖形〗《文語》[金額が] 支払える; 支払うべき

abonado, da [abonáðo, ða]〖名〗❶ [音楽会·演劇·スポーツ施

設などの] 定期会員; [新聞・雑誌の] 定期講読者; [電車・バスの] 定期券使用者. ❷ [電気・水道などの] 契約者, 使用者; [電話の] 加入者
—— [形] ❶《主に法律》信用できる, 保証できる: testigo ～ 証言を無効申し立てされない証人. ❷《主に軽蔑》力のある, 準備のできた, …しかねない
—— [男]《農業》施肥
—— [女]《地方語》施肥

abonador, ra [aƀonađór, ra] [形] 施肥する
—— [男] [樽職人が使う] 柄の長い錐
—— [女] 施肥機

abonamiento [aƀonamjénto] [男] 施肥 〘=abono〙

abonanzar [aƀonanθár] [9] [自] [嵐が] おさまる, 静まる; [天候が] 回復する

abonar [aƀonár] **I** 〘←a-+ラテン語 bonus「良い」〙 [他] ❶ 保証する; …の保証人になる: Este pintor viene *abonado* por varios premios. この画家はいくつもの賞によって真価が証明されている. *Abono* la certeza de lo que dice. 彼の言葉が確かなことは私が請け合う. ❷《農業》[土地に] 施肥する: ～ el huerto 畑に肥料をやる. ❸ 改善する, 改良する
—— [自] ❶ 施肥する. ❷《地方語》[天候が] 回復する
—— **～se**《ボリビア》仲直りする, 和解する
II 〘←仏語 abonner < 古仏語 bonne「境界」< ケルト語「境界標」〙 [他] ❶《文語》支払う, 払い込む: *Abonó* cien mil euros por la finca. 私はその地所に10万ユーロ支払った. ～ el importe total 全額を払い込む. ❷ [+a 財貨・サービスの定期購入を] 申し込む 〘前置詞 a は目的語の明示〙: Mis padres me *han abonado a* la piscina municipal. 両親が私の市営プールの会員券料金を払ってくれた. ❸《商業》[+en の] 貸し方に記入する, 貸記する
～ en exceso 過大な無担保(信用)貸付をする
—— **～se** ❶ [+a・en のサービスを] 申し込む, 加入する; 定期講読する; 通し券を買う: *Nos hemos abonado en* la localidad. 私たちはシーズンチケットを買ってある. *Se abonó a* una revista. 彼は雑誌の定期購読をした. ❷ [+a 楽しい活動に] 加わる, 喜んでやる

abonaré [aƀonaré] [男] 約束手形, 信用証書 〘=pagaré〙

abondo [aƀóndo] [副]《レオン, ブルゴス》豊富に, ふんだんに
—— [男]《レオン, ブルゴス. 古語》豊富, 多量

abonero, ra [aƀonéro, ra] [名]《メキシコ》掛け売りする街頭商人

abonico [aƀoníko] [副]《地方語》ほとんど物音を立てずに

abono [aƀóno] **I** 〘←abonar I〙 [男] ❶ 肥料: ～ verde 緑肥. ～ químico (orgánico) 化学(有機)肥料. ❷ 施肥. ❸《まれ》保証〔金〕; 担保
ser de ～ para+人 [事物が] …のためになる
II 〘←abonar II〙 [男] ❶ 支払い; [催し物などの] 予約申し込み, 申し込み金; [新聞などの] 講読申し込み, 購読料: ～ de la luz 電気代の支払い. tener (tomar) un ～ 申し込む, 予約する. ❷ 予約入場券, シーズンチケット; [鉄道などの] 定期券, 回数券: sacar un ～ para las corridas 闘牛のシーズンチケットを買う. un ～ para los tres conciertos 3コンサートの通し券. ～ de la piscina プールの会員券. ～ del autobús バスの回数券. ❸《商業》貸方への記帳. ❹《メキシコ, 中米, プエルトリコ, ボリビア》分割払い: en ～*s* 分割払いで
～ a cuenta 内金, 内金払い
～ en cuenta 1) 口座入金, 口座振込み. 2)《メキシコ, 中米, プエルトリコ, ボリビア》賦払い〔金〕

aboquillar [aƀokiʎár] [他] ❶ [たばこなどに] フィルターチップを付ける. ❷《建築》開口部をラッパ状にする; 面取りをする 〘=achaflanar〙

aboral [aƀorál] [形]《動物》口と反対側の, 反口側の

abordable [aƀɔrđáƀle] [形] [事柄が] 取り組みやすい;《まれ》[人が] 近づきやすい, 気のおけない

abordador, ra [aƀɔrđađór, ra] [形] 接舷する: buque ～ 接舷船

abordaje [aƀɔrđáxe] 〘←abordar〙 [男] ❶《西. 船舶》[海戦での] 接舷: ¡Al ～! [敵艦に] 切り込め, 乗り込め! ❷ [難事への] 取り組み

abordamiento [aƀɔrđamjénto] [男]《まれ》[人への] 近づき; [難事への] 取り組み

abordar [aƀɔrđár] 〘←a-+borde〙 [他] ❶《船舶》[偶然に・意図的に船を] 接触させる, ぶつける; 接舷する: Los piratas *abordaron* el barco. 海賊は船を襲った. ❷ [話すために人に] 近づく; [頼み事などを] 持ちかける: No me parece momento oportuno para ～le. 今彼に声をかけるのは間が悪そうだ. ❸ [難事に] 取り組む: Tenemos que ～ estos problemas. 私たちはこれらの問題に取り組まねばならない. ～ un proyecto 計画を推進する. ❹《主に中南米》[乗り物に] 乗り込む, 乗船する, 搭乗する: ～ el autobús バスに乗る
—— [自]《船舶》❶ [+a に] 接舷する, 接岸する: ～ *a*l muelle 桟橋に接舷する. ❷ [+a・en に] 入港する; 上陸する

abordo [aƀórđo] [男]《船舶》=**abordaje**

abordonar [aƀɔrđonár] [自]《古語》杖にすがって歩く

aborigen [aƀoríxen] 〘←ラテン語 aborigines「元からいる人たち, ラテン人より前からイタリアに住んでいた人たち」〙 [形] 〘[複] aborígenes〙 ❶ 先住民の 〘=indígena〙: religión ～ 土着宗教. tradición ～ 土地古来の伝統. tribu ～ 先住部族. ❷ [オーストラリアの] アボリジニの. ❸ [動植物が] 土着の
—— [名] 先住民; アボリジニ: *aborígenes* peninsulares 半島の先住民

ab origine [aƀ orixíne] 〘←ラテン語〙 [副] 最初から, 発端から: El hombre es malo ～. 人の性は元来悪である

aborio [aƀórjo] [男]《植物》イチゴノキ 〘=madroño〙

aborlonado, da [aƀɔrlonáđo, đa] [形]《南米》織りむらのある 〘=acanillado〙

aborrachado, da [aƀoȓatʃáđo, đa] [形] 深紅の, 真っ赤な

aborrajar [aƀoȓaxár] [他]《コロンビア. 料理》フライの衣をつける
—— **～se** [穀物が暑さのために] 早枯れする

aborrascar [aƀoȓaskár] 〘←a-+borrasca〙 [7] **～se** [主に [過分]] ❶ 嵐になる, 天候が荒れ模様になる: como un rayo de sol entre nubes *aborrascadas* 荒天の雲間からさす一条の日の光のように. ❷ [人が] 怒りだす, 不機嫌になる

aborrecedor, ra [aƀoȓeθeđór, ra] [形] [名] ひどく嫌う〔人〕

aborrecer [aƀoȓeθér] 〘←ラテン語 abhorrescere < abhorrere「嫌悪する」〙 [39] [他] ❶ ひどく嫌う, 忌(い)み嫌う: *Aborrezco* las mentiras camufladas bajo el gracejo. 私はしゃれた言葉に隠された嘘が大嫌いだ. ❷ [食べ物などに] 飽きる. ❸ [鳥が巣・ひなを] 捨てる. ❹《地方語》いらいらさせる, うんざりさせる
—— **～se**《地方語》いらいらする, うんざりする

aborrecible [aƀoȓeθíƀle] [形] 非常に嫌な, 唾棄すべき, 忌まわしい, 不愉快きわまる

aborrecimiento [aƀoȓeθimjénto] [男] [+por+人/+de・hacia+事物 への] 嫌悪, 憎悪, 反感 〘行為, 感情〙

aborregado, da [aƀoȓeɡáđo, đa] [形] ❶《軽蔑》[人が] 羊のようにおとなしい, 自発性のない, 群れたがる. ❷ [外見が] 羊毛のような: roca ～*da*《地質》羊群岩, 羊背岩

aborregador, ra [aƀoȓeɡađór, ra] [形]《軽蔑》羊のようにおとなしくさせる

aborregamiento [aƀoȓeɡamjénto] [男]《軽蔑》羊のようにおとなしくさせる(おとなしくなる)こと

aborregar [aƀoȓeɡár] 〘←a-+borrego〙 [8] [他] [人を] 羊のようにおとなしくさせる
—— **～se** ❶ [空が] いわし雲(うろこ雲)に覆われる: Cielo *aborregado*, suelo mojado.《諺》いわし雲は雨の前兆. ❷ [人が] 羊のようにおとなしくなる

aborricado, da [aƀoȓikáđo, đa] [形] 粗暴な

aborricar [aƀoȓikár] [7] **～se**《まれ》粗暴になる

aborrición [aƀoȓiθjón] [女]《まれ》=**aburrición**

aborronar [aƀoȓonár] [自]《アストゥリアス》[燃やすために] 雑草の山を作る

abortador, ra [aƀɔrtađór, ra] [名] 中絶医 〘=abortista〙

abortamiento [aƀɔrtamjénto] [男] =**aborto**

abortar [aƀɔrtár] 〘←ラテン語 abortare < aboriri「死ぬ」< ab- (否定)+oriri「生まれる」〙 [他] ❶ [子を] 流産する, 早産する, 死産する; 中絶する. ❷ [計画を] 失敗させる, 頓挫させる; [行為を] 中断する: El comandante *abortó* la maniobra de despegue al detectar un fallo en el motor. 機長はエンジンの故障を発見したので離陸操作を取りやめた. ❸《情報》打ち切る, アボートする; [データを保存せずに] 終了する
—— [自] ❶ 流産する, 早産する, 死産する; 妊娠中絶する: Ella *abortó* a los tres meses. 彼女は3か月で流産した. Los médicos decidieron hacer ～ a esa mujer por razones de su misma salud. 医師たちは母体の健康上の理由からその女性に中絶させる決定をした. ❷ [計画などが] 失敗する, 挫折する. ❸《生物》[器官が] 発育不全になる; [植物が] 生長を妨げられる. ❹《医学》[病気が] 消失する

abortero, ra [aƀɔrtéro, ra] [名] 中絶医 〘=abortista〙

abortismo [aβortísmo] 男 妊娠中絶
abortista [aβortísta] 形 名 妊娠中絶の合法化を支持する〔人〕; 中絶医
—— 女 妊娠中絶をした女性
abortivo, va [aβortíβo, βa] 形 流産を起こす
—— 男 堕胎薬
aborto [aβórto]《←ラテン語 abortus < aboriri》男 ❶ 流産〖= ~ espontáneo, ~ natural〗;《西》人工妊娠中絶, 堕胎〖= ~ provocado〗: Antes de conseguir un hijo, tuve varios ~s. 私は子供を持つ前に何度か流産した. ❷ 失敗, 挫折; 中断. ❸《口語》異形, 奇形の人(物), 気味の悪い人(物). ❹《情報》打ち切り, アボート
abortón [aβortón] 男 ❶ [哺乳類の] 早産した子. ❷ 早産した小羊の皮
aborujar [aβoruxár] 他 [練り粉などに] だまを作る
—— ~se ❶ [練り粉が] だまになる. ❷ [寝具・衣類に] くるまる
abotagamiento [aβotaɣamjénto] 男 =abotargamiento
abotagar [aβotaɣár] 8 他 =abotargar
abotargamiento [aβotarɣamjénto] 男 ❶ 頭の働きが鈍っていること. ❷ 腫れ, むくみ
abotargar [aβotarɣár] 8 他 鈍くさせる; [頭の働きを] 鈍らせる
—— ~se ❶ [頭の働きが] 鈍る. ❷ [体(の一部)が] 腫れる, むくむ
abotinado, da [aβotináðo, ða] 形 ❶ [靴が] 編み上げ式の, 半長靴 botín 形の: zapatos ~s ショートブーツ. ❷《まれ》pantalón ~ 先の細いズボン, スキーズボン
abotonado, da [aβotonáðo, ða] 形 [服が] ボタンのある
—— 男 ボタンを掛けること
abotonador [aβotonaðór] 男《古語》ボタン掛け [靴などのボタンを掛ける時に用いた鉤形の器具]
abotonadura [aβotonaðúra] 女《まれ》=botonadura
abotonar [aβotonár] 他《←a-+botón》他 ~se …のボタンをかける: El uniforme debe estar siempre abotonado hasta el cuello. 制服のボタンはいつも首までちゃんとかけなければならない.
abovedado, da [aβoβeðáðo, ða] 形 丸天井の: techo ~ ドーム形屋根(天井)
abovedar [aβoβeðár] 他《建築》丸天井で覆う, ドーム形にする
ab ovo [aβ óβo]《←ラテン語. 旧約聖書『詩編』》卵から, 最初から《ホラティウス Horatius がホメロスの詩『イリアス』Ilíada について述べた言葉》
aboyado, da [aβojáðo, ða] 形 ❶《農園が》耕作用の牛付きで貸された. ❷《農園》牛の飼育用の
aboyar [aβojár] 他《船舶》…にブイを付ける: ~ el escollo 暗礁をブイで示す
—— 自 浮かぶ, 漂う
abozalar [aβoθalár] 他 [動物に] 口輪 bozal をはめる
abozo [aβóθo] 男《アラゴン. 植物》ツルボラン〖=gamón〗
abr.《略語》=abril 4月
abra [áβra]《←仏語 havre = 蘭語 havene「港」》女〖単数冠詞: el・un[a]〗❶《西》小さな入り江; 山あい, 谷間. ❷ [地殻変動による] 地面の亀裂. ❸《船舶》マスト間の距離, 索具・支索の角度の開き. ❹《アンダルシア》2列のワイン樽の間のスペース. ❺《中南米》森の中の空き地. ❻《ニカラグア, ドミニカ》茂みの間の小道. ❼《コロンビア》[戸・窓の] 扉
abracadabra [aβrakaðáβra]《←擬態》男 ❶ 魔術などの呪文・呪文の掛け声〗アブラカダブラ, ちちんぷいぷい: A~: de repente ya no estaba él. 「ちちんぷいぷい」, パッ, 彼はもう消えていた
abracadabrante [aβrakaðaβránte]《戯語》奇妙きてれつな, 奇想天外な, 度胆を抜くような
abracar [aβrakár] 7 他 ~se《漁業》[釣り糸などを] 巻き上げる. ❷《中南米》かかえる, 巻き付けける, 囲む
abracijo [aβraθíxo] 男《口語》抱擁〖=abrazo〗
abraguerada [aβraɣeráða] 形《地方語》[家畜の雌が] 出産間近の
Abraham [aβra(h)án] 男《旧約聖書》アブラハム 〖ヘブライ民族の始祖〗: seno de ~《カトリック》アブラハムの懐, 天国
abrahonar [aβraonár] 他《アラゴン. 口語》[人を肩の高さで] 抱き締める
abrano, na [aβráno, na] 形 名《地名》アブラ Abra の〔人〕〖フィリピン, ルソン島北部の州〗
abranquio, quia [aβránkjo, kja] 形《動物》鰓(えら)のない

abrasador, ra [aβrasaðór, ra] 形 燃えるような, 焼けるように熱い: bajo un sol ~ 灼熱の太陽の下で. asfalto ~ 焼けるように熱い道路のアスファルト. mirada ~ra 情熱的な視線
abrasadoramente [aβrasaðoraménte] 副 燃えるように
abrasamiento [aβrasamjénto] 男 燃焼, 焦げ付き
abrasante [aβrasánte] 形 =abrasador
abrasar [aβrasár]《←a-+brasa》他 ❶ 焼く, 燃え上がらせる; 焦がす: El incendio abrasó completamente la fábrica. 火事で工場が全焼した. Dos ancianos murieron abrasados. 老人が2人焼死した. ❷ …に焼けるような痛みを感じさせる: La sopa es tan picante que abrasa el estómago. スープが辛くて胃が焼けつくようだ. ❸《文語》[心を] 燃え立たせる, かき乱す; 恥ずかしい思いをさせる: La fama le abrasó. 彼は名誉心に燃えた. ❹ [暑さ・寒さなどが植物を] 枯らす, しおれさせる. ❺ [酸などで] 傷める
—— 自 ❶ 焼けるように熱い: El café está abrasando. コーヒーがやけどするほど熱い. ❷ [熱などで] 枯れる, しなびる
—— ~se 焼ける, 焦げる; やけどする: Cinco viajeros se abrasaban vivos. 5人の乗客が焼死した. Se abrasó el guisado. シチューが焦げついた. Un hombre se abrasó medio cuerpo con una estufa. 男性がストーブで半身をやけどした. ❷ 燃えるように感じる: 1) Los tokiotas se abrasaron a más de 35 grados. 都民は35度を越える暑さにうだった. 2) [+de・en C] El joven se abrasa en el deseo de venganza. 若者は復讐心にかきたてられている
abrasilado, da [aβrasiláðo, ða] 形《廃語》深紅の, 真っ赤な
abrasímetro [aβrasímetro] 男《技術》摩耗試験機
abrasión [aβrasjón]《←ラテン語 abrassus -a, -um < abradere「削り取る」》女 ❶《技術》研磨, 摩耗. ❷《地質》浸食作用. ~ eólica 風化. ~ marina 海食. ❸《医学》[表皮の] 剥離; [化学的要因による表皮・粘膜の] 潰瘍〖形成〗
abrasividad [aβrasiβiðáð] 女《技術》摩耗性
abrasivo, va [aβrasíβo, βa] 形 研磨の; 研磨用の: papel ~ 紙やすり. polvos ~s 磨き粉
—— 男 研磨剤
abravecer [aβraβeθér] 39 他 =embravecer
abraxas [aβrá(k)sas] 男 女《歴史》アブラクサス〖グノーシス派の呪文. 神秘数を表わした〗. ❷ アブラクサスと掘り刻まれた石のお守り
abrazadera [aβraθaðéra] 女 ❶ [ガス管などの] 締め金具. ❷《音楽》リガチャー〖リードをマウスピースに固定する締め金〗. ❸《印刷》角かっこ〖=corchete〗
abrazador, ra [aβraθaðór, ra] 形 ❶ 抱く, 抱擁する. ❷《植物》hoja ~ra 抱茎葉
—— 男 ❶ [水車の回転軸の] 留め具. ❷《廃語》盛り場の客引き. ❸《フィリピン》[円筒形の] 抱き枕
—— 女《コロンビア, ベネズエラ》=abrazadera
abrazamiento [aβraθamjénto] 男 抱擁
abrazar [aβraθár]《←a-+brazo》9 他 ❶ [愛情表現として] 抱く, 抱擁する: El padre abrazó con fuerza al hijo. 父は息子を強く抱きしめた. ❷ [両腕で] 抱える; [植物が] 巻きつく: Abrazó el tronco del árbol. 彼は木の幹を抱いた. La yedra abraza las verjas. ツタが鉄柵に巻きついている. ❸ 包括する, 包含する; [範囲・期間が] 及ぶ: Este título abraza todo el contenido del libro. この表題は本の内容のすべてを含んでいる. Los dos mares y los Pirineos abrazan la vasta extensión que se llama la Península Ibérica. 2つの海とピレネー山脈がイベリア半島と呼ばれる広大な地域を囲んでいる. La guerra abrazó diez años. 戦争は10年に及んだ. ❹《文語》[思想・責務などを] 受け入れる: ~ una religión 入信する, 帰依する. ~ un negocio 仕事を引き受ける. ~ la carrera militar 軍人の道を選ぶ
—— ~se ❶ [相互] 抱き合う: Los dos riñen hoy y vuelven a ~se mañana. 2人は今日いさかいをして明日には抱擁し合うという間柄だ. ❷ [+a・con] しがみつく, すがりつく: La chica se abrazó al tronco y comenzó a trepar por él. 女の子は幹にしがみついて, よじ登り始めた
abrazo [aβráθo] 男 ❶ 抱擁. ❷ [親しい会話・手紙の結語] Te llamaré mañana; un ~. 明日電話するね. 元気でね. un ~ 敬具; 愛を込めて. un ~ afectuoso (cordial) 敬具. con un ~ de... …より愛を込めて. ❸《ボクシング》クリンチ. ❹

《レスリング》ベアハグ。❺《婉曲》性交
dar un ～ a+人 …を抱擁する: *Dale un ～ a tu madre de mi parte.* 私に代わってお母さんを抱き締めて下さい

abreboca [abrebóka] 男《主に南米》アペリチフ, 食前酒; 前菜, オードブル〖=aperitivo〗

abrebocas [abrebókas] 男《単複同形》❶〖歯科〗開口器。❷《コロンビア》=**abreboca**

abrebotellas [abreboté<i>ʎ</i>as] 男《単複同形》栓抜き

abrecartas [abrekártas]〖←abrir+carta〗男《単複同形》ペーパーナイフ

abrecoches [abrekótʃes] 男《単複同形》《西》〖ホテルなどで車のドアを開ける〗ドアマン

abrefácil [abrefáθil] 男〖プルトップなど〗缶詰・瓶詰が道具を使わずに開けられる方式

ábrego [ábreɣo]〖←ラテン語 [ventus] africus「アフリカの[風]」〗男《文語》〖スペイン・ポルトガルの大西洋岸に吹く〗湿って暖かい南西風

abrelatas [abrelátas]〖←abrir+lata〗男《単複同形》缶切り

abremanos [abremános] 男《植物》イヌイヤグルマギク

abrense [abrénse] 形《地名》=**abrano**

abrenuncio [abrenúnθjo] 間《まれ》〖拒否〗だめだ, いや

abrepuño [abrepúno] 男《植物》ムラサキイガヤグルマギク; ヒレハリギク; トゲミノキツネノボタン

abretonar [abretonár] 他《船舶》〖舷側砲を〗船首尾方向に向けて固縛する

abrevadero [abreβaðéro] 男〖家畜の〗自然の水飲み場: servidumbre de ～ 家畜用水飲み場の地役権

abrevador, ra [abreβaðór, ra] 形 名 家畜に水を飲ませる〔人〕——男 =**abrevadero**

abrevar [abreβár]〖←俗ラテン語 abbiberare < ラテン語 bibere「飲む」〗他 ❶〖家畜に〗水を飲ませる。❷〖なめして皮を〗水に浸ける。❸〖人に〗飲み物を与える。❹〖望み・意欲など〗を満たす: ～ el ánimo やる気満々にさせる——自. ～**se** ❶〖家畜が〗水を飲む《〖戯語〗では人も》。❷《文語》〖人が知識などを〗吸収する

abreviación [abreβjaθjón] 女 ❶ 短縮; 省略, 要約: signo de ～ 省略記号。❷ 略語〖=abreviatura〗。❸《古語》概要〖=compendio〗

abreviadamente [abreβjáðamente] 副 手短に, 要約して, 簡潔に

abreviado, da [abreβjáðo, ða] 形 ❶ 要約した: diccionario ～ 小辞典. libro de gramática ～*da* 簡約文法書。❷〖通常より〗わずかな, 少ない

abreviador, ra [abreβjaðór, ra] 形 名 要約（短縮）する〔人〕——男〖教皇庁官房の〗文書速記官

abreviaduría [abreβjaðuría] 女 文書速記官の職務

abreviamiento [abreβjamjénto] 男 ❶ 語の短縮: "Cine" procede de "cinematógrafo" por ～. cine という語は cinematógrafo の短縮から来ている。❷ 省略, 短縮

abreviar [abreβjár]〖←ラテン語 abbreviare < ab-+brevis「短い」〗他 ❶〖時間などを〗短縮する: Tuve que ～ mi visita. 私は訪問を短く切り上げねばならなかった。～ el plazo 期限を短くする。～ los trámites 手続きを簡略化する。❷〖言葉などを〗省略する, 要約する: ～ el artículo 記事を要約する——自 ❶ 急ぐ: *Abrevia*, que llegamos tarde al concierto. 早くして, コンサートに遅れるから。❷〖de を〗要約する, 省略する: *Abreviando*, no sé nada todavía. 要するに私はまだ何も知らないのです. Bueno, para ～... では, つきつめて言えば…. ～ de razones 言い分を短くまとめる —— ～**se**《ニカラグア, コスタリカ》急ぐ

abreviatura [abreβjatúra]〖←ラテン語 abbreviatura < abbreviare〗女 ❶〖語の〗短縮, 省略; 省略形, 略語: "Ud." es la ～ de "usted". Ud. は usted の省略形である。❷ 要約, 概要〖=compendio〗。❸ =**abreviaduría**
en ～ 略語で; 簡潔に, 手短に

abreviaturía [abreβjaturía] 女 =**areviaduría**

abrible [aβríble] 形 開かれ得る

abriboca [aβribóka] 名《アルゼンチン, ウルグアイ. 軽蔑》〖周囲で起こっていること・自分に気づかない〗ぼんやりした人, ぼうとしている人, 単純でだまされやすい人 ——女《アルゼンチン. 植物》ニシキギ科ハリツルマサキ属の一種〖染料の原料となる. 学名 Maytenus spinosa〗

abribonado, da [abriβonáðo, ða] 形《まれ》やくざっぽい, 与太

者風の

abribonar [abriβonár] ～**se**《まれ》ごろつきになる, ぐれる

abridero, ra [abriðéro, ra] 形 ❶〖果物が〗種離れのよい。❷《まれ》開かれ得る——男《植物, 果実》ハナモモ

abridor, ra [abriðór, ra] 形 ❶ 開く。❷《廃語》食欲増進の——男 ～ de láminas 版画家, 彫り師——男 ❶ 缶切り; 栓抜き。❷ 接ぎ木用ナイフ。❸〖幼女の耳にピアスの穴を開けるためにつける, 金・銀製の〗イヤリング。❹ ひだえり開き。❺《植物, 果実》=**abridero**。❻《ペルー. 果実》アンズ——女《繊維》開繊機〖=máquina ～*ra*〗

abrigada[1] [abriɣáða] 女 風よけの場所

abrigadero [abriɣaðéro] 男 風よけの場所;《船舶》船が逃げ込める所〖入り江など〗

abrigado, da[2] [abriɣáðo, ða] 形 ❶〖場所が風・寒さ・波などから〗守られた, 暖かい: La casa fue bastante ～*da*. 家は十分暖かった。❷〖人が〗暖かく着込んだ: Vienen bien ～*das* con varios jerseys y medias. 彼女たちはセーターやストッキングを重ね着して暖かくして来た。❸《南米》〖ser+. 服が〗暖かい

abrigador, ra [abriɣaðór, ra] 形《中南米》〖ser+. 服が〗暖かい

abrigaño [abriɣáno] 男 風よけの場所
al ～ 〖+de に〗守られて

abrigar [abriɣár]〖←ラテン語 apricare < apricus「日の当たる」〗[8] 他 ❶〖服などで覆って〗暖かくする, …を着込ませる: *Abriga* bien al niño. 子供に厚着させなさい。La boina le *abriga* la cabeza. ベレー帽のおかげで彼は頭が暖かかった。❷〖+de 風・寒さなどから〗守る: Las Montañas *abrigan* la aldea *de* los vientos del norte. 山々が村を北風から守っている。❸ 保護する, 庇護する, 扶助する。❹〖考え・感情などを〗抱く: *Abrigan* grandes esperanzas sobre su futuro. 彼らは前途に大きな期待を抱いている。❺《馬術》馬の腹を脚で締める。❻《船舶》〖風・波から船を〗避難させる——自〖服が〗暖かい: Este jersey *abriga* mucho. このセーターはとても暖かい —— ～**se** ❶ 寒さから身を守る: *Nos abrigamos* con las mantas. 私たちは毛布にくるまった. *Abrígate* bien que hace frío. 寒いからしっかり着なさい。❷〖+de から〗身を守る

abrigo [abríɣo]〖←ラテン語 apricus「日の当たる」〗男《服飾》1)《西, メキシコ》オーバー, コート, 外套: Salió con (sin) ～. 彼はオーバーを着（着ないで）出かけた。～ de visón ミンクのコート. 2) 防寒用具, 防寒着: Soy friolera y necesito más ～. 私は寒がりでもっと暖かい物がないといけない. Con una manta no tendré suficiente ～. 毛布一枚ではちょっと寒くないでしょうか。❷〖寒暑・風などからの〗保護: buscar ～ en una cueva 洞穴に避難する。❸ 避難, 避難場; 避難port: antiaéreo 防空壕。❹《考古》〖先史時代の遺物のある〗浅い洞窟。❺《船舶》避難
al ～ de... 1) …に守られて: Al ～ de los árboles esperó que pasara el chubasco. 彼は木陰で立っが通り過ぎるのを待った. Creció al ～ de sus padres. 彼は両親に見守られて（親の庇護の下に）成長した. 2) …を避けて: estar al ～ de la guerra 戦争を避けている
de ～ 1)〖服などが〗防寒用の: ropa de ～ 防寒着. 2)《西. 口語》〖人が〗要注意の; ひどい
de mal ～ 《口語》〖場所が〗大変寒い

ábrigo [áβriɣo] 男《カンタブリア, エストレマドゥラ. まれ》=**ábrego**

abrigoso, sa [abriɣóso, sa] 形《地方語》暖かい; 風などから守られた

abril [abríl]〖←ラテン語 aprilis〗男 ❶ 4月〖→mes 参考〗: En ～, aguas mil.《諺》4月は雨が多い/4月の雨は豊作をもたらす。❷ 青春; ～ de la vida 人生の春。❸《口語》〖特に十代の女性について〗…歳: muchachita de ～es 10歳ぐらいの少女
estar hecho un ～/parecer un ～ 若々しい, 顔色がいい, はつらつとしている: Para los años que tiene, tu abuelo *está hecho un* ～. あの歳にしては, 君のおじいさんはとても元気だ

abrileño, ña [abriléno, ɲa] 形 4月の, 4月らしい

abrillantado, da [abriʎantáðo, ða] 形 ❶《まれ》輝く, ピカピカの。❷《南米》〖果物が〗糖衣をかけた——男 つや出し

abrillantador, ra [abriʎantaðór, ra] 形 つや出しの, 磨きの——男 つや出し剤, 磨き粉; 磨き器——女 研磨機

abrillantamiento [abriʎantamjénto] 男 つや出し, 研磨
abrillantar [abriʎantár] [←a-+brillante] 他 ❶ つや出しする, 磨く: ～ los zapatos 靴をピカピカに磨く. ❷ 価値を高める; 見かけを派手にする. ❸ [宝石を] ブリリアントカットにする
abrimiento [abrimjénto] 男 開くこと, 開けること
abrío [abrío] 男《地方語》荷役用の家畜
abrir [abrír] [←ラテン語 aperire] 他《過分 abierto》❶ [ドア・窓などを] 開く, 開ける《⇔cerrar》: Abrió la puerta de par en par. 彼はドアを開け放った. ～ la cortina カーテンを開ける. ❷ [引き出し・箱などを] 開ける: ～ la caja fuerte 金庫を開ける. ～ el cajón de la mesa 机の引き出しを開ける. ～ una lata 缶詰を開ける. ❸ [手紙などを] 開ける, 開封する: ～ el sobre 封筒を開ける. ～ el testamento 遺言状を開く. ❹ [錠・栓などを] 開ける: ～ la llave 鍵を開ける. ～ la llave del gas/～ el gas ガスの栓を開ける. ～ la botella びんの栓を抜く. ～ la tapa ふたを開ける（取る）. ～ el grifo 水道の蛇口をひねる. ～ el agua 水を出す. ❺ [穴などを] 開ける; [溝を] 掘る: ～ una ventana (un hueco) en el muro 壁に窓（穴）を開ける. ～ un pozo 井戸を掘る. ～ una zanja en la tierra 地面に溝を掘る. ❻ [道などを] 切り開く; ～ el camino en el bosque 森を切り開いて道を作る. ～ una carretera 道路を開通させる. ❼ [目・口を] 開ける: ～ los ojos 目を開ける. ～ la boca 口を開ける; 口を開く, ものを言う. ❽ 広げる: Expresó su alegría abriendo los brazos. 彼は両腕を広げて喜びを表わした. ～ las alas (los dedos) 翼（指）を広げる. ～ el mapa (el periódico) 地図（新聞）を広げる. ～ el paraguas 傘を広げる（さす）. ～ las tijeras はさみを開く. ～ una navaja 折り畳みナイフの刃を出す. ❾ 割る, 裂く, 切る: ～ un melón メロンを切る. ～ la madera 木材を割る. ～ la cabeza a+人 人の頭を割る. ～ con la espada …の頭に剣を打ち下ろす. ❿ [心などを] 開ける: Al fin me abrió su corazón. やっと彼は私に心を開いた. ⓫ [可能性などを] 開く: Este proyecto me abre nuevas perspectivas en este campo. この計画で私にはこの分野に新しい展望が開ける. ～ un nuevo mundo 新しい世界を開く. ⓬ [営業・業務などを] 始める, 開業する: Han abierto una nueva oficina en este edificio. 彼らはこのビルに新しい事務所を開いた. ～ una tienda 店を開ける;開店する. ～ un negocio 商売を始める. ⓭ [会議などを] 始める: El alcalde abrió la sesión con un breve discurso. 市長は短い開会の辞を述べた. ～ su discurso 演説を始める. ⓮ [活動を] 始める: Los dos países empezaron a ～ la negociación. 両国は交渉を開始した. ～ la campaña キャンペーンを始める. ～ la suscripción 申し込み（予約）の受付を始める. ⓯ [リストの] 最初に立つ; [リストの] 最初に名がある: ～ la marcha (el desfile) 行進（パレード）の先頭に立つ. ～ la lista 名簿の最初に名前がのる. ⓰ [通行・往来を] 許可する: ～ la frontera 国境を開く, 国境の通商を開く. ～ el puerto 開港する. ⓱ 開放する: ～ casa propia 自宅を開放する. ⓲ [口座を] 開設する: Abriré la cuenta con cinco mil dólares en el banco. 私は5000ドルで銀行に口座を開こう. ⓳ [食欲・好奇心などを] 起こさせる: El paseo me abre el apetito. 散歩をすると私はおなかが空く. ～ las ganas de comer 食欲をそそる. ～ la curiosidad 好奇心をかき立てる. ⓴ 彫る: ～ una lámina 金属板に彫刻する. ㉑ [医学] 開ける: ～ un absceno 膿瘍を切開する. ㉒ [数学]［かっこ］開く. ㉓ [軍事]［部隊を］散開させる. ㉔ [闘牛] 技を仕掛けるために, 牛を柵から引き離す

―― 自 ❶ [ドアなどが] 開く, あく: Esta puerta no abre bien. このドアはあきにくい. ❷ ドアを開ける: Te quiero explicar... ¡Ábreme por favor. 君に説明したいんだ... ドアを開けてくれ. ¡Abre! soy yo. 僕だ. 開けて!. ❸ [営業を] 始める: ¿A qué hora abren los almacenes? デパートは何時に開きますか? Los bancos abren a las nueve. 銀行は9時に開く. ❹ [花が] 開く, 咲く: Las rosas han abierto. バラが咲いた. ❺ [トランプ]で 最初に賭け金を出す: Abro con dos mil yenes. まず二千円から始めよう. ❻ [相場] 寄り付く: La Bolsa de Nueva York abrió con una fuerte caída. ニューヨーク市場は寄り付きから大きく下落した. ❼ [空が] 明るくなる; [天候が] 回復する. ❽ [船舶]［小型船が］岸から離れる

―― ～se ❶ [ドアなどが自動的に] 開く: Esta puerta se abre automáticamente al entrar. このドアは入る時自動的に開く. No se abrió el paracaídas. パラシュートが開かなかった. ❷ [営業を] 始める: Esta panadería se abre los domingos por la mañana. このパン屋は日曜日の朝開いている. El
museo se abrirá al público el mes que viene. 博物館は来月一般公開される. ❸ [花が] 咲く: Las flores se han abierto en la primavera. 春になって花が咲いた. ❹ [会議が] 開かれる: Aquí se abre la primera sesión. ここで最初の会議が開かれる. ❺ [手首・足首を] くじく, 捻挫する, 筋を違える: Se me abrió el tobillo. 私は足首をくじいた. ❻ [木材に] ひびが入る: La madera se abrió con la sequedad. 木材が乾燥してひびが入った. ❼ [空が] 晴れる: El tiempo se abrirá poco a poco. 天気は少しずつ回復するだろう. ❽ [視界などが] 広がる: Un paisaje maravilloso se abría ante nosotros. すばらしい景色が私たちの目の前に広がっていた. ❾ [可能性などが] 広がる: Ante estos jóvenes se abren grandes posibilidades. この青年たちの前には大きな可能性が開かれている. ❿ [+a·con に] 心を開く, 打ち明け話をする: El otro día se abrió Luis conmigo, y no es una mala persona. 先日ルイスは本心を打ち明けてくれたが, 悪い奴じゃない. ⓫ [+a·sobre に] 面する, 通じる: Las terrazas se abren a un bosque. テラスは森に通じている. ⓬ [隊列などが] 展開する: Se abre el batallón por 2 kilómetros a lo largo del río. 歩兵大隊が川に沿って2キロ展開する. ⓭ [自動車]［カーブで] 大回りする, 外側車線にはみ出して回る: No te abras tanto que acabamos en la cuneta. そんなに大きくカーブを回ったら, 溝に落ちてしまうぞ. ⓮ [俗語] 立ち去る, 別れる: Cuando llegaron aquellos tipos, nos abrimos nosotros. 奴らがやって来た時, 俺たちはずらかった. ⓯ [縫い目が] ほつれる. ⓰ [医学]［傷口などが] 開く: Se le abrió la herida. 彼の傷口が開いた. ⓱ [中南米]［計画・約束などを] 放棄する, 破る. 2) [仕事などから] 手を引く. 3) 道を外れる. ⓲ [南米. 口語] わきによける

abrochado, da [abrotʃádo, da] 形 ❶ ボタン（ホック・留め金）でとまる. ❷ [闘牛] 角の間が狭い
abrochador [abrotʃaðór] 男《まれ》=**abotonador**
abrochadora [abrotʃaðóra] 女《まれ》=**abotonador**. ❷《アルゼンチン》ホッチキス《=grapadora》
abrochadura [abrotʃaðúra] 女《まれ》=**abrochamiento**
abrochamiento [abrotʃamjénto] 男《まれ》ボタン（ホック・留め金）を掛けること, 靴ひもを締めること
abrochar [abrotʃár] [←a-+broche] 他 ❶ …のボタン（ホック）をはめる; [留め金などで] とめる, 締める; [靴などの] 紐を結ぶ: Le abroché el abrigo al niño, porque hacía fresco. 冷えてきたので私は子供のオーバーのボタンを掛けた. ❷ [中南米. 口語]［罰したりするために人を] 捕まえる. ❸《メキシコ. 口語》[試合などで] …を負かす

―― ～se ❶ [自分の] Abróchense los cinturones. シートベルトをお締め下さい. ❷《中南米》もがく. ❸《メキシコ. 口語》[性的に] 暴行する

abrogación [abroɣaθjón] 女《法律》廃止, 撤廃
abrogar [abroɣár] [8] 他《法律》廃止する, 撤廃する
abrogativo, va [abroɣatíβo, βa] 形《法律》=**abrogatorio**
abrogatorio, ria [abroɣatórjo, rja] 形《法律》廃止の, 撤廃の
abrojal [abroxál] 男 ハマビシの生い茂った土地
abrojín [abroxín] 男《貝》ムラサキガイ《=cañadilla》
abrojo [abróxo] 男 ❶《植物》ヤグルマギク, ハマビシ; その実: ～ acuático ヨウビシ, ～ terrestre トリビスタラストリス. ❷《鞭打つ苦行者の鞭の先に付けた》菱形の金具. ❸《軍事》鉄菱. ❹《文語》複［人生の］つらさ, 苦しさ. ❺《船舶》複 岩礁
abrojoso, sa [abroxóso, sa] 形《まれ》つらい, 苦しい
abroma [abróma] 男《植物》トゲアオイモドキ
abromar [abromár]《古語》=**abrumar**
―― ～se《船舶》船底にフナクイムシが付着する
abroncado, da [abroŋkáðo, ða] 形《まれ》粗暴な
abroncante [abroŋkánte] 形《まれ》怒りっぽい
abroncar [abroŋkár] [←a-+bronca] [7] 他 ❶ [高圧的に・厳しく] 叱責する, どなりつける: Si regresaba tarde a casa el padre me abrocaban de un modo exagerado. 家に帰るのが遅くなろうものなら父は私を大げさに叱りつけた. ❷ [観客が] やじる; 口笛・足踏などで] 不満を表わす: El público abroncó repetidamente a los jugadores. 観客は繰り返し選手にやじを浴びせた. ❸ [からかったりして人前で] 恥をかかせる
―― ～se 怒る, 不快になる
abroquelado, da [abrokeládo, ða] 形 ❶ 盾形の. ❷ 弁護された
abroquelar [abrokelár] 他 ❶《文語》[盾で] 守る; 保護する, 防御する. ❷《船舶》下手小回しする

—— **~se**《文法》❶［盾で］身を守る．❷《比喩》[+con・de・en を]盾にする，口実にする；固執する

abrótano [abrótano] 男《植物》サザンウッド，キダチヨモギ 『**=~ macho**】: **~ hembra** ワタスギギク，サントリナ・ローズマリー

abrotoñar [abrotoɲár] 自［芽・葉が］出る，発芽する

abrumación [abrumaθjón] 女《まれ》圧倒；困惑

abrumador, ra [abrumaðór, ra] 形 ❶ 圧倒的な，抗しがたい：La muerte de su padre ha sido un golpe ~. 父の死は彼には耐えがたい衝撃だった．Las pruebas a favor de su inocencia eran ~ras. 彼が無実だという証拠はたくさんあった．ganar una mayoría ~ra de votos 圧倒的多数の票を獲得する．deseo ~ 抑えがたい欲望．derrota ~ra 壊滅的な敗北．fracaso ~ 致命的な失敗．victoria ~ra 圧勝．❷ 極度に疲労させる：trabajo ~ へとへとに疲れる仕事

abrumadoramente [abrumaðoraménte] 副 [主に +形容詞]圧倒的に，断然：~ mayoritario 圧倒的多数派の

abrumante [abrumánte] 形《まれ》圧倒的な

abrumantemente [abrumánteménte] 副《まれ》圧倒的に

abrumar [abrumár] 他 I 《←broma「フヌクイムシ」》❶［重圧などで］圧倒する，屈伏させる：Los exámenes me *abruman*. 試験は私には重い負担だ．❷［過度の愛情・からかい・けんかなどで］悩ます，困惑させる：1) Tantas inmerecidas alabanzas me *abruman*. 身に余るお誉めの言葉をいただき恐縮です． 2) [+con で] Me *abruma con* sus quejas. 彼는愚痴で私をうんざりさせる．❸ 卑小に感じさせる：Me sentí *abrumado* por su belleza. 私は彼女の美しさに圧倒された
II《←a-+bruma》**~se**［空に］もやが立ちこめる

abrupción [abrupθjón] 女 ❶《医学》裂傷；骨折；剥離．❷《修辞》[文に生気を与える]飛躍，中断；[特定変要素の]省略

abruptamente [abrú(p)taménte] 副 切り立ったように

abrupto, ta [abrú(p)to, ta] 形《←ラテン語 abruptus < abrumpere「乱暴に切る」》❶［場所が］切り立った，険しい：peñascos ~s 切り立った岩壁．sendero ~ 急な小道．❷ そっけない，とげとげしい，無愛想な：Sus respuestas eran muy ~tas. 彼の返事は取りつくしまもなかった．❸［変化が］突然の，思いがけない

abrutado, da [abrutáðo, ða] 形 粗野な，がさつな

abruzadera [abruθaðéra] 女《ムルシア》ブランコ

abruzar [abruθár] 9 他 **~se** 身をかがめる，うつぶせになる

abruzo, za [abrúθo, θa] 形 女《地名》[イタリア南部の] アブルッツィ Abruzos の[人]

ABS [á bé ése] 男《略語，自動車》ABS『アンチロックブレーキ装置』

abs-《接頭辞》[否定・分離] *abstracto* 抽象的な

Absalón [a(b)salón] 男《旧約聖書》アブサロム『ダビデ David の子．父に背いて殺された』

absceso [a(b)sθéso] 男《医学》膿瘍 (ﾉｳﾖｳ)

abscisa [a(b)sθísa] 女《数学》横座標 [=línea ~. ⇔ordenada]: eje de ~s 横軸

abscisión [a(b)sθisjón] 女 ❶《植物》器官離脱，切断．❷ 中断，断念

abscóndito, ta [a(b)skóndito, ta] 形《文語》不思議な，秘密の

absenta [a(b)sénta] 女 ❶《酒》アブサン．❷《植物》ニガヨモギ 『**=ajenjo**』

absentina [a(b)senténta] 女《化学》アブシンチン

absentismo [a(b)sentísmo] 男《←英語 absenteeism》❶ 地主不在，不在地主制度．❷［争議戦術としての］欠勤，職場放棄，職務放棄．❸［主に西］[常習的な] 無断欠勤 【**~ laboral**】; 不登校【**=~ escolar**】

absentista [a(b)sentísta] 形 名 ❶ 不在地主[制度の]．❷ 欠勤(欠席)しがちな[人]，不登校児童

ábsida [á(b)siða] 女《建築》=**ábside**

absidal [a(b)siðál] 形《建築》後陣の

ábside [á(b)siðe] 男《←ラテン語 absis, -idis <ギリシア語 apsis「結び目，丸天井」》女《建築》❶《教会の》後陣，アプス『祭壇の後ろ側』．❷《天文》=**ápside**

absidiola [a(b)siðjóla] 女《建築》後陣前部の小礼拝堂

absidiolo [a(b)siðjólo] 男《建築》=**absidiola**

absintio [a(b)síntjo] 男《植物》ニガヨモギ『**=ajenjo**』

absintismo [a(b)sintísmo] 男 アブサン中毒

absolución [a(b)soluθjón] 女《←ラテン語 absolutio, -onis》❶ 無罪放免：1) El abogado solicitó la ~ de su cliente. 弁護士は依頼人の無罪釈放を求めた．2)《法律》~ de la demanda 提訴却下．~ de la instancia 証拠不十分による棄却．~ de posiciones 訴訟人の尋問答弁．~ libre 無罪確定．❷《カト

リック》1)[告解での聖職者による]罪の許し，赦免【**= ~ sacramental**】．2) ~ general 全贖宥(ｼｮｸﾕｳ)

absoluta[1] [a(b)solúta] 女 ❶ 確言，断言．❷《西》[la+] 兵役解除，除隊 [**=licencia ~**]

absolutamente [a(b)solútaménte] 副 ❶［+形容詞．最高程度］絶対に，完全に: Es un discurso ~ incomprensible. その演説はさっぱりわけが分からない．Está ~ de acuerdo con nosotros. 彼は完全に私たちに同意している．❷ [+nada・nadie・todo など．肯定的・否定的に強調] 全く: No conoces ~ nada. 君は全く何も知らない．Ha cambiado ~ todo. 全くすべてが変わってしまった．A~ sí. 全くそのとおりだ．A~ no. 全然違う／とんでもない．❸《文法》絶対的に，目的語なしで．❹《主に中南米》[否定文で] 全く[…でない]【**=en absoluto**】

absolutez [a(b)soluté(θ)] 女《まれ》絶対性，完全性

absolutidad [a(b)solutiðá(ð)] 女《まれ》=**absolutez**

absolutismo [a(b)solutísmo] 男 ❶《政治》絶対主義，専制政治．❷ 絶対王政【**= ~ real**】

absolutista [a(b)solutísta] 形 名 絶対主義の[主義者]，専制の

absolutización [a(b)solutiθaθjón] 女 絶対化

absolutizar [a(b)solutiθár] 9 他 絶対化する

absoluto, ta[2] [a(b)solúto, ta] 形《←ラテン語 absolutus》[**ser+**]❶ [他と関係しない・比較されない]絶対的な【**⇔relativo**】: belleza ~ta 絶対美．verdad ~ta 絶対の真理．❷ [全要素を含んだ]完全な，全くの: Tengo la certeza ~ta de que es la verdad. 私はそれが真実であることを完全に確信している．Es una insensatez ~. それは無分別の極みだ．vivir en la más ~ta pobreza 極貧の暮らしをする．silencio ~ 全くの静寂; 完全な沈黙，完全無視．❸ [何ものにも制限されない] 独裁的な，専制的な: La disciplina en la compañía es ~ta. 社内の規律は絶対である．obediencia ~ta 絶対服従．poder ~ 絶対的な権力．❹《数学，物理》絶対の: temperatura ~ 絶対温度．❺《化学》純粋な．❻《文法》1) tiempo ~ 絶対時制『直説法現在・現在完了・点過去・未来』．2) uso ~ de un verbo transitivo 他動詞の絶対的用法『直接目的語なしで使われる用法: Se dedicaban a *saquear*. 彼らは掠奪をこととしていた』．3) 独立の: construcción ~ta 独立構文

en ~ 1) [否定文で] 全く[…でない]: El bicho no se mueve *en* ~. 虫はピクリとも動かない．No hizo nada *en* ~. 彼は何一つしなかった．¿No se arrepentirás?—[No,] *En* ~. 後悔しないか？—いいえ，絶対に．2)《まれ》[肯定文で] 完全に，無条件に: Estoy decidido *en* ~. 私はすっかり心を決めた

lo ~《哲学》絶対，絶対性

lo A~ 絶対存在，神

absolutorio, ria [a(b)solutórjo, rja]《法律》[宣告が] 無罪の: sentencia ~ 無罪判決

absolvederas [a(b)solβeðéras] 女 複《口語》[主に **buenas・grandes・anchas+**] 告解で簡単に罪を許すこと: tener grandes (buenas) ~ 《司祭が》告解者の罪に寛大すぎる

absolvedor, ra [a(b)solβeðór, ra] 形 名 罪を許す[人], 無罪とする[人]

absolver [a(b)solβér] 《←ラテン語 absolvere < ab-+solvere「放す」》29 他 ❶ [+de+刑罰の] 無罪を…に宣告する: El tribunal supremo le *absolvió de* toda culpa. 最高裁判所は彼に全面無罪を言い渡した．❷《カトリック》[告解者に+de 罪を] 許す, 赦免する: Te *absuelvo de* tus pecados. 汝の罪を許す．《まれ》[疑問を] 解く，解決する．《まれ》完遂する，成し遂げる

absorbedero [a(b)sorβeðéro] 男 下水口

absorbencia [a(b)sorβénθja] 女 吸収力, 吸収性

absorbente [a(b)sorβénte] 形《←*absorber*》❶ 吸収する, 吸収力のある: papel ~ 吸い取り紙, ペーパータオル．❷ 時間(注意)の必要な, 集中力のいる: trabajo ~ 集中力のいる(手の離せない)仕事．❸ 支配欲の強い, 意志を押し通す: madre ~ 子供を意のままにしたがる母親

absorber [a(b)sorβér] 《←ラテン語 absorbere < ab-+sorbere「すする」》他 ❶ 吸い込む, 吸収する: Las plantas *absorben* el alimento de tierra. 植物は土から養分を吸収する．Estos paneles *absorben* los ruidos. これらのパネルが騒音を吸収する．❷ [時間・精力などを] 奪う; [注意などを] 引きつける: El trabajo *absorbe* todo su tiempo. 彼は仕事に自分のすべての時間を

られる. Mi hija me *absorbe* y me consuela. 娘は私を夢中にし, 慰めを与えてくれる. ❸ 使い果たす; 消費する: El mercado japonés *absorbe* el 7% de la producción de petróleo. 日本市場は石油産出量の7%を消費する. ❹ [企業・組織を] 吸収する, 合併する: Su empresa *ha absorbido* a la de mi padre. 彼の会社は私の父の会社を合併した

—— **~se** 《まれ》[+en に] 我を忘れる, 夢中になる

absorbible [a[b]sorbíble] [形] 《生理》吸収されやすい, 吸収され得る

absorbimiento [a[b]sorbimjénto] [男] =**absorción**

absorciómetro [a[b]sorθjómetro] [男] 吸光光度計

absorción [a[b]sorθjón] 〖←ラテン語 absorptio, -onis〗[女] ❶ 吸収: 1) digestión y ~ de los alimentos 食物の消化吸収. ~ acústica 吸音. 2) 《物理》[放射線の] 吸収, 減少: espectro de ~ 吸収スペクトル. ❷ 熱心, 夢中, 没頭. ❸ [企業・組織の] 吸収合併, 乗っ取り, 併合 〖→fusión [類義]〗: ~ forzada [乗っ取りを意図した第三者の委託による] 株の買い占め

absorcionista [a[b]sorθjonísta] [形] 合併の, 乗っ取りの

absortar [a[b]sortár] [他] 魅了する, 夢中にさせる

—— **~se** 我を忘れる, 夢中になる

absorto, ta [a[b]sórto, ta] 〖←ラテン語 absorptus〗[形] ❶ [estar+. +en に] 夢中な, 没頭した: Estaba ~ *en* sus recuerdos. 彼は思い出にふけっていた. ❷ [+ante に] 呆然とした, 驚いた: Se quedaron ~*s ante* un panorama tan magnífico. 彼らは雄大な景色に息をのんだ

abstemio, mia [a[b]stémjo, mja] 〖←ラテン語 abstemius < abs-(分離)+temum 「ワイン」〗[形] [名] 絶対に酒を飲まない[人], 禁酒主義の[人]: No le ofrezcas coñac porque es ~. 彼にコニャックを勧めるな, 禁酒しているのだから

abstención [a[b]stenθjón] 〖←ラテン語 absentio, -onis〗[女] ❶ [投票での] 棄権: La ~ en Madrid ha llegado a la muy alarmante cifra del 56%. 棄権率はマドリードでは56%という危険な数字に達した. ❷ 自制, 節制. ❸ ~ de opinión [重大な留保事由のゆえに会計監査人が当該企業の] 調査結果を開示不能とすること

abstencionismo [a[b]stenθjonísmo] [男] [選挙での] 棄権[主義]

abstencionista [a[b]stenθjonísta] [形] [名] 棄権主義の(主義者); 棄権者

abstener [a[b]stenér] 〖←ラテン語 abstinere < abs-+tenere 「持つ」〗[58] **~se** ❶ [投票で] 棄権する 〖=~*se* de votar〗: Dos de cada tres ciudadanos *se abstuvieron*. 市民の3分の2が棄権した. ❷ 《文語》[+de を] 断つ, 自制する: En el Ramadán, desde el alba hasta el ocaso *se abstienen de* comer. ラマダンでは夜明けから日没まで食べ物を口にしない. *Me abstengo de* beber alcohol, es que tengo que conducir. 酒はやめておきます, 運転しなければならないので

—— [他] 《廃語》[人に, +de を] 抑制させる

abstergente [a[b]sterxénte] [形] 《医学》洗浄の, 洗浄用の

absterger [a[b]sterxér] 〖←ラテン語 abstergere < abs-+tergere 「洗う」〗[3] [他] 《医学》洗浄する

abstersión [a[b]stersjón] [女] 《医学》洗浄

abstersivo, va [a[b]stersíbo, ba] [形] 《医学》洗浄力のある

abstinencia [a[b]stinénθja] 〖←ラテン語 abstinentia < abstinere〗[女] ❶ [+de・a への] 節制, 禁欲: síndrome de ~ [*a* opiáceos] [アヘンの] 禁断症状. teoría del interés basada en la ~ [享楽の先送りが利子を生むと説く] 利子待忍説. ~ *del* tabaco 禁煙. ~ matrimonial 禁欲避妊法. ❷ 《宗教》断食, 精進. ❸ 《カトリック》小斎 〖聖金曜日などに肉食を断つこと〗: El miércoles de Ceniza es un día de ayuno y ~. 灰の水曜日は小斎日で肉を食べない

abstinencial [a[b]stinenθjál] [形] 節制の, 禁欲の

abstinente [a[b]stinénte] [形] 節制(禁欲)している; 断食(精進)中の

abstracción [a[b]stra[k]θjón] 〖←ラテン語 abstractio, -onis < abstrahere〗[女] ❶ 抽象[化]; 抽象概念. ❷ 《哲学》捨象. ❸ 専心, 没頭; 《軽蔑》ぼんやり, 放心

hacer ~ de... …を捨象する, 除外する

abstraccionismo [a[b]stra[k]θjonísmo] [男] 抽象主義

abstractamente [a[b]stráktaménte] [副] 抽象的に

abstractismo [a[b]straktísmo] [男] 抽象美術, 抽象派

abstractista [a[b]straktísta] [形] 《まれ》抽象美術の

abstractivamente [a[b]straktíbaménte] [副] 抽象的に

abtractivo, va [a[b]straktíbo, ba] [形] 抽象の, 抽象化の

abstractizante [a[b]straktiθánte] [形] 《美術》抽象化する, 抽象的な

abstractizar [a[b]straktiθár] [9] [他] 《美術》抽象化する

abstracto, ta [a[b]strákto, ta] 〖←ラテン語 abstractus < abstrahere〗[形] ❶ 抽象的な 〖⇔concreto〗: La verdad, el bien y la belleza son ideas ~*tas*. 真善美は抽象概念である. ❷ 理論的な, 観念的な: ciencia ~*ta* 理論科学. ❸ [抽象的すぎて] 難解な. ❹ 《美術》抽象[派]の, アブストラクトの 〖⇔figurativo〗: pintura ~*ta* 抽象絵画. ❺ 《数学》número ~ 無名数

en ~ 1) 抽象的に, 理論的に. 2) 細部にわたらずに, 大づかみに

abstraer [a[b]straér] 〖←ラテン語 abstrahere < abs- (分離)+trahere 「近寄せる」〗[45] [他] ❶ 抽象する; [想念の中で] 抜き出す, 抽象的に考える: Miró *abstrae* y simplifica las ideas originales. ミロは元の概念を抽象化し単純化する. ❷ 《哲学》捨象する, 除外する

—— **~se** ❶ [+de を] 無視する, …から自分の気をそらす: Ese jugador *se abstrae de* las presiones y *de*l público. その選手はプレッシャーや観衆には気をとられない. ❷ [+en に] 専念する: *Me he abstraído en* la pregunta. 私は質問に神経を集中した

abstraíble [a[b]straíble] [形] 抽象化され得る

abstraído, da [a[b]straído, da] [形] ❶ 放心した, ぼんやりした: Ella, ~*da*, parece como si estuviera en la luna. 彼女は放心して, まるでうわのそらだ. ❷ [+en・por に] 熱中した, 夢中になっている: Estaba ~ *en* su pensamiento y no se dio cuenta de nada. 彼は考え事に気を取られていて何も気がつかなかった

abstricción [a[b]stri[k]θjón] [女] 《植物》緊扼

abstruso, sa [a[b]strúso, sa] 〖←ラテン語 abstrussus 「隠れた」< abstrudere 「隠す」〗[形] 《文語》難解な, 晦渋(かいじゅう)な: cuestiones ~*sas* 難しい質問

absuelto, ta [abswélto, ta] absolver の [過分]

absurdamente [a[b]súrdaménte] [副] 不条理にも; 愚かに

absurdidad [a[b]surdidá[d]] [女] ❶ 不条理, 不合理. ❷ 愚かな言動, 非常識

absurdidez [a[b]surdidéθ] [女] 《まれ》=**absurdidad**

absurdo, da [a[b]súrdo, da] 〖←ラテン語 absurdus < ab-+surdus〗[形] [ser+] ❶ 不条理な, 不合理な 〖⇔racional〗: Es ~ que tengamos que pagar tantos impuestos. 私たちがこんなに税金を払わなければならないなんて不合理だ. ❷ ばかげた, 愚かな, 無意味な: disculpas ~*das* ばかげた言い訳. ¡Qué ~! 何てばかな! ❸ とっぴな, 変な: tipo ~ おかしな奴. ~*da* forma de vestir 変てこな服の着方

—— [男] ❶ 不条理, 不合理: filosofía (teatro) del ~ 不条理哲学(演劇). ❷ ばかげたこと: Eso que haces es un ~. 君のやっているのは愚行というものだ

reducir al ~ 自家撞着(じかどうちゃく)に追い込む

Abubacer [abubaθér] 《人名》→**Ibn Tufail**

abubilla [abubíʎa] [女] 《鳥》ヤツガシラ

abubo [abúbo] [男] 《アラゴン. 果実》ラフランス 〖=cermeña〗

abucharar [abutʃarár] [他] 《隠語》脅す, 威嚇する

abuchear [abutʃeár] 〖←古語 ahuchear < huchear 「叫ぶ」< ¡hucho! (狩りの叫び)〗[他] …に不満(非難・抗議)の声をあげる 〖やじる, ブーイングする, 床を踏み鳴らす, 口笛を吹くも含めて〗: Los espectadores *abuchearon* al protagonista. 観客は主役にやじを浴びせた

abucheo [abutʃéo] [男] 不満(非難・抗議)の声: El alcalde fue recibido entre ~*s* por los vecinos. 市長は住民の抗議の声に迎えられた. El ministro no hizo caso de los ~*s*. 大臣はやじを気にしなかった

abuelastro, tra [abwelástro, tra] [名] 継祖父, 継祖母 〖継父母の父・母; 祖父・祖母の再婚した相手〗

abuelazgo [abwelázgo] [名] 《まれ》祖父母であること

abuelito, ta [abwelíto, ta] [名] ❶ 《親愛》おじいちゃん, おばあちゃん. ❷ 《主にメキシコ》祖父, 祖母 〖=abuelo〗

abuelo, la [abwélo, la] 〖←俗ラテン語 aviola 「おばあちゃん」< ラテン語 avia 「祖母」〗[名] ❶ 祖父, 祖母: De chico me preguntaba mi ~*la*, «¿qué quieres ser?». 子供のころ私は祖母に「何になりたい?」とよく聞かれた. *A*~, ¿nos vamos de paseo? おじいさん, 散歩に行かない? ❷ 《口語》老人, 老女

—— [男] ❶ [複] 祖父母: Mis cuatro ~*s* son gallegos. 私の祖父母は4人ともガリシア人だ. ❷ 《文語》[複] 祖先, 先祖: Visitó el país de sus ~*s*. 彼は父祖の地を訪ねた. ❸ 《隠語》除隊ま

で6か月以下の兵士. ❹㊥［襟足の］後れ毛, 生え際の髪. ❺
《ピンゴ》90番. ❻《アラバ》［タンポポの種子などの］冠毛, うぶ毛
Cuéntaselo a tu ~la./Que se lo cuente a su ~la. 嘘
ばっかり!/そんなことあるはずがない: *Si dice que gana mucho al mes, que se lo cuente a su ~la.* 彼は月々たくさん稼ぐと言っているが, とうてい信じられない
Éramos pocos y parió [*la*] *~la*. ［困ったことに］また人が増えた
No necesitas (*tienes*) *~la./Se te ha muerto tu ~la.* 《皮肉》自慢しすぎだぞ
Pues estos fardos los cargará tu ~la. では, この包みをかつぐのはごめんだ
Tras que (*Como*) *éramos pocos, parió la ~la.* 厄介事はもうたくさんだ

abuenar [abwenár] ㊙《中南米. 口語》［怒っている人を］なだめる
—— **se**《南米. 口語》［互いに］仲直りする
abueyado, da [abwejáðo, ða] ㊙《闘牛》去勢牛の［ような］
abufandado, da [abufandáðo, ða] ㊙ マフラーを巻いた
abufandar [abufandár] ㊙《まれ》マフラーのように〔首に巻く〕
abuhado, da [abwáðo, ða] ㊙ ❶ 腫れた. ❷ 顔色の悪い, 青ざめた
abuhardillado, da [abwarðiʎáðo, ða] ㊙《建築》マンサード屋根の; 屋根裏[部屋]のある
abujardar [abuxarðár] ㊙［両尖頭ハンマーで］石を彫る, 切り出す
abujero [abuxéro] 男《口語》=**agujero**
abujilla [abuxíʎa] 女《アンダルシア. 鳥》=**abubilla**
abujita [abuxíta] 女《アンダルシア. 鳥》=**abubilla**
abulaga [abuláɣa] 女《地域語》=**aulaga**
abulagar [abulaɣár] 男《地域語》=**aulagar**
abulense [abulénse] ㊙㊚《地名》アビラ Ávila の〔人〕《カスティーリャ＝レオン州の県・県都》
abulensismo [abulensísmo] 男《文語》アビラ Ávila 風; アビラ愛好
Abul Hasan Ali [abúl xásan áli]《人名》アブルハサン・アリー《? ～1485, ナスル朝末期の君主》
abulia [abúlja]《←ギリシア語 abulia < abulos < a-（無）+bule「意志」》女 無気力, やる気のなさ: *La ~ me dominaba y no hice nada.* 私は無気力に取り付かれて何もしなかった
abúlicamente [abúlikaménte] 副 無気力に, やる気なく
abúlico, ca [abúliko, ka]《←abulia》㊙㊚ [ser+estar+] 無気力な〔人〕, やる気のない〔人〕: *¿Qué te pasa?, ¿estás ~! どうしたんだ? 全くやる気がないじゃないか!*
abullonado, da [abuʎonáðo, ða] ㊙《服飾》パフのある
—— 男《服飾》パフ
abullonar [abuʎonár] ㊙《服飾》［袖などにふくらみを持たせるために］ギャザーを寄せる, パフにする
abulonar [abulonár] ㊙《アルゼンチン, ウルグアイ》頭が丸い大型のねじ bulón でとめる
abultadamente [abultáðaménte] 副 かさばって, ふくれて
abultado, da [abultáðo, ða] ㊙ ❶ かさばった, ふくれた: *ojos ~s* はれぼったい目. *sobre ~* 分厚い封筒. *vientre ~* ふくれた腹. ❷《金額などが》巨大な. ❸《文語》*victoria* (*derrota*) *~da* 大勝（大敗）
abultamiento [abultamjénto] 男 ❶ かさばり, ふくらみ; 腫れ. ❷ 誇張
abultar [abultár]《←a-+bulto》㊂ かさばる; ふくらむ: *Este paquete abulta mucho pero no es pesado.* この荷物はひどくかさばるが重くはない
—— ㊙ ❶ ふくらます. ❷［金額・強度などを］大きくする. ❸ 誇張する: *Han abultado las cifras de los manifestantes.* デモ参加者の人数は水増しされた
abuna [abúna] 男 エチオピア教会の首長 *patriarca*
abundamiento [abundamjénto] 男《廃語》=**abundancia**
a (*para*) *mayor ~* 1) その上, おまけに: *La conferencia no nos interesaba y, a mayor ~, el conferenciante era muy aburrido.* 講演は面白くなかったし, 講師が全くさえなかった. 2) 念のため, 何かの時のために: *Te doy, a mayor ~, la dirección de mis padres de Madrid.* 念のため, 君にマドリードの私の両親の住所を渡しておく
abundancia [abundánθja]《←ラテン語 abundantia》女 ❶ 多量, 多数, 豊富: *En esas aguas hay ~ de peces.* その海域には魚がたくさんいる. *De la ~ del corazón, habla la boca.*《新約聖書》人の口からは心にあふれていることが出てくるのである/《諺》魂に感ずるところ多ければ口おのずから開く. *año de ~* 豊年. ❷ 繁栄, 富裕: *vivir en la ~* 豊かな暮らしをする
a (*para*) *mayor ~*《まれ》その上, 念のため [=a (para) mayor abundamiento]
con ~ 豊富に
en ~ たくさん, あり余るほど: *Ellos comieron en ~.* 彼らはたらふく食べた
nadar en la ~ 金回りがいい, 裕福に暮らす; 繁栄している
abundancial [abundanθjál] ㊙《言語》豊富（多量）を表わす: adjetivo ~ 多さを示す形容詞 ［例］*pedregoso* 石だらけの, *mentiroso* 嘘つきの
abundante [abundánte]《←ラテン語 abundans, -antis》㊙ [ser+] ❶ 豊かな, 豊富な, 多量の《主に物質名詞・集合名詞と共に. ⇔*escaso*》; 豊富に: *En este bar sirven raciones muy ~s*. このバルは一皿の量がとても多い. *~ cosecha/cosecha ~* 豊作. *~ agua* 豊富な水. *~ documentación* 大量の情報. ❷ [+en+複数名詞・不可算名詞] …に富んだ, …のたくさんある: *Aragón es muy ~ en olivos.* アラゴン地方はオリーブの木が非常に多い. *aguas ~s en minerales* ミネラルが豊富な水. ❸ ㊥ 多数の: *Cerca de la ribera se escondían ~s cangrejos.* 川岸近くにはカニがたくさん隠れていた. ❹ ㊥《文語》富裕な
abundantemente [abundánteménte] 副 豊かに, たくさん, 多量に
abundar [abundár]《←ラテン語 abundare「あふれる」< ab-+undare「洪水を起こす」》㊂ ❶ たくさんある（いる）, 豊富に存在する: *En Chile abundan los recursos naturales.* チリには天然資源が豊富にある. *Este verano abundan los mosquitos.* 今年の夏は蚊が多い. *La que abunda no daña.*《諺》多いに越したことはない. ❷ [+en+無冠詞名詞] …に富む: *España abunda en frutas de todas clases.* スペインにはあらゆる果物が豊富にある. ❸ [+en 考え・意見に] 賛同する, 固執する: *Abundamos en la opinión de que la reforma es insuficiente.* 私たちは改革が不十分だとする意見に同意である. ❹ [+en ≈] 詳述する
—— ㊙《まれ》潤沢にする, たくさん与える
abundo [abúndo]《古語》=**abundante**
—— 副=**abundantemente**
abundoso, sa [abundóso, sa] ㊙《文語》❶ [+en・de ≈] 豊かな, 裕福な. ❷ 限度を越えた
ab uno disce omnes [ab úno dísθe ómnes]《←ラテン語》一つだけですべてが分かる《ウェルギリウス Vergilio の言葉》
abuñolado, da [abuɲoláðo, ða] ㊙《料理》ブニュエロ *buñuelo* の形の
abuñolar [abuɲolár] 28 ㊙《料理》ブニュエロ *buñuelo* を揚げる
abuñuelado, da [abuɲweláðo, ða] ㊙=**abuñolado**
abuñuelar [abuɲwelár] ㊙=**abuñolar**
abur [abúr] 間《主にメキシコ. 口語》さよなら, バイバイ!
aburar [aburár] ㊙ ❶ 燃やす, 焼却する. ❷《ドミニカ》［虫に刺された所が］ひりひりする
ab urbe condita [ab úrbe kəndíta]《←ラテン語》副 ローマが建設されてから, ローマ建国起源《起源前753年から数えて》
aburelado, da [aburealáðo, ða] ㊙《まれ》=**burielado**
aburguesadamente [aburɣesáðaménte] 副 ブルジョワ的に
aburguesado, da [aburɣesáðo, ða] ㊙ ブルジョワ的な
aburguesamiento [aburɣesamjénto] 男 ブルジョワ化
aburguesar [aburɣesár] ㊙ ブルジョワ化する
—— **se** ブルジョワ化する, ブルジョワ的になる: *Mi hermano quiere ir al hotel lujoso, ¡se ha aburguesado!* 豪華ホテルへ行こうなんて兄もブルジョワになったものだ!
aburrado, da [aburáðo, ða] ㊙ ❶ ロバのような. ❷ 粗野な, 不作法な. ❸《メキシコ》［雌馬が］ラバの子供を育てる
aburrar [aburár] ㊙ 粗野にする [=embrutecerse]
aburrición [aburiθjón] 女《メキシコ, コロンビア》=**aburrimiento**
aburridamente [aburíðaménte] 副 退屈に
aburrido, da [aburíðo, ða] ㊙ ❶ [ser+] 退屈させる: *Es ~ y siempre habla sólo de sí mismo.* 彼は退屈な男でいつも自分のことばかり話す. *película ~da* つまらない映画. *trabajo ~* 退屈な仕事. ❷ [estar+] 退屈した: 1) *Los niños están ~s porque no pueden jugar al aire libre.* 子供たちは外で遊べないで退屈している. 2) [+de・con ≈] 飽き飽きした, うんざりした: *El público está ~ de presenciar actuaciones escandalosas.* 観客は破廉恥なふるまいを見せられるのにうんざりしている

—— 图 退屈させる人: Anda, sácame a bailar. Este tío con el que me he casado es un ~. ね、踊りに連れて行って。私が結婚したこいつは退屈な男なの

aburridor, ra [aburi̯dór, ra] 《中南米》退屈させる 〖=aburrido〗

aburrimiento [aburimi̯ento] 男 ❶ 退屈、飽き、倦怠〖感〗: La película le produjo ~. その映画は彼を退屈させた. ❷ 退屈させるもの（人）: Para los niños es un ~ estar tantas horas encerrados. 子供たちにとって長時間閉じこめられているのは退屈である

aburrión [aburi̯ón] 男《カナリア諸島. 鳥》スズメ〖=gorrión〗

aburrir [aburír]《←ラテン語 abhorrere「嫌悪する」< ab-+horrere「髪が逆立つ」》他 ❶〖物・事・人を〗退屈させる、飽きさせる: Me aburre esta novela. この小説は私には退屈だ. ❷〖+con で〗うんざりさせる; 困らせる: Me aburres con tus quejas incesantes. 君のひっきりなしの不平不満にはうんざりだ. La enfermedad del niño les tiene aburridos. 子供が病気で彼らは困っている. ❸〖まれ〗〖時間・金を〗かける、浪費する. ❹〖まれ〗〖鳥が卵やひなを〗捨てる. ❺《古語》憎む、嫌悪する
—— ~se ❶〖+con・de・en に〗退屈する、飽きる〖⇔divertirse〗: Nunca me aburriré con él. 私が彼に飽きることはないだろう. Me aburro de esta vida. 私は人生に疲れた. Se aburrió en la lectura. 彼は読書に飽きた. ❷ うんざりする、閉口する: Se aburre de hacer lo mismo todos los días. 彼は来る日も来る日も同じことをするのうんざりしている. Me aburro mucho explicándole las matemáticas. 私は彼に数学を教えていると大変いらいらする

aburujar [aburuxár] 他 =aborujar

abusado, da [abusáðo, ða] 形《メキシコ, グアテマラ. 口語》才知が鋭い、ずる賢い
—— 間《メキシコ, グアテマラ. 口語》気をつけて、あぶない!〖=cuidado〗

abusador, ra [abusaðór, ra] 形 名 ❶ 乱用する〔人〕; 〖立場を利用して〕虐待する〔人〕: ~ de menores 性的児童虐待者. ❷《プエルトリコ》挑発する人

abusar [abusár]《←abuso》自 ❶〖+de を〗乱用する、使い過ぎる: 1) Mi padre abusa de la bebida. 父は酒を飲み過ぎる. Estás abusando de tus fuerzas. 君は自分の体力を酷使している. Al escribir artículos, abusa de cifras y estadísticas. 彼は記事を書く時、数字と統計を使い過ぎる. El director de esta película abusa del zoom. この映画の監督はズームを多用し過ぎる. En el tiempo medita sobre el infinito, abusa del metafísico. ❷〖+de 人の親切・忍耐などに〗つけ込む、図に乗る;〖地位・権力などを〗悪用する, 乱用する;〖人を〗酷使する: 1) No quise ~ de su amabilidad. ご好意に甘えてはならないと思いました. No abuses de mi paciencia. こっちが我慢しているからと言っていい気になるな. El alto funcionario suele ~ de su autoridad. 高級官僚は職権を乱用しがちだ. 2)〖+en について〗Abusa del personal en el horario de trabajo. 彼は過剰な勤務時間でスタッフをこき使う. Trabaja bien, pero abusa en los precios. 彼は仕事はできるが、料金が法外だ. ❸〖+de に〗性的暴力を振るう、暴行する; 性的に虐待する: El acusado abusó de varias mujeres. 被告は数人の女性に暴行した
—— ~se《グアテマラ》頭がさえる、注意深くなる

abusión [abusi̯ón] 女 ❶ =abuso. ❷ 不合理、矛盾. ❸ 迷信. ❹《修辞》比喩的転用〖=catacresis〗

abusionero, ra [abusi̯onéro, ra] 形 名 迷信深い〔人〕、縁起をかつぐ〔人〕

abusivamente [abusíβaménte] 副 過度に; 不当に

abusivo, va [abusíβo, βa]《←ラテン語 abusivus》形 名 ❶ 過度な、行き過ぎた、不当な: ejercicio ~ del poder 行き過ぎた権力の行使. libertad ~va 過度の自由. precio (interés) ~ 法外な価格（利子）. cláusula ~va 不当条項. ❷〖まれ〗する〔人〕〖=abusador〗

abuso [abúso]《←ラテン語 abusus < ab-+usus, -us「使用」》男 ❶ 過度な使用、乱用: ~ de grasa 脂肪の摂り過ぎ. ~ de medicamentos 薬の乱用. ~ en la bebida 酒の飲み過ぎ. ~ de televisivo テレビの見過ぎ. ❷〖人の善意などに〗つけ込むこと; 〖地位・権力の〗悪用; 不当な行為: ~ de la amabilidad 親切につけ込むこと. ~ de autoridad 職権乱用. ❸ 性的暴行; ~s deshonestos 強制わいせつ行為. ~ sexual infantil 性的児童虐待. ❸〖複〗悪習、弊害. ❹〖法律〗~ de superioridad 優越

事由

abusón, na [abusón, na] 形 名《西, メキシコ. 口語》乱用する〔人〕〖=abusador〗

abusus non tollit usum [abúsus nɔn toλít úsum]《←ラテン語》乱用があっても使用を妨げるものではない〖古来法律の規範〗

abutilón [abutilón] 男《植物》イチビ、ボウマ、キリアサ

abuzar [abuθár] 自 ~se《地方国》〖飲むために〗うつぶせになる

abyección [abjékθi̯ón] 女《←ラテン語 abjectio, -onis < abjicere》❶《文語》〖人・行為の〗卑劣. ❷《文語》卑劣、下劣; 卑劣（下劣）な行為

abyectamente [abjéktaménte] 副《文語》卑劣にも

abyecto, ta [abjékto, ta]《←ラテン語 abjectus「下の、卑しい」< abjicere < jacere「投げる」》形 ❶《文語》〖人・行為が〗卑劣な、下劣な: asesino 卑劣な殺人者. ❷ ひどくみじめな、屈辱的な

abyssus abyssum invocat [abísus abísum inbókat]《←ラテン語. 旧約聖書《詩編》淵は淵を呼ぶ, 一つの過ちはもう一つの過ちを生む

aC《略記》=a.C.

a.C.《略記》←antes de Cristo 紀元前, B.C.〖⇔d.C.〗: en el año 146 a.C. 紀元前146年に

A.C.《略記》←América Central 中央アメリカ; Asociación Civil 財団法人

a/c.《略記》← 1) a cargo …気付, …の責任（負担）で; …あてに. 2) a cuenta 先払いで. 3) al cuidado …気付

acá [aká]《←ラテン語 accum hac「ここに…がある」》副《近称の指示副詞. **aquí** より方向性・広がりがあり、もっとつけて比較級にできる》❶ こっちへ・に. こっちへ来い. Acércate más ~. もっと近くに寄れ. ❷ このあたりに・で: Lo escondí ~ abajo. 私はそれをこの下のあたりに隠した. por ~ この近くに. muy ~ ごく近くに. más ~ del río 川のこっち側で. ❸〖de+desde+時+〗…から今まで: ¿De cuándo ~ están aquí? いつから彼らはここにいるのですか? de entonces ~ その時から. ❹ この世にかない人生で. ❺ 私; あなたに: Acá tiene toda la razón. 全くおっしゃるとおりです. ❻《中南米》ここで・に〖=aquí〗: Acá en esta calle no hay hoteles. この通りにはホテルはない. 2) こちらの人: Acá lo explicará a ustedes. この人があなたがたにご説明します

~ **y allá** (**acullá**) あちらこちらに

de ~ **hacia allá** =de ~ para allá

de ~ **para allá** あちらこちらへ〖動き回って〗: Anduvo de ~ para allá. 彼は行ったり来たりしていた

de ayer ~ 昨日から; 近ごろ、最近

el más ~ この世、現世

llevar (traer) a+人 **de** ~ **para allá**《口語》…を翻弄する、てんてこ舞いさせる

sin más ~ [**ni más allá**]《口語》理由もなく、あわてて、突然に; それ以上何も言わずに

acabable [akaβáβle] 形 終わりのある、終わり得る

acabadamente [akaβáðaménte] 副 完璧に、完全に

acabadero, ra [akaβáðéro, ra] 形〖まれ〗=acabable

acabado, da [akaβáðo, ða]《←acabar》〖estar+〗❶ 終わった、了した: Mi trabajo ya está ~. 私の仕事は終わっている. ❷〖人の活動などが〗終結した、駄目になった: Está ~ como nadador. 彼は水泳選手としてはもう終わりだ. El actor ya está ~. その俳優にはもう往年のおもかげはない. ❸ 完成した、仕上げられた: Esto tiene que estar ~ para mañana. これは明日までに出来上がっていなければならない. trabajo ~ 完成品. ❹ 完全な、完璧な: Todos son productos muy bien ~s. それらはすべて出来のいい作品だ. ❺ 熟練した、長じた: historiador ~ 歴史学の大家. ❻ 疲れた、衰弱した: viejo ~ 老いた老人. ❼ 傷んだ、ぼろぼろになった: coche ~ ポンコツ車. ❽〖+de+不定詞〗…したばかりの: banco ~ de pintar ペンキ塗りたてのベンチ

—— 男 仕上げ、仕上がり: Tengo que dar el ~ a este cuadro. この絵の仕上げをしなければならない. fotos con ~ mate マット仕上げの写真. ~ de un coche 自動車の最終仕上げ〖工程〗. ~ áspero 粗面仕上げ

acabador, ra [akaβaðór, ra] 形 名 仕上げの、完成させる; 仕上げ工

acabalar [akaβalár] 他 完成させる、仕上げる

acaballadero [akaβaλaðéro] 男〖馬などの〗種付け場; 交尾期

acaballado, da [akaβaλáðo, ða] 形 馬の顔に似た

acaballar [akaβaλár] 他 ❶〖+sobre・en 別のものに〗部分的に重ね合わす. ❷〖馬などが〗交尾する

acaballerado, da

―― **~se** 重なり合う
acaballerado, da [akabaʎeráðo, ða] 形 紳士風の, 紳士らしい; 紳士ぶった
acaballerar [akabaʎerár] 他 紳士扱いをする, 紳士とみなす
―― **se** 紳士としてふるまう
acaballonar [akabaʎonár] 他 《農業》畝(2)を作る
acabamiento [akabamjénto] 男 ❶ 完成, 完了, 完遂. ❷ 終わり, 終末. ❸ 死. ❹《中南米》枯渇
acabangar [akabaŋgár] 自 **~se**《中米》不安になる, 心配する, おびえる; 悲しむ
acabanzas [akabánθas] 女 複《ラマンチャ》収穫後の祭り, 収穫祭
acabañar [akabaɲár] 自・**~se**〔羊飼いが〕仮小屋を作る
acabar [akabár]【←a-+cabo】他 ❶ 終える, 終了する《⇔empezar》: *He acabado por fin este libro.* 私はやっとこの本を読み終えた. *~ la carrera universitaria* 大学を卒業する. *~ su vida/~ sus días* 生涯を終える. ❷ 仕上げる, 完成させる: *Acabará el cuadro dentro de poco.* 彼はすぐに絵を完成させるだろう. *Quevedo acaba "Los sueños" a los cuarenta y dos.* ケベドは『夢』を42歳の時に完成させている. *Para ~, poner la crema fresca.* 仕上げに生クリームをかけて下さい. ❸ 使い切る, 使い果たす: *Hemos acabado el aceite de oliva.* 私たちはオリーブ油を切らした. ❹ 食べ(飲み)つくす: *Hemos acabado las naranjas.* 私たちはオレンジを全部食べてしまった. El niño no *ha acabado* la sopa. 子供はまだスープを飲んでしまっていない. ❺《中南米》…の悪口を言う, けなす
―― 自 ❶ 終わる: *El primer curso acaba en junio.* 前期は6月に終わる. *Así ha acabado* su largo viaje. こうして彼の長い旅が終わった. *Cuando acabes, puedes marcharte.* 終わったら帰ってもいいよ. ❷〔…の結果で〕終わる: *El matrimonio que empieza bien, si no dura el amor, acaba mal.* 順調に始まる結婚生活も愛が続かなければ破綻する. *Una historia de amor que acaba bien.* その恋物語はハッピーエンドだ. ❸ 話し終える: *Déjenme ~.* 最後まで聞いて下さい／[時間がないので]これで終わらせて下さい. Al ~ Pedro los pastores se fueron. ペドロが話し終えると羊飼いたちは立ち去った. ❼ [+de+不定詞] 1) [肯定文で] i) [acabar が直説法現在・線過去] …したばかりである: *Acabo de* comprar un nuevo ordenador. 私は新しいコンピュータを買ったばかりだ. *Acababa de* leer aquella novela cuando me la recomendó. 彼はあの小説を推薦してくれたが, 私はちょうど読み終えたところだった. ii) [それ以外の時制] …を終える: *Cuando acabe de* hacer esto, me marcharé. 私はこれを終わしたら帰ろう. *Hemos acabado de* trabajar hoy. 今日の仕事は終わった. 2) [否定文で. acabar が直説法現在・線過去] …するには至らない, …する気になれない《婉曲的な表現》: *No acabo de* comprender lo que dices. 君の言うことはどうもひとつ気に入らないのだが. *No acaba de* gustarme su explicación. 彼の説明はどうもいまひとつ気に入らないのだ. ❺ [+por+不定詞／+現在分詞] 結局は…するはめに(ついに)…する: Ella *acabó por* llorar. 彼女はとうとう泣き出した. *Acabaron con*venciéndola. 彼らはとうとう彼女を説得した. ❻ [+en] 1) 最後は…で終わる: La historia acaba en la frialdad del terror. その物語は凍りつくような恐怖で終わっている. *~ en* fracaso 失敗に終わる. 2) 先端が…になっている: La cuchilla no *acaba en* punta. その肉切り包丁は先が尖っていない. ❼ [+con] 1) 最後は…で終わる: El rasgo fundamental del siglo XX nació con la revolución comunista y *acabó con* su hundimiento. 20世紀の基本的特徴は共産主義革命で始まり, その崩壊で終わりを告げた. 2) 仕上げる: Por fin *hemos acabado con* la investigación. 私たちはやっと研究を完成させた. 4) …を駄目にする, 壊す: Si tratas así los discos, *acabarás con* ellos. レコードをそんなふうに扱ったら, 駄目にしてしまうよ. 5) 消耗する: *Eso me acabó con* la paciencia. それで私は堪忍袋の緒が切れた. 6) …と手を切る, 絶交する: Hace mucho tiempo que *acabé con* mi novia. 彼女と恋人とはずっと前に別れた. 7) 排除する, 断ち切る: Es necesario ~ *con* la influencia extranjera. 外国の影響を排除することが必要だ. 8) 殺す: El terrible calor que hace *acabará con* los viejos. この暑い暑さで老人たちがやられてしまうだろう. Una dolencia *acabó con* la vida de Mozart. モーツァルトは持病が元で亡くなった. ~ *con* los enemigos 敵をせん滅する. ~ *con* el terrorismo テロを根絶する. ❽〔婉曲〕死ぬ: *Acabó* en la cárcel. 彼は刑務所で死んだ. ❾

無くなる, 消滅する: En el espacio nacen y *acaban* muchas estrellas. 宇宙では多くの星が誕生し, そして死滅する. ❿《卑語》[性交で]果てる, いく
~ con+人+*que*+接続法 ついに…に…させる: *Acabaron con* el rey *que* lo hiciese 彼らはついにそれを実行させた
¡Acabara ya! =**¡Acabáramos!**
¡Acabáramos! [con ello]〔そのことを〕とうとう理解できる, それで分かった: *¡Acabáramos!*, así que lo que quería era dinero. なるほど, つまり彼が欲しいのは金だったのか
de nunca ~ 際限のない, 決着のつかない: Es cosa *de nunca* ~. それは容易に決着しない問題だ
¡Hemos acabado!〔議論などで〕もうこれで終わり(打ち切り)だ!
para ~ de arreglarlo／para ~ lo de arreglar かてて加えて, その上に: Llegas tarde y, *para ~ de arreglarlo*, no me traes lo que te pedí. 君は遅刻して, まだその上, 私が頼んだ物を持ってきてくれていない
―― **~se** [3人称で] ❶ すっかり終わる, 終了する: *Se acabó* el concierto a las once de la noche. コンサートがすべて終わったのは夜の11時だった. 2) [+de+不定詞] …したばかりである: *Se acaba de* morir el perro. たった今犬が死んだ. ❷ 尽きる, なくなる: *Se acabó* la gasolina. ガソリンが切れた. *Se me acabó el dinero.* 私は一文無しになった. ❸ 仕上がる, 完成する. ❹ 死ぬ, くたばる. ❺《中南米》[資源が]枯渇する. ❻《メキシコ》疲弊する
San se acabó.〔話・議論に決着をつけるのに使う. y を前置することが多い〕それで終わり, ぐずぐず言うな《=Sanseacabó》: Digo que vayas tú, y *san se acabó.* お前が行くんだ, いいな
Se acabó [lo que se daba]. これで終わりだ〔未来の事柄についても用いられる〕: *¡Se acabó!*, no lo aguanto más. もうやめだ, 我慢できない. Dile que *se acabó* si no cambia. 嫌なら態度を打ち切りだと彼女に伝えてくれ
acabe [akáβe] 男 ❶《プエルトリコ》コーヒー収穫後のパーティーと踊り. ❷《コロンビア》終わらせること, 終わり; 絶滅
acaballedo, da [akabaʎáðo, ða] 形《まれ》明るい栗色の, 薄茶色の
acabestrar [akabestrár] 他〔牛・馬を〕端綱に慣らす
acabestrillar [akabestriʎár] 自《狩猟》牛 buey de cabestrillo の後ろに隠れて狩りをする
acabijo [akaβíxo] 男《廃語》終わり; 端
acabildar [akaβildár] 他〔人々を一つの意見・目的の下に〕結集させる
acabiray [akaβiráj] 男《鳥》アルゼンチンハゲワシ
acabo [akáβo] 男 =**acabamiento**
acabose [akaβóse] 男 =**acabóse**
acabóse [akaβóse]【←acabó+se】男 **ser el ~**《口語》もう我慢できない, 最悪の事態である
acabronado, da [akaβronáðo, ða] 形 山羊のような
acabuchado, da [akatʃáðo, ða] 形《チリ. 口語》❶ [estar+. +con+物で] ふさがっている. ❷ [+con+人で] 我慢しなければならない, …から逃れられない
acachar [akatʃár] 他《口語》しゃがむ《=agacharse》
acachetar [akatʃetár] 他《闘牛》[牛に] とどめを刺す
acacheteear [akatʃeteár] 他 殴る, 平手打ちする
acacia [akáθja]【←ラテン語 acacia <ギリシア語 akakia】女 ❶《植物》アカシア: ~ bastarda (=endrino). ~ de tres espinas (pinchos) トリアカンソス. ~ falsa (blanca) ニセアカシア, ハリエンジュ. ~ rosa 赤い花のアカシア. ❷《薬学》アカシアエキス
acaciano, na [akaθjáno, na] 形 男《人名》アカシオ Acacio の〔4世紀, 異端アリウス派の司教〕; アカシオ派(の)
acacóyotl [akakójotl] 男《植物》ジュズダマ
academia [akaðémja]【←ラテン語 Academia (プラトン哲学の学校) <ギリシア語 Akademeia】女 ❶ 学士院, 芸術院, アカデミー; 学会: Real A ~ Española [de la Lengua・de la Medicina] スペイン王立[言語・医学]学士院. Hoy se celebra el acto en que la escritora será recibida como miembro de la A~. その女性作家がアカデミーの会員として迎え入れられる式典が今日開催される. Los jueves hay ~. 木曜日にはアカデミーの会合がある. ❷ 学校, [特に] 各種学校, 専門学校: Los lunes va a una ~ a enseñar español. 彼は毎週月曜に語学学校にスペイン語を教えに行っている. La ~ busca profesores cualificados. その学校は有能な教師を募集している. ~ de comercio

ビジネススクール. ~ de conductores 自動車学校. ~ de corte y confección 洋裁学校. ~ de idiomas 外国語学校. ~ de informática 情報処理専門学校. ~ de peluquería 理容学校. ~ de preparación para ingreso en las universidades 大学予備校. ~ militar 陸軍士官学校. ❸《美術》裸体画(像)の習作. ❹《哲学》アカデメイア『プラトンがアテネ郊外に設立した学園』. ❺《南米》[la+] 学問の世界

académicamente [akaðémikaménte] 副 ❶ 型どおりに, 形式ばって. ❷ 学問的に, 理論的に. ❸ 学業面で

academicismo [akaðemiθísmo] 男《時に軽蔑》アカデミズム, 伝統尊重, 形式主義, 学究的な傾向

academicista [akaðemiθísta] 形《時に軽蔑》アカデミズムの, 伝統を尊重する〔人〕, 学究的な〔人〕

académico, ca [akaðémiko, ka]〖←academia〗形 ❶ 学士院の; 学会の: sillón ~ 学士院会員の椅子. ❷ [正規の] 学校教育の, 公教育の; 大学の: guía ~ca 授業案内. título ~ [医師などの] 正規の資格, 学位. traje ~ 学校の制服. ❸ [学校の, 事務職員に対し] 教員の: eliminar las fronteras entre ~s y administrativos 教員と職員の壁をなくす. ❹ 学究的な, アカデミックな;〔学問・芸術が〕伝統を重んじる, 型にはまった; 衒学的な, 学者風の: discurso ~ 学術的な講演. estilo ~ 綾切型の文体. persona ~ca 学者タイプ(学者肌)の人. ❺《美術》裸体画(像)の習作の. ❻ プラトン学派の
—— 名 学士院会員: ~ de número 学士院正会員. ~ correspondiente 学士院準会員

academismo [akaðemísmo] 男 =**academicismo**

academista [akaðemísta] 名 ❶ 専門学校の生徒. ❷《まれ》学士院会員〔=académico〕

academización [akaðemiθaθjón] 女《まれ》アカデミックにすること

academizante [akaðemiθánte] 形《まれ》アカデミックにする

academizar [akaðemiθár] 9 他《まれ》アカデミックにする, 伝統を重んじる

acádico, ca [akáðiko, ka] 形 名 =**acadio**

acadio, dia [akáðjo, ðja] 名《歴史. 地名》[古代メソポタミアの] アッカド Acad の〔人〕
—— 男 アッカド語

acaecedero, ra [akaeθeðéro, ra] 形《まれ》起こり得る, あり得る

acaecer [akaeθér]〖←俗ラテン語 accadere < ラテン語 accidere「起こる」〗39 自《文語》[3人称のみ. 事が] 起こる, 生じる: El accidente acaeció al chocar el turismo y el camión cisterna. 事故は自家用車とタンクローリーが接触して起きた. Eleva a 24 el número de muertes violentas acaecidas en lo que va de año. 今年初めから現在までの変死者数は24人にのぼる
—— 男《文語》=**acaecimiento**

acaecimiento [akaeθimjénto] 男《文語》事件が起こること; 出来事, 事柄

acafresna [akafrésna] 女《植物》ナナカマド〔=serbal〕

acaguasar [akagwasár] ~se《グラナダ; キューバ》[サトウキビが] 茎が伸びず葉ばかりが茂る

acahual [akawál] 男《メキシコ. 植物》❶ [野生の] ヒマワリ. ❷ アメリカセンダングサ, セイタカアワダチソウ

acairelar [akajrelár] 他 =**cairelar**

acáis [akájs] 男 複《隠語》両目〔=ojos〕

acajú [akaxú] 男《植物》カシューナットノキ, マガタマノキ

acal [akál] 男/女《メキシコ》[古代の] カヌー

acalabazado, da [akalaβaθáðo, ða] 形 [形・匂いが] カボチャのような

acalabrotar [akalaβrotár] 他《船舶》[3本ずつロープを撚り合わせて] 1本の綱にする

acalambrante [akalambránte] 形《南米》ひんしゅくを買う; 身の毛のよだつような

acalambrado, da [akalambráðo, ða] 形 固まった

acalambrar [akalambrár] 他 けいれんを引き起こす
—— ~se けいれんが起きる. ❷《メキシコ》[ショックなどで] 体が固まる

acalcar [akalkár] 7《地方語》引き締める, 固める

acaldar [akaldár] 他《カンタブリア》整理する

acalefo [akaléfo] 形《動物》鉢虫綱〔の〕〔=escifozoo〕

acalentado, da [akalentáðo, ða] 形《中米, プエルトリコ, ペルー, ボリビア》平熱より少し体温が高い〔人〕

acalenturado, da [akalenturáðo, ða] 形《メキシコ, コスタリカ》

=**acalentado**

acalenturar [akalenturár] ~se 熱を持つ, 熱くなる

acalia [akálja] 女《植物》タチアオイ〔=malvavisco〕

acalifa [akalífa] 女《植物》キダチアミガサソウ

acalicino, na [akaliθíno, na] 形《植物》無萼の

acallador, ra [akaʎaðór, ra] 形 黙らせる

acallamiento [akaʎamjénto] 男 黙らせること

acallantar [akaʎantár] 他《アストゥリアス, レオン》=**acallar**

acallar [akaʎár]〖←a-+callar〗他 ❶ 黙らせる, 静かにさせる: 1) El profesor acalló a los alborotadores de la clase. 先生は教室で騒いでいる連中を黙らせた. 2)《比喩》No podrán ~ las voces de protesta. 抗議の声を抑えることはできないだろう. ~ la conciencia 良心を黙らせる. ~ los rumores 噂を抑える. ❷ 鎮める; [空腹を] なだめる: ~ el apetito con un pedazo de pan パン一切れで空腹を抑える
—— ~se 静まる, 沈黙する: Se acallaron los murmullos en la sala. 会場のざわめきが静まった

acaloradamente [akaloraðaménte] 副 興奮して, 激しく, 熱っぽく: discutir ~ 激論を戦わす

acalorado, da [akaloráðo, ða] 形 ❶ [ser+. 議論・試合などが] 激しい: ~ debate 白熱した議論. ❷ [estar+. 人が] 怒った, 興奮した

acaloramiento [akaloramjénto] 男 ❶ [体が感じる] 熱さ, 暑さ; 上気, ほてり; 暑気あたり. ❷ 激高, 怒り; 興奮

acalorar [akalorár]〖←a-+calor〗他 ❶ 熱くする; 興奮させる. ❷ [議論に] 白熱させる. ❸《まれ》[人を] 熱くする
—— ~se ❶ [+en·con·por 議論などで] 興奮する, かっとなる: Me acaloré por lo que me dijo. 私は彼の言ったことに腹を立てた. Está bien, no te acalores. OK, 興奮しないでくれ. ❷ [議論が] 白熱する: Parece que la disputa se acaloró demasiado. 議論が白熱しすぎたようだ. ❸ [激しい運動などで] 上気する; 興奮する

acaloro [akalóro] 男《レオン, サラマンカ, アラゴン》興奮; 上気

acamadero [akamaðéro]《アンダルシア》野ウサギの巣

acamado, da [akamáðo, ða]《紋章》図形を重ねた

acamalar [akamalár] 他《アルゼンチン. 口語》[男性が愛人を] 経済的に援助する, 囲う

acamar [akamár] 他 ❶ [風雨が麦・麻などを] なぎ倒す
—— ~se ❶ [風雨で麦・麻などが] 倒れる. ❷《サラマンカ》[家畜が寝床に] 横たわる

acambrayado, da [akambrajáðo, ða] 形《繊維》キャンブリックcambrayのような

acamellado, da [akameʎáðo, ða] 形 ラクダのような

acampada[1] [akampáda] 女 キャンプ, 野営〔行為〕: hacer una ~ キャンプをする. ir de ~ キャンプに行く

acampado, da[2] [akampáðo, ða] 名 キャンパー

acampamento [akampaménto] 男《まれ》=**acampada**[1]

acampamiento [akampamjénto] 男《まれ》=**acampada**[1]

acampanado, da [akampanáðo, ða] 形 鐘の形の;《服飾》[スカート・ズボンが] フレアーの, ベルボトムの

acampanar [akampanár] 他 鐘の形にする
—— ~se 立しゃな態度をとる

acampar [akampár]〖←a-+campar〗自 キャンプする, 野営する: Los soldados acamparon en el bosque. 兵士たちは森の中で野営した
—— 他 キャンプさせる, 野営させる

acampo [akámpo] 男 牧草地〔=dehesa〕

ácana [ákana] 女《単数冠詞: el·un[a]》《植物》アカテツ科の木 建材用. 高価 Bassia albescens〕
de ~《アンダルシア》良質の, 高価の

acanalado, da [akanaláðo, ða] 形 ❶ 水路(狭い所)を通る. ❷ 溝のある, 溝状の: chapa ~da 波板. teja ~da 波形かわら. ❸〔繊維〕畝〔織り〕の. ❹《金属》波板の.〔建築〕縦溝飾りのある

acanalador [akanalaðór] 男 ❶《料理》ピーラー. ❷《木工》溝鉋

acanaladura [akanalaðúra] 女 ❶ 水路〔を通すこと〕. ❷《建築》縦溝〔飾り〕

acanalar [akanalár]〖←a-+canal〗他 ❶ …に水路を通す; 溝を入れる, 波形にする. ❷《建築》[柱などに] 縦溝飾りを施す

acanallado, da [akanaʎáðo, ða] 形〔人が〕下品な, 柄の悪い

acanallar [akanaʎár] 他《まれ》[人を] 下品にする, 柄を悪くする
—— ~se《まれ》下品になる, 柄が悪くなる

acandilado, da [akandiládo, ða] 形 ❶ ランプ形の. ❷ 直立した, 突っ立った
acanelado, da [akaneláðo, ða] 形 シナモン色(味)の; シナモン入りの
acanelonar [akanelonár] 他《廃語》[罰として] 鞭で打つ
acanillado, da [akaniʎáðo, ða] 形 織りむら(織りきず)のある
acanilladura [akaniʎaðúra] 女 織りむら
acansinar [akansinár] 〜se《地方語》疲れる
acantáceo, a [akantáθeo, a] 形 キツネノマゴ科の
—— 女 複《植物》キツネノマゴ科
acantalear [akantaleár] 自《アラゴン》[単人称] 大きなひょうが降る; 大雨が降る
acantarar [akantarár] 他 [ワインなどを] カンタラ cántara の単位で計量(計り売り)する
acantear [akanteár] 他《レオン, サラマンカ, セゴビア》[人に] 石を投げる(ぶつける)
acantilado, da [akantiláðo, ða] 形 ❶ [海岸が] 切り立った, 断崖の. ❷ [海底が] 段丘状の
—— 男 ❶ [主に海岸の] 断崖: La tormenta arrojó el bote contra los 〜s. 嵐はボートを断崖に叩きつけた
acantilar [akantilár]《←a-+cantil》❶ [船舶] 操船の失敗で船を] 座礁させる. ❷ [海底を削って] 段丘状にする
acantinflado, da [akantinfláðo, ða]《←Cantinflas (メキシコの俳優)》形《チリ》❶ [ズボンが] だぶだぶの. ❷ [演説などが学識があるようなふりをして] 何も言っていない, まとまりのない
acanto [akánto] 男 ❶《植物》アカンサス. ❷《建築》[コリント式円柱の] アカンサス葉装飾
acantocéfalo, la [akantoθéfalo, la] 形 鉤頭虫類の
—— 男 複《動物》鉤頭虫類
acantonamiento [akantonamjénto] 男 [部隊の] 宿営, 分営, 駐屯; 宿営地
acantonar [akantonár] 他 [部隊を] 分散して宿営させる
—— 〜se ❶ 宿営する, 分営する: Las tropas se acantonaron en las zonas conflictivas. 部隊は紛争地帯に宿営した. ❷ 強化される. ❸《まれ》[+en に] とどめる, …だけをする
acantopterigio, gia [akanto(p)teríxjo, xja] 形 棘鰭(きょくき)類の
—— 男 複《魚》棘鰭類
acantosis [akantósis] 女《医学》表皮肥厚(症), アカントーシス
acantozoide [akantoθóiðe] 男《動物》棘樋虫
acañaverear [akaɲabereár] 他《古語》[先を尖らせた茎で] 傷つける『刑罰の一種』
acaparación [akaparaθjón] 女 =acaparamiento
acaparador, ra [akaparaðór, ra] 名 一人占めする(人), 独占欲の強い(人); 買占めをする(人)
acaparamiento [akaparamjénto] 男 一人占め; 買占め: 〜 del nombre de "americano" por los estadounidenses 米国人による「アメリカ人」の名称の一人占め
acaparar [akaparár]《←仏語 accaparer <伊語 accaparrare <ca-rra「結納金」》他 ❶ 一人占めする, 独占する: El caballo aca-paraba los titulares de los periódicos. その馬は各紙の見出しを独占した. Ella acaparó las miradas de todos. 彼女は全員の視線を一身に集めた. 〜 el mercado 市場を独占する. ❷ [品薄になる・高騰すると見越して] 買占める: La población acaparó las existencias de azúcar. 住民は砂糖の在庫を買占めた
acaparrar [akaparár] 〜se《廃語》同意する, 合意する
acaparrosado, da [akaparosáðo, ða] 形 エメラルドグリーンの
a capella [a kapéla]《←伊語》副《音楽》[が] 伴奏なしで, アカペラで
acápite [akápite] 男《中南米》[条文などの] 改行
acapnia [akápnja] 女《医学》炭酸欠乏(症)
acaponado, da [akaponáðo, ða] 形 去勢された男のような: voz 〜da 女のような声
a cappella [a kapéla] 副 =a capella
acapujar [akapuxár] 他《アルゼンチン.口語》突然捕まえる
acapulco [akapúlko] 男 ❶《酒》アカプルコ『ラム・テキーラ・パイナップルジュースのカクテル』. ❷《中南米.植物》ハネセンナ
acapullar [akapuʎár] 〜se《まれ》繭になる
acapulquense [akapulkénse] 形 =acapulqueño
acapulqueño, ña [akapulkéɲo, ɲa] 形《地名》アカプルコ Acapulco de Juárez の(人)『メキシコ南西部太平洋岸の港町・保養地. 植民地時期はマニラとのガレオン船 galeón 貿易の拠点』
acaracolado, da [akarakoláðo, ða] 形 螺旋形の; [髪が] 螺旋形にカールした
acaracolar [akarakolár] 他 螺旋形にする
acarambanado, da [akarambanáðo, ða] 形 =carambanado
acaramelamiento [akaramelamjénto] 男 [公衆の面前での] いちゃつき
acaramelado, da [akarameláðo, ða] 形 ❶ カラメル色の, 淡褐色の. ❷《比喩.軽蔑》甘ったるい
acaramelar [akaramelár]《a-+caramelo》他 ❶《料理》カラメルにする, カラメルをかける. ❷ 甘ったるくする. ❸《まれ》カラメル色(淡褐色)にする
—— 〜se [公衆の面前で男女が] いちゃつく
acarar [akarár] 他 対面させる, 対決させる
acarcavado, da [akarkabáðo, ða] 形《まれ》溝のある
acarcavar [akarkabár] 他《まれ》[地面に] 溝 cárcava を作る
acardenalar [akarðenalár] 他《人に》あざを作る
—— 〜se 紫色のあざができる, あざになる
acardenillado, da [akarðeniʎáðo, ða] 形《緑青のような》緑色の
acareamiento [akareamjénto] 男 対面, 対決
acarear [akareár] 他 ❶ =carear. ❷ …に立ち向かう
—— 〜se《古語》[+con と] 対応する, 合致する
acariasis [akarjásis] 女《医学》ダニ症
acariciador, ra [akariθjaðór, ra] 形 愛撫する(ような): brisa 〜ra そっとなでる微風
acariciadoramente [akariθjaðóraménte] 副 愛撫するように
acariciante [akariθjánte] 形 愛撫する; そっと触れる
acariciar [akariθjár]《←伊語 carezzare》10 他 ❶ 愛撫する, 優しくなでる: La madre le 〜 acaricia la cabeza. 母親は子供の頭をなでている. ❷《文語》そっと触れる: El viento acariciaba su hermoso pelo. 風が彼女の美しい髪の毛をなでていた. ❸ [考え・計画を] 温める; [希望を] 抱く: Acaricia la idea de inde-pendizarse de los padres. 彼は親元から独立しようと考えている
acaricida [akariθíða] 形 ダニ駆除用の; ダニ駆除剤
acárido, da [akáriðo, ða] 形 =ácaro
acariñar [akariɲár] 他《中南米》=acariciar
acariosis [akarjósis] 女 ❶ ダニによる植物の病気. ❷ [ハチの] アカリノーゼ症
acariote [akarjóte] 男《生物》無核細胞
acarminado, da [akarmináðo, ða] 形 洋紅色の
acarnerado, da [akarneráðo, ða] 形 羊のような; [馬が羊のように] 前頭部の突き出た
acarniense [akarnjénse] 形《古代ギリシア. 名記》[アッティカの小村] アカルナス Acarnas の(人)
ácaro [ákaro] 男 複《昆虫》ダニ目
acarofilia [akarofílja] 女《植物》親ダニ性, アカロフィリー
acarpo, pa [akárpo, pa] 形《植物》結果(結実)しない
acarraladura [akaraladúra] 女《南米》[ストッキングの] 伝線
acarralar [akaralár] 他 [布の] 糸を引っかける; [ストッキングを] 伝線させる
—— 〜se ❶ 糸が引っかかる; [ストッキングが] 伝線する. ❷ [ブドウが] 遅霜の害を受ける
acarrar [akarár] 〜se ❶《炎天下で羊の群れが》身を寄せ合って互いに影を作る.❷《サラマンカ》[暑い時に羊の群れが] 頭を低く垂れ一列になって行く
acarrascado, da [akaraskáðo, ða] 形《廃語》コナラのような
acarrazar [akaraθár] 〜se《アラゴン》固く抱き合う
acarreadero [akareaðéro] 男《地方語》[縄で] 穀物を運べるほど強い
acarreadizo, za [akareaðíθo, θa] 形 運べる, 搬可能な
acarreador, ra [akareaðór, ra] 形《メキシコ.口語》[わずかな報酬と引き替えに] 公の行事に動員される(人)
acarreador, ra [akareaðór, ra] 名 運ぶ, 搬送する; [畑から脱穀場へと] 穀物を運ぶ(人)
acarreamiento [akareamjénto] 男 =acarreo
acarrear [akareár]《←a-+carro》他 ❶ 運ぶ, 搬送する: Me he pasado todo el día acarreando libros al nuevo despacho. 私は丸一日かかって新しい研究室に本を運んだ. Bien aca-

rrea, pero mal empiedra.《諺》手段はたくさんあるのに、それを うまく使う術を知らない. ❷ [主に悪い結果を直接的に] もたら す, 引き起こす: Tu comportamiento le *acarreó* muchos disgustos. 君の態度は彼に色々気を悪くした. ❸《メキシコ. 口語》[わずかな報酬で] 公の行事に動員する. ❹《チリ. 口語》[車で] 運ぶ
── 圓《チリ》[+con を] 払拭する; 持ち逃げする
── ~se《チリ. 口語》動く

acarreo [akaréo]《男》❶ 運搬: ~ de tierra sobrante 残土の運搬. ❷ 運送費. ❸《地質》沖積土, 沖積層〖=tierras de ~, terrenos de ~〗
de ~ [思想・情報などが] つぎはぎの, 寄せ集めの

acarreto [akaréto]《男》❶ =acarreo. ❷《アンダルシア》hilo de ~ 麻紐

acartonado, da [akartonádo, ða]《形》《主に南米》ひどく堅苦しい〔人〕, 不自然なふるまいの〔人〕: Bush soltó un discurso serio y ~. ブッシュはきまじめで堅苦しい演説をした

acartonamiento [akartonamjénto]《男》固くなる(なる)こと

acartonar [akartonár]《他》《主に 過分》ボール紙 cartón のように固くする: cuello *acartonado* de la camisa ワイシャツの固い襟
── ~se ❶ [ボール紙のように] 固くなる. ❷ [人が年老いて] しなびる: piel *acartonada* しわだらけの皮膚

acasamatado, da [akasamatádo, ða]《形》トーチカ形の;[要塞が] トーチカを備えた

acaserado, da [akaserádo, ða]《形》《名》❶《中南米》[犬が] よその家になつく. ❷《ペルー, チリ》[店の] 常連の, 常連客

acaserar [akaserár] ~se《ペルー, チリ》[店の] 常連になる

acasetonado, da [akasetonádo, ða]《形》《建築》=casetonado

acaso [akáso]《←a-+caso》《副》❶ 《+接続法》たぶん, おそらく〖類義 **quizás**, **tal vez** より懸念が強い〗: A~ sea cierto lo que dijeron. 彼らの言ったことはもしかすると本当のことかもしれない. ❷《疑念が弱ければ+直説法》A~ es la solución menos mala. たぶんそれはそれほど悪くない解決法だ. ❸ 《疑問文の導入. +直説法》1) ¿A~ tengo la culpa de que se averió? ひょっとしてそれが壊れたのは私のせいですか? ¿A~ no lo sabes? もしかすると君はそのことを知らないのかい? 2)《反語表現》どうして…であろうか: ¿A~ no te socorrí? 私がお前を助けなかったとでも言うのか? ¿A~ yo lo hago? 私がそんなことをするのか. ❹《文末で》**=por si ~**: ¿Es usted médico, ~? あなたはお医者さんですか? ひょっとして. ❺《主に中南米. 口語》[疑問文で否定の返事] ¿A~ yo lo sé? 私は知らないよ

ni por si ~《南米. 口語》決して…ない

por si ~ 1) 万が一のために: Llévate el paraguas, *por si* ~. 念のため傘を持って行きなさい. *Por si* ~, ordenaron reforzar la vigilancia. 万が一のために警備を強化するようにとの命令が出た. Más vale un "*por si* ~" que un "¡quién pensara!".《諺》転ばぬ先の杖. 2)《+直説法》もしかすると…するかもしれないから: Llévate el paraguas, *por si* ~ llueve. ひょっとして雨が降るといけないから, 傘を持って行きなさい. Llevaron el paraguas *por si* ~ llovía. 彼らはおそらく雨になるだろうと思って, 傘を持って出た

si ~ 1) もしも…ならば, 万が一…ならば: *Si* ~ no puedes venir, avísamelo en seguida. 万が一来られない時はすぐに連絡してくれ. 2) もし…だとしても: No podré ir a España en verano, *si* ~ en otoño. 夏にはスペインに行けないが, 仮に行けても秋になるだろう
── 圓《南米》もし《=si》: A~ no quieren, no me voy. もし彼らが望まないなら私は行かない
── 圈《文語》偶然《=casualidad》
al ~ 成り行き任せに, 行きあたりばったりに: Lo dejó *al* ~. 彼はそれを成り行き任せに任せた
por ~ ひょっとして, もしかして; 偶然に

acastañado, da [akastaɲádo, ða]《形》栗色がかった, 茶色っぽい
acastillado, da [akastiʎádo, ða]《形》城の形をした
acastorado, da [akastorádo, ða]《形》ビーバーの毛皮のような
acatable [akatáble]《形》尊重(遵守)に値する
acatadamente [akatáðamente]《副》うやうやしく, 敬意を込めて
acatador, ra [akataðór, ra]《形》遵守する, 尊重する
acataléctico [akataléktiko]《形》《詩法》《ギリシア・ラテン詩の》完全韻脚の; 完全句《=verso》
acatalecto [akatalékto]《形》《男》=acataléctico
acatalepsia [akatálep̪sja]《女》《哲学》不可知論

acatamiento [akatamjénto]《男》遵守, 尊重: ~ de la Constitución 憲法遵守

acatanca [akatáŋka]《女》《ボリビア, アルゼンチン. 昆虫》クソムシ. ❷《ボリビア》糞尿

acatante [akatánte]《形》《まれ》遵守する

acatar [akatár]《←a-+古語 catar「見る」》《他》❶《法律・命令などを》守る, 遵守する: Siempre *ha acatado* las indicaciones de su superior. 彼は常に上司の指示どおりにしてきた. ~ la voluntad de la mayoría 多数の意志に従う. ❷ 尊重する, 重んじる: *Acatamos* las decisiones pero no podemos cumplirlas. 私たちは決定を尊重するが, そのとおり遂行はできない. ❸《古語》注意して見る; 熟考する; …と関係を持つ. ❹《中南米》気づく
── *abajo*《古語》軽蔑する, 軽視する
── ~se《古語》疑う, 信用しない

acatarrado, da [akatarádo, ða]《形》風邪をひいた

acatarrar [akatarár]《←a-+catarro》《他》《メキシコ》[要求・懇願などで] うんざりさせる, 迷惑をかける; 追い回す
tener (*traer*) *a*+*人 acatarrado*《メキシコ》…を気が変にする
── ~se 風邪をひく: *Me he acatarrado*. 私は風邪をひいてしまった

acatechili [akatet͡ʃíli]《男》《鳥》アオカワヒラに似た鳥〖学名 Fringilia americana〗

acates [akátes]《←Acates《アエネーイス》Eneida に登場するアエネアス Eneas の忠実無比な友人》《男》《廃語》非常に忠実な人

acato [akáto]《男》=acatamiento
darse ~ 気がつく, 知る

acatólicamente [akatólikaménte]《形》カトリック教会から気持ちが離れて

acatolicidad [akatoliθiðá[d]]《女》カトリック教会から気持ちが離れていること

acatólico, ca [akatóliko, ka]《形》カトリック教会から気持ちが離れた, 非カトリックの

acaudalado, da [akau̯ðaládo, ða]《形》金持ちの, 裕福な: ~*da* familia 裕福な家庭

acaudalador, ra [akau̯ðalaðór, ra]《形》《まれ》財をなす〔人〕

acaudalar [akau̯ðalár]《他》《まれ》《富などを》大量に蓄積する

acaudillador, ra [akau̯ðiʎaðór, ra]《形》《名》《まれ》指揮者〔人〕

acaudillamiento [akau̯ðiʎamjénto]《男》指揮, 統率

acaudillar [akau̯ðiʎár]《←a-+caudillo》《他》《団体・運動などを》指揮する, 指導する, 先頭に立つ: Antes Franco *acaudillaba* la vida de todos los españoles. かつてフランコが全スペイン人の生活を統率した
── ~se [軍・国家などが] 指揮官を選ぶ

acaule [akáu̯le]《形》《植物》茎のない, 茎が見られない

acautelar [akau̯telár] ~se《まれ》用心する《=cautelarse》

acceder [ak̟θeðér]《←ラテン語 accedere「近づく」＜ ad-《方へ》+cedere「引っ込む, 立ち去る」》《自》《+a に》❶ 同意する, 承諾する; 応じる, 受け入れる: 1) La autoridad no *accedió* a nuestra petición. 当局は我々の要求に応じなかった. 《+a+不定詞》*Ha accedido a* prestarme diez mil euros. 彼は私に1万ユーロ貸すことを承諾した. ❷《場所に》達する, 入る: Se necesita el carnet de socio para ~ a la piscina. プールに入場するには会員証が必要だ. ❸《高い地位などに》到達する; 手に入れる: ~ *al trono* 王位につく. ~ *a los secretos* 秘密事項を入手する. ❹《情報》アクセスする: ~ *a una base de datos* データベースにアクセスする. ❺《法律》所有者となる《=~ a la propiedad》

accesibilidad [ak̟θesiβiliðá[d]]《女》近づきやすさ, 親しみやすさ; 到達可能性

accesible [ak̟θesíβle]《←ラテン語 accessibilis》《形》❶《場所に》近づくことができる, 接近(到達)可能な: La cumbre es ~ por la cara norte de la montaña. 頂上には山の北面から登頂できる. 2) 《+a+人 が》El Ayuntamiento inaugura otra senda ~ a minusválidos. 市役所はもう1本身障者が通れる通路を作る. ❷ [人が] 親しみのもてる, 気さくな. ❸ 理解できる: Es una explicación ~ *para* los no especialistas. その説明は専門家でなくてもよく分かる
hacer ~ 公開する

accesión [ak̟θesjón]《女》❶ 到達; 入手. ❷《法律》[権利・財産の] 取得; 取得従物; 従物取得権. ❸《医学》[間欠熱の] 発作. ❹ 交尾, 交接

por ~ [教会法による選挙で] 開票後に最大得票者に他の票を加えて

accesional [a(k)θesjonál] 形 [医学] [熱が] 間欠的な

accésit [a(k)θésit]《←ラテン語 accessit「近づいた」< accedere》男 [単複同形/まれ 複 ~s] [コンクールなどの] 次席賞, 佳作: Su primera obra fue merecedora del ~ del Premio Lope de Vega. 彼の第1作はロペ・デ・ベガ賞の佳作になった

acceso [a(k)θéso]《←ラテン語 accessus < accedere「近づく」》男 ❶ [+a への] 到達, 接近: 1) [場所] El ~ a la escena del accidente es restringido por la policía. 事故現場への立ち入りは警察によって制限されている. Se nos negó el ~ a la pista de aterrizaje. 私たちは滑走路に入ることを禁止された. 2) [事柄・人] ~ al poder 権力の座への到達, 権力への道. ~ a la verdad 真理への到達. ~ a un mercado 市場への参入. persona de fácil (difícil) ~ 近づきやすい (近づきにくい) 人, 気さくな (気難しい) 人. 3) その機会 (権利): El piloto va sentado y tiene ~ a todas las consolas de control. パイロットは座ったまますべての操縦パネルを見ることができる. Los vecinos tienen libre ~ al alcalde. 住民は市長に自由に面会できる. ~ 入り口, 通路; 〈交通〉進入路: Los ~s a la capital están cerrados. 首都へ通じる道は閉鎖されている. escalera de ~ al sótano 地下室に通じる階段. vía (carretera) de ~ [高速道路への] アクセス道路. puerta de ~ 通用門. ~ de servicio《建築》保守点検用の空間. ❸ [+de 感情の] 激発, 高まり: Al ver la fotografía sintió un ~ de ternura. 写真を見て彼は優しい気持ちがこみ上げた. ❹ [医学] 突然の発病, 発作: ~ de fiebre 突然の発熱. El humo le provocó un ~ de tos. 煙で彼は咳込んだ. ❺ [情報] 1) アクセス; データの書き込み (読み出し): ~ aleatorio ランダムアクセス. ~ directo ダイレクトアクセス. 2) porcentaje de ~s ヒット率, 的中率. ❻ [教育] 入学, 入門: pruebas de ~ 入学試験. a la universidad [25歳以上の人を対象とする] 大学入学検定試験. curso de ~ 入門コース. ❼ [経済] ~ a un mercado 市場への参入. ❽ [文語] [+con との] 性交 《=~ carnal》: abusos sexuales con ~ carnal 性交を伴った暴行
dar ~ *a*... …に通じる: Esta puerta *da* ~ a la suite. このドアは続き部屋に通じる

accesoria[1] [a(k)θesórja] 女 ❶ 別館, 離れ. ❷ [主に 複] 入口・用途を別にする] 一階部分《建物の主要部分に通じる正面入り口が別にある》

accesoriamente [a(k)θesórjaménte] 副 副次的に, 付け足しで

accesorio[1] [a(k)θesórjo] 男 [主に 複] ❶ 付属品: cámara y sus ~s カメラとその付属品. ~s de cocina 台所用品. ~ de tocador 化粧道具. ❷ アクセサリー, 装身具: Entre sus ~s encontramos pendientes largos en metal labrado, vistosos colgantes, brazaletes y pulseras. 彼女のアクセサリーの中には長い彫金のイヤリング, 派手なペンダント, バングル, ブレスレットがあった. ❸ 〈自動車〉カーアクセサリー《=~ de automóvil》. ❹ 〈演劇〉小道具

accesorio[2], **ria**[2] [a(k)θesórjo, rja] 形《←acceso》 ❶ 付属している, 付帯的な: línea ~ria 支線 《主要路線からの引き込み線》. mueble ~ para poner el teléfono 電話を置く小家具. puerta ~ria 裏口, 勝手口, 通用口; 脇戸, サイドドア. ❷ 副次的な, 二次的な: Es un detalle ~ que no has de tener en cuenta. それは君が気にかけるには及ばないどうでもいいことだ. ❸ 〈法律〉付帯の: cláusula ~ria 付帯条項. gastos ~s 付帯経費

acciaccatura [a(k)θjakatúra] 女《音楽》アチャッカトゥーラ, 短前打音

accidentabilidad [a(k)θiðentaβilidá(d)] 女 事故率

accidentado, da [a(k)θiðentáðo, ða] 形 ❶ 多難な, 波瀾に富んだ: viaje muy ~ 多事多難の旅. vida ~da 波瀾の多い生涯. ❷ [土地が] 起伏のある, でこぼこの: zona ~da 起伏の多い地域. ❸ 事故にあった: coche ~ 事故車. empleado ~ 事故にあった従業員. ❹ 負傷した. ❺ [中南米. 婉曲] 背中にこぶのある 《=giboso》. ❻ [カリブ地域で] 壊れた, 動かない
—— ~ [事故の] 被害者, 負傷者

accidental [a(k)θiðentál]《←ラテン語 accidentalis》形 ❶ 偶然の, 思いがけない; 偶発的な: Fue un encuentro ~, totalmente casual. それは完全に偶然が予期せぬ出会いだった. muerte ~ 事故死; 不慮の死. ❷ 臨時の: empleo ~ 臨時採用. director ~ 社長代行. ❸ 付随的な, 非本質的な《⇔esencial》: diferencia ~ 本質的でない差異. ❹ 〈社会学〉

[集落の成立が] 法的手続き抜きの. ❺ 〈神学〉天国へ行った人が神に会うことのほかに享受する《天国の栄光・至福》. ❻ 〈音楽〉臨時変化の: signo ~ 臨時記号 《=accidente》

accidentalidad [a(k)θiðentaliðá(d)] 女 ❶ 事故率. ❷ 偶然性, 偶発性

accidentalismo [a(k)θiðentalísmo] 男 〈哲学〉偶然論

accidentalista [a(k)θiðentalísta] 形 名 〈哲学〉偶然論の (論者)

accidentalmente [a(k)θiðentálménte] 副 偶然に, 予期せず, たまたま

accidentar [a(k)θiðentár] 他 ❶ [人に] 事故を起こさせる. ❷ [土地に] 起伏をつける
—— ~se 事故にあう

accidentario, ria [a(k)θiðentárjo, rja] 形 付随的な; 偶発的な

accidente [a(k)θiðénte]《←ラテン語 accidens, -entis < accidere 「起こる」< caere「落ちる」》男 ❶ 事故, 災害; [主に不幸な] 偶然 (不慮) の出来事: ~ de avión 航空機事故. ~ automovilístico/~ de coche 自動車事故. ~ de circulación/~ de carretera/~ de tráfico 交通事故. ~ laboral ~ de trabajo 労働災害. ❷ 副次的な (本質的でない) 事柄: Es mero ~. それは二義的なことにすぎない. ❸ [土地の] 起伏, 地勢《=~ geográfico》. ❹ 〈文法〉語尾変化, 屈折 《=~ gramatical》. ❺ 〈医学〉偶発症候, 急な合併症, 副作用的発作. ❻ 〈音楽〉臨時記号《=alteración》. ❼ 〈哲学〉偶有 (性). ❽ 〈神学〉〈複〉〈聖変化後のパンとぶどう酒に〉形・色・味. ❾ 感情の高まり
por ~ 1) 偶然に: *Por* ~, el bolso se quedó enganchado en la puerta. 偶然バッグがドアに引っかかってしまった. 2) 意図せずに: Aún no se ha determinado si el incendio fue intencionado o *por* ~. その火事が放火か事故かまだ決まっていない
sin ~s 無事な・に: vida *sin* ~s 平穏な生活

acción [a(k)θjón]《←ラテン語 actio, -onis》女 ❶ 行為, 行動, 活動《→conducta 類語》: Es hora de pasar a la ~. 行動に移す時だ. unir la ~ a la palabra 言行を一致させる. buena (mala) ~ 善行 (悪行). hombre de ~ 行動的な人, 実行力のある人. política de ~ 活動方針. destructiva 破壊活動. ~ humanitaria 人道的な行い. militar 軍事行動. 〈物理, 化学〉作用: Esta máquina se mueve por la ~ de la electricidad. この機械は電気で動く. ~ erosiva 侵食作用. ❸ [小説などの] 筋, ストーリー: La ~ del drama se desarrolla en Sevilla. そのドラマの舞台はセビーリャにある. ❹ 戦闘, 作戦《=~ de armas, ~ de guerra》: entrar en ~ 戦闘に入る. muerto en ~ 戦闘中に死んだ. película de ~ アクション映画. ❺ 〈法律〉訴訟, 件《=~ judicial》: ejercitar una ~ contra... …に対して訴訟を起こす. ~ civil (penal) 民事 (刑事) 訴訟. ❻ 体の動き, 身ぶり;〈演劇〉仕草. ❼ 〈経済〉[主に 複] 株式: comprar *acciones* 株式を買う. capital en *acciones* 株式資本. mercado de *acciones* 株式市場. ~ antigua (vieja) 親株; 旧株. ~ nueva 子株; 新株, 新規株式. ~ ordinaria (común) 普通株. ~ sin valor nominal 無額面株式. *acciones* navieras 海運株. ❽ 〈ベネズエラ〉 *A~ Democrática* 民主行動党. ❾ 〈ペルー〉[福引きの] 抽籤券
¡*A~!* [撮影開始] スタート!
~ *de gracias* [主に神への] 感謝の祈り
~ *de* [*la*] *justicia* 法の手, 警察の捜査
entrar en ~ 1) 行動に移る: Finalmente dejaron de discutir y *entraron en* ~. 彼らはついに議論をやめ行動に移った. 2) 戦闘に入る.
estar en ~ 活動 (作動・交戦) 中である
ganar a + *la* ~ ~ を出し抜く
medir sus acciones《まれ》慎重にふるまう
poner... en ~ … を実行に移す; 作動させる

accionable [a(k)θjonáβle] 形 操作され得る: puerta ~ desde el exterior 外側から操作できるドア. dispositivo que es ~ a distancia 遠隔操縦で動く仕掛け

accionado [a(k)θjonáðo] 男 [集名][まれ] [話し手の] しぐさ, 所作, 身ぶり

accionamiento [a(k)θjonamjénto] 男 [装置などの] 作動, 始動: El ~ de la palanca abrirá las compuertas. レバーを動かす水門が開くだろう

accionante [a(k)θjonánte] 形 〈法律〉訴訟を起こす

accionar [a(k)θjonár] 他 ［装置などを］作動させる: *Acciona-ron* la bomba mediante un mecanismo de relojería. 彼らは時限装置で爆弾を作動させた
── 自 ❶ ［言葉に加えて］しぐさをする，身ぶり（手ぶり）をする. ❷ 《法律》訴訟を起こす. ❸ 《まれ》作用する
accionariado [a(k)θjonarjáðo] 男 集合 株主
accionarial [a(k)θjonarjál] 形 株式の: participación (paque-te) ~ 株式保有，資本参加
accionario, ria [a(k)θjonárjo, rja] 形 名 株式の; 株主
accionista [a(k)θjonísta] 共 ［←acción］ 株主: asamblea general de ~s 株主総会. gran (pequeño) ~ 大(小)株主
accisa [a(k)θísa] 女 《歴史》［食品・酒・たばこなどの］物品税 『現在では特別税 impuestos especiales と改称』
accitano, na [a(k)θitáno, na] 形 名 《歴史.地名》アッキ Acci の〔人〕『現在のグラナダ県の町，グアディクス Guadix』
ace [éjs] ［←英語］ 男 ~s [éjses] 『テニス』サービスエース『=saque ganador』
aceba [aθéba] 女 ［地方語］ =acebo
acebadamiento [aθebaðamjénto] 男 《獣医》=encebadamiento
acebadar [aθebaðár] 他 =encebadar
acebal [aθebál] 男 セイヨウヒイラギ林
acebano, na [aθebáno, na] 形 名 ［地名］アセボ Acebo の〔人〕『カセレス県の町』
acebeda [aθebéða] 女 =acebal
acebedo [aθebéðo] 男 =acebal
acebeño, ña [aθebéño, ña] 形 名 ［地名］=acebano
acebiño [aθebíño] 男 《植物》セイヨウヒイラギのカナリア諸島固有種『学名 Ilex canariensis』
acebo [aθébo] 男 《植物》セイヨウヒイラギ
acebollado, da [aθeβoʎáðo, ða] 形 ［木材が］目回り（輪裂）のある，年輪に裂け目のはえた
acebolladura [aθeβoʎaðúra] 女 ［木材の］目回り，輪裂
acebrado, da [aθebráðo, ða] 形 =cebrado
acebuchal [aθeβutʃál] 男 野生オリーブの林
── 男 野生オリーブの林
acebuche [aθeβútʃe] 男 《植物》［野生の］オリーブ
acebucheno, na [aθeβutʃéno, na] 形 =acebuchal
acebuchina [aθeβutʃína] 女 野生オリーブの実
acechadera [aθetʃaðéra] 女 ❶ 待ち伏せ場所; 《狩猟など》［獲物を待つ］隠れ場. ❷ 何度もの待ち伏せ
acechadero [aθetʃaðéro] 男 =acechadera
acechador, ra [aθetʃaðór, ra] 形 名 待ち伏せする〔人〕
acechamiento [aθetʃamjénto] 男 =acecho
acechante [aθetʃánte] 形 待ち伏せする
acechanza [aθetʃánθa] 女 罠，待ち伏せ
acechar [aθetʃár] ［←ラテン語 assectari「ずっと後をついていく」< segui「後をついていく」］他 ❶ 見張る, つけ狙う; 待ち伏せする: Un gato *acechaba* a las palomas. 猫がハトを狙っていた. ❷ ［危険・悪いことが］待ち構える, 脅かす: No eres consciente del peligro que te *acecha*. 君は自分の身に迫っている危険が分かっていない
aceche [aθétʃe] 男 《化学》硫酸塩の旧称『=caparrosa』
acecho [aθétʃo] 男 ［←acechar］ ❶ 見張ること，待ち伏せ. ❷ 《まれ》見張り場所，待ち伏せ場所
al ~ ［秘かに, +de を］見張って，狙って; 待ち伏せして: Los reporteros están *al* ~ *de* la gran exclusiva. 記者たちは大スクープを狙っている. El ratero se puso *al* ~ en una esquina. すりは角で待ち伏せした
en ~ /*de* ~ 《まれ》=*al* ~
acechón, na [aθetʃón, na] 形 名 《軽蔑》［常習的に］つけまわす〔人〕
hacer la ~*na* 〈口語〉 =acechar
acecido [aθeθíðo] 男 〈口語〉あえぎ，息切れ
acecinar [aθeθinár] 他 ［肉を］燻製にする，干し肉にする
── ~se やせ細る; ［年老いて］しなびる
acedamente [aθeðaménte] 副 《廃語》苦々しい思いで，不機嫌に
acedar [aθeðár] 他 ［←acedo］ ❶ 酸っぱくする. ❷ 味気ない思いをさせる，不愉快（不機嫌）にする. ❸ 《廃語》胃酸過多にする, 胸やけさせる
── ~se ❶ ［植物が］しおれて黄ばむ. ❷ 酸っぱくなる. ❸ 不愉快（不機嫌）になる

acedera [aθeðéra] 女 ［←acedo］ ❶ 《植物》スイバ, スカンポ『食用』. =~ común』; ~ de lagarto レッドドック『学名 Rumex bucephalophorus』. ~ menor ヒメスイバ. ~ redonda『学名 Rumex sculatus』. ❷ 《化学》sal de ~s シュウ酸カリウム
acederaque [aθeðeráke] 男 《植物》ニッケイ（肉桂）『=cinamono』
acederilla [aθeðeríʎa] 女 《植物》コミヤマカタバミ; ヒメスイバ
acedía [aθeðía] 女 I ［←acedo］ ❶ 《医学》胃酸過多，胸やけ，胃のもたれ. ❷ 《文語》無気力, 安逸; 精神的落ち込み; つっぱり，無愛想. ❸ 《料理》酸っぱさ，酸味. ❹ ［植物の］しおれた黄ばみ
II ［←?語源］女 《魚》ツノガレイ『食用』
acediar [aθeðjár] 10 ─se 酸っぱくなる
acedo, da [aθéðo, da] ［←ラテン語 acetum「酢」］形 《文語》 ❶ ［味. 匂いが］酸っぱい，酸っぱくなった. ❷ 無愛想な，つっけんどんな，とげとげしい
── 男 酸っぱい果汁
acefalia [aθefálja] 女 ❶ 《動物》無頭. ❷ 《南米》集団の長の不在
acefalismo [aθefalísmo] 男 ❶ =acefalia. ❷ 《カトリック》無頭派『5世紀の異端. 教団内にいかなる階級も首長も認めなかった』
acéfalo, la [aθéfalo, la] 形 ❶ 《動物》無頭の. ❷ 首長（首領）のいない. ❸ 《カトリック》無頭派の
aceifa [aθéjfa] 女 《歴史》［中世, イスラム教徒の］夏期の軍事遠征
aceitado, da [aθejtáðo, ða] 形 油気のある
── 男 油を塗ること，注油
aceitar [aθejtár] 他 ［←aceite］ ❶ 《技術》…に油を塗る（さす）. ❷ 《料理》オリーブ油をかける: ~ el pan パンにオリーブ油をかける『主に朝食・おやつの食べ方』. ❸ 《チリ, アルゼンチン, ウルグアイ. 口語》買収する，贈賄する
aceitazo [aθejtáθo] 男 《軽蔑》濁った（どろりとした・滓の混じった）食用油
aceite [aθéjte] ［←アラビア語 az-zeit「オリーブの果汁」］男 不可算 ［主に食用・薬用の］油; ［特に］オリーブ油『=~ de oliva』: 1) Sala el pollo y ponlo a freir en una sartén con ~. 鶏に塩をし, 油をひいたフライパンに入れて揚げる. aliñar la ensalada con ~, vinagre y sal サラダをフレンチドレッシングであえる. ~ de bebé/~ para niños ベビーオイル. ~ de cacahuete 落花生油. ~ de girasol ヒマワリ油. ~ de hígado de bacalao 肝油. ~ de semilla de algodón 綿実油. ~ de soja 大豆油. ~〔extra〕virgen〔エクストラ〕バージンオイル. ~ puro 純油. ~ solar サンオイル. 2) ［工業・燃料用］ ~ mineral 鉱油. ~ pesado (ligero) 重（軽）油
caro como ~ *de Aparicio* 〈口語〉目の玉が飛び出るほど高い
echar ~ *al (en el) fuego* 〈主に中南米〉火に油を注ぐ
medir el ~ *a*+人 ［コロンビア. 口語］…を突き刺す
meter ~ 《ボリビア》買収する
pasar ~ 《コロンビア》［エンジンが］オイルが漏れる, オイル切れになる
perder ~ 〈口語〉ホモセクシュアルである
aceitera[1] [aθejtéra] ［←aceite］女 ❶ ［食卓・台所用の, 主にオリーブ油の］油差し. ❷ 調味料入れ『=vinagreras』. ❸ 《技術》油差し. ❹ ［主にオリーブ油の］油販売会社. ❺ 《昆虫》ツチハンミョウ
aceitería [aθejtería] 女 ［主にオリーブ油の］油店; 油販売業
aceitero, ra[2] [aθejtéro, ra] 形 油の; ［特に］オリーブ油の: industria ~ra 製油業
── 名 ［主にオリーブ油の］油販売業者; 製油業者
── 女 ❶ ［地方語. 昆虫］ツチハンミョウ『=aceitera』. ❷ ［羊飼いの］角製の油入れ. ❸ 《カリブ. 植物》オイスターウッド『学名 Sebastiania lucida』
aceitillo [aθejtíʎo] 男 ❶ 化粧用オイル. ❷ 《植物》1) 《メキシコ》コーパル・サント『学名 Bursera mexicana』. 2) 《キューバ》オイスターウッド『=aceitero』. 3) 《プエルトリコ》ブルセラ
aceitón [aθejtón] 男 ❶ 濁った不純な油. ❷ 油の澱(*). ❸ ［昆虫が樹に残す］ねばねばした分泌物
aceitoso, sa [aθejtóso, sa] ［←aceite］形 ❶ 油性の，油を含んだ; 油っこい; 油で汚れた: Esta ensalada está demasiado ~*sa*. このサラダは油っぽすぎる. ~*sa* superficie del Manzana-

res マンサナーレス川の油だらけの水面. mano ~sa 油でべとべとした手. pelo ~ [整髪料で]ぎとつく髪. ❷ 油のような, ねっとりした: voz ~sa ねっとりした(甘ったるい)声

aceituna[1] [aθeitúna]【←アラビア語 az-zeituna】囡【果実】オリーブ: ~ de la reina 最高品質のオリーブ. ~ gordal 女王オリーブ. ~ manzanilla 小粒のオリーブ. ~ rellena スタッフドオリーブ. ~ sin hueso 種抜きオリーブ. ~ verde グリーンオリーブ. ~ zapatera [腐りかけて] 色っぽい褐色の味の落ちたオリーブ. *llegar a las ~s* [会合・催しに]終わるころにやって来る
── 形《単複同形》オリーブグリーンの

aceitunado, da [aθeitunáðo, ða] 形 ❶ オリーブグリーンの. ❷ [肌の色が] オリーブ色の, 黄色っぽい褐色の: El (presidente de Afganistán) es de piel ~da. カルザイ(アフガニスタン大統領)はオリーブ色の肌をしている

aceitunero, ra [aθeitunéro, ra] 形 名 オリーブの実の; オリーブの実を摘む(運ぶ・売る)人
── 男 オリーブの実の貯蔵場
──囡《エストレマドゥラ》オリーブの収穫期

aceituní [aθeituní] 男【史 ──es】❶ [中世に珍重された] オリエントの高級布. ❷ [アラブ建築の] 装飾細工

aceitunil [aθeitunil] 形 = aceitunado

aceitunillo [aθeituniʎo] 男《カリブ. 植物》エゴノキ科の一種 [建築用堅材, 果実は有毒. 学名 Beilschmiedia costaricensis]

aceituno, na [aθeitúno, na] 形《まれ》= aceitunado
── 男 ❶《西. 隠語》治安警察の隊員《制服の色から》. ❷《まれ. 植物》オリーブ [=olivo]: ~ silvestre 野生オリーブ

acelajado, da [aθelaxáðo, ða] 形《美術》瑞雲のある

aceleración [aθeleraθjón] 囡 加速; 加速度: 1) Se produjo una ~ de los cambios sociales. 社会の変化が加速された. 2)《物理》poder de ~ 加速力. ~ de la gravedad 重力加速度

acelerada[1] [aθeleráða] 囡《主に中南米》アクセルをふかすこと

aceleradamente [aθeleráðamente] 副 加速度的に; 急いで

acelerado, da[2] [aθeleráðo, ða] 形 ❶ 急いだ, 速い: a un ritmo ~ 速いテンポで, 急ピッチで. con paso ~ 足早に. ❷ [講義が]集中的な [=intensivo]: curso ~ de español スペイン語の集中講義(速習講座). ❸ [人が]あわてた, いらいらした. ❹《コロンビア, アルゼンチン, ウルグアイ. 口語》ひどく興奮した(あせった)
── 男《映画》クイックモーション

acelerador[1] [aθeleraðór] 男 ❶ 加速装置 [=mecanismo ~];《自動車》アクセル: pisar (apretar) el ~ アクセルを踏む; ペースを上げる. ❷《化学》[反応]促進剤: ~ de fraguado [セメントの]硬化促進剤. ❸《物理》粒子加速器(装置) [=~ de partículas, ~ nuclear]: ~ lineal 線形加速装置. ❹《情報》アクセラレータ

acelerador[2], **ra** [aθeleraðór, ra]形《女性形 aceleratriz もある》加速の, 速める: fuerza ~ra 加力. tarjeta ~ra《情報》アクセラレータカード

aceleramiento [aθeleramjénto] 男 = aceleración

acelerante [aθelerante] 形 男 促進する(要因)

acelerar [aθelerár] 他《←ラテン語 accelerare < ad- (に)+celerare「急がせる」》❶ 速める, 促進する: La música *aceleró* el ritmo y los bailarines se pusieron a danzar velozmente. 音楽のテンポが上がりダンサーたちの踊りも速くなった. El gobierno intentó ~ la marcha de las reformas. 政府は改革の進行を速めようと試みた. ~ el paso 足を速める. ~ la producción 生産の能率(スピード)を上げる. ❷ [時期などを]早める: La crisis financiera *aceleró* el despido de los trabajadores. 財政危機は労働者の解雇を早めた
── 自 [車などが]加速する; アクセルを踏む: *Acelera*, que ya es tarde. 急ごう, もう遅いから
── ~se ❶ 速まる: Noté que mi corazón se *aceleraba*. 私は心臓の鼓動が速まるのがわかった. ❷《口語》あわてる, うろたえる: No te *aceleres*. Piénsalo bien antes. 落ち着いて. よく考えなさい. ❸《中南米. 口語》興奮する

aceleratriz [aθeleratríθ] 囡 →**acelerador**[2]: fuerza ~ 加速力

acelero [aθeléro] 男 急ぐこと

acelerógrafo [aθeleróɣrafo] 男《物理など》加速度計

acelerómetro [aθelerómetro] 男《航空など》加速度計

acelerón [aθelerón] 男 ❶ 急加速. ❷ 急増; 急速な改善

acelga [aθélɣa]【←アラビア語 as-silqa】囡《植物》(主に 複)フダ

ンソウ《スペインでは青菜として食用》: ~ bravía (marina・silvestre) ハマフダンソウ. ~ salada (salvaje) ハナハマサジ. *cara de* ~ 元気のない青白い顔

acelomado, da [aθelomáðo, ða] 形 無体腔動物の
── 男《動物》無体腔動物

acémila [aθémila]【←アラビア語 az-zemila「駄獣」】囡 ❶ [荷役用の]ラバ. ❷《軽蔑》ばか, 間抜け. ❸ [昔の] 税

acemilado, da [aθemiláðo, ða] 形 ラバのような

acemilar [aθemilár] 形 ラバの; ラバ引きの

acemilería [aθemilería] 囡 ❶ ラバ小屋. ❷《歴史》[王室の]ラバ飼育職

acemilero, ra [aθemiléro, ra] 形 ラバ飼いの
── 男 ラバ引き, ラバの飼い主: ~ mayor《歴史》[王室の]ラバ飼育長

acemita [aθemíta] 囡 ふすま入りのパン

acemite [aθemíte] 男 ❶ 小麦粉混じりのふすま. ❷ 炒って粗挽きした小麦入りスープ. ❸《古語》小麦の特等粉. ❹《廃語》ふすまの中に残ったもみがら

acendradamente [aθendráðamente] 副 純粋に

acendrado, da [aθendráðo, ða] 形《文語》[性質・行為などが]純な, 無垢な, 汚れのない; 完璧な: No hay amor tan ~ como el de los padres adoptivos. 養父母の愛情ほど純粋な愛はない

acendrador, ra [aθendraðór, ra] 形《文語》[性質・行為などを]純化する

acendramiento [aθendramjénto] 男《文語》[性質・行為などの]純化; 純粋さ; 完璧さ

acendrar [aθendrár]【←古語 cendra < カタルーニャ語 cendra「灰」】他 ❶ [性質・行為などを]純化する, 磨きをかける: Los sufrimientos sirven para ~ el verdadero amor. 苦しみは真の愛を純化するのに役立つ. ❷ [貴金属を]精錬する
── ~se [+con・en によって] 純化される: La virtud *se acendra* con las dificultades. 美徳は困難と出会って磨かれる

acenefa [aθenéfa] 囡《古語》= **cenefa**

acenoria [aθenórja] 囡《まれ. 地方語》ニンジン《=zanahoria》

acensar [aθensár] 他 = **acensuar**

acensuar [aθenswár] [14] 他 年貢をかける

acento [aθénto]【←ラテン語 accentus < canere「歌う」】男 ❶《言語》アクセント, 強勢; アクセント符号 [=~ ortográfico, ~ gráfico]: El ~ de (recae) en la última sílaba. アクセントは最後の音節にかかる. La palabra "cortaplumas" lleva el ~ en la penúltima sílaba. cortaplumas という語は最後から2番目の音節にアクセントがある. "Música" lleva ~ en la "u". Música は u にアクセント符号が付いている. poner el ~ en la "a" a アクセント符号を付ける. ~ de intensidad 強さのアクセント. ~ tónico 音調(主調子)アクセント [呼気結集 grupo fónico の中での最も強いアクセント]; [強さのアクセントに対して] 高さ(揚音)アクセント. ~ secundario 第2強勢 [-mente の [mén]]. ~ agudo (grave・circonflexo) 揚音符´(抑音符・曲折音符 ^)《スペイン語では外来語を除き非常用・曲折音符は用いられない》. ❷ [発音の]抑揚: ~ prosódico 韻律[上の]アクセント《実際の発音上の抑揚》. ❸ [国・地方による言葉の]なまり: Tiene un fuerte ~ francés. 彼は強いフランスなまりがある. hablar con ~ argentino アルゼンチンなまりで話す. sin ~ なまりなしに; なまりのない. ❹ 口調, 調子: con ~ lastimero 哀しげな調子で. ❺ ~ irritado いら立った口調. ❻ 強調に: ¡Escucha mis ~s! 私の詩句に耳を傾けよ! 2) [韻律の] 強音 [=~ métrico, ~ rítmico]. ❼《音楽》強勢, 強勢記号 [>]

poner (cargar) el ~ en... …に力点を置く: Los Gobiernos deben *poner el ~ en* la lucha contra la pobreza. 各国政府は貧困との闘いに力を注ぐべきだ

acentor [aθentór] 男《鳥》ヨーロッパカヤクグリ

acentuación [aθentwaθjón] 囡 ❶ アクセント[符号]をつけること; 強勢の置き方: reglas de ~ アクセントの規則. ❷ 力説, 強調. ❸ 増大, 深化, 顕著化

acentuadamente [aθentwáðamente] 副 きわ立って, 顕著に

acentuado, da [aθentwáðo, ða] 形 [+名詞] きわ立った, 顕著な: Este país sufre una ~da crisis económica. この国は顕著な経済危機に見舞われている

acentuador, ra [aθentwaðór, ra] 形《まれ》強調する, きわ立たせる
── 男 ❶ ~ del sabor うまみ調味料. ❷《技術》染色強化剤; エンファシス回路

acentual [aθentwál] 形《言語》アクセントの: intensidad ~ アクセントの強さ
acentuamiento [aθentwamjénto] 男《まれ》=**acentuación**
acentuar [aθentwár]《←acento》14 他 ❶《言語》アクセントを置く, 強勢にする; アクセント符号を付ける: palabras *acentuadas* 強勢語. vocal *acentuada* 強勢母音. ❷ 強調する, 力説する, きわ立たせる: El ministro *acentuó* la magnitud del accidente. 大臣は事故の重大性を強調した. ~ el color blanco 白を強調する. ❸《音楽》[+en に] 強勢をつける
── **~se** ❶ きわ立つ, 顕著になる: Con el silencio *se acentúa* la oscuridad de la noche. 夜の暗さは静けさによっていや増す. ❷ 強まる, 高まる: *Se acentúa* cada vez más la desconfianza. 不信感がますますつのる
aceña [aθéna]《←アラビア語 as-seniya「水を引く物」》女 ❶ [粉ひきの] 水車. ❷ [灌漑用の] 水車 [=azud]; 用水路. ❸《ガリシア, アストゥリアス》[潮の干満で動く] 河口の水車. ❹《植物》ガマ [=espadaña]
aceñero [aθenéro] 男《まれ》水車の所有者, 水車番
-áceo, a《接尾辞》[形容詞化. 所属, 類似]*rosáceo* バラ科の, *arenáceo* 砂状の
aceotrópico, ca [aθeotrópiko, ka] 形《化学》共沸性の
acep.《略語》=aceptación 引き受け
acepar [aθepár] 自《植物》[根づく, 根をはる
acepción [aθepθjón]《←ラテン語 acceptio, -onis <*accipere*「受け取る」》女 ❶ [文脈などに応じた] 意味, 語義: "Agua" es una palabra con muchas *acepciones*. agua にはたくさんの意味がある. ~ *fundamental* (*derivada*) 基本的 (派生的) 意味. ❷《廃語》承認, 受諾
~ **de persona**(**s**) えこひいき, 特別扱い: Dios no hace ~ *de personas*. 神はえこひいきしない. sin ~ *de persona* 公平に
en toda la ~ de la palabra あらゆる意味で〖=en toda la extensión de la palabra〗
acepillador, ra [aθepiʎaðór, ra] 形 鉋をかける, 鉋で削る
── 女《技術》鉋盤, 平削り盤, プレーナー
acepilladura [aθepiʎaðúra] 女 ❶ 鉋(ṥ)かけ. ❷ 鉋くず, 削りくず
acepillar [aθepiʎár]《a-+cepillo》他 ❶ ~に鉋をかける, 鉋で削る [=cepillar]. ❷ ブラシをかける. ❸《口語》磨く, 磨きをかける; [人を] 洗練させる, 垢抜けさせる
aceptabilidad [aθeptaβiliðáð] 女 受け入れの可能性; 受容性
aceptable [aθe(p)táβle] 形 ❶ 受け入れられ得る, 受諾され得る, 応じられる: Su explicación no es ~. 彼の説明は受け入れがたい. *proposición* ~ 受け入れられる提案. *condiciones ~s* のめる条件. ❷ まずまず良い: Habría seguido estudiando y ahora tendría un trabajo. 彼はずっと勉強しているから今のまずの仕事についているだろう. ~ *pintor* そこそこの画家. ❸ 意にかなう, 納得できる: *precio* ~ 納得できる値段. ❹《言語》文法上容認できる: Este uso de la palabra es ~. その語のこうした用法は受け入れられている
aceptablemente [aθe(p)táβlemènte] 副 ❶ まずまず良く: El equipo jugó ~ en la primera parte. チームは前半はまあまあいいプレーをした. ❷ 納得できるほど, 意にかなって: Es una habitación ~ amplia. 十分な広さの部屋だ
aceptación [aθe(p)taθjón]《←ラテン語 acceptatio, -onis》女 ❶ 受け取り, 受領; 受け入れ: La ~ de sus regalos podría ser mal interpretada. 彼からの贈り物を受け取ることは誤解を招くかもしれない. ~ *de sobornos* 賄賂の受け取り. ❷ 承認, 是認: La ~ del resultado de las elecciones le fue muy dura. その選挙結果を受け入れることは彼にはとてもつらかった. *discurso de* ~ *del presidente* 大統領受諾演説. ~ *de esos usos como correctos por los hablantes no forma parte del uso correcto* その使用法が正しいとする話者の受容. ❸ 歓迎; 好評: El nuevo cantante ha tenido gran ~ entre los jóvenes. その新人歌手は若者の間で熱狂的に迎えられた. La película tuvo poca ~. その映画は不評だった. La cocina japonesa goza de buena ~ entre los gastrónomos. 日本料理は食通の間で評判が高い. ❹《商業》1) [手形などの] 引き受け: *documentos contra* ~ 手形引き受け渡し. 2) ~ *por muestreo* [品質管理のための] 抜取検査を済ませた発注 (購入). 3) *casa de aceptaciones* [英国の] マーチャント・バンク
~ **de personas** えこひいき〖=acepción de persona(s)〗

aceptador, ra [aθe(p)taðór, ra] 形 名 引き受ける [人], 受け取る [人]
~ **de personas** えこひいきする人, 特別扱いする人
aceptante [aθe(p)tánte] 形 名《商業》引き受ける; 引受人
aceptar [aθe(p)tár]《←ラテン語 acceptare》他 ❶ [提供されたものを] 受け取る; 受け入れる, 受諾する: *Aceptará* tu regalo con gusto. 彼は喜んで君の贈り物を受け取るだろう. *Aceptaron* el ofrecimiento hecho por ese país. 彼らはその国からの申し出を受け入れた. [+por 構成員として] 受け入れる; 入会 (入学) させる: ¿*Acepta* a José *por* (*como*) legítimo esposo? あなたはホセを正式の夫として認めますか? No lo *aceptaremos* en este club. 我々は彼をこのクラブに入会させないだろう. ❷ [招待などを] 承知する, 受諾する: *Aceptaron* la invitación con mala gana. 彼らはいやいや招待に応じた. ~ *el desafío* 挑戦に応じる. ❹ [任務・栄誉・責任などを] 引き受ける, 受け入れる: Tú tienes que ~ la responsabilidad. 君は責任を担わなければならない. ❺ [正当・妥当・適切なものとして] 認める, 見なす: 1) El presidente no *ha aceptado* la propuesta de su nuevo aliado. 大統領は新しい同盟国の提案を受け入れなかった. No *aceptamos* devoluciones. 返品はご遠慮下さい. ~ *esa teoría* その理論を認める. 2) [+que+直説法] *Acepto que* era lógica su declaración. 私は彼の声明がしごく当然であったと認める. ❻ 認める, 認めた: Las condiciones de la rendición fueron *aceptadas* por todos. 降伏の条件に全員が同意した. ~ *la dimisión del ministro* 大臣の辞表を受理する. ❼ [やむを得ないものとして] 受け入れる, 甘受する: Su novio se deja llevar por las ilusiones y no *acepta* la realidad. 彼女の恋人は夢の世界に引きずられて, 現実を受け入れようとしない. *Aceptaremos* con tranquilidad lo que nos envíe el destino. 我々は運命が指し示すものを静かに受け入れる. Los resultados de la *elección* 選挙結果を受け入れる. ❽ [+不定詞 /+que+接続法] …することを受諾する, 承知する: *Aceptó* hablar cara a cara con ese hombre. 彼はその男と面と向かって話すことを承知した. No *acepto que* me digan tal cosa. そんなことを言われる筋合いはない. ¿Me *acepta* usted *que* entre en relaciones? 私の話を始めてもいいでしょうか? ❾《商業》[手形などを] 引き受ける: ¿*Aceptan* aquí cheques de viajeros? ここではトラベラーズチェックが使えますか? ~ *una letra de cambio* 為替手形を引き受ける
[+a+不定詞] ~するのに同意する
acepto, ta [aθe(p)to, ta] 形《まれ》気に入られた: *sacrificio* ~ 嘉(ゕ)された犠牲
──《商業》引受
aceptor [aθe(p)tór] 男《物理, 化学》アクセプター, 受容体
~ **de personas** えこひいきする人, 特別扱いする人
acequia [aθékja]《←アラビア語 saqá「灌漑する」》女 ❶ [主に灌漑の] 用水路. ❷《中南米》小川
acequiaje [aθekjáxe] 男《ムルシア》[用水路の保全のために地主に課される] 用水路税
acequiar [aθekjár] 10 自 他 用水路を作る
acequiero [aθekjéro] 男 用水路の番人
acera [aθéra]《←古語 facera「正面」<faz「面」》女 ❶《主に西》歩道: Vaya por la ~. 歩道を歩きなさい. ~ *móvil* 動く歩道. ❷ [通り・広場に沿った] 家並み: Su familia vive en la ~ de la derecha. 彼の家族は右側の家並みに住んでいる. ~ *de los pares* (*impares*) 偶数 (奇数) 番号の家並み. ❸《建築》壁面の石; 壁の外装面
de la ~ de enfrente《口語》敵の, 相手側の
ser de la ~ de enfrente/ser de la otra ~《口語》同性愛の
aceráceo, a [aθeráθeo, a] 形 カエデ科の
── 女《複》《植物》カエデ科
aceración [aθeraθjón] 女 鋼にすること; 鋼を着せること
aceradamente [aθeraðámente] 副 辛辣に, 手厳しく
acerado, da [aθeráðo, ða] 形 ❶ 鋼鉄の, 鋼鉄製の; はがね色の. ❷ [言葉などが] 辛辣な, 手厳しい: *crítica ~da* 痛烈な批判. ❸ 頑丈な, 強固な; 鋭利な
── 男 歩道の設置;《地方語》歩道
acerar [aθerár] I《←acero》他 ❶ [刃などを] 鋼にする, 鋼を着せる [=*poner acero*]. ❷《精神的に》鍛えたくましくする. ❸《まれ》[視線などを] 鋭くする
II《←acera》他 ❶ 歩道を設置する. ❷《建築》[壁を] 石材で補強する

acerbamente [aθerbaménte] 副《文語》容赦なく, 残酷に
acerbidad [aθerbiðá(d)] 安 ❶ [味の] 苦み, 渋み. ❷ 厳格, 辛辣
acerbo, ba [aθérbo, ba] 【←ラテン語 acerbus】形 ❶ [味が] 苦（にが）い, 渋い; [匂いが] 鼻につんと来る. ❷ 手厳しい, 容赦ない, 辛辣な: crítica ～*ba* 容赦ない批評
acerca [aθérka] 【←ラテン語 ad+circa「近くに」】[+de] ❶ …に関して[の], …について[の] [=sobre]: Habló una hora ～ *de* este asunto. 彼はこの件に関して1時間話した. ¿Qué opinas ～ *de* lo que hemos visto? 今見たことについてどう思う? Tengo muchos libros ～ *de* los animales. 私は動物についての本をたくさん持っている. ❷《古語》[場所・時について] …の近くに
acercador, ra [aθerkaðór, ra] 名 近寄せる
acercamiento [aθerkamjénto] 男 ❶ 接近, 近づく（近づける）こと: Este libro sirve como primer ～ al mundo del toro. この本は闘牛の世界への第一歩として役立つ. ❷ 歩み寄り, 歩み寄り: Se ha producido un ～ en (entre) las posturas de negociadores. 交渉者たちの態度に歩み寄りが見られた. ～ entre los dos países 2国間の友好関係樹立（国交回復）
acercar [aθerkár] 【←ラテン語 ad-（に）+circa】[7] 他 ❶ [+a ～] 近づける: 1) *Acerca* la silla *a* la mesa. 椅子をテーブルに近寄せなさい. 2)《比喩》Diversas dificultades los *acercaron* mucho. 幾多の苦難が彼らを固く結びつけた. ～ la cultura al pueblo 文化を民衆に身近なものにする. ～ posiciones 歩み寄る. ❷ 手渡す; [食卓などで] 回す: ¿Puedes ～*me* ese periódico? その新聞取ってくれる? *Acércame* el agua, por favor. 水を回して下さい. ❸《近くまで・ついでに, 人を》乗せていく: Te *acercaré a* la parada. バス停まで乗せていってあげよう
━━*se* ❶ 近づく, 接近する: *Acércate a* la estufa. ストーブのそばに寄りなさい. ¡No *te acerques*! 近寄るな! 〖語法〗acercarse がとる「方向の間接目的語」は代名詞との重複構文が不可: José se acercó a María. → ○José se *le* acercó. / ×José se *le* acercó *a* María. 他に aproximarse a, abrazarse a など同様〕 ❷《近くに・ついでに》立ち寄る: *Me acercaré a* su casa a saludarlo. 私は彼の家にあいさつに寄ろう. ❸ [日時・行事に・が] 迫る, 間近になる: *Nos acercamos a* las elecciones. 総選挙が近い. *Se acercan* las vacaciones de Navidad. クリスマス休暇がもうすぐだ. ❹《互いに》歩み寄る, 和解する; 親しくなる: Los dos países *se han acercado* estos últimos meses. 最近数か月で両国は和解に達した. ❺《見解・思想が》類似する: Es un programa que *se acerca a* un tipo de periodismo lacrimógeno. それは一種のお涙ちょうだい式ジャーナリズムに近い番組だ
ácere [áθere] 男《植物》=**arce**
acerería [aθerería] 安 =**acería**
acería [aθería] 安 製鋼所
acerico [aθeríko] 男 ❶《裁縫》針山, 針刺し. ❷ [大きい枕に重ねる] 小枕
acerillo [aθerílʎo] 男 =**acerico**
aceríneo, a [aθeríneo, a] 形《植物》=**aceráceo**
acerino, na [aθeríno, na] 形《詩語》鋼の, 鋼のような
acerista [aθerísta] 共 製鋼（製鉄）技術者
acernadar [aθernaðár] 他《馬に》灰から作る膏薬 cernada を貼る
acero [aθéro] 男 【←ラテン語 aciarium < acies「刃」】❶ 鋼鉄, 鋼（はがね）; 鋼材 [=material de ～]: lana de ～ スチールウール. plancha de ～ 鋼板. ～ bruto 粗鋼. ～ dulce (duro) 軟(硬)鋼. ～ especial 特殊鋼. ～ fundido 鋳鋼. ～ rápido 高速度鋼. ❷《文語》刀剣. ❸ 〖複〗 刀剣の切れ味: buenos ～*s* 鋭い切れ味. ❹《文語》勇気, 決断力. ❺《文語》刀剣, 鋭剣. 〖廃語〗〖複〗食欲: buenos (valientes) ～*s* 旺盛な食欲
de ～ 鉄のような, 硬い: músculos *de* ～ 鋼のような筋肉
acerola [aθeróla] 【←アラビア語 zarura】安《果実》アセロラ, セイヨウサンザシの実
acerolo [aθerólo] 男《植物》セイヨウサンザシ
acérrimamente [aθérrimaménte] 副 熱烈に, 断固として
acérrimo, ma [aθérrimo, ma] 形 【←ラテン語 acerrimus. acre の絶対最上級】❶ 熱烈な, 徹底した, 強固な: creyente (fan) ～ 熱烈な信者（ファン）. enemigo ～ 強固な敵. ❷《まれ》[味が] きつい, 辛酸な. ❸《地方語》頑固な, 執拗な
acerrojar [aθerroxár] 他 ❶《扉に》かんぬきをかける. ❷《まれ》包囲する
acertadamente [aθertáðaménte] 副 的確に, ぴたりと

acertado, da [aθertáðo, ða] 形 ❶ 命中した: Su disparo fue ～. 彼の射撃は正確だった. ❷ 適切な, 賢明な: 1) Ha sido un comentario muy ～. それは実に適切なコメントだった. Lo ～ es no decir nada ahora. 今は何も言わない方がいい. No estuviste muy ～ en decirle eso. 彼にそんなことを言うなんて君はあまり賢明でなかった. idea muy ～*da* 名案. 的確な. medida ～*da* 適切な処置. regalo ～ ぴったりの贈り物. 2) [ser que+接続法] No sería ～ *que* le visitáramos hoy. 今日彼に会いに行くのはよくないだろう
acertajo [aθertáxo] 男《口語》=**acertijo**
acertamiento [aθertamjénto] 男 的中 [=**acierto**]
acertante [aθertánte] 形《くじ・賭博で》当たった, 当たりの: quiniela ～ [公認サッカーくじの] 当たり券
━━ 共 [くじの] 当選者; [クイズの] 正解者: Han aparecido seis ～*s*. 6人の正解者が出た
acertar [aθertár] 【←ラテン語 ad-（に）+certus「確かな」】[23] 他 ❶ …に命中させる: Pude ～ el blanco con la pistola. 私はピストルで的に命中させることができた. ❷ 言い当てる: *Acierta* mi edad. 私の年齢を当ててごらん. Solo *acertó* dos respuestas. 彼は2問だけ正解だった. A ver si *aciertas* quién es. さて君は彼が誰かを当てられるかな. ❸ 捜し当てる: Por fin *he acertado* la casa. 私はやっとその家を探し当てた
━━ 自 ❶ [予想・言うことが] 当たる: ¿No te dije que iban a venir?—Pues, *acertaste*. 私は彼らは来ると言ったでしょう?—そうね, 当たったよ. Dije varios nombres, pero no *acerté*. 私は名前をいくつか言ったが, 当たらなかった. ❷ [+a・en に] 命中する: La flecha *acertó al* blanco. 矢は的に命中した. ～ *en* (*al*) centro de la diana 的の中心に当たる. ❸ [+con・en で] 言い当てる; 正解する. 解決する. 彼に正解する: ¡*Acertaste*! [クイズなどで] 正解です! ～ *en* la respuesta 正解する. ❹ [+con・en で] 捜し当てる: No *acerté con* la calle. 私はその通りを探し出せなかった. ❺ [+con・en 正解・意味などを] 当てる, 見つける・分かる: *Has acertado con* la talla de mis zapatos. 私の靴のサイズがよく分かったね. Es difícil ～ *con* el verdadero significado de la frase. この文の正確な意味をとらえるのは難しい. ❻ [+a・al ～の方に+不定詞] 名詞・不定詞/+現在分詞] …が当を得ている, 適切である: No *acertó a* decir palabra. 彼は一言も言葉をはさむことができなかった. No *acierto a* comprender lo que quieren. 彼らがどうしたいのか私はよく理解できない. *Acertaste* al no comprarlo. 君はそれを買わなくて正解だった. No *acertó con* la carrera. 彼は職業の選択を誤った. *Acertamos* marchándonos a esa hora. 私たちはその時間に出かけておいてよかった. ❼ [+a+不定詞] 運よく…する, 偶然…する:《文語》偶然…する: Justo en ese momento *acertó a* pasar por allí un coche patrulla. まさにその時うまく（たまたま）パトカーがそこを通りかかった. ❽ [植物が] 根づく, 芽を出す

acertar		
直説法現在	命令法	接続法現在
ac**ie**rto		ac**ie**rte
ac**ie**rtas	ac**ie**rta	ac**ie**rtes
ac**ie**rta		ac**ie**rte
acertamos		acertemos
acertáis	acertad	acertéis
ac**ie**rtan		ac**ie**rten

acertijo [aθertíxo] 【←acertar】男 ❶ なぞなぞ [=**adivinanza**]. ❷ 不可解なこと, 謎めいた言葉
aceruelo [aθerwélo] 男《まれ》❶ 枕カバー; 小さい枕. ❷ 針山, 針刺し. ❸《若馬の》調教用の鞍
acervo [aθérbo] 男 【←ラテン語 acervus】❶ [思想的・文化的な] 財産: Nicolás Guillén pertenece al ～ común de las literaturas nacidas de la lengua española. ニコラス・ギリェンはスペイン語文学の共通遺産である. ❷《文語》多数, 多量: ～ de trigo 小麦の山. ❸ ～ comunitario [加盟諸国の権利と義務を規定する] EUの規則集
acescencia [aθesθénθja] 安 酸っぱく（苦く）なりやすさ
acescente [aθesθénte] 形 酸っぱく（苦く）なる（なり始めた）
acetabularia [aθetabulárja] 安《植物》カサノリ
acetábulo [aθetábulo] 男 ❶《解剖》寛骨臼, 股臼. ❷《動物》白盃窩. ❸ [昔の容積単位] =4分の1エミナ hemina [=約0.068リットル]
acetal [aθetál] 男《化学》アセタール

acetaldehído [aθetaldeíðo] 男《化学》アセトアルデヒド: ～ deshidrogenasa アセトアルデヒド脱水素酵素
acetálico, ca [aθetáliko, ka] 形《化学》アセタールの
acetamida [aθetamíða] 女《化学》アセトアミド
acetato [aθetáto] 男 ❶《化学》酢酸塩, 酢酸エステル: ～ de celulosa 酢酸セルロース, アセチル・セルロース. ❷《繊維》アセテート. ❸《メキシコ. 口語》アセテート盤レコード
acetazolamida [aθetaθolamíða] 女《化学》アセタゾールアミド
acético, ca [aθétiko, ka] 形《←ラテン語 acetum「酢」》男 ❶《化学》酢酸の: ácido ～ 酢酸. ácido ～ glacial 氷酢酸. ❷ 酢の; 酢を生じる: fermentación ～ca 酢の発酵
acetificación [aθetifikaθjón] 女《化学》酢酸化, 酢酸化
acetificador [aθetifikaðór] 男《化学》酢酸化器, 酢酸製造機
acetificar [aθetifikár] 7 他《化学》酢酸化させる, 酢酸にする: ～ el alcohol アルコールを酢にする
acetilación [aθetilaθjón] 女《化学》アセチル化
acetilcolina [aθetilkolína] 女《生化》アセチルコリン; 《薬学》アセチルコリン製剤
acetilénico, ca [aθetiléniko, ka] 形 アセチレンの
acetileno [aθetiléno] 男《化学》アセチレン: lámpara de ～ アセチレンランプ
acetilo [aθetílo] 男《化学》アセチル [基]
acetilsalicílico [aθetilsaliθíliko] 形《薬学》アセチルサリチル酸 [=ácido ～]; アスピリン
acetimetría [aθetimetría] 女《化学》酢酸濃度測定
acetímetro [aθetímetro] 男《化学》酢酸計
acetín [aθetín] 男《植物》セイヨウメギ [=agracejo]
acetobutirato [aθetobutiráto] 男《化学》酢酸酪酸: ～ de celulosa 酢酸酪酸セルロース
acetocelulosa [aθetoθelulósa] 女《化学》酢酸セルロース
acetona [aθetóna] 女《化学》アセトン; 《口語》=acetonemia
acetonemia [aθetonémja] 女《医学》アセトン血 [症]
acetónico, ca [aθetóniko, ka] 形《化学》アセトンの
acetonuria [aθetonúrja] 女《医学》アセトン尿 [症]
acetosa [aθetósa] 女《植物》スイバ [=acedera]
acetosidad [aθetosiðáð] 女 酸味, 酸っぱさ
acetoso, sa [aθetóso, sa] 形 酸っぱい; 酢の
acetre [aθétre] 男 手桶; 《カトリック》聖水桶
acetrería [aθetrería] 女《古語》=cetrería
acetrero [aθetréro] 男《古語》鷹匠 [=cetrero]
acetrinar [aθetrinár] 他 緑黄色にする
aceuxis [aθéu̯(k)sis] 男《古語》=azeuxis
Acevedo Díaz [aθebéðo ðíaθ]《人名》**Eduardo** ～ エドゥアルド・アセベド・ディアス [1851～1921, ウルグアイの小説家. 内戦がもとで国外に逃れ, 自国の独立戦争をテーマにした小説を書き残した]
acevilar [aθebilár] 他《古語》=acivilar
acezante [aθeθánte] 形《文語》あえぐ, 不安げな
acezar [aθeθár] 9 自《文語》❶《疲労・酷暑・病気などのせいで》あえぐ, 息を切らす. ❷ 渇望する
acezo [aθéθo] 男《文語》あえぎ, 息切れ
acezoso, sa [aθeθóso, sa] 形 あえぐ, 息を切らした
a/cgo.《略語》a cargo …気付; …の責任 (負担) で; …あてに [=a/c]
achabacanamiento [atʃabakanamjénto] 男 下品 (粗野) になること; 下品, 粗野, 俗悪
achabacanar [atʃabakanár] 他 下品 (粗野) にする, 俗悪にする
—— **~se** 下品 (粗野) になる, 俗悪になる
achabolado, da [atʃaboláðo, ða] 形 バラック chabola の [ような]
achacable [atʃakáble] 形 [罪・責任を, +a の] せいにできる
achacacheñuo, ñua [atʃakatʃénwo, ɲwa] 男 女《地名》アチャカチェ Achacachi の [人]《ボリビア, ラパス県の町・半島》
achacana [atʃakána] 女《ペルー, ボリビア》アーティチョーク《食用の根》
achacar [atʃakár] 7 他《←アラビア語 atsakka「告発する」<saka「嘆く」》7 他 ❶ [欠陥・失敗などを, +a の] せいにする: Los ancianos achacaron la desgracia a la hechicería. 老人たちは不幸を呪いのせいにした. ❷《中南米》盗む; 略奪する
achachay [atʃatʃái̯] 間《エクアドル. 口語》[冷たさ・軽い痛み] ウッ!
achacosamente [atʃakósaménte] 副 病気がちに, 弱々しく
achacosidad [atʃakosiðá(ð)] 女 病弱, 虚弱 [なたち], 体の不調

achacoso, sa [atʃakóso, sa]《←achaque》形 ❶ [ser・estar+. 主に老齢のせいで] 軽い持病 achaque のある, 病弱な: Mi abuelo es ～. 私の祖父は病身だ. ❷《コロンビア》おんぼろの
achachairú [atʃatʃai̯rú] 男《植物, 果実》アチャチャイル《ボリビアの潅木》
achaflanar [atʃaflanár] 他《技術》面取りをする, 角を丸くする
achagar [atʃagár] 8 他《まれ》しつこく悩ます; 挑発する
achagrinado, da [atʃagrináðo, ða] 形 鮫皮風の, 鮫皮のイミテーションの
achambergado, da [atʃambergáðo, ða] 形 ❶ チャンベルゴ帽 chambergo のような. ❷《アンダルシア》幅広の絹リボン chamberga のような
achampanado, da [atʃampanáðo, ða] 形 =**achampañado**
achampañado, da [atʃampaɲáðo, ða] 形 [飲み物が] シャンパン風の; [酒が] 発泡性の: ～ de sidra リンゴ発泡酒
achampar [atʃampár] ～**se**《チリ》[+con を] 自分のものにする
achancar [atʃaŋkár] 7 他 ❶《サラマンカ》1) はめる, はめ込む. 2) 水たまり (ぬかるみ) に入り込む. ❷《アンダルシア》1) すりつぶす, 押しつぶす. 2) ぐうの音も出なくする, 困惑させる
—— **~se**《アンダルシア》❶ 座る, しゃがむ. ❷ 黙る; 我慢する; おじける
achanchar [atʃantʃár] ～**se**《中南米. 口語》❶ 堕落する. ❷《コロンビア, エクアドル, ペルー》出歩かない生活を送る. ❸《アルゼンチン, ウルグアイ. 口語》ひどく太る. ❹《アルゼンチン. 口語》エンジンが気化不良で馬力が出ない
achantado, da [atʃantáðo, ða] 男 名《ベネズエラ》元気のない [人], やる気のない [人]
achantar [atʃantár]《←ポルトガル語 chantar「植える」》他 ❶《口語》おじけづかせる. ❷《まれ》[金を] 取っておく. ❸《コロンビア. 若者語》[病気・嫌なことを] 引き起こす
—— **~se**《口語》❶ おじけづく, ひるむ: ¡Hasta Almodóvar se achanta en Hollywood! アルモドバルでさえハリウッドではビビる! ❷ [おじけづいて・あきらめて] 黙る. ❸ [危険な間は] 身を潜める, 辛抱している; 関わり合いを避ける, 様子を見る; 仕方がないとあきらめる, 甘んじる
achaparrado, da [atʃaparráðo, ða] 形 ❶ [木が] こんもりとした; [人などが] ずんぐりとした. ❷《ホンジュラス》卑屈になった, おじけづいた
achaparrar [atʃaparrár] ～**se** ❶ [木がヒイラギガシ chaparro の形に] 低く横に広がる, こんもりとする. ❷ [人などが] ずんぐりとする, ずんぐりと太る. ❸《隠語》おじけづく
achaplinar [atʃaplinár] ～**se**《中南米》[チャップリン Charles Chaplin のような] ためらいの仕草をする, 後ずさりする
achaque [atʃáke] 男《←アラビア語 saka》❶ [主に老齢による] 軽い慢性病, 体の不調: Los ancianos sufren los ～ al unísono. 老人たちは一様に持病に苦しんでいる. ❷ 欠点, 欠陥; 悪習. ❸ 口実, 言い訳;《まれ》動機, 原因, 理由. ❹ こと, 事柄, 件. ❺ [中世の移動牧羊業者組合 mesta が課した] 罰金. ❻《魔闘》1) 月経. 2) 妊娠. 3) 示談の要求《訴訟を取り下げる代わりに示談金を要求すること》. 4) 見かけ, 評判. ❼《コスタリカ》複 つわり
con ～ de… …を口実に; …を動機 (原因) として
en ～ de… …について, …のことで
achaquero [atʃakéro] 男《歴史》[罰金 achaque を裁定する] 移動牧羊業者組合 mesta の判事; 罰金を徴収する請負人
achaquiento, ta [atʃakjénto, ta] 形《アラゴン》病弱な [=achacoso]
achara [atʃára] 女《フィリピン》アチャラ漬け, 野菜の酢漬け
acharado, da [atʃaráðo, ða] 形 やきもちやきの, 嫉妬深い
acharar [atʃarár] 他 ❶ 恥じ入らせる, 困惑させる, びっくりさせる. ❷《アンダルシア》不快にさせる, 怒らせる; 嫉妬させる
—— **~se** ❶ 恥じ入る, 困惑する; 驚く. ❷《アンダルシア》不愉快になる, 怒る
achare [atʃáre] 男《地方語》恥 [=vergüenza]
achares [atʃáres]《ジプシー語 achare「拷問」》男 複《口語》嫉妬 [=celos]: dar ～ 嫉妬させる
acharnegado, da [atʃarnegáðo, ða] 形《カタルーニャ. 軽蔑》カタルーニャへの移住者 charnego の [ような]
acharolado, da [atʃaroláðo, ða] 形 エナメル革に似た
acharolar [atʃarolár] 他 =**charolar**
acharranar [atʃarranár] ～**se** ごろつき (悪党) になる
achatamiento [atʃatamjénto] 男 ❶ 押しつぶし; ぺしゃんこに

ること. ❷《天文》天体(星)の自転による極の平板化

achatar [atʃatár]〖←a-+chato〗[他] 押しつぶす, ぺしゃんこにする: La Tierra es *achatada* por los polos. 地球は両極方向が押しつぶされている

—— **~se** ぺしゃんこになる: Nuestras sombras *se achataban* o estiraban. 私たちの影は伸びたり縮んだりしていた

achatarramiento [atʃatar̄amjénto] [男] スクラップ化

achatarrar [atʃatar̄ár] [他]［車などを］スクラップにする

achelense [atʃelénse] [形] [男]《考古》アシュール文化期〔の〕: cultura ~ アシュール文化

Achernar [atʃernár] [女]《天文》アケルナル〖エリダヌス座の1等星〗

achicado, da [atʃikáđo, đa] [形] 臆病な; 子供っぽい, 幼稚な

achicador, ra [atʃikađór, ra] [形] 小さくする

—— [男]［舟の］淦(あか)汲みひしゃく

achicadura [atʃikađúra] [女] ❶ 小さくする(なる)こと. ❷《船舶》淦(あか)汲み. ❸ おびえ, 萎縮

achicamiento [atʃikamjénto] [男] 小さくする(なる)こと; おじけづかせる(おじけづく)こと

achicar [atʃikár]〖←a-+chico〗[7] [他] ❶ 小さくする: *Achica* los ojos tratando de ver mejor en la lejanía. 彼は遠くのものがよく見えるように目を細める. ~ la chaqueta 上着の丈を詰める. ❷ おじけづかせる, いじけさせる: Esas críticas a nosotros no nos *achican*. そんな批判は私たちは怖くない. ❸［たまった水をバケツなどで］汲み出す: Todos los que no están mareados *achican* agua de la barca. 酔っていないもの全員で船から水をかい出す. ❹《プエルトリコ, コロンビア》縛る. ❺《コロンビア》殺す

—— **~se** ❶ 小さくなる: A quien no come *se* le *achica* el estómago. 食べない人は胃が小さくなる. ❷ おじけづく; 萎縮する, ちぢこまる: La gente no *se achica* ante las dificultades. 人々は困難を前にしてもたじろがない. ❸《トランプ》［もっと強い札を持っているのに］弱い札を出す

achicharradero [atʃitʃar̄ađéro] [男]《口語》焼けつくように暑い所, 灼熱地獄

achicharrador, ra [atʃitʃar̄ađór, ra] [形]《口語》焼く

achicharramiento [atʃitʃar̄amjénto] [男]《口語》焼く(焼けつく)こと

achicharrante [atʃitʃar̄ánte] [形]《口語》焼けつくような, 非常に暑い

achicharrar [atʃitʃar̄ár]〖←a-+chicharrón〗[他]《口語》❶《主に比喩》［焦げるくらい］強く焼く; 焦げ目をつける. ❷ 悩ます, 閉口させる. ❸［銃弾で］蜂の巣にする. ❹《ペルー, チリ. 口語》押しつぶす, 変形させる

—— [自] ひどく熱い: Hace un sol que *achicharra*. 焼けつくような太陽だ

—— **~se** 焼ける: Vas a la oficina, con nieve o *achicharrándote*. 君は雪が降っても猛暑の中でも会社に行く

achicharre [atʃitʃár̄ɛ] [男]《口語》猛暑, 息苦しいような暑さ

achichiguar [atʃitʃiɡwár] [13] [他]《中米. 口語》甘やかす

achichincle [atʃitʃíŋkle] [名]《メキシコ, エルサルバドル, ホンジュラス. 軽蔑》=**achichinque**

achichinque [atʃitʃíŋke] [名]《メキシコ, エルサルバドル, ホンジュラス. 軽蔑》［何でも言うことを聞く・へつらう］子分, 取り巻き

achichirre [atʃitʃír̄ɛ] [男]《地方語》迷惑, 不都合

achichonado, da [atʃitʃonáđo, đa] [形]《地方語》ふくれた; 肥満した

achicopalar [atʃikopalár] [他]《メキシコ, エルサルバドル, ホンジュラス. 口語》意気消沈させる, 元気をなくさせる

—— **~se** 意気消沈する, 元気がなくなる

achicorero, ra [atʃikoréro, ra] [形] [名] チコリの〔栽培者〕

achicoria [atʃikórja]〖←モサラベ語 achicoria〗[女] ❶《植物》1) チコリ, キクニガナ〖=~ silvestre〗; キクヂシャ: ~ roja 赤チコリ. 2) ~ amarga セイヨウタンポポ. ~ dulce ホッグバイト〖学名 Chondrilla juncea〗. ❷ チコリの根を煎じた飲み物〖コーヒーの代用品〗

achiguar [atʃiɡwár] [13] [他]《チリ》湾曲させる

—— **~se**《南米》［物が］反(そ)る; 腹が出る

achilado, da [atʃiláđo, đa] [形]《コロンビア. 口語》しなびた

achilenado, da [atʃilenáđo, đa] [形] [名] チリ風の, チリ人のような〔人〕

achimero [atʃiméro] [男]《グアテマラ》［安い物の］行商人

achinado, da [atʃináđo, đa] [形] ❶［顔立ちが］中国人のような, 東洋系らしい;［目が中国人のように］細長い, 切れ長の, 吊り上がった. ❷《中南米. 軽蔑》社会的地位の低い. ❸《ラプラタ》白人と先住民の混血の;《口語》顔つきが先住民のような

achinamiento [atʃinamjénto] [男]［顔立ちの］中国人らしさ

achinar [atʃinár] [他] ❶［中国人のように, 目を］細める. ❷《地方語》…の話をさえぎる

—— **~se**［目が］細くなる

achinelado, da [atʃineláđo, đa] [形] 室内履き chinela のような

achiotal [atʃjotál] [男] ベニノキ畑

achiote [atʃjóte] [男]《中南米》❶《植物》ベニノキ, アチョーテ. ❷ アチョーテ〖ベニノキの種から作る清涼飲料; 着色料, 香辛料〗

achiotero, ra [atʃjotéro, ra] [形] ベニノキの

—— [男]《メキシコ. 植物》ベニノキ〖=achiote〗

—— [女]《プエルトリコ》アチョーテを飲む器

achiotillo [atʃjotíʎo] [男]《植物》ラクレ〖学名 Vismia guianensis〗

achiperre [atʃipérɛ] [男]《エストレマドゥラ》古道具, がらくた, 不用品

achique [atʃíke] [男]［船などからの］水のかい出し

achiquillado, da [atʃikiʎáđo, đa] [形]《中南米》子供っぽい, 幼稚な

achiquitar [atʃikitár] [他]《中南米》小さくする

achira [atʃíra] [女]《植物》❶ 大輪オモダカ. ❷ ダンドク, 食用カンナ

achís [atʃís]〖←擬声〗[間] ❶［くしゃみの］ハクション. ❷《グアテマラ》汚い!

achispado, da [atʃispáđo, đa] [形] ほろ酔い機嫌の

achispar [atʃispár]〖←a-+chispa〗[他]［酒が］軽く酔わせる: Ten cuidado, que este coctel *achispa* enseguida. 気をつけて, このカクテルは酔いが早いから

—— **~se** ほろ酔い機嫌になる

-acho《軽蔑接尾辞》［名詞化, 形容詞化］vin*acho* 安酒, vivar*acho* から元気の〖-ar と結合すると -aracho となる: dich*aracho* ふざけ話, viv*aracho* 快活な〗

achocado, da [atʃokáđo, đa] [形]《チリ》［帽子を］あみだにかぶった

achocadura [atʃokađúra] [女] 叩きつけること

achocar [atʃokár] [7] [他] ❶《まれ》［壁などに人を］叩きつける, 投げ飛ばす. ❷《まれ》［棒・石などで人を］傷つける. ❸《廃語》大金をため込む

—— [自]《ドミニカ, プエルトリコ》頭を打って気絶する

achochar [atʃotʃár] **~se**《口語》ぼける, もうろくする

achoclonar [atʃoklonár] [他]《南米》集める

—— **~se**《南米》集まる; 混ざる

achocolatado, da [atʃokolatáđo, đa] [形] チョコレート色の

acholado, da [atʃoláđo, đa] [形] ❶《アンデス. 軽蔑》田舎者の, 粗野な. ❷《チリ. 口語》肌の色が黒っぽい; 内気な

acholar [atʃolár] [他]《エクアドル, ペルー, チリ. 口語》恥をかかす, 面目を失わせる

—— **~se** ❶《ペルー, チリ. 口語》恥をかく. ❷《チリ》チョロ cholo のようになる〖習慣を取り入れる〗

achorado, da [atʃoráđo, đa] [形]《チリ. 口語》大胆な, 勇敢な

achorizado, da [atʃoriθáđo, đa] [形]［形などが］チョリーソ chorizo のような

achote [atʃóte] [男]《中南米》=**achiote**

achotillo [atʃotíʎo] [男]《ホンジュラス. 植物》バターナット科の灌木〖枝で弓を作る. 学名 Caryocar amygdaliferum〗

achubascar [atʃuƀaskár] [7] **~se**［にわか雨が降りそうで, 空が］かき曇る

achuchado, da [atʃutʃáđo, đa] [形] ❶《西. 口語》複雑な;［解決・脱出が］困難な. ❷《西. 口語》金のない, 金欠の. ❸《南米. 口語》発熱した

achucháis [atʃutʃái̯s] [男] [複]《隠語》［女性の］胸, 乳房

achuchar [atʃutʃár] **I**〖←擬態〗[他]《西. 口語》❶［物・人を］押しのける: No hay derecho a ~ así a un pobre inocente. かわいそうな子供をあんな風に押しのけるのはよくない. ❷ 愛撫する, 抱く: Sueña con ~ a su hijo entre sus brazos, oírle decir «papá». 彼は息子を抱きしめて「パパ」と言ってくれるのを夢見ている. ❸［+a・contra に］けしかける: Si te acercas, te *achucharé* el perro. 近づいたら犬をけしかけるぞ. ❹《まれ》締めつける, 圧迫する

II〖←chucho[1] II〗**~se**《ラプラタ. 口語》［熱病・寒さで］震える; マラリアにかかる

achucharrar [atʃutʃar̄ár] [他] ❶《まれ》悲しませる, 落ち込ませる. ❷《メキシコ》1) しわを作る. 2) 気力を失わせる; 怖がらせる. ❸

《ホンジュラス, コロンビア, チリ》 1) けしかける. 2) 押しつぶす; 絞る
—— ~se 1《まれ》悲しむ, 落ち込む. 2《メキシコ》怖がる
achuchón [atʃutʃón]《←achuchar》男 1《口語》押しのけること. 2《西. 口語》愛撫, 強い抱擁: dar un ~ a+人 …を抱きしめる tener un ~ 軽い病気になる
achucutar [atʃukutár] ~se《主に南米》恥じ入る
achucuyar [atʃukujár] 他《グアテマラ, エルサルバドル, ホンジュラス, ベネズエラ, エクアドル》怖がらせる. ~se 悲しまれる
-achuelo, la《示小接尾辞》riachuelo 小川
achulado, da [atʃuláðo, ða]《西. 口語》生意気な; 生っ粋のマドリード子風の
achulamiento [atʃulamjénto] 男《西. 口語》生意気
achulapado, da [atʃulapáðo, ða] 形《西》=achulado
achulapar [atʃulapár] ~se《西》=achularse
achular [atʃulár]《←chulo》~se《西》生意気になる; きざになる: Desde que ha ido a Madrid se ha achulado mucho. マドリードに行って以来, 彼はすっかりきざになってしまった
achumar [atʃumár] ~se《南米》酔っぱらう
achunchar [atʃuntʃár] 他《アンデス》1《口語》困惑させる. 2 怖がらせる
—— ~se《アンデス. 口語》困惑する; 恥じ入る
achuntar [atʃuntár] 他《ボリビア, チリ. 口語》1 [+a・en に]命中する, 的中する; ちょうどよい時に…をする
no ~ a nada《チリ》しょっちゅう間違える
achuñuscar [atʃuɲuskár] 7 他《チリ. 口語》しわを作る
—— ~se《チリ. 口語》しわになる
achupalla [atʃupáʎa]《←ケチュア語》女《中南米. 植物》パイナップル《茎の汁が飲料となる》
achura [atʃúra]《←ケチュア語》女《ボリビア, ラプラタ》[主に 複. 牛・羊の] 臓物
achurar [atʃurár] 他《ボリビア, ラプラタ》臓物を取り除く;《口語》刺し殺す
achurear [atʃureár] 他《ボリビア, ラプラタ》=achurar
achús [atʃús] 間 =achís
ACI《略記》←Alianza Cooperativa Internacional 国際協同組合同盟
aciago, ga [aθjáɣo, ɣa]《←ラテン語 aegyptiacus「一年の内の厄日」》形 1《主に時が》不幸な, 不運な: Aquel año ~ una helada arrasó los naranjos. あの不運な年オレンジが霜でやられた. un ~ día 不運な一日. ~ destino 悪運. 2 不吉な, 凶兆の: deseo ~ 不吉な願望
2《古語》不運, 災難, 不幸
acial [aθjál] 男 1 [馬の装蹄・羊の毛刈などの時に家畜をおとなしくさせるための]口輪. 2《グアテマラ, エクアドル》[馬方などの]鞭
aciano [aθjáno] 男《植物》ヤグルマギク, ヤグルマソウ《=~ menor》
acianos [aθjános] 男《単複同形》《植物》オニナベナ《=cardencha》
acíbar [aθíβar] 男 1 アロエの汁;《植物》アロエ《=áloe》. 2《文語》つらさ, 不快, 苦渋
acibarado, da [aθiβaráðo, ða] 形《文語》にがにがしい, 苦渋に満ちた
acibarar [aθiβarár] 他 1 [にがくするため] アロエ汁を入れる. 2 にがにがしい [苦渋に満ちた] ものにする
acibarrar [aθiβarár] 他《廃語》=abarrar
aciberar [aθiβerár] 他《廃語》挽く, 砕く
acicaladamente [aθikaláðaménte] 副 めかし込んで, 着飾って
acicalado, da [aθikaláðo, ða] 形 めかし込んだ, 着飾った
—— 男 1《動物》グルーミング: ~ social 社会的グルーミング. 2 =acicalamiento
acicalador, ra [aθikalaðór, ra] 名 おめかしする[人]
—— 男 おめかしする道具
acicaladura [aθikalaðúra] 女 =acicalamiento
acicalamiento [aθikalamjénto] 男 おめかし, おしゃれ
acicalar [aθikalár]《←ラテン語 sagal「磨く」》他 1 [人に] めかしをさせる. 2《まれ》[物を] 磨く; [精神などを] 磨く, 錬磨する. 3《建築》[壁に] 仕上げ塗りをする
—— ~se おめかしする, 着飾る: Me he acicalado para ir a la fiesta. 私はパーティーに行くためにめかしをした
acicatar [aθikatár] 他《まれ》=acicatear
acicate [aθikáte]《←アラビア語 sikkat < sikka「千枚通し」》男 1 刺激: Los obstáculos sirven de ~ para el amor. 障害が愛と恋を燃え立たせることになる. ~ de su existencia 生きがい.

~ de la inflación インフレ促進要因. 2《馬具》[突起だけの]拍車. 3《植物》リナリア, キンギョソウ
acicatear [aθikateár] 他 刺激する, 促進する
aciche [aθítʃe] 男 1 [敷石職人の] 木槌. 2 =aceche
acíclico, ca [aθíkliko, ka] 形《化学》無周期的な, 非周期的な
aciclovir [aθiklobír] 男《薬学》アシクロビル
acícula [aθíkula] 女《植物》針形葉
acicular [aθikulár] 形《植物》hoja ~ 針形葉. 2《化学など》《構造に》針状の, 針形の
acid [áθid]《←英語》男 1 LSD. 2 =acid house
—— 形《化学》酸の, 酸性の
acidalio, lia [aθiðáljo, lja]《ローマ神話》ビーナス Venus の
ácidamente [áθiðaménte] 副 無愛想に, 辛辣に
acidaque [aθiðáke] 男 [イスラム教徒の] 結納金, 花嫁への贈り物
acidez [aθiðéθ] 女 1 酸っぱさ, 酸味. 2 胃酸過多[による胃の不快感]《=~ de estómago》. 3《化学》酸(性)度. 4 無愛想, とげとげしさ, 辛辣さ: Sentía una especie de ~ en el tono de su voz. 私は彼の口調にとげを感じた
acid house [áθið xáus]《←英語》男 アシッド・ハウス, シンセサイザー音楽
acidia [aθíðja] 女《文語》怠惰, 無気力. 2《まれ》悲嘆, 苦痛
acidificación [aθiðifikaθjón] 女 酸性化
acidificante [aθiðifikánte] 形《化学》酸性化する; 酸味料
acidificar [aθiðifikár] 7 他 酸性にする: El aire acidifica el vino. 空気がワインを酸化する. ~ la mermelada ジャムを[甘味を抑えて]酸っぱめの味にする
—— ~se 酸性になる
acidimetría [aθiðimetría] 女《化学》酸滴定
acidímetro [aθiðímetro] 男 酸滴定器, アシジメーター
acidioso, sa [aθiðjóso, sa] 形 怠惰な, 無気力な, たるんだ
ácido, da [áθiðo, ða]《←ラテン語 acidus < acere「酸っぱい」》形 1 酸っぱい: Estas naranjas son ~das. このオレンジは酸っぱい. La verdura se ha estropeado y está ~da. 野菜は傷んで酸っぱくなっている. vino ~ 酸っぱいワイン. 2《化学》酸の, 酸性の: lluvia ~da 酸性雨. 3 気難しい, 無愛想な, 辛辣な: Hoy esta niña está ~da. 今日はこの子はご機嫌ななめだ. Mi marido es siempre muy ~. 夫はいつも大変気難しい. bromas ~das 辛辣な冗談. comedia ~da 辛口の演劇
—— 男 1《化学》酸. 2《隠語》LSD《=~ lisérgico》.
acidófilo, la [aθiðófilo, la] 形《生物》好酸性の
acidólisis [aθiðólisis] 女《化学》酸分解, アシドリシス
acidómetro [aθiðómetro] 男 =acidímetro
acidorresistente [aθiðoresisténte] 形《生物》[細菌に] 耐酸性の
acidosis [aθiðósis] 女《医学》酸性[血]症, アシドーシス
acidótico, ca [aθiðótiko, ka] 形 酸性[血]症の
acidulado, da [aθiðuláðo, ða] 形 少し酸味のある
acidulante [aθiðulánte] 男 酸味料
acidular [aθiðulár] 他 [液体を] やや酸っぱくする; [ワイン醸造で] 微量の酸を加える
acídulo, la [aθíðulo, la] 形 少し酸っぱい, やや酸味のある
acientíficamente [aθjentífikaménte] 副 非科学的に
acientífico, ca [aθjentífiko, ka] 形 非科学的な; 理数系が苦手な
acierto [aθjérto]《←acertar》男 1 的中, 当たり: Lo ha pronosticado con razonable ~. 彼はそれをかなりの的中率で予想した. 2 ~ de la predicción 予想の的中. 2 正解: He tenido solo cinco ~s en las cien preguntas. 私は100問中たった5問だけ正解だった. errores y ~s 誤りと正解. 3 成功, 成果: En la conferencia hemos cosechado un ~ de importancia. 我々は会議で大きな成果をおさめた. ~s y fracasos 成功と失敗. 4 名案, 妙案; うまい選択: Esta idea ha sido un ~. このアイディアはよかった. Fue un ~ separar a los niños, porque ahora estudian más. 子供たちを別々にしたのは名案だった, 今は前より勉強するようになった. 5 巧みさ, 手際のよさ: Resolvió la situación con ~. 彼は巧みにその状況を乗り切った. 6《まれ》まぐれ, まぐれ当たり
ácigos [áθiɣos] 形《解剖, 生物》対(?)を成さない, 不対の
aciguatado, da [aθiɣwatáðo, ða] 形 1 =ciguato. 2 [食中毒患者のように] 青ざめた, 顔色の悪い. 3《コスタリカ. 口語》悲しげな, 落胆した

aciguatar [aθiɡwatár] [他]《アンダルシア》こっそり見張る, つけねらう
—— **~se** ❶ [シガテラ病 ciguatera にかかった魚介類で] 食中毒になる. ❷《コスタリカ》悲しくなる, しょげる
acigüembre [aθiɡwémbre] [男]《地方語. 果実》メギ
acigutre [aθiɡútre] [男]《植物》ゴマノハグサ科の一種〖家畜にとって毒草. 学名 Verbascum sinnatum〗
acijado, da [aθixáđo, đa] [形] 硫酸塩色の
acije [aθíxe] [男] 硫酸塩の旧称〖=caparrosa〗
acijoso, sa [aθixóso, sa] [形] 硫酸塩を含む
acilo [aθílo] [男]《化学》アシル基
acimboga [aθimbóɡa] [女]《果実》ビターオレンジ〖=azamboa〗
acimentar [aθimentár] **~se**《古語》[町に] 定住する, 身を落ち着ける
ácimo, ma [áθimo, ma] [形] =**ázimo**
acimud [aθimú(đ)] [男]《天文》=**acimut**
acimut [aθimút]〖←アラビア語 sumut < samt「平行な」〗[男]《天文》方位角; 方位: ~ magnético 磁方位角
acimutal [aθimutál] [形]《天文》方位角の
acinesia [aθinésja] [女]《医学》無動症
acino [aθíno] [男]《解剖》腺房
acinoso, sa [aθinóso, sa] [形]《解剖》〔小〕胞状の
acintado, da [aθintáđo, đa] [形]《技術》細長い, リボン状の
acinturado, da [aθinturáđo, đa] [形]《チリ》ウエストが細い(締まった)
acinturar [aθinturár] [他] 締める, 細くする
ación [aθjɔ́n] [女]《馬具》鐙(あぶみ)革
acionera [aθjonéra] [女]《南米. 馬具》鐙革を通す環
acionero [aθjonéro] [男] 鐙職人
acipado, da [aθipáđo, đa] [形] [起毛後のラシャが] 目の詰んだ
acipensérido, da [aθipensériđo, đa] [形] チョウザメ科の
—— [男] [複]《魚》チョウザメ科
acipenseriforme [aθipenserifɔ́rme] [形] チョウザメ目の
—— [男] [複]《魚》チョウザメ目
aciprés [aθiprés] [男]《地方語》=**ciprés**
acirate [aθiráte] [男] ❶ [農地の境界の] 盛り土, 畦(あぜ). ❷ [並木の間の] 散歩道. ❸《地方語》峡谷, 地溝
acirón [aθirɔ́n] [男]《アラゴン. 植物》カエデ
aciscar [aθiskár] [7] [他]《地方語》怖がらせる〖=asustar〗
acitara [aθitára] [女] ❶ [橋の] 欄干〖=pretil〗. ❷ [厚さが煉瓦1個分の] 薄い壁. ❸《廃語》ベール; カーテン; 室内装飾の布. ❹《廃語》[立派な椅子・鞍の] 掛け布, 覆い. ❺《カスティーリャ》[家の] 壁
acitrón [aθitrɔ́n] [男]《菓子》❶ シトロンの砂糖漬け. ❷《メキシコ》イトバドクゼリモドキの茎の砂糖漬け
acitronar [aθitronár] [他]《メキシコ. 料理》きつね色に揚げる
acivilar [aθiƀilár] [他]《古語》卑しくする, 品位を落とす
—— **~se** ❶《古語》卑しくなる, 品がなくなる. ❷《チリ. 口語》無宗教で結婚する
aclamación [aklamaθjɔ́n]〖←ラテン語 acclamatio, -onis〗[女] ❶ 歓呼〖行為〗: El cantante fue recibido con una ~ de todo el público. 歌手は全観衆の喝采に迎えられた. ❷ [複] 歓呼の声, 拍手喝采〖音〗: entre *aclamaciones* 拍手喝采の中を
por **~** [投票によらず] 全員の拍手喝采で, 満場一致で: Fue elegido presidente de la sociedad *por* ~. 彼は満場の拍手で会長に選出された
aclamador, ra [aklamađɔ́r, ra] [形] 拍手喝采する, 歓呼する, 歓声をあげる
aclamar [aklamár]〖←ラテン語 acclamare < ad- (に)+clamare「叫ぶ」〗[他] ❶ …に拍手喝采する, 歓呼する; 歓声をあげて迎える: *Aclamaron* al orador. 演説者は拍手喝采を浴びた. ❷ [満場一致で・全員の拍手で, +por/+目的格補語 に] 推す, 任命する: El pueblo le *aclamó* 〔*por*〕 rey. 国民は歓呼して彼を国王に推した. ❸ [鳥を] おびき寄せる〖=reclamar〗. ❹《古語》要請する, 要望する
aclamatorio, ria [aklamatórjo, rja] [形] 拍手喝采の, 歓呼の
aclamídeo, a [aklamíđeo, a] [形]《植物》無花被の
aclaración [aklaraθjɔ́n] [女] ❶ [明確になるような] 説明, 解明: Tus palabras requieren una ~. 君の言ったことには説明が必要だ. hacer una ~ 説明する. pedir la ~ 説明(釈明)を求める. ❷《まれ》注記, 注釈. ❸《法律》[裁判官による判決文の] 修正
aclarado [aklaráđo]〖←aclarar〗[男]《西, メキシコ》❶ 水洗い: Con un ~ el mantel queda limpio de sobra. テーブルクロスは水洗いで十分きれいになる. ❷ [洗濯物の] すすぎ, ゆすぎ: Esta sábana necesita un buen ~. このシーツは十分すすぎをしなければならない. fase de ~ すすぎの段階. ❸ [頭髪の] リンス
aclarador, ra [aklarađɔ́r, ra] [形] [名] 明らかにする〔人〕, 説き明かす〔人〕, 明瞭化の
aclarar [aklarár]〖←ラテン語 acclarare < ad- (に)+clarus「明るい」〗[他] ❶ [明確になるように] 説明する, 明らかにする: *Aclaro* que yo no sabía nada sobre el asunto. 私はその件について何も知らなかったということをはっきりさせておく. Él nos *aclaró* varias dudas que teníamos. 彼は私たちが抱いていたいくつかの疑問点を解き明かした. Quiero ~ las razones que me han llevado a comportarme así. 私はなぜあんなふうに振る舞ったのか説明したい. *Aclára*me algunas dudas de gramática. 文法の分からないところを教えてくれよ. ~ el malentendido 誤解を解く. ~ sus ideas 自分の考えを説明する. ❷ 明るくする: ~ el tono 色合いを明るいものにする. ❸ 薄める: *Aclaremos* la salsa, que somos muchos y así nos alcanzará para todos. 人数が多いからソースを薄めよう, それでみんなに分けられる. ❹ …の間を開ける: Hay que ~ un poco más las filas. 列の間をもう少し開けなければならない. ❺ 間引く, 間伐する: ~ un bosque 森の間伐をする. ❻《西, メキシコ》[洗い物を] すすぐ, 水洗いする: Después de dejar el vaquero en remojo, lo *aclararé*. ジーンズを水につけおいてから水洗いしよう. ❼ ~ la garganta/~ la voz 咳払いする〖=~*se* la garganta, ~*se* la voz〗. ❽《船舶》綱を解く
—— [自] ❶ [時に単人称. 曇り空・霧が] 晴れる: Va *aclarando*. 空が晴れていく. El cielo *ha aclarado* por el oeste. 西の方は空が晴れた. ❷ [単人称] 夜が明ける, 空が白む: Si *aclara*, saldremos. 夜が明けたら出かけよう. ❸《中南米》[濁った水が] 澄む
—— **~se** ❶ 明らかになる, 明確になる: *Se ha aclarado* el misterio. 謎が解けた. Descansaré un poco para *aclararme* las ideas. 私は少し休んだら考えがはっきりするだろう. ❷ [意中を] 打ち明ける; 釈明する: *Aclárate*, que no te entiendo todavía. まだお前の言っていることが分からないので, 何もかも話してごらん. ¡A ver si *te aclaras*! どう説明するんだ?/はっきり決めろ! ❸《西》理解する; 理解し合う: ¿*Te has aclarado* de lo que dice? 彼の言っていることが分かったかい? No *me aclaro* con sus exlicaciones. 彼の説明では私は理解できない. Esas dos personas no *se aclaran* nunca. その2人が打ち解けることは決してない. ❹ [時に単人称. 曇り空・霧が] 晴れる: *Se ha aclarado* la tarde. 午後は晴れた. ❺ [夜が] 明ける: *Se ha aclarado* el día. 空が白み始めた. ❻ [濁った水が] 澄む: *Se* ha ido *aclarando* el agua. 水が澄んできた. ❼ 意識を取り戻す, 正気づく. ❽ ~*se* la garganta/~*se* la voz 咳払いする. ❾《中南米》一文無しになる
aclaratorio, ria [aklaratórjo, rja] [形] 説明の, 説明的な; 解明する; 解釈上の
aclarecer [aklareθér] [39] [他]《まれ》=**aclarar**
aclareo [aklaréo] [男]《農業》間引き, 間伐
aclavelado, da [aklaƀeláđo, đa] [形]《植物》[花が] 5弁の
acle [ákle] [男]《植物》マメ科の木〖建材. 学名 Mimosa acle〗
aclimatable [aklimatáƀle] [形] 順応性のある, 適応しやすい
aclimatación [aklimataθjɔ́n] [女] ❶ [+a への] 順応, 順化: No es fácil la ~ de los inmigrantes a las costumbres del nuevo país. 移民が新しい国の慣習に慣れるのは容易でない. ~ *a* la altitud 高度順化. ❷ 空調〖=aire acondicionado〗
aclimatar [aklimatár]〖←a-+clima〗[他] ❶ [+en・a 異なった環境・風土に, 人・物を] 順応させる, 適応させる: Los campesinos han conseguido ~ *en* Castilla una variedad de trigo americano. 農民たちはアメリカ小麦の一品種をカスティーリャに適応させることに成功した. ❷ [思想・流行などを] 取り入れる
—— **~se** 順応する: Yo *me aclimato* enseguida *a* cualquier horario de trabajo. 私はどんな勤務時間にもすぐ合わせられる. Los manzanos no *se aclimatan en* la zona de clima caluroso. リンゴは気候の暑い地域には順応しない
aclínico, ca [aklíniko, ka] [形]《物理》[磁針に] 傾角も伏角も現われない, 無傾角の
aclla [ákʎa] [女]《歴史》アクリャ〖ケチュア語で「選ばれし処女」の意. 先スペイン期, インカ国家が安定した地方統治体制を確立するため, 征服した民族集団の中から徴発して太陽神とインカ王に仕えさせた少女〗

aclocar [aklokár] [7] [28] 〖→**trocar**〗 [自] =**enclocar**
—— **~se** ゆったりと腰掛ける, くつろぐ〖=arrellanarse〗
aclorhidria [akloríđrja] [女]《医学》無塩酸症, 塩酸欠乏症
aclorhídrico, ca [aklorídriko, ka] [形] 無塩酸症の
acmé [akmé]〖←ギリシア語 akme「頂点」〗[女]/[男] ❶《医学》病勢極期, 頂点; [俗に] 峠. ❷ 絶頂, 極致, 全盛期. ❸《古生物》最繁栄期
acmeísmo [akmeísmo] [男]《文学》[ロシア詩の] アクメイズム
acmita [akmíta] [女]《鉱物》錐輝石
acne [ákne] [男]《まれ》=**acné**
acné [akné]〖←ギリシア語 akne「薄い膜, 発疹」〗[男]/《まれ》[女] にきび, 座瘡〖[単] のみ. [類義] **acné** は病気. 個所は **grano**〗: jóvenes con ~ にきびのある若者たち
acneico, ca [aknéi̯ko, ka] [形]《医学》にきびの
acneiforme [aknei̯fɔ́rme] [形]《医学》座瘡様の
acnodo [aknóđo] [男]《数学》孤立点
ACNUR [aknúr] [女]《略語》←Alto Comisariado de las Naciones Unidas para los Refugiados 国連難民高等弁務官事務所
-aco《接尾辞》❶ [名詞+. 品質形容詞化] paradisi*aco* 天国の, policí*aco* 警察の. ❷ [地名形容詞化] pol*aco* ポーランドの, siri*aco* シリアの. ❸ [名詞+. とりつかれた人, 病者] demoni*aco* 悪魔にとりつかれた人, cardí*aco* 心臓病患者. ❹《軽蔑接尾辞》libr*aco* くだらない本
acobardado, da [akoƀarđáđo, đa] [形] 臆病な〖=cobarde〗
acobardamiento [akoƀarđamjénto] [男] 怖がらせる(怖がる)こと
acobardar [akoƀarđár]〖←a-+cobarde〗[他] ❶ 怖がらせる, おじけづかせる: Su presencia *acobardó* a los enemigos. 彼の存在は敵を怖じけづかせた. ❷ 意気消沈させる, 弱気にさせる; やる気をそぐ: La *acobarda* vivir juntos en la residencia de ancianos. 彼女は老人ホームで暮らすのをためらっている
—— **~se** [+ante·con·frente a·por+名詞/+de+不定詞 に] 怖がる, びくびくする, 臆病(弱気)になる: No hay que *~se ante* la enfermedad. 病気にひるんではならない. *Se acobarda de* verse tan sola. 彼女は一人ぼっちだと心細くなってしまう
acobijar [akoƀixár] [他] ❶《口語》=**cobijar**. ❷ [根株·苗木に] 土盛りをする, 根覆いをする
acobijo [akoƀíxo] [男] ❶《口語》=**cobijo**. ❷ 土盛り, 根覆い
acobrado, da [akoƀráđo, đa] [形] 銅色の〖=cobrizo〗
acocar [akokár] [7] **~se** [果実が] 虫に食われる
acoceador, ra [akoθeađɔ́r, ra] [形] 蹴る; 踏みにじる
acoceamiento [akoθeamjénto] [名] 蹴り; 踏みにじること
acocear [akoθeár] [他] ❶ 蹴る, 蹴とばす. ❷《口語》踏みにじる, 辱める, 傷つける
acochar [akotʃár] **~se** うずくまる, しゃがむ
acochinado, da [akotʃináđo, đa] [形]《闘牛》[牛が] 非常に太った
acochinar [akotʃinár] [他]《西》❶《口語》[逃げられない·抵抗できない人を] 殺す; [逃げられない·抵抗できないように押さえ込んで] 殺す. ❷ =**acoquinar**. ❸《チェッカー》[相手の駒を] 動けなくする
—— **~se**《西》❶ =**acoquinarse**. ❷ [肉体的·精神的に] 不潔な習慣が身につく
acocil [akoθíl] [男]《動物》メキシコザリガニ〖食用〗
acoclar [akoklár] **~se**《地方語》[鳥が] 卵を孵す
acocotar [akokotár] [他] =**acogotar**
acocote [akokóte] [男]《メキシコ》アココテ〖リュウゼツランから汁を抽出するのに用いられるヒョウタン〗
acodado, da [akođáđo, đa] [形] ❶ L字形の, 肘形に曲がった: tubo ~ L字管. ❷ 肘をついた: Tomaba su café ~ sobre la mesa. 彼はテーブルに肘をついてコーヒーを飲んでいた
acodadura [akođađúra] [女] L字形に曲げること
acodalamiento [akođalamjénto] [男] 横木を入れること
acodalar [akođalár] [他]《建築》横木 codal を入れる
acodamiento [akođamjénto] [男] L字形に曲がること
acodar [akođár]〖←codo〗[他] ❶ [L字形に] 曲げる. ❷《建築》[一体になるように, +a·con に] くっつける. ❸《農業》取り木する. ❹《まれ》肘をつく
—— **~se** ❶ [+en·a に] 肘をつく: *Se acodó en* el alféizar de la ventana. 彼は窓の下枠にほおづえをついた. ❷《建築》くっつく
acoderamiento [akođeramjénto] [男]《船舶》もやうこと; 係留, 錨泊
acoderar [akođerár] [他]《船舶》もやう; 係留する, 錨泊させる
acodiciar [akođiθjár] [10] [他] [金·権力など手に入れにくいものを] ひどく欲しがる, 渇望する
acodillado, da [akođiʎáđo, đa] [形]《建築》[柱が] L字形になっている
acodillar [akođiʎár]〖←codillo〗[他] ❶ L字形に曲げる. ❷《トランプ》一蹴する〖=dar codillo〗. ❸《アルゼンチン》[馬の肩に] 拍車をかける
—— [自] [四足獣が] 前脚の肘を地面につける
acodo [akóđo]〖←acodar〗[男] ❶《農業》取り木[された新芽]. ❷《建築》[窓枠·ドア枠などの] 円形刳り形
acogedizo, za [akɔxeđíθo, θa] [形] 頼りたがりの, 依頼心の強い
acogedor, ra [akɔxeđɔ́r, ra] [形] ❶ 歓迎(歓待)する, 友好的な: Como era una persona muy *~ra*, me sentía en su casa como en la mía propia. それはとても親切にもてなしてくれる人だったので, 私はまるで自分の家にいるようだった. ambiente ~ 温かい雰囲気. familia *~ra* 親切な家族. pueblo ~ 友好的な国民. ❷ 居心地のよい, 快適な: Ha sido un hotel muy ~. とても居心地のよいホテルだった. casa *~ra* 快適な家
acogedoramente [akɔxeđoraménte] [副] 親切に
acoger [akɔxér]〖←ラテン語 accolligere < colligere「拾い集める」〗[3] [他] ❶ [喜んで·温かく] 迎える, 歓迎する: Me *acogieron* en su casa como a una persona de la familia. 彼らは家族の一員のように私を家に迎え入れてくれた. ~ a+人 con aplausos 拍手で…を迎える. ❷ [人を] 受け入れる, 引き受ける; 収容する: Ese país *ha acogido* a mil refugiados. その国は千人の難民を受け入れた. Estos hoteles *acogen* a miles de turistas. これらのホテルは何千人もの観光客を収容する. ~ a los heridos 負傷者を収容する. ❸ [情報·提案などを] 受け入れる; 承認する: *Acogieron* la propuesta del comité de mal grado. 彼らは委員会の提案を苦々しい思いで受け入れた. *Han acogido* nuestra idea. 私たちの考えは認められた. ❹ [出来事·事件などを] 受けとめる: En el festival de cine esa película fue *acogida* con entusiasmo. 映画祭でその映画は大きな評判になった. ❺ 保護する, 守る: La ley *acoge* a los refugiados políticos. 法律によって政治的亡命者は保護される. *Acóge*me, Señor. 神様, 私をお助け下さい. Que el Señor lo *acoja* en su seno. 神がこの者の魂を御胸に抱かれますように
—— **~se** ❶ [+bajo·en に] 避難する, 逃げ込む: Los soldados *se acogieron en* la trinchera. 兵士たちは塹壕に逃げ込んだ. Nos *acogimos bajo* el alero de una casa porque empezó a llover fuerte. 激しく雨が降り出したので, 私たちは家の軒下に雨宿りした. ❷ [+a·bajo に] 保護を求める, 頼る: En el golpe de estado ellos *se acogieron a* su embajada. クーデターが起こったので彼らは自国の大使館に助けを求めた. *Se acogieron a* la amnistía. 彼らは恩赦を願い出た. *~se a* la iglesia 教会に保護を求める(逃げ込む). ❸ [+a·en に] 基づく, 依拠する: Esto *se acoge a*l artículo 2 de la ley. このことはその法律の第2条による. *~se a (en)* un esquema aceptado 既設の枠組みによる. ❹ [+a を] 口実にする, 盾に取る: María *se acogió a* la mala salud de su madre para no asistir a clase. マリアは母親の具合がよくないのを口実に授業に出なかった

acoger

直説法現在	接続法現在
acojo	acoja
acoges	acojas
acoge	acoja
acogemos	acojamos
acogéis	acojáis
acogen	acojan

acogeta [akɔxéta] [女] 避難所, 待避所
acogida[1] [akɔxíđa]〖←acoger〗[女] ❶ [主に形容詞を伴い] 受け入れ, 迎え入れ; もてなし, 歓迎: El presidente tuvo una calurosa ~ a su llegada al aeropuerto. 大統領は空港到着に際し熱烈な歓迎を受けた. ❷ 保護, 庇護: México y Argentina prepararon una ~ inolvidable a los exiliados de la guerra civil española. メキシコとアルゼンチンはスペイン内戦の亡命者たちに忘れられぬ救いの手を差し伸べた. familia de ~ 里親. ❸ [良い·悪い] 評判: El libro ha tenido muy buena ~. その本は大好評を博している. ❹ 受諾, 承認. ❺ 流入, 合流. ❻

A

退却
centro (casa) de ~, 保護施設, 収容施設: *centro de ~ de menores* 養護施設. *centro de ~ de refugiados* 難民収容施設. *centro de ~ para mujeres maltratadas* ドメスティック・バイオレンスの被害女性の保護施設, 駆け込み寺

acogido, da[2] [akoxíðo, ða] 形 迎えられた, 受け入れられた; 保護された名詞: *Ahora atienden aquí a quince ancianos ~s.* 今ここでは15名の老人が収容され世話を受けている. *~ a la ley* 法律によって保護された

bien (mal) ~ 歓迎された(されない); 評判のよい(悪い): *La propuesta de José como candidato ha sido muy bien ~da.* ホセを候補者に立てるという案は了承された.

―― 男 [集合] 小牧場主が大牧場主に預けている家畜; その預け料
―― 名 [保護施設などの] 被収容者

acogimiento [akoximjénto] 男 ❶ 迎え入れ, 歓迎: *El presidente tuvo un ~ multitudinario.* 大統領は群衆の歓迎を受けた. ❷ 受け入れ: *Su idea tuvo un buen ~ entre los compañeros.* 彼の考えは仲間に好評だった. *~ familiar* 養子縁組み. ❸ 保護, 収容. ❹ 収容施設, 避難所

acogollado, da [akoɣoʎáðo, ða] 形 結球状の

acogollar [akoɣoʎár] 他 [植物に雨・霜よけの] 覆いをする
―― 自; *~se* [植物が] 新芽を出す

acogombradura [akoɣombraðúra] 名 《農業》土寄せ

acogombrar [akoɣombrár] 他 《農業》土寄せする

acogotamiento [akoɣotamjénto] 男 《口語》❶ 支配. ❷ 首筋を殴って(斬って)殺すこと

acogotar [akoɣotár] 他 [←a-+cogote] 《口語》❶ [あからさまに恐怖・専制的に] 支配する, 屈服させる; 怖がらせる: *El maestro ha acogotado a todos los niños de su clase.* 先生はクラスの子供全員を威圧している. ❷ [人・動物の] 首筋を殴って(斬って)殺す. ❸ 首を押さえて動けなくする; 襟首をつかんで倒す. ❹ 《チリ, アルゼンチン, ウルグアイ》支払いをしつこく催促する. ❺ 《アルゼンチン, ウルグアイ》絞殺する
―― *se* 《サラマンカ》[牛が] 首筋にけがをする

acogullado, da [akoɣuʎáðo, ða] 形 頭巾付きの修道服状の

acohombrar [ak(o)ombrár] 他 《農業》=**acogombrar**

acojinamiento [akoxinamjénto] 男 [蒸気の漏れによる] 蒸気機関の故障

acojinar [akoxinár] 他 《技術》衝撃を吸収する

acojonado, da [akoxonáðo, ða] 名 《西. 卑語》おじけづいた; 臆病者, 意気地なし

acojonamiento [akoxonamjénto] 男 《西. 卑語》おじけづかせる(おじけづく)

acojonante [akoxonánte] 形 《西. 卑語》[良くも悪くも] 印象深い, 驚くべき, すごい: *Estamos encantados de compartir esta fiesta ~.* こんなすばらしいパーティーに出られてうれしい. *Tuvieron un accidente ~.* 彼らはひどい事故にあった

acojonar [akoxonár] 他 《西. 卑語》❶ おじけづかせる. ❷ 強い印象を与える, 驚かす: *Carmen nos acojonó con su vestimenta.* カルメンはその身なりで私たちの肝を抜いた
―― *~se* 《西. 卑語》❶ おじけづく; *¡No te acojones!* 怖がるな/落ち着け! ❷ びっくりする, 感心する

acojone [akoxóne] 男 《西. 卑語》❶ 恐怖

acojono [akoxóno] 男 《西. 卑語》=**acojone**

acolada [akoláða] 女 [騎士叙任式で新たな騎士への] 抱擁; [フリーメーソンの儀式での] 接吻

acolar [akolár] 他 《紋章》[2家の盟約のしるしに紋章を] 一つに組み合わせる; [盾の裏または周囲に, 鍵・旗などを] 栄誉のしるしを付ける

acolchado, da [akoltʃáðo, ða] 形 ❶ [布を] キルティングした. ❷ キルティングをした(クッションの入った)布で覆う: *pared ~da* クッションが張ってある壁. ❸ 《文語》柔らかい, 弾力性のある
―― 男 ❶ キルティング(行為); クッションによること. ❷ 《アルゼンチン, ウルグアイ》[堤防などの補強に使う] むしろ, すのこ. ❸ 《アルゼンチン, ウルグアイ》[羽毛入りの] ベッドカバー, 掛け布団

acolchamiento [akoltʃamjénto] 男 《まれ》キルティング(行為)

acolchar [akoltʃár] 他 ❶ [クッションで] 覆う: *~ la puerta* [消音のため] ドアにクッションを張る. ❷ 《農業》土をほぐす, ふかふかにする. ❹ 《船舶》綱継ぎをする [ロープの端を解いて] 綱継ぎする

acolchichi [akoltʃítʃi] 名 《メキシコ. 鳥》ツグミ

acolchonado, da [akoltʃonáðo, ða] 形 《まれ》柔らかい, 弾力

性のある
―― 男 クッションで覆うこと

acolchonar [akoltʃonár] 他 クッションで覆う

acolgar [akolɣár] [8] [28] 《→colgar》自 《古語》垂れ下がる, 傾く

acolitado [akolitáðo] 男 《カトリック》侍祭の地位

acolitar [akolitár] 自 《中南米. カトリック》[ミサで] 侍者をつとめる
―― 他 《コロンビア》かくまう

acólito[1] [akólito] [←ラテン語 *acolythus* < ギリシア語 *akoluthos* 「付き添う人」] 男 《カトリック》侍者, 侍祭 [→**órden**] ❷ 《参考》

acólito[2], **ta** [akólito, ta] 名 《カトリック》[子供の] 侍者, ミサ答え. ❷ 《しばしば軽蔑》手下, 子分, 取り巻き, かばん持ち: *alcalde y sus ~s* 市長とその側近たち. ❸ 《まれ》召使い

acollador [akoʎaðór] 男 《船舶》ラニヤード

acollar [akoʎár] [←ラテン語 *ad-*(*k*)+*collare* < *collum*「首」] [28] 他 ❶ 《農業》土寄せする. ❷ 《船舶》コーキングする, [ラニヤードで] きつく張る, 固く締める

acollarado, da [akoʎaráðo, ða] 形 [鳥などの] 首の色が体の他の部分の色と異なる

acollaramiento [akoʎaramjénto] 男 ❶ 首輪をはめること. ❷ 《チリ, ウルグアイ》[複数の馬・物・人を] 結びつけること

acollarar [akoʎarár] 他 ❶ [動物に] 首輪をはめる. ❷ [複数の犬の] 首輪を結び合わせる. ❸ 《チリ, ラプラタ》[2頭の家畜が並んで歩くように] 首のところで結びつける
―― *~se* 《ラプラタ》同棲する

acollerar [akoʎerár] *~se* 《ペルー. 口語》[当てもなく] ぶらぶらする

acollonamiento [akoʎonamjénto] 男 《婉曲》=**acojonamiento**

acollonante [akoʎonánte] 形 《婉曲》=**acojonante**

acollonar [akoʎonár] 他 《婉曲》=**acojonar**

acolmillado, da [akolmiʎáðo, ða] 形 *diente ~* [のこぎりの] 長くあさりの大きすぎる刃

acolumnado, da [akolumnáðo, ða] 形 柱のある

acombar [akombár] 他 =**combar**

acomedido, da [akomeðíðo, ða] 形 《中南米》親切な, 世話好きな

acomedir [akomeðír] [35] *~se* 《中南米》[自発的に] 奉仕(援助)を申し出る

acomendador, ra [akomendaðór, ra] 形 《古語》=**encomendador**

acomendamiento [akomendamjénto] 男 《古語》=**encomendamiento**

acomendar [akomendár] [23] 他 《古語》=**encomendar**

acometedor, ra [akomeðeðór, ra] 形 名 攻撃的な(人], 積極的な(人]

acometer [akometér] [←a-+cometer] 他 ❶ [猛然と] 襲いかかる, 攻撃する: *Los moros acometieron el castillo.* モーロ人たちは城を激しく攻撃した. ❷ [努力を要すること・重要なことに] 取りかかる, 着手する; 企てる: *El Gobierno ha acometido el proyecto del aeropuerto.* 政府は空港建設計画に着手した. ❸ [配管を, +a に] 連結する. ❹ 提案する, 要望する. ❺ 《廃語》間違える, 失敗する
―― 自 ❶ [+*contra*+物 に] 体当たりする, 襲いかかる: *El toro acometió contra la barrera.* 牛は闘牛場のフェンスに突進した. ❷ [病気・感情などが不意に, +*a*+人 に] 生じる: *Le acometió la fiebre al bebé.* 赤ん坊は高熱に見舞われた. *Me acometió la duda.* ふと私に疑いがきざした. ❸ [+*a*+不定詞 に] 取りかかる

acometida [akometíða] [←*acometer*] 女 ❶ 攻撃, 襲撃. ❷ [電気・ガスなどの] 引込み線(管); 本線(本管)からの取り入れ部(取り入れ口)

acometimiento [akometimjénto] 男 攻撃, 襲撃

acometividad [akometiβiðá(d)] 女 攻撃性, 積極性

acomodable [akomoðáβle] 形 順応性の(適応力の)ある

acomodación [akomoðaθjón] [←ラテン語 *accommodatio, -onis*] 女 ❶ [+*a* への] 順応, 適応: *Para los ancianos la ~ a los cambios sociales no será fácil.* 老人たちが社会的変化に対応するのは容易ではないだろう. ❷ 《眼の水晶体の》《適応》調節

acomodadamente [akomoðaðaménte] 副 ❶ きちんと, 整然と. ❷ 快適に; 裕福に

acomodadizo, za [akomoðaðíθo, θa] 形 [+*a*+事物 に] 順応しやすい; 扱いやすい

acomodado, da [akomoðáðo, ða] 名 形 ❶ 裕福な, 金持ちの;

familia ～*da* 裕福な家庭. ～ comerciante 金持ちの商人. ❷《メキシコ, ラプラタ. 口語》コネで就職した〔人〕

acomodador, ra [akomoðaðór, ra]《名》〔劇場などの〕案内係 ── 《形》《まれ》適合させる, 調整する

acomodamiento [akomoðamjénto]《男》《まれ》〔場所に〕落ち着かせる(落ち着く)こと; 適合, 調整

acomodar [akomoðár]《←ラテン語 accommodare < accommodus「ぴったり合った」》《他》❶ 〔人を, +en 楽な・適切な場所に〕落ちつかせる; 泊める. El médico *acomodó* al cliente en una silla. 医師は患者を椅子に座らせた. Nos han *acomodado* en el mejor sitio. 私たちを一番良い場所に泊めてもらった. ❷〔事物を, +a・con に〕適合させる, 調整する; 適用する: Hay que ～ la ley *a* las realidades sociales. 法律を社会の実態に合わせる必要がある. Me *acomodaban* los trajes viejos del hermano. 私は兄のお古を着せられていた. ～ la conducta *a* (*con*) su situación social 社会的地位に見合った振る舞いをする. ～ las lentes 眼鏡を調整する. ❸〔劇場などの客を〕席に案内する. ❹《主に中南米》置く: *Acomoda* los juguetes en el armario. おもちゃを戸だなにしまいなさい. ❺ 準備する, 整える. ❻ 調整する, 和解させる. ❼ [+de を] …に供給する, 支給する. ❽《ホンジュラス, キューバ, ボリビア, アルゼンチン, ウルグアイ. 口語》《縁故で, +de 職などを〕…に世話する: Carlos me ha *acomodado* de chofer en mi empresa. カルロスは私に自分の会社の運転手の口を世話してくれた ── 《自》[+a+人 に] 適合する: Si te *acomoda*, puedes venir mañana. 君さえ良ければ明日来て下さい ── **～se** ❶ [+a・con に] 順応する, 妥協する;〔自分に〕合わせる: Tendrás que ～*te* a nuestra manera de hacer las cosas. 君は私たちのやり方に従わなければならない. *Se* acomoda a sus ingresos. 彼は今の収入で何とかやり繰りする. ❷ [+a・con に] 適合する, 合致する: Eso no *se acomoda* a la realidad actual. それは現状にそぐわない. ❸ [+en 場所に] 身を落ち着ける; 泊まる: *Me acomodé en* el sillón. 私は肘掛け椅子にゆったりと座った. *Acomódese* a su gusto. お楽になさって下さい. ❹《中南米》〔服などを〕きちんとする, まっすぐにする. ❺《ホンジュラス, キューバ, ボリビア, アルゼンチン, ウルグアイ. 口語》〔縁故で, +de 職に〕つく

acomodaticio, cia [akomoðatíθjo, θja]《形》❶《軽蔑》妥協的な, 節操のない: persona ～*cia* 八方美人. actitud ～*cia* 日和見的な態度. palabras ～*cias* どちらとも取れる言葉. ❷ =**acomodadizo**

acomodativo, va [akomoðatíβo, ba]《形》《まれ》=**acomodaticio**

acomodo [akomóðo]《←acomodar》《男》❶《西》〔人に世話してもらって得た〕働き口, 職; 住む所, 泊まる所, 身の落ち着け場所: El senador en persona está buscando un nuevo ～ para su secretario. 上院議員自ら秘書の新しい職を捜している. ❷ 順応, 適応. ❸ 結婚, 良縁. ❹ 身繕い, 飾り. ❺《メキシコ, アルゼンチン, ウルグアイ. 口語》縁故, 身内びいき

acompañado, da [akompaɲáðo, ða]《形》❶ [+de と] 一緒にいる, 同伴(同行)している: Aparece en la foto ～ *de* sus amigos. 彼は友達と一緒に写真に写っている. ～ *de* su esposa 夫人同伴で. ❷〔義務・責任が, +de と〕一緒にある, 付属している: [El derecho viene ～ *de* obligaciones. 権利には責任が伴っている. ❸〔場所が〕人がよく訪れる. ❹〔服が〕おそろいの. ❺《カリブ》[estar+] 酔っぱらった. *bien* (*mal*) ～ 良い友人(悪い仲間)のいる: Estoy *bien* ～. 私は気のおけない仲間と一緒だ. Más vale solo que *mal* ～.《諺》悪い仲間より一人の方がましである ── ❶〔判事・書記の〕補佐, 助手. ❷《中南米》恋人; 配偶者

acompañador, ra [akompaɲaðór, ra]《形》付き添いの〔人〕, 同伴の〔人〕

acompañamiento [akompaɲamjénto]《男》❶《集合》同伴者, 付き添いの人; お供, 随員: Llegó el torero al hotel con su ～ habitual. 闘牛士はいつもの付き添いと一緒にホテルに着いた. el rey y su ～ 国王とその随員の一行. ❷ 同伴, 同行, 付き添い: Le agradezco mucho su amable ～. ご一緒していただき, ありがとうございます. ❸《演劇》《集合》その他大勢. ❹《音楽》伴奏部; 伴奏: tocar la ～ 伴奏する. ～ con la guitarra ギターで伴奏する. ～ *de* piano ピアノ伴奏で. ❺《料理》つけ合わせ; servir un bisté con ～ de patatas fritas ビーフステーキにポテトフライを添えて出す. ❻《中南米》葬式, 結婚披露宴

acompañanta [akompaɲánta]《女》《古語》付き添い婦; 〔特に〕独身女性の外出時の付き添い〔=señora de compañía〕

acompañante [akompaɲánte]《形》同伴いの, 同行する ── 《名》❶ 同伴者, 付き添い: Saludé a María y a su ～. 私はマリアと連れの人にあいさつした. ❷ ツアーコンダクター. ❸《音楽》伴奏者 ── 《男》《古語》〔愛情目的で〕女性のお供をする男. ❷《まれ. 料理》つけ合わせ

acompañar [akompaɲár]《←a+古語 compaña「同伴」< 俗ラテン語 compania < ラテン語 cum-(共に)+panis, -is「パン」》《他》❶ …と一緒に行く(いる), 付き添う; 同業する: 1) La hija *acompañó* a su madre al hospital. 娘は母親に付き添って病院へ行った. No me ha *acompañado* ningún amigo. 友達は誰一人私と一緒に来なかった. *Acompáñalo* hasta la puerta. 彼をドアまで送りなさい. ¿Me *acompañas* a hablar con el abogado? 弁護士と一緒に話しに行ってくれませんか? Quiero que me *acompañes*. 君について来てほしいんだ. Siempre la *acompañaron* sus amigos. 彼女のまわりにはいつもボーイフレンドたちがいた. El agregado cultural *acompañó* al embajador. 大使館付き文化担当官が大使に随行した. 2) [事物が] *acompaña* siempre la Navidad. クリスマスには決まって雪が降る. Te *acompaña* la buena suerte. 君はついている. Tu recuerdo me *acompaña* siempre. 私は君のことをいつも覚えている. ❷ [+en 感情などを] …と共にする: Le *acompaño en* el (su) sentimiento. ご愁傷さまです. Todos *acompañamos* a la familia *en* su dolor. 私ども一同ご家族にお悔やみ申し上げます. ❸ [+a に] 1) [目的語を明示する] …に添付されている; 付随する: A cada máquina *acompaña* un certificado de garantía. 各機械に保証書が付いている. Al contrato *acompañan* unas condiciones. 契約にはいくつかの条件が付いている. 2)《文語》[+a に] 同封する, 添付する: *Acompañamos* a esta carta una lista de precios. 本状に価格表を同封します. ❹ [+con・de と] …に添える: 1) ～ la denuncia *con* (*de*) pruebas 告訴状と共に証拠品を提出する. 2)《料理》～ el jamón *con* piña ハムにパイナップルをつけ合わせる. ～ la comida *con* una botella de vino 昼食にワインを1本つける. ❺《音楽》[+con と] 伴奏する: ～ a+人 (*con*) la guitarra …(の歌)にギターで伴奏する. ❻《紋章など》[+con 中心図形の周囲に] 他の図形を配置する ── 連れになる: La radio *acompaña* mucho. ラジオはよい慰めになる ── **～se** ❶ [互いに/+con・de と] 一緒に行く(いる), …に付き添われる: Mi hermano y yo *nos acompañamos* siempre. 兄と私はいつも行動を共にする. Cuando salía, *se acompañaba de* su esposo. 彼女は出かける時は夫と一緒だった. ❷ 自分で伴奏をつける: Suele ～*se de* (*con*) la guitarra cuando canta. 彼は歌う時はいつもギターで弾き語りする. ❸〔専門家同士が〕提携する, 共同で事にあたる

acompasadamente [akompasáðamente]《副》規則正しく, 律動的に; ゆっくりと, 穏やかに

acompasado, da [akompasáðo, ða]《形》❶ 規則正しい, 律動的な: respiración ～*da* 規則正しい呼吸. ❷〔話し方・歩き方などが〕ゆっくりとした

acompasamiento [akompasamjénto]《男》合わせる(合う)こと

acompasar [akompasár]《←a-+compasar》《他》[+a・con に・と] 合わせる, 適合させる: ～ sus pasos *al* ritmo de la música 歩調を音楽のリズムに合わせる. ～ los gastos *a* los ingresos 支出を収入内におさめる ── **～se** 合う, 適合する

acomplejado, da [akomplexáðo, ða]《形》[+por・con・de に] 劣等感(コンプレックス)を持った〔人〕: Está ～ *por* la estatura. 彼は身長にコンプレックスがある

acomplejamiento [akomplexamjénto]《男》劣等感(コンプレックス)を抱かせる(抱く)こと

acomplejante [akomplexánte]《形》劣等感(コンプレックス)を抱かせる

acomplejar [akomplexár]《←a-+complejo》《他》…に劣等感(コンプレックス)を抱かせる ── **～se** [+por・con に] 劣等感を抱く(感じる): No *me acomplejo por* su riqueza. 私は彼の富に引け目を感じていない

acomplexionado, da [akomple(k)sjonáðo, ða]《形》《廃語》=**complexionado**

acomunalar [akomunalár] 自《廃語》関係（連絡）がある
acomunar [akomunár] 他《廃語》結束させる, 団結させる
—— **~se** 《廃語》結束する; 同盟を結ぶ
Aconcagua [akoŋkágwa] 《地名》アコンカグア山《アルゼンチン. アンデス山脈にある南アメリカの最高峰. 6962m》
aconcagüino, na [akoŋkagwíno, na] 形《地名》アコンカグア Aconcagua の《人》《チリ中央部の県》
aconcavar [akoŋkabár] 他《まれ》くぼませる, 凹形にする
aconchabar [akontʃabár] 他《口語》 **~se=conchabarse**
aconchadillo [akontʃaðíʎo] 男《料理》調味, マリネ
aconchar [akontʃár] 他 ❶《船舶》[波・風が船を] 座礁させる; [風・潮が船を岸や危険な方向へ] 押し流す. ❷《古語》味付けをする. ❸《まれ》かくまう, 隠す; 守る
—— **~se** ❶《船舶》座礁する; 押し流される; [座礁船が] 横倒しになる; [船同士が] 接舷する. ❷《まれ》避難する, 身を寄せる. ❸《まれ. 闘牛》[牛が] 柵の方へ逃げる. ❹《ペルー, チリ. 口語》[事業などが] 財政的に立ち直る. ❺《チリ. 口語》[液体が] 澄む

acondicionado, da [akondiθjonáðo, ða] 形 [+para の] 条件を備えた: local ~ para discoteca ディスコにおあつらえ向きの場所. bien (mal) ~ 良い (悪い) 状態の, 整備された (されていない), 設備の整った (整っていない)
acondicionador [akondiθjonaðór] 男 ❶ ヘアコンディショナー [= ~ de pelo]. ❷ エアコン [= ~ de aire]
acondicionadora [akondiθjonaðóra] 女 エアコン [=acondicionador]
acondicionamiento [akondiθjonamjénto] 男 ❶ 整備. ❷ 調整, 調節: ~ de[l] aire エア・コンディショニング
acondicionar [akondiθjonár] 他 [←a-+condicionar] ❶ [設備・条件を] 整える, 整備する: Ha acondicionado muy bien la casa del pueblo. 彼は田舎の家を大変上手に改装した. ~ la fruta en las cajas para su transporte 果物を輸送用に箱詰めにする. ~ la sala para conferencias 講演のために会場を準備する. ❷《まれ》空気調節する, 空気調節装置を設置する. ❸《まれ》準備する. ❹《コンピア. 自動車》パワーアップする
—— **~se** 就職する; [条件・資格などを] 獲得する
acondrita [akondríta] 女《地質》無球粒隕石, アコンドライト
acondroplasia [akondroplásja] 女《医学》軟骨形成不全症
acondroplásico, ca [akondroplásiko, ka] 形 名 軟骨形成不全症の [患者]
aconfesional [akoɱfesjonál] 形《国・政党などが》無宗教の, 宗派に属さない
aconfesionalidad [akoɱfesjonaliðá[ð]] 女 無宗教性, 無宗派性
aconfesionalismo [akoɱfesjonalísmo] 男 **=aconfesionalidad**
acongojadamente [akoŋgoxáðamente] 副 悲observable しみに暮れて
acongojado, da [akoŋgoxáðo, ða] 形 ❶ 悲しんでいる; 不安になっている. ❷ [呼吸が] 困難な, 苦しい. ❸《戯語》[acojonado の婉曲表現] おじけづいた
acongojador, ra [akoŋgoxaðór, ra] 形 悲しませる, 嘆かせる
acongojamiento [akoŋgoxamjénto] 男《戯語》[acojonamiento の婉曲表現] おじけづくこと
acongojante [akoŋgoxánte] 形 いたましい, 悲しい
acongojar [akoŋgoxár] 他 [←a-+congoja] 他 [精神的に] 苦しめる, 悲しませる, 嘆かせる: Las salidas nocturnas de su hijo a acongojan. 息子の夜間外出に彼女は心を痛めている
—— **~se** ❶ 悲しむ, 嘆く. ❷ 不安になる, 怖くなる
aconitina [akonitína] 女《薬学》アコニチン《トリカブトから採る猛毒》
acónito [akónito] 男《植物》トリカブト; その抽出物
aconsejable [akonsexáble] 形 ❶ 勧められ得る, 望ましい: 1) Es una medida poco (nada) ~. それはあまり勧められた (全く勧められる) 方策ではない 2) [ser = que+接続法] Si vas a América del Sur, es ~ que te vacunes contra la malaria. 南米へ行くならマラリアの予防注射をしておいた方がよいよ
aconsejado, da [akonsexáðo, ða] 形 **mal ~** 無分別な, 軽率な: No es mal chico, pero es mal ~. 彼は悪い子ではないが軽はずみだ
aconsejador, ra [akonsexaðór, ra] 形 助言する, 忠告する; 助言者, 忠告者
aconsejamiento [akonsexamjénto] 男《まれ》助言する [行

為]
aconsejar [akonsexár] 《[←a-+consejo]》他 助言する, 忠告する: 1) Este abogado aconsejó a mi padre durante muchos años. この弁護士は長年父に助言をしていた. 2) [+不定詞・que+接続法 するように] Os aconsejo hablar con mi marido, no conmigo. 私とではなく, 妻と話すよう勧めます. Me aconsejó que callara. 彼は私に黙るようにと忠告した. 3) [事物が] El tiempo aconsejaba no continuar el viaje. 空模様は旅行を続けない方がいいよと教えていた
—— **~se** [+de・con に] 助言を求める: Debes ~te de (con) un buen abogado. 君は良い弁護士に相談すべきだ
~se en lo mejor 最良の策を考える
~se mejor 熟考する
aconsonantado, da [akonsonantáðo, ða] 形《詩法》子音韻を踏んでいる
aconsonantar [akonsonantár] 自《詩法》子音韻を踏む
—— 他《詩法》子音韻を踏ませる
aconstitucional [akonstituθjonál] 形 憲法に記されていない
acontar [akontár] 28 他《古語》支える, 補強する
acontecedero, ra [akonteθeðéro, ra] 形 起こり得る, あり得る
acontecer [akonteθér] [←古語 contir < 俗ラテン語 contigere「触れる, 起こる」<ラテン語 contingere] 39 自 [3人称のみ. 事・出来事が, +a・con に] 起こる, 生じる; [災害などが] 降りかかる: 1) Un suceso extraño me aconteció ayer. 昨日奇妙な出来事が私に起こった. Les acontecieron todas las desgracias del mundo. 彼らに世のありとあらゆる不幸が降りかかった. Lo mismo aconteció a (con) mi familia. 同じ事が私の家族にも起きた. 2)《文語》[+que+直説法が主語] Acontecía que no funcionó la máquina de repente. 突然機械が動かなくなるという事態が生じた
—— 男 出来事, 事件: ~ cotidiano (diario) de la vida 日常の出来事. ~ nacional (mundial) 国 (世界) を揺り動かす大事件
acontecimiento [akonteθimjénto] 男 [←ラテン語 contingens, -tis < contingere] 男《重大な・良い》出来事, 大変なこと; 事件: Aquel festival de música fue todo un ~. あの音楽祭は一大イベントだった. Hemos tenido un ~ imprevisto. 予期せぬ出来事が起こった. ~ casual 偶然の出来事. ~ feliz (desgraciado) 幸運 (不運) な出来事. ~ histórico 歴史的な事件
adelantarse (anticiparse) a los ~s 性急にことを運ぶ, 先走る
a contrariis [a kontrári[i]s] [←ラテン語] 形《論理》対当による, 逆のものによる: demostrar un argumento ~ 対当論証する
a contrario [a kontrárjo] [←ラテン語] 形《論理》**=a contrariis**
a contrario sensu [a kontrárjo sénsu] [←ラテン語] 副《法律》逆に
acopado, da [akopáðo, ða] 形 ❶ 樹冠の形の. ❷《獣医》[蹄が] 丸く空洞になった
acopar [akopár] 他《船舶》[凸形に合わせて部品を] 凹形にする
—— 自《植物》が樹冠を作る
acopetado, da [akopetáðo, ða] 形 山型の, 山盛り状の
acopiador, ra [akopjaðór, ra] 形 名 集積する [人]
—— 男《ラプラタ》果実の仲買人
acopiamiento [akopjamjénto] 男 **=acopio**
acopiar [akopjár] [←a-+ラテン語 copia「豊富」] 10 他 [将来のために大量に] 集積する, 備蓄する: ~ trigo para hacer frente a las cosechas escasas 凶作に備えて小麦を集める
acopio [akópjo] 男 ❶《大量の》集積, 蓄積; Hizo un ~ de datos. 彼は大量のデータを集めた. mero ~ de conocimientos 単なる知識の集積. ❷《南米》豊富
hacer ~ de... ~を蓄える: Las hormigas hacen ~ de alimentos en verano. 蟻は夏に食糧を蓄える
acoplable [akopláble] 形 うまくつながる, ぴったり合う
acoplado, da [akopláðo, ða] 形 名《チリ. 口語》招待されていないのにパーティーに押しかける人
—— 男 ❶《ペルー, ボリビア, チリ, アルゼンチン, ウルグアイ》トレーラー, 被牽引車. ❷《チリ. 口語》子分, 取り巻き
acoplador, ra [akoplaðór, ra] 形 接合する, つなぐ
—— 男 連結装置, 連結部
acopladura [akoplaðúra] 女 連結, 結合
acoplamiento [akoplamjénto] 男 ❶ 連結, 結合: ~ de la

rueda al eje 車輪の車軸への取り付け. ❷《技術》連結装置, 連結部, 継ぎ手: ~ de la ducha a la tubería シャワーと配管のつなぎ目. ~ universal ユニバーサルジョイント. ❸《電気》接続: ~ en paralero 並列. ~ en serie 直列. ❹《鉄道》連結;《宇宙》の交尾,交接. ❼ 仲裁;[人間関係の]調整

acoplar [akoplár]《←ad- (に)+copla「結合」》⦅他⦆❶ [+a に] 連結させる,結合させる,ぴったり合わせる: ~ las ruedas a su eje 車輪を軸にはめる. ❷《電気》接続する;《鉄道》連結する. ❸ 転用する,代用する: ~ un motor de coche *a* una barca 車のエンジンをボート用に使う. ❹ 仕事口を世話する,雇う;[人を場所・地位に]置く. ❺ [家畜2頭を対にして] 軛(ﾋﾞﾅ)につなぐ. ❻ [動物を]交尾させる. ❼ [不和・意見の相違を]調整する,仲裁する. ❽《ペルー,ボリビア,チリ,アルゼンチン,ウルグアイ》[車に]トレーラーをつなげる
── **se** ❶ 適合する,調和する: El zapato *se acopla* perfectamente *al* pie. その靴は足にぴったり合う. ❷ [場所に] 身を置く: *Me acoplé* en la primera mesa que vi. 私は最初に見つけたテーブルについた. ❸ [互いに/+con a] うまくいく,仲が良い: Ese matrimonio *se acopla* perfectamente. その夫婦は本当に仲むつまじい. Pedro *se acopla* muy bien *a* María. ペドロはマリアと大変気が合う. ❹ 和解する,仲直りする. ❹ [+a 仕事・状況に] なじむ,しっくり合う: Nos *hemos acoplado al* nuevo trabajo. 私たちは新しい仕事にもすっかりなじんだ. ❺《音響》ハウリングする. ❻《宇宙》ドッキングする. ❼ [動物が] 交尾する. ❽《ペルー,チリ,ラプラタ》[ストライキに] 参加する;[散歩などに] 一緒に行く
acople [akóple] ⦅男⦆ 連結,結合;連結装置,連結部
acoplo [akóplo] ⦅男⦆ 連結,結合;適合
acoquinamiento [akokinamjénto] ⦅男⦆《口語》❶ 怖じけ,おびえ. ❷ 失意,落胆
acoquinar [akokinár]《←仏語 accoquiner「堕落した習慣をつける」》⦅口語⦆ おびえさせる,怖じけさす: A mí me *acoquinan* los perros. 私は犬が怖い
── **se**《口語》❶ [+con・de・por に] ひるむ,おじける: *Se acoquina con* un simple catarro. 彼はただの風邪にもびくびくする. ❷ 気落ちする,がっくりくる
acorar [akorár] ⦅他⦆ ❶《西.まれ》苦しめる,悲しませる. ❷《ムルシア》とどめを刺す
── **se**《まれ》[植物が天候不順で] 病気になる
acorazado [akoraθáðo] ⦅男⦆《軍事》戦艦
acorazamiento [akoraθamjénto] ⦅男⦆ 装甲
acorazar [akoraθár]《←a-+coraza》⦅9⦆⦅他⦆ [鉄板・鋼板で] 装甲する
── **se** ❶ 自身を守る. ❷ 無感動(無神経)になる
acorazonado, da [akoraθonáðo, ða] ⦅形⦆ ハート形の: hoja ~*da*《植物》心臓形葉
acorchado, da [akortʃáðo, ða] ⦅形⦆ [コルクのように] スカスカした;[材木が] 釘ききにくい,ブヨブヨした
acorchamiento [akortʃamjénto] ⦅男⦆ ❶ スカスカになること. ❷ しびれ,麻痺
acorchar [akortʃár]《←a-+corcho》⦅他⦆ ❶ コルクで覆う,コルク張りにする. ❷ 無感覚にする. ❸ [主に食品を] スカスカにする
── **se** ❶ [コルクのように] 水気がなくなる,スカスカ(ボソボソ)になる: Estos dulces *se han acorchado*, no hay quien los coma. この菓子はパサパサになっていて食べる人がいない. ❷ [体が] 無感覚になる,しびれる;[感情が] 鈍くなる,感性が弱まる: Aquí hace mucho frío y el cuerpo *se acorcha*. ここは温度が低く体の感覚が鈍くなる
acordada[1] [akorðáða] ⦅女⦆ ❶ [上級裁判所が下級裁判所に出す] 命令,通達 〖=carta ~〗. ❷ [役所間の] 照会書簡. ❸《歴史》(La A~. 1710年ヌエバ・エスパーニャ Nueva España に設置された) 山賊行為を取り締まるための自警団的な司法・警察組織;その牢獄. ❹《ペルー》[リマ市の] 普通犯罪の法廷
acordadamente [akorðáðaménte] ⦅副⦆ ❶ 合意して,一致して;調和して. ❷《口語》思慮深く,慎重に
acordado, da[2] [akorðáðo, ða] ⦅形⦆ ❶ 同意した,合意した,一致した;調和した. ❷《まれ》思慮分別のある,賢明な,慎重な | *lo* ~《まれ》合意をみた事柄,合意事項: Estése *a lo* ~. 合意に従え
acordamiento [akorðamjénto] ⦅男⦆《古語》❶ 合意,合致. ❷《古語》調和した,調和した
acordante [akorðánte] ⦅形⦆《古語》合意した;調和した
acordantemente [akorðánteménte] ⦅副⦆《古語》=**acordadamente**

---

acordanza [akorðánθa] ⦅女⦆《まれ》❶ 思い出,記憶. ❷ 合意,同意;調和
acordar [akorðár]《←俗ラテン語 accordare「意見を一致させる」< cor, cordis「心」》⦅28⦆⦅他⦆ [+名詞・不定詞・que+直説法] 1) [協議の末に] 合意する,決定する,協定を結ぶ: Los dos *acordaron* los términos del contrato. 両者は契約条項に合意した. Los sindicatos pretenden ~ una reducción de la jornada laboral. 組合側は労働時間短縮協定の締結を狙っている. *Acordaron que* los gastos correrían por cuenta de la empresa. 経費は会社負担とすることでまとめた. Él llegó a las tres la hora *acordada*. 彼は約束した3時に着いた. 2) [考えて] 決心する: *He acordado* no decirle nada. 彼には何も言わないことに決めた. ❷ [互いに/+con と] 1) 意見を一致させる,和解させる: El presidente debe ~ la operación *con* otros países. 大統領はその作戦を他の国々と調整しなければならない. El juez *acuerda* las voluntades de las partes enfrentadas. 判事は対立している相方の意向を調停する. 2) 調和させる,《音楽》調律する,音合わせをする;《美術》色調を整える: ~ el piano *con* la voz ピアノの調子を声に合わせる. ❸ [+de に] …に思い出させる;思い出す: *Acuérdeme de* llamarlo./Hágame ~ *de*l llamarlo. 私が彼に電話するのを思い出させて下さい. ❹《古語》…に気付く,さとる. ❺《古語》納得する;正気に戻らせる. ❻《中南米.口語》[賞などを] 与える;許可する
── **se** ❶ [+de+名詞・不定詞・que+直説法 に] 覚えている,思い出す: *Acuérdate de* mí. 私のことを覚えていて. No *me acuerdo*. 覚えていません. No *me puedo* ~. 思い出せません. Esta profesora *se acuerda de*l nombre de todos sus alumnos. この先生は生徒全員の名前を覚えている. No *me acuerdo de* haber dicho semejante cosa. 私はそんなことを言った覚えはない. *Se acuerda de* cómo se va hasta allí. 彼はあそこまでどう行くか覚えている. Ni *me acordé de* decírselo. 彼にそう言うのをすっかり忘れていた! Ahora *me acuerdo de que* debía ir allí. 私はそこに行かなければならなかったのを今思い出した. ❷ [+en について] 意見が一致する,合意する: *Nos acordamos en* la pequeña modificación del proyecto. 私たちは計画の小さな変更に合意した. ❸《まれ》[事柄が, +de+人 に] 思い出される. ❹《古語》互いに/調和する

si mal no me acuerdo 私の記憶に間違いなければ
¡Ya te acordarás!/¡Te acordarás de mí! [脅し] 今に見ていろ/思い知らせてやるからな/ただではすまさないぞ!

acordar		
直説法現在	命令法	接続法現在
ac**ue**rdo		ac**ue**rde
ac**ue**rdas	ac**ue**rda	ac**ue**rdes
ac**ue**rda		ac**ue**rde
acordamos		acordemos
acordáis	acordad	acordéis
ac**ue**rdan		ac**ue**rden

acorde [akórðe]《←-acordar》⦅形⦆ [ser・estar+] ❶ [意見・内容などが, +con と, +en において] 一致した,符合した: Los resultados son ~*s con* su informe. 結果は彼の報告と合致している. Todos estuvimos ~*s en* ir a comer una paella. 私たちは皆パエーリャを食べに行くことでまとまった. ❷ [+a・con に] 調和した,《音楽》音の合った;《美術》色調の合った: Su lenguaje estaba poco ~ *con* la ocasión. 彼の言葉づかいはその場にそぐわなかった. colores ~*s con* la estación del año 季節と調和した色. ❸ 同一の: Sobre esa persona tenemos sentimientos ~*s*. 私たちはその人物に同じ感情を抱いている
── ⦅男⦆《音楽》❶ 和音,コード: progresión de ~*s* コード進行. ~ consonante (disonante) 主(属)和音,協(不協)和音. ~ mayor (menor) メジャー(マイナー)コード. ~ perfecto 完全和音.《文語》一連の音: final ~ 終曲部. ❷《複》メロディー,旋律: a los ~*s* de la marcha nupcial 結婚行進曲に合わせて
acordelar [akorðelár] ⦅他⦆ ❶ [紐・ロープを使って] 測量する. ❷ [紐・ロープを張って] 線引きをする
acordemente [akórðeménte] ⦅副⦆ 合意して
acordeón [akorðeón]《←仏語 accordeon < 独語 akkordion》⦅男⦆

❶《音楽》1) アコーデオン. 2)《ドミニカ》～ de boca ハーモニカ〖=armónica〗. ❷《中米, キューバ, ボリビア》カンニングペーパー

acordeonista [akɔrđeonísta] [名] アコーデオン奏者

acordista [akɔrđísta] [名]《まれ》鐘つき

acordonado, da [akɔrđonáđo, đa] [形] ❶ zapatos ～*s* 編上げ靴. ❷《メキシコ》肉づきの悪い, やせこけた

—— [男]《メキシコ》ロープ・人垣で仕切られた場所

acordonamiento [akɔrđonamjénto] [男] ロープを張り巡らすこと, 交通遮断

acordonar [akɔrđonár] 〖←a-+cordón〗 [他] ❶ [警察・軍が地域への出入りを禁じて] ロープを張り巡らす, 交通を遮断する: Encontraron un tío que estaba fatal, y la policía *acordonó* la zona. 瀕死の男が発見されて, 警察はその場所を立ち入り禁止にした. ❷ 紐で結ぶ(締める). ❸ [硬貨の縁に] ぎざぎざをつける

acores [akóres] [男] [複]《医学》[子供の頭や顔にできる] 発疹, 吹出物, 白くも, 疥癬

acornado, da [akɔrnáđo, đa] [形]《紋章》[牛・馬などが] 身体の他の部分と違う色の角を持った

acornar [akɔrnár] [28] [他] =**acornear**

acorneador, ra [akɔrneađɔ́r, ra] [形]《廃語》角で突く

acornear [akɔrneár] [他] 角で突く

ácoro [ákoro] [男]《植物》ショウブ(菖蒲): ～ bastardo/～ palustre/falso ～ キショウブ

acorralamiento [akɔr̄alamjénto] [男] 追い込み; 追い詰め

acorralar [akɔr̄alár] 〖←a-+corral〗 [他] ❶ [家畜を] 囲い(柵)に入れる. ❷ [人・獲物を] 追い詰める, 閉じ込める: Cuando se vio *acorralado* sacó el revolver. 彼は追い詰められて拳銃を抜いた. ❸ [議論などで] 言い返せなくする, 窮地に立たせる: El fiscal *acorraló* a sus adversarios. 検事は相手側を論破した. ❹ おじけづかせる, 威喝する, 脅す

—— **～se** [家畜が] 囲いに入る

acorredor, ra [akɔr̄ɛđɔ́r, ra] [形] [名] 救助する〔人〕

acorrer [akɔr̄ɛ́r] [他]《古語》❶ 助けに駆けつける, 救う, 救助する. ❷ 恥ずかしがらせる, 赤面させる

—— [自]《古語》駆けつける

—— **～se**《廃語》避難する, 身を寄せる

acorro [akɔ́r̄ɔ] [男] =**socorro**

acorrucar [akor̄ukár] [7] **～se** =**acurrucarse**

acorsetado, da [akɔrsetáđo, đa] [形]《まれ》=**encorsetado**

acortamiento [akɔrtamjénto] [男] 短縮; 減少: ～ de los pantalones ズボンの裾上げ. ～ de ramas 枝落とし. ～ de las horas de luz 日照時間が短くなること

acortar [akɔrtár] 〖←a-+cortar〗 [他] ❶ 短くする, 短縮する: *Acortó* la falda hasta las rodillas. 彼女はスカート丈を膝まで詰めた. El AVE a Ávila *acortará* el viaje 50 minutos. 高速鉄道によってアビラまで50分短縮される. Podemos ～ el camino si vamos por esta callejuela. この横丁を行けば近道できる. ❷ 減らす, 少なくする: En esta restaurante están *acortando* las raciones. このレストランでは料理の盛りを減らしている

—— **～se** ❶ 短くなる: En otoño *se acortan* los días. 秋には日が短くなる. ❷ [依頼・発言などで] 遠慮する, 言い控える. ❸《馬術》[馬が] 怖じける, 萎縮する

acortezado, da [akɔrteθáđo, đa] [形] 外皮 corteza が厚い; [外皮のように] 固い

acortinar [akɔrtinár] [他]《まれ》[カーテンのように] 覆う; カーテンを掛ける

acorullar [akoruʎár] [他]《船舶》[オールをオール受けから外さずに] 引き込む

acorvar [akɔrƀár] [他] ❶ =**encorvar**. ❷《地方語》[羊・山羊が] 歯が生える

acosador, ra [akosađɔ́r, ra] [形] [名] ❶ 追い回す〔人〕, 悩ます〔人〕: ～ obsesivo ストーカー. ❷ いじめっ子

acosamiento [akosamjénto] [男]《廃語》=**acoso**

acosar [akosár] 〖←古語 cosso「流れ」< ラテン語 cursus < currere「走る」〗 [他] ❶ [休みなく] 追う, 追い回す, 急追する: Los perros *acosan* a la liebre. 犬たちは兎を追いたてる. ❷ [質問・懇願などで] 責め立てる, わずらわす, 悩ます: El primer ministro fue *acosado* por los escándalos de corrupción. 首相は汚職事件で追求された. ～ sexualmente 性的いやがらせ(セクハラ)をする. ❸ 迫害する, いじめる. ❹ [馬を] 走らせる

acosijar [akosixár] [他]《メキシコ》悩ます, 困らせる

acosil [akósil] [男]《メキシコ》=**acocil**

acosmismo [akɔsmísmo] [男]《哲学》無世界論, 無宇宙論

acosmístico, ca [akɔsmístiko, ka] [形]《哲学》無世界論の, 無宇宙論の

acoso [akóso] [男] ❶ 追い回し, 急追: Los liberales resistieron el ～ de las tropas napoleónicas. 自由主義者たちはナポレオン軍の追求に抵抗した. ❷ 責め立て, 悩ますこと; いじめ: ～ sexual 性的いやがらせ, セクシャルハラスメント. ～ a los inmigrantes 移民いじめ. ❸《闘牛》[闘牛用に育てるかどうか選別するために] 馬に乗って牛を追い回すこと

～ *y derribo* [計画的に] 追いつめて倒すこと

acosón [akosɔ́n] [男]《闘牛》[闘牛士・馬への] 牛の突然の攻撃〖主に成功しない〗

Acosta [akɔ́sta]《人名》**José de ～** ホセ・デ・アコスタ〖1540～1600, スペイン生まれのイエズス会士. アンデス布教活動の中心人物.『新大陸自然文化史』*Historia natural y moral de las Indias*〗

acostada[1] [akɔstáđa] [女] ❶ うたた寝〖=dormida〗. ❷《チリ》昼寝

acostadero [akɔstađéro] [男]《まれ》寝る場所

acostado, da[2] [akɔstáđo, đa] [形] ❶ [部品が] 隣にある, 横の. ❷《地質》[地層・鉱脈が] 水平の. ❸《紋章》1) [ライオンなどが] うずくまって頭をもたげた姿勢の. 2) [図形が] 横並びの. ❹《古語》近親の

acostamiento [akɔstamjénto] [男] ❶ 就寝, 寝かせること, 横にする(なる)こと. ❷《歴史》軍事報酬;《廃語》報酬, 謝礼

acostar [akɔstár] 〖←a-+ラテン語 costa「肋骨, 背中」〗 [28] [他] ❶ 寝かせる: Hay que ～ a los niños ya. もう子供たちを寝かせなければならない. ❷ 横たえる: *Acostamos* al accidentado sobre la hierba. 私たちは負傷者を草むらに横たえた. ❸《船舶》1) [+a 他の船に] 横付けする: *Acostaron* la barca *al* remolcador. 彼らはボートを引き船につけた. 2) 接岸させる

—— [自]《船舶》[+a・en に] 接岸する

—— **～se** ❶ [就寝] 寝る, 床につく〖⇔levantarse〗: *Me acuesto* a las doce. 私は12時に寝る. ¡Niños, es hora de ～*se*! 子供たち, もう寝る時間だよ! *Acostémonos* ya. もう寝よう. Nunca *te acostarás* sin saber una cosa más.《諺》日々これ学習. ❷ 横になる, 横たわる: Me gusta ～*me* media hora después de comer. 私は昼食後30分横になるのが好きだ. ～*se* boca abajo うつ伏せになる. ❸ [+con と] 性交する: Yo no *me acuesto con* cualquiera. 私は誰とでも寝るわけじゃない. ❹《文語》[太陽が] 沈む. ❺ [主に建物が] 傾く. ❻ [秤の針が] 左右にぶれている

acostón [akɔstɔ́n] [男]《メキシコ. 隠語》性交: ser un buen ～ 性交が上手である. echarse un ～ 性交する

acostumbradamente [akɔstumbráđaménte] [副]《まれ》習慣的に, いつものように

acostumbrado, da [akɔstumbráđo, đa] [形] 習慣的な: Los viejos están dando sus ～*s* paseos de atardecer. 老人たちはいつもの午後の散歩をしている

acostumbramiento [akɔstumbramjénto] [男] ❶《まれ》習慣化; 習慣, 癖. ❷《南米》慣れ

acostumbrar [akɔstumbrár] 〖←a-+costumgre〗 [他] ❶ [人に, +a+名詞・不定詞 を] 習慣づける; 慣れさせる: Mi madre me *acostumbró a* madrugar. 母は私に早起きの習慣をつけさせた. En Japón le *han acostumbrado al* té verde. 彼は日本で緑茶に慣らされた. ～ bien (mal) a+人 …にいい(悪い)習慣をつける. ❷ [+名詞・不定詞 の] 習慣がある, いつも…する; 慣れている: Mi padre *acostumbraba* tomar bebidas alcohólicas a cualquier hora del día o de la noche. 父は昼夜を問わず酒を飲む習慣だった. No *acostumbro* lujos. 私はぜいたくに慣れていない

—— [自] [+a+不定詞] …する習慣である, いつも…をする: El abuelo *acostumbra a* dormir la siesta. 祖父は昼寝をする習慣だ. No *acostumbro a* tener huéspedes en esta época del año. 私は一年のこの時期には人を泊めないことにしている

—— **～se** ❶ [+a に] 慣れる: Están *acostumbrado al* clima seco de Castilla. 彼らはカスティーリャの乾燥した気候に慣れている. *Al* miedo no *se acostumbra* uno nunca. 人は決して恐怖に慣れることはない. ❷ [+a+不定詞・que+直説法 するのが] 習慣になる, 癖がつく: *Me acostumbré a* comer poco cuando estaba en la mili. 私は兵役の時に小食が身についた. Él estaba *acostumbrado a que* el aceite estuviera a la derecha y el vinagre a la izquierda. 彼にとってオリーブ油が右,

acrílico, ca

酢が左にあるのが普通になっていた. ❸ 広く行なわれる: Fue vendida en matrimonio, como se acostumbra en el país. 彼女はその国で広く行なわれているように結婚という形で売られた

acotación [akotaθjón] 囡 ❶ 境界標. ❷ 境界の画定, 地割り. ❸《演劇》ト書き. ❹ [地形図の] 海抜, 標高. ❺《まれ》書き込み, 傍注; コメント, 注釈

acotada [akotáða] 囡 [木の苗床用の] 囲い地

acotado [akotáðo] 男 ❶ 区画された土地. ❷ [地図の] 標高表示

acotamiento [akotamjénto] 男 ❶ 境界の画定, 地割り; 境界線. ❷ 制限. ❸《メキシコ》歩道, 路肩

acotar [akotár] I《←a-+coto》他 ❶ [目に見える形で土地の] 境界を画定する, 区画する: ~ una finca 地所の境界を画定する. ❷ …の範囲を限定する: Tienes que ~ bien el tema de tu investigación. 君は研究テーマをうまく絞らなければならない. ❸《まれ》[動物に] 禁猟区にする. ❹ 選ぶ, 選択する; 受け入れる. ❺ [証人・書類で] 立証する, 裏づける
── ~se ❶ [追っ手の力が及ばない所に] 逃げ込む, 身を寄せる. ❷ [+en に] 依拠する, 頼りとする. ❸《古語》意見が一致する, 合意する
II《←a-+cota》他 ❶ [余白に] メモする, 書き込む; 注をつける, 注釈する; 引用する. ❷ [地図に] 標高を入れる
III 他 [木の] 枝を払う

acotejar [akotexár] 他 ❶《地方語》正しく使う. ❷《廃語》比較する, 対照する. ❸《中米, キューバ, ドミニカ, エクアドル》きちんと並べる, 整理する;《コロンビア》そそのかす, 発奮させる
── ~se ❶《キューバ, ドミニカ, エクアドル》くつろぐ. ❷《キューバ, エクアドル》夫婦として一緒に生活する; 職を得る; 合意する

acotiledón, na [akotileðón, na] 形 **=acotiledóneo**

acotiledóneo, a [akotileðóneo, a] 形《植物》無子葉の
── 囡 榎 無子葉植物

acotillo [akotíʎo] 男 [鍛冶屋の] 大ハンマー

acoyundar [akoʎundár] 他《牛に》つなぎ綱 coyunda を付ける

acoyuntar [akoʎuntár] 他《農夫2人が1頭ずつ馬・牛を出して》2頭立て yunta にする

acoyuntero [akoʎuntéro] 男 馬・牛を出し合う農夫

ACP《略語》《総称》ロメ協定 Convención de Lomé を締結したアフリカ (A)・カリブ (C)・太平洋地域 (P) 諸国

acracia [akráθja] 囡 無政府主義, アナキズム《=anarquismo》

acrasiomicetes [akrasjomiθétes] 男 榎《植物》アクラシス菌門

ácrata [ákrata] 形 图 アナキスト[の]《=anarquista》

acrático, ca [akrátiko, ka] 形 アナキズムの

acratismo [akratísmo] 男《まれ》アナキズム《=anarquismo》

acre [ákre] I《←ラテン語 acer, acris, acre「鋭い」》形 ❶ [味・臭いが] きつい, 刺激のある; [舌に] ピリピリする; [鼻に] ツンとくる: olor ~ del ojo ニンニクの刺激的な臭い. ❷《文語》[言葉・性格に] 辛辣な, きつい, 無愛想な. ❸《医学》1) [発熱が] むずがゆさを伴った. 2)《古語》[体液が] 怒り (いらだち) に傾いた
II《←ラテン語》[面積の単位] エーカー《=約4047m²》

acrecencia [akreθénθja] 囡 ❶ **=acrecentamiento**. ❷《法律》1) 相続財産の増加分を受け取る権利《=derecho de acrecer》. 2) 相続財産の増加分

acrecentador, ra [akreθentaðór, ra] 形 増加させる, 増やす

acrecentamiento [akreθentamjénto] 男 増加, 増大: ~ espectacular de los beneficios 利益のめざましい増加

acrecentar [akreθentár]《←ラテン語 accrescere, -entis < acrescere》23 他 増加させる, 増大する: Esta gestión ha acrecentado su influencia. この措置は彼の影響力を増大させた
── ~se 増加する, 増大する: se ha acrecentado mucho el número de parados. 最近失業者数が急増しているよ

acrecer [akreθér]《←ラテン語 accrescere < a-+crescere》39 自 ❶《文語》増える, 増大する. ❷《法律》[他の相続人の放棄・権利喪失により] 相続財産が増える: derecho de ~ 相続財産の増加分を受け取る権利
── 他 **=acrecentar**
── ~se 増える, 増大する

acrecimiento [akreθimjénto] 男 **=acrecentamiento**

acreción [akreθjón] 囡 ❶《地質など》集積. ❷ 増加

acreditación [akreðitaθjón] 囡 ❶ 許可証, 証明書;[イベントなどの] 身分証明 (登録) 手続き: Nos pidieron la ~ de periodistas. 我々は取材許可証を要求された. ❷ 許可, 証明

acreditado, da [akreðitáðo, ða] 形 ❶ 信用のある, 評判のよい: La eligieron en razón de sus ~s antecedentes. 彼女は経歴が優れているという理由で採用された. restaurante ~ 定評のあるレストラン. ❷ [証明書など] 確かな

acreditar [akreðitár]《←a-+crédito》他 ❶《文語》[人・事物を] 信用すべきものとする; [真実・本物であることを] 証明する, 証拠立てる: 1) El hecho acredita su valor. 事実が彼の勇敢さを裏づけている. El recibo acredita el pago. 領収書は支払いの証明する. ~ la firma 署名が本物だと証明する. nuestro representante acreditado 当方の正式な代理人. 2) [+人 が, +como であることを] libro que lo acredita como un gran pensador 彼が大思想家であることを証明する本. 3) [行為が, +de であることを] Esa respuesta le acredita de imprudente. その返事は彼がいかに軽率であるかを示している. ❷《文語》[+名・の という] 名声 (評判・信権) を…に与える: El éxito de la película lo acreditó como un gran director. この映画の成功によって偉大な監督という名声が彼に与えられた. ❸ [+en・por に, 正式に] 派遣する: 1) periodista acreditada en los campeonatos del mundo 世界選手権に特派された女性記者. 2)《外交》信任状を与える; [信任状を与えて] 任命する, 派遣する: El embajador español acreditado en Corea también está ~ en Camboya. 韓国駐在のスペイン大使はカンボジア駐在大使も兼任している. ❹ [+para+不定詞であることを] …に許可する, 認可する: Este título no le acredita para ejercer de abogado. この資格は彼に弁護士業を営む権利を与えていない. ❺《商業》貸方勘定に記入する. ❻《メキシコ》[生徒が試験に] 合格する
── ~se ❶ [+como・de として] 信用を得る, 名声を得る: El director se ha acreditado como uno de sus últimas películas. 監督は最新作で名声を獲得した. ❷ [+con・para con に対して] 信任状を提出する

acreditativo, va [akreðitatíβo, βa] 形 [+de を] 証明する: documento ~ de la autenticidad del cuadro 絵画の真作証明書

acreedor, ra [akre(e)ðór, ra]《←古語 acreer < ラテン語 ad-+credere「信ずる」》形 ❶ [ser+, +a・de を求める] 資格のある, …に値する, ふさわしい: Debes hacerte ~ a la confianza. 君は信頼に値するようにならなければならない. ❷《商業》貸方の, 貸付けの: cuenta ~ra 預金残高のある口座. país ~ 黒字国, 債権国
── 图 債権者《⇔deudor》: Tiene ~ por todas partes. 彼は至る所に債権者を抱えている. ~ común (con garantía) 無担保 (担保付き) の債権者. ~ diferido 繰延べされた債権者. ~ hipotecario 抵当権者. ~ preferente [支払停止や倒産に際して] 優先的[に弁済される]債権者

acreencia [akre(e)énθja] 囡《中南米》❶ 信用, 貸越し《=crédito》. ❷ 貸し付け

acremado, da [akremáðo, ða] 形 クリーム色がかった, クリーム色の

acremente [ákremente] 副《文語》❶ [味・匂いが] きつく, 刺激的に. ❷ 辛辣に, 痛烈に

acrescer [akresθér]《欠如動詞: 語尾に i の残る活用形のみ. →abolir》自《植物》花冠・萼が成長し続ける

acrianzado, da [akrjanθáðo, ða] 形 丈夫に育てられた; しつけのよい

acrianzar [akrjanθár] 9 他 育てる; 教育する

acribado [akriβáðo] 男 ふるいにかけること, ふるい分け

acribador, ra [akriβaðór, ra] 形 图 ふるいにかける [人]

acribadura [akriβaðúra] 囡 ❶ ふるいにかけること, ふるい分け. ❷ 榎 ふるいかす

acribar [akriβár] 他 **=cribar; acribillar**

acribillar [akriβiʎár]《←ラテン語 cribellare < cribellum「ふるい」》他 ❶ [主に銃弾で] 穴 (傷) だらけにする, 蜂の巣にする: Acribillaron el coche a balazos. 車は銃撃で蜂の巣になった. ❷ [+a・con に] ひどく困らせる: Me acribillaron a preguntas. 彼らは私を質問攻めにした

acrídidos [akríðiðos] 男《昆虫》バッタ科

acridina [akriðína] 囡《化学》アクリジン

acrilán [akrilán] 男《商標》アクリラン

acrilato [akriláto] 男《化学》アクリル酸塩, アクリラート

acrílico, ca [akríliko, ka] 形《化学》アクリル[酸]の: pintura ~ca アクリル画

acrilonitrilo

—— 男 ❶ アクリル樹脂〖=resina ～*ca*〗; アクリル繊維〖=fibra ～*ca*〗; アクリル塗料. ❷《中南米》プレキシガラス
acrilonitrilo [akrilonitrílo] 男《化学》アクリロニトリル; ～ butadieno estireno ABS樹脂
acriminación [akriminaθjón] 女《まれ》告訴, 告発
acriminador, ra [akriminaðór, ra] 形《まれ》告訴(告発)する〔人〕
acriminar [akriminár] 他《まれ》❶ 告訴する, 告発する. ❷ いざこざに巻き込む
—— ～*se*《まれ》❶ 自身を告発する. ❷ いざこざに巻き込まれる
acriminatorio, ria [akriminatórjo, rja] 形《まれ》告訴の, 告発の
acrimonia [akrimónja] 女《文語》=acritud
acriollado, da [akrioʎáðo, ða] 形 名 クリオーリョ criollo のような;《中南米》中南米の風習に染まった〔外国人〕
acriollar [akrioʎár]〖～-a-+criollo〗～*se*《中南米》〔外国人が〕中南米の風習に染まる
acrisoladamente [akrisoláðaménte] 副 申し分なく
acrisolado, da [akrisoláðo, ða] 形《文語》〔徳性などが〕非の打ちどころのない, 申し分のない;〔人が〕誠実な, 高潔な
acrisolamiento [akrisolamjénto] 男《まれ》徳性を磨くこと
acrisolar [akrisolár]〖←a-+crisol〗他 ❶〔金属を〕るつぼで精製する. ❷《文語》〔徳性などを〕磨く, 完璧にする
acristalado, da [akristaláðo, ða] 形 大きなガラスの入った: salón ～ 広いガラス窓のあるホール
—— 男 ガラスをはめること
acristalador, ra [akristalaðór, ra] 男 ガラスをはめる〔人〕
acristalamiento [akristalamjénto] 男 ガラスをはめること: doble ～《西》二重(複層)ガラス
acristalar [akristalár] 他 ❶〔窓・ドアなどに〕ガラスをはめる: puerta *acristalada* ガラスのはまったドア. ❷〔大理石の床などを〕ガラスのようにピカピカに磨く
acristianar [akristjanár] 他《まれ》〔人を〕キリスト教化する, 洗礼を授ける
acríticamente [akrítikaménte] 副 無批判に
acriticismo [akritiθísmo] 男 無批判さ
acrítico, ca [akrítiko, ka] 形 無批判な, 批判精神のない
acritud [akritú(ð)]〖←acre〗女 ❶ とげとげしさ, 辛辣さ: Los políticos se siguen peleando y la sociedad empieza a estar cansada de tanta ～. 政治家たちは争いばかりしていて社会はそんなとげとげしさにうんざりし始めている. ❷〔味・臭いの〕きつさ. ❸〔技術〕硬化, 焼き入れ
acro-《接頭辞》〔先端・肢端・最上部〕*acro*megalia 先端肥大症, *acro*fobia 高所恐怖症
acrobacia [akroβáθja]〖←acróbata〗女 軽業, 曲芸〔綱渡り, 跳躍, 旋回など〕: ～ aérea アクロバット飛行
hacer ～*s* 1)軽業をする. 2)《比喩》綱渡り(離れ業)を演じる: He hecho ～ para aprobar este curso, pero lo he conseguido. 私はこの科目に合格するのに綱渡りだったが, どうにか合格できた
acróbata [akróβata]〖←仏語 acrobate〗名 曲芸師, 軽業師
acrobáticamente [akroβátikaménte] 副 軽業のように
acrobático, ca [akroβátiko, ka] 形 軽業の, 曲芸の; 軽業的な
acrobatismo [akroβatísmo] 男 軽業, 曲芸〔職業, 演技〕
acrobistitis [akroβistítis] 女《獣医》包皮炎
acrocefalia [akroθefálja] 女《医学》尖頭症
acrocéfalo, la [akroθéfalo, la] 形《医学》尖頭症の
acrocianosis [akroθjanósis] 女《医学》先端(肢端)チアノーゼ
acroe [akróe] 男《廃語》=ahory
acrofobia [akrofóβja] 女 高所恐怖症: Tengo ～. 私は高所恐怖症だ
acroíta [akroíta] 女《鉱物》アクロアイト
acroleína [akroleína] 女《化学》アクロレイン
acromado, da [akromáðo, ða] 形《軽蔑》〔絵などが〕ごてごてと色を重ねた, けばけばしい
acromático, ca [akromátiko, ka] 形〖←ギリシア語 a-(無)+khroma「色」〗❶《文語》無色の, 色彩のない. ❷《光学》色収差のない, 色消しの: lente ～*ca* アクロマチックレンズ. ❸《生物》〔細胞組織が〕非染色性の
acromatina [akromatína] 女《生物》〔細胞核質の〕非染色質
acromatismo [akromatísmo] 男《光学》色消し性, 収色性
acromatizar [akromatiθár] 他《光学》色消しにする

acromatófilo, la [akromatófilo, la] 形《化学》不染色性の
acromatopsia [akromató(p)sja] 女《医学》色覚異常
acromegalia [akromegálja] 女《医学》先端巨大症, 末端肥大症
acromegálico, ca [akromegáliko, ka] 形《医学》先端巨大症の
acromial [akromjál] 形《解剖》肩先の
acromiano, na [akromjáno, na] 形 =acromial
acromio [akrómjo] 男 =acromion
acromioclavicular [akromjoklaβikulár] 形《解剖》肩峰鎖骨の
acromion [akrómjon] 男《解剖》肩先, 肩峰(けんぽう)
acronía [akronía] 女《文語》=acronismo
acrónico, ca [akróniko, ka] 形 ❶《天文》日没時に起こる(現われる). ❷ =ácrono
acronimia [akronímja] 女 頭字語化, 略語化〔頭文字をつなげたり, 最初と最後をつなげたりする造語法〕. 例 RENFE「スペイン国有鉄道」←Red Nacional de Ferrocarriles Español. apartotel「ホテル形式のアパート」←apartamento hotel〗
acrónimo [akrónimo] 男 頭字語, 略語
acronismo [akronísmo] 男《文語》非時間性
ácrono, na [ákrono, na] 形 非時間的な, 時を越えた
acroparestesia [akroparestésja] 女《医学》先端(肢端)感覚異常
acrópolis [akrópolis] 女〖単複同形〗❶《古代ギリシア》アクロポリス. ❷《まれ》町・地方一帯で最も高い所
acróstico, ca [akróstiko, ka] 形 男 ❶ 折り句〔形式の〕〔各行の最初の字を縦に読むとキーワードになる詩・文〗. ❷ 言葉遊び〖頭文字をつないで意味のある語句になる言葉を探す〗
acrostolio [akrostóljo] 男《船舶》〔昔の船の〕船首, 水切り; 船首飾り
acrótera [akrótera] 女《建築》アクロテリオン, 彫像台
acroteria [akrotérja] 女 =acrótera
acroterio [akrotérjo] 男《建築》アクロテリオン, 棟飾り
acroy [akrój] 男 ブルゴーニュ家の廷臣
acsu《ボリビア. 服飾》〔アンデス高原の先住民女性が着る粗布製の〕スモック, チュニック
acta [ákta]〖←ラテン語 acta「行なわれたこと」< actus, -us「行為」〗女〖単数冠詞: el·un[a]〗❶〔交渉・会議の〕議事録, 議定書; 文書; constar en ～ 議事録に残る. extender (redactar) el ～ 議事録を作成する. ～ de la junta 委員会議事録. ～*s* del Congreso de los Diputados 国会議事録. A～ Única Europea 単一欧州議定書〖欧州単一市場mercado único europeo を目指して1986年に当時のEC加盟12か国が調印した条約〗. A～*s* de Navegación 航海条令〖英国が1651年から数次発布した〗. ～ de acusación《法律》起訴状, 告訴状. ～ notarial 公正証書. ～ de bautismo 洗礼証明書. ～ de defunción《主に比喩》死亡診断書;《コロンビア》死亡届け. ～ de matrimonio《メキシコ》結婚証明書. ～ de nacimiento 出生証明書. ～ de recepción 引受(引継ぎ・受領)証明書. ❷《西》当選証書. ～ de diputado 議員当選証. ～ de senador 上院議員当選証. ❸〖複〗〔学会などの〕会報, 紀要: ～*s* del Primer Congreso Internacional de Hispanistas 第1回国際スペイン学会記録(論集). ❺《宗教》〖聖人・殉教者に関する〗聖なる記録, 殉教録. ❻《中南米》法令, 法律
levantar ～〖+de 〗証書を作成する; 議事録をとる(作成する)
tomar ～《南米》〖+de 〗記録する; 記憶する
Acta est fabula [ákta est faβúla]〖←ラテン語〗芝居は終わった〖昔, 演劇の終わりに用いられた口上. ローマ皇帝アウグストゥスが死の床でこう言ったとされる〗
actancial [aktanθjál] 形《言語》行為項の
actante [aktánte] 形 行為項の, 演技成分の
actea [aktéa] 女《植物》ドワーフエルダー, ニワトコ〖=yezgo〗
actinia [aktínja] 女《動物》イソギンチャク
actínico, ca [aktíniko, ka] 形《物理》光化学作用を持つ, 化学線の
actínido [aktíniðo] 形《化学》アクチニド〔系列〕の
—— 男《化学》アクチニド;〖複〗アクチニド系列
actinio [aktínjo] 男《元素》アクチニウム
actinismo [aktinísmo] 男《物理》化学線作用
actino-《接頭辞》〔光線の, 化学線の〕*actino*logía 化学線学
actinobacilosis [aktinoβaθilósis] 女《医学》アクチノバチルス

症
actinocarpo, pa [aktinokárpo, pa] 形《植物》放射果の
actinógrafo [aktinógrafo] 男 露出計, 光量計, 日射計
actinolita [aktinolíta] 女《鉱物》=**actinota**
actinolito [aktinolíto] 男《鉱物》陽起石, 感光物質
actinología [aktinoloxía] 女《化学》化学線学
actinometría [aktinometría] 女 化学光量測定
actinométrico, ca [aktinométriko, ka] 形 化学光量測定の
actinómetro [aktinómetro] 男《化学》光量計, 日射計;《写真》露光計, 露出計
actinomices [aktinomíθes] 男《生物》アクチノミセス, 放線菌
actinomicetáceo, a [aktinomiθetáθeo, a] 形《生物》放線菌科の
── 女《生物》放線菌科
actinomiceto [aktinomiθéto] 男《生物》[主に] 放線菌
actinomicina [aktinomiθína] 女《生化》アクチノマイシン
actinomicosis [aktinomikósis] 女《医学》放線菌症
actinomorfo, fa [aktinomórfo, fa] 形《植物》放射相称の: flor ~*fa* 放射相称花
actinon [aktínon] 男《化学》アクチノン
actinópodo [aktinópoðo] 男《動物》軸足虫
actinopterigio, gia [aktino(p)teríxjo, xja] 形 条鰭類の
── 男《複》《魚》条鰭類
──《複》類
actinota [aktinóta] 女《鉱物》角閃石
actinoterapia [aktinoterápja] 女《医学》化学線療法
actinouranio [aktinouránjo] 男《化学》アクチノウラン
actínula [aktínula] 女《動物》アクチヌラ
actitud [aktitú(ð)]《←伊語 attitudine「態度, 姿勢」<ラテン語 tudo「姿勢」》女 ❶ 態度, 物腰: ¿Cuál fue su ~ cuando se lo dijiste? そう言った時の彼の態度はどうだった? Si no adoptas una ~ más firme, no te obedecerán. 君がもっと厳しい態度を見せないと, 彼らは言うことをきかないよ. aclarar (decir) su ~ 態度を明らかにする (決める). adoptar una ~ rebelde con+人 ~に反抗的な態度をとる. cambiar de ~ 態度を変える. tomar una ~ firme (flexible) 強硬 (柔軟) な態度をとる. ~ arrogante y agresiva 傲慢で突っかかるような態度. ~ crítica hacia+人 ~に対する批判的な態度. ❷ 姿勢, 身構え; 心構え: Permaneció largo tiempo en la misma ~ para esperarla. 彼は長い間同じ姿勢で彼女を待っていた. Adoptaron una nueva ~ frente a este problema. この問題に対して新しい姿勢を見せた. ~ política 政治姿勢. ❸ [人が見せる] 様子: En un instante mostró una ~ pensativa. 一瞬彼は考え込むような様子を見せた. ~ dubitativa (tímida) ためらいの (びくびくした) 様子
en ~... …の様子で; …しようとして: en ~ victoriosa 意気揚々と. Se me acercó *en* ~ *de* pedir algo. 彼は何か頼み事があるような様子で私に近づいてきた
actitudinal [aktituðinál] 形 態度の: cambio ~ 態度の変化
activación [aktiβaθjón] 女 ❶ 促進, 加速: dar una ~ al proceso de datos データ処理を早める. ❷ 活発化, 強化: política de ~ económica 景気刺激策. ~ de las relaciones entre los dos bancos 2銀行の関係強化. ❸《機械心理》始動;《情報》起動, 実行. ❹《化学》活性化. ❺《物理》放射化
activador, ra [aktiβaðór, ra] 形 活性化する, 活発にする: medicina ~*ra* de la circulación de la sangre 血液の循環を良くする薬
── 男 ❶ 始動装置, 起動装置. ❷《化学》活性[化]剤
activamente [aktiβaménte] 副 活発に, 積極的に: Intervino ~ en el negocio. 彼は取引に積極的に加わった
activar [aktiβár]《←*activo*》他 ❶ 促進する, 早める: Este abono ~*a* el crecimiento de las plantas. この肥料は植物の生長を促す. ~ la caída de los cabellos 抜け毛を早める. ~ las negociaciones 交渉を促進する. ~ el trabajo 作業をスピードアップする. ❷ 活発にする, 強化する, 活性化する: La bilis *activa* la digestión. 胆汁は消化を活発にする. ~ el comercio 景気を刺激する. ~ la economía 経済を活性化する. ~ el fuego 火を強める. ~ la imaginación 想像力をかき立てる. ~ el mercado fin. 金融市場を活性化する. ~ la venta 販売を促進する. ❸ [機械などの] 始動させる: ~ la alarma de seguridad 警報装置を入れる, 警報を出す.《情報》起動させる, 実行させる. ~ la ventana ウィンドウをアクティブにする. ❹《化学》活性化する: carbón *activado* 活性炭. ❺《物理》放射能を与える
── *~se*《機械心理》始動する: La puerta *se activa* con la voz. 扉は音声で開閉する. *Se activó* el sistema anti-

41　　　　　　　　　　　　　　　　　　　　　　　　　　　　**activo, va**

incendio. 防火装置が作動した. ❷《情報》起動する
actividad [aktiβiðá(ð)]《←ラテン語 activitas, -atis》女 ❶ 活動, 働き; 仕事; [個人・団体の] 運動, 事業: Desplegó una enérgica ~ para ser diputado. 彼は議員になるために精力的に活動した. Ha mostrado gran ~ en el partido de baloncesto. 彼はバスケットボールの試合で大活躍した. La ~ de los sindicatos tiene como fin mantener el empleo. 組合活動の目的は雇用を守ることだ. La fábrica inicia sus ~*es* el año próximo. 工場は来年操業を開始する. esfera de ~ 活動範囲. ~ cultural 文化活動. ~*es* del club クラブ活動. ~ docente 教育[活動]. ~*es* domésticas 家庭内活動. ~ económica 経済活動. ~ empresarial 企業活動. ~ extravehicular《宇宙》船外活動. ~ fuera del programa de estudios/~ extraescolar 課外活動. ~ política 政治活動. ~ profesional 職業. ❷ 行動力, 実行力, 積極性; 活力: Tiene una ~ formidable. 彼は非常に活動的だ. Es un político de una ~ incansable. 彼は大変実行力のある政治家だ. ❸ [精神的・肉体的な] 活動能力, 機能: Después del accidente de tráfico perdió la ~ del brazo derecho. 交通事故の後彼は右腕が動かなくなった. ~ cerebral 大脳活動. ❹ [市場などの] 活気, 活況: Se registró escasa ~ en la Bolsa de valores. 株式市場にはあまり活気がなかった. Hay mucha ~ en el aeropuerto. 空港には活気がある. Los negocios tienen poca ~. 景気はよくない. ~ bursátil 株式市況. ❺《地質》alta ~ sísmica 激しい地震活動. ~ volcánica 火山活動. ❻《化学, 物理, 生物》活性, 活動度: residuos radiactivos de alta ~ 高レベルの放射性廃棄物. ~ de un ácido 酸の反応性. ~ óptica 光学活性. ~ anticancerosa 抗癌活性. ~ antivirus 抗ウイルス活性. ❼《経済》tasa de ~ 労働力率
dar ~ a... …を活気づける
en ~ [事物が] 活動中の; 運転中の: El volcán está *en* ~. 火山活動中だ
activismo [aktiβísmo] 男 ❶ [政党・労働組合などの] 活動. ❷《政治》直接行動主義, 積極的行動主義. ❸ 積極主義, 実践主義;《哲学》アクティビズム
activista [aktiβísta] 形《←*activar*》形 名 ❶ [政党・労働組合などの] 活動家[の]: ~ de extrema izquierda 極左活動家. ~ por la paz 平和運動活動家. ❷《政治》直接行動主義の(主義者), 過激派の[人]. ❸ [消極的な人・理論家に対して] 積極的な[人], 実践主義の(主義者)
activo[1] [aktíβo] 男《商業》資産《⇔*pasivo* 負債》: realizable (corriente) 流動資産. ~ fijo 固定資産. ~*s* líquidos en manos del público 手元流動性. ~*s* líquidos del Estado 一国の外貨準備
activo[2]**, va** [aktíβo, ba]《←ラテン語 activus < actus「行為」》形 ❶ 活動的な, 活発な《⇔*pasivo*》: Es una persona muy ~*va*, siempre está haciendo cosas. 彼はとても活動的な人で, いつも何かやっている. La jutía es ~ de noche. フチアは夜行性の動物だ. llevar una vida ~*va* 活動的な生活をおくる. político ~ 行動力のある政治家. ❷ 積極的な, 意欲的な; 勤勉な: tomar parte ~*va en*~ …に積極的に参加する. organización ~*va* en la lucha contra el SIDA エイズ撲滅運動に積極的な組織. secretario ~ 勤勉な(有能な)秘書. ❸ 活動中の, 現役の: en servicio ~ 現職の, 現役の. miembros ~*s* en una asociación [名目的な会員に対して] 協会の現役会員. edad ~*va* 就業年齢. jugador ~ 現役選手. población ~*va* 労働力人口. ❹ 効き目の早い(強い), 即効性の: veneno muy ~ 猛毒. ❺《商業》利益を生んでいる: capital ~ 活動資本. ❻《化学》活性の, 効力(作用)のある: carbón ~ 活性炭. ~ vitamina 活性ビタミン. material radiactivo muy ~ 高レベルの放射性物質. ❼《電気》corriente (potencia) ~*va* 有効電流(電力). ❽《文法》能動の, 能動態の《⇔*pasivo*》: formas verbales ~*vas* 能動態の活用形. oración ~*va* 能動文. verbo ~《古語》他動詞. ❾《地質》[火山の] 活動中の; [地震活動の] 活発な. ❿《教育》生徒の積極性(自主性)に基づいた《⇔*pasivo*》アクティブな, 使用中の. ⓫《同性愛で》タチの
en ~ 現職の, 現役の: Mi padre, que tiene 70 años, está todavía *en* ~. 父は70歳だが, まだ現役で仕事をしている. permanecer *en* ~ 現職にとどまる, 現役を続ける. jugador *en* ~ 現役選手. militar *en* ~ 現役軍人
por ~va y por pasiva《口語》手を替え品を替え: Ya se lo hemos dicho *por* ~*va y por pasiva*, pero no nos hace caso. 私たちは手を替え品を替え言ったが, 彼は言うことを

acto [áko]〖←ラテン語 actus < agere「行動する」〗男 ❶ 行為, 行ない〖→**conducta** 類義〗: Se conocen las personas por sus ~s. 行ないを見ればその人が分かる. ~ bueno (malo) 善行(悪行). ~ carnal《文語》性行為. ~ de cobardía 卑怯な行ない. ~ de hostilidad 敵対行為. ~ de la guerra 戦争行為. ~ de terrorismo テロ行為. ~ de violencia 暴力行為. ~ instintivo 本能的行為. ❷ [公的で厳粛な] 行事, 儀式〖=~ público〗: Esta tarde tendrá lugar un ~ público de homenaje al poeta muerto en la mañana de ayer. 昨日の朝亡くなった詩人を讃える行事が今日の午後開催される. ~ de inauguración 開業式, 開通式. ~s oficiales 公式行事. ~ sexual〖=~ carnal〗: hacer el ~ 性交する. ❹《演劇》幕: comedia en dos ~s 2幕ものの芝居. ❺《宗教》信仰に基づく行為; 祈り: ~ de fe 信仰の表明. ~ de contrición 悔悟の祈り. ❻《カトリック》1）〖複〗公会議〔議事〕録. 2) ~ de Dios 神の御業 (⌃⌃). ~ del hombre [知識・意志・自由的な] 人間のなされたこと. ❼《法律》1) 法的措置, 裁定: ~ de conciliación 和解の裁定. 2) ~ ilícito 違法(不法)行為. ~ jurídico 法的行為. 3)《古語》複 訴訟記録〖=autos〗. ❽《哲学》現動, 現実態: en ~ 現動的な, 既に行なわれつつある〖⇔en potencia〗. ❾《古語》〖スペインの大学の〗試験. ❿《古代ローマ》[距離の単位] アクトゥス〖=約36m〗

~ continuo =~ **seguido**
~ fallido 本音の出た失策
~ reflejo =*por ~ reflejo* 反射的に
~ seguido ただちに, すぐ; [+de の] 直後に: Acabó la contienda nacional y comenzó, ~ *seguido*, la mundial. 国内での紛争が終了するとすぐ世界的な紛争が始まった
en el ~ 即座に, その場で: Juan, te he reconocido *en el ~*. フアン, 一目で君だと分かったよ. morir *en el ~* 即死する. muerto *en el ~* 即死の. reparaciones *en el ~*《表示》その場で修理します
hacer ~ de presencia 1)〖儀礼的に・お義理で〗出席する, ちょっと顔を出す: El alcalde *hizo ~ de presencia* en la ceremonia. 市長は式典に臨席した. 2) 姿を見せる: La ciudad *hizo ~ de presencia*. その町を見せ始めた

actor¹, ra [aktór, ra]〖←ラテン語 actor, -oris〗形 名《法律》原告(側の); parte ~*ra* 原告側

actor², actriz [aktór, aktríθ]〖←ラテン語 actor, actrix〗名 男 女 複 ~ces ❶ 俳優, 女優: Empezó de ~ en el teatro y luego se pasó al cine. 彼は舞台俳優として出発し, その後映画に移った. ~ cómico 喜劇俳優. ~ de cine (television・teatro) 映画(テレビ・舞台)俳優. ~ principal/primer ~ 主役, 主演男優. ~ de reparto/~ secundario 脇役, 助演者. niño ~ 子役. ~ substituto (suplente) 代役. mal ~ 大根役者. ❷ 駆け引き上手な人, だますのが巧みな人: No le hagas caso, que es un ~ perfecto. あいつの言うことを真に受けてはいけない, 本当に役者なんだから. ❸ [事件などの] 主役, 当事者: No fue un simple espectador, sino un ~ en la pelea. 彼は単なる見物人ではなくて, けんかの当事者だ. ❹ ~ económico 経済主体

actoral [aktorál] 形 俳優の
actuación [aktwaθjón] 女 ❶ 行動, ふるまい: La ~ de tu hermano me desconcierta. 私は君の弟の行動に当惑している. ❷ 活動, 働き: La ~ del abogado ha sido brillante. その弁護士の活動はすばらしかった. ~ del presidente ante la crisis 危機への大統領の対処. *actuaciones* policiales 治安活動. ❸ 演技; 公演, 上演, 演奏: El actor tuvo una ~ muy lucida. その俳優の演技は見事だった. La ~ de la protagonista de la película era perfecta. その映画の主役の演技は完璧だった. Me gustan las *actuaciones* de esa banda de música. 私はその楽団の演奏が好きだ. ~ en directo/~ en vivo ライブ(ショー・活動). ❹《スポーツ》演技. ❺ pericial 鑑定, 査定. ❻《法律》複 訴訟, 裁判〖行為〗; 訴訟手続き; [裁判の] 指揮. ❼《言》〖言語学〗運用〖=~ lingüística〗. ❽《中南米》役, 役割

actuado, da [aktwáðo, ða] 形 慣れた, 訓練を積んだ
actuador [aktwaðór] 男《技術》アクチュエータ
actual [aktwál]〖←ラテン語 actualis「活動的な, 実際の」〗形

[名詞+/+名詞] 現在の, 現代の; 現行の: en el momento ~ 現在のところ. circunstancias ~es 現状. la España ~/la ~ España 今日のスペイン. Gobierno ~ 現内閣. ~ primer ministro 現在の首相. ~ campeón 現チャンピオン. ~ situación política 現在の政治状況. ❷ 話題の, 流行の: Este coche tiene un diseño muy ~. この車は今風のデザインをしている. Es una moda muy ~. それは今流行のモードだ. ❸ momentos ~*es*〖問題の多い〗この現今. tiempos ~*es* [非難がましく] このご時勢.❹《哲学》現実の〖⇔potencial〗
── 男〖手紙〗[el+] 今月〖まれ〗 los ~*es*]: Hoy hemos recibido su carta del 3 del ~. 今月3日付けの貴信を本日拝受しました

actualidad [aktwaliðá(d)] 女 ❶ 現在, 現代, 今日 (話): En la ~ no ocurren esas cosas. 今日ではそんなことは起こらない. noticias de ~ 今日 (今週) のニュース. ❷ 現代性, 現実性; 話題性: Sus obras no han perdido la ~. 彼の作品は現代的意義を失っていない. ❸ 現実, 現状, 実状: Queremos saber más de la ~ cubana. キューバの現状をもっと知りたいのです. ~ política 政治の現状. ❹ [主に 複] 時事問題, ニュース, ニュース番組 (映画): La ~ informativa está centrada en los siguientes temas. 今日お伝えするニュースの項目は次のとおりです. ❺《哲学》顕在性
de ~ 注目を集める; 流行の: estar *de* ~ 注目を集めている, 話題になっている; 流行している. tema *de* gran ~ きわめて今日的なテーマ

actualismo [aktwalísmo] 男《まれ》現実主義
actualista [aktwalísta] 形《まれ》現実主義の
actualizable [aktwaliθáble] 形 現代化され得る
actualización [aktwaliθaθjón] 女 ❶ 現代化, アップデート; [価格などの] 見直し, 改定. ❷《情報》[データの] 更新; [ソフトウェアの] バージョンアップ. ❸《言語》現前化, 現働化. ❹《哲学》現実化, 具現化. ❺《商業》現在価値の算出

actualizador, ra [aktwaliθaðór, ra] 形 男 ❶ 現代化する. ❷《言語》現前化の

actualizar [aktwaliθár]〖←actual〗9 他 ❶ 現代化する, 現代風にする; 現状に合わせる, 改訂する: En ese país *han actualizado* mucho el armamento. その国では軍備が大幅に近代化された. *Han actualizado* los datos del censo. 国勢調査のデータが最新のものになった. ❷ 話題にする, 流行させる: La televisión *está actualizando* a algunos cantantes de la década de los sesenta. テレビでは60年代の歌手たちが取り上げられている. ❸《言語》現前 (現働) 化する〖記号としての語を発話の場で実際に用いる〗: La palabra genérica "hombre" se *actualiza* de diferentes maneras: este hombre, un hombre. 総称の「人」は, 「この人」「一人の人」のように実際は多様に用いられる. ❹《情報》[データ・プログを] 更新する〖ソフトウェアを〗バージョンアップする. ❺《哲学》現実 (具現) 化する. ❻《商業》[将来の予想価値を金利などで割引いて] 現在価値を算出する

actualmente [aktwalménte] 副 ❶ 今, 現在, 目下 (⌃⌃): 1) En el mundo se hablan ~ unas 3000 lenguas. 世界では現在約3千の言語が話されている. 2) [形容詞的に] el ~ presidente 現大統領. ❷ 実際に, 現実に

actuante [aktwánte] 形 作用する, 機能する
── 名 ❶ 出演者, 演技者, 演奏者. ❷ 論文審査を受ける人; 受験者, 志願者

actuar [aktwár]〖←俗ラテン語 actuare〗14 自 ❶ 行動する: Ha *actuado* juiciosamente. 彼は理性的に行動した. No entiendo su forma de ~. 私は彼のやり方が理解できない. ❷ [+de・como としての] 役割 (職務) を果たす: Ha *actuado* de mediador en esta negociación. 彼はこの交渉で仲介役をつとめた. Ha *actuado* bien *como* secretario del tribunal. 彼は裁判所の書記官の職務を立派に果たした. ~ *como* intérprete 通訳をつとめる. ❸ [薬などが] 作用する: Esta medicina *actúa* también *como* somnífero. この薬は催眠剤としても効く. ❹ [+de・como] 演じる; 出演する〖+en に〗出演する, 主演する: El actor siempre *actúa* de galán. その俳優はいつも二枚目を演じる. ¿Quién *actúa* en la película? その映画には誰が出ているの? Los Beatles *actuaron* también en Japón. ビートルズは日本でも公演した. ~ *en* televisión テレビに出る. ❺ [+en 試験などに] 応募する: *Actuó* ayer *en* el ejercicio oral. 彼は昨日口頭試問を受けた. ❻《法律》1) [訴訟などの] 手続きをとる. 2)[裁判の] 指揮をとる: El juez del juzgado número cinco actúa en el caso. 第5法廷の裁判官がその事件を担当する —— 他 ❶ [機械などを] 作動させる, 始動させる. ❷ 理解する; 熟知する. ❸《廃語》消化する, 吸収する

actuar	
直説法現在	接続法現在
actúo	actúe
actúas	actúes
actúa	actúe
actuamos	actuemos
actuáis	actuéis
actúan	actúen

actuaria[1] [aktwárja] 形《古代ローマ》[舟が] 小型の, 軽快な
actuarial [aktwarjál] 形 保険計理士の〔業務の・算定した〕
actuario, ria[2] [aktwárjo, rja] 名 ❶ [裁判所の] 書記. ❷ アクチュアリー, 保険計理士《= de seguros》
actuosidad [aktwosiðá(ð)] 女《古語》勤勉
actuoso, sa [aktwóso, sa] 形《古語》勤勉な, よく気がつく, かいがいしい
acuadrillar [akwaðriʎár] 他 ❶ 集団 cuadrilla にする; 集団を指揮する. ❷《南米》襲う
acuafortista [akwafortísta] 名 エッチング画家
acualón [akwalón] 男《メキシコ》アクアラング
acuametría [akwametría] 女《化学》アクアメトリー
acuanauta [akwanáuta] 名 アクアノート, 水中基地で生活する研究者
acuantiar [akwantjár] [11] 他 [物の] 量を定める, 定量にする
acuaplano [akwapláno] 男 [船舶] 水中翼船
acuarela [akwaréla]《←伊語 acquarella》女 ❶ 水彩画《=pintura a la ～》. ❷ 複《演》水彩絵の具
acuarelado, da [akwareláðo, ða] 形 水彩画のような
acuarelar [akwarelár] 他 水彩画法で描く, 水彩絵の具で描く
acuarelismo [akwarelísmo] 男 水彩画法
acuarelista [akwarelísta] 名 水彩画家
acuarelístico, ca [akwarelístiko, ka] 形 水彩画の
acuariano, na [akwarjáno, na] 形 名《占星》水瓶座生まれの〔人〕
acuario [akwárjo] I 《←ラテン語 aquarium》男 ❶ 水族館: ～ de Barcelona バルセロナ水族館. ❷ [水生動植物を飼育する] 水槽 II 《←ラテン語 aquarius》男《占星》[主に A～] 水瓶座《→zodíaco 参考》
—— 形 名 水瓶座生まれの〔人〕
acuariofilia [akwarjofílja] 女 水槽飼育
acuarium [akwarjún] 男 水族館《=acuario》
acuartelado, da [akwarteláðo, ða] 形《紋章》[盾を] 縦横線で四分した
acuartelamiento [akwartelamjénto] 男 ❶ 騒乱・軍事行動に備えた部隊の〕兵営待機, 帰営, 外出禁止: Han decretado el ～ de los reclutas que estaban de permiso, ante la situación internacional. 国際情勢にかんがみ, 休暇中の召集兵の兵営待機が発令された. ❷ 兵舎, 兵営, 駐屯地. ❸ 土地を4等分すること. ❹《船舶》船首三角帆を風に合わせること
acuartelar [akwartelár]《←a+cuartel》他 ❶ [部隊を] 1) 宿営させる, 兵舎に入れる. 2) [騒乱・軍事行動に備えて] 兵営待機させる: Mandó el gobernador ～ las tropas ante los disturbios de la provincia. 知事は県内での騒乱に備え, 軍隊を兵営待機させるよう命じた. ❷ [土地を] 4つに分ける. ❸《船舶》[船首三角帆を] 風に合わせる
—— ～**se** [部隊が] 宿営する, 兵舎に入る; [待機する; 帰営する]
acuartillar [akwartiʎár] 自 [馬・牛などが重荷で弱って] 四肢の一つを曲げる
acuate [akwáte] 男《メキシコ. 動物》パテイレーサー《水ヘビ. 学名 Zamenis hippocrepis》
acuático, ca [akwátiko, ka]《←ラテン語 aquaticus, -a, -um < aqua》形 ❶ 水の, 水中の: vía ～ca 水路. deporte ～ ウォータースポーツ《水泳, ボートなど》. ❷ 水生の, 水にすむ: planta ～ca 水生植物. ave ～ca 水鳥
acuátil [akwátil] 形《まれ》水生の《=acuático》
acuatinta [akwatínta] 女《美術》=**aguatinta**

acuatizaje [akwatiθáxe] 男 [水上飛行機の] 着水
acuatizar [akwatiθár] 自 [水上飛行機が] 着水する
acubado, da [akubáðo, ða] 形 桶 (バケツ・樽) 型の
acubilar [akubilár] 他《アストゥリアス, ナバラ, アラゴン》[家畜を] ねぐらに入れる
—— 自 ～**se** [家畜が] ねぐらに入る
acucharado, da [akutʃaráðo, ða] 形 スプーン形の
acuchilladizo [akutʃiʎaðíθo] 男 剣士
acuchillado, da [akutʃiʎáðo, ða] 形 ❶ [昔の服で] 裏地の見えるスリットの入った. ❷ 辛酸に鍛えられた, 苦労人の
—— 男 [木の床・家具の] 面仕上げ
acuchillador, ra [akutʃiʎaðór, ra] 名 ❶ [ナイフなどで] 刺す〔人〕; すぐナイフを抜く〔人〕. ❷《西》[床・家具の] 表面を滑らかにする人
—— 男《古代ローマ》剣闘士《=gladiador》
acuchillamiento [akutʃiʎamjénto] 男 [ナイフなどで] 刺すこと
acuchillar [akutʃiʎár]《←a+cuchillo》他 ❶ [ナイフなどで] 刺す, 刺し殺す. ❷《西》[ナイフなどで床・家具の] 面仕上げをする, 表面を滑らかにする. ❸《服飾》[裏地が見えるように] スリットを入れる. ❹ [風を] 切って進む. ❺ [苗床の苗を] 間引く
—— ～**se** ナイフで渡り合う (切り合う)
acucia [akúθja]《まれ》❶ 勤勉. ❷ 切望, 熱望
acuciadamente [akuθjaðaménte] 副 =**acuciosamente**
acuciador, ra [akuθjaðór, ra] 形 急がせる, せきたてる
acuciamiento [akuθjamjénto] 男 急がせる, せきたてる〕こと
acuciante [akuθjánte] 形 ❶ 緊急の, 急を要する: problema ～ 緊急の課題, 焦眉の問題. trabajo ～ 急ぎの仕事. ❷ 切実な, 痛切な: deseo ～ 切望. hambre ～ 激しい空腹
acuciantemente [akuθjanteménte] 副 緊急に, 切実に
acuciar [akuθjár]《←俗ラテン語 acutia「鋭さ」<ラテン語 acutus「鋭い」》[10] 他 ❶ [人が] 急がせる, 催促する, せきたてる: Me acucia continuamente con sus exigencias para que acabe el trabajo. 彼は私に仕事を早く仕上げろと絶えず口やかましく催促する. ❷ [事柄が] 切迫する, 急を要する, 差し迫る: No es el único problema que acucia a los habitantes. それだけが住民にとって緊急の問題ではない. Acuciado por el hambre, ataca el tigre al hombre. 虎は飢えに迫られると人を襲う. ❸ 不安にする: Acuciados por la soledad del pueblo henos venido a la ciudad. 私たちは田舎の寂しさが不安で都会へ出てきた. ❹《まれ》切望する, 強く望む. ❺《古語》気を配る, 大切に扱う
acuciosamente [akuθjosaménte] 副 ❶ 急いで, 緊急に. ❷ 熱心に, 熱意で
acuciosidad [akuθjosiðá(ð)] 女 ❶ 急ぎ, 緊急性, 切実さ. ❷ 熱心さ, 熱意
acucioso, sa [akuθjóso, sa] 形 ❶ 急ぎの, 緊急の. ❷ 熱心に働く, 勤勉な;《古語》懸命の, 痛切な
acuclillar [akukliʎár]《←a+cuclillas》～**se** しゃがむ, うずくまる: Me acuclillé junto a la niña y la abracé. 私は女の子の隣にしゃがんで抱き締めた
acudidero [akuðiðéro] 男 いつも行く場所
acudimiento [akuðimjénto] 男 援助
acudir [akuðír]《←古語 recudir <ラテン語 recutere「拒絶する」》自 ❶《文語》呼ばれて・何かをするために, +a+場所・人へ] 行く, 来る: Muchas personas acudirán hoy a las urnas. 今日たくさんの人が投票に来るだろう. Mucha gente ha acudido al lugar del accidente. 多くの人が事故現場に集まって来た. No acudieron a la cita. 彼らは約束の場所に来なかった. acudir a la hora prevista 約束の時間に行く. ～ al examen 試験を受けに行く. ～ 他《文語》いつも行く, 通う: 1) Acude en autobús al colegio. 彼はバスで学校に通う. ～ a su puesto de trabajo 職場に向かう. ❸《文語》[+a+不定詞]…しに行く: Suele ～ a tomar un café allí. 彼はいつもあそこにコーヒーを飲みに行く. ❹ 駆けつける, 馳せつける: Acudiré en tu ayuda cuando sea necesario. 必要な時は君を助けに行くよ. ❺ [+a+人に] 相談に行く, 頼る: Acudió a su padre para pedirle dinero. 彼はお父さんのところへ行った. No sé a quien ～. 私は誰に頼ったらいいか分からない. ❻ [+a に] 応じる, 対応する, 応対に行く: Señorita García, acuda al teléfono. ガルシアさん, 電話に出て下さい. No puede ～ al baño. 彼は全部には手が回りかねる. ～ a la puerta 玄関に応対に出る. [+a 手段に] 訴える: Es posible que acudan a las armas si es necesario. 彼らは必要なら武力に訴えるかもしれない. ～ a la violencia 暴力に訴える. ～ a la policía 警察に駆け込む. ～ a mentiras y

acueducto

falsedades [苦しまぎれに] 嘘偽りを言う. ❽ [+con の] 手段を講じる: *Acudieron con el remedio.* 救済の手が打たれた. ❾《文語》[不幸などが] 生じる: *Siempre le acuden desdichas.* 彼にはいつも不幸が襲いかかる. ❿《文語》[思い出などが心に] 浮かんでくる: *Acudiron a mi mente muchas escenas de mi infancia.* 子供のころの色々な情景が私の心に浮かんできた. ~ *a su memoria* 記憶によみがえる. ⓫ [土地が] 収益をもたらす; [植物が] 実をつける. ⓬ [馬が] 言うことをきく

acueducto [akweðúkto]《←ラテン語 aquae「水」+ductus「管」< ducere「運ぶ」》 男 ❶ 水道橋: *A~ de Segovia* [ローマ時代の] セゴビアの水道橋. ❷ 送水路: *servidumbre de ~* 引水地役権. ❸《解剖》水管, 水道. ❹《コロンビア》給水管

acuencado, da [akweŋkáðo, ða] 形 [ボウル cuenco のように] 凹状の

ácueo, a [ákweo, a] 形 水の, 水のような

acuerdado, da [akwerðáðo, ða] 形 [紐を引いたように] 一直線に並んだ

acuerdo [akwérðo]《←acordar》❶ [意見などの] 一致, 合意; 同意: *Tras varias reuniones, llegaron a un ~.* 彼らは何度かの会合の後, 意見の一致を見た. *alcanzar un ~* 合意に達する. *ponerse de ~* 同意する. *previo ~* 事前の合意. *básico* 基本的合意. *Se ha establecido un ~ entre las dos empresas.* 2社の間で協定が成立した. *firmar (concertar) un ~* 協定を結ぶ. *libro de ~s* 協定書. *~ bancario* 銀行取極. *~ comercial* 貿易(通商)協定. *~ cultural* 文化協定. *~ de pesca* 漁業協定. *~ verbal* 口約束, 紳士協定. *A~ del Plaza* プラザ合意. *A~ de Libre Comercio* 自由貿易協定. *A~ General sobre Aranceles Aduaneros y Comercio*《歴史》関税と貿易に関する一般協定, GATT. *A~ General sobre Préstamos* [IMFの] 一般借入協定. *A~ Marco* [労使交渉の枠組みを決める] 基本協約. *A~ Monetario Europeo* 欧州通貨協定. *A~ Multifibras*《歴史》繊維多国間取決め. *A~s de Schengen* [EUなどヨーロッパ内の参加国は自由な国境の通過を認める] シェンゲン協定. *A~s Internacionales de Productos Básicos* 国際商品協定. ❸ 調和, 折り合い, 同調: *Padres e hijos viven en perfecto ~.* 親子は全く折りあいよく暮している. ❹ 決議, 決定, 決断, 決心: *Mi ~ irrevocable es no asistir a la reunión.* 私のゆるぎない決意はその会議に出席しないということだ. *tomar un ~ de+不定詞* …することに決定(決心)する. ❺《歴史》[A~. 植民地のアウディエンシア audiencia が定期的に行なう] 審議会《主に管轄地域の重要事項が審議された. 審議事項 autos acordados は法律としての効力を有した》. ❻《まれ》分別, 判断力, 正気: *estar en su ~* 正気である. *estar fuera de su ~* 正気でない; [気を失っている. *volver a su ~* 正気に戻る. ❼ 忠告, 意見, 助言. ❽《まれ》記憶, 思い出. ❾《メキシコ, コロンビア》[政府の] 諮問委員会, 審議会. ❿《アルゼンチン》閣議; 上院による指名の承認

de ~ 承知した, よろしい, オーケー: *¿Me llamas esta noche?—De ~.* 今夜電話してくれるかい?—いいよ.

de ~ a... =de ~ con...

de ~ con... 1) …に従えば: *De ~ con la revista, él posee una fortuna de 200 millones de euros.* 雑誌によれば彼には2億ユーロの財産がある. 2) …に従って, 準拠して: *Lo hicimos de ~ con lo establecido en el contrato.* 我々は契約で定められたとおりに行なった. 3) …と一致して

de común ~ 満場一致で

de mutuo ~ 互いの合意の上で

estar de ~ con... …に同意する, 賛成する: *No estoy de ~ con pagarle tanto.* 彼にそんなに支払うことには賛成できない. *Todos estamos de ~ con lo que ha dicho él.* 彼が言ったことに全員賛成だ. *El congreso está de ~ con la prohibición de la publicidad del tabaco.* 議会はたばこのコマーシャルを禁止することに賛成している

estar de ~ con+人 en (en que+直説法) [意見などが] …という点で…と一致している: *Estoy de ~ con ustedes en que va a ser difícil la situación.* 私は状況が困難であるという点であなたがたと同意見です

ponerse de ~ con =quedar de ~

por ~ común =de común ~

quedar de ~ 意見の一致を見る: *Sobre ese punto quedaron de ~.* その点で彼らは意見が一致した

volver de su ~ [約束などを] 取り消す

---

acufeno [akuféno] 男《医学》幻聴

acuícola [akwíkola] 形《生物》水生の

acuicultivo [akwikultíβo] 男《魚介類·海草の》養殖

acuicultor, ra [akwikultór, ra] 名《魚介類·海草の》養殖業者

acuicultura [akwikultúra]《←ラテン語 aqua「水」+cultura「栽培」》女《魚介類·海草の》養殖技術

acuidad [akwiðáð]《←仏語 acuité <ラテン語 acutus「鋭い」》女 ❶《文語》[主に感覚の] 鋭さ: ~ *visual* 視力. ~ *estereoscópica* 立体視力. ❷ 音の鋭さ《スペイン語の母音では i>e>a>o>u の順》

acuífero, ra [akwífero, ra]《←ラテン語 aqua「水」+ferre「運ぶ」》形 ❶《地質》水を含んだ, 帯水の: *capa ~ra* 帯水層. *zona ~ra* 地下水源地帯. ❷《植物》[導管が] 水を運ぶ
——男《地質》帯水層

acuilmar [akwilmár] ~*se*《南米》意気消沈する

acuitadamente [akwitaðaménte] 副 悲しんで, 悲嘆に暮れて

acuitar [akwitár]《古語的》他 悲しませる, 苦しませる, さいなむ
——~*se*《古語的》悲しむ, 悲嘆に暮れる

ácula [ákula] 女《植物》センダングサの一種《=quijones》

aculado, da [akuláðo, ða] 形《紋章》[馬などが] 後脚で立った

acular [akulár]《←a-+culo》 他 ❶ [馬·車を, +a·en に] 後退させて近づける, バックで寄せる: *Junto al borde estaban aculados todos los carros.* 車はすべて端近くまでバックさせてある. ❷《口語》押しつける, 追い詰める
——~*se*《船舶》[後進の際に] 船尾が浅瀬に乗り上げる《浅瀬をこする》; 船尾を瀬に乗り上げる. ❸《動物が》しゃがむ. ❸《闘牛》[牛が, +en 柵に] 近寄る

aculatar [akulatár] 他《発砲するために》銃尾を肩に当てる

aculebrinado, da [akuleβrináðo, ða] 形《砲身が長く》カルバリン砲のような

acúleo [akúleo] 男《まれ》針, とげ《=aguijón》

acullá [akuʎá]《←俗ラテン語 eccum illac》副《指示副詞》《古語的》[他の場所の副詞と共に用いられ] あちらに: *acá y ~* あちこちに

acullico [akuʎíko]《←ケチュア語》男《南米》コカの葉のかたまり《噛んで摂取する》

aculotar [akulotár] 他《喫煙のパイプを》黒ずませる, すすけさせる

aculturación [akulturaθjón] 女 文化変容《2つの社会が直接接触することによって一方の文化要素が他方の社会に摂取されていくこと》; [一民族による] 他文化受容(適応·順応), 文化吸収

acultural [akulturál] 形《まれ》文化が欠落した

aculturar [akulturár] 他《社会集団が他の主に進んだ文化を》受容する, 摂取する

acumen [akúmen] 男《まれ》機知, 洞察力

acuminado, da [akumináðo, ða] 形《植物》[葉·葉先が] 鋭尖形の

acumíneo, a [akumíneo, a] 形 =acuminado

acuminoso, sa [akuminóso, sa] 形《廃語》鋭い, 尖った; とげとげしい

acumulable [akumuláβle] 形 加算され得る, 累積可能な

acumulación [akumulaθjón]《←ラテン語 accumulatio, -onis》女 ❶ 集積, 蓄積: *La ~ de poder en pocas manos es peligrosa.* 少数の手に権力が集中するのは危険だ. ~ *de capital* 資本蓄積. ~ *de endeudamiento* 債務の蓄積. ~ *de electricidad* 蓄電. ~ *de experiencias* 経験の蓄積. ❷《地質》堆積. ❸ 集合 積み重なったもの: *presentar quejas por la ~ de basura* ゴミの山に不平を言う. ❹《法律》訴訟の併合(一本化)

acumulador, ra [akumulaðór, ra] 形 蓄積する
——男 ❶ 蓄電池, バッテリー《=~ eléctrico》. ❷ エネルギー蓄積器《aparato ~ de energía》. ❸《蓄熱ヒーター. ❹《情報》1) 累算器, アキュムレータ. 2)《まれ》メモリー

acumulamiento [akumulamjénto] 男 集積, 蓄積《=acumulación》

acumular [akumulár]《←ラテン語 accumulare < ad- (に)+cumulare「山積みにする」》他 ❶ 集積する, 蓄積する, 集める, 積み上げる; 累積する: *El río acumula arena en su desembocadura.* 川は河口に砂を堆積する. ~ *los intereses al capital* 元金に利子を加算する. ~ *riquezas* 富を蓄積する. ~ *títulos* 資格を次々に取る. ~ *preocupaciones sobre+人* …のことをあれこれ心配する. ❷《法律》[判決をまとめて下すために] 複数の訴訟を合併させる

adala

—— **~se** 蓄積される, 集まる; 累積される: Se acumula mucho polvo aquí. ここにはほこりがたくさんたまる. El trabajo se va acumulando. 仕事がたまっていく
acumulativamente [akumulatíbamente] 副 累積的に
acumulativo, va [akumulatíbo, ba] 形《←acumular》 ❶ 蓄積の; 累積する, 累加の: cantidad ~va 蓄積量, 累積量. interés ~ 累積利子. método ~ 累加方式. ❷ 一つの賭けの賞金が次の賭けの掛け金となる
acúmulo [akúmulo] 男《文語, 技術》=**acumulación**
acunador, ra [akunadór, ra] 形《まれ》揺りかごで揺する
acunar [akunár]《-a-+cuna》他 ❶［赤ん坊を］揺りかごで揺する; 抱いて揺する. ❷《コスタリカ》[子供を] 揺りかごに寝かせる
acuñable [akuɲáble] 形 鋳造され得る
acuñación [akuɲaθjón] 女 ❶［貨幣・メダルの］鋳造, 刻印. ❷［新語の］作成普及, 造語
acuñado, da [akuɲáðo, ða] 形 くさび形の
acuñador, ra [akuɲaðór, ra] 形 名［貨幣・メダルを］鋳造する[人]
—— 男 鋳造機, 刻印機
acuñamiento [akuɲamjénto] 男《チリ》=**acuñación**
acuñar [akuɲár] I《←a-+cuño》他 ❶［貨幣・メダルを］鋳造する, 刻印する: ~ nuevas monedas de un peso 新しい1ペソ硬貨を鋳造する. ❷［新語などを］作り広める, 造語する《主に 過分》: frase recién acuñada 作られたばかりの言い回し. ❸《ガリシア》［好意で］忠告する, 釘を打つ
II《←a-+cuña》他 ...にくさびを打つ(かませる)
acuocultivo [akwokultíβo] 男《農業》水耕法; 水栽培
acuómetro [akwómetro] 男 水分析計
acuosidad [akwosiðáð] 女 水分の多さ, 水っぽさ
acuoso, sa [akwóso, sa]《←ラテン語 aquosus < aqua「水」》 形 ❶ 水(水分)の多い: terreno ~ 湿った土地. mirada ~sa 涙ぐんだ目. ❷［果実が］汁の多い, ジューシーな. ❸ 水のような. ❹《技術》水の; solución (disolución) ~sa 水溶液
acuotubular [akwotuβulár] 形: caldera ~ 水管ボイラー
acupe [akúpe] 男《ベネズエラ》発酵したトウモロコシから作る甘い飲み物
acupuntor, ra [akupuntór, ra] 形 名 鍼(の)治療の
—— 名 鍼医, 鍼療法士
acupuntura [akupuntúra] 女《←ラテン語 acus「針」+punctura「刺すこと」》女 鍼治療, 鍼を打つこと
acupuntural [akupunturál] 形 鍼治療の
acupunturista [akupunturísta] 名 =**acupuntor**
acure [akúre] 男《動物》オオテンジクネズミ [=agutí]
acurí [akurí] 男《南米》オオテンジクネズミ [=agutí]
acurrar [akurár] 他《地方語》［馬を］構内に入れる
acurrucar [akuřukár]《←古語 acorrucar <?ラテン語 corrugatus「しわになった」》[7] **~se**［寒さなどで, +en に/+contra に対して］体を丸める, ちぢこまる: El niño se acurrucó contra su madre. 子供は母親に体をすりつけた
acurrullar [akuřuʎár] 他《船舶》帆を下ろす
acusable [akusáβle] 形 告発され得る, とがめられても仕方ない
acusación [akusaθjón] 女《←ラテン語 accusatio, -onis》女 ❶ 告発, 告訴, 起訴; 起訴状 [=acta de ~]; [el+] 起訴側, 検察側: Formularon una ~ contra el político detenido. 逮捕された政治家が起訴された. La ~ tiene la palabra. 検察側は発言してよろしい. cargo de ~ 告訴状の 訴因. ❷ 容疑: Negó la ~. 彼は容疑を否認した. Se libró de la ~. 彼は容疑を晴らした. bajo la ~ de... ...の容疑で. ~ por homicidio 殺人容疑. ❸ 非難; 罪を着せること: Han lanzado una serie de acusaciones contra el gobierno. 彼らは一連の政府非難を展開していた. rechazar la ~ 非難をはねのける
acusadamente [akusaðaménte] 副 目立って, 際立って
acusado, da [akusáðo, ða] 形 ❶ 目立った, 際立った; 明らかな, 明白な: El hablaba con ~ sentimentalismo. 彼はひどく感傷的に話していた. Respondió con ~da acritud. 彼は辛辣な口ぶりで答えた. diferencia ~da 顕著な相違
—— 名［定冠詞+］被告［人］, 容疑者, 被疑者; [集] 被告側, 弁護側: El ~ puede ser condenado a veinte años de cárcel. その被告人は懲役20年にされるかもしれない
acusador, ra [akusaðór, ra] 形 ❶ 告訴する, 告発する: parte ~ra 起訴側, 検事側. prueba ~ra 告訴できる証拠. ❷ 非難する, 責める: dirigir a+人 una mirada ~ra とがめるような視線を...に向ける. en tono ~ 詰問する口調で

—— 名 ❶ 告訴人, 告発者: ~ público 検察官. ❷ 非難者
acusar [akusár]《←ラテン語 accusare < ad-（に）+causa》他 ❶［+de の罪で, +ante に］告発する, 告訴する, 起訴する: Le han acusado de robo. 彼は窃盗の罪で訴えられた. A Alberto le han acusado de soborno ante la policía. アルベルトは賄賂を受け取ったとして警察に告発された. Con esas pruebas la fiscalía juzgó que podía ~ al empresario. それらの証拠によって検察側はその企業家を起訴できると判断した. Estas pruebas le acusan. これらの証拠が彼に罪があることを示している. ❷［+de の誤りなどに］非難する, 弾劾する, 責める, とがめる: ¿Me estás acusando a mí? 私を非難してるのか? Me acusan de haber faltado a mi palabra (de egoísta). 約束を守らなかった（利己主義者だ）といって彼らは私を責める. ❸《口語》密告する, 暴く: Ella le acusó a la maestra. 彼女は彼のことを教師に告げ口した. ❹ 示す, 表わす: 1) Los excursionistas acusan la dureza de la jornada. ツアー客たちはスケジュールがきついと訴えている. Su rostro acusaba el cansancio del trabajo. 彼の顔には仕事の疲れが浮かんでいた. 2)［計器などが］El termómetro acusa un cambio brusco de la temperatura. 温度計は急激な気温の変化を示している. ❺［手紙などの受け取りを］通知する (~recibo). ❻ 受ける [=recibir]: ~ los golpes 殴打される. ❼《トランプ》［点数・手札を］宣言する
—— **~se** ❶ 白状する, 自白する; [自分の非を] 認める: Por fin él se acusó del asesinato. とうとう彼は殺人を自白した. ❷ 明白になる, 判明する: Esa tendencia se acusa cada vez más. その傾向はますます顕著になっている
acusativo [akusatíβo]《←ラテン語 accusativus < accusare》男《文法》対格, 目的格 [=caso ~]: ~ interno 同族目的語［例］Quiero vivir una vida plena. 充実した生活をおくりたい
acusatorio, ria [akusatórjo, rja] 形 ❶ 告訴に関する: pruebas ~rias 告訴するための証拠. ❷ 非難の, 弾劾の: discurso ~ 弾劾演説. sistema ~《法律》弾劾主義
acuse [akúse]《←acusar》男 ❶［手紙・書類の］受け取り, 受領. ❷《トランプ》上がり札. ❸《ボリビア, チリ, アルゼンチン》コカの葉のかたまり [=acullico]
~ de recibo 1) 受け取り, 受領. 2) 受領通知, 受領証, 請け書 [=carta de ~ de recibo]
acuseta[1] [akuséta] 男《アンダルシア》告げ口屋, 密告者
acusetas [akusétas] 形 名［単複同形］《コスタリカ, パナマ, ペルー》=**acusica**
acusete, ta[2] [akuséte, ta] 形 名《グアテマラ, コスタリカ, ペルー, ボリビア, チリ》=**acusica**
acusica [akusíka]《←acusar》形 名《西, キューバ, プエルトリコ. 口語》告げ口屋(の): Ningún niño quiere jugar con él porque es un ~. 彼は告げ口屋なのでどの子も一緒に遊ぼうとしない
acusique [akusíke] 形 名《幼児語》=**acusica**
acusón, na [akusón, na] 形 名《口語》=**acusica**
acústica[1] [akústika] 女 ❶ 音響学. ❷ 音響効果: Esta sala de concierto tiene una exelente ~. このコンサートホールは音響がすばらしい
acústico, ca[2] [akústiko, ka]《←ギリシア語 akustike < akuo「私は聞く」》形 ❶ 聴覚の; órganos ~s 聴覚器官. Tiene problemas ~s. 彼は聴覚に問題がある. ❷ 音響学の; 音響効果の: Ese auditorio tiene unas buenas condiciones ~cas. その公会堂は音響効果がよい. ❸《音楽》アコースティックの. ❹ tubo ~ 伝声管
acutángulo, la [akutángulo, la] 形《幾何》鋭角の 《⇔obtusángulo》: triángulo ~ 鋭角三角形
acutí [akutí] 男《南米》オオテンジクネズミ [=agutí]
acutifolio, lia [akutifóljo, lja] 形《植物》鋭先形葉の
ad-［接頭辞］［近接・付加］adjunto 付随の, admirar 讃える
-ada［接尾辞］❶［arm昂+. 名詞化. 動作・結果］entrada 入場. ❷［名詞+. 集合名詞化］torada 牛の群れ
adacilla [aðaθíʎa] 女《植物》ヒメモヒコウ
adafina [aðafína] 女《歴史, 料理》アダフィーナ《スペインのユダヤ人が金曜日に作り翌日に食べたシチュー》
adagial [aðaxjál] 形 格言の
adagietto [aðaʤéto] 副《音楽》アダージェット［の］《アダージョよりやや速い》
adagio[1] [aðáxjo]《←ラテン語 adagium》男 格言, 箴言(ん)
adagio[2] [aðáʤo]《←イタリア語 ad agio》副《音楽》アダージョで
adaguar [aðagwár] [13] 他《アラゴン》［家畜が］飲む
adala [aðála] 女《船舶》排水溝, 排水口

adalid [aðalí(d)]〖←アラビア語 ad-dalil「導き」〗男 ❶［思想・文化運動などの］指導者；～ del movimiento antiglobalización 反グローバル化運動のリーダー．❷《歴史》1)［中世の軍隊の］隊長, 首領；～ mayor 総司令官．2)［レコンキスタの軍事遠征の］嚮導人, 敵地案内人．❸《古語》carnero ～ 群れを先導する羊

adamado, da [aðamáðo, ða]《文語》❶［男が］女のような, 優男の．❷［人が］優雅な, 上品な；［女性が］奥様気取りの, 上品ぶった

adamadura [aðamaðúra] 女［まれ］［男の］女っぽさ
adamamiento [aðamamjénto] 男［男の］女性化
adamante [aðamánte] 男《古語》=**diamante**
adamantino, na [aðamantíno, na] 形《詩語》=**diamantino**
adamar [aðamár] 他 ❶［まれ］［女性に］言い寄る, 口説く．❷《古語》熱愛する
—— ～**se** ❶ 恋する, ほれ込む．❷［男が女のように］ほっそりする, きゃしゃになる

adamascado, da [aðamaskáðo, ða] 形［布で］ダマスク織りの damasco のような
adamascar [aðamaskár]〖←a-+damasco〗7 他 ダマスク風に織る
adamasquinado, da [aðamaskináðo, ða] 形 =**damasquinado**
adámico, ca [aðámiko, ka] 形 ❶ =**adánico**．❷《地質》引き潮で残って堆積した
adamismo [aðamísmo] 男《キリスト教》アダム派の考え, アダム主義
adamita [aðamíta] 女《キリスト教》アダム派, アダム主義の人［2 世紀に現われた異端．楽園のアダムの無垢状態の再現をめざし, 礼拝に裸で集まり, 一夫多妻を是認した］
adamsita [aðamsíta] 女《化学》アダムサイト［毒ガスとして用いられる］
adamuceño, ña [aðamuθéɲo, ɲa] 形 名《地名》アダムス Adamuz の［人］《コルドバ県の村》
adán [aðán] 男 ❶《旧約聖書》［A～］アダム《神が最初に創った人間》；～ y Eva アダムとイブ．estirpe (linaje･hijos) de A～ アダムの末裔《人類のこと》．en traje de A～［男性が］裸で．❷《軽蔑》［身なりの］だらしない人, 汚い人, 不精者；無気力な人, 怠け者：Es un ～, siempre mal vestido y desarreglado. 彼は不精者だ, いつもひどい格好で身繕いもしていない．estar (ir) hecho un ～［男が］汚らしい身なりをしている
nuez (*bocado*･*manzana*･*higuera*) *de A*～ のどぼとけ, 喉頭

adánico, ca [aðániko, ka] 形 ❶ アダムの《主に裸に言及して》．❷ 元祖主義 adanismo の
adanida [aðaníða] 男 アダムの子孫, 人間
adanismo [aðanísmo] 男 ❶ 元祖主義《元祖は自分だと主張・標榜される》．❷ 裸体主義．❸ =**adamismo**．❹《文学》アクメイズム《=**acmeísmo**》
adaptabilidad [aða(p)taβiliðá(d)] 女［+a への］適合性；適応, 順応性：～ a lugares fríos 寒冷地への適応性
adaptable [aða(p)táβle] 形［+a に］適応する, 適当な；適応できる, 順応性のある：gafas ～s a cualquier rostro どんな顔立ちにも似合う眼鏡
adaptación [aða(p)taθjón] 女［+a への］❶ 適応, 順応：Resulta difícil la ～ de los animales salvajes *a* la vida del zoo. 野生動物が動物園の生活に順応することは難しい．capacidad de ～ *al* medio ambiente 環境への適応力．❷ 取り付け, 設置；～ de la antena アンテナの取り付け．～ de los accesorios *al* ordenador コンピュータへの付属品の接続．❸ 脚色, 翻案；編曲：hacer una nueva ～ televisiva del Quijote『ドン・キホーテ』を新たにテレビ用に脚色する．❹ 調節, 調整, 修正, 変更：La ～ de su voz *al* personaje era perfecta. 彼は声をその登場人物に完璧に合わせた．古い教会を図書館に改造するのは費用がかかるだろう．❺《生理》順応：～ *a* la obscuridad 暗順応．falta de ～《医学》適応障害．❻ 換骨奪胎, 二番煎じ．❼ 適和
adaptadamente [aða(p)táðamente] 副 都合よく, うまく《=acomodadamente》
adaptador, ra [aða(p)taðór, ra] 形 順応させる；適合させる
—— 名 脚色者, 翻案者；編曲者
—— 男《技術》アダプター

adaptar [aða(p)tár]〖←ラテン語 adaptare < ad- (に) +aptare「適させる」〗他［+a･para に］❶ 適合させる, 適応させる；順応させる, 合わせる：Han adaptado el tratado *a* las nuevas realidades europeas. 彼らは条約をヨーロッパの新たな現実に適応させた．～ las medidas *al* fin 目的に合った手段をとる．❷ 調節する, 調整する；手を加える：～ el abrigo *a* su talla オーバーを自分の身長に合わせる．～ la lámpara de pie como lámpara de mesilla フロアスタンドを卓上用に直す．～ la sala como dormitorio 居間を寝室に作り変える．❸ 取り付ける, 設置する：～ un monitor *al* ordenador コンピュータにモニターを接続する．～ un silenciador *a* la pistola ピストルにサイレンサーを取り付ける．❹ 脚色する, 翻案する；編曲する：El escritor adaptó sus cuentos *para* niños. その作家は物語を子供用に脚色した．～ *para* la televisión las novelas de Cela セラの小説をテレビ用に脚色する．❺ 模範にする：Sin saber él iba adaptando su conducta *a* la de su padre muerto. 知らず知らず彼は父親の行動を手本にしていた
—— ～**se** ❶ 適応する, 順応する：Este niño no se adapta bien *a* las nuevas circunstancias. この子は新しい環境になかなか慣れない．～*se al* frío 寒さに順応する．❷ 適合する, 合う：Estos zapatos se adaptan *a* los pies. この靴［の大きさ］は足にぴったりだ

adaptativo, va [aða(p)tatíβo, βa] 形 適応力の, 順応性の
adaptómetro [aða(p)tómetro] 男［眼科の］暗順応測定器, 順応計
adaraja [aðaráxa] 女《建築》待歯
adarce [aðárθe] 男［海水に浸かった植物などに残った］こびりついた塩
adarga [aðárga]〖←アラビア語 ad-daraqa〗女［皮製で楕円・ハート形の］盾
adarme [aðárme]〖←アラビア語 ad-dirham < ギリシア語 drakhma「貨幣」〗男 ❶ ごく少量：No tiene un ～ de vergüenza. 彼は羞恥心のかけらもない．❷［昔の重量単位］アドルメ《=1.79 グラム》．*importar un ～ a*+人［まれ］…にとって全くどうでもよい
adarve [aðárβe]〖←アラビア語 ad-darb「絶壁」〗男《築城》［城壁上の］巡視路；城壁
ad augusta per angusta [að auǥústa per anǥústa]〖←ラテン語〗狭き道を通って高貴なものに《様々な困難を克服しなければ勝利は得られない》
ádax [áða(k)s] 男《動物》アダックス
ad calendas graecas [að kaléndas grékas]〖←ラテン語「ギリシアの明日に」《古代ギリシアの暦には1日に当たる語がなかった》〗副 いつまでたっても［…しない］, いつまでも［…ない］：Ella lo hará ～. 彼女は決してしないだろう
ad captandum vulgas [að kaptándum búlǥas]〖←ラテン語〗大衆の心を捉えるために, 人気取りのために
ad cautelam [að kautélan]〖←ラテン語「安全のために」〗副 万一のために
addenda [aðénda]〖←ラテン語〗女 =**adenda**
addisoniano, na [a(d)disonjáno, na]《医学》アジソン病にかかった
a. de C.《略語》=**a.C.**
adecentamiento [aðeθentamjénto] 男 見苦しくなくすること, 身繕い, おしゃれ
adecentar [aðeθentár]〖←a-+decente〗他 見苦しくなくする, 小ぎれいにする；整頓する：Le pago un tanto fijo al mes para que vaya a ～ un poco el apartamento. マンションをちょっと掃除しに行ってもらうために私は彼女に毎月決まった額を払っている．～ la ciudad 町を美化する
—— ～**se** 身繕いをする, おしゃれをする：Amalia se adecentó la cara y el pelo. アマリアは顔と髪を整えた
adecuación [aðekwaθjón] 女 適合, 順応
adecuadamente [aðekwáðamente] 副 適切に, ぴったりと：El nuevo estudiante progresa ～ en todas las materias. その新入生は全教科において順調に成績が伸びている
adecuado, da [aðekwáðo, ða] 形 [+para･a に] 適した 類題 **conveniente** は「どちらかといえば適した」, **adecuado** は「漠然と適した」, **apropiado** は「条件が満たされている」, **idóneo** は「すばらしくよく適した」：Este traje no es ～ a la fiesta. この服はパーティーにふさわしくない．construir un espacio ～ para escuchar música 音楽を聴くのに適した空間を建設する．Elige la respuesta ～*da*. 正しい答えを選びなさい
adecuar [aðekwár]〖←ラテン語 adaequare < ad- (に) +aequare「

adefagia [adefáxja] 囡《まれ》大食い

adefesiero, ra [adefesjéro, ra] 形《ペルー.口語》[服装が] おかしな; [ふるまいが] とっぴな

adefesio [adefésjo]《←ラテン語 ad Ephesios「エフェスス Éfeso の住民へ (聖パウロの書簡)」》男 ❶《口語》ひどく醜い (とっぴな格好の) 人・動物・物: Ese templo es un ~ arquitectónico. その寺院は建築学的におかしな形をしている. ❷《まれ》でたらめ, 的はずれ

adegañas [adegáɲas] 囡《歴史》隣接地《=aledaños》

adehala [adeála]《まれ》おまけ

adehesado, da [ade[e]sáðo, ða] 形《地方語》[土地が] 耕作しないままの

adehesamiento [ade[e]samjénto] 男 牧草地化

adehesar [ade[e]sár] 他 [土地を囲って] 牧草地 dehesa にする

a. de J.C.《略語》←antes de Jesucristo 紀元前《=a.C.》

adelantadamete [adelantáðamete] 副 進歩して, 前もって, あらかじめ

adelantado, da [adelantáðo, ða] 形 [estar+] ❶ 進歩した, 発展した: El país está ~ en la industria automovilística. その国は自動車産業が発展している. Es una técnica muy ~ da que se utiliza sólo en nuestro país. それは我が国だけで使われている非常に進んだ技術だ. país ~ 先進国. país menos ~ 非先進国. ❷ [時間が] 進んだ; [時期が] 繰り上がった, 早くなった: Tienes el reloj ~. 君の時計は進んでいるよ. La cosecha está ~ da este año. 今年は収穫が早い. ❸ [仕事などが] 進んだ, はかどった: Llevo el trabajo muy ~. 私は仕事がとてもはかどっている. ❹ 早熟な, ませた: Su hija está ~ da para la edad que tiene. 彼の娘は年のわりにませている. ❺ [支払いが] 前もっての: Le hicieron dos pagos ~s. 彼は2回前払いを受けた. ❻ 優秀な, 他に抜きん出た: Él está ~ en sus estudios. 彼は勉学に秀でている. ❼ 冒険的な, 急進的な ❽ 大胆な; 厚顔な, ずうずうしい
—— 名 上級者, 上達者: curso de español para ~s 上級スペイン語コース
—— 男 ❶《サッカー, ラグビー》フォワードパス. ❷《歴史》1)《スペイン国境地域の》太守. 2)[アデランタミエント adelantamiento の] 地方長官. 3)[中南米植民地における] 先遣都督, 判事総督《16世紀前半, スペイン王室が新大陸の発見・征服・入植を主導した人物に与えた称号》: ~ de mar 探険隊長. ~ mayor 国王・王妃から任命された総督

llevar (**tener**) ~ [todo eso+] である, 得になる: Si los niños nos dejan tranquilos por ahora, todo eso llevamos ~. 子供たちがしばらく静かにしてくれるのなら, それは全くもうけものだ

por ~ あらかじめ, 前もって: Le advierto por ~. あなたにあらかじめ警告しておきます. pagar por ~ 前払いをする

adelantamiento [adelantamjénto] 男 ❶ 前進, 前に出ること: Fue emocionante el ~ del corredor que estaba a punto de pisar la meta. そのランナーのゴール直前の追い込みは感動的だった. ❷ 進歩, 発展; 改善, 改良: ~ de la industia del ordenador コンピュータ産業の発展. ❸ [時期が] 早まること; [予定などの] 繰り上げ: El ~ de los exámenes no es posible. 試験の繰り上げはあり得ない. ❹《自動車》追い越し: hacer ~s rápidos 迅速な追い越しを行う. ❺《経済》会社の salarios [全国一律の協定賃金を個別企業別の賃金が上回る] 賃金ドリフト. ❻《歴史》1)アデランタミエント《中世後期カスティーリャ王国のタホ川以南に設置された市町村の管区・その長官職》. 2)[新大陸探険時代の] 総督位; 総督領

adelantar [adelantár]《←adelante》他 ❶ 前進させる, 進める; 前に出す: El comandante adelantó las tropas. 司令官は部隊を前進させた. El adelante la silla para que sentara. 私は彼が座れるように椅子を前に出した. ❷ 追い越す, 追い抜く: 1) Un coche deportivo nos adelantó con mucha velocidad. スポーツカーが猛スピードで私たちを追い抜いていった. ~《表示》追い越し禁止. 2)[順位などで] Él me adelantó en los estudios. 彼は勉強で私を追い抜いた. He adelantado en estatura a mi hermano. 私は身長で兄を追い抜いた. ❸

47　　　　　　　　　　　　　　　　　　　　　　　　　　　　　　**adelante**

[予定・進行を] 早める, 繰り上げる《⇔retrasar, atrasar》: Adelanté dos días el viaje. 私は旅行を2日繰り上げた. ❹ [仕事などを] 急がせる: Hemos adelantado el trabajo para completarlo en la primavera. 私たちは春に終わらせるために仕事を急がせた. ❺ 前払いする; 前貸しする: La oficina nos ha adelantado cien mil dólares. 事務所は私たちに10万ドル前払いしてくれた. ~ dinero 前金を払う. ❻ [時計を] 進める: A veces tengo que ~ mi reloj porque se retrasa un poco. 私の時計は少し遅れるのでそれを時々進めなければならない. ❼ 前もって言う, 前もって知らせる: Nos adelantó la noticia hace días. 彼は2, 3日前あらかじめ私たちにそのニュースを知らせてくれた. Les adelantamos que el próximo lunes no habrá servicio. あらかじめお知らせいたしますが, 来週の月曜日は閉店いたします. ❽ [疑問文・否定文で, +con をして] 得るところがある: ¿Qué adelantas con llorar? 泣いてどうするというのだ? No adelantamos nada con decírselo. 彼にそれを言っても何の得にもならない. ❾《スポーツ》[ボールを] 前方 (フォワード) にパスする
—— 自 ❶ 前進する, 進む《⇔retroceder》: La procesión va adelantando lentamente. 遠征隊は嵐の中を前進した. A estas horas los coches adelantarán poco debido al intenso tráfico. この時間は渋滞のために車はほとんど進まないだろう. ~ un paso 一歩前に出る. ❷ 上達する, 向上する: Han adelantado mucho en español. 彼らはスペイン語がずいぶん上達した. ❸ 進歩する, 発展する: La ciencia ha adelantado mucho en los últimos años. 科学は近年とても進歩した. Esta ciudad ha adelantado mucho en estos años. この町は近年とても発展した. ❹ 追い抜く, 追い抜く: Se prohíbe ~. 追い越し禁止. ❺ [時計が] 進む: Este reloj adelanta mucho. この時計はよく進む. ❻ 良くなる: Este paciente no adelanta nada. この患者は少しも良くならない. ❼ 増える: ~ en edad 年を取る. ❽ 近道をする. ❾《馬などが》暴走する
—— ~se ❶ 前進する, 進み出る: La expedición se adelantó en la tormenta. 遠征隊は嵐の中を前進した. Me adelanté unos pasos hacia él. 私は数歩彼の方へ進み出た. ❷ 進歩する, 向上する. ❸ [時期が] 早まる, 繰り上がる: El invierno se ha adelantado este año. 今年は冬が早まった. ❹ 先行する, 先に行く; 出し抜く: 1) Nos adelantamos unas horas para hacer preparación. 準備をするために私たちは数時間前に行った. Se me adelantó en verla. 彼は私より先に彼女に会った. 2) [+a+不定詞. 他人より] 先に…をする, 先に立って…する: Yo me adelanté a recibirle. 私は誰よりも早く彼を出迎えた. Él se me adelantó a pagar la cuenta. 彼の方が私より先に勘定を払ってしまった. ❺ [+a] 先んじる, …の先を越す; …を察する: Me adelanté a sus deseos. 私は彼の願いを察した. ❻ [時代・様式などを] 先取りする: Los verdaderos intelectuales se adelantan a su tiempo. 本当の知識人は時代の前を行くものだ. ❼ [時計が] 進む: Este reloj se adelanta un minuto más o menos al día. この時計は一日に約1分進む. ❽ [建物の一部が] 突き出る, 突出する: En ese convento se adelanta la torre. その修道院は塔が突き出ている

adelante [adelánte]《←a+delante》副 ❶ [時間的・空間的に] 前へ, 先へ《⇔atrás》: Marchemos ~. 前進しよう. Fueron hacia ~. 彼らは進んで行った. ❷ [進行副詞句が+] ~ を先へ, を進んで: Camino ~ encontrará usted la estación. この道を行けば駅があります. Fueron calle ~. 彼らは通りを先に進んで行った. ❸《中南米》[+de] …の前に; …のいる (ある) 方に

de... en ~ …以上: de veinte mil euros en ~ 2万ユーロ以上

de aquí (**hoy・ahora**) **en** ~ =en ~

en ~ 今後は, これからは, 将来: En ~ no quiero volver a verte por aquí. 今後ここで君の顔は二度と見たくない

ir ~ ❶ 前に進む: Es imposible ir más ~; está atascado el camino. これ以上先には進めない, 道が詰まってしまっている. ❷ 順調にいく, 進歩する: La exposición de vehículos antiguos irá ~. 古物の展示会は計画したように進められるだろう. 3) 成功を収める: Mis hijos van ~ en sus negocios respectivos. 私の息子たちはそれぞれの事業で何とか順調にやっている. ir ~ en la vida それなりに暮らしていく

llevar ~ [考え・計画などを] 続行 (推進・遂行・実行) する; [商売を] 切り盛りする; [家族を] 養う

más ~ 1) [時間] 後で, 後ほど: Pararemos a comer más

adelanto

～. 食事休憩はもっと後にしよう. Volando una hora *más* ～, ya se podrán ver las costas de Japón. 後1時間飛んだら, 日本の海岸が見えるだろう. Creo que no es conveniente dejar este asunto para *más* ～. この問題を先送りするのはよくないと私は思う. ❷［時間］もっと先に・で: *Más* ～, la calle se bifurca. この先で通りは2本に分かれる. 3)［本・話などで］この後で: *Más* ～ nos referiremos detalladamente a este tema. もっと先でこのテーマを詳しく扱うことにしましょう. De esto hablaré *más* ～. このことについては後で話すことにします. Véase *más* ～.［注記などで］後述参照
para ～ 前方に・へ
para más ～ もっと後で
pasar ～ 1)［話の］先を続ける: Vamos a *pasar* ～ con el tema suguiente. 次の話題に移りましょう. 2) 先へ進む, 前に進み出る: *Pasó* ～ para darle la mano. 彼は握手をするために前に進み出た
quedarse para ～《口語》妊娠している
sacar ～［+a+人］を育てる: Tiene seis hijos y le cuesta mucho *sacar*los ～. 彼は子供が6人もいて育てるのに大変金がかかる. 2)［事業などを］切り盛りする, 推進する; 危機から救う: Ella *sacó* ～ el negocio al morir su marido. 彼女は夫の死後商売を切り盛りした. *sacar* ～ el proyecto 計画を押し進める
salir ～ 1) 困難 (逆境) を克服する. 2) 好結果に終わる: El proyecto *salió* ～ a pesar de la oposición. 反対はあったが議案は通った
seguir ～ 1) 前に進む, もっと先に行く: *Siga* ～. 前へ進みなさい／もっと先へ行きなさい／先を続けなさい. 2)［+con 作業などをさらに］続ける, 先を続ける, 推進する: *Sigue* ～ con el proyecto del museo. 彼は美術館の計画を押し進める. 3)［+en を］根気よく続ける
―― ❶［軍隊などで］前進!, 前へ進め! ❷［促し］さあ［続けなさい］!: ¡*A* ～ con el vino! さあ, ワインをどんどんやって下さい! ❸［許可を求められて］どうぞ［おやり下さい］! ❹［ノックに答えて］どうぞ, お入り: ¿Se puede?―*A* ～. 入ってもいいですか?―どうぞ. ¡*A* ～!, puede usted entrar sin tocar. どうぞ, ノックなしでお入り下さい

adelanto [aðelánto]【←*adelantar*】圐 ❶［時間的・空間的な］前進, 進行, 進歩《行為》: Las obras del metro van con ～. 地下鉄の工事は順調に進んでいる. ❷［主に技術の］進歩, 発展: ～ de los medios de transporte 交通機関の発達. ❸［主に圐］改良品, 新鋭機器: tener los ～s de cocina 最新式の台所設備がある. ❹［時間的］［予定などの］繰り上げ, 前倒し: El avión llegó con diez minutos de ～ sobre el horario previsto. 飛行機は予定時刻より10分早く着いた. Es el concierto a las cinco es imposible. コンサートを5時に繰り上げるのは不可能だ. ❺優位, 先行: En el maratón él llevaba al principio un ～ de dos minutos con respecto a otros corredores. マラソンで彼は最初他のランナーたちを2分リードしていた. ❻ 前払い［金］, 前渡し: abonar un ～ del 10 por ciento 10パーセントの前金を払う. pedir ～ 前金を要求する

adelfa[1] [aðélfa] 囡《植物》セイヨウキョウチクトウ
adelfar [aðelfár] 囲 セイヨウキョウチクトウの群生地
adélfico, ca [aðélfiko, ka] 囫《まれ》セイヨウキョウチクトウの
adelfilla [aðelfíλa] 囡《植物》ジンチョウゲ
adelfo, fa[2] [aðélfo, fa] 囫《医学》［臓器が］対の: ojo ～ もう片方の眼
―― 圐《地方語》セイヨウキョウチクトウ《=adelfa[1]》
adelgazador, ra [aðelɣaθaðór, ra] 囫 やせさせる: régimen ～ スリミングダイエット
adelgazamiento [aðelɣaθamjénto] 圐 細くすること; やせること
adelgazante [aðelɣaθánte] 囫 やせさせる; やせ薬
adelgazar [aðelɣaθár]【←俗ラテン語 delicatiare < delicatus「細い, 繊細な」】⑨ 囲［人・動物が］やせる, 体重が減る《⇔engordar》: Ha *adelgazado* dos kilos. 彼は2キロやせた
―― 自;～se［事物が］細くなる, 薄くなる(弱くなる): Son ―la voz de Juan *adelgazada*― trescientos euros. それは一フアンの声が小さくなった―300ユーロです
―― 他 ❶ 細くする, 薄くする. ❷［人を］やせさせる: El color negro nos *adelgaza*. 黒色は私たちをやせ見せる
A. del S.《略語》←América del Sur 南アメリカ

ademán [aðemán]【←?語源】圐 ❶ しぐさ, 態度; 表情: 1) ～ severo 厳しい態度 (顔). hacer ～ de huir 逃げるそぶりを見せる. 2)［+de que+接続法］Me hizo ～ de que me fuese. 彼は私に立ち去るように合図した. ❷ 圐 行儀《=modales》: tener *ademanes* elegantes ふるまいは上品である. ser de *ademanes* bruscos 行儀が悪い
en ～ **de...** …の態度で: *en* ～ *de* agradecimiento 感謝の念を表わして

además [aðemás]【←*a*-+*demás*】副 ❶ さらに, その上: 1) Este vestido es caro y ～ no te queda bien. この服は高いし, そのうえ君には似合わない. 2)［動詞の直後ではカンマ(,)で分立する］Vino, ～, acompañado de su madre. 彼は来た, しかも母親に付き添われて. ❷［+de+名詞・形容詞・不定詞・que+直説法］…に加えて, …のほかに: Habla ruso y chino, ～ *de* inglés y español. 彼は英語とスペイン語のほかにロシア語と中国語を話す. *A*～ *de* cara, esta mesa es demasiado grande. このテーブルは値段が高い上に大きすぎる. *A*～ *de* hacerte mal, engorda. それは身体に悪い上に太る. *A*～ *de* estudiar química, estudia física. 彼は化学のほかに物理学を勉強している. *A*～ *de* que no le gusta ir al cine por la noche, dice que esta noche tiene invitados. 彼は夜映画に行くのは好きではない上に, 今夜はお客があると言っている
～ ***de esto (eso)*** これ(それ)に加えて, おまけに
ademe [aðéme] 圐《鉱山》［坑道の］支柱
adementado, da [aðementáðo, ða] 囫《まれ》精神の錯乱した
ademprio [aðémprjo] 圐《アラゴン》［複数の村の］共有の牧草地
ademprío [aðemprío] 圐《アラゴン》=**ademprio**
aden-《接頭辞》=**adeno-**
adenda [aðénda]【←ラテン語 addenda】囡 巻末の付録, 補遺: figurar en la ～ 補遺に記載されている
adenina [aðenína] 囡《生化》アデニン
adenitis [aðenítis] 囡《医学》腺炎
adeno-《接頭辞》［腺］*adenoma* 腺腫
adenocarcinoma [aðenokarθinóma] 圐《医学》腺癌
adenohipófisis [aðenoipófisis] 囡《解剖》腺下垂体
adenoidectomía [aðenoiðektomía] 囡《医学》アデノイド切除
adenoideo, a [aðenoiðéo, a] 囫《解剖》アデノイドの
adenoides [aðenóiðes] 囡圐《解剖》アデノイド
adenología [aðenoloxía] 囡《医学》腺学
adenoma [aðenóma] 圐《医学》腺腫
adenomatosis [aðenomatósis] 囡《医学》腺腫症
adenomatoso, sa [aðenomatóso, sa] 囫《医学》腺腫様(性)の
adenopatía [aðenopatía] 囡《医学》腺疾患
adenosina [aðenosína] 囡《生化》アデノシン
adenovirus [aðenobírus] 圐《単複同形》《医学》アデノウイルス
adensar [aðensár] 他 濃くする, 密度を高くする
―― ～**se** 濃くなる: Una oscuridad *se ha adensado*. 闇が濃くなった
adentellar [aðenteʎár] 他《まれ》［人・器物の］歯を折る
adentrado, da [aðentráðo, ða] 囫 中 (奥) にある
adentramiento [aðentramjénto] 圐 入り込むこと; 深い掘り下げ
adentrar [aðentrár]【←*adentro*】他［人を, +en 場所・分野に］入り込ませる
―― ～**se** [+en] ❶ 入り込む: *Se adentró en* la habitación, tambaleándose. 彼はよろめきながら部屋の奥に入った. Abandonó el sendero y *se adentró* entre arbustos. 彼は道を外れて灌木の中に分け入った. *A*～ *en* el mar 沖に出る. *A*～ *en* sí mismo 物思いに沈む. ❷［分野・テーマなどを］深く掘り下げる: Publica un libro que *se adentra en* el deseo carnal. 彼は性的欲望について掘り下げた本を出版する. ❸ 時間が移る: Si es hoy, será muy *adentrado* el día. 今日だとしても午後遅くだろう
adentro [aðéntro]【←*a*-+*dentro*】副 ❶［動きの方向・状態］中へ・で; 奥へ・に《⇔*afuera*》: Vamos ～. 中へ入ろう. Mi madre está durmiendo ～. 母は奥(の部屋)で寝ている. La espina estaba tan ～ que no pudo sacarla. とげはかなり深く中に入り込んでいたので彼女には抜くことができなかった. El viento fuerte les empujaba ～. …の中へ・で; …の奥へ・に. El viento fuerte les empujaba mar ～. 強風のため彼らは沖に流された. ❸［中南米］1)［前置

詞+] 中から, 中まで, 中の方に・で 〖=dentro〗: Por ～ es esmaltado. 内側はエナメルが塗ってある. desde ～ 中から. hacia ～ 中へ. 2) [+de] …の中に 〖=dentro de〗

***llegar* (*entrar*) *a muy* ～** [事柄が] 大変印象的である, 印象深い

***ser de muy* ～** 大変親密である

***tierra* ～** 内陸部に: Soy de *tierra* ～. 私は内陸部の出身だ. Desembarcaron y instalaron el campamento *tierra* ～. 彼らは船から降りて海岸から離れたところにキャンプを張った

—— [男] ❶ [複] [sus+] 内心, 胸の内: Para (En) tus ～*s* no quisiste venir. 君は内心では来たくなかったのだ. decir (hablar) para sus ～*s* ひとりごとを言う. sonreír para sus ～*s* 内心微笑する. ❷ [複] 内部. ❸ [複] 《闘牛》 木柵 tabla 付近の砂場. ❹ 《中南米》 屋内, 家の中

—— [間] ❶ 入りなさい!: ¿Se puede?—¡*A*～! 入っていいですか?—どうぞ! ❷ 《南米》 [掛け声] さあっ, それっ!

adepto, ta [ađé(p)to, ta] 〖←ラテン語 adeptus「取得した」< adipisci「達する」〗 [形] [名] [+de・a 党派などに] 入会(入党)している〔人〕; [主義・人物などを] 信奉している〔人〕: Esos religiosos eran ～*s de* la teología de la liberación. その修道士たちは解放の神学の信奉者だった. El gobierno actual es ～ *al* proteccionismo. 現政府は保護貿易主義をよしとしている

aderezado, da [ađereθáđo, đa] [形] [+a に] 向かう, 目的とする

aderezador, ra [ađereθađór, ra] [形] [名] 調理する〔人〕, 味つけをする〔人〕

aderezar [ađereθár] 〖←古語 derezar < 俗ラテン語 directiare「向ける, まっすぐにする」< dirigere〗 [9] [他] ❶ 調理する; [特に] 味つけをする: Los españoles *aderezan* la ensalada con aceite, vinagre y sal. スペイン人はオリーブ油と酢, 塩でサラダをあえる. ❷ 飾る; 仕上げをする: La rústica mesa está iluminada por las velas y *aderezada* con la vajilla de estaño. 田舎風のテーブルはろうそくの明かりに照らされ, スズの食器で飾りつけられている. ❸ [糊などで布に] 仕上げ加工をする

—— **～se** 身繕いする, 身仕度を整える; 着飾る

aderezo [ađeréθo] 〖←aderezar〗 [男] ❶ 調理, 調味. ❷ 調味料: comer en crudo y sin ～*s* 生で調味料なしに食べる. ❸ 装身具一式 〖首飾り, 耳飾り, ブローチ, 腕輪〗: medio ～ 耳飾りとブローチ

-adero 《接尾辞》 [ar動詞+] 1) [形容詞化. 可能] llev*adero* 我慢できる. 2) [名詞化. 場所] freg*adero* 流し

adesse [ađése] 〖←ラテン語〗 [形] 出席している

adestrar [ađestrár] [23] [他] =**adiestrar**

adeudable [ađeuđáble] [形] 《まれ》 負債として計上され得る

adeudar [ađeuđár] 〖←a-+deuda〗 [他] ❶ [+a に] 負債がある: La empresa *adeuda* 10 millones de euros *al* banco. 会社は銀行に1千万ユーロの負債がある. ❷ [家賃・賃金などを] 未払いにしている. ❸ 《商業》 借方に記入する

—— **～se** 借金する 〖=endeudar〗

adeudo [ađéuđo] [男] ❶ 負債額. ❷ 借方への記入

ad experimentum [ađ ε(k)speriméntun] 〖←ラテン語〗 [副] [形] 試しに; 試みの

ad extra [ađ é(k)stra] 〖←ラテン語〗 [副] 外部に, 外に向かって

ad extremum [ađ ε(k)strémum] 〖←ラテン語〗 [副] 極端に; ついに

a D.g. 《略語》 ←a Dios gracias おかげさまで

ad gloriam [ađ glórjam] 〖←ラテン語〗 [副] 栄光のために, 名誉のために

adherencia [ađerénθja] 〖←ラテン語 adhaerentia〗 [女] [+a への] ❶ 粘着性, 付着力; くっつくこと: La humedad contribuye a una mayor ～ de suciedad. 湿気があると汚れが付きやすくなる. ❷ 精神的結びつき, 賛同: Para los judíos la circuncisión es el signo de ～ *al* judaísmo. ユダヤ人にとって割礼はユダヤ教との結びつきの印である. ❸ [主に [複]] くっついたもの, 付着物. ❹ 《医学》 癒着, 癒合. ❺ 《自動車》 ロードホールディング

adherente [ađerénte] 〖←ラテン語 adhaerens, -entis〗 [形] [名] [+a に] ❶ くっついた; 粘着性のある: calzado ～ 滑りにくい履き物. ❷ 精神的に結びついた〔人〕, 賛同者

adherir [ađerír] 〖←ラテン語 adhaerere < ad- (に)+haerere「結びついている」〗 [33] [他] [+a に] 貼る, くっつける: ～ una foto *al* certificado 証明書に写真を貼付する

—— [自] くっつく; 参加する

—— **～se** ❶ くっつく: El sudor resbala y la ropa *se adhiere al* cuerpo. 汗が流れ, 服が体にひっつく. ❷ [+a に] 同意する: Todos los ciudadanos *se adhieran al* pacto. 全市民が協定に賛成している. ❸ [政党などに] 加入する; [運動に] 参加する

adhesión [ađesjón] 〖←ラテン語 adhaesio, -onis〗 [女] [+a への] ❶ 支持, 同意: mensaje de ～ *a*... …への支持声明. ❷ 加入, 加盟; 参加: Tratado de *A*～ *a* la UE EU加盟条約. ❸ 粘着, 付着; 《物理》 付着力

adhesividad [ađesiƀiđá(đ)] [形] 粘着性

adhesivo, va [ađesíƀo, ƀa] 〖←ラテン語 adhaesivus〗 [形] 粘着力のある

—— [男] ❶ シール, ステッカー 〖=pegatina〗. ❷ 接着剤: ～ de dos componentes 二液混合型接着剤. ～ epóxico エポキシ系接着剤. ❸ 粘着(接着)テープ

ad hoc [ađ ók] 〖←ラテン語〗 [形] [副] 《文語》 ❶ 特別な目的のための・に, 特別な・に: comité ～ 特別委員会. ❷ [+para に] 適した: persona ～ *para* la película その映画にぴったりの人

ad hominem [ađ óminem] 〖←ラテン語〗 [形] 《文語》 ❶ [議論が] 論敵に向かっての, 人身攻撃の: argumento ～ 《論理》 対人論証. ❷ [知性・理性ではなく] 偏見による, 感情に訴える, 利害のための

ad honorem [ađ onóren] 〖←ラテン語〗 [形] [副] 名誉職の, 名誉職として: título de graduación ～ 名誉学位. profesor ～ 名誉教授

ad honores [ađ onóres] 〖←ラテン語〗 [形] [副] 名誉のための・に, 無償の・で

ad huc sub judice lis est [ađ uk suƀ xuđíθe lis ést] 〖←ラテン語. 旧約聖書『詩編』〗 目下係争中である, 問題は未解決である 〖ホラチウス Horatius の言葉〗

adiabático, ca [ađjaƀátiko, ka] [形] 《物理》 断熱の: gradiente ～ 断熱減率

adianto [ađjánto] [男] 《植物》 チャセンシダ, メシダ

adiar [ađjár] [11] [他] 《まれ》 日を指示(指定)する

adicción [ađi(k)θjón] 〖←ラテン語 addictio, -onis〗 [女] [+a 麻薬などへの] 依存, 中毒; 耽溺(たんでき): ～ *al* tabaco たばこ中毒. ～ *al* juego ギャンブル中毒. ～ *al* trabajo 仕事中毒

adición [ađiθjón] 〖←ラテン語 additio, -onis < addere「加える」〗 [女] ❶ 付加, 追加. ❷ 足し算; その結果. ❸ 《法律》 [遺産の] 受諾. ❹ 《商業》 ～ a una póliza 証券の裏書. ❺ 《南米》 勘定書 〖=cuenta〗

adicionador, ra [ađiθjonađór, ra] [形] [名] 付加する〔人〕

adicional [ađiθjonál] [形] 付加の, 追加の, 補足的な: La compra de una casa conlleva una serie de gastos ～*es* como impuestos, escrituras, etc. 家の購入には税金, 書類など一連の追加的な費用がかかる. artículo ～ 追加条項. impuesto ～ 付加税. línea ～ 《音楽》 [五線譜の] 加線

adicionar [ađiθjonár] [他] 《文語》 [+a に] 付加する, 足す; 加算する

adictivo, va [ađiktíƀo, ƀa] [形] [物質が] 中毒をもたらす

adicto, ta [ađíkto, ta] 〖←ラテン語 addictus < addicere「授与する, 捧げる」〗 [形] ❶ [+a 麻薬・酒・賭け事などに] 中毒の: Es ～ *a* la cocaína desde hace cinco años. 彼は5年前からコカイン中毒だ. ❷ 熱中した, 大好きな: Se ha hecho ～ *a* la cámara digital. 彼はデジタルカメラに夢中になった. ❸ [ser+. +a 人物・主義を] 信奉している; …の下に配属されている: Este autor tiene un público muy ～. この作家には熱心な読者がついている. ～ *a* una causa 節を曲げない. amigo ～ 信義にあつい友人. ❹ [ser+. +a の下に] 配属されている

—— [名] 信奉者; 中毒者: Soy un ～ *a* los dibujos animados. 私はアニメおたくだ

adiestrado, da [ađjestráđo, đa] [形] 《紋章》 [+de を] 右側に付けた

—— [名] 《キューバ》 研修生

adiestrador, ra [ađjestrađór, ra] [形] [名] 訓練する; トレーナー, 訓練士: ～ de los animales 動物訓練士

adiestramiento [ađjestramjénto] [男] 訓練, 養成, 調教; 練習: ～ profesional mediante práctica en el trabajo 職場〔内〕訓練

adiestrar [ađjestrár] 〖←a-+diestro〗 [他] ❶ [人に, +en 技能・身体能力などを] 訓練する: El sargento le *adiestra en* el uso de los explosivos. 軍曹は彼に爆発物の扱い方を教える. ❷ [動物を, 人の命令に従うように] 調教する: ～ a los perros policía 警察犬を調教する

adietar

—— ~se 練習する: Los trabajadores *se adiestran en* las nuevas técnicas industriales. 労働者たちは新しい工業技術の訓練を受ける
adietar [adjetár] 他 食餌療法(ダイエット)をさせる
adinamia [adinámja] 女 [医学] [筋] 無力症
adinerado, da [adineráđo, đa] 形 大金持の: Sus padres son ~s. 彼の両親は大金持ちだ
adinerar [adinerár] 《まれ》他 [小切手・債券などを] 現金に換える
—— ~se 《まれ》大金持になる
ad infinitum [ađ infinítun] 《←ラテン語》副 無限に, 永久に
adintelado, da [adinteláđo, đa] 形 [建築] まぐさ dintel のある; まぐさの上に置かれた
ad interim [ađ ínterin] 《←ラテン語》副 形 仮に・の, 臨時に・の; その合い間に
ad intra [ađ íntra] 《←ラテン語》副 形 内部に向かって・向かった
adiós [adjós] 《←A Diós (seas) 「神のみもとへ」》間 ❶ [別れの挨拶] さようなら: 1) A~, hasta mañana. さようなら, また明日. A~ a todos. 皆さん, さようなら. 2) いってきます, いってらっしゃい. 3) [通りなどですれちがった時] やあ. ❷ [驚き] おや; ¡A~! Se fue la luz. あれ! 明かりが消えた
—— 男 別離: No me gustan los *adioses*. 別れは嫌いだ. dar un ~ 別れる. hora del ~ 別離の時
~ **muy buenas** [冷淡・軽蔑的な別れ, 愛情・関心の消滅] これで清々する, これでおわりさっぱりだ
decir ~ *a...* 1) [+人]…に別れを告げる: Le *dije* ~ con la mano. 私は手を振って彼に別れを告げた. 2) [+物・事]…をあきらめる: *Dijo* ~ *a* ese plan. 彼はその計画を断念した
hacer ~ 《まれ》 [別れの挨拶で] 手を振る
adiosero, ra [adjoséro, ra] 形 《まれ》 別離の, 送別の
adípico, ca [adípiko, ka] 形 [化学] ácido ~ アジピン酸
adiposidad [adiposiđáđ] 女 肥満, 脂肪太り; 脂肪質: ~ visceral 内臓脂肪
adiposis [adipósis] 女 [医学] 脂肪 [過多] 症
adiposo, sa [adipóso, sa] 形 《←ラテン語 adiposus < adeps, adipis 「脂肪」》 ❶ 脂肪質の; 脂肪の: tejido ~ 脂肪組織. ❷ 《文語》 脂肪太りの
adipsia [adí(p)sja] 女 [医学] 渇感欠如, 無飲症
adir [adír] 他 [法律] [遺産を] 受け継ぐ
aditamento [aditaménto] 《←ラテン語 additamentum < addere》 男 ❶ 《文語》 付加物, 付属品; 付加. ❷ [言語] 状況補語
aditar [aditár] 《チリ, 口語》 他 加える, 合計する
aditicio, cia [aditíθjo, θja] 形 付加的な
aditivo, va [aditíβo, βa] 《←ラテン語 addere「加える」》形 ❶ 添加された. ❷ 加法的な; 添加的の, 追加式の; 付加的な
—— 男 添加物, 添加剤 [=sustancia ~*va*]; 混和剤: ~ alimentario 食品添加物
adiuretina [adjuretína] 女 [生化] 抗利尿ホルモン
adivinable [adiβináble] 形 推測される
adivinación [adiβinaθjón] 女 ❶ 占い, 易断; 予言, 予見: Esa gitana es experta en ~, sobre todo en quiromancia. そのジプシー女は占い, 特に手相を見ることに長けている. ❷ 謎解き. ❸ 察知, 推測
adivinador, ra [adiβinađór, ra] 形 占いをする
—— 名 占い師 [=adivino]
adivinanza [adiβinánθa] 《←adivinar》女 ❶ なぞなぞ, クイズ; 謎: Adivina, ~. Juntos vienen, juntos van, uno va delante, otro va detrás. なぞなぞだ. 一緒に来て, 一緒に行って, 片方は先に, もう片方は後から行くものは? [答えは鼻と足]. acertar (resolver) una ~ なぞなぞを解く. ❷ 占い, 予言
adivinar [adiβinár] 《←ラテン語 divinare < divinus「占い師」< deus「神」》他 ❶ [迷信的に] 占う, 予言する: Esta vieja puede ~ el futuro. この老婆は未来を占うことができる. ~ la suerte 運命 (運勢) を占う. ❷ [直感的に] 言い当てる, 見抜く: ¿Adivinas con quién me encontré hoy? 今日私が誰に会ったか当ててごらん. Me *adivinó* el pensamiento. 彼は私の考えていることを言い当てた. ¡*Adivina* quién soy! [目隠し遊びなどで] 私は誰だ! ❸ [謎を] 解く: *Adivinó* el acertijo que le planteamos. 私たちが彼にクイズを彼は解いた. ❹ [遠くに (ぼんやりと) 見える: *Adivino* allá lejos unas casas. 遠くに家々がかすかに見える
adivina quién te dio¹, que la mano te cortó 《遊戯》 目隠し鬼 [目隠しをした鬼が自分を叩いた子を当てる]

dejar ~ ほのめかす: *Dejó* ~ su descontento. 彼はそれとなく不満を漏らした
—— ~se ❶ [3人称で] 遠くに (ぼんやりと) 見える: *Se adivinan* a lo lejos unas casas. 遠くに家々がかすかに見える. ❷ [3人称単数で] 予想 (推測) される: *Se adivina* una tormenta. 嵐になりそうだ
adivinatorio, ria [adiβinatórjo, rja] 形 占いの, 予言の; 推測の: artes ~*rias* 占い術. facultades ~*rias* 予知能力
a divinis [a diβínis] 《←ラテン語》形 副 ❶ 神事において [の]. ❷ 《カトリック》神法による・よって: cesación ~ 聖職停止
adivino, na [adiβíno, na] 《←古語 divino < ラテン語 divinus》名 占い師, 易者: ir a un ~ 占い師に見てもらう
adj 《略記》←adjunto 同封; adjetivo 形容詞
adjetivación [adxetiβaθjón] 女 ❶ 形容; [語に] 形容詞をつけること. ❷ [名詞などの] 形容詞化. ❸ [集] 形容詞群
adjetivador, ra [adxetiβađór, ra] 形 形容詞化する
adjetival [adxetiβál] 形 形容詞の, 形容詞的な: nombre ~ [日本語文法の] 形容動詞
adjetivar [adxetiβár] 《←adjetivo》 他 ❶ [語に] 形容詞をつける
—— ~se 形容詞化する
adjetividad [adxetiβiđá(đ)] 女 付随性
adjetivo¹ [adxetíβo] 《←ラテン語 adjectivus < adjicere「加える」》男 《文法》形容詞: ~ atributivo (predicativo) 付加 (叙述) 形容詞. ~ calificativo 品質形容詞. ~ determinativo 限定形容詞 【参考】 ~ demostrativo 指示形容詞, ~ posesivo 所有形容詞, ~ numeral 数形容詞, ~ indefinido 不定形容詞, ~ interrogativo 疑問形容詞
adjetivo², va [adxetíβo, βa] 形 ❶ 付随的な: cuestión ~*va* 二義的な問題. ❷ 形容詞の: oración ~*va* 形容詞節
adjudicable [adxuđikáble] 形 与えられ得る
adjudicación [adxuđikaθjón] 女 ❶ 授与, 認可: ~ de licencias para abrir comercios 新規開業権の認可. ❷ 裁定, 判定: ~ de la licitación 入札の裁定. ❸ 落札; 入札
adjudicador, ra [adxuđikađór, ra] 名 授与する [人]; 競売を行なう [人], 入札を裁定する [人]
adjudicar [adxuđikár] 《←ラテン語 adjudicare < ad- (に) +judicare「判断する」》 他 ❶ [+a+人に] 授与する; [法的に物の帰属を] 認める: Después de un largo pleito le *han adjudicado a* él la finca. 長い訴訟の末, 地所は彼のものと裁定された. ❷ [競売・入札などで] 落札させる: El ayuntamiento *adjudicó* las obras por un importe de 3 millones de euros *a* la empresa A. 市は300万ユーロで工事をA社に落札させた
—— ~se [不当に] 我が物にする, 横取りする, 横領する: *Se ha adjudicado* todos los méritos. 彼はすべての手柄を独り占めした. ❷ [賞・勝利を] 獲得する: El equipo mexicano *se adjudicó* la victoria. メキシコチームが勝利をおさめた. ❸ 落札される: El paso subterráneo *se adjudicó* por un precio de 4 millones de euros. 地下道 [の工事] は400万ユーロで落札された
adjudicatario, ria [adxuđikatárjo, rja] 形 名 授与された [人], 落札した, 裁定された: familias ~*rias* de los pisos del ayuntamiento 市営住宅入居権を得た家族
adjución [adxuθjón] 女 ❶ [法律] 所有者の異なる2個以上の不動産・動産が結合することで所有権の得喪が生じること. ❷ 付加, 添加
adjunta¹ [adxúnta] 女 付加, 添加, 追加; 補遺
adjuntar [adxuntár] 《←adjunto》 他 ❶ [+a に] 同封する, 添付する: *Adjunto* una fotocopia del certificado al expediente. 関係書類に証明書のコピーを添付します. ❷ 《文法》 [他の語に] 隣接させる, 付ける
adjuntía [adxuntía] 女 専任講師の職 (地位)
adjunto, ta² [adxúnto, ta] 《←ラテン語 adjunctus < ad- (近接) +junctus < jungere「合わせる」》形 ❶ 同封の, 添付の; 付随する: remitir ~*ta* una muestra 見本を添付して送る. tarjeta ~*ta* al regalo プレゼントに添えられたカード. carta ~*ta* 添え状, カバーレター. ~*ta* lista de precios 同封 (添付) の価格表. ❷ [+a 別のものと] 結合した: casa ~*ta a* la mía 私の家と棟続きの家. ❸ 代理の, 副…の: director ~ 助監督; 副社長. secretario ~ 次官補
—— 名 ❶ 助手, アシスタント, 補佐: cargo de ~ del presidente 副会長の職務. ❷ [大学の] 専任講師 [=profesor ~. →**profesor**]

——［男］❶［Ｅメールの］添付ファイル《=~ en e-mail》．❷《文法》付加詞, 修飾語: Los adjetivos son ~s de los sustantivos. 形容詞は名詞の付加詞である
——［副］［主に商業文・公用文で, +動詞］同封して, 添付して: A ~ les envío una copia de la factura. 同封にて送り状のコピー１通お送りします
adjurable [aɖxuráble]［形］《古語》呪われ得る
adjuración [aɖxuraθjón]［女］《古語》呪詛; 悪霊払い
adjurador [aɖxuraɖór]［男］《古語》悪霊払いの祈祷師
adjurar [aɖxurár]［自］［他］《古語》[+de を] 呪う; 悪霊払いをする
adjutor, ra [aɖxutór, ra]［形］［名］補佐の; 助手
——［名］《宗教》佐黨
adlátere [aɖlátere]［《ラテン語 ad- (近接)+latus, -eris "側"》］［名］《軽蔑》取り巻き, 腰巾着: No te fíes de él, es un ~ del jefe. 彼を信用するな, 彼は上役の取り巻きだ
ad lib [aɖ líb]《省略語》=**ad libitum**
ad libitum [aɖ líbitum]《ラテン語》［副］［形］❶ アドリブで・の, 即興で・の: tocar un trozo de música ~ 楽曲を即興で演奏する. ❷ 自由に・な: agua ~ 任意量の水
ad limina [aɖ límina]《ラテン語》《カトリック》教皇庁への《司教の5年ごとの教皇訪問など》
ad limina apostolorum [aɖ límina apostolórum]《ラテン語》［副］12使徒のいる門口へ, ローマへ
ad litem [aɖ lítem]《ラテン語》［副］［形］論証に向けて〔の〕: El mandato ~ se limita al pleito de que se trata. 訴訟のための召喚は件の訴訟に限られる
ad litteram [aɖ lítéram]《ラテン語》［副］原文どおりに, 字句どおりに《=literalmente》: Debe citarse un autor ~. 作者の引用は原文どおりになされねばならない
ad majorem Dei gloriam [aɖ maxórem dei glórjam]《ラテン語》［副］神の大いなる栄光に向けて《イエズス会の紋章にある銘. その頭文字 A.M.D.G. はイエズス会発行の書物の巻頭の題字となっている》
adminicular [aɖminikulár]［他］《法律関係などで》確証する, 裏付ける, 傍証する
adminículo [aɖminíkulo]［男］❶［楊枝・ピン・釘・尾錠のような］小物, ［小さな］付属品．❷［主に囷]．緊急用の］予備品
administración [aɖministraθjón]《ラテン語 administratio, -onis》［女］❶ 管理, 運営; 経営: Sigue a su padre en la ~. 彼の経営は父親を踏襲している. departamento de la [general] ~ 総務部. ~ de bienes 財産の管理. ~ de empresas／~ empresarial 企業経営; 《南米》［ビジネス・スクールにおける］経営学. ~ de justicia ［裁判所が行なうべき］法の運用・執行. ~［de］personal 労務管理, 人事. ~ diocesana 司教区の運営・管轄. ~ económica 財政運営. ~ general 総務. ❷［集名］経営陣, 役員陣: bajo nueva ~ 新経営陣のもとで. consejo de ~ 役員会, 理事会. ❸ 統治, 行政;［主に A~］政府, 行政機関, 官公庁; 本部, 当局: Entregó la declaración en la ~ de Hacienda más cercana a su casa. 彼は家に一番近い税務局に申告をした. Tiene un pleito con la A~ por haberle expropiado unos terrenos. 彼は土地収容をめぐり政府機関と係争中だ. ~ activa 行政［当局］. ~ central 中央行政; 中央官庁. ~ civil [militar] 民政[軍政]. ~ de correos 郵政業務; 郵便局. ~ de instrucción pública 教育行政. ~ de justicia 司法機関; 司法行政. ~ local 地方行政当局. ~ militar 兵站部. ~ municipal 市政; 市役所. ~ provincial 地方行政; 県政, 県庁. ~ pública 行政機関, 官公庁; 行政学. ❹［ある首班下の］政府, 政権: A~ Obama オバマ政権. ~ actual 現政権. ❺［集名］政府(官公庁)の職員; jefe de ~［部局長以上の］行政職の係官. ❻ 投薬, 服用《=~ de medicamentos》. ❼《西》~ de lotería 宝くじ発売所
en ~ 委託されて, 管理下で; 受任されて, 後見人として
por ~ 直轄で, 直営で
administrado, da [aɖministráɖo, ɖa]［形］統治される, 行政下にある; 被統治者
administrador, ra [aɖministraɖór, ra]《ラテン語 administrator, -oris》［形］管理する, 統治する
——［名］❶［官公庁の］事務職員, 事務官: Es ~ del departamento de sanidad provincial. 彼は県衛生局の職員だ. ❷［民間の］管理［担当］者
administratorio, ria [aɖministratórjo, rja]［形］《まれ》=**administrativo**
administrar [aɖministrár]《←ラテン語 administrare < ad-（に）+ministrare "仕える"》［他］❶ 統治する: España administró algunos territorios africanos a principios del siglo XX. スペインは20世紀初頭アフリカのいくつかの地域を統治した. ❷ 管理する, 運営する, 経営する: ~ el patrimonio de la fundación 財団財産を管理する. ~ la empresa 会社を経営する. ~ los asuntos locales 地方行政を動かす. Sabe ~ bien sus asuntos. 彼は自分のことはうまくやっていける. ❸ 調整する, 制御する: ~ sus fuerzas 力をコントロールする; 体力をセーブする. ❹［職務を］遂行する, 執行する;［法を］適用する, 施行する. ❺［+a+人 に］1) 与える, 授ける: El sacerdote le administró la eucaristía. 司祭は彼に聖体を授けた. ~ ropa de abrigo a+人 …に防寒着を支給する. 2)［薬・注射などを］投与する: Mi madre me administra unas vitaminas. 母は私にビタミン剤をくれる. 3)［殴打を］加える, 食らわす: Le he administrado una paliza. 私は彼を棒で叩った
—— ~*se* 切り盛りする; 倹約する: Su mujer *se administra* muy bien. 彼の奥さんは大変やりくり上手だ. ❷ 自分をコントロールする. ❸［薬を］服用する: *Se administró* el antibiótico. 彼は抗生物質を飲んだ
administrativamente [aɖministratíbaménte]［副］❶ 行政の手で, 当局に. ❷ 行政法上, 行政機構上; 行政的に. ❸ 経営的に, 管理上, 運営上
administrativista [aɖministratibísta]［形］［名］行政法専門の［法律家］
administrativo, va [aɖministratíbo, ba]《←administrar》［形］❶ 行政の: capital ~*va*［行政上の］首都. derecho ~ 行政法. medida ~*va* 行政手段. ❷ 管理［部門］の; 経営の: gerente ~ 総務部長
——［名］❶［官公庁の］事務職員, 事務官: Es ~ del departamento de sanidad provincial. 彼は県衛生局の職員だ. ❷［民間の］管理［担当］者
administratorio, ria [aɖministratórjo, rja]［形］《まれ》=**administrativo**
admirable [aɖmiráble]《←ラテン語 admirabilis》［形］[ser+] 賞賛に値する, 驚嘆すべき; すばらしい, 見事な: La capacidad del arquitecto es realmente ~. その建築家の才能は本当に賞賛べきものだ. Tras una ~ resistencia, las tropas pasaron al ataque. 見事に持ちこたえた後, 部隊は攻撃に転じた. belleza ~ すばらしい美しさ. ~ sentido del humor すばらしいユーモアのセンス
admirablemente [aɖmirábleménte]［副］見事に, 立派に, すばらしく
admiración [aɖmiraθjón]《←ラテン語 admiratio, -onis》［女］❶［+por ～に］感嘆, 賞賛; 見とれること: Siento gran ~ *por* él. 私は彼に敬服している. Yo tenía ~ *por* el cuadro. 私はその絵に感心した. Ese futbolista despierta ~ en todo el mundo. そのサッカー選手は世界中を感動させる. ❷ 賞賛の的: Ella es la ~ de todos. 彼女はみんなのあこがれの的だ. ❸ 驚嘆, 驚異の念: Su dimisión nos llenó de ~. 彼の辞任に私たちはびっくりした. No salgo de mi ~. ¡Cuánto ha adelgazado! 本当に驚いた. 彼は何てやせてしまったのだろう! ❹《文法》感嘆符《=signos de ~》
admirador, ra [aɖmiraɖór, ra]［形］賞賛する, 賛美する
——［名］❶ 賛美者, 崇拝者, 熱狂的なファン: Es un gran ~ de Gandhi. 彼はガンジーの熱狂な賛美者だ. El cantante estaba rodeado de ~*es*. その歌手は熱狂的なファンに囲まれていた. ❷ 信頼を寄せる人, 好意を抱く人: Ese profesor joven tiene muchos ~*es*. その若い先生にはみんなが好意を抱いている
admirar [aɖmirár]《←ラテン語 admirari < ad-（に）+mirari "驚く"》［他］❶ 感嘆する, 感心する; 賞賛する: Todos *admiran* la pintura de Picasso. 皆はピカソの絵を賞賛している. *Admiro* tu valor y tu conducta. 私は君の勇気と行動に感心している. ❷ 見とれ, 感心して眺める: Pasé un buen rato *admirando* el paisaje. 私はしばらくの間その景色に見とれていた. ❸ 感嘆させる, 感心させる: No *admiró* su belleza. 彼女の美しさを魅了した. ❹ 驚かす, びっくりさせる; 不思議に思わせる, 奇異に感じさせる: 1) Me *admira* su ignorancia. 彼の無知に私はびっくりさせられる. 2)［que+接続法 が主語］Me *admira que* él

tenga tan poca vergüenza. 私は彼がそれほど恥知らずなのに驚いている
ser de ～ que+接続法 …は感嘆すべき(驚くべき)ことである: No es de ～ que él se haya hecho muy rico. 彼がすごい金持ちになったからといって感心することはない
── **～se** [+de+名詞・que+接続法] ❶ 驚嘆する, 驚く; 賞賛する: *Me admiro de* su paciencia. 私は彼の辛抱強さに驚嘆する. *Me admiré* mucho *de que* hubieran podido hacerlo sin mi ayuda. 私は彼らが私の助けなしでもそれをできたことにとても驚いた. ❷ 不思議に思う, 奇異に感じる: *Nos admiramos de* su conducta de todas las noches. 彼の毎晩の行動はどうも奇妙だ. *Me admiro de que* todavía no lo hayas notado. 君がまだそのことに気がつかないなんて不思議だ

admirativamente [aðmiratíβaménte] 副 感嘆して, 感じ入って

admirativo, va [aðmiratíβo, βa] 形 ❶ 感嘆した, 感服した: lanzar una mirada ～*va* うっとりと見つめる. tono ～ 感心した口調. ❷ 驚いた, 驚嘆した

admisibilidad [aðmisiβiliðá(ð)] 女 受け入れられる(容認できる)こと, 許容性

admisible [aðmisíβle] 形 ❶ 受け入れられる, 容認できる, 許容できる: La lengua italiana era entonces la única lengua ～ para el canto. イタリア語は当時歌うのに使える唯一の言葉だった. ❷ 許される, 認められる: La tortura nunca puede ser ～. 拷問は決して許されるべきでない

admisión [aðmisjón] 女 ❶ 入るのを許可する(される)こと 〖⇔expulsión〗; 合格, 採用; 入場, 入会, 入学, 入国: La ～ en la unión conlleva unos requisitos. 組合に加入するにはいくつかの条件が必要. ～ de originales para el concurso コンクールへの〖応募作品の〗オリジナルの受付. examen (prueba) de ～ 入学(採用)試験. reservado el derecho de ～《表示》会員制/入場(来店)をお断りすることがあります〖店にとって歓迎できない客とは入場を断わることができます〗. ～ temporal 一時的保税輸入. ❷ 容認, 是認: Hay muchas discusiones sobre la ～ del aborto. 堕胎を認めることには多くの議論がある. ❸〖内燃機関の〗吸気, 吸入〖=～ de aire〗: ciclo de ～ 吸入サイクル. ❹〖法律〗予審.❺〖商業〗～ a cotización/～ en bolsa 〖株式などの〗上場

admitancia [aðmitánθja] 女〖電気〗アドミタンス

admitidamente [aðmitíðaménte] 副 確かに〖=ciertamente〗

admitir [aðmitír] 〖←ラテン語 admittere < ad-+mittere〗 他 ❶ [+en に] 入ることを認める, 許可する, 承認する 〖⇔prohibir〗: 1) 〖場所に〗No le *admitieron* en el restaurante por no llevar corbata. 彼はネクタイをしていなかったのでレストランに入れてもらえなかった. 2) 〖組織に〗Le *admitirán en* el club. 彼はそのクラブに入会できるだろう. Le *admitieron en* el colegio. 彼は入学を許可された. Me *admitieron en* el banco. 私は銀行に採用された. ❷ 〖事実として〗認める, 容認する 〖⇔rechazar〗: 1) 〖+名詞・不定詞〗No *admito* las críticas que me hacen. 私は自分に向けられている非難を認めない. Él *admitió* haberla visto. 彼は彼女に会ったことを認めた. ～ derrota 敗北を認める. ～ la posibilidad 可能性を認める. 2) 〖肯定文で+que+直説法, 否定文で+que+接続法〗*Admito que* me he equivocado. 私は自分が間違ったことを認める. No *admite que* haya asesinado a su amigo. 彼は友人を殺したことを認めない. ❸ [+como として] 認知する, 認知する: Le *admitimos como* líder del grupo. 私たちは彼をグループのリーダーとして認める. ❹〖弁解・遅滞などを〗許す, 容赦する: Lo dijo en tono que no *admitía* réplica. 彼は反論を許さない口調でそう言った. ❺ 〖疑い・解釈などの〗余地を与える: Lo que dijo sobre este asunto no *admite* ninguna duda. この件について彼の言ったことは疑いの余地がない. Su discurso *admite* varias interpretaciones. 彼の演説はいくつかの解釈ができる. ❻ 〖修理・改良などを〗まだ可能にする: Este plan *admite* mejora. この計画は改善の余地がある. ❼ 〖許可できるものとして〗受け付ける, 受け入れる: En correos no *admiten* paquetes tan pesados. 郵便局ではそんな重い荷物は受け付けない. ❽ 〖場所などが一時的に〗収容できる: El estadio *admite* 12.000 personas. そのスタジアムには12000人が入る. El taxi *admite* solo cuatro personas. タクシーには4人しか乗れない. ❾ [+que+接続法] 仮定する: ¿Qué vas a estudiar?, *admitiendo que* hayas salido bien en el examen de ingreso. 入学試験に合格したと仮定して, 君は何を勉強するするつもりなのか?
── **～se** [受け身] En los países árabes *se admite* la poligamia masculina. アラブ諸国では一夫多妻が認められている. No *se admiten* perros en estos pisos. このアパートでは犬を飼うのは禁止だ. No *se admiten* propinas. チップは不要です. Aquí *se admiten* tarjetas de crédito. ここではクレジットカードが使える. Para los siameses machos *se admite* una mayor redondez de las mejillas. シャム猫は頬が丸いのが雄である

admón.《略語》=administración → 局, 部

admonición [aðmoniθjón]〖←ラテン語 admonitio, -onis < admonere "忠告する"〗 ❶〖文語〗戒告, 説諭: ～ oral (escrita) 口頭での(文書による)戒告. ❷〖まれ〗覆 婚姻公告〖=amonestaciones〗

admonitor, ra [aðmonitór, ra] 形 名 ❶ **=amonestador**. ❷《カトリック》宗規遵守を監督する修道士(修道女)

admonitoriamente [aðmonitórjaménte] 副 戒告として

admonitorio, ria [aðmonitórjo, rja] 形 戒告の, 説諭の

ad multos annos [áð múltos ános]〖←ラテン語〗〖祝福の決まり文句〗幾年月も: desear que tal cosa sea ～ そのようなことが幾久しく続くことを望む

ADN 男《略語》←ácido desoxirribonucleico DNA: prueba de ～ DNA鑑定

adnamantino, na [aðnamantíno, na] 形 名《地名》アルマサン Almazán の〖人〗〖ソリア県の村〗

ad nauseam [að náusean]〖←ラテン語〗副 うんざりするほど

adnominal [aðnominál]〖文法〗名詞を修飾する, 連体的な

-ado〖接尾辞〗❶ [ar動詞+] 1)〖過去分詞〗hablado. 2)〖名詞化. 技術的処理〗planch*ado* アイロンかけ. ❷ [名詞+] 1)〖集合名詞化〗jur*ado* 審査会. 2)〖品質形容詞化〗anaran*jado* 橙色の

adoba [aðóβa] 女《地方語》=**adobe**

adobado [aðoβáðo] 男 ❶ マリネされた肉〖特に豚肉〗. ❷ 皮なめし

adobador, ra [aðoβaðór, ra] 形《まれ》adobar する〖人〗
── 女《地方語》漁網をつくろう女

adobar [aðoβár]〖←古仏語 adober < ゲルマン語 dubban「騎士に武装させる」〗他 ❶〖料理〗マリネする: carne *adobada* マリネした肉. 2) 調味する. ❷〖皮を〗なめす. ❸《まれ》化粧させる. ❹《古語》香水を付ける. ❺《地方語》修理する; 調整する; 準備する

adobe [aðóβe]〖←アラビア語 at-tub「煉瓦(複数)」〗男 日干し煉瓦, 素焼き煉瓦, アドベ: casa de ～ 日干し煉瓦造りの家
hacer ～ ***a la cabeza*** 死ぬ
solo a+人 ***falta hacer*** ～**s**《チリ. 口語》…が非常に行動的である, 多くのことをする

adobera [aðoβéra] 女 日干し(素焼き)煉瓦製造所

adobero [aðoβéro] 男 日干し(素焼き)煉瓦造り職人

adobo [aðóβo]〖←adobar〗男 ❶〖料理〗1) マリネの漬け込み液: pescado en ～ 魚のマリネ. echar en ～ マリネする. 2)《西》マリネ〖製品〗. ❷〖皮の〗なめし; それに使う薬品

adobón [aðoβón] 男《アルゼンチン》=**adobe**

adocenado, da [aðoθenáðo, ða] 形 名 平凡な〖人〗, 凡庸な〖人〗

adocenamiento [aðoθenamjénto] 男 平凡(凡庸)になること

adocenar [aðoθenár]〖←a-+docena〗他 ダース docena に分ける
── **～se**《軽蔑》〖人が〗平凡になる, 凡庸になる

adoctrinador, ra [aðoktrinaðór, ra] 形 名 教化する〖人〗

adoctrinamiento [aðoktrinamjénto] 男 教化, 訓育

adoctrinar [aðoktrinár]〖←a-+doctrina〗他《時に軽蔑》[+en 教義などで] …に教え込む; 訓練する, 教育する

adogmático, ca [aðoγmátiko, ka] 形 独断(教条)的でない

adolecer [aðoleθér]〖←ラテン語 ad-(に)+dolescere < dolere「痛む」〗 自 ❶ [+de +物] 欠点がある: La Administración Bush en materia de política internacional *adolece de* una falta de tacto. ブッシュ政権は外交分野で柔軟性がないという欠点がある. ❷ [+de 病気を] 患う, 持病に悩む
── **～se**《地方語》嘆く, 不平を言う

adolescencia [aðoles̪θénθja]〖←ラテン語 adolescentia〗女 青春期, 思春期〖幼年期 infancia と青年期 juventud の間の精神的・肉体的な成長盛りの時期〗: fumar en la ～ 青少年の喫煙

adolescente [aðoles̪θénte]〖←ラテン語 adolescens, -entis < adolescere「成長する」〗 形 青春期の, 若々しい〖12～20歳〗: maternidad ～ 10代で母親になること. los pasos del Picasso ～ 青

年ピカソの歩み
—— [名] [主に18歳までの] 青年, 若者: La entrada es gratis para niños y ～*s*. 幼児と青少年は入場無料

adolorido, da [aðoloríðo, ða] [形]《中南米》=**dolorido**

adonde [aðonde]〖←a-+donde〗[副]〖方向・目的地の関係副詞. 先行詞がなければ a donde と表記することが多い: Se dirigen *a donde* sabes. 彼らは君の知っている場所に行く. *A donde* yo voy, vosotros no podéis venir. 私の行く所へは君たちは来れないよ〗❶ [移動の動詞と共に] …する…(先行詞が示す場所)へ: 1) Él se puso rumbo hacia la frontera, ～ no logró llegar. 彼は国境へ向かったが, そこに行き着くことはできなかった. Este es el cine ～ solíamos ir los domingos. ここは私たちが毎週日曜日によく通った映画館だ. No tengo ningún lugar ～ ir. 私には行く所がない. 2) [先行詞なしで] ¿Quieres ir ～ fuimos ayer? 昨日私たちが行った所に行きたいかい? ❷《口語》[前置詞的] …の家へ, …の所へ: Voy un momento ～ Andrés. ちょっとアンドレスの家へ行って来るよ. ❸《口語》…する所に〖=donde〗: Me escondí ～ tú me indicaste. 私は君が指示した場所に隠れた. ❹《古語的》[静止の動詞と共に] …のいる所に: Estoy ～ tu tía. 僕は君の叔母さんの家にいるよ

adónde [aðónde]〖←a-+dónde〗[副]〖方向・目的地の疑問副詞. まれに a dónde とも表記する〗❶ [移動の動詞と共に] どこへ: 1) ¿*A*～ fuiste ayer? 君は昨日どこへ行ったのだ? No sé ～ me llevan. 私はどこに連れて行かれるか分からない. ¿*A*～ quieres que vayamos? 私たちにどこへ行ってほしいのか? Son las viejas preguntas de quiénes somos, ～ vamos y de dónde venimos. それは我々は何者なのか, どこから来て, どこへ行くのかという古くからの疑問である. 2) [ir と共に, 文の強調] どこへ: ¿*A*～ vas con ese traje? そんな服装で一体どこへ行くつもり? ❷《古語的》[静止の動詞と共に] どこに, どこで〖=dónde〗: ¿*A*～ los pusiste? 君はそれらをどこに置いたんだ?

adondequiera [aðondekjéra]〖←a-+donde+quiera〗[副]〖→dondequiera〗《西では主に古語的》[+que+接続法] どこへ(どこで)…しても: Encontrarás los inconvenientes ～ *que* vayas. どこに行っても不便はある

adonecer [aðoneθér] [39] [自]《カンタブリア, アラバ, リオハ, サラマンカ》増える, 伸びる

adónico, ca [aðóniko, ka] [形] ❶《詩法》verso ～ アドニス格の詩(詩行). ❷《まれ》アドニス Adonis の

adonis [aðónis] [男]〖単複同形〗❶《ギリシア神話》[*A*～] アドニス〖女神アフロディテ Afrodita に愛された美少年〗. ❷《口語》美青年

adonizar [aðoniθár] [9] **～se**《まれ》ひどくめかしこむ

adopción [aðɔpθjɔ́n] [女] ❶ 養子縁組. ❷ 採用, 採択: Era necesaria la ～ de las medidas contra el paro. 失業対策を立てる必要があった. ～ de libros de texto 教科書の採用. ❸ [国籍の] 取得; 帰化
de **～** 帰化した: Aunque nació en Francia, ahora es español *de* ～. 彼はフランス生まれだが, 今はスペインに帰化している. país *de* ～ 帰化した国, 第二の祖国

adopcionismo [aðɔpθjonísmo] [男]《キリスト教》養子的キリスト論〖イエスは本来人間の子であり, その優れた人格性の故に選ばれて神の養子となり, 神格を得たとする説. 8世紀にスペイン・フランスに広まったが異端として排斥された〗

adopcionista [aðɔpθjonísta] [形] [名] 養子論の〔信奉者〕

adoptable [aðɔ(p)táble] [形] 採用され得る, 取り入れられ得る

adoptador, ra [aðɔ(p)taðɔ́r, ra] [形] [名] 採用する〔人〕, 取り入れる〔人〕

adoptante [aðɔ(p)tánte] [形] [名] 養子にする; 里親

adoptar [aðɔ(p)tár]〖←ラテン語 adoptare < ad- (に)+optare「欲する」〗[他] ❶ [自分のものとして] 採用する, 受け入れる; [習慣などを] 身につける; [意見などを] 取り入れる: Ese país empezó a ～ la política democrática. その国は民主的政策を採り始めた. *Adoptó* el apellido de su esposa al nacionalizarse. 彼は帰化時に奥さんの苗字をもらった(付けた). ～ el budismo 仏教を取り入れる(信仰する). ～ el sistema decimal 十進法を取り入れる. ❷ [態度などを] とる: No *adoptes* esa actitud tan crítica. そんな批判的な態度はとらない方がいい. ❸ [手段・方策を] とる: Hay que ～ una medida drástica. 思い切った手段をとらなければならない. El Gobierno *ha adoptado* nuevas medidas contra el paro. 政府は新しい失業対策を立てた. ❹ 決意する; [議案・決議などを] 採択する, 可決する: *Adoptó* la resolución de no volver a verlos. 彼は彼らと二度と会わない決心をした. *Adoptaron* la decisión por unanimidad. 彼らはその決定を全会一致で採択した. ❺ 養子にする: *Adoptamos* al niño huérfano por (como) hijo. 私たちはその孤児を養子にした. ❻ [人を, +por・como として] 受け入れる, 扱う: Le *adoptamos por* amigo. 私たちは彼を友人として受け入れた. ❼ [国籍を] 取る: ～ la nacionalidad japonesa 日本国籍を取る. ❽ [形状・様式などを] まねる, その形になる: Las estalactitas *adoptan* las figuras de columnas de catedral. 鍾乳石は大寺院の柱の形をしている
—— **～se** [受け身] *Se adoptaron* muchas palabras portuguesas al japonés. 日本語には多くのポルトガル語が採り入れられた

adoptivo, va [aðɔ(p)tíβo, βa]〖←ラテン語 adoptivus〗[形] ❶ 養子〔関係〕の: hijo ～ 養子. padre ～ 養父. ❷《比喩》Miguel Indurain fue nombrado Hijo *A*～ de Pamplona. ミゲル・インデュラインはパンプロナの名誉市民に任じられた. patria ～*va* 帰化した国, 第二の祖国

adoquín [aðokín]〖←アラビア語 ad-dukkin「石の層」〗[男] ❶ [プリズム形の] 舗石, 敷石; [その形の] 大きな飴. ❷《口語》愚鈍な男, やぼな男. ❸《ペルー》アイスキャンデー

adoquinado [aðokináðo] [男] 舗装; 石畳

adoquinar [aðokinár] [他] 敷石で舗装する, 石畳を敷く

ador [aðɔ́r] [男]《西》灌漑の順番(時間)

-ador《接尾辞》[ar動詞+] ❶ [品質形容詞化] madrug*ador* 早起きの. ❷ [名詞化. 場所] mir*ador* 展望台

adorable [aðoráble] [形] ❶《主に女性語》とてもかわいい, 愛らしい: bebé ～ かわいい赤ちゃん. ❷ 崇拝(崇敬)すべき. ❸ 敬慕の念を抱かせる: Ella es madre soltera, y es ～. 彼女は未婚の母で, すばらしい人です

adoración [aðoraθjɔ́n]〖←ラテン語 adoratio, -onis〗[女] ❶ [神への] 崇拝, 崇敬; 礼拝, 祈り: *A*～ de los Reyes〔Magos〕/*A*～ de los Magos [イエス生誕の時の] 東方の三博士の礼拝, 御公現の祝日. ❷ 敬慕, 崇敬: Le tiene ～ a aquel explorador. 彼はあの探検家を心から尊敬している. ❸ 愛慕; [異性への] 熱愛, 心酔: Para él su hija es toda una ～. 彼にとっては娘は命みたいな存在だ. Mi padre sentía ～ por su familia. 父は自分の家族をとても愛していた

adorador, ra [aðoraðɔ́r, ra] [形] ❶ 礼拝する. ❷ 崇拝する, 賛美する, 心酔する, 敬慕する. ❸ 熱愛する
—— [名] ❶ 礼拝者. ❷ 崇拝者, 賛美者: Esos ultraderechistas son ～*es* de Hitler. あの極右派はヒットラーの崇拝者だ. ❸ 熱愛者;《戯語》求婚者

adorar [aðorár]〖←ラテン語 adorare < ad- (に)+orare「祈る」〗[他] ❶ [神・神格化されたものを] 礼拝する, 崇拝する, あがめる: Los cristianos *adoran* a Dios sobre todas las cosas. キリスト教徒は何よりも神を崇拝している. En ese tribu *adoraban* al Sol. その部族では太陽があがめられていた. ❷ 熱愛する, あこがれる; 大好きである: 1) *Adoro* a María. 私はマリアがとても好きだ. *Adora* la geometría (el cine). 彼は幾何学(映画)が大好きだ. 2) [+不定詞] *Adoraba* tomar un café después de la comida. 彼は食事の後でコーヒーを飲むのが大好きだった
—— [自] [+en を] 熱愛する, 慕う; 祈る, 祈願する

adoratorio [aðoratórjo] [男] [アメリカ先住民の] 神殿

adoratriz [aðoratríθ] [女] Las Esclavas del Santísimo Sacramento 会の修道女

adormecedor, ra [aðɔrmeθeðɔ́r, ra] [形] 眠けを誘う: música ～*ra* 眠くなる音楽. comodidad ～*ra* 眠けを誘う心地よさ

adormecer [aðɔrmeθér]〖←ラテン語 addormiscere < ad- (に) +dormire「眠る」〗[39] [他] ❶ 眠らせる, 眠くする: Una música suave nos *adormece*. ソフトな音楽は私たちを眠くする. ❷ [苦痛などを] 静める; 麻痺させる: Los soldados bebían hasta ～ el miedo a la bala. 兵士たちは銃弾に対する恐怖心が麻痺するまで酒を飲んだものだ. Las bolas de coca que mastican durante horas *adormecen* la mejilla y la lengua. コカの塊を長時間噛んでいると頬と舌がしびれる
—— **～se** ❶ [少し] 眠り込む, うとうとする: Penetraba por la ventana la luz del día cuando *me adormecí*. 私がうとうとし始めた時窓から朝日が差し込んできた. ❷ 麻痺する, しびれる: *Se adormecieron* las cejas, pómulos y labios con xilocaína. キシロカインで眉, 頬, 唇が麻痺する

adormecido, da [aðɔrmeθíðo, ða] [形] うとうとしている: voz ～*da* 眠そうな声

adormecimiento [aðɔrmeθimjénto] [男] ❶ まどろみ, 眠り〖行

adormentar

為, 状態]]. ❷ 麻痺〖比喩的にも〗: Este fármaco puede provocar el ～ del sistema respiratorio. この薬は呼吸器の麻痺を引き起こしかねない

adormentar [aðormentár] 佃《まれ》=**adormecer**
adormidera [aðormiðéra] 〖←ラテン語 admilarse〗 囡《植物》ケシ
adormilado, da [aðormiláðo, ða] 厖 うとうとしている
adormilamiento [aðormilamjénto] 男 まどろみ, 眠り; 麻痺
adormilar [aðormilár] 〖←ラテン語 addormire < ad-〈に〉+dormire「眠る」〗 佃 うとうとさせる: Después de una semana de duro trabajo, el traqueteo del autobús las *adormila*. 1週間の重労働の後で, バスの揺れが彼女たちを眠りに誘った
—— **～se** うとうとする, まどろむ: Nos *adormilamos* con el calor, con el whisky, con el silencio. 私たちは暑さとウイスキーと静かさでうとうとした
adormir [aðormír] 34 佃《文語》=**adormecer**
adornador, ra [aðornaðór, ra] 厖 囷 飾る〔人〕; 装飾家
adornar [aðornár] 〖←ラテン語 adornare < ad-〈に〉+ornare「準備する」〗佃 ❶ [+con・de で] 飾る: *Adorné* la tarta con rosas de chocolate. 私はケーキにチョコレートでバラの花の形のデコレーションをした. Los recuerdos *adornan* las paredes. 記念品が壁を飾っている. ❷ [人・物を] 美しくする, 快くする; [性格・環境などが人を] 際立たせる: Las virtudes *adornaban* el alma de la doncella. 美徳が乙女の魂を飾っていた
—— **～se** ❶ 自分を飾る, おめかしする: Las hijas se *adornaban con* flores la cabellera. 娘たちは花で髪を飾っていた. ❷ 美しくなる
adornista [aðornísta] 名《西》[建築物・室内・ショーウィンドーなどの] 装飾家
adorno [aðórno] 〖←adornar〗 男 ❶ 飾り, 装飾品: estantería con ～s de platería 銀細工の飾りのある棚. ❷ 装飾〔行為〕. ❸《闘牛》アドルノ〔牛に背を向ける, 牛の角をつかむなどの技〕. *de* ～ 飾り物の: Unas velas *de* ～ ardían en el salón. 装飾のろうそくが広間を飾っていた. planta *de* ～ 観葉植物
adosado, da [aðosáðo, ða] 厖《西》[共同住宅の] 棟続きの
—— 男《西》テラスハウス〖=casa ～*da*, chalet ～〗
adosamiento [aðosamjénto] 男 くっつくこと
adosar [aðosár] 〖←仏語 adosser < ラテン語 ad-〈に〉+dorsum「背面」〗佃 [+a を背にして] 寄せる, くっつける; もたせかける: Había cuatro sillas, y otras tres estaban *adosadas* a la pared. 椅子が4脚あり, あと3脚が壁に寄せられていた
—— **～se** [+a に] くっつく
adoselado, da [aðoseláðo, ða] 厖 天蓋 dosel で覆われた
ad patres [að pátres] 〖←ラテン語〗副 先祖の所へ: ir ～ 死ぬ. enviar ～ 殺す
ad partes dolentes [að pártes ðoléntes] 〖←ラテン語〗副 [処方箋で] 患部へ
ad pedem litterae [að péðem lítere] 〖←ラテン語〗副 厖 文字どおり〔の〕: recitar la lección ～ 教科書の文章を暗唱する
ad perpetuam rei memoriam [að perpétwam ři̯ memóri̯am] 〖←ラテン語〗思いを永遠に留めるために〖教皇庁に委ねた困難な問題の解決を含む教書などの冒頭の決まり文句〗
ad personam [að persónan] 〖←ラテン語〗副 個人的に・な, その人に向けて〔の〕
ad quem [að kén] 〖←ラテン語〗厖 ❶ [期限・日付などが] その時までの. ❷ →*juez* ad quem
adquirente [aðkirénte] 厖 名 =**adquiriente**
adquirible [aðkiríble] 厖 入手可能な
adquirido, da [aðkiríðo, ða] 厖 ❶ 後天的な, 習性となった〖⇔congénito〗: hábito ～ 身についた習慣. ❷ 獲得〔取得〕した; 習得した: conocimientos ～s 習得した知識. derechos ～s 既得権. velocidad ～*da* 到達速度. ❸ 買い取った, 購入したした. *mal* ～ 不正に取得した: licencia *mal* ～ 不正に取得した許可証
adquiridor, ra [aðkiriðór, ra] 厖 名 =**adquiriente**
adquiriente [aðkirjénte] 名 ❶ 手に入れる人, 取得者: subvencionar a los ～s de vivienda 住宅購入者に補助金を出す
adquirir [aðkirír] 〖←ラテン語 adquirere < ad-〈に〉+quaerere「捜す」〗27 佃 ❶ 手に入れる, 取得する, 獲得する〖→obtener 類義〗: *Adquirió* una gran fortuna. 彼は一財産を作った. ～ divisas 外貨を獲得する. ❷ 購入する, 買う: Recientemente *ha adquirido* un coche nuevo. 彼は最近新車を買った. ❸ [名声などを] 得る: *Ha adquirido* fama mundial por

(con) el premio Nobel. 彼はノーベル賞で世界的な名声を得た. ～ popularidad (reputación) 好評を博する. ❹ [習慣などを] 身につける: *He adquirido* la costumbre de levantarme temprano por la mañana. 私は早起きの習慣を身につけた. ～ el hábito de... ～する癖がつく. ～ cultura 教養を身につける. ❺ [病気に] かかる. ❻ [力を] 得る: Gracias a su familia *adquirió* fuerzas para seguir adelante. 彼は家族のおかげでやっていく力を得た. ❼ [様子に] なる: Las cosas *adquirirán* un cariz complicado. 事態は複雑な様相を呈するだろう. El problema *adquirió* proporciones alarmantes. その問題は危険な広がりを見せた

adquirir		
直説法現在	命令法	接続法現在
adquiero		adquiera
adquieres	adquiere	adquieras
adquiere		adquiera
adquirimos		adquiramos
adquirís	adquirid	adquiráis
adquieren		adquieran

adquisición [aðkisiθjón] 〖←adquirir〗囡 ❶ 獲得, 取得, 入手; 購入: libros de difícil ～ 入手困難な本. precio de ～ 購入価格. ～ de divisas 外貨の獲得. ～ pública 現地調達. ❷ 拾得物, 入手品; 購入物. ❸ 安い買い物, 掘り出し物: 1) Esta porcelana es una verdadera ～. この陶器は掘り出し物だ. hacer una buena ～ よい(安い)買い物をする. 2) [人についても] El jardinero es una ～. その庭師は見つけものだ. ❹ 習得: Con la adquisición de una nueva lengua extranjera no es difícil para él. 新たな外国語の習得は彼にとっては難しいことではない. ❺《経済》吸収合併, 乗っ取り
adquisidor, ra [aðkisiðór, ra] 厖 名 =**adquiriente**
adquisitivo, va [aðkisitíßo, ßa] 厖 取得の, 購買の: poder ～/capacidad ～*va* 購買力. prescripción ～*va*《法律》取得時効
adra [áðra] 囡《地方語》❶ 順番. ❷ [町・村の] 夫役
adragante [aðraɣánte] 男 =**tragacanto**
adral [aðrál] 男《主に複》荷車の荷台の側板
adrede [aðréðe] 〖←?ゴート語「忠告に従って」〗副 わざと, 故意に; 熟慮して: ¿Es que eres tonto, o lo hacías ～? 君はばかだということか, それともわざとやったのか?
adredemente [aðréðeménte] 副《まれ》=**adrede**
ad referendum [að referéndun] 〖←ラテン語〗副 後で上層部の承認を得ることを条件に, 暫定的に
ad rem [að řem] 〖←ラテン語〗厖 適切な, 要領を得た; はっきりと, 正確に: responder ～ 適切な返答をする
adrenal [aðrenál] 厖《解剖》腎臓付近の
—— 囡《解剖》副腎, 腎上体
adrenalina [aðrenalína] 囡《生化》アドレナリン: soltar (descargar) ～ アドレナリンを放出する; 興奮する, ドキドキする
adrenérgico, ca [aðrenérxiko, ka] 厖《生化》アドレナリン作用の; アドレナリン様の
adrenolítico, ca [aðrenolítiko, ka] 厖《生化》抗アドレナリン性の
Adriano [aðrjáno]《人名》ハドリアヌス〖76～138, 古代ローマ五賢帝 Dinastía antonina の一人でヒスパニア Hispania 出身とされる〗
adriático, ca [aðrjátiko, ka] 厖《地名》アドリア海 Mar Adriático の
adrizamiento [aðriθamjénto] 男《船舶》復原
adrizar [aðriθár] 9 佃《船舶》[傾いた船体・マストなどを] 復原する
adscribible [aðskribíble] 厖 割り当て可能な
adscribir [aðskribír] 〖←ラテン語 adscribere < ad-〈に〉+scribere「書く」〗佃《過分 *adscrito*》❶ [人を, +a 任務・部署に] 割り当てる, 割りふる: *Adscribieron* al nuevo empleado *al* departamento de personal. 新入社員は人事部に配属された. ❷ [人・事物を, +a に] 属するものとする《主に ～se》
—— **～se** [人・事物が, +a に] 属するものと考えられる: El individuo *se adscribe* a la corriente izquierda socialista. その人物は社会党左派と思われている. Las tareas domésticas *se han adscrito* a la mujer. 家事は女性の仕事とみなされてきた
adscripción [aðskripθjón] 囡 ❶ [+a への] 帰属, 加入: En

España la ~ al catolicismo es masiva (el 80%). スペインではカトリックへの入信者は非常に多い(80%). ❷《アルゼンチン，ウルグアイ》adscripto の事務室・職務

adscripto, ta [adskrí(p)to, ta] 名 ❶《アルゼンチン》教育の仕事をする卒業生. ❷《ウルグアイ》中学校の事務職員

adscrito, ta [adskríto, ta] adscribir の 過分

ad sensum [að sénsun]《←ラテン語》副 意味によって，意味による

ad solemnitatem [að solemnitáten]《←ラテン語》形《法律》法行為を有効にするための言い回し

adsorbente [aðsorbénte] 形 男 吸着する; 吸着剤

adsorber [aðsorbér] 他《物理》吸着する

adsorción [aðsorθjón] 女《物理》吸着

adstrato [aðstráto] 男《言語》傍層言語，言語傍層《2言語が地理的に隣接し影響し合う現象》

ad tempus [að témpus]《←ラテン語》形 一時的な，臨時の

aduana [aðwána]《←アラビア語 ad-diwan「登録」》女 ❶ 税関: pasar [por] la ~ 税関を通過する. oficial de ~ [s] 税関職員. ❷ 関税《=derechos de ~》: pagar ~ 関税を払う. sin ~ 関税のかからない，無税の・で

aduanero, ra [aðwanéro, ra]《←aduana》形 税関の，関税の: hacer los trámites ~s 通関手続きをする. área ~ra exenta [EU○] 保税地域. declaración ~ra 通関申告. tarifa ~ra 関税率，関税表
── 名 税関職員

aduar [aðwár] 男 ❶ アラブ人遊牧民のテント村. ❷《西》集名 ジプシーのテント;《軽蔑》ジプシーのバラック

adúcar [aðúkar] 男 繭の外側の糸

aducción [aðu(k)θjón] 女 ❶《生理》内転《⇔abducción》. ❷《建築》運搬

aducir [aðuθír]《←ラテン語 adducere < ad-(に)+ducere「運ぶ」》41 他《正当化するために例・証拠を》提示する，申し立てる: El presidente *adujo* razones de Estado para justificar los casos de espionaje. 大統領は国家的理由を盾にそのスパイ行為を正当化した. Los empleados no se creen los motivos que *aduce* la empresa para finiquitar el negocio. 取引を打ち切るために会社が示した理由を社員たちは信じなかった

aductor [aðuktór] 男《解剖》内転筋《=músculo ~》

aduendar [aðwendár] ~**se**《詩語》小妖精 duende に似る

adueñar [aðweɲár]《←a-+dueño》~**se**〔+de 名〕自分のものにする，専有する: Mediante un subterfugio legal, *se adueñó* de todas las propiedades colindantes. 彼は法律の抜け道を利用して隣接する物件をすべて手に入れた. ~*se* de los bienes ajenos 他人の財産を横領する. ~*se del* volante ハンドルを握って放さない. ❷〔感情などに〕支配される: No dejes que se *adueñe* de ti el pesimismo. ペシミズムにとらわれないようにしたまえ

adufe [aðúfe] 男《音楽》[カスティーリャ・イ・レオン州独特の] モーロ風の四角いタンバリン

adujar [aðuxár]《船舶》[ロープを] 巻いて重ねる

adulación [aðulaθjón] 女 へつらい，追従

adulador, ra [aðulaðór, ra] 形 へつらい使いの〔の〕

aduladoramente [aðulaðoraménte] 副 へつらって

adulante [aðulánte] 形《コロンビア，ベネズエラ》=**adulatorio**

adular [aðulár]《←ラテン語 adulari》他 …にへつらう，ちやほやする: En esta empresa se tiende bastante a despreciar a los inferiores y a ~ a los superiores. この会社では部下には冷淡で上司にはへつらう傾向がかなりある

adularia [aðulárja] 女《鉱物》氷長石

adulatorio, ria [aðulatórjo, rja] 形 へつらいの

adulón, na [aðulón, na] 形《口語》=**adulador**

adulteración [aðulteraθjón] 女 不純物の混入; 偽造

adulterador, ra [aðulteraðór, ra] 形 混ぜ物をする〔人〕

adulterante [aðulteránte] 男 混ぜ物の，質 (純度) を低くする

adulterar [aðulterár]《←ラテン語 adulterare「変える，偽造する，侮辱する」》他 ❶ 〔食品などに，+con を〕混ぜる，品質を落とす: ~ la leche *con* agua 牛乳に水を混ぜる. cocaína *adulterada* コカインの粗悪品. ❷ 偽造する: La información estaba totalmente *adulterada*. 情報は完全に偽造されたものだった. ~ la verdad 事実を歪曲する
── 自 姦通する，不倫をする

adulterino, na [aðulteríno, na] 形 ❶ 姦通の: amores ~s 不義の愛. ❷ 姦通による: hijo ~ 不義の子，庶子

adulterio [aðultérjo]《←ラテン語 adulterium》男 姦通，不倫: No cometerás ~. 汝，姦淫するなかれ

adúltero, ra [aðúltero, ra]《←ラテン語 adulter, -era, -erum》形 名 ❶ 姦通の，不倫の: relación ~ra 不倫関係. ❷ 姦通をしている; 姦通者

adultez [aðulteθ] 女 成年; 成人であること

adulto, ta [aðúlto, ta]《←ラテン語 adultus < adolescere「成長する」》形 ❶ 成年に達した，成人の: Encontramos un fuerte contraste entre las visiones infantil y ~. 子供の見方と大人の見方の間に顕著な違いが見られる. edad ~ta 成年期. población ~ta 成人人口. ❷〔動植物・言語・国家など〕成熟した: insecto ~ 成虫. democracia ~ta 成熟した民主主義
── 名 ❶ 成人，大人〔→edad ❶ 参考〕: El hijo todavía no se ha hecho ~. その息子はまだ成人に達していない. La entrada para niños cuesta 5 euros; para ~s, 7 euros. 入場料は子供5ユーロ，大人7ユーロ. cuentos para ~s 大人のための童話. enfermedad en ~s 成人病. ❷ 成熟した動物，成獣

adumbración [aðumbraθjón] 女《詩語》陰，暗がり

adumbrar [aðumbrár] 他《詩語》陰にする，薄暗くする

adunar [aðunár] 他《まれ》=**aunar**

adunia [aðúnja] 副《まれ》豊富に，大量に

ad unum [að únun]《←ラテン語》副 ただ一つのものに向かって

-aduría〔接尾辞〕[ar与動+. 名詞化. 場所] contad*uría* 経理部

adustez [aðusteθ] 女 そっけなさ，無愛想，飾り気のなさ

adusto, ta [aðústo, ta]《←ラテン語 adustus < adurere「焦がす」》形 ❶ そっけない，無愛想な《⇔afable》: El comandante fue un joven de cara ~ta pero de maneras afables. 指揮官は顔は無愛想だが親切な若者だった. Dos surcos daban a su frente un aire ~. 額に走る2本のしわが彼をニヒルな感じにしていた. semblante ~ 無表情. ❷ 簡素な，飾り気のない: ~*ta* carrocería de un tanque 飾りのない戦車の車体. ❸ 乾燥して不毛の: paisaje ~ 荒涼とした風景

ad usum [að úsum]《←ラテン語》慣例に従って: celebrar un aniversario ~ 恒例に従って記念式典を行なう

ad usum Delphini [að úsun delfíni]《←ラテン語》削除修正版の

ad utrumque paratus [að utrúmke parátus]《←ラテン語》どちらの場合にも用意できている，いずれにも都合のよい

ad valorem [að balórem]《←ラテン語》副 形 価格に従って，従価方式の《輸入品などの価格に基づく関税について》

advección [aðbɛ(k)θjón] 女《気象》移流

advenedizo, za [aðbeneðíθo, θa]《←advenir》形 名 ❶《軽蔑》成り上がり者〔の〕. ❷《中南米》初心者〔の〕

advenimiento [aðbenimjénto] 男〔主に重要な時期・出来事の〕到来，出現: ~ de la república 共和国の誕生. ~ al trono de Alfonso XIII アルフォンソ13世の即位. el santo ~《ユダヤ教》救世主の到来. segundo ~《キリスト教》[最後の審判の] キリストの再臨

esperar... como el (al) santo ~ 首を長くして…を待つ

esperar el (al) santo ~ 拱手して傍観している

advenir [aðbenír]《←ラテン語 advenire < ad-(に)+venire「来る」》59 自《文語》[主に点過去で] 到来する; 即位する

adventiciamente [aðbentiθjaménte] 副 偶発的に

adventicio, cia [aðbentíθjo, θja]《←ラテン語 adventicius < ad-(に)+ventum < venire》形 ❶《文語》偶発的な. ❷《植物》不定の，偶生の: raíces ~*cias* 不定根
──《解剖》外膜

adventismo [aðbentísmo] 男《プロテスタント》キリスト再臨説《キリストの再臨間近と信じる》

adventista [aðbentísta] 形 名《プロテスタント》キリスト再臨派〔の〕

adventual [aðbentwál] 形《まれ》待降節 Adviento の

averación [aðberaθjón] 女《法律》証明，認証. ❷《古風》証明書

averado, da [aðberáðo, ða] 形《法律》testamento ~ 認証済み遺言書

averante [aðberánte] 形《法律》証明(認証)する〔人〕

averar [aðberár] 他《法律》[事物・書類の真正性を] 証明する，認証する

adverbial [aðberβjál]《←ラテン語 adverbialis》形 副詞の，副詞的な: locución (modo) ~ 副詞的成句. oración ~ 副詞節

adverbialización

posición ～ 副詞の位置
── 男 副詞的語句: ～ del adjetivo 形容詞の副詞的用法
adverbialización [aðβerβjaliθaθjón] 女 副詞化
adverbializar [aðβerβjaliθár] 9 他 [語句を] 副詞として用いる，副詞にする
── ～**se** 副詞になる，副詞化する
adverbio [aðβérβjo] 《←ラテン語 adverbium》男 《文法》副詞: ～ de lugar (tiempo) 場所(時)の副詞. ～ de modo 様態の副詞. ～ de cantidad 量の副詞. ～ de afirmación (negación) 肯定(否定)の副詞. ～ de duda/～ dubitativo 疑念の副詞. ～ comparativo 比較の副詞. ～ demostrativo 指示の副詞. ～ exclamativo 感嘆の副詞. ～ interrogativo 疑問の副詞. ～ restrictivo 限定の副詞. ～ superlativo 絶対最上級の副詞
ad verbum [að βérβum] 《←ラテン語》副 逐語的に
adversador, ra [aðβersaðór, ra] 《古語》名 =**adversario**
adversamente [aðβérsaménte] 副 不利に; 逆に, 逆行して
adversar [aðβersár] 《古語》反対する
adversaria¹ [aðβersárja] 《←ラテン語》女 覚書, 手控え, メモ; 注釈
adversario, ria² [aðβersárjo, rja] 《←ラテン語 adversarius < ad- (に)+versum < vertere「反する」》名 敵, 敵対者, 競争相手; 対戦相手; 反対者: No era un ～ sino la única persona que lo había querido en este mundo. 彼は敵ではなく, この世で愛した唯一の人だった. El boxeador ha sido derribado por su ～. ボクサーは対戦者にノックアウトされた. ～ político 政敵
── 形 敵の; 反対派の
── 男 ❶《軍》敵陣営, 反対勢力: formación del ～ 反対派の形成. ❷《古》《文書末の》注, 補遺
adversativo, va [aðβersatíβo, βa] 《←ラテン語 adversativus》形《文法》反対の, 背反の: conjunción ～va 反意(背反)接続詞 [pero, sino, mas など]
adversidad [aðβersiðá[ð]] 女 ❶ 不利, 不都合: ～ de la situación política 政治状況の悪さ. ～ del clima 気候の厳しさ. ❷ 逆境, 不運: luchar contra la ～ 逆境と戦う. Se conoce a los amigos en la ～. 《諺》困った時の友達が本当の友達《←逆境で友を知る》. ❸ 困難, 苦難, 災難: Sufrió todo tipo de ～es. 彼はありとあらゆる苦難にあった
adversión [aðβersjón] 女《まれ》=**aversión**
adverso, sa [aðβérso, sa] 《←ラテン語 adversus < ad- (に)+versum, -us「方向転換できる溝」》形 ❶ 不利な, 不都合な: La suerte le fue ～sa. 運は彼に幸いしなかった. situación ～sa 逆境. sucesos ～s 困った出来事. ❷ 反対方向の, 反対側の: viento ～ 逆風. efecto ～《医学》逆作用. 2) [+a と] 結果の ～ a sus intenciones 意図とは逆の結果. ❸《廃語》[位置が] 反対側の, 向かいの
advertencia [aðβerténθja] 《←advertir》女 ❶ 警告, 注意; 忠告: Hizo una ～ al niño:—Tendrás que estudiar mucho. 彼は子供に「もっと勉強するんだよ」と注意した. Que los sufrimientos te sirvan de ～ para no volver a hacer. この苦しみを肝に銘じて二度とこんなことをするな. luz de ～《メキシコ, 自動車》テールランプ. ❷ 戒告[処分]. ❸ 注意書き, 警告書《表示》
sin ～ 警告なしに, 予告なしに: La Revolución Cultural sucedió el 13 de octubre de 1967 y *sin* ～ previa. 文化大革命は1967年10月13日に何の兆候もなく始まった
advertible [aðβertíβle] 形 気付かれ得る, 知覚される
advertidamente [aðβertíðaménte] 副 知っていて, わざと
advertido, da [aðβertíðo, ða] 形 ❶ [estar+. +de に] 気付いた: El Pontífice está ～ de la inconveniencia de la genuflexión. 教皇は跪拝の不都合に気付いている. ❷《文語》[ser+] 1) 心得た, 抜かりのない. 2) [職業上] 有能な, 経験豊富な: Esta secretaria es ～*da*. この秘書は有能だ
advertidor, ra [aðβertíðor, ra] 形 警告する; 告げ知らせる
── 男 警報器
advertimiento [aðβertimjénto] 男《まれ》=**advertencia**
advertir [aðβertír] 《←ラテン語 advertere「向ける, 気付く」< ad- (に)+vertere「回し, 倒す」》33 他 ❶ [+a+人 に, 危険・誤りなどを] 知らせる, 気付かせる, 指摘する; 警告する, 注意する, 忠告する: 1) El prior *advirtió* la presencia del ladrón. 犬は泥棒がいることを教えた. Me *han advertido* algunos errores. 彼らは私にいくつかの誤りを指摘した. 2) [+que+直説法 であると] Os *advierto que* no estoy de humor para bromas. 君たちに言っておくが, 私は冗談を楽しむ気分もなく. 3) [+que+接続法 するように] Le *he advertido que* tenga cuidado. 気をつけるように私は彼に言った. ❷ …に気付く: Nadie *advirtió* la presencia de Jorge. 誰もホルへがいることに気付かなかった. *Advirtió que* nevaba. 彼は雪が降っていることに気付いた
── 自 [+de について] 気付かせる, 通知する: Me *han advertido del* peligro que supone levantar el plan. その計画にある危険について彼らは私に知らせてきた

advertir		
現在分詞	過去分詞	
advirtiendo	advertido	
直説法現在	直説法点過去	命令法
advierto	advertí	
adviertes	advertiste	advierte
advierte	advirtió	
advertimos	advertimos	
advertís	advertisteis	advertid
advierten	advirtieron	

adviento [aðβjénto] 《←ラテン語 adventus「到来」》男《キリスト教》[主に A～] 待降節《クリスマス前の4週間》: domingo de ～ 待降節の主日《待降節の第1から第4までの各日曜日》
ad vitam aeternam [að bítan aetérnam] 《←ラテン語》副 永遠に, 永久に
advocación [aðβokaθjón] 《←ラテン語 advocatio, -onis》女 ❶《キリスト教》1) [キリスト・聖母・聖人の] 御名《に》『徳性・秘蹟・功徳を讃える名: Cristo de la Agonía 苦しみのキリスト; Virgen de la Esperanza 希望の聖母》. 2) [その御名の] 守護, 加護; 本尊: iglesia bajo la ～ de la Virgen 聖母を本尊とする教会. La iglesia se puso bajo la ～ de San Juan. 教会は聖ヨハネの守護に捧げられた. 3) [聖像・教会・祝日・会などの] 名称《崇める御名《本尊》によって命名: Virgen Dolorosa 悲しみの聖母像; Sagrado Corazón 御心の祝日, 聖心教道会, 聖心学院》. ❷《古語》弁護士の職 [=abogacía]. ❸《古語. 法律》[上級審への] 訴訟の移送手続き
adyacencia [aðjaθénθja] 女 ❶ 隣接, 近接; 隣接性. ❷《チリ, アルゼンチン, ウルグアイ》複[集名][町・村の] 近隣の人
adyacente [aðjaθénte] 《←ラテン語 adjacens, -entis < adjacere「近く」《幾何》隣接角. calle (casa) ～ 隣の通り《家》. islas ～*s*《古語的》近接諸島《バレアレス諸島のように国土の一部をなす島》. ❷《言語》[語句・節が] 直前の, 直後の
adyuvante [aðjuβánte] 形《文語》助ける, 補助する
── 男《薬学》補助剤
aeda [aéða] 《古代ギリシア》=**aedo**
AEDAVE《略記》←Asociación Empresarial de Agencias de Viajes Españoles スペイン交通公社
aedo [aéðo] 男《古代ギリシア》吟唱詩人, 吟遊詩人
AEE 女《略記》←Agencia Europea del Espacio 欧州宇宙機関
aequa animo [aékwa anímo] 《←ラテン語》副 冷静に, 落ち着いて: El sabio soporta ～ las adversidades de la fortuna. 賢明な人は不運な出来事にも冷静に耐える
aeración [aeraθjón] 女《医学》曝気《ばっ》, エアレーション; [飲用水・医療用水への] 空気混和, 空気混入
aéreamente [aéreaménte] 副 空中で
aerénquima [aerénkima] 男《植物》通気組織
aéreo, a [aéreo, a] 《←ラテン語 aerius < aer, aeris「空気」》形 ❶ 航空の; 航空機の: [por] correo ～ 航空便《で》. batalla ～a/combate ～ 空中戦. compañía (empresa) ～a 航空会社. espacio ～ 航空域. foto[grafía] ～a《西》航空写真. fuego ～ 航空機火災. fuerza ～a 空軍. tarifas ～as 航空料金. tráfico ～ 航空交通. ❷ 空中の, 大気の: partículas ～as 空気中の微粒子. ❸ 空中の: cable ～/línea ～a 架空ケーブル. ferrocarril ～ 高架鉄道. ❹ 空軍の: arma ～a 空軍兵器. ❺ [空気のように] 軽い; 透明な, 淡い: con un andar ～ 軽やかな足取りで. aparición ～a ぼんやり見える幽霊. velo ～ 薄いベール. ❻《植物》raíz ～a 気根
aere perennius [aére perénnjus] 《←ラテン語》青銅よりもさらに長く続く: monumentum ～ 青銅よりも朽ちることなき記念碑
aeri-《接頭辞》=**aero-**
aerícola [aeríkola] 形《生物》空中に生育する, 気生の

aerífero, ra [aerífero, ra] 形 空気を運ぶ(含む)
aerificación [aerifikaθjón] 女《化学》気化, 気体化
aeriforme [aerifórme] 形《物理》気体状の, 気状の; 空気のような: fluidos ～s 気状流動体
aero-《接頭辞》[空気・航空] *aero*fagia 呑気症, *aero*nave 飛行船
aeróbic [aeróbik]《←英語 aerobics》男 エアロビクス: hacer (practicar) ～ エアロビクスをする
aeróbico, ca [aeróbiko, ka] 形《生物》好気性の: metabolismo ～ 好気的代謝. ❷ *ejercicio* ～ エアロビクス, 有酸素運動. *capacidad* ～*ca* 有酸素運動能力
aerobics [aerobíks] 男《メキシコ》= **aeróbic**
aerobio, bia [aeróbjo, bja] 形《生物》好気性の: bacteria ～*bia* 好気性細菌
—— 男 好気生物, 好気性菌
aerobiosis [aerobjósis] 女《単複同形》《生物》好気生活
aerobismo [aerobísmo] 男《中南米》= **aeróbic**
aerobús [aerobús] 男《航空》エアバス
aerocarril [aerokaříl] 男《プエルトリコ, アルゼンチン, ウルグアイ》ロープウェイ
aerocisto [aeroθísto] 男《植物》[海草の] 空胞
aeroclub [aeroklúb] 男《複 ～[e]s》飛行クラブ, 飛行学校〖組織, 施設〗
—— 女 ❶ 航空学, 航空術. ❷ [航空機・施設・人員を含む全体としての] 航空: ～*ca civil* 民間航空
aerodeslizador [aeroðesliθaðór] 男 ❶《船舶》ホバークラフト. ❷《チリ》ハンググライダー〘スポーツ, 道具〙
aerodinámico, ca [aeroðinámiko, ka]《←aero-+dinámico》形 ❶ 空気力学の: *diseño* ～ 空力デザイン. *freno* ～ エアブレーキ. *túnel* ～ 風洞. ❷ 流線型の: *casco* ～ 流線型のヘルメット
—— 女 ❶ 空気力学. ❷ 流線型
aerodinamismo [aeroðinamísmo] 男 空気力学性
aerodino [aeroðíno] 男《航空》重航空機
aeródromo [aeróðromo] 男 [航空機の] 発着場, 飛行場;《軍》空港
aeroelasticidad [aeroelastiθiðáð] 女 空力弾性
aeroelectrónica [aeroelektrónika] 女 航空電子工学
aeroembolismo [aeroembolísmo] 男《医学》空気塞栓(症), 航空塞栓
aeroespacial [aeroespaθjál] 形 航空宇宙の: *industria* ～ 航空宇宙産業
aerofagia [aerofáxja] 女《医学》呑気(ごんき)症, 空気嚥下(えんげ)症
aerofaro [aerofáro] 男 航空標識灯, 滑走路灯
aerofobia [aerofóbja] 女《医学》嫌気症
aerófobo, ba [aerófobo, ba] 男 女 嫌気症の〔患者〕
aeréfono [aerófono] 男 管楽器, 吹奏楽器
aeróforo, ra [aeróforo, ra] 形 = **aerífero**
—— 男《医学など》換気器
aerofoto [aerofóto] 男 航空写真〖= fotografía aérea〗
aerofotografía [aerofotografía] 女《主に中南米》航空写真〖= fotografía aérea〗
aerofotograma [aerofotográma] 男 航空写真測量図
aerofotogrametría [aerofotogrametría] 女 航空写真測量
aerofotogramétrico, ca [aerofotogramétriko, ka] 形 航空写真測量の
aerofotometría [aerofotometría] 女 = **aerofotogrametría**
aerofreno [aerofréno] 男《航空》エアブレーキ
aerogastria [aerogástrja] 女《医学》胃内空気貯留
aerogenerador [aeroxenerað̞ór] 男 風力発電機
aerografía [aerografía] 女 エアブラシ画(アート); エアブラシ技法
aerográfico, ca [aerográfiko, ka] 形 エアブラシの
aerografista [aerografísta] 男 女 エアブラシ画家
aerógrafo [aerógrafo] 男《美術》エアブラシ
aerograma [aerográma] 男 航空書簡, エアログラム
aerolínea [aerolínea]《←aero-+línea》女 [主に 複] 航空会社
aerolítico, ca [aerolítiko, ka] 形 エアロライトの, エアロライト性の
aerolito [aerolíto] 男《←aero-+ギリシア語 *lithos*「石」》隕石(いんせき);《地質》石質隕石, エアロライト
aerología [aeroloxía] 女 高層気象学
aerológico, ca [aerolóxiko, ka] 形 高層気象学の
aeromancia [aerománθja] 女 気卜(きぼく), 気占い
aeromancía [aeromanθía] 女 = **aeromancia**
aeromántico, ca [aeromántiko, ka] 形 気卜の; 気占いの師

aeromarítimo, ma [aeromarítimo, ma] 形《航空》海洋飛行の
aeromedicina [aeromeðiθína] 女 航空医学
aerometría [aerometría] 女 気体(気流)測定, 量気学
aerómetro [aerómetro] 男 エアロメーター
aeromodelismo [aeromoðelísmo] 男 模型飛行機の製作(操作)
aeromodelista [aeromoðelísta] 男 女 模型飛行機製作(操作)の, 模型飛行機の愛好家, 模型飛行機の製作(操作)者
aeromodelo [aeromoðélo] 男 模型飛行機; [試験用の] 実物を縮尺した飛行機
aeromotor [aeromotór] 男 空気圧モーター
aeromóvil [aeromóbil] 男《まれ》飛行機, 飛行船
aeromozo, za [aeromóθo, θa] 男 女《中南米. 航空》客室乗務員〖=azafata〗
aeronato, ta [aeronáto, ta] 男 女《航空》飛行機内で生まれた〔人〕
aeronauta [aeronáuta]《←aero-+ギリシア語 *nautes*「船乗り」》男 女 ❶ 宇宙飛行士. ❷ 飛行船(気球)の搭乗員
aeronáutico, ca [aeronáutiko, ka] 形 ❶ 航空学の, 航空術の. ❷ 航空機の: *industria* ～*ca* 航空機産業. *salón* ～ 航空ショー
—— 女 ❶ 航空学, 航空術. ❷ [航空機・施設・人員を含む全体としての] 航空: ～*ca civil* 民間航空
aeronaval [aeronabál] 形《軍事》海空の, 空海の: *batalla* ～ 海空戦. *fuerza* ～ 海・空戦力
aeronave [aeronábe]《←aero-+nave》女 ❶ 飛行船, 気球. ❷ 飛行機, 航空機: ～ *espacial* 宇宙船
aeronavegabilidad [aeronabegabilidáð] 女 飛行性能
aeronavegación [aeronabegaθjón] 女 航空〖=aeronáutica〗
aeronomía [aeronomía] 女 大気学, 高層物理学
aeropirata [aeropiráta] 男 女 ハイジャック犯
aeroplano [aeropláno] 男《古語》飛行機〖ジェット機は除く〗
aeroportuario, ria [aeroportwárjo, rja] 形 空港の: *instalaciones* ～*rias* 空港施設. *tasa* ～*ria* 空港使用料
aeropostal [aeropostál] 形 航空郵便の
aeropuerto [aeropwérto]《←aero-+puerto》男 空港: *A*～ *de Barajas* バラハス空港. ～ *internacional* 国際空港. ～ *nacional* [国内(個人)の] 空港
aeroscopio [aeroskópjo] 男 空気汚染物収集器
aerosilla [aerosíʎa]《ラプラタ》= **telesilla**
aerosinusitis [aerosinusítis] 女《医学》航空性副鼻腔炎
aerosol [aerosól]《←aero-+sol[ución]》男 ❶ スプレー〖液体, 容器. = spray〗; エアゾル剤: *desodorante en* ～ 防臭スプレー. ～ *de defensa* 護身用スプレー. ❷《化学》エーロゾル, 大気浮遊粒子
aerosólico, ca [aerosóliko, ka] 形《薬学》エアロゾル化された, 吸入用の
aerosolterapia [aerosolterápja] 女《医学》エアゾル療法, 吸入療法
aerostación [aerostaθjón] 女 軽航空機 *aeróstato* による飛行
aerostático, ca [aerostátiko, ka] 形 ❶ 気体静力学の. ❷ 軽航空機の: *globo* ～ 気球. *navegación* ～*ca* 軽航空機による飛行
—— 女 気体静力学
aerostato [aerostáto] 男 = **aeróstato**
aeróstato [aeróstato] 男 軽航空機〖気球, 飛行船など〗
aerostero [aerostéro] 男 ❶ 飛行船(気球)の搭乗員〖=aeronauta〗. ❷《古語》気球〔偵察〕兵
aerotaxi [aerotá[k]si] 男 エアタクシー
aerotecnia [aerotéknja] 女 航空科学技術
aerotécnico, ca [aerotékniko, ka] 形 男 女 航空科学技術的な, 航空科学技術の〔専門家〕
aeroterapia [aeroterápja] 女《医学》空気療法
aerotermo [aerotérmo] 男 温風暖房機
aerotermodinámica [aerotermoðinámika] 女 空気熱力学
aeroterrestre [aerotex̣réstre] 形 空と陸の;《軍事》空陸の
aerotitis [aerotítis] 女《医学》航空性中耳炎
aerotransportable [aerotransportáble] 形 空輸できる
aerotransportar [aerotransportár] 他《主に軍事》[主に 過分] 空輸する: *brigada aerotransportada* 空挺旅団
aerotransporte [aerotranspórte] 男《主に軍事》空輸
aerotrén [aerotrén] 男 リニアモーターカー

aerotropismo [aerotropísmo] 男《植物》屈気性
aeroturbina [aeroturbína] 女 エアタービン
aerovía [aeroβía] 女 航空路
aeta [aéta] 形 名 アイタ族[の]《フィリピン山岳地帯の先住民》
aetatis suae [aetátis swáe]《←ラテン語》副［人が］ある年齢の時に
aeternum vale [aetérnum bále]《←ラテン語》永遠の別れ
a/f.《略語》 ～a favor …あての・に, …を受取人(受益者)とした
afabilidad [afaβilidá(đ)] 女 優しさ, 親切さ; 愛想のよさ: Siempre me trata con ～. 彼はいつも愛想よく接してくれる
afable [afáβle]《←ラテン語 affabilis < fari "話す"》形 ❶［ser+. 話し方・接し方が, +con・para・para con+人 に］優しい, 愛想のよい【⇔adusto】: Es ～ con (para) los humildes. 彼女は貧しい人たちに親切だ. ～ en su trato 人当たりの柔らかな. con un gesto ～ 優しい表情で. carácter ～ 優しい性格. ❷《廃語》言葉にされ得る, 言い表わされ得る
afablemente [afáβleménte] 副 優しく, 親切に, 愛想よく
afabulación [afaβulaθjón] 女 ❶ 寓話の教訓, 寓意. ❷［文学のジャンルとしての］小説
afabular [afaβulár] 他 ［事実を］小説として述べる
áfaca [áfaka] 女《植物》タクヨウレンリソウ
afaccionado, da [afak(θ)jonádo, đa] 形《古語》bien (mal) ～ 顔のきれいな(醜い)
afacer [afaθér] 63 自 ～se《古語, アストゥリアス》連絡(つきあい)がある; 慣れる
afacetado, da [afaθetádo, đa] 形［宝石・石材などが］小面(切子面)のある
afacimiento [afaθimjénto] 男《古語》連絡, つきあい; 慣れ
afaenado, da [afaenádo, đa] 形《まれ》忙しい【=atareado】
afalagar [afalaɣár] 8 他《古語, アストゥリアス, アラゴン》=halagar
afalorar [afalorár] ～se《中南米》興奮する, 熱狂する
afamado, da [afamádo, đa] 形《←afamar》形［主に人が良い意味で, 主に+名詞］有名な, 評判の: ～ cantante 有名な歌手. ～ restaurante 有名なレストラン
afamar [afamár]《←a-+fama》他 有名にする
―― ～se 有名になる, 評判になる
afán [afán]《←afanar》男 ❶ ［+de・por への］熱望, 切望: Tiene mucho ～ de ser alcanzar la fama. 彼は何としても有名になりたいと思っている. ～ de aprender 学習意欲. ～ de aventura 冒険心. ～ de lucro 金銭欲. ～ de superación 向上心. ～ de victoria 勝利への意欲. ～ elitista エリート志向. ❷ 熱心さ, 熱意: Ponen mucho ～ en el estudio. 彼らは熱心に勉強する. ❸《口語》執念, 妄想. ❹ ［主に複］労苦, 骨折り; 苦心: Pasamos tantos afanes en la vida para acabar al final en la sepultura. 我々は日々の労苦に耐えて, 最後は墓場で終わる. Tantos afanes para nada. 骨折り損のくたびれもうけ. Cada día trae su ～. 《諺》その日のことはその日にて足れり. afanes cotidianos 日々の仕事. vida sin afanes 安らかな人生. ❺《コロンビア. 口語》急ぎ【=prisa】
con ～ 熱心に, 一所懸命に: estudiar con mucho ～ 猛勉強する
con ～ de... ［一所懸命の目的］…のために
afanadamente [afanáđaménte] 副 苦心して, 苦労して
afanado, da [afanáđo, đa] 形 ❶ ［estar+. +en に］一所懸命の: El padre estaba afanado en su trabajo de camarero. 彼の父親は給仕として一所懸命働いていた. ❷［ser+］骨の折れる. ❸《コロンビア, ペルー. 口語》［estar+］急いでいる
afanador, ra [afanađór, ra] 形 ❶ 勤勉な[人], 熱心な[人]. ❷《口語》こそ泥. ❸《メキシコ》[公共施設の]掃除係. 2) 《口語》すり
afanar [afanár]《←俗ラテン語 affannare》他 ❶《口語》[財布などを]する, 盗む: Me han afanado la cartera en el metro. 私, 地下鉄で財布をすられた. ❷ 手に入れる. ❸《コロンビア》せかす, 急がせる; 心配させる. ❹《ペルー》…にモーションをかける
―― 自 ［+en+名詞・不定詞 のために］励む, 精を出す
―― ～se ❶ ［+en・+por+不定詞・que+接続法 するために］骨を折る, 精を出す, 一所懸命に働く: Siempre se afana en el trabajo. 彼はいつも仕事でがんばっている. Se afanaron por triunfar. 彼らは成功しようと一所懸命だった. ❷ 移る, 移動する. ❸《中南米》怒る, 腹を立てる
afaníptero, ra [afaní(p)tero, ra] 形 隠翅類の
―― 男［複］《昆虫》隠翅（ぃ）類
afanita [afaníta] 女《鉱物》非顕晶質岩

afano [afáno] 男《南米. 隠語》詐欺, 窃盗
afanosamente [afanósaménte] 副 苦心して, 苦労して; 熱心に, 勤勉に
afanosidad [afanosiđá(đ)] 女《まれ》一所懸命さ
afanoso, sa [afanóso, sa]《←afanar》形 ❶ 骨の折れる, 面倒な; 困難な, つらい: trabajo ～ 骨の折れる仕事, 重労働. vida ～sa 苦しい生活. ❷ 熱心な, 懸命の. ❸［+de を］切望(熱望)する: persona ～sa de hurgar ひどく詮索したがる人
afantasmar [afantasmár] 他 ［人・物を］幽霊のようにする
―― ～se 幽霊のようになる
afaquia [afákja] 女《医学》［眼球の］無水晶体[症]
afar [afár] 形 名 アファール族[の]《ジブチのエチオピア系民族》
afarallonado, da [afara入onáđo, đa] 形［浅瀬・岬の先端に］尖頭岩 farallón のある
afarolado, da [afaroláđo, đa] 形《闘牛》牛の頭にカパ(ムレータ)を高く大きく振り回す[パセ]
afarolar [afarolár] ～se《キューバ, ペルー, チリ》熱狂する
afasia [afásja]《←ギリシア語 aphasia < a-（無）+phasis「言葉」》女《医学》失語症
afásico, ca [afásiko, ka] 形 名 失語症の[患者]
afeador, ra [afeađór, ra] 形 醜くする[人]
afeamiento [afeamjénto] 男 醜くする(なる)こと
afear [afeár]《←a-+feo》他 ❶ 醜くする, みっともなくする: Esos grandes hoteles afean la costa. それらの大ホテルが海岸の景観を損なう. ❷ とがめる, 叱りつける, 非難する: Nos han afeado nuestro desinterés. 私たちは無関心を非難された
―― ～se 醜くなる, 汚くなる, みっともなくなる: Con el tiempo este barniz se afea. 時間がたつとこのニスは汚くなる
afeblecer [afeβleθér] 39 他 ～se やせる; やつれる, 弱くする
afebril [afeβríl] 形《医学》無熱性の
afección [afe(k)θjón]《←ラテン語 affectio, -onis < afficere「状態にする」< ad-（に）+facere「する」》女《文語》❶ 疾患, 病気, 不調: Sufrir diferentes afecciones. 彼はいくつかの病気が重なっていた. ～ cardiaca 心臓疾患. ～ hepática 肝臓障害. ❷ 愛好, 愛着; 傾倒: Su ～ a la causa revolucionaria motivó su encarcelamiento. 革命運動にのめり込んだために彼は投獄された
afeccionar [afe(k)θjonár] 他《古語》深く感動させる, 心を揺ぶる
―― ～se《南米》［+a を］好きになる
afectable [afektáβle] 形［人が］感受性の強い, 傷つきやすい
afectación [afektaθjón]《←ラテン語 affectatio, -onis》女 ❶ 気取り, きざ; 見せかけ, ふり: Lo dijo con un gesto lleno de ～. 彼は気取った仕草をしながらそう言った. con ～ 気取って, きざに. sin ～ 気取らずに, 率直に. ❷ 阻害; 被害: Una herida en el pecho le provocó una grave ～ pulmonar. 胸への傷によって彼の肺に重大な障害を受けた. ～ de nuestro intereses 我々の利益を損なうこと. ❸［公務員などの］任務, 配属先: lugar de ～ 任地. ❹ ～ de impuestos 租税の使途の特定化, 目的税化
afectadamente [afektáđaménte] 副 気取って, わざとらしく
afectado, da [afektáđo, đa] 形 ❶ 気取った, きざな: Tiene un ～ modo de hablar. 彼はきざな話し方をする. ❷ 見せかけの, 後悔しているふりをした: Muestra un arrepentimiento ～. 彼は後悔しているふりをしている. con una ～da indiferencia 無関心なふりをして. ❸ 被害(損害)を受けた: zona muy ～da por el terremoto 地震でひどい被害を受けた地域. ❹ 心を痛めた, 動転した, 悲しんだ: Está muy ～ por la muerte de su madre. 彼は母親の死をとても悲しんでいる. ❺ ［+de を］わずらった: Está ～ de una grave enfermedad del corazón. 彼は心臓病にかかっている. aplicar la crema a la zona ～da 患部にクリームを塗る. ❻ ［estar+］1)《メキシコ》肺病の, 肺病質の. 2)《チリ, アルゼンチン, ウルグアイ》気持ちを傷つけられた, 気分を悪くした
afectador, ra [afektađór, ra] 形 気取る[人]
afectante [afektánte] 形 影響を与える
afectar [afektár]《←ラテン語 affectare < afficere「準備する」》他 ❶ 目的語を持たずに前置詞 a とともに使う意味で) …に影響を及ぼす: 1) ［被害・損害］Las inundaciones afectaron toda la zona. 洪水はその地域全体に被害をもたらした. Esta medicina me afectó el estómago. この薬のせいで私は胃の調子がおかしくなった. El frío del invierno afecta mucho a mi salud. 冬の寒さは私の健康にとても悪い. 2) ［中立的な影響］Sus argumentos no afectan mi decisión. 彼の意見で私の決意が左右されることはない. Esta ley no afec-

ta a las pequeñas empresas. この法律は小さな企業には適用されない。❷ 悲しませる; …の心を動かす, 印象づける: Lo que dijiste le *ha afectado* mucho. 君の言ったことで彼はとても悲しんでいる。El suceso me *afectó* mucho. その出来事のせいで私は動揺した。❸ …を気取る, 装う;（…のふりをする, …と見せかける）: 1) *Afecta* elegancia cuando habla con Cristina. 彼はクリスティーナと話す時は上品ぶる。*Afecta* desconocimiento de la ley. 彼は法律を知らないふりをする。*Afectó* un dolor de cabeza. 彼は頭痛がすると仮病を使った。~ seriedad まじめぶる。~ indiferencia 無関心を装う。~ la voz 気取った声を出す。2) [+不定詞] *Afectan* desconocerla. 彼らは彼女を知らないふりをしている。❹《文法》…にかかる, 修飾する: El adjetivo no *afecta* siempre al sustantivo. 形容詞がいつも名詞を修飾するとは限らない。❺《法律》[用途を] 特定する, 制限する。❻《主に中南米》[形などを] 取る, 呈する: El edificio de que habla *afecta* la forma de estrella. 話題の建物は星の形をしている。❼《まれ》求める, 切望する。❽《廃語》付け加える; 併合する

── ~se ❶ [+con・por に] 心が動揺する; 悲しむ: *Nos afectamos* mucho *con* la muerta de Alejandro. 私たちはアレハンドロの死をとても悲しんだ。❷《中南米》病気にかかる

afectísimo, ma [afektísimo, ma]《afecto の絶対最上級》形《手紙》*A~ amigo*: 拝啓。*suyo ~/su ~ servidor* 敬具

afectivamente [afektíbaménte] 副 思いやりをもって, 優しく

afectividad [afektibiðá(ð)] 女 ❶ [一人の人の様々な] 情緒, 感情: todas las facetas de la personalidad del niño: ~, psicomotricidad, imaginación… 子供の人格のすべての側面, ~, 精神運動, 想像力…。❷ 感受性, 優しさ: Es una carta llena de rencor y de frustración, de una persona con una ~ cero. その手紙は恨みと不満だらけで, 優しさのかけらもない人間のものだ。❸《心理》感情状態

afectivo, va [afektíbo, ba] 形《~afecto》❶ 愛情の, 情愛のある; 優しい: problema ~ 恋愛問題。relación ~va 恋愛関係。❷ 感情の, 情緒の: desarrollo ~ 情緒的発達。sensibilidad ~va 感受性。❸ 感じやすい, 傷つきやすい: Esta niña es muy ~va y llora con (por) cualquier cosa. この女の子はとても感じやすくて, すぐ泣きだす

afecto[1] [afékto]《ラテン語 affectus < afficere「ある状態に置く」》男 ❶ [人・事物への] 愛情, 情愛［→amor 類義］親しみ: Le tengo (siento) mucho ~ a mi tía. 私は叔母のことがとても好きだ。tomó ~ a Galicia. 彼はガリシアが好きになった。~ filial 親子の情愛。❷ 感情, 情緒: Pintando afloran los ~s, las fantasías y las obsesiones. 描くことで感情や幻想や執念が放出されてくる。❸ 復《死亡広告で》友人一同: familiares y ~s 親族および友人一同

afecto[2]**, ta** [afékto, ta] 形 ❶ [ser+. +a に] 傾倒している, …に心酔した; …が好きな: Juan es muy ~ a las nuevas ideas artísticas. フアンは新しい芸術思想に傾倒している。niños ~s a su maestra 先生を慕う生徒たち。❷ [estar+. +a に] 配属された, 所属の; 割り当てられた: Estoy ~ al Ministerio de Trabajo. 私は労働省に勤務している。❸ [estar+. +a 納税などの] 支払い義務を負った, 課税対象になっている: Estas empresas están ~*tas* al pago de unos impuestos especiales. これらの企業は特別税の支払い義務がある。❹ 親愛なる, 愛する: 1) un amigo ~ 親愛なる友。2) [手紙] =**afectísimo**。❺ [+de 病気に] かかった, 冒された: Está ~ *de* hepatitis. 彼は肝炎にかかっている

afectuosamente [afektwósaménte] 副 ❶ 優しく。❷《手紙》[結辞] 愛情(友情)をこめて: Le saluda ~ su amigo. あなたのお友だちより親愛をこめて

afectuosidad [afektwosiðá(ð)] 女 親愛; 優しさ; 思いやり; 愛情, 好意

afectuoso, sa [afektwóso, sa]《ラテン語 affectuosus》形 ❶ 愛情のこもった, 優しい: La princesa estuvo muy ~*sa* con los enfermos. 王女は病人たちに優しかった。❷《手紙》心のこもった: Recibe un ~ saludo. 敬具《心からの挨拶をお受け取り下さい》。Sin más que decirte, me despido con un saludo ~. それでは, この辺で筆を置きます。では, また, ホセ・フェルナンデス despide José Fernández

afeitado [afejtáðo] 男 ❶ 剃ること, ひげ剃り。❷《闘牛》角先を切ること

afeitador, ra [afejtaðór, ra] 剃る, ひげ剃りの
── 女 電気かみそり, シェーバー

afeitar [afejtár]《←ラテン語 affectare「整える」》他 ❶ [・・のひげを] 剃る(*ˢ*): Que me *afeiten*. ひげを剃って下さい。~ a+人 la cabeza ・・を丸坊主にする。❷《闘牛》角先を切る。❸ [馬のたてがみなどを] 刈りそろえる; [植木・芝生などを] 刈り込む。❹ 美しくする, 美化する: La desobediencia con el nombre de celo 熱意という名で不服従を美化する。❺ [車などが] かすめる, かすめる。❻《廃語》[人に] 化粧する, ・・の顔を整える。❼《廃語》導く

~ en seco [肉体的・精神的に] 大打撃を与える

── **~se** ❶ [自分のひげなどを] 剃る: Me *afeito* [la barba] todas las mañanas. 私は毎朝ひげを剃る。❷ 化粧する, 顔を整える

~se ya もう一人前の男である

quedarse afeitado y sin visitas《メキシコ, ホンジュラス, ドミニカ, プエルトリコ, ポリビア》望みがかなわない

afeite [aféjte] 男 ❶《まれ》[主に 複] 化粧品 [=cosmético]。❷《古語》化粧, おめかし, 身繕い

afelio [aféljo] 男《天文》遠日点

afelpado, da [afelpáðo, ða] 形 ビロードの; ビロードのような

afelpar [afelpár]《←a-+felpa》他 ❶ ビロードで覆う, ビロードの裏地（上張り）をつける。❷ [織物を] ビロード状にする。❸《船舶》[帆を粗布で] 補強する

afeltrar [afeltrár] 23 ~se =enfeltrarse

afeminación [afeminaθjón] 女 [男性の] 女性化

afeminadamente [afemináðaménte] 副 女々しく

afeminado, da [afemináðo, ða] 形 ❶ 女性的な(男), めめしい(男)《⇔varonil》: Es un actor algo ~. 彼はどこか女性的な俳優だ。tener gestos ~s 仕草が女々しい。voz ~*da* 女のような声。❷ ホモの(男)。❸《まれ》享楽的な(男), 放縦な

afeminamiento [afeminamjénto] 女 [男性の] 女性化; 女性性: No oculta el ~ de sus andares. 彼は自分の歩き方が女のようなのを隠さない

afeminar [afeminár]《←ラテン語 effeminare < femina「雌」》他 [男性を] 女性化する, 男らしさを失わせる, 柔弱にする: Lo *afeminan* las manías de su madre. 母親の偏愛が彼を柔弱にしている

── **~se** [男性が] 女性化する, 柔弱になる; おかまっぽくふるまう: Se *ha afeminado* trabajando siempre entre mujeres. 彼はいつも女たちの中で働いたので女性化した

afer [afér] 男 =**affaire**

aferencia [aferénθja] 女《生理, 解剖》求心, 輸入

aferente [aferénte] 形《生理, 解剖》求心性の《⇔eferente》: nervio ~ 求心性神経。vaso ~ 輸入リンパ管

aféresis [aféresis] 女《単複同形》《言語》語頭音消失《語頭の音が1なしい数個消失すること。例 enhorabuena→norabuena, autobús→bus》

aferético, ca [aferétiko, ka] 形《言語》語頭音消失の

aferir [aferír] 33 他《古語》重さ・寸法を判定する

aferradamente [aferáðaménte] 副 粘り強く, 頑固に

aferrado [aferáðo] 男《船舶》係留, 錨泊 [=aferramiento]

aferrador, ra [aferaðór, ra] しがみつく, 握りしめる

aferramiento [aferamjénto] 男 ❶ しがみつくこと, 握りしめること。❷《船舶》係留, 錨泊

aferrar [aferár]《←カタラン語 aferrar「接舷して錨などで固定する」< ラテン語 ferrum「鉄」》22 他《古語》23 他 ❶ [しっかりと] つかむ, 強く握る, しがみつく: *Aferró* la soga con las dos manos. 彼は両手でしっかり縄をつかんだ。~ el volate ハンドルを握りしめる。❷《船舶》1) 係留する, 錨泊させる。2) [鉤竿で敵船などを] 引っ掛ける。3) [帆・日よけ・旗を] たたむ, 巻く

── 自 ❶ 執着する, 固執する, 意固地になる。❷《船舶》投錨する, 錨が海底につく

── **~se** ❶ [+a に] しがみつく, しっかりつかむ, 握りしめる: La niña estaba *aferrada* a la falda de su madre. 女の子は母親のスカートにしがみついていた。❷ 執着する, 固執する, 意固地になる: 1) Cuando dice una cosa, Juan *se aferra* a lo dicho. フアンは一度言ったことは譲らない。Sigue *aferrado* al recuerdo de Teresa. 彼はテレサとの思い出に固執している。❸ [+a に] 逃げ込む, 活路を求める; [唯一の救いとして] すがる: *Se aferró* a su familia al morir su marido. 夫が亡くなって彼女は実家を頼った。❹ [人が] つかみ合う。❺《船舶間で》[鉤竿で固定される

~se a que+直説法 …という考えに固執する

aferruzado, da [aferúθáðo, ða] 形《廃語》しかめっ面の, 眉を

しかめた; 怒りっぽい

afervorar [aferborár] 他《廃語》=**enfervorizar**

afervorizar [aferboriθár] [9] 他《廃語》=**enfervorizar**

afestonado, da [afestonáðo, ða] 形 花綱 festón で飾られた;《建築》懸花装飾の施された;《服飾》スカラップのついた

affaire [afér]《←仏語》男 ❶《文語》後ろ暗いこと, 違法な商売(事件), スキャンダル: Estuvo implicado en el ~ de contrabando de drogas. 彼は麻薬密輸事件に巻き込まれた。❷《中南米》恋愛関係

affiche [afítʃe]《←仏語》男《まれ》=**afiche**

afgano, na [afɣáno, na] 形 名 ❶《国名》アフガニスタン Afganistán〔人〕の; アフガニスタン人。❷《犬》アフガンハウンド《=perro ~》
── 男 アフガン語

AFI [áfi] 男《略語》←alfabeto fonético internacional 国際音標文字

afianzador, ra [afjanθaðór, ra] 形 補強する, 強化する

afianzamiento [afjanθamjénto] 男 ❶ 補強, 強化。❷ 保証。❸ 確立

afianzar [afjanθár]《←a-+fianza》[9] 他 ❶ 補強する, 強化する: Hemos afianzado los cimientos de la casa inyectando hormigón. 私たちはコンクリートを注入して家の土台を補強した。❷ 確かにする, 確立させる: Esta obra lo ha afianzado como escritor. この作品は作家としての彼の名を不動にした。Las tareas sirven para ~ lo explicado en clase. 宿題は授業で教わったことを定着させるのに役立つ。❸ 保証する, 保証金(担保)を出す《=garantizar》。❹ つかむ, 握る
── **~se** ❶ [+en を] つかむ: Se afianzó en mi hombro para no caerse. 彼は倒れないように私の肩につかまった。❷ 確立する: La democracia se afianzó después de las elecciones. 選挙後, 民主主義の基盤が固まった。❸ [+en に] 自信を持つ: El médico se afianzó en su diagnóstico. 医師は自分の診断に自信を持った

afiatado, da [afjatáðo, ða] 形《アルゼンチン. 口語》自信のある

afiche [afítʃe]《←仏語》男 ポスター《=cartel》

afición [afiθjón]《←ラテン語 affectio, -onis「愛情」》女 ❶ [+a へ の] 趣味《=hobby》: ¿Qué aficiones tiene? ご趣味は? Tiene ~ a la música. 彼は音楽が好きだ。tener muchas aficiones 趣味が広い。❷ [+a・por への] 愛好, 愛着, 好み: Tiene ~ al estudio. 彼は勉強が好きだ。Le tengo ~ a este reloj porque es regalo de mi madre. この時計は母のプレゼントなので私はとても愛着を感じている。Tomo (Cobro・Cojo) ~ a esta tierra. 私はこの土地が好きになった。❸《文語》[人への] 親愛感, 好意《→amor〔類義〕》: Llegó a experimentar si no amor, cierta ~ por él. 彼女は彼に対し愛でないまでも, ある種の愛を感じるようになった。❹《集名》《主に闘牛・サッカー》ファン: La ~ pidió la oreja para el torero. 観衆は闘牛士へ片耳を与えるよう求めた。Hay mucha ~ en esa ciudad. その町の応援は盛んだ。❺ 熱心さ: Trabaja con ~. 彼は熱心に働く
de ~《職業名+》アマチュアの, 素人の: carpintero de ~ 日曜大工. pintor de ~ アマチュア画家
por ~ 1) 趣味で, 趣味として: Hace vestidos por ~. 彼女は趣味で服を作っている。2)《まれ》=**de ~**

aficionadamente [afiθjonáðaménte] 副 熱心に, 熱中して

aficionado, da [afiθjonáðo, ða]《ser+》❶[+a を] 好きな: Es muy ~da a la jardinería. 彼女は園芸が大好きだ。❷ アマチュアの, 素人の《⇔profesional》: No es una tenista profesional, es solo ~da. 彼女はプロのテニス選手ではない, 単なるアマチュアだ。pintor ~ 素人画家。❸《軽蔑》[プロでないのに] アマチュアのような, 下手な
── 名 ❶ 愛好家, ファン; サポーター: ~ a la ópera オペラファン。❷ 素人, ファン; 好事家: teatro de ~ アマチュア演劇

aficionar, ra [afiθjonaðór, ra] 形 好きにならせる, 熱中させる

aficionar [afiθjonár]《←afición》他 [+a+事物 を] 好きにさせる: El profesor me aficionó a la música. 先生のおかげで私は音楽が好きになった
── **~se** 好きになる, 愛着を抱く: Me he aficionado a esquiar. 私はスキーが好きになった

afidávit [afiðáβit] 男《単複同形》《法律》〔宣誓〕供述書, 口述書, 宣誓状

afidido, da [afiðíðo, ða] 形 アブラムシ科の
── 男《昆虫》アブラムシ科

áfido [áfiðo] 男《昆虫》アブラムシ

afiebrar [afjebrár] 他《コロンビア. 若者語》熱中させる
── **~se** ❶《中南米》[人が] 発熱する。❷《コロンビア. 若者語》熱中する

afielar [afjelár] 他 =**enfielar**

afieltrado, da [afjeltráðo, ða] 形 フェルト fieltro のような

afienar [afjenár] 他《ログローニョ》堆肥を施す, こやしをやる

afijación [afixaxjón] 女《言語》接辞をつけること; [接辞による語の] 派生

afijal [afixál] 形 接辞のような

afijar [afixár] 他《古語》=**ahijar, fijar**

afijo, ja [afíxo, xa]《←ラテン語 affixus < affigere「固定する, 抑える」》❶《言語》接辞の
── 男《言語》接辞の《参考》prefijo 接頭辞, infijo 接中辞, sufijo 接尾辞がある》

afilacuchillos [afilakutʃíʎos] 男《単複同形》ナイフ研ぎ器

afiladamente [afiláðaménte] 副 鋭く

afiladera [afilaðéra] 女 砥石《=piedra ~》

afiladero [afilaðéro] 男《チリ. 卑語》隠れて性交する場所

afilado, da [afiláðo, ða] 形 ❶ 尖った, 鋭い: cuchillo ~ 鋭いナイフ。❷ やせた, やせ細った, やせこけた: nariz ~da 尖った鼻。❸ 意地悪な, 辛辣な, 悪意のある: comentario ~ 辛辣な論評
── 男 研(と)ぎ, 研ぐこと: Necesita un buen ~ este cuchillo. このナイフはよく研ぐ必要がある

afilador, ra [afilaðór, ra] 形 研ぐ, 削る
── 名 ❶ 研ぎ屋, 研ぎ師
── 男 革砥(かわと);《中南米》砥石

afiladura [afilaðúra] 女 ❶ 研ぎ, 研ぐこと。❷《古語》刃

afilalápices [afilalápiθes] 男《単複同形》〔ハンドル付きの〕鉛筆削り器

afilamiento [afilamjénto] 男《顔・鼻・指が》ほっそりすること

afilar [afilár]《←a-+filo》他 ❶ 鋭くする, 研(と)ぐ: ~ un lápiz 鉛筆を削る。~ un cuchillo ナイフを研ぐ。~ la voz 声を尖らせる, 甲高い声を出す。piedra de ~ 砥石。❷《チリ, アルゼンチン, ウルグアイ. 口語》[女性に] 言い寄る, くどく;《チリ. 卑語》性交する
── **~se** ❶ やせる: Se le afiló la cara. 彼は頬の肉が落ちた。❷《ボリビア, チリ, アルゼンチン, ウルグアイ. 口語》急いで準備する

afiliación [afilja θjón] 女 ❶ [+a・en への] 加入, 入会: ~ al sindicato 組合加盟。❷《集名》会員

afiliado, da [afiljáðo, ða] 形 加入した: países ~s 加盟諸国. compañía (empresa) ~da 子会社
── 名 加入者, 会員

afiliar [afiljár]《←俗ラテン語 affiliare < a-+filius「息子」》[10] 他 [+a・en に] 加入させる: Nicola afilió personalmente un joven a la sociedad. ニコラは青年を個人的に協会に入れた。UGT afiliará a inmigrantes irregulares. UGTは不法入国者を組合員にするつもりだ
── **~se** 加入する: Yo no me afilié a la Falange. 私はファランヘ党には入党しなかった

afiligranado, da [afiliɣranáðo, ða] 形 線状細工のような, 繊細な: mujer ~da ほっそりとした(きゃしゃな)女性

afiligranar [afiliɣranár] 他 ❶ …に線状細工 filigrana を施す;《建築》線状細工型にする, 線状細工で装飾する。❷ [美しく] 磨き立てる

áfilo, la [áfilo, la] 形 =**áfilo**

áfilo, la [áfilo, la] 形《植物》無葉性の

afilón [afilón] 男 革砥, [肉屋などの棒状の] 鋼砥(こうと)

afilorar [afilorár] 他《キューバ, プエルトリコ》=**afirolar**

afilosofado, da [afilosofáðo, ða] 形 哲学者気取りの; 衒学者の, ペダンチックな

afín [afín]《←ラテン語 affinis「隣接した」< a-(近接)+finis「端」》形 ❶《事物が》関係の近い;《漠然と》類似した: 1) Poseen gustos afines. 彼らは似通った趣味をもっている。Pepe y Luis son políticamente muy afines, pero religiosamente están muy distanciados. ぺぺとルイスは政治的には大変近いが, 宗教面では全く異なる。el español y lenguas afines スペイン語とその同族言語。preguntas afines 関連質問。2) [+a] ideas afines a las nuestras 私たちの考えと似たような考え。❷《まれ》隣接した
── 名 ❶《共通の趣味などを持つ》仲間。❷ 姻戚, 親戚

afinación [afinaθjón] 女 ❶《音楽》調律, チューニング, 調音, 音合わせ。❷ 仕上げ

afinadamente [afináđaménte] [副] ❶ 音合わせして, 正しい音程で. ❷ 上品に, 繊細に

afinado, da [afináđo, đa] [形] 正確な, 完璧な

—— [男] 細く(薄く)すること

afinador, ra [afinađór, ra] [名] 調律師

—— [男] 調律器具

afinadura [afinađúra] [女] =**afinación**

afinaje [afináxe] [男]《宝飾》貴金属を細く(薄く)すること

afinamiento [afinamjénto] [男] ❶ =**afinación**. ❷ 上品さ, 礼儀正しさ

afinar [afinár]〖←a-+fino〗[他] ❶ 仕上げる, 完璧にする: ～ la preparación 完璧に準備する. ～ la puntería 慎重に狙いを定める. ❷《音楽》調律する, 音を合わせる, チューニングする: Me *afinaron* el piano. 私はピアノを調律してもらった. ❸ 細くする, 薄くする: ～ la punta de un lápiz 鉛筆の先を尖らす. ～ el tablero 板を削る. ❹ [人・事物を] 洗練させる, 上品にする: Este colegio *afinó* bastante a Dolores. この学校でドローレスにはぐっと磨きがかかった. ❺《自動車》チューンアップする. ❻《金属》精錬する. ❼《製本》[本のカバーを] 四角くそろえる

—— [自] ❶《音楽》正確な音程で歌う(演奏する): El tenor no *afinó* bien. そのテノール歌手は音程に難があった. ❷ 的確に行なう, 正確を期する: En este trabajo debes ～ mucho. この仕事で君は万事遺漏ないようにしなければならない

—— **～se** 洗練する, 上品になる: *Se ha afinado* mucho desde que vino del pueblo. 彼は村を出て以来とても垢抜けた

afincadamente [afiŋkáđaménte] [副]《まれ》=**ahincadamente**

afincado, da [afiŋkáđo, đa] [形]《地方語》地所(農園)を所有する

afincamiento [afiŋkamjénto] [男]《まれ》定着, 定住

afincar [afiŋkár] [7] [他] ❶ [+en に] 定着させる, 定住させる, 住みつかせる. ❷《古語》=**ahincar**

—— [自] 住みつく〖=**～se**〗

—— **～se** 居を定める, 住みつく: *Se afincó en* Toledo. 彼はトレドに住みついた

afine [afíne] [形] =**afín**

afinidad [afiniđá(đ)]〖←ラテン語 affinitas, -atis〗[女] ❶ 類似性: Hay una ～ entre circo y teatro. サーカスと演劇は似たところがある. El amor es producto de una ～ con otro ser. 愛情は別の存在との類似性から生まれる. ❷ [好み・性格・意見の] 一致: Los diputados no se distribuyen en razón a las regiones de procedencia, sino por ～*es* políticas. 代議士たちは出身地ごとではなく, 政治的態度の近さを基準に分かれる. Es una caza de brujas por ～ con el PC. それは共産党シンパに対する魔女狩りだ. ❸ 姻戚関係. ❹ [姻戚関係による] 婚姻の無効支障. ❺《物理, 化学》親和力: ～*es* electivas 選択的親和力

～ *espiritual* 代父母と名付け子との関係

afino [afíno] [男]《金属》精錬

afirmación [afirmaθjón]〖←ラテン語 affirmatio, -onis〗[女] ❶ [真実であるとの] 断言, 主張, 言明; 意見: Esas *afirmaciones* atrevidas no se pueden creer. その大胆な主張は信じがたい. ❷ 肯定〖⇔negación〗: 1) [行為] Estamos esperando su ～. 私たちは彼からの承認を待っているところだ. Hizo un gesto problemático de ～. 彼はあいまいにうなずいた. 2) [内容] Es una ～ de la cortesía española. それはスペイン人の礼儀正しさを証明する事実である. ❸ [信念などの] 確立, 強化: ～ en (de) sus valores 価値観の確立. ❹ 固定, 補強

afirmadamente [afirmáđaménte] [副] 断固として, 確信を持って

afirmado [afirmáđo] [男] [車道の] 路床〖その上を舗装する〗

afirmador, ra [afirmađór, ra] [形] [名] 肯定する〔人〕; 断言する〔人〕

afirmar [afirmár]〖←ラテン語 affirmare < ad- (近接)+firmare「確保する」〗[他] ❶ [+不定詞・que+直説法 が真実であると] 断言する, 確言する: *Afirmó* haber visto al autor. 彼は確かに犯人を見たと言った. *Afirmaron que* no había sido él. 彼らはそれは彼ではないと言い切った. ❷ 言明する, 声明を出す: Un portavoz del gobierno *ha afirmado que* habrá elecciones generales. 政府スポークスマンは総選挙が行われるだろうと言明した. ❸ 肯定する〖⇔negar〗: Nadie *ha afirmado* la existencia de esa insólita conspiración. その突拍子もない陰謀が存在するなんて誰も言わなかった. No *afirmo* ni niego la existencia de Dios. 私は神の存在を肯定も否定もしない. ❹ 確信させる; [信念などを] 強固にする: Esa experiencia le *ha afirmado* en sus creencias. その経験によって彼の信念は裏付けられた. ❺ …を取り付ける, 固定する; 補強する: 1) Puse unos clavos para ～ un estante. 私は本棚を取り付けるために釘を打った. ～ los muros inclinados con unos maderos 傾いた壁につっかい棒をする. 2) [+en・sobre に] ～ la mano *en* el mango 取っ手をしっかりつかむ. ❻《中南米》殴る, 打つ

—— [自] ❶ 肯定する: ～ con la cabeza うなずく. ～ con la mirada そうだと目配せする. ❷ 断言する

—— **～se** ❶ [+en] 断定する, 確言する; 確信を深める: *Se afirma en* lo que dice. 彼は自説を曲げない. ❷ [+a に] しがみつく: *Me afirmé a* la barra para no caerme. 私は倒れないようにカウンターにしがみついた

afirmativamente [afirmatíƀaménte] [副] 肯定的に: Respondió ～. 彼ははいと返事した. Respondió ～ con la cabeza. 彼は「はい」の印としてうなずいた

afirmativo, va [afirmatíƀo, ƀa]〖←ラテン語 affirmativus〗[形] 肯定の, 肯定的な〖⇔negativo〗: No hemos obtenido su respuesta ～*va*. 彼から肯定的な回答は得られなかった. oración ～*va* 肯定文

***en caso* ～** もしそうであれば; 肯定の場合には

—— [女] ❶ 肯定, 賛成〖=afirmación〗: contestar con ～*va* 承諾の返事をする. ❷《哲学》肯定命題; 肯定的意見

afirolar [afirolár] [他]《キューバ, プエルトリコ》[入念に] 飾り付けする; めかし込む

afistolar [afistolár] [他]《古語》=**afistular**

afistular [afistulár] [他]《医学》[潰瘍・傷を] 瘻(ろう)にする

—— **～se** 瘻になる

aflamencado, da [aflameŋkáđo, đa] [形] [音楽が] フラメンコ調の; フラメンコを真似た

aflamencar [aflameŋkár] [7] [他] フラメンコ風(調)にする

aflatar [aflatár] **～se**《グアテマラ, ホンジュラス, ニカラグア, チリ》悲しむ, 陰鬱(いんうつ)になる

aflato [afláto] [男] ❶ 一陣の風, 風. ❷ インスピレーション, 詩的ひらめき

aflautado, da [aflau̯táđo, đa] [形] [声などが] 笛のような, かん高い: voz ～*da* かん高い声

aflautar [aflau̯tár] [他] [声などを] 高くする, かん高くする

—— **～se** かん高くなる

aflechado, da [afletʃáđo, đa] [形]《主に植物》矢の形の: hoja ～*da* 矢形の葉

aflicción [afli(k)θjón]〖←ラテン語 afflictio, -onis < affligere〗[女]《文語》❶ 苦悩, 悲嘆: días de ～ 苦悩の日々. lágrimas de ～ 悲しみの涙. ❷ [肉体的な] 苦しみ

aflictivo, va [afliktíƀo, ƀa] [形] ❶ 苦しめる, 悲しませる. ❷《法律》pena ～*va* 体刑

aflicto, ta [aflíkto, ta] [形]《まれ》=**afligido**

afligidamente [aflixíđaménte] [副]《まれ》苦しそうに, 悲痛に

afligido, da [aflixíđo, đa] [形] [名] ❶ 苦しそうな〔人〕; 悲しんでいる〔人〕. ❷ los ～*s* 被害者たち; 遺族

afligimiento [afliximjénto] [男]《廃語》=**aflicción**

afligir [aflixír]〖←ラテン語 affligere「叩く」< a-+fligere「ぶつかる」〗[4] [他] ❶ [精神的に] 苦しめる, 悩ます; [深く] 悲しませる: El problema de inmigrantes *aflige* a toda Europa. 移民問題が全ヨーロッパを苦しめている. ❷ [肉体的に] 痛めつける. ❸《中南米》打つ, 叩く

—— **～se** ❶ [+con・de・por に] 苦しむ, 悲しむ, 苦悩する: *Me aflijo por* el hambre del mundo. 私は世界の飢餓に心が痛む. ❷《闘牛》おじけづく

aflojamiento [afloxamjénto] [男] 緩む(緩める)こと; 緩和

aflojar [afloxár]〖←a-+flojo〗[他] ❶ 緩める〖⇔apretar〗: ～ una cuerda (un nudo・una tuerca) 綱(結び目・ねじ)を緩める. ❷ 緩和する: *Aflojó* los músculos de la cara. 彼は顔の筋肉を緩めた. ～ el paso 歩度を緩める, ペースを落とす. ❸《西. 口語》[金などを] 出す, 渡す: Tendrás que ～ cien euros. 君は100ユーロと泣き別れだな. ❹《キューバ, ドミニカ》殴る; 発射する

—— [自] ❶ 緩む; 衰える: La lluvia remite, el frío *afloja*. 雨がおさまって寒さは峠を越す. ❷ [+en への関心・意欲が] 低下する: Los alumnos *aflojan en* el estudio. 生徒たちは勉強に身が入らない. ❸ だれる, 間のびする. ❹ 譲歩する. ❺《ドミニカ》おじけづく

—— **～se** ❶ 自分の…を緩める: *Se aflojó* el nudo de la corbata. 彼はネクタイを緩めた. ❷ 緩む; 衰える: *Se* me *aflojó* el

afloración

elástico del pantalón. ズボンのゴムが緩くなった. La censura *se ha aflojado*. 検閲が緩くなった. ❸《メキシコ》[estómago・panza が主語] 下痢をする

afloración [aflora θjón] 囡 表面化, 出現
afloramiento [aflorɑmjénto] 男 ❶ 表面化, 出現; 露出, 露頭. ❷[岩石・鉱脈の] 露出部; [海流の] 湧昇, 冷水塊《=〜oceánico》
aflorante [aflorɑ́nte] 形 露出する
aflorar [aflorɑ́r]《←仏語 affleurer》自 ❶[鉱脈などが] 露出する: Las raíces de ese árbol *afloran* por encima de la tierra. その木の根は地表に出ている. ❷[地下水などが] 湧出する. ❸[問題・感情などが] 表面に表われる: De repente *afloró* la rivalidad entre los hermanos. 突然兄弟間の対立が表面化した ── 他 ❶《経済》[資産・利益を] 得る, 取得する. ❷[粉を] ふるう, ふるいにかける
afluencia [aflwén θja]《←ラテン語 affluentia》囡 ❶[多量の] 流れ, 流入; 集合 大勢の人, 大量のもの: Agosto es el mes de mayor 〜 de visitantes a Burgos. 8月に最も多くの人がブルゴスを訪れる. 〜 masiva de refugiados 難民の大量流入. horas de 〜 最も忙しい時間帯. ❷《まれ》豊富, 富裕. ❸《まれ》饒舌 (ぜつ), 多弁
afluente [aflwénte]《←ラテン語 affluens, -entis》形 ❶ 饒舌な, 多弁な. ❷[川・道が] 合流する, 流入する ── 男 [川の] 支流: 〜s del Tajo タホ川の支流
afluentemente [aflwénteménte] 副 豊富に, 大量に
afluir [aflwír]《←ラテン語 affluere < ad-〔に〕+fluere「流れる, 湧き出る」》48 自 ❶ [大量に, +a に] 流れ込む, 流入する; 押し寄せる, 殺到する: A la tumba del santo *afluyen* peregrinos de todo el reino. 聖人の墓には日本中の巡礼が押し寄せる. ❷[川・道が, +a に] 合流する; [+a・en に] 注ぐ: El Tajo *afluye* al Atlántico. タホ川は大西洋に注ぐ
aflujo [aflúxo]《←ラテン語 affluxus <affluere》男 ❶ 流れ込み, 流入; 殺到. ❷《医学》〜 de sangre 充血
aflus [aflús] 形《中南米》一文なしの
afluyente [aflujénte] 形 流入する
afmo.《略儀. 手紙》=afectísimo きわめて親愛なる
afofar [afofár] 他《まれ》ぷよぷよ (ふにゃふにゃ・ふわふわ) にする ── 〜se《まれ》ぷよぷよ (ふにゃふにゃ・ふわふわ) になる
afogar [afoɣár] 8 他《古語》=ahogar
afogarar [afoɣarár] 他《古語》焦げつかせる
afogonar [afoɣonár] 他《まれ》燃やす
afollado [afoʎáðo] 男 ❶《服飾》ひだ, プリーツ. ❷ 複 =follados
afollar [afoʎár] 28 他 ❶ ふいごで吹く. ❷ ひだをつける. ❸[左官仕事を] 下手にやる ── 〜se《壁塗りが》でこぼこになる, むらになる
afondado, da [afondáðo, ða] 形《まれ》沈んだ
afondar [afondár] 他 ❶《まれ》沈める. ❷《廃語》=ahondar ── 自 〜se《まれ》沈む, 沈没する
afonía [afonía]《←ギリシア語 aphonia < a-〔無〕+phone「声」》囡《医学》失声〔症〕
afónico, ca [afóniko, ka] 形 ❶[estar+] 声が出なくなった; 失声気味の: Estoy 〜 por la gripe. 私は風邪で声が出ない (かすれている). ❷ 音の小さい, 消音した; 無音の
áfono, na [áfono, na] 形 ❶[字が] 無音の, 発音しない: La «h» es una letra 〜 na. hは無音の文字である. ❷ 物音のしない, 静かな. ❸《まれ》声が出なくなった《=afónico》
aforado, da [aforáðo, ða] 形 特権を与えられた〔人〕
aforador, ra [aforaðór, ra] 囹 検査官, 査定官 ── 男 計量器
aforamiento [aforɑmjénto] 男 ❶ 計測, 計量. ❷ 価格評価, 税額査定. ❸ 特権授与
aforar [aforár]《←古語 aforer < fuer「公定価格」< ラテン語 forum「法廷, 広場」》 2 他 ❶[…の流水量・容積・収容能力を] 計測する, 計量する; 測定する: Puede 〜 a simple vista la capacidad del cine. 彼は映画館の客席数を一目で読み取ることができる. ❷[在庫品・課税品の] 価格を評価する, 査定する. ❸[計量器の] 目盛りを合わせる. ❹《農地・家屋の》地代 (賃貸料) を払う. ❺[口語][荷物を] 発送する; 受け取る. ❻[都市に] 特権 (特典) を与える ── 自 ❶ ある目盛りまで容器に満ちる. ❷ 舞台のそでを観客から目隠しする
aforisma [aforísma] 囡《獣医》[家畜の] 動脈瘤

aforismático, ca [aforismátiko, ka] 形 =aforístico
aforismo [aforísmo] 男《←ラテン語 aphorismus <ギリシア語 aphorismos「定義」< aphorizo「私は分ける, 定義する」< horos「道標」》男 格言, 金言, 警句: «La vida es como una caja de bombones», dice el 〜. 格言にいわく「人生はチョコレートの箱のようなものである」
aforísticamente [aforístikɑménte] 副 格言のように
aforístico, ca [aforístiko, ka] 形 格言の, 格言的な, 警句に富んだ ── 囡 ❶ 箴言学. ❷ 箴言集
aformal [aformál] 形 =informalista
aformalismo [aformalísmo] 男 =informalismo
aformalista [aformalísta] 形 男 =informalista
aforo [afóro]《←aforar》男 ❶ 流水量 (容量) の計測. ❷[劇場などの] 収容能力: El estadio tiene un 〜 de 50.000 personas. この競技場は5万人収容できる. ❸《商業》価格評価; 関税評価価値
aforrador, ra [aforraðór, ra] 囹 裏地をつける〔人〕
aforrar [aforrár] 他 ❶《まれ》=forrar. ❷《船舶》[太綱に] 細綱を巻く. ❸《チリ. 口語》1) 殴る. 2)…から高い金を取る ── 〜se ❶《まれ》着込む, 着ぶくれる; たっぷり飲む (食べる). ❷《チリ. 口語》1) 大もうけする, 財産を作る. 2) 屁をする
aforro [afórro] 男 ❶《船舶》[太綱に巻く] 補強用の細綱. ❷《まれ》=forro
afortunadamente [afortunaðáménte] 副 幸運にも, 運よく: A 〜, ninguno de los vecinos resultó herido por las llamas. 幸い住民の誰も火傷を負わなかった
afortunado, da [afortunáðo, ða]《←a-+fortuna》形 ❶ 幸運な: Estoy 〜da esta semana. 私は今週ついている. No soy 〜 normalmente. 私は運がいいなんてことは普通ない. 〜 por la lotería くじ運が強い. hallazgo 〜 幸運な拾い物. número 〜 運のよい数, 吉数. ❷[幸運の結果として] 幸福な《⇔desgraciado》: 1) casamiento 〜 幸せな結婚. hogar 〜 幸せな家庭. 2) [+en に] 恵まれた: Es 〜 en su hijo (en sus trabajos). 彼はいい息子をもって幸せだ (仕事に恵まれている). ❸ 適切な, 時宜を得た: decisión poco 〜da 不適切な決定. palabras 〜das 時宜にかなった言葉. ❹《古語》[天候が] 荒れた, 荒れ模様の ── 囡 幸運な人, 運のよい人
afortunar [afortunár] 他 ❶ [主に 過分] 恩恵を与える. ❷《廃語》[人を] 幸福にする
afosar [afosár] 〜se《軍事》塹壕を掘ってたてこもる
afoscamiento [afoskɑmjénto] 男《主に船舶》霧がかかること
afoscar [afoskár] 7 〜se《主に船舶》霧がかかる, 雲に覆われる
afótico, ca [afótiko, ka] 形《生物》暗闇の, 無光の
afrailado, da [afrɑiláðo, ða] 形《印刷》刷りむらのある
afrailamiento [afrɑilɑmjénto] 男《農業》刈り込み
afrailar [afrɑilár] 他《農業》[木のまたまで] 刈り込む
afrancesado, da [afranθesáðo, ða] 形《←a-+francés》 ❶《主に軽蔑》❶ フランス風の. ❷ フランスかぶれの〔人〕; [特にスペイン独立戦争 Guerra de la Independencia Española 時の] 親仏派〔の〕
afrancesamiento [afranθesɑmjénto] 男 フランス化; フランスかぶれ, フランスびいき
afrancesar [afranθesár]《←afrancesado》他 ❶[人・事物を] フランス風にする, フランス風にする: 〜 la moda ファッションをフランス風にする ── 〜se ❶[人・事物が] フランス化する, フランス風になる. ❷ 親仏派になる
afranelado, da [afranelɑ́ðo, ða] 形 フランネル (ネル) のような
afranjado, da [afranxáðo, ða] 形 縁飾り (房飾り) の付いた
afrechada [afretʃáða] 囡《カナリア諸島》ふすま・オレガノ・酢などで作る膏薬
afrecho [afrétʃo] 男 ❶[穀類の] ふすま, ぬか《飼料などに使う》. ❷《アルゼンチン. 卑語》1)[男性の] 性欲. 2) 恥垢
afrenillar [afreniʎár] 他《船舶》[櫂を] 係留する, 舫 (もや) う
afrenta [afrénta]《←古語 afruenta < a-+fruente < ラテン語 frons「正面」》❶《文語》 ❶ 侮辱, 辱め, 無礼: Lo considero una 〜 a mi honor. 私はそれを私の名誉への侮辱とみなす. ❷, 不面目: Ese muchacho es la 〜 familiar. その青年は家族の恥だ. ❸《古語》危険, 危機, 苦境. ❹《廃語》要請, 通告, 通達
afrentacasas [afrentakásas] 囡《単複同形》《アラゴン》一家の面

汚し(恥さらし)
afrentador, ra [afrentađór, ra] [形] [名] 侮辱する〔人〕, 無礼な〔人〕
afrentar [afrentár] 〘←afrenta〙 [他] ❶《文語》侮辱する, 辱める. ❷《古語》困らせる, 危険な目にあわす; 通告する, 通達する
—— **~se** [侮辱に対し] 腹を立てる, 侮辱を感じる
afrentosamente [afrentósaménte] [副] 侮辱して, 無礼に
afrentoso, sa [afrentóso, sa] [形] ❶ 屈辱的な, 辱めの: castigo ~ 屈辱的な罰. ❷ 恥さらしな, 不名誉な: conducta ~*sa* 恥ずべきふるまい
—— [名]《ドミニカ》恥さらし, 面汚し
afreñir [afreɲír] [20] [他]《カンタブリア》壊す, ばらばらにする
afrescar [afreskár] [7] [他]《まれ》フレスコ画で描く
afretar [afretár] [他]《船舶》フナクイムシを落とす, 船体を清掃する
África [áfrika] [女] 〘単数冠詞: el·un〔a〕〙《地名》アフリカ: ~ del Norte 北アフリカ. ~ austral (meridional) 南アフリカ. ~ negra ブラックアフリカ
africaans [afrikáns] [男] =**afrikaans**
africación [afrikaθjón] [女]《音声》破擦音化
africado, da [afrikáđo, đa] [形] [女]《音声》破擦音〔の〕: consonante ~*da* 破擦音(子音) 〘[tʃ]〙
africáner [afrikánɛr] [形] [名] =**afrikaner**
africanía [afrikanía] [女]《まれ》アフリカ性
africanidad [afrikaniđá〔đ〕] [女] アフリカ性, アフリカ〔人〕であること, アフリカ〔人〕らしさ, アフリカ的な事物
africanismo [afrikanísmo] [男] ❶ アフリカ好き(びいき), アフリカへの関心. ❷ アフリカの言語(風俗)の影響; アフリカ起源の言葉, アフリカ系中南米作家に特有の慣用句. ❸ アフリカ研究
africanista [afrikanísta] [形] [名] アフリカ研究の(研究者)
africanización [afrikaniθaθjón] [女] アフリカ化
africanizar [afrikaniθár] [9] [他] アフリカ化させる
—— **~se** アフリカ化する
africano, na [afrikáno, na] [形] [名] アフリカ África の(人)
—— [男]《ホンジュラス》砂糖・卵などで作る焼き菓子
áfrico, ca [áfriko, ka] [形]《まれ》=**africano**
—— [男] [スペイン・ポルトガルの大西洋岸に吹く] 湿って暖かい南西風 〘=ábrego〙
africochar [afrikotʃár] [他]《ドミニカ. 口語》殺す
afridi [afríđi] [形] [名] [アフガニスタンとパキスタン国境に住む] アフリディ人〔の〕
afrikaans [afriká〔a〕ns] [男] アフリカーンス語
afrikánder [afrikándɛr] [形] [名] =**afrikaner**
afrikaner [afrikánɛr] [形] [名] 〘[複] ~s〙 [南アフリカのオランダ系白人] アフリカーナ人〔の〕
afrikáner [afrikánɛr] [形] [名] =**afrikaner**
afrisonado, da [afrisonáđo, đa] [形] フリースランド frisón 馬のような
afro [áfro] [形] ❶ [文化・風俗などが] 黒人アフリカの 〘主に合成語で〙: música ~ アフロミュージック. ❷ アフロヘアの: pelo ~ アフロヘア
afro- 《接頭辞》[アフリカの] *afro*asiático アジア・アフリカの
afroamericano, na [afroamerikáno, na] [形] [名] アフリカ系アメリカ人〔の〕
afroantillano, na [afroantiʎáno, na] [形] [名] アフリカ系アンティル諸島人〔の〕
afroasiático, ca [afroasjátiko, ka] [形] アジア・アフリカ〔諸国〕の: países ~*s* アジア・アフリカ諸国, AA諸国
afrocubano, na [afrokuƀáno, na] [形] [名] アフリカ系キューバ人〔の〕: música ~*na* アフロキューバン音楽
afrodisiaco, ca [afrođisjáko, ka] [形] [男] =**afrodisíaco**
afrodisíaco, ca [afrođisíako, ka] 〘←ラテン語 aphrodisiacus < ギリシア語 aphrodisiakos < Aphrodite「ビーナス」〙 [形] [男] [薬剤などが] 性欲を刺激する, 催淫性の; 催淫剤, 媚薬
afrodita [afrođíta] [女]《ギリシア神話》[*A*~] アフロディーテ 〘愛と美の女神, 農園の守護神〙
—— [形]《植物》無性生殖の
afronegrismo [afronegrísmo] [男] ❶ アフリカ黒人の言語からの借用語, アフリカ起源の言葉. ❷ 黒人アフリカ主義 〘中南米における黒人アフリカ的要素を擁護する〙
afronitro [afronítro] [男]《鉱物》硝石
afrontado, da [afrɔntáđo, đa] [形] ❶《古語》[危険・困難などに] 直面した. ❷《紋章》[動物が] 向き合った
afrontamiento [afrɔntamjénto] [男] 立ち向かうこと, 対決
afrontar [afrɔntár] 〘←ラテン語 affrontare < frons, frontis「正面」〙 [他] ❶ [真っ向から] …に立ち向かう, 取り組む: La empresa *afronta* un plan de recorte de plantilla. 会社はリストラ計画に取り組む. ~ al enemigo 敵に立ち向かう. ~ el peligro 危険に挑む. ~ su enfermedad 自分の病気と向き合う. ❷《紋章など》[動物を] 向き合わせる. ❸《まれ. 法律》[証人同士を] 対質(対面)させる. ❹《廃語》侮辱する, 辱める; たしなめる, 叱る
—— [自] [+con と] 立ち向かう
afrotrópico, ca [afrotrópiko, ka] [形]《地理》región ~*ca* エチオピア区
afrutado, da [afrutáđo, đa] [形] [味・香りが] フルーティな, 果物のような: vino tinto ~ フルーティな赤ワイン
afrutamiento [afrutamjénto] [男] フルーティさ
afta [áfta] 〘←ギリシア語 aphtha〙 [女] 〘単数冠詞: el·un〔a〕〙《医学》[口腔粘膜の] 小潰瘍, アフタ; 口腔カンジダ症, 鵞口(がこう)瘡
after hours [aftɛráuɛrs] 〘←英語〙 [形] [男]/[女] 〘単複同形. afterhours とも表記〙 早朝まで営業している〔店〕 〘[男] でバル, [女] でディスコを指す〙
after shave [aftɛrʃéiƀ] 〘←英語〙 [男] アフターシェーブローション
aftersun [aftɛrsán] 〘←英語〙 [男] カーマインローション
afto. 《略語》←afecto 親愛なる
aftosa [aftósa] [女]《獣医, 医学》口蹄疫 〘=fiebre ~〙: fiebre ~ humana 手足口病
afuera [afwéra] 〘←a-+fuera〙 [副] ❶ [方向・動き] 外に, 外へ 〘⇔adentro. 静止の動詞+ やスペインでは **fuera** の方が一般的〙: 1) Vete ~. 出て行け. Vamos a tomar el aire ~. 外に散歩に行こう. 2)《主に中南米》[前置詞+] Venimos de ~. 私たちは外から来た. de dentro ~ 内から外側へ. desde ~ 外から. hacia (para) ~ 外側へ. por ~ 外では, 外側は. 3) [無冠詞名詞+] Ellos son víctimas de los gringos ~ y del líder máximo adentro. 彼らは外なる白人たちと内なる最高指導者の犠牲者である. ❷《主に中南米》[静止の動詞+] 外側で, 表で 〘=fuera〙: Hay mucha gente ~. 外にはたくさんの人がいる. comer ~ 外食する. ❸《中南米》[+de] …の外に
los de ~ よそ者
—— [間] ❶ 出て行け: ¡*A*~ niños! 子供たち, 出て行きなさい! ❷ 不賛成だ
—— [女] ❶ [複] [las+] 郊外: Los supermercados grandes están en las ~*s* de la ciudad. 大型スーパーは郊外にある. ❷《南米》田舎, 地方
afuereño, ña [afweréɲo, ɲa] [形] [名]《中南米》よそ者〔の〕
afuerino, na [afweríno, na] [形] [名]《南米》よそ者〔の〕
afufa [afúfa] [女] ***estar sobre las ~s*** 《まれ》高飛びの算段をしている
tomar las ~s 《まれ》ずらかる, 逃げ出す
afufar [afufár] [自]・**~se** 《まれ》逃げる, ずらかる
~las 《まれ》雲隠れする, 姿を消す
afufón [afufón] [男]《まれ》=**afufa**
afusilar [afusilár] [男]《中米》撃つ
afusión [afusjón] [女]《医学》灌水, 灌注
afuste [afúste] [男] [迫撃砲の・昔の大砲の] 砲架
afutrar [afutrár] **~se** 《南米》着飾る, おめかしする
ag. 《略語》←agosto 8月
agá [aǥá] 〘←トルコ語〙 [男] 〘[複] agaes〙 ❶ [トルコ軍の] 士官. ❷ ~ Khan/~ Jan アーガーハーン 〘イスラム教シーア派首長の世襲称号〙
agabachar [aǥaƀatʃár] [他]《軽蔑》フランス人の真似をさせる
—— **~se** フランス人気取りになる
agace [aǥáθe] [形] [名] アガセス族〔の〕 〘パラグアイ川の河口に住んでいた先住民〙
agachada[1] [aǥatʃáđa] [女] ❶ 身をかがめること. ❷《アルゼンチン. 口語》ごまかし, 空とぼけ, 口実
agachadera [aǥatʃađéra] [女]《鳥》❶《サラマンカ》カンムリヒバリ. ❷《アンダルシア》ジシギ
agachadiza [aǥatʃađíθa] [女]《鳥》タシギ 〘=~ común〙: ~ chica コシギ. ~ real ヨーロッパジシギ
hacer la ~ 《まれ》身を隠そうとする
agachado, da[2] [aǥatʃáđo, đa] [形]《メキシコ》権力に屈した, 体制順応主義の
—— [女]《アルゼンチン. 口語》[責任逃れの] 口実, 空とぼけ
agachamiento [aǥatʃamjénto] [男] 身をかがめること
agachar [aǥatʃár] 〘←?語源〙 [他] ❶ [頭・上体を] かがめる, 低くする. ❷《ラプラタ》…する準備をする

―― **~se** 身をかがめる, しゃがむ: *Se agachó* para recoger el pincel. 彼は絵筆を拾うためにかがんだ. ❷《まれ》[災難・迫害などを]やり過ごす, 雌伏する; 世間から離れる, 引きこもる. ❸《中南米》譲歩する, 屈服する. ❹《メキシコ, コロンビア》[+con を] 盗む, 横領する. ❺《中米》へりくだる. ❻《中米》黙る

agachón, na [aɣatʃón, na] 形《メキシコ. 口語》臆病な
―― 女《地方語. 鳥》タシギ〖=agachadiza〗

agalactia [aɣaláktja] 女《医学》無乳〖症〗

agalaxia [aɣalá(k)sja] 女《獣医》~ contagiosa [ヤギの] 伝染性無乳症

agalbanado, da [aɣalbanáðo, ða] 形 **=galbanoso**

agalbanar [aɣalbanár] ~se《口語》怠ける

agalerar [aɣalerár] 他《船舶》[水はけのため天幕を]傾ける

agalgado, da [aɣalɣáðo, ða] 形 グレーハウンド galgo のような, 体の細い

agalla [aɣáʎa] I《←?語源》女 ❶《主に 複. 魚の》えら; [鳥の] こめかみ. ❷《勇気, 気概, 覇気:¿Cómo tienes ~s para decir tamaña falsedad? どうしてそんな大嘘が言えるんだ? hombre con muchas ~s 肝っ玉の太い男, 大変ガッツのある男. ❸《解剖》扁桃腺; 複 扁桃腺炎. ❹《中南米》[主に 複]貪欲, 強欲. ❺《キューバ》《植物》アカネ科の灌木〖果実から着色剤がとれる〗. ❻《エクアドル》鉤竿
II《←ラテン語 galla》女《植物》虫えい, 虫こぶ: ~s de roble オークにできる虫こぶ; 没食子(ぼっしょくし)

agallado, da [aɣaʎáðo, ða] 形 虫こぶ液染料に浸した《黒色に染める》

agalladura [aɣaʎaðúra] 女 **=galladura**

agállara [aɣáʎara] 女《ブルゴス》**gállara**

agallegado, da [aɣaʎeɣáðo, ða] 形 ❶ 話し方・習慣などの〗ガリシア人のような. ❷《中南米》スペイン人なまりの, スペイン人のような

agallinado, da [aɣaʎináðo, ða] 形 鳥肌だった

agallinar [aɣaʎinár] ~se《地方語》怖がる, おじけづく

agallo [aɣáʎo] 男《建築》卵型の刳形

agallón [aɣaʎón] 男 ❶《agalla の示大語》[植物]虫こぶ. ❷[首飾り用の]銀の玉; ロザリオの大玉. ❸《建築》卵型の刳形. ❹《中南米》扁桃腺; 複 扁桃腺炎

agallonado, da [aɣaʎonáðo, ða] 形《建築》卵型の刳形の付いた

agalludo, da [aɣaʎúðo, ða] 形 ❶《中南米》勇敢な, 大胆な. ❷《南米》貪欲な, 野心的な

agáloco [aɣáloko] 男《植物》ジンコウ(沈香)〖=calambac〗

agama [aɣáma] 男《動物》アガマ

Agamenón [aɣamenón] 男《ギリシア神話》アガメムノン〖ミケナイの王. トロイ戦争でギリシア軍の総大将をつとめた〗

agamí [aɣamí] 男〖複 ~es〗《鳥》ラッパチョウ

agámido, da [aɣámiðo, ða] 形 アガマ科の
―― 男 複《動物》アガマ科

agamitar [aɣamitár] 自《狩猟》子鹿の鳴き声を真似る

ágamo, ma [áɣamo, ma] 形《植物》非配偶子性の

agamuzado, da [aɣamuθáðo, ða] 形 **=gamuzado**

agandallar [aɣandaʎár] ~se《メキシコ. 口語》がつがつ食べる; 強引に自分のものにする

agangrenar [aɣaŋɡrenár] ~se **=gangrenarse**

aganipeo, a [aɣanipéo, a] 形《ギリシア神話》アガニッペ Aganipe の泉の〖ヘリコン山 monte Helicón のミューズ musa たちの霊泉〗

agañitata [aɣaɲitáta] 女《鳥》ハクセキレイ〖=lavandera blanca〗

agañotar [aɣaɲotár] 他《地方語, レオン》首を絞める

ágape [áɣape] 男〖←ラテン語 agape < ギリシア語 agape「愛, 友情」〗 ❶《文語》[祝いなどの] 会食, 宴会: Hoy despedimos a nuestro profesor con un ~ en un restaurante. 今日私たちはレストランで先生の送別会をする. ❷《歴史》愛餐〖初期キリスト教徒の最後の晩餐を記念し互いの絆を強めるため行なった食事〗

agaporni [aɣapórni] 男《鳥》ボタンインコ〖=inseparable〗

agar-agar [aɣáraɣár] 男〖←マレー語〗寒天〖agar agar とも言う〗《料理》寒天;〖薬学など〗寒天培地

agarbado, da [aɣarβáðo, ða] 形 颯爽とした, 優雅な〖=garboso〗

agarbanzado, da [aɣarβanθáðo, ða] 形 ❶《軽蔑》[文体が]古くさくて通俗的な. ❷[色・形が]エジプト豆のような

agarbanzamiento [aɣarβanθamjénto] 男《軽蔑》[文体が]古くさくて通俗的なこと

agarbar [aɣarβár] ~se《地方語》身をかがめる, 体を丸くする

agarbillar [aɣarβiʎár] 他《まれ. 農業》[穀類を]束ねる

agareno, a [aɣaréno, na] 形 名 ❶[特に中世, スペインを占領した]イスラム教徒[の]. ❷《旧約聖書》アガル Agar の子孫[の]〖アブラハムの女奴隷の〗

agaricáceo, a [aɣarikáθeo, a] 形 ハラタケ科の
―― 女 複《植物》ハラタケ科

agarical [aɣarikál] 男 **=agaricáceo**

agaricina [aɣariθína] 女《化学》アガリシン

agárico [aɣáriko] 男 ❶《植物》ハラタケ, アガリクス, エブリコ〖食用のキノコ〗. ❷《地質》~ mineral アガリックミネラル, ロックミルク

agarrada[1] [aɣaráða]〖←agarrar〗女 ❶《口語》口論, けんか: Tiene frecuentes ~s con su vecino. 彼は近所とのいさかいが絶えない. ❷《格闘技》組み合い

agarradera [aɣaraðéra]〖←agarrar〗女 ❶ つかむところ;《メキシコ, プエルトリコ, ボリビア》取っ手, 握り. ❷《西, チリ. 口語》[主に 複]コネ, 縁故. ❸《俗語》[複]《女性の乳房などの》豊かさ

agarradero [aɣaraðéro]〖←agarrar〗男 ❶ つかむところ; 取っ手, 握り. ❷ 口実, 言い訳; コネ, うしろだて. ❸《船舶》投錨地

agarrado, da[2] [aɣaráðo, ða] 形 ❶[ser+] けちな, 締まり屋の: Se volvió muy ~ y nunca invitaba a nada. 彼はひどくけちになって絶対何もおごらなかった. ❷《舞踊》抱き合って踊る: bailar ~ ぴったり寄り添って踊る, チークダンスをする. ❸《南米. 口語》[estar+] 夢中な
ser más ~ que un chotis/ser más ~ que el pasamanos de una escuela ひどく締まり屋である
―― 名 けちん坊, 締まり屋, しみったれ
―― 男 スローダンス, チークダンス〖=baile ~〗

agarrador, ra [aɣaraðór, ra] 形《アンデス, アルゼンチン, ウルグアイ》[酒の度が]強い
―― 男 ❶ 鍋つかみ, オーブングローブ. ❷[電車・バスの] 立っている人がつかむポール. ❸《廃語》警吏, 捕吏. ❹《グアテマラ》取っ手, 握り

agarrafador, ra [aɣarafaðór, ra] 形 [けんかで] つかみかかる, 組みついてくる
―― 男[油圧搾所で]油搾りの材料を入れる大かごを運ぶ労働者

agarrafar [aɣarafár] 他《口語》[けんかで]…につかみかかる, 組みつく
~se 取っ組み合いをする

agarrante [aɣaránte] 形 ❶ つかむ, 捕まえる. ❷《アラゴン》欲深な, けちん坊
―― 男《まれ》警吏, 捕吏

agarrar [aɣarár] 他〖←a-+garra〗 ❶[しっかりと]つかむ, 握りしめる: 1)[+物] *Agarra* bien esta cuerda y no la dejes escapar. この綱をしっかりつかんで放すな. El guardia mantenía su subfusil muy *agarrado*. 警備隊員は自動小銃をしっかり握りしめていた. ~ el cielo con las manos [怒りの身振り] 空をつかむ. 2)[+人, +de·por 体の一部の] Me *agarró* de (por) la mano. 彼は私の手をつかんだ. ❷ 得る, 取る;《口語》[=coger, tomar]; 手に入れる, 獲得する〖=conseguir〗: *Agarra* el dinero de mi cartera. 私の財布からお金を取りなさい. *Agarró* la maleta y se fue. 彼はスーツケースを手にとって出て行った. He *agarrado* un buen trabajo. 私はいい仕事を得た. ~ un taxi タクシーをつかまえる. ~ un marido ideal 理想的な夫を見つける. ❸[主に犯罪者を]捕まえる; 不意打ちする. ❹[人が, 主に伝染病に][感冒を]持つ;《身体状況に》見舞われる: He *agarrado* un buen catarro. 私はひどい風邪をひいた. Con los años le he ido *agarrando* cariño. 私は年がたつにつれて彼女が好きになってきた. Acababa de ~ el sueño. 彼は寝ついたばかりだった. ¡Menudas rabietas *agarra* esta niña! この女の子は本当によく泣く! ❺[人に, 病気・感覚・感情などが] 取りつく: Me he caído tantas veces que me ha *agarrado* miedo al caballo. 私は何度も落馬して, 馬が怖くなってしまった. ❻《口語》[道・方向を]取る, 進む. ❼《まれ》理解する, 解釈する. ❽《中南米》釣る, 捕える. ❾《メキシコ, ベネズエラ, アルゼンチン, ウルグアイ》[乗り物に][乗り物を]使う, …に乗る: ~ un autobús バスに乗る. ❿《メキシコ, アルゼンチン, ウルグアイ. 口語》[何を言いたいのか]分かる. ⓫《チリ, アルゼンチン, ウルグアイ》[放送局・チャンネルに]合わせる
~*la*《口語》酔っぱらう

no haber (*tener*) *por donde* ~*lo* 《口語》全くとらえどころがない, お手上げである: Este texto es dificilísimo, *no hay por donde* ~*lo*. このテキストはひどく難しくて何が何だかさっぱり分からない

── 圓 ❶ つかむ, 手に持つ, 取る: Toma, *agarra*. ほら, 取って. ❷《植物が》根付く, 根をおろす: *Ha agarrado* muy bien el geranio en el nuevo tiesto. 新しい植木鉢でゼラニウムがしっかり根付いた. ❸《表面に》吸着する; 《タイヤで》グリップする《~*se* も》. ❹《ねじで》ぴったりはまる. ❺《口語》道を進む, 向かう: *Agarró* por esa calle. 彼はその通りを進んで行った

~ *y*+動詞 ふいに…し始める: Cuando nos disponíamos a cenar, *agarró y se* marchó. 私たちが夕食にしようとしていた時, 彼はふいに出て行った. Sin saber por qué *agarré y me* eché a llorar. なぜか分からないが私は急に泣き出した

── ~*se* ❶《+a・de に》しがみつく, つかまる, すがりつく, 握りしめる: *Me agarré* al asiento. 私は座席にしがみついた. *Se agarró* al (del) pasamanos. 彼は手すりを握りしめた. La hiedra *se agarra* a las tapias. ツタは壁にからみつく. ❷ くっつく, 焦げつく: El pescado *se ha agarrado* a la sartén. 魚がフライパンに焦げついた. ❸ 頼る, たよる: *Se ha agarrado* a esa esperanza. 彼はその希望を頼りの綱にしている. ❹《+a・de を》口実(言い訳)にする: *Se agarraba* a (de) su mala salud para no hacer nada. 彼は健康だということを言い訳にして何もしなかった. ❺ 病気・感情などが》…に取りつく: *Se le agarró* la tos. 彼は咳がなかなか治まらなかった. ❻《人が, 病気・感情などに》なる, 起こす: *Me agarré* una rabieta. 私はかんしゃくを起こした. ❼《主に中南米》《つかみ合いの》けんかをする; 口論する, のしり合う: *Se agarraron* a patadas. 彼らは蹴り合いのけんかをした. ❽《指などを》はさむ: *Me agarré* el dedo en el cajón. 私は引き出しで指をはさんだ

agarrársela (*s*) *con*+人 …に八つ当たりする, 意地悪する: *Se las agarró con*migo. 彼は私に八つ当たりした

¡Agárrate!《口語》《大変な話だが》腰を抜かさないで下さい, 気をしっかり持って

de agárrate y no te menees《西. 口語》《価値・重要性・強度などの強調》すごい: darse un susto *de agárrate y no te menees* ひどくおびえる

tener donde ~*se*《俗語》《女性が》豊満である

agarre [agáre] 男 ❶《自動車》ロードホールディング. ❷《狩猟》猟犬が獲物を捕えること. ❸ つかむこと, しがみつくこと. ❹《アンダルシア》けんか, 口論

agarro [agáro] 男《廃語》つかむ(しがみつく)こと

agarrochador [agaroʧaðór] 男《闘牛》牛を槍 garrocha で突く人

agarrochar [agaroʧár] 他 ❶《闘牛》《牛を》槍 garrocha で突く. ❷《船舶》帆桁を転桁索で回す

agarrochear [agaroʧeár] 他 = **agarrochar**

agarrón [agarón] 男 ❶ 力をこめてつかむこと, つかんで引っぱること: Me dieron un ~ y me quedé sin chaqueta. 私は引っぱられて上着が脱げてしまった. ❷《メキシコ, チリ. 口語》口論; けんか, つかみ合い. ❸《チリ. 口語》dar un ~《突然, +a+女性 の》性器をつかむ

agarroso, sa [agaróso, sa] 形《メキシコ. 口語》ぶっきらぼうな, そっけない

agarrotador, ra [agarotaðór, ra] 形《手足などを》硬直させる

agarrotamiento [agarotamjénto] 男 ❶《手足などの》硬直化, こわばり, しびれ. ❷ 縛り付け, 絞めつけ

agarrotar [agarotár] 他《+a.+garrote》他 ❶《手足などを》硬直させる, こわばらせる, しびれさせる: La misma postura me *agarrota* los brazos. 同じ姿勢でいると腕が硬直する. ❷ きつく縛る(締める); La corbata me *agarrota* el cuello. ネクタイで首が苦しい. ❸《機械》を故障させる. ❹ 鉄環絞首刑 garrote vil で処刑する

── ~*se* ❶《手足の》硬直する, こわばる: Las manos *se han agarrotado* del frío. 寒くて私は手がかじかんだ. ❷《機械の一部が》動かなくなる, 故障する

agarrotear [agaroteár] 他《アンダルシア》《果実を》棒でたたき落とす

agasajado, da [agasaxáðo, ða] 名 賓客, 主賓

agasajador, ra [agasaxaðór, ra] 形 歓待の; 接待役, 主人

agasajar [agasaxár] 他《~+a.+古語 gasajo「社会的な娯楽」<ゴート語 gasalí「同伴」<gasalja「仲間」》他 ❶ もてなす, 歓待する; …を贈り物をする: Han *agasajado* a sus invitados con un banque-

te. 彼らはごちそうで客をもてなした. ❷ 泊める, 宿泊させる

agasajo [agasáxo]《←agasajar》男 ❶ 歓待, もてなし: Me recibieron con todo tipo de ~*s*. 私は下にも置かぬもてなしを受けた. ❷《文語》贈り物, 気配り. ❸《昔の習慣で, 午後の》軽い飲食物, 軽食

ágata [ágata]《←ラテン語 achates < ギリシア語 akhates》女《単数冠詞: el·un[a]》《鉱物》めのう: ~ musgosa コケめのう

── 形《色が》めのうのような

agateador [agateaðór] 男《鳥》タンシキバシリ: ~ norteño キバシリ

agatino, na [agatíno, na] 形《外見が》めのうのような

agatizar [agatiθár] 9 ~*se*《塗ったところが時間の経過と共に》つややかになる, なめらかに光る

agauchar [agauʧár] ~*se*《南米》ガウチョ gaucho 風になる

agaváceo, a [agabáθeo, a] 形《植物》リュウゼツラン科の

── 女 複《植物》リュウゼツラン科

agavanza [agabánθa] 女 野ばら(ノイバラ)の実

agavanzo [agabánθo] 男《地方語. 植物》野ばら, ノイバラ

agave [agábe] 男《植物》リュウゼツラン(龍舌蘭)《= ~ azul tequilana》: ~ sisalana サイザル

agavillado [agabiʎáðo] 男《穀物を》束ねること

agavillador, ra [agabiʎaðór, ra] 名《農業》バインダー

agavillar [agabiʎár] 他 ❶《穀物を》束ねる, 束にする. ❷《文語》《人・物を》まとめる, 集団に入れる

── ~*se* 隊(一団)になる

agazapar [agaθapár]《←a+gazapo》他《まれ》隠す; 《人を》捕える

── ~*se* ❶ 物かげに行く, 身をひそめる, うずくまる: El niño *se agazapó* detrás del sofá. 子供はソファの後ろに隠れた. ❷ 待ち伏せする

agencia [axénθja]《←ラテン語 agentia < agens, -entis「するもの」》女 ❶ 代理店, 取次店; 斡旋業者, 仲介者《店, 会社》: establecer ~ 代理店を開く. ~ 代理店を兼ねる. ~ general (exclusiva) 総(独占)代理店. ~ de cobro 貸金取立代行会社. ~ de contactos デート斡旋所. ~ de publicidad/~ publicitaria 広告代理店. ~ de transportes 運送会社. ~ de viajes/~ de turismo 旅行会社. ~ funeraria 葬儀社. ~ inmobiliaria 不動産会社. ~ matrimonial 結婚相談所. ❷ 代理業務, 代行業務. ❸《公的な》機関, 官庁: ~ de colocación/~ de empleo ハロー・ワーク, 職業紹介(安定)所. ~ de rating 格付機関《参考》スペインには Iberrating 社などがある. A~ Internacional de Energía Atómica 国際原子力機関, IAEA. A~ Internacional de la Energía 国際エネルギー機関. A~ Multilateral de Garantía de Inversiones 多国間投資保証機関. ❹ 公的手続きの代行業者《事務所など》: ~ de patentes 特許事務所. ❺ 通信社《= ~ de prensa, ~ de noticias, ~ de información, ~ informante,《南米》~ noticiosa》: ~ Efe エフェ通信社. ❻《銀行などの》支店, 出張所: Vaya usted a nuestra ~ de Barcelona. 当銀行のバルセロナ支店にお越し下さい. ❼《まれ》行為; 勤勉. ❽《チリ; フィリピン》質屋

agenciar [axenθjár]《←agencia》10 他 ❶ 《+a+人 のために》世話する, 提供する: 1) Él me *agenció* un buen empleo. 彼は私にとてもよい仕事を世話してくれた. 2)《必要な手続きを》Me *agenció* los papeles de contrato. 彼は契約書の手続きをしてくれた. ❷ まんまとせしめる, 手に入れる

── ~*se* ❶《+para+不定詞》工夫して…する: Yo *me agenciaré para* resolver el problema. 何とかトラブルを解決してみましょう. ❷《努力・巧妙さによって》…を手に入れる, うまくせしめる; 盗む

agenciárselas うまくやっていく, 何とか切り抜ける: *Se las agencia* para escurrir el bulto gracias a enchufes. 彼らはコネのおかげで人の面倒事を切り抜けている

agenciero, ra [axenxjéro, ra] 名 ❶《メキシコ, キューバ》引っ越し業者. ❷《グアテマラ, ペルー》勤勉な人. ❸《チリ》金貸し; 古着商. ❹《アルゼンチン》宝くじの売り子

agencioso, sa [axenθjóso, sa] 形《まれ》勤勉な, 熱心な

agenda [axénda]《←仏語 agenda < ラテン語 agenda「しなければならないこと」< agere「行動する」》女 ❶ 手帳, メモ帳: Me lo apuntaré en la ~. それを手帳にメモしておこう. consultar la ~/mirar en la ~ 手帳で確かめる. ~ electrónica 電子手帳. ~ de teléfonos 電話番号帳. ❷ 住所録《= ~ de direc-

agenesia

ciones]． ❸ 日程, 予定; 予定表, 計画表: Tengo una ～ apretada. 私は予定が詰まっている． ～ cultural 催し物ガイド． ～ de trabajo 仕事の予定． ～ política de... ～の政治日程． ❹ 議題, 会議事項: La ～ de hoy trata sobre educación. 今日の議題は教育についてだ. el último tema en la ～ 議事日程最後の議題

agenesia [axenésja] 囡《医学》不妊; 非形成, 無発育

agenésico, ca [axenésiko, ka] 形《医学》非形成の

agente [axénte] 【←ラテン語 agens, -entis ＜ agere「作用する」】形 ❶ 作用する, 作用因の, 動因の: elemento ～ 《文法》行為者の, 動作主の: complemento ～ 動作主補語
── 图 ❶ 代理業者, 仲介業者, 代行業者, ディーラー, 代理人: La empresa premia a los ～s que más vendan. 会社は売上げが上位のディーラーに報奨金を出す. comerciante que es su propio ～［証券取引所の］仲立（才取）会員． ～ comercial 商業代理人; 貿易事務官． ～ de aduanas 通関業者． ～ de artista／～ artístico 芸能人のマネージャー． ～ de cambio y／bolsa／～ de cambio 株式仲買人． ～ de negocios 業務代理（仲介）業者． ～ de publicidad／～ publicitario 広告業者． ～ de seguros 保険代理店［人］． ～ de patentes 特許事務員． ～ de transportes 運送業者． ～ de viajes 旅行業者． ～ inmobiliario／～ de la propiedad inmobiliaria 不動産業者． ～ literario 著作権代理業者． ❷［公的機関の］係員, 役人． ～ de colocaciones 職業紹介所員． ～ ejecutivo 執行官． ～ fiscal 税務官． ❸ 刑事, 警官［＝～ de policía,《文語》～ del orden］: ¿Qué ocurre, ～? 何事ですか, おまわりさん？ ～ de circulación《中米》～ de tráfico 交通警官． ～ de policía secreta 秘密警察官． ～ secreto 秘密諜報員, 工作員［＝～ secreto］. ❺［当局などの］手先: ～ provocador［権力側が労組などに潜入させる］挑発分子． ❻《中南米》士官［＝oficial］
～ económico 1)［家計・企業・政府からなる］経済主体． 2)［労使関係における］経営者側
～ social 1)［労使関係における］労働組合側． 2) 社会団体
～ viajero セールスマン
── 男 ❶ 動因, 要因: La disputa fronteriza entre los dos países era un ～ importante de tensiones internacionales. 両国の領土紛争が国際的緊張の大きな要因だった． ～ maligno 病原体． ❷ 触媒; 薬剤: ～ reductor 還元剤． ～ químico 化学薬品． ❸《文法》行為者, 動作主［＝persona ～］: A veces el ～ no es el sujeto de la oración. 行為者が文の主語にならないことがある

age quod agis［áxe kwód áxis］【←ラテン語】自分の仕事に集中せよ《注意散漫な人をいさめる言葉》

agerasia [axerásja] 囡《医学》［老いての］壮健, かくしゃく

agérato [axérato] 男《植物》カッコウアザミ

agermanado, da [axermanáđo, đa] 形《歴史》ヘルマニアスの乱, sublevación de las Germanías の［形容詞］

agermanar [axermanár] ～se《歴史》ヘルマニアス germanía に加入する

agestado, da [axestáđo, đa] 形《まれ》bien ～ 満足気な(うれしそうな)顔をした. mal ～ 不満気な(苦虫をつぶしたような)顔をした

agestar [axestár] ～se《廃語》［ある］表情になる, 顔つきをする

agestión [axestjón] 囡《医学》付加

ageustia [áxeųstja] 囡《医学》無味覚(症)

aggiornamento [ajornaménto]【←伊語】男 カトリック教会の現代化; ［一般に］現代化, 刷新

aggiornamiento [ajornamjénto] 男 = **aggiornamento**

aggiornar [ajornár] 囮 現代化する, 現代に適応させる

agibílibus [axibílibus]【←ラテン語】男 ❶《口語》❶ ちゃっかりさ, 抜け目なさ． ❷ ちゃっかりした人, うまく立ち回る人

agible [axíble] 形《文語》実行(実現)可能な

agigantado, da [axiɣantáđo, đa] 形 ❶［人が］普通より大きい: hombre ～ 大男． ❷ 膨大な, 途方もない: cantidad ～da 巨額

a pasos ～s 急速に, 飛躍的に, 日進月歩で: La tecnología ha avanzado a pasos ～s. 科学技術は飛躍的に進歩した

agigantar [axiɣantár]【←a+gigante】囮 巨大にする: La oscuridad agigantaba las sombras de los árboles. 暗さは木々の影を一層大きくしていた
── ～se 巨大になる: Sus diferencias se agigantan día a día y solo les queda el divorcio. 彼らの食い違いは日に日に拡大し離婚しか残っていない

agigotar [axiɣotár] 囮《廃語》挽肉(細切り肉)を煮込む

ágil [áxil]【←ラテン語 agilis ＜ agere「行なう」】形 ❶ [+de が] すばやい, びんしょうな, 機敏な［⇔torpe］: Soy de mi edad, estoy muy ～ de piernas. 私は老齢だが足は達者だ. La abuela es ～ de mano. 祖母は手先が器用だ． ～ en escalada すばやくよじ登る． ❷ 理解の速い, さとい, 明敏な: Tiene un pensamiento ～./Su mente está ～. 彼は頭の回転が速い. respuesta ～ 打てば響く答え． ❸［言葉づかい・文体が］軽やかな, 簡潔な, よどみない

Agila [aɣilá]《人名》アギラ1世《?～554, 西ゴート王. 反乱を起こしたアタナギルド Atanagildo と戦い敗死》

agilar [axilár] 自《地方語》［早足で］歩く

agílibus [axílibus] 男《口語》= **agibílibus**

agilidad [axiliđá(đ)] 囡 ❶ すばやさ, びんしょうさ, 軽快さ: Se mueve con mucha ～. 彼は大変身軽に動く. tocar el piano con ～ 軽快にピアノを弾く． ❷［頭脳の］すばやい働き, 鋭敏さ: Responde con tal ～ que su interlocutor se queda callado. 彼があまりに当意即妙に答えるので相手は言葉を失う. tener mucha ～ en los negocios 商売に抜け目ない

agilipollado, da [axilipoʎáđo, đa]《西. 卑語》呆然とした, ぼけっとした; ばかみたいな

agilipollar [axilipoʎár]《西. 卑語》［人を］愚かにする
── ～se《西. 卑語》愚かになる

agilitar [axilitár] 囮《まれ》= **agilizar**

agilización [axiliθaθjón] 囡 迅速化, スピードアップ: ～ de trámites 手続きの迅速(簡略)化

agilizar [axiliθár]【←ágil】囮《書》❶ 迅速化させる, スピードアップする: El ministerio ha agilizado los trámites necesarios para los permisos. 省庁は認可に必要な手続きを簡略化した． ❷［体の動きを］軽快にする, すばやくする
── ～se 迅速化する, スピードアップする

ágilmente [áxilménte] 副 すばやく, びんしょうに, 軽快に

agio [áxjo]【←伊語 aggio＜仏語 aise】男《商業》❶ 歩合(ﾜﾘ), 利ざや, 差益． ❷ 投機

a giorno [a jórno]【←伊語】副［主に照明が］太陽のように［強烈に］

agiotador, ra [axjotađór, ra] 图 = **agiotista**

agiotaje [axjotáxe] 男［主に不正な］投機

agiotismo [axjotísmo] 男 = **agio**

agiotista [axjotísta] 图 ❶ 投機家, 相場師． ❷《古語》1) 両替商． 2) 高利貸し《19世紀メキシコで, 政府に対して高利の短期融資を行なった人たちに付けられた蔑称》

agitable [axitáble] 形 揺り動かせる

agitación [axitaθjón] 囡 ❶［精神的・政治的な］動揺, 不安: La ～ le impide responder con tranquilidad. 彼は気持ちが乱れて平静に答えられない. sembrar la ～ en el ánimo de+人 …を不安にさせる． ～ de las masas 騒擾(ｼﾞｮｳ)． ～ estudiantil 学生紛争． ～ social 社会騒乱． ❷ 扇動, アジテーション; ～ sindical 労働組合による扇動． ❸ 揺らすこと; 揺れ; ［揺すって・振って］まぜ混ぜること: Evítese la ～ del envase. 容器の振動を避けて下さい． ～ de árboles 木々の揺れ． ［街の］ざわめき, 雑踏: ～ de ciudad 都会の喧騒． ❺ 海の荒れ, 激しい波立ち． ❻《物理》～ térmica 熱運動

agitadamente [axitađáménte] 副 動揺して

agitado, da [axitáđo, đa] 形 ❶［海が］荒れた, 激しく波立った; ［風が］荒れ狂った; ［飛行が］ひどく揺れる: 1) mar ～da 荒海． 2)［比喩］respiración ～da 荒い呼吸. vida ～da 波乱に富んだ人生． ❷［心が］動揺した; 興奮した． ❸［生活が］多忙な, てんてこまいの: un día ～ あわただしい一日
── 男 振り動かすこと, 攪拌

agitador, ra [axitađór, ra]【←ラテン語 agitator, -oris】❶ 揺らす, 振る． ❷ 扇動する
── 图 扇動者, アジテーター． ❷ 攪拌器;《化学》攪拌棒． ❸ コンクリートミキサー車

agitanado, da [axitanáđo, đa] 形《服装・皮膚の色などが》ジプシーのような

agitanar [axitanár]【←a+gitano】囮 ジプシー風にする: La piel oscura y unos ojos negros hermosos la agitanan un poco. 浅黒い肌と美しい黒い目のせいで彼女はちょっとジプシーらしく見える
── ～se ジプシー風になる: Se agitana para triunfar en el cante. 彼はカンテで成功するためジプシーを装っている

agitante [axitánte] 形《医学》→**parálisis** agitante

agitar [axitár]《←ラテン語 agitare < agere「動かす」》⑪ ❶ [速く・強く] 揺り動かすь, 振る: Los hinchas celebraron la victoria *agitando* con entusiasmo las banderas. ファンたちは勝利を祝って熱狂的に旗を振った. El viento *agitaba* las hojas. 風で葉がそよいでいた. *Agite* la botella antes de abrirla. 開栓する前に瓶を振って下さい. ~ la mano (un pañuelo) 手(ハンカチ)を振る. ❷ [心を] 動揺させる, 不安にさせる; 興奮させる: El accidente la *agitó*. 事故で彼女は動転した. Me ha *agitado* su llamada telefónica. 彼の電話は私の心をかき乱した. ❸ 扇動する: Está *agitando* a los huelguistas. 彼はスト参加者をアジっている
── ~**se** ❶ 揺れる: Los trigales *se agitan*. 小麦畑がそよいでいる. El toldo *se agita* con el viento. 日除けが風でバタバタしている. ❷ 体を揺らす, そわそわする: No te *agites* tanto. そんなに体を揺するな. ❸ 騒ぐ: La población empezaba a ~*se*. 住民が騒ぎ始めた

agitato [axitáto] 副 形《音楽》アジタートで・の, 激しく熱情的に・な

agit-prop [axít própl] 男《←露語》[共産主義の] アジ宣伝

Aglaya [aɣláʝa] 女《ギリシア神話》アグライア《美の三女神 Gracias の一人.「輝き」の意》

aglomeración [aɣlomeraθjón] 女 ❶ 群集, 人だかり《= de gente》: gran ~ en los grandes almacenes デパートの大変な人混み. ❷ 塊, 集塊. ❸《西》市街地とその近郊《= urbana》. ❹ 寄せ集まる(集める)こと: ~ de tráfico 交通ラッシュ

aglomerado, da [aɣlomeráðo, ða] 形 混み合った, 一杯の ── 男《建築》ブロック; 人造建材: ~ de madera 合板. ❷《地質》集塊岩

aglomerante [aɣlomeránte] 形 男 結合させる;《建築》結合材, バインダー

aglomerar [aɣlomerár]《←ラテン語 agglomerare「合わせる」< ad-(近接)+glomus, glomeris「毛玉」》他[人・事物を無秩序に] 寄せ集める《人については主に ~**se**》: ~ los restos de madera 木くずをつなぎ合わせる. ~ informes 情報を集める(つなぎ合せる)
── ~**se** 群がり集まる: La gente *se aglomeró* a la puerta del teatro. 人々が劇場の入口に群がり集まった

aglosia [aɣlósja] 女《医学》無舌[症]

aglutina [aɣlutína] 女 = **aglutinina**

aglutinable [aɣlutináble] 形 接合可能な

aglutinación [aɣlutinaθjón]《←ラテン語 agglutinatio, -onis》女 ❶ 接着, 粘着; 癒着. ❷《医学》[細菌などの] 凝集; [傷口などの]《言語》膠着(ﾆﾞｬｸ).

aglutinador, ra [aɣlutinaðór, ra] 形 名 ❶ 接着する: fuerza ~*ra* 粘着力. ❷ まとめる[人], 結束力のある[人]

aglutinamiento [aɣlutinamjénto] 男 まとめる[まとまる]こと

aglutinante [aɣlutinánte] 形 [← aglutinar] ❶ 接着する, 粘着力のある.《言語》膠着(ﾆﾞｬｸ)[性]の: lengua ~ 膠着語
── 男 結合剤, 固着剤; [セメントなどの] 接合材;《医学》[手術用の] 接合剤

aglutinar [aɣlutinár]《←ラテン語 agglutinare < ad-(近接)+gluten, -inis「にかわ, 糊」》他 ❶ [人々を] まとめる, 結集させる: Esta organización *aglutina* varios grupos de izquierda. この組織は左派諸団体を統合する. ~ voluntades 意志を一つにまとめる. ❷ 接着する;《建築》[セメントなどで] 接合させる; [傷口などを] 癒着させる
── ~**se** [人々が] まとまる, 結集する: Nos hemos *aglutinado* todos con la reivindicación del salario. 我々は賃金要求で結束している. ❷ くっ付く, 接着する;《建築》接合する;《医学》癒着する, 凝集する;《言語》膠着する

aglutinina [aɣlutinína] 女《医学》凝集素

aglutinógeno, na [aɣlutinóxeno, na] 形《医学》凝集素産生の

aglutinoscopio [aɣlutinoskópjo] 男《医学》凝集観察器

agnación [agnaθjón] 女《法律など》父系の親族関係; [男性始祖を中心とする] 同族関係: ~ artificial (articifiosa·fingida) 擬制的父系親族関係. ~ rigurosa (verdadera) 真正父系親族関係

agnado, da [agnáðo, ða] 形《法律》男系の[子孫・親族], 父系の, 父方の

agnaticio, cia [agnatíθjo, θja] 形《法律》父系の親族関係の; 父系の

agnato, ta [agnáto, ta] 形 円口綱の
── 男 魚 円口綱

agnición [agniθjón] 女 大団円《= anagnórisis》

agnocasto [agnokásto] 男《植物》チェストベリー《= sauzgatillo》

agnomento [agnoménto] 男《廃語》[同名の人を区別するための] あだ名, 異名

agnominación [agnominaθjón] 女《修辞》地口, しゃれ《= paronomasia》

agnosia [agnósja] 女《医学》失認[症], 認知不能[症]: ~ visuoespacial 視空間失認

agnosticismo [agnostiθísmo] 男《哲学》不可知論

agnóstico, ca [agnóstiko, ka]《←ギリシア語 a-(剝奪)+gnostikos < gignosko「私は知っている」》形 名 不可知論の(論者); 無宗教の[人]

agnostozoico, ca [agnostoθójko, ka] 形《地質》古代の

agnus [ápus] 男《単複同形》= **agnusdéi**

agnusdéi [apusðéi]《←ラテン語「神の小羊 (キリストのこと)」》男【宗】~s] ❶《カトリック》1) 神羔(ﾖｳ)頌, アニュスデイ《ミサで主の祈りと聖体拝領の間に3度この言葉で始める祈り》. 2)《歴史》神の小羊を彫った蠟盤《教皇の祝福を受けた聖具》. ❸《服飾》ロケット. ❸ [昔の] 銀銅合金の貨幣

-ago, ga《接尾辞》[ローマ支配以前の無強勢の接尾辞] muérda*go* ヤドリギ, relámp*ago* 稲光

ago.《略記》← agosto 8月

agobiado, da [aɣoβjáðo, ða] 形 ❶ [+de+無冠詞名詞/+con・por・bajo+冠詞付き名詞で] 疲れ切った, 打ちひしがれた: Estamos ~*s de* trabajo. 私たちは仕事に疲れ切っている. Me siento ~ *con* tanta responsabilidad. 私は責任の重さに耐えかねている. estar ~ *de* deudas 借金で首が回らない. ❷《西》不安にさいなまれた. ❸ 骨が折れる《= agobiante》. ❹ 前かがみになった, 猫背の. ❺《南米》腰の曲がった

agobiador, ra [aɣoβjaðór, ra] 形 = **agobiante**

agobiante [aɣoβjánte] 形 骨の折れる, つらい; 耐えがたい: trabajo ~ つらい仕事. calor ~ やりきれない暑さ. carga ~ 耐えがたい重荷. niño ~ うるさい子供. programa ~ 退屈な番組

agobiar [aɣoβjár]《←俗ラテン語 gubbus「合わせる」< ラテン語 gibbus「こぶ」+glomus, glomeris「毛玉」》⑩ ❶ [重さ・負担で] 疲れさせる, 苦しめる, へきえきさせる, うんざりさせる; 当惑させる, 恐縮させる: Tanto trabajo me *agobia*. 仕事が多くて私は参る. Le *agobian* las responsabilidades. 彼は責任の重圧に押しつぶされそうだ. Me *agobiaba* estar siempre entre cuatro paredes. 私はいつも四方の壁には囲まれていて息が詰まりそうだった. María le *agobiaba* con tanta amabilidad. 彼はマリアの親切過剰にうんざりしていた. ❷ 打ちのめす, 意気消沈させる. ❸ 屈辱感を与える, 卑屈にする. ❹《まれ》前かがみにさせる; [重荷が] 押しひしぐ
── ~**se** ❶ [+con·de·por で] 疲れ果てる, 苦しむ: Me *agobio* mucho *con* los exámenes. 私は試験で青息吐息です. Se *agobió con* el calor. 暑さで彼はぐったりだった. ❷《まれ》前かがみ(猫背)になる

agobio [aɣóβjo]《← agobiar》男《主に西》❶ 重荷, 重圧; 消耗させるもの: Esos niños son un ~. その子たちは悩みの種だ. soportar el ~ de las circunstancias プレッシャーに耐える. ~ de los años 寄る年波. ❷ 疲労, 憔悴; 息苦しさ, 窒息感; 苦悩, 不安, 心痛: En el metro siento ~. 私は地下鉄の中で息苦しく感じる. Me entró un ~ espantoso. 私は恐ろしい不安感に襲われた. Madrid a estas horas es un ~. この時間マドリードは恐怖だ

agobioso, sa [aɣoβjóso, sa] 形《まれ》= **agobiante**

-agogia《接尾辞》[導き, 指導, 手引き] dem*agogia* 民衆扇動, ped*agogia* 教育学

agogía [aɣoxía] 女《鉱山》排水路, 排水溝

-agogía《接尾辞》= **-agogia**

agógico, ca [aɣóxiko, ka] 形 女《音楽》速度法[の], アゴーギク[の]

-agogo, ga《接尾辞》[指導者, 案内役] dem*agogo* 民衆扇動家

agolar [aɣolár] 他《船舶》[帆を] 巻く

agolpamiento [aɣolpamjénto] 男 集まること

agolpar [aɣolpár]《← a+golpe》他 集める
── ~**se** [一か所に大量に] 集まる: El público *se agolpaba* en la puerta esperando la salida del actor. 観客たちはその俳優が出てくるのを待って出口に集まっていた. Cientos de vecinos *se agolparon* en la estación para aplaudir el acto

de inauguración. 住民数百人が駅に集まり開業式を祝った. *Se le agolpó* la sangre en la cabeza. 彼は頭に血がのぼった

agonal [agonál] 形《文語》戦いの; =**agonístico**
―― 名《古代ローマ》[主に 複] ヤヌス祭, アゴニウス祭

agonía [agonía]《←俗ラテン語 agonia <ギリシア語「苦悩」< agon「集まり, 戦い」》名 ❶ [緩慢な] 最期, 死に際: Ha fallecido la hija tras una larga ～. 娘は長く苦しんで死んだ. *tener una ～ dulce* 穏やかな最期をとげる. *estar en [plena] ～* 死に瀕している, 臨終である. ❷ 苦悩, 切望; 衰退, 没落, 終焉: ～ *de una civilización* 文明の終焉(没落). ❹《文語》戦い
ser [un] ～s《西》1) 泣きごとばかり言う, 気が弱い. 2) けち(欲ばり)である

agónicamente [agónikamẽnte] 副 臨終に際し, 死に際に
agónico, ca [agóniko, ka]《←ラテン語 agonicus》形 ❶ 臨終の, 最期の, 死に際の; 死にかけている, 瀕死の: *mensaje ～* 最期の言葉. *período ～* 臨終期. ❷ 苦悶の. ❸《文語》争いの
agonioso, sa [agonjóso, sa] 形《口語》欲しがりの, せがみたてる, 矢のような催促の
agonismo [agonísmo] 男《文語》戦意
agonista [agonísta] 男 ❶《解剖》主動筋《=músculo ～》. ❷《薬学》作用薬《=compuesto químico ～》
―― 名 ❶〔叙事詩などで〕相対立する主要人物. ❷ 格闘家. ❸《古語》臨終の人, 瀕死の人
agonístico, ca [agonístiko, ka] 形《文語》競技の, 試合の
―― 名 競技技術; 格闘技術
agonizante [agoniθánte] 形 名 ❶ 死にかけている[人]: herido ～ 瀕死の負傷者. ❷ 終わりかけている: luz ～《文語》今にも消えそうな明かり. *régimen ～* 崩壊寸前の体制
―― 男 ❶ 臨終の祈りを行なう聖職者. ❷ [いくつかの大学で] チューター

agonizar [agoniθár]《←ラテン語 agonizare <ギリシア語 agonizomai「私は戦う」》 9 自 ❶ 死にかけている: Cuando llegaron los hijos estaba *agonizando*. 息子たちが着いた時, 彼は息を引き取るところだった. ❷ 終わりかけている: Nuestra civilización *agoniza*. 我々の文明は滅びつつある. ❸《廃語》[+por で] ひどく苦しむ; …を渇望する
―― 他 ❶《口語》しつこくせがむ, うんざりさせる, わずらわせる. ❷《まれ》…の臨終を看取る

ágono, na [ágono, na] 形《幾何》角をなさない, 無偏角線の
―― 男《魚》フックノーズ《=armado》
agonografía [agonografía] 女《古代ギリシア》競技会の記録
agonoteta [agonotéta] 男《古代ギリシア》コンクール主催者, 競技会長
agora [agóra] 副《古語》=**ahora**《現在では俗語》
―― 接《古語》あるいは…またあるいは《=ora》
ágora [ágora] 女《単数冠詞: el·un[a]》アゴラ《古代ギリシアの広場·集会場》; 広場での市民集会
agorador, ra [agoraðór, ra] 形 名《廃語》=**agorero**
agorafobia [agorafóβja] 女《医学》広場恐怖症
agorar [agorár]《←ラテン語 augurare》 31 他《迷信的に, 主に不幸を》予言する《=augurar》
―― 自《古語》前兆となる
agorería [agorería] 女《まれ》[主に悪い] 前兆
agorero, ra [agoréro, ra]《←agorar》形 名 ❶ 不吉な, 縁起の悪い, 不幸を告げる; 不吉なことを言う人: Hazme el favor, no seas ～. お願いだ, 縁起でもないことを言わないでくれ. ❷《まれ》[前兆 agüero による] 占いの, 予言する; 占い師, 予言者
agorgojar [aɣorɣoxár] ～**se**《穀物》にコクゾウムシがわく
agorilado, da [aɣoriláðo, ða] 形 ゴリラの(ような)
agostadero [aɣostaðéro] 男 ❶《西, メキシコ》夏期用の放牧地(牧場). ❷《西》[夏の]放牧期間; 8月の鋤返し
agostado, da [aɣostáðo, ða] 形 ❶《農》《植》結実しない, 夏枯れした. ❷ 衰退した, 活気を失わせる
agostador, ra [aɣostaðór, ra] 形 夏枯れの; 衰え, 枯渇の
―― 男 ブドウ畑の鋤返し労働者
agostamiento [aɣostamjénto] 男 ❶ 夏枯れ; 衰え, 枯渇
agostar [aɣostár]《←agosto》他 ❶ [暑さが植物を] 枯らす, 枯れさせる: El tiempo que hace está *agostando* todos los rosales. この天気はバラの木を全部枯らしている. Una larga sequía *agostó* los campos infinitamente. 長い旱魃のせいでエストレマドゥラ地方の畑が枯れた. ❷ [活気などを] 失わせる: Aquel amor desgraciado *agostó* su juventud. その失恋が彼女の若さを見る影もなくした. ❸《西》[除草のために] 8月に鋤返しをする

―― 自《西》[家畜が夏に] 放牧地(刈り株畑)で草を食べる
―― ～**se** ❶ [暑さで] 枯れる: Con la sequía del pasado verano *se agostó* el jardín. 去年の夏の日照りで庭が枯れてしまった. ❷ [活気などを] 失う: Su imaginación no *se agosta*. 彼の想像力は尽きることがない
agosteño, ña [aɣostéɲo, ɲa] 形 8月の
agostero, ra [aɣostéro, ra] 形《家畜が収穫後の畑で》刈り株を食む
―― 名 ❶ 穀類の刈り取り労働者. ❷ 8月に小麦などの喜捨を求める聖職者
agostía [aɣostía] 女 穀類の刈り取り労働者の雇用; その期間
agostino, na [aɣostíno, na] 形《まれ》8月の
agostizo, za [aɣostíθo, θa] 形 ❶ 8月の. ❷ [猫などが] 8月生まれの《衰弱しやすいと言われる》; [人が] 疲れやすい
agosto [aɣósto]《←ラテン語 Augustus》男 ❶ [主に無冠詞] 8月《→mes 参考》: En ～ hace mucho calor en España. スペインでは8月はとても暑い. ❷ [夏の] 収穫 [物]
hacer su ～《口語》荒稼ぎする, ぼろもうけをする: Las tiendas de la costa *hacen su ～* con el turismo. 海岸の店は観光で大もうけする
agotable [aɣotáβle] 形 からになり得る, 枯渇し得る
agotado, da [aɣotáðo, ða] 形 ❶《estar+》からになった; 枯渇した: pozo ～ 涸れた井戸. ❷ 疲れ切った: Los turistas llegaron ～s. 観光客はへとへとになって着いた. ❸ 売り切れた; 絶版になった: Las existencias de gasolina están casi ～*das*. ガソリンの在庫はほとんどない. Este libro está ～. この本は絶版（売り切れ）だ. A ～*das* las localidades《表示》満席/切符売り切れ. *edición ～da* 絶版. ❹ [電池が] 切れた
agotador, ra [aɣotaðór, ra] 形 へとへとにさせる: Hoy llevamos un día ～. 今日私たちはへとへとになった. Fue un trabajo ～. それは骨の折れる仕事だった. *camino ～* 長く辛い道. ❷ 必死の, 懸命の: Hice un esfuerzo ～. 私は必死の努力をした
agotamiento [aɣotamjénto] 男 ❶ 疲労, 衰弱: tener (sentir) ～ 疲労困憊する. ～ *físico* 過労. ～ *mental* 精神的疲労. ❷ 使い尽くすこと, 枯渇: El ～ de las provisiones les obligarán a rendirse. 兵糧がなくなれば彼らは降伏するだろう. ～ *de la tierra* 土地の疲弊. ❸ 品切れ; 絶版
agotar [aɣotár]《←俗ラテン語 aguttare <ラテン語 gutta「滴」》他 ❶ へとへとに疲れさせる, 消耗させる: Estos niños me *han agotado*. この子供たちのせいで私はぐったり疲れてしまった. ❷ [容器などを] からにする: *Agotaron* una botella de vino. 彼らはワインを1本空けた. ～ *la copa* グラスを飲み干す. ～ *una cisterna* 用水タンクをからにする. ❸ 使い切る, 利用しつくす: ～ *las existencias* 在庫を一掃する. ～ *sus fuerzas* 力を使い果たす. ～ *la imaginación* 想像力を使い果たす. ～ *a+la paciencia* …の堪忍袋の緒を切らせる. ～ *los recursos* 資源を使い尽くす. ❹ …を徹底的に検討する(述べる): ～ *un tema* テーマを充分に検討する
―― ～**se** ❶ 疲れ果てる, へとへとになる: Con este calor *se agotarán* los que trabajan fuera. この暑さで外で働く連中はまいってしまうだろう. ❷ からになる, 無くなる; 枯渇する: *Se han agotado* las provisiones. 食糧がなくなった. *Se le ha agotado* la paciencia. 彼の我慢ももう限界だ. ❸ 品切れになる, 売り切れる; 絶版になる: *Se han agotado* pronto las entradas del concierto. そのコンサートの入場券はすぐに売り切れた
agote [aɣóte] 形 名 アゴテの(人)《ナバラ州のバスタン Bastán 渓谷およびロンカル Roncal 渓谷の先住民. ユダヤ教徒·ハンセン病患者であるとされ差別を受けた》
agovía [aɣoβía] 女《縄編み底の》ズック靴
agozcado, da [aɣoθkáðo, ða] 形《犬》パグのような
agozo [aɣóθo] 男 アラゴン 植物《=gamón》
agracejina [aɣraθexína] 女 セイヨウメギの果実
agracejo [aɣraθéxo] 男 ❶《植物》セイヨウメギ, バーベリー《果実は食用, 材木は家具用》. ❷《成育不全で》小さいままのブドウの実, 未熟ブドウ
agraceño, ña [aɣraθéɲo, ɲa] 形《未熟ブドウのように》酸っぱい
agracero, ra [aɣraθéro, ra] 形《ブドウが》未熟ブドウをつける
―― 女 未熟ブドウの果汁を貯える容器
agraciadamente [aɣraθjáðaménte] 副 愛らしく, 魅力的に,

agraciado, da [agraθjáðo, ða] 形 名 ❶ 優美な、かわいらしい、魅力的な: cara poco ~*da* 不器量. ❷ [ser+] 1) 受賞した; 受賞者. 2) くじに当たった[人]: Salió (Resultó) ~. 彼が当たった. Fue ~ con el primer premio. 彼に1等賞が当たった. número ~ 当たり番号. billete no ~ 外れ券

agraciar [aɣraθjár] 《←a-+gracia》 10 他 ❶ 優美にする、魅力的にする: Ese lunar te *agracia* la barbilla. そのほくろは君の顎を魅力的にしている. ❷ [+con の] 恩恵(賞)を与える: El rey le *agració con* una medalla. 王は彼に勲章を授けた. ❸ [くじなどで] 当籤させる. ❹ [魂に] 恩寵で満たす
── 自《サラマンカ》楽しませる、喜ばせる、気に入らせる

agracillo [aɣraθíʎo] 男《植物》=**agracejo**

agradabilísimo, ma [aɣraðaβilísimo, ma]《agradable の絶対最上級》形 最高に楽しい、愉快極まりない

agradable [aɣraðáβle]《←agradar》形 ❶ 楽しい、愉快な: Ha sido un día muy ~. とても楽しい一日だった. Ha sido una reunión muy ~. Adiós. とても楽しい集いでした. ではさようなら. cuento ~ 愉快なお話. ❷ 快い、快適な、気持ちのいい; すてきな: 1) El tiempo está muy ~. とても気持ちのいい気候だ. ~ de sabor おいしい. 2) [+a に] Esta tela es ~ *al* tacto. この布は手触りがいい. música ~ *al* oído 耳に快い音楽. vino ~ *al* paladar 口あたりのよいワイン. ❸ [人の性格が] 気立てのよい、感じのよい; 快活そうな: Paco tiene un carácter muy ~. パコは性格がとてもいい. Tu novia es una persona ~. 君の恋人はとても気立てがいい. hombre de trato ~ 人づきあいのいい男. ❹ [+con・para+人 に対して] 優しい、親切な: Ella es ~ *con (para)* todo el mundo. 彼女は誰にでも優しくする
unir lo útil con lo ~ 趣味と実益を兼ねる

agradablemente [aɣraðáβleménte] 副 楽しく、快く

agradador, ra [aɣraðaðór, ra] 形《まれ》楽しませる、喜ばせる

agradar [aɣraðár]《←a-+grado》自 [+a+人 を] 喜ばせる、楽しませる: 1) A mi abuela le *agradará* mucho el regalo. 祖母はプレゼントをとても喜ぶだろう. La obra no *agradó* nada *al* público. その作品は観客に全く受けなかった. 2) [+不定詞・que+接続法 が 主語] Me *agrada* leer los libros de este autor. この作家の本を読むのは楽しい. Me *agradaría* verle allí. あちらでお目にかかるのを楽しみにしております. Me *agrada* mucho *que* te entiendas con tus socios. 君が仲間とうまくやっているのは喜ばしい
Si le agrada... もしよろしければ…
── ~*se* ❶ 好き合う. ❷ [+de に] 喜ぶ

agradecer [aɣraðeθér]《←a-+古語 gradecer < grado》39 他 ❶ 感謝する、ありがたいと思う: 1) Le *agradezco* su ayuda. ご援助に感謝します. Se lo *agradezco* mucho. それは本当にありがとうございます. 2) [+que+接続法] Le *agradecería* que me contestara lo más pronto posible. できるだけ早くご返事をいただけましたら幸いです. ❷ [好意・恩義などに] こたえる、報いる: *Agradeció* el cumplido con una reverencia. 彼はその心遣いに慇懃をかがめてこたえた. ❸ [事物が] ～のおかげでよくなる: Las plantas *agradecen* la lluvia. 作物は雨のおかげで育つ. Si practicas un deporte, te lo *agradecerá* el cuerpo. スポーツをやれば、体が丈夫になるだろう. ❹ [未来・過去未来で] 必要である: Este perro *agradecería* una jabonada. この犬は石けんで洗ってやるといいようだ
ser de ~ ありがたいこと(もの)だ
── ~*se* 喜ばれる、うれしい: *Se agradece* la franqueza. 率直なのはよいことだ. Siempre *se agradece* la visita de este gran señor. この偉大な人物の訪問はいつでも歓迎だ
¡Se agradece!《口語》どうもありがとう
Se lo agradezco. ありがとうございます

agradecer	
直説法現在	接続法現在
agrade**zc**o	agrade**zc**a
agradeces	agrade**zc**as
agradece	agrade**zc**a
agradecemos	agrade**zc**amos
agradecéis	agrade**zc**áis
agradecen	agrade**zc**an

agradecidamente [aɣraðeθíðaménte] 副 感謝して、ありがたく

agradecido, da [aɣraðeθíðo, ða] 形 ❶ [estar+. +a・con+人 に, +por・de+事 を] 感謝している: Le estoy (quedo) muy ~ *por* su amabilidad. ご親切に深く感謝しております. Me miraron ~*s*. 彼らは感謝のまなざしで私を見た. ❷ [好意などに] こたえる、恩義を忘れない: Es una persona muy ~*da*. 彼は決して恩義を忘れない. El que no es ~, no es bien nacido. 受けた恩に報いるのが感謝を忘れぬ人の道. ❸ [事物が] おかげでよくなった: Estas plantas son ~*das*, se ponen bonitas en cuanto las riego un poco. この植物はとても正直だ、少し水をやれば生き生きとなる
¡(Muy) A~!《どうも》ありがとう
ser ~ de vivir 人生を楽しむ

agradecimiento [aɣraðeθimjénto] 男 [+a への] 感謝、謝意: Elena me ha enviado una bonita figura como ~ *a* la ayuda. 助けたお礼にエレナから私にきれいな人形が送られてきた. Le ayudaron al viejo sin esperar ningún ~. 彼らはお礼など期待せずにその老人を助けた. expresar su ~ 感謝の気持ちを表わす. carta de ~ 礼状
en ~ 感謝して、～を感謝するしるしに: Ellas me han enviado un ramo de rosas. 彼女らは感謝をこめて私にバラの花束を送ってきた. Le hicieron un homenaje *en* ~ de su labor. 彼の功績を認めて祝賀会が催された

agrado [aɣráðo]《←agradar》男 ❶ [中位の] 喜び, 楽しみ: Hallaron ~ en el trabajo. 彼らはその仕事に喜びを見い出した. Siempre buscó el ~ de los compañeros. 彼はいつも仲間を喜ばそうとした. ❷ 優しさ、親切、愛想のよさ. ❸《手紙》Tenemos el ~ de dirigirnos a usted para informarle lo siguiente: ... 謹んで次のようにお知らせ申し上げます…. ❹《南米》[目上の人への、好意を期待した] 贈り物
con ~ 1) 喜んで、快く: Lo haré *con* mucho ~. 喜んでそういたしましょう. 2) 優しく: Nos trataron *con* ~. 彼らは私たちに優しくしてくれた
ser de su ~ …に適う; …の好みである: Haga lo que *sea de su* ~. お好きなようになさって結構です. Ese color no *es de mí* ~. その色は私の好みではない

agrafe [aɣráfe] 男《まれ》縫合クリップ [=grapa]

agrafia [aɣráfja] 女《医学》失書症, 書字不能症

agrafismo [aɣrafísmo] 男 文字を書けないこと; 文字を持たないこと

ágrafo, fa [áɣrafo, fa] 形 ❶《医学》失書症の、書字不能症の. ❷ 文字を持たない: cultura ~*fa* 無文字文化. sociedad ~*fa* 無文字社会

Agrajes [aɣráxes] 男 アグラヘス《16世紀初めのスペイン騎士道物語中の人物》

agramadera [aɣramaðéra] 女 ブレーカ, 麻打ち機

agramado [aɣramáðo] 男 麻(亜麻)を打って繊維を取ること, 麻(亜麻)梳き

agramador, ra [aɣramaðór, ra] 形 名 麻(亜麻)を打って梳く [人]
── 男 =**agramadera**

Agramante [aɣramánte] →**campo** de Agramante

agramar [aɣramár] 他 ❶ [麻・亜麻 を打って] 繊維を取る. ❷ めった打ちにする

agramatical [aɣramatikál]《←a-(剥奪)+gramatical》形《言語》非文法的な《文法規則にかなっていない》: La oración "nosotros me amamos", es ~. 「私たちは私を愛する」という文章は非文法的である

agramaticalidad [aɣramatikaliðá(ð)] 女《言語》非文法性

agramilar [aɣramilár] 他《建築》❶ [煉瓦・タイルを] 切りそろえる, 削りならす. ❷ [壁などに] 煉瓦模様塗装をする

agramiza [aɣramíθa] 女 ❶ [打って繊維を取ったあとの] 麻・亜麻の茎. ❷《アラゴン》=**agramadera**

agramontés, sa [aɣramontés, sa] 形《歴史》アグラモンテス党 agramonteses の〔人〕
── 男 圏《歴史》アグラモンテス党, アグラモント党《中世後期, ナバラ王国の貴族党派. 15世紀の内戦ではアラゴン王フアン2世を支持してベアウモンテス党 beaumonteses と対立した》

agramuntés, sa [aɣramuntés, sa] 形《地名》アグラムント Agramunt の〔人〕《レリダ県の町》

agrandado, da [aɣrandáðo, ða] 形《ペルー, チリ》[子供が] 大人っぽい, 大人ぶった

agrandamiento [aɣrandamjénto] 男 拡大, 拡張

agrandar [aɣrandár]《←a-+grande》他 ❶ 大きくする, 拡大する,

agranulocitosis

拡張する: *Hemos agrandado* la cocina. 私たちは台所を広くした. *No te pongas mis guantes que me los agrandas.* 君にはめられると大きくなるから私の手袋をはめないで. ❷ 大きく見せる, 誇張する, 大げさに言う
── **~se** ❶ 大きくなる: *Se ha agrandado* el cráter del volcán con el terremoto. 火山の噴火口が地震で広がった. ❷《南米. 口語》偉そうにする

agranulocitosis [aɣranuloθitósis] 囡《医学》顆粒球減少症, 無顆粒球症

agranuloso, sa [aɣranulóso, sa] 形《解剖》無顆粒の

agrario, ria [aɣrárjo, rja] [←ラテン語 agrarius < ager, agri「野原」] 形 ❶ 農地の, 農業の: ley ~*ria* 農地法. ❷ 農民擁護の: partido ~ 農民党

agrarismo [aɣrarísmo] 男 ❶ 農民擁護主義; [農業を国富の主たる源泉と考える] 農本主義. ❷《メキシコ》農地改革運動

agrarista [aɣrarísta] 形 ❶ 農民擁護の; 農本主義の (主義者). ❷《メキシコ》農地改革運動の [活動家]

agravable [aɣraβáβle] 形 悪化し得る

agravación [aɣraβaθjón] 囡 =**agravamiento**

agravador, ra [aɣraβaðór, ra] 形 悪化させる, 悪化要因の

agravamiento [aɣraβamjénto] 男 ❶ 悪化, 深刻化: ~ de la enfermedad 病状の悪化. ❷ ~ de la situación internacional 国際情勢の深刻化. ❷《税・罰などを》重くすること, 強化

agravante [aɣraβánte] 形 男/囡 悪化させる [もの]: El fiscal incidió en el ~ de la manifestación pública. 検事は民衆のデモを激化させるという誤りを犯した
── 囡《法律》加重事由 [=circunstancia ~]
con el (la) ~ de que +直説法 ...という悪条件も重なって; さらに悪いことには: *con la ~ de que* sabía muy bien lo que hacía 自らの行為を十分認識していたという加重事由をもって

agravantemente [aɣraβánteménte] ❶ 一層重くして, 悪化 (深刻化) させて. ❷《税など》重くなって

agravar [aɣraβár] [←a-+grave] 他 ❶ 悪化させる, 深刻化させる: Esos factores psicológicos *agravan* el dolor. それらの心理的要因は痛みをひどくする. ❷《税金で》締めつける; [重税で] 虐げる. ❸ ...の重大性を強調する
── **~se** ❶ 悪化する: *Se agrava* su sordera con la edad. 彼の耳の遠さは年齢と共に悪化する. *Se ha agravado* la situación política. 政情が深刻化した. ❷ [責任など] 重くなる

agravatorio, ria [aɣraβatórjo, rja] 形 ❶ 悪化させる, 悪化要因となる. ❷《法律》加重的な

agraviado, da [aɣraβjáðo, ða] 形 侮辱的な
── 男 [歴史] Revuelta de los ~s 不満分子 (被害者) の反乱『1827年, フェルナンド7世の自由主義的改革に対して急進的な絶対王政派がカタルーニャで起こした武装蜂起。急進的絶対主義者はカリスタ los Carlistas に継承されていた』

agraviador, ra [aɣraβjaðór, ra] 形 囡 侮辱する [人], 無礼な [人]

agraviamiento [aɣraβjamjénto] 男 侮辱, 無礼, 腹立ち

agraviante [aɣraβjánte] 形 =**agraviador**

agraviar [aɣraβjár] [←俗ラテン語 aggraviare] 10 他《文語》侮辱する, 無礼をする: *Nos ha agraviado* llamándonos chupatintas. 彼は私たちのことをしがない事務員と呼んで侮辱した. *Eso agravia* mi dignidad. それは私の尊厳への侮辱だ. ~ de palabra 口汚く言う.《古語》告訴する. ❸《廃語》...に課税する. ❹《廃語》重大性を誇示する. ❺《古語》[罪を] 重くする, 加重する
── **~se** ❶ 侮辱に怒る, 気を悪くする, 感情を害する. ❷《廃語》[病気が] 重くなる

agravio [aɣráβjo] [←agraviar] 男 ❶《文語》侮辱, 無礼: Es un ~ al honor nacional quemar la bandera. 国旗を燃やすのは国の名誉への侮辱である. tomar+人 como un ~ ...を侮辱と見なす. ❷《文語》損害; [権利・利益の] 侵害, 不公正: Es un ~ injustificado que los pequeños comercios tengan que pagar este impuesto. 小売り店がこんな税金を支払わねばならないのは不当な侵害だ. trabajar con ~ de su salud 健康を犠牲にして働く. ~ de hecho [実際の] 暴力行為, 暴行. ❸《法律》[上告人が控訴審で申し立てる] 不当, 不正, 下級審への不服: decir de ~ [下級審への] 不服を述べる. escrito de ~ 上告書. 2)《古語》上訴, 控訴, 上告
~ comparativo 差別による不公正
deshacedor ~s 侮辱に仕返しする人

deshacer ~s 侮辱に仕返しする; 不正をただす

agravión, na [aɣraβjón, na] 形《チリ》すぐ感情を害する, 怒りっぽい

agravioso, sa [aɣraβjóso, sa] 形《廃語》侮辱的な, 無礼な

agraz [aɣráθ] [←agrio] 男 ❶ 苦しみ, 不快. ❷《植物》コナラ [=marojo].《アルプスカランツ》[=calderilla];《コルパ》=**agracejo**. ❸《まれ》[熟していないブドウの] 酸味の強い果汁; =**agrazada**;《サラマンカ》未熟ブドウの房
echar a+人 **~ en el ojo** 気にさわることを...に言う, 嫌味を言う, 気持ちを逆なでする
en ~ 1) 未熟な: novelista *en* ~ 小説家の卵. 2) 機が熟していない, 時期尚早の
── 形 ❶ [ブドウなどが] 熟していない, 未熟な; [果汁が] 未熟なブドウから取った. ❷ 不快な, 迷惑な

agrazada [aɣraθáða] 囡 未熟ブドウの果汁で作る飲み物

agrazar [aɣraθár] 9 自 不快になる, 嫌な気持ちにする
── 自 酸味がある, 未熟ブドウの味がする

agrazón [aɣraθón] 男 ❶ 野生のブドウ; 熟さないブドウの房. ❷ 野生のスグリ. ❸《まれ》不快, 怒り. ❹《アラバ. 植物》=**agracejo**

agre [áɣre] 形 ❶《古語》=**agrio**. ❷《サラマンカ》=**agraz**

agrear [aɣreár] 自《古語》=**agriar**

agrecillo [aɣreθíʎo]《植物》=**agrecejo**

agredano, na [aɣredáno, na] 形 名《地名》アグレダ Ágreda の [人]《ソリア県の町》

agredeño, ña [aɣreðéɲo, ɲa] 形 名 =**agredano**

agredir [aɣredír] [←ラテン語 aggredi「向かう, 襲う」< gradi「歩く」] 他《欠如動詞: 語尾に i の残る活用形のみ. →**abolir**》《文語》❶ 襲う, 襲いかかる, 暴行を加える: Un desconocido le *agredió* en la calle. 見知らぬ男が通りで彼に襲いかかった. ❷ 性的暴行を加える. ❸ ののしる, 侮辱する [*~ de palabra*]

agregación [aɣreɣaθjón] 囡 ❶ 付加, 加入: ~ de las plaquetas 血小板の増加. ❷ 准教授の職 (地位). ❸《生物》集合生活

agregado, da [aɣreɣáðo, ða] 形《植物》[花が] 集合花の; [果実が] 集合の
── 名 ❶《外交》[各専門分野を担当する] 大使館員, 公館員: ~ comercial (cultural・militar・naval) 大使館付き商務官 (文化担当官・陸軍武官・海軍武官). ❷ ~ diplomático de prensa 大使館付き報道官. ❸《西》[家の手伝いをする] 居候. ❹《コロンビア》分益小作人. ❺《ウルグアイ》副学科長
── 男 ❶ 集塊; 付加物: ~ de productos químicos 化学物質の塊. ❷《建築》骨材. ❸ 集計量: ~ monetario 通貨供給 [量], マネー・サプライ. ❹《船舶》[商船に乗り込んで実習する] 練習生

agregaduría [aɣreɣaðuría] 囡 ❶《外交》agregado の職 (執務室): ~ comercial (cultural) [大使館の] 商務 (文化) 部. ❷《西》准教授の職 (地位)

agregar [aɣreɣár] [←ラテン語 aggregare < ad- (近接)+grex, gregis 「群れ」] 8 他 ❶ [+a 同種・類似のものに] 加える, 一緒にする, 入れる: *Agrega* estos libros a los que teníamos. これらの本を今持っている本の中に入れて下さい. *Hemos agregado* dos alumnos más al grupo quinto de Física. 私たちはさらに2人の生徒を物理の第5班に加えた. ❷ 言い足す, 書き足す: Primero hizo un redondel y luego *agregó* las orejas, los ojos, la nariz y la boca. 彼はまず丸を描いて, それに耳, 目, 鼻, 口を描き足した
── **~se** 加わる, 参加する, 加入する: *Nos hemos agregado* a la fiesta. 私たちはパーティーに参加した

agregatorio, ria [aɣreɣatórjo, rja] 形 付加の, 加入の

agrego [aɣréɣo] 男《地方》保護されているもの

agremán [aɣremán] 男 飾りひも, ブレード飾り

agremiación [aɣremjaθjón] 囡 ❶ 同業組合の結成 (加入). ❷《中南米》労働組合の結成 (加入)

agremiar [aɣremjár] 10 他 ❶ ...の同業組合 gremio を結成する, 同業組合に加入させる. ❷《中南米》労働組合を組織する, 労働組合に加入させる
── **~se** ❶ 同業組合に加入する. ❷《中南米》労働組合に加入する

agresión [aɣresjón] [←ラテン語 aggressio, -onis < aggredi「向かう, 襲う」] 囡 ❶ [不当な] 攻撃, 襲撃: El policía rechazó la ~

haciendo uso de su arma. 警官は武器を使用して襲撃を撃退した. ❷［権利の］侵害, 侵犯: Los sindicatos consideran el acuerdo una ～ al derecho de los obreros. 労働組合はその協定を労働者の権利への侵害と考える. ❸［武力による］侵略;［軍事］侵犯行為: pacto de no ～ 不可侵条約. guerra de ～ 侵略戦争. ❹《スポーツ》ストライキング

agresivamente [aǥresíßaménte] 副 攻撃的に, けんか腰で; 積極的に, 積極果敢に; 強引に

agresividad [aǥresißiðá(ð)] 女 ❶ 攻撃性, 攻撃的態度 (性格): No soporto tu ～ cuando hablas de política. 君が政治の話をする時のけんか腰には我慢できない. ❷［仕事などでの］積極性, 果敢さ: empresa con mucha ～ en el mercado 市場で非常に積極的な企業

agresivo, va [aǥresíßo, ßa]《←ラテン語 aggressus < aggredi「人を襲う」》形 ❶ 攻撃的な, 侵略的な: Este perro es muy ～. この犬は大変攻撃的だ. La píldora es mucho menos ～va para el cuerpo. その薬の方がはるかに体に悪影響を与えない. carácter ～ 攻撃的な性格. tono de voz ～ けんか腰の口調. pancarta ～va 激しい文句のプラカード. ❷［仕事で］決断力のある, 積極的な

agresor, ra [aǥresór, ra]《←ラテン語 aggressor, -oris》形 攻撃 (襲撃) する; 侵略する: arma ～ra 攻撃用の兵器. ejército ～ 攻撃軍. país ～ 侵略国
—— 名 襲撃者, 侵略者: El ～ es el de la corbata, que fue el que empezó a golpear al otro sin decir nada. やったのはネクタイの男だ, 彼が一言もなくもう一方を殴り始めたのだ

agreste [aǥréste]《←ラテン語 agrestis < ager, agri「畑」》形 ❶［土地が］起伏に富んだ, 険しい; 未開拓の; 田舎の: ～ sendero 急な小道. ～ paisaje 荒涼とした景色. ❷［植物が］野生の;［動物が］飼い馴らされていない, 野性の. ❸ 粗野的, 不作法な, 無骨な

agreta [aǥréta] 女《まれ. 植物》スカンポ《=acedera》

agrete [aǥréte] 形 名 agre の示小語

agri-《接頭辞》《農業の》 *agri*cultura 農業

agriado, da [aǥriáðo, ða] 形 酸っぱい

agriamente [áǥriaménte] 副 にがにがしく, とげとげしく, 無愛想に; 辛辣に

agriar [aǥriár]《←agrio》10/11 他 ❶ 酸っぱくする: El calor *agria* la leche. 暑さは牛乳を酸っぱくする. ❷ 気難しくする, いら立たせる: Estos desengaños le han *agriado*. この苦い経験で彼は気難しくなった. ❸［事柄を］不愉快にする: ～ la conversación 会話をしらけさせる
—— ～se ❶ 酸っぱくなる: Se ha *agriado* la leche. 牛乳が酸っぱくなった. ❷ 気難しくなる: Me estoy *agriando* con los desengaños. 私は失望のあまり気がふさいでいる. ❸［事柄］不愉快になる; 悪くなる: Las relaciones entre los dos países se van *agriando*. 両国間の関係はとげとげしくなりつつある

agriaz [aǥriáθ] 男《植物》センダン《=cinamomo》

agrícola [aǥríkola]《←ラテン語 agricola < ager, agri「畑」+colere「耕す」》形 農業の: año ～ 農業年. máquina ～ 農業用機械. país ～ 農業国. política ～ 農業政策. sociedad ～ 農耕社会
—— 名 =agricultor

agrícolamente [aǥríkolaménte] 副 農業面で

agricultor, ra [aǥrikultór, ra]《←ラテン語 agricultor < ager, agri「畑」+cultor, -oris「耕す人」》名《類》農民, 農業家: ～ es una 一般的な表現, **labrador** は主に自作農, **labriego** は主に小農・農場労働者: Los ～es se han opuesto a la subida de los precios. 農民たちは値上げに反対した

agricultura [aǥrikultúra]《←ラテン語 ager, agri「畑」+cultura「耕作」》女 ❶ 農業, 農耕: Una gran parte de la población rural trabaja en la ～. 地方人口の多くが農業に従事している. ～ a tiempo parcial 兼業農業. ～ biológica (ecológica・orgánica) 有機農業. ～ de grupo 農業共同経営, 農業協同化. ～ de montaña 高地農業. ～ de subsistencia 自給 (自耕) 自足農業. ❷ 農学

agridulce [aǥriðúlθe]《←agrio+dulce》形 ❶ 甘酸っぱい: cerdo ～《料理》酢豚. salsa ～ 甘酸っぱいソース. amor ～ ほろ苦い恋. ❷［人が］気難しいが優しい, 無愛想だが人のいい
—— 男 ❶ 甘酢, 甘酢ソース. ❷《フィリピン. 果実》小型のレモン

agridulcemente [aǥriðúlθeménte]《まれ》副 甘酸っぱく

agriera [aǥriéra] 女《中南米》胃酸過多

agrietado, da [aǥrietáðo, ða] 形 亀裂の

agrietamiento [aǥrietamjénto] 男 亀裂, ひび割れ

agrietar [aǥrietár]《←a-+grieta》他 ❶ …に亀裂を作る: Las obras del metro han *agrietado* las paredes de varias casas. 地下鉄工事で数軒の家の壁にひびが入った. ❷［皮膚に］ひび (あかぎれ) を作る
—— ～se ❶ 亀裂が生じる. ❷ あかぎれが切れる: Se le *agrietan* las manos. 彼の手にあかぎれができている

agrifada [aǥrifáða] 形 →**águila** agrifada, **letra** agrifada

agrifolio [aǥrifóljo] 男《植物》セイヨウヒイラギ《=acebo》

agrilla [aǥríʎa] 女《植物》スイバ, スカンポ《=acedera》

agrillar [aǥriʎár] ～se =grillarse

agrimensor, ra [aǥrimensór, ra] 名 土地測量士, 測量技師

agrimensura [aǥrimensúra] 女 土地測量術

agrimonia [aǥrimónja] 女《植物》キンミズヒキ

agrimoña [aǥrimóɲa] 女 =agrimonia

agringar [aǥringár] 自 ～se《中南米. 軽蔑》米国人 gringo の風習に染まる

agrio, gria [áǥrjo, ǥrja]《←ラテン語 acer, acris, acre「鋭い, 刺すような」》形 ❶［味・においが］酸味がある; 酸っぱくなった: El sabor de la leche fermentada es ～. 発酵乳の味は酸味がある. Esta uva está muy *agria*. このブドウはひどく酸っぱい. Hay que tirar esa salsa porque está *agria*. 酸っぱくなってしまったからあのソースは捨てなければならない. Este bebé huele a leche *agria*. この赤ん坊はすえたお乳のにおいがする. ❷ そっけない, 不機嫌な; 気難しい, 無愛想な《=～ de carácter》: respuesta *agria* つっけんどんな返事. genio ～ 気難しい気質. ❸ 辛辣 (しんらつ) な, 厳しい: crítica *agria* 辛辣な批評. ❹［色が］調和のない, けばけばしい. ❺ 険しい, 切り立った: lo más ～ de la cuesta 坂の最も急な所. ❻［金属が］もろい
—— 男 ❶ 酸味; サワージュース. ❷《主に西. 果実》柑橘 (かん) 類

mascar las agrias 苦虫をかみつぶす, 不機嫌を押し隠す

agrión [aǥrjón] 男 ❶《獣医》馬の後脚の膝先にできる腫張. ❷《西.》=**cinamomo**

agrios [áǥrjos] 男《単複同形》《植物》オキザリス・セルヌア, オキバナカタバミ

agriotipo [aǥrjotípo] 男《動物》家畜の祖先種である野生動物

agripalma [aǥripálma] 女《植物》マザーワート, ヨウシュメハジキ

agripar [aǥripár] ～se《南米》インフルエンザにかかる

agrisado, da [aǥrisáðo, ða]《←a-+gris》形 灰色の, 灰色がかった

agrisar [aǥrisár] 他 灰色にする
—— ～se 灰色になる

agrisetado, da [aǥrisetáðo, ða] 形［布で］細かい花柄などの

agro[1] [áǥro]《←ラテン語 ager, agri < ギリシア語 agros「畑」》男 ❶《文語》［el+］農地, 農業用地: problemas del ～ andaluz アンダルシアの農地問題. ❷《歴史》都市の直轄地

agro[2], **gra** [áǥro, ǥra] 形《廃語》酸っぱい, 酸味のある
—— 男 =**jalea** de agrio

agro-《接頭辞》=**agri-**: *agro*biología 農業生物学

agroalimentario, ria [aǥroalimentárjo, rja] 形 農産物食品業の

agroambiental [aǥroambjentál] 形 農業とその環境の

agrobiología [aǥroβjoloxía] 女 農業生物学

agroecosistema [aǥroekosistéma] 男 農業生態系

agroforestal [aǥroforestál] 形 農業と林業の

agrogenética [aǥroxenétika] 女 農業 (植物) 遺伝学

agroindustria [aǥroindústrja] 女［農業と関連産業を結びつけた］アグリビジネス

agroindustrial [aǥroindustrjál] 形 アグリビジネスの

agrología [aǥroloxía] 女 農業科学, 応用土壌学

agrológico, ca [aǥrolóxiko, ka] 形 農業科学の, 応用土壌学の

agrónico, ca [aǥróniko, ka] 形 名 コンピュータ化農業〔の技術者〕

agronomía [aǥronomía]《←ギリシア語 agros「畑」+nemo「私は分ける」》女 農学

agronómicamente [aǥronómikaménte] 副 農学的に

agronómico, ca [aǥronómiko, ka] 形 農学的な

agrónomo, ma [aǥrónomo, ma] 名 農学者: ingeniero ～［農学部を卒業した］農業技師

agropecuario, ria [aǥropekwárjo, rja]《←agro+ラテン語 pecus, -oris「牧畜」》形 農業と牧畜の: productos ～s 農畜産物

agroquímica [agrokímika] 図 農芸化学
agroquímicos [agrokímikos] 男 複 農薬
agror [agrór] 男 =**agrura**
agrostis [agróstis] 男 【単複同形】《植物》コヌカグサ、ヌカボ
agrótica [agrótika] 図 農業情報技術
agroturismo [agroturísmo] 男 グリーンツーリズム、農業体験
agrumar [agrumár] 他 《料理》だまにする、凝塊させる
—— **~se** だまになる、凝塊する
agrupación [agrupaθjón] 図 ❶ 集合、グループ分け; 分類。 ❷ 団体: ~ coral コーラスグループ、合唱団。 ~ de jóvenes 青年会。 ❸《軍事》〖臨時に編成された〗混成部隊
agrupador, ra [agrupaðór, ra] 形 名 グループ分けする〔人〕
agrupamiento [agrupamjénto] 男 集合、グループ分け; 分類
agrupar [agrupár] 〖←a-+grupo〗 他 〖グループ別に〗集める、まとめる; 分類する: ~ los libros por tamaño 本を大きさで分類する
—— **~se** 集まる、グループになる
agrura [agrúra] 図 ❶ 酸味。 ❷ 寂しさ、つらさ。 ❸《果実》複 柑橘(かん)類
agú [agú] 間《南米》〖赤ん坊をあやす〗あばぁ
agua [áɣwa] 〖←ラテン語 aqua〗 図 〖単数冠詞: el·un[a]〗 ❶ 不可算 水〖水と湯の区別はしないことが多い〗: 1) Bebí [un vaso de] ~. 私は〖コップ1杯の〗水を飲んだ。 No me van las ~s de aquí. ここの水は私に合わない。 El ~ está fresca.〖飲む〗水は冷えている。 El ~ está caliente. お湯は熱くなっている。 Déme ~. 水をください。 Limpió el pañuelo con ~. 彼はハンカチを水で洗った。 ~ fría 水、冷水。 ~ caliente 湯。 ~ hirviendo 沸騰しているお湯、熱湯。 2)《諺》A~ que no has de beber, déjala correr. 余計なことには口出しするな／さわらぬ神にたたりなし。 Algo tendrá el ~ cuando la bendicen. 誰(何)にでもどこかに良いところがある、見捨てたものではない。 Lo que por ~ viene, por ~ se va. 得やすいものは失いやすい。 Nadie diga (No digas), de este ~ no beberé. 明日は我が身。 3)〖用水、飲料水、水道水〗Han cortado el ~. 水道を止められた。 En Tokio escasea [el] ~. 東京は水不足だ。 whisky con ~ ウィスキーの水割り。 ~ de manantial わき水、清水、井戸水。 ~ de Selz ゼルツ水〖炭酸水の一種〗。 ~ de sifón / ~ de soda ソーダ水。 ~ de Vichy ビシー水〖フランスのビシー産の鉱泉水〗。 ~ del grifo 水道の水。 ~ doméstica 家庭用水。 ~ indutrial (agrícola) 工業(農業)用水。 ~ dulce 淡水、真水。 ~ salada 塩水。 ~ gaseosa (carbonatada·agria) 炭酸水、発泡性のミネラルウォーター〖⇔ ~ natural 炭酸なしの普通の水〗。 ~ mineral / ~ de mesa ミネラルウォーター。 ~ de limón レモン水。 ~ salobre 〖飲料に適さない〗塩気を含んだ水。 ~s de consumo 飲料水。 4)〖川・海などの水〗El ~ del río está fría. 川の水は冷たい。 trabajar a cien metros bajo el ~. 水深100メートルのところで作業する。 ¡Hombre al ~! 誰か水(池·海など)に落ちた! echar un barco al ~ 船を進水させる。 ~ de mar 海水。 ~ de pie 〖泉などの〗水、湧水。 ~s alumbradas 掘り当てた水、採掘水。 ~s falsas 斜め吹き出る水〖⇔ ~s firmes わき水〗。 ~ muerta 淀んだ水、たまり水〖⇔ ~ viva 流れる水〗。 ~s vertientes 斜面を流れる水。 ❷〖花などを煎じた〗… 水; 香水〖=~ perfumante,《古語》de olor〗: ~ de azahar《香料》橙花水。 ~ de espliego ラベンダー水。 ❸《キリスト教》echar el ~ = a+人 …に洗礼を施す。 ~ bendita 聖水〖司祭が祝別し、洗礼や信者の清めに使う〗。 ~s bautismales 洗礼水; 洗礼。 ~ de socorro 略式の洗礼。 ❹《技術》 ~ gorda (cruda·dura·calcárea《中南米》gruesa) 硬水。 ~ delgada (blanda) 軟水。 ~ de Javel ジャベル水〖漂白液〗。 ~ fuerte エッチング用の硝酸水。 ~ pesada 重水。 ~ pura (ultrapura) 純水(超純水)。 ~ regia 王水。 ❺〖植物·果物の〗汁、水分: ~ de coco ココナツの汁。 ❻ 雨、雨水; 雨量: Hoy ha caído mucha ~. 今日はひどい雨だった。 Empezaron a caer grandes gotas de ~. 大粒の雨が降りだした。 Se mete en el tiempo. 雨が降りそうだ。 Llegan las ~s. 雨期になった。 〔de〕 lluvia / ~ llovediza / ~ pluviales 雨水。 ~ nieve 〖=aguanieve〗。 ~ viento 吹き降り、スコール。 ❼ 複《絹などの》光沢のある波形模様〖織物などの表面の〗光沢、綾; 〖刀剣の〗刃 ❽〖時に複〗治水、鉱泉〖=~s termales〗; 湯治、温泉療法。 ❾ 潮の干満。 ~s vivas (mayores) 大潮。 ~s muertas (menores) 小潮。 ⓫ 池、湖、川、水流、海流: Moisés apareció en un canastillo en las ~s del Nilo. モーゼはナイル川で籠に入れられているところが見つけられた。 ⓬ 複 海域: en ~s de Cartagena カルタヘナ海域(近海)で。 ~s jurisdiccionales (territoriales) 領海。 ~s internacionales 公海。 doscientas millas de ~s económicas 200海里の経済水域。 ⓭《船舶》1) Se ha abierto un ~. 船が浸水した。 vía de ~ 浸水経路。 2)〖航跡《=~s del territorio》〗: seguir las ~s de un buque 船の行方を追う。 3) ~ de fondo / ~ de placer その色で浅瀬と分かる海面。 ⓮ 複《屋根などの》斜面: cubrir ~s 屋根をふける。 tejado de (a) dos ~s 切妻屋根。 a cuatro ~s 寄せ棟の。 a un ~ 片流れの。 ⓯《婉曲》小便: Se le han ido las ~s.〖驚きなどで〗彼はおしっこをもらした。 ⓰《植物》 ~ angélica / ~ de ángeles アンゼリカ。 ⓱《中南米》ソーダ水; ハーブティー。 ⓲《メキシコ》 ~ fresca 果汁水などで薄め砂糖を入れたジュース。 ⓳《ベネズエラ》 ~s blancas 飲料水
~ corriente 1) 水道〖設備、水〗: instalar el 〔conducto de〕 ~ corriente 水道を引く。 tener ~ corriente 水道が引いてある。 beber el ~ corriente 水道の水を飲む。 2) 流水
¡A~ va! 1) あぶない! 2)《古語》〖高い建物の窓から汚水などを通りに捨てる時の掛け声〗頭上に注意!
¡A~s!《メキシコ》あぶない!
~[s] abajo 1) 川下へ、下流で。 2)《比喩》流れに沿って、逆らわずに
~[s] arriba 1) 川上へ、上流で。 2)《比喩》流れに逆らって、強引に
ahogarse en poca ~《口語》ささいなことを大げさに心配する、つまらないことでくよくよする
bailar el ~ 〔delante〕 a+人 …におもねる、おべっかを使う
bañarse en ~ de rosas / bañarse en ~ rosada 物事を気楽に見る、ひとりよがり笑う
cambiarle al canario / cambiarle ~ a las aceitunas《西.戯語》小便をする
coger ~ en cesto ぬかに釘、無駄な努力をする
como ~ 1) 楽々と、楽に。 2) 大量に: gastar dinero como ~ 湯水のように金を使う
como ~ para chocolate《メキシコ》泣く(怒る)寸前である
como el ~ 大量に
dar ~ a+人《中米》…を殺す
echar ~ arriba a+人《中南米》…をこっぴどく叱る
echar ~ en el mar 無駄なことをする
echar ~ a+人《中米》…に洗礼を施す
echarse al ~ あえて危険を冒す、思い切ってやってみる
entre dos ~s 1) 浮きもせず沈みもせずに、浮きも沈みもしない: i) El huevo sumergido en salmuera queda en el ~, es fresco; entre dos ~s, lo es, pero menos. もし塩水に浸した卵が底まで沈めば、それは新鮮である。しかし底まで浮かなければ、それほど新鮮ではない。 ii)《比喩》La cotización del euro se movió toda la jornada entre dos ~s. ユーロ相場は一日中、底値より上を下下した。 2) あいまいにする: Solo unos pocos dicen claramente lo que piensan, los demás nadan entre dos ~s, es decir, guardan si los demás están como comida para deshojando. ちゃんと考えを言う人は少なく、残りの人々は言を左右にしている
estar hecho un ~ 汗びっしょりである
hacer ~ 1)《船》浸水する。 2) 不備(欠陥)がある
hacer ~s 〔menores〕 小便をする
hacer ~s mayores 大便をする
irse al ~〖計画などが〗失敗する: El proyecto se ha ido al ~. その計画は流れた
más claro que el ~ きわめて明白な、火を見るより明らかな
mear ~ bendita《軽蔑》信心ぶっている; 偽善者である
nadar entre dos ~s どっちつかずの態度をとる、二股をかける
ponerse al ~《中米》雨になる
romper ~s《医学》〖妊婦が〗破水する
ser ~ pasada 過ぎたことである
sin decir ~ va 予告なしに、突然
tan claro como el ~ =**más claro que el ~**
tomar las ~s 1)《西》湯治をする; 〖医療用に〗鉱泉水を飲む。 2) 屋根を流れる
volver las ~s por do[nde] solían 〔ir〕 振り出しに戻る

aguabenditera [aɣwabenditéra] 図《地方語》聖水盤
aguacal [aɣwakál] 男 石灰塗料
aguacate [aɣwakáte] 〖←アステカ語 auacatl〗 男 ❶《植物、果実》アボカド。 ❷《メキシコ. 俗語》睾丸。 ❸《中米》ばか者
aguacatero [aɣwakatéro] 男《植物》アボカド
aguacero [aɣwaθéro] 〖←agua〗 男 〖突然で短時間の〗土砂降

りの雨, 激しいにわか雨, 集中豪雨: Ha caído un ～. 土砂降りの雨が降った

aguachar [aɣwatʃár] 他《チリ》[動物を]飼い馴らす
aguachento, ta [aɣwatʃénto, ta] 形《中南米》❶[果物・料理が]水っぽい, 味気のない. ❷水につかった
aguachinar [aɣwatʃinár] 他 びしょびしょにする, 水浸しにする
―― ～se びしょびしょになる, 水浸しになる
aguachirle [aɣwatʃírle] 女《西》ひどく水っぽい(まずい)飲み物
aguachón, na [aɣwatʃón, na] 形《中南米》びしょびしょの
aguacil [aɣwaθíl] 男《南米》トンボ[=libélula]
aguacioso [aɣwaθjóso] 男《魚》イカナゴの一種《学名 Ammodytes tobianus》
aguada[1] [aɣwáda] ⟨←agua⟩ 女 ❶水飲み場, 水汲み場. ❷《美術》グワッシュ画, 不透明水彩画; その絵の具: a la ～ グワッシュ画法で. ❸《船舶》[貯蔵された]飲料水: hacer ～ 飲料水を補給する
aguaderas [aɣwaðéras] 女 複 水がめ運び用の荷鞍
aguadero, ra [aɣwaðéro, ra] 形[服が]防水の
―― 男 ❶[家畜などの]水飲み場. ❷[筏で運ぶために]木材を川に落とす場所
aguadilla [aɣwaðíʎa] 女《西. 口語》[ふざけて他人の頭をしばらく]水に沈めること
aguadillo [aɣwaðíʎo] 男《料理》澄んだガスパーチョ gazpacho《主にパンなしで飲む》
aguado, da[2] [aɣwáðo, ða] 形 ❶水で薄めた; 水っぽい: vino ～ 水で割ったワイン. sopa ～da 薄いスープ. ❷《主にメキシコ. 口語》水を差された, 興ざめした: La fiesta estaba muy ～da. そのパーティーはひどく興ざめしたものだった. No seas tan ～, vamos a cantar. 白けないで歌おう. ambiente ～ 白けた雰囲気. ❸[人が]面白みのない, 退屈な. ❹[果物が]水っぽい, 味のない. ❺[色が]薄い, 色あせた. ❻《地方語》禁酒主義の
aguadón [aɣwaðón] 男《グァテマラ》突然の恐怖感
aguador, ra [aɣwaðór, ra] 《←ラテン語 aguator, -oris》名 ❶水売り人. ❷《まれ》興ざめさせる人, 白けさせる人. ❸《西. 自転車》水の手渡し役. ❹《主にメキシコ. 隠語》泥棒の見張り役
aguadulce [aɣwaðúlθe] 男《中南米》黒砂糖を溶かした清涼飲料水
aguadura [aɣwaðúra] 女《獣医》蹄葉炎[=infosura]
aguafiestas [aɣwafjéstas] 名《単複同形》《軽蔑》[他人を]興ざめさせる人, しらけさせる人
aguafortista [aɣwafortísta] 名 =aguafuertista
aguafuerte [aɣwafwérte] 女／男[女 でも単数冠詞: el·un{a}]《美術》❶エッチング《技法, 金属板, 作品》: grabar... al ～ …にエッチングをする. ❷エッチング用の希硝酸水[=agua fuerte]
aguafuertista [aɣwafwertísta] 名 エッチング作家
aguagoma [aɣwaɣóma] 女《美術》アラビアゴムを水で溶いたもの
aguaguado, da [aɣwaɣwáðo, ða] 形《チリ. 口語》子供っぽい, 幼稚な
aguaitacaimán [aɣwaitakaimán] 男《キューバ. 鳥》サギの一種《学名 Ardea virescens》
aguaitacamino [aɣwaitakamíno] 男《鳥》ホイッパーウィルヨタカ
aguaitar [aɣwaitár] 他《南米》[悪意を持って]見つめる, 見張る, dar una aguaitada 《南米》ちらっと見る
aguaje [aɣwáxe] 《←agua》男 ❶[家畜などの]水飲み場. ❷《船舶》海流, 潮流; 高潮, 大潮; 航跡. ❸《グァテマラ, ニカラグア, コロンビア, エクアドル》土砂降りの雨[=aguacero]. ❹《ドミニカ, ベネズエラ》芝居がかった調子
aguajero, ra [aɣwaxéro, ra] 名《ドミニカ, ベネズエラ》芝居がかった[人]
aguají [aɣwaxí] 男《キューバ, ドミニカ. 料理》トウガラシ・玉ネギ・ニンニクのピリ辛ソース
agualate [aɣwaláte] 男《コロンビア. 飲料》薄いココア
agualoja [aɣwalóxa] 女《中南米》蜂蜜・スパイス入りの清涼飲料水
aguamala [aɣwamála] 女 クラゲ[=medusa]
aguamanil [aɣwamaníl] 男 ❶[手洗い用の]水差し. ❷[昔の]洗面器; 洗面器台[=palanganero]
aguamanos [aɣwamános] 男《単複同形》❶水差し; [昔の]洗面器. ❷[容器に入れた]手洗い用の水: dar ～[人]に水を差し出す

aguamar [aɣwamár] 男 クラゲ[=medusa]
aguamarina [aɣwamarína] 女《鉱物》藍玉, アクアマリン
aguamiel [aɣwamjél] 女[単数冠詞: el·un{a}] ❶蜂蜜酒. ❷《中南米》サトウキビの搾り汁. ❸《メキシコ》リュウゼツランの汁, 発酵していないプルケ pulque
aguanal [aɣwanál] 男《アラバ》畑の排水用の深い溝
aguanieve [aɣwanjéβe] 《←agua+nieve》女／《まれ》男《気象》みぞれ: Cae ～. みぞれが降る
aguanieves [aɣwanjéβes] 女／《まれ》男《単複同形》《鳥》ハクセキレイ; タゲリ
aguanoso, sa [aɣwanóso, sa] 形 ❶[果実などが]水気の多い. ❷湿潤な. ❸《中米》[人が]面白みのない
aguantable [aɣwantáβle] 形[事物が]我慢できる
aguantaderas [aɣwantaðéras] 女 複《口語》忍耐力
aguantadero [aɣwantaðéro] 男《アルゼンチン, ウルグアイ》[犯罪者などの]隠れ家
aguantador, ra [aɣwantaðór, ra] 形《中南米》忍耐強い; 耐久性のある
aguantar [aɣwantár] 《←伊語 agguantare < guanto「手袋」》他 ❶支える: Los pilares aguantan el techo. 柱が屋根を支えている. Esta mesa no aguanta mucho peso. このテーブルはあまり重いのはのせられない. ❷制御する: ～ la cuerda 綱を抑える. ❸我慢する, 耐える: 1) La aguanté dos horas. 私は2時間も辛抱強く彼女につき合った. Este jersey aguantará otro invierno. このセーターはもう一冬もつだろう. ～ el dolor 痛みをこらえる. ～ las ganas de reír 笑いたいのをこらえる. ～ la respiración 息を殺す. ～ bromas からかいを[笑って]受け流す. ～ un huracán 嵐に耐える, 嵐を乗り切る. 2)[+que+接続法] Puede ～ que le abofeteen. 彼は平手打ちを何発食らっても平気だ. ❹[株式などを]保有し続ける, 売らないで我慢する. ❺《スポーツ》[ボールを]支配する
―― 自[闘牛士が]牛の攻撃にひるまずそのままの姿勢で牛を仕留める
―― ～se ❶自制する; [欲望などを]抑える: Me aguanté las ganas de decirle cuatro cosas. 私は彼にいやみの一つも言ってやりたかったが, ぐっと我慢した. Aguantaos la sed hasta que lleguemos a la cima. 頂上へ着くまでは喉の渇きを辛抱したまえ. Aguántate. 我慢しなさい／あきらめなさい. ❷[+con で]我慢する: Me aguanto con lo que tengo ahora. 私は今持っているもので我慢する. ～se con su destino 運命に忍従する. ❸《南米. 口語》しばらく待つ
que no se puede ～《地方語》特別な, 驚くべき
aguante [aɣwánte] 《←aguantar》男 ❶忍耐力, 我慢強さ: ¡Qué ～ tiene él! 彼は何と我慢強いのだろう! hombre de mucho ～ 辛抱強い人. ❷《スポーツ》持久力, スタミナ. ❸支える力, 耐久性. ❹《まれ》忍耐, 我慢
aguapanela [aɣwapanéla] 女《コロンビア. 飲料》黒砂糖湯(水)
aguapié [aɣwapjé] 男 水っぽい(質の悪い)ワイン
aguar [aɣwár] 他[13 回] ❶水で薄める, 水を加える: Me gusta ～ el vino para comer. 私は食事の時はワインを水で薄めて飲むのが好きだ. ❷[楽しみに]水を差す, 興をそぐ, 台なしにする: ～ las esperanzas 期待に水を差す. ❸《中米, チリ, アルゼンチン, メキシコ》[家畜に]水を飲ませる
―― ～se ❶水びたしになる: Se aguaron los campos. 畑が冠水した. Se le aguaron los ojos a su madre. 彼の母親の目から涙があふれた. Se me agua la boca. 私はよだれが出る. ❷[催しなどが]ぶちこわしになる; [計画などが]流れる: La fiesta se aguó con su presencia. 彼が出席したためにパーティーはひどいものになった
aguarachay [aɣwaratʃái] 男《動物》キツネの一種《学名 Pseudalopex gymnocercus》
aguará guazú [aɣwará ɣwaðú] 男《南米. 動物》タテガミオオカミ
aguaraibá [aɣwaraiβá] 男《植物》テレビンノキ
aguarapar [aɣwarapár] ～se《中南米》サトウキビの絞り汁 guarapo のようになる, 甘くなる
aguardadero [aɣwarðaðéro] 男《狩猟》待ち伏せ場所
aguardador, ra [aɣwarðaðór, ra] 形《まれ》待つ, 待っている
aguardar [aɣwarðár] 《←a+guardar》他 ❶[一個所でじっと]待つ: Estaba aguardando con paciencia el taxi. 私はタクシーをじっと待っていた. Nos aguardan tiempos mejores. 私たちにとってもっといい時代が来る. No sabes lo que te aguarda. 《諺》一寸先は闇. 2)[直接目的語なしで] El avión

no *aguarda*. 飛行機は待ってくれない. ❷《古語》見守る〖= guardar〗; 考慮する, 評価する
── 自 ❶ 〖+a que+接続法 するのを〗待つ: *Aguardó a que la señorita se hubiese sentado, luego se acomodó en el sofá.* 彼は令嬢が座るのを待ち, それからソファに腰をおろした. ❷〖支払いなどを〗猶予する: *Aguardaremos unos días más para cobrar.* 取り立てをあと数日待ちます
── **se** 待つ〖直接目的語を伴わない場合しばしば他動詞の代わりに使われる〗: *¡Aguárdese!* 待って下さい. *Si te aguardas un poco, iré contigo.* 少し待ってくれたら一緒に行こう

aguardentero, ra [aɡwarðentéro, ra] 形 名 アグワルディエンテの〖販売者〗

aguardentoso, sa [aɡwarðentóso, sa] 形 ❶ アグワルディエンテの〖ような〗: aliento ～ 酒くさい息. bebida ～*sa* アルコール度の高い蒸留酒. ❷ voz ～*sa*〖酔っ払いのような〗しゃがれ声

aguardiente [aɡwarðjénte] 男 ❶ アグワルディエンテ〖果汁などから作るアルコール度の高い蒸留酒〗; 焼酎: ～ alemán ヤラッパをアルコールに漬けた下剤. ～ de cabeza 最初の蒸留で取れた酒. ～ de caña ラム酒. ～ de cerezas キルシュ. ❷〖コロンビア〗アニス酒. ❸ toro del ～ 早朝興行の闘牛

aguardillado, da [aɡwarðiʎáðo, ða] =**abuhardillado**

aguardo [aɡwárðo] 男 監視, 見張り;〖狩猟〗待ち伏せ

aguaribay [aɡwariβái]《南米. 植物》コショウボク〖=turbinto〗

aguarón [aɡwarón] 男〖地方語. 魚〗アンコウ〖=rape〗

aguarrada [aɡwar̄áða] 女〖地方語〗通り雨〖主に示小語で〗

aguarradilla [aɡwar̄aðíʎa] 女〖地方語〗aguarradaの示小語

aguarrás [aɡwar̄ás] 男〖複 aguarrases〗テレビン油

aguarrina [aɡwar̄ína]《地方語》霧雨

aguarrón [aɡwar̄ón] 男《地方語》にわか雨, スコール

aguasar [aɡwasár] ～**se**〖チリ〗野暮ったくなる

aguate [aɡwáte] 男《中米》とげ〖=espina〗

aguatero, ra [aɡwatéro, ra] 男《中南米》水売り人〖=aguador〗

aguatinta [aɡwatínta] 女《美術》アクアチント〖版画〗

aguaturma [aɡwatúrma] 女《植物》キクイモ

aguaverde [aɡwaβérðe] 女《動物》ミドリクラゲ

aguavientos [aɡwaβjéntos] 男〖単複同形〗《植物》エルサレムセージ

aguaviva [aɡwaβíβa] 女《南米》クラゲ〖=medusa〗

aguayo [aɡwájo] 男《ボリビア》ウールの四角いショール〖数色で女性用〗

aguaza [aɡwáθa] 女 房水;〖植物・果実の〗分泌液

aguazal [aɡwaθál] 男 水たまり, 泥沼

aguazo [aɡwáθo] 男《美術》グワッシュ水彩画法

agudamente [aɣúðamente] 副 鋭く; 辛辣に

agudez [aɣuðéθ] 女《まれ》敏感さ

agudeza [aɣuðéθa] 女〖←agudo〗❶ 機知, ウィット: Tiene mucha ～. 彼は機知に富んでいる. ❷〖感覚の〗鋭さ: ～ visual 視力. ❸〖una+〗鋭いこと《⇔sordo》dolor ～ 鋭い痛み, 激痛. olor ～ 鼻につんとくる臭い. sabor ～ 舌にピリッとくる味. ❹ 緊急性: crisis ～*da* さし迫った危機. ❺《医学》急性の《⇔crónico》: enfermedad ～ 急性の病気. ❻《音声》1)最後の音節にアクセントのある〖例〗café, papelなど). 2)鋭音の, 高音調性の《⇔grave》: voz ～*da* かん高い声.《音声》1)最後の音節にアクセントのある〖例〗café, papelなど). 2)鋭音の, 高音調性の《⇔grave》. →**acento** agudo. ❻《幾何》鋭角の《⇔obtuso》. ❼《地方語》速い, 急速な
── 男 ❶《音楽》高音域. ❷ 最後の音節にアクセントのある語
── 副《地方語》速く, 急速に

aguedera [aɣeðéra] 女《聖アゲダ Santa Agueda祭で》女町長に従う女性〖セゴビア県サマラマラ Zamarramala 町に古くから伝わる男子禁制の祭り〗

aguedita [aɣeðíta] 女《植物》ビターブッシュ

agüera [aɣwéra] 女 雨水を農地に導く溝

agüería [aɣweria] 女《パラグアイ》鳥占い

agüero [aɣwéro] 男〖←ラテン語 augurium「前兆」〗❶ 前兆, 縁起: Es de mal ～ derramar la sal en la mesa. テーブルに塩をこぼすのは縁起が悪い. ❷ 鳥占い
ser ave (pájaro) de buen (mal) ～ 縁起がよい(悪い), 吉兆(不吉)である

aguerrido, da [aɣer̄íðo, ða] 形 ❶〖戦争で〗鍛え上げられた; 勇敢な: luchador ～ 歴戦のつわもの. ❷ ベテランの, 経験豊かな

aguerrir [aɣer̄ír]〖←仏語 aguerrir < ゲルマン語 werra〗他〖主に不定詞・過去分詞で〗〖新兵を〗戦争に慣れさせる

agüevado, da [aɣweβáðo, ða] 形 ❶《メキシコ、コスタリカ》退屈な. ❷《メキシコ》頑固な

agüevar [aɣweβár] 他《エクアドル. 口語》…の心を乱す, 怯えさせる

aguijada [aɣixáða] 女 ❶〖牛などをかり立てる〗突き棒. ❷ 鋤の刃の泥落とし棒

aguijadura [aɣixaðúra] 女 ❶ 突き棒による牛のかり立て. ❷ 刺激

aguijar [aɣixár] 他 ❶〖牛などを〗突き棒 aguijada でかり立てる. ❷〖感情を〗刺激する;〖不安を〗かき立てる

aguijón [aɣixón] 男〖←俗ラテン語 aquileo, -onis < aquileus〗❶〖ハチなどの〗針, 毒針;〖バラなどの〗とげ. ❷《文語》刺激, 誘発: ～ del arte 創作欲. ❸ 突き棒 aguijada の先. ❹ 苦痛. ❺《隠語》陰茎

aguijonada [aɣixonáða] 女 =**aguijonazo**

aguijonazo [aɣixonáθo] 男 ❶〖針などの〗突き刺し. ❷ 痛烈な冷やかし(叱責)

aguijoneador, ra [aɣixoneaðór, ra] 形 刺激する; 不安にさせる

aguijonear [aɣixoneár] 他 ❶ 刺激する, 鼓舞する; 不安にさせる, 苦しめる: *aguijoneado por la líbido* リビドーに突き動かされて. ❷〖針などで〗突き刺す. ❸〖牛を〗突き棒でかり立てる

aguijoneo [aɣixonéo] 男 刺激, 鼓舞; 不安にさせること

águila [áɣila]〖←ラテン語 aquila〗女〖単数冠詞: el-un[a]〗❶《鳥》ワシ(鷲): 1) ～ blanca ハクトウワシ. ～ caudal (real) イヌワシ. ～ imperial カタジロワシ. ～ marina. ～ de mar オジロワシ. ～ osifraga (barbuda) ヒゲワシ. ～ ratera (ratonera) ノスリ. mirada de ～〖ワシのような〗鋭い視線. vista de ～ 遠くまで見える目. 2)《紋章》～ bicéfala 双頭のワシ. ～ explayada (pasmada) 翼を広げた(畳んだ)ワシ. ❷《魚》トビエイ〖=～ de mar, ～ marina〗. ❸ 頭の切れる人, 傑物: Es un ～ para los negocios. 商売が巧み. ❹《メキシコ》1) 20ペソ金貨. 2) 貨幣の表: *¿A～ o sol?*〖コイントスで〗表か裏か?
── 形《メキシコ. サッカー》デポルティボ・アメリカ・クラブ Club Deportivo América の
ponerse ～《メキシコ》注意をはらう

aguilando [aɣilándo] 男《地方語》クリスマスの心付け(チップ)〖=aguinaldo〗

Aguilar [aɣilár]《人名》**Jerónimo de** ～ ヘロニモ・デ・アギラル〖1489〜1531, スペイン人コンキスタドール. ユカタン半島でマヤの捕虜となり, マヤ語を習得. 1519年コルテス Cortés のアステカ征服に通訳として加わる〗
José Gabriel ～ ホセ・ガブリエル・アギラル〖1759〜1805, ペルーの愛国者. ワヌコ Huánuco でスペインからの独立の声を挙げる〗

aguilarense [aɣilarénse] 形 名《地名》アギラル Aguilar の〖人〗〖コルドバ県の町〗

aguileño, ña [aɣiléɲo, ɲa]〖←águila〗形 ❶〖顔が〗ワシのような: nariz ～*ña* 鷲鼻. hombre ～ 鋭い顔立ちの男. ❷〖人が〗明敏な, 頭の回転の速い. ❸ ワシの. ❹《地名》アギラス Águilas の〖人〗〖ムルシア県の町〗

aguilera [aɣiléra] 女 ワシの巣〖ある岩山・断崖〗

Aguilera Malta [aɣiléra málta]《人名》**Demetrio** ～ デメトリオ・アギレラ・マルタ〖1909〜81, エクアドルの小説家. 様々な職につきながら仲間と共に自国の文学の活性化を目指してグアヤキ

ル・グループ Grupo de Guayaquil を創設. 大自然の中に生きる人間たちを鮮烈に描いた小説『ドン・ゴヨ』*Don Goyo*〗

aguililla [aǥilíʎa] [名]《隠語》性格的に弱い人
—— [形] [男]《中南米》速い〔馬〕

agüilla [aǥwíʎa] [女] ❶ 何か汚れた水のようなもの; まずい飲み物. ❷ 小雨, 小雪

aguilón [aǥilɔ́n]〖águila の示大語〗[男]《建築》切妻, 破風

aguilucho [aǥilútʃo] [男]《鳥》❶ ヨーロッパチュウヒ. ❷ ワシのひな

aguín [aǥín] [男]《植物》ハイマツ(這松)

aguinaldo [aǥináldo]〖←古語 aguinando < ラテン語 hoc in anno「今年に」〗[男] ❶ クリスマスの心付け(チップ)〖近所の子供や郵便配達などに小額の金をあげる〗. ❷《中南米》クリスマスのボーナス, 年末手当. ❸《ベネズエラ》クリスマスキャロル

Aguirre [aǥíȓɛ]《人名》**Lope de ～** ロペ・デ・アギレ〖1510?～61, バスク出身のコンキスタドール. エル・ドラド El Dorado 遠征に加わる. 途次, スペイン王室に反旗を翻すが殺される〗

agüista [aǥwísta] [名]〔鉱泉を飲む〕湯治客

agüita [aǥwíta] [女]《チリ》ハーブティー〖=tisana〗

agüitar [aǥwitár] **～se**《メキシコ. 口語》腹を立てる; 悲しむ

aguja [aǥúxa]〖←俗ラテン語 acucula < ラテン語 acus〗[女] ❶〔裁縫・計器などの〕針: Alcánzame ～ e hilo, que voy a coser. 針と糸を取ってちょうだい, 縫い物をするので. ～ colchonera〔布団用の〕とじ針. ～ de coser 縫い針. ～ de 〔hacer〕 punto/～ de calceta/～ de tejer 編み棒. ～ de gancho/～ de ganchillo/～ de crochet かぎ針. ～ de inyectar 注射針. ～ de la balanza 秤の針. ～ de marear/～ de bitácora 羅針盤〖=brújula〗. ～ fonográfica/～ del gramófono レコード針. ～ larga (pequeña)〔時計の〕長(短)針. ～ magnética 磁針. ❷《服飾》飾りピン, ネクタイピン;《化粧》ヘアピン. ❸〔銃の〕撃針. ❹《植物》1) 針葉樹の葉. 2) ～ de pastor ナガミノセリモドキ. ❺《魚》1) ガー, ダツ〖北大西洋・地中海産の細長い魚の通称. =pez ～〗. 2) ～ paladar (palá) メカジキ〖=pez espada〗. ❻《鳥》シギの一種. ❼《建築》1) 尖塔. 2) かい折れ釘, 無頭釘. ❽《鉄道》[複] 転轍機, ポイント. ❾《料理》[複] 1) スペアリブ〖=carne de ～*s*〗; ミートパイ. 2)《メキシコ, 中米》牛肉. ❿ vino con (de) ～ 少し発泡性のワイン. ⓫《園芸》移植片, 挿し木. ⓬《情報》ピン. ⓭《印刷》ページのしわ. ⓮〔主に [複]. 牛の〕簪甲(きこう). ⓯《地理》針峰. ⓰《中南米》〔柵に使う〕丸太

buscar una ～ en un pajar 望みのない探し物をする, 無駄骨を折る

meter ～ y sacar reja エビで鯛を釣る

agujal [aǥúxal] [男]《建築》かい折れ釘を抜いた穴

agujerar [aǥuxerár] [他] =**agujerear**

agujereado [aǥuxereáđo] [男] 穴をあけること

agujerear [aǥuxereár]〖←agujero〗[他] …に穴をあける: moneda *agujereada* 穴あき硬貨
—— **～se** 穴があく

agujerito [aǥuxeríto] [男] 小さな穴, ピンホール

agujero[1] [aǥuxéro]〖←aguja〗[男] ❶ 穴, 破れ目: Hay un ～ en la sábana. シーツに穴があいている. abrir (hacer) un ～ en la pared 壁に穴をあける. ～ negro《天文》ブラックホール. ～〔en la capa〕de ozono オゾンホール. ❷〔正当化できない〕欠損: El ～ de la tienda es de dos millones de yenes. 店が出した穴は200万円だ. ～ presupuestario 財政赤字. ❸ 隠れ場所, 逃げ込み場所;〔動物の〕巣穴; 洞穴. ❹〔法律などの〕抜け穴. ❺ 針差し, 針山

no haber visto+事物 ***ni por un ～*** …をこれっぽちも知らない

tapar ～s《口語》借金を返す, 経済的な問題を解決する; 厄介事を解決(隠蔽)する

tener un ～ en cada mano 浪費家である

tener un ～ en el bolsillo ポケットに穴が開いている; 浪費家である

agujero[2]**, ra** [aǥuxéro, ra] [名]《現在ではまれ》針製造業者

agujeta [aǥuxéta] [女] ❶《西》[複]〔運動などによる〕体の痛み, 筋肉痛: tener ～*s* en las piernas 脚〔の筋肉〕が痛い. ❷〔服の〕飾り紐〖端に金具が付いている〗. ❸《鳥》オオハシシギ〖=～ escolopácea〗: ～ gris アメリカオオハシシギ. ❹《中南米》[複] 編み物針. ❺《メキシコ》靴紐
—— [形]《メキシコ. 隠語》抜け目のない, 世慣れた

agujetero [aǥuxetéro] [男]《中南米》針入れ〖=alfiletero〗

agujón [aǥuxɔ́n] [男] 大きな穴

aguoso, sa [aǥwóso, sa] [形] =**acuoso**

agur [aǥúr] [間]《主に西》=**abur**

agusanar [aǥusanár] [他]《まれ》…にうじ虫をわかせる
—— **～se**〔食物などに〕うじ虫がわく, 虫がつく

Agustini [aǥustíni]《人名》**Delmira ～** デルミラ・アグスティニ〖1886～1914, ウルグアイの女性詩人. ルベン・ダリーオ Rubén Darío と共に初期モデルニスモ modernismo を代表する. 男性優位の社会で女性のエロスと生命を高らかにうたいあげ官能的な詩を数多く書いたが, 不幸な結婚がもとで若くして死亡〗

agustinianamente [aǥustinjánaménte] [副] 聖アウグスチノ修道会士のように

agustinianismo [aǥustinjanísmo] [男] =**agustinismo**

agustiniano, na [aǥustinjáno, na] [形] [名] ❶《人名》聖アウグスティヌス San Agustín de Hipona の〖354～430〗. ❷ 聖アウグスティヌスの教義の〔信奉者〕. ❸ =**agustino**

agustinismo [aǥustinísmo] [男] 聖アウグスティヌスの教義

agustino, na [aǥustíno, na] [形] [名]《カトリック》聖アウグスチノ修道会 orden de San Agustín の〔修道士・修道女〕

agutí [aǥutí] [男]〖[複] ～〔e〕s〗《動物》アグーティ, オオテンジクネズミ

aguzadero, ra [aǥuθađéro, ra] [形] 鋭くするための, 尖らせる: piedra ～*ra* 砥石

aguzado, da [aǥuθáđo, đa] [形] ❶ 鋭い, 尖った. ❷ 鋭敏な, 頭の回転の速い

aguzamiento [aǥuθamjénto] [男] 鋭くすること, 尖らすこと

aguzanieves [aǥuθanjéƀes] [女]/《まれ》[男]〖単複同形〗《鳥》ハクセキレイ〖=lavadera blanca〗

aguzar [aǥuθár]〖←俗ラテン語 acutiare < ラテン語 acutus「鋭い」〗[9] [他] 鋭くする, 尖らす: 1) ～ un cuchillo 包丁を研ぐ. 2)〔感覚を〕～ el oído 耳を澄ます. ～ la vista 目を凝らす, 目を皿のようにする. 3)〔理解力を〕Roberto, *aguzando* toda su inteligencia, había comprado un paquete de caramelos, y había metido allí los billetes. ロベルトは頭を働かせて, キャラメルを1箱買い, そこに紙幣を入れた

ah [á] [間] ❶〔悲哀・苦痛・恐怖・驚き・感嘆・満足・喜びなど〕ああ, おう, ほう, あれ, まあ, あら!: ¡*Ah*, pobre niña! ああ, かわいそうな女の子! ¡*Ah*, qué pena! ああ, 何て悲しいことだ! ¡*Ah*, qué bien se está aquí! ああ, ここは何て居心地がいいのだろう! ❷〔了解・理解〕ああ, そうそう: ¡*Ah*, ya entiendo lo que quieres decir! ああ, 君が言いたいことがやっと分かった. ¡*Ah*, claro, que hoy es sábado! そうだ, 今日は土曜日だった. ❸《南米》1)〔聞き返し〕え?/何だって? 2)〔警告, 同意を求めて〕えー/いいか

¡Ah de 〔***la***〕 ***casa!***〔他人の家への呼びかけ〕おーい/もし!

¡Ah del barco!〔他船への呼びかけ〕おーい, その船!

ahechador, ra [aetʃađɔ́r, ra] [形] [名] ふるいにかける〔人〕

ahechaduras [aetʃađúras] [女] [複] もみ殻

ahechar [aetʃár] [他]〔穀物を〕ふるいにかける

ahelear [aeleár] [他] にがくする;《廃語》寂しく(悲しく)する
—— [自]《廃語》にがくなる

ahembrado [aɛmbráđo] [形]《まれ》〔男が〕女性的な

aherir [aerír] [33] [他]《古語》重さ・寸法を対照する

aherrojamiento [aɛȓɔxamjénto] [男]《文語》鎖につなぐこと; 抑圧

aherrojante [aɛȓɔxánte] [形]《まれ》鎖につなぐ; 抑圧的な

aherrojar [aɛȓɔxár] [他]《文語》鎖につなぐ; 抑圧する

aherrumbrar [aɛȓumbrár] [他] 錆つかせる
—— **～se** 錆つく

ahí [aí]〖←a- (指示, 強調)+古語 hi「そこに」〗[副]〖中称の指示副詞. 話し手と聞き手のどちらからも近い場所や聞き手に近い場所の指示〗❶ そこに, そこで; あそこに: ¿Qué estás haciendo ～? 君はそこで何をしているのだ? Desde ahora voy ～, donde estás. 今から私はそちらへ, 君のいるところに行く. *Ahí* está el libro que buscabas. そこに君の探していた本がある. Parece que ～ no os llegó la noticia. そちらにはニュースが届かなかったようだ. *Ahí* viene el policía. 警官が来るぞ. ❷ その時: *Ahí* es cuando hablé con ella por primera vez. それが私が彼女と話した最初である. ❸ その点においては, その個所で: *Ahí* está el quid del problema. そこが難点なのだ. *Ahí* está el truco. そこにトリックがある. ❹《手紙》同封して; 別便で: *Ahí* te mando (envío) las fotos. 写真を同封します/別便で送ります. ❺《中南米》多かれ少なかれ

～ donde ve a+人 …はああは見えても

¡Ahí es nada!〔人・物の価値・重要さを賞賛して〕これはすごい/立派だ/大したものだ!: ¡*Ahí es nada!* Ha ganado el pri-

mer premio. 大したものだ! 彼は一等賞をとった. *¡Ahí era nada* mantenérselas tiesas con los mayores! 彼が年上の子に対しても何らひるまず立ち向かっていたのは大したものだった!
Ahí está.《口語》それが肝要だ/そのとおりだ
Ahí lo tienes. =**Ahí tienes.**
Ahí me las den todas. 私は少しも気にしていない/痛くもかゆくもない
~ mismo [人が近くにいる・場所が近くであることの強調] すぐそこ: El pueblo adonde vamos está ~ *mismo*. 私たちが向かっている町はもうあそこだ
~ no más《中南米》ちょうどそこで・に, すぐそこに
Ahí nos vemos.《中米》[別れの挨拶] じゃ, またね
¡Ahí que no es nada! =**¡Ahí es nada!**
¡Ahí queda eso!《口語》[された・言われたことに対して] そのとおりだ/それだ/それそれ!
¡Ahí quería verte yo! 1) 本当に大変だったな/君だって大変だったろう! 2) 君にできたはずがない!
~ te estás 形 名《単複同形》《歴史》[中南米の] coyote と mistizo との混血の〔人〕
Ahí tienes. それ見たことか
Ahí va. [aibá]《口語》1) [驚き] あっ, おやおや: *¡Ahí va!* He salido de casa sin apagar la luz de mi cuarto. ああ, しまった! 私の部屋の電気を消さずに家を出て来てしまった. 2) [提示] ほら: *¡Ahí va eso!* [物が] ほら, 落ちる(こぼれる)よ! 3) [嘲笑] まさか, 冗談だろう
Ahí voy. 行くぞ〔どけどけ〕
dar por ~《口語》[行為・風習・癖が] 行なわれる: Ella no suele salir, pero si le *da por ~* igual se va al cine. 彼女はめったに出かけるとはない, しかし出かけるとなるとおそらく映画を見に行くことになる. Le ha dado por ~ y ahora todos los días compra tres periódicos. 彼はいつも新聞を買いに出かけるのだが, 今は毎日3紙買っている
de ~ 1) そこから: El pueblo está *de ~* a diez kilómetros. 村はそこから10キロの所にある. Quítate *de ~*. そこをどけ. 2) その時から: *De ~* a poco se enteró de la verdad. それから間もなく彼は事実を知った. *De ~* en adelante その時以後
¿De ~? 1) [督促] それで?/それから? 2) [皮肉] だからどうした?
de ~ que+接続法 したがって…: No ha llovido dos meses, *de ~ que* todo esté seco. 2か月雨が降らない, そこで何もかもがからからだ
de ~ se deduce que+直説法 そこから…と推論できる/したがって…ということになる
de por ~ ありふれた, 凡庸な
desde ~ 1) そこから: *Desde ~* no se ve nada. そこからは何も見えない. 2) その時から
estar ~《文語》存在している
¡Hasta ~ podíamos llegar! とんでもないことだ/そんなはずはない!
ir por ~ =**salir por ~**
por ~ 1) そこを経由して: Vamos *por ~*. そこを通って行こう. 2) その辺に: Búscame las gafas, deber estar *por ~*. 眼鏡を捜してくれ, そのあたりにあるはずだ. Sé discreto y no andes *por ~* publicando lo que te he dicho. 口を慎んで, 私が君に言ったことをそこら辺で言いふらさないようにしなさい. 3)《口語》[概数] そのくらい: Tendrá unos 40 años *o por ~*. 彼は40歳かそこらだ. 4) No es *por ~*. それは的外れだ/それはない
Por ~ se van. どっちもどっちだ/似たりよったりだ
Por ~ va la cosa. おおよしそれだ/およそその見当なんだ
salir por ~ 出歩く, 遊び歩く
venga de ~《口語》[激励・催促] さあ
vete por ~ [béte por ái]《口語》ばか言え/いい加減にしろ
y ~ queda eso これで一件落着だ

ahidalgado, da [aidalgáðo, ða] 形 [郷士 hidalgo のように] 高潔で寛大な; 紳士的な, 立派な
ahijadero [aixaðéro] 男《メキシコ》家畜の母が他の子を乳で育てるようにさせること
ahijado, da [aixáðo, ða] 〔←*ahijar*〕名 ❶《キリスト教》名付け子,《カトリック》代子,《プロテスタント》教子(⇔*padrino, madrino*) ❷ お気に入り
—— 男 =**ahijamiento**
ahijador, ra [aixaðór, ra] 羊の母子の世話をする羊飼い
ahijamiento [aixamjénto] 男 発芽

ahijar [aixár]〔←ラテン語 affiliare < filius「息子」〕17 他 [羊などが] 他の子を乳で育てる
—— 自 [子を生む; [植物が] 新芽を出す
ahijuna [aixúna]〔←¡ah hijo de una!〕間《ラプラタ》[腹立ち] ちくしょうめ/[賞賛] すごいなあ!
ahilado, da [ailáðo, ða] 形 [風が] 長く弱く続く; [声が] 弱くかん高い
ahilamiento [ailamjénto] 男 やせ細り
ahilar [ailár]〔←ラテン語 < filum「糸」〕17 他 やせ細らせる
—— **~se** [病気で] やせ細る, [栄養不足で] ふらふらになる, 気を失う; [植物が] ひょろひょろに成長する
ahílo [aílo] 男〔まれ〕ふらふらになること, めまい
ahincadamente [aiŋkáðaménte] 副 ❶ 熱心に, 懸命に; しつこく, 粘り強く. ❷ 効果的に, 適切に
ahincado, da [aiŋkáðo, ða] 形〔まれ〕有効な, 効力のある, 適切な
ahincamiento [aiŋkamjénto] 男 せがむこと, ねだること
ahincar [aiŋkár]〔←a-+*hincar*〕7 17 他 ❶ せがむ, ねだる, 強要する. ❷《まれ》速める
—— **~se** 急ぐ, 急いでする

ahincar	
直説法現在	点過去
ahínco	ahinqué
ahíncas	ahincaste
ahínca	ahincó
ahincamos	ahincamos
ahincáis	ahincasteis
ahíncan	ahincaron
命令法	接続法現在
	ahínque
ahínque	ahínques
	ahínque
	ahinquemos
ahincad	ahinquéis
	ahínquen

ahínco [aíŋko]〔←*ahincar*〕男 熱心, 懸命: Se dedica con ~ a aprender inglés. 彼は熱心に英語の勉強に励んでいる. Me pidió con ~ que le dejase venir conmigo. 彼は私に同行させてほしいと必死に頼んだ
ahistoricidad [aistoriθiðáð] 女 非歴史性
ahistoricismo [aistoriθísmo] 男 非歴史主義
ahistórico, ca [aistóriko, ka] 形 非歴史的な
ahitamiento [aitamjénto] 男 消化不良, 食べ過ぎ; 食傷
ahitar [aitár] 17 他 ❶ …に消化不良を起こさせる, 胃をもたれさせる; 食傷させる. ❷ [境界標で土地の] 区画をする, 境界を示す
—— **~se** 消化不良を起こす, 胃がもたれる; 食傷する
ahitera [aitéra] 女《口語》ひどい消化不良, 胃もたれ
ahíto, ta [aíto, ta]〔←ラテン語 infictus < infigere「刺す」〕形 [estar+, *de* で] ❶ 消化不良を起こした, 胃がもたれた; 満腹した, 食傷した: Estoy ~ *de* pasteles. 僕はケーキを食べ過ぎで胃がもたれている. ❷ 食傷した, うんざりした: Está ~*ta de* sus amigas. 彼女は友達にうんざりしている. ❸ あふれんばかりの, 有り余る. ❹《古語》[その場で] じっとしている, 動かない
—— 男 消化不良, 胃もたれ
ahobachonado, da [aobatʃonáðo, ða] 形〔まれ〕ぐうたらな, 怠け者の, 腰の重い
ahocicar [aoθikár] 7 他〔まれ〕❶ [犬猫を] 汚した所に鼻をすりつけて叱る. ❷ 言い負かす, 非を認めさせる
—— 自 ❶《口語》言い負かされる, 非を認める. ❷《船舶》船首を水につける
ahocinar [aoθinár] **~se** [川が] 峡谷を流れる, 岩間を下る
ahogadero, ra [aogaðéro, ra] 形 息の詰まりそうな, 息苦しさせる
—— 男 ❶《馬具》頸革. ❷ [絞首刑の] ロープ. ❸ 人がひしめいている場所, 人いきれのする場所. ❹ [蚕のまゆの] ゆで釜
ahogadilla [aogaðíʎa] 女《西》=**aguadilla**
ahogadizo, za [aogaðíθo, θa] 形 ❶ 溺れやすい; 呼吸困難を起こしやすい. ❷ [果物が渋くて] 食べにくい, 喉を通らない. ❸ [木材が重くて] 水に沈む
ahogado, da [aogáðo, ða] 形 ❶ 窒息しそうな: con respira-

ción ～*da* 息も絶え絶えに. voz ～*da* 押し殺した声. ❷［大勢の人などで］息の詰まりそうな: habitación ～*da* 人いきれのする(狭苦しい)部屋. ❸［主に経済的に］苦しい: verse ～ de deudas 借金で首が回らない. ❹《メキシコ. 口語》酔っぱらった
—— [名] 窒息死した人; 溺死者, 水死者
—— [男] ❶［蚕のまゆを］水に浸すこと. ❷《中南米. 料理》ソース

ahogador, ra [aoɡaðór, ra] [形] 窒息させる, 息苦しくする, 喉元を締める
—— [男]《古語. 服飾》チョーカー

ahogagatos [aoɡaɡátos] [男]《植物》ノハラジャク

ahogamiento [aoɡamjénto] [男] ❶ 溺れる(溺れさせる)こと, 溺死. ❷ 息がつまること, 呼吸困難, 窒息〔死〕; 絞殺. ❸ 鎮圧, 抑圧. ❹ 苦悩, 悲嘆; 困窮
～ de la madre《廃語》ヒステリー〖=mal de madre〗

ahogante [aoɡánte] [形] =**ahogador**

ahogar [aoɡár]〖←ラテン語 offocare「咽頭を圧迫する」〗[8] [他] ❶ 窒息死させる, 絞殺する; 溺死させる: El detenido intentó ～ a uno de los guardias. 逮捕者は警備隊員を絞め殺そうとした. ❷［暑さ・狭さなどが］息苦しくさせる: Me *ahogó* el exceso de abrigo. 私は厚着しすぎて暑苦しかった. ❸［感情などを］抑える; 圧迫する, 鎮圧する: *Ahogué* el llanto. 私は涙をこらえた. ～ la voz 声をひそめる. ～ el gemido うめき声を押しころす. ～ sus pesares en el alcohol 酒で悲しみをまぎらす. ～ las protestas 抗議の声を抑えつける. ～ una sublevación 反乱を鎮圧する. ❹ 苦しめる, 悩ます: Le *ahoga* la responsabilidad. 彼は責任の重さに押しつぶされそうだ. Le *ahogó* la pena. 彼は悲しみに打ちひしがれた. ❺［水が多すぎて植物を］枯らす. ❻ 消火する: *Ahogó* las llamas con una manta. 彼は毛布をかぶせて炎を消した. ❼［蚕のまゆを］水に浸す. ❽［エンジン・気化器に］燃料を過剰に送る, かぶらせる. ❾《チェス》～ el rey ステイルメイトにする. ❿《主に中南米》［肉を］とろ火で煮る
—— **～se** ❶ 窒息死する, 溺死する: Salvó la vida de un hombre que *se ahogaba* en el mar. 彼は海で溺れていた男の命を救った. ❷［暑さ・狭さなどで］息苦しくなる: Abre las ventanas porque *nos ahogábamos*. 暑くて息が詰まりそうだから窓を開けてくれ. *Me ahogo* en casa. Voy a respirar un poco el aire de la calle. 私は家にいると息が詰まりそうになるので, 外の空気を吸ってくるよ. ❸ 苦しむ; 困窮する. ❹［エンジン・気化器が］かぶる. ❺《船舶》［ローリングで］船首から浸水する
～se por nada《口語》ささいなことを大げさに心配する, つまらないことでくよくよする

ahogaviejas [aoɡaβjéxas] [女]〖単複同形〗《植物》センダングサの一種〖=quijones〗

ahogo [aóɡo]〖←ahogar〗[男] ❶ 呼吸困難, 息切れ; 窒息: Empezó a sentir ～ en aquel local tan lleno de humo. 彼は煙が充満したその部屋で息苦しさを感じ始めた. Con el calor tenía un ～ insoportable. 暑さで私は息も絶え絶えだった. ❷ 苦悩, 悲嘆; 困窮: Pasó un ～ económico. 彼は貧窮に陥った. ❸《チェス》ステイルメイト. ❹《コロンビア. 料理》とろ火で煮詰めたソース

ahoguío [aoɡío] [男]《まれ》呼吸困難〖=ahogo〗

ahojar [aoxár] [自]《アラゴン》［家畜が］枝・葉を食べる

ahombrado, da [aombráðo, ða] [形]［女が］男のような, 男まさりの; ［子供が］大人のような, 大人びた

ahondamiento [aondamjénto] [男] 掘り下げ

ahondador, ra [aondaðór, ra] [形] 掘り下げる

ahondar [aondár]〖←a-+hondo〗[他] ❶［穴・溝を］深く掘る: ～ una trinchera 塹壕を深くする. ❷ 深く埋める: ～ las semillas en la tierra 種子を土に深く埋める
—— [自] ❶［+en に］深く根を張る: El álbum nuevo *ahonda en* sus raíces hispanas, *en* la tradición del flamenco ibérico. 新アルバムは彼のスペイン的ルーツ, イベリアフラメンコの伝統に深く根ざしている. ❷［+en を］深く研究する: ～ *en* un problema 問題を掘り下げる
—— **～se** 深く根を張る

ahonde [aónde] [男] ❶ 深くすること, 掘り下げること. ❷《歴史》［新大陸の鉱山所有権取得のために要求される］3か月で7 varas (約6m)の掘削

ahora [aóra]〖←ラテン語 ad horam〗[副] ❶［現時点］今, 目下のところ, 現在では; ［昔に対して］今では, 現今: *A*～ son las dos y media. 今2時半だ. En mi tierra antes nevaba más que ～. 私の故郷では今よりも昔の方が雪がよく降った. Yo no lo sabía hasta ～. 私は今までそのことを知らなかった. Esa mujer se encontraba ～ a mi lado. その女性は今では私のそばにいた. *A*～ son factibles vuelos interplanetarios. 今では宇宙旅行ができるようになった. desde ～ 今から. desde entonces a (hasta) ～ その時から今日まで. juventud de ～ 今日の若者. moda de ～ 今の流行. ❷［近い過去］ついさっき, たった今: He recibido el paquete ～. 私は今その小包を受け取った. Es que hemos llegado ～. 私たちは今着いたばかりなのだ. *A*～ caigo. 今分かった. ❸《主に中南米》［近い未来］今すぐに, ただちに: *A*～ vendrá aquí. 彼はもうここに来るよ. Le llamaré ～. 今すぐ彼に電話しよう. *A*～ voy. 今行きます/《写真》さあ写すよ. ❹［話題の変更］今度は, さて: *A*～, ¿qué hacemos? さて, どうしようか? ❺［間投詞的］さあ今だ〔始めろ〕/ああ, なるほど〔分かった〕: ¡Venga, ～! さあ, 今だ. ❻［繰り返して］…したり…したり, ある時は…またある時は…: 1) *A*～ habla con la gente, ～ por teléfono, está siempre ocupado. 人と話したり, 電話で話したり, 彼はいつも忙しい. 2)［+接続法］…にせよ…にせよ: *A*～ hable de ciencias, ～ de artes, siempre acierta. 科学の話であれ, 芸術の話であれ, 彼は常に的を射ている
～ bien 1) さて, ところで: *A*～ *bien*, tenemos otro problema. ところで, もう一つ問題がある. 2) しかし: Él te ayuda, ～ *bien*, no creas que lo hará todo. 彼は君を助けてくれる, だが何もかもやってくれるとは思ってはいけない. 3)［驚き・非難］おやおや, おいおい
～ digo yo... それはそうと…
～ entro yo 今度は私が言わせてもらう, これから私が反論する
～ mismito たった今
～ mismo 1) 今すぐ: Voy ～ *mismo*. 今すぐ行きます. 2) 今さっき: Han llegado ～ *mismo*. 彼らはたった今到着した
～ o nunca 今やるか永久にやらないかだ, 今やらなければずっとできない
～ pues それでは
～ que+直説法 1) 今…したが; 今…したからには: *A*～ *que* lo pienso, hablamos de las mismas cosas. 考えてみたが, 私たちは同じことを話しているのだ. *A*～ *que* nos hemos reunido todos, podemos empezar. 全員が集まったのだから, 始められる. *A*～ *que* lo pienso, quizá sea mejor así. 今になって考えると, その方がいいのだろう. 2) …したが, …けれども: *A*～ *que* trabajas aquí, te veo menos que antes. 君がここで働いているのに, 前よりも顔を見ないね
～ sí que+直説法 今度こそ…: *A*～ *sí que* me sorprendes. 今度は本当に君の話に驚いた
～ tiempo《チリ》少し前に
～ último《チリ》最近
de (desde) ～ en adelante 今後: Me abstengo de fumar *de ～ en adelante*. 今後はたばこをやめよう
hasta ～［挨拶］→**hasta**
por ～ 今のところ: *Por* ～, esto es todo. 今のところはこれだけだ

ahorcable [aorkáβle] [形] 絞首刑にされて当然の, 絞首刑が相応な

ahorcado, da [aorkáðo, ða] [名] 絞首刑者; 縊死者: La compañía del ～: ir con él y dejarle colgado.《諺》2階に上げてははしごを外す
—— [男] [el+] 言葉当て遊び, ハングマン

ahorcador, ra [aorkaðór, ra] [名] 絞首刑執行人

ahorcadura [aorkaðúra] [女]《まれ》=**ahorcamiento**

ahorcajar [aorkaxár] **～se** [+en に] 馬乗りになる, またがる

ahorcamiento [aorkamjénto] [男] 絞首刑; 首吊り自殺, 縊死

ahorcaperros [aorkapéros] [男]〖単複同形〗《船舶》ランニング・ボーライン

ahorcar [aorkár]〖←a-+horca〗[7] [他] ❶ 絞首刑にする; ［綱などで］首を絞める, 絞殺する: El duque ha mandado que los *ahorquen* todos. 公爵は全員を縛り首にしろと命じた. ❷《西》［学業などを］やめる
morir ahorcado 絞首刑に処される; 縊死する, 首を吊って死ぬ
¡Que me ahorquen! 神にかけて誓います!
Que me ahorquen si... …なことがあるはずがない: *Que me ahorquen si* lo entiendo. 俺にそんなことが分かってたまるか
—— **～se** 首をくくる, 縊死(い)する: El hombre trató de *～se* en el árbol. 男は木から首を吊って自殺しようとした

ahorita [aoríta]〖ahora の示小語〗[副]《主に中南米》たった今; 今す

ぐ: He vuelto ～. 私はたった今帰ったところだ．Estudia ～ [mismo]. 今すぐ勉強しなさい

ahoritica [aorítika] 副《メキシコ, 中米, コロンビア, ベネズエラ》=**ahorita**
ahoritita [aoritíta] 副《メキシコ》=**ahorita**
ahormamiento [aormamjénto] 男 型に合わせること
ahormar [aormár] 他 ❶ 型 horma に合わせる: ～ los zapatos 靴に木型を入れる．❷ [人を] 型にはめる, …に良識ある態度をとらせる．❸《馬術》[馬に] 頭を正しい位置にさせる．❹《闘牛》 [牛に] とどめの姿勢をとらせる
ahornagamiento [aornagamjénto] 男 [土地・植物の] 焼け付き, 夏枯れ
ahornagar [aornagár] 自 ～se [土地・植物が] 焼け付く, 暑さに負ける, 夏枯れする
ahornar [aornár] 他《西》=**enhornar**
—— ～se《西》[パンが内部は生焼けで] 外側だけ焦げる
ahorquillado, da [aorkiʎáðo, ða] 形 二股に分かれた
ahorquillar [aorkiʎár] 他 ❶ 二股に分ける．❷ [枝などを] 先が二股になった抜きで支える
—— ～se 二股になる
ahorrable [aoráble] 形 貯金され得る; 倹約 (節約) され得る
ahorradamente [aoráðaménte] 副 自由に, ゆったりと, 気楽に
ahorrado, da [aoráðo, ða] 形 名《まれ》❶ 自由な, 免れた．❷ 貯蓄家 [の]; 倹約家 [の]
ahorrador, ra [aoraðór, ra] 形 名 ❶ 預金者 [の], 貯蓄家 [の]; pequeño ～ 小口預金者．❷ 倹約家 [の]; 節約する: Es una persona muy ～ra. 彼は大変なしまり屋だ．tecnologías ～ras de agua 節水技術
ahorramiento [aoramjénto] 男 ❶ 貯蓄, 貯金．❷ 倹約; 節約
ahorrante [aoránte] 名《チリ》貯蓄家, 投資家
ahorrar [aorár] 《←アラビア語 horr「自由な〔身分の〕」》他 ❶ [お金を] 貯める, 貯蓄する: Ahorra el diez por ciento de lo que gana. 彼は収入の10％を貯金している．❷ 倹約する; 節約する: Ahorro el billete yendo a pie. 私は歩いて交通費を倹約している．Compre dos y ahorre 500 pesos. 2個だと500ペソのお買い得ですよ．para ～ tiempo 時間の節約のために．～ energía エネルギーを節約する．progreso técnico que ahorra trabajo (capital) 労働 (資本) 節約的技術進歩．❸ 省く, しないですます, 免れさせる: Si le telefoneas, le ahorras el viaje. 君が彼に電話してやれば, 彼もわざわざ来なくてすむ．Quisiera poder ～le esa molestia. ご面倒をおかけせずにすめばと思ったのですが．❹ [力・努力を] 出し惜しむ: No ahorraremos esfuerzos (sacrificios・medios) para salvarlos. 私たちは彼らを助けるためならどんな努力 (犠牲・手段) もいとわない．❺《まれ》[羊飼いに群れの羊を] 供与する, 分ける．❻《まれ》[奴隷・囚人を] 自由にする, 解放する．❼《古語》[服を] 脱ぐ
—— 自 貯蓄する, 貯金する; 倹約する: ～ para la vejez 老後に備えて貯金する
—— ～se ❶ …を節約する; 倹約する: Comprando el coche de segunda mano se ahorró la mitad del dinero. 彼は中古車を買って出費を半分に減らした．Por este camino se ahorra tiempo. この道を通ると時間の短縮になる．❷ 避ける, なしですむ: Si pagas la multa te ahorras problemas. 君が罰金を払えばトラブルは避けられる．Nos ahorraremos palabras si no le hacemos caso. 彼を無視すれば彼に何も言わずにすむ．Ahórrate los comentarios. 考えは心の中にしまっておけ．～se el trabajo de... …の労を惜しむ．❸《古語, サラマンカ, アラゴン》[服を] 脱ぐ
no ～se [las] con nadie《口語》誰に対しても遠慮しない, 恐いものなしにふるまう
ahorratividad [aoratibiðá(ð)] 女 節約ぶり, 倹約ぶり, つましい性向
ahorrativo, va [aoratíβo, βa] 形 倹約家の, 節約する人の
ahorría [aoría] 女《歴史》解放奴隷の身分
ahorrillos [aoríʎos] 男複 少額の貯金
ahorrista [aorísta] 名《ベネズエラ, ラプラタ》貯蓄家, 投資家
ahorro [aóro]《←ahorro》男 ❶ 貯蓄〔行為〕; 図 貯金〔金〕: Ha crecido el ～ de las familias españolas. スペイン人世帯の貯蓄は増した．Tengo algunos ～s. 私はいくらか貯金がある．caja de ～s 貯蓄銀行, 信用金庫．cuenta de [s] 口座口座, 普通預金．～ forzoso 強制貯蓄．～ previsto 意図された貯蓄．～ postal 郵便貯金．～ nacional 国民貯蓄．❷ 節約; 倹約:

Es un ～ de tiempo. それは時間の節約になる．～ de agua 節水．～ energético/～ de energía 省エネルギー
ahoyadora [aojaðóra] 女 穴掘り機
ahoyadura [aojaðúra] 女 穴掘り
ahoyar [aojár] 他 …に穴を掘る
ahuachapaneco, ca [awatʃapanéko, ka] 形《地名》アウアチャパン Ahuachapán の [人]《エルサルバドル北部の県》
ahuanés, sa [awanés, sa] 形《チリ》=**aguanés**
ahuate [awáte] 男《サトウキビ・トウモロコシなどの》うぶ毛のような細いとげ
ahuchador, ra [autʃaðór, ra] 形 貯金箱に入れる [人]; へそくる [人]
ahuchar [autʃár] 18 他 ❶《まれ》貯金箱に入れる．❷《コロンビア》急がせる, せき立てる
ahuchear [autʃeár] 他《口語》=**abuchear**
ahucheo [autʃéo] 男《口語》=**abucheo**
ahuciar [auθjár] 10 他《古語》元気づける, 励ます, 自信を与える
ahuecado, da [awekáðo, ða] 形 中空の《=hueco》
ahuecador, ra [awekaðór, ra] 形 くり抜く
—— 男 木材のくり抜き用の鑿 (のみ)
ahuecamiento [awekamjénto] 男 ❶ 空洞にすること, ふかふかにすること．❷ 気取り, うぬぼれ
ahuecar [awekár]《←a-+hueco》7 他 ❶ くり抜く, 中空にする: ～ la calabaza カボチャの中身をくり抜く．～ la mano 手をくぼませて椀のようにする．❷ [圧縮されたものを] ふかふかにする, 膨らます: ～ la tierra 土を鋤返す, 畑を起こす．～ la lana 毛糸をふんわりさせる．～ las almohadas 枕をふんわりさせる．❸ [声を] 太くする, 重々しくする: Cuando ahueca la voz es que está muy enfadada. 彼女が太い声を出す時はとても怒っているのだ
—— 自《口語》立ち去る《主に命令文で》: ¡Ahueca de ahí! ここから出て行け!
—— ～se ❶ くぼむ, 空洞になる．❷ ふわふわになる; 自分の…をふわふわにする: La lana se ahueca con este detergente. ウールはこの洗剤でふっくらする．Tienes que ～te el pelo, porque no queda bien tan aplastado. 君は髪をふっくらさせるべきだ．そんなにひっつめていると似合わないから．❸ うぬぼれる, お高くとまる: En cuanto le ha tocado la lotería se ha ahuecado y ha dejado de hablar con los conocidos. 彼は宝くじが当たったとたんいい気になって知り合いと口もきかなくなった
ahuehué [awewé] 男《植物》=**ahuehuete**
ahuehuete [awewéte] 男《植物》デル・トゥーレ, メキシコヌマスギ
ahuesado, da [awesáðo, ða] 形 ❶ 骨のような色の, 象牙色の: papel ～ 象牙色の紙．❷ 骨のように固い
ahuesar [awesár] 自 ～se ❶《中米, 中央》有用性 (名声) を失う．❷《コロンビア. 口語》1) 型にはまった生活を送る．2) [欠陥があって・流行遅れで, 商品が] 売れない
ahuevado, da [aweβáðo, ða] 形 ❶ [目などが] 卵形の．❷《ペルー, チリ. 俗語》ばかな, 愚鈍な
ahuevar [aweβár] 他 ❶ 卵形にする．❷ [ワインを] 卵白で澄ませる．❸《ニカラグア, パナマ, コロンビア, ペルー》怖がらせる; 呆然とさせる
—— ～se 卵形になる
ahuizote [awiθóte]《←Ahuizotl (アステカの王 (?～1502))》男 ❶《メキシコ, 中米》呪術, 魔法．❷《メキシコ》いやがらせをやめない人, 厄介者
ahulado, da [auláðo, ða] 形《メキシコ, 中米》ゴム引きの, 防水の
—— 男《中米》オーバーシューズ《=chanclo》
ahumada [aumáða] 女 のろし, 煙による合図, 煙信号: hacer ～ のろしを上げる
ahumadero [aumaðéro] 男 燻製場, いぶし小屋
ahumado, da [aumáðo, ða] 形 ❶ 燻製の．❷ すすけた色の, 透明白の: cristal ～ スモークガラス．cuarzo ～ 煙水晶．gafas ～das スモーク眼鏡．topacio ～ スモークトパーズ
—— 男 ❶ いぶす (すすける) こと; 燻製．❷《西》複 燻製の魚 (肉)
ahumar [aumár]《←ラテン語 affumare < fumare「煙を吐く」》18 他 ❶ いぶす, 燻製にする: ～ el jamón 燻製にしてハムを作る．salmón ahumado スモークサーモン．❷ すすける．❸ 煙を充満させる
—— ～se ❶ 煙が充満する．❷ 燻製の味がする; すすける．❸《口語》酔っぱらう

ahurragado, da [au̯r̄agádo, ða] 形《農業》[土地が] よく耕されていない

ahusado, da [au̯sáðo, ða] 形 紡錘形の, 先のほっそりした

ahusar [au̯sár] 18 他 紡錘形にする
── **~se** 紡錘形になる, 先がほっそりする

ahuyama [au̯jáma] 女 =**auyama**

ahuyentador, ra [aujentaðór, ra] 形 追い払う〔人〕
── 男 虫除け〖器具, 薬剤〗; 蚊取り線香〖= ~ de mosquitos〗

ahuyentar [aujentár]《←ラテン語 effugientare < fugiens, -entis「逃げる人」》他 ❶ 追い払う, 追い散らす; 寄せつけない: El pastor *ahuyentó* al zorro. 羊飼いは狐を追い払った. El humo *ahuyenta* a los mosquitos. 煙は蚊を追い払う. ❷〖悪い考え・心配事・腹立たしいことなどを〗払いのける, 振り捨てる, 捨て去る: *Ahuyenta* esos pensamientos tan negros. そんな縁起でもないことは夢々考えるんじゃない. ~ el miedo 恐怖心を払いのける
── **~se**《まれ》〔恐れて〕近づかない

AI《略語》←Amnistía Internacional アムネスティ・インターナショナル

-aico, ca〔接尾辞〕〖形容詞化. …に属す, …に関連する, …的な〗algebr*aico* 代数学の, inc*aico* インカの

AIE 女《略語》←Agencia Internacional de la Energía 国際エネルギー機関

AIEA 女《略語》←Agencia Internacional de Energía Atómica 国際原子力機関, IAEA

AIF 女《略語》←Asociación Internacional de Fomento 国際開発協会, 第二世銀

aigrette [egrét]《←仏語》女《古語》〖帽子に付ける〗アオサギの羽飾り

aijada [ai̯xáða] 女 =**aguijada**

aikido [ai̯kíðo]《←日本語》男 合気道

aikidoka [ai̯kiðóka]《←日本語》名 合気道家

ailanto [ai̯lánto] 男《植物》ニワウルシ, シンジュ

aillo [ai̯ʎo] 男 銅球のボーラ boleadoras

aimara [ai̯mára] 形 男 =**aimará**

aimará [ai̯mará] 形 男 アイマラ族の〖=aymara〗
── 男 アイマラ語

aimarismo [ai̯marísmo] 男 アイマラ語起源の語

aimón [ai̯món]《地方語》男 馬車の床の横木

-aina¹〔接尾辞〕〖口語・隠語的な名詞化〗azot*aina* 軽い鞭打ち

aína [aína] 副《古語》すぐに〖=pronto〗; 容易に〖=fácilmente〗; 苦労して〖=con dificultad〗; 間一髪で〖=por poco〗
no tan ainas《古語》そうは問屋がおろさず, てこずり

aínas [aínas] 副《古語》=**aína**

ainda máis [aínda mái̯s]《戯語》その上, さらに〖=además, aun más〗

aindiado, da [ai̯ndjáðo, ða] 形《中南米》〔顔つき・皮膚の色が〕アメリカ先住民的のような〔人〕

aino, na [aíno, na]《←日本語》形 名 アイヌ〔の〕

-aino, na²〔接尾辞〕〖軽蔑的な形容詞化〗dulz*aino* 甘ったるい

ainu [ai̯nu]《←日本語》形 名 =**aino**

AIP《略語》←Acuerdos Internacionales de Productos Básicos 国際商品協定

aiquileño, ña [ai̯kileɲo, ɲa] 形《地名》アイキレ Aiquile の〔人〕〖ボリビア, コチャバンバ県の町〗

airadamente [ai̯ráðamente] 副 激怒して: Respondió a mis reproches. 私が非難すると, 彼は腹を立てて言い返した

airado, da [ai̯ráðo, ða] 形 ❶ 激怒した, 血相を変えた ── ひどく怒った口元で. joven ~ 怒れる若者. ❷ →*vida* airada
a mano ~da〔怒りのこぶしを振り上げて. 2) matar a+人 *a mano ~da* …を我が手で殺す. morir *a mano ~da* de+人 …の手にかかって死ぬ. muerte *a mano ~da* 変死, 横死

airamiento [ai̯r̄amjénto] 男 激怒

airampo [ai̯r̄ámpo] 男《中南米. 植物》ウチワサボテンの一種〖種子が食紅になる. 学名 Opuntia airampo〗

airar [ai̯rár]《←a-+ira》15 他 ❶《まれ》ひどく怒らせる. ❷《古語》憎む, とんじる
── **~se**《まれ》激怒する, 憤慨する

airbag [ái̯rbaɣ/éi̯r-]《←英語》男《複 ~s》《自動車》エアバッグ

airbus [ai̯rbús]《←英語》男 =**aerobús**

79 aire

aire [ái̯re]《←ラテン語 aer, aeris < ギリシア語 aer》男 ❶ 不可算 空気: El ~ no es limpio en las grandes ciudades. 大都会では空気はよくない. El ~ está cargado. 空気がよどんでいる. exponer... al ~ …を空気にさらす. poner ~ a las ruedas タイヤに空気を入れる. respirar el ~ 空気を吸う. contagio por el ~ 空気感染. ❷ 風: 1) Hoy hace un ~ fuerte. 今日は風が強い. Esta mañana no corre nada de ~. 今朝はそよとの風も吹かない. Entra ~ frío cuando abro la ventana. 窓を開けると冷たい風が入ってくる. El ~ me voló el sombrero. 風で私の帽子が吹き飛ばされた. 2)《比喩》¿Qué ~s te traen por aquí? どういう風の吹き回しでここに来たんだ? Durante la revolución corrieron buenos (malos) ~s para esos hombres. 革命の時はその連中にとって風向きがよかった (悪かった). ❸〔時に 複〕空; 航空: Los aviones vuelan por el ~ (por los ~s). 飛行機は空を飛ぶ. viaje por ~ 空の旅. ❹ 外見, 様子; 態度: Su profesor tiene un ~ severo. その先生は厳しそうだ. Su novio tiene un ~ agradable. 彼女の恋人は快活そうな人だ. Su abuelo tiene ~ de salud. 彼の祖父は健康的な風貌だ. ❺ 身のこなし; 風貌: El alcalde pasó con mucho ~. 市長は重々しく通り過ぎた. Él se da un buen ~. 彼はさっそうとしている. ❻ 類似: Te encuentro un ~ con mi hermano. 君はどこか私の兄と似たところがある. ~ de familia 家族同士でいること. ❼ 見かけ, 中身がないこと: Sus palabras son [un poco de] ~. 彼の言葉など当てにはならない. ❽《口語》〖心臓・脳などの〗発作, けいれん: Le dio ~, que le dejó paralizado. 彼は発作を起こし, 体が不随になった. ❾《口語》風邪: coger [un] ~ 風邪をひく. ❿《口語》呑気症〖=aerofagia〗. ⓫ 複 気取り, 虚栄心: Desde que ganó el premio va con unos ~s insoportables. 彼は賞を取ってからひどくうぬぼれている. ⓬ 気候〖=clima〗. ⓭《音楽》1) 歌; メロディー, 曲調: ~ bailable ダンス音楽. 2) テンポ: La primera parte de esta partitura se ejecuta con ~ rápido. この楽譜の第1楽章は早いテンポで演奏される. ⓮《フラメンコ》雰囲気, 気分. ⓯《自動車》チョーク. ⓰《馬術》馬の足並み, 歩法〖並足, 速足など〗

a su ~ 自己流で, 自分勝手に: ir *a su ~* 自己流でやる, 自分勝手にする
~ acondicionado《主に西》冷暖房装置, エアコン; 空調された空気: cuarto con ~ *acondicionado* エアコン付きの部屋
~ colado〔病気の原因となる〕すきま風
al ~ 1) 空に向けて: Los soldados dispararon *al ~*. 兵士たちは空に向けて銃を撃った/兵士たちは威嚇射撃をした. lanzar *al ~* 空に投げ上げる. 2) 根拠のない, 空しい: hablar *al ~* 口から出まかせを言う. 3) 空虚に, 空約束, 中身のない言葉. 3) むき出しの, 露出した: Llevaba un vestido con la espalda *al ~*. 彼女は背中の開いたドレスを着ていた. 4)〔ギターで〕アルペジオで
al ~ libre 戸外の・で, 野外の・で: concierto *al ~ libre* 野外コンサート. vida *al ~ libre* 野外生活. dormir *al ~ libre* 野宿する
barajar en el ~《南米》〖言われたことを〗すぐに理解する
beber el ~ (los ~) por+人 …に熱を上げる, 首ったけである
cambiar de ~s 転地〔療養〕する
coger ~ 《口語》[+a+人・事物 で] ならう, 合わせる, 従う
cogerlas en el ~《口語》理解が早い
dar ~ a... 1) [+人 を] 扇などであおいでやる. 2) [+物 を] たちまち使い果たす: *dar* [buen] ~ *al dinero* 金をパアッと使ってしまう
darse ~ 急ぐ
darse ~s [+de を] 気取る: *Se da ~s de intelectual.* 彼はインテリぶっている
darse un ~ a... …とどこか似ている
... de ~ 仕草だけの...: guitarra *de ~* エアギター
de buen ~ 上機嫌で; 喜んで
de mal ~ 不機嫌で; いやいやながら
del A~ 空軍の
echar al ~ 1)〖肩など体の一部を〗むき出しにする. 2) ほうり投げる
en el ~ 1) 空中に, 宙に浮いて: El gato se queda quieto con una pata *en el ~*. 猫は手を上げてじっとしている. 2) 未解決の, ペンディングの: La pregunta quedó *en el ~*, sin respuesta. その質問には返事がなく宙に浮いてしまった. No nos contestó ni sí ni no, dejándonos *en el ~*. 彼は否定も肯定もせず, 私たちを煙に巻いた. Nuestros consejos se pierden

siempre *en el* ~. 私たちの忠告はいつも取り上げられないままだ. El rumor está *en el* ~. そのうわさが一人歩きしている. 3) 根拠のない, 架空の: promesa *en el* ~ 空約束. 4)《ラジオ, テレビ》放送中の, オンエアの
en tanto que el ~《中南米》すぐに, 瞬時に
estar de buen (*mal*) ~ 機嫌がよい(悪い)
hablar al ~ つまらない無駄話をする
hacer ~ 1)〔単人称〕風が吹く: Hoy hace ~. 今日は風がある. 2) 風を起こす: Hacía ~ al enfermo con un abanico. 彼女は扇で病人をあおいでやっていた
herir el ~〔轟音などが〕空気をつんざく
lleno de ~ 1) 空っぽの: Tiene la cabeza llena de ~. 彼は頭が空っぽだ. 2) 空いばりの
llevar a+人 *el* ~《口語》…の御機嫌をとる; …の言いなりになる
mantenerse del ~ 食うや食わずの暮らしをする
matarlas en el ~《口語》=**cogerlas en el** ~
montar al ~〔宝石を〕立て爪型にする
mudar a cualquier ~ 移り気である, 気まぐれである
mudar[*se*] *de* ~*s* 転地する
quedarse sin ~ 息切れがする
salir al ~〔ラジオ, テレビ〕放送される
saltar por los ~*s*《口語》爆発する, 破裂する
seguir a+人 *el* ~《口語》=**llevar a**+人 *el* ~
sustentarse de ~ =**mantenerse de** ~
tener ~ *de*... …みたいである
tener buen ~ 有能そうである
tener un ~ *con*... …とどこか似ている
tomar ~ 1) 息を吸う: Contenga la respiración y tome ~ cuando se lo diga. 私がもういいと言うまで息を止めていて下さい. 2)《中南米》=**tomar el** ~
tomar el ~ 外の〔新鮮な〕空気を吸う, 散歩に出る
¡Vete a tomar el ~*!* とっとと出て行け!
vivir del ~ 食うや食わずの暮らしをする; 夢みたいなことばかり考えて生きる
── 〔《口語》出て行け/さっさとしろ!《=**fuera**》
aireación [aireaθjón]〔女〕換気, 通風, 通気
aireador, ra [aireaðór, ra]〔形〕換気する〔人〕
aireamiento [aireamjénto]〔男〕❶ 風に当てること. ❷ 公表
aireante [aireánte]〔男〕《建築》セメント起泡剤
airear [aireár]《←aire》〔他〕❶〔衣類などを〕風に当てる, 虫干しする: ~ la cama ベッドを干す. ❷〔機械は使わずに〕換気する, 風を通す: Ha abierto la ventana para ~ la habitación. 彼は窓を開けて部屋の換気をした. ❸ 公表する, あからさまにする: Una revista *ha aireado* la crisis matrimonial de esa actriz. ある雑誌がその女優の結婚危機を表ざたにした. ~ un secreto 秘密を明らかにする
── ~*se* ❶ 風に当たる, 外気にふれる: Ha salido a ~*se*, porque lleva todo el día en el despacho. 彼は一日じゅう事務所にいたので風に当たろうと外に出た. ❷〔病人が〕風に当たって体調を悪くする, 風邪を引く
airedale [aireðále]《犬》エアデールテリア《=~ terrier》
airén [airén]〔女〕アイレン《スペインで最も一般的な白ワイン用ブドウの品種》
aireo [airéo]〔男〕換気, 風に当たる(当てる)こと
airera [airéra]〔女〕《ログローニョ》強風, 烈風
air mail [ér méjl]《←英語》〔男〕エアメイル《=**correo aéreo**》
airón [airón]《←古仏語 hairon》〔男〕❶《鳥》アオサギ《=**garza real**》. ❷〔集名〕〔鳥の〕冠毛;〔兜・帽子などの〕羽飾り
── *pozo* **airón**
airosamente [airósaménte]〔副〕さっそうと, 優雅に; 見事に, さまに
airosidad [airosiðáð]〔女〕さっそうとした様子, 優雅さ
airoso, sa [airóso, sa]〔←aire〕〔形〕❶〔動作などが〕さっそうとした, 優雅な: Se levantó ~, casi solemne, y cogió la puerta con un gesto lleno de parsimonia. 彼はおごそかと言えるほど優雅に立ち上がり, 非常にゆっくりとした動作で立ち去った. No es muy ~ ir a contársela a la Policía. 警察に告げるのはあまりかっこよくない. ~ chopo 優美な姿のポプラ. ❷〔salir・quedar+. +de・en で, 人が〕上出来の, 上首尾の: Salió ~ *de* la prueba, a pesar de su dificultad. 試験は難しかったが彼は合格した. ❸ 風の強い, 風のある; 風通しのいい
airote [airóte]〔男〕《カナリア諸島》突風

aisenino, na [aiseníno, na]〔名〕《地名》アイセン Aysén の〔人〕《チリ北部の県》
aislable [aisláble]〔形〕分離できる, 切り離せる
aislacionismo [aislaθjonísmo]〔男〕《政治》孤立主義, 不干渉主義《⇔**intervencionismo**》
aislacionista [aislaθjonísta]〔形〕《政治》孤立主義の(主義者)
aisladamente [aisláðaménte]〔副〕孤立して, 別々に
aislado, da [aisláðo, ða]❶ 孤立した, 外部との連絡を絶たれた: El pueblo quedó ~ debido a la nevada. その村は大雪のため孤立した. No debemos quedarnos ~*s* de la realidad. 我々は現実から遊離すべきでない. casa ~*da* 人里離れた家. isla ~*da* 孤島. ❷ 孤独な, 一人きりの: Vive ~ desde que murió su mujer. 彼は妻に死なれてから孤独な生活をしている. ❸〔病気で〕隔離された: pabellón ~ 隔離病棟. ❹ 離れた, ばらばらの, 個別の: Habrá chubascos ~*s* en esta región. この地方は所によりにわか雨が降るでしょう. esfuerzo ~ 個人的の努力. ❺ 他に類のない, 特異な: Es un poeta ~ en la literatura francesa del XIX. 彼は19世紀フランス文学における特異な詩人である. ❻ 断熱した;《電気》絶縁した. ❼《南米》tiempo nublado con lluvias ~*das* 曇り時々雨
aislador, ra [aislaðór, ra]〔形〕孤立させる; 絶縁する
── 〔男〕《電気》絶縁体, 絶縁器具, 碍子(*がいし*)
aislamiento [aislamjénto]〔男〕❶《政治》孤立(化): ~ económico 経済的孤立. ~ nacional 鎖国. ❷ 孤独, 隠棲: Siguieron un camino de ~. 彼らは孤独の道を歩み続けた. ❸ 隔離: ~ de los enfermos contagiosos 伝染病患者の隔離. ❹ 分離: ~ de un virus ウイルスの分離. ❺ 遮断: estudio de ~ sonoro 防音されたスタジオ. ~ acústico 防音. ~ térmico 断熱.
❻《電気》絶縁〔体〕
aislante [aislánte]〔形〕遮断する; 断熱する;《電気》絶縁する: cinta ~ 絶縁テープ
── 〔男〕断熱材《=~ térmico》; 防音材; 絶縁体
aislapol [aislapól]《←商標》〔男〕《チリ》ポリスチレン
aislar [aislár]〔←a-+isla〕⑮〔他〕《+de から》❶ 孤立させる: ~ a los inmigrantes asiáticos del resto de los vecinos アジア系移民を残りの住民から孤立させる. Las riadas *aislaron* al pueblo del mundo exterior. 洪水で村は外界から孤立した.
❷〔病人などを〕隔離する, 離す: Es mejor ~ a esos enfermos de los demás. その病人たちを他の人々から隔離した方がいい. ❸ 仲間はずれにする; 村八分にする: Lo *aislaron* políticamente. 彼は政治的に孤立した. ❹〔微生物などを〕分離する: ~ un nuevo gen 新しい遺伝子を分離する. ❺《化学》遊離させる. ❻《電気》絶縁する
── ~*se* ❶ 孤立する: Los distritos *se aislaron* debido a los aludes de nieve. それらの地区は雪崩のために孤立した. ❷ 引きこもる, 世間との交渉を絶つ; 孤独になる
aité [aité]〔男〕《植物》アイテ《キューバ産のアカネ科の木. 材質は非常に堅い. 学名 Exostemma caribeum》
aiton [áiton]〔男〕《植物》ミリカ・ファヤ
aitzkolari [aitskolári]《←バスク語》〔男〕=**aizcolari**
aizcolari [aiskolári]《←バスク語》〔男〕丸太を斧で切る競技の選手
aizoáceo, a [aiθoáθeo, a]〔形〕ハマミズナ科の
── 〔女〕《植物》ハマミズナ科
aj [áx]〔間〕〔嫌悪〕うへっ
── 〔男〕持病, 慢性病;〔特に〕老人病《=**aje**》
aja [áxa]〔女〕《まれ》手斧(*ちょうな*)《=**azuela**》
ajá [axá]〔間〕❶ 満足・是認《いいぞ, それでよし/〔驚き〕あれ, おや!
ajabardar [axabarðár] ~*se*《地方語》〔動物が〕茂みに隠れる
ajabeba [axaβéβa]〔女〕モリスコ morisco の吹く笛
ajacho [axátʃo]〔男〕《ボリビア》チチャとトウガラシで作る酒好きの飲み物
ajada[1] [axáða]〔女〕《ガリシアなど. 料理》ニンニクソース《ニンニク・塩・水につけたパンで作る》
ajado, da[2] [axáðo, ða]〔形〕❶ やつれた, 打ちひしがれた. ❷ ニンニク入りの
ajadura [axaðúra]〔女〕=**ajamiento**
ajajá [axaxá]〔間〕〔発見した時などの満足〕いいぞ!
ajajay [axaxáj]〔間〕=**jajay**
ajamiento [axamjénto]〔男〕よれよれ(しわくちゃ)にする(なる)こと
ajamonado, da [axamonáðo, ða]〔形〕❶《口語》〔女性が〕丸々と太った, 中年太りの. ❷〔色・形が〕ハムのような
ajamonar [axamonár] ~*se*《口語》〔女性が〕丸々と太る, 中年

太りする
ajaqueca [axakéka] [女]《廃語》=**jaqueca**
ajaquecar [axakekár] [7] **～se**《廃語》偏頭痛に襲われる
ajar [axár] **I**〖←古語 ahajar「壊す」< 俗ラテン語 fallia「割れ目」〗[他] ❶ 古ぼけさせる, 美しさを失わせる; 老けさせる: La lluvia y el tiempo *ajaron* su regalo. 雨風に打たれて彼のプレゼントはよれよれになった. ❷《主にラプラタ》しわくちゃにする〖=arrugar〗. ❸［言葉で］意地悪をする, いじめる
―― **～se** ❶ 古ぼける; 老ける, 容色が衰える: La música del verano empieza a *～se* como la fruta seca. 夏の音楽がドライフルーツのように新鮮さを失い始める. ❷《ラプラタ》しわになる
II〖←ajo〗[男] ニンニク畑
ajaraca [axaráka] [女] ❶《古語》リボン飾り. ❷《建築》線刻(線模様)と頂華(花づた)を組み合わせたアラブ・ムデハル様式の装飾
ajaracado [axarakádo] [男]《建築》ajaraca を構成する線や花の模様
ajarafe [axaráfe] [男] ❶ 高原, 高地, 台地. ❷ 屋上, 平屋根
ajardinamiento [axardinamjénto] [男] 造園; 緑を重視した都市開発
ajardinar [axardinár]〖←a-+jardín〗[他] ❶ 造園する. ❷ 緑を重視した都市開発をする: zona *ajardinada* 風致地区
ajaspajas [axaspáxas] [女] [複] ❶《口語》くだらないこと, どうでもいいこと. ❷《サラマンカ》ニンニク・タマネギの乾いた茎
ajay [axái̯] [間]《中南米》［驚き・勝ち誇り］はっ, へっ!
aje [áxe] [男] ❶［主に [複]］持病, 慢性病;［特に］老人病〖=～s de la vejez〗. ❷《植物》ナガイモ. ❸《昆虫》カイガラムシの一種〖学名 Coccus axin〗
-aje《接尾辞》❶［ar動詞+. 名詞化］1)［行為・動作］aterriz*aje* 着陸, mont*aje* 組み立て. 2)［行為の場所］hosped*aje* 宿泊場所. 3)［料金・手数料］almacen*aje* 倉敷料. ❷［名詞+］1)［集合名詞化］equip*aje* 荷物, cortin*aje* カーテン一式. 2)［行為・動作; 期間］aprendiz*aje* 見習い〔期間〕. 3)［料金］barc*aje* 渡し賃
ajea [axéa] [女]《植物》ゴマノハグサ, ヨモギ
ajeante [axeánte] [形]［シャコが］aj, aj と鳴く
ajear [axeár] [自] ❶［シャコが怯えて・危険を仲間に知らせて］aj, aj と鳴く. ❷《カンタブリア; エクアドル, ペルー, ボリビア》悪態をつく
ajebe [axébe] [男]《廃語》=**jebe**
ajedrea [axedréa] [女]《植物》ウィンターサボリ, ウィンターセイボリー, ヤマキダチハッカ〖=～ común, ～ silvestre, ～ salvaje, ～ montesina, ～ de montaña〗: ～ blanca ボレオ〖学名 Satureja fruticosa〗. ～ de jardín サマーセイボリー
ajedrecista [axedreθísta] [名] チェスの棋士; チェス愛好家
ajedrecístico, ca [axedreθístiko, ka] [形] チェスの: torneo ～ チェストーナメント
ajedrez [axedréθ]〖←アラビア語 sitrany < サンスクリット語 catur-anga「インド軍の四兵科(歩兵, 騎兵, 象, 戦車)」〗[男] ❶《ゲーム》チェス: jugar al ～ チェスをする. ❷ [集名] チェスの駒と盤のセット. ❸《船舶》［敵の乗船を防ぐ］木製の格子
ajedrezado, da [axedreθádo, da] [形] 市松(碁盤)模様の: falda *～da* チェックのスカート
―― [男]《建築》碁盤模様
ajedrezar [axedreθár] [9] [他]《まれ》市松模様にする
ajenabe [axenábe] [男]《植物》=**jenabe**
ajenable [axenáble] [形]《古語》=**enajenable**
ajenabo [axenábo] [男]《植物》=**jenabe**
ajenación [axenaθjón] [女]《廃語》=**enajenación**
ajenador, ra [axenadór, ra] [形] [名]《廃語》=**enajenador**
ajenamiento [axenamjénto] [男]《廃語》=**enajenamiento**
ajenar [axenár] [他]《廃語》=**enajenar**
ajengibre [axeŋxíbre] [男]《植物》=**jengibre**
ajenidad [axenidá(d)] [女] 無縁さ, 無関係さ; 他者性
ajenjo [axéŋxo] [男] ❶《植物》ニガヨモギ〖=～ común〗: ～ loco/～ de los cirujanos ヨモギギク. ～ marino ミブヨモギ. ～ moruno ツリーアルテミシア. ❷《酒》アブサン
ajeno, na [axéno, na]〖←ラテン語 alienus < alius「他の」〗[形] ❶［ser+］他人の, ほかの人の: No les interesan las desgracias *～nas*. 彼らは他人の不幸には無関心だ. vivir a costa *～na* 他人の厄介になって暮らす, 寄食する. el bien ～ 他人の幸せ. lo ～ 他人の所有物. opinión *～na* ほかの人の意見. propiedad *～na* 他人の財産. terreno ～ 他人の土地. ❷［ser+. +a に］無縁の, 無関係な: Ese problema es ～ *a* mi familia. その問題は私の家族とは無関係だ. Prohibida la entrada a las personas *～nas al* servicio. 部外者立入禁止. por razones *～nas a* mi voluntad やむを得ぬ事情で, 不可抗力で. persona *～na al* asunto 門外漢. pregunta *～na al* tema テーマに無関係な質問. ❸［ser+. +a・de に］ふさわしくない, 不適当な: Eso es ～ *a* su carácter. それは彼の性格から見て彼らしくない. ❹［ser+. +a・de と］異なる, 異質の, 相いれない: Mis preocupaciones son muy *～nas a* las vuestras. 私の心配は君らが心配していることとはだいぶ違う. ❺［estar+. +a・de に］気付かない, …を知らない〖+a の方が一般的〗: Ellos estaban *～s a* lo que ocurría. 彼らは何が起こっているか気付かなかった. ❻［estar+. +a・de に］無関心な: Siempre permaneció ～ *a* los problemas de su familia. 彼はいつも家族の問題には無関心だった. ❼［+de］…にとらわれない; …のない: persona *～na de* piedad 冷酷な人. ～ *de* prejuicio 偏見のない. ～ *de* sentido común 常識のない
ajenuz [axenúθ] [男]《植物》クロタネソウ, ニゲラ, ブラッククミン: ～ de jardín ニゲラ・ペルシャンジュエル. ～ de España ニゲラ・ヒスパニカ
ajeña [axéɲa] [女]《地方語》黒穂病〖=tizón〗
ajeo [axéo] [男]［シャコが］aj, aj と鳴くこと: perro de ～ シャコ狩りの熟練犬
ajera[1] [axéra] [女]《植物》ジャックバイザヘッジ, カキネガラシ
ajerezado, da [axereθádo, da] [形] [名]［ワインが］シェリー酒のような
ajero, ra[2] [axéro, ra] [形] ニンニクの
―― [名] ニンニク売り; ニンニク畑の持ち主
ajesuitado, da [axeswitádo, da] [形] イエズス会のような
ajete [axéte]〖ajo の示小語〗[男] ❶《西》柔らかい(青い)ニンニク, ニンニクの芽. ❷ 野生のポロネギ. ❸《料理》ニンニクソース
ajetreadamente [axetreádaménte] [副] 目の回るほど忙しく
ajetreado, da [axetreádo, da] [形] 目の回るほど忙しい, てんてこ舞いの
ajetrear [axetreár]〖←古語 hetría「紛糾, 混乱」< feitoría < feitor < ラテン語 factor, -oris「(軽蔑的に)紛糾させる, 悪をなす」〗[他]《まれ》へとへとにさせる
―― **～se**［仕事などで］へとへとになる; せわしく立ち働く, 忙しく動き回る
ajetreo [axetréo] [男] 非常な多忙, 忙殺; 目まぐるしさ: Tengo un ～ tremendo estos días en la tienda. 私はこのごろ店で息つく暇もない忙しさだ. Después del ～ del trabajo podremos respirar un poco. 仕事の山場が過ぎれば私たちも一息つけるだろう
ají [axí]〖←タイノ語 así〗[男]〖[複] ～〔e〕s/《口語》aj*ises*〗❶《植物, 果実》トウガラシ〖=chile〗: ～ morrón 赤トウガラシ. ❷《中南米. 料理》チリソース〖=ajiaco〗
estar hecho un ～ 〔picante〕《ラプラタ. 口語》激怒している
ponerse como un ～ 〔picante〕《ラプラタ. 口語》顔を真っ赤にする; カンカンに怒る
ajiaceite [axjaθéi̯te] [男]《料理》=**ajoaceite**
ajiaco [axjáko] [男] ❶《料理》1)《中南米》アヒアコ〖肉・トウガラシ・豆・ジャガイモのシチュー〗. 2)《南米》チリソース. ❷《キューバ》混合物, ミックス
ajicola [axikóla] [女]《美術》［革とニンニクを煮出して作るテンペラ画用の］膠(にかわ)
ajicomino [axikomíno] [男]《料理》クミン入りのニンニクソース
ajigolar [axigolár] **～se**《地方語》疲れ果てる
ajijido [axixído] [男]《地方語》［歌に合わせた・踊りの拍子を取る］歓喜の叫び声
ajilimoje [axilimóxe]〖←ajo+mojar〗[男] ❶《料理》1) ニンニク入りのチリソース. 2)《西》アヒリモヘ〖ハエン県の, ゆでたジャガイモ・炒めた赤ピーマン・ニンニクをピューレ状にしてあえたサラダ〗. ❷《西. 口語》ごたまぜ, 雑多. ❸《西. 口語》[複] 付加物
con todos sus ～s《口語》一切合財, 必要なものすべてと共に
ajilimójili [axilimóxili] [男]《西》=**ajilimoje**
ajillo [axíʎo]〖ajo の示小語〗[男]《料理》al ～ アヒージョの, ニンニク〔とシマトウガラシ〕のソースで煮た. gambas al ～ エビのアヒージョ
ajimez [aximéθ] [男]〖[複] ～*ces*〗《建築》❶ アーチ形夫婦(めおと)窓, 二連式アーチ窓; その中央の柱, 中方立て. ❷ 目隠し用の格子戸付き出窓(バルコニー)
ajimezado, da [aximeθádo, da] [形] アーチ形夫婦窓式の
ajipán [axipán] [男]《ラマンチャ. 料理》ニンニクパン〖パンを水に浸して絞り, ニンニク入り油で焼いたもの〗
ajipuerro [axipwéro] [男]《植物》［野生の］ポロネギ
ajirafado, da [axirafádo, da] [形]《まれ》キリンのような

ajironar [axironár] 佗 ❶《古語. 服飾》[服・帯に] 小布 jirones を付ける. ❷ ずたずたにする

ajiseco [axiséko] 形 男《中南米》❶ 干した赤トウガラシ《辛みが少ない》. ❷《闘鶏》羽毛が赤トウガラシ色の〔鶏〕

ajito [axíto] 男《隠語》LSD剤

ajizal [axiθál] 男 トウガラシ畑

ajo [áxo]《←ラテン語 alium》男《植物》ニンニク; その球根: 1) cabeza de ～ [s] ニンニクの玉. diente de ～ ニンニクのひとかけ. ～ cañete (castañete・castañuelo) 赤皮ニンニク. ～ cebollino タマチャイブ《=cebollana》. ～ chalote/～ de escalonia エシャロット. ～ de oso ベアラオホ, ラムソムズネギ. ～ lígrimo《サラマンカ》野生ニンニク; 薬用ニンニク. ～ redondo/～ de cabeza redonda 丹頂アリウム. 2)《料理》sopa de ～ ガーリックスープ. ～ blanco《西》冷たいニンニクスープ《潰したニンニク・パン粉・塩・油・酢・アーモンド入り》. ～ comino クミン入りニンニクソース. ～ pollo 生ハム・ニンニク・インゲン・ジャガイモの煮込み. El que (Quien) se pica ～s come.《諺》自分に関係のない話に腹を立てるのはそれにやましいふしがあるからだ
～ y agua《口語》あきらめが肝心だ: Si te pesca un atasco en coche, ya sabes el remedio, ～ y agua. 車で渋滞に捕まったら、打つ手は一つ、じたばたしないことだ
¡Bueno anda el ～!《皮肉》[大混乱に] やれやれ万事休すだ/これは一大事だ! 上や下への大騒ぎだ!
estar en el ～ [秘密の企みなどに] 関わっている, 一枚かんでいる: Parece que todos los apresados *estaban en el ～* del asalto al banco. 逮捕者全員が銀行強盗に関わっていたようだ
hacer morder el ～ a + 人《口語》じらす, ほぞをかませる
harto de ～s《まれ》無作法な, 粗野な
machacar (majar) el ～ [コウノトリが] くちばしでカタカタと音をたてる
más tieso que un ～ = *tieso como un ～*
meter en el ～ [秘密の企みなどに] 引き込む
moler el ～ = *machacar el ～*
pelar el ～ 1)《ホンジュラス, ニカラグア》死ぬ. 2)《チリ》懸命に働く
picar el ～ = *machacar el ～*
resolver el ～ 火に油をそそぐ
soltar ～s ののしる, 毒づく
tieso como un ～ 気取った, うぬぼれた, お高くまった: andar *tieso como un ～* すまして歩く
── 間 = ajó

-ajo, ja《軽蔑接尾辞》❶ [名詞・動詞 + で名詞化; 形容詞 + で形容詞化] hierb*ajo* 雑草, espant*ajo* こけおどし; pequeñ*ajo* ちびっ子. ❷ [-ar+ -arro+. -istrajo の形になる場合もある] pintarr*ajo* 下手な絵, beb*istrajo* まずい飲み物

ajó [axó] 間《赤ん坊に話しかけて》あばば!

ajoaceite [axoaθéite] 男《料理》ニンニクソース《=alioli》

ajoarriero [axoařjéro] 男《料理》アホアリエロ《スペイン北部の塩鱈とニンニクとジャガイモの煮込み》

ajobar [axobár] 佗《廃語》背負う, かつぐ
── *～se*《古語》[動物・人が] ペアになる, つがいになる

ajobero, ra [axobéro, ra] 男 女 背負う人〕

ajobilla [axoβíʎa] 女《貝》タイセイヨウサクラ, エリザベスサクラ《スペイン近海に多生》

ajoblanco [axoβláŋko] 男 冷たいニンニクスープ《=ajo blanco》

ajobo [axóβo] 男《廃語》背負うこと; 背負った荷; 苦労, 重荷, 迷惑

ajofaina [axofáina] 女 = jofaina

ajolio [axóljo] 男《アラゴン. 料理》= ajoaceite

ajolote [axolóte] 男《魚》アホロートル, ウーパールーパー

ajomate [axomáte] 男《植物》ネダジグサの一種《学名 Rhizoclonium rivulare》

-ajón《接尾辞》→ -ón

ajonje [axóŋxe] 男 ❶ [ajonjera から作る] 鳥もち. ❷《植物》= ajonjera

ajonjera [axoŋxeár] 佗《コロンビア》[子供などの] 面倒を見る

ajonjera [axoŋxéra] 女《植物》チャボアザミの一種《= ～ común. 学名 Carlina gummifera》: ～ juncal (dulce) スケルトン・ウィード《学名 Chondrilla juncea》

ajonjero [axoŋxéro] 男《植物》チャボアザミの一種《= ajonjera, cardo ～》

ajonjo [axóŋxo] 男《グラナダ. 植物》チャボアザミの一種《= ajonjera》

ajonjolí [axoŋxolí]《←アラビア語 gongoliĺ》男《複 ～es》《植物, 種子》ゴマ
ser ～ de todos los moles《メキシコ》何にでも顔を出す

ajonuez [axonwéθ] 男《複 ～ces》《料理》ニンニクとナツメグのソース

ajopollo [axopóʎo] 男《料理》生ハム・ニンニク・インゲン・ジャガイモの煮込み《= ajo pollo》

ajoqueso [axokéso] 男《料理》ニンニクとチーズの入った煮込み

ajorar [axorár] 佗 ❶ = ajorrar. ❷《プエルトリコ》悩ませる, 困らせる

ajorca [axórka]《←アラビア語 as-sorka》女《まれ》ブレスレット, アンクレット

ajornalar [axornalár] 佗《まれ》[日雇い労働に] 雇う

ajorrar [axořár] 佗 ❶ 引っ張る, 牽引する. ❷ [力ずくで人・家畜を] 連れて行く. ❸《ハエン, ムルシア》[山で伐採した木を] 引きずって運ぶ. ❹《プエルトリコ》悩ませ, いやがらせをする

ajotar [axotár] 佗《レオン, サラマンカ; 中米, プエルトリコ》けしかける, そそのかす

ajote [axóte] 男 シソ科の薬用植物《= escordio》

ajuagas [axwáɣas] 女《複》《獣医》馬のひづめの中にできる潰瘍

ajuanetado, da [axwanetáðo, ða] 形《まれ》= juanetudo

ajuar [axwár] 男《←アラビア語 as-suwar 「嫁入り道具」》❶ 嫁入り道具《特に衣類》; 新生児用品《特に衣類》, 産着《ぎ》: Antiguamente las mujeres preparaban el ～ a lo largo de su noviazgo. 昔女性たちは婚約期間中はずっと嫁入り用の衣類を整えていた. ❷ [一軒の家の] 家財道具: Cada traslado de casa exige recomponer el ～ de la familia. 引越のたびに家具をそろえなければならない. ❸ [ある人の所有している] 衣類; 持ち物, 財産. ❹ [いくつもの家で共有する] 家具・衣類・什器

ajurar [axurár] 佗《まれ》家具をそろえる

ajuate [axwáte] 男《エルサルバドル》= ahuate

ajudiado, da [axuðjáðo, ða] 形 [顔つき・性格が] いかにもユダヤ人らしい

ajuga [axúɣa] 女《植物》シソ科の一種《= pinillo》

ajuglarado, da [axuɣlaráðo, ða] 形 [顔つき・性格が] いかにも旅芸人(吟遊詩人)のような

ajuglarar [axuɣlarár] 佗 旅芸人(吟遊詩人)に仕込む
── 自 = *se* 旅芸人(吟遊詩人)らしくなる

ajuiciado, da [axwiθjáðo, ða] 形 = juicioso

ajuiciar [axwiθjár] 10 佗 ❶ 正気にさせる. ❷《廃語》裁判にかける, 裁く

ajumar [axumár] 佗《まれ》酔わせる
── *～se*《口語》酔っ払う

ajuno, na [axúno, na] 形 ニンニクの

ajuntamiento [axuntamjénto] 男《戯語》同棲

ajuntar [axuntár] ❶ 佗《幼児語》…と仲良くする《主に否定文で》: Ahora no te *ajunto*. もう君とは遊んでやらないから. ¿Por qué no *ajuntas* a Pilar? ピラールを仲間に入れてあげたらどう? ❷《口語》= juntar
── *～se* ❶《口語》[+ con と] 同棲する. ❷《古語》[結婚で] 結ばれる

ajuñar [axuɲár] 佗《地方語》集める《= juntar》

Ajuria Enea [axúrja énea] 女 [バスク州政府の] 首相官邸; バスク州政府

ajustable [axustáβle] 形 調節できる: de velocidad ～ 可変速の

ajustadamente [axustáðaménte] 副 適切に, ちょうどよく

ajustado, da [axustáðo, ða] 形 ❶ [+a 目的などに] 適合した, 見合う; 予想どおりの: gasto ～ al presupuesto 予算に見合った支出. ❷ [価格などが] 妥当な. ❸ [衣服が] 体にぴったり合った, うまく合った: Lleva unos pantalones muy ～s. 彼はぴったりした(きつすぎる)ズボンをはいている. vestido ～ a la cintura ウエストをしぼったドレス. ❹ [予算などが] ぎりぎりの, かつかつの: Nuestras disponibilidades son ～das, pero procuraremos atender su demanda. 我々の資金は一杯一杯ですが, あなたの要望におこたえできるよう努力しましょう. Tengo mis gastos particulares muy ～s. 私は小遣いがかつかつだ. ❺ [試合などが] 互角の, ぎりぎりの勝負の
── 男《= ajuste》: ～ de las piezas del motor エンジン部品の調整

ajustador, ra [axustaðór, ra] ❶ 男 組立工, 仕上げ工. ❷《印刷》ページ組み工. ❸《軍事》[金属機器の] 整備兵
── 男《服飾》❶ アジャスター. ❷ 指輪止め, ピタリング. ❸

《キューバ,プエルトリコ,コロンビア》ブラジャー

ajustamiento [axustamjénto] 男 ❶ 《まれ》=ajuste. ❷ 精算書, 決済書

ajustar [axustár] 【←ラテン語 ad-（近接）+justus「ちょうど」】他 ❶ [+a に] ぴったり合わせる, はめ込む; [蛇口・ねじを] 締める: No *ajustaron* bien el cristal al marco de la ventana y no está algo fijo. 窓枠にガラスをぴったり合わせてないので少しがたついている. He *ajustado* bien el grifo para que no gotee. 水が漏れないように私は蛇口をしっかり締めた. ~ el tapón a la botella 瓶に栓をする. ~ los tornillos ねじを締める. ❷ [+a に] 適合させる, 整合させる; 順応させる: *Ajustó* los gastos a los ingresos. 彼は支出を収入に見合うようにした. ~ el paso de+人 …の歩調に合わせる. ❸ [機械などを] 調節する: ~ la entrada de agua en el depósito 貯水池の水の取り入れを調節する. ~ sus relojes 時計の時間を合わせる. ❹ [日取りなどを] 調整する: *Ajustaron* la fecha del viaje. 彼らは旅行の日取りを決めた. ~ un horario 時間割を組む. ❺ […の売買などを, +en の価格で] 決める, まとめる: *Ajustaron* el coche en medio millón de yenes. 彼らはその車の売買を50万円でまとめた. ❻ 《まれ》[交渉などを] まとめる, 取り決める: ~ la fecha de la boda 結婚式の日取りを決める. ~ un matrimonio 縁談をまとめる. ~ un tratado 条約を結ぶ. ~ obreros 労働者を雇う. ❼ [ベルトなどを] 締める: Le *ajusté* a mi hija el cinturón de seguridad. 私は娘の安全ベルトを締めてやった. ~ la cincha al caballo 馬の腹帯を締める. ❽ [勘定を] 支払う, 決算する; 《商業》収支決算をする, 貸借の精算をする. ❾ 《印刷》ページ組みする, メーキャップする. ❿ 《口語》[打撃を] 加える: ~ un golpe 一発食らわす. ⓫ 《中南米》…と出来高払いで契約する. ⓬ [病気・痛みを] 感じる. ── 自 ❶ [+a・en に] ぴったり合う, はまり込む [=~ bien]: Las ventanas no *ajustan* y dejan entrar el aire. 窓のたてつけが悪くて風が入る. Este tapón no *ajusta* bien en la botella. この栓は瓶に合わない. ❷ [+con と, 意見などが] 一致する: Eso no *ajusta* con lo que me dices. それは君が言っていることと合わない. ❸《中米》誕生日を迎える ── ~se ❶ [+a に] 一致する: Lo que nos dijo él no *se ajusta* a la verdad. 彼が言ったことは事実にそぐわない. ❷ 適合する, ふさわしい: La exposición no *se ajusta* al tema "Defensa de los derechos humanos". その展示は人権擁護というテーマにふさわしくない. ❸ 順応する, 適応する; [意見・行動などを] …に合わせる: Algunos animales *se ajustan* fácilmente a nuevas circunstancias. 一部の動物は新しい環境によく順応する. Te *ajustas* demasiado a sus caprichos. 君は彼女の気まぐれに合わせすぎている. ❹ [+指示などに] 従う: ~*se* a razones 道理に従う. ❺ [+en で, +con+人 と] 折り合う, 同意する, 合意に達する: Nos *ajustamos en* que íbamos a empezarlo pronto. 私たちはすぐに開始することで同意した. *Se ajustaron en* 10.000 dólares. 彼らは1万ドルで折り合った. El sindicato *se ajustó con* el empresario. 組合は経営側と合意に達した. ❻ [自分の体に] しっかり締める: ~*se* el cinturón de seguridad 安全ベルトを締める. ❼ [大きさ・寸法などが] ぴったりしている: Estos zapatos no *se ajustan* a mi medida. この靴は私のサイズに合わない

ajuste [axúste] 【←ajustar】男 ❶ 調整, 調節; 適合, 正化: hacer un ~ en la antena de la televisión テレビのアンテナを調整する. botón de ~ 音量調節ボタン. mal ~ 調整不良; 不均衡. ~ de gobierno 内閣改造. ~ de plantilla 人員整理, リストラ. ~ de precios 価格調整 [主に値下げ]. ~ fino 微調整, ファイン・チューニング. ~s fiscales en frontera 《経済》[輸出品・輸入品の] 国境税調整. ~ por cierre de ejercicio 年度末調整. ❷ 合意; 妥協; 調停: llegar a un ~ 意見の一致を見る. ~ de la paz 和平交渉 (会談). Más vale mal ~ que buen pleito. 《諺》損得を考えれば裁判よりも和解の方がましだ. ❸ [価格などの] 取り決め, 決定; 雇用 [契約]. ❹《商業》[勘定の] 清算, 決済. ❺ 特別手当. ❻《印刷》製版, 組み版. ❼ [各部の位置調整. ❽《フィルム・テープの》重ね継ぎ, スプライス. ❾《服飾》寸法合わせ. ❿《技術》はめ合い. ⓫《中米、自動車》オーバーホール.
 ~ **de cuentas** [けんかなどで] 借りを返すこと, 仕返し

ajusticiable [axustiθjáβle] 形 死刑にふさわしい人

ajusticiado, da [axustiθjáðo, ða] 形 処刑された人

ajusticiador, ra [axustiθjaðor, ra] 形 死刑執行人

ajusticiamiento [axustiθjamjénto] 男 死刑執行, 処刑

ajusticiar [axustiθjár] 【←a-+justicia】⑩ 他 ❶ 死刑に処する, 処刑する: Los talibanes lo *ajusticiaron* al amanecer. タリバンは彼を夜明けに処刑した. ❷《廃語》刑を宣告する, 判決を下す

akadio, dia [akáðjo, ðja] 形 =acadio
akkadio, dia [a(k)káðjo, ðja] 形 =acadio

al [al] 【←前置詞 a+定冠詞 el】 I …へ, …に; …を 【→a¹】: Quiero dar una vuelta *al* mundo. 私は世界一周旅行をしたい. Conozco *al* Sr. García. 私はガルシアさんを知っている
 II [+不定詞] ❶ [時] …する時に: 1) [不定詞の主語は原則として主動詞の主語と同じ] *Al* llegar a la estación, vi a María. 私は駅に着いた時マリアに会った. *Al* no tener clases, trabaja en la oficina. 彼は授業のない時は事務所で働いている. 2) [不定詞独自の主語をとる場合] *Al* salir el sol, partieron para su destino. 日の出と共に彼らは目的地に出発した. ❷ [原因・理由] …するので: *Al* coger frío, estaba todo el día en la cama. 彼は風邪をひいたので一日中寝ていた. ❸ [未来の動作では条件的な意味になることがある] Cierra la puerta con la llave, *al* salir después de las nueve. 9時以降に外出するならドアに鍵をかけておけ

-al [接尾辞] [名詞+] ❶ [品質形容詞化. …の, …に関する, …に属する, …的な] cultural 文化的な, ferroviai 鉄道の, musical 音楽の, teatral 芝居の. ❷ [名詞化] [語末に r を含めば -al, l を含めば -ar] 1) [栽培地] arrozal 水田, trigal 小麦畑. 2) [豊富な場所, 豊饒] arenal 砂地, dineral 大金

ala [ála] 【←ラテン語 ala】女 [単数定冠詞: el・un[a]] ❶ [鳥・昆虫の] 翼, 羽; batir (agitar・mover) las ~s 羽ばたく. con las ~s extendidas 羽(翼)を広げて. ❷《航空》主翼 【参考】尾翼は estabilizador): con ~s en flecha (variable) [可変] 後退翼の. ~ voladora 無尾翼飛行機. ❸《建築》1) [建物の] 翼, ウィング. 2) [舞台・広場の] せり出し, 袖. 3) [屋根の] ひさし. ❹ [折畳式テーブルの] 側板, 自在板. ❺ [帽子の] つば. ❻《解剖》1) 鼻翼, 小鼻. 2) [肝臓の] 葉. ❼《軍事,政治》1) Las ~s están al mando de generales con larga experiencia. 側方部隊は古参将軍の指揮下にある. ~ derecha 右翼. ~ moderada 穏健派. ❽ 空軍部隊. ❾《スポーツ》ウィング [位置]: ~ izquierda レフトウィング. ❿《築城》[城壁の] 幕壁, 翼壁, [砦の] 側壁. ⓫《植物》1) [花の] 翼弁. 2) オオグルマ [=hierba del ~]. 3) ~ de ángel アカンサス [=acanto]. ⓬《鳥》bastarda 小翼 [=álula]. ⓭《プロペラの》羽. ⓮《船舶》補助帆. ⓯ 列, 並び, 連なり. ⓰《複》活力, 気力; [軽蔑的に] 大胆さ, 勇気さ, ふてぶてしさ: Tiene mucho talento, pero le faltan ~s. 彼は才能はあるが, 活力に欠ける. Tiene demasiadas ~s. 彼は無鉄砲だ
 ahuecar el ~ 《口語》立ち去る, 逃げる: Antes de que empezaran a pedirle explicaciones, *ahuecó el* ~. 彼は説明を求められる前にさっさと逃げ出した
 ~ *de mosca* 1) 褐色 (くすんだ緑色) がかった黒色. 2)《隠語. トランプ》いかさま
 ~ *del corazón* 1)《解剖》[心臓の] 心耳. 2) 図 勇気, 気力, 大胆さ, 元気
 ~ *delta* 〖図 ~*s delta*〗 ハングライダー 〖道具, 活動〗: hacer (volar con) un ~ *delta* ハングライダーをする
 arrastrar el ~ 《キューバ, プエルトリコ, コロンビア, アルゼンチン, ウルグアイ》言い寄る, くどく
 arrimar a+人 *el* ~ 《メキシコ》…につけ入る
 bajar el ~ 《キューバ, プエルトリコ, コロンビア, アルゼンチン, ウルグアイ》=arrastrar el ~
 caerse a+人 ~*s* [*del corazón*] …が落胆する, めげる
 cortar a+人 *las* ~*s* 1) …のやる気を失わせる: Susana le cortó las ~s a Pepe cuando le dijo que tenía novio. スサナが恋人がいると言ったのでペペはがっくりした. 2) 妨害する: Pretendía ser futbolista, pero sus padres le cortaron las ~s. 彼はサッカー選手になろうとしたが両親は邪魔をした. 3) [繁栄・発展の] 手段を奪う, 道を断つ
 dar a+人 ~*s* 1) …を元気づける, 励ます. 2) 好きなようにさせる: Le han dado ~s al administrador y ahora lleva los negocios como quiera. 社長は自由裁量権を与えられ, 今そう思いようがままに仕事を進めている
 ... *del* ~ 《西. 口語》[金額の強調] Me costó la entrada cien euros *del* ~. 入場料は100ユーロもした
 en ~ 一列に; 横に並んで
 en ~*s de*... …の翼にのって: volar *en* ~*s del viento* 風にのって

て飛ぶ. viajar *en ～s de* la imaginación 想像で旅行する
***ir* 〔*dado*〕 *de* ～**《口語》困った状況にある
***irse de* ～**《チリ. 口語》[口論が] 殴り合いになる
***meter la cabeza debajo del* (*bajo el*) ～** 現実から逃げる, 真相を見ようとしない
meterse* (*ponerse*) *bajo el* ～ *de... …の保護を求める, 保護を得る
***por abajo* ～/*por debajo del* ～**《南米. 口語》少なくとも
quebrantar* (*quebrar*) *a*+人 *las* ～*s =**cortar a+人 las ～s**
ser como* ～ *de mosca 紙のように薄い, 透明な
***tender el* ～**《キューバ, プエルトリコ, コロンビア, アルゼンチン, ウルグアイ》=**arrastrar el ～**
tener* ～*s en los pies 足に翼が生えている, 非常に足が速い; [やることが] すばやい
***tocado del* ～**《口語》[estar+] 気のふれた, 頭のいかれた
tomar* ～*s 自由になる
volar con sus propias* ～*s 一人立ちする, 自力でやる
—— [名]《スポーツ》1) ウィング: medio ～ ハーフバック, ウィングハーフ. 2)《アメフト》～ abierta ワイドレシーバー. ～ cerrada タイトエンド
—— [間]《西》=**hala**

Alá [alá] [男]《イスラム教》アッラー〔の神〕
alabable [alaƀáƀle] [形] 賞賛に値する
alabado [alaƀáđo] [男]《カトリック》[聖体の秘跡をたたえる] 讃歌, 聖歌〘Alabado sea「ほめたたえよ」で始まる〙
***al* ～**《チリ》夜明けに
alabador, ra [alaƀađór, ra] [形] [名] 賛美する〔人〕
alabamiento [alaƀamjénto] [男] 賞賛, 賛美
alabancero, ra [alaƀanθéro, ra] [形] [名]《まれ》お世辞を言う〔人〕, おべっか使い〔の〕〘=adulador〙
alabancia [alaƀánθja] [女] =**alabanza**
alabancioso, sa [alaƀanθjóso, sa] [形] [名] 自慢する〔人〕, うぬぼれた〔人〕
alabandina [alaƀandína] [女]《鉱物》硫マンガン鉱
alabanza [alaƀánθa] 〘←alabar〙[女] [時に [複]] ❶ 賞賛, 賛美; 賛辞, ほめ言葉: Le dedicaron muchas *～s*. 彼は多くの賞賛の言葉を浴びた. hacer grandes *～s* (una gran ～) de... …をほめちぎる. ❷ 自慢, 自画自賛〘=propia ～〙: *A～* en boca propia, vituperio.《諺》自画自賛は恥さらし
***cantar las* ～*s de* (*a*)...** …を賞賛する
en* ～ *de... …をほめて: *en ～ de* la Virgen 聖母マリアをほめたたえて
alabar [alaƀár] 〘←ラテン語 alapari「自慢する」〙[他] 賞賛する, 賛美する, ほめる, ほめたたえる〘⇔vituperar〙: 1) La gente *alaba* la libertad. 人々は自由を賛美する. Los que le conocen *alaban* su carácter. 彼を知っている人は彼の人柄をほめる. *A～* sea Dios (el Señor) 主よ, たたえられよ. 2) [+por・de 故に・様子を] Los periódicos le *alaban por* su valentía (*de* valiente). 新聞は彼の勇気をほめたたえている
—— **～se** ❶ [+de・por+名詞/+de+不定詞・que+接続法 を] 自慢する: *Se alaba de que* todo haya salido bien. 彼はすべてうまくいったのを自慢する. ❷ [+de を] 喜ぶ, 満足する: *Nos alabamos de* vuestro triunfo. 我々は君たちの勝利を喜んでいる
alabarda [alaƀárđa] 〘←仏語 hallebarde < ゲルマン語 helmbarte〙[女] 矛槍(ほこやり)〘中世の武器〙
alabardado, da [alaƀarđáđo, đa] [形]《植物》hoja *～da* 矛槍形の葉
alabardazo [alaƀarđáθo] [男] 矛槍の一突き(一撃)
alabardero [alaƀarđéro] [男] ❶ 矛槍兵. ❷ [国王の] 近衛兵. ❸《古語的》[劇場の] さくら, 雇われて拍手する人
alabastrado, da [alaƀastráđo, đa] [形] 雪花石膏のような
alabastrino, na [alaƀastríno, na] [形] 雪花石膏の〔ような〕: tez *～na* 純白の肌
—— [女] 透明石膏板, アラバスターガラス
alabastrita [alaƀastríta] [女] 透明石膏〘=alabastro yesoso〙
alabastrites [alaƀastrítes] [女] 透明石膏〘=alabastro yesoso〙
alabastro [alaƀástro] 〘←ラテン語 alabaster, -tri < ギリシア語 alabastros〙[男] ❶ 雪花石膏, アラバスター: ～ oriental (calizo) 霰石(あられいし). ～ yesoso/～ de yeso 透明石膏. ❷《古語》アラバスター製の香水入れ
alabaza [alaƀáθa] [女]《カナリア諸島. 植物》ギシギシ〘=romaza〙
álabe [álaƀe] 〘←?語源〙[男] ❶ [水車の] 水受け板;《技術》[タービンの] 羽根, ベーン, 翼〔板〕. ❷ 垂れた枝. ❸ [荷車の] 荷止めのむしろ. ❹《古語》[屋根の] 軒, ひさし
alabear [alaƀeár] 〘←álabe〙[他] [木材などを] 反(そ)らせる, 湾曲させる; ゆがめる
—— **～se** 反る, 湾曲する; ゆがむ, ねじれる: *Se está alabeando* la estantería con el peso de los libros. 本棚が本の重みで反ってきている
alábega [aláƀeǥa] [女]《植物》バジル, メボウキ〘=albahaca〙
alabeo [alaƀéo] [男] [木材などの] 反(そ)り, 湾曲; ゆがみ, ねじれ
alabiado, da [alaƀjáđo, đa] [形]《まれ》[貨幣・メダルが鋳造不良で] 縁にばりのある
alacaluf [alakalúf] [形] [名] 〘[複] ～es/単複同形〙アラカルフ族〔の〕〘パタゴニア諸島の先住民〙
alacena [alaθéna] 〘←アラビア語 al-hazena「たんす」〙[女] ❶ [壁の凹みや角を利用した造り付けの] 食器棚, 食料戸棚. ❷《まれ》戸棚, たんす
alacet [alaθét] [男]《アラゴン》[建物の] 基礎, 土台
alacha [alátʃa] [女]《魚》ラウンドサルディネラ
alache [alátʃe] [男]《魚》カタクチイワシ〘=boquerón〙
alaciar [alaθjár] [10] **～se** しおれる, しぼむ
alacrán [alakrán] 〘←アラビア語 al-aqrab〙[男] ❶《動物》サソリ〘=escorpión〙. ❷ ～ cebollero《昆虫》ケラ. ～ marino《魚》アンコウ〘=rape〙. ❸《パナマ》護送車. ❹《チリ, アルゼンチン, ウルグアイ》うわさ話の好きな人
***picado del* ～** 落ち着きのない, そわそわした〘=picado de la tarántula〙
alacranado, da [alakranáđo, đa] [形] ❶ [人が] 病気に感染した; 悪習に染まった, 堕落した. ❷ 落ち着きのない, そわそわした〘=picado de la tarántula〙
alacranear [alakraneár] [自] うわさ話をする, ゴシップを広める
alacranera [alakranéra] [女]《植物》ツリシャクジャウ〘=～ común〙: ～ de las marismas/～ marina アッケシソウ(厚岸草)
alacre [alákre] [形]《文語》快活な, 機敏な
alacridad [alakriđá(đ)] [女]《文語》快活さ, 機敏さ
alacritud [alakritú(đ)] [女]《まれ》=**alacridad**
alada[1] [aláđa] [女] [鳥の] 羽ばたき
aladar [alađár] [男] [主に [複]] こめかみに垂れた髪の房, ほつれ毛
ALADI [aláđi] [女]《略語》←Asociación Latinoamericana de Integración ラテンアメリカ統合連合
aladierna [alađjérna] [女]《植物》クロウメモドキ
aladierno [alađjérno] [男] =**aladierna**
Aladino [alađíno] アラジン〘『千夜一夜物語』*Las mil y una noches* の「アラジンと魔法のランプ」*Aladino y la lámpara maravillosa* の主人公〙
alado, da[2] [aláđo, đa] 〘←ラテン語 alatus < ala〙[形] ❶ 羽(翼)のある: hormiga *～da* 羽アリ. caballo ～ ペガサス〘=Pegaso〙. ❷《文語》[羽のように] 軽い; [飛ぶように] 速い, すばしこい: mensaje ～ すばやい伝言. ❸《植物》翼状の
aladrería [alađrería] [女]《アンダルシア》耕作用器具
aladrero [alađréro] [男]《地方語》❶ 犂(すき)大工; 農具や荷車の大工. ❷ [鉱山の] 坑木大工
aladro [aláđro] [男]《ログローニョ》犂〘=arado〙
aladroque [alađróke] [男]《魚》カタクチイワシ〘=boquerón〙
alafia [aláfja] [女]《口語》恩恵, 慈悲, 許し
alafre [aláfre] [形]《ベネズエラ》身持ちの悪い
—— [男] [集名]《ベネズエラ》[羊・子ヤギなどの] 頭・脊髄・脚・臓物
álaga [álaǥa] [女] 種子が黄色く細長い小麦; その種子
alagadizo, za [alaǥađíθo, θa] [形]《地方語》[土地が] 水びたしになりやすい
alagar [alaǥár] [8] [他] [土地を] 水びたしにする
—— **～se** ❶ [土地が] 水びたしになる. ❷《ボリビア, アルゼンチン》[船が] 浸水する
alagartado, da [alaǥartáđo, đa] [形] [名] ❶ [色がまだらで] トカゲ皮のような. ❷《グアテマラ, ニカラグア》1) 高利貸し; けちな〔人〕; 買い占めする〔人〕. 2) 取るに足りない〔人〕
alagonés, sa [alaǥonés, sa] [形] [名]《地名》アラゴン Alagón の〔人〕〘サラゴサ県の町〙
alajú [alaxú] 〘←アラビア語 al-hasu〙[男] 〘[複] ～es〙《料理》アーモンド・クルミ・蜂蜜などで作る生地; その菓子
alajur [alaxúr] [男]《地方語》=**alajú**
alakaluf [alakalúf] [形] [名] =**alacaluf**
alalá [alalá] [男] アララ〘ガリシアなどスペイン北部の民謡〙

ALALC [alálk] [女]《略語》←Asociación Latinoamericana de Libre Comercio ラテンアメリカ自由貿易連合
alalia [alálja] [女]《医学》構語障害, 発語不能症
alálico, ca [aláliko, ka] [形] [名]《医学》=**álalo**
alalimón [alalimón] [男] ***al*** ～ 2人がかりで, 協力して〖=al alimón〗
álalo, la [álalo, la] [形] [名] ❶《医学》構語障害(発語不能症)の〔人〕. ❷ 口のきけない〔人〕
alama [aláma] [女]《植物》エニシダ〖=escobón〗
alamán, na [alamán, na] [形] [名]《歴史》[ゲルマン民族の] アラマン族〔の〕
Alamán [alamán]《人名》**Lucas ～** ルカス・アラマン〖1792～1853, メキシコの政治家・歴史家. 王政の存続と植民地時代の遺産の継承を主張.『メキシコ史』*Historia de México*〗
alamar [alamár]〖←アラビア語 amara「釣り糸」〗[男]《服飾》飾りひもボタン; [縁の] 房飾り
alambicado, da [alambikáđo, đa] [形] ❶ [表現などが] 凝りすぎの: Por algún ～ método nos has engañado. 君は何か手のこんだ方法で私たちをだました. ❷《まれ》細々とした, 雀の涙のような
alambicamiento [alambikamjénto] [男] [表現などの] 凝りすぎ
alambicar [alambikár]〖←alambique〗[7] [他] ❶ 蒸留する〖=destilar〗. ❷ [表現などに] 凝りすぎる: ～ sus frases 文章を細部まで練り上げる. ❸ 吟味する, 念入に検討する. ❹ [原価寸前まで] 値下げする
alambique [alambíke]〖←アラビア語 al-anbiq < ギリシア語 ambix, -ikos「コップ」〗[男] ❶ [蒸留酒を作る] 蒸留器. ❷《アンダルシア; 中南米》蒸留酒製造所
alambiquero, ra [alambikéro, ra] [名] 蒸留酒製造作業員
alambor [alambór] [男] ❶《建築》[石・木材の] ベベル切断;《築城》[濠の内側などの] 急傾斜. ❷《植物》オレンジの一種
alamborado, da [alamboráđo, đa] [形] ベベル切断された; 急斜面になった
alambrada [alambráđa]〖←almbrar〗[女] 金網〔のフェンス〕; 鉄条網〖=～ de púas〗: ～ eléctrica 電流を流してある鉄条網
alambrado [alambráđo] [男] ❶ 金網〔を張ること〕. ❷《中南米》フェンスで囲むこと; 金網のフェンス
alambrar [alambrár]〖←alambre〗[他] ❶ …に金網(鉄条網)を張る, フェンスで囲む: ～ el campo de concentración 収容所のまわりを鉄条網で囲む. ❷《電気》配線する
alambre [alámbre]〖←ラテン語 aeramen「青銅の物」< aes, aeris「青銅」〗[男] ❶ 針金, ワイヤー: colgar la ropa en un ～ 洗濯物を針金に吊るす. ❷ 電線: ～ cargado 電気の通っている導線, 活線. ～ de tierra アース線. ～ forrado 被覆線. ❸ 有刺鉄線, 鉄条網〖=～ de púas, ～ de espino〗;《まれ》金網〖=red de ～〗. ❹《南米》ロープ〖=cable〗
estar hecho un ～ 骨と皮ばかりにやせている
irse (***tirarse***) ***por el*** ～《チリ》食事をしないで出かける
alambrear [alambreár] [自] [鳥が] 鳥かごの針金をくちばしでつつく
alambrecarril [alambrekaříl] [男] ケーブル鉄道, ケーブルカー
alambrera [alambréra]〖←alambre〗[女] ❶ [窓ガラス保護の] 金網, 網戸; [炉の周囲の] 金網, 炉格子; [食物にかぶせる] 金網の覆い, 蝿帳(はえちょう). ❷《コロンビア》=**alambrada**
alámbrico, ca [alámbriko, ka] [形] 針金の; ワイヤーで動く
alambrilla [alambríʎa] [女] =**olambrilla**
alambrista [alambrísta]〖←alambre〗[名] ❶ 綱渡り芸人. ❷ [メキシコから米国への] 不法入国者
alambrón [alambrón] [男]《技術》引き延ばした針金
alameda [alaméđa]〖←álamo〗[女] ❶ ポプラ並木; 並木道: Surgieron ～*s* en las afueras de todas las ciudades españoles a lo largo de los siglos XVIII y XIX. 18, 19世紀を通じてスペインのすべての町の郊外にポプラ並木が生まれた. ❷ ポプラ林: Al lado de los ríos castellanos suele haber hermosas ～*s*. カスティーリャの河畔には美しいポプラの木立があることが多い
alamín [alamín] [男]《歴史》❶ [中世に] 秤・物差しの正しさを司り食料の公定価格を決めた役人. ❷ 建築審査の役についた棟梁. ❸ 灌漑用水の裁定官
alaminazgo [alamináz̮go] [男] alamín の職
álamo [álamo]〖←ケルト語 lemos「ニレ」〗[男]《植物》❶ ポプラ: ～ blanco ハクヨウ, ギンドロ. ～ carolino アメリカクロヤマナラシ. ～ de Italia イタリアポプラ. ～ negro (negrillo) セイヨウハコヤナギ. ～ temblón (alpino) ヨーロッパヤマナラシ. ❷ ニレ〖=～ falso, ～ negro (negrillo)〗
alampar [alampár] [自] ❶《地方語》[+de を] 手に入れる. ❷《アラバ》口蓋の中がひりひりする
alamud [alamú(đ)] [男] [掛け金・差し錠の] 鉄の棒
alanceador, ra [alanθeađór, ra] [形] [名] 槍で突く(刺す)〔人〕
alanceamiento [alanθeamjénto] [男] 槍で突く(刺す)こと
alancear [alanθeár] [他] ❶ 槍 lanza で突く(刺す);《闘牛》[牛を] 槍 pica で突く. ❷《文語》[人を] 励ます
Al-Ándalus [al ándalus]〖←Vandalicia (ヴァンダル族がイベリア半島南部に築いた国)〗[男]/[女]《歴史》アンダルス, アル・アンダルス〖イベリア半島の, アンダルシアを中心とするイスラム教徒支配下地域の呼称〗
alandrear [alandreár] **～se** [蚕が] 白く干からびる
alangilán [alaŋxilán] [男]《植物》イランイラン
alanina [alanína] [女]《生化》アラニン
alano, na [aláno, na] [形] [名] ❶《歴史》アラン族〔の〕〖カスピ海北岸にいたイラン系騎馬遊牧民族. 4世紀フン族 hunos の襲撃により移動を開始, 5世紀にイベリア半島に侵入した〗. ❷《犬》マスティフ〖=perro ～〗
alante [alánte] [副]《口語》=**adelante**
alantoides [alantɔ̂iđes] [女]/[男]《解剖》尿膜〖=membrana ～〗
alanzar [alanθár] [9] [他] ❶ 槍で突く〖=alancear〗. ❷ 投げる, 放つ〖=lanzar〗
―― [自] [昔の騎士の遊戯で] 槍投げをする
alaqueca [alakéka] [女]《まれ》紅玉髄〖=cornalina〗
alar [alár]〖←ala〗[男] ❶ [屋根の] 軒, ひさし〖=alero〗. ❷ シャコ狩り用の罠. ❸《隠語》[複] ズボン. ❹《コロンビア》歩道
―― [形] [鳥・飛行機の] 翼の
alárabe [aláraƀe] [形] [名]《文語》=**alarbe**
alarbe [alárƀe] [形] [名]《文語》アラブ人〔の〕〖=árabe〗
Alarcón [alarkón]《人名》**Pedro Antonio de ～** ペドロ・アントニオ・デ・アラルコン〖1833～1891, スペインの小説家. 民話に基づいた短編『三角帽子』*El sombrero de tres picos* は作曲家ファリャ Falla の同名の作品に影響を与えた. 長編では『醜聞』*El escándalo*〗
alarconiano, na [alarkonjáno, na] [形]《人名》アラルコン Pedro Antonio de Alarcón の
alarde [alárđe]〖←アラビア語 al-ard「閲兵」〗[男] ❶ 誇示; 見栄: Hizo ～ de sus conocimientos (su riqueza) delante de sus compañeros. 彼は仲間の前で自分の知識をひけらかした(自分が金持ちであることを見せびらかした). por (con) ～ 見栄で; 大げさに. ❷《歴史》[兵員・武器の] 点呼, 点検; 兵員名簿; 閲兵, 観閲. ❸《法律》[裁判官による] 検閲, 囚人視察; [審理促進のための] 訴訟の定期点検〔の報告書〕. ❹ [祭りの] パレード. ❺《まれ》[ミツバチが出入り時にする] 巣の確認. ❻《主に南米》[複] 強がり, からいばり
alardear [alarđeár]〖←alarde〗[自] [+de を] 誇示する: *Alardeaba de* conquistador. 彼は征服者気取りだった. *Alardeaba de* ir y volver con su nuevo coche en dos horas. 彼は自分の新しい車なら2時間で往復できると自慢していた. ～ *de* sabiduría 知識をひけらかす
alardeo [alarđéo] [男] 誇示, 自慢
alardoso, sa [alarđóso, sa] [形]《まれ》見せびらかしの, これ見よがしの
alarense [alarénse] [形] [名]《地名》アラール・デル・レイ Alar del Rey の〔人〕〖パレンシア県の村〗
alargable [alarɡáƀle] [形] 長くされ得る
alargadera [alarɡađéra] [女] ❶《技術》延長部;《化学》[蒸留器の] 誘導管. ❷《アラゴン》取り木された枝
alargado, da [alarɡáđo, đa] [形] ❶ 細長い, 縦長の〖⇔apaisado〗: En este edificio hay unos pasillos ～*s*. この建物には細長い廊下がある. ❷ 長く伸ばした, 伸びた: En esa plaza se reúnen jóvenes de pelo ～. その広場には長髪の若者たちが集まっている. ❸ 長ったらしい; くどくどした, 冗漫な
alargador, ra [alarɡađór, ra] [形]《技術》延長用の
―― [男]《電気》延長コード
alargamiento [alarɡamjénto] [男] 長くする(なる)こと, 延長; 拡張, 拡大: ～ de la carretera 道路の延長. ～ del día 日が長くなること. ～ de la función por media hora 上演時間の30分延長. ～ de la vida 寿命の延び
alargar [alarɡár]〖←a-+largo〗[8] [他] ❶ [空間的に] 長くする, 伸ばす; 広げる: Ella *alargó* el vestido. 彼女は服の丈を伸ばした. Ese peinado te *alarga* la cara. その髪型をすると君は面

alargavista

長に見える．～ las mangas 袖丈を長くする(出す)．～ artificialmente la playa 人工的に海岸を延長する．～ su territorio 領域を広げる．❷ [時間的に] 長くする, 延期する, 延長する: *Alargaron* su estancia en Japón. 彼らは日本滞在を延ばした．El tratamiento le *alargó* la vida. 治療を受けて彼の命が延びた．～ el discurso 演説を引き延ばす．～ la paga 支払いを延期する．～ el plazo 期限を延ばす．～ las vacaciones 休暇を延長する．❸ [金・食糧などを] 長持ちさせる, もたせる: ～ el dinero 金をちびちび長く使う．❹ [手・腕などを] 伸ばす, 差し出す: *Alargué* la mano para coger el libro que estaba arriba. 上にある本を取ろうと私は手を伸ばした．El hombre *alargó* la mano, y ella la estrechó. 男は手を差し出し, 彼女は握手した．❺ [+a+人 に] 手渡す; [離れた所の物を] 取ってやる: *Alárga*me la sal, por favor. 塩を取って下さい．Te *alargo* estos datos. この資料を君の方へ伸ばす．❻ [感覚を] 強める: ～ el oído 耳を澄ます．～ la vista 目を凝らす．❼ [ロープなど を] 繰り出す, 伸ばす．❽ [賃金などを] 上げる; [食事量などを] 増やす: ～ sueldo 給料を上げる．～ la ración 一食分の量を増やす．❾ 遠ざける, そらす
—— ～*se* ❶ [空間的に] 長くなる, 伸びる, 広がる: Esta autopista *se alargará* más. この高速道は延長されるだろう．❷ [時間的に] 長くなる: Se alargan los días en verano. 夏になると日が長くなる．La próxima reunión *se alargará* mucho. 今度の会議は長くなるだろう．❸ [+en 演説・文章などを] 長ったらしくする, 長びかせる: Jorge *se alargó en* su carta. ホルヘは手紙にくどくどと書き連ねた．❹ [+en を] 広げる, 敷衍(ふえん)する: Es importante que te *alargues* más *en* este tema. 君にはこのテーマをもっと広げることが大切だ．❺ [口語] [+a・hacia へ] 出向く, 足を運ぶ; 立ち寄る: *Alárgate* al kiosco por el periódico. 売店にちょっと行って新聞を買ってきてくれ．*Se alargó* a casa de su hermano. 彼は兄の家に立ち寄った．❻ [+a] 余分に…する．❼ [船型][風向が] 順に変わる

alargavista [alargaβísta] 男 [まれ] 望遠鏡
alargue [aláɾɣe] 男 [南米] 延長コード [=alargador].
alaria [aláɾja] 女 [製陶] 先が直角に曲がったへら
alaricano, na [alaɾikáno, na] 形 [地方語] アリャリス Alariz の[人][オレンセ県の町]
Alarico [alaɾíko] [人名] 〜 II アラリック2世[?~507, 西ゴート王．『アラリック抄典』*Breviario de Alarico* を編纂]
alarida [alaɾíða] 女 [集名] 叫び声, 叫喚
alaridar [alaɾiðár] 自 [まれ] 叫び声をあげる
alarido [alaɾíðo] [アラビア語 Allah「アラ」からの造語] 男 ❶ [苦痛・恐怖などの] 叫び声, 悲鳴; 歓声: Daba ～*s* de dolor sobre el cadáver de su hijo. 彼は息子の死体に向かって悲痛の叫びをあげた．❷ [モーロ軍の] 鬨(とき)の声, 雄叫び．❸《廃語》歓声
alarifazgo [alaɾifázɣo] 男 [まれ] 棟梁の職, 煉瓦積み職人の職
alarife [alaɾífe] [←アラビア語 al-arif「親方」] 男 ❶《古語》棟梁; 煉瓦積み職人
—— 形《ラプラタ》ずるい[人], ずる賢い[人]
alarije [alaɾíxe] 形 uva 〜 粒が大きく赤いブドウ
alarista [alaɾísta] 共 シャコの罠 alar を仕掛ける猟師
alarma [aláɾma] [←¡al arma!] 女 ❶ 警報: No ha pasado todavía la 〜. 警報(警戒態勢)はまだ解除されていない．dar (sonar) la 〜. 警報を出す; [+a に] 危険を知らせる．dar un toque (la campana) de 〜. 警報(警鐘)を鳴らす．pasar la 〜. 警報が解除になる．falsa 〜 de bomba 爆弾を仕掛けたという虚報．sistema de 〜 警報システム, 対空警報機．〜 roja (amarilla) 赤(黄)色防空警報[警戒警報の第1(2)段階]．❷ 警報器: 〜 del despertador 目覚まし時計のアラーム．〜 antirrobo 盗難防止警報器．〜 de (contra) incendios 火災報知器．〜 detectadvinos contra incendios 火災用煙探知器．❸ 警戒, 非常事態, 緊急時: proclamar (declarar・levantarse) el estado de 〜 非常事態宣言を発令する．con creciente 〜. 増大する警戒の中で．señal de 〜 警報の合図．❹ [危険の発生・好ましくない来襲に対する] 恐れ, 不安, おびえ: Mientras duraba la guerra, vivían en 〜. 戦争が続く間, 彼らはおびえながら暮らしていた．Solo el estallido de un globo puede provocar un 〜 según las circunstancias. 状況によっては風船が破裂しておびえさせることがある．❺《軍事》非常召集
dar la voz de 〜 警戒の叫びを上げる; 警鐘を鳴らす: Los consumidores *han dado* la *voz de* 〜. 消費者たちは注意

を呼びかけている
alarmado, da [alaɾmáðo, ða] 形 [estar+] 警戒した; おびえた: Toda una nación está 〜*da* contra (por) el ataque de los misiles. 国全体がミサイル攻撃に備えて警戒態勢に入っている
alarmador, ra [alaɾmaðór, ra] 形 =alarmante
alarmante [alaɾmánte] 形 警戒(憂慮)すべき, 不安を与える, 心配な: El estado del paciente es 〜. 患者は危険な容態だ．noticias 〜 ただならぬ知らせ．situación 〜 憂慮すべき事態
alarmantemente [alaɾmánteménte] 副 警戒すべきほどに, 危うく心配な
alarmar [alaɾmár] [←alarma] 他 ❶ 警戒させる, 危機感を覚えさせる, 危険を知らせる: La situación grave de la frontera les *alarmó* mucho. 国境での深刻な事態に彼らはひどく危機感をつのらせた．La sirena *alarmó* a la población. サイレンが住民に危険を知らせた．❷ 警戒態勢を取らせる: La invasión nos *alarmó* inmediatamente. その侵入で我々は直ちに警戒態勢に入った．❸ 不安にさせる, おびえさせる: Me *alarmas* con tus comentarios pesimistas. 君の悲観的な話を聞いていると私は不安になる
—— 〜*se* [+de・por に] おびえる, 不安になる: *Se alarmó* al ver la cara de preocupación del médico. 彼は医者の心配そうな顔を見て不安になった．El muchacho *se alarmaba* por una lechuza. 少年はフクロウにおびえていた
alármega [alármeɣa] 女《植物》=alharma
alarmismo [alaɾmísmo] [←alarma] 男 [不必要な・根拠のない] 騒ぎ立て, 人騒がせ, 杞憂: El rumor de que muchos trabajadores iban a ser despedidos provocó el 〜 en la empresa. 多数の労働者が解雇されそうだといううわさは社内にすわという騒ぎを引き起こした
alarmista [alaɾmísta] [←alarma] 形 名 ❶ 人騒がせな[人], 流言・デマなどをとばす[人]．❷ 心配性の[人], 取り越し苦労をする[人]: No 〜*s* suelen creer que todo va a salir mal. 心配性の人はすべてうまくいかないと考えがちだ
alaroz [alaɾóθ] 男 [扉・窓の] 横木
alarquez [alarkéθ] 男《植物》メギ, アスパラガス
Alas [álas]《人名》Leopordo 〜 レオポルド・アラス →**Clarín**
Alaska Malamute [aláska malamúte] 男《犬》アラスカンマラミュート
alaskeño, ña [alaskéɲo, ɲa]《地名》アラスカ Alaska の[人]
alastrar [alastráɾ] 他《動物》耳を後ろに倒す
—— 〜*se* [鳥などが] 身を伏せる, 地面に貼りつく
alastrim [alastrín]《医学》アラストリム, 小痘疹
alátere [alátere]《軽蔑》=adlátere
alaterno [alatérno] 男《植物》クロウメモドキ [=aladierna]
alatinadamente [alatinaðaménte] 副 ラテン語風に
alatinado, da [alatináðo, ða] 形 [言葉づかいが] ラテン語風の, 気取った, 堅苦しい
alatinar [alatináɾ] 他 [まれ] ラテン語風にする
alatozano, na [alatoθáno, na]《地名》アラトス Alatoz の[人][アルバセテ県の村]
alatrón [alatɾón] 男 硝石の泡 [=afronitro]
aláudido, da [aláuðiðo, ða] 形 ヒバリ科の
—— 男《鳥》ヒバリ科
alauí [alawí] 形 名 [複 〜es]《イスラム教》アラウィー派[の]; [モロッコの] アラウィト朝の
alauita [alawíta] 形 名 =alauí
alavanco [alaβánko] 男《鳥》ノガモ(野鴨)
alavense [alaβénse] 形 名 [まれ] =alavés
alavés, sa [alaβés, sa] 形 名《地名》アラバ Álava の[人]《バスク地方の県》
—— 女 [昔の] 短い槍
alazán, na [alaθán, na] 形《←アラビア語 al-azcar「赤みがかったもの」》形 栗色の, 赤褐色の; [馬が] 栗毛の
—— 男 栗毛の馬
alazano, na [alaθáno, na] 形 =alazán
alazo [aláθo] 男《鳥の》羽ばたき, 翼で打つ動作 [=aletazo]
alazor [alaθóɾ] 男 ❶《植物》ベニバナ(紅花)．❷《地方語, 鳥》オオタカ [=azor]
alba¹ [álba]《←ラテン語》女 [単数冠詞: el・un(a)] ❶ 夜明け, 明け方, 曙(あけぼの); 夜明けの光, 曙光(しょこう): Salieron de casa con el 〜. 彼らは空が白み始めるとともに家を出た．lucero del 〜 明けの明星, 暁星．misa de 〜 夜明けのミサ．toque de 〜 暁 〜 の鐘．❷《カトリック》アルバ[司祭が修道服の上に着る足首まで

の白い祭服〕. ❸《文学》暁の恋歌. ❹《軍事》[歩哨などの担当する,夜を四分した]4番目の時間帯,明け番《午前5時〜8時》. ❺《俗語》シーツ

al 〜 夜明けに: Nos levantaremos al 〜. 私たちは夜明けに起きよう

despuntar (*rayar*・*quebrar*・*romper*) *el* 〜《文語》夜が明ける,明けそめる: Van a fusilarlo al romper el 〜. 夜明けとともに彼は銃殺されるだろう. Me despertaba siempre al rayar el 〜. 私はいつも明け方に(まだ暗いうちに)目を覚ました

albaca [albáka] 囡 =**albahaca**
albacar [albakár] 男《歴史》城の外壁
albacara [albakára] 囡 ❶［城壁の外側の家畜用の］壁囲い. ❷［昔の城壁の］円塔,突き出た楼,望楼
albácara [albákara] 囡 =**albacara**
albacea [albaθéa] 男《←アラビア語 al-wasiya「遺言」》《法律》遺言執行者: Designó a su hermano como 〜. 彼は弟を遺言執行者に指名した. 〜 dativo［裁判所の選定による］任命遺言執行者. 〜 testamentario［遺言状に指定されている］指定遺言執行者
albaceazgo [albaθeáθɣo] 男 遺言執行者の職務(資格)
albacetense [albaθeténse] 形 =**albaceteño**
albaceteño, ña [albaθetéɲo, ɲa] 形 图 アルバセーテ Albacete の〔人〕《カスティーリャ=ラ・マンチャ州の県・県都》
albacora [albakóra] I 《←?語源》囡《魚》❶ ビンナガマグロ. ❷《チリ》メカジキ
II《←アラビア語 al-bacora「早生の果物」》《果実》夏イチジク《=breva》
albada [albáða] 囡 ❶《文学, 音楽》夜明けの歌(詩). ❷ 夜明けの光, 曙光. ❸《地方語.古語的》夕食時に新婚夫婦を祝う歌. ❹《植物》サボンソウ〔=jabonera〕
albahaca [alβaáka]《←アラビア語 al-habaqa》囡《植物》バジル, メボウキ: 〜 silvestre mayor クルマバナ. 〜 silvestre menor 野生のメボウキ. ❷《料理》乾燥バジル: salmón a la 〜 サーモンのバジリコ風味
albahaquero [alba(a)kéro] 男 ❶ 植木鉢. ❷《アンダルシア》植木鉢を並べる棚(スタンド), 花台
albahaquilla [alba(a)kíʎa]〔albahaca の示小語〕囡《植物》〜 de río ヒカゲミズ. 〜 de Chile/〜 del campo《ペルー, チリ》マメ科の灌木《葉・花・茎を煎じて胃薬にする. 学名 Psoralea glandulosa》
albahío, a [albaío, a] 形［牛などが］黄色がかった白色の, クリーム色の
albaicinero, ra [albaiθinéro, ra] 形《地名》アルバイシン Albaicín の〔人〕《グラナダの,古い街並みの残る,坂の多い地区》
albaida [albáiða] 囡《植物》アンティリス《学名 Anthyllis cistoides》
albaidense [albaiðénse] 形 图《地名》アルバイダ Albaida の〔人〕《バレンシア県の町》
albalá [albalá] 男／囡《複 〜es》❶《歴史》命令・恩寵証書《国王が命令を発する・恩寵を賦与するのに際して発行する証明文書》. ❷ 証書, 証文
albalaero [albalaéro] 男《歴史》命令・恩寵証書 albalá を交付する役人
alballada [albaʎáða] 囡《魚》カンパチ〔=pez limón〕
alballando [albándo] 形《単複同形》非常に熱い
albanecar [albanekár] 男《建築》主垂木と隅棟と根太で構成される直角三角形
albanega [albanéɣa] 囡 ❶［髪をまとめる］かぶり物, ヘアネット. ❷［ウサギなどを獲る］網袋, 生け捕り袋. ❸《建築》スパンドレル, 三角小間(ﾏﾏ)
albanés, sa [albanés, sa] 形《国名》アルバニア Albania〔人・語〕の／图 アルバニア人
―― 男 アルバニア語
albanización [albaniθaθjón] 囡《政治》アルバニア化〔鎖国化〕
albano, na [albáno, na] 形 =**albanés**. ❷《歴史.地名》《古代イタリア》アルバ・ロンガ Alba Longa の〔人〕
albañal [albaɲál]《←アラビア語 al-ballada「下水道」》男 ❶ 下水道, 排水溝. ❷ ごみだらけの場所, 不潔な場所
salir por el 〜《口語》[知らず]散々な結果になる, とんだ結末になる
albañalero, ra [albaɲaléro, ra] 图 下水道工事の作業員; 下水道清掃人

albañar [albaɲár] 男《まれ》=**albañal**
albañil [albaɲíl]《←アラビア語 al-banni「建築家」》图 石工, 煉瓦(タイル)職人
albañila [albaɲíla] 形 →**abeja** albañila
albañilear [albaɲileár] 自［素人が楽しみで］煉瓦(石)積み工事をする
albañilería [albaɲilería] 囡 煉瓦(石)積みの技術(工事・職)
albaquía [albakía] 囡［勘定・借金などの］残金, 未払い分;［収入の］未収分
albar [albár] 形《文語》［動植物の分類で］白い: conejo 〜 白ウサギ
―― 男［高原・丘などの］白っぽく乾いた土地
albarán [albarán]《←アラビア語 al-bara「自由身分の証書」》男 ❶ 貨物引渡し通知書;［商品の］受領書. ❷《主に西》ドア・窓などの貼り紙「貸家」「売家」などの表示. ❸《歴史》証書, 証文
albarazado, da [albaraθáðo, ða] 形 ❶［白色などの］斑点のある: uva 〜 da 皮が汚(シ)入りのブドウ. ❷［皮膚が］白癬にかかった〔人〕. ❸《歴史》《中南米》の cambujo とムラート mulato との混血の〔人〕. ❹《中米》中国人との混血の〔人〕; 中国人とヘニサロ jenízaro の混血の〔人〕
albarazo [albaráθo] 男《主に》❶《獣医》［馬の〕白癬, タムシ. ❷《廃語》白斑《ハンセン病の一種》
albarca [albárka] 囡《西》=**abarca**
albarcoque [albarkóke] 男 =**albaricoque**
albarda [albárða]《←アラビア語 al-bardaa》囡 ❶《馬具》1) [荷を傷めないように藁などを詰めた] 荷鞍: bestia de 〜 荷役用家畜. caballo de 〜 荷役馬. 〜 gallinera 鞍覆付き荷鞍. 2)《中米》［生皮の〕鞍. ❷《西.料理》塩漬けの豚脂肉 tocino の薄切り
〜 *sobre* 〜［無駄に〕重複, 屋上屋を架すこと
〜 *sobre aparejo*《中南米》〜 sobre 〜
como ahora llueven 〜*s*《まれ》とうい無理な, 不可能な
echar una 〜 *a*＋人《口語》…を我慢するので図に乗る
venirse (*volverse*) *la* 〜 *a la barriga*《口語》当てが外れる, 思惑どおりにならない
albardado, da [albarðáðo, ða] 形 ❶［牛などが］背中だけ毛色の違う. ❷《カンタブリア, バスク, ナバラ.料理》［肉・魚などが］揚げ衣のついた
albardán [albarðán] 男 道化役, おどけ者
albardar [albarðár] 他 ❶［馬に］荷鞍 albarda を置く. ❷《料理》［肉汁を逃がさないように鶏肉・魚などを］豚の脂身で巻く;［揚げ物の］衣をつける
albardear [albarðeár] 自《中米》野生の馬を飼い慣らす
albardela [albarðéla] 囡［小馬の］調教用の鞍〔=albardilla〕
albardería [albarðería] 囡 ❶ 荷鞍店. ❷ 荷鞍の製造(販売)業. ❸ 荷鞍店街
albardero, ra [albarðéro, ra] 形 →**rosa** albardera
―― 图 荷鞍の製造(販売)業者
albardilla [albarðíʎa]〔albarda の示小語〕囡 ❶［小馬の］調教用の鞍, 塀のひさし, 笠石〔=caballete〕. ❷ 羊の縮れ毛. ❸《料理》1)《西》［肉汁が逃げないように肉・魚などに巻く］豚の脂身. 2)［まれ］揚げ物の衣. ❹［水売り・水運び人の］肩当て;［羊毛刈り用はさみの］指当て. ❻［雨の後にできる］泥ぬかり;［湿った土を耕した後についた］鋤の泥. ❼《廃語》野菜畑の畝. ❽《まれ》[羊の背の]密生した毛. ❾《まれ.トランプ》いかさま: hacer 〜 インチキをする
albardín [albarðín] 男《植物》アルバルディン《葉から繊維を取る. 学名 Lygeum spartum》
albardinar [albarðinár] 男 アルバルディン畑
albardón [albarðón] 男 ❶《示大辞》❶ 大型の荷鞍. ❷《アンダルシア》［牧童・農民の〕鞍. ❸《中南米》［水位が上がっても水没しない］小高い所. ❹《中米》塀のひさし
albardonería [albarðonería] 囡 =**albardería**
albardonero, ra [albarðonéro, ra] 形 =**albardero**
albarejo [albaréxo] 形 白い〔=candeal〕
albarelo [albarélo] 男［薬局で使う］小さな容器, 陶製の入れ物
albareque [albaréke] 男《イワシ獲り用の》網
albarico [albaríko] 形 白い〔=candeal〕
albaricoque [albarikóke]《←アラビア語 al-barquq》男《西.果実, 植物》アンズ, アプリコット
albaricoquero [albarikokéro] 男《植物》アンズ〔の木〕

albarigo [albarígo] 形 白い《=candeal》

albarillo [albaríʎo] I《←?語源》男 [踊り・歌を盛り立てる] ギターの速弾き
II《←albo》男《植物, 果実》白アンズ

albarino [albaríno] 男《古語. 化粧》おしろい

albariño, ña [albaríno, ɲa] 形 アルバリーニョ《ガリシア産の白ワイン》; [ブドウが] アルバリーニョ種の

albarizo, za [albaríθo, θa] 形 白っぽく乾いた [土地]《ブドウの生育に適している》
── 女 ❶ 塩湖. ❷《アンダルシア》白っぽく乾いた土地

albarquero, ra [albarkéro, ra] 名 サンダル albarca を作る（売る）人

albarracinense [albaraθinénse] 形 名《地名》アルバラシン Albarracín の [人]《テルエル県の城で有名な町》

albarrada [albaráða] 女 ❶ [モルタルで固めていない] 石垣. ❷ [石垣の] 段々畑. ❸ 畑の囲い. ❹ =alcarraza. ❺《まれ. 軍事》防壁, 防御柵

albarrana [albarána] 女 ❶《植物》カイソウ（海葱）. ❷《築城》側防塔《=torre ～》

albarráneo, a [albaráneo, a] 形《古語》よそ者の

albarranilla [albaraníʎa] 女《植物》カイソウ《=albarrana》

albarraz [albarráθ] 男 ❶《植物》ヒエンソウ（飛燕草）. ❷《廃語》白斑《=albarazo》

albarrazado, da [albaraθáðo, ða] 形 =albarazado

albarsa [albársa] 女 漁師が衣類と道具を入れる籠

albaruco [albarúko] 男《地方語. 植物》オウトウ, サクラ《=cerezo》

albatoza [albatóθa] 女 屋根のある小舟

albatros [albátros] 男《←英語 albatross》 ❶《単複同形》 ❶《鳥》アホウドリ. ❷《ゴルフ》アルバトロス

albayaldado, da [albajaldáðo, ða] 形 鉛白を塗った

albayaldar [albajaldár] 他 …に鉛白を塗る

albayalde [albajálde] 男《←アラビア語 al-bayad「白」》鉛白 (鉛白)

albazano, na [albaθáno, na] 形 [馬が] 濃い栗色の, 栗毛の

albazo [albáθo]《中南米》払暁戦《=alborada》; 払暁起き; 暁の恋歌

albeante [albeánte] 形 白くなる

albear [albeár]《←albo》自 ❶ 白くなる. ❷《アルゼンチン》早起きする, 明け方に起きる
── 他《アンダルシア, カナリア諸島》[壁を] 漆喰で白く塗る

albedo [albéðo] 男《天文》アルベド, 反射係数

albedriar [albeðrjár] 10 他《古語》[自分の意志で] 判断する

albedrío [albeðrío] 男《←ラテン語 arbitrium「自由意志」< arbiter, -tri「審判員」》男 ❶ 自由意志《自分の意志で判断する自由. 哲学的・神学的観点では人間に備わった独自な能力. =libre ～》. ❷ 気まぐれ, 好き勝手. ❸ しきたり, 慣例, 慣習. ❹《古語》裁決, 判決. ❺《古語》自由裁量, 決定の自由
*al ～ de+*人／*a su ～* …の本人の意志で; 好き勝手に, やりたい放題に: Aquí las cosas funcionan *al ～ de* mi padre. ここでは物事は父の思いのままに進行する. Hazlo *a tu ～*. 君の好きなようにやれ／勝手にしろ
rendir el ～ 意志を曲げる, 他人の意に従う
*según el ～ de+*人 =*al ～ de+*人

albedro [albéðro] 男《アストゥリアス. 植物》イチゴノキ《=madroño》

albéitar [albéjtar] 男《古語》獣医《=veterinario》

albeitería [albejtería] 女《古語》獣医学《=veterinaria》

albeldar [albeldár] 23 他《地方語》=beldar

albeldense [albeldénse] 形 名 アルベルダ・デ・イレグア Albelda de Iregua の [人]《ラ・リオハ県の村》; Albelda の [人]《ウエスカ県の村》

albellón [albeʎón] 男 =albollón

albenda [albénda] 女《古語》編み込み模様の白い麻製の壁飾り, 壁掛け

albendera [albendéra] 女 ❶ 壁掛け albenda を織る女. ❷ 怠け者の女, 出歩くのが好きな女

albengala [albeŋgála] 女《古語》[スペインのイスラム教徒がターバンに使った] ごく薄い布

Albéniz [albéniθ]《人名》Isaac ～ イサーク・アルベニス《1860–1909, カタルーニャ生まれの作曲家・ピアニスト.『スペイン組曲』 *Suite española*》

albense [albénse] 形 名《地名》アルバ・デ・トルメス Alba de Tormes の [人]《サラマンカ県の村》

albéntola [albéntola] 女 [小さい魚を獲る] 目の細かい漁網

albeo [albéo] 男《アンダルシア, カナリア諸島》[壁を] 漆喰で白く塗ること

alberca [albérka] 女《←アラビア語 al-birka「池」》 ❶ [壁面に煉瓦などを積んだ, 主に灌漑用の] 用水池, 貯水槽. ❷《メキシコ》プール《=piscina》. ❸《南米》給餌器. ❹《コロンビア》たらい
en ～ [建物が建築中で, または壊れて] 壁だけの, 屋根のなし

albercano, na [alberkáno, na] 形 名《地名》ラ・アルベルカ La Alberca の [人]《サラマンカ県の村》

albérchiga [albértʃiɣa] 女 =albérchigo

alberchigal [albertʃiɣál] 男 albérchigo の果樹園

albérchigo [albértʃiɣo] 男《果実, 植物》 ❶ モモの一種《真っ黄色で果肉は固くジューシー》. ❷《地方語》アンズ, アプリコット《=albaricoque》

alberchiguero [albertʃiɣéro] 男《植物》 ❶ モモの一種《=albérchigo》. ❷《地方語》アンズ《=albaricoquero》

albercoque [alberkóke] 男《ムルシア, メキシコ. まれ》アンズ, アプリコット《=albaricoque》

albercoquero [alberkokéro] 男《植物》アンズ《=albaricoquero》

Alberdi [albérði]《人名》**Juan Bautista** ～ フアン・バウティスタ・アルベルディ《1810～84, アルゼンチンの法学者・経済学者・ジャーナリスト・外交官. 1853年の共和国憲法の編纂に影響を与える. 亡命生活が長く, その中で思想・政治・法律に関する著作を数多く残した.『アルゼンチン連邦制組織の基礎と出発点』*Bases y puntos de partida para la organización de la Confederación Argentina*. 自国の政治を皮肉を込めて描いた哲学的小説『昼の光の巡歴, もしくは新世界における真理の旅と冒険』*Peregrinación de la luz de día; o, viajes y aventuras de la verdad en el Nuevo Mundo*》

albergador, ra [alberɣaðór, ra] 名 ❶ 泊める [人], 宿を貸す [人]. ❷《廃語》旅館の主人

albergar [alberɣár]《←ゴート語 haribaírgon「泊める」》8 他 ❶ [場所が] …の宿泊施設（避難所）となる: Este edificio *alberga* treinta familias. この建物には30世帯が入っている. ❷ [人が主語] 一時的に住まわせる, 宿を貸す: Un amigo nos *albergó* en su casa durante el huracán. 友人がハリケーンの間私たちを自宅に泊めてくれた. ❸ 内部にある, 含む: El piso *alberga* armamento de diferente clase. マンション内には各種の武器が隠されている. El documento *alberga* un informe muy duro contra la mafia japonesa. 文書には日本の暴力団への厳しい報告が載っている. ❹ [感情・意図などを] 抱く: Ella *albergaba* un profundo rencor contra su hermana. 彼女は姉に対して深い恨みを抱いていた. *Albergo* la esperanza de ir a Perú. 私はいつかペルーに行きたいと願っている
── 自／～*se* ❶ 泊まる; 避難する. ❷ [感情・意図などが] 胸中にある

alberge [albérxe] 男《ナバラ, リオハ, アラゴン. 果実, 植物》アンズ, アプリコット《=albaricoque》

albergero [alberxéro] 男《アラゴン. 植物》アンズ《=albaricoquero》

albergo [albérɣo] 男《まれ》=albergue

albergue [albérɣe] 男《←ゴート語 haribaírgo「宿泊」< ドイツ語 *herberge* < *harjis*「部隊」+*baírgan*「保つ」》男 ❶ 宿屋, 小ホテル: ～ de montaña 山小屋／～ de [la] juventud ユースホステル. ～ nacional 国民宿舎.《アルゼンチン》ラブホテル. ❷ 避難場所, 逃げ場; [困窮者の] 救護施設: Los excursionistas encontraron un ～ en la montaña. ハイカーたちは山中で避難場所を見つけた. ❸ El monasterio ofrece ～ a los peregrinos. 修道院は巡礼者に宿を提供する. *pedir ～* 宿を乞う. ❹ 庇護, 保護: En los momentos difíciles un buen amigo y la familia son ～ seguros. 困った時に本当に頼りになるのは親友と家族だ. ❺ [動物の] 巣, ねぐら. ❻《廃語》孤児院. ❼《マルタ島の聖ヨハネ騎士団の》出身国別の宿泊所（宿坊）
*dar ～ a+*人 …を泊める; 間貸しする: Los habitantes del pueblo *dieron ～ al* forastero. 村人たちはそのよそ者を泊めてやった

alberguería [alberɣería] 女《古語》[巡礼者など用の] 宿坊; 救貧院

alberguero, ra [alberɣéro, ra] 名《古語》宿屋の主人; 泊める人

alberguismo [alberɣísmo] 男 ユースホステルを利用する旅行

alberguista [alberɣísta] 名 ユースホステルを利用する旅行者
albericoque [alberikóke] 男《ブルゴス，アラゴン；メキシコ》=**albaricoque**
albero, ra [albéro, ra] 形 鮮黄色の；《廃語》白い〖=albar〗
── 男 ❶〖公園の道・闘牛場用の〗鮮黄色の砂. ❷《闘牛》砂場〖=ruedo〗. ❸ 布巾. ❹《地方語》白く乾いた土地. ❺《サラマンカ》〖衣類を漂白する時〗衣類の上から灰汁をまくための布；〖台所の〗炉の灰置場
alberque [albérke] 男 =**alberca**
alberquero, ra [alberkéro, ra] 名 用水池 alberca の管理人
Alberti [albérti]《人名》**Rafael ~** ラファエル・アルベルティ〖1902〜1999, 20世紀スペインを代表する詩人．民衆的な伝統に根ざしながらもシュルレアリスム的な手法を取り入れた．共産党員だったため内戦後は亡命を余儀なくされるが，晩年に帰国．『陸の船乗り』*Marinero en tierra*,『カル・イ・カント』*Cal y canto*,『天使たち』*Sobre los ángeles*〗
albertita [albertíta] 女《鉱物》アルバート鉱
albicante [albikánte] 形 白くなる
albiceleste [albiθelésté] 形《サッカー》マラガ・スポーツクラブ Club Deportivo Málaga の〖選手〗〖ユニフォームの色から〗
albigense [albixénse] 形 名 ❶《地名》〖南フランスの都市〗アルビ Albi の〖人〗. ❷《キリスト教》アルビ〖ジョア〗派の〖人〗〖12〜13世紀，主に南フランスに広まった異端．カタリ派 cátaro と同義．アルビジョア十字軍 Cruzada albigense により弾圧された〗
albihar [albjár] 男《植物》イワマグギクの一種〖=manzanilla loca〗
albillo, lla [albíʎo, ʎa] 形 uva ~*lla* アルビーリャ〖小粒で甘い白ブドウ〗. vino ~ アルビーリャワイン
albín [albín] 男 ❶ 血石，血玉髄；赤鉄鉱. ❷《美術》〖フレスコ画の〗深紅色の顔料
albina[1] [albína] 女 塩〖性〗湿地，そこに干上がった塩
albinismo [albinísmo] 男 ❶《医学》白化現象，白化症，先天性白色症，白子(じろ)；《生物》白化
albino, na[2] [albíno, na]〖←albo〗形 ❶ 白化現象の，先天性白色症の〖人〗，白子の〖人〗. ❷《古語》モリスコ morisco とスペイン人〖ヨーロッパ人〗との混血の〖人〗
Albión [albjón]《詩語》アルビオン〖イングランドの古名〗
albita [albíta] 女《鉱物》曹長石
albitana [albitána] 女 ❶ 植木囲い，樹木の支柱. ❷《船舶》副船首材；船尾補強材
albivioleta [albiβjoléta] 形 ❶《サッカー》レアル・バジャドリード Real Valladolid の〖選手〗〖ユニフォームの色から〗
albo, ba [álbo, ba]〖←ラテン語 albus「白い」〗《詩語》白い
alboaire [alboáire] 男《建築》〖丸天井の〗タイル装飾〖の〗
albogón [alboɣón] 男《音楽》❶ バグパイプに似た楽器. ❷《古語》低音の横笛〖木製で穴は7つ〗
albogue [alβóɣe] 男《音楽》❶〖旅芸人・羊飼いの〗ひなびた笛. ❷《複》シンバルの一種
alboguear [aloɣeár] 自 笛を吹く；シンバルを鳴らす
alboguero, ra [alβoɣéro, ra] 名 ❶ 笛を吹く人；シンバルを鳴らす人. ❷ 笛〖シンバル〗を作る人
albohol [alβoól] 男《植物》❶ フランケニアの一種〖学名 Frankenia pulverulenta〗. ❷ ヒルガオ
albojense [alboxénse] 形 名《地名》アルボクス Albox の〖人〗〖アルメリア県の村〗
albollón [aboʎón] 男 ❶〖池・中庭などの〗排水道. ❷ 下水道，下水溝
alboloduyense [aboloðwjénse] 形 名《地名》アルボロドゥイ Albolodoy の〖人〗〖アルメリア県の村〗
alboloteño, ña [alboloténo, ɲa] 形 名《地名》アルボロテ Albolote の〖人〗〖グラナダ県の村〗
albóndiga [albóndiɣa] 女〖←ラテン語 al-bunduqa「ヘーゼルナッツの小球」〗女 ❶《料理》肉だんご，ミートボール. ❷《西》丸めた鼻くそ
albondigón [alβondiɣón] 男《まれ》大型の肉だんご
albondiguilla [alβondiɣíʎa] 女《西》丸めた鼻くそ〖=albóndiga〗
alboquerón [alβokerón] 男《植物》アフリカマスタード〖アブラナ科．学名 Malcolmia africana〗
albor [albór] 男〖←ラテン語 albor, -oris「白さ」< albus「白い」〗男《文語》❶ 明け方，暁：Con el primer ~, nos pusimos en marcha. 空が白むとすぐ私たちは出発した．quebrar ~*es* 夜が明ける. ❷〖主に複〗初期：en los ~*es* de la humanidad 人類の

黎明期に．en los ~*es* de la Edad Media 中世初期に．~*es* de la libertad 自由の曙光．~[*es*] de la vida 幼年〖青春〗時代. ❸ 白さ，純白
alborada [alboráða]〖←albor〗女 ❶《文語》夜明け，明け方，暁. ❷ 夜明けの音楽，オバド；朝の演奏. ❸《軍事》起床ラッパ；明け方の攻撃，朝駆け
albórbola [albórβola] 女《まれ》〖主に複〗歓声，歓呼
alboreá [alboreá] 女《フラメンコ》アルボレアー〖ジプシーの婚礼のための歌〗
alboreada [alboreáða] 女《地方語》夜明け
alboreante [alboreánte] 形《文語》始まりの，兆しの
alborear [alboreár] 自〖←albor〗自 ❶〖単人称〗夜が明ける，空が白む：Alboreaba un día de primavera. 春の一日が明けようとしていた. ❷ 兆候が現われる：Alborea una nueva época. 新しい時代が始まろうとしている
alboreo [alboréo] 男 夜明け
alborga [albórɣa] 女《地方語》〖縄編み底の〗ズック靴
albornía [albornía] 女《古語》〖釉薬をかけた〗どんぶり
albornio [albórnjo] 男《アストゥリアス．植物》イチゴノキ〖=madroño〗
alborno [albórno] 男 =**alburno**
albornoz [albornóθ] 男〖←アラビア語 al-burnus「頭巾」〗男《複 ~*ces*》❶《服飾》1)《西》バスローブ. 2)《古語》〖モーロ人の〗フード付きマント. ❷《古語》うね織りの毛織物
alborocera [aloβoθéra] 女《アラゴン．植物》イチゴノキ〖=madroño〗
alboronía [alboronía] 女《バレアレス諸島．料理》アルボロニア〖ナス・トマト・カボチャ・ピーマンを刻んで煮込んだもの〗
alboroque [alβoróke] 男 ❶《売買の仲介者への》もてなし，接待；贈り物. ❷〖世話になった〗お礼の品，謝礼〖の宴〗
alborotadamente [alborotáðamente] 副 興奮して，動揺して，あわてて
alborotadizo, za [alborotaðíθo, θa] 形 すぐ興奮する，激しやすい；怒りっぽい
alborotado, da [alborotáðo, ða] 形 ❶ 興奮した，動揺した；ざわついた. ❷ そそっかしい，あわて者の. ❸〖髪の毛が〗乱れた，もつれた. ❹《海が》荒れた
alborotador, ra [alborotaðór, ra] 形 名 ❶ うるさい，騒々しい：gritos ~*es* de los niños 子供たちの騒がしい声. ❷ 騒ぎを起こす〖人〗；扇動者，破壊分子
alborotapueblos [alborotapwéβlos] 名《単複同形》❶ 扇動者，騒ぎの火付け役. ❷《口語》楽しいにぎやかな人，盛り上げ役
alborotar [alborotár]〖←?ラテン語 volutare「揺り動かす」< volvere「かき回す」(alborozar の影響)〗他 ❶ 乱す，ごちゃごちゃにする，ひっかき回す：El viento *alborota* el pelo. 風が髪を乱す．Ha *alborotado* todos los discos y no encuentro ahora ninguno de los Beatles. お前がレコードを全部ごちゃごちゃにしてしまったのでビートルズが1枚も見つからない. ❷〖事物が〗不安にする，動揺させる，動転させる：Los exámenes la *alborotan*. 試験が彼女を不安な気持ちにしている．Lo ha *alborotado* la noticia de la enfermedad de su padre. 父の病気の知らせは彼を動揺させた. ❸ 興奮させる；扇動する，アジる：Julio siempre *alborota* la clase. フリオはいつもクラスを騒がせる. ❹ …に気を持たせる，気をそそる. ❺《まれ》喜ばせる
── [大声を上げて] 騒ぐ，騒ぎ回る：¡No *alborotéis*, niños! 子供たち，静かにしなさい！
── **~se** ❶ [大声を上げて] 騒ぐ：Los niños *se alborotaron* con la tarta de cumpleaños. 子供たちはバースデーケーキに大騒ぎした. ❷ 不安になる，動揺する：Ana *se alborota* en cuanto oye el teléfono. アナは電話の音を聞いたとたんキッとする. ❸ 興奮する，かっとなる. ❹ 気をそそられる. ❺ 揺れ動く，乱れる；《海が》荒れる，波立つ
alborotero, ra [alborotéro, ra] 形 名 =**alborotador**
alboroto [alboróto] 男〖←alborotar〗男 ❶〖大声で〗騒ぎ，にぎわさ；騒ぐ音：Se armó un buen ~ cuando llegó la hora del recreo. 休み時間になると教室は蜂の巣を突いたような騒ぎが始まった．~ nocturno 夜間騒音. ❷ 騒動；暴動. ❸ 驚き；不安. ❹《メキシコ，中米，コロンビア》甘いポップコーン. ❺《メキシコ》歓声，大喜び
alboroza [alboróθa] 女《アラゴン》マドロニャ madroño の実
alborozadamente [alboroθáðamente] 副 大喜びで，狂喜して；うれしそうに，浮き浮きして

alborozado, da [alƀoroθáđo, đa] [形] 大喜びの, 喜色満面の, うれしそうな, 浮き浮きした

alborozador, ra [alƀoroθađór, ra] [形] [名] 大喜びさせる〔人〕, 面白がらせる〔人〕

alborozar [alƀoroθár] 〖←alborozo〗 [9] [他] ❶《主に西》大喜びさせる, うれしがらせる; 浮き浮きさせる, 陽気にする; 面白がらせる. ❷《古語》ひどく混乱させる

—— **~se** ❶《主に西》大喜びする, うれしくなる, 浮き浮きする. ❷《古語》混乱をきわめる

alborozo [alƀoróθo] 〖←アラビア語 al-buruz「軍隊の行進」(その騒音から)〗 [男] ❶《主に西》大喜び, 狂喜, 歓喜, 大変なうれしさ: Recibieron con afectuoso ~ la llegada de los dos ayudantes. 2人の手伝いの到着を彼らは喜んで温かく迎えた. ❷《古語》大混乱

alborto [alƀórto] [男]《地方語. 植物》イチゴノキ〖=madroño〗

albotín [alƀotín] [男]《植物》テレビンノキ〖=terebinto〗

albriciar [alƀriθjár] [10] [他]《まれ》❶ 吉報を伝える, 良い知らせをもたらす. ❷［吉報を伝えた人に］祝儀を渡す, 心付けを出す

albricias [alƀríθjas] 〖←アラビア語 al-bisra「吉報」〗 [女] [複]《古語》❶［吉報を伝えた人に渡す］祝儀, 心付け: dar ~［吉報の］祝儀を渡す. ❷［慶事の］内祝いの贈り物; 慶びの言葉

ganar las ~《メキシコ》吉報を誰よりも早く知らせる, 吉報の知らせ役となる

—— [間]［吉報に対し］おめでとう, よかったな, 万歳!: ¡*A*~, has aprobado el examen! おめでとう! 試験に合格して

albudeca [alƀuđéka] [女] 質の悪い(まずい)スイカ

albufera [alƀuféra] 〖←アラビア語 al-buhaira「潟, 小さな海」〗 [女]《西》潟, 潟湖

albugíneo, a [alƀuxíneo, a] [形] ❶ 純白の, 真っ白な. ❷《解剖》白膜の, 白膜のような

—— [女]《解剖》白膜

albuginitis [alƀuxinítis] [女]《医学》白膜炎

albugo [alƀúgo] [男]《医学》角膜白斑; 爪の白い斑点

albuhera [alƀwéra] [女]《古語》=**albufera**; 用水池, 貯水槽

álbum [álƀun] 〖←ラテン語 album「布告用の白板」< albus「白い」〗 [男] ❶ アルバム: pegar los fotos en el ~ 写真をアルバムに貼る. ~ del bautizo 誕生アルバム. ~ familiar 家族のアルバム. ❷ 収集物を納めるもの: ~ de postales 絵葉書帳. ~ de recortes スクラップブック. ~ de sellos 切手帳. ❸［CDなどの］アルバム〖ジャケット, 本体〗: un ~ doble de los Beatles ビートルズの2枚組アルバム

albumen [alƀúmen] [男] ❶《植物》胚乳. ❷ 卵白

albúmina [alƀúmina] [女]《生化》アルブミン: ~ sanguínea 血中アルブミン

albuminar [alƀuminár] [他]《写真》乳化する

albuminoide [alƀuminói̯đe] [男]《生化》アルブミノイド

albuminoideo, a [alƀuminoi̯đéo, a] [形]《生化》アルブミノイド様の

albuminómetro [alƀuminómetro] [男] 蛋白質計

albuminoso, sa [alƀuminóso, sa] [形] 蛋白を含む

albuminuria [alƀuminúrja] [女]《医学》蛋白尿〔症〕

albumosa [alƀumósa] [女]《生化》アルブモース

albuñolense [alƀuɲolénse] [形] [名]《地名》アルブニョル Albuñol の〔人〕〖グラナダ県の町〗

albur [alƀúr] **I** 〖←アラビア語 al-bur「試す」〗 [男] ❶《文語》偶然性, 運: Deja sus asuntos al ~. 彼は自分の問題をなりゆき任せにしている. ❷《文語》危険: correr un (el) ~ 危険な目に遭う; 一か八かやってみる. ❸《トランプ》1) 親が最初に引く2枚のカード. 2) [複] ランスケネ〖銀行に似たゲーム〗. ❹《メキシコ, ドミニカ》二重の意味のある隠語. ❺《メキシコ. 口語》賭け. ❻《プエルトリコ. 口語》嘘

estar al ~《中南米》なりゆき次第である, 偶然に任せる;［他人の］決めるままになる: *Estoy al* ~ de si me toca la lotería. 私は宝くじが当たるかどうか天に任せた

II 〖←アラビア語 al-buri「魚」〗 [男]《魚》ボラ〖=lisa〗

albura [alƀúra] 〖←ラテン語 albura < albus「白」〗 [女] ❶《文語》白さ, 純白. ❷［木材の］白太, 辺材: doble ~ 材木の年輪が広がり軟弱になる欠陥. ❸《古語》卵白

alburente [alƀurénte] [形] madera ~ 木質が軟弱で建築に適さない材木

alburero, ra [alƀuréro, ra] [形] [名] ❶《トランプ》ランスケネ albures をする〔人〕. ❷《メキシコ. 口語》言葉遊びの好きな

alburno [alƀúrno] [男] ❶《魚》フナの一種〖学名 Alburnus bipunctatus〗. ❷［木材の］白太

alca [álka] [女]〖単数冠詞: el·un〔a〕〗《鳥》オオハシウミガラス

ALCA [álka]《略語》←Area de Libre Comercio de las Américas 米州自由貿易地域, FTAA

alcabala [alkaƀála] 〖←アラビア語 al-qabala「契約」〗 [女] ❶《歴史》売上税〖すべての商品に課された. 14世紀にアルフォンソ11世によって設けられ, 1574年にメキシコに導入. 以後, 中南米全域で徴収された. もともと税率は商品価格の2%だったが, 次第に上昇した(5〜10%). 1845年消滅〗: ~ de viento 外国人が支払った売上税. ❷《ベネズエラ》警察の国道検問所

alcabalatorio, ria [alkaƀalatórjo, rja] [形]《歴史》売上税の; 売上税関係法規書の; 売上税課税表の, 売上税課税地域の

alcabalero [alkaƀaléro] [男] ❶ 徴税請負人. ❷《歴史》売上税徴収人

alcabor [alkaƀór] [男]［暖炉・煙突の］釣り鐘型のフード

alcabucero [alkaƀuθéro] [男]《地方語》=**arcabucero**

alcabuz [alkaƀúθ] [男]《地方語》=**arcabuz**; **arcaduz**

alcacel [alkaθél] [男] =**alcacer**

alcacer [alkaθér] [男]［オオムギの］青麦; 大麦畑〖=cebadal〗

estar ya duro el ~ para zampoñas 《廃語》年寄の冷や水である; 時すでに遅し

estorzar a+人 ***el ~*** 《口語》…がはしゃぐ, 浮かれる, ふざける

alcachofa [alkatʃófa] 〖←アラビア語 al-jarsuf〗 [女] ❶《植物》チョウセンアザミ, アーティチョーク; その花托〖食用部分〗: corazón de ~ アーティチョークの中心部分. tortilla de ~ アーティチョーク入りオムレツ. ~*s* braseadas アーティチョークの炭火焼き. ❷《西》［じょうろ・シャワーの］口;［ホースの］散水口. ❸《西》マイクヘッド. ❹《俗語》女性性器

alcachofado, da [alkatʃofáđo, đa] [形] アーティチョーク形の

—— [男]《料理》アーティチョークの煮込み

alcachofal [alkatʃofál] [男] アーティチョーク畑; 野生チョウセンアザミの繁茂地

alcachofar [alkatʃofár] [男] =**alcachofal**

—— [他]《廃語》［アーティチョークのように］広げる, ばらばらにする

alcachofero, ra [alkatʃoféro, ra] [形]［植物が］アーティチョークのできる

—— [名] アーティチョークの生産(販売)者

—— [女]《植物》アーティチョーク〖=alcachofa〗

alcací [alkaθí] [男]〖[複] ~es〗=**alcaucil**

alcacil [alkaθíl] [男]《地方語》=**alcaucil**

alcadafe [alkađáfe] [男]［ワイン樽・酒袋の注ぎ口の下に置く］受け鉢

alcaduz [alkađúθ] [男]《地方語》=**arcaduz**

alcaecería [alkaeθería] [女]《廃語》=**alcaicería**

alcagüés [alkagwés] [女]《口語》ピーナッツ〖=alcahuete〗

alcahaz [alk〔a〕áθ] [女] 大型の鳥かご

alcahazada [alka〔a〕θáđa] [女] [集名]《廃語》かご alcahaz に入っている鳥

alcahazar [alka〔a〕θár] [9] [他]《廃語》［鳥を］かご alcahaz に入れる

alcahotar [alkaotár] [他]《古語》売春(不倫)の仲介をする

alcahuetar [alkawetár] [他]《古語的》売春(不倫)の仲介をする

alcahuete, ta [alkawéte, ta] 〖←アラビア語 al-qawwad「仲介者」〗 [形] [名]《軽蔑》❶《古語的》売春(不倫)の仲介者, ポン引き: vieja ~*ta* やり手ばばあ. ❷ うわさ話の好きな人. ❸《プエルトリコ, アルゼンチン, ウルグアイ》おべっか使い〔の〕, ごますり屋〔の〕. ❹《アルゼンチン, ウルグアイ》たれこみ屋〔の〕

—— [男] ❶《口語》ピーナッツ. ❷《演劇》［幕間用の］仮の幕, 目隠し

alcahuetear [alkaweteár] [他] ❶ 話の種にする, しゃべり回る. ❷《アルゼンチン, ウルグアイ》…におべっかを使う, ごまをする

—— [自] ❶《古語的》売春の仲介をする. ❷ うわさ話をして回る

alcahueteo [alkawetéo] [男]《古語的》売春の仲介

alcahuetería [alkawetería] [女] ❶《古語的》売春の仲介, 不倫の取り持ち. ❷ うわさ話をすること. ❸《口語》女を誘惑する術, 手練手管, 口車. ❹《口語》他人の悪事を隠すこと, かばい立て

alcahuético, ca [alkawétiko, ka] [形]《まれ》売春の仲介の

alcaicería [alkai̯θería] [女]《歴史》［イスラム統治時代の］絹製品店街;［グラナダなどの］絹税徴収所

alcaico [alkái̯ko] [形]《詩法》verso ~ アルカイオス Alcaios 句格の詩

alcaide [alkái̯đe] 〖←アラビア語 al-qaid「総督」〗 [男] ❶ 刑務所長, 看守長. ❷《歴史》城代官, 城塞の守備隊長. ❸《歴史》［穀

物市場などの]監視人, 管理人. ❹《歴史》~ de los donceles 小姓頭, 小姓の教育係

alcaidesa [alkaidésa] ❶ 刑務所長の妻. ❷《歴史》砦の守備隊長の妻

alcaidía [alkaidía] 女 ❶ alcaide の職務(地位). ❷ alcaide の家(執務室). ❸ 砦の守備隊長の管轄領; そこを宿営が通る通行税

alcalaíno, na [alkaláino, na] 形 名《地名》❶ アルカラ・デ・エナレス Alcalá de Henares の(人)[=complutense]. ❷ アルカラ・デ・ロス・ガスレス Alcalá de los Gazules の(人)《カディス県の町》. ❸ アルカラ・ラ・レアル Alcalá la Real の(人)《ハエン県の町》

alcalareño, ña [alkalaréɲo, ɲa] 形 名《地名》❶ アルカラ・デ・グアダイラ Alcalá de Guadaira の(人)《セビーリャ県の町》. ❷ アルカラ・デル・リオ Alcalá del Río の(人)《セビーリャ県の村》. ❸ アルカラ・デル・バリェ Alcalá del Valle の(人)《カディス県の村》

Alcalá Zamora [alkalá θamóra]《人名》**Niceto ~** ニセト・アルカラー・サモラ〔1877～1949, スペイン共和主義左派の政治家. 第二共和制において, 臨時政府首班を経て1931年初代大統領となる〕

alcaldable [alkaldáble] 名 市長(町長・村長)候補

alcaldada [alkaldáda] 女 ❶《軽蔑》[alcalde などの]職権乱用, 横暴. ❷《まれ》愚にもつかぬ言い草

alcalde, desa [alkálde, alkaldésa]〔←アラビア語 al-qadi「判事」< qada「解決する, 判断する」〕名 ❶ 市長, 町長, 村長《中世では裁判官を兼ねていた》; その夫人: ~ de barrio 区長. ~ pedáneo《西》[村落・遠隔地の]区長. ~ de《歴史》[村で微罪・小紛争を処理する]判事補. El A~ de Zalamea『サラメアの村長』〔1651, カルデロン Calderón の戯曲. 貴族に蹂躙された平民の名誉を描いた. 日本語への初訳は森鷗外兄弟による『調高矣洋絃一曲』〕. ❷ […판사, 司法官, 司法官: ~ de alzadas 上訴審(上級審)の裁判官. ~ de casa y corte/~ de corte カスティーリャ最高法院の司法官. ~ de hijosdalgo〔バリャドリード・グラナダの大法官廷の〕司法官. ~ de la cuadra セビーリャ司法院の司法官. ~ de la Mesta/~ de cuadrilla 移動牧羊業者組合が任命する下級司法官. ~ del crimen〔バリャドリード・グラナダの大法官廷の〕刑事裁判の司法官. ~ del rastro 首都とその近郊の刑事裁判の司法官. ~ de monterilla《口語》田舎判事. ~ de obras y bosques 森林・王領地を管轄する高等裁判官. ~ de sacas 輸出禁止品の流出を防止する判事. ~ [mayor] entregador 移動牧羊業者組合 Mesta 内の紛争処理委任判事. ~ ordinario〔小村の〕村長が兼任する下級審判事. ❸《歴史》1)~ corregidor〔中世の〕王室代理官の代官. ~ mayor〔国王任命の〕代官〔スペイン領アメリカの行政長官兼任の〕大判事〔副王が任命権をもつ重要な地方行政官で職掌は行政・司法・治安維持・徴税など多岐にわたったが, 17世紀後半以降その職は売買の対象となる〕. 2) 司法官〔スペイン領アメリカにおいて市参事会 cabildo で選ばれる地方行政官. 任期は原則として1年. 通常, 都市には2名, 小規模な町では1名. 主に秩序の維持と下級裁判官として]: ~ de barrios 各居住区の長. ~ de crimen 刑事事件を担当する下級司法官〔フェリペ2世の時代, メキシコ市とリマ市のアウディエンシア audiencia に新設〕. ~ de la hermandad 村落の治安維持や犯罪や不正を捜査する下級判事. ❹ フィギュアダンスの進行役 ── 男《トランプ》❶ アルカルデ〔6人または3人でするゲーム〕. ❷ カードを手放しゲームに加わらない人

~ de noche 夜警
~ del agua〔灌漑の〕水番, 水裁判・水紛争のまとめ役
~ del mes de enero〔仕事の〕新米, 新人, 駆け出し

alcaldesco, ca [alkaldésko, ka] 形《軽蔑》市長の, 市長らしい

alcaldía [alkaldía]〔←alcalde〕女 ❶ 市(町・村)長の職(管轄区). ❷ 市役所, 町役場; 役場: Tengo que ir a la ~ a buscar un certificado. 私は証明書を受け取りに市役所へ行かねばならない. ❸ 市(町・村)の行政区域. ❹《歴史》司法官・執政官 alcalde の管轄区: ~ mayor〔新大陸の〕行政長官兼任の大判事 alcalde mayor の管轄区

alcalemia [alkalémja] 女《医学》アルカリ血[症]
alcalescencia [alkalesθénθja] 女《化学》アルカリ化
alcalescente [alkalesθénte] 形《化学》弱アルカリ性の
álcali [álkali]〔←俗ラテン語 alcali < アラビア語 al-qali「ソーダ」〕男

alcance

《化学》アルカリ

alcalimetría [alkalimetría] 女《化学》アルカリ滴定(定量)
alcalímetro [alkalímetro] 男《化学》アルカリメーター
alcalinidad [alkalinidád] 女《化学》アルカリ性; アルカリ度
alcalinización [alkaliniθaθjón] 女《化学》アルカリ化
alcalinizante [alkaliniθánte] 形《化学》アルカリ化する
alcalinizar [alkaliniθár] 9 他《化学》アルカリ化する
alcalino, na [alkalíno, na] 形《化学》アルカリ[性]の: metales ~s アルカリ金属. tierras ~nas アルカリ性土壌
alcalinotérreo, a [alkalinotérreo, a]《元素》アルカリ土類金属[の]
alcalización [alkaliθaθjón] 女 **=alcalinización**
alcalizar [alkaliθár] 9 他 **=alcalinizar**
alcaller [alkaʎér] 男《まれ》❶ 陶工[=alfarero]. ❷ 陶工の仕事
alcallería [alkaʎería] 女《集名》《まれ》陶器
alcaloide [alkalóide] 男 ❶《化学》アルカロイド. ❷《文語》コカイン
alcaloideo, a [alkaloidéo, a] 形《化学》アルカロイドの
alcalometría [alkalometría] 女《化学》[溶液中の]アルカロイド測定
alcalosis [alkalósis] 女《医学》アルカローシス
alcamar [alkamár] 男《ペルー. 鳥》コンドル[=cóndor]
alcamonías [alkamonías] 女 複 ❶《まれ》香辛料になる種子〔アニス, クミンなど〕. ❷ 売春の仲介[=alcahuetería]
alcana [alkána]《植物》セイヨウイボタ[=alheña]
alcaná [alkaná] 女《歴史》ユダヤ人地区の商店街
alcance [alkánθe]〔←alcanzar〕男 ❶ [+de 行為・活動・能力などの]届く]範囲: Tengo los diccionarios siempre a mi ~. 私はいつも手の届くところに辞書を置いている. Esto está más allá del ~ de mi inteligencia. このことは私の理解の範囲を超えている. El coche no está a mi ~ porque es muy caro. その車は値段が高すぎて私には買えない. ~ de emisora de radio ラジオの受信可能地域. ~ de telescopio 望遠鏡の可視範囲. ❷ 見通し, 展望: Es una política de largo ~. これは長期を展望した政策だ. proyecto de mucho ~ 遠大な計画. ~ de trabajos 調査の枠組み. ❸ 重要性, 影響力, 波及効果: afirmación de mucho ~ 大きな影響を及ぼす発表. noticia de gran (mucho) ~ 非常に重要なニュース. ❹ [否定で] 能力, 理解力: Son unas personas de pocos (cortos) ~s. 彼らには大した能力がない. corto de ~s 才能が乏しい. ❺《軍事》射程距離: Los cañones tienen un ~ de 2000 metros. それらの大砲は射程2000メートルである. estar a ~ 射程内にある. cañón de largo ~ 長距離砲. misil de corto (largo) ~ 短(長)距離ミサイル. ❻《ボクシング, フェシシング》リーチ: Ese boxeador tiene largo ~. そのボクサーはリーチが長い. ❼《商業》1) 欠損, 不足額, 赤字. 2) [金融などの]水準, ~台: Ahora el tipo de cambio es de ~ de 100 yenes. 今為替は100円台である. ❽《新聞》締め切り直前のニュース, 最新ニュース[欄][=noticia de ~]. ❾《印刷》[植字工が一回分として受け持つ]記事原稿, 分割原稿. ❿ [前便に追い付く] 特別送達郵便. ⓫《獣医》**=alcanzadura**. ⓬《軍事》[兵士への]支給残金

al ~ de... ...の届くところに: No hay ningún otro ser humano al ~ de la vista. 見渡すほかに人っ子一人いない. Tenemos la victoria a ~ de la mano. 勝利は我々の手のうちに届くところにある. Ella es algo que no está al ~ de mi mano. 彼女はとうてい私の手の届く人ではない. Esos pisos no están al ~ de los funcionarios en común. そんなマンションはとても一般公務員には手が届かない. a la voz ~ 声の届くところに

~ de nombres《チリ》姓・名が同じことによる取り違え
andar a (en) los ~s =**ir a (en) los ~s**
dar ~ a... ...に追いつく[=alcanzar]: Un coche de patrulla dio ~ a los atracadores a la entrada de la autopista. パトカーが高速道路の入り口で強奪犯の車に追いついた
fuera del ~ de +人 [estar+. 距離・権力・価格などが] ...の手が届かない: Deje esta medicina fuera del ~ de los niños. この薬は子供の手の届かないところに置いて下さい
hacer un ~《チリ》加える; 明らかにする
ir a (en) los ~s 1) [+de+事物] もう少しで...を入手(達成)するところである: Va a los ~s de un buen puesto en esa editorial. 彼はその出版社でいいポストにつけそうだ. 2) [+a+

人］…を尾行(追跡・監視)する: El servicio de inteligencia *iba a* los espías *en los* ～*s*. 情報機関はスパイたちを追尾していた

alcancel [alkanθél] [男]《カナリア諸島》家畜の飼料の一種

alcancía [alkanθía] [女] ❶《主に中南米》貯金箱. ❷《隠語》売春宿の主人. ❸《古語》［騎馬戦遊戯に使った］泥玉〘灰や砂を詰めて日干しした泥玉. ぶつけ合い盾で受ける〙: correr (jugar) ～*s* 泥玉騎馬戦をする. ❹《古語. 軍事》火炎弾〘タールなど引火物入りの容器に火をつけ投げる〙. ❺《中南米》献金箱. ❻《ウルグアイ》筆入れ

alcanciazo [alkanθjáθo] [男]《古語》泥玉(火炎弾)の一撃

alcancil [alkanθíl] [男]《ムルシア. 植物》チョウセンアザミ, アーティチョーク〘=alcachofa〙

alcándara [alkándara] [女]《古語》❶ 鷹の止まり木. ❷ 洋服掛け, ハンガー

alcandía [alkandía] [女]《植物, 実》アズキモロコシ〘=zahína〙

alcandial [alkandjál] [男] アズキモロコシ畑

alcandora [alkandóra] [女]《古語》❶《服飾》シャツ形の服; シャツ. ❷ のろし火, 合図の火

alcandórea [alkandórea] [女]《植物》キョウチクトウの一種〘青い花が咲く. 学名 Vinca difformis〙

alcanduz [alkandúθ] [男]《ログローニョ》=**arcaduz**

alcanfor [alkanfɔ́r]〘←アラビア語 al-kafur < サンスクリット語 karpura〙[男] ❶ 樟脳(しょうのう); ナフタリン〘=bolitas de ～〙. ❷《医学》カンフル, カンファー: inyección de ～ カンフル注射. ❸《植物》クスノキ〘=alcanforero〙. ❹《フィリピン》クスノキ材

alcanforada [alkanforáđa] [女]《植物》カンフォロスマ

alcanforar [alkanforár] [他] …に樟脳を入れる(混ぜる): aceite *alcanforado* 樟脳化油

—— **～se**《中南米》蒸発する, 散る, 消える

alcanforero [alkanforéro] [男]《植物》クスノキ

alcanina [alkanína] [女]《化学》アルカンニン

alcano [alkáno] [男]《化学》アルカン

alcántara [alkántara] [女]《古語》［ビロード織り工場の］製造中の布を入れておく箱

alcantarilla [alkantaríʎa]〘←アラビア語 al-qantara「水道橋, 橋」〙[女] ❶ 暗渠(あんきょ), 下水道; どぶ, 排水溝: ～ pluvial 雨水暗渠. ❷ 下水口, 暗渠口〘=boca de ～〙. ❸《まれ》小さな橋, 陸橋. ❹《ベネズエラ》泉〘=fuente〙

alcantarillado [alkantariʎáđo] [男] ❶ [集名] 下水道, 下水設備. ❷ 下水道の敷設

alcantarillar [alkantariʎár] [他] …に下水道(排水溝)を敷設する

alcantarillero [alkantariʎéro] [男] 下水道を見回り修理する係員

alcantarino, na [alkantaríno, na] [形] [名] ❶《地名》アルカンタラ Alcántara の〔人〕〘カセレス県などの町〙. ❷《カトリック》フランシスコ会アルカンタラ派の〔修道士・修道女〕〘聖ペトロ San Pedro de Alcántara が16世紀に設立した改革派〙

—— [男] アルカンタラ騎士団 Orden de Alcántara の騎士〘13世紀, Alcántara に本部が置かれた騎士団〙

alcanzable [alkanθáƀle] [形] 手の届く; 容易に達成(到達)できる: condición ～ 受け入れ可能な条件

alcanzadizo, za [alkanθađíθo, θa] [形] =**alcanzable**

alcanzado, da [alkanθáđo, đa] [形] ❶ 負債(借金)のある: No solo no he ganado nada, sino que aún he salido ～. 私はもうからなかっただけでなく借金までしてしまった. Vamos muy ～*s* de recursos esta temporada. 今期当社は資金ぐりが苦しい. ❷ [estar+] 窮迫している

alcanzador, ra [alkanθađɔ́r, ra] [形] [名] 追う; 追っ手, 追跡者

alcanzadura [alkanθađúra] [女]《獣医》［脚同士がぶつかった］馬の脚の打撲傷; ［鋤の刃が当った］馬の脚の傷

alcanzamiento [alkanθamjénto] [男]《まれ》=**alcance**

alcanzante [alkanθánte] [形]《まれ》=**alcanzador**

alcanzar [alkanθár]〘←alcalçar < 古カスティーリャ語 acalçar「追いすがる」〙[9] [他] ❶ …に追いつく: 1) Si nos damos prisa, podremos ～les. 急げば彼らに追いつけるだろう. Si estudias mucho, *alcanzarás* a los otros alumnos. 一所懸命勉強すれば, 君は他の生徒に追いつくだろう. 2) [+en において] Este niño pronto le *alcanzará* a su hermano mayor *en* altura. この子はすぐに兄の身長に追いつくだろう. ❷ [乗り物に] 間に合う: ¿Podremos ～ el tren, que sale a las siete? 私たちは7時発の電車に間に合うだろうか? ❸ …に手が届く; [手を伸ばして取って, +a+人 に] 渡す: Aunque sea tan alto, no *alcanza* el techo con la mano. どんなに背が高くても天井には手が届かないよ. Por favor, *alcánzame* el abrigo que está ahí. そこにあるオーバーを取ってくれないか. ❹ …に達する, 到達する: *Alcancé* la orilla a nado. 私は泳いで岸までたどりついた. El fuego *alcanzará* el piso más alto. 火は最上階まで達するだろう. ～ la madurez 熟年に達する. ～ la meta (la cima) 目標(頂上)に達する. ～ una velocidad sónica 音速に達する. resultados científicos *alcanzados* hasta ahora 現在まで達成された学術的成果. ❺ …に当たる, 命中する; 衝突する: La bala *alcanzó* en la pierna. 弾は彼の脚に当たった. Un coche *alcanzó* al peatón. 車が歩行者をはねた. Un camión *alcanzó* por detrás a su coche. トラックが彼の車に追突した〘a は目的語の明示〙. ❻ 突き当たる, 行き当たる: Si sigues derecho, *alcanzarás* la glorieta. まっすぐ行けばロータリーにぶつかります. ❼ [数量などが] …に達する, のぼる, 及ぶ: El misil *alcanza* 1000 kilómetros. そのミサイルの射程距離は1千キロだ. Este libro *ha alcanzado* 7 ediciones. この本は7版を重ねた. La montaña *alcanza* 6000 metros. その山は標高6千メートルに達する. La temperatura (El termómetro) *alcanzó* los 20 grados bajo cero. 温度は零下20度にまで下がった. ❽ 達成する, 成し遂げる: Por fin *ha alcanzado* su deseo. 彼はとうとう望みを達成した. ～ la felicidad 幸福になる. ～ su objetivo 目的を達成する. ❾ 獲得する: *Ha alcanzado* la posición social que deseaba mucho. 彼は強く望んでいた社会的地位を獲得した. Él siempre *alcanza* lo que quiere. 彼はいつも望んでいるものを手に入れる. ～ gran éxito 大成功をおさめる. ～ el título de campeón チャンピオンタイトルを得る. ❿ 理解できる: No *alcanzo* lo que me dicen. 私には彼らが言っていることが分からない. ⓫ 知覚できる; 見える, 聞こえる, 嗅ぎ分ける: Desde esta ventana se *alcanza* la montaña. この窓から山が見える. ⓬ [影響・結果・効力などが] …に及ぶ, 行き渡る: Esa ley *alcanza* a todos los damnificados. その法律は罹災者全員に適用される. ⓭ …の時代に生きる, …と同時代に生まれ合わせる: Mis abuelos *alcanzaron* la Segunda Guerra Mundial. 祖父母は第2次世界大戦を知っている

—— [自] ❶ [+a 水準などに] 届く, 達する: La tecnología informativa *ha alcanzado a*l nivel muy alto. 情報技術はとても高いレベルに達している. ❷ [+a 距離に] 届く; 射程距離がある: Esos cañones *alcanzan a* unos kilómetros. その大砲は数キロの射程距離がある. ❸ [能力などが, +a に] 及ぶ, …をこなせる: No pueden ～ ellos solos *a* todo el trabajo de la oficina. 彼らだけでは事務所の仕事を全部こなせない. No puedo ～ *a* más. これ以上は手が回りません. ❹ [被害などが, +a に] 及ぶ: La sequía *alcanzó a* toda la región. 日照りは全地域に及んだ. ❺ [+a+不定詞] 1) …できる, やっと…することができるようになる: Ella *alcanzó a* bailar bien. 彼女はやっとダンスが上手に踊れるようになった. ～ *a* ver [目で見たり直感などで] 物事をはっきりと認識する, 理解する. 2) [否定で] とても…することができない: No *alcanzo a* leer letras tan pequeñas. そんな小さな字はとても読めない. ❻ [+para に] 十分である, 足りる: La gasolina *alcanza para* llegar a Madrid. マドリードまで行くのにガソリンは十分だ. Ese dinero no *alcanza* ni *para* comprar un tabaco. その金ではたばこ1つ買うのにも足りない. Una torta no *alcanza para* todos. ケーキ1つでは全員に行き渡らない. ❼ 手に入る: A ella le *alcanzó* una finca inmensa. 彼らに〔遺産として〕広大な農地がころがり込んだ

—— **～se** ❶ [+a+人 に] 理解できる: No *se* me *alcanza* por qué están enfadados. 彼らがどうして怒っているのか私には理解できない. ❷ [追いついて] 一緒になる. ❸《獣医》脚に打撲傷 alcanzadura を受ける

alcañizano, na [alkaɲiθáno, na] [形] [名]《地名》アルカニス Alcañiz の〔人〕〘テルエル県の町〙

alcaparra [alkapára] [女] ❶《植物》1) フウチョウボク. 2) ～ de Indias キンレンカ, ノウゼンハレン. ❷《料理》[主に [複]] ケッパー

alcaparrado, da [alkapaŕáđo, đa] [形] ケッパーで調味した

alcaparral [alkapaŕál] [男] フウチョウボク畑

alcaparrera [alkapaŕéra] [女]《植物》フウチョウボク〘=alcaparra〙

alcaparro [alkapárɔ] [男]《植物》フウチョウボク〘=alcaparra〙

alcaparrón [alkapaŕɔ́n] [男] フウチョウボクの実

alcaparronera [alkapaŕɔnéra] [女]《植物》フウチョウボク〘=alcaparra〙

alcaparrosa [alkapařósa] 囡《化学》=**caparrosa**
alcaptona [alkaptóna] 囡《医学》アルカプトン
alcaptonuria [alkaptonúrja] 囡《医学》アルカプトン尿〔症〕
alcaraceño, ña [alkaraθéɲo, ɲa] 形 囡《地名》アルカラス Alcaraz の〔人〕〖アルバセテ県の町〗
alcaraván [alkarabán] 男《鳥》イシチドリ
alcaravanero [alkarabanéro] 形《鷹狩り》halcón ～ イシチドリ狩り用のハヤブサ
alcaravea [alkarabéa] 囡 ❶《植物》キャラウェー、ヒメウイキョウ、カルム. ❷《料理》キャラウェーシード
alcarceña [alkarθéɲa] 囡《植物》ソラマメ類の一種〖=yero〗
alcarceñal [alkarθeɲál] 男 alcarceña 畑
alcarchofa [alkartʃófa] 囡《地方語》=**alcachofa**
alcarchofado, da [alkartʃofáðo, ða] 形《古語》アーティチョーク形刺繍で縁取った
alcarchofar [alkartʃofár] 他《古語》=**alcachofar**
alcarcil [alkarθíl] 男《廃語》=**alcaucil**
alcardeteño, ña [alkarðeteɲo, ɲa] 形 囡《地名》ビリャヌエバ・デ・アルカルデテ Villanueva de Alcardete の〔人〕〖トレド県の村〗
alcarracero, ra [alkařaθéro, ra] 囡 素焼きの水壺の製造（販売）人 ── 男 素焼きの水壺を置く棚
alcarraza [alkařáða] 囡〔←アラビア語 al-karraz「細首の水差し」〕素焼きの水壺〖地肌からしみ出た水が蒸発して冷える〗
alcarreñismo [alkařeɲísmo] 男 グアダラハラ（アルカリア）好き
alcarreñista [alkařeɲísta] 形 囡 グアダラハラ（アルカリア）好きの〔人〕
alcarreño, ña [alkaŕeɲo, ɲa] 形 囡《地名》アルカリア La Alcarria の〔人〕〖クエンカとグアダラハラの間の高地〗
alcarreto [alkařéto] 男《ペルー》hilo de ～ 麻紐
alcarria [alkářja] 囡《地方語》[不毛の]高地
alcartaz [alkartáθ] 男 円錐形の紙袋（紙容器）〖=cucurucho〗
alcatara [alkatára] 囡 =**alquitara**
alcatifa [alkatífa] 囡 ❶ 上質のじゅうたん. ❷《建築》[敷石・煉瓦を積むための]下地、基層
alcatraz [alkatráθ] 男《履 ～ces》❶《鳥》シロカツオドリ. ❷《植物》1) カラー; アラム〖=aro〗. 2)《メキシコ》マムシグサ
alcaucí [alkauθí] 男 =**alcaucil**
alcaucil [alkauθíl] 男《植物》[野生の]チョウセンアザミ;《南米》[栽培された]アーティチョーク ──《キューバ、プエルトリコ、ペルー、ボリビア、ラプラタ》たれこみ屋、密告屋
alcaudetano, na [alkauðetáno, na] 形 囡《地名》アルカウデテ・デ・ラ・ハラ Alcaudete de la Jara の〔人〕〖トレド県の村〗
alcaudeteño, ña [alkauðeteɲo, ɲa] 形 囡《地名》アルカウデテ Alcaudete の〔人〕〖ハエン県の町〗
alcaudón [alkauðón] 男《鳥》モズ: ～ chico ヒメオオモズ. ～ común ズアカモズ. ～ dorsirrojo セアカモズ. ～ real オオモズ
alcayata [alkajáta] 囡〔←モサラベ語 al-cayata < ラテン語 caja「杖」〕❶ [物を掛ける]折れ釘、フック. ❷《鉱山》はしごを引っ掛ける大型の折れ釘
alcayatar [alkajatár] 他 [ドアに] フックを取り付ける
alcayota [alkajóta] 囡《中南米》ズッキーニ〖=calabacín〗
alcazaba [alkaθába] 囡〔←アラビア語 al-qasaba「小さな砦」〕《歴史》[城郭都市内の]城、砦
alcázar [alkáθar] 男〔←アラビア語 al-qasr「要塞、王宮」< ラテン語 castrum「城」〕男 ❶《歴史》城、砦: A～ de Segovia セゴビア城. ❷ [アラビアの]王宮: Real A～ de Sevilla セビーリャの王宮. ❸《船舶》船尾楼
alcazareño, ña [alkaθaréɲo, ɲa] 形 囡 ❶《歴史》城の. ❷《地名》アルカサル Alcázar の〔人〕〖Alcázar de San Juan（シウダ・レアル県の町）を別名としても Alcázar のつく町・村〗
alcazuz [alkaθúθ] 男《植物》カンゾウ〖=regaliz〗
alce [álθe] I 男〔←ラテン語 alce〕❶《動物》ヘラジカ II 〔←alzar〕男 ❶《トランプ》1) カット、カットされたカード. 2)〔マニラで〕最後に配られた札. ❷《印刷》丁合い. ❸《キューバ》切り倒したサトウキビを集めること
alcea [alθéa] 囡《植物》野生のウスベニタチアオイ
alcedo [alθéðo] 男 =**arcedo**
alcedón [alθeðón] 男《鳥》カワセミ〖=alción〗
Alcides [alθíðes] 男《ギリシア神話》ヘラクレス Hércules の異名
álcido, da [álθiðo, ða] 形 ウミスズメ科の

── 男《履》《鳥》ウミスズメ科
alcino [alθíno] 男《植物》バジル、メボウキ
alción [alθjón] 男 ❶《ギリシア神話》ハルキュオネー、アルキヨン〖冬至のころ風波を鎮めるとされる空想上の鳥〗. ❷《鳥》カワセミ. ❸《動物》ウミトサカ
alcionario [alθjonárjo] 形 八方サンゴ亜綱の ── 男《動物》八方サンゴ亜綱
alcionio [alθjónjo] 男《動物》ウミトサカの群体
alcionito [alθjoníto] 男 ウミトサカの化石
alcireño, ña [alθiréɲo, ɲa] 形 囡《地名》アルシラ Alcira の〔人〕〖バレンシア県の町〗
alcista [alθísta] 形〔←alza〕❶ [相場が] 強含みの: tendencia ～ 値上がり傾向の. ❷ [大きさ・価値などが] 上昇傾向の ── 囡 [相場の] 強気筋、買い方
Alcmena [alkména] 囡《ギリシア神話》アルクメーネー〖ヘラクレスの母〗
alcoba [alkóba] 囡〔←アラビア語 al-qúbba「ドーム、応接間」< ラテン語 castrum「城」〕囡 ❶ 寝室: ～ de huéspedes 客用寝室. ❷ 寝室用の家具. ❸ [個室に付属した] 窓のない狭い寝室. ❹《秤》の目盛り箱. ❺《歴史》[公定の分銅があった] 計量検査所. ❻《漁業》地引き網〖=jabega〗. ❼《歴史》[メキシコ副王の開く] 宮殿の集い. ❽《中米、鉄道》コンパートメント de ～ 親密な
alcobendano, na [alkobendáno, na] 形 囡 =**alcobendense**
alcobendense [alkobendénse] 形 囡《地名》アルコベンダス Alcobendas の〔人〕〖マドリード北東の村〗
alcobilla [alkobíʎa] 囡 [alcoba の示小語] 囡 ❶《秤》の目盛り箱. ❷《アラゴン》～ de lumbre [大きな部屋の] 暖炉
alcobitense [alkobiténse] 形 囡《地名》カルカブエイ Carcabuey の〔人〕〖コルドバ県の村〗
alcocarra [alkokářa] 囡《まれ》しかめ面、渋面
alcogel [alkoxél] 男《化学》アルコゲル
alcohol [alk(o)ól] 男〔←アラビア語 al-kuhl〕男 ❶ アルコール飲料、酒類: No puedes beber ～ si vas a conducir. これから運転するなら君は酒を飲んではいけない. cerveza sin ～ ノンアルコールビール. ❷《化学》アルコール: ～ absoluto (anhidro) 無水アルコール. ～ de madera 木精. ～ etílico エチルアルコール. ～ metílico～ azul/～ de quemar メチルアルコール. ～ neutro 中性スピリッツ. ～ vínico ビニルアルコール. ❸《鉱物》方鉛鉱〖=galena〗. ❹《古語、化粧》コール墨
alcoholado, da [alk(o)oláðo, ða] 形 [牛などが] 目の周囲が黒い ── 男《薬学》アルコラート
alcoholador, ra [alk(o)olaðór, ra] 形《古語》墨粉で化粧する〔人〕
alcoholar[1] [alk(o)olár] 他 ❶《船舶》[槙皮施後に] タールを塗る. ❷《化学》[蒸留・醸造によって] アルコールを得る. ❸《薬学》墨粉にする. ❹ [墨粉で化粧する、シャドーを入れる. ❺《廃語》[アルコールなどに] 目を洗う ── 自《歴史》[槍試合で騎士が] 相手の前を示威行進する
alcoholato [alk(o)oláto] 男《化学》アルコラート
alcoholaturo [alk(o)olatúro] 男《薬学》薬草アルコール漬け
alcoholemia [alk(o)olémja] 囡 血中アルコール濃度〖=tasa de ～〗: prueba de ～ [飲酒運転摘発用の] アルコール検査
alcoholero, ra [alk(o)oléro, ra] 形 アルコール製造（販売）の ── 囡 ❶ 酒造所. ❷《古語》墨粉入れ
alcohólico, ca [alk(o)óliko, ka] 形 ❶ アルコールの; アルコールを含んだ: desinfección ～ca アルコール消毒. bebida no ～ca ノンアルコール飲料. ❷ アルコール中毒の ── 囡 アルコール中毒患者: A～s Anónimos アルコール中毒者更生会、断酒会
alcoholimetría [alk(o)olimetría] 囡《化学》アルコール定量
alcoholímetro [alk(o)olímetro] 男 アルコール計〖飲酒運転摘発用にも〗
alcoholismo [alk(o)olísmo] 男 ❶ アルコール中毒: ～ agudo (crónico) 急性（慢性）アルコール中毒症. ❷ 過剰飲酒、飲みすぎ
alcoholista [alk(o)olísta] 囡《中南米》大酒飲み; アルコール中毒者
alcoholización [alk(o)oliθaθjón] 囡 ❶ アルコール添加;《化学》アルコール化. ❷ アルコール中毒
alcoholizado, da [alk(o)oliθáðo, ða] 形 アルコール中毒の

（中毒者）
alcoholizar [alko〔o〕liθár] [9] [他] ❶［ワインなどに］アルコールを添加(混入)する. ❷《化学》アルコール化する. ❸《古語. 薬学》粉末にする
—— **～se** アルコール中毒になる

alcoholómetro [alk〔o〕olómetro] [男] =**alcoholímetro**
alcohometría [alk〔o〕ometría] [女] =**alcoholimetría**
alcohómetro [alk〔o〕ómetro] [男] =**alcoholímetro**
alcohotest [alk〔o〕otést] [男] 酒気検査; 酒気検知器
alcolea [alkoléa] [女]《歴史》小城, 小砦
alcoleano, na [alkoleáno, na] [形] [名]《地名》アルコレア Alcolea の〔人〕〖Alcolea の名の付く町・村〗
alcolla [alkóʎa] [女] 大型のガラス製容器
alconcilla [alkɔnθíʎa] [女]《文語. 化粧》紅
alcor [alkɔ́r]〖←アラビア語 ad-qur「いくつかの小さな丘」〗[男]《文語》小さな丘
alcorán [alkorán] [男]［主に *A*～］《イスラム教》コーラン
alcoránico, ca [alkoránico, ka] [形] コーランの
alcoranista [alkoranísta] [男] コーラン学者
alcorce [alkɔ́rθe] [男]《アラゴン》近道; 近道すること
alcorcí [alkɔrθí] [男] 小さな宝石(アクセサリー)の一種
alcorconero, ra [alkɔrkonéro, ra] [形] [名]《地名》アルコルコン Alcorcón の〔人〕〖マドリード県の村〗
alcordar [alkɔrđár] [他]《地方語》=**acordar**
alcoreño, ña [alkoréɲo, ɲa] [形] [名]《地名》アルコラ Alcora の〔人〕〖カステリョン県の村〗
alcorisano, na [alkorisáno, na] [形] [名]《地名》アルコリサ Alcorisa の〔人〕〖テルエル県の村〗
alcornocal [alkɔrnokál] [男] コルクガシの林
alcornoque [alkɔrnóke] [男] ❶《植物》コルクガシ. ❷《まれ》コルク. ❸《廃語》蜂の巣
—— [形] [名] 頭がからっぽな〔人〕
alcornoqueño, ña [alkɔrnokéɲo, ɲa] [形] コルクガシの
alcorque [alkɔ́rke] [男] ❶［植物に水をやるための］根元に掘った穴. ❷ コルク底サンダル
alcorza [alkɔ́rθa] [女]《古語. 料理》アイシング, 糖衣; 砂糖衣菓子
alcorzado, da [alkɔrθáđo, đa] [形]《まれ》［人が］ひどく優しい
alcorzar[1] [alkɔrθár] [9] [他] ❶ …に糖衣をかける. ❷《廃語. 比喩》飾る, 飾りたてる. ❸《リオハ, ナバラ, アラゴン》=**acortar**
alcosol [alkosɔ́l] [男]《化学》アルコゾル
alcotán [alkotán] [男]《鳥》チゴハヤブサ
alcotana [alkotána] [女]《西》［石工用の］片つるはし
alcoverense [alkoƀerénse] [形] [名]《地名》アルコベル Alcover の〔人〕〖タラゴナ県の村〗
alcoyano, na [alkojáno, na] [形] [名]《地名》アルコイ Alcoy の〔人〕〖バレンシア県の町〗
tener más moral que el A～《皮肉》ひどく楽観的である, やる気だけは大いにある
alcozareño, ña [alkoθaréɲo, ɲa] [形] [名]《地名》アルコサル Alcozar の〔人〕〖ソリア県の村〗
alcrebite [alkreƀíte] [男]《廃語》硫黄〖=azufre〗
alcribís [alkriƀís] [男]［高炉の］羽口〖=tobera〗
alcribite [alkriƀíte] [男]《まれ》=**alcrebite**
alcubilla [alkuƀíʎa] [女] 水槽
alcucero, ra [alkuθéro, ra] [形]《口語》甘党の, 甘い物好きな
—— [名] 油入れ alcuza を作る(売る)人
alcuerce [alkwérθe] [男]《アラゴン》=**alcorce**
alcuño [alkúɲo] [男]《廃語》あだ名, 異名
alcurce [alkúrθe] [男]《アラゴン》=**alcorce**
alcurnia [alkúrnja]〖←アラビア語 ad-kúnya「名字」〗[女]《文語》❶［高貴な］血筋, 家系: familia de alta ～ 名門の一族. ❷ 上質, 高級
de ～ 高貴な血筋の
alcurniado, da [alkurnjáđo, đa] [形]《まれ》❶ 高貴な血筋の, 名門の. ❷ 上質の, 高級な
alcuza [alkúθa]〖←アラビア語 ad-huza「容器, 小型の水差し」〗[女]《料理》❶［円錐形の］油入れ. ❷《チリ》調味料入れ〖=vinagreras〗
alcuzada [alkuθáđa] [女] 油入れ一杯の油
alcuzcucero [alkuẓkuθéro] [男]《料理》クスクス作り用の鍋
alcuzcuz [alkuẓkúθ]〖←アラビア語 ad-kuskus〗[男]《料理》［北アフリカの］クスクス
aldaba [aldáƀa]〖←アラビア語 ad-dábba「かんぬき」〗[女] ❶［ドアの］ノッカー: llamar a la ～ de la puerta ノッカーを叩く, ノッカーでドアをノックする. ❷［扉・窓の］かんぬき, 掛け金: echar la ～ かんぬきを掛ける. ❸［馬などをつなぐ, 壁の］環
agarrarse a (de) buenas ～s/tener buenas ～s コネに頼る, コネ(うしろ立て)がある
aldabada [aldaƀáđa] [女]《まれ》❶［ノッカーでの］ドアノック. ❷ 警告, 急報
aldabazo [aldaƀáθo] [男]［ノッカーでの］激しいドアノック
aldabear [aldaƀeár] [自]《まれ》［ノッカーで何度も］ノックする
aldabeo [aldaƀéo] [男]《まれ》［ノッカーで何度も］ノックすること
aldabía [aldaƀía] [女]《建築》クロス梁, 横桁
aldabilla [aldaƀíʎa]〖aldaba の示小語〗[女]［扉・窓の］掛け金
aldabón [aldaƀɔ́n]〖aldaba の示大語〗[男] ❶［ドアの］大型のノッカー. ❷［棺などの］大きな取っ手
aldabonazo [aldaƀonáθo] [男] ❶［ノッカーで］ドアを叩くこと(音): Tres ～*s* me despertaron. 3度のノックで私は目が覚めた. dar ～*s* en... …をノックする; ドンドン叩く. ❷［注意喚起の］呼び掛け, 警告: En la residencia dieron un ～ por el frecuente quebrantamiento de las normas. 寮では度重なる規則違反に警告が出された. ～ a su conciencia 良心への警鐘
aldayense [aldajénse] [形] [名]《地名》アルダヤ Aldaya の〔人〕〖バレンシア県の町〗
aldea [aldéa]〖←アラビア語 ad-daya「田舎, 小村」〗[女]［小さな］村, 村落〖→pueblo [類義]〗: En Galicia y en Asturias muchos municipios tienen varias ～*s*. ガリシアやアストゥリアスでは多くの自治体がいくつかの村を有している. la ～ global グローバル・ヴィレッジ, 地球村
aldeanamente [aldeánaménte] [副] 村のしきたりどおりに; 粗野に, 田舎じみて
aldeanía [aldeanía] [女] ❶ 田舎らしさ. ❷《まれ》[集名] 村人; 田舎者
aldeaniego, ga [aldeanjégo, ga] [形] 村の; 粗野な, 田舎じみた
aldeanismo [aldeanísmo] [男] ❶ 村意識, 偏狭(排他的)な愛郷心. ❷ 不作法, 粗野. ❸ 田舎言葉. ❹ 村人であること
aldeano, na [aldeáno, na] **I**〖←aldea〗[形]《時に軽蔑》❶ 村の: paisaje rural y ～ 村の田園風景. ❷ 田舎の, ひなびた: bromas ～*nas* 粗野な冗談
—— [名]《時に軽蔑》村人; 田舎者: Llegó a ser el primer empresario, aunque su carácter seguía siendo el de un ～ sencillo. 彼はトップの企業家になったが, 性格的には素朴な田舎のおじさんのままだった
II [形] [名]《地名》アルデアヌエバ・デ・エブロ Aldeanueva de Ebro の〔人〕〖リオハ県の村〗
Aldebarán [aldeƀarán] [男]《天文》アルデバラン〖牡牛座の一等星〗
Aldecoa [aldekóa]《人名》**Ignacio** ～ イグナシオ・アルデコア〖1925～1969, 内戦後の社会派を代表するスペインの小説家. 庶民の生活を中心にスペイン社会を詩情豊かに描いた〗
aldehídico, ca [aldeíđiko, ka] [形]《化学》アルデヒドの
aldehído [aldeíđo] [男]《化学》アルデヒド: ～ acético アセトアルデヒド. ～ fórmico 蟻酸アルデヒド
aldehuela [aldewéla]〖aldea の示小語〗[女] 小村, 小集落
al dente [aldénte]〖←伊語〗[副]《料理》アル・デンテで
aldeón [aldeɔ́n] [男]《軽蔑》大きな村
aldeorrio [aldeɔ́r̄jo] [男]《軽蔑》貧村, 寒村
aldeorro [aldeɔ́r̄ɔ] [男]《軽蔑》=**aldeorrio**
alderredor [alder̄eđɔ́r] [副] =**alrededor**
aldino, na [aldíno, na] [形] アルドゥス Aldo Manucio の〖ベネチアの出版業者〗; アルドゥス一族の; アルドゥス版の: caracteres ～*s* アルドゥス活字. edición ～*na* アルドゥス版
aldiza [aldíθa] [女]《植物》ヤグルマソウ〖=aciano〗
aldohexosa [aldoɛ〔k〕sósa] [女]《化学》アルドヘキソース
aldol [aldɔ́l] [男]《化学》アルドール
aldolización [aldoliθaθjɔ́n] [女] アルドール化
aldorta [aldɔ́rta] [女]《鳥》ゴイサギ〖=martinete〗
aldosa [aldósa] [女]《化学》アルドース
aldosterona [aldɔsteróna] [女]《生化》アルドステロン
aldraguería [aldragería] [女]《地方語》うわさ話, 陰口
aldúcar [aldúkar] [男] =**adúcar**
ale [ále] **I** [間]《西》がんばれ〖=hala〗
II〖←英語〗[女]《酒》エール
alea [aléa] [女] =**aleya**

aleación [aleaθjón]【←alear I】囡 合金〖行為, 金属〗: ～ ligera 軽合金
Alea jacta est【álea jákta ést】《←ラテン語》賽(さい)は投げられた〖カエサル Caesar がルビコン Rubicón 川を渡る時に言った言葉〗
alear [aleár] I《←古仏語 aleiier < ラテン語 alligare「縛る, つなげる」》他 合金にする
II 《+ala》自 ❶ 羽ばたきする. ❷〖子供などが話す時〗腕をひらひらさせる. ❸〖主に ir+現在分詞〗健康を取り戻す, 元気になる. ❹《廃語》熱望する
aleatoriamente [aleatórjaménte] 副 運しだいで, 偶然によって
aleatoriedad [aleatorjeđá(đ)] 囡 運しだいであること
aleatorio, ria [aleatórjo, rja]《←ラテン語 aleatorius「さいころ賭博の」< alea「さいころ, 運」》形 ❶ 運しだいの, 偶然による: 1) contrato ～《法律》射倖(しゃこう)契約. 2)《数学》tabla de números ～s 乱数表. variable ～ria 確率変数. ❷ 賭け事の
alebrar [alebrár] 23 ～se ❶〖野ウサギのように〗うずくまる, 地面に伏せる. ❷ 怖がる〖=acobardarse〗
alebrastar [alebrastár] 他 ～se =alebrestar
alebrestar [alebrestár] 23 他 ❶《メキシコ》感情を刺激する. ❷《コロンビア》いらいらさせる. ❸《ベネズエラ. 口語》元気づける, 興奮させる
——～se ❶《地方語》1) 暴れる, 騒ぐ. 2) うずくまる〖=alebrarse〗. ❷《メキシコ》とげとげしる. ❸《コロンビア》いらいらする. ❹《ベネズエラ. 口語》元気になる, 興奮する
alebronar [alebronár]～se 怖がる〖=acobardarse〗
aleccionador, ra [ale(k)θjonađór, ra] 形 教訓的な, ためになる: experiencia ～ra 得難い経験. palabras ～ras ためになる言葉
aleccionadoramente [ale(k)θjonađóramente] 副 教訓として
aleccionamiento [ale(k)θjonamjénto] 男 訓練; 教訓
aleccionar [ale(k)θjonár]《←a-+lección》他 ❶ 訓練する, 教育する: Me ha aleccionado sobre cómo manejar el ordenador. 彼は私にコンピュータの操作法を教えてくれた. ❷ 戒める: El maestro le aleccionó para que no volviera a llegar tarde. 先生は二度と遅刻しないようにと彼に言い聞かせた. ❸〖主語が〗…に教訓となる: El accidente me ha aleccionado y conduzco con más prudencia. 私は事故に懲りて, より慎重に運転するようになった
——～se〖+con・por の経験から〗学ぶ, 懲りる: Me he aleccionado con (por) el fracaso. 私は失敗に懲りた
alece [aléθe] 男 ❶《魚》=haleche. ❷《料理》ヒメジ(クロダイ)の肝を入れた煮込み
alechado, da [aletʃáđo, đa] 形《中南米》ミルクのような
aleche [alétʃe] 男《魚》=haleche
alechigar [aletʃiɣár] 8 他《古語》病床にふせる
——～se ❶《まれ》寝る. ❷《アンダルシア》衰弱する, やつれる
alechugar [aletʃuɣár] 8 他《古語. 服飾》〖えりなどに〗襞(ひだ)飾りをつける
alechuzado, da [aletʃuθáđo, đa] 形 フクロウのような
alecito, ta [aléθito, ta] 形《動物》無胎黄の
alecrín [alekrín] 男 ❶《植物》アレクリン《クマツヅラ科でマホガニーに似た材質. 学名 Holocalix balansae》. ❷《魚》イタチザメ, タイガーシャーク
alectomancia [alektománθja] 囡 雄鶏占い〖鳴き声や肝臓の中の石で占う〗
alectomancía [alektománθía] 囡 =alectomancia
alectoria [alektórja] 囡 鶏の肝臓にできる石〖昔は不思議な力があるとされていた〗
aleda [aléđa] 囡 蜜蝋〖=cera aleda〗
aledaño, ña [aleđáɲo, ɲa]《←古語 aladaño < al lado》❶ 形《文語》隣接した
——男 複 ❶ 隣接地: El helicóptero cayó en los ～s de la sierra. ヘリコプターは山のすぐ近くに墜落した. ❷ 境, 境界: en los ～s del poder 権力の周辺で
álef [álef] 男 複 ❶ ヘブライ語のアルファベットの第1字
alefato [alefáto] 男 ❶ ヘブライ語のアルファベット. ❷ =alifato
alefriz [alefríθ] 男《船舶》〖竜骨の〗ほぞ穴
alegable [aleɣáble] 形 申し立てられ得る, 主張され得る
alegación [aleɣaθjón] 囡 ❶〖主に. 複. 意見・理由などの〗申し立て, 主張: No nos convencen sus alegaciones. 私たちは彼の申し立てに納得できない. alegaciones procesales《法律》訴訟陳述

alegal [aleɣál] 形 無法の
alegalmente [aleɣálménte] 副 無法に
alegamar [aleɣamár] 他〖土質改良のため畑に〗土入れする, 沃土を入れる
——～se 沃土が入る
aleganar [aleɣanár] ～se =alegamarse
alegante [aleɣánte] 形 男 申し立てる(人), 主張する(人)
alegar [aleɣár]《ラテン語 allegare < ad-（近接)+legare「委任する」》8 他 ❶《意見・理由などを》申し立てる, 主張する: 1) Alegó alguna que otra cosa como justificación de su conducta. 彼は自分の行為を正当化するためにあれやこれや申し立てた. 2)〖+que+直説法 であると〗El alumno alega que no vino a la clase porque estaba enfermo. 生徒は学校に来なかったのは病気のせいだと弁明している. ❷《法律》〖弁護士が法令・判例などを〗引用する, 例証とする
——自《中南米》〖+de について〗議論する; 〖+con と〗口論する
alegata [aleɣáta] 囡《メキシコ》議論; けんか
alegato [aleɣáto]《←ラテン語 allegatus < allegare「付け加える」》❶ 主張, 申し立て: ～ contra la pena de muerte 死刑反対論. ～ a favor del desarme nuclear 核軍縮賛成論. ❷《法律》弁論書, 申し立て書, 陳述書. 2)《メキシコ》一審の要約書. 3)《チリ》二審での弁論. ❸《南米》議論; 口論
alegatorio, ria [aleɣatórjo, rja] 形 申し立ての, 主張の
alegoría [aleɣoría]《←ラテン語 allegoria < ギリシア語 allegoria「隠喩」< alla「他の物」+agoreuo「私は語る」》囡 意義, 象徴; 寓話: En Calderón el teatro es una ～ de la vida humana. カルデロンにあっては演劇は人生の寓意である. El cuerno de la abundancia es la ～ de la fortuna. 豊穣の角は幸運の象徴である. ❷ 寓話, たとえ話, 寓意詩; 寓意画
alegóricamente [aleɣórikaménte] 副 寓意的に
alegórico, ca [aleɣóriko, ka] 形 寓意の; 寓意的な, アレゴリカルな: poema ～ 寓意詩
alegorismo [aleɣorísmo] 男 寓意的解釈
alegorización [aleɣoriθaθjón] 囡 寓意化, 寓話化
alegorizar [aleɣoriθár] 9 他 寓意化する, 寓話化する; 寓意的に解釈する
alegra [aléɣra] 囡《船舶》〖ポンプ管用の木材の〗穴ぐり錐
alegrador, ra [aleɣrađór, ra] 形 喜ばせる, 楽しませる
——男 ❶〖闘牛〗バンデリーリャ〖=banderillas〗. ❷《廃語》〖たばこ・明かりの〗点火用紙片
alegrar [aleɣrár]《←alegre》他 ❶ 喜ばせる, うれしがらせる: 1) Me alegra saber que le va todo tan bien. 彼がすべてうまくいっているのを知って私はうれしい. 2) 〖que+接続法 が主語〗Me alegra que esa medicina esté cubierta por los seguros. その薬が保険でまかなわれることは喜ばしい. ❷《雰囲気などを》陽気にする, 明るくする; 活気づける: Los niños alegran la casa. 子供がいて家庭はにぎやかになる. ¡Vamos, alegra esa cara! さあ, ほろ酔い機嫌になる: Le han alegrado unas copas. 彼は2,3杯やってほろ酔い機嫌になった. ❹〖目・耳を〗楽しませる: Nos alegra la vista el patio con flores. 花が一杯の中庭が私たちの目を楽しませてくれる. ❺〖光を〗強くする; 〖火を〗かき立てる. ❻《闘牛》〖牛を〗興奮させる. ❼《船舶》1)〖力がかかりすぎないようにロープを〗緩める. 2)〖荷を捨て船を〗軽くする. ❽《古語. アラゴン》〖特権などを〗享受する
——～se ❶〖+de・con・por+名詞/+de+不定詞/+(de) que +接続法 を〗喜ぶ, うれしがる: Nos alegramos mucho por la noticia. 知らせを聞いて私たちはとてもうれしい. Me alegro mucho de verle a usted otra vez. またお目にかかれて大変うれしいです. Me alegro de que todos se hayan reunido. みんなが集まってくれてうれしい. ❷ 元気になる, 陽気になる: Alégrate, que no es nada tu fallo. 元気を出しなさい, きみの失敗なんて大したことないさ. Cantando, se alegran los corazones. 歌えば気持ちも楽しくなるものだ. ❸ ほろ酔い機嫌になる: María se alegra pronto con una copa de vino. マリアは一杯もやるとすぐほろ酔い機嫌になる. ❹ エロティックな気分になる
Me alegro de verte bueno. 〖全くの無関心〗結構なことだ
II《←a+legrar》❶《医学》=legrar. ❷《船舶》〖ドリルで穴を〗広げる
alegre [aléɣre]《←俗ラテン語 alicer, alecris < ラテン語 alacer, -acris「生きている, 活気のある」》形 ❶〖estar+. +con+事物/+de+不定

詞 に] 喜んだ, 満足した: Está ~ con el buen resultado. 彼は好結果に上機嫌だ. Los padres están ~s de oírlo. 両親はそれを聞いて喜んでいる. Estás ~ de tenerlos cerca. 君は彼らに近くにいてもらって喜んでいる. ❷ 愉快な, 楽しい, 陽気な, にぎやかな: Una fiesta muy ~. とても楽しいパーティーだ. Es una ~ noticia. それはうれしいニュースだ. cara ~ うれしそうな顔, 明るい顔. gesto ~ 明るい表情. música ~ 陽気な音楽. palabras ~s 楽しげな言葉. ❸ [ser+. 性格が] 明るい, 朗らかな, 快活な: Es una persona ~. 彼は性格の明るい人だ. Es muy ~ y siempre gasta bromas. 彼は愉快な人でいつも冗談を言っている. carácter ~ 明るい性格. ❹ [色・印象などが] 明るい, あざやかな: traje con colores ~s 明るい色の服. habitación ~ 明るい感じの部屋. ❺《口語》軽率な, 軽はずみな: Él está muy ~ con el dinero de los demás. 彼は他人のお金に浮かれている. decisión ~ 軽々しい決心. ❻ [estar+] ほろ酔い機嫌の: Está un poco ~ con unas copas. 彼は2, 3杯飲んでちょっといい気分になっている. ❼ [性的に] 不道徳な, ふしだらな, いかがわしい: 《婉曲》売春婦の. ❽ [口語《話などが》きわどい, 下品な. ❾《まれ》[賭け事で] 金が飛び交う

alegremente [alégreménte] 副 ❶ 楽しく, 陽気に. ❷ 軽率に
alegre, ta [alégre, ta] 形 alegre の汚い語
alegreto [alegréto] [←伊語] 副 男《音楽》アレグレット[で]
alegría [alegría] 【←alegre】女 ❶ 喜び, うれしさ, 楽しさ, 上機嫌: Le da mucha ~ ver a sus antiguos amigos. 古い友達に会えて彼はとても喜んでいる. Cuando nació su hijo, sintió una gran ~. 子供が生まれた時, 彼は大きな喜びを感じた. ¡Qué ~! 何てうれしいのだろう! Tengo mucha ~ en poder hablar con ustedes otra vez. またあなた方にお話しできてとても喜んでおります. Todos están locos de ~. 皆は手放しの喜びようだ. tener una ~ loca 大喜びする. cantar con ~ 楽しそうに歌う. ~ de vivir/~ vital 生きる喜び. ❷ 楽しみ, 陽気: Esta niña es la ~ de la casa. この子は家の宝です. ❸ 明るさ, にぎやかさ: Durante la fiesta el pueblo está lleno de mucha ~. 祭りのあいだ村はとてもにぎやかになる. La ~ es contagiosa. 彼女の陽気さは人をも楽しくする. Al irte, se me acabaría la ~. 君が出ていったら私の気持ちも萎えてしまうよ. ❹ 明るさ, あざやかさ. ❺ 軽率さ, 無責任さ: No se puede actuar con esa ~ por que es un asunto grave. 重大なことなのだから, そんな軽率に行動してはいけない. ❻《植物》1) ゴマ [=ajonjolí]. 2) ~ del hogar/~ de la casa ホウセンカ. ❼《菓子》1) ゴマのヌガー. 2)《メキシコ》菓子 ハゲイトウの種を蜂蜜で固めた駄菓子. ❽《闘牛》[牛の] 挑発への乗りやすさ. ❾《フラメンコ》アレグリーアス【様式の一つ, 陽気なリズム】. ❿ お祭り騒ぎ
no caber en sí de ~ 喜びで有頂天である; 思い上がっている
Alegría [alegría]《人名》Ciro ~ シーロ・アレグリア【1909~67, ペルーの小説家. 美しい自然と融和して生きる先住民やメスティーソの世界を理想化し, それが壊されていくのを悲しみと批判を込めて描いたインディヘニスモ indigenismo の小説『黄金の蛇』La serpiente de oro, 『飢えた犬』Los perros hambrientos, 『広い無縁の世界』El mundo es ancho y ajeno】
Fernando ~ フェルナンド・アレグリア【1918~2005, チリの小説家, 評論家】
alegro [alégro] 【←伊語 allegro】副 男《音楽》アレグロ[で]
alegrón, na [alegrón, na] 形《コロンビア》ほろ酔い機嫌の
—— ❶《口語》[思いがけない] 大きな喜び: Me dio un ~ con esa noticia. 彼女の知らせに私は胸が躍った. ❷ ぱっと燃え上がる炎. ❸《中南米》浮気者, 道楽者
alegroso, sa [alegróso, sa] 形《まれ》大喜びの, はしゃいだ, 浮かれた
Aleixandre [alej(k)sándre]《人名》**Vicente** ~ ビセンテ・アレイクサンドレ【1898~1984, スペインの詩人. 愛を媒介とする汎神論的な世界観, 難解な詩的言語, 直観的なイメージによって人間の苦悩をうたった. ノーベル文学賞受賞】
aleja [aléxa] 女《ハエン, ムルシア》食器棚 [=vasar]
alejado, da [alexáðo, ða] 形 ❶ [estar+. +de から] 離れた, 遠くの: Su casa está ~da de la ciudad. 彼の家は町から遠く離れたところにある. Él vive ~ de los intereses del mundo. 彼は俗事に関わらずに暮らしている. ❷ 無関心な: Muchos jóvenes están ~s de la política. 多くの若者が政治に無関心だ
alejamiento [alexamjénto] 男 ❶ 遠ざける (遠ざかる) こと. ❷ 疎遠, 不仲, 仲違い: ~ entre padres e hijos 親子の間の溝

alejandrinismo [alexandrinísmo] 男《文学》アレクサンドリア様式【アレクサンドリア時代のギリシア文学様式】
alejandrino, na [alexandríno, na] 形 名 ❶《地名》[エジプトの] アレクサンドリア Alejandría の(人). ❷《人名》アレクサンダー大王 Alejandro Magno の
—— 形 男《詩法》アレクサンダー詩句[の]【7音節ずつの半句からなる14音節の詩行.『アポロニオの書』Libro de Apolonio やゴンサロ・デ・ベルセオ Gonzalo de Berceo の詩など教養派詩語文芸 Mester de Clerecía の作品中に用いられた一連4行単韻詩 cuaderna vía の詩型がその典型とされる. 近世ではホセ・ソリーリャ José Zorrilla などロマン主義時代の詩人たちにより使われた. 名称はフランスの物語詩歌を起源とする】
alejandrita [alexandríta] 女 =alexandrita
Alejandro [alexándro] 男《人名》~ **Magno** アレキサンダー大王 ser un ~ 偉大で寛容な人物である
~ VI アレクサンデル6世【1431~1503, バレンシア出身のローマ教皇 (在位1492~1503). ミケランジェロなどパトロンとして知られる】
alejar [alexár]【←a+lejos】他 ❶ [+de から] 遠ざける, 引き離す; 追い払う: Si no alejas el libro de la estufa, se quemará. ストーブから本を離さないと燃えてしまうよ. Tenemos que ~ a Elena de las malas compañías. エレナを悪い仲間から引き離さなければならない. La sal aleja las hormigas. 塩は蟻を追い払う. ❷ [考え・疑いなどを] 払いのける, 追い払う: Aleja de ti esa mala idea. そんな悪い考えは捨てなさい. ~ las sospechas 疑いを払いのける. ❸ [権力などから] 引き離す, 遠くに配置する: Le alejaron del poder. 彼を権力の座から引きずりおろした. ❹ 疎遠にさせる; 仲間外れにする
—— ❶《口語》遠くまで達する: ¿Aleja mucho este telescopio? この望遠鏡は遠くまで見えますか?
—— **~se** 遠ざかる, 離れる: El barco va alejándose del puerto. 船は港から遠ざかっていく. ❷ 関心がなくなる: Decidió ~se del grupo. 彼はそのグループから抜ける決心をした. ❸ 外れる: ~se del buen camino 正道を踏み外す. ❹ [権力などから] 去る: Se alejó del poder debido a su enfermedad. 彼は病気のため権力の座から去った
alejija [alexíxa] 女《料理》胡麻で調味したオオムギのかゆ
parecer que ha comido ~s《アンダルシア. 口語》やせこけている, 引弱である
alejur [alexúr] 男 アーモンド・クルミ・蜂蜜などで作る生地 [=alajú]
alelado, da [aleláðo, ða] 形 愚鈍な, ぼけた; 放心した, 呆然とした: Permaneció un largo rato allí, ~ e inmóvil. 彼はしばらくその場で呆然として動けなかった
alelamiento [alelamjénto] 男 頭の働きが鈍ること, 放心, 呆然
alelar [alelár]【←a+lelo】他《頭の働きが》鈍らせる, 愚鈍にする
—— **~se** ぼける, 頭の中がこんがらがる
alelí [alelí] 男《植物》=**alhelí**
alelo [alélo] 男《生物》対立遺伝子; 対立形質
alelomorfo, fa [alelomórfo, fa] 形《生物》gen ~ 対立遺伝子. carácter ~ 対立形質
—— 男 =alelo
alelopatia [alelopátja] 女《生物》他感作用, アレロパシー
aleluya [alelúja]【←ヘブライ語 hallelu-Yah「神 Yahvé を讃えよ」】間 [歓喜・賛美・感謝] ハレルヤ!: ¡A~! He conseguido aprobar. 万歳! 僕は合格した
—— 男/女《カトリック》ハレルヤ唱 (聖歌): cantar el ~ ハレルヤを歌う
—— 女 ❶ [教会で配られる] aleluya と記された聖画; [一般に] 宗教行列でまかれる聖画; [特に]《復活祭に修道女が信徒に贈る》aleluya の文字入りのお菓子. ❷《植物》コミヤマカタバミ. ❸《キューバ》アオイの一種【薬用, 食用. 学名 Hibicus sabdariffa】. ❹《詩法》8音節の2行連句. ❺ 喜び, うれしさ; 朗報: estar de ~ うれしい, 喜びの. cara de ~ うれしそうな顔, 笑顔. ❺《まれ》下手な絵. 複 ヘボ詩. ❻《中南米》言い逃れ, 言い訳
aleluyático, ca [alelujátiko, ka] 形《カトリック》ハレルヤ唱で始まる
alelúyico [alelújiko] 形 福音の
alema [aléma] 女 ❶ [順番でもらう] 灌漑用水. ❷《ボリビア》複 川の水浴場

alemán, na [alemán, na]《←仏語 allemand》形 名 ドイツ Alemania〔人・語〕の; ドイツ人: reunificación ~*na* ドイツ再統一. tener la cabeza cuadrada como los *alemanes*《軽蔑》ドイツ人のように頭が固い
── 男 ドイツ語: alto (bajo) ~ 高地(低地)ドイツ語
Alemán [alemán]《人名》**Mateo** ~ マテオ・アレマン《1547~?1615, スペインの小説家. 饒舌な文体を駆使して社会風刺と教訓を盛り込んだ『グスマン・デ・アルファラーチェ』*Guzmán de Alfarache* によって, ピカレスク小説 novela picaresca をジャンルとして確立させ, 隆盛の礎を築いた》
Miguel ~ ミゲル・アレマン《1900~83, メキシコの大統領. 制度的革命党 PRI 所属. 国の工業化を推進》
alemanda [alemánda] 女《舞踊, 音楽》アルマンド《ルネッサンス期スペイン宮廷の軽快な2拍子のダンス》; その曲
alemanés, sa [alemanés, sa] 形 名《廃語》=**alemán**
alemanesco, ca [alemanésko, ka] 形 =**alemanisco**
alemánico, ca [alemániko, ka]《古語》ドイツの
── 男 アラマン語《スイス, アルザス, 南西ドイツで話されている高地ドイツ語》
alemanisco, ca [alemanísko, ka] 形 ❶ [テーブルリネンなど] ドイツ風の刺繍の, ダマスク織りの. ❷《古語》=**alemánico**
alentada[1] [alentáda] 女《読み方・話し方の, 切れ目のない》一息: Dijo su parte de una ~. 彼女は自分の台詞を一息で言った
alentado, da[2] [alentádo, da] 形 ❶ 勇敢な;《まれ》頑健な. ❷《南米. 口語》健康な《=sano》. ❸《チリ. 口語》利口な, 才気縦横な
alentador, ra [alentadór, ra] 形 励ましの, 力づける; 元気の出るような: palabras ~*ras* 激励の言葉. noticia ~*ra* 朗報
alentar [alentár]《←俗ラテン語 alenitare < ラテン語 anhelare「呼気」》[23]他 ❶ [+a+不定詞 するように] 元気づける, 激励する: El entrenador *alentaba* a los jugadores *a* triunfar. 監督は選手たちを勝利に向かって鼓舞した. Tus palabras me *alentaron* a seguir trabajando. 君の言葉は私が仕事を続ける励ましとなった. ❷[感情・意志を] かきたてる: Los trabajadores inmigrados *alientan* la ilusión de bienestar. 移民労働者たちは楽な暮らしへの期待に燃えている. ~ la competitividad 競争心をあおる. ❸《中南米》拍手喝采する《=aplaudir》
── 自 ❶[希望・勇気・隣人愛などが] 息づく, 燃える: En su corazón *han alentado* siempre esperanzas. 彼はいつも希望に燃えている/決して希望を失わない. ❷《文語. 主に比喩》呼吸する《=respirar》: No lo consentiré mientras *aliente*. 私の目の黒いうちはそれは認めない. ❸《まれ》休息する
── ~*se* ❶ 元気づく. ❷《主に中南米》[病気が] 治る. ❸《中米, アンデス》[+de を] 出産する; 生み出す
alentejano, na [alentexáno, na] 形 名 [地名]《ポルトガルの》アレンテホ Alentejo 地方の〔人〕
alentoso, sa [alentóso, sa] 形 頑健な; 元気な
aleonado, da [aleonádo, da] ❶ =**leonado**. ❷《チリ》ロングヘアの
aleonar [aleonár] ~*se*《チリ, アルゼンチン, ウルグアイ》興奮する, 気が高ぶる
aleph [álef] 男/女 ❶ =**álef**. ❷《文学》El *A* ~『エル・アレフ』《1949刊. ボルヘス による短編集. 宇宙全体を内包する直径2,3センチの球体をテーマにした幻想的な表題作, ミノタウロスとテーセウスに新たな解釈を加えた『アステリオーンの家』*La casa de Asterión*, 不死となった人物の数世紀にわたる生涯を追った『不死の人』*El inmortal* などを収録》
alepín [alepín] 男《織物》紡毛糸が絹で横糸が毛の織物
alera [aléra] 女《法律》~ foral 共同放牧権
alerce [alérθe] 男《植物》ヨーロッパカラマツ《=~ europeo》: ~ africano サンダラック《樹脂をワニス・香に用いる》
alercta [alérkta] 形 注意深い
alergénico, ca [alerxéniko, ka]《医学》アレルギーの原因となる, アレルゲンの
alergeno, na [alerɣéno, na] 形 =**alérgeno**
alérgeno, na [alérxeno, na] 男《医学》アレルギーの原因となる; アレルゲン
alergia [alérxja]《←ギリシャ語 allos「他の」+ergon「仕事」》女 ❶《医学》[+a に対する] アレルギー: La leche da (produce) ~ a mi hijo. 私の息子は牛乳でアレルギーを起こす. Tengo ~ a las gambas. 私はエビにアレルギーがある. ~ a la primavera 花粉

症. ~ a los cipreses スギ花粉症. ~ alimenticia 食物アレルギー. ❷[人・物に対する] 拒絶反応, 嫌悪: Los presumidos me dan ~. 気取り屋には私は虫酸が走る. Tiene ~ a sus parientes. 彼は親戚の人たちを毛嫌いしている
alérgico, ca [alérxiko, ka]《←alergía》形 名 ❶ [ser+. +a に対して] アレルギー(性)の; アレルギー体質の〔人〕: Soy ~ al polen. 私は花粉症だ. dermatitis ~*ca* アレルギー性皮膚炎. ❷…が嫌いな, 性に合わない: La mayor parte de los japoneses son ~*s a* las armas nucleares. 日本人の大半は核兵器に拒絶反応を起こす
alergífero, ra [alerxífero, ra] 形 アレルギーを引き起こす
alergista [alerxísta] 名 =**alergólogo**
alergización [alerxiθaθjón] 女 アレルギー化
alergizante [alerxiθánte] 形 アレルギー化する
alergógeno, na [alerɣóxeno, na] 形《医学》アレルギー反応を生じさせる
alergología [alerɣoloxía] 女 アレルギー学
alergólogo, ga [alerɣóloɣo, ɣa] 名 アレルギー専門医, アレルギー学者
alergosis [alerɣósis] 女 アレルギー疾患
alero [aléro]《←ala》男 ❶《建築》軒(?), 庇(?): fijado al ~ 軒先に取り付けられた. ~ corrido 軒蛇腹のない軒. ~ de chaperón 持ち送りのない軒. ~ de mesilla 軒蛇腹のある水平な軒. ❷《自動車》泥よけ, フェンダー《=aleta》. ❸《狩猟》シャコ罠の仕切り. ❹《チリ》庇護, 保護
al ~ *de*...[組織などが]…の下に, 管轄下に
bajo el ~ 1) 軒下に. 2)[+de の] 援助下に, 保護下に
estar en el ~ 不確定である, 確実でない
── 形[若い雄鹿が] 交尾したことがない
── 名《バスケットボール》ウィング
alerón [alerón]《←ala》男 ❶《航空》補助翼, エルロン. ❷《自動車》[レーシングカーなどの] ウイング, スポイラー: ~ trasero リアスポイラー. ❸《船舶》ブリッジ脇の通路
alerta[1] [alérta]《←イタリア語 all'erta < erta「上昇」< 古ラテン語 ergere「呼吸する」<ラテン語 erigere「上げる」》副 [estar・andar・vivir・poner など+] 警戒して, 注意して, 油断なく: Yo estaré ~ por si se publica el aviso. 知らせが発表されるかもしれないので注意していよう. Andaba ~ desde que volvió su adversario. 彼は敵が戻ってきてから警戒していた
── [estar+] 注意している: Tenemos que estar ~*s* para que no se escape. 彼が逃げ出さないように気をつけなければならない. escuchar con oído ~ 耳をすませて聞く. estar con ojo ~ 警戒怠らない
── 女/《まれ》警戒態勢, 警報《参考》色によるレベル・段階の表示 verde<azul<amarilla<naranja<anaranjada<roja》: dar la (el) ~ 警戒警報を発する. estar en estado de ~ 警戒態勢にある. sistema de ~ inmediata 即時警戒警報システム. sistema de ~ temprana de sismos 地震早期警報システム. sistema de ~ de tráfico y evasión de colisión《航空》衝突防止警報システム. ~ aérea《軍事》空中警報
~ *roja* 緊急非常事態: El terremoto ha obligado al gobierno a declarar la ~ *roja*. 地震によって政府は緊急非常事態宣言発令を迫られた
── 間 警戒せよ, 気をつけろ, 油断するな!: ¡A ~ de mar fuerte! 荒海に注意せよ!
alertado, da [alertádo, da] 形 注意している
alertamente [alertaménte] 副《まれ》警戒して, 用心深く
alertante [alertánte] 形 警戒させる
alertar [alertár]《←alerta》他 [+de・sobre に関して]…に警戒させる, 警告する: Las autoridades *alertaron* a la población *del* (*sobre* el) peligro de la inundación. 当局は住民に洪水の危険警報を発した
── 自 警報を発する: El servicio de inteligencia *alertó de* un posible intento del atentado. テロ行為の可能性ありとして情報機関が警報を呼びかけた
alerto, ta[2] [alérto, ta] 形《まれ》用心深い, 油断のない
alerzal [alerθál] 男 ヨーロッパカラマツ林
-ales[接尾辞] [形容詞+. 親愛・軽蔑] *vivales* 厚かましい
alesna [alésna] 女 =**lesna**
alesnado, da [alesnádo, da] 形 =**aleznado**
Alessandri [alesándri]《人名》**Arturo** ~ アルトゥロ・アレサンドリ《1868~1950, チリの大統領 (1920~24, 1932~38). 中央銀行を創設》

Jorge ～ ホルヘ・アレサンドリ〘1896～1986, アルトゥロ・アレサンドリの息子. チリの大統領(1958～64). テクノクラートによる政治改革を目指す〙
alestaz [alestáθ] [男]《植物》ハルガヤ, スイート・バーナルグラス
aleta [aléta]〘ala の示小語〙[女] ❶ [魚などの] ひれ: ～ abdominal (pelviana) 腹びれ. ～ anal 臀びれ. ～ caudal 尾びれ. ～ dorsal 背びれ. ～ pectoral (torácica) 胸びれ. ❷ [主に [複]. 潜水用の] 足ひれ, フィン. ❸ [矢の] 羽根, 矢羽根; [ミサイルなどの] 小翼;《航空》補助翼〘=alerón〙; [プロペラ・スクリューなどの] ブレード. ❹《技術》フィン, ひれ: ～ de refrigeración 冷却フィン. ❺《自動車》泥よけ. ❻《解剖》鼻翼, 小鼻. ❼《古語》軒, 庇〘=alero〙
aletada [aletáđa] [女] 羽ばたき
aletargado, da [aletarɡáđo, đa] [形] 眠気の
aletargamiento [aletarɡamjénto] [男] ❶ 眠気(ねむけ), まどろみ; 無気力. ❷《動物》冬眠
aletargante [aletarɡánte] [形] 眠気を起こさせる
aletargar [aletarɡár]〘←a-+letargo〙[8] [他]《まれ》…に眠気を起こさせる; 無気力にする
—— **～se** ❶《主に比喩》眠くなる, まどろむ: Pontevedra es una bellísima ciudad *aletargada* durante décadas. ポンテベドラは数世紀の間半分眠っていたような美しい町である. ❷《動物》冬眠する
aletazo [aletáθo] [男] ❶ =**aleteo**. ❷《エクアドル. 口語》わきが
aleteante [aleteánte] [形] 羽ばたきする
aletear [aleteár]〘←aleta〙[自] ❶ [鳥が飛ばずに] 羽ばたきする; [魚が水の外で] ひれをピクピクさせる; [人が羽のように] 腕をバタバタさせる. ❷ [感情などが] 時々ちらっと見える: En su cara *aleteaba* la tristeza. 時おり彼の顔に悲しみの影がさした. ❸《まれ》活力(健康)を回復する
aleteo [aletéo] [男] ❶ 羽ばたき; ひれを動かすこと. ❷ 強い動悸, 激しい胸の鼓動
aletilla [aletíʎa] [女]《解剖》鼻翼, 小鼻
aleto [aléto] [男]《鳥》ミサゴ〘=halieto〙
aletría [aletría] [女]《ムルシア. 料理》ヌードル〘=fideo〙
aleudar [aleu̯đár] [他] =**leudar**
aleurómetro [aleu̯rómetro] [男] アリューロメーター, 小麦粉の品質計測器
aleurona [alɛu̯róna] [女]《植物》アリューロン, 糊粉(こふん)
aleuronato [alɛu̯ronáto] [男] アリューロネート
aleuta [aléu̯ta] [形] [名] アレウト族〔の〕〘アリューシャン列島の先住民〙
aleutiano, na [alɛu̯tjáno, na] [形] [名]《地名》アリューシャン列島 islas Aleutianas の〔人〕
—— [男] アリューシャン語
alevantadizo, za [aleƀantađíθo, θa] [形]《古語》反抗的な, すぐ謀反を起こす
alevantamiento [aleƀantamjénto] [男]《古語》=**levantamiento**
alevantar [aleƀantár] [他]《廃語》=**levantar**
aleve [aléƀe]〘←アラビア語 al-eib「悪徳, 欠陥」〙[形] [名]《文語》=**alevoso**
—— [男]《廃語》=**alevosía**
a ～《古語》計画的に; 信頼に背いて
alevilla [aleƀíʎa] [女]《昆虫》白いガ(蛾)の一種〘カイコの蛾に似ていてスペインに多く生息〙
alevín [aleƀín]〘←仏語 alevín ＜ ラテン語 allevare「育てる」〙[男]〘[複] alev*i*nes〙❶ [養殖・放流用の] 稚魚. ❷ 初心者. ❸《サッカーなど》benjamín と infantil の間の年齢層の選手クラス
alevinaje [aleƀináxe] [男] 稚魚による養殖, 稚魚の放流; 稚魚の段階
alevino [aleƀíno] [男]《中南米》稚魚
alevosa[1] [aleƀósa] [女]《医学》がま腫, ラヌラ〘=ránula〙
alevosamente [aleƀósaménte] [副] [犯罪などが] 計画的に; 裏切って
alevosía [aleƀosía]〘←alevoso〙[女] ❶ [犯罪の] 計画性, 予謀: Me engañó con ～. 彼は計画的に私を欺いた. ❷ [犯罪となる] 裏切り行為, 背信行為; 反逆罪. ❸《法律》加重情状
alevoso, sa[2] [aleƀóso, sa]〘←aleve〙[形] [名] ❶ [犯罪が] 計画的な; 計画的犯罪者. ❷《コロンビア》傲慢な〔人〕, 尊大な〔人〕
alexandrita [alɛ〔k〕sandríta] [女]《鉱物》アレキサンドライト
alexia [alɛ́〔k〕sja] [女]《医学》失読症, 読字不能症
alexifármaco, ca [alɛ〔k〕sifármako, ka] [形] [男]《薬学》解毒〔性〕の; 解毒剤
alexipirético, ca [alɛ〔k〕sipirétiko, ka] [形] [男]《薬学》解熱の; 解熱剤
alexitérico, ca [alɛ〔k〕sitériko, ka] [形] [男] =**alexifármaco**
aleya [aléja] [女] コーランの節(せつ)
alezna [aléz̧na] [女]《リオハ. 植物》カラシナ
aleznado, da [alez̧náđo, đa] [形]《植物》先の尖った, 錐状の
alezo [aléθo] [男] [産後すぐ産婦の腹を締める] 腹帯
alfa [álfa] [女]〘単数冠詞: el・un〔a〕〙❶《ギリシア文字》アルファ〘A, α〙: hierro ～ α鉄. rayos ～ アルファ線. ❷《天文》アルファ星
～ ***y omega***《文語》1) 始めと終わり, 出発点と最終目標; すべて. 2) [万物の始原にして終わりである] キリスト
alfaba [alfáƀa] [女]《ムルシア》[18世紀の] 土地の課税単位
alfábega [alfáƀeɡa] [女]《植物》バジル〘=albahaca〙
alfabéticamente [alfaƀétikaménte] [副] アルファベット順に
alfabético, ca [alfaƀétiko, ka] [形] ❶ アルファベットの: El español se sirve de una escritura ～*ca*. スペイン語はアルファベット文字の一種を用いる. ❷ アルファベット順の: poner en orden ～ アルファベット順に並べる. en (por) orden ～ アルファベット順に. índice ～ アルファベット順索引
alfabetiforme [alfaƀetifɔ́rme] [形]《考古》文字に似た
alfabetismo [alfaƀetísmo] [男] 識字者の存在: tasa de ～ 識字率
alfabetización [alfaƀetiθaθjɔ́n] [女] ❶ [主に成人への] 識字教育: campaña de ～ 識字運動. ❷ アルファベット順にすること
alfabetizado, da [alfaƀetiθáđo, đa] [形] [名] 読み書きのできる〔人〕
alfabetizador, ra [alfaƀetiθađɔ́r, ra] [形] [名] 読み書きを教える〔人〕
alfabetizar [alfaƀetiθár] [9] [他] ❶ [主に成人に] 読み書きを教える. ❷ アルファベット順に配列する
—— **～se** [主に成人が] 読み書きを学ぶ
alfabeto[1] [alfaƀéto]〘←ラテン語 alphabetum ＜ ギリシア語 alpha「a」+beta「b」〙[男] [集名] ❶ アルファベット, 字母〘文字は女性名詞: la eme「M」〙: ～ coreano ハングル. ～ griego ギリシア語アルファベット. ～ japonés かな. ❷ [通信・伝達の] 記号, 符号: 〔en el〕～ Morse モールス符号〔で〕. ～ de los sordomudos 手話
alfabeto[2]**, ta** [alfaƀéto, ta] [形] [名] 読み書きのできる〔人〕
alfacarino, na [alfakaríno, na] [形] [名]《地名》アルファカル Alfacar の〔人〕〘グラナダ県の村〙
alfafetoproteína [alfafetoproteína] [女]《生化》αフェトプロテイン
alfaguara [alfaɡwára] [女]《まれ》[豊かに湧き出る] 泉
alfahar [alf〔a〕ár] [男]《まれ》製陶工場
alfaida [alfái̯đa] [女]《まれ》[満潮による] 川の増水, 出水
alfajeme [alfaxéme] [男]《まれ》理髪師
alfajía [alfaxía] [女] =**alfarjía**
alfajor [alfaxɔ́r] [男]《菓子》アルファホール〘《西》アーモンド・蜂蜜などで作る四角いケーキ;《ベネズエラ》黒砂糖・ユッカの粉・白チーズのクッキー;《ペルー, チリ, アルゼンチン, ウルグアイ》ドゥルセデレチェ dulce de leche をはさんだチョコレートクッキー〙
alfajorero, ra [alfaxoréro, ra] [名] アルファホールを作る(売る)人
alfalce [alfálθe] [男]《地方語》=**alfalfa**
alfalfa [alfálfa]〘←アラビア語 al-fasfasa〙[女]《植物》アルファルファ, ムラサキウマゴヤシ: ～ arborescente キダチウマゴヤシ
alfalfal [alfalfál] [男] アルファルファの牧草地
alfalfar [alfalfár] [男] =**alfalfal**
—— [他]《まれ》アルファルファの種をまく
alfalfe [alfálfe] [男]《地方語》=**alfalfa**
alfalfero, ra [alfalféro, ra] [名] アルファルファの栽培(販売)者
alfana [alfána] [女] 駿馬
alfandoque [alfandóke] [男] ❶《中南米》竹筒に小石などを入れて振るマラカスに似た楽器. ❷《南米. 菓子》糖蜜にアニス・牛乳などを混ぜバナナ・サトウキビの葉で包んだもの
alfaneque [alfanéke] [男] ❶《鳥》ラナーハヤブサ. ❷《古語》テント, 天幕. ❸《古語》イタチの毛皮
alfanjado, da [alfaŋxáđo, đa] [形] 三日月刀の形の
alfanjazo [alfaŋxáθo] [男] 三日月刀の一撃
alfanje [alfáŋxe]〘←アラビア語 al-janyar「短剣」〙[男] ❶ 三日月刀,

湾月刀. ❷《魚》メカジキ
alfanúmerico, ca [alfanúmeriko, ka] 形 文字と数字を組み合わせた, 文字と数字を区別なく処理する
alfaque [alfáke]《←アラビア語 al-fakk「地の裂け目」》男《主に 複》河口の〕砂州
alfaqué [alfaké] 男 =**alfaquí**
alfaqueque [alfakéke] 男《古語》[囚人・捕虜の] 請け戻し人
alfaquí [alfakí] 男《複 ~es》[イスラム教の] 法学者, 法博士, ファキーフ
alfaquín [alfakín] 男《古語》医者, 薬師〔ｼﾞ〕
alfar [alfár]《←アラビア語 al-fahhar「陶工」》男 ❶ 製陶工場. ❷ 粘土 [=arcilla]. ❸《アルゼンチン》=**alfalfa**
—— 自 [馬が走る時] 前脚を高く上げ過ぎる
alfaraz [alfaráθ] 男《複 ~ces》《古語》[アラブ人の軽騎兵用の] 小型の馬
alfarda [alfárða] 女 ❶《歴史》[キリスト教国で] モーロ人・ユダヤ人が払った税. ❷《建築》梁, 方杖. ❸《古語》女性のかぶり物 (マント). ❹《アラゴン, ムルシア》水利税, 用水料; = media《アラゴン》[水利の悪い土地の] 割引きした作物
alfardilla [alfarðíʎa] 女 [金糸・銀糸の] 組絹
alfardón [alfarðón] 男 ❶ 六角形のタイル. ❷《アラゴン》1) 金輪〔ｶﾅﾜ〕. 2) 用水利税, 用水料
alfareme [alfaréme] 男 アラブ人のかぶり物 (頭巾)
alfarense [alfaréme] 形 名《地名》アルファロ Alfaro の [人]《リオハ県の町》
alfareño, ña [alfaréɲo, ɲa] 形 =**alfarense**
alfarería [alfarería]《←alfarero》女 ❶ 製陶, 陶芸. ❷ 製陶工場; 陶器店
alfarero, ra [alfaréro, ra]《←alfar》名 陶工
alfargo [alfárgo] 男 [オリーブ搾油機の] 梁〔ﾊﾘ〕, 桁〔ｹﾀ〕
alfarje [alfárxe]《←アラビア語 al-hayar「石」》男 ❶ オリーブ搾油機の下石 [オリーブをすりつぶす装置]. ❷《建築》[彫刻を施した] 格天井〔ｺﾞｳﾃﾝｼﾞｮｳ〕
alfarjía [alfarxía] 女《建築》ドア枠・窓枠用の角材; [梁と交叉する] 天井の骨組み用材
alfarnate [alfarnáte] 形《ドミニカ. 古語》やくざな, ろくでなしの
Alfaro [alfáro]《人名》**Eloy** — エロイ・アルファロ《1842～1912, エクアドルの大統領. ガルシア・モレノ García Moreno の独裁と闘った自由主義革命の指導者》
alfarrazador, ra [alfařaðaðór, ra]《バレンシア, ムルシア》収穫前に果実の値を決める人
alfarrazar [alfařaθár] 9 他《廃語. アラゴン》[収穫前に] 果実の十分の一税を査定する.《バレンシア, ムルシア》[収穫前に] 果実の値を決める
alfayate, ta [alfajáte, ta] 名《古語》仕立屋 [=sastre]
alfayatería [alfajatería] 女《古語》仕立屋 [=sastrería]
alfazaque [alfaθáke] 男《昆虫》小型の甲虫《スペインに多い. 学名 Ateuchus sacer》
aleiza [aléiθa] 女 =**alféizar**
aleizar [aleiθár] 9 他 [壁に窓・戸の] 開口部を作る, 朝顔口を付ける
alféizar [alféiθar]《←アラビア語 al-fésha「すき間」》男《建築》[窓・戸をつけるための] 壁の開口部, 朝顔口; [特に] 窓の下枠: Estaba apoyada en el ~ de la ventana. 彼女は窓の敷居に寄りかかっていた
alfeñicar [alfeɲikár] 7 ~**se**《口語》❶ お上品ぶる, 気取る. ❷ ひどくやせる
alfeñique [alfeɲíke] 男 ❶ きゃしゃな人, ひ弱な人. ❷《菓子》砂糖のねじり棒. ❸ 過度の気取り (きまじめ). ❹《アンダルシア. 植物》バレリアン [=valeriana]
Alfeo [alféo] 女《ギリシア神話》アレトゥーサ [=Aretusa]
alferazgo [alferáθgo] 男 少尉の地位
alferecía [alfereθía] 女 ❶ 突然の体の不調, [特に] 失神. ❷《古語》てんかんの発作. ❸《まれ》=**alferazgo**
alférez [féreθ]《←アラビア語 al-feris「騎手」》男 ❶《陸軍, 空軍》少尉; ~ **alumno** 士官候補生. ~ **provisional**《古語》臨時少尉, 仮少尉《スペイン内戦時, 国民戦線軍 ejército nacional で短期教育により創設された》. ❷《海軍》~ **de fragata** 少尉. ~ **de navío** 中尉. ❸《古語》1) 旗手: ~ **del rey** (~ **del pendón real**) 軍旗護衛少尉. ~ **real** (**mayor**)《アメリカ植民地》[行列で王旗を持つ資格のある市議会議員》. 2) [中世の] 国王軍の副指揮官, 国王不在時の国王軍指揮官. ❹《古語》隊長, 頭領; 副隊長, 代理人: ~ **mayor de los peones** 歩兵

隊長. ❺《古語. チェス》=**alferza**. ❻《チリ, アルゼンチン, ボリビア》祭りの費用を負担する有力者
alferraz [alfeřáθ] 男《鳥》アフリカカッコウハヤブサ
alferza [alférθa] 女《古語. チェス》副将《現在のクイーンに相当する》
alfesera [alfeséra] 女《まれ. 植物》ブリオニア
alfesira [alfesíra] 女《まれ. 植物》ブリオニア
alficoz [alfikóθ] 男《植物, 実》コンブロー [=cohombro]
alfife [alfífe] 男《植物》フクオウソウの一種《カナリア諸島産. 学名 Prenanthes pinnata》
alfil [alfíl]《←アラビア語 al-fil ←ペルシア語 pil「象」》男《チェス》ビショップ
alfiler [alfilér]《←アラビア語 al-hilel「入り込むもの」》男 ❶ ピン, 留め針; 待ち針: 1) sujetar (prender) con [un] ~ ピンで留める. coger el bajo del pantalón con ~**es** ズボンの裾をピンで留める. ~ **de gancho**/~ **de nodriza**/~ **de seguridad**《中南米》安全ピン. 2)《宝飾》~ **de corbata** ネクタイピン. ~ **de pecho** 胸ピン. ~ **de solapa** 衿ピン. ~ **de sombrero** ハットピン. ❷《西》洗濯ばさみ [=pinza]. ❸ ~ **de París** 丸釘. ❹《植物》オランダフウロ. ❺《廃語》[妻に渡す服飾用の] 小遣い銭; [旅人が出発時に旅館の従業員に渡す] 心付け, チップ. ❻《キューバ, コロンビア. 料理》スペアリブ
cogido con ~**es**《口語》=**prendido con** ~**es**
de veinticinco ~**es**/*con todos sus* ~**es** めかし込んで, 着飾って: ponerse (ir) *de veinticinco* ~**es** 着飾る (着飾っている)
no caber un ~ 立錐の余地もない: En el estadio *no cabe* [ni] *un* ~. 競技場は超満員の観衆だ
para ~**es** 心付けに, チップとして; 小遣いとして
prendido con ~**es**《口語》危うい, 心もとない: La situación económica está *prendida con* ~**es**. 経済情勢は不安定である. llevar la lección *prendida con* ~**es** 授業をあやふやにしか分かっていない; 忠告をろくに聞かない
punta de un ~《比喩》針の先: Entre el sí y el no de la mujer, no cabe la *punta de un* ~. 女のいいやとだめよの違いは紙一重. contar los ángeles que bailan en la *punta de un* ~《神学》針の上で天使は何人踊れるか
alfilerar [alfilerár] 他 ピンで留める, 待ち針を打つ
alfilerazo [alfileráθo] 男 ❶ ピンの一突き, 針の一刺し. ❷ 皮肉, 嫌味, ガサリと傷つける言葉
alfilerera [alfileréra] 女《アンダルシア》[ゼラニウムなどの] ピンの形をした実
alfilerero [alfileréro] 男 =**alfiletero**
alfileresco, ca [alfilerésko, ka] 形《廃語》ピンのような
alfilerillo [alfileríʎo] 男 ❶《中南米. 植物》オランダフウロ. ❷《メキシコ. 昆虫》ハムシの一種《タバコの害虫. 学名 Diabrotica virgifera zeae》
alfiletero [alfiletéro]《←alfiler》男 ❶ [筒型の] 針入れ. ❷ 小型の針山 (針刺し)
alfilitero [alfilitéro] 男《方言語》=**alfiletero**
alfitete [alfitéte] 男《料理》[スープに入れる] 粒状のパスタの一種
alfitomancia [alfitománθja] 女 粉占い
alfiz [alfíθ] 男《複 ~ces》《建築》[アラビア風アーチ下部の] 四角い鏡板
alfócigo [alfóθigo] 男《古語》=**alfóncigo**
alfolí [alfolí] 男《複》穀物倉, 塩倉
alfoliero [alfoljéro] 男 穀物倉 (塩倉) の番人
alfolinero [alfolinéro] 男 =**alfoliero**
alfombra [alfómbra]《←アラビア語 al-humra「シュロのマット」》女 ❶ [部分的な] じゅうたん, カーペット, 敷物: 1) El suelo está cubierto con una ~ persa. 床にはペルシャじゅうたんが敷かれている. sentarse en ~ **de oso** 熊の毛皮の敷物に座る. ~ **de baño** バスマット. ~ **de oración** 小型のじゅうたん. ~ **de pie de cama** ベッドサイドマット. ~ **gabbeh** ギャッベ. ~ **voladera** (**mágica**) 空飛ぶ (魔法の) じゅうたん. 2)《比喩》~ **de flores** 花のじとね. ~ **de nieve del jardín** 庭一面の雪. ❷《医学》風疹 [=rubéola]. ❸《中南米》[敷き込み式の] じゅうたん [=moqueta]
alfombrado, da [alfombráðo, ða] 形《中南米》じゅうたんを敷き込んだ
—— 男 ❶ じゅうたんを敷くこと, カーペット施工. ❷ 集名 じゅうたん
alfombrar [alfombrár]《←alfombra》他 ❶ …にじゅうたんを敷く:

～ el salón 応接間にじゅうたんを敷く. ❷ [+con・de で] 覆い尽くす: **～ el camino** de flores 道に花を敷き詰める

alfombrero, ra [alfombréro, ra] 图 じゅうたん職人, 敷物製作者

alfombrilla [alfombríʎa] 《alfombra の示小語》图 ❶ バスマット; [車の] マット;《西》ドアマット, 靴拭き. ❷《医学》風疹 [=rubéola];《メキシコ》天然痘, ほうそう;《カリブ》発疹, あせも

alfombrista [alfombrísta] 图 ❶ じゅうたん商人, 敷物商. ❷ じゅうたん施工職人

alfombrita [alfombríta] 图 敷物, ラグ

alfóncigo [alfóŋθiɡo] 男《植物, 実》ピスタチオ

alfondega [alfondéɡa] 图《魚》カナガシラの一種 (学名 Trigla hirundo, Trigla lucerna)

alfóndiga [alfóndiɡa] 图《地方語. 魚》ホウボウの一種 [=rubio]

alfóndigo [alfóndiɡo] 图《歴史》=**alhóndiga**

alfonsí [alfonsí] 形《～(e)s》アルフォンソ Alfonso 王の《特に賢王アルフォンソ10世》

alfónsigo [alfónsiɡo] 男 =**alfóncigo**

alfonsina[1] [alfonsína] 图《歴史》アルカラ大学の神学部または医学部で行なわれた式典

alfonsino, na[2] [alfonsíno, na] 形 图 アルフォンソ Alfonso 王の《特にアルフォンソ12世》; アルフォンソ王派 [の]: reforma ～na アルフォンソ王の改革. Tablas A～nas アルフォンソ10世の命令で作られた天文表
—— 男 賢王アルフォンソ10世時代の硬貨

alfonsiño [alfonsíɲo] 男《地方語. 魚》ナンヨウキンメ [=palometa roja]

alfonsismo [alfonsísmo] 男《歴史》アルフォンソ王党主義, アルフォンソ王派の運動《第二共和制後のアルフォンソ13世の復帰を支持》

Alfonso [alfónso]《人名》➤ **I el Batallador** 合戦王アルフォンソ1世 (1073～1134, アラゴン王. 1118年イスラム教徒からサラゴサを奪還し, エブロ川以南へ進出)
～ I el Católico カトリック王アルフォンソ1世 (693～757, アストゥリアス王で, ペラヨ Pelayo の娘婿. ガリシア, レオン地方を再征服, ドゥエロ川流域からモサラベ mozárabe を移住させ同地域の無主地化を招いた)
～ II de Aragón el Casto アラゴン純潔王アルフォンソ2世 (1157～96. 母ペトロニーラ Petronila からアラゴン, 父からカタルーニャ公国 Principado de Cataluña を継承し, アラゴン連合王国 Corona de Aragón の初代国王となる)
～ II de Asturias el Casto アストゥリアス純潔王アルフォンソ2世 (760～842, アストゥリアス王. オビエド Oviedo に遷都し, 西ゴート宮廷制度の復活や『西ゴート統一法典』Liber Iudiciorum の採用など新ゴート主義 neogoticismo を実践)
～ III el Magno 大王アルフォンソ3世 (848～910, アストゥリアス王. ドゥエロ川流域の再植民を推進. 年代記の編纂事業を通してレコンキスタ理念を創案)
～ V el Magnánimo 寛容王アルフォンソ5世 (1396～1458, アラゴン王. 1443年ナポリ王国 Reino de Nápoles を征服. ナポリに宮廷を置き人文主義 humanismo を擁護)
～ VI el Bravo 勇敢王アルフォンソ6世 (1040～1109. 1065年にレオン王, 1072年にカスティーリャ王となる. 1085年トレドを征服し, 王国の版図をタホ川まで拡大)
～ VII el Emperador 皇帝アルフォンソ7世 (1105～57, カスティーリャ・レオン王. 皇帝を称し, イベリア半島内の他のキリスト教諸君主に対する自らの優越性を主張. 1156年アルカンタラ騎士団 Orden de Alcántara を創設)
～ VIII el de las Navas アルフォンソ8世 (1155～1214, カスティーリャ・レオン王. 1212年ナバス・デ・トロサの戦い Batalla de Las Navas de Tolosa でキリスト教国連合軍を率いムワッヒド almohades 軍に勝利)
～ IX de León アルフォンソ9世 (1171～1230, レオン王. 1188年身分制のレオン議会 curia regia en León を召集. サラマンカ大学 Universidad de Salamanca を創設)
～ X el Sabio 賢王アルフォンソ10世 (1221～84, カスティーリャ王.『七部法典』Las siete Partidas を編纂し王権の強化を図る. 大空位時代 El Gran Interregno に際し神聖ローマ皇帝位を目指す. 天文学等のアラビア語文献がカスティーリャ語に翻訳)
～ XI el Justiciero 正義王アルフォンソ11世 (1311～50, カスティーリャ王. 1340年サラド河畔の戦い batalla del Salado でマリーン朝 benimerines 勢力に勝利し, 北アフリカのイスラム教徒の軍事的脅威を払拭. 1348年にアルカラ法令集 Ordenamiento de Alcalá を公布し王国法の統一を図る)
～ XII el Pacificador 平定王アルフォンソ12世 (1857～85, スペイン王. 1868年の9月革命 Revolución de 1868 に際し母イサベル2世と共に国外へ亡命. 第一共和制崩壊後に第一共和国 Primera República の破綻により1874年王位につき, 王政復古 Restauración を実現)
～ XIII el Africano アフリカ王アルフォンソ13世 (1886～1941, スペイン王. 国策としてアフリカ植民地への積極的な軍事介入を行ない, 1920年にモロッコで第三次リーフ戦争 Guerra del Rif を招いた. 1923年からプリモ・デ・リベラ Primo de Rivera の独裁政治を容認. 31年地方選挙での共和制支持派の圧勝を見て国外に亡命)

alforfón [alforfón] 男《植物》ソバ; その実

alforja [alfórxa] 图《～アラビア語 al-hurŷ》 ❶ [主に 複] 振り分け袋, 鞍かばん;《自転車》食料バッグ, サコッシュ. ❷ 旅の食糧. ❸ だぶだぶの服, 袋のような服. ❹ cazador de ～ (銃なしで) 犬や罠を使う猟師
pasarse a la otra ～《チリ》なれなれしくなる, ぞんざいになる
¿Qué ～?《まれ》(怒り・軽蔑) それがどうした

alforjero, ra [alforxéro, ra] 图 振り分け袋, 鞍かばんの: perro ～ 荷物番の猟犬
—— ❶ 振り分け袋 [鞍かばん] を作る (売る) 人. ❷ 食料を振り分けにして運ぶ人
—— 男 托鉢修道会の助修士 (托鉢で受取った物を alforja にしまう)

alforjón [alforxón] 男 =**alforfón**

alforjuela [alforxwéla] 图 alforja の示小語

alforza [alfórθa] 图 ❶ (服の) 縫い揚げ, タック: hacer ～s a las mangas 袖にあげをする. ❷ (大きな) 傷跡

alforzar [alforθár] 他《裁縫》あげをする, タックを取る. ❷ タック状にする

alfoz [alfóθ] 男《←アラビア語 al-hawz「地域, 支配」》男 / 女 ❶《歴史》(中世, 都市の) 周辺地域《経済的に都市に依存する付属地》; 属域 (都市自治体 concejo の司法・行政権が及ぶ管轄域). ❷《古語》村や村が集まった行政区

alfrecho [alfrétʃo] 男 =**afrecho**

alga [álɡa]《←ラテン語》图《単数冠詞: el・un(a)》 ❶《植物》海草, コンブ; 藻類: ～s pardas (rojas・verdes) 褐 (紅・緑) 藻類. ❷《料理》海苔

algaba [alɡába]《まれ》森, 密林

algabeño, ña [alɡaβéɲo, ɲa] 形《地名》アルガバ Algaba の (人)《セビーリャ県の町》

algafil [alɡafíl] 男《植物》キンミズヒキ [=agrimonia]

algáfita [alɡáfita] 图《カナリア諸島》オランダワレモコウ, サラダバーネット

algaida[1] [alɡáiða] 图《アンダルシア》潅木の茂み; 河岸の砂地

algaidense [alɡaiðénse] 形《地名》アルガイダ Algaida の (人)《マヨルカ島内の町》

algaido, da[2] [alɡáiðo, ða] 形《アンダルシア》枝 (わら) に覆われた

algalia [alɡálja] I《←アラビア語 al-galiya「麝香」》图 ❶ (ジャコウネコからとった) 麝香 (香). ❷《植物》トロロアオイモドキ
II《←ラテン語 argalia/algalia》图《医学》導尿管, カテーテル

algaliar [alɡaljár] 他 麝香の香りをしみ込ませる

algaliero, ra [alɡaljéro, ra] 图《まれ》麝香を使う (人); 麝香を売る (人)

algar [alɡár] 男 ❶《海底の》海草の集落. ❷《古語. アンダルシア》洞窟, ほら穴

algara [alɡára]《←アラビア語 al-gara》图 ❶ (中世, 敵地に侵入・略奪した) 騎兵隊, その略奪行. ❷《古語. 軍事》前衛部隊. ❸ 卵殻膜, 卵の薄皮. ❹ [タマネギ・ニンニクなどの] 薄皮

algarabía [alɡaraβía] I《←アラビア語 al-arabiya「アラビア語」》图 ❶ 騒音, うるささ, ガヤガヤ: La ～ de la calle no me dejó dormir. 外がやかましくて私は眠っていられなかった. ❷ ちんぷんかんぷん, (さっぱり分からない) 言葉. ❸《古語》アラビア語《中世にキリスト教徒がこう呼んだ》. ❹《まれ》つっかえつっかえ, しどろもどろに話す. ❺ もつれ, 紛糾
II 图《植物》シマセンブリの一種 (学名 Odontites butea)

algarabiado, da [alɡaraβjáðo, ða] 形《古語》(キリスト教徒で) アラビア語を解する (人)

algaracear [alɡaraθeár] 自《グアダラハラ》(単人称) 小雪が舞う

algarada [alɡaráða]《←algara》图 ❶ 騒動, 叫び声: Se pelearon los vecinos y se formó una ～ tormenta. 住民たちがけんかをしてひどい騒ぎになった. ❷ 騎兵隊 [=algara]; [騎兵隊の]鬨(ⅹ)の声, 雄叫び. ❸ [小規模な] 反乱, 暴動. ❹ 投石機 [=algarrada]

algarazo [alɣaráθo] 男《アラゴン, グアダラハラ》にわか雨
algarear [alɣareár] 自《まれ》騒動を起こす, 大騒ぎする
algarero, ra [alɣaréro, ra] 形《文語》騒がしい, 大騒ぎの
algarín [alɣarín] 男《地方語》❶ [おとりとして役立たなくなった]雄のヤマウズラ. ❷ 野菜泥棒, 家畜泥棒
algarrada [alɣaráda] 囡 ❶ 牛を野原に放して長い棒で追う祭り. ❷ [囲いへの] 牛の追い込み. ❸ [闘牛] 習ող闘牛士のする闘牛下 [=novillada]. ❹《古語, 軍事》投石機
algarroba [alɣaróba] 囡《豆》イナゴマメ, 《植物》アレチノエンドウ《種子は飼料用》
algarrobal [alɣarobál] 男 アレチノエンドウ畑
algarrobero, ra [alɣaróbero, ra] 形 イナゴマメの
—— 男/囡 =**algarrobo**
algarrobilla [alɣaroβíʎa] 囡《植物, 豆》キャロブ, イナゴマメ [=arveja]
algarrobo [alɣaróbo] 男《植物》❶ イナゴマメ《高木》. ❷ ～ loco セイヨウハナズオウ
algavaro [alɣaβáro] 男《昆虫》カミキリムシ《学名 Cerambyx》
algazara [alɣaθára] 囡《←アラビア語 al-gazara "多弁, 騒音"》囡 ❶ 歓声, にぎやかな人声. ❷ 突撃の叫び, 鬨(ⅹ)の声. ❸ 騎兵隊 [=algara]
algazul [alɣaθúl] 男《植物》メセン科の一種《学名 Mesembryanthemum nodiflorum》
álgebra [álxeβra] 囡《←ラテン語 algebra < アラビア語 el-yebr "縮小"》囡《単数定冠詞: el·un[a]》❶ 代数《学》: ～ booleana ブール代数. ❷《廃語》接骨術
algebraicamente [alxeβráikaménte] 副 代数的に
algebraico, ca [alxeβráiko, ka] 形 代数《学》の: cálculo ～ 代数計算
algébricamente [alxéβrikaménte] 副《まれ》=**algebraicamente**
algébrico, ca [alxéβriko, ka] 形《まれ》=**algebraico**
algebrista [alxeβrísta] 名 ❶ 代数学者. ❷《古語》接骨医
algecireño, ña [alxeθiréɲo, ɲa] 形《地名》アルヘシラス Algeciras の《人》《カディス県の港湾都市》
algeteño, ña [alxetéɲo, ɲa] 形《地名》アルヘテ Algete の《人》《マドリード県の町》
algia [álxja] 囡《医学》痛み [=dolor]
-algia《接尾辞》[痛み] cefal*algia* 頭痛
algicida [alxiθída] 形 男《藻類を駆除する》[薬剤]
algidez [alxidéθ] 囡《医学》悪寒, 寒け
álgido, da [álxido, da]《←ラテン語 algidus < algere "寒い"》形 ❶ 最高潮の: Ha llegado el momento ～ de la campaña electoral. 選挙戦は今がたけなわだ. punto ～ 最高潮, 頂点. ❷《文語》非常に寒い. ❸《医学》悪寒を伴う: fiebre ～*da* 寒けを伴う熱
algina [alxína] 囡《化学》アルギン
alginato [alxináto] 男《化学》アルギン酸塩
algínico, ca [alxíniko, ka] 形《化学》アルギン酸の
algo [álɣo]《←ラテン語 aliquod》代《事物の不定代名詞. ⇔**nada**》❶ 何か, あること, あるもの: 1) ¿Qué te parece si tomamos ～ en esta cafetería? このカフェテリアで何か食べよう. ¿Desea ～ más? ほかに何か［買う・注文する］ものがありますか? ¿Tiene ～ que declarar? 何か申告するものはありますか? 2) ［形容詞は必ず後置］Aquí encontraremos ～ nuevo. ここで何か新しいことが発見できるだろう. La muerte es ～ nunca inevitable. 死だけは決して避けることができないものだ. ❷ ［数量・程度］少し［のもの］, いくらか, 幾分: 1) Falta ～ para un metro (las diez). 1メートルに少し足りない(もう少しで10時だ). Ahora apostaré ～. 今度は少し賭けてみよう. 2)《反語》かなりのもの, 多くのもの: Aún falta ～ para llegar al destino. 目的地まではまだかなりある. ❸ 重要なこと, 大物, 重要人物: Que hagas esfuerzos, ya es ～. 君が努力していること自体, 大したものだ. Quieren ser ～ en el mundo. 彼らは世の中の人間になりたいと思っている
—— 副 [un+...漠然とした強調] 少し, 幾分: Este niño tiene un ～ que me recuerda a su madre. この子はどこか母親を思い出させるところがある. ❷ ちょっとした財産: Le ha quedado un ～ a la viuda. その未亡人にはちょっとしたものが残っ

た. ❸ 魅力的なところ: Tiene un ～. 彼にはどこか魅力的なところがある. ❹《口語》軽い食事, おやつ [=merienda]
—— 副 少し, やや [=**un poco**]: 1) Estamos ～ cansados. 私たちは少し疲れている. Andan ～ escasos de dinero. 彼らは少しばかり金に困っている. Dale ～ más. 彼にもう少しあげなさい. 2)《反語》ひどく, ひどい: El pueblo está ～ lejos y tenemos que caminar más. 村はかなり遠いので私たちはまだ歩かなければならない. A ～ habrás bebido para estar tan borracho. そんなに酔うとはかなり飲んだのだね

～ así 1) それくらい: Se tarda diez minutos o ～ *así*. 10分かそこらかかる. 2) そのようなもの: Es escritor o ～ *así*. 彼は作家か何かだ
～ así como... 1)［小さな数の概数］…くらい: Han venido a la fiesta ～ *así como* cien personas. 100人ほどパーティーに来た. 2) …のようなもの: Estaba volando ～ *así como* una bola. ボールのようなものが飛んでいた
～ de... 1) 少しの…: He dejado ～ *de* dinero en la mesa. 私は金を少しテーブルの上に置いてきた. Entiende ～ *de* francés. 彼はフランス語がいくらかわかる. ¿Me das ～ *de* beber? お酒を少しくれないか? Dijo ～ *de* eso. 彼はそのようなことを言った. 2) [haber・tener +. +形容詞] 何か…な物(事)がある: ¿Hay ～ *de* particular? 何か特別な点がありますか? Él tiene ～ *de* raro. 彼は変わったところがある
～ es ～ ないよりはましだ/まずまずだ
～ más de... より少し多い
creerse [ser] ～ [人が主語で] 自分をひとかどの人物・大物であると思い込んでいる
dar ～ a+人《口語》…の体調(気分)を悪くする: Si subo a la montaña rusa, me *dará* ～. ジェットコースターに乗ったら, 私は気分が悪くなるだろう
haber ～ [事情などが] 何かある, 訳がある: A ～ debe *haber*, cuando no nos ha llamado todavía. 彼からまだ電話が来ないところを見ると何かあるに違いない. Al ver que estaba muy demacrada, sospeché que *había* ～. 彼女がとてもやつれているのを見て, 私は何かあると感じた. A ～ habrá en la organización de la empresa cuando se producen accidentes tan sucesivamente. こんなに連続して事故が起きるなんて会社の組織に何か原因があるようだ
¿Hacemos ～? どうかしましょうか?
ir a dar ～ a+人《戯語》[誇張. 辛抱できなくなって] …の気が変になる: Me *va a dar* ～ si siguien hablando así de mí. あんなふうにうわさされていたら私は頭がおかしくなってしまう
más vale ～ que nada =～ **es** ～
para ～ 何らかの理由があって: Para ～ soy investigador. 私はこれでも研究者の端くれだ
por ～ 何らかの理由によって: Por ～ será. 何か訳があるのだろう. Por ～ lo hicieron. 彼らは何か理由があってそうしたのだろう
ser ～ aparte 特に優れている: Este ordenador *es* ～ *aparte*. このコンピュータはちょっとしたものだ
tener ～ que ver con... …と関係がある: Eso *tiene* ～ *que ver con* nuestro problema. それは我々の問題と関係がある
tener un ～ de... 1) …らしいところがある: *Tiene un* ～ *de* egoísmo [de malicia]. 彼は自己中心的(意地悪)なところがある. Esta colonia *tiene un* ～ *de* frescor. このオーデコロンは涼しい感じがする. 2) …と似たところがある: Esta niña *tiene un* ～ *de* su abuela. この子は祖母と似たところがある
tomar ～ [飲酒] 一杯やる
... y ～ [数が] …あまり: Tiene 50 años *y* ～. 彼は50歳ちょっとだ
ya es ～ =～ **es** ～

algodón [alɣodón]《←アラビア語 al-qotón》男 ❶ 綿(ː), 木綿; 綿糸, 綿布; 綿: camiseta de ～ 木綿のシャツ. ～ en rama 原綿. ～ de nitrocelulosa/ ～ pólvora (fulminante)/pólvora de ～ 綿火薬. ❷《植物》1) ワタ; 綿花. 2) ～ de Castilla《フィリピン》パンヤの一種《木の毛は木綿に似ている》. ❸ 脱脂綿 [=～ hidrófilo]. ❹ 綿あめ [=～ dulce, dulce de ～, ～ de azúcar]. ❺ 印 [ペン先につくインク量を調節するために] インク壺に入れる綿玉. ❻《昆虫》オリーブにつく害虫《学名 Psilla oleae》
entre algodones [育児などで] 大切に, 過保護に: criar *entre algodones* 真綿でくるむように育てる
algodonal [alɣodonál] 男 ❶ ワタ畑. ❷《植物》ワタ [=algo-

algodonar [alɣoðonár] 他《まれ》消音する
—— 他《まれ》消音する
algodoncillo [alɣoðonθíʎo] 男《植物》フウセントウワタ
algodoncito [alɣoðonθíto] 男《チリ》綿棒
algodonero, ra [alɣoðonéro, ra] 形 綿の: industria ~ra 綿紡績工業. región ~ra 綿花地帯
—— 名 綿花栽培者; 綿販売業者
—— 男《植物》ワタ
algodonita [alɣoðoníta] 女《鉱物》アルゴドン鉱
algodonoso, sa [alɣoðonóso, sa] 形 綿のような: nubes ~sas 綿のような雲
—— 女《植物》チチコグサの一種〔学名 Otanthus maritimus〕
algol [alɣól] 男 ❶《天文》[A~]アルゴール〔ペルセウス座のβ星〕. ❷《情報》アルゴル〔プログラミング言語の一つ〕
algolágnico, ca [alɣolágniko, ka] 形《医学》苦痛嗜愛の, 疼痛性愛の
algología [alɣoloxía] 女《植物》藻類学
algológico, ca [alɣolóxiko, ka] 形《植物》藻類学の
algomenorrea [alɣomenoréa] 女《医学》月経痛, 生理痛
algonqués [alɣonkés] 男 アルゴンキン語〔族〕
algonquino, na [alɣoŋkíno, na] 形 名 アルゴンキン族〔の〕〔北米先住民〕
—— 男 アルゴンキン語
algorfa [alɣórfa] 女〔屋根裏の〕穀物倉
algorín [alɣorín] 男〔搾油所の〕オリーブ貯蔵庫; オリーブ貯蔵場のある中庭
algoritmia [alɣorítmja] 女《古語》アラビア記数法; アラビア数字計算法
algorítmico, ca [alɣorítmiko, ka] 形《数学》アルゴリズムの
algoritmo [alɣorítmo] 男《数学》アルゴリズム
algorza [alɣórθa] 女《まれ》土塀の上の覆い
algoso, sa [alɣóso, sa] 形 藻だらけの
alguaceño, ña [alɣwaθéɲo, ɲa] 形 名《地名》アルグアサス Alguazas の〔人〕〔ムルシア県の村〕
alguacil, la [alɣwaθíl, la]〔←アラビア語 al-wazir「大臣」〕名 女 **alguacilesa** もある ❶ [裁判所・市役所の下級の] 執行官, 執行吏, 執達吏, 警吏. ❷《戯曲》市警察官
—— 男 ❶《歴史》露払い騎士 [=alguacilillo]. ❷ ~ de[l] campo/~ de la hoz《歴史》田園保安官. ~ del agua〔船舶〕貯蔵水の番人. ~ de la montería〔王室の〕狩猟長. ❸《歴史》警吏《スペイン領アメリカにおいて市参事会 cabildo の下で, 主に治安を担当する役人》. ❹《動物》ハエトリグモ [=~ de moscas]. ❺《古語》市長, 県知事. ❻《アルゼンチン, ウルグアイ》トンボ [=libélula].
~ **mayor** 1)《歴史》警吏長《スペイン領アメリカで小規模な町や地方の警察権とわずかな司法権を持つ. 16世紀後半には売買の対象となり, 次第に世襲化する》. 2)《古語》執行官の長《都市や高等法院における名誉職》
—— 女 執行官の妻
alguacilato [alɣwaθiláto] 男 alguacil の職務
alguacilazgo [alɣwaθiláθɣo] 男《軽蔑》小役人
alguacilejo [alɣwaθiléxo] 男《軽蔑》小役人
alguacilería [alɣwaθilería] 女 執行官のやり口〔策略〕
alguacilesa [alɣwaθilésa] 女 →**alguacil**; 執行官の妻
alguacilesco, ca [alɣwaθilésko, ka] 形 執行官特有の
alguacilía [alɣwaθilía] 女《古語》alguacil の職
alguacilillo [alɣwaθilíʎo]《alguacil の示小語》男 ❶《闘牛》露払い騎士《17世紀の alguacil の服装をして入場行進を先導する, 主宰者が与える耳を闘牛士に渡す》. ❷ ハエトリグモ [=alguacil].
alguairense [alɣwairénse] 形 名《地名》アルグアイレ Alguaire の〔人〕〔レリダ県の村〕
alguandre [alɣwándre] 副《古語》決して…ない [=jamás]
alguanto, ta [alɣwánto, ta] 代《古語》=alguno
alguaquida [alɣwakíða] 女《廃語》[硫黄を塗った] ライ麦のわら束 [=pajuela]
alguaquidero, ra [alɣwakiðéro, ra] 名《廃語》付け木を作る〔売る〕人
alguaza [alɣwáθa] 女《地方語》ちょうつがい [=bisagra]
alguerense [alɣerénse] 形 名《地名》=**alguerés**
alguerés, sa [alɣerés, sa] 形 名《地名》〔イタリア, サルデニア島の〕アルゲル Alguer の〔人〕

—— 男 アルゲル語
alguero, ra [alɣéro, ra] 形 藻の, 海草の
—— 男 海草の一種〔学名 Posidonia oceanica〕
alguicida [alɣiθíða] 男 殺藻剤
alguien [alɣjen]〔←ラテン語 aliquis「誰か」+unus「一人」〕代《人の不定代名詞.囲 のみ》❶ 誰か, ある人《限定性がない. =alguno 代》[類義] ⇔nadie) 1) Te espera ~ en la puerta. 誰かが玄関で君を待っているよ. ¿Hay ~ que hable italiano? イタリア語を話す人がいますか？ A~ de Madrid lo sabría. マドリード生まれの人ならそれを知っているかもしれない. 2) [他動詞の直接目的語になる時は普通 al 前置詞 a+] ¿Esperas a ~ aquí? ここで誰かを待っているのか？ ¿Viste a ~? 君は誰か見たのか？ [語法] alguien は男性単数扱いだが, 女性であることを示したければ +形容詞女性形は可: ¿Hay ~ más guapa que ella? 彼女よりきれいな人が誰かいますか？ ❷ ひとかどの人物, 重要人物: Es ~ en su pueblo natal. 彼は故郷の村では重要な人物である.
creerse ~〔偉いと〕うぬぼれる, いばる: Ese alcalde se cree ~. その村長はいばっている
tomar a+人 **por** ~ …をひとかどの人物であると見なす
algún [alɣún] [**alguno** の語尾脱落形] → **alguno**
~ **tanto** 少し
alguno, na [alɣúno, na]〔←俗ラテン語 alicunus <ラテン語 aliquis「誰か」+unus「一人」〕不定形容詞・代名詞. ⇔ninguno) 形
[語形] [形容詞] 男性単数名詞の前で **algún** となる: algún alto cargo ある高官. 強勢のある a で始まる女性単数名詞の前でも alguna より algún が多用される: algún arma ある武器〉
❶ [+名詞] ある, 何らかの [類義] **alguno** は話し手・聞き手のどちらも知らないこと, **un** は聞き手の知らないこと (話し手は知っている可能性がある): Comimos en un restaurante. あるレストランで食事した (聞き手にはどのレストランか分からない). ×Comimos en algún restaurante. (過去の事実なので話し手がどのレストランか知らないことはあり得ない) Comeremos en algún restaurante. どこかのレストランで食事しよう (話し手・聞き手ともまだ分かっていないレストラン). Comeremos en un restaurante. あるレストランで食事しよう〈聞き手はどのレストランか知らないが話し手は知っている可能性がある〉: 1) [不定の存在] ¿Hay ~na oficina de turismo por aquí? このあたりにどこか観光案内所がありますか？ ¿Quieres dejar algún recado? 何か伝言はありますか？ ¿Ha leído usted ~na novela de Camilo José Cela? カミロ・ホセ・セラの小説は何か読んだことがありますか？ 2) [類似のものでもよいとするあいまい表現] ¿Esperas a algún amigo? 誰か友人を待っているの？ ❷ [+名詞. 数量・程度] 少しの, いくらかの, 多少の: 1) ¿Tienes algún dinero? いくらかお金を持っているか？ Quiere leer ~s libros sobre España. 彼はスペインに関する本を何冊か読みたがっている. Falta algún esfuerzo para salir bien. 合格するには少し努力が足りない. 2) [反語] かなりの, 相当な: Esto tiene ~na importancia. この事はかなり重要だ. ❸ [名詞+. 否定] 全然…ない, どんな…も, 一切…も〔ない〕: No tienen dinero ~. 彼らはお金を全然持っていない. [語法] alguno と ninguno のどちらも使うこともできる: Sin duda ~na (ninguna) es idea de algún adulto. 疑いはない, それは誰か大人の考えだ No hemos visto cosa ~na. 私たちは何も見なかった. No lo afectará de modo ~. それは全く彼に影響を与えないだろう. No se permite fumar en parte ~na del teatro. 劇場ではどこでも喫煙が許されていない
~ **que otro** +単数名詞 わずかの…, 2つ3つの: Solo se oye a lo lejos ~ (algún) que otro coche. 遠くで時々車の音が聞こえるだけです
—— 代 ❶ 誰か, 誰か一人 [類義] **alguno** はある範囲内での不定の人. **alguien** よりも限定性がある) 1) ¿Ya ha llegado ~ a la fiesta? もう誰かパーティーに来ましたか？ A~ de ellos lo hará. 彼らのうち誰かがそれをするだろう. ¿Hay ~na que pueda bailar? 誰か踊れる女の人がいるだろうか？ ❷ 複 何人か, 数人; いくつか, 若干: A~s creen que eso es importante. それが重要だと考える人もある. Esa señora dice que tiene 40 años, pero creo que se quita ~s. その婦人は40歳だと言っているが, 何歳か若く言っているのだと思う. ❸《まれ》何か (どれか) 一つ: Si vas por manzanas, trae ~na para mí. リンゴを取りに行くなら, 私にも一個持ってきてください
~ **que otro** わずかの, 2つ3つの: Se quedó allí ~ que otro. わずか数人がそこに残った. Seguro que conocéis ~na que otra de estas historias. 君たちはこれらのお話のいくつかは知っている

に違いない

hacer ~na 何か悪いこと(いたずら)をする: Ese chico habrá hecho ~na. その子は何かいたずらをしたのだろう

alhábega [alábeɣa] 囡《ラ・マンチャ, ムルシア, 植物》バジル, メボウキ〔=albahaca〕

alhacena [alaθéna] 囡 =alacena

alhaja [aláxa]《←アラビア語 al-haya「道具」》囡 ❶ 〔主に 複〕貴金属・宝石の〕アクセサリー, 宝飾品: Siempre va cargada de ~s. 彼女はいつも貴金属や宝石のアクセサリーをたくさん付けている. ❷ 価値のある人・もの; 〔時に皮肉〕役立たず, 困り者: Ese secretario es una ~. あの秘書は仕事がよくできる. ¡Vaya ~ de marido que tienes! まああなたも大変な亭主を持ったものね. ❸ 《古語》資産, 財産. ❹ 《中南米》きれいなもの, 気持ちよいもの

~ con dientes《皮肉》面倒を見なければならない人

¡Buena ~! 悪い奴だ, ずるい奴だ, 抜け目ない奴だ!
── 形 《中南米》きれいな, 気持ちよい

alhajamiento [alaxamjénto] 男 〔部屋・家に〕調度類を入れること

alhajar [alaxár] 他《文語》❶ 宝石で飾る. ❷ 〔部屋・家に〕調度類を入れる. ❸《南米》〔家を〕飾る

alhajera [alaxéra] 囡《中米》=alhajero

alhajero [alaxéro] 男《中南米》宝石箱

alhajuela [alaxwéla] 囡 alhaja の示小語

Al-Hakem [al xáken]《人名》~ **I** ハカム1世〔770?~822, 後ウマイヤ朝 Califato de Córdoba 第3代アミール emir. その悪政のため818年コルドバで, 郊外区の反乱 el motín del arrabal を招いた〕
~ **II** ハカム2世〔914~76, 後ウマイヤ朝第2代カリフ califa でブデラマン3世の後継者. コルドバに数十万の蔵書を誇る図書館を建設. 後ウマイヤ朝の最も安定した時代を築く〕

alhambra [alámbra] 囡 ❶〔la A~〕アルハンブラ宮殿〔13~15世紀ナスル朝時代にグラナダ Granada に作られたイスラム建築の城塞・王宮〕. ❷《古語》アラブの王宮(砦)

alhambreño, ña [alambréɲo, ɲa] 形 アルハンブラ宮殿 la Alhambra の

alhámega [alámeɣa] 囡 =alharma

alhameño, ña [alaméɲo, ɲa] 形 名《地名》❶ アラマ Alhama の〔人〕《グラナダ県の町, アルメリア県, ムルシア県の村》. ❷ アラマ・デ・アラゴン Alhama de Aragón の〔人〕《サラゴサ県の村》

alhamí [alamí] 男《まれ》〔主にタイル張りの〕低い石のベンチ

alhandal [alandál] 男《薬学》〔下剤に用いる〕コロシントの実

alhaqueque [alakéke] 男《古語》=alfaqueque

alharaca [aláraka]《←アラビア語 al-haraka「動き」》囡 〔主に 複〕感情を表わす〕大げさな言葉(身ぶり): Respondí sin grandes ~s. 私は冷静に返事した

alharaco [alaráko] 男《コロンビア》=alharaca

alharaquero, ra [alarakéro, ra] 形《アンダルシア; 中南米》=alharaquiento

alharaquiento, ta [alarakjénto, ta] 形 大げさに感情を表わす〔人〕

alhárgama [alárɣama] 囡《植物》=alharma

alharma [alárma] 囡《植物》ヘンルーダ

alhármaga [alármaɣa] 囡《植物》=alharma

alhármega [alármeɣa] 囡《植物》=alharma

alhaurino, na [alawríno, na] 形 名《地名》アラウリン・エル・グランデ Alhaurín el grande の〔人〕《マラガ県の村》; アラウリン・デ・ラ・トレ Alhaurín de la Torre の〔人〕《マラガ県の村》

alhelí [alelí] 男 〔複 ~es〕《植物》ニオイアラセイトウ: ~ de Mahón ヒメアラセイトウ. ~ de Teide テイデエニシダ

alheña [aléɲa] 囡 ❶《植物》1) セイヨウイボタ. 2) サジオモダカ〔=azúmbar〕. 3) サビ病. ❷ ヘンナ染料

hecho ~/molido como una ~ へとへとに疲れて; 打ちのめされた

alheñar [aleɲár] 他 ヘンナ染料で染める
── ~se《植物》サビ病にかかる

alhiguí [aliɣí] 形《まれ》うわべだけのもの, 内容のないもの

alhócigo [alóθiɣo] 男《植物》=alfóncigo

alholí [alolí] 男 〔複 ~es〕《古語》=alfolí

alholva [alólβa] 囡《植物》フェヌグリーク〔種子は香辛料〕

alholvar [alolβár] 男 フェヌグリーク畑

alhóndiga [alóndiɣa]《←アラビア語 al-fundaq「簡易旅館」》囡 〔倉庫を兼ねた〕公設穀物市場, 小麦取引所; 公設穀倉: A~ de Granaditas〔メキシコの〕グアナフアト Guanajuato の穀物取引所〔18世紀末に建造. 1810年独立運動勃発後, 王党軍が立てこもるが独立革命軍により陥落〕

alhondigueño, ña [alondiɣéɲo, ɲa] 形 名《地名》アロンディガ Alhóndiga の〔人〕《グアダラハラ県の村》

alhondiguero [alondiɣéro] 男 公設穀物市場 alhóndiga の管理人

alhorí [alorí] 男 〔複 ~es〕《古語》=alfolí

alhorma [alórma] 囡 モーロ人の宿営地(陣地)

alhorra [alóra] 囡《カナリア諸島; キューバ》〔穀物の〕黒穂病

alhorre [alóre] 男 ❶ 新生児の便, 胎便. ❷ 新生児の発疹(おでき)

yo te curaré el ~《古語》〔いたずらっ子に〕お尻を叩きますよ

alhorza [alórθa] 囡 =lorza

alhóstigo [alóstiɣo] 男 =alfóncigo

alhoz [alóθ] 男《古語》=alfoz

alhucema [aluθéma] 囡《古語》ラベンダー〔=espliego〕

alhucemilla [aluθemíʎa] 囡《植物》レースラベンダー

alhumajo [alumáxo] 男 松葉

alhurreca [aluréka] 囡《まれ》こびりついた塩〔=adarce〕

ali [áli] 男《シークエンス secansa で〕数字や絵柄の同じ札

aliabierto, ta [aljaβjérto, ta] 形 翼を広げた

aliacán [aljakán] 男《医学》黄疸〔=ictericia〕

aliacanado, da [aljakanáðo, ða] 形 名 黄疸の〔患者〕〔=ictérico〕

aliáceo, a [aljáθeo, a]《←ラテン語 allium「ニンニク」》形 ニンニクの, ニンニクの臭い(味)のする

aliado, da [aljáðo, ða] 形 同盟した: fuerzas ~das 連合軍. naciones ~das 連合国
── 名 提携者, 盟友: gobierno y sus ~s 政府とその支持者たち
── 男 ❶〔los ~s. 第1・2次大戦の〕連合国, 連合軍. ❷《チリ》1) 2種類の強い酒をミックスしたカクテル. 2) ハムとチーズのサンドイッチ

aliadofilia [aljaðofílja] 囡 連合国支持

aliadófilo, la [aljaðófilo, la] 形 名〔第1次・第2次大戦の〕連合国側の; 連合国支持者

aliaga [aljáɣa] 囡《植物》ハリエニシダ〔=aulaga〕

aliagar [aljaɣár] 男 ハリエニシダの群生地〔=aulagar〕

aliancista [aljanθísta] 形 政治同盟に属する; 政治同盟を支持する

aliano, na [aljáno, na] 形 名《地名》アリア Alía の〔人〕《カセレス県の村》

alianza [aljánθa]《←aliar》囡 ❶ 同盟, 提携: formar (establecer) la ~ 同盟を結ぶ. pacto de ~ 同盟条約. ~ electoral 選挙協定. ~ militar 軍事同盟. A~ Atlántica 大西洋同盟. A~ Cooperativa Internacional 国際協同組合同盟. A~ para el Progreso 進歩のための同盟〔1961年, 米州機構加盟20か国がキューバ政権の波及阻止を企図して策定した中南米経済開発プログラム〕. Santa A~《歴史》神聖同盟. Triple A~《歴史》三都市同盟〔1428年ごろイツコアトル Itzcóatl がテスココ Texcoco, テノチティトラン Tenochititlan, トラコパン Tlacopan (現在の名称はタクバ Tacuba)の3都市をまとめアステカ王国を構成〕; アルゼンチン・ブラジル・ウルグアイの三国同盟〔1851年アルゼンチンのウルキサ Urquiza 将軍がロサス Rosas 政権を倒すために結んだ〕; アルゼンチン・ブラジル・ウルグアイの三国同盟〔1865年ウルグアイの独裁者フランシスコ・ソラノ・ロペス Francisco Solano López を打倒のために結んだ〕. ❷ 結びつき: ~ de dos factores 2つの要素の結合. ❸ 結婚指輪; 《文語》婚姻, 姻戚関係〔=~ matrimonial〕. ❹《宗教》〔A~. 神と選ばれた民との〕契約. ❺《生物》群団. ❻ 協定, 条約

aliar [aljár]《←ラテン語 allier〈ラテン語 alligare「しばる」》11 他〔+con と〕結びつける: Alió el valor con (a) la inteligencia. 彼には勇気もあり知性もあった
── ~se ❶〔互いに/+con と〕同盟を結ぶ, 提携する: España e Inglaterra se aliaron contra Napoleón. スペインとイギリスはナポレオンに対抗して同盟を結んだ. ❷〔+a と〕加盟する

aliara [aljára] 囡《方言》〔ワイン用の〕角笛の杯

aliaria [aljárja] 囡《植物》カキネガラシ, アリアリア

alias [áljas]《←ラテン語 alias「さもなければ」< alius「他の」》副 ❶ 別名では: Domenico Theotocópuli, ~ El Greco ドメニコ・テオトコプリ, またの名エル・グレコ. ❷《廃語》さもないと

Alí Babá

―― 男【単複同形】❶ 別名, あだ名. ❷《情報》エイリアス
Alí Babá [alí babá] アリババ『『千夜一夜物語』*Las mil y una noches* の主人公》
alibambang [alibámbaŋ] 男《フィリピン. 植物》マメ科の木《葉が調味料になる》
álibi [álibi]《←仏語 alibi》男 アリバイ, 不在証明《=coartada》
aliblanco, ca [alibláŋko, ka] 形《鳥》翼の白い
alible [alíble] 形《料理》豆・スペルト小麦の粥《⌐》
álica [álika] 女《料理》豆・スペルト小麦の粥《⌐》
alicaído, da [alikaído, da]《←ala+caído》形 ❶ [estar+. 人が] 弱った, 元気のない: Sigue ~*da* por el reciente fallecimiento de su padre. 彼女は最近の父親の死で落ち込んでいる. ❷ [estar+. 事が] 低調な: levantar la ~*da* audiencia del programa 番組の低い視聴率を引き上げる. ❸《鳥》翼をすぼめた. ❹《まれ》落ちぶれた, 零落した.
alicante [alikánte] 男《動物》アリカンテ, クサリヘビ《毒蛇》
―― 形 [ブドウ・ワインが] アリカンテ種の《小粒で色が濃く, こくがある》
alicantino, na [alikantíno, na] 形名《地名》アリカンテ Alicante の〔人〕《バレンシア州の県・県都》
―― 女《口語》悪だくみ, 策略
alicatado [alikatádo] 男《西, メキシコ》タイル張り, モザイク《表面, 行為・結果》
alicatador, ra [alikataðór, ra]《西, メキシコ》タイル張り職人
alicatar [alikatár]《←アラビア語 al-qataa「部品, 切断物」》他《西, メキシコ》〔壁面などに〕タイルを張る
alicate [alikáte] 男《←俗アラビア語 al-laqqat「やっとこ」》❶ [主に複] ペンチ, プライヤー: ~*s* universales 万能ペンチ. ~*s* de corte ニッパー. ~ de uñas 爪切り. ❷《ナバラ, アラゴン》大食漢. ❸《アンダルシア》詮索好きな人. ❹《ドミニカ》職務の安定性を保証する有力者. ❺《プエルトリコ》共犯者
alicatero, ra [alikatéro, ra] 名《チリ》電気工
alicer [aliθér] 男 タイル張りの小壁《=alizar》
alicíclico, ca [aliθíkliko, ka] 形《化学》脂環式の
aliciente [aliθjénte]《←ラテン語 alliciens, -entis < allicere「引きつける, 捕らえる」》男 ❶ [+para+不定詞・que+接続法 することへの] 刺激: Las buenas notas les sirvieron de ~ para estudiar más. 良い成績は彼らがさらに勉強する励みになった. El estar tú ahí es ~ *para que* vayamos. 君がそこにいると私たちは行くのだ. ❷〔土地のもつ〕魅力: ~ de Córdoba コルドバの魅力
alicortar [alikortár] 他 ❶ 翼を切る;〔飛べないよう〕翼を傷つける. ❷〔発展などの〕可能性を奪う
alicorto, ta [alikórto, ta] 形 ❶《鳥》羽の短い; 翼を切られた. ❷ 想像力に欠ける: pensamiento ~ 想像力のない思考. ❸ 野心のない
alicuando [alikwándo] 副《地方語》時々
alicuanta [alikwánta] 形《数学》割り切れない, 整除できない: parte ~ 非約数
alícuota [alíkwota]《←ラテン語 aliquotus < ラテン語 aliquot「いくつか, ある量」》形《数学》割り切れる, 整除できる: parte ~ 約数
―― 女《法律》~ tributaria 税率. ~*s* fijas 比例税. ~*s* progresivas 累進税. ~*s* regresivas 逆進税
alicurco, ca [alikúrko, ka] 形名《チリ. 口語》ずるい, 腹黒い
alidada [alidáða] 女《測量》指方規, アリダード
alidierno [aliðjérno] 男《植物》譲渡可能な《=enajenable》
alienable [aljenáble] 形《法律》譲渡可能な《=enajenable》
alienación [aljenaθjón] 女 ❶〔人間〕疎外; 心情的な離反, 愛情の転移. ❷ 精神錯乱 {~ mental}. ❸《法律》譲渡
alienado, da [aljenáðo, ða] 形名 ❶ 疎外された〔人〕: sentirse ~ 疎外感をもつ. ❷《婉曲》精神異常の〔人〕
alienador, ra [aljenaðór, ra] 形 =**alienante**
alienante [aljenánte] 形 疎外する; 錯乱させる
alienar [aljenár]《←ラテン語 alienare < alienus「他の」》他 ❶《哲学》疎外する, 自主性〔人間性〕を奪う;〔愛情などを〕よそへ向ける;〔価値観などを〕失わせる: La cultura europea *ha alienado* irremediablemente a la de este país. 西欧文化がこの国の文化の決定的な喪失をもたらした. ❷ …の理性を失わせる, 気を狂わせる. ❸《法律》譲渡する
―― **se** 錯乱状態になる, 逆上する; 夢中になる
alienidad [aljeniðá[ð]] 女 他人であること
alienígena [aljeníxena]《←ラテン語 alienus「他の」+genere「産む, 産まれる」》形《まれ》男性形 **alieníxeno** もある ❶ [ser+] 異星の〔人〕, エイリアン〔の〕, 地球外生物〔の〕《=extraterrestre》. ❷ 外国の; 外国人
alienígeno [aljeníxeno]《まれ》→**alienígena**
alienismo [aljenísmo] 男 精神医学
alienista [aljenísta] 名《現在ではまれ》精神科医
aliento [aljénto]《←alentar》男《不可算》呼気, 息: perder el ~/estar (quedar) sin ~ 息切れする, あえぐ; 落胆する. Llegó a la meta sin ~. 彼はハーハーいいながら〔息も絶え絶えに〕ゴールインした. Tu ~ *huele a alcohol*. 君の息は酒くさい. ❷ 気力: Ya no tengo los ~*s* de mi juventud. 私にはもう若いころの元気はない. ❸ 励まし, 激励: Su ayuda es un ~ para mí. 彼の助けが私の支えになっている. ❹《風の》一吹き, 一陣の風; 閃光; 霊感, インスピレーション. ❺ 精神, 心, 魂; 命, 生命力; 慰め
aguantar el ~ かたずを飲む
cobrar ~ =**tomar** ~
contener el ~ =**aguantar el** ~
dar ~ *a*+人 …を励ます: Tu apoyo me *dio* ~ *para seguir adelante*. 君の支援は私にやり通す勇気を与えてくれた
dar los últimos ~*s* **exhalar su último** ~
de un ~ 一息で, 一気に: Se bebió un vaso de agua *de un* ~. 彼はコップ1杯の水を一気に飲み干した
exhalar su último ~ 息を引き取る
faltar a+人 *el* ~ …が息切れする: Al subir la cuesta, me *faltaba el* ~. 坂を上る時私は息が切れた
quedarse sin ~ 呆気にとられる; 恐れ入る
sin tomar ~ 大急ぎで
tener mal ~ 口臭がする
tomar ~ 1) 呼吸を整える, 一息入れる, 一休みする. 2) 盛り返す, 息を吹き返す, 改めて元気を出す
alifa [alífa] 女《アンダルシア; メキシコ》2年もののサトウキビ
alifafe [alifáfe] 男 ❶《口語》〔軽い〕持病. ❷《獣医》馬の球節の腫瘍, 球膜軟腫《⌐》. ❸《古語》革を貼った上掛け毛布
alifar [alifár]《ラマンチャ》〔女性の髪などを〕飾る, おめかしする
alifara [alifára] 女《ナバラ, アラゴン》宴会, ピクニック
alifático, ca [alifátiko, ka] 形《化学》脂肪族の: compuesto ~ 脂肪族化合物. serie ~*ca* 脂肪族系列
alifato [alifáto] 男《集名》〔伝統的な並べ方による〕アラビア語の子音
alífero, ra [alífero, ra] 形《まれ》翼のある
aliforme [alifórme] 形 翼形の, 翼状の
aligación [aligaθjón] 女 ❶《数学》混合法《=regla de ~》. ❷ つながり, 関連, 結合
aligamiento [aligamjénto] 男 =**aligación**
aligar [aligár] 他《まれ》=**ligar**
aligator [aligátor] 男 =**aligátor**
aligátor [aligátor]《←英語 alligator < カスティーリャ語 lagarto》男《動物》アリゲーター《北米などのワニ》
aligenciar [alixenθjár] 他 提供する
alíger [álixer] 形《古語》《剣》のつば
aligeración [alixeraθjón] 女《まれ》=**aligeramiento**
aligeramiento [alixeramjénto] 男 軽減; 簡易化; 急ぐこと
aligerar [alixerár]《←a+ligero》他 ❶ [+de を] 軽くする; ~ la carga 積み荷を減らす. ~ el dolor 痛みを和らげる. ~ el vestido *de* adornos 飾りを取り去ってドレスをシンプルにする. ❷ 和らげる, 鎮静させる: El tiempo *aligera* la pena. 時間は苦痛を和らげる. ❸ 短縮する, 短縮する. ❹ 速める: ~ el paso 足を速める, 急ぐ. ❺《建築》pared *aligerada* 上にいくにつれ薄くなっている壁
―― 自 ❶《古語》*Aligera* o llegarás tarde. 急ぎなさいと遅れるぞ. ❷《隠語》立ち去る
―― **se** ❶ [+de を] 自分から取り去る: Hoy *se ha aligerado de* ropa. 彼は今日薄着した. ~*se de* prejuicios 先入観をなくす. ❷ 軽くなる
alígero, ra [alíxero, ra] 形《詩語》翼のある; 速い, 軽快な
aligonero [aligonéro] 男《植物》エノキ
aligorero [aligoréro] 男 =**aligonero**
aligote [aligóte]《魚》スペインダイ
aliguerar [aligerár] 自《隠語》立ち去る
aligüí [aligí] 男 =**alhigui**
aligustre [aligústre] 男《植物》❶ イボタノキ《=~ común》. ❷ ネズミモチ《=~ del Japón》
alijador, ra [alixaðór, ra] 形 陸揚げする
―― 名 ❶ 艀《はしけ》の船員. ❷ 綿繰り労働者

alijar [alixár] I 〖←古イスパニア語 aligier ＜ ラテン語 alleviare「軽減する」〗 他 ❶ [船荷を] 陸揚げする, 軽くする; [密輸品を] 積み換える, 陸に揚げる. ❷ [綿を] 繰る, 繰り機にかける. ❸ やすりをかける. ❹ 《ドミニカ》[獲得するために] …に心構えをさせる II 〖←アラビア語 ad-disar「放牧用の所有地」〗 男 ❶ 未開墾地; 共有地, 入会地. ❷ [ベドウィン族の] テント村, 集落. ❸ [アンダルシアの] 農園. ❹ 《廃語》山地, 山国

alijarar [alixarár] 他 [開墾のため未耕地を] 区分する, 分配する

alijarero [alixaréro] 男 未耕地入植者, 開墾農民

alijariego, ga [alixarjégo, ga] 形 未開墾地の, 荒れ地の

alijo [alíxo] 〖←alijar I〗 男 ❶ 密輸品: Descubrieron un importante ～ de drogas. 大量の密輸の麻薬が発見された. ❷ 密輸. ❸ [船荷の] 陸揚げ, 荷揚げ. ❹ 《まれ, 鉄道》炭水車

alilaila [alilájla] 女 《植物》センダンの一種〖学名 Melia sempervirens〗

alilaya [alilája] 女 《キューバ, コロンビア》勝手な言い訳

alileno [aliléno] 男 《化学》アリレン

alilo [alílo] 男 《化学》アリル〖基〗

alim [alím] 男 《フィリピン. 植物》ジンチョウゲの一種〖葉を刻んで湿布薬にする〗

alimango [alimáŋgo] 男 《フィリピン. 動物》マッドクラブ〖食用のカニ〗

alimaña [alimáɲa] 〖←ラテン語 animalia「獣たち」＜ animal〗 女 ❶ [小動物や家畜にとっての] 害獣〖キツネ, ヤマネコなど〗. ❷ [理性を持たない] 動物, 獣; 邪悪な人

alimañero, ra [alimaɲéro, ra] 名 害獣を監視する人; 害獣の猟師

alimara [alimára] 女 《古語》のろし 〖=ahumada〗

alimentación [alimentaθjón] 女 ❶ 食物 (栄養) の摂取 (補給): ～ equilibrada バランスのとれた食事. ～ rica en proteínas 高蛋白の食事. ～ variada 変化に富む食事. buena ～ 良い食生活. mala ～ 悪い食生活, 栄養不良. 〖集合〗 食料品: tienda de ～ 食料品店. ❸ [機械への電力・燃料などの] 供給; 電源: fuente de ～ 電源, 動力源. interruptor de ～ 電源スイッチ. línea de ～ 送電線, 電源ケーブル. tubo de ～ 給水管. ❹《情報》送り, フィード: ～ automática de hojas (de papel) 自動給紙. ❺ [感情などを] あおること, 助長

alimentado, da [alimentáðo, ða] 形 bien (mal) ～ 良い (悪い) 食生活の, 栄養状態の良い (悪い)

alimentador, ra [alimentaðór, ra] 形 [食料・動力などを] 供給する [人], 補給する [人]: bomba ～ra de agua 給水ポンプ
—— 男 ❶ 給電線; [機械などの] 動力源. ❷ 供給装置: ～ de papel 《情報》シートフィーダ. ❸《牧畜》給餌機

alimental [alimentál] 形 供給用の, 補給用の

alimentante [alimentánte] 名《法律》扶養者

alimentar [alimentár] 〖←alimento〗 他 ❶ …に食物 (栄養) を与える; 養う, 育てる: 1) ～ al ganado 家畜を養う. La música alimenta al alma. 音楽は心の糧となる. 2) [+con 食物を] ～ al niño con papilla 子供に粥を食べさせる. 3)《法律》扶養する: Tiene dos hijos que ～. 彼には育てる子供が2人ある. ❷ [+de·con 動力などを] …に供給する: Alimentó la caldera con carbón. 彼はボイラーに石炭をくべた. la lana que alimenta la industria textil 繊維産業の原料になる羊毛. ❸ 維持する; 促進する: Los progresistas alimentaron la corriente de ideas. 進歩主義者たちの新思潮を支えた. ❹ [感情などを] あおる, 育む: Alimentaba vanas esperanzas de ser algún día un famoso cantante. いつか有名な歌手になるという空しい希望を抱き続けていた. ～ el odio 憎しみをあおる. ❺ …に栄養になる, 滋養がある: La carne te alimentará mucho. 肉は君に大変栄養になるだろう
—— 自 栄養になる: El queso alimenta mucho. チーズはとても栄養がある
—— ~se ❶ [+de·con を] 食べる, 常食とする, …で栄養をとる: Solo se alimenta de frutos. 彼は木の実しか食べない. El panda se alimenta de bambú. パンダは竹を餌にしている. ～se bien 十分に栄養をとる. ❷ [+de を] 生計の手段とする; 心の糧にする: Quiero ～me de mi lectura. 私は自分で я好んで読んでいた. ～se de fantasías 夢を糧に, 夢想の世界で生きる. ❸ [+de を] 動力源とする: Mi casa se alimenta de energía solar. 私の家は太陽光で動いている

alimentario, ria [alimentárjo, rja] 〖←alimento〗 形 食物の, 食糧の: ayuda ～ria 食糧援助. empresa ～ria 食品会社. industria ～ria 食品工業
—— 名《法律》 =alimentista

alimenticio, cia [alimentíθjo, θja] 〖←alimento〗 男 ❶ 栄養のある: productos ～s 栄養品. sustancia ～cia 滋養物. tabletas ～cias 栄養剤. valor ～ 栄養価. ❷ 食物の, 食品の: hábitos ～s 食習慣. ❸ bomba ～cia 給水ポンプ

alimentista [alimentísta] 名《法律》被扶養者

alimento [aliménto] 〖←ラテン語 alimentum ＜ alere「養う」〗 男 ❶ 〖集合〗 [時に 複] 食物, 食品, 食糧: Los ～s serían más caros. 食料品が値上がりするだろう. Nos quedan aún abundantes reservas de ～s. 私たちはまだたっぷり食糧の蓄えがある. ayuda para incrementar la produccion de ～s 食糧増産援助. ～ chatarra 《米国, メキシコ》ジャンクフード. ～ natural 自然食品. ～ precocinado レトルト食品. ❷ 栄養; 栄養素: de mucho (poco) ～ 栄養価の高い (低い). El enfermo lleva dos días sin tomar ～s. 病人は2日間栄養物を摂っていない. ❸ [感情などを] 支える (かきたてる) もの: ～ del espíritu 心の糧. La ambición humana es el ～ de todas las guerras. 人間の野心がすべての戦争の原因である. ❹ 《法律》複 生活扶助料, 扶養料

alimentoso, sa [alimentóso, sa] 形 栄養価の高い

a limine [a límine] 〖←ラテン語〗 副 玄関口から, しょっぱなから: rechazar una petición ～ 請願をはなから断わる

álimo [álimo] 男 《植物》ハマアカザ〖=orzaga〗

alimoche [alimótʃe] 男 《鳥》エジプトハゲワシ

alimón [alimón] 〖←?語源〗 男 al ～《西》1) 2人がかりで, 協力して: escribir un libro al ～ 本を共同執筆する. 2)《闘牛士が》1人で1枚のカポーテを操って

alimonado, da [alimonáðo, ða] 形 レモン〔のような〕色の

alimonar [alimonár] ~se [木が] 葉の黄ばむ病気になる, 黄変する

alindado, da [alindáðo, ða] 形 《廃語》 きざな, 気取った; 美しい, きれいな

alindamiento [alindamjénto] 男 区画表示, 境界線引き

alindar [alindár] 他 ❶ [所有地の] 境界線を表示する. ❷ きれいにする; 飾り立てる
—— 自 [互いに] 隣合っている; [+con と] 隣接する
—— ~se きれいになる, 美しくなる; 着飾る

alinde [alínde] 男 《まれ》[鏡の] 金属被膜

alineación [alineaθjón] 女 ❶ 整列, 一列に並べること. ❷《政治》連合: política de no ～ 非同盟政策. ❸《スポーツ》ラインナップ; メンバーの決定, 選抜. ❹《技術》心合わせ, アラインメント: estar fuera de ～ 調整が合っていない. ❺《電気》同調. ❻ [道路・広場などの] 図面; [道路に面した] 建物正面の境界線

alineado, da [alineáðo, ða] 形 [estar+. +con を] 支持する, 賛成する. ❷ países no ～s 非同盟諸国

alineador, ra [alineaðór, ra] 形 一列に並べる〖器具〗

alineamiento [alineamjénto] 男 ❶ 整列, 協同歩調をとること. ❷《考古》〖集合〗 メンヒルの列

alinear [alineár] 〖←a+linear〗 他 ❶ 一列に並べる, 整列させる: ～ a los niños por orden de estatura 子供たちを身長順に並ばせる. ❷《スポーツ》[チームに] 入れる, 選抜する; ラインナップする, スターティングメンバーを決める: El entrenador alineó a muchos reservas en el partido de baloncesto de ayer. 昨日のバスケットボールの試合で監督は多くの控え選手を出場させた. ❸ [部品などの] 位置 (方向) を調節する. ❹ 同意させる, 連合させる; 支持させる, 提携させる
—— ~se ❶ 一列に並ぶ, 整列する: ¡Alinéense contra la pared! 壁に向かって並べ! A este lado de la calle se alinean los bancos. 通りのこちら側には銀行が並んでいる. ❷《政治》[+con と] 協同行動をとる, 陣営に加わる: Se alineará con la oposición. 彼は反対派と手を結ぶだろう. ❸《スポーツ》[+en チームに] 入る: Se ha alineado en el equipo de España. 彼はスペイン代表チームに選抜された. ～se de delantero centro センターフォワードをつとめる

aliñado, da [aliɲáðo, ða] 形 身だしなみのきちんとした, こざっぱりとした
—— 男 調味, 味つけ

aliñador, ra [aliɲaðór, ra] 名《チリ》整骨医
—— 男《古語》管理者, 支配人

aliñamiento [aliɲamjénto] 男 調味, 味つけ

aliñar [aliɲár] 〖←ラテン語 ad- (に) +lineare「並べる, 整頓する」〗 他

aliño ❶《料理》[主に酢・油・塩で]…に味つけする、あえる: ~ la ensalada サラダにドレッシングをかける. ❷ 準備する、整える. ❸ 飲み物をかきまぜる. ❹ 飾る、着飾らせる. ❺《闘牛》[あっさりと・技巧を凝らさず牛を]とどめに向けて覚悟させる. ❻《古語》支配してする、管理する. ❼《チリ. 口語》[折れた骨を]整骨する —— ~se ❶ 身だしなみを整える、着飾る. ❷《チリ. 口語》化粧をする

aliño [alíɲo]《←aliñar》男 ❶ 味つけ;《集名》調味料, ドレッシング. ❷ 身だしなみ、おしゃれ, 化粧; 飾り, 装飾. ❸ 準備, 支度; 整理, 片付け. ❹《まれ》道具類; 耕具. ❺ de ~《闘牛》[技が] とどめに向けて牛を覚悟させる

aliñoso, sa [aliɲóso, sa] 形《廃語》着飾った, 身なりを整えた; 入念な, 丁寧な

alioli [aljóli]《←カタルーニャ語 allioli < ラテン語 alium「ニンニク」+カタルーニャ語 oli「油」》《料理》アリオリソース, ニンニクソース

alionín [aljonín] 男《鳥》シジュウカラ

alipata [alipáta] 男《フィリピン. 植物》トウダイグサ科の木〖学名 Sapium agallochum〗

alípede [alípede] 形《詩語》[マーキュリー Mercurio のように] 足に翼のある. ❷《動物》翼手目の〖=quiróptero〗

alípedo, da [alípeðo, ða] 形《動物》翼手目（の）〖=quiróptero〗

aliquebrado, da [alikeβráðo, ða]《←ala+quebrar》形《まれ》元気をなくした, しょげた; 落ちぶれた, 零落した

aliquebrar [alikeβráɾ] 23 羽をへし折る, 翼を傷つける

alirón [alirón] 間《西. 主にサッカー》歓声 ばんざい!: cantar (entonar) el ~ ばんざいを唱える, 勝利（優勝）を祝う

alirrojo, ja [alirróxo, xa] 形 赤い翼の, 羽の赤い: zorzal ~《鳥》羽の赤いツグミ〖学名 Turdus iliacus〗

alirroto, ta [alirróto, ta] 形 =aliquebrado

alisa [alísa] 女《地方語. 植物》=aliso

alisado, da [alisáðo, ða] 形 ❶《紙が》製造過程で膠(にかわ)が入っていない —— 男 平ら（なめらか）にすること: ~ japonés ストレートパーマ

alisador, ra [alisaðór, ra] 形/名 なめらかにする〔道具〕, スムーザ

alisadura [alisaðúra] 女 ❶《廃語》磨き、つや出し、しわ伸ばし. ❷《まれ》複 平らになったところ

alisal [alisál] 男 ハンノキ林

alisamiento [alisamjénto] 男 平らにすること〖=alisado〗

alisar [alisáɾ] I《←a+liso》他 平らにする, なめらかにする; つやを出す: ~ la piel 肌のしわを取る, 肌をすべすべにする. ~ la ropa 服のしわを伸ばす. ~ una tabla 板を磨く. ~ un terreno 地面をならす —— ~se ❶《服の》しわを伸ばす: Alísate la falda. スカートのしわを伸ばしなさい. ❷《髪を》伸ばす, 軽くとかす: Se alisa el pelo con la mano. 彼は手で髪をなでつけている
II《←aliso》男 =alisal

aliscafo [aliskáfo] 男 ❶《まれ》水中翼船. ❷《アルゼンチン、ウルグアイ》=alíscafo

alíscafo [alískafo] 男《アルゼンチン、ウルグアイ》渡し船

aliseda [aliséða] 女 ハンノキ林〖=alisal〗

alisios [alísjos]《←伊語 alito》男 複《気象》貿易風〖=vientos ~〗

alisma [alísma] 女《植物》サジオモダカ

alismáceo, a [alismáθeo, a] 形 =alismatáceo

alismatáceo, a [alismatáθeo, a] 形 オモダカ科の —— 女 複《植物》オモダカ科

aliso [alíso] 男《植物》ハンノキ〖= ~ común〗: ~ de América カヤハズハンノキ. ~ de Italia イタリアハンノキ. ~ negro セイヨウヤマハンノキ. ❷ ナナカマド

alistado, da [alistáðo, ða] 形 =listado

alistador, ra [alistaðóɾ, ra] 形/名 ❶《軍事》[兵籍]登録者, 徴兵係. ❷《コスタリカ, ニカラグア》靴の各部を縫い合わせる人

alistamiento [alistamjénto] 男 ❶《軍事》[兵籍]登録; 募兵, 徴募: ~ voluntario 兵役志願. ❷《集名》[毎年の]兵籍登録

alistano, na [alistáno, na] 形/名《地名》アリステ山脈 Tierra de Aliste 地方の〔人〕; [特に]アルカニセス Alcañices の〔人〕〖サモラ県の村〗

alistar [alistáɾ] I《←a+lista》他 ❶ 名簿にのせる, 登録する. ❷《軍事》兵籍に編入する; 募兵する —— ~se ❶《軍事》[兵役に]志願する: ~ como marino (en infantería) 海軍（歩兵）に志願する. ❷ [自分の名を]登録する
II《←a+listo》他 ❶ 準備する, 用意する. ❷ [人の]頭をはっきりさせる. ❸ 着飾らせる. ❹《コスタリカ, ニカラグア》靴の各部を縫い合わせる —— 自 頭がはっきりする, 頭が働くようになる —— ~se《中南米》着飾る

alistonado, da [alistonáðo, ða] 形 薄い木片でできた〔板〕

alita [alíta] 女 ❶ [脇・腕につける水泳練習用の] 浮き袋. ❷《料理》手羽先

alitán [alitán] 男《魚》ツノザメの一種〖学名 Scylliorhinus stellaris〗

aliteración [aliteraθjón] 女《修辞》頭韻〖法〗

aliterado, da [aliteráðo, ða] 形《修辞》頭韻の, 頭韻を踏んだ

aliterativo, va [aliteratíβo, βa] 形《修辞》頭韻の

aliteratura [aliteratúra] 女《まれ》[伝統から離れて] 完全に独創的であろうとする文学

alitierno [alitjérno] 男《植物》クロウメモドキ〖=aladierna〗

alitranca [alitráŋka] 女《ホンジュラス, コスタリカ. 服飾》[服の後ろ側の] 締め金

alitúrgico, ca [alitúrxiko, ka] 形《カトリック》[日などが] 礼拝式のない

aliviable [aliβjáβle] 形 軽減（緩和）され得る

aliviadero [aliβjaðéɾo] 男 [ダムなどの] 放水口; 余水吐き, 余水路

aliviador, ra [aliβjaðóɾ, ra] 形/名 軽くする〔人〕; ほっとさせる〔人〕—— 男 [粉挽き臼の] 石を上げ下げするレバー

alivianar [aliβjanáɾ] ~se《メキシコ. 口語》❶ 気分がよくなる, 気持ちが安らぐ. ❷ [人・事に対して] 物わかりのよさを示す

aliviar [aliβjáɾ]《←ラテン語 alleviare「軽減する」< levis「軽い」》10 他 ❶ [荷・負担を] 軽くする, 軽減する: 1) ~ la carga 荷物を軽くする. 2) [+人] Alivio a mi madre haciendo la limpieza de casa. 私は掃除をして母を助けている. Voy a ~te en el trabajo. 君の仕事を手伝ってあげよう. 3) [+de ~] ~ a+人 de la carga …の負担を軽くする. ❷ [痛み・苦しみを] 和らげる, 鎮める, 緩和する: Esta medicina te aliviará [la tos]. この薬で君〔の咳〕はよくなるよ. Sus palabras aliviaron mi pena. 彼の言葉に私は慰められた. ❸《文語》急がせる, せきたてる: ~ el paso 足を速める. ❹《古語的》[+人 から] 盗む, くすねる. ❺ 持ち上げる, 押し上げる. ❻ [水位を保つため] 放水する —— 自 ❶ 急ぐ, 足を速める. ❷ [水位を保つため] 放水する —— ~se ❶ [病気・痛みなどが] 軽くなる: ¡Que se alivie! お大事に/早くよくなって下さい! ❷ 気が楽になる, ひと安心する: Me alivié, cuando vi que llegaste sano y salvo. 君が無事に着いたのを見て私はほっとした. ❸《俗語》排便する. ❹《メキシコ》[牛から距離をとるなど] 安全な技をする. ❺《メキシコ. 婉曲》出産する

alivio [alíβjo]《←aliviar》男 ❶ [荷・負担の] 軽減. ❷ [痛み・苦しみの] 緩和, 鎮静; [病気の] 快方: experimentar un ~ considerable かなり快方に向かう. ❸ 気が楽になること, ひと安心, 慰め: Su sonrisa fue un ~ para mí. 彼女の微笑に私はほっとした. Siento mucho ~ pensando que vives feliz. 君が幸せに暮らしていると思うと心が安まる. dar un respiro de ~ ほっと一息つく. ❹ 半喪〖= ~ de luto〗: vestir de ~ 半喪服を着る
de ~《西. 口語》ひどい, ものすごい; [人が] 厄介な: catarro de ~ しつこい風邪. vecinos de ~ ひどく迷惑な住民
irse de ~《チリ. 口語》平静に受け取る
que haya ~《口語》お大事に

alivioso, sa [aliβjóso, sa] 形《廃語》軽くする, ほっとさせる

alizar [aliθár] 男《建築》タイル張りの小壁; そのタイル

alizarina [aliθarína] 女《化学》アリザリン

aljaba [alxáβa] 女《←アラビア語 al-yaba》❶ 箙(えびら), 矢筒: sacar una flecha de la ~ 箙から一本の矢を取り出す. ❷《南米. 植物》フクシア〖=fucsia〗

aljafana [alxafána] 女 =aljofaina

aljama [alxáma] 女 ❶《歴史》[中世キリスト教都市内の] イスラム教徒・ユダヤ教徒の共同体（居住区）. ❷《イスラム教》[町の中心的な] モスク. ❸《ユダヤ教》シナゴーグ

aljamía [alxamía] 女《←アラビア語 al-ayamiya「外国語」》 ❶《歴史》アルハミーア〖アラビア文字・ヘブライ文字で書かれたカスティーリャ語の文書（ロマンセなど）; スペインに住んでいたイスラム教徒・ユダ

ヤ教徒が外国語として話すカスティーリャ語】
aljamiado, da [alxamjáðo, ða] 形《歴史》❶ アルハミーアの, アルハミーアで書かれた: texto ～ アルハミド本《アラビア文字表記のカスティーリャ語本】. ❷ アルハミーアを話す
aljarafe [alxaráfe] 男 =ajarafe
aljarafeño, ña [alxaraféɲo, ɲa] 形 《地名》アルハラフェ Aljarafe の〔人〕《セビーリャ県の西部地域》
aljaraqueño, ña [alxarakéɲo, ɲa] 形《地名》アルハラケ Aljaraque の〔人〕《ウエルバ県の村》
aljaraz [alxaráθ] 男《まれ》鈴; カウベル
aljarfa [alxárfa] 女 漁網 aljerife の中央部
aljarfe [alxárfe] 男 =ajarfa
aljébana [alxébana] 女 洗面器〔=jofaina〕
aljébena [alxébena] 女 洗面器〔=jofaina〕
aljecería [alxeθería] 女 =yesería
aljecero [alxeθéro] 男 =yesero
aljerife [alxerífe] 男 川漁用の大網
aljerifero [alxeriféro] 男 大網 aljerife を使う漁師
aljez [alxéθ] 男〔複 -ces〕石膏
aljezar [alxeθár] 男 石膏採掘場〔=yesar〕
aljezón [alxeθón] 男 石膏のかけら〔=yesón〕
aljibe [alxíβe] 男〔←アラビア語 al-yubb 「井戸」〕❶ 〔主に地中の〕雨水だめ, 貯水槽. ❷ 〔船舶〕1)〔船内の〕水槽, 水タンク. 2) 給水船〔= buque ～〕. 3) タンカー, 油槽船〔=～ petrolero〕. ❸〔液体輸送用の〕タンク. ❹《廃語》地下牢. ❺《コロンビア》井戸, 泉. ❻《ペルー》刑務所
aljibero [alxiβéro] 男 雨水ためめの番人 (管理人)
aljofaina [alxofáina] 女 =jofaina
aljófar [alxófar] 男 ❶〔時に 集合〕バロックパール, 小粒で形のいびつな真珠. ❷《文語》〔水滴など〕真珠のような玉
aljofarar [alxofarár] 他 バロックパール aljófar をちりばめる
aljofifa [alxofífa] 女《地方語》床用モップ, 床拭き布
aljofifado [alxofifáðo] 男《地方語》モップがけ, 雑巾がけ
aljofifar [alxofifár] 他〔床を〕モップ (雑巾) がけする
aljonje [alxónxe] 男 =ajonje
aljonjera [alxoŋxéra] 女《植物》=ajonjera
aljonjero [alxoŋxéro] 男 =ajonjero
aljonjolí [alxoŋxolí] 男〔複 -es〕=ajonjolí
aljor [alxór] 男 =aljez
aljuba [alxúβa] 女《服飾》ジュバ《イスラム圏で用いる短い袖付きの長衣. キリスト教徒も着用した》
aljuma [alxúma] 女 ❶《アルバセテ, アンダルシア, ムルシア》松葉. ❷《アンダルシア》新芽, 若木
alkermes [alkérmes] 男 =alquermes
allá [aʎá]《←ラテン語 illac「あちらに(へ)」》副 遠称の指示副詞. 匡語 allí より場所的方向性が緩やかで方向性がある ❶ あちらの方へ; あちらで(に): Vayan ustedes ～. あちらの方へ行って下さい. Siéntate más ～. もっとそちらに座りなさい. Murió ～ en Sudamérica. 彼はあの遠い南アメリカで亡くなった. ❷〔前置詞 +〕La pelota ha venido de ～. ボールはあっちの方から飛んできた. De aquí para ～ se prohíbe entrar. ここから向こうは立ち入り禁止です. Mira ～, por ～ あのあたりに、あのあたりの.〔時間. +en･por〕あのころ, 昔: Así se hacía ～ en mis mocedades. かつて私の若いころはそうしたものだ. Esas ceremonias eran frecuentes ～ por el siglo XV. 15世紀ごろはそうした儀式は盛んに行われていた. ～ en esos tiempos あのころは. ～ para enero 1月ごろには. ～ por el año 1900 1900年ごろには. ❸《口語》〔+主語人称代名詞〕…の勝手である: Si tienes tantas ganas, ～ tú. そんなにしたければ, ～ 勝手にしろ. A～ ella con sus mentiras, yo no voy a preocuparme por eso. 彼女が嘘を言うなら勝手にさせておけ, 私はそんなことに気にしない. ❹《口語》〔+接続法. 責任として〕させよう, …させればよい: A～ se las arreglen. 彼らに何とか始末させよう
～ **abajo** あの低い所に; 地獄に
～ **arriba** あの高い所に; 空に, 天国に
～ **cada cual (uno)** めいめい の勝手である
～ **donde va** どこへ行こうと, 行く先々で
～ **lejos** あの遠い所, 遠く彼方に
¡A～ **se las haya!**〔←《西》突き放して〕好きなようにさせろ〔. 自分で処理しなさい〕! No quieres prestar oído a mis consejos, ¡～ te las hayas! 君は私の忠告を聞かないのだが, 勝手にしろ！
～ **que te va**《口語》=～ **va**

~ **va**《口語》1)〔驚き・不信〕おや; まさか, ありえない: Eso lo hago yo en una hora.—¡A～ va! そんなこと私なら1時間でやってしまう.—うそ! 2)〔提示・物を投げて〕ほら; ¡A～ **van** vuestros paquetes! ほら, お前たちの荷物だ！ Tírame mi jersey rojo.—A～ va. 私の赤いセーターを投げて.—うん. ❸ 無駄になる: A～ van tus esfuerzos si no se lo pides ahora. 今彼に頼まなければ君の努力が無駄になってしまうぞ
~ **voy** 今行きます: Niño, bájate del árbol en seguida.—A～ voy. 坊や, 木から下りなさい.—はい, 今
el más ～ あの世, 死後
hacer... ～ …を向こうに押しのける
hacerse [para] ～ 離れる, 遠ざかる: Hazte ～ un momento. ちょっと向こうへ行ってくれ
hasta ～ あれほどの, あれほどの: Ha comprado y un coche hasta ～. 彼はあれほどの車を買い込んだ
irse ～〔2つの物が数・質などの点で〕大した差がない, 大同小異である: A～ se irán el gasto y la ganancia. 経費も利益も大したことはないだろう. ～ se va./A～ se van los dos. どっちもどっちだ, 似たようなことだ
más ～ de... 1)…の向こう側に, …を越えて: i) Mi colegio está **más ～** de la colina. 私の学校は丘の向こうにある. Esa ciudad queda **más ～** de la frontera. その町は国境のむこうにある. Ya es hora de ir **más ～** de las palabras y actuar. 今は言葉を弄ぶのはやめて行動すべき時だ. ii)〔+ que+接続法〕**más ～** de que a ti te guste o no te guste 君が好むと好まざるとにかかわらず. 2)…以上に: El terreno vale **más ～** de treinta millones de yenes. その土地は3千万円以上する
... ni lo de más ～〔否定文での列挙の終了〕…などなどは…
no... muy (tan) ～《西. 口語》あまり(それほど)良くない: La película no es muy ～. その映画は大したことがない. No estoy muy ～ de la gripe. 私は風邪があまり良くなっていない. No está muy ～ con su familia. 彼は家族とあまりうまくいっていない
Por ～ se va. =**A～ se va.**
vamos ～ さあ行こう
... y lo de más ～〔列挙の終了〕…などなど
allande, ra [aʎánde, ɾa] 形《地名》=allendés, sa
allanamiento [aʎanamjénto] 男 ❶ 平らにする(なる)こと. ❷〔障害・困難の〕除去, 克服. ❸《西》不法侵入: ～ de morada 住居侵入. ❹《法律》〔要求・決定へのしぶしぶの〕同意. ❺《南米》家宅捜索
allanar [aʎanár]《←ラテン語 applanare < planus「平らな」》他 ❶ 平らにする: ～ el campo グランドをならす, ～ un montón de piedra 石の山を崩す. ❷〔時に複〕〔道を〕通れるようにする: ～ el camino al poder 権力への道を切り開く. ❸〔障害などを〕取り除く: Me ha allanado todas las dificultades. 彼はすべての困難を解決してくれた. ❹《西》〔無断で/力ずくで〕…に侵入する, 押し入る. ❺《廃語》和解させる; 平定する, 鎮める. ❻《中米》〔警察が〕家宅捜索する.
── **se** 1)同意する; 倒壊する, 崩れる. ❷〔+a に〕しぶしぶ同意する: Me allané a esas condiciones para evitar una discusión. 私は議論を避けるためにその条件をのんだ. ❸〔地位の低い人と〕対等(気さく)に付き合う
allandés, sa [aʎandés, sa] 形《地名》ポラ・デ・アリャンデ Pola de Allande の〔人〕《アストゥリアス県の村》
allariz [aʎaɾíθ]〔ガリシア県の〕アリャリス Allariz 村で織られる布
allegadera [aʎeɣaðéɾa] 女《アラバ, ナバラ, リオハ, サラマンカ》〔脱穀場で穀類を集める〕熊手
allegadizo, za [aʎeɣaðíθo, θa] 形 ❶ 寄せ集めの. ❷《まれ》無関係な
allegado, da [aʎeɣáðo, ða] 形 ❶〔関係が, +a に〕近い; 親しい: según fuentes ～das al ministro 大臣に近い筋からの情報によれば. ❷ 血縁の, 血縁関係の: los más ～s y queridos 近親者たち. ❸《まれ》〔時間的に〕近い
──名《文語》親族, 血縁者: comunicar a los ～s del difunto 故人の親戚に知らせる
irse de ～《アルゼンチン, ホンジュラス, キューバ, プエルトリコ, ボリビア, チリ. 口語》働かずに〔食して〕暮らす
allegador, ra [aʎeɣaðór, ra] 形 寄せ集める〔人〕
── 男 ❶〔脱穀場の〕熊手, レーキ. ❷ 火かき棒

allegamiento [aʎeɡamjénto] [男] ❶ 集める(集まる)こと, 集積. ❷ 近づける(近づく)こと, 接近. ❸《古語》親しい人(物)の集まり. ❹《古語》結合. ❺《古語》親戚関係, 血縁. ❻《古語》性交

allegar [aʎeɡár]〖←ラテン語 applicare「近づける」〗[8] [他] ❶ 寄せ集める, かき集める: ～ ceniza 灰をかき集める. ～ fondos (datos) 資金(資料)を集める. ～ la herencia de dos tías y una abuela 伯母2人と祖母からの遺産をまとめて受け継ぐ. ❷ [+a に] 近づける: ～ una silla *a* la ventana 椅子を窓に近づける. *Allegó* a sus niños y los besó. 彼女は子供たちを近寄せてキスした. ❸ [脱穀した麦束を] 積み上げる. ❹ 加える. ❺ 与える, 提供する. ❻ 得る, 獲得する. ❼《廃語》性交する

―― [自] 着く, 到着する

―― **～se** ❶ 近づく, 近寄る. ❷ 到着する. ❸ [+a に] 賛成する; 加盟する. ❹《廃語》性交する. ❺《南米》他人の家で暮らす

allegretto [aleɡréto] [副] [男]《音楽》=**alegreto**

allegro [aléɡro] [副] [男]《音楽》=**alegro**

allemande [alemánd] [女]《古語》=**alemanda**

allende [aʎénde]〖←古語 allén de「…の向こう側に」< ラテン語 illinc「あちらから」〗[前]《文語》…を越えて, …の向こう側で〖⇔aquende〗: Se fue ～ los Pirineos. 彼はピレネー山脈の向こうへ行ってしまった. *A*～ los mares los problemas son iguales. 海外でも問題は同様だ. de ～ los mares 海のかなたから. estar ～ la realidad 現実離れしている

―― [副]《文語》❶ その上, さらに; [+de の] 上に〖=además〗: *A*～ *de* ser inteligente, era elocuente. 彼は頭がいい上に雄弁だった. ❷ 向こうで, あちらで

***el* 〔*más*〕 ～** あの世, 死後

Allende [aʎénde]《人名》**Isabel ～** イサベル・アジェンデ〖1942～, チリの女性小説家. チリ革命後ベネズエラに亡命. 革命までのある一族100年の歴史を現実と幻想とを巧みに織り合せて語った『聖霊たちの家』*La casa de los espíritus*.『エバ・ルーナ』*Eva Luna*, 難病で死んでいった娘との心の交流を描いた『パウラ』*Paula*〗

Salvador ～ サルバドール・アジェンデ〖1908～73. チリの政治家. 1970年大統領に就任, 銅産業の国有化・農地改革に着手したが, 73年軍事クーデタが起こり, 自殺〗

allí [aʎí]〖←ラテン語 illic〗[副]〖遠称の指示副詞. →allá [類義]〗❶ あそこに・で・へ, そこに・で・へ: 1) Luisa te espera ～. ルイサがあそこで待っているよ. ¿Vas ～ todos los días? 君は毎日そこへ行くのかい? 2) [+場所の副詞] *A*～ cerca se ve una torre. あのあたりに塔が見える. 3) [前置詞+] por ～ あのあたりに, そのあたりに. ❷ あの時, その時: Hasta ～ todo marchó muy bien. その時まではすべてうまくいっていた

～ donde... …するすべてのところで…: *A*～ *donde* aparece, siempre se producen problemas. 彼が現れるといつも問題が起こる

... hasta ～ あれほどまでに・の…: Se ha comprado una casa *hasta* ～. 彼はあんなにすごい家を買った

hasta ～ no más《南米》それが限度だ

alloza [aʎóθa] [女]《地方語》アーモンドの未成熟な実, 殻つきのアーモンド〖=almendruco〗

allozar [aʎoθár] [男]《廃語》アーモンド林

allozo [aʎóθo] [男]《地方語》[野生の] アーモンドの木

all right [ɔlráit]〖←英語〗[間] [同意] いいよ!〖=de acuerdo〗

all-stars [ólstars]〖←英語〗[形] [名]《主にバスケットボール》オールスター〔の〕, ドリームチーム〔の〕

alludel [aʎuđél] [男] =**aludel**

alma[1] [álma]〖←ラテン語 anima〗[女]〖単数冠詞: el・un〔a〕〗❶ 魂, 霊魂, 霊〖⇔cuerpo〗: El ～ es inmortal. 霊魂は不滅である. El hombre tiene cuerpo y ～. 人間には肉体と魂がある. Tiene ～ de poeta. 彼は詩人の心を持っている. Las ～*s* de los inocentes van al cielo. 無垢なる者の魂は天国に昇る. Recemos por el ～ del difunto. 死者の冥福を祈りましょう. encomendar (recomendar) el ～ a Dios 魂を神にゆだねる. vender el ～ al diablo 悪魔に魂を売る. ❷ 精神, 心〖→espíritu [類義]〗: No tiene riqueza, pero tiene un ～ noble. 彼には富はないが, 心が気高い. Es un ～ inocente. 彼は無垢の心の持ち主だ. Lo sentimos en el ～. 私たちは心から残念に思います. tener el ～ destrozada 心がひどく傷ついている. ～ caritativa 慈悲に厚い心. ❸ 活力, 元気: Con la independencia los habitantes tienen mucha ～. 独立を得て住民たちは実にはつらつとしている. hablar con ～ 熱心に話す. trabajar con ～ 元気よく働く. ❹ [数詞を伴うと [複], 否定では [単]] 人, 人間; 住民: ciudad de doscientos mil ～*s* 人口20万の都市. No hay ni un ～ por la calle. 通りには人っ子一人いない. ～ cristiana キリスト教徒. ❺ 中心人物, 主役; 花形; 首謀者: Ella es el ～ de la fiesta. 彼女がパーティーの主役だ. ～ del equipo チームの要. ❻ 神髄, 核心: Un río es el ～ de un paisaje. 川は風景の命である. ❼ [糸玉などの] 芯, 核; [ケーブルの] 心線: ～ de un rollo de papel higiénico トイレットペーパーの芯. ❽《建築》足場, 支柱. ❾《技術》ウェブ; 腹部. ❿ [銃・砲の] 内腔. ⓫ [弦楽器の] 魂柱, 響柱. ⓬《植物》髄. ⓭ [刀剣の] 小身(こみ). ⓮《中南米》死体, 遺体

***abrir el* (*su*) ～** 心を打ち明ける

～ atravesada 邪悪な人

～ bendita お人好し

～ de Caín 邪悪な人

～ de cántaro 1) 無垢な人, 天真爛漫な人; ぼけっとした人. 2) 非情な人

～ de Dios 心の美しい人

～ de Judas 邪悪な人

～ en pena 1) 煉獄にいる霊魂. 2) 陰鬱な人, 鬱々として楽しまない人. 3) como ～ *en pena* 一人あてどもなく

～ gemela 気が合う人

～ máter =**alma-máter**

～ mía [親愛の呼びかけ] いとしい人

～ nacida =**～ viviente**

～ viviente [否定文で] 誰も〔…ない〕

***arrancar a*+人 *el* ～** …の命を奪う; …に痛ましい思いをさせる

***arrancarse a*+人 *el* ～** …の心が痛む: *Se* me *arranca el* ～ con los fallecidos en el accidente del avión. その飛行機事故で亡くなった方々には心が痛みます

caerse a*+人 *el* ～ *a los pies …が落胆する, 打ちのめされる

***clavarse a*+人 *en el* ～** …に痛い思いをさせる: Las palabras *se* me *clavaron en el* ～. その言葉は私の胸にぐさっと来た

como ～ que lleva el diablo あわてて, 一目散に: Eché a correr *como* ～ *que lleva el diablo*. 私はあわてて駆けだした

con toda su ～/con el ～* 〔*y vida*〕*/con ～ y vida/con mil ～s 1) 喜んで, 心から: Me lo ha ofrecido *con el* ～. 彼は嫌な顔せず快く私にそれを出してくれた. 2) 精魂こめて, 誠心誠意: Lo intentó *con toda su* ～ y lo consiguió. 彼は一所懸命やって, それをなしとげた

***dar a*+人 *el* ～** …と推定する, …という気がする: Me *da el* ～ que no me ha dicho la verdad. 私は彼が本当のことを言わなかったような気がする

***dar el* ～ 〔*a Dios*〕** 息を引き取る, 死ぬ

***decir a*+人 *el* ～** =**dar a+人 el ～**

del ～/de su ～ 1) 愛する: hijo *de mi* ～ 私の最愛の息子. amigo *del* ～ 親友. 2) [哀願・未練] Pero, Pepe *de mi* ～, ¿no te he dicho muchas veces? でも, ぺぺってば, あんたに何度も言わなかった…? ¡Aquel pastel *de mi* ～! 〔なくなった〕あのパイ!

***destrozar a*+人 *el* ～** =**partir a+人 el ～**

doler a*+人 *el* ～ *de... …が…に飽き飽きする: Ya me *duele el* ～ *de* decirle lo mismo muchas veces. 彼に何度も同じ事を言うのはもう嫌だ

echarse el ～ a las espaldas《口語》聞く耳を持たない, 勝手なことをする

en el ～ 心から: Le agradezco *en el* ～. 厚くお礼申し上げます. Lo siento *en el* ～. 本当に申し訳ありません

en el fondo de su ～ 心の奥底で

***entregar el* ～ 〔*a Dios*〕** =**dar el ～**

estar como el ～ de Garibay《口語》役に立たないが害にもならない

estar como el ～ en la boca 死にかけている; 死ぬほど怯える

estar como un ～ perdida《口語》頭の中が真っ白である, 啞然とする

***estar con el ～ en un hilo* (*en vilo*)** はらはらしている, 不安である

***exhalar el* ～ 〔*a Dios*〕** =**dar el ～**

***hablar a*+人 *al* ～**《口語》1) [追従などなしに] …にはっきりと本当のことを話す, 率直に話す. 2) …の心に訴えかけるような

almajar

irse *a*+人 ~ **por** (**detrás de・tras**)... …が…を切望する: *Se le va el* ~ *detrás de* la moto. 彼はひどくオートバイをほしがっている

llegar *a*+人 **al** ~ …の胸を打つ, 感動させる: La muerte del soldado me *llegó al* ~. その兵士の死は私の胸を打った

llevar *a*+人 **en el** ~ …を深く愛する

mi ~ = **mía**

no poder con el (*su*) ~ ひどく疲れている

no tener ~ 薄情である, 思いやりがない

partir *a*+人 **el** ~ 1) …につらい思いをさせる: Ver como sufren los niños abandonados en las calles me *parte el* ~. 町に捨てられた子供たちが苦しんでいるのを見ると私は心が痛む. 2) 《口語》…をめった打ちにする

partirse *a*+人 **el** ~ = **arrancarse** *a*+人 **el** ~

perder el ~ 地獄に落ちる

pesar *a*+人 **el** ~ …を後悔させる: Le *pesa mucho en el* ~ *haberse despedido de ella*. 彼女と別れたことを彼はひどく悔やんでいる

poner el ~ **en**... …に心をこめる

rendir el ~ [*a Dios*] = **dar el** ~

romper *a*+人 **el** ~ …につらい思いをさせる; 〔殴って〕…を痛めつける

romperse el ~ 《口語》死ぬほど苦労する; 首の骨を折る, 死ぬ

sacar *a*+人 **el** ~ …を殺す (痛めつける・一文無しにする)

sin ~ 薄情な: Es un burro *sin* ~. あいつは人非人だ

tener el ~ **bien puesta/tener el** ~ **en su armario** (**su cuerpo・sus carnes**) やる気がある, 決然としている

tener el ~ **en un hilo** = **estar con el** ~ **en un hilo**

tocar el ~ *a*+人 = **llegar** *a*+人 **al** ~

volver *a*+人 **el** ~ **al cuerpo** ほっとする, 安堵する

almacén [almaθén] [←アラビア語 al-mahzan 「保管所」] 男 ❶ 倉庫, 貯蔵所. ~ de granos 穀物倉庫. ~ de depósito 保税倉庫. ~ depositario 《商業》供託所. ❷ 問屋. ❸ 《複》デパート 〖=grandes almacenes〗. ❹ 〔印刷〕〔ライノタイプ用の〕活字の母型ケース. ❺ 〔船舶〕~ de agua 清水タンク. 〔廃語〕《集名》弾薬. ❼ 〔中南米〕衣料品店; 〔南米〕食料雑貨品店

gastar [*mucho*] ~ 《まれ》〔ささいなことに〕たくさんの言葉を使って説明する, 長々と話す

grandes almacenes 《西》デパート, 百貨店: La sección de muebles de estos *grandes almacenes* tiene un gran surtido. このデパートの家具売り場は品ぞろえがいい. hacer compras en los *grandes almacenes* デパートで買い物をする

almacenable [almaθenáβle] 形 貯蔵可能な

almacenado [almaθenáðo] 形 ❶ 醸造所に貯蔵されているワイン. ❷ 貯蔵, 保管〖=almacenamiento〗

almacenador, ra [almaθenaðór, ra] 形 貯蔵する
―― 男 収納器具

almacenaje [almaθenáxe] 男 ❶ 《商業》倉庫料, 保管料. ❷ 貯蔵, 保管〖=almacenamiento〗: capacidad de ~ de agua 貯水能力. problema del ~ de los excedentes de arroz 余剰米保管問題

almacenamiento [almaθenamjénto] 男 ❶ 入庫, 倉入れ; 貯蔵, 保管: depósito de ~ 油槽所. silo para el ~ de cereales 穀物貯蔵用サイロ. ~ de armas nucleares 核兵器の貯蔵. ❷ ストック, 在庫; 《集名》貯蔵品. ❸ 〔情報〕記憶, 入力; ~ y recuperación de datos データの記憶と再生

almacenar [almaθenár] [←**almacén**] 他 ❶ 倉庫に入れる, 在庫を持つ; 〔場所で〕貯蔵する, 保管する: Aquí *almacenamos* productos semiacabados. 私たちはここに半製品を保管している. La gasolinera *almacena* 100.000 litros de gasolina. そのガソリンスタンドは10万リットルのガソリンを貯蔵している. ~ rencor 恨みをつのらせる. ❷ 〔情報〕記憶する, 入力する: ~ toda la información en disco 全情報をディスクに入力する
―― ~**se** 貯蔵されている: En este local *se almacenan* bombonas de oxígeno. この倉庫には酸素ボンベが保管されている

almacenero, ra [almaθenéro, ra] 名 ❶ 倉庫管理人; 倉庫業者. ❷ 〔チリ, アルゼンチン, ウルグアイ〕食料雑貨店の店主 (店員)

almacenista [almaθenísta] 名 ❶ 卸売り業者. ❷ 倉庫主; 倉庫係

almaceno, na [almaθéno, na] 形 《果実》スモモの

almacería [almaθería] 女 ❶ 〔果樹園・農家の〕塀, 囲ぞうさがい. ❷ 〔古語〕

almáciga [almáθiɣa] [←アラビア語 al-mastaka < ギリシャ語 mastikhe 「チューインガム」] 女 ❶ 苗床. ❷ 乳香, マスチック: barniz de ~ 乳香ワニス

almacigado, da [almaθiɣáðo, ða] 形 ❶ 〔中南米〕〔家畜が〕赤褐色の. ❷ 〔ペルー〕〔人が〕淡褐色の肌の, 小麦色の

almacigar [almaθiɣár] [8] 他 […に] 乳香を焚きしめる, 乳香の匂いをつける

almácigo [almáθiɣo] 男 ❶ 《植物》1) 乳香樹 〖=lentisco〗. 2) ブルセラ 〖学名 Bursera simaruba〗. ❷ 《西, 南米》苗床 〖=almáciga〗

almaciguero, ra [almaθiɣéro, ra] 形 苗床の

almádana [almáðana] 女 石割りハンマー, げんのう, 大槌

almadear [almaðeár] ~**se** 《まれ》= **almadiarse**

almádena [almáðena] 女 = **almádana**

almadenense [almaðenénse] 形 《地名》アルマデン Almadén の〔人〕〖シウダ・レアル県の町〗

almadía [almaðía] [←アラビア語 al-madiya] 女 ❶ 〔筏流しの〕筏. ❷ カヌー

almadiar [almaðjár] [11] 自 ~**se** 乗り物酔いする, 気分が悪くなる

almadiero [almaðjéro] 男 筏を操る人; カヌーの乗り手

almádina [almáðina] 女 = **almádana**

almadraba [almaðráβa] 女 ❶ マグロ漁 (漁場・網): ~ de buche 大謀網. ❷ 〔複〕マグロ漁の漁期. ❸ 《廃語》瓦 (煉瓦) 製造工場 〖=tejar〗

almadrabero, ra [almaðraβéro, ra] 形 マグロ漁 (漁場・網) の
―― 男 ❶ マグロ漁師. ❷ 《廃語》瓦 (煉瓦) 製造職人 〖=tejero〗

almadrabilla [almaðraβíʎa] 女 サバの定置網漁

almadraque [almaðráke] 女 《地方語》布団 〖=colchón〗

almadraqueja [almaðrakéxa] 女 《地方語》薄い布団

almadreña [almaðréɲa] 女 《西》〔泥道用の〕木靴

almadreñería [almaðreɲería] 女 《西》木靴の製造 (販売)

almadreñero, ra [almaðreɲéro, ra] 名 《西》木靴を作る (売る) 人

Almafuerte [almafwérte] 《人名》アルマフエルテ 〖1854〜1917, アルゼンチンの詩人. 本名 Pedro Bonifacio Palacios. 不幸な生い立ちが影響して社会・権力に対して憎悪・怨念を抱き, 一方で持たざる貧しき者への優しい思いやりと慈しみに満ちた作品を残した〗

almaganeta [almaɣanéta] 女 = **almádana**

almagesto [almaxésto] 男 ❶ アルマゲスト 〖プトレマイオスの天文学書. =*A* ~ *de Tolomeo*〗. ❷ 〔中世初期の〕大学術書

almagra [almáɣra] 女 = **almagre**

almagradura [almaɣraðúra] 女 代赭で染めること

almagral [almaɣrál] 男 代赭 (赤鉄鉱) の多い土地

almagrao [almaɣráo] 形 名 アルマゲル Almaguer 地域の〔先住民〕〖コロンビアの Cauca 県〗

almagrar [almaɣrár] 他 ❶ 代赭で色付けする (染める). ❷ 《廃語》…に印を付ける; 名誉を傷つける. ❸ 《廃語》〔与太者がけんかして〕傷つける

almagre [almáɣre] [←アラビア語 al-magra 「赤い土」] 男 ❶ 代赭 (色), 赤鉄鉱; 代赭色. ❷ 《廃語》印, 刻印
―― 形 代赭色の

almagreño, ña [almaɣréɲo, ɲa] 形 名 《地名》アルマグロ Almagro の〔人〕〖シウダ・レアル県の町〗

almagrero, ra [almaɣréro, ra] 形 〔土地が〕代赭の多い, 赤鉄鉱を含んだ

Almagro [almáɣro] 《人名》**Diego de** ~ ディエゴ・デ・アルマグロ 〖1475〜1538, スペイン人コンキスタドール. ピサロ Pizarro と共にインカ帝国を征服. 後にピサロと対立し反旗を翻すが, 敗北. クスコで処刑される〗

almaizal [almajθál] 男 ❶ = **almaizar**. ❷ 〔メキシコ, コロンビア, エクアドル〕〔聖職者が聖体顕示台・聖体器を運び展示する時の〕肩掛け

almaizar [almajθár] 男 〔古語〕〔モーロ人女性の〕薄布のベール, かぶり物

almaizo [almájθo] 男 《植物》ヨーロピアンハックルベリー 〖=almez〗

almajal [almaxál] 男 低地, 沼地

almajaneque [almaxanéke] 男 〔古語. 軍事〕大石で城壁を破壊する器械

almajar [almaxár] 男 ❶ 低地, 湿地 〖=almarjal〗. ❷ 《古語》

絹のマント
almajara [almaxára] 囡 乳香 [=almáciga]
almajo [almáxo] 男 海藻灰 [=barrilla]
almalafa [almaláfa] 囡 [モーロ人の] 肩から足までのすっぽりした長衣
alma máter [álma máter] [←ラテン語] 囡《単数冠詞: el·un[a]》《文語》❶ 推進力, 活力; 中心人物, 要. ❷ 母校, 大学
almanaque [almanáke] [←アラビア語 al-manah] 男 ❶ 暦《天体の運行・年中行事・気象予報などが記載されたもの》; [卓上の] カレンダー: arrancar (sacar) del ～ la hoja del día anterior 暦から前日のページをちぎる. ❷ 年鑑: ～ de teatros 演劇年鑑
hacer ～s [軽率な] 予想を立てる [=hacer calendarios]
almanaquero, ra [almanakéro, ra] 名 カレンダー製造 (販売) 者
almancebe [almanθébe] 男《古語》[グワダルキビル川で使われた] 漁網
almandín [almandín] 男《古語》=almandina
almandina [almandína]《鉱物》鉄礬(ばん)ざくろ石
almandino [almandíno] 形 →granate almandino
almanseño, ña [almanséno, na] 形 名《地名》アルマンサ Almansa の [人]《アルバセテ県の町》
almanta [almánta] 囡 ❶ 果樹の列と列の間のスペース [=entreliño]. ❷《農業》畝の間の種をまく個所
poner a ～ びっしり乱雑に植え込む
almarada [almaráða] 囡 ❶ 三稜で刃のない短剣. ❷ [ズック靴を縫う] 大針. ❸ [硫黄融解炉の] 撹拌棒
almarbatar [almarbatár] 他 [2つの木製部品を] 組み合わせる
almarbate [almarbáte] 男《古》格天井の角材
almarcha [almártʃa] 囡 低地の町 (村)
almarcheño, ña [almartʃéno, na] 形 名《地名》アルマルチャ Almarcha の [人]《クエンカ県の村》
almargeño, ña [almarxéno, na] 形 名《地名》アルマルヘン Almargen の [人]《マラガ県の村》
almario [almárjo] 男 ❶《文語》肉体, 魂. ❷ =armario
almarjal [almarxál] 男 ❶ 低湿地 [=marjal]. ❷《廃語》オカヒジキ畑
almarjo [almárxo] 男 海藻灰 [=barrilla]; 海藻灰の採れる植物
almaro [almáro] 男《古語》=maro
almarrá [almařá] 男《廃》～es [綿繰り用の] 細いシリンダー
almarraja [almařáxa] 囡《古語》[ガラス製などの] じょうろ
almarraza [almařáθa] 囡 =almarraja
almártaga [almártaga] 囡 ❶《古語. 馬具》面懸(おもがい). ❷《化学》一酸化鉛, 密陀僧(みつだそう)
almártiga [almártiga] 囡 馬などをまぐさ棚に結ぶ粗末な頬革(ほおがわ)
almartigón [almartigón] 男《メキシコ》=almártaga
almaste [almáste] 男《古語》乳香 [=almáciga]
almástica [almástika] 囡《古語》乳香 [=almáciga]
almástiga [almástiga] 囡 乳香 [=almáciga]
almastigado, da [almastigáðo, ða] 形 乳香入りの
almatriche [almatrítʃe] 男《農業》用水路
almatroque [almatróke] 男《古語》[グワダルキビル川で用いた] ニシンダマシ網に似た漁網
almazara [almaθára] 囡 [オリーブ油の] 搾油機; 搾油工場
almazarero, ra [almaθaréro, ra] 形 [オリーブ油の] 搾油機の, 搾油工場の
—— 名 搾油職人
almazarrón [almaθařón] 男 代赭(たいしゃ) [=almagre]
almazorense [almaθorénse] 形 名《地名》アルマソラ Almazora の [人]《カステリョン県の村》
almea [alméa] 囡 ❶《植物》サジオモダカ [=azúmbar]. ❷ 安息香; [樹脂を取った後の] エゴノキの樹皮. ❸ [即興で作詞し, 歌い踊る] オリエントの歌姫
almecina [almeθína] 囡《果実》ハックベリー《食用》: その種
almecino [almeθíno] 男《地方語. 植物》ヨーロッパハックベリー [=almez]
almeja [aléxa] 囡 [←古語 mena ← ラテン語 mina] 囡 ❶《貝》[アサリ・ハマグリなどの二枚貝の総称] クラム. ❷《卑語》女性の外部性器, 外陰唇
cantar como una ～ [人の集まりで] 場違いである, 浮いている
almejar [almexár] 男 クラムの養殖場

almejí [almexí] 囡 =almejía
almejía [almexía] 囡《服飾》アラブ風のチュニカ (マント)《キリスト教徒も着用した》
almena [aléna] 囡《築城》[主に 複] のこぎり壁, 女牆(じょしょう)
almenado, da [almenáðo, ða] 形 ❶ のこぎり壁のある. ❷ のこぎり壁の形の, 凹凸飾りの
—— 男 =almenaje
almenaje [almenáxe] 男《集名》のこぎり壁, 女牆
almenar [almenár] 他 のこぎり壁をつける
—— 男《古語》[農家の台所の] 油壷, 火かご
almenara [almenára] 囡 ❶ [枝のある] 燭台. ❷ =almenar. ❸《古語》[塔での合図の] かがり火. ❹《アラゴン》灌漑の余り水を用水路から川へ流す溝
almendra [almendra] 囡 [←ラテン語 amygdala < ギリシャ語 amygdale] 囡 ❶《果実》アーモンド: ～ amarga 苦扁桃, ビターアーモンド. ～ dulce 甘扁桃. ～ mollar 薄皮付きのアーモンド. ～s garapiñadas《菓子》プラリーヌ, 糖衣アーモンド. ❷ [果核の] 仁(じん): ～ de cacao カカオの実. ❸ アーモンド型のダイヤ (宝石・ガラス); シャンデリア飾りのカットグラス. ❹ 小石. ❺《建築》アーモンド型の割り形装飾. ❻《ムルシア》極上質のまゆ
de la media ～《古語的》気取った, 上品ぶった, お高くまった
almendrada[1] [almendráða] 囡《古語. 飲料》アーモンドミルク
dar una ～ a 人《口語》…にお世辞を言う, おもねる
almendrada, da[2] [almendráðo, ða] 形 ❶ アーモンド型の: ojos ～s 細い目, 切れ長の目. ❷《料理. 菓子》アーモンドを使った. ❸《建築》アーモンド型の割り形装飾
—— 男 ❶《西》アーモンドクッキー; ナッツ入りのチョコレートアイスバー. ❷ [小麦粉・蜂蜜を混ぜた] アーモンドペースト
almendral [almendrál] 男 アーモンド畑. ❷ =almendro
almendralejense [almendralexénse] 形 名《地名》=almendralejeño
almendralejeño, ña [almendralexéno, na] 形 名《地名》アルメンドラレホ Almendralejo の [人]《バダホス県の町》
almendrar [almendrár] 他《建築》アーモンド型の割り形で装飾する
almendrate [almendráte] 男《古語. 料理》アーモンド入りの煮込み
almendrera[1] [almendréra] 囡《植物》=almendro
florecer la ～《廃語》若白髪になる
almendrero, ra[2] [almendréro, ra] 名 アーモンドの採取 (販売) 者
—— 男 ❶《植物》=almendro. ❷ [卓上の] アーモンド入れ《皿, 小鉢》
almendrilla [almendríʎa] 囡 ❶ [錠前師の使う] アーモンド型のやすり. ❷ [左官・舗装用の] 砂利, 砕石, 小石. ❸《古語. 手芸》アーモンド型の編み物. ❹《古語》アーモンド型のダイヤのイヤリング
almendrita [almendríta] 囡《地方語. 鳥》チフチャフ
almendro [alméndro] 男《植物》アーモンド [の木], ハタンキョウ: ～ amargo ビターアーモンド (苦扁桃) の木
almendrón [almendrón] 男《植物. 実》マラバルアーモンド
almendruco [almendrúko] 男《植物》アーモンドの未成熟な実; 殻つきのアーモンド
almenilla [almeníʎa] 囡《服飾》のこぎり壁型の縁取り
almeriense [almerjénse] 形 名《地名》アルメリア Almería の [人]《アンダルシア州の県・県都》
almete [améte] 男《古語》クローズヘルメット《兜の一種》; それを着用した兵士
almez [alméθ] 男《植物》ヨーロッパハックベリー《アサ科の木. 学名 Celtis australis》
almeza [alméθa] 囡《果実》ヨーロッパハックベリー《食用》
almezo [alméθo] 男《植物》=almez
almiar [almjár] 男 [垂直な棒を中心とした] 麦わら (干し草) の山《スペイン北部に多い》
almiarar [almjarár] 他 [麦わら・干し草を] 積み上げる, 山にする
almíbar [almíbar] 男 [←アラビア語 al-miba「マルメロのシロップ」] 男 ❶ シロップ, 糖蜜: fruta en ～ 果実のシロップ漬け. ～ de naranja オレンジシロップ. ❷ 甘ったるいもの
estar hecho un ～《口語》いやに優しくする, ちやほやする
almibarado, da [almibaráðo, ða] 形《軽蔑》ひどく優しい, ばか丁寧な: palabras ～das 甘い言葉. ～da sonrisa 愛想笑い
almibarar [almibarár] 他 [←almíbar] ❶ シロップに漬ける, シロ

ップをかける: ~ melocotones 桃をシロップ漬けにする. ❷ [言葉・態度を] いやに優しくする, ばか丁寧にする
── **se** いやに優しくなる, ばか丁寧になる
almicantarada [almikantaráđa] 女 =**almicantarat**
almicantarat [almikantarát] 女《天文》高度平行線, 等高度線, 等高度圈
almidón [almiđón]《←ラテン語 amidum <ギリシア語 amylon「挽いていない」》男 ❶ [澱粉から作る] 糊(の); 洗濯糊: dar (poner) ~ a una camisa ワイシャツに糊をつける. ~ planchar con ~ 糊づけしてアイロンをかける. ❷ 澱粉《=**fécula**》: ~ de maíz コーンスターチ. ~ animal《生化》グリコーゲン. ❸《メキシコ, ベネズエラ》接着糊《=**engrudo**》. ❹《ベネズエラ. 菓子》[ユッカの粉・卵・砂糖で作る] トゥロン
almidonado, da [almiđonáđo, đa] 形《口語》[一分のすきもないほど] 着飾った, めかしこんだ: ¿Dónde vas tan ~? そんなにパリッとしてどこへ行くんだ?
── 男 糊づけ
almidonar [almiđonár]《←**almidón**》他《衣類に》糊づけする: No me almidones los cuellos de las camisas. 私のワイシャツのカラーには糊をつけないでくれ
almidonería [almiđonería] 女 糊工場
almidonero, ra [almiđonéro, ra] 形 [小麦に] 澱粉質の多い品種の
almijar [almixár] 男《アンダルシア》[搾る前の] ブドウ (オリーブ) の乾燥場
almijarra [almixářa] 女 [石臼などを回転させるための] 馬が引く横木
almilla [almíʎa] 女 ❶《木工》[木を組むための] ほぞ; 木釘. ❷《古語. 服飾》[体にぴったりした] 胴着, ベスト; [鎧下の] 半袖の胴着. ❸《廃語》豚の胸肉
almimbar [almimbár] 男《イスラム教》[モスクの] 説教壇
alminar [alminár] 男《←仏語 minaret <アラビア語 manarat「灯台」》《イスラム教》[モスクの] 尖塔, ミナレット《上から大声で祈りの時間を信者に告げる》
almiranta [almiránta] 女 ❶《歷史》海軍中将の旗艦. ❷ 提督夫人
almirantazgo [almirantázɡo] 男 ❶ 海軍大将の地位(管区). ❷《集合》提督. ❸《歷史》海軍軍法会議. ❹《歷史》[商船がスペイン海軍維持のために払った] 入港税. ❺《英国の》海軍本部
almirante [almiránte]《←アラビア語 amir al[-bahr]》男 提督, 海軍大将《= ~ de la mar》; 艦隊司令官: ~ de la flota 海軍元帥. ~ mayor de la mar 第一海軍卿
── 男 ❶《古語》[女性の] 髪飾り. ❷《廃語》領袖, 首領. ❸《アンダルシア》水泳の先生
almirecero [almireθéro]《地方語》乳鉢の製造者
almirez [almiréθ]《←アラビア語 al-mihras「すりつぶす道具」》男 [金属製の] 乳鉢, すり鉢
almirón [almirón] 男《植物》❶ チコリ《=**achicoria**》. ❷《アンダルシア》タンポポ
almizate [almiθáte] 男《建築》模様彫り天井の中央板(の中心点)
almizcate [almiθkáte] 男《アンダルシア》[都会の2つの地所の間の] 共用の中庭
almizclado, da [almiθkláđo, đa] 形 麝香(じゃ)の: ~ aroma ムスクの香り. rata ~da ジャコウネズミ《=**ratón almizclero**》
almizclar [almiθklár] 他 麝香の香りをつける
almizcle [almíθkle]《←アラビア語 al-misk》男 麝香(じゃ), ムスク
almizcleño, ña [almiθkléɲo, ɲa] 形 麝香の(香りの)
── 《植物》ジャコウオランダフウロ
almizclero, ra [almiθkléro, ra] 形 =**almizcleño**: ratón ~《動物》ジャコウネズミ
── 女 ❶《動物》ジャコウジカ, シベリアジャコウジカ《=**cabra de almizcle**》
── 女 ❶《動物》ジャコウネズミ, マスクラット《=**ratón** ~》. ❷《植物》=**almizcleña**
almo, ma[2] [álmo, ma] 形《詩語》❶ 養う, 育くむ, 生気を与える: Alma Ceres《ローマ神話》育みのケレス. ❷ すぐれた, 尊い, 敬うべき
almoacín [almoaθín] 男《イスラム教》祈祷時報係《=**almuédano**》
almocadén [almokađén] 男 ❶《歷史》歩兵隊長. ❷ [モロッコで] 下級権力者; 町の地区長, 村の部族長; 軍曹

almocafre [almokáfre] 男 手鍬(くわ), 小鍬
almocárabe [almokárabe] 男《建築》=**mocárabe**
almocarbe [almokárbe] 男《主に》《建築》=**mocárabe**
almocatracía [almokatraθía] 女《古語》毛織物税
almocela [almoθéla] 女《農村でわら・干し草を詰めて布団にする》帆布袋, 麻袋
almocrí [almokrí] 男《複 ~es》[モスクの] コーラン朗読者
almodón [almođón] 男《古語》[湿らせてから挽いた] 小麦粉《大粒のふすまだけ除いてパンにした》
almodóvar [almođóbar] 男《軍事》陣地, 要塞
Almodóvar [almođóbar]《人名》**Pedro** ~ ペドロ・アルモドーバル《1949-, スペインの映画監督・脚本家.『オール・アバウト・マイ・マザー』Todo sobre mi madre,『トーク・トゥ・ハー』Hable con ella》
almodrote [almođróte] 男 ❶《古語. 料理》[油・ニンニク・チーズなどで作る] 田舎のソース. ❷《まれ》ごたまぜ, 寄せ集め
almofalla [almofáʎa] 女《まれ》キャンプ《=**campamento**》
almófar [almófar] 男 [兜の下に着ける] 鎖頭巾
almofía [almofía] 女 洗面器《=**jofaina**》
almoflate [almofláte] 男 [馬具職人の] 丸い包丁
almogama [almoɡáma] 女《船舶》船首・船尾部とビルジの間の肋材《=**redel**》
almogávar [almoɡábar] 男《歷史》[主に《複》アルモガバルス《国土回復時代, カタルニャ人とアラゴン人で構成され, 王侯貴族やカトリック教会に雇われた強力な傭兵団. 14世紀初頭にはギリシアや小アジアにまで進出》
almogavarear [almoɡabareár] 自《敵地を》侵略する, 蹂躙(じゅうりん)する
almogavaría [almoɡabaría] 女《歷史》[almogávar の] 選抜隊
almogavería [almoɡabería] 女 =**almogavaría**
almoguereño, ña [almoɡereɲo, ɲa] 形《地名》アルモゲラ Almoguera の(人)《グアダラハラ県の村》
almohada [almoáđa]《←アラビア語 al-mujadda < jadd「頬」》女 ❶ 枕: apoyar la cabeza sobre la ~ 枕に頭をのせる. ~ cervical 健康枕. guerra de ~s《チリ, アルゼンチン》枕投げ. ❷ 枕カバー, ピローケース《=**funda**》. ❸ クッション《=**almohadón**》. ❹《建築》積石石, 切り出し野面(のづら)
aconsejarse+*事* con la ~《メキシコ, ホンジュラス, キューバ》=**consultar**+*事* con la ~
consultar+*事* con la ~ …について熟考する, ゆっくり考える
tomar (recibir) la ~《歷史》[貴婦人が] 大公爵の地位を得る
almohadado, da [almoađáđo, đa] 形《建築》浮彫りを施した
almohadazo [almoađáθo] 男《主に投げた》枕の一撃
── 男《複》《歷史》ムワッヒド朝《1130~1269, チュニジア以西の北アフリカとイベリア半島南部を支配したベルベル人 berebere の王朝. 1146年イベリア半島に侵入し, 翌年ムラービト朝 almorávides を襲ってアンダルス Al-Ándalus を支配. セビリャは商業・交易の中心地として繁栄し, アベロエス Averroes に代表される学問も栄えたが, 1212年ラス・ナバス・デ・トロサの戦い Batalla de las Navas de Tolosa の敗北などにより衰退した》
almohadilla [almoađíʎa]《**almohada** の示小語》女 ❶ [固い椅子などの上に置く] 小クッション, 座布団. ❷《裁縫》針山, 針刺し; 裁縫. ❸《服飾》パッド. ❹ 鍋つかみ. ❺ スタンプ台, 印肉; 《印刷》インク台《= ~ de entintar》. ❻《技術》クッション, パッド. ❼《馬具》鞍敷き. ❽《動物》肉球, 足裏のふくらみ. ❾《建築》1) 積層石. 2) 渦形方円柱頭. ❿《野球》塁, ベース. ⓫《電話》シャープ《#》. ⓬《ボリビア》黒板消し. ⓭《チリ》アイロンの取っ手
cantar a la ~《廃語》[女性が] 歌を口ずさむ, 鼻歌をうたう
almohadillado, da [almoađíʎáđo, đa] 形 ❶ 詰物をした. ❷ クッションのような; クッションのように柔らかい. ❸《建築》浮き彫りを施した. ❹ lava ~da 枕状溶岩
── 男 ❶ 詰め物をすること. ❷《建築》浮き彫り. ❸《船舶》[船体と装甲の間の] 緩衝用の木材《被弾の衝撃を和らげる》
almohadillar [almoađiʎár] 他 ❶ [椅子などに] 詰め物をする. ❷《建築》浮き彫りを施す
almohadillazo [almoađiʎáθo] 男 =**almohadazo**
almohadillero, ra [almoađiʎéro, ra] 名 ❶ クッションを作る(売る)人. ❷ [闘牛場・スタジアムなどの] 貸し座布団屋

almohadón [almoaðón]【almohada の示大語】男 ❶ [ソファ用の大きな] クッション. ❷ [祈りの時の] 膝布団. ❸《西》枕カバー 《=funda》. ❹《建築》[アーチの] 起供石, 迫台(####)石. ❺《南米. 自動車》エアバッグ

almohaza [almoáθa] 女 [鉄製の] 馬櫛(####), 馬梳き櫛

almohazador [almoaθaðór] 男 馬櫛をかける人, 馬丁

almohazar [almoaθár] 9 他 ❶ [馬に] 櫛をかける, 櫛で梳く. ❷ こする, 磨く. ❸《廃語》いい気分にする, 感覚を楽しませる

almojábana [almoxábana] 女 ❶《コロンビア》チーズケーキ, 卵・バター入りの菓子パン. ❷《コロンビア》[塩味の] トウモロコシ粉のパン《aguapanela と共に出される》

almojarifazgo [almoxarifázɣo] 男《歴史》❶ 取引税, 関税, 従価税《1) 中世, アルモハリフェ almojarife がイスラム教徒から徴収しカスティーリャ王国に納めた. 2) 1543年以降, スペイン本国から植民地への輸出商品に課された. 税率は最初商品価格の 2.5%だったが, 1566年には5%に上昇し, その後も変動》. ❷ アルモハリフェの職務 (権限)

almojarife [almoxaríɾe] 男《歴史》❶ アルモハリフェ《中世の王室収租官, 税関官》. ❷ 財務長官

almojaya [almoxája] 女《建築》足場用腕木

almojerifazgo [almoxeriɾázɣo] 男 =**almojarifazgo**

almojerife [almoxeríɾe] 男 =**almojarife**

almona [almóna] 女 ❶《廃語》家; 工場; 倉庫. ❷《アンダルシア》石けん工場 (販売店)《=jabonería》. ❸《カディス》ニシンの漁場

almóndiga [almóndiɣa] 女《誤用》=**albóndiga**

almondiguilla [almondiɣíʎa] 女《誤用》=**albondiguilla**

almoneda [almonéða] 女 [←アラビア語 al-+munada「呼ぶこと」] 男 ❶ [主に古物の] 競売; 競売場: poner (vender) en ~ 競売にかける. ❷ 安売り, バーゲンセール

almonedar [almoneðár] 他 競売で売る, 競売に出す

almonedear [almoneðeár] 他 =**almonedar**

almonedista [almoneðísta] 共 競売参加者

almonteño, ña [almonteɲo, ɲa]《形》《地名》アルモンテ Almonte の〔人〕《ウエルバ県の町》

almoradu [almoraðú] =**almoraduj**

almoraduj [almoraðúx] 男《植物》マヨラナ《=mejorana》; ビャクダン《=sándalo》

almoradux [almoraðú(k)s] 男 =**almoraduj**

almoraduz [almoraðúθ] 男 =**almoraduj**

almorávid [almorábi(ð)] 形 男 =**almorávide**

almorávide [almorábiðe] 形 名 ❶《イスラム教》アルモラビド族の〔人〕《サハラから興ったベルベル人の一族. ムラービト朝を樹立》. ❷ ムラービト朝の〔人〕
—— 男 匜《歴史》ムラービト朝《1056~1147, サハラ砂漠西部で生じた宗教運動によって興ったイスラム王朝. モロッコとアルジェリア西部を征服. カスティーリャ王国によるトレド奪回 (1085年) の翌年, ユースフ・イブン・ターシュフィーン Yusuf Ibn Tashfin がイスラムの援軍としてイベリア半島に侵入・支配し, 北西アフリカとスペイン南部にまたがる大帝国となったが, 約60年後ムワッヒド朝 almohades に滅ぼされた》

almorchón [almortʃón] 男《地方語》でぶでぶに太った人

almorejo [almoréxo] 男《植物》エノコログサ, ネコジャラシ

almorí [almorí] 男 匜 ~es《料理》小麦粉に蜂蜜・塩の入った生地

almoronía [almoronía] 女《料理》=**alboronía**

almorrana [almořána] 女《口語》[主に 複] 痔(####), 痔疾《=hemorroide》

almorraniento, ta [almořanjénto, ta] 形 名 ❶ 痔になった〔人〕, 痔の〔患者〕

almorraque [almořáke] 男《アンダルシア. 料理》[トマト・ピーマン・キュウリ・玉ネギの] サラダ

almorrón [almořón] 男《地方語. 農業》[頂部に水を流す] 畝(####)

almorta [almórta] 女《植物》レンリソウ属の一種《学名 Lathyrus sativus》

almorzada [almorθáða] 女 ❶《地方語》両手一杯の量《=ambuesta》. ❷《メキシコ, ニカラグア, コロンビア, エクアドル》たっぷりでおいしい昼食
a ~s《地方語》大量に

almorzar [almorθár] [←almuerzo] 9 28 [→**forzar**] 自 他 ❶《主に中南米》昼食を食べる [→参考 **comer** 自]; 昼食に…を食べる: Vengo bien *almorzado*. 私は昼食はもうすませています. ~ pescado 昼食に魚を食べる. ❷《西, メキシコ》[朝食と昼食の間に] 軽食を食べる; 軽食として…を食べる: *He almorzado* tanto que no tengo ganas de comer. 私は軽食を取りすぎて昼食を食べたくない

almostada [almostáða] 女《地方語》両手一杯の量《=ambuesta》

almostrada [almostráða] 女《アンダルシア》両手一杯の量《=ambuesta》

almotacén [almotaθén]【←アラビア語 al-+muhtasib】男《歴史》❶ 度量衡の検査官《=fiel ~》; その事務所. ❷ 国王の財務官. ❸《モロッコ》市場監察官, 価格監視人

almotacenazgo [almotaθenáθɣo] 男《歴史》度量衡検査官の職務 (事務所)

almotacenía [almotaθenía] 女 ❶ 魚市場. ❷《歴史》度量衡検査料; 度量衡検査所

almotazaf [almotaθáf] 男 =**almotacén**

almotazanía [almotaθanía] 女 =**almotacenía**

almozara [almoθára] 女 =**almuzara**

almozárabe [almoθárabe] 形《廃語》=**mozárabe**

almud [almú(ð)] 男 [乾量の単位] アルムド《=1セレミンまたは2分の1ファネガ. 地方により異なる》: ~ de tierra《ラマンチャ》2分の1ファネガの種用の面積

almudada [almuðáða] 女 ❶ 1アルムドの種をまく面積

almudazaf [almuðaθáf] 男《歴史》=**almotacén**

almudejo [almuðéxo] 男《古語》❶ [almudero の管理する] 升(####). ❷ アルムド almud より小さい乾量単位

almudena [almuðéna] 女《歴史》[イスラムスペインの都市内の] 城塞

almudero [almuðéro] 男 乾量の公式単位を守る役目の人

almudí [almuðí] 男 匜 ~es ❶ 公設穀物市場《=alhóndiga》. ❷《アラゴン》[乾量の単位] =6カイース cahíz

almudín [almuðín] 男 =**almudí**

almuecín [almweθín] 男 =**almuédano**

almuédano [almwéðano] 男 [←アラビア語 al-+muaddin「祈りを呼びかけること」] 男《イスラム教》[モスクの] 祈禱時報係《尖塔の上から信徒を呼び集める》

almuérdago [almwérðaɣo] 男《植物》=**muérdago**

almuerza [almwérθa] 女 両手一杯の量《=ambuesta》

almuerzo [almwérθo] [←俗ラテン語 admordium < ラテン語 admordere「軽くかじる, 食べ始める」] 男 ❶《主に中南米》1) 昼食《食べ物, 行為. =comida》: Tomamos el ~ a las dos. 私たちは2時に昼食をとる. durante el ~ 昼食の間に. 2) 昼食会: ~ de boda 結婚披露宴《結婚式後, 新婚旅行に出かける前の簡単な会食》. ~ de gala 公式昼食会. ~ de negocios ビジネスランチ. ~ de trabajo ワーキングランチ, 会議兼昼食会. ❷《西, メキシコ》朝食 desayuno と昼食 comida の間にとる軽食《午前10時ごろ》; ブランチ; [一部の農村で] 朝食. ❸《ボリビア》スープ, メインディッシュの前の料理

almueza [almwéθa] 女 両手一杯の量《=ambuesta》

almugávar [almuɣábar] 男 =**almogávar**

almunia [almúnja]《古語》野菜畑, 果樹園《=huerto》

almuñequero, ra [almuɲekéro, ra]《形》《地名》アルムニェカル Almuñécar の〔人〕《グラナダ県の町》

almutacén [almutaθén] 男 =**almotacén**

almuzara [almuθára] 女《古語》[町の郊外の] 運動場, 馬場

alna [álna] 女《昔の長さの単位》=**ana**

alnado, da [alnáðo, ða] 名 義理の子《=hijastro》

alnico [alníko] 男《電気》アルニコ

alno [álno] 男《植物》❶《古語》セイヨウハコヤナギ《=álamo negro》. ❷《まれ》ハンノキ《=aliso》

alo- [名詞・形容詞化. 他, 異] *alogamia* 他殖, *alotropía* 同質異形

aló [aló]【←仏語】間《主に中南米》[電話を受けた側が] はい, もしもし

alobadado, da [alobaðáðo, ða] 形 ❶ オオカミに咬まれた. ❷ [牛・馬などの] 疔(####)を患った

alobado, da [alobáðo, ða] 形 ❶《禁猟区》オオカミが侵入した. ❷《口語》愚かな. ❸《カンタブリア》オオカミのような

alobar [alobár] [←loba] 追い回す, 付きまとう; 悩ます
—— ~se ❶ [オオカミが出て] すくむ, 縮み上がる. ❷《口語》[困難・危険に] あわてふためく, おじ気づく

alóbroge [alóbroxe] 形《歴史》アロブロゲス族の〔ガリアのローヌ川上流に住んでいたケルト系部族〕. ❷ サボア Saboya 王朝の; サボア地方の〔人〕

alobrógico, ca [alobróxiko, ka] 形 アロブロゲス族の

alóbrogo [alóbroɣo] 形 名 =**alóbroge**
alobunado, da [alobunáðo, ða] 形 オオカミのような, オオカミの毛の色をした
alocadamente [alokáðaménte] 副 ❶ 落ち着きなく, せわしなく. ❷ 無分別に, 軽率に
alocamiento [alokáðmjénto] 男 ❶ 落ち着きのないこと, せわしないこと. ❷ 狂気, 無分別
alocado, da [alokáðo, ða] [←a-+loco] 形 ❶ 落ち着きのない, せわしない. ❷ 狂気じみた, 無分別な: decisión ~da 無謀な決定
—— 名 無分別な人
alocar [alokár] 7 他 《まれ》…の気を狂わせる; 動揺させる, 困らせる
—— ~se ❶ 気が狂う. ❷ 動揺する, うろたえる
alóctono, na [alóktono, na] 形 《動物》他の場所で生まれた, 異地性の, 他生的な: especies ~nas 他生種
alocución [alokuθjón] [←ラテン語 allocutio, -onis < alloqui「公の場所で話す」] 女 《文語》[重要人物の] 短い演説, 談話; 訓示: El alcalde dirigió una ~ en la inauguración. 市長は開会式であいさつした
alodial [aloðjál] 形 《歴史》自由地 alodio の, 封建地代を免除された
alodio [alóðjo] 男 《歴史》[領主による支配に服さない] 自由地, 完全私有地, アロッド
aloe [alóe] 男 《まれ》=**áloe**
áloe [áloe] [←ラテン語・ギリシア語 aloe] 男 《植物》❶ アロエ; その汁 [薬用]: ~ sucotrino ソコトラ・アロエ. ~ vera アロエ・ベラ. ❷ ジンコウ (沈香) [=**calambac**]: palo [de] ~ ジンコウ材 《薬として用いた》
aloético, ca [aloétiko, ka] 形 アロエの
alófana [alófana] 女 《鉱物》アロフェン
alófono [alófono] 男 《音声》異音
alóforo [alóforo] 男 《動物》赤色色素顆粒細胞
alogador, ra [aloɣaðór, ra] 名 《古語》貸し主; 借り手
alogamia [aloɣámja] 女 《植物》他家受粉, 他殖
alogamiento [aloɣamjénto] 男 《古語》=**aloguer**
alógamo, ma [alóɣamo, ma] 形 《植物》他家受粉の, 他殖の
alogar [aloɣár] 8 他 《古語》賃貸しする; 賃借りする
alógeno, na [alóxeno, na] 形 ❶ 外国人の, 異人種の. ❷ 《生物》他殖地の
alógico, ca [alóxiko, ka] 形 =**ilógico**
alógrafo [alóɣrafo] 男 《言語》異体字, 異字 [各アルファベットの大文字・小文字, 活字体・筆記体]
aloguer [aloɣér] 男 《古語》賃貸し (する) [料]
aloguero [alóɣero] 男 《古語》=**aloguer**
aloína [aloína] 女 《生化》アロイン
aloja [alóxa] 女 ❶ 《古語》蜂蜜・スパイス入りの清涼飲料. ❷ 《主にアンデス》イナゴマメ (トウモロコシ) を発酵させて作った飲み物
alojado, da [aloxáðo, ða] 男 ❶ [無料で民家に] 分宿する兵士. ❷ 《チリ》泊まり客
alojamiento [aloxamjénto] 男 ❶ 泊まること, 宿泊; 宿泊するところ, 宿泊先: Ya he reservado el ~ en la playa para estas vacaciones. 私は今年のバカンスを過ごすビーチのホテルをもう予約した. dar ~ a+人 …を泊める. buscar ~ 泊まる所を探す. ❷ [地域の負担による兵士の] 民家分宿; その民家. ❸ 《廃語. 軍事》宿営地
alojar [aloxár] [←カタラン語 allotjar < llotja < ゲルマン語 laubia 「回廊, あずまや」] 他 ❶ [+en に] 泊める; 居住させる: Me alojaron en una habitación vacía. 私は空き部屋に泊めて (住まわせて) もらった. ❷ [場所が] 収容する: El dormitorio aloja a 40 estudiantes. 寮には40人の学生が入っている. ❸ [地域の負担で] 兵士を民家に] 分宿させる. ❹ [失業農民を農家に] 割り振り, 引き受けさせる. ❺ [物を] 中に入れて置く: Alojé la bala en la recámara. 私は弾を薬室に込めた
—— ~se ❶ 泊まる, 宿泊する: Nos alojamos en el parador. 私たちはパラドールに泊まった. ❷ [兵士が一時的に住む. ❸ 《軍事》[部隊を] 配置する, 陣をしく. ❹ [物が一時的に] 入り込む: La bala se le alojó en el pecho. 弾丸が彼の胸にくい込んだ
aloje [alóxe] 男 《まれ》泊まるところ, 宿泊先
alojería [aloxería] 女 《古語》aloja の販売店
alojero, ra [aloxéro, ra] 名 《古語》aloja を作る (売る) 人
—— 男 《古語》[劇場の] aloja 売り場 [現在の天井桟敷上

部]; 《廃語》[その跡の] ボックス席
alojo [alóxo] 男 《メキシコ, チリ》宿泊
alomado, da [alomáðo, ða] 形 ❶ 《農業》畝のある. ❷ [馬などが] 背が盛り上がった
alomar [alomár] [←a-+lomo] 他 ❶ 《農業》畝 (?) を立てる. ❷ 《馬術》[馬に] 均等に力がかかるようにする
—— ~se ❶ [交尾できるほど馬が] 強壮になる. ❷ [馬が] 背が盛り上がる
alómero, ra [alómero, ra] 《化学》異質同形の
alometría [alometría] 女 《生物》アロメトリー, 相対成長
alométrico, ca [alométriko, ka] 形 《生物》相対成長の
alomorfo [alomórfo] 男 《言語》異形態
alón [alón] [←**ala** の示大語] 男 《料理》手羽先
—— 形 《中南米》つば広の: sombrero ~ つば広の帽子
alondra [alóndra] [←ラテン語 alauda] 女 《鳥》ヒバリ: ~ moñuda カンムリヒバリ [=**cogujada**]
alongado, da [alongáðo, ða] 形 《文語》=**prolongado**
alongamiento [alongamjénto] 男 《文語》長くすること; 距離
alongar [alongár] 7 28 [→**colgar**] 他 《廃語》長くする [=**alargar**]; 遠ざける, 引き離す
—— ~se 《地方語》かがむ, 体をかがめる
alonso [alónso] 男 《地方語. 鳥》ハト [=**pavo**]
Alonso [alónso] 《人名》**Dámaso** ~ ダマソ・アロンソ [1898~1990, スペインの詩人・文学者. 厳密な分析と美的直観によって文学研究に新たな視点を開いた. 詩集『怒りの子ら』Hijos de la ira では内戦による荒廃と人間の苦悩を斬新な手法でうたい上げた]
alópata [alópata] 形 名 《医学》逆症療法の [専門家]
alopatía [alopatía] 女 《医学》逆症療法 [⇔**homeopata**]
alopático, ca [alopátiko, ka] 形 逆症療法の
alopátrico, ca [alopátriko, ka] 形 《生物》異所性の
alopecia [alopéθja] [←ラテン語 alopekia < ギリシア語 alopekia] 女 《医学》脱毛症: ~ circunscrita 円形脱毛症. ~ prematura 若はげ
alopécico, ca [alopéθiko, ka] 形 名 脱毛症の [人]
alopecuro [alopekúro] 男 《植物》ノスズメノテッポウ [=**cola de zorra**]
alopiado, da [alopjáðo, ða] 形 《廃語》=**opiado**
aloque [alóke] 形 ❶ 淡紅色の. ❷ [ワインが] 薄赤色の, ロゼの; ロゼワイン. ❸ 白と赤を混ぜたワイン
aloquecer [alokeθér] 39 自 他 《廃語》=**enloquecer**
aloquín [alokín] 男 [ロウを寝かせておく] 石囲い
aloreño, ña [aloréɲo, ɲa] 形 名 《地名》アロラ Álora の [人] [マラガ県の町]
alosa [alósa] 女 《魚》ニシンダマシ [=**sábalo**]. ❷ 《化学》アロース
alosauro [alosáuro] 男 《古生物》アロサウルス
alosna [alósna] 女 《植物》ニガヨモギ [=**ajenjo**]
alosoma [alosóma] 男 《生物》性染色体の [的]
alotar [alotár] 他 ❶ 《船舶》縮帆する [=**amainar**]. ❷ 《漁業》[網を] たたむ
alotriomorfo [alotrjomórfo] 形 [結晶が] 他形の [⇔**idiomorfo**]
alotropía [alotropía] 女 《化学》同素性
alotrópico, ca [alotrópiko, ka] 形 《化学》同素体の
alótropo [alótropo] 男 《化学》同素体
aloya [alója] 女 《アラバ, ブルゴス, リオハ. 鳥》ヒバリ [=**alondra**]
alpaca [alpáka] **I** [←ケチュア語 paco 「赤みがかった」] 女 ❶ 《動物》アルパカ; その毛の (織物). ❷ 夏服用の] 光沢のある綿布. ❸ 《地方語》包み, 荷 [=**paca**]
II [←?語源] 女 《金属》洋銀
alpacador, ra [alpakaðór, ra] 名 《地方語》=**empacador**
alpamato [alpamáto] 男 《植物》❶ フトモモ科ミルキアンテス属の灌木 [学名 Myrcianthes pseudomato]. ❷ 《アルゼンチン》フトモモ科ギンバイカ属の灌木 [葉を茶の代用にする. 学名 Myrtus thea, Myrthus thea]
alpamisqui [alpamíski] 男 《チリ, アルゼンチン》地中の蜂の巣
alpañata [alpaɲáta] 女 ❶ 《製陶》[焼く前に陶器を磨く] なめし革. ❷ 《グラナダ, マラガ》赤色の粘土
comer ~ 《グラナダ. 口語》墓の下にいる, 葬られている
alpapú [alpapú] 男 《カナリア諸島. 鳥》ヤツガシラ [=**abubilla**]
alparcear [alparθeár] 自 《まれ》[飼い主同士が相談して家畜を] 交配させる

alparcería [alparθería] 女 ❶《口語》=**aparcería**. ❷《アラゴン》うわさ話, 陰口

alparcero, ra [alparθéro, ra] 名 ❶《アラゴン》うわさ好きな〔人〕, 陰口屋〔の〕. ❷《アンダルシア》=**aparcero**

alpargata [alparɣáta]《←古語 alpargata < アラビア語 pargat < parga》女 アルパルガタス《布製のサンダル. 底は麻またはゴム》
dar a la ~《隠喩》歩く
de ~[s] 地方(農村)出身の

alpargatado, da [alparɣatáðo, ða] 形〔靴が〕アルパルガタスのような

alpargatar [alparɣatár] 自 アルパルガタスを作る(売る)
alpargatazo [alparɣatáθo] 男 アルパルガタスによる一撃
alpargate [alparɣáte] 男《地方語》=**alpargata**
alpargatería [alparɣatería] 女 アルパルガタスの工場(店)
alpargatero, ra [alparɣatéro, ra] 名 アルパルガタスの製造(販売)者

alpargatilla [alparɣatíʎa] 名《廃語》下心があってすり寄ってくる人, 口車に乗せようとする人

alpargatón [alparɣatón] 男《単複同形》《軽蔑》大きなアルパルガタス
alpartaz [alpartáθ] 男〔鉄鎖編みの〕兜の下垂れ
alpataco [alpatáko] 男《植物》メスキート
alpatana [alpatána] 女《アンダルシア》❶ 集名 農具, 農機具. ❷ 複 道具, 用具

alpax [alpá(k)s]《←商標》男 アルミニウム・ケイ素合金
alpear [alpeár] 自《軽蔑》悪路などで苦労して前進する
alpechín [alpetʃín] 男 オリーブの実の汁《山積みのオリーブからにじみ出た汁; 搾油かすから取った汁》

alpechinera [alpetʃinéra] 女 オリーブ汁の貯蔵壺
alpendada [alpendáða] 女《エストレマドゥーラ》屋根裏〔部屋〕
alpende [alpénde] 男《地方語》❶〔屋根付きの〕ポーチ, 柱廊. ❷〔鉱山・工事現場の〕物置小屋, 資材置場. ❸ 廂(ひさし)

alpénder [alpénder] 男《地方語》=**alpendre**
alpendre [alpéndre] 男《地方語》❶ =**alpende**. ❷ 物置, 納戸

alpenstock [álpenstɔk]《←英語》男 複 ~s《登山》ストック, 杖
alperchín [alpertʃín] 男《地方語》=**alpechín**
alperchinero, ra [alpertʃinéro, ra] 形 名《口語・地方》=**sanluqueño**

alpérsico [alpérsiko] 男《植物, 果実》モモ
Alpes [álpes] 男 複《地名》アルプス〔山脈〕: los ~ franceses フランスアルプス

alpestre [alpéstre]《←Alpes》形 ❶《植物》高山〔性〕の: plantas ~s 高山植物. ❷ アルプスの《=alpino》. ❸《廃語》険しい, 山岳の

alphorn [alpɔrn]《←独語》男《音楽》アルプホルン
alpinismo [alpinísmo] 男 登山, アルピニズム《頭義 montañismo より対象が高山で技術的に高度》

alpinista [alpinísta] 男女 登山家
—— 名《専門的な》登山家: botas de ~ 登山靴. club de ~ 山岳会

alpino, na [alpíno, na]《←ラテン語 alpinus》形 ❶《地名》アルプス los Alpes の: Cordillera A~na アルプス山脈. ❷ 山岳の, 高山の; 登山の: batallón ~ 山岳部隊. deporte ~ 山岳スポーツ. fauna (flora) ~na 高山動物(植物)相. pruebas ~nas《スキー》アルペン種目 〖descenso 滑降, slalom 回転, slalom gigante 大回転, slalom superGigante スーパー大回転〗. raza ~na 山岳(高地)民族. ❸《地質》アルプス造山〔期〕の: formaciones ~nas アルプス山脈運動

alpispa [alpíspa] 女《カナリア諸島. 鳥》ハクセキレイ《=lavadera blanca》
alpíspara [alpíspara] 女《カナリア諸島. 鳥》=**alpispa**
alpispita [alpispíta] 女《カナリア諸島. 鳥》=**alpispa**
alpistar [alpistár] ~**se**《地方語》酔っぱらう
alpiste [alpíste] 男 ❶《植物》〔カナリア〕クサヨシ; その種. ❷《口語》酒;〔特に〕ワイン, ウイスキー. ❸《口語》ごく少量の(簡単な)食事. ❹《南米. 口語》飲み物, 酒
dejar a+人 ~《まれ》…を幻滅させる
dejar a+人 sin ~《まれ》…の生活手段を奪う, 何もかも奪う
estar al ~《ウルグアイ. 口語》目を皿のようにしている, 注目している
quedarse ~《まれ》幻滅する
quitar a+人 el ~ =**dejar a+人 sin ~**

alpistela [alpistéla] 女 =**alpistera**
alpistera [alpistéra] 女《菓子》ゴマ入りの小さなケーキ
alpistero [alpistéro] 男 harnero ~ クサヨシの種用のふるい
alpodadera [alpoðaðéra] 女《カナリア諸島. 植物》野生のキンセンカ

alporchón [alportʃón] 男《ムルシア》灌漑用水の入れをする建物
ALPRO 女《略語》←Alianza para el Progreso 進歩のための同盟
ALPS《略語》←activos líquidos en manos del público 手元流動性

alpujarreño, ña [alpuxaréɲo, ɲa] 形《地名》アルプハーラス las Alpujarras の〔人〕《グラナダからアルメリアにかけての山岳地帯》

alquenos [alkénos] 男 複《化学》アルケン
alquequenje [alkekénxe] 男《植物》ホオズキ; その実
alquería [alkería]《←アラビア語 al-qarya「小村」》女《西》❶《時に 集名. 人里離れた〕農家. ❷ 集落, 小村

alquermes [alkérmes] 男《単複同形》❶《酒》ケルメスで着色した口当たりのいいリキュール. ❷《薬学》ケルメス入りの舐(なめ)剤. ❸《まれ. 昆虫》タマカイガラムシ《=quermes》

alquerque [alkérke] 男 ❶〔搾油機の〕搾りかすの塊砕き. ❷《古語. ゲーム》三目並べ《=tres en raya》

alquez [alkéθ] 男〔酒の計量単位〕アルケス《=12カンタラ》
alquibla [alkíβla]《←アラビア語 al-qibla》女 イスラム教徒が祈る時に向く方角《メッカ La Meca のある方角》

alquicel [alkiθél] 男 ❶《服飾》モーロ風の白い毛織物のケープ. ❷〔テーブルなどの〕カバー

alquicer [alkiθér] 男 =**alquicel**
alquifol [alkifól] 男《製陶》呉硯(ごけん)《=zafre》
alquila [alkíla] 男/女《古語》〔貸し馬車の〕貸し出し可の表示板

alquilable [alkiláβle] 形 賃貸し(賃借り)できる, 賃貸(賃借り)用の
alquilación [alkilaθjón] 女《化学》アルキル化; アルキレーション
alquiladizo, za [alkilaðíθo, θa] 形 ❶ 賃貸しの;〔特に, 人が〕賃雇いの〔人〕. ❷《軽蔑》傭兵〔の〕

alquilador, ra [alkilaðór, ra] 名 ❶ 賃貸しする〔人〕;〔特に〕貸し馬車屋. ❷ 賃借りする〔人〕
alquilamiento [alkilamjénto] 男 賃貸し; 賃借り
alquilante [alkilánte] 形《化学》アルキル化する
alquilar [alkilár]《←alquiler》他 ❶ 賃貸しする; 賃借りする 〖頭義 alquilar と arrendar は家賃・地代などの賃貸料をとって貸し, 主に alquilar は住居・家具・車など, arrendar は土地・店舗について. prestar と dejar は賃貸料はとらないで貸す. prestar は大切な物を必ず返してもらう条件で貸すという意味合いがあり, 利子を取って金を貸す場合にも使われる. dejar は口語的で, 軽い感じの貸し借り〗: Le alquilaremos el piso por mil euros al mes. 月1千ユーロでマンションをお貸ししましょう. Vamos a ~ un coche. レンタカーを借りよう. ❷ 雇う: ~ un guía ガイドを雇う. ❸《化学》アルキル化する
—— ~**se**〔受け身〕Se alquila piso.《表示》マンション貸します. Quiero ~me al que pague más. 私は一番多く給料を払ってくれる人に雇われたい

alquiler [alkilér]《←アラビア語 al-kira「賃貸借, 賃料」》男 ❶〔比較的短期の〕賃貸借〔契約〕, レンタル: ¿El piso está en venta o en ~? マンションは分譲ですか, 賃貸ですか? dar en ~ 賃貸しする. tomar en ~ 賃借りする. ❷ 賃貸料;〔時に 複〕家賃, 部屋代: El ~ cuesta quinientos sesenta y cinco euros al mes. その家は月565ユーロ. Todavía no he pagado el ~ de este mes. 私は今月の家賃をまだ払っていない. Entonces los ~es del piso eran más baratos. 当時は家賃はもっと安かった. subir el ~ a+人 …の家賃を上げる. control de ~es〔政府による〕家賃統制
de ~ 賃貸用の: poner... de ~ …を貸しに出す. casa de ~ 借家, 貸し家. coche de ~ レンタカー; ハイヤー

alquílico [alkíliko] 形《化学》radical ~ アルキル基
alquilo [alkílo] 男《化学》アルキル
alquilón, na [alkilón, na] 形《現在ではまれ》賃貸用の
—— 名《軽蔑》賃雇いの人
—— 男 レンタカー

alquimia [alkímja]《←アラビア語 al-kimiya「化学」》女 ❶ 錬金術. ❷《文語》〔別なものに変える〕技術;《軽蔑》〔魔術的な・不思議な〕加工, 精製. ❸《まれ》化学変化. ❹《廃語》真鍮(しんちゅう)

alquímico, ca [alkímiko, ka] 形 錬金術の
alquimila [alkimíla] 女《植物》アルケミラ《=pie de león》
alquimista [alkimísta] 形 錬金術師[の]; 錬金術士
alquimístico, ca [alkimístiko, ka] 形《まれ》錬金術師の
alquinal [alkinál] 男《古語》[女性の]かぶり物, ベール
alquinos [alkínos] 男複《化学》アルキン
alquitara [alkitára] 女《←アラビア語 al-qattara》[蒸留酒作りの]蒸留器
alquitarado, da [alkitaráðo, ða] 形 ❶《文語》純化された. ❷ 微妙な
alquitarar [alkitarár] 他 [蒸留器で] 蒸留する
alquitarero, ra [alkitaréro, ra] 男女《まれ》蒸留の作業員
alquitira [alkitíra] 女《植物》トラガントゴムノキ《=tragacanto》
alquitrán [alkitrán] 男《←アラビア語 al-qitran》タール, ピッチ: cigarrillos bajos en ~ 低タールたばこ. ~ mineral/~ de hulla コールタール
alquitranado, da [alkitranáðo, ða] 形 タールの
—— 男 ❶ タール塗布; タール舗装. ❷《船舶》[タールなどを塗った] 防水シート, ターポリン
alquitranador, ra [alkitranaðór, ra] 形名 タール塗布の[作業員]
alquitranar [alkitranár] 他 ❶ …にタールを塗る: calle *alquitranada* タール舗装道路. ❷《廃語》燃やす, 火をつける
alquitranoso, sa [alkitranóso, sa] 形 タール性の
alrededor [al(l)r̃eðeðór]《←al+derredor < redor < ラテン語 retro「後方」》副 ❶ まわりに: 1) Mi pueblo tiene montañas ~. 私の村はまわりが山である. Allí pusimos una mesa con seis sillas ~. 私たちはそこにテーブルを配置し, まわりに6つ椅子を置いた. Miré ~. 私は[身の]まわりを見回した. 2) [+de の] Los alumnos se sentaron ~ *del* profesor. 生徒たちは先生のまわりに座った. La Tierra gira ~ *del* Sol. 地球は太陽のまわりを回っている. tener una cinta ~ *de* la cabeza 頭にリボンの鉢巻をしている. a su ~ 彼のまわりに; viaje ~ *del* mundo 世界一周旅行. ❷ [+de] およそ, ほぼ: Creo que llegamos al aeropuerto ~ *de* las diez. 私たちは10時ごろ空港に着いたのだと思う. Tiene ~ *de* cincuenta años. 彼は50歳ぐらいだ
—— 男 複 郊外, 近郊: Vivo en los ~*es* de Barcelona. 私はバルセロナ郊外に住んでいる. Solíamos pasear por los ~*es* del pueblo. 私たちはその村のまわりを散歩したものだった. ~*es* de la ciudad 都市の近郊
a su ~ …の周囲で: Miré *a mi* ~, pero no vi nada. 私はあたりを見回したが, 何も見えなかった
... de ~ 周囲の…: ciudades *de* ~ de Tokio 東京周辺の都市. pueblos *de* ~ 周囲の村々. hojas *de* ~ [キャベツなどの] 外側の葉
alrota [a(l)r̃óta] 女 麻くず
alsaciano, na [alsaθjáno, na] 形名《地名》アルザス Alsacia の[人]
—— 男 アルザス語《ドイツ語の方言》
alsándara [alsándara] 女《植物》ウォーターミント《=menta de agua》
álsine [álsine] 女《植物》ルリハコベ
alstroemeria [alstroemérja] 女《植物》アルストロメリア《学名 Alstroemeria psittacina》
alta[1] [álta]《←*alto*[2]》女《単数冠詞: el·un[a]》❶ [医師による] 退院 (復職) 許可書. ❷《軍事》原隊復帰許可書. ❸ [団体などへの] 加入: Este mes ha habido muchas ~*s*. 今月は入会者が多かった. solicitar el ~ en el colegio de ingenieros 工業高校への入学願書を出す. ~*s* y bajas de trabajadores 入社と退社. ❹ [税務署への] 営業届. ❺《フェンシング》公開試合
causar ~《西》加入する
dar de ~ 1) 退院を許可する: El médico *da de* ~ al enfermo. 医師が患者に退院許可を与える. 2)《軍事》復隊を許可する. 3) 加入届を出す
dar el ~ 退院を許可する;《軍事》復隊を許可する《=dar de ~》
darse de ~ 1)《西》[+en に] 加入する: No está *dado de* ~ en la seguridad social. 彼は社会保険に加入していない. 2) [税務署に] 営業届を出す
ser ~《西》=causar ~
altabaca [altabáka] 女《植物》ムカシヨモギ
altabaque [altabáke] 男《廃語》[柳の] 小かご

altabaquillo [altabakíʎo] 男《植物》ヒルガオ《=correhuela》
altabobo [altabóbo] 男《カナリア諸島. 鳥》ヤツガシラ《=abubilla》
altaico, ca [altájko, ka] 形 ❶《地名》アルタイ Altai〔山脈〕の[人]. ❷ アルタイ語族の[人]
—— 男 アルタイ諸語《トルコ語, モンゴル語など》
Altaír [altaír] 男《天文》アルタイル, 牽牛《わし座のα星. 七夕の彦星》
altamente [altaménte] 副 ❶《文語》[+形容詞] 非常に: ~ improbable とうていあり得ない. ~ peligroso きわめて危険な. ❷《まれ》高く
altamía [altamía] 女 [釉薬をかけた陶器の] 土鍋
altamirano, na [altamiráno, na] 形 アルタミラの洞窟 cueva de Altamira の
altamirense [altamirénse] 形 =altamirano
altamisa [altamísa] 女《植物》=artemisa
altaneramente [altaneraménte] 副 尊大に, 横柄に, 偉そうに
altanería [altanería] 女 ❶ 尊大, 高慢: Me contestó con mucha ~. 彼は私にひどく横柄に返事をした. ❷ [鷹などの] 飛翔. ❸ 高所. ❹《古語》鷹狩り《=caza de ~》
meterse en ~*s*《口語》分かりもしないことに首を突っこむ
altanero, ra [altanéro, ra]《←*alto*[2]》形 ❶ 尊大な, 傲慢な: Me mandó, muy ~, que volviese pronto. 彼はいばりくさって私にすぐ戻れと命じた. ❷ [鷹などが] 空高く飛ぶ
altano [altáno] 形《船舶》海風と陸風が交互に吹く
altar [altár]《←ラテン語 altar < altus》男 祭壇: ~ mayor 主 (中央) 祭壇. ~ lateral (colateral) 脇祭壇. ~ portátil 移動祭壇; 神輿(ﾐｺｼ). ~ de alma/~ de ánima/~ privilegiado 全贖宥祭壇. ❷ 供物台《=mesa de ~》. ❸《鉱山》炉床と炉を隔てる石;《キリスト教会の組織: el ~ y el trono 聖界と俗界 (王権). ❺ [聖人が祭壇で受ける] 礼拝の儀式
consagrarse al ~ 司祭になる
elevar a+人 *a los* ~*es*《カトリック》…を列聖する, 聖者の列に加える
llevar (conducir) a+人 *al* ~ [教会法によって]…を妻とする, …と結婚する
poner (tener) a+人 *en un* ~ …を祭り上げる, ほめちぎる
quedarse para adornar ~*es* [女性が] 婚期を逸す, 売れ残る
solo falta poner a+人 *en un* ~ …は大変有徳な人である, 高徳者である
subir a los ~*es*《カトリック》聖者の列に加わる
subir al ~《カトリック》[教会法によって] 結婚する
visitar los ~*es* 教会内の各祭壇ごとに祈る
altarero [altaréro] 男《まれ》[祭列用の] 祭壇を作る人
altaricón, na [altarikón, na] 形名《カンタブリア, レオン, ナバラ》巨漢[の], 大男[の], 大女[の]
altarreina [altar̃éjna] 女《植物》セイヨウノコギリソウ《=milenrama》
altavoz [altabóθ]《←*alto*+*voz*》男《複~*ces*》《西》スピーカー, アンプ: anunciar... por el ~ スピーカーで知らせる. ~ de agudos ツイーター. ~ de graves ウーファー. ~ dinámico ダイナミックスピーカー
altea [altéa] 女《植物》ウスベニタチアオイ; ハイビスカス
alteanense [alteanénse] 形《地名》=alteano
alteano, na [alteáno, na] 形名《地名》アルテア Altea の[人]《アリカンテ県の村》
altear [alteár] 他 ❶《ガリシア; エクアドル》[塀などを] 高くする, 積み上げる. ❷《アルゼンチン, パラグアイ》止まれと叫ぶ, 止まるように命じる
—— 自《まれ》高くなる, 上昇する
—— *se* [地面が] 高くなる, 盛り上がる
altepetl [altépetl]《←ナワトル語 atl「水」+tepetl「山」》男《歴史》[先スペイン期ナワ nahua 社会の] 町, 都市国家《スペイン支配下の植民地時代においても地方行政単位として存続した》
alterabilidad [alterabiliðáð] 女 変わりやすさ; 変質しやすさ, 変質可能性
alterable [alteráble] 形 ❶ 変化する, 変わりやすい: Esta substancia es ~ por la luz. この物質は光によって変質する. ❷ [食品などが] 変質しやすい, 傷みやすい: Estos alimentos son ~*s*. この食品は傷みやすい. ❸ [感情が] すぐに高ぶる, 激しやすい: Es una persona miedoso y ~. 彼は恐がりで感情の起伏の激しい人である

alteración [alteraθjón]【←ラテン語 alteratio, -onis】囡 ❶ 変化, 変更《行為, 結果》: ~ de los colores 変色. ~ de los componentes básicas de la sociedad 社会の基本的構成要素の変質. ~ del horario 時間割 (時刻表) の変更. ~ del significado 意味の変化. ❷ 修正; 歪曲. ❸ 変質; 腐敗: ~ de la leche 牛乳の変質. ❹ 異変, 変調: Con la pubertad se hace patente una ~ metabólica notable en el organismo humano. 思春期を迎えて人間の体組織には明らかな代謝の変質が現われる. ~ de pulsos 脈拍の不整. ~ de la salud 体調の変調. ❺ [秩序などの] 乱れ; 騒動, 騒乱: ~ del orden público 治安の乱れ. ❻ [感情の] 動揺, たかぶり: tener una ~ de los nervios 動揺する. ❼ 口論, 激論. ❽《音楽》臨時記号

alteradizo, za [alteraðíθo, θa] 形 移り気な, すぐ動揺する
alterador, ra [alteraðór, ra] 形 囡 変化 (変更) させる《人》
alterante [alteránte]《医学》❶ [器官の] 働きを正す, 機能回復の. ❷《薬学》好転をもたらす, 回復に向かわせる
alterar [alterár]【←ラテン語 alterare < alter「他の」】他 ❶ [形・特徴・構成などを] 変える, 変更する: La muerte del presidente *alteró* nuestros proyectos. 社長の死で我々の計画が狂った. *Alteraron* los resultados de las encuestas. 彼らはアンケートの結果を改竄(かいざん)している. ~ un texto 文章を変える. ~ las costumbres 習慣を変える. ❷ [秩序などを] 乱す, 混乱させる: ~ el orden público 治安を乱す. ~ la paz 平和を乱す. ❸ [事の内容を] ゆがめる: El sentido de sus palabras ha sido *alterado*. 彼の言葉の意味がゆがめられた. ~ la verdad 真実をゆがめる. ❹ [人を] 動揺させる; [感情などを] 高ぶらせる; 怒らせる: Sus palabras me *alteraron*. 彼の言葉に私は動揺した. La noticia de la televisión *alteró* su semblante. テレビのニュースに彼は顔色を変えた. ❺ 変質させる, 悪化させる; [混ぜものをして] 質を落とす: El calor que hace estos días ha *alterado* los alimentos. 最近の暑さで食べ物が傷んでしまった. tener las facultades mentales *alteradas* 精神に異常をきたしている. ~ la salud 健康を乱す. ~ el silencio 静けさを乱す. ~ la leche con agua 牛乳に水を混ぜてその質を落とす
── **se** ❶ 変化する; 変質する【→cambiar 圁 ❷《類義》】: Se ha *alterado* mucho la temperatura estos días. ここ数日気温の変化が激しい. Esta medicina se altera con humedad. この薬は湿気で変質する. Se le *alteró* el pulso. 彼の脈拍が変わった. ❷ [計画などが] 変わる, 変更になる: Nuestro plan se ha *alterado* debido al accidente. 私たちの計画は事故のために狂った. ❸ 動揺する, 取り乱す; 怒る: No se altera por nada. 彼は何事にも動じない. ¡No te alteres! 怒るな/落ち着け!

alterativo, va [alteratíβo, βa] 形 好転させる, 回復に向かわせる
altercación [alterkaθjón] 囡 =**altercado**
altercado [alterkáðo]【←altercar】男 ❶ 暴動《=~ público》: Los agentes se encargaron de poner orden y de sofocar el ~. 警察たちは秩序をもたらし暴動を終わらせる任務を負った. ❷ けんか, 争い, 論争: El ~ no tuvo consecuencias, porque el profesor logró separar a los pequeños. 先生が子供たちを引き分けることができたので, けんかは大したことにならなかった.
altercador, ra [alterkaðór, ra] 形 囡《まれ》けんか (論争) する〔人〕
altercar [alterkár]【←ラテン語 altercari < alter「他の」】7 圁《まれ》けんかする; 論争する
álter ego [álter égo]【←ラテン語 alter「他の」】男《単複同形》❶ 第二の自我, 別の自己: El protagonista de la obra es un ~ del autor. 作品の主人公は著者の分身だ. ❷ 無二の親友
alteridad [alteriðá(ð)]【←ラテン語 alter「他の」】囡 他者性, 他者であること
alternable [alternáβle] 形 交代し得る
alternación [alternaθjón] 囡 交代, 入れ替わり
alternadamente [alternaðaménte] 副 交互に
alternado, da [alternáðo, ða] 形《チリ》[酒場の] ホステス
alternador [alternaðór] 男《電気》交流発電機, 交流電源;《自動車》オルタネーター
alternadora [alternaðóra] 囡《チリ》[酒場の] ホステス
alternancia [alternánθja]【←alternar】囡 交互, 交代: ~ de cultivos《農業》輪作. ~ de generación《生物》世代交番. ~ de partidos [2党による] 政権交互. ~ en el poder 権力交代. ~ vocálica《音声》母音交替
alternante [alternánte] 形 交代する, 交互の: cultivos ~s《農業》輪作
alternar [alternár]【←ラテン語 alternare < alternus「交互の」】圁

❶ [+con と] 交互にある: En abril *alternan* los días claros con los lluviosos. 4月は晴れの日と雨の日が交互にある. En la vida las alegrías *alternan* con las penas. 人生では喜びと苦しみが代わりばんこだ. ❷ [+en を] 交代でする: *Alternan en* la guardia. 彼らは交代で警備につく. ❸ [+con 主に社会的地位の高い人と] 互いに訪問する, 交際する: Mi trabajo me lleva a ~ con toda clase de gente. 私は仕事柄あらゆる階級の人とお付き合いする. ❹ [バーなどでホステスが] 接客する. ❺ [+con と] 競う, 競争する
── 他 交互に行なう: *Alternamos* el trabajo y las distracciones. 私たちは仕事と気晴らしを交互にする. *Alternaba* la vida en el campo con la vida urbana. 彼は田舎暮らしと都会暮らしを交互にしていた. ~ los dos trajes 2着の服を交互に着る. ~ cultivos《農業》輪作にする
── **se** 交代する: Los padres *se alternan* para buscar a su hija. 両親は交代で娘を迎えに行く. En la montaña *se alternan* pronto el buen tiempo y la lluvia. 山では晴れと雨がすぐに入れ替わる. ~se en el poder 交代で政権につく
alternativa[1] [alternatíβa]【←ラテン語 alternatus】囡 ❶ 選択肢, 代替案; 二者択一: No le queda otra ~ (No tiene más ~) que vender la finca. 土地を売るほか彼に道はない. Tienes una ~ o irte o quedarte. 行くか残るか, どちらかにしたまえ. No tenemos ~. 我々に選択の余地はない. Es tu mejor ~. それが君の最善の道だ. mejor ~ 次善の策, セカンドベスト. presentar la ~ 別の案を出す. ~ de gobierno 政権の受け皿. ~ de proyectos 代替プロジェクト. ~ democrática 民主的な政権交代. ~ económica de los socialistas 社会党の経済改革案. ❷ 交互; ~s de claros y nubes 晴れたり曇ったりの〔天気〕. ~s de calor y frío 寒暖のめまぐるしい移り変わり. ~ de cultivos 輪作. ❸ 囲 栄枯盛衰, 浮き沈み; [病状の] 一進一退: ~s de vida 人生の浮沈. ❹《闘牛》見習いから正闘牛士への昇格式《ムレータと剣を与えられる》: tomar (dar) la ~ 正闘牛士に昇格する. **dar la ~ a**+人 …にお墨付きを与える, 一人前と認める
de ~ 代替の

alternativamente [alternatíβaménte] 副 ❶ 交互に, 代代に: Miró ~ al hombre que tenía delante y a una fotografía. 彼は目の前の男と写真を代わる代わる見つめた. ❷ 代案として
alternativo, va[2] [alternatíβo, βa] 形 ❶ 交互の, 代代の: cultivo ~ 輪作. movimiento ~ 往復 (周期的) 運動. voto ~ 互選. Le dominan sentimientos ~s. 彼の感情は揺れている. ❷ [+a に] 代わる: aeropuerto ~ 代替空港, ダイバート. energía ~ va a la nuclear 原子力の代替エネルギー. proyecto ~ 代替案. terapia ~ va 代替療法《漢方など》
alternatriz [alternatríθ] 囡 ホステス《=chica de alterne》
alterne [alterné]【←alternar】男 [バーなどの] 接客;《婉曲》性交: bar de ~ [時に売春をする] ホステスのいるバー. chica (mujer) de ~ ホステス. local de ~ 高級売春婦のたまり場. ~ 付き合い, 交際
alterno, na [altérno, na]【←ラテン語 alternus < alter「他の」】形 ❶ 交互の《=alternativo》: dominio ~ de los dos equipos 両チームによる交互のボール支配力. ❷ [日・月などが] 1つおきの: trabajar en días ~s 1日おきに働く. clases ~nas 隔日授業. ❸《電気》交流の. ❹《植物》[葉が] 互生の. ❺《コロンビア》代理の
── 男《ペルー》別の用途にも使われる公立学校
alternomotor [alternomotór] 男《電気》交流モーター
alterón [alterón] 男《地方語》[土地の] 起伏
alteroso, sa [alteróso, sa] 形《コロンビア; キューバ》尊大な, 自尊心の強い. ❷《船舶》船首・船尾の高い
alteza [altéθa]【←alto[2]】囡 ❶《A~》王子・王女などへの敬称》殿下: Su A~ Real, el Príncipe Carlos カルロス皇太子殿下. Su A~ Imperial, la Princesa Aiko 愛子内親王殿下. ❷《文語》[思想などの] 高さ; 高潔, 気高さ: ~ de miras 高邁(まい)さ. ❸ 高さ, 高所《=altura》. ❹《古語. 天文》緯度《=altura》
alti- [接頭辞]《ラテン》*altí*metro 高度計
altibajo [altiβáxo]【←alti-+bajo】男 ❶ [土地などの] 起伏: terreno con muchos ~s 険しい (起伏の激しい) 土地. ❷ 囲 [人生などの] 起伏: プラス面・マイナス面の交互に変動する; ~s de la historia de un pueblo 民族の歴史の盛衰. ~ de la temperatura (la bolsa) 温度 (相場) の上がり下がり. tener ~s de carácter お天気屋である, 気分にむらがある. ❸《フェンシング》斬り下

げ, 上から下への斬りつけ. ❹《古語. 繊維》綾織りのビロード. ❺《廃語》跳躍
altica [áltika] 囡《昆虫》ノミハムシ, トビハムシ
altillo [altíʎo]〖*alto* の示小語〗男 ❶《西》吊り戸棚, 天袋. ❷《物置・事務室などとして使われる》中二階. ❸ 小高い丘, 高台. ❹《独立した》最上階の部屋. ❺ 高床状の倉庫. ❻《南米》屋根裏部屋〖=*desván*〗
altilocuencia [altilokwénθja] 囡 =**grandilocuencia**
altilocuente [altilokwénte] 形 =**grandilocuente**
altílocuo, cua [altílokwo, kwa] 形 =**grandílocuo**
altimetría [altimetría] 囡 高度測定, 高度測量〖術〗
altimétrico, ca [altimétriko, ka] 形 高度測定の, 高度測量の
altímetro [altímetro] 男 高度計, 高度測量器
altipampa [altipámpa] 囡《ペルー, ボリビア, アルゼンチン》〖標高の高い〗広大な台地
altiplanicie [altiplaníθje] 囡〖←*alti*-+*planicie*〗囡 高原台地, 高原: ～ irania イラン高原
altiplano [altipláno] 男〖←*alti*-+*plano*〗男〖主にアンデスの〗高原: ～ boliviano ボリビア高原
altipuerto [altipwérto] 男 高地飛行場
altiricón, na [altirikón, na] 形《地方語》〖通常より〗高い, 大きい
altiro [altíro] 副《チリ. 口語》すぐ, ただちに
altirucho, cha [altirútʃo, tʃa] 形《軽蔑》非常に高い
altísimo, ma [altísimo, ma] 形 *alto* の絶対最上級
—— 男〖el *A*～〗神: encomendarse al *A*～ 神の加護を求める
altisonancia [altisonánθja] 囡 仰々しさ, 大げさ
altisonante [altisonánte] 形〖←*alti*+*sonante* < *sonar*〗形 仰々しい, もったいぶった: apellido ～ ご大層な名字. lenguaje ～ もったいぶった言葉づかい
altisonantemente [altisonánteménte] 副 仰々しく
altísono, na [altísono, na] 形《文語》=**altisonante**
altisonoro, ra [altisonóro, ra] 形《まれ》=**altisonante**
altitonante [altitonánte] 形《詩語》天より轟く〖ちぢ〗神: Júpiter ～ 雷神ジュピター
altitud [altitú(ð)] 囡〖←ラテン語 *altitudo* < *altus*〗囡 高さ;《地理》標高, 海抜;《航空》高度: La Ciudad de México está a 2.259 metros de ～. メキシコシティーは標高2259メートルにある. instalar el campamento a una ～ de cinco mil metros 海抜5千メートルの地点にキャンプを設置する. volar a una ～ de diez mil metros 高度1万メートルを飛ぶ. entrenarse en ～ 高地トレーニングをする. ～ absoluta《航空》絶対高度
altivamente [altíβaménte] 副 いばりくさって, 横柄に, 尊大に
altivar [altiβár] 他《廃語》賛美する
—— ～**se**《廃語》高慢になる, 横柄になる
altivecer [altiβeθér] 39 他《まれ》〖人を〗横柄にする
—— ～**se**《まれ》横柄になる
altivez [altiβéθ] 囡 横柄さ, 尊大さ: La Princesa replicó con desdeñosa ～. 王女は軽蔑して尊大に言い返した
altiveza [altiβéθa] 囡《まれ》=**altivez**
altivo, va [altíβo, ba] 形〖=*alto*²〗❶ 傲慢な, 横柄な, 尊大な: El policía era ～ y antipático. その警官は尊大で感じが悪かった. ❷ 高くそびえた, 高い
alto¹ [álto] Ⅰ 形 ❶ 丘, 小山: A～s del Golán ゴラン高原. ❷〖=*altura*〗: El edificio tiene cien metros de ～. そのビルは高さが100メートルある. Soy (Mido) uno ochenta de ～. 私は身長が1メートル80センチある. ❸ 上の階: 1) Él vive en el ～. 彼は上の階に住んでいる. 2)〖⇔*planta baja*〗: 階上;《南米》［los ～s］最上階. ❹《音楽》1) アルト［=*contralto*］: María es una de los ～s de nuestro coro. マリアは我々合唱団のアルトの一人だ. 2) ビオラ［=*viola*］. ❺《闘牛》［los ～s =*viola*］. ❻《南米》山積み, 大量. ❼《チリ》布製の管,瓶(びん)の最上部. ❻《南米》山積み, 大量. ❼《チリ》布製の数量
～**s y bajos** =**altibajo** ~*s y bajos* de la tierra 土地の起伏. ～*s y bajos* de la suerte 運命の浮沈
de ～ **a bajo** 上から下に〖=*de arriba abajo*〗
echar por ～ 軽視する; 浪費する
en ～ 1) 高く: avanzar con las manos *en* ～ 腕を高く上げて行進する. ¡Manos *en* ～! 手を上げろ! 2) 高い所に: No te preocupes, lo tengo *en* ～ para que el niño no pueda cogerlo. 心配しないで. あの子が取れないように高い所に置いてあるわ

estar en ～ 高い所にある・いる
irse a+人 *por* ［事が］…にすっかり忘れられる
levantar a+人 *hacia tan* ～ …をいらだたせる, 深刻に考えさせる
pasar por ～ 1) 何も言わないでおく, 黙認する, 大目に見る: Al contarnos su viaje, *pasó por* ～ algunos detalles. 彼は私たちに旅の話をしてくれている時に, いくつか細部にわたっては触れなかった. 2) 考慮に入れない, 無視する, ことさら取り上げない: *pasar por* ～ las realidades 現実を無視する 3) 見過ごす, うっかり忘れる: ¡Ay! Se me *pasaba por* ～. Esta noche vuelvo tarde. あっ! すっかり忘れていた. 今夜は遅くなるんだ
pasarse a+人 *por* ～《口語》…にすっかり忘れられる: Eso *se me pasó por* ～. 私はそれをすっかり忘れていた
por ～ 1) 山なりに, 放物線状に. 2) 多目に, 高目に; ざっと〖=*lo alto*〗. 3)《闘牛》Empieza la faena con dos pases ayudados *por* ～. ムレータを両手で高く掲げ片足を軸に半円を描いて回るパセを2回する技が始まる
tirar por ～ 捨てる, 放り出す
—— 副 ❶ 高く, 高いところに, 上方に: volar ～ 高く飛ぶ. ❷ 大声で, 大音量で: ¡Más ～, por favor! もっと大きな声でお願いします. No hables tan ～. そんなに大きな声で話さないでくれ
picar ［*más*・*muy*］～《口語》高望みする: Este alumno *pica* ［en sus aspiraciones］. この生徒は背伸びしすぎている
Ⅱ —— 男〖←独語 halt「停止」〗男 ❶ 停止; 停車; 中断, 休止: Hicieron un ～ en el camino. 彼らは途中で休憩をとった. ❷ =～ *el fuego*
¡*A*～ ［*ahí*］! ［警官などが］止まれ!; ［発言などを］やめろ!
¡*A*～ *de ahí* (*aquí*)! 出ていけ!
～ *el fuego* 1)《西》停戦, 休戦: firmar un ～ *el fuego* 停戦協定にサインする. línea de ～ *el fuego* 停戦(休戦)ライン. 2) ［間投詞的］撃ち方やめ
dar el ～ ［+*a*+人 に］停止を命じる, 止まれと言う
alto-《接頭辞》=*alti*-
alto², ta² [álto, ta] 形〖←ラテン語 *altus*〗形 ❶ 高い〖⇔*bajo*〗: 1) ［高さが通常より, 同類のものと比べて］¿Ves aquel ～ edificio? あの高いビルが見えますか? Los jóvenes de esta generación son ～*s*. この世代の若者たちは背が高い. ¡Qué ～ está este niño! この子は何て背が高くなったのだろう! Le gusta llevar zapatos de tacón ～. 彼女はヒールの高い靴を履くのが好きだ. ～ de estatura 身長の高い. árbol ～ 高い木. mujer *alta* 背の高い女性. vaso ～ 丈の高いコップ. *alta* montaña 高い山. 2) ［位置が上の, 上の方の］Me gustan los pisos ～*s* porque hay menos ruido. 騒音がより少ないので私は上階の方が好きだ. Queremos una casa con los techos ～*s*. 私たちは天井の高い家が欲しい. Las zonas residenciales se agrupan en la parte *alta* de la ciudad. 住宅地区はこの都市の高台に集まっている. El sol ya está ～. 日はもう高い. Estamos ～*s*. 私たちは高いところにいる. rama *alta* de un árbol 木の上の方の枝. ventana *alta* 高窓. 3) ［+名詞］高地の, 上流の: ～ Aragón 高地アラゴン. el ～ Ebro エブロ川上流. *A*～ Egipto 上(かみ)エジプト地方. 4) ［頭・声へ起こした, 上げた］Mantenga usted la cabeza *alta*. 顔をまっすぐ上げてください. Desfilaban sacando el pecho y con la frente bien *alta*. 彼らは背筋を伸ばし顔をきりりと上げて行進していた. Las persianas están *altas*. ブラインドは上がっている. ❷ ［価格・数値などが］高い: Tuve que comprar a un ～ precio. 私は高い値段で買わねばならなかった. Mi sueldo no es ～. 私の給料は高くない. Los precios están ～*s* en esta época. この時期価格は高い. tener la tensión *alta* 血圧が高い. a temperatura *alta* 高温で. acero ～ en carbono 炭素含有量の高い鉄. ❸ ［主に +名詞. 地位などが］高い: Es un ～ ejecutivo de la compañía. 彼は会社の執行役員だ. Emparentó con una familia de clase *alta*. 彼は上流階級の一家と縁続きになった. ～ funcionario 高官. *alta* posición 高位. ❹ ［+名詞. 精神・思想などが］高潔な, 崇高な, 高邁(こうまい)な: Es gente con ～*s* ideales. 彼は崇高な理想を持った人である. ～ de miras 志の高い. ～*s* pensamientos 高潔な思想. ～*s* sentimientos 崇高な感情. ❺ ［主に +名詞. 評価などが］高い: *alta* estima 高い評価. *altas* notas 好成績. ❻ ［主に +名詞. 程度・水準などが］高い: La sociedad será más cómoda debido al ～ desarrollo de la electrotécnica. 電子工学の著しい発展により社会は便利になるだろう. Hay ～*s* niveles de radiación. ハイレベルの放射線がある. Construirán una cá-

mara acorazada de *alta* seguridad. 極めて安全な金庫室が作られることになるだろう. Tiene el colesterol ～. 彼はコレステロールが高い. de ～ grado (nivel) 高度の, ハイレベルの. productos de *alta* calidad 高品質の製品. meta *alta* 高い目標. ～ porcentaje 高率. ～ riesgo 高リスク. 大きい: Pon más *alta* la radio. ラジオの音をもっと大きくしなさい. Oye, la radio está *alta*, baja un poco el sonido. ねえ, ラジオがうるさい, 少し音を小さくしてよ. Tiene la tele muy ～. 彼はテレビの音を大きくしている. en voz *alta* 大声で. ❽ 《音楽》《楽器・声域が》アルトの, 中音部の; 高音の: No puedo cantar en ese tono tan ～. 私はそんな高い音では歌えない. ❾ 《川が》増水した: El río viene muy ～. 川の水かさが増してきている. ❿ 波が高い, 荒れた: Hoy está la mar *alta*. 今日は海が荒れている. ⓫ [主に +名詞. 夜の時刻が] 遅い: La negociación se prolongó hasta *altas horas* de la madrugada. 交渉は早朝 (未明) まで長引いた. Huiremos cuando la noche esté *alta*. 夜がふけてから逃げよう. a *altas horas* de la noche 深夜に. ⓬ [+ 名詞. 歴史上の時期・時代が] 前期の, 初期の《普通 A～》: *Alta Edad Media* 中世前期. A～ Imperio romano 帝政ローマ初期. ⓭ 《雌が》発情期にある. ⓮ 《闘牛》 《牛への突きの》 甲 cruz 最上部への. ⓯ 《中南米》《婦人服の》丈 (裾) が短い 《=corto》.
a lo ～ 上の方を・に
estar en lo ～ 頂点にある・いる
lo ～ 1) [物理的・心理的に] 上の方, 高所, 空: En el cuadro se ve a una mujer dirigiendo sus ojos hacia *lo* ～. その絵には上の方に視線を向けている女性が描かれている. lanzarse de *lo* ～ 高い所から飛び降りる. en *lo* ～ *del árbol* 木のこずえに. 2) 頭上: pasar por *lo* ～ 上方を通過する. 3) 天, 天空, 天上: Solo pensaba dejar este mundo y reencontrarse con ella en *lo* ～. 彼はこの世を後にして天国で彼女と再びあいまみえることを考えていた. castigo de *lo* ～ 天罰
poner muy ～ 賞賛する, ほめちぎる
por lo ～ 多目に, 高目に, ざっと, おおざっぱに
por todo lo ～ 1) ぜいたくに, な, 盛大に・な, 金に糸目を付けずに・付けない: La victoria se celebró *por todo lo* ～. 盛大に勝利が祝われた. Fueron unas vacaciones *por todo lo* ～. 豪勢な休暇だった. 2) 立派に・な
tirando por lo ～ せいぜい, ただかが, 多めに見積もっても: Tirando por lo ～ costará unos 200 euros. それは高くても200ユーロぐらいだろう

altoarragonés, sa [altoařaɣonés, sa] 彫 名《地名》 高地アラゴン Alto Aragón の〖人〗
altocúmulo [altokúmulo] 男《気象》 高積雲
altocumulus [altokumúlus] 男《気象》=**altocúmulo**
altoestrato [altoestráto] 男《気象》 高層雲
Altolaguirre [altolaɣiře]《人名》 **Manuel** ～ マヌエル・アルトラギーレ『1906〜1959, スペインの詩人. 死と孤独などをテーマに独自の世界を表現. 亡命先のメキシコで映画の脚本家・監督として活躍』
altomedieval [altomeðjebál] 彫 中世初期の
altonavarro [altonaβářo] 彫 名 Alta Navarra で話されているバスク語の方言: ～ *del norte* ギプスコア語〖ナバラの北部・ギプスコアの北東部で話されているバスク語の方言〗. ～ *del sur* スール語〖アラバの一部・ナバラの南部で話されているバスク語の方言〗
altoparlante [altoparlánte] 男《中南米》 スピーカー《=altavoz》
altor [altór] 男 高さ《=altura》
altorrelieve [altořeljéβe] 男《美術》 高〖肉〗浮き彫り
altostrato [altostráto] 男《気象》=**altoestrato**
altostratus [altostrátus] 男《気象》=**altoestrato**
Alto Volta [álto bólta] 男《国名》 オートボルタ
altozano [altoθáno] 男 ← 古語 anteuzano < ラテン語 ante「前」+古語 uzo「戸」❶ 丘, 高台. ❷《中南米》〖教会の〗前廊《=atrio》
altramucero, ra [altramuθéro, ra] 名 ルピナス売り
altramuz [altramúθ] 男 ❶《植物, 果実》〖シロバナ〗ルピナス, ルーピン〖果実は食用. =～ *común*, ～ *blanco*〗: ～ *amarillo* キバナルピナス. ～ *azul* アオバナルピン. ❷《植物》～ *hediondo*/～ *del diablo* アナギリの一種《=hediondo》
altruismo [altrwísmo] 男 ← 仏語 altruisme < autrui「他の人たち」< ラテン語 alter「他者」❶ 利他〖心〗, 愛他〖精神〗《⇔egoísmo》
altruista [altrwísta] 彫 利他的な, 愛他主義の: asociación ～ 博愛協会. gesto ～ 利他的な行ない
— 名 愛他主義者

altruistamente [altrwístaménte] 副 利他的に, 愛他主義的に
altruísticamente [altrwístikaménte] 副《まれ》=**altruistamente**
altruístico, ca [altrwístiko, ka] 彫《まれ》=**altruista**
altura [altúra]〖←alto²〗女 ❶ 高さ: La estatua tiene 3 metros de ～./La estatua tiene 3 metros. その彫像は高さが3メートルある. Ponga los dos cuadros a la misma ～. その2つの絵は同じ高さに掛けなさい. a la ～ *del corazón* 胸の高さに. edificio de gran ～ 高い建物. del barómetro 気圧計の示度 (表示度数). ～ *de caída* 〖滝などの〗落差. ～ *del peldaño* 階段の段の高さ. ❷ 身長;〖動物の〗体長: Es una chica muy alta, que tiene unos setenta y cinco de ～. 彼女はとても背の高い女の子で, 1メートル75ぐらいある. ～ *mínima exigida para ser modelo* モデルになるための最低限の身長. sobre el asiento 座高. ❸ 高い所, 高地, 圃 頂上: Siempre hay nieves en las ～ *de Sierra Nevada*. シエラネバダの頂上は常に雪がある. ～ *de la vegetación*〖高山・極地の〗樹木限界線. mal de (las) ～ (s) 高山病. ❹ 高度; 上空, 高空: Se ve un avión volando a gran ～. とても高いところを飛んでいる飛行機が見える. tomar (ganar) ～〖飛行機などが〗高度を上げる, 上昇する. perder ～〖飛行機などが〗高度を失う. volar por las ～s 高空を飛ぶ. vuelo a baja ～ 低空飛行. ❺ 海抜, 標高: La ciudad está a 600 metros de ～. その町は海抜600メートルのところにある. ❻ 水深《=～ viva *del agua*》. ❼ 優秀さ, すばらしさ: Ya tienen un programa de ～. 彼らにはすでにすばらしい計画がある. hombre de ～ 優秀な人. ❽ 高潔さ, 高尚さ; 威厳: Nos lo dijo con mucha ～. 彼は威厳に満ちた態度で私たちにそう言った. ～ *de miras* 志の高さ. ❾ 水準, レベル: No llegó a la ～ que se exigía. 彼は要求されたレベルに達しなかった. partido de gran ～ 高レベルの試合. ❿《西. 古語的》階: edificio de tres ～s 3階建ての建物. ⓫《口語》圃 上層部, 幹部: orden de las ～s 上からの指令. ⓬ 圃 天, 天国: Su alma ascendió a las ～s. 彼の魂は天国へ昇った. Gloria en Dios en las ～s. 天にいます神に栄光あれ. estar en las ～s 天国にいる. ⓭《船舶》沖合, 公海: remolcador de ～ 外洋タグボート. ⓮《スポーツ》走り高跳び. ⓯《幾何》垂直距離, 高さ: triángulo de 15 centímetros de base y 9 de ～, 底辺15cm高さ9cmの三角形. ⓰《地理》緯度《=latitud》. ⓱《天文》高度: ～ *de polo* 天の北極の高度. ⓲《音楽》ピッチ, 音の高さ

a estas (esas) ～ 1)《西, メキシコ, アルゼンチン, ウルグアイ》今ごろになって, この段階になって: *A estas ～s* ya no puedo decirle que no. 今さら彼にノーとは言えない. Es extraño que nieve en esta comarca *a estas ～s* del año. 今ごろこの地方で雪が降るのは妙だ. *a estas ～s de la vida* この歳になって
a la ～ de... 1) …の水準に, …のレベルに: Esta obra está *a la ～ del* premio Cervantes. この作品はセルバンテス賞ものだ. La cirugía cardiaca que se lleva a cabo aquí no está *a la ～ de* la que se hace en muchas zonas del mundo. ここで行われる心臓手術は世界の各地で行われる手術の水準に達していない. 2) …の能力の: Miguel no encuentra ningún rival *a su ～*. ミゲルにかなう相手は一人もいない. No pueden ponerse *a la ～ de* las circunstancias. 彼らはその状況に対応できない. Jorge está *a la ～* de Marea. ホルヘは仕事をうまくこなしている. Hay que hacer algo para estar *a la ～ del* tiempo 時勢に遅れないように何かをしなければならない. 3) …の位置に, …の場所で;…の近くに: El museo está *a la ～* de la Plaza Mayor. その美術館はマヨール広場のところにある. Al llegar *a la ～ del* banco, vi que se reunía mucha gente. その銀行のところまでやって来た時, たくさんの人が集まっているのが見えた. *a la ～ de* 2020 2020年ごろに

rayar a gran (mucha) ～ 1) 抜きん出ている, 優秀である: Eva *raya a gran ～* sobre la clase. エバはクラスの中で飛び抜けて優秀だ. 2) 最高の力を発揮する: Ninguno de los dos equipos *rayó a gran ～*. 両チームとも最大限の力を出し切ってはいなかった

alturado, da [alturáðo, ða]《ペルー》静かな
alúa [alúa] 女《南米》ホタル《=cocuyo》
aluato [alwáto] 男《動物》ホエザル
alubia [alúβja] 女《植物, 豆》インゲンマメ《=judía》
alubiada [aluβjáða] 女 大量のインゲンマメから成る食事

alubial [alubjál] 男 インゲンマメ畑《=judiar》
alubiero, ra [alubjéro, ra] 形 インゲンマメの
alubión [alubjón] 男 大型のインゲンマメ
alucerado, da [aluθeráðo, ða] 形《馬が》額に白い星のある
aluche [alútʃe] 男 ❶《地方語》[子供·動物同士の]争い. ❷《レオン》相撲に似た格闘技《=lucha leonesa》
aluciado, da [aluθjáðo, ða]形《地方語》輝く
aluciar [aluθjár] 10 他《地方語》光沢(艶)を出す, 磨く;[刃物を]研ぐ
── **~se**《廃語》着飾る, おめかしする
alucinación [aluθinaθjón]《←ラテン語 allucinatio, -onis》女 幻覚《行為, 感覚》: Las drogas provocan (producen) *alucinaciones*. 麻薬は幻覚を引き起こす. tener *alucinaciones* 幻覚を感じる. ~ auditiva 幻聴. ~ visual 幻視
alucinadamente [aluθináðaménte] 副 幻覚を感じて, 錯乱して
alucinado, da [aluθináðo, ða] 形 ❶ 錯乱した, 取り乱した. ❷ 仰天した; 感嘆した: Estamos ~*s* con su éxito. 私たちは彼の成功に目を見張っている. ❸ 夢まぼろしを追う, 夢想的な, 空想的な: aventurero ~ 夢想的冒険家
alucinador, ra [aluθinaðór, ra] 形 =alucinante
alucinamiento [aluθinamjénto] 男 =alucinación
alucinante [aluθinánte] 形 ❶ 幻覚を起こさせる: efecto óptico ~ 幻視効果. ❷《西. 口語》感嘆させる, 強烈な印象の: chica ~ すてきな女の子. paisaje ~ すばらしい景色. programa ~ 感動的な番組. sueño ~ 真に迫った夢. ❸《西.口語》愚かな
alucinar [aluθinár]《←ラテン語 alucinari》自 ❶ [人が]幻覚を起こす: *Aluciné* por los efectos secundarios de la medicina. 私は薬の副作用で幻覚に悩んだ. ❷ [病気·薬が]幻覚をもたらす. ❸ [人が +de·con に] 感嘆する, 夢中になる: Los niños *alucinaron con* los juegos de manos. 子供たちは手品に夢中になった. ❹ [物が] 魅了される: He visto una película que *alucina*. 私はすばらしい映画を見た
── *estás alucinando*《西. 口語》君は頭がおかしい
── 他 ❶ …に幻覚を生じさせる: Algunos hongos *alucinan* al monte. キノコの中には人に幻覚を起こさせるものがある. ❷《西. 口語》感嘆させる, 強烈な印象を与える, 魅了する: Esta melodía *alucina* al que la escucha. このメロディーは聞く人をうっとりさせる(虜にする)
alucinatorio, ria [aluθinatórjo, rja] 形 ❶ 幻覚の. ❷《まれ》幻覚を引き起こす
alucine [aluθíne] 男《西. 口語》驚嘆: ¡Vaya ~! こりゃすごいぞ!
de ~ 驚くべき; 印象的な, すばらしい: Tienen una casa *de* ~. 彼らはすごい家を持っている
ser un ~ 驚くべきものである
alucinógeno, na [aluθinóxeno, na] 形 幻覚を生じさせる, 幻覚を誘発する
── 男 幻覚剤
alucinosis [aluθinósis] 女《医学》幻覚症
alucita [aluθíta] 女《昆虫》ニジュウシトリバ《穀物の害虫》
alucón [alukón] 男《昆虫》オサムシ《=cárabo》
alud [alú(ð)]《←?バスク語 lurte = elur「雪」》男 ❶ 雪崩(なだれ)《=~ de nieve, avalancha》: Un montañero quedó sepultado por un ~. 登山者1人が雪崩で生き埋めになった. ❷ ~ de fango 泥流. ~ de [fango y] piedras 土砂崩れ, 土石流. ❸ 押し寄せ, 殺到: Recibe un ~ de críticas. 彼のもとに非難が殺到している. un ~ de noticias ニュースの洪水
aluda[1] [alúða] 女《昆虫》ハアリ《羽蟻》
aludel [aluðél] 男《旧》水銀蒸留装置の管.《廃語》蒸留器
aludir [aluðír]《←ラテン語 alludere》自 [+a] ❶ …をほのめかす; それとなく言う: Él *aludía* tal vez *a* nuestro plan. 彼はたぶん私たちの計画のことをほのめかしていたのだ. ❷ [それとなく, ついでに]…に言及する, 述べる: *Aludió a* la preocupación de guerra que existía en esa región. 彼はその地域に存在する戦争の危惧に言及した. Durante la charla de la sobremesa, *aludieron a* las drogas. 食後のおしゃべりの中で麻薬の話にも出た. ❸ …を引用する, 引き合いに出す
darse por aludido 当てこすり(自分のこと)を言われたと思う
no darse por aludido [ほのめかされても] そらとぼける
sentirse por aludido =darse por aludido
aludo, da[2] [alúðo, ða] 形 大きな羽を持つ
aluego [alwéɣo] 副《中米. 口語》後で《=luego》
alujar [aluxár] 他《メキシコ, グアテマラ》磨く《=lustrar》

alujero, ra [aluxéro, ra] 形《地方語》ひょうきんな, お祭り騒ぎ好きの
álula [álula] 女《鳥》小翼
alumbrado, da [alumbráðo, ða] 形 ❶ [estar+] ほろ酔い機嫌の. ❷《カトリック》照明派の信者: los *A*~*s* 照明派《→iluminado》
── 男 ❶ 照明.《集名》照明装置(設備). ~ de emergencia 非常照明, 予備灯. ~ eléctrico 電灯. ~ público 街灯
alumbrador, ra [alumbraðór, ra] 形 ❶ 照らす[人]. ❷ 啓発する[人]
alumbramiento [alumbramjénto] 男 ❶《婉曲》出産: [tener un] feliz ~ 安産[をする]. ❷《医学》後産. ❸《まれ》照明. ❹《廃語》着想, ひらめき
alumbrante [alumbránte] ❶《まれ》明かりを持って行列に加わる人. ❷《劇場》の照明係
alumbrar [alumbrár] I《←ラテン語 ad+lumbre》他 ❶ [物·人が] 照らす, 明るくする: Sol *alumbra* a la Tierra. 太陽は地球を照らす. El farol *alumbra* la calle. 街灯で通りは明るい. *Alúmbrame* para subir la escalera. 階段を上がるので足もとを照らしてくれ. ❷ 啓蒙する, 啓発する;[…の解決に] 光明を与える, 解明する; 明るみに出す, 明らかにする, あばく. ❸《文語》出産する: *Alumbró* dos hijos. 彼女は2人の子を産んだ. ❹ [水脈·鉱脈などを] 探り当てる. ❺《農業》[ブドウの木の] 寄せ土を取り除く. ❻《廃語》善導する, 教育する. ❼《廃語》[盲人の] 目を開く. ❽《エストレマドゥラ; ベネズエラ》殴る. ❾《ベネズエラ. 口語》魔法をかけようとする
── 自 ❶ 光る: Esta bombilla *alumbra* poco. この電球は暗い. ❷《文語》出産する
── *~se*《口語》ほろ酔い機嫌になる: No bebas tanto, que te *alumbras* enseguida. あまり飲まないで. 君はすぐ酔うんだから
II《←alumbre》《染色》[布·糸を] 明礬液に浸す
alumbre [alúmbre] 男《化学》明礬(みょうばん)《=piedra ~》: ~ sacarino (zucanino)
alumbrera [alumbréra] 女 明礬鉱山
alumbroso, sa [alumbróso, sa] 形 明礬の, 明礬を含む
alúmina [alúmina] 女《化学》アルミナ, 酸化アルミニウム
aluminado, da [aluminádo, ða] 形 名《古語》照明派[の]《→iluminado》
── 男《金属》アルミニウム被膜加工
aluminar [aluminár] 他《古語》照らす《=alumbrar》
aluminato [aluminátó] 男《化学》アルミン酸塩
aluminero, ra [aluminéro, ra] 形 アルミニウムの; アルミナの
alumínico, ca [alumíniko, ka] 形 アルミニウムの; アルミニウムを含む
aluminífero, ra [aluminífero, ra] 形 アルミニウムを含む; 明礬を含む
aluminio [alumínjo] 男《元素》アルミニウム
aluminita [aluminíta] 女《鉱物》アルミナイト
aluminizar [aluminiθár] 9 他《金属》アルミナイジングする
aluminografía [aluminografía] 女《美術》アルミニウム板を使ったリトグラフ
aluminosilicatos [aluminosilikátos] 男 複《化学》アルミノ珪酸塩
aluminosis [aluminósis] 女 アルミナセメントの劣化
aluminoso, sa [aluminóso, sa] 形 アルミナを含む; アルミナセメントの
aluminotermia [aluminotérmja] 女《金属》テルミット法
aluminotérmico, ca [aluminotérmiko, ka] 形《金属》テルミット法の
alumnado [alumnáðo] 男《集名》[一校の] 生徒(学生)全体
alumno, na [alúmno, na]《←ラテン語 alumnos < alere「養う」》名 [先生から見た] 生徒, 学生《→estudiante. 類義》: 弟子: Son ~*s* míos. 彼らは私の生徒だ. Tiene muchos ~*s*. 彼には教え子が大勢いる. ~ de la universidad 大学生. ~ del Instituto [国公立の] 高校生. ~ de medicina 医学生. ~ de segundo 2年生. ~ de las musas 詩人
alunado, da [alunáðo, ða] 形 名 ❶ 気が変になった[人]《=lunático》; 性格や気分が突然変わる[人]. ❷ 半月形の: colmillos ~*s* 半月形の牙. jabalí ~ [年をとって] 牙が半月形のイノシシ. ❸《中南米》[動物が] 月光に照らされたせいで病気になった
alunamiento [alunamjénto] 男《船舶》ボルトロープの曲線

alunar [alunár] 他 《まれ》[月・月光が] 害をなす

—— **se** 《まれ》[食物に] いたむ, 腐る. ❷ 《中米, ベネズエラ》[馬が] 鞍ずれで炎症を起こす. ❸ 《コロンビア》[一時的に] 気が変になる. ❹ 《アルゼンチン, ウルグアイ. 口語》不機嫌になる

alunarado, da [alunarádo, ða] 形 ❶ [動物が] 大きな斑点のある, 丸いまだら模様の. ❷ [布・紙などの] 水玉模様の

alunita [aluníta] 女 《鉱物》明礬(ばん)石

alunizaje [aluniθáxe] [←*alunizar*] 男 ❶ 月面着陸: ~ suave 月面への軟着陸. ❷ 《西》泥棒が車でショーウィンドに突っ込むこと

alunizar [aluniθár] [←*a-+Luna*] 自 月面に着陸する

aluquete [alukéte] 男 《古語》レモン・オレンジの輪切り 〖=luquete〗

alusión [alusjón] [←*aludir*] 女 ❶ ほのめかし, 暗示 〖行為, 結果〗; [それとない] 言及: hablar con *alusiones* それとなく(遠回しに)言う. en ~ a ...…をほのめかして. ~ personal 個人的言及, 人へのあてこすり, 嫌味. Por *alusiones*, cedieron el turno de palabra al ministro. 短い前置きの言葉だけにして, また大臣に話してもらうことになった. ❷ 《修辞》引喩

hacer ~ a... …をほのめかす, …に言及する: ¿A quién *haces ~*? 君は誰のことが言いたいのか?

alusivo, va [alusíβo, βa] 形 〖+a〗ほのめかす, 暗示的な; 言及する: dibujos ~s al texto 本の内容をそれとなく描いた挿絵. monumento ~ a la tolerancia 寛容を表わす記念碑

alustrar [alustrár] 他 《まれ》磨く 〖=lustrar〗

aluvial [aluβjál] 形 《地質》沖積土の: capa ~ 沖積層. llanura ~ 沖積平野. período ~ 沖積世

aluviar [aluβjár] 形 =**aluvial**

aluvión [aluβjón] [←ラテン語 alluvio, -onis < alluere「浴びせる」] 男 ❶ 洪水 〖=inundación〗. ❷ 《地質》沖積土, 沖積層: terreno de ~ 沖積地. ❸ 多量の流入(出現): Recibió un ~ de preguntas. 彼は矢継ぎ早の質問を浴びた. ~ de trabajadores extranjeros 外国人労働者の大量移入. ~ de paquetes 小包の殺到. ~ de insultos 罵詈雑言のつぶて. ~ de lágrimas あふれる涙. ❹ cultura de ~ 異種混合文化

de ~ 《まれ》即興の

aluvional [aluβjonál] 形 =**aluvial**

aluzar [aluθár] 自 他 ❶ 《メキシコ, 中米, コロンビア》[たくさんの・強い明かりで] 照らす. ❷ 《ドミニカ, プエルトリコ》明かりに透かして調べる

Alva Ixtlilxóchtl [álβa iθtlilθótʃtl] 《人名》**Fernando de** ~ フェルナンド・デ・アルバ・イシュトリルショチトル 〖1568?~1648, 先スペイン期メキシコのテスココ Texcoco 王家の血を引く混血の歴史家. 『チチメカ史』*Historia chichimeca*〗

Alvarado [alβaráðo] 《人名》**Lisandro** ~ リサンドロ・アルバラド 〖1858~1931, ベネズエラの著作家・医師〗

Pedro de ~ ペドロ・デ・アルバラド 〖1485?~1541, スペイン人コンキスタドール. コルテス Cortés 軍に従軍し, アステカ王国を征服. 先住民の反乱(ミシュトン戦争 Guerra del Mixtón)を鎮圧中に戦死〗

Álvarez [álβareθ] 《人名》**Juan** ~ フアン・アルバレス 〖1790~1867, メキシコの将軍・大統領. 独立期からフランス干渉戦争 Intervención Francesa en México まで活躍〗

Álvarez de Villasandino [álβareθ de βiʎasandíno] 《人名》**Alfonso** ~ アルフォンソ・アルバレス・デ・ビリャサンディーノ 〖1340?~1424?, スペインの詩人. 『バエナ詩歌集』 *Cancionero de Baena* を代表する一人で, 内容は恋愛や風刺など多岐にわたる〗

Álvarez Quintero [álβareθ kintéro] 《人名》**Serafín y Joaquín** ~ セラフィンとホアキンのアルバレス・キンテロ兄弟〖セラフィン 1871~1938, ホアキン 1873~1944, スペインの劇作家. 出身地アンダルシアの風俗や機知に富んだ言葉遣いを特徴とし, 陽気で楽天的な作風で共作〗

alveario [alβeárjo] 男 《解剖》外耳道

álveo [álβeo] 男 河床

alveolado, da [alβeoláðo, ða] 形 ハチの巣状の, 多数の小穴がある, 胞状の

alveolar [alβeolár] 形 《解剖》歯槽の: arco ~ 歯槽弓. ❷ 肺胞の

—— 女 《音声》歯茎音 〖=consonante ~〗

alveolitis [alβeolítis] 女 《医学》歯槽骨炎

alveolo [alβeólo] 男 =**alvéolo**

alvéolo [alβéolo] 男 ❶ 《解剖》歯槽 〖=~ dental〗. 2) 肺胞. ❷ [ハチの巣の] 房室

alverja [alβérxa] 女 ❶ 《植物》ヤハズエンドウ: ~ silvestre クサフジ. ❷ 《コロンビア, チリ, アルゼンチン, ウルグアイ》エンドウマメ, グリーンピース 〖*arveja* の誤用. =guisante〗

alverjado [alβerxáðo] 男 《チリ. 料理》ひき肉・ジャガイモ・グリーンピースの煮込み

alverjana [alβerxána] 女 =**alverja**

alverjilla [alβerxíʎa] 女 《中南米. 植物》スイートピー

alverjón [alβerxón] 男 《植物》=**arvejón**

alvilla [alβíʎa] 女 《地方語》エンドウマメ, グリーンピース 〖=guisante〗

alvino, na [alβíno, na] 形 《解剖》下腹部の, 腸の

alza [álθa] [←*alzar*] 女 〖単数冠詞: el・un[a]〗 ❶ [価格・温度・評価などの] 上昇: evolución al ~ del dólar ドル高への推移. ~ de cambio 為替騰貴. ~ del precio 値上がり. ~ de las temperaturas 気温の上昇. ❷ [靴の] 入れ皮, 敷き革. ❸ [水門の上下に動く] 堰板. ❹ [銃の] 照門, 後部照尺: ajustar el ~ 照準を合わせる, 狙いを定める. ❺ くさび. ❻ 《キューバ》切り倒したサトウキビの拾い集め

al ~ 《相場》上げ調子の, 強気筋の: cerrar *al ~* 引けぎわに値上がりする

~s y bajas 《まれ》=**altibajos**

en ~ [価格・評価などが] 上昇中の: La carne está *en ~*. 肉の値段が上がっている. Ahora la moda de Nueva York está *en ~*. 今ニューヨークモードが評判だ. tropas *~ das* 新進気鋭の作家, 前途有望な若い作家

jugar al ~ [相場が上がると見て] 強気の投機を行なう

alzacola [alθakóla] 男 《鳥》オタテヤブコマドリ

alzacristales [alθakristáles] 男 〖単複同形〗《自動車》パワーウィンドー 〖= ~ eléctrico〗

alzacuello [alθakwéʎo] 男 ❶ 聖職者・司法官などの正装用の襟飾り. ❷ 聖職者の ローマンカラー

alzada[1] [alθáða] [←*alzar*] 女 ❶ 馬の体高, 馬高. ❷ 《法律》1) [行政訴訟での] 控訴, 上告 〖=recurso de ~〗. 2) juez de ~s 控訴審の判事. ❸ 《アストゥリアス. 夏用の》高地牧場: vaquero de ~ 夏牧場の牧童. ❹ 《コロンビア. 建築》面図

alzadamente [alθáðamente] 副 請負で

alzadizo, za [alθaðíθo, θa] 形 《廃語》上げやすい

alzado, da[2] [alθáðo, ða] 形 ❶ 上げた, 持ち上げた: Los manifestantes marchaban con el puño ~. デモ隊はこぶしを突き上げて行進した. ❷ 反乱を起こした, 蜂起した: tropas ~*das* 決起部隊. ❸ [価格が] 請負決めの, 請負契約で決まった: por un precio ~ 請負価格で. ❹ 偽装(計画)倒産した. ❺ 〖紋章〗 図形が盾の下部にある. ❻ 《中南米》〖estar+〗発情した. ❼ 《中南米》〖ser+. 逃げた家畜が〗野生化した. ❽ 《中南米》〖ser+. 人が〗傲慢な, 横柄な. ❾ 《中米》愛想のない; 粗暴な

—— 男 ❶ 《建築》立面図, 正面図 〖⇔planta〗. ❷ 《印刷》丁合い: máquina de ~ 丁合い機. ❸ 《商業》trabajo a ~ 請負仕事

tanto ~ 《商業》1) 定価. 2) por un *tanto ~* 固定レートで. pago a *tanto ~* 一括払い. 3) 請負価格

alzador, ra [alθaðór, ra] 名 《印刷》丁合いする人

—— 男 《印刷》丁合い作業場

alzadura [alθaðúra] 女 建築, 建造

alzafuelles [alθafwéʎes] 名 〖単複同形〗《コロンビア》おべっか使い, ごますり

Alzaga [alθáɣa] 《人名》**Martín de** ~ マルティン・デ・アルサガ 〖1755~1812, バスク出身の商人で, ブエノス・アイレス市長. 1806年イギリス軍の侵攻から首都を守ったが, 後にスペイン支配下で自治権の確立をめざし, 逮捕され処刑される〗

alzamiento [alθamjénto] 男 ❶ 高くする(なる)こと, 上昇. ❷ 蜂起, 反乱: ~ militar 軍部の反乱. ~ popular 民衆蜂起. ❸ 偽装倒産, 資産隠し 〖=~ de bienes〗. ❹ 《廃語. 競売》せり上げ

alzapaño [alθapáɲo] 男 カーテンの留めひも, カーテンループ; その留め金具, カーテンフック

alzapié [alθapjé] 男 ❶ 《狩猟》[獣の脚をはさむ] わな. ❷ 足台, 足置き台

alzapón [alθapón] 男 《サラマンカ. 服飾》[ズボンなどの] 前立て

alzaprima [alθapríma] 女 ❶ てこ 〖=palanca〗; その支点の役をするもの. ❷ [弦楽器の] 駒 〖=puente〗. ❸ 《古語》[人を陥れる

罠, 策略: dar ～ a+人 …に罠を仕掛ける, 陥れる. ❹《アルゼンチン, パラグアイ》木材運搬用のトロリー車. ❺《アルゼンチン, ウルグアイ》拍車と足の甲を結ぶ小鎖

alzaprimar [alθaprimár] [他] ❶ てこで持ち上げる. ❷ [倒れた・落ちた物を] 元に戻す, 起こす. ❸ 活気づける

alzapuertas [alθapwértas] [男]〖単複同形〗《廃語》端役役者

alzar [alθár]〖←俗ラテン語 altiare < ラテン語 altus「高い」〗[9] [他] ❶《文語》上げる, 高くする; [+de から] 持ち上げる〖=levantar〗: La mujer *alzó* la cabeza y se lo dijo. その女は顔を上げて彼にそう言った. El padre *alzó* a su niño para que viera el desfile. 父親は行列を見せてやろうと子供を持ち上げた. *Alzamos* la copa para brindar. 我々は杯を上げて乾杯をした. ～ la pared 塀を高くする. ～ las faldas スカートの裾を持ち上げる. ～ una piedra *del* suelo 地面から石を持ち上げる. ～ a+人 por caudillo …を首領に仰ぐ. ❷ [倒れたものを] 起こす, 立てる: *Alzaron* unos árboles derribados por el viento. 彼らは風で倒れた木々をまっすぐに起こした. ❸ [建物などを] 建てる, 建立する; 設立する: *Alzaron* este edificio en los años 1930. この建物は1930年代に建てられた. ❹ [覆いなどを] 取り去る; 片付ける, しまう: ～ la tienda de campaña テントを畳む. ～ el mantel 食卓を片付ける. ～ el vendaje 包帯を取る. ❺ [値段などを] 上げる. ❻ [声・音などを] 大きくする: No *alces* tanto la voz. そんなに声を張り上げるな. ❼ 描く, 作成する: ～ un plano 地図を描く; 図面を引く. ❽ [刑罰・禁止などを] 廃止する, やめる: ～ el destierro 追放処分を解除する. ～ la sanción 制裁をやめる. ❾ 蜂起させる, 反乱を起こさせる: El cabecillo *alzó* a los rebeldes. 指導者は反乱軍を組織した. ❿ [獲物を] 狩り出す. ⓫ [腫れなどを] 作る. ⓬《農業》1) 収穫する, 取り入れる: ～ la cosecha 収穫物を取り入れる. 2) [収穫後に] 初めて耕す. ⓭《カトリック》[ミサで聖体・聖杯を] 奉挙する, 高くささげる. ⓮《印刷》丁合を取る〖=～ y recoger〗. ⓯《トランプ》切る; カットする. ⓰《法律》上訴(控訴・上告・抗告)する. ⓱《メキシコ》1) 整理する. 2) 金を稼ぐ

―― [自] ❶ [高さが] 達する. ❷ 値上がりする. ❸《カトリック》[ミサで] 聖体(聖杯)を奉挙する〖高くささげる〗

¡Alza! 1)《口語》[踊りなどの掛け声] それっ, うまいぞ! 2) [非難・懐疑] あれっ!

¡Alza y dentro!《船舶》漕ぎ方やめ!

―― **～se** ❶ 立ち上がる, 身を起こす. ❷ 蜂起する, 決起する, 反乱を起こす: La gente *se alzó* contra el dictador. 独裁者に対して民衆が蜂起した. ❸《文語》[建物・山などが] 立つ, そびえ立つ: En la Plaza de España *se alza* el Monumento a Cervantes. スペイン広場にはセルバンテス顕彰碑が立っている. ❹《文語》抜きん出る: *Se alzó* el primero de la clase. 彼はクラスでトップになった. ❺《文語》[+con を] 1) 不当(不法)に所有する, 持ち逃げする; 盗む, かすめ取る: Un empleado *se alzó con* los fondos de la fundación. 事務員が財団の資金を持ち逃げした. 2) [かろうじて] 得る; [努力して] 手に入れる: El jugador, no muy joven, *se alzó con* la medalla de oro. その選手はあまり若くはなかったが何とか金メダルを取った. El partido *se alzó con* la victoria en las elecciones. その党は選挙で辛勝した. ❻ [賭博で] 勝ち逃げする. ❼《商業》偽装(計画)倒産する. ❽《法律》上訴(控訴・上告・抗告)する: ～*se* un recurso al Tribunal Supremo 最高裁に上告する. ❾《中南米》1) [家畜が] 山に逃げる, 野生化する. 2) 酔う. ❿《メキシコ》尊大になる

alzar	
直説法点過去	接続法現在
alcé	alce
alzaste	alces
alzó	alce
alzamos	alcemos
alzasteis	alcéis
alzaron	alcen

Alzate y Ramírez [alθáte i r̄amíreθ]《人名》**José Antonio** ～ ホセ・アントニオ・アルサーテ・イ・ラミレス〖1737～99, メキシコの司祭で天文・地理学者〗

alzheimer [alθéi̯mɛr] [男]《医学》アルツハイマー病〖=enfermedad de *A*～〗

a.m.《略語》←ante meridiem 午前〔の〕

ama[1] [áma]〖←スペインのラテン語 amma「乳母」〗[女]〖単数冠詞: el・un〔a〕〗❶ 家政婦〖=～ de llaves, ～ de gobierno〗; 女中頭. ❷ 乳母〖=～ de leche, ～ de cria〗: ～ seca/《主に中南米》～ de brazos 子守女, ベビーシッター〖=niñera〗

～ de casa 主婦

amá [amá] [女]《メキシコ, コロンビア. 親愛》[呼びかけ] お母さん

amabilidad [amaƀiliđá〔đ〕]〖←ラテン語 amabilitas, -atis〗[女] 優しさ, 親切〖性格, 行為〗: 〔Le〕Estoy agradecido por su ～. ご親切に感謝しています. Nos llenó de ～*es* cuando visitamos su casa. 私たちが訪問した際, 彼は数々の親切でもてなしてくれた. Es de gran ～. 彼はとても優しい

solicitar+事 ***de su ～*** …を申請する

¿Tendría la ～ de+不定詞***?*** [丁寧な依頼] …していただけるでしょうか?: *¿Tendría la ～ de* correrse un poco? すみませんが, 少し詰めていただけますか?

tener la ～ de+不定詞 親切にも…してくれる: *Tuvo la ～ de* enseñarme la lista que necesitaba. 彼は親切にも私が必要としているリストを見せてくれた

amabilísimo, ma [amaƀilísimo, ma] [形] amable の絶対最上級

amabilizar [amaƀiliθár] [9] [他]《まれ》優しくする; 楽しくする, 気持ちよくする

amable [amáƀle]〖←ラテン語 amabilis〗[形]〖絶対最上級 amab*ilísimo*〗❶ [ser+] 優しい, 親切な: Ha sido muy ～ al prestarme (prestándome) su diccionario./Ha sido tan ～ de prestarme su diccionario. 彼は親切にも自分の辞書を貸してくれた. Es ～ de carácter. 彼は人柄がいい. ～ para (con・para con) todos 誰にも親切な. ～ con el usuario ユーザーフレンドリーな. palabras ～*s* 優しい言葉. ❷ [ser・estar+] 愛想のいい: Él es a veces demasiado ～ con sus clientes. 彼は時々客に対して愛想がよすぎる. Últimamente está muy ～. 最近彼はとても愛想がいい. ❸ [時間が] 楽しい, 気持ちよい. ❹《まれ》愛され得る, 愛すべき

muy ～/es usted muy ～ [丁寧な感謝] ありがとうございます: Muchas gracias. *Es usted muy* ～. ご親切に. どうもありがとうございます. Ha sido *muy* ～ llevándome en coche a mi casa. 家まで車で送っていただいて本当に助かりました

¿Sería usted tan ～ de+不定詞***?/¿Si es (fuera) usted tan ～ de***+不定詞***?*** [丁寧な依頼] …していただけるでしょうか?: *¿Sería usted tan ～ de* pasarme el azucarero?/*¿Si es (fuera) usted tan ～ de* pasarme el azucarero? 砂糖入れを取っていただけませんか?

amablemente [amáƀleménte] [副] 親切に, 優しく: *A*～ nos prestó su coche. 彼は親切にも私たちに車を貸してくれた

amacayo [amakájo] [男]《中南米》ユリの花

amaceno, na [amaθéno, na] [形]《植物》ドメスチカスモモ ciruela damascena の

amachambrar [amatʃambrár] [他]《まれ》=**machihembrar**

amachetear [amatʃeteár] [他] [山刀 machete で] 一撃する, なぎ倒す

amachinar [amatʃinár]〖←a-+古語 machin「田舎者」〗**～se**《カナリア諸島; メキシコ, 中米, コロンビア》同棲する〖=amancebarse〗: estar (vivir) *amachinado* con+人 …と同棲している

amacigado, da [amaθiɣáđo, đa] [形] 黄色の, 乳香色の

amación [amaθjón] [女] [神秘主義文学・神学で] 恋, 愛の炎, 情熱

amacizar [amaθiθár] [9] [他]《メキシコ. 口語》固定する, しっかりとめる

amadamado, da [amađamáđo, đa] [形]《まれ》上品な, 洗練された; 女性らしい

amadeísta [amađeísta] [形] [名]《歴史》アマデオ1世 Amadeo I de Saboya を支持する〔人〕

amadeo [amađéo] [男] アマデオ銀貨〖アマデオ1世の肖像のある5ペセタ貨. =duro ～〗

Amadeo [amađéo]《人名》**～ I de Saboya** アマデオ1世〖1845～90, イタリアのサヴォイア家出身のスペイン王. 1868年の9月革命 Revolución de 1868 によるイサベル2世廃位後, 1870年に議会によって選出された最初の国王となる〗

amaderado, da [amađeráđo, đa] [形] 木のような色の

Amadís de Gaula [amađís de gáu̯la]《文学》『アマディス・デ・ガウラ』〖1508, 英雄アマディスの活躍を描いた騎士道物語. 中世から伝わる物語をもとに加筆編纂され, 16世紀スペインの騎士道物語隆盛の嚆矢となる. セルバンテス Cervantes や新大陸の征服者たちに多大の影響を与えた〗

amado, da [amáðo, ða]《文語》愛される: mi hijo ~ いとしい我が子. mi ~ país 私の愛する国
── 图 愛する人, 恋人: mi ~ da 私の愛する女性
amador, ra [amaðór, ra] 图《文語》愛する〔人〕, 愛好家
Amador de los Ríos [amaðór ðe los ríos]《人名》**José** ~ ホセ・アマドール・デ・ロス・リオス『1818～78, スペインの文学者・歴史家. 広範な文献資料を駆使し, 19世紀後半以降のスペイン文学研究に大きく貢献した』
Amador Guerrero [amaðór ɣeréro]《人名》**Manuel** ~ マヌエル・アマドール・ゲレロ『1833～1909, パナマの医師で政治家, 初代大統領』
amadrigar [amaðriɣár] 图 他《まれ》❶ 泊める, 宿を貸す. ❷ …の面倒を見る, 世話をする
── ~se ❶ 巣にこもる, 穴に隠れる. ❷ 引きこもる, 隠遁する. ❸ 身を寄せる, 避難する
amadrinamiento [amaðrinamjénto] 男 ❶ 代母になること. ❷ [2頭の馬を] つなぐこと; 2頭立て
amadrinar [amaðrinár] [←a-+madrina] 他 ❶ [洗礼式で] …の代母(名付け親)になる; [結婚式で] 花嫁の介添え madrina になる; [進水式の] 命名者になる. ❷ [女性が] 庇護者(パトロン)になる. ❸ [2頭の馬を] 革ひも madrina でつなぐ.《船舶》[2つの物を] つないで強くする. ❺《中米》[先頭の雌馬について行くように] 馬を慣らす
amadroñado, da [amaðroɲáðo, ða] 形 ヤマモモ madroño のような, ヤマモモらしい
amaestradamente [amaestráðamente] 副《まれ》巧みに, 器用に
amaestrado, da [amaestráðo, ða] 形 [動物が] よく仕込まれた, 調教された, 芸のできる『人に使うと揶揄・軽蔑的』: perro ~ 芸を仕込まれた犬
amaestrador, ra [amaestraðór, ra] 图 [動物の] 訓練士, 調教師
amaestradura [amaestraðúra] 女《廃語》だましの手口, 悪巧み
amaestramiento [amaestramjénto] 男 [動物の] 訓練, 調教
amaestrar [amaestrár] [←a-+maestro] 他 [主に動物を] 訓練する, 調教する, 芸を仕込む: ~ a un perro en (para) el circo 犬にサーカスの芸を仕込む
amagador, ra [amaɣaðór, ra] 形 ふりをする〔人〕
amagadura [amaɣaðúra] 女《獣医》[馬のひづめの上の] すり傷
amagamiento [amaɣamjénto] 男《中米》浅い割れ目
amagar [amaɣár] [←語源] 图 他 ❶ [主に悪い事の] 兆候(気配)が見える: 1) *Amaga* tormenta esta noche. 今夜は嵐になりそうだ. Estaba *amagando* la guerra. 今にも戦争になりそうな情勢だった. 2) 〔時に +con +a〕*Amaga* [con] llover (lluvia). 雨が降りそうだ. ❷ [+con] ふりをする, しそうになる.《軍事》陽動作戦をとる;《スポーツ》フェイントをかける: El equipo *amagó con* alinear a Olsson en su primer partido. チームはオルソンを第1試合に使うふりをした. ❸《アラゴン, バレンシア, ムルシア》隠れる
~ y no dar《遊戯》手を上げて叩くふりをする『相手に当たってしまったら負け』
── 他 ❶《動作を》やりかける, しそうになる, …のそぶりを見せる: *Amagó* un trazo en el aire y escribió: «Me pide mi amigo Faroni, ...». 彼は宙に字を書き, それから「友人のファローニが私に頼んだ…」と書いた. ❷ [+con をすると] 脅す; …に殴るふり(かっこう)をする. ❸《メキシコ》脅迫する
── ~se 隠れる
amagatorio [amaɣatórjo] 男《地方語》隠れるのに適した場所
amago [amáɣo] [←amagar] 男 ❶ [しそうな] 様子, そぶり: Hizo un ~ de saludarnos pero desvió la mirada. 彼は私たちにあいさつしかけましたが目をそらしてしまった. ❷《まれ》[現実に至らない, 主に悪い事の] 兆候, 兆し: El año pasado tuve un ~ de infarto. 去年私は心筋梗塞の徴候があった. ❸《軍事》陽動作戦『= ~ de ataque』;《スポーツ》フェイント. ❹《地方語》隠れるのに適した場所
── ~se 隠れる
ámago [ámaɣo] 男 =**hámago**
amaguado, da [amaɣwáðo, ða] 形《地方語》悲しみに沈んだ
amainador [amainaðór] 男《鉱山》[立坑から] 桶を引き上げる労働者
amainar [amainár] [←カタルーニャ語] 自 ❶ [風などが] 弱まる: *Amainará* el temporal dentro de poco. 嵐はまもなくおさまるだろう. ❷ [感情が] 穏やかになる: *Amainó* su furia. 彼の怒り

はおさまった. ❸ [+en 感情・願望などを] 抑える: El sindicato nunca *amaina en* sus pretensiones. 労働組合は絶対に要求を引き下げない.
── 他 ❶《船舶》[帆を] たたむ, 縮帆する. ❷ [感情などを] 抑える. ❸《鉱山》[立坑から桶を] 引き上げる
amaine [amáine] 男 ❶《船舶》縮帆. ❷ [風・感情・要求などの] 沈静化
amaiquetaco [amajketáko] 男《地方語》[午前10時頃に食べる] 軽食
amaitinar [amaitinár] 他《まれ》見張る, スパイする
amajadar [amaxaðár] 自 [羊などが] 牧舎 majada に入る(いる). ❷ [畑の] 境界を石積み majano で示す
── 他 [羊などを] 牧舎に入れる
amajanar [amaxanár] 他 [畑の] 境界を石積み majano で示す
amalaya [amalája] 間《中南米》どうか…しますように『=ojalá』.《ラプラタ》[不快・怒り・呪い] ちくしょう!
amalayar [amalajár] 他《化学》強く望む
amalecita [amaleθíta] 形 图《旧約聖書》アマレク人 Amalec 〔の〕『シリアの遊牧民でイスラエルの敵』
amalfitano, na [amalfitáno, na] 形 图《地名》[イタリアの] アマルフィ Amalfi 〔の〕〔人〕
amalgama [amalɣáma] [←ラテン語 amalgama < algama < アラビア語 yama'a「集まり」] 女 ❶《化学》アマルガム: ~ dental 歯科治療用充填材. ❷ [雑多・異質なものの] 混合物: Las clases de educación de adultos han reunido a una ~ de personas. 成人教育クラスには様々な人が集まった. ~ de culturas 諸文化の融合体. ❸《鉱物》アマルガム鉱
amalgamación [amalɣamaθjón] 女 ❶《金属》アマルガム法; アマルガム化. ❷ 混合〔行為, 結果〕
amalgamador [amalɣamaðór] 男《金属》アマルガム機
amalgamar [amalɣamár] 他 ❶《化学》アマルガムにする. ❷ [雑多・異質なものを] 混合わす: *Amalgamará* todo el no, sin distinguir unos motivos de otros. 彼は動機の違いを無視してすべての反対派を一つにするつもりだ
── ~se ❶《化学》アマルガムになる. ❷ 混ざり合う: En Estados Unidos, todos son extranjeros y ahora empieza a ~se. 米国ではみんなが外国人であり, すぐに融合し始める
amalgamiento [amalɣamjénto] 男 =**amalgamación**
Amaltea [amaltéa] 女《ギリシア神話》アマルティア『ゼウスに乳を与え育てたヤギ』
amalvar [amalβár] 他《まれ》薄紫色 malva にする
amamantador, ra [amamantaðór, ra] 形 图 授乳する〔人〕
amamantamiento [amamantamjénto] 男 授乳, 哺乳
amamantar [amamantár] [←a-+mamar] 他 ❶ …に乳を与える, 授乳する: La madre *amamanta* al niño y esto le produce un sentimiento de gran bienestar. 母親は子供に乳を与え, そしてそのことは母親に大きな満足感をもたらす. ❷《文語》知識〔思想〕を与える. ❸《カリブ》甘やかす
amambay [amambái] 男《アルゼンチン, パラグアイ. 植物》シダの一種『学名 Alsophila atrovirens』
amambayense [amambajénse] 形 图《地名》アマンバイ Amambay の〔人〕『パラグアイ北部の県』
amán [amán] 男 [イスラム教徒が降伏する際に求める] 安全, 容赦
amancay [amaŋkái] 男《植物》黄色いスイセン
amancebamiento [amanθeβamjénto] 男《古語》同棲, 内縁関係: vivir en ~ 同棲する. unirse en ~ 内縁関係を結ぶ
amancebarse [amanθeβárse] [←a-+manceba「愛人」] ~se [+con と] 同棲する, 内縁関係になる: Cuando él nació sus padres vivían *amancebados*. 彼が生まれた時両親は内縁関係にあった
amancillar [amanθiʎár] 他 ❶ [名声・家名などを] 汚(けが)す. ❷ 色あせさせる, くすませる. ❸《古語》傷つける. ❹《古語》哀れ〔同情〕を誘う
amanear [amaneár] 他 =**manear**
amanecer [amaneθér] [←俗ラテン語 admanescere < ad-+mane「朝に」] 39 自〔⇔anochecer〕❶〔単人称〕夜が明ける: En verano *amanece* temprano. 夏は夜明けが早い. *Amaneció* un domingo. 日曜日の朝となった. ❷ [ある場所・状態に] 朝を迎える: 1) *Amanecí* en Madrid. 私はマドリードで朝を迎えた. Pilar *amaneció* con fiebre. ピラールは朝になると熱があった. 2) [+主格補語] La ciudad *amaneció* totalmente blanca. 夜

が明けると町は白一色だった. ❸ 新たに始まる: *Amanece* la era de la tecnología informática. IT時代の幕明けだ. ❹ [思いがけず] 出現する: Perdí mi paraguas y *ha amanecido* en el bar. 私は傘をなくしたが, バルから出てきた. ❺《中南米》[浮かれ騒いで] 徹夜する, 飲み明かす
—— 他《廃語》照らす, 照明する
—— **~se**《中南米》…しながら夜を明かす
—— 男 ❶ 夜明け [時]: al ~ 夜明けに, 明け方に. frío del ~ 明け方の寒さ. ❷ [歴史・文化などの] 始まり: ~ de la civilización mesopotámica メソポタミア文明の幕開け

amanecido, da [amaneθíðo, ða] 形《コロンビア, 口語》眠っていない
—— 女《文語》夜明け [=amanecer]

amaneciente [amaneθjénte] 形《文語》夜明けの, 明け方の

amanerado, da [amaneráðo, ða] 形 ❶ マンネリ化した, 型にはまった. ❷ [男が] 女性的な, おかまっぽい: Tiene gestos *~s.* 彼は仕草が女性的だ. ❸《中南米》過度に礼儀正しい, ばか丁寧な

amaneramiento [amaneramjénto] 男 ❶ マンネリズム. ❷ [男性] 女性化

amanerar [amanerár]《-a-+manera》他 マンネリ化させる, 型にはめる
—— **~se** ❶ マンネリ化する, 型にはまる: En estos días *se ha amanerado* su estilo. 最近の彼の作風はマンネリだ. ❷ [男が] 女性的になる, おかまっぽくなる

amaniatar [amanjatár] 他《廃語》=**maniatar**

amanillado [maniʎáðo] 男《地方語》束にすること

amanillar [amaniʎár] 他 ❶《地方語》[たばこなどを] 束にする. ❷《隠語》[人に] 手錠をかける

amanita [amaníta] 女《植物》テングタケ

amanitina [amanitína] 女《生化》アマニチン

amanojado, da [amanoxáðo, ða] 形《植物》束状の

amanojar [amanoxár] 他 束ねる, 束にする

amansador, ra [amansaðór, ra] 形 名 飼い馴らす [人]
—— 男《中南米》[馬の] 調教師
—— 女 ❶《口語》[長い] 順番待ち

amansamiento [amansamjénto] 男 ❶ 飼い馴らし, 調教. ❷ 鎮静化

amansar [amansár]《-a-+manso》他 ❶ [野生動物などを] 飼い馴らす, 調教する: ~ a las fieras 猛獣をおとなしくさせる. ❷ [感情・興奮などを] 鎮める: ~ la cólera かんしゃくを抑える. ❸ […の性格を] 穏やかにする: Por fin consiguió ~ a su marido. とうとう彼女は夫を丸い人間にしてしまった. ❹《南米, 口語》[新品の靴を] 柔らかくする
—— **~se** おとなしくなる, 鎮まる

amansardado, da [amansarðáðo, ða] 形 マンサード屋根 mansarda の形の

amantadina [amantaðína] 女《医学》アマンタジン

amantar [amantár] 他《口語》…に毛布をかける; 服でくるむ

amante [amánte] I《←amar》形 ❶ 愛のある, 情愛深い: Fue siempre un ~ esposo y padre. 彼は常に [家族を愛する] よき夫, よき父であった. ❷ [+de を] 愛好する: Es ~ de la buena mesa. 彼は美食家だ. Mi madre era muy ~ del orden. 母は整理魔だった/きちんとしていないと気の済まない人だった. ~ nación ~ de la paz 平和愛好国
—— 名 ❶《口語》恋人: Los *A~s* de Teruel『テルエルの恋人たち』『16世紀, 身分の差で結ばれない悲恋の物語.『デカメロン』*El Decamerón*（第4日第8話）を起源とし, スペイン黄金世紀の作家によって取り入れられ, その後アルセンブスク Hartzenbusch がロマン主義演劇として戯曲化（1837年）. 一途な愛の原型と見なされている』. ❷ 愛好者: ~ de la música 音楽愛好者. ~ de los perros 愛犬家. ❸ 愛人, 情夫, 情婦: Tiene una ~. 彼には愛人がいる
II《←ギリシア語》名《船舶》[動滑車の] 通索, ランナー

amantero [amantéro] 男《港で》荷揚げ労働者, 沖仲仕

amantillado, da [amantiʎáðo, ða] 形 マンティーリャ mantilla をつけた

amantillar [amantiʎár] 他《船舶》[帆桁の] 吊り綱を引く

amantillo [amantíʎo] 男《船舶》[帆桁の] 吊り綱, トッピングリフト

amanuense [amanwénse] 《←ラテン語 amanuensis「書記」< ad-(に)+manus「手」》名 ❶ 写字生; 筆耕者; 口述筆記者. ❷ 書記, 秘書

—— 形《まれ》写字生の

amanzanado, da [amanθanáðo, ða] 形 リンゴのような

amanzanar [amanθanár] 他《中南米》[土地を] 区画 manzana に分ける

amañado, da [amañáðo, ða] 形 ❶ 巧みな, 器用な
—— 名《地方語》bien ~ 民間療法医

amañador, ra [amañaðór, ra] 形《コロンビア》[気候が] 気持ちよい; [家が] 居心地のよい

amañar [amañár]《←a-+maña》他 ❶ 不正操作をする; 偽造する: Utilizan nombres falsos y *amañan* la fecha de nacimiento. 彼らは偽名を使い, 生年月日をごまかしている. ~ las elecciones 不正選挙を行なう. baraja *amañada* いかさまトランプ. ❷《ガリシア, カンタブリア》整える, 修理する
—— **~se** ❶ [+con・para に] 巧みである『*amañárselas* になることもある』: *Se* [las] *amaña* bien *para* atender a los clientes. 彼女はお客あしらいを心得ている. *Te* [las] *amañas* bien *con* nuevo ordenador. 君は新しいコンピュータを使いこなしている. ❷《コロンビア, エクアドル, ボリビア, アルゼンチン》内縁関係にある. ❸《ベネズエラ》[新しい環境に] 慣れる

amaño [amáño] 男《←amañar》名 ❶ ずるい手段; ずる賢さ, 狡猾; 巧みさ. ❷《まれ》覆 道具, 工具. ❸《コロンビア, エクアドル, ボリビア, アルゼンチン》内縁関係, 同棲

amapola [amapóla] 女《←モサラベ語 habapaura < ラテン語 papaver, -eris》女《植物》ヒナゲシ: ~ blanca ケシ [=adormidera]. ~ morada ケシの一種『学名 Roemeria hybrida』. ~ oblonga ナガミヒナゲシ
ponerse [*rojo*] *como una ~* [恥ずかしさなどで] 顔が真っ赤になる
—— 女《口語》アカ『左翼の人』

amapolar [amapolár] 他 ❶ [頬に] 紅を刷く, 紅頬をつける. ❷ 赤面させる
—— **~se** 赤くなる, 赤面する

amar [amár]《←ラテン語 amare》他 ❶ 愛する『類義 amar と querer は同義で, **amar** はやや文語的であり崇高な愛の表現などに使われることが多い（→**amor**〔類義〕）: *Amo* a Dios. 私は神を愛する. **querer** は日常的な表現であり,「自分のものにしたい」という積極的な愛: *Te quiero* de todo corazón. 私は君を心から愛している. また対象が抽象的な場合は querer はあまり使わず,「好まれる, 好まれる」という程度の愛: *Parece que le gustas.* 彼は君に気があるようだ. *Me gusta, pero no lo quiero.* 私は彼を嫌いではないが, 愛してはいない』. 1) Romeo *amaba* a Julieta. ロメオはジュリエタを愛していた. *Amarás* a tu prójimo. 汝の隣人を愛せ. ❷ [+[a]+抽象的概念など] *Amo* [a] la verdad. 私は真理を愛する. *Para* [a] la patria es necesario conocer su historia. 祖国を愛するためにはその歴史を知る必要がある. ~ [a] la justicia 正義を愛する. ~ a las flores 花を愛(で)る. ❸ 愛好する; 執着する: *Ama* la música clásica. 彼女はクラシック音楽が好きだ. ~ las artes 芸術をこよなく愛する. Desde niño *amaba* el avión. 彼は子供のころから飛行機にあこがれていた. *Aman* el dinero. 彼らは金に執着している. ❹ …と性交する. ❺ 必要とする. ❻《まれ》願う; …したい
—— 自 愛する: Es bello ~. 愛することは美しい. ❷ [恋人同士が] 睦み合う: A estas horas están todos los días *amando*. 毎日今ごろ彼らは愛を語っているのだ
—— **~se** ❶ 愛し合う: *Amaos* los unos a los otros. 互いに愛し合いなさい. ❷ 性交する

amaracino, na [amaraθíno, na] 形 マヨラナの: ungüento ~ マヨラナ軟膏

amárako [amárako] 男《植物》マヨラナ [=mejorana]

amaraje [amaráxe]《←amarar》男《航空》着水

amarantáceo, a [amarantáθeo, a] 形《植物》ヒユ科の

amarantina [amarantína] 女《植物》センニチコウ（千日紅）

amaranto [amaránto] 男 ❶《植物》ハゲイトウ, アマランサス『不老・不滅の象徴とされる』. ❷ 赤紫色
—— 形《単複同形》紅色の, 赤紫色の

amarar [amarár]《←a-+mar》自《水上機などが》着水する

amarchantarse [amartʃantár] **~se**《メキシコ, キューバ, ベネズエラ, 商業》[定期的に, +en を] 扱う, 愛買する

amarecer [amareθér] 39 他 =**amorecer**

amarfilado, da [amarfiláðo, ða] 形 象牙色の

amarga[1] [amárga] 女《中米, コロンビア》ビール [=cerveza]

amargacenas [amarɡaθénas] 囡《地方語》夏の夕方に吹く冷風

amargado, da [amarɡáðo, ða] 形 名 ❶ [estar+] 落胆した、落ち込んだ: Mi madre está ～da desde que ha muerto Juanito. 私の母はフアニートが死んでしまってから沈みきっている。❷ ひがんだ[人]、世をすねた[人]、恨みがましい[人]

amargaleja [amarɡaléxa] 囡 リンボクの実 [=endrina]

amargalejo [amarɡaléxo] 男《植物》→**ciruelo amargalejo**

amargamente [amárɡamente] 副 つらそうに、悲しげに: llorar ～ さめざめと泣く、悲嘆の涙を流す

amargamiel [amarɡamjél] 囡《植物》ビタースイート [=dulcamara]

amargar [amarɡár] 《←俗ラテン語 amaricare < ラテン語 amarus》 [8] 自 にがい味がする: El café amarga. コーヒーはにがみがある
── 他 ❶ にがくする。❷ 台なしにする、不快なものにする: Un hombre amargó los últimos años del profesor. 一人の男が教授の晩年をつらいものに変えた。❸ 苦しめ、ひどく悲しませる
── ～se ❶ にがくなる。❷ 不快なものになる: Se amarga la existencia. 生活が辛くなる。❸ ひどく悲しむ、苦しむ: No te amargues tanto pensando solo en lo pasado. そんなに済んだことばかり考えてくよくよするな

amargaña [amarɡáɲa] 囡《植物》シカギク [=matricaria]

amargo, ga² [amárɡo, ɡa] 《←古ラテン語 amaro < ラテン語 amarus「にがい」》形 ❶ にがい《⇔dulce》: Esta naranja es ～ga. このオレンジはにがい。❷ つらい; [その結果] 不快な: Me dijo adiós con una ～ga sonrisa. 彼は悲しげに微笑んで、彼にさようならと言った。El tenía una experiencia ～ga en el pasado. 彼は過去ににがい経験をしていた. lágrimas ～gas 悲嘆の涙. ～ga realidad つらい現実. ～ga verdad 認めのがたいつらい真実。❸ 気難しい、無愛想な、つっけんどなな: El hombre pobre se mostraba ～ con el príncipe. その貧しい男は王子に対して無愛想だった

más ～ que tueras / **más ～ que la hiel** ひどくにがい
── 男 ❶ にがみ [=amargor]. ❷《酒》1) ビター. 2)《メキシコ、ベネズエラ、ペルー》柑橘類の果皮から作ったリキュール。❸《西》ビターアーモンド入りの菓子。❹《ラプラタ》[砂糖抜きの] にがいマテ茶

tragar ～《プエルトリコ》[厳しい現実などを] 甘んじて受け入れる

amargón [amarɡón] 男《植物》❶ チコリー [=achicoria]. ❷ タンポポ [=diente de león]

amargor [amarɡór] 《←amargo》男 ❶ にがみ: cerveza de ～ suave マイルドなにがみのビール. El ～ me sube a la garganta. 私にはにがいものが喉にこみ上げてくる。❷ 苦しみ、つらさ: huir del ～ de la vida 生活の苦しさから逃げる

quitarse el ～ de la boca《口語》望みを遂げる

amargosamente [amarɡósamente] 副 つらそうに、悲嘆に暮れて [=amargamente]

amargoso, sa [amarɡóso, sa] 形 =**amargo**
── 名《キューバ》けんか早い人、騒ぎを起こす人

amarguear [amarɡeár] 自《アルゼンチン》砂糖抜きのマテ茶を飲む

amarguera [amarɡéra] 囡《植物》ツキヌキサイコ、ミシマサイコ

amarguero [amarɡéro] 形《植物》espárrago ～ 荒れ地に育ってにがいアスパラガス

amarguillo [amarɡíʎo] 男《西》ビターアーモンド入りの菓子

amargura [amarɡúra] 《←amargo》囡 ❶ 苦しみ、つらさ、不快、悲嘆: La quiebra le produjo una gran ～. 破産によって彼は大変な苦労を背負い込んだ. llorar con ～ さめざめと泣く。❷ つらい経験: olvidarse de las ～s del amor 恋の苦しみを忘れてしまう

amaricado, da [amarikáðo, ða] 形《口語》[男が] 女のような、おかまっぽい [=afeminado]

amárico, ca [amáriko, ka] 形《主にエチオピア中央部で話される公用語》アムハラ語[の]

amariconado, da [amarikonáðo, ða] 形《軽蔑》女のような[男]; 同性愛の[男]

amariconamiento [amarikonamjénto] 男《軽蔑》[男性的] 女らしさ、軟弱さ、女々しさ

amariconar [amarikonár] 他《軽蔑》[男性を] 女性化する、軟弱にする
── ～se 《軽蔑》[男性が] 女性化する、軟弱になる、おかまっぽくふるまう

amarilidáceo, a [amariliðáθeo, a] 形 ヒガンバナ科の
── 囡《植物》ヒガンバナ科

amarilídeo, a [amarilíðeo, a] 形 名 =**amarilidáceo**

amarilis [amarílis] 囡《単複同形》《植物》アマリリス

amarilla¹ [amaríʎa] 囡 ❶《口語》金貨; [特に] 1オンス金貨。❷《獣医》《綿羊類の》黄熱

amarillamiento [amariʎamjénto] 男 =**amarilleamiento**

amarillar [amariʎár] 自 =**amarillear**

amarilleamiento [amariʎeamjénto] 男 黄色くなること

amarillear [amariʎeár] 《←amarillo》自 ❶ 黄色くなる; 黄ばむ: Amarillean los campos de arroz. 稲田が黄金色になる。❷ 青白くなる [=palidecer]

amarillecer [amariʎeθér] [39] 自 黄色くなる
── 他 黄色くする

amarillejo, ja [amariʎéxo, xa] 形 =**amarillento**

amarillento, ta [amariʎénto, ta] 形 黄色みがかった、黄ばんだ、黄色っぽい

amarilleo [amariʎéo] 男 黄色くなること; 黄ばみ

amarillez [amariʎéθ] 囡 黄色さ; [顔の] 青白さ

amarillismo [amariʎísmo] 男《軽蔑》[新聞の] センセーショナリズム。❷ 御用組合主義

amarillista [amariʎísta] 形《軽蔑》❶ センセーショナリズムの。❷ 御用組合的

amarillo, lla² [amaríʎo, ʎa] 《←低ラテン語 amarellus < ラテン語 amarus「にがい」》形 ❶ 黄色い: Se enciende una luz ～ para poner en guardia al conductor. 運転者に警告するため黄色の信号がつく. Casa A～lla [コスタリカの] 大統領官邸. Mar A～ 黄海. tierra (arena) ～lla [中国の] 黄土(黄砂). limón レモンイエローの。❷ 黄色人種の: peligro ～ 黄色人種の脅威. raza ～lla 黄色人種。❸ [病気などで] 顔色が悪い; [恐怖などで] 血の気を失った、青ざめた。❹《軽蔑》煽情的な情報市場の、俗悪の: prensa ～lla 大衆紙、低俗な新聞。❺《軽蔑》経営者(政府)の利益を擁護する: sindicato ～ 御用組合。❻《まれ. 文学》刑事物の、探偵物の

ponerse ～ 1) 黄色くなる: Los papeles se pusieron ～s con el tiempo. 紙は時間がたって黄ばんだ. 2)《恐怖で》血の気を失う
── 男 ❶ 黄色。❷ [信号の] 黄色。❸ 黄色人種。❹《地名》[A～] 黄河《正式には Hoang-Ho, Huang He》

amarilloso, sa [amariʎóso, sa] 形《中南米》=**amarillento**

amarinar [amarinár] 他 =**marinar**

amariposado, da [amariposáðo, ða] 形 ❶ チョウのような形の;《植物》花冠が蝶形の。❷《口語》女性的な

amaritud [amaritú(ð)] 囡《廃語》=**amargor**

amarizaje [amariθáxe] 男 =**amaraje**

amarizar [amariθár] [9] 自 =**amarar**
── 他 ❶《サラマンカ》[羊などが] 休息する、昼寝する。❷ =**amarar**
── ～se [羊などが] 交尾する

amaro [amáro] 男《植物》オニサルビア

amaromar [amaromár] 他《←a-+maroma》《船舶》つなぐ、もやう

amarra [amára] 《←amarrar》囡 ❶《船舶》係留用のロープ、係留索、もやい綱。囡《複》係留設備(装置): echar las ～s 係留する、もやう。❷《馬具》むながい。❸ 後ろだて、コネ: tener buenas ～s 有力なコネをもっている

soltar (romper・cortar) [las] ～s 1) もやい綱を解く、出航する: Soltamos ～s dentro de diez minutos. 10分後に出航します. 2) 束縛から脱する; [+con と] 関係を断つ: Todos los hijos tienen que soltar ～s. 子供たちはみな巣立っていかねばならない

amarraco [amaráko] 男《トランプ》[mus で] 5点

amarradero [amaraðéro] 《←amarrar》男 ❶《船舶》係留用の杭(環); 係留地; 泊地、シーバース。❷《動物をつなぐ》柱、杭

amarrado, da [amaráðo, ða] 形 ❶ [estar・ir+] いいコネ(強力なバック)のある。❷ [estar+] 《口語》けちな、締まり屋の。❸《キューバ》[仕事に] 打ち込む、つきっきりの

amarrador [amaraðór] 男《船舶》係留する人、係留係

amarradura [amaraðúra] 囡 ❶ つなぐこと、縛ること。❷《船舶》係留、係船

amarraje [amaráxe] 男《←amarrar》《船舶》停泊料、停泊税

amarrar [amarár] 《←仏語 amarrer「縛る」》他 ❶ [船などを] 係留する、もやう: El viejo bote estaba amarrado en el muelle. 古いボートが桟橋にもやってあった。❷《主に中南米》[+a と] つな

ぐ; 束縛する: Amarré al perro a un árbol. 私は犬を木につないだ。 ~ zapatos 靴の紐を結ぶ。Los padres tienen a la hija amarrada. 両親は娘に自由を与えない。❸ [非物質的なものを] 確保する: ~ a los clientes 顧客をつなぎ留める。~ el voto de los campesinos 農民票を確保する。❹ 《トランプ》[不正な切り方でカードを] そろえる

dejarlo todo bien amarrado [y bien amarrado] 万全の用意をする
── 自 《学生語》猛勉強する、頭に詰め込む
── ~se ❶《まれ》しがみつく。❷《中南米》自分の…を縛る
amarrársela 《中南米》酔っ払う
amarre [amář̥e] 男 ❶ 《船舶》1) 係留: boya de ~ 係留ブイ。2) 泊地、バース [=amarradero]。❷ 《技術》固定装置、アンカー。❸ 《トランプ》不正な切り方。❹ 俗 勉。❺ 《エクアドル. 口語》秘密協定、密約
amarreco [amař̥éko] 男 《アラバ, ナバラ》=**amarraco**
amarretaco [amař̥etáko] 男 《地方語》午前10時ごろにとる軽食
amarretas [amař̥étas] 形 名 《単複同形》《まれ》=**amarrete**
amarrete, ta amař̥éte, ta] 形 名 《ペルー, ボリビア, チリ, アルゼンチン, ウルグアイ. 軽蔑》❶ けちな[人]、欲深な[人]。❷ 取るに足りない[人]
amarrido, da [amař̥íđo, đa] 形 《まれ》悲痛な、沈鬱な
amarro [amář̥o] 男 ❶ 《まれ》つなぐこと; 係留。❷ 《ボリビア》包み、束
amarrocar [amař̥okár] [7] 他 《アルゼンチン, ウルグアイ. 隠語》一人占めする、ため込む
amarrón, na [amař̥ón, na] 形 名 《トランプ》慎重な [プレーヤー]
amarronado, da [amař̥onáđo, đa] 形 栗色がかった、茶色っぽい
amarteladamente [amarteláđaménte] 副 仲むつまじく、ほれ込んで
amartelado, da [amartiλáđo, đa] 形 いちゃつく、ほれ込んだ、相思相愛の
amartelamiento [amartelamjénto] 男 [人前での過剰な] むつまじさ、いちゃつき; のぼせ上がり
amartelar [amartelár] 他 ❶ 惚れさせる。❷ 《廃語》嫉妬させる
── ~se ❶ [男女が] べたべたする、いちゃつく。❷ 惚れる。❸ 《廃語》嫉妬する
amartillar [amartiλár] 他 ❶ [銃の] 撃鉄を起こす。❷ 金槌で打つ [=martillear]。❸ [取引きを] 確認する、念を押す
amarulencia [amarulénθja] 女 《廃語》恨み; 苦渋
amasada [amasáđa] 女 ❶ こねる (練る) こと。❷ 《建築》漆喰・石灰などを混ぜたもの
amasadera [amasađéra] 女 ❶ [パン生地の] こね機; こね鉢、練り台。❷ 《クエンカ》[左官用の] ふね
amasadería [amasađería] 女 《主に中南米》パン店
amasadero [amasađéro] 男 パンをこねる作業場
amasado [amasáđo] 男 こねること、練ること
amasador, ra [amasađór, ra] 形 ❶ こねる [人]、練る [人]。❷ 蓄える [人]
── 男 《地方語》[パン生地の] こね鉢; パンをこねる作業場
── 女 [パン生地の] こね機
amasadura [amasađúra] 女 《まれ》こねること、練ること; こねた生地
amasamiento [amasamjénto] 男 ❶ こねること、練ること。❷ 《まれ》マッサージ
amasandero, ra [amasandéro, ra] 名 《主に中南米》パン職人
amasar [amasár] 他 [←a-+masa] ❶ こねる、練る: ~ [el] pan パン生地をこねる。❷ マッサージする。❸ [財産などを] 蓄える: ~ una fortuna 一財産こしらえる。❹ [雑多なものを] まとめる、一つにする。❺ 《口語》[悪事を] たくらむ
amasco [amásko] 男 《地方語. 果実》アンズ [=albaricoque]
amasiato [amasjáto] 男 《メキシコ, コスタリカ, ペルー》同棲、内縁関係
amasijar [amasixár] 他 《アルゼンチン, ウルグアイ. 口語》手ひどく殴る; 惨殺する
── ~se 《アルゼンチン, ウルグアイ. 口語》❶ [情熱的に] 互いにキスや愛撫をする。❷ 一所懸命する
amasije [amasíxe] 男 《アルゼンチン, ウルグアイ. 口語》[群衆による] もみくちゃ
amasijo [amasíxo] 男 [←amasar] ❶ 寄せ集め、ごたまぜ: El conductor se encontraba atrapado entre el ~ de hierros de su coche. ドライバーは車の鉄のかたまりにはさまっていた。

❷ こねたもの。❸ 《口語》たくらみ。❹ 《アルゼンチン, ウルグアイ. 口語》=**amasije**
amasío, a [amasío, a] 名 《中米》恋人; 同棲している人
amasquillo [amaskíλo] 男 《地方語. 果実》アンズ [=albaricoque]
amastia [amástja] 女 《医学》無乳房
amatar [amatár] ~**se** 《植物》[木・灌木が] 茂み mata に変わる
amate [amáte] 男 《メキシコ, 中米. 植物》アマテ [イチジクの一種。乳液は溶解剤。アステカ人は樹皮を紙として使った]
amateur [amatéř] 名 [←仏語] 形 [園 ~s/単複同形] ❶ アマチュア [の]、素人 [の]: Es un ~. 彼はアマチュア (素人) だ。campeonato mundial del golf ~ 世界アマゴルフ選手権。equipo de ~s アマチュアチーム。jugadores ~[s] アマチュア選手たち。orquesta ~ アマチュアオーケストラ。pintor ~ 素人画家。❷ 《軽蔑》[プロであるのに] 下手な、素人のような
amateurismo [amaterísmo] 男 ❶ アマチュア精神; アマチュア資格。❷ 《軽蔑》素人らしさ
amatista [amatísta] 女 《鉱物》紫水晶、アメジスト: ~ oriental オリエンタルアメジスト、バイオレットサファイア
amatividad [amatibiđáđ] 女 《まれ》性的本能
amativo, va [amatíbo, ba] 形 《まれ》惚れっぽい
amatorio, ria [amatórjo, rja] 形 [←ラテン語 amatorius < amare 「愛する」] 形 《文語》恋愛の; 性愛の: poesía ~ria 恋愛詩。práctica ~ria 性行為
amatronar [amatronár] ~**se** [女性が] 成熟して肉づきがよくなる
amaurosis [amaurósis] 女 《医学》黒内障
amauta [amáuta] 男 [←ケチュア語] 賢者 《貴族の学校 Yachayhuasi で教育にあたり、またインカ王家の公式記録を伝承した》
Amaya [amája] 名 《人名》**Carmen** ~ カルメン・アマヤ 《1913〜63、スペインのフラメンコダンサー・フラメンコ歌手。愛称 La Capitana。数多くの映画にも出演》
amayorazgar [amajorazgár] [8] 他 [財産を] 長子相続にする
amayuela [amajwéla] 女 《カンタブリア》[海に生息する] 二枚貝
amazacotado, da [amaθakotáđo, đa] 形 [←a-+mazacote] 形 [estar+] 詰めすぎた、ふっくらしていない、塊になった。❷ 《文学・美術作品などが》装飾過多な、複雑すぎる: arquitectura gris y ~da 灰色の重苦しい建築物
amazacotamiento [amaθakotamjénto] 男 詰めすぎ; 装飾過多
amazacotar [amaθakotár] 他 過度に濃く (硬く・重く) する
amazona [amaθóna] 女 ❶ 《ギリシア神話》アマゾン族 [の女]; 女戦士、勇猛な女、女傑。❷ 乗馬婦人; 女性騎手: montar en (a la) ~ 馬に横乗りする。❸ [ロングスカートの] 婦人用乗馬服: falda de ~ 婦人用乗馬服のスカート。❹ 《地名》el [río] A~s アマゾン川 《アンデス山脈からブラジルを経て大西洋に流れ込む世界最大の河川》。❺ 《鳥》ボウシインコ
amazonense [amaθonénse] 形 《地名》アマゾン地方 Amazonas の [人] 《コロンビア・ペルー・ブラジルにまたがるアマゾン川流域》
Amazonia [amaθónja] 女 《地名》アマゾン川流域
amazónico, ca [amaθóniko, ka] 形 《地名》❶ アマゾン el Amazonas の: cuenca ~ca アマゾン川流域、アマゾン盆地。❷ アマゾン川流域の: selva ~ca アマゾンの密林
amazonio, nia [amaθónjo, nja] 形 《まれ》アマゾン川の
amazonismo [amaθonísmo] 男 アマゾン族らしさ、男まさり
amazonita [amaθoníta] 女 《鉱物》アマゾナイト
ambages [ámbáxes] [←ラテン語 ambages 「遠回り」] 男 [復] ❶ 遠回しな言い方、回りくどい話: sin ~ 単刀直入に。❷ 《まれ》回り道; 入り組んだ道
ambagioso, sa [ambaxjóso, sa] 形 《まれ》あいまいな、[言葉の] あやに富む
ámbar [ámbar] 男 [←アラビア語 anbar 「マッコウクジラ」] 男 ❶ 琥珀 (ハク): ~ negro 黒玉。❷ 竜涎 (リュウゼン) 香 [= ~ gris, ~ pardillo]: perfume de ~ 竜涎香入りの香水。❸ 琥珀色; [信号の] 黄色
ser un ~ [ワインの色・透明度などを称賛して] まるで琥珀のようである
── 形 《単複同形》琥珀色の
ambarar [ambarár] 他 《古語》竜涎香の香りをつける
ambarino, na [ambaríno, na] 形 琥珀の (ような); 琥珀色の
── 女 《植物》❶ トロロアオイモドキ [=algalia]。❷ 《中南米》マツムシソウ

ambateño, ña [ambatéño, ña] 形 名《地名》アンバト Ambato の〔人〕[エクアドル, Tungurahua 県の県都]
amberino, na [amberíno, na] 形 名《地名》[ベルギーの] アントワープ Amberes の〔人〕
amberita [amberíta] 名《化学》アンバーライト
ambiciar [ambiθjár] 他 [廃語]=ambicionar
ambición [ambiθjón]《←ラテン語 ambitio, -onis < ambire「囲む」< amb- (周囲)+ire「行く」》女 大きな望み, 野心, 希望: Mi única ~ es ser astronauta. 私のただ一つの夢は宇宙飛行士になることだ. tener ~ de (por)... …に野心がある. abrigar (tener) grandes ambiciones 大望を抱く(抱いている). político con muchas ambiciones 野心満々の政治家. hombre sin ~es 野心のない男. ~ de fama 名誉心. ~ de poder 権力欲
ambicionable [ambiθjonáble] 形 野心の対象となるに値する(対象となるべき)
ambicionador, ra [ambiθjonaðór, ra] 形 野心のある
ambicionar [ambiθjonár] 他 …に野心がある; 切望する: 1) Solo ambiciono salud. 私はひたすら健康を願っている. ~ poder 権力への野心を抱く. 2) [+不定詞・que+接続法] ~ ser... …になりたいと望む. Ambicionaba que su hijo se hiciera juez. 彼は息子が裁判官になることに望みをかけていた
ambiciosamente [ambiθjósaménte] 副 大望を抱いて; 強く願って
ambicioso, sa [ambiθjóso, sa]《←ラテン語 ambitiosus < ambitio, -onis》形 ❶ [事柄が] 野心的な, 思い切った: proyecto ~ 野心的な計画. construcción ~sa 気宇壮大な建造物. [+de を] 強く望む, 野心のある: afán ~ de ser rico algún día いつか金持ちになりたいという熱意. político ~ 野心的な政治家
── 名 野心家, 野心的な人: ~ de figurar 立身出世主義者
ambidextro, tra [ambiðé(k)stro, tra] 形 両手きの〔人〕
ambidiestro, tra [ambiðjéstro, tra] 形 =ambidextro
ambientación [ambjentaθjón] 女 ❶《文学, 演劇, 映画》場面設定, 舞台設定; 舞台装置, 背景; 音響効果: El productor respeta la ~ de la época. プロデューサーは時代設定を尊重する. ruido ~ 効果音. ❷ 雰囲気作り: ~ musical 音楽によるムード作り. ❸ 環境への馴化
ambientador, ra [ambjentaðór, ra] 形《放送》音響効果係
── 男 芳香剤, 脱臭剤, 消臭(芳香)スプレー
ambiental [ambjentál] 形 環境の, 周囲の: economía ~ 環境経済学. educación ~ 環境教育. entorno ~ 周囲の環境. música ~ de la infancia 幼少期の生育環境. música ~ [映画・公共施設などの] バックグラウンドミュージック, BGM; 環境音楽. política ~ 環境政策. temperatura de agua ~ 環境水温
ambientalismo [ambjentalísmo] 男 環境決定論, 環境保護
ambientalista [ambjentalísta] 名 環境主義の(主義者)〖=ecologista〗
ambientar [ambjentár] 《←ambiente》他 ❶《文学, 演劇, 映画》[環境・状況に] 設定する: Esta novela está ambientada en una empresa. この小説はある会社を舞台にしている. ~ su obra en la Edad Moderna 作品を近代に設定する. ~ el escenario 舞台設定をする. ❷ […の場に] 雰囲気を作る: He ambientado la mesa con candelas. 私はろうそくで食卓のムード作りをした. ❸ [新しい環境に] 導く, 慣れさせる, 適応させる
── ~se [環境に] なじむ, 適応する: Ya te has ambientado en nuestra clase. 君はもう僕らのクラスに慣れたね
ambiente [ambjénte]《←ラテン語 ambiens, -entis「周囲の」< ambire「囲む」< amb- (周囲)+ire「行く」》男 ❶ 環境, 状況: Siempre han vivido en buen ~. 彼らは常によい環境で生活してきた. cambiar de ~ 環境(気分)を変える. contaminar el ~ 環境(空気)を汚染する. crónica ~ 背景記事. música ~ 環境音楽. ~ burgués ブルジョア的環境. ~ familiar 家庭環境. ~s rurales 田園(田舎の)の環境. ❷ [限定された場所で] 空気: El ~ está cargado de humo. 室内の空気がたばこの煙でよどんでいる. ~ artificial エアコンディショニング. ❸ 雰囲気; 活気: En la fiesta había muy buen ~. パーティーは盛り上がった. ~ de fiesta お祭りムード. ❹ 評判, 好評: mal ~ 悪評. Tiene [buen] ~ entre sus compañeros. 彼は仲間内で受けがいい. ❺ [時に複] 社会的・職業的グループ, 社会階層: Es muy conocido en el ~ de coleccionistas. 彼はコレクターの世界では大変有名だ. ~s aristocráticos 貴族階層. ~s intelectuales 知識人層. ~s populares 庶民階層. ❻《美術》空気遠近法. ❼《放送》micrófono de ~ 集音マイク. ❽《チリ, アルゼンチン, ウルグアイ》部屋: departamento de dos ~s 2部屋のアパート
dar ~ 雰囲気作りをする, 場を盛り上げる
haber ~ para... …をする雰囲気である, …に好意的な空気である
hacer mal ~ a+人《南米》…をくつろげないようにする
── 形 周囲の, まわりの: esnobismo ~ 周囲の俗物主義
ambigú [ambigú] 男《複 ~[e]s》[劇場などの] ビュッフェ[式のカウンター・料理]
ambiguamente [ambíɣwaménte] 副 あいまいに, 不明確に, どっちつかずに
ambigüedad [ambiɣweðá(ð)] 女 ❶ あいまいさ: responder con ~ あいまいな返事をする. ❷《言語》両義性, 二義性
ambiguo, gua [ambíɣwo, gwa]《←ラテン語 ambiguus < ambigere「論議されている」< amb- (周囲)+agere「導く」》形 ❶ [意味が] あいまいな, 両義をもつ, 漠然とした: expresión ~gua 紛らわしい表現. respuesta ~gua あいまいな返事. ❷《文法, 生物》両性の: sustantivo de género ~/nombre ~ 両性名詞〖azúcar・mar など〗《文》どちらにも使われる名詞》. ❸ [人・態度が] 優柔不断な, 煮え切らない: Tus actitudes son muy ~guas. 君の態度はひどくあいまいだ. ❹ [男性が] 女みたいな, 女形の. ❺ バイセクシャルの〔人〕, 両性愛の〔人〕
ambisex [ambisé(k)s] 形《古語的》=unisex
ambisexo [ambisé(k)so] 形《古語的》=unisex
ámbito [ámbito]《←ラテン語 ambitus < ambire「巻く, 囲む」》男 ❶ [限界のある] 空間, 区域: fotografía de animales en su ~ natural 自然の環境における動物写真. colaboración entre empleadores y trabajadores en el ~ de la empresa 社内における使用者と労働者の協力. ❷ 範囲: en todo el ~ nacional その日は全国規模の祭日だ. en el ~ de la ley 法律の枠内で. ❸ 分野, 領域: buscar mayor ~ より広く検索をかける. ~ de acción 行動領域. ~ de mi especialidad 彼の専門分野. ~ de la psicología 心理学の領域. ❹ グループ: ~s de la oposición 反対派. ~ literario 文壇
ambivalencia [ambibalénθja]《←ambi+valencia》女 ❶ 両面性, 二重性〖相反する2つの解釈が可能な状態〗. ❷《心理》アンビバレンス: ~ de amor-odio 愛と憎しみのアンビバレンス
ambivalente [ambibalénte] 形 両価的な, 両義的な, 心情的に相反する: relaciones ~s [愛憎・好悪こもごもの] 矛盾する関係. sentimientos ~s 相反する感情
ambivalentemente [ambibaléntemeénte] 副 両価的に, 両義的に
amblador, ra [amblaðór, ra] 形《廃語》[馬などが] 側対歩で歩む
ambladura [ambladúra] 女《まれ》側対歩
amblar [amblár] 自 ❶《馬術》側対歩で歩む. ❷《廃語》体がなめらかに動く
amblehuelo [amblewélo] 男 ambleo の示小語
ambleo [ambléo] 男 [重さ1.5キロの] 大ろうそく; 大ろうそく用の燭台
ambligonio [ambliɣónjo] 形《幾何》triángulo ~ 鈍角三角形〖=triángulo obtusángulo〗
ambligonita [ambliɣoníta] 女《鉱物》アンブリゴナイト
ambliope [ambljópe] 形《医学》弱視の〔人〕
ambliopía [ambljopía] 女《医学》弱視
amblístoma [amblístoma] 女《動物》アホロートル・マーブル
ambo [ámbo] 男 ❶ [18世紀の宝くじで] 当たりくじと2数字が同じ場合に与えられる賞. ❷《チリ, アルゼンチン, ウルグアイ》背広〖上下が別色のこともある〗
ambolicar [ambolikár] 7 他 =embolicar
ambón [ambón] 男《カトリック》[教会の祭壇両側にある] 説教壇, 朗読台
ambos, bas [ámbos, bas]《←ラテン語 ambo, -ae, -o》形 複《文》〖不定形容詞. 無冠詞で〗両方の, 双方の〖=los dos〗: ~ ministros llegaron al mismo tiempo. 両大臣は同時に到着した. a ~ lados del camino 道の両側に. con ambas manos 両手で. de ambas partes 双方の. por ~ lados 両側から
── 代 複《文語》〖不定代名詞〗両方, 両者, 2つとも: Me gustan ~. 私は両方とも好きだ. Aquí vinieron ~. 2人ともここに来た

〜 *a dos* 《文語》両方, 両者: *A*〜 *a dos* son muy peligrosos. 両方ともとても危険だ
-ambre 《接尾辞》［豊富, 集合］pel*ambre* ぼさぼさの毛
-ambrera 《接尾辞》=**-ambre**
-ambrería 《接尾辞》=**-ambre**
ambrosía [ambrosía] 女 ❶《ギリシア神話》神肴, 神饌(しんせん)〖神々の食物で不老不死の霊薬〗. ❷《文語》珍味佳肴(かこう): licor de 〜 美酒. perfume de 〜 芳香. ❸《植物》ブタクサ; アンブロジア. ❹《ラプラタ. 料理》アンブロシア〖カスタードクリームの一種〗
ambrosiaco, ca [ambrosjáko, ka] 形 神の食物のような; 非常に美味な, 馥郁(ふくいく)たる
ambrosiano, na [ambrosjáno, na] 形《人名. カトリック》ミラノの聖アンブロシウスの: rito 〜 アンブロシウス式典礼. canto 〜 アンブロジオ聖歌
Ambrosio [ambrósjo]《人名》**San 〜 de Milán** ミラノの聖アンブロシウス
***la carabina de* 〜** 役立たず: ser〔lo mismo que〕*la carabina de* 〜《口語》全く用をなさない
ambuesta [ambwésta] 女 両手一杯の量, 両手ですくえる量
ambueza [ambwéθa] 女 =**ambuesta**
ambulación [ambulaθjɔ́n] 女《文語》歩き回り
ambulacral [ambulakrál] 女［刺皮動物の］歩帯の: pie 〜 歩帯. sistema 〜 歩管系
ambulacro [ambulákro] 男 ❶［刺皮動物の］歩帯. ❷ カタコンブ(地下墓所)の廊下
ambulancia [ambulánθja]〖←ambulante〗女 ❶ 救急車: llamar una 〜 救急車を呼ぶ. trasladar en 〜 救急車で運ぶ. ❷ 移動野戦病院, 前線救護所: 〜 volante (fija) 移動(常設)野戦病院. ❸《西. 鉄道》〜 de correos 郵便車
ambulanciero, ra [ambulanθjéro, ra] 名 ❶ 救急隊員, 救急救命士. ❷ 衛生兵, 救護兵
ambulante [ambulánte]〖←ラテン語 ambulans, -antis < ambulare「歩く」〗形 ❶ 移動する, 巡回式の; 歩き回る: actor 〜 旅芸人, 旅役者. biblioteca 〜 移動図書館. circo 〜 巡業のサーカス. comercio (venta) 〜 行商, 呼び売り, 巡回販売. ❷《まれ》=**ambulativo**
—— 名 ❶ 行商人, 呼び売り商人〖=vendedor 〜〗. ❷《西. 鉄道》〜 de Correos 郵便車乗務員
ambulantemente [ambulánteménte] 副 巡回式に
ambular [ambulár]〖←ラテン語 ambulare「歩く, 散歩する」〗自《まれ》歩き回る, さまよう
ambulativo, va [ambulatíbo, ba] 形 居の定まらない, 風来坊の
ambulatoriamente [ambulatórjaménte] 副《医学》通院治療で
ambulatorio, ria [ambulatórjo, rja]〖←ラテン語 ambular〗形 ❶《医学》入院する必要のない: tratamiento 〜 通院治療. ❷《動物》［器官が］歩行用の
—— 男《西》外来患者専門の病院, 入院設備のない診療所; ［病院の］外来診療科
ambutar [ambutár] 他《地方語》押しやる〖=empujar〗
AME《略語. 歴史》←Acuerdo Monetario Europeo 欧州通貨協定
ameba [améba]〖←ギリシア語 amoibe「変化, 変形」〗女《動物》アメーバ
amebeo, a [amebéo, a] 形［ラテン詩などが］応答体の, 対話体の
amebiano, na [amebjáno, na] 形《医学》アメーバ性の: disentería 〜*na* アメーバ性赤痢
amebiasis [amebjásis] 女《医学》アメーバ症
amebicida [amebiθíđa] 形 男《薬学》抗アメーバ性の; 抗アメーバ薬
amébidos [amébiđɔs] 男 複《動物》アメーバ目
amebocito [ameboθíto] 男《生物》変形細胞, 遊走細胞
ameboide [amebɔ̯íđe] 形 アメーバ状の, アメーバ様の: movimiento 〜 アメーバ運動
ameboideo, a [amebɔ̯iđéo, a] 形 =**ameboide**
amecer [ameθér] 39 他《古語》混ぜる
amechar [ametʃár] 他 ❶［ランプに］芯を入れる. ❷《まれ. 料理》=**mechar**
amedallar [ameđaʎár] 他《まれ》勲章で飾る
amedianar [ameđjanár] 他《印刷》中央に合わせる
amedrantador, ra [ameđrantađɔ́r, ra] 形 名《まれ》=**amedrentador**
amedrantar [ameđrantár] 他《まれ》=**amedrentar**
amedrentado, da [ameđrentáđo, đa] 形 恐がっている
amedrentador, ra [ameđrentađɔ́r, ra] 形 名 恐がらせる〔人〕, 恐ろしい〔人〕
amedrentamiento [ameđrentamjénto] 男 怖がらせること, 怖がること
amedrentante [ameđrentánte] 形 怖がらせる
amedrentar [ameđrentár]〖←?ポルトガル語 medorento < ラテン語 metorosus < metus, -us「恐怖」〗他《文語》怖がらせる, 震え上がらせる: A los niños les *amedrenta* la oscuridad. 暗闇は子供たちを恐れおののかせる
—— **〜se**《文語》怖がる: *Me amedrento* con la serpiente. 私はヘビにはぞっとする
amejoramiento [amɛxoramjénto] 男《法律. 特にナバラ》［遺言の］改善
ámel [ámɛl] 男《歴史》［アラブの］地方総督, アミール
amelar [amelár] 23 自《まれ》［ミツバチが］蜜を作る
amelcochado, da [amɛlkotʃáđo, đa]〖←a-+melcocha〗形《中南米》黄金色の; ［蜜のような］とろみのある
amelcochar [amɛlkotʃár] 他《中南米》…に糖蜜を加える
—— **〜se**《メキシコ. 口語》柔らかくなる
amelenado, da [amelenáđo, đa] 形 髪を長く伸ばした, 長髪の
amelga [amélga] 女《農業》［種まき用に］畝を立てた畑
amelgado, da [amɛlgáđo, đa] 形［種まきした畑が］発芽むらのある, 芽の出そろわない
—— 男《アラゴン》［畑の］境界決め
amelgador, ra [amɛlgađɔ́r, ra] 名 畝を立てる農民
amelgar [amɛlgár] 8 他 ❶［種まきのため畑に］畝を立てる. ❷《アラゴン》［地所の］境界を示す
amelía [amelía] 女 地方総督 ámel の統治領
amelo [amélo] 男《植物》ユウゼンギク
ameloblasto [ameloblásto] 男《生物》エナメル芽細胞
amelocotonado, da [amelokotonáđo, đa] 形［形・色などが］桃のような
amelonado, da [amelonáđo, đa] 形［形が］メロンのような
amembrillado, da [amembriʎáđo, đa] 形［味・香りが］マルメロのような
-amen《接尾辞》［男性名詞化. 豊富, 集合］mader*amen* 木造部
amén [amén]〖←ヘブライ語 amen「確かに」〗間 ❶《キリスト教》［祈りの終わりの言葉］アーメン, 然(しか)あれかし〖=así sea〗. ❷《主に皮肉》そうなればいい, そのとおり
—— 男〖複 amenes〗❶ アーメン〔の言葉〕: *A*〜, 〜 al cielo llega./Muchos *amenes* al cielo llegan.《諺》熱心に願えばかなえられる. ❷ 終わり, 最後: llegar a los *amenes* いよいよ最後になる
〜 *de...* 1) …のほかさらに〖=además de〗: 〜 *de* lo dicho 前述に加え. 2)《廃語》…のほかは, …を除いて
***decir*〔*a todo*〕〜**〔何でも〕同意する: *Dice* 〜 a cuanto le mandan. 彼は何でも言うことをきく
***en un*〔*decir*〕〜** あっという間に
Amenábar [amenábar]《人名》**Alejandro 〜** アレハンドロ・アメナバル〖1972〜, スペインの映画監督・脚本家.『空を飛ぶ夢』*Mar adentro*〗
amenamente [aménaménte] 副 快適に; 楽しく, 愉快に
amenaza [amenáθa]〖←俗ラテン語 minacia < ラテン語 mina「脅し」〗女 ❶ 脅し〔文句〕, 脅迫; 脅威: Hubo una 〜 de bomba. 爆破の脅迫があった. Entregué el bolso bajo 〜. 私は脅されてバッグを渡した. No me vengas con 〜*s*. 脅し文句はやめてくれ. 〜 amarilla 黄禍〔論〕. 〜 de muerte 殺すとの脅迫. 〜 para la paz 平和に対する脅威. ❷ 悪い兆候: 〜 de lluvias 雨の気配. 〜 de inflación インフレの恐れ
amenazador, ra [amenaθađɔ́r, ra] 形 ❶ 脅迫的な: carta 〜*ra* 脅迫状. llamada 〜*ra* 脅迫電話. tono 〜 脅すような口調. ❷ 悪い兆候の: nubes 〜*ras* 雨が降り出しそうな空模様, 一荒れ来そうな雲ゆき
amenazadoramente [amenaθađóraménte] 副 脅すように, 脅迫的に
amenazante [amenaθánte] 形 =**amenazador**
amenazar [amenaθár]〖←amenaza〗9 他 ❶［+con・de で］脅す, 脅迫する: 1) Ella *amenazó* a su hombre diciendo que iba a revelar a los media sus relaciones con él. 彼女は自分

たち2人の関係をマスコミに暴露すると言って愛人を脅した. Le *amenazan con* el despido. 彼は解雇をちらつかされている. Me *amenazaron de* muerte. 私は殺すぞと脅された. *Amenazó* a la cajera *con* una navaja. 彼はレジ係をナイフで脅した. Nos *amenaza* el agotamiento de recursos naturales. 私たちは天然資源枯渇の脅威にさらされている. 2)［+con+不定詞］Nos *amenazó con* divulgarlo todo. 彼はすべてを暴露するぞと私たちを脅迫した. 3)《チェス》Me *amenazó* la reina con un caballo. 彼はナイトで私のクイーンを脅かした. ❷ …の恐れがある; [+不定詞]…しそうである: Esta torre *amenaza* derrumbarse (ruina). この塔は今にも倒壊しそうだ. Las negociaciones *amenazan* romperse. 交渉は決裂の恐れがある. 2)［単人称］*Amenaza* nieve. 雪になりそうだ. ❸ …の前兆である: Este cielo *amenaza* tormenta. この空模様では嵐になりそうだ ── 圓 ❶ [+con で] 脅す, 威嚇する: El sindicato laboral *amenazó con* una huelga. 労働組合はストの脅しをかけた. ❷ [+con+不定詞] 恐れがある, 前兆がある: La epidemia *amenaza con* extenderse rápidamente. 疫病は急速に広がるおそれがある. 2)［時に単人称］[El tiempo] Está *amenazando con* llover. 今にも雨が降り出しそうな天気だ

amencia [aménθja] 囡 知的障害
amenguamiento [amengwamjénto] 男 減らす（減る）こと
amenguar [amengwár] 12 他 ❶ 減らす, 小さくする. ❷《廃語》中傷する, 侮辱する
── 圓 減る
amenidad [amenidá(d)] 囡 快適さ, 心地よさ, 楽しさ, 面白さ: Nos gusta la ～ de la sombra de árboles. 私たちは木陰の心地よさが好きだ. Su discurso carece de ～. 彼のスピーチは無味乾燥だ（面白くも何ともない）
amenización [ameniθaθjón] 囡 楽しくすること, 活気づけ
amenizador, ra [ameniθaðór, ra] 形 楽しくする, 活気づける
amenizar [ameniθár]［←ameno］9 他 ❶事を] 楽しくする, 活気づける: Nos *amenizó* la cena contando chistes. 彼は冗談を連発して夕食をにぎやかにしてくれた
ameno, na [améno, na][←ラテン語 amoenus] 形 ❶［場所が, 植物・自然で］快適な: campo ～ 気持ちのいい草原. ❷ 面白い, 楽しい: ensayo ～ 面白いエッセー. fiesta ～na 楽しいパーティー. hombre muy ～ 大変愉快（魅力的）な人
amenorgar [amenorgár] 8 他《まれ》減らす, 削減する
amenorrea [amenorréa] 囡《医学》無月経
amenorreico, ca [amenorréjko, ka] 形 無月経の〔女性〕
amentáceo, a [amentáθeo, a] 形《植物》尾状花序の
amentar [amentár] 他《古語》皮ひもで縛る
amentiforme [amentifórme] 形《植物》尾状花序形の
amento [aménto] 男《植物》尾状花序
ameos [améos] 男《単複同形》《植物》イトバドクゼリモドキ, アンミ
amerar [amerár] 他 =**merar**
── ～se 水に浸かる, 水がしみ込む
amerengado, da [amerengáðo, ða] 形 ❶《軽蔑》甘ったるい. ❷《まれ》メレンゲのような
América [amérika]［←Amerigo Vespucci (アメリカ大陸を初めて新世界と認識したイタリア人アメリゴ・ヴェスプッチ. スペイン語表記 Américo Vespucio)］囡《地名》❶ アメリカ〔大陸〕: ～ del Norte (Central・del Sur) 北（中央・南）アメリカ. ～ Latina ラテンアメリカ. ❷《西》中南米, ラテンアメリカ: las ～s 南北両アメリカ. ❸《西》米国
hacer (se) las ～s《まれ》*hacer (se) la ～* 一旗上げる, 金持ちになる
americana[1] [amerikána] 囡《西. 服飾》[男性用の] ジャケット, ブレザー, 上着
pagar (ir) a la ～《中南米》割り勘にする
americanada [amerikanáða] 囡《西. 軽蔑》アメリカ映画の軽薄さ; [単純な] アメリカ人らしさ
americanismo [amerikanísmo] 男 ❶ ラテンアメリカ特有の言い回し, 中南米語; 中南米の先住民語に由来する語《例》maíz, tabaco など. ❷ アメリカ学, アメリカ研究. ❸ 米国風(式)の; アメリカ人気質. ❹ アメリカ帝国主義. ❺《中南米》米国かぶれ（崇拝）; 親米主義
americanista [amerikanísta] 形 囲 アメリカ学の〔研究者〕, ラテンアメリカ研究の〔学者〕;《中南米》親米主義の（主義者）
americanística [amerikanístika] 囡 アメリカ学, アメリカ研究
americanización [amerikaniθaθjón] 囡 アメリカ化

americanizado, da [amerikaniθáðo, ða] 形 アメリカらしい, アメリカ風の
americanizante [amerikaniθánte] 形 アメリカ化させる, アメリカ風にする
americanizar [amerikaniθár] 9 他 アメリカ化させる, アメリカ風にする; 米国化させる
── ～se アメリカ化する, アメリカ風になる; 米国化する
americano, na[2] [amerikáno, na] 形 ❶ アメリカ大陸の: Continente A～ アメリカ大陸. Continentes A～s del Norte y Sur 南北アメリカ大陸. ❷ 中南米の, ラテンアメリカの: Se encuentra el andaluz en el habla ～na. ラテンアメリカの言葉にはアンダルシア方言がある. ❸［=norteamericano］: Aquí vienen muchos turistas ～s. ここにはアメリカ人観光客が大勢来る. corte de pelo a la ～na GIカット. ❹《西》アメリカ風の, アメリカ成金の
── 囲 ❶ 中南米の人, ラテンアメリカ人; アメリカ大陸の住民. ❷《西》アメリカ人, 米国人. ❸《西》アメリカ帰りの人
americio [ameríθjo] 男《化学》アメリシウム
amerindio, dia [ameríndjo, dja]［←americano+indio］形 囲 アメリカ先住民の〔人〕: lenguas ～*dias* アメリカ先住民語. tribu ～ アメリカ先住民部族
ameritado, da [ameritáðo, ða] 形《中南米》功績のある, 賞賛に値する
ameritar [ameritár] 圓 他《アンダルシア; 中南米》❶ メリットを生む, ～に値する [=**merecer**]
amerizaje [ameriθáxe] 男《水上機などの》着水: realizar un ～ de emergencia 海上に不時着する
amerizar [ameriθár] 9 圓《水上機などが》着水する
amero [améro] 男《コロンビア》トウモロコシの穂軸を包む葉
amesetado, da [ameseθáðo, ða] 形《地形》台地 meseta のような
amestizado, da [amestiθáðo, ða] 形 囲 メスティーソ mestizo のような〔人〕
ametalado, da [ametaláðo, ða] 形 ❶ 真鍮（しんちゅう）のような. ❷ 金属のように音が響く; 音色のある
ametalar [ametalár] 他《廃語》合金にする; 混合物を作る
ametista [ametísta] 囡 =**amatista**
ametrallador, ra [ametraʎaðór, ra] 形 機関銃式の: fusil ～ 自動小銃. pistola ～ra 短機関銃
── 囡 機関銃: ～*ra* pesada (ligera) 重（軽）機関銃. ～*ra* fotográfica ガンカメラ
ametrallamiento [ametraʎamjénto] 男 機銃掃射
ametrallar [ametraʎár]［←a-+metralla］他 ❶ 機銃で射つ, 機銃掃射する. ❷《比喩. 古語》連発する
ametría [ametría] 囡《詩法》無韻律
amétrico, ca [amétriko, ka] 形《詩法》無韻律の
amétrope [amétrope] 形 囲《医学》非正視の〔人〕, 屈折異常の〔人〕
ametropía [ametropía] 囡《医学》非正視, 屈折異常
amezquindar [ameθkindár] ～*se*《まれ》悲しむ
ami [ámi] 男《植物》イトバドクゼリモドキ〔=**ameos**〕
amia [ámja] 囡《魚》=**lamia**
amianto [amjánto] 男《鉱物》アミアンタス, 上質の石綿: ～ cemento 石綿セメント. ～ en tejido 石綿布
amiantosis [amjantósis] 囡《医学》石綿肺症
amiba [amíba] 囡 =**ameba**
amibiano, na [amibjáno, na] 形 =**amebiano**
amibiasis [amibjásis] 囡 =**amebiasis**
amibo [amíbo] 男 =**ameba**
amibocito [amiboθíto] 男 =**amebocito**
amiboide [amibójðe] 形 =**ameboide**
amiboideo, a [amibojðéo, a] 形 =**ameboideo**
amical [amikál] 形《文語》親切な, 友達みたいな
amicalmente [amikálménte] 副《文語》親切に
amicísimo, ma [amiθísimo, ma]［*amigo* の絶対最上級］形 非常に親しい
amicus Plato, sed magis amica veritas [amíkus pláto seð mágis amíka beritas]《ラテン語》ある意見をプラトンのような尊敬されている人が肯定したからといって十分ではなく真実こそが大切である
amida [amíða] 囡《化学》アミド: ～ metálica 金属アミド
amidación [amiðaθjón] 囡《化学》アミド化
amidasa [amiðása] 囡《生化》たん白質分解酵素〔=**proteasa**〕

amidos [amíðos] 副《古語》いやいやながら

amielínico, ca [amjelíniko, ka] 形《解剖》髄鞘のない: nervios ~s 無髄神経

amiento [amjénto] 男 [かぶと・靴などの] 皮ひも, 皮ベルト

-amiento《接尾辞》[ar動詞+. 名詞化. 動作・結果] pensamiento 思想

amigabilidad [amiɣaβiliðáð] 女《まれ》親しみやすさ, 気さくさ

amigable [amiɣáβle]《←ラテン語 amicabilis》形 ❶ 親しい, 打ち解けた; 親しみのある, 友好的な: Ana es muy ~. 今日マヌエルは愛想がよかった. en tono ~ (poco ~) 親しげな(よそよそしい)口調で. persona ~ 気さくな人. relación ~ 友好関係, 親しい間柄. ~ charla 打ち解けたおしゃべり. ❷ 調和した, 一致した

amigablemente [amiɣáβleménte] 副 親しげに; 友好的に

amigacho, cha [amiɣátʃo, tʃa] 名《まれ》=amigote

amiganza [amiɣánθa] 女《まれ》[=amistad]

amigar [amiɣár]《←amigo》8 自 ❶ 友だちになる. ❷ ~ bien 仲よくする. ~ mal けんかする
—— ~se《古語》同棲する, 内縁関係にある

amígdala [amíɣðala] 女《解剖》[主に 複] 扁桃(≈)腺, 扁桃体: Tengo inflamadas las ~s. 私は扁桃が腫れている

amigdaláceo, a [amiɣðaláθeo, a] 形 アーモンド科の
—— 女《植物》アーモンド科

amigdalar [amiɣðalár] 形《解剖》扁桃腺の

amigdalectomía [amiɣðalektomía] 女《外科》扁桃摘出

amigdalino, na [amiɣðalíno, na] 形 扁桃腺の
—— 女《生化》アミグダリン

amigdalitis [amiɣðalítis] 女《医学》扁桃腺炎

amigdaloide [amiɣðalóiðe] 形《地質》杏仁(╬)状岩の

amigdalotomía [amiɣðalotomía] 女《医学》類扁桃体切除〔術〕

Amigo [amíɣo]《人名》**Vicente ~** ビセンテ・アミーゴ『1967~, スペインのフラメンコ・ギタリスト, 作曲家. 『イデアの街』Ciudad de las Ideas』

amigo, ga [amíɣo, ɣa]《←ラテン語 amicus》名 ❶ 友達, 友人: Es un ~ mío. 彼は私の友達だ. Es mi íntimo ~. 彼は私の親友だ. Tengo ~s en España. 私はスペインに友人がいる. Nada como tener ~s. 持つべきものは友達だ. Mañana me visita un ~ mío. 明日私の友人が1人訪ねてくる. Te presento a mi ~ Juan. 君に友達のフアンを紹介しよう. Vamos a hablar como ~s. 友人として話そう. En el peligro se conoce al ~.《諺》まさかの時こそ真の友. hacer ~s 友人を作る. ganar ~s 友人ができる. seguir siendo ~s de... …と親交を続ける. al (el su) mejor ~ 一番の友達. ❷ 恋人, ボーイフレンド, ガールフレンド『結婚・同棲していないが愛情・性的関係がある』: Me presentó a su ~ga y me dijo que pronto se casarían. 彼は私に恋人を紹介して, 近々結婚するつもりだと言った. ❸《口語》愛人, 情夫, 情婦; めかけ. ❹ 〔手紙〕Querido ~/Mi estimado ~ 拝啓『相手が友人でなくても使う』. ❺ 味方《⇔enemigo》
~ de lo ajero 泥棒, 強盗
~ del asa《口語》親友
cara de pocos ~s 不機嫌な顔; 不愛想な顔: El jefe hoy tiene cara de pocos ~s. 上司は今日は不機嫌な顔をしている
gran ~ 親友
—— 間《呼びかけ・読者への呼びかけ》やあ, 君; 友よ: ¡Hace mucho tiempo que no te veo, ~! やあ, ずいぶん久しぶりだね. ¡Vaya en paz, ~! それじゃ, 元気で. ❷ 〔坑道を昇降するための〕巻上げ機のロープを結んだ横木
—— 間〔言明・説明の前の中断〕えーと: ¡A~! eso explicara... えー, それで分かるのは…
Pero ¡~! 〔叱責などの前置き〕いいかい, あのね!
—— 形 ❶ 親しい, 仲のよい, 友達の, 好意的な: Son muy ~s. 彼らはとても仲がよい/親友同士だ. Se lo han pedido a un diputado ~. 彼らはそれを親しい議員に依頼した. cara ~ga 親しげな顔. voz ~ga 親しげな声. ❷ 味方の, 友好的な: Muchos países han tendido una mano ~ga a los refugiados. 多くの国が難民に温かい手をさしのべた. país ~ 友好国. territorio ~ 味方の土地. viento ~ 順風. ❸ [+de ~] 好~が性に合う: Es muy ~ga de la música. 彼女は音楽が大好きだ. Es más ~ de divertirse que de trabajar. 彼は働くより遊ぶ方が好きだ. ser ~ de las cosas buenas 高級品を好む

みである. ser ~ de decir las cosas claramente 物事をはっきり言う性分である. ❹《文語》心地よい, 好ましい: jardín ~ 感じのよい庭. paisaje ~ のどかな風景
hacerse ~ de+人 …と親しくなる
hacerse ~s〔互いに〕友達になる

amigote, ta [amiɣóte, ta]《amigo の示大語》名《軽蔑, 戯語》悪友, 遊び仲間: Se fue de parranda con sus ~s. 彼は仲間たちと遊びに出かけた. Ayer bebí mucho con mis ~s. 昨日私は友達と大いに飲んだ

amiguete [amiɣéte]《←amigo》男《西》❶ ちょっとした友人, 単なる遊び仲間. ❷《親愛》親友, 真の友: Es mi ~ de toda la vida. 彼は生涯の友だ

amiguísimo, ma [amiɣísimo, ma]《amigo の絶対最上級

amiguismo [amiɣísmo] 男 コネ制, 仲間びいき, 友人間の不正な利益供与『仲間内でうまい話・仕事・地位を不正に分け合うこと』

amiguito, ta [amiɣíto, ta] 名《主に軽蔑》愛人

amiláceo, a [amiláθeo, a] 形 澱粉性の, 澱粉を含む

amilamina [amilamína] 女《化学》アミルアミン

amilanado, da [amilanáðo, da] 形 臆病な; 無気力な

amilanamiento [amilanamjénto] 男 おじけづかせる(おじけづく)こと

amilanar [amilanár]《←a-+milano》他 ❶ おびえさせる, ひるませる: Sus insultos no consiguieron ~me. 彼の罵倒も私をたじろがせることはできなかった. ❷ …の気力を奪う
—— ~se 間 [+por・ante に] おびえる, ひるむ, すくむ: No se amilanó ante tantas dificultades. 彼は幾多の困難にもひるまなかった. ❷ 気落ちする, へこたれる

amilasa [amilása] 女《生化》アミラーゼ

amilemia [amilémja] 女《医学》澱粉血〔症〕

amileno [amiléno] 男《化学》アミレン

amílico [amíliko] 男 ❶《化学》アミルアルコール《=alcohol ~》. ❷ 粗悪なワイン(ブランデー)

amilífero, ra [amilífero, ra] 形《生物》澱粉を含む

amillaramiento [amiʎaramjénto] 男 ❶ [地方税課税のための] 財産査定. ❷ 租税台帳, 土地台帳

amillarar [amiʎarár] 他 ❶ [地方税課税のために住民の財産を] 査定する. ❷ 土地台帳を作る

amillonado, da [amiʎonáðo, da] 形 ❶《歴史》貢納金を課せられた. ❷《まれ》大金持ちの, 裕福な

amilo [amílo] 男《化学》アミル[基]

amilofagia [amilofáxja] 女《医学》澱粉貪食(╬)

amiloide [amilóiðe] 形 男《化学, 医学》アミロイド[の], 類澱粉質[の]

amiloideo, a [amiloiðéo, a] 形 澱粉を含む, 澱粉状の

amiloidosis [amiloiðósis] 女《医学》アミロイド症, 類澱粉症

amiloplasto [amiloplásto] 男《生化》アミロプラスト

amilosis [amilósis] 女《医学》穀粉症

amimia [amímja] 女《医学》無表情

amímico, ca [amímiko, ka] 形《医学》無表情の

amín [amín] 男 [モロッコの] 財務官

amina [amína] 女《化学》アミン

aminar [aminár] 他《化学》アミン化する

amínico, ca [amíniko, ka] 形《化学》アミンの

amino [amíno] 男《化学》アミノ基

aminoácido [aminoáθiðo] 男《化学》アミノ酸: ~ esencial 必須アミノ酸

aminoalcohol [aminoalk[o]ól] 男《化学》アミノアルコール

aminofenol [aminofenól] 男《化学》アミノフェノール

aminofilina [aminofilína] 女《薬学》アミノフィリン

aminopirina [aminopirína] 女《薬学》アミノピリン

aminoración [aminoraθjón] 女 減少

aminorador, ra [aminoraðór, ra] 形 減らす

aminoramiento [aminoramjénto] 男 =aminoración

aminorar [aminorár]《←a-+ラテン語 minor, -oris「より小さい」》他減らす: ~ la marcha 速度を落とす
—— ~se 減る

amiotrofia [amiotrófja] 女《医学》筋萎縮〔症〕

amiotrófico, ca [amjotrófiko, ka] 形《医学》筋萎縮〔性〕の

amir [amír] 男《まれ》=emir

amirí [amirí] 形 男〔複 ~es〕《歴史》アルマンソル Almanzor 一族〔の〕, アルマンソルの子孫〔の〕『アルマンソルは939~1002, 後ウマ

amish

イヤ朝 Califato de Córdoba の宰相. 後ウマイヤ朝滅亡後, 子孫は11世紀前半に群小王国タイファ taifa を樹立した》

amish [ámiʃ/ámis] 形 名《単複同形》《カトリック》アーミッシュ派(の), アマン派(の)

amistad [amistá(đ)] 《←俗ラテン語 amicitas, -atis》 女 ❶ 友情, 友愛: Allí hizo buenas ~es. 彼はそこで多くの人と友情をつちかった. El problema es que tengo una gran ~ con una mujer. 問題は私がある女性ととても親しくしていることだ. contraer (trabar) ~ con+人 …と友情を結ぶ. estar en buenas ~es 仲がよい. hacer ~ con+人 …と親しくなる, 知り合う. hacer la[s] ~[es] 仲直りする. romper [con] la[s] ~[es] 絶交する. por ~ 友情で. ~ firme 固い友情. ❷ 友好関係《=relaciones de ~》; 味方であること《⇔enemistad》: tratado de ~ 友好条約. ❸ 友人たち: Alberto tiene ~es poco recomendables. アルベルトはあまり好ましくない仲間とつき合っている. ❹ 複 コネ, つて: Tengo buenas ~es en la empresa. 私はその会社にいいコネがある

amistanzar [amistanθár] 自 ~se《地方語》同棲する

amistar [amistár] 他《まれ》友達にする, 親しくさせる; 仲直りさせる
── 自 [+con と] 友達になる, 親しくなる; 仲直りする
── ~se《コロンビア, 口語》友達になる, 親しくなる; 仲直りする

amistosamente [amistósaménte] 副 うちとけて, 友好的に; 親切に

amistoso, sa [amistóso, sa] 形 ❶ 友情の; 親善の, 交流の: partido ~ 親善試合. relaciones ~sas 友好関係. reunión ~sa 親善会合. ❷ 友愛的な, 友愛ある, 親切な: mantener una convivencia ~sa 穏やかな共存を続ける. consejo ~ 親身な助言. conversación ~sa 和やかな会談

amito [amíto]《←ラテン語 amictus < amicire「覆う」》《カトリック》男 アミクトゥス《司祭がミサの時, 肩から背中に掛ける四角い布》

amitosis [amitósis] 女《生物》無糸分裂

amitótico, ca [amitótiko, ka] 形《生物》無糸分裂の

ammaní [ammaní] 形 名《複 ~(e)s》《地名》[ヨルダンの] アンマン Ammán の(人)

ammodítidos [ammodítidos] 男 複《魚》イカナゴ属

Ammón [ammón]《古代エジプト》アモン《太陽神》

ammonites [ammonítes] 男《古生物》アンモナイト亜綱

ammonítido [ammonítido] 形《単複同形》《古生物》アンモナイト《=amonites》

amnesia [amnésja]《←ギリシア語 amnesia < a- (無)+mnesis「記憶」》 女《心理》記憶喪失, 健忘(症): ~ anterógrada (retrógrada) 先行(逆行)性健忘

amnésico, ca [amnésiko, ka] 形 名 記憶喪失の(人)

amnéstico, ca [amnéstiko, ka] 形 名 **=amnésico**

amnicola [amníkola] 形《生物》川岸で生育する

amniocentesis [amnjoθentésis] 女《医学》羊水穿刺(せんし)

amniografía [amnjografía] 女《医学》羊水造影(法)

amnios [ámnjos]《←ギリシア語 amneios < amnos「容器」》男《単複同形》《解剖》羊膜

amnioscopia [amnjoskopía] 女《医学》羊水鏡検査

amnioscopio [amnjoskópjo] 男《医学》羊水鏡, 羊膜腔内視鏡

amniota [amnjóta] 形 羊膜動物, 羊膜類

amniótico, ca [amnjótiko, ka] 形《解剖》羊膜の: líquido ~/ aguas ~cas《生理》羊膜液, 羊水. saco ~ 羊膜

amnistía [amnistía]《←古語 amnestia < ギリシア語 amnestia「忘却」< a- (無)+mnesis「記憶」》女 恩赦《行政権者による刑罰の軽減》; 大赦, 特赦: conceder una ~ 恩赦を与える. solicitar una ~ 恩赦を求める. Ley de A~ 恩赦法《1977年フランコ Franco 独裁期, 政治犯に対する恩赦を定めた》. A~ Internacional アムネスティ・インターナショナル

amnistiar [amnistjár] 11 他 …に恩赦(特赦)を与える: El nuevo gobierno ha amnistiado a los presos políticos. 新政府は政治犯に特赦を与えた

amo, ma[2] [ámo, ma] 名《f. ~ama》[1] 形 ❶ 持ち主, 所有者: ~ de la fábrica (la finca・la tienda) 工場(農場・店)主. ❷ 飼い主: ¿Quién es el ~ de este gato? この猫の飼い主は誰だ? ❸ 有力者, 親分: ~ del lugar 土地の顔役. ❹ 主人, 現場監督, 人夫頭. ❺《古語》《召使い・奴隷の》主人, 雇い主; [呼称・尊称] 旦那様: Nuestro ~ es severo. 私たちの主人は厳しい. ❻

《古語》養育掛, 家庭教師
── 男《時に戯語》[妻に対して] 主人
~ de casa 家長; 主夫, 主婦
asentar con ~ 勤務につく
hacerse el ~ de... …を支配する; 自分のものにする: hacerse el ~ de la situación 状況を掌握する
Nuestro Amo《メキシコ, コロンビア, チリ. カトリック》秘跡, 聖体
ser el ~ de la baila《アラゴン》**=ser el ~ [del cotarro]**
ser el ~ de la burra 決定権がある
ser el ~ de la casa 家で一番偉い
ser el ~ [del cotarro] 中心(指導)的役割を果たす

amoblado [amobláđo] 男《アンデス》家具

amoblamiento [amoblamjénto] 男《集名》《中南米》家具《=mobiliario》

amoblar [amoblár] 28 他《主に中南米》**=amueblar**

amodita [amođíta] 女《動物》**=alicante**

amodorrado, da [amođoráđo, đa] 眠そうな, 半睡状態の

amodorramiento [amođoramjénto] 男 まどろみ, 半睡状態

amodorrante [amođoránte] 眠気を催させる

amodorrar [amođorár]《←a-+modorra》他 …に眠気を催させる
── ~se 眠気に襲われる, うとうとする: Me amodorro con el vino. 私はワインを飲むと眠くなる

amodorrecer [amođoreθér] 39 他《廃語》**=modorrar**

amodorrido, da [amođoríđo, đa] 形《廃語》睡魔に襲われた, ひどく眠い

amófila [amófila] 女《昆虫》ジガバチ

amogotado, da [amogotáđo, đa] 形《船舶》丘 mogote のような

amohecer [amoeθér] 39 他《地方語》**=enmohecer**

amohinamiento [amoinamjénto] 男 不機嫌にする(なる)こと

amohinar [amoinár] 17 他 不機嫌にする
── ~se むかっとする, 不機嫌になる

amohosar [am(o)osár] 他《主に中南米》かびさせる《=enmohecer》

amojamamiento [amoxamamjénto] 男 [老齢による] やせ細り

amojamar [amoxamár] 他 [マグロを] mojama にする, 塩干しする
── ~se [人が年をとって] やせ細る, しなびる

amojelar [amoxelár] 他《船舶》[太綱を] 固定する, しっかり留める

amojonador [amoxonađór] 男 [地所の] 境界標を立てる人, 境界を定める人

amojonamiento [amoxonamjénto] 男 ❶ [土地の] 境界決め, 地割り. ❷《集名》境界標

amojonar [amoxonár] 他 [土地に] 境界標 mojón を立てる, 境界を定める

amojosado, da [amoxosáđo, đa] 形《ボリビア》錆びた, 錆びついた

amojosar [amoxosár] ~se《中南米》かびる《=enmohecerse》

amok [amók] 男 アモック《東南アジアの文化依存症候群. 発作的に人を無差別に殺傷する》

amoladera [amolađéra] 女 ❶ イノシシの上顎の牙. ❷ 砥石《=piedra ~》

amolado, da [amoláđo, đa] 形 名 ❶《メキシコ, ペルー. 口語》[人が] ひどく迷惑をかける, 不快な, 嫌な. ❷《メキシコ》1) 病気の; 病人. 2) [物が] 状態が悪い
── 男《メキシコ》研磨

amolador, ra [amolađór, ra] 名《パナマ, ドミニカ, プエルトリコ, コロンビア, ベネズエラ》研ぎ師
── 男 グラインダー

amoladura [amolađúra] 女 ❶ 研磨. ❷ 複 [砥石から出る] 細かい砂

amolar [amolár]《←a-+ラテン語 mola「臼歯」》28 他 ❶ 研ぐ, 尖らす: ~ un cuchillo 包丁を研ぐ. piedra de ~ 砥石. ❷《口語》[人を] いらいらさせる, 不快にさせる: Me amola con sus intromisiones. 彼は私にうるさく干渉する. ❸《メキシコ》[物を] だめにする, 台なしにする
── ~se ❶《主に中南米. 口語》嫌になる, [不快さに] 耐える, 我慢する: ¡Que se amuele! どうかご辛抱を! ❷《メキシコ》[物] がだめになる, 台なしになる
¡Hay que ~se!《驚き》まさか!
¡No amueles! [拒絶・驚き・不信] とんでもない, まさか!

¡Nos ha amolado!/¿No te amuela? [拒絶] とんでもない!
amoldable [amoldáble] 形 大きさに合わせられる; 適応し得る
amoldador, ra [amoldaðór, ra] 形 名 大きさに合わせる[人]; 適応させる[人]
amoldamiento [amoldamjénto] 男 寸法合わせ; 適応, 順応
amoldar [amoldár] [←a-+molde] 他 ❶ [+a に] 大きさを合わせる: ~ la cama a las medidas de la alcoba 寝室の広さに合ったベッドにする. ❷ 適合させる: ~ los gastos a los ingresos 出費を収入内におさめる. ❸ [規範に] 従わせる: ~ su conducta a la fe 信仰に従って行動する. ❹ 型にはめる, 鋳造する. ❺《古語》[羊などに] 焼き印を押す
── **~se** ❶ 大きさが合う: Este sombrero se me *amolda* a la cabeza. この帽子は私の頭の大きさにぴったりだ. ❷ 適応する, 順応する: No pudo ~se a su suegra. 彼女は姑と折り合えなかった. Me he amoldado a mi nuevo trabajo. 私は新しい仕事に慣れた
amole [amóle] 男《メキシコ. 植物》ムクロジの一種〔学名 Sapindus saponaria〕
amollador, ra [amoʎaðór, ra] 形 名 譲歩する〔人〕
amollar [amoʎár] 自 譲歩する, 態度を和らげる
── 他《船舶》[帆脚索などを] 緩める
amollecer [amoʎeθér] 39 他《地方語》柔らかくする
amollentar [amoʎentár] 他 ❶ 柔らかくする, フワフワにする. ❷《古語》女性的にする, 女々たいにする
── **~se** ❶ 柔らかくなる. ❷《古語》女々たいになる
amolletado, da [amoʎetáðo, ða] 形《廃語》ロールパン mollete の形の
amomo [amómo] 男《植物》ショウズク, カルダモン
Amón [amón] 男《古代エジプト》アモン〔テーベの守護神〕
amonal [amonál] 男《化学》アンモナール〔爆薬の一種〕
amonar [amonár] ~se ❶《口語》酔う, 酔っぱらう. ❷《方言》[動物が] ちぢこまる, 身をちぢめる
amondongado, da [amondoŋɡáðo, ða] 形《口語》ぷよぷよ太った, ぶざまにふくれた
amonedación [amoneðaθjón] 女 硬貨鋳造
amonedado, da [amoneðáðo, ða] 形《中米》金持ちの
amonedamiento [amoneðamjénto] 男 =**amonedación**
amonedar [amoneðár] 他 [金属を] 貨幣に鋳造する
amonestación [amonestaθjón] 女 ❶ 説諭, 訓戒, 戒告;《スポーツ》警告: Lo expulsaron por doble ~. 彼は2度目の警告で退場させられた. ❷《カトリック》婚姻公告〔結婚予定者の名前を教会で挙げ, 婚姻に障碍があるとする者は訴え出るように呼びかける〕: correr (leer・publicar) las *amonestaciones* 結婚を公告する
amonestador, ra [amonestaðór, ra] 形 名 説諭する〔人〕
amonestamiento [amonestamjénto] 男 =**amonestación**
amonestar [amonestár] [←ラテン語 *admonere < monere*] 他 ❶ 叱る, 説諭する, 戒告処分にする: Tú, a callar—lo *amonestó* Cena. 「お前, 黙れ」と, セナは彼を叱った. ❷《スポーツ》警告する, イエローカードを出す. ❸《カトリック》[教会が] 婚姻公告 amonestaciones をする
── **~se**《カトリック》[教会で] 婚姻公告される
amonestijo [amonestíxo] 男《地方語》婚姻公告 [=amonestaciones]
amoniacado, da [amonjakáðo, ða] 形 アンモニアを含む
amoniacal [amonjakál] 形 アンモニア〔性〕の: agua ~ アンモニア水. olor ~ アンモニア臭
amoniacado, ca [amonjáko, ka] 形 男 =**amoníaco**
amoníaco, ca [amoníako, ka]《←ラテン語 *ammoniacus* < ギリシア語 *ammoniakos*「アンモン Ammón〔ジュピターのエジプト名〕の国」》《化学》アンモニアの, アンモニアの: gas ~ アンモニアガス. sal ~ (~*ca*) 塩化アンモニウム
── 男 ❶ アンモニア〔気体〕: ~ líquido 液体アンモニア. ❷ アンモニアゴム
amónico, ca [amóniko, ka] 形《化学》=**amoniacal**: nitrato ~ 硝酸アンモニウム
amonificación [amonifikaθjón] 女 =**amonización**
amonio [amónjo] 男《化学》アンモニウム, アンモニア基
amonita [amoníta] 女 ❶ アンモナイト〔爆薬の一種〕. ❷《まれ》アンモナイト [=amonites]
── 形 名《旧約聖書》アンモン人〔の〕[《Amón の子孫》]
amonites [amonítes] 男《単複同形》《古生物》アンモナイト
amonítido [amonítiðo] 男《古生物》=**amonites**

amonización [amoniθaθjón] 女《化学》アンモニア化成
amontar [amontár] 他 ❶《口語》[+en 乗りものなどに] 乗せる. ❷《廃語》追い払う
── 自・**~se** 逃げる, 雲隠れする
amontazgar [amontaθɡár] [8] 他 =**montazgar**
amontillado [amontiʎáðo]《←a-+Montilla（コルドバ県の町）》男 モンティリャード〔シェリー酒の一種. =vino ~〕
amontonadamente [amontonáðaménte] 副 乱雑に集められて〔=en montón〕
amontonado, da [amontonáðo, ða] 形 乱雑に積まれた, 山積みの: Viven ~s en graneros. 彼らは穀物倉で折り重なるようにして暮らしている
amontonador, ra [amontonaðór, ra] 形 名 積み重ねる〔人〕
amontonamiento [amontonamjénto] 男 ❶ 乱雑に積み重ね; 寄せ集め; ~ de basura ごみの山. ❷ [人の] 群がり, 寄り集まり: Hay un ~ de gente en la plaza. 広場に人が群がっている
amontonar [amontonár] [←a-+montón] 他 ❶ [乱雑に] 積み重ねる, 山積みにする: Ha amontonado la ropa que se va a llevar. 彼は持って行く衣類を積み上げた. ~ el trigo 小麦の山を作る. ❷ [雑多に] 寄せ集める: ~ datos 資料をかき集める
── **~se** ❶ 積み重なる; 寄り集まる: En el pasillo *se amontonan* los libros. 廊下に本が山積みだ. El público *se amontonó* en el camarín. 観客は楽屋に詰めかけた. ❷ [事件などが] 集中して起こる（生じる）: Se han *amontonado* tantos sucesos que no sé qué hacer. 一度に色々なことが起こって私はどうしたらいいのか分からない. ❸《口語》怒る, かんしゃくを起こす. ❹《口語》同棲する
amoñar [amoɲár] ~se《口語》酔っぱらう
amor [amór]《←ラテン語 *amor, -oris*》男 ❶ 愛, 愛情〔⇔odio. 類義 **amor** は異性の場合は「恋愛感情」, 親兄弟との血縁関係の場合は「精神的に高められた崇高な感情としての愛」のニュアンスをもつ: el *amor* de Romeo y Julieta ロメオとジュリエットの恋. El *amor* de madre es el más desinteresado. 母性愛は最も無私無欲の愛である. **cariño** は「情愛・親愛・愛着・慈しみ・思いやり」を表わす. amor と比べると感情の昂ぶりが少なく, 穏やかで落ち着きのある感じがし, より一般的に使われる: Pedro besó a su abuela con un gran *cariño*. ペドロはとても優しく祖母にキスをした. **afecto** は文学的な表現では cariño と重なり合うが, 日常的な表現では cariño よりも感情移入を抑えて「好感」に近い意味をもち, cariño と simpatía の中間に位置する感情を表わす: Tengo mucho *afecto* a mi tío. 私は叔父に大変好意をもっている. **afición** は「興味・喜び・楽しみなど」に裏づけられた親近感・好意・好感」を表わす: El vagabundo siente *afición* a los gitanos del camino. 浮浪者は路上のジプシーたちに親近感を抱いた. **apego** は対象から離れがたい気持ちを表現し,「愛着」のニュアンスが強い: Le tomó tanto *apego* al pueblo que no quería volver a la ciudad. 彼は村に愛着を抱いてしまい, 都会に戻りたくなかった. **querer** は主に日常的な会話表現で用いられることが多く「色恋・恋情・愛慕」のニュアンスをもつ: Le *quiere* a ese chico. 彼女はその青年にほれている. **inclinación** は対象に引き寄せられて感じる「魅力・愛する気持ち」の意: Siente una clara *inclinación* por su sobrino. 彼女は甥にはっきりと魅力を感じている. **pasión** は強い感情的衝動を伴う愛情や欲情を表わす: Tiene *pasión* por su nieto mayor. 彼は初孫にめろめろだ〕: 1) El ~ es más fuerte que la muerte. 愛は死よりも強い. Mis padres me han criado con ~. 両親は愛情深く私を育ててくれた. A~ con ~ se paga.《諺》情けは人のためならず/《皮肉》目には目を. casarse por ~ 好きで結婚する. ~ de Dios 神の愛; 神への愛. ~ de madre／~ materno 母性愛. ~ fraternal 兄弟（姉妹）愛. 2) [+a・por への] No puedo sentir ~ por nadie. 私は誰に対しても愛を感じることができない. ~ a (por) los hijos 息子たちへの愛. 3) [抽象的概念などへの] ~ a Dios 神への愛. ~ a la humanidad 人間愛. ~ a (de) la patria／~ patrio 祖国愛, 郷土愛. ~ a la verdad 真理を愛する心. ❷ 優しさ, 慈しみ: Le dije con ~ lo que pensaba. 私は自分が考えていることを優しく彼に伝えた. ❸ 恋, 恋愛, 恋心: Los dos arden de ~. 2人は恋に燃えている. Es desgraciado en el ~. 彼は恋愛ついてない. El ~ no quiere consejo.《諺》恋は盲目. penar de ~ [es] 恋に悩む. sentir ~ a+人 …に恋心を抱く. ~ de Jorge por Cristina ホルヘのクリスティーナに対する愛. carta de ~ ラブレター. poesía de ~ 恋愛詩. primer ~ 初恋〔の人〕. ~ cortés 宮廷風恋愛.

amoragar

~ desgraciado 失恋. ~ griego 同性愛. ~ libre〔結婚に関係しない〕自由恋愛. ~ no correspondido 片思い. ❹ 1)〔el+〕性交. 2)［隠〕情事, 色恋ざた; 肉体関係. 3)［隠〕口説き; 愛撫. ❺ 愛する人, 大切な人; 恋人, 愛人: Ella fue el gran ~ de su vida. 彼女は彼にとって生涯最高の女性だった. Ella es mi ~. 彼女は私の大切な人だ. En cada puerto, un ~. 港に女あり. ¡A ~［mío］!/¡Mi ~!〔恋人・夫・妻への呼びかけ〕ねえ/お前/あなた! ❻《時に戯語》［+por・de・hacia 事物への強い〕愛好, 愛着: Su único ~ es el coche. 彼の唯一の恋人は車だ. Su gran ~ era la pintura. 彼の大好きなのは絵だった. ~ a la música 音楽愛好. ~ al lujo ぜいたく好き(趣味). ❼ 情熱; 欲望, 欲求: ~ interesado 金銭欲. ~ por la libertad 自由への欲求. ❽ 丹念, 熱心, 専念: El truco para cocinar bien es hacerlo con ~. 料理のこつは気持ちを込めて作ることだ. ❾《美術》=amorcillo. ❿《植物》árbol del ~ ハナズオウ. ~ al uso フヨウ. ~ de dama ハクサンチドリ. ~ de hombre ツユクサ. ~ del hortelano シラホシムグラ〔学名 Galium aparine〕. ~ mío/~es míos パンクラシオ

a su ~ 気ままに, のんびりと
al ~ de la lumbre/al ~ del fuego 火のそばで〔暖まって〕
al ~ del agua 流れのままに; 時代に迎合して
~ propio 自尊心: Esos insultos lo han herido en su ~ *propio*. 彼らの侮辱で彼の自尊心は傷ついた. El ~ *propio* no le permitía abandonar la prueba. 受験を放棄することは彼のプライドが許さなかった
andar en ~es con+人《古語》=tener ~es con+人
con mil ~es 心から, 進んで: Le ayudo *con mil ~es*. 喜んでお手伝いします
de ~ y ~《中米》**=por ~ al arte**
de mil ~es =con mil ~es
en ~ y compañía 仲よく
¡Eres un ~! ご親切に!/ありがとう!
hacer el ~ 1)［+a・con と〕セックスをする. 2)《古語的》［+a に〕求愛する
hacerse el ~ 1)〔2人が〕セックスをする. 2)《古語的》愛の語らいをする
nacer al ~ 恋に目覚める: La vi y *nací al ~*. 私は彼女に会って, 恋に目覚めた
por ~ al arte《主に戯語》無償で, 無料で: No trabajo *por ~ al arte*. 私はただで働かない
por［el］~ de...〔原因・理由〕…のために
¡Por［el］~ de Dios! 1)〔哀願・抗議〕お願いだから, 後生だから: ¡No lo hagas *por ~ de Dios*! お願いだからやめてしないで. 2)〔物乞いが〕どうかお恵みを!
requerir a+人 de ~es《文語》…に言い寄る; 求婚する
tener ~es con+人《古語》〔+人 と〕情事をもつ, 情事がある: Dolores *tiene ~es con* su jefe. ドロレスは上司と関係がある
tratar ~es con+人 …と肉体関係を結ぶ

amoragar [amoragár]〔8〕 他《まれ》〔浜でイワシなど魚介類を〕焼く, たきぎで焼く

amoral [amorál]〔←a-（無）+moral〕 形 ❶ 道徳観念のない, 不道徳な. ❷ 無道徳主義の（主義者）

amoralidad [amoralidáð]〔←a-（無）+moral〕 形 名 ❶ 道徳観念の欠如: ~ de algunos funcionarios 一部公務員の倫理性のなさ

amoralismo [amoralísmo] 男 無道徳主義

amoralista [amoralísta] 形 名 無道徳主義の（主義者）

amoralmente [amorálmente] 副 不道徳に

amoratado, da [amoratáðo, ða] 形 紫色がかった: labios ~s 紫色になった唇. ojo *amoratado* 青あざができた目

amoratamiento [amoratamjénto] 男 紫色になること

amoratar [amoratár]〔←a-+morata「黒色のサクランボ」〕**~se**〔寒さ・打撲などによって体の一部が〕紫色になる; 青あざができる: *Se me han amoratado las manos de frío*. 私は寒さで手が紫色になってしまった

amorcar [amorkár]〔7〕 他 **=amurcar**

amorcillado, da [amorθiʎáðo, ða] 形 ソーセージ morcilla のような形の

amorcillo [amorθíʎo] 男 ❶《美術》キューピッド, 愛の小天使. ❷《玩具》キューピー人形

amorcito [amorθíto]《*amor* の示小語》 男 恋人: Tu ~ está al teléfono. 君の恋人から電話だよ

amordazador, ra [amorðaθaðór, ra] 形 猿ぐつわをかませる〔人〕; 言論を封じる〔人〕

amordazamiento [amorðaθamjénto] 男 ❶ 猿ぐつわをかませること. ❷ 箝口（かんこう）令, 口止め; 言論統制

amordazante [amorðaθánte] 形 猿ぐつわをかませる; 言論を封じる

amordazar [amorðaθár]《a-+mordaza》〔9〕 他 ❶〔人に〕猿ぐつわをはめる, 口をふさぐ; ~ a+人 con cinta adhesiva …の口をガムテープでふさぐ. ❷ 自由に話させない, 口止めする; 言論の自由を奪う: El Gobierno intentó ~ a la prensa asesinando a periodistas molestos. 政府はうるさい記者たちを殺してジャーナリズムの口を封じようとした

amorecer [amoreθér]〔39〕 他〔種羊が雌羊と〕交尾する
—— **~se**《サラマンカ, セゴビア, ソリア》〔羊が〕発情期に入る

amorfia [amorfía] 女 **=amorfismo**

amorfismo [amorfísmo] 男 無定形, 非晶質

amorfo, fa [amórfo, fa]〔←ギリシア語 amorphos＜a-（無）+morphe「形」〕 形 ❶〔生物, 化学〕無定形の, 非晶質の, アモルファスの. ❷ 形の定まらない; 特徴のない, 漠然とした

amorgar [amorgár]〔8〕 他〔魚を殺す・捕えるために〕アナミルタやビロードモウズイカを与える

amoricones [amorikónes] 男 複《まれ》誘惑の仕草, 媚態

amorillar [amoriʎár] 他《農業》寄せ土する, 盛り土する

Amorim [amorím]〔人名〕**Enrique** ～ エンリケ・アモリム《1900～60, ウルグアイの小説家. ウルグアイの地方を舞台に, 春をひさぎながら放浪する女たちを中心にそこに生きる人々の姿を平明で写実的な文体で鮮やかに描き出した小説《荷車》*La carreta*. 《同郷の男アギラル》*El paisano Aguilar*》

amorío [amorío] 男《軽蔑》〔主に〕表面的で短期の〕色恋, 情事, 恋愛ざた: Recuerda a veces sus ~s con una joven de Málaga. 彼は時折マラガの娘との恋愛ざたを思い出す. vida de escándalos y ~s スキャンダラスで色恋ざたの多い人生

amoriscado, da [amoriskáðo, ða] 形 モリスコ morisco のような

amorita [amoríta] 形 名〔旧約聖書〕**=amorreo**

amormado, da [amormáðo, ða] 形《獣医》〔馬などが〕鼻疽（びそ）を病む

amormío [amormío] 男《植物》パンクラチュームの一種《学名 Pancratium maritimum》

amorosamente [amorosaménte] 副 優しく, 愛情こめて

amoroso, sa [amoróso, sa]〔←*amor*〕 形 ❶ 愛の, 恋の: carta ~*sa* ラブレター. declaración ~*sa* 愛の告白. desengaño ~*sa*. miradas ~*sas* 愛情のこもったまなざし. poesía ~*sa* 恋愛詩. relaciones ~*sas* 恋愛関係. ❷〔人が〕情愛の深い; ［+con］優しい: Es ~ *con* sus nietos. 彼は孫たちに優しい. ~ para（*con*）los enfermos 病人に優しい. ❸〔音・手触りなどが〕心地よい, 穏やかな. ❹《音楽》愛情豊かな. ❺《まれ》〔事物が〕好ましい. ❻《地方語》〔土地が〕耕作しやすい. ❼《中南米》かわいい, 魅力的な

amorrar [amorrár] 他《西. 口語》〔泉などに〕直接口を近づける. ❷《西. 口語》…の唇にキスする. ❸《船舶》船首を沈める
—— **~se** ❶〔不機嫌に・すねて〕うつむく. ❷《船舶》船首が沈む

amorreo, a [amorréo, a] 形 名〔旧約聖書〕アモリ人〔の〕《カナンの子孫 Amorreo の子孫. シリア北部に居住》

amorriñar [amorriɲár] 他 **・~se**《地方語》物悲しくなる, 陰鬱になる. ❷《レオン, アンダルシア; 中米. 獣医》水腫にかかる

amorrionado, da [amorrjonáðo, ða] 形《廃語》モリオン morrión 型の

amorronar [amorronár] 他《船舶》〔救援信号として旗を〕巻く

amorrongar [amorroŋgár]〔8〕 他 ❶《地方語》不機嫌になる, 物憂げになる. ❷《ムルシア》〔子供が〕抱かれてぐっすり眠る, 腕の中で寝入る. ❸《キューバ》恐がる, 怖じけづく

amortajador, ra [amortaxaðór, ra] 形 名 葬儀屋, 屍衣で包む〔人〕

amortajamiento [amortaxamjénto] 男 屍衣で包むこと

amortajar [amortaxár] 他 ❶ 屍衣（しい）で mortaja で包む, 経帷子（きょうかたびら）を着せる. ❷《廃語》覆う, 隠す

amortecer [amorteθér]〔39〕 他〔勢いなどを〕弱める, 和らげる
—— 自 弱まる, 和らぐ

amortecimiento [amorteθimjénto] 男《まれ》緩和, 軽減

amortiguación [amortiɣwaθjón] 女 ❶ 緩和, 減衰. ❷《自動車》サスペンション, 懸架装置

amortiguador, ra [amortiɣwaðór, ra] 形 和らげる, 弱める
—— 男 ❶ 緩衝器, ショックアブソーバー; 防振装置, ダンパー.

⦅複⦆サスペンション. ❷ 調光機. ❸ 消音装置, マフラー
amortiguamiento [amortiɣwamjénto] ⦅男⦆ =**amortiguación**: coeficiente de ~ 減衰係数
amortiguar [amortiɣwár]《←ラテン語 ad-（に）+mortificare < mors, mortis 死に+facere する》⦅13⦆⦅他⦆❶《衝撃などを》和らげる, 弱める: El colchón *amortigua* las oscilaciones. マットレスは振動を和らげる. ~ la luz 光を弱める. ~ el tono del color 色調を抑える. ❷《文語》《痛みなどを》緩和する;《飢えを》いやす
── ~se ❶ 和らぐ, 弱まる. ❷《廃語》死人のようになる
amortizable [amortiθjáβle] ⦅形⦆償還され得る, 買戻し可能な: acción ~ 償還株式
amortización [amortiθaθjón] ⦅女⦆❶《負債の》償還, 返済: fondo de ~ ［公債や借金を計画的に償還するための］減債基金, 償還基金. ~ de la inversión 投資の回収. ❷ 減価償却［費］: método de ~ 減価償却の算定法（直線法）. ~ en cuotas fijas／~ lineal ［定額法による］均等償却. ~ degresiva (decreciente) ［定率法による］逓減償却. ❸ ［土地や財産の］死亡譲渡, 不可譲財産化, 永代所有化, 永代寄進《→desamortización》. ❹ ［会社・組織内の］ポスト廃止, 欠員不補充
amortizador, ra [amortiθaðór, ra] ⦅形⦆⦅歴史⦆死手譲渡の
amortizar [amortiθár]《←ラテン語 ad-（に）+mors, mortis「死」》⦅9⦆⦅他⦆❶《負債を》償還する;《債務を》返済する: ~ los empréstitos públicos 公債を償還する. ~ las deudas externas 対外債務を返済する. ❷《費用の》元を取る. ❸《減価償却する》. ~ una máquina 機械を減価償却する. ❹《職を》失わせる: Las nuevas técnicas *amortizan* unas plazas de obreros. 新技術が労働者の職を奪う. ❺⦅法律⦆死手譲渡する
amos[1] [ámos] ¡*A ~ anda...*!《俗用》まさか, 止してくれ!《=¡Vamos anda!》
amos[2], **mas** [ámos, mas] ⦅形⦆⦅複⦆《古語》=**ambos**
Amós [amós] ⦅男⦆《旧約聖書》アモス《ヘブライの予言者》
amosal [amosál] ⦅男⦆硝酸アンモニウムを主成分とする爆薬
amoscado, da [amoskáðo, ða] ⦅形⦆《口語》腹を立てた
amoscador [amoskaðór] ⦅男⦆《古語》=**mosqueador**
amoscamiento [amoskamjénto] ⦅男⦆怒り, 腹立ち
amoscar [amoskár] ⦅7⦆⦅他⦆❶ 少しかじる, 歯形をつける. ❷《古語》《ハエを》追い払う
── ~se《口語》腹を立てる, むくれる
amosquilar [amoskilár] ~se ［動物が］ハエから逃げる, ハエのいない所に行く
amostachado, da [amostat∫áðo, ða] ⦅形⦆口ひげのある, 口ひげを生やした
amostazar [amostaθár] ⦅9⦆⦅他⦆《口語》怒らせる, いらいらさせる
── ~se ❶ 怒る, 腹を立てる. ❷《アンダルシア; ホンジュラス, プエルトリコ, コロンビア, エクアドル, ボリビア》恥じる
amotinado, da [amotináðo, ða] ⦅形⦆⦅名⦆反乱に加わった［人］: tropa ~*da* 反乱部隊
amotinador, ra [amotinaðór, ra] ⦅形⦆⦅名⦆反乱を企てる［人］, 暴動を扇動する［人］, 蜂起する［人］
amotinamiento [amotinamjénto] ⦅男⦆反乱, 暴動: ~ de las ciudades por la subida de los impuestos 増税に対する諸都市の反乱
amotinar [amotinár]《←a-+motín》⦅他⦆❶ 反乱を起こさせる, 扇動する. ❷ 動揺させる, 気持ちを揺さぶる
── ~se ❶ 反乱（暴動）を起こす, 反抗する: Las presas escaparon después de ~*se*. 女性受刑者たちは暴動を起こし脱走した. Los soldados *se amotinaron* contra el comandante. 兵士たちは司令官に反乱した. ❷ 動揺する
amover [amoβér] ⦅29⦆⦅他⦆❶ =**remover**. ❷《古語》取り消す, 無効にする
──⦅自⦆《廃語》流産する
amovible [amoβíβle] ⦅形⦆［人・役職が］解任（転任・免職）され得る, 終身保証のない
amovilidad [amoβiliðáð] ⦅女⦆解任可能
amoxicilina [amo（k）siθilína] ⦅女⦆⦅薬学⦆アモキシシリン
AMPA [ámpa] **I** ⦅男⦆《単数冠詞: el-un[a]》《略記》←Asociación de Madres y Padres de Alumnos 父母会, PTA
II《生化》α-アミノ-3-ヒドロキシ-5-メチル-4-イソオキサゾールプロピオン酸, AMPA: receptores ~ AMPA受容体
ampalaba [ampaláβa] ⦅女⦆《チリ, アルゼンチン, ウルグアイ》=**ampalagua**

ampalagua [ampaláɣwa]《←ケチュア語》⦅女⦆⦅動物⦆イエローアナコンダ
amparador, ra [amparaðór, ra] ⦅形⦆⦅名⦆庇護する［人］
amparamiento [amparamjénto] ⦅男⦆《まれ》庇護
amparar [amparár]《←俗ラテン語 anteparare「予防する」》⦅他⦆❶ 保護する, 庇護する, かばう, 守る: La ley nos *ampara* en nuestro derecho. 法律は私たちの権利を守ってくれる. ~ la propiedad privada 私有財産を保護する. ¡Que Dios te *ampare*! 神のご加護がありますように. ❷《かくまう, 守る》a un criminal 犯罪者をかくまう. ❸《ナバラ, アラゴン》⦅動産を⦆差し押える
── ~se ❶ ［+en に］保護（庇護）を求める; 頼る, すがる: *Se amparó en* su inmunidad diplomática. 彼は外交官特権を使って身を守った. *Me amparo en* su amabilidad. ご親切におすがりします. ~*se en* la autoridad 権威をかさにきる. ~*se en* la ley 法律を盾に取る. ❷ ［+de·contra から］避難する, 身を守る: ~*se de* (contra) la lluvia 雨宿りをする. ~*se bajo* los balcones バルコニーの下に避難する. ❸《文語》隠れる. ❹《中南米》…の採掘権を得る
amparo [ampáro]《←amparar》⦅男⦆❶ 保護, 庇護; 援助; 擁護者: Buscaron ~ en la embajada. 彼らは大使館に保護を求めた. Ese músico vivía bajo el ~ de un millonario. その音楽家はある富豪の援助のもとに暮らしていた. dar ~ 保護を与える. ❷ 避難; 避難所, 避難場所; 隠れ場: Esta iglesia es el ~ de los desdichados. この教会は不幸な人々の避難場所である. La casa era su único ~. 家が彼のただ一つの居場所だった. ❸《アラバ, アラゴン》小量, 微量. ❹《中南米》鉱山開発権, 採掘許可
al ~ de... …に保護されて, …のおかげで; …に基づいて: vivir *al ~ de* la pensión 年金で生活する. *al ~ de* la oscuridad de la noche 夜の闇にまぎれて. *al ~ de* la ley 法律の保護のもとで
ni [para] un ~《地方語》少しも…ない: No tengo tabaco *ni para un ~*. 私はたばこ一本持っていない
un ~《地方語》=**ni [para] un ~**
ampáyar [ampájar] ⦅名⦆《コロンビア》=**ampáyer**
ampáyer [ampájer]《←英語 umpire》⦅名⦆《コロンビア. 野球》球審
ampe [ámpe] ⦅間⦆《ボリビア》《恐怖》うわぁ, きゃあ!
ampelidáceo, a [ampeliðáθeo, a] ⦅形⦆《植物》ブドウ科の《=vitáceo》
ampelídeo, a [ampelíðeo, a] ⦅形⦆《植物》ブドウ科の《=vitáceo》
ampelografía [ampeloɣrafía] ⦅女⦆ブドウ学
ampelográfico, ca [ampeloɣráfiko, ka] ⦅形⦆ブドウ学の
ampelógrafo, fa [ampelóɣrafo, fa] ⦅名⦆ブドウ学者
ampelología [ampeloloxía] ⦅女⦆ブドウ栽培研究
amperaje [amperáxe] ⦅男⦆⦅電気⦆アンペア数
ampere [ampére] ⦅男⦆⦅複⦆~s ［国際単位で］=**amperio**
amperímetro [amperímetro] ⦅男⦆電流計, アンメーター
amperio [ampérjo] ⦅男⦆⦅電気⦆アンペア: ~ hora アンペア時, ~ vuelta アンペア回数
ampervuelta [amperβwélta] ⦅女⦆⦅電気⦆アンペア回数
ampicilina [ampiθilína] ⦅女⦆⦅薬学⦆アンピシリン
amplexicaulo, la [ample（k）sikáulo, la] ⦅形⦆《植物》［葉が］抱茎の
ampliable [ampljáβle] ⦅形⦆❶ 拡大され得る; 延期され得る: Este proyecto durará doce meses, ~*s* a tres años más. この計画は12か月続く予定だが, さらに3年まで延長可能だ. ❷《情報》拡張可能
ampliación [ampljaθjón] ⦅女⦆❶ 拡大, 拡張［⇔reducción］: ~ de la calle 街路の拡幅. ~ del metro 地下鉄の延長. ~ del campo de golf ゴルフ場の拡張. ~ de las actividades 活動範囲の拡大. ❷《写真》引き伸ばし; ［コピーの］拡大. ❸ ［建物の］増築: reforma y ~ de la casa 家の増改築. ~ del museo 美術館の増築. ❹ ［期間の］延長, 延期: ~ de cinco a seis años del plazo 5年から6年への期間延長. ~ de la tregua 休戦延長. ❺ 増加, 増加: ~ del sonido 音の増幅. ~ de plantilla スタッフの増員. ❻《商業》増資. ~ de capital）: ~ gratuita (liberada) 無償増資. ❼ 詳述, 敷衍; ［理論の］展開: ~ de estudios 研究の進展
ampliador, ra [ampljaðór, ra] ⦅形⦆拡大する; 延長する
──⦅男⦆増幅器, アンプ《=~ de sonido》
──⦅女⦆《写真》引き伸ばし機《=~*ra* fotográfica》
ampliamente [ámpljaménte] ⦅副⦆❶ 十分に, 存分に: La po-

blación de la ciudad sobrepasa ~ el millón y medio de habitantes. その都市の人口は軽く150万を越す respirar ~ 大きく息を吸う. ❷ 広く, 広範囲にわたって; 詳細に: Es conocido en esta tierra. 彼はこの地方では広く知られている. El sentido de la relatividad ha sido ~ malinterpretado. 相対性という言葉の意味は色々誤解されてきた. ❸ 余裕をもって: Ganaron el partido ~. 彼らはゆうゆうと試合に勝った

ampliar [ampljár]《←ラテン語 ampliare < amplus「広い」》[11] 他 ❶ 広げる, 拡大する, 拡張する: 1) *Han ampliado* su campo de colaboración. 彼らは協力関係を広げた. ~ la tienda (el negocio) 店 (事業) を拡張する. 2) [+a・hasta まで] Los fiscales *ampliaron* su investigación *a* los miembros del consejo. 検事局は理事会のメンバーにまで捜査の手を伸ばした. ❷ 《写真》引き伸ばす; [コピーを] 拡大する: ¿Quieres que te *amplíe* este plano? この図面を拡大コピーしてあげようか? ❸ [数を] 増やす, 増す: UE *amplia* los miembros 拡大EU. ~ el capital 増資する. ~ la memoria del ordenador コンピュータのメモリを増設する. ~ el número de invitados 招待客の数を増やす. ~ los poderes del presidente 大統領の権限を強化する. ~ la explicación 詳しく説明する. ❹ [音を] 大きくする, 増幅する. ❺ [期間を] 延長する: *Han ampliado* el acuerdo dos años. 協定期間が2年延長された. ❻ 詳述する, 敷衍する; [理論などを] 展開する: La teoría de la relatividad *amplía* algunas leyes de Newton. 相対性理論はニュートンの法則のいくつかを発展させたものだ. ~ su argumento 論旨を展開する. ~ la explicación 詳しく説明する. ❼ [知識などを] 広げる, 深める: ~ estudios en el curso de Doctorado 博士課程でさらに研鑽を積む
—— ~**se** ❶ 広がる; 増える: La población *se ha ampliado* más de lo que se podía prever. 人口が予想以上に増えた. ❷ [期間が] 長くなる: El plazo de matrícula *se ha ampliado* hasta la próxima semana. 入学手続きの期間は来週まで延長になった

ampliativo, va [ampljatíβo, βa] 形 大きくする; 拡大用の
ampliatorio, ria [ampljatórjo, rja] 形 拡大用の
amplificación [amplifikaθjón] 女 ❶ 増幅. ❷ 《修辞》拡充. ❸ 《論理》拡充, 拡大, 敷衍(ふえん).
amplificador, ra [amplifikaðór, ra] 形 増幅させる
—— 男 《電気》増幅器, アンプ [= ~ de sonido]: ~ previo 前置増幅器, プリアンプ
amplificar [amplifikár]《←ラテン語 amplificare < amplus「広い」+facere「する」》[7] 他 ❶ [主に音を] 大きくする; 《電気》増幅する: ~ el volumen de la radio ラジオの音量を上げる. ❷ 大げさに言う. ❸ 《修辞》拡充する. ❹ 《論理》敷衍(ふえん)する
amplificativo, va [amplifikatíβo, βa] 形 大きくする
amplio, plia [ámpljo, plja]《←古語 amplo < ラテン語 amplus (ampliar「の影響)》形 《絶対最上級 amplísimo》 ❶ [主に立体的に] 広い, 広々とした, 広大な [→ancho 類義]: Quiero vivir en una habitación *amplia*. 私は広い部屋に住みたい. finca *amplia* 広い地所. valle ~ 広い谷. vivienda *amplia* 広い住宅. *amplia* puerta ~ 大きなドア. ❷ [衣服が] ゆったりした, 大きめの: Este abrigo te está un poco ~. このオーバーは君には少し大きい. falda *amplia* ゆったりとしたスカート. pantalón muy ~ だぶだぶのズボン. ❸ [心・態度などが] 広い, 寛大な: Es persona de espíritu ~./Tiene una mente *amplia*. 彼は心が広い. ❹ 広範囲の, 多方面にわたる: Tiene un conocimiento ~ de la historia. 彼は歴史に関する広い知識を持っている. en el sentido ~ de la palabra 言葉の広い意味において. ~ cambio de impresiones 広範な意見交換. ~ estudio 広範囲な研究. *amplias* facultades 広範な権限. *amplias* repercusión 大きな反響. tema ~ 大きなテーマ. ❺ [+名詞, 程度の大きい, 著しい: Hizo un ~ uso de sus atribuciones. 彼は自分の職権を最大限に利用した. ~ desarrollo de la economía 経済の目覚ましい成長. *amplia* sonrisa 満面の笑み. ❻ [+名詞, 勝利などが] 余裕のある: por *amplia* mayoría 圧倒的多数で. *amplia* victoria 楽勝. ❼ 漠然とした, あいまいな: criterio ~ あいまいな規準

amplitud [amplitúð] 《←ラテン語 amplitudo》女 ❶ [面積・幅の] 広さ; 余裕: ~ de la finca 地所の広さ. ~ de la chaqueta 上着のゆったりさ. ❷ 空間, スペース: Si quitamos la mesa, daremos más ~ aquí. このテーブルをどければ, ここはもっと広くなる. ❸ 範囲, 規模, 程度: proyecto de gran ~ 遠大な計画. ~ de los conocimientos 知識の該博さ. ~ de miras 視野の広さ. ❹ 《物理》振幅. ❺ 《数学》[複素数の] 偏角.

《天文》出没方位角. ❼ 《気象》較差: ~ de la variación anual de la temperatura 気温の平均年較差
con ~ 十分に; ゆったりと: satisfacer las curiosidades *con* ~ 十分に好奇心を満足させる
tener mucha (poca) ~ 広い (狭い)

amplo, pla [ámplo, pla]《←ラテン語 amplus》形 《廃語》=**amplio**

ampo [ámpo]《←ギリシア語 lampo「私は輝く」》男《文語》❶ [雪の] 輝くような白さ: más blanco que el ~ de la nieve 雪よりも白い. ❷ 雪片

ampolla [ampóʎa]《←ラテン語 ampulla「蒸留器, 小瓶」》女 ❶ [やけどによる] 水ぶくれ; [手足にできる] まめ, たこ 《解剖》膨大部: Estos zapatos me hacen ~*s*. この靴はまめができる. tener ~*s* en los pies 足にまめができている. ❷ 《医学》アンプル. ❸ [水が沸騰した時に出る] 泡. ❹ [強い雨に出る] 泡・[塗面・アスファルトなどの] 気泡, 塗りむら. ❺ 胴が丸くて首が細長いガラス容器. ❼ 電球 [の丸い部分]. ❽ [ミサ用の] 水瓶 [水とぶどう酒を入れるガラス器]. ❾ 《まれ》大げさ, 美辞麗句
levantar ~ ひどくいらいらさせる, 立腹させる: Los discursos interminables *levantaron* ~*s* en los asistentes. 延々と続く演説に出席者はカンカンだった

ampollar [ampoʎár] 他 ❶ [皮膚に] 水ぶくれを作る. ❷ [物の表面に] ぶつぶつを作る, 気泡を作る
—— ~**se** ❶ [皮膚に] 水ぶくれ (まめ) ができる. ❷ [表面が] ぶつぶつになる ❸ 形 アンプル型の; [ガラス容器が] とっくり型の, 胴が丸く首が細長の

ampolleta [ampoʎéta]《ampolla の示小語》女 ❶ [主に船舶用の] 砂時計; 砂時計中の砂が落ち終えるのに要する時間. ❷ 《メキシコ》ガラス製の小型容器. ❸ 《チリ》電球
alumbrarse (prenderse) a+人 *la* ~ 《チリ》…がすばらしいアイディアを思いつく
no soltar (tomar) la ~ 《まれ》口をはさむすきもなくしゃべりまくる

ampolloso, sa [ampoʎóso, sa] 形 水ぶくれのような
ampón, na [ampón, na] 形 《まれ》[スカートなどが] だぶだぶの, 大きすぎる
ampostino, na [ampostíno, na] 形 名 《地名》アンポスタ Amposta の 〔人〕《タラゴナ県の町》
ampulosamente [ampulósaménte] 副 仰々しく, 大げさに
ampulosidad [ampulosiðáð] 女 仰々しさ, わざとらしさ, 誇張
ampuloso, sa [ampulóso, sa]《←俗ラテン語 ampullosus「膀胱のようにふくらんだ」< ラテン語 ampulla》形 [文体などが] 仰々しい, 大げさな: gesto ~ 大げさな仕草. ❷ [人が] 気取った, もったいぶった
ampurdanés, sa [ampurðanés, sa] 形 名 《地名》アンプルダン Ampurdán の 〔人〕《カタルーニャ州北東部の地域》
ampuritano, na [ampuritáno, na] 形 名 《地名》アンプリアス Ampurias の 〔人〕《ヘロナ県, ロサス海岸の地域. 紀元前575年にギリシア人が建設した植民都市エンポリオン Emporion があった》

amputación [amputaθjón] 女 ❶ 切断 〔手術〕: hacer una ~ del pie 足の切断手術を行なう. ❷ 削除, 削減
amputar [amputár]《←ラテン語 amputare < amb-「周囲」+putare「切断する」》他 ❶ [手術で手足などを] 切断する: ~ una pierna 片脚を切断する. ❷ [必要なものを] 削除する: ~ un pasaje del texto 本文の一節を削除する
—— ~**se** [自分の] …を切断する: Se me helaron unos dedos de la pie derecha, pero felizmente no tuve que *amputármelos*. 私は右足の指が数本凍傷にかかったが, 幸い切断を免れた

amsterdamés, sa [amsterdamés, sa] 形 名 《地名》[オランダの] アムステルダム Amsterdam の 〔人〕
amsterdanés, sa [amsterdanés, sa] 形 名 =**amsterdamés**
amuchachado, da [amut∫at∫áðo, ða] 形 少年 (少女) のような, 若者らしい
amuchar [amut∫ár] 他 《南米》[…の数量を] 増加させる
—— ~**se** 《南米》[数量が] 増加する
amuchiguar [amut∫iɣwár] [13] 他 《まれ》増加させる
amueblado, da [amweβláðo, ða] 形 [賃貸・分譲マンションが, +con・de の] 家具付きの: La vivienda se entrega totalmente ~*da con* muebles de cocina, electrodomésticos, sanitarios en los baños, camas, sofás... 住居はキッチン設備, 家電

用電気器具、バストイレ設備、ベッド、ソファなど家具完備にて引き渡します
cabeza bien ~da 非常な博識
── 男 =**amueblamiento**
── 男/女《チリ、アルゼンチン、ウルグアイ. 口語》ラブホテル
amueblador, ra [amweblaðór, ra] 形 名 家具を備え付ける〔人〕
── 女 家具設置業者
amueblamiento [amweblamjénto] 男 ❶ 家具の備え付け。❷ 集合 家具、調度
amueblar [amweblár]〔←a-+*mueble*〕他 ［家・部屋・場所に、+con・de 家具を］備え付ける: ~ *un dormitorio* 寝室に家具を入れる
amuelar [amwelár] 他 ［脱穀した小麦を］集めて積んでいく
amuermado, da [amwermáðo, ða] 形《西. 口語》退屈した、うんざりした
amuermar [amwermár] 他《西. 口語》❶ 退屈させる、うんざりさせる: *La conferencia nos amuermó.* 講演は私たちを退屈させた. ❷ ［麻薬が］もうろうとさせる、眠気を催させる
── **~se** ❶ ［+con に］退屈する、うんざりする。❷ もうろうとする、眠くなる
amufar [amufár] 他《廃語》角で突く〔=*amurcar*〕
amugamiento [amugamjénto] 男《廃語》境界決め〔=*amojonamiento*〕
amugronador, ra [amugronaðór, ra] 形 名《古語》［ブドウの木の］取り木をする〔人〕
amugronamiento [amugronamjénto] 男 ［ブドウの木の］取り木、圧条
amugronar [amugronár] 他《農業》［ブドウの木の］取り木をする、圧条する
amugues [amúges] 女《地方語》荷鞍
amuinar [amwinár] 他《中米. 口語》いらだたせる
── **~se**《中米. 口語》いらだつ
amujerado, da [amuxeráðo, ða] 形 ［男が］女のような、柔弱な〔=*afeminado*〕
amujeramiento [amuxeramjénto] 男 女性化〔=*afeminación*〕
amular [amulár] 自《廃語》［女性が］子を産まない、石女(ｳﾏｽﾞﾒ)である
── **~se**《廃語》❶ ［雌馬が］子を産まなくなる。❷ ［人・物が］使いものにならない、役に立たなくなる。❸《カナリア諸島; エルサルバドル》怒る、腹を立てる
amulatado, da [amulatáðo, ða] 形 ［顔つき・皮膚の色が］ムラート *mulato* のような〔人〕
amuleto [amuléto]〔←ラテン語 *amuletum*〕男 お守り、魔除け、護符
amunicionamiento [amuniθjonamjénto] 男 =**municionamiento**
amunicionar [amuniθjonár] 他《まれ》=**municionar**
amuñecado, da [amuɲekáðo, ða] 形 人形のような、かわいらしい
amuñuñar [amuɲuɲár] 他《ベネズエラ》［いくつかの物を］ぎゅっとまとめる
amura [amúra] 女《船舶》❶ 船首〔の側面〕。❷ 大横帆の風上側下隅索、タック
amurada [amuráða] 女《船舶》船腹の内側〔材〕
amural [amurál] 男《地方語. 植物》キイチゴ〔=*zarza*〕
amurallado, da [amuraʎáðo, ða] 形 城壁を巡らせた、壁で囲った: *ciudad ~da* 城郭都市
amurallamiento [amuraʎamjénto] 男 城壁で囲むこと
amurallar [amuraʎár]〔←a-+*muralla*〕他 城壁で囲む;《比喩》壁を作る
amurar [amurár] 他《船舶》［帆をタック *amura* で］たぐり込む
amurca [amúrka] 女《まれ》オリーブの実の汁〔=*alpechín*〕
amurcar [amurkár] 7 ［牛が］角で突く
amurco [amúrko] 男 ［牛の］角の一撃
amurillar [amuriʎár] 他 =**amorillar**
amurriar [amurrjár] 10 **~se**《口語》ふさぎ込む、落胆する
amusco, ca [amúsko, ka] 形 暗褐色の
amusgar [amusgár] 8 他 ❶ ［よく見ようと目を］細める、凝(ｺ)らす。❷ ［牛・馬が攻撃の仕草で耳を］後ろに倒す。❸《アルゼンチン》譲る、妥協する
── **~se** ❶ 苔に覆われる。❷ 目を細める（凝らす）。❸ 恥じ入る

amuso [amúso] 男 羅針盤が描かれた大理石板
amustiar [amustjár] 10 他 元気をなくさせる
── **~se** 元気がなくなる、ぐったりする; しょげる
an-〔接頭辞〕［a-+母音. 非・無〕*analfabeto* 読み書きのできない
-án〔接尾辞〕❶ ［品質形容詞化］*holgazán* 怠け者の。❷ ［地名形容詞化］*catalán* カタルーニャの、*alemán* ドイツの
ana [ána] 女 ❶《古語》［長さの単位］アナ〔＝約1メートル〕。❷ ［インドのニッケル貨］アナ〔＝16分の1ルピー〕
── 副 ［処方箋で］それぞれ等量、各同分量
ana-〔接頭辞〕［+母音 で語尾脱落して an-: ion→*anión*〕❶ ［逆・反対］*anacrónico* 時代錯誤の。❷ ［後方］*anapesto* 短短長格。❸ ［再］*anabaptista* 再洗礼派。❹ ［上方・高み］*anáglifo* 浅浮き彫り装飾。❺ ［離反・分断］*anatema* 破門。❻ ［…に従って］*analogía* 類推
anabaptismo [anaba(p)tísmo] 男《プロテスタント》アナバプティスム〔再洗礼派の終末思想〕
anabaptista [anaba(p)tísta] 形 名 再洗礼派〔の〕、アナバプティスト〔の〕
anabí [anabí] 男 =**nabí**
anabiosis [anabjósis] 女《生物》蘇生
anabiótico, ca [anabjótiko, ka] 形《生物》蘇生の
anaboleno, na [anaboléno, na] 形《まれ》面倒を起こす
── 女 分別のない女、軽薄な女
anabólico, ca [anabóliko, ka] 形 =**anabolizante**
anabolismo [anabolísmo] 男《生物》同化〔作用〕〔⇔*catabolismo*〕
anabolizador, ra [anaboliθaðór, ra] 形 男 =**anabolizante**
anabolizante [anaboliθánte] 形《生物》同化を促進する
── 男 ［主に 複〕アナボリック剤
anacarado, da [anakaráðo, ða]〔←a-+*nácar*〕形 真珠のような光沢の、真珠色の
anacardiáceo, a [anakarðjáθeo, a] 形 カシューナットノキ科の
── 女 複《植物》カシューナットノキ科
anacardino, na [anakarðíno, na] 形 カシューナッツ入りの
── 男《古語》カシューから作った薬〔健忘症の薬〕
anacardo [anakárðo] 男《植物》カシューナットノキ;〔実〕カシューナッツ
anaco [anáko] 男 ❶《コロンビア》2本糸で縫った麻袋。❷《エクアドル、ペルー》先住民女性がスカートとして使う布
anacoluto [anakolúto] 男《言語》破格構文
anaconda [anakónda]〔←スリランカ語〕女《動物》アナコンダ〔半水棲の大蛇〕: ~ *coriyú* オオアナコンダ
anacora [anakóra] 女《音楽》角笛
anacoreta [anakoréta]〔←ラテン語 *anachoreta* < ギリシャ語 *anakhoretes* < *anakhoreo*「私は隠棲する」〕名《キリスト教》隠者、隠修士
── 形 隠者〔特有〕の
anacorético, ca [anakorétiko, ka] 形 隠者の〔ような〕: *vida ~ca* 隠遁生活
anacoretismo [anakoretísmo] 男《まれ》隠遁生活
anacreóntico, ca [anakreóntiko, ka] 形 ❶《古代ギリシャ. 人名》アナクレオン *Anacreonte* の《酒と恋の喜びをうたった叙情詩人》。❷《詩法》アナクレオン *Anacreonte* 風の
── 女 アナクレオン風の詩
anacreontismo [anakreontísmo] 男《詩法》アナクレオン風
anacronía [anakronía] 女《まれ》=**anacronismo**
anacrónicamente [anakrónikaménte] 副 時代錯誤的に
anacrónico, ca [anakróniko, ka] 形 ❶ 時代錯誤の: *edificio de ~* clasicismo 時代錯誤の古典主義的な建物。❷ 時代考証に誤りのある、その時代にはあり得ない
anacronismo [anakronísmo] 男〔←ギリシャ語 *anakhronismos* < *ana-*（反）+*khronos* 時代〕❶ 時代錯誤、アナクロニズム; 時代錯誤的な事物: *La huelga general será un ~*. ゼネストは時代錯誤だろう。❷ 年代〔時代考証〕の誤り
anacronizar [anakroniθár] 9 他《まれ》時代錯誤的にする
anacrusa [anakrúsa] 女 =**anacrusis**
anacrusis [anakrúsis] 女 ❶《詩法》行首余剰音、詩行の最初の韻律音の前に置かれた音節。❷《音楽》アウフタクト〔最初の強拍に先行する弱拍〕
ánade [ánaðe]〔←ラテン語 *anas, -atis*〕男《まれ》女《鳥》❶ カモ（鴨）: ~ *friso* オカヨシガモ. ~ *mandarín* オシドリ. ~ *rabudo* オナガガモ. ~ *real* (*silvestre*) マガモ. ~ *silbón* ヒドリガモ.

❷ アヒル《=pato》
cantando las tres ~s, madre《廃語》陽気に練り歩く；心配もなくのんきにやっている
anadear [anaðeár]｜自｜［アヒルのように］腰を振って歩く
anadeja [anaðéxa]｜女｜=**anadón**
anadino, na [anaðíno, na]｜形｜子ガモ
anadiplosis [anaðiplósis]｜女｜《単複同形》《修辞》前辞反復
anadón [anaðón]〖←ánade〗｜男｜子ガモ
anádromo, ma [anáðromo, ma]｜形｜《魚name》昇流の，遡川性の
anaeróbico, ca [anaeróbiko, ka]｜形｜《生物》=**anaerobio**
anaerobio, bia [anaeróbjo, bja]｜形｜《生物》嫌気性の: bacterias ~*bias* 嫌気性細菌
anaerobiosis [anaerobjósis]｜女｜《生物》嫌気生活
anafalla [anafáʎa]｜女｜《古語的. 繊維》ファイユ
anafase [anafáse]｜女｜《生物》《核分裂の》後期
anafaya [anafáʝa]｜女｜《古語的. 繊維》=**anafalla**
anafe [anáfe]｜男｜［主に携帯用の］こんろ
anafiláctico, ca [anafiláktiko, ka]｜形｜《医学》アナフィラキシー性の: choque ~ アナフィラキシー・ショック
anafilactógeno [anafilaktóxeno]｜形｜《医学》アナフィラキシー発現物質
anafilaxia [anafilá(k)sja]｜女｜《医学》アナフィラキシー，過敏症
anafilaxis [anafilá(k)sis]｜女｜=**anafilaxia**
anáfora [anáfora]｜女｜❶《文法》前方照応《⇔catáfora. 前に述べた語句を代名詞・副詞で繰り返す: Dijo que había aprobado, pero no me *lo* creí. 彼は合格したと言ったが, そんなことは信じられなかった》. ❷《修辞》行頭（首句）反復. ❸《ギリシア正教》アナフォラ, 聖体の祈禱
anaforesis [anaforésis]｜女｜《単複同形》《物理, 化学》陽極泳動
anafórico, ca [anafóriko, ka]｜形｜❶《文法》前方照応の. ❷《修辞》行頭（首句）反復の.
anafre [anáfre]｜男｜=**anafe**
anafrodisia [anafroðísja]｜女｜《医学》無性欲症，冷感症
anafrodisiaco, ca [anafroðisjáko, ka]｜形｜｜男｜=**antiafrodisíaco**
anafrodisíaco, ca [anafroðisíako, ka]｜形｜｜男｜=**antiafrodisíaco**
anafrodita [anafroðíta]｜形｜｜名｜《医学》無性欲症の〔人〕, 冷感症の〔人〕
anagálide [anaɣáliðe]｜女｜《植物》オオカワヂシャ
anagénesis [anaxénesis]｜女｜《生物》向上進化
anaglífico, ca [anaɣlífiko, ka]｜形｜《美術》浅浮き彫りのある
anaglifo [anaɣlífo]｜男｜❶《美術》浅浮き彫りの装飾. ❷ 立体写真
anaglipta [anaɣlí(p)ta]｜女｜《美術》アナグリプタ壁紙
anagnórisis [anaɣnórisis]｜女｜《単複同形》《ギリシア悲劇などで》大団円, 大詰め; ［大団円での］身のあかし, 認知
anagoge [anaɣóxe]｜男｜=**anagogía**
anagogía [anaɣoxía]｜女｜❶ ［聖書の語句などの］神秘的解釈（意味づけ）. ❷ ［宗教的な］恍惚, 法悦
anagógicamente [anaɣóxikaménte]｜副｜神秘的意味で, 神秘的に解釈して; 法悦に浸って
anagógico, ca [anaɣóxiko, ka]｜形｜❶ 神秘的解釈の. ❷ 法悦の.
anagrama [anaɣráma]〖←ラテン語 anagramma <ギリシア語 ana-(逆)+gramma〗｜男｜❶ アナグラム, 文字の並べ替え《例 amor → Roma, cosa → caso, asco》. ❷ 文字シンボル, 文字商標《例 TVE←Televisión Española》
anagramar [anaɣramár]｜他｜《まれ》文字を並べ替える
anagramático, ca [anaɣramátiko, ka]｜形｜アナグラムの, 文字並べ替えの: acertijo ~ 文字並べ替えゲーム
anagramatista [anaɣramatísta]｜名｜アナグラム製作者
anagramista [anaɣramísta]｜名｜本名の文字を並べ替えた偽名を名乗っている人
Anáhuac [anáwak]｜男｜《地名》❶ アナワク高原, メキシコ中央高原《メキシコ中部から米国との国境に広がる高原. =Meseta de ~》. ❷ メキシコ盆地《メキシコシティとその周辺に広がる盆地. =Valle de México》
anaiboa [anaiβóa]｜男｜《キューバ, ドミニカ》すりおろしたユッカの根の毒性のある汁
anajabar [anaxaβár]｜他｜《隠語》殺す
anajao [anaxáo]｜男｜《フィリピン. 植物》ヤシの一種《学名 Coripha minor》

anal [anál]〖←ano〗｜形｜肛門の: fase ~ [フロイト Freud による性的発達段階の] 肛門期. sexo ~ 肛門性交
analcohólico, ca [analk(o)ólika, ka]｜形｜❶ ［飲料が］ノンアルコールの. ❷ 酒を飲まない〔人〕
analectas [analéktas]｜女｜複｜選集, 抜粋集; 語録: Las ~ de Confusio『論語』
analéptico, ca [analé(p)tiko, ka]｜形｜《医学》病後の回復用の, 体力（気力・意識）回復のための
analérgico, ca [analérxiko, ka]｜形｜非アレルギーの, ノンアレルギーの
anales [análes]〖←ラテン語 annales < annus「年」〗｜男｜複｜❶ 年代記, 編年史, 年譜: A~ del Reino de Navarra ナバラ王国年代記. ❷ 〖一般に〗過去の記録, 歴史: Este partido pasará a los ~ de la olimpiada. この試合はオリンピックの歴史に残るだろう. ❸ 〖学術文化団体の〗年報, 紀要, 会誌: A~ de la Universidad de Salamanca サラマンカ大学紀要
analfabestia [analfaβéstja]｜名｜｜名｜《軽蔑》無知蒙昧〔な〕〔人〕; 獣同然の〔人〕
analfabético, ca [analfaβétiko, ka]｜形｜《まれ》読み書きのできない
analfabetismo [analfaβetísmo]｜男｜❶ 読み書きができないこと, 無学: ~ numérico 算数ができないこと. ❷ 非識字率: ~ índice de ~, tasa de ~. ❸ 《集名》読み書きのできない人
analfabeto, ta [analfaβéto, ta]〖←ラテン語 analphabetus < ギリシア語 analphabetos < an-(無)+alphabetos「アルファベット」〗｜形｜｜名｜❶ 読み書きのできない〔人〕; ❷ funcional 通常の生活で必要な読み書き能力のない〔人〕. ❷《軽蔑》無知な〔人〕, 教養のない〔人〕
analgesia [analxésja]｜女｜《医学》無痛覚〔症〕; 無痛法, 微痛麻酔
analgésico, ca [analxésiko, ka]｜形｜《薬学》鎮痛の, 痛み止めの; 鎮痛剤
análisis [análisis]〖←ギリシア語 analysis < analyo「私は解く」< lyo「私は切る」〗｜名｜《単複同形》❶ 分析的研究: hacer un ~ de la situación actual 現状を分析する. ~ coste-beneficio/~ de costos-beneficios 費用便益分析. ~ cualitativo (cuantitativo)《化学》定量（質）分析. ~ del discurso《言語》談話分析. ~ de funcionamiento 継続企業分析, ゴーイング・コンサーン分析. ~ de la novela 小説の分析研究. ~ de sección cruzada/~ de datos transversales 横断面分析, クロス・セクション分析. ~ de secuencia 一連続分析. ~ de series cronológicas 時系列分析. ~ de sistemas《情報》システム分析. ~ de tiempos y movimientos［労働者の一日の作業量の］課業管理分析. ~ del riesgo リスク分析. ~ dimensional《物理》次元解析. ~ fundamental《株式》ファンダメンタルズ・アナリシス. ~ gramatical《言語》文法的分析. ~ periódico 期間分析. ~ sintáctico《言語》統語分析. ~ técnico《株式》テクニカル・アナリシス. ❷《医学》検査: 1) hacerse un ~ de sangre 血液検査を受ける. ~ clínico 臨床検査. 2) 検査結果, 分析数値. 3) 精神分析〔治療〕. ❸ 解析: ~ = matemático: ~ factorial 因子分析
analista [analísta]〖←análisis〗｜名｜❶ 分析家, アナリスト;《新聞, 放送》解説者: Es un profundo ~ de la realidad del país. 彼は国家の現実について深く分析している. ~ financiero/~ de inversiones 証券（投資）アナリスト. ~ militar 軍事アナリスト（評論家）. ~ programador《情報》プログラマーアナリスト. ❷《医学》分析技師, 衛生検査技師; 精神分析医. ❸《数学》解析学者. ❹ 年代記編者, 年譜の作者
analístico, ca [analístiko, ka]｜形｜年代記の, 年譜の; 紀要の
analítica [analítika]｜女｜❶《西. 医学》検査, 分析; その結果. ❷《論理》分析論
analíticamente [analítikaménte]｜副｜分析的に, 分析的手法で
analítico, ca[2] [analítiko, ka]〖←ラテン語 analiticus+ギリシア語 analitikos〗❶ 分析の, 分析的な: filosofía ~ca 分析哲学. geometría ~ca 解析幾何学. lengua ~ca《言語》分析的言語《統語関係が前置詞など独立した小辞によって示される言語》. mente ~ca 分析的頭脳. razonamiento ~ 分析的推論
analizable [analiθáβle]｜形｜分析可能な, 分析され得る
analizador, ra [analiθaðór, ra]｜形｜｜名｜分析する〔人〕: técnica ~ra 分析技術
—— ｜男｜分析器, 成分計《光学》アナライザ, 検光子
analizante [analiθánte]｜形｜分析する
analizar [analiθár]〖←análisis〗｜他｜❶ 分析する, 分析的に調

べる: Me *analizaron* la sangre. 私は血液検査を受けた. El presidente me pidió que *analizara* con realismo la situación de la empresa. 社長は私に会社の状況をありのままに見て分析してほしいと言った

analmente [análménte] 副 肛門を経由して
análogamente [análogaménte] 副 ❶ 同様に,同じように: A～, podremos decir lo siguiente. 同様に,次のように言えよう. ❷ 〔しばしば +a como〕…どおりに,…と同じに: Lo haré ～ *a como* usted lo hace. 私はあなたがなさっているとおりにしましょう

analogar [analogár] 他 同様であると考える
analogía [analoxía]〘←ラテン語 analogia <ギリシア語 analogia「均整,類似」< ana-(従って)+logos「理性」〙囡 ❶〔+entre の間の〕類似(性): Entre español y francés existen evidentes ～s. スペイン語とフランス語の間には明らかな類似性がある. ❷〘論理,言語〙類推,アナロジー. ❸〘古語的. 文法〙形態論,語形論〔=morfología〕. ❹〘生物〙相似
por ～ con... …との類推によって: Los pretéritos "tuve, estuve, anduve" se formaron *por ～ con* "hube". 点過去 tuve, estuve, anduve は hube との類推から作られた

analógicamente [analóxikaménte] 副 ❶ 同様に,同じように: A～, podemos obtener estas cifras. 同様にして次の数字が得られる. ❷〘言語〙〔主に crear・formarse・surgir+〕類推によって: De aquí surgieron ～ multitud de pretéritos. こうして類推によって多くの点過去形が生じた

analógico, ca [analóxiko, ka]形 ❶〘電気,情報など〙アナログ〔方式〕の〔⇔digital〕: computador ～ アナログコンピュータ. señal ～*ca* アナログ信号. reloj ～ アナログ時計. ❷〔+a に〕類似の〔=análogo〕. ❸〘論理,言語〙類推の,類推による: razonamiento ～ 推論
analogismo [analoxísmo]男〘論理〙類推論法,推論
analogista [analoxísta]形〘言語〙類似論の〔人〕,類推論者〘単語と物との間に音声上の類似があるとしたギリシア学派. ⇔anomalista〙
análogo, ga [análogo, ga]〘←ラテン語 analogus <ギリシア語 analogos「類似した」〙形 ❶〔事物が,+a に〕類似の,類似した: El clima de aquí es muy ～ *al* de mi patria. ここの気候は私の故郷とそっくりだ. ❷〘生物〙相似の: órgano ～ 相似器官. ❸〘電気〙polo ～〘焦電体との同類概念〔⇔polo antílogo〕
— 名 類似のもの: limpiar con alcohol o ～ アルコールかそれに類したもので拭く. Su sonrisa cómplice provocó en Eva otra ～*ga*. 彼の共犯者めいた微笑につられて,エバも同じように笑った

anamita [anamíta]形 名〘歴史,地名〕〔インドシナ東部の〕アンナン Anam の〔人〕
— 男 アンナン語,ベトナム語
anamnesia [anamnésja]囡〘医学〕=**anamnesis**
anamnesis [anamnésis]囡〘単複同形〕❶〘医学〕既往症,病歴. ❷ 追憶,回想,〔プラトン哲学で〕想起. ❸〘カトリック〕〔ミサで〕記念と奉献,アナムネシス
anamniota [anamnjóta]形 無羊膜類の
— 男 複〘動物〙無羊膜類
anamórfico, ca [anamórfiko, ka]形〘光学〕歪ませる
anamorfosis [anamorfósis]囡〘美術〕歪像画法,〘光学〕歪像作用
ananá [ananá]男〘複 ～s〕〔主に南米〕パイナップル〔=piña〕
ananás [ananás]〘←ポルトガル語 ananás <グアラニー語 naná〙男〘単複同形〕〘植物,果実〕パイナップル〔=piña〕
ananasa [ananása]囡〘アンデス〕=**ananás**
Ananías [ananías]〘旧約聖書〙アナニア〔嘘をついたため妻サフィラ Safira と共に即死した〕
ananké [ananké]男 ❶〘ギリシア劇で〕宿命,運命. ❷〘天文〕アナンケ〔木星の第12衛星〕
anapelo [anapélo]男〘植物〕トリカブト〔=acónito〕
anapéstico, ca [anapéstiko, ka]形〘詩法〕短短長格の
anapesto [anapésto]男〘詩法〕〔ギリシア・ローマ詩で〕短短長格
anaplasia [anaplásja]囡〘生物,医学〕〔細胞の〕退生,退形成,無形成
anaplásico, ca [anaplásiko, ka]形〘医学〕〔腫瘍が〕未分化の: astrocitoma ～ 未分化星状細胞腫
anaplasmosis [anaplasmósis]囡〘医学〕アナプラズマ病
anaplastia [anaplástja]囡〘医学〕形成外科術

anaptixis [ana(p)tí(k)sis]囡〘単複同形〕〘言語〕母音挿入
anaquel [anakél]〘←アラビア語 naqqal「運ぶ人」〙男 棚板,棚
anaquelería [anakelería]囡〘集合〕棚;本棚
anaranjado, da [anaranxádo, ða]〔←a-+naranja〕形 男 オレンジ色〔の〕,だいだい色〔の〕
anaranjar [anaranxár] 他 オレンジ色にする
— ～*se* オレンジ色になる
anaranjear [anaranxeár] 他〘廃語〕〔人に〕オレンジ色をつける
anarco, ca [anárko, ka] 形〘口語〕=**anarquista**
anarcoide [anarkóiðe] 形〘軽蔑〕アナキストらしい〔人〕
anarcopasota [anarkopasóta] 名〘口語〕荒れた若者,暴れ者,無頼〔青年〕
anarcosindicalismo [anarkosindikalísmo] 男 アナルコサンディカリズム,無政府主義的組合主義,革命的労働組合主義
anarcosindicalista [anarkosindikalísta] 形 名 アナルコサンディカリズムの;アナルコサンディカリスト〔の〕
anarquía [anarkía]〘←ギリシア語 anarkhia < anarkhos「長のいない」< an-(無)+arkho「私が指揮する」〙囡 ❶ 無政府状態: sumir a un país en la ～ 国を無政府状態に陥れる. ❷〘militar〔古代ローマの〕軍人皇帝時代. ❷ 無秩序,混乱;放縦: En la clase reina la ～. 学級は崩壊状態だ. Quiero vivir en la ～. 私は好き勝手に生きたい. ❸ 無政府主義〔=anarquismo〕
anárquicamente [anárkikaménte] 副 ❶ アナーキーに,無政府状態で. ❷ 無秩序に. ❸ やりたい放題に
anárquico, ca [anárkiko, ka]〔←anarquía〕形 ❶ 無政府状態の. ❷ 無秩序な: Los vehículos aparcan de manera ～*ca*. 車が無秩序にとめられている. ❸ 好き勝手な,でたらめな: vida ～*ca* 無軌道な生活
anarquismo [anarkísmo]〘←anarquía〙男 アナキズム,無政府主義〘スペインには1868年バクーニン Mijaíl Bakunin が派遣した使節によって流布し,1870年第一インターナショナルのスペイン支部が結成されるとカタルーニャとアンダルシアの労働者に急速に浸透した〙
anarquista [anarkísta] 形 名 アナキスト,無政府主義の(主義者): sindicato ～ 無政府主義的労働組合
anarquizante [anarkiθánte] 形 無政府主義的傾向の〔人〕
anarquizar [anarkiθár] 自 無政府主義を広める;無秩序を引き起こす
— ～*se* 無政府状態になる;大混乱になる
anasarca [anasárka]囡〘医学〕全身水腫〔浮腫〕
anascote [anaskóte]男〘繊維〕❶ ダブルサージの薄い毛織物〘僧服に使われる〙. ❷〘古語〕サージに似た絹地
anastasia [anastásja]囡〘植物〕タンジー,ヨモギギク〔=lombriguera〕
anastático, ca [anastátiko, ka]形〘印刷〕凸字の,凸版の
anastigmático, ca [anastigmátiko, ka]形〘光学〕非点収差と像面湾曲を補正した: lente ～*ca* アナスチグマチックレンズ,アナスチグマート
anastomizar [anastomiθár] 自 =*se* =**anastomosarse**
anastomosar [anastomosár] 他〘医学〕吻合する
— ～*se*〘生物〕網状に連絡する
anastomosis [anastomósis]囡 ❶〘生物〕〔網状の〕交差連絡. ❷〘医学〕吻合(法)
anástrofe [anástrofe]囡〘修辞〕倒置〔法〕
anata [anáta]囡〘歴史〕❶〘聖職禄などの恩典を得たことによる〕初年度の収入(収穫物)にかかる教会税. ❷〘地代・収穫物・謝礼金など〕1年分の収入,年収
media ～ 1)〘歴史〕〘聖職禄などを獲得した時の〕収益の半分を納める教会税. 2)〘歴史〕植民地時代のスペイン領アメリカで特に王室官吏の年収に課された税〘原則的には着任初年度に数回に分けて徴収され,税率が固定されたのは17世紀後半. エンコミエンダ encomienda の受給者や貴族の称号を購入した者も負担〙. 3) 年収の半年分
anatado, da [anatáðo, ða]形〘廃語〕乳脂肪の多い
anatasa [anatása]囡〘鉱物〕アナターゼ,鋭錐石
anatema [anatéma]〘←ラテン語 anathema <ギリシア語 anathema < anatithemi「私は壁からぶら下がる」〙男 ❶〘カトリック〕破門制裁,アナテマ: La iglesia lanzó contra él un ～. 教会は彼を破門した. ❷ 呪詛(じゅそ): lanzar (pronunciar) ～ contra+人 …に呪詛をかける. ❸〘道徳的観点からの〕非難,ののしり. ❹〘旧約聖書〕〔神による〕滅びの宣告,神罰
anatematismo [anatematísmo]男〘まれ. カトリック〕破門
anatematización [anatematiθaθjón]囡 ❶〘カトリック〕破門

制裁. ❷ 呪詛
anatematizador, ra [anatematiθađór, ra] [形] [名] ❶《カトリック》破門する〔人〕. ❷ 呪詛する〔人〕
anatematizar [anatematiθár] [9] [他] ❶《カトリック》破門制裁にする. ❷ 呪詛する; 非難する: No se puede ～ a todo el que no os obedezca a vosotros. 君たちに従順でない人を皆ののしるわけにはいかない

anatemizar [anatemiθár] [9] [他] =**anatematizar**
anátido, da [anátiđo, đa] [形] ガンカモ科の
—— [女]/[男] [複]《鳥》ガンカモ科
anatifa [anatífa] [女]《貝》エボシガイ
anatiforme [anatifɔ́rme] [形]《鳥》ガンカモ目〔の〕〖=anseriforme〗
anatista [anatísta] [男]《歴史》教会税 media anata を管理するローマ教皇庁書記官
a nativitate [a natiƀitáte]〖←ラテン語〗[副] 生まれつき: ser tonto ～ 生来の愚か者
anatomía [anatomía]〖←ラテン語 anatomia < ギリシア語 anatemnoa < ana「区別, 分離」+temno「私は切る」〗[女] ❶ 解剖学; 解剖: ～ patológica 病理解剖〔学〕, 剖検. ～ artística 美術解剖. ❷ [解剖学的な] 構造, 組織: explicar la ～ femenina 女性の体の構造を説明する. ❸《まれ》[事物の] 精査, 分析. ❹《まれ》骸骨; やせた人
anatómicamente [anatómikaménte] [副] 解剖学的に, 人体構造上; 人体工学的に
anatómico, ca [anatómiko, ka]〖←ラテン語 anatomicus < ギリシア語 anatomikos〗[形] ❶ 解剖の; 解剖学的な: estructura ～*ca* 解剖学的構造. ❷ 人体工学的な, 人体構造デザインの: asiento ～ 人体工学に基いてデザインされた椅子
—— [名] 解剖学者〖=anatomista〗
anatomista [anatomísta] [名] 解剖学者
anatomizar [anatomiθár] [9] [他] ❶《まれ》解剖する. ❷《美術》解剖学的に正しく描写する
anatomofisiología [anatomofisjolɔxía] [女] 解剖生理学
anatomofisiológico, ca [anatomofisjolɔ́xiko, ka] [形] 解剖生理学の
anatomopatología [anatomopatolɔxía] [女] 病理解剖学
anatomopatológico, ca [anatomopatolɔ́xiko, ka] [形] 病理解剖学の
anatomopatólogo, ga [anatomopatólogo, ga] [名] 病理解剖学者
anatoxina [anatɔ[k]sína] [女]《医学》アナトキシン
anátropo, pa [anátropo, pa] [形]《植物》[胚珠が] 倒生の
a natura [a natúra]〖←ラテン語〗[副] [形] 生まれつき〔の〕
anavia [anáƀja] [女]《リオハ. 植物》ビルベリー〖=arándano〗
anay [anái̯] [男]《フィリピン. 昆虫》シロアリ〖=termes〗
anca [áŋka]〖←フランク語 hanka「腰」〗[女]〖単数冠詞: el·un〔a〕〗❶ [主に [複]. 馬などの] 尻: montar a 〔las〕 ～*s* de un caballo [相乗りで] 馬の尻に乗る. ❷《料理》～*s* de rana カエルの脚. ❸《主に中南米. 口語》[複] [人の] 尻〖=nalgas〗
dar ～s vueltas《メキシコ》[ゲームで] ハンディキャップを与える; 一人勝ちする
llevar a las ～s a+人 …を養う, 面倒を見る
llevar en ～*〔*s*〕 *a...《中南米》1) …を養う. 2) …という結果をもたらす: La guerra *lleva en ～s a* la miseria. 戦争は結局貧困をもたらす
no sufrir ～s 気位が高い, 冗談を聞き流すことができない
traer a las ～s a+人 =**llevar a las ～s a**+人
ancado, da [aŋkáđo, đa] [形] [男]《獣医》[馬の] 跛行(はこう)症〔の〕
ancashino, na [ankaʃíno, na] [形] [名]《地名》アンカシ Ancash の〔人〕〖ペルー北西部の県〗
ancestral [anθestrál]〖←古仏語 ancestre < ラテン語 antecessor〗[形] 祖先の, 先祖〔伝来〕の; 大昔からの: costumbre ～ 昔からの習慣. danza ～ 伝統的な踊り. lengua ～ 祖語. paisaje ～ 原初的風景. ～ miedo a lo desconocido 未知なるものへの原初的恐怖
ancestralía [anθestralía] [女]《まれ》=**ancestralidad**
ancestralidad [anθestraliđá〔đ〕] [女] 先祖伝来であること; 大昔からあること
ancestralmente [anθestrálménte] [副] 先祖から; 大昔から
ancestro [anθéstro] [男] [主に [複]] 先祖: visitar el pueblo de sus ～*s* 父祖の地を訪れる
ancha[1] [ántʃa] [女]《隠語》大集落
anchamente [ántʃaménte] [副] 広々と, ゆったりと
anchar [antʃár] [他]《まれ》=**ensanchar**
—— [自]《まれ》思い上がる, うぬぼれる, 高慢になる
—— **～se**《まれ》広がる, 大きくなる
anchear [antʃeár] [他]《地方語》=**ensanchar**
—— [自]《地方語》思い上がる, うぬぼれる, 高慢になる
ancheta [antʃéta] [女] ❶《歴史》[スペイン統治時代, 中南米に船員が持ち込んだ] 個人取引商品. ❷《まれ》[一般に行商の] 小物, 安物. ❸《アンダルシア; メキシコ, アンデス》有利な取引, 買い得品. ❹《中南米》時宜を得ないこと; 取るに足りないこと. ❺《カリブ》冗談; だまし, たぶらかし. ❻《コロンビア, ベネズエラ》贈り物. ❼《アンデス, チリ, アルゼンチン, ウルグアイ》駄弁, 意味のないおしゃべり
ancheza [antʃéθa] [女]《廃語》=**anchura**
anchicorto, ta [antʃikórto, ta] [形] [物が] ずんぐりした
-anchín《接尾辞》=**-ín**
ancho, cha[2] [ántʃo, tʃa]〖←ラテン語 amplus〗[形] ❶ 広い〖⇔estrecho. [類義] **ancho** は幅が広い. **amplio** は主に立体的・広範囲に広い〗: calle *ancha* 広い通り. Es ～ de espaldas. 彼は肩幅が広い. ❷ [衣服・スペースなどが] 1) ゆったりとした: falda *ancha* ゆったりしたスカート. piso ～ 広い(ゆったりした)マンション. 2)《口語》[+a+人 にとって] 大きすぎる, 広すぎる: El pantalón te está ～. そのズボンは君にはぶかぶかだ. Esta habitación nos viene *ancha*. この部屋は私たちには広すぎる. ❸《西》[人が主語] ゆとりのある: Fuimos muy ～*s* en el avión porque había pocos viajeros. 飛行機は乗客が少なくて私たちはゆったり行けた. En esta butaca está uno muy ～. このソファはゆったりしている. ❹《西》[estar+] ほっとした, くつろいだ: Me he quedado ～ después de acabar el trabajo difícil. 難しい仕事を終えて私はほっとしている. No tienen ni idea del examen y están tan ～*s*. 彼らは試験だという意識もなくて, くつろいでいる. ❺《西》[estar+] うぬぼれた, 得意になった: Luis está muy ～ después de tener éxito. ルイスは成功してから得意になっている. ponerse ～ 得意になる. ❻《西》拘束されない, 自由な; 偏見のない; 放縦な
a lo ～ 横方向に: Mide dos metros *a lo* ～. それは横幅が2メートルある
a lo ～ de... …の幅一杯に: Había un camión tumbado *a lo* ～ *de*l puente. トラックが橋をふさいで横転していた
a lo ～ y largo de... …一杯に, …じゅうに; …の間ずっと
a sus anchas《西》くつろいで, のびのびと: No me siento *a mis anchas* sino en mi casa. 私は自分の家でないと落ち着かない. Póngase *a sus anchas*. どうぞおくつろぎ下さい
a todo lo ～ 幅一杯に: Había un camión tumbado *a todo lo* ～ de la calle. トラックが道幅一杯に横転していた
Ancha es Castilla. 思う存分やるのがよい
quedarse tan ～/quedarse más ～ que largo 平然(泰然)としている, 恥ずかしげもない; 得意になっている
todo a lo ～ =**a todo lo ～**
venir 〔***muy***〕 ***～ a***+人 [事柄が] …の力量を越える: El cargo le *viene* un poco ～. その役目は彼には少し荷が重い
—— [男] ❶ 幅〖=anchura〗: El armario mide dos metros de ～. そのタンスは幅が2メートルある. El pasillo tiene 5 metros de ～. 廊下の幅は5メートルである. ～ de la acera 歩道の幅. ❷《繊維》[布地の] 〔規格〕幅: tres ～*s* de tela 3幅分の布. doble ～ ダブル幅. ❸《鉄道》軌間, ゲージ〖=～ de vía〗: ～ normal 標準軌間. ❹《通信》[周波数の] 帯域幅
anchoa [antʃóa]〖←ジェノヴァ語 ancioa < 俗ラテン語 apiña < ギリシア語 aphye〗[女] ❶《料理》[主に [複]] 塩漬けにしたアンチョビ. ❷《地方語. 魚》カタクチイワシ〖=boquerón〗. ❸《メキシコ》ヘアカーラー〖=rulo〗
anchoar [antʃoár] [他] ❶ [種を取ったオリーブに] アンチョビを詰める. ❷ [カタクチイワシを] 塩漬けする, アンチョビにする
anchoeta [antʃoéta] [女] =**anchoveta**
anchor [antʃɔ́r] [男]《まれ》=**anchura**
anchorman [áŋkɔrman]〖←英語〗[名]《放送》総合司会者
anchova [antʃóƀa] [女]《魚》カタクチイワシ〖=boquerón〗
anchoveta [antʃoƀéta] [女]《魚》[ペルー海域産の] カタクチイワシ〖=boquerón〗
anchura [antʃúra]〖←ancho〗[女] ❶ 幅, 横幅〖長方形の短い方の辺. ⇔longitud〗: pista de aterrizaje de 3 kilómetros de longitud y cincuenta metros de ～ 長さ3キロ幅50メートルの滑走路. ～ del rio 川幅. ～ del coche 車幅. ～ de la pa-

red 壁の厚さ. ～ de espaldas 肩幅. ❷ サイズ, 寸法; 内径, 太さ; ～ de la falda スカートのウエストサイズ. ～ de pecho 胸回り, バスト. ❸ [衣服が] ゆったりしていること; だぶつき. ❹ [主に《複》] 気まま: tener ～s 自由気ままである. ❺ 厚かましさ, 奔放. ❻《通信》《周波数》帯域幅 [＝～ de banda]. ❼《印刷》行末揃え

a sus ～*s* 思う存分に; くつろいで, 気楽に
～ *de miras* 寛大さ

anchurón [antʃurón]《男》❶《鉱山》巨大な掘削坑. ❷ 広い場所. ❸ 拡大

anchuroso, sa [antʃuróso, sa]《形》《文語》広々とした, 広大な: campo ～ 広々とした野原. ～ mar 大海原

-ancia《接尾辞》❶ [ar 動詞+. 名詞化. 動作・結果] vag*ancia* 放浪. ❷ [形容詞+. 名詞化. 性状] frag*ancia* 芳香

ancianamente [anθjánaménte]《副》《古語》昔は [＝antiguamente]

ancianato [anθjanáto]《男》《コロンビア》老人ホーム

ancianía [anθjanía]《女》《廃語》❶ ＝**ancianidad**. ❷ [騎士団で] 最長老の権利

ancianidad [anθjaniðáð]《女》老年, 老齢, 老い: A pesar de su ～, muestra una claridad de ideas impresionante. 彼は老いてもすばらしいアイデアを見せる. ❷ 老年期, 晩年: lenta transición hacia la ～ 老年期への緩慢な移行. ❸《集名》老人. ❹《廃語》古さ [＝antigüedad]

ancianismo [anθjanísmo]《男》《廃語》老年, 老齢 [＝ancianidad]

ancianito, ta [anθjaníto, ta]《名》おじいちゃん, おばあちゃん

anciano, na [anθjáno, na]《形》[←古語 anzi「前に」＜ラテン語 ante]❶ 年老いた, 老齢の.《→viejo》[類義] Sus padres son ya muy ～. 彼の両親はもう大変高齢だ. ❷ 古参の: ～ parlamentario 古参の国会議員. ❸《まれ》古い, 昔からの [＝antiguo]
―《名》❶ 老人, 高齢者: Hay que respetar a los ～s. お年寄を大切にしなければいけない. ❷ 古参者, 長老
―《男》《歴史》❶ [主に《複》. ユダヤ最高評議会の] サンヘドリン Sanedrín の議員. ❷ [使徒時代キリスト教会の] 世話役, 長老. ❸ [中世騎士団の] 最長老

ancien régime [anθján ʀeʒím]《仏語》旧体制の

ancila [anθíla]《女》《古語》下女, 女召使い

ancilar [anθilár]《形》《文語》❶ 下女の, 女召使いの. ❷ 従属している

ancilario, ria [anθilárjo, rja]《形》《まれ》＝**ancilar**

ancípite [anθípite]《形》《まれ》あいまいな, 誤った

ancla [ánkla]《←ラテン語 ancora》《女》[単複冠詞: el/un{a}]❶《船舶》錨(いかり): echar ～[s] 錨を下ろす, 投錨する; 入港する, 停泊する. levar ～[s] 錨を上げる, 抜錨する; 出港する. ～ de la esperanza 予備《主》錨; 頼みの綱. ～ de leva 船首錨, 主錨. ～ flotante シーアンカー. ❷《建築》アンカー. ❸《幾何》argolla del ～ 円環体

ancladero [anklaðéro]《男》《船舶》＝**fondeadero**

anclado [ankláðo]《男》《船舶》投錨, 停泊

anclaje [ankláxe]《←anclar》《男》❶《船舶》投錨; 投錨地, 停泊地; 停泊料. ❷《集名》《建築》アンカー

anclar [anklár]《←ancla》《他》❶《船舶》錨を下ろす. ❷ [物を] しっかり留める, 固定する
―《自》《船舶》投錨する, 停泊する
―― ～*se* [+en に] 固執する: ～ *se en* la tradición 伝統にしがみつく. Sus ideas están *ancladas en* el pasado. 彼の考えは過去に縛られている

anclear [ankleár]《他》《廃語》[船を] 錨で固定する

anclote [anklóte]《男》《船舶》小錨

-anco《接尾辞》[名詞+. 軽蔑] pot*ranco* 子馬

ancoche [ankótʃe]《男》《南米. 植物》パールベリー

ancón[1] [ankón]《男》❶ [停泊できる小さな] 入り江. ❷《建築》渦形持送り. ❸《地方語》尻, 腰. ❹《メキシコ》[部屋などの] 隅 [＝rincón]

ancón[2], **na** [ankón, na]《地方語》[人・動物が] 尻の大きい

anconada [ankonáða]《女》入り江 [＝ancón]

áncora [ánkora]《←ラテン語 ancora》《女》[単複冠詞: el/un{a}]❶《文語》錨 [＝ancla]. ❷ [時計の] アンクル
～ *de salvación* [最後の] 頼みの綱

ancorado, da [ankoráðo, ða]《形》《紋章》cruz ～*da* 先端が錨型になった十字架

ancoraje [ankoráxe]《男》《船舶》＝**anclaje**

ancorar [ankorár]《自》《船舶》＝**anclar**
―《他》《まれ》座礁させる, 動けなくする

ancorca [ankórka]《女》[絵具用の] オークル, 黄土

ancorel [ankorél]《男》《船舶》[網の浮標の] 重石

ancorería [ankorería]《女》錨の製作場

ancorero [ankoréro]《男》錨作り職人

ancuditano, na [ankuðitáno, na]《形》《地名》アンクド Ancud の [人]《チリ, Chiloé 県の県都》

ancudo, da [ankúðo, ða]《形》[馬などが] 尻の大きい

ancusa [ankúsa]《女》《植物》ウシノシタグサ [＝lengua de buey]

ancuviña [ankuβíɲa]《女》[チリの先住民の] 墓

anda [ánda] →**andar**

andábata [andáβata]《男》《古代ローマ》目を隠すかぶとを着用して戦う剣闘士

andada[1] [andáða]《←andar》《女》❶《狩猟》《複》獲物の足跡. ❷《まれ》歩み, 歩行. ❸《まれ》薄い固焼きパン. ❹《アラゴン》牧草地
volver a las ～*s* 昔の悪習に戻る

andaderas [andaðéras]《←andar》《女》《複》❶ 車付きの歩行器 [＝andador]. ❷《軽蔑》支え, 手助け. ❸《中南米》[幼児用の] ハーネス

andadero, ra [andaðéro, ra]《形》❶ [道などが] 歩きやすい, 通行可能な. ❷ よく歩く, 健脚の [＝andador]. ❸《廃語》実行可能な [＝hacedero]
―《名》《廃語》＝**mandadero**

andado, da[2] [andáðo, ða]《形》❶ 歩いた, 踏破した: Llevamos ～*s* cinco kilómetros. 私たちは5キロ歩いている. ❷ [衣服が] すり切れた, 着古した: abrigo ～ すり切れたオーバー. ❸《廃語》ありふれた, 平凡な
más ⟨*menos*⟩ ～/*muy* ⟨*poco*⟩ ～《まれ》人通りの多い(少ない), にぎやかな(寂しい): plaza más ～*da* 人でにぎわう広場. calle poco ～*da* 人通りもまれな通り
―《男》《中南米》歩き方

andador, ra [andaðór, ra]《←andar》《形》❶ 健脚の [人], 足の速い[人]: Somos ～*es* y nos encanta hacer excursiones. 私たちは健脚でハイキングが大好きだ. ❷ ほっつき回る[人]
―《男》❶ 車付きの歩行器, ベビーウォーカー. ❷《複》[幼児用の] ハーネス, 誘導ひも. ❸《歴史》[裁判所の] 執達吏. ❹ 使者, 使いの人. ❺ [庭園の] 遊歩道, [畑の] 小道, あぜ道
poder andar sin ～*es* 自分でできる, 一人立ちできる
―《女》《中米》売春婦

andadura [andaðúra]《女》❶ 経歴: Esa cantante comenzó su ～ profesional con solo siete años. その歌手はわずか7歳でプロとして歩み始めた. ❷ 歩行, 歩調. ❸《文語》道程, 経路

Andagoya [andaɣója]《人名》**Pascual de** ～ パスクアル・デ・アンダゴヤ《1495〜1548, スペイン人コンキスタドール. パナマ, コロンビアを探検. 1522年最初のインカ帝国情報源として遠征を企てたが失敗》

Andalucía [andaluθía]《女》《地名》アンダルシア《スペイン南部の州》

andalucismo [andaluθísmo]《男》❶ アンダルシア方言. ❷ アンダルシアの風物に対する愛好. ❸《政治》アンダルシア地方主義

andalucista [andaluθísta]《形》《名》《政治》アンダルシア地方主義の(主義者)

andalucita [andaluθíta]《女》《鉱物》紅柱石

andalusí [andalusí]《形》《複 ～es》《歴史》アル・アンダルス Al-Ándalus の [人], イスラムスペインの [人]《イベリア半島におけるイスラムの支配領域》

andaluz, za [andalúθ, θa]《形》《男》《複 ～ces》《地名》アンダルシア Andalucía の [人]: caballo ～ アンダルシア馬
―《男》アンダルシア方言

andaluzada [andaluθáða]《女》[アンダルシア人のような] 誇張, 大ぼら: decir ～*s* 大げさな言い方をする, 大ぼらを吹く

andaluzado, da[2] [andaluθáðo, ða]《形》アンダルシア [人] らしい

andaluzar [andaluθár]《9》《他》アンダルシア [人] らしくする
―― ～*se* アンダルシア [人] らしくなる

andamiada [andamjáða]《女》＝**andamiaje**

andamiaje [andamjáxe]《男》[工事の] 足場

andamiar [andamjár]《10》《他》…に足場を設ける(組む)

andamiento [andamjénto]《男》《廃語》歩み, 歩行; やり方, ふるまい

andamio [andámjo]《←andar》《男》❶ [時に《複》. 工事などの] 足

andana 〔の板〕: montar un gran ～ 大がかりな足場を組む. ～ suspendido (colgado) 吊り足場. ～ de tubos/～ metálico パイプ足場.《古語》仮設ステージ, 仮設の観客席. ❸《古語》〔城壁上の〕巡視路〔=adarve〕. ❹《廃語》歩行; 歩き方

andana [andána]《←伊語 andar〔歩行者通路〕》囡 ❶ 列, 層: cinco ～s de ladrillos 5段の煉瓦. navío de dos ～s de cañones 二層〔砲列甲板〕艦. ❷ 蚕棚
llamarse〔a〕～《口語》知らん顔をする; 約束(公言)を引っ込める

andanada [andanáða]《←andana》囡 ❶〔軍艦の〕片舷斉射. ❷《集名》厳しい叱責, 非難: Me soltó una ～. 彼は私を叱りつけた. ❸〔闘牛場の〕2階席〔一番安い席〕;〔競技場の〕スタンド
por ～s《アルゼンチン》たくさん, 多すぎるほど

andancia [andánθja] 囡 ❶《アンダルシア》歩行. ❷《アンダルシア; 中南米》=**andanza**〔=**andanza**〕

andancio [andánθjo] 男《地方語》軽い伝染病

andandito [andandíto] 副 andando の示小語

andando [andándo] 間 ❶〔励まし・掛け声〕さあ/行こうか/始めよう/やるとするか! ❷〔怒って〕歩き方

andante [andánte]《←伊語》形 歩く: cadáver ～ 生ける屍
bien ～ 幸せな, 幸運な
mal ～ 不幸な, 不運な
—— 男 画〔音楽〕アンダンテ: ～ cantábile アンダンテ・カンタービレ
—— 男〔まれ〕遍歴の騎士〔=caballero andante〕

andantesco, ca [andantésko, ka] 形 遍歴の騎士の

andantino [andantíno]《←伊語》男〔音楽〕アンダンティーノ

andanza [andánθa]《←andar》囡 ❶《主に 複. 主に旅行中の》冒険;〔不測の〕出来事: ～s de Marco Polo マルコ・ポーロの冒険. ❷ 歩き回り. ❸ 運: buena ～ 幸運, mala～ ～〔s〕不運. ❹ 囲 浮き沈み, 波乱. ❺ =**andancio**. ❻《古語》歩き方
meterse en ～s 危険を冒す

andaqui [andáki] 形 名 アンダキ族〔の〕《コロンビア南部の先住民》

andar [andár]《←ロマンス語 amlare < ラテン語 ambulare》65 自 ❶《主に 西》歩く〔類義〕**andar, caminar** 共に「歩く」で違いはない〕: Mi niño ya sabe ～. 私の子供はもう歩ける. Está tan cerca que puedo ir *andando*. そこは近いので私は歩いて行ける. ¿Ha venido usted *andando* o en coche? あなたは歩いて来たのですか, それとも車で来たのですか? Hoy he andado mucho. 私は今日たくさん歩いた. Quien mal *anda*, acaba mal./Quien mal *anda* mal acaba.《諺》悪いことをする奴はろくな死に方をしない/因果応報. ❷《主に南米》行く〔=ir〕: Los niños ya *andan* al colegio. 子供たちはもう学校に行く. ～ a caballo 馬に乗る. ～ con las manos 逆って行く. ～ en bicicleta 自転車に乗る(乗って行く). ❸〔乗り物などが〕動く, 進む: El coche no *anda* sin gasolina. 車はガソリンがなければ動かない. El tren ya empezó a ～. 電車はもう動き出した. ❹〔決まったルートを〕行く, 運行する: Los satélites *andan* alrededor de la planeta. 衛星は惑星のまわりを運行する. ❺〔機械などが〕動く, 作動する: Esta lavadora no *anda* bien. この洗濯機は調子が悪い. Mi reloj *anda* mal. 私の時計は狂っている. no ～ la pila 電池が切れている. ❻〔物事が〕進む, はかどる: ¿Cómo *andan* los negocios?—*Andan* muy bien. 仕事のほうはどうだい?—とても調子よくいっているよ. El plan *anda* bien. 計画はうまくいっている. ❼〔うわさなどが〕広まる, 流布する: *Anda* un rumor extraño. 奇妙なうわさが流れている. El terror del terrorismo *andaba* por la capital. 首都はテロの恐怖に包まれていた. ❽〔時間が〕経過する: ¡Qué deprisa *anda* el tiempo! 時間は何て早く過ぎるのだろう! A partir de cierta edad, me parece que la gente *anda* más deprisa. ある年齢からは, 早く歳を取るような気がする. ❾〔+en+場所〕1)…にいる・ある: A estas horas *anda* alguien en el parque. こんな時間に誰かいている. 2)〔まれ〕起こる: El ruido *anda* en el jardín. 庭で物音がする. ❿〔+por+場所〕…のあたりにいる・ある: ¿Dónde *andan* mis gafas?—*Andarán* por ahí. 私の眼鏡はどこにありますか?—その辺にあるでしょう. Mi ciudad natal *anda* por el sur de España. 私の生まれた町はスペインの南の方にある. ⓫〔+por+数量〕約〔おおよそ〕…である: *Anda* por los cuarenta. 彼は40歳くらいだ. El presupuesto *anda* por medio millón de dólares. 予算はおおよそ50万ドルだ. ⓬〔時に軽蔑〕〔+現在分詞. 主語の動作の断続的な方向性のない動きを含む継続〕…している: Ahora *anda* buscando empleo. 今彼は仕事を探している. ⓭〔+主格補語〕…の状態にある: ¿Cómo *andas*?—*Ando* muy bien de salud. 体の調子はどうだい?—体はとてもいいよ. Ahora *andamos* mal (escasos) de dinero. 今私たちは懐具合がよくない. *Anda* muy ocupada. 彼女はとても忙しい. El negocio no *anda* bien. 商売がうまくいかない. ¿Cómo *anda* eso? 例の件はどうだい?/何だて! ⓮〔+con・sin〕…のある・ない状態にある; …の言動をする: *Andábamos con* miedo. 私たちは心配していた. En las fiestas los niños *andan con* traje nuevo. 祭りには子供たちは新しい服を着る. *Andan sin* saber qué hacer. 彼らは途方に暮れている. ～ *con* cuidado 注意深く行動する. ～ *con* los ojos enrojecidos 目を赤く腫らしている. ～ *con* los preparativos de viaje 旅行の準備をしている. ～ *sin* trabajo 失業中である. ～ *sin* etiqueta 失礼なふるまいをする. ⓯〔+con 危険物などを〕取り扱う, いじる: ¡Cuidado!, los niños *andan con* los cuchillos. 気をつけて! 子供たちが包丁をいじっている. ～ *con* bromas 冗談ばかり言う. ～ *con* fuego 火遊びをする. ⓰〔+con+人〕つき合う: Parece que Andrés *anda con* una chica. アンドレスはどうも女の子とつき合っているらしい.〔Dime〕con quién *andas* y te diré quién eres.《諺》類は友を呼ぶ〔=君が誰と付き合っているかを私に言いなさい. そうしたら君が何者であるかを言ってやろう〕. ～ *con*〔entre〕gente sospechosa いかがわしい連中とつき合う. ⓱〔+en+年齢〕…歳になろうとしている: Mi hija *anda* en los veinte. 私の娘はもうすぐ20歳だ. ⓲〔+en〕(触る, 引っかき回す; 関わる: No *andéis en* la caja fuerte. 金庫には手を触れるな. Siempre *anda en* mis cosas. 彼はいつも私のすることに口出しをする. ～ *en* los trámites del divorcio 離婚手続き中である. ～ *en* pecado 罪を犯す. ⓳〔+tras・detrás de〕追い求める, 探す; 恋い慕う, 言い寄る: *Andan tras* un buen empleo. 彼らはいい仕事を探している. ⓴〔+a+行為の複数名詞〕存分に…繰り返し〕行なう: *Andan a* golpes. 彼らは殴り合いをしている. ～ *a* tiros 銃撃を浴びせる. ㉑《中南米》〔馬などに〕乗る〔=montar〕

¡Anda!/¡Ande〔**usted**〕**!** 1)〔驚き・不信・懐疑〕おや/まあ/まさか!: ¡Anda, si estás aquí!. おや, ここにいたの. ¡Anda, no tiene gracia! 何だ, 面白くもない.〔言わないで〕¡Anda, anda! おや/まあ/ばかなことはしないで〔言わないで〕! 2)〔激励・催促〕さあ/しっかり!: ¡Anda, vamos (anímate)! さあ, やろう〔がんばれ〕! 3)〔懇願〕ねえ/お願いだから: ¡Anda, déjame en paz! ちょっと, そっとしておいてくれ. 4)〔自慢〕どうだ/それ見ろ!: Yo tengo más juguetes...¡Anda! 僕の方がたくさんおもちゃがあるぞ, どうだ! 5)〔軽蔑・失望・拒絶〕何だ/だめだめ!: ¡Anda ya! もうやめてくれ! 6)〔是認〕よし/いいぞ! 7)《西》〔言われた事への不信〕何だて!

¡Anda (Andad) a pasear (paseo)!《口語》出て行け/とっとと消えてけ!

¡Anda y que te ondulen!《古語的》= **¡Anda (Andad) a pasear (paseo)!**

¡Anda y vete por ahí!《口語》=**¡Anda (Andad) a pasear (paseo)!**

¡Anda ya!《西》〔言われた事への不信〕何だて!

¡Ándale!《主にメキシコ》1)〔激励・催促〕がんばれ/さあ! 2)〔完了した事への驚き〕おや! 3)〔同意〕そのとおり! 4)〔別れの挨拶〕ではまた!

¡Andando!《西》急げ/さあ, 始めよう〔元気を出せ〕!

~ *a lo suyo* 自分のことだけを考える

~ *a una*〔全員が〕一致団結する, 力を合わせて行動する

~ *andando*《中南米》〔目的なしに〕ぶらぶらする, 歩き回る

~ *bien (mal) con*+人 …と仲がよい(悪い)

~ *de Herodes a Pilatos* 一難去ってまた一難

¡Ándele!《コロンビア》〔促し〕さあ!

Pues, anda que tú. 君の方こそよ/他人のことを言える立場ではない: Juan siempre se equivoca.—*Pues, anda que tú.* フアンはいつも間違える.—よく言うよ, 君だってそうだ

¿Qué anda?《中米. 挨拶》やあ, どうだい?

—— 他 ❶〔距離を〕歩く, 歩き回る: *Anduvieron* unos 20 kilómetros en un día. 彼らは一日約20キロ歩いた. He andado todo el edificio hasta encontrarla. 私は彼女を見つけるまで建物全部を歩き回った. ～ la calle 通りを行く. ❷《中米》持ち歩く, 身につける〔=llevar〕; 用いる: Ninguno

── **~se** ❶ …を歩き通す; 歩き回る: *Se anduvo* cuarenta kilómetros. 彼は40キロを歩き通した. ❷ [自動詞・他動詞の意味を強調. ほぼ同じ意味で] *No te andes con* cumplidos. そう固いことを言うな. *Siempre se anda en negocios raros.* 彼はいつも妙な仕事に首を突っ込む. *No saben por donde se andan.* 彼らは見当はずれなことをしている. ❸《まれ》[+a に]従事する, …し始める: *~se a* preparar la comida 食事の支度を始める. ❹《中南米》[命令文で] 立ち去る, 出ていく: *Ándate de aquí.* ここから出ていけ
todo se andará《相手の怒り・あせりなどを静めるための表現》いずれうまくいくだろう: *No se preocupe más, que todo se andará.* もう心配しないで下さい, 何もかもうまくいきますよ

andar

直説法点過去	接続法過去
and**uve**	and**uvie**ra, -se
and**uvi**ste	and**uvie**ras, -ses
and**uvo**	and**uvie**ra, -se
and**uvi**mos	and**uvié**ramos, -semos
and**uvi**steis	and**uvie**rais, -seis
and**uvie**ron	and**uvie**ran, -sen

── 男 ❶ [主に 複] 歩き方, 足取り, 歩調: Desde lejos se la reconoce por sus *~es*. 遠くからでも歩き方で彼女だと分かる. ser de *~es* rápidos 歩くのが速い. ❷ [主に 複] やり方, 態度, ふるまい: *Es una persona muy tranquila y de pausado.* 彼はとても穏やかで, ゆったりとした態度の人だ. ❸ 速度
a largo ~ やがて, いずれ
a más ~ 1) 全速力で, 大急ぎで. 2) せいぜい
a mejor (mal) ~ よくても(悪くても)
a poco ~《チリ》間もなく
a todo ~ **=a más ~**

andaraje [andaráxe] 男 ❶ 水車の輪. ❷《地方語》[脱穀場の]地ならし用ローラー
andarica [andaríka] 女《アストゥリアス. 動物》ワタリガニの一種《食用. 学名 Liocarcinus puber》
andariego, ga [andarjégo, ga] 形 名 ❶ 歩くのが好きな[人], 健脚の[人]. ❷ 歩き回る[人], 放浪する[人]
andarín, na [andarín, na]《←andar》形 名 歩くのが好きな[人]; 健脚の[人]
── 男 使者, 使いの者
── [鳥] ツバメ **=golondrina**
andarivel [andaribél]《←ラテン語 andarivell < 伊語 andarivello < anda e rivieni「行ったり来たりする」》男 ❶ 渡し船用ロープ; 渡し船, ケーブルフェリー. ❷[2地点を連絡させる]渡し綱, 運搬索;[その綱をたぐる]渡しかご. ❸《船舶》手すりロープ; 張り綱, 命綱. ❹《南米. スポーツ》コース; コースロープ
andarón [andarón] 男《地方語. 鳥》ヨーロッパアマツバメ《**=vencejo**》
andarraya [andarája] 女《ゲーム》チェッカーの一種
andarríos [andaríos] 男《単複同形》❶《鳥》1) セキレイ《**=aguzanieves**》. 2) シギ: ~ *bastardo* タカブシギ. ~ *común* (chico) イソシギ. ~ *grande* クサシギ. ~ *solitaria* コシグロクサシギ. ❷ 放浪者
andas [ándas]《←ラテン語 amites < ames「洋服掛け」》女 複 ❶ [祭りで聖像を載せる] みこし, 壇台([ㄇ]): *llevar las ~ de la Virgen* 聖母像の輿をかつぐ. ❷《まれ》[人を乗せる] 輿([ㄇ]). ❸《地方語》担架; 棺, ひつぎ
en ~《数人で》肩にのせて, かついで
en ~ y volandas すばやく, スピーディに
llevar en ~ a 《+人 1》…を肩車する. 2) 丁重に扱う, 持ち上げる
andecha [andétʃa] 女《地方語》農作業の相互援助
andel [andél] 男 [主に 複] 轍([ㄇ]), 車輪の跡
andén [andén]《←ロマンス語 andaguie <?ラテン語 indago, -inis「円」< andar》男 ❶ [駅の] ホーム: *Sale del ~ número 3.* 3番ホームから発車する. *en el ~ 8* 8番ホームで. *~ de salida* 発車ホーム. *~ de vacío* 到着ホーム. ❷ 桟橋, 埠頭. ❸ 通路. ❹ 手すり, 欄干. ❺ 棚, 棚板. ❻ [地層の] 層《**=andana**》. ❼《中米, コロンビア》歩道. ❽《南米》[先住民の] 段々畑
paso al ~ 改札口: *máquina de paso al ~* 自動改札口

andero [andéro] 男 みこし *andas* のかつぎ手
Anderson Imbert [ánderson imbért]《人名》**Enrique ~** エンリケ・アンデルソン・インベール《1910〜2000, アルゼンチンの批評家・作家. ラテンアメリカを代表する文学研究者. 創作では幻想と現実とが融け合って溶け合った短編に優れたものが多い. 『イスパノアメリカ文学史』*Historia de la literatura hispanoamericana*, 『魔術的リアリズム』*El realismo mágico y otros ensayos*, 短編集『魔法の書』*El grimorio*, 『チェシャー猫』*El gato Cheshire*》
Andes [ándes] 男 複《地名》[los+] アンデス山脈《南アメリカ大陸の西側に沿って南北7500kmにわたる世界最大の山脈で, 海抜4000mを超える山々が連なる. コロンビア, ベネズエラ, エクアドル, ペルー, ボリビア, アルゼンチン, チリの7か国にまたがる. 中部地域では5000年ほど前からアンデス文明 civilizaciones andinas と総称される諸文化が栄えた. **=cordillera de los ~**》
andesina [andesína] 女《鉱物》中性長石
andesita [andesíta] 女《鉱物》安山岩
andesítico, ca [andesítiko, ka] 形 安山岩の
andinismo [andinísmo] 男《南米》登山《**=alpinismo**》: *hacer ~* 登山をする
andinista [andinísta] 名《南米》登山家《**=alpinista**》
andino, na [andíno, na] 形《南米》❶ アンデス山脈 los Andes の; アンデス諸国 países andinos の《エクアドル, ペルー, ボリビア》: *música ~na* アンデス音楽, フォルクローレ. ❷ ロス・アンデス Los Andes の[チリ中部の市・県名]
ándito [ándito] 男 ❶《建築》外回廊. ❷《まれ》歩道
-ando《接尾辞》[ar 動詞+. 現在分詞] *habl*ando
-ando², da《接尾辞》[ar 動詞+. 名詞・形容詞化] *gradu*ando 新卒業生
andoba [andóba]《←ジプシー語》名《軽蔑》[主に A~. 知らない・言う必要のない] 人, やつ
andóbal [andóbal] 名 **=andoba**
andola [andóla] 女 [17世紀の] 小唄, はやり歌
andolina [andolína] 女《鳥》**=golondrina**
andón, na [andón, na] 形《中南米》鈍い, 俊足の, よく走る
──《ベネズエラ. 馬術》アンブル, 側対歩
andorga [andórga] 女《口語》腹: *llenar la ~* 食べる; [+a+人 に] 食べ物を与える
andorina [andorína] 女《鳥》**=golondrina**
andoriña [andoríña] 女《カナリア諸島》**=golondrina**
andorra [andóřa] 女《まれ》出歩き好きの女, 遊び歩く女; 尻軽女
Andorra [andóřa] 女《国名》アンドラ《正式名称 *Principado de ~* アンドラ公国. ピレネー山中, スペインとフランスに囲まれた小国. 国家元首はスペインのウルヘル司教 Obispado de Urgell とフランスの大統領との二頭制. 首都はアンドラ・ラ・ベリャ *Andorra la Vella*》
andorrano, na [andořáno, na] 形 名《国名》アンドラ *Andorra* の(人)
andorrear [andořeár] 自《まれ》ほっつき歩く, 出歩く
andorrero, ra [andořéro, ra] 形《まれ》[主に女性が] ほっつき歩く(出歩く)のが好きな
andosco, ca [andósko, ka] 形 名 1歳から2歳の[豚・羊・ヤギ]
andova [andóba] 名 **=andoba**
andóval [andóbal] 名 **=andoba**
andradita [andradíta] 女《鉱物》灰礬([ㄇ])ざくろ石
andrajero, ra [andraxéro, ra] 名《廃語》くず屋, 廃品回収業者
andrajo [andráxo]《←?語源》男 ❶ [主に 複] ぼろ切れ,《軽蔑》ぼろぼろの服: *¡Quítate esos ~s! con ~s* ぼろを着ている. ❷《軽蔑》ろくでなし; くず, 下らないもの
andrajosamente [andraxósaménte] 副 ぼろを着て, ぼろぼろになって
andrajoso, sa [andraxóso, sa] 形 名 ❶ ぼろぼろの服を着た[人]: *mendigo ~* ぼろをまとった乞食. ❷ [estar+. 服が] ぼろぼろの
-andria《接尾辞》**=-andro**: *poli*andria 一妻多夫
andriana [andrjána] 女《古語》[女性が着た] 幅広の(ゆったりした)ガウン
andrina [andrína] 女《地方語. 果実》**=endrina**
andrino [andríno] 男《地方語. 植物》**=endrino**
andro-《接尾辞》[人; 男, 雄] *andro*céfalo 人頭獣身の; *an*drógeno 男性ホルモン

-andro, dra《接尾辞》[人; 男, 雄] di*andro* 二雄蕊の
androcéfalo, la [androθéfalo, la] [形]《美術》人頭獣身の, 人の頭部を持つ
androceo [androθéo] [男]《植物》雄蕊(ずい)群
androcha [andrót∫a] [女]《地方語》品質の悪いチョリーソ
androcracia [androkráθja] [女] 男性による支配, 男性優位
andrófago, ga [andrófago, ga] [形]《まれ》人食いの
androfobia [androfóbja] [女] [女性の] 男性恐怖症
andrófobo, ba [andrófobo, ba] [形] 男性恐怖症の
androgénesis [androxénesis] [女]《生物》雄核発生
androgenético, ca [androxenétiko, ka] [形]《生物》雄性発生の;《生化》男性ホルモンの
androgénico, ca [androxéniko, ka] [形]《生化》男性ホルモンの
andrógeno [andróxeno] [男]《生化》アンドロゲン, 男性ホルモン
androginia [androxínja] [女] 男女両性具有;《植物》雌雄同花
andrógino, na [andróxino, na] [形] [名] ❶ 男女両性具有の〔人〕, 両性的な. ❷《植物》雌雄同花序の, 雌雄同花のある
androide [andrói̯de]〖←ギリシア語 aner, andros「人間」+eidos「形」〗[名] アンドロイド, 人造人間
androlla [andróʎa] [女]《料理》ガリシア地方の腸詰め
andrología [androloxía] [女]《医学》男性病学
andrológico, ca [androlóxiko, ka] [形] 男性病学の
andrólogo, ga [andrólogo, ga] [名] 男性病学者
Andrómaca [andrómaka] [女]《ギリシア神話》アンドロマケ〖Héctor の妻〗
andrómeda [andrómeda] [女] ❶ [*A*〜]《ギリシア神話》アンドロメダ〖Perseo の妻になったエチオピアの王女〗;《天文》アンドロメダ座. ❷《植物》ヘリコニアの一種〖学名 Heliconia psittacorum〗
andrómina [andrómina] [女]《古語的》[主に [複]. 大きな] 嘘, でたらめ
andropausia [andropáu̯sja] [女] 男子更年期〔障害〕
androsemo [androsémo] [男]《植物》コボウズオトギリ〖=todasana〗
androsterona [androsteróna] [女]《生化》アンドロステロン
andujareño, ña [anduxaréɲo, ɲa] [形] [名]《地名》アンドゥハル Andújar の〔人〕〖ハエン県の町〗
andulario [andulárjo] [男] 裾をひどく長く引きずるスカート(服)〖=faldulario〗
andullo [andúʎo] [男] ❶《船舶》防舷材. ❷ 巻いたタバコの葉; タバコの葉の束. ❸《中南米》[大きな] 包み紙. ❹《キューバ》甘味料を混ぜた噛みたばこ
andurrial [andur̄jál]〖←andar〗[男] ❶ [主に [複]] 辺鄙(ぴ)な所, 人里離れた所: No quiero irme solo por estos 〜*es*. こんな人里離れた場所に一人で行きたくない. ❷《コロンビア》泥だらけの道
anea [anéa] [女]《植物》ガマ〖=enea〗
aneaje [aneáxe] [男] [ana での] 計測
anear [aneár] **I**〖←ana¹〗[他] [長さの単位 ana で] 計測する
II〖←aña〗[他]《アストゥリアス, カンタブリア》[赤ん坊を] 揺りかごで揺する
III〖←anea〗[男] ガマの茂み
aneblar [aneblár] [23] [他]《まれ》暗くする; 曇らせる
—— **〜se**《まれ》霧が出る, もやがかかる
anécdota [anékdota]〖←ギリシア語 anekdota「未発表の事」< anekdotos「未発表の」< an- (無)+ekdidomi「私は公表する」〗[女] ❶ 逸話, 逸事, エピソード; [歴史上の] 秘話: contar unas 〜*s* いくつかの逸話を語る. ❷ 瑣末(さ)なこと, 二次的なこと; 偶発事: No te preocupes por la pelea de hoy, que es una simple 〜. 今日のけんかは気にするな, 単なるもののはずみさ. ❸ [小説・ドラマの] 筋, あら筋
anecdotario [anekdotárjo] [男] 逸話集: 〜 de personas ilustres 偉人逸話集
anecdóticamente [anekdótikaménte] [副] たまたま, 偶発的に; 間接的に; 聞き伝えで
anecdótico, ca [anekdótiko, ka] [形] ❶ 逸話の; エピソードの多い: Su vida está llena de hechos 〜*s*. 彼の人生は逸話に富んでいる. ❷ たまたまの, 偶発的な; [証拠・情報などが] 間接的な, たまたま出会った; 聞き伝えの: prueba 〜*ca* 事実考証に基づかない証拠
anecdotismo [anekdotísmo] [男]《文学》逸話の多用
anecdotista [anekdotísta] [名] 逸話をよく話す人, 逸話好きな人
anecdotizar [anekdotiθár] [9] [他] 逸話化する
aneciar [aneθjár] [10] **〜se**《廃語》愚かになる
anecoico, ca [anekói̯ko, ka] [形]《物理》無エコー性の: cámara 〜*ca* 無響室
anegable [anegáble] [形]《まれ》水浸しになり得る
anegación [anegaθjón] [女] 浸水
anegadizo, za [anegadíθo, θa] [形] [男] すぐ水に浸かる〔土地〕, 洪水になりやすい〔土地〕
anegador, ra [anegadór, ra] [形] 浸水させる
anegamiento [anegamjénto] [男] 浸水
anegar [anegár]〖←ラテン語 enecare < necare「殺す」〗[8] [他] ❶《主に比喩》[+de・en で] 水浸しにする: El abrazo la *anegó de* placer. 抱き締められて彼女は喜びで一杯になった. ❷ 溺れさせる, 溺死させる. ❸《まれ》悩ませる, うんざりさせる
—— **〜se** ❶《主に比喩》浸水する; [+de・en で] あふれる: *Se* me *anegaron* los ojos *de* lágrimas. 私の目から涙があふれた. ❷ 溺死する, 溺れる. ❸ [船が] 難破する
anegociado, da [anegoθjádo, da] [形]《古語》商売で忙しい, 商売繁盛の
anegrar [anegrár] **〜se**《まれ》黒くなる〖=ennegrecerse〗
anejar [anexár] [他] =**anexar**
anejir [anexír] [男] 節回しのついた諺, ことわざ歌
anejo, ja [anéxo, xa] [形] [男] =**anexo**
aneldo [anéldo] [男]《植物》イノンド, ヒメウイキョウ〖=eneldo〗
aneléctrico, ca [aneléktriko, ka] [形] 無電気性の
anélido, da [anélido, da] [形] 環形動物の
—— [男] [複]《動物》環形動物
anemia [anémja]〖←ギリシア語 anaimia < an- (無)+haima「血」〗[女]《医学》貧血〔症〕: 〜 aplásica 再生不良性貧血. 〜 drepanóctica/〜 de células falciformes 鎌状赤血球貧血症. 〜 hemolítica 溶血性貧血. 〜 mediterránea 地中海貧血. 〜 perniciosa 悪性貧血. 〜 del recién nacido 新生児貧血
anémico, ca [anémiko, ka] [形] [名] 貧血の; 貧血症の〔患者〕
anemizar [anemiθár] [9] **〜se**《医学》貧血になる, 貧血を起こす
anemo-《接頭辞》[風] *anemó*filo 風媒の, *anemo*grafía 風力測定
anemocoria [anemokórja] [女]《植物》風散布
anemocordio [anemokórdjo] [男]《音楽》エオリアンハープ〖=arpa eolia〗
anemócoro, ra [anemókoro, ra] [形]《植物》風で散布する
anemofilia [anemofílja] [女]《植物》風媒
anemófilo, la [anemófilo, la] [形]《植物》風媒の: flor 〜*la* 風媒花
anemografía [anemografía] [女]《気象》風力測定
anemográfico, ca [anemográfiko, ka] [形]《気象》風力測定の
anemógrafo [anemógrafo] [男]《気象》自記風速計
anemograma [anemográma] [男]《気象》風速自記記録
anemometría [anemometría] [女]《気象》測風学
anemométrico, ca [anemométriko, ka] [形]《気象》風力測定の; 風速計の
anemómetro [anemómetro] [男]《気象》風速計, 風力計
anemona [anemóna] [女] =**anémona**
anémona [anémona] [女] ❶《植物》アネモネ. ❷《動物》〜 de mar イソギンチャク
anemone [anemóne] [女] =**anémona**
anemoscopio [anemoskópjo] [男]《気象》風向計
anemotropismo [anemotropísmo] [男]《生物》向風性
anencefalia [anenθefálja] [女]《医学》無脳〔症〕
-áneo, a《接尾辞》❶ [帰属] cut*áneo* 皮膚の. ❷ [条件, 状態] instant*áneo* 瞬間的な. ❸ [関係] sufrag*áneo* 付属の
anéota [anéota] [女]《グラナダ. 植物》レモンバーム, セイヨウヤマハッカ〖=toronjil〗
anepigráfico, ca [anepigráfiko, ka] [形]《考古》無銘の; 無表題の
anepígrafo, fa [anepígrafo, fa] [形] =**anepigráfico**
anergia [anérxja] [女]《医学》アネルギー
anerobio [aneróbjo] [男] =**anaerobio**
aneroide [aneról̯de] [男] アネロイド気圧計〖=barómetro 〜〗
anestesia [anestésja]〖←ギリシア語 an- (無)+aisthesis「感覚」〗[女] ❶《医学》麻酔〔法〕: Es una operación sencilla con 〜 local. それは局部麻酔による簡単な手術だ. bajo 〜 general 全身麻酔で. 〜 epidural (peridural) 硬膜外麻酔. ❷《医学》麻酔薬, 麻酔剤: El dentista ha aplicado 〜 en la raíz del diente 歯科医は歯の根もとに麻酔薬を注射した

anestesiador, ra [anestesjaðór, ra] 形 名 麻酔をかける; =**anestesista**
── 男 麻酔薬, 麻酔用器具
anestesiante [anestesjánte] 形 麻酔効果のある
anestesiar [anestesjár] 10 他 …に麻酔をかける: Antes de la operación me *anestesiaron* [las encías]. 手術前に私は[歯茎に]麻酔をかけられた
anestésico, ca [anestésiko, ka] 形 男 麻酔の; 麻酔薬, 麻酔剤
anestesiología [anestesjoloxía] 女 麻酔学
anestesiológico, ca [anestesjolóxiko, ka] 形 麻酔学の
anestesiólogo, ga [anestesjólogo, ga] 名 麻酔学者; 麻酔医
anestesista [anestesísta] 名 麻酔医, 麻酔士
aneto [anéto] 男《植物》イノンド, ヒメウイキョウ《=eneldo》
anetol [anetól] 男《化学》アネトール
aneurina [aneuɾína] 女《生化》アノイリン
aneurisma [aneuɾísma] 男《まれ》女《医学》動脈瘤(りゅう); 心臓の異常肥大: ~ de aorta torácica 胸部大動脈瘤
aneurismático, ca [aneuɾismátiko, ka] 形 動脈瘤の
anexar [ane(k)sár] 他《主に中南米》併合する《=anexionar》. ❷ 添付して送る
anexidad [ane(k)siðá(ð)] 女《まれ》つながり, 関連. ❷《廃語》履 付属事項, 付帯権利
anexión [ane(k)sjón]《←ラテン語 annexio, -onis》女《国家・領土の》併合
anexionable [ane(k)sjonáβle] 形 併合され得る
anexionador, ra [ane(k)sjonaðór, ra] 形 名 併合する[人]
anexionamiento [ane(k)sjonamjénto] 男《南米》=**anexión**
anexionar [ane(k)sjonár]《←anexión》他 ~se 再 ❶《国家・領土などを》併合する: César [se] *anexionó* las Galias. カエサルはガリアを併合した. ❷ [+a に] 合併させる. ❸ 添付する
anexionismo [ane(k)sjonísmo] 男《政治》併合主義
anexionista [ane(k)sjonísta] 形 名《政治》併合主義の[主義者]: política ~ 併合政策
anexitis [ane(k)sítis] 女《医学》[子宮]付属器炎
anexo, xa [ané(k)so, sa]《←ラテン語 annexus < annectere「結合する」< nectere「結ぶ」》形 ❶ [+a に] 付属の, 付随した: hospital ~ a la Universidad A A 大学付属病院. glándulas ~xas al aparato digestivo 消化器系の付属分泌腺. ❷ [書類など に] 付帯した, 添付の: artículo ~ 付帯条項. documento ~ 付属資料
llevar (*tener*) ~ [主に権利・義務・責任などを] 必然的に伴う: Su profesión lleva ~xas grandes responsabilidades. 彼の仕事はどうしても大きな責任を伴う
── 男 ❶ 付属建物, 別館 [=edificio ~]. ❷ 付帯事項, 付随文書, 付帯書類. ❸ [表示] 履 [手紙の] 同封物. ❹ [学術雑誌などの] 別冊, 別巻. ❺ [町村を構成し行政機関を持つ] 集落. ❻ 付属教会, 分教会. ❼《解剖》[子宮] 付属器 [卵管, 卵巣など]. ❽《チリ》電話, 内線
anfeta [anféta] 女《隠語》=**anfetamina** 覚醒剤
anfetamina [anfetamína] 女《薬学》アンフェタミン
anfetamínico, ca [anfetamíniko, ka] 形 アンフェタミンの
anfi-《接頭辞》❶ [両] *anfi*bios 両生類. ❷ [両側, 前後] *anfi*próstilo 両面前柱式の. ❸ [周囲] *anfi*teatro 円形劇場
anfiartrosis [anfjartrósis] 女《単複同》《解剖》半関節
anfibio, bia [anfíβjo, βja]《←ギリシア語 amphibios < amphi- (両方) +bios「生命, 生活」》形 ❶《生物》水陸両生の; 両生類の. ❷ [乗物などが] 水陸両用の: tanque ~ 水陸両用戦車. ❸《軍》水陸両面の, 陸海合同の: operación ~*bia* 陸海[空]共同作戦
── 男 履《動物》両生類
anfibiótica, ca [anfiβjótiko, ka] 形《生物》両生の
anfíbol [anfíβol]《鉱物》角閃(かんせん)石
anfibolita [anfiβolíta]《鉱物》角閃岩
anfibología [anfiβoloxía] 女 ❶ [文法構造のあいまいさによる] 文意多義, 多義構文《例 El juez sancionó la acción. の文意は, El juez homologó la acción. 「判事はその行為を合法と認めた」と El juez castigó la acción. 「判事はその行為を罰した」の2つが考えられる》. ❷《修辞》両義法, 両方に取れる表現
anfibológicamente [anfiβolóxikaménte] 副 両義的に, あいまいに, 玉虫色に
anfibológico, ca [anfiβolóxiko, ka] 形 文意多義の, 文意の

anfibraco [anfíβrako] 男《詩法》[古典詩の] 弱強弱格, 短長短格
anficción [anfiktjón] 男《古代ギリシア》隣保同盟会議の代議員
anfictionado [anfiktjonáðo] 男《古代ギリシア》隣保同盟会議代議員の職務(地位)
anfictionía [anfiktjonía] 女《古代ギリシア》[都市国家の] 隣保同盟, アンフィクチオン同盟; その会議
anfictiónico, ca [anfiktjóniko, ka] 形《古代ギリシア》隣保同盟[会議・代議員]の
anfígeno [anfíxeno] 男《化学》硫黄族
anfímacro [anfímakro] 男《詩法》[古典詩の] 長短長格, 強長強格
anfineuros [anfinéuɾos] 男 履《動物》双神経類
anfinúcleo [anfinúkleo] 男《生物》複合仁
anfión [anfjón] 男 アヘン《=opio》
anfioxo [anfjó(k)so] 男《魚》ナメクジウオ
anfípodos [anfípoðos] 男 履《動物》端脚類
anfipróstilo, la [anfipróstilo, la] 形 男《建築》両面前柱式の [建物]
anfisbena [anfisβéna] ❶《動物》ミミズトカゲ. ❷ [古代伝説で前後に動ける] 両頭の蛇
anfisbénido, da [anfisβéniðo, ða]《動物》ミミズトカゲ科の
── 男 履《動物》ミミズトカゲ科
anfiscio, cia [anfísθjo, θja] 形《古語. 地理》酷熱帯の住民 [の]
anfisibena [anfisiβéna] 女 =**anfisbena**
anfiteatro [anfiteátro]《←ギリシア語 amphitheatron < amphi- (周) +theatron》男 ❶《古代ローマ》円形劇場, 円形闘技場. ❷ 半円形の会議場[階段席]; 階段教室: ~ anatómico 階段式手術教室. ❸ [劇場の] 2階の正面桟敷席: entrada de ~ 2階桟敷席の入場券. ❹《地理》半円形山. ❺ 円形の盆地
anfitrión, na [anfitrjón, na]《←Anfitrión (豪華な宴会で有名なテーベの王)》男 ❶《客を迎える》主人役[の], 接待者, ホスト; もてなし上手の人: Nos recibió la *anfitriona* con unos ropajes estrambóticos. 私たちを迎え入れた女主人は非常に風変わりな装いをしていた. familia *anfitriona* 主人側の一家; [ホームステイ先の] ホストファミリー. ❷ 主催者側[の]; 開催地: Ganó el equipo ~. ホームチームが勝った. Barcelona fue la *anfitriona* de los Juegos Olímpicos de 1992. バルセロナは1992年オリンピック大会の開催地だった. país ~ 主催国; [投資で] 受入れ国
Anfitrite [anfitríte] 女《ギリシア神話》アムピトリテ《海の女神. ポセイドンの妻》
anfolito [anfolíto] 男《化学》両性電解質
ánfora [ánfora]《←ギリシア語 amphora < ギリシア語 amphoreus < amphi- (両側) +phero「私は持つ」》女《単独冠詞: el·un [a]》❶《古代ギリシア・ローマ》1) 両取っ手付きの大型のつぼ《ワインなど用. 細長く, 底が尖っている》. 2)《容量単位》アンフォラ《=26.2リットル》. ❷《容量単位》アンフォラ《=26.2リットル》. ❷《中南米》投票箱. ❹《メキシコ》小瓶. ❺《南米》福引きの抽選器
anfótero, ra [anfótero, ra] 形《化学》両性の
anfractuosidad [anfraktwosiðá(ð)] 女 ❶《主に 履》❶ [土地の] くぼみ, でこぼこ. ❷《解剖》[器官の表面の] ひだ: ~ *es* cerebrales 大脳のひだ
anfractuoso, sa [anfraktwóso, sa] 形 ❶ [土地が] でこぼこの, 険しい. ❷ ひだ(しわ)の多い
angaria [angária] 女 ❶《古語》夫役(ぶやく). ❷《船舶》[非常用のための] 出港延期, 停船
angarillada [angaɾiʎáða] 女 担架状の運搬具 angarillas 一回分の荷
angarillar [angaɾiʎár] 他 [馬などに] 荷鞍(にぐら)をつける
angarillas [angaɾíʎas]《←ラテン語 angariae < ギリシア語 angareia「運送業」》女 履 ❶ [2本の棒の間に板を渡し, 人・物を運ぶ] 担架状の運搬具: transportar a los heridos sobre (en) unas ~ 負傷者を担架で運ぶ. ❷ [馬などにつける, 水がめなど用の] 荷鞍, 荷かご. ❸ [女性用の] 横乗り鞍. ❹ [卓上用の] 調味料入れ
angarillo, lla [angaɾíʎo, ʎa] 形 名《コロンビア》やせ細った[人]
angaripola [angaɾipóla] 女 ❶《口語》[服の] けばけばしい飾り. ❷《古語》[スカート用の] 縞柄の麻布
ángaro [áŋgaɾo] 男《廃語》[塔での合図の] かがり火《=almenara》

angas [áŋgas] 男 複 《アンデス．口語》*por ~ o por mangas* あれやこれやの理由で，気に入っても入らなくても

angazo [aŋɡáθo] 男 ❶ 〔貝採り用の〕熊手．❷ 《アストゥリアス，ガリシア．農業》レーキ

angeítis [aŋxeítis] 女《医学》=angitis

ángel [áŋxel] 《←ラテン語 angelus < ギリシア語 angelos「使者」》男 ❶ 天使 《参考》ángel はキリスト教神学では天使の階級 órdenes angélicos の最下位でもある: **serafín>querubín>trono>dominación>potestad>virtud>principado>arcángel>ángel**: el *A*~ 大天使ガブリエル．~ bueno/~ de luz 良天使〔神に背かなかった天使〕．《比喩》救いの神．~ malo/~ de tinieblas 悪天使，悪魔〔神に背いた天使〕．~ custodio/~ guardián/~ de la guarda〔その人に神が定めた〕守護天使．❷ 優しさ，愛らしさ《特に女性・子供の，顔などの表面的な美しさでなく，愛嬌・感じのよさの魅力》: No es muy guapa, pero tiene ~. 彼女は魅力あふれる歌い方をする．~ ❸《主に女性・子供について，善良で・純真で・美しくて》天使のような人: La enfermera era un ~. その看護師は天使のような人だった．Hoy has sido un ~. 今日お前は本当にいい子だった．❹〔ビリヤード〕外からはキューが届かない玉を台上に乗って突き出すアドバンテージ

~ *patudo* 偽善者，猫かぶり

como los 〔*propios*〕 ~*es* とても上手に，見事に: Baila *como los* ~*es*. 彼はとても上手に踊る

ha pasado un ~ 天使が通った《会話で気まずい沈黙が流れた時の表現》

mal ~ 厄介者，困り者

ser bueno como ~ とても誠実（純真）である

tener mal ~ 意地が悪い

Ángela María [áŋxela maría] 間《驚き・怒り・当惑》おや，まあ，やれやれ，一体全体！

angélica[1] [aŋxélika] 《←ángel》女 ❶《カトリック》聖土曜日のろうそくの祝別で歌われる聖歌．❷《植物》アンゼリカ〔=~ arcangélica, ~ silvestre〕．~ carlina チャボアザミの一種〔=ajonjera〕．❸〔甘い樹液などから作る〕下剤／の飲み物

angelical [aŋxelikál] 《←ángel》形 ❶ 天使の: figura ~ 天使の姿．protección ~ 天使の御守護．❷《善良で・無垢で・美しくて》天使のような: ~ sonrisa 天使のような（優しい）微笑み．voz ~ 天使のような（美しい）声

angelicalmente [aŋxelikálménte] 副 天使のように

angelicamente [aŋxelikámente] 副 =angelicalmente

angelico [aŋxelíko] 《ángel の示小語》男 ❶《主に美術》小天使〔天使を表わすふっくらした裸の少年〕．❷ 幼子（おさなご），あどけない子〔=angelito〕．❸〔アラブ．植物〕ボタン〔=saltaojos〕

angélico, ca[2] [aŋxéliko, ka]《←ángel》形 =**angelical**: coro ~ 天使の合唱．figura ~*ca* 天使の姿（像）．legiones ~*cas* 天使の軍団

angelín [aŋxelín] 男《中米．植物》=pangelín

angelino, na [aŋxelíno, na] 形 名《地名》ロス・アンヘレス Los Ángeles の〔人〕《チリの Bio-Bío 県の県都》; 〔米国の〕ロサンジェルス Los Ángeles の〔人〕

angelito [aŋxelíto] 《ángel の示小語》男 ❶〔無邪気でおとなしい〕幼児，幼子（おさなご），あどけない子供．❷《皮肉》善人．❸《チリ．アルゼンチン》〔通夜のためにきれいにされた〕幼児の遺体

como ~ 〔*dormir・morir* など〕穏やかに，のんびりと

estar con los ~*s* 1）うわの空である，放心状態である．2）眠っている，夢の国にいる

angeliobar [aŋxeliobár] 9 他《まれ》天使のように〔清らかに・善良に・気高く〕する

—— ~*se* 天使〔のよう〕になる，天使と化す

angelología [aŋxeloloxía] 女 天使論，天使学

angelológico, ca [aŋxelolóxiko, ka] 形 天使論の，天使学の

angelopolitano, na [aŋxelopolitáno, na] 形 名《地名》エロイカ・プエブラ・デ・サラゴサ Heroica Puebla de Zaragoza の〔人〕《メキシコ，プエブラ州の州都》

angelón [aŋxelón] 《ángel の示大語》男《口語》~ *de retablo* デブ，太っちょ

angelota [aŋxelóta] 女《植物》ヒユの一種〔=higueruela〕

angelote [aŋxelóte] 《ángel の示大語》男 ❶〔祭壇画などの〕大きな天使像．❷《口語》〔太っておとなしい子供で〕かわいい太っちょ，おデブちゃん．❸《口語》お人好し，善人，素朴な人．❹《魚》カズメル．❺《植物》ヒユの一種〔=higueruela〕

ángelus [áŋxelus]《←ラテン語 Angelus〔Domini〕》男《単複同形》《カトリック》❶〔朝・昼・晩の〕お告げの祈り，アンジェラス《受胎の神秘を讃える祈り．El ángel del Señor で始まる》．❷〔お告げの祈りの時を知らせる〕アンジェラスの鐘〔=cámpana del ~〕

angevino, na [aŋxebíno, na] 形 ❶《地名》〔フランス西部の〕アンジュー Anjou の〔人〕．❷《歴史》アンジュー家 Casa de Anjou の〔人〕: Dinastía *A*~ アンジュー朝
—— 男 アンジュー方言

angina [aŋxína]《←ラテン語 angina < angere「狭まる，窒息する」》女 ❶《医学》〔主に 複〕アンギナ〔口峡炎，扁桃炎，狭心症など〕: Es propenso a coger ~*s*. 彼は扁桃腺を腫らしやすい．tener ~*s* 喉の奥が腫れている．~ de pecho/~ cardiaca 狭心症．❷《口語》複《女性の》乳房

angina pectoris [aŋxína péktoris]《←ラテン語》女《医学》狭心症

anginoso, sa [aŋxinóso, sa] 形《医学》アンギナの

angio-《接頭辞》❶〔管，血管〕*angiología* 脈管学．❷〔花托〕*angio*spermo 被子植物の

angiocardiopatía [aŋxjokarðjopatía] 女《医学》血管心臓障害

angiocolitis [aŋxjokolítis] 女《医学》胆管炎

angiogénesis [aŋxjoxénesis] 女《医学》脈管形成

angiografía [aŋxjoɣrafía] 女《医学》血管造影〔法〕

angiográfico, ca [aŋxjoɣráfiko, ka] 形《医学》血管造影〔法〕の

angiograma [aŋxjoɣráma] 女《医学》血管造影図，血管撮影図

angiología [aŋxjoloxía] 女《解剖》脈管学

angiológico, ca [aŋxjolóxiko, ka] 形 脈管学の

angiólogo, ga [aŋxjóloɣo, ɣa] 名 脈管学者

angioma [aŋxjóma] 男《医学》血管腫

angioplastia [aŋxjoplástja] 女《医学》血管形成〔術〕

angiosarcoma [aŋxjosarkóma] 男《医学》血管肉腫，脈管肉腫

angiospasmo [aŋxjospásmo] 男《医学》血管攣縮（れんしゅく）

angiospermatófito, ta [aŋxjospermatófito, ta] 形 女 =**angiospermo**

angiospermo, ma [aŋxjospérmo, ma] 形 被子植物の
—— 女 複《植物》被子植物

angiotensina [aŋxjotensína] 女《生化》アンギオテンシン

angitis [aŋxítis] 女《医学》血管炎

angledozer [aŋɡledóθer] 男《複 ~s》《土木》アングルドーザー

Anglería [aŋɡlería]《人名》**Pedro Mártir de** ~ ペドロ・マルティル・デ・アングリリア〔1457~1526，イタリア人ユマニスト humanista．イサベル女王に仕え，コロンブスによるアメリカ「発見」史などに関する著作を残す〕

anglesita [aŋɡlesíta] 女《鉱物》硫酸鉛鉱

angli-《接頭辞》=anglo-

anglicado, da [aŋɡlikáðo, ða] 形《単語・言葉づかいが》英語風の，英語の影響を受けた〔人〕

anglicanismo [aŋɡlikanísmo] 男《宗教》英国国教，聖公会の教義

anglicanización [aŋɡlikaniθajón] 女 ❶ 英国化，イギリス風になること．❷ 英語化，英語的になること

anglicanizado, da [aŋɡlikaniθáðo, ða] 形 ❶〔言葉が〕イギリス（英語）の影響を受けた; 〔習慣・思想などが〕英国風になった

anglicanizar [aŋɡlikaniθár] 9 他 ❶ 英国化させる，イギリス風にする; 英語化させる．❷ 英国びいきにする
—— ~*se* ❶ 英国化する，イギリス風になる; 英語化する．❷ 英国びいきになる

anglicano, na [aŋɡlikáno, na]《←ラテン語 anglicanus < anglus「イギリスの」》形 名 ❶ 英国国教の〔信者〕，聖公会の: iglesia ~*na* 英国国教会，聖公会．❷ イギリス〔人〕の〔=inglés〕

anglicar [aŋɡlikár] 他 =**anglicanizar**

anglicismo [aŋɡliθísmo] 男《←anglo》❶ 英語からの借用語，英語的用法; 英語特有の表現．❷ 英国びいき

anglicista [aŋɡliθísta] 形 名 ❶ 英語からの借用語を濫用する〔人〕．❷ 英国びいきの〔人〕．❸ 英語学者，英語研究者

ánglico, ca [áŋɡliko, ka] 形 ❶ アングル族の〔=anglo〕．❷《古語》イギリスの，イングランドの

angliparla [aŋɡlipárla] 女《軽蔑》〔スペイン語における〕英語混じり〔英語濫用〕の言葉づかい

anglista [aŋɡlísta] 名 英語学者，英文学者，イギリス〔文化〕研究者; 英国通

anglística [aŋglístika] 囡 英語学, 英文学研究, イギリス〔文化〕研究
anglización [aŋgliθaθjón] 囡 =anglicanización
anglizante [aŋgliθánte] 囮 英国化する
anglizar [aŋgliθár] 9 他 =anglicanizar
anglo, gla [áŋglo, gla]《←ラテン語 anglus》囮 图 ❶ アングル族〔の〕《5～6世紀, イギリスに建国したゲルマン民族の一部》. ❷《文語》イギリスの, イングランドの; イギリス人, イングランド人
anglo-《接頭辞》[áŋglo, イギリスの, anglofilia イギリスびいき
angloamericano, na [aŋgloamerikáno, na]《←anglo-+americano》囮 图 ❶ 英国と米国の; 英米人. ❷ 英国系アメリカ人〔の〕. ❸ アメリカ合衆国の; 米国人
angloárabe [aŋgloárabe] 囮 [馬で] 英国種とアラブ種の混血の
anglocanadiense [aŋglokanaðjénse] 囮 图 イギリス系カナダ人〔の〕
anglofilia [aŋglofílja] 囡 イギリスびいき
anglófilo, la [aŋglófilo, la] 囮 图 イギリスびいきの〔人〕, 親英家〔の〕
anglofobia [aŋglofóbja] 囡 英国嫌い
anglófobo, ba [aŋglófobo, ba] 囮 图 英国嫌いの〔人〕
anglofonía [aŋglofonía] 囡《集合》母国語として英語を話す人; 英語圏の国
anglófono, na [aŋglófono, na] 囮 图 母国語として英語を話す〔人〕, 英語圏の〔人〕: país ～ 英語圏の国
anglohablante [aŋgloablánte] 囮 图 英語が母国語の〔人〕
angloíndio, dia [aŋgloíndjo, dja] 囮 图 イギリス系インド人〔の〕
anglomanía [aŋglomanía] 囡 イギリスかぶれ; 英語を使いたがること
anglómano, na [aŋglómano, na] 囮 图 イギリスかぶれの〔人〕; 英語を使いたがる〔人〕
anglonormando, da [aŋglonormándo, da] 囮 图 ❶ 〔アングロ〕ノルマン人〔の〕《11世紀以後イギリスに住んだノルマン人》: Islas A～das チャネル諸島. ❷ アングロノルマン種の〔馬〕
── 囲 アングロノルマン語《ノルマン王朝で話されたフランス語方言》
angloparlante [aŋgloparlánte] 囮 =anglohablante
anglosajón, na [aŋglosaxón, na] 囮 图 ❶ アングロサクソン人〔の〕《5世紀にイギリスに侵入したゲルマン民族の一部》. ❷ 英国の; 英国人. ❸ 英国系の〔人〕
── 囲 アングロサクソン語, 古英語《5世紀の侵入から1100年ごろまで話された》
anglosajonismo [aŋglosaxonísmo] 囲 アングロサクソン人気質; 英国人気質
anglosajonizar [aŋglosaxoniθár] 9 他 アングロサクソン化する
-ango, ga《接尾辞》《軽蔑》bull*anga* 大騒ぎ
angolán [aŋgolán] 囲《植物》ウリノキ
angolano, na [aŋgoláno, na] 囮 图《国名》=angoleño
angoleño, ña [aŋgoléɲo, ɲa] 囮 图《国名》アンゴラ Angola の〔人〕
angolés, sa [aŋgolés, sa] 囮 图《国名》=angoleño
angolino, na [aŋgolíno, na] 囮 图《地名》アンゴル Angol の〔人〕《チリ中部, ラ・アラウカニア州, Malleco 県の県都》
ángor [áŋgor] 囲《医学》狭心症《=angina de pecho》
angora [aŋgóra] 囡 ❶ アンゴラヤギの毛; アンゴラ織り: suéter de ～ アンゴラのセーター. ❷ [主に A～] cabra (conejo・gato) de A～ アンゴラヤギ(ウサギ・ネコ)
angorina [aŋgorína] 囡 アンゴラ織りまがいの布
angor pectoris [áŋgor péktoris]《ラテン語》囲《医学》狭心症《=angina de pecho》
angorra [aŋgóra] 囡 [作業用の] 革エプロン
angostamente [aŋgostaménte] 剾 狭く
angostamiento [aŋgostamjénto] 囲 狭くする(なる)こと
angostar [aŋgostár]《←ラテン語 angustare》他 狭くする, せばめる
── 囹 **～se** 狭くなる, せばまる
angostillo [aŋgostíʎo] 囲 横丁
angosto, ta [aŋgósto, ta]《←ラテン語 angustus》囮 ❶《文語》狭い《=estrecho》: calle ～ta 狭い通り. ❷《古語》乏しい, わずかな
angostura [aŋgostúra]《←angosto》囡 ❶《文語》狭い道, 狭い所. ❷《文語》狭さ; 心の狭さ, 狭量, 偏狭; 苦悩. ❸《植物》アンゴスチュラ; その樹皮. ❹ 苦味酒, アロマティックビターズ《カク

テルの材料》
angra [áŋgra] 囡《廃語》入り江, 浦
angrelado, da [aŋgreláðo, ða] 囮 [硬貨・紋章・建築装飾などで] 周囲が細かいギザギザの
ángstrom [áŋstron] 囲《単複同形/～s》《物理》オングストローム
angstromio [aŋstrómjo] 囲 =ángstrom
anguarina [aŋgwarína] 囡《古語》《農夫の》カッパ, 袖なし外套
anguera [aŋgéra] 囡 =enguera
anguiacho [aŋgjátʃo] 囲《地方語. 魚》ホンクロアナゴ《=congrio》
anguila [aŋgíla]《←ラテン語 anguilla》囡 ❶《魚》ウナギ《鰻》: ～ de mar アナゴ. ～ eléctrica デンキウナギ. ❷《船舶》船架, 進水台. ❸《古語》～ de cabo [ガレー船で用いた] 鞭
anguilazo [aŋgiláðo] 囲 [ガレー船での] 鞭打ち
anguilero, ra [aŋgiléro, ra] 囮 ウナギの; ウナギ漁の; 養鰻の; ウナギを入れる
── 囡 ウナギ漁師(商人)
── 囲 ウナギを入れる籠
── 囡 ウナギの生け簀, 養鰻池
anguilicultura [aŋgilikultúra] 囡 ウナギの養殖
anguilido, da [aŋgilíðo, ða] 囮 ウナギ科の
── 囲《魚》ウナギ科
anguiliforme [aŋgilifórme] 囮 ウナギ目の
── 囲《魚》ウナギ目
anguílula [aŋgílula] 囡《動物》ネマトーダ, 酢線虫, 線虫
anguina [aŋgína] 囡《獣医》鼠径部静脈
angula [aŋgúla]《←バスク語 angula <ラテン語 anguilla》囡 シラスウナギ, ウナギの稚魚: ～s a la bilbaína《料理》オリーブ油とニンニクで炒めたシラスウナギ
angulación [aŋgulaθjón] 囡 ❶ 撮影角度. ❷ 斜めの配置, アンギュレーション
angulado, da [aŋguláðo, ða] 囮 ❶ 角からの. ❷ 角のある, 角ばった
angular [aŋgulár]《ラテン語 angularis》囮 ❶ 角〔𝑘𝑎𝑘𝑢〕の, 角度の: distancia ～《光学, 天文》角距離. ❷ 角〔𝑘𝑎𝑑𝑜〕の, 隅の. ❸ 角のある, 角ばった: forma ～ redondeada 角が丸みのある形. ❹ 基礎的な
── 囲 ❶《写真》広角レンズ《=gran ～》. ❷《建築》アングル材, 山形鋼
── 他 角をつける, 角ばらせる
angularmente [aŋgularménte] 剾 角度をつけて, 斜めに
anguelma [aŋguléma] 囡《繊維》麻の071布, ジュート布, 黄麻布. ❷《口語》おべっか, お世辞: hacer ～s/venir con ～s おべっかを使う. ❸《ログローニョ》厄介事, 面倒事
ángulo [áŋgulo]《←ラテン語 angulus 「角, 隅」》囲 ❶ 角〔𝑘𝑎𝑘𝑢〕, 角度:
1) El terreno está inclinado hacia el oeste, a un ～ de 20 grados. 土地は西に向かって20度に傾斜している. estar en ～ [交差して] 角度をなしている. formar ～ con... …と交差する.
2)《幾何》～ adyacente 隣接角. ～ agudo (obtuso) 鋭角 (鈍角). ～ alterno (externo・interno) 〔外・内〕錯角. ～ complementario (suplementario) 余角(補角). ～ cóncavo (convexo) 180度以上(以下)の角. ～ correspondiente 同位角. ～ interior (externo) 内角. ～ exterior (externo) 外角. ～ opuesto por el vértice 対頂角. ～ plano (llano) 平角. ～ recto 直角. ～ saliente 凸角. 3)《光学》de ～ ancho 広角の. ～ óptico (visual) 視角. ～ de reflexión (refracción) 反射(屈折)角. 4)《天文》～ acimutal 方位角. ～ horario 時角. 5)《軍事》～ de mira 照準角. ～ de tiro 射角. ～ muerto 死角. 6)《技術》～ de avance 前進角. ～ de ataque 迎角. ～ de incidencia 取付け角.《物理》入射角. ～s de Euler オイラー角. ❷ 角〔𝑘𝑎𝑑𝑜〕, 隅, コーナー: en un ～ de la habitación 部屋の隅に. ～ de un edificio 建物の角. ～ del ojo 目尻, 目角. ❸ 観点: mirar desde un ～ diferente 別の角度から見る(考える). otros ～s más amplios 他のもっと広い観点. ❹《写真》アングル
en ～ 角度をなして, 傾斜して
angulosidad [aŋgulosiða(ð)] 囡 ❶ 角ばり. ❷《複》角ばった形 (部分)
anguloso, sa [aŋgulóso, sa]《ラテン語 angulosus》囮 角ばった; [道などが] ごつごつした: facciones ～sas 角ばった顔
angunia [aŋgúnja] 囡《地方語》=angustia
angurria [aŋgúrja] 囡 ❶《医学》排尿困難. ❷《まれ》強い不安. ❸《アンダルシア; 中南米. 口語》空腹; 強い(いやしがしたい)欲

angurriento, ta 求, 渇望, どん欲: comer con 〜 がつがつ食う. ❹《メキシコ》尿失禁

angurriento, ta [aŋguṙjénto, ta] 形《中南米》がつがつした, 腹をすかせた; 欲ばりな

angustia [aŋgústja]《←ラテン語 angustia「苦境」》女 ❶ 悲嘆, 心痛; 苦悩, 苦悶: Me da 〜 ver el hambre que hay en el mundo. 私は世界の飢餓を見ると胸が張り裂けそうだ. 〜s de la muerte 死の苦しみ. ❷［強度の］不安, 恐れ;［漠然とした］不安感: 1) Espera con 〜 la llegada de su hija. 彼は娘の到着を待って居ても立ってもいられない. 2)《医学》〜 vital (existencial) 不安, 苦悶. neurosis de 〜 不安神経症. ❸《西》胸苦しさ, 息苦しさ; 吐き気, むかつき. ❹ 苦境, 困難. ❺《まれ》狭さ, 窮屈; 時間のなさ

dar 〜 *a*+人 …を不安にさせる; 悩ます, 苦しめる

angustiadamente [aŋgustjáðaménte] 副 苦悩して, 悲嘆に暮れて; 不安にさいなまれて

angustiado, da [aŋgustjáðo, ða] 形 ❶ 苦悩に満ちた: Estamos 〜s por la bancarrota. 私たちは倒産のことで苦しんでいる. familia del difunto 〜da 悲嘆に暮れた遺族. mirada 〜da 苦悩のまなざし. ❷ 不安にさいなまれた: Mi madre siempre vivía 〜da. 私の母は心休まることなく暮していた. ❸《まれ》狭い, 狭苦しい, 窮屈な. ❹《廃語》卑しい, 下劣な; 欲ばりな
——男 捕虜, 囚人; ガレー船漕役囚

angustiador, ra [aŋgustjaðór, ra] 形 =**angustiante**
angustiante [aŋgustjánte] 形 苦しめる, 不安にさせる
angustiar [aŋgustjár]《←angustia》⑩ 他 ❶ 苦しめる, 悲嘆に暮れさせる. ❷ 不安にさせる: La enfermedad del niño *angustiaba* a la madre. 子供の病気は母親の心配の種だった
—— 〜*se* 再 苦悩する, 悲嘆に暮れる. ❷ 不安になる: No hay que 〜*se* por lo pasado. 過ぎたことにくよくよするな

angustifolio, lia [aŋgustifóljo, lja] 形《植物》葉が細い, 細葉の《⇨latifolio》

angustiosamente [aŋgustjósaménte] 副 苦しそうに, 悲嘆に暮れて; 不安気に

angustioso, sa [aŋgustjóso, sa]《←angustia》形 苦悩に満ちた; ひどく不安な: pasar días 〜s 苦悩の(不安な)日々を過ごす. situación 〜*sa* 苦境

anhedonia [aneðónja] 女《医学》快感消失症, 無快感症
anhelación [anelaθjón] 女《文語》切望, 渇望
anhelante [anelánte] 形 ❶《文語》切望する, 懸命な, 必死の; [+por+不定詞]…したくてたまらない: Espero 〜 tu llegada. 私は君の到着を今か今かと待っている. Estaba 〜 *por* volver a verla. 彼は彼女にもう一度会いたくてたまらなかった. mirada 〜 思いつめたまなざし. ❷ 息づかいの激しい

anhelar [anelár]《←ラテン語 anhelare「あえぐ」》他 ❶《文語》切望する, 渇望する. 1) Los desocupados *anhelaban* empleos. 失業者たちは職を探し求めていた. 2) [+不定詞] ぜひ…したいと思う; [+que+接続法] ぜひ…であってほしいと願う: *Anhelaba* casarse con ella. 彼はどうしても彼女と結婚したかった. *Anhelo que* sean felices mis hijos. 私はどうか息子たちに幸せになってほしい. ❷《廃語》[息]を吐く
——自《廃語》あえぐ, 息をきらす

anhélito [anélito] 男《まれ》あえぎ, 荒い息

anhelo [anélo]《←ラテン語 anhelus》男《文語》切望, 熱望: Tenemos el 〜 de criar otro hijo. 私たちはぜひもう一人子供を育てたい. con 〜 切望して

anhelosamente [anelósaménte] 副 切望して, 懸命に, 必死に
anheloso, sa [anelóso, sa] [←anhelo] 形 ❶ 渇望している; 懸命な, 必死の. ❷ 息をきらした

anhidrasa [aniðrása] 女《生物》アンヒドラーゼ
anhídrido [aníðriðo] 男《化学》無水物: 〜 acético 無水酢酸. 〜 carbónico 二酸化炭素. 〜 sulfúrico 三酸化硫黄. 〜 sulfuroso 二酸化硫黄, 亜硫酸ガス

anhidrita [aniðríta] 女《鉱物》無水石膏, 硬石膏
anhidro, dra [aníðro, ðra] 形《化学》無水の: amoníaco 〜 無水アンモニア

anhidrosis [aniðrósis] 女《医学》無発汗症, 無汗症
aní [aní] 男《複 〜es》《鳥》オオハシカッコウ
aniaga [anjáɣa] 女《ムルシア》農業労働者の1年分の賃金
anichado, da [anitʃáðo, ða] 形《建築》壁龕(ガン)に: nicho 形の
anicónico, ca [anikóniko, ka] 形《宗教》像を用いない, 偶像の使用に反対する

anidación [aniðaθjón] 女 ❶ 巣作り, 営巣 [=anidamiento]. ❷《医学》[受精卵の] 着床 [=implantación]

anidamiento [aniðamjénto] 男 巣作り, 営巣; 巣ごもり; 住みつくこと

anidar [aniðár]《←a+nido》自 ❶［鳥が, +en に］巣を作る, 巣ごもる: Los pájaros *anidan en* árboles. 鳥たちは木に巣を作る. ❷［人・動物が］住みつく. ❸《文語》[感情などが人に] 巣食う, 根を下ろす: La maldad *anida en* el corazón de todos los hombres. 悪意はすべての人の心に存在する. ❹《医学》[受精卵が] 着床する. ❺《情報》[プログラミングで] ネスティングする: estructuras *anidadas* ネスト構造
—— 他《まれ》…に巣をかける

anidiar [aniðjár] ⑩ 他《サラマンカ》[家の壁を] 白く塗る, 塗り替える
anidio [aníðjo] 男《サラマンカ》壁の塗り替え, 壁の白塗り
anieblar [anjeβlár] =**aneblar**
—— 〜*se* 再 霧(雲)が出る. ❷《アラゴン, アンダルシア》ボケる, 耄碌(ロク)する

aniego [anjéɣo] 男《ペルー》洪水
anihilación [ani(i)laθjón] 女 [=**aniquilación**]
anihilamiento [ani(i)lamjénto] 男《まれ》[=**aniquilamiento**]
anihilar [ani(i)lár] 他《まれ》=**aniquilar**
anilida [anilíða] 女《化学》アニリド
anilina [anilína] 女《化学》アニリン
anilla [aníʎa] [←anillo] 女 ❶［小さな］輪: carpeta de 〜s ルーズリーフ. cuaderno de 〜s リングノート. 〜 del llavero [鍵の] キーホルダー. 〜s mágicas/〜s de juego 知恵の輪. 〜 metálicas 手錠 [=**esposas**]. ❷［缶の］プルトップ [=〜 desgarre]: tirar de la 〜 de una cerveza 缶ビールのプルトップを開ける. ❸［環状の］留め金. ❹《まれ》[鳥に付ける] 脚環. ❺［葉巻の］帯. ❻《バスケットボール》ゴールのリング. ❼《体操》複 吊り輪［器具, 種目］

anillado, da [aniʎáðo, ða] 形 ❶ 環状の, 輪になった. ❷ 巻き毛の. ❸ 環形動物の
—— 男《動物》環形動物

anillamiento [aniʎamjénto] 男 ❶［鳥に］脚環をはめること, 標識環装着; [動物に] 鉄の環を付けること, 鼻輪装着

anillar [aniʎár] 他 ❶ 輪にする, 輪を作る: 〜 el alambre 針金で輪を作る. ❷［輪を…で］取り付ける: He *anillado* todas las hojas sueltas. 私はばらばらの書類をリングでまとめた. 〜 una cortina カーテンにリングを取り付ける. ❸［鳥に］脚環を付ける. ❹［エンジンに］ピストンリングを取り付ける. ❺《まれ》[物を] 取り巻く
—— 〜*se* 再［蛇が］とぐろを巻く [=**enroscarse**]

anillo [aníʎo]《←ラテン語 anellus「小さな輪」< anulus「輪」》男 ❶［台座・宝石のない］指輪: Él tomó la mano de su novia y le puso el 〜. 彼は花嫁の手を取って指輪をはめた. No se pone el 〜 en el medio. 中指には指輪をはめないのだ. quitarse un 〜 自分の指から指輪を外す. 〜 de boda[s] 結婚指輪. 〜 de pedida (〜 de compromiso/〜 de comprometida 婚約指輪. 〜 del Pescador [指輪になっている] ローマ教皇の印章. 〜 pastoral 司教(高位聖職者)の指輪. *A* 〜 *en dedo*, honra sin provecho.《諺》虚栄のための浪費は慎しめ. ❷ 輪, 環; 〜 nasal [牛などの] 鼻輪. 〜 de humo [たばこの] 煙の輪. ❸［缶の］プルトップ, プルリング. ❹《植物》年輪 [=〜 anual]. ❺《動物》環形体節, 体環. ❻《天文》el 〜/los 〜s de Saturno 土星の輪. ❼《地理》A〜 de Fuego 環太平洋火山帯. ❽《闘牛》闘技場, 砂場 [=**redondel**]. ❾《建築》[円柱を取り巻く] 輪状平縁(ブチ); 円形台座. ❿《技術》リング: 〜 de ajuste 軸受管(カン), ブッシュ. 〜 de rodadura レース, 軸受の軌道. ⓫《医学》輪, リング: 〜 inguinal 鼠径輪. 〜 vaginal 腟リング. ⓬《紋章》小環. ⓭《化学》環: 〜 bencénico ベンゼン環. ⓮《俗語》複 足かせ. ⓯《蛇》とぐろ

caerse a+人 *los* 〜*s*《西》[+por で] …の体面を傷つける: *A* mi padre no *se* le *caerán los* 〜*s por* poner la mesa. 父が食卓の支度をしたって沽券(ケン)には関わらないよ
como 〜 *al dedo* [主に venir+] おあつらえ向きに, ぴったりと: El dinero que me ha enviado me viene *como* 〜 *al dedo*. 彼が送ってくれた金はぴったり必要な額だった. Esa gente tan cobarde te va *como* 〜 *al dedo*. そんな卑怯な連中がお前にはお似合いさ

ánima [ánima]《←ラテン語 anima < ギリシア語 anemos「吹くこと」》女［単数冠詞: el/un(a)］ ❶［死者の］霊魂 [→**ánimo**] 類義. ❷［主に 複. 特に］煉獄にいる霊魂 [=〜 *del purgatorio*]: Roguemos por el ～ del difunto. 故人の魂のために祈りましょう. ～ en pena [生者の前に現われる] 煉獄にいる霊魂, 幽霊. ❷ [銃砲の] 内腔, 銃腔, 砲腔. ❸ [複] 1) 晩鐘〖煉獄にいる霊魂への祈りを込めて夕暮れに鳴らす. =toque de ～*s*〗: tocar a ～*s* 晩鐘を鳴らす. 2) 晩鐘の時刻, 夕暮れ時: volver a casa a las ～*s* 晩鐘のころ(夕暮れ時に)家に帰る. ❹《文語》[人の] 心, 魂. ❺《まれ》奥, 中心部

en su ～ 衷心より, 心から

animación [animaθjɔ́n]〖←ラテン語 animatio, -onis〗[女] ❶ 活気〔づけること・づくこと〕: Todavía no hay ～ en la bolsa. まだ市況は低調だ. ❷ 活発さ, 元気: Jorge habla del fútbol con mucha ～. ホルヘはサッカーの話となると勢い込む. ❸ にぎわい, 人出: Hay mucha ～ en la plaza. 広場は大変な人出だ. ❹《映画》アニメーション, 動画〖技術〗: ～ por ordenador コンピュータアニメーション. ❺ [社会活動の] 推進, 活気づけること: Se dedicó a tareas de ～ cultural en el centro de la tercera edad. 彼は老人センターで文化活動をリードする仕事をした. campaña de ～ a la lectura 読書推進運動. ❻ [雰囲気の] 盛り上げ, 景気づけ. ❼《医学》～ suspendida 仮死状態, 人事不省

animadamente [animáđaménte] [副] 元気に, 生き生きと, 張り切って

animado, da [animáđo, đa] [形] ❶ 生命のある, 生きている: seres ～*s* 生きもの, 生物. ❷ 活気のある, にぎやかな: Aun por la noche esta calle está muy ～*da*. 夜でもこの通りはとてもにぎやかだ. coloquio ～ 白熱した討論. fiesta ～*da* にぎやかなパーティー. ❸ 快活な, 生き生きとした; 陽気な: Él no está ～ hoy. 彼は今日元気がない. persona muy ～*da* 元気はつらつとした人. ❹ [+de·por に] 勇気づけられた, 鼓舞された: Están ～*s por* sus éxitos, y van a emprender una nueva empresa. 彼らは成功に気をよくして新しい事業を始めようとしている. ❺ [+a+不定詞] …する気になった, …しようと張り切っている: Está ～ a bailar. 彼は踊りたくてうずうずしている. ❻《文法》有生の: nombre ～ 有生名詞. ser ～ 有生. ❼《中南米》快方に向かっている

estar ～ de buenos deseos (buenas intenciones) 精一杯やろうとしている

animador, ra [animađɔ́r, ra]〖←ラテン語 animator, -oris〗[形] 元気づける, 勇気づける, 励みになる: Son palabras muy ～*ras*. その言葉には勇気づけられる

—— [名] ❶ [バラエティー番組などの] 司会者; [ナイトクラブなどの] 芸人, エンタテイナー; [パーティーの] 余興屋. ❷ [社会活動を] 推進する人, 活気づける人; [雰囲気の] 盛り上げ役の人: ～ cultural 文化活動をリードする人. ❸《スポーツ》応援する人, 応援団員, チアリーダー. ❹《映画》アニメーター. ❺《中南米》世話役, 進行役

—— [男]《商業》～ de ventas 販売促進〔活動〕

animadversión [animađƀersjɔ́n]〖←ラテン語 animadversio, -onis「注意, 警告」< advertere「向ける」〗[女] ❶ [+a·hacia+人·物 への] 敵意, 反感, 憎悪: Los teólogos sienten ～ por las apariciones de Fátima. 神学者たちはファティマの聖母の出現に反感を持っている. manifestar ～ *a* (*hacia*)... …への敵意をあらわにする. tener ～ *a* (*hacia*)... …に敵意を抱く. ❷《廃語》非難, 攻撃

animadvertencia [animađƀerténθja] [女]《廃語》通知, 警告, 注意

animal [animál]〖←ラテン語 animal, -alis〗[男] ❶ 動物〖⇔planta〗; 非理性的な動物, 獣〖⇔hombre〗: El hombre es el único ～ racional. 人間は唯一の理性的動物である. Un tigre es un ～ peligroso. トラは危険な動物だ. ～ de carga [荷を運ぶ] 役畜. ～ de tiro [荷を引く] 役畜. ～ doméstico 家畜; ペット. ～ fabuloso (fantástico·quimérico) 幻想動物, 奇怪獣. ～*es* vivos [畜殺されないで] 生きている家畜. ～ económico エコノミックアニマル. ❷ [複] 動物界〖⇔vegetales〗

～ de bellota〔s〕《西》1) 豚. 2)《軽蔑》粗暴な奴; 間抜け, のろま; 無知な奴

como un ～/como ～es ものすごくたくさん: comer *como un ～* ものすごくたくさん食べる

¡Qué ～! 何て乱暴な(すごい)奴だ!

—— [形] [名] ❶ 動物の, 動物性の〖⇔vegetal〗: El hombre tiene una parte ～ y otra racional. 人間は動物的な面と理性的な面を持っている. apetito ～ 獣的な欲求. deseo ～ 動物的欲望. instinto ～ 動物的本能. proteína ～ 動物性蛋白質. ❷《口語》乱暴な, 粗暴な; 乱暴者, けだもののような奴, 人でなし: Es un ～. 彼は人でなしだ. ❸《口語》愚かな, 無知な; 愚劣な人, とんま, ばか. ❹《口語》並外れた人; 体の大きい人, 屈強な人: Ese luchador es un ～. そのレスラーはものすごく体のでかい奴だ

animalada [animaláđa] [女] ❶《軽蔑》たわごと, ばかなふるまい: decir ～*s* ばかなことを言う. hacer ～*s* とんでもないことをする. ❷《口語》途方もない量, 大量: La boda cuesta una ～. 結婚式は大散財だ. ❸《チリ, アルゼンチン》[家畜などの] 群れ

animalario [animalárjo] [男] [研究所の] 実験用動物舎

animálcula [animálkula] [女] =**animálculo**

animálculo [animálkulo] [男]《動物》極微動物, 微小動物, 顕微鏡虫

animalejo [animaléxo] [男] animal の示小語

animalesco, ca [animalésko, ka] [形] 動物特有の

animalia [animálja] [女]《まれ》[主に [複]] 非理性的な動物, 獣

animalía [animalía] [女]《まれ》獣たち

animalidad [animaliđá(đ)] [女] 動物性, 獣性

animalismo [animalísmo] [男] ❶ =**animalidad**. ❷《美術》動物を主題とすること

animalista [animalísta] [形] [名] ❶ 動物画家(彫刻家). ❷ 動物解放運動の(運動家)

animalístico, ca [animalístiko, ka] [形] ❶ 動物画(彫刻)の. ❷《まれ》獣の, 獣的な

animalito [animalíto] [男] animal の示小語

animalización [animaliθaθjɔ́n] [女] [食物の] 同化, 摂取吸収

animalizador, ra [animaliθađɔ́r, ra] [形] [食物を] 同化させる; 摂取吸収しやすくする

animalizar [animaliθár] [9] [他] ❶ [食物を] 同化させる; [特に野菜を] 摂取吸収しやすくする. ❷《まれ》動物的にする, 獣化する

—— **～se** ❶ [食物が] 同化する. ❷ 動物的になる, 野蛮になる

animalmente [animálménte] [副] 動物のように, 動物的に

animalucho [animalútʃo] [男]《軽蔑》気味の悪い動物, 虫けら

animar [animár]〖←ラテン語 animare < anima「魂」〗[他] ❶ 元気づける, 勇気づける; 励ます, 鼓舞する: Él estaba decepcionado, pero conseguí ～le. 彼は希望を失っていたが, 私は何とか元気づけることができた. El comandante *animó* a los soldados. 指揮官は兵士たちの士気を鼓舞した. ❷ [活動などを] 活気づける, もり立てる: ～ el comercio 商いを活発にする. ❸ にぎやかにする, 陽気にする; [雰囲気などを] 盛り上げる: El vino y la música *animaron* a todos. ワインと音楽でみんな陽気になった. ～ la conversación 会話を盛り上げる. ～ la fiesta パーティーを盛り上げる. ❹ [+a+不定詞·que+接続法] …する気を起こさせる, …する気にさせる: Su indignación al gobierno le *animó a* escribir un libro. 政府に対する怒りから彼は本を書く気になった. Mi familia me *animó a que* aceptara esa oferta de trabajo. 家族のおかげで私はその仕事の申し出を受ける気になった. ❺ 生彩を与える; [印象などを] 生き生きとさせる: Esta cortina nueva *animará* la sala. この新しいカーテンは居間を明るくするだろう. ❻ [火勢などを] 強める: ～ el fuego 火をかき立てる. ❼ [血色などを] よくする: ～ a+人 la cara …の顔色をよくする. ❽ 生命を与える; 生気を吹き込む; [芸術作品に] 魂を入れる: Dios creó a Adán y lo *animó* dotándole de un alma. 神はアダムを創り, 魂と共に生命を与えた. El alma *anima* al cuerpo. 魂は肉体に生気を与える

—— **～se** ❶ 元気づく, 元気が出る, 陽気になる: Con un poco de vino siempre *se anima*. ワインを少し飲むと彼はいつも陽気になる. *¡Anímate!* 元気を出せ, がんばれ; 決心しろ! ❷ にぎやかになる, 活気づく: Esta calle *se anima* mucho por la noche. この通りは夜とてもにぎやかになる. ❸ [+a+不定詞] …する決心がつく, …する気になる: Por fin *se animó a* escribir una carta a María. 彼はやっとマリアに手紙を書く気になった. *¿Te animas a* ir a la fiesta de esta noche? 今夜のパーティーに出かける気になったかい? *¿Te animas?* どう, やる気があるかい?

anime [aníme] **I**〖←日本語〗[男] アニメ

II〖←中南米の先住民語〗[男] ❶ 医薬に用いられる樹脂. ❷《中南米. 植物》イナゴマメ

animero, ra [animéro, ra] [名] [特に煉獄の霊魂のための] ミサに行く人

anímicamente [anímikaménte] [副] 精神的に

anímico, ca [anímiko, ka] [形] 魂の, 心の: disposición ～*ca*

精神的傾向. estado ～ 精神状態, 気分

animismo [animísmo]《←ánima》男 アニミズム

animista [animísta] 形 名 アニミズムの〔信奉者〕

animita [animíta] 女 ❶《地方語, 鳥》セアカタインランチョウ. ❷《キューバ. 昆虫》ツチボタル. ❸《チリ, アルゼンチン, ウルグアイ》〔道ばたの〕小さな聖堂

animizar [animiθár] 9 他 [無生物に] 霊を吹き込む, 魂を入れる
── ～se 霊が吹き込まれる, 魂が入る; 霊魂になる

ánimo [ánimo]《←ラテン語 animus <ギリシア語 anemos「吹くこと」》男 ❶ 魂, 心; 気分 [類語] **ánimo** は ánimo の働きとしての心, **ánima** は 魂そのもの): La larga separación de su familia afectó mucho su ～. 家族と長い間離れていたので彼は気が滅入っていた. Es una persona de ～ decidido. 彼は意志の強い人だ. No estoy con el ～ para bromas. 私は冗談を言う気分ではない. ofenderle a usted. あなたを怒らせるつもりはありませんでした. Mi ～ no es insultarla. 私は彼女を侮辱する気はない. sociedad sin ～ de lucro 非営利目的の組織. 2) [+de+不定詞] 私は…するつもりでいる. No tengo el ～ de decirle eso. そのことをあなたに言うつもりはありません. No tiene ningún ～ de negociar. 彼は交渉する気が全くない. ❹ 勇気; 沈着: hombre de ～ 勇気のある人. hombre de ～ esforzado 勇敢な人; 鉄人. presencia de ～ 冷静であること
caer [*se*] *de* ～ がっかりする
cobrar ～ 勇気を奮い起こす; 元気を出す
con ～ *de*+不定詞 …するつもりで
dar ～[*s*] *a*+人 …を励ます
dejar a+人 *con el* ～ *por el suelo* …をがっかりさせる: Esa noticia la *dejó con el* ～ *por el suelo*. その知らせに彼女はがっかりした
dilatar el ～ 心を慰める
estar con ～ *de*+不定詞 …したがっている
estar sin ～ 意気消沈している
estrecharse de ～ くじける
hacer ～ *de*+不定詞 …する気になる
hacerse el ～ *de*... …という気持ちになる, …に慣れる(耐える): Hay que *hacerse el* ～ *de* que ha fallecido. 彼の死を受け入れなければならない
infundir ～ *a*+人 =*dar* ～[*s*] *a*+人
levantar a+人 ～ …を元気づける
no encontrarse con ～ *para*... …をやっていけそうにない
no estar en ～ *de*+不定詞 …する気分でない
recobrar ～ 気力を回復する
revolver los ～*s* 不安にする, 動揺させる: Al saberlo, sus padres *han revuelto los* ～*s*. 彼の両親はそれを知って心配でたまらなくなった
sin ～ *de*+不定詞 …するつもりではなく
tener ～*s para*... …をする気になっている
tener muchos ～*s* 気力充実している
venir con el ～ *decaído* 気落ちしている
── 間 しっかり, がんばれ!

animosamente [animósaménte] 副 ❶ 勇敢に. ❷ 元気よく, はつらつと

animosidad [animosiðáð] 女 ❶ 敵意; [強い] 憎しみ: Sus palabras reflejaban su gran ～ hacia nosotros. 彼の言葉に我々に対する憎しみが込められていた. tener (sentir) ～ contra... …に対して敵意を抱く. ❷《まれ》勇気, 元気, 気力

animoso, sa [animóso, sa]《←ánimo》形 ❶ [ser・estar+. +en・para に] 意欲(気力)のある: Es un joven ～ *para* el trabajo. 彼は仕事熱心な青年だ. Está ～ *en* sus tareas. 彼は自分の仕事に情熱を燃やしている. ❷ 勇敢な, 大胆な

ánimus [ánimus] 男《法律》意思

animus injuriandi [ánimus inʝurjándi]《←ラテン語》男《法律》名誉毀損の意思

animus jocandi [ánimus ʝokándi]《←ラテン語》男《法律》冗談のつもり

aniñadamente [aniɲáðaménte] 副 子供のように, 子供らしく

aniñado, da [aniɲáðo, ða] 形 ❶ 子供のような, 子供じみた: expresión ～*da* 幼稚な表現. rostro ～ 童顔. ❷《キューバ, チリ, 口語》虚勢を張る, つっぱりの. ❸《エクアドル, 口語》[子供・若者

aniñamiento [aniɲamjénto] 男 幼稚化

aniñar [aniɲár]《←a-+niño》～*se* [大人が] 子供のようになる, 幼稚化する, 子供っぽくふるまう

anión [anjón] 男《物理》陰イオン《⇔catión》

aniónico, ca [anjóniko, ka] 形 陰イオンの

aniquilable [anikiláβle] 形 消滅(絶滅)し得る

aniquilación [anikilaθjón] 女 ❶ 消滅, 絶滅: campo de ～ del nazismo ナチの絶滅収容所. ❷ 悪化

aniquilador, ra [anikilaðór, ra] 形 名 消滅(絶滅)させる〔人〕

aniquilamiento [anikilamjénto] 男 =**aniquilación**

aniquilante [anikilánte] 形 消滅(絶滅)させる

aniquilar [anikilár]《←俗ラテン語 annichilare「無に帰させる」<ラテン語 annihilare <ad- (方へ)+nihil「無」》❶ 消滅させる, 絶滅させる《⇔crear》: ～ al enemigo 敵を全滅(壊滅)させる. ～ la viruela 天然痘を根絶する. ❷ [非物質的なものを] 悪化させる: La droga *aniquila* la salud mental de la gente. 麻薬は人々の心の健康を損なう. ❸ 完敗させる, 圧勝する
── ～*se* 消滅する: La mayoría de los indígenas *se aniquilaron*. 先住民の大部分は絶滅した. ❷ 悪化する: Su ánimo *se ha aniquilado* por el fracaso. 彼は失敗して意気消沈している

anís [anís]《←ラテン語 anisum <ギリシア語 anison》男《複 anises》❶《植物, 果実》アニス: aceite de ～ アニス油. ～ escarchado アニスの砂糖漬け. ～ estrellado (～ de la China/～ de las Indias) シキミ, スターアニス. ❷ アニス酒, アニゼット; その瓶 (フラメンコではこすって楽器にする). ❸ [主に複] アニスキャンデー
estar hecho un ～《エクアドル, ペルー, ボリビア. 口語》おしゃれである, 服装に気をつけている
llegar a los anises《ペルー. 口語》遅刻する

anisado, da [anisáðo, ða] 形 アニス入りの, アニスの香りの
── 男 ❶ アニス酒. ❷ アニスキャンデー

anisakis [anisákis] 男《動物, 医学》アニサキス

anisar [anisár] 男 アニス畑
── 他 …にアニスの香りをつける

anisera [aniséra] 女 アニス酒工場

anisete [aniséte]《←anís》男《酒》アニゼット

anísico, ca [anísiko, ka] 形《化学》ácido ～ アニス酸. quetona ～ アニスケトン

anisocitosis [anisoθitósis] 女《医学》赤血球不同(症)

anisodonte [anisoðónte] 形《動物》異形歯の

anisofilo, la [anisófilo, la] 形《植物》不等葉性の

anisogamia [anisoɣámja] 女《生物》異形配偶

anisógamo, ma [anisóɣamo, ma] 形《生物》異形配偶の

anisómero, ra [anisómero, ra] 形《植物》花の各部が不等数の

anisometropía [anisometropía] 女《医学》屈折左右不同症

anisopétalo, la [anisopétalo, la] 形《植物》花弁の大きさが不等の

anisosilábico, ca [anisosiláβiko, ka] 形《言語》不等音節の

anisosilabismo [anisosilaβísmo] 男《言語》不等音節性

anisostémono, na [anisostémono, na] 形《植物》不等雄蕊(ずい)の

anisotropía [anisotropía] 女《物理》異方性

anisótropo, pa [anisótropo, pa] 形《物理》異方性の

anito [aníto] 男《フィリピン》聖霊, 祖霊, 部族神

anivelar [aniβelár] 他《廃語》=**nivelar**

aniversario[1] [aniβersárjo]《←ラテン語 anniversarius <annus「年」+versus <vertere「戻る」》男 ❶ 記念日, 記念祭: Mis padres celebran su 30° *A*～ de Boda. 今日両親は30回目の結婚記念日を祝う. ～ de la independencia 独立記念日. ❷ 命日: el primer ～ de mi padre 父の一周忌. ❸《メキシコ》誕生日

aniversario[2], ria [aniβersárjo, rja] 形《まれ》毎年の, 年1回の

anjeo [aŋxéo] 男 ❶ 粗布. ❷《チリ》金網

anjevino [aŋxeβíno] 男 =**angevino**

anjova [aŋxóβa] 女《カナリア諸島》[生の・塩漬けの] トウゴロウイワシ

anna [ánna] 女 [インドのニッケル貨] アナ [=**ana**]

annamita [annamíta] 形 名 =**anamita**

annata [annáta] 女 =**anata**

anno aeternis suae [ánno aetérnis swáe]《←ラテン語》享年《墓石の碑文で故人の年齢を表わす》

ano [áno]《←ラテン語 anus》男《解剖》肛門: ～ artificial/《南米》～ contra natura 人工肛門

-ano[1]《接尾辞》[飽和炭化水素] etano エタン

-ano[2], **na**《接尾辞》❶ [地名形容詞化] italiano イタリア(人), toledano トレドの(人). ❷ [所属・信奉・職業] urbano 都市の; cristiano キリスト教の(教徒); cirujano 外科医

anó [anó] 男《アルゼンチン, パラグアイ. 鳥》オニオオハシカッコウ

anoa [anóa] 女《動物》アノア『世界最小の野生牛』

anobio [anóβjo] 男《動物》キクイムシ『俗称は carcoma』

anoche [anótʃe]《←ラテン語 ad noctem》副 昨夜, 昨晩〖参考〗睡眠の表現での「昨夜」は esta noche, la noche pasada: Esta noche he dormido muy mal. 昨晩はよく眠れなかった: ¿A quién viste ～? 君は昨夜誰に会ったの？ Fue interesante la película de ～. 昨夜の映画はおもしろかった. antes de ～ 一昨夜〖=anteanoche〗

anochecedor, ra [anotʃeθeðór, ra] 形 图 夜ふかしする[人]

anochecer [anotʃeθér]《←ラテン語 ad-(に)+noctescere < nox, noctis「夜」》39 自 〖⇔amanecer〗❶ [単人称] 日が暮れる, 夜になる, 暗くなる: 1) En verano anochece tarde. 夏は暮れるのが遅い. Quiero volver antes de que anochezca. 私は暗くならないうちに戻りたい. Anocheció despejado. 夕方には雲一つなかった. 2) [+a+人] Nos anochece al terminar la clase. 私たちは授業が終わるころは夜になっている. ❷ [ある場所・状態で] 夜を迎える: Anochecí en Palma. 私は日暮れにパルマに着いた／日暮れにはパルマにいた

～ y no amanecer《口語》雲隠れする, 姿をくらます
—— 他 ❶《まれ》暗くする. ❷《アンダルシア》くすねる, 万引する
—— ～se《詩】《物が》暗くなる, 光が失せる
—— 男 日暮れ, 夕方: Al ～ llegamos a Madrid. 夕暮れどき私たちはマドリードに着いた. antes del ～ 暗くなる前に

anochecida [anotʃeθíða] 女 日暮れ〖=anochecer〗
de ～《文語》夜に, 夜になるころ: Vino ya de ～. 彼はもう暗くなってやって来た

anochecido [anotʃeθíðo] 副《文語》夜[になって]: Era ～ cuando se fue. 彼が去ったのは夜になってからだった

anódico, ca [anóðiko, ka] 形《物理》陽極の

anodinamente [anoðínaménte] 副 当たりさわりなく

anodinia [anoðínja] 女《医学》無痛

anodino, na [anoðíno, na]《←ギリシャ語 anodynos < an-(無)+odyne「痛み」》形 ❶ つまらない, 味気ない, 無味乾燥な: persona ～na おもしろくない人, 退屈な人. película ～na つまらない映画. ❷《薬学》鎮痛の
—— 男《薬学》鎮痛剤

anodización [anoðiθaθjón] 女《金属》陽極酸化

anodizado [anoðiðáðo] 男 =anodización

anodizar [anoðiθár] 9 他《金属》陽極酸化する

ánodo [ánoðo] 男《物理》陽極〖⇔cátodo〗

anofeles [anoféles] 男《単複同形》《昆虫》ハマダラカ〖=mosquito ～〗

anolis [anólis] 男《単複同形》《動物》グリーンアノール

anómalamente [anómalaménte] 副 変則的に, 異常に

anomalía [anomalía] 女《←anómalo》❶ 変則, 異常, 異例: ～ gravimétrica 重力異常. ❷《言語》変則, 破格. ❸《天文》近点角. ❹《生物》異常. ❺《物理》偏差. ❻《情報》バグ

anomalidad [anomaliðáð] 女《古語》=anomalía

anomalista [anomalísta] 形 图《言語》反類似論の[人], 反類推論者〖単語と物との間に音声上の類似はないとしたギリシアの文法学派. ⇔analogista〗

anomalístico, ca [anomalístiko, ka] 形 ❶《天文》近点の, 近点離角の: mes ～ 近点月. ❷ 変則の

anómalo, la [anómalo, la]《←ラテン語 anomalus < ギリシャ語 anomalos「不規則な」< an-(欠如)+homalos「同一」》形 変則的な, 異例の: El motor hacía un ruido ～. エンジンの音が変だった. El voseo tiene muchas formas verbales ～las. vos で呼ぶ方式には変則的な動詞形が多い. comportamiento ～ 異常な行動. fenómeno meteorológico ～ 異常気象

anomia [anómja] 女 ❶《社会学》アノミー, 没価値状況, 無規範状態. ❷《医学》健忘性失語症

anómico, ca [anómiko, ka] 形 アノミックな, 無規範の

anomuros [anomúros] 男《動物》曲尾類

anón [anón] 男《植物, 果実》=anona

anona [anóna]《←カリブ語》女 ❶《植物, 果実》バンレイシ: ～ de México《メキシコ》トゲバンレイシ. ～ del Perú《ペルー》チェリモヤ. ❷ 食料の貯え

anonáceo, a [anonáθeo, a] 形 バンレイシ科の
—— 女 複《植物》バンレイシ科

anonadación [anonaðaθjón] 女 =anonadamiento

anonadador, ra [anonaðaðór, ra] 形 唖然とさせる, 仰天させる

anonadamiento [anonaðamjénto] 男 唖然, 茫然自失

anonadante [anonaðánte] 形《強調》唖然とさせる, 仰天させる

anonadar [anonaðár]《←a+nonada「ささいなこと」》他 ❶ 唖然とさせる, 仰天させる. ❷ 打ちのめす, 落胆させる. ❸ 消滅させる, 絶滅させる
—— ～se ❶ [+por で] 唖然とする, 呆気に取られる, 仰天する: Iba yo contemplando el espectáculo de la ciudad en fiestas, anonadado y fuera de mí. 私は町の祭りの光景を眺めつつ進み, 呆然と我を忘れていた. ❷ 打ちのめされる, 圧倒される

anónimamente [anónimaménte] 副 匿名で, 名を伏せて; 無名で, 名も知られずに

anonimato [anonimáto] 男 ❶ 匿名[である・にすること], 作者不詳: guardar (mantener) el ～ 匿名にする, 名前を伏せる. ❷ 無名: vivir en el ～ 名も無く生きる

anonimia [anonímja] 女 匿名性, 作者不詳, 筆者不明

anonimidad [anonimiðáð] 女 匿名性

anonimización [anonimiθaθjón] 女 匿名化

anonimizar [anonimiθár] 9 他 匿名にする
—— ～se 作者不詳になる

anónimo, ma [anónimo, ma]《←ギリシャ語 anonymos < an-(欠如)+anoma「名」》形 ❶ 匿名の, 無署名の: carta (llamada) ～ma 匿名の手紙(電話). ❷ 作者不詳の, 筆者不明の: poema ～ 作者不詳の詩. ❸ 有名でない, 無名の: La música y la letra de la canción es obra conjunta de autores ～s. その歌の曲と詞は無名の作者たちの共同作品である
—— 男 ❶ 匿名[の作品]: Es más seguro mantenerse en el ～. 名前を明らかにしない方が安全だ. conservar (guardar) el ～ を秘している. en el ～ 匿名で. ❷ [悪意のある] 匿名の手紙(電話・文書): recibir ～s llenos de calumnias 中傷に満ちた匿名の手紙を受け取る. ❸ 匿名氏, 名を伏せた人

Anopheles [anoféles] 男《昆虫》ハマダラカ

anopluro, ra [anoplúro, ra] 形《昆虫》シラミ目の
—— 男 複《昆虫》シラミ目

anorak [anorák]《←仏語 < エスキモー語》男《～s》《西. 服飾》アノラック

anorexia [anoré(k)sja] 女《医学》食欲不振[症], 拒食症: ～ nerviosa (mental) 神経性無食欲症, 拒食症

anoréxico, ca [anoré(k)siko, ka] 形 图 食欲不振症の[人], 拒食症の[人]
—— 图 無食欲症患者, 拒食症の人
—— 男《医学》食欲抑制剤

anorexígeno [anoré(k)síxeno] 男《薬学》=anoréxico

anorgasmia [anɔrgásmja] 女《医学》オルガスムを得られないこと

anormal [anɔrmál]《←ラテン語 anormal》形 ❶ 異常な, 変則的な: Sucedió algo ～. 何か異常なことが起きた. fenómeno ～ 異常な現象. psicología ～ 異常心理. ❷《時に軽蔑》発育に欠陥のある; 精神に障害のある, 知恵遅れの: No seas ～. ばかな真似をするな. ❸ 同性愛の, 女性的な
—— 图《時に軽蔑》[肉体的・精神的な] 異常者; 知恵遅れの子

anormalidad [anɔrmaliðáð] 女 異常, 異常性; 異常なこと(状況): Desde fuera no percibieron ninguna ～ en la casa. 外から家の中に何ら異常は認められなかった

anormalmente [anɔrmálménte] 副 異常に, 並外れて

anorquidia [anɔrkíðja] 女《医学》無睾丸症

anorrectal [anɔrektál] 形《解剖》肛門直腸の

anortita [anɔrtíta] 女《鉱物》灰長石

anortoclasa [anɔrtoklása] 女《鉱物》曹微斜長石, アノーソクレース

anorza [anórθa] 女《植物》ブリオニア〖=nueza〗

anoscopia [anoskópjo] 男《医学》肛門鏡

anosmático, ca [anosmátiko, ka] 形《動物》無嗅覚の

anosmia [anósmja] 女《医学》無臭覚[症], 嗅覚障害

anosognosia [anosognósja] 女《医学》疾病失認

anostráceo, a [anostráθeo, a] 形 ホウネンエビ目の

―― 男 複 《動物》ホウネンエビ目
anotación [anotaθjón] 女 ❶ メモ、書き込み《内容、行為》: leer una ~ en la agenda 手帳のメモを読む. ~ preventiva [係争中の訴訟で] 仮登記. ❷ 登記、登録；《商業》記帳. ❸ 注記、注釈: escribir una obra con *anotaciones* precisas 正確な注釈付きの作品を書く. ❹《主に中南米. スポーツ》ゴール、トライ、得点: zona de ~《アメリカンフットボール》エンドゾーン
~ en cuenta《西》登録公債の電子商取引: Central de *Anotaciones en Cuenta*［スペイン銀行の管轄下にある］登録公債センター. titular de ~ *en cuenta*［登録公債センターに口座を有する公認の］登録公債の電子商取引専門業者
anotador, ra [anotaðór, ra] 形 ❶ メモを取る、書き留める；記録する. ❷ 注釈を付ける
―― 名 ❶ 注釈者、注記執筆者. ❷ メモを取る人；記録者；記帳係. ❸《映画》スクリプター. ❹《中南米. スポーツ》得点記録係、スコアラー
―― 男《中南米. スポーツ》スコアボード. ❺《ラプラタ》メモ帳
anotar [anotár]《←ラテン語 annotare ＜ ad-（に）+notare「記す」》他 ❶［+en に］メモする、ノートする、書きとめる: Siempre *anoto* lo que voy a comprar. 私はいつも買うものを書いておく. ~ la dirección *en* su agenda 住所を手帳にメモする. ❷［リストに］記載する: La *anotó* en la lista de invitados. 私は招待者の名簿に彼女の名を入れた. ❸［本などに］注釈をつける: edición *anotada* 注釈版. ❹《商業》記帳する. ❺ 採点する: El profesor ya *ha anotado* los exámenes que hicimos del inglés. 先生は私たちの英語の試験をもう採点した. ❻《スポーツ》得点する: ~ tres puntos 3点入れる. ❼《映画》撮影記録をつける. ❽《主に南米》登録する、登記する
―― **~se** ❶［勝利・失敗などで］得る: ~*se* la victoria 勝利を得る. ❷《中南米. スポーツ》得点する. ❸《主に南米》登録される. ❹《ラプラタ》［行動・講習会などに］参加する: Nos vamos a tomar una copa, ¿te *anotas*? 一杯やりに行くんだけど、君もどう？ Me *anoté* en el curso. 私は受講申し込みをした
anotia [anótja] 女《医学》無耳〔症〕
anoticiar [anotiθjár] 10 他《チリ、アルゼンチン. 口語》知らせる
anotomía [anotomía] 女《廃語》=**anatomía**
anotómico, ca [anotómiko, ka] 形《廃語》=**anatómico**
―― 男《廃語》=**anatomista**
anovelado, da [anobeláðo, ða] 形 ❶ 小説風の、小説仕立ての: historia ~*da* 歴史小説
anovenaria [anobenárja] 女《地方語》9日間の祈り novena に参加する女
anovillado, da [anobiʎáðo, ða] 形 ❶《闘牛》［牛が］若牛 novillo の体格で総合的に良くない. ❷［四足獣が］若牛の気質の
a novo [a nóbo]《←ラテン語》副 もう一度: asunto remitido ~ ante otro tribunal 別の法廷に移送された案件
anovulación [anobulaθjón] 女《医学》無排卵
anovulatorio, ria [anobulatórjo, rja] 形《医学》無排卵の；排卵抑制の
―― 男《薬学》排卵抑止剤、ピル〔=**píldora**〕
anoxemia [anó(k)sémja] 女《医学》酸素血症
anoxia [anó(k)sja] 女《医学》酸素欠乏症、無酸素症
anquialmendrado, da [aŋkjalmendráðo, ða] 形［馬が］腰の狭い、臀部のすぼまった
anquiboyuno, na [aŋkibojúno, na] 形［馬が］腰の張りかたが
anquiderribado, da [aŋkiðeribáðo, ða] 形［馬が］尻のそびえた、尻高の
anquilodactilia [aŋkiloðaktílja] 女《医学》強直指〔症〕
anquilosamiento [aŋkilosamjénto] 形 ❶《医学》関節の強直（硬直）. ❷［発展・変化・活動の］停滞、鈍化、硬直化: ~ de la enseñanza universitaria 大学教育の停滞
anquilosante [aŋkilosánte] 形 ❶ 強直させる；鈍らせる、硬直化させる
anquilosar [aŋkilosár] 他 ❶《医学》［関節を］強直させる. ❷［発展・活動などを］鈍らせる、硬直化させる
―― **~se** ❶［関節が］強直する. ❷［発展・活動などで］鈍化する、停滞する、硬直化する: Se van *anquilosando* sus ideas. 彼の思考は硬直化しつつある
anquilosaurio [aŋkilosáurjo] 男《古生物》アンキロサウルス、鎧竜
anquilosis [aŋkilósis] 女《医学》関節強直〔症〕

anquilostoma [aŋkilostóma] 男《動物》コウチュウ（鉤虫）、十二指腸虫
anquilostomiasis [aŋkilostomjásis] 女《医学》十二指腸虫症
anquirredondo, da [aŋkireðóndo, da] 形［馬が］尻の肉づきの良い、尻が丸く太った
anquiseco, ca [aŋkiséko, ka] 形［馬が］尻の肉の落ちた、尻のやせた
Anquises [aŋkíses] 男《ギリシア神話》アンキーセース《アイネアス Eneas の父》
ansa [ánsa] 女 ❶［A~］=**Hansa**. ❷【単数冠詞: el·un(a)】=**asa**
ansado, da [ansáðo, ða] 形 cruz ~*da* エジプト十字〔=cruz egipcia〕
ánsar [ánsar]《←俗ラテン語 ansar, -aris ＜ ラテン語 anser, -eris》男《鳥》ガン；ガチョウ
ansarería [ansarería] 女 ガチョウの飼育場
ansarero, ra [ansaréro, ra] 名 ガチョウの飼育者
ansareta [ansaréta]《地方語. 鳥》ツクシガモ
ansarino, na [ansaríno, na] 形 ガンの；ガチョウの
―― 男 ガン（ガチョウ）のひな〔=**ansarón**〕
―― 女 =**anserina**
ansarón [ansarón] ❶ ガン（ガチョウ）のひな. ❷ =**ánsar**
ansato, ta [ansáto, ta] 形 cruz ~*ta* エジプト十字〔=cruz egipcia〕
anseático, ca [anseátiko, ka] 形 =**hanseático**
anseriforme [anseriförme] ガンカモ目の
―― 女 複《鳥》ガンカモ目
anserina [anseriná] 女《植物》グッドキングヘンリー、アメリカアリタソウ
ansí [ansí] 副《古語》=**así**
ansia [ánsja]《←ラテン語 anxia「不安」＜ anxius「不安な」》女《単数冠詞: el·un(a)》❶［時に 複. +de・por への］切望、熱望: El ~ *de* aventuras les llevó a viajar por todo el mundo. 冒険への切望が彼らを世界旅行へと駆り立てた. Sentía ~*s de* volver a verla. 彼はもう一度彼女に会いたい気持ちだった. saciar el ~ *de* poder (riquezas・saber) 権力（金銭・知識）欲を満足させる. ~ *de* libertad 自由への希求. ~ *de* triunfo 勝利したいという欲求. ~ *por* bailar 踊りたいという強い気持ち. ❷ 不安、心配: Sentíamos un ~ inexplicable esa noche. 私たちはその夜漠然とした不安を感じていた. ❸ 苦悩、苦しみ: Extrañamente se veía tan tranquilo en las ~*s* de la muerte. 不思議なことに彼は死の苦しみの中にあっても平然としていた. ❹ 複 吐き気、むかつき〔=**náusea**〕: tener ~*s* 吐き気がする
con ~ 1) 切望して: desear **con** ~ 渇望する. comer **con** ~ がつがつ食べる. 2) 不安な気持ちで: mirar **con** ~ para dentro de la casa 心配げに家の中をのぞく
pasar ~ 心配する
ansiadamente [ansjaðaménte] 副 =**ansiosamente**
ansiar [ansjár]《←ラテン語 anxiare》10/11 他 切望する、熱望する: 1) No obtuvo el premio que *ansiaba*. 彼は欲しかった賞が取れなかった. el día tan *ansiado* 待ちに待った日. 2)［+不定詞・que+接続法］Creo que él *ansía* vernos. 彼は私たちにとても会いたかったのだと思う. El ministro *ansió* establecer una economía sana y sólida. 大臣は健全で堅固な経済の樹立を目指した. *Ansiábamos que* ella regresara. 私たちは彼女が戻ってきてくれることを切に望んでいた
ansiedad [ansjeðá(ð)]《←ansia》❶ 心配、焦燥: Aquellos estudiantes padecen ~ incontrolada cuando se enfrentan a los exámenes. そうした学生たちは試験の前になるとどうにもならない不安にさいなまれる. Me preguntó con ~ si su padre lo sabía. 彼は父親がそのことを知っているのかどうか心配そうに私に尋ねた. esperar con ~ やきもきして待つ. ❷ 願望、欲望: ~ *de* lujo ぜいたくをしたいと思う強い願望. ~ *del* poder 権力への渇望. ❸《医学》不安: estado de ~ 情緒不安定. ~ infantil 幼児期の不安
ansina [ansína] 副《南米. 誤用》まあまあ、まずまず〔=**así**〕
ansiolítico, ca [ansjolítiko, ka] 形《薬学》不安を緩解する；不安緩解剤、抗不安薬
ansión [ansjón]《地方語の示小語》男《サラマンカ》悲しみ、郷愁
ansiosamente [ansjósaménte] 副 ❶ 切に、切望して: esperar ~ 切に願う；待ちこがれる. ❷ 心配して、やきもきしながら
ansioso, sa [ansjóso, sa]《←ラテン語 anxiosus》形 ❶［estar・

+por·de+名詞·不定詞·que+接続法 を] 熱望する, 切に求める: Está ～ *por* visitar a muchos de los amigos que viven aquí. 彼らはここに住んでいるたくさんの友達の家を訪問したがっている. Estoy ～ *de que* pronto lleguen las vacaciones. 私は早く休みが来ないかとわくわくしている. Muchos fans le esperaban ～*s* desde hace horas. 数時間前からたくさんのファンが彼を待ちこがれている. ❷ [estar+] 心配な, 気がかりな: Descolgó el teléfono con gesto ～. 彼は心配そうな様子で受話器を取った. mirada ～*sa* 不安のまなざし. ❸ [ser+] 欲ばりな, 強欲な: Es ～ y lo quiere todo. 彼は欲ばりで何でも欲しがる. ❹《中南米》[estar+] 吐き気がする, むかむかする
—— [名] 欲ばりな人
—— [男]《隠語》胃〘=estómago〙

ansotano, na [ansotáno, na] [形] [名]《地名》アンソ谷 valle de Ansó の〔人〕〘ウエスカ県北東部〙

ant.《略語》←anterior 前の, 先の

anta [ánta]〘単数冠詞: el·un〔a〕〙**I**〘←ラテン語 antae, -arum〙[女] ❶《建築》柱形〘=pilastra〙. ❷《考古》メンヒル〘=menhir〙
II〘←ante²〙[女]《動物》❶ ヘラジカ〘=alce〙. ❷《中南米》バク

antagalla [antagáʎa] [女]《船舶》[スプリットスルの] リーフバンド

antagallar [antagaʎár] [他]《船舶》[スプリットスルを] 縮帆する

antagónicamente [antagónikaménte] [副] 敵対的に

antagónico, ca [antagóniko, ka]〘←antagonismo〙[形] 敵対する, 対立する: El folclor y la modernidad no son términos ～*s*. 伝承と近代性は相いれない表現ではない

antagonismo [antagonísmo]〘←antagonista〙[男] ❶ 敵対, 対立: ～ entre patronos y obreros 労使対立. ～ de opiniones 意見の対立. ❷《生理》拮抗作用

antagonista [antagonísta]〘←ラテン語 antagonista < antagonistes「…と戦う人」〙[形] [名] ❶ 敵対する; 反対者, 敵対者. ❷《演劇》敵(かたき)役〘⇔protagonista〙. ❸《生理》[筋肉·神経などが] 拮抗する
—— [男]《薬学》拮抗剤;《解剖》拮抗筋

antagonizar [antagoniθár] [9] [他] ❶ …を敵に回す, …に敵対する, …の反感を買う. ❷ [事を] 互いに対立させる. ❸《薬学》拮抗作用を起こす

antainar [antai̯nár] [自]《アストゥリアス》急ぐ

antamilla [antamíʎa] [女]《カンタブリア》=**altamía**

antana [antána] ***llamarse a*** ～《口語》知らん顔をする; 約束(公言)を引っ込める

antanaclasis [antanaklásis] [女]〘単複同形〙《修辞》同語異義覆言〘同じ語を別の意味で繰り返して使う〙

antañada [antaɲáđa] [女]《まれ》古物, 遺物〘=antigualla〙

antañazo [antaɲáθo] [副]《まれ》ずっと前に, はるか昔に

antaño [antáɲo]〘←ラテン語 ante annum〙[副] ❶《文語》昔, 往時に: *A*～ los diamantes se tallaban como brillantes roca, aprovechando al máximo el tamaño de la piedra. かつてダイヤモンドは石の大きさを最大限に生かして, 輝く岩のようにカットされた. historias de ～ 昔の話. ❷《まれ》前年に

antañón, na [antaɲón, na] [形]《口語》❶ 年老いた. ❷ はるか昔の

antañoso, sa [antaɲóso, sa] [形]《まれ》=**antañón**

antara [antára] [女]《音楽》アンタラ〘パンフルートに似たペルーなどの楽器〙

Antares [antáres]《天文》アンタレス〘さそり座の一等星〙

antártico, ca [antártiko, ka]〘←ギリシア語 antarktikos < anti-(反)+arktikos「北の」〙[形] 南極〔地方〕の〘⇔ártico〙: región ～*ca* 南極地方. Tratado *A*～ 南極条約

Antártida [antártiđa] [女]《地名》[la+] 南極大陸

ante¹ [ante]〘←ラテン語 ante〙[前] ❶ [場所] …の前に·を, …を前にして〘⇔tras. [類義] **delante de** と **ante** は同義だが, 具体的な位置関係では delante de の方が普通で, 比喩的·抽象的な意味では ante が好まれる〙: 1) [比喩的·抽象的] Hay un problema muy grande ～ nosotros. 我々には一つ大きな問題がある. No aparecerá más ～ ella. 彼は彼女の前にはもう二度と姿を現さないだろう. Todos somos iguales ～ la ley. 我々はみな法の下では平等である. Revelarán ～ el juez información sobre los documentos secretos. 秘密書類に関する情報が裁判官に(裁判で)示されるだろう. ～ el temor de que+接続法 …ということを心配して. ～ la evidencia de las pruebas 確かな証拠により. ～ las circunstancias このような状況の下で. ～ muchas posibilidades 多くの可能性の下に. ～ esta posibilidad この可能性を考えると. 2) [位置] Se sentó ～ el piano. 彼はピアノの前に座った. ❷ …に関して; …に対して: ～ este asunto この件に関して. Hay que hacer algo ～ la injusticia. 不正に対して何かしなければならない. responsabilidad ～ el pueblo 国民に対する責任. ❸ …と比べて: *A*～ la naturaleza no somos nada. 自然と比べたら我々は取るに足りない存在だ. ❹《古語》前に, 以前

ante² [ánte]〘←アラビア語 lamt〙[男] ❶《動物》ヘラジカ〘=alce〙; その皮, エルク. ❷ スエード, バックスキン: zapatos de ～ スエードの靴. ❸《メキシコ. 菓子》卵·ココナッツ·アーモンドなどで作ったケーキ. ❹《ペルー》果実·ワイン·砂糖·香辛料で作った清涼飲料

ante-《接頭辞》[前·先] *ante*ayer 一昨日, *ante*poner 前置する

-ante《接尾辞》[ar動詞+] 1) [品質形容詞化] ambul*ante* 移動する. 2) [名詞化. 行為者] estudi*ante* 学生

anteado, da [anteáđo, đa] [形] 黄褐色の〘ヘラジカの色〙

antealtar [antealtár] [男] [教会の] 祭壇の前, 内陣

anteanoche [anteanótʃe]〘←ante-+anoche〙[副] 一昨夜

anteanteanoche [anteanteanótʃe] [副] =**trasantenoche**

anteanteayer [anteanteaʎér] [副] =**trasanteayer**

anteantier [anteantjér] [副]《廃語》=**trasanteayer**

anteaño [anteáɲo] [男]《南米》一昨年〘=～ pasado〙

anteayer [anteajér]〘←ante-+ayer〙[副] 一昨日, おととい: *A*～ apareció José. おとといホセがやって来た. ～ tarde/～ por la tarde 一昨日の午後. ～ noche/～ por la noche 一昨夜
—— [男]《文語》大昔

antebrazo [anteƀráθo]〘←ante-+brazo〙[男] 前腕; [馬などの] 前肢の下部

anteburro [anteƀúr̄o] [男]《動物》[メキシコの] バク(貘)〘学名 Tapirella bairdi〙

antecama [antekáma] [女] ベッドの足下マット

antecámara [antekámara]〘←ante-+cámara〙[女] 控えの間, 次の間; 控え室
hacer ～ [待合室で] 順番を待つ〘=hacer antesala〙

antecapilla [antekapíʎa] [女] 礼拝堂の前室, 礼拝堂入口の小部屋

antecedencia [anteθeđénθja] [女] ❶《まれ》[集名] 祖先. ❷《廃語》=**antecedente**. ❸《廃語》優先, 優位

antecedente [anteθeđénte]〘←ラテン語 antecedens, -entis〙[男] ❶ 前例, 先例: Fue una larga sequía que no tenía ～*s*. 前例のない長い日照りだった. hacer ～ de... …の先例を作る. ❷ [主に [複]] 事情, 経緯, いきさつ, 背景: aclarar los ～*s* de un asunto 事件のいきさつを明らかにする. ～*s* de la guerra 戦争に至る経緯. ❸ [主に [複]] 前歴, 履歴: ¿Cuáles son sus ～*s*? 彼はどんな経歴ですか? ❹ [複] 前科〘=～*s* penales, ～*s* policiales〙: no tener ～*s* 前科がない, 経歴が汚れていない. ❺《医学》[複] 病歴, 既往症. ❻《文法》1) 先行詞. 2) [文法的関係の] 前項, 第一項〘[例] Su corazón es *tan frío* como el hielo. で tan frío は比較の前項〙. ❼《数学》[比例の] 前項. ❽《論理》前件
estar en ～***s*** 事のいきさつを知っている
poner a+人 ***en*** ～***s*** いきさつを…に教える: Mi mujer me *puso en* ～*s* de lo que había ocurrido. 妻は私に事のいきさつを説明した
—— [形] [+a に] 先立つ, 先行する: análisis ～ *a* la operación 手術前の検査

antecedentemente [anteθeđénteménte] [副] 先立って

anteceder [anteθeđér]〘←ラテン語 antecedere < ante- (前)+cedere「進む, 動く」〙[他] [時間的·空間的に, +a に] 先んじる〘前置詞 a は直接目的語を明示するため〙: La causa *antecede a*l efecto. まず原因があって結果が来る. Madrid era un poblacho que *antecedió a* la capital. マドリードは首都になる前は寒村だった. Un pasillo largo *antecedía a* la habitación. 部屋に至るまでに長い廊下があった

antecesor, ra [anteθesór, ra]〘←ラテン語 antecessor〙[名] ❶ 前任者, 先任者: Es el ～ del actual cónsul. 彼は現領事の前任者だ. ❷ [複] 祖先
—— [形] [時間的に] 先行する

anteclásico, ca [anteklásiko, ka] [形]《芸術》古典時代に先行する

anteco, ca [antéko, ka] [形] [名]《地理》赤道をはさんで南北の反対側に位置する〔人〕

antecocina [antekoθína] [女] [台所の前にある] 食器室, 配膳室, パントリー

antecoger [antekoxér] ③ 他 ❶ [人・物の]前部をつかむ. ❷《アラゴン》[果物を]早摘みする, 未熟なうちに摘む
antecomedor [antekomeđór] 男《メキシコ》朝食用の小食堂
antecopretérito [antekopretérito] 男《文法》大過去《=pretérito pluscuamperfecto》
antecoro [antekóro] 男 [教会の] 聖歌隊席の前の空間
antecrítica [antekrítika] 女 [演劇] [劇作家による] 初演前の自作評価
antecuarto [antekwárto] 男《古語》玄関ホール, 控え室
antedata [anteđáta] 女 [小切手・証書などの] 前日付, 事前日付
antedatar [anteđatár] 他 前日付にする, 実際より前の日付を記す
antedecir [anteđeθír] 64 他《廃語》=predecir
antedespacho [anteđespátʃo] 男 執務室の控えの間
antedía [anteđía] 副《廃語》前日に [=de ~]
antedicho, cha [anteđítʃo, tʃa] 形《文法》前記(上記)の [人], 前述の [人]
antediluviano, na [anteđiluβjáno, na] [←ante-+diluvio] 形 ❶ ノアの大洪水以前の. ❷ 古めかしい, 時代遅れの: coche ~ 時代ものの車
anteferir [anteferír] 33 他《廃語》=preferir
antefija [antefíxa] 女《建築》屋根瓦の端飾り
antefirma [antefírma] [←ante-+firma] 女 ❶ [手紙・文書の末尾に書く] 結辞, 儀礼の文句 [例 suyo afectísimo]. ❷ [署名者の] 肩書, 役職名
antefoso [antefóso] 男《築城》外堀
anteguerra [anteɣéra] 女 [特に世界大戦・スペイン内戦の] 戦前, 開戦前
antehistoria [anteistórja] 女 =prehistoria
antehistórico, ca [anteistóriko, ka] 形《まれ》=prehistórico
anteiglesia [anteiɣlésja] 女 ❶ [教会前の] 柱廊, ポーチ, 玄関, 前庭. ❷《バスク》教区教会, 教区, 市町村
anteislámico, ca [anteislámiko, ka] 形 イスラム教以前の
antejardín [antexarđín] 男《南米》[建物と通りの間の] 前庭
antejo [antéxo] 男《植物》ヤハズカズラ
antejuicio [antexwíθjo] 男《法律》予備審問
antelación [antelaθjón] 《←ラテン語 antelacio, -onis < antefere「前に置く」》女 [時間的な] 先行: Venta de entrada con cinco días de ~. 入場券は5日前から発売します. con ~ 前もって, あらかじめ. con la debida ~ [しかるべく]事前に. con poca ~ 直前になって
antelina [antelína] 女 スエード(バックスキン)に似せた素材
antellevar [anteʎeβár] 他《中米. 自動車》[人などを] 轢(ひ)く
antemano [antemáno] 副《廃語》[←ante-+mano] 前もって, あらかじめ: Sabía de ~ que Juan no iba a aprobar. フアンが合格にならないのは私は前からわかっていた. Agradezco de ~ la atención que me envíen el catálogo. カタログをお送りいただければ幸いに存じます [注文する方のカタログ送付の依頼]. pagar de ~ 先払いする. sacar la entrada de ~ 前売り券を買う
antemencionado, da [antemenθjonáđo, đa] 形 前述した, 前掲の, 先に触れた
antemeridiano, na [antemeriđjáno, na] [←ante-+meridiano] 形 副 午前中の・に
ante meridiem [ante merídjen] 《←ラテン語》副《主に中南米》午前: Son las ocho ~. 午前8時だ
antemisa [antemísa] 女《カトリック》洗礼志願者のためのミサ
ante mortem [ante mórten] 《←ラテン語》形 副 死の前に
antemostrar [antemostrár] 28 他《古語》予想する, 予測する
antemural [antemurál] 男 ❶ 要塞, 砦, [岩・山など] 自然の要害. ❷ [精神的な] 拠り所: ~ de la fe 信仰の砦
antemuralla [antemuráʎa] 女 =antemural
antemuro [antemúro] 男《築城》副壁 [=falsabraga]
antena [anténa] 《←ラテン語 antemna》 女 ❶ アンテナ: montar una ~ アンテナを取り付ける. sacar la ~ アンテナを出す. derechos de ~ 放送権, テレビ放映料. ~ colectiva 共同(集合)アンテナ. ~ de cuadro ループアンテナ. ~ emisora (receptora) 送信(受信)用アンテナ. ~ interior/《メキシコ》 de conejo 室内アンテナ. ~ repetidora 中継アンテナ.《動物》 [主に 複] 触角. ❸《船舶》大三角帆の帆げた. con la ~ parada《中南米》=con la ~ puesta. con la ~ puesta《口語》こっそり聞き耳を立てて: Mi hija siempre está con la ~ puesta. 娘はいつも聞き耳を立てている
en ~ ラジオ(テレビ)で放送中の: Este programa está en ~ todos los martes a las dos. この番組は毎週火曜2時に放送されている. La telenovela lleva ya un año en ~. このテレビドラマはもう1年間放映されている
tener (estar con) la(s) ~(s) conectada(s)《口語》じっと耳を傾けている, 熱心に聞いている
antenacido, da [antenaθíđo, đa] 形 早産の, 月足らずで生まれた
antenado, da [antenáđo, đa] 形 触覚のある
—— 男 触角動物
—— 名 =entenado
antenatal [antenatál] 形 出生前の; 先天性の
antenista [antenísta] 名 アンテナの設置・修理作業員
antenoche [antenótʃe] 副《主に中南米》一昨夜 [=anteanoche]. ❷ 日暮れ前. ❸《古語》前夜, 前の晩
antenombre [antenómbre] 男 名前の前につける敬称 [例 don, san, fray]
antenotar [antenotár] 他《古語》…に題名(タイトル)をつける [=titular]
anténula [anténula] 女《動物》小触角
antenupcial [antenupθjál] 形 婚礼前の
anteocupar [anteokupár] 他《古語》=preocupar
anteojera [anteoxéra] 女 ❶《馬》の遮眼帯. ❷《比喩》視野の狭さ: Ha mirado la vida de frente, sin ~s burguesas. 彼は人生を正面から, ブルジョワ的偏見なしに見つめた. ❸《まれ》眼鏡入れ, 眼鏡ケース
anteojería [anteoxería] 女 眼鏡製造業
anteojero [anteoxéro] 男 眼鏡製造(販売)業者
anteojo [anteóxo] 男 [←ante-+ojo] ❶ 望遠鏡 [=telescopio, ~ de larga vista]: ~ buscador ファインダー [=visor]. ~ de línea (海軍) 小型望遠鏡. ~ de nivelación (測量) 水準器. ❷《主に中南米》複 眼鏡 [=gafas], 鼻眼鏡 [=quevedos]; 双眼鏡 [=gemelos]: ~s de teatro/~s de puño オペラグラス. ~s ópticos《チリ》処方に従った眼鏡レンズ. ❸《複》防塵眼鏡. ❹《複》[馬の] 遮眼帯 [=anteojeras]. ❺《植物》ビスクテラ《学名 Biscutella auriculata, Biscutella laevigata》
ver (mirar) con ~ de aumento (de larga vista) 1) 大げさに考える; 大目に予想する. 2) 万全の備えをする
anteón [anteón] 男《植物》ゴボウ [=bardana]
antepagar [antepaɣár] 8 他 前払いする
antepalco [antepálko] 男 [劇場の] ボックス席の控え室 (入口ホール)
ante partum [ante pártun] 《←ラテン語》副 形《医学》出産前に・の
antepasado, da [antepasáđo, đa] [←ante-+pasado] 名 ❶ 先祖の人: Una ~da de Carmen se casó con un inglés. カルメンの家系のある女性はイギリス人と結婚した. ❷《複》 [全体としての] 先祖, 祖先: dar culto a los ~s 先祖を祭る. tierra de nuestros ~s 我らが父祖の地
—— 形 [時間的に, +a より] 前の
antepasar [antepasár] 自《廃語》[+a に] 先立つ, …の前に起こる
antepatio [antepátjo] 男 中庭への入口空間
antepechado, da [antepetʃáđo, đa] 形 手すりのある; 窓台のある
antepecho [antepétʃo] 男 [←ante-+pecho] ❶《建築》1) 欄干, 手すり. 2) バルコニー; 出窓. ❷《築城》胸壁. ❸《馬具》胸の前に垂らす皮. ❹ [織機の] 胸張り. ❺《鉱山》露天掘りの階段
antepenúltimo, ma [antepenúltimo, ma] [←ante-+penúltimo] 形 終わりから3番目の
antepié [antepjé] 男《解剖》[5本の中足骨と指骨からなる] 足の前部
anteponer [anteponér] [←ante-+poner] 60 《過分》antepuesto. 命令法単数 antepón. 他 ❶ [+a より] 優先させる, 重視する: Antepone el bienestar de sus hijos al suyo. 彼女は自分の幸せより子供たちの幸せを考える. ❷ [+a より] 前に置く: ~ el artículo al substantivo 名詞の前に冠詞を置く
anteporta [antepórta] 女 =anteportada
anteportada [anteportáđa] 女《製本》仮扉
anteportal [anteportál] 男《建築》ポーチ

anteposar [anteposár] 他《過分のみ》《古語》=**anteponer**
anteposición [anteposiθjón]《←anteponer》女 前置；優先
antepospretérito [antepospretérito] 男《文法》過去未来完了
antepresente [antepresénte] 男《メキシコ.文法》現在完了
antepretérito [antepretérito] 男《文法》大過去〖=pretérito anterior〗
anteproyecto [anteprojékto] 男 計画案，基本設計
antepuerta [antepwérta]《←ante-+puerta》女 ❶ 扉の前のカーテン，ドアカーテン． ❷《築城》内門，内扉
antepuerto [antepwérto]《←ante-+puerto》男 ❶《船舶》外港；〖防波堤外側の〗停泊地． ❷ 峠前の急坂，胸突き八丁
antepuesto, ta [antepwésto, ta] anteponer の《過分》
antequerano, na [antekeráno, na] 形《地名》アンテケラ Antequera の〖人〗《マラガ県の町》
antequino [antekíno] 形《建築》小えぐり〖=esgucio〗
antequirófano [antekirófano] 男 手術準備室
antera [antéra] 女《植物》葯〖?〗
anteridio [anterídjo] 男《植物》造精器
anterior [anterjór]〖←ラテン語 anterior, -oris〗形《⇔posterior》
❶〖時間〗1)〖+a より〗前の，以前の: La fecha de producción es ～ a 2000. 製造年月日は2000年以以前だ． Estuvo aquí la noche ～ a su detenido. 彼は逮捕された前夜ここにいた． Le conocimos en la ～ reunión. 私たちは前の集会で彼と知り合いになった． en los días ～es 前の数日に． empleo ～ 前の仕事． lo ～ si は（昔）のこと． 2)〖文法〗直前の． ❷〖空間・順序〗前の，前にある: Estaba sentada en la butaca ～ a la mía. 彼女は私の前の座席に座っていた．¿Cuál es el nombre ～ al mío en la lista? 名簿で私の名前より前の人の名前は何か？ página ～ 前のページ． parte ～ del coche 車の前部（フロント）． patas ～es 前足． ❸《文法》前の，完了した: futuro ～ =futuro perfecto 未来完了． ❹《音声》前舌の: vocal ～ 前舌母音
el día (el año) ～ その前日（前年）に: Me dijo que había venido aquí el día ～. 彼は「昨日ここに来た」と私に言った
anterioridad [anterjorjáðd] 女《文法》〖時間的な，+a の〗先行
con ～ 1) 前もって，あらかじめ: Avísame con ～ del día en que llegues. 前もって君の到着日を知らせてくれ． con ～ a la verbena 前夜祭に先立って． 2) 以前: Con ～ a este cargo, él fue director de un hospital. 彼は現在の職の前は病院の院長だった
anteriormente [anterjorménte] 副〖時間的に〗❶ あらかじめ，前もって: Había sacado el billete ～. 彼は前もって切符を買っていた． Véase ～. 前もって参照すること． ❷ 前には〖=antes〗；昔は: A～ no había librería en esa calle. 以前その通りには本屋はなかった． ❸〖+a+名詞，+a que+接続法〗…の前に，…より先に〖antes と異なる程度（mucho・poco）を示す修飾は不可〗: ～ a mi llegada 私の到着前に． A～ a que llegase, se habían marchado. 私が着く前に，彼らは行ってしまった． ❹ 今しがた，少し前: A～ hemos estado hablando de eso. 今しがた私たちはその話をしていた
antero [antéro] 男 スエード（バックスキン）職人
anteroinferior [anteroinferjór] 形《解剖》前下方の
anterointerno, na [anterointérno, na] 形《解剖》前内部の
anteroposterior [anteroposterjór] 形《解剖》前後方向の，腹背の，前後の
anterosuperior [anterosuperjór] 形《解剖》前上方の
anterozoide [anteroθóiðe] 男《植物》アンセロゾイド，雄性配偶子
anterromano, na [anterŕománo, na] 形 =**prerromano**
antes [ántes]《←ante¹》❶〖時間〗前に，前の〖は〗《⇔después》；昔は，かつて〖は〗: ¿Nos hemos encontrado ～ antes? 以前お会いしたことがありますか？ A～ yo trabajaba en un banco. 私は以前は銀行で働いていた． A～ no había nada allí, pero ahora hay muchas fábricas. 昔はあそこには何もなかったが，今は工場がたくさんある． ❷ 先ほど，少し前に；もっと早く: Te llamé ～, pero no estabas. さっき君に電話をしたのだけど，いなかったね． Ya se lo he dicho ～. 彼には先ほども言いましたよ． Quise despacharlo ～. それをもっと早く処理したかったのです． ❸〖過去・未来のある時点より〗…前に〖参考〗現在の時点より「前」には hace... または ...atrás〗: 〖期間を表わす名詞+〗i) Tendremos que terminar el trabajo una semana ～. 私たちはその1週間前には仕事を終えておかなければならないだろう． Ya habían partido tres días ～. 彼らはその3日前に出発していた． ii)〖+de〗 Cinco minutos ～ de cerrar el banco, ocurrió el suceso. 銀行を閉める5分前に事件が起こった． 2)〖名詞+〗 前の〖形容詞的〗: El día ～ lo aproveché estudiando. 私はその前の日を勉強にあてた〖参考〗un día ～ は「1日前に」. la noche ～ その前夜〖に〗． la semana ～ その前の週〖に〗． ❹〖+de+時刻・日付〗…前に，…以前に〖類義 **para** は期限を含むが，**antes de** は含まない: Para el 10 volveremos =10日までには戻ってきます（10日まで含まれる）． Antes del 10 volveremos aquí. 10日より前に戻ってきます〗；〖+de+期間など〗…以内に: Nos ha prometido venir aquí ～ de las diez. 彼は10時間以内にここに来ると約束した． Hay que presentar a la oficina estos documentos ～ de tres días. この書類を3日以内に事務所に提出しなければならない． Llegó antes de lo que yo esperaba. 彼は私が予想していたより早く着いた． ❺〖+de+不定詞・過去分詞/+〖de〗 que+接続法〗…する前に: A～ de comer tienes que lavarte las manos. 君は食事の前に手を洗わなければならない． A～ de terminada la película, salí del local. 私は映画が終わらないうちに映画館を出た． A～ de que vengan aquí, tenemos que prepararnos bien. 彼らが来る前に私たちはすっかり支度を整えておかねばならない． ❻〖空間・順序〗前の，手前に: En la lista su nombre está ～ del mío. リストでは彼の名前が私の前に来ている． Se colocan muchas personas en cola ～ de mí. 私の前にたくさんの人が並んでいる． El restaurante está en la última calle ～ del semáforo. そのレストランは信号の1つ手前の通りにある． ❼〖順位. +que〗…より先に: Llegaron aquí ～ que tú. 彼らは君よりも先にここに着いた． ¿Quién lo ha hecho ～? 誰が先にそれをしたのですか？ ❽〖比較. +que〗…よりむしろ，いっそ: Prefiero ir en coche ～ que ir en tren. 私は電車で行くよりも車の方がいい． A～ morir que retroceder. 敵に後ろを見せるくらいならむしろ死を選べ． Tiene el pelo negro, ～ castaño. 彼の髪は栗色というより黒い． ❾〖接続詞的〗それどころか，むしろ，逆に: No teme la muerte, ～ la desea. 彼は死を恐れず，むしろそれを望んでいる
～ al contrario ～ =bien
～ bien《文語》むしろ，それどころか: Al oírlo no se enfadó; ～ bien se mostró triste. それを聞いても彼は怒らず，むしろ悲しそうな様子を見せた
～ con ～ ＝ y con
～ de anoche 一昨日の晩に〖=anteanoche〗
～ de ayer 一昨日に〖=anteayer〗
～ de Cristo ～ de Jesucristo 紀元前に
～ de nada 〖順序として〗何よりもまず: A～ de nada quiero tomar una cerveza bien fría. まずは何より冷たいビールを一杯飲みたいな． A～ de nada le agradezco mucho su amable invitación a esta fiesta de cumpleaños. 何はさておき，この誕生会にお招きいただきありがとうございます
～ que nada 〖順序・重要性として〗何よりもまず，とにかく: A～ que nada, cuéntame lo que pasa. 何よりもまず何が起こったのか教えてくれ． La salud es ～ que nada. 健康がまず第一だ
～ y con ～ できるだけ早く
cuanto ～ →cuanto
de ～ 前の: Son cosas de ～. それは昔のことだ
lo más ～ できるだけ早く: Volveré lo más ～. できるだけ早く帰ります
mucho ～ ずっと以前に
poco ～ 〖ほんの〗少し前に
——男 以前に: un ～ y un después〖ある時点の〗前と後
antesacristía [antesakristía] 女《カトリック》〖教会の〗香部屋前室，香部屋控え
antesala [antesála]《←ante-+sala》女 ❶〖病院などの〗待合室． ❷ 前兆，前ぶれ: El rumor fue la ～ de la noticia de la derrota. そのうわさは敗北のニュースの前ぶれだった
en la ～ de+事 …の直前になって
hacer ～ 《文語》〖待合室で〗順番を待つ，長い間〖じりじりしながら〗待つ
anteseña [anteséɲa] 女《古語》標識，目印
antesis [antésis] 女《単複同形》《植物》開花〖期〗
antestatura [antestatúra] 女《廃語. 築城》〖杭・そだ・土嚢による〗仮設壁，バリケード
antetecho [antetétʃo] 男《建築》軒，庇〖=alero〗
antetemplo [antetémplo] 男〖寺院の〗前廊，柱廊

antetitular [antetitulár] 男 副見出しを付ける
antetítulo [antetítulo] 男 [大見出し前の] 副見出し
anteúltimo, ma [anteúltimo, ma] 形《ラプラタ》最後から2番目の
antevedimiento [anteβeðimjénto] 男《古語》予見 [=previsión]
antevenir [anteβenír] 59 自《廃語》先行する
antever [anteβér] 50 他 予見する [=prever]
anteversión [anteβersjón] 女《医学》[子宮などの] 前傾
anteviso, sa [anteβíso, sa] 形《古語》気づいた, 抜かりのない
antevíspera [anteβíspera] 女 [祭りの] 前々夜
antevisto, ta [anteβísto, ta] antever の 過分
antevocálico, ca [anteβokáliko, ka] 形《音声》母音前の, 母音に先行する
anthem [ánθen] 男《匯》~s《英国教》賛歌, 賛美歌
anti [ánti] 共《口語》…に反対の [人]: boicot ~ yanqui 反米ボイコット
anti- [接頭辞] ❶ [反対] antisocial 反社会的な, anticolonialismo 反植民地主義. ❷ [保護・予防・防止の] antigripal インフルエンザ予防用の, antiaéreo 対空の
antia [ántja] 女《魚》シイラ [=lampuga]
antiabortista [antjaβortísta] 形 名 中絶反対の (論者), 妊娠中絶自由化反対の [人]
antiaborto [antjaβórto] 形《単複同形》中絶反対の; 堕胎禁止の: ley ~ 堕胎禁止法
antiacademicista [antjakaðemiθísta] 形 アカデミー academia の規則 (しきたり) に反対の
antiacadémico, ca [antjakaðémiko, ka] 形 反アカデミズムの, 反正統主義の, 反権威の
antiácido, da [antjáθiðo, ða] 形 名《薬学》制酸の; 制酸剤
antiacné [antjakné] 形《単複同形》《医学》にきび治療 (予防) の: crema ~ にきびクリーム
antiadherente [antjaðerénte] 形 [フライパンなどが] 汚れのこびりつかない
antiaéreo, a [antjaéreo, a]《←anti- (対抗) +aéreo》形 対空の, 防空の: cañón ~ 高射砲
―― 男 対空火器
antiafrodisíaco, ca [antjafroðisjáko, ka] 形 名 =antiafrodisíaco
antiafrodisíaco, ca [antjafroðisjáko, ka] 形 名《薬学》性欲を抑える; 性欲抑制剤
antiálcali [antjálkali] 形《化学》アルカリ中和剤
antialcalino, na [antjalkalíno, na] 形《化学》アルカリを中和 (制御) する
antialcohólico, ca [antjalk[o]ólico, ka] 形 ❶ 禁酒 [主義] の: liga ~ca 禁酒連盟. ❷ アンチアルコールの: medicamento ~ アルコール中毒治療薬, 抗酒剤
antialcoholismo [antjalk[o]olísmo] 男 禁酒主義, 禁酒運動
antialérgico, ca [antjalérxico, ka] 形 抗アレルギーの, アレルギー制御の
antiálgico, ca [antjálxiko, ka] 形 男 鎮痛の, 鎮痛剤 [=analgésico]
antiamericanismo [antjamerikanísmo] 男《主に西》反米運動
antiamericano, na [antjamerikáno, na] 形《主に西》反米国の: sentimiento ~ 反米感情
antiandrógeno, na [antjandróxeno, na] 形 抗男性ホルモンの; 抗男性ホルモン物質
antiapartheid [antjapar(t)xéjd] 形 反アパルトヘイトの
antiárabe [antjáraβe] 形 反アラブの
antiarrugas [antjarúgas] 形《単複同形》[皮膚] 老化防止の: crema ~ しわ取りクリーム
antiartístico, ca [antjartístico, ca] 形 反芸術の, 反美学の
antiartrítico, ca [antjartrítiko, ka] 形《薬学》抗関節炎の; 抗関節炎剤
antiasmático, ca [antjasmátiko, ka] 形《薬学》抗喘息の; 抗喘息薬
antiatlántico, ca [antjatlántiko, ka] 形 反北大西洋条約機構の, 反NATOの
antiatómico, ca [antjatómiko, ka] 形 ❶ 放射線を防ぐ: refugio ~ 核シェルター. ❷ 反核兵器の: movimiento ~ 反核運動
antiautoritario, ria [antjaṷtoritárjo, rja] 形 反権力主義

antiautoritarismo [antjaṷtoritarísmo] 男 反権力 (権威) 主義
antibaby [antibéjbi] 形 男《単複同形》《西. 口語》避妊用の; 避妊ピル, 経口避妊薬
antibacteriano, na [antibakterjáno, na] 形《薬学》抗菌性の; 抗菌薬: jabón ~ 抗菌石けん
antibalas [antibálas] 形《単複同形》防弾の: chaleco ~ 防弾チョッキ
antibaquio [antibákjo] 男《詩法》逆バッカス格, 長長短格
antibelicismo [antibeliθísmo] 男 反戦主義
antibelicista [antibeliθísta] 形 名 反戦主義の (主義者)
antibélico, ca [antibéliko, ka] 形 [事柄が] 反戦の: movimiento ~ 反戦運動
antibiograma [antibjográma] 男《医学》耐性記録
antibiosis [antibjósis] 女《生物》抗生作用
antibioterapia [antibjoterápja] 女《医学》抗生物質治療
antibiótico, ca [antibjótiko, ka] 形 男《生物》抗生 [作用] の;《医学》抗生物質
antibioticoterapia [antibjotikoterápja] 女 =antibioterapia
antibloqueo [antiblokéo] 形《単複同形》《自動車》[ブレーキが] アンチロック式の
antibritánico, ca [antibritániko, ka] 形 反英国の
antiburgués, sa [antiburgés, sa] 形 名 反ブルジョワの [人]
anticadencia [antikaðénθja] 女《音声》上昇調, 語尾上がりのイントネーション
anticancerígeno, na [antikanθeríxeno, na] 形 男《薬学》抗発癌性の; 抗発癌剤
anticanceroso, sa [antikanθeróso, sa] 形《薬学》抗癌性の, 癌治療の; 抗癌剤
anticanónico, ca [antikanóniko, ka] 形 反教会の, 反教権の, 反教会規範の
anticapitalismo [antikapitalísmo] 男 反資本主義
anticapitalista [antikapitalísta] 形 名 反資本主義の (主義者)
anticarro [antikáro] 形 対戦車砲 [=cañón ~]
anticaspa [antikáspa] 形《単複同形》ふけを抑える, ふけ防止の: champú ~ ふけ取りシャンプー
anticatalizador [antikataliθaðór] 男《化学》負触媒, 抗触媒
anticatarral [antikatarál] 形《薬学》抗カタルの; 抗カタル薬
anticatarro [antikatáro] 形 =anticatarral
anticátodo [antikátoðo] 男《物理》対陰極
anticatólico, ca [antikatóliko, ka] 形 名 反カトリックの [人]
anticelulítico, ca [antiθelulítiko, ka] 形《薬学》抗フレグモーネの, 蜂巣炎治療用の; 蜂巣炎治療薬
antichoque [antitʃóke] 形《単複同形》[時計などが] 耐衝撃の
anticíclico, ca [antiθíkliko, ka] 形 反周期の: política ~ca [好不況の波を小さくする] 反景気循環政策
anticiclón [antiθiklón]《←anti-+ciclón》男《気象》高気圧
anticiclónico, ca [antiθiklóniko, ka] 形《気象》高気圧の
anticientífico, ca [antiθjentífiko, ka] 形 反科学の
anticipación [antiθipaθjón] 女 ❶ [予定・期日より] 早めること, 繰り上げ: con 10 minutos de ~ 10分早く, あらかじめ10分前に. ~ de la marcha 出発の早まり. ❷ 前払い; 前貸し. ❸ 先んじること, 先取り, 先手, 先行. ❹ 前触れ, 予告, 予知. ❺《修辞》予弁法
   con ~ 1) 前もって, あらかじめ: comprar las entradas *con* ~ 前売券を買う. 2) [予定・通常より] 早めに: El calor ha venido este año *con* ~. 今年は暑さが早くやって来た
   de ~ 空想科学小説の, SFの
anticipada[1] [antiθipáða] 女 [相手が防御を固める前の] だまし討ち, 不意打ち
anticipadamente [antiθipáðamente] 副 前もって, あらかじめ; 早く, 早めに
anticipado, da[2] [antiθipáðo, ða] 形 予定 (通常) より早い, 期限前の; 前もっての: elecciones ~*das* [任期切れ前の] 解散総選挙. pago ~ 前払い. venta ~*da* de entrada 入場券の前売り
   por ~ 前もって, あらかじめ: pagar [la mitad] *por* ~ [半金を] 前払いする. Sabía *por* ~ lo que ibas a decir. 私は君が言おうとしていたことは分かっていた. Dándole las gracias *por* ~, le saludamos cordialmente.《手紙》何とぞよろしく, まず

はお願いまで〖←前もってお礼申し上げつつ、ご挨拶申し上げます〗

anticipador, ra [antiθipaðór, ra] 形 名〚予定・期限を〛早める〔人〕、繰り上げる〔人〕；先んじる〔人〕；前払いする〔人〕

anticipamiento [antiθipamjénto] 男 =**anticipación**

anticipante [antiθipánte] 形 早める、繰り上げる、早まった

anticipar [antiθipár] 〖←ラテン語 anticipare < ante-（前）+capere「取る」〗他 ❶〚予定・通常・期限より〛前に行なう、早める: *Anticipamos* el viaje. 私たちは旅行を早めた。El tribunal ha decidido 〜 el fallo. 法廷は判決を早めることに決めた。❷ 前払いする；〔+sobre の内から〕前貸しする；手付けを払う： 〜 el alquiler 家賃を前払いする。Pedí al jefe que me *anticipase* mil euros *sobre* mi sueldo. 私は給料から1千ユーロ前貸ししてくれるよう上司に頼んだ。Hay que 〜 veinte mil euros para reservar la compra del piso. マンション購入予約のため手付け金2万ユーロを払わねばならない。❸ 前もって言う（伝える・教える）： ¿Me podría 〜 de qué se trata? その前に何の話か教えてもらえますか？ ❹〚事物が〛予知させる、予想させる: Estos vientos tibios *anticipan* tormenta. この生暖かい風は嵐の前触れだ。El índice *anticipa* una disminución de la población. 指数は人口の減少を予告している。Esa lesión *anticipó* el retiro del campeón. その負傷はチャンピオンが引退する引き金となった。❺ 先行させる、優先させる。❻〚人が、+a+人 に〛勝つ、しのぐ、上回る

—— 〜**se** ❶〔+a に〕先んじる、先を越す: Iba a pagar la cuenta, pero él se me *anticipó*. 私が勘定を払おうとしたのに、彼に先を越された。〜*se a* su tiempo (su época) 時代に先んじる、時代を先取りする。❷〚予定・通常より〛早まる: *Se anticipará* la llegada de los invitados. お客さんの到着は早まるようだ。Este año los fríos *se han anticipado*. 今年は寒くなるのが早い

〜*se a*+不定詞〚期日・他の人より〛前に…する、急いで…する: Me *anticipé a* pagar antes de que subiera la comisión del banco. 私は銀行の手数料が上がる前に支払いをした。Me *anticipé a* pagar la consumición de todo el grupo〚antes de que lo hiciera alguien〛. 私は〔誰かがする前に〕急いでグループ全員におごった

anticipativo, va [antiθipatíβo, βa] 形 名 先んじる〔人〕

anticipatorio, ria [antiθipatórjo, rja] 形 先んじる、早めるのに役立つ

anticipo [antiθípo] 男〖←anticipar〗❶ 前払い金、前受け金: Este mes voy a necesitar un 〜. 私は今月は前払い金が必要になるようだ。pedir (hacer) un 〜 前払いを頼む(する)。〜 de los derechos de autor 印税の前払い金。❷〚分割払いの〛頭金、手付金: sin 〜《表示》頭金不用。❸ 前ぶれ、前兆: Fue el 〜 del fin. それは終わりの始まりだった。Me contó un 〜 de lo que iba a escribir. 彼は書くつもりの冒頭の部分を話してくれた

anticlerical [antiklerikál] 〖←anti+clerical < clero〗形 名 反教権主義の(主義者)、反聖職者の〔人〕

anticlericalismo [antiklerikalísmo] 男 反教権主義、反聖職者主義《特にカトリック教会の政治介入に反対する思想》

anticlímax [antiklíma(k)s] 男〖←anti-+ギリシア語 klimax「段階的配列」〗❶《修辞》文勢漸落、漸降法。❷《文学、映画》アンチ・クライマックス

anticlinal [antiklinál] 形 名 ❶《地質》背斜〔の〕《⇔sinclinal》。❷《中南米》分水界

anticlinar [antiklinár] 形 男 =**anticlinal**

anticlinorio [antiklinórjo] 男《地質》複背斜

anticloro [antikóro] 男《化学》除塩素剤、脱塩素剤

anticoagulante [antikoaɣulánte] 形《薬学》抗凝血性の；抗凝血(凝固)剤

anticolegialista [antikolexjalísta] 形《ウルグアイ》政府の集団兵役制度に反対の〔人〕

anticolérico, ca [antikolériko, ka] 形《医学》コレラ予防の

anticólico, ca [antikóliko, ka] 形《医学》疝痛に利く

anticolinérgico, ca [antikolinérxiko, ka] 形《薬学》抗コリン作用性の；抗コリン作用薬

anticolisión [antikolisjón] 形《単複同形》衝突防止（予防）の；衝撃緩和の

anticolonial [antikolonjál] 形 反植民地主義の

anticolonialismo [antikolonjalísmo] 男 反植民地主義

anticolonialista [antikolonjalísta] 形 反植民地主義の(主義者)

anticombustible [antikombustíble] 形 不燃性の、難燃性の
—— 男 不燃物

anticomicial [antikomiθjál] 形《薬学》抗てんかん性の〖=antiepiléptico〗

anticomunismo [antikomunísmo] 男 反共主義

anticomunista [antikomunísta] 形 名 反共主義の(主義者)

anticoncepción [antikonθepθjón] 女 避妊

anticoncepcional [antikonθepθjonál]《まれ》避妊の

anticoncepcionismo [antikonθepθjonísmo] 男 避妊肯定(推進)論

anticoncepcionista [antikonθepθjonísta] 形 避妊の；避妊肯定(推進)論の

anticonceptivo, va [antikonθe(p)tíβo, βa]〖←anti-（反）+concebir〗形 避妊用の；避妊薬、避妊具

anticonformismo [antikonformísmo] 男 反〔体制〕順応主義

anticonformista [antikonformísta] 形 名 反〔体制〕順応主義の(主義者)

anticongelante [antikonxelánte]〖←anti-（反）+congelar〗形《技術》凍結を防ぐ
—— 男 凍結防止剤、不凍液〖=líquido 〜〗

anticonstitucional [antikonstituθjonál]〖←anti-（反）+constitucional〗形 憲法違反の、違憲の

anticonstitucionalidad [antikonstituθjonalidá(d)] 女 違憲性

anticonstitucionalmente [antikonstituθjonálménte] 副 違憲的に

anticontaminación [antikontaminaθjón] 形《単複同形》反環境汚染の

anticontaminante [antikontaminánte] 形 環境汚染を防止する；反環境汚染の

anticonvencional [antikombenθjonál] 反しきたりの、反俗の、慣習的なものを嫌う、独創的な

anticorrosión [antikořosjón] 形《単複同形》=**anticorrosivo**

anticorrosivo, va [antikořosíβo, βa] 形 男 錆防止の、錆止めの；錆防止剤、防食剤

anticorrupción [antikořupθjón] 形《単複同形》反汚職の、汚職防止の

anticresis [antikrésis] 女《単複同形》《法律》不動産担保契約

anticresista [antikresísta] 名 不動産担保の債権者

anticrético, ca [antikrétiko, ka] 形 不動産担保契約の

anticristiano, na [antikristjáno, na] 形 反キリスト教の、キリスト教に敵対する

anticristo [antikrísto]〖《anti-（反）+Cristo》〗男〖el+. 主に A〜〗反キリスト、キリストの敵《キリスト再来前に現われ、信徒をキリストから離反させる》

anticrítico, ca [antikrítiko, ka] 形 名 反批評の〔人〕、反評論家〔人〕

anticuadamente [antikwádaménte] 副 流行(時代)遅れになって

anticuado, da [antikwáðo, ða]〖←anticuar〗形 名 ❶ 流行(時代)遅れの、古くさい: Ese peinado está 〜. その髪型は流行遅れだ。palabra 〜*da* 古くさい言葉。❷ 旧弊な〔人〕、頭の古い〔人〕: Mi madre es una 〜*da*, que no me deja viajar sola. 母は旧式な考えの持ち主で、私に一人旅をさせてくれない

anticualla [antikwáλa] 女《地方語》=**antigualla**

anticuar [antikwár]〖←ラテン語 antiquare〗14 他《まれ》流行(時代)遅れにさせる
—— 〜*se* 流行(時代)遅れになる《主に 過分》

anticuariado [antikwarjáðo] 男 古美術業；古美術業界

anticuario, ria [antikwárjo, rja]〖←ラテン語 antiquarius〗名 古美術商、骨董屋；古美術収集家
—— 男 古美術品店

anticucho [antikút∫o] 男《南米. 料理》牛の心臓の串焼き

anticuerpo [antikwérpo] 男《医学》抗体、免疫体: prueba de 〜s 抗体検査

anticultura [antikultúra] 女《集合》反文化〔の態度〕

anticultural [antikulturál] 形 反文化の

antidáctilo [antiðáktilo] 男《詩法》短短長格〖=anapesto〗

antidemocracia [antiðemokráθja] 女 反民主制、反民主主義

antidemócrata [antiðemókrata] 名 反民主主義者

antidemocrático, ca [antiðemokrátiko, ka] 形 非民主的な、反民主主義的な: Nuestro país no es tan 〜 como revela

ese cartel. 私たちの国はそのポスターが告発するほど非民主的ではないい
antidemocratismo [antiđemokratísmo] 男 反民主主義
antideportividad [antiđepɔrtiβiđá(đ)] 女 スポーツマンらしくない態度
antideportivo, va [antiđepɔrtíβo, βa] 形 スポーツマンらしくない: conducta 〜va スポーツマンシップに反した行為
antidepresivo, va [antiđepresíβo, βa] 形《薬学》抗鬱(分)性の; 抗鬱薬
antiderrapante [antiđeřapánte] 形 滑り止めの
antideslizante [antiđesliθánte] 形 [表面が] 滑り止めの
——— 男《自動車》滑り止めチェーン; 冬用タイヤ
antideslumbrante [antiđeslumbránte] 形《自動車など》ぎらつき防止の, 防眩の
antidetonante [antiđetonánte] 形 制爆性の; アンチノック剤
antidiabético, ca [antiđjaβétiko, ka] 形 男《薬学》抗糖尿病性の; 抗糖尿病薬
antidiarreico, ca [antiđjařéiko, ka] 形 男《薬学》下痢治療の; 下痢止め薬
antidictatorial [antiđiktatorjál] 形 反独裁の
antidiftérico, ca [antiđiftériko, ka] 形《薬学》抗ジフテリア性の; 抗ジフテリア薬
antidifusor, ra [antiđifusór, ra] 男《医学》二次放射線 (散乱X線) 除去の (装置)
antidiluviano, na [antiđilu̯βjáno, na] 形《戯語》=antediluviano
antidinástico, ca [antiđinástiko, ka] 形《古強的》反王朝の; [特に] ブルボン王家に敵対する
antidisturbios [antiđistúrβjos] 形 名《単複同形》暴動鎮圧用の; 機動隊の, 機動隊員: policía (unidad) 〜/fuerzas 〜/los 〜 機動隊
antidiurético, ca [antiđjurétiko, ka] 形《生化》抗利尿の
antidivorcista [antiđiβɔrθísta] 名 離婚の法制化に反対の [人]
antidogmatismo [antiđogmatísmo] 男 反ドグマ, 反教条主義
antidopaje [antiđopáxe] 形 男《単複同形》《スポーツ》反ドーピングの: control 〜 ドーピングテスト
antidoping [antiđópin] 《←英語》形《単複同形》=antidopaje
antidoral [antiđorál] 形 報酬的性質の, 報酬代わりの 《=remuneratorio》
antídoto [antíđoto] 《←ラテン語 antidotus < ギリシャ語 antidoton》男 ❶《医学》[+contra の] 解毒剤. ❷ [悪習などに] 対抗する手段: El mejor 〜 contra el vicio es el trabajo. 悪習を防ぐ最上策は働くことである
antidroga [antiđróga] 形 反麻薬の, 麻薬取り締まりの: redada 〜 麻薬の一斉取り締まり
antidumping [antiđúmpin] 《←英語》形《単複同形》《経済》ダンピング防止の
antieconomicidad [antjekonomiθiđá(đ)] 女 不経済, 反経済原理
antieconómico, ca [antjekonómiko, ka] 形 ❶ 不経済な, 高くつく. ❷ 経済の原理に反する
antiedad [antjeđá(đ)] 形《単複同形》アンチエージングの, 老化防止の: crema 〜 老化防止クリーム
antielectrón [antjelektrón] 男《物理》反電子
antiemético, ca [antjemétiko, ka] 形《薬学》制吐作用の; 制吐薬, 鎮吐剤
antienvejecimiento [antjembexeθimjénto] 男 老化防止, アンチエージング
antienzima [antjenθíma] 女《生化》抗酵素
antiepiléptico, ca [antjepilé(p)tiko, ka] 形《薬学》抗てんかん性の; 抗てんかん薬
antier [antjér] 副《主にメキシコ, 中米》一昨日《=anteayer》
antiesclavista [antjesklaβísta] 名 奴隷制反対の [人]
antiescorbútico, ca [antjeskɔrβútiko, ka] 形 男《薬学》抗壊血病の; 抗壊血病薬
antiescrofuloso, sa [antjeskrofulóso, sa] 形《薬学》抗腺病性の; 抗腺病薬
antiespañol, la [antjespaɲól, la] 形 名 反スペインの [人]
antiespañolismo [antjespaɲolísmo] 男 反スペイン
antiespasmódico, ca [antjespasmóđiko, ka] 形 男《薬学》抗痙攣性の; 鎮痙剤
antiespumante [antjespumánte] 形 発泡を防ぐ; 泡止めの

剤, 消泡剤
antiestático, ca [antjestátiko, ka] 形 静電荷を減らす; 静電気 (帯電) 防止の
antiestatuario, ria [antjestatwárjo, rja] 形《法律》[個人や法人の] 権限外の
antiesteticismo [antjesteti θísmo] 男 反美学;《婉曲》美的でないこと
antiestético, ca [antjestétiko, ka] 形《←anti- (反) +estético》形《婉曲》美的でない, 見苦しい, 醜い
antiestrés [antjestrés] 形《単複同形》ストレス除去 (防止) の
antiestrofa [antjestrófa] 女 =antístrofa
antietimológico, ca [antjetimolóxiko, ka] 形 語源学的根拠のない
antieuropeísmo [antjeu̯ropeísmo] 男 反欧州統合, 反EU
antieuropeísta [antjeu̯ropeísta] 形 名 反欧州統合の [人], 反EUの [人]
antieuropeo, a [antjeu̯ropéo, a] 形 反ヨーロッパの; 反欧州統合の, 反EUの
antievangélico, ca [antjeβaŋxéliko, ka] 形《キリスト教》福音に反する, 反福音的な
antifascismo [antifasθísmo] 男 反ファシズム
antifascista [antifasθísta] 形 名 反ファシズムの [人]
antifaz [antifáθ]《←ante- (前) +faz》男 [複 〜ces] ❶ 覆面, マスク; [目のまわりを隠す] 仮面. ❷ [就寝用の] アイマスク
antifebril [antifeβríl] 形《薬学》解熱作用のある; 解熱剤
antifebrina [antifeβrína] 女《薬学》アンチフェブリン
antifederal [antifeđerál] 形 名 反連邦主義の (主義者)
antifeminismo [antifeminísmo] 男 反フェミニズム
antifeminista [antifeminísta] 形 名 女性解放 (男女同権) に反対の [人], 反フェミニズムの [人]
antifermento [antiferménto] 男 抗酵素薬
antifernales [antifernáles] 形 複 bienes 〜 [嫁資に対して] 夫から妻に贈る財産
antifilosófico, ca [antifilosófiko, ka] 形 反哲学の
antiflatulento, ta [antiflatulénto, ta] 形 男《薬学》腸内のガスを除去する; 整腸剤
antiflogístico, ca [antiflɔxístiko, ka] 形《薬学》消炎性の; 消炎剤, 抗炎症薬
antífona [antífona]《←ラテン語 antiphona < ギリシャ語 antiphonos》女《カトリック》聖務日課の) 先唱句;《古語》交唱讃詩編
antifonal [antifonál]《カトリック》聖務日課歌唱集《=antifonario》
——— 形 交唱の
antifonario [antifonárjo] 男 ❶《カトリック》聖務日課歌唱集《=libro 〜》. ❷《廃語》尻
antifonero, ra [antifonéro, ra] 名 [聖歌隊の] 交唱先唱者
antifonía [antifonía] 女 交唱歌
antifónico, ca [antifóniko, ka] 形 先唱句の; 交唱歌の
antífono [antífono] 男《鼓膜を守る》耳栓
antifrancés, sa [antifranθés, sa] 形 名 反フランスの [人]
antifranquismo [antifraŋkísmo] 男 反フランコ Franco [主義・体制]
antifranquista [antifraŋkísta] 形 名 反フランコ派 [の]: chistes 〜s 反フランコのジョーク
antifrasis [antifrásis]《←ギリシャ語 antiphrasis》女《単複同形》《修辞》反語, 反用《例 don Generoso けちん坊》: Le llaman por 〜 «Gigante». 彼は反語で「巨人」と呼ばれている
antifricción [antifri(k)θjón] 女 減摩メタル
antifúngico, ca [antifúŋxiko, ka] 形《薬学》抗かびの, 抗真菌の; 抗真菌薬
antifútbol [antifútβol] 男《サッカー》アンチフットボール
antigangrenoso, sa [antigaŋgrenóso, sa] 形《薬学》壊疽 (分) 治療の (治療薬)
antigás [antigás] 形 対毒ガスの
antigastrálgico, ca [antigastrálxiko, ka] 形 男《薬学》胃痛に効く [薬]
antigénico, ca [antixéniko, ka] 形《医学》抗原の; 抗原性の
antígeno, na [antíxeno, na] 形 男《医学》抗原 [の]: 〜 prostático específico 前立腺特異抗原, PSA
antigo, ga [antígo, ga] 形 名《古語》=antiguo
Antígona [antígona] 女《ギリシャ神話》アンティゴネー《オイディプス王 Edip の娘》
antigotoso, sa [antigotóso, sa] 形 男《薬学》痛風に効く [薬]

antigramatical [antigramatikál] 形 非文法的な, 文法規則に反する

antigrasa [antigrása] 形《単複同形》油+をとる: champú ～ 脂性の人用のシャンプー

antigripal [antigripál] 形 男 インフルエンザ予防用の, 風邪の治療用の; 風邪薬: vacuna ～ インフルエンザワクチン

antigualla [antigwáʎa] 女《←antiguo》❶《軽蔑》古物, 遺物, 時代遅れのもの: Tu coche es una ～. 君の車はポンコツだ. ❷《軽蔑》[主に 複] 時代遅れのやり方, 因習; 古い話, 蒸し返し話, 旧聞. ❸《まれ》古美術品

antiguamente [antiɣwaménte] 副 昔は, かつて[は]

antiguamiento [antigwamjénto] 男《廃語》古参(古顔)になること

antiguar [antiɣwár] 14 他《廃語》=**anticuar**
── 自 **~se**《廃語》[職場で] 古参(古顔)になる

antigubernamental [antiɣubernamentál] 形 反政府の, 野党の

antigüedad [antiɣweðáð]《←ラテン語 antiquitas, -atis》女 ❶ 古さ: Uno de los mayores problemas es la de los edificios de esta ciudad. 最大の問題の一つはこの町の建物の古さである. ❷ 昔, 古代; [特に la A～] 古典古代, ギリシア・ローマ時代 [=～ clásica]; [集合] 古代人《特に古代ギリシア・ローマ人》: Los esclavos no le creían así en la ～. 古代では奴隷たちはそう信じていた. ～ romana 古代ローマ時代. de toda ～ 太古の昔から; 千古の. en la remota ～ はるか大昔に. ❸ 勤続年数, 年功: Tengo veinte años de ～ en el ayuntamiento. 私の市役所での勤続年数は20年だ. ❹ 使用年数: La ～ media de los autobuses ronda los seis años. バスの平均使用年数は6年ほどである. ❺ [主に 複] 骨董品, 古美術品, アンティーク: tienda de ～es 骨董品店. ❻ [主に 複] 遺物, 遺跡: ～es de Roma 古代ローマの遺跡
por ～ 年功序列で[の], 先任順の・に: ascenso por ～ 年功序列による昇進
tener mucha (poca) ～ 1) 勤続が長い(短い), 古参である(ない): Tiene todavía poca ～. 彼はまだ勤続年数が短い. 2) 年代物である(ない)

antigüeño, ña [antiɣwéɲo, ɲo] 形 名 《地名》 アンティグア An- tigua の[人]《グアテマラ, Sacatepéquez 州の州都》

antiguerrillero, ra [antiɣeřiʎéro, ra] 形 反ゲリラの

antiguo, gua [antíɣwo, ɣwa]《←ラテン語 antiquus》形《絶対最上級: antiquísimo,《俗用》antigüísimo》❶ 古い, 古くからの [⇔nuevo]; 昔の, 古代の [⇔moderno]: Hay muchos edificios ～s en Toledo. トレドには古い建物が多い. Este señor es uno de nuestros más ～s clientes. この方はうちの古いお客様の一人です. La pobreza y la desigualdad son problemas ～guas. 貧困と不平等は積年の課題である. en tiempos ～s 昔は, かつては. civilización ～gua 古代文明. herida ～gua 古傷. Madrid ～ マドリードの下町(旧地区). mueble ～ 古い(時代ものの)家具. porcelana ～gua 古磁器. tradición ～gua 古くからの伝統. ❷《友達・同僚などとして》昔からの; 古参の, 長く務めた, 先任の; 階級が上の: Es más ～ que nadie en esta oficina. この事務所では彼が一番の古参だ. amigo ～ 旧友 [同義] amigo viejo 年老いた友人.》～gua criada 古くからある家政婦. ❸ [+名詞] 元の, 旧の: Es el ～ primer ministro. 彼は元首相だ. su ～gua novia 彼の以前の恋人. asociación de ～s alumnos 同窓会. ～gua capital 旧都. ❹ 古くさい, 時代遅れの [=anticuado]: Tiene unas ideas ～guas acerca del papel de la mujer en la sociedad. 彼は社会における女性の役割について古めかしい考えを持っている. traje ～ 流行遅れの服. ❺《医学》陳旧性の: infarto de miocardio ～ 陳旧性心筋梗塞
a la ～*gua/a lo* ～ 昔風の・に, 昔ながらの・に
de ～《西》以前から[の], 昔から[の], 長年[の]
desde ～ =**de** ～
desde muy ～ ずっと以前から, 大昔から
en lo ～ 以前には, 昔は
venir de ～ 古くから伝わる
── 名 古参(古顔)の人; 先任者; 先輩, 上級生
── 男 ❶ 古代美術[の様式]《特に古代ギリシア・ローマの彫刻》; [集合] 古美術品. ❷ 昔の人々, 古代人《特に太陽に関するギリシア・ローマ人》: Los ～s adoraban al Sol. 古代人は太陽を崇拝した.
── 女《国名》A～*gua y Barbuda* アンチグア・バーブーダ

antihalo [antjálo] 形 capa ～ [写真フィルムの] ハレーション防止層

antihélice [antjélíθe] 女《解剖》対耳輪, 対輪

antihelmíntico, ca [antjelmíntiko, ka] 形 男《薬学》駆虫の; 駆虫剤, 虫下し

antihemorroidal [antjemořoiðál] 形 男《薬学》痔疾治療の; 痔疾治療薬

antihéroe [antjéroe] 男 英雄的でない主人公, アンチヒーロー, ダークヒーロー: Don Quijote es el ～ de las novelas de caballería. ドン・キホーテは騎士道物語のアンチヒーローである

antiheroico, ca [antjeróiko, ka] 形 アンチヒーローの

antiheroína [antjeroína] 女 アンチヒロイン, ダークヒロイン

antihiático, ca [ant(i)játiko, ka] 形《音声》母音の連続 hiato を避ける

antihidrópico, ca [anti(i)ðrópiko, ka] 形《薬学》水腫治療の; 水腫治療薬

antihigiénico, ca [anti(i)xjéniko, ka] 形 非衛生的な

antihipertensivo, va [anti(i)pertensíbo, ba] 形《薬学》抗高血圧症の; 抗高血圧症薬, 降圧剤

antihistamínico, ca [anti(i)stamíniko, ka] 形《薬学》抗ヒスタミンの; 抗ヒスタミン剤

antihistérico, ca [anti(i)stériko, ka] 形 男《薬学》ヒステリー治療の(治療薬)

antihistoria [anti(i)stórja] 形《まれ》反歴史

antihistórico, ca [anti(i)stóriko, ka] 形 反歴史的な

antihumanitario, ria [antjumanitárjo, rja] 形 非人道主義的な

antihumano, na [antjumáno, na] 形 ❶ 人間性に反する, 非人間的な; 無情な, 冷酷な. ❷《医学》suero ～ 抗人血清

antiimperialismo [anti(i)mperjalísmo] 男 反帝国主義

antiimperialista [anti(i)mperjalísta] 形 名 反帝国主義の(主義者)

antiincendios [anti(i)nθéndjos] 形《単複同形》消防の: equipo ～ 消防隊

antiinfeccioso, sa [anti(i)nfe(k)θjóso, sa] 形《薬学》抗感染性の; 抗感染薬

antiinflacionario, ria [anti(i)nflaθjonárjo, rja] 形 =**antiinflacionista**

antiinflacionista [anti(i)nflaθjonísta] 形《経済》インフレ抑制の

antiinflamatorio, ria [anti(i)nflamatórjo, rja] 形 男《薬学》炎症抑制の; 炎症抑制剤

antijudío, a [antixuðío, a] 形 反ユダヤ[人]の: revuelta ～a 反ユダヤ人暴動

antijuridicidad [antixuriðiθiðá(ð)] 女 非合法性

antijurídico, ca [antixuríðiko, ka] 形 非合法的な, 不法な, 法に反する

antilegal [antileɣál] 形 =**ilegal**

antiliberal [antiliberál] 形 名 反自由主義の(主義者)

antiliberalismo [antiliberalísmo] 男 反自由主義

antiliteratura [antiliteratúra] 女 反文学

antillanismo [antiʎanísmo] 男 アンティル諸島特有の言葉や言い回し

antillano, na [antiʎáno, na] 形 名《地名》アンティル諸島 las Antillas の[人]

Antillas [antíʎas] 女 複《地名》[las+. カリブ海の] アンティル諸島: ～ Mayores/Grandes ～ 大アンティル諸島《キューバ島からプエルトリコ島まで》. ～ Menores/Pequeñas ～ 小アンティル諸島《大アンティル諸島より東に位置する》

antilogaritmo [antiloɣarítmo] 男《数学》真数

antilogía [antiloxía]《←ギリシア語 antilogia < anti- (反)+logos》女 [概念・観念などの] 矛盾, 非論理性

antilógico, ca [antilóxiko, ka] 形 矛盾した, 非論理的な

antilogio [antilóxjo] 男 =**antilogía**

antílogo [antíloɣo] 男《電気》polo ～ [焦電体の] 異類端 [⇔polo análogo]

antílope [antílope]《←英語 antelope < 俗ラテン語 antilops < ギリシア語 anthalops》男《動物》レイヨウ(羚羊), アンテロープ

antilopino, na [antilopíno, na] 形 アンテロープ亜科の
── 男《動物》アンテロープ亜科

antimacasar [antimakasár] 男 [頭髪の汚れが付かないための] 座席の背覆い, シートカバー

antimafia [antimáfja] 形《単複同形》反マフィアの

antimagnético, ca [antimaɣnétiko, ka] 形 抗(耐)磁性の
antimanchas [antimántʃas] 形《単複同形》❶ 汚れ防止の. ❷《化粧》しみ取りの
antimasónico, ca [antimasóniko, ka] 形 反フリーメーソンの, 秘密結社フリーメーソンに対抗する
antimateria [antimatérja] 女《物理》反物質
antimentalismo [antimentalísmo] 男《言語》反精神主義
antimentalista [antimentalísta] 形 名《言語》反精神主義の〔人〕
antimicótico, ca [antimikótiko, ka] 形《薬学》抗真菌性の; 抗真菌薬
antimicrobiano, na [antimikroβjáno, na] 形 男《生化, 薬学》抗微生物の; 抗菌薬
antimilitarismo [antimilitarísmo] 男 反軍国主義
antimilitarista [antimilitarísta] 形 名 反軍国主義の(主義者)
antiministerial [antiministerjál] 形 反内閣の
antimisil [antimisíl] 形 ミサイル迎撃用の; 迎撃ミサイル: sistema ～ ミサイル防衛システム
antimitótico, ca [antimitótiko, ka] 形《生物》抗有糸分裂〔性〕の
antimonárquico, ca [antimonárkiko, ka] 形 名 君主制に反対の〔人〕, 反君主制の
antimoniado, da [antimonjáðo, ða] 形 =antimonial
antimonial [antimonjál] 形《化学》アンチモンの, アンチモンを含む
antimoniato [antimonjáto] 男《化学》アンチモン酸塩
antimónico, ca [antimóniko, ka] 形《化学》アンチモンの; 〔特に〕5価アンチモンの
antimonio [antimónjo] 男《元素》アンチモン
antimonita [antimoníta] 女《鉱物》輝安鉱
antimoniuro [antimonjúro] 男《化学》アンチモン化合物
antimonopolio [antimonopóljo] 形《単複同形》独占に反対する, 独占禁止の: ley [es] ～ 独占禁止法
antimonopolios [antimonopóljos] 形 =antimonopolio
antimonopolista [antimonopolísta] 形 =antimonopolio
antimonopolístico, ca [antimonopolístiko, ka] 形 =antimonopolio
antimoral [antimorál] 形 反道徳的な, 道徳を否定する
antinacional [antinaθjonál] 形 反国家的な, 国益に反する
antinacionalismo [antinaθjonalísmo] 男 反国家主義
antinacionalista [antinaθjonalísta] 形 名 反国家主義の(主義者)
antinatalista [antinatalísta] 形 人口増加抑制論の
antinatura [antinatúra] 形《単複同形》〔主に道徳面で〕自然の理に反する, 不自然な, 非道徳的な: El amor homosexual se ha considerado como ～. 同性愛は自然に反すると考えられてきた
antinatural [antinaturál] 形 自然に反する, 不自然な: Ejecutar es un acto ～. 死刑は自然に反する行為である
antinaturalidad [antinaturaliðáð] 女 自然に反すること, 不自然
antinazi [antináθi] 形 名 反ナチズムの〔人〕
antinefrítico, ca [antinefrítiko, ka] 形《薬学》抗腎炎性の; 腎炎治療薬
antineoplástico, ca [antineoplástiko, ka] 形 男《薬学》抗新生物性の, 抗腫瘍性の; 抗新生物薬
antineurálgico, ca [antineurálxiko, ka] 形 男《薬学》神経痛治療の; 抗神経痛薬
antineurítico, ca [antineurítiko, ka] 形《薬学》抗神経炎性の
antineutrino [antineutríno] 男《物理》反ニュートリノ
antineutrón [antineutrón] 男《物理》反中性子
antinganting [antiŋɡántin] 男《フィリピン》お守り, 護符
antiniebla [antinjéβla] 形 [←anti-+niebla]《単複同形》濃霧対策の: faros ～《自動車》フォグランプ
antinodo [antinóðo] 男《物理》波腹
antinomia [antinómja] 女〔現実に応用する時の2つの法律・原理の〕矛盾, 〔哲学〕反対, 〔一般に〕対立, 食い違い
antinómico, ca [antinómiko, ka] 形 矛盾する; 二律反の
antinorteamericanismo [antinorteamerikanísmo] 男 反米
antinorteamericano, na [antinorteamerikáno, na] 形 反米の
antinovela [antinoβéla] 女《文学》反小説
antinuclear [antinukleár] 形 ❶ 反核の, 非核の. ❷ 〔設備などの〕

対核爆発用の, 対核戦争用の
antioccidental [antjo(k)θiðentál] 形《歴史》反西側〔諸国〕の
antioccidentalismo [antjo(k)θiðentalísmo] 男《歴史》反西側
antiofídico, ca [antjofíðiko, ka] 形《薬学》抗蛇毒用の: suero ～ 抗蛇毒血清
antíope [antíope] 女《昆虫》キベリタテハ
antioqueno, na [antjokéno, na] 形 男《歴史, 地名》〔古代シリアの〕アンティオキア Antioquía の〔人〕
antioqueño, ña [antjokéɲo, ɲa] 形 男《地名》アンティオキア Antioquia の〔人〕〔コロンビア西部の州〕
antioxidante [antjo(k)siðánte] 形 [←anti-+oxidante] 男 酸化防止〔剤〕; 防錆剤: acción ～《生化》抗酸化作用
antipalúdico, ca [antipalúðiko, ka] 形《薬学》抗マラリア性の; マラリア治療薬
antipapa [antipápa] 男《カトリック》対立教皇, 僭称の教皇〔←ローマ教皇に敵対して自ら教皇を僭称した〕
antipapado [antipapáðo] 男 対立教皇の権威(地位・在位期間)
antipapista [antipapísta] 形 名 対立教皇派〔の〕, 教皇敵対派〔の〕
antipara [antipára] 女 ❶ ついたて, びょうぶ. ❷《古語》〔主に複〕私当て, きゃはん
antiparalelo, la [antiparalélo, la] 形《幾何, 生化, 電気など》アンチパラレルの, 逆平行の
antiparasitario, ria [antiparasitárjo, rja] 形 男《薬学》寄生虫に対して作用する, 駆虫剤(薬). ❷ ノイズ(雑音)防止の
antiparásito, ta [antiparásito, ta] 形 男 =antiparasitario; ノイズ(雑音)防止装置
antiparero [antiparéro] 男《古語》すね当てをつけた兵士
antiparlamentario, ria [antiparlamentárjo, rja] 形 名 反議会主義の(主義者)
antiparlamentarismo [antiparlamentarísmo] 男 反議会主義
antiparras [antipáras] 女〔複〕《戯語》眼鏡〔=gafas〕
antipartícula [antipartíkula] 女《物理》反粒子
antipasto [antipásto] 男《南米. 料理》前菜
antipatía [antipatía] 【←ラテン語 antipathia < ギリシア語 antipatheia < anti-（反）+pathos「愛好」】 女 ❶ [+a・contra・hacia・por・para con に対する] 反感, 嫌悪〔⇔simpatía〕～ hacia él. 欠点は多いが私は彼が嫌いではない. El gato [le] tiene ～ al agua. 猫は水を嫌う. He cogido una gran ～ al trabajo. 私は仕事が嫌でたまらなくなった. ❷ 対立, 不一致
antipáticamente [antipátikaménte] 副 感じの悪い態度で
antipático, ca [antipátiko, ka] 形 ❶ [人が] 感じの悪い, 反感を抱かせる〔⇔simpático〕: Es una persona ～ca. 彼はつき合いにくい人間だ/虫の好かない奴だ. Me fue (cayó) ～ desde el primer encuentro. 私は最初から彼に好感がもてなかった. ❷〔事が〕不快な: Siempre dice cosas muy ～cas. 彼はいつも気にさわることを言う. Tener que fregar platos es muy ～. 皿洗いをしなければならないのはうんざりだ
antipatizar [antipatiθár] 9 自《中南米》嫌悪を感じる
antipatriota [antipatrjóta] 形 名 愛国心のない〔人〕, 非国民〔的な〕
antipatriótico, ca [antipatrjótiko, ka] 形 愛国心のない, 祖国に害をなす
antipatriotismo [antipatrjotísmo] 男 愛国心の欠如
antipedagógico, ca [antipeðaɣóxiko, ka] 形 非教育的な, 教育上有害な
antipendio [antipéndjo] 男《美術》祭壇の前飾り
antiperistáltico, ca [antiperistáltiko, ka] 形《医学》逆蠕動〔性〕の
antipersona [antipersóna] 形 =antipersonal
antipersonal [antipersonál] 形《軍事》mina ～ 対人地雷
antiperspirante [antiperspiránte] 形《薬学》発汗抑制の〔抑制剤〕
antipirético, ca [antipirétiko, ka] 形《薬学》解熱性の; 解熱剤
antipirina [antipiría] 女《薬学》アンチピリン
antípoca [antípoka] 女《アラゴン. 法律》地代証書, 借地使用料認定証書
antipocar [antipokár] 7 他《アラゴン》❶〔長年免除されていた

義務を]再び課す，復活させる．❷《法律》地代証書を出す

antípoda [antípoda]《←ギリシア語 antipodes < anti- (反)+pus, podos「足」》形 男/女 [主に 複] ❶《地理》対蹠(たいせき)地[の]，地球の反対側[の]: Nueva Zelanda es ～ de España. ニュージーランドはスペインの裏側の国である. hacer un viaje a los ～s 地球の反対側に旅行する. ❷ 正反対の，対照的な: El machismo se encuentra en las ～s del feminismo. 男性優位主義は女性解放の正反対に位置する
—— 名 対蹠地の住民

antipodia [antipóðja] 女《古語》= antipodio
antipodio [antipóðjo] 男《古語》[いつもとは別の] 特別料理, ご馳走
antipodismo [antipoðísmo] 男 足芸《あお向けに寝て足で操る曲芸》
antipodista [antipoðísta] 名 足芸の芸人
antipoético, ca [antipoétiko, ka] 形 伝統的詩法に反対の, 反詩学的な
antipolen [antipólen] 形 花粉防止の: filtro ～ 花粉除去フィルター
antipolilla [antipolíʎa] 形 男〖複〗～s/単複同形〗衣類防虫の, 虫除けの; 衣類用防虫剤
antipolio [antipóljo] 形〖単複同形〗= antipoliomielítico
antipoliomielítico, ca [antipoljomjelítiko, ka] 形《薬学》小児麻痺予防の: vacuna ～ca 小児麻痺ワクチン
antipontificado [antipontifikáðo] 男 = antipapado
antipredador, ra [antipreðaðór, ra] 形《動物》捕食者から身を守るための
antiprogresista [antiproɣresísta] 形 反進歩主義の(主義者)
antiprotón [antiprotón] 男《物理》反陽子
antipótrido, da [antipótriðo, ða] 形 防腐[性]の; 防腐剤
antipsicótico, ca [antí(p)sikótiko, ka] 形《薬学》抗精神病の; 抗精神病薬
antipsiquiatría [anti(p)sikjatría] 女《医学》反精神医学
antipútrido, da [antipútriðo, ða] 形《薬学》抗腐敗作用のある; 防腐剤
antiquísimo, ma [antikísimo, ma] 形 antiguo の絶対最上級
antiquismo [antikísmo] 男《廃語》古語〖= arcaísmo〗
antirrábico, ca [antir̄áβiko, ka] 形 狂犬病予防(治療)の: vactina ～ca 狂犬病ワクチン
antirracional [antir̄aθjonál] 形 反合理主義の; 反理性の
antirracionalismo [antir̄aθjonalísmo] 男 反合理主義; 反理性論
antirracismo [antir̄aθísmo] 男 人種差別反対
antirracista [antir̄aθísta] 形 名 人種差別反対の[人]
antirradar [antir̄aðár] 形 抗レーダーの, レーダー妨害用の: sistema ～ レーダー妨害システム
antirradical [antir̄aðikál] 形《化学》～ libre フリーラジカル除去剤
antirraquítico, ca [antir̄akítiko, ka] 形《薬学》抗くる病の; くる病治療薬
antirrealista [antir̄ealísta] 形 反写実的な
antirreflectante [antir̄efl̃ektánte] 形 反射防止の: cristal ～ 無反射ガラス
antirreflector, ra [antir̄efl̃ektór, ra] 形 男《光学》[レンズの] 抗反射の; 反射光防止の, 反射光防止器
antirreflejos [antir̄efl̃éxos] 形〖単複同形〗抗反射光の
antirreglamentariamente [antir̄eɣlamentárjamente] 副 規則に反して
antirreglamentario, ria [antir̄eɣlamentárjo, rja] 形 規則に反する;《スポーツ》反則の
antirreligioso, sa [antir̄elixjóso, sa] 形 名 反宗教的な, 宗教を敵視する[人]
antirrepublicano, na [antir̄epuβlikáno, na] 形 名 共和制反対の[人], 反共和主義の(主義者)
antirreumático, ca [antir̄eumátiko, ka] 形《薬学》抗リウマチ性の; 抗リウマチ剤
antirrevolucionario, ria [antir̄eβoluθjonárjo, rja] 形 名 反革命の; 反革命家
antirrino [antir̄íno] 男《植物》キンギョソウ
antirrítmico, ca [antir̄ítmiko, ka] 形《文学, 音楽》反(非)リズム的な
antirrobo [antir̄óβo] 形 男〖単複同形〗盗難防止用の[装置]: alarma ～ 盗難防止警報器

antirromántico, ca [antir̄omántiko, ka] 形 反ロマンティシズムの, 反ロマン主義の, 反ロマン派的な
antirruido [antir̄wíðo] 形 男〖単複同形〗《音響》雑音(ノイズ)防止用の[装置]
antirruso, sa [antir̄úso, sa] 形 名 反ロシアの[人]
antisarampionoso, sa [antisarampjonóso, sa] 形《医学》麻疹予防(治療)の
antisárnico, ca [antisárniko, ka] 形 男《薬学》疥癬治療の(治療薬)
antiscio [antísθjo] 形 赤道をはさんで反対側に南北同緯度同一子午線上に住む
antisemita [antisemíta] 形 名 反ユダヤの, ユダヤ人排斥の; 反ユダヤ主義者
antisemítico, ca [antisemítiko, ka] 形 反ユダヤ的な, 反ユダヤ主義の
antisemitismo [antisemitísmo]《← anti- (反)+semita》男 反ユダヤ主義, ユダヤ人排斥運動
antisepsia [antisé(p)sja]《← anti- (反)+ギリシア語 septo「腐敗」》女 防腐[法]; 殺菌, 消毒[法]
antiséptico, ca [antisé(p)tiko, ka]《← antisepsia》形 ❶ 防腐性の; 防腐剤. ❷ 殺菌の, 消毒の; 殺菌薬, 消毒薬
antisialagogo [antisjalaɣóɣo]《医学》唾液分泌抑制剤
antisida [antisíða] 形〖単複同形〗エイズ予防の
antisifilítico, ca [antisifilítiko, ka] 形《薬学》抗梅毒性の, 梅毒治療の
antisindical [antisindikál] 形 反組合の, 労働組合反対の
antisiquiatría [antisikjatría] 女《医学》反精神医学
antisísmico, ca [antisísmiko, ka] 形 耐震の: construcción ～ca 耐震構造
antisistema [antisistéma] 形〖単複同形〗反体制の, 反体制組織
antisociable [antisoθjáβle] 形 非社交的な, 交際嫌いの, 世捨て人的な
antisocial [antisoθjál]《← anti- (反)+social》形 名 ❶ 反社会的な, 社会秩序を乱す: fuerzas ～es 反社会的勢力. trastorno ～ de la personalidad《医学》反社会性パーソナリティ障害. ❷ 非社交的な[人], 交際嫌いの[人]
antisolar [antisolár] 形 太陽光の有害な影響を防ぐ: crema ～ 日焼け止めクリーム
antisonoro, ra [antisonóro, ra] 形 無音の, 消音の
antisoviético, ca [antisoβjétiko, ka] 形 反ソビエトの[人]
antisovietismo [antisoβjetísmo] 男 反ソビエト主義
antispasto [antispásto] 男《詩法》弱強格と強弱格の組合せ
antistrofa [antistrófa] 女《古代ギリシア劇》合唱隊が左から右へ戻りながら歌う曲の第二連
antisubmarino, na [antisuβmaríno, na] 形 対潜水艦の: torpedo ～ 対潜魚雷
antisudoral [antisuðorál] 形《主に南米》発汗抑制の; 制汗剤, わきの下のデオドラント
antisuero [antiswéro] 男《医学》抗血清
antitabaco [antitaβáko] 形〖単複同形〗嫌煙の, 喫煙抑止の: campaña ～ 嫌煙運動
antitabáquico, ca [antitaβákiko, ka] 形 名 嫌煙主義の[人], 喫煙抑止主義の[人]
antitabaquismo [antitaβakísmo] 男 嫌煙主義, 喫煙抑止主義
antitanque [antitáŋke] 形《軍事》対戦車用の: cañón ～ 対戦車砲
antitaurino, na [antitauríno, na] 形 名 闘牛に反対の[人]
antitérmico, ca [antitérmiko, ka] 形 = antipirético
antiterrorista [antiter̄orísta] 形 テロ活動に反対する; テロ防止の: Ley A ～ テロ活動防止法
antítesis [antítesis]《←ラテン語 antithesis < ギリシア語 antithesis < anti- (反)+thesis「位置」》女〖単複同形〗❶ 正反対; 対照: Ese muchacho es la ～ de su hermano. その子は兄と正反対だ. ❷《修辞》対句, 対照法〖対義的な2つの語句を並置し, その対称性を際立たせることで修辞的や詩的効果を高める叙述法. 例 Lloran los justos y gozan los malvados.「正直者が泣き悪人がいい目を見る」. 広義には撞着語法 oxímoron も含まれる〗. ❸《哲学》反定立, アンチテーゼ
antitetánico, ca [antitetániko, ka] 形《薬学》抗破傷風の: vacuna ～ca 破傷風ワクチン

antitéticamente [antitétikaménte] [形] 正反対に, 対照的に
antitético, ca [antitétiko, ka] [形] ❶ 正反対の, 対照的な: Tienen caracteres ～*s*. 彼らは性格が正反対だ. principios ～*s* 相反的原理. ❷《哲学》反定立の, 反アンチテーゼの. ❸《修辞》対照法の, 対句的な
antitífico, ca [antitífiko, ka] [形]《薬学》抗チフス〔性〕の
antitóxico, ca [antitɔ́〔k〕siko, ka] [形] [男]《薬学》抗毒性の, 抗毒素の; 抗毒剤, 解毒剤
antitoxina [antitɔ〔k〕sína] [女]《生化》抗毒素, 抗毒素血清
antitracomatoso, sa [antitrakomatóso, sa] [形] [男]《薬学》トラコーマ治療の(治療薬)
antitradicionalismo [antitrađiθjonalísmo] [男] 反伝統主義
antitradicionalista [antitrađiθjonalísta] [形] [名] 反伝統主義の(主義者)
antitrago [antitráɡo] [男]《解剖》[耳介の] 対珠
antitranspirante [antitranspiránte] [形] [男] 発汗を抑える, 制汗の; 制汗剤
antitrinitario, ria [antitrinitárjo, rja] [形] [名]《カトリック》三位一体説に反対の〔人〕
antitrinitarismo [antitrinitarísmo] [男]《カトリック》反三位一体説
antitrombina [antitrɔmbína] [女]《薬学》抗トロンビン剤
antitrust [antitrúst] [形]〖単複同形〗《経済》トラスト禁止の: ley ～ 独占禁止法
antituberculoso, sa [antituƀɛrkulóso, sa] [形] 結核治療(予防)の
antitumoral [antitumorál] [形] [男] 抗腫瘍の, 制癌の
antitusígeno, na [antitusíxeno, na] [形] [男] =**antitusivo**
antitusivo, va [antitusíƀo, ƀa] [形] [男]《薬学》鎮咳〔性〕の; 鎮咳薬, 咳止め
antiulceroso, sa [antjulθeróso, sa] [形]《薬学》抗潰瘍性の
antiunitario, ria [antjunitárjo, rja] [形] [名]《政治》単一政府反対の〔人〕, 中央集権反対の〔人〕
antivaho [antiƀáo] [形] [ガラスなどの] 曇り止めの
antivariólico, ca [antiƀarjóliko, ka] [形] [女]《薬学》天然痘治療(予防)の〔ワクチン〕
antivenenoso, sa [antiƀenenóso, sa] [形]《薬学》抗毒性の, 解毒用の
antivenéreo, a [antiƀenéreo, a] [形]《薬学》抗性病〔性〕の
antivioladores [antiƀjolađóres] [形]〖単複同形〗暴漢撃退用の: spray ～ 催涙スプレー
antiviolencia [antiƀjolénθja] [形]〖単複同形〗暴力反対の
antiviral [antiƀirál] [形] [男] 抗ウイルス〔性〕の; 抗ウイルス薬〖=antivirus〗
antivírico, ca [antiƀíriko, ka] [形] [男] 抗ウイルス〔性〕の; 抗ウイルス薬〖=antivirus〗
antivirus [antiƀírus] [形] [男] ❶《薬学》抗ウイルス〔性〕の; 抗ウイルス薬. ❷《情報》コンピュータ・ウイルス撃退用の〔ソフト〕
antivital [antiƀitál] [形] 反生命の
antivitamina [antiƀitamína] [女]《薬学》アンチビタミン, 抗ビタミン
antiviviseccionista [antiƀiƀisɛ〔k〕θjonísta] [形] [名] 生体解剖反対の〔人〕, 動物実験反対論の〔人〕
antixeroftálmico, ca [anti〔k〕serɔftálmiko, ka] [形] [男]《薬学》抗眼球乾燥症の〔薬〕
antociana [antoθjána] [女]《植物》=**antocianina**
antocianina [antosjanína] [女]《植物》アントシアニン, 花青素
antofagastino, na [antofaɡastíno, na] [形] [名]《地名》アントファガスタ Antofagasta の〔人〕〖チリ北部の州・州都〗
antófago, ga [antófaɡo, ɡa] [形]《動物》花を常食とする, 花食性の
antófito, ta [antófito, ta] [形] [男]《植物》被子の, 被子植物
antófora [antófora] [男]《昆虫》ケブカハナバチ
antojadizamente [antɔxađíθaménte] [副] 気まぐれに, むら気で
antojadizo, za [antɔxađíθo, θa]〖←antojo〗[形] すぐ欲しくなる, 気まぐれな, むら気な: El niño es muy ～ y quiere que le compren cosas. 子供は何でも欲しくなって買ってもらいたがる. No seas tan ～. そんな移り気はいけません
antojado, da [antɔxáđo, đa] [形] 欲しくなった, する気になった
antojamiento [antɔxamjénto] [男]《古語》欲しがること, 気が向くこと; むら気, 気まぐれ
antojana [antɔxána] [女]《アストゥリアス》家の前の空間〖=antuzano〗
antojanza [antɔxánθa] [女]《古語》=**antojamiento**
antojar [antɔxár]〖←antojo〗**～se**〖3人称でのみ活用. 文法上の主語は事物で, 意味上の主語は間接目的代名詞で表わされる〗❶ 無性に欲しくなる, したくなる, 気が向く: *Se* le *antojó* una cervecita. 彼はビールが1杯飲みたくなった. *Se* me *antojó* viajar con él. 私は彼と旅行する気になった. No hace más que lo que *se* le *antoja*. 彼は気が向いたことしかしない. *Se* nos *antojó* que nos escribieras. 私たちは君に手紙を書いてほしいと思った. ❷ …のような気がする, …かもしれないと思う, …のように見える: 1) *Se* me *antoja* que va a llover. 雨が降り出しそうだ. *Se* me *antoja* que me dices mentiras. 君は私に嘘を言っているような気がする. 2) [+主格補語] La jornada *se* nos *antojaba* eterna. 一日の労働が私たちには永遠に思えた
antojera [antɔxéra] [女] [主に [複]. 馬の] 遮眼帯〖=anteojera〗
antojitos [antɔxítɔs] [男] [複]《メキシコ. 料理》アントヒトス〖主に屋台売りの軽食〗
antojo [antɔ́xo]〖←ラテン語 ante oculum「目の前に」〗[男] ❶ 気まぐれ〔な欲望・望み〕, むら気, 気まま: Hace cosa de un mes tuve el ～ de comprarme un DVD. 1か月ほど前ふと私は一枚のDVDを買いたくなった. ❷ 妊娠中の変わった嗜好: Cuando estaba embarazada, tuve el ～ de comer limón. 私は妊娠中, 無性にレモンが食べたくなった. ❸《口語》赤ん坊のあざ, 生れつきのあざ〖妊娠中食べたくて食べられなかった物の跡という俗信がある〗. ❹ 虫の知らせ, 予感, 感知. ❺ [複] 眼鏡. ❻ [複] [囚人の] 鉄の足枷. ❼《バスク, ナバラ》不快, 嫌悪感
a su ～ 気の向くままに, やりたいように: vivir *a su* ～ 気ままに生きる. El niño maneja a su madre *a su* ～. 赤ん坊は母親を意のままに動かしている
antojuelo [antɔxwélo]〖antojo の示小語〗[男] むら気, 気まま
antologar [antoloɡár] [8] [他] =**antologizar**
antología [antolɔxía]〖←ギリシア語 anthologia < anthos「花」+lego「私は取る」〗[女] 選集, 傑作選, 詞華集, アンソロジー: ～ poética de Jiménez ヒメネス名詩選
de ～ 1) すばらしい, 抜群の: Es un escultor *de* ～. 彼はすぐれた彫刻家だ. 2)《口語》あきれた, とんでもない: No digas barbaridades *de* ～. ばかもほどほどに言え
antológico, ca [antolɔ́xiko, ka] [形] ❶ 選集の, 傑作選の, 詞華集の, アンソロジーの: exposición ～*ca* 傑作展. ❷ すばらしい, すぐれた, 傑出した: Su inteligencia es ～*ca* en la clase. 彼の頭の良さはクラスで飛び抜けている
antologista [antolɔxísta] [名] =**antólogo**
antologización [antolɔxiθaθjɔ́n] [女] 選集に含めること; 選集化
antologizar [antolɔxiθár] [9] [他] 選集に含める; 選集を作る, 選集化する
antólogo, ga [antóloɡo, ɡa] [名] 選集の編集者, 詞華集(アンソロジー)編纂者
antoniano, na [antonjáno, na] [形] [名]《カトリック》聖アントニウス会 Orden de San Antonio Abad の〔修道士・修道女〕
antonimia [antonímja] [女]《言語》反意性, 反義
antonímico, ca [antonímiko, ka] [形]《言語》反意性の; 反義の
antónimo, ma [antónimo, ma]〖←ギリシア語 anti- (反)+onoma「名前」〗[形] [男]《言語》反意の, 反義の; 反意語, 反義語〖⇔sinónimo〗: 'Bueno' y 'malo' son ～*s*. 「良い」と「悪い」は反義語である
antoniniano, na [antoninjáno, na] [形]《古代ローマ》アントニウス帝たち emperadores Antoninos の
—— [男]《古代ローマ》アントニウス銀貨〖のち銅貨〗
antonino, na [antoníno, na] [形] [名] =**antoniano**
—— [男]《魚》ムロアジ, アカアジ
antonomasia [antonomásja]〖←ラテン語 antonomasia < ギリシア語 antonomasia < anti- (代わり)+onoma「名前」〗[女]《修辞》換称, 代称〖有名な人の名を普通名詞・形容詞の別名で置き換える. [例] Sócrates ソクラテス→El Filósofo 哲人; Jesucristo イエス・キリスト→El Salvador 救い主; San Pablo 聖パウロ→El Apóstol 使徒〗
por ～ とりわけ, すぐれて: Picasso es el pintor *por* ～ del siglo XX. ピカソは押しも押されもしない20世紀を代表する画家である. El flamenco es el arte andaluz *por* ～. フラメンコはまさしくアンダルシアの芸術である
antonomásico, ca [antonomásiko, ka] [形] =**antonomástico**
antonomásticamente [antonomástikaménte] [副] ❶ とりわ

け, すぐれて《=por antonomasia》. ❷ 換称で, 周知の呼び方で
antonomástico, ca [antonomástiko, ka] 形《修辞》換称の
antor [antór] 男《アラゴン》善意で盗品を買ってしまった人
antor.《略記》←anterior 前の, 先の
antorcha [antórtʃa]《←オック語 entorta+仏語 torche < ラテン語 torquere「ねじる」》女 ❶ たいまつ, トーチ: ~ olímpica オリンピックの聖火トーチ(聖火台). ~ de oxigeno 酸素トーチ. ❷ [導きの]灯: ~ de la fe 信仰の光
 entregar la ~ = *pasar la* ~
 llevar la ~ 導き手となる
 pasar la ~ [事業などを, +a+人 に]引き渡す
 recoger la ~ [事業などを]引き継ぐ
antorchar [antortʃár] 他 =**entorchar**
antorchero, ra [antortʃéro, ra] 名 たいまつの運び手
 —— 男 たいまつ立て, たいまつ台, トーチ台
 —— 男《アラゴン》=**antorchero**
antorchista [antortʃísta] 名 たいまつの運び手
antoría [antoría] 女《アラゴン》盗品を買った人 antor に返還を要求する権利
antosta [antósta] 女《アラゴン》[壁・屋根の漆喰の]剥がれた破片
antoviar [antobjár] 11 他《古語》=**antuviar**
antoxantina [anto(k)santína]女《生化》アントキサンチン
antozoario [antoθoárjo] 男 =**antozoo**
antozoos [antoθ(o)ós] 男《複》《動物》花虫類
antraceno [antraθéno] 男《化学》アントラセン
antracita [antraθíta] 女 無煙炭
antracitero, ra [antraθitéro, ra] 名 形 無煙炭の〔生産者〕
antracnosis [antraknósis] 女《植物》炭疽病
antracómetro [antrakómetro] 男 炭酸ガス測定計
antracosis [antrakósis] 女《医学》炭肺症, 炭粉沈着症
antracótico, ca [antrakótiko, ka] 形《医学》炭肺症の, 炭粉沈着症の
antragalol [antragalól] 男《化学》アントラガロール
antral [antrál] 形《解剖》洞の
antraquinona [antrakinóna] 女《化学》アントラキノン
ántrax [ántra(k)s]《←ラテン語 anthrax < ギリシア語 anthrax「炭」》男《医学》炭疽〔病〕; 疔(ˋ): ~ maligno 癰(ˋ)
antro [ántro]《←ラテン語 antrum < ギリシア語 antron》男 ❶ いかがわしい場所(飲み屋): ~ de perdición 悪の巣窟. ❷ ひどい住居, 穴蔵のような部屋. ❸《西, メキシコ, 隠語》[バル・ディスコなど]夜の流行スポット. ❹《文語》ほら穴, 洞窟《=cueva》. ❺《解剖》洞
antrojada [antroxáda] 女《地方語》カーニバルの悪ふざけ(無礼講)
-antropía《接尾辞》[人間] fil*antropía* 博愛
antrópico, ca [antrópiko, ka] 形《動物》人の, 人類の
antropo-《接頭辞》[人間] *antropo*logía 人類学
-ántropo, pa《接尾辞》[人間] mis*ántropo* 人間嫌いの
antropocéntrico, ca [antropoθéntriko, ka] 形《哲学》人間中心的な, 人間中心主義の
antropocentrismo [antropoθentrísmo] 男《哲学》人間中心主義
antropocentrista [antropoθentrísta] 形《哲学》人間中心主義の
antropofagia [antropofáxja] 女 人食い〔の風習〕, 食人〔の習俗〕
antropofágico, ca [antropofáxiko, ka] 形 人食いの, 食人の
antropófago, ga [antropófaɣo, ɣa] 形 名 食人の, 人肉を食う, 食人の; 人肉を食う人, 食人の慣習をもつ人種: tribu ~*ga* 食人族, 食人種
antropofobia [antropofóbja] 女 対人恐怖症
antropogénesis [antropoxénesis] 女《人類》人類発生
antropogenia [antropoxénja] 女 人類発生学〔論〕
antropogénico, ca [antropoxéniko, ka] 形 ❶ 人類発生の. ❷ =**antropógeno**
antropógeno, na [antropóxeno, na] 形 [環境の]人為改変の
antropogeografía [antropoxeoɣrafía] 女 人文地理学
antropografía [antropoɣrafía] 女 記述的人類学, 人種誌
antropográfico, ca [antropoɣráfiko, ka] 形 記述的人類学の, 人種誌の
antropoide [antropóiðe] 形 類人猿の, 真猿類の

antropoideo, a [antropoiðéo, a] 形 =**antropoide**
antropolatría [antropolatría] 女 人間崇拝
antropología [antropoloxía] 女 人類学: ~ cultural 文化人類学
antropológico, ca [antropolóxiko, ka] 形 人類学の
antropólogo, ga [antropóloɣo, ɣa] 名 人類学者
antropómetra [antropómetra] 名《人類学》人体測定の専門家
antropometría [antropometría] 女《人類学》人体測定〔法・学〕
antropométrico, ca [antropométriko, ka] 形《人類学》人体測定の: ficha ~*ca* 〔犯罪者の〕識別カード
antropomórfico, ca [antropomórfiko, ka] 形 ❶ 擬人化された, 人間の姿をとった: bestia ~*ca* 擬人化された動物. ❷ 神人同形論の
antropomorfismo [antropomorfísmo] 男 ❶ 擬人観, 神人同形論. ❷ 擬人化〔傾向〕, 擬人主義
antropomorfista [antropomorfísta] 名 ❶ 神人同形論の〔人〕. ❷ 擬人化された, 人間の姿をとった
antropomorfita [antropomorfíta] 形 名 [4世紀シリアの]神人同形論を主張する異端派〔の〕
antropomorfizar [antropomorfiθár] 9 他 擬人化する
antropomorfo, fa [antropomórfo, fa] 形 ❶ 人間の形をした, 人そっくりの. ❷ 類人猿の
 —— 男《動物》類人猿
antroponimia [antroponímja] 女 人名学, 人名研究
antroponímico, ca [antroponímiko, ka] 形 人名学の, 人名研究の
antropónimo [antropónimo] 男 人名
antropopiteco [antropopitéko] 男 猿人
antroposcopia [antroposkópja] 女 視診〔法〕, 人体観察〔法〕
antroposofía [antroposofía] 女《哲学》人智学
antropozoico, ca [antropoθóiko, ka] 形《地質》❶ 人類出現期〔の〕. ❷ 第四紀〔の〕《=cuaternario》
antropozoonosis [antropoθo(o)nósis] 女《医学》動物由来感染症
antruejada [antrwexáða] 女《地方語》カーニバルの悪ふざけ(無礼講)
antruejar [antrwexár] 他《地方語》[カーニバルで]悪ふざけする
antruejo [antrwéxo] 男《地方語》[時に《複》]カーニバル《=carnaval》
antruido [antrwíðo] 男《古語》=**antruejo**
antucás [antukás] 男《古語》晴雨兼用の傘
antuerpiense [antwerpjénse] 形《地名》[ベルギー北部の]アントウェルペン Antuerpia の〔人〕《現在の Amberes》
anturio [antúrjo] 男《植物》アンスリウム
antuviado, da [antubjáðo, ða] 形《古語》早まった, 早すぎる
 —— 女《口語》いきなり殴ること
antuviador, ra [antubjaðór, ra] 形《古語》早める〔人〕
antuviar [antubjár] 11 他 ❶《古語》先んじてする, 早める. ❷《口語》いきなり殴る
 —— ~*se*《古語》早まる, 繰り上がる
antuvio [antúbjo] 男《古語》先行, 早まり, 早手回し
antuvión [antubjón] 男 ❶《口語》いきなり殴ること, 不意打ち. ❷ いきなり殴る人, すぐ手が出る人
 de ~《口語》いきなり, 出し抜けに, 不意に
 jugar de ~《口語》不意打ちする, 先手でやっつける
antuzano [antuθáno] 男 家の前の空間《様々な用途に使われる》
anual [anwál]《←ラテン語 annualis < annus「年」》形 毎年の; 1年間の: Hay cursos semestrales y ~*es*. 半期の授業と通年の授業がある. Los bancos hacen balances ~*es*. 銀行は年単位の収支決算をする. hacer un contrato ~ de 有効期間1年の契約書を作る. pagar ...euros ~*es* 年に(毎年)…ユーロ支払う. ceremonias ~*es* 年中行事. fiesta ~ 毎年恒例の祭り. junta general ordinaria ~ 定例年次総会. planta ~ 一年生植物. plazo ~ 1年の期限. presupuesto ~ 年次(年間)予算. renta ~ 年収. revista ~ 年刊雑誌
anualidad [anwaliðá(d)] 女 ❶ 毎年の支払(受取)金, 年賦, 年会費, 年金: ~ de ~ vitalicia 終身年金. ~ de presupuesto 予算会計年度. ❸ 毎年(1年間)であること: reembolso por ~*es* 年々の償還. ❹《古語》世襲職年賦

anualizar [anwaliθár] [9] [他] 年単位にする, 有効期間を1年にする

anualmente [anwálménte] [副] 毎年, 一年ごとに, 年に一度, 年々: Viaja a España ～. 彼は毎年スペインへ旅行する

anuario [anwárjo] 〖←ラテン語 annus「年」〗 [男] 年鑑 〖=～ estadístico〗; 年報, 年刊雑誌, イヤーブック: ～ de Medicina 医学年報

anúbada [anúbađa] [女] 召集 〖=anúteba〗

anubado, da [anubáđo, đa] [形] =**anubarrado**

anubarrado, da [anubaɾáđo, đa] [形] ❶ [空が部分的・全面的に] 曇った, 曇り空の. ❷《美術》[画法が] 雲のように描いた

anublar [anublár] 〖← a-+nublo < ラテン語 nubilus「曇り」〗 [他] ❶ [雲が空・日・月を] 覆う, 隠す: Las nubes *anublan* el sol. 雲が太陽を覆っている. ❷ [名声・喜びなどを] 陰らせる, 損なわせる: ～ la alegría 喜びに影を落とす. ～ la honra 体面を傷つける. ❸ [植物を] 枯れさせる, しおれさせる

—— **～se** ❶ 曇る, 雲に隠れる. ❷ [名声・喜びなどが] 陰る, 損なわれる. ❸ [植物が] 枯れる, しおれる. ❹ [願望・意志が] 薄れる, 消える

anublo [anúblo] [男] =**añublo**

anucar [anukár] [7] [他]《アルゼンチン》離乳させる

anucleado, da [anukleáđo, đa] [形]《生物》無核の

anudador, ra [anuđađór, ra] [形] [名] 結び合わせる〔人〕

anudadura [anuđađúra] [女] =**anudamiento**

anudamiento [anuđamjénto] [男] 結ぶ(結び合わされる)こと

anudar [anuđár] 〖←ラテン語 annodare < nodus「結び目」〗 [他] ❶ 結ぶ, …に結び目を作る: *Anudé* una cuerda a los hierros del balcón para bajar al jardín. 私は庭へ下りるためバルコニーの鉄柵にロープを結びつけた. La esposa le *anudó* la corbata. 妻は夫のネクタイを結んだ. ❷《文語》[友情・関係を] 緊密にする: *Han anudado* la antigua amistad. 彼らは旧交を温めた. ❸ [中断していたことを] 再開する: ～ la conversación 話の継ぎ穂を拾う, 会話をつなぐ. ❹《文語》[声を] 詰まらせる: La pena le *anudó* la voz. 悲しみで彼は声が詰まった

—— **～se** ❶ [自分のネクタイ・リボンなどを] 結ぶ: *Se anudó* la corbata. 彼はネクタイを締めた. *Me anudé* el pañuelo al cuello. 私はスカーフを首に結んだ. ❷ 結び合わされる: La hiedra *se anuda* al árbol. 木に蔦が絡まっている. ❸《文語》[友情などが] 緊密になる. ❹ [動植物の] 成長が止まる, 発育不全になる. ❺《文語》[声が] 詰まる: *Se* me *anudó* la voz. 私は声が詰まった

anudrir [anuđrír] **～se**《サラマンカ》疲労困憊する, 栄養失調になる

anuencia [anwénθja] [女] ❶《文語》[主に個人的な] 承諾, 同意. ❷《まれ》付着

anuente [anwénte] [形]《文語》承諾する, 同意する, 許諾の

anulabilidad [anulabiliđá(đ)] [女] 取り消し(無効)可能性

anulable [anuláble] [形] [約束などが] 取り消され得る, 無効にできる

anulación [anulaθjón] [女] ❶ 取り消し, 解約, キャンセル; 破棄, 廃止, 失効, 解消: ～ de una cita 面会予約の取り消し. ～ de una sentencia 判決の破棄. ～ de automatismo 自動装置の手動への切換. ❷《法律》無効〔宣告〕: ～ de matrimonio 婚姻無効宣告

anulador, ra [anulađór, ra] [形] 取り消す, 解約する; 破棄する, 無効にする

anular [anulár] **I** 〖←a-+nulo〗 [他] ❶ 取り消す, 取りやめにする; 破棄する: ～ el acuerdo 協定を破棄する. ～ el compromiso de matrimonio 婚約を解消する. ～ el contrato 解約する. ～ el gol ゴールを無効とする. ～ la orden de restricción 制限命令を撤回する. ～ el pedido 注文をキャンセルする. ～ el viaje 旅行を中止(キャンセル)する. ❷《法律》無効とする. ❸ [人格を] 支配する, 圧倒する: El defensa *anuló* al delantero rival. ディフェンスは相手フォワードの動きを封じた. A Pedro le *anuló* su esposa imponiéndole siempre sus ideas. ペドロの妻はいつも自分の考えを押し通して夫をないがしろにした. ❹《数学》[共通項などを] 約す, 消す

—— **～se** ❶ 取り消される, 無効になる; 破棄される. ❷ 無力になる: Este niño travieso *se anula* cuando está en la clase. このいたずらっ子も教室にいる時は借りてきた猫だ. Viviendo pegada a la familia, ella *se anulará*. 家族べったりの生活では彼女は自分を失ってしまうだろう. ❸《数学》[共通項などが互いに] 約される. ❹《物理》相殺される: Las dos fuerzas *se anulan*. 2力は相殺し合う. ❺《野球》アウトになる

II 〖←ラテン語 anularis〗 [形] 指輪の; 輪形の, 環状の: eclipse ～《天文》金環食

—— [男] 薬指 〖=dedo ～〗

anulativo, va [anulatíbo, ba] [形] 取り消す力のある, 無効にできる; 破棄できる

anulatorio, ria [anulatórjo, rja] [形] 取り消す(破棄する)のに役立つ

anulete [anuléte] [男]《紋章》輪, 環

ánulo, la [ánulo, la] [形]《古語》毎年の, 1年間の 〖=anual〗

—— [男]《建築》輪状平縁(りんじょうひらぶち)

anuloso, sa [anulóso, sa] [形] ❶ 小さな輪でできた, 小環を組み合わせた. ❷ 指輪の; 環状の

anunciación [anunθjaθjón] [女] ❶《カトリック》[la *A*～. 大天使ガブリエルによる聖母マリアへの] 受胎告知, お告げ; [その] お告げの祝日 〖3月25日〗. ❷ 告知 〖=anuncio〗

anunciador, ra [anunθjađór, ra] [形] 告げる, 知らせる; 宣伝する: cartel ～ de las películas 映画の宣伝ポスター

—— [名] ❶ 告知者; 広告主 〖=anunciante〗. ❷ [ショーなどの] 司会者. ❸《中米》アナウンサー

anunciante [anunθjánte] [形] [名] ❶ 広告する; 広告主, スポンサー. ❷ 告げる, 知らせる 〖=anunciador〗

—— [男] スポンサー企業

anunciar [anunθjár] 〖←ラテン語 annuntiare < ad- (に)+nuntius「使者」〗 [10] [他] ❶ 伝える, 報道する: La televisión *ha anunciado* un accidente de avión. テレビは飛行機事故を報じた. *Anuncian* tormentas para el fin de semana. 週末は嵐との予報が出ている. ❷ 公表する, 発表する, 告知する: El presidente *ha anunciado* que no hará concesión en la negociación. 大統領は交渉で譲歩はしないと発表した. ❸ 告げる, 知らせる: Tenemos que ～les esta noticia. この知らせを彼らに伝えなければならない. Lamentamos ～les que este tren llegará con retraso a su destino. この電車は残念ながら終着駅には遅れて着くことをお伝えいたします. ❹ [⋯の来訪を] 告げる: Quiero que le *anuncie* mi visita. 私が来たと伝えてもらいたい. ¿A quién *anuncio*? どちらさまでしょうか? ❺ 宣伝する, 広告する: La empresa *anuncia* mucho estos juguetes por televisión. 会社はこのおもちゃをテレビで盛んに宣伝している. El actor *anuncia* cigarrillos. その俳優はたばこのコマーシャルに出ている. ❻ ⋯の知らせとなる, 兆しとなる: El tiempo *anuncia* lluvia. 雨になりそうな天気だ. Las golondrinas *anuncian* la llegada de la primavera. ツバメが春の訪れを告げる. El tintineo de llaves *anunciaba* su llegada. 鍵のカチャカチャいう音で彼が来たのが分かった

—— **～se** ❶ [+主格補語] ⋯の兆しがある, ⋯の見込みである, ⋯になりそうである: La cosecha *se anuncia* buena este año. 今年は豊作になりそうだ. El fin de semana *se anuncia* lluvioso. 週末は雨らしい. ❷ [自分の] 来訪を告げる: Sírvase ～*se* en recepción. 受付へどうぞ

anuncio [anúnθjo] 〖←anunciar〗 [男] ❶ 告知, 公示, 通知, 発表: Hubo ～ de la subida de los precios. 値上げの発表があった. hacer un ～ 発表する, 告知する. tablón (tablero・tablilla) de ～*s* 掲示板. ～ oficial 公告. ❷ 広告, コマーシャル: poner un ～ de un coche en el periódico 新聞に車の広告を載せる. ～ destacado ディスプレー広告. ～ por palabras 三行広告. ～*s* breves (clasificados) [求人・貸家などの] 項目別小広告. ❸ 張り紙, ビラ; 立て看板: Prohibido fijar ～*s*. 張り紙禁止. ～ de madera 木製の立て看板. ❹ 前触れ, 前兆: Eso puede ser un ～ de un terremoto. それは地震の前触れかもしれない

de **～**《誇張》[広告みたいに] すばらしい

anuo, nua [ánwo, nwa] [形] =**anual**: paralaje *anua*《天文》年周視差

anuria [anúrja] [女]《医学》無尿〔症〕

anúrico, ca [anúriko, ka] [形]《医学》無尿症の

anuro, ra [anúro, ra] [形] 無尾目の

—— [男] [複]《動物》無尾目

anúteba [anúteba] [女]《古語》❶《軍事》召集. ❷ [戦時の] 城塞補修の賦役(ふえき), 軍夫の役(えき); それに代わる税, 負担金; 補修に徴発された人, 軍夫

anverso [ambérso] 〖←仏語 envers「裏」< ラテン語 inversus〗 [男] ❶ [紙・硬貨などの] 表(おもて) 〖⇔reverso〗: ～ de la medalla メダルの表側. ～ del sobre 封筒の表. ❷ [本の] 表(右)ページ

-anza《接尾辞》[ar動詞+. 女性名詞化] ❶ [行為·結果] confi*anza* 信頼. ❷ [行為の実行者·手段] orden*anza* 使い走り, libr*anza* 支払い命令書. ❸ [性質] semej*anza* 類似性. ❹ [全体] mezcol*anza* 寄せ集め

anzoátega [anθoátega] 女《地名》アンソアテギ Anzoátegui の〔人〕《ベネズエラ東部の州》

anzoatiguense [anθoatiɣénse] 形 名 =**anzoátega**

anzolar [anθolár] 28 他 ❶ 釣り針をつける. ❷ [釣り針で] 釣る

anzolero [anθoléro] 男 釣り針製造(販売)者

anzuelar [anθwelár] 他 [釣り針で] 引っかける; 釣る

anzuelo [anθwélo] 《←ロマンス語 hamiciolus < ラテン語 hamus》男 ❶ 釣り針: morder el ～ 釣り針にかかる. poner ～ 釣り針をしかける. ❷ 《s/ sedal 釣り糸》に針を付ける. tirar el ～ 釣り針を投げる. ❸ [口語] 手練手管; 罠, おとり: La policía puso un ～ para atrapar al ladrón. 警察は泥棒を捕まえるため罠を仕掛けた. dejar... como ～ …のように仕掛ける
echar el ～ a+人 …を罠にかける, 誘惑する
picar el ～ 罠にかかる, 誘惑される, 一杯食わされる
roer el ～ [口語] 危険を逃れる
tragar el ～ =*picar el ～*

aña [ápa] 《←バスク語》女《アラバ》乳母: ～ seca 《カンタブリア, ビスカヤ》子守女

añacal [aɲakál] 男 ❶ 粉挽き場へ小麦を運ぶ人. ❷ [主に 複] パン焼き場へ生地(パン焼き場から焼き上がったパン)を運ぶ板

añacalero [aɲakaléro] 男《アンダルシア》=**añacal**. 《カディス》工事資材の運搬人

añacea [aɲaθéa] 女《古語》祭り, 祝いごと, 娯楽

añacear [aɲaθeár] 自《古語》大喜びする, 楽しむ

añada [aɲáða] 女 ❶ 1年間, 1年の歳月. ❷ 1年間の天候の好し悪し. ❸ 1区画の耕地(牧草地). ❹ [主にワインの] 1年間の収穫: buena ～ de riojas リオワインの年間好収穫

añadido [aɲaðíðo] 形 ❶ 付加[されたもの], 付け足し. ❷ 入れ毛, エクステ; ヘアピース. ❸ [衣服の] 継ぎ足し[部分]: poner un ～ a la manga 袖を長くする. llevar un ～ en la manga 袖に継ぎ足しをしてある. ❹ [折り畳み式テーブルの] 袖板. ❺ 加筆: el manuscrito hay muchos ～s. 原稿にはたくさんの加筆がある. hacer un ～ al texto 原文に加筆する

añadidura [aɲaðiðúra] 《←añadir》女 ❶ 付加されたもの, 付け足し: dar algo de ～ 何かを付け加える. ❷ [目方合わせの] おまけ, サービス: con algo de ～ 何かサービスして
de ～ =*por ～*
por ～ その上, それに加えて: Perdimos el partido y, *por ～*, tres jugadores resultaron lesionados. 私たちは試合に負けて, おまけに選手3人が負傷した. Busca el reino de Dios y su justicia y las otras cosas las tendrás *por ～*. 神の国と正義を求めよ, さすれば他のものは付け足しで得られるだろう

añadimiento [aɲaðimjénto] 男《まれ》=**añadidura**

añadir [aɲaðír] 《←古語 enadir < 俗ラテン語 inadere < addere》他 ❶ [+a に] 加える, 付け足す, 足す: *Añade* un poco más de sal a la sopa. スープにもう少し塩を加えなさい. ～ el interés al capital 元金に利子を加える. ❷ 言い足す, 書き添える: 1) [末尾に] Yo *añadía* siempre dos renglones para mi madre. 私はいつも母親あてに数行書き添えた. ～ unas palabras de agradecimiento 感謝の言葉を言い(書き)添える. 2) [説明·答えを] Y *añadió* que eso era muy importante. そして彼はそのことはきわめて重要であると言い添えた. 3) [事実·内容などに] sin ～ ni quitar *a* la verdad cosa alguna 事実をそのまま[何も省かず付け加えず]. ❸ 大きくする, 長くする: Como las mangas eran cortas, mi madre me las *añadió*. 袖が短かったので母が長くしてくれた. ～ dos centímetros *a* la falda スカートを2センチ伸ばす

añafea [aɲaféa] 女 papel [de] ～ 粗紙; 包装用紙

añafil [aɲafíl] 男 [モーロ人の] ラッパ [長さ80センチの筒型]. 《古》=**añafilero**

añafilero [aɲafiléro] 男 [モーロ人の] ラッパ手, ラッパ吹き

añagaza [aɲaɣáθa] 《←アラビア語 annaqqaza「おとり」》女 ❶ 《狩猟》[鳥をおびき寄せるための] おとり(の鳥). ❷ 手練手管, 誘いの手口, 罠

añal [aɲál] 《←año》形 ❶ [牛·山羊が] 1歳の. ❷ =**anual**. ❸ 《地方語》1周忌のお供え. ❹ 《古語》記念日, 記念祭. ❺ 《古語》複 年譜, 編年史

añalejo [aɲaléxo] 男《カトリック》[年間の] 聖務案内, 教会暦

añares [aɲáres] 男 複《中南米》Hace ～ que+直説法 何年も前

に…

añas [áɲas] 女《エクアドル, ペルー. 動物》小型のキツネ

añascar [aɲaskár] 7 他《廃語》❶ 少しずつ貯める(集める). ❷ 紛糾させる, こんがらがらせる
～se《廃語》紛糾する, こんがらかる, もつれる

añejado [aɲexáðo] 形《まれ》=**añejamiento**

añejamiento [aɲexamjénto] 男 熟成

añejar [aɲexár] 《←añejo》他 [ハム·ワインなどを] 熟成させる, 寝かせる
～se 熟成する

añejez [aɲexéθ] 女《まれ》熟成度

añejo, ja [aɲéxo, xa] 《←ラテン語 anniculus「1年の」》形 ❶ [ハム·ワインなどが] 熟成した, 長く寝かせた; 前年産の, 昨年ものの: queso ～ 熟成したチーズ. vino ～ 年代もののワイン. ❷ 古い, 古くさい: noticia ～*ja* 新鮮味のないニュース. vicio ～ 旧弊. ❸ 《地方語》[動物が] 1歳の

añero, ra [aɲéro, ra] 形《チリ》[植物が] 1年おきに果実がよく生ったり生らなかったりする, 隔年実生の

-añero, ra《接尾辞》[…歳代の] veinte*añero* 20歳代の

añicos [aɲíkos] 男 複《←?語源》[小さな] 破片, かけら
hacer... ～ …をばらばら(こなごな)にする
hacerse ～ 1) ばらばら(こなごな)になる: La taza *estaba* hecha ～. 茶碗はこなごなになっていた. 2) [人が] へとへとになる, 憔悴する

añil [aɲíl] 男《植物》アイ(藍). ❷ [染料の] 藍; 藍色
〔形〕藍色の

añilar [aɲilár] 他 藍で染める, 藍色にする
～se 藍色になる

añilería [aɲilería] 女 アイ農園

añinero, ra [aɲinéro, ra] 名 小羊の毛(毛皮)の職人(商人)

añino, na [aɲíno, na] 形 [小羊の] 1歳の
〔男〕小羊の毛; その毛. 〔男〕その毛皮

añito [aɲíto] 男 año の示小語

año [áɲo] 《←ラテン語 annus》男 ❶ 年, 1年: Hace un ～ que estudio español. 私はスペイン語を習って1年になる. al ～ de casado 結婚した年に, 結婚して1年目に. cada ～/todos los ～*s* 毎年. cada dos ～*s* 2年ごとに, 1年おきに. dentro de dos ～*s* 再来年, 2年後に. durante todo el ～ 一年中. en los ～*s* que corren こここ数年, 現在. hace ～ 数年(何年も)前に. hace dos ～*s/el ～ antepasado* 一昨年, 2年前に. una vez al (por) ～ 年に1回. experiencia de largos ～*s* 長年の経験. *Año* Internacional de la Mujer 国際婦人年. Lo que no pasa (ocurre/sucede) en mil ～*s*, pasa (ocurre/sucede) en un día.《諺》人生には思いがけないことが起こるものだ. ❷ 年齢; …歳: ¿Cuántos ～*s* tienes?—Tengo dieciséis ～*s* [cumplidos]. 君は何歳ですか?—[満]17歳です. Murió con 70 ～*s*. 彼は70歳で死んだ. No pasan los ～*s* por tu abuelo. 君のおじいさんは年を感じさせない. Con los ～*s* que tiene, todavía hace tonterías. 彼はいい年をして, まだばかげたことをする. Con los ～*s* viene el juicio. 年をとるにつれて判断力がつく. A sus ～*s* quiere beber mucho. 彼はその年で大酒を飲みがる. A mis ～*s* fui de viaje a Portugal. 15歳の時に私はポルトガルへ旅をした. Mi hijo va a cumplir ocho ～*s*. 私の息子は8歳になる. ❸ [紀元] ～年: ¿En que ～ estamos?—Estamos en 2018. 今年は何年ですか?—今年は2018年です. en el ～ [de] 1945 1945年に.《この ～ は《古語形》》en los ～*s* sesenta [19]60年代に. ❹ 暦年: 1) ～ bisiesto うるう年《⇔ común 平年》. ～ eclesiástico (litúrgico) 教会年《待降節の第1日曜日から始まる. ⇔ ～ civil (político) 1月1日から始まる常用の暦年》. ～ árabe イスラム年. ～ de gracia《古語》西暦年, キリスト紀元《キリスト生誕から数えた暦年》. ～ santo/～ de jubileo/～ jubilar 聖年《25年ごとのローマ教皇による大赦の年》. ～ de Yovel《古ユダヤ教》解放の年《=jubileo》. 2)《天文》～ astronómico (natural) 天文年. ～ anomalístico 近点年. ～ de Venus 金星の1年. ～ solar 太陽年. ～ lunar 太陰年. ～ de escolar 学年度. ～ académico (lectivo) [主に大学の] 学年度. ～ fiscal (económico) 会計年度《スペイン·中南米では1月~12月》. ❻ 学年: ¿En qué ～ estás?—Estoy en primero. ¿Qué ～ estudias?—Estudio en primero. 何年生ですか?—1年生です. ❼ 時代, 年代: Si fuese posible, desearía volver a aquellos ～*s* felices de mi juventud. もしできることなら, あの幸せな青春時代に戻りたいものだ. ¡Qué ～*s* aquellos! あのころはよかった (ひどかった)! en sus ～*s*

-año, ña

　mozos 少年時代に
　a los pocos ~s 数年後に
　al ~ de+不定詞 …した1年後に: *Al ~ de estar allí ya quería volver a su país.* そこに行って1年後にはもう彼は自分の国へ帰りたがっていた
　~ ... [de] luz 光年: *Esa estrella se encuentra a 10 ~s luz de la tierra.* その星は地球から10光年も先にある
　Año Nuevo 新年: *día de Año Nuevo* 元日. *felicitar el [día de] Año Nuevo* 新年[の元日]を祝う
　~ tras ~ 年々, 年ごとに: *Los niños crecen ~ tras ~.* 子供は年を追って成長するものだ
　~ viejo 大みそか
　¡Buen Año [Nuevo]! 新年おめでとう!《=¡Feliz Año [Nuevo]!》
　cumplir (celebrar) ~s 誕生日を迎える
　de ~ en ~ 一年一年と, 年々
　de ~ y vez [耕作と休耕などが] 1年交替の, 1年おきの
　de ~s 年をとった
　del ~ del caldo/del ~ de canica 《メキシコ.軽蔑》非常に古い
　echársele los ~s encima a+人 …が急に老ける
　el ~ pasado 去年, 昨年: *Viajamos a México el ~ pasado.* 私たちは昨年メキシコを旅行した
　el ~ que viene/el próximo ~/el próximo/el ~ entrante 来年: *Mi hermana va a casarse el ~ que viene.* 私の妹は来年結婚する予定だ
　el ~ verde 《南米》決して[…ない]
　en los ~s que corren 今日では
　en sus últimos ~s 晩年に
　entrado en ~s 1) 初老の, 年配の: *Ayer me encontré con una señora entrada en ~s.* 昨日私は一人の年輩の婦人と出会った. 2) 年をとって
　entre ~ 今年中に: *Se casará entre ~.* 彼は今年中に結婚するだろう
　estar de buen ~ 健康である; 太っている;《俗語》[女性が] いい体をしている
　estar de mal ~ 健康でない; やせている
　este ~ 今年: *Este ~ voy a hacer un viaje por España.* 私は今年スペインを旅行するつもりだ
　estos ~s ここ数年: *En estos ~s han ocurrido muchas cosas desagradables.* ここ数年嫌なことがたくさん起きた
　ganar ~ 一年に2学年上がる, 飛び級をする
　hacer los ~s 誕生日の祝いをする
　los ~s de... …年(歳)ごろに: *por los ~s de juventud* 若いころに
　no pasar los ~s [+por+人 が] 若く見える, 年齢を感じさせない
　para el ~ 《中南米》来年
　pasar ~ 学年末試験に落ちる, 留年する
　perder ~ 学年末試験に落ちる, 留年する
　ponerse ~s 自分の実際の年齢より多く言う
　ponerse de buen ~ 太る
　por muchos ~s 《←カタルーニャ語》いつまでもお元気で/長生きして下さい
　quitarse ~s/quitarse algún ~ 自分の実際の年齢より若く言う (見える)
　tener muchos ~s 年をとっている; 年を経ている
　un ~ con otro 来る年も来る年も
　un ~ sí y otro no 1年おきに
　venírsele los ~s encima a+人 =***echársele los ~s encima a***+人

-año, ña [接尾辞] [名詞・動詞の名詞化] *ermitaño* 隠者

añocasto [aɲokásto] 男 《植物》チェストベリー 《=sauzgatillo》

añojada [aɲoxáða] 女《集名》小牛, 小羊

añojal [aɲoxál] 男 ❶ 休閑地. ❷ 焼き畑1年目の荒れ地

añojo, ja [aɲóxo, xa] 名 《西》満1歳を過ぎた子牛 (子羊)
　―― 男《西.料理》その肉

añoñar [aɲoɲár] 他《ドミニカ, プエルトリコ, ペルー》甘やかす

añoradizo, za [aɲoraðíθo, θa] 形《まれ》=**añorante**

añorante [aɲoránte] 形 懐かしむ[人]; 懐かしそうな

añoranza [aɲoránθa] 女 《←カタルーニャ語 enyorança < enyorar < ラテン語 ignorare》 [+de・por 失ったものへの] 懐かしさ, 愛惜 (哀惜)の念: *tener (sentir) ~ de (por) su patria* 郷愁 (望郷) の念にかられる. *sentir ~ del pasado* 昔をしのぶ

añorar [aɲorár]《←カタルーニャ語 enyorar < ラテン語 ignorare「知らない」》他 [不在の・遠く離れた・失ったもの・人を] 懐かしむ: *Hay quien añora todavía la grandeza económica que tuvo la ciudad.* 過去に経済的に栄えていたころをまだ懐かしむ者がいる. *Pasó añorando el resto de su vida.* 彼は古き昔を忍びつつ余生を送った. *Añoro mucho a mis amigotes.* 私は悪友たちが懐かしくて仕方ない. *Cuando te vayas te añoraré mucho.* 君が行ってしまったら寂しくなる

añoso, sa [aɲóso, sa] 形 [主に樹木が] 長い年を経た: *árbol ~* 老木. *primeriza (primípara) ~sa* 高年齢の初産婦

añublar [aɲuβlár] 他 =**anublar**

añublo [aɲúβlo] 男《植物》胴枯れ病, 焼き枯れ

añudador, ra [aɲuðaðór, ra] 形《まれ》結び合わせる[人]

añudadura [aɲuðaðúra] 女 =**añudamiento**

añudamiento [aɲuðamjénto] 男 結ぶこと, 結合

añudar [aɲuðár] 他《地方語》=**anudar**

añusgar [aɲusɣár] 自 ❶ [驚き・興奮などで] 喉が詰まる. ❷ 腹を立てる, 気分を害する

AOD 女《略語》←Asistencia Oficial para el Desarrollo 政府開発援助, ODA

aojador, ra [aoxaðór, ra] 形《まれ》目で呪いをかける[人]

aojadura [aoxaðúra] 女《まれ》=**aojo**

aojamiento [aoxamjénto] 男《まれ》=**aojo**

aojar [aoxár] 《←a-+ojo》他 ❶ 眼で呪いをかける. ❷ 駄目にする, 台無しにする. ❸ 見る, 視線を向ける. ❹ [獲物を] 狩り出す 《=ojear》

aojo [aóxo] 男《まれ》目による呪い, 呪視, 邪眼

Aónides [aóniðes] 女《ギリシア神話》ミューズ Musa の女神たち

aonio, nia [aónjo, nja] 形 名 ❶ [歴史, 地名] [古代ギリシアの] ボイオティア Beocia の[人] 《=beocio》. ❷ ミューズの女神

aorillar [aoriʎár] 他《地方語》岸に近づける

aoristo [aorísto] 男《言語》[ギリシア語などの] 不定過去, 非限定の過去

aorta [aórta] 女《解剖》大動脈

aortalgia [aortálxja] 女《医学》大動脈痛

aórtico, ca [aórtiko, ka] 形《解剖》大動脈の

aortitis [aortítis] 女《医学》大動脈炎

aortografía [aortoɣrafía] 女《医学》大動脈撮影[法]

aortosclerosis [aortosklerósis] 女《医学》大動脈硬化[症]

aortostenosis [aortostenósis] 女《医学》大動脈狭窄[症]

aovado, da [aoβáðo, ða] 卵形の, 長円形の: *hoja ~*《植物》卵形葉

aovado-lanceolada [aoβáðo lanθeoláða] 形《植物》hoja ~ 卵形披針形葉

aovamiento [aoβamjénto] 男 産卵

aovar [aoβár] 《←a-+ラテン語 ovum「卵」》自 [昆虫・鳥・魚が] 卵を産む, 産卵する
　―― 他《まれ》[卵を] 産む

aovillar [aoβiʎár] 他 [糸・毛糸などを] 玉にする
　―― ***~se*** [猫などが] 体を丸くする

AP 女《略語》←Alianza Popular 国民同盟《スペインの政党》

ap.《略語》←*aparte* 別便で

Ap.《略語》←*apartado postal* 私書箱

apa [ápa] 間《メキシコ》おや!

APA [ápa] 女《略語.西》←Asociación de Padres de Alumnos 父母会, PTA 《組織》: *reunión del ~* 父母会《会合》

apabilado, da [apaβiláðo, ða] 形 疲れ切った, やつれた, 憔悴した

apabilar [apaβilár] 他 ❶ [火がつきやすいように, ろうそくの] 芯を切る (短くする). ❷《アラゴン, ムルシア》[悪臭が] 息を詰まらせる, 失神させる
　―― ***~se*** ❶ [ろうそくの火が] 消えかかる, 細くなる. ❷ [悪臭で] 気が遠くなる, 息が詰まる

apabullamiento [apaβuʎamjénto] 男《口語》=**apabullo**

apabullante [apaβuʎánte] 形 すごい, 圧倒的な, すばらしい: *éxito ~* 大成功. *obra ~* すばらしい作品

apabullar [apaβuʎár]《←古語 apabular (apalear+magullar)》他 [質問などで] 圧倒する, やりこめる: *Me ha apabullado su última obra.* 私は彼の最新作に圧倒された
　―― ***~se*** ぐうの音も出ない, 打ちのめされる

apabullo [apaβúʎo] 男《口語》ぺちゃんこになる(する)こと, 意気

消沈

apacana [apakána] 女《植物, 果実》=**pacano, pacana**

apacentadero [apaθentadéro] 男 放牧地

apacentador, ra [apaθentadór, ra] 形 名 放牧する; 牧畜

apacentamiento [apaθentamjénto] 男 ❶ 放牧, 牧畜。❷ 牧草

apacentar [apaθentár]《←ラテン語 adpascens, -entis < adspascere》23 他 ❶ 放牧する, 飼育する; 牧草を食べさせる: Los pastores *apacientan* sus rebaños. 羊飼いたちは羊の群れを放牧する. Esta llanura *apacienta* diez mil ovejas. この平原は1万匹の羊を養っている。❷ …に心の糧を与える, 魂の世話をする; 教え導く。❸《欲望・感情を》かきたてる, 刺激する
—— **~se** ❶《家畜が》牧草をはむ: El ganado *se apacienta* en el valle. 家畜は谷で牧草をはんでいる。❷《欲望・感情が, +de+con で》かきたてられる, 刺激される: *~se* de esperanzas 希望で胸をふくらませる

apachar [apatʃár] 他《南米》盗む

apache [apátʃe] 形 名 ❶《北米先住民の》アパッチ族〔の〕。❷《舞踊》〔タンゴなどの〕動きの激しい。❸《古語》〔パリなど大都市の〕ごろつき, ならず者
—— 男 アパッチ語

apacheta [apatʃéta] 女《古代ペルーの》石の祭壇, アパチータ

apachurrar [apatʃuřár] 他《主に中南米》叩き潰す〔=aplastar〕; 壊す〔=romper〕

apacibilidad [apaθibilidá(d)] 女 穏やかさ

apacibilísimo, ma [apaθibilísimo, ma] 形 apacible の絶対最上級

apacible [apaθíble]《←古語 aplacible < aplacer「喜ばす」(paz の影響)》形 ❶ 穏やかな, 平穏な; 平穏な生活をおくる。una ~ tarde del domingo 静かなある日曜日の午後. mar ~ 穏やかな海. viento ~ 心地よい風。❷《人が》温和な; persona delicada y ~ 繊細で優しい人. hombre de carácter ~ 静かな性格の人

apaciblemente [apaθibleménte] 副 穏やかに, 優しく, 静かに

apaciguador, ra [apaθigwadór, ra] 形 名 なだめる〔人〕; 仲直りさせる〔人〕

apaciguadoramente [apaθigwadoraménte] 副 なだめて

apaciguamiento [apaθigwamjénto] 男 平静, 平穏; 鎮静

apaciguante [apaθigwánte] 形 なだめる, 鎮める

apaciguar [apaθigwár]《←ラテン語 ad-(に)+pacificare「平和にする」》13 他 ❶ なだめる, 平静にさせる, なごませる: Escucha, escucha—dijo tratando de ~ a José.「まあ聞けよ」と彼はホセをなだめようとして言った。Su cara sonriente me *apaciguó*. 彼のにこやかな顔で私は気持ちがなごんだ。❷ 仲直りさせる。❸〔苦痛などを〕鎮める, 和らげる
—— **~se** ❶ 鎮まる, なごむ: Me *apaciguo* con la música. 私は音楽で心が静まる。❷〔風・嵐などが〕静まる: *Se apaciguó* la tempestad. 嵐がおさまった。❸〔苦痛などが〕和らぐ, 鎮まる

apadana [apadána] 女〔古代ペルシアの王宮の〕多柱造りの大広間

apadrinador, ra [apadrinadór, ra] 形 名 後ろ盾の, 後援する; 後援者

apadrinamiento [apadrinamjénto] 男 ❶ 代父(介添人)になること。❷ 後援, 庇護

apadrinar [apadrinár]《←a-+padrino》他 ❶ …の代父(名付親)になる; 〔結婚式で〕介添人をつとめる: ~ a su sobrino en el bautizo 洗礼で甥の代父になる. Nuestros tíos nos *apadrinaron* en la boda. 結婚式で伯父夫婦が私たちの介添えをしてくれた。❷ …の後援者となる, 援助する: ~ a un escritor joven 若い作家のパトロンになる. El primer ministro *apadrinó* totalmente la reforma financiera. 首相は財政改革を全面的に支援した。❸《馬術》〔調教のため若駒に〕伴走する
—— **~se** 庇護を受ける

apagable [apagáble] 形 消され得る

apagadamente [apagadaménte] 副 消えたように; 鈍く

apagadizo, za [apagadíθo, θa] 形 燃えにくい

apagado, da [apagádo, da] 形 ❶〔estar+. 火・明かりなどが〕消えた: El fuego está ~. 火(火事)は消えている。Todas las luces están ~*das* por aquí. このあたりの明かりはみな消えている。❷〔estar+. 電源などが〕切れた: En su casa el televisor está ~ siempre por la mañana. 彼の家では朝はいつもテレビが消している. con el motor ~ エンジンを切った状態で。❸ 生気のない, ぼんやりした: Está ~. 彼は意気消沈している. ¿Cómo ese hombre puede ser tan ~ y soso? どうしてその男はあんなに無気力で面白みがないのだろうか? Tiene una cara ~*da*. 彼は沈んだ顔をしている. mirada ~*da* どんよりとした目つき。❹〔色が〕くすんだ; 〔音が〕弱い, かすかな: ruido ~ かすかな物音. voz ~ 弱々しい声
—— 男 ❶ 消す(消える)こと。❷《情報》終了, シャットダウン: forzar el ~ 強制終了する. ~ forzado 強制終了

apagador, ra [apagadór, ra] 形 名 ❶《音楽》ダンパー, 弱音器, 止音器。❷《植物》カラカサタケ〔食用のキノコ〕。❸〔パン屋の〕薪の火消し場。❹《メキシコ》〔電気の〕スイッチ

apagafuegos [apagafwégos] 名 火を消す〔人〕
—— 男 ❶ 消火器

apagamiento [apagamjénto] 男 ❶ 消す(消える)こと, 消えた状態。❷ 生気のなさ, 無気力

apagapenol [apagapenól]《船舶》〔三角帆の〕はらみ綱の添え索

apagar [apagár]《←ラテン語 ad-(に)+pacare「鎮める」》8 他《⇔encender》❶〔火を〕消す; 消火する: Los bomberos *apagaron* el incendio. 消防士たちは火事を消し止めた. ~ el fuego de un soplo 火を息で吹き消す. ~ el fuego(明かりなど)を消す: ~ los faros ヘッドライトを消す. ~ la vela ろうそくを消す. ❸…の電源を切る; 〔テレビ・ラジオなどを〕消す: ¡*Apaga* la televisión, por favor! テレビを消して下さい。❹〔…の音を弱くする(消す): *Apaga* un poco la radio. ラジオの音を少し小さくして下さい。❺《文語》〔怒り・欲求などを〕鎮める, 弱める, 和らげる: *Apagó* su ira con nuestra explicación. 彼は私たちの説明を聞いて怒りをおさめた. El tiempo *apaga* las penas. 時が悲しみをいやす. ~ el hambre 空腹をいやす. ~ el dolor 痛みを和らげる。❻〔色を〕あせさせる; 〔色調を〕弱める: El largo tiempo *apaga* poco a poco los colores. 長い年月で色が少しずつあせてくる. ~ un tono rojo 赤の色調を弱める。❼《反乱などを》鎮圧する: El gobierno *apagó* la revuelta en esa región. 政府はその地方の反乱を鎮圧した。❽《情報》〔システムを〕終了する: ~ el ordenador コンピュータをシャットダウンする。❾《軍事》〔敵の砲火を〕沈黙させる。❿《船舶》〔帆から〕風を逃す。⓫《化学》〔石灰を〕消化する, 消石灰にする。⓬《金属》〔熱した鉄を〕水に浸す。⓭《南米》発破する

apaga y vámonos《西》〔ばかばかしいなどの理由で〕おしまいにしよう, 切り上げよう
—— **~se** ❶〔火が〕消える: El fuego *se está apagando*. 火が消えかかっている。❷〔明かりなどが〕消える: De pronto *se apagó* la luz. 突然明かりが消えた。❸〔火山活動が〕おさまる。❹〔音などが〕弱まる; 〔色などが〕あせる。❺〔怒り・欲求などが〕鎮まる, 弱まる: Al fin *se apagó* su ira. やっと彼の怒りがおさまった。❻《文語》〔穏やかに〕死ぬ: *Se apagó* a los 90 años. 彼は90歳で大往生した

apagavelas [apagabélas] 男《単複同形》❶〔長い柄の付いたとんがり帽子型の〕ろうそく消し。❷《植物》カラカサタケ〔食用のキノコ〕

apagón [apagón] 男 ❶《突然の》停電: La avería en la instalación produjo el ~ en la zona. 装置の故障で地域が停電した

apainelado [apaineládo] 形《建築》arco ~ 偏円アーチ

apaisado, da [apaisádo, da] 形〔紙・本などが〕横長の〔⇔alargado〕

apaisar [apaisár] 他《まれ》横長(横向き)に置く
—— **~se**《まれ》横長型になる

apalabramiento [apalabramjénto] 男 口頭での取り決め, 口約束

apalabrar [apalabrár]《←a-+palabra》〔売買・貸借・雇用を〕口頭で取り決める, 口約束する: Ha *apalabrado* un coche de alquiler para la noche del sábado. 彼は土曜の夜にレンタカーを借りる予約を口頭でしてある

apalaciado, da [apalaθjádo, da] 形《まれ》王宮のような

apalancado, da [apalankádo, da] 形《隠語》隠れた

apalancamiento [apalankamjénto] 男 ❶ てこで持ち上げること, てこの作用。❷ バールでこじ開けること。❸《経済》レバレッジ: ~ financiero 財務レバレッジ

apalancar [apalankár]《←a-+palanca》7 他 ❶ てこで持ち上げる(動かす); バールでこじ開ける: El ladrón *apalancó* la puerta. 泥棒はドアをバールでこじ開けた。❷《経済》adquisición *apalancada* 借入金をてこにした買収, レバレッジドバイアウト

❸ しまう, 隠す. ❹《ログローニョ》盗む
—— ～se《口語》[+en に] 安楽に腰を落ち着ける, くつろぐ: Después de la cena *me apalanco* delante de la tele. 夕食後私はテレビの前に陣取る. ～*se en* un sillón ソファでくつろぐ

apalastrar [apalastrár] **～se**《中米》気が遠くなる; 疲労困憊する

A

apaleador, ra [apaleađór, ra] [形] [名] 棒で叩く(殴る)〔人〕

apaleamiento [apaleamjénto] [男] 棒で叩く(殴る)こと

apalear [apaleár] **I**〘←a-+palo〙[他] ❶ [棒 palo などで] 叩く, 殴る: ～ a los manifestantes デモ隊を棒で殴る. ～ la alfombra じゅうたんを叩く. ❷ [果実を枝から] はたき落とす: ～ los almendros アーモンドの実を叩き落とす
II〘←a-+pala〙[他] ❶ [スコップ pala で穀物を] すくい投げる, 風でふるい分ける: ～ las mieses 穀物をすくってふるい分ける. ❷ ～ dinero《口語》金持ちである; 金持ちであることを誇示する

apaleo [apaléo] [男] [スコップで放る] 穀物のふるい分け; その時期

apaletado, da [apaletáđo, đa] [形] 田舎者のような

apaliar [apaljár] [10] [他]《廃語》=**paliar**

apalizar [apaliθár] [9] [他]《地方語》ひっぱたく

apalmada [apalmáđa] [形]《紋章》mano ～ [手のひらを見せて] 広げた手

apalpar [apalpár] [他]《口語》=**palpar**

apamplado, da [apampláđo, đa] [形]《地方語》呆然とした

apanado [apanáđo] [男]《ペルー. 口語》殴打, めった打ち

apanalado, da [apanaláđo, đa] [形] 蜂の巣状の: cuello ～《服飾》ラフ, 幅広の輪状ひだ襟

apanar [apanár] [他]《南米. 料理》…にパン粉をつける〘=empanar〙

apancora [apaŋkóra] [女]《動物》チリ産の小型のカニ

apandador, ra [apandađór, ra] [形] [名]《口語》くすねる〔人〕

apandar [apandár] [他]《口語》[+a から] くすねる, 盗む
—— [自] ❶ たわむ〘=pandear〙. ❷《地方語》[+con を] 持ち去る

apandillar [apandiʎár] [他] [悪党の] 仲間にする, 一味に入れる
—— **～se** 徒党を組む, 一味になる

apando [apándo] [男]《主に中米》懲罰房

apandorgar [apandɔrgár] [8] **～se**《南米》怠惰になる

apaniguado, da [apaniɡwáđo, đa] [名]《古語》=**paniguado**

apanojado, da [apanɔxáđo, đa] [形]《植物》円錐花序の

apantallar [apantaʎár] [他] ❶《まれ》眩惑させる; 仰天させる. ❷《メキシコ》深く感動させる. ❸《アルゼンチン, ウルグアイ》扇ぐ

apantanar [apantanár] [他] [土地を] 水浸しにする, 泥沼にする
—— **～se** [土地が] 水浸しになる, 泥沼になる

apantuflado, da [apantufláđo, đa] [形] スリッパ形の

apañacuencos [apaɲakwéŋkɔs] [男]〘単複同形〙《アラゴン》陶器の修理職人〘=lañador〙

apañadera [apaɲađéra] [女]《地方語》脱穀後の穀物を積み上げる道具

apañado, da [apaɲáđo, đa] **I**〘←apañar〙[形]《主に西》❶ [ser+] 上手な, よく出来る: Juan es muy ～ con el mecanismo. ファンは機械にめっぽう強い. ❷ [物が用途に] ぴったりの, あつらえ向きの: Este diccionario de bolsillo es ～ para llevar a la clase. この小辞典は教室へ持って行くのにちょうどいい. ❸ [金額が多すぎないが] 十分な; [価格が] 手頃な. ❹ [estar・ir+] 1)《口語》手を焼いている, 困り果てている: Estamos ～*s* con coches mal aparcados. 私たちは不法駐車の車に手を焼いている. 2) 当てが外れる, 思い違いをしている: Estás ～ si crees que te vas a aprobar. 合格できるつもりなら, とんだ当て外れだぞ
¡Estamos ～s! [話し相手の思っていることとは] 違う, 反対になる: Si tú crees que él te ayudará otra vez, *¡estamos ～s!* もし彼がもう一度助けてくれると思っているなら, 君の見当違いというものだ!
¡Va ～! どうせうまくいかないさ!
II〘←paño〙[形]《繊維》ラシャ風の

apañador, ra [apaɲađór, ra] [形] [名] 修理する〔人〕

apañadura [apaɲađúra] [女] ❶ 修繕, 修理; 一時しのぎ, 応急処置. ❷ くすねること, 横取り. ❸ 身仕度

apañamiento [apaɲamjénto] [男] =**apañadura**

apañar [apaɲár]〘←a-+paño < ラテン語 pannus〙[他] ❶《西》[うまく] 修理する; 一時しのぎをする, 応急処置をする: *Apañé* el grifo hasta que viniera el fontanero. 私は水道屋が来るまでの一時しのぎに蛇口を応急処置した. ❷ 巧みに作る, 偽造する: ～ un pasaporte パスポートを偽造する. ❸ [手早く] 準備する; 身仕度をさせる: ～ la comida さっと食事の仕度をする. ～ al niño 子供に身仕度をさせる. ❹ [不当に] 自分の物にする, くすねる. ❺ 味付けする. ❻《メキシコ. 口語》[悪事の最中に] 見つける, 不意を突く. ❼《ニカラグア, ボリビア, アルゼンチン, ウルグアイ》[悪事・誤りなどを] 隠す, かばう
—— [自]《西. 口語》[+con を] 盗む, かっぱらう, くすねる: *Apaña con* todo lo que se le antoja. 彼は欲しくなった物を何でもくすねる
—— **～se** ❶ [+con 状態・物で] やりくりする, 何とかやっていく; 満足している, 気楽にやっている: *Me apaño con* poco dinero. 私は金がなくてもやりくりできる. *Me apaño* bien *con* la habitación pequeña. 私は狭い部屋だが気楽にやっている. ❷ =**apañárselas**: Ya *se apañará* bien. 彼なら大丈夫やっていくさ
apañárselas 1) [+con で] 解決法を見つける, 何とかする: *Me las apañaré con* 50 euros. 50ユーロで何とかやっていこう. 2) [+para+不定詞] うまく(何とか)…する: Siempre *se las apaña para* conseguir lo que quiere. 彼はいつもうまいことをして望みのものを手に入れる

apaño [apáɲo]〘←apañar〙[男] ❶《西》[応急的な] 修理, 一時しのぎ: Este se estropeará con nada, que está con un ～. これはすぐに壊れるだろう, 仮に直してあるのだから. ❷《口語》色恋ざた, 不倫の恋;《軽蔑》その恋をする人. ❸《口語》うまさ, 才覚, 手腕; 悪知恵, いかさま. ❹ 身仕度, おしゃれ, おめかし
hacer ～ 役に立つ
hacer su ～ 手に入れる
No tiene ～.《口語》どうしようもない, お手上げだ
ser de gran (mucho) ～《口語》とても役に立つ, 重宝だ

apañuscador, ra [apaɲuskađór, ra] [形] [名] 握り締める〔人〕

apañuscar [apaɲuskár] [7] [他] ❶《口語》握り締める, 握りつぶす. ❷ =**apañar**. ❸《コロンビア. 口語》詰め込む, 押し込む

apapachar [apapatʃár] [他]《メキシコ. 口語》抱き締める; 愛撫する

apapacho [apapátʃo] [男]《メキシコ. 口語》❶ 抱擁; 愛撫. ❷ [複] 賛辞

apapagayado, da [apapaɡajáđo, đa] [形] [鼻が] オウムのような

aparado [aparáđo] [男] 靴皮の縫い合わせ

aparador[1] [aparađór]〘←ラテン語 apparator, -oris < parare「準備する」〙[男] ❶ 食器戸棚, サイドボード. ❷《西, メキシコ, 中米, コロンビア》ショーウィンドー〘=escaparate〙; [店の] 陳列棚. ❸ 祭壇の脇の小卓. ❹ 作業場, 仕事場. ❺《古語》洋服だんす. ❻《地方語》食器・食糧戸棚
estar de ～《廃語》[売春婦が] 飾り窓に並んでいる, 客待ちをしている

aparador[2], **ra** [aparađór, ra] [名] 靴を縫う人

aparamado, da [aparamáđo, đa] [形] 荒野 páramo のような

aparapetar [aparapetár] [他]《まれ》=**parapetar**

aparar [aparár] [他] ❶ [靴を] 縫う; [靴皮を] 縫い合わせる. ❷ [板に] かんなをかける. ❸《農業》草むしりをする, 不要な葉を取り除く. ❹《古語的, 地方語》[受け取るために, 手・スカートなどを] 広げる: *Apara*. ほら, 受けて. ❺《古語的》準備する. ❻《古語的》取って渡す, 手渡す

aparasolado, da [aparasoláđo, đa] [形] ❶ パラソル型の. ❷《植物》セリ科の〘=umbelífero〙

aparataje [aparatáxe] [男] ❶ 華美, 仰々しさ. ❷ [集名] 道具

aparatar [aparatár] **～se** 支度する; おしゃれする, おめかしする, 飾り立てる

aparatero, ra [aparatéro, ra] [形]《地方語》派手な, 気取った; 大げさな

aparatista [aparatísta] [名] 道具係〔の労働者〕

aparato [aparáto]〘←ラテン語 apparatus〙[男] ❶ 器具, 機器, 機材, 装置: poner (encender) el ～ 装置のスイッチを入れる. apagar el ～ 装置のスイッチを切る. ～ auditivo/～ del oído 補聴器. ～ de acondicionamiento de aire/～ de aire acondicionado エアコン. ～ de afeitar 安全かみそり. ～ de laboratorio 実験器具(装置). ～ de mando 操作装置. ～ de televisión テレビ受像機. ～ de uso doméstico 家庭用品. ～ eléctrico 電気器具. ～ electrodoméstico 家庭電化製品. ～ fotográfico カメラ, 写真機. ❷ [el+] 電話機: Oiga, quisiera hablar con el señor José Rodríguez.—Al ～. もしもし, ホセ・ロドリゲスさんと話したいのですが.—私です. ¿Quién está al (en el) ～? どなたですか? Ponte al ～, que quieren hablar contigo. 電話に出て. あなたと話したいそうよ. Tengo a José al

~. 私はホセと話し中だ. ❸《文語》飛行機. ❹《集名》1)《解剖, 生物》器官［→órgano 顔語］: ~ digestivo 消化器. ~ vocal 発声器官. ~ de Golgi ゴルジ体. 2)《口語, 戯語》《男女の》性器. 3)《婉曲》睾丸と陰茎. ❺《医学》1) 医療補助具, 医療機器. ~ ortopédico《ギプスなどの》人工補正具, 矯正具. ~s sanitarios 衛生機器. 2)《時に覆》歯列矯正器 [~ dental]. 3) 症状, 症候群. ❻《体操》《主に覆》器械, 用具. ❼《政治》《支配・規制する》組織, 機構, 機関, 執行部: ~ burocrático 官僚機構. ~ del Estado 国家機関. ~ del partido 党執行部. ❽ ~ logístico［テロ組織等の］後方支援部隊. 《気象》《集名》雷と稲光［= ~ eléctrico］: tormenta con gran ~ eléctrico 激しい雷と稲光を伴う嵐. ❾《情報》装置. ❿《演劇》《時に覆》小道具 [= ~ escénico, ~ teatral]. ⓫《集名》資料: ~ bibliográfico 書籍解題. ~ critico 考証資料. ~ de variantes 異文資料. ⓬ 虚飾, 虚栄, 華やかさ, 華美; 《派手な》飾り物: El palacio está rodeado de mucho ~. 王宮は華やかに飾り立てられている. con gran (mucho) ~ きらびやかに, 派手に. sin ~ 質素に. ⓭ 仰々しさ, 大げさ, 大騒ぎ. ⓮《中南米》幽霊.

armar ~ 派手(大げさ)なことをする: Siempre *arman* tanto ~ solo para comer con sus amigos en un restaurante. 友達とレストランで食事をするだけなのに彼らはいつも大げさなことをする

casi nadie al ~《誇張》すごい大物

aparatología [aparatoloxía]《女》《集名》化粧道具

aparatosamente [aparatosaménte]《副》派手に, 仰々しく, 華々しく; 大げさに, 仰々しく

aparatosidad [aparatosidá(d)]《女》派手, 仰々しさ; 華麗さ, きらびやかさ

aparatoso, sa [aparatóso, sa] [←aparato]《形》❶ 派手な; 大げさな, 仰々しい: vestido ~ 派手なドレス. accidente ~ 派手な事故. ❷ 華麗な, きらびやかな: boda ~ 豪華な結婚式

aparca [apárka]《西. 口語》aparcacoches の省略語

aparcacoches [aparkakótʃes]《名》《単複同形》《西》駐車係《ホテル・レストランなどで車を預かり客が帰る時は出口まで戻す》

aparcadero [aparkadéro]《名》《西》駐車エリア

aparcador, ra [aparkaðór, ra]《名》《まれ》駐車する人

aparcamiento [aparkamjénto]《男》《西》❶ 駐車. ❷ 駐車場, パーキングエリア

aparcar [aparkár]《←英語 park《駐車する》》[7]《他》❶《西》[+en に] 駐車する: Debes ~ el coche en la plaza que te indican. 君は指示された場所に車を止めなければならない. Tiene el coche mal *aparcado*. 彼は違法駐車している. ❷《面倒なことを》後回しにする: *Aparcaré* el asunto para concentrarme en los estudios. 勉強に専念するためその件は後回しにしたい. ❸《軍用物資・車両を》集積する, 配置する, 駐屯させる
── 《自》駐車する: Prohibido ~《表示》駐車禁止

aparcelamiento [aparθelamjénto]《男》区画分け

aparcelar [aparθelár]《他》区画分けする

aparcería [aparθería]《ラテン語 ad+partiarius < pars, partis『部分』》《女》分益小作《契約・制度》《小作料の額をあらかじめ定めて, 収穫物の一定の割合を地主が徴収する制度. 地主が種子・農機具・役畜の一部を供与する場合もある》

aparcero, ra [aparθéro, ra]《名》❶ 分益小作人. ❷《農場の》共同経営者. ❸《古語》参加者, 共益者

aparcillar [aparθiʎár]《他》《地所などに》低い塀で仕切る

aparcionero, ra [aparθjonéro, ra]《古語》参加者

aparcoches [aparkótʃes]《名》《単複同形》《西》=**aparcacoches**

apareamiento [apareamjénto]《男》❶ 対にする(なる)こと, 2つ(2人)ずつ組むこと. ❷ 交配, 交尾: danza de ~《動物》求愛ダンス

aparear [apareár] [←a+par]《他》❶《繁殖のために》交配させる. ❷《物を》対(つい)にする, 取り合わせる
── **~se** ❶ つがう, 交尾する. ❷ 2人ずつ組になる

aparecer [apareθér] [←apareθér < ad-(に)+parere『思える』] [39] 《自》❶ [+por·en に] 現われる, 《人が, 主に突然》姿を見せる: El sol *aparece en* el horizonte. 太陽が地平線に現われる. La luna *aparece* entre las nubes. 月は時おり雲間から現れる. Jorge *apareció* de vez en cuando *por* la oficina. ホルヘは時々事務所に顔を出した. ❷《無くし物・行方不明者などが》出てくる, 見つかる: No *apareció* la pluma perdida aunque la buscaba en toda la casa. 家中探したのに無くしたペンは出てこなかった. Por fin *ha aparecido* la niña secuestrada. 誘拐された少女がやっと見つかった. ❸《隠れていたもの・未知のものが》現われる;《症状などが》出てくる: *Ha aparecido* un yacimiento de petróleo. 油田が見つかった. Ya *han aparecido* los primeros síntomas de la enfermedad. 病気の初期症状が現われた. ❹《人物・流行・現象などが新たに》現われる, 出現する: *Ha aparecido* un nuevo líder *en* este país. 新しい指導者がこの国に現われた. En los años 60 *apareció* una nueva moda. 60年代に新しい流行が始まった. ❺《本・雑誌などが》出版される, 刊行される: La segunda edición *apareció* en 1980. 第2版は1980年に出た. ❻《新聞・雑誌・名簿などに》載る: Este trabajo *apareció* en 2001 en esa revista. この論文は2001年にその雑誌に載った. Mi nombre no *aparece en* la lista. 私の名前はリストにない. Los resultados de los exámenes *aparecerán en* el tablón. 試験の結果は掲示板に発表される. ❼《映画・芝居などに》出演する. ❽《文語》[+como·主格補語] …のように見える, …のようである: El escenario político *aparece como* un helado campo de batalla. 政治状況は凍った戦場のようだ. Los dos procuraron ~ risueños nuevamente. 2人はまた作り笑顔をしようとした. ❾《主に感嘆文で》明らかになる, 分かる: ¡Ya *apareció* aquello! やっと分かった/「関心事が相手の口から出て」とうとう言った!
── **~se** [超自然的に, +a·ante の前に] 出現する, 姿を現わす: Esa montaña *se* nos *apareció* como sagrada. その山は神々しい姿を現わした. En esa casa *se aparecen* los fantasmas. その家には幽霊が出る

aparecido, da [apareθíðo, ða]《名》❶ 幽霊, 亡霊: En el hotel anda un ~. そのホテルには幽霊が出る. ❷《南米. 口語》成り上がり者

aparecimiento [apareθimjénto]《男》出現, 登場; 刊行

aparejadamente [aparexaðaménte]《副》適切に, ふさわしく

aparejado, da [aparexáðo, ða]《形》*ir ~ con*… …を固有の結果(効果)とする: El progreso tecnológico generalmente *va ~ con* una reducción en el empleo. 技術の進歩は一般的に雇用の減少を伴う

llevar (traer) ~ 固有の結果(効果)として伴う: El casamiento *lleva ~das* muchas responsabilidades. 結婚には当然多くの責任が伴う. La larga sequía *trae ~da* una mala cosecha. 長い日照りは不作は不可避である

aparejador, ra [aparexaðór, ra]《名》《西》建築士《arquitecto を補佐して, 部分的な製図・建材の管理・現場監督などをする》

aparejar [aparexár] [←aparejo]《他》❶《仕事などに必要なものを》準備する, 用意する. ❷《馬に》馬具を付ける;《船を》艤装する;《カンバスなどに》下塗りをする;《金箔の》下地を作る
── 《自》《古》調和している
── **~se** 自分の準備をする, 身仕度する: *~se* para la batalla 出陣の用意をする. ❷《まれ》ペアを組む, 対になる

aparejo [aparéxo] [←a-+parejo]《男》《集名》1)《仕事などに》必要な物(道具). ~ [~s] de pesca 釣り道具. 2) 馬具. 3)《船舶》艤装品, 船具. ❷ 準備, 用意. ❸《建築》積み石法: ~ inglés イギリス積み. ~ poligonal 多角形石組み. ❹《美術》《カンバスに》下塗り[材];《金箔の》下地[材]. ❺ 滑車装置: ~ de gata《船舶》吊鎖用滑車. ~ real 複滑車. ❻《まれ》外観, 外見. ❼《古語》覆》[衣服の] 付属品, 小物

aparellaje [apareʎáxe]《男》《集名》道具, 付属品

aparencia [aparéŋθja]《古語》=**apariencia**

aparencial [aparenθjál]《形》《文語》見かけの

aparencialidad [aparenθjaliðá(d)]《女》《文語》見かけ

aparencialmente [aparenθjálménte]《副》《文語》見かけでは

aparentador, ra [aparentaðór, ra]《形》ふりをする《人》, 見栄をはる《人》

aparentar [aparentár] [←aparente]《他》❶ …のように見せかける, ふりをする: 1) [+名詞] Ella *aparentó* alegría. 彼女は楽しそうなふりをした. ~ indiferencia 無関心を装う. ~ una fortuna 資産家を装う. 2) [+不定詞] *Aparentaba* estar de buen humor. 彼は上機嫌にしていた. *Aparentando* no reconocerla, se sentó en un banco que estaba al lado. 彼は彼女に気づかないふりをして, そばのベンチに腰を下ろした. 3) [+que+直説法] *Aparenta que* no le importa. 彼はどうでもないふりをしている. ❷《年齢が》…に見える: No *aparenta* 80 años. 彼はとても80歳には見えない. *Aparentas* la edad que tienes. 君は歳相応に見える. ❸《まれ》…のように見える[=pa-

aparente

——[自]❶見栄をはる: No me gusta ～. 私は見栄っぱりではない. ❷《まれ》類似性がある

aparente [aparénte]《←ラテン語 apparens, -entis < apparare「現われる」》[形]❶ [+名詞] 見せかけの, 表面的な: Su bondad es solo ～. 彼の良さは単なる見せかけだ. amistad ～ うわべだけの友情. ❷ [名詞+] 1) 目立つ, 明らかな: los defectos más ～s 最も目につく欠点. sin motivo ～ はっきりした動機もなく. 2)《口語》適切な: La solución era ～. その解決策は妥当なものだった. palabras ～s para tal caso こんな場合にぴったりの言葉. 3)《口語》見ばえのする, 外見のいい; 感じのいい, すてきな: cafetería ～ 小ぎれいな喫茶店. traje ～ おしゃれな服

aparentemente [aparenteménte] [副] ❶ 見たところ, 外見上は; 一見では: A～ estaba ebrio. 見たところ彼は酔っていた. ❷ 明らかに

aparentoso, sa [aparentóso, sa]《リオハ》容姿のいい, 格好のいい

a pari [a pári]《←ラテン語》[哲学] 同一理由から

aparición [apariθjón]《←ラテン語 apparitio, -onis》[女] ❶ 現れること, 出現: Con la ～ de la hilatura, el hombre supo hacer telas para diversos objetivos. 紡績機の出現によって人は様々な目的のために布を作ることを知った. ❷《出版》刊行; libro de próxima ～ 近刊書. ❸ [死者などの] 幻影, 幽霊;［超自然的なものの］出現: En el lugar de la ～ de la Virgen se construyó un monasterio. 聖母マリアが現れた場所に修道院が建てられた. ❹《映画, テレビ》1) 出演; 登場: intervienen por orden de ～《表示》キャスト名は登場順. 2) ～ gradual フェイドイン

hacer su ～ 現れる: El criminal *hacía su ～* en Bilbao. 犯人はビルバオに現れた

apariencia [aparjénθja]《←ラテン語 apparentia》[女] ❶ 外見, 見かけ; 体裁, 風采: Es un hombre de ～ normal, pero es un criminal peligroso. 彼は見たところ普通の男だが, 危険な犯罪者だ. Las ～s engañan.《諺》人は見かけによらない/見かけにたよってはならない. hombre de ～ ～ くれないがいい男. ～ falsa 見せかけ. ❷ 豪華さ, 派手さ: casa de mucha ～ 豪華な外観の家. ❸ 兆候, 気配; [判断するための] 徴候: a juzgar por las ～s 状況から判断して. ❹《昔の劇場で》書き割り

cubrir las ～s = salvar las ～s
en [la] ～ 見たところ, 外見上すると
guardar las ～s = salvar las ～s
por todas las ～s どうやら
salvar las ～s 体裁を繕う, 体面を保つ
tener [la] ～ …のように見える: *Tiene ～ de* ser un señor muy rico. 彼はとても金持ちそうに見える

aparienciar [aparjenθjár] [10]《他》= **aparentar**

aparrado, da [aparáđo, đa] [形] ❶ [木が] 枝が横(水平)に広がった. ❷ [人が] ずんぐりした

aparrar [aparár]《他》[木を] 枝を水平に伸ばすようにする

aparroquiado, da [aparokjáđo, đa] [形] 小教区に落ち着いた

aparroquiar [aparokjár] [10]《他》[信者を] 小教区に落ち着かせる
—— *～se* 小教区民になる

apartadamente [apartáđaménte] [副] 離れて, 別々に; こっそりと, 秘密に

apartadero [apartáđéro] [apartar] [男] ❶ [道路・トンネルなどの] 待避所, 通過待ちの場所;《鉄道》側線, 待避線. ❷《闘牛》牛分け場. ❸ [道端の] 放牧地, 家畜の休み場. ❹ [羊毛の] 選別場, 等級仕分け場

apartadijo [apartáđíxo] [男] ❶ 切れ端, 小片: hacer ～s ばらばらにする, 細分する. ❷ =**apartadizo**

apartadizo, za [apartáđíθo, θa] [形] 引きこもった, つき合いの悪い
—— [男] 離れ, 別室

apartado¹ [apartáđo] [apartar] [男] ❶《郵便》私書箱 [箱, その場所]: ～ *de* correos, ～ *postal*. ❷ [文章の] 項目;[特に法律の] 条項: Este ～ tiene tres párrafos. この項目は3つの段落に分かれている. ❸ [コンクールなどの] 部門, [問題などの] 側面, 部分: obtener el premio en el ～ de pintura abstracta 抽象画部門で受賞する. ❹ físico 肉体的な力. ❺ 分離 [行為, 結果];《闘牛》牛入れ [闘牛の開始前に牛を囲いに入れること]. ❻ 離れ, 別室. ❼ [金の] 精錬; [金・銀の] 純度の検定. ❽《演劇》傍白, わき台詞(ぜりふ). ❾《中米》選鉱, 選鉱場. ❿ de localidades プレイガイド.《中米》選鉱, 選鉱場

apartado², da [apartáđo, đa] [形] ❶ [estar+. 空間的に, +de から] 離れた, 遠くの, 辺鄙(へんぴ)な: Mantenga la medicina ～ *del* alcance de los niños. その薬は子供の手の届かない所に保管して下さい. Vive en un lugar bastante ～. 彼はとても辺鄙な所に住んでいる. ❷ 孤立した; 隠棲した: vivir ～ en el pueblo natal 生まれ故郷に引退する. ❸ 以下の, 別個の, 異なる;《比喩》離れた: Algunos pueblos viven todavía ～s *de* la civilización. まだいくつかの民族が文明から離れて暮らしている
mantenerse ～ [+de と] 一線を保持する

apartador, ra [apartađór, ra] [形] 離す, 分け隔てる
—— [名][羊毛・家畜などの] 選別係; [鉱物などの] 選別工
—— [男] ❶ 選別機, 分離機. ❷《中南米》[牛を追う] 突き棒

apartahotel [apartaotél] [男] =**apartamento**

apartamentero, ra [apartamentéro, ra] [形]《コロンビア》泥棒

apartamento [apartaménto]《←*apartar*》[男]《西》[個々の住居としての] マンション, アパート《類語》 **apartamento** は一般に **piso** よりも部屋が少なく, 1～3部屋): Vive en un ～ alquilado. 彼は賃貸マンションに住んでいる. alquilar un ～ アパートを借りる. complejo de ～《建物全体・集合的な住居としての》マンション, アパート. ～ *de* descanso リゾートマンション. ～ *en la* costa 海岸のリゾートマンション

apartamiento [apartamjénto] [男] ❶ 離す (離れる)こと, 引き離し, 分離; 選別: Dijo que su ～ *de* la actividad empresarial era temporal. 企業活動から遠ざかるのは一時的なものだと彼は言った. ❷ 隔絶; 離反, 疎遠. ❸ 僻地.《法律》[訴訟の] 取り下げ. ❹《中南米》= **apartamento**

apartar [apartár]《←*aparte*》[+de から] 離す, 遠ざける; 隔離する: Vamos a ～ esta mesa un poco más *de* la pared. このテーブルを壁からもう少し離そう. Aparté a los niños que reñían. 私はけんかをしている子供を引き分けた. Los policías *apartaron* a la gente para que pudiera pasar la ambulancia. 警官たちは救急車が通れるように人々を道を空けさせた. ～ a los enfermos contagiosos 伝染病患者を隔離する. ❷ そらす, 外れさせる: Trataron de ～ mi atención *del* tema. 彼らはその話題から私の注意をそらそうとした. ～ los ojos (la vista・la mirada) *de* …から目をそらす. ❸ 押しのける, 払いのける: Ella *apartó* el regalo que le había ofrecido el hombre. 彼女は男が差し出したプレゼントを突き返した. El policía la *apartó de* un manotazo. 警官は彼女を突き飛ばした. ～ la espada 剣を払いのける. ❹ 別にする, 取り分ける; [別にして] 取っておく: *Ha apartado* todos los papeles necesarios para la reunión mañana. 彼は明日の会議に必要な書類を全部一つにまとめておいた. *Hemos apartado* ya los libros que podemos vender. 私たちは売ってもいい本を取りのけておいた. ¿Quiere ～*me* estos libros, que voy a volver pronto? すぐ戻りますから, 私にこの本を取っておいてもらえますか? ～ el grano *de* la paja 粒とわらをふるい分ける. ～ la ropa *de* invierno 冬物をしまう. ❺ 断念させる, 諦めさせる: Una gran desgracia le *apartó de* realizar el plan. 大きな不幸により, 彼はその計画の実現を諦めた. ❻ [+de 地位から] 解任する. ❼《口語》[+a+不定詞, 突然] …し始める. ❽《中南米》1) [家畜を] 選別する. 2) [銀鉱石から金を] 分離する, 抽出する
—— *～se* 離れる, 別れる: *Se apartó de* la política porque tenía problemas de salud. 健康上の問題があって彼は政界から遠ざかった. *Apártate de* mi vista. 私の前に顔を見せるな. ～*se de* los peligros 危険を避ける. ～*se de* las malas compañías 悪い仲間から離れる. ～*se del* mundo 世を捨てる, 隠棲する. ❷ それる, 外れる: El satélite *se ha apartado de* su trayectoria. 衛星は軌道を外れた. A veces *se apartó de*l tema. 彼の話は時々本題から外れた. ¡Que ese hombre no *se aparte de*l camino recto. その男がまっとうな道から外れなければいいが. ❸ [+de を] やめる, 断念する, 放棄する: *Se apartó de* la bebida. 彼は酒をやめた. ～*se del* cristianismo キリスト教を捨てる. ～*se de* su deber 自分の義務を怠る. ❹ わきに寄る, 身を避ける: ¿Quieres ～*te* un poco? 少しわきに寄っていただけますか. ¡*Apártate!* そこをどけ! ❺ 疎遠になる;《まれ》離婚する. ❻《法律》訴訟を取り下げる

aparte [apárte]《←*parte*》[副] ❶ 別にして, 離して: 1) Ponga esos papeles ～. その書類は別に置いてください. Dejemos ～ este asunto. この件はまた別に扱いましょう. ¿Me lo podría envolver ～? それは別に包装してもらえますか? considerar ～ 別にして考える. enviar ～ 別送する. 2) [代名詞に

esto ~ このことは別にして. eso ~ それはさておき, 別に: El director lo llamó ~ y le reprendió. 校長は別に呼んで叱った. ❸ ほかに, その上: Y ~ tiene otra casa en el campo. その上, 彼は田舎に別の家を持っている. ❹ 改行して: hacer párrafo ~ 改行する, 段落をつける(変える). Punto y ~. ピリオドを打ち改行せよ. Párrafo ~. 改行せよ; 話は変わるが. ❺《演劇》傍白で

~ de... 1)…を別にすれば,…を除外して: A ~ *de* su valor histórico, ahora esa diccionario no sirve para nada. 歴史的価値を別にすれば, その辞書は何の役にも立たない. 2) …のほかに,…に加えて: A ~ *de* profesor e investigador es también poeta. 彼は教師で研究者であるばかりでなく, 詩人でもある

~ de que+直説法 **=~ que**+直説法
~ que+直説法 …ということは別として: A ~ *que* estaba lloviendo, él tenía pocas ganas de salir. 雨が降っていることを別にしても, 彼はあまり外出する気がなかった

dar a+人 *de comer* **~ =echar a*+人 *de comer* **~**
dejando **~** を別にすれば, 考慮に入れないければ, …を後回しにして, さておき: *dejando* ~ la cuestión de... …の問題はさておき
dejar **~** 脇に置く, 置いておく; 除外する, のける
echar a+人 *de comer* **~**《主に軽蔑》[長所・欠点から] …を特別扱いする, 差別する
ser algo **~** 特別である: Entre tantos músicos Karajan *es algo* ~. そういうたくさんいる音楽家の中でもカラヤンは特別だ
tener **~ a*+人 **~**をのけ者にする: Le *tenían* ~ en el colegio. 彼は学校でのけ者にされていた

——《単複同形》❶《演劇》、別個の; 付加の: Guarda el dinero en una caja ~. お金は別の金庫にしまいなさい. Eso es capítulo ~.《口語》それはまた別の話だ. grupo ~ 別のグループ. ❷ 特異な, 特徴のある: Es un novelista ~. 彼は独特の作風の小説家だ. ❸ 内緒の, 内々の: conversación ~ 内緒話

——男 ❶《演劇》傍白, わき台詞: hacer un ~ わき台詞を言う. ❷ 抜刷り, 別冊《=tirada ~》. ❸《別の》段落, 改行: Hay que poner aquí un ~. ここで改行しなければならない. ❹ 内緒話

en un **~** 1)《演劇》傍白で. 2) 内緒で: *En un* ~ me contó todo el problema. 彼は内緒で問題になっていることをすべて話してくれた

apartheid [aparxéjd]《←英語》男 人種隔離政策, アパルトヘイト
apartheid [apartotél] 男 **=apartotel**
apartidario, ria [apartiðárjo, rja] 形 どの党派にも属さない
apartidismo [apartiðísmo] 男 無党派主義
apartidista [apartiðísta] 形 無党派主義の, 政党色のない: festival ~ por la paz 政党色のない平和式典. movimiento ~ 無党派運動
apartijo [apartíxo] 男 **=apartadijo**
aparto [apárto] 男 家畜分け
aparto libro [apárto líβro]《←ラテン語》副 いきなり, すらすら: traducir ~ すらすらと翻訳する
apartosuite [apartoswít] 女 ホテル式のサービスのある高級マンション
apartotel [apartotél] 男 [台所などの付いた] 長期滞在用のホテル, ホテル式のサービスのあるマンション
aparvadera [aparβaðéra] 女《地方語》熊手, レーキ《=allegadora》
aparvadero [aparβaðéro] 男《地方語》熊手, レーキ《=allegadora》
aparvado, da [aparβáðo, ða] 形《地方語》ばかな, 愚かな
aparvador [aparβaðór] 男《地方語》熊手, レーキ《=allegador》
aparvar [aparβár] 他《穀物を》脱穀のために集めて広げる; 脱穀後に熊手で集める《積み上げる》
apasanca [apasáŋka] 女《ボリビア, アルゼンチン. 動物》大型の毒ぐも《学名 Theraphosa avicularia》
apasionadamente [apasjonáðaménte] 副 情熱的に, 熱烈に
apasionado, da [apasjonáðo, ða] 形 ❶ 情熱的な, 熱烈な: amor ~ 激しい恋. discusión ~*da* 激論. elogio ~ 熱烈な賞賛. mujer ~*da* 情熱的な女. temperamento ~ 情熱的な (激しい) 気性. ❷ [estar+. +de·con·por に] 熱中した, 大ファンの: Está ~*da con* el flamenco. 彼女はフラメンコに夢中だ. Estoy ~ *por* este director cinematográfico. 私はこの映画

監督に心酔している. ❸ 不公平な, 偏った: árbitro ~ 不公平な審判. ❹ 病んだ

——男 ❶ 情熱家. ❷ [+*de*ー] 熱狂的なファン: ~ *del* vino ワインの大愛好家. ~s de la ópera 大のオペラ好きたち. ❸《隠語》看守長

apasionamiento [apasjonamjénto] 男 ❶ 熱中, 夢中: Habló sin ningún ~. 彼はまるで熱い気持のない話し方をした. trabajar con gran ~ 無我夢中で働く. ❷ 興奮, 高揚: Me gritó con ~. 彼は興奮して私に叫んだ. ❸ ~ de los ánimos 気持ちの高ぶり
apasionante [apasjonánte] 形 ❶ 熱中させる; 興奮させる: Las películas de Hitchcock son todas ~*s*. ヒッチコックの映画はすべてエキサイティングだ. ❷ 興奮状態の: Mi abuelo, al hablar de días de militar, siempre estuvo ~. 私の祖父は軍隊生活のことを話す時いつも興奮していた
apasionar [apasjonár]《←*a*+*pasión*》他 ❶ 熱中させる; 興奮させる: Me *apasionó* París. 私はパリに魅了された. *El apasionan* las novelas policíacas. 彼は推理小説が大好きだ. ❷ 苦しめる, 悲しませる

——**~se** [+*por·con·en* に] 熱中する, 興奮する; 感情的になる: *Se apasiona con* la lectura. 彼は読書に余念がない. *Me apasioné por* la chica que conocí ayer. 僕は昨日知り合った女の子に一目ぼれした
apasote [apasóte] 男《メキシコ》**=epazote**
apastar [apastár] 他 放牧する《=apacentar》
apastelado, da [apasteláðo, ða] 形 [色が] パステル調の
apatanado, da [apatanáðo, ða] 形 粗野な, がさつな
apatía [apatía]《←ラテン語 apathia <ギリシア語 apatheia < a- (無) +pathos「情熱」》女 ❶ [+*hacia·por* への] 無関心な, アパシー: Siente ~ *por* las mujeres. 彼は女性に一向無関心である. ~ política 政治的無関心. ❷ 無気力, 怠惰: Llevé un mes con una profunda ~. 私は1か月ひどい無気力でいた. ~ *del* mercado 市場の低迷. ❸《哲学》[理想の一つとして] 無感動.《仏教》無執着
apáticamente [apátikaménte] 副 無関心に, しらけて; 無気力に
apático, ca [apátiko, ka]《←*apatía*》形 ❶ 男 無関心な〔人〕, しらけた〔人〕: Eres tan ~ que no te interesas por nada. 君は何も興味が持てないほど無感動な人だ. ❷ 無気力な〔人〕, 怠惰な〔人〕: Estoy ~*ca* estos días y no siento ganas de hacer nada. 私は近ごろ無気力で何かをする気も起こらない
apatita [apatíta] 女 **=apatito**
apatito [apatíto] 男《鉱物》燐灰石
apatosaurio [apatosáwrjo] 男 **=brontosaurio**
apátrida [apátriða]《←ギリシア語 a- (無)+patris, -idos「祖国」》形 名 ❶ 無国籍の; 無国籍者. ❷《南米》愛国心のない〔人〕, 非国民〔の〕
apatridia [apatríðja] 女 無国籍
apatrocinar [apatroθinár] 他《廃語》**=patrocinar**
apatusca [apatúska] 女《アラゴン. 遊戯》硬貨の山に石をぶつけ硬貨の表を出させる遊び
apatusco [apatúsko] 男 ❶《口語》安っぽい飾り, チャラチャラした物. ❷《口語》家庭の道具. ❸《口語》いやな奴
apayasado, da [apajasáðo, ða] 形 おどけた, 道化師の
apayasar [apajasár] 他《まれ》おどけさせる
——**~se**《まれ》おどける, 道化師になる
apble[s].《略語》←apreciable[s] 尊重すべき
apda[s].《略語》←apreciada[s] 尊い
apdo.《略語》←apartado [de correos] 私書箱
apea [apéa] 女《馬具》[縄製の] 足かせ
apeadero [apeaðéro] 男 ❶《鉄道, バス》[切符を販売しない] 無人駅, 簡易停車場. ❷ 仮住まいの家. ❸《古語》[街道の] 休息所. ❹《古語》[玄関などにある] 乗馬用の台
apeador, ra [apeaðór, ra] 男《古語》境界引きをする〔人〕
apealar [apealár] 他《地方語》[動物を] 縛る, 足かせをする
apeamiento [apeamjénto] 男 ❶ 降ろす (降りる) こと. ❷ [地所の] 境界引き, 境界決め. ❸《建築》支柱を施すこと, 補強
apear [apeár]《←俗ラテン語 appedare <ラテン語 pedare「支える」< pes, pedis「足」》他 ❶ [乗り物・馬などから] 降ろす《=bajar》. ❷《口語》[+*de*ー] 断念させる, 思いとどまらせる《=disuadir》: No pudimos ~ *le* de su propósito. 私たちは彼の意図をやめさせることはできなかった. ❸ [地位・職務から] 降格させる, 辞めさせる. ❹《建築》[支持材で一時的に] 補強する. ❺ [馬の] 足を縛る, 足かせをつける; [車に] 輪止めをする, くさびをかう. ❻

apechar [地所が] 境界線を引く, 境界を決める. ❼ [木を] 切り倒す. ❽ [困難に] 打ち勝つ, 乗り越える
―― 自《廃語》歩いて行く
―― ~**se** ❶ [+de 乗り物・馬から, +en+場所 で] 降りる: *En esta estación debemos ~nos*. この駅で私たちは降りなければならない. ~*se del tren en marcha* 走っている列車から飛び降りる. ❷ [+de 意見などを] 変える, 撤回する: *Traté inútilmente de que se apeara de sus palabras*. 私は彼に発言を取り消такое試みたが失敗した. ❸《廃語》宿泊する. ❹《キューバ. 口語》[フォーク・スプーンを使わずに] 食べ物を手で食べる
de apéame uno《キューバ. 口語》[品質などが] 最低の

apechar [apetʃár] 自 =**apechugar**

apechugar [apetʃuɣár]〚←a-+pechuga〛❽ 自《口語》[+con 責任・不快な結果を] 我慢して受け入れる: *Debes ~ con las consecuencias de lo que hagas*. 君は自分の行動の結果は甘受すべきだ. ~ *con todo el trabajo* 仕事を全部引き受ける
―― 他 …に胸を押しつける (ぶつける)
―― ~**se** 詰め込まれる《=apretujarse》

apechusques [apetʃúskes] 男 複《口語》《地方語》道具

apedazar [apeðaθár] ❾ 他 ❶《服などに》継ぎをする. ❷《まれ》ずたずたにする, 引き裂く

apedernalado, da [apeðernaláðo, ða] 形《廃語》=**pedernalino**

apedgar [apeðɣár] ❽ 他《古語》[馬に] 足かせを付ける

apedrar [apeðrár] 他《古語》=**apedrear**

apedrea [apeðréa] 女《古語》=**apedreamiento**

apedreadero [apeðreaðéro] 男《廃語》[少年たちの] 石投げ合戦場

apedreado, da [apeðreáðo, ða] 形 ❶《まれ》[猛禽が] 斑点のある, まだら模様の. ❷ *cara ~da* あばた顔

apedreador, ra [apeðreaðór, ra] 形 石を投げる [人]; 石打ちの刑を行なう [人]

apedreamiento [apeðreamjénto] 男 投石

apedrear [apeðreár]〚←a-+piedra〛他 ❶ …に石を投げる: ~ *el tren* 列車に投石する. ❷ 石を投げつけて殺す, 石打ちの刑にする. ❸《アンダルシア. 料理》[魚・肉に] 切り込みを入れる
―― [単人称] 雹 (ひょう) が降る
―― ~**se** ❶ 石を投げ合う. ❷ [農作物が] 雹害を受ける

apedreo [apeðréo] 男 =**apedreamiento**

apegadamente [apeɣáðaménte] 副 執着して, 愛着をもって

apegaderas [apeɣaðéras] 女《単複同形》《リオハ. 植物》ゴボウ

apegadizo, za [apeɣaðíθo, θa] 形《廃語》=**pegadizo**

apegamiento [apeɣamjénto] 男 ❶ =apego. ❷《まれ》=**pegamiento**

apegar [apeɣár]〚←ラテン語 ad- (に)+picare < pix, picis「木タールピッチ」〛❽ 他《廃語》=**pegar**
―― ~**se** ❶ [+a に] 愛着を抱く, 執着する: *El gato se apega a la casa donde vive y no quiere mudarse*. 猫は住んでいる家に居着いて引っ越しを嫌う. *Están muy apegados a sus antecedentes*. 彼らは非常に前例を重んじる. ~*se al cargo* 地位にしがみつく

apego [apéɣo]〚←apegarse〛男 [+a por+人・事物 への] 愛着, 執着《=*amor* 類義》: *Le tengo gran ~ a mi tierra*. 私は故郷にとても愛着がある. *El niño siente mucho ~ por sus abuelitos*. その子はおじいちゃんおばあちゃんに大変なついている. *Siente ~ por su viejo gabán*. 彼は古コートを捨てがたく思っている. *Tiene muy poco ~ al estudio*. 彼は勉強には見向きもしない. *tomar* (*cobrar*) ~ *a...* …に愛着を抱く

apelabilidad [apelaβiliðá(ð)] 女《法律》[判決の] 可能性

apelable [apeláβle] 形《法律》[判決が] 上訴 (控訴) 可能な

apelación [apelaθjón]〚←ラテン語 *appellatio, -onis*〛女 ❶《法律》上訴, 控訴, 上告: *presentar* (*interponer*) *una ~ contra la sentencia* 判決に不服として上訴する. *conceder la ~* 控訴を受理する. *denegar* (*desamparar*) *la ~* 控訴を棄却する. ❷ 呼びかけ, アピール: *hacer una ~ a la manifestación contra la guerra* 反戦デモを呼びかける. ❸《まれ》呼ぶこと. ❹《廃語》診察
no haber (*tener*) ~《口語》打つ手がない, お手上げである
sin ~ 回復不能なまでに

apelado, da [apeláðo, ða] I 形《法律》被控訴人 [の], 控訴された [の]
II 形《牛・馬同士が》同色の, 毛並みのそろった

apelambrar [apelambrár]〚脱毛するために皮革に〛石灰水

apelante [apelánte] 形 名《法律》上訴人 [の]

apelar [apelár] I〚←ラテン語 *appellare*「呼ぶ」〛自 ❶《法律》上訴する, 上告する: 1) *Apelaron ante el Tribunal Supremo*. 彼らは最高裁に上告した. ~ *de* (*contra*) *una sentencia* 判決を不服として上訴する. 2) [例外的に受け身で] *La sentencia fue apelada*. 判決は上訴された. ❷ [+a 手段などに] 訴える: *Apeló a la generosidad del profesor para aprobar*. 彼は合格するため先生のお情けにすがった. *Tenemos que ~ a nuestros conocimientos*. 私たちは持てる知識を総動員しなければならない. *El alcalde ha apelado a las fuerzas de policía para dispersar a los manifestantes*. 市長はデモ隊を解散させるため警察部隊を用いた. ~ *a la violencia* 暴力に訴える. ❸《まれ》言及する
―― 他《まれ》[人を] 呼ぶ, あだ名を付ける
II〚←pelo〛自 [牛・馬同士が] 同色である, 毛並みがそろっている

apelativo, va [apelatíβo, βa]〚←*apelar*〛❶ 呼び名の, 通称の. ❷《文法》呼びかけの, 呼格の
―― 男 ❶ あだ名, 呼び名, 通称, 別名: ~ *cariñoso* 愛称. ❷《中南米》姓 [=apellido, nombre ~]

apeldar [apeldár] 自《まれ》= ~**las**
~*las* すたこら逃げる, 逃げ去る
―― ~**se**《サラマンカ》集まる, 集合する

apelde [apélde] 男 ❶ [フランシスコ会修道院で] 暁の鐘. ❷《口語》逃げ去ること

apeledado, da [apeleðáðo, ða] 形 毛布で胴上げされる人形のような

apellar [apeʎár] 他 ❶ [皮を] たたいてなめす. ❷《古語》=**apelar**. ❸《カンタブリア》[荷車を] きしませる

apellidador, ra [apeʎiðaðór, ra] 形 名 づける [人]

apellidamiento [apeʎiðamjénto] 男 名づけること

apellidar [apeʎiðár]〚←俗ラテン語 *appellitare* < ラテン語 *appella-re*〛他 ❶ [+de 肩書を] 形容する: *Aquí le apellidan de "el santo"*. ここでは彼は「聖人」と言われている. ❷ [+自的格補語と] …を名づける; [通称で] 呼ぶ: *El verdadero nombre del pintor nacido en Grecia es tan largo que le apellidaron El Greco*. ギリシア生まれのその画家は本当の名前が長いので, エル・グレコと呼ばれる. ❸《まれ》点呼をとる; [大声で] 呼ぶ, 号令をかける; 召集する. ❹《まれ》[地位などに] 推薦する, 推戴する
―― ~**se** 《口》[+土地補語] …という姓 (名字) である: ¿*Cómo te apellidas*? 君の姓は? *Me apellido Fernández*. 私の姓はフェルナンデスです. ❷ …という通称 (あだ名) で呼ばれる: *A Manuel se le apellidó "El Cordobés"*. マヌエルは「エル・コルドベス」(コルドバの男) と呼ばれた

apellido [apeʎíðo]〚←apellidar〛男 ❶ 姓, 名字 [=~ *familiar*]: *Sus ~s son García Fernández*. 彼の姓はガルシア・フェルナンデスだ. *María, ¿Cómo te llamas de ~?* —*Me llamo López Álvarez de ~*. マリア, 君の名字は何て言うの?—姓はロペス・アルバレスです. ~ *paterno/primer* 父方の姓. ~ *materno/segundo* 母方の姓. ~ *de soltera* (*de casada*) [女性の] 結婚前 (後) の姓.《参考》スペイン語圏では氏名は 個人名+父方の姓+母方の姓 からなる. たとえば, Jorge García Fernández (夫) と María López Álvarez (妻) が結婚して Luisa という女の子が生まれた場合, その姓は Luisa García López となる. また, 結婚しても, 戸籍上は名字は男女とも変わらない. ただし, 妻が夫の父方の姓を de... という形で俗称することがある (たとえば, María López *de García*). ~ *familiar* の場合は, 夫の父方の姓を使い, 上記の例では, 「ガルシア家」となる. ❷ 通称, 呼び名 [=*sobrenombre*]. ❸《歴史》[都市防衛戦のための] 軍事招集. ❹《廃語》叫び声, 呼び声
con nombre y ~ データを詳細に, 詳しく

apelmazado, da [apelmaθáðo, ða] 形《文学・美術作品が複雑すぎて・装飾過多で》分かりにくい, 面白くない

apelmazador, ra [apelmaθaðór, ra] 形 固くする [する]

apelmazamiento [apelmaθamjénto] 男 固くする (なる) こと

apelmazar [apelmaθár]〚←pelmazo〛❾ 他 ❶ [ふっくらすべきものを] 固くする: *paella apelmazada* ご飯粒がべたついてかたまりになったパエーリャ. ❷ [エルサルバドル, ニカラグア] 地を固める, 地ならしする
―― ~**se** 固くなる: *El pan se ha apelmazado*. パンが生焼けだ/ふっくら焼けなかった

apelotonamiento [apelotonamjénto] 男 丸める(寄せ集める)こと; 群がること
apelotonar [apelotonár]《←a-+pelota》他 玉にする, 丸める; 寄せ集める
—— **~se** ❶ 群がる, 群をなす: Los chicos *se apelotonaron* delante de la discoteca. 少年たちがディスコの前に群がっていた. ❷ [動物が] 丸くなる
apena [apéna] 副《廃語》=**apenas**
apenado, da [apenáðo, ða] 形《中南米》気の毒な, かわいそうな
apenar [apenár]《←a-+pena》他 深く悲しませる, つらい思いをさせる, ひどく苦しませる: La muerte de su padre le *apenó* mucho. 父の死で彼は深い悲しみを味わった. ❷《アラゴン》[人の土地に家畜を侵入させた人に] 罰を課す. ❸《中南米》どぎまぎさせる
—— **~se** ❶ [+con・por・de で] 深く悲しむ: *Se apenó con* la despedida. 別れをひどく悲しんだ. Dolorido y *apenado*, el rey dio una orden. 心が傷つき深く悲しんだ王様はある命令を出した. He tomado la decisión a la ligera, pero ahora estoy *apenado* de eso. 私は軽率にことを決めてしまったが, 今はそれを残念に思っている. ❷《中南米》恥ずかしがる, はにかむ, どぎまぎする
apenas [apénas]《←a-+pena》副《否定副詞. ⇔casi》❶ ほとんど[…ない]《普通は動詞の前に置かれる. 否定語 no を伴うと動詞の後に置かれる》: A~ me escribe./No me escribe ~. 彼はほとんど手紙を書いてこない. Él mismo ~ lo recordaba. 彼自身はとんどそれを覚えていなかった. A~ nadie salía a la calle. ほとんど誰も表に出なかった. ❷ [+数量] せいぜい…, ほんの…: El suceso tuvo lugar ~ dos o tres meses antes de su muerte. その事件が起こったのは彼が死ぬほんの2, 3か月ほど前だった. Podremos estar aquí ~ unas semanas. 私たちはここにはせいぜい2, 3週間しかいられないだろう. ❸ 何とか, かろうじて, やっと: Ella ~ se da cuenta de que aquellas ideas eran equivocadas. 彼女はやっとそうした考えが間違いであることに気づいた. A~ necesito decirlo. 私はそれを言う必要があることはあるのだが. ❹ [+過去分詞]…とするとすぐに: A~ salidos del vientre materno, los gemelos de la hiena se lanzan el uno sobre el otro. 母親の胎内から出るとすぐハイエナの子供たちは取っ組み合いを始める. ❺《メキシコ. 口語》[時間]…まで[…ない]: A~ al fin de la semana podré ir al cine. 私は週末まで映画を見に行けないだろう
—— 接《主に中南米》…するとすぐに[=en cuanto]: 1) A~ llegó a la oficina, comenzó a trabajar. 彼は事務所に着くと, すぐに仕事を始めた. 2) 未来のことについては +接続法 Déjale entrar, ~ llegue. 彼が着いたら, すぐ入れなさい. ❻ 不定詞 A~ salir, comenzó a llover. 外に出るや否や雨が降り始めた
~ cuando...…するや否や…: ~ *cuando* había empezado a hablar, *cuando* me cortaron. 話し始めてすぐ, 私は話を遮られた
~ si [強調] 1) ほとんど[…ない]: Ese país ~ *si* tiene futuro. その国にはほとんど未来がない. 2) せいぜい; やっと: A~ *si* lograron convencerle. 彼らはかろうじて彼を説得した
apencar [apeŋkár] 8 自《口語》我慢して受け入れる〖=apechugar〗
apendectomía [apendektomía] 女 =**apendicectomía**
apendejar [apendexár] **~se**《中南米. 俗語》愚かになる
apéndice [apéndiθe]《←ラテン語 appendix, -icis < appendere「ぶら下げる」》❶ [巻末の] 付録, 補遺: Este libro lleva un ~. この本には巻末に付録がある. ❷ [解剖] 虫垂, 虫様突起[= vermicular, ~ vermiforme, ~ cecal];[生物] 付属器官, 付属体;[動物] 外皮, 付属肢: ~ nasal [戯語] 鼻. ❸ 付属[条項]. ❹ 取り巻き, 腰ぎんちゃく; 添え物
apendicectomía [apendiθektomía] 女《医学》虫垂切除
apendicitis [apendiθítis] 女《医学》虫垂炎, 盲腸炎
apendicular [apendikulár] 形《解剖》虫垂の;《生物》付属器の
apenínico, ca [apeníniko, ka] 形《地名》[イタリアの] アペニン山脈 montes Apeninos の
apenino, na [apeníno, na] 形《まれ》=**apenínico**
apensionar [apensjonár] 他《廃語》=**pensionar**
—— **~se**《中南米》悲しむ, 嘆く
apenumbrar [apenumbrár] 他《まれ》薄明かりにする
apeñuscar [apeɲuskár] 7 他《地方語》詰め込む; 積み重ねる
—— **~se**《中南米. 口語》ぎゅうぎゅうになる
apeñusgar [apeɲusɣár] 8 他《地方語》抱き締める

apeo [apéo] 男 ❶ 下車, 下馬. ❷ [地所の] 境界決め, 境界標の書類; 地籍台帳. ❸《建築》支柱材, 足場;[支柱による] 補強. ❹ [木の] 切り倒し, 伐採
apeonar [apeonár] 自《鳥, 特にシャコが》地面を走る
apepinado, da [apepináðo, ða] 形 キュウリ型で長い
apepsia [apé[p]sja] 女《医学》消化不良
apepú [apepú] 男《植物, 果実》少しにがいオレンジ
aperado, da [aperáðo, ða] 形《アンダルシア》《農場が》牛2頭 yunta や農具のそろった
aperador [aperaðór] 男 ❶ [農場の] 農具[修繕]係; 農場管理人. ❷ 車大工. ❸ [鉱山の] 現場監督, 人夫頭
aperar [aperár]《←ラテン語 apparirare < par, paris「一対」》❶ 組み立てる; 準備する. ❷ [荷車・農具などを] 作る, 整える. ❸《中南米》[+de 道具を] …に装備する;《ニカラグア, アルゼンチン, ウルグアイ》[馬に] 馬具を付ける
apercebimiento [aperθeβimjénto] 男《古語》=**apercibimiento**
apercebir [aperθeβír] 他《古語》=**apercibir**
apercepción [aperθepθjón] 女《心理》統覚
apercibimiento [aperθiβimjénto] 男 ❶ 警告. ❷《法律》訓戒
apercibir [aperθiβír]《←a-+percibir》他 ❶《文語》[+de・por・con 危険を] …に知らせる, 警告する: Nos *apercibieron de* posibles caídas de rayos en la cresta. 私たちは尾根に落雷があるかもしれないと警告された. ❷《文語》[+con・por だと] おどす, たしなめる: *Me han apercibido* con el suspenso si vuelvo a sacar tales notas. 私はもう一度こんな点を取ったら落第すると叱られた. ❸《文語》[必要な物を] 準備する: *Apercibieron* camas para acoger a los heridos. 負傷者を収容するためのベッドが用意された. ❹ [哲学など] [誤りなどを] 認識する[=percibir]. ❺《心理》統覚する. ❻《法律》[あらかじめ] 制裁を通告する
—— **~se** ❶ [+de に] 気づく: *Se apercibió del* ruido que hiciste. 彼は君のたてた音に気がついた. ❷《文語》[+a・para の] 用意をする: Ya *me he apercibido para* la partida. 私はもう出発の準備ができた
apercibo [aperθíβo] 男《古語》=**apercibimiento**
aperción [aperθjón] 女《廃語》開くこと
apercollar [aperkoʎár] 28 他《廃語》❶ …の首根っ子を押さえる; 後頭部を打って殺す. ❷《廃語》ひっつかむ, かっぱらう. ❸《グアテマラ, チリ》激しく抱擁する, いちゃつく
apercolle [aperkóʎe] 男《グアテマラ, チリ》激しく抱擁, いちゃつき
aperdigar [aperðiɣár] 8 他 =**perdigar**
apereá [apereá] 男《動物》アマゾンテンジクネズミ
apergaminado, da [aperɣamináðo, ða] 形 ❶ 羊皮紙のような. ❷ しわだりけのひからびた, しなびた: piel ~ *da* ひからびた皮膚. viejo ~ やせこけた老人
apergaminamiento [aperɣaminamjénto] 男 しなびること, しわくちゃになること
apergaminar [aperɣaminár]《←a-+pergamino》**~se** [皮膚が] しなびる, しわくちゃになる; やせこける
aperiodicidad [aperjoðiθiða(ð)] 女 非周期性
aperiódico, ca [aperjóðiko, ka] 形 非周期的な;《物理》非振動性の
aperitivo[1] [aperitíβo]《←ラテン語 aperitivus < aperire「開く」》男 ❶ 食前酒, アペリチフ. ❷ [食前酒の] つまみ, 軽い食べ物. ❸《薬学》食欲増進剤. ❹ 前兆, 前ぶれ
aperitivo[2], **va** [aperitíβo, βa] 形《医学》食欲増進の, 食欲を刺激する
aperlado, da [aperláðo, ða] 形 ❶ gris ~ 淡灰色の. ❷ 真珠で飾られた
apernacar [apernakár] 7 **~se** [馬などに] またがる
apernador, ra [apernaðór, ra] 男女《狩猟》獲物の脚にかみつく〈犬〉
apernar [apernár] 23 他《狩猟》[犬が犬物の] 脚にかみつく
apero [apéro]《←ラテン語 apparium「役立つ」< apparire「対にする」<ラテン語 par, paris「対」》❶《主に複》農器具[=~s de labranza]; 道具類. ❷ [夜間用の] 家畜小屋. ❸《古語》家畜の群れ;[メキシコ, ブエルトリコ, ベネズエラ, チリ, アルゼンチン]《俗》[日常的より豪華な] 馬具
aperrar [aperár] **~se**《メキシコ. 口語》固執する
aperreado, da [aperéaðo, ða] 形《口語》[人生などが] つらい, 厄介な

aperreador, ra [apereaðór, ra] 形 名《廃語》ひどく疲れさせる〔人〕

aperrear [apereár] 他 ❶《口語》ひどく疲れさせる、うんざりさせる。❷ …に犬をけしかける
── **~se** ❶《口語》へとへとになる。❷ 固執する、こだわる《= emperrarse》

aperreo [apereo] 男《口語》ひどく疲れさせる(うんざりさせる)こと

aperrillar [aperilár] 他 ❶ 銃の)撃鉄を起こす

apersogar [apersogár] 8 他 ❶ 〔逃げないように、動物を柱に/動物同士を〕つなぐ。❷《ベネズエラ》〔物を〕まとめて縛る
── **~se**《ベネズエラ、アルゼンチン》愛人関係になる

apersonado, da [apersonáðo, da] 形《まれ》風采のよい《= bien ~》: mal ~ 風采の上がらない

apersonamiento [apersonamjénto] 男《法律》取引への同意

apersonar [apersonár] 自 ❶〔人が〕姿を現わす、現われる。❷《法律》〔取引に〕加わる、同席する。❸《まれ》着飾る、おめかしする。❹《コロンビア》〔+de を〕担当する

apertrechar [apertretʃár] 他 ❶《中南米》=**pertrechar**.❷《ベネズエラ》選んでから〕グループ分けする

apertura [apertúra]《←ラテン語》女 ❶ 開始《⇔clausura, cierre〕;その式典: día de ~ 開業日、初日. hora de ~ 開店〔開館・開場〕時刻. ~ de curso 開講、始業式. ~ del festival del cine 映画祭の開幕〔式〕. ~ del parque de atracciones 遊園地の開業〔式〕. ~ de una nueva era 新時代の幕あけ. ~ de una cuenta corriente 当座預金口座の開設. ~ del gobierno 開かれた政府. ~ del mercado 市場開放. ❸ 遺言状の開封《=~ de un testamento》. ❹《相場》寄付き: precio de ~ 寄り値. ❺《チェス》初手. ❻《光学》〔カメラの〕開口;〔レンズの〕有効口径. ❼《解剖》開口、孔

aperturar [aperturár] 他 開く

aperturismo [aperturísmo] 男 開放主義、自由主義、進歩主義

aperturista [aperturísta] 形 名 開放(自由・進歩)主義の〔人〕

apesadumbrado, da [apesaðumbráðo, da] 形 悲しそうな、重い気分の、不快な

apesadumbrar [apesaðumbrár]《←a-+pesadumbre》他 悲しませる、重い気分にさせる: Me apesadumbra mucho su mala suerte. 彼の不運に私は気が沈む
── **~se**〔+con·por·de を〕悲しむ、嘆く、不快になる

apesaradamente [apesaráðaménte] 副 重い(悲しい)気分で

apesarar [apesarár] 他《まれ》=**apesadumbrar**

apesgamiento [apesgamjénto] 男《廃語》疲れさせる(疲れる)こと

apesgar [apesgár] 8 他《廃語》疲れさせる
── **~se**《廃語》疲れる

apestado, da [apestáðo, da] 形 ❶ 疫病に感染した。❷《口語》〔場所が, +de で〕一杯の、…だらけの: La nueva discoteca estaba ~da de adolescentes. 新規開店のディスコは若者たちであふれていた. ❸《メキシコ. 口語》運の悪い. ❹《南米. 口語》病気の
── 名 疫病患者

apestar [apestár]《←a-+peste》他 ❶ 疫病(ペスト)に感染させる: Las ratas apestaban las ciudades medievales. ネズミが中世都市をペストに感染させた。❷〔+場所 に〕悪臭をつける: El humo de tabaco apesta el cuarto. たばこの煙で部屋がくさい. ❸《口語》〔+con で〕うんざりさせる、飽き飽きさせる: Me apestas con tus quejas continuas. 君は絶えず文句ばかりでうんざりだ. ❹〔+場所 を, +de で〕だらけにする: ~ la ciudad de carteles electorales 街中を選挙ポスターだらけにする. ❺《良俗・道徳を》破壊する
── 自 ❶〔+a の〕悪臭を放つ: 1) Este pescado apesta. この魚はいやな臭いがする. Su boca apesta a cebollas. 彼は玉ねぎの口臭がする. 2)〔単人称〕Aquí apesta a tabaco. ここは煙草くさい. ❷〔事柄が〕うさんくさい、信用ならない: Apestan las inversiones del banco. 彼の融資は信用できない. Sus palabras apestan. 彼の言葉は怪しい. ❸〔場所に, +de で〕ふんだんにある、あふれている
── **~se** ❶ 疫病にかかる。❷《メキシコ. 口語》〔計画が〕失敗する。❸《南米. 口語》風邪をひく

apestillar [apestiʎár] 他 …に掛けがねをかける

apestor [apestór] 男《地方語》ひどい悪臭

apestoso, sa [apestóso, sa]《←apestar》形 ❶ ひどくくさい、ひどい悪臭のする: fábrica ~sa ひどい悪臭のする工場. ❷ つまらない、退屈な、うんざりさせる

apétalo, la [apétalo, la]《植物》花弁のない

apetecedor, ra [apeteθeðór, ra] 形 魅力的な、好ましい

apetecer [apeteθér]《←ラテン語 appetere < ad-(に)+petere「欲する」》39 他〔主に西〕 ❶ 欲する: No me apetece nada. 私は何も食べたくない. Una buena paella siempre apetece. おいしいパエーリャならいつでも食べたい. ❷ 意欲をそそる、気にさせる: 1) Si te apetece, vamos al cine. よかったら映画でも見に行こう. 2)〔+不定詞・que+接続法〕Hoy no me apetece hablar con él. 今日私は彼と話をする気にならない. ¿Te apetece que te acompañe? 一緒に行ってほしいかい? ❸ 気にさせる、そそられる: Ahora me apetece el silencio. 私は今は静かな所にいたい
¿Qué te apetece hacer? 君は何をしたいのか?
── 自〔主に西. 文語〕望む、欲する: Apetecemos la paz y tranquilidad. 我々は平和と落ち着きを望んでいる. Solo apetece dinero y honores. 彼は金と名誉だけを欲しがっている
── **~se** ❶〔疑問文で丁寧な申し出〕¿Se le apetece algo fresco? 何か冷たいものでもいかがですか?

apetecible [apeteθíble] 形 ❶ 食欲をかきたてる: El plato es ~. その料理は食欲をそそる. ❷ 望ましい、魅力的な: Es un edificio ~ para los aficionados al modernismo. モダン好みの人々にとって魅力的な建物だ. título ~ 興味をかき立てるタイトル. ❸《口語》性的欲望をそそる

apetencia [apeténθja]《←apetecer》女《文語》❶〔+de への〕欲望、欲求、渇望: Los hombres tienen ~s de influir en la sucesión del presidente. その男たちは大統領の後継に影響力をふるいたいと考えている. sus secretas ~s e inquietudes 彼のひそかな欲望と不安. ~ de poder 権力欲. ~ sexual 性的欲望. ❷ 食欲

apeticibilidad [apeteθibiliðá(ð)] 女 おいしさ; 好ましさ

apetición [apetiθjón]《心理》欲望をそそること

apetitivamente [apetitíbaménte] 副《心理》欲望をそそるように

apetitivo, va [apetitíbo, ba] 形《哲学, 心理》欲望の、欲求の

apetito [apetíto]《←ラテン語 appetitus》男 ❶ 食欲: Tengo mucho ~. 私はとてもおなかがすいている/食欲が旺盛だ. Este niño no tiene ~. この子は食欲がない. El hacer deporte me abre el ~./El hacer deporte despierta mi ~. スポーツをすると食欲がわく). comer con mucho (poco) ~ もりもり食べる(食が進まない). perder (quitar) el ~ 食欲をなくす(なくさせる). sentir ~ お腹がすいている. ❷ 欲望、欲求、《軽蔑》《獣的な》欲望: satisfacer sus ~s 自分の欲望を満たす. ~ carnal 肉欲. ~ de riquezas 金銭欲. ~ por la vida 生存欲. ~ sexual 性的欲望
¡Buen ~!《主にカタルーニャ》〔食事中の人への挨拶〕どうぞゆっくり《= ¡Que aproveche!》

apetitoso, sa [apetitóso, sa]《←apetito》形 ❶ 食欲をそそる、おいしそうな: Esta tarta tiene un aspecto ~. このケーキはおいしそうな外見をしている. plato ~ おいしそうな料理. ❷《口語》欲望をそそる、心をそそる: mujer ~sa 欲情をそそる女性. tentación ~sa 心をかきたてられる誘惑. ❸ 意欲をかきたてられる、興味のある: La red Internet se está convirtiendo en un mercado cada vez más ~ para la inversión. インターネットは投資のためにますます魅力的なマーケットに変わりつつある. empleo ~ 魅力のある仕事. película ~sa 面白い映画

ápex [ápe(k)s] I 男《単複同形》❶《天文》〔太陽〕向点. ❷ 兜の頂
II《←英語 apex(略記)》男《航空》tarifa ~ アペックス運賃, 事前購入型割引航空運賃

apezonado, da [apeθonáðo, da] 形 乳首形の

apezuñar [apeθuɲár] 自〔牛馬が坂で〕踏ん張る、ひづめを立てる

apiacá [apjaká] 形 名 アピアカ族〔の〕《ブラジルの先住民》

apiadador, ra [apjaðaðór, ra] 形 哀れむ、同情する、気の毒がる

apiadar [apjaðár]《←a-+古語 piadad「哀れみ」》他 ❶ 同情を呼び起こす。❷《廃語》哀れむ、気の毒に思う
── **~se**〔+de を〕哀れむ、気の毒に思う、同情する: Que Dios se apiade de nosotros. 神よ我らを哀れみたまえ

apianar [apjanár] 他〔音・声を〕弱める、小さくする
── **~se**〔音・声が〕弱まる、小さくなる

apiaradero [apjaraðéro] 男〔羊・豚の群れの〕頭数数え、総数

apiaramiento [apjaramjénto] 男 群れ piara にすること
apiario [apjárjo] 男《主に中南米》養蜂場 [=colmenar]
apiastro [apjástro] 男《古語.植物》レモンバーム [=toronjil]
apical [apikál] 形《音声》舌尖(ﾃﾝ)の,舌尖音の《スペイン語の s, l, t など》
apicarado, da [apikaráðo, ða] 形 名 ごろつき(の),与太者(の),ぐれた
apicaramiento [apikaramjénto] 男 ごろつきになること, ぐれること
apicarar [apikarár] ~se ごろつき(与太者) pícaro になる,ぐれる
ápice [ápiθe]《←ラテン語 apex, -icis》男 ❶《文語》先端: ~ del lápiz 鉛筆の先. ~ de la lengua 舌の先. ❷《文語》頂上,頂点: estar en el ~ de la gloria 栄光の絶頂にある. ❸《un+. 主に否定の強調》ほんのわずか(も…ない): No hay ni un ~ de viento. そよとの風もない. sin un ~ de malicia みじんの悪意もなく. ❹［物事の］最難関,やま,急所. ❺《廃語》アクセント記号 [=tilde]
estar en los ~s de...《廃語》…のことは何から何まで分かっている,すっかり承知している
apicectomía [apiθektomía] 女《医学》歯根尖切除〔術〕
apichonar [apitʃonár] ~se《アルゼンチン,ウルグアイ.口語》［人が］元気がなくなる; 恐怖を感じる,おじけづく
apicoalveolar [apikoalβeolár] 形《音声》舌尖歯茎音(の)
apicodental [apikoðentál] 形《音声》舌尖歯音(の)
apícola [apíkola] 形 養蜂の
apiconado, da [apikonáðo, ða] 形《建築》つるはしで彫った
apículo [apíkulo] 男 尖端,先端
apicultor, ra [apikultór, ra]《←apicultura》名 養蜂家,養蜂業者
apicultura [apikultúra]《←ラテン語 apis「ミツバチ」+cultura》女 養蜂〔業〕
ápido, da [ápiðo, ða] 形 ミツバチ科の
—— 女《昆虫》ミツバチ科
apiensar [apjensár] 他［動物に］飼料 pienso を与える
apilable [apiláβle] 形［家具などが］積み重ねできる; 積み上げ式の家具
apilado, da [apiláðo, ða] 形 →**castaña** apilada
—— 男 =**apilamiento**
apilador, ra [apilaðór, ra] 形 名 積み重ねる〔人〕
apilamiento [apilamjénto] 男 積み重ね
apilar [apilár] 積み重ねる,積み上げる,山積みにする: *Apila aquí esos libros.* ここにその本を積んでくれ
apimplar [apimplár] ~se《口語》ほろ酔いする
apimpollar [apimpoʎár]《←a-+pimpollo》~se ［草木が］芽吹く,新芽を出す
apiñado, da [apiɲáðo, ða] 形 ❶ ぎゅうぎゅう詰めの; 混み合った. ❷ 松かさ状の
apiñadura [apiɲaðúra] 女 =**apiñamiento**
apiñamiento [apiɲamjénto] 男 詰め込むこと,ぎゅうぎゅう詰め; ひしめき合い,雑踏: ~ de gente 黒山の人
apiñar [apiɲár]《←a-+piña》他 詰め込む,ぎゅうぎゅう詰めにする
—— ~se ［ぎっしりと］詰まる; 押し合う,寄り集まる: *Los aficionados se apiñaron a la entrada para verla.* ファンたちは彼女を見ようと入口にひしめいた
apiñonado, da [apiɲonáðo, ða] 形《メキシコ》［皮膚の色が］少し浅黒い
apio [ápjo]《←ラテン語 apium》男 ❶《植物》セロリ: 1) una rama de ~ セロリスティック1本. un pie de ~ セロリスティックの白い部分1本. un tallo de ~ 太いままのセロリ1本. 2) semillas de ~ セロリシード. ~ caballar (esquino) アレクサンダース. ~ cimarrón 野生セロリ〔薬用〕. ~ nabo (rábano) セロリアック,根セロリ〔食用〕. ~ de ranas キンポウゲ. ❷《植物》~ tuberoso/~s アピオス,ホドイモ〔食用〕. ❸《口語》ホモ,おかま
apiojar [apjoxár] ~se《ムルシア》［植物が］アブラムシだらけになる
apiol [apjól]《化学》アピオール
apiolar [apjolár] 他 ❶《西.口語》殺す. ❷［吊るすために,獲物の］足を縛り合わせる. ❸《ラプラタ.口語》分からせる,気づく
apipar [apipár] ~se《地方語》[+de を] たらふく食べる(飲む),大食いする,大酒を飲む
apiporrar [apipoɾár] ~se《地方語》=**apiparse**

apiramidado, da [apiramiðáðo, ða] 形 ピラミッド形の
apirético, ka [apirétiko, ka] 形 男《医学》熱のない,無熱〔性〕の. ❷《薬学》解熱の; 解熱剤
apirexia [apiré(k)sja] 女《医学》無熱,発熱間欠期
apiri [apíri] 男《アンデス》❶《鉱山》鉱石運搬作業員. ❷ 荷物運びの少年
Apis [ápis] 男《エジプト神話》アピス,聖牛
apisonado [apisonáðo] 男 =**apisonamiento**
apisonador, ra [apisonaðór, ra] 形 地ならしする,地固めする; 突き固める
—— 女 ❶《土木》ロードローラー. ❷ がむしゃらな人,強引な人
apisonamiento [apisonamjénto] 男［ローラーによる］地ならし,地固めする; 突き固め
apisonar [apisonár]《←a-+pisón》他《主にローラーで》地ならしする,地固めする,ローラーをかける; 突き固める: *Han apisonado el camino antes de asfaltarlo.* 道路をアスファルトで舗装する前にローラーをかけた
apitar [apitár] 他《サラマンカ》❶［犬に］家畜を危険な場所から追い出せと命令する. ❷［不快で］叫ぶ
apitiguar [apitiγwár] 13 ~se《チリ.口語》［突然］意気消沈する,元気がなくなる
apito [apíto]《サラマンカ》叫び
apitonado, da [apitonáðo, ða] 形《廃語》怒りっぽい,気難しい
apitonamiento [apitonamjénto] 男 ❶ 角の生え始め; 芽吹き. ❷ ひながくちばしで卵のからを割ること
apitonar [apitonár] 他 ❶ 角(ﾂﾉ)が生える; 芽が出る
—— 他 ［ひながくちばしで卵のからを］割る
—— ~se《廃語》怒る,腹を立てる
apitoxina [apito(k)sína] 女《生化》アピトキシン,ミツバチの蜂針液
apitutado, da [apitutáðo, ða] 形《チリ》［人が］庇護されている
apizaquense [apiθakénse] 形《地名》アピサコ Apizaco の〔人〕《メキシコ, Tlaxcala 州の町》
apizarrado, da [apiθaráðo, ða] 形［粘板岩のように］青黒い
aplacable [aplakáβle] 形 鎮められる,和らげやすい
aplacación [aplakaθjón] 女 =**aplacamiento**
aplacador, ra [aplakaðór, ra] 形 鎮める,和らげる
aplacamiento [aplakamjénto] 男 鎮静,緩和
aplacar [aplakár]《←ラテン語 placare》他 ❶［怒りなどを］鎮める,和らげる: *Conseguí ~lo con buenas palabras.* 私は優しい言葉をかけて彼をなだめることができた. *Esta pastilla te aplacará el dolor de cabeza.* この錠剤は君の頭痛を抑えてくれる. *La revuelta fue aplacada sin necesidad de recurrir a la violencia.* 騒動は暴力に訴える必要もなく収まった
—— ~se 和らぐ: *La tempestad se aplacará dentro de poco.* 嵐はまもなくおさまるだろう
aplacentar [aplaθentár] 他《古語》喜ばせる,満足させる
aplacer [aplaθér] 39 [←**placer**. 直説法現在・線過去3人称でのみ] 自 喜ばせる,満足させる: *Todo lo nuevo aplace.* 新しいものは何でも気持ちがいい
aplacerado, da [aplaθeráðo, ða] 形《船舶》《海岸が》遠浅の
aplacible [aplaθíβle] 形《まれ》気持ちのいい,好ましい
aplaciente [aplaθjénte] 形《まれ》気持ちのいい,好ましい
aplacimiento [aplaθimjénto] 男《古語》喜び,満足,楽しみ
aplacóforo, ra [aplakóforo, ra] 形 無殻類の
—— 男《動物》無殻類
aplanacalles [aplanakáʎes] 名《単複同形》《中南米.口語》ぶらぶら遊び歩く人
aplanadera [aplanaðéra] 女《建築》ランマー
aplanado, da [aplanáðo, ða] 形 平らな,平らになる
—— 男 平らにすること
aplanador, ra [aplanaðór, ra] 形 名 ❶ 平らにする〔人〕. ❷ がっかりさせる〔人〕; 呆然とさせる〔人〕
—— 女《中南米》ロードローラー [=apisonadora]
aplanamiento [aplanamjénto] 男 ❶ 平らにする(なる)こと,地ならし,地固め. ❷ 気落ち,意気消沈
aplanante [aplanánte] 形 がっかりさせる; 呆然とさせる
aplanar [aplanár]《←a-+plano》他 ❶ 平らにする: ~ el suelo 地面をならす. ❷ 打ちのめす,愕然とさせる: *Nos ha aplanado la noticia y se nos anuda la garganta.* 私たちはニュースにびっくりしてしまって口もきけない. ❸《まれ》押しつぶす
—— ~se ❶ 意気消沈する; 衰弱する: *Estoy aplanado por el calor.* 私は暑さに参っている. ❷《廃語》［建物が］倒壊する

aplanchado [aplantʃáđo] 男 =**planchado**
aplanchador, ra [aplantʃađór, ra] 名 =**planchador**
aplanchar [aplantʃár] 他《中南米》アイロンをかける《=planchar》
aplanético, ca [aplanétiko, ka] 形《光学》[レンズが] 無収差の, 無遊の
aplantillar [aplantiʎár] 他 [ひな型どおりに] 彫る
aplasia [aplásja] 女《医学》形成不全[症]: ~ medular 骨髄機能不全
aplásico, ca [aplásiko, ka] 形《医学》形成不全症の, 再生不良性の
aplastado, da [aplastáđo, đa] 形 [形が] ずんぐりした, ぺしゃんこの
aplastador, ra [aplastađór, ra] 形 ❶ 押し潰す. ❷ 圧倒的な, 抗しがたい
aplastamiento [aplastamjénto] 男 ❶ 押し潰し. ❷ 鎮圧, 制圧. ❸《南米》気落ち, 無気力
aplastante [aplastánte] 形 圧倒的な: por una mayoría ~ 圧倒的多数で. victoria ~ 圧勝
aplastar [aplastár]《←擬態》他 ❶ 押し潰す: Aplasté fresas con una cucharilla. 私はスプーンでイチゴを潰した. Al sentarse en el sofá ha aplastado el sombrero. 彼はソファに座る時帽子をぺしゃんこにした. ❷ [敵を] 打ち破る, 圧倒する; 言い負かす, 論破する, やり込める: El equipo brasileño aplastará al adversario. ブラジルチームは相手に圧勝するだろう
—— ~**se** ❶ 潰れる: Se me ha aplastado el peinado. 私は髪型が崩れてしまった. ❷ [+contra に] 体を伏せる: ~se contra el suelo 地面に伏せる. ❸《アルゼンチン, ウルグアイ. 口語》[暑さ・湿気で] ぐったりする
aplatanado, da [aplatanáđo, đa] 形《地方語》やる気のない, ものぐさな, だらけた, ものぐさな
aplatanamiento [aplatanamjénto] 男 やる気のなさ, 怠惰, ものぐさ, 無気力
aplatanar [aplatanár]《←a-+plátano》他 やる気をなくさせる, だらけさせる, 無気力にする
—— ~**se** ❶《気候・暑さなどのせいで》やる気を失う, だらける, ものぐさになる. ❷《カリブ, フィリピン》[外国人が] 土地[の生活・風習]に慣れる
aplaudible [aplauđíble] 形 拍手[喝采]に値する
aplaudidor, ra [aplauđiđór, ra] 名 拍手[喝采]する[人]
aplaudir [aplauđír]《←ラテン語 applaudere》他 ❶ …に拍手[喝采]する: El público aplaudió con entusiasmo al nuevo presidente. 聴衆は新大統領に熱烈な拍手を送った. Todos aplaudieron sus ganas. 全員が彼の意欲をたたえた. ❷ 賞賛する, ほめたたえる: Todos aplaudieron sus ganas. 全員が彼の意欲をたたえた. ❸ 賛同する, 賛成する: Todos los grupos han aceptado y aplaudido la renovación. 全グループが改革を受け入れ賛同した
aplauso [apláuso]《←ラテン語 applausus》男 ❶ [主に 複] 拍手[喝采]: Sonaron los fuertes ~s del público. 聴衆の大きな拍手喝采が響いた. Bajó el telón entre ~s. 拍手喝采のうちに幕が下りた. dar ~s 拍手をする. recibir con ~s 拍手で迎える. ❷ 賞賛, 賛同: Aquella actitud artística merece ~s. その芸術的態度は賞賛に値する
~ *cerrado* 万雷の拍手喝采: Los músicos se ganaron un ~ *cerrado* del público. ミュージシャンたちは聴衆の盛大な拍手喝采をもらった
llenar la cara de ~s《口語》顔を殴打する
aplayar [aplajár] 自《廃語》[川に] 氾濫する
aplazable [aplaθáble] 形 延期可能な, 日延べできる
aplazado, da [aplaθáđo, d'a] 形 ❶ 分割払いの. ❷《ラプラタ》落第した; 落第生
aplazamiento [aplaθamjénto] 男 延期, 繰り延べ: ~ de un mes de una reunión 会議の1か月延期. ~ del pago 支払い繰り延べ
aplazar [aplaθár]《←a-+plazo》9 他 ❶ 延期する, 繰り延べる: Han aplazado el viaje hasta (para) el próximo domingo. 旅行は次の日曜まで延期になった. ~ el pago un mes 支払いを1か月繰り延べる. ❷《ラプラタ》落第させる《=suspender》
—— ~**se**《ドミニカ》同棲する
aplazo [apláθo]《ラプラタ》落第
aplebeyado, da [aplebejáđo, đa] 形 俗悪な, 下品な
aplebeyamiento [aplebejamjénto] 男 低俗化
aplebeyar [aplebejár] 低俗化させる, 俗悪(下品)にする

—— ~**se** 低俗化する
aplestia [apléstja]《医学》多食症, 大食
aplicabilidad [aplikabiliđá(đ)] 女 適応性, 応用性
aplicable [aplikáble] 形 [+a に] 適用できる: Esta análisis no es ~ a Europa. この分析はヨーロッパにはあてはまらない
aplicación [aplikaθjón]《←aplicar》女 ❶ 適用, 応用; 使い道, 用途: En este caso será de ~ el artículo 15. このケースでは第15条が適用されるだろう. El ordenador tiene muchas *aplicaciones*. パソコンは色々な使い道がある. en *aplicaciones* prácticas 実際の応用では. campo de ~ 適用範囲. ejercicios de ~ 応用問題. ~ pacíficas de la energía nuclear 核エネルギーの平和利用. 実施, 実行: ~ del plan del desarrollo 開発計画の実施. ❸ [+a への] 専心, 熱中, 勉勉: Ellos trabajan con mucha ~. 彼らは本当によく仕事をしている. con ~ incansable 精力的に. ❹ [取りむけ, 張り付け, [塗布. ❺《手芸》複 アップリケ, 貼り付けた飾り. ❻《幾何》写像: ~ lineal 線形写像. ❼《情報》アプリケーション. ❽《軍事》escuela de ~ 士官学校. ❾《中南米》申請書
aplicadero, ra [aplikađéro, ra] 形 =**aplicable**
aplicado, da [aplikáđo, đa] 形 ❶ [主に学習に] 勤勉な, 勉強家の: Es muy ~ en literatura. 彼は文学に熱心だ. alumno ~ よく勉強する生徒. ❷ 応用された, 応用的な: lingüística ~da 応用言語学. matemáticas ~das 応用数学. química ~da 応用化学
aplicador, ra [aplikađór, ra] 形 名 適用する[人]
—— 男 塗布具, アプリケーター. ❷《メキシコ, コスタリカ, キューバ, プエルトリコ, ベネズエラ》綿棒
aplicar [aplikár]《←ラテン語 applicare「近づける」< plicare「折る, 畳む」》7 他 ❶《文語》押し当てる; 取り付ける, 飾り付ける: Aplicó el reloj al oído. 彼は時計を耳に押し当てた. ~ un ribete *a* una chaqueta 上着に縁飾りを付ける. ❷《文語》塗り付ける: Aplicó un reparador y desapareció la mancha. 彼が修復剤を塗ると染みは消えた. ~ aceite *a* la máquina 機械に油を差す. ~ una capa de pintura ペンキを一塗りする. ❸《医学》[塗り薬を] 塗る; 注射する; [治療を] 施す: ~ una pomada 軟膏を塗る. ~ un sedante 鎮静剤を打つ. ~ radiaciones *a* un enfermo 患者に放射線を当てる. ❹ 適用する, 応用する, 当てはめる; [資材・人材などを] 利用する, 充当する: Hay que ~ criterios rigurosos *a* este problema. この問題には厳しい判断基準を適用しなければならない. El Gobierno debe ~ una reducción del gasto público. 政府は公的支出の削減を実施すべきだ. Aplicaron su ingenio *a* resolver cuestiones técnicas. 彼らは自分たちの知恵を技術的な問題解決に駆使した. ~ la ley 法律を適用する. ~ un método empírico 経験則を用いる. ~ una tarifa elevada *a* las mercancías 商品に高い税率をかける. ~ el agua al riego 水を灌漑に用いる. ❺《文法》[冠詞・アクセントなどを] つける: Hay que ~ el artículo femenino *a* este nombre. この名詞には女性冠詞をつけなければならない. ~ el acento *a* la última sílaba 最後の音節にアクセントを置く. ❻ 帰属させる. ❼《法律》譲渡する. ❽《米国, パナマ》懇願する; 募金する
—— 自《中南米》申請する
—— ~**se** ❶ 自分の身体を…につける: Me apliqué la pomada *a* la herida. 私は傷口に軟膏を塗った. ❷ 適用される, 応用される; 利用される: Estas técnicas *se aplican* a la investigación. この技術は研究に応用されている. La ley *se aplica* a todos con igualdad. 法は万人に等しく適用される. ❸ [+a・en に] 励む, 精を出す: En esta época los estudiantes *se aplican* a los estudios. この時期学生たちは熱心に勉強する. Bajó los ojos al plato y *se aplicó* a comer en silencio. 彼は皿に目を落として黙々と食べた

aplicar	
直説法点過去	接続法現在
apliqué	aplique
aplicaste	apliques
aplicó	aplique
aplicamos	apliquemos
aplicasteis	apliquéis
aplicaron	apliquen

aplicativo, va [aplikatíbo, ba] 形 応用され得る; 応用性のある
aplicoso, sa [aplikóso, sa] 形《地方語》最大限利用する, つま

aplique [aplíke]【←仏語】男 ❶ ウォールランプ. ❷《手芸》アップリケ

aplisia [aplísja] 女《動物》アメフラシ

aplito [aplíto] 男《地質》アプライト

aplomado, da [aplomáðo, ða] 形 ❶ 沈着な, 冷静な. ❷ 鉛色の, 青みがかった灰色の《=plomizo》. ❸ 垂直の

aplomar [aplomár]【←a-+plomo】他 ❶ 垂直にする;［錘鉛を下げて, 柱などが］垂直か調べる. ❷ 重くする
── ~**se** ❶《物が》重くなる. ❷ 崩れる《=desplomarse》. ❸ 冷静になる, 平静を取り戻す

aplomo [aplómo] 男 ❶ 沈着, 冷静: cobrar (recuperar) el ~ 冷静になる. perder el ~ 平静を失う, 落ち着きをなくす. tener ~ 腹がすわっている. decir con el mayor ~ 確固とした自信をもって言う. ❷《軽蔑》厚かましさ, ずうずうしさ:¡Qué ~! 何て厚かましい! ❸ 垂直. ❹《建築》錘鉛《=plomada》. ❺ 複［馬などの安定した］脚つき, 姿勢

aplustre [aplústre]《古代ギリシア・ローマ.船舶》鳥の翼型の船尾飾り

apnea [apnéa] 女 ❶《医学》無呼吸, 呼吸停止: ~ del sueño 睡眠時無呼吸症. ❷《スポーツ》アプネア《潜水能力・深度を競うフリーダイビング競技》

apoastro [apoástro] 男《天文》[軌道の] 遠地点, 遠星点《⇔periastro》

ápoca [ápoka] 女《アラゴン.法律》領収書

apocadamente [apokaðaménte] 副 気弱に, びくびくと; 卑屈に

apocado, da [apokáðo, ða] 形［ser+］気の弱い, 内気な, 臆病な; 卑屈な: Todos creíamos que era una chica más bien humilde y ~da. 私たちはみんな彼女はむしろ慎み深く内気な少女だと思っていた

apocador, ra [apokaðór, ra] 形名《廃語》小さくする［人］

apocalipsis [apokalí(p)sis]【←ギリシア語 apokalypsis「啓示」】男【単複同形】❶《新約聖書》[A～. ヨハネの] 黙示録《=A～ de san Juan》. ❷ この世の終わり, 終末; 大惨事. ❸ 黙示, 啓示

apocalípticamente [apokalí(p)tikaménte] 副 終末に, 悲惨きわまりなく

apocalipticismo [apokali(p)tiθísmo] 男 終末論

apocalíptico, ca [apokalí(p)tiko, ka] 形 ❶ 黙示録の; 劫罰を説く, 終末論的な; 啓示の. ❷ 終末のような, 悲惨きわまる: escena ~ca 身の毛もよだつ光景. ❸ 難解な: estilo ~ 晦渋な文体

apocamiento [apokamjénto] 男《まれ》気弱, 臆病; 卑屈

apocar [apokár] 7 他《まれ》❶ おびえさせる, 怖じ気づかせる. ❷ 減らす, 小さくする
── ~**se**《まれ》おびえる, 怖じ気づく; 卑屈になる

apocárpico, ca [apokárpiko, ka] 形《植物》離生心皮の

apocarpio [apokárpjo] 男 =**apocarpo**

apocarpo [apokárpo] 男《植物》離生［心皮］子房

apocatástasis [apokatástasis] 女《キリスト教》アポカタスタシス, 回帰

apócema [apóθema] 女《まれ》=**pócima**

apocilgar [apoθilɣár] 8 ~**se**《地方語》ゆったりと座る《=apoltronarse》

apócima [apóθima] 女《まれ》=**pócima**

apocináceo, a [apoθináθeo, a] 形 キョウチクトウ科の
── 女《植物》キョウチクトウ科

apocino [apoθíno] 男《植物》インディアンヘンプ

apócopa [apókopa] 女《文法》=**apócope**

apocopar [apokopár] 他《文法》[単語の] 語尾を落とす

apócope [apókope] 女《文法》語尾の脱落, 脱落形《例 alguno→algún, bueno→buen, grande→gran》

apócrifamente [apókrifaménte] 副 典拠不明で

apócrifo, fa [apókrifo, fa]【←ギリシア語 apokryphos「秘蔵」】❶《新約聖書》外典の. ❷ [書かれた物が] にせ物の, 偽作の: Este Miró es ~. このミロにせ物だ. testamento ~ にせの遺言. ❸《文語》にせの, 偽りの: sonrisa ~fa 偽りの微笑

apocrino, na [apokríno, na] 形《生理》外籠出分泌の: glándula ~na アポクリン腺

apocrisiario [apokrisjárjo] 男［東ローマ帝国皇帝の］勅令伝達官;［総主教の］東ローマ帝国皇帝への特使, 教皇特使

apocromático, ca [apokromátiko, ka] 形《光学》[レンズが] アポクロマートの, 高度色消しの

apodador, ra [apoðaðór, ra] 形名 あだ名を付けるのが好きな［人］, いつもあだ名で呼ぶ〔人〕

apodar [apoðár]【←ラテン語 apputare < ad-（に）+putare「判断する」】他 ❶ [+目的格補語 という] あだ名 apodo を…につける: La apodamos la Delgada. 私たちは彼女に「やせっぽち」というあだ名をつけた. ❷《古語》比較する; 評価する. ❸《米国》剪定する《=podar》
── ~**se** [+主格補語 という] あだ名で呼ばれる（知られる）

apodencado, da [apoðeŋkáðo, ða] 形 ハウンド犬 podenco のような

apoderado, da [apoðeráðo, ða] 形《法律》代理人[の], 委任された[人];《スポーツ》エージェント, マネージャー

apoderamiento [apoðeramjénto] 男 ❶ 委任,《法律》委任状. ❷ 奪取

apoderar [apoðerár]【←a-+poder】他 ❶ …に代理権を与える, 委任する: Apoderaron al abogado para que negociase con los trabajadores. 労働者側との交渉は弁護士に任された. ❷《スポーツ》…のエージェント（マネージャー）する
── ~**se** ❶ [無理やり, +de を] 自分のものにする, 奪取する: Ella se apoderó de la herencia. 彼女は遺産を我が物にした. El enemigo se apoderó de la ciudad. 敵軍が町を占拠した. ❷ [+de+人 を] 捕虜にする. ❸《文語》[感情が, +de を] 支配する: La desilusión se apodera de nuestro corazón. 失望が私たちの心を支配している. ❹《古語》強力にする

apodícticamente [apoðíktikaménte] 副《論理》必然的に

apodíctico, ca [apoðíktiko, ka] 形《論理》必然的な

apodiforme [apoðifórme] アマツバメ目の
── 男 複《鳥》アマツバメ目

apodo [apóðo]【←apodar】男［その人の欠点などから付けた］あだ名: Le pusieron el ~ de <El Monstruo>. 彼は「怪物」というあだ名をつけられた. conocido con el ~ de... …というあだ名で知られた

ápodo, da [ápoðo, ða] 形 無肢類の; 無足類の
── 男《動物》無肢類

apódosis [apóðosis] 女【単複同形】❶《文法》[条件文の] 帰結節《⇔prótasis》. ❷《論理, 修辞》結句

apófige [apófixe] 女《建築》開き, 根広

apófisis [apófisis] 女【単複同形】《解剖》骨突起

apofonía [apofonía] 女《文法》[活用・派生の際に語根に生じる] 母音転換《例 hacer→hice, barba→imberbe》

apogamia [apogámja] 女《植物》単為生殖

apogeo [apoxéo]【←ラテン語 apogeus < ギリシア語 apogeios ＝ apo-（遠い）+ge「土地」】男 ❶ 絶頂: El país ahora está en el ~ de su crisis económica. その国はいま経済危機のピークにある. ❷《天文》遠地点《⇔perigeo》

apogeotropismo [apoxeotropísmo] 男《植物》背地性

apógrafo [apóɣrafo] 男 手写本

apoleño, ña [apoléɲo, ɲa] 形名《地名》アポロ Apolo の［人］《ボリビア, Caupolicán 県の町》

apolillado, da [apoliʎáðo, ða] 形 ❶ 虫の食った. ❷《軽蔑》時代遅れの: obra de teatro ~da 古くさい戯曲

apolilladura [apoliʎaðúra] 女 虫食い穴[の跡]

apolillamiento [apoliʎamjénto] 男 虫食い

apolillar [apoliʎár] 他《まれ》[衣類・木などを虫・シミが] 食う, 穴をあける
── 自《アルゼンチン, ウルグアイ. 口語》眠る, うとうとする
── ~**se** ❶ 虫に食われる. ❷ [使わない・革新しないので, 技能などが] 時代遅れになる

apolillo [apolíʎo] 男《アルゼンチン, ウルグアイ. 口語》眠気

apolinar [apolinár] 形 =**apolíneo**

apolinarismo [apolinarísmo] 男《キリスト教》アポリナリス説《4世紀, Apolinar の説いた異端の教義》

apolinarista [apolinarísta] 形名 アポリナリス説の[信奉者]

apolíneo, a [apolíneo, a] 形 ❶《ギリシア・ローマ神話》アポロ Apolo の. ❷ [アポロのような] 美男子の. ❸《文学》古典美をそなえた, 均斉のとれた《⇔dionisíaco》

apolismar [apolismár] 他《パナマ, キューバ, プエルトリコ》壊す, 傷める
── 自 ❶《グアテマラ, プエルトリコ, コロンビア》発育不全になる, 育たない. ❷《コスタリカ, プエルトリコ, ベネズエラ》呆然としている; おじけづく
── ~**se**《コスタリカ》のらくらする

apoliticidad [apolitiθiðá(ð)] 男 非政治性

apoliticismo [apolitiθísmo] 男 非政治性; ノンポリ主義, 政治的無関心

apolítico, ca [apolítiko, ka]【←a-(無)+político】形 非政治的な, 政治に無関係(無関心)な, ノンポリの

apolitización [apolitiθaθjón] 女 非政治化

apolitizar [apolitiθár] 他【人・事を】非政治化する, 政治に無関係(無関心)にする

apolo [apólo] 男 ❶《ギリシア・ローマ神話》[A~] アポロ, アポロン《太陽神. 芸術・予言をつかさどる》. ❷ 非常な美男子. ❸《昆虫》アポロウスバシロチョウ

apologal [apologál] 形《まれ》寓話の〖=apólogo〗

apologeta [apoloxéta] 名 護教論者

apologético, ca [apoloxétiko, ka]【←ギリシア語 apologetika「防御」】形 ❶ 弁明の, 弁護の, 擁護の: argumento de carácter ~ 弁明的きらいのある主張. ❷ 護教論の
—— 名《神学》護教論(学), 弁証学

apología [apoloxía]【←ギリシア語 apologia「守り」< apo「余所に」+lego「私は言う」】女 弁護, 擁護〖その表明〗; 賞賛, 賛辞: hacer una ~ de... ...の弁明(賞賛) をする. surgimiento de ~s de las lenguas nacionales 国語擁護論の出現. A~ de Sócrates ソクラテスの弁明. ~ cristiana《神学》弁証学

apológico, ca [apolóxiko, ka] 形 寓話の

apologista [apoloxísta] 名 擁護者, 弁護者: ~s cristianos キリスト教弁証家

apologizar [apoloxiθár] 自《まれ》弁護をする, 擁護する

apólogo, ga [apólogo, ga] 形 **=apológico**
—— 男《教訓を含んだ》寓話, 寓話形式の教訓ばなし

apolonia [apolónja] 女《植物》月桂樹の一種

Apolonio [apolónjo]《文学》Libro de ~『アポロニオの書』《アポロ王を主人公とする中世の物語に範をとり, 13世紀に著われた作者不詳の書. 教養派俗語文芸 mester de clerecía の代表作》

apoltronamiento [apoltronamjénto] 男 ❶ ゆったりと座ること. ❷ 安住, 怠惰

apoltronar [apoltronár] 他 ゆったりと座らせる; 安住させる, 怠け者にする
—— ~se ❶〖椅子に〗ゆったりと座る. ❷〖現状に〗安住する, 満足する, 怠惰になる

apolvillar [apolβiʎár] ~se《チリ》《穀類が》黒穂病(胴枯れ病)にかかる

apomazar [apomaθár] 他 軽石で磨く(こする)

apomorfina [apomorfína] 女《薬学》アポモルヒネ

aponer [aponér] 60 他 ❶《文法》同格に置く. ❷《古語》...に罪を着せる; 課する, 押しつける
—— ~se《古語》...することに決める

aponeurosis [aponeurósis] 女《単複同形》《解剖》腱膜

aponeurótico, ca [aponeurótiko, ka] 形 腱膜の

aponogetonáceo, a [aponoxetonáθeo, a] 形 レースソウ科の
—— 女 複《植物》レースソウ科

apontocar [apontokár] 7 他 支える, つっかいをする

apoplejía [apoplexía] 女《医学》卒中: tener un ataque de ~ 卒中の発作を起こす. ~ cerebral 脳卒中

apoplético, ca [apoplétiko, ka] 形《医学》卒中(性)の; 卒中体質の
—— 名 卒中患者

apoptosis [apo(p)tósis] 女《生物》[プログラムされた] 細胞死

apoquinar [apokinár]【←?語源】他《西. 口語》いやいや支払う

aporca [apórka] 女《チリ》**=aporcado**

aporcado [aporkádo] 男《農業》土寄せ〖行為〗

aporcador, ra [aporkaðór, ra] 形 名 土寄せをする〖人〗

aporcadura [aporkaðúra] 女 土寄せ〖行為, 状態〗

aporcar [aporkár] 7 他《農業》土寄せする

aporcelanado, da [aporθelanáðo, da] 形《外見が》磁器のような

aporco [apórko] 男《中南米》**=aporcadura**

aporético, ca [aporétiko, ka] 形《哲学》アポリアの
—— 名 アポリア研究

aporía [aporía] 女《哲学》アポリア, 難題

aporisma [aporísma] 女《医学》血腫

aporismar [aporismár] ~se《医学》血腫ができる

aporque [apórke] 男《メキシコ》**=aporcadura**

aporrar [aporár] 自《廃語》言葉に詰まる

aporreado, da [aporeáðo, da] 形 貧しい, 一文なしの
—— 男《メキシコ, キューバ. 料理》干し肉・タラ・玉ネギ・トマトの煮込み

aporreador, ra [aporeaðór, ra] 形 名 殴る〖人〗

aporreadura [aporeaðúra] 女 **=aporreo**

aporreamiento [aporeamjénto] 男 **=aporreo**

aporrear [aporeár]【←a-+porra】他 ❶〖棍棒などで〗殴る, 叩く: No aporres la puerta por la noche, toca el timbre. 夜はドアをガンガン叩かずにベルを鳴らしなさい. ❷《軽蔑》〖打楽器など を〗下手に叩く: ~ un piano ピアノを下手にひく. ❸ わずらわす, うるさがらせる: Un ruido me aporrea los oídos. 私は騒音に悩まされている. ❹《まれ》〖ハエを〗追い払う
—— 自 [+en で]
—— ~se ❶《廃語》一所懸命に働く, 忙殺される. ❷《アンデス, 口語》転倒する

aporreo [aporéo] 男 殴打, 強打

aporretado, da [aporetáðo, da] 形《手の指が》太くて短い

aporrillar [aporiʎár] ~se《腫瘍によって》関節が腫れる

aportable [aportáβle] 形 寄与〖分担〗され得る

aportación [aportaθjón] 女 ❶ 寄与, 貢献: ~ a la sociedad 社会への貢献. ❷ 分担, 出資; 出資金: ~ al presupuesto de ONU 国連分担金. ❸ 提出, 提示. ❹ 結婚持参金

aportadera [aportaðéra] 女 ❶《ブウを畑から圧搾場へ運ぶ》木箱, 背負い籠. ❷《馬の背に振り分けて載せる》荷籠, 荷籠

aportadero [aportaðéro] 男 船着き場

aportador, ra [aportaðór, ra] 形 名 寄与する, 出資する

aportante [aportánte] 形 país ~ 供与国

aportar [aportár] I【←ラテン語 apportare < ad- (に)+portare「運ぶ」】他 ❶ [+a に] もたらす, 寄与する, 貢献する: Un lugar de trabajo libre de humo aporta un claro beneficio a la salud. 職場が禁煙になれば健康に明らかなプラスとなる. Estas discusiones no me aportan nada a mí. これらの議論は私には何の役にも立たない. ❷ 分担する. 《商業》〖資金を〗持ち寄る, 出資する: ~ cien mil euros a un negocio 事業に10万ユーロ出資する. ❸ 提出する, 提示する: Él aportó pruebas en su favor. 彼は自分に有利な証拠を提示した. datos データを提出する
—— 自《ラプラタ》社会保障の分担金を払う
II【←a-+ラテン語 portus「港」】自《まれ》❶ 入港する. ❷《迷いあげく思いがけないところに》たどり着く. ❸《チリ, アルゼンチン, ウルグアイ》現れる, 出席する

aportativo, va [aportatíβo, βa] 形 寄与の; 分担の

aporte [apórte]【←aportar I】男 ❶《主に中南米》貢献〖=aportación〗. ❷《中南米》供給, その品: ~ de oxígeno a los músculos 筋肉への酸素補給. ❸《ラプラタ》社会保障の分担金

aportellado [aporteʎáðo] 男《町の入口で裁判をする》巡回判事

aportillado [aportiʎáðo] **=aportellado**

aportillar [aportiʎár] 他《壁に》穴を開ける, 壊す
—— ~se《壁に》穴が開く, 崩れる

aposar [aposár] 他|自 **=posar**

aposematismo [aposematísmo] 男《生物》警告色

aposentador, ra [aposentaðór, ra] 形 名 ❶ 泊める〖人〗. ❷〖劇場などの〗案内係〖=acomodador〗. ❸〖行軍中の〗宿舎割当係士官
—— 男《歴史》宿営長《王室や軍隊の移動に際しその宿営を準備するに当たる者》: ~ mayor de Palacio 王宮宿泊者に部屋の手配をする執事. ~ mayor de casa y corte 王宮宿泊問題会議 junta de aposento の議長

aposentaduría [aposentaðuría] 女 ❶ aposentador の職務. ❷《チリ》座席

aposentamiento [aposentamjénto] 男 ❶ 宿泊, 宿営. ❷《まれ》宿; [宿泊する] 部屋

aposentar [aposentár]【←ラテン語 ad- (に)+pausans, -antis < pausare「泊まる」】他 宿泊させる, 泊める; 宿営させる
—— ~se 宿泊する, 泊まる; 宿営する

aposento [aposénto]【←aposentar】男 ❶《文語》1) [主に広く豪華な] 部屋: Este ~ estaba destinado a comedor. この部屋は元は食堂だった. 2) [時に] 居室: Se retiró a sus ~s. 彼は自室に引き上げた. ❷《文語》宿泊先, 滞在先; 宿泊: dar ~ a+人 ~人を泊める. tomar ~ en... ...に泊まる. buscar ~ 泊まるところを探す. ❸《昔の芝居小屋で》桟敷席《本来は中庭に面したバルコニー》

aposesionar [aposesjonár] 他《廃語》**=posesionar**

aposición [aposiθjón]【←ラテン語 appositio, -onis < apponere < ad-（近く）+ponere「置く」】《女》《文法》❶ 同格語, 同格節; 同格: El sintagma nominal y la ～ tienen el mismo referente. 名詞句とその同格節は同じ内容を指している. en ～ 同格で. ～ explicativa 説明的同格: el león, rey de los animales「百獣の王ライオン」, Madrid, capital de España「スペインの首都マドリード」のように前の名詞に対して後の名詞[句]が説明的機能を果たし, 普通コンマが間に置かれる】. ～ especificativa 制限(限定)的同格: el rey soldado「兵士である国王」のように後の名詞[句]が前の名詞の意味を限定する. ❷ [複合語の] 並置関係《例 hombre rana フロッグマン, piso piloto モデルルーム》

aposiopesis [aposjopésis]《女》《修辞》頓絶法《文を途中でやめること》

apositivo, va [apositíbo, ba]《形》《文法》同格の, 同格関係にある

apósito [apósito]【←ラテン語 appositum < apponere < ad-（近く）+ponere「置く」】《男》《外用の》治療用品《包帯, ガーゼ, ばんそうこう, 脱脂綿など》: poner un ～ a+部位 …に包帯をする, 傷の手当てをする. cambio de ～s 包帯の取り替え

aposta [apósta]【←ラテン語 apposita [ratione]】《副》《西》わざと, 故意に: ¿Lo has roto ～? わざと壊したの?

apostadamente [apostáđamente]《副》《口語》=aposta,《古語》=apuestamente

apostadero [apostađéro]《男》❶ 配置場所, 持ち場, 部署. ❷ 軍港; 海軍司令管区

apostador, ra [apostađór, ra]《形》《名》=apostante
  ── 《男》《コロンビア》[鳥の] 叉骨

apostante [apostánte]《形》《名》賭けをする[人]

apostar [apostár]【←ラテン語 appositum < apponere < ad-（近く）+ponere「置く」】《28》《他》[+a・por と, +con と] 賭ける: 1) *Apuesto* diez euros *a (por)* aquel caballo. 私はあの馬に10ユーロ賭ける. 2) [+a+不定詞] *Aposté con* él una comida a ver si salía el número par o impar. 私は偶数が出るか奇数が出るかで彼と昼食を賭けた. 3) [+a que+直説法] *Apuesto* veinte pesos *a que* no viene ella. 私は彼女が来ないほうに20ペソ賭ける. *Apostaría (Apuesto)* cualquier cosa *a que* llueve. 絶対に雨が降るよ.
  ── 《自》❶ 賭け事をする: 1) *Apuesta* en las carreras de caballos. 彼は競馬をする. ～ doble contra sencillo 連勝単式に賭ける. 2) [+a+不定詞・que+直説法] ～ *a beber* 飲み比べをする. *Apuesto* doble contra sencillo *a que* no llueve. きっと雨は降らないよ. Te *apuesto a que* no le ganas corriendo. 君は駆けっこで彼に勝てっこないよ. ❸ [+por を] 選択する: La UE *apostó por* un nuevo sistema monetario. EUは新しい通貨制度をとった
  ── ～**se** …を賭ける: *Me aposté con* él una copa *a que* José llegaba tarde. 私はホセが遅刻するかで彼と一杯賭けた. *apostárselas con*+人 *a*… …と…を争う（競い合う）
  ¿Qué te apuestas (se apuesta) a que+直説法*?* きっと…だ, …かもしれない: *¿Qué te apuestas a que* no viene? 彼は来ないよ.
  II 【←古語 postar】《他》［監視・攻撃などのために, +en に] 配置する, 配備する: ～ a varios guardianes en la entrada 入口に警備員を数人置く
  ── ～**se** 位置につく, 持ち場につく; 待ち伏せる: El cazador *se apostó* tras las rocas. 猟師は岩陰に陣取った

apostasía [apostasía]【←ギリシア語 apostasia】《女》❶ 背教, 棄教. ❷ 変節, 転向; 脱党

apóstata [apóstata]【←ギリシア語 apostates < aphistamai「私は離れる」】《名》❶ 背教者, 棄教者: el A～ Juliano 背教者ユリアヌス. ❷《軽蔑》変節者, 転向者; 脱党者: ～s *del partido del gobierno* 与党からの離脱者たち

apostatar [apostatár]【←apóstata】《自》《主に軽蔑》❶ [+de 信仰・思想を] 捨てる: ～ *del* catolicismo カトリックの信仰を捨てる. ❷《カトリック》背教者となる; [聖職者が] 修道会を去る, 責務を果たさない. ❸ 転向する, 変節する; 脱党する

apostema [apostéma]《女》《まれ》=postema

apostemar [apostemár]《他》《医学》膿瘍をつくる; 化膿させる
  ── ～**se** 膿瘍ができる; 化膿する
  no apostemársele a+人 …にずばりと言う《=no criarle a+人 postema》

apostemero [apostemére]《男》=postemero

apostemoso, sa [apostemóso, sa]《形》《医学》膿瘍の

a posteriori [a posterjóri]【←ラテン語】《副》《形》❶ 後験的に・な, 経験に基づいて《⇔a priori》: demostrar ～ 経験に基づいて証明する. razonamiento ～ 後験的論証. ❷ 後になってから, 後天的に

apostilla [apostíʎa]【←俗ラテン語 postilla】《女》❶ 注, 注釈. ❷《外交》アポスティーユ

apostillador, ra [apostiʎađór, ra]《形》注をつける

apostillar [apostiʎár]《他》…に注(注釈)をつける: ～ el texto 本文に注を付す
  ── ～**se** かさぶたができる, かさぶただらけになる

apóstol [apóstol]【←ラテン語 apostolus < ギリシア語 apostolos < apostello「私は派遣する」】《男》《キリスト教》❶ 使徒《復活の証人であり福音を説く12人のキリストの弟子》: Pedro ペテロ, Andrés アンデレ, Santiago el Mayor 大ヤコブ, Juan ヨハネ, Felipe ピリポ, Bartolomé バルトロマイ, Tomás トマス, Mateo マタイ, Santiago el Menor 小ヤコブ, Tadeo タダイ, Simón シモン, Judas Iscariote イスカリオテのユダ】: doce ～s 12使徒. Actos (Hechos) de los A～es 使徒行伝. ❷ 布教者, 伝道者: A～ de las Gentes 異邦人の使徒《聖パウロのこと》. A～ de las Indias インド人への布教者《フランシスコ・ザビエルのこと》
  ── 《名》[主義・教義・学説などの] 主唱者: ～ de la paz 平和の使徒(唱道者)

apostolado [apostoláđo]【←apóstol】《男》❶《キリスト教》1) 使徒職, 使徒の任務. 2) 布教, 伝道; その期間. 3)《集合》12使徒, 使徒団;《美術》12使徒像. ❷ [主義・教義・学説などの] 普及, 宣伝

apostolical [apostolikál]《形》《古語》12使徒の; ローマ教皇の
  ── 《男》《廃語》聖職者, 司祭

apostólicamente [apostólikamente]《副》❶ 12使徒のように, 献身的に. ❷ 質素に, 貧しく, 慎ましく

apostolicidad [apostoliθiđá(đ)]《女》[カトリック教会について] 使徒らしさ

apostólico, ca [apostóliko, ka]【←apóstol】《形》❶《キリスト教》使徒の: Padres ～s 使徒教父. sucesión ～*ca*《カトリック》使徒継承. trabajos ～s 使徒としての仕事. ❷ 教皇の, ローマ法王の: bendición ～*ca* 教皇掩祝(えんしゅく). ❸《歴史》partido ～ 使徒党《スペイン, 1820年の革命後結成された絶対主義政党》
  ── 《古語》ローマ教皇《=Papa》

apostrofar [apostrofár]《他》❶《文語》ののしる, 侮辱の言葉を浴びせる. ❷《修辞》頓呼法で呼びかける

apóstrofe [apóstrofe]【←ラテン語 apostrophe < ギリシア語 apostrophe「離れること」】《男》《女》❶《文語》ののしり, 侮辱. ❷《修辞》頓呼法《話の途中で聞き手に訴える文句をはさみ, 劇的な効果を出す》

apóstrofo [apóstrofo]【←ラテン語 apostrophus < ギリシア語 apostrophos「離れる」】《男》《文法》省略符号, アポストロフィ（'）《母音字の省略を示す正書法上の記号》

apostura [apostúra]【←a-+postura】《女》《文語》❶ 優雅さ, りりしさ. ❷ 態度, 様子: de buena ～ 立派な風采の, おしゃれのよい

apoteca [apotéka]《女》《古語》薬局, 薬屋

apotecario, ria [apotekárjo, rja]《形》《古語》薬局の, 薬屋の

apotecia [apotéθja]《女》《植物》子嚢器

apotecio [apotéθjo]《男》《植物》裸子器

apoteconimia [apotekonímja]《女》商業地域の地名や看板の意味(起源)の研究

apotegma [apotégma]【←ギリシア語 apophthegma】《男》《文語》名言, 名句, 格言

apotema [apotéma]《女》《幾何》辺心(遠心)距離

apoteósicamente [apoteósikaménte]《副》熱狂的に, 華々しく

apoteósico, ca [apoteósiko, ka]《形》熱狂的な, 華々しい: recibimiento ～ 熱烈な歓迎

apoteosis [apoteósis]【←ラテン語・ギリシア語 apotheosis】《女》《単複同形》❶ 神格化; 賛美, 崇拝, 熱狂. ❷ 華々しい終わり;《演劇》フィナーレ

apoteótico, ca [apoteótiko, ka]《形》=apoteósico

apotincar [apotiŋkár]《7》 ～**se**《チリ》しゃがむ

apotropaico, ca [apotropáiko, ka]《形》《まれ》悪影響から遠ざかるのに役立つ

apoyabrazos [apojabráθos]《男》《単複同形》[椅子の] ひじ掛け

apoyacabezas [apojakabéθas]《男》《単複同形》[椅子の] ヘッドレスト

apoyadura [apoʎađúra] [女] ❶ [乳牛などの授乳時に] あふれ出る多量の乳. ❷《まれ》=**apoyatura**

apoyalibros [apojalíƀrɔs] [男]〘単複同形〙ブックエンド

apoyapiés [apojapjés] [男]〘単複同形〙足載せ台, フットレスト

apoyar [apojár]〘←伊語 appoggiare〙[他] ❶ [+en・contra に] もたせかける, 寄せかける, 立てかける, 支える; [+sobre の上に] のせる: *Apoyó* la espalda *contra* la puerta. 彼はドアに〔背中をつけて〕寄りかかった. *Apoyó* los codos *en* la mesa. 彼はテーブルに肘をついた. ～ la escalera *en* un árbol 木にはしごを立てかける. ～ el pie *en* un escalón 階段に片足をのせる. ～ la cabeza *en* las manos 両手を後ろに組んで頭をもたせかける. ❷ [人・意見などを] 支持する, 支援する: *Apoyan* al Sr. García como candidato al presidente. 彼らは大統領候補としてガルシア氏を支持している. ～ la huelga ストを支援する. ❸ [+con・en・sobre に] 基づかせる, 根拠を求める: *Apoyan* su teoría *en* hechos concretos. 彼らの理論は具体的事実に基づいている. ❹ …のよりどころとなる, 裏づける: Muchos datos *apoyan* su afirmación. 彼の主張は多くのデータによって裏づけられている. ❺《軍事》援護する, 火力支援する. ❻《建築》支える. ❼ [馬が首を] 下げる. ❽ 乳を搾る

—— [自] [+en・sobre に] 支えられる, 寄りかかる

—— **～se** ❶ [+en・sobre に] 1) 寄りかかる, もたれる: La chica *se apoyó en* los brazos de su novio. 女の子は恋人の腕にもたれかかった. *Se apoyó* con fuerza *sobre* el respaldo de la silla. 彼は椅子の背に勢いよく寄りかかった. *～se en* el bastón 杖にすがる. 2)《建築》支えられる: La cúpula de la iglesia no *se apoya en* columnas. 教会の丸天井は柱に支えられていない. ❷ [+en を] 頼りにする, 当てにする: *Se apoya* siempre *en* mí. 彼はいつも私を当てにする. ❸ [+en に] 依拠する, 基づく: Esto *se apoya en* las tradiciones culturales. このことは文化的伝統によっている. ❹ [馬が] 首を下げる

apoyatura [apoʎatúra]〘←伊語 appoggiatura〙[女] ❶《音楽》前打音〘主音符の前の装飾音〙; 倚音(いおん). ❷ 支え〘=apoyo〙

apoyavasos [apojaƀásɔs] [男]〘単複同形〙コースター〘=posavasos〙

apoyito [apojíto] [男]《カナリア諸島》[暑い時の] 座ったままの短時間のうたた寝

apoyo [apójo]〘←apoyar〙[男] ❶ 支え, 支柱: Una piedra grande sirve de ～ en la cueva. その洞窟では大きな石が支柱の役割を果たしている. pared de ～ 土留め壁, 擁壁. ❷ 支持, 支援: Colón quería conseguir ～ en la corte portuguesa. コロンブスはポルトガル王室の援助を得ようとしていた. tener el ～ del pueblo 国民の支持がある. prestar ～ a un candidato 候補者を応援する. precio de ～ [政府による] 最低保障価格. ～ económico 経済的支援. ～ moral 心の支え, 精神的支柱. ❸ 論拠, 根拠, 裏づけ; 足がかり. ❹《軍事》火力支援, 援護. ❺《音声》vocal (consonante) de ～ 嵌入的母音(子音)

en ～ de... …の証拠(裏づけ)として

punto de ～ 1)《物理》支点. 2) [精神的・経済的な] 支え, よりどころ: La familia es su principal *punto de* ～ en la vida. 家族は彼の人生の大きな支えだ. 3) 拠点: establecer un *punto de* ～ 拠点を設ける. 4) 根拠

venir en ～ de... …を支持する; 助長する

apozar [apoθár] [9] **～se**《コロンビア, チリ》[水などが] あふれる

apparat [apará[t]]〘←露語〙[男] [共産党などの] 執行部

apparatchik [aparátʃi[k]]〘←露語〙[男] 執行部 apparat の一員;《軽蔑》上司の命令や組織の決定に盲従する高官

appeal [apíl]〘←英語〙[男] 魅力

approach [aprótʃ]〘←英語〙[男]《ゴルフ》アプローチショット

APRA [ápra] [女]《略語》←Alianza Popular Revolucionaria Americana アメリカ革命人民同盟〘1924, アヤ・デ・ラ・トッレ Haya de la Torre が結成した社会主義的なペルーの政党. アプラ党とも呼ばれる〙

apraxia [aprá[k]sja] [女]《医学》先行〔症〕, 行動不能症

apreciabilidad [apreθjabiliđá[đ]] [女] 感知され得る資質

apreciable [apreθjáble] [形] ❶ 感知され得る, 見分けられる: La diferencia no es ～ a simple vista. その違いはちょっと見ただけでは分からない. ❷ かなりの, 相当な: Su libro tiene ～ resonancia. 彼の本はかなりの反響があった. un número ～ de españoles かなりの数のスペイン人. cambio ～ かなりの変化. ❸ 評価され得る, 価値のある, 立派な: Es un libro ～. それはよい本だ. persona ～ 立派な人物. ～ pintor 評価できる画家

su ～ carta 貴信

apreciación [apreθjaθjón] [女] ❶ [正当な] 評価, 真価を認めること; 鑑定: Esto dificulta la justa ～ de su obra. このせいで, 彼の作品を正しく評価することが難しくなっている. Eso no son más que *apreciaciones* tuyas. それは君の評価にすぎない. hacer una ～ 評価する. ❷ [芸術などの] 鑑賞: ～ musical 音楽鑑賞. ❸ 感知, 見分け: Su ～ de la realidad ha cambiado mucho. 彼の現実認識は大きく変化した. ❹ [評価額などの] 上昇〘⇔depreciación〙: ～ de inversiones de acciones 株式投資評価益. ～ del yen 円高. ～ de la moneda [変動制の下での] 為替レートの騰貴. ❺ 感謝

apreciar [apreθjár]〘←ラテン語 appretiare < ad- (に)+pretium「価格」〙[10] [他] ❶ 評価する, 価値を認める, 大切に思う: Hay que ～ su conducta justamente. 彼の行為は正当に評価しなければならない. Le *aprecio* mucho en los negocios. 私は仕事上彼を高く買っている. Lo que más *apreciamos* ahora es vivir con tranquilidad. 今我々が一番大切にしているのは落ち着いて暮らすことだ. Es un lugar muy *apreciado* por gastrónomos, sibaritas y otras gentes de gustos refinados. そこは食通や, ぜいたく好きな人, その他洗練された趣味の持ち主たちのお気に入りの場所だ. ❷ [不動産などを] 査定する, 鑑定する: ～ bienes inmuebles 不動産を評価する. ❸ [料理などを] 賞味する, 良さを認める; 鑑賞する: No *aprecio* tanto la cocina francesa porque tiene demasiada salsa. ソースが多すぎるので私はフランス料理はあまりいいとは思わない. ❹ [人を] 尊敬する, 大切にする; 親しみを感じる: Le *aprecio* mucho como político, pero no tanto como un amigo. 彼を政治家としては尊敬するけれど, 友人としてはちょっとね. ❺ [計器が数値などを] 示す, 測定する, 計測する: Ese cronómetro *aprecia* centésimas de segundo. そのクロノメーターは100分の1秒まで測れる. ❻ 知覚する, 判別する, 見分ける: Desde lejos no podremos *apreciar* los detalles. 遠くからだと細部は分からないだろう. *Aprecio* cierta ironía en sus palabras. 私は彼の言葉にある種の皮肉を感じる. ～ la diferencia de matices 色合いの違いを見分ける. ❼ [医者が診断して異常を] 見つける, 認める: El médico le *apreció* en la radiografía unas manchas oscuras. 医者は彼のレントゲン写真にいくつか黒い斑点があるのを見つけた

—— **～se** ❶ 評価される. ❷ [為替相場などが] 上昇する. ❷ [3人称で] 認められる, 観察される: En la fotografía puede *～se* la rotura del muro. 写真から壁のひび割れが見てとれる. En ese país *se aprecia* ahora más que nunca la libertad de expresión. その国では今ではかつてないほど言論の自由が認められる

apreciativo, va [apreθjatíƀo, ƀa] [形] ❶ 評価の, 査定の: hacer un cálculo ～ de los daños 損害の査定をする. valor ～ 評価額. ❷ [評価が] 好意的な, 価値を認める: comentario ～ 好意的な評価. ❸ 鑑賞力(鑑定能力)のある, 目がきく. ❹ 敬意を表する, 感謝する

aprecio [apréθjo]〘←apreciar〙[男] ❶ [+de・por への] 評価, 査定, 値踏み: ～ *por* la vida 生きる価値. ❷ 尊敬, 敬意: Siento gran ～ *por* mi profesor. 私は先生をとても尊敬している. Es una persona de mi mayor ～. その方は私の最も尊敬する方です. tener [en] gran ～ a+人 …に敬服している. con ～ 敬意をこめて. ❸ 好意; 関心

no hacer ～ a...《口語》…に留意しない, 気にとめない: Todos pensaron que le entusiasmaría el regalo, pero *no* le *hizo* el menor ～. みんなは彼がプレゼントをとても喜ぶだろうと思ったが, 彼は気にもとめなかった

aprehender [apre[e]ndér]〘←ラテン語 apprehendere「奪う」〙[他] ❶ [警察が密輸品などを] 押収する; [犯罪者などを] 捕える, 逮捕する: El alijo de cocaína recientemente *aprehendido* era de gran pureza. このほど押収された密輸品のコカインは非常に純度が高かった. ❷《文語》感知する; [直感的に] 理解する: ～ el sentido irónico 皮肉な意味あいを感じ取る. ❸《まれ》取る, 自分のものにする. ❹《アラゴン》差し押さえる

aprehensible [apre[e]nsíƀle] [形]《文語》感知(理解)され得る

aprehensión [apre[e]nsjón] [女] ❶ 押収: ～ de heroína ヘロインの押収. ❷ 逮捕. ❸《文語》感知; 理解

aprehensivo, va [apre[e]nsíƀo, ƀa]〘←aprehender〙[形]《文語》感知能力の; 感知(理解)できる

aprehensor, ra [apre[e]nsór, ra] [形] [名] 逮捕する〔人〕; 逮捕の

apremiadamente [apremjáđaménte] [副] 切迫して

apremiador, ra [apremjađór, ra] [形] 急がせる

apretado, da

apremiante [apremjánte] 形 ❶ 急を要する, 切迫した: tarea ～ 急ぎの仕事. ❷ 催促の
apremiantemente [apremjánteménte] 副 急いで, 至急
apremiar [apremjár] 【←古語 premia「強要」＜ラテン語 praemiare「略奪する」】10 他 ❶ 急がせる, 催促する, 督促する: Me apremió para que continuara el trabajo. 彼は仕事を続けるように私をせき立てた. Estamos apremiados de tiempo. 私たちはぐずぐずしてはいられない. ❷［延滞金・課徴金を］…に課す. ❸《法律》裁判所命令を要求する. ❹ 抑圧する: Nos apremia un pesado yugo. 我々は重いくびきにあえいでいる
── 自 急を要する: El tiempo apremia para él. 彼には時間がない. A ti apremia tomar una resolución. 君はすぐに決心しなければならない
apremio [aprémjo] 男 ❶ ［+de の］欠如, 逼迫: ～ económico/～ de medios económicos 経済的逼迫. ❷ 催促, 督促. ❸ 納税延滞金: con ～ 延滞金付きの. ❹［法的な］強制, 令状: cobro por vía de ～ 強制収用
aprendedor, ra [aprendeðór, ra] 形 名 学ぶ［人］, 覚える［人］
aprender [aprendér] 【←ラテン語 apprehendere＜ad- (に)+prehendere「感じ取る」】【類義】 aprender は経験・学習を通じて一定の知識・技術を獲得する過程で, 獲得した状態は saber. estudiar は幅広い知識を獲得しようとする作業で, その作業には終わりがない: Aquí se estudia poco, pero se aprende mucho. ここでは人はあまり勉強しないが, 学べることはたくさんある］; Los estudiantes aprenden español en la Universidad. その学生たちは大学でスペイン語を学っている. A través del viaje los niños han aprendido muchas cosas. 旅行を通して子供たちは多くのことを学んだ. Aprendí estas cosas con el profesor Fernández. 私はこうしたことをフェルナンデス先生から学んだ. ～ arquitectura 建築の勉強をする. ～ piano (judo) ピアノ（柔道）を習う. Para ～ nunca es tarde.《諺》学ぶのに遅いということはない. ❶ 覚える, 暗記する: Ahora tengo que ～ la conjugación de los verbos. 今は動詞の活用を覚えなければならない. ～ la tabla de multiplicar 九九を覚える. ❸《まれ》知る, 聞く. ❹《古語》捕える, 捕まえる
── 自［+a+不定詞. 仕方を］学ぶ, 習う: Los autoescuela le aprendido a conducir. 私はその自動車学校で運転を習った. Quiero ～ a bailar. 私はダンスを習いたい. ～ a trabajar 仕事を覚える
para que aprenda 彼（あなた）にはいい薬になるから／罰として
── *～se* …を暗記する: Apréndete esa contraseña y dila cuando te la piden. その合い言葉を覚えて, 求められた時にはそれを言いなさい. *～se los gentilicios* 地名を暗記する
aprendiz, za [aprendíθ, θa] 【←aprender】名【男 複 ～ces】❶ 見習い, 実習生, 徒弟: Ese chico trabaja de ～ en la peluquería. その子は理髪店で見習いをしている. colocar (poner) de ～ を見習いに出す. ～ de carpintero 大工の弟子. ～ de mecánico 整備士の見習い. ❷ 学習者; 初心者, 駆け出し, 新米: ～ de conductor 自動車学校教習生
ser ～ de todo y oficial de nada あれこれと手を出すが一つ物にならない; 器用貧乏である
aprendizaje [aprendiθáxe] 【←aprender】男 ❶ 学習; ［技術などの］習得, 修業, 見習い: Comprendemos más el país con el ～ del idioma. 言語の習得によりさらにその国を理解できる. escuela de ～ 工具養成所. hacer su ～ 修業する. ～ asistido por ordenador《情報》CAL. ❷ 徒弟の身分; 年季, 見習い期間. ❸《見習い》ごと. ❹《心理》学習
aprensador, ra [aprensaðór, ra] 形 名 締め付ける［人］
aprensadura [aprensaðúra] 女《まれ》=**prensadura**
aprensar [aprensár] 他 ❶《廃語》=**prensar**. ❷ 不安に陥れる, 重苦しい気分にさせる
aprensión [aprensjón] 【←aprender（中世の語義）「怯える」】女 ❶［衛生面での］極端な嫌悪感. Me da ～ de bebamos del mismo vaso. 私たちが同じコップで飲むのは絶対に嫌だ. ❷［病気・事故などに対する, 根拠のない］不安, 懸念, 取り越し苦労: Tiene la ～ de que la herida es fatal. 彼は命にかかわる傷ではないかと心配している. ❸【複】妄想: Son aprensiones tuyas. それは君の妄想だ. ❹［他人に対する細かい］気配り, 気後れ: mirar a su alrededor con ～ 気を使ってあたりを見回す
aprensivamente [aprensíβamente] 副 不安げに
aprensivo, va [aprensíβo, βa] 【←aprensión】形 名 ❶ ［estar+] 不安な, 気がかりな: Estaba muy ～ con su tos. 彼は咳をあまりに気にしすぎていた. ❷［ser+. 病気について］心配症

の［人］

apreparar [apreparár] 他《地方語》=**preparar**
apresador, ra [apresaðór, ra] 形 名 捕える［人］
apresamiento [apresamjénto] 男 捕獲, 逮捕; 拿捕
apresar [apresár] 【←a-+presa】他 ❶ 動けなくする, 逃げられなくする, 捕える, 拘束する; 逮捕する: El gato apresó al ratón. 猫がネズミをつかまえた. Hemos apresado al ladrón. 私たちは泥棒を押さえ込んだ. ❷ ［船を］拿捕（す）する
apreso, sa [apréso, sa] 【aprender の古い過分】形 ❶《まれ》［樹木が］根づいた, 根を張った. ❷《古語》しつけのいい. ❸《古語》［bien+] 幸福な; [mal+] 不幸な
apresquí [apreskí] 【←仏語 après-ski】男 アフタースキー: botas ～ アフタースキーブーツ
après soleil [apresoléi] 【←仏語】男 カーマインローション
aprestador [aprestaðór] 男 下塗剤, 下地調整液
aprestar [aprestár] 【←a-+presto】他 ❶［必要なものを］準備する, 用意する: ～ las armas para el combate 戦いのために武器の用意をする. ❷［布などに］仕上げ加工をする, 糊をつける
── *～se*《文語》[+a・para+名詞・不定詞］…する: Las galeras se aprestan a zarpar. ガレー船は出航の準備をしている
apresto [aprésto] 【←aprestar】男 ❶［布などの］仕上げ加工: ～ acrílico アクリル樹脂加工. ❷ 仕上げ糊, サイズ
apresuración [apresuraθjón] 女 急がせること; 急ぐこと
apresuradamente [apresuráðamente] 副 急いで, あわてて, 性急に
apresurado, da [apresuráðo, ða] 形 急いだ, あわてた: viaje ～ 急ぎの旅行. decisión ～da 早まった決定
apresuramiento [apresuramjénto] 男 ❶ 急がせること, せかすこと. ❷ 急ぐこと; 慌てること; 性急, 軽率: Se produjeron los errores por ～. 急いだために誤りが起こった
apresurar [apresurár] 【←a-+古語 presura「困難, 嘆」】他 ❶ 急がせる, せかす: Me apresuran para que lo termine pronto. 私はそれを早く終えるようにされている. ❷ 速める: ～ el paso (la marcha) 足を速める
── *～se* 1 急ぐ: Si no te apresuras, perderás el tren. 君は急がないと, 電車に乗り遅れるよ. ❷ [+a・en+不定詞] 急いで…する; [+por+不定詞] …するよう急ぐ: El joven se apresuró a ceder el asiento a una anciana. その若者はすぐに老婆に席を譲った. Ante la gravedad del incidente, el Ayuntamiento se apresuró en poner los hechos en conocimiento de la compañía. 事が重大なので市は事実を会社に知らせることを急いだ. Vamos a ～nos por llegar a tiempo. 間に合うように急ごう. Me apresuro a responderle que no existe ningún dato secreto. 私がまずお答えしたいのは, データの隠蔽は一切ないということです
apretadamente [apretaðamente] 副 ❶ かろうじて, やっとのことで: Ellos viven ～. 彼らは何とか食いついないでいる. La victoria se produjo ～. やっとのことで勝利が得られた. llegar muy ～ al final del mes 何とか月末までやりくりする. ganar ～ 辛勝する. ❷ きつく, 固く
apretadera [apretaðéra] 女 ❶ [主に]. 締めるための] 紐, 帯: ～s del baúl トランクのベルト. ❷《まれ》【複】［命令を実行させる］締め付け
apretadizo, za [apretaðíθo, θa] 形《まれ》締め付けられやすい
apretado, da [apretáðo, ða] 形 ❶ きつい, 固く結んだ, ぴっちりした: Este corcho de la botella está muy ～. この瓶のコルク栓はとてもきつい. Los camareros llevan la corbata ～da. ボーイたちはネクタイをきつく締めている. Esta falda me queda muy ～da. このスカートは私にはきつい. con los labios ～s 唇をきっと結んで. baile ～ しっかり抱き合って踊るダンス, チークダンス. nudo ～ 固い結び目. vestido ～ きちきちのドレス. ❷ 詰まった, 密な; ［人が］一杯の, ぎゅうぎゅうの: A estas horas la gente va ～da en el tren. この時間電車はすし詰めだ. Es un tejido ～. その生地は目が詰まっている. ❸ 難しい, 厳しい: En las situaciones ～das demuestra siempre una gran serenidad. 厳しい状況でも彼はいつも沈着だ. asunto ～ 難題. ❹ ［金に］窮した: Ellos están ～s de dinero. 彼らは金に困っている. ❺ ［時間に］追い立てられた; 立て込んだ, 多忙な: Hoy el director tiene un horario muy ～. 校長は今日スケジュールが詰まっている. ❻ ［得点などが］僅差の; ［勝利などが］かろうじての: El ～ tanteo demuestra la igualdad de los dos equipos. 僅差の得点から見て両チームは同じような力を持っている. con-

seguir un ~ triunfo かろうじて勝利を得る. ❼《中南米. 口語》けちな, 吝嗇な. ❽《メキシコ. 口語》上流階級らしい; 上流を気取る. ❾《ベネズエラ. 口語》[性格が] 厳格な; 面の皮の厚い ── 男《古語. 服飾》胴착

apretador, ra [apretaðór, ra] 形《まれ》締めつける ── 男《まれ》❶ 締め具. ❷《服飾》袖なしの胴着; [誘導紐のついた子供用の] コルセット; [おくるみに包まれた乳児用の] ガードル. ❸ [薄いシーツの下に敷く] 厚手のシーツ. ❹《古語》[女性が髪をまとめ·額に巻く] リボン, バンド

apretadura [apretaðúra] 女 抱き締め; 締めつけ

apretamiento [apretamjénto] 男《まれ》❶ =**aprieto**. ❷《古語》貪欲, けち

apretar [apretár]《←apetrar < ラテン語 appectorare「胸に抱き締める」< pectus, -oris「胸」》23 他 ❶ 抱き締める: *Apretó* al niño contra su pecho. 彼は子供を胸に抱き締めた. El niño llevaba el osito *apretado* entre sus brazos. その子はぬいぐるみの熊を腕に抱き締めていた. ❷ 握り締める: De pronto me *apretó* el brazo. 彼は突然私の腕をぎゅっとつかんだ. ~ el puño こぶしを握り締める. ❸ きつく締める, 締めつける: *Apretamos* las cuerdas para que no se suelte. 私たちはばらばらにならないように紐をきつく締めた. ~ el cinturón ベルトを締める. ~ un tornillo ねじをきつく締める. ❹[ボタン·スイッチなどを] 押す: En el ascensor él *apretó* el botón. エレベーターで彼はボタンを押した. ❺ 押し込む, ねじ込む: Hay que ~ los trajes para que quepan en la maleta. スーツケースに入るように服を押し込まなければならない. ❻ [人に] 厳しくする; [人を] 締め上げる; うるさく言う: El director nos *aprieta* demasiado. 所長は我々に厳しすぎる. Ese profesor, muy serio, nos *aprieta* en el examen. あの先生は厳しくて, 私たちを試験で締めつける. ❼[+para que+接続法. …するように人に] 圧力をかける, ねじを巻く: Le están *apretando* para que dimita. 彼は辞任するよう圧力をかけられている. ❽ 早める; せき立てる, せかせる: Me *aprieta* el tiempo. 私にはぐずぐずしている暇はない. ~ el paso 足を速める ── 自 ❶[服などが, +a+人 にとって] きつい: He engordado y los pantalones me *aprietan*. 私は太ってしまって, ズボンがきつい. Le *aprietan* los zapatos. 彼は靴がきつい. ❷[+en に] がんばる, 励む: Si quieres sacar buenas notas, *aprieta* en los estudios. いい成績が取りたければ, がんばって勉強しなさい. ❸[風雨·寒暑·痛みなどが] ひどくなる: El sol *aprieta* a estas horas. 日ざしはこの時間耐えがたくなる. La lluvia *apretaba* cada vez más. 雨はますます激しくなっていった. Ha empezado a ~ el dolor. 痛みがひどくなった. ❹ 急ぐ: ¡*Aprieta*! さあ, 急ぐんだ! ❺ 厳しくする, うるさく言う: El profesor de latín *aprieta* demasiado. ラテン語の先生は厳しすぎる. ❻[+a+不定詞] …し始める: Dio media vuelta, y *apretó* a correr. 彼は後ろを向くと, 走り出した. ~ a escribir 書き始める

~ a correr [+人·事物 を] 急がせる
── ~se [ぎゅうぎゅう詰めの状態で] 集まる, 押し合いへし合いになる, 群がる; 詰まる, 一杯になる: Al empezar el año nuevo, a medianoche, mucha gente *se aprieta* en esta plaza. 新しい年が始まる真夜中, たくさんの人でこの広場が一杯になる. ❷[身につけた物を] 締める, 締めつける; [身につけた物が] 締まる, 窮屈になる

apretón [apretón]《←apretar》男 ❶ 握り締め; 握手: Reciba un ~ de manos. [手紙の末尾で] ご多幸を祈ります. ❷《口語》抱き締め, 抱擁 [=abrazo]. ❸《口語》人ごみ, ぎゅうぎゅう詰め: No me gustan los *apretones* de los autobuses de por la mañana. 朝のバスのぎゅうぎゅう詰めは嫌だ. ❹《口語》すばやく成し遂げること; がんばり; 突進, 突撃: dar un buen ~ al trabajo 仕事をはかどらせる; 仕事でがんばる. ❺《口語》窮地, 苦境. ❻《口語》急な便意 (尿意). ❼《美術》[濃い色による] 陰影, タッチ

dar a+人 un ~ de manos 1) …と握手をする: Le *di* un ~ *de manos*. 私は彼と握手をした. 2) …と仲直りをする
darse un ~ de manos 1) 互いに握手をする: *Se dieron* un ~ *de manos*. 彼らは互いに握手し合った. 2) 互いに仲直りをする: *Nos dimos* un ~ *de manos*. 私たちは仲直りした

apretrechar [apretretʃár] 他《地方語》=**pertrechar**
apretujamiento [apretuxamjénto] 男 締めつけ; 詰め込み
apretujar [apretuxár]《←apretar》他 強く·繰り返し締めつける
── ~se [人が, +en 狭い場所に] 詰め込まれる: Ella *se apretujó* en el asiento delantero entre su amiga y el pri-

mo. 彼女は前側の席の友達といとこの間に押し込まれた

apretujón [apretuxón] 男 強く締めつけ; ぎゅうぎゅう詰め
apretura [apretúra]《←apretar》女 ❶ [時に 複]ぎゅうぎゅう詰め. ❷ [まれ] 狭さ; 困難; 締めつけ

aprevenir [apreβenír] 59 他《アンダルシア, グアテマラ, コロンビア》=**prevenir**

apriesa [aprjésa] 副《俗語》=**aprisa**
apriete [aprjéte]《技術》締めつけ
aprieto [aprjéto]《←apretar》男 困難: verse en un ~ 困っている. poner a+人 en un ~ …を困らせる

aprimar [aprimár] 他《席語》仕上げる, 完成させる
a priori [a prjóri]《ラテン語》副 形 ❶ 先験的に·な, アプリオリ《⇔a posteriori》: Un juez no puede condenar al acusado ~. 裁判官は調べもせずに被告を罰することはできない. razonamiento ~ 先験的論証. ❷ 前もって: Él sabía ~ lo que iba a suceder. 彼は何が起こるのかあらかじめ知っていた

aprioridad [aprjoriðá(ð)] 女 先験性
apriorismo [aprjorísmo] 男 先験主義; 演繹的推論
apriorísticamente [aprjorístikaménte] 副 先験的に
apriorístico, ca [aprjorístiko, ka] 形 先験主義の, 先験的な
aprisa [aprísa]《←a+prisa》副 速く, 急いで: ¿Por qué caminas tan ~? なぜそんなに急いで歩いているんだい?

apriscadero [apriskaðéro] 男《まれ》=**aprisco**
apriscar [apriskár] 7 他《家畜を》囲い場 aprisco に集める
aprisco [aprísko] 男 [夜間·悪天候用の家畜の] 囲い場
aprisionador, ra [aprisjonaðór, ra] 形 押さえつける
aprisionamiento [aprisjonamjénto] 男 押さえつけ
aprisionante [aprisjonánte] 形 押さえつける
aprisionar [aprisjonár]《←aprisión》他 ❶ 身動きできなくする, 押さえつける: Una viga le *aprisionó* las piernas. 彼の両脚が梁の下敷きになった. La *aprisioné* entre mis brazos. 私は彼女をぎゅっと抱き締めた. ❷ 投獄する, 収監する, 拘留する
aprissio [aprísjo] 男《歴史》無主地の占有《レコンキスタ期の半島東部における再植民の一形態》
aprista [aprísta] 形 名 [ペルーの] アプラ党 APRA の [党員]
aproar [aproár] 自《船舶》船首を向ける: ~ al viento 風上に向かう

aprobación [aproβaθjón]《←ラテン語 approbatio, -onis》女 ❶ 承認, 許可; 賛成, 同意: La ~ de los presupuestos tardará aún. 予算の承認はまだ時間がかかるだろう. Finalmente ha dado su ~ a la boda. 彼は最終的には結婚に賛成した. pedir ~ al proyecto 計画の承認を求める. ❷[議案などの] 可決, 議決: Nuestra propuesta mereció la ~ de todos los asistentes. 我々の提案は出席者全員の賛成を得た. ~ unánime 満場一致の賛成. ❸ 合格, 及第

aprobado, da [aproβáðo, da] 形 ❶ 合格した; 適格と認定された: salir ~ 合格する. ❷ 承認 (認可) された; 可決された: ~ por el Ministerio de Educación 文部科学省認可の. ❸ [品質·性能が] 優秀な, 基準を満たした
── 男 [評点で] 可《→calificación [参考]》; 及第点, 合格点: Tuvo dos ~s. 彼は可が2つあった. No me conformo con un simple ~. 私は単なる可には満足しない. sacar un ~ 可をとる. raspón/~ raso ぎりぎりの可 (合格点)

aprobador, ra [aproβaðór, ra] 形 名 承認する [人]
aprobadoramente [aproβaðoraménte] 副 承認して
aprobante [aproβánte] 形 名 =**aprobador**
aprobanza [aproβánθa] 女《まれ》=**aprobación**
aprobar [aproβár]《ラテン語 approbare < ad- (に)+probare「試す」》28 他 ❶[公的に] 承認する, 認可する: Ante todo es necesario ~ el proyecto en la comisión. まず委員会による承認を得ることが必要だ. ❷[議案などを] 可決する, 議決する: *Aprobaron* el proyecto de ley por unanimidad. 満場一致でその法案は可決された. ~ por mayoría 可決多数で可決する. ❸ 賛成する, 同意する: No *aprobamos* tu decisión. 我々は君の決定に賛成できない. *Apruebo* todo lo que has dicho. 君が言ったことはすべていいと思うよ. ❹[提案·主張などを] 認める, 受け入れる. ❺[試験に] 合格する: *He aprobado* el examen de español. 私はスペイン語の試験にパスした. No *ha aprobado* la asignatura de Historia. 彼は歴史の科目を落としてしまった. ❺[受験した人を] 合格させる 《⇔suspender》: No le *han aprobado* en inglés. 彼は英語の試験で合格しなかった. Me *han aprobado* en inglés. 私は英語の試験に受かった
── 自 合格する, 及第する: *He aprobado* en el examen. 私はその試験に合格した. ~ por los pelos かろうじて合格する

aprobativo, va [aprobatíbo, ba] 形 =**aprobatorio**
aprobatoriamente [aprobatórjaménte] 副 賛成して
aprobatorio, ria [aprobatórjo, rja] 形 [視線・仕草などが] 賛成の, 是認の, 承認の
aproblemático, ca [aproblemátiko, ka] 形 [文語] 問題になりそうな, 厄介な
aproblemar [aproblemár] 他 [チリ] 心配させる
—— **~se** [チリ] 心配する
aproches [aprótʃes] 〘←仏語〙男 複 ❶《軍事》[要塞などを攻撃するための] 近接作業, 攻撃準備. ❷《ボリビア》付近
aprometer [aprometér] 他《まれ》=**prometer**
aprontar [aprontár] 他 急いで準備する; [金などを] 即座に引き渡す
apronte [apróṇte] 男 ❶ [南米. 口語][主に 複] 準備. ❷《ウルグアイ. 口語》集名 [シーツ・タオルなどの] ブライダル用品
—— *irse en ~s*《南米》準備不足で失敗する
apropiable [apropjáble] 形 所有され得る
apropiación [apropjaθjón] 女 [主に不当に] 取得, 所有: *~ indebida* 横領
apropiadamente [apropjáðaménte] 副 適切に, うまく目的に合って
apropiado, da [apropjáðo, ða] 形 [+para に] 適切な, ふさわしい: [→**adecuado** [類義]]: *Los zapatos no son ~s para caminar por la arena*. その靴は砂の上を歩くには適さない
apropiador, ra [apropjaðór, ra] 名 [主に不当に] 自分のものにする [人]
apropiar [apropjár]〘←ラテン語 *appropiare*〙⓾ 他 ❶《古語的》[+a に] 適合させる, 適応させる. ❷ [+a+人 の] 所有物にする: *Deseo que apropien la joya a mi hija*. 宝石は私の娘のものにしていただきたい. ❸《古語》似せる [=**asemejar**]
—— **~se** [時に +de. 主に不当に] …を自分のものにする, 横領する: *Un ladrón abrió la caja y se apropió de su contenido*. 泥棒が箱を開けて, 中のものを取った
apropiativo, va [apropjatíbo, ba] 形 [主に不当に] 取得の
apropicuar [apropikwár] 12 **~se**《アルゼンチン. 口語》くつろぐ
apropincuación [apropiŋkwaθjón] 女《まれ》接近
apropincuar [apropiŋkwár] 12 **~se** ❶《まれ》接近する [=**acercarse**]. ❷《誤用》=**apropiarse**
apropósito [apropósito] 男 [現代世相をテーマにした, 軽い風刺の入った] 寸劇, スキット
aprovechable [aprobetʃáble] 形 利用され得る, 役に立つ
aprovechadamente [aprobetʃáðaménte] 副 [主に生徒が] 勤勉に, よく勉強して. ❷《軽蔑》金に汚なく, がめつく
aprovechado, da [aprobetʃáðo, ða] 形 名 ❶ 勉強熱心な, 成績のよい; 仕事熱心な, 勤勉な: *Pedro es un alumno muy ~ en sus estudios*. ペドロは勉強によく熱心な生徒だ. ❷ やりくり上手の, 工夫に富む: *Es una ama de casa muy ~da*. 彼女はやりくり上手な主婦だ. ❸ 活用された, 利用された: *Se puede decir que ha sido tiempo bien ~da*. 有意義な時間だったと言えます. *vivienda bien ~da* 機能的な住居. ❹《軽蔑》がめつい [人], 金に汚い [人]; 抜け目のない [人], ずるい [人]: *Es un ~ porque siempre mira en su propio beneficio*. 彼は金に汚くて, いつも自分の利益しか考えていない. ❺ = **siempre vas chupando rueda y nunca tienes una iniciativa**. 君は人の後について行くばかりで, 自分で何かをしようとしない
aprovechador, ra [aprobetʃaðór, ra] 形 利用する; 役立つ. ❷《南米》がめつい人, 締まり屋
aprovechamiento [aprobetʃamjénto] 男 ❶ 利用, 活用; 開発: *Hay que pensar más en el ~ de las tierras*. もっと土地の有効利用を考えなければならない. *~ de la energía solar* 太陽エネルギーの利用. *~ de los recursos naturales* 天然資源の開発. *~ del río* 河川の利用. *~s forestales* 森林開発. ❷ 利益, 得: *Hay que sacar el máximo ~ de esto*. これから多くの利益を引き出さなければならない. ❸ [学習などの] 成果; 上達, 進歩: *Las notas dicen que siguen los cursos con ~*. 成績から判断して彼らはきちんと勉学に励んでいる. *~ académico* 修了証明 [書]
—— *~ de aguas* 《法律》水利権
aprovechar [aprobetʃár]〘←a-+*provecho*〙他 ❶ 利用する, 活用する: 1) *Aprovecho esta oportunidad para expresar al Sr. Pedro García mi gratitud*. この機会を利用してペドロ・ガルシア氏に感謝を捧げます. *Estamos pensando en cómo ~ las nuevas tecnologías*. 私たちは新しい技術をどう生かすか考えて

181

いる. *~ la vida* 人生を大切に生きる. 2) [+que+直説法][うまく]…する時間などを見つける: *Aprovechamos que hace buen tiempo para subir al monte*. 天気がいいので私たちは山に登る. *Aprovecha que tiene un ratito libre para escribir a su novia*. 彼は少しの時間を使って恋人に手紙を書いている. ❷ 開発する, 開拓する
—— 自 ❶ 役に立つ, 有益である: *Esta información nos aprovecha mucho*. この情報はとても私たちの役に立つ. ❷ [+en+名詞など に] 進歩する, 上達する: *José ha aprovechado mucho en esa clase*. ホセはそのクラスでとても上達した. ❸ 機会 (時期) を利用する: *Como pasaba por allí, María aprovechó para ir a verlos*. そのあたりを通ったので, マリアはついでに彼らを訪ねた. ❹《船舶》船首を風上に向ける
¡Que aproveche!《西》[食事中の人への挨拶] どうぞごゆっくり / たんと召し上がれ [→¿[si] usted **gusta**?][参考]
que te (le) aproveche《西》[獲得した人に] まあ勝手にもらうがいいさ
—— **~se** ❶ [主に悪い意味で, +de+名詞・*que*+直説法を] 利用する, [人の弱さなどに] つけ込む, つけ入る: *Jorge se aprovecha de las debilidades ajenas en los peores momentos*. ホルヘは最悪の時に他人につけ入る男だ. *Luisa se aprovechó de que no estaban sus padres para hacer una fiesta*. ルイサは両親の不在を利用してパーティーを開いた. ❷ がんばる, 励む: *Aprovéchate ahora, que eres joven*. 君は若いのだから, 今がんばりなさい. ❸《口語》[+de に] 痴漢行為をする; [女性の身に] 触る, 暴行する
aprovechen [aprobétʃen] 男《まれ》利用
aprovechón, na [aprobetʃón, na] 形 名《口語》勉強熱心な [人]; 抜け目のない [人], 要領のいい [人]
aprovisionador, ra [aprobisjonaðór, ra] 形 名 供給する [人]
aprovisionamiento [aprobisjonamjénto] 男 補給, 供給
aprovisionar [aprobisjonár]〘←a-+*provisión*〙他 [+de 食糧などを] …に補給する, 供給する: *~ de víveres el barco* 船に食糧を積み込む
—— **~se** 補給を受ける: *Se arpovisionaron para un largo viaje*. 彼らは長旅に備えて貯える万全を期した
aproximable [aprɔ(k)simáble] 形 接近され得る
aproximación [aprɔ(k)simaθjón] 女 ❶ [+a への] 接近: *~ al marxismo* マルクス主義への接近. *~ de (entre) los dos partidos* 両党派への接近. ❷ [問題への] アプローチ. ❸ [航空機の] 飛行場への接近. ❹ 近似値, 概算: *Solo es una ~. Se trataba de hacer por aproximación.* それはおよその見当にすぎない. *calcular con ~* 概算する. ❺ [宝くじの] 前賞賞
aproximadamente [aprɔ(k)simáðaménte] 副 およそ, ほぼ, 概算で: *España cuenta con 40 millones de habitantes ~*. スペインの人口はおよそ4千万人である
aproximado, da [aprɔ(k)simáðo, ða] 形 ❶ およその, 近似の: *a la hora ~da* およその時刻に. *cálculo ~* 概算. *edad ~da* およその年齢. *fórmula ~da*《数学》近似式. *presupuesto ~* およその見積り. *valor ~* 近似値. ❷《まれ》類似の
aproximamiento [aprɔ(k)simamjénto] 男 =**aproximación**
aproximar [aprɔ(k)simár]〘←a-+*próximo*〙❶ [+a に] 近づける, 接近させる: *~ su silla a la mesa* 椅子をテーブルに寄せる
—— **~se** ❶ 近づく [=**acercarse**]: *Se aproximó a Matilde por la espalda*. 彼は背後からマチルデに近づいた. *Se aproximan las Navidades*. クリスマスが間近に迫っている. *~se a la correcta solución* [人が] 正解に近づく. ❷《まれ》似る
aproximativo, va [aprɔ(k)simatíbo, ba] 形 およその, 近似の: *cálculo ~* 概算
aproxis [aprɔ́(k)sis] 男《まれ. 植物》ハクセン [=**díctamo**]
apsara [a(p)sára] 女〖インド神話〗アプサラ〖下級女神〗
ápside [á(p)siðe] 男《天文》軌道極点
aptamente [á(p)taménte] 副 素質があって
aptar [a(p)tár] 他《廃語》合わせる, 適合させる
aptense [a(p)ténse] 形《地質》[白亜紀前期の] アプチアンの
apteria [a(p)térja] 女〖鳥〗無羽域
apterigiforme [a(p)teriχifórme] 形 キーウィ属の
—— 男〖鳥〗キーウィ属
apterigota [a(p)teriγóta] 形《昆虫》無翅の; 無翅昆虫
ápterix [á(p)teri(k)s] 男〖鳥〗キーウィ [=**kiwi**]
áptero, ra [á(p)tero, ra] 形 ❶《昆虫》翅のない. ❷《建築》[神殿などの] 側柱のない

aptialismo [a(p)tjalísmo] 男《医学》唾液欠乏症
aptitud [a(p)titú(d)]《←ラテン語 aptitudo》囡 [+para への] ❶ 適性, 向き不向き; prueba (examen) de ~ 適性検査. ❷ [時に 複] 能力, 才能, 素質: Este joven tiene ~es para la pintura. この青年は絵の才能がある. ~ para los negocios 商才. ~ es físicas 体力. ❸《複》条件: condiciones psicofísicas de ~ para el servicio militar 兵役にふさわしい肉体的・心理的条件. ❹《生物》適応度
apto, ta [á(p)to, ta]《←ラテン語 aptus》形 [+para に] ❶ [ser+. 主に人が] 適性 (素質) のある, 向いている: No eres ~ para maestro. 君は教師に向いていない. No es una persona apta para ejercer esta profesión. その人物はこの仕事に向いていない. ❷ 能力 (実力) のある, 有能な: obrero muy ~ とても腕がいい職人. secretaria muy apta とても有能な秘書. ❸ 適している, ふさわしい: Los animales enfermos no son ~s para el consumo humano. 病気の動物は人間が消費するのにふさわしくない. Esta película no es apta para menores. この映画は未成年者にはふさわしくない. ❹《試験》合格した: ~ para el servicio militar 徴兵検査に合格した
—— 男 《試験の結果》合格, 可: Para alcanzar el ~ se requieren 60 puntos. 合格するには60点が必要だ. no ~ 不合格. no ~ para pasar al siguiente curso 進級不可
apud [apu(d)]《←ラテン語》前 [引用で] …の作品 (著作) によれば: ~ Aristóteles アリストテレスの著作では
apuesta[1] [apwésta]《←apostar》囡 ❶ 賭け事, 賭け: Cada semana hago ~ s en la quiniela. 私は毎週サッカーくじを賭けている. hacer una ~ con+人 …と賭けをする. ❷ 賭け金: Te recuerdo que tu ~ es cinco euros. いいか, 君の賭け金は5ユーロだぞ. subir la ~ 賭け金を上げる. doblar la ~ 賭け金を2倍にする. ❸ 複 スポーツくじ [=~s deportivas]: billete de ~s mutuas 馬券. billete de ~s dobles 連勝式馬券
cruzar ~s 賭けをする
apuestamente [apwéstaménte] 副 スマートに; エレガントに, 優雅に
apuesto, ta[2] [apwésto, ta]《←ラテン語 appositus < apponere < ad-（近接）+ponere「置く」》❶《文語》スマートな, 容姿端麗な; エレガントな, 優雅な; [服装が] きりっとした, 粋な. ❷《古語》都合のよい
—— 囡《古語》優雅さ [=apostura]
Apu Ilapu [apu ilápu]《インカ神話》アプイラプ《雨の神》
apulgarar [apulgarár] 他《まれ》親指で押す
—— ~se《アストゥリアス, アンダルシア》[白い服が] 小さな汚れがつく
apulso [apúlso] 男《天文》近接, 合
apunamiento [apunamjénto] 男《アンデス》高山病
apunar [apunár] ~se《アンデス》高山病にかかる
apunchar [apuntʃár] 他 くしの歯を荒く刻む
apuntación [apuntaθjón] 囡 ❶《鉄砲の》照準合わせ, 狙い. ❷ 書き込み, メモ. ❸《音楽》記譜 [法]; 音譜
apuntadamente [apuntádaménte] 副《古語》時間を守って [=puntualmente]
apuntado, da [apuntádo, ða] 形 ❶ 先の鋭い, 尖った. ❷ 尖塔の; ゴチック式の. ❸《紋章》先端が接合した. ❹《中南米》一杯機嫌の
apuntador, ra [apuntaðór, ra] 形 ❶ 照準を合わせる. ❷ 書き留める, メモする
—— 图 ❶《演劇》プロンプター; 舞台監督: ~ automático《テレビ》[カメラの背後にある] プロンプター装置. ❷ [大砲などの] 照準手
morir hasta el ~ / *no quedar ni el* ~《映画, 演劇》登場人物が全員死ぬ
—— 男《カトリック》計時係の役僧
apuntalamiento [apuntalamjénto] 男 [支柱による] 補強
apuntalar [apuntalár] 他《←a-+puntal》❶ …に支柱 (puntal) を施す: Han apuntalado la torre de la iglesia. 彼らは教会の塔に支柱を取り付けた. ❷ [一般に] 支える, 補強する: Con los nuevos datos apuntaló su teoría. 彼は新データで自分の理論を補強した
—— ~se《コスタリカ》間食をする
apuntamiento [apuntamjénto] 男 ❶ 書き留めること; 指し示すこと. ❷《法律》[主に軍法会議の] 裁判記録の要約
apuntar [apuntár]《←a-+punta》他 ❶ [+en に] 1) 書き留める, メモする: Apuntaste mis señas, ¿verdad? 私の住所を書き留めたね. Apunta todos los gastos. かかった費用をすべて書き留めなさい. Tengo que ~ la fiesta en mi libreta. そのパーティーを手帳にメモしておかなければならない. 2) [本などに] 印（マーク）をつける. 3) 記入する, 書き入れる: He apuntado al Sr. González en la lista. 私はゴンサレス氏の名前をリストに書き込んだ. Apúntelo en mi cuenta. 私のつけにしておいて下さい. ~ presente 出席を記入する. ❷ 指し示す, 指さす: Apuntaron con el dedo a ese hombre. 彼らはその男を指さした. Me apuntó con el dedo el rostro. 彼は私の顔を指さした. ❸ 狙わせる: Los niños empezaron a ~ un lápiz. 子供たちは鉛筆を削り始めた. ❹ 示唆する, ほのめかす; こっそり教える: El primer ministro apuntó la posibilidad de dimitir. 首相は辞任の可能性をほのめかした. Me apuntó la solución en clase. 彼は授業でこっそり答えを教えてくれた. ❺ [+que+直説法 であることを] 指摘する, 示す. ❻ [ほころびを] 繕う; かがる, 縫い付ける: Mi madre me apuntó el botón de abrigo. 母はオーバーのボタンをつけてくれた. ❼《演劇》[プロンプターが] せりふ（きっかけ）をつける. ❽ [一時的に] 取り付ける, 打ち付ける. ❾ 賭ける, 賭け金を積む. ❿《美術》素描（スケッチ）をする. ⓫ [試合で] 得点をとる
—— 自 ❶ [+a に] 狙いをつける, 照準を合わせる: Apunté con la escopeta a la liebre. 私は野ウサギを猟銃で狙った. ¡Apunten! ¡fuego!《軍事. 号令》狙え, 撃て! ~ al blanco 的を狙う. ❷ [+a+hacia に, 機首・船首などが] 向く, 向かう: La proa de la nave apunta al (hacia el) oeste. 船は西に進路をとる. La aguja apunta siempre hacia el norte. 針はいつも北を指している. ❸ [+a に, 非難・不満などが] 向く, 向かう: Ahora las iras del pueblo han apuntado al presidente. 今や民衆の怒りは大統領に向かった. ❹ [+a を] 目指す, 目標にする: 1) Este proyecto de ley tiene un objetivo que apunta a la supresión de los privilegios. この法案は特権廃止の狙いがある. ~ a la presidencia 大統領の座を目指す. 2) [+a+不定詞] Ellos apuntan a derribar al gobierno. 彼らは政府を倒そうともくろんでいる. ❺ [+a que+直説法 であることを] 指摘する, 示す: Algunas investigaciones apuntan a que hubo un error por parte del camionero. いくつかの調査でトラック運転手の側にミスがあったと指摘されている. ❻《文語》現われ始める: Ya apunta el día. もう日が昇る. Le ha apuntado el pelo en el pecho. 彼は胸毛が生えてきた. ~ el alba 夜が明ける. ~ la hierba 草が生え出す. ~ los trigales 小麦が芽をふく. ❼《演劇》プロンプターを務める. ❽《中南米》賭ける [=apostar]
—— ~se ❶ [+en 申込書などに] 自分の名前を記入する; [+a に] 申し込む: Los dos se apuntaron en la lista de candidatos. 2人は立候補の届けをした. Me apunté al próximo cursillo de natación. 私は次の水泳講習会に申し込んだ. ❷ [+a に] 参加する, 一緒に行く: Andrés se apunta a todas las fiestas de la Embajada. アンドレスは大使館のパーティーに必ず顔を出す. También él se apunta. 彼も仲間に入るよ. Esta noche vamos a la reunión del sindicato. ¿Te apuntas?—De acuerdo. 今夜組合集会に行くつもりだが, 君もどうだい?—そうするよ. ❸《口語》登録する, 会員になる; 入学する: Se apuntó en el colegio. 彼は学校に入った. ❹ [成功・得点などを] 得る, 入れる: Se han apuntado un triunfo en las elecciones. 彼らは選挙で勝利をおさめた. ❺ 評判が上がる, 点数を稼ぐ. ❻《口語》酔っぱらう. ❼ [ワインが] 酸っぱくなる. ❽《中南米》[作物が] 芽を出す
apunte [apúnte]《←apuntar》男 ❶ 覚え書き, メモ, 書き込み [覆 では行為, 結果. 覆 では書いた物]: Siempre que voy al supermercado, llevo un ~. 私はスーパーに行く時は, いつもメモを持って行く. tomar ~s del libro どの本からメモをとる. ❷ 覆 [授業の] ノート [書き取ったもの]: Necesitas tomar ~s en clases. 授業ではノートを取ることが必要だよ. ❸ 覆 [会議・教室などの] プリント: ¿Me dejas fotocopiar tus ~s de Historia? 歴史の授業のプリントをコピーさせてくれるかい? ❹《商業》記帳, 記入. ❺《美術》スケッチ, 素描 [=bosquejo]: hacer un ~ de... …のスケッチをする. sacar ~s スケッチをする. ❻《演劇》プロンプター [=apuntador]; プロンプター用台本; プロンプターの声. ❼ 賭けをする人; 賭け金. ❽ 変わり者, 変人. ❾《中南米》1) [商店の] 掛け売り [帳]. 2) 寸劇
llevar el ~*a*+人《アルゼンチン, ウルグアイ. 口語》…の忠告を素直に聞く; [男の] 口説きに乗る
apuntillar [apuntiʎár] 他 ❶《闘牛》[短剣で牛に] とどめを刺す. ❷ 決定的打撃を与える

apuñalado, da [apuɲaládo, ða] 形 短剣の刃のような形の
apuñalador, ra [apuɲaláðór, ra] 形 短剣で刺す人
apuñalamiento [apuɲalamjénto] 男 突き刺し
apuñalar [apuɲalár] 他《←a-+puñal》 [短剣などで]刺す: El salteador *apuñaló* al pobre viajero a sangre fría. 追いはぎは哀れな旅人を平然と刺した
apuñar [apuɲár] 他 ❶ つかむ, 握る. ❷《まれ》=**apuñear**. ❸《アンダルシア; チリ, アルゼンチン, ウルグアイ》こねる, 練る ── 自《持っている物を落とさないように》手を握り締める
apuñear [apuɲeár] 他《まれ》殴打する
apuñetear [apuɲeteár] 他《廃語》=**apuñear**
apupú [apupú] 女《カナリア諸島. 鳥》ヤツガシラ《=abubilla》
apuracabos [apurakáβos] 男《単複同形》磁器製などで円筒形のろうそく立て
apuración [apuraθjón] 女 =**apuramiento**
apuradamente [apuráðaménte] 副 ❶ かろうじて, やっと: A~ conseguimos salir vivos de allí. 私たちはやっとのことでそこから生きて脱出することができた. ❷ 困窮して, 貧乏で: Viven ~ de su pensión. 彼らは年金で苦しい生活をしている. ❸ きまり悪そうに. ❹《まれ》正確に, ちょうど. ❺《古語》基本的に; 細心に, 入念に. ❻《中南米》大急ぎで, あわてて
apurado, da [apuráðo, ða] 形 ❶ [+de の] 足りない, なくなった: Ahora estoy ~ de tiempo. 今私は時間がない. Están ~s todos los remedios. 万策尽きた. ❷ 困窮した; 困った, 手詰まりの, 窮地にある: Sabía que Juan vivía ~ y necesitaba dinero. 私はフアンが生活に困って金が必要だということを知っていた. La situación económica del país no es tan ~da como parece. その国の経済状態は見かけほど困窮していない. Tengo que ir a ayudarlos porque están ~s. 困っているのだから彼らを助けてやらねばならない. ❸ [勝利で]ぎりぎりの: Él consiguió una ~da victoria. 彼はやっとのことで勝利を得た. ❹ ひどく疲れた, へとへとになった. ❺ 心配している, 悩んでいる. ❻ 完璧な, 正確な, きっちりした. ❼《西. 文語》[ひげを剃って]つるつるの. ❽《主に中南米》[人が]急いでいる
a la ~da《南米. 口語》急いで, おざなりに, やっつけ仕事で
apurador, ra [apuraðór, ra] 形 悩ませる, 急がせる ── 男 ❶《鉱山》洗鉱後の泥を再び洗鉱する人. ❷《アンダルシア》[オリーブの実を叩き落とした後に残った実を]短い棒で再び叩き落とす人 ── 男 =**apuracabos**
apuramiento [apuramjénto] 男 ❶ 困窮; 手詰まり状態. ❷ 解明; 徹底的な究明. ❸ 疲労困憊. ❹ 浄化, 純化
apuranieves [apuranjéβes] 男《単複同形. 鳥》ハクセキレイ《=lavadera blanca》
apurar [apurár] 他《←a-+puro》 ❶ 使い尽くす, 使い切る;[最後に]使う: *Han apurado* los pocos minutos que les quedaban. 彼らは残されたわずかな時間を使い切った. Va a ~ en la costa mediterránea sus últimos días de vacaciones. 彼は地中海の海岸で休暇の最後の何日かを過ごすだろう. ~ todos los medios あらゆる手段を尽くす. ❷[最後まで]食べる, 飲む, 吸う; からにする: Ellos *apuraron* platos y copas. 彼らは料理と酒をたいらげた. *Apuró* la cerveza y se fue. 彼はビールを飲み干し, 立ち去った. *Apurando* el último aire respirable, los tripulantes del submarino creyeron que había llegado su hora. 最後の空気を吸いながら, 潜水艦の乗組員たちは最後の時が来たと思った. ~ una botella de vino ワインを1本空ける. ~ el cigarrillo たばこを最後まで吸う. ❸[徹底的に]究明する, 調べ上げる: Hay que ~ lo sucedido otra vez. その件をもう一度徹底的に調べなければならない. ❹《主に中南米》せき立てる, 急がせる: No me *apures*, que todavía me queda algo que hacer. まだやることがあるのだから, せかさないで. Si me *apuras*, te diré que no es verdad. どうしても言うなら教えるが, それは本当のことじゃない. ❺ 悩ませる, 困惑させる: Me *apura* pedirle un favor. 彼に頼み事をするのは気がひける. Me *apura* mucho decirle esto. あなたにこんなことを言うのは心苦しいのですが. ❻ 責め立てる, 苦しめる: Si hace bancarrota, le *apurarán* los acreedores. もし倒産すれば, 彼は債権者たちに責め立てられるだろう. Me *apura* el trabajo. 私は仕事がつらい. ❼ 怒らせる. ❽ …のひげをつるつるに剃る. ❾《まれ》[精神的に]浄化する, 清める; 精製する, 精錬する
apurándolo mucho せいぜいで, 多くても, 高くても, 良くても, 悪くても
── 自 我慢の限度を越える, 耐えがたい; 急を要する: Por esta región el calor *apura* en verano. この地方では夏は暑さが耐えがたい. Con este frío no *apura* ponerse el abrigo. この寒さではオーバーを着るほどのことはない
── ~**se** [+por に] 悩む, 心配する: Una chica, cuando se enamora, *se apura* por cosa. 女の子は恋をすると何でもないことに悩むものだ. No *se apure* usted por eso. そのことについてはご心配なさらないで下さい. ❷ 尽きる, からになる: Ya *se ha apurado* esta botella. もうこの瓶はからになった. ❸ [+a+不定詞] 急いで…する: A esta hora la gente *se apura* a comprar los ingredientes de la cena. この時間人々は急いで夕食の材料を買う. ❹《主に中南米》急ぐ, あわてる: Vamos a ~nos. 急ごう
apure [apúre] 男 ❶《鉱山》1) 純化. 2) 鉛鉱石を洗鉱した後の残渣. ❷《まれ》かす, 残り
apuro [apúro] 男《←apurar》 ❶ 窮地, 苦境, 手詰まり状態: Está en un ~ muy grande. 彼はとても困っている. Se vio en ~s. 彼は窮地に陥った. poner en un ~ 困った立場に追い込む. ponerse en un ~ 困る. sacar de un ~ 窮地から救う. anciano en ~s 困っているお年寄り. Me sacaron del ~ prestándome el dinero. 彼は金を貸してくれて経済的な苦境から私を救ってくれた. ayudar a empresas en ~s financieros 財政的に困っている企業を援助する. estar en ~s/ estar en un ~ de dinero/tener ~s de dinero お金に困っている. ❸ 苦難, 辛苦; 悲嘆: En su juventud trabajó con grandes ~s. 彼は若い時とても苦労して働いた. Vencieron con ~s, por 1-0. 彼らは苦労して1-0で勝った. sin ~s 苦労せずに, 楽に. ❹ きまり悪さ, 恥ずかしさ, 困惑: Me da ~ decirle tal cosa. 彼にそんなことを言うのはきまりが悪い. pasar un ~ 恥ずかしい思いをする. ❺《主に中南米》急ぐこと, あわてること: No hay ~. 急ぐことはない. tener ~ por+不定詞 …しようとあせる
casarse de ~《中南米》できちゃった結婚をする
pasar ~s 1) 苦労する: *Pasé* muchos ~s para llegar a la final. 私は大変苦労してゴールインした. 2) 危険を冒す
apurruñar [apuru̯ɲár] 他《中南米》絞る, 強く締める; 抱き締める
apurruñón [apuru̯ɲón] 男《中南米》強い抱擁
aquagym [akwaxín] 男《←英語》アクアエクササイズ, 水中運動
aquaplaning [akwaplánin] 男《←英語》《西. 自動車》ハイドロプレーン現象
aquárium [akwárjun] 男《文語》水族館《=acuario》
aquedar [akeðár] 他《古語》静める. ❷《廃語》止(と)める
── ~**se**《古語》眠り込む
aquejador, ra [akexaðór, ra] 形 苦しめる[人]
aquejamiento [akexamjénto] 男《まれ》病気
aquejar [akexár] 他《←a+quejarse》 ❶ [病気・痛みなどが]苦しめる: Le *aqueja* (Está *aquejado* de) un fuerte dolor de cabeza. 彼はひどい頭痛に苦しんでいる. Le *aqueja* una grave preocupación. 彼は重大な悩み事に苦しんでいる. ❷《古語》駆り立てる; 困らせる
── ~**se**《古語》急ぐ
aquejoso, sa [akexóso, sa] 形《古語》不平ばかり言う. ❷《廃語》悲しんでいる, 苦しんでいる
aquel, lla [akél, akéʎa]《←ラテン語 eccum「ここに…がある」+ille, illa, illud》形《複》aquellos, llas) [遠称の指示形容詞] ❶ [+名詞. 話し手から空間的に遠い人・事物を指示] あの, ああいう: 1) Ves ~lla casa blanca, ¿verdad? あの白い家が見えますね. *aquellos* niños あの子供たち. 2) [名詞+. 強調・軽蔑] Allí vive el viejo ~. あそこにあの老人が住んでいる. No te acerques a las mujeres ~llas. ああいう女たちには近づくな. 3) [所有形容詞との共用. 強調] ¿Cuándo se construyó ~lla casa suya? あの彼の家はいつ建てられたのですか? ❷ [時間的・概念的に遠い人・事物] あの, その: Solía venir a esta colina en *aquellos* años de mi juventud. 私が若かったあの頃よくこの丘に来たものだった. A~ año llovió mucho. その年は雨がよく降った. en ~ momento あの時. en *aquellos* tiempos 当時, あの時期. ❸ [後者に対して] 前者の: Tiene un amigo y dos amigas, pero ~ chico vive fuera de su ciudad. 彼は男の友人が1人女友達が2人いるが町外れに住んでいる
── 代《遠称の指示代名詞》《語法》指示形容詞と区別する必要がある場合は強勢符号を付け, aquél, aquélla; aquéllos, aquéllas) ❶ あれ, あの人: A~lla es su casa. あれが彼の家だ. A~ no es un amigo mío. あいつは私の友達ではない. ❷ [後者

aquelarre

に対する] 前者《⇔este》: Juan y Pedro partieron muy temprano. Sin embargo, ni este ni ~ llegaron allí ese día. フアンとペドロはとても早く出発した。しかし前者も後者もその日そこには着かなかった。❸ 《←仏語》一部の人たち: *Aquellos* de ustedes que no tengan invitación no podrán asistir al concierto. あなた方のうち招待券がない方はコンサート会場に入れません。*Aquellos* que serán protectores de estos valores europeos, deberían estudiar más. このようなヨーロッパの価値を守ろうとする者はもっと研鑽を積まねばならないだろう ── 囡《西. 古語的》[主に su+. 女性の] 魅力: Ella tiene su (un) ~. 彼女には独特の(ある種の)魅力がある

aquelarre [akeláre]《←バスク語 akelarre「雄ヤギの牧場」》囲 [深夜の秘密の] 魔女(魔法使い)の集会

aquelarresco, ca [akeláresko, ka] 形《廃語》魔女(魔法使い)の集会の

aquellar [akeʎár] 他《廃語》何々する〈その動詞を知らなかったり、使いたくない時》

aquello [akéʎo] 代 [遠称の指示代名詞中性形] ❶ あれ、あの事(物); それ、あのこと: Esto es más difícil que ~. これはあれよりも難しい。Yo creo que ~ fue un malentendido. 私はあの事は誤解だったと思う。A~ es lo que más recuerdo de ella. それが一番彼女を思い出させることだ。No entiendo ~ que mi alma pretende. 君は私の心が求めるものが分からない。❷ [事柄をぼかして] Y perdí ~ (la virginidad). そして私はあれ(処女)を失った。❸ [場所] ~ ya salió ~ [不都合などが] もう起こったことだ

aqueménida [akeméniđa] 形 名《ペルシアの》アケメネス朝の〔人〕

aqueménide [akeméniđe] 形 名 =**aqueménida**

aquende [akénde] 副《←ラテン語 eccum inde》《文語》…のこちら側で《⇔allende》: ~ los Pirineos ピレネー山脈のこちら側では

aquenio [akénjo] 男《植物》痩果(ʃwɑ̃)

aqueo, a [akéo, a] 形 名《古代ギリシア. 地名》アカイア Acaya の〔人〕

aquerar [akerár] ~se《ソリア》[材木が] 虫 carcoma に食われる

aquerenciar [akerenθjár] 10 ~se ❶ [動物が、+a+場所に] 愛着を持つ, 自分の居場所と思う。❷ [まれ] [+con を] 好きになる

aqueresar [akeresár] 他 幼虫 queresa で一杯にする

Aqueronte [akerónte] 男《ギリシア神話》アケローン《死者の魂が漂う地獄の川》

aquese, sa [akése, sa] 形 代《詩語》=**ese**

aqueso [akéso] 形 代《詩語》=**eso**

aqueste, ta [akéste, ta] 形 代《詩語》=**este**

aquesto [akésto] 形 代《詩語》=**esto**

aquí [akí]《←俗ラテン語 eccum(hic)》副《近称の指示副詞》❶ [場所] ここに、ここで; ここへ: 1) ¿Mañana viene usted ~? あなたは明日ここに来ますか? Ven ~. ここへおいで。Soy forastero ~. 私はこの地には不案内です。A~ no llueve casi nunca en verano. ここは夏はほとんど雨が降らない。~ cerca この近くで。~ dentro この中に。2) [手渡す時] A~ tiene. さあ、どうぞ。A~ está la llave. さあ、これが鍵です。❷ [時間] この時; その時; Hasta ~ no ha ocurrido nada grave. 今までに何か深刻なことは起こっていない。A~ es cuando no pudo contenerse. 彼が我慢できなくなったのはその時だった。❸ [観念的] この点で、この事において; この局面で: A~ está la dificultad de este problema. この問題の難しいところはこの点だ。~ viene lo mejor del teatro. ここがこの劇の一番いいところだよ。Por ~ se conoce que tenemos razón. この事から私たちの方が正しいことが分かる。❹ [文頭で] こちらは、こちらは A~ el señor quiere saber cómo se va a la catedral. こちらのかたが大聖堂にはどう行くのか知りたいそうです。Diga. ─ Oiga, ~, Antonio.《電話》もしもし。─もしもし、こちらはアントニオですが
~..., allá... =~..., allí...
~..., allí...《配分の接続詞句》こちらでは…あちらでは…: A~ se veían árboles desgajados, *allí* una casa desmantelada. 樹木の枝が折れたり、家が飛ばされたりしていた
~..., ~...《接続詞》…次第, すぐに…する: A~ le cojo, [~] le mato. 彼をつかまえたら、すぐに殺してやる
~ *de*... ここが…の見どころだ
~ *donde usted me oye* これはあの間違いない
~ *presente* この場に居合わせて、ここに同席して
~ *y allá* (*allí*) あちらこちらに
~ *yace*...《墓碑銘》…ここに眠る
como estamos ~ *tú y yo* 明白である、疑問の余地はない
de ~ 1) ここから: ¿Cuánto (tiempo) se tarda *de* ~ a la estación? ここから駅までどのくらい時間がかかりますか? 2) [+名詞] それゆえに: *De* ~ el aumento en la tasa de desempleo. だから失業率が増加するのだ
de ~ *a*... 今から…後に: Se les acabará la comida *de* ~ *a* dos o tres días. 今から2, 3日後に彼らの食糧は底をつくだろう
de ~ *a* (*en*) *ocho días* 今から1週間の間に; 今から1週間後に、来週の今日: *De* ~ *a ocho días* se arreglará el reloj. 時計は1週間後に直ります
de ~ *a poco* すぐに、まもなく
de ~ *allá* ここからあちらへ
de ~ *en adelante* 今後、これからは
de ~ *hasta entonces* 今からその時まで
de ~ *para allá* (*allí*) あちらこちらへ、行ったり来たりして: Hay que seguir moviéndose *de* ~ *para allá*. あちらこちらへとずっと移動していかなければならない
de ~ *que*+接続法 それゆえに…、その結果…: *De* ~ *que* hayan fracasado todos los intentos de crear vacunas. それゆえワクチンを作るあらゆる試みは失敗に終わった
de ~ *te espero*《西. 口語》大きな, 重要な: Tuvimos una discusión *de* ~ *te espero*. 私たちはひどい口げんかをした
estoy hasta ~ もううんざりした、たくさんだ
llevar a+人 *de* ~ *para allí*《口語》…を翻弄する、てんてこ舞いさせる
para ~ [食品で] 店内で食べる: ¿*Para* ~ o para llevar? こちらで召し上がりますか、お持ち帰りですか
por ~ 1) このあたりに: Hay unos hoteles *por* ~. ここはホテルが2, 3軒ある。2) ここを通って; こちらへ; Vamos *por* ~. ここを通って行こう。Pasaron *por* ~ hace unos días. 彼らは2, 3日前にここに立ち寄った
traer a+人 *de* ~ *para allí*《口語》=**llevar a**+人 *de* ~ **para allí**
Usted está ~.《案内図で》現在地

aquiescencia [akjesθénθja] 囡《文語》同意, 承諾

aquiescente [akjesθénte] 形《文語》同意の, 承諾する

aquietado, da [akjetáđo, đa] 形《文語》静かな, 平穏な

aquietador, ra [akjetađór, ra] 形 平静にさせる

aquietamiento [akjetamjénto] 男 平静, 沈静

aquietar [akjetár]《←a-+quieto》他《文語》平静にさせる: Sus palabras *aquietan* el nerviosismo de su novia exaltada. 彼の言葉が興奮した恋人の気持ちを静める
── ~se 静まる, 落ち着く

aquifoliáceo, a [akifoljáθeo, a] 形 モチノキ科の
── 囡 複《植物》モチノキ科

aquifolio [akifóljo] 男《植物》セイヨウヒイラギ《=**acebo**》

Aquila non capit muscas [ákila non kápit múskas]《←ラテン語》鷲は蝿を捕らない, 大人物は些事にこだわらない

aquilatamiento [akilatamjénto] 男 カラットの測定

aquilatar [akilatár]《←a-+quilate》他 ❶ …の金位・カラット quilate を調べる(計る)。❷ [長所・真実を] 正確に評価する。❸《文語》純化する。❹ [価格を] できるだけ下げる

aquilea [akiléa] 囡《植物》セイヨウノコギリソウ《=**milenrama**》

Aquiles [akíles] 男《ギリシア神話》アキレス『イリアス』*Ilíada* 中の英雄
argumento ~ 決定的論証

aquilífero [akilífero] 男《古代ローマ》鷲章の旗手

aquilino, na [akilíno, na] 形《詩語》セイヨウオダマキの《=**aguileño**》

aquillado, da [akiʎáđo, đa] 形 竜骨 quilla の形をした; 《船舶》竜骨(長)の長い

aquillar [akiʎár] ~se 竜骨 quilla の形になる

aquilón [akilón] 男《詩語》北風

aquilonal [akilonál] 形 ❶ 北風の。❷ 冬の

aquilonar [akilonár] 形 [まれ] =**aquilonal**

aquinesia [akinésja] 囡《医学》無運動, 運動不能(症)

aquiniano, na [akinjáno, na] 形《人名》トマス・アクィナス Tomás Aquino の《1225~74, スコラ学を大成させた哲学者・神学者》

Aquisgrán [akisɣrán]《地名》[ドイツの都市] アーヘン《フランク王国 Reino de los francos の首都》

aquistador, ra [akistaðór, ra] 形《まれ》獲得する
　── 男《古語》=**conquistador**
aquistar [akistár] 他 獲得する, 達成する; 征服する
aquitánico, ca [akitániko, ka] 形 名 =**aquitano**
aquitano, na [akitáno, na] 形 名《古代ローマ. 地名》[フランス南西部] アキタニア Aquitania の〔人〕
aquivo, va [akíβo, βa] 形 名《古代ギリシア. 地名》アカイア Acaya の〔人〕〔=**aqueo**〕
a quo [a kwó]〔←ラテン語〕形 最初の
ar [ár] 間［号令を実行するきっかけの指示］¡Descanso, *ar*! 休め! ¡Firmes, *ar*! 気を付け!
A. R.《略語》←Alteza Real 殿下
-ar《接尾辞》[名詞＋]1)［形容詞化. 状態, 関係, 所属］cap*ular* カプセル状の; muscu*lar* 筋肉の, auricu*lar* 聴覚の. 2)［男性名詞化. 物がふんだんにある場所, 栽培地. →**-al**] tej*ar* 煉瓦製造工場, yes*ar* 石膏採掘場, pin*ar* 松林, melon*ar* メロン畑. ❷［名詞・形容詞+. 動詞の不定詞化］arañ*ar* ひっかく, alegr*ar* 喜ばせる, concurs*ar* 応募する〔新語の動詞はほとんど -*ar*〕
ara [ára]〔←ラテン語〕女［単数冠詞: el·un〔a〕］❶《文語》祭壇〔=altar〕.《考古》[イベリア半島にあるキリスト教以前の] 石造遺跡. ❷《カトリック》聖壇〔この上で聖職者が聖餐布を広げミサをとり行なう〕. ❸《天文》祭壇座. ❹《地方語》=**arada**
acogerse a las ~s 保護を求める, 避難する, 亡命する
en ~s de...《文語》…に敬意を表して, …のために: Se ha firmado este convenio cultural *en ~s de* un mejor entendimiento entre los dos países. この文化協定は両国間のより深い理解をめざして締結された
　── 男《中南米. 鳥》オウム, インコ
araar [ar〔á〕ár] 男《植物》サンダラック
árabe [áraβe]〔←アラビア語 arab「アラビア人」〕形 名 ❶ アラビア Arabia〔人・語〕の, アラブ〔人〕の, アラブ人: literatura ~ アラビア文学. países ~s アラブ諸国. ❷ イスラム教の; イスラム教徒. ❸《中南米》行商人
　── 男 ❶ アラビア語: ~ estándar moderno フスハー. ❷《口語》訳の分からない言葉: Eso es ~ para mí. それは私にはちんぷんかんぷんだ. ❸ アラブ馬〔=**caballo** ~〕. ❹《隠語》ソドミー〔=**sodomía**〕
arabesco, ca [araβésko, ka]〔←伊語 arabesco < arabo「アラビアの」〕形 名 アラベスク模様〔の〕
arabesque [araβésk]〔←仏語〕男《バレエ》アラベスク
arabí [araβí] 形 名［複 ~es]《古語》=**árabe**
arábi [aráβi] 形《古語》アラビア語
Arabia [aráβja] 女《地名》アラビア: ~ Saudí (Saudita)《国名》サウジアラビア. ~ Pétrea《歴史》石のアラビア〔古代ローマの支配下にあったアラビア半島北西部の砂漠性の地域〕
arabía [araβía] 女《古語》アラビア語
arábico, ca [aráβiko, ka] 形《廃語》=**árabe**
arábigo, ga [aráβiɣo, ɣa] 形 名《廃語》=**árabe**: Mar A~ アラビア海. Península A~*ga* アラビア半島
estar en ~［事物が］非常に分かりにくい
arabigoandaluz, za [araβiɣoandaluθ, θa] 形 イスラム・アンダルシアの
arabina [araβína] 女《化学》アラビン
arabinosa [araβinósa] 女《生化》アラビノース
arabio, bia [aráβjo, βja] 形 名《廃語》=**árabe**
arabismo [araβísmo]〔←arabizar〕男 ❶ アラビア語特有の言い回し. ❷ アラビア語からの借用語〔alcalde, jarabe など, スペイン語語彙の3%を占める〕
arabista [araβísta] 名 アラビア語〔文学・文化〕研究者
arabización [araβiθaθjón] 女 アラビア化
arabizante [araβiθánte] 形 アラビア化する; アラビア風の
arabizar [araβiθár]〔←árabe〕9 他 アラビア化する, アラビア風にする
arable [aráβle] 形［土地が］犂で耕すのに適した
arabo [aráβo] 男《植物》コカ科の樹木の一種〔高さ10メートル前後で材質が硬い. 学名 Erithroxulum〕
arabófilo, la [araβófilo, la] 形 名 アラビア好きの〔人〕
arabófobo, ba [araβófoβo, βa] 形 名 アラビア嫌いの〔人〕
arabofonía [araβofonía] 女《集合》アラビア語を話す民族
arabófono, na [araβófono, na] 形 名 アラビア語を話す〔人〕
aracanga [arakáŋɡa] 女《鳥》アカコンゴウインコ
acarí [akarí] 男《鳥》チュウハシ(中嘴)

aráceo, a [aráθeo, a] 形 サトイモ科の
　── 女《複》《植物》サトイモ科
Aracne [arákne] 女《ギリシア神話》アラクネー〔機織りが上手な娘で, アテナと争って負けクモに変えられた〕
arácnico, ca [arákniko, ka] 形《まれ》クモの
arácnido, da [aráknido, da] 形 クモ綱の
　── 男《動物》クモ綱
aracnodactilia [araknoðaktílja] 女《医学》クモ指症
aracnófilo, la [araknófilo, la] 形 名 クモ好きの〔人〕
aracnofobia [araknofóβja] 女《医学》クモ恐怖症
aracnoides [araknóiðes] 形 名《単複同形》《解剖》蜘蛛(くも)膜〔の〕, クモ膜〔の〕
aracnoiditis [araknoiðítis] 女《医学》クモ膜炎
aracnología [araknoloxía] 女 クモ学
aracnólogo, ga [araknóloɣo, ɣa] 形 クモ学者
arada [aráða] 女 ❶〔犂での〕耕作, 農作業; 耕地. ❷ 2頭立ての犂で一日に耕せる面積. ❸《サラマンカ》犂で耕す時期
a radice [a r̄aðíθe]〔←ラテン語〕副《文語》根本から
arado [aráðo] 男《農業》❶ 犂(すき): ~ bisurco 双刃犂. ❷ 犂による掘り起こし
más bruto que un ~ 愚鈍な
no prende de ahí el ~《俗語》思ったほど難しくない
arador, ra [araðór, ra]〔←ラテン語 arator, -oris〕形 名 耕す〔人〕
　── 男《昆虫》ヒゼンダニ〔= ~ de la sarna〕: ~ del queso エジプトコナダニ
aradura [araðúra] 女 ❶ 耕作. ❷《アストゥリアス》2頭立ての犂で一日に耕せる面積
aragón [araɣón] 男 ❶《地名》[A~] アラゴン〔スペイン北東部の自治州〕. ❷ アラゴン方言. ❸ ヤギとヒツジの混乳チーズ
aragonés, sa [araɣonés, sa] 形 名 アラゴン Aragón〔人〕の; アラゴン方言. ❷《歴史》アラゴン王国 Reino de Aragón の〔人〕
　── 名 testarudo (terco) como un ~ アラゴン人のように頑固な. ❸《果実》赤味がかって大粒のブドウ
aragonesismo [araɣonesísmo] 男 ❶ アラゴン方言. ❷ アラゴンの地方(自治)主義. ❸ アラゴンの人特有の物事に対する愛情〔こだわり〕
aragonita [araɣoníta] 女 =**aragonito**
aragonito [araɣoníto] 男《鉱物》アラレ石, アラゴナイト
araguaney [araɣwanéj] 男《植物》ノウゼンカズラの一種〔ベネズエラの国花. 学名 Tabebuia chrysantha〕
araguato, ta [araɣwáto, ta] 形《南米》[家畜などが] 黒っぽい黄褐色の
　── 男《動物》ホエザル
aragüeño, ña [araɣwéɲo, ɲa] 形 名《地名》アラグア Aragua の〔人〕〔ベネズエラ北部の州〕
aragüés, sa [araɣwés, sa] 形 名 =**aragüeño**
arahuaco, ca [arawáko, ka] 形 名《地名》❶ アラワク族〔の〕〔アンティル諸島から南米にかけての先住民〕
　── 男 アラワク語
arajay [araxáj] 男《隠語》司祭, 聖職者
arales [aralés] 男《複》《植物》サトイモ目
aralia [arálja] 女〔←イロコイ語〕《植物》タラノキ
araliáceo, a [araljáθeo, a] 形《植物》ウコギ科の
　── 女《複》《植物》ウコギ科
aramago [aramáɣo] 男《地方語》=**jaramago**
arambel [arambél]〔←aram〕男 ❶ 壁掛け, タペストリー. ❷ ぼろ着〔=**andrajo**〕.〔ドレスからたれ下がる〕ほつれ
arambol [aramból] 男《バリャドリード, バレンシア》[階段の] 手すり
arameo, a [araméo, a] 形 名《歴史》アラム aram 人〔の〕
　── 形 アラム語〔の〕
jurar en ~《口語》悪口を言う, ののしる; 汚い言葉を使う
aramida [aramíða] 女《化学》アラミド〔繊維〕
aramio [arámjo] 女 休耕地
arán [arán] 男《地方語. 植物. 果実》リンボク
arana [arána] 女 ❶ 大嘘, 詐欺
Arana [arána]《人名》**Francisco Javier ~** フランシスコ・ハビエル・アラナ〔1905～49, グアテマラの軍人. ウビコ Ubico 独裁政権を倒した後の革命評議会(1944)の中心人物〕
Sabino ~ サビーノ・アラナ〔1865～1903, スペインの政治家・思想家. バスク民族の自治と防衛を掲げ1895年にバスク国民党 Partido Nacionalista Vasco を創設〕
Arana Osorio [arána osórjo]《人名》**Carlos ~** カルロス・アラナ・オソリオ〔1918～2003, グアテマラの軍人・大統領. 土地改革

を求める人々を弾圧〕

arancel [aranθél]《←古語 alanzel》男 ❶ 関税〔=aduana〕; 関税率, 関税率表: ~ compensatorio〔補助金を受けていた貨物の輸入に対する〕相殺関税. ~ externo común 対外共通関税. ~ financiero (fiscal)〔財政収入を目的とする〕財政関税. ~ proteccionista〔国内産業の保護を目的とする〕保護関税. ~ Cánovas《西》カノバス関税〔1892年から施行〕. ~ Cambó《西》カンボー関税〔1922〜60年に施行〕. ❷〔公定の〕料金〔鉄道運賃, 訴訟費用など〕. ❸《南米》授業料, 月謝

arancelario, ria [aranθelárjo, rja]形 関税の: derechos ~s 関税. restricción no ~ria 非関税障壁

arandanedo [arandanéðo]男《地名》コケモモの群生地

arandanera [arandanéra]女《地方語. 植物》=**arándano**

arandanero [arandanéro]男《地方語. 植物》=**arándano**

arándano [arándano]男《植物, 果実》ビルベリー: ~ negro クロマメノキ. ~ rojo (encarnado) コケモモ

arandela [arandéla]《←?仏語 rondelle》女 ❶《技術》座金, ワッシャー. ❷〔ろうそく立ての〕ろう受け. ❸ 槍の円鍔(つば). ❹〔穴の周囲を補強する〕ドーナツ形の紙 (プラスチック). ❺〔木の幹に付ける〕漏斗形のアリよけ. ❻《船舶》ハッチ. ❼《服飾》ひだえり, ひだ付きの袖. ❽〔脚付きの〕卓上シャンデリア

arandillo [arandíʎo]男 ❶《鳥》ヨシキリの一種〔学名 Acrocephalus aquatica〕. ❷《アンダルス. 服飾》バスル〔=caderillas〕

arandino, na [arandíno, na]形 名《地名》アランダ・デ・ドゥエロ Aranda de Duero の〔人〕〔ブルゴス県の町〕

araneido, da [aranéiðo, ða]形 クモ目の
—— 男《動物》クモ目

aranero, ra [aranéro, ra]形 名《まれ》大嘘つきの〔人〕, 詐欺師〔の〕

aranés, sa [aranés, sa]形 名《地名》アラン峡谷 Valle de Arán の〔人〕〔リリダ県〕
—— 男 アラン峡谷で話されるガスコーニュ系の方言〔カタラン語とカスティーリャ語双方の影響を受ける〕

arangorri [araŋgóri]男《魚》ブラック・スコーピオンフィッシュ

Arango y Parreño, con **Francisco de** ~ フランシスコ・デ・アランゴ・イ・パレーニョ〔1765〜1837, キューバの経済学者. 19世紀初頭, 経済発展を目指す改革運動に活躍〕

araní [araní]形 名《地名》アラニ Araní の〔人〕〔ボリビア, コチャバンバ県の県都〕

aranoso, sa [aranóso, sa]形 =**aranero**

arante [aránte]形 犂(すき)で耕す

araña [arápa]《←ラテン語 aranea》女 ❶《動物》1) クモ: tela (red) de ~ クモの巣. seda (hilo) de ~ クモの糸. 2) ~ de agua ミズスマシ. ~ de mar ケアシガニ. ~ de sol ヒヨケムシ. ~ picacaballos スナノミ. ❷ シャンデリア. ❸《魚》トラギスの一種〔学名 Trachinus vipera. =pez ~〕. ❹《植物》クロタネソウ. ❺《船舶》《集名》〔扇形に張る〕吊り索. ❻《軽蔑》処世術に長けた人, 社会の寄生虫. ❼ 売春婦

el capitán (el patrón) A~ 本人は身の安全を守りながら部下に危ない橋を渡らせる上司

matar la ~《隠語》時間を潰す

arañada [arapáða]女《地方語》=**arañazo**

arañador, ra [arapaðór, ra]形 名 ひっかく〔人〕

arañamiento [arapamjénto]男 ひっかくこと

arañar [arapár]《←arar 皮膚にすじをつける》他 ❶〔爪で〕ひっかく: El gato me arañó. 私は猫にひっかかれた. ❷〔表面に〕傷をつける: Arañó la sartén con el estropajo. 彼はたわしでフライパンに傷をつけた. ❸〔少しずつ〕集める: El astuto boxeador arañó puntos en cada asalto y ganó el combate. 老獪なボクサーは各ラウンドでポイントを稼ぎ, 試合に勝った. ~ el dinero 金をかき集める. ❹〔ギターを〕かき鳴らす;〔バイオリンなどを〕キーキー鳴らす

arañazo [arapáθo]男 ❶ 爪痕, ひっかき傷. ❷ ひっかくこと

arañero, ra [arapéro, ra]形 ❶《鳥》pájaro ~ カペバシリ〔=treparriscos〕. ❷《鷹狩り》〔タカなど〕人に慣れにくい, 気の荒い

arañil [arapíl]形 クモの

araño [arápo]男 ❶ =**arañazo**

arañón [arapón]男 ❶ =**arañazo**. ❷ 大型のクモ. ❸《地方語. 植物, 果実》リンボク〔=endrino〕

arañuela [arapwéla]女 ❶《植物》クロタネソウ. ❷ =**arañuelo**

arañuelo [arapwélo]男 ❶〔果樹などにつく〕鱗翅目の毛虫;〔ミツバチの巣箱を害する〕ハチノスツヅリガの毛虫. ❷ 鳥を捕らえる網, かすみ網

arao [aráo]男《鳥》ウミガラス

arapaho [arapáo]男 アラパホ族〔の〕〔北米先住民〕

arapaima [arapáima]男《魚》ピラルク〔アマゾン産の大魚〕

arapapá [arapapá]男《鳥 =paes》《鳥》ヒロハシサギ

araponga [arapóŋga]男《鳥》ヒゲドリ

aráquida [arákiða]女《まれ》ピーナッツ〔=maní〕

araquidónico, ca [arakiðóniko, ka]形《化学》ácido ~ アラキドン酸

arar [arár] I《←ラテン語 arare》他 ❶ 犂(すき)で耕す, すく: *Aramos, dijo la mosca al buey.*《諺》掛け声だけの怠け者.《船舶》〔海底を〕こする, 搔く
~ en el mar 無駄なことをする
II 男《植物》❶ イトスギの一種〔学名 Callitris quadrivalvis, Callitris articulata〕. ❷ サンダラック〔=alerce africano〕; キヨウネズ〔=enebro〕

arasá [arasá]男《南米. 植物》グアバ〔=guayaba〕

arate [aráte]男《隠語》❶ de mal ~ 不機嫌な. ❷ 血〔=sangre〕

arate cavate [aráte kabáte]《←ラテン語》《廃語》❶〔退屈な〕日常の仕事, 日課. ❷〔仕事しか知らない人の〕人間的面白みのなさ

ararteko [arartéko]男〔バスク州の〕オンブスマン, 行政監察委員

araticú [aratikú]男《植物》トゲバンレイシ

araucanía [araukanía]女《集名》アラウコ族; その居住地域

araucanismo [araukanísmo]男 アラウコ語語源の言葉; アラウコ族の慣習

araucanista [araukanísta]名 アラウコ族の言語や慣習の研究者

araucano, na [araukáno, na]形 ❶ アラウコ族〔の〕〔チリ中部以南, アルゼンチンに住む先住民. スペインによる植民地支配と独立後のチリ共和国による支配に抵抗し, 19世紀後半まで独立を維持. その文化はマプーチェ族 mapuche が受け継いだ〕. ❷《地名》アラウコ Arauco の〔人〕〔チリ南部の県〕
—— 男 アラウコ語
—— 女《文学》La A~《ラ・アラウカーナ》〔1569〜89, アロンソ・デ・エルシリャ・イ・スニガ Alonso de Ercilla y Zúñiga による三部作の叙事詩. 先住民アラウコ族と征服者とのすさまじい戦闘が, 巧みな自然描写を交えた簡潔な文体で描かれている〕

araucaria [araukárja]女《←Arauco (地名)》女《植物》アローカリア, ナンヨウスギ〔庭で栽培される〕

araucariáceo, a [araukarjáθeo, a]形 ナンヨウスギ属の

arauja [aráuxa]女《植物》チョウトリカズラの一種〔ブラジル産. 学名 Araujia albens〕

aravico [aráβiko]男 インカの詩人

arawak [arawák]形 アラワク族〔の〕〔カリブ海域に住む先住民. コロンブスが接触したタイノ族 taíno もその一つ. スペインによる征服・支配によって16世紀半ばまでに絶滅〕
—— アラワク語〔族〕〔かつてはカリブ海域に分布していたが, 現在では主として南米北部の熱帯低地に分布する多数の種族からなる語族〕

arbalestrilla [arbalestríʎa]女 昔の六分儀

arbela [arβéla]女《エストレマドゥラ. 鳥》カンムリヒバリ〔=cogujada〕

arbellón [arβeʎón]男 =**albollón**

Arbenz Guzmán [árbenθ guzmán]《人名》**Jacob** ~ ハコボ・アルベンス・グスマン〔1913〜71, グアテマラの大統領 (1950〜54). 急進的な土地改革を断行. 米国が支援した反革命軍により政権は崩壊〕

arbequín [arβekín]男《植物》アルベキーナオリーブ〔=olivo ~〕

arbequina [arβekína]女《果実》アルベキーナオリーブ

arbitán [arβitán]男《鳥》ブルーリング, アオビレタラ

arbitrable [arβitráβle]形《法律》調停 (裁定) 可能な

arbitración [arβitraθjón]女 =**arbitramento**

arbitrador, ra [arβitraðór, ra]形 名《法律》仲裁する〔人〕. ❷ →**juez** arbitrador

arbitraje [arβitráxe]《←arbitrar》男 ❶《法律》仲裁, 調停: someter un conflicto al ~ 争議を調停にかける. ❷〔審判員の〕判定. ❸ 方策: recurrir al ~ de nuevas soluciones 新たな

解決策を求める. ❹《商業》[リスクなしで, 市場間の価格差で利益を得ようとする] 裁定 [取引], 仲裁取引, アービトラージ

arbitrajista [arbitraxísta] 図《商業》アービトラジャー, 仲裁取引運用者

arbitral [arbitrál] 形 ❶《法律》仲裁(調停)による: juicio 〜 仲裁裁定. sentencia 〜 調停者の裁定. ❷ 審判の: decisión 〜 審判の判定

arbitramento [arbitraménto] 男《法律》裁定 [行為, 内容]. ❷ 裁定できる能力

arbitramiento [arbitramjénto] 男 =arbitramento

arbitrante [arbitránte] 形 名 =arbitrador

arbitrar [arbitrár]《←ラテン語 arbitrare》自 ❶《法律》[+en の] 仲裁をする, 調停する. ❷《商業》裁定 [取引] を行なう
—— 他 ❶《スポーツ》…の審判をする: 〜 un partido de tenis テニスの試合の審判をする. ❷《文語》[方策などを] 集める, 見出す: 〜 fondos para el proyecto プロジェクトの資金を集め出す. 〜 una solución para... …の解決策を見つける
arbitrárselas 方策を見出す: Ya *me las he arbitrado para salir del apuro*. 私は苦境から抜け出す方法を考えついた

arbitrariamente [arbitrárjaménte] 副 勝手気ままに, 横暴に; 自由裁量で

arbitrariedad [arbitrarjeðáð]《←ラテン語 arbitrarius < arbitrium「自由意思」》女 ❶ 専断, 専横: cometer una 〜 独断的 (横暴)なことをする. ❷ 自由裁量, 恣意性

arbitrario, ria [arbitrárjo, rja]《←ラテン語 arbitrarius》形 ❶ 勝手気ままな, 横暴な, 不当な: decisión 〜ria 専断, 不当な決定. orden 〜 勝手な命令. poder 〜 専制権力. ❷ 自由裁量による, 恣意的な

arbitrativo, va [arbitratíbo, ba] 形《廃語》=arbitrario, arbitral

arbitrero, ra [arbitréro, ra] 形 名《廃語》=arbitrario, arbitrista

arbitriano [arbitrjáno] 男 =arbitrista

arbitrio [arbítrjo]《←ラテン語 arbitrium < arbiter, -tri「審判」》男《文語》❶ 意志, 自由意志 [=libre albedrío]; 気まぐれ: Actuábamos a su 〜. 私たちは彼の言いなりになっていた. ❷《法律》調停, 裁定: 〜 de juez/〜 judicial 判決. ❸《目的達成》の) 手段, 方策. ❹ 匣《自治体が課す》物品税. ❺《歴史》[カナリア諸島の] 財政負担軽減《カナリア諸島は17世紀中頃から自由貿易港を擁し, EC加盟(1986年)後も独自の関税を91年まで課した》
dejar al 〜 *de*+人 …の意志に任せる, 任意にする
depender del 〜 *(estar al* 〜*) de*+人 …の意のままである: *Estamos al* 〜 *de la suerte*. 我々は運命の気まぐれに支配されている

arbitrismo [arbitrísmo] 男 [特に17〜18世紀スペインの] 夢想的な社会改革思想

arbitrista [arbitrísta] 形 ❶ えせ経世家. ❷《歴史》社会改革者, 献策家 [特に17〜18世紀スペイン・中南米の, 政治・経済の大胆な改革を目指して様々な意見を主張した夢想的・革新的な本国生まれのスペイン人 peninsular や中南米のスペイン人 criollo]

árbitro, tra [árbitro, tra]《←ラテン語 arbiter, -tri》名 ❶《スポーツ》審判員, レフェリー: actuar de 〜 審判をつとめる. 〜 auxiliar 副審. ❷ 調停者, 仲裁者. ❸ 自分の自由意志で行動できる人; 影響力をもつ人: Soy 〜 de mi destino. 私は自分の運命の主人公である. 〜 de la moda 流行の仕掛人. 〜 de la situación política 政局の黒幕

árbol [árbol]《←ラテン語 arbor, -oris》男 ❶ 木, 樹木: 1) Hace un año que plantamos un 〜 en el jardín. 私たちは1年前に庭に木を植えた. Estos 〜es no dan frutos. これらの木には実がならない. subir [se] a un 〜 木に登る. fiesta de 〜 植樹祭. 〜es de alineación 街路樹. 〜 de pie 生えている木. 〜 enano 盆栽. 〜 grande (alto) 大木, 高い木. 〜 padre [伐採後残した] 親木. 2) 〜 de la ciencia [del bien y del mal]《旧約聖書》知恵の木, 善悪の知識の木. 〜 de la cruz [del Calvario] キリスト磔刑の十字架. 〜 de la vida《旧約聖書》生命の木;《植物》ベイスギ, アメリカンレッドシダー, エレガンテシマ《=解》小脳広樹. 3)《諺》Al que (Quien) a buen 〜 se arrima, buena sombra le cobija. 寄らば大樹の陰. *A* 〜 *sin fruto, dígole leño. 実のならぬ丸太の木. Del* 〜 *caído todos hacen (todo el mundo hace) leña*. 落ち目の人は寄ってたかってむしる. *Los* 〜*es no dejan ver el bosque*. 木を見て森を見ず.

Por el fruto se conoce el 〜. 人はその行ないで判断される. ❷《植物》1) 木本《⇔hierba》2) 高木, 喬木《⇔arbusto》. 3) [各種の木] 〜 de Orquídea フイリソシンカ《学名 Bauhinia variegata》. 〜 de Judas/〜 de Judea/〜 del amor ハナズオウ. 〜 de Júpiter サルスベリ. 〜 de la cera ヤマモモ, シロヤマモモ. 〜 de la laca ウルシ. 〜 de la lluvia モンキーポッド. 〜 de la nuez moscada ニクズク. 〜 de las anémonas ロウバイ. 〜 de las manitas アオイ科の一種 [=mapasúchil]. 〜 de las tulipas ユリノキ. 〜 de los elefantes キゲリラ, ソーセージノキ. 〜 de María キャラ(伽羅). 〜 de Santa Lucía アルマーブラ《学名 Prunus mahaleb》. 〜 del ámbar モミジバフウ. 〜 del caucho ゴムノキ. 〜 del cielo ニワウルシ. 〜 del coral デイゴ. 〜 del diablo サブリエ. 〜 del pan パンノキ. 〜 del Paraíso ホソグミ. 〜 del sebo ナンキンハゼ. 〜 del viajero オオギバショウ, ラベナラ. ❸《技術》[回転] 軸, シャフト; 〜 de hélice [船の] プロペラ軸. 〜 de levas [en cabeza] [頭上] カムシャフト. 〜 de ruedas [時計の] 回転軸. 〜 de transmisión 伝動シャフト. 〜 motor 主軸, ドライブシャフト. ❹《船舶》マスト, 帆柱 [=palo]: 〜 mayor メインマスト.《建築》[螺旋階段の] 心柱. ❻ 樹形図, 系統樹 [=diagrama de 〜];《言語》枝分かれ図, トゥリー: 〜 de decisiones [最適の意志決定経路を示した] デシジョン・ツリー. 〜 genealógico (de costados) 家系図. ❼《動物, 解剖》〜 respiratorio 呼吸樹. ❽ 〜 de fuego 仕掛け花火の枠組. ❾《化学》〜 de Diana 銀木. 〜 de Marte 鉄木. ❿《印刷》[活字の] がね. ⓫ [時計屋の使う] たがね

arbolado, da [arboláðo, ða] 形 ❶《estar-》樹木の茂った, 木々の多い; 木が植えられた: calle 〜*da* 木が植えられた通り. región 〜*da* 森林地帯. ❷ 高波の, 波立った: mar 〜*da* 荒海. ❸《船舶》マストのある
—— 男《集合》木立ち, 林

arboladura [arboladúra] 女《集合》《船舶》[一隻の船の] 帆柱, 帆桁(舵), 索具装置

arbolar [arbolár]《←árbol》他 ❶ [船に] マストを立てる. ❷ [旗などを] 掲揚する, 高く掲げる: 〜 bandera española スペイン国旗を掲揚する. ❸ [警棒・武器などを] 振り上げる, 振り回す. ❹ 立てかける. ❺ 高波をたたせる
—— 〜*se* ❶ [波が] 逆巻く, 波立つ. ❷ [馬が] 竿立ちになる

arbolecer [arboleθér] 39 自 =arborecer

arboleda [arboléða]《←árbol》女 木立ち, 雑木林; 植林地

arboledo [arboléðo] 男《廃語》木立ち, 林

arbolejo [arboléxo] 男 árbol の示小語

arbolete [arboléte]《árbol の示小語》男《狩猟》鳥もちを付けて地面に挿した枝

arbolillo [arbolíʎo]《árbol の示小語》男 ❶《金属》高炉の側面壁. ❷《動物》ポリプの一種《学名 Eudendrium rameum》. ❸《アンダルシア》=arbolete

arbolista [arbolísta] 女 樹木栽培者; 材木商

arbolito [arbolíto] 男 クリスマスツリー《=〜 de Navidad》

arbollón [arboʎón] 男 =albollón

arborecer [arboreθér]《←ラテン語 arborescere》39 自 [若木が] 木に育つ

arbóreo, a [arbóreo, a]《←ラテン語 arbor, -oris》形 ❶ 樹木の; 高木の: planta 〜*a* 木本植物. vegetación 〜*a* 高木. ❷《動物》樹上性の, 樹上生活の. ❸ 樹木状の, 樹枝状の

arborescencia [arboresθénθja] 女 樹木らしさ, 樹木状のもの

arborescente [arboresθénte]《←ラテン語 arborescens, -entis》形 樹木のような, 樹木状の

arboreto [arboréto] 男《研究目的の》実験樹林

arbori- [接頭辞] [樹木] *arboricida* 森林破壊の

arboricida [arboriθíða] 形 名 森林破壊者 (破壊者)

arboricidio [arboriθíðjo] 男 森林破壊

arborícola [arboríkola] 形 男 樹木に住む [動物]

arboricultor, ra [arborikultór, ra] 名 樹木栽培者, 植木屋

arboricultura [arborikultúra]《←ラテン語 arbor, -oris+cultura》女 樹木栽培

arboriforme [arborifórme] 形 樹木状の: adorno 〜 木の形をした飾り

arborización [arboriθaθjón] 女 [結晶などの] 樹枝状の形態; [神経細胞の先端などの] 枝分かれ[状態]

arborizar [arboriθár] 9 他 …に樹木を植える, 植林する

arbotante [arbotánte]《←仏語 arc-boutant》男《建築》飛びアーチ, フライングバットレス

arbustivo, va [arbustíβo, ba] 形 灌木性の

arbusto [arbústo]【←ラテン語 arbustum「低林」】男 灌木, 低木: salir de entre los ～s 藪木の間から出る

arca [árka]【←ラテン語 arca】女〖単数冠詞: el・un[a]〗❶［主に木製でふた付きの］大箱;［衣類などを保管する］チェスト, 長持: ～ de la Alianza/～ del Testamento《旧約聖書》契約の櫃(ひつ)《モーゼの十戒を刻んだ石板が納められていたと言われる》. ～ de novia［中世の］ウェディングドレスや嫁入り道具を入れる箱. ❷ 金庫〖＝～ fuerte, ～ de caudales〗;複 財源: ～s fiscales 国庫. ～s municipales 地方財政. ❸ 水槽, 揚水タンク〖＝～ de agua〗. ❹［ガラス製作の］焼戻し炉. ❹［家や寺院を模した］聖遺物入れ. ❺〖まれ〗墓, 棺: ～ sepulcral 長持型の墓. ❻《古語》船の一種. ❼ 肋骨の間のくぼみ;《古語》胸部の前面

～ *cerrada* 口の固い人
～ *de Noé* 1)《旧約聖書》ノアの箱舟. 2) 乱雑な場所. 3)《貝》ノアノハコブネガイ
～ *del cuerpo*［人間の］胴体
～ *del pan* 腹
～ *del pecho*《口語》胸郭
～ *llena y* ～ *vacía* 富裕と貧乏
hacer ～*s* 金庫を開ける

-arca［接尾辞］［長, 頭］matri*arca* 女家長

arcabucear [arkabuθeár] 他 ❶［火縄銃で］銃殺する. ❷ 火縄銃を撃つ

arcabuceo [arkabuθéo] 男［火縄銃による］銃殺

arcabucería [arkabuθería] 女 ❶ 火縄銃部隊. ❷ 集名 火縄銃. ❸ 火縄銃の砲火. ❹ 火縄銃工場(販売店)

arcabucero [arkabuθéro] 男 ❶［火縄銃の］銃手. ❷ 火縄銃の製造者

arcabucete [arkabuθéte] 男 小型の火縄銃

arcabuco [arkabúko] 男《地方語》灌木の生い茂った山

arcabucoso, sa [arkabukóso, sa] 形 灌木の生い茂った山が多い

arcabuz [arkabúθ]【←仏語 arqueburse <蘭語 hakebus】男〖複 ～*ces*〗❶ 火縄銃. ❷《地方語》＝**arcaduz**

arcabuzazo [arkabuθáθo] 男 火縄銃の発砲; それによる負傷: En la batalla de Lepanto, Cervantes fue herido de un ～ en el brazo izquierdo. セルバンテスはレパントの海戦で火縄銃に撃たれ左腕を負傷した

arcacil [arkaθíl] 男《植物》チョウセンアザミ, アーティチョーク〖＝alcachofa〗

arcada [arkáða]【←arco】女 ❶《建築》1) アーケード, 拱廊(きょうろう): La gente paseaba bajo la ～. 人々はアーケードの下を散歩していた. 2)［橋の］径間(けいかん), スパン: puente de una sola ～ 単スパン橋. ❷ 複 むかつき, 吐き気〖＝náuseas〗: Aquel olor me dio (produjo) ～s. 私はその臭いで吐き気を催した. Me vienen ～s./Me dan ～s. 私は吐き気がする. ❸《音楽》弦楽器の弓の動き

árcade [árkaðe] 形 名《地名》アルカディア Arcadia の〖人〗
── 男《文学》18世紀イタリアの〗アルカディア派の人

Arcadia [arkáðja] 女《地名》アルカディア《ギリシア南部の山がちの地域. 古来, 素朴で穏やかな牧人の住む理想郷と考えられ, 牧人小説 novela pastoril の舞台となった》

arcádico, ca [arkáðiko, ka] 形 ❶ アルカディア〖人〗の. ❷《文学》アルカディア派の; 牧歌の

arcadio, dia [arkáðjo, ðja] 形 名 ❶ ＝**árcade**. ❷ アルカディア方言の
── 男 アルカディア方言《古代アルカディアで話されたギリシア語方言》

acadismo [arkaðísmo] 男《文学》アルカディア派

arcado-chipriota [arkaðotʃiprjóta] 形《歴史, 地名》アルカディアとキプロスの〖人〗: dialecto ～ アルカディア・キプロス方言

arcador [arkaðór] 男 羊毛を梳く人

arcaduz [arkaðúθ] 男 ❶ 集名 または1本の 水道管. ❷［水くみ水車の］バケット

arcaicidad [arkaiθiðáð] 女 古風さ, 擬古的なこと

arcaico, ca [arkáiko, ka]【←ギリシア語 arkhaikos < arkhaios「古い」】形 ❶［表現が］古風な, 擬古的な;《美術》アルカイックの: locución ～*ca* 古風な言い回し. sonrisa ～*ca* アルカイックスマイル. ❷ 古代の: período ～ 古代

arcaísmo [arkaísmo] 男【←ギリシア語 arkhaismos】男 ❶ 古語, 古い語法, 擬古体. ❷［表現の］古風, 擬古主義

arcaísta [arkaísta] 名 古語(古風な語法・擬古体)を使う人

arcaización [arkaiθaθjón] 女 古語の使用

arcaizante [arkaiθánte] 形 擬古的な, 古風な: estilo ～ 擬古的な文体. gusto ～ 懐古趣味

arcaizar [arkaiθár]【←arcaico】自〖→**enraizar**〗自 古語を使う
── 他［古語を使って］古風にする

arcanamente [arkanáménte] 副 神秘的に

arcángel [arkáŋxel]【←ラテン語 archangelus <ギリシア語 arkhangelos】男《キリスト教》大天使〖→**ángel**〗参考

arcangélico, ca [arkaŋxéliko, ka] 形 大天使の

arcanidad [arkaniðáð] 女《文語》神秘, 秘密

arcano, na [arkáno, na]【←ラテン語 arcanus「秘密の, 隠れた」】形《文語》秘密の, 神秘の
── 男《文語》神秘, 不思議: ～s del universo 宇宙の神秘

arcar [arkár] 7 他 ❶ 弓なりに曲げる〖＝arquear〗. ❷［羊の毛を］フワフワにする

arcatura [arkatúra] 女《建築》装飾アーケード

arce [árθe] 男《植物》カエデ: ～ blanco シカモア, セイヨウカジカエデ. ～ de azúcar サトウカエデ. ～ japonés イロハモミジ. ～ menor コブカエデ. ～ rojo アメリカハナノキ

Arce [árθe]《人名》**Manuel José** ～ マヌエル・ホセ・アルセ《1787～1847, エルサルバドルの将軍. 中央アメリカ連邦 Provincias Unidas del Centro de América の初代大統領(1825～28)》

arce-［接頭辞］＝archi-

arcea [arθéa] 女《地方語. 鳥》ヤマシギ〖＝chocha〗

arcedianato [arθeðjanáto] 男《カトリック》助祭長の職(管轄区)

arcedianazgo [arθeðjanáθgo] 男《まれ》＝**arcedianato**

arcediano [arθeðjáno] 男《カトリック》司教座聖堂助祭, 助祭長

arcedo [arθéðo] 男 カエデ林

arcén [arθén]【←ラテン語 arger, -eris「囲い」】男 ❶《西》［道路の］へり, 路肩. ❷［井戸の］縁石

arcense [arθénse] 形 名《地名》アルコス・デ・ラ・フロンテラ Arcos de la Frontera の〖人〗《カディス県の町》

archa [ártʃa] 女〖単数冠詞: el・un[a]〗《歴史》［カスティーリャの近衛兵 archero が使う］長刀(なぎなた)

archenero, ra [artʃenéro, ra] 形 名《地名》アルチェナ Archena の〖人〗《ムルシア県の村》

archero [artʃéro] 男《歴史》［カルロス5世がカスティーリャに連れてきた］ブルゴーニュ家の近衛兵

archi-［接頭辞］❶《優越》*archi*duque 大公. ❷［非常に, 過度に］*archi*conocido 非常によく知られた

archibebe [artʃibébe] 男《鳥》シギ: ～ claro アオアシシギ. ～ común アカアシシギ. ～ fino コアオアシシギ. ～ oscuro ツルシギ

archibribón, na [artʃibribón, na] 形 名 ❶ ひどいごろつき〖の〗. ❷《親愛》ひどいいたずらっ子〖の〗

archicofrade [artʃikofráðe] 名《カトリック》大兄弟会の会員

archicofradía [artʃikofraðía] 女《カトリック》大兄弟会

archiconocido, da [artʃikonoθíðo, ða] 形 非常によく知られた, 大変有名な

archidiácono [artʃiðjákono] 男 ＝**arcediano**

archidiocesano, na [artʃiðjoθesáno, na] 形 大司教区の

archidiócesis [artʃiðjóθesis]【←archi-+ラテン語 diocesis】女〖単複同形〗《カトリック》大司教区

archidonés, sa [artʃiðonés, sa] 形 名《地名》アルチドナ Archidona の〖人〗《マラガ県の村》

archiducado [artʃiðukáðo]【←archiduque】男 大公領, 大公国

archiducal [artʃiðukál] 形 大公の, 大公国の

archiduque [artʃiðúke]【←archi-+古仏語 duc】男 大公

archiduquesa [artʃiðukésa] 女 大公妃

archiepiscopado [artʃiepiskopáðo] 男 ＝**arzobispado**

archifamoso, sa [artʃifamóso, sa] 形《口語》大変有名な

archifonema [artʃifonéma] 男《言語》原音素

archilaúd [artʃilaúð] 男《音楽》昔の大型のラウード laúd

archilexema [artʃile(k)ʃéma] 男《言語》原語彙素

archimandrita [artʃimandríta] 女《ギリシア正教》修道院長, 大僧院長

archimillonario, ria [artʃimiʎonárjo, rja] 形 名《口語》＝**multimillonario**

archipámpano [artʃipámpano] 男《戯語》～ de las Indias

~ de todas las Rusias [空想上の]偉大な王様
archiperres [artʃipéres] 男 複《地方語》道具
archipiélago [artʃipjélaɣo]《←伊語 arcipélago》男 ❶ 群島, 列島: ~ canario カナリア諸島. ~ de las Filipinas フィリピン諸島. ~ japonés 日本列島. ❷《まれ》[A~] 多島海《エーゲ海 Mar Egeo のこと》
archisabido, da [artʃisaβíðo, ða] 形 非常によく知られた
archisemema [artʃiseméma]男《言語》原形態意味素
architriclino [artʃitriklíno]男《古代ギリシア・ローマ》宴席の世話を仕切る召使い
archivador[1] [artʃiβaðór] 男 ❶ ファイルキャビネット, 文書保管棚. ❷ ファイル, ファイルブック
archivador[2], **ra** [artʃiβaðór, ra] 名 文書整理係
archivamiento [artʃiβamjénto] 男 [文書などの]保管, 整理
archivar [artʃiβár]《←archivo》他 ❶ [文書などを]保管する, 整理する. ~ los recibos 領収書を保管する. ❷ el problema 問題を棚上げにする. ❸《情報》セーブする
archivero, ra [artʃiβéro, ra] 名 古文書管理官
—— 男《メキシコ, パナマ, ペルー, チリ, アルゼンチン》ファイルキャビネット
archivista [artʃiβísta] 名 =**archivero**
archivístico, ca [artʃiβístiko, ka] 形 古文書保管所の
—— 女 古文書の保存・分類法
archivo [artʃíβo]《←ラテン語 archivum <ギリシア語 arkheion「司法官の庁舎」< arkhe「司法官の職務, 指揮」》男 ❶ 古文書保管所, 史料館: A~ Histórico Nacional [マドリードの]国立歴史資料館. A~ de Indias [セビーリャの]西インド資料館. ❷ ファイルキャビネット; ファイル: guardar documentos en un ~ 資料をファイルに保管する. ❸ 集《古い》記録, アーカイブ, 文書, 史料集. [ビデオなどの]記録映像(音声). 《情報》ファイル: nombre de ~ ファイル名. ~ de texto テキストファイル. ~ maestro マスターファイル. ❻ 模範, 典型; 口の堅い人: Barcelona es ~ de cortesía. バルセロナは礼節の範となる町である
de ~ 古くさい, 時代遅れの
archivología [artʃiβoloxía] 女 古文書学
archivólogo, ga [artʃiβóloɣo, ɣa] 名 古文書学者
archivolta [artʃiβólta] 女 =**arquivolta**
archivonomía [artʃiβonomía] 女 =**archivística**
arci- 〘接頭辞〙=**archi-**: *arci*preste 主席司祭
arcial [arθjál] 男《地方語》口輪〖=acial〗
arcifinio, nia [arθifínjo, nja] 形《まれ》[地所が] 自然の境界線のある
arcilla [arθíʎa]《←ラテン語 argilla》女 粘土: ~ de alfarero/~ figulina 陶土. ~ refractaria 耐火粘土
arcillar [arθiʎár]他《珪酸質土壌を混ぜて改良する
arcilloso, sa [arθiʎóso, sa]《←arcilla》形 粘土[質]の: suelo ~ 粘土質の土壌
Arciniegas [arθinjéɣas]《人名》Germán ~ ヘルマン・アルシニエガス《1900～99, コロンビアのエッセイスト》
arción [arθjón] 女《中世の建造物の》網目状の飾り模様
arciprestal [arθiprestál] 形《カトリック》首席司祭の
arciprestazgo [arθiprestáθɣo] 男《カトリック》首席司祭の職; 首席司祭の管轄区
arcipreste [arθipréste]《←ラテン語 archipresbyter》男《カトリック》〘司教区〙首席司祭; 〘司教座聖堂の〙首席参事会員
Arcipreste de Hita [arθipréste de íta]《人名》イタの首席司祭《?1283～?1350, スペインの詩人で, 教養派俗語文芸 Mester de clerecía の代表的作家. 本名フアン・ルイス Juan Ruiz. 自伝的叙事詩『良き愛の書』*Libro de buen amor* は一人称で語られた恋愛遍歴の物語で, その批判精神と生き生きとした写実性により, ピカレスク小説の先駆的作品と言われる》
Arcipreste de Talavera [arθipréste de talaβéra]《人名》タラベラの主席司祭《1398～1470?, スペインの作家. 本名 Alfonso Martínez de Toledo アルフォンソ・マルティネス・デ・トレド. 教化を目的とした *Corbacho* (別名 *Reprobación del amor mundano*) は口語表現やラテン語的な言い回しを織り交ぜた散文の書で, 世俗的な愛を否定し, 悪徳の根源として女性を論難しており, 中世の反女性文学の典型例とされる》
arco [árko]《←ラテン語 arcus》男《建築》❶ アーチ, 迫持(せりもち); 弓形門: 1) ~ triunfal/~ de triunfo 凱旋門. 2)《種類・形状》~ abocinado 隅切りアーチ. ~ adintelado/~ plano/~ a nivel フラットアーチ. ~ apuntado (ojival) 尖頭アーチ. ~ capialzado 斜角アーチ. ~ carpanel 偏円(三心)アーチ. ~ cegado (ciego) 盲アーチ. ~ conopial (canopial) オジーアーチ. ~ de cortina 湾曲アーチ. ~ de descarga 補助アーチ. ~ de herradura 馬蹄形アーチ. ~ de medio punto 半円アーチ. ~ escarzano 扁平アーチ. ~ lanceolado ランセアットアーチ. ~ lobulado 裂葉形アーチ. ~ oblicuo (aviajado) 斜拱. ~ ojival/~ de todo punto 尖頭等辺アーチ. ~ peraltado (realzado) スティルテッドアーチ, 超半円アーチ. ~ rampante/低半円(疑似三心)アーチ. ~ rebajado (trilobulado) 三葉形アーチ. ~ tercelete [ボールト天井の]枝リブ, ティエルスロン. ~ toral メインアーチ; 横断アーチ. ~ trebolado (trilobulado) 三葉形アーチ. ~ tirar con (al) ~ 弓を射る. armar (desarmar) un ~ 弓弦をかける(外す). tiro con ~ アーチェリー. ❸《弦楽器》弓: El violín se toca con un ~. バイオリンは弓でひく. instrumentos de ~ 弓奏弦楽器. ❹《幾何》弧, 円弧: describir (trazar) un ~ 弧を描く. ~ de círculo 円弧. ❺《電気》電弧, アーク〖=~ voltaico, ~ eléctrico〗: lámpara de ~ アーク灯. ❻《解剖》弓(ゆみ): ~ alveolar 歯槽弓. ~ plantar/~ del pie 足底弓, 足裏アーチ, 土踏まず. ❼ [樽・桶の]たが. ❽《中南米. サッカーなど》ゴール〖=portería〗

aflojar el ~ 緊張をほぐす

~ de iglesia 非常に困難な事柄

~ de San Martín/~ del cielo = **~ iris**

~ iris 虹: Ha salido un (el) ~ *iris*. 虹が出た. los siete colores del ~ *iris* 虹の七色〖参考〗rojo 赤, anaranjado 橙, amarillo 黄, verde 緑, azul 青, añil 藍, violeta 紫〗
arcón [arkón]《←arca》男 大箱
arcontado [arkontáðo] 男《古代アテネ》執政官の職務(権威・任期); 執政官政治
arconte [arkónte] 男《古代アテネ》執政官, アルコン
arcosa [arkósa] 女《鉱物》アルコース, 花崗砂岩
arcosaurio [arkosáurjo] 男 祖竜の
—— 男 複《古生物》祖竜
arcosolio [arkosóljo] 男 [壁面にある]アーチで覆った墓
arcuación [arkwaθjón] 女 アーチ型装飾
arda [árða] 女《廃語》=**ardilla**
ardacho [arðátʃo] 男《地方語》トカゲ〖=lagarto〗
ardaleár [arðaleár] 自 =**ralear**
árdea [árðea] 女《鳥》イシチドリ〖=alcaraván〗
ardedura [arðeðúra] 女 ❶《まれ》燃焼. ❷《廃語》炎, 火
ardeida [arðeíða] 女《鳥》サギ科
ardentía [arðentía]《←arder》女 ❶ =**ardor**. ❷ 胸焼け〖=pirosis〗. ❸ [海の荒波などに見られる]燐光
ardentísimamente [arðentísimaménte] 副 大変激しく(熱烈に)
ardentísimo, ma [arðentísimo, ma] 形 大変激しい, 大変熱烈な
arder [arðér]《←ラテン語 ardere》自 ❶ 燃える, 燃焼する: 1) La leña seca *arde* bien. 乾いた薪はよく燃える. *Arden* unas velas. ろうそくが灯っている. ~ sin llama くすぶる, いぶる. 2)〘現在分詞で名詞を修飾する〙Dos vecinos entran en una casa *ardiendo* y rescatan a una mujer. 2人の隣人が燃える家に入り女性を救い出す. ❷ [心が, +de・en で] 燃え立つ; [感情が] 高ぶる, 燃える: Los dos *arden* de amor. 2人は恋に燃えている. *Arde en deseos* (*en ganas*) *de verla otra vez.* 彼は何が何でも彼女ともう一度会いたいと思っている. ~ *en* (*de*) *ira* 激怒する. ~《南米》celos 嫉妬に身を焦がす. ❸ [+por+不定詞] …したくてうずうずする: *Arden por saberlo.* 彼らはそれを知りたくてたまらない. ❹ [体が] 熱っぽい, 熱い; 焼けるような感じがする: Este niño tiene la frente *ardiendo*./A este niño le *arde* la frente. この子の額は熱っぽい. Con un trago de Whisky me *arde* la garganta. ウイスキーをぐいっと飲んだら喉が焼けるようだ. ❺ [飲み物などが] とても熱い: La sopa está *ardiendo*. スープはとても熱い. ❻ [+en 物事・争い・イベントなど] 騒然とする; 沸き立つ: En aquel entonces el país entero *ardía en* guerra. 当時国じゅうが戦争で騒然としていた. Esta ciudad *arde* en fiestas. この町は祭りで沸き立つ. ❼《文語》輝く, きらきら光る. ❽《農》[堆肥が] 発酵する. ❾《南米》ずきずき痛む, ひりひりする: Me *arden* los ojos. 私は目が痛い

estar que ~ 1) 燃えている. 2) 熱い, 熱くなっている: Esta

sopa *está que arde*. このスープはとても熱い. 3) ひどく腹を立てている, 激怒している: Jorge *está que arde*. ホルへは頭にきている. 4) 白熱している, 騒然としている: La discusión *estaba que ardía*. 議論は白熱していた. La cosa *está que arde*. 事態は紛糾している
ir que ~ 《西》《2·3人称のみ. 得たもので》十分だ: Te pagaré diez euros, y *vas que ardes*. 10ユーロ払おう, お前にはそれで十分だ
── **se** 自 燃え上がる, 激しく燃える. ② 《農業》[暑さ・湿気で穀物・オリーブなどが] 傷む, しなびる

ardero, ra [arðéro, ra] 形 perro ~ リスを狩る猟犬
ardeviejas [arðebjéxas] 女 《まれ》ハリエニシダ [=aulaga]
ardid [arðí(ð)] 男 [←カタルーニャ語 ardit「戦争の企て」] 男 策略, 計略: valerse de ~es 策略を用いる
── 形 《廃語》ずる賢い
ardido, da [arðíðo, da] I [←仏語 hardi < フランク語 hardjan「堅くする」] ❶ 《文語》勇敢な, 大胆不敵な, 恐れを知らない. ❷ 《メキシコ. 口語》[失敗などについて] 恨んでいる, 怒っている
II [←ラテン語 ardere] [暑さで植物・果実が] 傷れた
ardiente [arðjénte] [←arder] 形 ❶ 熱い; 焼けつくような: bebida ~ 熱い飲み物. sed ~ 焼けつくような喉の乾き. ❷ 熱烈な, 情熱的な: amor ~ 熱烈な愛. partidario 熱烈な支持者. ~ defensor 熱烈な擁護者. ❸ [estar+] 欲情に駆られた; [ser+. 欲情で] ぎらぎらしている: deseo ~ 激しい欲情. ❹ 燃えるような色, 深紅の: rosa ~ 真っ赤なバラ. ❺ 燃えている: cirios ~s 燃えている蝋燭
ardientemente [arðjéntemènte] 副 熱烈に, 情熱的に; 激しく
ardilla [arðíʎa] [←古語 harda の示小語] 女 ❶ 《動物》リス: ~ rayada (listada) シマリス. ~ de tierra/~ terrera ホリネズミ; ジリス. ~ voladora モモンガ. ❷ 《主に中南米》目から鼻に抜けるような人, 抜け目のない人
ardimiento [arðimjénto] 男 ❶ 燃焼. ❷ 勇気, 大胆さ
ardiondo, da [arðjóndo, da] 形 《廃語》勇み立った, 意気込んだ
ardite [arðíte] [←?ガスコーニュ方言 ardit] 男 [昔のカスティーリャの小額の貨幣単位] アルディーテ
[no] **importar un** ~ [事物が] 大したことではない, 気にするほどのことはない: Me *importa un* ~. 私にとってはどうだっていことだ
no valer un ~ [事物が] 一文の値打ちもない
ardivieja [arðibjéxa] 女 《植物》ゴジアオイ属の一種《学名 Cistus crispus》
ardor [arðór] [←ラテン語 ardor, -oris] ❶ 酷暑; [ひどい] 熱さ: No soporto los ~es del mes de agosto. 私は8月のすごい暑さには耐えられない. ~ del verano 酷暑, 燃えるような夏. el ~ del sol 灼熱の太陽. ❷ 焼けるような感じ: tener ~ de estómago/sentir ~ en el estómago 胸やけがする. ❸ 上気, 興奮: en el ~ de la disputa 議論が白熱して. ❹ 熱情, 熱烈さ; 激しさ: en el ~ de la batalla 戦いの真っ最中に. ❺ 輝き, 光輝 **con** ~ 熱心に, 意欲的に; 勇敢に: Trabaja *con* ~. 彼は精力的に働いている
ardora [arðóra] 女 [イワシの群れの存在を知らせる] 海の燐光
ardorada [arðoráða] 女 《クエンカ》[恥ずかしさによる] 顔の紅潮
ardorosamente [arðorósaménte] 副 熱烈に
ardoroso, sa [arðoróso, sa] ❶ 熱烈な: Se ganó la admiración del público por su interpretación ~*sa*. 彼の熱を帯びた演奏は聴衆の賞賛を得た. ❷ 熱い, 暑い
arduamente [árdwaménte] 副 やっとのことで, 必死の努力で
arduidad [arðwiðá(ð)] 女 困難さ
arduo, dua [árðwo, ðwa] [←ラテン語 arduus] 形 《文語》[仕事などが] 非常に困難な, 大変骨の折れる
ardurán [arðurán] 男 《植物》モロコシ zahína の一種
área [área] [←ラテン語 area] 女 [単数冠詞: el·un[a]] ❶ 地域, 区域; 地帯: En esa ~ de la isla se encuentran las mejores playas. 島のその地域には最良の海岸がある. ~ de aterrizaje 離着陸場. A~ de Libre Comercio de las Américas 米州自由貿易地域, FTAA 南北アメリカの34か国 (キューバを除く) で構成される自由貿易圏構想. ~ de selvas vírgenes 原生林地帯. ~ de servicio (de aparcamiento) サービス (パーキング) エリア. ~ de tempestad 暴風圏. ~ lingüística 言語地域. ~ metropolitana 大都市圏, 首都圏. ~ militar 軍事地域. ~ urbana 市街地. ~ volcánica 火山地帯. ❷ 範囲, 領域; 分野: El ~ que me interesa ahora es la historia, especialmente el siglo XIV. 今私が興味を持っている分野は歴史で, 特

に14世紀だ. ~ de los negocios ビジネスの分野. ~ de educación 教育分野. ❸ 《スポーツ》エリア, ゾーン: ~ de castigo/ ~ de penalty ペナルティーエリア. ~ de gol/ ~ chica/~ pequeña ゴールエリア. ~ defensiva ディフェンスゾーン. ❹ 面積: El ~ de nuestra casa mide 300 metros cuadrados. 我が家の敷地は300平方メートルある. ❻ [面積の単位] アール. ❼ 《解剖》面, 野(°), 領: ~ sensorial 感覚野. ❽ 《情報》記憶領域
areata [areáta] 女 《医学》[脱毛症が栄養障害によって] 急性の
areca [aréka] 女 《植物, 果実》ビンロウジュ, ビンロウ
arecáceo, a [arekáθeo, a] 形 ヤシ科の
── 女 [複] 《植物》ヤシ科
arecolina [arekolína] 女 《化学》アレコリン
arefacción [arefa(k)θjón] [←ラテン語 arefactum < arefacere「乾く」] 女 乾く (乾かす) こと
areíto [areíto] 男 アレイト《アンティル諸島の先住民の歌と踊り》
arel [arél] [←カタルーニャ語 erer < ラテン語 era] 男 [小麦の] 大型のふるい
arelar [arelár] 他 [arel で小麦を] ふるう
a remotis [a r̄emótis] [←ラテン語] 副《文語》❶ 遠くから. ❷ 片側に: poner un objeto ~ 物を片付ける
arena [aréna] [←ラテン語] 女 ❶ [主に不可算] 砂: jugar con la ~ 砂遊びをする. un grano de ~ 砂一粒. bajo de ~ 砂洲. playa de ~[s] 砂浜. ~s de oro 砂金; 金粉. ~ de mina/ ~ de cantera 山砂. ~ fluvial 川砂. ~ pulidora 磨き砂. ~s aceitosas (asfálticas) オイルサンド. ❷ 砂浜, 砂地: Están jugando al balonvolea en la ~. 彼らは砂浜でバレーボールをしている. quedar atrapado en las ~s menos vedizas 流砂にはまる. ~s del desierto 砂漠. ❸ 《闘牛》アレナ, 砂場: Cuando se abrió la puerta del toril, saltó a la ~ el primer toro. 囲い場の戸が開くと最初の牛が闘牛場へ飛び出してきた. ❹ [一般に] 試合場; 《古代ローマ》闘技場. ❺ 《医学》腫 結石, 結石
~ **política** 政界
edificar sobre ~ 砂上に楼閣を築く
escribir en la ~ できそうもない計画を立てる
estar en la ~ 対決する, にらみ合っている
poner su ~ 邪魔をする
sembrar en ~ 無駄骨を折る
arenáceo, a [arenáθeo, a] 形 =**arenoso**
arenación [arenaθjón] 女 砂風呂療法
arenal [arenál] [←arena] 男 ❶ [広大な] 砂地. ❷ 流砂, 流床
arenalejo [arenaléxo] 男 arenal の示小語
arenar [arenár] 他 《まれ》❶ 砂でこする. ❷ …に砂をまく (敷く), 砂で覆う
arenaria [arenárja] 女 《植物》アレナリア: ~ de mar ハマハコベ
Arenas [arénas] 《人名》**Reinaldo** ~ レイナルド・アレナス《1943 ～90, キューバの小説家. 少年の夢想を綴った『夜明け前のセレスティーノ』*Celestino antes del alba* で注目を集めるが, その後政府批判や同性愛の問題で迫害を受け米国に亡命, 執筆活動を続けた. 18世紀ある僧侶の生涯を描き, ピカレスク小説の伝統を受け継いだ『めくるめく世界』*El mundo alucinante*》
arenaza [arenáθa] 女 《ハエン》粒状の花崗岩
arenca [areŋka] 女 《地方語》=**arenque**
arencar [areŋkár] 7 他 [イワシを] ニシンの燻製法で保存加工する
arencón [areŋkón] 男 《魚》大型のニシン
arenense [arenénse] 形 《地名》アレナス・デ・サン・ペドロ Arenas de San Pedro の [人] 《アビラ県の町》
arenero, ra [arenéro, ra] 形 砂販売業者
── 男 ❶ 《鉄道》[軌道上に砂をまくための] 砂箱. ❷ 《闘牛》砂場整備員
arenga [aréŋga] [←?ゴート語 harihrings「軍隊の集結」] 女 ❶ [意識を高揚させる] 演説. ❷ 演説
arengador, ra [areŋgaðór, ra] 形 名 熱弁をふるう [人]
arengar [areŋgár] 8 他 …に熱弁をふるう
arengario [areŋgárjo] 男 演壇
arengatorio [areŋgatórjo] 男 =**arengario**
arenícola [areníkola] 形 砂に棲息する
── 男 《動物》タマシキゴカイ
arenilla [areníʎa] 《arena の示小語》女 [主に不可算] ❶ 細かい

砂. ❷《医学》結石, 結石: tener ～ en el riñón 腎臓に結石がある. ❸《弾薬用に使う》硝石の粉末. ❹《古語》[インクを乾かす]吸取粉

arenillero [areníʎero]《男》[インクを乾かすために振りかける砂の入れ]砂入れ《=salvadera》

arenisco, ca [arenísko, ka]《←arena》《形》❶ 砂の混じった, 砂質の: terreno ～ 砂の多い土地. ❷ せっ器の, ストーンウェアの: vaso ～ せっ器の壺
── 《女》砂岩《=piedra ～ca》

areniscoso, sa [areniskóso, sa]《形》砂岩の.

arenoso, sa [arenóso, sa]《←arena》《形》❶ 砂の; 砂状の, 砂質の: roca ～sa ざらざらした岩. ❷ 砂の多い: playa ～sa 砂浜. terreno ～ 砂地

arenque [aréŋke]《←仏語 hareng》《男》《魚》イワシの一種, 大西洋ニシン《=sardina ～. 学名 Clupea harengus》: ～ ahumado 燻製のニシン

arenquera [areŋkéra]《女》ニシン網

areócora [areókora]《形》過疎《⇔dasícora》

areola [areóla]《←ラテン語 areola < area》《女》❶《解剖》乳輪. ❷《医学》《炎症の》紅輪

aréola [aréola]《女》=areola

areolado, da [areoláðo, ða]《解剖》乳輪のある

areolar [areolár]《形》《解剖》乳輪の; 《医学》紅輪の

areometría [areometría]《女》比重測定法

areómetro [areómetro]《男》比重計, 浮き秤

areopagita [areopaxíta]《男》[アレオパゴスの]裁判官

areópago [areópaɣo]《男》アレオパゴス《古代アテネの最高法廷》

areosístilo [areosístilo]《形》《建築》吹き寄せ柱式の〔建物〕

areóstilo [areóstilo]《形》《建築》疎柱式の〔建物〕

arepa [arépa]《←カリブ語》《女》❶《料理》1) 〔円形の〕トウモロコシパン. 2)《キューバ》クレープ. ❷《コロンビア. 卑語》女性性器, 膣

arepera [arepéra]《女》《南米. 隠語》レスビアン

arepería [arepería]《女》トウモロコシパンの販売店

arepuela [arepwéla]《女》《コロンビア. 料理》クレープ

arequipe [arekípe]《男》《コロンビア. 菓子》ドゥルセデレチェ《=dulce de leche》

arequipeño, ña [arekipéɲo, ɲa]《形》《名》《地名》アレキパ Arequipa の〔人〕《ペルー南部の県・県都. 元はインカ帝国の町で, ケチュア語 Ari qhipay「ここに住みなさい」の意. スペイン人が1540年に再建. 別名 Ciudad Blanca 白い町》

Ares [arés]《男》《ギリシア神話》アレス《ゼウスとヘラの息子, 軍神》

arestil [arestíl]《男》=arestín

arestín [arestín]《男》❶《植物》ヒゴタイサイコ. ❷《獣医》〔馬などの〕脚先の湿疹

arestinado, da [arestináðo, ða]《獣医》湿疹を患った

aretalogía [aretaloxía]《女》《古代ギリシア》神や英雄の物語

arete [aréte]《aro I の示小語》《男》❶《西》輪状のイヤリング;《中南米》〔一般に〕イヤリング. ❷《魚》カナガシラ《学名 Aspitrigla cuculus》

aretino, na [aretíno, na]《形》《名》《地名》[イタリアの] アレッツォ Arrezo の〔人〕

Aretusa [aretúsa]《女》《ギリシア神話》アレトゥーサ《川の神アルペイオスに追いかけられ, アルテミスによって泉に変えられた森の精》

arévaco, ca [arébako, ka]《形》《歴史, 地名》アレバクス Arevacus の〔人〕《前ローマ時代のスペインの村. 現在のソリアとセゴビアの一部》

arevalense [arebalénse]《形》《名》《地名》アレバロ Arévalo の〔人〕《アビラ県の》

Arévalo [arébalo]《人名》**Juan José** ～ フアン・ホセ・アレバロ《1904～90, グアテマラの政治家・教育者. 1944年の革命後, 大統領（1945～51）. 民主主義的改革を行なう》

Arévalo Martínez [arébalo martíneθ]《人名》**Rafael** ～ ラファエル・アレバロ・マルティネス《1884～1975, グアテマラの小説家・詩人・エッセイスト. とらえがたい人間心理を暗示的な文体で皮肉とユーモアをこめて描いた小説『馬のようだった男』El hombre que parecía un caballo》

arfada [arfáða]《女》《船舶》縦揺れ, ピッチング

arfar [arfár]《自》《船舶》縦揺れする

arfueyo [arfwéjo]《男》《地方語. 植物》ヤドリギ《=muérdago》

argadijo [arɣaðíxo]《男》=argadillo

argadillo [arɣaðíʎo]《男》❶ 糸操り機. ❷ 聖像の下部の骨組み. ❸ おせっかいな人, うるさい人. ❹《アラゴン, ナバラ》大きな籠

argado [arɣáðo]《男》《廃語》紛糾, トラブル

argali [arɣáli]《男》《動物》アルガリ《野生のヒツジ》

argalia [arɣálja]《女》導尿管, カテーテル《=algalia》

argallera [arɣaʎéra]《女》[樽板用の]丸鉋(ガンナ)

argamandel [arɣamandél]《男》《まれ》ぼろ切れ, ぼろ着

argamandijo [arɣamandíxo]《男》《まれ》こまごまとした用具一式
dueño (señor) del ～ リーダー, 責任者

argamasa [arɣamása]《←?ラテン語 massa》《女》《建築》モルタル: Unió las piedras con ～. 彼は石を積んでモルタルで固めた

argamasar [arɣamasár]《他》❶ …を混ぜ合わせてモルタルを作る. ❷ モルタルで固める

argamasillero, ra [arɣamasiʎéro, ra]《形》《名》《地名》アルガマシリャ・デ・アルバ Argamasilla de Alba の〔人〕《シウダ・レアル県の村》

argamasón [arɣamasón]《男》モルタルの大きなかたり

argamula [arɣamúla]《女》《地方語. 植物》❶ ウシノシタグサ《=lengua de buey》. ❷ ～ angosta アルカンナ《=onoquiles》

argán [arɣán]《男》《船舶》アルガンツリー《=erguén》

árgana [árɣana]《女》《廃語》起重装置

árganas [árɣanas]《女》《複》荷駄用の籠

arganda [arɣánda]《男》アルガンダ Arganda 産の赤ワイン

argandeño, ña [arɣandéɲo, ɲa]《形》《名》《地名》アルガンダ Arganda の〔人〕《マドリード県の村》

arganel [arɣanél]《男》天体観測器 astrolabio の金属製の小輪

argáneo [arɣáneo]《男》《船舶》錨の最上端の鉄環

árgano [árɣano]《男》起重装置, ウインチ

arganudo, da [arɣanúðo, ða]《形》《グアテマラ》勇敢な, 大胆な

argaña [arɣáɲa]《女》《地方語. 植物》❶《集名》穂の繊維. ❷《植物》ケエリカ, エリカ

argárico, ca [arɣáriko, ka]《形》アルガール El Argar の《アルメリア県の遺跡》: cultura ～ アルガール文化《スペインの先史時代, 紀元前2000年ごろ》

argavieso [arɣabjéso]《男》《廃語》激しいにわか雨《=turbión》

argaya [arɣája]《女》《集名》《廃語》穂の繊維

argayar [arɣajár]《自》《単人称》土砂崩れが起きる

argayo [arɣájo]《男》❶ [ドミニコ会の修道士・修道女が着ていた]粗布の外套. ❷《アストゥリアス, カンタブリア, ビスカヤ》土砂崩れの土砂: ～ de nieve 雪崩

argazo [arɣáðo]《男》《主に》《複》海面に漂う海草《肥料として使われる》

argel [arxél]《形》❶《馬などが》右足だけが白い《その馬に乗るのは縁起が悪いとされる》. ❷《南米》〔人・動物が〕悪運をもたらす. ❸《パラグアイ》〔人が〕不快な, 無愛想な

Argelia [arxélja]《国名》アルジェリア

argelino, na [arxelíno, na]《形》《名》《国名》アルジェリア Argelia〔人〕の; アルジェリア人. ❷《地名》アルジェ Argel の〔人〕

árgema [árxema]《女》《医学》角膜潰瘍

argemone [arxemóne]《女》《植物》アザミゲシ

argén [arxén]《男》❶《紋章》白色, 銀色. ❷《廃語》銀; 金《=moneda》; 財産

Argensola [arxensóla]《人名》**Lupercio Leonardo de ～** ルペルシオ・レオナルド・デ・アルヘンソラ《1559～1613, スペインの詩人・劇作家. 知的で道徳性を重視した詩風にはセルバンテスやロペ・デ・ベガなど同時代の文学者たちから賞賛された. アラゴン王家の年代記作家でもある》

argentado, da [arxentáðo, ða]《形》《文語》銀めっきの; 銀色の
── 《男》《古語. 化粧》紅白粉(べにおしろい)

argentador, ra [arxentaðór, ra]《形》《名》銀めっきをする〔人〕

argentar [arxentár]《←ラテン語 argentare》《他》❶ …に銀めっきする《=platear》. ❷ 銀の飾りを付ける; 銀色の光沢を付ける

Argentaria [arxentárja]《女》アルヘンタリア《政府系金融機関を中心に1992年に誕生したスペインの銀行グループ. 99年ビルバオ・ビスカヤ銀行と合併》

argentario [arxentárjo]《男》❶ 貨幣鋳造所の長官. ❷《廃語》銀細工師《=platero》

argénteo, a [arxénteo, a]《←ラテン語 argenteus》《形》《文語》銀の〔ような〕, 銀色の; 銀めっきの
── 《男》《歴史》デナリウス銀貨

argentería [arxentería]《女》❶ 銀や金の刺繍. ❷《まれ》銀細工《=platería》. ❸《表現の》飾り, 文飾

argentero [arxentéro]《男》銀細工師《=platero》

argéntico, ca [arxéntiko, ka]《形》《化学》銀の

argentífero, ra [arxentífero, ra] 形《地質》銀を含有する: mina ～*ra* 銀鉱

argentina[1] [arxentína] 女 ❶《植物》エゾツルキンバイ. ❷《魚》ニギス

Argentina [arxentína] **I** 女《国名》アルゼンチン《南米大陸南東部の共和国 República Argentina. 1816年リオ・デ・ラプラタ連合州 Provincias Unidas del Río de la Plata として独立するが、中央政府不在が長く続き、実質的な国家誕生は1862年. 首都はブエノス・アイレス》.
II《人名》**La ～** ラ・アルヘンティーナ《1888～1936, アルゼンチン出身の舞踊家・振付家. 本名 Antonia Mercé y Luque. スペイン舞踊における新古典主義および前衛主義を確立》

argentinidad [arxentiniðá(ð)] 女 アルゼンチンの特性; アルゼンチン人の国民性

argentinismo [arxentinísmo] 男 アルゼンチン特有の言葉や言い回し

argentinización [arxentiniθaxjón] 女 アルゼンチン化

argentinizar [arxentiniθár] [9] 他 アルゼンチン化する

argentino, na[2] [arxentíno, na] 形 ❶ アルゼンチンの Argentina〔人〕の. ❷《文語》銀の; 銀色の. ❸《音・声が》澄んで響きのよい: risa ～*na* 楽しそうな笑い声. voz ～*na* 澄んだ声, 鈴を転がすような声
—— 名 アルゼンチン人
—— 男 アルゼンチン金貨《5ペソ貨》

argentita [arxentíta] 女《鉱物》輝銀鉱

argento [arxénto] 《←ラテン語 argentum「銀」》男《詩語》銀〔=plata〕: ～ vivo 水銀

argentoso, sa [arxentóso, sa] 形 銀の混ざった

argila [arxíla] 女《廃語》=**arcilla**

argiloso, sa [arxilóso, sa] 形《廃語》=**arcilloso**

argilla [arxíʎa] 女《廃語》=**arcilla**

arginasa [arxinása] 女《生化》アルギナーゼ

arginina [arxinína] 女《生化》アルギニン

argirismo [arxirísmo] 男《医学》銀中毒

argirotrosa [arxirótrosa] 女《鉱物》濃紅銀鉱〔=pirargirita〕

argirodita [arxirodíta] 女《鉱物》硫銀ゲルマニウム鉱, アージロ鉱

argirol [arxiról] 《←商標》男《薬学》アージロール《目などの局部防腐剤》

argirosa [arxirósa] 女《鉱物》=**argentita**

argivo, va [arxíβo, βa] 形 名 ❶《地名》1)《古代ギリシア》アルゴス Argos の〔人〕. 2)〔ギリシアの〕アルゴリダ地方 Argólida の〔人〕. ❷《まれ》古代ギリシアの; 古代ギリシア人

argo [árgo] 男《元素》=**argón**

argólico, ca [argóliko, ka] 形《まれ》=**argivo**

argólido, da [argóliðo, ða] 形《地名》〔ギリシアの〕アルゴリダ Argólida の〔人〕

argolla [argóʎa] 《←アラビア語 al-gulla「首」》女 ❶〔船・馬などをつなぐ太い金属製の〕輪, 環. ❷〔輪を使う, クロッケーに似た〕玉通しゲーム. ❸《古語》〔鉄輪を首にはめる〕さらし刑; その鉄輪: El condenado lleva una ～ en el cuello. 罪人は首に鉄輪をはめられている. ❹《古語. 服飾》チョーカーの一種; 腕輪. ❺《メキシコ, グアテマラ, コロンビア, チリ》〔宝石のない〕結婚指輪〔=～ de matrimonio〕; 婚約指輪〔=～ de compromiso〕
formar ～《中米》独占する
tener ～《ニカラグア》コネがある
—— 男《ベネズエラ. 軽蔑》男性同性愛者

argollar [argoʎár] 他《まれ》=**argollonar**

argolleta [argoʎéta] 女 argolla の示小語

argollón [argoʎón] 男 大型の輪《環》

árgoma [árgoma] 女《植物》ハリエニシダ〔=tojo〕

argomal [argomál] 男 ハリエニシダの群生地

argón [argón] 男《元素》アルゴン

argonauta [argonáuta] 男 ❶《ギリシア神話》復〔*A*～*s*〕アルゴナウタイ《アルゴー船 Argos の乗組員たち. 金羊毛 vellocino de oro を探しに遠征した》. ❷《動物》アオイガイ, カイダコ

argos [árgos] 男《単複同形》❶《ギリシア神話》〔*A*～〕100の目を持つ巨人. ❷〔主に *A*～〕警戒心の強い人, 用心深い人. ❸《鳥》セイラン

argot [argó(t)] 《←仏語》男〔複 ～*s*〕〔ある集団に特有の〕通り言葉, 隠語, 符丁, 専門用語: ～ estudiantil 学生言葉

argótico, ca [argótiko, ka] 形 隠語の

arguaje [arwáxe] 男《地方語. 動物》ハンドウイルカ〔=tursio〕

argucia [arɣúθja] 女《←ラテン語 argutia「凝った言い回し」》❶ 空理空論; 屁理屈, こじつけ: Estoy harto de sus ～*s*. 彼のもっともらしい理屈にはうんざりだ. ❷ 汚い手段, 奸計

argue [árɣwe] 男《廃語》ウインチ〔=cabrestante〕

argüe [árɣwe] 男《廃語》ウインチ〔=cabrestante〕

Arguedas [arɣéðas]《人名》**Alcides ～** アルシデス・アルゲダス《1879～1946, ボリビアの歴史家・小説家. *Historia general de Bolivia* は歴史書の古典. 先住民の農民を搾取する白人の地主やメスティーソの召使い, 僧侶を痛烈に批判し, 先住民の救済をうたった『病める民族』*Pueblo enfermo*, 『青銅の種族』*Raza de bronce* などによって, インディヘニスモ indigenismo の先駆者とみなされている》
José María ～ ホセ・マリア・アルゲダス《1911～69, ペルーの小説家・文化人類学者. インディヘニスモ文学を代表する作家. 白人やメスティーソに抑圧・搾取されている先住民の世界を詩情豊かにかつ厳しい社会批判を込めて描き出した. 『ヤワル・フィエスタ』*Yawar fiesta*, 『深い河』*Los ríos profundos*, 『すべての血』*Todas las sangres*》

arguellar [arɣeʎár] ～**se**《ログローニョ, アラゴン》〔病気のせいで〕やせ細る

arguello [arɣéʎo] 男《ログローニョ, アラゴン》やせ細り

árguenas [árɣenas] 女《古語》❶ 担架状の運搬具〔=angalillas〕. ❷ 振り分け袋, 鞍かばん〔=alforjas〕

argüende [arɣwénde] 男《メキシコ. 口語》❶ 持ち寄りパーティー. ❷ うわさ話

argüendero, ra [arɣwendéro, ra] 名《メキシコ. 口語》うわさ話の好きな人

árgueñas [árɣenas] 女《古語》=**árguenas**

argüidor, ra [arɣwiðór, ra] 名 主張する, 反論する

arguilla [arɣíʎa] 女《隠語》大麻用のキセル

argüir [arɣwír] 《←ラテン語 arguere》[48] {y の前では gü が gu となる}他 ❶ 推論する, 推しとする: De esto *arguyo* que lo llevarán a cabo. このことから私は彼らがそれを実行すると思う. ❷ 立証する, 証明する: Las pruebas *arguyen* su inocencia. 証拠から彼が無罪だと証明できる. ❸ 論じる, 反論する; 〔強く〕主張する. ❹ 責める, 非難する
—— 自 論じる, 反論する; 〔強く〕主張する: *Arguyó* a favor de nuestra propuesta. 彼は我々の提案に対して賛成意見を述べた. ～ en contra de... …についての反対意見を述べる

argüir		
現在分詞	過去分詞	
arguyendo	argüido	
直説法現在	直説法点過去	命令法
arguyo	argüí	
arguyes	argüiste	arguye
arguye	arguyó	
argüimos	argüimos	
argüís	argüisteis	argüid
arguyen	arguyeron	
接続法現在	接続法過去	
arguya	arguyera, -se	
arguyas	arguyeras, -ses	
arguya	arguyera, -se	
arguyamos	arguyéramos, -semos	
arguyáis	arguyerais, -seis	
arguyan	arguyeran, -sen	

argüitivo, va [arɣwitíβo, βa] 形《廃語》主張する, 反論する

árguma [árɣuma] 女《地方語》=**árgoma**

argumentación [arɣumentaθjón] 女 ❶《集名》論拠, 根拠; 主張: Su ～ carece de fundamento. 彼の主張は根拠がない. ❷ 論証, 立証; 立論: Defendió su postura con una ～ impecable. 彼は完璧な論理で自分の立場を擁護した

argumentador, ra [arɣumentaðór, ra] 形 名 立証する〔人〕; 主張する〔人〕

argumental [arɣumentál] 形 あら筋の: línea ～ あら筋

argumentante [arɣumentánte] 形 立証する; 主張する

argumentar [arɣumentár] 《←ラテン語 argumentari》❶ […であると〕結論を下す, 推論する: Este historiador *argumenta* que España pagó por la dictadura de Franco un precio

muy alto. その歴史家はスペインはフランコの独裁のために高い代償を払のだと結論づける. ❷ 証明する, 立証する. ❸ 主張する, 申し立てる: No es un problema político, como se suele ~. しばしば主張されているように, それは政治的な問題ではない
── 📖 論じる, 議論する; 反論する: *Argumentaron* a favor de la propuesta. 彼らはその提案に賛成の意見を述べた.

argumentario [argumentárjo] 男［差別化された製品の特徴を特に絞り込んでアピールする］セリング(セールス)ポイント, 売り込み文句［=~ de venta］

argumentativo, va [argumentatíβo, ba] 形 推論の; 立証の

argumentista [argumentísta] 形 名 =**argumentador**

argumento [arguménto]〖←ラテン語 argumentum < arguere「推論」〗男 ❶ 論証, 論拠, 論点; 論法; 主張, 言い分: No puedo seguir su ~. 私は彼の議論にはついていけない. Sobre este asunto se expusieron muchos ~s. この件について議論百出した. buen ~ もっともな言い分. ❷［戯曲・小説などの］あら筋, ストーリー, プロット, 梗概(記); 構想, シナリオ: No me cuentes el ~ de esa película. その映画のストーリーは話さないで. ❸《数学》［独立変数の］引数;［複素数の］偏角. ❹《ま》兆候, 前兆

argumentoso, sa [argumentóso, sa] 形《廃語》［蜂が］よく働く, 巧妙な, 巧みな

argunsadera [argunsaðéra] 女《ムルシア》ぶらんこ, シーソー

argunsar [argunsár] 他《ムルシア》揺らす, ぶらんこに乗せて揺らす

arguyente [argujénte] 形 推論する

arhuaco, ca [arwáko, ka] 形 名 アルワコ族[の]《コロンビアの先住民》

aria¹ [árja]〖←伊語〗女〖単複冠詞: el・un(a)〗《音楽》アリア, 詠唱

Ariadna [arjáðna]《ギリシア神話》アリアドネ《ミノス王の娘. テセウス Teseo に怪物ミノタウロス Minotauro を退治した後で迷宮から脱出できるように糸玉を与えた》
el hilo de ~ 困難な問題を解決するための手段

Arias Gonzalo [arjás gonθálo]《人名》アリアス・ゴンサロ《11世紀, サモーラの包囲 cerco de Zamora を題材にした叙事詩などに登場する伯爵. ウラカ姫 Doña Urraca の後見人》

Aribau [aribáu]〖人名〗**Buenaventura Carlos ~** ブエナベントゥラ・カルロス・アリバウ《1798~1862, カタルーニャ語による詩人. カタルーニャの文芸復興運動を主唱》

arica [aríka] 女《ベネズエラ》蜜蜂［=abeja］

aricado [arikáðo] 形《農業》ごく浅く耕すこと

aricar [arikár] 7 他 ❶《農業》ごく浅く耕す. ❷ 中耕する［=arrejacar］

arico [aríko] 男《農業》=**aricado**

aridecer [ariðeθér] 39 他 乾燥させる: ~ un campo 土地を乾燥させる
── 📖 乾燥する

aridez [ariðéθ]〖←*árido*〗女 ❶ 乾燥(状態); índice de ~ 乾燥指数. ❷［土地の］不毛. ❸ 無味乾燥, 味気なさ: La ~ de este tema hace que nos aburra. これはテーマが全く面白くないので私たちは退屈してしまう

Aridjis [aríðxis]《人名》**Homero ~** オメロ・アリドヒス《1940~, メキシコの詩人・小説家》

árido, da [áriðo, da]〖←ラテン語 aridus < arere「乾いている」〗形 ❶［土地・気候が］乾燥した, 乾ききった: El Sáhara es una zona ~*da*. サハラ砂漠は乾燥地帯である. ❷［土地が］不毛な, やせた: Este terreno es ~. この土地はやせている. ❸［仕事・話などが］無味乾燥な, 退屈な;［思想・研究などが］つまらない, 貧弱な: Ha sido ~*da* la conferencia. その講演は退屈だった. Es un trabajo ~. それはつまらない仕事だ
── 男 pl［豆・穀類などの］乾燥類: medida de ~s 乾量. ❷《建築》骨材

Ariel [arjél] 男 エアリエル《シェークスピアの『テンペスト』*La Tempestad* に登場する, 空気の妖精 espíritu del aire》

arienzo [arjénθo] 男 ❶ カスティーリャ地方の昔の通貨. ❷ 高地アラゴンの重さの単位［=123センチグラム］

Aries [arjés] 男《占星》牡羊座

arieta [arjéta] 女〖aria の示小語〗女《音楽》アリエッタ

arietar [arjetár] 他［城を］破城槌で攻撃する

arietario, ria [arjetárjo, rja] 形 破城槌の

ariete [arjéte]〖←ラテン語 aries, -etis「羊」〗男 ❶《歴史》1) 破城槌. 2) 衝角を装備した船. ❷《サッカー》センターフォワード, ストライカー. ❸《技術》~ hidráulico 水撃ポンプ, 水(油)圧ラム. ~ de retropropulsión ラムジェット. ❹《コロンビア》小型

水力発電機

arietino, na [arjetíno, na] 形 羊の頭に似た

arietta [arjéta]〖←伊語〗女《音楽》=**arieta**

arigón, na [arigón, na] 形《カナリア諸島. 戯語, 軽蔑》鼻の大きな

arigue [aríge]《フィリピン》建材用の丸太

arije [aríxe] 男 ~ 粒が大きく赤いブドウ［=uva alarije］

arijo, ja [aríxo, xa] 形［土地が］やせて耕作しやすい

arilado, da [ariláðo, ða] 形《植物》仮種皮を持った

arilo [arílo] 男《植物》仮種皮（忠）

arillo [aríʎo]〖aro の示小語〗男 ❶ 聖職者が襟にカラーを付けるための木製の輪. ❷ 輪状のイヤリング［=arete］

arimez [ariméθ] 男《建築》［建物の装飾・補強用の］突出部, 出っ張り

ario, ria² [árjo, rja]〖←サンスクリット語 arya「高貴な」〗形 名 ❶ アーリア人[の]. ❷［ナチスの］アーリア民族至上主義の(主義者)

-ario, ria〖接尾語〗❶［動詞・名詞+. 名詞化, 行為者］botic*ario* 薬剤師, funcion*ario* 公務員. ❷［名詞+］1)［集合名詞化］vocabul*ario* 語彙, epistol*ario* 書簡集. 2)［場所］camp*anario* 鐘楼, acu*ario* 水槽・水族館. 3)［品質形容詞化］fraccion*ario* 分数の

aripiés [aripjés] 男［単複同形］《ログローニョ》オリーブの幹の下部に出る新芽

arique [aríke] 男《カナリア諸島》［タバコの葉などを包む］バナナの皮製の紐

arísaro [arísaro] 男《植物》エンレイソウ, テンナンショウ《サトイモの一種で食用. 学名 Arisarum simorrhinum》

arisblanco, ca [arisbláŋko, ka] 形［小麦などが］白い穂の

ariscar [ariskár] 7 ~**se**《まれ》怒る, 気を悪くする

arisco, ca [arísko, ka]〖←?語源〗形 ❶［ser+］無愛想な, つっけんどんな;［動物が］人に馴れていない: personalidad ~*ca* とげとげした性格. gato ~ 人間嫌いな猫. ❷《文語》［地形・植生が］快適でない, 厳しい. ❸《メキシコ》[estar+] 怒った

arisnegro, gra [arisnégro, gra] 形［小麦などが］黒い穂の

arisprieto, ta [arisprjéto, ta] 形 =**arisnegro**

arisquear [ariskeár] 📖《アルゼンチン, ウルグアイ》無愛想になる

arisquez [ariskéθ] 女 無愛想

arista [arísta]〖←伊ラテン語 aresta <ラテン語 arista「穂ののぎ, 魚の骨」〗女 ❶［幾何］稜. ❷［石切りなどの］角(ㄈ): En esa escultura hay muchas ~s. Hay que redondearla un poco. その彫刻はごつごつしている. 少し角を丸くする必要がある. Esta piedra tiene unas ~s muy cortantes. この石の角はとても鋭利だ. ~ cortante《技術》カッティングエッジ, 切刃. ~ de una bóveda《建築》穹稜. ❸ 複 困難; 無愛想: evitar las ~s en la vida 角が立たないように生きていく. ❹《植物》のぎ. ❺《登山》尾根, 稜線: subir por la ~ de la montaña 尾根づたいに山を登る. ❻［小麦などの殻に］ざらざらした外皮

aristado, da [aristáðo, da] 形 角のある, 角ばった

aristar [aristár] 他 角をつける

aristarco [aristárko]〖←Aristarco（新約聖書の登場人物）〗男《軽蔑》［主に A~］厳しすぎる批評家

aristino [aristíno] 男《獣医》脚先の湿疹［=arestín］

aristocracia [aristokráθja]〖←ギリシア語 aristokratia < aristos「最上」+kratos「力」〗女 ❶［集合］貴族[階級]. ❷［集合］上流階級, 特権階級: ~ intelectual 知的エリート, ~ militar エリート軍人. ❸ 貴族政治. ❹ 貴族的な上品さ

aristócrata [aristókrata]〖←*aristocrático*〗名 ❶ 貴族: Muchos ~s compraron tierras en América. 多くの貴族がアメリカの土地を購入した. ❷ 貴族政治主義者. ❸ 上流(特権)階級の人: ~ del saber 学者エリート
── 形 貴族の: tradiciones ~s 貴族の伝統

aristocráticamente [aristokrátikaménte] 副 貴族のように; 尊大に

aristocraticismo [aristokratiθísmo] 男 貴族気質, 貴族主義

aristocraticista [aristokratiθísta] 形 名 貴族気質の[人], 貴族主義の(主義者)

aristocrático, ca [aristokrátiko, ka]〖←ギリシア語 aristokratikos〗形 ❶ 貴族[階級]の; 貴族政治の, 貴族主義の: sociedad ~*ca* 貴族社会. ❷ 貴族的な; 上品な, 洗練された: modales ~s 上品な態度. ❸ 高貴な, 上品ぶった: ambiente ~ 貴族的な雰囲気. nariz ~*ca* 貴族的な鼻

aristocratismo [aristokratísmo] 男 =**aristocraticismo**

aristocratizar [aristokratiθár] 自 他 [人・事物を] 貴族的にする

aristofanesco, ca [aristofanésko, ka] 形《人名》アリストファネス Aristófanes の『古代ギリシアの詩人』

aristofánico, ca [aristofániko, ka] 形 =aristofanesco

aristofobia [aristofóbja] 女《まれ》よいものへの嫌悪, 高貴さ嫌い

aristoloquia [aristolókja] 女《植物》ウマノスズクサ

aristoloquiáceo, a [aristolokjáθeo, a] 形《植物》ウマノスズクサ科の

aristón [aristón] 男 ❶《音楽》手回しオルガン. ❷《建築》1)〔石組み・煉瓦組みの〕建造物の角. 2)〔交差ボールトの〕アーチ

aristoso, sa [aristóso, sa] 形 角の多い, ごつごつした

aristotélico, ca [aristotéliko, ka] 形《人名》アリストテレス Aristóteles の; アリストテレス学派の〔人〕

aristotelismo [aristotelísmo] 男 アリストテレス哲学

aritenoides [aritenójðes] 形 男《解剖》アリテノイド〔の〕

aritmética[1] [aritmétika]《←ラテン語 arithmetica <ギリシア語 arithmetike〔tekhne〕〔数の技術〕< arithmos「数」》女 ❶ 算数: aprender ~ 算数を学ぶ. ❷ ~ comercial 商業算術. ~ política 政治算術《社会経済現象を統計学的に解明しようとする古典的手法》

aritmético, ca[2] [aritmétiko, ka]《←ラテン語 arithmeticus <ギリシア語 arithmetikos》形 名 算数の; 算数家

aritmomancia [aritmománθja] 女 数字占い

aritmomanía [aritmomanía] 女 =aritmomancia

aritmomanía [aritmomanía] 女 計算マニア

aritmómetro [aritmómetro] 男《廃語》計算器

arizónica [ariθónika] 女《植物》アリゾナイトスギ

arjonero, ra [arxonéro, ra] 形《地名》アルホナ Arjona の〔人〕〔ハエン県の町〕

arjorán [arxorán] 男《植物》ハナズオウ〔=ciclamor〕

arjuma [arxúma] 女《ムルシア》マツの葉

arlar [arlár] 他〔果物を〕保存用に吊り下げておく

arlequín [arlekín]《←伊語 arlecchino》男 ❶《口語》おどけ者; ふまじめな人. ❷《菓子》ミックスアイス. ❸《古語》アルルカン『イタリア喜劇の道化役. 黒い仮面をつけ, 多色の四角形・菱形の小布をはぎ合わせた服を着ている』

arlequinado, da [arlekináðo, ða] 形〔アルルカンの服のように〕四角形・菱形模様の;《スポーツ》〔チームが〕四角形・菱形模様のユニホームの
—— 女〔アルルカンの演じる〕道化芝居

arlequinesco, ca [arlekinésko, ka] 形 アルルカンのような

arlesiano, na [arlesjáno, na] 形 名《地名》〔フランス南部の〕アルル Arles の〔人〕

arlo [árlo] 男 ❶《植物》セイヨウメギ〔=agracejo〕. ❷ 吊り下げた果物;《ログローニョ》保存用に吊り下げたブドウの房

arlota [arlóta] 女 =alrota

Arlt [árlt]《人名》Roberto ~ ロベルト・アルルト《1900～42, アルゼンチンの小説家・劇作家. 犯罪者や落伍者を主人公にした強烈なインパクトを与える作品を残した.『七人の狂人』 Los siete locos,『火炎放射器』 Los lanzallamas》

arma [árma]《←ラテン語 arma, -orum「甲冑」》女〔単数冠詞: el·un〔a〕〕❶ 武器, 兵器: Parece que los criminales llevan ~s. 犯人たちは武器を所持していると思われる. Encuentran posible ~ asesina de ex ministro. 前大臣殺害の凶器が発見される. El atracador disparó su ~ contra la policía. 強盗は銃を警官に向けて発射した. Su ~ es su pluma. 彼の武器はペンだ. estar en〔s〕武装している; 蜂起している. con las ~s en la mano 武器を手にして. licencia de ~ 鉄砲所持許可証. ~ arrojadiza (bracera) 飛び道具『弓矢, 投げ槍など』. ~ automáticas 自動火器. ~ blanca 刃物, ナイフ, 白兵戦用の武器『剣, 槍』. ~ de mano/~ corta 携帯兵器『拳銃, ピストルなど』. ~ ligera (pesada) 軽(重)火器. ~ negra 練習用の剣. ~ ofensiva (defensiva·disuasoria) 攻撃(防御·抑止)用兵器. ❷〔号令〕¡A las ~s!/¡A formar con ~s! 武器をとれ/!戦闘準備! ~ al hombro, ~! 担〔え〕銃! ¡Cuelguen, ~s! ¡Descansen, ~s! 立て銃! ¡Presenten, ~s! 捧げ銃! ❸ 部隊, 兵科: ~ de artillería 砲兵隊. ~ de caballería 騎兵隊. ~s aliadas 連合軍. ~s de España スペイン軍. ~s enemigas 敵軍. 2) 軍人という職業: Alberto ha elegido la carrera de ~s. アルベルトは軍人の道を選んだ. dejar las ~s 軍隊をやめる. las ~s y las letras 文武〔両道〕. ❺ 獄 甲冑『=armadura』. ❻ 獄〔盾形の〕紋章: libro de ~s 紋章集. ~s de la ciudad 市章. ~s de la nación 国章

acudir a las ~s 応召する; 武力に訴える

alzarse en ~s 武器をとって立ち上がる, 武装蜂起する

~ de fuego 銃器, 火器: disparar ~ de fuego 銃を発砲する. traer un ~ de fuego en el bolsillo ポケットに銃器を所持する. posesión ilegal de un ~ de fuego 銃器の不法所持

dar ~s contra sí mismo 自ら災いを招く

de ~s tomar 1) 危険な, 注意を要する: No se lo digas, que es de ~s tomar. それを彼に言ってはならない. 用心しなければならないからな. 2)〔性格が〕豪胆な, 大胆な: Es una mujer de ~s tomar porque todo lo que se propone lo consigue. 彼女は意志の強い女性だ. やろうと思ったことはすべてなし遂げてしまうからだ

hacer ~s =medir las ~s

hacer sus primeras ~s 初陣に出る; 第一歩を踏み出す, デビューする: Ha hecho sus primeras ~s en el foro. 彼は法曹界に第一歩を踏み出した

hombre de ~s 1) 武装兵. 2)〔名誉ある〕軍人

levantarse en ~s =alzarse en ~s

llegar a las ~s 戦いになる, 戦端を開く; 武力に訴える

medir las ~s 張り合う, 競う;〔論戦して〕渡り合う

pasar a+人 por las ~s 1) …を銃殺する. 2)《口語》〔女性を〕性的にものにする

poner a+人 en ~s …を武装決起させる

presentar ~s 捧げ銃をする

publicar ~s 公然と挑戦する

rendir el ~〔兵士がひざまずいて〕神に感謝と尊敬の念を表わす

rendir [las] ~s 1)〔+a+人 に〕捧げ銃〔2〕をする: Los soldados rinden ~s al rey. 兵士たちは国王に捧げ銃をした. 2) 降伏する, 武器を捨る

sobre las ~s 武器を整えて, 臨戦態勢で

tocar [al·el] ~ 戦闘準備〔非常呼集〕のラッパを吹く〔鳴らす〕

tomar [las] ~s 武器をとる; 武装する

velar las ~〔騎士叙任式の前夜〕武具のそばで終夜祈りをさげる

volver el ~ contra+人 …に刃を向ける

armable [armáble] 形 ❶ 武器を持ち得る, 武装すべき. ❷〔容易に〕組み立てられ得る

armada[1] [armáða]《←arma》女 ❶ 海軍, 海軍力〔=fuerzas navales〕: Ese país ha intervenido con su ~ en el conflicto. その国は武力を使って紛争に介入している. A ~ de Báltica バルチック艦隊. A ~ de barlovento バルロベント艦隊《16世紀中頃, 植民地への激化する反スペイン帝国勢力の海賊・私掠行為に対抗し, スペイン王室が植民地を防衛するために創設. 経費はアメリカ税 avería でまかなわれた》. ❷《狩猟》勢子; 猟犬; ハンター. ❸《南米》〔投げ縄の〕輪, 輪菱

armadera [armaðéra] 女《船舶》艤装用の肋材

armadía [armaðía] 女 =almadía

armadijo [armaðíxo] 男 ❶ 木の骨組み. ❷《古語, 狩猟》罠

armadillo [armaðíʎo] 男《動物》アルマジロ

armado, da [armáðo, ða] 形 ❶ 武装した, 武器を持った: Los atracadores estaban ~s. 強盗たちは武器を持っていた. intervención ~da 武力干渉. país ~ 軍備のある国. paz ~da 武装下の平和. sublevación ~da 武装蜂起. ❷〔弾丸を〕装填した: con el fusil ~ 銃に装填して. pistola ~da 弾の入ったピストル. ❸〔鉄骨などで〕補強した. ❹〔+con·de 身を守るものを〕備えた: Ese toro va ~ de grandes astas. その闘牛は大きな角をもっていた. planta ~da de espinas とげのある植物. ❺《口語》〔性格が〕よく発育した,〔陰茎が〕勃起した. ❻〔組み立てられた. ❼《紋章》〔ライオンなどの爪が〕体の色と異なる. ❽《メキシコ》金持ちの. ❾《中米》頑固な, 強情な

a mano ~da 1) 武器を持って·持った, 武装した·して: atraco (robo) a mano ~da〔武装〕強盗〔行為〕. 2) 強奪同然の, 法外な: ¿Cómo es posible que me quiten lo que yo trabajé durante cuarenta años? Eso es un robo a mano ~da. 私が40年働いてきたものを取り上げるなどということですか？これは理不尽というものです. 3) 果敢に, 決然と

—— 男 ❶《聖週間の行列で》古代ローマ軍兵士の扮装をした

人. ❷〖魚〗フックノーズ, ヨロイトクビレ. ❸《ウルグアイ》手巻きたばこ〖=cigarrillo ～〗. ❹《チリ》鎧(よろい)

armador, ra [armaðór, ra] 图 艤装業者, 造船業者; 船主
—— 形 casa ～ra 船会社

armadura [armaðúra]《←arma》❶ 鎧(よろい), 甲冑(かっちゅう): vestirse de (llevar) ～ 甲冑をつける(つけている). ❷〖人・動物の〗骨格. ❸〖建築, 技術〗1) 枠組み, 骨組み, トラス: ～ de la cama 寝台の骨組み. ～ de tejado 屋根の骨組み. 2) 鉄骨, 補強材. 3)〖コンクリートの〗鉄筋. ❹ 枠, 縁: ～ de las gafas 眼鏡のフレーム. ❺〖シカなどの〗角(つの). ❻〖部品などの〗組み立て. ❼〖電気〗電機子; 〖コンデンサーの〗極板. ❽〖物理〗〖磁極の〗接片, 接極子. ❾〖タイヤなどの〗外被, ケーシング. ❿《音楽》調号, 調子記号

armaga [armáɣa] 女〖植物〗野生のヘンルーダ

Armagedón [armaxeðón] 男〖新約聖書〗ハルマゲドン

armagnac [armaɲák]《←仏語》男 =armañac

armajal [armaxál] 男 低湿地〖=marjal〗

armajo [armáxo] 男《地方語. 植物》=almajo

armamentismo [armamentísmo] 男 軍国主義, 軍備拡張路線

armamentista [armamentísta] 形 名 ❶ 軍需産業の, 武器製造の(製造者). ❷ 軍拡路線の(人); 軍国主義の(主義者)

armamentístico, ca [armamentístiko, ka] 形 軍備の; 兵器の: negocio ～ 武器取引

armamento [armaménto]《←ラテン語 armamentum》男 ❶ 武装, 軍備; aumento (reducción) de ～s 軍備拡張(縮小). ～ completo 完全武装. ～ nuclear 核武装. ❷〖軍隊・軍艦・兵員の〗装備, 軍需品: El ejército dispone de un ～ muy moderno. 軍は近代的な装備を備えている. escasez de ～ 弾薬の不足. ❸〖集合〗兵器, 武器: industria de ～ 軍需産業

armante [armánte] 男《地方語》骨組み〖=armazón〗

armañac [armaɲák] 男《酒》アルマニャック

armar [armár]《←ラテン語 armare < arma, arum「軍隊」》他 ❶ [+con・de で] 武装させる; 戦闘準備をさせる: ～ a+人 ～ (de) un fusil …を銃で武装させる. ～ al país 国の軍備を整える. ❷ 〖銃の〗発砲準備を整える, 装填する, 撃鉄を起こす; 〖銃に〗着剣する; 〖弓の〗射る準備を整える, 矢をつがえる. ❸ [+de を] …にあてがう, 身につけさせる: Le han armado de buena educación. 彼は立派な教育を受けた. ❹ 組み立てる, 備えつける: ～ un aparato de radio ラジオを組み立てる. ～ las tiendas de campaña テントを張る. ～ la trampa 罠を仕掛ける. ❺ たくらむ, 企てる. ❻《口語》[けんか・騒ぎなどを]引き起こす: ～ dificultades a+人 …に迷惑をかける. ❼ 補強する; 〖植木に〗添え木する. ❽《口語》準備する, 組織する: ～ un baile 舞踏会の準備をする. ～ una tómbola 慈善のための富くじを準備する. ❾ 〖船を〗艤装(ぎそう)する; 出航準備を整える. ❿ [+de 金銀細工を, 金属に] かぶせる. ⓫《古語》騎士 caballero に叙する. ⓬《南米》〖ジグソーパズル〗Armó un rompecabezas de diez mil piezas. 彼は1000ピースのパズルを組み立てた. ⓭〖アルゼンチン, ウルグアイ〗〖たばこ・葉巻きを〗巻く
～la (buena): la hemos armado bien esta vez: Su conducta la armó buena. 彼のふるまいで大騒ぎが起きた
¡Buena la has armado!《口語》お前は大変なことをしてくれた/何てへまなんだ!
—— 自 ❶〖鉱脈が〗横たわっている. ❷ [+a に] 合う, 似合う
—— ～se ❶ [+de で] 武装する, 武器を取る; 〖鎧などで〗身を固める: Los policías se armaron de un fusil y un chaleco antibalas. 警官たちは銃と防弾チョッキで武装した. ❷ [+de 辛抱・勇気などを] 持つ, 備える: Se armó de paciencia y se sentó a esperar su turno. 彼は我慢して, 腰を下ろして自分の順番を待った. ～ se de valor 勇気を持つ〖+con・de も〗. ❸ 装備する, 身につける: Hay que ～se de un buen equipo para subir la montaña en invierno. 冬山に登るには十分な装備が必要だ. ❹〖騒などが〗起こる: Por aquí se arman unas riñas formidables a menudo. このあたりではしばしば派手なけんかが起こる. ¡Qué lío se armó! ひどい騒ぎだった! ❺〖嵐などが〗襲来する: Va a ～se una tormenta. 嵐になりそうだ. ❻《中南米》強情を張る, 拒否する. ❼《メキシコ, グアテマラ》〖口語〗動こうとしない. ❽《メキシコ. 口語》思いがけず金・財産を手に入れる, 金持ちになる

armario [armárjo]《←ラテン語 armarium「武器庫」》男 たんす, 戸棚, ロッカー: Los manteles están en el ～ de la ropa blanca. テーブルクロスはシーツ・タオル類の戸棚に入っている. ～ botiquín 薬棚, 洗面戸棚. ～ de cocina 食器戸棚. ～ de seguridad 金庫, キャビネット. ～ frigorífico 大型冷蔵庫. ～ para libros〖扉付きの〗本棚. ～ ropero 洋服だんす. ～ trastero 不用品入れ
salir del ～ カミングアウトする

armatoste [armatóste]《←古カタルーニャ語 armatost < armar+tost「すぐに」》男 ❶《軽蔑》〖家具・機械など〗大きすぎて(重すぎて)役に立たない物: Quita mucho espacio ese ～ de mesa. このテーブルは大きすぎてひどく場所をとる

armazón [armaθón] 男/女 ❶〖建築など〗骨組み; 仮枠: ～ de tablero 床組み. ～ de las gafas 眼鏡のフレーム. ～ de pantalla 電灯の笠の骨. ❷〖自動車, 航空〗車台, シャシー. ❸〖文学作品の〗骨格, あら筋. ❹〖物事の〗基盤. ❺《中南米》〖商店の〗棚板

armella [arméʎa] 女〖技術〗アイボルト, 輪付きボルト. ❷《古語》腕輪〖=brazalete〗

armelluela [armeʎwéla] 女 armella の示小語

arménico, ca [arméniko, ka] 形 →**bol** arménico

armenio, nia [armén̠jo, n̠ja] 形《国名》アルメニアの Armenia 〔人・語〕の; アルメニア人
—— 男 アルメニア語

armeno, na [arméno, na] 名《まれ》=armenio

armento [arménto] 男《古語》家畜〖=ganado〗

armeria [armería] 女 ～ de mar アルメリア, ハマカンザシ

armería [armería] 女 ❶ 銃砲店. ❷ 兵器工場. ❸ 武器(戦争)博物館. ❹ 武器製造法

armero, ra [arméro, ra]《←arma》形 ❶ 武器の. ❷ 紋章の
—— 名 ❶ 武器(兵器)の製造(販売)業者. ❷〖軍隊・警察の〗兵器係〖=maestro ～〗. ❸ 王立武器博物館長〖=～ mayor〗
—— 男 銃架

armerol [armeról] 男《廃語》兵器係〖=armero〗

armífero, ra [armífero, ra] 形《詩語》武器を持った

armígero, ra [armíxero, ra] 形 ❶ =armífero. ❷ 好戦的な
—— 男 盾持ち, 従者: ～ del rey 王の従者

armilar [armilár] 形 →**esfera** armilar

armilaria [armilárja] 女〖植物〗ナラタケ

armilla [armíʎa] 女 ❶〖建築〗玉縁, 定規縁〖=astrágalo〗; 〖柱などの台座の〗頂部繰形. ❷《古語》腕輪〖=brazalete〗

armiñado, da [armiɲáðo, ða] 形 オコジョの毛皮で飾った; オコジョのように白い

armiñar [armiɲár] 他 オコジョのように白くする

armiño [armíɲo] 男〖動物〗オコジョ, エゾイタチ, アーミン; その毛皮

armipotente [armipoténte] 形《詩語》強力な武器を持った

armisonante [armisonánte] 形《詩語》〖動くと, 持った・身につけた武器が〗ぶつかり合って鳴り響く

armisticio [armistíθjo]《←ラテン語 armistitium < arma+stare「動かない」》男 休戦, 停戦: firmar un ～ 休戦協定を結ぶ

armón [armón] 男 ❶〖砲車の〗前車〖=～ de artillería〗. ❷《カンタブリア》二輪荷車の前車

armonía [armonía]《←ラテン語・ギリシア語 harmonia》女 ❶ 調和: ～ de colorido 色彩の調和. ～ entre cuerpo y alma 心身の調和. ❷ 調和, 諧調; ハーモニー: dulce ～ del canto de los pájaros 小鳥たちのさえずりの甘い調べ. ～ de los versos 詩句の諧調. ❸《音楽》和声[学]: estudiar ～ y composición 和声と作曲を学ぶ. ❹ 協調: El concepto de la ～ está presente en los sustratos más profundos de la cultura japonesa. 和の概念が日本文化の根底にある. ❺《まれ》音楽〖=música〗
en ～ [+con と] 調和して; 仲よく: El agricultor vive en ～ con la naturaleza. 農民は自然と調和した暮らしをする. trabajar en ～ con sus compañeros 同僚と仲よく力を合わせて働く

armoniaco, ca [armonjáko, ka] 形《廃語》=amoniaco

armónica[1] [armónika]《←ラテン語 harmonica < ギリシア語 harmonikos》女 ❶《音楽》ハーモニカ: tocar la ～ ハーモニカを吹く. ❷《数学》調和関数

armónicamente [armónikaménte] 副 調和をとって; 仲よく

armónico, ca[2] [armóniko, ka]《←ギリシア語 harmonikos「調和のとれた」》形 ❶ 快い調べの; 和声の: música ～ca 声楽. ❷ 調和の[とれた]: colores ～s よく調和した色彩. ❸《数学》divi-

armonio 196

sión ~*ca* 調和分割. serie ~*ca* 調和級数
── 男 ❶《音楽》倍音 [=sonido ~]. ❷《物理》~ fundamental 基本振動数
armonio [armónjo] 男《音楽》ハーモニューム, リードオルガン
armoniosamente [armonjósaménte] 副 調和をとって; 耳に心地よく
armonioso, sa [armonjóso, sa]【←harmonía】形 ❶ 調和のとれた: cuerpo ~ 均整のとれた体. movimiento ~ 優美な動き. ❷ 耳に快い: sonido ~ 響きの良い音
armonismo [armonísmo] 男《まれ》調和【=armonía】
armonista [armonísta] 名《音楽》和声家
armónium [armónjun] 男《音楽》=**armonio**
armonizable [armoniθáble] 形 調和(協調)の可能な
armonización [armoniθaθjón] 女 ❶ 調和(させること), 協調: ~ vocal 母音調和. ❷《音楽》和声をつけること
armonizar [armoniθár]【←harmonía】自 [+con と] 調和する, 協調する: La corbata *armoniza* bien *con* esta camisa. ネクタイはこのシャツとうまく調和している
── 他 ❶ 調和させる, 協調させる: ~ su punto de vista *con* la realidad 物の見方を現実に合わせる. ❷《音楽》[旋律・主題に] 和声 (コード) をつける
armorial [armorjál] 男 紋章章
armoricano, na [armorikáno, na] 形 名《歴史, 地名》[フランス西部の] アルモリカ Armórica の〔人〕
armuelle [armwéʎe] 男《植物》❶ ヤマホウレンソウ《一部の地域で食用》. ❷ ~ borde アカザ. ~ silvestre ナズナ
armys [ármis] 男《単複同形》時計の鎖
ARN 男《略語》←ácido ribonucleico リボ核酸, RNA: ~ de transferencia 運搬 (転移) RNA. ~ mensajero 伝令RNA. ~ ribosómico リボソームRNA. ~ soluble 可溶性RNA
arna [árna] 女 ミツバチの巣穴
arnacho [arnátʃo] 男《植物》ハリモクシュク【=gatuña】
arnadí [arnaðí] 男《菓子》カボチャ・サツマイモに松の実・アーモンド・クルミなどを混ぜてオーブンで焼いたもの
arnasca [arnáska] 女《フラパ》《まれ》[地面に置かれる] 石製の鉢
arnaúte [arnaúte] 男 形《地名》アルバニアの〔人〕【=albanés】
arnequín [arnekín] 男《古語》マネキン【=maniquí】
arnés [arnés]【←古仏語 harneis < フランク語 harn「鉄」】 男 ❶【複 arneses】❶〔登山・パラシュート・盲導犬などの〕ハーネス: llevar el ~ ハーネスを着ける. ~ de seguridad ハーネス型安全帯. ❷〔主に 複〕用具一式; 馬具一式: *arneses* para pescar 釣り具一式. ❸ 甲冑【=armadura】
blasonar del ~ ほらを吹く, してもいない手柄話をする
arnesero [arneséro] 男《まれ》馬具製造業者
árnica [árnika] 女《単複冠詞: el-un(a)》《植物》アルニカ, そのエキス【染료などに使う》
pedir ~〔困窮状態で〕助けを乞う: Cuando se gastó todo lo que tenía, vino a *pedir*me ~. 持つものすべてを使い果たした時, 彼は私にすがりついてやって来た
Arniches [arnítʃes]《人名》 **Carlos** ~ カルロス・アルニチェス〔1866~1943, スペインの劇作家. サイネーテ sainete やヘネロ・チコ género chico など軽喜劇によってマドリードの下町の風俗を描き, 後年は悲劇的な要素を取り入れた tragedia grotesca にも取り組んだ〕
arnicina [arniθína] 女《生化》アルニシン
arnillo [arníʎo] 男《魚》ブラックスナッパー〔学名 Apsilus dentatus〕
aro [áro] **I**【←?語源】男 ❶ 輪【=anillo】; 〔桶・樽の〕たが;《技術》リング,《自転車》リム 〔= de rueda〕: jugar al ~〔古語〕たがを回しする. ~ de émbolo/~ de pistón ピストンリング. ~s olímpicos オリンピックの五輪マーク. ❷《バスケットボール》ゴールリング【=canasta】. ❸《新体操》フープ. ❹〔調理〕1) ナプキンリング【=servilletero】. 2) ~s de cebolla オニオンリング. ❺〔プエルトリコ, ペルー, ボリビア〕指輪: ~ de matrimonio 結婚指輪. ❻〔アンデス, アルゼンチン, ウルグアイ〕1)〔主に 複〕イヤリング【=pendiente】. 2) 輪投げ
~ *de compromiso* 結婚, 姻戚関係
hacer un ~《チリ, アルゼンチン, ウルグアイ》一休みする
pasar (entrar) por el ~ 必要な苦労を忍ぶ, 甘受する, 意志に反して行なう
── 間《ボリビア, チリ, アルゼンチン》話・歌・踊りを中断させて酒を一杯ふるまう時の掛け声
II 男《植物》❶ アラム: ~ de Etiopía カラー【=cala】. ❷ ~ palustre ヒメカイウ
aroca [aróka] 女〔ポルトガルの〕Arouca 産の麻織物
arocho, cha [arótʃo, tʃa] 形《地方語》〔イノシシが〕小型で獰猛な種類の
aroideo, a [arojðeo, a] 形 女 サトイモ科〔の〕【=aráceo】
arola [aróla] 女《貝》カモジガイの一種〔船底に付く. 学名 Lutraria lutraria〕
aroma [aróma]【←ラテン語 aroma < ギリシア語 aroma, -atos】男 ❶ 香り, 芳香: tener ~ a limón レモンの香り (味) がする. ~ del café コーヒーの香り. ❷ 香料
── 女 キンゴウカン aromo の花
aromado, da [aromándo, da] 形 芳香のある
aromar [aromár] 他 =**aromatizar**
aromaterapia [aromaterápja] 女 アロマセラピー
aromaticidad [aromatiθiðá(ð)] 女 芳香性
aromático, ca [aromátiko, ka]【←aroma】形 ❶ 芳香のある, 香りのよい: hierba (planta) ~*ca* 香草. café muy ~ 香り高いコーヒー. ❷《化学》芳香族の: compuesto ~ 芳香族化合物
aromatización [aromatiθaθjón] 女 ❶ 香りを放つこと. ❷《化学》芳香族化
aromatizador, ra [aromatiθaðór, ra] 形 芳香をつける
aromatizante [aromatiθánte] 形 芳香をつける; 〔食品添加物の〕香料
aromatizar [aromatiθár]【←aroma】自 他 ❶ …に芳香をつける, 芳香 (消臭) 剤をまく. ❷〔食品・料理に〕香料 (香草) を入れる: té negro *aromatizado* フレーバーティー. ❸《化学》芳香族化する
aromatoterapia [aromatoterápja] 女 =**aromaterapia**
aromo [arómo] 男《植物》キンゴウカン
aromoso, sa [aromóso, sa] 形 =**aromático**
arón [arón] 男《植物》=**aro**
arosano, na [arosano, na] 形 名《地名》アロサ Arosa 川流域の〔人〕〔ガリシア州, Ulla 川の支流〕
arpa [árpa]【←古仏語 harpa < フランク語 harpa】女〔単数冠詞: el-un(a)〕❶《音楽》ハープ, 竪琴;《中南米》アルパ, インディアンハープ: tañer (tocar) el ~ ハープを弾く. ~ celta アイリッシュ (ケルティック) ハープ. ~ eolia (eólica) エオリアンハープ. ❷《地方語》1) 先端に鉄製の歯が付いた棒. 2)〔割れた陶器を接ぐ〕すがい
sonar como ~ *vieja*《アルゼンチン, ウルグアイ. 口語》〔人が〕死んでしまう
arpado, da [arpáðo, ða] 形 ❶《詩語》〔鳥が〕さえずりの美しい. ❷《まれ》刃にぎざぎざのある
arpadura [arpaðúra] 女 ひっかくこと; 爪痕, ひっかき傷
arpar [arpár] 他《地方語》❶〔紙・布などを〕ちぎる, 引き裂く. ❷ 爪でひっかく
arpear [arpeár] 他《地方語》=**alpear**
arpegiado [arpexjádo] 男 アルペジオでの演奏
arpegiar [arpexjár] 自 他《音楽》アルペジオで演奏する
arpegio [arpéxjo]【←伊語 arpeggio < arpeggiare 「ハープを弾く」】男《音楽》アルペジオ
arpella [arpéʎa] 女《鳥》ヨーロッパチュウヒ
arpeo [arpéo] 男《船舶》小錨, 四つ爪錨
arpía [arpía] 女 ❶《ギリシア神話》ハルピュイア〔頭は女人で体は猛禽の怪物〕. ❷《軽蔑》意地の悪い女, 性悪女. ❸《鳥》オウギワシ
arpillera [arpiʎéra]【←?語源】女〔包装用の〕麻布, ズック
arpista [arpísta] 名 ハープ奏者
arpístico, ca [arpístiko, ka] 形《音楽》ハープの
arpón [arpón]【←仏語 harpon】男 ❶《漁業》銛〔ぎゃ〕; ギャフ: ~ submarino 水中銃. ❷《闘牛》バンデリージャの先端; 槍の穂先. ❸《建築》かすがい【=grapa】. ❹〔筆相学で〕鉤型の筆跡
arponado, da [arponádo, da] 形 銛に似た
arponar [arponár] 他 =**arponear**
arponear [arponeár] 他 …に銛を打ち込む
── 自 銛打ちが上手である
arponero, ra [arponéro, ra] 名《漁業》銛打ち
arque-《接頭辞》=**archi-**
arqueado, da [arkeádo, da] 形 ❶ 弓なりに曲がった, 湾曲した: piernas ~*das* がに股. ❷《建築》アーチのある
── 女 ❶《音楽》弓の動き. ❷《まれ》むかつき, 吐き気【=náuceas】

arqueador [arkeaðór] I 男 羊毛を打つ人 II 男《船舶》積載量の計測技師

arqueaje [arkeáxe] 男《船舶》積載量[の計測]

arqueamiento [arkeamjénto] 男 =**arqueaje**

arquear [arkeár] I《←arco》他 ❶ 弓なりに曲げる: El peso de los libros *arquea* las baldas de la estantería. 本の重さで棚板がしなう. ❷[弓状のもので]羊毛を打つ —— 自 吐き気がする —— ~**se** ❶ 湾曲する. ❷ 背中を弓なりにする II《←arca》他《船舶》[船の]積載量を計測する

arquebacteria [arkeβaktérja] 女 =**arqueobacteria**

arquegoniado, da [arkeɣonjáðo, ða] 形《植物》造卵器のある

arquegonio [arkeɣónjo] 男《植物》造卵器

arquénteron [arkénteron] 男《生物》原腸

arqueño, ña [arkéɲo, ɲa] 形 名《地名》アルケ Arque の〔人〕《ボリビア, コチャバンバ州の県・県都》

arqueo [arkéo] I 男 ❶ 湾曲《行為, 状態》 II 男《比喩的にも》収支勘定,《商》棚卸 ~ **de caja**: hacer el ~ 会計検査をする. ❷《まれ》金の数え直し. ❸《船舶》1)積載量: tonelada de ~ 容量トン. ~ **bruto** 総トン数. ~ **neto** 排水トン数. ~ **de registro** 登録トン数. 2)積載量検査

arqueo-《接頭辞》[古, 原初の]: *arqueología* 考古学

arqueoastronomía [arkeoastronomía] 女 古天文学, 天文考古学

arqueobacteria [arkeoβaktérja] 女《生物》古細菌, 始原細菌

arqueolítico, ca [arkeolítiko, ka] 形 石器時代の

arqueología [arkeoloxía]《←ギリシア語 arkhaiología》女 考古学: ~ **marítima (marina)** 海洋考古学

arqueológico, ca [arkeolóxiko, ka] 形 考古学の: excavación ~*ca* 考古学的発掘, 古代遺跡発掘調査. museo ~ 考古学博物館. resto ~ 遺跡

arqueólogo, ga [arkeólogo, ga] 名 考古学者

arqueomagnetismo [arkeomaɣnetísmo] 男《考古》古地磁気学

arqueopterigiforme [arkeo(p)teriɣifórme] 形 アルカエオプテリクス属の —— 男《古生物》アルカエオプテリクス属

arqueópteris [arkeó(p)teris] 男《単複同形》《古生物》始祖羊歯

arqueozoico, ca [arkeoθóiko, ka] 形 男《地質》始生代[の]

arquería [arkería] 女 ❶《集合》《建築》アーチの連なり. ❷《南米》アーチェリー

arquerío [arkerío] 男《地方語》=**arquería**

arquero, ra [arkéro, ra] I《←arco》名 ❶ 弓を射る人, 射手; アーチェリーの選手. ❷《サッカーなど》ゴールキーパー《=portero》. ❸《樽の》たが作り職人 —— 男《古語》❶ 弓隊の兵士. ❷《青年ファランヘ組織の》cadete ~ が年下の少年グループ II《←arca》名 現金出納係, 会計係《=cajero》

arquesporio [arkespórjo] 男《植物》胞原細胞[群]

arqueta [arkéta]《arca の示小語》女 ❶《小型の》櫃, 箱《家具》. ❷ 小型の水槽

arquetípico, ca [arketípiko, ka] 形 原型の, 原型的な

arquetipo [arketípo] 男《←ラテン語 archetypum < ギリシア語 arkhetypon》原型, 理想型; 心理》古態型

arqueozoico, ca [arkeoθóiko, ka] 形 男《地質》始生代[の]

arqui-《接頭辞》=**archi-**

-arquía《接尾辞》[政府, 統治]: *poliarquía* 多頭政治

arquiatra [arkjátra] 男《古語》名医

arquibanco [arkiβáŋko] 男 座部の下が物入れになっている長椅子

arquiclamídeo, a [arkiklamíðeo, a] 形 離弁花類の —— 女《植物》離弁花類

arquicórtex [arkikórte(k)s] 男《解剖》古皮質

arquidiócesis [arkiðjóθesis] 女《単複同形》=**archidiócesis**

arquifonema [arkifonéma] 男《音声》原音素

arquilla [arkíʎa]《arca の示小語》女《地方語》小型の水槽

Arquímedes [arkímeðes]《人名》アルキメデス

arquimesa [arkimésa] 女 引き出し付きのテーブル

arquipéndola [arkipéndola] 女《まれ》石工の水準器

arquisinagogo [arkisinaɣóɣo] 男《宗》~s《ユダヤ教》[シナゴーグの]会堂長

arquitecto, ta [arkitékto, ta]《←ラテン語 architectus < ギリシア語》名 ❶ 建築家: ~ **técnico** 建築技師, 建築施工士. ~ **naval** 造船技師. ~ **paisajista** 造園技師. ❷《文語》[+de]作り上げる人: ~ *de la música* 作曲家

arquitectónicamente [arkitektónikaménte] 副 建築[学]的に

arquitectónico, ca [arkitektóniko, ka] 形 建築〔術・学〕の, 建築上の: estilo ~ 建築様式. plano ~ 建築プラン, 設計図 —— 女《まれ》=**arquitectura**

arquitectura [arkitektúra]《←ラテン語 architectura》女 ❶ 建築〔術・学〕; 建築様式; 〔時に《集名》〕建築物: estudio de ~ 建築設計事務所. ~ **civil** 民間建築. ~ **funcional** 機能主義的建築. ~ **gótica** ゴシック建築. ~ **militar** 築城. ~ **naval** 造船〔術・学〕. ~ **paisajística** 景観設計; 造園. ❷ 構造, 構成: ~ **visionaria**〔番組などの〕視覚的構成. ❸《情報》アーキテクチャー

arquitecturación [arkitekturaθjón] 女 建築〔行為〕

arquitectural [arkitekturál] 形 =**arquitectónico**

arquitecturalmente [arkitekturálménte] 副 建築〔学〕的に

arquitecturar [arkitekturár] 他 構造化する; 組織化する《=estructurar》

arquitrabado, da [arkitraβáðo, ða] 形《建築》アーキトレーブのある

arquitrabe [arkitráβe] 男《建築》アーキトレーブ, 台輪

arquivolta [arkiβólta] 女《建築》飾り迫縁(せりぶち), アーキボルト

arrabá [araβá] 男《建築》*arrabaes*》[アラビア風建築で]戸口・窓のアーチを囲む]長方形の装飾

arrabal [araβál]《←アラビア語 ar-rabad「周辺地区」》男 ❶《軽蔑》[生活水準の低い人たちの住む]町外れ, 場末. ❷ 郊外, 周辺地域: vivir en los ~*es* 郊外に住む. ❸《中南米》スラム〔街〕

arrabalero, ra [araβaléro, ra] 形 名 ❶ 町外れの[住民]; bar ~ 場末のバル. ❷《西. 軽蔑》[主に女性が]品のない

arrabalillo [araβalíʎo] 男《カナリア諸島》やせた狭い土地

arrabiatar [araβjatár] 他《メキシコ, 中米, コロンビア》《動物の》尾同士を縛る —— ~**se**《メキシコ, 中米》他人の意見に卑屈に従う

arrabio [araβjo] 男《金属》銑鉄, 鋳鉄

arracacha [arakátʃa] 女《植物》南米産のセロリの一種《学名 Arracacia xanthorrhiza Bancroft》

arracada [arakáða]《←アラビア語 al-qarrat》女《服飾. 古語的》[垂れ飾り付きの]イヤリング

arracimado, da [araθimáðo, ða] 形 房状の

arracimar [araθimár]《←a-+racimo》~**se** 鈴なりになる《比喩的にも》: En las orillas *se arracimaban* mercaderes, adivinos, pintores y músicos. 岸辺は物売りや占い師, 画家, 音楽家で一杯だった

arraclán [araklán] 男 ❶《植物》セイヨウイソノキ. ❷《地方語》サソリ《=escorpión》

arradio [arráðjo] 男《俗語》ラジオ《=radio》

arráez [ará̱eθ] 男《圏 ~ces》❶[イスラム教国で]船長;[マグロ漁の]漁労長. ❷《歴史》[アラブ人・イスラム教徒の]軍事的指導者. ❸《歴史》[ムルシア南部の]イスラム教徒の豪族

arraigadamente [araiɣaðaménte] 副 根強く

arraigadas [araiɣáðas] 女 圏《船舶》フトックシュラウド, 檣楼下静索

arraigado, da [araiɣáðo, ða] 形 ❶ 不動産を所有している. ❷ 深く根を下ろした: Es una costumbre ya ~*da* en la ciudad. それはすでに町に定着している慣習だ. prejuicio ~ 根強い偏見

arraigamiento [araiɣamjénto] 男《まれ》=**arraigo**

arraigante [araiɣánte] 形 根を張る, 定住する

arraigar [araiɣár]《←ラテン語 radicari》自 他 ❶ [植物が]根を張る, 根付く: No *arraigó* el rosal. バラは根付かなかった. ❷《習慣などが, +en に》定着する; [心に]深く根を下ろす: Los celos *arraigaban en* su ánimo. 嫉妬が彼の心に根を張っていた. ❸ 定住する —— 他 ❶《心に》根付かせる. ❷[心に]深く植え付ける. ❸《中南米. 法律》禁止命令下におく —— ~**se** ❶ 根を張る. ❷ 定着する: Aún no *se ha arraigado en* él el hábito de estudiar. まだ彼に勉強の習慣がしっかり身についていない. ❸ 定住する: Los alemanes *se arraigaron en* Argentina. ドイツ人たちはアルゼンチンに住みついた

arraigo [arráiɣo] 男 ❶ 根を張ること. ❷ 定着; 定住: tener ~ en... ...に定住〔定着〕している; 勢力がある. con mucho ~ 定

arralar 着した, 深く根を下ろした

arralar [aɾalár] 自 ❶ まばらになる. ❷ [ブドウが] 実をつける

arramblador, ra [aramblaðór, ra] 形 名 持ち去る[人]

arramblar [aramblár] [←a-+rambla] 自 [口語] [不当に, +con を] 持ち去る: *Arramblaron con todo lo que encontraron a su paso.* 彼らは途中見つけた物をすべてかっさらっていった
── 他 [まれ] ❶ [不当に] 持ち去る. ❷ [川が土地を] 土砂で覆う[埋める]

arramplar [aramplár] 自 他 [口語] 持ち去る [=arramblar]

arranado, da [aranáðo, ða] 形 《メキシコ》退屈している; やる気のない, 無気力な

arranar [aranár] ~**se** 《地方語》気力を失う

arrancacamisa [araŋkakamísa] 女 《キューバ,トランプ》戦争に似たゲーム

arrancaclavos [araŋkaklaβos] 男 [単複同形] 《技術》釘抜き

arrancada[1] [araŋkáða] [←arrancar] 女 ❶ [人・動物が急に] 歩き(走り)出すこと: *Ten cuidado con este caballo que tiene una ~ un poco brusca.* この馬は少しばかり荒々しく走り出すので気をつけて下さい. ❷ [車などの急な] 発進, 加速: *Cuando controles el embrague y el acelerador, podrás hacer ~s más suaves.* クラッチとアクセルをコントロールすれば, もっとなめらかな発進ができるでしょう. ❸ 突然の動き, 急な揺さぶり. ❹ [獣の] 足跡. ❺ [重量挙げ] スナッチ [=modalidad de ~]
tener ~s de caballo y paradas de mula [人が] 熱しやすく冷めやすい

arrancadera [araŋkaðéra] 女 群れを先導するおとなしい家畜が首に掛けているベル

arrancadero [araŋkaðéro] 男 《競走》スタート地点

arrancado, da[2] [araŋkáðo, ða] 形 ❶《メキシコ》退屈している. ❷《キューバ》ひどく貧しい
── =**arrancamiento**

arrancador, ra [araŋkaðór, ra] 形 引き抜く
── 男 《技術》スターター, 始動機; ~ *automático* セルフスターター
── 女 《農業》[木の根・芋などの] 掘り起こし機

arrancadura [araŋkaðúra] 女 =**arrancamiento**

arrancamiento [araŋkamjénto] 男 引き抜き

arrancamonos [araŋkamónos] 男 [単複同形] 《植物》オナモミ

arrancapinos [araŋkapínos] 男 [単複同形] [口語] 小柄な男性

arrancar [araŋkár] [←?語源] [7] 他 ❶ [草・木・釘・杭などを] 引き抜く, 引きちぎる: *No se puede ~ este clavo.* この釘は抜けない. *La tormenta arrancó un árbol grande del parque.* 嵐で公園の大木が倒れた. *Mi abuelo arranca a veces hierbas en el jardín.* 祖父は時々庭の草むしりをする. ❷ [+a+人/+de から] 1) はぎ取る, もぎ取る; 破り取る: *Una bomba le arrancó una pierna.* 彼は爆弾で片足をもぎ取られた. *Arrancó una rama del árbol.* 彼は木の枝を折り取った. ~ *un botón de la chaqueta* 上着のボタンを引きちぎる. ~ *una hoja del cuaderno* ノートの1ページをちぎる. 2) 取り上げる, 奪い取る: *Le arrancaron el dinero bajo amenaza.* 彼は金をゆすり取られた. *La policía arrancó el cuchillo de la mano del joven.* 警官は若者の手からナイフを取り上げた. ❸ [+a+人 から, 苦労して・無理やり・だまして] 引き出す, 手に入れる: *Es necesario ~le la verdad.* 彼から真実を引き出すことが必要だ. ~ *un punto* 1点取る. ~ *la victoria* 勝利を奪い取る. ❹ [喝采・笑い・涙などを] 引き起こす, 受ける: *Esa película nos arranca lágrimas.* その映画は私たちの涙を誘う. ~ *aplausos (una ovación)* 拍手喝采を巻き起こす. ~ *risas* 笑わせる. ❺ [+de 悪習・悪癖などから] 引き離す, やめさせる: *Hay que ~le del tabaco.* 彼にたばこをやめさせなければならない. ❻ [人を] 追い出す, 一掃する: *El propietario va a ~ a los inquilinos del piso.* アパートの所有者は借家人たちを立ち退かせるつもりだ. ❼ [機械・乗り物などを] スタートさせる, 始動させる: ~ *el motor* エンジンをかける. ~ *el coche* 車のエンジンをかける. ❽ [声を] 絞り出す; [ため息を] 吐く. ❾ [根菜・鉱石などを] 掘り出す. ❿ [痰を] 切る. ⓫ [船舶] 速度を速める
── 自 ❶ [機械が] 始動する, かかる: *Metí la primera y el coche arrancó.* 私がギアを1速に入れると車は動いた. *Antiguamente muchos coches solían tardar en ~ en invierno.* 昔は冬となかなかエンジンがかからない車が多かった. ❷ [乗り物が] 発車する, 出発する: *El tren arrancará a la hora establecida.* 電車は定刻に発車するだろう. ❸ [口語] [人が] 歩き

行く, 腰を上げる: *No arrancan diciendo que les gusta estar aquí.* 彼らはここが気に入ったと言ってなかなか出て行かない. ❹ [+de から] 始まる, …を起点としている: *La carretera arranca de Barcelona.* その道路の起点はバルセロナだ. ❺ [+de から] 生じる, 原因となる; 由来する: *La desgracia de esa familia arranca del accidente de tráfico.* その家の不幸は交通事故が発端だ. ❻ [アーチなどが, +de から] 上に伸びる, 高くそびえる. ❼ [+a+不定詞] 急に…し始める: *Al ver a su madre, la niña arrancó a llorar.* その女の子は母親を見るとわっと泣き出した. ~ *a reír* 笑い出す. ❽ [+a・contra 人に] 襲いかかる: *El toro arrancó contra el matador.* 牛は闘牛士に向かって突進した
── ~**se** ❶ [急に] 突進する: *El tanque se arrancó en dirección de los soldados escondidos.* 戦車は隠れていた兵士に向かって突然突進した. ❷ [+de つらい気持ちで, +de 立ち去る, 後にする]; 別れる: *Se arrancó con penas de su tierra natal.* 彼はつらい気持ちで故郷を後にした. ~ *se de familia* 家族と別れる. ❸ [+a+不定詞] 急に…し始める: *La gente se arrancó a aplaudir mucho al saberlo.* 人々はそれを知って突然大きな拍手を始めた. ❹ [口語] [+con・現在分詞] 不意に…する, 思いがけず…を行なう: *Se arrancó con (dándome) 50 euros.* 彼は思いがけず私に50ユーロくれた. ❺《フラメンコ》[+por を] 急に歌い(踊り)出す. ❻《キューバ》無一文になる
***arráncarsele a*+人 《中南米》1) 無一文になる. 2) 死ぬ

arranchado [arantʃáðo] 男 《船舶》海岸近くの航行

arranchar [arantʃár] 他 ❶ 整理整頓する. ❷ 《船舶》1) [海岸の近くを] 航行する. 2) [転桁索を] 一杯に引く. ❸ 《ペルー, エクアドル, チリ》奪い去る [=arrebatar]
── ~**se** 《コロンビア》[強情に] …したがらない

arranciar [arantʃjár] [10] 他 =**enranciar**

arranque [araŋke] [←arrancar] 男 ❶ 始動, 発進, 発車, スタート: *Este motor tiene algunos problemas de ~.* このエンジンはスタートさせるのにいくつか問題がある. *Estábamos esperando el ~ del tren.* 私たちは電車の発車を待っていた. *velocidad de ~* スタート速度. *jugador con ~* 瞬発力のある選手. ❷ 開始, 始まり: *Muchos críticos consideran la poesía de Bécquer el ~ de la poesía moderna española.* 多くの批評家はベッケルがスペイン近代詩の創始者だと考えている. ~ *de la era moderna* 近代の幕開け. ~ *de la enfermedad* 発病. ❸ 出だし, 最初の部分: *Me gusta mucho el ~ de la película.* 私はこの映画の出だしが大好きだ. ❹ 根源, 起り, 原因. ❺ [稀] 気力, 決断力: *Le falta ~ para lanzarse a realizar su sueño dorado.* 彼には自分のすばらしい夢を実現させるだけの気力がない. ❻ [感情の] 激発, 噴出; 激情; 発作, 狂気: ~ *de compasión* 突然感じた同情の気持ち. ~ *de locura* [突然の] 精神錯乱. ❼ 機知, ウィット: *tener buenos ~s* 機知に富んでいる, 面白いことを言う. ❽ 引き抜くこと, もぎ取ること; 《農業》草引き, 根こぎ. ❾ 《植物, 解剖》付け根, 基部. ❿ 《建築》基部, 最下部, 迫元 (迫元). ⓫ ~ *de columna* 柱の根元. ~ *de escalera* 階段の基部. ⓫ 《技術》1) 始動器, セルモーター, スターター [=*motor de* ~, *aparato de* ~]. 2) ~ *de viruta* [切削の] 屑取り. ⓬ 《情報》起動, ブート: *disco de* ~ 起動ディスク. ~ *en frío* コールドスタート. ⓭ 《鉱山》採鉱. ⓮ 《中南米》貧乏, 無一文
~ *de energía* エネルギーの爆発
en un ~ 衝動的に: *Asesinó a su novia en un ~ de celos.* 彼は突然嫉妬に駆られて自分の恋人を殺してしまった. *en un ~ de ira* 突然怒りが爆発して
ni para el ~ 《メキシコ》十分というにはほど遠い
no servir ni para ~ 《中米》役立たずである
punto de ~ 出発点, 起点; 始まり: *Tenemos que analizar el punto de ~ del problema.* 私たちはなぜその問題が生じたかを分析しなければならない

arrapar [arapár] 他 [まれ] 乱暴に…を奪う(取る)

arrapiezo [arapjéθo] 男 [←古語 arrapezar「修繕する」] ❶ [憎めない少年に対して親しみと懲らしめの混じった気持ちで] 小僧, 坊主: *A este ~ voy a dar un coscorrón.* この坊主には拳骨を一発お見舞いしよう. ❷ ぼろぼろの薄汚れた服[布きれ]

arras [áras] [←ラテン語 arrae < ギリシア語 arrhabon] 女 名 ❶ 結納金[結婚式で新郎が新婦に渡す13個のコイン]. ❷ 《法律》手付金, 内金

arrasado, da [arasáðo, ða] 形 なめらかな

arrasador, ra [ar̄asaðór, ra] 形 完全に破壊する
arrasadura [ar̄asaðúra] 女 =rasadura
arrasamiento [ar̄asamjénto] 男 壊滅, 完全破壊
arrasar [ar̄asár] [←a-+rasar] 他 ❶ [物を] 完全に破壊する, 壊滅させる: El templo fue *arrasado* por las tropas. 寺院は軍隊によって破壊された. 《口語》[人に] 完膚する. ❸ [浸食で] 表面を] 平らにする. ❹ [容器を] 満たす. ❺ 《まれ》…のひげをそる [=afeitar]
── ❶ [競技会などで] 圧勝する: El Real Madrid volvió a ~. レアルマドリード再び圧勝する. ❷ [+con を] 終わらす, 荒廃させる; 獲得する; さらっていく, 盗む: La inundación *arrasó con* las cosechas. 洪水で収穫が台なしになった. Ese candidato *arrasó con* el 90% de los sufragios. その候補は90％もの票をさらった. Los atletas rusos *arrasaron con* las medallas. ロシアの選手たちがメダルをさらっていった. ❸ [単人称] 空が晴れ渡る
── **~se** [目が] 涙であふれる 《=~se en (de) lágrimas》
arrascar [ar̄askár] [7] 他 《口語》=rascar
arrastracuero [ar̄astrakwéro] 男 《キューバ, ベネズエラ》 上品(金持ち)ぶっている男
arrastraculo [ar̄astrakúlo] 男 《船舶》 スパンカーブームの補助帆
arrastrada¹ [ar̄astráða] 女 《アルゼンチン, ウルグアイ. 単語》 売春婦
arrastradamente [ar̄astráðaménte] 副 ❶ みじめに. ❷ 骨折って, やっとのことで
arrastradera [ar̄astraðéra] 女 《船舶》 [船首三角帆の] 下部補助帆
arrastradero [ar̄astraðéro] 男 ❶ [木材の] 搬出道, 切り出し路. ❷ 《闘牛》 [殺された牛の] 搬出通路, 置き場
arrastradizo, za [ar̄astraðíθo, θa] 形 ❶ 引きずって運ばれる. ❷ 脱穀された
arrastrado, da² [ar̄astráðo, ða] 形 名 ❶ みじめな, 困窮した; つらい: La familia lleva una vida ~*da*. その家族は辛い生活をおくっている. trabajo bastante ~ とてもつらい労働. ❷ 《トランプ》打ち返しの, 同じ組札を出さなければならない. ❸ [音節が] 引き伸ばした. ❹ 悪党[の], ごろつき[の]. ❺ 《口語》 [普通より] ゆっくりした, 引き伸ばした. ❻ 《メキシコ. 口語》 おべっか使いの[人]; [利益のためには] なりふりかまわない[人], 卑屈な[人]
traer a+人 …を疲れ果てさせる
arrastrador, ra [ar̄astraðór, ra] 形 引きずる
arrastramiento [ar̄astramjénto] 男 引っぱる(引っぱられる)こと
arrastrante [ar̄astránte] 形 引きずる
── 男 大学への入学志望者
arrastrapiés [ar̄astrapjés] 男 《まれ》 足を引きずること
arrastrar [ar̄astrár] [←a+rastro] 他 ❶ 引いて行く, 引っぱる; 引きずる: La locomotora *arrastra* diez vagones. 機関車は10両の車両を引いている. Dos caballos *arrastraba* un carruaje. 2頭の馬が車を引いていた. He rayado el parqué al ~ la silla. 私は椅子を引いた時にフローリングの床に傷をつけてしまった. ~ la maleta スーツケースを引きずる. ~ los pies 足を引きずって歩く. ❷ [嫌がるのを] 連れて行く, 引っ張って行く: Tuvimos que ~ a Juanito hasta el dentista. 私たちはフアニートを無理やり歯医者に連れて行かねばならなかった. ❸ [風が落ち葉を吹き飛ばしていく. El agua desbordado del río *arrastró* las casas. 川からあふれた水は家々を押し流した. ❹ [困難な生活などを] 送る, 過ごす; [つらいことを] だらだら続ける: La chica *arrastra* una vida miserable. 少女はみじめな生活をおくっている. La empresa *arrastra* unos problemas judiciales. 会社は法的な問題を長くひきずっている. ~ una gripe 風邪を長引かせる. ❺ 引き入れる, 引きずり込む: La droga la *arrastró* al infierno. 麻薬で彼女は地獄のような生活に陥った. ❻ もたらす; [悪いことを] 招く: Este problema *arrastra* muchas dificultades. この問題から色々厄介なことが起こっている. ❼ 引きつける, 心を捕らえる: El candidato a presidente *arrastró* una multitud de gente. その大統領候補は多くの人々の心を捕らえた. ❽ 《情報》 ドラッグする: ~ y soltar ドラッグアンドドロップする
── 自 ❶ 裾を引きずる: Como las cortinas *arrastran* por el suelo, hay que cortarlas un poco. カーテンの裾が引きずるので, 少し切らなければならない. ❷ [つなぎ音を] 遣(う)う. ❸ 《トランプ》[カードを] 打ち返す 《パートナーの打ち札と同じ組の札を打ち出すこと》
traer a+人 arrastrando 疲れ果てさせる

──── ~se ❶ 這う, 腹ばいで進む: Los soldados avanzó *arrastrándose*. 兵士たちは匍匐前進した. ❷ 卑屈な態度をとる, 卑下する: José *se arrastra* mucho ante su jefe para conseguir un ascenso. ホセは昇進しようと上司にペコペコしている. ❸ だらだら長引く(続く). ❹ [3人称で] 引きずられる, 引っぱられる. ❺ 裾を引きずる
dejarse ~ por... …に夢中になる
arrastre [ar̄ástre] [←arrastrar] 男 ❶ 引きずる(引っぱる)こと: El ~ de los muebles estropea el suelo. 家具を引きずると床を傷つける. ❷ 《漁業》 引き網 [=red de ~], 底引き網 [=~ de fondo]: pesca de ~ 引き網(底引き網)漁, トロール漁. ❸ [伐採した木などの] 搬出, 運搬. ❹ [殺した牛の] 引き出し. ❺ 《トランプ》 打ち返し. ❻ 《航空》 抗力. ❼ 《スポーツ》 ~ de espaldas 背泳. ❽ 《地質》 tierras de ~ 沖積層. ❾ 《中南米. 鉱山》 砕鉱機. ❿ 《アルゼンチン, ウルグアイ》 [恋愛での] 魅力: Julio, a los 60, todavía tiene ~ entre las mujeres. フリオは60歳だがまだ女性たちに人気がある
estar para el ~ 《口語》 1) 疲れ切っている: Después de una hora de natación estoy para el ~. 私は1時間泳いでへとへとだ. 2) [老いて・古くなって] 役に立たない: El coche tiene un montón de años y *está para el ~*. その車は長年使ってきて, もうポンコツだ
tener (ser de) mucho ~ 《口語》 強い影響力がある, 大勢の信奉者がいる
arrastrero, ra [ar̄astréro, ra] 形 引き網漁の, 底引き網の
── 男 トロール漁船, 底引き網漁船; トロール漁師
arrate [ar̄áte] 男 《重量》 16オンス, 1ポンド
arratonado, da [ar̄atonáðo, ða] 形 ネズミにかじられた
arrayán [ar̄aján] 男 《植物》 ❶ ギンバイカ, ミルタス. ❷ ~ de Brabante/~ brabántico/~ bastardo/~ de los pantanos シロヤマモモ
arrayanal [ar̄ajanál] 男 ギンバイカの群生地
arráyaz [ar̄ájaθ] 男 《まれ》 =arráez
arraz [ar̄áθ] 男 《まれ》 =arráez
arre [ár̄e] [←態度] 間 ❶ [馬などを追い立てる掛け声] それっ! ❷ 《コロンビア》 痛い!
arrea [ár̄ea] 間 《西. 口語》 ❶ [急がせる掛け声] それっ. ❷ [驚き・意外さ] えっ; まさか, おやおや
arreado, da [ar̄eáðo, ða] 形 《中南米》 [仕事で] 疲れ果てた
── 女 《中南米》 家畜追棒 [行為]
arreador [ar̄eaðór] 男 ❶ [実を棒で叩き落として] オリーブの収穫労働者 [=vareador]. ❷ 《アンダルシア, アンデス》 [農場労働者の] 現場監督. ❸ 《コロンビア, ペルー, チリ, アルゼンチン, ウルグアイ》 [馬などの] 鞭
arrear [ar̄eár] I [←arre] 他 ❶ [家畜を] 追い立てる, 急がせる. ❷ 《口語》 [殴打などを] 加える: ~ una bofetada a+人 …を平手打ちにする. ❸ 《口語》 [+a+人 に, 不快・否定的なものを] 与える. ❹ 《中南米》 [人を] 急がせる. ❺ 《アルゼンチン》 [家畜を] 盗む
── 自 《口語》 ❶ 急ぐ: Arrea o llegaremos los últimos. 早くしろよ, さもないと最後になっちゃうぞ. ❷ [+con を] 持ち去る: El ladrón *arreó con* mi bolso que había dejado en el coche. 泥棒は車に置いてあった私のハンドバッグを奪い去った. ❸ [+a+人 に, 不快なことが] 起きる
arreando [命令] 急いで!
II [←俗ラテン語 arredare] 他 …に装身具 arreos を付ける, 飾り立てる
arreatar [ar̄eatár] 他 《地方語》 [馬を] 一列につなぐ
arrebañaderas [ar̄eβañaðéras] 女 複 [井戸に落ちた物を拾うための] 鉄製の鉤
arrebañador, ra [ar̄eβañaðór, ra] 形 名 =rebañador
arrebañaduras [ar̄eβañaðúras] 女 複 食事の残りかす [=rebañaduras]; 拾った食べ残し (残飯)
arrebañar [ar̄eβañár] 他 《まれ》 =rebañar
arrebatacapas [ar̄eβatakápas] 男 [単複同形] ❶ 《文語》 強風の吹く場所. ❷ 《まれ》 泥棒 [=ladrón]
arrebatadamente [ar̄eβatáðaménte] 副 性急に, 我を忘れて, 激しく
arrebatadizo, za [ar̄eβataðíθo, θa] 形 《まれ》 怒りっぽい, 我を忘れやすい
arrebatado, da [ar̄eβatáðo, ða] 形 ❶ 情熱的な, 衝動的な: ~*da* imaginación 奔放な想像力. ❷ あわただしい, 性急な.

❸ [estar+. 顔色が] ひどく赤い: Su cara está ~da por la ira. 彼女の顔は怒りで上気している
arrebatador, ra [ar̄ebatað̞ór, ra] 形 魅了する; 感動させる: sonrisa ~ra 魅惑的なほほえみ
arrebatamiento [ar̄ebatamjénto] 男 ❶ 奪取. ❷ 我, 恍惚, 激怒
arrebatapuñadas [ar̄ebatapuɲáðas] 男《単複同形》《まれ》気性の荒い人; チンピラ
arrebatar [ar̄ebatár] 【←a-+rebato】他 ❶ もぎ取る, 奪い去る: José le *arrebató* el cuchillo de las manos. ホセは彼女の手からナイフをもぎ取った. Una ráfaga de viento le *arrebató* el sombrero a él. 一陣の風に彼の帽子が飛ばされた. ~ la vida a... …の命を奪う. ❷《あらがいがたい力で人を》引きつける; 魅了する: ~ los corazones de los oyentes 聴衆の心を奪う. ❸ 感動させる; [人を] つき動かす. ❹《農業》[穂を] 早く成熟させすぎる
—— ~**se** ❶ [怒りなどで] 我を忘れる; あわてる, 性急にやりすぎる. ❷《料理》中まで火が通らずに焦げてしまう. ❸《農業》[穂が] 早く成熟しすぎる
arrebatiña [ar̄ebatíɲa] 女《←arrebatar》奪い合い: tirar monedas a la ~ 取り合いをさせるために硬貨を投げる
arrebato [ar̄ebáto] 【←arrebatar】男 ❶《感情の》激発, 激怒: en un ~ 発作的に. en un ~ de cólera 怒りが爆発して. hablar con ~ 怒り狂って話す; 信念を持って話す, 断定的な調子で話す. ❷《法律》~ u obcecación 激発的な衝動 (情状酌量となる). ❸《宗教》忘我, 神との合一感. ❹《主に比喩》警鐘 [=rebato]: tocar a ~ 警鐘を鳴らす
dar a+人 *un* ~ 人を激怒させる, 激怒する: Le *dio un* ~ y se puso a dar patadas. 彼はかっとなってものを蹴とばし始めた
arrebatón [ar̄ebatón] 男《中南米》ひったくり
arrebatoso, sa [ar̄ebatóso, sa] 形《まれ》突然の
arrebol [ar̄eβól] 【←arrebolar】男 ❶《文語》1) [夕やけ・朝やけの] 茜（あかね）色. 2) [頬に] ばら色. 《化粧》頬紅 [=colorete]. ❷ 複 夕やけ, 朝やけ: cielo con ~*es* al anochecer 夕やけの空
arrebolada [ar̄eβoláða] 女 夕やけ, 朝やけ
arrebolar [ar̄eβolár] 【←古語 arruborar < rubor】他《文語》茜色にする; 赤面させる
—— ~*se* 茜色になる; 赤面する
arrebolera [ar̄eβoléra] 女 ❶《植物》オシロイバナ [=dondiego]. ❷《化粧》頬紅皿
arrebozar [ar̄eβoθár] 9 他 ❶ [顔を] 覆う, 隠す. ❷《料理》覆う, まぶす; [容器を] 満たす
—— ~*se* ❶ [自分の顔を] 覆う, 隠す. ❷ [蜂・蟻などが] 蝟集（いしゅう）する
arrebujadamente [ar̄eβuxaðaménte] 副 漠然と, 不明瞭なまま
arrebujar [ar̄eβuxár] 【←a-+rebujo】他 ❶《文語》[衣類などを] くしゃくしゃに丸める. ❷《まれ》[人を, 人を +en 衣類などで] くるむ
—— ~*se*《+en 衣類などで》身を包む
arrebuñar [ar̄eβuɲár] 他《地方語》=**arrebujar**
arrechar [ar̄etʃár] ❶《ホンジュラス, ニカラグア, ベネズエラ. 俗語》激怒させる. ❷《パナマ, アンデス, アルゼンチン, ウルグアイ》[性的に] 興奮させる
—— ~*se*《ホンジュラス, ニカラグア, ベネズエラ. 卑語》激怒する. ❷《パナマ, アンデス, アルゼンチン, ウルグアイ》[性的に] 興奮する
arrechera [ar̄etʃéra] 女 ❶《ホンジュラス, ニカラグア, ベネズエラ. 卑語》激怒. ❷《パナマ, アンデス, アルゼンチン, ウルグアイ》性的興奮
arrecho, cha [ar̄étʃo, tʃa] 形 ❶《植物》直立した. ❷《中米, ベネズエラ》困難な, 厳しい. ❸《ホンジュラス, ニカラグア, ベネズエラ. 卑語》激怒している. ❹《パナマ, アンデス, アルゼンチン, ウルグアイ》性的に興奮した; [動物が] 発情中の. ❺《ベネズエラ. 口語》並外れた, すばらしい, 大きな, 強烈な
arrechucho [ar̄etʃútʃo]【←?語源】男《口語》❶ [病気の] 発作: [突然の一時的な] 体の不調. ❷ [怒りなどの] 突発, 衝動
arreciar [ar̄eθjár] 【←a-+recio】自 ❶ [風などが] 激しくなる, 力を増す: El viento norte *arreció*. 北風が強まった. ❷ [+en 行動などを] 激化させる
arrecido, da [ar̄eθíðo, ða] 形 ひどく寒い
arrecife [ar̄eθífe]【←アラビア語 ar-rasif「石畳の道」】男 ❶ 岩礁, 暗礁: ~ coralino/~ de corral サンゴ礁. ❷ 《まれ》 costero 裾礁. ~ de barrera 堡礁. ❷ 舗装道; 街道
arrecifeño, ña [ar̄eθiféɲo, ɲa] 形《地名》アレシフェ Arrecife の〔人〕《バレアレス諸島, Lanzarote 島の町》

arrecir [ar̄eθír]【←俗ラテン語 arrigscere】40《欠如動詞: 語尾に i の残る活用形のみ. →abolir. 主に不定詞・過去分詞》他《寒さが…の体〔の一部〕を》無感覚にする
—— ~*se* 寒さで無感覚になる, かじかむ
arrecogedor, ra [ar̄ekoxeðór, ra]《俗語》=**recogedor**
arrecoger [ar̄ekoxér] 3 他《俗語》=**recoger**
arrecogido, da [ar̄ekoxíðo, ða] 形《俗語》=**recogido**
arrecordar [ar̄ekorðár] 28 他《俗語》=**recordar**
arrector [ar̄ektór] 形《解剖》=**erector**
arredilar [ar̄eðilár] 他《家畜》囲い場 redil に入れる
arredondear [ar̄eðondeár] =**redondear**
arredramiento [ar̄eðramjénto] 男 ひるむ (ひるませる) こと
arredrar [ar̄eðrár]【←arredro】他《文語》ひるませる; 怖がらせる: No me *arredran* vuestras calumnias. お前たちの中傷など私は少しも怖くない
—— ~*se* [+por・ante に] ひるむ, 尻ごみする; 離れる, 別れる: *Arredraos* de mí, malditos. 下がれ, いまわしき者どもよ
arredro [ar̄éðro]【←ラテン語 ad-〔方向〕+retro「後ろ」】副 後ろで [=atrás]
arregazado, da [ar̄eɣaθáðo, ða] 形 先端が上向きの
arregazar [ar̄eɣaθár] 9 他 [スカートを] 上に引き上げる, たくし (つまみ) 上げる
arregladamente [ar̄eɣláðaménte] 副 整頓されて; 清潔で
arreglado, da [ar̄eɣláðo, ða] 形 ❶ [来客・外出などのために] 整頓された, 身だしなみを整えた: Su casa siempre está bien ~*da*. 彼の家はいつも小ぎれいにしている. Las mujeres ya están ~*das* para salir a la calle. 女たちは外出の支度ができた. ❷ 規則正しい, 規律のある: Llevan una vida ~*da*. 彼らは規則正しい生活をしている. ❸ 解決された: El asunto está ya ~. その件はもう片付いた. ❹ 穏当な, 控えめな: En la tienda me han hecho un precio muy ~. その店ではずいぶんまけてくれた. ❺ [+a に] 従った, のっとった. ❻ 有能な
estar ~《皮肉》1) 期待はずれだ; ひどい目にあう: *Estamos* ~*s si* ahora perdemos el tren. 今電車に乗り遅れたら大変だ. *¡Estamos* ~*s!* がっかりだ. 2) 見当違いだ
estar ~ *con*+人《皮肉》=**estar** ~: *Va arreglado* si cree que vendrán todos. みんなが来ると思っているなら, とんだ考え違いだ
ir ~《皮肉》=**estar** ~: *Va arreglado* si cree que vendrán todos. みんなが来ると思っているなら, とんだ考え違いだ
¡Pues estaría ~ *si (que)*+接続法過去*!*《口語》…だとしたら我慢できない: *¡Pues estaríamos* ~*s si* tuviéramos que ir andando hasta allí! そこまで歩いて行かなければならないなんて, とんでもない話だ
arreglador, ra [ar̄eɣlaðór, ra] 名 ❶ 整理する〔人〕; 整頓好きな〔人〕. ❷ =**arreglista**
arreglar [ar̄eɣlár]【←a-+reglar】他 ❶ 整理する, 整頓する; 整える: *Arregla* un poco tu habitación. 部屋を少し片付けなさい. ~ los papeles 書類を整理する. ~ el altar con flores 祭壇に花を飾る. ❷ 配列する, 並べる: Si no *arreglas* bien los libros, no podrás encontrar uno que quieras. きちんと並べておかなければ, 欲しい本が見つからないよ. ❸ 準備する, 手配する: Si quieres hacer un viaje al extranjero, tienes que ~ los papeles necesarios. 外国旅行をしたいなら, 必要な書類をそろえなければならないよ. *Hemos arreglado* todo para la conferencia. 私たちは講演会の準備をすべて整えた. ❹ 身支度させる, 身繕いさせる: Ahora estoy ocupada, que tengo que ~ a mis niñas para la fiesta. 娘たちに晴れ着を着せなければならないので私は今忙しい. sin ~ 身支度していない, すっぴんで. ❺ [髪を] 整える: Me *han arreglado* el pelo para la fiesta de esta noche. 私は今夜のパーティーのために髪をセットしてもらった. *Arrégleme* bien el cuello. 髪を襟のところでそろえて下さい. ❻ 修理する, 修繕する: Me *han arreglado* el reloj. 私は時計を修理してもらった. ~ una silla rota 壊れた椅子を修繕する. ❼ 処理する, 解決する; 取り決める: Quédate tranquilo, que ya lo *arreglo*. 落ち着きなさい, すぐに私がちゃんと片をつけてやるから. Hay que respetar lo que *hemos arreglado*. 私たちが取り決めたことは守らなければならない. Esto no hay quien lo *arregle*. もうどうしようもない. ~ una situación complicada 紛糾した状況を整える. ❽ 約束をする, 段取りをつける: *Arréglame* una entrevista con él. 彼との会談の段取りをつけてくれ. *Hemos arreglado* una cita para el próximo viernes. 私たちは次の金曜日に会うことにした. ❾ 治す, 回復させる; 矯正する: Esta medicina te *arreglará* el estóma-

go. この薬を飲めば胃の具合がよくなりますよ. ～ la dentadura 歯列を矯正する. ❿ 味を整える: Y luego *arregla* la sopa con sal y pimienta. それから塩とコショウでスープの味を整えて下さい. ⓫ 脚色する: ～ el *Quijote* para zarzuela ドン・キホーテをサルスエラに脚色する. ⓬《音楽》編曲する, アレンジする: *Arregló* esta obra para piano. 彼はこの作品をピアノ用にアレンジした. ⓭ 仕立て直す: ～ un traje 服を仕立て直す. ⓮《船舶》[マリンクロノメーターの時刻を]合わせる. ⓯《中南米》1)《口語》[スポーツ・選挙で]結果をでっち上げる. 2) 去勢する. 3) [借金・負債を]精算する. ⓰《チリ. 口語》[書籍を]偽造する
── ～*se* ❶ 解決する, うまくいく; 好転する: Espero que *se arregle* bien este problema. この問題がうまく解決されるといいね. Con el tiempo todo *se arreglará*. 時間のたてばすべてうまくいくだろう. Ojalá que *se arregle* su situación. 彼の立場が良くなるといいのだが. ❷ [+para できるように] うまくやる, 身を処す: *Arréglate para* llegar a la reunión a la hora. 何とかして会議に間に合うようにしろ. ❸ 切り抜ける, 何とかやっていく: No puedo ～*me* sin teléfono. 電話がなくては私はどうしようもない. ❹ [+con で] 間に合わせる, 我慢する: Este mes tengo que ～*me con* poco dinero que me queda. 今月私は残っているわずかな金でやっていかなければならない. ❺ 身なりを整える, 身支度する, [自分の髪を] 整える: Voy a ～*me* un poco. ちょっと身支度をしてきます. Ella *se arregla* el pelo después de la ducha. 彼女はシャワーの後で髪を整える. ❻ 合意に達する: Antes de la huelga los obreros *se han arreglado* con la patronal. ストライキの前に労働者たちは経営側と合意に達した. ❼ [+con で] 折り合う, 仲良くする: *Se arregla* muy bien *con* otros en su nueva oficina. 彼は新しい職場でほかの人とうまくやっている. ❽ [男女が] 意気投合する, 愛人関係になる. ❾ 天候が回復する: El día *se está arreglando*. 天気は良くなってきている
～*se por las buenas* 穏便に解決する, 何事もなくまとまる
～*se por las malas* かろうじて解決する, 何とかまとまる
arreglárselas どうにかやっていく, 何とか片をつける: Espero que *se las arreglen* como puedan. 何とか自分たちで切り抜けてくれるといいのだが. Ya sabe *arreglárselas*. 彼はもう一人でやっていける

arreglista [aɾeɣlísta]《名》《音楽》編曲者, アレンジャー
arreglo [aɾéɣlo]《男》《←arreglar》❶ 修理, 修繕: Este vídeo no tiene ～. このビデオは直しようがない. Me costó mucho el ～ del coche. 車の修理は高くついた. Se hacen ～*s*.《表示》修理(修繕)いたします. ❷ 取り決め, 合意; 協定: llegar a un ～ en... …において合意に達する. A ～ de Wassenaar ワッセナー・アレンジメント. ❸ 解決, 決着; 妥協: No te preocupes, todo tiene ～. 心配しないで, 何事もうまく解決がつくものさ. Este asunto no tiene ～. この問題は手の施しようがない. ❹ 身支度, 身繕い, 身だしなみ《＝～ personal》: Mi hija cuida mucho su ～ personal. 娘は身だしなみにひどく気を使う. ～ de barba ひげの手入れ. ❺《口語》矯正: Este muchacho no tiene ～. この男はもうどうにもならない. ❻ 整理, 整頓; 規則正しさ: vivir con ～ 規則正しい生活をおくる. ❼《音楽》編曲, アレンジ《＝～ musical》: Han hecho varios ～*s* de canciones antiguas. 彼らは古い歌を少しアレンジした. ❽《口語》愛人関係: tener un ～ 愛人関係にある. ❾《料理》味の調整. ❿ 八百長, 不正
～ *de cuentas* 復讐
～ *floral* 生け花: clase de ～ *floral* 生け花教室
con ～ *a*... …に応じて(従って): Hay que comprar los libros *con* ～ *al* presupuesto. 本は予算どおりに買わなければならない. *con* ～ *a* la ley 法律に従って(のっとって)

arregostar [aɾeɣostáɾ] ～*se*《口語》好きになる, 欲しがる. ❷《まれ》近づく
arregosto [aɾeɣósto]《男》《口語》好きになること
arrejacar [aɾexakáɾ]《他》《農業》[植物のために, 日差しが強くなった後]固い地表を鋤き返す, 中耕する
arrejaco [aɾexáko]《男》《地方語. 鳥》ヨーロッパアマツバメ《＝vencejo》
arrejada [aɾexáða]《女》《耕作用の》突き棒
arrejaque [aɾexáke]《男》❶《漁業》曲がった3つ爪のフック. ❷《農業》鋤き返し. ❸《鳥》ヨーロッパアマツバメ《＝vencejo》
arrejerar [aɾexeɾáɾ]《他》《船》[船首と船尾に2個錨と1個の錨で固定する
arrejonado, da [aɾexonáðo, ða]《形》《植物》[葉が] 槍形の
arrejuntamiento [aɾexuntamjénto]《男》《口語》❶ 結じ合わせる

こと. ❷ 同棲
arrejuntar [aɾexuntáɾ]《他》《口語》結じ合わせる
── ～*se*《口語》[+con と] 同棲する
arrelde [aɾélde]《男》4ポンドの重さ(分銅)
arreligioso, sa [aɾelixjóso, sa]《形》宗教と無関係な
arrellanar [aɾeʎanáɾ]《←a-+rellano》～*se* ❶ ゆったりと腰掛ける, くつろぐ. ❷ [自分の地位・職業に] 満足(安住)している
arrellenar [aɾeʎenáɾ] ～*se*《俗語》＝arrellanarse
arremangado, da [aɾemaŋgáðo, ða]《形》立てた, 上を向いた; 上に折り返した
arremangar [aɾemaŋgáɾ]《←a-+remangar》《他》…の袖(裾)をまくり上げる《＝remangar》
── ～*se* ❶ [自分の] *Se arremanga* la camisa hasta los codos. 彼はワイシャツの肘まで腕まくりしている. ❷《口語》[思い切って] 決断する; [仕事などにとりかかる] 決意を固める
arremango [aɾemáŋgo]《男》《口語》＝remango
arremansar [aɾemansáɾ]《他》《まれ》＝remansar
arrematar [aɾemaɾtáɾ]《他》《口語》＝rematar
arremedar [aɾemeðáɾ]《他》＝remedar
arremetedero [aɾemeteðéɾo]《男》城塞の弱点となる場所
arremetedor, ra [aɾemeteðóɾ, ɾa]《形》襲う, 攻撃する
arremeter [aɾemetéɾ]《←a-+re-+meter》《自》❶ [+contra・con・para・a に] 襲いかかる, 攻撃する: ～ *contra* el enemigo 敵に突撃する. Estos colores *arremeten* a los ojos. これらの色は目にチカチカする. ❷ [決然として] 取り組む
arremetida [aɾemetíða]《女》襲いかかること
arremetimiento [aɾemetimjénto]《男》＝arremetida
arremolinadamente [aɾemolinaðáménte]《副》積み重なって, 山積みになって
arremolinar [aɾemolináɾ]《←a-+remolino》～*se* ❶ 渦を巻く. ❷ ひしめき合う
arrempujar [aɾempuxáɾ]《他》《口語》＝empujar
arrempujón [aɾempuxón]《男》《口語》＝empujón
arrendable [aɾendáβle]《形》賃貸し(賃借り)され得る
arrendación [aɾendaθjón]《女》＝arrendamiento
arrendadero [aɾendaðéɾo]《男》馬をつなぐ場につなぐ鉄製の輪
arrendado, da [aɾendáðo, ða]《形》[馬が] 手綱に従う
arrendador, ra [aɾendaðóɾ, ɾa] **I**《名》賃貸人 [の]《⇔arrendatario》
II《形》[馬が] つなぐことのできる
── 《男》＝arrendadero
arrendajo [aɾendáxo]《男》《鳥》カケス; マネツグミ
arrendamiento [aɾendamjénto]《男》❶ [比較的長期の] 賃貸借, リース: tomar... en ～ …を賃借りする. ～ con opción a compra コール(買い)オプション付きリース. ～ financiero ファイナンス・リース. ～ de obra/～ de sevicios 業務委託. ～ 貸借 (賃借) 契約; 賃貸し料. ❷ 賃借料; 小作制度, 土地の貸借関係
arrendar [aɾendáɾ] **I**《←a-+古語 renda <俗ラテン語 rendita <ラテン語 reddita「金利収入」》《他》❶ 賃貸しする, 賃借りする《→alquilar 類義》: ～ tierras 土地を貸す(借りる). ❷《メキシコ. 口語》[+a 出発点に] 戻らせる
II《←a-+rienda》《他》[馬を] つなぐ; [馬に] おもがいを慣らさせる
III《←arremedar》《他》《まれ》物まねをする
arrendatario, ria [aɾendatáɾjo, ɾja]《形》《名》賃借人 [の], テナント《⇔arrendador》; 小作人
arrendaticio, cia [aɾendatíθjo, θja]《形》《法律》賃貸借の
arrenoblastoma [aɾenoβlastóma]《女》《医学》[卵巣の] 男性胚細胞腫
arrenogenética [aɾenoxenétika]《形》男子のみを出産する
arrenotoquia [aɾenotókja]《女》産雄生殖
arreñal [aɾeɲál]《男》《地方語》[集落内などの] 野菜畑, 小さい畑
arreo [aɾéo]《←arrear II》《男》❶ 馬具類; 道具類. ❷ [主に複] [人の] 持ち物, 装身具; [物の] 飾り. ❸《アンデス》荷役用の馬(ロバなど)の一団. ❹《チリ, アルゼンチン, ウルグアイ》家畜の分離, キャトルドライブ
── 《副》《地方語》引き続いて, 休むことなく
Arreola [aɾeóla]《名》《人名》Juan José ～ フアン・ホセ・アレオラ《1918～2001, メキシコの短編作家. 旧約聖書や幼い頃の思い出, 日常の些末な出来事, 動物などから着想を得て, 犀利な知性をうかがわせる優れた幻想的短編を数多く書いた. 『共謀』 *Confabulario total*》

arreón [aře̞ón] 男 [闘牛] [牛の] 突然の(思いがけない)走り出し

arrepanchigar [aře̞pantʃiɣár] 8 ~**se** 《口語》[椅子などに] ゆったり(くつろいで)座る

arrepápalo [aře̞pápalo] 男 揚げ菓子の一種

arreparar [aře̞parár] 自 《俗語》気づく

arrepentido, da [aře̞pentído, da] 形, 名 ❶ 司法取引をされる[人]《共犯者が主犯の情報を提供して罪を軽減してもらうなど》. ❷ [estar+, +de を] 悔い改めている; 悔悛者

arrepentimiento [aře̞pentimjénto] 男 ❶ 後悔,《宗教》痛悔, 悔悟 《⇔impenitencia》: sentir (tener) ~ 後悔する; 痛悔する, 悔い改める. ~ activo 《法律》[犯罪被害を少なくし情状酌量の対象となるような] 著しい悔悛の情. ❷《美術》[画家自身による] 絵の補筆

arrepentir [aře̞pentír] 《←a-+古語 repentirse < ラテン語 repaenitere》33 ~**se** ❶ [+de を] 後悔する,《宗教》痛悔する, 悔い改める: *Me arrepiento de* haber dicho demasiado. 私は言い過ぎたことを後悔している. ~*se de* sus pecados 罪を悔い改める. ❷ 約束を違える, 翻意する

arrepezuñado, da [aře̞peθuɲádo, da] 形 [地方語] [犬が] 普通より爪が多い

arrepollado, da [aře̞poʎádo, da] 形 キャベツのような

arrepticio, cia [aře̞(p)tíθjo, θja] 形 《まれ》悪魔に取りつかれた《=endemoniado》

arrequesonar [aře̞kesonár] ~**se** [牛乳が] 凝固する

arrequintar [aře̞kintár] ~**se**《ベネズエラ》飛びかかる

arrequive [aře̞kíβe] 男《主に軽蔑》[主に 複]. ごてごてした] 飾り, 装飾品

arrestado, da [aře̞stádo, da] 形《まれ》大胆な
── 名 逮捕者

arrestar [aře̞stár] 《←a-+restar「残る」》他 逮捕する, 検挙する: Los agentes *arrestaron* a una persona que tenía en su poder los 89 gramos de cocaína. 刑事たちはコカイン89グラムを所持していた男を逮捕した. ❷《軍事》営倉に入れる. ── ~**se**《まれ》[+a+不定詞] 思い切って(大胆にも)…する

arrestinado, da [aře̞stinádo, da] 形 [地方語] 悪臭のする

arresto [aře̞sto] 男 《←arrestar》❶ 逮捕, 検挙: encontrarse bajo ~ 拘留されている. ❷《法律》禁固《→prisión 類義》: mayor 重禁固《1か月以上6か月未満》. ~ menor 軽禁固《1日以上30日未満》. ~ domiciliario 軟禁. ❸《軍事》営倉入り. ❹[主に 複]. 難事・危険などに挑む] 勇気, 大胆さ, 決意: tener ~*s* para+不定詞 思い切って(大胆にも)…する

arretín [aře̞tín] 男 捺染毛織物《=filipichín》

arretirar [aře̞tirár] 他《俗語》=**retirar**

arreventar [aře̞βentár] 23 他 自《俗語》=**reventar**

arrevesado, da [aře̞βesádo, da] 形 =**revesado**,《南米》=**enrrevesado**

arrevistado, da [aře̞βistádo, da] 形《演劇》[作品が] レビュー風の

arrezafe [aře̞θáfe] 男《まれ》アザミなどの雑草の繁茂地《=cardizal》

arrezagar [aře̞θaɣár] 8 他 ❶ …の袖(裾)をまくり上げる《=remangar》. ❷ 上げる, 高い方へ動かす

arria [ářja] 女 [荷役用の] 馬, ロバ《=recua》

arriacense [aříjaθénse] 形 《地名》グアダラハラ Guadalajara の[人]《メキシコ, ハリスコ州の州都》

arriada [ařjáda] 女 ❶ 《←riada》❷ 《船旗》[旗(帆)を下ろすこと]

arrial [ařjál] 男 =**arriaz**

arriamiento [ařjamjénto] 男 降ろす(下げる)こと

arrianismo [ařjanísmo] 男 アリウス主義《アレクサンドリアの神学者アリウス Arrio (280〜336)の説. 神と聖霊は異なると考え, イエスの神性を否定した. 325年のニカイア公会議 Concilio de Nicea で異端とされる》

arriano, na [ářjano, na] 形 アリウス主義の; アリウス派

arriar [ařjár] I 《←arrear「飾る」》 11 他《主に船舶》[旗・帆など] 下ろす; [綱などを] 緩める
II 11 他《←río》《主に話》[川が土地を] 水浸しにする
III 10 他《コロンビア. 口語》[人]を]後方から追い立てる. ❷《ラプラタ》[家畜を] 盗む

arriata [ařjáta] 女 =**arriate**

arriate [ařjáte] 男 ❶《西, メキシコ》1) 花壇. 2)《まれ》道 《=camino》. ❷《グアテマラ》中央分離帯

arriaz [ařjáθ] 男 [剣の] 十字形の鍔 《=gavilán》; [剣の] 柄

arriba [áříβa] 《←ラテン語 ad ripam「河岸に」》副 《⇔abajo》❶ 上に・で・に・へ: Juan está ~, en el árbol. フアンは木の上にいる. ❷ 上の階で・に・へ: Mis padres están ~, en el primer piso. 両親は上の2階にいる. Pasen ~. 2階へどうぞ. Los que viven ~ hacen ruido a veces. 上の階に住んでいる人は時々音を立てる. los habitantes de ~ 上の階の住民. ❸ [無冠詞名詞+] …を上に; [中心・自分から] 遠くに, あちらに: Avanzaron peñas ~. 彼らは岩場をあがっていった. Hay un hospital tres manzanas ~. 3街区向こうに病院がある. aguas (corriente・río) ~ 川上へ, 上流へ向かって, 流れをさかのぼって. calle ~ 通りを上がって, 通りをすすって行くと. cuesta ~ 坂を上る. monte ~ 山を登って. ❹ [社会・階層・組織の] 上に・へ: Ese jugador está ~ del todo en el escalafón nacional. その選手は国内ランキングでトップの位置にいる. Cuando era pobre, José siempre quería llegar ~. 貧しかった時, ホセは上の階層に上りたいといつも思っていた. Esa es una decisión que tendrán que tomar los de ~. それは上層部の人たちが下すことになる決定だ. lo de ~ 上流社会(上層階級)のこと. los de ~ 上流階級の人, 上層部の人たち. ❺ [文章で] 前段で, 前述のことに: asunto ~ mencionado 上記(前述)の事項. como hemos dicho más ~ 先に申しましたように. ❻《演劇》舞台奥で

allá ~ 1) あの高いところで. 2) 天国で

...~, ... *abajo* [概数] …の多い少ないはあっても

~ *de*+数量 [主に否定文で] …以上は: No tendrá ~ *de* cincuenta años. 彼は50歳は超えていないだろう

~ *del todo* 一番高い所で

~ *o abajo* 約…, およそ…

~ *y abajo* あちらこちら: Te hemos estado buscando todo el día ~ *y abajo*. 私たちは一日中あちこち君を捜し回っていたのだぞ

de ~ 1) 上の, 上からの; 上層部から: orden que viene *de* ~ 上からの命令. 2) 神の, 神から: venir *de* ~ 神様からいただく. 3) 無料で

de ~ *abajo* 1) 上から下へ; 上から下へ移動させなさい. El libro de ~ *abajo*. 本を上から下へ移動させなさい. El policía me miró *de* ~ *abajo*. 警官は私を頭のてっぺんから足の先まで見た. 2) 端から端まで: Registraron la casa *de* ~ *abajo*. 彼らは家の隅々まで捜索した. leer el artículo *de* ~ *abajo* 記事を最初から最後まで読む. 3) 何から何まで, すっかり, 完全に: El edificio se movió *de* ~ *abajo*. 建物は土台から揺れた. Cambiarán *de* ~ *abajo* el planteamiento de la educación. 彼らは教育計画をすっかり変えるだろう. 4) 見下して: Ellos nos miran (tratan) *de* ~ *abajo*. やつらは私たちを見下している

de+数量 ~ …以上の: Tiene *de* treinta años ~. 彼は30歳以上だ. *de* mil euros ~ 千ユーロより高い

de... *para* ~ 1) [位置] …より上の方に: Estaba desnudo de la cintura *para* ~. 彼は上半身裸だった. 2) [数量] …より多く, …以上: Algunos empleados trabajan *de* diez horas *para* ~ al día. 一日10時間以上働く社員がいる

hacia ~ 上の方へ, 上に向かって: Miraron *hacia* ~. 彼らは上の方を見た

hasta ~ *de...* …が山ほどたくさん

levantar a+人 *hacia* ~ …をいらだたせる, 深刻に考えさせる

más ~ 1) もっと上に・で; [場所的に] もっと向こうに・で: Un poco *más* ~ el camino dobla hacia la mano derecha. もう少し先に行くと道は右に曲がる. Ha ascendido y está *más* ~ en el escalafón. 彼は昇格して, 職階の上にもっと上になった. 2) [本・話などで] もうすでに, …以前に: Tal como se dijo *más* ~, es cuestión de orden fisiológico. すでに述べられたように, これは生理学的な問題である. 3) [+de+数量] …より上: Esa actriz tiene *más* ~ *de* sesenta años. その女優は60歳を越えている

por ~ *y por abajo* あらゆる所で, あちこち

que sí ~ *que sí abajo* あれやこれやと: Todo el día él estaba explicándome *que sí* ~ *que sí abajo*. 一日中彼はああだこうだと説明を繰り返していた

── 間 ❶ ~ *las manos!/¡Manos* ~! [降伏の合図に] 手を上げろ! Señores, ~ la mano los que estén de acuerdo con esta moción. この動議に賛成の方は手を上げて下さい. ❷ 起立, 立ちなさい!; 起床, 起きなさい! ❸ 乾杯! ❹ 万歳; やったあ!: ¡A ~ España! 《古語》スペイン万歳!《フランコ

代の表現．現在は ¡Viva España!）❺ 奮い立て，がんばれ！［=~ los ánimos, ~ los corazones］

arribada [ařibáða] 囡《船舶》❶ 入港，到着：~ de mercancías 貨物の［港への］到着．entrar de ~ forzosa ［予定外の港に］緊急入港する．puerto de ~ forzosa 避難港，避難地．❷ 下手回し

arribaje [ařibáxe] 男 入港

arribante [ařibánte] 形 入港する

arribar [ařibár]《←ラテン語 arripare》自《船舶》1）［+a に］入港する，［特に］避難のために入港する．2）下手回しをする．❷ 到着する．❸《口語》［望んでいた状況に］達する：~ a la conclución 結論に達する．❹《口語》健康を回復する，財産を元の状態に戻す．da《アルゼンチン，ウルグアイ．文語》目的地の空港に着陸する

arribazón [ařibaθón] 囡 ［決まった時期の，海岸などへの］魚群の押し寄せ

arribe [ařiβe] 男《サラマンカ》［主に 複．ドゥエロ川・アゲダ川の両岸の］切り立った斜面

arribeño, ña [ařiβéɲo, ɲa] 形 名《中南米》高地地方の［人］［⇔abajeño］

arribismo [ařiβísmo] 男《古語的》出世主義

arribista [ařiβísta]《←仏語 arriviste》形《古語的．軽蔑》［手段を選ばない］出世主義の（主義者）

arribo [ařiβo] 男 ❶《文語》到着；入国，上陸．❷《アルゼンチン，ウルグアイ．文語》目的地の空港への着陸

arribota [ařiβóta] 囡《arriba の示大語》《俗語》上部に

arricés [ařiθés] 男《馬具 ~ceses》《馬具》鐙(あぶみ)を留めるバックル

arricete [ařiθéte] 男 浅瀬《=restinga》

arridar [ařiðár] 他《船舶》《静索》をぴんと張る

arriendo [ařjéndo] 男 ❶ 賃貸借《=arrendamiento》: tomar la tierra en ~ 土地を借りる．❷ 賃貸料

arriería [ařjería] 囡 荷馬車屋業

arrieril [ařjeríl] 形 荷馬車屋の

arriero, ra [ařjéro, ra]《←arre》名 荷馬車屋，荷車引き［人］，荷馬車屋の
~s somos ［警告］今に思い知る（後悔する）ぞ

arriesgadamente [ařjesɣaðaménte] 副 危険を冒して，大胆に

arriesgado, da [ařjesɣáðo, ða] 形 ❶ 危険な，［人］大胆な：empresa ~da ベンチャー企業，ベンチャービジネス．hipótesis ~da 大胆な仮説

arriesgar [ařjesɣár]《←a-+riesgo》[8] 他 ❶ 危険にさらす：~ su vida 命を賭ける，命の危険を冒す．~ su reputación 評判を損ねかねない．❷ 思い切って言う：~ una hipótesis 大胆な仮説を立てる
── ~se やってみる；［+a+名詞・不定詞+que+接続法 の］危険を冒す：Los soldados se arriesgaron a penetrar en los territorios enemigos. 兵士たちは危険を冒して敵地に侵入した

arriesgón [ařjesɣón] 男 乾坤一擲《まれ》の行為

arrigir [ařixír] [4] ~se《まれ》寒さで無感覚になる《=arrecirse》

arrillado, da [ařiʎáðo, ða] 形《地方語》震える

arrimadero [ařimaðéro] 男 ［壁の］腰板

arrimadillo [ařimaðíʎo] 男 ❶ ［ござ・布製の］壁掛け．❷《遊戯》壁に向かってピー玉・硬貨・カードなどを投げ壁に一番近かった者が勝つ遊び

arrimadizo, za [ařimaðíθo, θa] 形 ❶ ［物が］寄りかかれる．❷ 他人に頼りがちな

arrimado, da [ařimáðo, ða] 形 名 ❶《メキシコ，コロンビア，エクアドル．口語》居候［の］．❷《メキシコ．口語》同棲している［人］

arrimador, ra [ařimaðór, ra] 形 近づける［人］
── 男 ［暖炉で］他の薪を支える太い薪（丸太）

arrimadura [ařimaðúra] 囡 近づける（近づく）こと

arrimar [ařimár]《←?語源》他 ❶ ［+a に］近づける：~ una silla a la mesa 椅子をテーブルに寄せる．~ el oído a la puerta ドアに耳を近づける．❷ 寄せ掛け，立てかける．❸ ［使わないので］片付ける，片隅に追いやる：~ las botas 長靴をしまう；サッカーをやめる．~ los libros 学業をやめる．❹《主に中米》打撃を与える：~ un golpe a+人 …を殴る．~ las espuelas a un caballo 馬に拍車を入れる
── ~se ❶ 近づく：No te arrimes tanto al fuego. あまり火のそばに近寄るな．❷ 寄りかかる：~se a su lanza 槍にすがる．❸ 保護を求める：Muchos se arriman a ese político. 大勢がその政治家を頼っている．❹ 互いに近づく．❺《口語》［ダンス

などで］ぴったり寄り添う．❻《メキシコ，コロンビア，エクアドル．口語》居候する，❼《メキシコ．口語》同棲する

arrime [aříme] 男 ❶ 近づける（近づく）こと．❷《遊戯》［ボチャス bochas で］小球 boliche の近くの場所

arrimo [ařímo] 男《←arrimar》男 ❶《文語》支え，後ろだて；性的関係．❷ 近づける（近づく）こと．❸《キューバ，ドミニカ，ベネズエラ》隣家と共用している壁
al ~ de… …の庇護の下に，…の支持を受けて

arrimón, na [ařimón, na] 形《口語》［ダンスなどで］ぴったり寄り添いがちな
estar de ~ 壁に寄りかかって見張っている
hacer el ~ ［泥酔して］壁に寄りかかっている

arrinconado, da [ařiŋkonáðo, ða] 形 離れた，引っ込んだ

arrinconamiento [ařiŋkonamjénto] 男 隠遁，引退

arrinconar [ařiŋkonár]《←a-+rincón》他 ❶ ［物・人を］片隅に追いやる，しまっておく：tenía muñecas para el día festivo de niñas 雛人形をずっとしまい込んだままにしておく．~ a los viejos 老人を疎外する．❷ 追いつめる：~ al hombre en el precipicio 男を崖に追いつめる．❸ ~ el mercado ［株式や商品を］買い占める
── ~se 隠遁する

arriñonado, da [ařiɲonáðo, ða] 形 腎臓の形をした

arriñonar [ařiɲonár] 他《地方語》=desriñonar

arriostramiento [ařjostramjénto] 男《建築》すじかいを入れること；《集合》すじかい

arriostrar [ařjostrár] 他 =riostrar

arriscadamente [ařiskaðaménte] 副《文語》大胆に，果敢に

arriscado, da [ařiskáðo, ða] 形 ❶ ［山などが］岩だらけの，ごつごつした．❷《文語》向こう見ずな，無鉄砲な；冒険好きな．❸《メキシコ，コロンビア，チリ》［鼻などが］上を向いた

arriscador, ra [ařiskaðór, ra] 名 ［オリーブの木から実を叩き落とした後で］オリーブの実を拾い集める人

arriscamiento [ařiskamjénto] 男 大胆さ，強い決意

arriscar [ařiskár]《←a-+risco》[7] 他 ❶《文語》危険にさらす《=arriesgar》．❷《チリ》しわを作る《=arrugar》
── 他《メキシコ》［+con を］することができる
── ~se《中南米》着飾る

arrisco [ařísko] 男 危険 《=riesgo》

arritar [ařitár] 他《牧夫が家畜に》掛け声 rite をかける

arritmia [ařítmja] 囡《←a-（無）+ritmo》囡《医学》不整脈：El paciente se encuentra en ~ severa. 患者はひどい不整脈が出ている．~ ventricular 心室性不整脈

arrítmico, ca [ařítmiko, ka] 形《まれ》律動的でない

arritranca [ařitráŋka] 囡《馬の》尻帯《=retranca》

arrivista [ařiβísta] 囡 =arribista

arrizar [ařiθár] [9] 他《船舶》❶ 縮帆する，帆を巻き縮める．❷ ［人を支えるために］ロープで結ぶ；［物を揺れないように］固定する

arrizofito, ta [ařiθofíto, ta] 形《植物》根の無い

arroaz [ařoáθ] 男《複 ~ces》《地方語》イルカ《=delfín》

arroba [ařóβa]《←アラビア語 ar-rub「4分の1」》囡 ❶ ［重量の単位］《地域によって異なり，カスティーリャでは =約11.5kg》．❷ ［容量の単位］アロバ（ワインでは =15.66～16.72リットル，オリーブ油では =12.24～12.70リットル）．❸ ［情報］アットマーク《@》
por ~s 大量に

arrobadera [ařoβaðéra] 囡 ［小型の］地ならし器

arrobadizo, za [ařoβaðíθo, θa] 形 うっとりしているように見せかけた，気取った，よくうっとする

arrobador, ra [ařoβaðór, ra] 形 うっとりさせる

arrobamiento [ařoβamjénto] 男 魅了，夢中

arrobar [ařoβár]《←+robar》他 魅了する
── ~se うっとりする，夢中になる

arrobero, ra [ařoβéro, ra] 形 約4アロバの
── 男《まれ》パン屋

arrobo [ařóβo] 男《←arrobar》男 恍惚(こうこつ)，夢中：con ~ うっとりとして

arrocabe [ařokáβe] 男《建築》❶ 上部のクロス梁．❷ ［木製の］帯状装飾

arrocado, da [ařokáðo, ða] 形 糸巻棒型の

arrocería [ařoθería] 囡 米の加工場，精米所；米料理のレストラン

arrocero, ra [aro̞θéro̞, ra]《←arroz》形 米の: zona ~ra 稲作地帯
—— 名 稲作農民; 米商人, 米屋
arrochelar [aro̞ʧelár] ~**se**《コロンビア》[馬が] 逆らう, 暴れる
arrocinado, da [aro̞θinádo̞, ða] 形 駄馬 rocín のような
arrocinar [aro̞θinár]《まれ》ほうけつさせる〖=atontar〗
arrodajar [aro̞ðaxár] ~**se**《コスタリカ》あぐらをかく
arrodear [aro̞ðeár] 他《俗語》=**rodear**
arrodelar [aro̞ðelár]《まれ》円盾 rodela で守る
—— ~**se** [自分の身を] 円盾で守る
arrodeo [aro̞ðéo̞] 男《俗語》=**rodeo**
arrodilladura [aro̞ðiʎaðúra] 女 =**arrodillamiento**
arrodillamiento [aro̞ðiʎamjénto̞] 男 ひざまずかせる(ひざまずく)こと
arrodillar [aro̞ðiʎár]《←a-+rodilla》ひざまずかせる
—— ~**se** ❶ ひざまずく: Por las noches se arrodilla en su alcoba y reza. 彼は毎晩寝室でひざまずき祈っている. ❷ [名誉・権威を投げ捨てまで] ひたすら望む
arrodrigar [aro̞ðriɣár] 8 他 =**arrodrigonar**
arrodrigonar [aro̞ðriɣo̞nár] 他《農業》ブドウの木に添え木 rodrigón をする
arrogación [aro̞ɣaθjón] 女 [権利の] 侵害
arrogador, ra [aro̞ɣaðór, ra] 形 名 侵害する〔人〕
arrogancia [aro̞ɣánθja]《←arrogar》尊大さ, 傲慢さ
arrogante [aro̞ɣánte]《←arrogar》形 ❶ 尊大な, 傲慢な: Dicen que los argentinos son muy ~s y talentosos. アルゼンチン人は大変尊大であり才能豊かだと言われる. ❷ 堂々とした, 押し出しのいい
arrogantemente [aro̞ɣántemente] 副 尊大に, 傲慢にも; 堂々と
arrogar [aro̞ɣár]《←ラテン語 arrogare < ad- (に)+rogare「頼む」》8 他《法律》[孤児などを] 養子にする
—— ~**se** [他人の権利を] 侵害する: ~se una facultad 権限を勝手に自分の物にする
arrojadamente [aro̞xaðamente] 副《文語》勇敢に, 勇気をふるって
arrojadizo, za [aro̞xaðíθo̞, θa] 形 [武器などが] 投射用の, 投げられる
arrojado, da [aro̞xáðo̞, ða] 形《文語》勇敢な
arrojar [aro̞xár] I《←ラテン語 ad- (に)+俗ラテン語 rotulare < ラテン語 rotare「転がる」》他 ❶ [+a に, 強く] 投げる〖→tirar 類義〗: Los manifestantes arrojaron piedras contra la policía. デモ隊は警官に石を投げた. El público le arrojó flores al torero. 観衆は闘牛士に花を投げた. ~ la red al mar 網を海に投げ入れる. ❷ 投げ捨てる: No ~ basura.《表示》ごみを捨てるな. ~ papeles en la calle 紙くずを通りに捨てる. ❸《文語》[人を] 追い出す: El hombre fue arrojado de su casa. その男は家から追い出された. ❹ 噴き出す: La tierra arrojaba lava. 溶岩を噴出していた. ~ humo 煙を吐く. ~ perfume 芳香を放つ. ❺《文語》[結果・結論を] 出す: La investigación ha arrojado datos positivos. 調査の結果, 肯定的なデータが得られた. Esa técnica ha arrojado excelentes resultados. その技術はすばらしい結果を生み出した. El accidente arrojó unos muertos.《中南米》事故で数人の死者が出た. ❻《商業》[収支の結果を] 出す: La cuenta de la tienda arroja un saldo negativo. 店の会計は赤字になっている. ~ un superávit 黒字を出す. ❼《中南米》吐く〖=vomitar〗
—— 自 吐く, 嘔吐する
II ~**se ❶**[+a に] 飛び込む, 身投げする: Los chicos se arrojaron al río. 少年たちは川に飛び込んだ. ~se desde el segundo piso 3階から飛び降りる. ~se por la ventana 窓から身を投げる. ❷ [+sobre+ 人に] 飛びかかる: Un policía se arrojó sobre el atracador. 警官が強盗に飛びかかった
II 《←rojo》他《アラゴン》[オーブンを] 赤くなるまで熱する
arroje [aro̞xe] 男《まれ》投げ込む[噴き出す]こと
arrojo [aro̞xo̞]《←arrojar》男 ❶ 勇敢さ. ❷《まれ》投げること
arrollable [aro̞ʎáβle] 形 巻かれ得る
arrollado, da [aro̞ʎáðo̞, ða] 形 巻かれた形の
—— 男《チリ, アルゼンチン, ウルグアイ. 料理》野菜などを牛肉で巻き焼いた物;《コロンビア. 菓子》ロールケーキ
arrollador, ra [aro̞ʎaðór, ra] 形 圧倒的な: fuerza ~ra 圧倒的な力. éxito ~ 大成功

arrollamiento [aro̞ʎamjénto̞] 男 ❶ 巻くこと. ❷《電気》巻線
arrollar [aro̞ʎár]《←rollo < ラテン語 rotulus「キャスター」》他 ❶ [車などが] 押しつぶす: Un camión la arrolló en la acera. トラックが歩道にいた彼女を轢いた. ❷ 巻く〖=enrollar〗: llevar un rosario arrollado en la muñeca ロザリオを手首に巻いている. ❸ [完璧に] 打ち勝つ: ~ al enemigo 敵を撃破する. ❹ [風が] 吹き飛ばす; [水が] 押し流す. ❺ [法律・慣習などを] 無視する
arromadizar [aro̞maðiθár] 9 他 [人に] 鼻かぜ romadizo をひかせる
—— ~**se** 鼻かぜをひく
arromanear [aro̞maneár] 自《地方語》天秤で重さを測る
arromanzar [aro̞manθár] 9 他 ロマンス語(スペイン語)に訳す
arromar [aro̞már] 他 [尖った物を] 鈍らす
—— ~**se** 鈍る
arromper [aro̞mpér] 他《口語》深く耕す, 開墾する
arrompido [aro̞mpíðo̞] 男 開墾地
-arrón《軽蔑接尾辞》vozarrón どら声
arronjar [aro̞ɲxár] 他《廃語》[衝動にかられて, 物を] 投げる
arronzar [aro̞nθár] 9 他《船舶》てこで動かす
—— 自 [船が] 風下に流れる
arropado, da [aro̞páðo̞, ða] 形 [場所が] 風・波から守られた
arropador, ra [aro̞paðór, ra] 形《まれ》くるむ; 保護する
arropamiento [aro̞pamjénto̞] 男《まれ》くるむ(くるまる)こと
arropante [aro̞pánte] 形《まれ》くるむ, 保護する
arropar [aro̞pár] I《←a-+ropa》他 ❶ [衣服・毛布などで] くるむ: Arropábamos al niño en las noches de invierno. 私たちは冬の夜は子供にきちんと服と毛布をかけてやった. ❷ [風・波から] 守る. ❸ …のまわりを囲む; 保護する: La familia arropa a ese actor joven. 家族がその若い俳優を守っている. ❹《闘牛》[牛を] 去勢牛 cabestro で囲む. ❺《アンダルシア》[寒атакから守るために] ブドウの接ぎ木に] 土をかぶせる
—— ~**se** [+con・en に] くるまる: Salió del baño arropada en toallas. 彼女はタオルにくるまってバスルームから出てきた
II《←arrope》他 [ワインに] ブドウシロップを入れる
arrope [aro̞pe] 男 ❶ ブドウシロップ〖ブドウ果汁を煮詰め, しばしば刻んだ果物などを入れる〗. ❷《薬学》シロップ
arropera [aro̞péra] 女 ブドウシロップ入れ
arropía [aro̞pía] 女 ブドウ飴《ブドウシロップに砂糖または蜂蜜を加えて作る》
arropiero, ra [aro̞pjéro̞, ra] 名 ブドウ飴の製造(販売)者
arrorró [aro̞ró] 男《カナリア諸島, 中南米》子守歌: A~ mi niño. ねんねんころりよ
arrosariado, da [aro̞sarjáðo̞, ða] 形 ロザリオのような
arrosquetado, da [aro̞skeṫáðo̞, ða] 形《コロンビア, ベネズエラ. 皮膚》赤みがかった小麦色の
arrostrado, da [aro̞stráðo̞, ða] 形 bien ~ 顔だちのよい. mal ~ 不快感を与える
arrostrar [aro̞strár]《←a-+rostro》他《文語》❶ [危険・苦難に] 立ち向かう: ~ el poder del enemigo 敵の力に立ち向かう. ❷ [不快なことなどに] 耐える
arrotado, da [aro̞ṫáðo̞, ða] 形 名《チリ. 口語》下層階級の〔人〕, 粗野な〔人〕
arroto [aro̞ṫo̞] 男《レオン》穀物栽培のために耕された土地
arroyada [aro̞ɟʝáða] 女 ❶ 小さな谷. ❷ 増水, 洪水
arroyadero [aro̞ɟʝaðéro̞] 男 小さな谷〖=arroyada〗
arroyamiento [aro̞ɟʝamjénto̞] 男 増水
arroyar [aro̞ɟʝár] 他 [雨が土地に] 急流を作る
—— ~**se**《農業》鏽病にかかる
arroyo [aro̞ɟʝo̞]《←前ローマ時代のスペイン語 arrugia「坑道」》男 ❶ 小川, 流れ: Ella lava la ropa en ese ~ que corre de la cueva al río. 彼女は洞穴から川へ流れ込むその小川で洗濯をする. ❷《文語》大量, 豊富: verter ~s de lágrimas 大粒の涙を流す. ❸《口語》悲惨な状況. ❹ [道路わきの] 水が流れる部分, 側溝. ❺ 車道, 道の真ん中. ❻《メキシコ》遅い車用の車線.《中米》渓流
criarse en el ~ [邸宅でなく] 町中で育つ
poner (plantar) a+人 *en el* ~ /*echar* a+人 *al* ~ … を [家の外へ] ほうり出す; 解雇する
arroyuela [aro̞ɟʝwéla] 女《植物》エゾミソハギ
arroyuelo [aro̞ɟʝwélo̞] 男 小さな流れ, 小川
arroz [aro̞θ] 男《←アラビア語 ar-ruzz》男 ❶《植物, 種子》イネ(稲).

En Valencia se cultiva mucho ～. バレンシアでは米が多く栽培されている. segar el ～ 稲刈りをする. ～ de secano 陸稲. ～ africano アフリカ稲. ～ americano (salvaje) マコモ; ワイルドライス. ❷ 米; 飯: 1) Se come ～ en Japón. 日本では米を食べる. ～ blanco ご飯; 白米. ～ descascarillado 精白米. ～ hervido 炊いた米. ～ hinchado ポン菓子. ～ picón (quebrantado) くず米, 割り米. ～ en blanco ご飯. ～ integral (moreno) 玄米. ～ pulido 白米. ～ quemado (pegado) おこげ. 2)［料理名］～ a la cubana キューバ風ライス《目玉焼きのせトマトソースかける》. ～ a la italiana リゾット. ～ a la valenciana パエリャ. ～ con leche《中南米》～ de leche ライス・プディング《牛乳で炊いて甘く味付けしたデザート》. ～ frito チャーハン

estar (haber) ～ con mango 1)《パナマ, キューバ, ドミニカ》混乱(紛糾)している. 2)《アルゼンチン》超満員である

hubo ～ y gallo muerto《西, カリブ, 口語》豪勢な食事だった; すばらしかった

más pesado que el ～ con leche ひどく胃にもたれる

que si quieres ～, Catalina 全然言うことをきかない, 無視する: Le he pedido varias veces que me ayude, pero *que si quieres ～, Catalina*. 私は彼に何度も手伝ってくれるように頼んだが, 梨のつぶてだ

tener ～ y gallo muerto《口語》豪勢な食事をする

arrozal [aroθál]男 稲田, 水田《=～ de regadío》: ～ de secano 陸稲畑

arruar [arwár]14 自《狩猟》［追い詰められた猪が］うなる

arrubiado, da [arubjáðo, ða]形 金色がかった

arruchar [arutʃár]他 一文なしにする, 破産させる

arrufadura [arufaðúra]女《船舶》舷弧

arrufaldado, da [arufaldáðo, ða]形［帽子のつばが］立った, 折り曲げられた

arrufar [arufár]他《船舶》舷弧 arrufadura をつける
自 ❶［犬が歯を剥いて］ほえる. ❷《船舶》舷弧がついている
—— **～se**《地方語》いらいらする

arrufianado, da [arufjanáðo, ða]形 詐欺師 rufián まがいの

arrufo [arúfo]男《船舶》=**arrufadura**

arruga [arúɣa]女《←ラテン語 ruga》［皮膚・布などの］しわ: Se le forma a él una ～ en la frente. 彼のおでこにしわができる. piel sin ～s しわ一つない肌. lleno de ～s しわだらけの, しわくちゃの

arrugación [aruɣaθjón]女 =**arrugamiento**

arrugado, da [aruɣáðo, ða]形 ❶ しわのある. ❷《地方語》［ジャガイモの］塩水で蒸した
—— 男 =**arrugamiento**

arrugamiento [aruɣamjénto]男 しわを寄せる(しわが寄る)こと

arrugar [aruɣár]他《←ラテン語 rugare》［8］自 ～にしわを寄せる(作る), しわくちゃにする: ～ una falda スカートにしわを作る. ～ la nariz en señal de disgusto 不快の印に鼻にしわを寄せる
—— **～se** ❶ しわが寄る. ❷ 怖気づく《=encogerse》. ❸《チリ. 口語》［no+］動揺しない

arrugia [arúxja]女［スペインの昔の］金鉱

arrugoso, sa [aruɣóso, sa]形 しわだらけの

arruí [arwí]男《動物》バーバリーシープ

arruinado, da [arwináðo, ða]形 ❶ 破滅しつつある. ❷《まれ》発育不全の. ❸《メキシコ, グアテマラ, ホンジュラス》被害を受けた. ❹《メキシコ, ホンジュラス, ラプラタ. 口語》病気がちの, 病弱な

arruinador, ra [arwinaðór, ra]形 破産させる

arruinamiento [arwinamjénto]男《まれ》破産; 壊滅的な被害

arruinar [arwinár]他《←a+ruina》他 ❶ 破産させる. ❷［健康・評判などを］損なう. ❸［壊滅的な］被害(打撃)を与える: ～ la cosecha 収穫に壊滅的な被害を与える
—— **～se** ❶ 破産する, 倒産する: Esas compañías *se han arruinado*. それらの会社は倒産した. ❷［壊滅的な］被害を受ける

arrulladero [aruʎaðéro]男《地方語》ブランコ《=columpio》

arrullador, ra [aruʎaðór, ra]形［音・言葉が］耳に心地よい, 甘い

arrullar [aruʎár]《←擬声》他 ❶［鳩が相手に求愛して］クウクウ鳴きかける; ［人に］甘い言葉をささやきかける. ❷［子守歌などで子供を］寝かしつける;［心地よい音で］うっとりさせる
—— **～se** クウクウ鳴き合う; 甘い言葉をささやき合う

arrullo [arúʎo]男《←arrullar》❶ 鳩の求愛の鳴き声; 甘い言葉. ❷ 子守歌; 心地よい音: dormirse al ～ de las aguas del río せせらぎを子守歌に眠り込む

arruma [arúma]女《船舶》船倉内の区画

arrumaco [arumáko]男《←?語源》男 ❶［主に 複］1) 愛撫, 愛の言葉: hacer ～s いちゃつく; へつらう, おもねる. 2)［偽り・うわべだけの］優しい言葉(態度). ❷《地方語》奇妙な飾り(装身具)

arrumaje [arumáxe]男《船舶》積み込み, 載貨

arrumaquero, ra [arumakéro, ra]形 いちゃつく

arrumar [arumár]他《←仏語 arrumer》［船に］積み込む;［積み荷を］配置する. ❷《地方語》山積みにする
—— **～se**《船舶》水平線が雲に覆われる

arrumazón [arumaθón]女《船舶》❶ 積み込み. ❷《集名》水平線に見える雲

arrumbación [arumbaθjón]女《集名》ワイン醸造所での作業. ❷《船舶》船位測定

arrumbada [arumbáða]女《古語》［ガレー船の］船首歩廊

arrumbadero [arumbaðéro]男［不用物の］物置

arrumbador, ra [arumbaðór, ra]形 片隅に追いやる
—— 男 ❶ ワイン醸造所で働く職人. ❷ 桟橋・港湾倉庫で働く労働者

arrumbamiento [arumbamjénto]男 ❶ 片隅に追いやること. ❷《船舶》進路. ❸《地質》地層形成の方向

arrumbar [arumbár] I《←arrumar》他 ❶［不用なので］片隅に追いやる;［人を］のけものにする, 会話から締め出す. ❷［建物を］壊す
II《←a+rumbo》自《船舶》［+a・hacia に］針路を定める
—— 他《船舶》［海岸線を確定するために海図に］方位を記入する
—— **～se**《船舶》方位を測定する《=marcarse》

arrume [arúme]男《コロンビア》山積み

arrumueco [arumwéko]男《まれ》=**arrumaco**

arrunchar [aruntʃár] **～se**《コロンビア》［一緒に］ちぢこまる

arrunflar [arunflár]他《トランプ》同じ組札を集める

arrurrú [arurú]男《南米》子守歌

arrurruz [aruruθ]男《植物》アラム・クズウコンなどから抽出される澱粉

arrustícado, da [arustikáðo, ða]形 田舎風の

arrutinar [arutinár]他 ルーチン化する, 決まった手順とする

arsa [ársa]間《激励》しっかり, がんばれ!『フラメンコでは jaleo の一種』

arsáfraga [arsáfraɣa]女《植物》セロリの一種《=berraza》

ars amandi [árs amándi]《←ラテン語》男 愛の技術

Ars Antiqua [árs antíkwa]《←ラテン語》男《音楽》[12・13世紀の]古技法

arsenal [arsenál]男《←伊語 arsenale <アラビア語 sinaa「工場」》男 ❶ 兵器庫; 造兵廠, 兵器工場. ❷《西》海軍工廠. ❸［収集品・情報などの］集積場所: ～ de datos データの宝庫

arsenamina [arsenamína]女《化学》=**arsina**

arseniato [arsenjáto]男《化学》ヒ酸塩

arsenical [arsenikál]形 ヒ素を含んだ

arsenicismo [arseniθísmo]男《医学》ヒ素中毒

arsénico [arséniko]男《元素》ヒ素, 砒素: ～ blanco 白ヒ
—— 形 ácido ～ ヒ酸

arsenioso, sa [arsenjóso, sa]形《化学》ácido ～ 亜ヒ酸. anhídrido ～ 無水亜ヒ酸

arsenita [arseníta]女《化学》アルセナイト

arsenito [arseníto]男《化学》亜ヒ酸塩

arseniuro [arsenjúro]男《化学》ヒ化物

arsenopirita [arsenopiríta]女《鉱物》硫ヒ鉄鉱

arsenoterapia [arsenoterápja]女 ヒ素療法

arsense [arsénse]形《地名》アスアガ Azuaga の〔人〕『バドホス県の村』

arsina [arsína]女《化学》アルシン《毒ガス》

arsis [ársis]女《単数冠詞: el・un[a]》❶《詩法》強音部, 強音節. ❷《音楽》上拍《⇔tesis》

Ars longa, vita brevis [árs lónɡa bíta brébis]《←ラテン語》芸術は長く人生は短し『ヒポクラテス Hippokrates の金言集の最初の言葉』

Ars Nova [árs nóba]《←ラテン語》男《音楽》[14世紀の]新技法

arsolla [arsóʎa]女 =**arzolla**

art.《略語》《複 arts.》=**artículo** …項, …条; 商品

arta [árta]女《単数冠詞: el・un[a]》《植物》オオバコ《=llantén》: ～ de agua サイリウム《=zaragatona》

artanica [artaníka]女《植物》シクラメン《=ciclamen》

artanita [artaníta] 囡《植物》シクラメン〖＝ciclamen〗
Art Decó [ár dekó]〖←仏語〗形《美術》アールデコ〔の〕
arte [árte]〖←ラテン語 ars, artis「技能, 職業」〗囡/囲《単》では主に囲, 《複》では囡. 単数冠詞: el・un[a]〗❶ 芸術; 美術: 1) En España no se consideran como un ～. スペインでは闘牛は芸術だと考えられている. dedicarse al ～ 芸術一筋に専念する. retirarse del ～ 芸能界から引退する. el ～ por el ～ 芸術のための芸術, 芸術至上主義. el ～ y la ciencia 芸術と学問. las ～s y las letras 文芸. academia de ～ 美術学校. museo de bellas ～s 美術館. bellas ～s 芸術〖絵画, 彫刻, 建築, 音楽, 文学〗; 美術. séptimo ～ 映画. ～ bizantino ビザンチン芸術. ～ griego ギリシア美術. ～ abstracto (figurativo) 抽象 (具象) 芸術. ～ cinematográfico 映画芸術. ～ de la pintura (la danza) 絵画 (舞踊) 芸術. ～ dramático 舞台芸術. ～ mecánica 工芸. ～ moderno モダンアート, 近代美術. ～s gráficas グラフィックアート. ～s decorativas 装飾芸術. ～s menores 第二芸術〖陶芸, 金銀細工など〗. ～s plásticas 造形芸術〖絵画, 彫刻, 建築〗. 2)《諺》El ～ es largo, la vida breve. 人生は長く/少年老いやすく学成りがたし. Quien tiene ～, va por toda parte. 芸は身を助ける. ❷ 技術, 技法, こつ: La cirugía tiene tanto de ～ como de ciencia. 外科は科学であると同時に技術でもある. María tiene gran ～ para vestirse. マリアは着こなしが大変上手だ. cultivar el ～ de nadar 泳法をみがく. con todas las reglas del ～ あらゆる方法で. escuela de ～s y oficios 職業専門学校. ～ culinario 料理法. ～ de gobernar 政治術. ～ de vivir 処世術. ～ narrativo 話術. ～ poética 詩法. ～ plumaria 鳥の羽模様の刺繍. ～s domésticas 家事, 家政術. ❸ 技能, 技巧, 技: Esta estatua está hecha con mucho ～. この彫像はすばらしいできばえだ. con (buen) ～[非常に]巧みに. con mal ～ 不器用に. sin ～ 下手に. ❹ [主に《複》] 術策, 奸策, ずるさ: Esa mujer puso todo su ～ para seducirle. その女は彼を誘惑するためにあらゆる手を使った. emplear todo su ～ (todas sus ～s) 手練手管を使う. con malas ～s 策略 (汚い手) を使って. ❺ 学術, 学芸, 学問: ～s liberales [中世の大学の] 教養科目, 自由七科〖trivio (文法, 修辞, 論理) と cuadrivio (算術, 幾何学, 音楽, 天文学) 〗. Facultad de A～s y Ciencias 教養学部. ❻ 人工, 人為: la naturaleza y el ～ 自然と人工. ❼ 《詩法》～ mayor 長イ詩句〖9音節以上の詩句. 通常は12音節が多い. 古くは15世紀カスティーリャの雅歌的な詩式に用いられ, 狭義には強勢のある2音節で強勢のない2音節をはさむ2つの半句からなる韻文を指す. 詩型の原人「名作りの「12音節8行詩句」などが代表例〗. ～ menor 短イ [一詩行が8音節以下の詩句]. ❽ 漁具; [特に]漁網〖＝～ de pesca〗. ❾《フラメンコ》粋(㔟).
  de buen ～ 立派に; 上機嫌で
  de mal ～ 下手に, ひどいやり方で; 不機嫌で
  Hágase según ～. [処方箋で] 定法により調製のこと
  no tener (ser) ～ ni parte en... …には何ら関与していない, 全く関係がない: A mí no me preguntes, porque yo no tengo ～ ni parte en ese asunto. 私はその件には一切タッチしていないので, 質問しないでくれ
  por ～ del diablo まるで魔法のように
  por buenas o malas ～s 手段を選ばずに
  ser del ～ その道の専門家である
  sin ～ ni parte [＋en の中で] ただ無意味に, 大したこともなく
  sin ～ ni tino でたらめに
artefacto [artefákto] 囲〖←ラテン語 arte factus「巧みに作られた」〗 ❶ 装置, 機械 [時に軽蔑的に巨大な, 役に立たない物]: ～s eléctricos para uso doméstico 家庭用電化製品. ～s espaciales 人工衛星や宇宙ロケットなど. ❷ 爆破装置〖＝～s explosivos〗. ❸《医学》アーチファクト. ❹《南米》1)[浴室の] 衛生設備と水栓類. 2) 小型の家庭用電気器具
artejo [artéxo] 囲〖節足動物の〗附属肢
artemia [artémja] 囡《動物》アルテミア, シーモンキー, ブラインシュリンプ〖食用〗
Artemis [artémis] 囡《ギリシア神話》アルテミス〖＝Artemis〗
artemisa [artemísa] 囡 ❶《ギリシア神話》[A～] アルテミス《ローマ神話のディアナに相当》. ❷《植物》1) ヨモギ. 2) ～ bastarda ノコギリソウ
artemisia [artemísja] 囡《植物》❶ ヨモギ〖＝artemisa〗. ❷ ～ bastarda ノコギリソウ〖＝artemisa bastarda〗
artemisilla [artemisíʎa] 囡《植物》ホンジュラス, ニカラグア, コスタリカ, コ

ンビア. 植物〗ゴムギク〖＝escoba amarga〗
artera¹ [artéra] 囡 [共同のかまどで焼く前に] パンに自分の印を付ける鉄製の道具
arteramente [arterámente] 副《文語》ずるく, 狡猾に
arteria [artérja] 囡《解剖》❶ 動脈〖⇔vena〗. ～ femoral 大腿動脈. ～ pulmonar 肺動脈. ❷《交通など》幹線, 幹線道路
artería [artería] 囡《文語》❶ 狡猾, ずるさ. ❷ ずるい言行
arterial [arterjál] 形《解剖》動脈の
arterializar [arterjaliθár] 他《生理》動脈血化する
arteriectasia [arterjektásja] 囡《医学》動脈拡張〔症〕
arteriectomía [arterjektomía] 囡《医学》動脈切除〔術〕
arteriectopia [arterjektópja] 囡《医学》動脈位置異常
arterioesclerosis [arterjoesklerósis] 囡 ＝arteriosclerosis
arteriografía [arterjoɣrafía] 囡《医学》動脈造影, 動脈撮影
arteriola [arterjóla] 囡《解剖》小(細)動脈
arteriolar [arterjolár] 形 小(細)動脈の
arteriología [arterjoloxía] 囡《医学》動脈学
arteriopatía [arterjopatía] 囡《医学》動脈疾患
arterioplastia [arterjoplástja] 囡《医学》動脈形成〔術〕
arteriorrafia [arterjoráfja] 囡《医学》動脈縫合
arteriosclerósico, ca [arterjosklerósiko, ka] 形 ＝arteriosclerótico
arteriosclerosis [arterjosklerósis] 囡《医学》動脈硬化〔症〕
arteriosceleroso, sa [arterjoskleróso, sa] 形 ＝arteriosclerótico
arteriosclerótico, ca [arterjosklerótiko, ka] 形 動脈硬化性の
arterioso, sa [arterjóso, sa] 形 ❶ ＝arterial. ❷ 動脈の多い
arteriostenosis [arterjostenósis] 囡《医学》動脈狭窄
arteriotomía [arterjotomía] 囡《医学》動脈切開〔術〕
arteriovenoso, sa [arterjobenóso, sa] 形《解剖》動静脈の
arteritis [arterítis] 囡《医学》動脈炎
artero, ra² [artéro, ra]〖←arte「詐欺, 欺瞞」〗形《軽蔑》ずるい, 狡猾な
arterosclerosis [arterosklerósis] 囡 ＝arteriosclerosis
artesa [artésa] 囡〖←イ語源〗❶ [パン生地の] 練り鉢. ❷ 飼葉桶, 餌入れ. ❸《地理》U字谷
artesanado [artesanáðo] 囲〖集合〗職人〔階級〕. ❷ 手工業, 手工芸
artesanal [artesanál] ❶ 職人の. ❷ 手仕事の, 手工業的な: objeto ～ de madera 手作りの木工品. producción ～ 手工業生産. pesca ～ 零細漁業
artesanalmente [artesanálménte] 副 手仕事で, 手工業的に
artesanazgo [artesanáθɣo] 囲《まれ》手仕事, 職人仕事
artesanía [artesanía] 囡〖←artesano〗❶ 手工業, 手工芸: mueble de ～ 手作りの家具. ❷ 手工芸品. ～s peruanas ペルーの工芸品
de ～《口語》完璧な, すばらしい出来の
artesano, na [artesáno, na]〖←伊語 artigiano ＜ ラテン語 ars, artis〗囲 職人, 手工業者, 工芸家
―― 形 職人の; 手仕事の: queso ～ 手作りのチーズ
artesiano, na [artesjáno, na]〖←仏語 artésieu〗形 〖井戸が〗自噴する
artesilla [artesíʎa] 囡 ❶ [水汲み水車の] 水受けの木箱. ❷《古語》馬に乗って水桶の下をくぐりながらその底を打つ遊び〖馬も自分も濡れないようにする〗
artesón [artesón]〖artesa の示大語〗囲 ❶《建築》格間(ᵍᵒᵘ)〔の装飾〕, 格天井. ❷《まれ》職人〔階級〕〖＝artesa〗
artesonado, da [artesonáðo, ða] 形《建築》格間の; 格天井
artesonar [artesonár] 他〔天井を〕格間で飾る
artesuela [arteswéla] 囡 artesa の示小語
artético, ca [artétiko, ka] 形 関節痛の
ártico, ca [ártiko, ka]〖←ラテン語 articus ＜ ギリシア語 arktikos ＜ arktos「熊」〗形 北極〔地方〕の〖⇔antártico〗: Océano A～ 北極海
―― 囲 [主に el A～]の 北極地方, 北極圏; 北極海
articulable [artikuláble] 形 関節状に曲げられる
articulación [artikulaθjón] 囡 ❶ 連結: ～ del Estado 政府内の連絡 (協力). ❷《解剖》関節: primera (segunda) ～ 第1(2)関節. ～ del codo ひじの関節. ❸〖技術〗継ぎ手: ～ esférica 玉継ぎ手. ～ universal ユニバーサルジョイント. ❹ 明瞭

articuladamente [artikuláðaménte] 副 [発音が] 明瞭に, かつぜつ良く

articulado, da [artikuláðo, ða] 形 ❶ [部品が] 連結された: muñeco ～ 頭や手足が曲げられる人形. tren ～ 連結式列車. ❷《言語》分節的な, 有節の: lenguaje ～ 有節言語《人間の言語のこと》. ❸《動物》関節のある; 体節動物の —— 名 ❶ 集名 条項. ❷《法律》集名 [提出された] 一連の証拠. ❸《動物》体節動物

articulador, ra [artikulaðór, ra] 形 連結する

articular [artikulár]《←ラテン語 articulare < articulus「継ぎ目, 結び目」》他 ❶ [可動状・有機的に] 連結する, 関連づける; [部品を] つなぎ合わせる. ❷ はっきりと発音する（述べる）: Se me hizo un nudo en la garganta y no pude ～ palabra alguna. 私は喉が詰まって一言も話せなかった. ❸《法律》[法律・契約などを] 箇条書きにする. ❺《法律》一連の証拠を提出する
—— se ❶ 形作られる: El barrio se articula alrededor de la plaza principal. その区画はメイン広場のまわりに形成される. ❷ 組織（編成）される: Su acción se articula en tres principios. 彼の行動は3つの行動原理から成る
II《←ラテン語 articularis < articulus「結び目」》形《解剖》関節の: reúma ～ 関節リューマチ

articulario, ria [artikulárjo, rja] 形 関節の〔=articular〕

articulatorio, ria [artikulatórjo, rja] 形《音声》調音の: zona ～ria 調音部位. ❷ 関節の〔=articular〕

articulismo [artikulísmo] 男 記事の執筆

articulista [artikulísta] 共 ❶《解説》記者, 論説委員; コラムニスト. ❷ 投稿者, 寄稿家

artículo [artíkulo]《←ラテン語 articulus < artus「四肢, 部分」》男 ❶ [新聞・雑誌の] 記事, 論説; 論文: Ayer hubo un ～ interesante sobre política internacional. 昨日国際政治に関する面白い記事がのっていた. preparar un ～ sobre algunos localismos de su pueblo natal 自分の生まれた町の地方語法について論文を書く. ～ de fondo 社説. ～ en primera plana 一面記事. ❷《法律・契約などの》条項, 箇条: el A～ Primero de la Constitución 憲法第1条. ～ de la ley 法律の条文. ❸ [主に 複] 品物, 製品, 商品: En los grandes supermercados se pueden comprar toda clase de ～. 大型スーパーではあらゆる商品を買うことができる. ～s alimenticios 食料品. ～s de caballero 紳士用品. ～s de consumo 消費財. ～ de primera calidad 高級品. ～s de tocador 化粧品. ❹《文法》冠詞: ～ determinado (definido・determinativo) 定冠詞. ～ indeterminado (indefinido・indeterminativo) 不定冠詞. ❺ [辞書などの] 項目, 見出し. ❻《解剖》関節; 《動物》体節
～ de fe 信仰箇条; 絶対的真理: tomar... como ～ de fe … を固く信じる
～ de la muerte 死期
～ por 項目を追って; 逐条的に, 個条書きにして
en [**el**] **～ de** [**la**] **muerte** 臨終に際して
formar (**hacer**) **～ de...** …に反論する, 難癖をつける
hacer el ～ de... …を宣伝する, 売り込む

artifara [artifára]《隠語》peso de ～ 小麦パン

artífice [artifiθe]《←ラテン語 artifex, -icis < ars, artis「技術」+facere「作る」》共 ❶ 作った人: Dios es el ～ de la Creación. 神は万物の創造者である. Tú eres el ～ del éxito. 君が成功をもたらした. A～ Supremo 造物主. ❷ 工芸家, 職人. ❸《文語》芸術家. ❹ 与し手, 策略家

artificial [artifiθjál]《←artificio》形 ❶ 人工の, 人為的な〔⇔natural〕; 模造の: diente ～ 義歯. flor ～ 造花. lago ～ 人造湖. mano ～ 義手. ❷ 不自然の, わざとらしい: tener una sonrisa ～ 作り笑いをしている. actitud ～ 取ってつけたような態度

artificialidad [artifiθjaliðáð] 女 人為性; 不自然さ

artificialismo [artifiθjalísmo] 男 =**artificialidad**

artificializar [artifiθjaliθár] 9 他《まれ》人工化する

artificialmente [artifiθjálménte] 副 人工的に, 人為的に; わざとらしく

artificiar [artifiθjár] 11 他《古語》技を使って作る

artificiero, ra [artifiθjéro, ra]《←artificio》名 ❶ 爆発物専門家, 爆弾処理係. ❷ 花火師

artificio [artifíθjo]《←ラテン語 artificium < ars「技術」+facere「作る」》男 ❶《科学的な》技法, 技術; 技巧; [悪い意味で] 術策: emplear los ～s del oficio; el truco de manejarse 手管を弄する. con ～ 技を使って; 巧みに. sin ～ 策を弄さずに, 率直に. ❷ 装置, 仕掛け. ❸ [主に芸術作品の] 不自然さ, わざとらしさ
de ～ 人工の

artificiosamente [artifiθjosaménte] 副 欺瞞的に; わざとらしく

artificiosidad [artifiθjosiðáð] 女 技巧; 不自然さ

artificioso, sa [artifiθjóso, sa]《←artificio》形 ❶ 欺瞞的な, ごまかしの. ❷ 不自然な, わざとらしい, 技巧的な

artiga [artíɣa] 女《地方語》焼き畑〔土地, 行為〕

artigar [artiɣár] 8 他《地方語》焼き畑をする

Artigas [artíɣas]《人名》José Gervasio ～ ホセ・ヘルバシオ・アルティガス《1764～1850, ウルグアイの軍人. ガウチョを率い, ウルグアイ独立のためスペイン, アルゼンチン, ブラジルと戦う》

artillado [artiʎáðo] 男 ❶ 大砲の備えつけ. ❷ 艦砲; 要塞砲

artillar [artiʎár]《←古仏語 artiller》他 [艦船・要塞などに] 大砲を備えつける: helicóptero artillado 重武装ヘリコプター

artillería [artiʎería]《←仏語 artillerie < 古仏語 artillier「準備する」・俗ラテン語 apticulare < ラテン語 aptare「適合させる」》女 ❶ 集名 砲, 大砲; ミサイル発射台: montar la ～ 砲を砲架に据える. ～ ligera (pesada) 軽砲 (重砲). ～ de plaza 要塞砲. ❷ 砲兵隊; soldado de ～ 砲兵. ❸ [サッカーなど] 攻撃陣
disparar toda la ～ あらゆる手段に訴える, すべての論拠を持ち出す

artillero, ra [artiʎéro, ra]《←artillería》形 大砲の
—— 名 ❶ 砲兵, 砲手: ～ de mar [艦船の] 砲手. ❷《サッカーなど》フォワード, ストライカー. ❸《鉱山》発破担当者

artilugio [artilúxjo]《←ラテン語 ars, artis「技術」+lugere「泣く」》男 ❶《軽蔑》[小型の] 機械, 器械, 道具 [主に珍しい・複雑なもの]: Dicen que este ～ permite alargar las piernas medio centímetro a la semana. この装置は週に0.5センチ脚を長くしてくれるそうだ. ～ volador (volante) 飛ぶ機械. ❷《まれ》たくらみ, 策略

artimaña [artimáɲa]《←arte+maña < ラテン語 ars magica》女 計略, 悪計

artimañoso, sa [artimaɲóso, sa] 形《まれ》[人が] 計略好きの

artimón [artimón] 男《船舶》❶ ガレー船の帆. ❷ ミズンマスト, 後檣

artina [artína] 女 クコの実

artiodáctilo, la [artjoðáktilo, la] 形 偶蹄目の
—— 男 複《動物》偶蹄目

artista [artísta]《←arte》名 ❶ 画家; 芸術家: Es un ～ plástico. 彼は造形芸術家だ. Es el verdadero ～ del siglo XX. 彼は20世紀の本物の芸術家だ. ❷ 俳優, 演奏家, 歌手; 芸人, タレント, 芸能人: entrada (salida) de ～s 楽屋口. ～ de cine (de teatro) 映画（舞台）俳優. ❸ 名人, 達人, 熟練者: Juan es un ～ de cocina. フアンは料理がとても上手だ. Cristina es una ～ conduciendo. クリスティーナは運転がとても上手だ

artísticamente [artístikaménte] 副 芸術的に; 芸術的観点から

artístico, ca [artístiko, ka]《←artista》形 ❶ 芸術の, 芸術的な: círculo ～ 芸術家グループ. temperamento ～ 芸術家気質. ❷ 美的な, 趣のある: efecto ～ 美的効果

artizar [artiθár] 9 他《廃語》巧みに; 技を使って作る

Art Nouveau [ár nubó] 男《仏語》《美術》アールヌーヴォー

arto [árto] 男《地方語. 植物》クコ〔=cambronera〕

artocarpáceo, a [artokarpáθeo, a] 形 パンノキ科の
—— 女《植物》パンノキ科

artocárpeo, a [artokárpeo, a] 形 女 =**artocarpáceo**

artolas [artólas]《←cartolas》女 複 [ロバ・馬1頭の鞍の] 両側かご

artolatría [artolatría] 女《カトリック》聖体拝領のパンの礼拝

artos [ártos] 男《地方語. 植物》クコ〔=cambronera〕

artralgia [artrálxja] 女《医学》関節痛

artrítico, ca [artrítiko, ka] 形《医学》関節炎の〔患者〕

artritis [artrítis]《←ラテン語 arthritis < ギリシア語 arthritis》女《医学》関節炎: ～ reumatoide 慢性関節リューマチ

artritismo [artritísmo] 男 関節病体質; 関節炎素質

artrobranquia [artrobránkja] 女《動物》関節鰓（きら）

artrodesis [artroðésis] 女《医学》関節固定〔術〕

artrografía [artroɣrafía] 女《医学》関節造影〔法〕, 関節腔造

影

artrogriposis [artroɣripósis]《女》《医学》関節拘縮〔症〕
artrolito [artrolíto]《男》《医学》関節石
artrología [artroloxía]《女》関節学
artrómetro [artrómetro]《男》《医学》関節計
artropatía [artropatía]《女》《医学》関節症
artroplastia [artroplástja]《女》関節形成〔術〕
artrópodo [artrópoðo]《形》節足動物門の
—— 《男》《複》《動物》節足動物門
artroscopia [artroskópja]《女》《医学》関節鏡検査〔法〕
artroscópico, ca [artroskópiko, ka]《形》《医学》intervención ~ca 関節鏡視下手術
artrósico, ca [artrósiko, ka]《形名》変形性関節症の〔患者〕
artrosinovitis [artrosinoβítis]《女》《医学》関節滑膜炎
artrosis [artrósis]《女》《医学》変形性関節症
artrospora [artrospóra]《女》《生物》分節胞子; 有節芽胞
artrotomía [artrotomía]《女》《医学》関節切開〔術〕
artuña [artúɲa]《女》出産後に子供が死んだ雌羊
arturiano, na [arturjáno, na]《形》=**artúrico**
artúrico, ca [artúriko, ka]《形》アーサー王〔el rey〕Arturo の: leyenda ~ca アーサー王伝説
Arturo [artúro]《男》アーサー王《伝説的なイギリスの王. =el rey ~》
Artús [artús]《男》=**Arturo**
aruco [arúko]《男》《鳥》ツノサケビドリ
arugas [arúɣas]《女》《複》《植物》シカギク〔=**matricaria**〕
árula [árula]《女》《考古》小規模な石造遺跡 ara
arundense [arundénse]《形名》《地名》❶ アルンダ Arunda の〔人〕《Ronda の旧名》. ❷ アラセナ Aracena の〔人〕《ウエルバ県の村》
arundíneo, a [arundíneo, a]《形》葦の
aruñar [aruɲár]《他》《中米, コロンビア, ベネズエラ》=**arañar**
aruñazo [aruɲáθo]《男》《中米, コロンビア, ベネズエラ》=**arañazo**
aruño [arúɲo]《男》《口語》=**araño**
aruñón [aruɲón]《男》❶《アンダルシア. 俗語》爪痕, ひっかき傷〔=**arañazo**〕. ❷《中米》脅迫〔=**amenaza**〕
aruquense [arukénse]《形名》《地名》アルカス Arucas の〔人〕《Gran Canaria 島の町》
arúspice [arúspiθe]《男》《古代ローマ》腸卜(ちょうぼく)官
aruspicina [aruspiθína]《女》腸卜占い
arval [arβál]《形》《ローマ神話》豊穣の女神ケレス Ceres の
arveja [arβéxa]《女》《植物, 豆》❶ キャロブ, イナゴマメ〔豆は飼料となる〕. ❷《コロンビア, チリ, アルゼンチン, ウルグアイ》エンドウマメ, グリンピース〔=**guisante**〕
arvejal [arβexál]《男》イナゴマメ畑
arvejana [arβexána]《女》=**arveja**
arvejar [arβexár]《男》=**arvejal**
arvejera [arβexéra]《女》《植物》アレチエンドウ〔=**algarroba**〕
arvejo [arβéxo]《男》《地方語》エンドウ〔=**guisante**〕
arvejón [arβexón]《男》❶《植物》グラスピー, オニカラスノエンドウ. ❷《ナバラ, ログローニョ》=**arveja**. ❸《アンダルシア》レンリソウ〔=**almorta**〕
arvelar [arβelár]《他》《地方語》〔穀物からもみがらを〕あおぎ分ける〔=**aventar**〕
arvense [arβénse]《形》《植物》畑で育つ
arverno, na [arβérno, na]《形》アルウェルニ族の〔人〕《現在のフランス中央部に住んでいたガリア人》
arvilla [arβíʎa]《女》《地方語. 植物》エンドウ〔=**guisante**〕
arz-《接頭辞》《優越》arzobispo 大司教
Arz.《略語》←Arzobispo 大司教
arzobispado [arθoβispáðo]《男》大司教位; 大司教区; 大司教館
arzobispal [arθoβispál]《形》大司教の
arzobispo [arθoβíspo]《男》《ラテン語 archiepiscopus <ギリシャ語 arkhiepiskopos < arkhi「第一の」+episkopo「監視者」》《カトリック》大司教;《プロテスタント》大監督;《ギリシア正教, 英国国教》大主教
arzolia [arθólja]《女》《植物》コルリカンザシ《学名 Globularia repens》
arzolla [arθóʎa]《女》❶《植物》1) シマセンブリの一種《学名 Centaurea seridis》. 2) オオアザミ. ❷ アーモンドの未成熟な実〔=**almendruco**〕
arzón [arθón]《男》《馬具》〔鞍の〕前橋, 後橋, 鞍弓

as [ás]《ラテン語 as, assis》《男》《複 ~es》❶《トランプ》エース: un ~ de espadas スペードのエース. ❷《さいころの》1の目. ❸ 第一人者, エース: Es un ~ en la cocina china. 彼は中華料理界の第一人者だ. ❹《テニス》サービスエース. ❺《古代ローマ》〔貨幣単位・青銅貨〕アス《重さ12オンス》. ❻《船舶》~ de guía もやい結び
tener (llevar・guardar) un ~ en la manga 奥の手がある, とっておきの手がある
AS [ás] アス《1967年創刊. マドリードを拠点とする日刊スポーツ紙》
asa [ása] I《ラテン語 ansa》《女》《単数冠詞: el, un[a]》❶ 〔カップなどの輪状の〕取っ手, 柄(え);〔スーツケースなどの〕握り: coger la paellera por las ~s パエリャ鍋の取っ手をつかむ. ❷《まれ》口実, きっかけ〔=**asidero**〕. ❸《隠語》耳〔=**oreja**〕
del ~《まれ》親しい: amigo del ~ 親友
II《ペルシア語 aze「乳香」》《女》汁, 液: ~ dulce (olorosa) 安息香. ~ fétida《植物, 薬学》アギ〔阿魏〕
asacar [asakár]《他》《俗語》でっち上げる; …のふりをする; …のせいにする
asación [asaθjón]《女》《まれ》〔オーブン・直火で〕焼くこと
a sacris [á sákris]《ラテン語》《副》神事において: sacerdote suspendido ~ 神事を執り行うことを禁じられた司祭
asacristanado, da [asakristanáðo, ða]《形》《まれ》聖具納室係のような
asadero, ra [asaðéro, ra]《形》ロースト用の
—— 《男》❶《地方語》焼く場所〔道具〕, オーブン. 2) 大変暑い場所. ❷《メキシコ》カテージチーズ
—— 《女》《南米. 料理》フライパン; ロースター
asado[1] [asáðo]《←asar》《形》❶ 〔直火で焼いた〕ロースト肉. ❷ 直火焼き, ロースト《調理法》. ❸《アルゼンチン, ウルグアイ》1) 網焼きの肉, バーベキューにした肉: ~ con cuero 牛の丸焼き. ~ de tira スペアリブ. 2) バーベキューパーティー.
asado[2], **da** [asáðo, ða]《形》《チリ. 口語》怒った, 機嫌の悪い
asador, ra [asaðór, ra]《形》焼く〔人〕. ❷《南米》網焼き肉の料理人
—— 《男》❶ 焼き串, ロースター. ❷ ロースト肉専門のレストラン, ステーキハウス
parece que ha comido ~es《口語》彼はひどく思い上がっている
—— 《女》焼き串, ロースター〔=**asador**〕
asadura [asaðúra]《女》《西. 料理》〔集名〕または《複》臓物; レバーと肺臓〕
echar las ~s こき使う, へとへとにさせる
asadurilla [asaðuríʎa]《女》《ログローニョ》子ヤギの内臓
asaetamiento [asaetamjénto]《男》射ること
asaetar [asaetár]《他》=**asaetear**
asaetado, da [asaetáðo, ða]《形》《植物》矢じり状の
asaeteador, ra [asaeteaðór, ra]《形名》射る〔人〕
asaetear [asaeteár]《←a-+saetar < saeta》《他》❶ 〔弓矢で〕射る, 射殺する. ❷ 〔繰り返し〕悩ます, 苦しめる: ~ a+人 a preguntas …を質問攻めにする
asafétida [asafétiða]《女》アギ〔阿魏〕〔=**asa fétida**〕
asaí [asaí]《男》《植物》アサイー〔=**palmera de ~**〕;〔果実〕アサイー
asainetado, da [asainetáðo, ða]《形》笑劇 sainete の〔ような〕
asainetear [asainetár]《他》《冗談などを交えて話》で面白くする
asalariado, da [asalarjáðo, ða]《形》賃金を受け取る
—— 《名》サラリーマン, 賃金労働〔生活〕者: Un declive económico ha enviado a miles de ~s a la calle. 不景気で多くの労働者が職を失った
asalariar [asalarjár] [10]《他》…に賃金 salario を払う
asalarización [asalariθaθjón]《女》賃金労働者化
asalmerar [asalmerár]《他》《建築》迫元石 salmer を取り付ける
asalmonado, da [asalmonáðo, ða]《形》〔色・味が〕鮭に似た: rosa ~da サーモンピンク
asaltacunas [asaltakúnas]《名》《単複同形》《メキシコ》青少年に対する性犯罪者
asaltador, ra [asaltaðór, ra]《形名》=**asaltante**
asaltante [asaltánte]《形》襲う
—— 《名》強盗; 襲撃者, 暴漢
asaltar [asaltár]《他》❶ …に対して強盗を働く: Asaltaron una joyería. 宝石店が強盗に入られた. Le asaltaron camino al banco a depositar. 彼は銀行に預金に行く途中で強盗に襲われた. ❷ 〔人・陣地などを不意を突いて〕攻撃する:

Me *asaltaron* a la salida del cine. 私は映画館の出口で襲われた. ❸ [考えなどが突然]…の心に浮かぶ: Le *asaltó* el temor de perder su dinero. 彼は金を失うのではないかという不安に襲われた

asalto [asálto]《←伊語 assalto < assalire「攻撃する」< ラテン語 assalire「襲う」》男 ❶ 強盗〔行為〕: tomar por ～ 強奪する. ～ del banco 銀行強盗. ❷ [不意の]襲撃, 急襲: dar ～ a+場所 …を襲撃する. tropa de ～ 攻撃隊, 突撃隊. ❸《ボクシング》回, ラウンド: derribar en el primer ～ 第1ラウンドでダウンさせる. combate a diez ～s 10回戦. ❹《フェンシング》試合〔＝～ de armas〕. ❺《中米》びっくりパーティー;《ラプラタ》持ち寄りパーティー

asamblea [asambléa]《←仏語 assemblée < assembler「集める」<俗ラテン語 assimulare < ラテン語 simul「一緒に」》女 ❶ 集会, 会合, 会議; 会議: El presidente de la comunidad de vecinos convocó una ～ para el lunes. 自治会長は月曜日に集会を招集した. celebrar una ～ 会議を開く. reunirse en ～ 会議に集合する. ～ general 総会. ～ Nacional〔＝A～ Nacional〕: convocar la A～ Nacional 国会を招集する. ～ constituyente 憲法制定議会. ～ francesa フランス議会. ❸《軍事》集合ラッパ〔合図〕; 集合, 集結

asambleario, ria [asambleárjo, rja] 形 集会の, 会議の
asamblearismo [asambleárismo] 男 ❶[決定権を議会に与える]議会主義. ❷ 会議を延々と続ける〔頻繁に開く〕傾向
asambleísmo [asambleísmo] 男 =**asamblearismo**
asambleísta [asambleísta] 名 ❶ [会議・大会などの]メンバー, 参加者, 出席者: La primera actividad de los ～s es elegir presidente. 出席者の最初の活動は議長を選ぶことだ. ❷ 国会議員
asamés [asamés] 男 アッサム語
asamiento [asamjénto] 焼く〔焼かれる〕こと
asana [asána] 男《ヒンズー教》[ヨガの姿勢]座
asandaliado, da [asandaljáðo, ða] 形 サンダル型の
asañar [asaɲár] 他《古語》=**ensañar**
asao [asáo] 男《ラプラタ》Lo mismo me da así que ～.〔無関心〕私には同じことだ／どうでもいい
asar [asár]《←ラテン語 assare < assus, -a, -um「焼いた, 乾いた」》他 ❶《料理》[直火・オーブンで]焼く: ～ a la plancha 鉄板で焼く. ～ a la lumbre 直火で焼く. ～ en (a) la parrilla グリルする. carne poco *asada* 生焼け〔レア〕の肉. castañas *asadas* 焼き栗. ❷ [熱さで]苦しめる. ❸ しつこく悩ます: Me *asaban* con (a) recomendaciones. 彼らは私に推薦状を携えてきては私はうるさく頼まれたものだ. ～ a+人 a preguntas …を質問攻めにする
―― **se** ❶ 焼かれる. ❷ [人が]ひどく暑い〔熱い〕: Aquí se *asa* uno vivo. ここは焼けるように〔人が焼けになるほど〕暑い. ❸《チリ, 口語》腹を立てる, 怒る
asarabácara [asaraßákara] 女《植物》=**ásaro**
asaráca [asaráka] 女《植物》=**ásaro**
asardinado, da [asarðináðo, ða] 形《建築》煉瓦を小端立積みsardineしにした
asarero [asaréro] 男《植物》リンボク〔=endrino〕
asargado, da [asargáðo, ða] 形《繊維》サージ sarga に似た
asarina [asarína] 女《植物》キリカズラ
ásaro [ásaro] 男《植物》オウシュウサイシン
asativo, va [asatißo, ßa] 形《薬学》煎れる, 煮詰めた
asaúra [asaúra] 女《口語》落ち着き, 冷静
asaz [asáθ]《←オック語 assatz「十分に」》副《文語》[＋形容詞・副詞]ひどく, 大変: Su muerte fue ～ sentida. 彼の死は大変な悲しみを誘った
―― 形《文語》かなりの〔=bastante〕; 多くの〔=mucho〕
asazonar [asaθonár]《まれ》=**sazonar**
asbestino, na [asßestíno, na] 形 アスベストの
asbesto [asßésto] 男《鉱物》石綿, アスベスト
asbestocemento [asßestoθeménto] 男 アスベストセメント, 石綿
asbestosis [asßestósis] 女《医学》石綿〔沈着〕症
asbolana [asßolána] 女《鉱物》アスボレン
asca [áska] 女《単数冠詞: el, un[a]》《植物》胞子嚢〔=teca〕
ascalonia [askalónja] 女《植物》エシャロット〔=chalote〕
áscar [áskar] 男[モロッコの]軍隊
áscari [áskari] 男[モロッコ軍の]歩兵
ascáride [askáriðe] 女《動物》回虫

ascaridiasis [askariðjásis] 女《医学》回虫症
ascaridiosis [askariðjósis] 女 =**ascaridiasis**
ascárido, da [askáriðo, ða] 形 回虫類の
―― 男《複》《動物》回虫類
áscaris [áskaris] 男《動物》《総称》回虫
Ascasubi [askasúßi]《人名》**Hilario** ～ イラリオ・アスカスビ〔1807–75, アルゼンチンの詩人でガウチョ文学 literatura gauchesca の代表者の一人. 戦いと亡命生活の中で生涯をおくり, 一方で雑誌の編集にも力を注いだ. ガウチョを主人公にした物語詩『サントス・ベガまたはラ・フロール牧場の双生児』*Santos Vega o los mellizos de la Flor*〕
ascendencia [asθendénθja]《←ascendente》女 ❶《集名》先祖, 祖先; 血筋, 家系; 家柄: Aquí vive mucha gente que tiene ～ irlandesa. ここにはアイルランド系の人々が多く住んでいる. Es de ～ holandesa. 彼の祖先はオランダ人だ. ❷《主に中南米》影響力, 感化力: tener ～ sobre+人 …に影響力がある
ascendente [asθendénte]《←ascender》形 ❶ 上昇する, 上りの, 上向きの: aorta ～《解剖》上行大動脈. tendencia ～ 上昇傾向. ❷《西》tren ～〔マドリードの方に向かう〕上り列車
―― 男《占星》星位, 運勢
ascender [asθendér]《←ラテン語 ascendere < ad-（に）+scandere「上る」》 24 自 ❶ 上る, 登る, 上昇する, 上に上がる〔類義〕⇔descender〕: El helicóptero fue *ascendiendo* por los aires. ヘリコプターは空を上っていった. Jesús *ascendió* a los cielos. イエスは天に昇った. ～ a una montaña 山に登る. ～ por la escalera 階段を上る. ❷ [温度などが]上昇する: Hoy la temperatura *ascenderá* mucho. 今日は気温がとても上がるでしょう. ❸ [数字・金額などが, +a に]達する: La cuenta *asciende* a 100 euros. 勘定は100ユーロになる. El número de detenidos *asciende* a más de 200. 逮捕者の数は200人以上に上る. ❹ [+a に]昇進する, 出世する, 昇格する: Alberto ha *ascendido* rápidamente en su carrera. アルベルトは昇進が早かった. *Ascendió* a jefe de sección. 彼は課長に昇進した. ～ a capitán 大尉に昇進する. ～ a la primera división《スポーツ》1部リーグに昇格する. ～ al trono 王位に就く
―― 他 昇進させる, 昇格させる: A José le han *ascendido* a director del departamento. ホセは部長に昇進した
ascendiente [asθendjénte]《←ascender》形 上がっていく, 上昇する, 上向きの: progresión ～ 右肩上がりの成長
―― 名 ❶ [両親・祖父母も含めて, 直系の]先祖, 祖先, 尊属〔⇔descendiente〕. ❷ [主に複]血筋, 家系, 家柄
―― 男《主に単数》影響力, 感化力; 優勢, 力: tener (ejercer) ～ sobre+人 …に影響力がある
ascensión [asθensjón]《←ラテン語 ascensio, -onis》女 ❶ 上昇: Los niños contemplan la alegre ～ de globos de colores. 子供たちは色とりどりの風船がにぎやかに上がっていくのを眺めている. ～ a la cumbre 登頂. ❷ 昇進, 昇格, 昇任. ❸《キリスト教》[A～]キリストの昇天; 昇天祭〔復活祭から40日目〕: día de la A～ 主昇天の日. ❹《天文》～ recta 赤経
ascensional [asθensjonál] 形 ❶ 上昇する, 押し上げる: fuerza ～ 揚力, 浮力. ❷《天文》中天に上がっていく
ascensionista [asθensjonísta] 名《まれ》❶ アルピニスト, 登山者. ❷ [飛行船の]操縦士
ascenso [asθénso]《←ラテン語 ascensus》男 ❶ 上がること, 上昇: Está previsto un ～ de las temperaturas hoy. 今日は気温が上がると予想されている. hacer un ～ 上昇する. ❷ 登攀, 登山: iniciar el ～ al Everest エベレストへの登頂を開始する. ❸ 上り坂, 上り道. ❹ 昇進, 出世: conseguir ～ 昇進する. lista de ～ 昇進者名簿. ～ a catedrático 教授への昇進. ～ por méritos 業績による昇進. ❺《スポーツ》[上位リーグへの]昇格: El equipo logró el ～ a primera división. チームは1部リーグへの昇格に成功した
ascensor [asθensór]《←ラテン語 ascensor》男 ❶《主に西》エレベーター; 貨物用リフト: El ～ va de subida (de bajada). エレベーターは昇って（下って）いる. subir (bajar) en ～ エレベーターで昇る（降る）. tomar (coger) el ～ エレベーターに乗る. llamar al ～ エレベーターを呼ぶ. ❷《チリ》ケーブルカー
ascensorista [asθensorísta] 名《主に西》エレベーターを製造〔販売・修理〕する〔人〕; エレベーターボーイ〔ガール〕
ascesis [asθésis]《←ギリシア語 askesis「練習」》女《単複同形》禁欲, 苦行生活
asceta [asθéta]《←ラテン語 asceta < ギリシア語 asketes「職業の, 運動家」》名 禁欲者, 苦行者

asceterio [asθetérjo] 男《ギリシア正教》[修道院の] 隠者集団
ascética[1] [asθétika] 女 ❶ 苦行, 禁欲生活 [=ascetismo]. ❷ 禁欲文学
ascéticamente [asθétikaménte] 副 禁欲的に
ascético, ca[2] [asθétiko, ka]《←ギリシア語 asketikos < askeo「私は練習する」》形 ❶ 禁欲主義の; 禁欲的な, 苦行の; 苦行者の, 苦行中の: prácticas ~*cas* 苦行. teología ~*ca* 修徳神学. ❷ 禁欲文学の
ascetismo [asθetísmo]《←asceta》男 ❶ 禁欲主義《世俗からの離脱, 禁欲などの厳格な生活を課す倫理教義》; 禁欲, 苦行. ❷ 禁欲生活の立願 (意志表明)
ascidia [asθíðja] 女《動物》ホヤ. ❷《植物》杯葉
ascio, cia [ásθjo, θja] 形《地理》熱帯地方に住む
── 男複 熱帯地方の住民
ascítico, ca [asθítiko, ka] 形《医学》腹水症の〔患者〕
ascitis [asθítis] 女《医学》腹水症
asclepiadáceo, a [asklepjaðáθeo, a] 形 ガガイモ科の
── 形複《植物》ガガイモ科
asclepiadeo, a [asklepjaðéo, a] 形 ❶《詩法》アスクレピアデス格の. ❷《植物》=**asclepiadáceo**
asco [ásko] I《←古語 usgo < ポルトガル語《憎悪, 敵意》》男 ❶ 吐き気, むかつき: producir ~ a+人 …に吐き気を催させる. ❷ 嫌悪, 反感; 嫌なもの, 退屈なこと: Le tengo ~. 私は彼が大嫌いだ. ¡Qué ~!. ああ, 嫌だ(不快で・気持ち悪い)/何てまずそうだ!. ¡Qué ~ de tiempo!. 嫌な天気だ!. coger (cobrar・tomar) ~ a… …を嫌う. poner cara de ~ 嫌な顔をする. un ~ de hombre 卑劣な男
  dar ~ a+人 1) …に吐き気を催させる. 2) …を不快にする, うんざりさせる: Las cucarachas nos *dan* mucho ~. 私たちはゴキブリが大嫌いだ. Me *da* ~ ver tanta suciedad en el suelo. あんなに床が汚れているのを見るのは嫌だ. *Da* ~ que no se pueda hacer nada sin recomendaciones. 口利きがないと何もできないというのは腹立たしいね
  hacer ~s a… 1)〔気取って〕…を低く見る, 鼻先であしらう: Él *hace* ~s a todo. 彼はなんでも満足しない. 2) [no+] No *hace* ~s a limpiar el servicio. 彼はトイレ掃除をすることにも抵抗を感じない
  hecho un ~ ひどく汚れている; 不快で; 台なしになった, 損なわれた
  ser un ~ 嫌である, 腹立たしい: Esta novela *es un* ~. この小説は全然面白くない
  sin ~《中南米. 口語》断固として; 臆面もなく
II 男《植物》胞子嚢 [=teca]
ascocarpo [askokárpo] 男《植物》子嚢果
ascomicetos [askomiθétos] 男複《植物》子嚢菌門
ascórbico, ca [askórbiko, ka] 形《化学》ácido ~ アスコルビン酸
ascosidad [askosiðáð] 女《まれ》吐き気を催させるような汚さ
ascoso, sa [askóso, sa] 形 吐き気を催させる
ascospora [askospóra] 女《植物》子嚢胞子
ascua [áskwa]《←語源》女《単数冠詞: el-un[a]》熾(き), 赤くおこった炭, 燃えさし [=brasa]: asar la carne sobre ~s 炭火で肉を焼く
  arrimar el ~ a su sardina《西》自分だけ得をしようとする; 我田引水
  estar echando ~s 激怒している
  estar en (sobre) ~s 気をもんでいる, いらだっている; 知りたがっている
  pasar [como] sobre ~s 大急ぎで通る
  poner a+人 en ~s …に気をもませる
  ser un ~ de oro 清楽である, 光り輝いている
  tener ojos como ~s 目を輝かせている
aseado, da [aseáðo, ða] 形 ❶ [estar+] きちんとした, こざっぱりした. ❷ [ser+] 清潔好きの. ❸《闘牛》見事な
── 女《パナマ, コロンビア, ベネズエラ, チリ》家政婦
asear [aseár]《←ラテン語 assediare》他 [物・場所・人を] 清潔にする, 片付ける: ~ la habitación 部屋をきれいにする
── ~se 身繕いする, 身なりを整える, 洗面する [→aseo]: Tengo que ~*me* un poco y cambiarme de ropa antes de salir. 私は出かける前にちょっと身繕いして着なくてはならない
asechador, ra [asetʃaðór, ra] 形 名 悪だくみをする〔人〕
asechamiento [asetʃamjénto] 男 =**asechanza**

asechanza [asetʃánθa] 女 [主に 複] 悪だくみ, 罠
asechar [asetʃár]《←ラテン語 assectari「すぐ近くを行く」》他 悪だくみをする
asecho [asétʃo] 男 =**asechanza**
asechoso, sa [asetʃóso, sa] 形《古語》悪だくみをした
asecución [asekuθjón] 女《まれ》=**consecución**
asedado, da [aseðáðo, ða] 形 絹のようになめらかな
asedar [aseðár]〔麻などを〕絹のようになめらかにする
── ~se 絹のようになめらかになる
asediador, ra [aseðjaðór, ra] 形 名 包囲する〔人〕; 悩ませる〔人〕, つきまとう〔人〕
asediar [aseðjár]《←ラテン語 obsidere < sedere「座っている」》10 他 ❶〔城などを〕包囲する《類義 包囲の厳しさの順: cercar<sitiar<asediar》: Los griegos *asediaban* la ciudad de Troya. ギリシア軍はトロイの町を包囲していた. ❷ しつこく悩ます, つきまとう: Los periodistas lo *asediaron* con preguntas. 新聞記者たちが彼にしつこく質問した
asedio [aséðjo]《←ラテン語 obsidium < obsidere》男 ❶ 包囲, 包囲. ❷ しつこく悩ますこと, つきまとい
aseglarar [aseglarár] ~se〔聖職者が〕堕落する, 世俗化する
aseglarizar [aseglariθár] 9 他《まれ》〔聖職者を〕堕落させる, 世俗化させる
asegún [asegún] 前《中南米. 誤用》…に従って [=según]
asegundar [asegundár] 他《まれ》[一度行なった行為を] すぐにもう一度行う
── ~se 繰り返す
asegurable [aseguráβle] 形 保険を掛けられ得る
aseguración [aseguraθjón] 女《商業》保険を掛けること, 付保
aseguradamente [aseguráðamente] 副《まれ》確かに, 確実に
asegurado, da [aseguráðo, ða] 形 ❶ 確実な, 保証された: La victoria militar está ~*da* en ese momento. その時点で軍事的勝利は確実だった. Tenemos el éxito ~. 私たちの成功は保証済みだ. vejez ~*da* 安定した老後. ❷ 保険がかかっている: Estas casas no están ~*das* de (contra) incendios. これらの家は火災保険がかかっていない. Este cuadro está ~ en un millón de euros. この絵には100万ユーロの保険がかかっている. Tengo mi coche ~ a todo riesgo. 私は車をオールリスクの保険に入れてある. cantidad ~*da* 保険金
── 名 被保険者, 保険契約者
── 男《保険》付保物
asegurador, ra [aseguraðór, ra] 形 ❶ 保険の; 保険者〔の〕. ❷〔発行された有価証券の〕引受人. ❸《まれ》保証する; 保証人. ❹《まれ》固定する, 確実にする
── 男 ❶ 保険業者. ❷ 固定具, 締め具
── 女 保険会社 [=compañía ~*ra*]; 出再保険会社
aseguramiento [aseguramjénto] 男 保険; 確言, 確証. 通行許可
aseguranza [aseguránθa] 女《米国》自動車保険
asegurar [asegurár]《←a-+seguro》他 ❶ [+que+直説法 であると] 確言する, 請け合う, 保証する: 1) Me *aseguran* que Alberto es un hombre digno de confianza. アルベルトは信頼に足る人物であると彼らは私に確言している. Te *aseguro* que es inocente. 彼は絶対潔白だよ. 2) [+不定詞 すると] *Asegura* no haber revelado el secreto a nadie. 彼は誰にもその秘密を話していないと断言した. ❷ 確実なものにする, 確保する: Tienes que estudiar más si quieres ~ tu aprobación en Matemáticas. 数学の合格を確かなものにしたければ君はもっと勉強しなければならない. Las medidas del Gobierno son insuficientes para ~ tasas altas de crecimiento. 政府の対策は高い成長率を確保するには不十分である. ~ el personal 要員を確保する. ~ el puesto 地位を固める. ❸〔ぐらつかないように〕しっかり留める, 固定する: ~ un clavo 釘をしっかり打ちつける. ~ una cuerda ロープを確保する. ❹《商業》1) [+contra の] 災害保険を…にかける: Voy a ~ mi casa *contra* incendios en (por) medio millón de euros. 私は50万ユーロの火災保険をかけるつもりだ. 2)〔発行された有価証券を〕引き受ける
── ~se ❶ [+de que+直説法・接続法を と] 確かめる, 確認する: Vamos a ~*nos de que* la puerta esté (está) cerrada con llave. ドアの鍵が締まっているか確かめよう. *Me aseguré de que* la dirección fuera correcta. 私は住所が正確か確かめた. ❷[自分のために] …を確保する, 手に入れる: Rafael *se aseguró* la medalla de bronce en la Olimpiada. ラファエルはオリンピックで銅メダルを確実なものにした. ❸〔悪天候などから〕

回復する，安定する．❹ 保険に加入する: ~ se contra robos (incendios) 盗難（火災）保険に入る．❺〘ぐらつかないように〙…を自分に固定する: Se aseguró las gafas. 彼は眼鏡をかけ直した．❻ 自身を安定させる;〘登山〙自分を確保する: ~ se en la silla 鞍にしっかり体を入れる．

aseidad [aseiðá(ð)]〘←ラテン語 a se「自身で」〙囡〘哲学〙自存性
aseladero [aseladéɾo] 男 鶏の眠り場所〘高い所にある〙; 鶏舎
aselador [aseladóɾ] 男 = aseladero
aselar [aselár] ~ se〘主に高い所で鶏が〙眠る，夜安心して過ごす
asemántico, ca [asemántiko, ka] 形〘言語〙無意味な
asemejar [asemeχáɾ]〘←a-+semejar〙他〘まれ〙[+a に] 似せる; たとえる
—— 自〘まれ〙[+a に] 似ている
—— ~ se [+en・por の点で，+a に] 似ている: Ella no se asemeja en nada a la actriz. 彼女はその女優にどこも似ていない
asendereado, da [asendeɾeáðo, ða] 形 ❶ 数多くの困難（逆境）を経験した; 困難（逆境）だらけの．❷［道路が］交通量の多い，よく使われる．❸ 熟達した
asenderear [asendeɾeár] 他〘まれ〙❶ [+場所 に] 小道 senda を作る．❷…につきまとう; 悩ます
asengladura [aseŋgladúɾa]〘船舶〙= singladura
asenso [asénso] 男〘文語〙= asentimiento
a sensu contrario [a sénsu kontrárjo]〘ラテン語〙副 逆の意味で
asentaderas [asentaðéɾas]〘←asentar〙囡 複〘戯語〙お尻〘= nalgas〙
asentadero [asentaðéɾo] 男〘まれ〙椅子，座るところ
asentadillas [asentaðíʎas] a ~〘馬術〙横座りで〘= a mujeriegas〙
asentado, da [asentáðo, ða] 形 ❶ [estar+] 位置している，在る; 定住している: Alcalá de Henares está ~ da al noroeste de Madrid. アルカラ・デ・エナレスはマドリードの北西にある．❷ 定まった，定着した; 安定した，確立した: Estas fiestas están muy ~ das en el pueblo. この祭りは村にすっかりなじんでいる．reputación muy ~ da 定評．❸〘主に中南米〙[ser+] 分別のある，思慮深い
de una ~ da〘口語〙一度に，一気に
—— 男〘チリ〙自作農
asentador, ra [asentaðóɾ, ɾa] 名 ❶〘青果・魚の卸売市場公認の〙仲卸し業者，仲買人;〘古語〙[市場に果物・野菜を搬入する際] 物品税 arbitrio を支払った商人．❷ 設置（敷設）する人．—— de vías〘鉄道〙敷設作業員
—— 男〘鍛冶屋が使う〙やすり; 革砥〘戸〙．❸〘中南米〙[活字の] ならし木
asentamiento [asentamjénto] 男 ❶ 設置，敷設，据え付け: ~ de los cimientos 土台の据え付け．❷ 定着，定住; 定住地，入植地: ~ judiego en España ユダヤ人のスペイン定住．~ de extranjeros 外国人居留地．❸ 据え付け，着座．❹ 創設，創立．❺ 店舗，店．❻〘商業〙記帳．❼ 分別，思慮
asentar [asentár]〘←a-+sentar〙23 他 ❶ 据え付ける，取り付ける，固定する: ~ los cimientos 土台を据える．~ una figura en (sobre) el pedestral 彫像を台座に据え付ける．El nuevo gobierno asentó sus cimientos en el poder militar. 新政府はその基盤を軍事力に置いた．❷ 定住させる; [考えなどを] 定着させる，確実なものにする: Repasé la lección para ~ lo que había aprendido. 私は学んだことを確実にするためにその課を復習した．~ la paz 平和を根付かせる．~ el concepto de Derechos Humanos 人権という概念を定着させる．❸ 座らせる，着席させる．❹ [地位・任地などに] 就(ℓ)かせる，任命する．❺ 建てる; [テントなどを] 設置する: Asentaron una ciudad en pleno desierto. 砂漠の真ん中に都市が作られた．~ el campamento base ベースキャンプを設営する．❻ 創建する，設立する．❼ 確かなことを言う: quedar asentado 明らかである．❽ 静める，安定させる: La manzanilla asienta muy bien el estómago. カミツレ茶を飲むと胃が落ち着く．❾〘商業〙［勘定に］入れる，記帳する: ~ al crédito 貸方に記入する．❿［契約・協定を］取り決める，合意する; 作成する．⓫［原理・論理などを］立てる，定める．⓬［殴打を］食らわす: Le asenté un puñetazo en la barriga. 私は彼の腹に拳骨を一発食らわせた．~ a+人 una bofetada en la cara …の顔を平手打ちする．⓭［し わを］伸ばし，アイロンをかける; 平らにする，地固めする．⓮〘法律〙裁定する，判決を下す．⓯ 沈殿させる．⓰ 心に刻む

❼［刃を］研ぐ．❽〘メキシコ．口語〙断言する，確言する
—— 自 ❶［机などが］ぐらつかない; 安定する: Esta mesa no asienta bien. このテーブルはぐらついている．❷［服が］合う，ぴったりする; 似合う
—— ~ se ❶ 定着する，定住する: Los refugiados se asentaron en la región oriental. 難民たちは東地区に定住した．❷［地位・任地などに］就く，落ち着く: ~ se en el poder 権力の座に就く．❸ [+en に] 位置する，在る; [建物が] 建っている: Madrid se asienta en el centro de España. マドリードはスペインの中心に位置している．❹ 座る，着席する; [鳥が止まり木などに] 止まる: Unos pájaros se asentaron en la rama. 鳥たちが枝に止まった．❺ [天候などが] 治まる，落ち着く．❻ [液体が] 澄む; [浮遊物・かすが] 沈む，沈殿する．❼ [胃に] もたれる: Se me ha asentado la carne, porque comí mucho. 私は食べ過ぎて肉が胃にもたれている．❽ [雪が] 積もる．❾ [ほこりが] おさまる，積もる: Con la lluvia se asentó el polvo. 雨が降ったのでほこりがおさまった．❾〘主に中南米〙[性格的に] 落ち着く，安定する．❿［建物・土台・地盤が］沈下する．⓫［盛り土が］落ち着く．⓬ 馬具がこすれて傷つく
asentimiento [asentimjénto] 男 同意，賛意; 承認: dar su ~ a... …に同意する
asentir [asentír]〘←ラテン語 assentire < ad-（に）+sentire「感じる」〙33 自〘主に個人的に，+a・en に〙同意する，賛成する; 承認する: Asintió a las respuestas con la cabeza. 彼は返事にうなずいた．~ en una pregunta 質問にはいと答える．~ a una propuesta 提案に賛成する
asentista [asentísta]〘←?語源〙男〘歴史〙御用商人
aseñar [aseɲár] 自〘地方語〙合図する
aseñorado, da [aseɲoɾáðo, ða] 形 紳士ぶった，紳士気取りの
aseñoritado, da [aseɲoɾitáðo, ða] 形 お坊ちゃまのような
aseo [aséo]〘←asear〙男 ❶ 身繕い，洗面〘朝の排便・洗顔・化粧・着替えなど．~ personal〙: bolsa de ~ 洗面具入れ．~ del cuerpo ボディケア．❷〘西〙[時に 複] 洗面所，化粧室〘便器・洗面台などがある．= cuarto de ~〙: ir al ~ トイレに行く．❸ 清潔さ，身だしなみ
asépalo, la [asépalo, la] 形〘植物〙萼(がく)のない
asepsia [asé(p)sja]〘←ギリシア語 a-（無）+septos「腐った」〙囡 ❶〘医学〙無菌（状態）; 無菌法．❷〘主に軽蔑〙人間味（温かみ）のなさ
aséptico, ca [asé(p)tiko, ka]〘←asepsia〙形 ❶〘医学〙無菌［法］の．❷〘主に軽蔑〙人間味（感情・温かみ）のない，形式主義の: La redacción de la sentencia es una mezcla de la exactitud ~ ca del lenguaje médico y la frialdad del judicial. 判決文は正確で感情のない医学用語と冷たい法律用語の羅列だ．interpretación ~ ca 正確だが面白みのない演奏
aseptizante [ase(p)tiθánte] 形〘医学〙無菌状態にする
aseptizar [ase(p)tiθár] 9 他〘医学〙無菌状態にする
asequibilidad [asekibiliðá(ð)] 囡 入手（到達）可能性
asequible [asekíβle]〘←ラテン語 assequi「獲得する，到達する」〙形 ❶ [+a にとって] 入手できる; 到達できる，近づきやすい: precio ~ 手ごろな値段．libro ~ a todos 誰にでも読める（理解できる）本．❷ [人が] 気さくな
aserción [aserθjón]〘←ラテン語 assertio, -onis〙囡 断言，確言
aserenar [aseɾenár] 他 = serenar
aseriar [aseɾjár] ⑩ ~ se まじめになる; 暗くなる，落ち込む
asermonado, da [aseɾmonáðo, ða] 形 説教じみた，説教調の
aserradero [aseraðéɾo] 男 製材所
aserradizo, za [aseraðíθo, θa] 形 製材用の; 製材された
aserrado, da [aseráðo, ða] 形 鋸歯状の: hoja ~ da〘植物〙鈍鋸歯状葉
—— 男 鋸で切ること
aserrador, ra [aseraðóɾ, ɾa] 形 名 鋸で切る者; 製材職人
—— 囡 製材機; 製材所〘= aserradero〙
aserradura [aseraðúɾa] 囡 ❶ 鋸歯状の断面．❷ 複 おがくず〘= serrín〙
aserramiento [aseramjénto] 男 鋸で切ること
aserrar [aserár]〘←ラテン語 aserrare〙23 他 = serrar
aserrería [aseɾería] 囡 = serrería
aserrín [aserín] 男〘主に中南米〙おがくず〘= serrín〙
aserrío [aseɾío] 男〘中南米〙製材所; 製材機
aserruchar [aserutʃár] 他〘中南米〙鋸でひく〘= serrar〙
asertivo, va [asertíβo, ba] 形〘文語〙断定的な
aserto [asérto] 男 断定，断言

asertor, ra [asertór, ra] 图 断定(断言)する人
asertórico, ca [asertóriko, ka] 形《哲学》実然的な
asertorio, ria [asertórjo, rja] 形 断定的の; =**asertórico**
asesado [asesáðo] 形《料理》huevo ～ 小麦粉を入れてかき混ぜた卵
asesar [asesár] 他 …に分別(知力)を獲得させる
── 自 分別(知力)を獲得する
asesinar [asesinár]《←asesino》他 ❶ [計画的に・金をもらって]殺害する; 暗殺する: Un terrorista *asesinó* al presidente. テロリストが大統領を殺した. ❷ [作品などを]台無しにする; [役を]下手に演じる. ❸ …に苦痛を味わわせる
asesinato [asesináto]《←asesinar》男 殺人, 殺害, 暗殺, 謀殺: He cometido un ～ y vengo a entregarme y a implorar justicia. 私は殺人を犯し, 自首して裁きをお願いしに来ました. El ～ de Kennedy fue producto de una conspiración. ケネディ暗殺は陰謀によるものだ
asesino, na [asesíno, na]《←アラビア語 hassasin「ハシッシュを飲む人」》图 殺人者, 暗殺者: ¡A～! 人殺し!
── 形 ❶ 人殺しの. ❷《口語》ひどく悪い: mirada ～*na* 嫌な目つき. frío ～ ひどい寒さ
asesor, ra [asesór, ra]《←ラテン語 assessor, -oris < assidere「横に座る, 出席する」< sedere「座っている」》形 助言者, 顧問, 相談役, コンサルタント: ～ de inversiones / ～ en colocaciones / financiero 投資顧問, 投資コンサルタント. ～ fiscal 税理士. ～ jurídico 法律顧問. ～ musical (映画) 音楽監修者. ～ técnico 技術顧問. ❷ [論文・研究の] 指導教官. ❸《闘牛》主宰者 presidente の相談役. ❹《チリ》～*ra* del hogar 家政婦
── 形 助言する, 顧問の: abogado ～ 顧問弁護士
asesoramiento [asesoramjénto] 男 助言 [行為, 内容]
asesorar [asesorár]《←asesor》他 …に助言(専門的意見)を与える. ❷ [論文・研究などの] 指導教官をする
── **~se** [+con・de に, +en について] 相談する: *Asesórese* con un experto. 専門家に相談しなさい
asesoría [asesoría]《←asesor》女 ❶ 相談事務所: ～ fiscal 税理士事務所. ～ jurídica 法律事務所. ❷ 顧問の職; コンサルタント業
asestadura [asestaðúra] 女 射撃; 殴打
asestar [asestár] I《←古語 sestar》他 ❶ [+a に向けて] 撃つ; [打撃を] 加える: ～ un tiro 発砲する. ～ un puñetazo *a*+人 …を殴る. ❷ [武器などを] 向ける: ～ la lanza (su telescopio) 槍 (望遠鏡) を向ける
II 23 自 [家畜が] 休む, 昼寝をする
aseverable [aseβeráβle] 形 確言(断言)され得る
aseveración [aseβeraθjón] 女 確言, 断言 [行為, 内容]
aseveradamente [aseβeraðaménte] 副 断言的に, はっきりと
aseverar [aseβerár]《←ラテン語 asseverare「真剣に話す」< ad- (に) +severus「厳しい」》他 ❶《文語》強く・繰り返し確かだと言う, 断言する: Él *aseveró* que no había violencia doméstica entre los matrimonios. 彼は夫婦間に家庭内暴力はなかったと断言した. ❷ 肯定する
aseverativo, va [aseβeratíβo, βa] 形 確言的な;《言語》言明の [=enunciativo]
asexuado, da [ase(k)swáðo, ða] 形 =**asexual**
asexual [ase(k)swál]《←ギリシア語 a-「無」+ラテン語 sexualis < sexus「性」》形 ❶ 性別のない, 中性的な: Los objetos son ～*es*. 物には性がない. ❷ [生殖が] 無性の
asfaltado [asfaltáðo] 男 アスファルト舗装《行為, 舗装面》
asfaltadora [asfaltaðóra] 女 アスファルト舗装機
asfaltar [asfaltár]《←asfalto》他 アスファルトで舗装する: calle *asfaltada* アスファルト道路
asfaltero [asfaltéro] 男《船舶》アスファルト運搬船
asfáltico, ca [asfáltiko, ka] 形 アスファルトの, アスファルト性の: tela ～*ca* アスファルトフェルト
asfalto [asfálto]《←ラテン語 asphaltus <ギリシア語 asphaltos》男 ❶《鉱物》アスファルト. ❷ アスファルト道路 (舗道)
asférico, ca [asfériko, ka] 形《光学》非球面の: lente ～*ca* 非球面レンズ
asfíctico, ca [asfíktiko, ka] 形《医学》窒息の
asfixia [asfí(k)sja]《←ギリシア語 asphyxia「脈拍停止」》女 ❶《医学》窒息, 仮死: muerte por ～ 窒息死. ❷ 呼吸困難. ❸ 息が詰まりそうな状態: ～ económica 完全な経済的行き詰まり
asfixiado, da [asfi(k)sjáðo, ða] 形 图 ❶ 窒息状態の[人]. ❷

窒息死した[人]. ❸ 完全に経済的に行き詰まった
asfixiador, ra [asfi(k)sjaðór, ra] 形《まれ》=**asfixiante**
asfixiante [asfi(k)sjánte] 形 ❶ 窒息させる: gas ～ 窒息性ガス. ❷ 息の詰まりそうな: calor ～ 息苦しい暑さ
asfixiar [asfi(k)sjár]《←asfixia》他 窒息させる
── **~se** 窒息する: morir *asfixiado* por el gas ガスで窒息死する
asfíxico, ca [asfí(k)siko, ka] 形《まれ》窒息の
asfódelo [asfóðelo] 男《植物》ツルボラン [=gamón]
asgo [ásgo] 動《古語》=**asco**
ashkenazi [askenáʃi] 形 图 =**askenazí**
así [así]《ラテン語 sic》副《様態》❶ その(この)ように, そんなふうに: Espero que lo hagas ～. そんなふうにやってもらいたい. Lo terminó ～. 彼はこんなふうにそれを終えた. ¿Está bien ～?—*Así* está bien. これでよろしいですか?—それでいい. Realmente, ～ no podemos ganar. 正直に言うと, こんなやり方では私たちは勝てないと思う. ¡*Así* no hay quien pueda! 〖口語〗こんなことができるか! ¡No seas ～! この上さらに加減に(機嫌を)直せよ! ❷ [形容詞的に] そのような, このような: ¿No es ～?—*Así* es. そうじゃありませんか?—そのとおり. *Así* es la vida. 人生とはそんなものだ. Quiero un ordenador ～. そんなコンピュータがほしい. No creía que fuese un hombre ～. 彼がそんな男だとは思わなかった. En cualquier ciudad sucede cosas ～. どこの町でもこんなことは起こる. ❸ [程度] それほど: No saben ～ de literatura. 彼らは文学についてそれほど知らない. No es malo ～. 彼はそれほど悪人ではない. ❹〖口語〗[文頭で, +接続法, 願望] どうか…であるように: *Así* Dios te ayude. あなたに神のご加護がありますように. ¡*Así* se muera! あいつなんか死んでしまえばいい! ¡*Así* sea! そうなればいいのだが!

así, así 1) [挨拶] まあまあ, 何とか過ごしている: ¿Cómo estás?—Estoy ～, ～. 元気ですか?—まあ, 何とかやってます. 2) [程度] まずまずだ: ¿Te ha gustado la película?—*Así*, ～. 映画はどうだった?—まあまあだね
~... como... [並列] …も…も: *Así* los ricos *como* los pobres son iguales ante Dios. 金持ちも貧乏も神の前では平等である. ～ en verano *como* en invierno 夏も冬も
~ como ─ 1) とにかく, いずれにせよ: *Así como* ～, no tiene intención de llevarlo a cabo. いずれにせよ彼はそれを実行する意思はない. 2) 軽い気持ちで, 気軽に, 軽々しく: No podemos encargarnos de eso ～ *como* ～. それを軽々しく引き受けることができない. 3) =*así, así*
~ de+形容詞 [こんなに身振りを伴いながら] こんなに…な, そんなに…の: Era una tarta ～ *de* grande. それはこんなに大きいケーキだった. No te creía ～ *de* tonto. 君がそんなにばかだとは思わなかった
~ es (fue) como... [*así* の強調] そんなふうにして…; そういう訳で…: *Así* es *como* se llama. これがあなたのお名前ですね. *Así fue como* llegó con retraso. 彼が遅れたのはこういう訳だった
¡Así me gusta! よくやった / いいぞ / 立派になし遂げたな!
~ mismo 同様に, また
Así no. それでは駄目だ, そんなやり方はいけない
~ no (nada) más 〖南米〗 まさにそのように
~ o asá 〖口語〗
~... que+直説法 1) そのように…なので…だ: *Así* nos lo dijo *que* quedamos convencidos. 彼がそのように言ったので私たちは納得した. 2) とても…なので…だ: *Así* había bebido *que* no podía levantarse a la mañana siguiente. 彼はかなり飲んだので翌朝起きることができなかった
~ que asá (asado・asao) 〖口語〗いずれにしても, どっちみち: *Así que asá* me da lo mismo. どっちみち私には同じことだ
¡Así se habla! [なされたばかりの発言・提案への同意] そうだ, そのとおり! / 話はそのようにするものだ
Así sí. それでいい, それで結構だ
~ y asá =*~ que asá*
~ y todo [結局] それにもかかわらず, そうであっても: *Así y todo*, no podemos admitirlo. それはそうだとしても, 我々は容認できない
ni [*tan・tanto*] ～ これっぽっちも[…ない]: No me dio *ni tan* ～ de pena. そのことを私は少しも残念だとは思わなかった
no ～ そうではない, そうはいかない: Uno puede hablar muy bien con sus amigos, pero *no* ～ ante mucha gente. 友達

とはうまく話せるけれども, たくさんの人の前ではそうはいかない
no es ～ そうではありません
o ～ 1) ［数量］…かそのくらい, およそ…くらい: Son cincuenta euros *o* ～. 50ユーロか, そのくらいです. 2) =**y** ～
por decirlo ～/***por*** ～ ***decir*** いわば, 言ってみれば: No podemos encargárselo porque, *por decirlo* ～, va por lana pero vuelve trasquilado. それを彼に任せることはできない, いわばミイラ取りがミイラになるようなものだから
puesto que ～ ***es*** そういう訳だから, そういう事情だから
si ～ ***como...*** まるで…ではなく〔…のようである〕: *Si* ～ *como* lo hizo él lo hubiera hecho yo. まるで彼ではなく私がそれをやったかのようだ
si es ～ もしそうなら, そういうことなら: *Si es* ～, lleva razón la niña. もしそうなら, 女の子が正しい. La cosa, *si es* ～, tendrás que renunciar a ella. もし事がそうなら, 君は彼女を諦めねばならないだろう
siendo ～ そういうことなので, そういうことなら: *Siendo* ～, quizá tengas razón. そういうことなら, たぶん君は正しい
siendo ～ ***que...*** たとえ…でも 〖=aunque〗
tanto es ～ (***tan*** ～ ***es***) ***que***+直説法 その程度がひどいので: Está muy enfermo, *tanto es* ～ *que* solo puede vivir unos días. 彼はひどい病気で, そのため2, 3日しか生きられないそうだ
un tanto ～ これくらいの量
y ～ 1) だから, したがって: Ya no tenía dinero, *y* ～ podía arruinarse. 彼にはもう金がなかった. それで破産するかもしれなかった. 2) その上, しかも: Es un hombre bueno, honrado *y* ～ inteligente. 彼は善良で正直でしかも頭がいい. 3) それならば, そういうことなら: *Y* ～ tendrás que trabajar más. それなら君はもっと働かなければね. 4) ［列挙の最後に］…など, …等: Hablaron mucho de política, amor, vida, muerte... *y* ～. 彼らは政治, 愛, 人生, 死などを大いに語った
—— [接] ❶ [+直説法] したがって…, だから…: Hubo un accidente en el metro, ～ no pudo venir. 地下鉄で事故があって, それで彼は来ることができなかった. ❷ [+直説法] それなら…, それでは…: *Así*, vamos en taxi. それじゃ, タクシーで行こう. ❸ [+接続法. 譲歩] たとえ…でも: Tenemos que ir allí, ～ llueva mucho. たとえどしゃぶりでも私たちはそこへ行かなくてはならない. No podremos hacer nada, ～ te mueras. たとえ君が死ぬほどつらい目にあっても私たちは何もすることができないでしょう
～ ***pues...*** だから…, そういうわけだから…
～ ***como...*** 1) [+直説法] …するのと同様に 〖así がさらにつけ加えられることがある〗: *Así como* lo hizo él, lo hicimos nosotros. 彼がそれをしたと同じように, 私たちもそうしたのだ. *Así como* no te gusta correr, ～ no me gusta nadar. 君が走るのが好きではないのと同じように, 私も泳ぐのは好きではない. 2) …するとおりに: Solo lo hicimos ～ *como* nos dijo. 私たちは彼に言われたとおりにやっただけだ. 3) [+過去分詞] …のように: María está pálida ～ *como* muerta. マリアはまるで死人のように青ざめている. 4) [+接続法] …するとすぐ: *Así como* llegue él, te avisaré pronto. 彼が着いたらすぐに君に知らせよう. 5) ［並列］…も: Allí estaba Antonio ～ *como* sus amigos. アントニオだけでなく彼の友人たちもそこにいた. 6) ［主に en cambio と共に］…だが〔それにひきかえ〕: *Así como* él trabaja mucho, *en cambio* sus hermanos no tienen ganas. 彼はよく働くのに, それにひきかえ彼の兄弟たちはその気がない
～ ***que***+直説法 1) したがって…, だから…: Tengo mucho trabajo, ～ *que* no puedo aceptarlo. 私には仕事がたくさんある. だからそれを引き受けられない. 2) …するとすぐに 〖未来のことは+接続法〗: *Así que* lleguemos allí, hablaremos con él. あちらに着いたらすぐに彼と話そう

Asia [ásja] 〖←ギリシア語 Asia < アッシリア語 asu「(日が)上る」〗 [女] 《地名》 アジア: ～ Menor 小アジア

asialia [asjálja] [女] 《医学》 無唾液症

asiático, ca [asjátiko, ka] [形] [名] ❶ 《地名》 アジア Asia 〔人〕の; アジア人: Continente *A*～ アジア大陸. ❷ 《口語》 ［豪華さが］すごい, すばらしい

asiatizar [asjatiθár] [9] [他] アジア化する

asibilación [asibilaθjón] [女] 歯擦音化

asibilar [asibilár] [他] 《音声》 歯擦音化する

asible [asíble] [形] 《まれ》 つかまれ得る

asicar [asikár] [7] [他] 《ドミニカ》 つきまとう, しつこく悩ます

asidero [asiđéro] 〖←asir〗 [男] ❶ よりどころ, とっかかり: Su entrenamiento me sirvió de ～. 彼の訓練は私のよりどころとなった. ❷ 取っ手, 握り, 柄(え) 〖=asa〗. ❸ 《西. 口語》 縁故, コネ

asidonense [asidonénse] [形] [名] 《地名》 メディナ・シドニア Medina Sidonia の〔人〕 〖カディス県の町〗

asiduamente [asíđwaménte] [副] せっせと, 足しげく

asiduidad [asiđwiđá(đ)] 〖←ラテン語 assiduitas, -atis < assidere〗 [女] 頻繁さ: con ～ せっせと, 足しげく

asiduo, dua [asíđwo, đwa] 〖←ラテン語 assiduus < assidere「そばに座る」〗 [形] ❶ ［訪問などが短い間隔で］頻繁な: Tenemos *asiduos* contactos. 私たちはしょっちゅう連絡をとっている. ❷ 常連の, 熱心な: ～ visitante dominguero del Rastro 毎週日曜日に決まってのみの市を訪れる人
—— [名] [+a・de の] 常連: ～ *al* café 喫茶店の常連. ～ *del* cine 熱心な映画ファン

asiento [asjénto] 〖←asentar〗 [男] ❶ 席, 座席: 1) He conseguido dos buenos ～*s* para el concierto. 私はコンサートでいい席が2つ取れた. Te dejo mi ～. 君に席を譲ってあげる. reservar un ～ 席を予約する. localidad de ～ 座席. ～ del conductor 運転席. ～ del copiloto/～ del acompañante 助手席. ～ del pasajero 乗客席. ～ del piloto 操縦席. ～ delantero (trasero) 前部(後部)座席. ～ expulsor/～ proyectable/～ de eyección 《航空》 射出座席. ～ giratorio 回転式の椅子. ～ plegable 折畳みの補助席. ～ reclinable リクライニングシート. ～ reservado ［列車・劇場などの］指定席. 2) ［椅子の］座部: ～ de rejilla 枝編み細工の椅子. ❷ ［委員会などの］席, ポスト: asignar a+人 un ～ …にポストを割り当てる. ❸ ［容器の］底, 底部. ❹ ［機器の］台座, 取り付け台: ～ de válvula バルブシート, 弁座. ❺ 《建築》 1) ［建物の］基礎, 基盤; 足掛かり. 2) ［建造物の］沈下. 3) ［タイルなどを貼るための］モルタル下地. ❻ 定着, 定住; 安定, 落ち着き: Este reloj de mesa tiene poco ～. この置き時計は座りが悪い. Es un hombre de poco ～ en su trabajo. よく仕事を変える男だ. dar ～ a... …の座りをよくする. ❼ ［町・建物などの］所在地, 位置: Aquel pueblo tiene su ～ en un valle. その村は谷間にある. ❽ 分別, 良識: persona de ～ 分別のある人. ❾ 沈殿物, 澱(おり) 〖=poso〗. ❿ [複] 臀部. ⓫ 《商業》 1) 調達契約, 〔納入〕請負. 2) ［帳簿の］記入, 記帳; 記帳項目: libro de ～ 帳簿. ～ en el diario 仕訳帳への記帳. ⓬ 《歴史》 1) アシエント契約 〖1595～1640年ポルトガル商人がスペイン王室との間に結んだ黒人奴隷輸出の独占的請負契約; 18世紀スペイン王室が英仏などの大商人や会社と交わした新大陸への黒人奴隷供給契約〗. 2) 奴隷売買許可. ⓭ 覚え書き, 注記; 講和, 〔和平〕協定. ⓮ 消化不良, 胃のもたれ. ⓯ 《馬具》 馬銜(はみ); 馬銜受け. ⓰ 《船舶》 トリム. ⓱ ～ de colmenas 養蜂場(箱). ⓲ 《植物》 ～ de pastor/～ de pastos ハリエニシダ. ⓳ 《中南米》 1) ［自転車などの］サドル. 2) 鉱区; 鉱山町. 3) ［農場で］建物が集まっているところ
calentar ～ 1) 長居する. 2) ［不相応な］地位に居座る
estar de ～ 住み着く, 定住する
hacer ～ ［建造物が］沈下する
hacer buen (***mal***) ～ ［食べ物が胃に］もたれない(もたれる)
no calentar ～ ［住居・職を］よく変える, 腰が落ち着かない
pegarse a+人 ***el*** ～ …が長居する: A mi vecina María siempre *se* le *pega el* ～. 隣のマリアはいつも長っ尻だ
tomar ～ 席につく, 座る: *Tome* usted ～, por favor. どうぞお座りください
vivir de ～ ***con***+人 《中南米》 …と同棲する

asignable [asignáble] [形] 割り当てられ得る

asignación [asignaθjón] 〖←ラテン語 assignatio, -onis〗 [女] ❶ ［特定の目標への資源・資産の］配分: ～ de activos 資産選択, ポートフォリオ・セレクション. ～ de costes 原価配分, 費用配分. ～ de las utilidades 利潤の分配. ～ óptima de recursos 最適資源配分. ～ por agotamiento ［埋蔵資源などに適用される］減耗償却引当金. ～ presupuestaria 予算配分. carta de ～ 《株式》 割当証. ❷ 給与, 手当; おこづかい. ❸ 《中米》 宿題

asignado [asignáđo] [男] 《歴史》 アシニア紙幣

asignante [asignánte] [形] [名] 《法律》 割り当てる〔人〕

asignar [asignár] 〖←ラテン語 assignare〗 [他] [+a に] 割り当てる, 指定する: La autonomía *asignará a* este proyecto 5 millones de euros este año. 市は今年この計画に500万ユーロ割りふるだろう. Le *asignan* un sueldo muy elevado *a* una novata como ella. 彼女のような新米が高給をもらっている

asignatario, ria [asignatárjo, rja] [名] 《中南米》 遺産受取人

asignatura [asignatúra] 〖←asignar〗 [女] 学科目, 課目, 教科: Le faltan dos ～*s* para licenciarse. 彼は卒業するのに2課目〔分の単位が〕足りない. tomar muchas ～*s* 課目をたくさんとる
～ pendiente [ずっと前から] 未解決の問題, 懸案事項
asignaturización [asignaturiθaθjɔ́n] [女] 《まれ》カリキュラムの一つに変えること
asignaturizar [asignaturiθár] [9] [他] 《まれ》カリキュラムの一つに変える
asilábico, ca [asiláƀiko, ka] [形] 《言語》音節として機能しない, 非成節的な
asilado, da [asiláđo, đa] [名] ❶ 被収容者, 避難民. ❷ 政治亡命者 〖=～ político〗
asilar [asilár] 〖←asilo I〗 [他] ❶ [保護施設に] 収容する, 庇護する. ❷ 避難を受け入れる. ❸《中南米》政治亡命を受け入れる
—— **～se** [+en に] ❶ 逃げ込む, 避難する; 政治亡命する. ❷ 収容される
asilla [asíʎa] [女] よりどころ, とっかかり 〖=asidero〗
asilo [asílo] **I** 〖←ラテン語 asylum < ギリシア語 asylon「保護施設」< a-(欠如)+sylao「私は引き出す」〗 [男] ❶ 保護施設, 収容所: meter en el ～ de (para) ancianos 老人ホームに収容する. ～ de huérfanos/～ de niños expósitos《古語的》孤児院. ～ de locos 精神病院. ～ de pobres 救貧院. ❷ 聖域, 公界, アジール 〖安全を保証された空間〗. ❸ 保護, 収容: buscar ～ a una iglesia 教会に保護を求める. dar ～ a+人 …をかくまう. derecho de ～ 避難権; 治外法権〔域〕
～ de la paz 天国
～ de sus penas 心の慰め
～ político 政治的保護, 政治亡命保護: pedir 〔el〕 ～ *político* en Japón 日本への政治亡命を求める
II [男] 《昆虫》ムシヒキアブ
asilvestramiento [asilƀestramjénto] [男] 野生に戻ること
asilvestrar [asilƀestrár] **～se** [主に [過分]. 飼育・栽培されていた動植物が] 野生に戻る
asimetría [asimetría] 〖←ギリシア語 a-(無)+symmetria〗 [女] 不均衡, 非対称
asimétrico, ca [asimétriko, ka] [形] 不均整な, 非対称の: información ～*ca* 非対称的情報 〖例えば中古車の売手と買手は, 同じ市場に参加しながら情報の質量が異なる〗
—— [女] [複] 《体操》段違い平行棒 〖=barras ～*s*〗
asimiento [asimjénto] 〖←asir〗 [男] ❶《文語》つかむ(しがみつく)こと. ❷《まれ》支持, 親愛
asimilabilidad [asimilaƀiliđá(đ)] [女] 同化性
asimilable [asimiláƀle] [形] 同化され得る
asimilación [asimilaθjɔ́n] [女] ❶ 同化, 吸収: ～ social 社会的同化. ～ clorofílica 炭酸同化作用. ❷《音声》同化
asimilado, da [asimiláđo, đa] [名] 《中南米》軍医; 従軍聖職者
asimilador, ra [asimilađɔ́r, ra] [形] =**asimilativo**
asimilar [asimilár] 〖←ラテン語 assimilare < ad-(に)+similis「類似の」〗 [他] ❶ [食物などを] 吸収する, 同化する: ～ la leche 牛乳を消化吸収する. ❷ [知識などを] 吸収する, 理解する: ～ la nueva información 新しい情報を吸収する. ～ lo que aprende 習ったことを自分のものにする. ❸ [+a と] 同一視する, 同格に扱う; 類似させる: *Asimilaban* la máquina *a* una vida mejor. 人々は機械とよりよい生活を同じものと見ていた. ❹《音声》同化する
—— **～se** [+a と] 似ている: Ese videojuego *se asimila a* un juego de dinero. そのテレビゲームは一種のマネーゲームだ
asimilativo, va [asimilatíƀo, ƀa] [形] 同化の, 吸収の
a simili [a símili] 〖←ラテン語〗 [形] 《哲学》直喩の, シミリの
asimilismo [asimilísmo] [男] [少数民族などに対する文化・言語の] 同化政策, 同化主義
asimilista [asimilísta] [形] [名] 同化政策の; 同化政策を支持する〔人〕, 同化主義の(主義者)
asimina [asimína] [女] 《植物, 果実》ポーポー
asimismo [asimísmo] 〖←así〗 [副] 《文語》❶ …もまた 〖=también〗: El viajero se sentía agotado, ～ estaba desorientado. 旅人は疲れ果てていたし, おまけに道に迷っていた. ❷ 同様に: Él apareció de súbito en mi vida y ～ se esfumó horas después. 彼は突然私の生活に現われて, 同じように数時間後には消え去った
asimplado, da [asimpláđo, đa] [形] 《まれ》[人が] 単純素朴そうな, お人好しらしい
Asimus asinum fricat [asímus asínum fríkat] 〖←ラテン語〗 ロバはロバにすり寄る 〖人が互いに大げさにほめ合う〗
asín [asín] [副] =**así**
asina [asína] [副] =**así**
asincronía [asiŋkronía] [女] 非同時性;《電気》非同期
asincrónico, ca [asiŋkróniko, ka] [形] 非同時性の;《電気》非同期の
asincronismo [asiŋkronísmo] [男] 非同時性
asíncrono, na [asíŋkrono, na] [形] =**asincrónico**
asindético, ca [asindétiko, ka] [形] 《修辞》接続詞省略的な
asíndeton [asíndetɔn] [男] 《修辞》接続詞省略, 連辞省略 〖[例] Vine, vi, conquisté. 来た, 見た, 勝った (カエサルの言葉). ⇔ polisíndeton〗
asinergia [asinérxja] [女] 《生理》共同運動消失
asinino, na [asiníno, na] [形] =**asnino**
asintomático, ca [asintomátiko, ka] [形] 《医学》無症候性の
asíntota [asíntota] [女] 《幾何》漸近線
asintótico, ca [asintótiko, ka] [形] 《幾何》漸近の, 漸近的な
asir [asír] 〖←asa〗 [43] [他] 《文語》❶ [強く] つかむ, 握る 〖=agarrar〗: El hijo la *asió* de la falda. 息子は彼女のスカートを握りしめた. ❷ 獲得する: ～ la oportunidad チャンスをつかむ
—— **～se** ❶ [+a·de に] しがみつく: Juan *se asió a* mi cuello. フアンは私の首にしがみついた. ～*se a* una ilusión 幻想にすがる. ❷《まれ》[つかみあいの] けんかをする
asirio, ria [asírjo, rja] [形] [名] 《歴史, 地名》[古代メソポタミアの] アッシリア Asiria の〔人〕
—— [男] アッシリア語
asiriología [asirjolɔxía] [女] アッシリア学
asiriólogo, ga [asirjólogo, ga] [名] アッシリア学者
asísmico, ca [asísmiko, ka] [形] 耐震の
asistemático, ca [asistemátiko, ka] [形] 《文語》非体系的な
asistematismo [asistematísmo] [男] 《文語》非体系性
asistencia [asisténsja] 〖←asistir〗 [女] ❶ 出席, 参加; 参列, 臨席, 列席: La ～ es obligatoria para todos los miembros. 出席はメンバー全員に義務づけられている. La conferencia tuvo una ～ distinguida. 講演会には名士たちが出席した. no ～ 欠席, 不参加. ❷ [集名] 出席者; 入場者数, 出席者数; 聴衆, 観客: La asamblea se celebró con mediana ～. その集会はまあまあ人が集まった. ❸ 援助, 救済; 補佐; 救護, 看護, 治療: pedir ～ 援助を求める. prestar ～ a+人 …を補佐する. *A*～ Oficial para el Desarrollo 政府開発援助, ODA. ～ en carretera [交通事故の後処理・負傷者救助などの] 救急ロードサービス. ～ en tierra《航空》地上業務. ～ gravitatoria《天文》スイングバイ. ～ hospitalaria 医療扶助. ～ letrada 司法保護. ～ pública domiciliaria《西》在宅介護. ～ social 社会福祉. ～ técnica アフター(修理)サービス; [途上国に対する] 技術援助. ❹ [複] 救助隊: Llegaron las ～*s* sanitarias. 救急隊員が到着した. ❺ [複] 年金, 生活補助金. ❻《闘牛》闘牛場の下級職員. ❼《サッカー, バスケット》アシスト. ❽《中南米》～ pública 診療所, 保健所. ❾《メキシコ》casa de ～ 下宿屋. ❿《中米》[親しい客用の] 小応接室
～ médica (***sanitaria·facultativa***) 治療, 医療: Los heridos recibieron ～ *médica*. けが人は治療を受けた
con ～ de+人 …の立ち会いのもとで
asistencial [asistenθjál] [形] 援助の, 福祉の: estado ～ 福祉国家. institución ～ 福祉制度
asistencialismo [asistenθjalísmo] [男] 福祉〔国家〕主義
asistenta [asisténta] 〖←asistir〗 [女] 〖→asistente〗 ❶《西》[通い・時間給の] お手伝いさん, 家政婦, 派出婦: Los martes viene la ～. 火曜日は家政婦が来てくれる. ❷ [女子修道院の] 院長補佐. ❸ [修道院で働く] 女中. ❹ [王宮の侍女・女官に仕える] 女中. ❺ ～ social 福祉担当者. ❻《中南米》宿屋の女主人
asistente [asisténte] 〖←asistir〗 [形] ❶ [+a に] 出席している; 立ち会いの: Se puede organizar un debate entre el público ～ *a* la conferencia. 講演会の聴衆同士で議論を行なうことも可能です. ❷ 補佐の, 補助の
—— [名] 〖[女] **asistenta** もある〗 ❶ [主に [複]] 出席者, 参列者; 観客, 聴衆: Entre los ～*s* se encontraban varios ministros. 出席者の中に大臣が何人かいた. ❷ 助手, 補佐, アシスタント 〖=ayudante〗. ❸《サッカーなど》副審. ❹ ～ social ソーシャルワーカー, ケースワーカー
—— [男] ❶《軍事》従卒, 当番兵. ❷《歴史》行政長官, 執政長官. ❸《カトリック》[一部の修道会で] 修道院長補佐; 助任

司祭. ❹《中南米》召使い, 下男; 宿屋の主人

asistir [asistír]〖←ラテン語 asistere「近くに止まる」〗[自] ❶ [+a に] 出席する, 参加する; 参列する: *Asistiremos a* la boda de Luisa. 私たちはルイサの結婚式に出席するつもりだ. *Asiste a* clase con regularidad. 彼はきちんと授業に出ている. El rey *asistió a* la asamblea. 王は国会に出席した. ❷ 居合わせる; 目撃する: Ella *asistió al* accidente de tráfico. 彼女はその事故を目撃した. ❸ [演劇などを] 見に行く: Voy a ～ *a* la función de esta tarde. 私は今日午後の芝居を見に行くつもりだ. ❹ 清掃婦(家政婦)として働く. ❺《トランプ》[最初に出された札と] 同じ組の札を出す

—— [他] ❶《文語》援助する, 救済する, 補助する; 補佐する: Estos letrados *asisten* a los inmigrantes. この弁護士たちが移民を援助する. Es una organización que *asiste* a niños necesitados. それは困窮した子供たちを救済する団体だ. instrucción *asistida* por ordenador コンピュータ支援教育, CAI. ❷ 診療する, 治療する; 看病する, 介護する: En el accidente, muchos médicos *asistieron* a los heridos. 事故では大勢の医者がけが人の治療にあたった. reproducción *asistida* 介助生殖, 不妊治療. ❸ 面倒をみる, 世話を焼く; [臨時に] 手伝う: Como hay muchos invitados, tú y ella tenéis que ～los. 客が多いので, 君と彼女が応対しなければならない. ❹《法律》[道理・権利などが] …の側に存在する: A los afectados les *asiste* el derecho a reclamar. 被害者には要求する権利がある. ❺《文語》…に同行する, 随行する: El Ministro *asistió* al rey en su viaje por el extranjero. 大臣は国王の外遊に随行した. ❻《中南米. 法律》弁護する, 弁護士として出廷する

asistolia [asistólja] [女]《医学》心静止

asistólico, ca [asistóliko, ka] [形]《医学》心静止の

askenazí [askenaθí] [形] [名] アシュケナージ〔の〕, ドイツ・ポーランド・ロシア系ユダヤ人〔の〕

asma [ásma]〖←ラテン語・ギリシア語 asthma〗[女]〖単数冠詞: el・un〔a〕〗《医学》ぜんそく: crisis (ataque) de ～ ぜんそくの発作. ～ bronquial 気管支ぜんそく. ～ infantil 小児ぜんそく

asmático, ca [asmátiko, ka] [形] [名] ぜんそくの〔患者〕

asmatiforme [asmatifɔ́rme] [形]《医学》ぜんそくのような

asna[1] [ásna] [女]〖単数冠詞: el・un〔a〕〗《建築》[複] 主桁に支えられる木材

asnacho [asnátʃo] [男]《植物》ハリモクシュク〖=gatuña〗

asnada [asnáđa]〖←asno〗[女]《まれ》愚かさ

asnal [asnál] [形] ❶ ロバの; ロバのような. ❷ 野蛮な, 乱暴な, 粗野な; 愚かな

asnallo [asnáʎo] [男]《植物》ハリモクシュク〖=gatuña〗

asnalmente [asnálménte] [副]《口語》❶ ロバに乗って. ❷ 野蛮なことに, 乱暴にも; 愚かにも

asnar [asnár] [形]《まれ》=**asnal**

asnear [asneár] [自] ばかげたことを言う(する)

asnería [asnería] [女] ❶ [集名] ロバ. ❷ 愚かさ

asnero [asnéro] [男]《まれ》ロバ引き

asnilla [asníʎa] [女] ❶《建築》[倒れかけた壁を支える] 2本足の支柱. ❷ 4本足の架台

asnillo [asníʎo] [男]《昆虫》ハネカクシ

asnino, na [asníno, na] [形] =**asnal**

asno, na[2] [ásno, na]〖←ラテン語 asinus〗[名]〖女性単数冠詞: el・un〔a〕〗❶《動物》ロバ〖=《口語》borrico, burro〗: Al ～ muerto, la cebada al rabo.《諺》泥棒を捕えて縄をなう. ❷ 粗野な人; 愚か者: ¡Eres un ～! この間抜け野郎! el ～ de Juan フアンのばか

apearse (caer) de su ～ 自分の誤りを認める, 主張(要求)を引っこめる

no ver tres sobre (en) un ～ 大変目が悪い

parecerse al ～ de Buridán 選択に迷う

por dar en el ～, dar en la albarda 見当外れなことを言う(する)

—— [形] 粗野な; 愚かな

asnólogo [asnólogo] [男]《まれ. 軽蔑》大ばか者

asobarcar [asobarkár] [7] [他] =**sobarcar**

asobinado, da [asobinácto, đa] [形] ❶ いらだった, 腹を立てた; 疑い深い. ❷ 寂しい; しょげた

asobinar [asobinár] **～se** ❶ [馬などが起き上がれないかのように] 頭部を前足の間に入れてへたり込む. ❷ [人が] 体を丸くして倒れる

asocarronado, da [asokar̄onáđo, đa] [形] 陰険そうな, ずる賢そうな

asociable [asoθjáble] [形] 結び合わされ得る

asociación [asoθjaθjɔ́n]〖←asociar〗[女] ❶ 協会, 会; 連合; 学会; 組合: formar una ～ 協会を設立する. ～ cultural 文化協会. ～ ecologista 環境保護団体. ～ política 政治結社. *A*～ de Automovilistas 自動車運転手協会. ～ de padres de alumnos 父母会, PTA. ～ de vecinos 町内会. *A*～ Europea de Libre Cambio 欧州自由貿易連合. *A*～ de Transporte Aéreo Internacional 国際航空輸送協会. *A*～ Internacional del Desarrollo 国際開発協会, 第二世銀. *A*～ Latinoamericana de Integración ラテンアメリカ統合連合〖1981年発足〗. *A*～ Latinoamericana de Libre Comercio《歴史》ラテンアメリカ自由貿易連合〖1961年結成, 81年 *A*～ Latinoamericana de Integración に改組〗. ❷ 提携, 協同: en ～ con... …と協同で, 提携して. libertad de ～ 結社の自由. ❸ 連想, 連想されるもの: método de ～ libre《心理》自由連想法. ～ de ideas 連想;《心理》観念連合. ❹《生物》群集

asociacionismo [asoθjaθjonísmo] [男]《心理》観念連合論; 連合心理学

asociacionista [asoθjaθjonísta] [形] [名]《心理》観念連合論の(論者)

asociado, da [asoθjáđo, đa] [形] ❶ 参加した, 加入した. ❷ 協同〔経営〕の, 提携した: empresa ～*da* 関連会社. ❸ 正会員に準じる: miembro ～ 準会員. ❹ trastorno de la memoria ～ a la edad《医学》加齢に伴う記憶障害

—— [名] ❶ 会員, 組合員; 仲間. ❷《商業》協同経営者, 提携者; [弁護士事務所の] アソシエーツ. ❸ 非常勤講師〖=profesor ～〗

asociador, ra [asoθjađɔ́r, ra] [形] 参加(結集)させる; 連想させる

asociamiento [asoθjamjénto] [男] =**asociación**

asocial [asoθjál]〖←ギリシア語 a-(無)+西語 social〗[形] 反社会的な

asocialidad [asoθjaliđá〔đ〕] [形] 反社会性

asociar [asoθjár]〖←ラテン語 assolare < ad-(近く)+socius「仲間」〗[10] [他] ❶ [+a・con と, 考え・出来事などを] 結びつける, 結びつけて考える, 関連させる: Los pequeños niños *asocian* las inyecciones *con* el dolor. 小さな子供は注射というとすぐ痛さを思い浮かべる. ❷ [+a に] 参加させる, 加入させる, 入会させる: *Asociaron* a una persona de fuera *al* negocio (en la dirección de la empresa). 彼らは外部の人間を事業(会社の経営)に参画させた. *Hemos asociado* a nuestra hija *a* una compañía de ballet. 私たちは娘をバレエ団に入れた. ❸ [資産などを] 出し合う, 協同で出す: Hemos decidido ～ el dinero *al* proyecto. 我々はその計画に共同出資することを決定した. ❹ [機能・活動などを, 相互に/+a・con と] 結合させる

—— **～se** ❶ [+a に] 参加する, 加入する: ～*se a* un partido 入党する. ❷ [+a・con と] 提携する, 協同経営する; 合併する: De repente han anunciado que los dos grandes bancos van a ～*se*. その2つの大銀行が合併すると突然発表された. Para una empresa extranjera era forzoso ～*se con* una compañía local. 外国企業にとって現地企業との合併は強制的だった. ❸ [仲間として, +con と] 組む, つき合う: No *te asocies con* esa gente. そんな連中とはつき合わない方がいいぞ. ❹ [+con と] 関連する: El raquitismo *se asocia con* la falta de vitamina D. くる病はビタミンDの欠乏と関連している. ❺ [+a 感情などを] 分かち合う, 共にする: *Me asocio a* vuestro dolor. ご愁傷さまに存じます. ❻ [出来事などが] 重なり合う, 同じ時に起こる: El frío y la lluvia *se han asociado* para destruir la cosecha. 寒さと雨が重なって収穫は壊滅的だ. ❼ [思い出などが] 結びつく, 結合する: La comida *se asocia con* la palabra hogar. 食事といえば家庭という言葉と結びつく

asociativo, va [asoθjatíbo, ba]〖←asociar〗[形] ❶ 結合の, 連合の: entidad ～*va* 連合団体. ley ～《数学》結合法則. ❷ 連想の: relación ～*va*《言語》連合連関, 連想関係

asocio [asóθjo] [男]《中南米》=**asociación**

en ～ [+de・con と] 協同で, 一緒に

asolación [asolaθjɔ́n] [女] =**asolamiento**

asolador, ra [asolađɔ́r, ra] [形] 破壊する, 破壊的な

asolagar [asolagár] [8] [他]《地方語》水浸しにする, 浸水させる

asolamiento [asolamjénto] [男] 破壊, 荒廃

asolanar [asolanár] [他] [東風 solana が果実・野菜などを] 駄目にする, 被害を与える

asolapado, da

―― **~se** 駄目になる、被害を受ける

asolapado, da [asolapádo, ða] 形《地方語》陰険な、偽り隠す

asolapar [asolapár] 他［煉瓦・瓦を一部重なるように］積む

asolar [asolár] I 《←ラテン語 assolare「荒廃させる」< ad-（に）+solum「地面」》《←a+sol》〖規則変化1/《文語》〗28 他［土地・建物を］徹底的に破壊する、荒廃させる: La siniestra guerra *asoló* España. 忌まわしい内戦がスペインを荒廃させた. II《←a+sol》《文語》《←28》[暑さ・旱魃が畑を] 干上がらせる;［作物を］駄目にする、枯らす

asoldadar [asoldaðár] 他 **=asoldar**

asoldar [asoldár] 28 他《主に古語》[兵士を] 賃金を払って雇う

asoleada [asoleáða] 女《メキシコ、グアテマラ、コロンビア、チリ》熱中症〖=insolación〗

asoleamiento [asoleamjénto] 男《古語》日光に当てる（当たる）こと

asolear [asoleár]《←a-+solear》他 ❶ 日光に当てる. ❷《コロンビア. 口語》うち負かす、勝つ
―― **~se** 日光に当たる

asoleo [asoléo] 男 ❶ 日光に当てる（当たる）こと. ❷ [動物などの] 日射病

asolerado, da [asoleráðo, ða] 形 伝統(格式)のある

asolvamiento [asolβamjénto] 男 **=azolvamiento**

asolvar [asolβár]《古語》**=azolvar**

asomada[1] [asomáða] 女 ちらりと見えること；頭（顔）をのぞかせること. ❷ 斜面・窪地から遠くに望める場所
a la ~/de ~《狩猟》不意をついて

asomadizo, za [asomaðíθo, θa] 形《まれ》ちらりと見える

asomado, da[2] [asomáðo, ða] 形《ベネズエラ》おせっかいな

asomante [asománte] 形 一部を見せる

asomar [asomár]《←a-+ラテン語 summum》自 ❶ 現われ始める、出てくる: El sol *ha asomado* entre las nubes. 太陽が雲間から顔をのぞかせた. ❷《くだけた、はみ出る》: Su vestido blanco *asoma* debajo del abrigo. 彼女の白いドレスがコートの下からのぞいている
―― 他 [+a・por から] …の一部をのぞかせる: Es peligroso ~ la cabeza *a* (*por*) la ventanilla del autobús. バスの窓から顔を出すのは危険だ
―― 他 ❶ [+a・por から] のぞく、顔をのぞかせる、身を乗り出す: Las mujeres *se asoman a* la ventana para ver el desfile. 女たちはパレードを見ようと窓から顔をのぞかせている. *Me asomé por* el hueco de la escalera, apoyándome en la barandilla. 私は手すりにもたれて、階段の吹き抜けに身を乗り出した. ❷ [+a・por から] 姿を見せる、ちょっと顔を出す: Hace mucho tiempo que no *se asoma a* la reunión. ずいぶん前から彼は集会に顔を出さなくなっている. ❸ [+a に] ちらりと見る、ざっと目を通す: No *se asoman* siquiera a lo que escribimos. 彼は私たちが書いたものを少しも見ようとしない. ❹ [+a に] 少し関心を持つ: *Me he asomado al* flamenco. 私はフラメンコをちょっとかじったことがある. ❺ [+a に] 向いている: El balcón *se asoma al* mar. バルコニーは海に向いている. ❻《口語》ほろ酔い気分になる

asómate [asómate] 男《地理》[見晴らしのいい] 尾根上の小高い場所

asomatognosia [asomatognósja] 女《医学》身体失認、部位失認

asombradizo, za [asombraðíθo, θa] 形 ❶ 怖がりの〖=espantadizo〗. ❷《古語》薄暗い〖=sombrío〗

asombrador, ra [asombraðór, ra] 形 驚かす、驚くべき

asombrar [asombrár]《←a-+sombra》他 ❶ 驚かせる、びっくりさせる；驚嘆させる、感心させる: 1) Te *asombrará* saber la verdad. 真実を知ったら君は驚くことだろう. *Me asombra* este palacio por su belleza. この宮殿の美しさには驚嘆させられる. 2) [que+接続法 が主語] Nos *asombra que* un político tan viejo pueda seguir hablando todavía mucho tiempo ante la gente. あれほど年老いた政治家がいまだに人々の前で長時間話し続けられることには舌を巻く. ❷ 陰にする、影を作る: Unos cipreses grandes *asombraban* el lugar. 数本の大きい糸杉がその場所に影を落としていた. ❸《美術》陰影をつける. ❹《まれ》怖がらせる、おびえさせる
―― **~se** ❶ [+con・de・por に] 驚く、びっくりする；感嘆する；呆然とする: 1) No *me asombraré con* lo que diga Jorge. ホルヘが何を言っても私は驚かないだろう. Yo no *me asombro por* tan poca cosa. そんなささいなことで私は驚かない. 2) [+de que+接続法] *Me asombré de que* hubieran vuelto de repente. 私は彼らが突然戻ってきたので驚いた. ❷《まれ》[+de を] 怖がる、おびえる. ❸《中南米》めまいがする；気を失う

asombro [asómbro]《←asombrar》男 ❶《強い》驚き、仰天；驚嘆、感嘆: Causó el ~ de la familia al sacar sobre la mesa un fajo de billetes. 彼はテーブルの上に札束を差し出して家族をびっくりさせた. Al ver una pirámide tan grande como esa, el ~ de los turistas fue mayúsculo. あのように大きいピラミッドを見た観光客の驚きは大きかった. Él ha puesto cara de ~. 彼はびっくりした顔をした. ❷ 驚嘆（感嘆）させる物（人・事）. ❸《まれ》恐れ、恐怖；ぞっとさせる物（人）. ❹《口語》お化け、幽霊、亡霊
de ~ 驚いて
no salir de su ~ 呆然とする

asombrosamente [asombrósamente] 副 驚くべきことに；すばらしく

asombroso, sa [asombróso, sa]《←asombro》形 ❶ 驚くべき、びっくりするような；すばらしい: Su recuperación fue ~. 彼の回復ぶりは驚くべきものだった. mostrar un valor ~ 驚くべき勇気を見せる. descubrimiento ~ 驚くべき発見. ❷《軽蔑》途方もない、思いもよらない；腹立たしい、あきれさせる: Es ~ que nadie diga nada ante esta injusticia. こんな不正を前に誰も何も言わないのはおかしい

asomo [asómo]《←asomar》男 ❶［主に 複. 軍］では un+］現れ、気配、兆候: El rostro no refleja ~s de inteligencia. その表情にはこれっぽちの知性も感じられない. Se nota un ~ de la primavera. 春の息吹が感じられる. sin el menor ~ de duda まるで疑うそぶりもなく. ❷ 驚くべきこと. ❸ 疑い、推測. ❹《地方語》斜面や窪地が見下ろせる場所
ni por ~ 少しも(…ない): *Ni por* ~ pensé venir por aquí. 私はこのあたりに来るつもりは少しもなかった

asonada [asonáða] 女《政治》騒乱、暴動、激しい抗議；クーデター未遂

asonancia [asonánθja] 女 ❶ 類似音の繰り返し. ❷《詩法》類韻、母音韻

asonantar [asonantár] 自《詩法》類韻になる
―― 他《詩法》[言葉を] 類韻にする

asonante [asonánte] 形《詩法》類韻の

asonántico, ca [asonántiko, ka] 形 **=asonante**

asonar [asonár] 28 他《詩法》類韻にする

asoportado, da [asoportáðo, ða] 形《まれ》アーケードのある

asordado, da [asorðáðo, ða] 形《まれ》耳を聾すること

asordamiento [asorðamjénto] 男《まれ》耳を聾すること

asordante [asorðánte] 形《まれ》耳を聾するような

asordar [asorðár] 他 ❶ …の耳を聾(ろう)する〖=ensordecer〗. ❷ [場所を] 騒音で満たす. ❸ **=ensordinar**

asordinar [asorðinár] 他 **=ensordinar**

asorochar [asorotʃár]《←a-+soroche》**~se** ❶《アンデス》高山病にかかる. ❷《チリ》[熱さ・恥ずかしさで] 顔を赤らめる

asosegar [asoseǥár]《8》23 他《廃語、カンタブリア・南米の一部》**=sosegar**

asotanar [asotanár] 他［地下室・地下蔵を作るために建物の] 地下を掘る

aspa [áspa]《←ゴート語 haspa「糸繰り機の一種」》女〖単数詞: el un[a]〗❶［主に 複. 時に 集名］風車・プロペラなどの] 羽根、腕: Don Quijote vio rodar las ~s de unos molinos de viento. ドン・キホーテは何基かの風車の羽根が回っているのを見た. ❷ X字形[の物・印]: ~ *de San Andrés* 聖アンデレ十字. ❸《紋章》[斜帯と逆が交差する] X形十字. ❹ 糸車. ❺《数学》[掛け算の記号] ❻《南米》角(²)
en ~ X字形で

aspadera [aspaðéra] 女 糸車

aspado, da [aspáðo, ða] 形 ❶ X字形をした. ❷《西》[聖週間の行列で、腕を十字架に縛り付けられ] 十字架を背負った苦行者の]

aspador, ra [aspaðór, ra] 形 十字架にかける
―― 男 **=aspadera**

aspálato [aspálato] 男《植物》ルイボス、アスパラサス《葉はハーブティーにされる》

aspalto [aspálto] 男《廃語》**=asfalto**

aspar [aspár]《←aspa》他 ❶ ［拷問などのために、人を] 十字架にかける. ❷ [両腕を] 振り回す. ❸ [糸を] 繰(く)る. ❹ ひどく苦しめる；邪魔する

... aunque (así) a+人 aspen 《口語》《否定の強調》確かに…ない: No leen ni un libro *aunque los aspen*. 彼らは本など一冊も読みはしない

***Que* a+人 aspen si...** 《西》《後続の文と反対の意味の断言》…でないのは*Que me aspen si* lo sé. 僕は本当にそのことは知らないんだ

── **~se** ❶苦しみを表わす: *~se a gritos* 叫び声をあげて苦しむ. ❷努力する, がんばる

asparraguina [asparaɣína] 女《生化》アスパラギン
aspártico, ca [aspártiko, ka] 形《生化》*ácido ~* アスパラギン酸
aspaventar [aspabentár] 《←伊語 spaventare》他 怖がらせる
aspaventear [aspabenteár] 自 大げさな身ぶりをする
aspaventero, ra [aspabentéro, ra] 形 名 芝居がかった[人], 大げさな[人]
aspaventoso, sa [aspabentóso, sa] 形 名 =aspaventero
aspaviento [aspaβjénto]《←古語 espaviento <伊語 spavento「恐怖」》男《主に 複》. 恐böhme. 賛嘆・喜びの〕芝居がかった（大げさな）言葉（身ぶり）: *decir entre ~s* 芝居がかった調子で言う. *hacer ~s* 大げさな身ぶりをする
aspaventoso, sa [aspabentóso, sa] 形 名《まれ》=aspaventero
aspear [aspeár] 他《コロンビア, ベネズエラ》《動物を》足を引っかけて倒す

── **~se =despearse**

aspecto [aspékto] 《←ラテン語 aspectus < aspicio「見る, 近づく」》男 ❶《人・物の》外観, 様子: *Es una mujer de ~ elegante.* 上品そうな女性だ. *Llegó con ~ relajado.* 彼はリラックスした表情でやって来た. *El ~ externo del edificio es sobrio e imponente.* 建物の外観は簡素で重厚だ. ❷《問題などの》側面, 様相, 観点: *No la conozco más que en un ~.* 私は彼女を一面しか知らない. *Tiene un humor envidiable, es capaz de descubrir ~s graciosos en todo.* 彼のユーモアのセンスはうらやましい. どんなことにもこっけいさを見つけ出すことができる. *análisis sobre varios ~s arquitectónicos de la ciudad bien de los ~s arquitectónicos de la ciudad bien de los ~s建築 についての分析. bajo este ~* この観点から(見て). *en ciertos ~s* ある点では. *en todos los ~s* すべての点において. ❸《言語》相, アスペクト: *~ verbal* 動詞の相. *~ perfecto* 完了相. *~ imperfecto* 非完了相. ❹《生物》[植生の]季観. ❺《天文》星位;《占星》《星の》相, アスペクト

a(*l*) *primer ~* 一見《=a primera vista》
buen ~ 元気そうな様子; 感じ（見通し）の良さ: *Tienes muy buen ~.* 君はとても元気そうだ
de poco ~ 外見の悪い, 不格好な
mal ~ 病気らしい様子; 感じ（見通し）の悪さ: *alimentos con mal ~* まずそうな食べ物
tener un ~+形容詞 / *tener ~ de+名詞・不定詞* …の様子である, …らしい: *El pólipo tiene un ~ totalmente benigno.* そのポリープは完全に良性のようだ. *Tiene ~ de buen chico.* 彼はいい子みたいだ

aspectual [aspektwál] 形《言語》アスペクトの
ásperamente [ásperaménte] 副 無愛想に, つっけんどんに
asperarteria [asperartérja] 女《古語》呼吸器官
asperear [aspereár] 自 渋い（酸っぱい）味がする, おいしくない
asperete [aperéte] 男 =asperillo
aspereza [aperéθa] 女 ❶《表面の》ざらつき, でこぼこ: *~ de la piel* 皮膚の荒れ. *~ de la montaña* 山の険しさ. ❷《味・臭い・音などの》不快さ. ❸ 厳しさ: *Los inviernos castellanos son de gran ~.* カスティリャの冬はとても厳しい. ❹ 無愛想, とげとげしさ: *contestar con ~* つっけんどんに答える

limar ~s 対立を和らげる, 妥協する: *El hablar relajadamente sirve para limar ~s.* リラックスして話し合うことが対立解消の糸口となる

asperger [asperxér] [3] 他 =asperjar
asperges [aspérxes] 男《カトリック》❶交唱詩編の祈り《ラテン語 asperges me で始まり, 聖職者が灌水式で唱える》. ❷灌水
aspergillus [aspirxíλus] 男《単同形》《生物》コウジカビ, アスペルギルス
aspergilosis [aspirxilósis] 女《医学》アスペルギルス症
asperidad [asperiðá(ð)] 女 =aspereza
asperiego, ga [asperjéɣo, ɣa] 形 *manzana ~ga*《果実》シードル用のリンゴ《平べったく果肉はざらざらしていて酸っぱい》: *manzano ~* シードル用のリンゴの木

asperilla [asperíλa] 女《植物》クルマバソウ（車葉草）《= *~ olorosa*》
asperillo [asperíλo] 男《熟していない果実や食べ物・飲み物の》酸味, にがい味
asperjar [asperxár] 《←ラテン語 aspergere》他 ❶ 《水などを》振りかける. ❷《カトリック》…の灌水式をする, 聖水を振りかける
áspero, ra [áspero, ra] 《←ラテン語 asper, -era, -erum》形《絶対最上級》*asperísimo, cérrimo*] ❶《表面が》ざらざらした（ざらつく・ごわごわした）: *Las sábanas están ~ras.* シーツがごわごわしている. *manos ~ras* がさがさな手. ❷《地形が》でこぼこの, 険しい: *camino ~* でこぼこ道, 悪路. *ladera ~ra* 急斜面. ❸《味・臭いなどが》不快な; [音が]耳ざわりな: *fruta ~ra* 渋い（酸っぱい）果物. *humo ~* いがらっぽい煙. *voz ~ra* しわがれ声, がらがら声. ❹《天候・戦いなどが》荒れた, 厳しい. ❺ 無愛想な, 気難しい: *saludo ~* そっけない挨拶. ❻《ギリシア語の気音符》→*espíritu áspero*
asperón [asperón] 男《採鉱・粘土質の》砂岩
aspérrimo, ma [aspérimo, ma] 形《文語》*áspero* の絶対最上級
aspersión [aspersjón] 女 ❶《水などを》振りかけること: *riego por ~* 散水. ❷《カトリック》灌水: *El oficiante hizo varias aspersiones con el hisopo sobre el ataúd.* 司式者は棺に向かって灌水器で何度も聖水を振りかけた
aspersor [aspersór] 《←ラテン語 aspersus < aspergere》男 スプリンクラー, 散水装置《= *~ de riego*》
aspersorio [aspersórjo] 男 灌水器《=hisopo》
aspérula [aspérula] 女《植物》クルマバソウ《=asperilla》
asperura [asperúra] 女《地方語》寒く厳しい天候
áspic [áspik] 男《料理》ゼリー寄せ: *~ de manzanas* リンゴゼリー
áspid [áspi(ð)] 男 ❶《動物》ヨーロッパクサリヘビ; エジプトコブラ. ❷《文語》毒蛇
áspide [áspiðe] 男 =áspid
aspidistra [aspiðístra] 女《植物》ハラン
aspilla [aspíλa] 女《容器内の液量を測る》目盛り板
aspillador [aspiλaðór] 男《樽の中のワインなどの》液量計測係
aspillar [aspiλár] 他《目盛り板で樽の中のワインなどの》液量を測る
aspillera [aspiλéra]《←カタルーニャ語 espitllera「明かり取り窓」》女《築城》銃眼, 狭間
aspillerar [aspiλerár] 他 …に銃眼（狭間）を開ける; [銃眼・狭間のような]すき間を開ける
aspiración [aspiraθjón] 女 ❶《+aへの》強いあこがれ, 熱望, 渇望; [主に 複] 野心, 野望: *Su única ~ es ser piloto.* 彼のたった一つの望みはパイロットになることだ. *Sus aspiraciones serán difíciles de conseguir.* 彼の野望の実現は無理だろう. *~ al trono* 王位を強く望む. *~ al bien* 幸福への願望. *aspiraciones políticas* 政治的野心. ❷ 神への賛仰. ❸《息・ほこりなどを》吸い込むこと, 吸入: *En la cumbre realizaban con dificultad la ~.* 頂上では彼らは呼吸が難しかった. *hacer una profunda ~* 深呼吸する. *~ de drogas* 麻薬の吸引. ❹《技術》吸引, 吸い込み; 換気, 通風: *bomba de ~* 吸い上げポンプ. ❺《音声》気息音, 帯気音; 帯気. ❻《音楽》息つぎ, 休止
aspirado, da [aspiráðo, da] 形 女《音声》帯気音(の)

── 男《まれ》吸うこと
aspirador, ra [aspiraðór, ra] 形 吸い込む, 吸い上げる; 吸引式の: *bomba ~ra* 吸い上げポンプ

── 男 ❶ 電気掃除機《=aspiradora》. ❷《技術》吸引装置: *~ de polvo* 集塵機, 集塵装置. ❸《医学》吸引器

── 女 電気掃除機: *pasar la ~ra por la habitación* 部屋に掃除機をかける
aspirantado [aspirantáðo] 男 志望（志願）者集団
aspirante [aspiránte] 形 ❶ 渇望する, あこがれる. ❷《音声》帯気音の, 気息音の. ❸ 吸う, 吸い込む, 吸い上げる: *bomba ~* 吸い上げポンプ

── 名 [+a 地位・栄誉に] 熱望する人; 志望者, 志願者, 応募者: *~ a la policía* 警察官志望者. *~ a la Alcaldía* 市長候補

── 男《音声》帯気音, 気息音
aspirar [aspirár]《←ラテン語 aspirare < ad-（近く）+spirare「呼吸する」》自 ❶《+a+名詞・不定詞・que+接続法》を切望する, 熱望する: *Aspira a mayor categoría social.* 彼はさらに高い社会的

地位を望んでいる. *Aspiro a ganar el concurso.* 私はコンクールで入賞したい. ～ una beca 奨学金を欲しがる. ❷ 息をする, 呼吸する
── 他 ❶［気体を］吸う, 吸い込む: *Me gusta ～ el aire puro y fresco de la mañana.* 私は朝の新鮮な空気を吸うのが好きる. ❷［機械が］吸引する, 吸い上げる: *El aparato aspira el polvo del suelo.* その器具は床のほこりを吸い込む. ～ el agua 水を吸い上げる. ❸《音声》[h e]帯気音で発音する, 気息音化する. ❹《主に中南米》掃除機をかける: ～ *la moqueta* じゅうたんに掃除機をかける

aspirina [aspiɾína] 囡《薬学》アスピリン
aspirino [aspiɾíno] 男《軍事. 隠語》看護兵
asqueante [askeánte] 形 不快〔嫌悪〕感を催させる
asquear [askeáɾ]《←*asco*》他 …に不快〔嫌悪〕感を催させる: *Me asquean las calles llenas de basura.* 私はごみだらけの街路にはへどが出る思いだ. *La mentira y la falsedad le asquean.* 彼は嘘と偽りが大嫌いだ
── 自 不快〔嫌悪〕感を催す
～*se*《主に》過分. +*de* が〕嫌になる: *Está asqueado de esta vida.* 彼はこの生活が嫌になっている
asquenazí [askenaθí] 形 名 =**askenazí**
asquenazita [askenaθíta] 形 名 =**askenazí**
asquerosamente [askeɾosaménte] 副 ひどく嫌なことには, いやらしく
asquerosidad [askeɾosiðáð] 囡 汚らしさ, 卑劣さ
asqueroso, sa [askeɾóso, sa]《←俗ラテン語 *escharosus*「かさぶただらけの」<ラテン語 *eschara*「かさぶた」》形 ❶［*estar*+］不快〔嫌悪〕感を催すような, 嫌な.《口語》大変汚れた: 1) *La habitación está ～a.* 部屋はおそろしく汚い. 2)［特に意味なく軽蔑的に］¡*A～ virus informático!* 憎ったらしいコンピュータウィルスめ！ ❷［*ser*+］すぐ不快〔嫌悪〕感を催す
── 名 嫌なやつ: *Es usted un inmoral, un ～ y un tirano.* あなたは不道徳で, 嫌な男で, 暴君だ
asquiento, ta [askjénto, ta] 形 ❶《中南米》ひどく嫌な〔=*asqueroso*〕. ❷《チリ. 口語》傷つきやすい, 繊細な
assamés [asamés] 形 男〔インド. アッサム地方 Assam の〕アッサム語〔の〕
assembler [asémbler]《←英語》男《情報》アセンブラ〔の〕
assistant [asístant]《←英語》囡 助手, アシスタント〔*adjunto*〕
asta [ásta]《←ラテン語 *hasta*》囡〔単数冠詞: el・un〔a〕〕❶《文語》〔主に 複〕動物の〕角(ﾂﾉ): *El torero murió entre las ～s de un toro.* その闘牛士は牛の角に刺されて死んだ. *peine de ～* 角製のくし. ❷ 旗ざお. ❸〔槍などの〕柄(ｴ): *Al clavarle la lanza, se rompió el ～.* 槍を打ち込んだら柄が折れた. ❹〔筆・ブラシなどの〕軸. ❺〔船などの〕肋材(ﾛｸ). ❻ 檣頭(ｼｮｳﾄｳ); 〔檣頭先端の〕ペナントポール. ❻《建築》〔壁の厚さ〕煉瓦1個分
a media ～ 半旗で・の: *Las banderas ondeaban (estaban) a media ～.* 半旗が掲げられていた
dejar a+人 en las ～s del toro 苦境にある…を見捨てる
ástaco [ástako] 男《動物》ザリガニ
astado, da [astáðo, ða] 形〔牛などが〕角(ﾂﾉ)のある
── 男《闘牛》牛
astamenta [astaménta] 囡 一対の角(ﾂﾉ)〔=*cornamenta*〕
astapense [astapénse] 形 名〔まれ. 地名〕エステパ Estepa の〔セビーリャ県の町〕
Astarté [astaɾté] 囡《ギリシア神話》アシュタルテ《愛と豊穣の女神》
astasia [astásja] 囡《医学》起立不能症
astático, ca [astátiko, ka] 形《医学》起立不能症の. ❷《物理》無定位の: *aguja ～ca* 無定位針
astato [astáto] 男 = **ástato**
ástato [ástato] 男《元素》アスタチン
asteísmo [asteísmo] 男《修辞》偽悪的賛辞《表面的には叱責・毒舌で実は賞賛する》
astenia [asténja] 囡《医学》無力症
asténico, ca [asténiko, ka] 形《医学》無力症の〔患者〕
astenopía [astenopía] 囡《医学》眼精疲労
astenosfera [astenosféɾa] 囡《地質》岩流圏
astenospermia [astenospéɾmja] 囡《医学》精子無力症
aster [astéɾ] 男《植物》アスター, エゾギク, シオン
áster [ásteɾ] 男 = **aster**
asterisco [asteɾísko]《←ギリシア語 *asteriskos*「小さな星」》男《印刷》星印, アスタリスク〔*〕

asterismo [asteɾísmo] 男《天文》星群
astero [astéɾo] 男 ❶《古代ローマ》投げ槍兵. ❷［馬上槍試合の騎士に槍を渡す〕槍持ち. ❸ 槍製造者
asteroide [asteɾóiðe]《←ギリシア語 *asteroides* < *aster*「星」+*eidos*「形」》❶《まれ》星形の
── 男《天文》小惑星: *cinturón de ～s* 小惑星帯, アステロイドベルト. *～s cercanos a la Tierra* 地球近傍小惑星
asteroideo, a [asteɾoiðéo, a] 形《動物》ヒトデ綱
astia [ástja] 囡《地方語》〔牛の突き棒などとして使われる〕先端が鉄の棒
asticot [astikó]《←仏語》男《まれ》〔ハエの〕蛆(ｳｼﾞ)《釣りの餌に使う》
astifino, na [astifíno, na] 形《闘牛》〔牛が〕角(ﾂﾉ)の鋭い
astigitano, na [astixitáno, na] 形 名〔地名〕エシハ Écija の〔セビーリャ県の町〕
astígmata [astíɣmata] 形 = **astigmático**
astigmático, ca [astiɣmátiko, ka] 形 名 乱視の〔人〕: *vista ～ca* 乱視
astigmatismo [astiɣmatísmo]《←ギリシア語 *a-*〔無〕+*stigma*, *-atos*「点」》男 ❶《医学》乱視〔= ～ *del ojo*〕: *tener un ～ muy elevado* ひどい乱視である. ❷《光学》非点収差
astigmómetro [astiɣmómetɾo] 男《医学》〔乱視測定の〕アスチグモメーター
astigordo, da [astiɣóɾðo, ða] 形《闘牛》〔牛が〕角(ﾂﾉ)の太い
astil [astíl]《←ラテン語 *hastile*》男 ❶〔斧・鍬などの〕柄(ｴ). ❷〔天びん秤の〕竿. ❸ 矢柄(ﾔｶﾞﾗ). ❹〔羽根の〕軸
astilla [astíʎa]《←ラテン語 *astella* < *astula*》囡 ❶ 木屑, 木片, こっぱ;《海事》ウッドチップ: *Se me ha clavado una ～ en el dedo.* とげが指に刺さった. *No hay peor ～ que la del mismo palo.*《諺》かつての友ほど厄介な敵はない. ❷ 廖 たきつけ〔= ～s *para fuego*〕. ❸〔石などの〕かけら. ❹《西. 口語》わいろ;〔盗みなどの〕分け前: *dar ～ a+人* …に鼻薬をかがせる; 分け前を与える
hacer ～s ばらばら〔粉々〕にする, 細かく割る: *Cogió las sillas y las hizo ～s.* 彼は椅子をつかんでばらばらにした
hacerse ～s ばらばら〔粉々〕になる
sacar ～ 利益を得る, 得をする
astillado, da [astiʎáðo, ða] 形 ❶《闘牛》〔牛が〕角(ﾂﾉ)の割れた. ❷《文語》〔木屑のように〕そろいのない
── 男 ばらばらにする〔なる〕こと
astillamiento [astiʎamjénto] 男 ばらばらにする〔なる〕こと
astillar [astiʎáɾ] 他 ばらばら〔粉々〕にする, 細かく割る
～*se* ばらばら〔粉々〕になる, 細かく割れる
astillazo [astiʎáθo] 男《古語的》〔木を割った時の〕木片による衝撃
Astillejos [astiʎéxos] 男 複《天文》カストル Cástor とポルックス Pólux《双子座 Géminis の星》
astillerense [astiʎeɾénse] 形 名《地名》アスティリェロ Astillero の〔人〕《カンタブリア県の町》
astillero [astiʎéɾo]《← *astilla*》男 ❶〔主に 複〕造船所. ❷《古語的》製材所; 貯木場. ❸《古語》槍掛け
astillón [astiʎón] 男 *astilla* の 示大語
astilloso, sa [astiʎóso, sa] 形 簡単に割れる, 砕けやすい
astinegro, gra [astinéɣɾo, ɣɾa] 形《闘牛》〔牛が〕角(ﾂﾉ)の黒い
astorgano, na [astoɾɣáno, na] 形 名《地名》アストルガ Astorga の〔人〕《レオン県の町》
Astor Piazzolla [astóɾ pjaθóla]《人名》アストル・ピアソラ《1921～92, アルゼンチンの作曲家, バンドネオン奏者. タンゴをクラシック音楽の領域にまで高めたとされる.『リベルタンゴ』*Libertango*, 『アディオス・ノニーノ』*Adiós Nonino*, 『オブリビオン』*Oblivión*》
astracán [astrakán]《← *Astrajan* (ロシアのカスピ海岸の町)》男 ❶ 生まれたばかりの羊の毛皮: *gorro ruso de ～* 羊革のロシア帽. ❷ 繊維 アストラカン《羊毛やヤギの毛の厚手の織物》: *chaquetón de ～* アストラカンのコート. ❸〔ドタバタ調の〕笑劇《ジャンル》
astracanada [astrakanáða]《西》〔ドタバタ調の〕笑劇, 道化芝居《作品》
astrágalo [astráɣalo] 男 ❶《解剖》距骨(ｷｮｺﾂ). ❷《建築》〔柱頭下部を飾る〕玉縁, 定規線
astral [astɾál]《← *astro*》形《主に占星》星の: *carta ～*〔その人が誕生した日の〕星座図. *cuerpo ～* 星気体, 霊体. *influencia ～* 星の感応力
── 男《アラゴン》手斧

astreñir [astreɲír] 20 35 [異分 ruñendo] 他 =**astringir**
astricción [astrikθjón] 女 収斂(しゅうれん)
astrictivo, va [astriktíβo, βa] 形 収斂する, 収斂性のある
astrífero, ra [astrífero, ra] 形 [詩語] 満天の星の
astringencia [astrinxénθja] 女 収斂性(しゅうれんせい), 収斂
astringente [astrinxénte] 形 [薬学] 収斂性のある
—— 男 ❶ [薬学] 収斂剤. ❷ [化粧] アストリンゼント
astringir [astrinxír] [←ラテン語 adstringere < ad-（近く）+stringere「締める」] 4 他 [薬学] [皮膚などを] 収斂させる; 便秘を起こす
—— 自 収斂する
astriñir [astriɲír] 20 他 他 =**astringir**
astro [ástro] [←ラテン語 astrum < ギリシア語 astron] 男 ❶ 天体, 星: observaciones de los ~s 天体観測. ~ rey/~ del día 太陽. ❷ スター: ~ del cine/~ de la pantalla 映画スター. ~ del deporte 花形選手, スタープレーヤー
astro- [接頭辞] ❶ [天体, 星] astrología 占星術, astrofísica 宇宙物理学. ❷ [宇宙飛行] astronave 宇宙船
-astro, tra [軽蔑接尾辞] musicastro へぼ音楽家, madrastra 子供をいじめる母親
astrobiología [astroβjoloxía] 女 宇宙生物学
astrocito [astroθíto] 男 [解剖] 星状細胞
astrocitoma [astroθitóma] 男 [医学] 星状細胞腫, アストロチトーム
astrodinámica [astroðinámika] 女 宇宙力学, アストロダイナミクス
astródomo [astróðomo] 男 屋根付きスタジアム
astrofísico, ca [astrofísiko, ka] 形 名 宇宙物理学の; 宇宙物理学者
—— 女 宇宙物理学
astrofotografía [astrofotoɣrafía] 女 天体写真術
astrofotográfico, ca [astrofotoɣráfiko, ka] 形 天体写真術の
astrofotometría [astrofotometría] 女 天体光度測定, 天体測光術
astrográfico, ca [astroɣráfiko, ka] 形 アストログラフの
astrógrafo [astróɣrafo] 男 アストログラフ[天体望遠鏡とカメラを組み合わせた装置]
astrolabio [astroláβjo] 男 アストロラーベ[昔の天体観測器]
astrolito [astrolíto] 男 =**aerolito**
astrologar [astroloɣár] 8 他 [廃語] 占星術で調べる（予言する）
astrología [astroloxía] 女 占星術
astrológico, ca [astrolóxiko, ka] 形 占星術の
astrólogo, ga [astróloɣo, ɣa] 名 占星術師
astromancia [astrománθja] 女 [まれ] 星占い
astromelia [astromélja] 女 [植物] アストロメリア[花は鑑賞用]
astrometría [astrometría] 女 天文測定学
astrómetro [astrómetro] 男 天体測定器
astronauta [astronáwta] 名 宇宙飛行士
astronáutico, ca [astronáwtiko, ka] 形 名 宇宙航行学[の]
astronave [astronáβe] 女 宇宙船
astronomía [astronomía] [←ラテン語 astronomia < ギリシア語 astronomia < astron「天体」+nemo「私は分配する」] 女 天文学: ~ de rayos X X線天文学
astronómico, ca [astronómiko, ka] 形 ❶ 天文学の: día ~ 天文日（暦日）. ❷ 天文学的な, 途方もない: pagar una cantidad ~ca 天文学的な金額を支払う. cifra ~ca 天文学的な数字
astrónomo, ma [astrónomo, ma] 名 天文学者
astroquímica [astrokímika] 女 宇宙化学
astrosfera [astrosféra] 女 [生物] 星状球
astrosidad [astrosiðáð] 女 むさくるしさ
astroso, sa [astróso, sa] 形 ❶ [人が] 外見が汚らしい, むさくるしい. ❷ [物が] ぼろぼろの, 汚い
astucia [astúθja] [←ラテン語 astutia] 女 抜け目のなさ; ずる賢さ: Resolvió el embrollo con ~. 彼はそのもめごとを巧妙な手段で解決した. obrar con ~ 抜け目なく（ずる賢く）立ち回る
astucioso, sa [astuθjóso, sa] 形 =**astuto**
astur [astúr] 形 名 ❶ アストゥル人[の][ローマ支配以前に現在のレオンとアストゥリアスに住んでいたケルト族]. ❷ =**asturiano**
asturcón, na [asturkón, na] 形 名 アストゥリアス産の小型馬[の]

asturianismo [asturjanísmo] 男 アストゥリアス方言; アストゥリアス好き
asturianista [asturjanísta] 形 名 アストゥリアスの風物研究の（研究者）
asturiano, na [asturjáno, na] 形 名 [地名] アストゥリアス Asturias 州の[人]
—— 男 [ロマンス語の] アストゥリアス方言
Asturias [astúrjas] I 女 [複] [地名] アストゥリアス [スペイン北部の自治州. 正式名称 Principado de ~]
II [人名] **Miguel Ángel ~** ミゲル・アンヘル・アストゥリアス [1899～1974, グアテマラの小説家. 幼時マヤ族の先住民に育てられ, 彼らの神話・伝説を聞いて育ち, その体験をもとにマジック・リアリズム realismo mágico と呼ばれる独自の幻想的な世界を創造した. マヤ族特有の幻想と現実描写が溶け合った詩的な文体で, アメリカの巨大資本と結託して先住民を抑圧・搾取する政府を痛烈に批判した作品を残している. 『El señor Presidente』, 『トウモロコシの人間たち』Hombres de maíz, 『ある混血の女』Mulata de tal. ノーベル文学賞受賞]
asturicense [asturiθénse] 形 名 [地名] アストルガ Astorga の[人][レオン県の町]
asturión [asturjón] 男 ❶ =**estuión**. ❷ 小型の馬 [=jaca]
asturleonés, sa [asturleonés, sa] 形 名 [astur-leonés とも表記] アストゥリアスとレオンの[人]: reino ~ [歴史] レオン・アストゥリアス王国
—— 形 男 アストゥリアスとレオンの地方語[の]
astutamente [astútaménte] 副 抜け目なく, ずる賢く
astutez [astutéθ] 女 [まれ] =**astucia**
astuto, ta [astúto, ta] [←ラテン語 astutus < astus「ずる賢さ」] 形 ❶ 抜け目ない: No podemos engañarle, es muy ~. 彼をだますことはできない, とても抜け目がないから. 彼をだまくらかす ❷ ずる賢い: abogado ~ como una serpiente 蛇のように狡猾な弁護士
asuardado, da [aswarðáðo, ða] 形 [毛織物が] 汚れている [=juardoso]
asubiadero [asuβjaðéro] 男 [カンタブリア] 雨宿りの場所
asueto [aswéto] [←ラテン語 assuetum「習慣的な」] 男 [1日程度の][数時間の] 休息, 休み: dar dos horas de ~ 2時間の休みを与える. día de ~ 休日
asulagar [asulaɣár] 8 他 [地方語] 水浸しにする, 浸水させる
asumible [asumíβle] 形 引き受け可能な: El túnel tiene un coste ~. そのトンネルの費用は支払い可能だ
asumidor, ra [asumiðór, ra] 形 引き受ける
asumir [asumír] I [←ラテン語 assumere < ad-（に）+sumere「取る」] 他 ❶ [責任・任務などを] 引き受ける, 引き継ぐ: Nadie asumió la responsabilidad de lo que sucedió. 誰も起こったことの責任をとらなかった. El productor de la película asume también las tareas de realización. その映画のプロデューサーは監督も兼ねている. Al morir los oficiales el sargento asumió el mando de la tropa. 士官たちが死んで軍曹が部隊の指揮をとった. ~ la presidencia 大統領になる. ~ la deuda 債務を引き受ける. ❷ [認識して] 受け入れる, 自覚する: Tenemos que ~ nuestras limitaciones. 私たちは自身の限界を認識すべきである. ~ una tramitación deficiente 手続きの不備を認める. ~ la gravedad de la noticia ニュースの重大性を受け止める. ❸ [外観・様相を] 呈する, 帯びる; [態度を] 取る, 装う
II [←仏語] [規模などを] 得る, 持つ: El incendio asumió grandes proporciones. 火災は広範囲にわたった
III [←英語] 他 [中南米] …と仮定する, 推定する [=suponer]; 当然と思う: Asumo que él es el autor. 彼が犯人だと思う
asunceño, ña [asunθéño, ña] 形 名 [地名] アスンシオン Asunción の[人][パラグアイの首都]
asunceño, ña [asunθéño, ña] 形 =**asunceno**
asunción [asunθjón] [←ラテン語 assumptio, -onis < assumere「引き受ける」] 女 ❶ [責任・危険などの] 引き受けること: No rechazaron la ~ de los más penosos deberes. 彼らは最もつらい任務を拒まなかった. ❷ 就任, 着任; 即位, 即位式: Con la ~ de su marido a la secretaría general del partido, su vida ha cambiado enteramente. 夫の党書記長就任によって彼女の生活は一変した. ❸ [カトリック, 正教会] [la A~] 聖母被昇天 [=La A~ de Nuestra Señora]; その祝日[8月15日]. ❹ [地名] [A~] アスンシオン[パラグアイの首都. 1537年ラ・プラタ領とアンデス地方を結ぶ街道沿いに建設された]
asuncionista [asunθjonísta] 形 名 [聖アウグスティヌス会の] 聖母被昇天修道会の[修道士・修道女]

asuntar [asuntár] 自《地方語》注意を払う

asuntejo [asuntéxo]《asunto の示小語》男《皮肉》事業, 仕事

asuntillo [asuntíʎo]《asunto の示小語》男《皮肉, 軽蔑》❶［くだらない・ちょっとした］仕事, 事業, 事件．❷ 行きずりの恋, 軽い恋愛沙汰: Un ～ con otra mujer fue la causa de su divorcio. 他の女性との浮気が彼の離婚の原因となった

asuntivo, va [asuntíbo, ba] 形 引き受けの

asunto¹ [asúnto]《←ラテン語 assumptus < assumere「引き受ける」》男 ❶ 事, 事柄: Vamos a tratar este ～ entre tú y yo. このことは君と僕だけの秘密にしておこう. Ya no debe de recordar de qué ～ se trata. 彼はもう何の話だったか覚えていないはずだ. Volvamos a nuestro ～. 本題に戻ろう. Esto no es ～ suyo. これはあなたの知ったことではありません. No te metas en mis ～s. 私のことに口をはさむな. ❷ 問題; 事件: Es un ～ muy delicado. それはきわめて微妙な問題だ. Eso es otro ～. それは別問題だ. — de honor 名誉にかかわる事件. Ministerio de ～s Exteriores 外務省. ❸ 用事, 用件: Hoy tengo muchos ～s que hacer. 私は今日片付けねばならない用事がたくさんある. Necesité medio día para despachar mis ～s. 用事を片付けるのに半日かかった. por un ～ inevitable やむを得ない用事で. ❹《腕》業務, 仕事, 商売: Ya está casado y se dedica a sus ～s. 彼はもう結婚して商売に専念している. viajar por ～s comerciales 商用で旅行する. ❺［作品の］主題, テーマ; 筋, プロット;［絵画の］題材: ¿De qué ～ trata esta obra? この作品のテーマは何ですか? ¿Cuál es el ～ del teatro? その劇はどんな筋ですか? ～ cuadro ～ religioso 宗教画. ❻ 恋愛関係, 色恋ざた;《俗語》セックス: Tuvo un ～ con Cristina. 彼はクリスティーナと関係があった. ❼《中南米》注目, 関心: poner el ～ 注意を向ける

¿A ～ de qué...? 《南米. 口語》いったい何のつもりで…/何の用があって…?

～ concluido (despachado・terminado) これで一件落着だ, これで終わりだ: Es ～ concluido. それはもう片がついている. Toma este dinero y ～ concluido. この金を受け取れ, それでもう終わりにしよう

conocer un ～ 事の真相を知っている

el ～ es que+直説法 実は…である, 本当は…である: El ～ es que yo lo he hecho. 実は私がやったのです

ir al ～ 核心に触れる; 本題にとりかかる

mal ～ 厄介な問題: Será mal ～ si lo saben todos. それをみんなに知られたら問題だな

tener muchos ～s entre manos 一度にたくさんのことをしようとする, 忙しい

asunto², **ta** [asúnto, ta]《←asumir の不規則な過分》形《地方語》高い

Asur [asúr] 男 アッシュール《古代アッシリアの最高神; 首都》

asura [asúra] 女《地方語》息苦しさ; 恥

asurado, da [asuráðo, ða] 形《地方語》［南風の前ぶれで］蒸し暑い

—— 男《地方語. 料理》焦げること

asurar [asurár] 他《地方語. 料理》焦がす

—— ～se《地方語. 料理》焦げる

asurcado, da [asurkáðo, ða] 形［植物が］溝のある

asurcano, na [asurkáno, na] 形《まれ》［畝溝のある畑が］隣りの

asurcar [asurkár] 7 他 =surcar

asuso [asúso] 副《まれ》上で・に・へ《=arriba》

asustadizo, za [asustaðíθo, θa] 形 ❶ 臆病な, 怖がりの, 気の弱い: Es un perro muy ～. とても臆病な犬だ. ❷ びっくりした, 怖がっている

asustador, ra [asustaðór, ra] 形 怖がらせる［人］

asustar [asustár]《←ラテン語 suscitare「起こす」》他 ❶ おびえさせる, 怖がらせる; ぞっとさせる: 1) Las tormentas asustan a los niños. 子供たちは嵐におびえている. 2)［不定詞・que+接続法が主語］Me asusta ver sangre. 私は血を見るとぞっとする. Me asusta que se haya vuelto a utilizar la palabra: Reconquista.「レコンキスタ」という言葉が再び使われたことに私はぞっとする. ❷［動物をおびえさせて］追い払う: Hice fuego para ～ a los lobos. 狼を追い払うために私は火を燃やした. ❸ 驚かせる, びっくりさせる: No me asustes. おどかすな. Los niños se escondieron para ～la. 子供たちは彼女を驚かせようと隠れた. ❹ ～ のひんしゅくを買う

—— ～se [+de・con・por と] ❶ おびえる, 怖がる; ぞっとする:

Nos asustamos con esos gritos. 私たちはその悲鳴にぞっとした. ❷ 驚く, びっくりする. ❸ 眉をひそめる

asutilar [asutilár] 他《廃語》薄くする《=sutilizar》

A.T. 男《略語》←Antiguo Testamento 旧約聖書

-ata《接尾辞》［人］sociata 社会主義者

atabacado, da [atabakáðo, ða] 形 たばこ色の

atabal [atabál]《←アラビア語 at-tabal「小太鼓」》男《音楽》アタバル《古雅》行列などで使う胴が半球形の太鼓;《地方語》ばちが1本の小太鼓》

atabalear [atabaleár]《←atabal》自［指で］トントン(コツコツ)叩く;［馬がひづめで］コツコツ音を立てる

atabalero [atabaléro] 男 アタバル atabal 奏者

atabalete [atabaléte] 男《音楽》小型のアタバル atabal

atabanado, da [atabanáðo, ða] 形［馬が］毛が暗褐色で首とわき腹に白い斑点がある

atabaque [atabáke] 男［アンティル諸島・ブラジル特有の］粗末な太鼓

atabardillado, da [ataβarðiʎáðo, ða] 形 熱中症のような

atabasco, ca [ataβásko, ka] 形 アサバスカ族［の］《カナダの Athabasca 湖地方に住む先住民》; アサバスカ語の

—— 男 アサバスカン語

atabe [atáβe] 男［水道管の］検査用の穴

atabeg [atáβeɣ]《←トルコ語》男《歴史》アタベク《イスラム教国の君侯・領主》

atabernado, da [ataβernáðo, ða] 形 vino ～［居酒屋 taberna などで売られる］量り売りワイン

atabey [ataβéj] 男 =atabeg

atabillar [ataβiʎár] 他《毛織物工場で, すべての部分を検査できるように》縁を縫わないまま折り曲げる

atabladera [ataβlaðéra] 女［種まき済みの畑を, 馬を引いて］平らにする板

atablar [ataβlár] 他［板 atabladera で畑を］平らにする

atacable [atakáβle] 形 攻撃され得る

atacadera [atakaðéra] 女［発破孔に火薬を押し込む］込め棒

atacado, da [atakáðo, ða] 形 ❶ 優柔不断な; 内気な, おどおどした. ❷ けちな, けちくさい, しみったれな. ❸《闘牛》～ de carnes/～ de kilos 体重が重すぎる

atacador [atakaðór] ❶［昔の大砲の］込め棒. ❷［パイプにたばこを詰めて押さえる］タンパー, プレッサー

atacadura [atakaðúra] 女《廃語》ボタンをかけること

atacamiento [atakamjénto] 男《廃語》=atacadura

atacamita [atakamíta] 女《鉱物》緑塩銅鉱

atacante [atakánte] ❶ 攻撃する, 攻める. ❷《南米. 口語》腹立たしい, 激怒させる

—— 名 ❶ 攻撃者, 襲撃者. ❷《スポーツ》攻撃側, アタッカー

atacar [atakár]《←伊語 attaccare <"staccare「縛る」》7 他 ❶ 攻撃する, 襲撃する, 攻める《⇔defender》: Los soldados atacaron a los enemigos. 兵士たちは敵を攻撃した. Estos perros están entrenados para ～ a los ladrones. この犬たちは泥棒に襲いかかるよう訓練されている. ❷［災害・病気などが］襲う, 悩ます: Los tifones atacan esta región con frecuencia en otoño. 秋になるとこの地方をしばしば台風が襲う. El virus de la rabia ataca al sistema nervioso. 狂犬病ウイルスは神経系統を冒す. Los ruidos del vecino de arriba nos atacan. 上の住人の音に私たちは悩まされる. ❸ …に挑む;［仕事などに］取り組む, 取りかかる: ～ la cara norte del Eiger アイガー北壁にアタックする. ～ el estudio 研究に取り組む. ❹ 非難する, 責め立てる; 反論する: No sé por qué me atacan tanto. なぜ彼らがそんなに私を非難するのか分からない. Ataca la teoría de aquel físico. 彼はその物理学者の理論に反論する. ❺ 演奏する, 演奏を始める. ❻［笑い・欲望などが突然］起こる, 襲う; いらいらさせる: Le atacó el hambre. 彼は空腹に襲われた. ❼ …に押し込む, 詰め込む: ～ un cajón 引出しに物を一杯入れる. ❽《軍事》…に火薬・弾丸を装填する, さく杖で押し込む. ❾ 腐食させる; 損なう, 痛める: La humedad ataca los metales. 金属は湿気で腐食する. ❿［衣類の］ボタンを掛ける《ベルトなどを》締める: ～ su chaqueta 上着のボタンをはめる. ⓫［用意した食べ物・飲み物を］食べ(飲み)始める. ⓬《ベネズエラ. 口語》…に言い寄る, モーションをかける

—— 自 ❶ 攻撃する, 《スポーツ》アタックする: Los terroristas atacaron en tres sitios. テロリストは3か所で攻撃を仕掛けた. ❷《音楽》音出しする, アタックする

—— ～se《メキシコ. 口語》[+de と] 腹一杯食べる

atacar
直説法点過去　　　　　　接続法現在
ataqué　　　　　　　　　ataque
atacaste　　　　　　　　ataques
atacó　　　　　　　　　 ataque
atacamos　　　　　　　 ataquemos
atacasteis　　　　　　　ataquéis
atacaron　　　　　　　 ataquen

ataché [atatʃé] 男《中米, カリブ》紙ばさみ
atacir [ataθír] 男《占星》[天球の] 十二宮の分割; その分割を示す器具
atacola [atakóla] 女 馬の尾をまとめて縛る紐
atacón [atakón] 男《ベネズエラ. 口語》❶ 女好きの男〖=mujeriego〗. ❷ ほめかし
atacona [atakóna] 女《ベネズエラ. 口語》ナンパする女性
atadera [atadéra] 女 複《廃語》ガーター〖=ligas〗
atadero, ra [atadéro, ra] 名《地方語》漁網を繕う人
— 男 ❶ 縛るもの, つなぐもの; 縛る箇所. ❷ 束縛. ❸ [端綱などの] 留め金, 留め輪
no tener ~ [人が] 平静を失った; [事が] 手に負えない
atadijo [atadíxo] 男《口語》[小さな・乱雑な] 包み
atado, da [atádo, da] [←atar] 形《口語》[小銭に対して] 大金の. ❷ 臆病な, 内気な: encontrarse ~ どぎまぎする
— 男 ❶ 包み, 束: un ~ de correspondencia 一束の手紙. ❷ 縛ること. ❸《中米》[たばこの] 箱, パック. ❹《ラプラタ》集名 束ねた野菜
~ de nervios《南米》非常に神経質な人
atador, ra [atadór, ra] 形 縛る
— 名〖新・小麦などの〗束を縛る人
— 男 結束機
atadura [atadúra] [←atar] 女 ❶ 縛る(結ぶ) こと〖行為, 状態〗. ❷ 縛るもの. ❸ [主に] 複 束縛: romper ~s 自由になる. sin ~s 束縛されずに. ~s familiares 家族のしがらみ
atafagante [atafagánte] 形《コロンビア. 口語》興奮した; てんてこまいの
atafagar [atafagár] 他 ❶ [強い臭いなどで] 息苦しくさせる. ❷《コロンビア. 口語》うんざりさせる, 迷惑をかける
— ~se ❶ 息苦しくなる. ❷ 仕事の負担がかかりすぎる
atafago [atafágo] 男 ❶ 息苦しくさせること. ❷《コロンビア. 口語》忙殺
atafea [ataféa] 女《廃語》満腹〖=hartazgo〗
atafetanado, da [atafetanádo, da] 形 タフタ織り tafetán に似た
atagallar [atagaʎár] 自《船舶》[帆船が満帆を張って] 疾走する
ataguía [atagía] 女《土木》締切用ダム, コッファーダム
ataharre [ata(a)áre] 男《馬具》尻繋
atahona [ataóna] 女 =tahona
atahonero [ataonéro] 男 =tahonero
atahorma [ataórma] 女《鳥》チュウヒワシ
Atahualpa [ataẃalpa]《人名》アタワルパ〖1500?～33, インカ帝国最後の君主. スペイン人の侵略時, 異母兄弟のワスカル Huáscar と争う. ピサロ Pizarro に捕えられ, 処刑される〗
Atahualpa Yupanqui [ataẃalpa jupánki]《人名》アタワルパ・ユパンキ〖1908～92, アルゼンチンのフォルクローレの歌手, ギタリスト, 詩人. 『トゥクマンの月』*Luna Tucumana*〗
atahúlla [ataúʎa] 女 =tahúlla
ataifor [tajfór] 男 ❶ [イスラム教徒が用いる] 丸い小机. ❷《古語》深皿
atairar [atajrár] 他 …に刳形装飾を施す
ataire [atájre] 男 [扉・窓の] 刳形(くりかた)装飾
atajada [ataxáda] 女《中米》止めること; 近道をすること
atajadero [ataxadéro] 男 [地所に水を引き入れるために灌漑用水路に置かれる] せき止め材
atajadizo [ataxadíðo] 男 ❶ 仕切り壁. ❷ 仕切られた区画
atajador, ra [ataxadór, ra] 形 妨害する
atajamiento [ataxamjénto] 男 妨害
atajar [ataxár] [←a-+tajar < 俗ラテン語 taleare 「切る」] 自 ❶ [+por を通って] 近道をする: ~ *por* un parque 公園を抜けて近道をする. ❷ 時間を節約する
— 他 ❶ [進行などを] 食い止める, さえぎる: Tú te callas — le *atajó* su padre. お前黙れ, と父親が彼をさえぎった. ~ la enfermedad 病気の進行を食い止める. ❷ [迂道などをして先回りし] 立ちはだかる: La policía *atajó* a los presos huídos. 警察は脱獄囚の行く手をさえぎった. ❸ [書いたものを] 線で消す. ❹ [場所を] 仕切る, 区分けする. ❺《中南米》[人が, 近づいてくるものを] 受け止める; [殴打などを] よける. ❻《メキシコ. テニス》ボールを集める
— ~se ❶ おどおどする. ❷《アンダルシア》酔う. ❸《アルゼンチン, ウルグアイ》非難の矛先を制して自分を弁護する
atajarre [ataxárre] 男 =ataharre
atajarria [ataxárja] 女《サラマンカ・キューバ》=ataharre
atajasolaces [ataxasoláθes] 男《廃語》興ざめさせる人, 座を白けさせる人〖=espantagustos〗
atajea [ataxéa] 女 =atarjea
atajero [ataxéro] 男 =hatajero
atajo [atáxo] 男 ❶〖←atajar〗近道: coger un ~ 近道をする. ir por el ~ 近道を行く. No sin trabajo. ❷《諺》苦労なしに成果は得られない/学問に王道無し. ❷ [家畜の] 小さな群れ. ❸《軽蔑》集団: Sois un ~ de sinvergüenzas. お前たちはどいつもこいつも恥知らずだ. ❹《情報》ショートカット〖=~ de teclado〗. ❺ =hatajo
echar por el ~ 最も安易な手段をとる
poner ~ a+事《チリ》…を終わらす
salir a+人 al ~ …の話をさえぎる
salir por el ~ = echar por el ~
atalajar [atalaxár] 他 [馬に] 馬具を付ける
atalaje [ataláxe] 男 集名 [馬車馬などの] 馬具一式, 引き具一式
Atalanta [atalánta] 女《ギリシア神話》アタランテー〖求婚者に徒歩競争をさせた王女〗
atalantamiento [atalantamjénto] 男《まれ》気に入ること
atalantar [atalantár] 自《まれ》気に入る, 都合がいい
— 他《エストレマドゥラ》静める
— ~se ❶《古語》心を奪われる, 好きになる. ❷《エストレマドゥラ》静まる
atalaya [atalája]〖←アラビア語 at-talayi 「歩哨たち」〗女 ❶ [高所に建てられた] 監視塔: ~ levantada para avisar las incursiones de los berberiscos ベルベル人の侵入を知らせるために建てられた監視塔. ❷ 見晴らしのいい場所. ❸ [評価・判断するのに適した] 観点, 立場. ❹《植物》コナラ属の一種〖=encina〗
— 男 ❶ [主に高所にいる] 見張り; 監視兵. ❷ こっそりのぞく(見守る) 人
atalayador, ra [atalajaðór, ra] 形 名 見張り[の]; こっそりのぞく人
atalayar [atalajár] 〖←atalaya〗他〖監視塔から〗見張る
atalayero [atalajéro] 男 ❶ 監視兵; 見張り. ❷《ビスカヤ》高い所 atalaya から魚群を見張る人
atalía [atalía] 女《昆虫》[蝶] コヒョウモンモドキ
ataludar [ataluðár] 他 =ataluzar
ataluzar [ataluθár] 自 他 [壁・土地に] 傾斜をつける
atalvina [atalbína] 女 =talvina
atambor [atambór] 男《古語》=tambor
atamiento [atamjénto] 男 ひるむこと, 萎縮
Atanagildo [atanaxíldo]《人名》アタナギルド〖?～567, 西ゴート王. 東ローマ帝国の支援を得て蜂起, アギラ Agila から王位を篡奪する. ユスティニアヌス1世 Justiniano I の東ローマ勢力進出を阻まず, 半島南海岸地域の支配を許した〗
atanasia [atanásja] 女 ❶《植物》ヨモギギク, エゾヨモギギク. ❷《印刷》14ポイント活字〖この活字が最初に使われたのが聖アタナシオ San Atanasio の伝記の印刷だった〗
atanco [atánko] 男《まれ》詰まり, 障害
atanor [atanór] 男 配水管; 土管
atanquía [atankía] 女《廃語》❶ [生石灰・油などで製の] 脱毛クリーム. ❷ 繭の外側の糸〖=adúcar〗; 粗く糸のもつれた絹織物〖=cadarzo〗
atañedero, ra [ataɲeðéro, ra] 形《文語》関する, 属する
atañente [ataɲénte] 形《文語》=atañedero
atañer [ataɲér] 〖←ラテン語 attangere〗自《文語》[事柄が利害的に, +a+人 に] 関係を持つ: Esto no te *atañe*. これは君に関係ない
en (por) lo que atañe a... …については, …としては
atapar [atapár] 他《廃語. 現在では俗用》=tapar
atapasco, ca [atapásko, ka] 形 名 =atabasco
atapierna [atapjérna] 女《古語》靴下止め, ガーター〖=liga〗
atapuzar [atapuθár] 自 ~se《ベネズエラ. 口語》…を飲み込む, 丸

飲みする; [+de を] 腹一杯食べる

ataque [atáke]【←atacar】男 ❶ 攻撃〖⇔defensa〗; 襲撃: Por la mañana, el enemigo renovó sus ~s. 夜が明けると敵は攻撃を再開した. Los ~s van destinados contra los hospitales y escuelas. 病院や学校に対して攻撃が行われている. ~ del virus al sistema inmunológico 免疫組織に対するウイルスの攻撃. efectuar un ~ 攻撃する. ~ aéreo 空襲. ~ de violencia 暴力沙汰. ~ general 総攻撃. ~ militar 軍事攻撃. ~ preventivo 先制攻撃. ~ verbal 言葉による攻撃. ❷《スポーツ》攻撃, アタック: En uno de los primeros ~s, el equipo metió gol. 最初の攻撃でチームはゴールを決めた. ❸ 非難; [人に対する言葉での] 攻撃: lanzar ~s a + 人 …を攻撃する. ~ directo a su persona 個人攻撃. ❹《医学》発作; かんしゃく, ヒステリー: sufrir ~s 発作を起こす. ~ al corazón/~ cardíaco 心臓発作. ~ de nervios 神経性の発作, ヒステリー. ~ epiléptico てんかんの発作. ❺ [笑いなどに突然] 襲われること: Le dio un ~ de risa en mitad de la ceremonia. 彼は儀式の最中に笑いの衝動がこみ上げてきた(おかしくて吹き出した). Ha sufrido un ~ de rabia. 彼は怒りにかられた. ❻ [仕事の] 着手, 開始. ❼《化学, 物理》[主に 他] 破壊的な作用. ❽《音楽》音出し, アタック

¡Al ~!〖号令〗1)《軍事》突撃! 2) [一般に] 始め, かかれ!

~ frontal 正面攻撃: El discurso fue un ~ *frontal* contra la política del gobierno. 演説は政府の政策に対するあからさまな攻撃だった

ataquiza [atakíθa] 女 取り木〖行為〗

ataquizar [atakiθár] [9] 他 取り木する〖=amugronar〗

atar [atár]【←ラテン語 aptare「合わせる, 適合させる」< aptus「押さえられた, 適した」< apisci「捕える」】他 [+a に] 縛る, 結ぶ; つなぐ, 結わく: Los prisioneros tenían las manos *atadas*. 囚人たちは手を縛られていた. Ella *ató* su perro al árbol para entrar en la tienda. 彼女は店に入るために犬を木につないだ. ~ las dos puntas de la cuerda 紐の両端を結ぶ:*He atado* los libros de diez en diez. 私は10冊ずつ本をくくった. ~ un paquete 小包に紐をかける. ❸ 動けなくする, 身動きできなくする: Esta chaqueta me *ata* mucho. このうわぎはとても窮屈だ. ❹ 束縛する, 拘束する: 1) Ese trabajo nos *ataba* mucho. その仕事に私たちはかかりっきりだった. 2) [目的語なしで] Los niños *atan* mucho. 子供は手間がかかる. El bar es un negocio que *ata*. バルは拘束される仕事だ. ❺《地方語》[漁網を] 繕う

estar de ~/estar para que te aten 完全に正気を失っている

no (ni) ~ ni desatar 1) 取り留めのない話をする. 2) 何の決断も下さない, 解決はかろうとしない: No supo *ni ~ ni desatar* ante aquella propuesta. 彼はそうした提案に対してどうすることもできなかった

── ~se ❶ [自分の身体に紐などを] 巻きつける; [自分の靴紐などを] 結ぶ: Me *até* por la cintura para bajar al pozo. 井戸に下りるために私は腰に綱をくくりつけた. Se *ató* [los cordones de] los zapatos. 彼は靴を結んだ. ~se un pañuelo al cuello スカーフを首に巻きつける. ❷ 身動きできなくなる, 苦境に陥る. ❸ [+a に] 固執する, こだわる: No sé por qué él *se ató* tanto a su opinión. どうして彼があんなに自分の意見に固執したのか分からない. ❹ [+a に] 頼る, しがみつく

ataracea [ataraθéa] 女 =taracea

ataracear [ataraθeár] 他《まれ》=taracear

atarácitco, ca [ataráktiko, ka] 形 男 =ataráxico

atarantado, da [ataratádo, da] 形 ❶ タランチュラ *tarántula* に刺された. ❷ 《まれ》呆然とした. ❸《メキシコ, 中米, キューバ, プエルトリコ》知的障害のある. ❹《メキシコ. 口語》酔っぱらった

atarantador, ra [ataratadór, ra] 形 呆然とさせる

atarantar [ataratár]《主にメキシコ, コロンビア, ペルー》呆然とさせる, どぎまぎさせる

── ~se ❶《主にメキシコ, コロンビア, ペルー》呆然となる, 困惑する, どぎまぎする. ❷《チリ》急ぐ, 急いで行く

ataraxia [ataráksja] 女《哲学》[心の] 安静, 平静不動

ataráxico, ca [ataráksiko, ka] 形 ❶ 心の平静の. ❷《医学》精神安定の; 精神安定薬

atarazana [ataraθána] 女 ❶ [主に軍艦の] 造船所. ❷ 製綱場

atarazar [ataraθár] [9] 他《まれ》❶ [歯で] 嚙む. ❷ 苦しめる, さいなむ

atarbán, na [atarbán, na] 形《コロンビア》粗暴な [人], 弱い

者いじめをする [人]

atardecer [atardeθér]【←a-+tarde】[39] 自 [単人称] 日が暮れる: En verano *atardece* tarde. 夏は日が暮れるのが遅い. Cuando regresamos, casi *atardecía*. 私たちが戻ってきたのは夕暮れに近かった

── 男 夕方: al ~ 夕方に, 日暮れに

atardecida [atardeθída] 女 夕方〖=atardecer〗

atardecido [atardeθído] 男 =atardecida

atareado, da [atareádo, da] 形 忙しい: Se halla *atareado* en preparar la comida. 彼は食事の支度に忙しい

atarear [ateareár]【←a-+tarea】他《まれ》忙しくさせる

── ~se [+con·en に] 忙しく…する, 一所懸命…する: Las grúas *se atarean* con los lienzos monumentales. クレーンは巨大な壁面をせっせと積み上げている

atarfe [atárfe] 男《地方語. 植物》ギョリュウ〖=taray〗

-atario [《接尾辞》[ar動詞の語尾+. 行為をする人] arrendatario 賃借り人

atarjea [atarxéa] 女 ❶《配管を保護する》煉瓦の覆い. ❷《家から下水溝までの》下水管. ❸《アンダルシア, カナリア諸島, メキシコ》荒石積みの配水管

atarquinar [atarkinár] 他 泥土 tarquín で一杯にする

atarraga [atařáɣa] 女《植物》ムカシヨモギ〖=olivarda〗

atarragar [atařaɣár]《廃語》[蹄鉄をひづめの形に合わせるために] ハンマーで叩く

── ~se《中南米》飽食する

atarrajar [atařaxár] 他 =aterrajar

atarraya [atařája] 女《主に南米》[浅海用の] 漁網

atarrillar [atařiʎár] ~se《南米》[強い日差しで] くらくらする

atartallar [atartaʎár]《地方語》[けがするほど体の一部を] はさむ

atarugamiento [atarugamjénto] 男 たらふく食べること; 喉が詰まること

atarugado, da [atarugádo, da] 形 ❶ 木片 *tarugo* のような. ❷ 口ごもった. ❸ 間抜けな, 頭の悪い; 粗末な, 洗練されていない

atarugar [atarugár] [8] 他《まれ》❶ 詰め込む, たらふく食べる. ❷ 黙らせる. ❸《木工》[木片・くさびなどを使って] 組み立てる, 接合する

── ~se《まれ》❶ 喉が詰まる; 口ごもる. ❷《メキシコ. 口語》[頭の中が] 混乱する, いらいらする

atasajado, da [atasaxádo, da] 形 [人が] 馬上に横になった

atasajar [atasaxár] 他《まれ》[肉を] 干し肉にする

atascaburras [ataskabúřas] 女《単複同形》《ラマンチャ. 料理》アタスカブラス〖ゆでたジャガイモとタラのペースト〗

atascadero [ataskadéro] 男《主に中南米》ぬかるみ, 泥地

atascado, da [ataskádo, da] 形《地方語》頑固な

atascamiento [ataskamjénto] 男 =atasco

atascar [ataskár]【←?古語 tasco「土塊」】[7] 他 ❶ [管などを] 詰まらせる: La basura *ha atascado* la alcantarilla. ごみで下水管が詰まった. ❷ [事物の] 進展を妨げる; 渋滞させる: Algo *atasca* la puerta. 何かでドアが引っかかっている

── ~se ❶ 詰まる: El rollo de la película *se ha atascado* en el proyector. フィルムが映写機の中でからまってしまった. ❷ 動きがとれなくなる: El coche *se atascó* en el lodazal. 車は泥にはまって動けなくなった. ❸ [言葉などが] つかえる: *Se atascó* en público. 彼は人前で言葉に詰まった. ❹《メキシコ》エンストを起こす

atasco [atásko]【←atascar】男 ❶ [管などの] 詰まり. ❷ 交通渋滞: El accidente causó un ~ de 50 kilómetros. 事故で50キロの渋滞が起きた

ataúd [ataúð]【←アラビア語 at-tabut「箱」】男 棺, ひつぎ: El ~ fue transportado por una cureña de cañón. 棺は砲車で運ばれた

ataudado, da [ataʊdádo, da] 形 ひつぎ形の

ataujía [ataʊxía] 女 金銀象眼細工品

ataurique [ataʊríke] 男《アラビア美術特有の》葉と花の装飾模様

ataviar [atabjár]【←ゴート語 attaujan「準備する」】[11] 他《文語》[+con·de で] 着飾らせる, 飾り付ける

── ~se 着飾る: Las aldeanas *se ataviaron* con los trajes regionales. 村の女たちは民族衣装で身を飾った

atávico, ca [atábiko, ka]【←atavismo】形 ❶ 習慣・考えが非常に古い, 時代遅れの: costumbre ~*ca* 旧弊. ❷《生物》隔世遺伝の, 先祖返りの

atavío [atabío]【←アラビア語 attabi「絹・綿織物」】男 ❶ 集名 時に 衣装, 身なり [服と装飾品]: Me llamó la atención el ～ árabe. アラブ人の服装が私の注意をひいた. ❷ 美しく着飾ること, 装い

atavismo [atabísmo]【←ラテン語 atavus「高祖父」】男 ❶《生物》隔世遺伝, 先祖返り. ❷ 集名 時代遅れの考え方・習慣, 懐古趣味

ataxia [atá(k)sja] 女《医学》運動失調: ～ locomotriz (motora) 歩行性運動失調

atáxico, ca [atá(k)siko, ka] 形 運動失調の〔人〕

ate [áte] 男《メキシコ. 菓子》カリン・モモ・グアバなどの果実で作るクッキー

-ate〔接尾辞〕〔中南米起源の男性名詞+〕chocolate チョコレート, tomate トマト

atediante [ateðjánte] 形《まれ》退屈な, うんざりさせる

atediar [ateðjár] ⑩ 《まれ》〔人を〕うんざりさせる
——～**se**《まれ》うんざりする

ateísmo [ateísmo]【←ateo】男 無神論〔⇔teísmo〕

ateísta [ateísta] 形 =ateo

ateístico, ca [ateístiko, ka] 形 無神論の

ateizar [ateiθár] ⑨ 他 無神論化する

ateje [atéxe] 男《植物》カキバチシャノキ

atelaje [atelákse] 男 =atalaje

atelana [ateléna] 女《古代ローマ. 演劇》アテラナ劇《民衆的な短い笑劇. パントマイムに近い》

atelectasia [atelektăsja] 女《医学》アテレクターゼ, 肺拡張不全, 無気肺

atelectásico, ca [atelektásiko, ka] 形《医学》アテレクターゼの

áteles [áteles] 男《動物》クモザル〔=mono araña〕

atelier [ateljé]【←仏語】男 アトリエ〔=taller〕

atemático, ca [atemátiko, ka] 形《音声》幹母音のない

atembar [atembár] 他《コロンビア. 口語》途方に暮れさせる; 茫然とさせる

atemorado, da [atemoráðo, ða] 形《まれ》おびえた

atemorizador, ra [atemoriθaðór, ra] 形《文語的》おびえさせる

atemorizante [atemoriθánte] 形《文語的》おびえさせる

atemorizar [atemoriθár]【←a-+temor】⑨ 他《文語的》おびえさせる: El atracador le apuntó con la pistola para ～le. 強盗は脅すために彼にピストルを向けた
——～**se**〔+de・por・con に〕おびえる: Los animales se atemorizan con los truenos. 動物たちは雷におびえる. Los vecinos están atemorizados por el fantasma. 住民たちは幽霊におびえている

atemperación [atemperaθjón] 女 抑制

atemperador, ra [atemperaðór, ra] 形 抑える, 和らげる

atemperante [atemperánte] 形 抑える, 和らげる

atemperar [atemperár]【←ラテン語 attemperare < temperare「和らげる」】他 ❶《感情などを》抑える, 和らげる: La ingestión del alcohol atempera el nerviosismo. アルコールの摂取は神経症を抑える. ❷《文語》〔+a に〕調和させる, 適応させる: ～ los gastos a los ingresos 支出を収入に見合った額に抑える
——～**se**〔+a に〕❶ 適応する: ～se a los tiempos presentes 現代に適応する. ❷ 和らぐ: Se atempera la tormenta. 嵐がおさまる

atemporal [atemporál] 形 時間と関係なな: observaciones ～es クロス・セクション〔分析〕

atemporalado, da [atemporaláðo, ða] 形《気象》〔風が〕嵐並みに強く吹く

atenacear [atenaθeár] 他 ❶ 苦しめる, 悲しませる.❷《古語》〔拷問で〕やっとこで肉をつまむ

atenazado, da [atenaθáðo, ða] 形《築城》〔凹角・凸角のある〕多角形の

atenazador, ra [atenaθaðór, ra] 形《文語的》締め付ける; 苦しめ

atenazamiento [atenaθamjénto] 男《文語的》締め付け

atenazar [atenaθár]【←a-+tenaza】⑨ 他 ❶〔ペンチなどで〕締め付ける, しっかりつかむ: Me preguntó mientras atenazaba mis brazos entre sus manos. 彼は私の両腕を握りしめながら尋ねた. ❷ 苦しめる: La atenazaba un miedo pavoroso. 私は身の毛もよだつような恐怖に苦しめられていた

atención [atenθjón]【←ラテン語 attentio, -onis】女 ❶ 注意, 留意: Él escucha siempre con ～ lo que dice el profesor. 彼はいつも先生の言うことを注意して聞いている. Gracias

por su ～. ご清聴ありがとうございました. centrar ～ en.../dedicar su ～ a... ～に注意を集中する. dirigir la ～ hacia... ～に注意を向ける. merecer la ～ 注目に値する. pedir la ～ de... ～に静粛を求める. poner ～ 気をつける. ～ prioritaria 優先的な ～. ❷《複》気味: Su ～ por este problema es muy grande. 彼のこの問題に対する関心はとても大きい. ❸〔主に《複》〕配慮, 気配り, 心づかい: Le agradezco mucho las atenciones que me ha mostrado (prestado) usted durante mi estancia. 滞在中に色々とご配慮いただきとても感謝いたしております. Me regaló toda clase de atenciones. 彼は私に本当によくしてくれた. cubrir de atenciones a+人 …の世話をする, 面倒をみる. tener atenciones con+人 …に気を配る, 配慮する. ～ médica (sanitaria) メディカルケア. ～ primaria de salud プライマリ・ケア. ～ psiquiátrica 心理面でのケア. ❹〔複〕用事, 仕事: Ahora tiene unas atenciones urgentes. 今私は急ぎの用件がいくつかある. ❺《羊毛の売買契約》

a la ～ de...《手紙など》…宛て

buscar ～ 困り者になる

deshacerse en atenciones con (para)+人 …を丁重にもてなす, 細かなところまで気を配る

en ～ a... …に配慮して: en ～ a sus méritos 彼の功績を考慮して

llamar la ～ 1)〔人・物が〕人目につく, 目立つ;〔+a・de+人 の〕注意を引く, 好奇心を呼び起こす: Era tan guapa que siempre llamaba la ～. 彼女はとても美人で, いつも人目をひいていた. El vestido rojo de María llamó la ～. マリアの赤い服は人目をひいた. Con ese peinado llamarás la ～. そのヘアスタイルでは目立つだろうね. Nos llama la ～ la regularidad de los rasgos de esa sustancia. 私たちはその物質の特徴に規則性があることに注目している. 2)〔+a・+por のことで〕叱る; 注意を促す: El chico hacía ruido, y el profesor le llamó la ～. その子は騒がしかったので先生は注意した. 3)〔+a+人 を〕驚かせる: A mí me llama la ～ que tú digas eso. 君がそんなことを言うとは意外だね

prestar ～〔+a に〕注意を払う（向ける）, 注目する;〔指示などを〕注意して聞いてほしい. Los oí hablar, pero no presté ～. 私は彼らが話すのを聞いたが, 内容は耳に留めなかった. Empezó a hacer negocios con esa persona sin prestar ～ a lo que le decían sus amigos. 彼は友人たちの言葉に耳を貸さないでその人物と取引を始めた. El teléfono estaba sonando, sin que la anciana prestara la menor ～. 電話が鳴っていたが, その老婦人は全く気がつかなかった

tener atenciones delicadas con (para)+人 =deshacerse en atenciones con (para)+人

tener mil atenciones con (para)+人 =deshacerse en atenciones con (para)+人

—— 間 ❶《軍事. 号令》気をつけ! ❷《掲示など》注意せよ: A～ al tren. 電車に注意! ❸〔アナウンスで〕お知らせします: ¡A～! Señores pasajeros, todos al autobús, por favor. お知らせします! 乗客の皆様, バスにお乗り下さい. ❹〔教室などで〕静粛に! ❺《映画》撮影開始用意!

atencional [atenθjonál] 形《まれ》注意を払う

atencioso, sa [atenθjóso, sa] 形《アルゼンチン, ウルグアイ》心配りをする

atendedor, ra [atendeðór, ra] 男《印刷》〔ゲラを読み上げて〕校正の手伝いをする人

atendencia [atendénθja] 女《廃語》世話, 応対; 留意

atender [atendér]【←ラテン語 attendere < ad- (1) < tendere「伸ばす」】㉔ 他 ❶ …に注意を払う,〔忠告などを〕聞く: Oye, atiéndeme.—Sí, te estoy atendiendo. ちょっと, 私の話をよく聞きなさい.—ええ, ちゃんと聞いていますよ. Es mejor que atiendas sus consejos. 彼の忠告を聞いた方がいいよ. ❷ 応対する, 接客する; 担当する; もてなす: Señorita, ¿me podría ～? 店員さん, ちょっとお願いします. ¿Le atiende (atienden)? ご用の方は呼び鈴を鳴らしてください. ～ a un cliente お客の相手をする. ～ el teléfono 電話番をする. ～ la llamada 電話に出る. ～ un quiosco 売店の店番をする. ❸〔医療として〕手当てする, 治療する: El enfermo fue atendido en un hospital cercano. 病人は近くの病院で治療を受けた. Atendió a los heridos el médico que estaba de guardia. 当直の医師が負傷者たちの治療にあたった. ❹〔要求などを〕受け入れる, 承諾

する: La petición será *atendida* en el futuro cercano. 要求は近い将来受け入れられるだろう. ❺《古語》待つ. ❻《中南米》[客などを]満足させる; …に出席する, 参列する
── 自 ❶ [+a・con に] 注意を払う, 注意して見る(聞く): *Atienda* bien a lo que decimos ahora. これから私たちが言うことをよく注意して聞いて下さい. *Atienden* bien a las instrucciones. 彼らは指示をよく守る. Si no *atiendéis* en clase, no aprobaréis. 授業をちゃんと聞かないと合格できないよ. ❷ [+a に] 応対する, 応対する, 取り組む: Al teléfono 電話に出る. ❸ [+a を] 考慮する, 斟酌(しんしゃく)する. ❹ [+por] …という名前である: Este gato *atiende por* Fausto. この猫はファウストという名だ. ❺《印刷》読み合せ校正をする. ❻《中南米》電話に出る

estar bien (mal) atendido 1) [店などで] きちんと応対される(ぞんざいにあしらわれる): *Estamos bien atendidos* en esta tienda. この店では店員の対応がよい. 2) よく整備されている(いない), きちんと体制が整っている(いない): Este restaurante *está bien atendido*. このレストランは接客がしっかりしている

── **~se**《中南米》[+con+人 に] 世話をしてもらう, 応対される

atender		
直説法現在	命令法	接続法現在
at*ie*ndo		at*ie*nda
at*ie*ndes	at*ie*nde	at*ie*ndas
at*ie*nde		at*ie*nda
atendemos		atendamos
atendéis	atended	atendáis
at*ie*nden		at*ie*ndan

atendibilidad [atendiβiliðáð] 囡 留意の必要性
atendible [atendíβle] 形 留意すべき
atendimiento [atendimjénto] 男 留意
Atenea [atenéa] 囡《ギリシア神話》アテナ, アテネ, アテナイ《知と芸術の女神》
atenebrar [atenebrár] **~se=entenebrecerse**
ateneísta [ateneísta] 囲 科学・文学アカデミーの会員
ateneístico, ca [ateneístiko, ka] 形 科学・文学アカデミーの
atenencia [atenénθja] 囡 規則・指示などに従うこと
ateneo[1] [atenéo] 《←ラテン語 Athenaeum <ギリシア語 Athenaios (アテネのミネルバ神殿)》男 科学・文学アカデミー《組織, 建物》: A~ de Madrid マドリード文芸協会《1820年創立, スペインの知識人活動の中心》
ateneo[2], **a** [atenéo, a] 形《文語》**=ateniense**
atener [atenér]《←ラテン語 attinere < ad- (近く) +tenere「持つ」》58 **~se ❶** [+a 規則・指示などに] 従う, 守る: Los alumnos deberán *~se al* reglamento del colegio. 生徒は校則を守らなければならない. *Atene a* las instrucciones recibidas. 与えられた指示に従え. ❷ [+a 自分・他人の言ったことを] 固守する, 受け入れる: *Me atengo a* las declaraciones que hice ayer. 昨日の私の声明の内容に何ら変わるところはありません. En este asunto *nos atenemos a* lo que ha dicho José. この件について私たちはホセの言ったことと同意見です. *Atengámonos a* la realidad.《推測を捨て》事実にのっとろう
atenido, da [ateníðo, ða] 形《コロンビア》実際的でない人
ateniense [atenjénse] 形 囲《地名》[ギリシアの] アテネ, アテナイ Atenas の〔人〕
atenimiento [atenimjénto] 男 規則・指示などに従うこと
atenorar [atenorár] 他 [声・音を] テノールのようにする
atentación [atentaθjón] 囡 権力の不当な行使, 横暴
atentadamente [atentáðaménte] 副《まれ》注意深く; 不法に, 不当
atentado[1] [atentáðo] 《←atentar》男 ❶ [+contra・a への] 襲撃, 加害: ~ *al* Presidente 大統領襲撃. ~ *contra* la embajada 大使館襲撃. ❷ [良い・正当なことへの] 侵害: ~ *contra* la libertad de expresión 表現の自由に対する侵害. ~ *contra* la salud 健康破壊
atentado[2], **da** [atentáðo, ða] 形《まれ》正気の, 思慮深い, 節度ある; 注意深い
atentamente [aténtaménte] 副 ❶ 注意深く: *Miraba* ~ lo que hacían los muchachos. 彼は少年たちが何をしているのか注意深く見ていた. ❷《手紙》敬具

atentar [atentár]《←ラテン語 attemptare》自 ❶ [+contra・a を] 襲撃する, 危害を加える; 殺害する: ~ *contra* un policía 警官を襲撃する. ~ *contra* la vida de+人 …を殺害しようとする. ❷ [良い・正当なことを] 侵害する: Han atentado *contra* mi privacidad. 彼らは私のプライバシーを侵害した
── **~se**《廃語》注意深くする; 自制する
atentatorio, ria [atentatórjo, rja]《←atentar》形 [+contra を] 侵害する記事: artículo ~ *contra* el honor de+人 …の名誉を傷つける記事
atento, ta [aténto, ta]《←ラテン語 attentus》形 ❶ [ser・estar+. +a に] 気を配る, 注意深い; 注意して聞く(見る): Está ~ *al* menor ruido. 彼はどんな小さな音も聞きもらすまいとしている. Estarás ~ *a* la pregunta que te hago. これからする質問をしっかり聞きなさい. Estos alumnos son ~s. これらの生徒は勉強熱心だ. estar ~ *a* los peligros 危険に備えている. ❷ [ser・estar+] 親切な, 思いやりのある; 丁寧な, 礼儀正しい: Ella es ~*ta con* todos. 彼女は誰に対しても親切だ. Gracias, es usted muy ~. ご親切にどうもありがとうございます. El dependiente de esta tienda fue ~ *conmigo*. この店の店員は応対がよかった. persona ~*ta* 気のつく人, 思いやりのある人. su ~*ta* carta 貴信, あなたの手紙. ❸ 格別の, 特別の
su ~ *ta*《手紙》貴信: Contestamos a *su* ~*ta del dos de abril*. 4月2日付け貴信にお返事申し上げます
su ~ *y seguro servidor*《手紙》敬具
── 前 [+a に] 留意して, かんがみて《=en atención a》
atenuación [atenwaθjón] 囡 ❶ 緩和, 軽減. ❷ 緩叙法《=lítote》
atenuador, ra [atenwaðór, ra] 形 弱める
── 男《電気など》アッテネーター, 減衰器
atenuante [atenwánte]《←atenuar》形 ❶ 和らげる. ❷《法律》情状酌量の
── 男/囡 [主に 囡] 情状酌量《=circunstancia ~》: tener en cuenta la ~ de embriaguez 酔いを情状酌量する
atenuar [atenwár]《←ラテン語 attenuare < ad- (に) +tenuis「薄い」》14 他 和らげる, 軽減する: ~ la tensión 緊張を和らげる. ~ la luz 光を弱くする
── **~se** 和らぐ, 軽減される: *Se atenuaron* los problemas de tráfico. 交通問題が軽減した. El abogado solicitó que *se le atenuara* la pena en razón de su estado mental. 彼の精神状態を考慮して減刑してほしいと弁護士は訴えた.
ateo, a [atéo, a]《←ラテン語 atheus <ギリシア語 atheos < a- (欠如) +theos「神」》形 囲 無神論の(論者)《⇔teísta》: doctrina ~*a* 無神論
atercianado, da [aterθjanáðo, ða] 形 間欠熱 tercianas にかかった
aterciopelado, da [aterθjopeláðo, ða]《←a+terciopelo》形 ❶ ビロードのような. ❷ 柔らかい, すべすべした: cutis ~ なめらかな肌. voz ~*da* 柔らかい声
aterecer [atereθér] 39 他 **~se=aterirse**
aterimiento [aterimjénto] 男 凍えること
aterir [aterír] [~?擬声] 他《不定詞と過去分詞のみ使用》凍えさせる
── **~se** 凍える: manos *ateridas* 凍えた手
atérmano, na [atérmano, na] 形《物理》不伝熱性の
atérmico, ca [atérmiko, ka] 形《物理》熱を持たない(伝えない)
atero, ra [atéro, ra] 形《キューバ》**=hatero**
ateroesclerosis [ateroesklerósis] 囡 **=aterosclerosis**
ateroma [ateróma] 男《医学》アテローム, 粥腫(じゅくしゅ), 粉瘤
ateromatosis [ateromatósis] 囡《医学》アテローム症
ateromatoso, sa [ateromatóso, sa] 形《医学》アテロームの
aterosclerosis [aterosklerósis] 囡《医学》アテローム性動脈硬化症, 粥(じゅく)状動脈硬化症
aterosclerótico, ca [aterosklerótiko, ka] 形《医学》アテローム硬化症の
aterrada [aterráða] 囡《船舶》接岸; 陸地の視認
aterrador, ra [aterraðór, ra] 形 非常に恐ろしい, ぞっとするような
aterrajar [aterraxár] 他 [ダイス terraja で] ねじ山(くり型)を彫る
aterraje [aterráxe] 男《船舶》接岸; [接岸時の] 方位測定
aterramiento [aterramjénto] 男 ❶ [自然・人工による海底・川底への] 土砂の堆積. ❷ 恐怖
aterrar [aterrár] **I**《←a-+terror》他《主に強調》おびえさせる, 不安にする《=aterrorizar》: A María le *aterran* los ratones. マ

リアはネズミが怖い

—— **~se** [+de·por に] おびえる: Está *aterrado por* los crujidos de la cama. 彼はベッドのきしむ音におびえている

II 〖←a-+ラテン語 terra「土」〗 [23] [他] ❶ …に土をかぶせる. ❷ 打ち壊す, 倒す. ❸《鉱山》石屑·鉱滓を地中に捨てる

—— [自] 着陸する

—— **~se** [船が] 接岸する, 陸地に着く

aterrazar [ateřaθár] [9] [他] [土地を] 段丘 terraza 状にする

aterrerar [ateřerár] [他]《鉱山》石屑·鉱滓を地中に捨てる〖=aterrar〗

aterrizado, da [ateřiθáđo, đa] [形]《南米》[人が] 実際的な, 現実的な

aterrizador [ateřiθađór] [男]《中南米》着陸装置

aterrizaje [ateřiθáxe] 〖←aterrizar〗 [男] 着陸: ~ de barriga 胴体着陸. ~ forzoso 不時着; 強制着陸. ~ suave《宇宙, 経済》軟着陸. ~ violento 事故着陸, 破損着陸

aterrizar [ateřiθár] 〖←仏語 aterrir〗 [9] [自] ❶ 着陸する: El avión *aterrizó* en el aeropuerto. 飛行機が空港に着陸した. ❷ 不意に現れる; 到着する: *Aterrizó* en mitad de la fiesta sin avisar antes. 彼は予告なしにパーティーの最中にやって来た. ❸《口語》接触を始める; 分かり始める

aterronar [ateřonár] [他]《まれ》[土などを] 塊にする

aterrorizar [ateřořiθár] 〖←a-+terror〗 [9] [他] 恐れおののかせる: Me *aterroriza* la oscuridad. 私は暗闇が怖い

—— **~se** 恐れおののく, ひるむ: Tiene miedo pero no está *aterrorizada*. 彼女は恐れてはいるが, おびえてはいない

atesar [atesár] [他] ❶《船舶》=**tesar**. ❷《古語》=**atiesar**

atesoramiento [atesoramjénto] [男] ❶《経済》退蔵: Se prohibió el ~ y las exportaciones de oro. 金の退蔵と輸出が禁止された. ❷ 蓄財

atesorar [atesorár] 〖←a-+tesoro〗 [他] ❶ [金を] ためこむ: *Atesoró* una fortuna de más de 600 millones de euros. 彼は6億ユーロ以上の財産を蓄えた. ❷ [文化財などを] 保存する, 保管する: El convento *atesora*, en grandes cantidades, las piezas artísticas. その修道院には芸術作品が大量に保管されている. ❸ [才能·長所などを] 持つ: El catedrático *atesora* unos conocimientos científicos notables. その教授は卓越した科学的知識を有している

atestación [atestaθjón] [女] 証言〖=testificación〗

atestado[1] [atestáđo] [男] 供述書, 調書: elaborar (redactar) el ~ del accidente 事故の調書を作成する

atestado[2]**, da** [atestáđo, đa] [形]《地方語》頑固な〖=testarudo〗

atestadura [atestađúra] [女] ❶ =**atestamiento**. ❷ ワイン樽を一杯にするために追加するブドウ搾汁

atestamiento [atestamjénto] [男] ワイン樽を一杯にするためのブドウ搾汁の追加

atestar [atestár] **I** 〖←a-+古語 tiesto「硬直した, 固い」〗〖規則変化〗/《まれ》[23] [他] [主に [過分]. 場所·容器などを, +de で] 一杯にする, 詰め込む: La estación estaba *atestada de* viajeros. 駅は乗客で一杯だった

II 〖←ラテン語 attestari〗〖規則変化〗 [他]《法律》証明する, 証言する

III 〖←testa〗〖規則変化〗 [自] 頭をぶつける

atestiguación [atestiɡwaθjón] [女] 立証, 証明

atestiguamiento [atestiɡwamjénto] [男] =**atestiguación**

atestiguar [atestiɡwár] 〖←ラテン語 ad-(に)+testificare < testis「証人」+facere「する」〗 [13] [他] ❶ 立証する, 証明する; 証言する: Una fotografía *atestigua* su existencia. 1枚の写真がその存在を証明している. Varias personas *han atestiguado* que escucharon gritos de socorro. 助けを求める叫び声を聞いたと数人の人が証言した

atestón [atestón] [男]《地方語》満杯; 超満員

atetado, da [atetáđo, đa] [形] 乳房の形をした

atetar [atetár] [他] [動物が] 乳を与える

—— **~se**《サラマンカ》[動物の子供が] 乳房から乳を飲む

atetillar [atetiʎár] [他] [木の] 周囲を掘って根元に土を寄せる

atetosis [atetósis] [女]《医学》アテトーシス

atezado, da [ateθáđo, đa] [形]《文語》[肌が] 日に焼けた; 黒い

atezamiento [ateθamjénto] [男] 日焼け

atezar [ateθár] 〖←a-+tez〗 [9] [他] ❶ 日焼けさせる;《文語》黒くする. ❷《文語》平らにする, 滑らかにする

—— **~se** 日焼けする

atibar [atiƀár] [他] [使わない坑道を鉱滓などで] 埋める

atiborramiento [atiƀořamjénto] [男] ぎゅうぎゅう詰め

atiborrar [atiƀořár] 〖←ラテン語 stipare+burra, -ae〗 [他] 詰め込む, 押し込む; 一杯にする: Miles de aficionados *atiborran* el circuito. 大勢の愛好者がサーキットを埋めた

—— **~se** [+de を] 腹一杯食べる: Tengo ganas de *~se de* helado. 私はアイスクリームをいやというほど食べたい

aticismo [atiθísmo] [男] ❶ [アテネの作家に特有の言葉·文体の] 典雅さ, 簡潔で上品な言い回し. ❷《古代ギリシア》アッティカ語風の文体

aticista [atiθísta] [名]《古代ギリシア》アッティカ語風の文体の作家

ático, ca [átiko, ka] [形] [名] ❶《地名》[アテネの周辺地域] アッティカ Ática の[人]; アテネ Atenas の[人]. ❷ 典雅な, 洗練された

—— [男] ❶《西. 建築》屋根裏部屋, ペントハウス: Desde este ~ se domina toda la plaza. このペントハウスから広場全体が見渡せる. ❷ [古代ギリシア語の] アッティカ方言

-ático, ca《接尾辞》[ラテン語源の名詞+. 教養語的な形容詞·名詞化] acu*ático* 水の, catedr*ático* 教授

atiemposo, sa [atjempóso, sa] [形]《ドミニカ》好機の, タイミングのいい

atierre [atjéře] [男]《鉱山》落盤〔による石屑〕

atiesar [atjesár] [他] 固める

—— **~se** 固くなる

atifle [atífle] [男]《陶芸》[焼く時に作品同士がくっ付かないように間に置く] 陶片

atiforrar [atiforár] [他]《俗語》=**atiborrar**

atigrado, da [atiɡráđo, đa] [形] [虎のような] 縞模様の: caballo ~ 縞毛の馬

atijara [atixára] [女]《廃語》❶ 商品; 商売. ❷ [商品の] 運送料. ❸ 恩恵; 補償

atijarero [atixaréro] [男] 運送業者

atila [atíla] [男] ❶《人名》[*A*~] アッチラ〖フン族の王. 5世紀東ヨーロッパを支配した〗. ❷ 野蛮な男

atildado, da [atildáđo, đa] [形] ❶《主に軽蔑》[ごてごてと] 着飾った, めかしこんだ: Las *~das* mujeres asisten a la ópera. 着飾った女性たちがオペラに行く. ❷ [服などが] 上品な, しゃれた

atildadura [atildađúra] [女] =**atildamiento**

atildamiento [atildamjénto] [男] 着飾ること

atildar [atildár] 〖←a-+tilde〗 [他]《まれ》[ごてごてと] 着飾らせる

atinadamente [atináđaménte] [副] 的確に, ぴったりと; 上手に, うまく

atinado, da [atináđo, đa] [形] 当を得た, 的確な: Declinar una propuesta tan *~da* ha sido un gran error. そのように適切な申し出を断ったのは大きな間違いだった

atinar [atinár] 〖←a-+tino〗 [自] ❶ [+con+物 を] うまく(偶然)探し当てる: No *atiné con* la escuela. 私はその学校を見つけられなかった. ❷ [+a+不定詞] うまく…することができる: No *atiné a* explicarle mis razones. 私はうまく言い分を説明できなかった. ❸ [+a·en 的に] 命中する

atinca [atíŋka] [女]《南米. 料理》灰入りのパン〖高原地帯で作られ催淫効果があると言われる〗

atinconar [atiŋkonár] [他]《鉱山》[落盤を防ぐために] 応急的に支柱で側壁を支える

atinente [atinénte] [形]《文語》[+a に] 属する, 関する

atingencia [atiŋxénθja] [女] ❶《中南米》関係, 関連. ❷《ペルー》コメント, 論評

atingente [atiŋxénte] [形]《文語》=**atinente**

atingir [atiŋxír] [4] [他]《中南米》…と関係がある; 抑圧する

atipicidad [atipiθiđá(đ)] [女] 非典型的なこと

atípico, ca [atípiko, ka] 〖←a-(無)+típico〗 [形] 非典型的な, 例外的な: caso muy ~ 非常に例外的なケース

—— [男] [複] [銀行の資産譲渡や売却から発生する] 特別利益

atipismo [atipísmo] [男] =**atipicidad**

atiplado, da [atipláđo, đa] [形] [音が] 甲高い, 高い: voz *~da* 甲高い声, 金切り声

atiplar [atiplár] 〖←a-+tiple〗 [他]《音楽》[楽器·声の] 音を高くする

—— **~se**《音楽》音が高くなる, シャープになる

atirantamiento [atirantamjénto] [男] 引き締め

atirantar [atirantár] 〖←a-+tirante < tirar〗 [他] ❶ 引き締める. ❷ [関係を] 緊張させる

—— **~se** ❶ 引き締まる. ❷ [関係が] 緊張する, 緊迫化する: *Se atirantan* las relaciones entre ambos países. 両国の関

A

係が緊迫化している

atireosis [atireósis]〔女〕《医学》粘液水腫

atiriciar [atiriθjár]〔他〕〜**se**〔まれ〕黄疸にかかる

atisbadero [atisbaðéro]〔男〕見張り場所

atisbador, ra [atisbaðór, ra]〔形〕〔名〕こっそり見張る(観察する)〔人〕

atisbadura [atisbaðúra]〔女〕《廃語》=atisbo

atisbar [atisbár]〔←?語源〕〔他〕❶ こっそり見張る(観察する): Me agaché y *atisbé* por el ojo de la cerradura. 私はかがんで鍵穴からのぞいた.❷ …がちらりと(かすかに)見える: Solamente conseguí 〜 su silueta borrosa. 私には彼のぼんやりした輪郭がわずかに見えるだけだった
—〔自〕〔対象が〕どうにか見える: La torre *se atisba* entre las árboles. 木々の間から塔がちらりと見える

atisbo [atísβo]〔←atisbar〕〔男〕兆候, しるし: Su obligación es evitar todo 〜 de riesgo, por remoto que sea. 彼の義務はあらゆる危険な兆候を, それがどんなに遠くにあろうとも避けることである. En sus palabras no se advierte el menor 〜 de rencor. 彼の言葉には恨みの様子は全くない

atisuado, da [atiswáðo, ða]〔形〕薄絹のような

-ativo [接尾辞]〔西〕〔賞賛・驚き〕ウォー!: ¡A〜, no he traído el dinero! しまった. お金を持って来なかったよ!

atizacandiles [atiθakandíles]〔名〕〔単複同形〕《まれ》差し出がましい人

atizadero [atiθaðéro]〔男〕火かき棒〔=atizador〕

atizador, ra [atiθaðór, ra]〔形〕煽り立てる〔人〕
—〔男〕火かき棒

atizar [atiθár]〔←ラテン語 attitiare < titio, -onis「燃えさし」〕〔他〕❶〔火を〕かき立てる: *Atizó* el fuego y echó más carbón. 彼は火をかき立て石炭を追加した.❷〔感情などを〕かき立てる, 煽る: 〜 un odio 憎しみをかき立てる. 〜 el fuego de la discordia 争いの火をかき立てる.❸〔口語〕〔殴打を〕食らわせる;〔人を〕殴る: Su padre le *atizó* con el cinturón. 父親は彼をベルトで打った.❹《スポーツ》〔相手を〕破る
—〔自〕《メキシコ. 隠語》マリファナを吸う
—〜**se** ❶《口語》〔大量に〕食べて(飲んで)しまう.❷《メキシコ. 隠語》麻薬を使用する.❸ 煤(すす)で汚す

atizonar [atiθonár]〔他〕《建築》❶ 小口積みする.❷〔丸太を〕壁に埋め込む
—〜**se**〔植物が〕黒穂病(胴枯れ病)にかかる

atlante [atlánte]〔男〕❶《建築》男像柱〔⇔cariátide〕.❷《ギリシャ神話》❶ アトランティス〔大陸〕 Atlántida の住民《力の強い巨人》. 2)〔A〜〕アトラス〔=Atlas〕

atlanticense [atlantiθénse]〔形〕〔名〕〔地名〕アトランティコ Atlántico の〔人〕《コロンビア北部の州》

atlántico, ca [atlántiko, ka]〔←ラテン語 Atlas〕〔形〕❶ 大西洋の: costa 〜*ca* 大西洋岸.❷ ヨーロッパと米国の; 北大西洋条約機構の, NATOの.❸ アトラス Atlas 山脈の
—〔男〕❶ 大西洋〔=Océano A〜〕: A〜 Norte (Sur) 北(南)大西洋

Atlántida [atlántiða]〔女〕アトランティス《ジブラルタル海峡の西に広がっていたとされる伝説上の大陸》

atlantismo [atlantísmo]〔男〕北大西洋条約機構の拡大と安定化政策

atlantista [atlantísta]〔形〕〔名〕❶ 北大西洋条約機構の.❷ atlantismo の〔同調者〕

atlas [átlas]〔←ラテン語・ギリシャ語 Atlas「アトラス」〕〔男〕〔単複同形〕❶ 地図帳; 〜 histórico 歴史地図. 〜 lingüístico 言語地図.❷ 図鑑, 図表集; 〜 anatómico 解剖図集.❸《解剖》環椎.❹《ギリシャ神話》〔A〜〕アトラス《ユピテルと戦う巨人族の長. 戦いの後, ユピテルに天上の屋根を支えることを命じられた》.❺〔el・los A〜〕アトラス山脈《アフリカ北部》

atleta [atléta]〔←ラテン語 athleta < ギリシャ語 atletes < athlon「闘争」〕〔名〕❶〔主に陸上競技の〕運動選手, 競技者.❷ 筋骨たくましい人.❸《古代ギリシャ・ローマ》〔オリンピックなどの〕出場選手

atlético, ca [atlétiko, ka]〔形〕❶ 運動競技の;〔特に〕陸上競技の: juegos 〜*s* 陸上競技. pruebas 〜*cas* 陸上競技種目.❷ 筋骨たくましい: cuerpo 〜 がっしりした体

atletismo [atletísmo]〔←atleta〕〔男〕運動競技.❷〔特に陸上〕〔競走, 跳躍, 投擲〕: practicar 〜 陸上競技をする

atmsfera [atmɔsféra]〔女〕《まれ》=atmósfera

atmósfera [atmósfera]〔←ギリシャ語 atmos「蒸気」+sphaira「球体」〕❶ 大気;〔特定の場所の〕空気: La 〜 está contaminada en este país. この国では大気が汚染されている. 〜 cargada de humo 煙の充満した空気.❷《天文》大気圏;〔天体を取り巻く〕ガス体: entrar en la 〜 de la Tierra 地球の大気圏に突入する.❸〔人・ものを取り巻く〕雰囲気, ムード: Había una 〜 cargada en la reunión. 会議には重苦しい空気が漂っていた. La 〜 es siempre muy cordial en su casa. 彼の家の雰囲気はいつも和やかだ.❹《物理》気圧《単位》: diez 〜*s* 10気圧.❺《通信》mala 〜 空電.❻ 勢力範囲, 支配権.❼《中南米》社会的評価;〔周囲の人からの〕受け, 評判: Tiene buena 〜. 彼は立派な人物だ

atmosférico, ca [atmosfériko, ka]〔形〕大気の: capa 〜*ca* 大気境界層. contaminación 〜*ca* 大気汚染. humedad 〜*ca* 大気中の湿度. situación 〜*ca* 気象状況; 大気の状況
—〔男〕《物理》空電; 空電障害: 〜*s* de silbido ホイスラ空電

atn.《略記》←atención 御中

ato [áto]〔男〕=hato

-ato[1]〔接尾辞〕〔…酸塩〕nitrato 硝酸塩

-ato[2]**, ta**〔接尾辞〕❶〔名詞化〕1)〔動物の子供〕lebrato 子ウサギ. 2)〔権威・地位・就任期間・管轄区〕virreinato 副王の職(位・統治期間), 副王領. 3)〔社会組織〕orfanato 孤児院. 4)〔行為・結果〕asesinato 殺人, perorato 長広舌.❷〔形容詞化. 特質〕novato 新人の

atoar [atoár]〔他〕《船舶》曳航する

atocha [atótʃa]〔女〕《植物》アフリカハネガヤ〔=esparto〕

atochal [atotʃál]〔男〕アフリカハネガヤ畑〔=espartizal〕

atochamiento [atotʃamjénto]《チリ》交通渋滞; 滞貨; 混雑

atochar [atotʃár]〔他〕❶ アフリカハネガヤを…に詰め込む.❷《船舶》〔風が帆を〕索具にからみつかせる
—〜**se** ❶〔+de 〜〕一杯になる, ごった返す.❷《船舶》〔索具が〕からまって動かなくなる
—〔男〕=atochal

atochero, ra [atotʃéro, ra]〔名〕《古語》〔消費地への〕アフリカハネガヤの輸送者

atochón [atotʃón]〔男〕❶ アフリカハネガヤの茎(管).❷ =atocha

atocia [atóθja]〔女〕《まれ》不妊症

atocinado, da [atoθináðo, ða]〔形〕〔人が〕非常に太った

atocinar [atoθinár]〔←a-+tocino〕〔他〕❶〔若者語〕頭をぼうっとさせる.❷〔豚を〕塩漬け肉 tocino にする.❸《まれ》〔人を〕計画的に殺す
—〜**se**〔若者語〕〔主に過分〕頭がぼうっとする.❷《地域語》いらいらする, 怒る.❸《まれ》盲目的に恋する.❹《地域語》〔人が〕太り過ぎる

atol [atól]〔男〕《中南米》=atole

atole [atóle]〔男〕《メキシコ》アトレ《トウモロコシ粉を牛乳で溶かした熱い飲み物》
dar 〜 *con el dedo*《メキシコ, グアテマラ, ホンジュラス》だます, たぶらかす; 多くを約束して少ししか与えない
tener 〜 *en las venas*《メキシコ. 口語》何事にもさめている(冷静である)

atolero, ra [atoléro, ra]《メキシコ》lucero 〜 明けの明星
—〔名〕《メキシコ》アトレ atole 売り

atolladero [atoʎaðéro]〔←atollar〕〔男〕❶〔車・人がはまり込む〕ぬかるみ; 抜け出るのが難しい場所.❷ 抜け出るのが難しい状況, 窮境: salir del 〜 泥沼のような状況から抜け出る. sacar a+人 del 〜 económico …を経済的苦境から救い出す

atollar [atoʎár]〔←*tollo*「ぬかるみ」< カタルーニャ語 toll〕〔自〕〜**se** ぬかるみにはまる; 泥沼に陥る

atollo [atóʎo]〔男〕《まれ》=atolón

atolón [atolón]〔男〕環礁, 環状サンゴ島

atolondrado, da [atolondráðo, ða]〔形〕❶〔ser+〕分別のない〔人〕, あわて者〔の〕: Es simpático, alegre, 〜 y de una inteligencia inferior a la media. 彼は人当たりがよく, 陽気でそそっかしく, 知性は並みよりも低い.❷〔estar+〕ぼうっとした, 気が動転した: Quiero olvidar la fiesta y los 〜*s* preparativos. パーティーとその目の回るような準備のことは忘れたい

atolondramiento [atolondramjénto]〔男〕❶ 軽率, 不注意.❷ 茫然自失, ぼうっとすること, 困惑

atolondrar [atolondrár]〔←?語源〕〔他〕❶ 軽率にさせる.❷ 茫然と(ぼうっと)させる; 困惑させる, あわてさせる

— ~**se ❶** 軽率になる. **❷** ぼうっとする, 困惑する; あわてる, おたおたする

atomicidad [atomiθiðáð] 囡 **❶** 原子数. **❷** 原子価

atómico, ca [atómiko, ka] 形 **❶** 原子の: física ~*ca* 原子物理学. **❷** 原子力の《=nuclear》: bomba ~*ca* 原子爆弾

atomismo [atomísmo] 男《哲学》原子論, 原子説

atomista [atomísta] 男 **❶**《哲学》原子論者. **❷** 原子物理学者

atomístico, ca [atomístiko, ka] 形 **❶**《哲学》原子論の. **❷** ばらばらで多くの構成要素から成る

atomización [atomiθaθjón] 囡 微粒子化, 微小化

atomizador [atomiθaðór] 男 噴霧器, 霧吹き, アトマイザー

atomizadora [atomiθaðóra] 囡 =**atomizador**

atomizar [atomiθár] 他 **❶** 粉々にする, 微粒子化する. **❷** 霧状にする. **❸**［構成要素を］ばらばらにする

átomo [átomo]《←ラテン語 atomus <ギリシア語 atomos < a-（欠如）+temno「私は切る」》男 **❶**《物理, 化学》原子: ~ de hidrógeno 水素原子. ~ gramo グラム原子. **❷** 微量: En su frase tal vez hubiese un ~ de verdad. 彼の言葉にもわずかばかりの真実はあったのかもしれない

atona [atóna] 囡［自分の子供でない］他の子羊を育てる雌羊

atonal [atonál] 形《音楽》無調の

atonalidad [atonaliðáð] 囡《音楽》無調様式, 無調性

atonalismo [atonalísmo] 男《音楽》無調音楽の楽曲, 無調主義

atonalista [atonalísta] 形 名《音楽》無調主義の〔音楽家〕

atondar [atondár] 他《馬術》［乗り手が馬に］足で拍車をかける

atonía [atonía] 囡 **❶** 無気力, 不活発. **❷**《医学》無緊張〔症〕, 緊張減退〔症〕: ~ gástrica 胃アトニー

atónico, ca [atóniko, ka] 形《医学》無緊張性の, 弛緩性の, アトニーの

atónito, ta [atónito, ta]《←ラテン語 attonitus < attonare < tonare「雷が鳴る」》形 びっくり仰天した, 唖然とした: Los chicos parpadearon ~*s*. 子供たちはびっくりして目をぱちくりさせた. ante la mirada ~*ta* del público 観衆の目を丸くしている前で

átono, na [átono, na] 形《音声》無強勢の, アクセントのない《⇔tónico》: palabra ~*na* 無強勢語

atontado, da [atontáðo, ða] 形 **❶** ほうけた: Los jóvenes están *atontados* por la cultura de masas. 若者たちは大衆文化によって痴呆化している. **❷** 茫然とした: Dormía hasta doce horas al día y se mantenía *atontado* el resto del tiempo. 彼は1日に12時間も寝ていて残りの時間はぼうっとしていた

atontamiento [atontamjénto] 男 痴呆化, 頭がぼうっとしていること, 茫然自失

atontar [atontár]《←a-+tonto》他 **❶** ほうけさせる: La televisión nos *atonta*. テレビは我々を痴呆化する. **❷** ぼうっとさせる, 茫然とさせる: El choque le *atontó*. 衝撃で彼はわけが分からなくなった

　　— ~**se ❶** ほうける, ばける. **❷** ぼうっとなる, 茫然とする: Con descarga eléctrica se *atonta* los peces. 放電によって魚は気絶する

atontecer [atonteθér] 39 他《まれ》=**atontar**

atontolinar [atontolinár] 他《口語》=**atontar**

atontonar [atontonár] 他《地方詞》=**atontar**

atopadizo, za [atopaðíθo, θa] 形《アストゥリアス》［場所が］居心地のよい

atopeno [atopéno] 男《医学》アトペン, アトピーを惹き起こす抗原

atopia [atópja]《←ギリシア語 atopia「典型的ではない」》囡《医学》アトピー

atopía [atopía] 囡 =**atopia**

atópico, ca [atópiko, ka] 形《医学》アトピー性の: dermatitis ~*ca* アトピー性皮膚炎

atoramiento [atoramjénto] 男 **❶** 詰まり. **❷** 口ごもり. **❸**《闘牛》［闘牛士の］疲労

atorar [atorár]《←ラテン語 obturare「閉じる」》28 他 **❶** ふさぐ, 詰まらせる: Los restos de comida *ha atorado* la cañería de desagüe. 残飯で排水管が詰まってしまった. **❷**［薪を］割る. **❸**《アルゼンチン, ウルグアイ. 口語》押さえる; ［警察が］捕まえる. 2）食べる. **❹**《メキシコ. 口語》［…に］重い負担をかける

　　— ~**se ❶** ふさがる, 詰まる. **❷** 喉を詰まらせる; 口ごもる. **❸**［闘牛士などが肉体的・精神的に］疲れ果てる. **❹**《アルゼンチン, ウルグアイ. 口語》［仕事が］重荷である

atordecer [atorðeθér] 39 他《古語》茫然とさせる

　　— ~**se**《古語》茫然と失する

atorgar [atorɣár] 8 他《古語》=**otorgar**

-atorio《接尾辞》［動詞+］1）［品質形容詞化］compens*atorio* 償いの. 2）［名詞化. 場所］san*atorio* サナトリウム

atormentadamente [atormentaðámente] 副 苦しんで, 苦しみながら

atormentador, ra [atormentaðór, ra] 形 苦しめる, 悩ませる

atormentante [atormentánte] 形《文語》苦しめる, 悩ませる

atormentar [atormentár]《←a-+tormento》他 **❶** 苦しめる, 苦痛を与える, 悩ます: Le *atormentan* los celos. 嫉妬心が彼を苦しめる. **❷** 拷問にかける《=torturar》

　　— ~**se** [+por・con・de に］苦しむ, 悩む; 自分を苦しめる: Se *atormenta* con recuerdos tristes. 彼は悲しい思い出にさいなまれる. Eso ya está confesado y perdonado mil veces; no *te atormentes* con pecados viejos. そのことはもう何度となく告白され許されてもいる. お前は古い罪を持ち出して自分を苦しめなくてもいいのだ

atornasolado, da [atornasoláðo, ða] 形 =**tornasolado**

atornillador [atorniʎaðór] 男《主に南米. 技術》ドライバー《= destornillador》: ~ de estrella プラスドライバー

atornillar [atorniʎár]《←a-+tornillo》他 **❶** ねじで留める（締める）: ~ bien los tornillos ねじをしっかり締める. **❷** 厳しく扱う, 圧力をかける: El maestro *atornilla* a sus alumnos. その教師は生徒たちに厳しくあたる

　　自［ねじを回す（締める）

atorón [atorón] 男《メキシコ》交通渋滞

atorrante, ta [atorránte, ta] 形 名 **❶**《コロンビア, ペルー》わずらわしい［人］, 不快な［人］. **❷**《チリ, アルゼンチン, ウルグアイ. 軽蔑》怠け者［の］, 浮浪者の. **❷** 横柄な［人］, 恥知らずな［人］, 汚れた［人］. **❷**《ラプラタ. 口語》［家畜などが］下等な, あまりよくない

atorrantear [atorranteár] 自《ウルグアイ. 口語》街をぶらつく; のらくらする

atorrar [atorrár] 自《アルゼンチン. 口語》［人が］寝る

atoro [atóro] 男《ペルー, チリ》=**atoramiento**

atorozonar [atoroθonár] ~**se** 男［馬が］疝痛 torozón を起こす

atortolado, da [atortoláðo, ða] 形《コロンビア. 口語》驚いた; 神経質な

atortolar [atortolár] 他《口語》…の心をかき乱す; おびえさせる, 脅迫する

　　— ~**se**《口語》**❶** いちゃつく. **❷**［人に］ほれ込む; ［これ見よがしに］かわいがる

atortorar [atortorár] 他《船舶》索をねじって強める

atortujar [atortuxár] 他《地方詞》［物を］押し潰す

atosigador, ra [atosiɣaðór, ra] 形 困らせる, あせらせる

atosigamiento [atosiɣamjénto] 男 あせり, 不安, 心配

atosigante [atosiɣánte] 形 困らせる, あせらせる

atosigar [atosiɣár]《←tósigo「毒」》8 他《主に西》**❶**［多くのことを人に］頼んだり急がせたりして困らせる, 悩ます, あせらせる: Ya voy, señora, ya voy... No me *atosigue* usted. いま行きますよ, 奥様, いま行きますから…. あせらせないで下さい. **❷** 心配させる, 不安にする

　　— ~**se ❶**《主に西》急ぐ, あせる; 心配する. **❷**《チリ》腹一杯食べる

atosigo [atosíɣo] 男《まれ》=**atosigamiento**

atoxicar [ato(k)sikár] 7 他《古》毒を盛る《=envenenar》

atóxico, ca [ató(k)siko, ka] 形 有毒ではない

ATP [á té pé] 男《生物》アデノシン三リン酸《=adenosina trifosfato》

atrabajado, da [atrabaxáðo, ða] 形 **❶**《廃語》仕事で疲れ果てた. **❷**［文体などが］凝りすぎの

atrabajar [atrabaxár] 他《まれ》苦労させる; 仕事で疲れ果てさせる

atrabancado, da [atrabaŋkáðo, ða] 形《メキシコ. 口語》不器用な

atrabancar [atrabaŋkár] 7 他 **❶** 急いで通る, 飛び越える; ［障害を］乗り越える. **❷**《アンダルシア, カナリア諸島》一杯にする, 満たす. **❸**《メキシコ, ウルグアイ. 口語》妨げる, 困難にする

　　— ~**se**《メキシコ, ウルグアイ. 口語》困難になる

atrabanco [atrabáŋko] 男 急ぐ（飛び越える）こと; 乗り越えること

atrabiliario, ria [atrabiljárjo, rja]《←ラテン語 atra bilis「黒胆汁」》形 **❶** 怒りっぽい［人］, 気短かな［人］: carácter ~ 怒

atrabilioso, sa [atrabiljóso, sa] 形《古語》黒胆汁の
atrabilis [atrábilis] 囡《古語》黒胆汁
atracada [atrakáda] 囡 ❶《船舶》接岸, 係留; 接舷.《メキシコ, キューバ, ペルー》口論, 論争 ❸《ペルー》飽食
atracadera [atrakaðéra] 囡《ペルー. 口語》交通渋滞
atracadero [atrakaðéro] 男《船舶》埠頭, バース; 船着き場
atracador, ra [atrakaðór, ra] 男 強盗
atracar [atrakár] I《←・俗アラビア語 atraqqa「海岸に近づく」》他 ❶［盗むために, +人・場所 を］襲撃する: Dos hombres armados con una pistola *atracaron* ayer una relojería. 拳銃で武装した2人組が昨日時計店を襲った. ～ a un taxista タクシー強盗をする. ～ un banco 銀行強盗をする. ❷《船舶》［+en・a に］接舷させる, 接岸させる: ～ *en* Yokohama 横浜に入港する. ❸《ペルー. 口語》うみをたべる, 信じる. ❹《チリ, アルゼンチン. 口語》…といちゃつく. ❺《チリ, ウルグアイ. 口語》1) 駐車する. 2) ナンパする
—— 自 ❶《船舶》［+a・en に］接舷する, 接岸する: ～ *en* el muelle 桟橋に着く. ～ *en* Hong Kong 香港に入港する. ❷《チリ, アルゼンチン. 口語》いちゃつく. ❸《ベネズエラ, ペルー》詰まる, 言葉に詰まる〖=～**se**〗. ❹《チリ. 口語》［+a に］近づく〖=～**se**〗
—— ～**se** ❶《ホンジュラス, カリブ》けんか（論争）をする. ❷《ベネズエラ, ペルー》詰まる; 言葉に詰まる. ❸《チリ. 口語》［+a に］近づく
II《←?語源》他《口語》［+de を］飽きるほど…に食べさせる（飲ませる）
—— ～**se**《口語》［+de を］食べ（飲み）飽きる, いやというほど食べる（飲む）
atracción [atra(k)θjón]《ラテン語 attractio, -onis》囡 ❶ 興味（関心・注目）の的: Con sus extravagancias él fue la ～ de la fiesta. とっぴな言動で彼はパーティーで注目の的だった. ❷ 魅力, 魅惑: Al verla, nadie podrá resistir la ～ de su mirada. 彼女に会ったら, 誰もその視線の魅力には抗し切れないだろう. En aquel entonces yo sentía ～ por observar estrellas. その当時私は星を観測することに魅力を感じていた. Ese hotel se ha convertido en la ～ de la ciudad. そのホテルが町の呼び物になった. foco (centro) de ～ turística 観光スポット. ❸ 出し物, 演目, 演芸: Todas las *atracciones* de circo son interesantes. サーカスの出し物はみんな面白い. ❹《遊園地など》乗り物, 娯楽施設: Quiero montar en alguna ～. 何か乗り物に乗りたい. ❺ 引きつけること（力）, 誘引;《物理》引力: ejercer ～ 引きつける. el imán ejerce una ～ sobre los clavos de hierro 磁石は鉄の釘を引きつける. ～ molecular 分子間引力. ～ universal 万有引力. ❻《言語》誘引変形, 変則一致【本来の言語形式が他の形式に引きずられて形を変えること】例 El que lo hizo *soy yo*. それをしたのは私だ（= lo hice yo 私がそれをした）.
atraco [atráko]《←atracar I》男 ❶［+a・en への］強盗, 強奪: cometer un ～ *a* una joyería 宝石店強盗をはたらく. ❷《主に西. 口語》ぼったくり
atracón [atrakón]《←atracar II》男《口語》飽食; 過度の行為: ～ de arenques いやというほどニシンを食べること. ～ de películas あきるほど映画を見ること
darse (pegarse) un ～ de... 1) …をたらふく食べる（飲む）. 2) いやというほど…をする
atractivo¹ [atraktíβo]《←atraer》男《集名》魅力, 興味; 魅力的なもの, 関心をひくもの: El dinero posee mucho ～. 金の魅力は大きい. Esa colección de libros antiguos tiene mucho ～ para mí. その古書のコレクションは私にはとても魅力的だ. Uno de los muchos ～s del Museo Arqueológico es la Sala de los Polícromos. 考古学博物館の多くの魅力の一つは多彩色室である
atractivo², va [atraktíβo, ba] 形 ❶ 魅力的な, 興味をそそる: Es una mujer ～*va* en todo sentido. 彼女はあらゆる意味で魅力的な女だ. trabajo ～ 魅力ある仕事. ❷ 引き寄せる, 引きつける: fuerza ～*va* por el campo magnético 磁場の及ぼす引力
atractriz [atraktríθ] 形《←ces》《物理》引き寄せる力の
atraer [atraér]《←ラテン語 attrahere < ad-「近く」< trahere「持ってくる」》45 他 ❶ 引きつける, 引き寄せる《⇔repeler》: El imán *atrae* el hierro. 磁石は鉄を引きつける. ❷《人・場など》ひきつける, 気をそそる, 魅了する: 1) La fiebre del oro *atrajo* a muchos aventureros hasta California. ゴールドラッシュは大勢の冒険者をカリフォルニアまで呼び寄せた. El azúcar *atrae* a las hormigas. 砂糖はアリを引き寄せる. Ella *me*

---

atrae en serio. 私は本気で彼女に引きつけられている. ～ la mirada (las miradas) 人目を引く. la simpatía de+人 …の共感を呼ぶ. 2) ［+a・hacia に］ *hacia* sí la atención de la audiencia 視聴者の注目を自身に集める. ～ a+人 *hacia* un plan …を計画に賛同させる. ❸ 引き寄せる, もたらす: Su conducta *atrajo* la ira de todos los presentes. 彼の行動はその場に居合わせた全員の怒りを買った
—— ～**se** ❶［自分に人の注意・関心など］を引く, 引きつける: Es un candidato capaz de ～*se* el voto de los descontentos. 彼は不満層の票を集められる候補者だ. ❷［自分に共感・憎しみなど］をもたらす, 引き起こす: Con ese discurso te *atrajiste* la simpatía de los oyentes. 君はその演説で聴衆の共感を得た. ❸ 互いに引きつけ合う: Los astros *se atraen* unos a otros. 天体は互いに引きつけ合っている
atrafagar [atrafaɣár] 8 自 ～**se**《文語》疲れる; 精を出す
atragantamiento [atraɣantamjénto] 男《医学》誤嚥 喉が詰まること, むせること
atragantar [atraɣantár]《←a-+古語 tragante < tragar》他 …の喉を詰まらせる, むせさせる
—— ～**se** ❶［+con で］喉が詰まる, むせる: El bebé *se atragantó con* un caramelo. 赤ん坊はあめを喉に詰まらせた. Me *atraganté con* el coñac. 私はコニャックでむせた. ❷《口語》［+a+人］不快感（怒り・反感）を覚えさせる: Esta revista *se me ha atragantado*. この雑誌はいただけない. ❸ 口ごもる, 言葉がつかえる: Cuando hablo en público, *me atraganto con* el nerviosismo. 私は聴衆の前で話すときつっかえて言葉に詰まる. ❹ ［+a+人 にとって］苦手である: *Se me atragantan* las matemáticas. 私は数学がだめだ
atragantón [atraɣantón] 男《地方語》❶=**atragantamiento**. ❷ 苦境, 困難
atraíble [atraíβle] 形 引きつけられ得る
atraicionar [atraiθjonár] 他=**traicionar**
atraidorado, da [atraiðoráðo, ða] 形 裏切り者の, 裏切りの
atraillar [atraiʎár] 15 他 ❶［犬に］引き綱 traílla をつける. ❷ 従わせる, 屈服させる
atramento [atraménto] 男《まれ》黒色
atramentoso, sa [atramentóso, sa] 形《古語》黒色に染める
atramojar [atramoxár] 他《ベネズエラ》［動物に］綱をつける
atrampar [atrampár]《まれ》～**se** ❶［戸が］掛け金が落ちて開かない. ❷ 罠にかかる. ❸［管などが］詰まる
atramuz [atramúθ] 男《植物》=**altramuz**
atrancar [atraŋkár]《←a+tranca》7 他 ❶［戸・窓に］門（⿰門⿱）をかける: *Atrancamos* la ventana antes de irnos a dormir. 私たちは寝る前に窓に門をかける. ❷［管を］ふさぐ, 詰まらせる
—— ～**se** ❶［管が］ふさがる, 詰まる. ❷［機械などが］動かなくなる: Sentí que el ascensor bajaba en caída libre, y de repente, *se atrancó*. 私はエレベーターが落下していくのを感じ, そして突然止まった. ❸ 口ごもる, 言葉がつかえる:《¡La policía...!», *se atrancaba*. 「け, 警察が…」,彼は言葉が出なかった
atranco [atráŋko] 男 障害, 故障; 困難
atransferrinemia [atransferrinémja] 囡《医学》無トランスフェリン血症
atrapamariposas [atrapamaripósas] 男《単複同形》《植物》ガガイモ科の一種【学名 Araujia sericifera】
atrapamiento [atrapamjénto] 男 捕えること
atrapamoscas [atrapamóskas] 囡《単複同形》《植物》ハエトリグサ, ハエジゴク
atrapar [atrapár]《←仏語 attraper「罠で捕える」》他 ❶［逃げる・動くものを］捕える, 動いているものを取る: El ladrón echó a correr, pero un policía lo *atropó*. 泥棒は走り出したが, 警官が捕まえた. El portero intenta ～ un balón. ゴールキーパーがボールを捕さえようとする. ～ un conejo ウサギを捕まえる. ❷ 獲得する: 1) ［利益など］を～ un premio 賞金を稼ぐ. 2)《口語》［不利益なことを］～ una enfermedad 病気にかかる
ataque [atráke] 男《←atracar I》❶《船舶》接岸, 船を桟橋にすること; 接舷. ❷《宇宙》ドッキング. ❸ 桟橋, 埠頭〖=muelle〗
tomar ～《船舶》接岸する; 接舷する
atraquina [atrakína] 囡《口語》=**atracón**
atrás [atrás]《←a-+tras》副 ❶ ［場所］後ろに・で, 後方に・で《⇔adelante》: 1) Tenemos delante el mar y ～ la montaña. 私たちの前は海, 後ろは山だ. A～ no se oye bien. 後ろの方に

いるとよく聞こえない．En el autobús, prefiero ir sentada ～．バスでは座る席に座るのが私は好きだ．［頻廣］状態・状況を表わす時は **detrás** も使われるが，*tan*・*más*・*muy* などの副詞+ では **atrás** のみ: Nos sentamos *detrás*. 私たちは後ろに座る．No te sientes tan *atrás*. そんな後ろに座らないで！ 2) ［前置詞+］ El viento viene de ～. 追い風だ．Salieron por la puerta de ～．彼らは家の裏口から出た．Echa la cabeza hacia ～．彼は後ろを振り返る．Creo que nos hemos equivocado. Será mejor volver para ～ y preguntar en el pueblo. どうやら道を間違えたようだ．後戻りして町で尋ねた方がよさそうだ．echar el pelo para ～ 髪を後ろへかき上げる．［語法］*de*・*desde*・*hacia*・*para*・*por* などの前置詞+ で，それぞれ明示的であると否とを問わず動きを表わす動詞を伴い，方向を示す．なお，前置詞 *a* はすでに atrás に含まれているため，a を取ることはない） ❷ ［方向］後ろへ，後方に: Desapareció sin mirar ～．私は後ろを振り返りもせずにおさらばした．Tuvimos que volver ～ a recoger a unos amigos. 友達を迎えに行くために私たちは引き返さねばならなかった．dar un paso ～ 一歩後ろに下がる．volver la cara ～ 後ろを振り向く．［時間］前に，以前から ［⇔antes 頻廣］: La historia se remonta más ～ del siglo XIX. その物語は19世紀よりもっと前にさかのぼる．Los problemas con su padre vienen de ～．彼とその父親との問題は前からのものだ．Tiempo ～ habían sido novios. 以前彼らは恋仲だった．algún tiempo ～ 少し前に．❹ ［数量名詞+］…前に[の場所・時間］に: Ese personaje aparece por primera vez cuatro capítulos más ～．その人物は4章ほど前に初登場する．Tengo el coche aparcado varias calles más ～．私は車をもう少し先の通りに停めてある．Los dos se conocieron 7 años ～. 2人は7年前に知り合った．El accidente de tráfico había ocurrido 2 horas ～. 交通事故はその2時間前に起こった．❺ ［不利な立場・状況，ハンディキャップ．主に dejar・quedar と共に］Ha crecido tanto que ha dejado a su padre ～．彼はとても背が伸びて父を追い抜いてしまった．Con la enfermedad, se quedó muy ～ en los estudios. 彼は病気のせいで勉強が非常に遅れてしまった．❻ ［順序・順位］En el desfile, los más bajos iban ～．パレードでは背の低い人々が後ろの方を歩いた．contar hacia ～ 逆に数える；秒読みする，カウントダウンする．❼ ［中南米］［+de の］後ろに［《主に西》=detrás de］

dar para ～《米国》返却する
de ～ 1)［列・リストなどの］最後尾: ¿Pueden oír los *de* ～? 一番後ろの人たちに聞こえますか？ 2) 後部の: asientos *de* ～ 後部座席．parte *de* ～ 後部，裏側．puerta *de* ～ 裏口
dejar ～ 1) 置き去りにする．2)［競争などで］引き離す，追い抜く；勝る，しのぐ: El ciclista aceleró y *dejó* ～ al resto del pelotón.《自転車》その選手は速度を上げて他の一団を引き離した
echar para ～ 反感を持たせる，不愉快にさせる: Hay un olor que *echa para* ～．いやな臭いがする
echarse [*para*] ～ 1)［後ろへ］しりぞく，引ける．2)［車などが］バックする．3)［約束・契約を］撤回する，ひるがえす: No irás a *echarte* ～ ahora que ya he reservado el hotel. もうホテルもとってあるんだから今になって約束を破らないでね．4)［それまでの言動・取り組み・主張を］ひっこめる: Varias productoras de cine habían estudiado el proyecto y *se habían echado* finalmente. 何人かの映画のプロデューサーがそのプロジェクトを検討してきたが，結局は撤退している
estar hasta ～《メキシコ，口語》ご機嫌（夢中）になっている
hacer... ～ …を後ろに押しのける
más ～ もっと後ろに・の；［時間的に］もっと前に・の
ni para ～《口語》決して…ない，全く…ない
ponerse hasta ～《メキシコ，口語》ご機嫌（夢中）になる
quedar [*se*] ～ 1)［困難に］過ぎ去る: La crisis económica ha quedado ～. 経済危機は過ぎ去ったことだ．2)［競争・勉強などで］遅れる: Ese país no quiere *quedar* ～ en la carrera espacial. その国は宇宙競争に乗り遅れたくない
tenerse por ～《チリ，口語》手を打ち切にされる
tirar para ～《口語》反感を買う，不愉快になる
volver ～ 後戻りする，引き返す: *Volvamos* ～. 戻ろう/話に戻そう
volverse ～ [+de] 1) 引き返す．2) 前言をひるがえす，約束を違える: No *te vuelvas* ～ *de* tus testimonios. 証言をひるがえしてはいけない．3) 回顧する
volverse para ～ 前言をひるがえす，約束を違える［=*volver*-

se ～］
── 後ろへ下がれ!: ¡Todos, ～! みんな，後ろへ下がって！
atrasado, da [atrasádo, ða] 圏 ❶ 遅れた: El reloj está algunos minutos ～．その時計は数分遅れている．Las obras están algo ～*das*. 工事は少し遅れている．Está tres meses ～ en el pago del alquiler. 彼は賃貸料を3か月滞納している．cobrar sus salarios ～*s* (nóminas ～*das*) 給料の遅配分を受け取る．estar ～ de noticias 最新の情報に疎い．pagar lo ～ 未納金を支払う．～ por ～ 後進国，後進地域．❷ 時代遅れの，遅れている: El país es uno de los más ～*s* de Europa en esta materia. スペインはこの分野ではヨーロッパで最も遅れている国の一つである．❸ [ser+] 知的障害のある ［= ～ mental, retrasado］．❹ 借金をしている．❺《中南米》［副詞的］遅れて ［=retrasado］: El tren llegó ～．列車は遅れて到着した
── 图 知的障害者
atrasar [atrasár] ［←atrás］他 遅らせる ［=retrasar］: ～ el reloj una hora 時計を1時間遅らせる．～ la edad de jubilación 定年を遅らせる
── 自 1) ［時計が］遅れる ［⇔adelantar］: Mi reloj *atrasa* diez minutos. 私の時計は10分遅れている．❷ ［順位などが］後退する．❸《主に中南米》遅配する．❹《ウルグアイ》［病気が］悪化する
── ～*se* ❶ 遅れる，遅刻する: El tren *se atrasa*. 列車が遅れている．❷ ［時計が］遅れる
atraso [atráso] ［←atrasar］男 ❶ 遅れ，遅延 ［=retraso］: ～ mental 知的障害．❷ ［地域・状況などの］後進性: industrial del país その国の工業の後進性．❸ 圏 滞納金，未納金: pagar los ～*s* 未納金を支払う．～*s salariales*/～*s del sueldo* 給料の遅配分．❹《主に中南米》遅刻: ～ del avión 飛行機の延着
atravesado, da [atraβesáðo, ða] 圏 ❶ 悪意のある，意地の悪い: Su hermana es muy ～*da*. 彼女の姉はとても意地悪だ．❷ 斜視の，やぶにらみの ［=bizco］: mirar ～ 斜視である，斜視で見る．❸ 横断した，横たわった，横倒しになった: Hay unos árboles ～*s* en la carretera. 木々が横倒しになって道路をふさいでいる．❹ 貫いた，突き抜かれた．❺ ［言葉などが］ぐさりと胸を突く．❻ ［動物が］雑種の，混血種の．❼《中南米》うんざりする
tener a+人 ～ …に反感を抱く，我慢できない: Le *tengo* a Manuel. 私はマヌエルに我慢がならない
atravesador, ra [atraβesaðór, ra] 圏 横切る，貫通する
atravesaño [atraβesáɲo] 男 =travesaño
atravesar [atraβesár] ［←ラテン語 *transversare*］② 他 ❶ 横切る，横断する: Hay que pasar la zona de peatones para ～ esta avenida. この大通りを渡るには横断歩道を通らなければならない．El Amazonas *atraviesa* el centro de América del Sur. アマゾン川は南アメリカの中央部を横切っている．El balón *atravesó* la línea de fondo. ボールはベースラインを割った．～ los Alpes アルプス越えをする．～ el río a nado 泳いで川を渡る．❷ 貫く，突き刺す，突き抜く: La bala le *atravesó* la pierna. 弾丸は彼の脚を貫通した．～ la tela con un alfiler 布にピンを刺す．❸ しみこむ: El agua *atraviesa* el impermeable. 雨がレインコートにしみこんでくる．❹ ［考え・思い出などが頭・心を］よぎる．❺ ［時期・局面に］直面する: La economía española *atraviesa* una etapa regresiva. スペイン経済は後退期に入っている．～ una crisis 危機に直面している．❻ 横へ渡す，横に置く；［橋などを］渡す，架ける: Los huelguistas *atravesaron* unos coches en la calzada. ストライキ参加者は数台の車で道路を遮断した．Antiguamente, no había ni un puente que *atravesara* este río. 昔はこの川に架かっている橋は一本もなかった．❼ ［馬の背に人・物を］乗せる．❽《船舶》［風上に船首を向けて船を］停止させる．❾《中南米》買い占める，独占する
── 自 ［+por の時期に］ある，直面している: *Atravesaron por* dificultades. 彼らは困難に直面した
── ～*se* ❶ 横たわる；［通行などを］さえぎる，邪魔をする，通せんぼをする: Un autobús *se atravesó* en la calzada. バスが道路をふさいだ．❷ ［+en に］割り込んだ，口を挟む: Si vuelves a *atravesarte en* mi vida, te acordarás de mí. もしまた私にちょっかいを出したら，ただですまないぞ．❸ ［自分の体に］突き刺さる，突き抜ける: *Se le atravesó* una espina en la garganta. 彼は喉に骨が刺さった．❹ 不愉快な思いをする，気に入らない: Ese compañero *se me atraviesa*, y no lo soporto. 私はその同僚に不愉快な思いをさせられて，我慢できない．❺ 賭け金が動く，金が賭けられる．❻ ［困難などが］立ちはだかる，生じる．❼ [+a

atravesar		
直説法現在	命令法	接続法現在
atravieso		atraviese
atraviesas	atraviesa	atravieses
atraviesa		atraviese
atravesamos		atravesemos
atravesáis	atravesad	atraveséis
atraviesan		atraviesen

atrayente [atrajénte] 形 魅力的な《=atractivo》: Sus ojos son simpáticos y ~s. 彼の目は優しく魅力的だ

atreguado, da [atregwádo, da] 形 《廃語》❶ 夢見がちな, 現実離れした; 気の狂った. ❷ 休戦中の

atreguar [atregwár] 13 他 休戦する

atremolar [atremolár] 他 《まれ》震え声 trémolo にする

atrenzo [atrénθo] 男 《中南米》気恥ずかしさ, 困惑

Atreo [atréo] 男 《ギリシア神話》アトレウス《ミケーネの王》

atrepsia [atré(p)sja] 女 《医学》アトレプシー

atresia [atrésja] 女 《医学》閉鎖症

atrésico, ca [atrésiko, ka] 形 《医学》閉鎖症の

atresnalar [atresnalár] 他 穀物の束をピラミッド型に積み上げる

atrever [atrebér] 《←ラテン語 tribuere sibi「能力を得る」》~se ❶ [+a+不定詞] あえて…する, 思い切って…する; 厚かましくも…する: Voy a ~me a hablar de este asunto con mis padres. 思い切ってこのことを両親に話してみよう. Nadie se atrevía a moverse ni a respirar siquiera. 誰一人動こうともせず, 言葉すら発しようとはしなかった. No se atreverán a echarme de la fiesta por no llevar corbata. ネクタイをしていないからといってパーティーから追い出されることはないだろう. ❷ [+con+人 に]…に対して厚かましい態度を取る: Él se atreve con todos. 彼はみんなに横柄な態度を取っている. ❸ [+con に] 立ち向かう, 挑む; 思い切って…を試してみる: ¡A que conmigo no te atreves! 私に挑戦する意気地は君にはないよ! ¿Te atreves con una comida picante? 辛い料理を食べてみるかい?
~se a todo y con todo 何にでも挑戦する
¡Atrévete! [脅し文句] 得意げなものならやってみろ!

atrevido, da [atrebído, ða] 《←atreverse》形 ❶ 大胆な, 思い切った: Tengo un amigo que es muy ~; es capaz de enfrentarse a un lobo con un palo en la mano. 私にはとても大胆な友人が一人いる. 彼は棒切れで狼に立ち向かっていく. política ~da 大胆な政策. ❷ 厚かましい, 横柄な, 無遠慮な: palabras ~das 無遠慮な言葉. ❸ 無謀な, 向こう見ずな: Es demasiado ~ con el coche. 彼の車の運転はあまりにも無謀だ. ❹ 危険な: paso ~ 危険な切りの道. ❺ 斬新な; 積極的な, 奔放な: película ~da 斬新な映画. ~ con las mujeres 女性に手の早い. ❻ [服装などが] 大胆な, 派手な: Ella lleva siempre escotes muy ~s. 彼女はいつも大胆な襟ぐりの服を着ている. ❼ きわどい: Esa película tiene algunas escenas amorosas excesivamente ~das. この映画にはいくつかあまりにもきわどいラブシーンがある. chiste ~ きわどい冗談
── 名 大胆な人; 無鉄砲な人

atrevimiento [atrebimjénto] 《←atreverse》男 ❶ 厚かましさ, 図々しさ; 横柄, 傲慢, 無礼《な言動》: Si tiene el ~ de llamarme, lo insultaré sin miramientos. もし彼が無礼にも電話をかけてきたら, 容赦なく罵倒してやる. ❷ 大胆, 大胆不敵, 向こう見ず; 大胆な言動: Ha tenido el ~ de saltar el balcón del segundo piso. 彼は3階のベランダから飛び降りるという無茶をやった
con mucho ~ 思い切って; 厚かましく

atrezo [atréθo] 男 《集名》《映画, 演劇》大道具・小道具

atrial [atrjál] 形 《動物》心房の

atribución [atribuθjón] 《←ラテン語 attributio, -onis》女 ❶ [原因・特色などが] 帰属; 付与: Las competencias pasarán a ser ~ de la Administración regional. 管轄は地方政府のもとに移行するだろう. La ~ de esta obra a Velázquez es muy discutida. これをベラスケスの作品だとする説は大いに論争の的になっている. ❷ [主に 複] 権限: Sus atribuciones les permiten imponer una multa a la productora. 自らの権限によって彼らは生産者に罰金を科すことができる. atribuciones de la camara baja 下院の権限

atribuible [atribwíβle] 形 [+a に] 帰すことができる

atribuir [atribwír] 《←ラテン語 attribuere < ad- (に)+tribuere「与える」》48 他 ❶ [原因・特色などが, +a に] あるとする: Atribuyen el 50% de los crímenes al narco. 犯罪の50%は麻薬密売人のせいだとされている. ❷ [権威などを] 付与する: ~ la función a+人 …に役割を与える
── ~se ❶ …に帰する: Este cuadro se atribuye a Picasso. この絵はピカソの作とされている. ❷ …を自身に帰する: Los terroristas se atribuyen la autoría del atentado. テロリストたちは自分たちの犯行だと認めている

atribulación [atribulaθjón] 女 =**tribulación**

atribuladamente [atribuláðamente] 副 苦悩しながら, 苦労して

atribular [atribulár] 他 嘆き悲しませる, ひどく苦しませる
── ~se [+por·con に] 嘆き悲しむ, ひどく苦しむ

atributivo, va [atributíβo, ba] 形 《言語》❶ 属詞的な, 限定的な: adjetivo ~ 限定形容詞《名詞を直接修飾する形容詞》. ❷ 叙述的な: oración ~va 名詞述語文《主語+繋辞動詞+補語》. verbo ~ 繋辞動詞

atributo [atribúto] 《←ラテン語 atributus》男 ❶ 属性; 特質: La inteligencia y el lenguaje son ~s de los seres humanos. 知性と言語は人間の特質である. ❷ 象徴; 標章;《美術》持物(ぢもつ): La balanza es el ~ de la Justicia. 秤は裁判の象徴である. El tridente es el ~ de Neptuno. 三つ又の矛はネプチューンのしるしである. ❸ 《言語》属詞, 属辞. ❹ 《婉曲》陰 性器

atrición [atriθjón] 女 ❶ 《カトリック》[神の刑罰への恐れによる] 不完全痛悔. ❷ 打撲傷《=contusión》. ❸ 《まれ》消耗《=desgaste》

atrida [atríða] 男 《ギリシア神話》[ミケーネ Micenas の王] アトレウス Atreo の [子孫の]

atril [atríl] 《←古語 latril < 俗ラテン語 lectorile < ラテン語 lector, -oris「読者」》男 ❶ 書見台. ❷ 譜面台

atrilera [atriléra] 女 《カトリック》[教会の] 聖書台(譜面台)の覆い

atrincado, da [atrinkáðo, ða] 形 《ベネズエラ. 口語》❶ [estar+] 複雑な, 困難な. ❷ [ser+] 勇敢な

atrincar [atrinkár] 7 他 ❶ 《まれ》捕まえる. ❷ 《チリ. 口語》突き飛ばす

atrincheramiento [atrintʃeramjénto] 男 ❶ 《集名》塹壕, 陣地. ❷ 塹壕掘り; 立てこもり

atrincherar [atrintʃerár] 《+a+trinchera》他 …に塹壕を掘る, 塹壕で防御する: campo atrincherado 塹壕, 陣地
── ~se [+en に] 立てこもる: Los estudiantes se atrincheraron en la universidad. 学生たちは大学に立てこもった.
~se en el silencio 沈黙の殻の中に閉じこもる

atrio [átrjo] 《←ラテン語 atrium》男 ❶ 《建築》アトリウム, 中庭風の広場,《古代ローマ》中庭 [風の広間]; [教会などの] 柱廊に囲まれた前庭, 前廊. ❷ 《動物》心房

atrípedo, da [atrípeðo, ða] 形 《動物》足の黒い

atrirrostro, tra [atrirróstro, tra] 形 《鳥》くちばしの黒い

atrito, ta [atríto, ta] 形 《カトリック》不完全痛悔の

atrochar [atrotʃár] 自 小道 trocha を通る, 近道をする

atrocidad [atroθiðáð] 《←atroz》女 ❶ 残虐行為; 残虐性: En las guerras se cometen ~es. 戦争では残虐な行為が行われる. ~ de lo ocurrido 事件の残虐性. ❷ ひどい悪行, 常軌を逸した行為: Le pareció una ~ lo de estrenar a las ocho de la tarde. 午後8時に開演するなんて〔早すぎて〕許されることではないと彼には思えた. ❸ 暴言, でたらめ: A muchos parecerá lo que voy a decir una ~, casi una herejía. これから私の言うことは多くの人にとって暴言, いや異端に思えるだろう
una ~ たくさん, ひどく

atrofia [atrófja] 女 ❶ 《医学》萎縮: ~ muscular 筋萎縮. ~ renal 腎萎縮. ❷ 《まれ》減退, 弱体化

atrofiar [atrofjár] 10 《医学》萎縮させる: Utilizará los sentidos extrasensoriales que actualmente tenemos atrofiados. 今の私たちにはすたれてしまった五感以外の感覚を彼は用いているのだろう
── ~se 《医学》萎縮する

atrófico, ca [atrófiko, ka] 形 《医学》萎縮症の

atrojar [atroxár] ~se 《中米》茫然自失する《=aturdirse》

atroje [atróxe] 男/《地方語》女 =**troje**

atrompetado, da [atrompetáðo, ða] 形 《まれ》❶ [銃が] ラッパ形の, 銃口の広がった. ❷ [鼻が] 大きな鉤鼻の

atronado, da [atronáðo, ða] 形 軽率な, 思慮分別のない

atronador, ra [atronaðór, ra] 形 耳を聾するような

atronadura [atronaðúra] 女 ❶《木の》割れ目, 裂け目. ❷《獣医》馬の脚の打撲傷 [=alcanzadura]

atronamiento [atronamjénto] 男 ❶ 耳を聾すること. ❷《衝突による》衝撃, ショック. ❸《獣医》馬の脚の打撲傷 [=alcanzadura]

atronante [atronánte] 形 =atronador

atronar [atronár]《←ラテン語 tonare》28 他 ❶ …の耳を聾する, …にガンガン響く;《騒音で》頭をぼうっとさせる: Los altavoces *atronaban* la ciudad. スピーカーの音がやかましく町に響いていた. ❷《闘牛》《牛の急所の》首筋を突き刺して殺す. ❸ [大きな音で暴れんばかりに, 馬などが] 耳に響かせる ── 自 耳を聾するような音をたてる: En la fiesta *atronaba* la música roquera. パーティーではロックミュージックがガンガン響いていた

atronerar [atronerár] 他《築城》銃眼を設ける(開ける)

atropado, da [atropáðo, ða] 形《農業》枝ぶりのこじんまりとした

atropar [atropár] 他 ❶《まれ》《兵士などを》雑多な集団に分ける. ❷《地方語》《穀類・干し草などを》山積み(東)にして集める

atropelladamente [atropeʎaðaménte] 副 あわてて, せっかちに

atropellado, da [atropeʎáðo, ða] 形 ❶《人が》早口な; せっかちな. ❷《事が》時間に追われた. ❸《まれ》《人が》老いぼれた; [刑罰で] 打ちひしがれた ── 名《コロンビア》[人・動物・乗り物の] 殺到, 混雑

atropellador, ra [atropeʎaðór, ra] 形 名 ❶ 暴力的な〔人〕. ❷《まれ》性急な, あたふたした

atropellamiento [atropeʎamjénto] 男 =atropello

atropellaplatos [atropeʎaplátos] 共《単複同形》《まれ》がさつな女中

atropellar [atropeʎár]《←?古オック語 s'atropelar「大勢集まる」》他 ❶《車と人などを》轢(°)く: El coche *atropelló* a un hombre. 車が男を轢いた. Me *atropellaron* por no respetar el semáforo rojo. 私は赤信号を無視して車にはねられた. ❷ [人を] 乱暴に押し, 押しのける: Salió corriendo tanta precipitación que *atropelló* a los peatones que pasaban por allí. 彼はあわてて走り出し, まわりの通行人を押しのけていった. ❸《比喩》踏み潰す, 踏みにじる: ~ los derechos humanos 人権を蹂躙(じゅう)する. ❹ …に暴力を振るう;《婉曲》《女性に》暴行する. ❺ [仕事などを] 急いで行なう, いい加減にやる ── ~se ❶ 大急ぎで行なう (話す): Se atropella al explicar. 彼は勢いこんで説明しようとする. ❷ [群衆が] 押し合う

atropello [atropéʎo]《←atropellar》男 ❶ 轢くこと, 轢死[事故]: Se ha producido un ~ en este cruce. この交差点で人が轢かれる事故が起きた. ❷ 踏みにじること: cometer ~ contra la libertad de expresión 表現の自由を踏みにじる. ❸ あわてること

atropina [atropína] 女《化学》アトロピン

atropinización [atropiniθaθjón] 女《医学》アトロピン中毒症

Átropos [átropos] 女《ギリシア神話》アトロポス《運命の女神 Moiras の一人で命の糸を切って終わらせる》

atroz [atróθ]《←ラテン語 atrox, -ocis < ater「黒い」》形《複 ~ces》❶ 残虐な, 残酷な: El 17 de septiembre sucedió el crimen más ~. 9月17日最悪の犯罪が起きた. muerte ~ むごたらしい死. ❷ [強調] ひどい, 途方もない: ~ desayuno de un café y un kiwi コーヒー1杯とキーウィー1個のひどい朝食. peso ~ すごい重さ. dolor ~ 激痛

atrozmente [atróθménte] 副 ひどく: doler ~ ひどく痛む

atruchado, da [atrutʃáðo, ða] 形 ❶《鋳鉄が》鱒のような斑点のある. ❷《馬が》鱒のような赤い斑点のある

atruendo [atrwéndo] 男《廃語》=atuendo

atruhanado, da [atrwanáðo, ða] 形 ごろつき, 俗漢のような

ATS [ateése]《略語》←Ayudante Técnico Sanitario 看護士

atta.《略語》←atenta: su ~ 貴信

attaché [ataʃé]《←仏語》男 アタッシェケース

attapulgita [atapulxíta] 女《鉱物》アタパルガイト

atte.《略語》←atentamente 丁重に, 敬具

atto-《接頭辞》[100京分の1, 1, 10⁻¹⁸] *attogramo* 100京分の1グラム

atto.《略語》←atento 丁重な

attrezzo [atréθo]《←伊語》男 =atrezo

atucía [atuθía] 女《化学》不純酸化亜鉛

atuendo [atwéndo]《←ラテン語 attonitus < attonare「雷が鳴る」》男 ❶《文雅》[集名] 衣装, 服装, 服飾品: vestido con ~ deportivo スポーツウェアを着た. ❷《まれ》誇示, みせびらかし; ぜいたく, 華美. ❸《地方語》馬具, 馬飾り; 古く使われた家具

atufadamente [atufáðaménte] 副 怒って, いらだって

atufado, da [atufáðo, ða] 形 ❶ 怒った, いらだった. ❷《南米. 口語》不平を言う, 気難しい

atufamiento [atufamjénto] 男 怒り, いらだち

atufante [atufánte] 形 ❶ ひどい悪臭を放つ. ❷《まれ》怒らせる, いらだたせる

atufar [atufár]《←a-+tujo》他 ❶ ぼうっとさせる; 不快にする. ❷《口語》怒らせる, いらだたせる ── ❶《悪臭を放つ. ❷《古謡的》印象づける ── ~se ❶ [悪臭・煙に] ぼうっとする; 不快になる. ❷《口語》[+con・de・por で] 怒る, いらいらする. ❸ [ワインなどが] 酸っぱくなる. ❹《中米, カリブ》うぬぼれる, 思い上がる. ❺《アンデス》呆然とする; 困惑する

atufo [atúfo] 男《廃語》怒り, いらだち

atumultuar [atumultwár] 14 他 =tumultuar

atún [atún]《←アラビア語 tun < ラテン語 thunnus < ギリシア語 thynnos》男 ❶《魚》マグロ, ツナ《カツオ bonito と混同されることが多い》: ~ atlántico メバチマグロ [=patudo]. ~ blanco ビンナガマグロ [=albacora]. ~ aleta azul del Pacífico クロマグロ, ホンマグロ. ~ rojo ミナミマグロ. ❷《口語》粗野で無知な男 *por ~ y a ver al duque*《まれ》二重の目的を持って

atunar [atunár]《料理》ツナ缶を作る

atunara [atunára] 女 マグロの漁場; マグロ漁

atunero, ra [atunéro, ra] 形 マグロの; マグロ漁の ── 名 マグロ漁師; マグロ売買業者 ── 男 マグロ漁船 ── 女 マグロ漁用の大型の釣り針

atura [atúra] 女《まれ》雌馬の外陰部

aturar [aturár] 他《口語》…にきっちりと蓋をする

aturbonado, da [aturβonáðo, ða] 形《空が》暗雲の垂れこめた

aturdidamente [aturðíðaménte] 副 茫然自失の態で, ぼうっとして

aturdido, da [aturðíðo, ða] 形 ❶ 茫然自失した, ぼうっとした. ❷ そそっかしい, そこつな

aturdidor, ra [aturðiðór, ra] 形 茫然とさせる, ぼうっとさせる

aturdimiento [aturðimjénto] 男 ❶ 茫然自失. ❷ そこつ, そそっかしさ

aturdir [aturðír]《←ラテン語 atordir < tordo「困惑した鳥」》他 ❶ [不幸・爆発音などで] …の頭をぼうっとさせる, 茫然とさせる: Un olor rancio me *aturdió* un instante. 嫌な臭いで私は一瞬何が何だか分からなくなった. ❷ 困惑させる, どぎまぎさせる ── ~se 茫然自失する, 感覚 (理性) を失う; 困惑する, 動転する: Me *aturdí* con tanto vocerío y tantas luces. 私はすごい喧噪と光で頭がぼうっとなった

aturquesado, da [aturkesáðo, ða] 形 ターコイズブルーの

aturrar [aturár] 他《地方語》眠気を催させる [=amodorrar]

aturrullar [atuřuʎár] 他 =aturullar

aturrullamiento [atuřuʎamjénto] 男 困惑

aturullar [aturuʎár] 他《口語》困惑させる ── ~se 困惑する, どうしたら (言ったら) いいか分からなくなる

atusador, ra [atusaðór, ra] 形《髪を》なでつける

atusar [atusár]《←ラテン語 attonsus < attondere「髪を刈る」》他 ❶ [手・櫛で髪を] なでつける. ❷ [動物の毛を] 切りそろえる ── ~se《ざっと》身なりを整える

atutía [atutía] 女《化学》不純酸化亜鉛

Aub [áuβ]《人名》Max ~ マクス・アウブ《1903~72, スペインの小説家・劇作家. 代表的な亡命作家で, 内戦をテーマとする多くの作品を著わした》

auca [áuka] 女《アラゴン》ガチョウ [=oca] ── 形 名 アウカ族〔の〕《パンパスに住むアラウコ族の一支族》

aucuba [aukúβa] 女《植物》アオキ

audacia [auðáθja] 女 ❶ 大胆さ: con ~ 大胆に, 思い切って. ❷ 厚かましさ, 無礼さ. ❸ 大胆な試み, 新機軸

audaz [auðáθ]《←ラテン語 audax, -acis < audere「あえてする」》形《複 ~ces》❶ [人が] 大胆な, 思い切った;《軽蔑》無鉄砲な: Los aventureros suelen ser personas *audaces*. 冒険家は決まって大胆な人間である. expresión ~ 大胆な表現. ❷ [事が] 既成概念を打ち破る: diseño ~ 斬新なデザイン

audazmente [au̯ðáθménte] 副 大胆に, 思い切って
audi-《接頭辞》=**audio-**: *audi*fono 補聴器
audibilidad [au̯ðiβiliðá(d)] 女 可聴性
audible [au̯ðiβle] 形 聞き取られ得る: sonido ~ 可聴音
audición [au̯ðiθjón]《←ラテン語 auditio, -onis < audire「聞く」》女 ❶ 聴覚, 聴力。失う。 ❷ コンサート, リサイタル; [詩の] 朗読会: ~ de la orquesta オーケストラの演奏会。 ❸ [歌手・俳優などの] オーディション: Para las carreras de teatro se requiere aprobar la ~. 演劇の道に進むにはオーディションに合格する必要がある。 ❹ 聞くこと, 聴取。 ❺《南米》[ラジオの] 番組
audiencia [au̯ðjénθja]《←ラテン語 audientia < audire》女 ❶ 謁見(ﾒｯｹﾝ), 接見: dar (conceder・recibir en) ~ a+人 …を引見する。 sala de ~ 謁見室。 ❷ [裁判官による] 審問; 法廷: presidente de la A~ 裁判所長。 ~ pública 公判。 A~ Territorial (Nacional) 高等(最高)裁判所。 A~ [歴史][A~] 1)《アウディエンシア, 高等法院, 大審問院《カスティーリャ王国の司法関係の最高機関。アルフォンソ11世により1348年のアルカラ・デ・エナレスでのコルテス Cortes に際して創設, 1371年にエンリケ2世によって制度化した》。 2) アウディエンシア《植民地の司法・行政・立法の機能を果たす王室の官僚組織。副王 virrey が長官を兼任する場合と, 副王から独立している場合とがある。一人の長官 presidente と複数の聴訴官 oidor で構成される》。 ~ 開聞会。 ❺《集合》視聴者。 ❻ 視聴率 [=índice de ~, listas de ~]: Ha subido la ~. 視聴率が上がった。 de mucha (poca) ~ 視聴率の高い(低い)。 ganar la ~ 視聴率をかせぐ
audiente [au̯ðjénte]《まれ》聞くことができる
audífono [au̯ðífono] 男 ❶ 補聴器。 ❷《中南米》複 ヘッドフォン
audimetría [au̯ðimetría] 女 [視聴率自動記録装置による] 視聴率の測定
audímetro [au̯ðímetro] 男 視聴率自動記録装置《テレビに取り付ける》。 聴力計 [=audiómetro]
audio [áu̯ðjo] 男 ❶ [テレビなどの] 音声システム《録音・再生・送受信など》: cinta de ~ 録音テープ。 material de ~ y vídeo AV機器。 ❷《南米. 映画, テレビ》音声
── 形 音声の, オーディオの
audio-《接頭辞》[聴覚, 音] *audio*metría 聴力測定
audiocasete [au̯ðjokaséte] 男 カセットテープ
audiocirugía [au̯ðjoθiruxía] 女《医学》耳の手術
audiófono [au̯ðjófono] 男 =**audífono**
audiofonología [au̯ðjofonoloxía] 女《医学》聴覚・発声研究
audiofrecuencia [au̯ðjofrekwénθja] 女《医学》可聴周波数
audiograma [au̯ðjográma] 男《医学》オーディオグラム, 聴力図
audiolibro [au̯ðjolíβro] 男 =**audiolibros**
audiolibros [au̯ðjolíβros] 男《単複同形》カセット本
audiología [au̯ðjoloxía] 女《医学》聴能学, 聴覚学
audiológico, ca [au̯ðjolóxiko, ka] 形 聴能学の, 聴覚学の
audiólogo, ga [au̯ðjólogo, ga] 名 聴覚学者
audiometría [au̯ðjometría] 女 聴力測定, 聴力検査
audiométrico, ca [au̯ðjométriko, ka] 形 聴力測定の
audiómetro [au̯ðjómetro] 男 ❶ 聴力計。 ❷ 視聴率自動記録装置 [=audímetro]
audionumérico, ca [au̯ðjonumériko, ka] 形 disco ~ コンパクトディスク, CD
audioprotésico, ca [au̯ðjoprotésiko, ka] 形《医学》補聴器の
audioprotesista [au̯ðjoprotesísta] 名 補聴器技能者
audioquirúrgico, ca [au̯ðjokirúrxiko, ka] 形《医学》耳の手術の
audiovisual [au̯ðjoβiswál] 形 視聴覚の, オーディオビジュアルの: enseñanza ~ 視聴覚教育
── 男 視聴覚教具
auditar [au̯ðitár]《←英語 audit》他 [企業の] 会計検査をする, 監査する
auditivo, va [au̯ðitíβo, βa]《←ラテン語 auditus》形 聴覚器官の, 耳の: nervio ~ 聴神経
auditor, ra [au̯ðitór, ra]《←ラテン語 auditor, -oris》名 ❶ 会計監査人: ~ corporativo [法人の] 監査役。 ~ de cuentas 公認会計士。 ❷ [軍事・宗教裁判の] 法務官。 ❸《古語》聞く所 [=oyente]
── 女 会計監査事務所
auditoría [au̯ðitoría]《←auditor》女 ❶ [企業の] 会計検査, 監

査: hacer una ~ 会計監査をする。 ~ de cuentas 会計監査。 ~s operativas 業務監査。 ~s internas (externas) 内部(外部)監査。 ~s obligatorias (voluntarias) 強制(任意)監査。 ❷ 会計監査事務所。 ❸ 財務報告書。 ❹ 会計監査人の職
auditoriar [au̯ðitorjár] 11《まれ》監査する
auditorio[1] [au̯ðitórjo]《←ラテン語 auditorium》男 ❶《集合》[講演会・音楽会などの] 聴衆: Se oyen las risas del ~. 聴衆の笑い声が聞こえる。 ❷ 講堂, ホール, 公会堂。 ❸ [劇場の] 観客席: Siempre llena los ~s. 彼はいつも客席を満員にする
auditorio[2]**, ria** [au̯ðitórjo, rja] 形 =**auditivo**
auditórium [au̯ðitórjun] 男 講堂, ホール [=auditorio]
auge [áu̯xe]《←アラビア語 awy「天頂」》男 ❶ [重要度・活動などの] 絶頂, ブーム: En el inicio de la Guerra Fría, el negocio armamentístico estaba en pleno ~. 冷戦の開始と共に武器取引は絶頂期を迎えた。 ~ constructor 建築ブーム。 ~ económico 経済成長。 ~ de la fama 人気の絶頂。 ❷《天文》絶頂地点 [=apogeo]
cobrar ~ 絶頂を迎える, 最高に増大する
augita [au̯xíta] 女《鉱物》輝石
augur [au̯ɣúr] 男《古代ローマ》卜占(ﾎﾞｸｾﾝ)官。 占い師
auguración [au̯ɣuraθjón] 女 [鳥の飛び方・さえずり方などによる] 占い
augurador, ra [au̯ɣuraðór, ra] 形 予言する, 占う
augural [au̯ɣurál] 形 前兆の, 予兆の
augurar [au̯ɣurár]《←ラテン語 augurare》他 ❶ 予言する, 占う: El horóscopo le *auguraba* que ese día sería muy feliz para ella. 星占いではその日彼女は非常に幸運なはずだった。 Le *auguro* a este joven jugador un porvenir brillante. この若いプレーヤーには輝かしい未来があることを私は予感している。 ❷ …の前兆である: Esos cuervos no *auguran* nada bueno. それらのカラスはいい前兆ではない
augurio [au̯ɣúrjo]《←ラテン語 augurium》男 ❶ 前兆, 兆候: Se cumplió el buen ~. その良き前兆は当たった。 ❷ [前兆・勘による] 予言
augustal [au̯ɣustál] 形 古代ローマ皇帝アウグストゥス Augusto の
augustamente [au̯ɣustaménte] 副 すばらしく, 抜きんでて
augusteo, a [au̯ɣustéo, a] 形 =**augustal**
augusto, ta [au̯ɣústo, ta]《←ラテン語 augustus》形《文語》❶ 威厳のある, 気高い。 ❷ [+名詞] やんごとなき《王族に対する尊敬語》: La ~ta figura de la reina deja mucho que desear. 畏れ多くも王妃のスタイルには難がある。 las ~tas personas 高貴な方々
── 男 ❶ [サーカスでクラウン clown の相手役の] ピエロ, 道化師 [→payaso 参考]。 ❷《古代ローマ》アウグストゥス《皇帝の称号》
aula [áu̯la]《←ラテン語 aula「中庭」< ギリシア語 aule》女《単数図詞: el・un(a)》❶ 教室; [大学の] 講義室: ~ magna 講堂。 ❷《文語》[皇太子の] 宮殿, 王宮。 ❸《カトリック》[宗教会議の] 会議場
aulaga [au̯láɣa]《←?語源》女《植物》ハリエニシダ
aulagar [au̯laɣár] 男 ハリエニシダの群生地
aulario [au̯lárjo] 男《集合》教室, 校舎, 講義棟
áulico, ca [áu̯liko, ka]《←aula》形《文語》宮廷の: consejero ~ 宮廷顧問官
aulladero [au̯ʎaðéro] 男 狼たちが夜集まって遠吠えする場所
aullador, ra [au̯ʎaðór, ra] 形 遠吠えする
── 男《動物》ホエザル [=mono ~]
aullante [au̯ʎánte] 形 遠吠えする
aullar [au̯ʎár]《←ullar < ラテン語 ululare》16 自 [狼・犬などが] 遠吠えする, うなる
aullido [au̯ʎíðo]《←aullar》男 ❶ [狼・犬などの] 遠吠え, うなり声; [風の] 音 風がうなる音。 ❷ [人の歓喜・苦痛の] 叫び声: dar un ~ de triunfo 勝利のおたけびをあげる
áúllo [áúlo] 男 =**aullido**
aulos [áu̯los] 男《単複同形》《音楽》アウロス《古代ギリシアの管楽器》
aumentable [au̯mentáβle] 形 増加可能な
aumentación [au̯mentaθjón] 女 ❶《修辞》漸層法。 ❷《音楽》[主題・音型の] 増加
aumentador, ra [au̯mentaðór, ra] 形 増加させる
aumentar [au̯mentár]《←ラテン語 augere「増やす」》他 ❶ 増やす, 増加させる, 増大させる《⇔disminuir》: La escuela *aumenta*

rá su alumnado. 学校は生徒の定員を増やすだろう. Quiere trabajar más para ~ los ingresos. 彼は収入を増やすためにもっと働きたいと思っている. ~ la producción 増産する. ~ el clima de inseguridad 不安なムードを高める. ❷《光学》拡大する: La lupa *aumenta* el tamaño de los objetos. 虫眼鏡は物体の大きさを拡大する. ~ la contaminación 汚染をひどくする. ❸《規模などを》大きくする: ~ la velocidad スピードを上げる. ~ el voltaje 電圧を上げる
── 圓 増える, 増加する, 増大する《類義》**aumentar** は継続的・恒常的な増加に, **crecer** は継続的な増加に》1) El número de robos *ha aumentado*. 窃盗の件数が増えた. Los gastos *aumentaron* el mes pasado. 先月は支出が増えた. El ruido *aumenta* poco a poco. 騒音は少しずつ大きくなる. El frío va *aumentando*. 寒さが厳しくなっていく. 2) [+de·en が] María *ha aumentado* mucho de peso. マリアは体重がとても増えた. Pronto el tren *aumentará* de velocidad. すぐに電車はスピードを上げるだろう. El coste de vida *ha aumentado* en un 5 por ciento. 生活費が5%上昇した
── **~se** 増える: *Se aumentó* el sueldo el mes pasado. 先月給料が上がった

aumentativo, va [aumentatíbo, ba] 《←*aumentar*》形《文法》示大[辞]の, 増大[辞]の 圓《diminutivo》: sufijo ~ 示大辞, 増大[接尾]辞 圓《名詞·形容詞·副詞の語尾につけ, 元の語の意味する形状を大きくしたり, 意味を強めたり, 軽蔑の意味を加えたりする. -azo, -ón, -acho, -ote など》
── 男《文法》示大辞, 増大辞; 示大語

aumento [auménto] 《←ラテン語 augmentum < augere》 男 ❶ 増大, 増加: Pedimos un ~ de sueldo a nuestro jefe. 私たちは上司に給料を上げるよう求めた. El paro ha registrado un ~ del 3 por ciento. 失業率は3%の上昇を記録した. ~ de las exportaciones a costa de otra nación [国内雇用拡大のための] 近隣窮乏化政策. ~ de población 人口増加. ~ de precios 値上がり. ❷《光学》拡大; 倍率: Este microscopio tiene 30 ~s. この顕微鏡の倍率は30倍である. Esta lupa tiene pocos ~s. この虫眼鏡は倍率が低い. ❸ [主に復] 進展, 改善. ❹《音楽》主題の拡大. ❺《グアテマラ》追伸
ir en ~ 増大していく: El calor *va en* ~. 暑さは厳しくなっていく

aun [aun] 《←ラテン語 adhuc》 副《譲歩》❶ [+名詞·前置詞句] …でさえ, …ですら: *Aun* los pequeños niños lo pueden manejar. 小さな子供でさえそれを扱える. Te daría 100 euros, ~ 200 euros. 君に100ユーロ, いや200ユーロさえあげよう. Aquí no hace tanto frío ~ en invierno. 当地は冬でもあまり寒くない. ❷ [+現在分詞·過去分詞] …する·したにもかかわらず: *Aun* conduciendo con prudencia podrías correr grave peligro. 慎重に運転したとしても大事故にあうかもしれない. *Aun* habituado a andar de noche por esa calle, sintió miedo. 夜その通りを歩くのは慣れていたのに, 彼は怖い感じがした
~ *a sabiendas de que*+直説法 …は承知の上で
~ *así*+直説法 そうであっても
~ *cuando...* 1) [仮定·譲歩. +接続法] たとえ…でも [=aunque]: Tendré que ir ~ *cuando* no tenga ganas. たとえ気が向かなくても, 私は行かなくてはならないだろう. *Aun cuando* pudiera, no lo haría. たとえできるとしても, そんなことはしないだろう. 2) [譲歩. +直説法] *Aun cuando* pidió disculpas, no le perdonaron sus errores. 彼はわびたが間違いを許してもらえなかった. 【語法】[+直説法の省略] *Aun cuando* con muchas dificultades, logró salir de allí. 大変難しかったが, 彼はそこから抜け出すことができた. 3) [+接続法] …の時でさえ: Llévalo al cuello ~ *cuando* te bañes en el mar. 海水浴の時でもそれを首に巻いておきなさい
~ *no*+直説法 ひとつも〜するとすぐに〜する
ni ~ [否定の強調] たとえ…でも…ない: 1) Aquí no hace calor *ni* ~ en pleno verano. ここは真夏でさえ暑くない. Allí no tengo familia, ni amigos *ni* ~ conocidos. そちらには私は家族も友人も, 知り合いさえもいない. 2) [+現在分詞] *Ni* ~ siendo bueno lo conseguiría. 彼はよい子でさえ人を入れることはできないだろう
ni ~ *así* たとえそうだとしても…ない: *Ni* ~ *así* volverán aquí. たとえそうだとしても, 彼らはここには戻って来ないだろう

aún [aún] 副 ❶ [今でも] まだ, 今なお: *Aún* sigue lloviendo. まだ雨が降り続いている. *Aún* podemos terminar este trabajo

a tiempo. まだ時間に合ってこの仕事を終えることができる. ❷ [否定文で] まだ, いまだに [→*todavía*] 【類義】: *Aún* no lo saben. まだ彼らはこのことを知らない. *Aún* no llega el autobús. まだバスが来ない. ¿Te has casado?—*Aún* no. 結婚したのかい?—まだだ. ❸ [比較級を強めて] さらに, いっそう: Esta catedral es bastante grande, pero la de mi ciudad lo es ~ más. この大聖堂はかなり大きいが, 私の町の大聖堂はもっと大きい. Es más difícil ~ de lo que yo pensaba. それは私が考えていたよりももっと難しい

aunar [aunár] 《←ラテン語 adunare「合わせる」》 16 他 [目的のために] 一つにする: ~ esfuerzos 力を合わせる, 協力する. ~ voluntades 意志を統一する
── **~se** 一つになる: *~se* con la oposición 反対派と手を組む

aungar [aungár] 8 他《古語》結び合わせる, つなげる

auniga [auníga] 女《フィリピン》 [類義]《西》*Auni* no lo sabe.

aunque [aunke] 《←aun+que》 接《譲歩》❶ [事実の譲歩] …だけれども, …とはいえ: 1) [+直説法. 単純な譲歩] *A*~ es joven, sabe mucho. 彼は若いが物事をよく知っている. *A*~ llueve, tengo que salir. 雨が降っているけれども私は出かけなければならない. 2) [+形容詞·過去分詞. 動詞の省略] *A*~ cierto, es una falta imperdonable. それが事実だとしても, 許しがたい過ちだ. *A*~ muy cansado, lo terminé hasta el final. 私はへとへとに疲れていたけれど, それを最後までなしとげた. 3) [+接続法現在. 事実に関して話者の譲歩] …だとしても: *A*~ sea joven, no le podremos perdonar. たとえ若いとしても, 彼を許すわけにはいかないでしょう. ❷ [仮定的な譲歩] たとえ…であったとしても: 1) [+接続法現在. 単純な仮定的譲歩] *A*~ llueva, tendré que salir. たとえ雨が降っても私は出かけなければならないだろう. Debes decírselo ~ no te guste. 気がすすまなくても君は彼にそのことを言わなければならない. Quédate ~ sea una noche. 一晩でいいからいてくれよ. 2) [+接続法過去. 現在の事実に反することの実現が難しいと思われることを仮定しての譲歩] *A*~ tuvieras mucho dinero, no podrías comprar el amor. たとえ金をたくさん持っていても君は愛を買うことはできないだろう. 3) [+接続法過去完了. 過去の事実に反することを仮定しての譲歩] *A*~ él hubiera venido aquí en aquel entonces, no habría podido hacer nada para nosotros. たとえ彼があの時来てくれたとしても, 私たちのために何もできなかっただろう. *A*~ me hubieran invitado, no habría ido. たとえ招待されたとしても, 私は行かなかっただろう. ❸ [+直説法. 背反] しかし, もっとも: Lo hará, ~ no tiene tantas ganas. 彼はそうするだろう, もっともあまり気は進まないようだが. No fue allí, ~ no lo sabíamos. 彼はそこへ行かなかった, もっとも私たちはそのことを知らなかった

~ *más...* どんなに…しても [=por más que]
~ [*nada más·solo*] *sea* [物事の程度を控えめにして] せめて…だけでも: Espérame ~ *nada más sea* media hora. せめて30分だけでもいいから待ってくれ. Escríbeme, ~ *solo sea* una tarjeta de Navidad. クリスマス·カードでもいいから書いてよ
ni ~ [+接続法. 否定の譲歩] たとえ…としても: No haría tal cosa *ni* ~ me diesen mucho dinero. たとえ金をたくさんもらっても, 私はそんなことはしないだろう

aúpa [aúpa] 間《擬声語》 [掛け声] 1) 立ち上がれ, さあ起きろ; さあ持ち上げろ! 2) [スポーツで] それいけ, がんばれ!
de ~ 《俗話》 1) すごい, ひどい: Regaló a su mujer un chalé *de* ~. 彼は妻にすばらしい別荘を贈った. El día, con los exámenes, ha sido *de* ~. その日は試験があって, ひどい日だった. borrachera *de* ~ へべれけ(べろんべろん)の酔い. 2) すごく, ひどく

au pair [opér] 《←仏語》 形 名《単複同形》《西》ベビーシッターや家事手伝いをする代わりに無料でホームステイする [外国人]

aupamiento [aupamjénto] 男 ❶ 抱き上げ. ❷ 昇格

aupar [aupár] 16 他 ❶ [子供などを] 抱き上げる, 抱き起こす. ❷ 昇格させる: El primer ministro le *aupó* a la Presidencia de la Asamblea. 首相は彼を国会議長に引き上げた. ❸ 讃える, 賛美する
── **~se** ❶ 起き上がる, 身を起こす: El bebé *se aupó* y estuvo avanzando a gatas. 赤ん坊は身を起こしてはいはいしていた. ❷ 昇格する: Ha conseguido con su primer disco *~se* hasta los primeros puestos. 彼は最初のレコードでランキング上位に入った

aura [áura] I 《←ラテン語 aura「微風, 風」<ギリシア語 aura < ao「私は吹く」》 女《単数冠詞: el·un[a]》 ❶ オーラ, 霊気; [人·場所独特

auranciáceo, a の〕雰囲気: Esa cantante lleva un ～ encima. その歌手にはオーラがある. ❷ 《集名》《医学》前駆症状: ～ epiléptica てんかんの前兆. ❸《まれ》息; そよ風, 微風
II 《女》《鳥》ヒメコンドル

auranciáceo, a [auranθjáθeo, a] 《形》《植物》ミカン科〔の〕《＝rutáceo》

aurancioideo, a [auranθjojðeo, a] 《形》《女》《植物》ミカン科〔の〕《＝rutáceo》

aura popularis [áura populáris]《←ラテン語》《男》大衆の風, 人気

aurea mediocritas [áurea meðjókritas]《←ラテン語》《女》黄金の中庸《富や名声よりもほどほどの穏やかな生活が良い. ホラティウス Horatius の言葉》

aureana [aureána]《女》＝oreana

áureo, a [áureo, a]《←ラテン語 aureus「金の」》《形》❶《詩語》黄金の, 金色の: resplandor ～ 黄金色の輝き.❷《芸術などが》最も華やかな, 栄えた: época ～a 黄金時代. ❸《数学》número ～ 黄金比, 黄金数
── 《男》《歴史》[13世紀の] 金貨;《古代ローマ》ディナリウス金貨

aureola [auréola]《←ラテン語》《女》❶〔聖人像などの〕光輪, 後光.❷ 栄光, 名声: Al atleta rodea la ～ de héroe. その選手は英雄という栄光に包まれている.❸〔薄雲・霞などを通して見える太陽・月などの周囲の〕量;《○》コロナ.❹《南米》輪状の汚れ

auréola [auréola]《女》《まれ》＝aureola

aureolar [aureolár]《他》光輪で飾る; 栄光で包む

aureolina [aureolína]《女》《化学》オーレオリン〔黄色の顔料〕

aureomicina [aureomiθína]《←商標》《女》《薬学》オーレオマイシン

aureus [auréus]《形》→estafilococo aureus

aurgitano, na [aurxitáno, na]《名》《地名》❶《歴史》アウルヒ Aurgi の〔人〕.❷《現在のハエン Jaén の〔人〕》《＝jiennense》

áurico, ca [áuriko, ka]《形》金の

aurícula [auríkula]《←ラテン語 auricula (auris「耳」の示小語)》《女》❶《解剖》《心臓》心耳.❷《植物》〔葉の〕耳状部, 耳葉

auriculado, da [aurikuláðo, ða]《形》〔動植物の器官が〕耳状の

auricular [aurikulár]《←auricula》《形》❶ 耳の.❷《解剖》《心臓》心耳の
── 《男》❶《電話》受話器.❷ イヤホン;《國》ヘッドホン: oír música con ～es ヘッドホンで音楽を聞く.❸ 小指《＝dedo ～》

auriculoterapia [aurikuloterápja]《女》耳鍼療法

auriculoventricular [aurikulobentrikulár]《形》《解剖》《心臓》の房室の

auriense [aurjénse]《形》《名》《地名》❶《歴史》アウリア Auria の〔人〕, アレヒア Aregia の〔人〕《現在のオレンセ Orense》.❷ オレンセの〔人〕《＝orensano》

aurífero, ra [auríferoro, ra]《←ラテン語 aurifer, -eri ＝ aurum「金」+ferre「運ぶ」》《形》金を含む, 金の: arena ～ra 砂金. campo ～ 金鉱, 採金地

auríficar [aurifikár]《自》《他》《文語》…に金箔を張る, 金めっきする《＝dorar》

aurífice [auríθe]《男》《文語》＝orifice

auriga [auríɣa]《男》❶《古代ギリシア・ローマ》〔競走用二輪馬車の〕御者.❷《詩語》御者《＝cochero》.❸《天文》ぎょしゃ座

aurígero, ra [aurígero, ra]《形》＝aurífero

aurino, na [auríno, na]《形》金色の;
── 《男》《化学》アウリン〔黄褐色の写真用染料〕

auriñaciense [auriɲaθjénse]《形》〔後期旧石器時代の〕オーリニャック文化〔期〕の: Cultura ～ オーリニャック文化

aurívoro, ra [aurívoro, ra]《形》《詩語》金〔貨〕に飢えた

aurora [auróra]《←ラテン語 aurola》《女》❶ 夜明けの光, 曙光; 夜明け: Cuando la luna comienza a desaparecer en el oeste, viene la ～. 月が西に隠れ始めると夜が明ける.❷《文語》初期, 黎明〔期〕: El País es un periódico que nació en la ～ de la democracia. エル・パイス紙は民主制の初期に生まれた.❸ 極光, オーロラ〔＝～ polar〕: ～ boreal (austral) 北(南)極光.❹《植物》アギトンの類《①》に飢えた.❺《昆虫》クモマツマキチョウ.❻《ローマ神話》[A～] アウロラ〔曙の女神〕
Despunta (Rompe) la ～. 夜が明けそめる

auroral [aurorál]《形》《文語》夜明けの; 初期の

aurragado, da [aurraɣáðo, ða]《形》〔土地が〕よく耕されていない

aurrescu [aurrésku]《男》アウレスク〔バスク地方の男性の民俗舞踊〕

auróspice [auróspiθe]《男》＝arúspice

auscultación [auskultaθjón]《女》《医学》聴診: ～ cardiopulmonar 心肺聴診

auscultar [auskultár]《←ラテン語 auscultare》《他》❶《医学》聴診する.❷ 〔他人の気持ち・事情などを〕探る, 探りを入れる

ausencia [ausénθja]《女》❶ 不在, 留守: El paquete llegó en mi ～. その荷物は私の留守中に届いた. sentir la ～ de+人 …がいなくて残念だ(悲しい). ❷ 欠勤, 欠席: Se notó la ～ de Elena en la fiesta. パーティーにエレナが来ていないことが分かった.❸ 欠勤(欠席・不在)の期間: La familia volvió a su país después de 5 años de ～. 一家は5年ぶりに国へ帰った.❹ 欠如, 不足: El parte meteorológico ha anunciado ～ de chubascos en esa región. 天気予報ではにわか雨は降らないとのことだ. ～ de sentido estético 美的センスの欠如.❺ 放心, うわのそら: tener ～s ぼんやりしている, 放心状態である.❻《俳優などの》一時的休業.❼《医学》てんかん発作の欠神.❽《法律》失踪, 生死不明
brillar por su ～《戯語》1) ないためによけい目立つ: En esta oficina la limpieza *brilla por su ～*. このオフィスは掃除されていないのが目立つ. 2) あるべきものがない: En la fiesta de la empresa el gerente *brilló por su ～*. 会社のパーティーに社長は姿を見せなかった
en ～ [+de で] ない状態で: Hablan mal de mí *en mi ～*. 私のいないところで私は悪口を言われている. ensayar *en ～ de* gravedad 無重力状態で実験する. condenar *en ～* a+人 本人不在のまま…に刑を宣告する
hacer buenas (malas) ～ de +人 本人のいない所で…をほめる(けなす)

ausentado, da [ausentáðo, ða]《形》＝ausente

ausentar [ausentár]《←ラテン語 absentare》《他》《まれ》見えなくする, 消す
── *se* ❶ [+de から・を, 一時的に] 離れる, 留守にする; 席を外す: *Se ausentó* de la ciudad una semana. 彼は1週間町を留守にした. *Me ausenté* unos momentos de la reunión. 私は会議から少しの間, 席を外した.❷《南米》欠勤する

ausente《←ラテン語 absens, -tis ＜ abesse》《形》❶〔estar+〕不在の, 留守の《⇔presente》: Estará ～ del domicilio dos semanas. 彼は2週間家を留守にする予定だ.❷ 欠勤の, 欠席の: Ha estado ～ de clase por una gripe. 彼は風邪で欠席した.❸ 欠如した: Esa palabra está ～ en mi vocabulario. その言葉は私の単語集には載っていない.❹ 放心した, ぼんやりした: Ricardo tenía la mirada ～. リカルドはうつろな目をしていた. En clase siempre está ～. 授業では彼はいつもぼんやりしている.❺《法律》失踪した, 生死不明の
── 《名》❶ 不在者; 欠勤者, 欠席者: La semana pasada había muchos ～s a clase. 先週は授業の欠席者が多かった.❷《法律》失踪者

ausentismo [ausentísmo]《男》＝absentismo

ausetano, na [ausetáno, na]《形》《名》《地名》❶《歴史》アウサ Ausa の〔人〕《現在のビック Vic (バルセロナ県の町)》.❷《文語》ビックの〔人〕《＝vigitano》

ausión [ausjón]《男》《地方語》芝居がかった(大げさな)言葉(身ぶり)《＝aspaviento》

ausonense [ausonénse]《形》＝ausetano

ausonio, nia [ausónjo, nja]《形》《名》《地名》❶《歴史》[イタリア中部の] アウソニア Ausonia の〔人〕.❷《詩語》イタリアの〔人〕《＝italiano》

auspiciar [auspiθjár]《←auspicio》《他》❶〔催しなどを〕後援する;《中南米》〔宣伝のために〕協賛する.❷ 予言する

auspicio [auspíθjo]《←ラテン語 auspicium ＜ avis「鳥」+specere「見る」》《男》❶ 主に bajo los ～s de 後援, 賛助, 協賛: La conferencia se celebra bajo los ～s del Ayuntamiento. 講演会は市の後援で行なわれる.❷ 〔主に 複〕前兆, 前ぶれ: El viaje empezó con buenos ～s. 幸先のよい旅の始まりであった

auspicioso, sa [auspiθjóso, sa]《形》幸先のよい

austenita [austeníta]《女》《金属》オーステナイト

austenítico, ca [austenítiko, ka]《形》《金属》オーステナイト系の: acero ～ オーステナイト鋼

austeramente [austeraménte]《副》❶ 厳格に, 厳しく.❷ 簡素に

austeridad [austeridá(d)] 囡 ❶ 厳格さ. ❷ 簡素さ: ~ financiera 金融逼迫〔引き締め〕

austero, ra [austéro, ra]〖←ラテン語 austerus < ギリシア語 austeros「厳しい、峻厳な」〗形 ❶〖人が〗厳格な, きまじめな: de aspecto ~ いかめしい顔つきの. ❷ 簡素な, 飾りのない: diseño ~ 地味なデザイン. ❸ 節制した, 控え目な: Las monjas llevan una vida ~ra. 修道女たちは質素な生活をおくる. ser ~ en el fumar あまりたばこを吸わない. ❹〖文語〗〖味が〗すっぱい

austral [austrál]〖←ラテン語 australis〗形 ❶〖地理〗南の, 南半球の: 極地・半球について 南の〔⇔boreal〕. ❷〖歴史〗plan ~ アウストラル・プラン〖1985年アルゼンチンはペソに代えてアウストラルを新規発行し, インフレを克服しようとするが失敗に終わった〗
── 男〖アルゼンチンの旧貨幣単位〗アウストラル

australasia [australásja] 形〖地理〗オーストラレーシア, オーストラリア区

australiano, na [australjáno, na] 形 名〖国名〗オーストラリア(Australia〔人〕)の; オーストラリア人: continente ~ オーストラリア大陸

australoide [australójde] 形〖人類学〗アウストラロイドの

australopitecino, na [australopiteθíno, na] 形 アウストラロピテクス属の

── 男 複〖人類学〗アウストラロピテクス属

australopiteco [australopitéko] 形〖人類学〗アウストラロピテクス

austriaco, ca [austrjáko, ka] 形 名〖国名〗オーストリア(Austria〔人〕)の; オーストリア人

austríaco, ca [austríako, ka] 形 名 = **austriaco**

austrida [austríða] 形〖まれ〗= **austriaco**

austrino, na [austríno, na] 形〖まれ〗❶〖=austral〗. ❷〖まれ〗ハプスブルク家 casa de Habsburgo の

austro [áustro] 男〖詩語〗南風; 南〖=sur〗

austrohúngaro, ra [austroúngaro, ra] 形〖歴史〗オーストリア=ハンガリー〔二重〕帝国の

autarcía [autarθía] 囡 = **autarquía**

autarquía [autarkía]〖←ギリシア語 autarkeia〗囡 I ❶〖一国の〕自給自足経済, 経済的自立, 独立採算
II〖←ギリシア語 autarkhia〗囡 ❶〖政治〗自治. ❷〖哲学〗自制, 克己

autárquico, ca [autárkiko, ka] I 形 自給自足的の, 経済的自立の: economía ~ca 自給自足経済
II 形〖政治〗自治の

aut Caesar, aut nihil [aut kaesár aut níil]〖←ラテン語〗王者たらずんば匹夫なり, 全部でなければ無

auténtica[1] [auténtika] 囡〖法律〗❶ 証明, 保証, 証明書, 保証書. ❷ オーソライズド・コピー, 原本証明のある謄本

autenticación [autentikaθjón] 囡 = **autentificación**

auténticamente [auténtikaménte] 副 本当に

autenticar [autentikár] 7 他 = **autentificar**

autenticidad [autentiθiðá(d)] 囡 本物であること, 真正さ; 真実性: carecer de ~ 信憑(しんぴょう)性に乏しい

auténtico, ca[2] [auténtiko, ka]〖←ラテン語 authenticus < ギリシア語 authentikos「権威のある」〗形 ❶〖事物が〗本物の, 真正の: ¿Es un torso de escultura griega ~ca o falsa? それは本物のギリシア彫刻のトルソですか, それとも偽物ですか? firma ~ca 本人自筆の署名. ❷〖主に +名詞. 心情などが〗真実の: ~ espíritu religioso 真の宗教精神. ❸〖人が〗〖口語〗誠実な. ❹〖法律〗信ずべき: documento ~ 公正証書. ❺〖西. 俗語〗すばらしい

autentificación [autentifikaθjón] 囡〖真正であることの〕認証

autentificador, ra [autentifikaðór, ra] 形 名〖真正であることを〕認証する〔人〕

autentificar [autentifikár]〖←auténtico〗7 他〖真正であることを〕認証する: El cuadro ha sido *autentificado* por el Prado. その絵はプラド美術館によって本物であると証明されている. ~ un documento 書類を認証する. ❷ 真実であるとする

autentizar [autentiθár] 9 他 = **autentificar**

autillo [autíʎo] 男 ❶〖鳥〗〖ミンダナオ〕コノハズク. ❷〖異端審問所の〕特別判決〖普通の auto de fe より小規模な判決の執行〗

autismo [autísmo]〖←ギリシア語 autos「自身」〗男〖医学〗自閉症: niño con ~ 自閉症児

autista [autísta] 形 名 自閉症の〔患者〕

autístico, ca [autístiko, ka] 形 自閉症の

auto [áuto] 男 I〖←acto〗❶〖法律〗1)〖裁判所の下す〕決定, 判決: dictar un ~ de comparecencia 出頭命令〔召喚状〕を出す. ~ acordado 最高裁判事全員による決定. ~ de ejecución 執行令状. ~ de prisión 拘留令状. ~ de procesamiento 起訴状. ❷〖訴訟記録: constar en ~s 訴訟記録に載っている. 2) el día de ~s 事件当日, 犯行当日. ❸〖歴史〗~ de fe 1) 異端審問所による死刑判決(処刑・火刑)〖観客の参加と荘厳な儀式を伴う〗. 2) 不用〔有害〕なものを焼くこと. ❹〖歴史〗~s acordados 国王のオーディエンシア audiencia の行なう審議会の決議事項. ❺〖演劇〗~ sacramental 聖餐(聖体)神秘劇, 秘蹟劇〖7つの秘蹟 los siete sacramentos のどれかをテーマに16世紀から18世紀中頃にかけて演じられた一幕物の宗教劇. 特に17世紀スペインにおける対抗宗教改革 contrarreforma の流れの中で, カルデロン・デ・ラ・バルカ Calderón de la Barca, ティルソ・デ・モリーナ Tirso de Molina, ロペ・デ・ベガ Lope de Vega などの作品が人気を集めた. 抽象的な概念を登場人物として描く寓意的な手法を特徴とし, 聖体祭の日に野外の山車などで演じられた〗. ~ de nacimiento〖キリスト〗降誕劇. ~ de la pasión〖キリスト〗受難劇
estar en ~s〖まれ〗知っている
hacer un ~ *de fe de*+物〖古語的〗…を焼く
poner a+人 *en* ~s〖まれ〗…に知らせる
II〖automóvil の省略語〗〖主に中南米〗車〖=coche〗: día sin ~s ノーカーデー. ~s de choque バンパーカー〖=coche de choque〗

auto-〖接頭辞〗❶〖自分自身, それ自体〕*auto*defensa 自衛. ❷〖自動車〕*auto*escuela 自動車学校

autoabastecer [autoabasteθér] 39 ~**se** [+de・en] 自給自足する: Los campesinos de esta zona *se autoabastecen de* carne y verdura ellos mismos. この地域の農民は肉と野菜を自給自足している

autoabastecimiento [autoabasteθimjénto] 男 自給自足

autoacusación [autoakusaθjón] 囡 自己非難, 自己告発〖罪を犯していないのに自責の念にかられて取り乱した状態〗

autoadherente [autoaðerénte] 形〖マジックテープなどによる〕簡易着脱式の: solapa ~ マジックテープ付きフラップ

autoadhesivo, va [autoaðesíβo, βa] 形〖押しつけるだけで貼れる〕接着剤付きの〔シール〕

autoafirmación [autoafirmaθjón] 囡 自己肯定

autoafirmar [autoafirmár] ~**se** 自己を肯定する

autoagresión [autoagresjón] 囡 自傷, 自損行為

autoalimentación [autoalimentaθjón]〖情報〗sistema de ~ フィードバック・システム. ~ de hojas 自動給紙

autoanálisis [autoanálisis] 男 自己分析

autoaprendizaje [autoaprendiθáxe] 男〖教育〗自己学習

autoarrancar [autoarraŋkár] 7 他〖情報〗起動時にプログラムを〕自動的に立ち上げる

autoarranque [autoarráŋke] 男〖情報〗自動立ち上げ

autoayuda [autoajúða] 囡 自助〔セラピー〕

autobanco [autobáŋko] 男 ドライブスルー銀行

autobiografía [autoβjografía]〖←auto-+biografía〗囡 自叙伝, 自伝

autobiografiar [autoβjografjár] 11 ~**se** 自伝を書く

autobiográfico, ca [autoβjográfiko, ka] 形 自伝的な; 自叙伝体の

autobiografismo [autoβjografísmo] 男 著作に自伝的な要素を組み込む傾向

autobiógrafo, fa [autoβjógrafo, fa] 名 自叙伝作者

autobomba [autoβómba] 男〖複〗消防自動車, ポンプ車

autobombo [autoβómbo] 男〖西. 口語〗自画自賛, 自慢: darse (hacerse) ~ 自画自賛する, 手前みそを並べる

autobronceador, ra [autoβronθeaðór, ra] 形 男 日焼け用の〔化粧品〕: leche ~ タンニングクリーム

autobús [autoβús]〖←仏語 autobus〗男〖複 ~buses〗〖主に西〗バス〖主に市内を走る路線バス〗: Este ~ va a la Plaza de España. このバスはスペイン広場に行く. tomar un ~ バスに乗る. ir en ~ バスで行く. ~ de línea〖長距離の〕路線バス. ~ del aeropuerto リムジンバス. ~ interurbano 長距離バス. ~ escolar スクールバス

autobusero, ra [autoβuséro, ra] 名〖口語〗バス運転手

autocalificar [autokalifikár] 7 ~**se** 自己評価する; 自分自身を形容する

autocamión [autokamjón] 男〖古語的〗トラック〖=camión〗

autocar [au̯tokár]【←auto II+英語 car】男《西》観光バス; 長距離バス: viaje en ～ バス旅行
autocaravana [au̯tokarabána] 女《西》[牽引式でない] キャンピングカー, トレーラーハウス
autocargador, ra [au̯tokarɡaðór, ra] 形《技術》自動積載の
autocarril [au̯tokaříl] 男《ニカラグア, ボリビア, チリ》高速道路【=autovía】
autocartera [au̯tokařtéra] 女《経済》[発行後, 自社株を買い戻し, 資産として保有する] 金庫株, 自社株
autocéfalo, la [au̯toθéfalo, la] 形《ギリシア正教》[教会が] 独立自治の
autocensura [au̯toθensúra] 女 自己検閲
autochoque [au̯toʧóke] 男《まれ》豆自動車
autocine [au̯toθíne] 男 ドライブインシアター
autoclave [au̯tokláβe] 形 [容器が] 圧力によって自動的に閉まる
—— 女/男《技術》オートクレーブ;《医学》加圧滅菌器;《料理》圧力釜
autocompadecer [au̯tokompaðeθér] 39 ～se 自分を哀れむ
autocompasión [au̯tokompasjón] 女 自己憐憫
autocomplacencia [au̯tokompla̯θénθja] 女 自己満足
autocomplacido, da [au̯tokompla̯θíðo, ða] 形 自己満足した
autocomplaciente [au̯tokompla̯θjénte] 形 自己満足している
autoconciencia [au̯tokonθjénθja] 女 自覚, 自己認識
autoconfianza [au̯tokonfjánθa] 女 自信
autoconocimiento [au̯tokonoθimjénto] 男 自意識過剰
autoconstrucción [au̯tokonstru(k)θjón] 女 [自宅の] 住宅建設
autoconstruir [au̯tokonstrwír] 48 他 自宅を建てる
autoconsumo [au̯tokonsúmo] 男《経済》自家消費
autocontención [au̯tokontenθjón] 女 自己抑制
autocontrol [au̯tokontról] 男 ❶《感情・行動の》自己制御, 自己抑制, 自制: técnicas de ～ 自己制御技術. ❷ 自己評価: test de ～ 自己評価テスト. ❸《技術》自己監視;《情報》自己診断
autocontrolar [au̯tokontrolár] ～se 自己制御する, 自制する
autocracia [au̯tokráθja]【←autócrata】女 専制政治, 独裁【=dictadura】
autócrata [au̯tókrata]【←ギリシア語 autokrates】名 専制君主, 独裁者
autocráticamente [au̯tokrátikaménte] 副 専制的に
autocrático, ca [au̯tokrátiko, ka] 形 専制の, 独裁的な
autocrítica[1] [au̯tokrítika] 女 ❶ 自己批判. ❷ [主に劇作家が上演前に自分の作品について行なう] 自己評価
autocriticar [au̯tokritikár] 7 ～se 自己批判する
autocrítico, ca[2] [au̯tokrítiko, ka] 形 自己批判の
autocromo [au̯tokrómo] 男《写真》オートクロム [初期のカラー写真用乾板]
autocross [au̯tokrós] 男《自動車》オートクロス, ジムカーナ
autoctonía [au̯toktonía] 女 土着性
autóctono, na [au̯tóktono, na]【←仏語 autochtone】形 土着の, その土地固有の: especie salvaje ～na 野生の固有種
—— 名 土着民, 原住民
autocue [au̯tokjú]【←商標】男《テレビ》プロンプター, 原稿表示装置
autocuración [au̯tokuraθjón] 女《医学》自然治癒
autodefender [au̯toðefendér] 24 ～se 自衛する
autodefensa [au̯toðefénsa] 女 自衛, 自己防衛, 護身: Fuerza Armada de A～ [日本の] 自衛隊. fuerzas de ～ 自衛力. instinto de ～ 自己防衛本能
autodefinición [au̯toðefiniθjón] 女 自己規定
autodefinido [au̯toðefiníðo] 形《西》[ヒントの一部がますの中に書いてある] クロスワードパズル
autodefinir [au̯toðefinír] ～se [+como と] 自身を規定(定義)する
autodegradación [au̯toðeɡraðaθjón] 女 自ら品位を落とすこと
autodenominar [au̯toðenominár] ～se 自称する, 自身を名づける
autodepuración [au̯toðepuraθjón] 女 自己浄化
autodestrucción [au̯toðestru(k)θjón] 女 自己崩壊, 自壊
autodestructible [au̯toðestruktíβle] 形 自己崩壊を起こし得

る
autodestructivo, va [au̯toðestruktíβo, βa] 形 自己崩壊を起こさせる
autodestruir [au̯toðestrwír] 48 ～se 自己崩壊する, 自壊する
autodeterminación [au̯toðeterminaθjón] 女【←auto-+determinación】[国民・地域住民による] 自主決定, 民族自決
autodeterminador, ra [au̯toðeterminaðór, ra] 形 =autodeterminista
autodeterminar [au̯toðeterminár] ～se 自主決定する
autodeterminista [au̯toðeterminísta] 形 自主決定の, 民族自決の
autodidacta [au̯toðiðákta] 形 名 [男性形 autodidacto もある] 独学の〔人〕
autodidáctico, ca [au̯toðiðáktiko, ka] 形 独学の
autodidactismo [au̯toðiðaktísmo] 男 独学
autodidacto [au̯toðiðákto] →**autodidacta**
autodigestión [au̯toðixestjón] 女《生物》自己分解【=autólisis】
autodino [au̯toðíno] 男《通信》オートダイン方式
autodirección [au̯toðire(k)θjón] 女 [無人飛行機などの] 自動操縦; [ミサイルなどの] 自動誘導
autodirigido, da [au̯toðirixíðo, ða] 形 自動操縦の; 自動誘導の
autodisciplina [au̯toðisθiplína] 女 自己訓練, 自己鍛錬
autodisolución [au̯toðisoluθjón] 女 [組織の] 自主解散
autodisolver [au̯toðisolβér] 29 ～se [組織が] 自主的に解散する
autodisparador [au̯toðisparaðór] 男《写真》セルフタイマー
autodocumentación [au̯toðokumentaθjón] 女 =autodocumentado
autodocumentada [au̯toðokumentáða] 女 =autodocumentado
autodocumentado [au̯toðokumentáðo] 男《情報》自動読み取り; セルフドキュメンティング
autodominio [au̯toðomínjo] 男 自制心, 克己心
autódromo [au̯tóðromo] 男《自動車》サーキット
autoedición [au̯toeðiθjón] 女《情報》デスクトップパブリッシング, DTP
autoeditar [au̯toeðitár] 他《情報》DTPで作成(出版)する
autoelevador [au̯toeleβaðór] 男《チリ, アルゼンチン, ウルグアイ》フォークリフト車
autoelevadora [au̯toeleβaðóra] 女《チリ, アルゼンチン, ウルグアイ》=autoelevador
autoempleo [au̯toempléo] 男 自営, 自営業
autoencendido [au̯toenθendíðo] 男 [エンジンの] 自動点火
autoencerramiento [au̯toenθeřamjénto] 男 ひきこもり
autoengaño [au̯toenɡáɲo] 男 自己欺瞞
autoerótico, ca [au̯toerótiko, ka] 形《心理》自己愛的な, 自己性愛の
autoerotismo [au̯toerotísmo] 男《心理》自己性愛, 自慰
autoescuela [au̯toeskwéla]【←auto II+escuela】女《西》自動車教習所
autoesplumado [au̯toesplumáðo] 男《鳥》羽食い, 羽つつき
autoestable [au̯toestáβle] 形《技術》自動安定装置付きの
autoestima [au̯toestíma] 女 自尊心, 自負
autoestimulación [au̯toestimulaθjón] 女 自慰
autoestop [au̯toestóp]【←英語 auto-stop】男 =autostop
autoestopista [au̯toestopísta] 名 =autostopista
autoestrada [au̯toestráða] 女《まれ》高速自動車道
autoevaluación [au̯toeβalwaθjón] 女 自己評価
autoexamen [au̯toe(k)sámen] 男 自己点検, 自省; 自己検閲; 自己検診
autoexcitación [au̯toe(k)sθitaθjón] 女《電気》自励
autoexcluir [au̯toe(k)sklwír] 48 ～se 自身を排除する, 脱退する
autoexclusión [au̯toe(k)sklusjón] 女 自己排除, 脱退
autoexigencia [au̯toe(k)sixénθja] 女 自身への要求
autoexiliar [au̯toe(k)siljár] 10 ～se 自主的に亡命する
autoexilio [au̯toe(k)síljo] 男 自主的亡命
autoexploración [au̯toe(k)sploraθjón] 女《医学》自己検査
autoexposición [au̯toe(k)sposiθjón] 女《写真》自動露出
autoexpreso [au̯toe(k)spréso] 男《鉄道》マイカーフレイト
autofagia [au̯tofáxja] 女《生物》自食〔作用〕

autofecundación [au̯tofekundaθjón] 囡《生物》自家受精, 自殖

autofilia [au̯tofílja] 囡 ナルシシズム〔=narcisismo〕

autofinanciación [au̯tofinanθjaθjón] 囡《経済》[企業の内部留保や減価償却積立金による] 自己金融, 内部金融, 自己資本導入

autofinanciar [au̯tofinanθjár] 10 他 自. ~se《経済》自己融資をする, 自己資本を導入する

autofinanzamiento [au̯tofinanθamjénto] 男 =**autofinanciación**

autofoco [au̯tofóko] 男 =**autofocus**

autofocus [au̯tofókus] 男《写真》オートフォーカス

autoformación [au̯toformaθjón] 囡 ❶ 自らを形成すること. ❷ 自動的な形成

autoformar [au̯toformár] ~se 自らを形成する

autogamia [au̯togámja] 囡《植物》自家受粉

autógamo, ma [au̯tógamo, ma] 形《植物》自家受粉の

autógeno, na [au̯tóxeno, na] 形 ❶《生物》自生の. ❷《金属》ガス(アセチレン)溶接の

autogestión [au̯toxestjón] 囡〔←auto-+gestión〕《経済》自主管理

autogestionario, ria [au̯toxestjonárjo, rja] 形 自主管理の

autogiro [au̯toxíro] 男〔←auto-+giro〕《航空》オートジャイロ

autognosis [au̯tognósis] 囡《哲学》[直感的な] 自己認識

autogobernar [au̯togobernár] 23 ~se 自治する, 自ら統治する

autogobierno [au̯togobjérno] 男〔行政システムとしての〕自治

autogol [au̯togól] 男《スポーツ》オウンゴール: marcar (meter) un ~ オウンゴールをする

autogolpe [au̯togólpe] 男〔軍部と協力した〕上からのクーデター〔1973年ウルグアイのボルダベリ大統領, 1992年ペルーのフジモリ大統領など〕

autografía [au̯tografía] 囡《美術》肉筆印刷

autografiar [au̯tografjár] 11 他《美術》肉筆印刷する

autográfico, ca [au̯tográfiko, ka] 形 肉筆印刷の

autógrafo[1] [au̯tógrafo]〔←auto-+ギリシア語 grapho「私は描く, 書く」〕男 [有名人の] サイン: Déme un ~. サインを下さい. pedir a+人 un ~ …にサインを求める. firmar ~s サインをする

autógrafo[2], **fa** [au̯tógrafo, fa] 形 自筆の: carta ~fa 自筆の手紙

autoguiado, da [au̯togjáðo, ða] ❶ ガイドなしの: recorrido ~ ガイドなしのツアー. ❷《天文など》オートガイドの

autohipnosis [au̯toipnósis] 囡《単複同形》自己催眠

autohipnótico, ca [au̯toipnótiko, ka] 形 自己催眠的な

autoico, ca [au̯tói̯ko, ka] 形《植物》両性の

autoimagen [au̯toimáxen] 囡 自己について抱く心像, 自像

autoimponer [au̯toimponér] 60 [過分 autoimpuesto] ~se …を自分に課する: Hacienda se ha autoimpuesto la fecha tope para devolver las cantidades. 財務省は返済期限を自らに課した

autoimpuesto, ta [au̯toimpwésto, ta] autoimponer の 過分

autoincompatibilidad [au̯toinkompatibiliðá(ð)] 囡《植物》自家不和合性

autoinculpación [au̯toinkulpaθjón] 囡 自供, 自白

autoinculpar [au̯toinkulpár] ~se 自供する, 自白する

autoinducción [au̯toindu(k)θjón] 囡《電気》自己誘導

autoinducir [au̯toinduθír] 41 他《電気》自己誘導する

autoinfección [au̯toinfe(k)θjón] 囡《医学》自己感染

autoinjerto [au̯toinxérto] 男《医学》自家移植

autoinmolación [au̯toinmolaθjón] 囡 自己犠牲

autoinmolar [au̯toi(m)molár] ~se [理想・他人のために] 自分を犠牲にする

autoinmune [au̯toi(m)múne] 形《医学》自己免疫の: enfermedad ~ 自己免疫疾患

autoinmunidad [au̯toi(m)muniðá(ð)] 囡《医学》自己免疫

autointoxicación [au̯tointo(k)sikaθjón] 囡〔←auto-+intoxicación〕《医学》自家中毒

autoinyectable [au̯toinjektáble] 形 男《薬学》[患者が] 自分で注射をうつ〔薬剤〕

autoinyectar [au̯toinjektár] ~se 自己注射する

autojustificación [au̯toxustifikaθjón] 囡 自己正当化, 自己弁護

autojustificar [au̯toxustifikár] 7 ~se 自己を正当化する, 自

己弁護する

autolatría [au̯tolatría] 囡 自己崇拝

autolavado [au̯tolabáðo] 男 洗車機

autolesión [au̯tolesjón] 囡〔手首を切るなどの〕自傷行為

autolesionar [au̯tolesjonár] ~se 自傷行為をする

autolimitación [au̯tolimitaθjón] 囡 自己制限, 自主規制: ~ de exportaciones 輸出自主(自己)規制

autolimitar [au̯tolimitár] 他 自主的に制限する

autoliquidación [au̯tolikiðaθjón] 囡 ❶ 申告納税〔制度〕〔= ~ tributaria〕. ❷ [組織の] 自主的な解散

autoliquidar [au̯tolikiðár] 他 …の申告納税をする

autólisis [au̯tólisis] 囡《単複同形》《生物》自己分解

autollamar [au̯toʎamár] ~se 自身を呼ぶ

autólogo, ga [au̯tólogo, ga] 形《医学》自家移植した, 自家組織の

automación [au̯tomaθjón] 囡《主に中南米》オートメーション〔=automatización〕

automarginación [au̯tomarxinaθjón] 囡〔社会からの〕脱落, ドロップアウト

automarginar [au̯tomarxinár] ~se 社会から脱落する, ドロップアウトする

autómata [au̯tómata]〔←ラテン語 automaton < ギリシア語 automatos「自身で動く」〕男 ❶ ロボット〔=robot〕; 自動機械, 自動装置. ❷《情報》オートマトン
—— 形 囡 ❶ 機械的に行動する〔人〕, 他人の言いなりになる〔人〕. ❷ ロボットの(ような)

automatación [au̯tomataθjón] 囡 機械化, オートメーション化

automáticamente [au̯tomátikaménte] 副 自動(機械)的に

automaticidad [au̯tomatiθiðá(ð)] 囡 自動性

automático, ca [au̯tomátiko, ka]〔←autómata〕形 ❶ 自動の, 自動式の, 自動的な: totalmente ~ 完全自動の. coche ~ オートマチック車. puerta ~ca 自動ドア. reloj ~ 自動巻き時計. ❷ 無意識の, 機械的な: gesto ~ 無意識の動作. ❸ 必然的な: ~ca respuesta 当然の(決まり切った)答え
—— 男 ❶《西. 服飾》スナップ. ❷《電気》ブレーカー
—— 囡 ❶ オートメーション工学. ❷《口語》〔全自動〕洗濯機

automatismo [au̯tomatísmo]〔←autómata〕男 ❶ [機械の] 自動性, 自動作用: anulación de ~ 手動への切り替え. ❷ 機械的行動, 無意識の行為; [行動・生活の] 習慣性

automatización [au̯tomatiθaθjón] 囡 オートメーション〔化〕: ~ administrativa オフィス・オートメーション, OA. ~ de fábricas ファクトリー・オートメーション, FA

automatizar [au̯tomatiθár] 9 他 ❶ 自動化する, オートメーション化する. ❷〔動作などを〕機械的にする

autómato [au̯tomáto] 男《まれ》=**autómata**

automedicación [au̯tomeðikaθjón] 囡〔医者にかからない〕自己治療, セルフメディケーション

automedicar [au̯tomeðikár] 7 ~se 自己治療をする; [医師の処方によらず] 患者が, +con 薬を] 自己診断で服用する

automedonte [au̯tomeðónte] 男《まれ》運転手

automercado [au̯tomerkáðo] 男《中米》スーパーマーケット

automoción [au̯tomoθjón] 囡 ❶ =**automovilismo**. ❷ 自動能力, 自動性. ❸ 自動車産業

automodelismo [au̯tomoðelísmo] 男 モデルカー・レーシング

automodelista [au̯tomoðelísta] 名 モデルカー・ファン

automontable [au̯tomontáble] 形 組立式の

automorfismo [au̯tomorfísmo] 男《幾何》自己同型

automotor, ra [au̯tomotór, ra]〔←auto-+motor〕形《女性形 **automotriz** もある》〔乗り物が〕自動推進の; [機械が] 自動的な. ❷《中南米》自動車の
—— 男《鉄道》気動車

automotriz [au̯tomotríθ] 形 →**automotor**

automóvil [au̯tomóbil] 形〔←auto-+móvil〕形 自動〔推進〕の
—— 男 自動車〔主に4輪で9人乗り以下. =coche, auto〕: tienda de ~es 自動車販売店. ~ de carreras レーシングカー. Real A ~ Club de España スペイン自動車クラブ

automovilismo [au̯tomobilísmo]〔←automóvil〕男 ❶ カーレース〔=~ deportivo〕. ❷《集合》自動車全般に関する知識〔構造・機能・運転術など〕: revista de ~ 自動車情報誌

automovilista [au̯tomobilísta] 形 自動車の
—— 名 ドライバー, 運転者

automovilístico, ca [au̯tomobilístiko, ka] 形 ❶ 自動車の: industria ~ca 自動車産業. producción ~ca 自動車製造.

automutilación

❷ カーレースの: rally ～ カーラリー
automutilación [aut̪omutilaθjón] 囡［身体の］自己切断
automutilar [aut̪omutilár] ～**se** 自身で手足を切断する
autonómamente [aut̪ónomamént̪e] 副 自立して; 自律的に
autonombramiento [aut̪onombramjént̪o] 男 自薦
autonombrar [aut̪onombrár] ～**se** [+主格補語 と]自称する: Se autonombró embajador. 彼は大使を自称した
autonomía [aut̪onomía]《←ギリシア語 autonomia < autos「自身」+nomos「法律」》囡 ❶ 自治, 自治権: conceder (dar) ～ a... ～に自治権を与える. ～ regional 地方自治. ❷ 自治体;《西》自治州. ❸［個人・団体の］自立: ～ económica de una mujer 女性の経済的自立. ～ financiera 独立採算. ❹［船舶・航空機・自動車の］航続距離, 航続時間;［バッテリーの］持続時間, 稼働時間
autonómico, ca [aut̪onómiko, ka]《←ギリシア語 autonomos < autos+nomos》形 ❶ 自治の: gobierno ～ 自治政府. poderes ～s 自治権. policía ～ca 地方警察, 自治体警察. ❷《西》自治州の: elecciones ～cas 自治州選挙
autonomismo [aut̪onomísmo] 男 ❶ 自治［体制］. ❷ 自治賛成論
autonomista [aut̪onomíst̪a] 形 名 自治に賛成する［人］: campaña ～ 自治権運動
autonomización [aut̪onomiθaθjón] 囡 自立
autonomizar [aut̪onomiθár] ⑨ 他 自立させる; …に自治権を与える
──～**se** 自立する; 自治権を与えられる
autónomo, ma [aut̪ónomo, ma]《←ギリシア語 autonomos < autos+nomos》形 ❶ 自治権のある; 自立した: entidad ～ma 自治団体, 独立団体. ❷ 自律的な: nervios ～s 自律神経. ❸ 自営の; フリーランスの: traductor ～ フリーの翻訳家
──男 自営業者《=trabajador ～》; フリーランサー
autoómnibus [aut̪[o]ómnibus]《まれ》=**autobús**
autooxidación [aut̪[o]o(k)sidaθjón]《化学》自動酸化
autopalpación [aut̪opalpaθjón] 囡 自己触診
autopase [aut̪opáse] 男《サッカーの》自分自身へのパス《ソンブレロ sombrero などのフェイント技》
autopatrono [aut̪opat̪róno] 男 個人タクシーの運転手
autopatrulla [aut̪opat̪rúʎa]《メキシコ》パトロールカー
autopegado, da [aut̪opeɣáðo, ða] 形［封筒が］糊不用の
autopiano [aut̪opjáno] 男 自動ピアノ《=pianola》
autopiloto [aut̪opilót̪o]《航空など》自動操縦装置
autopista [aut̪opíst̪a]《←auto II+pista》囡 ❶ 高速道路［類義］ **autopista** は立体交差だが, **autovía** は平面交差》: conducir en la ～ 高速道路で運転する. ❷《情報》～ de la información 情報スーパーハイウェイ
autoplastia [aut̪oplást̪ja] 囡《医学》自己形成, 自家移植
autoplástico, ca [aut̪oplást̪iko, ka] 形《医学》自己形成の, 自家移植の
autopolinización [aut̪opoliniθaθjón] 囡《植物》=**autogamia**
autopoliploide [aut̪opoliplóiðe] 囡《生物》同質倍数体
autopoliploidía [aut̪opoliploiðía] 囡《生物》同質倍数性
autopreservación [aut̪opreserβaθjón] 囡 自己保存, 自衛本能
autoproclamado, da [aut̪oproklamáðo, ða] 形 自称の
autoproclamar [aut̪oproklamár] ～**se** [+主格補語 であると]自ら主張する, 自称する: Se autoproclamó presidente del país. 彼はその国の大統領だと自称した
autoprofesor [aut̪oprofesór] 男 教育機器
autoprogramable [aut̪oproɣramáβle] 形 ordenador ～ インテリジェントコンピュータ
autopromoción [aut̪opromoθjón] 囡 自己宣伝
autopropulsado, da [aut̪opropulsáðo, ða] 形《機械が》自力推進の
autopropulsión [aut̪opropulsjón]《←auto-+propulsión》囡 自力推進
autopropulsor, ra [aut̪opropulsór, ra] 形 自力推進の
autoprotección [aut̪oprote(k)θjón] 囡 自己防衛
autoproteger [aut̪oprot̪exér] ③ ～**se** 自己防衛する
autopsia [aut̪ó(p)sja]《←ギリシア語 autopsia》囡 検死, 剖検, 死体解剖: hacer la ～ a+人 …を検死する
autopsiador, ra [aut̪ó(p)sjaðór, ra] 形 名 検死の; 剖検医

autopsiar [aut̪ó(p)sjár] ⑩ 他 検死する
autópsido, da [aut̪ó(p)siðo, ða] 形［鉱物の外見が］金属的な
autopublicidad [aut̪opuβliθiðá(ð)] 囡 自己宣伝, 売名: hacer ～ 売名行為に走る
autopullman [aut̪opúlman]《←英語》男《複》～s/単複同形》《西》デラックス観光バス
autor, ra [aut̪ór, ra]《←ラテン語 auctor, -oris < auctum < augere「増やす, 生産する」》囡 ❶ 作者, 著者, 筆者［類義］ **autor** は本の作者, **escritor** は職業的な作家;［芸術作品の］制作者: El ～ del Quijote es Cervantes.『ドン・キホーテ』の作者はセルバンテスである. ～ anónimo (desconocido) 作者不明. ～ de la sinfonía 交響曲の作曲者. ❷ 犯人, 張本人;《法律》主犯, 正犯: ～ del crimen 犯行の主犯. ～ del robo 盗犯. ～ del secuestro 誘拐犯. ～ de la broma 悪ふざけの張本人. ❸ 原因, 元凶: ～ de la intoxicación 中毒の原因. ❹ 創始者, 創造者: ～ de una empresa 創業者. ❺ 発見者《=～ del descubrimiento》; 発案者, 考案者《=～ de una idea》: ～ de la penicilina ペニシリンの発見者. ❻ 関係者. ❼《古語》劇団の会計係
de ～ 自主制作の: cine de ～ 自主制作映画
autoradio [aut̪orráðjo] 囡 =**autorradio**
autoreverse [aut̪oreβérs[e]] 男 =**autorreverse**
autoría [aut̪oría] 囡 ❶ 原作者（発見者）であること: Se le atribuye la ～ de la novela. その小説の作者は彼だとされている. No se conoce la ～ de este libro antiguo. この古い本の作者が誰なのか分かっていない. ❷ 著述業, 著作業. ❸ 犯人であること: La policía atribuyó la ～ del incendio a un chico de catorce años. 警察は火事は14歳の少年の仕業であると断定した. reconocer la ～ del crimen 犯行を認める
autoridad [aut̪oriðá(ð)]《←ラテン語 auctoritas, -atis》囡 ❶ 権限, 権力, 職権: Ellos tienen ～ para tomar una decisión final. 彼らには最終決断する権限がある. abusar de su ～ 権力を乱用する. ejercer la ～ 権限を行使する. hacer uso de la ～ para con+人 …に対して権力を用いる. imponer su ～ 権力をふるう. con plena ～ 全権をもって（委任されて）. por su propia ～ 自分の一存で, 独断で. abuso de ～ 職権乱用. principio de ～ 権力主義. y cargo del rey 国王の権能と職権. ～ divina 神の権力. ～ estatal 国家権力. ～ paterna 父権. ❷ 当局, 権力機関; 官憲, 警察: La ～ militar proclamó la ley marcial. 軍当局は戒厳令を公布した. entregar a+人 a la ～ …を警察に引き渡す. entregarse a la ～ 自首する. ～ gubernativa (judicial) 政府（司法）当局. ～ local 市（町）当局. ❸ 官公吏, 役人: Son muchas las ～es que acompañan al presidente. 大統領に随行する官吏たちは大勢だ. ❹ 権威, 威信, 威光: No tiene ～ sobre sus hijos. 彼は親としての権威がない. Es un maestro serio y con ～. 彼はまじめで貫禄も十分な先生だ. ❺ [+en の]権威者, 大家, 大御所: Es una ～ en literatura medieval española. 彼女はスペイン中世文学の権威だ. ¡Paso a la ～! 《口語》それはあの大御所にお任せておこう! ❻ 典拠, 出典;［引用される］作家, 作品: Diccionario de ～es『範例辞典』《スペイン, アカデミアが1724～37年に編纂した最初の辞典の通称》
por qué ～［公職や特権の乱用者に対する］権限開示令状, 権限開示訴訟
autoritariamente [aut̪orit̪árjamént̪e] 副 独裁的に; 高圧的に, 横柄にも
autoritario, ria [aut̪orit̪árjo, rja]《←autoridad》形 ❶ 権威主義的な, 高圧的な, いばった: Tienen unos padres muy ～s. 彼らの両親はとても高圧的だ. profesor ～ 権威主義的な先生. sociedad patriarcal y ～ria 家父長的で権威主義的な社会. ❷ 独裁的な, 横暴な; 権力の, 官憲の: régimen ～ 独裁的な体制
──囡 ❶ 権威主義的な人, 権柄ずくな人: Es un ～, y acabará quedándose solo. 彼は横暴な人だから, いずれ友人などいなくなるだろう. ❷ 権力主義者, 独裁主義者
autoritarismo [aut̪orit̪arísmo]《←autoritario》男 ❶ 権威主義. ❷ 権力の乱用; 横暴, 専横: ～ del dictador 独裁者の横暴
autoritarista [aut̪orit̪aríst̪a] 形《まれ》権力（権威）主義の, 横暴な
autoritativo, va [aut̪orit̪at̪íβo, βa] 形《まれ》権威のある
autorizable [aut̪oriθáβle] 形 許可され得る; 正当と認められ得る

autorización [autoriθaθjón] 囡 ❶ [主に公的機関・上司などの] 認可, 許可, 公認: Me han dado ~ para que me presente en la reunión. 私はその会議に出席する許可をもらった. Registraron el edificio con una ~ judicial. 彼らは法的許可をとってその建物を捜索した. Prohibida la entrada sin ~. 許可なく立入禁止. obtener ~ (conceder) ~ para... …の許可を求める(与える). ❷ 許可書, 認可証; 認定書; 委任状: He conseguido una ~ del juez para visitarle en la cárcel. 私は刑務所にいる彼との面会許可書を判事から得た. Necesito tu ~ para recoger la pensión en el banco. 私が銀行で年金を受け取るには君の委任状が必要だ. ~ de pago《商業》支払い授権書. ❸ 権限の授与, 委任

autorizadamente [autoriθáðaménte] 副 ❶ 認可を受けて, 許可をもらって. ❷ 権威をもって

autorizado, da [autoriθáðo, ða] 形 ❶ 公認の, 法定の: precio ~ 公定価格. procurador ~ 公認代理人. ❷ 当局の, 権威のある; 信頼できる: Es una noticia de fuente ~da. それは信頼できる筋からの情報だ. opinión ~da 権威筋の意見. persona ~da en el campo その分野の権威ある人.【映画などが】成人指定でない

autorizador, ra [autoriθaðór, ra] 形 名《まれ》=**autorizante**
autorizamiento [autoriθamjénto] 男《まれ》=**autorización**
autorizante [autoriθánte] 形 名 正当と認めること(人)
autorizar [autoriθár]【←autor】 9 他 ❶ [主に公的機関・上司などが] 認可する, 許可する, 公認する: La policía *autorizó* la manifestación. 警察はデモを許可した. ❷ [+a・para するための] 権限を与える, 権能を付与する; 正当化する: Estoy *autorizado para* firmar en representación de la compañía. 私は会社を代表して署名する権限を与えられている. El comité no le *autorizó para* investigar personalmente el problema. 委員会は彼にその問題を個人的に調査することを許可しなかった. ❸ [書類などを] 公証する, 正式なものと認める: El notario *autorizó* la escritura con su firma. 公証人はその証書に署名し正式なものとして認めた. ❹ [用語などを] 正当と認める. ❺ 権威を持たせる, 箔をつける

autorradio [autoráðjo] 囡/《文語》男 カーラジオ
autorradiografía [autoraðjografía] 囡《物理》放射能写真術, オートラジオグラフィー
autorrealización [autorealiθaθjón] 囡 自己実現, 充足
autorrealizado, da [autorealiθáðo, ða] 形 充足感のある
autorrealizar [autorealiθár] ~**se** 自己実現する, 充足感をもつ
autorreflexión [autorefle(k)sjón] 囡 自省, 内省
autorregresión [autoregresjón] 囡《数学》自己回帰〔分析〕
autorregulable [autoreguláβle] 形 自動制御できる,《生理》自己調節できる
autorregulación [autoreguláθjón] 囡 自動制御, 自動調節,《生理》自己調節
autorregulador, ra [autoreguláðor, ra] 形 自動制御(調節)する
autorregular [autoregulár] 他《生理》…を自己調節する —— ~**se** 自動制御(調節)する
autorreplicar [autoreplikár] 7 ~**se**《生物》自己複製する
autorretratar [autoretratár] ~**se** 自画像を描く
autorretrato [autoretráto]【←auto-+retrato】男 自画像
autorreverse [autoreβérse]【←英語 autoreverse】形 オートリバース〔の〕
autorriel [autorjél] 男 気動車【=automotor】
autosatisfacción [autosatisfa(k)θjón] 囡 独善, ひとりよがり, 自己満足
autosatisfecho, cha [autosatisféʧo, ʧa] 形 自己満足した
autosensibilización [autosensiβiliθaθjón] 囡《医学》自己感作
autoservicio [autoserβíθjo]【←auto-+servicio】男 ❶ セルフサービス〔の飲食店〕. ❷ スーパーマーケット【=supermercado】
autosoma [autosóma] 男《生物》常染色体
autosostener [autosostenér] 58 ~**se**《主に中南米》自立する
autosostenimiento [autososteniénto] 男《主に中南米》自立
autostop [autoestóp]【←仏語】男 ヒッチハイク: hacer ~ ヒッチハイクをする. ir en ~ ヒッチハイクで行く. coger a+人 en ~ …をヒッチハイクで車に乗せてあげる
autostopismo [autoestopísmo] 男 ヒッチハイク【=autostop】
autostopista [autoestopísta] 名 ヒッチハイカー

autosuficiencia [autosufiθjénθja]【←auto-+suficiencia】囡 ❶ 独善, ひとりよがり. ❷ 自給自足
autosuficiente [autosufiθjénte] 形 ❶ 独善的な, ひとりよがりの, うぬぼれの強い: El artista tiende a ser ~. 芸術家は独善的になりがちである. ❷ 自給自足の, 独立採算の: La Casa Real de Liechtenstein es ~. リヒテンシュタイン王家は経済的に自立している
autosugestión [autosuxestjón]【←auto-+sugestión】囡 自己暗示【⇔heterosugestión】
autosugestionar [autosuxestjonár] ~**se** 自己暗示をかける
autotanque [autotánke] 男《自動車》タンクローリー
auto-taxi [autotá(k)si] 男《文語》タクシー【=taxi】
autotest [autotést] 男《医学, 技術》セルフテスト, 自己検査, 自己試験
autotipia [autotípja] 囡《写真》コロタイプ
autotitular [autotitulár] ~**se** 自分自身に名前を付ける
autotomía [autotomía] 囡《動物》[トカゲのしっぽなどの] 自切, 自己切断
autotransformador [autotransformaðór] 男《電気》(単巻)変圧器, オートトランス
autotransfusión [autotransfusjón] 囡《医学》自己輸血
autotransplante [autotransplánte] 男《医学》自己移植
autotrén [autotrén] 男 [トレーラーが1台または2台以上の] 巨大トレーラートラック
autotrófico, ca [autotrófiko, ka] 形 =**autótrofo**
autotrofismo [autotrofísmo] 男《生物》独立栄養
autótrofo, fa [autótrofo, fa] 形《生物》独立栄養の, 無機栄養の: planta ~*fa* 独立栄養植物
autovacuna [autoβakúna] 囡《医学》自己(自家)ワクチン
autovagón [autoβagón] 男《ペルー. 鉄道》気動車【=automotor】
autoventa [autoβénta] 囡 [自動車による] 移動販売 —— 男 移動販売業者
autovía [autoβía]【←auto II+vía】囡 ❶《西》自動車専用道路【→autopista 類義】. ❷《鉄道》気動車【=automotor】
autovivienda [autoβiβjénda] 囡《自動車》キャンピングハウス
autovolquete [autoβolkéte] 男 ダンプカー
autrigón, na [autrigón, na] 形 名《歴史》前ローマ時代西ピレネーの先住民〔の〕
autumnal [autumnál] 形《文語》秋の【=otoñal】
aut vincere, aut mori [aut binθére aut móri]【←ラテン語】勝利かさもなくば死を〔昔の将軍たちのモットー〕
auxanómetro [au(k)sanómetro] 男《植物》生長計
auxiliador, ra [au(k)siljaðór, ra] 形 名 援助する〔人〕; 救助する〔人〕
auxiliar [au(k)siljár]【←ラテン語 auxiliare】10/11 他 ❶ 援助する【→ayudar 類義】; 救助する, 救援する, 救済する; 介護する: Un grupo de voluntarios *auxilia* a los niños sin padres. ボランティアグループが両親のいない子供たちを援助している. ~ a un niño caído en el río 川に落ちた子供を助け上げる. ❷ [司祭が] …の死を見取る
II《ラテン語 auxiliaris》形 ❶ 補助の, 補佐の: ejército ~《軍事》補助部隊. enfermera ~ 准看護師. servicios ~*es* 救助作業;《軍事》後方支援. silla ~ 補助椅子.《情報》周辺機器の. ❸《文法》助動詞の —— 名 ❶ 助手, 補助員, 見習い: ~ de laboratorio 実験助手. ~ de odontología 歯科助手. ~ de vuelo《航空》客室乗務員, フライトアテンダント. ❷ [官公庁の下級の] 事務官, 下級役人【=~ administrativo】: ~ de contabilidad 会計事務官. ❸《教育》1) 講師, 代用教員. 2)《古語》[大学の] 代理教授, 准教授〔正教授 catedrático の不在時に代講をする. =profesor ~〕 —— 男《文法》助動詞【=verbo ~】: ~ modal 法助動詞 —— 囡《チリ》家政婦
auxiliaría [au(k)siljaría] 囡《古語》代理教授の職
auxiliatorio, ria [au(k)siljatórjo, rja] 形《法律》[上級裁判所から送られた下級裁判所の裁定に従うようにという申し渡しの
auxilio [au(k)síljo]【←ラテン語 auxilium】男 ❶ 援助, 手助け; 救援, 救済: Los vecinos están prestando ~ a las víctimas. 住民たちが被災者の救援活動をしている. Se oyó una voz pidiendo ~. 助けを求める声が聞こえた. con el ~ de... …の助けを得て, …のバックアップされて. en ~ de... …を助けるために. ❷ 介護, 手当. ❸《交通》~ en carretera〔高速道路などの〕

auxina

巡回修理サービス. ❹《カトリック》~s espirituales 終油の秘跡. ❺《ラプラタ》1) レッカー車. 2) rueda (neumático) de ~ スペアタイヤ
primeros ~s 応急手当: hospital de *primeros* ~s 救急病院
—— 間 助けて!《=socorro》

auxina [auk.sína]《女》《生化》オーキシン
auxocito [auk.soθíto]《男》《生物》増大母細胞
auxómetro [auk.sómetro]《男》《物理》増力オキシメーター
auyama [aujáma]《女》《カリブ, コロンビア, ベネズエラ. 実》セイヨウカボチャ, クリカボチャ
Av.《略語》←Avenida 大通り, …街, …通り
a/v《略語》←a la vista 一覧払い
ava.《略語》←avería 海損
avacado, da [abakádo, ða]《形》[馬・雄牛の] 雌牛のように腹が出ていておとなしい
avadar [abaðár]《自》~**se** ❶ [川が歩いて渡れるほど] 水量が減る. ❷《古語》[情熱が] おさまる
avahado, da [ab(a)áðo, ða]《形》《まれ》湿度の高い, むっとする
avahar [ab(a)ár]《他》…に息 (蒸気) を吹きかける
aval [abál]《←仏語 aval「保証金」》《男》❶《商業》1) [支払いの] 保証《題義》単なる裏書 **endoso** と異なり, 手形や証券の裏面に署名に添えて bueno para aval と記す): ~ bancario 銀行保証. 2) 保証金. ❷ 保証《=garantía》: El acuerdo tiene el ~ del presidente. 協定の有効性は大統領が保証している. sin ~ 保証なしに
avalador, ra [abalaðór, ra]《形》《名》保証する; 保証人
avalancha [abalántʃa]《←仏語 avalanche》《女》❶《主に比喩》なだれ. La aparición del cantante provocó una ~ de público en la plaza. 歌手が姿を見せたので観衆がなだれのように広場に押し寄せた. Recibimos una ~ de propuestas en el buzón de sugerencias. 我々の投書箱に提案が山のように届いた. ~ de pedidos 注文の殺到. ❷《物理》電子なだれ. ❸《情報など》térmica 熱暴走
avalante [abalánte]《形》《名》=**avalador**
avalar [abalár]《他》《←aval》❶ [手形などの] 支払いを保証する. ❷ [人物・性能などを] 保証する《=garantizar》: Le *avala* su larga trayectoria profesional. 彼の長い職業人としてのキャリアが何よりの保証だ. Este casco está *avalado* en las normas de seguridad más exigentes. このヘルメットは最も厳しい安全基準によって保証されている
avalentado, da [abalentáðo, ða]《形》《まれ》尊大な, いばり返った
avalentamiento [abalentamjénto]《男》《まれ》いばり返ること
avalentar [abalentár]《23》《他》《まれ》いばり返る
avalentonado, da [abalentonáðo, ða]《形》《まれ》強がりの, 空いばりする
avaliar [abaljár]《10》《他》《古語》評価する, 見積もる
avalío [abalío]《男》《古語》=**avalúo**
avalista [abalísta]《←aval》《名》《主に商業》保証人
avalorar [abalorár]《他》《文語》…の価値 (評価) を高める. ❷《まれ》励ます, 勇気づける
avaluación [abalwaθjón]《女》《中南米》評価, 見積り
avaluar [abalwár]《14》《他》《主に中南米》…の評価を決める, 価格をつける《=valorar》
avalúo [abalúo]《男》評価, 査定《=valoración》
avallar [abaʎár]《他》《まれ》[地所を] 柵で囲む
avambrazo [abambráθo]《男》《甲冑の》腕甲
avancarga [abaŋkárga]《女》*de* ~《銃などの》先込め式の, 前装式の: cañón de ~ 先込め砲
avance [abánθe]《←avanzar》《男》❶ 前進《⇔retroceso》: hacer un ~ 前進する. ~ del desierto 砂漠化. ❷《軍事》進軍, 前進命令《=~ militar》: El ejército ha realizado un ~ de 4 kilómetros. 軍は4キロ前進した. ❸《←英語》1) 進行, 進捗: ~ del programa 計画表, スケジュール. 2) 進歩, 向上: Si sigues con estos ~s, podrás ganar el próximo campeonato. 君はこうした進歩を続けていれば, 次はきっとチャンピオンになれるだろう. gran ~ en… …における大きな進歩. ❹《テレビ》ヘッドラインニュース, 臨時ニュース《=~ informativo》. ❺《西, メキシコ. テレビ, 映画》予告《=~ del tiempo 天気予報. ❻ [ビデオなどの] 早送り《⇔rebobinado 巻き戻し》. ❼ 暗示, ほのめかし: tirar a+人 algún ~ …におよぶ. ❽ 前払い《金》; 前貸し《金》. ❾ 予算《案》. ❿《車両の》

部. ⓬《商業》収支勘定, 貸借対照表《=~ de balance》. ⓭《技術》送り《量》. ⓮《電気》導線, リード線. ⓯《メキシコ. 古語》略奪; 分捕り品. ⓰《中米》嘔吐. ⓱《南米》うまい話
avanecer [abaneθér]《39》~**se**《果物が》水気がなくなる《=acorcharse》
avanguarda [abaŋgwárða]《女》《廃語》=**vanguardia**
avanguardia [abaŋgwárðja]《女》《廃語》=**vanguardia**
avantal [abantál]《男》=**devantal**
avante [abánte]《副》《船舶》前方へ・に《=adelante》: ~ a toda máquina 前進全速
por ~ 船首を風上に向けて
—— 《男》《船舶》前進《=avance》: dar (hacer) ~ 前進する: A~. Toda. 全速, 前進!
avant-garde [avántgarð]《←仏語》《女》=**vanguardia**
avantrén [abantrén]《←仏語》《男》《軍事》砲車の前部, 前車
avanzada[1] [abanθáða]《←avanzar》《女》❶ 先駆的な行動《物》. ❷ [思想・芸術での] 前衛. ❸《軍事》前衛部隊, 先兵; 前哨; 偵察隊
de ~ 先進的な, 先端的な: pensamiento *de* ~ 先進的な考え. tecnología *de* ~ 先端技術
avanzadilla [abanθaðíʎa]《avanzada の示小詞》❶《軍事》前哨; 偵察隊, 先遣隊: enviar una ~ 偵察隊を送る. ❷ 先駆的な物《事》. ❸《上陸用の》桟橋
avanzado, da[1] [abanθáðo, ða]《形》❶ [時が] 経過した: tener edad ~*da* 老齢である. paciente de edad ~*da* (*de* ~*da* edad) 高齢の患者. Llegamos al hotel ~ de la noche. 私たちは夜遅くなってからホテルに着いた. hora muy ~*da* de la noche 深夜. ❷ 進歩した, 先進的な: Son unos pintores jóvenes con un estilo muy ~. 彼らは進歩的な技法を使う若い画家たちだ. curso ~ 上級講座. idea ~*da* 進んだ考え, 革新思想. país ~ 先進国. tecnología ~*da* 先端技術. tecnología médica ~*da* 先進医療技術. ❸ [病気などが] 進んだ, 悪化した: El anciano tenía muy ~ el cáncer. 老人は癌が進行していた. La mujer en traje de baño muestra ~ embarazo. その水着姿の女性は妊娠していることが見てとれる. Parkinson ~ 進行したパーキンソン病. ~*das* hasta la frontera 国境まで進出した部隊. ❹ 突き出た
avanzar [abanθár]《←カタルーニャ語 avançar < 俗ラテン語 abantiare < ラテン語 ab ante》《9》《自》❶ 進む, 前進する《⇔retroceder》: El coche *avanza* lentamente por la calle. 車はゆっくりと通りを進む. 2)《軍事》進軍する: Una división *avanzó* sobre la capital. 1個師団が首都に向け進攻した. ❷ [時間が] 経過する, 過ぎる: Las horas *avanzan* rápidamente cuando uno se entrega a algo. 何かに夢中になっていると時間は早く過ぎていく. La noche *avanzaba*. 夜がふけていった. El otoño *avanza* y el invierno se acerca. 秋が深まり冬が近づく. ~ en edad 年をとる. ❸ 進歩する, 向上する《+en に関して》 はかどる, する: Recientemente la tecnología informática *ha avanzado* de manera fabulosa. 情報技術は最近すばらしい進歩を遂げた. ~ *las negociaciones*. 交渉は進展している. María *ha avanzado en* el estudio del francés. マリアはフランス語が上達した. ❹ [地位が] 上がる, 昇進する
—— 《他》❶ 前に出す, 前進させる: El *avanzó* la silla hacia adelante sin hacer ruido. 彼は音を立てずに椅子を前に出した. ~ una mano 片手を前に出す. ~ un pie 1歩足を踏み出す. ~ una pieza de ajedrez チェスの駒を進める. ❷ [時間・進行を] 早める: Tenemos que ~ la hora de salir. 出発時間を早めなければならない. ❸ 推進する, 促進する. ❹《ニュースなどを》先に知らせる; [給料などを] 前払いする. ❺《中米》嘔吐する

avanzar	
直説法点過去	接続法現在
avancé	avance
avanzaste	avances
avanzó	avance
avanzamos	avancemos
avanzasteis	avancéis
avanzaron	avancen

avanzo [abánθo]《男》❶ 決算, 収支《=balance》. ❷ 予算, 見積もり《=presupuesto》
avaramente [abárménte]《副》貪欲に
avarear [abareár]《他》《地方語》[オリーブなどを棒で] 叩き落とす

avaricia [abaríθja]《←ラテン語 avaritia》囡 貪欲 (欲), 意地汚さ, けち: La ～ rompe el saco.《諺》一文惜しみの銭失い
　con ～《西. 口語》[好ましくないことに関して] 非常に, とても: Es feo ～.彼はひどく醜男だ

avariciosamente [abariθjosaménte] 副 貪欲に, 意地汚く

avaricioso, sa [abariθjóso, sa] 形 ❶ 欲深い(人), 強欲な (人): No seas ～. No te lo guardes para ti. 欲張るな. それは取るな

avariento, ta [abarjénto, ta] 形 名 **=avaro**

avariosis [abarjósis] 囡 梅毒《=**sífilis**》

avaro, ra [abáro, ra]《←ラテン語 avarus》形 ❶ 貪欲な〔人〕, 欲しがる〔人〕: viejo ～ ごうつくじいさん. ❷ [+de に] けちな〔人〕;内緒にする, 他人に明かさない: ～ *de tiempo* 寸暇を惜しむ. Es muy ～*ra de* sus recetas de cocina. 彼女は自分の料理のレシピをなかなか人に教えない

ávaro, ra [ábaro, ra] 形 名 [6～7世紀東欧の] アヴァール人〔の〕
　──男 アヴァール語〔北東コーカサス諸語の一つ〕

avasallador, ra [abasaʎaðór, ra] 形 ❶ 威圧する, 圧倒的な: ¿Sería el amor el sentimiento ～? 愛は抵抗しがたい感情なのだろうか? triunfo ～ 圧倒的な勝利. ❷ 有無を言わさず押しつけがましい

avasallamiento [abasaʎamjénto] 男 威圧, 圧倒

avasallante [abasaʎánte] 形 **=avasallador**

avasallar [abasaʎár]《←*a*-+*vasallo*》他 ❶ [強制的に] 支配する, 従わせる: En la sociedad feudal, los nobles *avasallaban* tanto las tierras como las personas. 封建社会においては貴族たちが土地も人間もその支配下に置いていた. ❷ 圧倒する: Los locales *avasallan* al equipo visitante. ホームチームがビジターを圧倒している

avatar [abatár] 男 ❶ [主に 複] 栄枯盛衰, 有為転変. ❷《ヒンズー教》神〔ヴィシュヌ神 Vishnu の〕化身. ❸《情報》アバター

avatí [abatí] 男 トウモロコシ《=**maíz**》

Avda.《略語》←**Avenida** 大通り, …街, …通り

ave [ábe]《ラテン語 avis》囡《単数冠詞: el·un〔a〕》❶ 鳥 類義 **ave** は分類区分としての鳥および **pájaro** より大型の鳥. **pájaro** は小型の飛ぶ鳥: El buitre es una *ave* y el gorrión es un *pájaro*. ハゲタカは大型の鳥でスズメは小鳥である》；～ corredora 走鳥〔類〕. ～ de las tempestades ウミツバメ〔=**petrel**〕. ～ de paso/～ pasajera 渡り鳥, 渡り歩く人, 流れ者. ～ de rapiña/～ de presa 猛禽〔類〕; かっぱらい, 詐欺師. ～ del Paraíso ゴクラクチョウ〔極楽鳥〕, ゴクラクチョウカ〔極楽鳥花〕. ～ fría タゲリ〔=**avefría**〕. 間抜け. ～ lira コトドリ. ～ nocturna 夜禽, 夜鳥, 夜遊びする人. ～ zancuda 渉禽〔類〕. ❷ [複] 鳥類. ❸《メキシコ. 料理》鶏肉
　～ ***agorera*** 不吉〔なこと〕
　～ ***negra***《中南米》悪徳弁護士
　～ ***tonta***/～ ***zonza*** 間抜け, のろまな人
　ser un ～ [人が] すばけない, はしこい

AVE [ábe] 男《略語》←**Alta Velocidad Española**［スペインの］高速鉄道〔システム〕《1992年にマドリード＝セビーリャ間で初開業》

Ave atque vale [ábe atke bále]《←ラテン語》ようこそ, ご機嫌よう

avechucho [abetʃútʃo] 男《軽蔑》❶ 醜い鳥. ❷ 醜い人; 見下げはした奴

avecilla [abeθíʎa]《*ave* の示小語》囡《鳥》～ de las nieves ハクセキレイ〔=**lavandera blanca**〕

avecinar [abeθinár]《←伊語 avvicinare》他 ❶ 近づける. ❷ 居住させる
　──**～se** [日付·事柄が] 近づく: *Se avecina* la Semana Santa. 聖週間が近い. Dicen que *se avecina* una tormenta. 嵐が近づいているそうだ

avecindamiento [abeθindamjénto] 男 居住, 居住地

avecindar [abeθindár] 他 居住させる, 住民登録をする
　──**～se** [+*en* に] 定住する: La familia *se ha avecindado en* las afueras del pueblo. 家族は村はずれに居を定めた

avecrem [abekrén]《←商標》男 固形スープの素

avefría [abefría] 囡 ❶《鳥》タゲリ. ❷《口語》元気のない人

avejentamiento [abexentamjénto] 男 老けさせる(老けこむ)こと

avejentar [abexentár]《←*a*-+*viejo*》他 老けさせる; 老けて見せる: Las canas te *avejentan* mucho. 白髪だと君はとても老けて見える
　──**～se** 老けこむ

avejigar [abexigár] 他 水ぶくれを生じさせる
　──**～se** 水ぶくれができる

avellana [abeʎána] 囡《果実》セイヨウハシバミ, ヘーゼルナッツ

avellanado, da [abeʎanáðo, ða] 形 ❶ ハシバミ色の, 薄い金褐色の, 薄茶色の. ❷ しわの寄った, しなびた. ❸《技術》[ねじの頭に] 皿穴にぴたりとはまる形の
　──男《技術》皿穴をあけること

avellanador [abeʎanaðór] 男《技術》皿穴用のリーマー

avellanal [abeʎanál] 男 ハシバミ林

avellanar [abeʎanár]《技術》…に皿穴（埋頭孔）をあける
　──**～se** しわくちゃになる, しなびる
　──男 **=avellanal**

avellanate [abeʎanáte]《料理》ハシバミ入りのシチュー(パスタ)

avellaneda [abeʎanéða] 囡 **=avellanal**

Avellaneda [abeʎanéða]《人名》**Nicolás** ～ ニコラス·アベリャネダ《1837～85, マルコスの息子でアルゼンチンの大統領（1874～80）. 先住民を追放し, 外国移民による土地取得と開拓を奨励》

avellanedo [abeʎanéðo] 男 ❶ ハシバミ材. ❷ **=avellanal**

avellanero, ra [abeʎanéro, ra] 名 ハシバミ売り
　──男 **=avellano**

avellano [abeʎáno] 男《植物》ハシバミ

avemaría [abemaría]《←ラテン語 ave（挨拶）+カスティーリャ語 María》囡《単数冠詞: el·un〔a〕》《カトリック》[A～] 天使祝詞, アベ·マリア《聖母マリアに捧げる祈り. Dios te salve, María「聖母マリアに幸あれ」で始まる》: rezar tres *A*～*s* アベマリアを3回唱える. ❷ [ロザリオの] 小珠
　en un A～ またたく間に
　saberse... como el A～…をよく覚えている

Ave María [ábe maría] 囡 天使祝詞《=**Avemaría**》
　──聞《主に句を添えて》❶《驚き·不快》おや/まあ! ¡～ Purísima! ¡Qué cosas dices! まあ, 何ということをおっしゃるの! ❷《神聖な場所に入る時》…に幸あらしめたまえ, [告別で] アベマリア! ❸《古語的》[挨拶] こんにちは!

Avempace [abempáθe]《人名》**→Ibn Bayyah**

avena [abéna]《←ラテン語》囡 ❶《植物》エンバク（燕麦）, マカラス麦: ～ loca (silvestre) カラス麦. ～ morisca エンバクの近縁種《学名 Avena barbata》. ～ caballuna オニカラス麦. ❷ **=avenal**

avenado, da [abenáðo, ða] 形 ❶ エンバクの生えた. ❷ 頭のおかしい

avenal [abenál] 男 エンバク畑

avenamiento [abenamjénto] 男 排水

avenar [abenár] 他 [溝をつけて湿地を] 排水する, 水をよくする

avenate [abenáte] 男 ❶《西》狂気の発作; 激怒; 衝動. ❷ エンバクを煮て潰し冷やした飲み物《去痰用》

avenenar [abenenár] 他 **=envenenar**

avenencia [abenénθja]《←*avenir*》囡 協定, 和解: La comisión debe dilucidar los puntos controvertidos por las partes y esforzarse por lograr la ～ entre ellas. 委員会は双方の論点を明らかにし和解を図らねばならない. *en buena* ～ 調和した; 一致した

avenerado, da [abeneráðo, ða] 形《装飾》帆立貝形の

avenible [abeníble] 形 和解できる

aveníceo, a [abeníθeo, a] 形 エンバクの

avenida[1] [abeníða]《←*avenir*》囡 ❶ [一般に並木のある] 大通り, 街路: Esa ciudad tiene anchas ～*s*. その町には広い通りがある. A～ de Burgos [マドリードの] ブルゴス大通り. ❷ 大勢の人, 人出; 殺到: ～ de turistas 押し寄せる観光客. ❸［河川の］急な増水, 洪水, 氾濫: Las fuertes lluvias provocaron ～*s* torrenciales aun en las calles. 豪雨で通りにまで鉄砲水が流れ込んだ. ❹ 増加, 増大. ❺《軍事》対壕. ❻《まれ》 **=avenencia**. ❼《中米》知らせ, ニュース

avenido, da[2] [abeníðo, ða] 形 bien (mal) ～ con... と仲の良い (悪い); [非物質的なものに] 満足している(いない)

avenidor, ra [abeniðór, ra] 名 仲裁する〔人〕

aveniente [abenjénte] 形 和解させる

avenimiento [abenimjénto] 男 和解, 同意, 調和

avenir [abenír]【←ラテン語 advenire < ad- (近い)+venire「来る」】59《命令法単数 avén/aven》他《文語》和解させる
── 自《古語》[事が] 起きる: Una cosa *avino* a la armada. ある事が艦隊に起こった
── **~se** ❶ 仲がよい, 気が合う; [+con と, +en の点で] 和解する, 折り合いをつける: Ella no *se aviene con* su suegra. 彼女は姑とうまく合わない. Por fin *se avinieron en* la fecha y lugar. 彼らはやっと日時と場所の点で合意を見た. ❷ [+con と] 調和する: Estas costumbres no *se avienen con* los principios cristianos. これらの習慣はキリスト教の理念に反するものだ. ❸ [+a に] 同意する: No *me avengo a* hacer todo lo que ella quiere. 彼女が望むことをすべて私がしなければならないのは納得できない

aventado, da [abentádo, ða] 形 ❶ 慌てた [=atolondrado]. ❷《メキシコ》勇敢な, 大胆な
── [穀物からもみがらを] あおぎ分けること

aventador, ra [abentaðór, ra] 形 名 [穀物を] あおぎ分ける [人]
── 男 ❶《農業》唐箕(み). ❷ [火をあおるための] うちわ

aventadura [abentaðúra] 女《獣医》[馬の] 腫瘍

aventaja [abentáxa] 女《アラゴン》[主に 複] 配偶者に先立たれた人の共通財産先取分

aventajadamente [abentaxáðaménte] 副 有利に

aventajado, da [abentaxáðo, ða] 形 傑出した; [身長が] 抜きん出て高い

aventajamiento [abentaxamjénto] 男 有利, 優位

aventajar [abentaxár]【←仏語 avantage「優位」】他 [+en で] …を上回る, 勝る, しのぐ: Nadie le *aventaja en* inteligencia. 頭の良さにかけては彼が一番だ
── **~se** 地位が上がる

aventamiento [abentamjénto] 男 あおぎ分け; 吹き散らすこと

aventar [abentár]【←a-+ラテン語 ventus「風」】23 他 ❶《農業》[穀物からもみがらを] あおぎ分ける, 箕(み)であおる: *Aventaban* lanzando la mies a lo alto con horcas. 彼らはフォークで麦を投げ上げ, もみがらを飛ばしていた. ❷《…に風を送る; [風で] 吹き飛ばす (散らす). ❸ [ニュースなどを] 広める. ❹《中南米》投げる. ❺《メキシコ》突き飛ばす
── **~se** ❶ [空気で] ふくれる. あわてて逃げ去る, 急いで立ち去る. ❷《メキシコ, コロンビア》 1) 飛びかかる. 2)《口語》[+a+不定詞] 思い切って…する. ❹《メキシコ》達成する. ❺《プエルトリコ》[肉などが] 腐り始める

aventi [abénti] 女《地方語》冒険 [=aventura]

aventón [abentón] 男《メキシコ, グアテマラ, ニカラグア, ペルー》突き飛ばし
dar **~**《口語》[人を] 無料で車に乗せる
pedir **~**《口語》ヒッチハイクの合図をする, 車に便乗させてくれるように頼む

aventura [abentúra]【←ラテン語 adventura < advenire「達する, 起きる」】女 ❶ 冒険, 異常な (怖い) 体験: Te contaré las ~s de mi juventud. 若いころの冒険談をしてやろう. tener ~s 冒険をする. vivir insólitas ~s 途方もない体験をする. novela de ~s 冒険小説. ❷ 危険: Invertir en ese negocio es una ~. そのビジネスに投資するのは冒険だ. meterse en ~s 危険に身を出す. ❸ 情事, 色事, アバンチュール: El músico tuvo una ~ con la duquesa. その音楽家は公爵夫人と関係した
a la **~**《口語》なりゆき任せで
correr una **~** 冒険を試みる
embarcarse en **~s** *(en una* **~)** 冒険を企てる, 冒険に乗り出す

aventurado, da [abenturáðo, ða] 形 ❶ 冒険的な, 危険な, 危うい: Es una inversión ~*da*. その投資はリスクが大きい. ❷ 思い切った, 無謀な; 根拠に乏しい: No es ~ decir que +直説法 …と言っても過言ではない. juicio ~ 思い切った判断. opinión ~*da* 大胆な (根拠に欠ける) 意見

aventurar [abenturár]【←aventura】他 ❶ 危険にさらす: *Han aventurado* su fortuna en inversiones poco claras. 彼らは怪しげな投資に財産を賭けた. ~ su vida 命を賭ける. ❷ あえて行なう, 思い切って言う: *Aventuraron* una explicación que nunca nos convenció. 彼らは説明したがそれはとうてい納得するものではなかった. ~ una opinión 思い切って意見を言う. ❸ [仮説などを] 大胆に提起する
── **~se** ❶ 冒険を冒す, 思い切ったことをする (言う): *Nos aventuraremos* por la noche madrileña. 我々はマドリードの夜の冒険に出かけてみようと思う. ~*se* en una maniobra de rescate de rehenes 人質救出作戦に踏み切る. ❷ [+a+不定詞] あえて…する: No *nos aventuramos a* salir por la noche porque es peligroso. 危険なので私たちは夜の外出はしない

aventureramente [abenturéraménte] 副 ❶ なりゆき任せで, 無計画に. ❷ 冒険家のように

aventurerismo [abenturerísmo] 男 ❶ 冒険好き. ❷《中南米》=aventurismo

aventurero, ra [abenturéro, ra]【←aventura】形 ❶ 冒険好きな, 大胆な: Es muy ~. 彼はとても冒険好きだ. alma (espíritu) ~ 冒険心. ❷ 投機的な, 山師のような: negocios ~s リスクの多いビジネス
── 名 ❶ 冒険家. ❷ 投機家, 山師. ❸ 色事師, 浮気者. ❹ 命知らず; ならず者. ❺《キューバ》時期はずれに作物を生産する人
── 男 ❶ [昔の] 傭兵. ❷《中南米》ラバ追い

aventurina [abenturína] 女《鉱物》=venturina

aventurismo [abenturísmo] 男《政治》冒険主義

aventurista [abenturísta] 形 冒険主義の

average [aβeráxe]【←英語】男《スポーツ》アベレージ, 平均

averdugar [aβerðuɣár] 8 他《獣医》[馬に傷を負わせるほど] 蹄鉄を強く打ち付ける

avergonzamiento [aβerɣonθamjénto] 男 恥をかかせる (恥じ入る) こと

avergonzante [aβerɣonθánte] 形 恥辱を与える

avergonzar [aβerɣonθár]【←a-+vergüenza】31 他 …に恥をかかせる: Tu fallo me *ha avergonzado*. 君の失敗で僕は恥をかいた
── **~se** [+de・por の] 恥ずかしく思う, 恥じ入る: No *me avergüenzo de* cambiar de opinión porque no *me avergüenzo de* pensar. 私は意見を変えることを恥ずかしく思わない, 考えることは恥ずかしいことではないからだ

avería [aβería] I [←?語源] 女 ❶ [機械などの] 故障, 破損: El accidente se produjo porque hubo una ~ en un respiradero de la mina. 事故は鉱山の通気用立坑の一つが壊れていたのが原因で起きた. tener una ~ en el motor モーターが故障している. ❷ [商品の] 損傷;《商業》海損: sufrir ~ 損害をこうむる. ~ gruesa (simple) 共同 (単独) 海損. ❸《歴史》アベリア税,《商船団の護衛艦隊 flota の費用をまかなうために大西洋貿易に課された税. 税率は一定しない. すべての輸入出品に課された従価税. 1660年廃止》
de ~《アルゼンチン》[人が] 要注意の, 危険な
hacer una ~《隠語》害 (不快感) を与える
II [←ave] 女 ❶ 鳥の生育場. ❷ 家禽

averiar [aβerjár]【←avería I】11 他 ❶ 故障させる: El choque *averió* el motor. 衝突のせいでモーターが故障した. ❷ 損傷 (損傷) を与える: mercancías *averiadas*《商業》海損貨物
── **~se**《主に》故障する: El avión *se averió* en pleno vuelo. 飛行機は飛んでいる真っ最中に故障を起こした

averiguable [aβeriɣwáβle] 形 調査 (確認) され得る

averiguación [aβeriɣwaθjón] 女 ❶ 調べ, 調査; 捜査: Después de muchas *averiguaciones* hemos sabido que no es él quien lo filtró. 色々調査した後でそれを漏らしたのは彼ではないことが分かった. Concluyeron las *averiguaciones* del caso. 彼らは事件の捜査を終了した. hacer (realizar) una ~ 調査する. ~ policial 警察の捜査. ❷ 確認, 検証; 点検. ❸《中南米》口論

averiguadamente [aβeriɣwáðaménte] 副 確かに [=seguramente]

averiguador, ra [aβeriɣwaðór, ra] 形 名 調査 (確認) する [人]

averiguamiento [aβeriɣwamjénto] 男 =averiguación

averiguar [aβeriɣwár]【←ラテン語 ad- (に)+verificare「verum『真実の』+facere『する』」】13 他 ❶ 調べる, 調査する; [調査の結果] 突き止める: ¿Podrías ~ dónde viven? 彼らがどこに住んでいるか調べてくれないか. *Averigua* su número de teléfono. 彼の電話番号を調べろ. No pudieron ~ su paradero. 彼らは彼の居場所を突き止めることができなかった. ❷ 確かめる, 確認する: La policía *ha averiguado* que ayer no estaban en casa. 警察は昨日家にいなかったことを確かめた. Nunca hemos *averiguado* sus oscuros propósitos. 私たちはこれまで彼のよこしまな意図に気づかなかった. ❸ 推測する, 見当をつける
── 自《メキシコ, 中米. 口語》口論する, 口げんかする
── **~se**《口語》[+con+人 に] 言って聞かせる, 道理を分から

せる: No hay quien *se averigüe con* Manuel. マヌエルを納得させられる人はいない
averiguárselas《メキシコ》1)［+con+人 を］扱う, 相手になる. 2)［+para+物 を］何とかうまく手に入れる
averigüetas [aƀeriɡwétas] [名]《コロンビア. 口語》おせっかいな人
averío [aƀerío]〘←ave〙[男] [集名] 家禽
avernal [aƀɛrnál] [形]《文語》地獄の
averno [aƀérno]〘←ラテン語 avernus〙[男]《文語》地獄〘=infierno〙; 黄泉(よみ)の国
Averroes [aƀer̄ɔ́es]《人名》アベロエス →**Ibn Rushd**
averroísmo [aƀer̄ɔísmo] [男] アベロエス Averroes の哲学体系
averroísta [aƀer̄ɔísta] [形] [名] アベロエス Averroes を信奉する〔人〕
averrugado, da [aƀer̄uɡáđo, đa] [形] たくさんいぼのある
aversión [aƀɛrsjɔ́n]〘←ラテン語 aversio, -onis〙[女]［主に +a への］嫌悪, 反感: Sentía una ～ instintiva *al* franquismo. 私は本能的にフランコ主義が嫌いだった. inspirar ～ a+人 …の反感を買う. ～ *al* extranjero 外国嫌い
aversivo, va [aƀɛrsíƀo, ƀa] [形] 嫌悪感を与える
avesa [aƀésa] [女]《地方語》イナゴマメ〘=arveja〙
Avesta [aƀésta] [男] アベスタ〘ゾロアスター教の聖典〙
avéstico, ca [aƀéstiko, ka] [形] ❶ アベスタ Avesta の. ❷ アヴェスタ語の
—— [男]《言語》アヴェスタ語〘古代イラン語の一方言〙
avestrucismo [aƀestruθísmo] [男] 現実逃避, 事なかれ主義
avestruz [aƀestrúθ]〘←ave+estruz < オック語 estrutz〙[男]〘[複] ～ces〙❶《鳥》ダチョウ: ～ de América レア〘=ñandú〙. ❷《口語》現実逃避者, 事なかれ主義者: política (táctica) del ～ 現実逃避, 自己欺瞞, 事なかれ主義
avetado, da [aƀetáđo, đa] [形] 木目(縞模様)のある
avetarda [aƀetárđa] [女] =**avutarda**
avetorillo [aƀetoríʎo] [男]《鳥》ヒメヨシゴイ
avetoro [aƀetóro] [男]《鳥》サンカノゴイ
avezado, da [aƀeθáđo, đa] [形] よく慣れた, 熟練の: Un ～ periodista de guerra apenas logra mantener la calma. ベテランの戦争ジャーナリストもほとんど平静でいられない
avezar [aƀeθár]〘←古語 bezo「習慣」〙[9] [他]《文語》［+a に］慣らす, 習慣にさせる
—— **～se**《文語》慣れる
aviación [aƀjaθjɔ́n]〘←仏語 aviation < ラテン語 avis「鳥」〙[女] ❶ 航空, 飛行: La ～ ha acortado mucho las distancias. 飛行機のおかげで距離が大変縮まった. compañía de ～ 航空会社. cuerpo de ～ 航空隊. ～ civil 民間航空; 民間機. ❷ [集名] 航空機: ～ militar 軍用機. ～ de transporte 輸送機. ❸ 空軍: La ～ alemana bombardeó Londres. ドイツ空軍はロンドンを爆撃した
aviadero [aƀjađéro] [男]《地方語》［蜂の巣の］出入り口
aviador, ra [aƀjađɔ́r, ra] I〘←仏語 aviateur〙[形] 飛行士の
—— [名] ❶［主に空軍の］パイロット, 飛行士; 搭乗員, 航空兵. ❷《メキシコ. 口語》幽霊社員, 働かないで給料を得る人
—— [女] パイロットの妻
II〘←aviar I〙[形] [名] ❶［物を］準備する〔人〕. ❷《カリブ, アンデス》［農民・牧畜業者・鉱山業者に］金・品物を貸す〔人〕; 高利貸し
—— [男] 槇皮(まいはだ)工が用いる錐
aviajado, da [aƀjaxáđo, đa] [形] →**arco** aviajado
aviamiento [aƀjamjénto] [男] 準備, 装備
aviar [aƀjár] I〘←ラテン語 ad-（ため）+via「道」〙[11] [他] ❶ 整える, 準備する: ～ un baúl 旅行鞄を用意する. ～ la comida a+人 …のために食事を作る. ～ su habitación 部屋を整頓する. ❷［+de を］…に調達する: Le *avié de* dinero para sus gastos personales. 私は彼が私用で使う金を用立ててやった. ❸《中南米》［農民・牧畜業者・鉱山業者に］金・品物を貸す
—— **～se**《古語》❶ 身なりを整える, 支度する. ❷ 急いでする; うまく立ち回る
aviárselas《口語》解決策を探す
estar* (*ir*) *aviado《西. 口語》1) 窮地にある: Si no encontramos una gasolinera pronto, *estamos aviados*. 早くガソリンスタンドを見つけないことには困ったことになる. 2) 間違える; 失望する: *Estás aviado* si crees que estoy enamorada de ti. 私があなたに恋しているなんて思ったら大間違いよ
II [形] =**aviario**
aviario, ria [aƀjárjo, rja] [形] 鳥の〘特に病気に関して〙; 鳥類の: paludismo ～ 鳥マラリア
—— [男]［動物園などの］バードハウス, 野鳥館; 鳥類の標本
aviatorio, ria [aƀjatórjo, rja] [形] 航空の
Avicebron [aƀiθéƀrɔn]《人名》→**Ibn Gabirol**
Avicena [aƀiθéna] [男]《人名》アビセンナ〘980～1037, ペルシアの医師・哲学者. ペルシア語名イブン・シーナー Ibn Sina. アリストテレスを研究.『治癒の書』*El libro de la curación* と『医学典範』*El canon de medicina* は中世ヨーロッパに大きな影響を及ぼした〙
avícola [aƀíkola]〘←ラテン語 avis「鳥」+colere「飼う」〙[形] 家禽の飼育の, 養鶏の: granja ～ 養鶏場
—— [男] 家禽飼育業, 養鶏業
avicultor, ra [aƀikultɔ́r, ra] [名] 家禽の飼育者, 養鶏家
avicultura [aƀikultúra]〘←ラテン語 avis「鳥」+cultura「飼育」〙[女] 家禽の飼育, 養鶏
ávidamente [áƀiđaménte] [副] 貪欲に, 熱心に
avidez [aƀiđéθ] [女] 強い欲望, 貪欲
***con* ～** がつがつと, むさぼるように: Se comió todo el plato *con* ～. 彼は料理をがつがつ食べつくした. Los niños leen los tebeos *con* ～. 子供たちは漫画をむさぼり読む
ávido, da [áƀiđo, đa]〘←ラテン語 avidus〙[形]［+de を］渇望する, 貪欲な, 熱心な: estar ～ *de* sangre 血に飢えている. ～ *de* saber 知識欲の旺盛な. ojos ～*s* 物欲しそうな(食い入るような)目つき
aviejar [aƀjɛxár] [他] ❶ 年取らせる;［外見を］老けさせる. ❷ 古びさせる
—— **～se** ❶ 年を取る; 老ける. ❷ 古びる
avienta [aƀjénta] [女] もみ殻の吹き分け
aviento [aƀjénto] [男]《農業》［わらなどの積みおろしに使う］フォーク
aviércol [aƀjérkɔl] [男]《地方語》斜面の石ころだらけで草のまばらな部分
aviesamente [aƀjésaménte] [副] 忌まわしい(邪悪な)やり方で
avieso, sa [aƀjéso, sa]〘←ラテン語 aversus「道を外れた, ねじ曲がった」〙[形] 邪悪な, 意地の悪い, 悪意のある: hombre ～ 邪心のある男
avifauna [aƀifáu̯na] [女]《動物》［一地方・時代の］鳥類相
avifáunico, ca [aƀifáu̯niko, ka] [形] 鳥類相の
avigorar [aƀiɡorár] [他] =**vigorar**
avilanejo [aƀilanéxo] [男]《地方語. 鳥》ハイタカ〘=gavilán〙
avilantar [aƀilantár] **～se** 無礼な態度を取る
avilantez [aƀilantéθ] [女] 横柄さ, 無礼: Ha tenido la ～ de presentarse en mi casa como si tal cosa. 彼は無礼にも何食わぬ顔で私の家に姿を見せた
avilar [aƀilár] [他]《廃語》卑しくする〘=envilecer〙
avileño, ña [aƀiléɲo, ɲa] [形] [名]《料理》アビラ Ávila 産の〔牛〕
avilés, sa [aƀilés, sa] [形] [名]《地名》アビラ Ávila の〔人〕〘=abulense〙
avilesino, na [aƀilesíno, na] [形] [名]《地名》アビレス Avilés の〔人〕〘アストゥリアス県の町〙
avillanado, da [aƀiʎanáđo, đa] [形]［人が］低俗な, 下劣な
avillanamiento [aƀiʎanamjénto] [男] 低俗化, 下劣になること
avillanar [aƀiʎanár] [他]［人を］下劣にさせる
—— **～se** 下劣になる
avinado, da [aƀináđo, đa] [形]《まれ》酒に酔った
avinagradamente [aƀinaɡrađaménte] [副] 気難しい調子で
avinagrado, da [aƀinaɡráđo, đa] [形] ❶ 気難しい, とげとげしい. ❷ 酢を入れた, 酸っぱい
avinagrar [aƀinaɡrár]〘←a-+vinagre〙[他] ❶［ワインなどを］酸っぱくする: Si metes y sacas el vino de la nevera lo vas a ～ con los cambios de la tempertura. ワインを冷蔵庫から出したり入れたりしていると温度の変化で酸っぱくさせてしまうよ. ❷ 不機嫌にさせる;［気持ちなどを］とげとげしくさせる: Las broncas del jefe me *avinagran* para todo el día. 課長に雷を落とされると私は一日中とげとげしい気分になる
—— **～se** ❶ 酸っぱくなる: No comas la ensalada que *se ha avinagrado*. サラダは酸っぱくなったから食べない方がいいよ. ❷ 気難しくなる: *Se* le *ha avinagrado* el carácter con los años. 年を取るにつれて彼は気難しくなった
avinar [aƀinár] [他]《地方語》ワインでぬらす
aviñonense [aƀiɲonénse] [形] [名] =**aviñonés**
aviñonés, sa [aƀiɲonés, sa] [形] [名]《地名》［フランス南部の］アビニョン Aviñón の〔人〕

A

avío [abío]〖←aviar〗男 ❶ 準備, 用意; 整理: ~ del equipaje 荷物の支度(整理). ❷〖口語〗圈 道具, 用具; ~s de costura 裁縫用具. ❸〖個人の〗都合, 利益: Hace su ~ y no piensa en los demás. 彼は金もうけばかりして他人のことは考えない. ❹ 食糧. ❺《中南米》農民・牧畜業者・鉱山業者への金・品物の貸与 ¡Al ~! さあ仕事だ/働け!

aviocar [abjokár]〖←商標〗双発の小型飛行機

avioletado, da [abjoletádo, da]圈 紫色がかった

avión [abjón]〖←仏語 avion < ラテン語 avis「鳥」〗男 ❶ 飛行機: tomar el ~ para Madrid マドリード行きの飛行機に乗る. subir al ~ 飛行機に乗り込む. descender del ~ 飛行機から降りる. ir en ~ 飛行機で行く. enviar por ~ 航空便で送る. volar en ~ 飛行機で飛ぶ. Por ~〖表示〗航空便. ❷《鳥》1) ~ roquero チャイロツバメ. ~ zapador ショウドウツバメ. 2) ~ común イワツバメ. ❸《中米》石けり遊び *hacer el ~* 1)〖口語〗不快にする, ひどい目に遭わせる. 2)《主にアンデス》だまし取る *irse el ~*《メキシコ. 口語》言おうとした(しなければならない)ことを忘れる

avionazo [abjonáθo]男《メキシコ》航空事故

avioncito [abjonθíto]男 紙飛行機

avioneta [abjonéta]〖avión の示小語〗囡 ❶ 小型飛行機, 軽飛行機. ❷《メキシコ》tejo の的当て遊び

aviónica [abjónika]囡 航空・宇宙関連の電子工学

avisacoches [abisakótʃes]男〖単複同形〗雇い主が用事が終わって車に乗ろうとしていることを駐車場の運転手に知らせて金をもらう人;〖レストラン・ホテルなどで〗客のためにタクシーを呼ぶ人

avisadamente [abisaðáménte]圈 抜け目なく, したたかに

avisado, da [abisáðo, ða]圈 [ser+] 抜け目のない, 海千山千の; 用心深い: Como es persona ~da, sabrá salir airosa de las dificultades. 彼女は抜け目がないから, うまく切り抜けるだろう. mal ~ 思慮のない, 軽率な; 無遠慮な. ❷《闘牛》[牛が闘牛場内の動くものすべてに対して] 注意深い

avisador, ra [abisaðór, ra]圈 图 ❶ 知らせる[人]; 表示する. ❷《演劇》出のきっかけを知らせる人
── 男 表示器, 表示灯

avisar [abisár]〖←仏語 aviser〗⑩ ❶ [+a+人 に, +名詞・que+直説法 を] 知らせる, 通知する, 通告する: Nadie me *avisó* el cambio de horario. 誰も時間割の変更を私に知らせなかった. Me *avisaron* por carta *que* estaban en Sevilla. 彼らはセビーリャにいると手紙で私に知らせてきた. 2) [+de+名詞・que+直説法 について]…に知らせる: No me *avisó* de su llegada. 彼は着いたことを私に知らせてこなかった. Tengo que ~ María *de que* el coche está estropeado. 車が故障しているとマリアに知らせなければならない. ❷ [+a+人, +que+接続法 するように] 警告する, 勧める: Me *han avisado que* lo haga con prudencia. 慎重にやるようにと私は注意を受けた. ❸《西, メキシコ》呼ぶ, 呼び寄せる: Hay que ~ al médico inmediatamente. すぐ医者を呼ばなければならない. *Avisamos* grúa.《表示》ここに駐車するとレッカー移動します. ~ a la policía 警官を呼ぶ. ~ un taxi タクシーを呼ぶ
── 圓 ❶ 知らせる: Tan pronto como él llegue, te *avisaré*. 彼が着いたら, すぐ君に知らせよ. Estás *avisado*. 以上, お知らせしました. ~ a la policía 警察に通報する. ❷ 警報を発す る: Estos dispositivos *avisan* en caso de incendio. これらの装置は火災の時に警報を鳴らす

aviso [abíso]〖←avisar〗男 ❶ 知らせ, 通知, 通報; 揭示, 発表; 通達〖文書〗, 覚え書き: Sobre este asunto harán un ~ al público. その件については一般に公表されたる. A ~: cerrado el viernes《表示》お知らせ: 金曜日休み. ~ de bomba [脅迫の] 爆破予告. ~ de envío 発送通知. ~ de mercancías 出荷通知. ~ del traslado 移転通知. ~ para embarcar 乗船(搭乗)案内. ❷ 警告, 警報; 注意, 訓戒: servir de ~ 鐘として役立つ. ~ de tempestad 暴風雨警報. ❸ 前兆, 兆し, 兆候: Ese mareo es un ~ de que padeces anemia. その立ちくらみは君が貧血を患っているしるしだ.《電話》conferencia con ~ パーソナルコール, 指名通話. ~ telefónica [電話交換手からの] 呼び出し[音]. ❹《情報》プロンプト. ❻《商業》1) 注文書: según [su] ~ ご注文の通りに, ご注文どおりに. 2)《主に中南米》広告〖= ~ publicitario〗: ~ económico 項目別広告, 三行広告. 3)《主に中南米》ポスター〖= ~ mural〗. ❼《船舶》〖命令軍輸送の〗通報艇. ❽《闘牛》規定時間内に牛

を倒せない闘牛士に主催者が与える警告 *andar sobre* ~ *=estar sobre* ~
dar ~ *a*+人 *de*+事 …に…を通知する, 通報する
estar sobre ~ 1) 用心する;〖警戒して〗待ち構える. 2) [+de] 知らされている: *Estoy sobre* ~ *de* ese accidente. その事故のことは知らされています
hasta nuevo ~ 追って通知するまで[当分の間]
ir sobre ~ *=estar sobre* ~: *Ībamos sobre* ~. 私たちは用心していました
mandar ~ 知らせる
poner sobre ~ 前もって知らせる; 警戒させる
salvo ~ *en contrario* 別途に通知のない限り
sin el menor ~ 何の予告もなく
sin previo ~ 通告(予告)なしに, 無警告で, 無断で; 出し抜けに

avispa [abíspa]〖←ラテン語 vespa (abeja の影響)〗囡 ❶《昆虫》スズメバチ. ❷〖口語〗利口な人, 頭の回転の早い人 *de* ~ 胴回りの細い: *Es la mujer con cintura de* ~. /*Tiene una cintura de* ~. 彼女はウエストが締まってヒップが豊かだ. *talle de* ~ ウエストがタイトな服

avispado, da [abispáðo, ða]圈 ❶ 利口な, 頭の回転の早い; 抜け目のない. ❷《チリ》おびえた

avispar [abispár]〖←avispa〗⑩ 利口にさせる, 知恵をつける, 頭の回転を早くさせる
── ~*se* ❶ 賢くなる; 抜け目がなくなる. ❷ 不信感を持つ, 警戒する, 怪しむ

avispero [abispéro]男 ❶ スズメバチの巣; [巣にいる] スズメバチの群れ. ❷〖人などの〗落ち着きのない(騒々しい)群れ. ❸ 面倒ごと: Se ha metido en buen ~. 彼は厄介なところに首を突っ込んでしまった.《医学》[蜂の巣状の] 腫れ物, ねぶと *alborotar el* ~ 集団を混乱させる, 蜂の巣をつついたような騒ぎを起こす

avispón [abispón]男《昆虫》モンスズメバチ

avistamiento [abistamjénto]男 観察, 目撃: ~ de aves《中南米》バードウォッチング

avistar [abistár]〖←a-+visto〗⑩ ❶ 遠くから見える: No *avistamos la montaña desde aquí*. ここからは山は見えない. *Avistaron un velero a la deriva*. 漂流中のヨットが遠くに認められた. ~ tierra 陸を初認する. ❷《まれ》会見する
── ~*se*〖交渉のために〗人と会う

avitamínico, ca [abitamíniko, ka]圈《医学》ビタミン欠乏症の

avitaminosis [abitaminósis]囡《医学》ビタミン欠乏症

avitelado, da [abiteláðo, ða]圈 上等な仔牛皮 vitela のような

avituallador, ra [abitwaʎaðór, ra]圈 图 食糧を補給する[人]

avituallamiento [abitwaʎamjénto]男 食糧補給; 食糧の積み込み

avituallar [abitwaʎár]⑩〖部隊に〗食糧 vitualla を補給する;〖船に〗食糧を積み込む

avivado, da [abibáðo, ða]圈 ❶《メキシコ, アルゼンチン, ウルグアイ. 口語》抜け目のない[人], 要領のいい[人]. ❷《アルゼンチン, ウルグアイ. 口語》利にさとい[人]
── 男《繊維》色を鮮やかにする化学処理
── 囡《アルゼンチン, ウルグアイ. 口語》狡猾さ

avivador, ra [abiβaðór, ra]圈 图 活気づける[人]
── 男 ❶〖削り形の〗深い溝; 削り形用のかんな. ❷《染色》蛍光増白剤

avivamiento [abiβamjénto]男 盛んにすること

avivar [abiβár]〖←a-+vivo〗⑩ ❶ 活気づける, 盛んにする: ~ el fuego 火勢を強める. ~ el paso 足を速める. ❷〖感覚などを〗研ぎ澄ます;〖感情を〗燃え立たせる: ~ el ingenio 才覚を働かせる. ~ la rivalidad 競争心をかき立てる. ❸〖色を〗鮮やかにする: ~ el color de las mejillas 頬を赤らめる. ❹《アルゼンチン, ウルグアイ. 口語》〖損得などを〗…に気づかせる
── ~*se* ❶ 活気づく, 激しくなる: *Se aviva* la discordia entre los dos equipos rivales. 両ライバル同士の反目が激化している. ❷〖蚕が〗孵化する. ❸《メキシコ, アルゼンチン, ウルグアイ》[+de に] すぐ気づく

avivato, ta [abibáto, ta]圈 图《南米. 口語》=*avivado*

avizor [abiθór]圈〖←古仏語 aviseur〗圈 警戒している *ojo* ~ 油断のない: *estar ojo* ~ 油断なく警戒している. *¡Ojo* ~*!* 用心しろ!

avizorador, ra [abiθoraðór, ra]圈 =*avizorante*

avizorante [aƀiθoránte] [形] 見張る, 監視する: mirada ～ 監視するような目つき
avizorar [aƀiθorár] 〖←avizor〗 [他] …を探して四方を注意深く見回す; [四方を注意深く見回して] 見つけ出す: *Avizoraron* un velero en el horizonte. 彼らは水平線に一隻のヨットを見つけた
avo [áƀo] [男] 《廃語》 [物の] 小さな部分
-avo, va 《接尾辞》 [基数+. …分の1] doce*avo* 12分の1
avocación [aƀokaθjón] [女] [訴訟の] 上級審への移送
avocado [aƀokáđo] [男] 《米国; プエルトリコ》 アボカド 〖=aguacate〗
avocamiento [aƀokamjénto] [男] =**avocación**
avocar [aƀokár] 〖←ラテン語 advocare〗 [7] [他] 《法律》 [訴訟を] 上級審に移送する
avocastro [aƀokástro] [男] 《南米. 口語》 [醜い] 顔, 面(つら)
avoceta [aƀoθéta] [女] 《鳥》 ソリハシセイタカシギ
avolantado, da [aƀolantáđo, đa] [形] フリル volantes のついた
avolcanado, da [aƀɔlkanáđo, đa] [形] [場所が] 火山地域の
avorazado, da [aƀoraθáđo, đa] [形] 《メキシコ. 口語》 貪欲な
avovedar [aƀoƀeđár] [他] 《建築》 丸天井で覆う; 丸天井の形にする
avucasta [aƀukásta] [女] =**avutarda**
avugo [aƀúɡo] [男] 《果実》 黄緑色で小ぶりのナシ 〖まずい〗
avuguero [aƀuɡéro] [男] 《植物》 ナシ avugo の木
avulgarar [aƀulɡarár] [他] 低俗(下品)にする
avulsión [aƀulsjón] [女] 《医学》 摘出, 抉出(けっしゅつ)
avulsivo, va [aƀulsíƀo, ƀa] [形] 《医学》 摘出の
avutarda [aƀutárđa] [女] 《鳥》 ノガン 〖=～ común〗: ～ menor ヒメノガン 〖=sisón〗
avutardado, da [aƀutarđáđo, đa] [形] ノガンに似た
ax [á[k]s] [間] 《廃語》 痛い!
Axayacatl [asjajakátl] 《人名》 アシャヤカトル 〖アステカ王国の第6代国王(在位1469～81). メキシコ盆地における支配領域を拡大. 太陽の石 Piedra del Sol の制作を命じる〗
axénico, ca [a[k]séniko, ka] [形] 無菌〔性〕の, 純培養の
axial [a[k]sjál] [形] 軸の: dirección ～ 軸方向
axil [a[k]síl] [形] =**axial**
axila [a[k]síla] 〖←ラテン語 axilla〗 [女] ❶ 《解剖》 わきの下, 腋窩(えきか) 〖[類義] **sobaco** は口語的〗: ponerse el termómetro en la ～ 体温計をわきの下にはさむ. Un policía arrastra por las ～*s* al herido. 警官がけが人のわきをかかえて引きずっている. olor de la ～ 腋臭(わきが). ❷ [木の] 股; 《植物》 葉腋(ようえき)
axilar [a[k]silár] [形] ❶ わきの下の. ❷ 葉腋の, 腋生(えきせい)の
axinita [a[k]siníta] [女] 《鉱物》 斧石(ふせき)
axiología [a[k]sjolɔxía] [女] 《哲学》 価値論, 価値学
axiológico, ca [a[k]sjolɔ́xiko, ka] [形] 《哲学》 価値論の
axioma [a[k]sjóma] 〖←ギリシア語〗 [男] ❶ 自明の理. ❷ 《論理, 数学》 公理: ～ de elección 選択公理
axiomático, ca [a[k]sjomátiko, ka] [形] 自明の; 公理の
—— [女] [集名] 公理: tesis sobre la ～ de la gramática moderna 現代文法の諸公理についての論文
axiomatización [a[k]sjomatiθaθjɔ́n] [女] 公理化
axiomatizar [a[k]sjomatiθár] [9] [他] 公理化する
axiómetro [a[k]sjómetro] [男] 《船舶》 舵角(だかく)表示器
axis [á[k]sis] [男] 〖単複同形〗 ❶ 《解剖》 軸椎, 第二頸椎. ❷ 《植物》 軸
axoideo, a [a[k]sɔi̯đéo, a] [形] 《解剖》 軸索の
axón [a[k]sɔ́n] [男] 《解剖》 軸索, 神経突起
axonometría [a[k]sonometría] [女] 《地理》 直軸測投影図法, アクソメ
axonométrico, ca [a[k]sonométriko, ka] [形] 《地理》 直軸測投影図法による
axonomorfo, fa [a[k]sonomɔ́rfo, fa] [形] 《植物》 直根の
ay [ái̯] 〖←擬態〗 [間] ❶ [肉体的・精神的な苦痛] ¡*Ay*, mi dedo! あっ, 指が痛い! ❷ [驚き・悲しみ・嘆き・感嘆] ああ!: ¡*Ay*, qué noticia tan horrible! ああ, 何と恐ろしい知らせだ! ¡*Ay*, pero qué bonito! ああ, でも何てかわいらしい!
***¡Ay de*+名詞!** 1) [...に対する同情・憐憫・悲嘆] ¡*Ay de* él! あの人もかわいそうに! ¡*Ay de* mí! 私は何てみじめなんだ! ¡*Ay de* ti como se enteren tus padres! ご両親に知られたら大変なことになるぞ! 2) [脅し・威嚇] ¡*Ay de* Emilio! エミリオの奴, ただじゃおかないぞ!
—— [男] 《文語》 嘆き, うめき; うなり声, 悲鳴: Se pasaron toda la noche lanzando *ayes* de dolor. 彼らは苦痛で一晩中うなっていた. dar *ayes* 嘆く. dar un *ay* 悲鳴をあげる
estar en un ay 苦痛のうめき声を上げ続けている
tener a*+人 *en un ay …に苦痛を味わわせる
tiernos ayes 甘い吐息
ayacuá [ajakwá] [女] 《南米神話》 アヤクア 〖弓矢を持つ地蟲の姿の病魔〗
Ayala [ajála] 《人名》 ***Francisco*** ～ フランシスコ・アヤラ 〖1906～2006, スペインの小説家・批評家. フランコ時代には亡命を余儀なくされた. 『仔羊の頭』 *La cabeza del cordero* では時にユーモアや辛辣な皮肉を交え, 歴史や権力に翻弄される人間の姿を描いている〗
ayamontino, na [ajamɔntíno, na] [形] [名] 《地名》 アヤモンテ Ayamonte の〔人〕 〖ウエルバ県の町〗
ayate [ajáte] [男] 《メキシコ》 アヤテ 〖リュウゼツランなどの繊維製の粗布. 背負い袋として使われる〗
ayatolá [ajatolá] [男] 〖[複] ～s〗 アヤトラ 〖イランなどのイスラム教シーア派の最高指導者〗: ～ Jomeini ホメイニ師
ayatollah [ajatolá] [男] 〖[複] ～s〗 =**ayatolá**
Ayax [ája[k]s] [男] 《人名》 アイアス 〖トロイ戦争で活躍したギリシアの英雄でテラモンの息子〗
ayayay [ajajái̯] [間] 《中南米》 [悲しみ・痛みなど] ああ!
ayear [ajeár] [自] 《まれ》 ああ ¡Ay! を繰り返す
ayeaye [ajeáje] 〖←擬声〗 [男] 《動物》 アイアイ, ユビザル
ayer [ajér] 〖←古語 yer < ラテン語 ad heri〗 [副] ❶ 昨日, きのう: *A*～ lo vi en la universidad. 私は昨日大学で彼に会った. *A*～ fue martes. 昨日は火曜日だった. *A*～, 1 de agosto, fue su cumpleaños. 昨日, 8月1日は彼の誕生日だった. periódico de ～ 昨日の新聞. antes de ～ 一昨日. ～ 〔por la〕 mañana 昨日の午前中(朝). ～ tarde 昨日の午後. ～ 〔por la〕 noche 昨夜 〖=anoche〗. ❷ 以前, 昔に: Él no es lo que era ～. 彼はもう昔の彼ではない. *A*～ la mujer no tenía derecho al voto. かつては女性には選挙権がなかった. ❸ 昨今, ついこの間: *A*～ nadie sabía manejar un ordenador y hoy todo el mundo tiene uno en casa. ちょっと前は誰もコンピュータを扱えなかったのに, 今では誰もが家に1台持っている. No es cosa de ～. それはきのう今日始まったことではない
—— [男] 過去, 昔: Recordamos con nostalgia el ～. 私たちは懐かしく昔のことを思い出す. un ～ lleno de penalidades 苦労ばかりが多かった昔の時代
A～ fue la fecha. 《まれ》 =**De ～ es la fecha.**
de ～ acá/de ～ a hoy 1) 短時間に: La electrónica se ha desarrollado *de ～ a hoy*. エレクトロニクスはまたたく間に発展した. 2) 最近: *De ～ acá* ha aumentado bastante el número de ancianos. 最近老人の数がずいぶん増えた
De ～ es la fecha. はるか昔のことだ
ayermar [ajɛrmár] [他] 無人にする, 不毛にする
ayllonés, sa [ai̯ʎonés, sa] [形] [名] 《地名》 アイリョン Ayllón の〔人〕 〖セゴビア県の村〗
ayllu [ái̯ʎu] 〖←ケチュア語〗 [男] アイユ 〖アンデスの先住民共同体の血縁・地縁的集団. 先インカ期以前から社会的・経済的な基本単位として機能し, 耕作などを共同で行なう. またワカ huaca を信仰する宗教的な集まりでもあった〗
aymara [ai̯mára] [形] [名] 〖[複] ～es〗 アイマラ族〔の〕 〖チチカカ湖 Titicaca 周辺に住む先住民. 先インカ期にはルパカ Lupaca などの王国を形成. ジャガイモなどの栽培, リャマ・アルパカ・羊などの飼育を行なう農耕牧畜民〗
—— [男] アイマラ語 〖南米のアンデス高地に居住する先住民集団の言語〗
aymará [ai̯mará] [形] [名] =**aymara**
ayni [ái̯ni] 〖←ケチュア語〗 [男] 相互扶助 〖アンデスで, 先インカ期以前からアイユ ayllu の構成員やアイユ間で行われている互恵的な労働力の交換〗
ayo, ya [ájo, ja] [名] 〖[女] の単数冠詞: el・un〔a〕〗 《西. 古語》 [貴族などの子弟の, 住み込みの] 養育掛, 家庭教師
ayocote [ajokóte] 〖←ナワトル語 avecotli〗 [男] 《植物》 アヨコテ 〖メキシコ産の大型のインゲンマメ〗
Ayolas [ajólas] 《人名》 **Juan de ～** フアン・デ・アヨラス 〖1493～1538, スペイン人探検家. ペドロ・デ・メンドサ Pedro de Mendoza の遠征隊に加わりラプラタへ渡る. チャコ地方を探検〗
ayorino, na [ajoríno, na] [形] [名] 《地名》 アヨラ Ayora の〔人〕 〖バレンシア県の村〗
ayote [ajóte] 〖←ナワトル語 ayotli〗 [男] 《メキシコ, グアテマラ. 果実》 アヨテ 〖大型のカボチャ. スープにして食べる〗

ayotera [ajotéra] 囡《メキシコ,グアテマラ.植物》アヨテラ

ayuda [ajúda] 《←ayudar》囡 ❶ 援助,助力,手伝い,手助け;補助: En ese caso, te pediré ～. そんな時には援助をお願いします. acudir en ～ de… …の救援に駆けつける. ofrecer ～ 援助する. pedir ～ 援助を求める. prestar ～ 手伝う. con ～ de un diccionario 辞書の助けを借りて. centro de ～［被災者・移民などの］救援センター;慈善協会. línea [telefónica] de ～ 悩み事相談電話. ～ condicionada (vinculada・atada) ひも付き援助. ～ desvinculada (incondicional) アンタイド・ローン,アンタイド援助. ～ estatal 国庫補助. ～ mutua 相互扶助. A～ Oficial al Desarrollo 政府開発援助, ODA《=Asistencia Oficial para el Desarrollo》. ❷《宗》庇護者,後ろだて. ❸ 助けになる人(物);援助金,資金カンパ;救援物資: No tiene ninguna ～ en casa. 彼には手助けしてくれる人が家に誰もいない. Dos millones de dólares de ～ será insuficiente para los damnificados por el terremoto. 200万ドルの援助金では地震の被災者には不十分だろう. ❹ 施し物;《カトリック》貧しい教区民に施し物をする教会《=～ de parroquia》. ❺［給料の］手当: Además del sueldo ellos tienen algunas otras ～s económicas. 彼らには給料のほかにいくつか手当がつく. ～ familiar 家族手当. ❻《バスケットボール》アシスト. ❼《情報》サポート,ヘルプ: ～ técnica テクニカルサポート. ❽［羊飼いの間で］水運び人;水売り. ～ de cámara ［主に衣服の世話をする］召使い. ❿《婉曲》浣腸《=enema》;浣腸液(剤). ⓫［間投詞的］助けて!

no necesitar ～ del vecino《口語》誰の助けも必要としない
—— 男 ❶ 従者,下男: ～ de cámara 従僕,執事. ❷《船舶》補助索,補助綱

ayudado, da [ajuðáðo, ða] 形 男《闘牛》ムレータを両手で高く掲げ片足を軸に半円を描いて回る《パセ》

ayudador, ra [ajuðaðór, ra] 形 手伝う,補助の
—— 男 牧童頭補佐

ayudamemoria [ajuðamemórja] 囡 ❶《中南米》カンニングペーパー. ❷《アルゼンチン》覚え書き,メモ

ayudanta [ajuðánta] 囡［主に手仕事の］助手の女性

ayudante [ajuðánte] 形《←ayudar》手助けする,助けの
—— 图 ❶ 手助けする人: Para trasladar el piano se necesitan un par de ～s. ピアノを動かすには2,3人の手が必要だ. ❷［職業的・専門的な］助手,アシスタント,見習い: Es ～ de picador. 彼はピカドールの助手だ. ～ de dirección《映画など》助監督,アシスタントディレクター. ～ de laboratorio 実験室助手. ～ de obras públicas《土木》アシスタント・エンジニア. ～ de operador《映画など》撮影助手. ～ de peluquería 見習い美容師. ～ técnico sanitario 看護師. ❸［大学の］助教 = profesor ～. →**profesor**《略》: doctor (no doctor) 博士号を持っている(持っていない)助教. ❹《商業》店員. ❺《軍》副官: ～ de campo《陸軍》[将官付きの] 副官. ～［militar］ de marina《海軍》[将官付きの] 副官

ayudantía [ajuðantía] 囡 ❶［大学・研究所などの］助手の職(地位). ❷《軍》副官の地位(執務室)

ayudar [ajuðár]《←ラテン語 adjutare》他 ❶ 助ける,援助する,救う《類義》**ayudar** は日常的に使われる言葉で,ニュアンスとしては「助ける,手伝う」から「援助する,支援する」まで広くカバーしている. **auxiliar** はあらたまった話し言葉や書き言葉に多く使われ,目的語は通常人間に限られ,「人を危険から救い出す,救助する」と「困窮者を援助・扶助する」の意味が強い. **socorrer** は「困窮者を援助・扶助する」: Hay que ～ a los más necesitados primero. まず困窮者を助けなければならない. ❷ 手伝う;手助けをする: 1)［+en+con に関して］Te ayer *ayudado* mucho en el trabajo. 君は仕事をずいぶん手伝ってもらったのだね. Mis amigos me *ayudaron con* los estudios. 友人たちは私の勉強の手助けをしてくれた. Mi hermana me *ayuda* a veces *con* el niño. 姉は時々子供の世話をしてくれる. *Ayúdame con* las maletas. スーツケースをお願いします. 2)［+a+不定詞・que+接続法 するのを］*Ayúda*me a limpiar la habitación. 部屋の掃除を手伝ってくれ. La profundidad de su fe en Dios le *ayudó* a superar el accidente. 彼は神への信仰が篤かったおかげで事故を切り抜けた. La racionalización de los problemas *ayuda* a solucionarlos. 問題がいくつもある時、それらを絞り込むと解決につながる. El mal tiempo *ayudó* a que la fiesta fuera un fracaso. 悪天候のせいで祭りはさんざんな結果に終わった. La universidad *ayudó* a que el nombre de Salamanca ganara respetabilidad y prestigio. 大学はサラマンカ市が威厳と名声を勝ち取るのに貢献した. ❸《カトリック》～ a misa ミサで司祭の従者をつとめる

—— **～se**［相互］❶ 助け合う: Es importante que *nos ayudemos* para resolver esta crisis. この危機を解決するために我々が助け合うことが大事だ. *Nos hemos ayudado* en los negocios. 私たちはビジネスでお互いに助け合ってきた. ❷［+con・de］利用する,助けを借りる: Emilio *se ayudó con* sus amistades para conseguir el puesto. エミリオはその地位を手に入れるのに友人たちを利用した. *Me ayudé del* diccionario para traducir la carta. 私は手紙を翻訳するのに辞書の助けを借りた. ❸［自分で］努力する,自分の力でがんばる: *Ayúdate*, y tu camino estará expedito. 自分で努力したなら,そうして道は開けるだろう. *Ayúdate* y ayudarte he./*Ayúdate* y Dios te ayudará.《諺》天は自ら助くる者を助く

ayudita [ajuðíta]《ayuda の示小語》囡 施し物: Déme una ～, por favor. どうか恵み下さい

ayuga [ajúɣa]《植物》❶ アカザの一種《=mirabel》. ❷ 松科の一種《=pinillo》

ayunador, ra [ajunaðór, ra] 形 图 =**ayunante**

ayunante [ajunánte] 形 图 断食する[人],絶食する[人]

ayunar [ajunár]《←ラテン語 jejunare》自 断食する,絶食する: Ella está *ayunando* porque quiere adelgazar. 彼女はやせたいので絶食している. Más vale ～ que no enfermar.《諺》病気になるくらいなら断食する方がましだ

ayuno, na [ajúno, na]《←ayunar》形 ❶ 何も食べていない,［断食で］朝食抜きの. ❷ [estar+ ～] 知らない;知らない
en ～nas 1) 前の晩から何も食べずに,朝食抜きで: glucemia *en (de) ～nas* 空腹時血糖値. 2) わけが分からずに,ちんぷんかんぷんで

—— 男 断食,絶食: Son muy religiosos y no incumplirán el ～. 彼らは非常に信心深く,断食を破ることはない. guardar el ～/hacer ～ 断食する. ayuno ～ 前夜12時からの絶食 = **yunque**

ayunque [ajúŋke] 男 = **yunque**

ayuntador, ra [ajuntaðór, ra] 形《まれ》性交する

ayuntamiento [ajuntamjénto] 男《←ayuntar》❶［主に A～］市役所,市庁舎,町(村)役場［組織,建物. スペインには町・村の区別がない］: El ～ subvenciona estos cursos. 市当局はこれらの講習会に援助金を出す. El acto fue celebrado en el ～ 市庁舎で行なわれた. Anuncio del A～ de Madrid マドリード市役所公報. ❷ 市(町・村)議会. ❸《婉曲》性交《=～ carnal》;交尾. ❹《文語》集合. ❺《歴史》市参事会［スペイン人植民者の自治組織.司法官 alcalde・行政官 regidor・警吏 alguacil・市有財産の管理者 mayordomo など の下級公務員で構成され,公共事業・治安維持・市場の監視・生活物資の供給などの役割をになう. 僻地では広範な自治権を有し,独立後のカウディーリョ caudillo 出現の原因となる.=cabildo］

ayuntar [ajuntár]《←ラテン語 adjunctum < adjungere < ad- (に)+jungere(繋ぐ)》集める,加える
—— 自《古語》=**～se**
—— **～se**《古語》[+con+人 と] 性交する

ayurveda [ajurβéða] 男《哲学,医学》アーユルヴェーダ

ayuso [ajúso] 副《まれ》《古語》[=abajo]

ayustar [ajustár] 他 ❶《船舶》[索]を組み継ぎする,スプライスする. ❷［木材］を重ね継ぎする

ayuste [ajúste] 男 ❶《船舶》[索]の組み継ぎ,スプライス. ❷［木材］の重ね継ぎ

azabachado, da [aθabatʃáðo, ða] 形《色・輝きが》黒玉に似た,漆黒の

azabache [aθabátʃe]《←アラビア語 az-zabay》形 男 ❶《鉱物》ジェット,黒玉(ﾏﾏ): negro como el ～ 黒玉色,漆黒. ❷《鳥》シジュウカラ. 黒玉の,黒光りする: ojos ～s 真っ黒な瞳

azabachería [aθabatʃería] 囡 黒玉細工業;黒玉販売店(細工場)

azabachero, ra [aθabatʃéro, ra] 图 黒玉細工師;黒玉を売る人

azabara [aθaβára] 囡《植物》❶ アロエ《=áloe》;その汁. ❷《メキシコ》[=pita]

azacán, na [aθakán, na]《←アラビア語 as-saqqa》图 ❶ 苦役に従事する人,骨折り仕事をする人. ❷《古語》水売り
—— 男《地方語》[人が] 汚らしい,ぼろぼろの服を着た

azacanar [aθakanár] 自 他 =**azacanear**

azacanear [aθakaneár] 自・~**se** [主に過分] 骨折り仕事をする
―― 他 動かす

azacaneo [aθakanéo] 男 骨折り仕事[行為]

azacaya [aθakája] 女 《地方語》水路

azache [aθátʃe] 形 [まゆの外側からとったので絹糸が] 質の悪い

azacuán [aθakwán] 男 《鳥》タニシトビ

azada [aθáda] 《←俗ラテン語 asciata < ラテン語 ascia》女 《農業》鍬($\frac{くわ}{}$): ~ mecánica 除草機

azadada [aθaðáða] 女 《農業》鍬の一打ち

azadazo [aθaðáθo] 男 =**azadada**

azadilla [aθaðíʎa] 《azada の示小語》女 [雑草取り・移植用の] 小型の鍬, 手鍬

azadón [aθaðón] 《azada の示大語》男 [曲がった細長い刃の] 鍬, 根掘り鍬
  ser ~ de palo/ser como el ~ 《メキシコ》あからさまに自己中心的な態度をとる

azadona [aθaðóna] 女 《サンタンデール》=**azadón**

azadonada [aθaðonáða] 女 根掘り鍬の一打ち

azadonar [aθaðonár] 他 根掘り鍬で掘り起こす

azadonazo [aθaðonáθo] 男 =**azadonada**

azadonero [aθaðonéro] 男 根掘り鍬を使って働く人

azafata [aθafáta] 《←azafate》女 ❶ 《主に西. 航空など》客室乗務員, キャビンアテンダント, スチュワーデス: ~ de tierra グランドスタッフ, グランドホステス. ❷ [イベントなどの] コンパニオン 《~ de congresos》; [テレビ番組などの] 女性アシスタント. ❸ 《古語》[女王・王妃の衣装係の] 侍女, 女官. ❹ 《ペルー》盆 《=bandeja》

azafate [aθafáte] 《←アラビア語 as-safat「かご」》男 ❶ [盆状の平らな] かご. ❷ 《主に中南米》盆 《=bandeja》, 洗面器

azafato [aθafáto] 男 《主に西. 航空など》客室乗務員, パーサー

azafrán [aθafrán] 《←アラビア語 az-zafaran》形 《単複同形》サフラン色の
  ―― 男 ❶ 《植物, 香辛料》サフラン; その柱頭: ~ de la India ターメリック. ❷ サフラン色

azafranado, da [aθafranáðo, ða] 形 サフラン色の

azafranal [aθafranál] 男 サフラン畑

azafranar [aθafranár] 他 サフランで色(香り)をつける

azafranero, ra [aθafranéro, ra] 名 サフランの栽培(販売)者

azafranillo [aθafraníʎo] 男 《植物》ベニバナ 《=alazor》

azagar [aθaɣár] 自 [羊・山羊が] 一列になって小道を行く

azagadero [aθaɣaðéro] 男 [羊・山羊が通るための] 小道

azagaya [aθaɣája] 女 《古語》[短く軽い] 投げ槍

azagón [aθaɣón] 女 《地方語》darse un ~ 骨折り仕事をする

azahar [aθaár] 《←アラビア語 az-zahr「花」》男 オレンジ(レモン・シトロン)の花《白く香りがよい. 薬用・香料用》: agua de ~ 橙花($\frac{とう}{}$)水

azaí [aθaí] 男 《植物, 果実》=**asaí**

azainadamente [aθainaðaménte] 副 横目で

azalá [aθalá] 男 《イスラム教》祈り

azalea [aθaléa] 女 《植物》アザレア, 西洋ツツジ, オランダツツジ

azamboa [aθambóa] 女 《果実》ビターオレンジ

azamboero [aθambośro] 男 《植物》ビターオレンジ, ダイダイ 《=naranjo amargo》

azanahoriate [aθanaorjáte] 男 ❶ 《料理》ニンジンの砂糖煮. ❷ 《廃語》わざとらしいお世辞

azanca [aθáŋka] 女 《鉱山》地下の水源

azándar [aθándar] 男 《まれ. 植物》ビャクダン 《=sándalo》

azanefa [aθanéfa] 女 《廃語》=**cenefa**

azanoria [aθanórja] 女 =**zanahoria**

Azaña [aθána] 《人名》Manuel ~ マヌエル・アサーニャ《1880~1940, スペイン左派的政治家・文筆家. 第二共和制 Segunda República で首相と大統領を歴任》

azaque [aθáke] 男 《イスラム教》教会税

azar [aθár] 《←アラビア語 az-zahr「さいころ」》男 ❶ 偶然, 運: El ~ quiso que todos los grandes coincidieran en Madrid: Neruda, Lorca, Jiménez... 運命が望んだすべての偉大な人々, ネルーダ, ロルカ, ヒメネスなどがマドリードに居合わせた. dejar... al ~ ...を成りゆきに任せる. juego de ~ ばくち, 運による勝負. ❷ 不運; 不幸な出来事, 災難. ❸ 《トランプ》負け札《ダイス》負け目. ❹ 履 [人生の] 沈浮: Los ~es de la vida nos trajeron hasta aquí. 人生の浮き沈みがあって私たちはこんなところにまで来てしまった
  al ~ 偶然に; なりゆき任せに; でたらめに, あてもなく: Diga *al ~* una palabra. 何でもいいから思いついた単語を言ってみて下さい
  por ~ 偶然に: Un cazador descubrió *por ~* las cuevas de Altamira. ある猟師が偶然アルタミラの洞窟を発見した

azaramiento [aθaramjénto] 男 困惑, どぎまぎ: En cuanto le hablan las chicas experimenta un ~ que no puede controlar y se pone colorado. 彼は女の子に話しかけられると自分ではどうしようもなくどぎまぎして顔を赤らめてしまう

azarante [aθaránte] 形 困惑させる

azarar [aθarár] 他 困惑させる 《=azorar》
  ―― ~**se** 困惑する

azarbe [aθárbe] 《←アラビア語 as-sarb「下水管」》男 《灌漑用水の》排水路, 暗渠

azarbeta [aθarβéta] 女 小暗渠

azarcón [aθarkón] 男 ❶ 鉛丹, 酸化鉛 《=minio》. ❷ 赤みがかったオレンジ色

azarear [aθareár] 他 《メキシコ, 中米, ペルー, チリ》びっくりさせる; どぎまぎさせる
  ―― ~**se** 《メキシコ, 中米, ペルー, チリ》びっくりする; どぎまぎする, 恥ずかしがる; いらいらする, 怒る

azarero [aθaréro] 男 《植物》トベラ

azarja [aθárxa] 女 [繭から生糸をとる] 糸車

azaro [aθáro] 男 =**azaramiento**

azarosamente [aθarósaménte] 副 ❶ 危険を冒して; 運に任せて. ❷ やっとのことで, 苦労して

azaroso, sa [aθaróso, sa] 《←azar》形 ❶ 冒険的な; 危険な, 困難な: Cervantes llevó una vida ~*sa* cuando era joven. セルバンテスは若い時波乱に富んだ生活をおくった. Fue una larga y ~*sa* navegación. それは長く危険な航海だった. ❷ 偶然の, 不確かな: período ~ en la historia mundial 世界史における不確かな時代. ❸ 不運な

azaúche [aθaútʃe] 男 《地方語》[野生の] オリーブ 《=acebuche》

azcoitiano, na [aθkoitjáno, na] 形 名 《地名》アスコイティア Azcoitia の《人》《ギプスコア県の村》

azcona [aθkóna] 女 《古語》[dardo に似た] 短い投げ槍

azconero [aθkonéro] 男 《古語》投げ槍兵

azeotrópico, ca [aθeotrópiko, ka] 形 =**aceotrópico**

azerbaiyano, na [aθerbajáno, na] 形 名 =**azerbaiyano**

azerbaiyano, na [aθerbaijáno, na] 形 名 《国名》アゼルバイジャン Azerbaiyán の《人》
  ―― 男 アゼルバイジャン語

azerí [aθerí] 形 アゼルバイジャン語(の)

azeuxis [aθéu̯(k)sis] 女 《音声》開口母音の連続

-azgo [接尾辞] ❶ [名詞＋. 職・身分(の継続時間)] almirant*azgo* 海軍大将の地位, padrin*azgo* 代父の役目, novi*azgo* 婚約期間. ❷ [動詞＋. 行為・結果] hallaz*go* 見つけること, 拾得物. ❸ [税金・手数料] port*azgo* 通行税

azidotimidina [aθiðotimidína] 女 《薬学》ジドブジン 《=zidovudina》

ázigos [áθiɣos] 形 《解剖, 生物》=**ácigos**

aziliense [aθiljénse] 形 《考古》アジール文化(の)

ázimo, ma [áθimo, ma] 《←ラテン語 azymus < ギリシア語 azymos < a- (無)＋zyme「酵母」》形 無酵母の: pan ~ イースト菌を入れないパン, 種なしパン

azimut [aθimút] 男 =**acimut**

azimutal [aθimutál] 形 =**acimutal**

aznacho [aθnátʃo] 男 《植物》カイガンショウの一種《学名 Adenocarpus decorticans》

aznallo [aθnáʎo] 男 《植物》❶ =**aznacho**. ❷ ハリモクシュク 《=gatuña》

Aznar [aθnár] 《人名》José María ~ ホセ・マリア・アスナル《1953~, スペイン, 国民党の政治家, 首相(1996~2004)》

-azo, za [接尾辞] ❶ [動詞・名詞＋. 男性名詞化. 打撃] cod*azo* ひじ打ち, bomb*azo* 爆撃. ❷ [示大] boy*azo* 大きな雄牛; [親愛] buen*azo* 気がいいひと; [軽蔑] brom*azo* たちの悪い冗談. ❸ [原因, 材質] patin*azo* [車輪の] スリップ, lin*aza* 亜麻仁

azoado, da [aθoáðo, ða] 形 《化学》[主に水が] 窒素を含有した

azoar [aθoár] 窒素で飽和させる, 窒素を含浸させる

azoato [aθoáto] 男 硝酸塩 《=nitrato》

azocar [aθokár] 他 ❶ 《船舶》綱索を引き締める; [結び目な

ázoe [áθoe] 男《古語》窒素〖＝nitrógeno〗
azoemia [aθoémja] 女《医学》血液中の窒素量
azofaifa [aθofájfa] 女《古語》＝azufaifa
azofaifo [aθofájfo] 男《古語》＝azufaifo
azófar [aθófar] 男《文語》真鍮(しんちゅう)〖＝latón〗
azofeifo [aθoféjfo] 男《古語》＝azufaifo
azofra [aθófra] 女《まれ》〖町・村の〗夫役(ぶやく)
azogadamente [aθoɣáðaménte] 副 ❶ 落ち着きなく, うろたえて. ❷ 大急ぎで, あわただしく
azogado, da [aθoɣáðo, ða] 形 名 ❶ 水銀中毒の〔人〕: temblar como un ~ ひどく震える. ❷ そわそわした
―― 男 水銀塗布
azogamiento [aθoɣamjénto] 男 水銀塗布; 水銀中毒になること
azogar [aθoɣár] 8 他 ❶〖ガラスなどに〗水銀を塗る. ❷〖石灰を〗消和する
―― ~se 水銀中毒になる. ❷ 動揺する, 不安になる
azogue [aθóɣe] 男〖←アラビア語 az-zauq「水銀」〗❶ 水銀〖＝mercurio〗. ❷〖古語〗〖スペインからアメリカ大陸への〗水銀運搬船. ❸《古語》〖村の広場内の〗公設市場. ❹ 騒々しい人, 落ち着きのない人: Este niño es un ~. この子は落ち着きがない
tener ~ 〖en el cuerpo〗ひどく落ち着きがない, そわそわしている
azoguejo [aθoɣéxo] 男《まれ》小さな市場
azogueño, ña [aθoɣéno, ɲa] 形《名地》アソゲス Azogues の〔人〕〖エクアドル, カニャル県の県都〗
azoguería [aθoɣería] 女《鉱山》アマルガム化の作業場
azoguero [aθoɣéro] 男《鉱山》アマルガム化の作業責任者;《古語》水銀鉱山主
azoico, ca [aθójko, ka] 形 ❶《地質》無生代の, 生物のいない. ❷《化学》窒素を含む: colorante ~ アゾイック染料
azol [aθól] 男《化学》アゾール
azoláceo, a [aθoláθeo, a] 形 アカウキクサ科の
―― 女《植物》アカウキクサ科
azolar [aθolár] 28 他〖木材を〗手斧 azuela で荒削りする
azoleo, a [aθoléo, a] 形《植物》＝azoláceo
azolitmina [aθolitmína] 女《化学》アゾリトミン
azolvamiento [aθolβamjénto] 男〖導管を〗ふさぐこと
azolvar [aθolβár] 他《植物》〖導管を〗ふさぐ
azolve [aθólbe] 男《メキシコ》管を詰まらす泥(汚れ)
azoospermia [aθ(o)ospérmja] 女《医学》無精子症
azor [aθór] 男《鳥》オオタカ
azora [aθóra] 女《イスラム》コーラン Corán の章
azorado, da [aθoráðo, ða] 形 ❶《中南米》びっくり仰天した. ❷《コロンビア》乗り物酔いした
azoramiento [aθoramjénto] 男 困惑, 恥ずかしがる(どぎまぎする)こと
azorante [aθoránte] 形 困惑させる, どぎまぎさせる
azorar [aθorár] 他 ❶ 困惑させる, うろたえさせる; どぎまぎさせる. ❷《コロンビア》…の気をそらす
―― ~se 困惑する, うろたえる; 恥ずかしがる, どぎまぎする: Se azoró cuando le presentamos a esa chica. 彼はその女の子を紹介したら彼はすっかりあがってしまった
Azorín [aθorín]《人名》アソリン〖1873〜1967, スペインの作家. 本名 José Martínez Ruiz. 繊細かつ簡潔明瞭な独自の文体で, 見過ごされがちな日常の些事やスペインの文化・伝統・歴史を鮮やかに描き出している. 小説・エッセイ・文芸批評など幅広いジャンルの作品を著わした〗
azoriniano, na [aθorinjáno, na]《人名》アソリン Azorín の
azoro [aθóro] 男 ❶《中米》＝azoramiento. ❷《中米》お化け
azorramiento [aθor̄amjénto] 男《地方語》うつらうつらすること
azorrar [aθor̄ár]《~se》《地方語》うつらうつらする
azorrillar [aθor̄iʎár] 他《メキシコ, 口語》おびえさせる
―― ~se《メキシコ, 口語》おびえる
azorronar [aθor̄onár] 自《地方語》面白がっているふりをする
-azos, zas〖接尾辞. 主に西. 口語, 軽蔑〗bocazas 大きな口, manazas 不器用な人
azotable [aθotáβle] 形 鞭打たれて当然の
azotacalles [aθotakáʎes] 名《単複同形》《口語》街をぶらぶら遊び歩く人

azotacristos [aθotakrístos] 男《単複同形》《地方語. 植物》アザミの一種〖学名 Picnomon acarna, Carthamus lanatus, Helminthia echioides〗
azotado, da [aθotáðo, ða] 形 ❶〖花が〗まだら〔模様〕の, 雑色の. ❷《チリ》縞模様の
―― 男 ❶ 鞭打ちの刑を受ける罪人. ❷〖聖週間に公開で行なわれる〗鞭打ちの苦行者
azotador, ra [aθotaðór, ra] 形 鞭で打つ
―― 男《メキシコ》毛虫
azotaina [aθotájna] 女《主に西. 口語》〖罰としての〗一連の軽い殴打(鞭打ち), 尻を叩くこと
azotalenguas [aθotaléngwas] 女《単複同形》《植物》ヤエムグラ〖＝amor de hortelano〗, トゲムラサキ
azotamiento [aθotamjénto] 男 鞭打ち
azotaperros [aθotapér̄os] 男《単複同形》《カトリック》会堂番
azotar [aθotár] 〖←azote〗❶ 鞭で打つ: ~ un caballo 馬に鞭を入れる. ❷〖雨・風などが〗激しく打つ, 繰り返し叩く: Un viento terrible seguía azotando las ventanas. 強風が窓を叩き続けていた. ❸ 被害を与える: La marea negra azotó las Islas Galápagos. 流れ出した重油がガラパゴス諸島を襲った. La sequía azota la región del sur. 旱魃が南部に被害を与えている. ❹《メキシコ》〖ドアを〗バタンと閉める
azotazo [aθotáθo] 男 鞭による強打; お尻を平手で強く叩くこと
azote [aθóte]〖←アラビア語 as-saut「鞭」〗男 ❶〖罪人を打つための〗鞭; 〖結び目のある数本の紐でできた〗鞭: mano de ~s〗: pena de cien ~s 鞭打ち100回の刑. ❷〖子供への罰として〗平手で尻を叩くこと: Te voy a dar (propinar) unos ~s. お尻を叩くよ. ❸ 鞭の一振り, 鞭打ち; 鞭で打たれたあとの鞭のあと; 鞭打ちの音. niño de los ~s 王子の代わりに鞭打たれる学友. ❸〖波・雨などが〗激しく叩きつけること. ❹ 災害, 被害
azotea [aθotéa]〖←アラビア語 as-suteih「小屋上」〗女〖歩くことができる〗屋上, 平屋根: He estado en la ~ contemplando las luces de la ciudad. 私は屋上にいて街の灯を眺めていた. dormir en la ~ 屋上で寝る. tender la ropa en la ~ 洗濯物を屋上に干す. casa de ~ ペントハウス. ❷《口語》頭〖の働き〗: estar (andar) mal de la ~ 頭がおかしい
azotehuela [aθotewéla] 女《メキシコ》〖採光・通風のための〗小さな中庭
azotina [aθotína] 女《口語》＝azotaina
azoturia [aθotúrja] 女《医学》窒素尿〔症〕
azoxibenzol [aθo(k)siβenθól] 男《化学》アゾキシベンゼン
azpeitiano, na [aθpejtjáno, na] 名《地名》アスペイティア Azpeitia の〔人〕〖ギプスコア県の村〗
azre [áθre] 男《古語》カエデ〖＝arce〗
AZT [á θéta té] 男《略語》←azidotimidina
azteca [aθtéka] 形 名 アステカ族〔の〕〖メキシコの先住民. メキシコ北西部から南下し, 1325年首都テノチティトラン Tenochtitlán (現在のメキシコシティ)を築き, 王国をメソアメリカ最大の勢力に発展させるが, 1521年スペイン人によって征服される〗: reino ~ アステカ王国
―― 男 アステカ語
aztequismo [aθtekísmo] 男 アステカ語特有の言い回し
Aztlán [aθtlán] 男 アストラン〖伝説上メキシコ北西部にあるとされるアステカ族発祥の地. azteca は「アストランの民」の意〗
aztor [aθtór] 男《古語》＝azor
azua [áθwa] 女《飲料》チチャ〖＝chicha〗
azuagueño, ña [aθwaɣéno, ɲa] 形 名《地名》アスアガ Azuaga の〔人〕〖バダホス県の村〗
azúcar [aθúkar]〖←アラビア語 as-sukkar〗男/女〖複数では常に男〗❶ 不可算 砂糖: 1)〗¿Quieres ~ en el café? コーヒーに砂糖を入れますか? chicle sin ~ シュガーレスガム. 2)〖種類〗~ blanco 白砂糖. ~ blanquillo 半精製状態の砂糖. ~ cande (candy・candi) 粒砂糖, パールシュガー. ~ de caña 甘蔗糖. ~ 〖de〗lustre/~ extra fina 上白糖. ~ 〖de〗pilón〖円錐形に固めた〗棒砂糖. ~ de remolacha テンサイ糖. ~ de uva ぶどう糖. ~ en cubos/~ en terrones/~ cortadillo《南米》~ en cuadritos《南米》~ en pancitos 角砂糖〖＝azucarillo〗. ~ en polvo/~ glasé/~ glas《南米》impalpable《コロンビア》~ en polvo《チリ》~ flor 粉砂糖. ~ granulada グラニュー糖, ざらめ糖. ~ invertido 転化糖. ~ mascabado (moscabado) サトウキビの再製糖. ~ moreno (negro) ブラウンシュガー, 黒砂糖. ~ piedra 氷砂糖. ~ refinada 精製糖. ~ rosado《アンダルシア》バラのエッセンス入りの砂糖. ❷《化学, 生理》糖分; 血糖〖＝~ sanguíneo, ~ en

sangre〕: alimentarse de ～*es* 糖分をとる. nivel de ～〔en la sangre〕血糖値. ～ de leche ラクトース〘=lactosa〙. ～ de malta マルトース〘=maltosa〙

azucarado, da [aθukaráđo, đa] [形] ❶［砂糖のように］甘い. ❷［言葉づかい・話などが］甘ったるい; 口先のうまい: Es una historia muy ～*da*. 甘ったるいストーリーだ. palabras ～*das* 甘い言葉

—— [男] 甘味づけ

azucarar [aθukarár]〘←azúcar〙[他] ❶［砂糖で］…に甘味をつける: *Has azucarado* mucho el café, ¿verdad? コーヒーに砂糖を入れすぎたね. yogur *azucarado* 砂糖入りヨーグルト. ❷ …に砂糖(シロップ・蜂蜜)をかける; 糖衣をかぶせる; 砂糖漬けにする. ❸［厳しい・難しいことを］和らげる, 甘美にする

—— **～se**《中南米》❶［ジャムなどのシロップが］結晶する, 固まる. ❷［人が］態度が優しくなる

azucarera[1] [aθukaréra] [女] ❶ 製糖工場; 砂糖販売店. ❷《主に南米》砂糖入れ〘=azucarero〙

azucarería [aθukarería] [女] ❶ 製糖業. ❷《メキシコ, キューバ》砂糖販売店

azucarero, ra[2] [aθukaréro, ra] [形] ❶ 砂糖の; 製糖の: industria ～*ra* 製糖業. ❷［植物が］砂糖の原料となる: caña ～*ra* サトウキビ

—— [名] 製糖業者

—— [男] ❶ 砂糖入れ. ❷《鳥》ミツドリ

azucarillo [aθukaríʎo]〘azúcar の示小語〙[男]《西》❶ 角砂糖〘=terrón〙. ❷［蜂蜜・卵黄・時にレモン果汁製の］カルメラ状の菓子

azucena [aθuθéna] [女]《植物》❶ マドンナリリー; 白ユリ〘=lirio blanco〙. ❷ ～ de mar ヒガンバナの一種〘学名 Pancratium maritimum〙. ～ roja 花がオレンジ色のユリ〘学名 Lilium bulbiferum〙. ～ silvestre マルタゴンリリー〘学名 Lilium martagon〙

azuche [aθútʃe] [男]［基礎工事用の杭の］鉄製の先端

azud [aθú(đ)] [男] ❶［presa より小さい貯水用の］堰(せき). ❷［灌漑用の］水車

azuda [aθúđa] [女] =**azud**

azudense [aθuđénse] [形] [名]《地名》アスケカ・デ・エナレス Azuqueca de Henares の〔人〕〘グアダラハラ県の村〙

azuela [aθwéla] [女]《建築》［荒削り用の］手斧(ちょうな)

Azuela [aθwéla]《人名》**Mariano ～** マリアノ・アスエラ〘1873～1952, メキシコの小説家. 軍医としての経験をもとに, 権謀術数渦巻くメキシコ革命を題材とした小説『虐げられし人々』*Los de abajo* を始め, ペシミスティックな視点に立った小説を書いた〙

azufaifa [aθufái̯fa]〘←ラテン語 az-zufaizafa〙[女]《果実》ナツメ

azufaifo [aθufái̯fo] [男]《植物》ナツメ

azufeifa [aθuféi̯fa] [女] =**azufaifa**

azufeifo [aθuféi̯fo] [男] =**azufaifo**

azufrado, da [aθufráđo, đa] [形] ❶ 硫黄質の〘=sulfuroso〙. ❷ 硫黄の色に似た黄色の

—— [男] =**azuframiento**

azufrador, ra [aθufrađór, ra] [形] 硫黄でいぶす

—— [男] ❶［ブドウの木のうどん粉病をふせぐための］硫黄燻蒸器. ❷［衣服を硫黄燻蒸するための］物干し台

azuframiento [aθuframjénto] [男] 硫黄でいぶすこと

azufrar [aθufrár] [他]［植物などを］硫黄でいぶす

azufre [aθúfre] [男]《元素》硫黄〘=piedra ～〙: ～ sublimado/flor de ～ 硫黄華. ～ vivo 天然硫黄. ～ vegetal 石松子(せきしょうし)

oler a ～《口語》異端の疑いがある

azufrero, ra [aθufréro, ra] [形] 硫黄採掘の

—— [女] 硫黄鉱山, 硫黄鉱床

azufrón [aθufrɔ́n] [男] 粉末状の黄鉄鉱石

azufroso, sa [aθufróso, sa] [形] 硫黄を含んだ

azul [aθúl]〘←アラビア語 lazurd < lazaward「ラピスラズリ」〙[形] 青い, 青色の: 1) pelo rubio y ojos ～*es* 金髪碧眼. cielo ～ 青い空. día ～［スペイン国鉄の］割引日. enfermedad ～ 青色病〘先天性心疾患〙. 2)［+形容詞. 数無変化］Las faldas son〔de color〕～ celeste. それらのスカートは空色だ. corbatas blancas y ～ marino 白とネービーブルーのネクタイ

—— [男] ❶ 青色, 青さ: ～ añil 藍色. ～ azafata 紺青色, ロイヤルブルー. ～ celeste (cielo) 空色, スカイブルー. ～ claro/～〔del〕agua 水色, 淡青色. ～〔de〕cobalto コバルトブルー. ～ de Prusia プルシアンブルー, 群青. ～ de Sajonia サックスブルー. ～〔de〕ultramar/～ ultramarino ウルトラマリン, 群青色, るり色. ～ eléctrico 明るい金属的な青. ～ marino/～〔de〕mar ネービーブルー, 紺色. ～ oscuro ブルーブラック. ～ real ロイヤルブルー. ～ turquesa ターコイズブルー. ～ turquí インディゴブルー, 濃青色. ～ verdoso 青鈍(あおにび). ❷ 青色顔料; 藍染料. ❸《中南米》藍

azulado, da [aθuláđo, đa] [形] 青みがかった, 青い

—— [男] ブルーイング, 青味づけ

azulaque [aθuláke] [男] =**zulaque**

azular [aθulár] [他] 青くする, 青く染める

azulear [aθuleár] [自] 青みがかって見える: A lo lejos *azulean* las montañas. 青みがかった山が遠くに見える

azulejar [aθulɛxár] [他] …に化粧タイルを張る

azulejería [aθulɛxería] [女] ❶ 化粧タイル張り〔の仕事〕; 化粧タイルの製造・販売業: aprender ～ タイル作りを習う. ❷ 化粧タイルを張った細工物

azulejero, ra [aθulɛxéro, ra] [名] 化粧タイルの製造職人(販売者)

azulejo [aθuléxo] **I**〘←アラビア語〙[男]《建築》化粧タイル: alicatar de ～*s* una pared 壁を化粧タイル張りにする

II〘←azul〙[男] ❶［総称］尾羽の青い鳥〘カワセミ, ヨーロッパハチクイ, ニシブッポウソウ〙. ❷《植物》ヤグルマギク

—— [形] [男]《アルゼンチン, ウルグアイ》背に青黒い斑点のある〔白馬〕

azulenco, ca [aθuléŋko, ka] [形] =**azulado**

azuleno [aθuléno] [男]《化学》アズレン〘青色染料〙

azulete [aθuléte] [男]《西》［洗濯物の黄ばみを取るための］青みづけの染料

azulgrana [aθulɡrána] [形] [名]《サッカー》FCバルセロナの〔選手〕〘←azul 青と grana えんじ色のチームカラー〙

azulino, na [aθulíno, na]〘azul の示小語〙[形] 青みがかった〘=azulado〙

—— [女] ❶ 青色の染料. ❷《植物》ルリマツリ

azulón, na [aθulɔ́n, na]〘azul の示大語〙[形] 鮮やかな青色の

—— [女]《鳥》シロビタイウズラバト

azuloso, sa [aθulóso, sa] [形] =**azulado**

azumagar [aθumaɡár] [8] **～se**《チリ》［食べ物・衣服が］カビで覆われる

azumbado, da [aθumbáđo, đa] [形]《地方語》背中の曲がった

azúmbar [aθúmbar] [男]《植物》サジオモダカ

azumbrado, da [aθumbráđo, đa] [形] [名]《口語》酔っ払った〔人〕

azumbre [aθúmbre] [男]/[女]《古語》［液量の単位］アスンブレ〘=約2リットル〙

azuquita [aθukíta] [男]/[女]《中南米. 口語》砂糖〘=azúcar〙

azuquítar [aθukítar] [男]/[女] azúcar の示小語

azur [aθúr]〘←仏語〙[形] [男]《紋章》紺色〔の〕

azurina [aθurína] [女]《化学》アズリン〘青色染料〙

azurita [aθuríta] [女]《鉱物》藍銅鉱

azurronar [aθur̄ɔnár] **～se**［旱魃のせいで小麦の穂が］殻から出てこない

azut [aθút] [男]《地方語》=**azud**

azutea [aθutéa] [女]《廃語》=**azotea**

azuzador, ra [aθuθađór, ra] [形] けしかける

azuzar [aθuθár]〘←a-+zus (犬への掛け声)〙[9] [他] ❶［犬などを, +a・contra+人 に］けしかける: El vecino *azuza* a los perros *contra* nosotros. 隣家の男は私たちに犬をけしかける. ❷［人を］そそのかす, 駆り立てる: Los consejeros *azuzan* a ambas partes a luchar y pleitear entre sí. 互いに争い, 訴訟に訴えるように顧問が双方をけしかけている

azuzón[1] [aθuθɔ́n] [男]《植物》セネキオ〘学名 Senecio pyrenaicus, Senecio linifolius, Senecio jacobea〙

azuzón[2], **na** [aθuθɔ́n, na] [形] そそのかす〔のが好きな〕

B

b [bé] 囡 ❶ アルファベットの第2字 [→v 参考]. ❷《音楽》[階名] シ, ロ音
b/《略語》←botella 瓶; bulto 荷物
B/《略語》=b/
BA《略語》←Buenos Aires ブエノスアイレス
Baal [b(a)ál] 囲 バール神《セム系の民族の主神》
baalita [b(a)alíta] 圈 图 バール神の信奉者[の]
baba [bába]『←俗ラテン語 baba』囡 ❶ 不可算 よだれ: echar ～ よだれをたらす. ❷ [カタツムリなどが出す] 粘液; 樹液. ❸《ベネズエラ. 動物》アリゲーター《カイマンより小型のワニ. 肉は食用》
 caerse a+人 *la* ～ 1）…がよだれをたらす: El niño *se le caía la* ～．その子はよだれをたらしていた. 2)《口語》…は欲しくてたまらなくなる: *Se me cae la* ～ *cuando veo pasteles*. 私はケーキを見るとたまらなくなる. 3)《口語》うっとりする: *Se les cae la* ～ *con su nieto*. 彼らは孫がかわいくてたまらない
 cambiar ～*s* キスする
 estar en la ～《メキシコ》[自分の回りで起こっている周知の事柄に] 気づかない
 mala ～《西. 口語》1) 悪意: con *mala* ～ 悪意で, 意地悪く. 2) 怒りっぽい性質: tener muy *mala* ～ 大変怒りっぽい
babá [babá]《菓子》サバラン
babaco [babáko] 囲《果実, 植物》パパコウ《パパイヤの一種》
babada [babáda] ❶ [動物の] 腿 [=babilla]. ❷ [雪解けによる] ぬかるみ. ❸《プエルトリコ》愚かさ
babadero [babadéro] 囲 よだれ掛け [=babero]
babadilla [babadíʎa] 囡《鳥》ヤツガシラ [=abubilla]
babador [babadór] 囲 よだれ掛け [=babero]
babahoyense [babaoʝénse] 圈 图《地名》パパオヨ Babahoyo の[人]《エクアドル, ロス・リオス州の首都》
babanca [babáŋka] 圈 图《地方語》ばか[な], 間抜け[な] [=bobo]
babar [babár] 自 ～*se*《地方語》よだれをたらす [=babear]
babatel [babatél]《ラマンチャ》よだれ掛け [=babero]
babaza [babáθa] ❶ =baba. ❷ =babosa¹
babazorro, rra [babaθóro, ra] 圈 图《地名》アラバ Álava の[人] [=alavés]. ❷《アラゴン》大胆(向こう見ず)な[若者]; 田舎者[の]
babeante [babeánte] 圈 よだれを垂らす
babear [babeár]『←baba』自 ❶ よだれをたらす: El niño *babeaba con el chupete en la boca*. その子はおしゃぶりを口にくわえてよだれをたらしていた. ❷《口語》[人・物について] うっとりと語り, 手放しで自慢する: *En cuanto le preguntas por su perro, empieza a* ～．彼に愛犬のことを聞くと, たちまち犬自慢が始まる. ❸《中南米》うっとりと見る
 ── 他 ❶ よだれのようにたらす; よだれだらけにする. ❷《軽蔑》よだれをたらしながら話す
babel [babél]『←ヘブライ語 Babel「バビロニア」< baibel「混乱」』囲 ❶ 騒然とした場所 (状況), 大混乱: *Tu cuarto es siempre un* ～．君の部屋はいつも散らかり放題だ. ❷《旧約聖書》torre de *B*～ バベルの塔
babélico, ca [babéliko, ka] 圈 ❶ ひどく混乱した; 大混乱を引き起こす. ❷ バベルの塔の
babelismo [babelísmo] 囲 [バベルの塔のような] 異なる言語による混乱 (理解不能)
babeo [babéo] 囲 ❶ よだれをたらすこと
babera [babéra] 囡 ❶ [兜の] あご当て. ❷ よだれ掛け [=babero]
babero [babéro]『←baba』囲 ❶ よだれ掛け; [食事用の] エプロン. ❷《西. 古語的》=babi. ❸《聖職者》正装用の胸飾りの;《口語》修道士
baberol [baberól] 囲 [兜の] あご当て [=babero]
babesiosis [babesjósis] 囡《医学》バベシア症, ピロプラズマ症
babi [bábi] 囲《西. 服飾》[子供用の] うわっぱり, スモック
Babia [bábja]『←レオン県の地名』*estar en* ～《軽蔑》うわの空である, とりとめのない夢想にふけっている: *Me tenéis que atender más, que estáis en* ～．私の言うことをもっとよく聞きなさい. 君たちは本当にぽやっとしているんだから
babiano, na [babjáno, na] 圈 图《地名》バビア Babia の人《レオン県の山岳地帯》
babieca [babjéka] 圈 图《口語》間抜けな[人], 愚かな[人]
babilla [babíʎa] 囡 ❶《料理》股肉. ❷ [四つ足獣の] 大腿部; 膝蓋(⁀)骨. ❸《動物》カイマンワニの一種《学名 Caiman sclerops》. ❹《獣医》[関節・靭帯の] 損傷, 体液の溢出. ❺《キューバ》足; 尻; 筋肉
babilón, na [babilón, na] 圈 图 バビロンの[人] [=babilónico]
Babilonia [babilónja] 囡 ❶《歴史, 地名》バビロン《バビロン第一王朝の首都. 悪徳の都と考えられた国際商業都市》. ❷ =**babel**
babilónico, ca [babilóniko, ka] 圈 图 ❶《歴史, 地名》バビロンの[人]: *primera dinastía* ～*ca* バビロン第一王朝. ❷ 豪華な, これみよがしの: *boda* ～*ca* 豪勢な結婚式
 ── 囲 バビロン語《アッカド語の一方言》
babilonio, nia [babilónjo, nja] 圈 图 バビロンの[人] [=babilónico]
babintonita [babintoníta] 囡《鉱物》バビントナイト, バビントン石
babión, na [babjón, na] 圈 图《地方語》間抜けな[人], 愚かな[人] [=bobo]
babirusa [babirúsa] 囲《動物》バビルサ, シカイノシシ
babismo [babísmo] 囲 バーブ教《19世紀イスラム教シーア派から分かれた》
bable [báble] 囲 [アストゥリアス地方などで話される] レオン語方言
babón, na [babón, na] 圈 图《まれ》間抜けな[人], 愚かな[人] [=bobo]
babor [babór]『←仏語 babord』囲《船舶》左舷 [⇔estribor]: ¡A ～ todo! 取り舵いっぱい! ¡Tierra a ～! 左舷に陸!
babosa¹ [babósa]『←baba』囡 ❶《動物》ナメクジ. ❷《魚》ギンポ. ❸《貝》[あまり上質でない] アサリ. ❹《闘牛. 軽蔑》小型のおとなしい牛 [=babosilla]. ❺《隠語》絹のワイシャツ
babosada [babosáda] 囡 ❶《メキシコ, 中米, キューバ, プエルトリコ. 口語》下品な言動. ❷《メキシコ, 中米, コロンビア, チリ. 口語》取るに足りない問題
babosear [baboseár]『←baboso』他 ❶ よだれで汚す (濡らす). ❷《まれ》[多くの人の言っていることを] 繰り返し言う
 ── 自 ❶《口語》[惚れているので] 大げさな贈り物をする. ❷《メキシコ. 口語》ぼんやりする. ❸《コロンビア》たわごとを言う. ❹《ウルグアイ》[ほめかして] からかう
baboseo [baboséo] 囲 ❶ よだれで汚すこと. ❷《口語》大げさな贈り物をすること; 恋慕の気持ちの大仰な表現. ❸《メキシコ. 口語》ぼんやり. ❹《コロンビア》白日夢. ❺《口語》たわごと, 愚言
babosería [babosería] 囡 ❶《口語》過度なおべっか使い. ❷《口語》お人好し. ❸《口語》淫乱, 好色. ❹《口語》小生意気
babosilla [babosíʎa] 囡 ❶ 小型のナメクジ. ❷《闘牛. 軽蔑》小型のおとなしい牛
baboso, sa² [babóso, sa]『←baba』圈 图 ❶ よだれをたらす[人]: *Todos los bebés son* ～*s*. 赤ん坊はみんなよだれをたらすものだ. ❷ よだれだらけの. ❸ 大人ぶった[子], 小生意気な[子], 青二才[の]: *¿Esta* ～*sa ya quiere salir de noche?* この小娘はもう夜遊びに行きたいとでも言うの? ❹《口語》過度なおべっか使い[の]. ❺《口語》[男性が女性に] 惚れっぽくてやたらに親切な. ❻《口語; 中南米》お人好しの[人], ばかな[人]. ❼《口語》[男が] 淫乱な, 好色な. ❽ 肉がねばねばした. ❾《口語》[作品が] こっけいな. ❿《中米》野卑な, 下劣な. ⓫《チリ, アルゼンチン, ウルグアイ》[人が] べたべたする. ⓬《ラプラタ》ひどく嫌な, 軽蔑すべき
 ── 囲《魚》ベラ [=budión]
babucha [babútʃa]《服飾》❶ パブーシュ《つま先が上に反り返った, 時に金・銀の刺繍のあるトルコ風の室内履き》. ❷ [布・皮製の] スリッパ. ❸《中南米》室内履き. ❹《チリ》[ゴム製の] オーバーシューズ

babuchero, ra [babutʃéro, ra]《西, キューバ, ウルグアイ》男 バブーシュを作る(売る)人
── 男［バブーシュをしまう］靴箱
babuino [babwíno] 男《動物》ヒヒ；［特に］キイロヒヒ
babul [babúl]《植物》アラビアゴムノキ
baby [béjbi]《←英語》名 赤ん坊
baby boom [béjbi búm]《←英語》男 ベビーブーム
baby boomer [béjbi búmer]《←英語》名〔複 ~s〕ベビーブーマー
baby sitter [béjbi síter]《←英語》名〔複 ~s〕《西》ベビーシッター〔=canguro〕
baca [báka]《←仏語 bâche》女 ❶《西, キューバ, ウルグアイ. 自動車》ルーフラック. ❷［乗合馬車などの, 幌付きの］荷台；［荷台を覆う］幌. ❸ 月桂樹の実. ❹《地方語》大型の近海漁船
bacalada [bakaláda] 女 ❶《西》丸ごとの〕塩ダラ. ❷《地方語》=**bacaladilla**
bacaladero, ra [bakaladéro, ra] 形 タラの; タラ漁の: flota ~ra タラ漁船団. pesca ~ra タラ漁
── 男 タラ漁船
── 女《口語》クレジットカード読取装置
bacaladilla [bakaladíʎa] 女《魚》ブルーホワイティング, プタスダラ
bacaladillo [bakaladíʎo] 男《地方語》=**bacaladilla**
bacalao [bakaláo]《←エジプト語 bakailao》男 ❶《魚》タラ(鱈)；［特に］干鱈: ~ de Escocia ヘイク, メルルーサ. ~ al pil-pil《料理》〔バスク地方の〕タラのピルピル〔ニンニク煮込み〕. ❷《西. 音楽》=**bakalao**. ❸《船舶》船橋両側の部屋. ❹《隠語》膣〔=vulva〕
conocer **a**+人［*el*］~《西. 口語》…の意図（下心）が見え見えである: No me engañes, que te *conozco* ~. だまそうったって駄目だ. お前の本心はばればれだ
cortar (partir) el ~《口語》〔グループ内で・ある事柄について〕決定権を持っている, 指導的立場である
bacallao [bakaʎáo] 男 =**bacalao**
bacallar [bakaʎár] 男 粗野な男
bacán, na[1] [bakán, na] 形 名 ❶《キューバ, コロンビア》〔見返りを求める〕他人に優しい〔人〕. ❷《キューバ. 口語》1)〔人が〕魅力的な. 2) 妻（愛人）の稼ぎで暮らす〔男〕, ひも, 髪結いの亭主. ❸《コロンビア. 口語》裕福な人
vivir como un ~《アルゼンチン, ウルグアイ. 口語》何不自由なく暮らす
bacanal [bakanál]《←ラテン語 bacchanalis < Bacchus「酒神バッカス」》女 ❶〔バッカス祭のような〕乱痴気騒ぎ, 酒池肉林. ❷《古代ローマ》複 バッカス祭
bacano, na[2] [bakáno, na] 形 名 ❶《中南米. 口語》すばらしい, すごくいい. ❷《コロンビア》他人に優しい〔人〕〔=**bacán**〕
bacante [bakánte] 女《古代ローマ》バッカス神の巫女, バッカス祭の女性参加者
bacará [bakará] 男 =**bacarrá**
bácara [bákara] 女《植物》オニサルビア〔=**amaro**〕
bacaray [bakaráj] 男《ラプラタ》畜殺時に母牛の腹から引き出された子牛〔食用にする〕
bacarrá [bakařá]《←仏語 baccara》男《トランプ》バカラ；その賭け金
hacer ~《西》すべての試験に落ちる
baccara [bakará]《←仏語》男 =**bacarrá**
baccarat [bakará]《←仏語》男 バカラのグラス
bacciforme [ba(k)θifórme] 形《植物》漿果(ショウカ)形の
bacelar [baθelár] 男 ブドウ棚
bacenica [baθeníka] 女《チリ》=**bacinilla**
bacenilla [baθeníʎa] 女《コロンビア, エクアドル》=**bacinilla**
bacera [baθéra] 女《獣医》脾脱疽(ヒダッソ)症
baceta [baθéta] 女《トランプ》〔各人に配られた後に〕場に残ったカード
bacha [bátʃa] 女《メキシコ. 隠語》吸い殻
bachaco, ca [batʃáko, ka] 形《ベネズエラ》黒っぽい肌とカールして赤みがかった髪のメスティーソ mestizo
── 男《ベネズエラ. 昆虫》作物を荒らす大型の赤いアリ
bachar [batʃár] ~**se**《ウルグアイ. 口語》〔それまでの言行を忘れ続けられなくなるほど〕動揺する
bachata [batʃáta] 女 ❶《舞踊, 音楽》バチャータ《ドミニカ起源》. ❷《カリブ》どんちゃん騒ぎ, お祭り騒ぎ
bachatear [batʃateár] 自《カリブ》どんちゃん騒ぎをする

bache [bátʃe]《←?語源》男 ❶［道路の］穴, 水たまり: Las obras han dejado profundos ~s en la calle. 工事で道路に深い水たまりがいくつもできた. carretera con ~s 穴だらけの道. ❷《航空》エアポケット: El ~ movió el avión. エアポケットで飛行機が揺れた. ❸［道路の穴・エアポケットによる車・飛行機の］揺れ.［精神状態・売上げなどの］落ち込み: Tras la muerte de su mujer, está atravesando un ~. 妻の死後, 彼は落ち込んでいる. Con esta victoria, el equipo va a salir del ~. この勝利でチームは不振から抜け出すだろう. La producción sufrió un ~ este año. 今年生産が落ち込んだ. ~ económico 経済の不振. ❺［一時的な］中断. ❻《スキー》複 モーグル. ❼［毛を刈る前に汗をかかせるために］羊を閉じ込めておく場所. ❽《キューバ》あばた, にきび痕
bacheado, da [batʃeádo, da] 形［道路が］穴だらけの
── 男 =**bacheo**
bachear [batʃeár] 他［路面の］くぼみ（穴）を埋めて補修する
── ~**se**《ウルグアイ. 口語》=**bacharse**
bacheo [batʃéo] 男［路面の］くぼみ（穴）の補修
bachicha [batʃítʃa] 名《チリ, アルゼンチン, ウルグアイ. 軽蔑》〔20世紀初頭にアメリカ大陸に渡った〕イタリア系移民；［特に］ジェノヴァ出身の人
── 女《中米》たばこの吸い殻
bachiller[1] [batʃiʎér]《←仏語 bachelier》男 ❶ 中等教育の修了者《日本の高卒者に相当する》; 中等教育を受けている者. ❷《古風》得業士, 学士《大学の初期課程修了者》. ❸《ペルー》学士〔=**licenciado**〕
── 男《西. 口語》中等教育課程〔=**bachillerato**〕
bachiller[2], **ra** [batʃiʎér, ra] 名《軽蔑》物知りぶったおしゃべりな〔人〕, 知ったかぶりな〔人〕
bachillerar [batʃiʎerár] 他《古語》学士号を授与する
── ~**se**《古語》学士号を取得する
bachillerato [batʃiʎeráto] 男 ❶［義務教育後の］中等教育課程《日本の高校に相当》; その修了資格: ~ unificado polivalente 総合中等教育《日本の普通科高校に相当》. ❷《古語, ペルー》学士号〔=**licenciatura**〕
bachillerear [batʃiʎereár] 自 無駄話をする, よくしゃべる
bachilleresco, ca [batʃiʎerésko, ka] 形 中等教育修了者の
bachillería [batʃiʎería] 女《まれ》物知りぶり, 学者気取り; 中等教育修了の資格
bachkir [batʃkír] 形《地名》〔旧ソ連邦の〕バシュキール Bachkiria 自治共和国の〔人〕
── 男 バシュキール語
bacía [baθía] 女 ❶［豚などの］給餌用の浅く四角い容器. ❷《古語》〔理髪師がひげを濡らすために顎の下に当てた〕半月形の盆
baciga [baθíga]《←仏語 besigue》女《トランプ》ベジーグ;［9点以下で勝つ］ベジーグの手
bacigote [baθigóte] 男《トランプ》[ベジーグで] スリーカード
bacilar [baθilár] 形 ❶《生物, 医学》バチルスの; 桿菌性の. ❷［鉱物が］粗い繊維の
bacilariofito, ta [baθilarjofíto, ta] 形 珪藻類の
── 男《植物》珪藻類〔=**diatomeas**〕
bacilemia [baθilémja] 女《医学》菌血症
baciliforme [baθilifórme] 形《生物, 医学》桿状の
bacillar [baθiʎár] 男 ❶《西》ブドウ棚〔=**bacelar**〕. ❷《地方語》新しいブドウ畑
bacilo [baθílo] 男《生物, 医学》バチルス, 桿菌(カンキン): ~ botulínico ボツリヌス菌. ~ cólico 大腸菌. ~ de carbunco 炭疽菌. ~ de Koch/~ tuberculoso 結核菌
baciluria [baθilúrja] 女《医学》細菌尿［症］
bacín[1] [baθín] 男《古語》室内用便器, おまる［背の高い円筒形］
bacín[2], **na** [baθín, na] 男《地方語》好奇心の強い〔人〕; 差し出がましい〔人〕
bacinada [baθináda] 女 ❶［おまるから投げ捨てられる］汚物. ❷ 低劣で軽蔑すべき行為
bacinear [baθineár] 自《地方語》他人事に首をつっこむ
bacineja [baθinéxa] 女 =**bacinilla**
bacinería [baθinería] 女《地方語》好奇心; 差し出がましさ
bacinero, ra [baθinéro, ra] 名《宗》［信仰のために］施しを乞う人
bacineta [baθinéta] 女 施し物を入れる盆, 献金箱
bacinete [baθinéte] 男 ❶《古語》[つば・喉当てのない, 軽量の] かぶと; かぶとをかぶった兵士. ❷《解剖》骨盤〔=**pelvis**〕
bacinica [baθiníka] 女 =**bacinilla**

bacinilla [baθiníʎa] 囡 [背の低い] 小型のおまる

bacisco [baθísko] 男 《まれ》[煉瓦の材料となる] 土混じりの鉱物の砂

back [bák] 男 《アルゼンチン, ウルグアイ. サッカー》ディフェンダー

backgammon [bakgámon]《←英語》男《ゲーム》バックギャモン; 集名 その駒と盤

background [bákgraun]《←英語》集名 [人の知識・経験の] 背景

backpack [bakpák]《←英語》男《チリ》[布製の] リュックサック, バックパック

backup [bákap/bakáp]《←英語》形 男《情報》バックアップ[の]

Baco [báko]《ローマ神話》バッカス『ワインの神』

bacon [bakón/béikɔn]《←英語》男《西. 料理》ベーコン: huevos fritos con 〜 ベーコンエッグ

bacón [bakón] 男 =**bacon**

baconiano, na [bakonjáno, na] 形 [イギリスの哲学者] ベーコン Bacon の, ベーコン哲学の

baconismo [bakonísmo] 男 ベーコン Bacon 哲学

bacoreta [bakoréta] 囡《魚》ニセビンナガ『スマの一種. 学名 Euthynnus alleteratus』

bacteria [baktérja]《←ギリシア語 bakteria「杖」》囡 バクテリア, 細菌: 〜 del ácido láctico 乳酸菌. 〜 Gram-negativa 緑膿菌

bacteriáceo, a [bakterjáθeo, a] 形 バクテリア科の
—— 囡《生物》バクテリア科

bacterial [bakterjál] 形《生物》細菌の: neumonía 〜 細菌性肺炎

bacteriano, na [bakterjáno, na] 形 バクテリアの, 細菌性の: El agente infeccioso era 〜. 感染原因は細菌だった

bactericida [bakteriθíđa] 形 殺菌性の[物質]; 除菌剤, 殺菌薬

bactérico, ca [baktériko, ka] 形 =**bacteriano**

bacteridia [bakteríđja] 囡 炭疽菌

bacteridiano, na [bakteriđjáno, na] 形 炭疽菌の

bacteriemia [bakterjémja] 囡《医学》菌血症

bacteriófago [bakterjófago] 男《生物》バクテリオファージ

bacteriolisina [bakterjolisína] 囡《生物》溶菌素

bacteriolisis [bakterjolísis] 囡《生物》溶菌[反応]

bacteriolísis [bakterjolísis] 囡 =**bacteriolisis**

bacteriolítico, ca [bakterjolítiko, ka] 形《生物》溶菌の

bacteriología [bakterjoloxía] 囡 細菌学

bacteriológico, ca [bakterjolóxiko, ka] 形 ❶ 細菌学の. ❷ 細菌を使う: arma 〜ca 細菌兵器. guerra 〜ca 細菌戦

bacteriólogo, ga [bakterjólogo, ga] 男 囡 細菌学者

bacteriostasis [bakterjostásis] 囡《生物》細菌発育阻止, 静菌作用

bacteriostático, ca [bakterjostátiko, ka] 形《生物》静菌性の
—— 男 静菌性; 静菌剤

bacterioterapia [bakterjoterápja] 囡 細菌製剤療法

bacteriotropina [bakterjotropína] 囡《生化》バクテリオトロピン

bacteriuria [bakterjúrja] 囡《医学》細菌尿[症]

bactriano, na [baktrjáno, na] 形《歴史》バクトリア Bactriana の〔人〕『古代ギリシア人が中央アジアに建てた王国』

baculiforme [bakulifórme] 形《生物》棒状の, 桿状の

baculazo [bakuláθo] 男 杖による殴打

báculo [bákulo]《←ラテン語 baculum「杖」》男《文語》❶ [握りの部分がカーブした] 木製の杖. ❷ [主に金属製で権威の象徴としての]杖: 〜 pastoral [司教の] 牧杖(§‡), 司牧の杖, [巡礼者の] 錫杖(‡‡). ❸ [精神的・経済的な] 支え, 慰め: 〜 de su vejez 老後の頼り

bada [báđa] 囡《動物》サイ【=rinoceronte】

badajada [bađaxáđa] 囡 ❶ =**badajazo**. ❷ 愚かなこと; 不適当な言動, へま

badajazo [bađaxáθo] 男 鐘の[舌による]一打

badajear [bađaxeár] 自 ❶ ぺらぺらとよくしゃべる

badajo [bađáxo]《←俗ラテン語 batuacúlum < ラテン語 battuere「打つ」》男 ❶ [鐘の] 舌. ❷《まれ》[無知・愚かな] 多弁家: a 〜 suelto《まれ》続けて, 止まらずに

badajocense [bađaxoθénse] 形 囡《地名》パドホス Badajoz の〔人〕『エストレマドゥラ州の県・県都』

badajoceño, ña [bađaxoθéno, na] 形 囡 =**badajocense**

badal [bađál]《←アラビア語 badila》男 ❶《動物》の口輪. ❷《闘牛》[死んだ牛馬を引くラバの] 引き綱に掛けた牽引ゴン〕《食用獣の》背肉, ばら肉

badalonense [bađalonénse] 形 囡 =**badalonés**

badalonés, sa [bađalonés, sa] 形 囡《地名》バダロナ Badalona の〔人〕『バルセロナ県の町』

badán [bađán] 男《←アラビア語 badan》男 動物の胴

badana [bađána]《←アラビア語 bitana「裏地」》囡 ❶ 羊のなめし革, シープスキン. ❷ [帽子のブリム borde の内側に縫い付ける] 汗よけのテープ. ❸《ペルー, チリ》フランネル【=franela】. ❹《ウルグアイ. 馬具》[あおり faldón に用いる] 鹿のなめし革
—— 名《口語》=**badanas**
zurrar (zumbar・sacudir・sobar) a+人 la 〜《西. 口語》1) …をぶん殴る, 叩きのめす: El marido borracho le sobó la 〜 a toda la familia. 酔っぱらった夫は家族全員を殴った. 2) 大目玉を食らわす: Como llegues tarde a casa, te voy a zurrar la 〜. お前の帰宅が遅れましたらお前の雷が落ちるぞ

badanas [bađánas] 名《単複同形》《口語》怠け者, ぐうたら者: Tu marido es un 〜. あなたの旦那はぐうたら者なのよ

badano [bađáno] 男《船大工が用いる》鑿(‡‡)

badanudo, da [bađanúđo, đa] 形《闘牛》[牛の] 皮膚ががさがさした

badea [bađéa] 形《エクアドル. 口語》ホモセクシャルの〔男〕; 女性的な〔男〕
—— 囡《南米. 果実》パッションフルーツ

badén [bađén]《←アラビア語 batn》男 ❶ [道路の] 排水溝. ❷ [歩道の縁を低くした] 車両の出入り口. ❸ スピード防止帯[道路の段差など]: señal de 〜 「段差注意」の道路標識. ❹《地質》雨溝

baderna [bađérna] 囡《船舶》[錨鎖などを揚げる] つかみ綱; 舵柄の固定索

badián [bađján] 男《植物, 果実》=**badiana**

badiana [bađjána] 囡《植物, 果実》スターアニス, トウシキミ

badil [bađíl]《←ラテン語 batillum「皿」》男 ❶ [暖炉・火鉢の] 火かき棒, [灰・燃えかすなどを集める] 小型シャベル

badila [bađíla] 囡 =**badil**
dar con la 〜 (dar un 〜) a+人 en los nudillos [本人が得意げな行為に対して] 叱る, 冷水を浴びせる

badilazo [bađiláθo] 男《まれ》火かき棒による殴打

badiléxo [bađiléxo] 男《左官用の》こて

badileta [bađiléta] 囡《地方語》=**badil**

badinerie [bađinerí]《古語》《宮廷の》速いおどけた踊り

badminton [bádminton] 男 =**bádminton**

bádminton [bádminton]《←英語 badminton》男《スポーツ》バドミントン

badomía [bađomía] 囡 不適切[的外れ]な言動, へま

badulacada [bađulakáđa] 囡 たわごと, 愚かなこと

badulaque [bađuláke]《←?語源》形 男 ❶ ばか者[の], 間抜けな〔人〕. ❷《チリ. 口語》不良【=bellaco】; ずる賢い奴

badulaquear [bađulakeár] 自 ばかげた行動をとる, 愚行をしでかす

badulaquería [bađulakería] 囡 ばかげた行動, 愚行

baedeker [beđéker]《←人名》男《西》旅行案内書

baenense [baenénse] 形 囡《地名》バエナ Baena の〔人〕『コルドバ県の町』

baenero, ra [baenéro, ra] 形 囡 =**baenense**

baezano, na [baeθáno, na] 形 囡《地名》バエサ Baeza の〔人〕『ハエン県の町』

bafear [bafeár] 自《地方語》=**vahear**

baffle [báfle]《←英語》男 =**bafle**

bafle [báfle]《←英語》男 ❶ [スピーカーボックスの] バッフル. ❷ ハイファイスピーカー

bafo [báfo] 男《地方語》息, 呼吸

baga [bága] 囡《植物》亜麻の萌花. ❷《エストレマドゥラ》1) 豆のさや. 2) オリーブの花; 果樹の花. ❸《アラゴン, ログローニョ》動物の背に乗せた荷を固定する綱

bagá [bagá] 男《植物》ギュウシンリ, ポンドアップル

bagacera [bagaθéra] 囡《砂糖工場でサトウキビの搾りかすを燃料にするための》乾燥室

bagaje [bagáxe]《←仏語 bagage》男 ❶ 手荷物. ❷《軍隊の》携帯装備, 軍用行李(‡). ❸ 蓄積された, 身に付けた知識経験: Tiene un 〜 cultural muy amplio. 彼は幅広い教養を身につけている. 〜 arqueológico 考古学の知識

bagajero, ra [bagaxéro, ra] 男 囡 軍用装備を運ぶ人, 行李係

bagar [bagár] 自《亜麻が》萌花や実をつける

bagarino [baɣaríno] 男《古語》[漕役囚と異なり,金銭で雇われた] 船の漕ぎ手

bagasa [baɣása] 女《古語》娼婦, 淫売

bagatela [baɣatéla]《←伊語 bagattella》女 ❶ くだらないこと, 些細なこと: No me ineteresan las ~s que cuentas. 君のそんなくだらない話に私は興味がない. ❷《音楽》バガテル. ❸《古語. ゲーム》バガテル [ピンボールの前身]. ❹《チリ, アルゼンチン, ウルグアイ》非常に容易な事柄

bagauda [baɣáuda] 女《歴史》バガウダ農民反乱 [3～5世紀, 古代ローマ末期のガリアやヒスパニアで生じた大土地所有者に対する小規模農民やコロヌス colono, 奴隷の反乱]

bagayear [baɣajeár]《ウルグアイ. 口語》[生活必需品を少量ずつ] 密輸する

bagayero, ra [baɣajéro, ra] 名《アルゼンチン, ウルグアイ. 口語》密輸業者 [=contrabandista]
—《アルゼンチン. 口語》醜い女とデートする男

bagayo [baɣájo] 男《アルゼンチン, ウルグアイ. 口語》❶ [生活必需品の小規模な] 密輸. ❷ 手荷物. ❸《軽蔑》醜い女. ❹ 品質 (外見) の悪いもの

bagazo [baɣáθo] 男 ❶ [オリーブなどの実・サトウキビの茎の] 搾りかす; [亜麻仁を取った後の] 亜麻の萌花の殻. ❷《地方語》蒸留酒 [=orujo]. ❸《コロンビア》廃物, くず
al ~, poco caso《コロンビア. 軽蔑》[他人の意見・論評に対して] くだらない

bagazosis [baɣaθósis] 男《医学》搾りかす bagazo による塵肺

bagdadí [baɣðaðí] 形 名《稀》~ [e]s [地名] [イラクの首都] バグダッド Bagdad の [人]

bag-lady [baɡ léiði]《←英語》女 女性の浮浪者, ホームレスの女性

bago [báɣo] 男《レオン》小さな村, 集落 [=pago]

bagre [báɣre] 男 ❶《魚》チャネルキャットフィッシュ, アメリカナマズ [食用]. ❷《グアテマラ, ホンジュラス, エルサルバドル. 口語》抜け目のない人. ❸《南米. 婉曲》醜い女

bagrero [baɣréro] 形《エクアドル, ペルー》醜い女に惚れる [男], 醜い女が好きな [男]

bagual, la [baɣwál, la]《←Bagual (アルゼンチンの先住民の族長)》形 男《南米》野生の [馬, 飼い馴らされていない [馬], 荒馬
— 形《南米》反抗的な [人], 負けん気の強い [人]
— 女 バグアラ, 山唄 [アルゼンチン北部, アンデス高地の民謡]

bagualada [baɣwaláða] ❶《ラプラタ》集合 飼い馴らされていない馬. ❷ 愚かな言動

baguette [baɡét]《←仏語》女《料理》バゲット

baguio [bágjo] 男《フィリピン》台風, 熱帯低気圧

bagullo [baɣúʎo] 男《地方語》ブドウの果実の皮

bah [bá]《←擬態》間 ❶ [不信・軽蔑・無関心など] どうだか, ばかばかしい: ¡Bah! ¡Qué disparates dices! いやあ, 何とでもらめを言うんだ! ❷ [繰り返して, 反対の言い分に耳を貸さずに] まぁ, まぁ: *Bah*, ~, deja que te ayude. まぁ, そう言わず手伝いに.

bahai [baxái] 形 バハイ教の [19世紀末にイランで生まれたイスラム教系の宗教で米国などに広まった]

bahameño, ña [b(a)améno, a] 形 名 =**bahamés**

bahamés, sa [b(a)amés, sa] 形 名《国名》バハマ Bahamas の [人]

bahareque [b(a)aréke] 男《コロンビア, ベネズエラ》[葦・わら・編んだ小枝などを混ぜた] 塗り壁, 土壁

baharí [b(a)arí] 男《鳥》ハヤブサ

bahía [baía] 女《←古仏語 baie》女 湾, 入り江 [→golfo[1] 類義]: *B~ de Tokio* 東京湾. *B~ de San Francisco* サンフランシスコ湾

bahiano, na [baxáno, na] 形 名《地名》[ブラジルの] バイーア Bahía 州の [人]

bahorrina [baoríɲa] 女《稀》❶ 汚物の混ざった水. ❷ 下品で卑しい人々. ❸ 汚さ

bahrainí [barainí] 形 名 =**bahreiní**

bahreiní [bareiní] 形 名《国名》バーレーン Bahrein の [人]

baht [bát] 男《タイ》~ [s] タイの貨幣単位 バーツ

bahúno, na [baúno, na] 形《稀》=**bajuno**

BAI [略語] ←beneficio antes de impuestos 税引前当期利益

bai bai [bái bái] 間《幼児語》[別れの挨拶] バイバイ

báida [báiða] 形 →**bóveda** báida

baifo, fa [báifo, fa] 名《カナリア諸島》[乳飲みの] 子ヤギ

baila [báila] 女 ❶《魚》スポッテッドシーバス. ❷《稀》=**baile**

bailable [bailáble] 形 [曲が] ダンス向きの, 踊りに適した: música ~ ダンス音楽. *té* ~《中南米》[午後のお茶の時間に催される] ダンス音楽. *versión* ~ ディスコバージョン
— 男 [オペラなどを構成する] 舞踏
— 男/女《チリ. 口語》ダンス音楽, ダンス曲

bailada [bailáða] 女《稀》舞踊

bailadero [bailaðéro] 男《地方語》[公共の] ダンスホール

bailador, ra [bailaðór, ra] 形 名 ❶ 舞踊好きの [人]. ❷ [プロの] ダンサー, 踊り手, 舞踏家; フラメンコダンサー. ❸《古語》泥棒

bailanta [bailánta] 女 ❶《アルゼンチン, パラグアイ》[踊りのある] 村祭り. ❷《アルゼンチン, ウルグアイ》[主にトロピカルな音楽の] ディスコ

bailante [bailánte] 形《稀》=**bailarín**

bailaor, ra [bailaór, ra] 名《西》[プロの] フラメンコダンサー

bailar [bailár]《←古ストック語 balar < ラテン語 ballare <ギリシア語 pallo 「私は跳ぶ, 私は動く」》自 ❶ 踊る, ダンスする: *Carmen baila muy bien.* カルメンはダンスが上手だ. *Ana está bailando con un extraño.* アナは見知らぬ男と踊っている. ❷ 揺れ動く, ぐらぐらする: *Me baila un diente.* 私は歯がぐらぐらしている. *Le bailan los pies.* 彼は足もとがふらついている. *Baila un tornillo.* ねじが1本甘くなっている. ❸ [サイズが大きすぎて, 部位・服などが] だぶつく, ぶかぶかする: *Mis pies bailan en esos zapatos.* その靴は私の足にぶかぶかだ. *He adelgazado y me baila la falda.* 私はやせたのでスカートが緩い. ❹ はね回る, 跳びはねる. ❺ [こまが] ぐるぐる回る: ~ *como una peonza (un trompo)* こまのようにくるくる回る
¡Que me quiten lo bailado!《口語》[良くない結果になっても] 楽しんだのだからそれで良しとしよう!
sacar a ~ 1) [パートナーとして] ダンスに誘う. 2) [ダンスの指揮者 bastonero が踊り手に] 登場を指示する. 3) [人・事実を] いきなり引き合いに出す: *¿Qué necesidad había de sacar a* ~ *a los que ya han muerto?* 既に死んでいる人たちを引き合いに出す必要があったのだろうか?
— 他 ❶ [ダンス曲などを] 踊る, 舞う: ~ *un vals* ワルツを踊る. ❷ 踊らせる. ❸ [こまなどを] 回す: ~ *la moneda* コインを回転させる. ❹ [記入の時, 数字・文字を] 取り違える, 入れ違える. ❺《スポーツ》[相手チームを] 翻弄する. ❻《メキシコ. 口語》盗む, 奪う

bailarín, na [bailarín, na]《←bailar》形 名 ❶ 踊る [人], 踊り好きの [人]: *Antonio es un hombre muy* ~. アントニオは本当にダンスが好きだ. ❷ 舞踊家, ダンサー; バレリーナ [=*bailarina de ballet*]: *primer* ~ プリンシパル, 第一舞踊手. ~ *de claqué* タップダンサー. *bailarina del vientre* ベリーダンサー
— 女 [靴] パンプス

baile [báile]《←bailar》男 ❶ ダンス, 踊り, 舞踊 [行為, 技術]: 1) *Una de sus aficiones es el* ~. 彼の趣味の一つはダンスだ. *música de* ~ ダンス音楽, 舞踏曲. ~ *clásico* 古典舞踊, バレエ. ~ *moderno* モダンダンス. ~ *de figuras* スクエアダンス. ~ *de salón* ポールルームダンス, 社交ダンス. ~ *folklórico* (regional) 民族舞踊, フォークダンス. ~ *sobre hielo* アイスダンス. 2) ~ *deportivo*/~ *de competición* 競技ダンス. 10 ~s 10 (テン) ダンス 《参考》~ standard スタンダード, モダン (vals inglés ワルツ, tango タンゴ, vals vienés ウィンナーワルツ, foxtrot スローフォックストロット, quickstep クイックステップ). ~s latinos ラテン (samba サンバ, cha-cha-cha チャチャチャ, rumba ルンバ, pasodoble パソドブレ, jive ジャイブ). ❷ 舞踏パーティー, 舞踏会: *Vamos al* ~ *esta noche.* 今夜ダンスパーティーに行こう. *celebrar (dar) un* ~ 舞踏会を催す. ~ *de candil*/~ *de botón gordo*《中南米》= de medio pelo 大衆的なダンスパーティー (ダンスホール). ~ *de sociedad* 社交舞踏会 [ダンスホールでの] ダンスパーティー. ~ *de trajes* 仮装舞踏会 ❸ 舞踏会音楽, 舞踏曲. ❹ バレエ, 舞踏劇 [=ballet]. ❺ ダンス音楽, 舞踏曲. ❻ リズミカルな動き, 優雅な動作. ❼《口語》[数字・文字の] 書き間違え, 記入ミス [例えば23と記入すべきなのに32と記入すること]; [2つの文字の] 入れ違え. ❽《サッカー》[フェイントなどで] パス. ❾《テニス》[返球を左右に打ち分けて] 相手を振り回すこと. ❿ [選挙の開票発表などで] 当選確実がなかなか出ないこと. ⓫ [思考の] 混乱, 乱れ. ⓬《遊戯》~ *de escoba* 物のダンスゲーム [負けた人は椅子を探す]. ⓭《医学》~ *de San Vito* 聖バイタス舞踏病. ⓮《歴史》バイレ [アラゴン王国の村々の判事]
dar un ~《中米. 口語》[仕事で] 忙しくさせる, てんてこ舞いさせる; [試合で相手を] 翻弄する, 圧倒する

bailenense

dirigir el ~ 采配をふるう，取り仕切る
estar (meterse) en el (un) ~《南米．口語》困った立場にある；てんてこ舞いしている

bailenense [bailenénse] 形 名《地名》バイレン Bailén の〔人〕〔ハエン県の町〕

bailesa [bailésa] 女《歴史》〔アラゴン王国の〕判事 baile 夫人

bailete [bailéte] 男《古語》芝居の幕間に行なわれる短い舞踊

bailía [bailíja] 女《歴史》❶ 判事 baile の管轄区域．❷ 騎士団の管轄区域

bailiaje [bailjáxe] 男《歴史》サン・フアン修道会 orden de San Juan が委託する土地

bailiato [bailjáto] 男《歴史》サン・フアン修道会から騎士が委託された土地

bailiazgo [bailjázɣo] 男《歴史》= **bailía**

bailío [bailío] 男《歴史》サン・フアン修道会から土地を委託された騎士

bailista [bailísta] 名《まれ》= **bailarín**

bailón, na [bailón, na]《← baile》形 名 ❶ ダンス好きな〔人〕．❷〔物が〕揺れ動く

bailongo, ga [bailóŋɡo, ɡa] 形 名《軽蔑》ダンス好きでディスコなどによく通う〔人〕
—— 男《軽蔑，戯語》〔気取らない〕ダンスパーティー

bailotear [bailoteár] 自《軽蔑，戯語》自己流の踊りをする，気ままな(即興の)踊り方をする

baiłoteo [bailotéo] 男 ❶《軽蔑，戯語》自己流の踊り．❷《チリ，口語》ダンスパーティー

baipasear [baipaseár] 他 = **bypassear**

baivel [baiβél] 男《← 古仏語》〔石工が使う〕斜角定規

baja¹ [báxa]《← bajar》女 ❶ 欠員; 脱退者: Ahora hay dos ~s en esta sección. この課では今2名の欠員がある．Es ~ en el sindicato desde hace mucho tiempo. 彼はかなり前から組合をやめている．producirse ~ 欠員が出る．❷ 休職，病欠; 休暇: Está tres meses de ~ por enfermedad. 彼は3か月病気で休職している．tomar la ~ 休職する．~ por maternidad 出産休暇，産休;〔育児休暇(休業)〕．❸ 退職，辞職; 退職者; 退職手続き: En esta empresa jubilan cada año hacia unos cien ~s por jubilación. この会社では毎年100名前後の定年退職者が出る．~ incentivada/~ por incentivo〔退職金の割増による〕希望退職．~ vegetativa〔定年による〕退職．~ voluntaria 自己都合による退職．❹〔医療扶助を受けるための医者の〕診断書，罹病(りびょう)証明;〔療養中の〕支給金申請〔書〕: ~ firmada por el médico 医者の署名が入った診断書．❺《軍事》1)〔兵員などの〕損害，死傷者: En el combate hubo gran número de ~s. その戦闘で多数の死傷者が出た．lista de ~s 死傷者名簿．2) mortal 戦死者．2) 除隊．❻〔株式·相場などの〕下落，低落: Sigue la ~ en la cotización del dólar. ドル相場の下落が続いている．~ en picado de las acciones 株価の暴落．❼〔数値·温度などの〕低下，下降，減少: ~ de quince por ciento en 15パーセントの減少．~ de la temperatura 気温の低下．❽ 中止: ~ de envío de...《表示》…の送付を中止．❾《表示》1階．❿ 落ちぶれ，倒産．⓫《音楽》アルマンド〔器楽形式のひとつ〕．⓬ 税金控除のための証明書: ~ del impuesto de actividades económicas 事業税控除証明．⓭《米国，メキシコ》不法移民を襲う強盗（泥棒）〔= ~ pollo〕．⓮《中南米》弱点，弱み

a la ~《相場》下げ調子の，弱気筋の: cerrar *a la* ~ 引けぎわに値下がりする

dar ~ = *ir de* (~)

dar de ~ 1)《軍事》未確認戦死者として登録する；〔不適格者を〕免役除隊にする．2) 解雇する; 除名する，除籍する．3)〔保険を〕解約する

darse de ~ 1)〔+en·de〕辞める，退職する，退会する，引退する: Se dio de ~ en el club deportivo. 彼はスポーツクラブをやめた．*darse de* ~ una inscripción 加入契約（予約）を取り消す．2) 病気休職をとる: Está dado de ~. 彼は休職中だ

estar en (*de*) ~ 下降(下落)中である; 元気がない，調子が悪い: La popularidad de ese cantante *está en* ~. その歌手の人気は落ち始めている．Ahora los precios *están en* ~. 今は安値だ

ir de (*en*) ~ 1)〔評価・評判などが〕落ちる．2)〔意欲・決定などが現場に〕届く

衰える: Su afición al fútbol *va de* ~. 彼のサッカー熱は冷めてしまった

jugar a la ~《相場》〔相場が下がると見て〕弱気の投機を行なう

bajá [baxá]《← アラビア語 basa》男 [複] ~s パシャ〔オスマン·トルコ帝国の高官の称号〕

bajaca [baxáka]《エクアドル》〔髪に飾る〕リボン

bajacaliforniano, na [baxakalifornjáno, na] 形《地名》バハ·カリフォルニア Baja California の〔人〕〔メキシコ太平洋岸の半島，州〕

bajada [baxáða]《← bajar》女 ❶ 下り，下りること: Emplean menos tiempo en la ~ que en la subida. 登りよりも下りの方が時間がかからない．❷ 落下，降下; 下ろすこと: Esa empresa tuvo una ~ de ingresos del 13% en 2014. その会社は2014年収入が13%減少した．~ de audiencia 視聴率の低下．❸ 下り坂，傾斜: Este camino tiene mucha ~. この道は急な下り坂だ．El sendero hace una ~ hacia el río. 小道は川の方へ下っている．freno motor en ~s 下り坂でのエンジンブレーキ．❹〔建築〕樋(とい)，雨樋〔= ~ de aguas〕．❺〔隠語〕麻薬の影響の減少（消失）．❻〔ラブラプ〕1)〔川の〕水量の減少；〔海の〕水位の低下．2)《軍事》〔満期の〕除隊

~ *de bandera*〔タクシーが客を乗せて〕メーターを倒すこと；〔タクシーの〕最低料金

~ *de tensión*《医学》血圧の突然の低下

ir de ~ 下降中である，低下しつつある；減少する

bajador, ra [baxaðór, ra] 形 名《まれ》下げる〔人〕
——男《アルゼンチン．馬具》腹帯と手綱を通す環に結びつけて馬の頭を固定する手紐

bajalato [baxaláto] 男 パシャ bajá の位（管轄区）

bajamar [baxamár]《← bajar+mar》男 干潮，干潮時〔類義〕**bajamar** は潮が最も引いた時．その前後を含めては **marea baja**．⇔**pleamar**

bajamente [báxaménte] 副 ❶ 卑劣にも，悪辣にも．❷ 打ちひそめて，気落ちして

bajante [baxánte] 男/女 下水管
——女《ウルグアイ》〔海・川の〕水位の低下

bajar [baxár]《← 俗ラテン語 bassiare < bassus「低い」》自 ❶〔+a ほ，+de から〕下りる，降りる〔⇔subir.〔類義〕→subir〕: He bajado *a la* planta baja en ascensor (por la escalera). 私はエレベーター（階段）で1階に下りた．En el centro de la ciudad *bajé del* autobús. 町の中心でバスを降りた．Esta es la senda que *baja al* río. これが川へ下りていく道だ．Tras las lluvias, *bajaba* por la calle un río de barros. 雨が降り続いた後，市街に大量の泥が流れ込んだ．❷ 下がる，低下する: 1) *Baja* el nivel del agua. 水位が下がる．La temperatura *bajó* a dos grados. 気温が2度に下がった．Le *bajó* la fiebre ayer. 昨日彼の熱が下がった．Ha *bajado* el dólar. ドルが下がった．Va a ~ el pan, pero va a subir el jamón. パン（の値段）は下がるけれどハムは上がるだろう．Las luces *bajaron*. 明かりが暗くなった／照明が落ちた．2)〔+de・en において，関して〕El arroz *bajará de* precio. 米の値段が下がるだろう．Antonio *ha bajado en* mi estima. 私はアントニオを見損なった．~ *de categoría* 等級が下がる，格下げになる．~ *de nivel* レベルが下がる．~ *de tono* 語気（語調）が弱まる．❸〔太陽．星などが〕沈む: El sol va a ~ en el horizonte. 太陽が水平線に沈もうとしている．❹ 垂れ下がる: Todas las persianas, rotas por el terremoto, *bajaban hasta el suelo*. ブラインドがすべて地震で壊れ，床まで垂れ下がっていた．❺〔+de〕下回る，割る: El corredor *ha bajado de* diez segundos. そのランナーは10秒を切った．No *bajaré de* una hora para terminarlo. 私はそれを終えるのに1時間はかかるだろう．Ese estudiante *no baja de* sobresaliente. その学生はオール優だ．❻〔口語〕〔南へ〕下る: El mes pasado *bajaron* a Sevilla. 先月彼らは〔南の〕セビーリャへ下った．❼——〔古語〕〔命令・決定などが現場に〕届く
—— 他 ❶〔位置を〕下げる；下ろす，降ろす: ¿Quieres ~ un poco el cuadro? 絵の位置をもう少し下げてくれますか？ ¿No puede ~ un poco más la persiana? もう少しブラインドを下ろしてくれませんか？ Ellos *bajan* la cabeza al saludarse. 彼らは挨拶する時頭を下げる．*Baja* la maleta del coche, por favor. 車からスーツケースを下ろしてくれますか．Voy a ~ estas botellas de vino a la bodega. これらのワインの瓶を下の酒蔵に下ろしておこう．Los de arriba *bajan* la basura por la noche. 上の階の連中はごみを夜の間に出してしまう．~ *el cubo al pozo* 井戸につるべを下ろす．❷〔階級・数値などを〕低くする，引き下げる: Le *han bajado de* categoría en la compañía. 彼は

社で降格された. ～ la temperatura 温度を下げる. ～ el precio 値下げする. ❸ …を降りる, Bajé la escalera porque no funcionaba el ascensor. エレベーターが動かなかったので私は階段を下りた. ～ la escalera mecánica エスカレーターで下りる. ～ el río (la cuesta) 川(坂)を下る. ❹ 弱める, 減じる: De repente empezaron a ～ la voz. 突然彼らは声をひそめた. ❺《情報》ダウンロードする. ❻《中南米. 口語》金を払う, 金を出す. ❼《メキシコ. 口語》掏(す)る, 盗む. ❽《南米. 口語》[人を] 殺す
── ～se [+de から] 降りる, 降り立つ: Se bajó de su bicicleta. 彼は自転車から降りた. Me bajé del autobús antes que él. 私は彼より前にバスを降りた. ¡Bájate del árbol! その木から降りなさい! ❷ 身をかがめる, 前かがみになる: Me bajé a recoger un paquete. 私はかがんで包みを取り上げた. ❸ [+a+不定詞. よくないことを] する, 身を落とす. ❹《情報》～se... de Internet インターネットから…をダウンロードする. ❺《裁縫》[ズボン・スカートなどの裾を] 下ろす. ❻ [タイヤが] パンクする. ❼《南米. 隠語》ぶっ殺す. ❽《チリ, アルゼンチン, ウルグアイ》[+en に] 泊まる, とどまる. ❾《チリ. 俗語》性交する

bajareque [baxaréke] 男 ❶《中米, ドミニカ, コロンビア, ベネズエラ, エクアドル》=**bahareque**. ❷《パナマ》[高地に降る] 霧雨. ❸《キューバ》掘っ建て小屋

bajativo, va [baxatíbo, ba] 形《アルゼンチン, ウルグアイ》消化促進の, 健胃剤となる
── 男 ❶ 食後酒, ディジェスティフ《=digestivo》. ❷《ボリビア, チリ, ウルグアイ》煎じ薬

bajear [baxeár] 他 ❶《音楽》低音で歌の伴奏をする. ❷《地方語》=**vahear**

bajel [baxél] 男《←カタルーニャ語 vaixell》《文語》船,《古語》帆の大きな船
sentenciar a ～es 漕刑刑を宣告する

bajelero [baxeléro] 男《古語》[bajel の] 船主, 傭船者

bajero, ra [baxéro, ra]《←bajo》形 ❶ 低い, 下にある, 下側の, 下に置く: *falda ～ra* アンダースカート. ❷《まれ》[山が] 低い, 潅木でこんもりした
── 男 ❶ 下側のシーツ, 敷布《2枚重ねたシーツのうち下側に敷かれたシーツ. =sábana ～ra》. ❷《俗語》下痢. ❸《地方語》1階. ❹《アルゼンチン, ウルグアイ. 馬具》鞍下; [汗取り用の] 腹帯

bajete [baxéte] 男《音楽》低音部の和音練習

bajeza [baxéθa]《←bajo》女 ❶ 卑劣な言動: *Engañar a un amigo para conseguir dinero es una ～.* 金をせしめようと友人をだますのはさもしいことだ. *cometer la ～* 卑劣なことをする. ❷ 卑しさ, 下劣さ: *moral* 卑劣さ

bajial [baxjál] 男《←bajo》《エクアドル, ペルー》[冬の雨期に冠水する] 低地

bajines [baxínes]《西. 口語》=**bajinis**

bajini [baxíni]《西. 口語》=**bajinis**

bajinis [baxínis]《←bajo》《西. 口語》*por lo ～* 小声で; こっそりと

bajío [baxjó]《←bajo》男 ❶《海の》浅瀬. ❷《地方語》運《=suerte》. ❸《中南米》[他と比べて] 標高の低い所; [水辺の]. ❹《中南米》[B～] バヒオ《メキシコ中北部グアナファト州・ケレタロ州・ミチョアカン州にまたがる地域》

bajista [baxísta]《←bajo》形 名 ❶《相場》弱気筋[の], 売り方[の]: *tendencia ～* 弱含み, 弱気傾向. ❷《音楽》低音部の奏者(歌手), ベーシスト

bajito, ta [baxíto, ta]《bajo の示小語》形 少し身長の低い: *Eva es una chica ～ta pero de cuerpo proporcionado.* エバは小柄だが均整のとれた体型をしている
── 副 非常に静かに, 黙って

bajo¹ [baxo] 前 ❶ …の下に, …の下で《類語 **bajo** は主に抽象的な意味で使われ, 具体的な事物と共に使われた場合には文語的だったり格調が高くなったりする. 一般に具象的な意味では **debajo de** がよく使われる》: 1) *Andábamos ～ la lluvia.* 私たちは雨の中を歩き回った. *a cien metros ～ el agua* 水深100メートルで. ❷ [時に +de] *Se oculta su impiedad ～ [de] hermosa apariencia.* 美しい外見の下に彼女の無情さが隠れている. ❷ …のもとで: *La gente sufría mucho ～ la tiranía.* 人々は圧制に苦しんでいた. ～ *el reinado de los Reyes Católicos* カトリック両王の治世に. ❸ …の条件下で: *Se prohíbe tirar basura ～ multa de 10 euros.* ここにゴミを捨てた場合は10ユーロの罰金を科す. ❹ …に従って, …によれば: ～ *órdenes* 命令に従って. ❺ …以下

で: *La temperatura es de diez grados ～ cero.* 気温は零下10度だ. ❻《俗語》[他の前置詞の代わりに] =**esta base** この基盤に立って《=sobre》. ～ *este fundamento* この仮定のもとに《=en》. ～ *mi punto de vista* 私の観点からすれば《=desde》. ～ *la razón social* 商号をもって《=con》

bajo² [báxo] 男 ❶ [時に《中南米》] 下の階: *Te esperaré en la entrada del ～.* 1階の入り口で君を待っていよう. ❷《服飾》[時に 複] 1) [スカートなどの] 裾, へり: *Se le ven los ～s de su enagua.* 彼女のスリップが見えている. *Tuvo que sacar el ～ a la falda.* 彼女はスカートの裾を下げるべきだった. 2) [ズボンの] 折り返し. 3) 下着, 肌着. ❸ 低地; くぼ地. ❹ 浅瀬, 洲《=～ de arena》. ❺《音楽》❶《音域》バス; [低音部;低音楽器: *No se oyen bien los ～s.* 低音がよく聞こえない. ～ *cifrado* [バロック音楽の] 数字付き通奏低音. ～ *continuo* 通奏低音. ～ *fundamental* 根音バス. 2) [歌手] バス: ～ *bufo* バッフォ・ブッフォ. ～ *cantante* カンタンテ. ～ *profundo* バッソ・プロフォンド. 3) ベース: ～ *eléctrico* エレキ(電子)ベース. ❻《西, メキシコ. 自動車》 車体の底面, 足回り. ❼《馬の》蹄《=～s》. ❽ 四肢
dar el ～《チリ. 口語》[+a+人 から] 解放される;[+a+物 を] 使い果たす
── 副 ❶ 低く, 下方に: *La golondrina vuela muy ～.* ツバメはとても低く飛ぶ. ❷ 低い声で, 小声で: *Habla más ～, que te van a oír.* もっと小さな声で話しなさい, 人に聞こえるよ

bajo³, **ja** [báxo, xa]《←ラテン語 bassus「低い」》形 ❶ 低い《⇔alto》: 1) [高さが通常より, 同類のものと比べて] *Alberto es ～ y gordo.* アルベルトは背が低く太っている. *El olivo es un árbol bastante ～.* オリーブはかなり低い木だ. *edificio ～* 低いビル. *silla baja* 低い椅子. 2) [位置が低い, 下方にある] *Esta casa tiene los techos muy ～s.* この家は天井がとても低い. *La niebla está baja.* 霧が低くこめていた. *Las fábricas se agrupaban en la parte baja de la ciudad.* 町工場は町の下町に集まっている. *La avioneta va muy baja.* 小型飛行機が非常に低く飛んでいる. *El Sol está muy ～; pronto será de noche.* 太陽は地平線近くまで沈んでいる, すぐに暗くなるだろう. 3) [下方に 向けて] *Camina siempre con la cabeza baja.* 彼はいつもうつむき加減に歩いている. *Ella no quería mirarme con los ojos ～s.* 彼女は目を伏せて私を見ようとしなかった. *con las cortinas bajas* カーテンを下ろして. ❷ [+場所] 下の: *Vivo en la planta baja.* 私は1階に住んでいる. 5) [+名詞] 低地の; 下流の: *Las tierras bajas se inundan con facilidad.* 低地は洪水に見舞われやすい. *Navegaron por el ～.* 彼らはラプラタ川下流[域] を航行した. *B～ Egipto* 下(か)エジプト. ❷ [価格・数値などが] 低い, 少ない: 1) *El precio es ～.* 値段が安い. *Aquí se venden cosas de precio ～.* ここには値段の安いものを売っている. *El mercado está ～.* 市況は低調だ. *Tiene la tensión baja.* 彼は血圧が低い. *La temperatura era muy baja.* 気温が非常に低かった. *nota baja* 低い(悪い)点数. 2) [+en+de] *Hay ～s niveles de nicotina.* 低レベルのニコチン量. *Este alimento es ～ en calorías.* この食品はカロリーが低い. *Me gusta esta bebida por su ～ contenido en alcohol.* この酒はアルコール度数が低くて私の好みだ. *cigarillos ～s de nicotina* ニコチンの少ないたばこ. ❸ [地位などが] 低い, 劣った: *Su familia pertenece a la clase baja.* 彼の家は下層階級に属する. *Hasta ahora ha ocupado puestos relativamente ～s en la empresa.* 今のところ彼は会社で比較的低い職務についている. ～*s fondos de la sociedad* 社会の底辺の人々; ごろつき連中. ❹ [程度・質などが] 低い, 劣った: *de baja calidad* 品質の悪い. ❺ [主に *estar・encontrar* と共に, 元気・活力が] 乏しい, 少ない: *Está ～ de moral.* 彼は道徳心に欠けている. *Cuando el médico me encuentra baja me receta complejos vitamínicos.* 医者が元気のない私を診て総合ビタミン剤を処方してくれる. ❻ [音が] 小さい: *María hablaba en voz baja con su novio.* マリアは恋人と小声で話していた. *El volumen de la tele está muy ～.* テレビの音量は非常に小さい. *No puedo cantar en ese tono tan ～.* 私はそんなに低い声では歌えない. ❼ [速度が] 遅い: *velocidad baja* 遅いスピード. ❽ [貴金属の] 混じり物の多い, 純度の低い: *La pulsera de plata es de ～ oro.* 混ざり物のある金. そのブレスレットは銀の純度が低い. ❿ 低俗な, 下品な, 下劣な, デリカシーに欠ける: *Su lenguaje es ～ y vulgar.* 彼の言葉づかいは低俗で下品だ. *En su pecho anidan ～s sentimientos.* 彼の胸のうちにはさもしい気持ちが巣

食っている. vocabulario ～ 卑語, 俗語. ～ en su estilo やり方が卑である. ⓫ [色が] 薄い, 淡い; さえない, くすんだ: azul ～ 淡青色. ⓬ [+名詞. 歴史上の時期・時代が] 後期の, 後代の《主に B～》: *Baja* Edad Media 中世後期. *B*～ Imperio Romano 帝政ローマ後期. ⓭ [水深・彫りが] 浅い: El río se hace ～ en esa zona. この川はそのあたりで浅くなっている. ⓮ [移動祝祭日・四旬節が] 例年より早い. ⓯《闘牛》[牛への突きが] 鬐甲 cruz 下部の
- *caer* ～ 堕落する
- *por lo* ～ 1) 小声で, ひそかに. 2) 少なめに, 控えめに
- *tirando* (*echando*) *por* ～ 少なくとも, せめて, 少なく見積っても: Tirando por ～, se necesitan mil euros. 少なく見ても1千ユーロは必要だ
—— 男《音楽》低音楽器奏者; ベーシスト

bajón [baxón] 男 [bajo の示大語] ⓵《商業》暴落, 投げ相場; 《経済活動などの大幅な》落ち込み; [資産の] 激減: El dólar ha dado un gran ～ hoy. 今日ドルは大暴落した. La actividad económica ha sufrido un ～. 経済活動は大きく落ち込んだ. ～ en el número de visitantes al museo 急激な入館者数の低下. ⓶ [病状の] 悪化: dar un ～ 悪化する; 衰える. ⓷《口語》[気持ちなどの] 落ち込み, スランプ; 士気の低下. ⓸《古語. 音楽》バスーンに似た楽器; その奏者

bajonavarro, rra [baxonabáro, r̄a] 形《地名》低地ナバラ Baja Navarra の《人》
—— 男 低地ナバラのバスク語方言: ～ occidental ラプルディ Lapurdi (北バスクの沿海部) とフランス側の低地ナバラ西部で話されるバスク語方言. ～ oriental フランス側の低地ナバラ東部で話されるバスク語方言

bajonazo [baxonáθo] 男《闘牛》[肺に刺さるような] 低すぎる突き estocada

bajoncillo [baxonθíʎo] 男《古語. 音楽》音の鋭い小型のバスーンに似た楽器 bajón

bajoneado, da [baxoneáðo, ða] 形《アルゼンチン, ウルグアイ. 口語》悲しみに沈んだ; [精神的に] 落ち込んだ

bajonista [baxonísta] 男女 バスーン奏者

bajorrelieve [baxor̄elјébe] 男《美術, 建築》浅浮き彫り

bajuno, na [baxúno, na] 形《まれ》[人柄・行為・手段などが] 卑しい, 下劣な

bajura [baxúra] [←bajar] 女 ⓵ 浅さ. ⓶ 低い場所 (部分). ⓷ 沿岸漁業《= *pesca de* ～》

bakaladero, ra [bakalaðéro, ra] 形 =bacaladero

bakalao [bakaláo] 男《西. 音楽》バカラオ《アップテンポのディスコミュージック》

bakelita [bakelíta] 女 =baquelita

bakelizar [bakeliθár] 9 他 =baquelizar

bakuninista [bakuninísta] 形 男女 バクーニン Bakunin 主義の《主義者》

bala [bála] [←仏語 balle < ゲルマン語 balla「玉」] 女 ⓵ 弾 (ฺ), 弾丸: disparar una ～ 弾を発射する. herida de ～ 弾傷. ～ de fogueo/～ de salva 空包. ～ de goma (de plástico) [暴動鎮圧用などの] ゴム (プラスチック) 弾. ～ expansiva ダムダム弾. ～ trazadora 曳光弾. Donde pone el ojo, pone la ～. 百発百中である. ⓶ [綿などを縛った] 荷; 梱, 俵: ～ de paja 麦わら梱包. ⓷《中南米. スポーツ》砲丸
- ～ *perdida* 1) 流れ弾: Ha muerto de una ～ *perdida*. 彼は流れ弾に当たって死んだ. 2) 放縦者, 遊び人, いい加減な人; 頭のおかしい奴
- ～ *rasa* =balarrasa
- *como una* ～/*como las* ～s《口語》鉄砲玉のように, すばやく
- *disparar con* ～《口語》=tirar con ～
- *hombre* ～ 人間大砲《大砲から飛び出す人》
- *llevar* ～《メキシコ》ひどく急いでいる
- *ni a* ～《中南米》決して《…ない》
- *no entrar* ～*s a...*《チリ》…は非常に体力 (耐久性) がある
- *no pasar* (*atravesar*) [*ni*] *las* ～*s a*+人《チリ》《主に厚着しているので》…は寒さを感じない
- *ser* [*como*] ～ *para...*《中南米》…の名人 (名手) である
- *tirar con* ～《口語》[悪意で] ずけずけ言う, 意地の悪い言い方をする
- *tren* ～ 〖男〗 trenes ～〛超特急 [列車], 新幹線: trasladar en *tren* ～ a Nagoya 新幹線で名古屋に移動する

Balaán [bal(a)án] 男《旧約・新約聖書》バラム《乗っていたロバに非難された預言者》

balaca [baláka] 女 ⓵《コロンビア》ヘアバンド. ⓶《エクアドル》=balacada

balacada [balakáða] 女《アルゼンチン, エクアドル》虚勢, 見栄っ張りの言動

balacear [balaθeár] 他《中南米》繰り返し発砲 (銃撃) する

balacera [balaθéra] [←bala] 女《戯語; 中南米》繰り返しの発砲 (銃撃), 撃ち合い: Se armó una ～ entre policías y asaltantes. 警官隊と強盗団の間で銃撃戦が起きた

balada [baláða] [←オック語 balada < ラテン語 ballare「踊る」] 女《詩法, 音楽》⓵ バラード. ⓶ バラッド《伝説・民話などの物語詩・歌謡》

baladí [balaðí] [←アラビア語 baladi「土着の」] 形〖複 ～es〛⓵《文語》取るに足りない: un asunto ～ 瑣事, 小事. ⓶《まれ》[物が] 質の悪い, 価値の低い. ⓷《まれ》その土地の

balador, ra [balaðór, ra] 形 [ヒツジ・ヤギが] 鳴く

baladrar [balaðrár] 自《まれ》叫び声をあげる

baladre [baláðre] 男《方言. 植物》セイヨウキョウチクトウ《= adelfa》

baladrero, ra [balaðréro, ra] 形《まれ》騒がしい

baladro [baláðro] 男《まれ》悲鳴, 驚きの声

baladrón, na [balaðrón, na] 形《方言》空いばりする, 虚勢を張る; 厚顔な

baladronada [balaðronáða] 女 空いばり, 強がり, 虚勢

baladronear [balaðroneár] 自 空いばりする, 虚勢を張る

balafón [balafón] 男《音楽》バラフォン《アフリカの木琴に似た楽器》

bálago [bálaɣo] [←ケルト語] 男 ⓵ [穂の部分を取り去った後の] 長いわら. ⓶ せっけんの大きな泡. ⓷ =balaguero. ⓸《方言》麦わら

balaguero [balaɣéro] 男 [脱穀場の] わらの山

balaj [balá[x]] 男 =balaje

balaje [baláxe] 男 紫色のルビー

balalaica [balalájka] 女《音楽》バラライカ

balalaika [balalájka] 女 =balalaica

balamido [balamíðo] 男 ⓵ 遠くのざわめき. ⓶《ムルシア》[羊の群などの, ぼんやりと聞こえる] 鳴き声

bálamo [bálamo] 男《方言》魚群

balance [balánθe] [←伊語 bilancio] 男 ⓵《商業》1)《収支》決算; 収支勘定《= balanza》: hacer el ～ 帳尻を合わせる. venta por ～ 期末決算処分セール. ～ general 収支決算表. ～ de comprobación 試算表. 2) 貸借対照表, バランスシート《= ～ de situación》: ～ anual 年次貸借対照表. ～ comparativo [項目別に増減額を算定した] 比較貸借対照表. ～ consolidado/～ de fusión 連結貸借対照表. ⓶ その結果としての損益計算書.《行為などの成否の》評価; [利害得失などの] 比較検討: hacer ～ de su primer año de gobierno 内閣の1年目を総括する. ～ energético エネルギー収支. ⓷《数字で表わされた》結果: El accidente ha arrojado un ～ de cinco víctimas. その事故で5人の犠牲者が出た. ⓸《音響》[左右のスピーカーの] バランス調整システム. ⓹ [物体の] 揺れ. ⓺《船舶》横揺れ, ローリング.《フェンシング》[足を動かさず] 体を前後に揺れること. ⓼《キューバ》ロッキングチェア

balanceado, da [balanθeáðo, ða] 形 バランスの取れた

balanceante [balanθeánte] 形《まれ》容易にバランスの取れる

balancear [balanθeár] [←balance] 他 ⓵ [吊るされた物などを] 揺らす, 揺する: ～ los pies 足をぶらぶらする. ⓶ [秤などの] 釣り合いを取る. ⓷ ～ el presupuesto 予算の均衡を図る
—— 自 ⓵ ためらう. ⓶ =～se
—— ～*se*《規則正しく》揺れる: La cortina *se balancea* al ritmo del ventilador. カーテンが扇風機の風に揺れていた

balanceo [balanθéo] 男 ⓵《規則正しい》揺れ. ⓶《航空》～ *del holandés* ダッチロール. ⓷《中南米》タイヤのバランスが取れていること

balancero [balanθéro] 男 =balanzario

balancín [balanθín] [balanza の示小語] 男 ⓵ シーソー. ⓶ [幌付きの] 2人乗りブランコ. ⓷ 揺り椅子, ロッキングチェア. ⓸ [綱渡りの] バランス棒. ⓹ [カヌーの] 舷外浮材. ⓺《馬具》遊動棒. ⓻《技術》ロッカーアーム. ⓼《動物》[双翅類の] 平均棍 (ぎ)

balandra [balándra] [←仏語 balandre] 女 1本マストの小型帆船

balandrán [balandrán]　男《古語》[聖職者の着る] ケープ付きで足首までのコート

balandrismo [balandrísmo]　男 ヨット遊び; ヨットレース

balandrista [balandrísta]　名 ヨットマン

balandro [balándro]　[←balandra]　男 [1・2本マストで甲板のある] ヨット《競技用または遊覧用》

balanitis [balanítis]　女《まれ》=**bálano**

bálano [bálano]　=**bálano**

bálano [bálano]《←ギリシア語 balanos「どんぐり」》男 ❶《解剖》亀頭《=glande》. ❷《動物》フジツボ《=bellota de mar》

balanófago, ga [balanófago, ga]　形 [動物が] どんぐりを食いとする

balanza [balánθa]《←俗ラテン語 bilancia「2つの皿」》女 ❶ 秤（はかり）, 天秤: Súbete a la ～. 体重計に乗ってごらん／体重を測ってごらん. ～ analítica 化学天秤. ～ automática [値段も分かる] 自動秤. ～ de baño ヘルスメーター. ～ de cocina キッチンスケール. ～ de resorte／～ de muelle ばね秤. ～ de precisión 精密秤. ～ de Roberval 上皿天秤. ～ romana 棹（さお）秤.《経済》収支勘定, 収支計算. ～ comercial 貿易収支. ～ de pagos 国際収支. ～ por cuenta corriente 経常収支. ～ [por cuenta] de capital 資本収支. ～ de rentas 所得収支. ～ de servicios サービス収支. ～ de transferencias 移転収支. ～ superavitario (deficitario) 黒字(赤字)収支
　～ de［**el**］**poder**／**política** 勢力均衡, 政治的均衡
　estar en～［**s**］どっちつかずの(不安定な)状態にある
　inclinar［**el fiel de**］**la**～［それまで保たれていた］均衡を破る; 片方に肩入れして優勢にする: Los indecisos *inclinaron la*～ *hacia la izquierda.* 浮動票が左翼に流れた

balanzario [balanθárjo]　男《造幣局の》検量官

balanzón [balanθón]　男《アンダルシア; メキシコ》穀粒を集める小シャベル《秤にかけることができる》;《メキシコ》果物・野菜を計る秤の皿

balao [baláo]　男《植物》ガージャン《学名 Dipterocarpus vernicifluus》

balar [balár]《←ラテン語 balare》自 ❶[ヒツジ・ヤギなどが] 鳴く. ❷《まれ》[+por を] しきりに欲しがる

balarrasa [balařása]　男《口語》[強い] 焼酎──《まれ》だらしない人, 道楽者; ごろつき

balastar [balastár]　…に砂利を敷く

balasto [balásto]《←英語 ballast》男 [鉄道・道路建設用の] バラスト, 敷き砂利

balastro [balástro]　=**balasto**

balata [baláta]　女 ❶《植物》バラタ[ノキ], ブラジルウッド《学名 Manilkara bidentata》; [その樹液から採れる] バラタゴム. ❷《メキシコ, チリ. 自動車》ブレーキライニング

balate [baláte]　男 ❶ [用水路・土手の縁として利用される] 土の山. ❷ 狭い傾斜地. ❸《動物》マナマコ《日本・中国などで食用》

balausta [baláusta]　女 ザクロに似た果実

balaustra [baláustra]　女《植物》ハナザクロ

balaustrada[1] [baláustráda]　女《建築》❶ 欄干, 手すり: terraza con ～ 手すり付きのバルコニー. ❷ [手すりの役目を果たす] 腰壁

balaustrado, da[2] [balaustrádo, da]　形 欄干の形をした; 欄干の付いた

balaustral [balaustrál]　形 =**balaustrado**

balaustre [baláustre]《←伊語 balaustro》男 手すり子, バラスター

balaústre [baláustre]　=**balaustre**

balay [baláj]《←ポルトガル語 balaio》男 ❶《中南米》[食品・衣類などを入れる, 籐・ヨシ製の] かご. ❷《コロンビア》[粉をふるう, シュロの葉製の] ふるい

balazo [baláθo]《←bala》男 ❶ 弾丸の発射, 発砲. ❷ 弾傷, 銃創: morir de un ～ 弾傷で死ぬ. caer a+人 a ～ …を蜂の巣にする. ❸《チリ. スポーツ》砲丸投げ
　sacarse los～**s**《チリ. 口語》問題を解決する
　ser un～《南米》素早い, 上手である

Balbín [balbín]《人名》**Ricardo** ～ リカルド・バルビン《1904～81, アルゼンチンの政治家. 急進市民同盟UCRの中心メンバー》

balboa [balbóa]　男《パナマの貨幣単位》バルボア《=100センテモ》; その貨幣

Balboa [balbóa]《人名》**Vasco Núñez de** ～ バスコ・ヌニェス・デ・バルボア《1475?～1519, スペイン人コンキスタドール. 1513年パナマ地峡を横断し太平洋を発見》

balbucear [balbuθeár]《←ラテン語 balbutire》自他 ❶ 口ごもる, もぐもぐ言う: Balbuceó, con voz débil, que no sabía dónde estaba. 彼は弱々しい声で迷子になったとぼそぼそ言った. ❷ [幼児が] たどたどしく話す

balbucencia [balbuθénθja]　女《まれ》口ごもること; たどたどしく話すこと

balbuceo [balbuθéo]　男 ❶ 口ごもること; たどたどしく話すこと. ❷ [幼児の] 片言. ❸ [主に 複. 歴史的に重要な] 始まり, 揺籃期: los primeros ～s de la Reforma 宗教改革の産声（うぶごえ）

balbuciente [balbuθjénte]　形《文語》片言の, たどたどしい

balbucir [balbuθír]《←伊語 balbutire》40《欠如動詞: 語尾に i の残る活用形のみ. →abolir》自他《文語》=**balbucear**

Balbuena [balbwéna]《人名》**Bernardo de**～ ベルナルド・デ・バルブエナ《1561?～1627, スペインの詩人. 幼くしてメキシコに渡り聖職者の道を歩み, プエルト・リコの司教になった. 古典などを出典とする多彩な挿話と音楽性豊かなバロック詩文で, 伝説的な英雄ベルナルド・デル・カルピオ Bernardo del Carpio をうたっている》

balbusardo [balbusárdo]　男《鳥》ミサゴ

balcánico, ca [balkániko, ka]　形 名《地名》❶ バルカン半島《諸国》Balcanes の[人]. ❷ バルカン山脈 montes Balcanes の

balcanización [balkaniθaθjón]　女 バルカン化, 小国の分立

balcarrotas [balkařótas]　女 複《メキシコ》[先住民で頭髪の中央部は剃って] 顔の両側に垂らした髪の房《コロンビア》みあげ=**patillas**

balcón [balkón]《←伊語 balcone < ゲルマン語 balko「梁」》男 ❶ バルコニー: Está en el ～. 彼はバルコニーにいる. salir al ～ バルコニーに出る. casa de ～《コロンビア, ベネズエラ》[数階建ての] 長いバルコニー付きの家. ❷ [転落防止の] 手すり, 低い壁. ❸ 展望台, 見晴らし台. ❹《闘牛》asomarse al ～ 腕を角の間に入れてバンデリーリャを刺す. ❺《南米》[劇場の] 2階正面席
　tomar～《チリ. 口語》傍観する

balconada [balkonáda]　女 ❶ [部屋をまたがった] 長いバルコニー. ❷ [落下防止柵のある] 展望台, 見晴らし台

balconado, da[2] [balkonádo, da]　形 バルコニーのある

balconaje [balkonáxe]　男《集合》[一つの建物の] バルコニー

balconcillo [balkonθíʎo]《balcón の示小語》男 ❶《劇場の桟敷席の真下の》1階後部座席. ❷《闘牛》[toril の上の] 手すり付きの席. ❸《船舶》[軍艦の] 小型の船尾歩廊

balconear [balkoneár]　～**se**《メキシコ》笑いものになる; 不意を突かれる

balconera [balkonéra]　女 ❶=**balconaje**. ❷《ウルグアイ》[バルコニー・窓などから下げられる] 政治的ポスター; 党旗

balconería [balkonería]　女=**balconaje**

balda [bálda]　女《西》[家具の] 棚, 棚板

baldado, da [baldádo, da]　形 ❶ [事故・殴打などで] 動けない, 手足の動かせない. ❷ ぐったりした, 疲れ果てた: levantarse ～ よろよろと立ち上がる

baldadura [baldadúra]　女=**baldamiento**

baldamiento [baldamjénto]　男 [事故・殴打などで] 動けない状態

baldaquín [baldakín]《←Baldac (バグダッド Bagdad の西語古名)》男 [寝台・玉座・祭壇の] 天蓋

baldaquino [baldakíno]　=**baldaquín**

baldar [baldár]《←アラビア語 batal「役に立たなくする」》他 ❶ [病気・事故・殴打などが] 身体を動かなくさせる, 不随にする: Los ladrones lo *baldaron a palos*. 泥棒たちは彼を棒で叩きのめした──～**se** 不随になる: ～*se de un lado* 半身不随になる

baldazo [baldáθo]　男 バケツの中身を投げること

balde [bálde]《←アラビア語 balyd「からの, 退屈な, 無価値な」》男 ❶ バケツ, 手桶《=cubo》. ❷《南米》～ **de**［**l**］**hielo** [氷を入れる] バケツ
　a～**s**《南米. 口語》[降雨など] ザーザーと
　caer a+**人 como un**～**de agua fría** …にとって思いもよらない衝撃である
　de～ 無料で, ただで: viajar *de*～ ただ乗りする
　en～ 無駄に=**en vano**: Los años no pasan *en*～, ya le va clareando el pelo. 年月が無駄に過ぎたわけではない, もう彼の髪が薄くなってきている
　estar de～ 何もしないでいる; 余計(無益)である
　no en～ 不思議ではない, 当然である

patear el ~《中米.口語》死ぬ

baldeador, ra [baldeaðór, ra] 形 水をまく, 撒水する
—— 女 撒水機

baldear [baldeár] 他 [バケツなどで] 水をまく; [溝などから] 水をかき出す

baldeo [baldéo] 男 ❶ 水まき, 撒水. ❷《隠語》ナイフ, 短刀
pegar un ~ a+人《隠語》…をナイフで刺す

baldés [baldés] 男《古》羊袋用のなめし革

baldíamente [baldiaménte] 副 無駄に, 空しく

baldío, a [baldío, a]《←アラビア語 batil「無駄な」》形 ❶ [土地が] 不毛な. ❷ 無駄な, 空しい: esfuerzos ~s 空しい努力. ❸ [人が] ぶらぶら(のらくら)する
—— 男 ❶ 不毛の土地, 荒れ地, 荒蕪地, 未開墾地〖=terreno ~〗. ❷《中南米》空き地, さら地

baldo¹ [báldo] 男《トランプ》羊袋用の札が手に一枚もない状態

baldo², da [báldo, da] 形《プエルトリコ, コロンビア》[人が] 手足の不自由な

baldón [baldón]《←古仏語 bandon》男 ❶《文語》汚点, 恥辱; 侮辱: Un hijo habido fuera del matrimonio fue un ~. 婚外でできた子は不名誉だった. ❷《地方語》[扉・窓の] かんぬき

baldonador, ra [baldonaðór, ra] 形 名 侮辱する〔人〕

baldonar [baldonár] 他 =**baldonear**

baldonear [baldoneár] 他《文語》侮辱する

baldosa [baldósa]《←?語源》女 ❶ タイル, 板石: paredes de ~s タイル張りの壁. ❷《音楽》プサルテリウム salterio に似た古代の弦楽器

baldosador [baldosaðór] 男 =**baldosero**

baldosar [baldosár] 他 =**embaldosar**

baldosero [baldoséro] 男 タイル張り職人

baldosilla [baldosíʎa] 女 小タイル〖=baldosín〗

baldosín [baldosín]〖baldosa の示小語〗男 ❶ 小タイル. ❷ 化粧タイル〖=azulejo〗

baldragas [baldrágas]《単複同形》《まれ》意気地なし

balduque [baldúke] 男 ❶《官僚式の》形式主義的な手続き, お役所仕事. ❷ [主に赤い] 文書を縛るためのリボン. ❸《コロンビア, チリ》[先の尖った] 大型のナイフ

balea [baléa]《←ケルト語 balazn「エニシダ」》女《脱穀場を掃く》ほうき

baleado, da [baleáðo, ða] 名《中米》銃撃された人

baleador, ra [baleaðór, ra] 形《まれ》銃撃する〔人〕

balear [baleár] **I** 形 名《地名》バレアレス諸島 las Baleares の〔人〕
—— 男 カタルーニャ語のバレアレス諸島方言
II《←bala》他《中南米》銃撃する
III《←balea》他《サラマンカ, ラマンチャ; アルゼンチン》ほうきで穀粒から掃き分ける〖=abalear〗

Baleares [baleáres] 女 複《地名》〖las+〗バレアレス諸島《地中海西部の群島. スペインの自治州の一つ: 正式名称 Islas ~ バレアレス諸島州》

baleárico, ca [baleáriko, ka] 形《地名》バレアレス諸島の〖=balear〗

baleario, ria [baleárjo, rja] 形《地名》バレアレス諸島の〖=balear〗

Balenciaga [balenθjága]《人名》**Cristóbal ~** クリストバル・バレンシアガ《1895～1972, バスク出身のファッションデザイナー》

balénido, da [balénido, da] 形《動物》セミクジラ科の
—— 男 複《動物》セミクジラ科

baleo [baléo] **I**《←balea》男 ❶《地方語》ドアマット. ❷《地方語.植物》セントウレア, リナリア《主にほうきを作るのに使う各種の草》
II《←bala》男《中南米》銃撃

balería [balería] 女 弾薬の貯蔵

balerina [baleriná] 女《チリ》レオタード

balerío [balerío] 男 =**balería**

balero [baléro] 男 ❶《中南米.玩具》けん玉〖=boliche〗. ❷《メキシコ》ボールベアリング. ❸《南米.隠語》[人間の] 頭〖=cabeza〗: tener (ser) un ~ [際立って] 頭がいい

balido [balíðo]《←balar》男 ヒツジ(ヤギ)の鳴き声: dar ~s メーメー鳴く

balilla [balíʎa]《←伊語》女 ❶《歴史》バリッラ少年団の団員《イタリア, ファシスト党の少年組織》. ❷《古語》バリッラ《フィアット社製の小型大衆車》

balimbín [balimbín]《←フィリピン.植物》カタバミの一種《果実が食用》

balín [balín]〖bala の示小語〗男 ❶ 小口径の銃弾, 空気銃の弾. ❷《メキシコ》ボールベアリング

balinazo [balináθo] 男《ウルグアイ.サッカー》非常に強いキック

balinés, sa [balinés, sa] 形 名《地名》[インドネシアの] バリ島 isla de Bali の〔人〕

balista [balísta] 女《古語》投石器, 弩砲

balístico, ca [balístiko, ka]《←ラテン語 ballista「投石器」》形 弾道〔学〕の: misil ~ 弾道ミサイル. pruebas ~cas 弾道試験
—— 女 弾道学

balita [balíta] 女《フィリピン》農地面積の単位《=2.795平方メートル》

balitadera [balitaðéra] 女《狩猟》[ダマシカをおびき寄せるための] ダマシカの鳴き声を真似した葦笛

balitar [balitár] 自《ヒツジ・ヤギが》しきりに鳴く

balitear [baliteár] 自 =**balitar**

baliza [balíθa]《←ポルトガル語 baliza < ラテン語 palus「棒」》女 ❶《船舶》[水路標識の] 立標, 浮標, ビーコン. ❷《航空, 交通》[滑走路・車線の] 標識灯. ❸《ラプラタ.自動車》[故障などの際に路上に置く] 三角停止板

balización [baliθaθjón] 女《航空》luces de ~ 滑走路灯

balizado [baliθáðo] 男 =**abalizamiento**

balizaje [baliθáxe] 男《古語》入港税. ❷ =**abalizamiento**

balizamiento [baliθamjénto] 男 =**abalizamiento**

balizar [baliθár] 自 =**abalizar**

balkánico, ca [balkániko, ka] 形 =**balcánico**

ballaruga [baʎarúga] 女《貝》アフリカタマボト

ballena [baʎéna]《←ラテン語 ballaena》女 ❶《動物》クジラ（鯨）: aceite de ~ 鯨油. caza (pesca) de ~s 捕鯨. ~ azul シロナガスクジラ. ~ blanca シロイルカ. ~ de Groenlandia ホッキョククジラ. ~ gris コククジラ. ~ jorobada (yubarta) ザトウクジラ. ~ vasca (franca) タイセイヨウセミクジラ. ❷ 鯨のひげ; [コルセットなどに入れる] 針金

ballenato [baʎenáto] 男 子クジラ, 幼鯨

ballener [baʎenér] 男《中世の》鯨の形の軍船

ballenero, ra [baʎenéro, ra] 形 捕鯨の: arpón ~ 捕鯨用の銛
—— 名 捕鯨船員
—— 男〖=barco ~〗
—— 女 キャッチャーボート

ballesta [baʎésta]《←ラテン語 ballista「投石器」》女 ❶ 弩（おおゆみ）, 弩弓（どきゅう）; クロスボウ, ボウガン: Les disparaban con las ~s. 彼らに向かって弩が発射されていた. ❷ [車両の] 板ばね. ❸ puerta (de) ~ 横開きのシャッター扉

ballestada [baʎestáða] 女 弩の射撃

ballestazo [baʎestáθo] 男 弩の命中

ballestear [baʎesteár] 他 弩で射る

ballestera [baʎestéra] 女 ❶ [弩用の] 矢狭間. ❷《植物》バイケイソウ〖=vedegambre〗

ballestería [baʎestería] 女 ❶ [大型の獲物 caza mayor の] 狩猟術. ❷ 狩猟者の宿営地; 狩猟用具の保管所. ❸《集名》弩; 弩兵

ballestero [baʎestéro] 男 ❶ 弩の射手, 弩兵; 弩の製作者. ❷ 武器の手入れと狩猟の供をする従臣

ballestilla [baʎestíʎa] 女 ❶《船舶》直角器《昔用いられた天体観測器》. ❷ 釣り針の付いた釣り糸. ❸《馬具》小型の遊animal棒. ❹《席語.トランプ》いかさま

ballestrinque [baʎestrínke] 男《船舶》巻結び

ballet [balé]《←仏語》男 ❶ バレエ, 舞踏劇; ~s バレエ団

balletístico, ca [baletístiko, ka] 形 バレエの

ballica [baʎíka] 女《植物》=**~ inglesa, ballico**

ballico [baʎíko] 男《植物》ホソムギ, ペレニアルライグラス

balliquillo [baʎikíʎo] 男《植物》ハリルカ

ballottage [balotáʒ]《←仏語》男 =**balotaje**

ballueca [baʎwéka] 女《植物》カラスムギ《麦畑などの雑草》

balma [bálma] 女《地理》急斜面にある浅いくぼみ

Balmaceda [balmaθéða]《人名》**José Manuel ~** ホセ・マヌエル・バルマセダ《1840～91, チリの大統領. 公共事業による国の経済発展政策を推進. 議会との対立から内戦が勃発. 敗北し自殺》

Balmes [bálmes]《人名》**Jaime ~** ハイメ・バルメス《1810～48, カタルーニャの作家・哲学者》

balmesiano, na [balmesjáno, na] 形《人名》ハイメ・バルメス

Jaime Balmes の
balneación [balneaθjón] 囡《医学》入浴治療
balneario, ria [balneárjo, rja]《←ラテン語 balnearius < balneum「風呂」》形 湯治の，温泉の
―― 男 ❶ 湯治場，温泉場《=~ de aguas termales, estación ~ ria》: ¿A qué ~ fuiste? どこの温泉に行ったの？ ❷《アルゼンチン》1) プールやレストランのあるリゾート施設. 2) 〖集合〗パラソル・デッキチェアなど. ❸《ウルグアイ》海岸の観光地（休暇村）
balneología [balneoloxía] 囡《医学》温泉療法学
balneoterapia [balneoterápja] 囡《医学》温泉療法
balneoterápico, ca [balneoterápiko, ka] 形 温泉療法の
balo [bálo] 男《カナリア諸島. 植物》海岸近くの砂地の灌木〖学名 Plocama pendula〗
balompédico, ca [balompédiko, ka] 形 サッカーの
balompié [balompjé]《←balón+pie》男 サッカー《=fútbol》
balón [balón]《←伊語 pallone》男 ❶ 〖競技〗**balón** はサッカー・バスケットボールなどの大型のボール. **pelota** はテニス・卓球・野球などの小型のボール. ゴルフやホッケーなどでは **bola** も使う. 中南米では大きさに関係なく pelota》: ~ medicinal メディシンボール. ~ oval/~ de rugby ラグビーボール. ~ prisionero (tiro) ドッジボール〖競技〗. ❷ 風船，気球《=globo》: ~ de ensayo 観測気球. ❸《西，コロンビア，ペルー，チリ》ボンベ: ~ de gas ガスボンベ. ~ de oxígeno 酸素ボンベ, 救いの神. ❹《化学》球形フラスコ. ❺《船舶》スピンネーカー. ❻《服飾》manga ~ 球形の短袖. ❼《印刷》~ de papel 24連のバンドル（印刷紙）
~ muerto《スポーツ》アウトボール: línea de *~ muerto*《ラグビー》デッドボール・ライン
echar balones fuera《口語》あいまいな返事をする，逃げ口上を言う，都合の悪い質問をはぐらかす: Siempre que le preguntamos sobre su novio, *echa balones fuera.* 彼女に恋人のことを尋ねるといつもはぐらかされる
lanzar (colgar) balones a la olla《サッカー》[戦略もなくやみくもに] ロングキックをする
balonazo [balonáθo] 男 ボールによる打撃: Me dio un ~ en un ojo. 彼は私の目にボールをぶつけた
baloncestista [balonθestísta] 名 バスケットボールの選手
baloncestístico, ca [balonθestístiko, ka] 形 バスケットボールの
baloncesto [balonθésto]《←balón+cesto < cesta》男《スポーツ》バスケットボール
balonmanista [balo(m)manísta] 名 ハンドボールの選手
balonmanístico, ca [balo(m)manístiko, ka] 形 ハンドボールの
balonmano [balo(m)máno]《←balón+mano》男《スポーツ》ハンドボール
balonvolea [balombolća]《←balón+volea》男 バレーボール《=voleibol》
balota [balóta] 囡 ❶《中南米》投票用の小球. ❷《南米》〖ビンゴ・くじ引きの〗数字の書かれた小球
balotada [balotáda] 囡《馬術》バロタード，垂直跳躍
balotage [balotáxe] 男《主に中南米》=**balotaje**
balotaje [balotáxe] 男 ❶《主に中南米》〖上位2名による〗決選投票. ❷《ペルー》〖選挙に〗投票集計，開票作業
balotar [balotár] 自《中南米》投票する《=votar》
balsa [bálsa] **I** 〖←前ローマ時代の語〗囡 ❶〖主に川を渡る〗筏，渡し舟. ❷ ゴムボート《= ~ neumática, ~ inflable》: ~ de salvamento 救命いかだ. ❸《植物》バルサ; バルサ材
II 〖←?語源〗囡 水たまり; 〖灌漑用の〗溜池: ~ de enfriamiento（工場の）冷却池（槽）
~ de aceite《口語》[会議などの] 無風状態，問題が起きないこと
balsadera [balsaðéra] 囡〖川の〗渡し場
balsadero [balsaðéro] 男 =**balsadera**
balsamera [balsaméra] 囡 バルサム剤用の小型容器
balsamerita [balsameríta] 囡 =**balsamera**
balsamero [balsaméro] 男《植物》バルサムモミ
balsámico, ca [balsámiko, ka] 形 ❶ バルサムの: vinagre ~ バルサミコ酢. ❷ 和らげる，鎮静の: efecto ~ 鎮静効果
balsamífero, ra [balsamífero, ra] 形《植物》バルサムを生じる
balsamina [balsamína] 囡《植物》バルサミナ，ホウセンカ; ミナトタムラソウ，ワイルドセージ
balsamináceo, a [balsamináθeo, a] 形 ツリフネソウ科の

―― 囡 〖複〗《植物》ツリフネソウ科
balsamita [balsamíta] 囡 ❶ ヨモギギク. ❷ ~ mayor クレソン《=berro》
bálsamo [bálsamo]《←ラテン語 balsamum < ギリシア語 balsamon》男 ❶ バルサム剤，芳香油，鎮痛剤: ~ de calaba オトギリソウエキス. ~ de la Meca メッカバルサム. ~ del Canadá カナダバルサム. ~ del Perú ペルーバルサム. ~ de Tolú トルーバルサム. ~ tranquilo 鎮静用の塗り薬. ❷ 慰め: Sus palabras cariñosas fueron un ~ para mí. 彼の優しい言葉は私にとって大いなる慰めとなった. ❸《チリ》ヘアコンディショナー
ser un ~ 香りがよい; 申し分ない
balsar [balsár] 男 =**barzal**
balsear [balseár] 他〖川を〗筏で渡る
balsero, ra [balséro, ra] 男 ❶ 筏（ゴムボート）を操る人. ❷《米国，中米》筏（ゴムボート）で米国に逃げるキューバ人
balseta [balséta] 囡《植物》小型の筏（渡し船）
balso [bálso] 男《船舶》[荷役用の] 吊り下げ索，スリング
balsón [balsón] 男 大型の筏（渡し船）
balsopeto [balsopéto] 男 ❶《廃語》大型の胸ポケット. ❷ 心の奥底
balsurriana [balsurjána] 囡 [爪先とかかとで踊る] アラゴンの民俗舞踊
Baltasar [baltasár] 男〖旧約聖書. 人名〗ベルシャザル: festín de ~/cena de ~ ベルシャザルの饗宴（酒宴・祝宴）
bálteo [bálteo] 男 ❶《天文》[B~] オリオン座の三つ星. ❷《古》〖将校の記章の〗綬，懸章
báltico, ca [báltiko, ka] 形《地名》バルト海 Mar Báltico 沿岸〖諸国〗の〖人〗
balto, ta [bálto, ta] 形 名《歴史》バルト族〖の〗
baltoeslavo, va [baltoeslábo, ba] 形 バルト・スラブ語〖の〗
baltofinés, sa [baltofinés, sa] 形 バルト・フィン諸語〖の〗
baluarte [balwárte]《←古仏語 balouart》男 ❶《築城》稜堡. ❷《比喩》砦〖の〗: ~ de la libertad 自由の砦. El centrocampista Guardiola fue uno de los grandes ~s del equipo. ミッドフィルダーのグアルディオラはチームの大きな後ろ盾であった
baluba [balúba] 形 名〖コンゴ〗バルト族〖の〗
baluchi [balútʃi] 形 名《地名》[イランやパキスタンの] バルチスタン Beluchistán の〖人〗
baluma [balúma] 囡 ❶《船舶》[大三角帆の] 船尾側の上下 下桁. ❷《古語》=**balumba**. ❸《コロンビア，エクアドル》騒ぎ，騒動
balumba [balúmba] 囡 ❶《雑多で大量の》集積: ~ de papeles 書類の山. ❷ 〖集合〗雑多なもの，多すぎる物
balumbo [balúmbo] 男 [重さは大したことがないが] かさばるので厄介な物
balurdo, da [balúrðo, ða] 形 名《中南米》趣味の悪い〖人〗
―― 男 ❶《チリ》偽札の束〖最初と最後の2枚だけ本物〗. ❷《アルゼンチン. 口語》混乱，無秩序
bamba [bámba]《擬声擬態》囡 ❶ バンバ〖アップテンポで陽気なカリブの民族舞踊〗. ❷《西》1) 〖料理〗甘いパン; クリームパン《= ~ de nata》. 2) 〖複〗〖←商標〗スニーカー《=zapatillas》. ❸《闘牛》ムレータ（カポーテ）のフレアー. ❹《まれ. ビリヤード》まぐれ当たり. ❺《アンダルシア》ブランコ《=columpio》. ❻《中南米》[様々な値の] 金（銀）貨
bambalear [bambaleár] 自 =**bambolear**
bambalina [bambalína]《←bambolear》囡 ❶《演劇》[主に 〖複〗] 一文字幕〖舞台上方の細長い横幕〗. ❷《軽蔑》〖複〗[見かけだけのための] 飾り
actor nacido entre ~s 親譲りの（生まれついての）役者
detrás de las ~s 舞台裏で
bambalinesco, ca [bambalinésko, ka] 形 飾りの
bambalinón [bambalinón] 男《演劇》中割〖略〗幕
bambanear [bambaneár] 自，~**se** =**bambolear**
bambara [bámbara] 形《単複同形》[アフリカのマリ Mali などに住む] バンバラ族〖の〗
―― 男 バンバラ語〖マンデ諸語の一つ〗
bambarria [bambárja] 形 名《まれ》間抜けな〖人〗
―― 囡《廃語. ビリヤードなど》つき，まぐれ当たり
bambarrión [bambarjón] 男《廃語. ビリヤードなど》つき，まぐれ当たり
bambi [bámbi]《←ディズニーのアニメの子鹿名》男《幼児語》子鹿，バンビ
bambochada [bombotʃáða] 囡《まれ. 軽蔑》酩酊画，宴会画

bamboche 〘酔っ払いや滑稽な宴会が描かれている絵画〙
bamboche [bambótʃe]〘まれ〙赤ら顔でずんぐりした人
bamboleante [bamboleánte] 形 揺れる；ぐらぐら(よろよろ)する
bambolear [bamboleár]〘←擬態〙自.~**se** ❶〘舟・車・木などが〙揺れる：La lámpara se bambolea con el viento. ランプが風に揺れる. ❷〘テーブルが〙ぐらぐらする. ❸〘歩く時〙よろよろする
bamboleo [bambolóo] 男 揺れ，ぐらつき
bambolla [bambóʎa] 女 ❶〘軽蔑〙虚飾，虚栄. ❷ ぶよぶよでさばった無価値な物. ❸ あぶく，泡. ❹〘中南米〙おしゃべり，無駄話；虚勢
bambollero, ra [bamboʎéro, ra] 形 名 見栄っぱりの[人]
bambolnear [bamboneár] 自.~**se** = **bambolear**
bamboneo [bambonéo] 男 = **bamboleo**
bambú [bambú]〘←マラータ語 bambu〙男〘複 ~[e]s〙〘植物〙タケ(竹)，笹：vara de ~ 竹竿
bambuc [bambúk] 男 = **bambú**
bambuche [bambútʃe]〘エクアドル〙〘屋上の端に飾る〙陶製の人形
bambuco [bambúko] 男 バンブーコ〘コロンビアの民族舞踊・音楽〙
bambula [bambúla] 男〘繊維〙チーズクロス
bamburrio [bambúrjo]〘まれ〙間抜けな人，お人好しの人
ban [bán] 男〘複 bani〙〘ルーマニアの貨幣単位〙バニ
banaba [banáβa] 女〘植物〙オオバナサルスベリ
banal [banál]〘←仏語〙形 平凡な，月並みな；空疎な；取るに足りない：Ella no habla más que de ~es. 彼女はつまらないことばかりしゃべっている
banalidad [banaliðáð] 女 平凡さ，月並みさ，陳腐さ
banana [banána]〘←西アフリカの言語〙女〘中南米．果実，植物〙バナナ[=(西) plátano]：~ de Tabasco スリップバナナ，ゴシャクバナナ．~ verde 黄色く熟す前の[グリーンバナナ
── 形 名〘キューバ，アルゼンチン，ウルグアイ．軽蔑〙無邪気な〔理解できない〕ふりをする[人]
bananal [bananál] 男〘中南米〙バナナ園
banana split [banána esplít]〘←英語〙男〘料理〙バナナスプリット
bananero, ra [bananéro, ra]〘←banana〙形〘中南米〙バナナの；バナナ園の：compañía ~ バナナ会社．república ~ 〘軽蔑〙バナナ共和国〘果物などの輸出に頼る政治的に不安定な中南米などの国〙
── 男 ❶〘植物〙バナナ. ❷ バナナ[輸送]船；バナナ園
banano [banáno]〘←banana〙男〘植物，果実〙❶ バナナ[=bananero, banana]. ❷ バナノ〘ベネズエラ原産のバナナの一種．生で食べる〙
banasta [banásta]〘←ブルガリア語 benna「かご」+オック語 canasta〙女〘果物などを入れる大きな〙かご
banastada [banastáða] 女 かご banasta の中身
banastero, ra [banastéro, ra] 名 かご banasta を作る(売る)人
banasto [banásto]〘←banasta〙男 深く丸いかご
banca [bánka]〘←伊語〙女 ❶〘集合〙銀行；銀行業；銀行業務；銀行家：trabajar en la ~ 銀行に勤める. casa de ~ 金融会社，銀行. sector de la ~ 金融部門；銀行業界. ~ comercial 商業銀行. ~ corresponsal コルレス先銀行[=corresponsal bancario]. ~ mixta 総合銀行〘商業銀行と興業銀行の機能を合わせ持つ〙. ❷〘トランプ〙親；〘賭博〙胴元〘にある金〙：hacer saltar la ~ 胴元(親)をつぶす，賭け金をそっくり頂く. llevar la ~ 親になる. ❸〘ゲーム〙バカラ. ❹〘市場の〙物売り台；露店. ❺〘洗濯女が水の掛からないように使う〙板取木. ❻〘主に中南米〙〘背もたれのない〙腰掛け，ベンチ[=banqueta]. ❻〘中南米〙賭博場. ❼〘コロンビア，ラプラタ〙議員[数 [=escaño]. ❽〘フィリピン〙丸木船，カヌー
tener ~〘ラプラタ〙影響力[権力]がある
tener la ~ = **tener** ~
bancable [baŋkáβle] 形 銀行割引され得る
bancada [baŋkáða] 女 ❶〘ガレー船・ボートなどの〙漕ぎ手座. ❷〘技術〙ベッド，台座. ❸〘古語〙羊毛を刈り込む作業台，剪毛台. ❹〘地方語〙ベンチ[=banco]. ❺〘集合〙[一つの政党の]議席
bancal [baŋkál]〘←banco〙男 ❶ 段々畑[=campo de ~es]. ❷〘一区画の〙畑：~ de judías インゲンマメ畑. ❸ 砂洲. ❹〘長椅子用の〙敷物. ❺〘地方語〙〘教会に行く時の〙女性のかぶり物
bancalero [baŋkaléro] 男〘長椅子用の〙敷物の織物職人
bancar [baŋkár] 7 他〘アルゼンチン，ウルグアイ．口語〙❶ 養う，生活の面倒をみる. ❷ 我慢する
── ~**se**〘アルゼンチン，ウルグアイ．口語〙〘不快感を顔に出さずに，困難な状況・嫌な人に〙耐える，我慢する
bancario, ria [baŋkárjo, rja]〘←banca〙形 ❶ 銀行の；銀行業の，金融の：acuerdo ~ 銀行取決め. casa (entidad) ~ría 金融会社，銀行. cheque ~ 銀行小切手. préstamo ~ 銀行ローン. sistema ~ 銀行組織；〘情報〙バンキングシステム
── 名〘主に中南米〙銀行員
bancarización [baŋkariθaθjón] 女 銀行の影響(支配)下に置くこと；銀行の設置
bancarizar [baŋkariθár] 9 他〘主に 過分〙銀行の影響(支配)下に置く；銀行を設置する
bancarrota [baŋkarrór̄ta]〘←伊語 banca rotta〘両替商が破産すると商売用の帳場を壊した中世の慣行〙〙女 ❶ 破産，倒産：La empresa se declaró en ~. その会社は破産宣告をした. El banco está en ~. その銀行は破産状態にある. llevar... a la ~ …を破産に追い込む. ~ personal 個人破産，自己破産. ❷〘組織・理論などの〙破綻，破滅：~ municipal 市財政の破綻
bancaza [baŋkáθa] 女〘ボートなどの〙艇尾の席
bance [bánθe] 男〘柵の出入り口に渡した〙横木
banco [báŋko]〘←ゲルマン語 bank〙男 ❶ 銀行：Tengo que ir al ~ para abrir una cuenta. 私は口座を開くために銀行に行かなければならない. Tiene diez mil euros en el ~. 彼は1万ユーロ銀行に預けている. presidente de ~ 頭取. ~ agrícola 農業銀行. ~ corresponsal コルレス先銀行[=corresponsal bancario]. ~ de bancos 銀行の銀行〘市中銀行などを相手に預金と貸出，債券・手形の売買を行なう中央銀行〙. ~ de liquidación 手形交換所. ~ de negocios 投資銀行. ~ de préstamo 貸付銀行. ~ de rescates 銀鉱石の買い取り機関〘1751年，植民地支配下ボリビアのポトシ Potosí で，精錬業者から低価で銀鉱石を買い取るためにスペイン国王の指示で創設〙. ~ de tierras [EUの] 減反制度，セットアサイド[余剰農畜産物対策として農耕地の一部が休耕地や植林地に転換される]. ~ director 幹事銀行〘協調融資で参加各行の分担比率や融資条件などを取り決める〙. ~ en casa ホームバンキング. ~ mercantil [英国の] マーチャントバンク. ~ nacional 中央銀行；都市銀行. B~ Central Europeo 欧州中央銀行. B~ de España スペイン銀行. B~ de Pagos Internacionales 国際決済銀行. B~ de San Carlos サン・カルロス銀行〘1782年創設．スペイン銀行の前身〙. B~ Exterior de España スペイン輸出入銀行. B~ Internacional de Reconstrucción y Fomento 国際復興開発銀行. B~ Mundial 世界銀行. 2)〘医学〙~ de esperma/~ de semen 精子バンク. ~ de ojos アイバンク. ~ de sangre 血液銀行. 3)〘情報〙~ de datos データバンク. ~ de memoria 記憶装置. ❷ ベンチ，長椅子：Alberto toma el sol sentado en un ~ del parque. アルベルトは公園のベンチに座って日向ぼっこをしている. ~ azul [スペイン議会の] 大臣席. ❸ [教会の] 座席，信者席. ❹ 台，作業台：~ de carpintero 大工の作業台. ~ de pruebas [エンジンなどの] テストベッド；〘比喩〙試験台，試金石. 〘法律〙証人席，陪審員席；〘中南米〙被告席. ❻〘船舶〙1)〘漕艇の〙座席，シート．~ de móvil (fijo) 滑席(固定席)の. 2)〘ガレー船の〙漕ぎ手座. 浅瀬，洲：~ de arena 砂州. 〘厚い〙層：〘海中の〙堆(たい)：~ de coral サンゴ礁. ~ de hielo 氷盤，氷原；流氷. ~ de niebla 霧峰，霧の吹きだまり. ~ de nubes 雲の層. ❾〘地質〙地層，鉱脈. ❿ 魚群：~ de sardinas イワシの群れ. ⓫〘建築〙~ de nivel 水準点，ベンチマーク. ⓬ 屋根裏[部屋]. ⓭〘キューバ．賭博〙胴元〘の持ち金〙. ⓮〘コロンビア，ラプラタ〙平原，〘ベネズエラ〙平原の小高いところ，〘エクアドル〙〘河川周辺の〙肥沃地
herrar (quitar) el ~ するかしないかの決断の時である；決断する
bancocracia [baŋkokráθja] 女 金融寡頭制
bancomático [baŋkomátiko] 男〘パナマ，ボリビア，チリ〙現金自動預け払い機，ATM
banda [bánda]〘←古仏語 binde「リボン」〙女 ❶〘音楽〙1) バンド，楽団：~ de música. ~ de marcha マーチングバンド. ~ de tambores 鼓手隊. ~ militar 軍楽隊. 2)〘メキシコ〙バンダ〘北部の民俗音楽〙. ❷〘犯罪者などの〙一味，徒党；派閥，党派；

一団, 仲間: una ~ de ladrones 泥棒の一味. ~ arumada 武装グループ. ~ terrorista テロリスト集団. Siempre están en ~. 彼らはいつも一緒にいる. negociaciones a tres ~s 三者協議. ❸《鳥の》群れ: una ~ de gaviotas 一群のカモメ. ❹[車に装飾用の]細長い布;《服飾》飾り帯, サッシュ. ❺勲章(くんしょう)の《右肩から左脇にかける飾紐》: Se veía alcalde con frac, bastón de mando y ~ al pecho. 燕尾服を着て指揮棒を持ち, 胸に懸章をかけた市長が見えた. ❻[勲章の] 飾り紐, 綬(じゅ).《キリスト教》聖衣(せいい). ❼ベルト; 帯(状のもの): 1) ~ de Moebius《数学》メビウスの帯. ~ sonora/~ de sonido サウンドトラック; 映画音楽. ~ transportadora ベルトコンベア. 2)《紋章》[盾の左上部から右下部にひいた] 斜線, ベンド. 3)《中南米》腰帯. ❽《通信》周波数帯, バンド [= ~ de frecuencia]: La emisora local utiliza una ~ de onda media. 地方の放送局は中波の周波数帯を使っている. ~ ancha ブロードバンド. ❾[数値の] 幅, 帯域: El dólar fluctuó mucho en una ~ de 110 yenes a 98 yenes durante un mes. ドルは1か月の間に110円から98円の幅で大きく変動した. ❿ salarial 賃金の幅. ⓫《交通》車線, レーン. ⓬《自動車》1) ~ de rodadura [車輪の] 接地面, トレッド. ~ lateral 外装. 2)《メキシコ, 中米, エクアドル》ファンベルト. ⓭ 側, 側面: otra ~ de la mesa テーブルの向かい側. de la ~ de acá (allá) del río 川のこちら側 (対岸の). ⓮ 細長い土地: 1) ~ de Gaza [パレスチナの] ガザ地区. 2)《歴史, 地名》B~ Oriental バンダ・オリエンタル [リオ・デ・ラ・プラタ副王領北東部. 現在のウルグアイのすべてとアルゼンチンのリオ・グランデ・ド・スル州の一部を含んだ地域. 1815年東方州 Provincia Oriental が建設され, 1828年ウルグアイとしてアルゼンチンより分離独立]. 3)[アルゼンチンから見て] ウルグアイ. ⓯ 線, 縞(しま).《スポーツ》サイドライン, タッチライン [= línea de ~]: quedarse en la ~ サイドライン外にいる; [出場せず] ベンチにいる. fuera de ~《ラグビー》インタッチ.《ビリヤード》球台のクッション: jugar por la ~ クッションに当ててプレーする.《船舶》1) 舷側: El nombre del barco está en la ~, a proa. 船名は船首の舷側にある. dar a la ~ [修理・清掃のために] 傾船する. irse a la ~ [船が] 傾く. de ~ 一方の舷から反対の舷まで. ~ derecha 右舷 [= estribor]. ~ izquierda 左舷 [= babor]. 2) arriar en ~ もやい綱を解く. ⓳[ドア・窓などの] 一枚, 片側. ⓴[ドア・窓の] 扉. ㉑[人の] わき腹, 横腹. ㉒[キューバ, ドミニカ, プエルトリコ》[腕を吊る] 三角巾. ㉓《キューバ》[畜殺した四足獣の] 半身

agarrar por ~ 《西》=**coger por ~**
cerrarse en (de·a·la) ~《口語》強情を張る, 一歩も譲らない
coger por ~《西》話しかける; 叱る, 説明を求める
dejar en ~《キューバ, アルゼンチン, ウルグアイ. 口語》孤独にする, 出不精にさせる
estar en ~《アルゼンチン. 口語》孤独である, 出不精になっている
jugar a dos ~s 二股をかける
largar en ~《キューバ, アルゼンチン, ウルグアイ. 口語》=**dejar en ~**
pillar por ~《西》=**coger por ~**

bandada[1] [←banda] 囡 ❶《鳥・魚などの》群れ: ~ de golondrinas ツバメの群れ. ❷《騒がしい》人の群れ: una ~ de chiquillos やんちゃ坊主たちの一群

bandado, da [bandáðo, ða] 形《まれ》=**bandeado**
bandaje [bandáxe] 男《技術》タイヤの外皮
bandana [bandána] 囡《服飾》バンダナ [= pañuelo ~]
bandar [bandár] ~se《ペルー》[主に大学の] 教授の懸章を受ける
bandarra [bandára] 名《地方語》恥知らずな人
bandazo [bandáθo] ~ s indep. 男 ❶[船の突然の] 大きな傾斜; [車の] ふらつき, 激しい蛇行; [人の] よろめき: El coche va dando ~s por la calzada nevada. 車は雪道で左右にふらつきながら進んでいる. ❷[方針・態度などの] 急変: La revolución cubana ha dado muchos ~s. キューバ革命は何度も方向転換してきた

bandeado, da [bandeáðo, ða] 形《模様が》縞のある
bandear [bandeár] [←banda] 他 ❶ 激しく横揺れさせる. ❷《地方語》[鐘を] 揺らして鳴らす. ❸《中南米》渡る, 横切る. ❹《中米》追跡する
—— ~se ❶ 激しく横揺れ [蛇行] する. ❷[対立どちらにも組みせず] 中庸を保つ. ❸ 抜かりなく行動する, うまく身を処

s: Luisa *se bandea* bien en este negocio. ルイサはこの商売をうまくこなしている. Vive solo, pero *se bandea* muy bien. 彼は一人暮らしだがきちんとした生活ぶりだ

bandeau [bandó]《←仏語》男 =**bandó**
bandeja [bandéxa] [←ポルトガル語 < bandejar「反対側へ動く」] 囡 ❶ 盆: servir las bebidas en una ~ 飲み物を盆に載せて出す. ~ de dorar/~ doradora キャセロール. ~ de entrada (de salida) 未決 (既決) 書類入れ. ❷[包装用の] トレー: comprar una ~ de arándanos ブルーベリーを1トレー (パック) 買う. ❸[トレー状の] 引出し; [スーツケースの] 仕切り板. ❹《自動車》リアボード. ❺《バスケットボール》ボールを下から支えて入れるシュート. ❻《中南米》鉢, ボウル; レコードプレーヤー. ❼《チリ》central [高速道路の] 中央分離帯
pasar la ~ [盆を回して] 施し物 (献金) を集める
servir (poner) en ~ (de plata)《口語》[相手の望みのもの] を手に入れやすい形にして差し出す: Me *sirvieron* la solución del problema *en ~*. 彼らは問題の解決策をあっさり私に示してくれた. Yo no aceptaré en esa empresa el puesto de gerente aunque me lo *sirvieran en ~*. 私はたとえどうぞと差し出されたって受けはしない

bandejón [bandexón] 男《メキシコ, チリ》[高速道路の] 中央分離帯 [= ~ central]
bandeo [bandéo] 男 横揺れ
bandera [bandéra] [←banda] 囡 ❶ ❶[主に四角形の] 旗, 長旗: 1) ~ nacional 国旗. ~ española スペイン国旗. ~ del regimiento 連隊旗. ~ ajedrezada/~ a cuadros チェッカーフラッグ. ~ blanca/~ de paz/~ de parlamento 白旗 [降伏・休戦の印]. ~ marrón 半旗, 弔旗. ~ negra 黒旗 [海賊・アナーキストの旗, 皆殺しの印]. ~ roja 赤旗 [革命旗, 危険の印]. [campaña] ~ azul 海岸をきれいにする運動. ~s en playa《スポーツ》ビーチフラッグス. 2)《船舶》~ amarilla 検疫旗. ~ de inteligencia 回答旗. ~ de popa (de proa) 船尾旗 (船首旗). ~ de práctico [水先案内を求める] 水先旗. ❷ 船籍: El barco navegaba bajo ~ chilena. その船はチリ船籍だった. ~ de conveniencia《商業》便宜船籍. ❸[同一の旗の下で戦う] 軍隊, 一隊;《古語》[スペインの] 歩兵中隊. ❹《ゴルフ》ピン: dejar la bola a medio metro de la ~ ピンそば50センチに寄せる. ❺[印刷] 折り込みページ. ❻《タクシーの》乗車表示灯. ❼《情報》フラッグ; 標識として使われるビット. ❽[主に同格用法で] 最大のもの, すばらしいもの: compañía ~ 最大手企業. mujer ~ ものすごい美人
a ~s desplegadas とどこおりなく, 支障なく; のびのびと, 自由に; 公然と
afianzar la ~《船舶》国旗掲揚の際に大砲で一発空砲を撃つ
afirmar la ~ =**afianzar la ~**
alzar ~ =**levantar ~**
arriar [la] ~《船舶》旗を下ろす; 降伏する
asegurar la ~ =**afianzar la ~**
bajar la ~ 1)[競争の開始の合図] 旗を振り下ろす. 2) タクシーメーターを作動させる
bajo la ~ de… …の旗の下で, …の指導下で
batir ~s =**rendir la ~**
batir la ~《軍事》旗先を下げて敬礼する
de ~《西. 古語》抜群の, 上等の: Es una chica *de ~*. 彼女はすごくいけてる女の子だ
enarbolar la ~ [+de] 旗職(?)を鮮明にする
hasta la ~《口語》ぎりぎりまで詰め込まれて, すし詰め状態に
levantar ~ 決起する; 指導者 (首謀者) になる
levantar la ~ 1)[競争の終了の合図] 旗を振り上げる. 2) タクシーメーターを止める
militar bajo la ~ de… …の旗印の下に戦う
rendir la ~《敬意を表わして》旗を下ろす
salir con ~s desplegadas 名誉の降伏を認められる
seguir la ~ de… = militar bajo la ~ de…

banderado, da [bandeɾáðo, ða] 名《地方語》=**abanderado**
banderazo [bandeɾáθo] 男 ❶《スポーツ》1)[審判の] 旗による合図. 2)[レースの] スターティングフラッグ; チェッカーフラッグ. ❷[物事の] 開始: Se ha dado el ~ de salida a la campaña electoral. 選挙戦の火蓋が切って落とされた. ❸《メキシコ, コロンビア, ベネズエラ》[タクシーの] メーターを倒すこと; ワンメーター, 初乗り料金

bandería [banderí́a]《←banda》女 ❶ [共通の考え・利害を持つ, 好戦的な] 党派.

banderilla [banderíʎa]《bandera の示小語》女 ❶〖闘牛〗1) バンデリーリャ〖飾り付きの銛〗: ~ de fuego〖戦意欲のない牛を刺激するための昔の〗爆竹付きのバンデリーリャ. ~ negra〖戦う意欲のない牛を刺激するための〗通常より長く黒いリボン付きで銛が2本のバンデリーリャ. 2) 複 バンデリーリャを刺す場面.❷《西. 口語》皮肉なコメント: poner (plantar・clavar) (las) ~s (un par de ~s) a+人 …に皮肉を言う, 辛辣なことを言う.❸《西. 料理》[各種のピクルスなどをいくつもようじに刺した]おつまみ. ❹《印刷》付箋

banderillazo [banderiʎáθo]男《中米》金をせしめる(せびる)こと
banderillear [banderiʎeár]他《闘牛》バンデリーリャを突き刺す
banderillero, ra [banderiʎéro, ra]名《闘牛》バンデリリェーロ, 銛打ち士: ~ de confianza バンデリリェーロの主任〖マタドールに助言する〗

banderín [banderín]《banderaの示小語》男 ❶ [主に三角形の] 小旗, ペナント. ❷《軍事》旗手, 嚮導(きょう)兵. ❸《スポーツ》[グラウンドの四隅に置かれこより, 審判が持つ] フラッグ
~ **de enganche**《西》1) [同志・協力者を募る] 呼びかけ, スローガン; 共鳴者を得るための機会: El mitin sirvió de ~ de enganche para muchos simpatizantes del partido. その集会は党の支持者をたくさん増やす機会となった. 2) 志願兵募集所

banderita [banderíta]女 [慈善募金者に渡される] 小旗: fiesta de la ~ 小旗の共同募金《日本の赤い羽根募金に相当する》

banderizado, da [banderiθáðo, ða]形《まれ》党派に分裂した
banderizo, za [banderíθo, θa]形 ❶《主に軽蔑》派閥の, 党派の. ❷気性の激しい

banderola [banderóla]《←カタルーニャ語 banderola「旗」》女 ❶ [測量に用いる] 小旗; [騎士の槍に付けられる] 飾り旗. ❷《キューバ》[バスの] 行き先表示板. ❸《ラプラタ》[ドア・壁などの上部の] 明かり取り窓

bandidaje [bandidáxe]男 山賊行為 [=bandolerismo]
bandido, da [bandíðo, ða]《←伊語 bandito < bandire「国外追放する」》名 ❶ [昔の] 指名手配者, お尋ね者; 山賊, 盗賊 [=bandolero]. ❷悪党, 悪辣な人, ペテン師. ❸《口語》[親愛の呼びかけ] ごろつき, ろくでなし. ❹《米》無法者

bandín [bandín]男 ❶《船舶》[ガレー船などの] 船尾近くの漕ぎ手座. ❷勲章の短い飾り紐
bandir [bandír]他《古語》被告人欠席のまま反逆罪で死刑判決を布告する

bando [bándo] Ⅰ《←仏語 ban》男 ❶ 公示, 告示 [内容, 行為]: El alcalde ha dado un ~ sobre la recogida de basura. 市長はごみの収集に関して公示を出した. ❷ echar ~ 法令を発令する. ❸《カトリック》複 婚姻公告 [=amonestaciones matrimoniales]
Ⅱ《←ゴート語 bandwo「印」》男 ❶《政治》党派, 徒党: dividirse en dos ~s 二派に分裂する. pasarse al otro ~ 相手陣営に移る. ❷《スポーツ》陣卂, サイド. ❸ [鳥・魚の] 群れ
uno del otro ~ 相手陣の一人

bandó [bandó]《←仏語》男 ❶《女性の》髷(まげ), こめかみにかかる髪. ❷ [カーテンレールを隠すための] カーテンの上飾り布

bandola [bandóla]女 ❶《船舶》応急マスト. ❷《音楽》バンドーラ《バンドゥリアに似た4弦の楽器》. ❸《ベネズエラ》馬用の柄の短い鞭. ❹《ペルー. 闘牛》ムレータ

bandolera¹ [bandoléra]《←カタルーニャ語 bandolera < bandoler》女 ❶ [肩から斜めにかける] 肩帯; [衛兵などの] 肩帯.《西》ショルダーバッグ [=bolso en ~]
en ~ 袈裟懸(けさがけ)けで: llevar la bolsa en ~ バッグを肩から斜めに掛ける

bandolerismo [bandolerísmo]男 山賊行為, 野盗の横行
bandolero, ra² [bandoléro, ra]《←カタルーニャ語 bandoler < bàndol「党派」》名 追いはぎ, 山賊: Los ~s asaltan este camino. この道には山賊が出る

bandolín [bandolín]男《音楽》バンドーラ [=bandola]
bandolina [bandolína]《←仏語 bandoline < 伊語 bandolino》女 ❶《音楽》バンドリーナ [マンドリーナの一種]; バンドーラ [=bandola]. ❷《古語》[整髪用の] ポマード

bandolinista [bandolinísta]名 バンドリーナ奏者
bandolón [bandolón]男《音楽》バンドロン《形はバンドゥリアに似て大きさはギターほどの楽器》

bandolonista [bandolonísta]名 バンドロン奏者
bandoneón [bandoneón]男 バンドネオン
bandoneonista [bandoneonísta]名 バンドネオン奏者
bandujo [bandúxo]男《西. 料理》[豚・羊・牛の] 大型の腸詰め
bandullo [bandúʎo]男《集合西》[豚・羊・牛の] 腹, 内臓
bandurria [bandúrja]女 ❶《音楽》バンドゥリア《12弦で背の平らなマンドリン》. ❷《鳥》カオグロトキ
bandurriero, ra [banduřjéro, ra]名 = **bandurrista**
bandurrista [banduřísta]名 バンドゥリア奏者
BANESTO [banésto]男《略》←Banco Español de Crédito スペイン信用銀行
bang [báŋg]男《擬 ~s》破裂音, 射撃音
bangaña [baŋgáɲa]女 ❶《中米, ドミニカ, コロンビア》[運搬用の] ひょうたん. ❷《パナマ, キューバ, コロンビア》粗末な器
bangaño [baŋgáɲo]男《キューバ, ドミニカ》= **bangaña**
bangiofíceo, a [baŋxjofíθeo, a] ウシケノリ網の
── 女 複《植物》ウシケノリ網
bangladeshí [baŋgladeʃí]形《国名》バングラデシュ Bangladesh の(人)
bangladesí [baŋgladesí]形 名 = **bangladeshí**
bango [báŋgo]男《物の下の》すきま; の ~ すきまに
baniano [banjáno]男 ❶《植物》ベンガルボダイジュ. ❷ [定住しない] インド人の行商人; バラモン教徒
banjo [bánjo]《←英語》男《音楽》バンジョー
banner [báner]《←英語》男《擬 ~s》バナー [広告]
banquear [baŋkeár]他《地方語》[段状に] 地ならしする
banqueo [baŋkéo]男《地方語》[段状の] 地ならし
banquero, ra [baŋkéro, ra]《←banca》名 ❶銀行家: asociación de ~s 銀行協会. ❷《トランプ》親;《賭博》胴元
── 形《まれ》銀行の
banqueta [baŋkéta]《←banco》女 ❶ [背もたれない1人用の] 腰掛け, スツール: ~ de piano ピアノスツール. ❷足台, 足のせ台; 踏み台. ❸《軍事》胸壁内部の射撃用足場. ❹《建築》階段状の斜面. ❺《メキシコ, グアテマラ》歩道 [=acera]
banquete [baŋkéte]《←仏語 banquet < 伊語 banchetto < banco》男 ❶ 宴会, 饗宴: Participé en el ~ del bautizo. 私は洗礼の祝宴に出席した. ~ de bodas 結婚披露宴. ❷ごちそう: No dimos un ~ de marisco. 私たちは魚貝類のごちそうを食べた. ❸《まれ》= **banqueta**
banquetear [baŋketeár]他 饗応する; […のために] 宴会を催す
── 自 [しょっちゅう] 宴会に出る
~ **se** 豪勢な宴会をする; 大変なごちそうをする
banquillo [baŋkíʎo]《banco の示小語》男 ❶《法律》[el+] 被告席 [= ~ de los acusados]: ir al ~/sentarse en el ~ 告訴される. ❷《スポーツ》1) ベンチ: dejar a 人 en el ~ …をベンチに温存する. 2)《アイスホッケー》~ de castigo ペナルティボックス. ❸足のせ台 [=banqueta]
chupar ~/calentar el ~《スポーツ》補欠である, ベンチを暖める
banquina [baŋkína]女《南米》[道路の] 縁, 路肩 [=arcén]; 側溝
banquisa [baŋkísa]《←仏語 banquise》女《地理》海氷; 浮氷塊; 氷盤
banquise [baŋkís]《←仏語》女 = **banquisa**
bantú [bantú]形 名《擬 ~[e]s》バントゥ族[の]
── 男 バントゥ語
bantustán [bantustán]男《歴史》[南アフリカ共和国の人種隔離政策による] 黒人居住区
banyi [báɲji]男 バンジージャンプ
banyo [báɲjo]男《音楽》= **banjo**
banzai [banθáj]《←日本語》間 万歳!
banzo [bánθo]男 ❶ 刺繍枠の ❷ [はしご・椅子の背などの両側の] 支柱. ❸《地方語》[灌漑用水路の] 斜面
baña [bápa]女 ❶ = **bañadero**. ❷ [隠語] 雌鶏 [=gallina]
bañada [bapáða]女《まれ》入浴 [=baño]
bañadera [bapaðéra]女 ❶《中南米》風呂, 浴槽 [=bañera]. ❷《アルゼンチン. 古語》[無蓋の] 遊覧バス. ❸《ウルグアイ》[おんぼろの] 貸しバス, スクールバス, 送迎バス《昔は無蓋だった》
bañadero [bapaðéro]《←bañar》男 [野生動物の] 水浴び場, 水場
bañado¹ [bapáðo]男 ❶《まれ》室内用便器 [=orinal]. ❷《南

米)[雨季に冠水する]沼地, 湿原; 一時的にできる沼

bañado², da ❶ [+en で] びっしょりぬれた: Ella tiene los ojos ~s en lágrimas. 彼女の目は涙でぬれていた. ~ en sangre 血まみれの, 血に染まった. ~ en sudor 汗まみれの. ❷ [海に] 面した: países ~s por el Mediterráneo 地中海沿岸諸国. países ~s por el Pacífico 環太平洋諸国. ❸《料理》[+con・de・en を] まぶした, かけた: pastel ~ en chocolate チョコレートをかけたケーキ

bañador¹ [baɲaðór]《←bañar》男 ❶《西》[女性用の] 水着《= traje de baño》; [男性用の] 水泳パンツ: ponerse el ~ 水着を着る. estar en ~ 水着を着ている. ❷《まれ》たらい, 水槽

bañador², ra [baɲaðór, ra] 名 水浴する人; 海水浴客《=bañista》

bañar [baɲár]《←ラテン語 balneare》他 ❶ 入浴させる, 風呂に入れる: La madre baña a su niña pequeña. 母親は自分の小さな娘を風呂に入れさせる. ❷ [+en で] 浸たす, 浸す: Los niños bañaban los pies en el agua del arroyo. 子供たちは足を小川の水につけていた. ❸ [+con で] ぬらす, びしょぬれにする: ~ el pañuelo con lágrimas 涙でハンカチをぬらす. ❹ [+de で] 覆う, 被膜を作る, コーティングする: ~ de plata las cucharas スプーンを銀めっきする. ❺ [海などが陸地を] 洗う, …に接する: El lago Leman baña Ginebra. ジュネーブはレマン湖のほとりにある. ❻ [川の水が] 灌漑する, 潤す. ❼《文語》[光・暖かさなどが一杯に注ぐ, 降り注ぐ: El sol baña las habitaciones de una luz cruda. 部屋には強い日ざしが降り注いでいる. ❽《美術》[透明絵の具を別の色に] 上塗りする. ❾《料理》糖衣(グレーズ)をかける. ❿《ベネズエラ》上回る

— ~se ❶ 水浴びする: Vamos a la playa para ~nos y tomar el sol. 海に行って海水浴をして日光浴をしよう. Me he bañado una vez en el Mar Rojo. 私は一度紅海で泳いだことがある. ~se al sol 日光浴をする. ❷ 入浴する;《中南米》シャワーを浴びる. ❸ [+en で] びしょぬれになる: Se le subió la fiebre y se bañó en sudor. 彼は高い熱が出てひどく汗をかいた

mandar a+人 a ~se《南米》…に出ていけと言う
vete a ~《キューバ, チリ, アルゼンチン, ウルグアイ》いやだ, ごめんだね

bañecianismo [baɲeθjanísmo] 男 バニェス思想《16世紀ドミニコ会のスペイン人神学者ドミンゴ・バニェス Domingo Báñez の思想》

bañera¹ [baɲéra]《←baño》女 ❶ 浴槽: meterse en la ~ 浴槽に入る. ~ de remolinos ジャッグジーバス. ~ para bebés ベビーバス. ❷《隠語》[la+] 頭を水に漬ける拷問

bañero, ra [baɲéro, ra] 名《西》[海水浴場・プールの] 監視員, ビーチボーイ; 湯治場の従業員

bañezano, na [baɲeθáno, na] 形《地名》ラ・バニェサ La Bañeza の [人]《レオン県の町》

bañil [baɲíl] 男 = **bañadero**

bañismo [baɲísmo] 男《まれ》遊泳, 海水浴; 湯治

bañista [baɲísta] 名 ❶ [海水浴場・プールなどで] 泳ぐ人, 海水浴客. ❷ 温泉客

baño [báɲo]《←ラテン語 balneum》男 ❶ 入浴; 風呂, 浴室《= cuarto de ~》; 浴槽《=bañera》: Se dio un ~ antes de acostarse. 彼は寝る前に風呂に入った. Hoy prefiero tomar un ~ a tomar una ducha. 今日はシャワーを浴びるより風呂に入りたい. en ~ 浴室で; 洗面所で. habitación con ~ バス付きの部屋. habitación con ~ completo バス・トイレ付きの部屋. ~ de arena 砂風呂. ~ de asiento 腰湯, 座浴. ~ de espuma 泡風呂. ~ de pies 足湯, 足浴. ~ de vapor 蒸し風呂, スチームバス. ~ ruso《中南米》サウナ風呂. ~ turco [後に冷水浴とマッサージを伴う] 蒸し風呂. ~s públicos/casa de ~s 公衆浴場. ❷《主に中南米》洗面所, トイレ: ¿Dónde está el ~? トイレはどこですか? Voy al ~. トイレに行ってきます. ❸ [主に複] 水浴び, 水遊び; 海水浴《=~s de mar》; 日光浴《=~s de sol》: El verano es la temporada de los ~s de mar. 夏は海水浴の季節だ. tomar ~s de sol 日光浴をする. pantalones de ~ 水泳パンツ. ~s ultravioletas 紫外線浴. ❹ [複][海水浴場]《=~s termales, ~s medicinales》;湯治場, 温泉場: ir a los ~s 湯治(温泉)に行く. tomar los ~s en un balneario 湯治場で温泉につかる. ❺《料理》かぶせるもの,《菓子などの》グレーズ, 糖衣. ❼《ペンキなどの》コーティング, 上塗り; 被膜: Han dado a este banco un ~ de pintura. このベンチはペンキを塗ったばかりだ. ❽《美術》[下絵に] 塗りつぶすこと. ❾《技術》1) めっき; めっき溶液: tener un ~ de oro 金めっきがしてある. ~ de plata 銀めっき. ~ de revestimiento 浸漬(ひたし)めっき. 2) 浸液; 浸液の槽, 溶液槽. ~ de aceite [焼き戻しの] 油浴;《機械の》油槽. ~ de galvanización 電解浴. 3) [鋳造炉内の] 湯, 溶けた金属. ❿《写真》~ de revelado 現像液(槽). ~ clarificador 清浄浴. ⓫《化学》~ de María 湯煎(せん); 湯煎鍋, 温度調節器. ⓬《口語》生かじりの知識; わずかな量: En Africa recibieron un ~ de formación militar. 彼らはアフリカでわずかばかりの軍事訓練を受けた. tener un ~ de cultura 薄っぺらな教養. ⓭ [人が持つ] 雰囲気, 気味: No es guapa, pero tiene un cierto ~ de distinción. 彼女は美人ではないが, どこか気品のようなものがある. ⓮《動物》眼杯《= ~ de ojos》. ⓯《中南米》[北アフリカにおけるモーロ人の] 牢獄, 徒刑場. ⓰《中南米》冷え冷えとした場所

~ de María《まれ》= **María**
~ de sangre 血の洗礼, 大量殺人, 大虐殺
~ María 1)《料理》湯煎(せん); 湯煎鍋: calentar la mantequilla al ~ María バターを湯煎にかける. 2) 骨抜きにされたもの, よさが失われたもの
dar a+人 un ~《口語》…に打ち勝つ, 楽勝する
darse un ~ de... …の勉強を改めてやり直す, …に磨きをかける
hacer del ~《中南米》大便をする

bañolense [baɲolénse] 形名《地名》バニョラス Bañolas の[人]《ヘロナ県の町》

bao [báo] 男《船舶》ビーム, 甲板梁; 梁

baobab [baobáb] 男 [複 ~s]《植物》バオバブ

baptismo [ba(p)tísmo] 男《プロテスタント》バプテスト主義, 浸礼主義

baptista [ba(p)tísta] 形名《プロテスタント》バプテスト派 [の]《= bautista》

baptisterio [ba(p)tistérjo] 男《キリスト教》❶ 洗礼堂, 授洗所; [洗礼堂のある] 内陣. ❷ 洗礼盤

baque [báke] 男 ❶ 物が落ちた時の衝撃, ドスンという音. ❷ 転倒, 衝突《=batacazo》

baqueano, na [bakeáno, na] 形名 = **baquiano**

baquear [bakeár]《←英語 back》自《船舶》[微風時に] 潮に乗って進む

baquelita [bakelíta] 女《化学》ベークライト

baquelizar [bakeliθár] 9他 ベークライトで覆う, ベークライトを染み込ませる

baquero [bakéro] 男 [背中で留める] ゆったりした服

baquet [bakét]《←仏語》男《自動車》バケットシート

baqueta [bakéta]《←伊語 bacchetta》女 ❶ [主に複] 打楽器のばち, スティック. ❷ [銃の] 槊杖(さくじょう). ❸《闘牛》ピカドールが馬を操るための細長い棒
tratar (llevar) a [la] ~ 厳しく(厳格に)扱う

baquetazo [baketáθo] 男《まれ》[棒による] 殴打; [激しい] 転倒

baqueteado, da [baketeáðo, ða] ❶ 経験豊富な: Está muy ~ en los negocios hoteleros. 彼はホテル業のベテランだ. ❷ 苦しい状況に置かれた, つらい生活をおくる. ❸ 重労働に慣れた

— 女《メキシコ》[罰としての・危害を加えるための] 激しい殴打

baquetear [baketeár]《←baqueta》他 ❶ 迷惑をかける, 困らせる; ひどく苦しめる. ❷ 乱暴に揺り動かす; 酷使する

baqueteo [baketéo] 男 ❶ 迷惑をかけること; ひどく苦しめること. ❷ 激しい揺れ; 酷使

baquetón, na [baketón, na]《メキシコ》無頓着な人, 無責任な人

— 男《建築》[ゴチック様式特有の] 細長い柱; 玉縁(たまぶち)

baquía [bakía]《←?アラビア語 baqīya「残り」》女 ❶《主に中南米. 古語的》手先の器用さ. ❷《中南米》土地勘
de ~《中南米》老練な, ベテランの

baquiano, na [bakjáno, na]《←baquía》形名 ❶《主に中南米. 口語》[+en 地理などに] 詳しい [人]; 道案内 [の], ガイド: Es el más ~ en estos montes. 彼はこのあたりの山に一番詳しい. ❷《まれ》[+de に] 熟達した, 上手な

báquico, ca [bákiko, ka] 形 ❶ バッカス神 Baco の: canción ~ca 酒宴の歌. ❷《文語》酔っぱらった, 乱痴気騒ぎの

Baquijano [bakixáno]《人名》**José** ~ ホセ・バキハノ《1751~1817, ペルーの政治家. 司法・経済・政治に関する著述, 教育活動に従事. 独立運動の先駆者》

baquio [bákjo] 男《詩法》バッカス格

báquira [bákira] 女《動物》ペッカリー
bar [bár] I《←英語》男 バル《カウンターで酒・コーヒー・軽食などを出す,スペイン独特の大衆的なスナック》: ir de ～*es* 飲みに行く. recorrer los ～*es* はしご酒をする. ～ de alterne/～ de citas/～ de ligue ハントバー. ～ de copas [酒中心の] バル II《←ギリシア語 baros, -eos「重さ」》男 [気圧の旧単位] バール
bar-〔接頭辞〕=**baro-**
baraca [baráka]《←アラビア語 baraka》女 [モロッコの聖者の] 霊力
baracaldés, sa [barakaldés, sa] 形《地名》バラカルド Baracaldo の [人]《ビスカヤ県の町》
baracalofi [barakalófi] *de* ～《隠語》無料で, ただで
baracoense [barakoénse] 形 名《地名》バラコア Baracoa の [人]《キューバ, オリエンテ県の町》
baraconense [barakonénse] 形 名 =**baracoense**
baracuta [barakúta] 女《魚》=**barracuda**
barafustar [barafustár] 自《地方語》騒ぐ, 大騒ぎする
barahúnda [baraúnda] 女 [群集などの] 騒音, 大騒ぎ, 大混乱
barahustar [baraustár] 〔18〕/規則変化〕 =**baraustar**
baraja [baráxa]《←アラビア語 baraka「カリスマ, 力」》女 ❶ [一組の] トランプ《～ *francesa*》: La ～ española tiene 48 cartas. スペイン式トランプは48枚ある. jugar a la ～ トランプをする. peinar la ～ トランプを切る. ❷〔集名〕[そこから選択できる] 様々な可能性: Allí encontraremos una ～ de tabernas. そこなら色々な居酒屋がある ● *jugar con dos* ～*s*/《まれ》*jugar a [las] dos* ～*s* 二股をかける; 二枚舌を使う ● *llevar la* ～《トランプ》親になる ● *romper la* ～《約束・申し合わせなどを》取り消す, 反故にする; [交渉などを] 突然打ち切る: O jugamos todos o se *rompe la* ～.《口語》全員ですか誰もやらないかだ
barajada [baraxáða] 女 ❶ [可能性などの] 検討. ❷ =**barajadura**
barajador, ra [baraxaðór, ra] 形 名 [トランプを] 切る [人]
barajadura [baraxaðúra] 女 [トランプを切る] シャッフル
barajar [baraxár] 他 《←baraja》❶ [トランプを] 切る, シャッフルする. ❷ [いくつかの方策・可能性などを] 考える: Una de las hipótesis *barajadas* se basa en la biología. 検討された仮説の一つは生物学に基づいている. ❸ [ideas 色々と] 考える. ❹ [一つの事柄に, 複数のデータなどを取り混ぜて] 利用する: En ese libro el autor *baraja* tres teorías distintas. その本の中で著者は3つの異なった理論を用いている. ❺ *Baraja* varios lugares para pasar las vacaciones. 私は休暇をどこで過ごすか, いくつかの場所を考えている. ❻ [危険・難問などを] 巧みに避ける. ❺《馬術》手綱を引き締める. ❻《中南米. 口語》[…の意図を] 見抜く; 説明する, 話す. ❼《コロンビア. 口語》紛糾させる. ❽《ラプラタ》[相手の攻撃を] かわす, ブロックする; [投げられたものを] 受けとめる ● 自 [+con と] けんかする, 敵対する ● ── *se* 挙げられる: *Se baraja* su nombre como candidato. 候補として彼の名前が取り沙汰されている. ～*se* la posibilidad de... …の可能性もある ● *barajárselas*《チリ. 口語》何とかやっていく
baraje [baráxe] 男 =**barajadura**
barajear [baraxeár] 他《俗語》[トランプを] 切る; [いくつかの方策・可能性などを] 考える; [一つの事柄に, 複数のデータなどを取り混ぜて] 利用する《=barajar》
barajo [baráxo] 男《エクアドル》=**barajadura** ── 間《中南米. 婉曲》 ちぇっ, くそったれ!
barajón [baraxón] 男 かんじき
barajustar [baraxustár] 自《ホンジュラス, パナマ, コロンビア, ベネズエラ》猛烈と逃げ出す
baraka [baráka] 女 =**baraca**
barallete [baraʎéte] 男 ❶ ガリシアの研ぎ師の隠語. ❷《まれ》[一般に] 隠語
baranda [baránda]《←古語 varanda》女 ❶ 手すり: Miraba la calle de codos sobre la ～ del balcón. 私はバルコニーの手すりに肘をついて通りを眺めていた. ❷ 窓の木枠; 家を囲む回廊. ❸ [ビリヤード台の] クッション. ❹《隠語, 婉曲, ボス. ❺《アルゼンチン, ウルグアイ》不快な臭い; [特に] 汗臭さ
barandado [barandáðo] 男《まれ》手すり《=baranda》
barandaje [barandáxe] 男《まれ》手すり《=baranda》
barandajo [barandáxo] 男《まれ》手すり《=baranda》

barandal [barandál] 男 ❶ 手すり子の基部. ❷ 手すり《=baranda》
barandilla [barandíʎa]《*baranda* の示小語》女 ❶《西》手すり《=baranda》: Pondremos una ～ para reducir el riesgo de caída. 転落の危険性を減らすため手すりを設けよう. ❷《隠語》[証券取引所の] 投資家席;〔集名〕そこの投資家たち
barandillero, ra [barandiʎéro, ra] 名《隠語》[証券取引所にいる] 投資家
barangay [baraŋgái] 男《フィリピン》❶《歴史》バランガイ《先住民を45～50家族ごとに分けた行政の最小単位》. ❷ [船べりの低い] 手こぎ船
barangayán [baraŋgaján] 男《フィリピン》板を貼り合わせた大型の舟《=gubán》
barata[1] [baráta] 女 ❶《メキシコ》安売り《=liquidación》;《コロンビア》中古品 (安物) を売る店. ❷《ペルー, チリ. 口語》ゴキブリ《=cucaracha》
baratamente [barátaménte] 副《まれ》安く
baratar [baratár] 他《古語》❶ 交換する. ❷ 安売りする; 値切って買う
baratear [barateár] 他 ❶ 安売りする, 捨て値で売る. ❷ [買い手と売り手が] 値引き交渉をする《=regatear》
baratería [baratería]《←*barato*》女 ❶《法律》1)[商取引上の] 不正行為, 詐欺. 2)[裁判官の] 収賄. ❷《船舶》船長・船員が船主・荷主に対し損害を与える不正行為
baratero, ra [baratéro, ra] 形 名 ❶ 安く買う人.《地方語》[貨幣を2個投げてその表裏を当てる賭博 *chapas* の] 胴元. ❸《メキシコ, コロンビア, チリ》安く売買する [人];《チリ. 口語》安売り店の店主
baratieri [baratjéri] 形《ボリビア, アルゼンチン, ウルグアイ. 軽蔑》安物の, 安かろう悪かろうの
baratija [baratíxa]《←*barato*》女《軽蔑》❶ 安っぽい装身具, 金ぴか物. ❷ 主に《複》小物の, 小物の品
baratillero, ra [baratiʎéro, ra] 名 安物売り, 安物販売店の主
baratillo [baratíʎo]《←*barato*》男 ❶ [安物を売る] 露店; のみの市. ❷〔集名〕[路上で売られる] 安物, がらくた, 中古品
barato, ta[2]《←ギリシア語 pratto「私はする, 働く」》形 ❶ [値段が] 安い, 安価な《⇔caro》: 安上がりな, 安くつく: 1) La vida es ～*ta* en este país. この国では生活費が安い. Generalmente las universidades públicas son más ～*tas* que las privadas. 一般に国公立大学は私立大学より学費が安い. Pienso comprar piso porque ahora están más ～*s*. 今マンションが安くなっているので私は買いたい. En temporada baja resulta más ～*ta* viajar. シーズンオフは旅行が安上がりになる. 2)《諺》Lo ～ sale caro. 安物買いの銭失い. No hay cosa más ～*ta* que la que se compra. 只ほど高い物はない《←買った物が一番安上がりだ》. ❷《口語》安っぽい, 低級な: Es un bolso ～. それは安物のバッグだ. novela ～*ta* 三文小説. ❸《口語》安直な, たやすく手に入る ● *a la* ～*ta* 無秩序に ● *echar (meter) a* ～《口語》[人の話に] 野次を飛ばす, 大声でさえぎる ● *dar de* ～《口語》[細部では] 譲歩する ● *de* ～ 無利子で; ただで ● *salir* ～ 安くつく: Nos *salió* muy ～ este viaje porque fuimos en coche. 車を使ったので今度の旅行は安くついた ── ～.《口語》[=En este restaurante se come bien y] ～. このレストランは安くておいしい. *comprar* ～ 安く買う. *vender* ～ 安売りする ● 男 ❶ 安値, 投げ売り; 安売り店. ❷ [賭けの勝者が出す] わずかなチップ, 涙金, ご祝儀 ● *cobrar (sacar) el* ～《古語》[人を] 脅す, 脅していることをかせる
báratro [báratro] 男《文語》❶ [罪のある人が落ちる] 地獄. ❷ 黄泉 (よみ) の国
baratura [baratúra]《←*barato*》女 ❶ 安価, 廉価, 買い得. ❷《チリ》安い物
baraúnda [baraúnda] 女 =**barahúnda**
baraustar [baraustár] 〔16〕/規則変化〕他《まれ》❶ [銃などを] 狙う. ❷ [武器などで] 打撃を与える; [攻撃を] かわす
barba [bárba]《←ラテン語 barba「顎」》女 ❶ [時に《複》顎の・顎から頬にかけての] ひげ, 顎 (ひげ): 1) El que tiene ～ es el Sr. González. ひげを生やしている人がゴンサレスさんだ. A mi hijo le brota la ～. 私の息子にひげが生え始めた. llevar (gastar)

barbeta

～ ひげを生やしている. llevar una ～ de dos (varios) días 不精ひげを生やしている. dejarse la ～ ひげを生やす; ひげを伸ばす. dejar crecer la ～ ひげを伸ばし放題にする. tener ～ cerrada (bien poblada) ひげが濃い. ～[s] de chivo ヤギひげ. ～ corrida 顎から頬まで一面に伸ばしたひげ. ～s enmarañadas もじゃもじゃのひげ; [諺] Cuando las ～s de tu vecino veas pelar, echa las ～s tuyas a remojar. 今日は人の身, 明日は我が身/他山の石とすべし. Hazme la ～, hacerte he el copete. 魚心あれば水心. ❷ [主に 動] 動物のひげ; ～s de ballena 鯨のひげ. ❸ 顎 [=barbilla]: Me dio un golpe en la ～. 私は顎を殴られた. doble ～《口語》二重顎. ❹《養蜂》[分封する] ミツバチの群れ; [ミツバチが群がる] 巣箱の上部. ❺《鳥》肉垂(にくすい), 羽枝. ❻《植物》ひげ根; 芒(のぎ). ❼《紙の》ぎざぎざ, ほつれ. ❽《チリ》[ワイシャツの首・ブラジャー・コルセットの] 芯

apurarse a ～ 間一髪で助かる
～ honrada 尊敬に値する人
con toda la ～《口語》本当の, 申し分ない
echar a las ～s de+人《口語》…を面と向かって非難する
en las ～s de+人/en sus propias ～s《口語》…の面前で, …に面と向かって
hacer la ～+人《メキシコ. 口語》1)…のひげをそる. 2) へつらう, おべっかを使う. 3) 悩ます, わずらわす
hacerse la ～ 自分のひげをそる
mentir con toda la ～/mentir por [mitad de] la ～ 臆面もなく嘘をつく
por ～《口語》一人あたり『女性を含まない場合に限る』: La bebida nos ha salido a diez euros por ～. 飲み代は割り勘で10ユーロだった
subirse a+人 a las ～s《口語》…に対して礼を欠く; あなどる: Él se nos sube a las ～s. 奴の態度はでかい
tener pocas ～s 青二才である, まだ若い
tirarse de las ～s 憤慨する, 怒り心頭に発する
── 男《古語的. 演劇》老け役; [メロドラマの] 敵役(かたきやく).
❷ →**barbas**

Barba Azul [bárba aθúl] 男 青ひげ『民間伝承で多くの女性を殺害したとされる男』

barbacana [barbakána]『←アラビア語 b-al-ba-qára』女 ❶ 銃眼, 狭間. ❷ [城門などを守る] 外塁, 外堡(がいほ). ❸ [教会を取囲む] 低い壁

barbacoa [barbakóa]『←カリブ語』女 ❶《料理》1) バーベキュー; バーベキュー用の焼き網・コンロ, それで焼いた食品: hacer una ～ en el jardín 庭でバーベキューをする. ～ de sardinas イワシのバーベキュー. 2)《メキシコ, グアテマラ》バルバコア[地面の穴の上に掛け渡した木の棒の上で焼いた肉]; [バルバコアで焼いた] 子ヤギ[子豚]の肉. ❷《中南米》[イグサのマットの] 粗末な寝台; [水上・樹上の] 小屋; [トウモロコシ畑の監視人の] 見張り台. ❸《南米》屋根裏部屋

barbacuá [barbakwá] 女 =**barbacoa**

barbada[1] [barbáða] 女 ❶ 馬の下顎. ❷《馬具》留めぐつわ, くつわ鎖. ❸ [バイオリンの] 顎のせ. ❹《魚》シマゲンゲ. ❺《料理》豚の顎肉のベーコン. ❻《ペルー, ボリビア》[帽子の] 顎ひも

barbadense [barbaðénse] 形《国名》バルバドス Barbados の[人]

barbado, da[2] [barbáðo, ða] 名 ❶ ひげの生えた[人]. ❷ =**barbadense**
── 男 ❶ [主にブドウの, 植えた] 苗木, 若木: plantar ～ 苗木を植える. ❷ 実生(みしょう), 実生え. ❸ [ひげの生えた] 大人の男

barbaja [barbáxa] 女 ❶《植物》スコルツォネラ [=escorzonera]. ❷《農業》[植えたばかりの植物から生まれた] 最初の根

barbaján, na [barbaxán, na] 形《メキシコ, キューバ》粗野な[人], 下品な[人]

barbar [barbár]『←barba』自 ❶ ひげが生える. ❷《農業》根づく

Bárbara [bárbara] 女《人名》Santa ～ 聖バルバラ『雷除けの加護をする聖人, 砲兵や船乗りの守護聖人』
acordarse de Santa ～ cuando truena 泥棒を見て縄をなう

bárbaramente [bárbaraménte] 副 粗暴(残虐)なことに. ❷ すばらしく

barbáricamente [barbárikaménte] 副 田舎者のように

barbárico, ca [barbáriko, ka] 形《まれ》野蛮な [=**bárbaro**]

barbaridad [barbariðáð]『←ラテン語 barbarus < ギリシャ語 barbaros』女 ❶ 野蛮, 残虐: Ocurrieron muchas ～es durante la guerra. 戦争中残虐な行為が多数起きた. ❷ 常軌を逸した言行: Es una ～ que salgas con tanta fiebre. そんなに熱があるのに出かけようなんて無茶だよ
¡Qué ～! [驚き・不満] 何とまあ〔ひどい〕/うわあ!
una ～《口語》大量, 多数: Estuvimos hablando *una ～ de tiempo*. 私たちはひどい長話をした. Los tiempos adelantan *una ～*. 時代はびっくりするほど進むものだ

barbarie [barbárje]『←ラテン語 barbaries < barbarus』女 ❶ 野蛮, 未開 [⇔civilización]. ❷ 粗野, 粗暴, 残虐

barbarismo [barbarísmo] 男《文法》[発音・語句・構文上の] 破格用法, 外国語からの借用

barbarización [barbariθaθjón] 女 国語を乱れさせること

barbarizante [barbariθánte] 形 国語を乱れさせる

barbarizar [barbariθár] 9 他 [外国語からの借用によって] 国語を乱れさせる
── 自 乱暴(無茶)なことを言う

bárbaro, ra [bárbaro, ra]『←ラテン語 barbarus < ギリシャ語 barbaros』形 名 ❶《歴史》野蛮な; 野蛮族の 1) ヘレニズム世界で文明のない国の人. 2) ローマ帝国に属さない人, 特にゲルマン人(5世紀にはローマ帝国を破りヨーロッパ全土に勢力を伸ばす). 2) キリスト教徒でない人: invasiones ～ras 蛮族の侵入. pueblo ～ 蛮族. ❷ 荒くれ者[の], 乱暴者[の]; 粗野な: No seas ～. 乱暴はよせ/粗野なるまいをするな. Ese taxista conduce como un ～. そのタクシー運転手は運転が乱暴だ. Gritó como un ～. 彼は狂ったように叫んだ. ❸《口語》すごい, すばらしい; ひどい: La soprano estuvo ～ra. ソプラノ歌手はすばらしかった. Fue una cena ～ra. すばらしい夕食だった. Es un tío ～. 彼はすごい奴だ. Hace un frío ～. ひどく寒い. ¡Qué ～! すごい, すばらしい; ひどい! dar una paliza ～ra 棒でひどく殴る. éxito ～ 大成功. idea ～ra すばらしい考え. película ～ra すばらしい映画. crimen ～ 残虐な犯罪. ❹《軽蔑》[言葉が] 正しくない, 乱れた使い方の. ❹《ボリビア, アルゼンチン, ウルグアイ》[人が] 親切な, 優しい; 率直な
── 副《口語》❶ すごく, すばらしく: Ella baila ～. 彼女の踊りはすばらしい/彼女はすばらしいダンサーだ. ❷《主にボリビア, アルゼンチン, ウルグアイ. 口語》[間投詞的に同意] いいよ, OKだ!
pasarlo ～《口語》とても楽しく過ごす: *Lo pasamos ～ en la fiesta*. パーティーはとても楽しかった

barbas [bárbas] 男《単複同形》《口語》ひげ面の男: ¿Quién es ese ～ que ha entrado ahora? 今入ってきたひげ面の男は誰だ?

barbasco [barbásko] 男《植物》ビロードモウズイカ

barbastrense [barbastrénse] 形 =**barbastrino**

barbastrino, na [barbastríno, na] 形《地名》バルバストロ Barbastro の[人]《ウエスカ県の町》

barbateño, ña [barbatéɲo, ɲa] 形 名《地名》バルバテ Barbate の[人]《カディス県の町》

barbear [barbeár] 他《主に動物の顎の高さに》達する: Los toros saltan todo lo que *barbean*. 雄牛は顎の高さの物ならすべて跳び越えられる
── 自 ❶ [+con の高さに] 到達する, 届く. ❷ 理髪(調髪)をする. ❸《闘牛》[牛が囲いの出口を探すかのように] 板塀に鼻先を触れて歩く. ❹《メキシコ, キューバ, コロンビア》[鼻口部と片方の角をつかんで] 牛を倒す

barbechada [barbetʃáða] 女 =**barbechera**

barbechera [barbetʃéra] 女 ❶《集合》休耕地. ❷ 休耕期; 休耕

barbecho [barbétʃo]『←ラテン語 vervactum < vervagere』男 ❶ 休耕地. ❷ 休耕: estar (quedar) en ～ [土地が] 休閑(休耕)中である
firmar en ～ 盲判を押す

barbecú [barbekú]《チリ. 料理》バーベキュー〖=**barbacoa**〗

barbecué [barbekué] 男《チリ. 料理》バーベキュー〖=**barbacoa**〗

barbera[1] [barbéra] 女《アンダルシア; 中南米》かみそり

barbería [barbería] 女 ❶ 理髪店 [=peluquería]. ❷ 理髪業

barberil [barberíl] 形 理髪師の

barbero[1] [barbéro]『←barba』男 ❶ 理髪師: El ～ de Sevilla 『セビリアの理髪師』. ❷《魚》オーシャン・サージョン

barbero, ra[2] [barbéro, ra] 形《メキシコ, ホンジュラス, ニカラグア. 口語》おべっか使いの
estar (ponerse) ～《中米》受験勉強をする

barbeta [barbéta] 女 ❶《築城》[胸壁内の] 砲座. ❷《船舶》

barbián, na

── 形 名 《チリ. 軽蔑》愚か者〔の〕
撚(²)り縄, スパニヤン

barbián, na [barbján, na]《←ジプシー語 barban「空気」》形 名 《主に 男》《親愛》のびのびとした〔人〕, ほがらかな〔人〕

barbiblanco, ca [barbiblánko, ka] 形 =**barbicano**

barbicacho [barbikátʃo] 男《まれ》顎ひも〔=barboquejo〕

barbicano, na [barbikáno, na] 形 白ひげの, ひげの白い

barbicastaño, ña [barbikastáɲo, ɲa] 形 栗色のひげの

barbicelo [barbiθélo] 男《鳥》小鉤〔な〕

barbiespeso, sa [barbjespéso, sa] 形 《まれ》ひげの濃い〔人〕

barbihecho, cha [barbjétʃo, tʃa] 形 ひげを剃ったばかりの

barbijo [barbíxo] 男 ❶ 《ボリビア, ラプラタ》1)〔帽子の〕革製の顎ひも. 2)〔顔の〕傷跡. ❷《アルゼンチン, ウルグアイ》〔医療・衛生関係者の〕マスク

barbilampiño, ña [barbilampíɲo, ɲa] 形《←barba+lampiño》〔大人なのに〕ひげの薄い〔生えていない〕

barbilindo [barbilíndo] 形《まれ. 軽蔑》美男を鼻にかけた, 気取り屋〔の〕

barbilla [barbíʎa] 《barba の示小語》女 ❶〔人・動物の〕下顎の先: doble ~ 二重顎. ❷〔鳥〕小羽枝〔ばう〕. ❸〔魚の〕ひげ, 触鬚〔は〕. ❹〔カレイ・ヒラメの〕背と腹のひれ, 縁側〔ふぎ〕

barbillear [barbiʎeár] 他《主に男が女の》顎をなでる

barbillón [barbiʎón] 男〔魚の〕ひげ, 触鬚〔=barbilla〕

barbilucio [barbilúθjo] 形《まれ. 軽蔑》=**barbilindo**

barbiluengo, ga [barbilwéŋgo, ga] 形 ひげの長い

barbimoreno, na [barbimoréno, na] 形 褐色のひげの

barbinegro, gra [barbinégro, gra] 形 黒いひげの

barbiponiente [barbiponjénte] 形 《文語》〔若者が〕ひげの生え始めた

barbipungente [barbipunxénte] 形 《文語》=**barbiponiente**

barbiquejo [barbikéxo] 男 ❶ =**barboquejo**. ❷《船舶》斜檣支索. ❸《ペルー》〔顎の下で交差させ頭頂で結ぶ〕スカーフ

barbirralo, la [barbiřálo, la] 形 ひげの薄い

barbirrapado, da [barbiřapáðo, ða] 形 ひげをそり落とした

barbirrojete, ta [barbiřóxete, ta] 形《地方語》ほろ酔い機嫌の

barbirrojo, ja [barbiřóxo, xa] 形 赤ひげの

barbirrucio, cia [barbiřúθjo, θja] 形 ごま塩ひげの

barbitaheño, ña [barbitaéɲo, ɲa] 形《文語》=**barbirrojo**

barbital [barbitál] 男《薬学》バルビタール

barbiteñido, da [barbiteɲíðo, ða] 形 ひげを染めた

barbitonto, ta [barbitónto, ta] 形 間抜け顔の

barbitúrico, ca [barbitúriko, ka] 形《化学》バルビツール酸の
── 男《薬学》バルビツール剤, バルビツール酸系睡眠導入薬

barbiturismo [barbiturísmo] 男《医学》バルビツール剤中毒〔症〕

barbo [bárbo] 男《魚》バルブ〔食用〕: ~ de mar ヒメジ
hacer el ~〔合唱で〕口だけ動かして歌うふりをする

barbón, na [barbón, na] 男《まれ》=**barbudo**
── 男 ❶《狩猟》ノガン〔特に雄〕. ❷《植物》キバナハボタンモドキ; サルシファイ. ❸ 雄ヤギ. ❹《カトリック》カルトジオ会の一般信徒

barboquejo [barbokéxo] 《←?語源》男〔帽子・ヘルメットの〕顎ひも

barbotar [barbotár] 《←擬声》他〔とぎれとぎれに・口の中で〕ぶつぶつ言う

barbote [barbóte] 男 ❶〔兜の〕あご当て〔=babera〕. ❷《アルゼンチン》先住民が下唇に刺している銀製の棒

barbotear [barboteár] 他 =**barbotar**

barboteo [barbotéo] 男 ❶ ぶつぶつ言うこと. ❷《技術》スパッタリング

barbotina [barbotína] 女《製陶》粘土泥漿

barbudo, da [barbúðo, ða] 形 名 ひげを生やした〔人〕; ひげの長い〔人〕, ひげもじゃの〔人〕
── 男《植物》支根, 小根
── 女 ❶《植物》ササクレヒトヨタケ〔食用〕. ❷《魚. 地方語》コマイ型のタラの一種〔=faneca〕

bárbula [bárbula] 女《鳥》小羽枝〔ばう〕;〔魚の〕ひげ, 触鬚〔=barballa〕

barbulla [barbúʎa] 《←擬声》女《まれ》やかましいしゃべり声〔叫び声〕

barbullar [barbuʎár] 自 不明瞭に〔もごもごと〕しゃべる;〔人々が同時に〕やかましくしゃべる〔叫ぶ〕

barbullido [barbuʎíðo] 男 イワシの群れによる波立ち

barbullón, na [barbuʎón, na] 形 もごもご言う

barbuquejo [barbukéxo] 男 ❶ =**barboquejo**. ❷《地方語. 馬具》〔おもがい jáquima の〕耳飾り

barbusano [barbusáno] 男《カナリア諸島. 植物》月桂樹の一種〔学名 Apollonias canariensis〕

barbuzano [barbuθáno] 男 =**barbusano**

barca [bárka]《←ラテン語》女 ❶ 小舟, ボート: Alquilaron una ~ para remar por el lago. 彼らは小舟を借りて湖で漕いだ. pasear en ~ ボート遊びをする. ~ pescadora/~ de pesca 釣り船, 漁船. ~ de pasaje 渡し舟. ~ de remo 手こぎ舟. ~ sumergible 水中船
en la misma ~ 運命を共にしている〔=en el mismo barco〕

Barça [bársa] 男《サッカー》〔el+〕バルサ〔バルセロナのサッカークラブチーム, FCバルセロナ F.C. Barcelona の愛称. 1899年創設〕

barcada [barkáða] 女 一航海の船1杯分の〕積み荷, 船荷; の料金

barcaje [barkáxe] 男 ❶ 渡し賃, 渡船料. ❷〔舟の〕渡し;〔小型船舶の〕運搬

barcal [barkál] 男 ❶ ワインの計量カップの受け皿. ❷ 丸い飼い葉桶〔=dornajo〕

barcarola [barkaróla] 《←伊語 barcarolo》女 バルカロール, ゴンドラの舟歌

barcaza [barkáθa] 《barca の示大語》女 ❶ 船同士の・船と陸の間の運搬用の〕はしけ. ❷《軍事》〔平底の〕舟艇: ~ de desembarco 上陸用舟艇

barcazgo [barkáθgo] 男〔中世の〕河川通行税

Barceló [barθeló]《人名》**Antonio** ~ アントニオ・バルセロ〔18世紀, マジョルカ島の著名な船乗り〕: Eres más valiente que ~ por mar.《アンダルシア》海を行くバルセロよりお前は勇敢だ

Barcelona [barθelóna] 女《地名》バルセロナ〔スペイン第二の大都市. カタルーニャ州の州都・県〕

barcelonense [barθelonénse] 形 名 =**barcelonés**

barcelonés, sa [barθelonés, sa] 形 名《地名》バルセロナ Barcelona の〔人〕

barceloní [barθeloní] 形《地方語》=**barcelonés**

barcelonía [barθelonía] 女《文語》=**barcelonismo**

barcelonismo [barθelonísmo] 男 バルセロナびいき, バルセロナ風

barcelonista [barθelonísta] 名《サッカー》FCバルセロナの〔選手〕

bárcena [bárθena] 女《地方語》川岸

barceno, na [barθéno, na] 形 =**barcino**

barceo [barθéo] 男《植物》アフリカハネガヤ

barchilla [bartʃíʎa] 女《カステリョン, バレンシア, アリカンテ》穀類・豆類の乾量の単位

barchilón, na [bartʃilón, na] 形《エクアドル, ペルー, ボリビア. 口語》准看護師, 看護師の補佐

barcia [bárθja]《←?語源》女 ❶ もみ殻. ❷《地方語》畑〔=huerta〕

barciar [barθjár] 他 からにする〔=vaciar〕

barcina[1] [barθína] 女《アンダルシア, メキシコ》❶ エスパルトで編んだ網袋〔=herpil〕. ❷ わらの大きな束

barcino, na[2] [barθíno, na] 形《←?語源》❶〔馬などが〕粗毛の〔白・褐色・赤などの混ざった色〕. ❷《歴史》〔中南米の〕albarazado と coyote との混血の〔人〕

barcinonense [barθinonénse] 形 名 =**barcelonés**

barco [bárko]《←barca》男 ❶ 船, 船舶〔頻義〕 **barco** は一般的に船, **buque** は甲板のある大型船〕: Ellos fueron a Grecia en ~. 彼らは船でギリシアに行った. ~ bomba/~ contra incendios 消防艇. ~ de guerra 軍艦. ~ de recreo 遊覧船. ~ de vapor 汽船. ~ de vela 帆船. ~ escuela 練習船. ~ mercante 商船. ~ piloto 水先船. ❷〔宇宙船の〕船室, カプセル. ❸〔気球の〕吊りかご, ゴンドラ. ❹ 小峡谷. ❺《西》複 戦艦ゲーム〔自分の紙の升目に軍艦を書き入れ, 互いに相手の船の位置を推測して当てる遊び〕. ❻《キューバ》無責任な人, 約束を守らない人
en el mismo ~ 運命を共にしている, 同じ境遇の
── 男《メキシコ, キューバ. 口語》お人好しの, 甘い;〔教師が〕落第させない

barcolongo [barkolóŋgo] 男〔昔の〕細長い船

barcoluengo [barkolwéŋgo] 男 =**barcolongo**

barda [bárða]《←?語源》女 ❶〔主に 複〕土・石製の〕畑を囲む

土塀の上の屋根. ❷ [複] 土塀のてっぺん. ❸ [中世の] 馬よろい. ❹ 《船舶》[水平線上の] 暗雲. ❺ 《アラゴン; メキシコ》イバラ. ❻ 《サラマンカ》オークの若木. ❼ 《メキシコ》[高い] 塀, 柵. ❽ 《アルゼンチン》山の急斜面

bardado, da [barðáðo, ða] 形 馬よろいで武装した
bardaguera [barðaɣéra] 女 《植物》ヤナギ《特にゴボウタイリクキヌヤナギ, セイヨウクリヤナギなど》
bardaja [barðáxa] 形 女 =bardaje
bardaje [barðáxe] 男 ソドミーをされる〔人〕
bardal [barðál] 男 ❶ 土塀の上の屋根《=barda》. ❷《植物》ブラックベリー《=zarza》. ❸《地方語》薪置き場
bardalero [barðaléro] 男《地方語》土塀の上の屋根 barda によく来る鳥
bardaliego, ga [barðaljéɣo, ɣa] 名《地方語》私生児〔の〕
bardana [barðána] 女《植物》❶ ゴボウ《欧米では雑草扱いされる》. ❷ ヤブジラミ《=~ menor》
bardar [barðár] 他 [土塀の上を] 屋根で覆う
bardasco [barðásko]《地方語》[主に叩くのに使う] しなやかな枝
bardeo [barðéo] 男《隠語》ナイフ, 短刀《=baldeo》; ナイフで刺すこと
bardero [barðéro] 男 ❶ [パン屋などへの] 薪運び, 薪売り《人》. ❷《地方語》薪をしまう小屋
bardial [barðjál] 男《地方語》泥・石の屋根《=barda》
bardino, na [barðíno, na] 形 [動物が] 黒色と赤っぽい毛色の
bardiota [barðjóta] 名 ビザンチン帝国皇帝の〔護衛兵
bardiza [barðíθa] 女《ムルシア》葦の生け垣
bardo [bárðo] [←ラテン語 bardus < ケルト語 bardd「詩人」] 男 ❶ [ケルト族の] 吟唱詩人, 《文語》[一般に] 詩人. ❷《地方語》[イバラで覆われた] ウサギ穴, イバラや葦の生け垣. ❸《地方語》塀, 囲い; 土壁. ❹《アラゴン》泥. ❺《アルゼンチン》売春宿
bardoma [barðóma] 女《アラゴン, ムルシア》汚れ, 腐った泥
bárdulo, la [bárðulo, la] 名 形 =várdulo
baré [baré] 男《古語, 隠語》5ペセタ硬貨
baremación [baremaθjón] 女 基準の適用
baremar [baremár] 他 …に基準, 規準を適用する
baremo [barémo] 男 [←仏語 barème] ❶ [集合]〔評価などの〕基準: ~ del riesgo de una epidemia 感染危険度の基準値. ❷ 計算表, 換算表; 料金表
barero, ra [baréro, ra] 形 バル bar の
barestesia [barestésja] 女《医学》圧覚
bareto [baréto] 男《西. 口語》安っぽいバル bar, 安酒場, 飲み屋
bargueño [barɣéɲo] 男 バルゲーニョ, 洋櫃《引出しのたくさんある脚付き飾り戸棚》
barhidrómetro [bariðrómetro] 男 水圧計
baria [bárja] 女 [圧力のCGS単位] バーリー
baría [baría] 女《キューバ. 植物》ムラサキ科の木《学名 Calophyllum calaba》
bariba [baríba] 男 バリバ語《ベニンの言語》
baribal [baribál] 男《動物》アメリカクロクマ《=oso ~》
baribañuela [baribaɲwéla] 女《地方語. 鳥》エジプトハゲワシ《=alimoche》
baricéntrico, ca [bariθéntriko, ka] 形《物理》重心の
baricentro [bariθéntro] [←ギリシア語 barys「重さ」+カスティーリャ語 centro] 男《物理》重心
bárico, ca [báriko, ka] 形 ❶《化学》バリウムの. ❷《物理》重さの
barimetría [barimetría] 女 重力測定
barín, na [barín, na]《露語》名《歴史》[スラブ人の階級] 郷士
barinense [barinénse] 形 名《地名》バリナス Barinas の〔人〕《ベネズエラ西部の州・州都》
barinés, sa [barinés, sa] 形 名 =barinense
bario [bárjo] 男《元素》バリウム
barisfera [barisféra] 女 [地球の] 重圏
barista [barísta] 名 ❶ バル bar の主人〔従業員〕. ❷ [コーヒーの] バリスタ
barita [baríta] 女 ❶《鉱物》重土, バリタ. ❷《化学》[水] 酸化バリウム
baritado, da [baritáðo, ða] 形《化学》papel ~ バライタ紙
baritel [baritél] 男 [馬で動かす] 巻き上げ機
barítico, ca [barítiko, ka] 形 酸化バリウムの
baritina [baritína] 女 ❶《鉱物》重晶石, バライト. ❷《化学》[水] 酸化

酸バリウム
baritocalcita [baritokalθíta] 女《鉱物》重土方解石
baritonal [baritonál] 形《音楽》バリトンの
barítono [barítono]《ギリシア語 barys「重さ」+tonos「音調」》男《音楽》バリトン〔声部, 歌手〕
barján [barxán] 男《地理》半円形の砂丘
barjuleta [barxuléta] 女 [衣服や道具類を入れる] 背負い袋
barloa [barlóa] 女《船舶》もやい綱, 係船索
barloar [barloár] 自《船舶》=abarloar
barlongo, ga [barlóŋgo, ɡa] 形《建築》正面が横長の
barloventear [barlobenteár] 自《船舶》上手回しをする; 間切る
barloventeo [barlobentéo] 男《船舶》上手回し; 間切り
barlovento [barlobénto] 男 [←barloa+viento]《船舶》風上《⇔sotavento》: estar a ~ 風上に位置する. virar a ~ 上手(ᠭᠤ)回しをする
barman [bárman] [←英語] 男 [複 ~s/《まれ》barmen, bármanes] バーテンダー
barn [bárn] 男《物理》[核反応断面積の単位] バーン
Barna. [略記] ←Barcelona バルセロナ
barnabita [barnabíta] 形《カトリック》バルナバ会 congregación de San Pablo の〔修道士〕
barnacla [barnákla] 女《鳥》カオジロガン《=~ cariblanca》: ~ canadiense カナダガン. ~ carinegra コクガン. ~ de Magallanes マゼランガン
barniz [barníθ] [←俗ラテン語 veronix, -icis] 男 ❶ ワニス, ニス: dar a... una capa de ~ …にニスを塗る. ~ aislante 絶縁ワニス. ❷《製陶》釉薬(ᠭᠤ). ❸ 見てくれ; 生かじり: ~ de cortesía 上っ面だけの礼儀正しさ. ~ de cultura 上べだけの教養. ~ del latín ラテン語の生かじり. ❹《植物》~ del Japón ニワウルシ, シンジュ. ❺《メキシコ》マニキュアのエナメル
barnizado [barniθáðo] 男 ニス塗り;《製陶》釉薬かけ
barnizador, ra [barniθaðór, ra] 名 ニスを塗る〔人〕;《製陶》釉薬をかける〔人〕
barnizadura [barniθaðúra] 女 =barnizado
barnizaje [barniθáxe] 男 ❶ =barnizado. ❷《まれ》[絵画展の] 開催式典《=vernissage》
barnizar [barniθár] 他 ❶ …にニスを塗る. ❷《製陶》釉薬をかける. ❸《まれ》[爪に] 色を塗る
barnocino, na [barnoθíno, na] 形《メキシコ. 廃語》albarazado の男性とメスティーソの女性との混血の
baro [báro] 男 ❶《メキシコ. 口語》ペソ《=peso》. ❷ [気圧の旧単位] バール《=bar》
baró [baró] 男《隠語》指揮者, 支配者
baro- [接頭辞] [重さ, 圧力, 気圧] barómetro 気圧計
-baro, ra [接尾辞] [重さ, 圧力, 気圧] isobara 等圧線
barógrafo [baróɣrafo] 男 自記気圧計, 自記高度計
Baroja [barɔ́xa] [人名] Pío ~ ピオ・バローハ《1872〜1956, スペインの小説家. 修辞を排した簡素な文体と, 心理よりも描写や場面展開を重視する作風が特徴. 作品からは懐疑的で悲観主義的な作者の思想を読み取ることができる.『知恵の木』El árbol de la ciencia》
barojiano, na [barɔxjáno, na] 形《人名》ピオ・バローハ Pío Baroja の
barométrico, ca [barométriko, ka] 形 気圧計の
barómetro [barómetro] 《ギリシア語 baros, -eos「重さ」+metron「大きさ」》男《物理》気圧計, バロメーター: 1) Según el ~, no espera mal tiempo. 気圧計によれば天候が悪くなりそうだ. 2)《比喩》La prensa es un ~ que señala el grado de cultura de un país. 新聞は一国の文化水準を示すバロメーターである
baron [báron] [←仏語] 男 [子羊の] 後半身肉《鞍下肉および足2本》
barón [barón] [←ゲルマン語 baro「自由人」] 男 ❶ 男爵. ❷ [政界・財界などの] 実力者
baronal [baronál] 形 男爵の
baronesa [baronésa] 女 男爵夫人; 女男爵
baronet [baronét] 男《複 ~s》《イギリス》準男爵
baronía [baronía] 女 男爵の位; 男爵領
baroscopio [baroskópjo] 男 鋭敏気圧計
baróstato [baróstato] 男《技術》バロスタット, 圧調節器
barotermógrafo [barotermóɣrafo] 男 自記気圧温度計
baroto [baróto] 男《フィリピン》[舷外浮材 batanga のない] 小舟
barotrauma [barotráuma] 男《医学》気圧障害
barotraumatismo [barotraumatísmo] 男 =barotrauma

barotropismo [barotropísmo] 男 =**geotropismo**
barquear [barkeár] 自 《口》〔川・湖を〕船で渡る
barqueño, ña [barkéɲo, ɲa] 形 《地名》バルコ・デ・アビラ Barco de Ávila の〔人〕《アビラ県の村》
barqueo [barkéo] 男 船での行き来
barquereño, ña [barkereɲo, ɲa] 形 《地名》サン・ビセンテ・デ・ラ・バルケラ San Vicente de la Barquera の〔人〕《カンタブリア県の村》
barquero, ra [barkéro, ra] 〔←**barca**〕名 〔渡し舟などの〕船頭
barqueta [barkéta] 女 〔スーパーマーケットなどで食品を入れて売る〕トレイ; envase de verduras en ～ 野菜のトレイ包装
barquía [barkía] 女 《地方語. まれ》〔片舷4本オール以下の〕小型の漁船
barquichuela [barkitʃwéla] 女 《時に軽蔑》小舟
barquichuelo [barkitʃwélo] 男 《時に軽蔑》小船
barquilla [barkíʎa] 女 《barca の示小語》① 〔気球の〕吊りかご, ゴンドラ. ② 〔飛行船の〕ナセル. ❷《船舶》測程板, ログ. ❸〔菓子などを入れる〕円錐形の容器. ❹《菓子》〔タルトの〕小舟型の焼き型. ❺《ベネズエラ》=**barquillo**
barquillero, ra [barkiʎéro, ra] 名 コーンを売る(作る)人
── 男 コーンを作る型
── 女 コーン売りがコーンを入れておく容器
barquillo [barkíʎo] 〔**barca** の示小語〕男 《アイスクリームなどを詰める》コーン; ウェハース
barquín [barkín] 〔←?語源〕男 〔大型の〕ふいご
barquinazo [barkináθo] 男 《馬車などの》ひどい揺れ
barquinera [barkinéra] 女 =**barquín**
barquino [barkíno] 男 皮袋〔=**odre**〕
barquisimetano, na [barkisimetáno, na] 形 名 《地名》バルキシメト Barquisimeto の〔人〕《ベネズエラ, ララ州の州都》
barra [bára] 〔←前ローマ時代の語〕女 ❶〔金属などの〕棒, バー: 1) ～ de oro 金の延べ棒. jabón en ～/～ de jabón 棒石けん. ～ de labios 口紅, リップスティック. ～ de chocolate 〔菓子〕チョコバー. ～ de pescado 《料理》フィッシュスティック. ～ [de] combustible 〔原子炉の〕燃料棒. 2) 《自動車》～ protectora antivuelco ロールバー. ～s portacargas キャリア. 3) 〔カーテンの〕ロッド. 〔酒場などの〕カウンター: Pidió una cerveza en la ～. 彼はカウンターに座ってビールを注文した. precio en ～ カウンターの料金, テーブルチャージなしの料金. ～ americana 女性が客の相手をするバー. ～ libre 無料のおつまみ. ❸《西》バゲット, フランスパン〔スペインで最も一般的なパン. =～ de pan〕: ～ pequeña サンドイッチ bocadillo 用のパン. ❹〔法廷の〕仕切り柵; 証人席, 証人バー: llevar a+人 a la ～ …を出廷させる. ❺〔肩章などの〕棒線, 〔紋章〕梁, バー: ～ dorada 金筋. [bandera de] ～s y estrellas 星条旗. ❻〔分割の記号〕スラッシュ〔/〕; ～ inversa バックスラッシュ〔\〕. 《音楽》小節を分ける縦線〔|〕. ～ doble 複縦線. ❼〔河口の〕砂州, 浅瀬. ❽《馬具》〔主に 複〕はみ受け. ❿《スポーツ》1)《体操》～ de equilibrio 平均台. ～ fija 鉄棒. ～s asimétricas 段違い平行棒. ～s paralelas 平行棒. 2) 〔重量挙げ〕～ de discos バーベル. 3) 〔跳躍競技の〕バー〔=**listón**〕. 4) 《バレエ》ejercitarse en la ～ バーを使って練習をする. ⓫《情報》1) キーボードの〕～ espaciadora/～ de espacios スペースバー. 2) 〔画面の〕～ de enrollado/～ de desplazamiento スクロールバー. ～ de menú メニューバー. ⓬《船舶》舵柄. ⓭《米国, メキシコ》弁護士会〔=**colegio de abogados**〕. ⓮《ムルシア》枷. 2)《集合》応援団, ファン. ⓯《南米》《集合》〔いつも遊びなどに参加する〕仲間, 友人グループ. 3) 傍聴人. 3) 河口
apuntar en la ～ del hielo 《口語》覚えていない《主に命令文で》: Apúntalo en la ～ del hielo. そんなことはさっさと忘れてしまうことだね
de ～ a ～ 端から端まで
hacer ～ 《ペルー.口語》…を応援する
no parar en ～s 平気で…する
sin pararse (reparar·mirar·tropezar) en ～s 後先考えずに; 〔障害・不都合などを〕全く気にせず
tener buena (mala) ～ con+人 《チリ. 口語》…と仲がよい(悪い)
barrabás [baraβás] 〔←**Bar Abbás** (福音書に登場するユダヤ人)〕男 ❶《malas barrabasas で》《主に戯語》邪悪な人; いたずら者《主に子供》
piel de B～ ひどいいたずらっ子
barrabasada [baraβasáða] 〔←**barrabás**〕女 《主に戯語》悪意ある, いたずら, 愚かな言動, 人を傷つける言動: decir (ha-cer) ～s ばかげた(意地悪な)ことを言う(する)
barraca [baráka] 〔←カタルニア語〕女 ❶《西》1) バラック, 仮小屋. 2)〔祭りの〕掛け小屋〔=～ **de feria**〕: ～ **de tiro al blanco** 射的場. 3) ぼろ家. 4) 作業員宿舎; 兵舎〔=**barracón**〕. ❷〔バレンシア, ムルシア独特の〕茅ぶきの農家. ❸〔革製品・羊毛・材木・建築資材・穀物などの〕倉庫, 置き場
dar ～ 《チリ.口語》圧勝する
barracón [barakón] 〔**barraca** の示大語〕男 〔平屋で広く仕切壁の〕作業員宿舎; 兵舎
barracuda [barakúða] 女《魚》オニカマス, バラクーダ
barrado, da [baráðo, da] 形 《まれ》踵 ～ 線引小切手
barragán [baraɣán] 男 《古》〔厚く丈夫な〕防水性のある毛織物; それで作った主に騎兵用の〕外套
barragana [baraɣána] 〔←**barragán**〕女 《古語. 軽蔑》〔同居している〕妾(めかけ), 愛人
barraganería [baraɣanería] 女 《古語. 軽蔑》内縁関係
barraganete [baraɣanéte] 男 ❶《船舶》頂部肋材. ❷《エクアドル. 果実》料理用の大型のバナナ
barragania [baraɣanía] 女 《古》内縁関係
barrage [baráʒ] 〔←仏語〕男 《スポーツ》同点
barral [barál] 男 《地方語》両横に取っ手の付いた水入れ botijo
barramunda [baramúnda] 女 《魚》ネオケラトドゥスフォルステリ, オーストラリア肺魚
barranca [baráŋka] 〔←前ローマ時代の語〕女 ❶=**barranco**. ❷《南米》坂, 傾斜
irse ～ abajo 《南米. 口語》〔肉体的・精神的・経済的に〕衰えていく
barrancada [baraŋkáða] 女 =**barranco**
barrancal [baraŋkál] 男 断崖の多い場所
barranco [baráŋko] 〔←前ローマ時代の語〕男 ❶ 断崖, 絶壁. ❷《地質》雨溝, 雨裂. ❸《口語》窮地, 苦境
barrancón [baraŋkón] 男 小さな谷〔=**arroyada**〕
barrancoso, sa [baraŋkóso, sa] 形 断崖の多い
barranquero, ra [baraŋkéro, ra] 〔←**barranco**〕形 断崖の
── 女 =**barranco**
barranquillero, ra [baraŋkiʎéro, ra] 形 名 《地名》バランキージャ Barranquilla の〔人〕《コロンビア, アトランティコ県の県都》
barranquismo [baraŋkísmo] 男 《スポーツ》滝滑り
barraque ──a **traque** barraque
barraquear [barakeár] 自 《チリ》わめき立てる
barraquero, ra [barakéro, ra] 形 名 ❶〔祭りの〕掛け小屋の, 小屋主. ❷《ムルシア》バラックの建築業者. ❸《中南米》倉庫の所有者(管理者)
barraquismo [barakísmo] 男 《地方語》〔都市の〕スラム化; スラム
barraquista [barakísta] 名 《地方語》バラック(スラム)の住民
barraquístico, ca [barakístiko, ka] 形 《地方語》バラックの, スラムの
barrar [barár] 他 ❶ 泥だらけにする〔=**embarrar**〕. ❷ バリケードでふさぐ〔=**barrear**〕
barrastra [barástra] 女 《地方語》脱穀場の穀類を集める道具
barreal [bareál] 男 《俗語》=**barrizal**
barrear [bareár] 他 ❶ バリケードでふさぐ. ❷ =**barretear**
── 自〔槍がよろいを〕かすめる
barreda [baréða] 女 〔闘牛場などの〕柵, 手すり
Barreda [baréða] 《人名》Gabino ～ ガビノ・バレダ《1818〜81, メキシコの医師・教育者. 学校制度の近代化に貢献》
barredero, ra [bareðéro, ra] 〔←**barrer**〕形 引きずる; 掃く: red ～ra《漁業》引き網, トロール網
── 男 〔パン焼き窯用の柄の長い〕ほうき
── 女 道路清掃車
barredor, ra [bareðór, ra] 形 名 ❶掃く〔人〕, 掃除用の. ❷《カーリング》スウィーパー. ❸《ペルー》道路清掃人
── 女 ❶《技術》クリーナー
── 女 道路清掃車〔=**barredera**〕
barreduela [bareðwéla] 女 〔主に行き止まりの〕小広場
barredura [bareðúra] 〔←**barrer**〕女 ❶《不可算》《時に 複》ほうきで集めた〕ほこり, ごみ. ❷ 掃くこと
barreminas [barremínas] 男 《単複同形》掃海艇
barrena [baréna] 〔←ラテン語 veruina〕女 ❶ 錐(きり), ドリル, ビット: ～ de mano 〔T字型の取っ手付きの〕木工錐. ❷《航空》スピン, 錐もみ〔降下〕
entrar (caer) en ～ 1) 《航空》錐もみ状態になる. 2)《重要

度・強度が〕急激に減少する
barrenado, da [bařenádo, da] 形《口語》❶ 頭のおかしい，気が変な．❷〔子供が〕不注意な
barrenador, ra [bařenaðór, ra] 形 名 穴をあける〔作業員〕
―― 男《昆虫》木や果実に穴をあける虫；～ del maíz アワノメイガ
―― 女 穴あけ機
barrenamiento [bařenamjénto] 男 穴あけ
barrenar [bařenár]《←barrena》他 ❶〔ドリル・削岩機で〕…に穴をあける．❷《船舶》〔沈没させるために〕海水弁を開く．❸〔精神的に〕弱める．❹《口語》考える．❺〔計画を〕邪魔する；〔法律・習慣などを〕無視する，踏みにじる
―― 自 有害〔邪魔〕だと主張する
barrendero, ra [bařendéro, ra]《←barrer》名 道路清掃員
barrenero, ra [bařenéro, ra] 名 発破作業員
barrenillo [bařeníʎo]《←barrena》男《昆虫》キクイムシ：～ de los pinos マツノキクイムシ《学名 Tomicus piniperda》；～ del olmo エルム穿孔虫《学名 Scolytus scolytus》．❷ キクイムシによる樹木の病気
barrenista [bařenísta] 名 =**barrenero**
barreno [baréno]《←barrena》男 ❶ 削岩機，ドリル；その穴．❷ 発破孔；発破《爆薬》．❸《船舶》dar ～〔+a 船の〕海水弁を開く，穴をあけて沈没させる
barreña [baréɲa] 女《西》=**barreño**
barreño [baréɲo]《←barro I》男《西》洗い桶，たらい
barreñón [baréɲón] 男《地方語》=**barreño**
barrer [baréř]《←ラテン語 verrere》他 ❶ 掃く，掃除する：Agarró una escoba y se puso a ～ el pelo del suelo. 彼はほうきをつかんで床の髪の毛を掃き始めた．Mi hermana barre la casa todas las mañanas. 姉は毎朝家の掃除をする．❷ 一掃する，さらう；持ち去る：El viento barrió las hojas. 風で葉が吹き飛ばされた．～ a los enemigos 敵を掃討する．～ las dudas 疑惑を吹き飛ばす．❸〔光などが〕走り巡る：Un láser barre los 180 grados frente a la cámara. レーザーがカメラの正面180度を走査する．❹《主にスポーツ》圧倒的に打ち負かす，圧勝する．❺《映画，テレビ》〔撮影技法〕ナメる．❻《メキシコ》見回す
―― 自 ❶ 一人勝ちする；[+con 競争相手を] 一掃する．❷ [+con+事物 を] 一人占めにする；一人で終わらせる
―― se《メキシコ》〔車が〕スリップする；《野球など》スライディングする
barrera[1] [baréra] I《←barra》女 ❶〔通行遮断用などの〕柵，遮断機：Se levantó la ～ del peaje. 料金所のバーが上がった．Está echada la ～. 遮断機が下りている．La ～ está cerrada. 柵が閉まっている．poner unas ～s en el camino 道に柵を置く．cercar... con ～s …を柵で囲む．paso a nivel con ～s 遮断機のついた踏切．～ de peaje《歴史》〔通行料を取る〕関所．～ de seguridad ガードレール．❷ 障害，障壁: 1) Los Pirineos forman una ～ natural entre España y Francia. ピレネー山脈はスペインとフランスを隔てる自然の壁となっている. salvar muchas ～s 多くの障害を乗り越える．superar (romper) ～ del sonido 音速の壁を越える．sin ～s 障害なしに．～ de contención《土木》擁壁．～ de fuego《情報》ファイアーウォール．～ generacional 世代間のギャップ．～ natural 自然の障壁．～ racial 人種差別の壁．2)《建築》libre de ～s バリアフリーの．eliminación de ～s バリアフリー化．～ arquitectónica 建築的障壁〔バリア〕．3)《経済》～ comercial 貿易障壁．～ [no] aduanera (arancelaria)〔非〕関税障壁．～s a la entrada〔新規企業に対する〕参入障壁．❸《サッカーなど》ディフェンスの壁；formar ～ 壁を作る．❹《軍事》障害，バリア；防柵．❺《闘牛》アレナ arena を囲むフェンス；最前列の席．《地理》～ coralina バリアリーフ，堡礁．～ de hielo 氷棚 {= plataforma de hielo}．no reconocer ～s 限界がない
II《←barro》男〔陶土などの〕採集場，採土場
barrería [baréria] 女《地方語》製陶工場
barrero, ra[2] [baréro, ra] 形《チリ．口語》〔先生が〕お気に入りの生徒がいる
―― 名《地方語》陶工 {= alfarero}
―― 男《地方語》陶土の採取場
barrerón [barerón] 男 大型の柵
barreta [baréta]《barra の示小語》女 ❶〔靴の〕内張り，ライニング．❷《技術》小型のバール．❸《アンダルシア．菓子》〔麻の実・焦

barretear [baretear] 他〔樽などを鉄のたがで〕補強する，締める
barretero [baretéro] 男《鉱山》掘削坑夫
barretina [baretína] 女《カタルニャ》男性用の毛糸の帽子
barretón [baretón] 男《コロンビア》つるはし，ピッケル
barriada [barjáða]《←barrio》女 ❶〔主に都市周辺の〕地区 {= barrio}: Desde el centro salen autobuses para todas las ～s. 都心からすべての周辺地区にバスが出ている．❷ 界隈 {barrio の一部}．❸《ペルー》スラム
hacer una ～《ウルグアイ．口語》〔政治的・商業的宣伝などのために〕地区を回る
barrial [baṛjál] 男《中南米》ぬかるみ；粘土質の土地
barrica [baříka] 女〔200～250リットルの小型の〕樽；〔特に〕酒樽
barricada [baříkáða]《←仏語 barricade》女 バリケード: formar (hacer・levantar) ～s バリケードを築く
barricadero, ra [baříkaðéro, ra] 名 バリケードを築く革命家
barrida [baříða] 女《中南米》❶ 掃くこと．❷《警察の》手入れ
barrido [baříðo]《←barrer》男 ❶ 掃き掃除．❷〔情報の〕すべてに目を通すこと．❸《野球》スライディング，すべり込み．❹《物理》走査．❺《映画，テレビ》〔カメラが〕ナメること，パン
servir lo mismo para un ～ que para un fregado/servir (valer) tanto para un ～ como para un fregado《西．戯語》どんな仕事でもする，何でも屋である
barriga [baříɣa]《←ガスコーニャ語 barrique》女 ❶《口語》Me duele la ～. 腹が痛い．Ya tenía la ～ llena. 私はもう満腹だった．con la ～ vacía 空腹状態で．2)《諺》De cuarenta para arriba no te mojes la ～. 年寄りの冷や水．En ～ vacía, huelgan ideas. 貧すれば鈍す．❷《口語》〔肥満・妊娠による〕突き出た腹．❸〔容器などの〕ふくらみ；〔壁の〕出っ張り
cargar la ～《口語》〔女性が〕妊娠する
echar ～ 腹が出る，太る
estar con la ～ a la boca 産気づく
hacer una ～《口語》〔女性を〕妊娠させる
meter ～ おなかを引っ込める
rascarse la ～ 怠ける，のらくらする
ser ～ fría《ウルグアイ．軽蔑》口が軽い
tener mucha ～ 太鼓腹をしている
tocarse la ～ =**rascarse la ～**
barrigada [baříɣáða] 女《地方語．料理》バラ肉
barrigón, na [baříɣón, na] 形 名 ❶《口語》=**barrigudo**．❷《キューバ，プエルトリコ》小さな女の子．❸《ベネズエラ．口語》〔が〕妊娠した
―― 男 太鼓腹
barrigudo, da [baříɣúðo, da] 形 名 腹の出た〔人〕，太鼓腹の〔人〕
―― 男《動物》ウーリーモンキー
barriguera [baříɣéra] 女《馬具》〔引き馬の〕腹帯
barril [baříl]《←ローマ時代の語》男 ❶ 樽：～ de cerveza ビール樽．～ de pólvora 火薬樽；危険なもの〔地域〕．❷〔化学製品などを入れる〕缶．❸〔石油の容量単位〕バレル〔～ de petróleo〕
comer del ～《コロンビア》粗末なものを食べる
irse al ～《キューバ》落ちぶれる
barrila [baříla] 女 ❶《隠語》面倒，厄介，騒ぎ: dar la ～ 面倒を起こす．❷《カンタブリア》壺 {= botija}
barrilamen [baříláamen] 男《集名》樽 {= barrilería}
barrilería [baříleríaa] 女 ❶《集名》樽．❷ 樽の製造〔販売〕所
barrilero [baříléro] 男 樽職人，樽販売者
barrilete [baříléte]《←barril》男 ❶〔リボルバーの〕弾倉．❷〔加工する物を作業台に固定する〕クランプ，締め具，留め具．❸《綱の》冠結び，クラウンノット．2)〔綱の〕小型巻胴，キャプスタンの胴．❹ 小樽．❺《音楽》〔クラリネットの〕バレル，ネック．❻《動物》シオマネキ，タウチガニ{食用}．❼《中米，アルゼンチン》〔6角形の〕大凧
barrillar [baříʎár] 男 ❶ オカヒジキの群生地．❷ オカヒジキを焼く場
barrillero, ra [baříʎéro, ra] 形《植物》〔海藻灰の原料となる〕
barrillo [baříʎo] 男 ❶〔主に 複〕にきび {= grano}．❷ 泥の薄い層

barrilote [barilóte] 男《魚》スマの一種〖学名 Euthynnus pelamys〗

barrimiento [barimjénto] 男《まれ》掃くこと

barrio [bárjo]〖←アラビア語 barri「外部」〗男 ❶〔都市の〕区, 地区, 界隈(かいわい); 地域: Vivo en un ～ residencial de Madrid. 私はマドリードのある住宅街に住んでいる. Viene de un ～ de gente rica. 彼は裕福な人が暮らす街の出身だ. ～ alto〔チリ〕上流階級の地区. ～s bajos〔中米〕～ espontáneo スラム, 貧民街. ～ chino チャイナタウン.❷歓楽街, 売春街. ～ chino perfumado〔西〕高級売春区. ～ comercial 商業地区. ～ de tolerancia〔南米〕売春地区. ～ obrero 労働者地区. ～ popular 下町. ❷近郊, 郊外;〔郊外の〕住宅地区: ～ recién construido 新開発地区. ❸〔集合〕地区の人々, 町内の住民. ❹〔米国〕スペイン系住民の居住区

cambiarse de ～ 引っ越す

de ～〔店などが〕地元の: supermercado *de* ～ 近所のスーパー

el otro ～《西. 戯語》あの世, 来世: enviar (llevar・mandar) a+人 *al otro* ～ …を殺す. irse *al otro* ～ 死ぬ

ser del otro ～ 同性愛者である

barriobajero, ra [barjobaxéro, ra] 形 名 ❶ スラム地域の.❷《軽蔑》粗野な〔人〕, 下品な〔人〕

Barrios [bárjos] 男《人名》Eduardo ～ エドゥアルド・バリオス〖1884～1963, チリの小説家. 年上の女性に激しい恋心を抱いた少年の苦悩を綴った日記形式の小説『恋に狂った少年』*El niño que enloqueció de amor*, 自然主義の影響を受けた小説『愚かな修道士』*El hermano adulto*〗

Justo Rufino ～ フスト・ルフィノ・バリオス〖1835～85, グアテマラの軍人・大統領. 中米の統一を目指しエル・サルバドルに進軍中に戦死〗

barriquería [barikería]〖←barrica〗女〔集合〕〔小型の〕樽

barrisco [barísko] *a* ～《地方語》全部まとめて

barrista [barísta] 名《サーカスの》鉄棒の芸人

barrita [baríta] 女 ❶《化粧》口紅.❷《料理》～ de pan 棒状のパン. ❸《ウルグアイ. 菓子》〔チョコレートでコーティングした〕アイスバー

barritar [baritár] 自〔象・サイが〕鳴く

barrito [baríto]〖←ラテン語 barritus〗男〔象・サイの〕鳴き声

barrizal [barißál]〖←barro I〗男 ぬかるみ: En un bosque tropical, los caminos se convierten en ～*es* en épocas de lluvia. 熱帯の森では雨期には道はぬかるみとなる

barrizo, za [baríßo, θa] 形《地方語》泥地の

barro [báro]〖←前ローマ時代の語〗男 ❶〔不可算〕〔水を含んだ〕泥, 泥土: Este camino está lleno de ～. この道はぬかるんでいる. Traes los zapatos llenos de ～. 君の靴は泥だらけだ. quedarse atascado en el ～ ぬかるみにはまる. salpicar de ～ 泥をはね上げる.❷〔不可算〕粘土; 陶土 (= ～ de alfarero): moldear el ～ 陶土で型を作る. trabajar el ～ 土をこねる. tinaja de ～ 素焼きのかめ. caño de ～ cocido 土管. ～ blanco 白陶土. ～ cocido テラコッタ, 赤土素焼き. ～ esmaltado 釉薬をかけた焼き物. ❸《口語》陶器,〔特に陶製の〕ビールジョッキ. ❹ 汚辱, 不名誉: arrastrar su apellido por el ～ 自分の名前に泥を塗る. mancharse (cubrirse) de ～ 汚辱にまみれる. ❺ がらくた, 無価値なもの; つまらないこと. ❻《俗語》銭, 現金(げんなま): tener ～ *a mano* 金持ちである. ❼《南米》うっかりミス, へま: hacer (cometer) un ～ うっかり間違える

estar comiendo (mascando) ～《口語》死んでいる, 葬られている

salir del ～ *y caer en el arroyo*《中南米》よりひどい状況にはまり込む

vender por ～ *y tierra* 大安売りする

II〖←ラテン語 varus「粒」〗男〔主に 複〕にきび〖=grano〗

barroco, ca [baróko, ka]〖←仏語 baroque「常軌を逸した」〗形 男 ❶ バロック様式〔の〕: arquitectura ～ / arquitectura *ca* バロック建築. música ～ / música *ca* バロック音楽. poema ～ / poema *co* バロック詩. teatro ～ バロック演劇.❷異様な, 装飾過多の

barrón [barón] 男《植物》ヨーロッパビーチグラス, マーラムグラス〖学名 Ammophila arenaria〗.❷《地方語》太い鉄の棒; 鋤の刃

barroquismo [barokísmo] 男 ❶ バロック調, バロック主義.❷《軽蔑》装飾過多, わざとらしさ

barroquizar [barokiθár] 他 バロック調にする

barroso, sa [baróso, sa] I〖←barro I〗形 泥んこの, ぬかるん

だ.❷《アルゼンチンなど》〔牛などが〕濃黄色の

II〖←barro II〗形 《顔が》にきびのある

barrote [baróte]〖←barra〗男 ❶〔格子などの〕太い棒.❷《建築》横材, 横木

entre ～*s*《口語》獄中に

barruco [barúko] 男《地方語》石工

barrueco [barwéko] 男 ❶ バロック真珠.❷《地質》瘤塊, 団塊. ❸《地方語》岩だらけの土地

barruenda [barwénda] 女《魚》クロジマナガダラ〖=maruca〗

barrujo [barúxo] 男〔落ちて堆積した〕松葉

barrullo [barúʎo] 男《植物》シデリティスの一種〖薬用. 学名 Sideritis nutans〗

barrumbada [barumbáda] 女 ❶ ほら, 作り話.❷〔見栄を張るための〕浪費

barruntador, ra [baruntaðór, ra] 形 予感させる

barruntamiento [baruntamjénto] 男 =barrunto

barruntar [baruntár]〖←promptare「発見する」〗他 ❶ …の予感がする: ～ *el peligro* 危険を感じる. 2)〔+que+直説法〕Empezó a ～ *que* algo raro sucedía. 彼は何かとんでもないことが起きそうな気がし始めた.❷…の兆候〔予兆〕である: Las lluvias invernales *barruntan* primavera. 冬の雨は春が近いことを知らせる. ❸推量する, 予測する

barrunte [barúnte] 男 =barrunto

barrunto [barúnto]〖←barruntar〗男 ❶ 予感: Tengo el ～ de que las cosas van mal. 私は事態が悪くなる予感がする.❷兆候, 予兆: Fijaba sus ojos en los míos con un ～ de lágrimas. 彼は今にも泣きそうな目で私を見つめていた

bartola [bartóla]〖←Bartolo〔のんびりした人物の典型 Bartolomé の省略語〕〗*a la* ～ 1)《口語》くつろいで, 気楽に. 2)《アルゼンチン. 口語》おざなりに. 3)〔チリ. 口語〕まじめに

tumbarse (echarse) a la ～《口語》1) 気楽に構える. 2) 怠ける, のらくらする

Bartolache [bartoláʧe]《人名》José Ignacio ～ ホセ・イグナシオ・バルトラチェ〖1738～90, メキシコの数学者・医師〗

bartolear [bartoleár] 自《アルゼンチン. 口語》おざなりにする

bartolillo [bartolíʎo] 男《西. 料理》クリームや肉入りの三角形のペストリー

bartolina [bartolína] 女《メキシコ, ホンジュラス, エルサルバドル, キューバ》〔狭くて暗い〕独房, 地下牢

Bartolomé [bartolomé]《San Bartolomé》〔皮剥の刑で殉教したとされる聖バルトロマイ〗*estar hecho un* ～ 皮を剥がれている, 傷だらけである

bartulear [bartuleár]〖←bártulos〗自〔チリ〕熟考する, 知恵を絞る

bártulos [bártulos]〖←Bártulo〔14世紀イタリアの法律家〕〗男 複〔種々雑多な〕用具, 道具: El limpiabotas recogió sus ～ *se fue*. 靴磨きは道具をしまい立ち去った. ～ *de pesca* 釣り道具

liar (preparar) los ～《口語》〔旅行・引越しの〕荷物をまとめる

barullero, ra [baruʎéro, ra] 形 名 騒音を出す〔人〕; 騒ぎを起こす〔人〕

barullista [baruʎísta] 形 名《まれ》=barullero

barullo [barúʎo]〖←ポルトガル語 barulho < embrulho < ラテン語 involucrum〗男 ❶〔主に大勢の人による〕騒音; 騒ぎ: En el ～ de una charla entrecruzada, contó la historia de aquella guerra. おしゃべりが飛びかっていた中で, 彼はその戦争の話を語った.❷〔ひどい〕混乱, 無秩序: Tenía un ～ en la cabeza. 私は頭の中がごちゃごちゃになっていた

a ～ 大量に・の, 豊富に・な

barullón, na [baruʎón, na] 形《地方語》〔人が〕騒ぎ出す;〔場所が〕騒がしい

barza [bárθa] 女《アラゴン》=zarza

barzal [barθál]〖←ラテン語 virgea〗キイチゴの原; イバラだらけの土地

barzón [barθón] 男《地方語》くびきにつなぐ犂のながえを通す環;〔馬具》=arzón

dar barzones《地方語》ぶらぶら歩く (行ったり来たりする)

barzonear [barθoneár] 自《地方語》ぶらぶらと歩く (行ったり来たりする)

barzonera [barθonéra] 女《地方語》くびきに barzón を縛り付ける紐

basa [bása]〖←ラテン語 basis〗女〔柱の〕礎盤, ベース;〔像の〕台

座

basada¹ [basáda]【←base】囡《造船の》船架, 進水架

basado, da² [basáðo, ða]形《場所が》基地のある

Basadre [basáðre]《人名》**Jorge** ～ ホルヘ・バサドレ『1903～80, ペルーの歴史家・教育相.『ペルー共和国史』*Historia general de los peruanos*』

basal [basál]形《生理, 解剖など》基礎の, 基底の: temperatura ～ 基礎体温. células ～es 基底細胞. ganglios ～es〔大脳〕基底核

basalioma [basaljóma]男《医学》基底細胞腫

basáltico, ca [basáltiko, ka]形 玄武岩の

basalto [basálto]男《地質》玄武岩

basamental [basamentál]形 基礎の

basamentar [basamentár]～**se** [+en を] 基礎とする

basamento [basaménto]男【←basar】❶《建築》基礎, フーチング; 《柱の》台座. ❷《一般に》基礎

basanita [basaníta]囡 =basalto

basar [basár]【←base】❶ [+en に]…の基礎を置く: Emilio afirma que *basa* su explicación solo *en* hechos ocurridos en realidad. その説明は実際に起こったことにのみ基づいているとエミリオは主張している. ❷ [+sobre の上に] 据える, 置く: Por último hay que ～ la estatua *sobre* el pedestal. 最後に彫像を台の上に載せなければならない
—— ～**se** ❶ [+en に] 基づく: No os *baséis en* conjeturas. 推測でものを言ってはいけないよ. teoría del valor *basada en* el trabajo 労働価値説. ❷ を頼る, 当てにする

basáride [basáriðe]囲《動物》カコミスルの一種《イタチに似ているが少し大型. 学名 Bassariscus astutus》

basarisco [basarísko]男《動物》(オオミミ)カコミスル

basauritarra [basauritára]形《地名》バサウリ Basauri の; 〔人〕《ビスカヤ県》

basca [báska]《←ケルト語 waska「圧迫」》囡 ❶ 吐き気, むかつき: Me produce ～*s* la carne cruda. 私は生肉を見るとむかつきを催す. ❷ 〔態度を急変させる〕衝動; 激怒: Cuando le da la ～, no saluda a nadie. 機嫌を損ねると彼は誰にも挨拶しない. ❸〔西. 口語〕友人・知人たち: Fue toda la ～ a ver el partido. グループの仲間は全員その試合を見に出かけた. ❹《西. 隠語》集合 人々, 連中: ¡Cuánta ～! ものすごい人込みだ! ❺《西. 隠語》集合 〔嫌悪感を示す〕一味, ギャング. ❻〔婦人服の腰部を覆う〕垂れ. ❼《メキシコ》嘔吐

bascar [baskár][7]自《まれ》[+por の]衝動に駆られる

bascosidad [baskosiðá(ð)]【←basca】囡 ごみ, 汚れ

bascoso, sa [baskóso, sa]形 ❶ 吐き気がする. ❷《グアテマラ, コロンビア, エクアドル》言葉づかいの悪い

báscula [báskula]【←仏語 bascule】囡 計量台, 台秤; 体重計: Me pesé en la ～. 私は体重を測った. ～ puente 橋秤. ～ de baño ヘルスメーター. ～ de cocina キッチンメーター
pasar la ～〔持ち物を奪うため〕体中を調べる

basculación [baskulaθjón]囡 上下運動

basculador, ra [baskulaðór, ra]形 上下に動く
—— 男 ❶《鉱山》ダンプトラック. ❷《電気》フリップフロップ

basculamiento [baskulamjénto]男 =basculación

basculante [baskulánte]形 puente ～ 跳ね橋, 跳開橋. ventana ～ 水平回転窓
—— 男《土木》ダンプトラック

bascular [baskulár]【←báscula】自 ❶〔支点を中心に〕上下に動く; 〔ダンプトラックなどの荷台が〕傾く. ❷ [+hacia 別なものに] 気持ちが傾く;《西》頭が働く. ❸《スポーツ》左右に動く

basculero, ra [baskuléro, ra]囲, 囡《港・駅などの》計量係

bascuñana [baskuɲána]囡 硬質小麦の一種

base [báse]《←ラテン語・ギリシア語 basis》囡 ❶ 土台, 台座; 底: Hay una inscripción en la ～ de la estatua. 彫像の台座には銘が刻まれている. Este florero tiene poca ～. この花瓶は底が小さい《安定が悪い》. ❷ 基礎, 基部; 《物事の》基本, 根本, 基準: 1) La ～ es muy importante en el estudio de lenguas extranjeras. 外国語を勉強するには基礎が大切だ. sentar las ～*s* …の基礎を築く. ～ de comparación 比較の基準. ～ de un estado 国家の基盤. ～ sólida しっかりした基礎. 2)《経済》～ de salarios 賃金ベース. ～ imponible 課税対象所得. ～ liquidable〔課税標準に各種控除を適用した〕純課税標準. ～ monetaria マネタリー・ベース. ～*s* de licitación 入札条件. 3) [形容詞的に] alimento ～ 主食. precio ～ 基準価格. salario (sueldo) ～ 基本給. ❸ 根拠, 理

由: Su argumento carece de ～. 彼の話には根拠がない. Es necesario tener una ～ teórica. 理論的な裏付けが必要だ. ❹ 基地; 根拠地: B～ Naval de la Bahía de Guantánamo グアンタナモ海軍基地. ～ aérea 空軍基地. ～ antártica 南極基地. ～ auxiliar 中継基地. ～ de avance/～ avanzada 前進基地. ～ de misiles ミサイル基地. ～ de operaciones 作戦基地《比喩的にも》. ～ militar 軍事基地. campamento ～ ベースキャンプ. ❺〔主に 複〕政党などの〕支持基盤, 支持母体; 下部組織: Los directivos del partido agradecieron el apoyo de las ～*s*. 党の幹部たちは支持団体の支援に感謝した. ❻ 依拠, よりどころ; かなめ: La salud es la ～ de toda actividad. 体が資本だ. ❼《化粧》化粧下地, ファウンデーション《=～ de maquillaje》. ❽《スポーツ》1) ゲームメーカー: Luis es la ～ de nuestro equipo. ルイスは我々のチームのかなめだ. 2)《野球》ベース: primera (segunda・tercera) ～ 1 (2・3) 塁. ～ meta 本塁. ❾《幾何》底辺, 底面. ❿《数学》～ del logaritmo natural 自然対数の底《定》. ⓫《測量》基線《=línea de ～》. ⓬《化学》1) 主成分, 基剤; 基体. 2) 塩基: ～ diácida 二酸塩基. ⓭《言語》語幹. ⓮《情報》～ de datos データベース. ⓯《カクテルなどの》ベース

a ～ *de*...1) …によって, …を用いて: Lo he traducido *a* ～ *de* los diccionarios. 私は辞書の助けを借りてそれを訳した. 2) …のおかげで: Puede vivir *a* ～ *de* estas medicinas. 彼はこの薬のおかげで生きていられる. 3) …を主成分にした: Es un cóctel hecho *a* ～ *de* ginebra. それはジンをベースにしたカクテルだ

a ～ *de bien*〔口語〕1) 十分に: En el restaurante comimos *a* ～ *de bien*. そのレストランで私たちはたっぷり食べた. 2) とても, よい, 上出来の: boda *a* ～ *de bien* 結構な結婚式

caer por su ～ 根拠がない

de ～ 基礎の, 基本的な

en ～ *a...*...によると; …をもとにして: *en* ～ *al* anuario estadístico 年鑑によれば

partiendo de la ～ *de que* +直説法 …であるからには

si tomamos... como ～ …をもとにすれば

sobre la ～ *de* ... =en ～ a...

teniendo (tomando)... como ～ …をもとにして, もとにすれば
—— 囡《バスケットボール》ガード《=escolta》

baseball [béjsbol]【←英語】男《中南米》野球

baseque [baséke]男《赤道ギニア》バセケ語

básica¹ [básika]囡《西》初等教育《=EGB》: terminar la B～ 初等教育を終える

básicamente [básikaménte]副 大筋において, 基本的には: Los novelistas de la generación del 98 fueron ～ cinco; a saber: Ganivet, Azorín, Baroja, Unamuno y Pérez de Ayala. 98年世代の小説家は5人いる. すなわち, ガニベー, アソリン, バロハ, ウナムノ, ペレス・デ・アヤラである

basicidad [basiθiðá(ð)]囡《化学》塩基性度, 塩基度

básico, ca² [básiko, ka]【←base】形 ❶ 基礎の, 基本的な: alimento ～ 主食. concepto ～ 基本概念. condiciones ～*s* 基本条件. hecho ～ 基本的事実. industria ～*ca* 基幹産業. líneas ～*cas* 基本方針. precio ～ 基準価格. producto ～ 基礎製品. vocabulario ～ 基礎語彙. ❷ 不可欠の, 絶対必要な: El oxígeno es ～ para la vida de los animales. 酸素は動物が生きていくのに欠かすことができない. ❸《化学》塩基性の

basidial [basiðjál]形《植物》担子器の

basidio [basíðjo]男《植物》担子器

basidiolíquenes [basiðjolíkenes]男複《植物》担子地衣綱

basidiomicete [basiðjomiθéte]形 担子菌類の
—— 男 複《植物》担子菌類

basidiomiceto, ta [basiðjomiθéto, ta]形 男 =basidiomicete

basidiospora [basiðjóspora]囡《植物》担子胞子

básig [básig]男《フィリピンのイゴロテ igorrote 族の》サトウキビの不完全発酵酒

basilar [basilár] ❶ 基礎の. ❷《解剖》基底の, 基部の: membrana ～ 基底膜

basilense [basilénse]形 囲 =basiliense

basileo [basiléo]男《歴史》〔ビザンチン帝国の〕皇帝

basileos [basiléos]男《古代ギリシア》宗教儀式をつかさどる執政官 arconte

basílica [basílika]〖←ラテン語 basilica < ギリシア語 basilikos「法の」〗 安 ❶〔←〕① 古代ローマの裁判所パトロン会堂などの建物. 2) 初期キリスト教の教会堂; 特にローマの13の重要な教会の尊称〔大聖堂, 大バシリカ〖＝~ mayor〗: B~ de San Pedro en Roma ローマのサンピエトロ大聖堂. B~ del Pilar de Zaragoza サラゴサのピラール聖堂. ~ menor 小聖堂, 小バシリカ. ❷〔解剖〕尺側皮静脈〔＝vena ~〕. ❸ 歴 バシリカ法典〔『ローマ法大全』のギリシア語改訂版〕

basilical [basilikál] 形 バシリカ風の
basilicón [basilikón] 男 松やに軟膏
basiliense [basiljénse] 形 名〔地名〕〔スイスの〕バーゼル Basilea の〔人〕
basilio, lia [basíljo, lja] 形 名〔東方正教会の〕聖バシリウス San Basilio 会の〔修道士〕
basilisco [basilísko] 男 ❶〔ギリシア神話〕バジリスク, バシリスク〔見るだけで相手を殺す魔物〕. ❷〔口語〕とげとげしい人. ❸ 蛇砲〖16・17世紀の大砲〗. ❹〔動物〕セビレトカゲ〔イグアナの一種〕
hecho (como) un ~ 怒り狂った

basiófilo, la [basjófilo, la] 形 ＝**basófilo**
básket [básket] 男 バスケットボール〖＝baloncesto〗
basna [básna] 安〈カンタブリア〉重いものをのせて引きずるための板〔布〕
basófilo, la [basófilo, la] 形 名〔生物〕好塩基性の: leucocito ~ 好塩基球
basoto, ta [basóto, ta] 形 名〔国名〕レソト Lesoto の〔人〕
basquear [baskeár]〖←basca〗 他 吐き気を催させる
—— 自 吐き気を催す
básquet [básket] 男〈まれ〉＝**básket**
básquetbol [básketbol] 男〈中南米〉＝**básket**
basquetbolero, ra [basketboléro, ra] 名〈中南米〉バスケットボールの選手
basquetbolista [basketbolísta] 形 名〈中南米〉バスケットボールの〔選手〕
basquilla [baskíʎa] 安〔獣医〕羊類の神経と筋肉を襲う致命的な病気
basquiña [baskíɲa] 安〔服飾〕ゆったりした長スカート〔外出用で黒色の刺繍入り. 17・18世紀にスペインとバスク地方で流行〕
bass [bás]〖←英語〗〔魚〕バス: black ~ ブラックバス
basset [báset]〖←仏語〗 男〔犬〕〔犬〕バセット
basta¹ [básta]〖←ゲルマン語 bastjan「繕う」〗 安〔裁縫〕❶〔しつけなどの〕粗い縫い目. ❷〈ペルー, チリ〉返し縫い, 折り返し
bastaje [bastáxe] 男 生活費を稼ぐのがやっとの仕事〖＝ganapán〗
bastamente [bástaménte] 副 手荒く, 粗雑に
bastante [bastánte]〖←bastar〗 形 ❶ かなりの, 相当の: Hoy hace ~ frío. 今日はかなり寒い. Tengo ~s amigos. 私にはたくさんの友人がいる. ❷〔＋para に〕十分な: José tiene ~ tiempo y dinero para viajar en un barco de lujo. ホセには豪華客船で旅行するだけの時間も金も十分にある. ❸ 過多の, 多すぎる: Ya tenemos ~s dificultades, para que vengas tú con esas pretensiones. そんな頼み事を持ち込まれても, 私たちには十分すぎるほど厄介事をかかえこんでいてどうにもならない. ❹〔法律〕法的有効性のある
—— 副 ❶ かなり, 相当に: Hoy hemos trabajado ~. 今日私たちは相当働いた. Ella habla ~ bien español. 彼女はスペイン語がかなり話せる. ❷ 十分に: Ya hemos comido ~. 私たちはもう十分に食べた. ❸ あまりに, 過度に: No voy a cenar hoy porque he merendado ~. 私はおやつを食べ過ぎたので今日の夕食は取らないつもりだ
〔*lo*〕~ 〔＋形容詞・副詞〕〔＋*como*〕〔＋*para*＋不定詞・*que*＋接続法〕…するだけ十分…である: Alberto es *lo* ~ *rico como para* comprar una mansión señorial. アルベルトは大邸宅を買えるほどの富豪だ. Esta diferencia no es *lo* ~ acusada *para* evitar confusiones. この違いは混同を避けられるほど明確ではない
—— 代 かなり〔十分〕の人・もの: Vinieron ~s a la fiesta de ayer. 昨日のパーティーにはかなりの人が来た. ¿Otra?—No. Por hoy tengo ~. お代わりは?―いや, 今日はもう十分だ
hacer ~ *que*... かなり以前から

bastantear [bastanteár] 他〔法律〕法的有効性を宣言(認証)する
bastantemente [bastánteménte] 副 かなり, 十分に

bastanteo [bastantéo] 男〔法律〕法的有効性の宣言〔認証〕
bastar [bastár] I 〖←俗ラテン語 bastare〗 自〔＋a に〕十分である, 足りる: 1)〔単数名詞・不定詞・*que*＋接続法 が主語〕Me *basta* tu intención de hacerlo. 君がそうしようとする気持ちだけで私は十分だ. *Basta* pulsar el botón para poner el motor en marcha. モーターを動かすにはそのボタンを押すだけでいい. *Basta que* tú mismo vayas allí. 君自身がそこへ行くだけでよい. 2)〔単人称. ＋con＋名詞・不定詞・*que*＋接続法〕Me *basta con* media docena. 私は半ダースで十分だ. *Con* eso *basta* por hoy. 今日のところはそれで十分だ. ¿*Te basta con* trabajar y cobrar? 働いて給料をもらうだけでいいのですか? Me *basta con que* me lo digas. 君がそう言ってくれるだけで私は十分だ. 3)〔＋de＋名詞〕…はもうたくさんだ; もうやめろ: *Basta de* tonterías. ばかなことはもうたくさんだ
¡*Basta*!〔間投詞的に〕もうたくさんだ, やめてくれ!: ¡*Basta*! No quiero más discusiones. やめてくれ, 言い争いはもううんざりだ
~ *y sobrar* たっぷりある, 十分すぎる: Con mil euros al mes me *basta y* me *sobra*. 月に1千ユーロあれば私には十分すぎる
hasta decir basta 満足するまで, 嫌になるほど: Comimos *hasta decir basta*. 私たちは腹一杯食べた
——~*se* ❶ 自給自足する. ❷〔人が, ＋para に〕十分な能力がある; 自分自身でやれる: Nosotros solos *nos bastamos para* las negociaciones. この交渉には私たちだけで十分だ
II 〖←basta〗 他〈まれ〉縫う

bastarda¹ [bastárda] 安 ❶〔金物製造業者の使う〕目の細かいやすり. ❷〔船舶〕大三角帆. ❸〔歴史〕小型カルバリン砲. ❹〔印刷〕イタリック体
bastardamente [bastárdaménte] 副〈文語〉下劣に
bastardear [bastardeár]〖←bastardo〗〈文語〉当初の純粋さを失わせる, 堕落させる: Están *bastardeando* la doctrina del maestro. 彼らは師の教義から逸脱しつつある
bastardelo [bastardélo] 男〔公証人の〕控え簿〖＝minutario〗
bastardeo [bastardéo] 男〈文語〉堕落
bastardía [bastardía]〖←bastardo〗安 ❶ 私生, 庶出. ❷〔生まれ・地位などにふさわしくない〕下劣な言動
bastardilla [bastardíʎa]〖bastarda の示小語〗安 ❶〔印刷〕イタリック体〖＝cursiva〗: en ~ イタリック体で. ❷〔音楽〕フルートの一種
bastardo, da² [bastárdo, da]〖←古仏語 bastard〗形 ❶ 私生の, 庶出の: hermano ~ 庶出の兄弟. ❷〈文語〉〔意図などが〕下劣な, 堕落した: intereses ~s 下劣な関心. ❸〔生物〕雑種の. ❹〔印刷〕letra ~*da* イタリック体〖＝cursiva〗
—— 男 私生児, 庶子, 非嫡出子〖＝hijo ~〗
—— 男〔船舶〕ヤード昇降用索. ❷〈ガリシア, サラマンカ〉大蛇〖＝boa〗
bastarno, na [bastárno, na] 形 名〔歴史〕バスタルネ族〔の〕〖紀元前2世紀以降ビストラ川からドナウ川下流域に住んでいたゲルマン人〗
baste [báste] 男 ❶〔裁縫〕仮縫い, しつけ〖＝hilván〗. ❷〈隠語〉指〖＝dedo〗. ❸〔馬具〕1)〈ラマンチャ〉小型の荷鞍. 2)〈メキシコ〉鞍下毛布, 鞍敷き
bastear [basteár] 他〈まれ〉仮縫いをする, しつけする
bastecer [basteθér] 他〈まれ〉＝**abastecer**
bastedad [basteðáð] 安 粗野, 不作法
basterna [bastérna] 安 ❶〔歴史〕フランク族などが用いた牛車. ❷〔古代ローマ〕2頭のロバなどに載せる女性用の〕幌付きの輿
bastero [bastéro] 男 荷鞍の製造〔販売〕者
bastetano, na [bastetáno, na] 形 名〔歴史〕バステタニア族〔の〕〖前ローマ時代に現在のグラナダ・アルメリア・ハエン県にまたがる地域に住んでいた先住民〗
bastez [bastéθ] 安〈まれ〉＝**bastedad**
basteza [bastéθa] 安〈まれ〉＝**bastedad**
bastida [bastíða] 安〔古語〕〔攻城用の〕移動式やぐら
Bastidas [bastíðas]〖人名〗**Micaela** ~ ミカエラ・バスティダス〖1745~81, ペルーのサンポ zambo 系女性. 夫コンドルカンキ Condorcanqui の反乱に指揮官として加わる. ペルー独立運動の英雄〗
Rodrigo de ~ ロドリゴ・デ・バスティダス〖1445~1527, スペイン人航海家・コンキスタドル. パナマ・コロンビア沿岸を探検, サンタ・マルタ Santa Marta 市を建設〗
bastidor [bastiðór]〖←古語 bastir「並べる, 整える」〗男 ❶ 枠, フレーム: ~ de ventana ウインドーフレーム, 窓枠. ~ de bordar 刺繍台. ❷〔自動車〕シャーシー, 足回り: número de ~ 車体番

号. ❸《演劇》1) 書き割り. 2)［主に複］舞台裏, 袖: ~*es de ropa* 袖に控えている人々. ❹《中米, キューバ, ドミニカ》［ベッドの］ボトム, 下の台
entre ~es 1)《演劇》演劇関係者の間で. 2)《比喩》舞台裏で［の］, 黒幕として: *acuerdo entre ~es* 秘密協定

bastilla [bastíʎa]〖女〗❶《裁縫》伏せ縫い; ぐし縫い. ❷《歴史》［B~, パリの］バスティーユ監獄: *día de la B~* フランス革命記念日〖7月14日〗

bastillado, da [bastiʎáðo, ða]〖形〗《紋章》逆狭間形の
bastillar [bastiʎár]〖他〗《裁縫》伏せ縫いする
bastimentar [bastimentár]〖他〗糧食を補給する
bastimento [bastiménto]〖←古語 bastir「並べる, 整える」〗〖男〗❶〖集名〗［主に複］都市・軍隊などの］糧食. ❷《まれ》船舶
bastina [bastína]〖女〗《地方語. 魚》エイ
bastión [bastjón]〖←伊語 bastione〗〖男〗《築城》稜堡(りょうほ); 防塁: *ser un firme ~ en la línea de defensa* ディフェンスラインの強固な砦である. *~ de la fe* 信仰の砦
bastionar [bastjonár]〖他〗=**abastionar**
bastitano, na [bastitáno, na]〖形〗〖名〗《地名》バサ Baza の［人］〖グラナダ県の町〗
bastnasita [bastnasíta]〖女〗《鉱物》バストネサイト, バストネス石
basto[1] [básto]〖←バスク語〗〖男〗《西式トランプ》棍棒〖組札〗. ❷《中南米. 馬具》鞍下毛布, 鞍敷き
pintar ~s《口語》［状況が］悪化する, 緊迫化する

basto[2]**, ta** [básto, ta]〖←*bastar*[1]〗〖形〗❶ 粗雑な, 粗末な; ［表面が］ざらざらした, ざらざらした: *paño ~* 粗い（ふかふかでない）タオル. *manos ~tas* がさがさした手. ❷ 粗野な, 不作法な

bastón [bastón]〖←ラテン語 bastum「棒」〗〖男〗❶ 杖, ステッキ: *Personas ciegas tienen que tantear con el ~ los límites del peligro.* 目の不自由な人たちは杖で危険との境を探らなければならない. *apoyarse en un ~* 杖にすがる. *~ de estoque* 仕込み杖. *~ taburete* 腰掛けにもなるステッキ. ❷［職権を表わす］棒, 指揮棒. ❸《スキー》ストック. ❹《ホッケー》スティック. ❺《ゴルフ》クラブ: *~ de madero* ウッド. *~ metálico* アイアン. ❻《西式トランプ》棍棒〖=basto〗. ❼《紋章》棒状斜線紋. ❽《生物》棒状体〖=bastoncillo〗
~ de mando 1)《歴史》［シカなどの角製の］指揮棒. 2) *llevar el ~ de mando* 指揮をとる, 責任を引き受ける
dar ~［ねばつきの出たワインを］かき混ぜる
empuñar el ~ 指揮をとる, 命令する

bastonada [bastonáða]〖女〗=**bastonazo**
bastonazo [bastonáθo]〖男〗杖の一撃
bastoncillo [bastonθíʎo]〖bastón の示小語〗〖男〗❶《西》綿棒〖= *~ de algodón*〗. ❷《生物》桿(かん)状体
bastoncito [bastonθíto]〖bastón の示小語〗〖男〗*cortar en ~s*《料理》拍子木に切る
bastonear [bastoneár]〖←*bastón*〗〖他〗杖で殴る
bastoneo [bastonéo]〖男〗杖による殴打
bastonero, ra [bastonéro, ra]〖←*bastón*〗〖名〗❶ ステッキを作る（売る）人, バトントワラー, バトンガール. ❸ 副刑務所長. ❹《古語》［スクエアダンス *baile de figuras* で］杖を使ってフィギュアの指示を与える人. ❺ 傘立て

bástulo, la [bástulo, la]〖形〗〖名〗《歴史》バストゥロ族〖の, 前ローマ時代, ジブラルタル海峡から現在のアルメリアまでの先住民〗
basura [basúra]〖←俗ラテン語 versura < *verrere*「掃く」〗〖女〗❶ ごみ, くず: *tirar ~* ごみを捨てる. *~ de origen orgánico* 生ごみ. *~ de tamaño grande* 粗大ごみ. *~ espacial* スペースデブリ, 宇宙ごみ. *~ radioactiva* 放射性廃棄物. ❷ ごみ箱; ごみ捨て場: *tirar (echar)... a la ~* をごみ箱に捨てる. ❸ 粗悪(下劣)なもの: *Ese cómic es una ~.* その漫画は俗悪だ. *cine ~* くずみたいな映画. *bono ~* ジャンク債券. ❹ 馬糞

basural [basurál]〖男〗《主に中南米》ごみ捨て場
basurear [basureár]〖他〗《南米. 口語》［人を］蔑視する, ごみ扱いする
basurero, ra [basuréro, ra]〖←*basura*〗〖名〗ごみ清掃員
—〖男〗❶ ごみ捨て場, ごみ処分場. ❷《中南米》ごみバケツ, ごみ容器
basuriento, ta [basurjénto, ta]〖形〗《チリ, アルゼンチン, ウルグアイ》ひどくいやな, 汚れた
bat [bát]〖←英語〗《メキシコ, カリブ. 野球》=**bate**
bata[1] [báta]〖←仏語 ouate「水着」〗〖女〗❶《服飾》1)［ゆったりした］部屋着, ガウン: *en ~* 部屋着のままで. *media ~* 短いガウン

〖=batín〗. *~ de baño*《中南米》バスローブ. 2)《西》*~ de cola*〖フリル付きで〗裾を長く引いたフラメンコ用ドレス. 3)《西, メキシコ》［医師・理髪師などの］白衣〖= *~ blanca*〗;［汚れ防止用の］上っ張り, スモック. ❷《南米》野球〖=béisbol〗; バット〖=bate〗. 2) 洗濯物を叩く棒
~s blancas《文語》〖集名〗医療（調剤・研究所）関係者
de ~ blanca《文語》医療（調剤・研究所）関係者の
——〖男〗《まれ》フィリピン人の若い司祭

batacazo [batakáθo]〖←擬声〗〖男〗❶［人・動物の］ドスンと倒れる（落ちる）衝撃: *pegarse un ~* バタンと倒れる. ❷ 大失敗, 転落, 期待外れ: *darse un ~ en* 事業などに失敗する. ❸《南米. 競馬》大穴: *dar el ~* 大穴を当てる

bataclán [bataklán]〖古語〗ショー〖=variedad〗
bataclana [bataklána]〖女〗《チリ, アルゼンチン, ウルグアイ. 軽蔑》コーラスガール, ダンサー
batahola [bataóla]〖←カスティーリャ語 batalloia「戦い」〗〖女〗騒音, 騒動
batalla [batáʎa]〖←ラテン語 battualia < *battuere*「打つ」〗〖女〗❶［特定の地域での］戦い, 戦闘;［特に］会戦: 1) *Francia era derrotada en la B~ de Waterloo.* フランスはワーテルローの戦いに敗北した. *mar de ~* 海戦場. *singular ~* 一騎打ち. 2) *campal ~* 会戦; 大げんか, 乱闘. *naval ~* 海戦. 3)《歴史》*B~ de Aljubarrota* アルジュバロタの戦い〖1385年リスボン北方の町アルジュバロタでポルトガル軍がフアン1世のカスティーリャ軍を破った戦闘〗. *B~ de Covadonga* コバドンガの戦い〖722年, コバドンガ Covadonga で生じたアストゥリアス王国の初代国王ペラヨ Pelayo によるイスラム支配に対する対抗運動. レコンキスタの出発点となる〗. *B~ de las Navas de Tolosa* ナバス・デ・トロサの戦い〖1212年, アンダルシアのナバス・デ・トロサで, カスティーリャ王アルフォンソ8世率いるキリスト教連合軍がムワッヒド軍 almohades を撃破した. これによりイベリア半島におけるイスラム教徒の軍事的脅威は払拭された〗. *B~ de Lepanto* レパントの戦い〖1571年, オスマン帝国 Imperio otomano とスペイン・ベネチアなどのキリスト教国がイオニア海 Mar Jónico で戦い, キリスト教国側の勝利に終わる〗. *B~ de Normandía*〖1944年第2次大戦の〗ノルマンディー上陸作戦. *B~ de Tucapel* トゥカペルの戦い〖1553年チリ, 先住民アラウコ族 araucano とスペイン軍との戦い. スペイン軍の大敗北に終わる〗. *B~ del Salado* サラド河畔の戦い〖1340年, 現在のカディス県で, カスティーリャとポルトガル連合軍がベニメリン朝 benimerines イスラム軍と戦って勝ち, レコンキスタを決定づけた〗. ❷ 争い, けんか: *Hubo una larga ~ judicial para desconectar el respirador artificial.* 人工呼吸装置を外すための長い法廷闘争が続いた. *carta de ~* 挑戦状, 果たし状. *~ contra el cáncer* 癌との戦い. *~ de flores* 花合戦〖祭りで花を投げ合う〗. *~ de almohadas* 枕で叩き合う遊び. *~ en el corazón (mente)* 心中の葛藤. ❹《自動車》軸距, ホイールベース. ❺《音楽》〖16・17世紀独特の, オルガンのトランペット音栓用の〗標題音楽の作品. ❻《弩の》矢を置く溝
dar la ~ 抵抗する, 立ち向かう; 闘う, 争う
de ~《口語》〖衣服が丈夫で〗日常用の, ふだん着の: *zapatos de ~* ふだん履きの靴
presentar ~ 決戦する, 立ち向かう

batallador, ra [bataʎaðór, ra]〖形〗戦闘的な: *ecologista ~* 戦闘的エコロジスト
batallar [bataʎár]〖←*batalla*〗〖自〗❶［+*con* と］戦う, けんかする; 論争する: *Gengis Khan batalló por las llanuras de Asia.* ジンギスカンはアジアの平原で戦った. *~ con la tentación* 誘惑と戦う. ❷［+*por* を得ようと］努力する: *El abogado está batallando por los papeles en regla.* その弁護士は正規の証明書を取るために苦労している
batallita [bataʎíta]〖batalla の示小語〗〖女〗［主に戯語］［主に複］自身が主人公の〗昔語り; 実話, 余話
batallola [bataʎóla]〖女〗=**batayola**
batallón[1] [bataʎón]〖←伊語 battaglione〗〖男〗❶《軍事》大隊: *~ de infantería* 歩兵大隊. *~ disciplinario* 囚人部隊. ❷ 多人数, 大勢: *Un ~ de policías se abalanzó contra el ladrón.* 大勢の警官が泥棒にとびかかった
batallón[2]**, na** [bataʎón, na]〖形〗［事柄が］論争の絶えない, 争いを起こす; ［人が］議論好きの
batán [batán]〖男〗《繊維》縮絨(じゅう)機, 縮絨工場
batanar [batanár]〖他〗縮絨する
batanear [bataneár]〖他〗［人を］ポカポカ叩く
bataneo [batanéo]〖男〗ポカポカ叩くこと

batanero, ra [batanéro] 名 縮絨工

batanés, sa [batanés, -sa] 形 名 《地名》バタネス Batanes の〔人〕《フィリピン最北の州》

batanga [batánga] 女 《フィリピン》[小舟の] 竹製の舷外浮材

bataola [bataóla] 女 =**batahola**

bataraz, za [bataráθ, θa] 形 《アルゼンチン, ウルグアイ》[キジの羽が] 灰色で白い筋(斑点)のある;《口語》[服の生地が] 灰色と白の格子縞の

Batasuna [batasúna] 女 バタスナ《2001年創設, バスク独立を主張する民族主義政党. 正式名称 Herri Batasuna「人民の団結」. 2003年, 最高裁により, 武装組織ETA(バスク祖国と自由)の政治部門として非合法化された》

batasunero, ra [batasunéro, ra] 形 名 =**batasuno**

batasuno, na [batasúno, na] 形 名 バタスナ Batasuna の〔党員〕

batata[1] [batáta] 《←タイノ語》女 ❶《西, プエルトリコ, ドミニカ, コロンビア, ベネズエラ, アルゼンチン, パラグアイ. 植物》サツマイモ《地下茎も》. ❷《ラプラタ. 口語》困惑, 絶句

batatar [batatár] 男 サツマイモ畑

batatazo [batatáθo] 男 《コロンビア》すばらしい思いつき;《アンデス》思いがけない幸運;《チリ》思いがけない成功

batatera [batatéra] 女 《アンダルシア. 植物》サツマイモ

batatín [batatín] 男 ❶《俵形の》スイートポテトに似た菓子. ❷《アンダルシア》ごく小型のサツマイモ

batato, ta[2] [batáto, ta] 《アンダルシア; コロンビア》❶ ずんぐりした人, 太って背の低い人. ❷ 濃い紫色の《←サツマイモの色》

bátavo, va [bátabo, ba] 形 名《歴史, 国名》バタビア Batavia の〔人〕《1795~1806, 現在のオランダ》

batayola [batajóla] 女《船舶》[舷側に設けられた] ハンモック収納箱《防材も兼用》

batazo [batáθo] 男《野球》バッティング《=bateo》

batch [bátʃ] 《←英語》男《情報》バッチ《処理》

bate [báte] 《←英語 bat》男《野球》バット

batea [batéa] 《←?アラビア語 batiya》女 ❶《船舶》平底の小舟, パント. ❷ [ムール貝などの] 養殖場. ❸《鉄道》無蓋無側面貨車, 長物車. ❹《鉱山》洗い樋. ❺《地方語》盆, トレイ《=bandeja》. ❻《キューバ, コロンビア, ペルー, チリ, アルゼンチン》洗い桶, たらい, 洗面器

bateador, ra [bateaðór, ra] 名 ❶《野球》打者, バッター: ~ designado 指名打者. ~ suplente ピンチヒッター. ❷《鉱山》洗い樋係 — ❸《鉄道》敷き砂利の突き固め機《=máquina ~ra》

bateaguas [bateáɣwas] 男《建築》雨樋

batear [bateár] 他 自《野球》[バット bate で] 打つ

batel [batél] 《←古仏語》男 [bote より小型の] ボート, 小舟

batelero, ra [bateléro, ra] 名 [batel の] 船頭

bateo [batéo] 男 ❶《野球》バッティング. ❷ 洗礼《=bautizo》

batería [batería] 《←仏語 batterie < battre「打つ」》女 ❶〔蓄〕電池, バッテリー《= ~ eléctrica》: La ~ se carga cuando el motor está en marcha. バッテリーはエンジンが動いている時に充電される. ~ alcalina アルカリ電池. ~ recargable 充電式電池. ~ solar 太陽電池. ❷ 一組の器具; 炊事用具一式《= ~ de cocina》. ❸《演劇》照明(投光)装置《= ~ de luces》. ❹《軍事》砲列, 砲台; 砲兵中隊: ~ antiaérea 高射砲部隊. ❺《音楽》集名 打楽器群, ドラムス. ❻ [同種の関連したものの] 一続き: preparar una ~ de preguntas para el testigo 証人に対して一連の質問を用意する — **en ~** 《西》斜め平行に: aparcar en ~ [歩道に対して] 斜めに並列駐車する — ❼《音楽》ドラマー

baterista [baterísta] 名 ドラマー《=batería》

batero, ra [batéro, ra] 名 バタ gown bata 製造業者

batey [batéi] 男 ❶《カリブ》別荘地の小広場. ❷《キューバ》製糖工場内の住居・事務所・商店がある区域

batial [batjál] 形《地理》zona ~ 半深海

batiborrillo [batiboříλo] 男 =**batiburrillo**

batiburrillo [batibuříλo] 《←zurriburri+batiburrillo < batir》男《口語》乱雑, ごたまぜ: Llegaron al ~ de tenderetes. 彼らは屋台が雑然と並んだところに着いた

baticabeza [batikaβéθa] 男《昆虫》コメツキムシ

batición [batiθjón] 女《まれ》打つこと

baticola [batikóla] 女《馬具》しりがい. ❷《アンダルシア》ふんどし

batículo [batíkulo] 男《船舶》補助索; 小斜桁

batida [batíða] 《←batir》女 ❶ [獲物の] 狩り立て, 追い出し; [犯人などの] 捜索: dar una ~ 狩り立てる; 捜索する. ❷《スポーツ》踏切: tabla de ~ 踏切板

batidera [batiðéra] 女 ❶《建築》モルタルを混ぜる鍬. ❷《養蜂》ミツバチの巣房を切る器具

batidero [batiðéro] 男 ❶《船舶》⓵ 1) 防波板. 2) [帆に付ける] 当て布. ❷《まれ》でこぼこな土地. ❸《まれ》打ち続けること

batido[1] [batíðo] 《←batir》男 ❶《西, メキシコ, ドミニカ. 飲料》ミルクセーキ, シェイク: ~ de fresa イチゴシェイク. ❷《料理》1) [ビスケットなどの] 生地. 2) 泡立てた全卵(卵白・黄身). ❸ 攪拌. ❹《美容》逆毛立て. ❺《舞踊》バトゥ《跳躍して足を打ち合わせること》. ❻ [金箔・銀箔にするための] 打ち延ばし

batido[2]**, da**[2] [batíðo, da] 形 ❶ 打ち負かされた: ejército ~ 敗軍. ❷ 踏み固められた, [テニスコートなどが] よく整備された: senda ~da 踏みならされた道. pista de tierra ~da 手入れの行き届いたコート. ❸ 人通りが多い. ❹ 泡立てた, ホイップした: huevos ~s 泡立てた卵. ❺ 玉虫織りの

batidor, ra [batiðór, ra] 形 ❶ ~ de oro (plata) 金(銀)箔師. ❷《軍事》斥候, 偵察兵; [パレードで先頭を行く] 騎馬兵. ❸《狩猟》勢子. ❹《アルゼンチン, ウルグアイ. 口語》密告者 — 男 ❶《料理》[手動の] 攪拌器, 泡立て器. ❷《まれ》[歯の粗い] くし, すきぐし — 女 ❶《料理》スティック(ハンド)ミキサー《=~ra eléctrica》. ❷《キューバ. 口語》[主に女性の] 大きな尻

batiente [batjénte] 形《繰り返し》打つ — 男 ❶《建築》[扉の] 板(㍗); [扉・窓の] 枠組. ❷ 波打ち際. ❸ [ピアノの] 止音装置, ダンパー

batifondo [batifóndo] 男《アルゼンチン, ウルグアイ. 口語》騒ぎ, 騒動

batifotómetro [batifotómetro] 男 深海光度計

batihoja [batjóxa] 男 金(銀)箔師

batik [batík] 《←~s》ろうけつ染め; [インドネシアの] バティック

batimán [batimán] 男 ❶《バレエ》バットマン. ❷ 話す時に腕をバタバタさせること

batimento [batiménto] 男《美術》=**esbatimento**

batimetría [batimetría] 女 水深測量, 測深; 水深

batimétrico, ca [batimétriko, ka] 形 水深測量の: mapa ~ 水深図, 海底地形図

batímetro [batímetro] 男 水深計

batimiento [batimjénto] 男 ❶ 打つこと. ❷《物理》[振動・電波の] うなり

batín [batín] 《bata の示小語》男《西. 服飾》短いガウン, スモーキングジャケット

batintín [batintín] 《←?語源》男 銅鑼(㍐)

batipelágico, ca [batipeláxiko, ka] 形《生態》漸深海の

batiportar [batiportár] 他《船舶》砲口を上げる

batiporte [batipórte] 男《船舶》砲門の高さを調節する横木

batir [batír] 《←ラテン語 battuere》他 ❶ 打つ, 叩く: ~ tambor 太鼓を打つ. ❷ 打ち壊す, 打ち崩す: ~ la puerta de un empujón ドアを押し破る. ❸ [金属を] 打ち延ばす, 鍛錬する: ~ el oro 金を打ち延ばす. ❹ [卵・クリームなどを] かき混ぜる, ミキサーにかける; 泡立てる, ホイップする: ~ los huevos 卵をかき混ぜる. ❺ [羽などを] バタバタさせる: Los pájaros baten sus alas. 小鳥たちはドアを羽ばたかせる. ❻ 打ち破る, 負かす: Él batió a sus contrincantes por una gran diferencia. 彼は大差で対戦相手を破った. ❼ [記録を] 破る, 更新する: Finalmente él batió el record mundial. とうとう彼は世界記録を破った. ❽ [波・雨が] …に打ちつける; [風が] 吹きつける; [太陽が] 照りつける: Grandes olas baten la costa. 大波が岸に打ちつけている. Un viento fuerte batió esa isla todo el día. その島は強風が一日中吹き荒れた. ❾《貨幣》鋳造する. ❿ [敵・行方不明者・獲物などを] 探して, +場所を] しらみつぶしに捜す; 狩り立てる: ~ todo el bosque 森の中をしらみつぶしに捜索する. ⓫ [テントなどを] たたむ, 取り壊す. ⓬《美容》髪にふんわかをつけるために] 逆毛を立てる. ⓭《製本》丁をそろえる. ⓮ [特典・特権などを] 廃止する, 排除する. ⓯ [敬意を表わすために] 旗を下ろす. ⓰《メキシコ, グアテマラ, チリ》[洗濯物を] すすぐ. ⓱《メキシコ》ひどく汚す. ⓲《アルゼンチン, ウルグアイ》密告する — 自 ❶ 鼓動・脈が] 強く打つ. ❷ [跳躍競技で] 踏み切る — **~se** ❶ [互いに/+con+人 と] 格闘する; 戦う. ❷ [記

録〕破られる: Por fin *se ha batido* la plusmarca. ついに最高記録が破られた. ❸《メキシコ》ひどく汚れる
batírselas《チリ.口語》何とかする, どうにかやっていく
batiscafo [batiskáfo]《←bati-+ギリシア語 skaphe「船」》男 深海潜水艇, バチスカーフ
batisfera [batisféra] 女 潜水球
batisismo [batisísmo] 男 深発地震
batista [batísta]《←仏語 batiste》女 繊維 バティスト, キャンブリック
Batista [batísta]《人名》**Fulgencio ～** フルヘンシオ・バティスタ《1901～73, キューバの軍人・大統領. 1952年クーデターで政権を奪取するが, 1959年カストロ Castro による革命で国外逃亡》
batitermógrafo [batitermóɣrafo] 男 水深水温計
Batlle y Ordóñez [báʎe i orðóneθ]《人名》**José ～** ホセ・バッジェ・イ・オルドーニェス《1856～1929, ウルグアイの大統領(1903～07, 11～15). 労働法の制定, 一部銀行の国有化, 民主化などに尽力》
bato, ta[2] [báto, ta]《←ジプシー語》名《隠語》父, 母
—— 名《メキシコ.口語》若い男, やつ
batocromo [batokrómo] 形《物理》深色団の, 色の濃くなる
batoideo, a [batoiðéo, a] 形 エイ目の
—— 名《魚》エイ目
batojar [batoxár] 他 [果実を木から]叩き落とす
batolito [batolíto] 男《地質》底盤, バソリス
batología [batoloxía] 女《修辞》語句の退屈な反復
batometría [batometría] 女 =batimetría
batómetro [batómetro] 男 =batímetro
batón [batón] 男《中南米》ガウン《=bata》
batracio, cia [batráθjo, θja] 男《まれ》両生類(の)《=anfibio》
batúa [batúa] 女 [バスク語の]結合形
batuda [batúða] 女《←batir》女 [トランポリン上での]複数選手の跳躍
batueco, ca [batwéko, ka] 形 名 ❶《地名》バトゥエカス Batuecas の〔人〕《サラマンカ南部の谷》. ❷《軽蔑》間抜けな〔人〕
estar en las B～cas うわのそらである
batuque [batúke] 男《南米.口語》大騒ぎ, ごたごた, 混乱
batuquear [batukeár] 他 ❶《中南米》強く叩く(振り動かす). ❷《ケチュア》叱る, 罰する
baturrada [baturáða] 女《頑固で愚直な》アラゴン人特有の言動
baturrillo [baturíʎo] 男《まれ》=batiburrillo
baturro, rra [batúro, ra] 形 名 ❶ アラゴン州の田舎の(田舎者). ❷ アラゴン州の
batuta [batúta]《←伊語 battuta「拍子」》女《音楽》タクト, 指揮棒; ***llevar la ～*** 指揮する;《口語》牛耳る
batutsi [batútʃi] 男 女 =tutsi
batzarre [batsáre] 男《地方語》[地域の問題などを話し合う]男性住民の集まり
batzoki [batsóki]《←バスク語》男 バスク民族主義党 PNV の地方支部《集会所でもあり, バルやレストランを兼ねていることも多い》
Baucis [báuθis] 女《ギリシア神話》バウキス《ピレーモーンの妻. →Filemón》
baudio [báuðjo] 男 [情報伝達の速度単位]ボー
baúl [baúl]《←仏語 bahut》男 ❶ [旅行用・衣類保管用の]トランク; **～ mundo** 大型トランク. ❷《南米. 自動車》トランク
～ de los recuerdos 心の奥底
henchir (llenar) el ～ 大食する
baulero, ra [bauléro, ra] 名 ❶《アルゼンチン》トランクルーム, 収納室
bauprés [bauprés] 男《複》baupreses《船舶》バウスプリット, 船首斜檣
bausa [báusa] 女《ペルー》怠惰, 無為
bausán, na [bausán, na]《←古語 bausana》❶ [兵士に見せかけて城壁などに置く]甲冑を着せたわら人形. ❷ 単純な人, 愚か者
—— 形《ペルー》怠け者の
bausano, na [bausáno, na] 名《まれ》単純な人, 愚か者
bautismal [bautismál] 形 洗礼の; *ceremonia ～* 洗礼式
bautismo [bautísmo]《←ギリシア語 baptismos < baptizo》男 ❶《キリスト教》洗礼, バプテスマ: *administrar el ～ a*+人 …に洗礼を授ける. *nombre de ～* 洗礼名, 受洗名. *～ de inmersión* 浸水礼. *～ de fuego / ～ de deseo* 火の洗礼《強い意志による

洗礼》. ❷《比喩》*～ de sangre* 血の洗礼, 殉教. *～ de fuego* 砲火の洗礼, 初陣. *～ de(l) aire* 初飛行
romper el ～ a+人《まれ》…の頭をぶち割る《=romper la crisma a+人》
bautista [bautísta] 形 名《キリスト教》❶ バプテスト派〔の〕: *iglesia ～* バプテスト教会. ❷《文語》命名者
—— 男 *San Juan B～/el B～* 洗礼者ヨハネ
bautisterio [bautistérjo] 男《キリスト教》=baptisterio
bautizador, ra [bautiθaðór, ra] 形 名《まれ》名づける〔人〕, 命名する〔人〕
bautizando, da [bautiθándo, da]《キリスト教》洗礼を受ける人, 受洗者
bautizante [bautiθánte] 形 名《まれ》=bautizador
bautizar [bautiθár]《←ラテン語 baptizare < ギリシア語 baptizo「私は浸す」》❶ 他 ❶ …に洗礼を施す《授ける》❷《口語》祝別する: *La bautizaron con el nombre de Teresa.* 彼女はテレサと名づけられた. *～ un barco* 船に命名する. *～ una empresa* 会社に名前をつける. ❸《口語》〔ワイン・牛乳などを〕水で薄める. ❹《口語》〔人に〕水などをかける
—— **～se** 洗礼を受ける: *Quiere ～se ahora, de adulto.* 彼は今, 成人洗礼を希望している
bautizo [bautíθo]《←bautizar》男 洗礼式; その祝い
bauxita [bau(k)síta] 女《鉱物》ボーキサイト
bauza [báuθa] 女 長さ2～3メートルの丸太
bauzado, da [bauθáðo, ða] 形《屋根が》丸太 bauza でできた
bávaro, ra [báβaro, ra] 形 名《地名》[ドイツの]バイエルン Baviera の〔人〕
bavarois [baβarwá]《←仏語》男《菓子》ババロア
baya[1] [bája]《←仏語 baie》女《植物》❶ 漿果(しょう)か. ❷ ササクレヒトヨタケ《=matacandiles》
bayá [bajá] 形 名《複》bayaes [カメルーン・中央アフリカに住む]バヤ族〔の〕
bayadera [bajaðéra] 女 ❶ [インドなどの]舞姫, 女性の踊り手・歌い手. ❷ 色彩豊かな横縞模様の織物
bayal [bajál] 形 ❶《亜麻・亜麻布が》細く白い糸の, キャンブリックのような
—— 男 [採石場で]石を動かすてこ
bayamés, sa [bajamés, sa] 形 名《地名》バヤモ Bayamo の〔人〕《キューバ, オリエンテ県の町》
bayamonés, sa [bajamonés, sa] 形 名《地名》バヤモン Bayamón の〔人〕《プエルトリコ北部の町》
bayanismo [bajanísmo] 男《キリスト教》ミゲル・バヨ Miguel Bayo による異端《17世紀に流布》
bayeta [bajéta]《←古仏語 baiette》女 ❶《繊維》ベーズ. ❷《西》雑巾(ぞうきん); モップ《=fregona》. ❸《コロンビア, ボリビア. 賭博》〔ゲーム台用の〕ラシャ地. ❹《ボリビア》おむつ《=pañal》
arrastrar ～s 大学に入れるほど頭がいい〔ようにみえる〕
bayetón [bajetón]《bayeta の示大語》男 ❶ [コート用の]毛足の長いリラ地. ❷《コロンビア》ウール製の大型のポンチョ
bayo, ya[2] [bájo, ja] 形 名《馬》鹿毛(かげ)色の《馬》; 赤褐色の: *Uno piensa el ～ y otro el que lo ensilla*《諺》馬はこっちを考え, それに鞍を置く人はあっちを考える/命令する人とされる人とでは考えていることに大きな違いがあるものだ
—— 男 ❶《釣り》蚕型のフライ. ❷《メキシコ》豆. ❸《南米》風呂《=baño》
bayoco [bajóko] 男 ❶《古語》イタリアの少額の銅貨. ❷《ムルシア》熟す前に収穫したイチジク
bayón [bajón] 男 ❶ 1950～60年代に流行した南米起源の軽快な踊り. ❷《コロンビア》バヤクバヤグ科の灌木《学名 Asyris quadripartita》. ❸《フィリピン》ござ製の袋
bayonense [bajonénse] 形 名《地名》〔フランスの〕バイヨンヌ Bayona の〔人〕
bayonés, sa [bajonés, sa] 形 名《地名》=bayonense
—— 女《菓子》カボチャの砂糖漬入りパイ
bayoneta [bajonéta]《←仏語 baionnette》女 銃剣《=cuchillo ～》: *calar (armar) la ～* 着剣する. *atacar a la ～/atacar a ～ calada* 銃剣突撃する
a ～ / de ～〔部品が〕はめ込み式の《⇔a rosca》
bayonetazo [bajonetáθo] 男 銃剣で刺すこと; その傷
bayoque [bajóke] 男《古語》イタリアの少額の銅貨《=bayoco》
bayoya [bajója] 女 ❶《キューバ.動物》背中にとさかのあるトカゲ《学名 Leicocephalus vitatus》. ❷《ドミニカ, プエルトリコ.口語》混乱, 喧噪

bayú [bajú] 男 《~es》《キューバ. 口語》売春宿; 無秩序な場所

bayuca [bajúka] 女《まれ》居酒屋《=taberna》

bayunco, ca [bajúŋko, ka] 形 名《グアテマラ, コスタリカ》田舎者〔の〕, 粗野な〔人〕
—— 《エストレマドゥラ, アンダルシア. 植物》コウキヤガラ

baza[1] [báθa] 《←伊語 bazza》女 ❶《トランプ》〔時に 集名〕トリック, 場からさらった札: ganar ～ 場に勝つ. ❷〔競争などでの〕利点, 長所: La ～ de esa cantante es su garganta. その歌手の強みは喉にある
  ganar la ～ a+人 〔競争・試合で〕…に勝つ
  hacer ～ 1) 《トランプ》場に勝つ. 2) 成功する, 望みを達する
  jugar sus ～s 《口語》能力を発揮する, 能力を生かす
  meter ～ 《口語》干渉する, 口をはさむ
  meterse en ～ 《トランプ》〔オンブレ tresillo で〕場に勝とうとする
  no dejar meter ～ 《口語》〔自分ばかり話して〕相手にしゃべらせない
  sacar ～ 《口語》利益を得る: No supimos sacarle ～ al negocio. 私たちはその商売を生かす能力がなかった
  sentar ～ 横から口出しする

bazar [baθár] 《←ペルシア語》男 ❶ 雑貨店. ❷〔中近東の〕市場. ❸《コロンビア, ベネズエラ》慈善バザー

bazo, za[2] [báθo, θa] 形 黄褐色の
—— 男 ❶《解剖》脾臓. ❷《地方語》家畜の伝染病《=mal de 〔〕～》

bazoca [baθóka] 男 =bazooka

bazofia [baθófja] 《←伊語 bazzoffia》女 ❶《口語》まずい食べ物〔飲み物〕: Cuanto se comía en este hotel era una pura ～. このホテルの料理はすべてまずくして食べられたものでなかった. ❷《口語. 主に比喩》かす, くず: Aquel funcionario altanero es una ～ humana. あの尊大な役人は人間のくずだ

bazooka [baθúka/-θó-] 《←英語》男／女〔複 ～s〕《軍事》バズーカ砲

baztanés, sa [baθtanés, sa] 形《地名》バスタン渓谷 valle de Baztán の〔人〕《ナバラ県》

bazuca [basúka] 女 =bazooka

bazucar [baθukár] [7] 他〔容器に入った飲み物を〕シェークする

bazuka [baθúka] 男 =bazooka

bazuquear [baθukeár] 他 =bazucar

bazuqueo [baθukéo] 男〔飲み物の〕シェーク《行為》

b-boy [bíboj] 《←英語》男〔複 ～s〕ラップ音楽の熱狂少年ファン

BBS 《←英語》《略語. 情報》電子掲示板: acceder a los ～ 掲示板にアクセスする

BCG 男《略語. 医学》BCG

Bco. 《略》←Banco 銀行

be [bé] I 女〔複 bes〕文字 b の名称
  be por be 逐一, こまごまと
  tener las tres bes すばらしい, 品質 bueno・外見 bonito・値段 barato の三拍子そろっている
—— II《擬声》女〔羊の鳴き声〕メー

beaciense [beaθjénse] 形 名《地名》バエサ Baeza の〔人〕《ハエン県の町》

beagle [bígl] 《←英語》名〔犬〕ビーグル

beamontés, sa [beamɔntés, sa] 形 男《歴史》=beaumontés

bearnés, sa [bearnés, sa] 形 名《歴史, 地名》〔フランス南西部の〕ベアルヌ Bearne 地方の〔人〕
—— 女《料理》ベアルネーズソース《バター・卵黄・白ワイン・パセリなどで作る. =salsa bearnesa》

beat [bít] 《←英語》男《音楽》ビート
—— 形《単複同形》ビート族の: generación ～ ビート世代

beatamente [beátamente] 副《軽蔑》敬虔ぶって

beatería [beatería] 女《←beato》《軽蔑》大仰な信心, 盲信

beaterio [beatérjo] 男《カトリック》助修女 beata たちが共同で暮らす家

beaterio [beatérjo] 男〔集名〕《軽蔑》信心ぶった女

beatificación [beatifikaθjón] 女《カトリック》列福

beatíficamente [beatifikaménte] 副 穏やかに, 幸福そうに

beatificar [beatifikár] [7] 他《カトリック》福者 beato の列に加える

beatífico, ca [beatífiko, ka] 《←ラテン語 beatificus》形〔態度が〕穏やかな, 幸福そうな: sonrisa ～ca 幸福に輝いた微笑

beatilla [beatíʎa] 女 薄くて目の粗い布

Beati pauperes spiritu [beáti paupéres spíritu] 《←ラテン語. 新約聖書「マタイによる福音書」》心貧しき者は幸せなり《世俗の富から離れることのできる人》

beatísimo, ma [beatísimo, ma] 《beato の絶対最上級》形 ～ padre〔ローマ教皇への尊称〕猊下(ゲイカ)

beatitud [beatitú(d)] 《←ラテン語 beatitudo》女《キリスト教》至福. ❷ Su B—〔ローマ教皇への尊称〕猊下(ゲイカ). ❸《まれ》心の平静, 幸福

beatnik [bítnik] 《←英語》男〔複 ～s〕ビートニク《運動》
—— 形 名 ビート族〔の〕

beato, ta [beáto, ta] 《←ラテン語 beatus「幸福な」》形 ❶《主に軽蔑, 皮肉》聖人のような〔人〕, 信心ぶった〔人〕: A la misa de diario solo van unas viejas ～tas. 毎日のミサには数人の信心ぶった老女しか来ない. ❷《カトリック》1) 福者の〔尊称 venerable の上, 聖人 santo の下の敬称〕: Beata Madre Teresa 福者マザー・テレサ. 2) 助修士, 助修女. ❸《文語》幸せな: ～ el que posee 幸せな持てる者
—— 男 ベアトゥス黙示録註解《8世紀スペインの修道僧 Beato de Liébana の著わした教理注釈本『黙示録註解』に基づき9〜11世紀に作成された優美な挿画付きの手書き写本》

Beato de Liébana [beáto de ljébana] 《人名》リエバナのベアトゥス《?〜798, カンタブリア, リエバナの聖トリビシス修道院の修道士. トレド出身のモサラベ mozárabe とされる.『黙示録註解』Comentarios al Apocalipsis の作者》

beatón, na [beatón, na] 形《軽蔑》聖人ぶった, 信心に凝り固まった

beatorro, rra [beatóro, ra] 形《軽蔑, 戯画》聖人のような, 聖人ぶった

Beatriz [beatríθ] 《人名》ベアトリス《ダンテ Dante の恋人で,『神曲』の登場人物のモデル》

Beatus ille qui procul negotiis [beátus íʎe ki prókul negóti(i)s] 《ラテン語》世事を離れ得る〔田舎で静かに暮らす〕人は幸せである《ホラティウス Horatius の言葉》

beaumontés, sa [beaumɔntés, sa] 形《歴史》ベアウモンテス党 beaumonteses の
—— 男《歴史》ベアウモンテス党, ボーモント党《中世後期, ナバラ王国の貴族党派. アグラモンテス党 agramonteses と対立した》

beautiful people [bjútiful pípol] 《←英語》女〔集名〕富豪, セレブ, 上流階級

bebe, ba [bébe, ba] 《ホンジュラス, ペルー, ラプラタ》赤ん坊《=bebé》
—— 形《ペルー, ラプラタ》〔比較して人が〕非常に若い
  el ～ 〔s〕《戯語》きわどい場所

bebé [bebé] 《←仏語 bébé》男《中南米》名〔主に1歳未満の〕赤ん坊: ¿Ese ～ es niño o niña? その赤ん坊は男の子ですか女の子ですか? ～ foca 子供アザラシ

bebecua [bebékwa] 女《まれ》飲み物《=bebida》

bebedero, ra [bebedéro, ra] 《←beber》形〔水が〕飲める, 飲用の;〔酒が〕美味な
—— 男 ❶〔鳥などの〕水飲み容器, 水入れ;〔自然の〕水飲み場. ❷〔壺・容器の〕口, 飲み口. ❸〔袖口などの〕補強布. ❹〔金属〕湯口. ❺《中南米》酒の売り場, 酒を飲む場所. ❻《チリ》芯地
—— 男《メキシコ, コロンビア. 口語》〔むりやり飲ませる〕酒宴, どんちゃん騒ぎ, 飲み比べ

bebedizo, za [bebedíθo, θa] 《←beber》形 飲める, 飲用に適した
—— 男 ❶《文語》媚薬, ほれ薬《=filtro》; 毒入りの飲み物. ❷〔薬草から作る〕水薬

bebedor, ra [bebedór, ra] 形 酒好きの
—— 男 飲み飲み; 酒豪《=～ empedernido》: ～ de cerveza ビール愛飲家
—— 男《地方語》〔鳥などの〕水飲み容器, 水入れ《=bebedero》

bebendurria [bebendúrja] 女《中南米. 口語》酩酊

bebeo [bebéo] 男〔ヒスパニック hispano などが英語で〕v を間違って b と発音すること

beber [bebér] 《←ラテン語 bibere》他 ❶ 飲む《類語》beber は水・牛乳・ジュース・酒などを飲む, tomar はコーヒー・紅茶・スープ・薬などを飲む》: Bebemos leche todos los días. 私たちは毎日牛乳を飲む. ～ algo caliente 何か温かいものを飲む. ❷〔知識・情報〕を得る, 吸収する: Tales conocimientos los ha be-

bido de su abuela. そのような知識を彼女は祖母から学んだ
—— [自] ❶ 飲み物を飲む; 酒を飲む: ¿Para ～...? お飲み物は〔何にしますか〕? Si *bebes* no conduzcas. 飲んだら運転するな. Le gusta mucho ～. 彼は酒好きだ. ～ demasiado 飲みすぎである. ❷ [+por・a のために] 乾杯する, 祝杯をあげる: Vamos a ～ *por* (*a*) la salud de la abuela. おばあさんの健康を祝して乾杯しよう
—— **～se** ❶ …を飲み干す: *Nos bebimos* de un trago la copa de vino. 我々は一気にグラスのワインを飲み干した. ❷ …を酒代として使ってしまう: Él *se bebe* siempre lo que se gana. 彼はいつも稼いだものを飲んでしまう. ❸ 聞き入る, 一心に聞く; [じっと] 見る: Mientras el conferenciante hablaba, algunos de los oyentes estaban *bebiéndose* sus palabras. 講演者が話している間, 何人かは一言も聞き漏らすまいと耳を傾けていた
—— [男] ❶ 飲み物, 酒: el buen ～ y el buen comer おいしい酒と料理. ❷ 飲むこと, 飲酒

bebercio [beƀérθjo] [男]《西. 戯語》飲み物〘=bebida〙
beberío [beƀerío] [男]《カナリア諸島》飲み物〘=bebida〙
beberrón, na [beƀeřɔ́n, na] [形]《まれ》大酒飲みの
bebestible [beƀestíƀle]〘←beber〙[形] [男]《皮肉》飲用に適した; 飲み物: Hubo fiesta, pero solo en el escenario, ya que el público permanecía sentado, privado de ～*s* en contra de su voluntad. パーティーはあったが, それはあくまで舞台の上で, 観客は座ったまま, 飲みたくても飲めなかった
bebezón [beƀeθɔ́n] [女]《グアテマラ, カリブ, コロンビア, ベネズエラ》[長時間で大量の] 飲酒; 酔い, 酩酊; どんちゃん騒ぎ
bebible [beƀíƀle]〘←beber〙[形] [水などの味がまずくなくて] 飲める: Este vino no es bueno, pero es ～. このワインはおいしくはないが, まあ飲める
bebida[1] [beƀíđa]〘←beber〙[女] ❶ 飲み物, 飲料; [特に] アルコール飲料, 酒, 酒類〘=～ alcohólica〙: ¿Qué toman ustedes de ～? お飲み物は何になさいますか? En este avión solo sirven ～*s*. この飛行機は飲み物が出るだけだ. casa de ～*s*《古語的》居酒屋, 飲み屋. ～ sin alcohol アルコール抜きの飲み物. ～ ligera アルコール度の低い飲み物. ❷ 飲むこと; [飲み物の] 摂取. ❸ 飲酒; 飲酒の習慣: La ～ destrozó su vida. 酒で彼の人生は破滅した. darse (entregarse) a la ～ 酒に溺れる, 酒浸りになる. dejar la ～ 酒をやめる. tener mala ～ 酒癖が悪い
bebido, da[2] [beƀíđo, đa] [形] [estar+] 酔った: Todavía no estoy ～ aunque haya bebido un poco. 私は少し飲んだが, まだ酔ってはいない
bebienda [beƀjénda] [女]《戯語》飲み物〘=bebida〙
bebiente [beƀjénte] [形] [名]《まれ》飲む〔人〕; 酒飲み〔の〕
bebistrajo [beƀistráxo] [男]《軽蔑》まずい飲み物; [混ぜ物をした] 変な飲み物
bebitoque [beƀitóke] [男]《地方語. 戯語》飲むこと
bebop [bíƀɔp]〘←英語〙[男]《音楽》ビーバップ, ビーバップジャズ
beborrotear [beƀɔřoteár] [自] 酒をちびちび飲む
beca [béka]〘←?語源〙[女] ❶ 奨学金, 給費: Los doctorandos disfrutaban de ～ de dos años. 博士課程の学生たちは2年間奨学金を受けていた. estudiar con una ～ 奨学金で勉強する. ir a Europa con una ～ 給費でヨーロッパに行く. ～ salario [月給のような] 月決めの奨学金. ❷《古語》[学生が肩から胸につけるV字形の] 垂れ布. ❸《古語》[神学生の] 赤い飾り帯
becabunga [bekaƀúŋga] [女]《植物》マルバカワヂシャ, ヴェロニカ・ベッカブンガ
becacina [bekaθína] [女]《鳥》タシギ〘=agachadiza〙
becada[1] [bekáđa] [女]《地方語. 鳥》ヤマシギ
becado, da[2] [bekáđo, đa] [名]《主に中南米》奨学生, 給費生〘=becario〙
becafigo [bekafíɡo] [男]《鳥》=**papafigo**
becaina [bekáina] [女]《鳥》タシギ〘=agachadiza〙
becante [bekánte] [形] 奨学金を与える
becar [bekár]〘←beca〙⑦ [他] …に奨学金を与える, 給費する
becario, ria [bekárjo, rja]〘←becar〙[名] 奨学生, 給費生〘=estudiante ～〙; 研修員: Fui a México como ～ de un intercambio. 私は交換留学生としてメキシコに行った
becerra[1] [beθéřa] [女]《植物》キンギョソウ〘=hierba ～〙
becerrada [beθeřáđa] [女] 子牛 becerro による闘牛
becerrear [beθeřeár] [自] ❶ [子牛・象などが] 金切り声をあげる. ❷ [子供が] 叫ぶ
becerrero [beθeřéro] [男] 子牛の世話をする闘牛士の助手〔の少年〕
becerril [beθeříl] [形] 子牛 becerro の
becerrillo [beθeříʎo] [男] 子牛革
becerrista [beθeřísta] [名] [子牛による闘牛をする] 見習い闘牛士〘novillero より前の段階〙
becerro, rra[2] [beθéřo, řa]〘←ラテン語 ibex, -icis「アイベックス」〙[名] [2歳未満の] 子牛
—— [男] ❶《皮革》カーフ, 子牛革. ❷《動物》～ marino アザラシ〘=foca〙. ❸《歴史》特許状台帳, 地券台帳〘=cartulario〙
～ de oro 1)《旧約聖書》金の子牛. 2) 物質的な富, 金銭
bechamel [betʃamél]〘←仏語〙[女]《西. 料理》ベシャメルソース〘=salsa ～〙
bechamela [betʃaméla] [女]《まれ》=**bechamel**
becoquín [bekokín] [男] 耳覆い付きの帽子〘=papalina〙
becoquino [bekokíno] [男]《植物》キバナルリソウ〘=ceriflor〙
Bécquer [békɛr]《人名》**Gustavo Adolfo ～** グスタボ・アドルフォ・ベッケル〘1836～1870, スペインの詩人・作家. 簡潔かつ抒情性豊かな表現で心象をうたった. 彼の詩は死後『抒情詩集』*Rimas* として出版され, 後のスペイン詩に影響を与えた. 各地の伝説などをもとにした散文の『伝説集』*Leyendas* では神秘的な雰囲気をたたえた独自の世界を描いている〙
becquerel [bekerél] [男]〘[複] ～s〙《物理》[放射能量の単位] ベクレル
becquerelio [bekeréljo] [男] =**becquerel**
becqueriano, na [bekerjáno, na] [形]《人名》ベッケル Bécquer の
—— [女] =**bequeriana**
becuadro [bekwáđro]〘←be〔mol〕< 俗ラテン語 be〔molle〕〙[男]《音楽》本位記号, ナチュラル
bed and breakfast [bɛđ and brékfast]〘←英語〙[男] 朝食付きの小ホテル, 民宿
bedano [beđáno] [男]《技術》細のみ; えぼしたがね〘=escoplo〙
bedegar [beđeɡár] [男]《植物》[野バラの] 虫こぶ, 虫えい
bedel, la [beđél, la]〘←古仏語 bedel〙[名] [学校などの] 用務員, 守衛
bedelía [beđelía] [女] 用務員(守衛)の職
bedelio [beđéljo] [男]《薬学》デリアム
bedia [béđja] [形] [男] [スーダンの] ベジャ語〔の〕
beduino, na [beđwíno, na]〘←アラビア語 bedawi「砂漠に住む者」〙[形] [名] ベドゥイン〔の〕
—— [男]《まれ》野蛮な男
beduro [beđúro] [男]《音楽》=**becuadro**
beee [bé] [男] [羊の鳴き声] メー
beep [bíp]〘←英語〙[男]〘[複] ～s〙[信号音] =**bip**
beethoveniano, na [be〔e〕toƀenjáno, na] [形]《人名》ベートーベン Beethoven の
befa[1] [béfa]〘←擬声〙[女] 嘲笑: hacer ～ de+人 …を物笑いの種にする
béfalo [béfalo] [男] =**bífalo**
befar [befár] **I**〘←befa[1]〙[他] [人を] からかう, 嘲弄する
—— **～se** [+de 事物を] ばかにする, あざける
II〘←befo〙[自] [馬が馬銜の鎖の方に] 唇を動かす
befedad [befeđá(đ)] [女] X脚であること
befo, fa[2] [béfo, fa]〘←ラテン語 bifidus「2つに分かれた」〙[形] ❶ 唇の厚い; 下唇の突き出た. ❷ X脚の〘=zambo〙
—— [男] ❶ [馬などの] 唇. ❷《軽蔑》厚い下唇. ❸《動物》オナガザル
begardo, da [beɡárđo, đa] [形] [名]《キリスト教》ベガルド会 begardos の〔修道士・修道女〕〘13～14世紀にベギン会 beguinas から分かれ, 清貧に耐えあらゆる権威を否定し, 異端とされた〙
beggiatoal [beɡjatoál] [形] ベギアトア科の
—— [女] [複]《植物》ベギアトア科
begonia [beɡónja] [女]《植物》ベゴニア, シュウカイドウ
begoniáceo, a [beɡonjáθeo, a] [形] シュウカイドウ科の
—— [女] [複]《植物》シュウカイドウ科
beguina [beɡína] [女]《キリスト教》ベギン会 beguinas の修道女〘12世紀に設立された厳格な戒律と清貧を旨とする女子修道会. その後異端とされた〙
begum [beɡún] [女] [インドのイスラム教徒の] 王女, 貴婦人
behaísmo [beaísmo] [男] バハーイー教, バハイ教〘19世紀バーブ教 babismo から分かれた〙
behaviorismo [bɛxaƀjorísmo]〘←英語 behaviorism〙[男]《心理》行動主義

behaviorista [bexabjorísta] 形 名《心理》行動主義の〔人〕
behetría [be(e)tría] 女 ❶〔歴史〕ベヘトリア村落《中世, 領主を自ら自由に選択することを認められた自由農民の村落共同体》. ❷《まれ》混乱, 無秩序
behíque [beíke] 男〔歴史〕《タイノ族の》呪術師
beibi [béjbi] 〔←英語 baby〕女《単複同形》《幼児語; 主にメキシコ》〔女の子・恋人への親愛の呼びかけ〕ベービー
beicon [béjkon]〔←英語 bacon〕男《西. 料理》ベーコン: huevos fritos con 〜 ベーコンエッグ
beidelita [beidelíta] 女《鉱物》バイデライト, バイデル石
beige [béjs/béjʃ]〔←仏語〕形 男 ベージュ色〔の〕
beirutí [bejrutí] 形《複》〜[e]s《地名》〔レバノンの首都〕ベイルート Beirut の〔人〕
beis [béjs] 形 男《単複同形》《西》=beige
béisbol [béjsbol]〔←英語 baseball〕男 野球
beisbolero, ra [bejsboléro, ra] 名 野球選手
beisbolista [bejsbolísta] 名《主に中南米》=beisbolero
bejarano, na [bexaráno, na] 形 名《地名》〔ベハル Béjar の〕《サラマンカ県の町》. ❷〔歴史〕〔サンチョ4世治下, バダホスの〕アルフォンソ Alfonso de la Cerda 派〔の〕
bejel [bexél] 男《魚》ホウボウ《学名 Trigla lucerna》
bejín [bexín]〔←英語〕男《植物》ホコリタケ
bejucal [bexukál] 男 つる植物の生い茂った土地
bejuco[1] [bexúko] 男 ❶ つる植物: 〜 de Indio《中南米. 植物》クロウメモドキ科の一種《マビ mabí の原料. 学名 Gouania domínguensis, Gouania lupuloides》. ❷《コロンビア》1) つる. 2) 陰茎
bejuco[2]**, ca** [bexúko, ka] 形《ベネズエラ》高齢者の〔の〕. ❷《コロンビア. 皮肉》[estar+. 無害な冗談にも] 機嫌の悪くなる
bejuquear [bexukeár] 他《メキシコ, 中米, プエルトリコ, エクアドル》つるで叩く
bejuqueda [bexukéða] 女 =bejucal
bejuquero [bexukéro]《コロンビア. 口語》混乱, 無秩序
bejuquillo [bexukíʎo] 男 ❶〔昔珍重された, 中国渡来の〕金のネックレス. ❷《植物》吐根《=ipecacuana》
bel [bél] 男《物理》=belio
Belalcázar [belalkáθar]《人名》**Sebastián de** 〜 セバスティアン・デ・ベラルカサル《1479〜1551?, スペイン人コンキスタドール. 中米征服に参加後, 南米に渡り, エクアドルを征服, キト市を建設》
belalcazareño, ña [belalkaθaréɲo, ɲa] 形 名《地名》ベラルカサル Belalcázar の〔人〕《コルドバ県の》
Belaunde [beláunde]《人名》**Victor Andrés** 〜 ビクトル・アンドレス・ベラウンデ《1883〜1966, ペルーのジャーナリスト・思想家・外交官》
Belaunde Terry [beláunde tériʲ]《人名》**Fernando** 〜 フェルナンド・ベラウンデ・テリ《1912〜2002, ペルーの建築家, 大統領(1963〜68). 軍のクーデターで国外追放され, 民政復帰後, 再び大統領に就任 (1980〜85)》
belcantismo [belkantísmo] 男《音楽》ベルカント唱法
belcantista [belkantísta] 形 名 ベルカント唱法の
bel canto [bél kánto]〔←イ語〕男《音楽》ベルカント
belcebú [belθebú] 男 悪魔;《新約聖書》〔B〜〕ベルゼブル《Lucifer の下の位》
belcho [béltʃo] 男《植物》フタマタマオウ
beldad [beldáð]〔←古オック語 beltat〕女 ❶ 並外れた〕美人, 美女. ❷〔詩語〕〔主に女性の〕美しさ
beldador, ra [beldaðór, ra] 形 名《地方語》穀粒とわらをより分ける〔人〕
beldar [beldár] 他《地方語》〔フォーク bieldo で〕穀粒とわらをより分ける
belduque [beldúke] 男《メキシコ, コロンビア》大型のナイフ《=balduque》
belemita [belemíta] 形 名《地名》=betlemita
belemnita [belemníta] 女 =belemnite
belemnite [belemníte] 女《古生物》箭石(せんせき), 矢石
belén [belén]〔←Bethlehem〕男 ❶〔主に B〜. キリストの生誕を形どった〕馬小屋と人形の小舞台《模型》, 馬槽(まぐさおけ)《=portal de B〜》. ❷〔属〕ひどい乱雑. ❸〔主に 複〕厄介事, 紛糾: Es mejor no meterse en belenes. ごたごたに首を突っ込まない方がいい
estar [bailando] en B〜 ぼんやりしている, 気を取られている
belenismo [belenísmo] 男 馬槽 belén の製作技術

belenista [belenísta] 名〔仕事・趣味で〕馬槽 belén を作る人
belenístico, ca [belenístiko, ka] 形 馬槽製作の
beleño [beléɲo] 男《植物》ヒヨス《〜 negro》: 〜 blanco 白ヒヨス《学名 Hyoscyamus albus》
belérico [belériko] 男《植物》ベニスモモ《=mirabolano》
Belerofonte [belerofónte] 男《ギリシア神話》ベレロポン《ペガサスを駆り, 怪物キマイラを殺したコリントの英雄》
belesa [belésa] 女《植物》ルリマツリ
belez [beléθ] 男 ❶〔飲み物用などの〕器, 容器. ❷ 家具, 什器
belezo [beléθo] 男《バリャドリード》家具, 什器《=belez》
belfo, fa [bélfo, fa]〔←ラテン語 bifidus「2つに分かれた」〕形《軽蔑》唇の厚い〔人〕, 下唇の突き出た〔人〕, 受け口の ─── 男 ❶〔馬などの〕唇. ❷《軽蔑》〔人の〕厚い唇《特に下唇》
belga [bélga] 形 名《国名》ベルギー Bélgica 〔人〕の; ベルギー人
bélgico, ca [bélxiko, ka] 形 ベルギー〔人〕の
belgradense [belgradénse] 形 名《地名》〔セルビアの〕ベオグラード Belgrado の〔人〕
Belgrano [belgráno]《人名》**Manuel** 〜 マヌエル・ベルグラノ《1770〜1820, アルゼンチンの将軍. 独立運動の指導者》
belicense [beliθénse] 形 名《国名》=beliceño
beliceño, ña [beliθéɲo, ɲa] 形 名《国名》ベリーズ Belice の〔人〕
belicismo [beliθísmo] 男 主戦論, 好戦的な態度
belicista [beliθísta] 形〔←bélico〕名 主戦論の; 主戦論者
bélico, ca [béliko, ka]〔←ラテン語 bellicus<bellum「戦争」〕形 戦争の: acto 〜 戦争行為. industria 〜ca 軍需産業
belicosidad [belikosiðáð] 女 好戦性
belicoso, sa [belikóso, sa]〔←ラテン語 bellicosus<bellum「戦争」〕形 好戦的な, 攻撃的な: espíritu 〜 好戦的気質. país 〜 好戦的な国
belido, da [belíðo, ða] 形 →hierba belida
beligerancia [belixeránθja] 女 ❶〔主に国家の〕交戦状態; 交戦権. ❷ けんか腰の態度, 一歩も引かない態度
conceder (dar) 〜〔+a の意見などを〕重要視する
beligerante [belixeránte]〔←ラテン語 belligerans, -antis<bellum「戦争」+gerere「する」〕形 ❶〔主に国家の〕交戦中の: país no 〜 非交戦国. ❷ 敵意のある, 強硬な ─── 男《まれ》戦闘員 ─── 男 交戦国《=país 〜》
beligerar [belixerár] 自《まれ》交戦する
beligero, ra [belixéro, ra] 形〔詩語〕好戦的な
belinún, na [belinún, na] 形《南米. 軽蔑》うすらばか
belio [béljo] 男《物理》〔音の強さの単位〕ベル
belísono, na [belísono, na] 形 戦いを思わせる音がする
belitre [belítre] 形《文語》悪党〔の〕, 悪人〔の〕
bella[1] [béʎa]《植物》〜 de día セイヨウヒルガオ
bellacada [beʎakáða] 女 =bellaquería
bellaco, ca [beʎáko, ka]〔←?語源〕形 ❶《文語》ごろつき〔の〕, ならず者〔の〕; 邪悪な: Su conducta 〜ca le granjeó la antipatía de todos. 彼の邪悪な行動は全員の反感を買うことになった. ❷ ずるい, 鼻の高い. ❸《中南米》〔馬が〕御しにくい. ❹《プエルトリコ》〔女性が〕性的に感じた《感じやすい》
belladona [beʎaðóna] 女《植物》ベラドンナ, セイヨウハシリドコロ
bellamente [béʎaménte] 副〔装丁などが〕立派に, 美しく
bellaquear [beʎakeár] 自 ごろつきのような言動をする
bellaquería [beʎakería] 女〔←bellaco〕ごろつきのような言動
bellardina [beʎarðína] 女《まれ. 繊維》ギャバジンのようなウール地
bellasombra [beʎasómbra]《植物》オンブー《=ombú》
belle époque [bél epók] 女〔第1次大戦直前フランスの〕ベル・エポック
bellegas [beʎégas] 女 複《ドミニカ》睾丸
belleza [beʎéθa] 女〔←bello〕❶ 美, 美しさ: La 〜 de este paisaje es conmovedora. この風景の美しさは感動的. tener 〜 美しい. 〜 femenina 女性美. ❷ 美しい人, 美女; 美しいもの: José tiene tres hermanas que son 〜s. ホセには3人の姉がいるが, みんな美人だ. El chico no es una 〜 その青年はハンサムではない. Tienen un caballo que es una 〜 彼らは本当に美しい馬を持っている. concurso de 〜 美人コンテスト. ❸ 美容: productos de 〜 化粧品
bellezo [beʎéθo] 男《古語的》〔女性の言葉で〕美男子, 粋な男
bellezón [beʎeθón] 男《古語的》顔立ちの美しい人
bellido, da [beʎíðo, ða]〔←bello〕形《まれ》美しい, 優美な

bellista [beʎísta]《人名》アンドレス・ベリョ Andrés Bello の

bello, lla[2] [béʎo, ʎa]【←ラテン語 bellus】形 ❶《文語》美しい、きれいな〖⇔feo. →hermoso 類語〗: Este cuadro es muy ~. この絵はとてもきれいだ. Tiene unas manos bellas. 彼女は美しい手をしている. ~ como un sol 眉目秀麗な. El ~ Danubio azul『美しき青きドナウ』. La bella y la bestia『美女と野獣』. ❷ 立派な、信頼できる: Es una bella persona, digna de confianza. 彼は信頼に足る立派な人物だ. ~ gesto 立派な行ない

Bello[2]《人名》**Andrés** ~ アンドレス・ベリョ〖1781～1865, ベネズエラ生まれでイギリスとチリで長く暮らした詩人・言語学者・法学者. 南米の自然をうたったウェルギリウス Virgilio 風の叙事詩『熱帯地方の農業』の他、『カスティーリャ語文法』Gramática de la lengua castellana〗

bellorita [beʎoríta]图《植物》ヒナギク, デージー〖=margarita〗

bellota [beʎóta]【←アラビア語 belluta】囡 ❶《植物》どんぐり. ❷ カーネーションのつぼみ. ❸ どんぐり型の香水瓶. ❹《動物》~ de mar フジツボ. ❺《まれ》亀頭〖=glande〗

bellote [beʎóte]男〖長さ約20cmの〗太釘〖=clavo ~〗

bellotear [beʎoteár]自〖豚などが〗どんぐりを食べる

bellotero, ra [beʎotéro, ra]【←bellota】形 ❶ どんぐりの; どんぐりの採取(販売)者. ❷《戯語》生き方の不器用な〖人〗, 無骨な〖人〗
—— 男 ❶ 飼料としてのどんぐり. ❷《古語》どんぐりのなる木
—— 囡 どんぐりの収穫〖期〗

belmezano, na [belmeθáno, na]形 名《地名》ベルメス Belmez の〖人〗〖コルドバ県の村〗

belmonteño, ña [belmontéɲo, ɲa]形 名《地名》ベルモンテ Belmonte の〖人〗〖クエンカ県の村〗

belónido, da [belónido, da]ダツ科の
—— 男《魚》ダツ科

beloniforme [beloniforme]形《魚》ダツ目の

belorta [belórta]囡 鋤の刃をねり木に固定する締め金具〖=vilorta〗

belortazo [belortáθo]男《地方語》たがによる打撃

Beltrán [beltrán]《人名》**Luis** ~ ルイス・ベルトラン〖1785～1827, アルゼンチンの聖職者・技術者. サン・マルティン San Martín 将軍から陸軍の指揮を任される〗

Beltrán de la Cueva [beltrán de la kwéba]《人名》ベルトラン・デ・ラ・クエバ〖1435?～92, カスティーリャ王エンリケ4世の寵臣. 王女フアナ・ラ・ベルトラネハ Juana la Beltraneja の父と噂された〗

beluga [belúga]囡/男《料理》ベルーガ〖大粒のキャビアの品名〗
—— 囡《動物》シロイルカ, シロクジラ〖=ballena blanca, ballena ~〗

belvedere [belbeđére]【←伊語】男 楼閣, 高楼

bemba [bémba]囡《中南米.口語》〖大きな口の〗ぶ厚い唇

bembibrense [bembibrénse]形 名《地名》ベンビブレ Bembibre の〖人〗〖レオン県の村〗

bembo [bémbo]男《中南米》〖特に黒人の〗厚い下唇

bembón, na [bembón, na]形 ❶《中南米.口語》〖人が〗唇の厚い. ❷《メキシコ.口語》ばかな

bementita [bementíta]囡《鉱物》ベメント石

bemol [bemól]【←俗ラテン語 be [molle]】形《音楽》半音低い: en si ~ mayor 変ロ長調の
—— 男 変記号, フラット: doble ~ ダブルフラット
tener ~es《西》1) 不当である. 2) 勇気がある
tener [sus] ~es 重大である, 面倒である

bemolado, da [bemoláđo, đa]形《音楽》変記号の付いた

ben [bén] I 男 ❶《植物》ワサビノキ, モリンガ. ❷《米国》大箱 II〖ヘブライ人・アラビア人の名前に用いて〗息子

benahoarita [benaoaríta]形 =**benahorita**

benahorita [benaoríta]形 名《歴史》パルマ島 La Palma の先住民〖の〗

benalmadeño, ña [benalmađéɲo, ɲa]形 名《地名》ベナルマデナ Benalmádena の〖人〗〖マラガ県の村〗

benasqués, sa [benaskés, sa]形 名《地名》ベナスケ Benasque の〖人〗〖ウエスカ県の村〗
—— 男 ベナスケ村の地方語

benaventano, na [benabentáno, na]形 名《地名》ベナベンテ Benavente の〖人〗〖サモラ県の町〗

Benavente [benabénte]《人名》**Jacinto** ~ ハシント・ベナベンテ〖1866～1954, スペインの劇作家. 巧みな手法を駆使して多くの戯曲を著わし、ロマン劇に代わる新たな演劇の流れを生んだ. 知的で優雅な雰囲気を特徴とする作品には当時の社会への風刺を見ることができる. ノーベル文学賞受賞〗

bencedrina [benθeđrína]囡《薬学》アンフェタミン〖=anfetamina〗

bencénico, ca [benθéniko, ka]形《化学》ベンゼンの: núcleo ~ ベンゼン核

benceno [benθéno]男《化学》ベンゼン: intoxicación por ~ ベンゼン中毒

benchmark [bé(n)mark]【←英語】男《経済, 情報》ベンチマーク

benchmarking [be(n)márkiŋ]【←英語】男《情報》ベンチマーキング

bencidina [benθiđína]囡《化学》ベンジジン

bencilo [benθílo]男《化学》ベンジル基

bencina [benθína]囡 ❶《化学》ベンジン. ❷《西, アンデス》ガソリン

bencinero, ra [benθinéro, ra]形《アンデス》ガソリンスタンドの
—— 名《アンデス》ガソリンスタンドの従業員
—— 囡《アンデス》ガソリンスタンド〖=gasolinera〗

bendecidor, ra [bendeθiđór, ra]形 感謝する, 讃える

bendecir [bendeθír]【←ラテン語 benedicere「縁起のいい言葉を述べる」】他[64]〖過去分詞と直説法未来・過去未来は規則変化. 現分 bendiciendo〗❶ 感謝する, 讃える: ~ a su maestro 先生に感謝する. ❷《カトリック》祝福する, 恵みを与える, 神のご加護を祈る: El cura *bendijo* a los fieles. 司祭は信者たちに祝福を与えた. Un sacerdote *bendijo* la escuela. 聖職者が学校を祝別した. ~ a sus hijos antes de morir 臨終の際に子供たちのために神の加護を祈る. ~ la mesa 食前・食後のお祈りをする

~ Dios **a**+人《親愛》…にとってありがたい

¡Que Dios bendiga **a**+人*!* …に神の祝福がありますように!

bendecir		
現在分詞	過去分詞	
bendiciendo	bendecido	
直説法現在	点過去	
bendigo	bendije	
bendices	bendijiste	
bendice	bendijo	
bendecimos	bendijimos	
bendecís	bendijisteis	
bendicen	bendijeron	
直説法未来	過去未来	命令法
bendeciré	bendeciría	
bendecirás	bendecirías	bendece/bendice
bendecirá	bendeciría	
bendeciremos	bendeciríamos	
bendeciréis	bendeciríais	bendecid
bendecirán	bendecirían	
接続法現在	接続法過去	
bendiga	bendijera, -ses	
bendigas	bendijeras, -ses	
bendiga	bendijera, -se	
bendigamos	bendijéramos, -semos	
bendigáis	bendijerais, -seis	
bendigan	bendijeran, -sen	

bendición [bendiθjón]【←ラテン語 benedictio, -onis】囡 ❶《カトリック》祝福, 祝別; 圏 その式: ~ del Papa / ~ papal 教皇祝福. ~ del cirio ろうそくの祝別. *bendiciones* nupciales〖教会での〗結婚式. ❷ 天恵: Recibir el dinero fue una ~. その金は天の恵みだった. ❸《公的な》許可, 承認. ❹ hijo de ~ 嫡出子

echar la ~ *a…* [+人 と] 絶交する; [+事 を] やめる, 手を引く

echar las bendiciones **a**+人 …の結婚式を挙げる

ser una ~ [de Dios] 非常にすばらしい(ありがたい): *Fue una ~ de Dios* oírlo cantar. 彼の歌は本当にすばらしかった

benditera [benditéra]形 囡《キリスト教》聖水の; 聖水盤

bendito, ta [bendíto, ta]【←ラテン語 benedictus】形 ❶《カトリック》祝福(祝別)された; 聖者の: ¡B~ sea por siempre! 永遠に祝福あれ! ❷〖感嘆文で賛嘆・感謝〗B~ sea el día en que

te conocí. 君と知り合えたあの日に感謝! ❸ [+名詞. 強意] すばらしい:《皮肉》ひどい, 出来損ないの: Estamos hartos de tus ~s sermones. 僕たちは君のこうるさい説教は聞き飽きた
¡B~ta sea la madre que te parió![美人・長所などへの賛辞で]きれいだな, 見事だな, やったぜ!/《皮肉》親の顔が見たいものだ!
¡B~ de Dios! 困った人(子)だ!
¡B~ sea![叱責・怒り・驚き] いい加減にしろ/全くもう!
¡B~ sea Dios! 神の御胸に/神様ありがとう!
── 图 お人好し
dormir como un ~ 《口語》ぐっすり眠る, すやすや眠る
reír como un ~ 大笑いする

Benedetti [benedéti]《人名》Mario ~ マリオ・ベネデッティ《1920~2009, ウルグアイの作家. 社会批判を込めた詩・小説と, 中産階級の人々の姿を簡潔で写実的な文体で描いた味わい深い短編作品を残している. 短編集『モンテビデオの人々』*Montevideanos*. 小説『休戦』*La tregua*, 『火をありがとう』*Gracias por el fuego*》

benedicámus [benedikámus]《←ラテン語》男《カトリック》[ミサでの] Benedicamus Domino「我々は主をほめたたえる」の祈り
benedícite [benedíθite]《←ラテン語 benedicere「縁起のいい言葉を述べる」》 ❶《聖職者が上長に提出する》外出(旅行)許可願い. ❷《カトリック》食前の祈り
benedictine [benediktíne]《←商標》男 ベネディクト酒
benedictino, na [benediktíno, na]《←ラテン語》形 名《カトリック》ベネディクト会 orden de San Benito の《修道士・修道女》
── 男 ベネディクト酒《=licor ~》
benedíctus [benedíktus]《←ラテン語》男《カトリック》[ミサでの] ベネディクトゥスの祈り(短い賛歌)
benefactor, ra [benefaktór, ra]《←ラテン語 benefactor, -oris < bene「善」+facere「行なう」》形 慈善心に富む, 奇特な: estado < ~ 福祉国家
── 名 慈善家; 恩人
beneficencia [benefiθénθja]《←ラテン語 beneficentia》女 ❶ 慈善: vivir de la ~ 施しを受けて生活する. casa de ~《古風的》養護施設, 福祉施設. comedor de ~ [貧困者用の]給食施設. concierto de ~ チャリティコンサート. ~ social 社会福祉. ❷ 集合 慈善事業, 慈善団体《=asociación de ~》. ❸ 福祉事務所《= ~ pública》
beneficentísimo, ma [benefiθentísimo, ma]形 benéfico の絶対最上級
beneficiación [benefiθjaθjón] 女 恩恵を与えること
beneficiado [benefiθjáðo] 男《カトリック》受禄(受給)聖職者, 聖職禄所有者
beneficiador, ra [benefiθjaðór, ra] 形 恩恵を与える
beneficial [benefiθjál]《←beneficio》形《カトリック》聖職禄の, 教会禄の
beneficiar [benefiθjár]《←beneficio》 10 他 ❶ …に恩恵を与える: El alcalde *benefició* a los constructores. 市長は建設業者たちに利益を与えた. ❷ [株式・債券を] 通常価格より安く売却する. ❸ [地位・職を] 金で買う. ❹《鉱山》精製する. ❺《キューバ, プエルトリコ, ベネズエラ, チリ》[牛・豚などを] 解体して小売りする
── *se* ❶ [+con・de の] 恩恵に浴する: *¿Quién se beneficia* con la subida de los precios? 物価の上昇で得するのは誰だろうか? ❷《俗語》[+a+人] 性交する
beneficiario, ria [benefiθjárjo, rja]《←ラテン語 beneficiarius》形 恩恵(利益)を受ける(人); 受益者: ~ de la herencia 遺産相続人. ~ del seguro de vida 生命保険の受取人
beneficio [benefíθjo]《←ラテン語 beneficium < bene「善」+facere「行なう」》男 ❶ [物質的・精神的な] 恩恵, ためになるもの《⇔perjuicio》; 善行: El agua tiene muchos ~s con respecto al suelo. 水は土地に多くの恩恵を与えている. El reciclaje es un ~ para el medio ambiente. リサイクルは環境に良い. ❷《文語》[主に 複] 利益; 所得《=ganancia 通例》: dar (rendir) buenos (grandes) ~s 多くの利益をもたらす, 大変もうける. ~ antes de impuestos 税引前期利益. ~ bruto 粗利潤. ~ de explotación 営業利益. ~ del capital キャピタルゲイン. ~ del promotor/ ~ del fundador 創業者利益. ~s no distribuidos/ ~s retenidos 内部(社内)留保. ~ por acción 一株当たり利益, EPS. ~ social 法人所得; 社員の便益. ❸《文語》[主に 複] 給付, 手当: ~ de pobreza《法律》貧困者訴訟費用扶助. ~ en especie [社会保険の公的

扶助における] 現物給付. ~s definidos 確定給付年金. ~s fiscales [特定の経済活動を助成するための] 租税減免措置. ~s marginales (adicionales・complementarios) [正規の賃金に上積みされる] 付加給付. ❹ 慈善興行. ❺《カトリック》聖職禄, 教会禄《= ~ eclesiástico》. ❻《鉱山》採掘. ❼《歴史》恩貸地制, ベネフィキウム. ❽《中南米》畜殺(場). ❾《中米》コーヒー加工プラント
a ~ de... …のために・の: función *a ~ de* los ciegos 盲人義援興行
a ~ de inventario 1)《法律》[相続で] 限定承認付きで. 2) 重視せずに, なおざりに
conceder el ~ de la duda [確かな根拠がない限り, +a+人を] 疑わない, 悪く言う理由はない
en ~ de... …のために: trabajar *en ~ de* los ciudadanos 市民のために働く

beneficioso, sa [benefiθjóso, sa]《←beneficio》形 [+para 主に自分の…の] 得になる: Ser sede de los Juegos Olímpicos será ~ *para* la ciudad. オリンピック開催地になると市の利益になるだろう
benéfico, ca [benéfiko, ka]《←ラテン語 beneficus》形 ❶ 慈善の; 慈善の: establecimiento ~ 福祉施設. fiesta ~*ca* 慈善パーティー, チャリティーパーティ. función ~*ca* 慈善興行・公演. ❷ [主に他人に] 恩恵をもたらす: lluvia ~*ca* 慈雨
Benelux [benelú(k)s] 男 ベネルクス三国
benemérito, ta [beneméɾito, ta]《←ラテン語 benemeritus < bene「善」+mereri「値する」》 ❶《文語》優れた, 賞賛に値する: ~*ta* colección すばらしいコレクション. ❷《西》la *B~ta*/el *B~* Instituto 治安警備隊《=guardia civil》
beneplácito [beneplάθito]《←ラテン語 bene placitus「好まれた」》男 ❶ 承諾, 許可, 承認. ❷《外交》アグレマン《=placet》
benévolamente [benέβolamέnte] 副 好意的に
benevolencia [benebolénθja]《←ラテン語 benevolentia < bene「善」+volo「私は欲する」》女 [主に目下の人への] 親切, 思いやり, 好意: Ese autor merece la compasión, pero no la ~. その犯人は同情に値するが, 情状酌量はできない
benevolénte [benebolénte] 形《文語》=benévolo
benevolentísimo, ma [benebolentísimo, ma] 形 benévolo の絶対最上級不規則形
benévolo, la [benéβolo, la] 形 [+con 主に目下の人に] 優しい, 思いやりのある, 厳しくない《⇔malévolo》: El alcalde es ~ *con* el artista que está comenzando. 市長は芸術家の卵に理解がある. sonrisa ~*la* 優しい微笑
bengala [beŋgála] 女 ❶ ベンガル花火《=luz de *B~*》; 信号弾: pistola de ~s 信号拳銃. ❷ [インド産の] 藤. ❸《古風》指揮杖
bengalés [beŋgalés] 男 ベンガル語《=bengalí》
bengalí [beŋgalí] 形 名《複 ~[e]s》《地名》ベンガル Bengala の(人)
── 男 ベンガル語
bengalina [beŋgalína] 女 ベンガル織り《絹と羊毛あるいは木綿との交織. 女性の衣服に用いる》
beni [béni] =**ben II**
beniano, na [benjáno, na] 形 名《地名》ベニ Beni の(人)《ボリビア北部の州》
benicarlando, da [benikarlándo, da] 形 名《地名》ベニカルロ Benicarló の(人)《カステリョン県の町》
benidormense [beniðormense] 形 名《地名》ベニドルム Benidorm の(人)《アリカンテ県の町, リゾート地》
benidormí [beniðormí] 形 名 =**benidormense**
benignidad [beniɣniðá(ð)] 女 優しさ; 穏やかさ
benigno, na [beníɣno, na]《←ラテン語 benignus < bene「善」+gignere「生み出す」》 ❶ 思いやりの(ある), 厳しくない: Esas nuevas leyes penales son muy ~*nas*. それらの新しい刑法は厳しくない. ❷ [気候などが] 温和な. ❸ [病気が] 軽い;《医学》良性の《⇔maligno》: gripe ~*na* 軽い風邪
benimerín [benimeɾín] 形 名 ベニメリン族(の), マリーン朝 benimerines の(人): Dinastía *B~* マリーン朝
── 男 複 マリーン朝, ベニメリン朝《1244年王朝を樹立, 北アフリカおよびスペインのムワッヒド朝 almohades を倒す. イベリア半島では1340年アンダルシアのサラド河畔の戦い batalla del Salado に敗れ, アルヘシラスを失いジブラルタルを支配するのみとなる. 1465年に滅亡》
beninés, sa [beninés, sa] 形 名《国名》ベナン Benin の(人)

benito, ta [beníto, ta] 形 =**benedictino**
¡Vaya San B~ que me ha caído contigo! 《西》君のおかげで私は大変迷惑した

benjamín, na [benxamín, na] [←Benjamín（ヤコブ Jacob の一番下の息子）] 名 ❶ 末っ子. ❷ 最年少者;《サッカーなど》[alevín より小さい] 最年少の選手クラス
――男 ❶《西》[約1/4リットル]小瓶. ❷《コロンビア. 電気》コンセント, アダプター

Benjamín de Tudela [benxamín de tuðéla]《人名》トゥデラのベンヤミン《1130?〜73, ユダヤ系スペイン人旅行家. 東ローマ帝国を経てシリア, ペルシア, エジプトを訪れた. その『旅行記』Viajes は12世紀西アジアの貴重な史料》

benjamita [benxamíta] 形 名 ベニヤミン Benjamín 族[の]《ヤコブの一番下の息子を始祖とする, イスラエルの12部族の一つ》

benjuí [benxwí] 男《植》〜s] ❶《植物》アンソクコウノキ, ベンゾイン. ❷ 安息香, ベンゾイン樹脂

benteveo [bentebéo] 男《鳥》キバラオオタイランチョウ

béntico, ca [béntiko, ka] 形 =**bentónico**

bentisal [bentisál] 男 深淵の[=abismal]

bentónico, ca [bentóniko, ka] 形《生物》海底に生息する, 底生生物の

bentonita [bentoníta] 女《鉱物》ベントナイト

bentopelágico, ca [bentopeláxiko, ka] 形《生物》遊泳性と底生性の2つの生態をもつ〔生物〕

bentos [béntos] 男《単複同形》《生物》ベントス, 底生生物

benzaldehído [benθaldeíðo] 男《化学》ベンズアルデヒド

benzoato [benθoáto] 男 安息香酸塩

benzocaína [benθokaína] 女《薬学》ベンゾカイン

benzodiacepina [benθoðjaθepína] 女《薬学》ベンゾジアゼピン

benzodiazepina [benθoðjaθepína] 女 =**benzodiacepina**

benzoe [benθóe] 男 =**benjuí**

benzoico, ca [benθóiko, ka] 形《化学》ácido 〜 安息香酸

benzol [benθól] 男《商標》ベンゼン[=benceno]

benzolismo [benθolísmo] 男《医学》ベンゼン中毒

benzopireno [benθopiréno] 男《化学》ベンゾピレン

benzopiridina [benθopiriðína] 女《化学》キノリン[=quinolina]

beocio, cia [beóθjo, θja] 形 名 ❶《歴史, 地名》[古代ギリシア中部の]ボイオティア Beocia の[人]. ❷《文語》愚かな
――男 ボイオティア語《ギリシア語の地方語》

beodez [beoðéθ] 女 酔い, 泥酔

beodo, da [beóðo, ða] [←ラテン語 bibitus「飲んだ」] 形 名《戯言》酔った; 酔っ払い

beorí [beorí] 男《雷》〜es] ❶《動物》アメリカバク

beque [béke] 男《船舶》❶ 船首の装飾. ❷ 乗組員用の便所

bequeriana [bekerjána] 女 ベッケル Bécquer の詩作品《主に短篇》

béquico, ca [békiko, ka] 形《薬学》咳止めの

berberecho [berberétʃo] 男《貝》ザルガイ《食用》

berberí [berberí] 形 名 =**beréber**

berberisco, ca [berberísko, ka] 形 名 =**beréber**

bérbero [bérbero] 男《植物》メギ

berbiquí [berbikí] 男 [雷 〜[e]s]《技術》ハンドドリル

berceo [berθéo] 男《植物》=**barceo**

Berceo [berθéo]《人名》**Gonzalo de** 〜 ゴンサロ・デ・ベルセオ《1198?〜1265?, スペインの詩人. 教養派俗語文芸 mester de clerecía を代表し, スペイン語の詩人としては最古の作品が伝わっている. 民衆の教化を目的として聖人伝 legenda や聖母伝説に基づいた詩作品を残した.『聖母の奇跡』Milagros de Nuestra Señora が有名な翻案作》

bercero, ra [berθéro, ra] 形 名《地方語》八百屋[=verdulero]

berceuse [berθés] 男《音楽》ベルスーズ, 子守歌

bercial [berθjál] 男 アフリカハネカサイの群生地

berciano, na [berθjáno, na] 形 名《地名》ビエルソ el Bierzo 地域の[人]《レオン県北東部》
――男 レオン語のビエルソ地方語

beréber [beréber] [←アラビア語 barbar] 形 名 ベルベル人[の]《北アフリカの全域に居住する先住民. 7世紀にイスラム化. イベリア半島に進出したムラービト朝 almorávides やムワッヒド朝 almohades を建てベルベル人の帝国》
――男 ベルベル語

berebere [berebére] 形 名 =**beréber**

berenjena [berenxéna] [←アラビア語 bedinyena] 女 ❶《植物》実》ナス. ❷《植物》〜 del diablo シロバナヨウシュチョウセンアサガオ [=estramonio]. ❸《植物》陰茎; 睾丸. ❹《ベネズエラ. 口語》嫌なこと, ばかげたこと; 策謀
como las 〜s《チリ. 口語》無駄な
――形《まれ》ナス色[の], 暗紫色[の]

berenjenado, da [berenxenáðo, ða] 形《まれ》ナス色の, 暗紫色の

berenjenal [berenxenál] 男 ナス畑
armar un 〜/meterse en 〜es《まれ》ごたごたに巻き込まれる, 面倒なことに首を突っ込む

berenjenero, ra [berenxenéro, ra] 形 ナスの

berenjenilla [berenxeníʎa] 女《植物》マンドレイク[=mandrágora]

berete [beréte] 男《地方語. 魚》ホウボウ

bereza [beréθa] 女《地方語. 植物》=**brezo**

berezo [beréθo] 男《地方語. 植物》=**brezo**

bergadán, na [berɣaðán, na] 形 名《地名》ベルガ Berga の[人]《バルセロナ県の町》

Bergamín [berɣamín]《人名》**José** 〜 ホセ・ベルガミン《1895〜1983, スペインの劇作家・詩人・随筆家. 警句や言葉遊びが特徴的》

bergamota [berɣamóta] [←伊語 bergamotta] 女《植物, 果実》ベルガモット《香料をとるオレンジの一種》

bergamote [berɣamóte] 男《植物, 果実》ラ・フランス《西洋ナシの一品種》

bergante [berɣánte] [←カタルーニャ語 bergant] 男《まれ》ごろつき, ろくでなし

bergantín [berɣantín] [←カタルーニャ語 berganti] 男《船舶》ブリガンティン《小型2檣帆船》: 〜 goleta 主檣が縦帆のブリガンティン

bergasote [berɣasóte] 男《カナリア諸島》果肉の赤いイチジク

bergsoniano, na [berɣsonjáno, na]《人名》[フランスの哲学者]アンリ・ベルグソン Enrique Bergson の

beri [béri] **con las del 〜**《古語的》不機嫌に, 乱暴に

beriberi [beribéri] [←ヒンドゥスターニー語 beri「弱さ」] 男《医学》脚気

berícido, da [beríθiðo, ða] 形 キンメダイ科の
――男《雷》《魚》キンメダイ科

berilia [berílja] 女《化学》酸化ベリリウム, ベリリア

berilio [beríljo] 男《元素》ベリリウム

beriliosis [beriljósis] 女《医学》ベリリウム症

berilo [berílo] 男《鉱物》ベリル, 緑柱石

berilonita [beriloníta] 女《鉱物》ベリロナイト

Berístain y Souza [berístain i sóuθa]《人名》**José** 〜 ホセ・ベリスタイン・イ・ソウサ《1756〜1817, メキシコ生まれの神学者・書誌学者.『イスパノアメリカ北部に関する文献情報』Biblioteca hispanoamericana septentrional》

beritaco [beritáko] 男《地方語. 料理》くず肉製のチョリソ

berkelio [berkéljo] 男《元素》バークリウム

berlandina [berlanðína] 女《廃語》=**bernardina**

berlanga [berlánɣa] 女《トランプ》ポーカーに似たゲーム

berlangués, sa [berlaŋɣés, sa] 形 名《地名》ベルランガ・デ・ドゥエロ Berlanga de Duero の[人]《ソリア県の町》

berlina [berlína] [←仏語 berline] 女 ❶《自動車》フォードセダン. ❷《古語》ベルリン馬車《4輪箱形で通常2座席》
poner a+人 en 〜《古語的》…を笑い者にする

berlinés, sa [berlinés, sa] 形 名《地名》[ドイツの]ベルリン Berlín の[人]
――女《ラプラタ》ドーナツ

berlinga [berlínɣa] 女《溶けた金属を撹拌する》生木の棒

berlingar [berlinɣár] 他《溶けた金属を berlinga で》撹拌する

berma [bérma] 女 ❶《建築》犬走り. ❷《コロンビア, ペルー, チリ》[道路の]緑

bermeano, na [berméano, na] 形 名《地名》ベルメオ Bermeo の[人]《ビスカヤ県の村》

bermeja[1] [berméxa] 女《地方語. 植物》ヒース[=brezo]

bermejal [bermexál] 男 赤土の広大な土地

bermejear [bermexeár] 自 朱色になる

bermejizo, za [bermexíθo, θa] 形 朱色がかった

bermejo, ja[2] [berméxo, xa] [←ラテン語 vermiculus] 形 朱色の, 鮮紅色の;[主に髪・皮膚の色が]赤い

bermejón, na [bermexón, na] 形 朱色の, 朱色がかった

bermejuela [bermexwéla] 囡《魚》ヨーロッパタナゴ
bermejura [bermexúra] 囡 朱色
bermellón [bermeʎón] 男 ❶《鉱物》朱砂, 辰砂. ❷ 鮮紅色, バーミリオン〖=rojo ~〗
bermuda [bermúða] 男 =bermudas
bermudas [bermúðas]〖←英語〗囡/男/複《服飾》バミューダ〔ショーツ〕
Bermúdez [bermúðeθ]《人名》Fray Jerónimo ~ フライ・ヘロニモ・ベルムーデス〖1530?~1605, スペインの劇作家, ドミニコ会士.『嘆きのニーセ』Nise lastimosa と『勝利のニーセ』Nise laureada の連作にはセネカ Séneca の影響を見ることができる〗
bermudina [bermuðína]〖←Salvador Bermúdez de Castro (詩人)〗囡《詩法》11 (10) 音節8行詩
bernagal [bernagál] 男《地方語》=bernegal
bernarda[1] [bernárda] 囡《まれ》ほら, 大嘘
bernardina [bernarðína] 囡《主に 複》《まれ》ほら, 大嘘
bernardo, da[2] [bernárðo, ða] 形 名 ❶《カトリック》シトー修道会 orden del Císter の〔修道士・修道女〕. ❷《犬》San B~ セントバーナード
bernegal [bernegál] 男 ❶ 波形模様の茶碗. ❷《カナリア諸島, ベネズエラ》濾した水を受けるかめ
bernés, sa [bernés, sa] 形 名《地名》〔スイスの〕ベルン Berna の〔人〕
bernia [bérnja] 囡 粗い毛織物
berón, na [berón, na] 形 名《歴史, 地名》ベロンの〔人〕〖古代ケルト人の村. 現在のラ・リオハにある〗
berquelio [berkéljo] 男《元素》=berkelio
berra [béra] 囡《地方語. 植物》=berro
berraco [beráko] 男《古語》《防御用の》大口径の短砲
berraña [beráɲa] 囡《植物》オランダガラシの一種〖食用ではない. 学名 Sium latifolium〗
berrar [berár] 自《地方語》=berrear
berraza [beráθa] 囡《植物》セロリの一種〖学名 Apium nodiflorum〗
berrazal [beraθál] 男 berraza の群生地
berrea [beréa] 囡〔子牛・鹿・象などの〕鳴き声; 発情期
berreante [beréante] 形〔子牛・鹿・象などが〕鳴く
—— 名《隠語》密告者
berrear [bereár]〖←ラテン語 verres「雄豚」〗自 ❶〔子牛・鹿・象などが〕鳴く. ❷《口語》〔子供が〕泣きわめく. ❸《軽蔑》金切り声をあげる; 調子外れに歌う
—— 他《隠語》密告する
berrenchín [berentʃín] 男 ❶《古語的》=berrinche. ❷ 怒った猪の吐く息
berrendo, da [berénðo, ða] 形〔牛が, +en 色の〕斑点のある: toro ~ en negro 黒色のぶちのある牛
—— 男《動物》プロングホーン
berreo [beréo] 男 ❶〔子牛・鹿・象などの〕鳴き声. ❷《口語》〔子供の〕泣きわめき
berreón, na [bereón, na] 形 ❶〔子牛・鹿・象などが〕鳴く. ❷《口語》〔子供が〕泣きわめく. ❸《軽蔑》金切り声をあげる; 調子外れに歌う
berrera [beréra] 囡《植物》=berraza
berreta [beréta] 男〔ラプラタ. 口語〕〔お粗末な・安っぽい〕にせ物
berrete [beréte] 男《地方語》《主に 複. 飲食後の》口のまわりの汚れ
berretín [beretín] 男《南米. 口語》〔子供っぽい〕執着; 〔一時的な〕熱中
tener unos berretines《ウルグアイ. 口語》お高くとまっている
berrido [beríðo] 男 ❶〔子牛・鹿・象などの〕鳴き声. ❷《口語》〔子供の〕泣きわめき. ❸《軽蔑》金切り声
berrín [berín] 男〔口語〕=bejín
berrinche [beríntʃe]〖←ラテン語 verres「雄豚」〗男 ❶《口語》怒りの発作; 激しい泣きじゃくり: Me dio un ~ porque no tuve éxito en un examen. 私は試験に合格しなかったので当たり散らした. coger (llevarse) un ~《西》かんかんに怒る. ❷《ベネズエラ》神経症; 《口語》大騒ぎ
berrinchudo, da [berintʃúðo, ða] 形《中南米》怒りっぽい
berrio [bérjo] 男《地方語. 植物》=berro
berrizal [beriθál] 男 クレソンの群生地
berro [béro] 男《植物》クレソン, オランダガラシ: ~ de prado ハナタネツケバナ, レディーススモック. ~ de costa シーロケット, オニハマダイコン

berrocal [berokál] 男 花崗岩の岩山地帯
berrona [beróna] 囡《地方語. 鳥》セアカモズ〖=alcaudón dorsirrojo〗
berroqueño, ña [berokéɲo, ɲa] 形 花崗岩の: piedra ~ña 花崗岩
—— 男《地方語》花崗岩
berrueco [berwéko] 男 花崗岩の岩山
berruenda [berwénda] 囡《魚》リング, クロジマナガダラ
berrugato [berugáto] 男《魚》ニベの一種〖食用. 学名 Sciaena cirrosa〗
Berruguete [berugéte]《人名》Alonso ~ アロンソ・ベルゲテ〖1490?~1561, スペインのルネッサンス期を代表する彫刻家.『イサクの犠牲』Sacrificio de Isaac〗
bersolari [bersolári] 男《バスク語での》民衆的な即興詩人
berta [bérta] 囡《廃語. 服飾》バーサ〖婦人の両肩まで覆うレースの飾り襟〗
bertán [bertán] 男《地方語. 魚》イトヒキダラ
bertorella [bertoréʎa] 囡《魚》地中海産の細長いタラ〖学名 Gaidropsarus mediterraneus〗
bertsolari [bertsolári]〖←バスク語〗男 =versolari
berza [bérθa]〖←俗ラテン語 virdia < ラテン語 viridis「緑色の」〗囡 ❶《植物》1) キャベツ〔の一品種〕: ~ lombarda 赤キャベツ. 2) ~ de pastor シロザ, アカザ〖=cenizo〗. ~ de perro/~ perruna カモメヅル〖=vencetósigo〗. ~ marina ハマヒルガオ. 3) en ~〔穀物が〕まだ若葉で穂が出ていない. ❷《西. 口語》酔い
estar con (*en*) *la* ~《西》〔人が〕ぼんやりしている
ser la ~〔事物・人が〕腹立たしい
berzal [berθál] 男 キャベツ畑
berzas [bérθas] 名《単複同形》《口語》=berzotas
berzelianita [berθeljaníta] 囡《鉱物》セレン銅鉱
berzotas [berθótas]〖←berza〗名《単複同形》《西. 軽蔑》能なし, 間抜け
besada [besáða] 囡《口語》〔公衆の面前での〕大勢の同性愛カップルのキス
besador, ra [besaðór, ra] 形《まれ》キスをする〔人〕
besalamano [besalamáno]〖←besa la mano〗男《古語的》〔その略語 B.L.M. で始まる, 無署名の3人称で書かれた〕通知状, 招待状
besamanos [besamános]〖←besar+manos〗男《単複同形》〔国王などによる公式の〕接見; 〔国王・女性などへの〕手への接吻
besamel [besamél] 囡《西》=bechamel
besamela [besaméla] 囡《西》=bechamel
besana [besána] 囡 ❶〔耕す時の〕最初の畝溝〖繪〗; 畦 集名〗畝. ❷《カタルーニャ》農地面積の単位〖=2187センチアール〗
besante [besánte] 男 ❶〖ビザンチン帝国発行の〗ベザント金貨〔銀貨〕. ❷《紋章》金 (銀) 色の小円
besapié [besapjé]《アンダルシア》〔聖像などの〕足への接吻
besar [besár]〖←ラテン語 basiare < basium「接吻」〗他 ❶《愛情・敬意の印として, 〔+en〕+部位 に〕接吻する, 〔人〕にキスする: 1) Se inclinó para ~le la mano a la anfitriona. 彼は身をかがめて女主人の手に接吻した. La besó en la mejilla. 彼は彼女の頬にキスした. 2)《古語的. 手紙》〔丁寧な結辞〕Su seguro servidor que *besa* su mano 敬具〖略語 S.s.s.q.b.s.m.〗. 3)《古語. 挨拶》〔女性が男性に〕*Beso* a usted la mano. 私はあなたさまのお手に接吻いたします〖A los pies de usted. に対する返事〗. ❷《文語》〔物に〕接触する
—— *~se* ❶《互いに》口づけする: Se besaron los novios. 新郎新婦はキスを交した. ❷ 鉢合わせをする
besazo [besáðo]〖beso の示大語〗男 ❶ 特大のキス, ブチュというキス: Te quiero ——dijo Ana, y me dio un ~ y un abrazo. 「好きよ」とアナは言い, 私にブチュとキスして抱き締めた. ❷ Un ~〔女性の手紙の結辞・別れの挨拶. やや大仰に親愛の情を表わして〕さよなら, 特別の愛を込めて
besico [besíko]〖beso の示小語〗男《植物》~ de monja ホタルブクロ〖=farolillo〗
beso [béso]〖←ラテン語 basium〗男 ❶ 接吻, 口づけ: Los novios se dan un ~ al finalizar la boda. 新郎新婦は結婚式の最後にキスをする. dar dos ~s ——の左右の頬にキスをする. tirar (mandar) a+人 un ~/dar a+人 un ~ volado ···に投げキスをする. ~ a tornillo/~ lingual/~ francés ディープキス, フレンチキス. ~ de la muerte〖見かけと違い〗命取りとなるようなこと. ~ de [la] paz《キリスト教》平和の接吻; 和解の接吻.

Bhut jolokia

~ **de la vida** マウス・ツー・マウスの人工呼吸. ~ **negro** 肛門接吻. ❷ 〖主に女性の手紙の結辞〗 *B~s* **a todos.** みんなによろしく. **Te envió un ~ fuerte.** 敬具. *B~s./Muchos ~s./Un ~.* 愛を込めて. ❸ 〖医学〗 **enfermedad del ~** 腺熱, キス熱. ❹ 〖ベネズエラ〗 ~ **de coco** ココナッツの小ビスケット
~ **de Judas/~ de la muerte** 偽りの友情, 裏切り
comerse *a+*人 *a ~s* 〖口語〗…キスの雨を降らせる
dar *a+un ~* 〖主に挨拶として〗…にキスする: *Eva le dio un ~ en la mejilla en prueba de amistad.* エバは友情のしるしに彼の頬にキスをした
bestezuela [besteθwéla] 囡 bestia の示小語
bestia [béstja] 〖←ラテン語〗 囡 ❶ 〖主に荷役用の〗家畜: ~ **de carga** 荷役用の家畜; 一番辛い〔報われない〕仕事を割り当てられた人. **gran** ~ 〖動物〗 バク 〖=tapir〗. **uña (pezuña) de la gran ~** 〖古語〗 ヘラジカの爪 (ひづめ) 〖てんかんの薬とされた〗
—— 囲 〖動物のような〖人〗; 愚か者 〔の〗: *¡Qué tío tan ~! ¡Hay que ver lo tonto que es!* 何てひどい奴だ! **Es un ~.** 彼は獣だ/ばかだ. **el ~ de Juan** フアンのばか. ❷ すばらしい〔人〕, 優れた〔人〕
a lo ~ 〖口語〗 1) 乱暴に, 雑に. 2) 〖通常より〗 良く, たくさん
~ negra 〖口語〗 一番の敵; 最も厄介なこと
~ parda 〖口語〗 一番の敵
como una ~/como ~s 〖口語〗 懸命に, たくさん
en plan ~ 手荒に, 乱暴に
mala ~ 悪人, ひどい奴, 下賤な奴
¡Qué ~! 〖良くも悪くも〗 すごい!
ser una ~ en... …は非常に上手である: *Es una ~ en ajedrez.* 彼はチェスがめちゃくちゃうまい
bestiada [bestjáða] 囡 愚かな言動, 乱暴な言動
una ~ 大量, 多数; 非常に: *Come una ~.* 彼はすごく食べる
una ~ de... たくさんの…: *Hay una ~ de gente.* たくさんの人がいる
bestiaje [bestjáxe] 囲 集合 荷役獣
bestiajo [bestjáxo] 囲 〖地方語〗 乱暴者, 獣のような男
bestial [bestjál] 〖←ラテン語 bestialis < bestia〗 ❶ 獣のような, 残酷な; 愚かな: **violencia ~** 獣的な暴力. ❷ 〖口語〗 巨大な, 桁外れの: **subida ~ del precio** ひどい価格上昇. ❸ 〖口語〗 すばらしい: **ideas para un verano ~** すばらしい夏のためのアイディア
—— 圜 豪勢に: **pasárselo ~** ぜいたくに過ごす
bestialidad [bestjaliðáð] 〖←bestial〗 囡 ❶ 獣性, 残酷さ. ❷ 〖口語〗 **Es una ~.** そんなに酒を飲むなんて無茶だ. ❸ 〖口語〗 大量: **divertirse una ~** 大いに楽しむ. **una ~ de dinero** すごい額の金. ❹ 動物性愛, 獣姦 〖=bestialismo〗
bestialismo [bestjalísmo] 囲 動物性愛, 獣姦
bestializar [bestjaliθár] 他 獣のようにする
—— *~se* 獣のようになる
bestialmente [bestjálmente] 圜 獣のように; 愚かにも
bestiario [bestjárjo] 囲 ❶ 〖古代ローマ〗 猛獣闘士, 闘獣士. ❷ 〖中世で〗 動物寓話集
bestieza [bestjéθa] 囡 〖地方語〗 愚かさ
bestión [bestjón] 〖bestia の示大語〗 囲 〖装飾に使われる〗 想像上の動物 〖人魚など〗
béstola [béstola] 囡 先端に小型の鋤状のものを付けた棒
best-seller [bes sélɛɾ] 〖←英語〗 囲 〖圈 *~s*〗 ベストセラー 〖bestseller・best seller とも表記される〗
besucador, ra [besukaðóɾ, ra] 厖 囷 やたらにキスする〔人〕, いちゃつく〔人〕
besucar [besukáɾ] 7 他 〖口語〗 =besuquear
besucón, na [besukón, na] 厖 囷 キス〔抱擁〕好きな〔人〕
besugada [besuɣáða] 囡 鯛がメインのごちそう
besugo [besúɣo] 〖←?オック語 besugue "斜視の"〗 囲 ❶ 〖魚〗 ヘダイ, タイ 〖食用. *~ del Norte*, *~ de Laredo*, *~ de la pinta*〗: *~ blanco (chato)* タイの一種〖学名 *Pagellus acarne*〗. *~ americano (rey)* キンメダイの一種〖学名 *Berix decadactylus*〗. ❷ 〖西.口語〗 ばか, うすのろ
ojos de ~ 〖西.口語〗 出目, 悲しそうな目
besuguero, ra [besuɣéɾo, ra] 厖 囷 タイを売る人
—— 囲 〖アストゥリアス〗 タイ釣り用の針
—— 囡 タイなどを煮る鍋
besuguete [besuɣéte] 〖besugo の示小語〗 囲 〖魚〗 ニシキダイ

besuquear [besukeáɾ] 〖←besar〗 他 〖軽蔑〗 うっとうしいくらいに〕…に繰り返しキスする
—— *~se* 〖互いに〗 抱擁してキスする, いちゃつく
besuqueo [besukéo] 囲 〖軽蔑〗 繰り返しキスすること
beta [béta] 囡 ❶ 〖ギリシア文字〗 ベータ〖*B*, *β*〗: **rayos ~** 〖物理〗 ベータ線. ❷ 〖船舶〗 索, 綱
betabel [betaβél] 囲 〖メキシコ.植物〗 ビート
betabloqueador, ra [betaβlokeaðóɾ, ra] 厖 囲 〖薬学〗 ベータ遮断剤〔の〕
betabloqueante [betaβlokeánte] 厖 囲 =betabloqueador
betacaroteno [betakaɾoténo] 囲 〖生化〗 ベータカロチン
Betancourt [betaŋkúɾ] 〖人名〗 Rómulo ~ ロムロ・ベタンクール 〖1908～81, ベネズエラの政治家, 大統領 (1945～47, 59～64)〗
Betanzos [betánθos] 〖人名〗 Juan Diez de ~ フアン・ディエス・デ・ベタンソス〖1510～76, スペイン人でケチュア語に通じた年代記作者. インカ皇女と結婚.『インカ史総説』 *Suma y narración de los incas*〗
betarraga [betaráɣa] 囡 〖植物〗 ビート; その根
betarrata [betaráta] 囡 =betarraga
betatrón [betatɾón] 囲 〖物理〗 ベータトロン
betel [betél] 囲 〖植物〗 キンマ
Betelgeuse [betelɣéyse] 囡 〖天文〗 ベテルギウス星
bético, ca [bétiko, ka] 厖 囷 ❶ 〖地名〗 1) 〖歴史〗 ベティカ Bética の〔人〕 〖アンダルシアのローマ時代の古名〗. 2) アンダルシアの〔人〕. 3) ベティカ山脈 **cordillera Bética** の〖グアダルキビル Guadalquivir 川の〗. ❷ 〖サッカー〗 レアル・ベティス・バロンピエ Real Betis Balompié の〔選手〕
betijo [betíxo] 囲 子ヤギが乳を飲めないように口に入れておく小さな棒
betilo [betílo] 囲 〖考古〗 聖なる石
betlehemita [betle[e]míta] 厖 囷 〖地名〗 ベツレヘム Belén の〔人〕. ❷ 〖キリスト教〗 〖17世紀グアテマラで〗 ペドロ・デ・ベタンコト Pedro de Betencourt によって創設された宗派〔の〕
betlemita [betlemíta] 厖 囷 =betlehemita
betlemítico, ca [betlemítiko, ka] 厖 囷 ベツレヘムの〔人〕 〖=betlemita〗
betonera [betonéɾa] 囡 〖チリ〗 コンクリートミキサー
betónica [betónika] 囡 〖植物〗 イヌゴマ
betuláceo, a [betuláθeo, a] 厖 〖植物〗 カバノキ科の
—— 囡 圈 〖植物〗 カバノキ科
betuminoso, sa [betuminóso, sa] 厖 =bituminoso
betún [betún] 〖←ラテン語 bitumen〗 囲 ❶ 靴墨: **poner ~ a los zapatos** 靴に靴墨を塗る. ❷ 〖鉱物〗 ビチューメン: ~ **de Judea/~ judaico** 〖天然〗 アスファルト. ❸ 〖中南米. 菓子〗 糖衣
dar ~ a …へうっちら, ちやほやする
dejar a la altura del ~ 〖口語〗 最低にする, 格好がつかない結果をもたらす
negro como el ~ 真っ黒な
quedar a la altura del ~ 〖西.口語〗 最低になる, 格好がつかない結果になる: *El campeón nacional ha quedado a la altura del ~ en el campeonato mundial.* 国内チャンピオンは世界選手権大会では散々な結果に終わった
betunar [betunáɾ] 他 〖まれ〗 =embetunar
betunería [betuneɾía] 囡 〖地方語〗 靴磨きの小屋
betunero, ra [betunéɾo, ra] 囷 〖地方語〗 靴磨き〔人〕
bevatrón [beβatɾón] 囲 〖物理〗 ベバトロン
bey [béj] 囲 〖歴史〗 〖オスマントルコの〗 地方長官
bezaar [beθ[a]áɾ] 囲 胃石 〖=bezoar〗
bezante [beθánte] 囲 〖紋章〗 金 (銀) 色の小円 〖=besante〗
bezar [beθáɾ] 囲 =bezoar
bezo [béθo] 囲 〖まれ〗 ❶ 厚い唇. ❷ 〖癒えた傷口の〗 肉の盛り上がった部分
bezoar [beθoáɾ] 囲 ❶ 〖動物〗 〖西アジアの山地に住む〗 ヤギ. ❷ 〖反芻動物の〗 胃石 〖昔は解毒剤として使われた〗
bezoárdico, ca [beθoáɾðiko, ka] 厖 囷 =bezoárico
bezoárico, ca [beθoáɾiko, ka] 厖 囷 胃石の
—— 囲 ❶ 解毒剤としての胃石. ❷ ~ **mineral** 過酸化アンチモン
bezote [beθóte] 囲 〖中南米〗 先住民が下唇に付けていた飾り
bezudo, da [beθúðo, ða] 厖 唇の厚い
bhutanés, sa [butanés, sa] 厖 囷 =butanés
Bhut jolokia [bút ʝolokía] 囷 =Naga jolokia

bi-《接頭辞》[二] *bicicleta* 自転車

biaba [bjába]《ポリビア, アルゼンチン, ウルグアイ. 口語》[罰としての・傷つける目的の] 繰り返しの殴打
　dar una (la) ~《アルゼンチン, ウルグアイ. 口語》1)[罰として]殴る. 2)[試合などで]圧倒的に勝つ. 3)重労働をさせる
　darse una ~《ウルグアイ. 口語》[体に有害な物を]習慣的に(大量に)摂取する

biafreño, ña [bjafréɲo, ɲa] 形 名 地名 [ナイジェリアの] ビアフラ Biafra の[人]

biajaiba [bjaxájba] 女 魚 キセンフエダイ《食用》

biangular [bjaŋgulár] 形 2角の

bianual [bjanwál]《←bi-+ラテン語 annualis》形 年2回の

biarca [bjárka] 男 古代ローマ 兵站係下士官

biarrota [bjaróta] 形 名 地名 ビアリッツ Biarritz の[人]《ピレネー山脈のフランス側の町》

biatlón [bjatlón] 男《スポーツ》バイアスロン

biatómico, ca [bjatómiko, ka] = **diatómico**

biauricular [bjaurikulár] 形 両耳の

biaxial [bja(k)sjál] 形 = **biáxico**

biáxico, ca [bjá(k)siko, ka] 形 物理 二軸の, 双軸の

biaza [bjáθa] 女 = **bizaza**

Bib.《略語》← *biblioteca* 図書館, 蔵書

bibásico, ca [bibásiko, ka] 形 化学 二塩基性の

bibe [bíβe] 男 = **biberón**

bibelot [bibeló(t)]《←仏語》男 置 ~s [安物の装飾用の]置き物

biberón [biberón]《←仏語 biberon <ラテン語 bibere「飲む」》男 ❶《主に西》哺乳瓶. ❷ 粉ミルク: alimentar con ~ ミルクで育てる. dar el ~ al bebé 赤ん坊にミルクをやる. ❸《西》コンデンスミルクを少量入れて甘くしたコーヒー

bibicho [bibítʃo] 男《ホンジュラス》飼い猫, 家猫

bibijagua [bibixáɣwa] 女 ❶《昆虫》キューバハキリアリ《学名 Atta insularis》. ❷《キューバ》勤勉な人, きちょうめんな人

bibijagüero [bibixaɣwéro] 男 キューバハキリアリの蟻塚

bibita [bibíta] 女《アンダルシア. 鳥》ハクセキレイ《= *lavadera blanca*》

biblia [bíβlja]《←ラテン語・ギリシャ語 biblia「本」》女 内容は la B~. 本自体は小文字 聖書《= la Santa B~》: rezar con la B~ 聖書を読んで祈る. regalar una ~ 聖書を贈る. Antigua B~ Latina 古ラテン語聖書. B~ Políglota Complutense 多国語対訳聖書《1517年スペイン, シスネロス Cisneros の指揮下に編纂》
　la ~ en verso (en pasta)《口語》1)[演説・文章などが]長たらしくごちゃごちゃして分かりにくいこと. 2)《主に皮肉》[事物が]あまりにもすごいこと, よすぎること; やや調子に乗りすぎ, 大げさ: Le pasan cosas que son la ~ en pasta. 彼の身にとんでもないことが起こる. José cuenta unos chistes que son la ~ en verso. ホセはやや誇張ぎみのジョークを言う. 3)[副詞的に]大量に, 過度に

bíblico, ca [bíβliko, ka]《←*Biblia*》形 聖書の, 聖書に関する: cita ~*ca* 聖書からの引用. estudios ~*s* 聖書研究

biblio-《接頭辞》[本] *biblio*grafía 文献目録

bibliobús [bibljoβús] 男《西》移動図書館[のバス]

bibliofilia [bibljofílja]《←biblio-+ギリシャ語 phileo「私は愛する」》女 [珍籍などの]書籍道楽

bibliófilo, la [bibljófilo, la]《←*bibliofilia*》名 愛書家, 蔵書家

bibliografía [bibljoɣrafía]《←biblio-+ギリシャ語 grapho「私は書く, 描く」》女 ❶ 参考書目一覧, 文献目録. ❷ 図書目録, 出版カタログ, 著書目録. ❸ 書誌学

bibliográfico, ca [bibljoɣráfiko, ka] 形 文献目録の: índice ~ 文献索引

bibliógrafo, fa [bibljóɣrafo, fa]《←*bibliografía*》名 書誌学者

bibliología [bibljoloxía] 女 図書学; 書誌学《= *bibliografía*》

bibliomancia [bibljománθja] 女 書籍占い, 聖書占い《聖書などを開きそこの言葉で占う》

bibliomancía [bibljomanθía] 女 = **bibliomancia**

bibliomanía [bibljomanía]《←biblio-+ギリシャ語 mainomai「私は狂っている」》女 愛書狂, 蔵書狂

bibliómano, na [bibljómano, na] 名 愛書狂の[人]

bibliópola [bibljópola] 女《稀覯本の(敬称)》男 書籍商

bibliorato [bibljoráto] 男《南米》ファイル《= *archivador*》

bibliótafo, fa [bibljótafo, fa] 名 [自分が所有している稀覯本を誰にも見せたくない]愛書狂

biblioteca [bibljotéka]《←ラテン語 bibliotheca <ギリシャ語 bibliotheke < biblion「本」+theke「箱」》女 ❶ 図書館: Pedí prestadas dos revistas de (en) la ~. 私は図書館から(で)雑誌を2冊借りた. ~ de consulta 館外貸出しをしない図書館, 資料館. Él es una ~ ambulante (viviente). 彼は生き字引きだ. ❷ 集名 蔵書: En la ~ tienes libros interesantes. 君の蔵書の中には面白い本がある. ❸ 情報 ライブラリー. ❹ 集名 叢書(そうしょ): B~ de Autores Clásicos 古典作家叢書. ❺ 書庫, 書棚

bibliotecario, ria [bibljotekárjo, rja]《←*biblioteca*》名 司書, 図書館員, 歴史 司書官
—— 形 図書館の

bibliotecología [bibljotekoloxía] 女 図書館学

bibliotecológico, ca [bibljotekolóxiko, ka] 形 図書館学の

bibliotecólogo, ga [bibljotekólogo, ga] 名 図書館学者

biblioteconomía [bibljotekonomía] 女 図書館経営学

biblioterapia [bibljoterápja] 女 医学 読書療法

biblista [biblísta] 名 聖書研究家

biblita [biblíta] 女 歴史, 地名 [フェニキアの都市] ビブロス Biblos の[人]

bibona [bibóna] 女 植物 タラノキの一種《学名 *Aralia capitata*》

B.I.C. [bík]《西. 略語》← Brigada de Investigación Criminal 犯罪捜査局《米国のFBIに相当する》

bical [bikál] 男 魚 雄の鮭

bicameral [bikamerál] 形 政治 二院制の

bicameralismo [bikameralísmo] 男 二院制

bicampeón, na [bikampeón, na] 名 スポーツ 二度の優勝者

bicapsular [bika(p)sulár] 形 果物 二蒴性の, 二重被膜の

bicarbonato [bikarbonáto] 男 化学 重炭酸塩;[特に]重曹, 重炭酸ナトリウム《= ~ sódico, ~ de soda, ~ de sodio》

bicarpelado, da [bikarpeláðo, ða] = **bicarpelar**

bicarpelar [bikarpelár] 形 植物 二心皮の

bicefalia [biθefálja] 女 双頭

bicéfalo, la [biθéfalo, la]《←bi-+ギリシャ語 kephale「頭」》形 双頭の: gobierno ~ 両頭政府

bicelular [biθelulár] 形 生物 二細胞性の

bicentenario, ria [biθentenárjo, rja] 形 男 200年記念の; 200年祭

bíceps [bíθe(p)s] 形 単複同形 解剖 二頭筋: ~ braquial (femoral) 上腕(下腿)二頭筋. ~ tenso 力こぶ
　tener buenos ~ 腕力がある, 筋骨たくましい

bicerra [biθéra] 女 動物 ピレネーシャモア

bicha [bítʃa]《←俗ラテン語 bestia》女 ❶《西. 婉曲》ヘビ《= *culebra*》. ❷《建築》装飾の中の空想的動物《人魚など》. ❸《動物》[ウサギ狩り用の]フェレット
　mentar (nombrar) la ~《口語》面と向かって不愉快なことを言う, 歯に衣を着せない

bichar [bitʃár] 他 ❶《アルゼンチン, ウルグアイ. 口語》[注意深く細部まで]のぞき見る, 観察する. ❷《ウルグアイ. 口語》[商品を]あれこれ手に取って見る

bicharraco [bitʃaráko] 男《軽蔑》気持ちの悪い虫

bicharrango [bitʃaráŋgo] 男《アンダルシア, カナリア諸島》= **bicharraco**

biche [bítʃe] 形 ❶《中南米》病弱な. ❷《コロンビア, パラグアイ》まだ成熟していない
—— 男 ❶《エクアドル. 料理》ユッカ・バナナ・ピーナッツ・魚のスープ. ❷《ペルー》[片手または両手で, 陶器または金属製の]腹・首があり広口で大型の容器

bichear [bitʃeár] 他 ❶《地方語》[ウサギを]フェレットで狩りをする. ❷《アルゼンチン, ウルグアイ. 口語》のぞき見る, 観察する《= *bichar*》

bichero[1] [bitʃéro]《←*bicho*》男《船舶》鉤竿(かぎざお); 《釣り》ガフ

bichero[2], **ra** [bitʃéro, ra]《←*bicho*》名《地方語》フェレットでウサギ狩りをする人. ❷《アルゼンチン, ウルグアイ》大変動物好きの[人]

bicho [bítʃo]《←俗ラテン語 bestius「動物」》男 ❶ [特定できない・不快な]虫, 小動物: Me ha picado algún ~. 私は何かの虫に刺された. ❷《口語》ひどいいたずらっ子; 悪いやつ. ❸《西》闘牛牛. ❹《西. 隠語》LSD. ❺《ニカラグア, カリブ, コロンビア, ベネズエラ, アルゼンチン》陰茎. ❻《ラプラタ》~ colorado ダニ. ~ de luz ホタル
　~ malo 悪者, ろくでなし: B~ malo nunca muere.《西. 諺》憎まれっ子世にはばかる

~ *raro* 奇妙な人, 変人
buen ~ =~ *malo*
[*cualquier*] ~ *viviente* =*todo* ~ *viviente*: En la casa no hay ~ *viviente*. 家の中には人っ子一人いない
mal ~ =~ *malo*
¿Qué ~ *te ha picado?* どういう風の吹き回しかい?
todo ~ *viviente* 〈戯語〉すべての人: Lo sabe *todo* ~ *viviente*. 誰でもそれを知っている
── 形《ベネズエラ.口語》[不快] おえっ!

bichoco, ca [bitʃóko, ka] 形《南米.口語》[主に動物が] おいぼれの, 役立たずの

bichozno [bitʃóθno] 男 7代目 [*cuadrinieto* の子]

bici [bíθi] 《*bicicleta* の省略形》《複》~s 《口語》自転車: Las familias pasean con sus ~s. 家族連れでサイクリングをしている. Voy en ~. 私は自転車で行く. *saber montar en* ~ 自転車に乗れる

bicicleta [biθikléta] 女 自転車 [口語では bici の方がよく使われる]: ~ *de carretera* ロードランナー. ~ *de montaña* マウンテンバイク. ~ *de ejercicio*/~ *estática* (*fija*・*gimnástica*) ルームサイクル, フィットネスバイク. ~ *señora* 婦人用自転車

bicicletada [biθikletáða] 女 [アマチュアが大勢出場する] 自転車レース

bicicleteada [biθikleteáða] 女《集名》自転車利用者

bicicletear [biθikleteár] 自《口語》自転車で行く

biciclo [biθíklo] 男 [←*bi*-+ギリシア語 *kyklos*「輪」] 《古語》ベロシペード {=*velocípedo*}

bicicross [biθikrós] 男《スポーツ》バイシクルモトクロス《競技》
── 女 モトクロス用の自転車

biciliado, da [biθiljáðo, ða] 形《植物》二繊毛の

bicilíndrico, ca [biθilíndriko, ka] 形《技術》2気筒の

bicimoto [biθimóto] 女《メキシコ》モーターバイク

bicipital [biθipitál] 形《解剖》二頭筋の

bicípite [biθípite] 形 双頭の {=*bicéfalo*}

bicloruro [biklorúro] 男《化学》二塩化物

bicoca [bikóka] 女 [←伊語 *bicocca*「岩山の城」] ❶《口語》買い得の品; 有利な状況. ❷《口語》取るに足りない物. ❸《チリ》[聖職者用の] 小帽子

bicol [bikól] 男 [ルソン島南部の] ビコル語

bicolano [bikoláno] 男 =*bicol*

bicolor [bikolór] 形 [←*bi*-+*color*] 2色の

bicóncavo, va [bikóŋkabo, ba] 形 [レンズが] 両凹の

biconvexo, xa [bikombéks̪o, sa] 形 [レンズが] 両凸の

bicoque [bikóke] 男《南米》[拳骨による頭への] 殴打

bicoquete [bikokéte] 男 耳覆い付きの帽子 {=*papalina*}

bicoquín [bikokín] 男 耳覆い付きの帽子 {=*papalina*}

bicorne [bikórne] 形 [←*bicornio*] 形 2つの角を持つ, 双角の, 二角の: *estatua* ~ *de Moisés por Miguel Ángel* ミケランジェロのモーセ像 [2本の角が生えている]

bicornio [bikórnjo] 男 [←*bi*-+ラテン語 *cornu*「角」] 男《服飾》二角帽

bicos [bíkos] 男《複》《古語》[角帽 *birrete* に付ける] 金のピコットレース

bicromato [bikromáto] 男《化学》二 (重) クロム酸塩

bicromía [bikromía] 女《印刷》2色刷り, ダブルトーン

bicromo, ma [bikrómo, ma] 形《まれ》2色の

bicuadrado, da [bikwaðráðo, ða] 形《数学》4次の: *ecuación* ~*da* 4次方程式

bicuda [bikúða] 女《地方語.魚》ニシサンマ, カマス

bicultural [bikulturál] 形 二文化の

biculturalidad [bikulturaliðáð] 女 二文化性

biculturalismo [bikulturalísmo] 男 二文化併存

bicuento [bikwénto] 男《古語》1兆 {=*billón*}

bicúspide [bikúspiðe] 形《解剖》二尖の, 両尖の; [心臓の] 二尖弁 {=*válvula*}

BID [bíd] 男《略語》←*Banco Interamericano de Desarrollo* 米州開発銀行

bidé [biðé] 男 [←仏語 *bidet*「馬」] 《複》~s ビデ, 婦人用局部洗浄器

bidentado, da [biðentáðo, ða] 形《植物》歯状突起が2つある, 二歯の

bidente [biðénte] 形 歯が2つある
── 男 ❶ 三日月槍. ❷《詩語》[農業用の] 二股フォーク

bien

bidestilar [biðestilár] 他 2度蒸留する

bidet [biðé] 男《複》~s =**bidé**

bidimensional [biðimensjonál] 形 二次元の; 平面的な

bidimensionalidad [biðimensjonaliðáð] 女 二次元性

bidireccional [biðire(k)θjonál] 形 二方向の, 双方向の: ~ *simultáneo*《通信》全二重

bidón [biðón] 男 [←仏語 *bidon*] 男 [主に金属製・円筒形の] 大型容器; ドラム缶
── 形《自転車》*escapada* ~ タイミングの悪い逃げ

bidonville [biðombíl] 男 [←仏語] 形 スラム街

biela [bjéla] 女《技術》[コネクティング] ロッド; 《自転車》クランク. ❷《隠語》脚 {=*pierna*}

bielda [bjélda] 女 ❶ [もみがらやわらを集めて運ぶための6, 7本爪の] 木製のレーキ. ❷《地方語》穀物のより分け

bieldada [bjeldáða] 女《集名》フォーク *bieldo* で一度にすくえる穀類・乾草

bieldar [bjeldár] 他 =**beldar**

bieldo [bjéldo] 男《農業》[より分け用の4本爪の] フォーク

bielga [bjélga] 女《地方語》木製のレーキ {=*bielda*}

bielgo [bjélgo] 男《地方語》=**bieldo**

bielo [bjélo] 男《地方語》=**bieldo**

bielorruso, sa [bjeloř̌úso, sa] 形 名《国名》ベラルーシ Bielorrusia の (人)
── 男 ベラルーシ語

biempensante [bjempensánte] 形 名 ❶《軽蔑》道徳的に (社会通念上) 正しい考え方の [持ち主], 常識的な (人). ❷ 物事を良い方に見る

bien [bjén] 《←ラテン語 *bene*》副 ❶ 良く, 立派に《⇔*mal*》: Hay que conducir ~ siempre en su casa. 彼の家ではいつもきちんとふるまわなければならない. No obraste ~ con ellos. 君の彼らに対する態度はよくなかった. Las casetas para la fiesta están ~ hechas. 祭りのための小屋はよくできている. *razonar* ~ 正しく (良識をもって) 判断した. ❷ 元気で, 健康で: ¿Cómo está usted?─Estoy muy ~, gracias. Y usted? お元気ですか?─え え, 元気です. あなたは? Ahora mi madre no está muy ~ de salud. 母は今あまり健康がすぐれない. No me siento muy ~. 私はあまり気分がよくない. ❸ 上手に, うまく: Usted habla muy ~ español. あなたはスペイン語がとても上手です. Cantas muy ~. 君は歌がうまい. ❹ 適切に, きちんと: Es un chico ~ criado. 育ちのいい子だ. Esta tesis está ~ escrita. この論文はきんと書かれている. ❺ 正しく, 正確に: Este reloj no anda ~. この時計は正確ではない. ¿Este cálculo está ~? この計算は合っていますか? ❻ 快適に; Estamos muy ~ en el nuevo piso. 私たちの新しいマンションはとても快適だ. ❼ 豊かに, 安楽に; 裕福に: Con tanto dinero podríamos vivir ~. これだけ金があれば私たちは楽に暮らしていけるだろう. ❽ 順調に, 快調に: La economía marcha ~ este año. 今年は経済が順調である. ❾ [味が] よく, おいしく; [においが] よく: En este restaurante se come ~. この店の料理はおいしい. Hemos comido ~ hoy. 今日の料理はおいしかった. ❿ ちょうどよく, うまく合った; 都合よく: Eso está muy ~. それは大変結構だ. Esta banca está ~ para alcanzar los libros de arriba. この踏み台は上の本を取るのにちょうどいい. La sopa está ~ de sal. スープの塩加減はちょうどいい. ⓫ 十分に, かなり: ¿Has dormido ~ esta noche? 昨晩はよく寝られたかい? ─Me oye usted?─No, no le oigo ~. 聞こえますか?─いいえ, よく聞こえません. ⓬ [主に文頭で. 大きい数の概数] 優に, おおよそ: B~ hemos andado hoy diez kilómetros. 今日私たちは優に10キロ歩いた. 彼らはパーティーを開くために千ユーロほど使った. ⓭ [+形容詞・副詞. 強意] 非常に, とても: Están ~ cansados. 彼らはかなり疲れている. Quiero tomar una sopa ~ caliente. スープを熱くしてほしい. Salieron ~ tarde. ずいぶん遅くなってから彼らは出かけた. Canta ~ mal. 彼は歌がひどく下手だ. ⓮ [主に文頭で. 強調] 非常に, 全く; 確かに, まさに: B~ puedes hacerlo. 君は今でもそれをすることができる. B~ puede estar en el hotel todavía. 彼はまだホテルにいるだろう. B~ te lo dije. 君に言ったとおりだろう/だから言ったじゃないか. ⓯ [主に文頭で] 喜んで: B~ te ayudaríamos, si tuviéramos tiempo. 時間があれば, 喜んでお手伝いするところですのが. ⓰ [間投詞的. 肯定・承諾] よろしい, 承知した: ¿*Ya vámonos?*─B~. もう出かけようか?─いいよ. ¿Qué te parece si nos vemos a las cinco?─

Muy 〜.5時に会うのはどうでしょうか?―結構です. ⓱ [間投詞的].驚き・困惑・あきらめ]まさか; さあね; 仕方がない: B〜, entrégaselo. 仕方がない, 彼にそれを渡せ. ⓲《時に軽蔑》[形容詞的] 上流階級の, 上品な: chica de casa 〜 良家の娘. niños 〜 良家の子女. ⓳ [接続詞的. 繰り返して] …かまたは…か, …ある時は…またある時は…: Puedes ir 〜 andando, 〜 en autobús. 歩いてもバスに乗っても行けるよ
〜 de... たくさんの…: B〜 de dinero ganó en la inversión. 彼は投資で大もうけした. B〜 de veces te lo he dicho así! 何度も君にそう言ってきたのに!
B〜 está. =Está 〜.
〜 habido 正当な手段で手に入れた: El dinero 〜 habido durará. まっとうに手に入れた金は長持ちするだろう
B〜 haya ありがたい, それはよかった;《キリスト教》[人・事物に対し] 讃えるべき: ¡B〜 haya los que escribieron el borrador de la Constitución! 憲法草案起草者たちに祝福あれ
〜 o mal 良かれ悪しかれ
¡B〜 por...! …はいいなあ!: ¡B〜 por María! マリアはいいなあ!
〜 que 《接続法》[=一仏語]《文語》[=aunque]: Tienes que hacerlo, 〜 que no tengas muchas ganas. たとえ気がすすまなくても, 君はそれをしなければならない
de 〜 en/de 〜 en mejor ますますよく, さらによくなって
Está 〜. 1) [肯定・承諾] よろしい: Ven mañana.―Está 〜. 明日来いよ.―オーケー/了解. 2) [不満・立腹] 勝手にしろ: ¿Me pides más préstamos? Estaría 〜. もっと金を貸せだって? そんな話ってないよ
¡Estamos 〜! 嫌だなあ!: Pues, ¡estamos 〜! Ahora llueve. ああ, 困った! 雨が降り出した
estar 〜+不定詞・que+接続法》 …はよいことである;…してもよい: Está 〜 estudiar con interés después del retiro. 退職後に興味をもって勉強することはいいことだ. Está 〜 que ahora regreses a casa. もう家に帰ってもいいよ
estar 〜 a+人 1) 〈服のサイズなどが〉…にぴったりである, 似合う: Me está 〜 este abrigo. このオーバーは私に[大きさが]ぴったりだ. 2) [刑罰などが] ふさわしい: Le está 〜 la cárcel. 奴には牢屋が似合うだけ
estar 〜 con+人 …と仲がいい, うまくいっている: No estoy muy 〜 con él. 私はどうも彼とはうまが合わない
estar 〜 con+事物 =estar 〜 de+事物 …に満足している: 〜 con un empleado normal. 彼はひらの社員で満足していると言っている
estar 〜 de+事物 1) …に恵まれている, 十分にある: Gracias a Dios estamos 〜 de salud. おかげさまで私たちは元気です. estar 〜 de dinero 裕福である, 金回りがいい. 2) …で満足してある
ir 〜 [+a+人にとって] 1) 元気に過ごしている: ¿Cómo te va? ―Me va 〜, gracias. どうですか?―元気ですよ, ありがとう. 2) [人・事が] 順調である, うまくいく: Su hijo no fue 〜 en ese colegio. 彼の息子はその学校にうまくなじめなかった. Sus negocios van 〜. 彼の事業はうまくいってる. Le fue 〜 [en] el primer examen, pero no [en] el siguiente. 彼は最初の試験はうまくいったが, 次の試験ではよくなかった. Su mujer no iba 〜 con su suegra. 彼の妻は姑とうまくいってなかった. 3) 具合〔都合〕がいい: Esta hierba va muy 〜 para calmar la tos. この薬草は咳を抑えるのによく効く. ¿Van 〜 aquí estas tazas y platos? このカップや皿はここに置いていいですか? ¿Te va 〜 a las diez? 10時でいい? 4) 〈服・色などが〉合う: Te va 〜 el pelo largo. 君は長髪がよく似合う
más 〜 むしろ, どちらかといえば: A mí me gusta más 〜 el vino blanco. どちらかといえば私は白ワインの方が好きだ
ni 〜 《中南米》**=no 〜**
ni 〜... ni 〜... …も…もない: Este estilo no es ni 〜 de corte ni 〜 de aldea. このスタイルは都会風でも田舎風でもない
no 〜 …するとすぐ: No 〜 llegué a casa, me llamaron. 私が帰宅するやいなや電話がかかってきた. No 〜 hubo amanecido, salió de casa. 夜が明けるや, 彼は家を出た
ponerse a 〜 con+人 …と和解する
ponerse 〜 [病気が] 回復する: Ya se ha puesto muy 〜. もう彼は完全によくなった
¡Qué 〜! 1) 《口語》それはすばらしい, よかったね! 2) [+不定詞・que+接続法]《中南米》[+直説法] …してよかった: ¡Qué 〜 que lo hayas terminado con éxito! うまく終わってよかったね!

3)《皮肉》大したものだ, ご立派なことだ!
¡Qué 〜 si...! …だとよいのだが!
si 〜 1)《文語》[+直説法] …であるが [=aunque]: Debemos llevar a cabo este plan, si 〜 tenemos muchas dificultades. 多くの困難はあるが, 私たちはこの計画を実行しなければならない. 2) [+現在分詞] だが…, しかし: Seguiremos negociando, si 〜 no aceptando la primera condición. 私たちは交渉は続けるが, しかし最初の条件は受け入れない
venir 〜 1) 合う, 都合がよい: ¿A qué hora te viene 〜 llamar? 何時に君に電話をかけたらいい? 2) [+en に] 同意する: Podemos firmar el contrato si viene 〜 en aceptar nuestras condiciones. 当方の条件を受け入れることに同意下さるなら, 契約を結ぶことができます
vivir 〜 まっとうな暮らしをする, 有徳な生活をおくる
y 〜 [質問の切り出し] それでは, それはそうと: Y 〜, ¿qué le pasa a Juan? それはそうと, フアンはどうしました?
ya está 〜 1) もういい. 2) [+de 〜] もうたくさんだ: Ya está 〜 de bromas. もう冗談はたくさんだよ(やめてくれ)

―― 男 ❶ 善, 正しいこと [⇔mal]; 善行, 慈善, 親切な行ない: Es necesario discernir el 〜 del mal. 善悪を見分けることが必要だ. devolver [el] 〜 por mal 悪に報いるに善をもってなす. hacer [el] 〜 善行を行なう, 施しをする. sumo 〜《宗教》最高善. ❷ 幸福, 利益, 福利: Te lo dicen por tu 〜. 彼らはお前のためを思ってそう言うのだ. No hay 〜 ni mal que dure cien años.《諺》苦あれば楽あり. familia de 〜 幸福な家庭. 〜 común 共通の利益. 〜 público 公共の利益, 公益. 〜 de la patria 祖国の安寧. ❸ 男 財産, 資産, 富 [+〜es de fortuna]: 1) Una pequeña casa constituía sus únicos 〜es. 小さな家だけが彼の唯一の財産だった. B〜es mal adquiridos a nadie han enriquecido.《諺》悪銭身につかず. 〜es comunes (comunales・comunitarios)/〜 del común 共有財産, 公有財産. 〜es inmuebles (raíces・sedientes・sitios・sitos) 不動産. 〜es de la tierra [その土地の] 産物. 〜es marítimos 海産物. 〜es semovientes 家畜, 牧畜資産. 〜es secularizados [教会の永代所有が解除されて] 俗界に売却された資産. 〜es y personas [遭難における] 積み荷と乗員. 2)《経済》財, 財貨. 〜es de consumo (de producción) 消費 (生産) 財. 〜es de equipo 資本財, 生産財; プラント, 生産設備. 〜es económicos 経済財. 〜es [de] Giffen ギッフェン財《価格の上昇・下落と共に需要量が増大・減少する》. 〜es inferiores 下級財, 劣等財《所得の増大・減少と共に需要量が減少・増大する》. 〜es superiores (normales) 上級財《正常財》《所得の増大・減少と共に需要量が増大・減少する》. 〜es libres 自由財《稀少性を持たず対価を払う必要がない》. 〜es privados 私的財. 〜es públicos 公共財《政府が提供し各個人が共同消費する》. ❹ 役立つこと, 好都合: Conocer a gente en una tierra extranjera es un 〜 para mí. 外国で人と知り合うのは私にとって良いことだ. ❺ [評点] やや良
〜es de nadie 無主物
de 〜 立派な, 正直な; 上品な: hombre de 〜 誠実な人
decir mil 〜es de... …をぼろぼろ
en 〜 de... =por el 〜 de...
estar a 〜 con+人 …と仲がよい
hacer [el] 〜 1) [+a+人 に] よいことをする, 助ける: Haz y no mires (cates) a quién.《諺》善をなすのに相手を選んではならない. 2) [+en+不定詞] …するのはよいことである: Hemos hecho 〜 en ir a la reunión. 私たちは集会に行ってよかった
mi 〜 [夫婦間の呼びかけ] ねえあなた, お前
para 〜 o para mal 良くも悪くも
para el 〜 de... =por el 〜 de...
poner a+人 a 〜 con+人 …を仲よくさせる, 和解させる
ponerse a 〜 con+人 …と和解する
por 〜 善意で
por el 〜 de... …のために: Lo he hecho por el 〜 de mi familia. 私は家族のためにそうしたのだ
tener a (por) 〜+不定詞《敬語》…して下さる: Tenga a 〜 enviarme una lista de precios. どうぞ価格表をお送り下さい. Veremos si tiene a 〜 presentarse a trabajar algún día.《皮肉》いつか仕事をしに来てもらえるでしょうね. 2) …するのが適当と考える: Tuvo a 〜 volver pronto. 彼はすぐ戻る方がいいと思った
tomar [se]... a 〜 …をいい方に考える: Se toma a 〜 todas

las bromas. 彼はどんなからかいもいい方に受け取ってしまう

bienal [bjenál]《←biennalis < bi-（2度）+annalis「年の」》形 2年ごとの，1年おきの；2年間の: contrato ～ 2年契約. planta ～ 2年生植物. rotaciones ～es 隔年輪作
—— 女《美術》ビエンナーレ《=exposición ～》

bienalmente [bjenálmente] 副 2年ごとに

bienamado, da [bjenamáḋo, ḋa]《文語》深く愛する，最愛の

bienandante [bjenandánte] 形《まれ》幸せな，幸運な

bienandanza [bjenandánθa]《←bien+andanza》女《文語》幸福，幸運

bienaventuradamente [bjenabenturáḋaménte] 副 幸せなことに

bienaventurado, da [bjenabenturáḋo, ḋa]《←bien+aventura》形 名 ❶《カトリック》至福の; 天国の浄福者〖天国に入ることを許された者〗. ❷ 幸福な，幸運な: ～ de usted con tantos hijos. そんなにお子さんがいらっしゃってお幸せですね. 2)《新約聖書》B～s los limpios de corazón, porque ellos verán a Dios. 心の清い人々は幸いである. なぜならその人たちは神を見るからで. B～s los pobres de espíritu. 心の貧しい人たちは幸いである. ❸ 無邪気な，純真な《=ingenuo》

bienaventuranza [bjenabenturánθa]《←bien+aventura》女 ❶《キリスト教》至福直観，天国の至福; 覆 至福(真福)八端《イエスの山上の垂訓の中の八福音》. ❷ 幸福，繁栄

biencasado, da [bjenkasáḋo, ḋa] 形《まれ》幸せな結婚をした

bienentendido, da [bjenentendíḋo, ḋa]《チリ》con el ～ de que... …という条件で

bienestante [bjenestánte] 形《まれ》[経済的・社会的に] 安楽な

bienestar [bjenestár]《←bien+estar》男 ❶ 福祉，福利厚生: estado de[l] ～ 福祉国家. ～ público 公共の福祉. ～ social《コロンビア》B～ Familiar 社会福祉. ～ social 満足: Lo que tus padres buscan es solo tu ～. 両親が求めているのはただ君が幸せになることだけだ. ❸［物質的な] 豊かさ，快適さ，楽な暮らし: ～ económico 経済的な豊かさ；経済的厚生. ❹《まれ》[心の] 明朗，落ち着き；健康，健全

bienfamado, da [bjenfamáḋo, ḋa] 形《まれ》名声の高い

bienfortunado, da [bjenfortunáḋo, ḋa] 形《まれ》=afortunado

biengranada [bjengranáḋa] 女《植物》エルサレムオーク《学名 Chenopodium botrys》

bienhablado, da [bjenablaḋo, ḋa] 形《←bien+hablar》上品で正しい話し方をする《⇔malhablado》

bienhadado, da [bjenaḋáḋo, ḋa] 形《文語》幸せな，幸運な《⇔malhadado》

bienhallado, da [bjenaλáḋo, ḋa] 間 [挨拶，特に bienvenido に対する応答] Miguel, bienvenido a casa.—María, ～ da. いらっしゃい，ミゲル.—お邪魔よ，マリア

bienhechor, ra [bjenetʃór, ra]《←ラテン語 benefactor < bene「善」+facere「行なう」》形 名 恩恵（慈善）を施す[人]

bienhumorado, da [bjenumoráḋo, ḋa] 形 陽気な，上機嫌な

bienintencionadamente [bjeninten θjonáḋaménte] 副 善意で

bienintencionado, da [bjeninten θjonáḋo, ḋa] 形 善意の，好意から出た

bienio [bjénjo]《←ラテン語 biennium < bi-（2度）+annus「年」》男 ❶ 2年間; por ～s 2年ごとに. ❷ 2年ごとの昇給

bienllegada [bjenʎegáḋa] 女 =bienvenida

bienmandado, da [bje(m)mandáḋo, ḋa]《←bien+mandar》形 従順な，服従的な

bienmesabe [bje(m)mesábe] 男《地方語》❶ メレンゲ菓子. ❷《料理》ヤモリザメのマリネー

bienoliente [bjenoljénte] 形《文語》かぐわしい，芳香のする

bienpensante [bjempensánte] 形 名 =biempensante

bienquerencia [bjeŋkerén θja] 女 善意；愛情，愛着

bienquerer [bjeŋkerér] 男《文語》=bienquerencia
—— 57 他 愛する《⇔malquerer》

bienqueriente [bjeŋkerjénte] 形 愛する

bienquistar [bjeŋkistár]《←bienquisto》他 [+con と] 和解させる

bienquisto, ta [bjeŋkísto, ta]《←bien+古語 quisto < ラテン語 quaesitum < quaerere「欲する」》形《文語》[+de·por に] 評判のよい

bienteveo [bjentebéo] 男 ❶《地方語》ブドウ園の見張り小屋《=candelecho》. ❷《ラプラタ. 鳥》キバラオオイランチョウ

bienvenida[1] [bjembeníḋa]《←bienvenido》歓迎[の言葉]: Pronunció unas palabras de ～. 彼は歓迎の言葉を述べた. dar la ～ a+人 …を歓迎する，…に歓迎の挨拶をする. sonrisa de ～ 歓迎のほほえみ

bienvenido, da[2] [bjembeníḋo, ḋa]《←bien+venido < venir》形 [間投詞的に] ようこそ《相手が複数の場合は B～s, 女性の場合は B～da》; 《まれ》歓迎される/我が家へようこそ; ¡B～ a casa! ¡B～ sean los señores! みなさん，よくいらっしゃいました! B～da, Martina; me alegra que hayas vuelto. ようこそ，マルティナ，戻ってきてくれてうれしいよ

bienvivir [bjembibír] 自 ❶ ゆとりのある暮らしをする. ❷ 正直に暮らす

bierco [bjérko] 男《地方語. 植物》=biércol

biércol [bjérkol] 男《地方語. 植物》ヒース《=～merino》

biergo [bjérgo] 男《地方語》=bieldo

biérgol [bjérgol] 男《アンダルシア，エストレマドゥラ. 農業》[穀類をあおる」フォーク

bierva [bjérba] 女《アストゥリアス》[子牛はいないのに] 乳が出続ける雌牛

bies [bjés]《←仏語 biais》男《手芸》バイアス，バイアステープ: al ～ バイアスに，斜めに

bifacial [bifaθjál] 形 ❶ 二面ある；《考古》両面加工の. ❷《植物》[葉などが] 表裏で異なる

bífalo [bífalo] 男《植物》雄バイソンと雌牛をかけ合わせた動物

bifásico, ca [bifásiko, ka] 形《電気》二相[式]の: corriente ～ca 二相交流

bifaz [bifáθ] 男《考古》両面加工の[石斧]

bife [bífe]《←英語 beefsteak》男 ❶《ペルー，チリ，アルゼンチン，ウルグアイ》[グリル焼き・網焼きの] ビーフステーキ: ～ ancho あばら肉のステーキ. ～ de cuadril ランプ肉のステーキ. ～ de lomo サーロインステーキ. ❷《ペルー，ラプラタ. 口語》平手打ち《=bofetón》: dar un ～ 平手打ちする

bífero, ra [bífero, ra] 形《植物》一年に2度実のなる

bífido, da [bífiḋo, ḋa] 形《生物》二つに裂けた

bifidus [bifiḋús] 男《単複同形》《生物》ビフィズス菌: yogur con ～ ビフィズス菌入りヨーグルト

bifilar [bifilár] 形《電気》2本巻きの

bifita [bifíta] 女《アンダルシア. 鳥》ハクセキレイ《=lavadera blanca》

biflagelado, da [biflaxeláḋo, ḋa] 形《植物》二繊毛の《=biciliado》

bifloro, ra [biflóro, ra] 形《植物》二花の

bifocal [bifokál] 形《光学》二焦点の
—— 男 遠近両用眼鏡《=lentes ～es, gafas ～es》

biforme [bifórme] 形 2つの形態（性質）をあわせ持つ

bíforo, ra [bíforo, ra] 形《建築》下部が2つに分かれた半円アーチの

bifronte [bifrónte] 形 2つの顔を持つ

biftec [biftékk] 男（覆 ～s）《南米》=bife

bifurcación [bifurkaθjón] 女 ❶ 分岐点: En la primera ～ hay que tomar el sendero de la derecha. 最初の二股に来たら右側の小道を行かねばならない. ❷ 分岐. ❸《情報》[プログラムの] 分岐: ～ condicional 条件分岐

bifurcado, da [bifurkáḋo, ḋa] 形 ヘアピン型の，二股の

bifurcar [bifurkár]《←ラテン語 bifurcus「二股の」》7 自 =～se
—— ～se 分岐する，二股に分かれる: El camino se bifurca al final de la cuesta. 道は坂の終わりで2つに分かれる

biga [bíga] 女《古代ギリシア・ローマ》二頭立て二輪戦車

bigamia [bigámja]《←bigamo》女 二重結婚，重婚[罪]

bígamo, ma [bígamo, ma]《←ラテン語 bigamus < digamus < ギリシア語 digamos < dyo「2」+gameo「私は結婚する」》形 ❶ 二重結婚の[人]. ❷《まれ》寡婦・寡夫と結婚した

bigardear [bigardeár] 自《まれ》ぶらぶら歩きする，ほっつき歩く

bigardía [bigardía] 女《まれ》見せかけ，欺瞞

bigardo, da [bigárḋo, ḋa] 形《まれ》❶ 怠け者[の]，破廉恥な[人]. ❷ 体が大きくがっしりした[人]. ❸ 破戒僧[の]

bigardón, na [bigardón, na] 形《まれ》=bigardo

bigardonear [bigardoneár] 自《まれ》=bigardear

bígaro [bígaro] 男《貝》ヨーロッパタマキビ

bigarrado, da [bigarráḋo, ḋa] 形《まれ》=abigarrado

bigarro [bigárro] 男《貝》=bígaro

B

big bang [bíg ƀaŋ] 〘←英語〙 [男] 《天文》 ビッグバン

bigeminado, da [bixeminádo, đa] [形] 《医学》 pulso ～ 二段脈

bigenérico, ca [bixenériko, ka] [形] 《植物》 二属〔間〕の

bignonia [bignónja] [女] 《植物》 ツリガネカズラ

bignoniáceo, a [bignonjáθeo, a] [形] ツリガネカズラ属の
—— [女] [複] 《植物》 ツリガネカズラ属

bigornia [bigórnja] [女] 両先端が角(つの)型の鉄床(かなとこ)

bigorrella [bigořéʎa] [女] 《漁業》 [やなを沈めるための] 重しの石

bigote [bigóte] 〘←ゲルマン語 bi god「神に誓って」(ひげを生やしている人たちへのあだ名からひげ自体に転化)〙 [男] [主に [複]] ❶ 口ひげ: El abuelo llevaba el ～ largo. 祖父は長いひげを生やしていた. dejarse ～ 口ひげを生やす. ～ con guías カイゼルひげ. ❷ [ネコ・ネズミなどの] ひげ; [エビなどの] 触鬚(しょくしゅ). ❸ 《電気》 針電極; 半導体の線
arreglarse los ～s 《チリ. 口語》 自分の利益だけを計る
de ～〔*s*〕 《西. 口語》 [強調] すばらしい, すごい: Hace un frío *de ～s*. すごい寒さだ
hombre de ～ al ojo 《廃語》 [ひげの先を高くはね上げた] 尊大な男
hombre de ～s 意志が堅く冷静な男
jugarse el ～ 《口語》 大きな危険を冒す
mover (*menear*) *el ～* 《口語》 食べる
no tener malos ～s 《廃語》 [女性が] 器量がよい
tener ～s 《口語》 しっかりしている, がんばり屋である

bigotera [bigotéra] 〘←bigote〙 [女] ❶ 《製図》 スプリングコンパス. ❷ [口の回りの] 飲み物の跡. ❸ 《船舶》 [船首が切り分ける] 八字波, 拡散波. ❹ 《古語》 [寝る時に] ひげに付けるカバー. ❺ 《古語》 [馬車の] 後ろ向きの補助椅子

bigotudo, da [bigotúdo, đa] [形] 口ひげの豊かな(濃い)
—— [男] 《鳥》 ヒゲガラ

biguá [bigwá] [男] 《鳥》 [ラプラタ川の] ウ(鵜)

bigudí [bigudí] 〘←仏語 bigoudi〙 [男] 〘[複] ～〔e〕s〙 《古語的. 化粧》 カーラー, カールクリップ

bija [bíxa] [女] 《植物》 アナット, ベニノキ; それから取る赤色染料, ベクシン

bijao [bixáo] [男] 《植物》 ヘリコニア

bijouterie [bijuterí] 〘←仏語〙 [女] 《中南米》 模造宝石 〘=bisutería〙; 模造宝石店

biker [báikεr] 〘←英語〙 [名] 〘[複] ～s〙 《バイク》 ライダー〔グループの一員〕

bikini [bikíni] 〘←仏語〙 [男]/《ラプラタ》 [女] 〘[複] ～s〙 《服飾》 ビキニ 〘水着・下着の上下〙: en ～〔s〕 ビキニで. línea de ～ ビキニライン

bilabiado, da [bilabjádo, đa] [形] 《植物》 [花冠が] 二唇〔形〕の

bilabial [bilabjál] [形] [女] 《音声》 両唇音〔の〕 〘p, b, m など〙

bilao [biláo] [男] 《フィリピン》 葦を編んだ盆

bilateral [bilaterál] 〘←bi-+lateral〙 [形] ❶ 二者間の, 相互の: acuerdo ～ 双方の合意. contrato ～ 《法律》 双務契約. convenio ～ 相互協定. donación ～ 二国間贈与. relación ～ 二国間関係; 双務関係. ❷ 《医学》 pleuritis ～ 両側性胸膜炎. ❸ 《音声》 両側音の
—— [女] 《音声》 両側音

bilateralidad [bilateralidá〔đ〕] [女] 《医学》 両側性

bilateralismo [bilateralísmo] [男] 《法律》 双務

bilateralizar [bilateraliθár] [9] [他] 《法律》 双務化する

bilbainismo [bilbainísmo] [男] 《まれ》 ビルバオの風物に対する愛好心

bilbaíno, na [bilbaíno, na] [形] [名] 《地名》 ビルバオ Bilbao の〔人〕 〘ビスカヤ県の県都〙
—— [女] 《地方語》 ベレー帽 〘=boina〙

Bilbao [bilbáo] 《人名》 **Francisco ～** フランシスコ・ビルバオ 〘1823～65, チリの作家, 自由主義思想家・政治家〙

bilbilitano, na [bilbilitáno, na] [形] [名] 《地名》 カラタユー Calatayud の〔人〕 〘サラゴサ県の町〙; 《歴史》 ビルビリス Bílbilis の〔人〕 〘現在のカラタユー〙

bilé [bilé] [男] 《メキシコ》 口紅

bilet [bilét] [男] 《メキシコ》 =**bilé**

bilharziosis [bilarθjósis] [女] 《医学》 ビルハルツ住血吸虫症

biliar [biljár] 〘←bilis〙 [形] 《生理》 胆汁の

biliario, ria [biljárjo, rja] [形] 《生理》 ❶ =**biliar**. ❷ 《まれ》 胆汁のある

bilimbín [bilimbín] [男] 《植物》 ナガバノゴレンシ

bilingüe [bilíŋgwe] 〘←ラテン語 bi- (2度)+lingua「言語」〙 [形] [名] 2言語〔併用〕の〔人〕, バイリンガルの〔人〕: diccionario ～ 2か国語辞典. edición ～ 対訳版. país ～ 2か国語を常用する国

bilingüismo [bilíŋgwísmo] [男] [一国での] 2言語併用

bilioso, sa [biljóso, sa] 〘←bilis〙 [形] ❶ 胆汁の多い. ❷ 胆汁質の, 気難しい, 怒りっぽい 〘→temperamento [参考]〙

bilirrubina [biliřubína] [女] 《生化》 ビリルビン, 胆汁色素

bilis [bílis] 〘←ラテン語〙 [女] 〘単複同形〙 ❶ 《生理》 胆汁. ❷ [古代生理学の4体液 cuatro humores の一つ] 黄胆汁: ～ negra 黒胆汁. ❸ 《口語》 怒り, いらだち, 反感: Volcó toda su ～ en sus subordinados. 彼は部下に怒りをぶちまけた
alterar a+人 *la ～* 《口語》 =**revolver a+人 la ～**
alterarse a+人 *la ～* =**revolverse a+人 la ～**
descargar la ～ en (*contra*)+人 …に怒りをぶちまける
echar 〔*la*〕 *～* 怒っている: Salió de la casa *echando la ～*. 彼はプンプンしながら家を出た
exaltarse a+人 *la ～* …が怒る, 激怒する
revolver a+人 *la ～* 《口語》 …には我慢ならない: Eso me *revuelve la ～*. それにははらわたが煮えくりかえるようだ
revolverse a+人 *la ～* …が強い不快感を覚える
segregar 〔*la*〕 *～* =**echar** 〔**la**〕 **～**
tragar ～ 《口語》 怒りを抑える

biliteral [biliterál] [形] =**bilítero**

bilítero, ra [bilítero, ra] 〘←ラテン語 bi- (2度)+littera「文字」〙 [形] 2文字の, 2文字から成る

biliverdina [biliberdína] [女] 《生化》 ビリベルジン, 胆緑素

bill [bíl] 〘←英語〙 [男] 〘[複] ～s〙 法案 〘=proyecto de ley〙

billa [bíʎa] 〘←仏語 bille〙 [女] ❶ 《ビリヤード》 ポケットに入った玉; 的玉がポケットに入ること: ～ limpia (perdida) 自分の手玉がポケットに入ること. ～ sucia 相手の手玉がポケットに入ること. ❷ 市松模様の浮き彫り. ❸ 《地方語》 蛇口 〘=grifo〙

billalda [biʎálda] [女] 《地方語》 棒打ち遊び 〘=tala〙

billar [biʎár] 〘←仏語 billard〙 [男] ❶ 《ゲーム》 玉突き, ビリヤード 〘=juego de ～〙: jugar al ～ ビリヤードをする. ～ a tres bandas スリークッション. ～ americano プール. ～ ruso スヌーカー. ❷ ビリヤード台; [複] ビリヤード場. ❸ 《ゲーム》 ～ romano ピンボール, スマートボール

billarda [biʎárda] [女] ❶ 《地方語》 棒打ち遊び 〘=tala〙. ❷ 《ホンジュラス》 トカゲを捕える罠

billarista [biʎarísta] [名] ビリヤードをする人

billetado, da [biʎetádo, đa] [形] 《紋章》 短冊組みの 〘=cartelado〙

billetaje [biʎetáxe] 〘←billete〙 [男] [集名] 切符, 入場券: El ～ ya está agotado. 切符はもうすべて売り切れた

billete [biʎéte] 〘←仏語 billet < ラテン語 bulla「大勅書」〙 [男] ❶ 《主に西》 [乗り物の] 切符, 乗車券 〘=《中南米》 boleto〙: ¿En qué ventanilla puedo comprar un ～ para Madrid? マドリード行きの切符はどの窓口で買えるのですか? Decidimos ir a París, y, dicho y hecho, esa misma tarde sacamos los *～s*. 私たちはパリへ行くと決めて, さっそくその日の午後, 切符を購入した. ～ abierto 〔por 90 días〕 〔90日間の〕オープンチケット. ～ circular/～ de circo 周遊券. ～ de abono 回数券. ～ de andén [駅の] 入場券. ～ de avión 航空券. ～ sencillo/～ de ida 〔solamente〕 片道乗車券. ～ de ida y vuelta 往復乗車券. ～ electrónico eチケット. ～ semanal 1週間有効の定期券. ～ tarifa completa 規定料金の券. ❷ [催し物の] 切符, 入場券: ～ de cine 映画館の入場券. ～ de favor 優待券, 招待券. ❸ 紙幣, 札, 銀行券 〘=～ de banco〙: 1) Me pagó todo en *～s* de cien euros. 彼は100ユーロ札ですべて払ってくれた. ～ de mil pesos 1千ペソ札. ～ moneda 政府紙幣, カレンシー・ノート. 2) 《西. 古語》 ～ verde 1千ペセタ札. ～ salmón 5千ペセタ札. ❹ くじ札, 抽選券: ～ de lotería 宝くじ券. ❺ 《商業》 手形 〘=letra〙: ～ comercial 商業手形. ❻ 《船舶》 ～ de embarque 船員受取証, メーツ・レシート, M/R 〘一等航海士が船積み完了後に発行する〙. ❼ 《紋章》 ビレット 〘長方形の紋章〙. ❽ 《古語》 短い手紙, 書簡. ❾ 《南米》 お金: cargado al ～ お金が一杯の. por el puro ～ お金で. ～ chico 小銭. ～ grande 大金
medio ～/～ a mitad de precio [子供用の] 半額切符: Los niños pagan *medio ～*. 子供は半額だ

billetera[1] [biʎetéra] [女] =**billetero**[1]

billetero[1] [biʎetéro] 〘←billete〙 [男] 札入れ, 財布: Pagó la cuenta con el dinero que extrajo de un ～. 彼は札入れから出した

金で勘定を払った
billetero², ra² [biʎetéro, ra] 形 名 ❶《中南米》宝くじ売り. ❷《プエルトリコ》つぎのはった服を着た〔人〕
billón [biʎón]〖←仏語 billion（カスティーリャ語 bi-+[mi]llón の影響）〗男 1兆: un ～ de yenes 1兆円. cien *billones* de yenes 100兆円. 1,23 *billones* de euros 1兆2300億ユーロ
billonario, ria [biʎonárjo, rja] 形 名 ❶〔主に金額が〕1兆の. ❷〔兆単位の〕大金持ち〔の〕
billonésimo, ma [biʎonésimo, ma] 形 名 1兆番目の; 1兆分の1〔の〕
bilma [bílma] 女《地方語》=**bizma**
bilobado, da [bilobáðo, ða] 形 =**bilobulado**
bilobulado, da [bilobuláðo, ða] 形《植物》二裂の, 二裂片のある
bilocación [bilokaθjón] 女 同時に2地点に存在すること;《神学》超自然的人性の同時存在
bilocar [bilokár] 7 ～**se** ❶《まれ》同時に2地点に存在する. ❷《アルゼンチン》理性を失う
bilocular [bilokulár] 形《植物》二室に分かれた, 二室, 二房の
bilogía [bilɔxía] 女〖文学作品・論文などの〗二部作
bimano, na [bimáno, na] 形《動物》二手の
bímano, na [bímano, na] 形 名 =**bimano**
bimba [bímba] 女 ❶《口語》シルクハット〖=sombrero de copa〗. ❷《口語》〔こぶしによる〕殴打
bimbache [bimbátʃe] 形 名 エル・イエロ El Hierro 島の先住民〔の〕
bimbalete [bimbaléte] 男《メキシコ. 廃語》長い丸太
bimbape [bimbápe] 形 名 =**bimbache**
bimbral [bimbrál] 男 =**mimbreral**
bimbre [bímbre] 男 =**mimbre**
bimembre [bimémbre]〖←bi-+ラテン語 membrum〗形〔構成が〕2人の; 2つの
bimensual [bimenswál]〖←ラテン語 bi-（2度）+mensis「月」〗形 月2回の: revista ～ 月2回刊の雑誌
bimestral [bimestrál]〖←bimestre〗形 ❶ 2か月ごとの, 隔月の: publicación ～ 隔月刊. ❷ 2か月間の: cursillo ～ 2か月間の講習
bimestre [biméstre]〖←ラテン語 bi-（2度）+menstruus＝mensis「月」〗男 2か月; 2か月ごとの金額
── 形 2か月間の
bimetálico, ca [bimetáliko, ka] 形〔金銀〕複本位制の: patrón ～ 複本位制度
bimetalismo [bimetalísmo]〖←bi-+metal〗男《経済》〔金銀〕複本位制
bimetalista [bimetalísta] 形 名〔金銀〕複本位制の; 複本位制論の（論者）
bimilenario, ria [bimilenárjo, rja] 形 男 2千年の〔記念祭〕
bimotor [bimotór]〖←bi-+motor〗男《航空》双発機〖=avión ～〗
bina [bína] 女《農業》中耕
binación [binaθjón] 女《カトリック》〔一人の神父が〕一日に2度ミサをすること
binadera [binaðéra] 女〔除草用の〕引き鍬
binado [bunáðo] 男《農業》=**bina**
binador, ra [binaðór, ra] 形《農業》中耕用の; 中耕する人
binadura [binaðúra] 女《農業》=**bina**
binar [binár]〖←ラテン語 binus〗他《農業》中耕する
── 自《カトリック》〔一人の神父が〕一日にミサを2度行なう
binario, ria [binárjo, rja]〖←ラテン語 binarius ＜ bini「2つずつ」〗形 2つの; código ～ 2進コード. compás ～ 2拍子. estrella ～ria 連星
binarismo [binarísmo] 男《言語》2項対立論
binazón [binaθón] 女《農業》=**bina**
bincha [bíntʃa] 女《ペルー, ラプラタ》=**vincha**
bingo [bíŋgo]〖←英語〗男 ❶ ビンゴ〔ゲーム〕; その1等賞金: Después de la cena jugaron al ～. 夕食後彼らはビンゴをした ❷ ビンゴホール, ビンゴの遊戯場
── ❶〔的中して〕やった, 当たり! ❷〔怒り〕何ということだ!
binguero, ra [biŋgéro, ra] 名 ビンゴの参加者
binocular [binokulár] 形《光学》両眼〔用〕の: microscopio ～ 双眼顕微鏡
── 男〔主に 複〕双眼鏡
binóculo [binókulo] 男 ❶《古語》〔柄付きの〕両眼鏡. ❷《コロ

289

biográfico, ca

ンビア》複 双眼鏡
binominal [binominál] 形 ❶《数学》2項の. ❷《生物》二名の: nomenclatura ～ 二名法
binomio, mia [binómjo, mja] 形 男 ❶《数学》2項式〔の〕. ❷〔有名人などの〕二人組, コンビ
bínubo, ba [bínubo, ba] 形 名《法律》再婚した; 再婚者
binucleado, da [binukleáðo, ða] 形《生物》〔細胞などが〕核を2つ持つ, 二核の
binza [bínθa] 女 卵殻膜;〔玉ネギなどの〕薄皮
bio-《接頭辞》〔生〕biología 生物学, biografía 伝記
bioactivo, va [bjoaktíbo, ba] 形 生物（生体）に影響する
bioacumulativo, va [bjoakumulatíbo, ba] 形 生物濃縮性の, 生体内蓄積性の
bioacústica [bjoakústika] 女 生物音響学
bioagricultura [bjoaɣrikultúra] 女 有機農業, 自然農法
bioastronáutica [bjoastronáutika] 女 宇宙航空生物学
biobasura [bjobasúra] 女 生物廃棄物, 生ごみ
biobibliografía [bjobibljoɣrafía] 女 著者略伝付き文献目録
biocatalizador [bjokataliθaðór] 男《生物》生体触媒
biocenosis [bjoθenósis] 女《単複同形》《生物》生物共同体
biocenótico, ca [bjoθenótiko, ka] 形 生物共同体の
biochip [bjotʃíp]〖←英語〗男《電子》バイオチップ, 生体素子
biocida [bjoθíða] 形《薬学》殺生物性の; 殺生剤, バイオサイド
biocinética [bjoθinétika] 女 生物動力学
bioclástico, ca [bjoklástiko, ka] 形《地質》roca ～ca 生物砕屑岩
bioclimático, ca [bjoklimátiko, ka] 形 生物気候学の
bioclimatización [bjoklimatiθaθjón] 女 水の蒸発を利用した空気冷却
bioclimatología [bjoklimatoloxía] 女 生物気候学
biocombustible [bjokombustíble] 男 バイオ燃料
biocompatibilidad [bjokompatibiliðá(ð)] 女 生物学的適合性
biocompatible [bjokompatíble] 形 生物学的適合の
biodegradabilidad [bjoðeɣraðabiliðá(ð)] 女 生分解性
biodegradable [bjoðeɣraðáble] 形 生（生物）分解性の, 土に帰る: plástico ～ 生分解性プラスチック
biodegradar [bjoðeɣraðár] 他 生分解する
biodeterminismo [bjoðeterminísmo] 男 生物学的決定論
biodinámica [bjoðinámika] 女 生物動力学
biodisponibilidad [bjoðisponibiliðá(ð)] 女 生体利用効率
biodiversidad [bjoðibersiðá(ð)] 女 生物〔学的〕多様性
bioelectricidad [bjoelektriθiðá(ð)] 女 生体電気
bioeléctrico, ca [bjoeléktriko, ka] 形 生体電気の
bioelectromagnetismo [bjoelektromaɣnetísmo] 男 生体電磁気〔学〕
bioelectrónica [bjoelektrónika] 女 生物（生体）電子工学, バイオエレクトロニクス
bioelemento [bjoeleménto] 男《生物》生〔体〕元素
bioenergética [bjoenerxétika] 女 生物エネルギー学（論）
bioensayo [bjoensájo] 男 生物検定, バイオアッセイ
bioequivalente [bjoekibalénte] 形 生物学的に同等な
bioestadística [bjoestaðística] 女 生物統計学
bioestratigrafía [bjoestratiɣrafía] 女《地質》生層位学
bioetanol [bjoetanól] 男《化学》バイオエタノール
bioética [bjoétika] 女 生命倫理, バイオエシックス
biofacies [bjofáθjes] 女《単複同形》《地質》化石相
biofeedback [bjofíðbak]〖←英語〗男 バイオフィードバック, 生体自己制御
biofísico, ca [bjofísiko, ka] 形 生物物理学〔の〕
biogás [bjoɣás] 男 バイオガス, 生物燃料
biogénesis [bjoxénesis] 女《単複同形》《生物》生物発生説
biogenético, ca [bjoxenétiko, ka] 形 遺伝子工学の
biogénico, ca [bjoxéniko, ka] 形 生命維持に不可欠な, 生命活動に必要な
biógeno, na [bjóxeno, na] 形 生命を作る, 生命創造の
biogeografía [bjoxeoɣrafía] 女 生物地理学
biografía [bjoɣrafía]〖←bio-+ギリシア語 grapho「私は書く, 描く」〗女 伝記: ～ de Cristóbal Colón コロンブスの伝記
biografiado, da [bjoɣrafjáðo, ða] 形 名 伝記に書かれている人
biografiar [bjoɣrafjár] 11 他 …の伝記を書く
biográfico, ca [bjoɣráfiko, ka] 形〖←biografía〗形 ❶ 伝記〔風〕

の. ❷ apuntes ~s 人名注. diccionario ~ 人名辞典
biógrafo, fa [bjóɣrafo, fa]《←biografía》图 伝記作家(作者)
　―― 男《南米. 古語》映画館
bioindicador [bjoindikaðór] 男 環境指標生物
bioindustria [bjoindústrja] 囡 バイオ産業, バイオインダストリー
bioinformática [bjoinfɔrmátika] 囡 生物情報学, バイオインフォマティクス
bioingeniería [bjoinxenjería] 囡 生物工学
biología [bjoloxía]《←bio-+ギリシャ語 logos「専門書」》囡 生物学: ~ del desarrollo 発生生物学. ~ marina 海洋生物学. ~ molecular 分子生物学
biológicamente [bjolóxikaménte] 副 生物学的に
biológico, ca [bjolóxiko, ka] 形 ❶ 生物学の: arma ~ca 生物兵器. ciencias ~cas 生命科学. guerra ~ca 生物戦, 細菌戦. material ~《化学》バイオマテリアル. química ~ca 生化学, 生物化学. ❷ madre ~ 産みの母, 実母. padre ~ 実の父親
　―― 男 生物製剤
biologismo [bjoloxísmo] 男 生物学主義
biologizar [bjoloxiθár] 他 生物学的にする
biólogo, ga [bjólogo, ga] 图 生物学者
bioluminiscencia [bjoluminisθénθja] 囡《生物》生物発光
bioluminiscente [bjoluminisθénte] 形 生物発光の
bioma [bjóma] 男《生物》バイオーム, 生物群系
biomagnetismo [bjomagnetísmo] 男《生物》生体磁気
biomasa [bjomása] 囡《生物》生物(体)量, バイオマス
biomateria [biomatérja] 囡 =biomaterial
biomaterial [biomaterjál] 男《医学》❶ 生体適合性物質(材料). ❷《化学》バイオマテリアル
biombo [bjómbo]《←日本語》男 屏風(びょう), ついたて: poner un ~ ついたてを立てる
biomecánica [bjomekánika] 囡 生物力学
biomedicina [bjomeðiθína] 囡 生物医学『環境に対する生存能力などを扱う』
biomédico, ca [bjoméðiko, ka] 形 生物医学の
　―― 男 生物医学《=biomedicina》
biometría [bjometría] 囡 ❶ 生物統計(測定)学. ❷《情報》生体認証
biométrico, ca [bjométriko, ka] 形 ❶ 生物統計(測定)学の. ❷《情報》生体認証の
biomimesis [bjomimésis] 囡 生体模倣工学
biomonitor [bjomonitór] 男 バイオモニター
biomórfico, ca [bjomórfiko, ka] 形 生物形の
biónico, ca [bjóniko, ka] 形 囡 生体工学(の), バイオニクス(の)
bionomía [bjonomía] 囡 生物機能学, 生法則
bioordenador [bj(o)ɔrðenaðór] 男《情報》バイオコンピュータ
biopic [bjópik]《←英語》男/囡《圏 ~s》伝記映画
biopolímero [bjopolímero] 男《生物》バイオポリマー, 生重合体, 生物高分子
bioprótesis [bjoprótesis] 囡《単複同形》バイオ人工器官
biopsia [bjó(p)sja]《←bio-+ギリシア語 opsomai「私は見る」》囡《医学》生検, バイオプシー
biopsiar [bjo(p)sjár] 他《医学》生検を行なう, 切り取って調べる
biópsico, ca [bjó(p)siko, ka] 他《医学》生検の
bioquímica¹ [bjokímika]《←bio-+química》囡 生化学
bioquímico, ca² [bjokímiko, ka] 形 生化学の; 生化学者
biorriesgo [bjorjésɣo] 男 バイオハザード
biorritmo [bjořítmo] 男 バイオリズム
bioscopia [bjoskópja] 囡《医学》生死鑑定
bioscopio [bjoskópjo] 男《映画》バイオスコープ
biosensor [bjosensór] 男《医学》バイオセンサー
biosfera [bjosféra] 囡《生物》生物圏, 生活圏
biosíntesis [bjosíntesis] 囡《単複同形》《生物》生合成
biosintético, ca [bjosintétiko, ka] 形 生合成の
biosistema [bjosistéma] 囡 =ecosistema
biosocial [bjosoθjál] 形 生物社会の
biosociología [bjosoθjoloxía] 囡 生物社会学
biostática [bjostátika] 囡 生物静力学
biostroma [bjostróma] 男《地質》層状生礁, バイオストローム
biota [bjóta] 囡 生物相, バイオタ
biotecnología [bjoteknoloxía] 囡 バイオテクノロジー, 生物工学

biotecnológico, ca [bjoteknolóxiko, ka] 形 バイオテクノロジーの
biotecnólogo, ga [bjoteknólogo, ga] 图 生物工学研究(技術)者, バイオテクノロジスト
bioterapia [bjoterápja] 囡《医学》生物療法
bioterrorismo [bjoteřorísmo] 男 バイオテロリズム
bioterrorista [bjoteřorísta] 形 图 バイオテロリスト(の)
biótico, ca [bjótiko, ka] 形 生物の, 生命の: factor ~ 生物的因子
biotina [bjotína] 囡《生化》ビオチン
biotípico, ca [bjotípiko, ka] 形 生物型の
biotipo [bjotípo] 男《生物》生物型
biotipología [bjotipoloxía] 囡 類型学
biotipológico, ca [bjotipolóxiko, ka] 形 類型学の
biotita [bjotíta] 囡《鉱物》黒雲母
biotopo [bjotópo] 男《生物》小生活圏, ビオトープ
biotropismo [bjotropísmo] 男《生物》生物向性
bioturbación [bjoturbaθjón] 囡《生物》バイオターベーション
biovular [bjobulár] 形《生物》二軸式の
bióxido [bjó(k)siðo] 男《化学》二酸化物: ~ de carbono 二酸化炭素
Bioy Casares [bjói kasáres]《人名》**Adolfo** ~ アドルフォ・ビオイ・カサレス『1914〜99, アルゼンチンの小説家. 明晰でありながら難解な文体, 巧緻をきわめたプロットで数多くの短編・小説を書き, ボルヘス Borges とともにアルゼンチンを代表する作家. 小説『モレルの発明』La invención de Morel, 『脱獄計画』Plan de evasión. セルバンテス賞受賞』
biozona [bjoθóna] 囡《地質》生存帯
bip [bíp] 男《圏 ~s》[信号音] ピッ, ピーッ
biparietal [biparjetál] 形《解剖》二頭頂骨の
bíparo, ra [bíparo, ra] 形《動物》ふたごを産む, 双胎の;《植物》二生の, 二軸名
bipartición [bipartiθjón] 囡 二分化, 二分裂
bipartidismo [bipartiðísmo] 男《←bi-+partido》二大政党制
bipartidista [bipartiðísta] 形 二大政党の
bipartido, da [bipartíðo, ða] 形 =bipartito
bipartir [bipartír] 他 二分割する
bipartito, ta [bipartíto, ta] 形 2つの部分から成る: acuerdo ~ 二党間の協定. hoja ~ta《植物》二裂葉
bipedación [bipeðaθjón] 囡 =bipedalismo
bipedalismo [bipeðalísmo] 男《人類学》直立二足歩行
bípede [bípeðe] 形 =bípedo
bipedestación [bipeðestaθjón] 囡 =bipedismo
bipedismo [bipeðísmo] 男《生物》二足性
bípedo, da [bípeðo, ða]《←ラテン語 bipes, -edis < bi- (2度)+pes, pedis「足」》形 二足の[動物]: El hombre es un animal ~. ヒトは二足動物である
bipenne [bipénne] 囡《考古》両面加工の斧
bipinnado, da [bipinnáðo, ða] 形《植物》hoja ~da 二回羽状葉
biplano [bipláno]《←bi-+plano》男《航空》複葉機『=avión ~』
biplaza [bipláθa]《←bi-+plaza》形 複座式の, 二人乗りの;《航空》複座機
bípode [bípoðe] 男 二脚の台
bipolar [bipolár] 形《物理, 数学》二極の;《電気》バイポーラの;《政治》二極化した
bipolaridad [bipolariðá(d)] 囡 二極性: ~ americano-soviético《歴史》米ソ二極構造
bipolarización [bipolariθaθjón] 囡 二極化, 二極分化
biquini [bikíni] 男 =bikini
biraró [biraró] 男《植物》ジャケツイバラの一種『学名 Pterogine nitens』
birdie [bérði]《←英語》男《ゴルフ》バーディー
BIRF [bírf] 男《略語》←Banco Internacional de Reconstrucción y Fomento 国際復興開発銀行, 世銀
birgasote [birgasóte]《カナリア諸島》=bergasote
biribís [biribís] 男 =bisbís
biricú [birikú] 男《圏 ~es》剣を下げるベルト
birijí [birixí] 男《植物》エゾノウワミズザクラ
birimbao [birimbáo]《←擬声》男《音楽》ジューズハープ, 口琴
birla [bírla] 囡《アラゴン》[ボウリングの] ピン《=bolo》
birlar [birlár]《←古語 birlo「ピン」< 古独語 bilckil「指, 小骨」》他

❶《西. 口語》[主に安い物を] かっぱらう, くすねる; だまし取る: Me **han birlado** la cartera en el metro. 私は地下鉄で財布をすられた. Le **birló** la novia. 彼は恋人を取られた. ❷[九柱戯で球を] 2度目に投げる. ❸《口語》一撃で殺す(倒す)
birle [bírle] 男《口語》かっぱらい《行為》
birlí [birlí] 男《←es》《印刷》ページの下の余白部分; 印刷業者が余白で得る得
birlibirloque [birlibirlóke]《←擬態》*por arte de* ~ まるで手品《魔法》のように
birlocha [birlótθa] 女《地方語》凧《=cometa》
birloche [birlótθe] 男 =**birlocho**
birlocho [birlótʃo] 男《四輪四人乗りの》バルーシュ型馬車
birlongo, ga [birlóŋgo, ga] 形《隠語》破廉恥な, 恥知らずな
—— 女《トランプ》オンブレ tresillo に似たゲーム
a la ~*ga* 1) ぞんざいに, おろそかに. 2)《古語》だらしない身なりで
birmano, na [birmáno, na] 形 名 ビルマ Birmania の〔人〕《ミャンマー Myanmar の旧称》: gato ~《猫》バーマン《シャム猫に似ているが長毛で足先が白い》
—— 男 ❶ ビルマ語. ❷《隠語》[性交の前の] 性的なマッサージ
birome [biróme] 女《アルゼンチン, ウルグアイ》ボールペン《=bolígrafo》
birondango [birɔndáŋgo] *de* ~《エストレマドゥラ. 料理》[スープが] トマト・トウガラシ・肉などの入った
birra [bířa] 女《←イ語》《若者語》ビール《=cerveza》
birradicular [biřaðikulár]《歯学》双根の
birreactor [biřeaktór] 男 双発ジェット機
birrectángulo [biřektáŋgulo] 形 2つの直角のある
birrefringencia [biřefriŋxénθja] 女《光学》複屈折
birrefringente [biřefriŋxénte] 形《光学》複屈折の
birreme [biřéme]《←ラテン語 biremis, -is》女《船舶》[古代の] 二段櫂船
birreta [biřéta]《←birrete》女《聖職者の》四角帽子, ビレタ: recibir la ~ 枢機卿になる. ~ cardenalicia 枢機卿帽《枢機卿の叙任式で教皇から与えられる赤い帽子》
birrete [biřéte]《←古オク語 birret《帽子》》男 ❶ =**birreta**: ~ cardenalicio 枢機卿帽. ❷ [大学教授・裁判官などの儀式用の, 角毛皮の] 縁なし帽子. ❸ 縁なし帽子
birretina [biřetína] 女 ❶ 小さな帽子. ❷《騎兵の》バスビー帽
birria [bířja]《←?俗ラテン語 verrea <ラテン語 verres「種豚, 怒り, 気まぐれ」》女 ❶《西, メキシコ. 口語》価値のないもの《人》: Esa película es una ~. その映画はくだらない. ❷《中南米》《祭りで》踊り手たちの前に出て踊る人. ❸《中南米》わがまま, 強情. ❹《メキシコ. 料理》チリソースをつけたヤギ肉
birrioso, sa [biřjoso, sa] 形《西》質の悪い, 出来のよくない
birrocha [biřɔtʃa] 形《地方語》年を取った独身女〔の〕
birrotor [biřotór] 形《航空》回転翼が2つある
biruje [birúxe] 男《地方語》寒風
biruji [birúxi] 男《口語》寒風, 寒さ
bis [bis] 形《←ラテン語 bis「2回」》❶《同一番号内の区別》…の 2: Calle de Ocaña, 35 ~. オカニャ通り 35番地の 2. ❷ 繰り返して;《音楽》リフレインして
—— 男《単複同形》アンコール: ¡Bis! アンコール! El público aplaudía pidiendo un ~ del cantante. 聴衆は歌手のアンコールを要求してしきりに拍手していた
bis-《接頭辞》[二・重] *bis*nieto 曾孫
bisa [bísa] 女《隠語. 軍事》兵役終了まで3か月未満の兵士《=bisabuelo》
bisabuelo, la [bisaβwélo, la]《←bis-+abuelo》名 曾祖父, 曾祖母
—— 男《隠語. 軍事》兵役終了まで3か月未満の兵士
bisagra [biságra] 女《←?語源》❶ ちょうつがい: ~ cubrejunta ストラップヒンジ
—— 男《政治》キャスティングボートを握っている政党《=partido ~》
bisagrismo [biságrísmo] 男《政治》[ある政党に] キャスティングボートを握られていること〔状況〕
bisalto [bisálto] 男《ナバラ, ログローニョ; 南米》エンドウ《マメ》《=guisante》
bisanual [bisanwál] 形《まれ. 植物》二年生の《=bienal》
bisanuo, nua [bisánwo, nwa] 形《まれ. 植物》=**bisanual**
bisar [bisár] 他 [観客の求めに応じて曲・演技などを] 繰り返す,

アンコールをする
bisayo, ya [bisájo, ja] 形 名《**bisaya** で男女同形もある》《地名》ビサヤス Bisayas の〔人〕《フィリピン中部の島》
—— 男 そこの地方語
bisbalense [bisβalénse] 形 名《地名》ラ・ビスバル La Bisbal の〔人〕《ヘロナ県の町》
bisbís [bisβís]《←擬声》男《古語》ルーレットに似たゲーム; その盤
bisbisar [bisβisár] 他《まれ》=**bisbisear**
bisbisear [bisβisár]《←bisbís》他《口語》よく聞き取れないことを言う, つぶやく
bisbiseo [bisβiséo] 男 ささやき, つぶやき
bisbita [bisβíta] 女《鳥》arbóreo ヨーロッパビンズイ. ~ campestre ムジタヒバリ. ~ común マキバタヒバリ. ~ costero (ribereño・alpino) タヒバリ
biscar [biskár] 他《地方語》=**bizcar**
biscocho [biskótʃo] 男 =**bizcocho**
biscote [biskóte] 男《←仏語》《西. 料理》[長期保存用の] カリカリに焼いたトーストパン
biscotte [biskóte] 男 =**biscote**
biscuit [biskwí]《←仏語》《複 ~s》❶《西. 菓子》[乳脂肪分の多い] アイスクリーム《~ glacé》. 2) スポンジケーキ《=bizcocho》. ❷《製陶》ビスク焼き
biscúter [biskúter]《←商標》男《古語的》2人乗りの小型軽乗用車
Bis dat qui cito dat [bis dat ki θíto dat]《←ラテン語》速やかに与える者は倍与える
bisecar [bisekár] 7 他《幾何》二等分する
bisección [bise(k)θjón] 女《幾何》二等分
bisector, triz [bisektór, tríθ] 形《幾何》[面・線を] 二等分する
—— 男 二等分面
—— 女 二等分線
bisel [bisél]《←古仏語》男 斜断面, 面〔取り〕: tallar en ~ 斜めに切る
biselado [biseláðo] 男 ❶ 斜断, 面取り. ❷《コロンビア. 自動車》クロムめっきの外装
biselar [biselár]《←bisel》他 斜断する, 面取りをする
bisemanal [bisemanál]《←bi-+semanal》形 週に2回の
bisemanario, ria [bisemanárjo, rja] 形《雑誌が》週に2回発行の
bisex [bisé(k)s] 形《単複同形》バイセクシュアルの《=bisexual》
bisexual [bise(k)swál] 形 ❶《生物》両性の, 雌雄同体の. ❷ 両性に性欲を感じる, バイセクシュアルの
bisexualidad [bise(k)swaliðá(ð)] 女 ❶ バイセクシュアル. ❷《生物》両性, 雌雄同体
bisexualísmo [bise(k)swalísmo] 男 バイセクシュアル《=bisexualidad》
bisiesto [bisjésto]《←ラテン語 bisextus》男 うるう年《=año ~》
bisilábico, ca [bisilábiko, ka] 形 =**bisílabo**
bisílabo, ba [bisílabo, ba] 形《言語》palabra ~ba 2音節語
bisimétrico, ca [bisimétriko, ka] 形 左右相称の
bisindicalismo [bisindikalísmo] 男《政治》二大労働組合制
bisinosis [bisinósis] 女《医学》綿埃による塵肺
bismalito [bismalíto] 男《地質》ビスマリス
bismutina [bismutína] 女《鉱物》ビスマスチン
bismutinita [bismutiníta] 女《鉱物》輝ビスマス鉱, 輝蒼鉛鉱
bismutita [bismutíta] 女《鉱物》泡蒼鉛鉱
bismuto [bismúto] 男《元素》ビスマス
bisne [bísne] 男《中米. 口語》闇市場の取引
bisnes [bísnes] 男《単複同形》《俗語》[麻薬売買などの] ビジネス, 商売
bisnieto, ta [bisnjéto, ta] 名 =**biznieto**
biso [bíso] 男《動物》[貝などの] 足糸
bisojo, ja [bisóxo, xa]《←bis-+ojo》形《軽蔑》やぶにらみの〔人〕《=bizco》
bisonte [bisónte]《←ラテン語 bison, -ontis <ギリシア語 bison, onos「野生の牛」》男《動物》バイソン, 野牛: ~ americano アメリカバイソン. ~ europeo ヨーロッパバイソン
bisoñada [bisoɲáða] 女 経験のない人の言行
bisoñé [bisoɲé]《←仏語 besogneux》男《前髪用の》かつら
bisoñería [bisoɲería] 女 =**bisoñada**
bisoñez [bisoɲéθ] 女 新兵〔新人〕であること
bisoño, ña [bisóɲo, ɲa]《←伊語 bisogno「必要性」》形 名 新兵〔の〕;《口語》新人〔の〕, 新米〔の〕

bispo [bíspo] 男《料理》[アラゴン産の] 骨付きのあばら肉で作るソーセージ

bispón [bispón] 男《刀鍛冶が使う》巻いたオイルクロス

bisque [bíske] 女《料理》ビスク《魚介類のスープ》

bisté [bisté] 男 =**bistec**

bistec [bisté(k)]《←英語 beefsteak》男《複 ~s》《料理》ビーフステーキ: ~ poco (medio・bien) hecho レア《ミディアム・ウェルダン》. ~ ruso ハンバーグ《=hamburguesa》. ~ alemán《チリ》タルタルステーキ

bistorta [bistórta] 女《植物》イブキトラノオ

bistre [bístre] 男 ❶《美術》ビスタ《煤を混ぜて作った暗褐色の絵の具》. ❷《まれ》暗褐色

bistrecha [bistrétʃa] 女《アラゴン》前払い; [代訴人への] 前払い金

bistro [bistró]《←仏語》男《複 ~s》ビストロ

bistrot [bistró] 男《複 ~s》=**bistro**

bisturí [bisturí]《←仏語 bistouri》男《複 ~[e]s》《医学》メス: meter el ~ a... …にメスを入れる《比喩的にも》

bisulco, ca [bisúlko, ka] 形《動物》割れた蹄の《=fisípedo》

bisulfato [bisulfáto] 男《化学》重硫酸塩

bisulfito [bisulfíto] 男《化学》亜硫酸水素塩

bisulfuro [bisulfúro] 男《化学》二硫化物

bisunto, ta [bisúnto, ta] 形 汚れた, 脂ぎった

bisurco, ca [bisúrko, ka] 形《農業》[犂が] 2条用の

bisutería [busutería]《←仏語 bijouterie < bijou「宝石」》女 ❶《集名》《模造宝石・金属細工などの》装身具,《アクセサリー: mujer cargada de ~ アクセサリーを付けた女性. ❷ 装身具店

bisutero, ra [bisutéro, ra] 名 ❶ 装身具を売る人. ❷ じゃらじゃらしたアクセサリーを身につけるのが好きな[人]

bit [bit]《←英語》男《複 ~[e]s》《情報》ビット: mapa de ~s ビットマップ. ~ de parada ストップビット. ~ de paridad イーブンパリティビット

bita [bíta]《←仏語 bitte》女《船舶》繋柱(ぎちゅう), ビット

bitácora [bitákora]《←ラテン語 habitaculum「住居」》女 ❶《船舶》羅針盤箱: cuaderno de ~ 航海日誌. ❷《情報》~ digital ブログ《=blog》. ~ en línea ブログサービス

bitadura [bitadúra]《←bita》女《船舶》錨鎖

bitango [bitángo] 男 pájaro ~ 凧《=cometa》

bitar [bitár] 他《錨鎖などを》繋柱に巻き付ける

bitensión [bitensjón]《単複同形》《電気》二電圧対応式の

bíter [bíter]《←英語 bitter》男《単複同形》《複 ~s》《酒》ビター

bitínico, ca [bitíniko, ka] 形 =**bitinio**

bitinio, nia [bitínjo, nja] 形《歴史, 国名》[小アジア北東部の] ビテニア Bitinia の(人)

bitonal [bitonál] 形《音楽》複調の

bitonalidad [bitonalidá(d)] 女《音楽》複調性

bitongo, ga [bitóngo, ga] 名《口語》幼さが抜けていない[子], 子供っぽい[若者]; ばかな[若者]

bitoque [bitóke]《←?語源》男 ❶[樽の] 栓口, 樽口. ❷ ojos de ~ 斜視.《メキシコ, コロンビア, チリ》蛇口, コック. ❹《メキシコ, アンデス》カニューレ《=cánula》

bitor [bitór] 男《鳥》ハタケイナ

bitroque [bitróke] 男《地方語》=**bizco**

bitter [bíter] 男 =**bíter**

bitubulado, da [bitubuládo, ða] 形 二管式の

bituminoso, sa [bituminóso, sa] 形《動物》瀝青(れきせい)[質]の

biturón [bitúron] 男《地方語》[川でのサケ漁などの] 投網漁法

biunívoco, ca [bjuníβoko, ka] 形《数学, 言語》[対応が] 一対一の

biuret [bjurét] 男《化学》ビウレット

biurro [bjúřo] 男《米国》クローク《=guardarropa》

bivalencia [biβalénθja] 女 ❶《化学》二価. ❷《口語》相反すること

bivalente [biβalénte]《←bi-+valencia》形 ❶《化学》二価の. ❷《口語》相反する

bivalvo, va [biβálβo, ba] 形《動物》二枚貝[の]

bivio [bíβjo]《まれ》《道》の分岐点

bivitelino, na [biβitelíno, na] 形《生物》二卵性の

bixáceo, a [bi(k)sáθeo, a] 形《植物》ベニノキ科の —— 女《植物》ベニノキ科

bixales [bi(k)sáles] 男《複》《植物》ベニノキ属

bixíneo, a [bi(k)síneo, a] 形 =**bixáceo**

biyectivo, va [bijektíβo, ba] 形《数学》全単射の, 双射の: función ~va 全単射, 双射

biz-《接頭辞》[二・重] *biz*nieto 曾孫

biza [bíθa] 女《魚》カツオ《=bonito》

bizantinismo [biθantinísmo] 男 ❶ ビザンチン流儀, ビザンチン性. ❷ ビザンチン風議論[癖], 瑣末的(無益)な議論. ❸ 行き過ぎたぜいたく;《芸術における》装飾過多

bizantinizante [biθantiniθánte] 形 ビザンチン風の

bizantinizar [biθantiniθár] 自 他 ビザンチン様式にする; ビザンチン論争的にする

bizantino, na [biθantíno, na] 形 名 ❶《歴史, 地名》ビザンティウム Bizancio の(人)《ビザンチン帝国の首都. 現在のイスタンブール》. ❷.《歴史, 国名》ビザンツ(ビザンチン)帝国 imperio bizantino の(人)《東ローマ帝国の別名》. 形 ❸ ビザンチン様式 estilo bizantino の. ❹《議論が》本筋を見失った, 瑣末な, 無駄な: controversias ~nas ビザンチン論争. tener una discusión ~na 小田原評定をする. ❺《文学》novela ~na ビザンチン風物語《16〜17世紀にヨーロッパで人気を博した波瀾万丈の冒険恋愛小説》. ❻《キリスト教》東方正教会の

bizarramente [biθářaménte] 副《文語》勇敢に, さっそうと

bizarrear [biθařeár] 自《文語》勇敢さを誇示する

bizarría [biθařía] 女《文語》勇敢さ

bizarro, rra [biθářo, řa]《←伊語 bizarro「怒りっぽい, 激怒した」》形 ❶ 勇敢な, さっそうとした: militar ~ 勇敢な戦士. ❷《まれ》風変わりな: personaje ~ 変人

bizarrón [biθařón] 男 大型のろうそく立て

bizaza [biθáθa] 女 革製の鞍かばん

bizbirindo, da [biθβiríndo, da] 形《メキシコ》生き生きとした

bizcaitarra [biθkajtářa] 形 名《古語的》バスク独立を支持する(支持者)

bizcaitarrismo [biθkajtařísmo] 男《古語的》バスク独立運動

bizcar [biθkár] 自《まれ》=**bizquear**

bizco, ca [bíθko, ka]《←俗ラテン語 versicus「それた, ねじれた」》形 斜視の[人];《軽蔑》やぶにらみの — dejar ~ a+人《口語》…を唖然とさせる — quedarse ~《口語》唖然とする, あっけにとられる

bizcochada [biθkotʃáða] 女 ❶ スポンジケーキ bizcocho に卵・牛乳をしみこませ冷やした菓子. ❷ 真ん中に切れ目の入った小型のフランスパン. ❸ 堅パン bizcocho 入りのクリームスープ

bizcochar [biθkotʃár] 他 ❶《製陶》素焼きにする. ❷[パンを] 保存用に2度焼く

bizcochera[1] [biθkotʃéra] 女 ケーキ用の箱

bizcochería [biθkotʃería] 女《メキシコ, コロンビア》ケーキ店

bizcochero, ra[2] [biθkotʃéro, ra] 形 ケーキ店の —— 名 ケーキ職人, ケーキ店員

bizcocho[1] [biθkótʃo]《←古語 biscocho < ラテン語 bis coctus「2度焼きした」》男 ❶《菓子》スポンジケーキ: ~ borracho サバラン, ババ. ~ de soletilla《西》[靴底の形をした] 小型のスポンジケーキ. ❷ 堅パン《イースト菌を使わない保存用のパン》. ❸ 素焼きの陶器. ❹《チリ》菱形. ❺《ウルグアイ》菓子パン《=bollo》—— embarcarse con poco ~ 十分な準備をせずに事を始める

bizcocho[2]**, cha** [biθkótʃo, tʃa] 形《メキシコ, ラプラタ, 口語》斜視の《=bizco》

bizcochuelo [biθkotʃwélo] 男《ペルー, ボリビア, チリ, アルゼンチン, ウルグアイ》スポンジケーキ

bizcoreto, ta [biθkoréto, ta] 形《ホンジュラス》=**bizco**

bizcorneado, da [biθkorneáðo, ða] 形《キューバ》=**bizco**

bizcornear [biθkorneár] 自《キューバ》=**bizquear**

bizcorneto, ta [biθkornéto, ta] 形《メキシコ, コロンビア, ベネズエラ, 口語》=**bizco**

bizcotela [biθkotéla] 女《菓子》ラスク

bizkaitarra [biθkajtářa] 形《古語的》=**bizcaitarra**

bizkaitarrismo [biθkajtařísmo] 男《古語的》=**bizcaitarrismo**

bizma [bíθma] 女《古語》膏薬, 貼り薬

bizmar [biθmár] 他 [人に] 膏薬 bizma を貼る

bizna [bíθna] 女 クルミの実の果肉を分ける薄い膜

biznaga [biθnáɣa] 女 ❶《植物》ビシナガ《セリ科;《地方語》その枝から作った楊枝. ❷《アンダルシア》ジャスミンの球形の花束. ❸《メキシコ, 植物》紫粉城, カルメン玉《球状のサボテン. 学名 Ferocactus hematocanthus》

biznagal [biθnaɣál] 男 イトバドクゼリモドキの群生地

biznaguero, ra [biθnaɣéro, ra] 名《アンダルシア》ジャスミンの花束 biznaga 売り

biznieto, ta [biznjéto, ta] 图 曾孫
bizqueante [biθkeánte] 形 斜視の; 寄り目をする
bizquear [biθkeár] [←bizco] 自 斜視である; 寄り目をする
── un ojo 寄り目をする
bizqueo [biθkéo] 男 寄り目をすること
bizquera [biθkéra] [←bizco] 女 斜視 [=estrabismo]
bla-bla-bla [blablablá] 男《口語》絶え間ない無内容なおしゃべり
black [blák] 男《英》~s =black-bass
black-bass [blákbas] [←英語] 男複同形《魚》ブラックバス
blackjack [blákjak] [←英語] 男《英》~s《トランプ》ブラックジャック, トゥエンティワン
blackout [blákaut] [←英語] 男 報道管制
blanca[1] [blánka] [←blanco] 女 ❶《音楽》2分音符. ❷《歴史》ブランカ《カスティーリャ王国の貨幣 Vellón の通称》. ❸《ドミノ》[札の] 点数が表示されていない面: ── doble 両面とも点数が表示されていない札. ❹《チェス》白の駒; 白の持ち手《←negras》: jugar con las ~s 白を持つ. ❺《隠語》コカイン. ❻《口語・軍事》[la+]軍隊手帳
dejar sin ~《西. 口語》一文なしにする
estar (quedarse) sin ~ / no tener ~《西. 口語》無一文である: *Estoy sin ~, ¿me invitas a un café?* 文なしなんだ. コーヒーおごってくれる?
blancarte [blaŋkárte] 男《鉱物》脈石
blancazo, za [blaŋkáθo, θa] 形《口語》白っぽい [=blanquecino]
blanco, ca[2] [bláŋko, ka] [←ゲルマン語 blank「輝く」] 形 ❶ 白い, 白色の: Es tan ~*ca*, tu piel, como la nieve. 君の肌は雪のように白い. Juraría que lo negro es ~ con tal de proteger a ti. 君を守るになるなら彼は黒を白と誓うだろう. ── como la leche 乳白色の. cabello ~ 白髪. manos ~*cas* 白い手. nubes ~*cas* 白い雲. ❷ 空白の; 無色の: página ~*ca* 空白のページ. ❸ [血の気が失せて] 青白い, 白い, 青ざめた: el alma ~*ca* y resplandeciente 清く輝く魂. ❹ 白人(の); 肌の白い: Australia ~*ca*/política ~*ca* australiana 白豪主義. supremacía ~*ca*/supremacismo ~ 白人至上主義. ~ pobre プアホワイト, 貧乏な白人. ❺《スポーツ》1) 雪の: deporte ~ 雪上スポーツ. 2) チームカラーが白の; [特に] レアルマドリード・フットボールクラブの[選手]. ❻《口語》前科のない. ❼《口語》臆病な〔人〕, 臆病者の〔人〕; 臆病な, 腰抜けの〔人〕. ❽《音楽》[子供の声が]響きの悪い. ❾《古語的》反革命派の, 保守派の: Movimiento (Ejército) B~ [ロシア革命時の]白軍. rusos ~s 白系ロシア人.
como de lo ~ a lo negro 全く異なった, 正反対の
no distinguir lo ~ de lo negro《口語》愚か・無知で右も左も分からない, 何も理解していない
── 男 ❶ 白色: El ~ es el color de la pureza. 白は純粋を表わす色だ. televisión (foto) en ~ y negro 白黒テレビ〔写真〕. ~ inmaculado (puro) 純白. ~ y negro《飲料》コーヒーフロート. ~ de ballena 鯨蠟(ろう). ❷ 白いもの, 白い部分: ~ de cinc 亜鉛華, 酸化亜鉛, 亜鉛白. ~ de España《壁に塗る》白色塗料, 亜鉛. ~ de la uña〔爪の〕半月, 小爪. ~ del ojo 白眼の部分, 白目, 鞏膜(きょうまく). ~ de plomo 白鉛, 炭酸鉛. ❸ 白ワイン: Deme ~, por favor. 白ワインを下さい. ❹[動物の毛の]白斑(はん). ❺ 空白, 余白, 余地; 空欄, 記入欄: Todavía quedan algunos ~s en esta ficha de inscripción. この申込書にはまだいくつか空欄が残っている. ❻ 的, 標的, ターゲット: Apuntó al ~. 彼は的を狙った. hacer ~ de su ataque a... …を攻撃の的にする. avión ~ 無人標的機. ❼ 目標, 目的. ❽[演劇]幕間. ❾《チェス》[el+]《白の持ち手》《←*negro*》. ❿《ウルグアイ》複 ブランコ党 [→**Partido** Nacional]
calentar al ~[金属を]白熱させる
dar en el ~[原因・解決法などを]発見する
en ~ 1) 何も書かずに, 白紙で; 何も書かれていない, 空欄の・に: Entregué el examen en ~. 私は答案を白紙で出した. Dejen en ~ esas partes si no saben las respuestas. 答えが分からないところの部分には何も書かないで下さい. rellenar los espacios en ~ 空欄を埋める. votar en ~ 白票を投じる. voto en ~ 白票. 2) 無為に, 不毛の: He pasado las horas en ~. 私にとって無駄な時間だった. 3) 寝ずに, 不眠で: Pasaron la noche en ~. 彼らは徹夜した. 4) 何も分からずに, 無知のまま; 何も分からない: Está en ~. 彼は何も分からない.

い. tener la mente en ~ 何も理解できずにいる, 頭の中が真っ白である. 5) 失望した. 6)〔剣が〕抜き身の. 7)《テニス》juego en ~ ラブゲーム. set en ~ ラブセット
firmar... en ~ 1)[小切手を]白地式にする. 2) 白紙委任する
hacer ~《口語》標的に命中する; 言い当てる
parecerse en el ~ de los ojos[2人が]似ても似つかない, 全く共通点がない
pasar en ~ 触れないでおく, 大目に見る; 無視する
ponerse (quedarse) en ~ 何が何だか分からなくなる; 落胆する: *Se quedó en ~ al oírlo.* 彼はそれを聞いて頭の中が真っ白になった
ser el ~ de... …の的である: *Fue el ~ de todas las miradas.* 彼はみんなの注目の的になった. *ser el ~ de las burlas* 物笑いの種である
Blanco Encalada [bláŋko eŋkaláða]《人名》**Manuel** ~ マヌエル・ブランコ・エンカラダ《1790～1876, チリの海軍軍人・政治家》
Blanco Fombona [bláŋko fɔmbóna]《人名》**Rufino** ~ ルフィノ・ブランコ・フォンボナ《1874～1944, ベネズエラの詩人・作家・政治家. 近代派の詩人ルベン・ダリーオ Rubén Darío の影響を受けている》
blanconazo, za [blaŋkonáθo, θa] 形《キューバ》[ムラートの混血の度合いが] 白人により近い
blancor [blaŋkór] 男《文語》白さ [=blancura]
blancote [blaŋkóte] 形《blanco の示大語》[肌が] 色白の
Blanco White [bláŋko (g)wájt]《人名》**José María** ~ ホセ・マリア・ブランコ・ホワイト《1775～1841, スペインの詩人・作家. 本名 José María Blanco y Crespo. スペイン独立戦争に際してイギリスへ亡命. 英語でも執筆した. 批判的な視点でスペインを素描した『スペインからの手紙 *Letters from Spain*』
blancuchento, ta [blaŋkutʃénto, ta] 形《チリ. 軽蔑》青白い; くすんだ白色の
blancura [blaŋkúra] [←blanco] 女 ❶ 白さ. ❷《医学》~ del ojo [角膜の] 白斑
blancuzco, ca [blaŋkúθko, ka] 形 [←blanco] 形 くすんだ白色の; 白っぽい
blandamente [blándaménte] 副 ❶ 柔らかく, ふんわりと, そっと. ❷ 優しく, 穏やかに. ❸ 力なく
blandeador, ra [blandeaðór, ra] 形 柔らかくする
blandear [blandeár] I [←blando] 自 ~*se* 屈する, 譲歩し始める; [+con+人に] 迎合する
── 他[物を]柔らかくする
II 他 ~*se*《まれ》=blandir
blandecer [blandeθér] 39 自 ~*se*《まれ》屈する, 譲歩し始める
blandengue [blandéŋge] [←blando] 形 名《軽蔑》[精神的・肉体的に] 弱い[人], 柔弱な[人], 優しすぎる[人], 気の弱い[人], 気力のない[人]: *Es un hombre ~ con el que no se puede contar para nada.* 彼は柔弱な男で何の頼りにもならない. 彼は自分より強い者に挑発的な仕事にナイフを振り回した
── 男《歴史》槍騎兵; 複 槍騎兵軍《1797年スペイン支配下のラプラタ地域に, 先住民やポルトガル人の攻撃から国境地帯を守るために創設》
blandenguería [blandeŋgería] 女《軽蔑》[精神的・肉体的な] 弱さ
blandense [blandénse] 形《地名》プラネス Blanes の[人]《ヘロナ県の町》
blandicia [blandíθja] 女 ❶ こびへつらい, お世辞. ❷ 逸楽, 懶惰(らんだ)
blandiente [blandjénte] 形《まれ》震える; よろよろする
blandir [blandír] [←仏語 brandir] 他 ❶ 欠如動詞: 語尾に i の残る活用形のみ. →**abolir**][脅かすように, 剣・こぶしなどを] 振り上げる, 振り回す: *El joven blandió la navaja en actitud provocadora.* その若者は挑発的な仕草でナイフを振り回した
── ~*se*《まれ》震える; よろよろする
blandizal [blandiθál] 男《まれ》[雨が降るとぬかるみになる] 軟らかい土地
blando, da [blándo, da] [←ラテン語 blandus] 形 ❶ 柔らかい, ふんわりした《⇔*duro*》: *Este colchón es ~.* このマットレスは柔らかい. *Esta carne está ~da.* この肉は柔らかい. pan ~ 柔らかいパン. ❷ 優しい, 寛大な; 穏やかな, 柔和な: *Ese profesor parece ser severo, pero en realidad es ~ de corazón.* 怖い先生に見えるが, 実際は心の優しい人だ. castigo ~ 寛大な罰. mirada ~*da* 柔和なまなざし. palabras ~*das* 穏やかな言葉.

❸ [+con に対して] 弱腰の, 臆病な: No debes ser ~ con ellos en las negociaciones. 交渉では彼らに弱腰を見せては駄目だ. padre ~ con sus hijos 子供たちに甘い父親. **❹** [力・意志などが] 弱い, 気弱な: Ese niño es ~ de carácter. あの子は気が弱い. **❺** [生活などが] 気ままな, 気楽な; だらけた. [天候などが] 温暖な, 穏やかな; [音などが] 心地よい. **❼** 締まりのない, たるんだ; ぶよぶよの. **❽** あまり刺激的でない(どぎつくない): porno ~ ソフトポルノ. **❾** 〖チリ, アルゼンチン, ウルグアイ. 料理〗自身の肉, 鳥の胸肉
—— 副 **❶** 穏やかに: dormir ~ 熟睡する. **❷** 柔らかく

blandón [blandón] 男〖古語〗太いろうそく; そのろうそく立て
blanduchento, ta [blandutʃénto, ta] 形〖チリ〗[人が] 弱い
blanducho, cha [blandúʧo, tʃa] 形〖口語〗柔らかすぎる
blandujo, ja [blandúxo, xa] 形〖口語〗=blanducho
blandura [blandúra] 〖←blando〗女 **❶** 柔らかさ, 柔軟さ: No me gusta mucho la ~ de los plátanos. 私はバナナの柔らかさがあまり好きではない. ~ de la almohada 枕の柔らかさ. **❷** 優しさ, 寛大さ; 柔和さ. **❸** [筋肉の] 緩み, 締まりのなさ. **❹** 軟弱; お世辞, へつらい; 甘やかし: Ellos tratan a sus hijos con demasiada ~. 彼らは子供たちを甘やかしすぎる. **❺** 無気力, 気弱さ. **❻** 気楽さ, 気ままさ; 怠惰. **❼** [寒気の] 緩み; [湿った] 生暖かい空気. **❽** 膏薬. **❾** 〖まれ〗柔らかい物
blandurilla [blanduríʎa] 女〖古語. 化粧〗香料を混ぜた豚の脂から作ったクリーム
blanduzco, ca [blandúθko, ka] 形〖ペルー〗=blanducho
blanqueación [blankeaθjón] 女 =blanquición; =blanqueo
blanqueada [blankeáða] 女 **❶** 〖メキシコ〗相手にマークされずに勝った試合. **❷** 〖南米〗白い上塗り
blanqueado [blankeáðo] 男〖主に中南米〗=blanqueo
blanqueador, ra [blankeaðór, ra] 形 名 **❶** 白くする[人], 白く塗る[人]. **❷** マネーロンダリングする[人]
—— 男 **❶** 漂白剤: ~ óptico 蛍光染料. **❷** 〖主にメキシコ, コロンビア〗灰汁(ﾞ)
blanqueadura [blankeaðúra] 女 =blanqueo
blanqueamiento [blankeamjénto] 男 =blanqueo
blanqueante [blankeánte] 形〖文語〗白くなる, 白っぽくなる
blanquear [blankeár] 〖←blanco〗他 **❶** 白くする, 白く塗る: La nieve blanqueó todo el campo. 雪は平原をすべて白く覆った. Ayer nos blanquearon la valla del jardín. 昨日我が家の庭の柵を白く塗ってもらった. **❷** 漂白する: ~ la ropa 洗濯物を漂白する. **❸** 〖砂糖などを〗精製する. **❹** [金・銀などを] 磨く〖=blanquecer〗. **❺** 〖料理〗表面だけ白っぽくなるくらい〖短時間ゆでる. **❻** 〖犯罪で得た金を銀行口座間取引などによって〗洗う, マネーロンダリングする. **❼** 〖養蜂〗越冬したミツバチが巣に〖蜜蠟を塗る. **❽** 〖まれ〗覆う, 隠す
—— 自 **❶** 白くなる, 白みがかる: Ya nos blanquea el cabello. 私たちの髪はもう白くなっている. **❷** 白く見える: Blanquea la nieve en la cumbre de la montaña. 山頂の雪が白く光っている
—— ~se 白くなる, 白みがかる
blanquecedor [blankeθeðór] 男〖古語〗[造幣所の] 硬貨磨き職人
blanquecer [blankeθér] 〖←blanquecino〗 39 他 **❶** [造幣所などで, 金・銀などを] 磨く, 光沢を出す. **❷** 白くする; 漂白する〖=blanquear〗
blanquecimiento [blankeθimjénto] 男 =blanquición
blanquecino, na [blankeθíno, na] 〖←blanco〗形 白っぽい, 白みがかった, オフホワイトの: El catedral está iluminado por una luz ~. 大聖堂は白っぽい光でイルミネーションされている
blanqueo [blankéo] 男 **❶** 白くすること; 白く塗ること: El ~ a las paredes es habitual en los pueblos del sur. 壁を白く塗ることは南部の村では普通に行われている. **❷** 漂白. **❸** 〖砂糖などの〗精製. **❹** マネーロンダリング〖=~ de dinero negro〗. **❺** 〖ベネズエラ〗相手にマークされずに勝った試合
blanquero, ra [blankéro, ra] 形〖アラゴン〗 **❶** 皮なめし職人. **❷** [石灰などで] 壁を白く上塗りする人
blanqueta [blankéta] 女 **❶** 〖料理〗鶏肉などのシチュー. **❷** 〖古語〗毛の粗布
blanquete [blankéte] 男〖古語. 化粧〗おしろい
blanquiazul [blankjaθúl] 形 名 〖サッカー〗[白と青がチームカラーの] エスパニョール Reial Club Deportiu Espanyol の〖選手〗; マラガ Málaga Club de Fútbol の〖選手〗; レクレアティボ Real Club Recreativo de Huelva の〖選手〗; テネリフェ Club Deportivo Tenerife の〖選手〗

blanquición [blankiθjón] 女 [金属を] 白くすること, 光らせること
blanquillo, lla [blankíʎo, ʎa] 〖blanco の示小語〗形 名 **❶** [砂糖・パンなどが] 白い, 精白した. **❷** 〖サッカー〗レアル・サラゴサ Real Zaragoza の〖選手〗
—— 男 **❶** 〖メキシコ, グアテマラ〗鶏卵. **❷** 〖ペルー〗白桃. **❸** 〖チリ. 魚〗アマダイ
blanquimento [blankiménto] 男 =blanquimiento
blanquimiento [blankimjénto] 男 漂白液
blanquinegro, gra [blankinéɣro, ɣra] 形 白色と黒色の
blanquinoso, sa [blankinóso, sa] 形 =blanquecino
blanquirrojo [blankiřóxo] 名 〖サッカー〗[白と赤がチームカラーの] アトレティコ・デ・マドリード Club Atlético de Madrid の〖選手〗; アスレチック・ビルバオ Athletic Club de Bilbao の〖選手〗
blanquita [blankíta] 女〖昆虫〗モンシロチョウ
blanquiverde [blankibérðe] 名 〖サッカー〗[白と緑がチームカラーの] レアル・ベティス Real Betis Balompié の〖選手〗
blanquiverdosa [blankiberðósa] 女〖昆虫〗チョウセンシロチョウ
blanquivioleta [blankibjoléta] 形 名 〖サッカー〗[白と薄紫色がチームカラーの] レアル・バジャドリド Real Valladolid の〖選手〗
blanquizal [blankiθál] 男 [主に汚れ落とし用の] 粘土採取場
blanquizar [blankiθár] 男 =blanquizal
blanquizco, ca [blankíθko, ka] 形〖チリ〗[元の色がわからないような] くすんだ白色の, 白っぽい
blao [bláo] 形〖紋章〗紺色の〖=azur〗
blas [blás] 形〖地方語〗[山地に特有の] 馬高の低い[馬]
habló (lo dijo) B~, punto redondo〖皮肉〗鶴の一声だ/反論は許さずというやつだ
Blasco Ibáñez [blásko ibáɲeθ]〖人名〗**Vicente ~** ビセンテ・ブラスコ・イバニェス〖1867~1928, スペインの小説家. フランス自然主義の影響, 色鮮やかな描写, 力強いタッチを特徴とする作風で, 高揚する民衆や社会の軋轢を描いた. 作品の多くは映画化もされている. 『葦と泥』*Cañas y barro*, 『血と砂』*Sangre y arena*, 『黙示録の四騎士』*Los cuatro jinetes del Apocalipsis*〗
blasé [blasé] 〖←仏語〗形〖文語〗うんざりした; 初めからやり直しの
blasfemable [blasfemáble] 形 非難されるべき
blasfemador, ra [blasfemaðór, ra] 形 =blasfemo
blasfemamente [blasfémaménte] 副 冒瀆的にも
blasfemante [blasfemánte] 形 冒瀆的な
blasfemar [blasfemár] 〖←ラテン語 blasphemare < ギリシャ語 blasphemeo〗 自 **❶** [+contra・de を] 冒瀆(ﾞ)する: ~ contra Dios 神を冒瀆する. **❷** ののしる, 罵詈雑言を浴びせる: Cada vez que el martillo caía sobre los dedos, él *blasfemaba*. かなづちで指を打つたびに彼は汚い言葉を口にした
blasfematorio, ria [blasfematórjo, rja] 形 冒瀆的な
blasfemia [blasfémja] 〖←ラテン語・ギリシャ語 blasphemia〗女 冒瀆(瀆神)の言葉, 罵詈雑言
blasfemo, ma [blasfémo, ma] 形 冒瀆的な; 冒瀆する[人], 冒瀆の言葉を吐く[人]
blasón [blasón] 〖←仏語 blason〗男 **❶** [主に盾形の] 紋章: esculpir un ~ en la fachada ファサードに紋章を彫る. **❷** 〖紋章内の〗図柄, 記章. **❸** 紋章学〖=heráldica〗. **❹** 〖文語〗誇り, 名誉: Participar en las cruzadas era un ~ para los nobles medievales. 十字軍に参加することは中世の貴族にとって大いなる名誉だった. **❺** 名門, 家柄: orgulloso de sus *blasones* 家柄を鼻にかける
hacer ~ de……を自慢する
blasonado, da [blasonáðo, ða] 形 紋章付きの; 名門の有名な
blasonador, ra [blasonaðór, ra] 形 自慢する, 誇示する
blasonar [blasonár] 〖←blasón〗他 ……に紋章を描く(付ける)
—— 自 [+de を] 自慢する, 誇る: *Brasona de valiente*. 彼は勇気があると自負している
blasonería [blasonería] 〖←blasón〗女 空いばり, 強がり〖=baladronada〗
blasonista [blasonísta] 名 紋章学者
blastema [blastéma] 男〖生物〗胚体, 胚芽, 再生芽
blaster [blásterr] 〖←英語〗男〖ゴルフ〗サンドエッジ
blasto- 〖接頭辞〗[芽, 胚]: *blasto*dermo 胞胚葉
-blasto 〖接尾辞〗[芽, 胚]: trofo*blasto* 栄養芽層
blastocele [blastoθéle] 男〖生物〗胞胚腔

blastocelo [blastoθélo] 男 =**blastocele**
blastocisto [blastoθísto] 男《生物》胚盤胞, 尾胞
blastocito [blastoθíto] 男《生物》未分化胚芽細胞
blastodérmico, ca [blastoðérmiko, ka] 形 胚胚葉の
blastodermo [blastoðérmo] 男《生物》胞胚葉
blastogénesis [blastoxénesis] 女《生物》芽球化, 幼若化反応
blastómero [blastómero] 男《生物》割球
blastomiceto, ta [blastomiθéto, ta] 形 ブラストミセス属の —— 男複《植物》ブラストミセス属
blastóporo [blastóporo] 男《生物》原口（ぽ）
blastosfera [blastosféra] 女《生物》=**blástula**
blástula [blástula] 女《生物》胞胚
blastular [blastulár] 形 胞胚の
blaugrana [blauɣrána] 形 名《サッカー》=**azulgrana**
blazer [bléiθer] 男《←英語》〖複 ~s〗《服飾》ブレザー［コート］
blazier [blaθiér] 男《単複同形》=**blazer**
-ble〖接尾辞〗〖形容詞化. 可能・価値. -ar 動詞＋→-able, -er・-ir 動詞＋→-ible〗utilizable 利用され得る, temible 恐ろしい
bleak [blík]《←英語》男〖複 ~s〗《魚》ブリーク〖コイ科. 学名 Alburnus lucidus〗
Blecua [blékwa]《人名》**José Manuel ~** ホセ・マヌエル・ブレクア〘1914～2003, スペインの文学者. テキストの詳細な検証に基づき中世や黄金世紀の作品を校訂. 歴史を俯瞰する審美眼によってケベド Quevedo やホルヘ・ギリェン Jorge Guillén など異なる時代の詩作品を研究し, 多くのアンソロジーを編纂した〙
bleda [bléða] 女《方言》愚かな〖人〗
bledo [bléðo]《←ラテン語 blitum < ギリシア語 bliton》男《植物》フダンソウ
  importar (darse・valer) a+人 un ~ …にとって少しも重要でない, どうでもいいことだ: Me importa un ~ lo que digan ellos. 彼らが何と言おうと私は全く気にしない
blefarismo [blefarísmo] 男《医学》眼瞼（ぽ）痙攣
blefaritis [blefarítis] 女《医学》眼瞼炎
blefaroplastia [blefaroplástja] 女《医学》眼瞼形成
blefaroplasto [blefaroplásto] 男《生物》生毛体, 毛基体
blefaroplejía [blefaroplexía] 女《医学》上眼瞼麻痺
blefaroptosis [blefaro(p)tósis] 女《医学》眼瞼下垂症
blefaróstato [blefarostáto] 男《医学》開瞼（ぽ）器〖眼科手術で瞼を開いたまま固定する器具〗
blenda [blénda] 女《鉱物》閃亜鉛鉱
blénido, da [blénido, ða] 形 イソギンポ科の —— 男複《魚》イソギンポ科
blenoftalmia [blenoftálmja] 女《医学》化膿性結膜炎
blenorragia [blenorráxja] 女《医学》淋病
blenorrágico, ca [blenorráxiko, ka] 形 淋病の
blenorrea [blenorréa] 女《医学》膿漏
blesa [blésa] 女《植物》=**belesa**
Blest Gana [blést ɣána]《人名》**Alberto ~** アルベルト・ブレスト・ガナ〘1830～1920, チリの小説家. バルザックの作品に出会って創作意欲に目覚め, チリ社会を構成している様々な階層の人間を描き出し, チリ社会小説の生みの親と言われる.『恋は算術』La aritmética en el amor,『マルティン・リバス』Martín Rivas,『再征服の間』Durante la reconquista〙
bleu [blú]《←仏語》形《動物》ブルーフォックスの, 青ギツネの; その毛皮
blincaacequias [blinka(a)θékjas] 男《アルバセテ. 俗語》面倒ばかり起こす人
blinda [blínda] 女《←仏語・独語 blinde》《塹壕などを遮蔽する》柴束を支える木枠
blindado, da [blindáðo, ða] 形 装甲した: coche ~/《中南米》carro ~ 装甲車 —— 男 装甲車両; 機甲部隊
blindaje [blindáxe] 男〖集名〗❶ 装甲. ❷《電気》シールド
blindar [blindár]〖←blindar〗他 ❶〖船・車両などを〗装甲する, 鋼板で覆う. ❷〖技術〗遮蔽する; 〖電気〗シールドする
blinis [blínis]《←仏語, 英語》男〖単複同形〗《料理》ブリニス〖厚めのクレープ, パンケーキ. キャビアやスモークサーモンなどと食べる〗
blíster [blíster] 男《包装》透明パック〖包装〗, ブリスター包装. ~ **de cobre** ～ 粗銅
blíster [blíster] 男 =**blister**
blitz [blíts]《←独語》男 電撃的攻撃, 猛攻

B.L.M.《略語》←Besalamano 簡単な通知（招待）状
bloc [blók]《←仏語》男〖複 ~s〗〖剝ぎ取り式の〗綴り; 便箋; メモ帳〖~ de notas〗: ~ almanaque/~ de fichas 日めくり. ~ de dibujos スケッチブック
bloca [blóka] 女 盾の中央にある突起
blocaje [blokáxe] 男《球技, ボクシング》ブロック
blocao [blókao] 男〖←独語 blockhaus〗《軍事》〖移動可能な〗防塞
blocar [blokár] 他《球技, ボクシング》ブロックする
blof [blóf] 男《メキシコ, 中米, コロンビア》はったり〖=bluff〗
  ser puro ~《メキシコ, 中米, コロンビア》たわごとである
blofear [blofeár] 自 ❶《メキシコ, 中米, プエルトリコ》〖+de を〗誇示する. ❷《メキシコ, 中米, コロンビア》〖賭け事で〗はったりをかける
blog [blóɣ]《←英語》男〖複 ~s〗《情報》ブログ
blogger [blóɣar]《←英語》名《情報》ブログをする人, ブロガー; ブログ制作者 —— 男《情報》〖B~〗レンタルブログサービス
blogging [blóɣin]《←英語》男《情報》ブログをすること; ブログの開設
bloke [blóke]《←英語 block》男《米国》街区の一辺の長さ, ブロック〖=cuadra〗
blonda¹ [blónda]《←仏語 blonde》女 ❶《手芸》ブロンドレース. ❷《西》〖デザート皿などの上に敷く〗レース風の紙製ナプキン. ❸《チリ, アルゼンチン, ウルグアイ》花綱; 花形装飾の縁取り
blondina [blondína] 女《手芸》細いブロンドレース
blondo, da² [blóndo, da]《←仏語 blond》形《文語》ブロンドの, 金髪の〖=rubio〗
bloody mary [blúði méri]《←英語》男〖複 ~s〗《酒》ブラッディマリー
bloomers [blúmers]《←英語》男〖複〗《中南米. 服飾》パンティ〖=braga〗
bloque [blóke]《←仏語・蘭語 bloc「切られた丸太」》男 ❶〖主に角形の〗塊: ~ de hielo 氷塊. ~ de mármol 大理石の塊. ❷〖コンクリート〗ブロック: muro de ~s ブロック塀. ❸ 街区〖=manzana〗. ❹ 集合住宅〖=〗その家族は3号棟に住んでいる. ~ de pisos マンション〖建物全体〗. ❺〖政治・経済上の〗連合体, 圏: ~ de izquierdas 左翼連合. ~ occidental《歴史》西側ブロック. ~ monetario〖同一〗通貨圏. ❻ 中心部分. ❼《スポーツ》チーム〖=equipo〗. ❽ 遠征隊の本隊. ❼《スポーツ》チーム〖=equipo〗. ❽ 《情報》ブロック. ❾《自動車》1) シリンダーブロック〖=~ de cilindros〗. 2) ~ del motor エンジンブロック. ❿《電気》~ de alimentación パワーブロック. ⓫《統計》~s aleatorizados 乱塊法. ⓬《玩具》〖複〗ブロック〖=~s de construcción〗
  en ~ 1) ひとまとめにして. 2) 結束して, 一致団結して: La oposición abandonó en ~ el hemiciclo. 野党は結束して議場から退席した. 3) 大筋で
bloqueador, ra [blokeaðor, ra] 形 名 妨げる〖人〗, 封鎖する〖人〗
bloquear [blokeár]《←仏語 bloquer》他 ❶〖交通・進行を〗妨げる, 封鎖する: Los buques de EE.UU. bloquearon la isla. 米国艦が島を封鎖した. ~ **la entrada (la frontera)** 入口〖国境〗を封鎖する. ~ **la reforma** 改革を押しとどめる. ❷〖機械を〗動かなくする; 〖通信を〗妨害する: Un exceso de llamadas bloqueó las líneas telefónicas. 電話が殺到して回線がパンクしてしまった. ❸ 凍結する, 封鎖する: ~ **una cuenta bancaria** 銀行口座を凍結する. ~ **un cheque** 小切手の支払を停止する. ❹《球技, ボクシング》=**blocar**. ❺《情報》**número bloqueado** 非通知
  ——se ❶〖装置などが〗動かない: El freno se bloqueó repentinamente. ブレーキが突然利かなくなった. Se bloquea el riego sanguíneo. 血液の循環が止まる. ❷《情報》ハングする, フリーズする. ❸〖人が〗反応しなくなる, 呆然とする: Me bloqueé al ver cómo unos policías maltrataron a un inmigrante. 警察官たちが一人の移民をこづき回しているのを見て私は体が固まってしまった.
bloqueo [blokéo] 男 ❶ 動かなくする(なる)こと, 封鎖 1) romper el ~ 封鎖を破る. ~ **continental** 大陸封鎖〖1806～14年, ナポレオンがイギリスに対して行なった〗. B~ **de 1902** ベネズエラの港湾封鎖〖1902年, 英独伊3か国がベネズエラの債務返済拒否に対抗して行なった〗. ~ **económico** 経済封鎖. ~ **efectivo** 実力封鎖. ~ **en papel** 宣言封鎖. ~ **mental**《心理》精神的ブロック. 2)《医学》~ **cardíaco** 心臓遮断（ブロック）. ~

nervioso 神経ブロック. ❷《スポーツ》ブロック: ～ afuera ブロックアウト

blower [blówér]【←英語】男《パナマ, ボリビア》ヘアドライヤー〖= secador〗

blucher [blútʃer]【←英語】男《履》～s《製靴》ブルーチャー

blue [blú(e)]【←英語】男《音楽, 舞踊》=**blues**

blue chip [blútʃip]【←英語】男《商業》優良安定株

bluegrass [blúgrass]【←英語】男《音楽》ブルーグラス

blue jeans [blújins]【←英語】男複《服飾》ジーンズ, ブルージーンズ

blues [blú(e)s]【←英語】男《単複同形》《音楽, 舞踊》ブルース

blufeador, ra [blufeaðor, ra] 形《チリ, アルゼンチン, ウルグアイ》=**blufero**

blufear [blufeár] 自《中米》=**blofear**

blufero, ra [blufero, ra] 形《チリ, アルゼンチン, ウルグアイ》[賭け事で] はったり屋の, 強がりの

bluff [blúf/bláf]【←英語】男《履》～s 虚勢, はったり

blúmer [blúmer]【←英語】男《メキシコ》大腿部までの長い女性用下着;《キューバ, ベネズエラ》パンティ〖=braga〗

blusa [blúsa]【←仏語 blouse】女《服飾》❶ ブラウス: ～ camisera シャツブラウス. ～ de seda blanca 白い絹のブラウス. ❷ [男性用の大腿部までの] 上っ張り, 作業服. ❸ ～ de marinero 水兵服

blusón [blusón]《blusa の示大語》男《服飾》チュニックブラウス; スモック

bluyín [blujín] 男《履》bluyines《中南米. 服飾》ジーンズ, ブルージーンズ

BN《西. 略記》←Biblioteca Nacional 国立図書館

bo [bó] 間《動物への命令》さあ!

boa [bóa] 女《動物》ボア: ～ constrictor ボアコンストリクター. ～ de puerto rico プエルトリコボア
男《服飾》ボア

boalaje [boaláxe] 男 =**boalar**

boalar [boalár] 男 共有牧草地

boaqueño, ña [boakéɲo, ɲa] 形《地名》《人》ボアコ Boaco の〔人〕ニカラグア南東部の県・県都〕

boardilla [boarðíʎa] 女 =**buhardilla**

boatiné [boatiné] 男《繊維, 服飾》綿入りのキルティング地〔のガウン〕

boato [boáto]【←ラテン語 boatus < boare「叫ぶ, 鳴く」< ギリシア語 boao「私は叫ぶ」】男《富・権力の》誇示: Viven con gran lujo y ～. 彼らは贅沢三昧を見せつけるような暮らしぶりだ

boba[1] [bóba] 女 ❶《古語的》[女性用の] ニットの上着. ❷《地方語》楕円形のパン

bobada [boβáða]【←bobo】女 ❶ 愚かな言動: Déjate de ～s. ばかなことはやめろ/つまらないことを言うな. ❷《口語》ささいな〔つまらない〕もの〔こと〕

Bobadilla [boβaðíʎa]《人名》Francisco de ～ フランシスコ・デ・ボバディリャ〔?～1502, スペイン生まれの王室官吏. エスパニョーラ島へ派遣され, コロンブス兄弟を逮捕(1500年). 同島の第2代総督に就任〕

bobaina [boβáina] 形名《軽蔑》ばかな〔人〕〖=bobo〗

bobal [boβál] 形 男 ボバル種の〔ブドウ〕《Utiel, Requena 産. 赤・ロゼワインの原料》

bobales [boβáles] 形《単複同形》《西》ばかな, うすのろの

bobalías [boβalías] 名《まれ》ひどく愚かな人

bobalicón, na [boβalikón, na]《bobo の示大語》形 名《口語》間抜けな〔人〕, とんまな〔人〕

bobaliconería [boβalikonería] 女《口語》間抜けさ

bobamente [bóβaménte] 副 ❶ 愚かに; 無邪気に. ❷ 理由もなしに, 何の苦労もなく

bobear [boβeár] 自 愚かなことをする(言う); 無駄なことに時間を使う

bobera [boβéra] 女 edad de la ～《ウルグアイ. 口語》少年期, 思春期〖=edad del pavo〗
tener una ～《アルゼンチン, ウルグアイ. 口語》[+con を] 溺愛する

boberas [boβéras] 形《軽蔑》ばかな〔人〕〖=bobo〗

bobería [boβería]【←bobo】女 ❶ 愚かさ, (見境のない) 言動; 愚かさ. ❷

bobeta [boβéta] 女《南米. 軽蔑》愚かな〔人〕

bobez [boβéθ] 女《まれ》愚かさ

bobi [bóβi] 男《魚》ロックコビー

bóbilis [bóβilis] de ～ 〔～〕《西. 口語》1) 金を払わずに, ただで;

Los caraduras entraban de ～ en el museo. 恥知らずたちがただで美術館に入っていた. 2) 努力せずに: Nada se consigue de ～. 努力なしに得られるものは何もない

bobilla [boβíʎa] 女《地方語. 鳥》ヤツガシラ〖=abubilla〗

bobillo [boβíʎo] 男 ❶ 釉薬のかかったふくらみのある壺. ❷ レースの婦人用肩掛け

bobina [boβína]【←仏語 bobine】女 ❶ 巻き枠, ボビン: ～ de hilo 糸巻き. ～ de película フィルムのスプール. ❷《電気》コイル: ～ de chispas スパークコイル. ～ de panal ハニカムコイル. ～ de reacción/～ de reactancia チョークコイル. ～ de regeneración/～ de realimentación 帰還コイル. ～ de sintonización 同調コイル. ～ móvil 可動コイル. ～ móvil de alta voz (de la voz) 音声コイル. ～ térmica ヒートコイル. ～ vibratoria 励磁コイル. ❸《印刷》巻き取り紙

bobinado [boβináðo] 男 ❶《電気》巻き線. ❷ 巻くこと

bobinadora [boβináðora] 女《繊維》糸巻き機

bobinaje [boβináxe] 男《電気》=**bobinado**

bobinar [boβinár]【←bobinar】他 ❶ [巻き枠に糸などを] 巻く. ❷ [コイルなどを] 電気回路に組み込む

bobita [boβíta] 女《地方語. 鳥》ヤツガシラ〖=abubilla〗

bobito [boβíto] 男《鳥》ダイアンチヒタキモドキ

bobo, ba[2] [bóβo, βa]【←ラテン語 balbu「口ごもる」】形 ❶《軽蔑》ばかな〔人〕, 間抜けな〔人〕: Es tan boba que no entiende nada de lo que decimos. 彼女は頭が悪くて私たちの言うことを全く理解できない. No seas ～. ふざけたことを言うな/何言ってるんだ. con cara de ～ 間抜け面をして. A los ～s se les aparece la madre de Dios.《諺》愚か者に福あり.《口語》《親愛》お人好しな〔の〕, 無邪気な〔人〕: ¡Qué ～ eres!, te lo crees todo. ばかだなあ, そんなの信じてしまうなんて
a lo ～《軽蔑》無意識のうちに, いつの間にか〖=a lo tonto〗
Entre ～s anda el juego.《皮肉》〔愚かさ・悪賢さでは〕どっちもどっちだ/同じ穴のむじなだ
——名 ❶ 道化役者. ❷《魚》オオクチバス, ブラックバス. ❸《キューバ. トランプ》ばば抜き〖=mona〗
hacer el ～ ばかなことをする

boboliche [boβolítʃe] 形《ペルー》=**bobo**

bobón, na [boβón, na] 形 名 bobo の示大語

bobote, ta [boβóte, ta] 形 名 bobo の示大語

bobs [bóβs] 男 =**bobsleigh**

bobsleigh [bóβs(b)slej]【←英語】男《履》～s《スポーツ》ボブスレー: ～ a dos (cuatro) 2(4)人乗りボブスレー

bobtail [boβtéjl]【←英語】形 男《履》～s ❶《髪型》ボブテイルの〔人〕. ❷《犬》オールドイングリッシュシープドッグ, ボブテイル

boca [bóka]【←ラテン語 bucca「頬」】女 ❶ [人間・動物の] 口, 口腔; 口もと, 唇: 1) Ese hombre tiene una ～ grande. その男は口が大きい. Ese niño come con la ～ manchada. その子は口の周りを汚したまま食べている. dar un beso en la ～ 唇にキスをする. enjuagar la ～ 口の周りをふく. tener una ～ mona 愛らしい口もとをしている. ～ seca《医学》ドライマウス. 2)《発声器官》Una de las frases más curiosas que salió de la ～ del cura fue la siguiente. 司祭の口から出た興味深い言葉の一つは次のようなものだった. Creo que por su ～ no ha salido nada de la verdad. 彼の口からは何も漏れなかったと思う. 3)《摂食器官》mantener la ～ sana 口の中を健康に保つ. La familia ya no tenía nada que llevarse a la ～. その家はもはや食べる物が何もなかった. 4)《諺》¡En ～ cerrada no entra[n] mosca[s].《口語》/Por la ～ muere el pez. 口は災いのもと. Quien tiene ～ se equivoca. 間違いは誰にでもある. ❷《物・管などの》口, 開口部: ancho de ～ 広口の. ～ de agua 給水栓. ～ de horno 炉口. ～ de incendios (de fuegos) 消火栓. ～ de riego 散水栓. ～ de salida 放水口. ～ del estómago みぞおち. ❸《穴などの》出入り口: Ahora estamos en la ～ de la cueva. 私たちは今洞窟の入り口にいる. ～ de inspección/～ de visita マンホール. ～ de metro 地下鉄の入り口. ～ de túnel トンネルの入り口(出口). ～ de una calle 通りの入り口. ～ de un cañón 峡谷の入り口. ～ de un puerto 港の入り口. ❹《銃口》～ de (～ de un cañón)〖=~ de fuego〗[主に履] 砲口. ～s del Nilo ナイルの河口. ❺ 破れ目, 穴, 亀裂: ～ en la suela de la bota 長靴の底の穴. ❼《扶養すべき》人数, 養い口: El pescador tiene ～s en su casa. その漁師は家族7人を養っている. ❽《酒の》口あたり, 風味: El vino de esta tierra tiene buena ～. この地方のワインは口あたりがよい. ❾ [エビ・カニの] はさみ: ～ de la Isla《西》シオマネキのは

bocabierta

み. ❿ ［金づちの釘を打つ面の反対側にある］釘抜き. ⓫ ［のみ・斧などの］刃先. ⓬ ［万力・やっとこなどの］はさむ部分. ⓭ 《中米》口頭で
a ~ 口頭で
a ~ de... …の初めに: *a ~ de noche* 宵の口に
a ~ de cañón 至近距離から 《=a quemaropa》
a ~ de jarro 1) beber *a ~ de jarro* がぶ飲みする. 2) 至近距離から, 出し抜けに 《=a bocajarro》
a ~ llena あからさまに, ずけずけと
a pedir de ~ 望みどおりに, 心ゆくまで; 好調に: Este trabajo me ha salido *a pedir de ~*. この仕事は私の思いどおりに運んだ. venir *a pedir de ~* ［事物・人が］ちょうどよい時にやって来る
a qué quieres ~ 思いのままに, 思いどおりに
abrir ~ ［食欲を増進させるため］食前に軽いものをとる（飲む）: Bebimos una copa de vino blanco para *abrir ~*. 私たちはアペリティフとして白ワインを1杯飲んだ
abrir la ~ 《口語》口を開ける; 話す; あくびをする
abrir tanta ~ 《中南米》びっくりする, 驚く
abrirse la ~ a+人 …があくびをする
andar en ~ [de todos・de las gentes]/andar en ~ s 皆のうわさになっている
apretar la ~ 口を固く結ぶ
blando de ~ 1) ［馬が］手綱に敏感な, 馬銜(はみ)の効く. 2) ［人が］口の軽い
~ a ~ 1) ［園］［人工呼吸の］マウスツーマウス 《=respiración ~ a ~》: hacer a+人 el *~ a ~* …に口移し法の人工呼吸を施す. 2) 口伝えの・で, 口コミで: información *~ a ~* 口コミ
~ abajo 1) うつぶせになって: El niño dormía *~ abajo*. その子うつぶせのまま眠っていた. 2) ［カード・手紙などを］裏返しにして; ［容器などを］伏せて
~ arriba 1) あお向けに: El médico le volvió *~ arriba*. 医者は彼をあお向けにした. 2) ［トランプなど］表を上にして: poner (volver) las cartas *~ arriba* カードを表に返す, 自分の持ち札を見せる; 手の内を明かす
~ de escorpión 毒舌［家］, 中傷［家］
~ de espuerta 大きな口, 耳まで裂けた口
~ de fuego ［軍事］火器, 鉄砲類
~ de oro 1) 雄弁［家］. 2) 《南米》うわさ好きの人
~ de verdades 直言する人
~ inútil むだ飯食いの人
~ sucia ［図］《南米. 口語》言葉づかいの悪い人
buscar la ~ a+人 …を挑発する, けんかを売る: No me *busques la ~*. おれにけんかを売るのはやめろ
calentársele a+人 la ~ …は夢中になって話す; 激している, ひどく腹を立てる: Se les *calienta la ~*. 彼らは口角泡をとばしている
callar[se] la ~ 沈黙する; 秘密を守る: ¡*Cállate la ~*! 黙れ!
cerrar la ~ =callar[se] la *~*
cerrar la ~ a+人 …の口止めする, 黙らせる: Le *cerraremos la ~* para siempre. 永久に彼の口を黙らせてやる（殺しても）
con la ~ abierta 啞然として: quedarse *con la ~ abierta* あっけにとられる
con toda la ~ 臆面もなく: Te dicen mentiras *con toda la ~*. 彼らはしゃあしゃあと君に嘘をついているのだ
correr en ~ [de todos] =andar en *~*
coserse la ~ =callar[se] la *~*
dar en la ~ a+人 1) …の鼻をあかす; 啞然とさせる. 2) …の顔を殴る
darse un punto en la ~ 黙っている, 知っていても言わない
de ~ 1) 口先だけで: Es valiente *de ~*. 彼は口先だけは勇ましい. 2) 口約束で
de ~ de+人 =en *~* de+人
de ~ en ~ 口から口へと, 口伝えで: correr (andar) *de ~ en ~* ［うわさなどが］口から口へと伝わる, うわさになる
de ~ para afuera 《口語》口先だけで
decir... con la ~ chica (chiquita・pequeña) ［お世辞などと］心にもなく言う
decir lo que [se] le viene a la ~ 言いたい放題の口から出まかせを言う
despegar la ~ 口を開く, しゃべる

duro de ~ 1) ［馬が］手綱に鈍感な, 御しにくい. 2) ［人が］口の重い
echar por la (aquella) ~ ［第三者が］悪態をつく, 悪口雑言を言う
en ~ de+人 …の口から: Lo hemos oído *en ~ de* la persona en cuestión. 私たちは当の本人の口からそのことを聞いた
estar colgado de la ~ de+人 …の話を素直に聞き入れる; …の言いなりになる
estar como ~ de lobo 真っ暗である
estar con la ~ en la pared 食い詰めている
estar pendiente de la ~ de+人 =estar colgado de la *~ de+人*
guardar la ~ =callar[se] la *~*
hablar por ~ de+人 《口語》…の言葉を受け売りする; …と同意見であると表明する
hablar por ~ de ganso (de otro) 教えられたとおりにしゃべる, 受け売りをする 《一生徒が先生に教えられたことをそのまま言う. ganso は古語で「家庭教師」》
hacer ~ 《口語》=abrir *~*
hacerse la ~ agua la ~/hacerse la ~ ~ agua …はよだれが出そうである 《比喩的にも》: *Se me hace agua la ~*. 私はよだれが出そうだ（食指が動く）
hacerse la ~ chica (chiquita) 本心を言わない, 本心を偽る; 欲しくないふりをする
ir a pedir de ~ とんとん拍子に進む
ir en ~ [de todos] =andar en *~*
irse a+人 la ~/irse de ~ a+人 ［言うべきでないことを］…は不用意に言ってしまう, 口をすべらせてしまう: *Se me fue de ~* el nombre de su enamorada. 私は彼の恋人の名前をうっかり言ってしまった
llenar la ~ [al nombrar] 自慢する
llenarse la ~ 《口語》自慢する
mentir con toda la ~ 真っ赤な嘘をつく
meterse la ~ del lobo 《口語》虎穴に入る, 進んで危険に飛び込む
no caerse... a+人 de la ~ …は…を口癖のように言う: *No se le caía* tu nombre *de la ~*. 彼はいつも君の名前を口にしていた
no decir esta ~ es mía/no descoser (despegar・desplegar) la ~ 《口語》押し黙る, 返事をしない: El Ayuntamiento *no dijo esta boca es mía*. 市当局はうんともすんとも言わない
partir la ~ 《口語》［脅し文句］ひどい目にあわす: Te voy a *partir la ~*. 一発食らわせてやる
pedir por esa (esta) ~ 欲する, 必要とする 《=pedir por esa (esta) boquita》
poner de corazoncito 愛想笑いをする; 愛想笑いをしながら断る（同意しない）
poner en ~ de+人 1) …に言わせる. 2) …が言ったことにする: Lo *pondremos en ~ de*l encargado. それは担当者が言わせたことにしよう
por una ~ 口をそろえて; 異口同音に
quitar... de la ~ 《口語》［+a+人 よりも］…を先に言ってしまう; 話をさえぎる: Me lo *ha quitado de la ~*. 彼は私が言おうとしていたことを先に言ってしまった
quitarse... de la ~ ［+por+人 のために］…を取っておく, あきらめる
respirar por ~ de+人 …を盲信する, 偶像視する: En algunas sectas religiosas los creyentes *respiran por ~ de* su gurú. 宗教団体では信者は教祖を絶対視している
romper la ~ =partir la *~*
saber la ~ a medalla 《中南米》口をきかない, むこくる
tapar la ~ 1) ［金・脅しなどで］口を封じる. 2) ［議論などで］ぎゃふんと言わせる, ぐうの音も言わせなくする
tener buena ~ ［馬が］おとなしい
tener mala ~ 1) ［馬が］御しにくい. 2) ［人が］言葉遣いが悪い
tener... siempre en la ~ いつも…を話す（口にする）
torcer la ~ ［不快で］顔をしかめる（ゆがめる）
ventearse la ~ 《プエルトリコ, コロンビア, エクアドル, ペルー》高慢になる

bocabajo [bokabáxo] 副 うつぶせに 《=boca abajo》
bocabierta [bokabjérta] 形 名 《アルゼンチン, ウルグアイ. 口語》ばけ

っとしている〔人〕

bocacalle [bokakáʎe]【←boca+calle】囡 ❶ 通りの入り口。❷ [calle より狭い] 通り: Si tomas esta ~, llegarás a la avenida. この狭い通りを行くと大通りに出る

bocacaz [bokakáθ] 男〔ダムの〕吐水口

bocacha[1] [bokátʃa]《boca の示大語》囡 ❶ 〔銃口の〕消焔器。❷《古語》〔口径8～10センチの〕ラッパ銃

bocacho, cha[2] [bokátʃo, tʃa] 形《パナマ》[人が] 前歯が1本ないし数本欠けた

bocací [bokaθí] 男《圃》~es] 色付きの太い糸で織られた布地

bocadear [bokaðeár] 他《まれ》嚙み切る

bocadillería [bokaðiʎería] 囡 ボカディージョ店

bocadillo [bokaðíʎo]《bocado の示小語》男 ❶《料理》1)《西》ボカディージョ『フランスパン barra にハム・ソーセージなどをはさんだサブマリンサンドイッチ』: ~ de tortilla オムレツ・サンドイッチ『トルティージャをまるごと一個はさんだボカディージョ』。2) [朝食と昼食の間にとる] 軽食: tomar un ~ 軽食をとる。3) つまみ、カナッペ。❷《漫画の》吹き出し。❸《口語》はさむ(つまむ)こと《=pinzamiento》。❹《演劇》端役[での出演]。❺ 薄くて粗末な布。❻ 細いリボン。❼《中南米》グアバやココナッツで作ったゼリー菓子

bocadito [bokaðíto] 男《西. 菓子》小型のシュークリーム《=~ de nata》

bocado [bokáðo]【←boca】男 ❶ 一口〔の量〕: Me han metido a la fuerza en la boca un ~ de polenta. 私はポレンタを一口むりやり口に入れられた。probar un ~ 食べてみる、試食する。comer (tomar) un ~ 軽い食事をとる。❷ 嚙むこと; 嚙んだ跡、嚙み傷: dar un ~ a+人 …に嚙みつく。❸《馬具》くつわ、はみ: 1) poner el freno (el ~) a un caballo 馬にくつわをはめる。2) de primer (segundo) ~ [若駒が] 2歳半から3歳半までの(3歳半から4歳半までの)。❹ もうけ仕事、割のいい仕事。❺《チリ. 菓子》バニラアイスクリーム

~ *de Adán* のどぼとけ《=nuez》
buen ~/*sin hueso*《口語》もうけ物、ぼろいもうけ仕事: sacar un *buen* ~ de... …で大もうけする
caro ~ 高くつく物、割に合わない物
comerse a ~*s a*+人 …を食べてしまいたいくらいである: *Me la comería a* ~*s*. 彼女はかわいくて食べたいくらいだ/彼女には腹が立って仕方がない
con el ~ *en la boca*《口語》食事が終わったとたんに: Hace poco se ha ido de casa con el ~ en la boca. 先ほど彼は食事も早々に出かけた
contar a+人 *los* ~*s* …にほとんど食べ物を与えない
de un ~/*de dos* ~*s* 一口で; あっという間に
no probar ~ 何も食べない: Deciden *no probar* ~ todo el día. 彼らは一日中何も食べないことに決めた
tirar ~*s*《口語》かんかんに怒る

bocadulce [bokaðúlθe] 囡《魚》エドアブラザメ

bocaí [bokaí]《隠語》空腹

bocaina [bokáina]《船舶》航路となる干潟(砂州)の切れ目

bocajarro [bokaxáro]【←boca+jarro】*a* ~ 1) 至近距離から。2) 出し抜けに、いきなり: Sin apenas conocerle le preguntó *a* ~: «¿Quién mató a Pajarito?» 私は彼と知り合うやいなや出し抜けに「誰がパハリートを殺したのですか」と聞いた

bocal [bokál] 男 ❶ [主に固形物を入れる実験用の] 広口瓶; [ワインをかめから量り出す] ジョッキ《=pecera》。❸《航行可能な》細い水路。❹《アルゼンチン》堰
—— 形 =bucal

bocalán, na [bokalán, na]《地方語》❶《時に軽蔑》よくしゃべる、おしゃべりな。❷ 言葉が汚い

bocallave [bokaʎáβe] 囡 鍵穴《=ojo de la cerradura》

bocamanga [bokamáŋga]【←boca+manga】囡《服飾》❶ 袖口。❷《メキシコ》雨合羽《ポンチョの》の襟口

bocamejora [bokamexóra] 囡《南米》補助坑

bocamina [bokamína] 囡 鉱山の入り口、坑口

bocana [bokána] 囡〔湾・港などの入り口となる〕細い水路《中南米》河口

bocanada [bokanáða]【←boca】囡 ❶〔気体・液体の〕一吸い、一飲み: Se acercó al respiradero para aspirar ~s de aire fresco. 彼は通気口近くの新鮮な空気を吸い込む。❷〔隙間から〕出入りする風(煙): De la chimenea salió una ~ de humo negro. 煙突から黒い煙がモクモクと吹き出した

a ~*s* [煙・液体などが] モクモクと、ドクドクと: El vapor sale *a* ~*s*. 蒸気がモクモクと上がっている
~ *de gente*《口語》群衆
~ *de viento* 突風、一陣の風
dar las últimas ~*s*《口語》息を引き取る
echar ~*s* 自慢をする、ほらを吹く
vivir a ~*s* 強く(一所懸命に)生きる

bocanegra [bokanégra] 男《魚》ヤモリザメ

bocarada [bokaráða] 囡 =bocanada

bocarón [bokarón] 男《地方語》[窓・ドアのような] 開口部

bocarriba [bokaríβa] 副 あおむけに《=boca arriba》

bocarrota [bokaróta] 囡《ラマンチャ》大口を叩く人、はったり屋《=bocazas》

bocarta [bokárta] 囡《地方語. 魚》カタクチイワシ《=boquerón》

bocarte [bokárte] 男 ❶《鉱山》砕鉱機、砕石機。❷《地方語. 魚》カタクチイワシ《=boquerón》

bocasucia [bokasúθja] 形《キューバ、アルゼンチン、ウルグアイ. 口語》言葉づかいが野卑な(汚い)〔人〕

bocata [bokáta] 囡《西. 口語》ボカディージョ《=bocadillo》

bocateja [bokatéxa] 囡《屋根の》最下部の瓦

bocatería [bokatería] 囡《西. 口語》=bocadillería

bocatero, ra [bokatéro, ra] 形《中米》[事実に反して、勇敢であるなど] 大口をたたく〔人〕

bocatín [bokatín] 男《西. 菓子》小型のボカディージョ

bocatoma [bokatóma] 囡《南米》〔灌漑用水の〕引入れ口、取入れ口

bocatoreño, ña [bokatoréɲo, ɲa] 形 名《地名》ボカス・デ・トロ Bocas de Toro の〔人〕《パナマ北西部の県・町》

bocaza [bokáða]《boca の示大語》囡《軽蔑》おしゃべりな口
—— 名《まれ》=bocazas

bocazas [bokáðas]【←boca】名《単複同形》《西. 軽蔑》[un+] 大口を叩く人、はったり屋; 口の軽い人、おしゃべり: Este comentarista deportivo es un ~ que habla más de lo que es. このスポーツ解説者は大口叩きだ、おしゃべりすぎる

bocazo [bokáθo]【←boca】男 発破の失敗《発破孔から噴出して効果がない》

boccato di cardenale [bokáto di karðenále]【←伊語】男 おいしい料理

bocear [boθeár] 自 =bocezar

bocel [boθél]【←古仏語 bossel】男 ❶《建築》トルス、大玉縁: medio ~ 割形(⁵⁄₈)。cuarto ~ 4分円の割形。❷《幾何》輪面

bocelar [boθelár] 他《建築》大玉縁にする

bocelete [boθeléte] 男 =bocel

bocera [boθéra]【←boca】囡《医学》口角炎

boceras [boθéras]【←bocera】形《単複同形》《西. 口語》[un+] ほら吹きの; 口の軽い〔=bocazas〕; 愚かな〔人〕
—— 囡〔飲食後の〕口の周りの汚れ: Límpiate esas ~. 口の周りをふきなさい

bocetar [boθetár] 他 スケッチする、下絵を描く

bocetista [boθetísta] 名 下絵描きの人

boceto [boθéto]【←伊語 bozzetto】男 ❶《美術》[色を使ったおおよその] 下絵;《彫刻》[小型にした] 粗削り。❷ 草案、下書き: elaborar el ~ del Madrid del siglo XXII 22世紀のマドリードの未来像を作る

bocezar [boθeθár]【←bozo】9 自〔馬などが〕唇を左右に動かす

bocha [bótʃa] 囡 ❶ 複 ボッチャス《小球 boliche を狙って球 bocha を投げ、近さを競うゲーム》。❷ [ボッチャスに使う] 木製の球。❸《ラプラタ》頭《=cabeza》

bochar [botʃár] 他 ❶ [ボッチャス bochas で別の球に当ててそれを動かす。❷《ドミニカ、ベネズエラ. 口語》[人を] 拒絶する。❸《アルゼンチン、ウルグアイ. 隠語》[試験で] 落第させる

bochazo [botʃáðo] 男 球 bocha が別の球に当たること

boche [bótʃe] 男 ❶《軽蔑》[第一次世界大戦中の] ドイツ人。❷ 地面の穴。❸《コロンビア》軽視。❹《ペルー、ボリビア、チリ》口論、けんか騒ぎ。❺《チリ. 口語》[目的達成の] 障害

dar [*un*] ~ *a*+人《ベネズエラ》冷遇する

bochero, ra [botʃéro, ra] 名《地名. 口語》ビルバオ Bilbao の〔人〕《=bilbaíno》

bochinchar [botʃintʃár] 自《プエルトリコ. 口語》うわさ話をする、ゴ

bochinche [botʃíntʃe]《←buche》男 ❶ 口論, けんか騒ぎ; 大騒ぎ: Se armó tal ~ en el bar, que tuvo que venir la policía. バルで大変な騒ぎが起こり, 警察が出動しなければならなかった. ❷《パナマ》[広まるにつれ大げさ・悪質になる] うわさ, ゴシップ

bochinchear [botʃintʃeár]自《チリ. 口語》けんかする

bochinchero, ra [botʃintʃéro, ra]形名《中南米. 口語》すぐ口論する〔人〕, よく騒ぎを起こす〔人〕

bochinchoso, sa [botʃintʃóso, sa]形 ❶《中南米》うわさ話の好き. ❷《アンデス》粗暴な, けんか好きな. 2) ささいなことに腹を立てる, 神経の過敏な

bochista [botʃísta]名《地方語》ボチャス bochas をする人

bocho [bótʃo]男《ラプラタ. 口語》頭; 頭脳
　　hacerse el ~《ラプラタ. 口語》[恋の成就などについて] 夢を抱く
　　romperse el ~《ラプラタ. 口語》熟考する, 長い間考える

bochón [botʃón]形《ウルグアイ》[他より大きい] ビー玉

bochornera [botʃornéra]女《地方語》ひどい暑さ(蒸し暑さ)

bochorno [botʃórno]《←ラテン語 vulturnus「南東風」》男 ❶［夏に吹く］熱風; [それによる] 蒸し暑さ: Hace ~. 蒸し暑い. ❷[恥辱などによる] 赤面. ❸《生理》［閉経期の］一過性熱感, ほてり

bochornoso, sa [botʃornóso, sa]形 ❶ 蒸し暑い: Era una tarde ~sa. むしむしする午後だった. ❷ 嘆かわしい, 恥ずべき: El espectáculo de su borrachera fue ~. 彼の酔態のひどさには目を覆いたくなった

bocígeno, na [boθíxeno, na]形《医学》甲状腺種を引き起こす

bocín [boθín]男 ❶ 車輪の軸穴に詰めるエスパルト. ❷ 水車を回転させる水を流す樋. ❸《コロンビア》トゥルメケ turmequé の的の輪

bocina [boθína]《←ラテン語 bucina「角笛」》女 ❶《自動車》警笛, クラクション〔=claxon〕: tocar la ~ クラクションを鳴らす. ❷ メガホン〔=megáfono〕; [昔のラッパ型の] スピーカー. ❸《音楽》ホルン〔=corno〕; 角笛〔=cuerno〕. ❹《中南米》ラッパ形補聴器〔=trompetilla〕; イヤホン. ❺《メキシコ, グアテマラ, パナマ, カリブ》スピーカー. ❻《メキシコ》[電話の] 送受話器
　　hacer ~ [*con las manos*] 手をメガホンにする

bocinar [boθinár]自《まれ》クラクションを鳴らす

bocinazo [boθináθo]男 ❶ クラクション(警笛)の音. ❷《口語》叱り声: dar un ~ a+人 …を大声で叱る

bocinegro, gra [boθinégro, gra]形《闘牛》牛が鼻面の色が黒い
　　――男《カナリア諸島. 魚》ヨーロッパマダイ〔=pagro〕

bocinero, ra [boθinéro, ra]形《闘牛》=bocinegro
　　――男《狩猟》角笛を鳴らす人

bocio [bóθjo]男《医学》甲状腺腫

bocioso, sa [boθjóso, sa]形 甲状腺腫の〔患者〕

bocón, na [bokón, na]形 ❶《中南米. 軽蔑》1) [口の軽い・悪口の好きな] おしゃべりな人, うわさ好きな人. 2) たれこみ屋, 密告屋. ❷《メキシコ. 口語》嘘つきの. ❸《魚》カタクチイワシの一種

boconada [bokonáda]女 虚勢, 空いばり〔=fanfarronada〕

boconear [bokoneár]自《チリ. 口語》うわさ話をする

bocota [bokóta]女《口語》おしゃべり口〔=bocaza〕

bocoy [bokój]《←仏語 boucaut》男《複 ~es》[ワイン運搬・保存用の] 大樽

bocudo, da [bokúðo, ða]形 [容器が] 口の大きい

boda [bóða]《←ラテン語 vota < votum「誓い, 約束」》女《時に 複》結婚式; 結婚披露宴: La ~ se celebra en la capilla. 結婚式は礼拝堂で行なわれる. pastel de ~ ウェディングケーキ. ~ civil 民事婚. ~ religiosa 教会婚, 宗教婚. ~s de papel (plata・oro・diamante) 紙(銀・金・ダイヤモンド)婚式
　　~ de negros 乱痴気騒ぎ
　　~s de Camacho 宴会などで食事が豊富なこと〔『ドン・キホーテ』後編に出てくる招待客が多く派手な結婚披露宴〕

bode [bóðe]男 雄ヤギ〔=macho cabrío〕

bodega [boðéɣa]《←ラテン語 apotheca < ギリシア語 apothēke「倉庫」》女 ❶［地下の］酒蔵, ワインセラー: Nos llevó a su ~ y nos dio a catar varios vinos. 彼は私たちを酒蔵に連れて行き何本かのワインを試飲させてくれた. ❷ 醸造所, 酒店. ❸ 船倉;《航空》貨物室: Los marineros repartieron la carga entre distintas ~s del barco. 船員たちは積み荷をそれぞれの船倉に分けて積み込んだ. ❹ [ある産地・年の] ブドウの収穫, ワインの生産: Se pueden catar y adquirir los vinos de la ~ riojana. ラ・リオハ産ワインの試飲と購入ができる. ❺《集名》[個人が所有する・レストランなどがリストに載せている] ワイン. ❻《主に中南米》居酒屋, 酒場. ❼《中南米》[小さな] 食料品店. ❽《メキシコ, チリ》倉庫

bodegaje [boðeɣáxe]男《ニカラグア, コスタリカ, チリ》倉敷料, 保管料〔=almacenaje〕

bodego [boðéɣo]男《廃語》安食堂, 居酒屋〔=bodegón〕

bodegón [boðeɣón]男 [bodega の増大語]《美術》静物〔画〕: fotografía ~ 静物写真. ❷ 安食堂, 居酒屋

bodegonear [boðeɣoneár]自 居酒屋をはしごする

bodegonero, ra [boðeɣonéro, ra]名 居酒屋の主人

bodegonista [boðeɣonísta]名 静物画家

bodeguero, ra [boðeɣéro, ra]《←bodega》名 ❶ 醸造所(酒店・居酒屋)の主人. ❷ 酒倉係, ソムリエ. ❸《南米》食料品店の店主, 店員
　　――形 醸造所の
　　――男《チリ》ワインセラー〔家具〕

bodigo [boðíɣo]男 ❶《古語》教会へのお供え物として用いられる小さな(少量の)パン. ❷ [一般に] プチパン. ❸《地方語》怠惰な(役立たずの)少年

bodijo [boðíxo]男《西. 軽蔑, まれ》不釣り合いな結婚, 身分の低い人との結婚; 簡素な結婚式

bodocal [boðokál]形《ブドウが》黒色の; 黒ブドウ〔の〕

bodocazo [boðokáθo]男《古語》陶製の弾丸 bodoque による打撃

bodón [boðón]男《地方語》[川の] 深み

bodoni [boðóni]形《印刷》ボドニ書体〔の〕

bodoque [boðóke]《←アラビア語 bunduq》男 ❶《手芸》浮き上げ刺繍のステッチ; [クッションなどの] とじ糸〔の補強かがり〕. ❷《古語》[弩で撃つ] 陶製の弾丸. ❸ 小さな凝塊, だま. ❹《メキシコ》こぶ, 腫れ物; 出来損い
　　――男《メキシコ》❶ 無能な〔人〕, でくのぼう. ❷《メキシコ, ボリビア》行儀の悪い〔子〕, 反抗的な〔子〕, 生意気な〔子〕

bodoquera [boðokéra]女 ❶《古語》陶製の弾丸 bodoque 用の型; [弩の] 陶製の弾丸を装填する受け皿. ❷《メキシコ. 時に軽蔑》結婚式を兼ねた披露宴

bodrio [bóðrjo]男《←俗ラテン語 brodium < ゲルマン語 brod「スープ」》男 ❶《軽蔑》失敗作, ひどいしろもの: Esta película es un ~. この映画は駄作だ. ❷ まずいシチュー. ❸ [修道院で乞食に与える] 残り物で作ったスープ(シチュー). ❹ [ソーセージ用の] 玉ネギを混ぜた豚の血

body [bóði]《←英語》男《複 bodies》❶《服飾》レオタード〔=maillot〕; 女性用下着の、ボディースーツ. ❷《若者語》肉体〔=cuerpo〕
　　demasié (*demasiado*) *para el* ~《若者語》すご過ぎ, ひど過ぎ

body art [bóði árt]《←英語》男《美術》ボディーアート

bodyboard [boðibórd]《←英語》男《スポーツ》ボディボード, ボディサーフィング

body body [bóði bóði]《←英語》男 [体と体をこすり合わせる] ボディマッサージ〔=masaje ~〕

body building [bóði bíldin]《←英語》男 ボディービル

body milk [bóði mílk]《←英語》女《化粧》ボディー乳液〔=leche corporal〕

BOE [bóe]男《西. 略記》←Boletín Oficial del Estado 官報, 政府公報

boeciano, na [boeθjáno, na]形《人名》ボエティウス Severino Boecio の〔480～524・525?, 古代ローマの政治家・哲学者〕

bóer [bóer]形名《複 ~s》[南アフリカの] ボーア人〔の〕

boezuelo [boeθwélo]男《buey の示小語》《狩猟》[ウズラ狩りで使う] 雄牛像

bofe [bófe]《←古語 bofar「吹く」》男《主に 複. 食用獣の》肺臓
　　echar el ~(*los ~s*)《口語》懸命になる; [主に走って] へとになる
　　ser un ~《コスタリカ, キューバ》非常に嫌である, しつこい; 時宜を得ない

bofena [boféna] 女 =**bofe**
bófeta [bófeta] 女 《繊維》目の粗い薄地のモスリン
bofetada [bofetáða] 《←古語 bofete < bofar「吹く」》女 ❶ 平手打ち, ぴんた: dar una 〜 a+人 …に平手打ちを食らわす; 侮辱する. ❷ [突然の] 不快感: Al abrir la ventana recibí una 〜 de calor en plena cara. 窓を開けたら顔一面に熱気が当たった. ❸ 侮辱
　darse de 〜*s*《西. 口語》1) [+con と] かみ合わない, 調和しない: Sus altos principios morales *se daban de* 〜*s con su conducta*. 彼の高邁な道徳観は実際の行ないと矛盾していた. 2) けんかする. 3) 後悔する
　no tener [ni] media 〜 《口語》[ライバルなどが肉体的に] 存在感が乏しい, 弱々しい
bofetán [bofetán] 男 《繊維》=**bófeta**
bofetón [bofetón]《←bofetada》男 ❶ 強烈な平手打ち: pegar un 〜 強くぴんたと打つ. ❷ 《演劇》戸板返し
bofia [bófja]《西. 隠語》[la+] 警察
　――― 女《西. 隠語》警官
Bofill [bofíl]《人名》*Ricardo* 〜 リカルド・ボフィル《1939–, バルセロナ生まれの建築家. ポストモダン posmodernismo の作品が高く評価される.『カタルーニャ州立劇場』*Teatro Nacional de Cataluña*, 銀座の『資生堂ビル』*Edificio Shiseido*》
bofo, fa [bófo, fa]《メキシコ》
bofordo [bofórðo] 男《古語》短い投げ槍[の競技]《=bohordo》
boga [bóga] I《←仏語 vogue < voguer「漕ぐ」》女 ❶ 漕ぐこと. ❷ 好評, 人気
　en 〜 流行している, 人気のある: El cantante puso *en* 〜 las chaquetas de piel. その歌手が革の上着をはやらせた
　――― 名 =**bogador**
　II 《西. 隠語》《魚》❶ アフリカダイ. ❷ ウグイに似た川魚《〜 de río. 学名 Chondrostoma polylepis》
bogada [bogáða] 女 一漕ぎで進む距離
bogador, ra [bogaðór, ra] 名 漕ぎ手: primer 〜 整調手
bogalla [bogáʎa] 女《エストレマドゥラ》オークにできる虫こぶ
bogar [bogár]《←ラテン語 vocare》❶ 自 ❶《文語》漕ぐ《=remar》; [動物が] ひれで泳ぐ. ❷《チリ》[溶解中に] 鉱滓を取り除く
bogavante [bogaβánte] 男 ❶《動物》ウミザリガニ, ロブスター. ❷《歴史》ガレー船の第一漕手
bogey [bógi]《←英語》男《ゴルフ》ボギー: hacer 〜 ボギーを出す. doble 〜 ダブルボギー. triple 〜 トリプルボギー
bogie [bógi]《←英語》男《鉄道》ボギー車
bogón [bogón] 男《地方語. 魚》トウゴロウイワシ
Bogotá [bogotá]《地名》ボゴタ《コロンビアの首都. 標高およそ 2600mに位置. 1538年, ヒメネス・デ・ケサダ Jiménez de Quesada により建設》
bogotano, na [bogotáno, na]《地名》ボゴタの *Bogotá* [人]《コロンビアの首都》
Bogotazo [bogotáθo] 男《歴史》ボゴタ暴動《1948年コロンビア. ガイタン Gaitán 暗殺を機に発生》
boguera [bogéra] 女《漁業》アフリカダイ用の網
bohaírico [boaíriko] 男《コプト語》ボハイラ方言
bohardilla [boarðíʎa] 女 =**buhardilla**
bohardillón [boarðiʎón] 男 広い屋根裏部屋
bohemia[1] [boémja]《←ラテン語 bohemius》女 ❶ 集名 ボヘミアン. ❷ 自由奔放な生活
bohemiano, na [boemjáno, na] 形 名 ボヘミアの [人]《=bohemio》
bohémico, ca [boémiko, ka] 形 名 ボヘミアの [人]《=bohemio》
bohemio, mia[2] [boémjo, mja] 形 名 ❶《地名》ボヘミア *Bohemia* の [人]. ❷ [芸術家などについて] 気ままな生活をする [人], ボヘミアン[的な], 自由奔放な [人]. ❸ [ボヘミアの] ジプシー
　――― 男 ボヘミア語
bohemo, ma [boémo, ma] 形 名 ボヘミアの [人]《=bohemio》
bohena [boéna] 女 ❶ [食用獣の] 肺臓《=bofe》. ❷ 豚の肺臓製のソーセージ
bohío [boío]《←カリブ語》男 熱帯アメリカの, ヤシの葉で葺いた粗末な小屋
boholano, na [b[o]oláno, na] 形 名《地名》ボホール *Bohol* の [人]《フィリピン中部の島》
bohordo [b[o]órðo] 男 ❶《植物》根生花梗, 花茎. ❷《古語》

[騎士の競技用の] 短い投げ槍; その競技
boicó [bojkó] 男《まれ》=**boicot**
boicot [bojkó(t)]《←英語 boycott》男《複 〜s》ボイコット; 不買運動: Esos países hicieron un 〜 a los Juegos Olímpicos. それらの国はオリンピックをボイコットした. 〜 a los productos catalanes カタルーニャ製品不買運動
boicotear [bojkoteár] 他 ボイコットする: Algunos socios descontentos intentaron 〜 la reunión. 不満を抱く何人かの会員は会議をボイコットしようとした. Los franceses *boicotearon* los productos británicos. フランス人たちは英国製品の不買運動をした
boicoteo [bojkotéo] 男 =**boicot**
boido, da [bójðo, ða]《動物》ボア科の
　――― 男《動物》ボア科
boíl [boíl]《牧畜. まれ》牛の囲い場
Boïl [bójl]《人名》*Bernat* 〜 →**Boyl**
boiler [bójler] 男《メキシコ》湯沸かし器
boina [bójna]《←バスク語》女 ベレー帽
　〜 *verde* 1) [tengo una boina verde... と歌いながら] 輪になって回る遊び. 2)《軍事》男 グリーンベレー《単 その兵士,《複》部隊》
　pasar la 〜《口語》金を集める
boinero, ra [bojnéro, ra] ベレー帽の製造者
boira [bójra]《←ラテン語 boreas「北風」》女《西》霧《=niebla》
boiserie [bwaserí]《←仏語》女《主に古風で, 彫刻のある》壁面家具
boite [bwát]《←仏語》女 ナイトクラブ, キャバレー
boixos nois [bójsos nojs]《←カタルーニャ語》男《単複同形》《サ》Fútbol Club Barcelona の熱狂的なファンの集団
boj [bóx]《植物》ツゲ
boja [bóxa]《植物》❶ サントリナ, サザンウッド《〜 común》. ❷ ホワイトマグワート《〜 blanca, 〜 de olor》
bojar [boxár]《←カタルーニャ語 vogir》他《船舶》1) [島などの] 周囲の長さを測る; [周囲] …の長さがある. 2) [船で, 島・岬などを] 一周する. ❷ [皮革の] 汚れを削り取る
boje [bóxe] 男 ❶《植物》=**boj**. ❷《鉄道》ボギー車《=carretón》
bojear [boxeár]《船舶》=**bojar**
bojedal [boxeðál] 男 ツゲ林
bojeo [boxéo] 男《船舶》❶ [島などの] 周囲の長さ [の測定]. ❷ 沿岸航行, 周航
bojeral [boxerál] 男《地方語》=**bojedal**
bojiganga [boxigáŋga] 女《歴史》[黄金世紀の] 村回りの小さな道化役者一座
bojo [bóxo] 男《船舶》[島などの] 周囲の長さの測定
bojote [boxóte] 男 ❶《中南米》[不格好な] 包み, 荷物. ❷《ベネズエラ》大量
　estar hecho un 〜《プエルトリコ》服装がみすぼらしい
bol [ból] I《←英語 bowl》❶《料理》鉢, ボール; パンチボール
　II《←ラテン語 bolus <ギリシア語 bolos < ballo「私は投げる」》男《=redada》; 地引き網
　III《←bolo》男 ❶ 九柱戯《=bolo》. ❷ 赤粘土: 〜 armínico/〜 de Armenia アルメニア赤粘土
bola[1] [bóla]《←ラテン語 bulla》女 ❶ 玉, 球; ボール《→balón 類義》: 〜 de alcanfor/〜 de naftalina 防虫剤, ナフタリン玉. 〜 de caramelo あめ玉. 〜 de contar アバクスビーズ. 〜 de cristal 水晶玉. 〜 de fuego《軍事》焼夷弾;《気象》球電. 〜 de tempestad/〜 de tormenta 暴風警報標識, 暴風信号. 〜 del mundo 地球; 地球儀. 〜 pampa《南米》=**boleadoras**. 〜*s criollas*《ベネズエラ》ペタンクに似たゲーム.《西. スポーツ》1) 〜 *de partido* マッチポイント. 〜 *de set* セットポイント. 2) 〜 *rápida* 速球, トップスピン. ❸ [ビリヤード] 〜 《blanca》手玉. 〜 *objetiva* 的玉. ❹ ビー玉《〜 *de vidrio*;《複》[指ではじいて穴に入れる] ビー玉遊び: La 〜 *de Pepe* entró en el hoyo. ペペの玉が穴に入った. jugar a las 〜*s* ビー玉遊びをする. ❺《技術》《複》ボールベアリング [の玉]《=cojinete de 〜*s*》. ❻《西. 口語》力こぶ: sacar [mucha] 〜 [大きな] 力こぶを作る. ❼《西. 口語》嘘, 作り話: ¡Vaya — que nos metiste! 何という嘘をつくんだ! ¿No te habrás tragado esa 〜? そんなたわけた話を信じていないだろうな? contar 〜*s* 嘘をつく, 作り話をする. ❽《俗語》[主に《複》. 女性の] 乳房. ❾《卑語》睾丸: Me pegó una patada en las 〜*s*. 彼は私のきんたまを蹴った. 頭脳: Tú estás mal de la 〜. 君は頭がおかしい. ⓫《トランプ》総取り, スラム: media 〜 スモールスラム. ⓬《繊維》毛玉: ha-

cerse ~s〔衣類が〕毛玉になる。salir ~s 毛玉ができる。~s de pelo 猫（セーターなど）の毛玉。⓭《料理》1)《地方口語》卵・パン粉を付けた団子《揚げてから煮る》。2)《南米》~ de lomo 牛肉の切り身。⓮《船舶》円板による信号。⓯《西．隠語》〔逮捕者・捕虜の〕釈放: dar la ~《古語的》釈放する，出所させる。⓰《地方語》球形のトウガラシ。⓱《口語》1)《口語》大量；大勢。2) 騒動，けんか騒ぎ: Se armó la ~. 大騒ぎが起きた。3) 革命，蜂起。4) [la+] 革命軍の徴兵。5) 靴の光沢。⓲《コロンビア．口語》のろま，反応（理解）の鈍い人。⓳《エクアドル．口語》大金。⓴《アルゼンチン，ウルグアイ》[先住民が狩りで投げて使う] 紐に結んだ丸い石
a ~ vista《トランプ》カードを表向けにして
a su ~《西．口語》自分の判断で，自分のいいように: Aquí cada uno va a su ~. ここでは誰もが好き勝手をしている。Ana va a su ~, no quiere cuentas con nadie. アナはマイペースだ，誰も頼ろうとしない
andar como ~ huacha《チリ》暇を持て余している，何もすることがない
andar como ~ sin manija《アルゼンチン，ウルグアイ》=**andar como ~ huacha**
~ de billar 1) ビリヤードの玉。2)《口語》はげ頭: tener la cabeza como una ~ de billar はげ頭である
~ de nieve 1)《植物》シロオオハラタケ《食用のキノコ》；カンボク（肝木）。2) 雪玉: rodar una ~ de nieve 雪玉を転がす。3) 雪だるま式に増大するもの〔うわさ，富など〕
~ negra 反対票；echar ~ negra 反対票を投じる，拒絶する
~s chinas〔女性の自慰用の〕膣に挿入する玉
botar la ~《プエルトリコ》偉業をなしとげる
cambiar la ~《カリブ》気を変える
como ~ sin manija《アルゼンチン，ウルグアイ》途方に暮れて，有効なことができずに
correr la ~ 1) ニュース（間違ったうわさ）を広める: ¿Quién ha corrido la ~ de que se van a divorciar? 彼らが離婚するなどというデマを誰が流したのだろう? 2) ニュース（間違ったうわさ）が広がる: La ~ corrió por toda la ciudad. デマが町中を駆け巡った
¡Dale la ~! いい加減にしろ!
dar a la ~《メキシコ，キューバ．口語》狙いが的中する，成功する
dar ~ 1)《メキシコ》靴を磨く。2)《チリ，アルゼンチン，ウルグアイ》気に留める，だます: Se lo he dicho mil veces pero no me da ~. 私は彼に何度も言ったのに彼は全く気に留めない
dar con ~《メキシコ，キューバ．口語》=**dar a la ~**
dejar que ruede la ~/dejar rodar la ~《口語》なりゆきに任せる: No tenemos más remedio que dejar que ruede la ~. ここはなりゆき任せにするしかない
en ~s《俗語》1) 裸で・の: En esta playa todo el mundo va en ~s. この海岸では誰もが裸でいる。hombre en ~s 裸の男。2) 無一文で
escurrir la ~ 無断で退出をする，ずる休みをする：[危険などから] 逃げる
estar de (como) ~《中米》ひどく酔っている
estar hecho una ~ 1) 丸々と太っている。2) 体を丸くする，丸くなる
hacer correr la ~ ニュースを広める
hasta la ~《闘牛》[estocada の突き刺しより] 柄(?)まで深く
hasta las ~s 激怒して，腹を立てて: Estoy hasta las ~s de Miguel. 私はミゲルに頭にきている。Me tiene hasta las ~s con sus tonterías. 彼の愚かさ加減に私は腹が立っている
hinchar (inflar) las ~s《アルゼンチン，ウルグアイ．卑語》不快にする，邪魔する
niño de la ~ 幼子イエス《地球を表わす玉を手にしている》；幸福な子
no dar [ni] ~《口語》重視しない
no rascar (tocar) ~《西．口語》へまばかりする
parar ~[s]《コロンビア，ベネズエラ》気に留める，注目する: No me paró ~s. 彼は私に注意を払ってはくれなかった
pasar la ~ 1) 責任をなすりつける，問題を押しつける: No le gustaba ese trabajo y me ha pasado la ~. 彼はその仕事が嫌いで，私に押しつけた。2)〔伝言ゲーム〕teléfono descompuesto で〕次の人に伝える
pasarse de la ~《カリブ》ゆきすぎる，度を過ごす

pedir ~《ドミニカ．口語》ヒッチハイクをする
pillar a+人 en ~s …の不意を突く
¡Qué ~!《カリブ，チリ，アルゼンチン，ウルグアイ》何てずうずうしい!
quedar en ~s《アルゼンチン，ウルグアイ．口語》=**quedarse en ~s**
quedarse en ~s《パラグアイ》[人が] ぼんやりする
quedarse en ~s《アルゼンチン，ウルグアイ．口語》全財産を失う
rascarse las ~s《アルゼンチン，ウルグアイ．卑語》のんべんだらりとする，無為に過ごす
¡Ruede la ~! 運を天に任せよう/とにかくやってみよう!
bolacear [bolaθeár]他《コロンビア，アルゼンチン．口語》…に嘘をつく，大げさに言う
bolacero, ra [bolaθéro, ra] 形 名《アルゼンチン．口語》嘘つき〔の〕，誇張する〔人〕
bolada [boláda] 女 ❶《ペルー，ボリビア》〔急速に広まる・悪意のある〕うわさ話。❷《チリ，アルゼンチン．口語》好機，もうけ話: aprovechar la ~ 好機を利用する
bolado [boládo] 男 ❶ カルメラ状の菓子〔=azucarillo〕。❷《中南米》厄介な・後ろ暗い〕用事，仕事。❸《ホンジュラス，ビリヤード》巧みな突き
bolaga [bolága] 女《地方語．植物》ジンチョウゲ〔=torvisco〕
bolamen [bolámen] 男《俗語》睾丸
bolandista [bolandísta] 男《Bolland（ベルギー人）》男 聖人伝編集研究会員《17世紀にイエズス会によって作られた》
bolardo [bolárdo] 男〔←英語 bollard〕《船舶》係船柱
bolastristes [bolastrístes] 形 名《アルゼンチン，ウルグアイ．軽蔑》頭が鈍い〔人〕
bolazo [boláθo] 男 ❶ 球 bola による打撃。❷《アルゼンチン，ウルグアイ》大嘘，でたらめ
de ~ あっという間に，気づかないうちに
bolchevique [boltʃebíke] 形 名《歴史》ボルシェビキ〔の〕；[主に旧ソ連の] 共産党員〔の〕；過激派〔の〕
bolcheviquismo [boltʃebikísmo] 男《古語的》=**bolchevismo**
bolchevismo [boltʃebísmo] 男《古語的》ボルシェビズム；過激主義
bolchevización [boltʃebiθaxjón] 女《古語的》ボルシェビズム化，赤化
bolchevizar [boltʃebiθár] 9 他《古語的》ボルシェビズム化する，赤化する
boldina [boldína] 女《生化》ボルジン《ボルドから抽出されるアルカロイド》
boldo [bóldo] 男《植物》ボルド，ペウームス
boldoglucina [boldoglukína] 女《生化》ボルドから抽出されるグルコシド
bolea [boléa] 女《スポーツ》ボレー
boleado, da [boleádo, da] 形《アルゼンチン，ウルグアイ．口語》頭が混乱した，当惑した
—— 女《中南米》ボーラ boleadoras を使った狩猟
boleador [boleaðór] 男 ❶《メキシコ，パナマ》〔人〕。❷《ウルグアイ》前脚を上げたり後ろ脚を蹴り上げたりする馬
boleadoras [boleaðóras] 女 複《中南米》ボーラ，投げ玉《パタゴニアやパンパの先住民が使用していた狩猟具具。皮製の紐の先に2・3個の石または鉄球が付いていて，投げて獲物にからませる。のちにガウチョが改良して武器として使用》
bolear [boleár]〔←**bola**〕他 ❶ 〔ボールなどを〕投げる。❷《ビリヤード》玉を打つ。❸《メキシコ，コスタリカ，パナマ》靴墨を塗る。❹《エクアドル．口語》…で楽しむ，時間つぶしをする。❺《アルゼンチン，ウルグアイ．口語》1) ボーラ boleadoras を投げる。2) 頭を混乱させる
~ se ❶《野球》キャッチボールをする。❷《アルゼンチン，ウルグアイ．口語》1) 頭が混乱する。2) ぺてんにかける，…に汚い手段を使う。❸《アルゼンチン》[若馬が] 立ち上がって倒れる
boleíta [boleíta] 女《鉱物》ボレオ石，ボレイサイト
boleo [boléo] 男《クエンカ．遊戯》鉄球投げ《ある距離を最少の回数で投げ切った者が勝ち》
bolera[1] [boléra] 女《音楽，舞踊》ボレロ《18世紀スペインに始まる3拍子の舞曲。キューバには即興的な恋愛歌として発展した》。❷《服飾》ボレロ。❸《メキシコ，コスタリカ，パナマ》靴磨き〔人〕。❹《グアテマラ，ホンジュラス》シルクハット〔=chistera〕
bolero[2]**, ra** [boléro, ra]〔←**bola**〕形 名《口語》大嘘つきの〔人〕。❷《エクアドル．口語》[女性が] 色っぽい，男をたらし込む

boleta [boléta]【←古伊語 bolletta「通行許可証」< bolla < ラテン語 bulla「泡, 玉」】囡 ❶ 入場券, 切符〖=billete〗. ❷ 引換券; 許可書, パス: ~ de compra 買物券. ~ de sanidad〈検疫の〉健康証明書. ❸《軍事》[民家に対する] 宿泊命令書. ❹《中南米》1)[福引きの] 抽選券. 2)[罰金の] 反則切符. 3) 投票用紙〖=~ electoral〗. 4) 召喚状〖=~ de citación〗. 5) 領収書, レシート. ❺《メキシコ》証明書: ~ de calificaciones [学校の] 成績書. ❻《ラプラタ》~ de depósito [銀行の] 預入伝票
dar [*la*] ~ 解雇する; 排除する; [人と] 関係を断つ
hacer ~《アルゼンチン, ウルグアイ. 口語》殺す
hacer la ~《アルゼンチン, ウルグアイ. 口語》交通違反で罰する (罰金を課する)
boletera[1] [boletéra] 囡《ウルグアイ》[バスの] 通学定期券
boletería [boletería] 囡《中南米》入場券 (切符) 売り場〖=taquilla〗
boletero, ra[2] [boletéro, ra] 名 ❶《中南米》入場券 (切符) の販売員. ❷《アルゼンチン. 口語》嘘つき
── 男《軍事》設営係士官
boletín [boletín]【←伊語 bollettino】男 ❶《いくつかの国で》公報; 会報, 報告書: *B*~ *Oficial* [*del Estado*]《西》官報. ~ *anual* (*mensual*・*semanal*) 年 (月・週) 報. ~ *comercial* 商業時報. ~ *interno* ハウス・オーガン〈従業員向けの社内報や顧客向けの PR 誌〉. ~ *informativo* [関係者向けの] 情報誌, 会報; ニュースレター. ❷《放送》［集合］ ニュース番組: *escuchar el* ~ *de las doce* 12 時のニュースを聞く. ~ *meteorológico* ; ~ *del tiempo* 天気予報. ❸［集合］時事通信, ニュースレター〖=~ *informativo*, ~ *de noticias*〗. ❹ 証明書: ~ *de notas*/~ *de calificación* [学校の] 成績票. ~ *de inscripción*〗: ~ *de pedido* 注文書. ~ *de precios* 価格表. ❺ 学術報告, 紀要: ~ *literario* 文学紀要. ❻《キューバ》[乗り物・劇場などの] 切符〖=billete〗
boleto [boléto]【←ラテン語 bulla「泡, 玉」】男 ❶ [くじ・賭け事の] 札, 抽選券. ❷《植物》イグチ [科のキノコ]; ヤマドリタケ. ❸《まれ》メモ〖=volante〗. ❹《古語. 主に軍事》宿泊許可証. ❺《中南米》[乗り物・劇場などの] 切符〖=billete〗: ~ *de ida y vuelta*/《メキシコ》~ *redondo* 往復切符. ~ *electrónico* e チケット
dar ~ *a*...《チリ. 口語》…に注目する
ser un ~《ウルグアイ》非常に容易である
boli [bóli]【*bolígrafo* の省略形】男［集合］《西. 口語》ボールペン
bolicha [bolítʃa]《地方語》小型の土鍋
bolichada [bolitʃáda] 圓 ❶ 小型の地引き網 *boliche* の投げ入れ. ❷ まぐれ当たり
boliche [bolítʃe]【←カタルーニャ語 bolitx「小型の網」< ギリシア語 bolidion < bolos「網」】男 ❶［ペタンクなどの］的球. ❷［家具の柱頭で］球形装飾. ❸《漁業》小型の地引網, その網. ❹［地引網などで捕えた］小魚, 雑魚. ❺《植物》小型のインゲン豆. ❺［炭焼き用の］狭い穴. ❼ 小型の煮込み用鍋. ❽ みずぼらしい店. ❾《古語的》けん玉; けん玉遊び. ❿《古語的》ソーダ水〖=*gaseosa*〗. ⓫《中南米》ビー玉〖=*canica*〗;［集合］《植物》メキシコカタバミ〖学名 *Oxalis latifolia*〗. ⓬《メキシコ》ボウリング. ⓭《プエルトリコ, パラグアイ》質の悪いたばこ. ⓮《南米》［小さな］バル, 居酒屋; ディスコ
tener ~《ウルグアイ. 口語》熟練している
bolichear [bolitʃeár] 圓《アルゼンチン, ウルグアイ. 口語》❶ 細々と商売する. ❷ ディスコ酒店に入り浸る
bolichero, ra [bolitʃéro, ra] 名 ❶ 小魚 *boliche* を捕る (売る) 人. ❷《地方語》墓掘り人. ❸《南米. 口語》居酒屋 *boliche* の店主 (店長)
bólido [bólido]【←ラテン語 bolis, -idis < ギリシア語 bolis, -idos「投げられる物」】男 ❶ 高速車, レーシングカー.《戯語》［一般に］自動車. ❷《天文》火球; 隕石
ir de ~《口語》[仕事に追われて] 手早くすます
boligráfico, ca [bolígráfiko, ka] 形《主に西, まれ》ボールペンの
bolígrafo [bolígrafo]【←bola+ギリシア語 grapho「私は書く」】男《主に西》ボールペン
bolilla [bolíʎa] 囡《チリ, アルゼンチン, ウルグアイ》❶［数字が書かれた］くじ引きの玉. ❷［授業プログラムに含まれる］テーマ
dar ~《南米. 口語》[+a] …に関心を払う
bolillero, ra [boliʎéro, ra] 名《主に職業として》ボビンレースをする人
── 男 ❶ ボビンレースの編み台〖=*mundillo*〗. ❷《チリ, アルゼンチン, ウルグアイ》くじ引きの輪形抽選器

bolillo [boliʎo]【*bolo*[1] の示小語】男 ❶《手芸》1)［レース・飾り紐編み用の］糸巻き, ボビン: *encaje de* ~*s* ボビンレース. 2)［レース編み, 飾り紐編みの］作業. ❷《メキシコ》ロールパン. ❸《コスタリカ》［主に［複］. 打楽器用の］スティック. ❹《コロンビア》警棒, 棍棒; 脚棒
bolín [bolín] 男《ペタンクなどの》的球〖=*boliche*〗
de ~*, de bolán* よく考えずに, 軽々に
bolina [bolína]【←英語 bowline】囡 ❶《船舶》1) はらみ綱, ボーライン. 2) ハンモックを吊るロープ. 3) 鞭打ち刑. ❹《地方語. 植物》ゲニスタ〖学名 *Echinospartum boissieri*〗
de ~《船舶》詰め開きで
bolinche [bolíntʃe]《地方語》❶ 球形装飾〖=*boliche*〗. ❷ ビー玉〖=*canica*〗
bolindre [bolíndre]《地方語》球形装飾〖=*boliche*〗
bolineador, ra [bolineaðór, ra] 形《船舶》追い風でよく走る〖=*bolinero*〗
bolinear [bolineár] 圓《船舶》追い風に乗る, 追い風に乗って行する; はらみ綱を引く, 詰め開きで帆走する
bolinero, ra [bolinéro, ra]【←*bolina*】形 ❶《船舶》追い風でよく走った［船が］追い風でよく走る. ❷《チリ》よく騒ぎを起こす, 騒ぎ好きな
bolinga [bolínga]《西. 口語》《*estar*+》酔っぱらった
── *coger una* ~/*tener una* ~ 酔っぱらう
bolisa [bolísa]《地方語》火の粉, 燃えかす〖=*pavesa*〗
bolista [bolísta] 名 ボウリング *bolos* をする人, ボウラー
bolístico, ca [bolístiko, ka]《地方語》ボウリング *bolos* の
bolita [bolíta] 囡 ❶［セーターなどにできる］毛玉. ❷《植物》~*s de nieve* セッコウボク. ❸《中南米》ビー玉〖=*canica*〗;［複］ビー玉遊び
echarse la ~《メキシコ》責任をなすり合う
por ~*s de dulce*《チリ. 口語》無駄に, 報償なしに
── 形 名《アルゼンチン. 軽蔑》ボリビア出身の〔人〕
bolito [bolíto] 男《植物》セイヨウムクロジ〖学名 *Sapindus saponaria*〗
bolívar [bolíbar] 男《ベネズエラの貨幣単位・ウルグアイの昔の金貨》ボリバル
Bolívar [bolíbar]《人名》**Simón** ~ シモン・ボリバル〖1783-1830, ベネズエラ出身. 南米独立の指導者. ベネズエラ, コロンビア, エクアドル, ボリビアをスペイン支配から解放〗
bolivarense [bolibarénse] 形 名《地名》[コロンビアの] ボリーバル Bolívar 山の. ❷ ボリーバル Bolívar の［人］《コロンビア北部の県; ベネズエラ東部の州; エクアドルの県》
bolivariano, na [bolibarjáno, na] 形《人名》シモン・ボリバル Simón Bolívar の: *los países* ~*s* シモン・ボリバルによって独立した国々《コロンビア, ベネズエラ, エクアドル, ペルー, ボリビア》
Bolivia [bolíbja] 囡《国名》共和国. 正式国名はボリビア多民族国 Estado Plurinacional de Bolivia. 憲法上の首都はスクレ Sucre だが, 政府主要機関はラ・パス La Paz にある. 国民の大半は先住民系〗
bolivianismo [bolibjanísmo] 男 ボリビア特有の言葉や言い回し; ボリビア好き
boliviano, na [bolibjáno, na] 形 名《国名》ボリビア〔人〕の; ボリビア人
── 男《ボリビアの貨幣単位》ボリビアノ
bolla [bóʎa] 囡 ❶《歴史》1) トランプ *naipes* 製造税. 2) ボラ税《中世後期カタルーニャ, 毛織物・絹織物の小売税》. ❷《レオン》特撰粉と牛乳の菓子パン
bollaca [boʎáka] 形《隠語》レズビアン〔の〕
bollacón [boʎakón] 形《軽蔑》レズビアン〔の女性〕
bolladura [boʎaðúra] 囡 =*abolladura*
bollar [boʎár]【←*bollón*】囮 ❶［布に］鉛印 (製造印) を押す. ❷［金属に］打ち出し細工をする
bollén [boʎén] 男《植物》バラ科の灌木〖学名 *Kagenekia oblonga*〗
bollera[1] [boʎéra] 囡《西. 軽蔑》レズビアン
bollería [boʎería] 囡 ❶ 菓子パン *bollo* の製造所 (販売店). ❷［集合］[各種の] 菓子パン
bollero, ra[2] [boʎéro, ra] 名 菓子パンを作る (売る) 人
bollo [bóʎo]【←ラテン語 bulla「泡, 玉」】男 ❶《料理》菓子パン; ロールパン, バーガーパン: *Tengo ante mí el desayuno: un poco de puré de patatas, medio tomate, un* ~ *y té*. 私の前に少量のマッシュポテト, トマト半分, ロールパン 1 個と紅茶の朝食が置かれている. ~ *suizo*《西》ブリオッシュ. ~ *malmón* ビスケット

生地のリングケーキ. ❷《口語》[堅い物の表面にできた]へこみ, でこぼこ: La tapa de la cacerola tiene unos ~s. 鍋のふたにいくつかへこみがある. ❸《頭に》[頭に]こぶ: No le ha salido un ~ en el frente. ぶち当たったので私のおでこにこぶができた. ❹《服飾》浮き出し模様. ❺《西.口語》けんか騒ぎ. ❻《西.軽蔑》レスビアンの性行為. ❼《ホンジュラス, チリ, アルゼンチン, ウルグアイ.口語》[拳骨による]殴打. ❽《キューバ.軽蔑》誰とでも寝る女. ❾《コロンビア.料理》タマーレ[=tamal]. ❿《エクアドル》1)《料理》トウモロコシと魚のパイ. 2)《卑語》恥丘[=pubis]. ⓫《チリ》[瓦一枚を作るのに必要な]粘土の量. 2)《卑語》とぐろを巻いた大便
hacer ~s/hacer un ~《西.軽蔑》レスビアンが性行為をする
perdonar el ~ por el coscorrón《口語》面倒くささが先に立ち欲しいものを諦める
ser ~ de chocolate とても易しい(簡単である)
ser un ~《ウルグアイ.俗語》, 朝飯前である

bollón [boʎón]《*bollo* の示大語》男 ❶ 飾り釘, 飾り鋲. ❷[銀器への球形・楕円形の]打ち出し. ❸《ウルグアイ》[食品を入れる]底の広いガラス瓶

bollonado, da [boʎonáðo, da] 形 飾り釘(飾り鋲)で装飾した

bollullero, ra [boʎuʎéro, ra] 形《地名》ボリューリョス・パル・デル・コンダード Bollullos Par del Condado の[人]《ウエルバ県の町]》

bolo¹ [bólo] I [←*bola*] 男 ❶《スポーツ》1) [ボウリングの]ピン《参考》「…番ピン」は基数詞で表わす: Permanecen de pie los ~s 7-10. 7と10番ピンが残る]; derribar el mayor número de ~s posibles ひとりが多くのピンを倒す. 2) ボウリング[=bowling, ~s americanos]: jugar a los ~s ボウリングをする. 3)《古語》複 九柱戯《9本ピンのボウリング》. ❷《西.口語》複《劇団・芸人などの》地方巡業《~s どさ回りする》. ❸《西.口語》複 親善試合, オープン戦. ❹《地方語.魚》イカナゴ
andar en ~《中南米》裸でいる
ándate con el ~ colgando《俗語》用心しろ, 気をつけろ
echar a rodar los ~s かっとして騒ぎを起こす
estar de ~《狩猟》=*hacer el* ~
hacer el ~《狩猟》[ウサギに]立っている
hacerle a un ~ en la cabeza …はぼんやりしている, 頭のはたらきが鈍っている
ponerse de ~《狩猟》=*hacer el* ~
II [←ラテン語 bolos「土塊, 球」] 男《生理》~ alimenticio [一度に飲み込む]食物塊. ~ fecal 糞便
III 男《メキシコ, キューバ》❶《集合》洗礼式の代父が子供たちに与える硬貨. ❷ 洗礼式への参列

bolo², **la**² [bólo, la] 形《中米.口語》酔っぱらった[人]

bololó [bololó] 男《コロンビア.口語》混乱

bolómetro [bolómetro] 男《物理》ボロメーター

bolón [bolón] 男 ❶《エクアドル》[朝食・おやつに食べる]バナナ・チーズ・豚の皮などの入ったパイ. ❷《チリ》[土台に用いられる]大きな切り石; 大きなビー玉

bolondrón [bolondrón] 男《エクアドル》大きなビー玉

bolonio [bolónjo] 形 男 ボローニャ大学スペインカレッジ Colegio Español de Bolonia の[学生・卒業生]

boloñés, sa [boloɲés, sa] 形《地名》[イタリアの]ボローニャ Bolonia の[人]
—— 女《料理》ボロネーゼソース, ミートソース: tallarines a la *boloñesa* タリアテーレのボローニャ風ミートソース

bolsa [bólsa] 女 ❶[←ラテン語 *bursa* <ギリシア語 *byrsa*「革, 革袋」] ❶ 袋, バッグ: meter una ~ en otra 袋に入れる. sacar de la ~ 袋から取り出す. ~ de agua caliente《古語》湯たんぽ. ~ de aire/~ de seguridad《中南米》エアバッグ. ~ de aseo 洗面道具入れ, 化粧ポーチ. ~ de basura ごみ袋. ~ de canguro《中南米》ウエストポーチ. ~ del cartero 郵便かばん. ~ de cultivo 野菜栽培用の鉢入りビニール袋. ~ de deportes スポーツバッグ. ~ de dormir《南米》寝袋. ~ de herramientas 道具入れ. ~ de hielo 氷嚢. ~ de la compra 買物袋, 《経済》マーケットバスケット[方式][=*cesta de la compra*]. ~ de labores 裁縫道具入れ, 小物入れ. ~ de papel 紙袋. ~ de plástico ビニール袋, ポリ袋. ~ de viaje ボストンバッグ. ~ del cartero 郵便かばん. ~ para tabaco きざみたばこ入れ. ~ filtrante《ペルー》ティーバッグ. ❷ 財布, 持ち金, ふところ具, 財産: Esa gente tiene la ~ repleta. あの連中は金を持っている. ¡La ~ o la vida! 金を出さないと殺すぞ! aflojar la ~ 財布のひもを緩める. tener la ~ vacía 財布が空である. ❸[銀行の]

現金輸送袋. ❹《商業》[時に B~. 商品・証券の]取引所; 株式市場; 相場; 商品取引; 立ち会い; 取引所の常連: Hoy no hay ~. 今日は立ち会いがない. La B~ sube (baja). 相場が上がる(下がる). jugar a la ~ 株(投機)をする. casa de B~ 証券会社. operaciones de ~ 証券取引, 株の売買. ~ de cambios 外国為替市場[=*mercado de divisas*]. ~ de cereales 穀物取引所. ~ de comercio 商品取引所. ~ de fletes [海上運賃が決められる]海運取引所. ~ de la propiedad [新聞の]不動産売買欄. ~ de trabajo/~ de empleo 職業紹介所, ハロー・ワーク. ~ de valores 証券取引市場[相場]. ~ negra《チリ》闇市; 闇取引; 闇相場. ❺《西》[研究のための]補助金, 助成金[=~ *de estudios*]; 奨学金[=*beca*]: ~ de viaje 研究旅行費. ~《ボクシング》ファイトマネー: Nadie sabe la ~ que puede recibir ese boxeador si gana el combate. もし試合に勝てばそのボクサーにいくらのファイトマネーが入るのか誰も知らない. ❻《衣類・衣服などの》しわ. ~ de los ojos 目の下のたるみ. Se han hecho ~s en el pantalón. 彼のズボンはひざが出ている. ❽[気体・液体などの]たまり; ~ de aire《技術》空気ポケット. 《航空》エアポケット. ~ de gas《地質》ガスのたまり. ~ de petróleo 石油のたまり. ~ de vapor《自動車》ペーパーロック. ~s de pobreza 大都市の貧困地域[に住む人々]. ❾[防寒用の]足覆い. ❿《解剖, 動物》1) 嚢. 2) 《生理》~ sinovial 滑液嚢. 2)《俗語》陰嚢. 3) [毒蛇の]毒嚢;[ミツバチの]蜜嚢;[カンガルーの]腹袋;[イカの]墨汁嚢. ⓫《地質》鉱嚢, 鉱脈瘤. ⓬《軍事》[前線の]包囲地帯;[占領地内での]孤立地帯. ⓭《植物》~ de pastor ナズナ, ペンペングサ. ⓮《メキシコ》ハンドバッグ[=*bolso de mano*]. ⓯《中米》ポケット[=*bolsillo*]
~ *de aguas*《解剖》羊膜: Se puede romper la ~ de aguas. 破水するかもしれない
~ *rota* 金づかいの荒い人, 浪費家
dar como ~《ウルグアイ.口語》1) [言葉で・行為で]厳しく謝する. 2) 長く使用する
echarse a la ~《中米》好意(援助・信頼)を得る
hacer《南米.口語》壊れる, だめになる
hecho ~《南米.口語》疲れている, 孤立している

bolsada [bolsáða] 女《地質》鉱嚢, 鉱脈瘤

bolsear [bolseár] [←*bolsa*] 他 ❶《中南米》[カップルの相手に]冷たくする, ふる. ❷《メキシコ, 中米》[ポケットから]盗む, する

bolsera¹ [bolséra] 女《チリ》袋型のヘアネット

bolsería [bolsería] 女《ベネズエラ》愚かな出来事

bolsero, ra² [bolséro, ra] 形 名 ❶ 袋の; 袋製造(販売)業者. ❷《チリ.軽蔑》いつもおごってもらう人, たかり屋

bolsicón [bolsikón] 男《コロンビア, エクアドル》[田舎の]粗い布地のスカート

bolsillería [bolsiʎería] 女 財布製造(販売)業

bolsillero, ra [bolsiʎéro, ra] 形 名 ❶ 財布製造(販売)業の(業者). ❷[隠語]すり

bolsillo [bolsíʎo]《*bolso* の示小語》男 ❶ ❶ ポケット: Siempre guardo la cartera en el ~ del pantalón. 私はいつもズボンのポケットに財布を入れている. ~ interior 内ポケット. ~ superior/~ de pecho 胸ポケット. ~ de atrás/~ trasero 尻ポケット. Viajo siempre con un libro en el ~. 私はいつも本を一冊携えて旅に出る. ❷ 所持金, ポケットマネー: Lo único que quiere es llenarse los ~s. 彼は私腹を肥やすことしか頭にない. consultar con el ~ 財布(ふところ)と相談する. pagar de su (*propio*) ~ 身銭(自腹)を切る. tentarse el ~ ふところ具合を探る. ❸ 小銭入れ[=*monedero*]
aflojar el ~ =*rascar[se] el* ~
de ~ 《口語》ポケット判の: libro *de* ~ ポケットブック, 文庫本. 2) 小型の: autobús *de* ~ 小型バス. submarino *de* ~ 小型潜水艦
meterse a+人 *en el* ~《口語》…を味方に引き入れる, 自分の意のままにする
no echarse nada en el ~ 何の得もしない
poner de su ~《口語》気前よく払う
rascar[se] el ~《口語》[しぶしぶ]金を出す
sin echarse la mano al ~ 一銭も金を使わずに
tener a+人 *en el* ~ …を自分の意のままにしている

bolsilludo, da [bolsiʎúðo, da] 形 ❶《ウルグアイ.口語》[ズボンの]ウエストのところがだぶだぶの. ❷《サッカー, バスケット》ナシオナルクラブの[選手]

bolsín [bolsín]《*bolsa* の示小語》男[地方の]証券を売買するとこ

bolsiquear [bɔlsikeár]《←bolsa》他《南米.口語》[ポケットから]盗む, する

bolsista [bɔlsísta]《←bolsa》名 ❶ 株式仲買人. ❷《中米》すり

bolsístico, ca [bɔlsístiko, ka] 形 取引所の

bolsita [bɔlsíta]《bolsa の指小語》女 ティーバッグ[= ～ de té]

bolso [bólso]《←bolsa》男 ❶《西》ハンドバッグ[= ～ de mano]: Mi mujer tiene unos ～s de marca. 妻はいくつかブランドもののバッグを持っている.《南米》[風によるふくらみ]ふくらみ: La vela hace ～. 帆がふくらんでいる.《まれ》小銭入れ, ポケット. ❷《中南米》かばん[=bolsa]; [特に学生用の] 手さげかばん; 手さげ袋

bolsón [bɔlsón]《bolso の指大語》男 ❶ 搾油機の木台. ❷ 大袋. ❸《地方語》1) 大きなポケット. 2) 川が大きく蛇行するところ. ❹《南米》1) 旅行かばん; スポーツバッグ. 2) 鉱脈縮. 3)《航空》～ de aire エアポケット. ❺《チリ》[生徒用の] かばん[=cartera]

boludear [boluðeár] 自・～se《アルゼンチン, ウルグアイ. 口語》[うっかりして] 時機を逃す, チャンスを失う

boludez [boluðéθ] 女《アルゼンチン, ウルグアイ. 軽蔑》どじ, 愚かさ

boludo, da [bolúðo, ða] 形 名 ❶《メキシコ. 口語》丸い, 球形の. ❷《コロンビア, ボリビア, ラプラタ. 軽蔑》ばかな[人], 愚か者[の]; 無責任な[人]

bom [bón] 間 [主に繰り返して. 打撃音・破裂音] バン

bomba¹ [bómba]《擬態 (ラテン語 bombus「ブンブンいう音」に近い)》女 ❶ ポンプ: casa de ～ ポンプ室. ～ de aceite [エンジンの] オイルポンプ. ～ de agua 揚水(送水)ポンプ. ～ de aire 空気ポンプ. ～ de bicicleta 自転車の空気入れ. ～ de calor ヒートポンプ. ～ de compresión 圧縮ポンプ. ～ de engrase 潤滑油注入器. ～ de gasolina 給油ポンプ. ～ de incendios 消防ポンプ, 消防車, ポンプ車. ～ impelente 押上ポンプ. ❷ 爆弾, 砲弾: 1) dejar caer las ～s sobre una ciudad 町に爆弾を投下する. explosión nuclear con una ～ de un megatón 1メガトン級の核爆発. ～ cazabobos/～ trampa 仕掛け爆弾. ～ de dispersión 集束爆弾. ～ de humo 発煙弾,《比喩》煙幕. ～ de mano 手榴弾, 手投げ弾. ～ de tiempo/～ de acción retardada 時限爆弾. ～ de efectos retardados 時限爆弾. ～ H/～ de hidrógeno 水素爆弾. ～ lapa 自動車の下に仕掛ける爆弾. ～ Molotov 火炎びん[= ～ cóctel Molotov]. coche ～ 自動車爆弾. paquete ～ 小包爆弾. ❸《比喩》～ de relojería demográfica 人口時限爆弾《少子高齢化に伴う年金制度の破綻》. [電灯の] 球形の笠, グローブ. ❹ 驚くべきこと, 突発事, 衝撃的なニュース[=noticia ～]: 1) Ese video fue una ～. そのビデオは衝撃的だった. 2)《口語》[形容詞的] éxito ～ 空前の大成功. fiesta ～ どんちゃん騒ぎのパーティー. ❺《パーティーなどの》即興詩. ❻《医学》～ corazón-pulmón 人工心肺. ～ de cobalto コバルト照射器. ❼《メキシコ, キューバ》シルクハット. ❽《メキシコ》ポンパ《ユカタン半島の滑稽な流行歌》. ❾《グアテマラ, ホンジュラス, エクアドル, ペルー. 口語》酩酊: pegarse una ～ 酔っ払う. ❿《ホンジュラス, ドミニカ, コロンビア》シャボン玉. ⓫《カリブ. 舞踊》ポンバ. ⓬《キューバ》球形のランプ. ⓭《コロンビア》1) 風船. 2)《バスケットボール》エリア. ⓮《ラプラタ. 菓子》～ de chocolates エクレア. ～ de crema シュークリーム. ⓯《チリ》消防署; 消防隊

～ **de palenque**《地方語》音の大きい大型打ち上げ花火

caer como una ～ 衝撃的である; 不快である

dar a la ～ ポンプを動かす

darse ～《ベネズエラ》[+con を] 自慢する

echado ～s《口語》ひどく熱い

estar ～《口語》《女性が》グラマーである

estar (ir) echando ～ 熱くなっている, 沸騰している; 激怒している

pasárselo ～/pasarlo ～《口語》非常に楽しい時を過ごす: Me lo pasé ～ en la fiesta. パーティーで私はとても楽しかった

poner a+人 **la cabeza ～** …を呆然とさせる

que caigan ～s 《地方語》**vengan ～s**

tener la cabeza ～ 呆然としている

vengan ～s《地方語》何が起ころうと, 雨が降ろうと槍が降ろうと

bombacáceo, a [bombakáθeo, a] 形 =**bombáceo**

bombáceo, a [bombáθeo, a] 形 パンヤ科の
── 女 複《植物》パンヤ科

bombacha [bombátʃa] 女《服飾》[時に 複] ❶《チリ, アルゼンチン, ウルグアイ》[農民・ガウチョのはく] 裾広のズボン. ❷《ボリビア, チリ, アルゼンチン, ウルグアイ》パンティー; ズロース

bombacho [bombátʃo]《←bomba (丸い形から)》男《服飾》[時に 複] ❶ ニッカーボッカー, バギー[=pantalón ～]. ❷ [乳児・幼児用の] ブルマー

bombachudo [bombatʃúðo] 男《アルゼンチン, ウルグアイ. 服飾》[乳児・女性用の] ブルマー

bombarda [bombárða]《←俗ラテン語 bombarda < 古語 lombarda》女 ❶《中世の》射石砲. ❷《船舶》爆弾ケッチ《臼砲を備えた二檣帆船》; 二檣帆船. ❸《音楽》ボンバルド; [パイプオルガンの] 低音のストップ

bombardeador, ra [bombarðeaðór, ra] 形 名 爆撃する; 爆撃手

bombardear [bombarðeár]《←bombarda》他 ❶ 爆撃する; 砲撃する: ～ una ciudad 町を爆撃(砲撃)する. ～ a+人 a preguntas …を質問攻めにする. ❷《物理》[原子を素粒子で] 衝撃する

bombardeo [bombarðéo] 男 爆撃; 砲撃: avión de ～ 爆撃機. ～ aéreo 爆撃, 空襲. ～ por (de) saturación じゅうたん爆撃 **apuntarse (abonarse) a un ～**《危険・困難などにもかかわらず》何にでも見境なく参加する(手を出す)

bombardero, ra [bombarðéro, ra] 形 ❶《軍艦》砲を載せた: lancha ～ra 小型砲艦
── 名 爆撃機の搭乗員
── 男 ❶ 爆撃機: ～ pesado 重爆撃機. ❷《昆虫》ホソクビゴミムシ

bombardino [bombarðíno] 男《音楽》ユーフォニューム

bombardón [bombarðón] 男《音楽》ボンバルドン《低音チューバ》

bombasí [bombasí] 男 (複 ～es)《繊維》ボンバジーン

bombástico, ca [bombástiko, ka] 形《文体・作者が》大仰な, 誇張した

bombazo [bombáθo]《←bomba》男 ❶ [爆弾の] 破裂, 炸裂. ❷《口語》衝撃的な出来事(ニュース); 大ヒットした新製品

bombé [bombé] 男 二輪二人乗りの軽量な馬車

bombeado [bombeáðo]《スポーツ》[ボールを] 高く上げること, ロビング

bombear [bombeár] I《←bomba》他 ❶ ポンプで送る(注入する・汲み上げる); [タイヤに] 空気を注入する. ❷《スポーツ》[ボールを] 高く上げる, ロビングする. ❸ 砲撃する. ❹《南米》[敵・動物などの動きを] 注意深く観察する. ❺《アルゼンチン. 口語》[+人 に] 故意に損害を与える
II ～(bombo) 他《まれ》ほめ讃える; 宣伝する

bombeo [bombéo] 男 ❶ 汲み出し, 汲み上げ. ❷ [水はけをよくするための] 道路の凸形

bomber [bómber] 男 複 ～s《服飾》ボマージャケット[=cazadora ～]

bombera¹ [bombéra] 女《まれ》消防士の妻

bomberito [bomberíto] 男《ウルグアイ》[車に備え付ける] 小型消火器

bombero, ra² [bombéro, ra]《←bomba》名 ❶ 消防士,〔複〕消防隊, 消防団[=cuerpo de ～s]: llamar a los ～s 消防車を呼ぶ. coche (camión) de ～s 消防車. escalera de ～s はしご. ～ forestal 森林消防隊員. ❷ [タンカーの] ポンプ係. ❸《キューバ》ばか者. ❹《プエルトリコ, ベネズエラ, コロンビア, エクアドル》ガソリンスタンドの従業員. ❺《アルゼンチン》偵察兵 ～ torero 闘牛士の真似をするお笑い芸人
de ～ 間抜けな, 知恵のない: ideas de ～ とんでもない考え, 非常識な思いつき
── 男 ❶《キューバ. 野球》リリーフ投手. ❷《アルゼンチン》スパイ

bombeta [bombéta] 女《軍事》[火薬の威力を試すために] 臼砲から発射される青銅の塊; 小型の爆弾

bómbice [bómbiθe] 男 蚕[=gusano de seda]

bombilla [bombíʎa]《bomba の指小語》女 ❶《主に西》電球[= ～ eléctrica]: cambiar una ～ 電球を取り替える. ～ ahorradora/～ de ahorro 電球型蛍光灯. ❷《船舶》舷灯. ❸《バスケットボール》インサイド. ❹ [車の台形の中央] 頭蓋骨[=cráneo]. ❺《ボリビア, ラプラタ》マテ茶を吸い込むための管
encenderse (iluminarse) a+人 la ～《口語》…が名案を思いつく

bombillero [bombiʎéro] 男《隠語》[階段などに置いてある物を盗む] こそ泥

bombillo [bombíʎo]《bomba の指小語》男 ❶ [流し・トイレなど

の）U字管, トラップ. ❷《船舶》手押しポンプ, 小型(携帯式)ポンプ. ❸《錠前の》シリンダー. ❹《中米》電球.
bombín [bombín]《←bomba》男 ❶ 山高帽《=sombrero de hongo》. ❷《自転車》空気入れ. ❸ 小型ポンプ: 〜 de pie/〜 a pedal 足踏みポンプ. ❹《錠前の》シリンダー.
bombita [bombíta] 女《南米》❶ 電球. ❷ 水が一杯入った風船.
bombizo, za [bombíθo, θa] 形《地方語》❶ ふくれた, 膨張した. ❷ 呆然とした.
bombo[1] [bómbo]《←bomba》男 ❶《音楽》大太鼓. ❷〔くじ引きの玉の入った〕回転抽選器: girar el 〜 抽選器を回す. ❸〔洗濯機の〕回転水槽. ❹《技術》ドラム, 胴部. ❺《口語》大げさな賞賛. ❻《口語》妊婦の大きなお腹. ❼《南米, 口語》尻
a 〜 y platillo《西》鳴り物入りで, 華々しく: La llegada del primer hombre a la Luna fue anunciada *a 〜 y platillo*. 人類最初の月面到着は派手に喧伝された
con 〜 y platillo《西, 口語》=**a 〜 y platillo**
dar mucho 〜 a...〔派手に〕…をほめ讃える; 宣伝する
darse 〜 吹聴する
hacer un 〜 a+人《口語》…を妊娠させる
irse al 〜《アルゼンチン, ウルグアイ. 口語》失敗する
mandar... al 〜《アルゼンチン, ウルグアイ. 口語》=**tirar... al 〜**
poner a+人 *la cabeza como un 〜* …に頭痛を起こさせる: Ese terrible ruido me *ha puesto la cabeza como un 〜*. 私はそのひどい音を聞くと頭がガンガンする
tener la cabeza como un 〜 1）頭がガンガンする（割れるように痛い）. 2) 頭がぼうっとしている
tirar... al 〜《アルゼンチン, ウルグアイ. 口語》〔人・事を〕失敗させる
bombo[2], **ba**[2] [bómbo, ba] 形 困惑した, 呆然とした
bombón [bombón] I 《←仏語 bonbon》男 ❶ チョコレートボンボン: 〜 helado チョコレートでくるんだアイスクリーム. ❷《口語》〔典型的な〕美人, 魅力的な女性: Eres un 〜. 君は美人だ. ❸《メキシコ. 植物》ウスベニアオイ
II 男《フィリピン》〔液体を入れる〕ヨシ製の器
bombona [bombóna]《←カタルーニャ語 bomba < bomba》女 ❶《西, 口語》ボンベ: 〜 de butano ブタンガスボンベ. 〜 de camping キャンプ用の小型ガスボンベ. 〜 de oxígeno 酸素ボンベ. ❷《西》〔ガラス・陶器製の〕細口の大瓶: 〜 de agua destilada 蒸留水瓶
bombonaje [bombonáxe] 男《植物》パナマソウ
bombonera [bombonéra]《←bombón》女 ❶ チョコレートボンボン入れ. ❷〔狭いが住みやすい〕こぎれいな家（住まい）
bombonería [bombonería] 女 ❶ 高級チョコレート店. ❷《集》チョコレートボンボン
bómper [bómper] 男《コロンビア. 自動車》バンパー
bonachón, na [bonatʃón, na]《bueno の示永形》形《口語》お人好しの, ばか正直な〔人〕; のんきな〔人〕: Era un hombre tranquilo y 〜 sin ápice de malicia. 彼は穏やかで人のよい, これっぽっちも悪意のない男だった. Tiene cara de 〜. 彼は人のよさそうな顔をしている
bonachonería [bonatʃonería] 女 ばか正直さ, のんき
bonaerense [bonaerénse] 形《地名》ブエノスアイレス Buenos Aires の
bona fide [bóna fíde]《←ラテン語》副 善意から, 誠意のある, まじめに; 本物の: *obrar 〜* 善意で行なう
bonal [bonál] 男《地方語》〔湧水もあって〕ぬかるんだ土地
Bonampak [bonampák] 男《地名》ボナンパック〔メキシコ, チアパス州にあるマヤ遺跡. 原意は「絵のある壁」で, 戦争の場面を描いた壁画で有名. 1946年発見〕
bonancibilidad [bonanθibiliðáð] 女《口語》穏やかさ
bonancible [bonanθíble] 形《文語》〔天候・性格が〕穏やかな
—— 男《気象》和風〔風力4〕
bonanza [bonánθa] 女《ラテン語 bonacia < malacia「べた凪」》❶〔海・天候の〕静穏: *mar* [en] 〜 穏やかな海, 凪（ぎ）の海. ❷ 繁栄, にわか景気: *periodo de* 〜 好況期. ❸《鉱物》富鉱帯
bonanzoso, sa [bonanθóso, sa] 形 ぬかるんだ
bonapartismo [bonapartísmo] 男 ナポレオン支持; ボナパルティスム, ナポレオン流の独裁政治
bonapartista [bonapartísta] 形《歴史》ナポレオン・ボナパルト Napoleón Bonaparte 支持派〔の〕; ボナパルト主義の
bonasí [bonasí] 男《カリブ. 魚》毒魚の一種《学名 Bonasi arara》
bonazo, za [bonáθo, θa] 形 =**buenazo**

boncesa [bonθésa] 女《まれ. 仏教》尼僧
boncha [bóntʃa] 女《アルゼンチン》〔皮膚の〕まめ: Me ha salido una 〜 en el pie izquierdo por usar esos zapatos tan ajustados. 私はきつい靴を履いていたので, 左足にまめができた
bonche [bóntʃe] 男 ❶《中米》けんか, 争い. ❷《ベネズエラ》祝宴, パーティー
bondad [bondáð] 女《←ラテン語 bonitas, -atis < bonus》❶ 善, 善良さ: La 〜 *es una virtud irremplazable*. 善はかけがえのない美徳である. *la 〜 suma* 至高の善. ❷《主に 複》親切な行為（態度）; 優しさ: *Estoy profundamente agradecido por sus 〜es*. ご親切にも色々お世話いただき深く感謝しております. ❸〔主に 複〕物事の〕良さ, 良好: Él no reconoce las 〜*es de este sistema*. 彼はこのシステムの良さが分かっていない. 〜*es del clima mediterráneo* 地中海の気候の良さ
tener la 〜 de+不定詞〔命令文・疑問文で〕丁寧な依頼〕Tenga la 〜 *de esperar aquí un rato, señor*. ここで少しお待ちいただけますでしょうか
bondadosamente [bondaðósaménte] 副 親切に, 優しく
bondadoso, sa [bondaðóso, sa]《←bondad》形 親切な; 善良な; 温厚な: Es muy 〜 *con Juana*. 彼はフアナにはとても優しい
bondage [bondáʃ]《←英語》男《性行為》ボンデージ
bonderización [bonderiθaθjón] 女《金属》リン酸被膜化
bonderizado [bonderiθáðo] 男《金属》=**bonderizado**
bondiola [bondjóla] 女《アルゼンチン, ウルグアイ. 料理》〔塩漬け・燻製にした〕豚ひれ肉の冷製
boneta [bonéta] 女《船舶》ボンネット〔補助帆〕
bonetada [bonetáða] 女《まれ》帽子を取りながらの挨拶
bonetazo [bonetáθo] 男 縁なし帽 bonete による殴打
bonete [bonéte]《←ラテン語 bonnet》男 ❶〔昔, 聖職者・学生などがかぶった4つの角のある〕縁なし帽. 2) ボンネット〔=gorro〕. ❷《動物》網胃, 蜂巣胃. ❸《植物》シャグマアミガサタケ〔毒キノコ〕
a tente 〜《まれ》しつこく, 過度に
bravo 〜 俗物; 大ばか者
gran 〜 重要人物; 大ばか者
bonetería [bonetería] 女 ❶ 縁なし帽 bonete の製造所（販売）店. ❷《メキシコ, アルゼンチン》手芸材料店; ランジェリーショップ
bonetero, ra [bonetéro, ra] 名《古語》縁なし帽 bonete の製造（販売）者
—— 男《植物》マユミの一種《学名 Euonymus europaeus》
bonetillo [bonetíʎo] 男 ❶《植物》=**bonetero**. ❷ 女性用の髪飾り
bonga [bónga] 女《フィリピン. 植物》ビンロウ〔=areca〕
bongo [bóŋgo] 男 ❶〔中米の先住民が使う〕カヌー, 丸木舟;《キューバ, コロンビア》〔渡し綱を使って川を渡る〕渡し舟. ❷《音楽》大型のアンテイーラ = **bongó**. ❸《動物》キワタ科の一種《学名 Boocercus euryceros》. ❹《植物》キワタ科の一種《学名 Cavanillesia platanifolia》
bongó [bóŋgo] 男《複 〜s/bongoes》《音楽》ボンゴ
bongosero, ra [boŋgoséro, ra] 名《音楽》ボンゴの演奏家
bonguero, ra [boŋgéro, ra] 名《コロンビア》渡し舟 bongo を操って川を渡る人
bonhomía [bonomía] 女《文語》無邪気, あどけなさ
bonhotel [bonotél] 男《西》=**bonotel**
boni [bóni] 男 ❶《西. 口語》サツマイモ〔=boniato〕. ❷〔ガラス・プラスチック製で頭部が色付きの〕ピン〔砂の中に隠して遊ぶ〕. 〔複〕その遊び
boniato [bonjáto] 男 ❶《←タイノ語 bonyata》❶《西, キューバ, ウルグアイ. 植物》サツマイモ〔=batata〕. ❷《西. 隠語》1）《古語》千ペセタ札. 2) 陰茎
bonificable [bonifikáble] 形 値引きされ得る
bonificación [bonifikaθjón] 女 ❶《商業》割戻し〔金〕, リベート, 値引き; 割増金, ボーナス〔=gratificación〕. ❷ 〜 *fiscal* 税額控除. 〜 *tributaria a la inversión* 投資〔優遇〕税額控除. ❹《スポーツ》ボーナスポイント
bonificar [bonifikár]《←ラテン語 bonus「善」+facere「行なう」》他 ❶ 割戻し〔払戻し〕をする; 値引きをする: Si paga al contado, le *bonificamos* un cinco por ciento sobre el precio de venta al público. 現金で払って下されば一般販売価格より5%値引きします. ❷《スポーツ》ボーナスポイントを与える
bonísimo, ma [bonísimo, ma] 形《文語》bueno の絶対最上級
bonista [bonísta] 名 債券保有（所有）者

bonítalo [boníṭalo] 男《魚》カツオ《=bonito》
bonitamente [bonitaménte] 副 [非難すべき行為について] うまく, 首尾よく; 巧妙に, まんまと: El estafador se embolsó ~ cincuenta mil euros. その詐欺師はまんまと5万ユーロをせしめた
bonitear [boniteár] 自《地方語》カツオ漁をする
bonitero, ra [bonitéro, ra] 形 名 〔カツオ漁の〕〔漁師〕
—— 男 カツオ漁船 《=barco ~》
—— 女 カツオ漁;その期間
bonito¹ [boníto] 男《魚》カツオ《鰹》《マグロ atún としばしば混同される》: ~ seco 鰹節
bonito², ta [boníto, ta]《←ラテン語 bonus の示小語》形 ❶ きれいな, かわいい, すてきな, 美しい《スペインでは主に事物について使う》; ¡Qué paisaje tan ~! 何てきれいな景色なのだろう! ¡Qué ~! すてきな!/《皮肉》結構なことだ, ひどいもんだ! casa ~ta すてきな家. letra ~ta きれいな字. ❷ [+金額] かなりの, 相当の: Antonio gana una ~ta cantidad de dinero. アントニオはかなりの額の金を稼いでいる. ❸《皮肉》結構な, 大変な, ひどい: ¡B~tas calificaciones has sacado! ひどい成績をとったな! ❹《口語》[恋人・子供など親密な人への呼びかけ] 君, お前: Mira, ~ta. ねえ, お前
¡Muy ~! 1) とてもすばらしい. 2) [叱責] ひどいもんだ, 結構なことだ!
—— 副《中南米》良く, うまく, 上手に
bonitura [boniṭúra] 女 きれいなもの, かわいいもの
bonizal [boniθál] 男 キビ bonizo 畑
bonizo [boníθo] 男《植物》粒が非常に小さいキビ
bono [bóno]《←仏語 bon「良い」》男 ❶ 引換券《=vale》. ❷ 回数券: ~ de diez viajes 10回乗車券. ❸《経済》債券, 債務証書《類義》obligación と同義だが, ~ ふつう短期物〕; 公債《~ ~ público》: ~ al portador 無記名社債. ~ amortizable con los ingresos 収益社債. ~ con garantía/ ~ hipotecario 担保付き社債. ~ con interés variable 変動利付債. ~ de caja 〔資金繰りのための〕短期社債. ~ de renta fija 確定利付債, 利子証券. ~ de tesorería 短期国債, TB. ~ descontado 割引債. ~ del Tesoro/~ del Estado 国債. ~ nominativo (nominal) 記名社債. ~ ordinario (clásico) 普通社債. ~ sin cupón [利札のつかない] ゼロクーポン債. ~ sin vencimiento/~ perpetuo 永久公債. ❹ ~ contribución [資金・援助金などを集めるための] 私的な宝くじ. ❺《チリ》[複]《政治家の》威信;《俳優などの》人気
en ~s 《メキシコ, ニカラグア, キューバ, ボリビア》分割払いで
bonobo [bonóbo] 男《動物》ボノボ
bonobús [bonobús] 男《西》バスの回数券
bonoloto [bonolóto] 女《西》国営の宝くじ
bonometro [bonométro] 男《西》地下鉄の回数券
bononiense [bononjénse] 形 名 ボローニャ Bolonia の〔人〕《=bolonés》
bonote [bonóte] 男 ヤシの実の表皮から採取される細い糸
bonotel [bonotél] 男《西》[プリペイド式の] ホテル利用券, 宿泊クーポン券
bonotrén [bonotrén] 男《西, 鉄道》回数券
bonsái [bonsái] 男《←日本語》《複 ~s》盆栽〔植物, 技術〕: jardín de los ~s 箱庭
bonsái [bonsái] 男 =bonsai
Bonum vinum laetificat cor hominis [bónum bínum laetifikát kor óminis]《←ラテン語》美酒は人の心を楽しませる《新約聖書にある諺》
bonus [bonús]《←ラテン語 bonus「良い」》男《単複同形》❶ ボーナス, 特別賞与《=gratificación》. ❷ [保険] 契約者払戻し金
bonus-malus [bonús malús] 男 [自動車保険の, 事故の有無による] 割増割引制度
bon vivant [bón bibán]《←仏語》《複 ~s》享楽家, 人生を楽しむ人; 美食家, グルメ
bonzo, za [bónθo, θa]《←日本語》《仏教》僧侶, 坊主: monasterio de ~ 寺
suicidarse a lo ~ 焼身自殺する
boñiga [boɲíga]《←?前ローマ時代の語 bunnica》女 不可算 牛糞, 馬糞
boñigar [boɲigár] 形 →higo boñigar
boñigo [boɲígo] 男《←boñiga》同可 牛糞, 馬糞〔個々の塊〕
boñiguero [boɲigéro] 男《鳥》=abanto
boogie [búɣi]《←英語》《音楽》=bugui
boogie-woogie [búɣi búɣi]《←英語》=bugui-bugui

book [búk]《←英語》男《複 ~s》[俳優などの履歴を示す] 写真アルバム
bookmaker [bukméjker]《←英語》男《複 ~s》《競馬》ノミ屋, 私設馬券屋
boom [bún]《←英語》男 ブーム, 繁栄: Hay un ~ del musical. ミュージカルブームだ
boomerang [bumerán]《←英語》男《複 ~s》=bumerán
bop [bóp]《←英語》男《複 ~s》《音楽》ビバップ
bopper [bóper]《←英語》男《複 ~s》《音楽》ビバップの演奏家
boqueada [bokeáḍa]《←boquear》女 [主に 複] 口をパクパクさせること
dar las ~s/dar la última ~ 死にかけている, 臨終である; [事が] 終わりかけている
boqueante [bokeánte] 形 口をパクパクさせている; あえいでいる
boquear [bokeár]《←boca》自 ❶ 口をパクパクさせる, あえぐ. ❷ 臨終である; [事が] 終わりかけている
—— 他《まれ》言う
boquera [bokéra]《←boca》女 ❶《医学》口角糜爛(びらん). ❷ [用水路の] 水門
boqueras [bokéras] 男《単複同形》《隠語》刑務所員, 刑務官
boquerel [bokerél] 男 [ガソリンスタンドの] 給油機のホース
boquerientro, ta [bokerjénto, ta]《←チリ大語》悲惨な, 軽蔑すべき
boquerón¹ [bokerón]《←boquera の示小語》男《魚》カタクチイワシ, アンチョビ. ❷ 大きな穴; 大きな口
boquerón², na [bokerón, na] 形 名 ❶《口語》マラガ Málaga の〔人〕. ❷《口語》口の大きな〔人〕. ❸《若者語》無一文の〔人〕
boqueta¹ [bokéta] 女《地方語》=boquete
boquete [bokéte]《←boca》男 狭い入り口 (すき間); [壁の] 破れ目
boqueto, ta² [bokéto, ta] 形 名《コロンビア, 軽蔑》口唇裂の〔人〕
boqui [bóki] 男 ❶《隠語》刑務所員, 刑務官. ❷《チリ》ブドウ科のつる植物の一種《そのつるで籠が作られる》
boquiabierta¹ [bokjabjérta] 形 名《アルゼンチン, ウルグアイ, 口語》ぽかんとしている〔人〕
boquiabierto, ta² [bokjabjérto, ta]《←boca+abierto》形 ❶ [驚き・恐れ・感嘆などで] 唖然とした: La noticia de su ascenso me ha dejado ~. 彼の昇進の知らせを聞いて私はあいた口がふさがらなかった. quedarse ~ 唖然とする. ❷ 口を開けている
boquiabrir [bokjabrír] 他《通》boquiabierto《まれ》唖然とさせる
boquiancho, cha [bokjántʃo, tʃa] 形 名 口の大きい
boquiangosto, ta [bokjaŋgósto, ta] 形 名 口の小さい
boquiblando, da [bokjablándo, da] 形 [馬が] 手綱に敏感な《=blando de boca》
boquiconejuno, na [bokikonexúno, na] 形 [馬が] ウサギの口に似た口を持つ
boquidulce [bokiḍúlθe] 男《魚》カグラザメ
boquiduro, ra [bokiḍúro, ra] 形 [馬が] 手綱に鈍感な《=duro de boca》
boquiflojo, ja [bokiflóxo, xa] 形 名《メキシコ》口の軽い〔人〕
boquifresco, ca [bokifrésko, ka] 形 ❶ [馬が] 唾液の出が多く] はみに敏感に反応する. ❷ [人が] 毒舌家の
boquifruncido, da [bokifrunθíḍo, ḍa] 形 [馬が] 口のすぼみ, 口角の位置が高い
boquihendido, da [bokjendíḍo, ḍa] 形 [馬が] 大きく口が裂けた
boquihundido, da [bokjundíḍo, ḍa] 形 [馬が] 口角の位置が高い
boquilla [bokíʎa]《←boca の示小語》女 ❶ [管楽器の] 歌口(㊧), マウスピース. ❷ [たばこの] フィルターチップ; ホルダー, やにとりパイプ; [パイプの] 吸い口. ❸ [器具の] 口金; [大きい袋の] 口, ハンドバッグの留め金. ~ de un quinqué [石油ランプなどの] 火口(㊧), バーナー. ~ de un grifo 蛇口. ❹ [電気掃除機の] 吸い込み口. ❺ [ズボンの] 脇ポケット. ❻ [用水路の] 取り入れ口, 取水口. ❼ [技術] ノズル. ❽ [建築] ほぞ穴. ❾ [爆弾・手榴弾の] ヒューズ取付具. ❿《メキシコ》連続した暗礁. ⓫《エクアドル》うわさ, うわさ話
de ~ 口先だけの: Todas sus promesas son de ~. 彼の約束はいつも口先だけだ. 2)《プエルトリコ》無料の, ただの
boquillero, ra [bokiʎéro, ra] 形 名《カリブ, 口語》[約束の] 口先だけの〔人〕
boquimuelle [bokimwéʎe] 形 ❶ [馬が] 手綱に敏感な《=

blando de boca』. ❷ 〖人が〗扱いやすい、だましやすい
boquín [bokín] 男 ❶ 井戸の縁石. ❷《繊維》粗末なベーズ bayeta. ❸《古語》死刑執行人
boquinatural [bokinaturál] 形 〖馬が〗手綱に敏感でも鈍感でもない
boquinche [bokíntʃe] 男名《コロンビア、軽蔑、戯語》口唇裂で明瞭に〔速く〕話せない〔人〕
boquinegro, gra [bokinégro, gra] 形 〖動物が〗鼻面が黒い
　── 男《動物》頭部が黒いカタツムリ
boquineto, ta [bokinéto, ta] 形名《コロンビア、ベネズエラ》口唇裂の〔人〕
boquique [bokíke] 形名《ペルー》〖軽率・悪意で〗見た〔聞いた〕ことを何でも話してしまい聞き手に不快感を与える〔人〕
boquirrasgado, da [bokiřasɣáðo, ða] 形 口が横に長い
boquirroto, ta [bokiřóto, ta] 形《まれ》よくしゃべる
boquirrubio, bia [bokiřúbjo, bja] 形 ❶ 知ったことをすぐしゃべてしまう、おしゃべりな. ❷ 無経験の、不慣れな
　── 男《まれ》気取り屋の若者
boquiseco, ca [bokiséko, ka] 形 ❶ 口が渇いている. ❷ 〖馬がはむの噛みかたが甘く〗よだれが少ない
boquisumido, da [bokisumíðo, ða] 形《文語》=**boquihundido**
boquita [bokíta] 女 ～ **de piñón** すぼめた唇, ぎゅっと結んだ唇
　pedir por esa (esta) ～ ～する、必要とする
boquitorcido, da [bokitoɾθíðo, ða]《まれ》=**boquituerto**
boquituerto, ta [bokitwéɾto, ta] 形《気象》ボラ〖アドリア海岸で吹く強い北東風〗
bora [bóɾa] 女《気象》ボラ〖アドリア海岸で吹く強い北東風〗
borácico, ca [boɾáθiko, ka] 形《化学》硼砂を含む
boracita [boɾaθíta] 女《鉱物》方硼石
boragináceo, a [boɾaxináθeo, a] 形《植物》ムラサキ科の
　── 女 複《植物》ムラサキ科
borano [boɾáno] 男《化学》ボラン
borato [boɾáto] 男《化学》ホウ酸塩
bórax [bóɾa(k)s] 男《単複同形》《化学》硼砂（ほうしゃ）、ボラックス
borbolla [boɾβóʎa] 女 ❶ 泡〖=**burbuja**〗. ❷ 泡立ち〖=**borbotón**〗
borbollante [boɾβoʎánte] 形 泡立つ
borbollar [boɾβoʎáɾ] 自《ラテン語 bullare》液体が泡立つ
borbollear [boɾβoʎeáɾ] 自 =**borbollar**
borbolleo [boɾβoʎéo] 男 泡立つこと
borbollón [boɾβoʎón] 男〖←**borbollar**〗 ❶ 泡立ち 〖=**borbotón**〗. ❷《南米》混乱、騒ぎ
　a borbollones 騒がしく〖=*a borbotones*〗
borbollonear [boɾβoʎoneáɾ] 自 =**borbollar**
Borbón [boɾβón] 男 ブルボン家、ブルボン王朝〖=la Casa de ～. ヨーロッパの王家の一つでフランス・スペインなどを支配した: 1) 1558年から1830年まで続いたフランスの王朝. 2) 1700年にブルボン家出身のフェリペ5世により創始されたスペインの王朝. 19世紀の2度の革命と20世紀のスペイン内戦による中断を経て現在に至る〗
borbonesa [boɾβonésa] 女《植物》レッドキャンピオン〖学名 Silene dioica〗
borbónico, ca [boɾβóniko, ka] 形名 ❶ ブルボン家 los Borbones·la Casa de Borbón の. ❷ ブルボン家支持派〔の〕
borbor [boɾβóɾ] 男 =**borboteo**
borborigmo [boɾβoɾíɣmo] 男《医学》〖主に 複〗腹鳴（ふくめい）
borboritar [boɾβoɾitáɾ] 自 =**borbotear**
borbotante [boɾβotánte] 形 =**borboteante**
borbotar [boɾβotáɾ] 自〖←**borbollar**+**brotar**〗=**borbotear**
borboteante [boɾβoteánte] 形 〖液体が〗ボコボコいう、沸き立つ
borbotear [boɾβoteáɾ] 自〖←**borbotar**〗 ❶ 〖液体が〗ボコボコ湧き出る: *Chirriaba un grillo en el ramaje y borboteaba la fuente*. コオロギが茂みでキーキー鳴き泉はゴボゴボ湧いていた. ❷ たぎる、沸き立つ: *El caldo borbotea en el puchero*. スープが土鍋で煮え立っている
borboteo [boɾβotéo] 男 湧き出ること、沸き立つこと
borbotón [boɾβotón] 男〖←**borbotar**〗 男〖沸騰・攪拌などによる〗泡立ち
　a borbotones 1) 騒がしく: *salir a borbotones* ドヤドヤと出ていく. *El agua salta de la cañería a grandes borbotones*. 水がボコボコと水道から勢いよく出る. *La sangre corre a borbotones*. 血がどくどくと流れる. 2) 不器用に: *hablar a borbotones*〖早口にしゃべろうとして〗口ごもる
borceguí [boɾθeɣí] 男〖←?語源〗男 ～[e]s 編み上げ靴、ショー

307

トブーツ
borceguinería [boɾθeɣineɾía] 女 編み上げ靴製造所〔販売店〕
borceguinero, ra [boɾθeɣinéɾo, ra] 名 編み上げ靴製造〔販売〕者
borcellar [boɾθeʎáɾ] 男〖容器の〗縁
borda [bóɾða]〖←**borde** I〗女 ❶《船舶》1) 舷側（げんそく）、舷縁（げんえん）: *caerse por la* ～ 舷側〖の手すり〗から落ちる. 2)《ガレー船の》主帆. ❷《ピレネー山地の》羊飼いと家畜が泊まる小屋
　arrojar... por la ～ =*echar... por la* ～
　echar... por la ～ 1) …を船外へ〖海中に〗投げ捨てる. 2) 〖考えもなく〗捨てる、無駄にする: *Ha echado por la* ～ *su porvenir dejando los estudios*. 彼は勉学をやめ将来を棒に振った
　fuera (de) ～ 男《単複同形》船外機〖付きボート〗
　tirar (lanzar)... por la ～ =*echar... por la* ～
bordada [boɾðáða]〖←**borde** I〗女《船舶》間切り、同一の間開（あい）きで帆走した区間: *dar* ～*s* 間切る、ジグザグに進む. ❷ 繰り返し行ったり来たりする散歩
bordado [boɾðáðo]〖←**bordar**〗男 刺繍、縫い取り〖行為、作品〗: *aguja (hilo) de* ～ 刺繍針〔糸〕. *falda con* ～ 刺繍の入ったスカート
bordador, ra [boɾðaðóɾ, ra] 名 刺繍職人
bordadura [boɾðaðúɾa]〖←**bordar**〗女 刺繍、縫い取り〖作品〗: ～ *en blanco* 白色刺繍
bordalesa [boɾðalésa] 女《チリ、アルゼンチン、ウルグアイ》ワインの大樽《容量225リットル》
bordar [boɾðáɾ]〖←ゲルマン語 bruzdon〗他 ❶ 刺繍（ししゅう）する: 1) 〖布に〗*Las mujeres bordaban el mantel charlando*. 女たちはおしゃべりをしながらテーブルクロスに刺繍していた. *pañuelo bordado* 刺繍入りのハンカチ. *pintura bordada* 刺繍画. 2) 〖模様を〗*Sobre su bolsillo superior de la camisa lleva bordada en rojo las siglas de su nombre*. 彼のワイシャツの胸ポケットには彼のイニシャルが赤い色で刺繍されている. ❷《西》仕上げる、完璧に行なう: *Juan ha bordado su redacción*. フアンは立派なレポートを書き上げた. *El actor ha bordado perfectamente su papel*. 俳優は役を完璧に演じた. *El final de esa película está bordado*. その映画のラストは完璧である
　quedar (salir) bordado 仕上がる、完璧である
borde I [bóɾðe]〖←仏語 bord〗男 ❶ 縁（ふち）、へり: *La cuchara está en el* ～ *de la mesa*. スプーンはテーブルの端にある. ～ *del camino* 道路の端. ～ *del precipicio* 崖っぷち. ❷〖帽子の〗縁、ブリム
　al ～ *de...* 1) …の縁に: *vivir al* ～ *del mar* 海辺に住む. 2) 〖主に悪い意味で〗…の瀬戸際にある: *estar al* ～ *de la locura (la tumba·la ruina)* 発狂しかかっている〔棺桶に片足を突っ込んでいる・破滅に瀕している〕
　II〖←カタルーニャ語 bord ＜ラテン語 bordus「ラバ」〗形名 ❶〖植物が〗自然に生えた: *limonero* ～ 自生のレモンの木. ❷ 私生の; 私生児〖=*hijo* ～〗. ❸《西、軽蔑》意地の悪い〔人〕、機嫌の悪い〔人〕〖=*mal* ～〗 *y ayúdale*. 意地悪なしで彼を助けてやれ. ❹《口語》退屈させる
bordeante [boɾðeánte] 形 縁を沿う; 縁をつける
bordear [boɾðeáɾ]〖←**borde** I〗他 ❶ …の縁を沿う: *navegar bordeando la costa* 海岸に沿って航行する. *La carretera bordea su campo*. 道路が彼の農地に沿って走っている. ❷ …に縁を取る、縁どりする: ～ *una foto con una lista blanca* 写真を白く縁どりする. ❸ …の瀬戸際（寸前）にある: *Ha bordeado el éxito muchas veces*. 彼は何度も成功しかけた. *Bordea los cincuenta [años]*. 彼はもうすぐ50歳だ
bordeaux [boɾðó] 男〖←仏語〗男《単複同形》《中南米》ボルドーワイン〔の〕〖=**burdeos**〗
bordelés, sa [boɾðelés, sa] 形《地名》〖フランスの〗ボルドー Burdeos の〔人〕
　── 女 ワインの大樽〖容量225リットル. =*barrica bordelesa*〗
bordeo [boɾðéo]《まれ》男 縁を沿うこと; 縁をつけること
bordería [boɾðeɾía] 女 ❶《西、軽蔑》意地の悪さ、不機嫌. ❷《口語》退屈さ
borderline [bóɾdeɾlain] 形〖←英語〗女《心理》『正常と精神薄弱の』境界
bordillo [boɾðíʎo]〖**borde** I の小示形〗男 ❶《西、メキシコ、コロンビア、ベネズエラ》〖歩道の〗縁石、へり石. ❷〖少し高くなった〗車線境界線. ❷〖ズボンの〗裾
bordo [bóɾðo]〖←**borde** I〗男 ❶《船舶》舷側: *al* ～ 舷側にで. ❷

=**bordada**. ❸《メキシコ, グアテマラ》[畑の中の] 芝生と杭で作られた堰
　a ～ 船で[の], 飛行機で[の]; 船内に, 機内に: ir *a* ～ 船で行く. subir *a* ～ 乗船 (搭乗) する. estar *a* ～ 乗船 (搭乗) している. viaje *a* ～ de un velero 帆船の旅. El avión cayó con 50 pasajeros *a* ～. 飛行機は乗客50人を乗せて墜落した. ordenador de *a* ～ 搭載コンピュータ
　de a ～ 乗船した, 搭乗した; 搭載された: hombres *de a* ～ 乗組 (搭乗) 員. segundo *de a* ～ 一等航海士;《口語》[企業の] ナンバーツー
　de alto ～ 1) [船などが] 大型の. 2) 大規模な
　de bajo ～ [船などが] 小型の
　fuera [*de*] ～ 男《単複同形》船外機 [付きボート]《=fuera [de] borda》
　rendir el ～《船》[+en に] 到着する
bordó [borðó] 男 形 ❶《中南米》ボルドーワイン[の]《=burdeos》. ❷《南米》ワインレッドの
bordón [borðón]《ラテン語 burdo「ケッティ」》男 ❶《巡礼などの, 身長より長い》杖. ❷ 導き手, 支える人. ❸ 口癖. [歌の] 繰り返しの短句, リフレイン. ❺《音楽》最低弦, 第一弦; [小太鼓の] 響線, さわり弦; [バグパイプの] 低音音栓; ブルドン, 長く持続する低音. ❻《繊維》pana de ～ 毛足が縦長の畝を形成するコーデュロイ
　hacer a+人 *de* ～ …の杖の代わりをする, …を導く (支える)
bordona [borðóna] 女《チリ, アルゼンチン, ウルグアイ》[ギターの] 最低弦
bordonal [borðonál] 男 [マグロ漁網の] 袋網と最奥部の中間
bordonasa [borðonása] 女《古語》[馬上槍試合で使われる中空の] 長槍
bordoncillo [borðonθíʎo]《bordón の示小語》男 ❶ 口癖
bordoneante [borðoneánte] 形《まれ》低音でうなる, ブンブンいう
bordonear [borðoneár]〖←bordón〗自 ❶ [虫などが] 低音でうなる, ブンブンいう. ❷《音楽》最低弦をはじく. ❸ 杖 bordón を突きながら歩く. ❹ 物乞いをしながら歩く. ❺ 杖で叩く
bordoneo [borðonéo] 男 ❶ 低音でうなること, ブンブンいうこと. ❷《音楽》最低弦をはじくこと; その純い音
bordonería [borðonería] 女 放浪癖
bordonero, ra [borðonéro, ra] 形 名《まれ》放浪者, 浮浪者《=vagabundo》
bordura [borðúra] 女 ❶《紋章》ボーデュア, 縁取り. ❷ 縁飾り, [花壇の縁を飾る] 低い生け垣
boreal [boreál]〖←ラテン語 borealis〗形《文語》北の《⇔austral》: bosque ～ 北方林. Océano B～ 北極海. ❸ 北風の
bóreas [bóreas]〖←ラテン語・ギリシア語 boreas〗男《単複同形》《文語》北風
Borges [bórxes]《人名》 **Jorge Luis** ～ ホルヘ・ルイス・ボルヘス 《1899～1986, アルゼンチンの作家・詩人・エッセイスト. 多国語に通じ, 古典文学から現代の哲学, 中世神学から現代哲学に至る該博な知識を備え, そうした博大な知性にもとに独創的なエッセイや特異な幻想性をたたえた短編・詩によって20世紀世界文学に屹立している. エッセイ集『論議』*Discusión*, 『続審問』*Otras inquisiciones*. 短編集『伝奇集』*Ficciones*, 『エル・アレフ』*El Aleph*. 詩集も数多く出している》
borgoña [borɣóɲa] 男 ❶ ブルゴーニュワイン, バーガンディ. ❷《チリ》赤ワイン漬けのイチゴ
borgoñés, sa [borɣonés, sa] 形 名 =**borgoñón**
borgoñón, na [borɣoɲón, na] 形《地名》[フランスの] ブルゴーニュ地方 Borgoña の[人]
borgoñota [borɣoɲóta] 女 面頬 (ぼお) なしのかぶと《=celada ～》
boricado, da [borikáðo, ða]《化学》ホウ酸を含んだ: agua ～da ホウ酸水
bórico, ca [bóriko, ka]《化学》ホウ素の: ácido ～ ホウ酸
boricua [boríkwa] 形《主に中南米. 口語》プエルトリコの; プエルトリコ人《=puertorriqueño》
borinqueño, ña [borinkéɲo, ɲa] 形 名 =**boricua**
borjano, na [borxáno, na] 形 名《地名》ボルハ Borja の[人]《サラゴサ県の町》
borla [bórla]《←語源》女 ❶ [飾り用の] 玉房《大学教授・卒業生の礼装用の帽子に付けたりする》; sombrero con ～ 房付の角帽. gorro con ～ ポンポン付きキャップ. ～ de cortina カーテンタッセル. ❷《化粧》パフ《=～ de empolvarse ～ para polvos》: empolvarse la cara con una ～ パフで顔におしろいを

はたく. ❸《植物》❘ハゲイトウ《=amaranto》
　tomar la ～ 1) 博士号を取得する. 2)《闘牛》正闘牛士になる
borlar [borlár] ～*se*《メキシコ》博士号を取得する
borlilla [borlíʎa] 女《植物》葯 (やく)《=antera》
borlón [borlón]《borla の示大語》男 ❶《繊維》ディミティ《畝縞のある平織り綿布の一種》. ❷《植物》❘ハゲイトウ《=amaranto》
borlote [borlóte] 男《メキシコ. 口語》大騒ぎ
borna [bórna] 女《電気》端子, ターミナル《=borne》
borne [bórne]〖←仏語 borne「端」〗男 ❶《電気》端子, ターミナル. ❷《植物》エニシダ《=codeso》. ❸《古語》[馬上槍試合の] 槍の穂先
　—— 形 →**roble** borne
borneadizo, za [borneaðíθo, θa] 形 曲げやすい, 湾曲しやすい
bornear [borneár]〖←borne〗他 ❶ [歪みなどがないか] 片目で見て調べる. ❷ [枝などを] 曲げる, ねじる; [円柱に] ふくらみをつける
　—— 自 [船が] 錨を中心に振れる (回る)
　—— ～*se* [木材が] 曲がる, ねじれる
borneo [bornéo] 男 ❶ 船が錨を中心に振れること. ❷ 片目で見て確かめること. ❸ ダンスで体を揺らすこと
bornero, ra [bornéro, ra] 形 piedra ～*ra* 風車の挽き石に使う黒い石. trigo ～ 黒い挽き石で挽いた小麦
borní [borní] →**halcón** borní
bornio [bórnjo] 男《地方語》[まだコルクが剥ぎ取られていない] コルクガシ
bornizo, za [borníθo, θa] 形 [コルクが] コルクガシからの最初の剥ぎ取りで得られた
boro [bóro] 男《元素》ホウ素
borona [boróna] 女〖←バスク語〗❶ トウモロコシのパン.《地方語》トウモロコシ《=maíz》. ❷ キビ《=mijo》. ❸《中米, コロンビア, ベネズエラ》パンのかけら《くず》
boronía [boronía] 女《地方語》=**alboronía**
borono [boróno] 男《地方語》トウモロコシ粉と豚の血をこねた食べ物
boroña [boróɲa] 女《地方語》トウモロコシのパン《=borona》
bororo [boróro] 形 名 ボロロ族[の] 〖(1) ブラジルのマットグロッソ州の一部. 2) チャド, 中央アフリカ, カメルーン, ナイジェリアに住む遊牧民族〗
borosilicato [borosilikáto] 男《化学》ホウケイ酸塩
borotalco [borotálko]〖←商標〗ボロタルコ《わきの下などの用のタルカムパウダー》
borra[1] [bóra]〖←ラテン語 burra〗女 ❶ [毛・綿の] 詰め物; 繊維くず, 綿ぼこり. ❷ [インク・油などの] 澱 (おり), かす. ❸《化学》ホウ砂. ❹《家畜》家畜税. ❺ [主に1歳の] 雌の子羊. ❻ 沈殿物. ❼ 無内容なおしゃべり. ❽ 愚かさ. ❾《ベネズエラ》消しゴム. ❿《チリ, ウルグアイ》コーヒーを濾したかす
borrable [boráβle] 形 消され得る
borracha[1] [boɾátʃa]〖←カタルーニャ語 botella「酒袋」+morratxa「蒸留器」〗女《革製の》酒袋
borrachera [boɾatʃéra]〖←borracha〗女 ❶ 酔い, 酩酊 (めいてい): Aún no se te ha pasado la ～. 君はまだ酔いがさめていない. 彼の先生氏. agarrar (coger・pescar・pillar) una ～ 酔っ払う. ir de ～ どんちゃん騒ぎをする. ❷《口語》陶酔, 有頂天: estar en plena ～ de gloria 栄光に酔いしれている
borrachería [boɾatʃería] 女《まれ》=**borrachera**
borrachín, na [boɾatʃín, na] 形《軽蔑》のんだくれ[の]
borrachinal [boɾatʃinál] 男《地方語. 植物》イチゴノキ《=madroño》
borracho, cha[2] [boɾátʃo, tʃa]〖←カタルーニャ語 borratxo〗 ❶ [estar+] 1) [+de 酒に] 酔った: Está ～*cha de* (con) cerveza. 彼女はビールで酔っ払っている. 2) 陶酔した, 興奮した: estar ～ *de* su triunfo 勝利に酔いしれている. ❷《軽蔑》[ser+] 大酒飲みの. ❸《中南米》[果実が] 熟した
　—— 名 酔っ払い; 大酒飲み: Es un ～ perdido. 彼は飲んだくれだ
　—— 男 ❶《菓子》サバラン. ❷《地方語》ヤギ革製の牛乳を振る革袋
　ni ～ 決して…ない
borrachuela [boɾatʃwéla] 女《植物》ホソムギ, ドクムギ《=cizaña》
borrachuelo [boɾatʃwélo] 男《地方語》アグワルディエンテ

borrachuzo, za [boratʃúθo, θa] 形 名《軽蔑》=**borrachín**
borrado [boráðo] 男 消す(消える)こと
borrador[1] [boraðór]《←borrar》男 ❶ 草稿, 下書き: Hizo varios ～*es* de la carta antes de redactarla definitivamente. 彼は手紙を最終的に仕上げる前に草稿を何度か書いた. ～ de la Constitución 憲法草案. ～ del informe final ドラフトファイナルレポート. ❷《美術》ラフスケッチ. ❸ 黒板消し. ❹ 消しゴム〔=goma de borrar〕
  sacar de ～ *a*+人《口語》…にこざっぱりした服を着せる
borrador[2], **ra** [boraðór, ra] 形《まれ》消す
borradura [boraðúra] 女 消すこと
borragináceo, a [boraxináθeo, a] 形 ムラサキ科の
  ── 女《複》《植物》ムラサキ科
borraja [boráxa] 女《植物》ルリヂシャ
  quedarse (*convertirse*) *en agua de* ～*s* 何にもならない, 無駄に終わる
borrajear [boraxeár] 他《まれ》なぐり書きする, いたずら描きする
borrajo [boráxo] 男《地方語》燠(おき)
borrar [borár]《←borra》他 ❶〔消しゴム・黒板消しなどで〕消す;〔線を引いて, +de から〕抹消する: El profesor *ha borrado* todas las letras de la pizarra. 先生は黒板のすべての文字を消した. Hay que ～ su nombre *de* la lista. 彼の名前をリストから消さなければならない. ❷ 消滅させる, 払拭する; 抹殺する. ❸〔会などから〕やめさせる, 脱退させる: *Han borrado* a Antonio *del* club. アントニオをクラブからやめさせられた. ❹ ぼやけさせる, 薄れさせる: La niebla *borra* los perfiles de los edificios. 霧で建物の輪郭がかすんでいる. Las hierbas crecían tanto que *borraban* un hermoso patio. 雑草があまりに生い茂って, 美しい中庭が隠れてしまっていた. ❺《情報》消去する, クリアする. ❻《アルゼンチン, ウルグアイ. 口語》…とのつきあいを避ける
  ── *se* ❶〔記憶から〕消える, 忘れる: Con los años *se me borró* el recuerdo de ese día. 何年もたつうちにその日のことは私の記憶から消え去っていった. ～*se de* la memoria 記憶から消える. ❷〔表情などが〕消える: Al verlo *se le borró* la sonrisa. それを見て彼女の顔から笑顔が消えた. ～*se* el video ビデオの画像が消える. ❸ 脱退する, 脱会する, やめる: Hace una semana que *se borró del* equipo. 1週間前に彼はチームをやめた. ❹《チリ, アルゼンチン, ウルグアイ. 口語》逃げ出す, 立ち去る
borrasca [boráska]《←ギリシア語 borras「北風」》女 ❶《気象》〔強い風雨を伴う〕低気圧;〔主に海の〕暴風雨: Una ～ activa provocará fuertes vientos y lluvias torrenciales. 活発な低気圧によって突然の激しい風雨が起きるだろう. ❷〔商売などの〕危険: capear las ～*s* 荒波(危機)をたくみに乗り切る. ❸ 激しい口論, もめごと
borrascosamente [boraskósaménte] 副 嵐のように
borrascoso, sa [boraskóso, sa] 形 嵐の(ような), 荒れた: viento ～ 暴風. vida ～*sa* 荒れた(無軌道な)暮らし. La reunión ha sido ～*sa*. 会議は激しくもめた. Cumbres ～*sas*『嵐が丘』
borratajo [borratáxo] 男《地方語》なぐり書き
borregada [boreɣáða] 女 ❶ 子羊の群れ. ❷《軽蔑》おとなしい牛の闘牛
borrego, ga [boréɣo, ɣa]《←borra+-ego》名 ❶〔1・2歳の〕子羊. ❷《口語》他人の言いなりになる(人), 扱いやすい(人): seguir a+人 como ～ …の言いなりになる, 盲従する. Su marido es un verdadero ～. 彼女の夫は全くの腰抜けだ. ❸《軽蔑》世間知らずな(人). ❹《南米. 口語》子供(=niño).
  ── 男 ❶《魚》いわし雲, うろこ雲.❷《船舶》白波. ❸《闘牛. 軽蔑》おとなしい牛. ❹《地方語》草の低い積み重ね. ❺《メキシコ, 中米, キューバ》でっち上げ, 虚報
borreguero, ra [boreɣéro, ra]《←borrego》形 ❶ 子羊の;〔土地が〕子羊を飼うのに適した. ❷ cielo ～ いわし雲に覆われた空
  ── 名 子羊を飼う人
borreguez [boreɣéθ] 女《闘牛. 軽蔑》牛のおとなしさ
borreguil [boreɣíl] 形 ❶ 子羊の. ❷〔人が〕他人の意見などに左右されやすい
  ── 男《地方語》牧草地
borreguillo [boreɣíʎo] 男 子羊子羊を真似た白い布
borreguismo [boreɣísmo] 男《軽蔑》他人の意見などに左右されやすいこと, 付和雷同
Borrell [borél]《人名》～ **II** ボレル2世〔?～992, バルセロナ伯. カペー朝 Dinastía de los Capetos と主従関係を結ばず, カ

ロリング朝からの独立を目指した〕
borrén [borén] 男《馬具》〔鞍の各部(前橋・後橋・鞍坐)の〕革の裏地を付けたクッション
borrica[1] [boríka] 女《地方語》草の低い積み重ね
borricada [borikáða] 女 ❶《口語》愚かな言動. ❷ ロバの群れ. ❸ ロバに乗ること
borrical [borikál] 形 ロバの〔=asnal〕
borrico, ca[2] [boríko, ka]《←ラテン語 burricus「小型の馬」》形 名 ❶《口語》ロバ〔=asno〕. ❷ うすのろ(な), ばか(な)(人), 無知な(人): No seas ～. Madrid no termina en «z», sino en «d». ばかなことを言うな, Madrid は z ではなく d で終わるんだ. ❸ 粗野な(人)
  ── 男 ❶ 木挽き台〔=borriquete〕. ❷《魚》ギンザメ〔=quimera〕
borricón [borikón] 形 男 我慢強い(男), こつこつ働く(男)
borricote [borikóte] 形《軽蔑》=**borricón**
borrina [borína] 女《地方語》濃霧
borriqueño, ña [borikéɲo, ɲa] 形《まれ》ロバの
borriquería [borikería] 女《口語》愚かな言動
borriquero, ra [borikéro, ra] 形 ロバの
  ── 男 ロバ飼い
borriqueta [borikéta] 女 =**borriquete**
borriquete [borikéte] 男 ❶〔材木を載せるX字形の〕木挽(びき)き台. ❷《船舶》フォアトップスル
borriquillo [borikíʎo] 男〔風車の羽根を引き上げるのに使う〕巻上げ機
borro, rra[2] [bóro, ra] 名《地方語》子羊〔=borrego〕
  ── 男《地方語》種羊
borrominesco, ca [borominésko, ka] 形〔16世紀イタリアの建築家〕ボロミーニ Borromini の建築様式の
borrón [borón] 男 ❶ 書き誤り, 抹消箇所;〔インクの〕染み, 汚れ: Su cuaderno está lleno de *borrones*. 彼のノートは書き損じの箇所ばかりだ. ❷ 欠点, 難点;〔経歴の〕汚点: No había ningún ～ en su vida. 彼の人生には一点の染みもなかった. ❸《美術》〔明暗の効果を見るための〕素描
  estos borrones《文語》これらのつまらない殴り書き, 拙文
  hacer ～ *y cuenta nueva*〔過去のしがらみを忘れて〕新たな気持ちで再出発する
borronear [boroneár] 他 なぐり書きする, いたずら描きする
borrosamente [borosaménte] 副 不鮮明に
borrosidad [borosiðáð] 女 不鮮明
borroso, sa [boróso, sa]《←borrar》形 ❶ 不鮮明な: Sin gafas lo veo todo ～. 眼鏡がないと私は何もかもぼんやりとしか見えない. La foto tan ～*sa* con los rostros son dificilmente reconocible. その写真はぼけているので, どの顔が誰だか分かりにくい. horizonte ～ ぼんやりした視界. escritura ～*sa* 判読しにくい文字. ❷〔コーヒーなどが〕澱(おり)の多い, どろっとした
borsalino [borsalíno]《←伊語》男 ボルサリーノ帽
borsh [bórʃ]《←露語》男《料理》ボルシチ
bort [bórt] 男《複 ～s》ボルト〔下等なダイヤモンド〕; ダイヤ屑〔研磨・切削用〕
boruca [borúka]《←バスク語》女〔主に屋内などでの〕歓声, 騒ぎ
boruga [borúɣa] 女《キューバ, ドミニカ. 飲料》砂糖と共にシェイクした乳清入りの凝乳
borujo [borúxo] 男 ❶ 凝塊〔=burujo〕. ❷ 圧搾した後のオリーブの種の塊. ❸《古語》ブドウの搾りかす
borujón [boruxón] 男 =**burujón**
boruño [borúɲo] 男 くしゃくしゃになったもの〔=gurruño〕
boruro [borúro] 男《化学》ホウ化物
borusca [borúska] 女《地方語》枯れ葉
borzói [borθói] 男《犬》ボルゾイ
boscaje [boskáxe]《←bosque》男 ❶ やぶ, 茂み, 林. ❷《美術》木々や動物を描いた風景画
Boscán Almogáver [boskán almoɣáber]《人名》**Juan** ～ フアン・ボスカン・アルモガベル〔1490?～1542, スペインの詩人. 親友ガルシラソ・デ・ラ・ベガ Garcilaso de la Vega と共に, ソネット soneto などイタリアの詩型を用いて詩作を試み, ルネサンスのスペイン抒情詩の礎を築いた. カスティリオーネ Castiglione の『廷臣論』*El cortesano* を翻訳, そのスペイン語は散文として高く評価されている〕
boscoso, sa [boskóso, sa]《←bosque》形 ❶〔土地が〕森(木)の多い. ❷ 森の

bósforo [bósforo] 男 [2つの海・湖をつなぐ] 運河, 海峡

bosniaco, ca [bɔsnjáko, ka] 形 名 =**bosnio**

bosníaco, ca [bɔsníako, ka] 形 名 =**bosnio**

bosnio, nia [bósnjo, nja] 名 《国名》ボスニア・ヘルツェゴビナ Bosnia Herzegovina の, ボスニア Bosnia 人[の]

bosón [bosón] 男 《物理》ボース粒子, ボソン; ~ de Higgs ヒッグス粒子

bosque [bóske] 【←カタルーニャ語 bosc < フランク語 busk「やぶ」】男 ❶ 森, 林; 森林. 《中南米》密林. ~ del Estado 国有林. ~ ecuatorial (pluvial) 熱帯雨林. ~ mixto 混交林. ~ nuboso 雲霧林. ~ primario (nativo) 原生林. ❷《口語》陰毛 [=bosquecillo]. ❸《口語》もじゃもじゃの髪(ひげ)

bosquecillo [bɔskeθíʎo] 男 ❶《口語》陰毛, 恥毛. ❷ 低林, 矮林

bosquejar [bɔskexár] 【←カタルーニャ語 bosquejar「幹を荒削りする」< bòsc「森」】他 ❶《美術》素描する: ~ un retrato 肖像画の下絵を描く. ~ una escultura 彫刻の荒彫りをする. ❷ …の素案 (概略) を示す: ~ un proyecto 計画の素案を説明する

bosquejo [bɔskéxo] 男 [←bosquejar] ❶ 素描, スケッチ: ~ de un pueblo 村の略図. ❷ 素案: hacer a+人 un ~ de la situación …に状況の概略を示す. ~ de una novela 小説の草稿 *en* ~ 未完成の

bosquete [bɔskéte] 男 [公園などの] 人工の森(林)

bosquimán, na [bɔskimán, na] 形 名《軽蔑》=**bosquimano**

bosquimano, na [bɔskimáno, na] 形 名《軽蔑》[アフリカの] ブッシュマン[の]

boss [bós] 【←英語】男 [単複同形／圏 ~es]《若者語, 隠語》ボス [=jefe]

bossa nova [bósa nóβa] 女《音楽, 舞踊》ボサノバ

bosta [bósta] 女《南米》[牛・馬の] 糞
hacer ~ 《アルゼンチン, ウルグアイ. 卑語》[罰として人・家畜を] ぼろぼろになるまで痛めつける; [物を] ぼろぼろになるまで使う

bostezante [bosteθánte] 形 名《文語》あくびをする[人]

bostezar [bosteθár] 【←ラテン語 oscitare < os, oris「口」(boca の影響で b+)】自 あくびをする: *Bostecé de sueño (de aburrimiento)*. 私は眠くて(退屈で)あくびをした

bostezo [bostéθo] 男 あくび: *dar un* ~ *largo* 大あくびをする

bostoniano, na [bɔstɔnjáno, na] 形 《地名》[米国の] ボストン Boston の[人]

bota[1] [bóta] 【←ラテン語 buttis「革袋」】女 ❶ [主に 圏] 長靴, ブーツ: ~s de montar／~s altas 乗馬靴. ~s camperas [革製の] 膝オーツ] 農作業用の長靴, カウボーイブーツ. ~s de agua／~s de lluvia／~s de goma 雨靴, ゴム長靴. ~s de campaña トップブーツ, 狩猟用の乗馬靴. ~s de escalada 登山靴. ~s de esquí／~s de esquiar スキー靴. ~s de borceguí《アルゼンチン, ウルグアイ. 古語》[ガウチョが履いていた] 子馬の脚革製の長靴. ❷《スポーツ》靴: ~s de fútbol サッカーシューズ. ❸《フラメンコ》男性の踊り手用の靴. ❹ [主に携帯用の, ワイン用の革製の] 酒袋. ❺ ワイン樽
colgar las ~s 《スポーツ》引退する: *El portero colgó las* ~s *la temporada pasada*. そのゴールキーパーは昨シーズン引退した
estar con las ~s *puestas* 出かける用意が整っている
morir con las ~s *puestas* 戦死する; [精一杯努力したが] 失敗する
ponerse las ~s 《西》1) 大もうけする: *Se pusieron las* ~s *en este negocio*. 彼らはこの商売で荒稼ぎした. 2) 思う存分飲食する (楽しむ): *Me puse las* ~s *en el banquete*. 私は宴会でたらふく食べた

botada[1] [botáda] 女《中南米》投げ捨て

botadero [botaðéro] 男 ❶《コロンビア, ペルー, チリ》ごみ捨て場 [=~ *de basura*]. ❷《コロンビア》川の泳げるところ

botado, da[2] [botáðo, ða] 形《口語》1) [値段が] 安い. 2)《口語》非常に容易な. 3) [施設に収容された] 捨て子の. ❷《ベネズエラ. 口語》[人が] すばらしい, 並外れた. ❸《チリ. 口語》[物が] 豊富な

botador, ra [botaðór, ra] 形《中米, エクアドル, チリ》浪費家の. —— 男《木工》釘締め

botadura [botaðúra] 女 [船の] 進水 [式]

botafumeiro [botafuméiro] 【←ガリシア語 botafumeiro < botar「投げる」+fumeiro < fumo「煙」】男 香炉 [特にサンティアゴ・デ・コンポステラ大聖堂の天井から吊るして揺らす巨大な香炉]

botagorra [botaɣóra] 女《中米. 口語》怒りっぽい

botagueña [botaɣéna] 女《料理》豚の臓物の腸詰め

botalón [botalón] 【←ポルトガル語 botaló】男 ❶《船舶》1) ブーム, 帆桁. 2) 船首斜檣 [=baupres]. 3) トップマスト [=mastelero]. ❷《中南米》[地面に打ち込んだ] 家畜をつなぐ柱

botamanga [botamáŋɡa] 女《南米》[ズボンの] 裾(の折り返し); 袖口

botamen [botámen] 男 《集名》[一軒の薬局の] 薬瓶

botana [botána] 女 ❶ [皮袋の] つぎあて; [酒樽の漏れを止める] 木栓; [煉瓦のすき間を埋める] セメント. ❷《メキシコ, グアテマラ. 料理》おつまみ, 前菜. ❸《メキシコ, キューバ. 闘鶏》蹴爪にかぶせる革製のサック [相手を傷つけないため]
agarrar a+人 de ~ 《メキシコ. 口語》…をからかう, 笑い物にする

botanear [botaneár] 自《メキシコ, グアテマラ》おつまみを食べる, 前菜だけを食べる

botánica[1] [botánika] 【←ギリシア語 botanikos < botane「草」】女 ❶ 植物学. ❷《まれ》植物 [=vegetación]

botánicamente [botánikaménte] 副 植物学的に

botánico, ca[2] [botániko, ka] 形 名 植物学の; 植物学者

botar [botár] 【←古仏語 boter「打つ, 押す」< フランク語 botan「押す」】他 ❶ 放り出す, 投げ捨てる: ~ *un cigarrillo por la ventana* 窓からたばこを放り投げる.《主に中南米. 口語》[+de から] 追い出す: *Si no te callas, te van a* ~ *de aquí*. 黙らないとここから放り出されるぞ. *Le han botado de la dirección*. 彼は支配人をやめさせられた. ~ *a+人 de la empresa* …を首にする. ❷ [船を] 進水させる: *Este barco fue botado hace tres años*. この船は3年前に進水した. ❸ [ボールを] バウンドさせる. ❺《口語》[配偶者・恋人を] 捨てる. ❻《口語》[チームで] 取り除く [=derribar]. ❼《コロンビア》失う, なくす. ❽《ペルー. 口語》吐く
—— 自《西》❶ バウンドする. ❷ [人・馬が] 跳ねる, 跳び上がる: *Botó de alegría*. 彼は跳び上がって喜んだ
estar que bota 《口語》怒っている
——*se* ❶《中南米》急ぐ; 飛び込む. ❷《コロンビア. 口語》吹きこぼれる. ❸《口語》[+a+事物を] 自慢する

botaratada [botaratáða] 女 愚行, 無分別

botaratas [botarátas] 男 女 [単複同形]《ベネズエラ. 口語》浪費家

botarate [botaráte] 名 ❶《口語》ばか者, 分別のない人. ❷《中南米》浪費家

botarel [botarél] 男《建築》扶壁, 控え壁 [=contrafuerte]

botarga [botárɣa] 女 ❶《聖週間の参加者や道化が着るような] 多色の奇妙な服. ❷《まれ》腸詰めの一種
—— 男《地方語》多色の奇妙な服を着た男; 祭りの踊り手たちの前で踊る人

botarolo [botarólo] 男《地方語》浪費

botasilla [botasíʎa] 女《軍事》乗馬の合図のラッパ

botavante [botaβánte] 男《船舶》斬り込み戦で使う槍

botavara [botaβára] 女《船舶》スパンカーブーム

bote [bóte] **I** 【←botar】男 ❶ 跳躍, バウンド: *saltar la valla de un* ~ 一跳びでハードルを越える. *dar* ~s 跳びはねる, バウンドする. ~ *de cornero* [馬が] 後脚をはね上げること. ❷《コロンビア》回転
a ~ *pronto* 1) とりあえず, なりゆきを見て: *A* ~ *pronto se me ocurre una solución*. 私はとりあえず解決策を一つ思いついた. 彼は私にとりあえずで呼んだ. 2) [テニス・サッカーなど] ショートバウンドで: *devolver la pelota a* ~ *pronto* ショートバウンドで球を打ち返す
dar ~s 大喜びしている
dar el ~ *a+*人《口語》…を追い出す, 解雇する
dar (pegar) un ~ 跳び上がる; 大喜びする
darse el ~ 《西. 口語》立ち去る
pegar un ~ 大喜びする
II 【←古語 pote < カタルーニャ語 pot「広口瓶」】男 ❶ [主に《西》] 広口瓶, 缶 [保存用の主に円筒形の容器]: *un* ~ *de mermelada (de yogur)* 1瓶のジャム(1パックのヨーグルト). ~ *de azúcar* 砂糖壺. ~ *de leche* 缶入りのコンデンスミルク. ~ *de humo* 発煙筒. ~ *de pintura* ペンキ缶. ❷ [バル bar などの] チップ. ❸《西》[賭け事で当たりが出なかったための] 次回の繰越し
chupar del ~ 《西. 口語》甘い汁を吸う
*tener a+*人 *en el* ~ 《西. 口語》…の愛情(信頼・支持)を得ている

III〖←英語 boat〗【男】❶ ボート, 小舟: ~ de pesca 釣り舟. ~ de recreo プレジャーボート. ~ salvavidas/~ de salvamento 救命ボート. ❷《メキシコ, 中米, キューバ, エクアドル, ボリビア》刑務所
IV〖←古仏語 de bout en bout〗*de ~ en ~* ぎゅうぎゅう詰めの: El cine está [lleno] *de ~ en ~*. 映画館はすし詰めだ

botella [botéʎa]〖←仏語 bouteille < ラテン語 butticula < buttis「皮袋, 樽」〗【女】❶ 瓶, ボトル: Abre esta ~, por favor. このボトルを開けて下さい. beber una ~ de vino ワインを1瓶飲む. beber de la ~ らっぱ飲みする. cerveza de (en) ~ 瓶詰めのビール. media ~ ハーフボトル. ~ de leche 牛乳瓶. ~ de Leiden《物理》ライデン瓶. ~ termo 魔法瓶. ❷ ボンベ《=bombona》: ~ de oxígeno 酸素ボンベ. ❸《バスケットボール》フリースローレーン
darle a la ~《口語》酒飲みである
pedir ~《キューバ. 口語》ヒッチハイクする

botellazo [boteʎáθo]【男】瓶による殴打: Recibió un ~ en la cabeza y le ha salido un chichón. 彼は瓶で頭を殴られてこぶができた. dar un ~ 瓶で殴りつける. pelea a ~ [limpio] 瓶での殴り合い

botellería [boteʎería]【女】〖集名〗瓶

botellero, ra [boteʎéro, ra]【名】❶ 瓶製造(販売)業者. ❷《南米》廃品回収業者
──【男】瓶棚

botellín [boteʎín]〖botella の示小語〗【男】小瓶: ~ de cerveza ビールの小瓶

botellón [boteʎón]〖botella の示大語〗【男】❶ [主に若者たちの] 路上での飲酒. ❷ 大瓶《メキシコ, キューバ》[ワインなどの] 細首の大瓶. ❸《アルゼンチン, ウルグアイ》[酒・水用の] 凝ったデザインの大瓶

botepronto [boteprónto]【男】《ラグビー》ドロップキック;《テニス》ライジングショット
a ~ とりあえず《=a bote pronto》

botería [botería]【女】酒袋製造(販売)業; 酒袋製造(販売店)

botero, ra [botéro, ra]【名】❶《小舟・漁船の》船頭, 漁師
Pero B~/Pedro B~《戯語》悪魔《=demonio》

botica [botíka]〖←ギリシア語 apotheke「倉庫」〗【女】❶《古趣的》薬局, 薬屋《=farmacia》. ❷《古趣》薬: pagar médico y ~ 医者代と薬代を払う. ❸《古趣》店《=tienda》
haber de todo, como en ~《口語》色々なこと(もの)がある

boticario, ria [botikárjo, rja]【名】《古趣的》薬剤師《=farmacéutico》
ojo de ~《古趣》[薬局の] 薬の保管場所
──【形】薬局の, 薬屋の

boticuero [botikwéro]【男】《地方語》広口の土器

botifarra [botifáʎa]【女】《地方語》=**butifarra**

botifuera [botifwéra]【男】《地方語》オリーブ畑の所有者が取り入れを終えた労働者たちをねぎらう招宴

botiga [botíɣa]【女】《地方語》店《=tienda》

botiguero, ra [botiɣéro, ra]【名】《地方語》店主, 店員

botija [botíxa]〖←ラテン語 butticula「小型の樽」〗【女】❶ [主に素焼きで取っ手のない] 壺. ❷《中米, ドミニカ, プエルトリコ, ベネズエラ》埋蔵された宝物
llamar a+人 ~ verde《中南米. 口語》…をひどく侮辱する
──【名】《ウルグアイ. 口語》少年, 少女

botijero, ra [botixéro, ra]【名】❶ 水入れ *botijo* の [製造者・販売者]. ❷《古趣的》[水入れ入りの] 水売り. ❸《地名》ドゥエニャス Dueñas の人《パレンシア県の町》

botijo [botíxo]〖←botija〗【男】❶ [素焼きで, 主に流し飲み beber a chorro 用の] 水入れ. ❷《西. 口語》[女性の] 大きな乳房. ❸《西. 口語》暴動鎮圧用の放水車. ❹《西. 夏期の》海岸へ向かう臨時列車《=tren ~》; 観光客用の臨時列車
estar como un ~ ずんぐりしている, ひどく太っている

botillería [botiʎería]【女】❶《古趣》酒や清涼飲料を販売する店. ❷《ベネズエラ, チリ》酒屋

botillero [botiʎéro]【男】❶《ペロータ pelota の》コーチ. ❷《メキシコ》靴屋

botillo [botíʎo]【男】❶ 小型の酒袋 *bota*. ❷《地方語. 料理》豚つき肉・骨・軟骨入りの太いソーセージ

botín [botín] **I**〖←bota〗【男】《服飾》❶ ショートブーツ. ❷ スパッツ; [昔の] きゃはん, ゲートル. ❸《南米》サッカーシューズ
II〖←仏語 butin「戦利品の分配」〗【男】〖集名〗分捕り品, 戦利品《=

~ de guerra》

botina [botína]【女】《まれ》ショートブーツ

botinero, ra [botinéro, ra]【形】《闘牛》[牛が] 足先の黒い; [ケープが] 縁の黒い

botiondo, da [botjóndo, da]【形】[羊が] 発情した

botiquín [botikín]〖←botica〗【男】❶ 薬箱, 救急箱, 救急用の薬一式《=~ de emergencia, ~ de primeros auxilios》. ❷《キューバ, チリ, アルゼンチン, ウルグアイ》[浴室の] 薬戸棚; 薬品室. ❸《ベネズエラ》酒食料品店

botito [botíto]【男】[男性用の] ショートブーツ

botivoleo [botiβoléo]【男】《スポーツ》球をバウンドさせてから打つこと

boto[1] [bóto]【男】❶ 小型の酒袋. ❷ [乗馬用の] 長靴. ❸《地方語. 魚》アマゾンカワイルカ
como un ~ hinchado 今にも泣き出しそうな

boto[2]**, ta**[2] [bóto, ta]【形】❶ 角ばっていない. ❷ [人が] 粗野な, 品のない. ❸《まれ》愚かな; お人好しの

botón[1] [botón]〖←古仏語 boton < bater「発芽する」〗【男】❶ [衣服の] ボタン, スイッチ, つまみ: 1) tocar (empujar・apretar・oprimir) el ~/dar al ~ ボタン(スイッチ)を押す. ~ de contacto/~ de presión 押しボタン. ~ de alarma 警報ボタン. ~ de arranque スタートボタン. ~ de destrucción 破壊のボタン. ~ del timbre 呼び鈴のボタン. ~ atómico 核のボタン. 2)《情報》hacer clic en el ~ No Guardar 保存しないのボタンをクリックする. ❸《植物》1) 芽; つぼみ: brotar *botones* nuevos 新芽を吹く. echar *botones* つぼみを出す. 2) ~ de oro ミヤマキンポウゲ. ❹ [吹奏楽器の] 鍵; [弦楽器の] 緒どめボタン. ❺《フェンシング》[剣先に付ける] たんぽ. ❻《中南米》記章《=insignia》. ❼《メキシコ》[牽引・耕作で] 応援(交代)用の2頭立て. ❽《アルゼンチン, ウルグアイ. 口語》刑事
al [divino・santo] ~《ボリビア, チリ, ラプラタ》むなしく, 無駄に《=en vano》
~ de muestra 見本, 例: ¿Quién se negaría a admitirlo? Ponme un ejemplo.—Tu madre. ¿Vale ese ~ *de muestra* o necesitas otro? それを認めようにはたとえば誰?—君の母親さ. その例だけでいい? 他にも挙げようか?
de ~ gordo《踊りが》民衆の
de botones adentro 心の底で
ni un ~ ~ 全く…ない

botón[2]**, na** [botón, na]【形】【名】《アルゼンチン, ウルグアイ. 口語》告げ口屋[の], 密告する[人]

botonadura [botonadúra]【女】❶〖集名〗[一組の] ボタン. ❷ [服の] ボタンとボタン穴がある部分

botonar [botonár]【他】《中南米》…のボタンをはめる
──【自】《中南米》芽(つぼみ)を出す

botonazo [botonáθo]【男】《フェンシング》たんぽで突くこと

botoncillo [botonθíʎo]【男】《植物》アメリカスズカケノキ

botonear [botoneár]【他】❶《アルゼンチン, ウルグアイ. 口語》告発する, 密告する. ❷《ウルグアイ. 口語》ボタン製造(販売)業を営む

botonero, ra [botonéro, ra] ボタン製造(販売)業者
──【女】❶〖集名〗ボタン. ❷《植物》グリーンサントリナ, サントリナ・ローズマリー

botones [botónes]〖←botón[1]〗【名】〖単複同形〗❶ [ホテルの] ベルボーイ, ベルキャプテン. ❷ [会社の] メッセンジャーボーイ

botonosa [botonósa]【形】→**fiebre** botonosa

bototo [botóto]【男】❶《エクアドル, チリ》水運搬用のヒョウタン. ❷《チリ. 口語》[貧しい人の履く] どた靴, 大きくて重い靴; [粗末な] 作業靴, 安全靴

botox [botó(k)s]〖←英語〗【男】《医学》ボトックス

botriocéfalo [botrjoθéfalo]【男】《動物》広節裂頭条虫

botsuanés, sa [botwanés, sa]【形】【名】=**botsuano**

botsuano, na [botwáno, na]【形】《国名》ボツワナ Botsuana (の人)

botulínico, ca [botulíniko, ka]【形】《生物》bacilo ~ ボツリヌス菌. toxina ~*ca* ボツリヌストキシン, ボツリヌス毒素

botulismo [botulísmo]【男】《医学》ボツリヌス中毒

botuto [botúto]【男】[オリノコ川流域の先住民の] 軍隊ラッパ

bou [bóu]【男】[小型漁船2隻による沿岸の] 引き網漁; その漁船

boudoir [buðwár]〖←仏語〗【男】《~s》《まれ》[貴婦人の] 化粧室

boulder [búlder]【←英語】男《登山》ボルダリング
bouquet [buké]【←仏語】男《圃～s》❶［ワインの］芳香, ブーケ: tener mucho ～ 非常に香りがよい. ❷ 花束【=ramillete】: lanzamiento del ～ ブーケトス
bourbon [búrbon]【←英語】男《圃～s》バーボンウイスキー
bourguignon [búrginón]【←仏語】→**fondue** bourguignon
Bousoño [bo̞usóno]《人名》**Carlos** ～ カルロス・ボウソーニョ【1923～, スペインの詩人・文学者. 内戦後に詩作を始め, 神や現実といった不確定な存在と対峙する人間の危うさや, 超越的なものへの希求をうたった】
boutade [butád] 【←仏語】女 ばかげた話, たわごと
boutique [butík] 【←仏語】女 高級洋装店, ブティック; 高級専門店
bouza [bóuθa]《地方語》[住民が耕作する] 共有地
bouzouki [buθúki] 男《音楽》ブズーキ《マンドリンに似たギリシアの民族楽器》
bóveda [bóbeða]【←俗ラテン語 volvita < ラテン語 volvere「回転する」】女 ❶《建築》穹窿(ふう), 丸天井: ～ de aristas リブボールト. ～ de (en) cañón 筒形ボールト. ～ de crucería 交差ボールト. ～ de horno／～ de cascarón 半ドーム. ～ de medio punto 半円形の丸天井. ～ vaída (baída) 十字丸天井. ❷ 地下聖堂(納骨堂). ❸《解剖》～ craneal (craneana) 頭蓋冠. ～ palatina 口蓋. ～ acorazada 貸金庫［室］. ～ de seguridad《中南米》銀行の金庫
　～ **celeste**《文語》大空, 蒼穹(そう)
bovedilla [bobeðíʎa]《bóveda の示小辞》女［梁間の]小穹窿
Boves [bóbes]《人名》**José Tomás** ～ ホセ・トマス・ボベス【1782～1814, スペイン出身で, ベネズエラ独立派と戦った王党派指揮官. 地獄師団 División infernal を編成したが, ウリカ Urica の戦いで敗北】
BOVESPA [boβéspa] 女《略語》サンパウロ証券取引所【=Bolsa de Valores de São Paulo】
bóvido, da [bóβiðo, ða] 形 ウシ科の
　——男《圃》《動物》ウシ科
bóvila [bóβila] 女《地方語》煉瓦工場
bovino, na [boβíno, na]【←ラテン語 bovinus < bos, bovis】形 名 ❶ 牛［の］: carne ～na／carne de ～ 牛肉. ❷ ウシ亜科の
　——男《圃》《動物》ウシ亜科
bowling [bóulin]【←英語】男《スポーツ》ボウリング; ボウリング場; ボウリングレーン
box [bó(k)s]【←英語】男《圃～es》［主に 複］❶［カーレースなどの］ピット. ❷［競馬厩舎の］馬房. ❸《メキシコ, グアテマラ, 南米》ボクシング【=boxeo】. ❸《中米》郵便ポスト, 郵便受け【=buzón】
boxcalf [bó(k)skálf]【←英語】男《皮革》ボックスカーフ
boxeador, ra [bo(k)seaðór, ra] 名 ボクサー
boxear [bo(k)seár]【←英語 box「殴る」】自 ボクシング［の試合］をする
boxeo [bo(k)séo] 男 ボクシング
bóxer [bó(k)ser]【←英語】名《圃～s》❶《犬》ボクサー. ❷《歴史》[時に B～]義和団員: guerra de ～s 義和団の乱
　——男《西. 服飾》[主に 複]ボクサーパンツ: quedarse en ～s ボクサーパンツ一枚になる. ❷《自動車》水平対向エンジン【=motor[es] ～】
boxístico, ca [bo(k)sístiko, ka] 形 ボクシングの
boy [bói]【←英語】男《圃～s》《西》❶ 男性ストリッパー; 男娼. ❷［群舞の] 男性ダンサー
boya [bója]【←古仏語 bouée】女 ❶ ブイ, 浮標: ～ luminosa ライトブイ, 灯浮標. ～ salvavidas 救命ブイ. ❷《釣り》浮き【=flotador】
boyada [bojáða] 女 牛の群れ
boyal [boját] 形 牛の
boyancón [bojaŋkón] 男《開牛. 軽蔑》おとなしすぎる牛
boyante [bojánte] I［←boyar］形 ❶ 隆盛な: ir (andar) ～ 繁栄している; 満足している. negocio ～ 繁盛している商売. ❷《船舶》［積み荷が少なくて］喫水が普通より高くなっている
　II［←buey《開牛》]［牛が]攻撃が素直な
boyantía [bojantía] 女《開牛》[牛の]攻撃の素直さ
boyar [bojár]【←boya】自 ❶《船舶》再就航する. ❷《南米》［人・物が]浮いている
boyardo [bojárðo] 男《歴史》［ロシアの]大貴族
boyazo [bojáθo] 男《開牛. 軽蔑》=**boyancón**
boyera[1] [bojéra] 女 =**boyeriza**

boyeriza [bojeríθa] 女 牛の囲い場
boyero, ra[1] [bojéro, ra]【←**buey**】❶ 牛飼い
　——男 ❶《天文》[B～]牛飼い座. ❷《南米. 鳥》ムクドリモドキ
Boyl [bójl]《人名》**Bernardo** ～ ベルナルド・ボイル【Bernat Boïl とも表記. 1440?～1509?, スペイン生まれの聖職者. コロンブスの第2次航海に参加]
boy scout [bojeskáut]【←英語】男《圃～[s] ～s》ボーイスカウト［一員］
boyuno, na [bojúno, na] 形 牛の
boza [bóθa] 女《船舶》もやい綱
bozal [boθál] ❶［←bozo] ❶［犬などの]口輪. ❷《中南米》面繫【=bozo】
　—— 形《歴史》❶［黒人奴隷が]祖国から連れ出されたばかりの. ❷《キューバ, プエルトリコ》[言語が]スペイン語をほとんど知らない黒人の
bozalera [boθaléra] 女［馬の首から吊るす] 餌袋
bozo [bóθo]【←ラテン語 bucceus「口の」】男 ❶［少年に生え始めの]薄いひげ; 口の外部. ❷《馬具》面繫(がら). ❸《まれ》誕生［段階, 時期]. ❹《地方語》口輪【=bozal】
BPA《略語》←beneficio por acción 一株当たり利益
BPI《略語》←Banco de Pagos Internacionales 国際決済銀行
brabante [braβánte]【←古語. 繊維】ベルギー・オランダのブラバント地方 Brabante 産の]麻布
brabantés, sa [braβantés, sa] 形 名《地名》=**brabanzón**
brabantino, na [braβantíno, na] 形 名《地名》=**brabanzón**
brabanzón, na [braβanθón, na] 形 名《地名》[ベルギー・オランダの]ブラバント地方 Brabante の[人]
bracamarte [brakamárte] 男［片刃で先の反った]短剣
bracarense [brakarénse] 形 名《地名》ブラガ Braga の［人]【ポルトガルの県・県都]
braccio [brátʃo] 男【←伊語】→**viola** da braccio
braceado, da [braθeáðo, ða] 形［行為が]腕の動きを伴った
　——女 =**brazada**
braceaje [braθeáxe] 男 ❶［尋 braza で測る]水深. ❷ 貨幣鋳造
bracear [braθeár]【←brazo】自 ❶ 手で水をかく, クロールで泳ぐ. ❷ 腕を振り回す, もがく; 苦闘する: El detenido braceó hasta que le soltaron. 捕えられた男は放されるまで腕を動かしていた. ❸《馬術》前脚を高く上げてそっそうと歩く. ❹［歩く時など努力して・格好良く見せるために, 繰り返し]腕を振り動かす. ❺《船舶》転桁索を引いて帆行する
braceo [braθéo] 男 腕を振ること, 水をかくこと
bracero, ra [braθéro, ra]【←brazo】名 ❶ 日雇いの農場（季節）労働者, 土地無し農民; ［収入の不足を労賃で補う]小地主; ［力仕事をする]作業員. ❷ 腕を貸す人: servir de ～ ... に手を貸す. ❸《メキシコ. 歴史》ブラセロ［ブラセロ・プログラム programa bracero に参加したメキシコ人労働者]: programa ～ ブラセロ・プログラム【メキシコ政府と米国政府がメキシコ人農業労働者を一時的に米国へ入国させるために締結した協定(1942〜64). 米国への不法入国を助長する結果になった]
　de[l] ～《口語》［互いに]腕を組んで: ir de ～ 腕を組んで歩く
bracete [braθéte]《口語》《古》互いに]腕を組んで
bracilargo, ga [braθilárɣo, ɣa] 形 腕の長い
bracista [braθísta] 名 平泳ぎの選手
bracmán [brakmán] 男 =**brahmán**
braco, ca [bráko, ka]《犬》ポインター【=perro ～】
bráctea [bráktea] 女《植物》苞(ほ), 包葉
bracteola [brakteóla] 女《植物》小苞, 小包葉
bradi-《接頭辞》[遅い] *bradi*cardia 徐脈
bradicardia [braðikárðja] 女《医学》徐脈
bradicinesia [braðiθinésja] 女《医学》運動緩徐, 運動緩慢
bradilalia [braðilálja] 女《医学》発話緩慢, 言語緩慢
bradipepsia [braðipé(p)sja] 女《医学》消化緩慢
bradipnea [braðipnéa] 女《医学》緩徐呼吸
bradipsiquia [braði(p)síkja] 女《医学》精神緩慢
bradiquinesia [braðikinésja] 女《医学》動作緩慢, 運動緩慢
bradirizobio [braðiriθóβjo] 男《生物》根粒バクテリア
bradisismo [braðisísmo] 男《地学》緩変動
brafonera [brafonéra] 女《古語》上腕部を覆う防具
braga [bráɣa] I【←ラテン語 braca「半ズボン」】女《西》❶《服飾》[主に 複]パンティー; ［子供用の]パンツ. ❷［赤ん坊の]おむつ【=pañal】. ❸《服飾》ネックウォーマー. ❹《口語》質の悪いも

の, ひどい出来のもの. ❺ [集名] 鳥の足を覆う毛
a 〜 *s enjustas* 《文語》危険を冒さずに
de 〜 破産した, 一文なしの
estar en 〜 *s*《俗語》[金・知識などが] ない
estar hecho una 〜《俗語》1) 疲れ果てている. 2) 壊れた, だめになった
pillar (coger) en 〜 *s a*+人《口語》…の不意をつく
ser una 〜 大した代物ではない, 価値がない
II [←仏語 braie「風車の横木」] [男] 吊り索

bragado, da [braɡáðo, ða] [形] ❶ [口語] [人が] 決然とした, きっぱりした; 悪意のある, ひねくれた. ❷ [闘牛] [牛が] 股間の毛色が異なる
―― [女] [馬などの] 内もも
bragadura [braɡaðúra] [女] [人・動物の] 股, 股間;《服飾》クロッチ
bragapañal [braɡapaɲál] [女] 《西》紙おむつ
bragazas [braɡáθas] [←braga I の示大語] [形] [男] [単複同形] 《西. 口語》ふぬけの [男], 男らしくない; [特に] 女の尻に敷かれる [男]
braguero [braɡéro] [←braga I] [男] ❶ 脱腸帯, ヘルニアバンド. ❷ [動物の] 股間
bragueta [braɡéta] [←braga I] [女] [ズボン・パンツの] 前開き
estar como 〜 *de fraile*《南米》[人が] まじめである
oír por la 〜 耳が遠い
braguetazo [braɡetáθo] [男] 《西. 口語》逆玉の輿 (テュ): *dar* [*un*-*el*] 〜/*pegar el* 〜 逆玉の輿に乗る
braguetero [braɡetéro] [形] [男] 《中南米. 軽蔑》逆玉の輿に乗る [男]
braguita [braɡíta] [女] 《服飾》[主に [複]] パンティー [=braga]
brahmán [bramán] [←サンスクリット語 brahmana] [男] [インドの] バラモン
brahmánico, ca [bramániko, ka] [形] バラモン教の; バラモンの
brahmanismo [bramanísmo] [男] バラモン教
brahmín [bramín] [形] =**brahmán**
brahón [braón] [男] 《服飾》袖上部のギャザー
brahonéra [braonéra] [女] =**brahón**
braille [brájʎe] [←Braille (発明者)] [男] 点字, 〔ブライユ〕点字法: *aprender* 〜 点字を学ぶ. *leer en* 〜 点字を読む. *libro en* 〜 点字の本
brainstorming [brejnstórmiŋ] [←英語] [女] ブレーンストーミング
brama [bráma] [女] [シカなどの] 発情〔期〕
―― 《魚》
bramadera [bramaðéra] [←bramar] [女] ❶ 〔玩具〕うなり板 [板のすき間に紐を通し, うなり音を出す]. ❷ 〔家畜を呼ぶ〕角笛. ❸ 《中南米》動物をつないで飼い慣らす [畜殺する] 柱
bramador, ra [bramaðór, ra] [形] ほえる; うなる
bramante [bramánte] I [←Brabante (オランダの地名)] [男] ❶ 麻ひも: *hilo* [*de*] 〜 細い麻ひも. ❷ =**brabante**
II [形]《文語》=**bramador**
bramar [bramár] [←ゴート語 brammon] [自] [牛などが] ほえる;《文語》[風・海が] うなる: 〜 *de dolor* うめき声をあげる
―― うなりながら言う
bramido [bramíðo] [男] うなり声, 怒号: *dar* 〜 *s* うなる
brámidos [brámiðos] [男] [複] 《魚》シマガツオ科
bramona [bramóna] [女] [慣用] *soltar la* 〜 [賭博師同士が] 突然侮辱的な言葉を投げ合う
bramuras [bramúras] [女] [複] 呪い, 脅し, 怒りの表現
branca [bráŋka] [女] ❶ 《古語》=**branquia**. ❷ 《アラゴン》根から生える茎
brancada [braŋkáða] [女] 《漁業》底引き網
brancal [braŋkál] [男] 《砲架・馬車の》側板
brancellao [branθeʎáo] [男] 〔ガリシアの〕赤ブドウの一品種
brandada [brandáða] [女] 《西. 料理》タラ・ジャガイモ・ミルク・ニンニク・オリーブ油などの煮込み
brandeburgo [brandebúrɡo] [男] 《服飾》ブランデンブルグ, 肋骨状の紐飾り
brandi [brándi] [男] =**brandy**
brandis [brándis] [男] 〔複〕 〜 *es* 《服飾》casaca の上に着るコート
brandy [brándi] [←英語] [男] [複] brand*ies*/〜 *s*《酒》ブランデー
brannerita [branneríta] [女] 《鉱物》ブランネライト, ブランネル石
branque [bráŋke] [男] 《船舶》船首部
branquia [bráŋkja] [←ラテン語 branchia < ギリシア語 brankhia「魚のひれ」] [女] 《動物》鰓 ($\tilde{g}$)

branquial [braŋkjál] [形] 鰓の: *respiración* 〜 鰓呼吸. *arco* 〜 鰓弓 ($\tilde{g}$)
branquífero, ra [braŋkífero, ra] [形] 鰓のある
branquiocefálico, ca [braŋkjoθefáliko, ka] [形] 《解剖》上腕と頭との, 腕頭の
branquiosaurio [braŋkjosáurjo] [男] 《古生物》ブラキオサウルス
branquiuros [braŋkjúros] [男] [複] 《動物》鰓尾 (ᴲ) 類
braña [brápa] [←?ケルト語 branka] [女] 《西》夏用の牧場
braquiación [brakjaθjón] [女] 《動物》[サルが枝にぶらさがって移動する] 腕渡り
braquial [brakjál] [形] 《解剖》上腕の: *bíceps (tríceps)* 〜 上腕二頭筋 (三頭筋)
braquialgia [brakjálxja] [女] 《医学》上腕痛
braquicefalia [brakiθefálja] [女] 《人類学》短頭
braquicéfalo, la [brakiθéfalo, la] [形] 《人類学》短頭の [人]
braquícero, ra [brakíθero, ra] [形] 短角亜目の
―― 《昆虫》短角亜目の虫
braquidactilia [brakiðaktílja] [女] 《解剖》短指症
braquigrafía [brakiɡrafía] [女] 《言語》省略表現の研究
braquilogía [brakiloxía] [女] 《言語》簡潔表現, 要語省略
braquiocefálico, ca [brakjoθefáliko, ka] [形] 《解剖》上腕と頭の
braquiópodo, da [brakjópoðo, ða] [形] 腕足類の
―― 《動物》腕足類
braquiterapia [brakiterápja] [女] 《医学》小線源治療: 〜 *intra-cavitaria* 腔内近接照射療法
braquiuro, ra [brakjúro, ra] [形] 短尾亜目の
―― 《動物》短尾亜目
brasa [brása] [←ゲルマン語 bras, brasse「火, 炎」] [女] 〔時に [集名]〕 燠 ($\tilde{g}$), 赤くおこった炭火: *a la* 〜 《料理》炭火焼きの
pasar como sobre 〜 *s por* +事 …には軽く触れるだけにとどめる
brasca [bráska] [女] 〔灰吹皿を作る〕炭の粉と粘土の混合物
braseado [braseáðo] [男] 《料理》炭火焼き
brasear [braseár] [他] 《料理》炭火焼きする
braserillo [braseríʎo] [男] 香炉
brasero [braséro] [←brasa] [男] ❶ 火鉢 〔状の暖房具〕: 〜 *de cisco* 粉炭の火鉢. 〜 *eléctrico* 電気火鉢. ❷ [集名] 燠 ($\tilde{g}$). ❸ 《古語》火刑場
brasier [brasjér] [←仏語] [男] 《メキシコ, 中米, キューバ, コロンビア, ベネズエラ》ブラジャー [=sostén]
brasil [brasíl] [男] ❶ 《植物》ブラジルスオウ: *palo* [*de*] 〜 ブラジルスオウ材. ❷ 《古語》[女性が化粧に用いた] 赤色. ❸ 《国名》[B〜] ブラジル
brasilado, da [brasiláðo, ða] [形] 赤色の
brasileiro, ra [brasiléjro, ra] [形] [名] =**brasileño**
brasileinismo [brasilepnísmo] [男] ブラジルポルトガル語特有の語法, ブラジルポルトガル語起源の語
brasileño, ña [brasiléɲo, ɲa] [形] [名] 《国名》ブラジル Brasil [人] の; ブラジル人
brasilero, ra [brasiléro, ra] [形] [名] 《中南米》=**brasileño**
brasilete [brasiléte] [男] 《植物》タラ
brasilina [brasilína] [女] 《化学》ブラジリン 〔色素〕
braslip [braslíp] [男] 《服飾》ブリーフ [=slip]
brasmología [brasmoloxía] [女] 潮汐学
brasserie [braserí] [←仏語] [女] [複] 〜 *s* 炭火焼きとビールのレストラン, ビアホール
brassier [brasjér] [男] 《中南米》=**brasier**
braunita [braunita] [女] 《鉱物》ブラウンマンガン鉱
brava[1] [brába] [女] 《隠語》かなてこ [=palanqueta]
bravamente [brábaménte] [副] ❶ 勇敢に, 勇猛に; 猛然に, 荒々しく; 残忍にも. ❷《文語》見事に, すばらしく. ❸《文語》大いに, たくさん
bravata [brabáta] [←伊語 bravata < bravo] [女] 《軽蔑》空いばり, こけおどし; おどし: *decir* (*echar*) 〜 *s* いばり散らす; おどしをかける
bravatero, ra [brabatéro, ra] [形] [名] 空いばりする [人], こけおどしする [人]
braveador, ra [brabeaðór, ra] [形] いばり散らす [人]; おどしをかける [人]
bravear [brabeár] [自] いばり散らす; おどしをかける

bravera [brabéra] 女 炉の換気口

braveza [brabéθa] 《←bravo》女 ❶ 《文語》勇ましさ,獰猛(ぞう)さ 《=bravura》. ❸ 《暴風雨などの》激しさ,猛威: ~ del mar 荒れ狂う海

bravío, a [brabío, a] 《←bravo》形 ❶ 《動物が》荒々しい,人に馴れない. ❷ 《植物が》野生の,自生の. ❸ 《人が》粗野な,粗暴な; 反抗的な: carácter ~ 乱暴な性格. ❹ 《海などが》荒れ狂った: Las aguas ~as azotaban la muralla. 荒波が城壁に打ちつけていた. mar ~ 荒海
—— 男 《闘牛》《牛の》勇猛さ,気の荒さ

bravo, va² [brábo, ba] 《←ラテン語 prarus「野蛮な」》形 ❶ 勇敢な,勇ましい; 果断な: Esos soldados ~ lucharon sin miedo a muerte. その勇敢な兵士たちは死を恐れずに戦った. ❷ 《動物が》獰猛な,気性の荒い; 人に馴れない: toro ~ 《闘牛》気の荒い牛. ❸ 《estar+》《海・天候などが》荒れ狂った: El lago está ~. 湖は波が荒れている. mar ~ 荒海. ❹ 《土地が》荒涼とした,険しい; 《自然などが》未開の,人の手が入らない: paisaje ~ 荒涼とした風景. ❺ 《人が》野蛮な,荒れた,粗野な. ❻ 《口語》気の短い,気性の激しい: mujer ~va じゃじゃ馬. ❼ 《口語》うぬぼれた,いばった,見事な: Es una ~va novela. それはすごい小説だ. ❽ 《主に中南米》《味が》辛い. ❾ 《プエルトリコ》música ~va 下手(耳ざわり)な音楽. ❿ 《コロンビア,ベネズエラ》《estar+》不機嫌な,怒った. ⓫ 《ラプラタ》困難な,厳しい

a las ~vas 《口語》**=por las ~vas**
pisar ~ 荒々しい足取りで行く(来る)
por las ~vas 《口語》乱暴に,荒々しく; 軽率に,何の配慮もなく
—— 男 喝采,歓呼: Los presentes aplaudían y gritaban ~s. 出席者たちは拍手してブラボーを繰り返した.
—— 間 ❶ 《歓喜・承認》うまいぞ,でかした. ❷ 《演奏者などへの喝采》ブラボー,すばらしい

Bravo [brábo] 《人名》**Nicolás** ~ ニコラス・ブラボ 《1786〜1854, メキシコの軍人. 独立戦争を戦い,大統領 (1839, 42〜43, 46)》

bravocear [braboθeár] 自 **=bravear**

bravoíta [braboíta] 女 《鉱物》黄鉄ニッケル鉱

bravonel [brabonél] 男 空いばりする人, 虚勢を張る人

bravosía [brabosía] 女 **=bravosidad**

bravosidad [brabosiðá(ð)] 女 ❶ りりしさ, 堂々とした態度. ❷ 尊大さ, 傲慢さ

bravoso, sa [brabóso, sa] 形 **=bravo**

bravucón, na [brabukón, na] 《←bravo》名 ❶ 《軽蔑》強がりの, 空いばりする(人), ほら吹きの. ❷ 《闘牛》《牛で》臆病な, 攻撃してこない

bravuconada [brabukonáda] 女 《軽蔑》強がり, ほら

bravuconamente [brabukonáménte] 副 《軽蔑》空いばりして

bravuconear [brabukoneár] 自 《軽蔑》いばり散らす; おどしをかける

bravuconería [brabukonería] 女 《軽蔑》**=bravuconada**

bravura [brabúra] 《←bravo》女 ❶ 《動物の》猛々しさ, 荒々しさ; 《特に闘牛の牛の》勇猛: Este toro ha exhibido una gran ~. この牛はすごい勇猛さを示した. ❷ 勇気, 勇敢: ~ de los soldados 兵士たちの勇気. ❸ 強がり, はったり. ❹ 《海・天候などの》荒々しさ

braza [bráθa] 《←ラテン語 bracchia「腕」》女 ❶ 《水深の単位》尋 《=6 pies (約167cm. 英米では183cm)》. ❷ 平泳ぎ《=~ de pecho》; nadar a ~ 平泳ぎで泳ぐ. ~ de espalda 背泳. ~ mariposa バタフライ. ❸ 《船舶》転桁(てんこう)索. ~ 《de》mayor 大檣転桁索

brazada [braθáða] 《←brazo》女 ❶ 《水泳・ボートの》一かき, ストローク: nadar con fuertes ~s 力強いストロークで泳ぐ. ❷ 一抱え《量》: una ~ de leña 一抱えの薪. ❸ 《コロンビア,ベネズエラ,チリ》《水深の単位》尋 《=brazada》

brazado [braθáðo] 男 一抱え《量》《=brazada》

brazaje [braθáxe] 男 **=braceaje**

brazal [braθál] 男 ❶ 腕章 《=brazalete》. ❷ 《鎧の》腕当て《=brazalete》. ❸ 《盾の》取っ手. ❹ 《灌漑用の》用水路, 取水路. ❺ 《船舶》船首手すり. ❻ 《コロンビア》《雨期の》急流, 氾濫

brazalete [braθaléte] 《←仏語 bracelet》男 ❶ 《服飾》腕輪, ブレスレット, バングル 《類語》→**pulsera**: ponerse (llevar) un ~ ブレスレットをはめる(している). ❷ 腕章: Juan llevaba un ~ negro en señal de luto por la muerte de un amigo. フアンは友人の死への弔意を示すために黒い腕章を付けていた. ~ de capitán 《サッカー》キャプテンマーク. ~ de luto 喪章. ❸ 《鎧の》腕当て, 腕甲

brazo [bráθo] 《←ラテン語 bracchium》男 ❶ 腕, 上腕 《厳密には肩から肘までを指すが, 一般的には腕 antebrazo も含めた腕全体を表わす. さらには手 mano を含むこともある》: Ayer jugué mucho al tenis y hoy me duelen los ~s. 私は昨日テニスをやりすぎて今日腕が痛い. Tiene buen ~. 彼は腕の力が強い《肩がいい》. echar a+人 los ~s / ~ al 人 …の腕に倒れ込む《抱きかかる》. echar los ~s al cuello de+人 …に抱きつく. llevar un abrigo al (en el) ~ コートを腕に掛けている. llevar un libro bajo el ~ 本を小脇に抱えている. a fuerza de ~ 人力で. ❷ 《動物の》前脚, 前肢, 触手: ~s del caballo 馬の前脚. ❸ 《木の》枝. ❹ 《器具などの》腕, 腕木, 柄: ~ de grúa 起重機のアーム. ~ de la cruz 十字架の横木. ~ de molino 風車の翼. ~ de ancla 錨の腕. ❺ 《椅子の》ひじ掛け: ~ del sillón ソファのひじ. ❻ 《さお秤の》さお. ❼ 《レコードプレーヤーの》トーンアーム 《=~ lector》. ❽ 《小銃の》握把(あくは), グリップ. ❾ 《燭台の》枝: candelabro de cinco ~s 枝が5つある燭台. ❿ 力, 権力, 勢力, 腕力; 勇気: valerse de buenos ~s 強力な力を利用する. ~ de Dios 神の力. ~ de la ley 法の力, 司直の手. ⓫ 《集合》人手, 労働力: En esta fábrica ahora hacen falta ~s. この工場では今人手が不足している. ⓬ 《複》庇護者, 保護者. ⓭ 《川の》支流 《本流から分かれ, また合流する. =~ de río》. ⓮ 入り江, 海峡 《=~ de mar》. ⓯ 《西. 菓子》~ de gitano ロールケーキ. ⓰ 《歴史》《身分制議会の》議員団 《=~ del reino》: ~ eclesiástico (de la nobleza, del estado llano) 聖職者(貴族・平民)議員団. 2) ~ secular 《教権に対する》俗権, 一般裁判権. ⓱ 《テロリスト集団などの》~ armado (político) 軍事(政治)部門. ⓲ 《物理》~ de palanca 力点(作用点)と支点の間の距離. ⓳ 《フラメンコ》腕の動き, 腕さばき

a ~ 1) 手製で: chocolate elaborado a ~ 手作りのチョコレート. 2) 手動で; 人力で
a ~ partido 1) 腕力で, 武器なしに: pelear a ~ partido 取っ組み合いのけんかをする. 2) 懸命に, 必死に: Está luchando a ~ partido por descubrirlo. 彼はそれを発見しようと必死になっている
abandonarse en ~s de+人 《口語》**=echarse ~s de+人**
~ derecho 右腕 《比喩的にも》: Antonio es el ~ derecho del director. アントニオは局長の右腕だ
con los ~s abiertos 1) 両手を広げて. 2) 歓迎して, 友好的に: Los recibimos con los ~s abiertos. 私たちは彼らを暖かく迎えた/心から歓迎した
con los ~s cruzados/cruzado de ~s 1) 腕組みをして. 2) 何もしないで, 手をこまねいて: No te quedes ahí cruzado de ~s. 何もしないでそこにじっとしているんじゃない
cruzarse de ~s 1) 腕組みをする. 2) 何もしない, 傍観する
dándose el ~ 互いに腕を組んで
dar el ~ a+人 1) …に腕を貸す: Le di a la anciana el ~ para bajar del autobús. 私はバスを降りるおばあさんに手を貸した. 2) 援助する
de ~s cruzados **=con los ~s cruzados**
del ~ [+con,de+人 と] 腕を組んで: Los dos siempre van (cogidos) del ~. 2人はいつも腕を組んで歩いている. Eva siempre va del ~ con su novio a estas horas. エバはこの時間いつも恋人と腕を組んで歩いている
echarse en ~s de+人 …にすべてを頼る(委ねる): Silvia se echó en ~s de su marido en ese asunto. シルビアはその件では夫にすべてを任せた
en ~s 腕に, 腕の中で: Subían a los niños en ~s para que viesen los desfiles. 行列を見せるために彼らは子供を腕に抱き上げた. Se agachaba a tomar en ~s al gatito. 彼女は子猫を抱きかかえようと身をかがめた
en los ~s de... …の支配下に, …に影響されて
entregar al ~ secular 《口語》すぐに決着をつけてくれる人に委ねる
entregarse en ~s de+人 《口語》**=echarse ~s de+人**
estar atado de ~s 手が出せない, 動きがとれない

brevemente

estirar más el ~ que la manga 自分の能力以上のことをしたがる, 背伸びする
hecho un ~ de mar 《西. 皮肉》めかし込んで, 着飾って: Apareció en la fiesta *hecha un ~ de mar*. 彼女はめかし込んでパーティーに現われた
niño de ~s 青二才, 生意気な若者(娘); 未熟者
no dar su ~ a torcer 《口語》頑として譲らない: El testarudo de Pedro *no da su ~ a torcer* fácilmente. 頑固者のペドロは断固として首を縦に振らない
ponerse en ~s de+人《口語》=**echarse en ~s de**+人
brazola [braθóla]《船舶》防水縁材; [倉口の]縁板, 縁材
brazuelo [braθwélo]《brazoの示小語》[四足獣の]前肢, 前脚の膝から上: Ese toro tiene una mancha blanca en el ~ derecho. その牛の右の前脚には白い斑点がある
brea [bréa]《←brear》 ❶ タール, ピッチ: ~ mineral コールタール. ~ seca ロジン. ❷ [タールを塗った]防水布
break[1] [bréik]《←英語》[複 ~s]❶ ブレークダンス. ❷ [ジャズの]短い独奏. ❸《まれ. 自動車》ステーションワゴン. ❹《古語的. 鉄道》コンパートメント車. ❺《古語》[ベンチのある]無蓋の大型四輪馬車
break[2] [brék]《←英語》[複 ~s]❶《テニス》ブレーク;《ボクシング》ブレーク. ❷《米国》休憩: tomar un ~ 休憩をとる
——[閒]《ボクシング》ブレーク!
breakdance [bréikdans]《←英語》ブレークダンス
brear [breár]《←仏語 brayer》⦅他⦆ ❶《西. 口語》虐待する. ❷《地方語》重労働で疲れ果てさせる. ❸《古語》=**embrear**
breasote [breasóte] 《カナリア諸島》=**bergasote**
brebaje [breβáxe]《←古仏語 bevrage》⦅男⦆《軽蔑》まずい(まずそうな)飲み物
brebajo [breβáxo] ⦅男⦆=**brebaje**
breca [bréka]《魚》❶ ニシキダイ. ❷ グリーク《=albur》
brecha [brétʃa]《←仏語 brèche》⦅女⦆ ❶ [壁などの不定形の]穴, 割れ目; [頭部の]傷, 裂傷, [攻撃の]突破口: abrir una ~ en la muralla 城壁に穴をあける. ❷ [意見などの]相違, 隔たり: ~ generacional 世代のギャップ. ~ inflacionaria インフレギャップ. ❸《地質》角礫岩. ❹《メキシコ》[未舗装の]小道
abrir ~ en... …に道を開く, 草分けとなる: Esperan *abrir ~ en* el mercado norteamericano. 彼らは北米市場への進出を望んでいる
batir en ~ 1) 砲撃で突破口を開く. 2) 打ちのめす
hacer ~ en+人《口語》…の心を動かす
estar (seguir) en la ~ いつでも戦う(義務を果たす)用意ができている; 第一線で活躍し続ける: A sus 80 años de edad, *sigue en la ~* política. 彼は80歳にして政治の第一線で活躍している
morir en la ~ 戦闘(仕事)のさなかに死ぬ
brecina [breθína]《植物》 ❶ エリカ・アルボレア, ツリーヒース. ❷ カルーナ, ギョリュウモドキ
brécol [brékol]《←伊語 broccoli》⦅男⦆《主に西. 植物》ブロッコリー
brecolera [brekoléra] ⦅女⦆=**brécol**
breeches [brítʃes]《←英語》⦅男 複⦆《南米》乗馬ズボン
brega [bréga] I 《←bregar I》⦅女⦆ ❶ 激務. ❷ けんか, 口論
andar a la ~ 一所懸命に働く; 猛烈に戦う
de ~《闘牛など》下働きの
II 《←bregar II》⦅女⦆《地方語》[製パンの]ガス抜きのローラー
bregador, ra [breɣaðór, ra] ⦅形⦆ 一所懸命に働く[人]; 戦う[人]
bregar [breɣár] I 《←ゴート語 brikan「殴る」》 ⦅自⦆ ❶ 一所懸命に働く: Lleva años *bregando* en la política municipal de la ciudad. 彼はここ数年市政で懸命に活動している. ❷《+con 困難など》戦う. ❸ けんかする
——⦅他⦆《闘牛》[牛を傷つけずに]何度も闘牛をさせる
II 《←ラテン語 plicare「畳む」》⦅他⦆《地方語》[パン生地を]ガス抜きのローラーにかける; こねる
bregmático, ca [breɣmátiko, ka] ⦅形⦆《人類学》頭蓋骨の前頂の
brejetero, ra [brexetéro, ra] ⦅形⦆《ベネズエラ》迷惑な[人], 他人事に干渉する[人]
brekas [brékas] ⦅女⦆《米国》ブレーキ《=freno》
brema [bréma] ⦅女⦆《魚》ブリーム
bren [brén] ⦅男⦆ ふすま, ぬか《=salvado》
brenca [bréŋka] ⦅女⦆ ❶ [用水路の]水門を支える柱. ❷ 繊維, 細糸; [特に]サフランの柱頭. ❸《アンダルシア, ムルシア》[物の]かど

brent [brént]《←英語》⦅男⦆ 北海ブレント原油《欧州原油価格の指標となる》
breña [bréɲa]《←?ケルト語 brigna < briga「山」》⦅女⦆[主に⦅複⦆]岩山の間の険しい荒地
breñal [breɲál] ⦅男⦆ 険しい荒れ地
breñar [breɲár] ⦅男⦆=**breñal**
breñoso, sa [breɲoso, sa] 険しい荒れ地の多い
breque [bréke] ⦅男⦆ ❶《魚》=**breca**. ❷ ojo de 《軽蔑》目のにたまった人. ❸《中米》ブレーキ《=freno》
bresca [bréska] ⦅女⦆ ミツバチの巣
brescar [breskár] [7] ⦅他⦆ [ミツバチの巣から] 蜜蝋(みつろう)を取り出す
bretaña [bretáɲa] ⦅女⦆ ❶ ブルターニュ産の薄い麻布. ❷《植物》ヒヤシンス《=jacinto》. ❸ [B~] 1)《国名, 地名》Gran B~ イギリス《正式名称 Reino Unido de Gran B~ e Irlanda del Norte》; グレートブリテン島. 2)《地名》[フランスの] ブルターニュ地方
brete [bréte]《←オック語 bret「鳥の罠」》⦅男⦆ ❶ 苦境: estar un ~ 苦境にある. poner a+人 en un ~ …を苦境に立たせる. ❷ 鉄の足かせ. ❸《チリ, アルゼンチン, ウルグアイ》[家畜を一列に並べるための]杭, 石柱の間の道
bretear [breteár] ⦅自⦆《キューバ》他人のうわさ話をする
bretel [bretél] ⦅男⦆《服飾》 ❶《ドミニカ, ベネズエラ, チリ, アルゼンチン, ウルグアイ》[主に⦅複⦆] ストラップ, 肩ひも, 吊りひも: sin ~*es* ストラップレスの. ❷《ドミニカ》サスペンダー
brétema [brétema] ⦅女⦆《地方語》霧《=niebla》
bretón, na [bretón, na] ⦅形⦆⦅名⦆ ❶《地名》[フランスの] ブルターニュ地方 Bretaña の[人]. ❷《歴史》ブリトン族[の]《古代ブリタニア Britania に住んでいたケルト人》. ❸《文学》アーサー王 el rey Arturo 物語の
——⦅男⦆ ❶ ブルターニュ語; ブリトン語. ❷《植物》ケール, 芽キャベツ
Bretón de los Herreros [bretón de los eréros]《人名》**Manuel** ~ マヌエル・ブレトン・デ・ロス・エレロス《1796～1873, スペインの劇作家, 同時代のロマン主義演劇マドリードを舞台に画く, マドリードの中流社会の風俗などに題材をとった, 華やかな風刺のあるモラティン Moratín 風の作品で人気を博した》
bretónica [bretónika] ⦅女⦆=**betónica**
breva [bréβa]《果実》❶ 夏イチジク; 青いどんぐり. ❷ [平たく緩めの]葉巻き, 高級な葉巻き;《中南米》噛みたばこ
más blando que una ~ [処罰・叱責の後で] 大変おとなしい, しおらしい
No caerá esa ~.《西. 口語》[棚からぼたもち式には] うまくいかない: ¿Vas a salir con ella? *No caerá esa ~*. 彼女とデートするつもりか? そううまくはいかないよ
perder la ~《西. 口語》もうけ口(頼るあて)を失う
breval [breβál] ⦅男⦆《植物》イチジク《最も一般的なイチジクの品種. =higuera》
breve [bréβe]《←ラテン語 brevis》⦅形⦆ ❶ 短い, 短時間の: Antes de seguir hablando, hizo una pausa ~. 彼は話を続ける前に短い間を置いた. Afortunadamente la reunión fue ~ de lo que esperaba. 幸い会議は思っていたより早く終わった. El director fue ~ en su exposición. 校長の説明は短かった. ❷ 簡潔な, 手短な: Le escribí unas ~s líneas. 私は彼に短い手紙を書き送った. Me lo explicaron en ~ palabras. 彼らはそれを手短に説明してくれた. ❸《音声》短母音の; 単音節の
en ~ 1) すぐに, 間もなく. *En ~* daré mi respuesta. すぐにお返事を差し上げます. 2)《←仏語 en bref》手短に[言えば], 要するに
ser ~ cosa 見当はずれである, たわごとである
——⦅男⦆ ❶《ローマ教皇の》小勅書《=~ pontificio》. ❷《複》[新聞]短いニュース
——⦅女⦆《古語. 音楽》全音符. ❷《音声》短母音, 短音節
brevedad [breβeðá(d)]《←ラテン語 brevitas, -atis》⦅女⦆ ❶《時間の》短さ: Ahora que soy viejo, entiendo muy bien la ~ de la vida. 年よりになった今, 人生が短いことがよく分かった. *a (con) la mayor ~ [posible]* できるだけ早く. ❷ 簡潔, 簡略: Me sorprendió la ~ de su carta. 彼の手紙の短さに私は驚いた. ~ y claridad de la descripción 記述の簡潔さと明晰さ
con ~ 手短に, 簡潔に. *para mayor ~* 簡単に言えば, 要するに
brevemente [bréβeménte] ⦅副⦆ ❶ 手短に: hablar ~ 簡潔に話

す. ❷ 短時間に

brevera [breβéra]【女】《サラマンカ，アラゴン》=breval

brevet [breβét]【男】《南米》パイロット免許

brevete [breβéte]【男】❶［ローマ教皇の］小勅書〖=breve〗. ❷ レターヘッド〖=membrete〗. ❸《ペルー》運転免許

breviario [breβjárjo]【男】❶《カトリック》聖務日課書〖の祈禱文〗. ❷ 摘要，概要; 抜粋，要約

brevipenne [breβipénne]【形】《古語・鳥》走鳥類〖の〗〖=corredor〗

brezal [breθál]【男】〖ヒースの生い茂った〗荒れ野

brezar [breθár]【他】《地方語》〖赤ん坊を〗揺りかごで揺する〖=acunar〗

brezo [bréθo]【男】《植物》ヒース〖=~ común〗: pipa de ~ ブライアーのパイプ. ~ blanco (albarizo) ツリーヒース，エリカ・アルボレア

briago, ga [brjáɣo, ɣa]【形】【名】《メキシコ》酔っぱらい〖の〗

—— 【女】❶ 荷役索，吊り索，巻上げロープ. ❷《メキシコ》酔い，酩酊

brial [brjál]【男】❶《古語・服飾》足首までのロングドレス. ❷［甲冑の］下穿 $^{(4)}$ き

Briareo [brjaréo]【男】《ギリシア神話》ブリアレオース，ブリアレウス〖100本の腕と500の頭を持つ巨人〗

briba [bríβa]〖←bribia < bibia〗【女】《まれ》ぐうたらな生活，やくざな暮らし: andar (echarse) a la ~ ぐうたらな生活をする，やくざな暮らしをする

bribia [bríβja]【女】《まれ》=briba

bribiático, ca [briβjátiko, ka]【形】《まれ》ぐうたらな生活の; やくざ暮らしの

bribón, na [briβón, na]〖←bribia〗【形】【名】❶〖時に軽蔑〗ごろつき〔の〕，やくざ者〔の〕; ペテン師〖の〗. ❷《親愛》いたずらっ子〖の〗

bribonada [briβonáða]【女】悪行; いたずら

bribonear [briβoneár]〖←bribón〗【自】やくざな暮らし〖ふるまい〗をする

bribonería [briβonería]〖←bribón〗【女】やくざな暮らし〖ふるまい〗

bribonesco, ca [briβonésko, ka]【形】ごろつきの，やくざの

bribonzuelo, la [briβonθwélo, la]〖bribón の示小語〗【形】【名】チンピラ〔の〕

bricbarca [brikbárka]【男】【女】《船舶》バーク〖後檣が縦帆の3檣以上の大型帆船〗

bricho [brítʃo]【男】《服飾》金・銀のスパンコール

bricio [bríθjo]【男】《植物》イケノミズハコベ

bricolador, ra [brikoladór, ra]【男】【女】日曜大工

bricolaje [brikoláxe]〖←仏語 bricolage〗【男】〖家庭内の〗素人仕事，日曜大工

brida [bríða]〖←仏語 bride〗【女】❶〖馬具〗馬勒($\vec{x}$.)〖はみ・手綱・おもがいの総称〗. ❷《医学》小帯，繋帯. ❸《技術》〖接合用の〗添え金; ［管の〗継ぎ手，フランジ

a ~ suelta =a toda ~
a la ~ あぶみを長くして
a toda ~ 全速力で
andar a la ~ 機会を狙っている

bridado [briðáðo]《料理》麻紐で縛ること

bridar [briðár]【他】❶《料理》〖肉を〗麻紐で縛る. ❷《まれ》=embridar

bridecú [briðekú]【男】剣を下げるベルト〖=biricú〗

bridge [brítʃ]〖←英語〗【男】《トランプ》ブリッジ: ~ contracto コントラクトブリッジ. ~ subastado オークションブリッジ

bridón [briðón]〖←brida〗【男】❶《馬具》小型の馬勒，小勒; 鞍と馬勒を付けられた馬. ❷《詩語》悍馬($\smash{\overset{\text{かん}}{\text{ば}}}$). ❸ あぶみを長くして乗馬する人

brie [brí]【男】《料理》ブリーチーズ

briefing [brífiŋ]〖←英語〗【男】❶〖仕事の〗指示説明，要約，ブリーフィング. ❷［指示説明の〗会議

briega [brjéɣa]【女】《地方語》激務

brigada [briɣáða]〖←仏語 brigata < 伊語 brigata「一緒に行く人々の集団」〗【女】❶《軍》旅団. ~ mixta 混成旅団. ~ paracaidista 空挺部隊. B~s Internacionales《歴史》国際旅団〖スペイン内戦で共和国政府側を助けたコミンテルン Internacional Comunista つきの外国人義勇軍〗. ❷〖警察・警備の〗班，係: ~ municipal de limpieza 市の清掃班. ~ de estupefacientes 麻薬捜査班. B~ de Investigación Criminal 犯罪捜査局

—— 【名】《陸軍，空軍》曹長; 《海軍》兵曹長

brigadero [briɣaðéro]【男】軍隊に雇われたラバ引き

brigadier [briɣaðjér]〖←仏語〗【男】❶《西・海軍》代将，戦隊司令官. ❷《西・古語》旅団長，准将. ❸《西》〖昔は海兵隊の〗伍長; 〖現在は海軍兵学校生徒の〗班長. ❹《アルゼンチン・空軍》准将

brigadiera [briɣaðjéra]【女】brigadier の妻

brigadilla [briɣaðíʎa]【女】小部隊; 小班

brigadista [briɣaðísta]【名】❶ 捜査班の一員. ❷《歴史》国際旅団の兵士

brigante [briɣánte]【男】《古語》追いはぎ，山賊〖=bandolero〗

brigantino, na [briɣantíno, na]【形】《地名》ベタンソス Betanzos の〔人〕《ラ・コルーニャ県の町》

—— 【女】鎧かたびら

brigola [bríɣola]【女】《古語・軍事》城壁を破砕する装置

brihuego, ga [briwéɣo, ɣa]【形】《地名》=briocense

brija [bríxa]【女】《隠語》金鎖

Briján [brixán]【男】saber más que ~ 非常に用心深い，ずる賢い

brik [brík]〖tetrabrik の省略語〗【男】〖複〗~s ブリック容器

brillador, ra [briʎaðór, ra]【形】《文語》輝く

—— 【女】《コロンビア》ワックスがけ機

brillante [briʎánte]〖←brillar〗【形】❶ 輝く，きらめく; 磨いた，光沢のある: Sus ojos azules estaban ~s de placer. 彼の青い目は喜びに輝いていた. El suelo está ~ de limpio. 床はピカピカだ. estrella ~ きらめく星. luz ~ 明るい光. zapatos ~s ピカピカの靴. ❷ 華やかな，輝かしい，華麗な: carrera ~ 華やかな経歴. porvenir ~ 輝かしい未来. ❸ 卓越した，優秀な，才気縦横な; すばらしい: Ella tiene una inteligencia ~. 彼女は優秀な頭脳の持ち主である. Juan es el alumno más ~ de esta clase. ファンはこのクラスで一番優秀な生徒だ. Sacó unas notas ~s en los exámenes. 彼は試験で輝かしい成績をおさめた. idea ~ すばらしいアイデア. violinista ~ 優れたバイオリニスト

—— 【男】〖ブリリアントカットの〗ダイヤモンド

brillantemente [briʎántemén̪te]【副】きらめいて; すばらしく

brillantez [briʎántéθ]〖←brillante〗【女】❶ 輝き，明るさ: Me atrae la ~ de los diamantes. 私はダイヤの輝きに引きつけられるの. ~ multicolor del campo de primavera 春の野の色とりどりの輝き. ❷ 華やかさ，華麗; 卓抜，成功: Ese cantante ha actuado con ~ en el concierto. その歌手はコンサートで成功を収めた. ❹《光学》輝度〖=brillo〗

brillantina [briʎán̪tína]〖←brillante〗【女】❶〖髪につやをつける〗ヘアリキッド，整髪料; ポマード: echarse ~ en el pelo 整髪料をつける. con el pelo lleno de ~ 髪をポマードでてかてかにして. ❷〖金属用の〗磨き粉

brillar [briʎár]〖←伊語 brillare「回る」〗【自】❶ 輝く，光る〖類義〗**brillar** は lucir より輝きが強い: En el cielo de la noche brillaban muchas estrellas. 夜空には多くの星が輝いていた. Por la noche brilla la luz del faro. 夜は灯台が光を放つ. Le brilla el pelo. 彼女の髪はつやつやしている. Te brilla la nariz. 君の鼻はてかてかしている. ❷〖+por〗目立つ，際立つ; 抜きん出る: Eva brillaba por su belleza. エバの美貌は際立っていた. ❸〖表情などを〗生き生きとする: Sus ojos brillan de placer. 彼の目は喜びに輝いている

—— 【他】《コロンビア》…にワックスをかける

brillazón [briʎaθón]【女】《ボリビア，ラプラタ》蜃気楼

brillo [bríʎo]〖←brillar〗【男】❶ 輝き，きらめき; 光沢: El mayordomo sacaba ~ a esos cubiertos de plata. 執事はその銀の食器類をいつも磨いていた. Me impresionó el ~ de sus ojos cuando estaba alegre. 楽しそうな時の彼の目の輝きが私にとって印象的だった. ~ del sol 太陽の輝き. ~ de la seda 絹の光沢. ❷ 華やかさ，華麗; 栄光: Su presencia es un ~ a la ceremonia. 彼の出席が式典に華を添えた. ❸《光学など》輝度: dar más ~ a la imagen 画面をもっと明るくする. ❹《写真》つや有り仕上げ. ❺《化粧》~ de labios リップグロス

brilloso, sa [briʎóso, sa]《中南米》輝く，つやつやした

brin [brín]《アラゴン》❶ サフランのおしべ. ❷ 切れ端

brincador, ra [briŋkaðór, ra]【形】跳びはねる

brincar [briŋkár]〖←brinco〗❼【自】❶ 跳びはねる: Las cabras brincaban de roca en roca. ヤギたちは岩から岩へと跳び回っていた. Le brincaba [dentro del pecho] el corazón. 彼は嬉しくて心がはずんだ. ~ de alegría 跳び上がって喜ぶ. ir brincando スキップする. ❷ 激怒する: estar que brinca かんかんで

怒っている. ❸ 細部を省略する
── 他 ❶ …から跳ぶ. ❷ [子供を] 高い高いする
brincho [bríntʃo] 男 《トランプ》[キノラ quínola で] 最も点の高いフラッシュ
brinco [bríŋko] 【←ポルトガル語 brinco < ラテン語 vinculum「縛り」】男 ❶ 跳躍: de un ～ 一跳びで. ❷ 《古語》[かぶりもの toca に付ける] 女性用の小型の宝石
　dar ⟨pegar⟩ ～s de alegría ⟨de contento⟩ 大喜びする
　dar ⟨pegar⟩ un ～ 《口語》[驚いて] びくっとする
　ponerse al ～ 《メキシコ. 口語》反逆する
brindador, ra [brindaðór, ra] 形 乾杯する
brindar [brindár] 【←brindis】 自 [+por のために] 乾杯[の挨拶]をする, 杯をあげる《グラスの縁を触れ合わす, グラスを掲げる, 祝意・祈念の言葉を言う》: *Brindamos con champán por el éxito.* 私たちは成功を祝って(祈って)シャンペンで乾杯した ── 他 ❶ 《闘牛》[マタドールが牛を貴人などに] 捧げる. ❷ [無償で] 提供する; [機会を] 与える: *Te brindo mi casa.* 君に私の家を提供しよう. *Le brindaron la oportunidad de estudiar.* 彼は研究の機会を与えられた. *Brindamos a nuestros clientes la posibilidad de devolver cualquier artículo.* 当社のお客さまには全製品の返品に応じます
　── ～*se* [+a+不定詞 助力などを] 申し出る: *Un taxista se brindó a llevarme gratis.* タクシーの運転手が私をただで乗せてあげると申し出た
brindis [bríndis] 【←独語 bring dir's「君に捧げる」】男《単複同形》❶ 乾杯 [行為, 言葉]: *Sirvió una cerveza y propuso un ～ "Salud".* 彼はビールを注いでグラスを上げ「健康を祝って」と言った. *Hicieron un ～ por la amistad.* 彼らは友情に乾杯した. *echar un ～* 乾杯する. *¡B～! 乾杯!* ❷ 《闘牛》牛を捧げる挨拶
brinquillo [briŋkíʎo] 男 《古語》小さな宝飾品 《=brinquiño》
brinquiño [briŋkíɲo] 男 ❶ 小さな宝飾品. ❷ 非常に小さな菓子
　estar (ir) hecho un ～ 身なりを整えている, 着飾っている
brinza [brínθa] 女 ❶ =**brizna**. ❷ 小さな一部分
briñón [briɲón] 男《地方語》=**griñón**
brío [brío] 【←ケルト語 brigos「力」】男 ❶ [時に 複] 活力, 元気, 意気込み: *Ella anda con tanto ～ como un muchacho.* 彼女は男の子のように活発だ. *Empezó a trabajar con muchos ～s.* 彼は大変意気込んで働き始めた. *cortar los ～s a+人* …の活動を抑える, 意気をくじく, *hombre de ～s* 意気盛んな人. ❷ [主に歩く時の] 気品, りりしさ: *andar con ～* さっそうと歩く
　¡Voto a ～! 《古語》これは大変だ; [怒り] くそっ!
briocense [brjoθénse] 形 名 《地名》 ブリウェガ Brihuega の〔人〕《グワダラハラ県の村》
brioche [brjóʃ/brjótʃ] 【←仏語】男 ブリオッシュ, 菓子パン
briofito, ta [brjofíto, ta] コケ類の, 鮮苔類の
　── 女《複》《植物》コケ類, 鮮苔 (蘇) 類
briol [brjól] 男《船舶》バントライン
briología [brjoloxía] 女 コケ植物学
brionia [brjónja] 女《植物》セイヨウスズシロ《=nueza》
briosamente [brjosaménte] 副 元気よく, さっそうと
brioso, sa [brjóso, sa] 形 ❶ 活力のある, 元気のいい; 意気盛んな, 張り切った: *caballo ～* 悍馬 (かんば). ❷ 気品のある, さっそうとした, りりしい: *～ andar* 気品のある(さっそうとした)歩き方
briozoo, a [brjoθó(o), a] 形 コケムシ綱の
　── 男《動物》コケムシ綱
briqué [briké] 【←仏語】男《中南米》ライター
briqueta [brikéta] 女 [角柱型の] 豆炭, 練炭, ブリケット
brisa [brísa] I 【←古語 briza】女 ❶ そよ風, 微風: 1) *Llega hasta aquí una ～ muy placentera.* とても心地よい風がここまで吹いてくる. ❷《気象》～ *débil* 軽風. ～ *moderada* 和風《=bonancible》. ～ *fresca* 疾風《=fresquito》. ～ *fuerte* 雄風《=fresco》. ❸ ～ *marina/～ de mar* 海風. ～ *de tierra* 陸風. ❹ 北東風
　darse ～ 《エクアドル. 口語》出かける
　II 【←ラテン語 brisa】ブドウの搾りかす
brisca [bríska] 女《西式トランプ》ブリスカ《ホイストに似たゲーム》
briscado, da [briskáðo, ða] 形 hilo ～ [刺繍用の] 金糸, 銀糸
　── 男《繊維》=**brocado**
briscar [briskár] 7 他 金糸(銀糸)で編む

brisco [brísko] 形 男《ウルグアイ. 軽蔑》同性愛の〔男〕
Briseida [briséiða] 《ギリシア神話》ブリセイス《アキレウスの捕虜の娘. アガメムノンに奪われた》
brisote [brisóte] 男《船舶》[北米の海岸部特有の, 強い雨を伴った] 強風
bristol [bristól] 男 ブリストルボード《=papel ～》
brisura [brisúra] 女《紋章》レイブル《=lambel》
británica[1] [británika] 女《植物》ウォータードック
británica, ca[2] [británika, ka] 形《名, 国名》大ブリテン Gran Bretaña の〔人〕; イギリスの〔人〕《=inglés》: *Islas B～cas* ブリテン(イギリス)諸島. *Su Majestad B～ca* 英国国王(女王)陛下
britanismo [britanísmo] 男 英国風; 英国への愛好
britanizar [britaniθár] 9 他 英国風にする
britano, na [británo, na] 形 ❶《まれ》=**británico**. ❷《古語》イギリスの〔人〕
británico, ca [britániko, ka] 形 ブリトン語 bretón の
briviescano, na [briβjeskáno, na] 形 名《地名》ブリビエスカ Briviesca の〔人〕《ブルゴス県の町》
briza [bríθa] 女 ❶《植物》コバンソウ. ❷《古語》微風《=brisa》
brizar [briθár] 9 他《地方語》揺りかごで揺する《=acunar》
brizna [bríθna] 女 ❶ [マメのさやなどの] すじ, 繊維. ❷ 少量[主に否定文で]: *No tiene ni una ～ de humor.* 彼にはユーモアのかけらもない. ❸《メキシコ, ベネズエラ》霧雨
briznoso, sa [briθnóso, sa] 形 すじ・繊維の多い
brizo [bríθo] 男《地方語》揺りかご《=cuna》
bro [bró] 男《米国》友人
broa [bróa] 女 ❶ [浅い] 入り江. ❷《菓子》ビスケットの一種
broca [bróka] 女 ❶《←カタルーニャ語》[錐] ビット, ドリルの先端. ❷ [靴に打つ] 鋲. ❸ [織機の] リール, ボビン
brocadillo [brokaðíʎo] 男《繊維》薄手のブロケード
brocado, da [brokáðo, ða] 形《←伊語 broccato》《繊維》ブロケード[の〔ような〕
　── 男《繊維》ブロケード, 錦織
brocadura [brokaðúra] 女《まれ》噛むこと; 噛み跡
brocal [brokál] 男 ❶ =**bocal** 男 ❶ [井戸の] 井筒, 井桁. ❷ [盾のまわりの鋼の縁. ❸《砲口の》フリンジ. ❹《まれ》容器の口. ❺《メキシコ》縁石 (ふち)
brocamantón [brokamantón] 男《古語》ブローチ仕様の大きな宝石
brocardo [brokárðo] 男 法律を短くまとめた格言
brocatel [brokatél] 【←伊語 brocatello】❶《繊維》ブロカテール. ❷《スペイン産の》白い石目のある大理石《=mármol ～》
broccoli [brókoli] 【←伊語】男 ブロッコリー《=brécol》
brocear [broθeár] 【←broza】 ～*se* 《南米》[鉱山が] 掘り尽くされる; [取引が] 失敗する
brocense [broθénse] 形 名《地名》プロサス Brozas の〔人〕《カセレス県の村》
broceño, ña [broθéɲo, ɲa] 形 名《地名》=**brocense**
brocha[1] [brótʃa] I【←仏語 brosse「ブラシ, 筆」< 俗ラテン語 bruscia】女 ❶ 刷毛 (はけ), 平筆: *pintar con ～* 刷毛で塗る. *dar a la ～* 塗る. ❷ [化粧用などの] ブラシ: ～ *de afeitar* ひげ剃りブラシ
　de ～ gorda 1)《絵画》*pintor de ～ gorda* ペンキ屋; 下手な絵描き, へぼ画家. 2)《軽蔑》[作品が] 下手な, 芸術性のない, 悪趣味な
　── 女《コスタリカ》おべっかつかい〔の〕
　II 【←仏語 broche】女 いかさま(いんちき)さいころ
brochado, da [brotʃáðo, ða] 形《繊維》浮き模様のある, ブロケード織りの
　── 男《金属》ブローチ削り, ブローチ作業
　── 女 =**brochazo**
brochadora [brotʃaðóra] 女《金属》ブローチ盤
brochadura [brotʃaðúra] 女《ケープ・マントに付ける》ブローチ一式
brochal [brotʃál] 男《建築》小梁, 口際 (くちぎわ) 根太
brochante [brotʃánte] 形《紋章》[図形が] 他を重ねられた
brochantita [brotʃantíta] 女《鉱物》水胆礬
brochar [brotʃár] 他 ❶ 刷毛で塗る. ❷《地方語》光沢を失わせる
brochazo [brotʃáθo] 男《←brocha》❶ [刷毛での] 一塗り; 塗り跡: *Pinta bien el mueble, sin que se noten ～.* 彼は塗り跡が見えないように上手に家具を塗る. ❷《主に軽蔑》太く勢いのよ

い筆づかい
a ～*s* ざっと, 粗く
de un ～ あっさりと, 一挙に
broche[1] [brótʃe]《←仏語》男❶［金属部品をはめ合わせる］留め金: El volumen se cerraba con un ～. その本は留め金で綴じられていた。❷ ブローチ: Lleva un ～ en la solapa. 彼女は襟にブローチをつけている。❸《服飾》1) 鉤ホック《＝～ de gancho》: cerrar con ～*s* 鉤ホックでとめる。2)《主に南米》スナップ《＝～ de presión, automático》。❹《メキシコ, ウルグアイ》バレッタ, 髪留め。❺《プエルトリコ, エクアドル》袖口 カフスボタン。❻《アルゼンチン》ホッチキスの針《＝grapa》; 洗濯ばさみ
～ *de oro*／～ *final* フィナーレ, 有終の美: cerrar con ～ *de oro* フィナーレを飾る, 最後の取っておきを出す
broche[2] [brós/brɔʃ]《←仏語》男《料理》焼き串
brochear [brotʃeár] 他 刷毛で塗る
brochería [brotʃería] 女《集名》刷毛; ブラシ
brocheta [brotʃéta] 女 ＝broqueta
brocho, cha[2] [brótʃo, tʃa] 形《闘牛》[牛が] 角が少し低く狭まっている
brochón [brotʃón]《brocha の示大語》男 漆喰塗り用のブラシ
brocino [broθíno] 男 子豚
brócol [brókɔl] 男《地方語》＝**brécol**
brócoli [brókoli] 男《中南米》＝**brécol**
bróculi [brókuli] 男《地方語》＝**brécol**
brodio [bródjo] 男 ＝**bodrio**
broja [bróxa] 女《地方語. 植物》プリックリージュニパー, ケード
broker [bróker]《←英語》名《複 ～s》ブローカー, 仲買人
brokerage [brókerij]《←英語》男 仲介手数料《＝corretaje》
brollador, ra [broʎaðór, ra]《地方語》形 ほとばしる
brollar [broʎár] 自 ほとばしる《＝borbotar》
brollo [bróʎo] 男《ベネズエラ》もめごと, 言い合い
broma [bróma] 女《←ギリシア語 broma「食卓の喜び」》女 ❶ 冗談, ジョーク, しゃれ: ¿Lo estás diciendo en ～? 冗談で言っているのかい？ Antonio es amigo de ～*s*. アントニオはいつも冗談ばかり言っている。¡Basta de ～*s*!／¡Menos ～*s*! 冗談はたくさんだ！ ¡Vaya una ～! 冗談(笑いごと)じゃない！ ¡No es ninguna ～! これは本気だぞ！ sin ～ 冗談抜きで; 冗談抜きで言っておき。❷ いたずら, からかい: Los niños le escondieron los zapatos por (en) ～. 子供たちはふざけて彼の靴を隠した。❸《皮肉》「高価・不快でいやかも」つまらないもの・こと: La ～ de la lista de boda les salió por más de 200 euros. 彼らにとって結婚祝いはひどいことに200ユーロ以上についた
andar [*se*] *con* ～*s* 冗談を言う; からかう: No se anda con ～*s*. 彼は本気だ
～ *pesada*／～ *de mal gusto* たちの悪いいたずら(冗談), 悪ふざけ
～*s aparte*［文頭で］冗談はさておき
dar ～*s* (*una* ～) ＝gastar ～*s* (*una* ～)
echar ～ *a* ＝tomar... a ～
entre ～*s y veras*《口語》冗談まじりに
estar de ～*s*［冗談をとばすほど］なごやかな雰囲気である; 冷やかしている
fuera [*de*] ～ [*s*]《口語》まじめに, 冗談抜きで, 冗談はさておき: Fuera de ～*s*, estoy muy cansado. 本当に私はひどく疲れている
gastar ～*s* (*una* ～)［＋a＋人 を］からかう；［＋con＋物 に］いたずらをする
medio en ～ *medio en serio* 半ば冗談半ば本気で: Lo dijo medio en ～ medio en serio. 彼はそれを冗談半分で言ったのだ
ni en ～ 決して［…ない］; 冗談じゃない
no estar para ～*s*［人が主語］冗談を言う状況ではない, 機嫌が悪い
saber [*cómo*] *tomar una* ～ 冗談を笑って聞き流す
salir por una ～［物事が］高いものにつく
tomar [*se*]... *a* ～ …を冗談に取る, まじめに取らない: No te lo tomes a ～. それは冗談ではないぞ
II 女《貝》フナクイムシ(船食虫)
bromado, da [bromáðo, ða] 形《化学》臭素を含む
bromar [bromár] 他《まれ》[フナクイムシが木を] 侵食する
bromato [brómato] 男《化学》ブロメート, 臭素酸塩
bromatología [bromatoloxía] 女 食品科学, 栄養学
bromatológico, ca [bromatolóxiko, ka] 形 食品科学の, 栄

養学の
bromatólogo, ga [bromatólogo, ga] 名 栄養学者
bromazo [bromáθo]《broma I》男 ひどい冗談, たちの悪いいたずら, 悪ふざけ: dar un ～ a＋人 …に悪ふざけをする
bromeador, ra [bromeaðór, ra] 形 冗談を言う; いたずらをする
bromear [bromeár]《←broma I》自・～*se* 冗談を言う; いたずらをする, ふざける: No es momento para ～. 冗談を言っている時ではない
bromelia [brómelja] 女《植物》ブロメリア《観葉植物》
bromeliáceo, a [bromeljáθeo, a] 形 パイナップル科の
—— 女《複》《植物》パイナップル科
bromhidrato [bromiðráto] 男《化学》臭化水素酸塩
bromhídrico, ca [bromíðriko, ka] 形《化学》臭化水素〔酸〕の: ácido ～ 臭化水素酸
bromhidrosis [bromiðrósis] 女《医学》＝**bromidrosis**
brómico, ca [brómiko, ka] 形《化学》臭素の
bromidrosis [bromiðrósis] 女《医学》臭汗症
bromista [bromísta] 形 《←broma I》名 冗談好きの〔人〕, ひょうきんな〔人〕; いたずら好きの〔人〕
bromita [bromíta]《broma I の示小語》女 ちょっとした冗談
bromo [brómo] 男 ❶《元素》臭素。❷《植物》スズメノチャヒキ
bromoformo [bromofórmo] 男《化学》ブロモホルム
bromopnea [bromopnéa] 女《医学》悪臭呼気, 口臭
bromurado, da [bromuráðo, ða] 形《化学》臭化物を含む
bromuro [bromúro] 男《化学》臭化物: ～ *de plata* 臭化銀。～ *potásico* 臭化カリウム
bronca[1] [brónka]《←bronco》女 ❶《主に西. 口語》《厳しい》叱責: Se ve te ve le está leyendo el diario, te va a echar una (la) ～. 君が新聞を読んでいるのを課長に見つかったら, こっぴどく叱られるぞ。❷《口語》［殴り合いの］けんか, 乱闘, 激しい言い争い: armar (montar) una ～ けんかをする. buscar ～ けんかをふっかける。❸《観衆の》不満の声, 抗議: Le dieron una ～ grande al árbitro del partido. 審判は激しい野次を浴びせられた。❹《隠語》非常に大きな娯楽, すごい見物。❺《中南米. 口語》怒り, 不機嫌
broncamente [brónkaménte] 副 不快に; 粗暴に
broncazo [brɔŋkáθo] 男《口語》叱責, けんか, 乱闘;〔観衆の〕騒ぎ
bronce [brónθe]《←伊語 bronzo》男 ❶ ブロンズ, 青銅; 青銅器: busto de (en) ～ ブロンズ製の胸像。～ *de aluminio* アルミ青銅。～ *de cañón* 砲金。❷ 銅像, ブロンズ像: ～ *de Donatello* ドナテッロ作のブロンズ像。❸〔古銭学で〕銅貨。❹ 銅メダル
escribir en ～ 記憶に刻み込む
gente de [*l*] ～ いかがわしい連中, けんか早い連中
ligar ～《西. 口語》日焼けする
ser de ～ 1) 血も涙もない, 頑固一徹である。2) 強健(不屈)である
tener el corazón de ～ 心が鉄のように冷たい, 血も涙もない
bronceado, da [bronθeáðo, ða] 形 赤銅色の
—— 男 ❶ ブロンズ仕上げ。❷ 日焼け: lámpara de ～ 日焼けランプ。❸ 赤銅色
bronceador, ra [bronθeaðór, ra] 形 日焼け用の: lámpara ～ 日焼けランプ
—— 男 サンオイル, 日焼け用ローション
bronceadura [bronθeaðúra] 女 ＝**bronceado**
bronceamiento [brɔnθeamjénto] 男 ＝**bronceado**
broncear [bronθeár]《←bronce》他 ブロンズ色にする;［肌を］焼く
～*se*［赤銅色に］日焼けする: Le gusta ir a la playa a ～*se*. 彼は海岸に行って肌を焼くのが好きだ
broncería [bronθería] 女《集名》青銅器
broncha [brónt͡ʃa] 女《古語》短剣
broncho [brónt͡ʃo] 男《地方語》ほとばしり
broncíneo, a [bronθíneo, a] 形 青銅の〔ような〕
broncista [bronθísta] 名 青銅細工師
broncita [bronθíta] 女《鉱物》古銅輝石
bronco, ca[2] [brónko, ka]《←俗ラテン語 bruncus (brocus「尖った」+truncus「幹」)》形 ❶［音が］不快で;［声が］しわがれた: tos ～ 激しい咳。❷［土地などが］荒れた〔人が〕粗暴な; 粗暴な: El mar del otoño era más ～ que el de la primavera. 秋の海は春より荒い. poner ～*ca* la voz 声を荒げる. paisaje ～ 荒涼とした風景。❸《メキシコ》［馬が］野

生の
bronco-《接頭辞》［気管支］*bronco*neumonía 気管支肺炎
broncodilatador, ra [brɔŋkoðilataðór, ra] 形 男《薬学》気管支を拡張する; 気管支拡張剤
broncoespasmo [brɔŋkoespásmo] 男 =**broncospasmo**
broncofonía [brɔŋkofonía] 女《医学》気管支声
broncografía [brɔŋkoɣrafía] 女 気管支撮影
broncoeumonía [brɔŋkoneumonía] 女《医学》気管支肺炎
broncopatía [brɔŋkopatía] 女《医学》気管支病
broncopulmonar [brɔŋkopulmonár] 形《医学》気管支肺の
broncorragia [brɔŋkorráxja] 女《医学》気管支出血
broncorrea [brɔŋkoréa] 女《医学》気管支漏
broncoscopia [brɔŋkoskópja] 女《医学》気管支鏡検査
broncoscopio [brɔŋkoskópjo] 男《医学》気管支鏡
broncospasmo [brɔŋkospásmo] 男《医学》気管支痙攣
broncostenosis [brɔŋkostenósis] 女《医学》気管支狭窄
bronquear [brɔŋkeár] 他《まれ》厳しく…を叱る
bronquedad [brɔŋkeðáð] 女 粗暴さ, 不快
bronquial [brɔŋkjál] 形 気管支の; afección ~ 気管支疾患
bronquiectasia [brɔŋkjektasja] 女《医学》気管支拡張症
bronquina [brɔŋkína] 女《口語》不和, 口論
bronquio [brɔŋkjo] 男《解剖》気管支
bronquiolitis [brɔŋkjolítis] 女《医学》気管支梢炎, 細気管支炎
bronquíolo [brɔŋkjólo] 男《解剖》細気管支
bronquiolo [brɔŋkjólo] 男 =**bronquíolo**
bronquista [brɔŋkísta] 形 名 けんか(乱闘)する〔人〕
bronquítico, ca [brɔŋkítiko, ka] 形 気管支炎の〔患者〕
bronquitis [brɔŋkítis] 女 ❶《医学》気管支炎. ❷《戯語》けんか, 乱闘
brontofobia [brontofóbja] 女 雷恐怖症
brontología [brontoloxía] 女 雷研究
brontosaurio [brontosáurjo] 男《古生物》ブロントサウルス, 雷竜
bronzo [brónθo] 男《廃語》=**bronce**
broquel [brokél] 《←古仏語 bocler < ラテン語 buccula》男 ❶〔小型で円形の〕盾(𛲕): usar a+人 como ~ …を盾に使う. ❷〔船舶〕下手小回し
broquelar [brokelár] ~**se** =**abroquelarse**
broquelazo [brokeláθo] 男 盾による一撃
broquelero [brokeléro] 男 ❶ けんか好きな男. ❷《古語》盾職人; 盾兵
broquelete [brokeléte] 男《植物》ヤマナズナ
broquelillo [brokelíʎo] 男《まれ》イヤリング
broqueta [brokéta] 女《料理》焼き串: clavar la carne en la ~ 肉を串に刺す
bróquil [brókil] 男《アルゼンチン》=**brécol**
brosmio [brósmjo] 男《魚》チゴダラに似たタラ科の一種〖学名 Brosme brosme〗
brota [bróta] 女 芽, つぼみ
brotación [brotaθjón] 形《農業》発芽
brotadura [brotaðúra] 女 =**brotación**
brótano [brótano] 男《植物》=**abrótano**
brotar [brotár] 《←ゴート語 brut》自 ❶ 発芽する, 芽吹く; 〔葉・つぼみなどが〕出る: Ya empieza a ~ el trigo. もう小麦が芽を出し始めた. Las semillas no han brotado todavía. まだ芽が出ていない. ❷〔水・涙などが, +de から〕湧き出る, あふれ出る: De la tierra *brotaba* gran cantidad de agua. 地面から多量の水が湧き出ていた. Le *brotó* sangre de la herida. 彼の傷口から血が噴き出した. ❸〔炎・火花などが〕上がる, 生じる: *Brotó* una llamarada en la planta baja. 1階から火の手が上がった. hacer ~ chispas 火花を散らす. ❹〔芽・感情などが〕芽生える, 浮かぶ, 生じる: Entre los dos hombres *ha brotado* una verdadera amistad. 2人に本当の友情が生まれた. En su mente *brotó* una duda. 彼の心に疑いが生じた. ❺〔発疹が〕皮膚に出る: Le *brotó* antes el sarampión. 以前彼ははしかにかかったことがある
—— 他 ❶ 芽吹かせる. ❷ 生じさせる, 出現させる
brote [bróte] 男《植物》芽, つぼみ; 発芽, 芽生え; 発芽期: Estos árboles ya están empezando a echar ~s. この木の芽はもう芽を出し始めている. recoger ~s 芽を摘む. patata con ~s 芽の出たジャガイモ. ~ de setas キノコが顔を出すこと. ~s de soja 大豆もやし. ❷ 出現; 発生: Se produjeron

en esta ciudad nuevos ~s de violencia. この町では新たな暴力の芽が生まれた. ~ epidémico [疫病の] アウトブレイク. ❸ [涙などが] あふれ出ること. ❹ 兆候, 発端: Los ~s del derrumbe del sistema se habían notado mucho antes. 体制崩壊のきざしはずっと以前から見られていた. ❺《医学》[熱の] 上昇. ❻《コロンビア》細かい発疹
brótola [brótala] 女《魚》ヒメジ 〖~ de roca〗; イトヒキダラ〖~ de fango〗
brotón [brotón] 男《古語》❶ 新芽, 若枝. ❷ =**brochón**
browniano, na [brounjáno, na] 形 →**movimiento** browniano
broza [bróθa] 女 ❶《集名》1) 落ち葉, 枯れ枝. 2) [主に排水口に] 詰まった・底にたまった〕ごみ, くず. 3) [畑の害となる] 雑草. ❷《軽蔑》[つまらない] 埋め草, 付け足し
brozador [broθaðór] 男 =**bruzador**
brozar [broθár] 9 他 =**bruzar**
broznamente [bróθnaménte] 副《古語》不快に; 乱暴に; 厳格に
brozno, na [bróθno, na] 形《古語》[音が] 不快な; [人が] 粗暴な
brozoso, sa [broθóso, sa] 形 落ち葉などのごみのたまった; 雑草だらけの
bruar [brwár] 14 自《地方語》遠吠えする, うなる 〖=aullar〗
brucela [bruθéla] 女《医学》ブルセラ菌
brucelar [bruθelár] 他 ブルセラ菌の(による)
brucelósico, ca [bruθelósiko, ka] 形 ブルセラ症になった
brucelosis [bruθelósis] 女《医学》ブルセラ症, 波状熱
brucero [bruθéro] 男 たわし(ブラシ・小ほうきなど)の製造(販売)業者
bruces [brúθes] 《←**buces**》*darse de* ~ 〖+con と〗思いがけず出会う, 鉢合わせする: Al doblar la esquina, *me di de* ~ *con él*. 角を曲がると彼に出くわした
de ~ うつぶせに: caerse (dar) *de* ~ うつぶせに倒れる. dormir *de* ~ うつぶせで寝る
brucina [bruθína] 女《薬学》ブルシン
brucita [bruθíta] 女《鉱物》ブルーサイト, ブルース石
bruga [brúɣa] 女《地方語. 植物》ヒース
brugo [brúɣo] 男《昆虫》❶ カシの木の葉を食べる鱗翅目の幼虫. ❷ アブラムシの幼虫
bruguera [bruɣéra] 女《植物》エリカの一種〖学名 Erica multiflora〗
bruja[1] [brúxa] 《←ケルト語 bruxtia「魅力, 魔法」》女 ❶ 魔女: tren de la ~ 幽霊列車. ~ buena 妖精〖=hada〗. ❷ 醜い老婆; 意地悪な女. ❸《魚》ナイフトゥースビロウドザメ. ❹《鳥》フクロウ〖=lechuza〗. ❺《植物》アセタケ属のキノコの一種〖学名 Inocybe patovillardii〗. ❻《ログローニョ》[タンポポなどの] 綿毛. ❼《中南米. 昆虫》ヤガ科の大型のガ〖学名 Erebus odora〗
andar ~/*estar* ~ 《メキシコ, キューバ》破産している, 一文なし
—— 形《中南米》体の具合が悪い
brujear [bruxeár] 《←bruja[1]》魔法を使う
—— 他《ベネズエラ》狩りをする
brujería [bruxería] 《←bruja[1]》女 ❶《主に 複名》魔法, 魔術: hacer ~s 魔法を使う. creer en ~s 魔法を信じる. ❷ 魔法を使うこと. ❸《プエルトリコ》貧乏
brujeril [bruxeríl] 形《口語》魔法使いの, 魔女の〖=brujesco〗
brujerío [bruxerío] 男《地方語》=**brujería**
brujesco, ca [bruxésko, ka] 形 魔法の; 魔法使いの, 魔女の
brujidor [bruxiðór] 男 =**grujidor**
brujilla [bruxíʎa] 女《植物》コセンダングサ
brujir [bruxír] 他 =**grujir**
brujístico, ca [bruxístiko, ka] 形 魔法使い的な, 魔女的な
brujo, ja[2] [brúxo, xa] 《←bruja[1]》名 魔法使い, 魔術師, まじない師
—— 形 魅力的な: ojos ~s 魅惑の瞳
brujología [bruxoloxía] 女 魔法使い(魔女)研究
brujón [bruxón] 男《ウルグアイ. 口語》[皮膚の] 打撲(アレルギー)の痕
brújula [brúxula] 《←伊語 bussola < 俗ラテン語 buxida「小箱」》女 コンパス, 磁石; 羅針盤〖=compás〗: norte de ~ 磁北. ~ de declinación 方位磁針. ~ de inclinación 伏角計
perder la ~ 方向を見失う; どうしたらいいか分からなくなる: El Gobierno *ha perdido la* ~ con su enfrentamiento con los sindicatos. 政府は労働組合と対立し, 方向性を見失って

brujuleador, ra [bruxuleaðór, ra] 形 歩き回る, さまよう
brujulear [bruxuleár] 自 歩き回る, さまよう
── 他《トランプ》手を読む; 予知する
brujuleo [bruxuléo] 男 歩き回ること
brulote [brulóte] 《←仏語 brûlot》男 ❶《古語》火船, 焼き討ち船. ❷《中南米》[野卑な] ののしり, 侮辱
bruma [brúma]《←ラテン語 bruma「冬」》女 ❶《主に海上の》霧, もや: Hay una ~. もやがかかっている. ❷《複》《考えの》混乱, 困惑: Su mente está llena de ~s. 彼は頭の中が混乱している
brumador, ra [brumaðór, ra] 形 =**abrumador**
brumal [brumál] 形 霧の, もやの
brumamiento [brumamjénto] 男 悩む(悩ます)こと
brumar [brumár] 他 ❶ =**abrumar**. ❷ ぶつ, たたく, ポカポカ殴る
brumario [brumárjo] 男 霧月《フランス暦の第二月》
brumazón [brumaθón]《bruma の示大語》男 深く濃い霧
brumo [brúmo] 男《大ろうそくの最後の仕上げ用の》白い蝋
brumosidad [brumosiðáð]《まれ》女 霧(もや)がかかっていること; 霧, もや
brumoso, sa [brumóso, sa] 形 ❶ 霧(もや)のかかった: cielo ~ もやに包まれた空. ❷ 不明瞭な, 漠然とした: Cuando bebe demasiado, tiene la mente ~sa. 彼は飲み過ぎると頭がぼやけてくる
brunch [bránt∫]《←英語》男/女 ブランチ, 朝食兼昼食
brunela [brunéla] 女《植物》ウツボグサ
bruneta [brunéta] 形《まれ》〔銀が〕細工を施していない
Brunilda [brunílda] 女 ブリュンヒルト《『ニーベルンゲンの歌』Cantar de los Nibelungos に登場する勇猛な女王》
bruno, na [brúno, na] 形 焦げ茶色の; 黒っぽい, 暗色の
── 男《植物, 果実》〔小さく黒い〕プラム
bruñidera [bruɲiðéra] 女 ❶ 蝋を磨く木の板. ❷《中米》迷惑, 障害
bruñido, da [bruɲíðo, ða] 形 ❶《文語》〔金属・大理石などの〕光沢のある, よく磨き上げられた. ❷《中米》迷惑をかける
── 男 つや出し; 光沢
bruñidor, ra [bruɲiðór, ra] 形 名 磨く(人); 磨き用の
── 男《金属用の》磨き器, つや出し器
── 女 研磨機
bruñidura [bruɲiðúra] 女 つや出し《=**bruñido**》
bruñimiento [bruɲimjénto] 男 つや出し《=**bruñido**》
bruñir [bruɲír]《←古ゲルマン語 brunir》20 他 ❶〔金属・石などを〕磨く, つやを出す. ❷ 顔を剃る. ❸《コスタリカ, アルゼンチン, グアテマラ》邪魔する, うんざりさせる
bruño [brúɲo] 男《地方語. 植物》リンボク《=**endrino**》
brusca[1] [brúska] 女 ❶《植物》ハブソウ. ❷《船舶》1)〔梁材の〕反り. 2)船底のフナクイムシを焼き落とすための木の枝
bruscamente [brúskaménte] 副 ぶっきらぼうに; 突然に
brusco, ca[2] [brúsko, ka]《←? 俗ラテン語 bruscus「粗野な, 壊れやすい」》形 ❶ 不意の, 突然の: cambio ~ de temperatura 気温の急変. curva ~ca 急カーブ. frenazo ~ 急ブレーキ. ❷ ぶっきらぼうな; 粗暴な: respuesta ~ca つっけんどんな返事. gesto ~ ぞんざいな態度
── 男《植物》ナギイカダ
brusela [bruséla] 女 ❶《植物》ツルニチニチソウ《=**hierba doncella**》. ❷〔宝石細工師が使う〕ペンチ
bruselense [bruselénse] 形《地名》〔ベルギーの〕ブリュッセル Bruselas の〔人〕
bruselés, sa [bruselés, sa] 名 =**bruselense**
brusquedad [bruskeðáð]《←brusco》女 不意, 唐突; ぶっきらぼう, 無愛想: con ~ 不意に, 突然に; ぶっきらぼうに
brut [brút]《←仏語》形《発泡ワインの》辛口の《1リットル中の糖度が15グラム以下》: ~ nature 超辛口の《1リットル中の糖度が3グラム以下》
── 男 生(き)のワイン
brutal [brutál]《←bruto》形 ❶ 獣のような, 残酷な; 乱暴な: genio ~ 残忍な性格. hombre ~ 粗暴な男. muerte ~ 凄惨な死; 不慮の死. ❷ 並外れた, ものすごい: a una velocidad ~ めちゃくちゃなスピードで. ❸《口語》突然の: cambio ~ 急変
brutalidad [brutaliðáð]《←bruto》女 ❶ 獣性, 残忍性; 乱暴: Es una ~ pegar a un niño. 子供を殴るのは乱暴だ. ❷ 愚行: Es una ~ beber tanto. あんなに飲むなんてむちゃだ. ❸《口語》ものすごい量: Se comió una ~ de pasteles. 彼はものすごくたくさんケーキを食べた

brutalizar [brutaliθár] 9 他 ❶ 乱暴に扱う. ❷ 残酷にする
brutalmente [brutalménte] 副 残酷に, 乱暴に
brutesco, ca [brutésko, ka] 形 =**grutesco**
bruteza [brutéθa] 女 ❶ =**brutalidad**. ❷ 洗練(装飾・技巧)のなさ
bruto, ta [brúto, ta]《←ラテン語 brutus「ばかな」》形 ❶《口語》がさつな, 粗野な, 粗暴な, 野蛮な: ¡No seas ~! さつ(乱暴)なことをするな! ❷ 加工(精製)されていない: petróleo ~ 原油. piedra ~ta 原石. ❸《経済》総計の: ganancia ~ta 総(粗)利益. ❹《商業》風袋(ふうたい)込みの: peso ~ 総重量. ❺《中南米》《口語》[+名詞] 巨大な
a lo ~ 1)愚かに. 2)激しく, ひどく
en ~ 1)総計の: sueldo en ~《税などを差し引く前の》給料総支給額. 2)風袋込みの: peso en ~ 総重量. 3)未加工の: azúcar en ~ 粗糖. madera en ~ 原木
── 名 がさつな人, 粗暴な人; 獣のような人, 残忍な人: Los dos están peleándose como ~s. 2人は激しいけんかをしている
── 男 獣, 畜生《特に馬のこと》: noble ~《文語》馬
bruxismo [bru(k)sísmo]《医学》緊張からの歯ぎしり
bruza [brúθa]《←仏語 brosse》女〔馬・活字用の〕たわし
bruzador [bruθaðór]《印刷》〔組版をたわしできれいにするための〕傾斜盤
bruzar [bruθár] 9 他 たわし bruza でこする
Bryce Echenique [brájs et∫énike] 固 **Alfredo ~** アルフレド・ブライス・エチェニケ《1939~, ペルーの小説家. 少年の目を通してペルーの上流階級の退廃堕落ぶりが語られる長編小説『ジュリアスの世界』Un mundo para Julius のほか, 『いくたびもペドロ』Tantas veces Pedro, 『マルティン・ロマーニャの誇張された人生』La vida exagerada de Martín Romaña》
Bs.As.《略語》←Buenos Aires ブエノスアイレス
bto.《略語》←bruto 風袋込み
bu [bú] 男 =**bú**
bú [bú] 男《複 búes》《幼児語》お化け: ¡Que viene el bú! お化けが出るよ
búa [búa] 女 =**buba**
buarillo [bwaríʎo] 男 =**buharro**
buaro [bwáro] 男 =**buharro**
buba [búba] 女 ❶ 膿疱. ❷《複》横根《=mal de ~s》
búbalo, la [búbalo, la] 男 女《動物》ハーテビースト
bubango [bubáŋgo] 男《地方語. 植物, 果実》ズッキーニ《=calabacín》
bubático, ca [bubátiko, ka] 形 ❶ 膿疱の. ❷ =**buboso**
bubi [búbi] 形《複 ~es》ブビ族〔の〕《赤道ギニア, マラボ Malabo 島の黒人先住民》
── 名 ブビ語
bubilla [bubíʎa] 女《アストゥリアス, レオン, ログローニョ. 鳥》ヤツガシラ《=**abubilla**》
bubina [bubína] 女《レオン. 鳥》ヤツガシラ《=abubilla》
bubo [búbo] 男《ムルシア》=**bú**
bubón [bubón] 男《医学》横根, リンパ節腫
bubónico, ca [bubóniko, ka] 形《医学》の, 〔鼠径〕リンパ節腫の
buboso, sa [bubóso, sa] 形 リンパ節腫を患っている
bubú [bubú] 男《服飾》ブーブー《西アフリカの黒人の丈の長いチュニック》
bubulilla [bubulíʎa] 女《ブルゴス. 鳥》ヤツガシラ《=abubilla》
bucal [bukál]《←ラテン語 bucca「口」》形 口の, 口腔の: cavidad ~ 口腔. infección ~ 経口感染
bucanero [bukanéro]《←仏語 boucanier「肉を燻製にする人」< アラワク語 buccan「燻製肉を作る道具」》男《歴史》バッカニア《17~18世紀, 主としてカリブ海域を荒らし回った海賊. 17世紀イギリス・フランス・オランダが私掠船を非合法化した後もアンティル諸島に住み着き, スペイン船に対する海賊行為を続けた》
bucardo [bukárðo] 男 ❶《動物》スペインアイベックス. ❷《アラゴン》野生ヒツジ cabra montés の雄
bucare [bukáre] 男《植物》サンゴシトウ《ベネズエラではコーヒー・カカオを木陰に置くために用いられる》
búcare [búkare] 男《中南米》=**bucare**
Bucareli [bukaréli] 固《人名》**Antonio María de ~** アントニオ・マリア・デ・ブカレリ《1717~79, スペイン生まれの軍人・行政官, ヌエバ・エスパーニャ副王. 副王都の下水道・医療施設・要塞を整備》
búcaro [búkaro]《←ラテン語 poculum「器」》男 ❶ 芳香粘土

〖白・黒・赤の3種がある〗. ❷［芳香粘土で作った］陶器;［特に］花瓶

buccinador [bu(k)θinađór] [男]《解剖》=**bucinador**

buccino [bu(k)θíno] [男]《貝》ヨーロッパバイ

buceador, ra [buθeađór, ra] [形] 潜水する; 海底調査をする
—— [名] 潜水士, ダイバー: ～ de perlas 真珠採り

bucear [buθeár]〖←buzo〗[自] ❶ 潜水する〖=～ en el agua〗. ❷［+en の内奥まで入りこんで］精査する, 調べ抜く: *Bucean en* la realidad sanitaria de los países del tercer mundo. 彼らは第三世界の国々の衛生実態を徹底的に調べ抜く

bucéfalo [buθéfalo]〖←Bucéfalo（アレキサンダー大王の愛馬）〗[男] ❶《文語》馬〖=caballo〗. ❷ 間抜け, 愚か者

bucelario [buθelárjo] [男]《歴史》［西ゴート時代に］自分の意思で荘園領主などに仕え土地の耕作を任されたり時には傭兵として戦う自由民

bucentauro [buθentáuro] [男]《ギリシア神話》牛身ケンタウロス

buceo [buθéo]〖←bucear〗[男] 潜水: ～ de altura 深海への潜水

bucero, ra [buθéro, ra] [形]《犬》［ブラッドハウンドが］鼻が黒い

buces [búθes]〖←?bozo〗***de ～*** =de **bruces**

buceta [buθéta] [女]《船舶》［港内などの］通船

buchaca [butʃáka] [女]《中南米. ビリヤード》ポケット〔の袋〕

buchada [butʃáđa] [女] =**bocanada**

buche[1] [bútʃe]〖←仏語 poche〗[男] ❶［鳥などの］そ嚢;［動物の］胃袋. ❷［飲み物の］一口; 口に含んだ水(液体). ❸《メキシコ. 口語》1) 甲状腺炎, 流行性耳下腺炎. 2) 肉垂〖=papada〗; 口〖=boca〗

beber a ～s 一口ずつ飲む: Tienes que *beber* este licor *a ～s* espaciadas. このリキュールは一口ずつ間をあけて飲まないといけないよ

decir para su ～《南米. 口語》ひとりごとを言う

guardar en el ～ 秘密にする

hacer ～s《主に南米》［+con で］口をすすぐ, うがいする

llenar el ～《口語》たらふく食べる

sacar el ～ a+人 …から情報を聞き出す

tener en el ～ =**guardar en el ～**

buche[2]**, cha** [bútʃe, tʃa] [名]［乳飲みの］子ロバ

buchete [butʃéte] [男] ふくらんだ頬

buchí [butʃí] [名]〖[複] ～es〗《軽蔑》粗野な田舎者

buchinche [butʃíntʃe] [男] 狭くてぼろぼろの喫茶店(居酒屋・店)

buchón, na [butʃón, na] [形] ❶［鳩が］そ嚢を大きく膨らました. ❷《コロンビア. 口語》太鼓腹の
—— [男]《植物》ホテイアオイ, ホテイソウ

bucinador [buθinađór] [男]《解剖》頬筋(きょうきん)

bucino [buθíno] [男]《貝》ヨーロッパバイ

bucle [búkle]〖←仏語 boucle〗[男] ❶ 巻き毛, カール: Mi novia tiene un cabello lleno de ～*s*. 私の恋人は巻き毛だ. ❷《交通, 情報》ループ

buco [búko] [男] ❶《文語》雄ヤギ〖=cabrón〗. ❷《隠語》［ヘロインなど］麻薬の注射. ❸《古語》穴〖=abertura, agujero〗. ❹《中米》1) ボール〖=bola〗. 2) 嘘〖=mentira〗

～ emisario《心理》他人の失敗のせいを押しつけられる人

bucodental [bukođentál] [形]《解剖》口腔と歯の

bucofaríngeo, a [bukofaríŋxeo, a] [形]《解剖》口腔と咽頭の

bucólico, ca [bukóliko, ka]〖←ラテン語 bucolicus < ギリシア語 bukolikos < bukolos「牛飼い」〗[形] 牧歌の, 田園詩風の; 田園の
—— [名] 田園詩人
—— [女] ❶ 牧歌. ❷《口語》食物. ❸《コロンビア》空腹

bucolismo [bukolísmo] [男] 牧歌体, 田園趣味

bucranio [bukránjo] [男]［古代ローマ・ルネッサンスの］リボンや花輪のかかった牛頭飾り

buda [búđa] [男] ❶［主に *B*～］仏陀; 仏像: ～ reclinado ねはん仏. ～ viviente 生き仏. ❷ 悟りの境地に達した人
—— [女]《植物》ガマ〖=espadaña〗

budare [buđáre] [男]《南米》［トウモロコシパン・タピオカパイを焼く］素焼き(鉄)の大皿

búdico, ca [búđiko, ka] [形] 仏教徒の

budín [buđín]〖←英語 pudding〗[男] ❶《料理》1)［果実・魚などの］プディング. 2)《南米》～ inglés フルーツケーキ. ❷《アルゼンチン. 婉曲》美人, いい女

budinera [buđinéra] [女]《料理》プディング型

budión [buđjón] [男]《魚》ベラ

budismo [buđísmo] [男] 仏教, 仏陀 Buda の教え

budista [buđísta] [形] [名] 仏教の; 仏教徒〔の〕

buega [bwéɣa] [女]《アラゴン》［地所の］境界標

buen [bwén] [形] →**bueno**

buenaboya [bwenaƀója] [女]《古語》船の漕ぎ手〖=bagarino〗

buenamente [bwénaménte] [副] ❶ 可能な範囲内で, 無理をせずに: Lo haré como ～ pueda. できるだけやってみます. ❷ 容易に, やすやすと: Se cree ～ todo lo que le digan. 彼は人に言われると何でもすぐ信じてしまう. ❸ 自分の意志で, 無理強いされずに: Si no quiere hacerlo ～, no lo fuerces. もし本人がすすんでやりたくなければ, それを強要してはいけない

buenandanza [bwenandánθa] [女] =**bienandanza**

buenas [bwénas] [間]《口語》やあ!〖buenos días, buenas tardes, buenas noches に相当する〗

buenaventura [bwenaƀentúra]〖←buena+ventura〗[女] ❶［ジプシー女の］占い. ❷ 幸運

buenazo, za [bwenáθo, θa]〖bueno の示大語〗[形] [名]《口語》［主に意志が弱くて］人柄のよい〔人〕, 穏やかな〔人〕

buenecito, ta [bweneθíto, ta] [形]［主に tan・muy+］従順な〔ふりをする〕: ¡Tan ～ que parecía! 何ておとなしそうなんだろう!

buenísimo, ma [bwenísimo, ma] [形]《口語》bueno の絶対最上級

bueno, na [bwéno, na]〖←ラテン語 bonus〗[形]〖[語形]［+形容詞］+男性単数名詞 で **buen** になる: un *buen* primer paso 好ましい第一歩. 比較級: mejor; ❷ の意味では más bueno になることがある. 絶対最上級:《文語》bonísimo, óptimo,《口語》buenísimo〗［主に +名詞］❶ 良い, 良好な; 立派な, 優れた〖⇔malo〗: Las notas de este alumno han sido muy ～*nas*. この生徒の成績はとても良かった. *buen* resultado 良い結果. ～*na* conducta 立派な行ない. *buen* profesor 良い(有能な)先生. *buen* estudiante〔成績の〕良い学生.〖[対照] profesor ～〔人柄の〕良い先生, estudiante ～〔性格の〕良い学生〗Lo ～, si breve, dos veces ～.［スピーチ・演説などについて］よき話, 簡潔を旨とすればさらによし〖←スペインの作家 Gracián の『神託必携』*Oráculo manual*〗. ❷ 善良な; 誠実な: José es un hombre muy ～. ホセはとてもいい人だ. *buen* cristiano 善きキリスト教徒. ❸［+con に］親切な, 優しい: Marta siempre ha sido muy ～*na conmigo*. マルタはいつも私に親切だった. ❹ 行儀のよい, きちんとした: Estos niños son muy ～*s*. この子たちはとてもよい子だ. ¡Sé ～! 行儀良くしなさい! ❺《西, メキシコ》健康な; 元気になった; たくましい: Cuando te pones ～ podrás ir a la escuela. 治ったら学校に行っていいよ. Ese joven tiene *buen* cuerpo. その若者はいい体をしている. ❻ 有用な, 有効な; 役立つ: 1) Este ordenador todavía está ～. このパソコンはまだ使える. 2)［+para に］Esta medicina es muy ～*na para* el resfriado. この薬は風邪によく効く. 3)［+de+不定詞 するのに］Este pescado no es ～ *de* comer. この魚は食用に適さない. madera ～*na de* trabajar 細工しやすい木材. ❼ 適切な, ふさわしい: Es ～ *para* la salud hacer un ejercicio moderado. 適度の運動をすることは体によい. Es demasiado ～ *para* ser verdad. それは話がうますぎる. ❽ 上等の, 上質の; 上流の, 名門の: Creo que es una ～*na* novela. それはよい小説だと思う. Una muchacha de ～*na* familia no haría tal cosa. 良家の子女ならそんなことはしないだろう. *buen* vino 上等のワイン. ～*na* película 名画. ❾［ser・estar+］おいしい, 美味な: ¿No lo sabes?; el jamón serrano de España es muy ～. スペインの生ハムはおいしいのですよ. Este jamón está muy ～.［実際に食べた後で］このハムはとてもおいしい. Sale un olor muy ～ de la cocina. 台所からとてもいいにおいが流れてくる. ❿ 上手な, 腕の立つ: Él es〔un〕*buen* bailador. 彼は踊りが上手だ. La protagonista de esta película está muy ～*na*. この映画の主役の女優はとてもいける. Nuestro presidente tiene ～*nas* manos para la administración. うちの社長には経営手腕がある. ⓫ 楽しい, 快い;［天候が］晴れた: Es ～ darse paseo por el parque. 公園を散歩するのは楽しい. Hemos pasado una ～*na* noche con mis amigos. 私たちは友人たちと楽しい一晩を過ごした. Lo ～ dura poco. いいことは長続きしない. Hace *buen* tiempo. いい天気だ. ¿Cómo está el tiempo de hoy?—Está muy ～. 今日の天気はどうかな?—上天気だ. ⓬《口語》［estar+］セクシーな, 色気のある: Verónica está muy ～*na*. ベロニカはとてもセクシーだ. mujer ～*na* セクシーな女性. ⓭［+名詞］かなりの, 相当な; 十分な: Nos han hecho esperar una ～*na* hora. 我々はたっぷり1時間待たされた. una ～*na* cantidad de dinero かなりの額のお金. ～*na* nevada かなりの大雪. ⓮《口語》お人好しの, だまされやすい: Es tan ～ que a veces le

engañan con facilidad. 彼は人がいいので時々簡単にだまされる. **buen** hombre お人好し. ❶《皮肉》結構な, ご立派な; 激しい, ひどい, たちの悪い: ¡Buena está la cosa! 結構なことだ! ¡Buena es eso (esto)!/¡Eso (Esto) es ~! ご立派なことだ/それはおかしいぞ! ¡Buena es esa!/¡Esa sí que es ~na! そいつは結構だ/それは嘘だろう! tener un **buen** catarro ひどい風邪をひく. ❶《西. 口語》[estar・ir+. 人が] 間違っている: Va ~ si cree que le voy a prestar dinero. 彼が私から金を借りられると思っていたら見当違いだ. Si lo creéis, ¡estáis ~s! そんなことを信じているなら、お前たちはばかだ. Si pensamos que los atracadores van a liberar a los rehenes, estamos ~s. 襲撃犯が人質を解放するだろうなんて我々が考えるなら、それは甘い. ❶[挨拶] *B*~s días./*Buen* día. こんにちは《朝から午後2時ごろの昼食まで》; さようなら. *Adiós*, ~s días. さようなら. ではまた. dar los ~s días malhumorado 不機嫌にお早うと言う. no dar los ~s días こんにちは《朝食以降》・挨拶しないでいる. *Buenas* tardes. こんにちは《昼食時から午後9時ごろの夕食まで》; さようなら. *Buenas* noches. こんばんは《夕食以降》・おやすみなさい、さようなら
a ~nas =de ~nas
a [las] ~nas =por [las] ~nas
a ~nas o malas =por [las] ~nas o por [las] malas
a la ~na de Dios《口語》準備せずに, 任せて, いい加減に; がむしゃらに, 無鉄砲に; 何の考えもなく, 悪気なしに: No se puede empezar la obra así, *a la ~na de Dios*. 行き当たりばったりでこんな仕事にとりかかることはできない. Lo dije *a la ~na de Dios*. 私は何となく言ったのだけれど
¿Adónde ~?/¿A dónde ~?《口語》おや, どちらへ?
andar en la ~na《中南米. 口語》[人が] 経済的に豊かでない
armarla ~na =hacerla ~na
¡B~ está! よろしい/結構!
¡B~ está lo ~! もういたくさんだ/もうやめてくれ!
¡Buenas!《口語》親しい相手に, 朝・昼・晩に関係なく》こんにちは: ¡Buenas! ¿Qué tal? やあ, 元気かい?
dar... por ~ …を支持する, 賛成する
dar una ~na a+人 …に一発くらわす, やっつける
darse a ~nas 抵抗をやめる, 敵対するのをやめる
¡De ~na me he escapado! 危ないところだった!
de ~nas 上機嫌で: Hoy está *de ~nas*. 彼は今日機嫌がいい
de ~nas a primeras 1) 突然, だしぬけに: Me lo dijo *de ~nas a primeras*. 彼はいきなりそれを言い出した. 2) 最初に, 一目で
¿De dónde ~?《口語》おや, どちらから?/おや, どこにいたんですか?
de las ~nas 最上の, 極上の
de los ~s ひどい, かなりの
en ~s 困った, 難儀な: *En ~s* hemos metido. 我々は困ったことになった
¡Estamos ~s! えらいことになったぞ, もういい加減にしてくれ!
estar a ~nas con+人 …と仲が良い
estar en la ~na con+人《中南米. 口語》=estar a ~nas con+人
estaría ~ que+接続法《心配・叱責》まさか…ではないだろう;…とはとんでもないことだ: *Estaría ~ que* si creyeras que fuéramos a ayudar. 私たちが君を助けるなんて考えるなら甘いよ
hacer ~ 1)[単人称] 天気がよい: Iremos mañana si *hace ~*. 晴れれば明日行きます. 2)[他に比べて] 輪をかけて悪い(いたずらである)
hacer... ~ 1) …を実現する: Para lograr la igualdad de sexos, las empresas *han hecho ~* el dicho de "la montaña irá a Mahoma". 男女平等を達成するために社会はいわゆる"先方が来ないならこちらから出かけて行かねばならない"ことをしてしまった. 2)…を証明する; 正当化する
hacer son ~ 悪いことをする
hacerla ~na《皮肉》ひどいことをしでかす: *Buena la he hecho*. Me he dejado la llave dentro. 大変なことをしてしまった, 鍵を中に置いてきてしまった. ¡*Buena la he hecho*! しまった!
lo ~ es (está en) que+直説法《反語》…ということなのだが: Él llega tarde a veces a la reunión, pero *lo ~ es que*

exige puntualidad a los demás. 自分はよく会議に遅れるくせに, 他人に時間厳守を求めるなんて彼はおかしい
lo ~ sería que+接続法 **=estaría ~ que**+接続法
Muy ~na! =¡Qué ~na!
poner ~ a+人 …をひどく非難する: La *pusieron ~na*. 彼女はひどく悪く言われた
por [las] ~nas 1) 快く, 喜んで: Si no vienes tú *por las ~nas*, te traigo yo por las malas. 素直に来ないなら, 無理にも連れて行くぞ. 2) 簡単に, 無理せずに. 3) 勝手に, 理由もなく
por [las] ~nas o por [las] malas 是が非でも, いやがおうでも
¡Qué ~na![相手が言った冗談・嘘に対して] それは面白い, それはうまい!
¡Qué ~!《口語》いいぞ, でかした; そのとおりだ
¡Qué ~ +不定詞・que+接続法!…してよかった!《中南米》+que+直説法》
¿Qué dice de ~? 何か面白い話でもありますか?
¿Qué hay de ~?《口語》どうだい/元気かい?
¡Sé ~! 1) きちんと(行儀よく)しなさい! 2)[別れの挨拶] じゃ, 気をつけて!
ser ~ que+接続法 …はいいことです: Es ~ que fortifiques el cuerpo. 体を鍛えるのは良いことだよ. ¡Qué ~ sería que vinieras conmigo! 一緒に来てくれたらいいのだが!
¡Va ~! どうせうまくいかないさ!
venirse a ~nas 妥協する, 譲歩する
Verás lo que es ~. 今にひどい目にあうぞ/きっと後悔するぞ
—— 图 ❶[映画などの登場人物] 善人, 善玉: guerra entre los ~s y los malos 善玉と悪玉の戦い. ❷ Don B~ ドン・ブエノ[*romancero* に登場するこっけいな人物]
el ~ de+人名[時にからかって] 善人の…: ¡Qué gran alegría experimentaría la ~na de doña Sole con la noticia! 人のいいソーレさんが知ったらどんなに大喜びすることだろう!
—— 男[成績評価] 良
—— 間 ❶[会話の間を埋めるために, 言いよどで・言葉を探して] ええと, そうですね, ええまあ: ¿Qué quieres hacer en el futuro? —B~, de momento no pienso nada. 将来どんなことをしたいのだね? —う~ん, 今のところ何も考えていません. ❷[話題転換, さらに話を続けるため] さて, ところで: B~, vamos a trabajar. それじゃ, 仕事を始めよう. ❸[承諾・承知] 分かった, 了解した, オーケー: ¿Quieres mandarme un correo electrónico? —B~. 明日メールをくれないかい? —いいよ, 了解した. ❹[驚き] おやおや: B~, ¿qué es esto? ¿Un regalo para mí? おやおや, これは何だ, 私にプレゼントをくれるのかい? ❺[当惑・うんざり・失望] さてさて, いやいや: B~, ~ [, ~], ¿qué es lo que me han hecho? いやはや, 彼らは一体私に何をやらかしたんだろう? ❻[非難] やれやれ, 困ったもんだ: B~, ya basta. やれやれ, もうやめてくれ. ❼《メキシコ》[かかってきた電話に] もしもし[発音は [bwenó]]

Buenos Aires [bwénos áires] 男《地名》ブエノスアイレス《アルゼンチンの首都. 1536年に創設され, その後放棄され, 1580年に再建された》

Buero Vallejo [bwéro baʎéxo]《人名》**Antonio ~** アントニオ・ブエロ・バリェホ《1916〜2000, スペインの劇作家. 舞台と観客を一体化する巧みな技法を駆使し, 抑圧された人間の葛藤を普遍的問題意識へと昇華させる悲劇によって, 内戦後スペイン演劇のリーダー的存在となった. 『ある階段の物語』*Historia de una escalera*》

buey [bwéi] I [←ラテン語 *bos, bovis*] 男 ❶ 去勢した雄牛《労役用, 食用》. 1) José es un ~ para el trabajo. ホセは非常によく働く. **a paso de ~** [歩みが] のろのろと. **~ de cabestrillo**《狩猟》その後ろに隠れて狩りをする牛《本物または作り物》. **~ de marzo**《歴史》3月に支払う税. 2)《諺》 El ~ suelto bien se lame. 自由に優るものはない. Habló el ~ y dijo mu. たまにしゃべったかと思ったら, ろくなことを言わない. ❷[聞牛. 軽蔑] おとなしい牛. ❸[動物] 1) ~ almizclero ジャコウウシ. **~ gi-boso** コブウシ. 2) ~ marino マナティー. ❷ オマールエビ[俗. ~ de mar]. ❹[アストゥリアス] día de ~es [農地面積の単位] =1257 centiáreas. ❺《メキシコ. 口語》1) ばか, 愚か者. 2) 友達, 仲間
arar con los ~es que se tiene《口語》手持ちの手段でやりくりする
hablar de ~es perdidos《南米. 口語》取るに足りない(

絡のない)ことを話す
sacar al ~ de la barranca《メキシコ. 口語》問題を解決する; やり直す
II 男 **~ de agua**《地方語》どっと流れ込む(出す)水
bueyada [bwejáḍa] 女《闘牛. 軽蔑》おとなしい牛の闘牛
bueyero, ra [bwejéro, ra] 名 牛飼い 【=boyero】
bueyuno, na [bwejúno, na] 形 牛の
buf [búf] 間《迷惑·嫌悪》ふう!
bufa[1] [búfa]《←伊語 buffa》女 ❶ からかい, 冷やかし: con ~ *s y bromas* さんざんからかって. ❷《地方語》酔: *coger una ~* 酔っ払う
bufado, da [bufáḍo, ḍa] 形 ❶［ガラスの］吹込み成形. ❷《ムルシア, アンダルシア》ふくらんだ, 大きく空洞になった
bufador [bufaḍór] 男《地質》硫気孔
bufalaga [bufalága] 女 黄緑色の花の咲く灌木《学名 Thymelaea tinctoria》: ~ *marina*《学名 Thymelaea hirsuta》
bufalino, na [bufalíno, na] 形 水牛の
búfalo, la [búfalo, la]《←ラテン語 bufalus <ギリシャ語 bubalos「ガゼル」》名《動物》❶ スイギュウ(水牛): ~ *africano* アフリカスイギュウ. ❷《誤用》バイソン【=bisonte】
—— 形《中米》すばらしい
bufamiento [bufamjénto] 男 ふくらむこと
bufanda [bufánda]《←古仏語 bouffante》女 ❶《服飾》マフラー, えり巻き: *ponerse (llevar) una ~ en el cuello* マフラーを首に巻く(巻いている). ❷《隠語》［公務員のちょっとした］ボーナス
bufante [bufánte]形《まれ》鼻を鳴らす
bufar [bufár]《←擬声》自 ❶［猫·牛·馬などが怒って］鼻を鳴らす. ❷［人が］怒る: *María está que bufa*. マリアはひどく怒っている. *~ de rabia* 激怒する
—— ~*se* 腫れたり, ふくらむ
bufarda [bufárḍa] 女《地方語》炭置き場の空気抜き穴
bufé [bufé]《←仏語 buffet「食器戸棚」》男 ❶［パーティーの］立食［の料理］; 立食用のテーブル: *libre ~* バイキング(式の)レストラン). ~ *frío* 冷製料理の立食. ❷《南米》1) サイドボード. 2)［学校などの］食堂【=cantina】
bufeo [buféo] 男《動物》ネズミイルカ
bufet [bufé(t)] 男 =**bufé**
bufete [buféte]《←仏語 buffet「食器戸棚」》男 ❶ 弁護士事務所(事業): *abrir ~* 弁護士事務所を開く. ❷ 事務机. ❸ 集名 弁護士の顧客(依頼人): *Cuesta mucho trabajo hacerse un ~*. 弁護士として顧客をつかんでやっていけるようになるまで大変な苦労だ. ❹ 立食【=bufé】
buffer [báfer]《←英語》男《情報》バッファ
buffet [bufé(t)] 男 =**bufé**: *desayuno ~* バイキング式の朝食
bufido [bufíḍo]《←bufar》男 ❶［牛などの］荒い鼻息. ❷ 怒りの声: *dar un ~* 怒りの声をあげる
bufo, fa[1] [búfo, fa]《←伊語 buffo》形 こっけいな, 珍妙な: *actor ~* 道化役者
—— 名［イタリアオペラの］道化役
—— 女《俗語》おなら. 複《古語》イタリア歌劇場
bufón, na [bufón, na]《←伊語 buffone》形《軽蔑》こっけいな(人]《本人は面白いつもりだがまわりは迷惑と思う》
—— 名 ❶《歴史》［宮廷の, こっけいな格好をして冗談などを言う］道化役. ❷［安雑貨の］行商人【=buhonero】
bufonada [bufonáḍa] 女 こっけいな言動, おどけ
bufonear [bufoneár] 自 · **~se** こっけいな言動をする
bufonería [bufonería] 女 =**bufonada**
bufonesco, ca [bufonésko, ka] 形 こっけいな
bufónido, da [bufónido, da] 形 ヒキガエル科の
—— 名《動物》ヒキガエル科
bufonizar [bufoniθár] 自 こっけいなことを言う
bufoso [bufóso] 男《アルゼンチン. 隠語》ピストル
bug [búg]《←英語》男《情報》バグ
buga [búga] 女《西. 若者語》自動車【=coche】
—— 《メキシコ. 隠語》ホモでない, 異性愛の
bugalla [bugáʎa] 女 没食子(もっしょくし)
bugambilia [bugambíʎja] 女《メキシコ, グアテマラ》=**buganvilla**
buganvilia [bugambíʎja] =**buganvilla**
buganvilla [bugambíʎa] 女《植物》ブーゲンビリア
bugata [bugáta] 女《西. 若者語》=**bugati**
bugati [bugáti]《←商標 bugatti》男《西. 若者語》［馬力が強くかっこいい］自動車
buggy [búgi]《←英語》男 複 **~s**《自動車》サンドバギー

bugle [búgle]《←英語, 仏語》男［軍隊用の］らっぱ
buglosa [buglósa] 女《植物》シャゼンムラサキ, シベナガムラサキ, ウシノシタグサ
bugre [búgre] 男《地方語. 動物》ウミザリガニ, ロブスター【=bogavante】
bugui [búgi] 男 ❶《音楽》ブギ. ❷《西. 若者語》=**buga**
bugui-bugui [búgi búgi]《←英語 boogie-woogie》男《舞踊, 音楽》ブギウギ
búgula [búgula] 女《植物》キランソウ, ヒイラギソウ
buharda [bwárḍa] 女《まれ》=**buhardilla**
buhardilla [bwarḍíʎa]《buharda の示小語》女 ❶［物置用, 時に居住用の］屋根裏部屋, グルニエ【=desván】. ❷［屋根裏部屋の］屋根窓, ドーマー
buhardillón [bwarḍiʎón] 男 広い屋根裏部屋
buharro [bwáro] 男《鳥》コノハズク
buhedera [bwedéra] 女《建》銃眼, 狭間(はざま)
buhedo [bwéḍo] 男［川の］深み【=bodón】
buhío [bwío] 男《南米》粗末な小屋
búho [búo] 男 ❶《鳥》トラフズク【~ *chico*, ~ *común*］;［一般に］ミミズク. ~ *nival* シロフクロウ. ~ *real (grande)* ワシミミズク. *El ~ de Minerva solo emprende el vuelo a la caída de la noche*. ミネルバのフクロウは夜飛び立つ《ヘーゲルの言葉》. ❷《口語》夜ふかしする人, 夜型の人. ❹ *tren ~* 夜行列車
buhobús [bwobús] 男《口語》夜行バス
buhonería [bwonería]《=buhonero》女 集名 ❶ 時に 複. 行商·露台で売られる] 安雑貨, 安物
buhonero, ra [bwonéro, ra]《←古語 buhón》形 名《古語》［安雑貨の］行商人
buido, da [bwíḍo, ḍa] 形《文語》尖った, 鋭利な; 溝のある
building [bíldin]《←英語》男 複 **~s**［高層の］ビルディング
buitre [bwítre] 男《鳥》シロエリハゲワシ【~ *común*, ~ *leonado*］;［一般に］ハゲワシ, ハゲタカ: *gran ~ de las Indias* コンドル【=cóndor】. ~ *negro (monje·franciscano)* クロハゲワシ. ❷《口語》［他人を食い物にする］強欲で冷酷な人
buitrear [bwitreár] 他《隠語》せしめる, たかる: ~ *el tabaco a+* …からたばこをせしめる
—— 自《南米》吐く
buitrera[1] [bwitréra] 女［断崖などにある］ハゲワシの巣
buitrero, ra[2] [bwitréro, ra] 形 ハゲワシの
—— 男 ❶ ハゲワシを捕る人. ❷ 鷹匠
buitrino [bwitríno] 男《廃語》=**buitrón**
buitrón [bwitrón] 男 ❶《漁業》仕掛けかご, 筌(うけ). ❷《狩猟》落とし穴. ❸ 泥棒が盗みのためにあける穴. ❹［溶鉱炉の］灰受け. ❺《鳥》セッカ. ❻［コンビラ］［暖炉の］煙道
buja [búxa] 女《軽蔑》=**bujarrón**
—— 《メキシコ》=**buje**
bujalanceño, ña [buxalanθéɲo, ɲa] 形 名《地名》ブハランセ Bujalance の(人]《コルドバ県の町》
bujalazor [buxalaθór] 男《まれ》=**bujarasol**
bujarasol [buxarasól] 男《ムルシア》肉色のイチジク
bujarda [buxárḍa] 女 石材切り出し用ハンマー
bujarra [buxára] 女《軽蔑》=**bujarrón**
bujarrón [buxarón] 形《軽蔑》同性愛者(の), ホモ(の]
bujarrona [buxaróna] 女《軽蔑》同性愛の男性
buje [búxe] 男《技術》軸箱
bujeda [buxéḍa] 女 =**bojedal**
bujedal [buxeḍál] 男 =**bojedal**
bujedo [buxéḍo] 男 =**bojedal**
bujel [buxél] 男《地方語》［主に 複］サンダル *albarca* の縁の帯状装飾
bujeo [buxéo] 男《地方語》泥地【=tierra de ~】
bujería [buxería]《←buhonería》女 ❶［ガラス·鉄製などの］安物の商品. ❷《服飾》小物, アクセサリー類; 宝石のイミテーション
bujero [buxéro] 男《俗語》穴, 割れ目【=agujero】
bujeta [buxéta] 女《廃語》❶ 木箱. ❷［携帯用の］香水瓶; 香水瓶を入れる箱
bujía [buxía]《←アラビア語 Buyiya》女 ❶《エンジン》点火プラグ: *cambiar las ~s del coche* の車のプラグを交換する. ❷ ~ *nueva*［光度の単位］燭光. ❸《古語》ろうそく【=vela】. ❹《中米》電球
bujier [buxjér] 男 蠟製品製造(販売)業者

bujiería [buxjería] 囡 蠟製品工場(販売店)

bujío [buxjó] 男《隠語》[小さくみすぼらしい]家

bujón [buxón] 男《隠語》大型の栓

bukidnon, na [bukiðnón, na] 形《地名》ブキンドン Bukidnon の〔人〕《フィリピン、ミンダナオ島中部の州》

bukidnonense [bukiðnonénse] 形 名《地名》=**bukidnon**

bul [búl] 男《隠語》尻

bula [búla]《←ラテン語 bulla「玉」》囡［ローマ教皇の］大勅書, 教書；その印璽. ~ de carne 小斎免除《肉を食べる許可》. ~ de la [Santa] Cruzada 大斎免除《断食日に食事をとってよい許可》. ~ de oro 金印勅書, 黄金文書. *B*~ de Santa Cruzada 特赦・免罪を与えることを記した勅書《歴代ローマ教皇がスペインに対し、十字軍の戦費負担と引き替えに与えた》
echar las ~*s a*+人 ⋯に負担をかける; 厳しく叱る
no poder con las ~*s* 何をする力もない
no valer a+人 *la* ~ *de Meco* ⋯はいつか報いを受ける
tener ~《口語》［えこひいきなどによって, +*para* の］特権を享受している: Por favor haga cola como los demás, que nadie *tiene* ~. 他の人たちと同じように列に並んで下さい。ここでは誰も特別扱いしませんから

bulaqueño, ña [bulakéɲo, ɲa] 形 名《地名》ブラカン Bulacán の〔人〕《フィリピン, ルソン島の州》

bulario [buláɾjo] 男 大勅書集

bulbar [bulbár] 形《解剖》延髄の

bulbicultura [bulbikultúɾa] 囡 球根植物栽培

bulbífero, ra [bulbíféɾo, ɾa] 形《植物》球根のある

bulbiforme [bulbifórme] 形 球根の形の

bulbo [búlbo]《←ラテン語 bulbus》男 ❶《植物》球根, 鱗茎: Los tulipanes nacen de los ~s enterrados en la tierra. チューリップは地面に埋めた球根から芽を出す. ❷《解剖》~ dentario 歯髄. ~ piloso 毛球. ~ raquídeo 延髄

bulboso, sa [bulbóso, sa] 形 ❶ 球根のある: planta ~*sa* 球根植物. ❷《文語》=**bulbiforme**

bulbostilo [bulbostílo] 男《植物》ハタガヤ

bulbul [bulbúl] 男《鳥》ナイチンゲール《=ruiseñor》

buldero [buldéɾo] 男 =**bulero**

buldó [buldó] 男《釣り》［プラスチック・ゴム製の］球形の浮き

bule [búle] 男《メキシコ》❶ ヒョウタン; その器. ❷《口語》売春宿

bulé [bulé] 男《古代アテネ》ブーレー《民会を補佐する評議会》

bulerías [buleɾías]《←ジプシー語 bulerar「腰を勢いよく振って踊る」》囡 履《フラメンコなど》ブレリーアス《舞踊・音楽の形式の一つ》

bulero [buléɾo] 男《古語》大斎免除の代わりに献金を集める人

buleto [buléto] 男《ローマ教皇の》小勅書の一つ

bulevar [bulebár]《←仏語 boulevard》男［広い］遊歩道, 並木道

búlgaro, ra [búlgaɾo, ɾa] 形 名 ❶《国名》ブルガリア Bulgaria〔人・語〕の; ブルガリア人. ❷《南米》［模様・図柄が］ペーズリーの
── 男 ブルガリア語

bulge [búlxe]《←英語》男《船舶》バルジ

bulimia [bulímja] 囡《医学》多食症, 過食症: ~ nerviosa 神経性多食症

bulímico, ca [bulímiko, ka] 形 名 多食症の〔患者〕, 過食症の〔患者〕

bulín [bulín] 男 ❶《ペルー.口語》いかがわしいキャバレー, 売春宿. ❷《アルゼンチン, ウルグアイ》独身者向けアパート; 住居

bulista [bulísta] 形 名《まれ》デマを流す〔人〕

bulk-carrier [bulkářjer]《←英語》男《履》~s《船舶》ばら積み船

Bull [búl] → **John Bull**

bulla[1] [búʎa]《←bullir》囡 ❶ ざわめき, 喧噪(ｹﾝｿｳ): Con tanta ~, no hay quien duerma. こんな大騒ぎでは眠れない. ❷ 人出, 雑踏. ❸《アンダルシア》大騒ぎ. ❹《ベネズエラ》普及, 促進
armar ~ =**meter** ~
hacer ~《ウルグアイ.口語》誇示する
meter ~ 大騒ぎをする: No *metáis* tanta ~. そんなに騒ぐのはやめろ

bulla[2] [búʎa]《←ラテン語》囡《医学》水泡, ブラ

bullabesa [buʎabésa]《←仏語 bouillabaisse》囡《料理》ブイヤベース

bullado, da [buʎáðo, ða] 形《チリ》よく話される

bullaje [buʎáxe] 男 雑踏

bullanga [buʎáŋga]《←bulla》囡《口語》騒動, 大騒ぎ

bullangueo [buʎaŋgéo] 男《まれ》=**bullanga**

bullanguero, ra [buʎaŋgéɾo, ɾa] 形《口語》騒ぎ好きな〔人〕

bullaranga [buʎaɾáŋga] 囡《コロンビア》大騒ぎ, ごたごた

bullarengue [buʎaɾéŋge] 男 ❶《西.口語》［主に大きな］尻. ❷《古語.服飾》スカートの後部を広げる腰当て

bullate [buʎáte] 男《服飾》お尻

bulldog [buldóg]《←英語》男 履 ~s《犬》ブルドッグ
poner cara de ~ 怒った顔をする

bulldozer [buldóðer]《←英語》男 履 ~s《犬》ブルドーザー

bullebulle [buʎebúʎe] 名 落ち着きない人; 差し出がましい人

bullente [buʎénte] 形 沸騰する; うごめく

bullerío [buʎeɾío] 男《地方語》騒ぎ, ざわめき

bullicio [buʎíθjo]《←ラテン語 bullitio, -onis「泡立ち」》男 ざわめき, 大騒ぎ: ~ de la ciudad 都会の喧噪(ｹﾝｿｳ)
armar ~ 大騒ぎする

bulliciosamente [buʎiθjósaménte] 副 騒々しく, にぎやかに

bullicioso, sa [buʎiθjóso, sa]《←bullicio》形 騒がしい〔人〕, にぎやかな: chico ~ 騒がしい子供. calle ~*sa* にぎやかな通り

bullidor, ra [buʎiðór, ra] 形 沸騰する; うごめく

bullionismo [buʎjonísmo] 男 重金主義《重商主義の原初的形態で, 一国の富と貴金属の多寡を同一視する》

bullir [buʎír]《←ラテン語 bullire < bulla「泡」》21 自 ❶ 沸騰する, 煮立つ: El agua *bulle*. 湯が沸く. El mar *bullía* embravecido. 海は猛り狂っていた. Las ideas *bullen* en su cerebro. 彼の頭の中では色々な考えが渦巻いている. ❷ うごめく, うようよする: *Bullía* una nube de mosquitos. 蚊の大群がブンブンしていた. La gente *bulle* en la plaza. 広場は人でごった返している. *Bullen* las revueltas. 動乱が頻発する

bullmastiff [bulmastíf]《←英語》男 履 ~s《犬》ブルマスティフ

bullón [buʎón] 男 ❶《服飾》［プリーツで締めた袖などの］ふくらみ, パフ. ❷《製本》［大型本の表紙の］飾り鋲. ❸ 大鍋の中で煮立っている染料. ❹《古語》ナイフ

bullonismo [buʎonísmo] 男 =**bullionismo**

bulloso, sa [buʎóso, sa] 形《コロンビア》騒がしい

bullterrier [bulterjér] 男 =**bulterrier**

bulo [búlo]《←ジプシー語 bul》男《西》デマ, 流言: echar a rodar un ~ デマを流す

bulón [bulón] 男《技術》ボルト

bulonaje [bulonáxe] 男《技術》ボルト締め

bulterrier [bulterjér]《←英語》男 履 ~s《犬》ブルテリア

bulto [búlto]《←ラテン語 vultus「表情」》男 ❶ 腫れ物, こぶ, しこり: Le salió un ~ en el cuello. 彼の首に腫れ物ができた. ❷［主に］荷物, 包み: Solo se admiten a bordo ~s de mano. 機内には手荷物しか持ち込めない. ❸ 判然としないもの; 人影: He visto un ~ cerca de la casa. 家の近くで何か見えた. ❹ 大きさ, かさ: Este armario tiene poco ~. このたんすは場所をとらない. ❺ 本体, 中心: ~ de la discusión 議論の本題. ❻《美術》胸像, 影像. ❼《中南米》学生かばん; 袋
a ~ 大ざっぱに, おおよそ: calcular *a* ~ 概算する, ざっと見積る
buscar el ~ *a*+人 ⋯にいやがらせをする, けんかを売る
cuanto menos ~, *más claridad* やれやれ［これで厄介払いだ］
de ~ 1) かさばった: pasajero *de* ~ 図体の大きい乗客. cosa *de más* ~ 非常にかさばる物. 2) はっきりした: Es *de* ~ que tienes razón. 君が正しいことは明らかだ. 3)［失敗などが］重大な: error *de* ~ (*de poco* ~) 重度の［軽度の］過ち. 4)《美術》［図形が］三次元の. 5)《まれ》［物が］目立つ
de ~ *redondo*《美術》［彫刻が］孤立して置かれた, 四方から見える
escabullir el ~ =**escurrir el** ~
escurrir el ~ ［面倒事などから］逃げる: A la hora de trabajar, siempre *escurre el* ~. 仕事の時間になると彼はいつもいなくなる
estar de ~ =**ir de** ~
guardar el ~ =**escurrir el** ~
hacer ~ 1)《文語》かさばる, 場所をとる: El monedero *hace* ~ en el bolsillo. 財布がポケットでふくらんでいる/財布がかさばって邪魔だ. 2) =**ir de** ~
huir el ~ =**escurrir el** ~
hurtar el ~ =**escurrir el** ~
ir al ~ 1)《闘牛》［牛が］闘牛士に襲いかかる. 2)《サッカー》［ボールではなく］選手を追いかける. 3)［人を公然と激しく

攻撃する, 反対する
ir de ~ 頭数をそろえる: Yo hablaré y tú *irás de* ~. 話すのは私がする. 君は頭数を増やすだけだ
poner de ~ 展示する, 示す
rehuir el ~ =**escurrir el** ~

bululú [bululú] 男《演 ~es》❶《まれ》騒ぎ. ❷《古語》声色を使う道化師

bum [bún] 間【強打】ドシン, ドン

bumangués, sa [bumangés, sa] 形 名《地名》ブカラマンガ Bucaramanga の〔人〕《コロンビア, サンタンデール県の町》

bumerán [bumerán] 男《←英語 boomerang》男 ブーメラン: lanzar el ~ ブーメランを投げる. efecto ~《経済》ブーメラン効果

bumerang [bumeráng] 男《演 ~》=**bumerán**

buna [búna] 女《化学》[主にタイヤに使用される] 合成ゴム. ❷《コロンビア》毒蟻

bunde [búnde]《エクアドル. 隠語》昼食

bungaló [buŋgaló] 男《演 ~s》=**bungalow**

bungalow [buŋgaló] 男《←英語》男《演 ~s》バンガロー

buniatal [bunjatál] 男 サツマイモ畑

buniato [bunjáto] 男《西》=**boniato**

bunio [búnjo] 男 種用に栽培されるカブ

bunker [báŋker] 男 =**bunker**

búnker [búŋker] 男《←独語》男《演 ~[es]》❶ 掩蓋(ᵉⁿがᵃい)陣地, トーチカ, 防空壕. ❷《西. 政治》守旧派, 極右派. ❸《ゴルフ》バンカー

bunkeriano, na [buŋkerjáno, na] 形 名《西. 政治》守旧派〔の〕, 極右派〔の〕

bunkerismo [buŋkerísmo] 男《西. 政治》守旧主義, 極右主義

bunkerizar [buŋkeriθár] 9 他《西. 政治》守旧化させる, 極右化させる
—— ~**se** 守旧化する, 極右化する

bunkero, ra [buŋkéro, ra] 名《西. 戯語》=**bunkeriano**

bunraku [bunráku]《←日本語》男 文楽

bunsen [bunsén]《化学》ブンゼンバーナー

buñolada [buɲoláða] 女《地方語》揚げ菓子やチョコレートを食べるパーティー

buñolería [buɲolería] 女 揚げ菓子店

buñolero, ra [buɲoléro, ra] 名 揚げ菓子 buñuelo 製造(販売)業者

Buñuel [buɲwél]《人名》Luis ~ ルイス・ブニュエル『1900~83, スペインの映画監督.『アンダルシアの犬』*Un perro andaluz*, 『ビリディアナ』*Viridiana*, 『昼顔』*Bella de día*』

buñuelo [buɲwélo] 男《←?語》男 ❶《菓子》ブニュエロ『揚げ菓子』: ~ de viento『万聖節に食べる』揚げシュークリーム. ❷《口語》駄作, 出来損い: Esta composición es un ~. この作文は下手だ

BUP [búp] 男《西. 略記》←Bachillerato Unificado Polivalente 総合中等教育

bupresto [buprésto] 男《昆虫》クロタマムシ

buque [búke] 男《←カタルーニャ語 buc < フランク語 buk「腹」》男 ❶ 船『→barco 類義』: ~ carguero / ~ cargado / ~ de carga 貨物船. ~ cisterna (tanque) タンカー. ~ de cruz 横帆船. ~ de guerra 軍艦, 戦艦; [昔の] 戦列艦. ~ de pasajeros 客船. ~ de vapor 汽船. ~ de vela 帆船. ~ escuela《演 ~s escuela》練習船. ~ factoría《漁業》母船, 冷凍船. ~ hospital 病院船. ~ lanzamisiles ミサイル艦. ~ mercante 商船. ~ nuclear 原子力船. ~ portatrén [鉄道] 連絡船. ~ sin ruta fija / ~ sin escalas fijas [荷主の依頼による] 不定期貨物船. ❷《廃語》容量, 収容能力
cabeza de ~《口語》大頭の人

buqué [buké] 男 =**bouquet**

buraco [buráko] 男《アルゼンチン, ウルグアイ》穴『=agujero』

buratero [burátéro] 男《古語》絹と羊毛の布地 burato の製造者

burato [buráto] 男《←仏語 burat》男《古語》❶ [マント・夏の喪服用の] 絹と羊毛の布地. ❷ 透き通ったマント

buraz [buráθ] 男《地方語. 魚》マダイ

burbuja [burbúxa] 女《←古語 burbujar < 俗ラテン語 bulbulliare < ラテン語 bulla「泡」》女 ❶ 泡, あぶく: ~ de jabón 石けんの泡. ~ del champaña シャンペンの泡. ❷《経済》1) ~ inmobiliaria 不動産バブル経済. ~ financiera 金融バブル. 2)《歴史》~ del Mar del Sur [1720年イギリスで起きた] 南海泡沫(ぽうまつ)事件. ❸ 背中に付ける浮き具. ❹ [空気膜構造の] ドーム
niño ~ [保育器に入れる必要のある] 未熟児

burbujeante [burbuxeánte] 形 泡立った, 沸騰した

burbujear [burbuxeár]《←burbuja》自 泡立つ; 沸騰する

burbujeo [burbuxeó] 男 泡立ち; ブクブクいう音

burchaca [burtʃáka] 女 =**burjaca**

burche [búrtʃe] 女《築城》防御塔

burda¹ [búrða] 女 ❶《船舶》後方支索, バックステイ. ❷《隠語》ドア

burdamente [búrðaménte] 副 粗雑に; あからさまに

burdégano [burðégano] 男《動物》ケッテイ《雄ウマと雌ロバとの雑種》

burdel [burðél]《←オック語 bordel「掘っ建て小屋」》男 売春宿
—— 形 淫乱な, 好色な; 悪徳の, 放埒な

burdeos [burðéos] 形《単複同形》❶ ボルドーワイン. ❷ 赤紫色〔の〕

burdo, da² [búrðo, ða]《←ラテン語 buridus「庶出の」》形 ❶ 粗雑な; [織り目などが] 粗い: mueble ~ 粗悪な家具. paño ~ 粗布. ❷《嘘などが》見え透いた, あからさまな. ❸ 心配りの足りない; 品のない: No te fíes este fontanero, hace un trabajo muy ~. この水道屋を信用しちゃだめだよ. 仕事が粗いから

burebano, na [burebáno, na] 形 名《地名》ブレバ Bureba の〔人〕《ブルゴス県の地区》

burel [burél] 形《闘牛》赤褐色の〔牛〕
—— 男《紋章》[盾を分割する] 細かい横帯

burelado, da [bureráðo, ða] 形《紋章》[盾が] 細めの横帯で分割された

bureo [buréo] 男《←仏語 bureau》❶《西》どんちゃん騒ぎ: estar (irse) de ~ 浮かれ騒ぐ. ❷ 楽しみ, 娯楽. ❸《歴史》高官会議
entrar en ~《古語》集まって討論する

bureta [buréta] 女《化学》ビュレット

burga [búrga] 女《地方語》温泉源, 源泉

burgado [burgáðo] 男《地方語》❶《動物》エスカルゴ《食用カタツムリ》. ❷《貝》ヨーロッパタマキビ『=bígaro』

burgalés, sa [burgalés, sa] 形 名《地名》ブルゴス Burgos の〔人〕. ❷《歴史》[通貨が] フェルナンド3世とアルフォンソ10世の治下にブルゴスで鋳造された『=12分の1マラベディ maravedí 銀貨, 90分の1マラベディ金貨』. ❸《カスティーリャ》《風が》ブルゴスからの

burgaño [burgáɲo] 男《エストレマドゥラ》クモ（蜘蛛）

burgense [burxénse] 形《文語》ブルゴスの〔人〕『=burgalés』

burger [búrger] 男《←英語》男《単複同形. 演 ~s》ハンバーガー店『=hamburguesería』

burgo [búrgo] 男《←俗ラテン語 burgs「小さな町, 要塞」》男 ❶《まれ》小さな村, 部落. ❷《古語》城塞都市

burgomaestre [burgomaéstre] 男 [ドイツ・スイス・オランダ・ベルギーの] 市長

burgos [búrgos] 男《単複同形》❶ ブルゴス産の羊乳チーズ『= queso de Burgos』. ❷《地名》[B~] ブルゴス《カスティーリャ＝レオン州の県・県都. 中世盛期のカスティーリャ王国の首都》

burgrave [burgráβe] 男《歴史》[ドイツの] 城主; 知事

burgraviato [burgraβjáto] 男《歴史》城主 burgrave の位（領地）

burgueño, ña [burgéɲo, ɲa] 形《古語》❶ 城塞都市 burgo の〔人〕. ❷《地名》ブルゴスの〔人〕『=burgalés』

burgués, sa [burgés, sa] 形《←burgo》男 ❶ ブルジョア〔の〕; 中産階級の〔人〕: Los *burgueses* hicieron inversiones en industrias. ブルジョアたちは工業に投資した. clase *burguesa* ブルジョア階級. gusto ~ ブルジョア趣味. pequeño ~ プチブル〔の〕. revolución *burguesa* ブルジョア革命. ❷《俗語》[的な]. ❸《古語》城塞都市の〔人〕『=burgueño』

burguesía [burgesía]《←burgués》女 集合 ブルジョアジー, 資本家階級《⇔proletariado》; 中産階級: La ~ apareció a partir de la revolución industrial. ブルジョアジーは産業革命の開始と共に現れた. alta ~ アッパーミドル. pequeña ~ プチブル階級

burguesismo [burgesísmo] 男《まれ》ブルジョアジーらしさ, ブルジョア精神

burí [burí] 男《植物》コウリバヤシ『=palma ~. 学名 Corypha umbraculifera』

buriel [burjél] 男 赤褐色の
—— 男 [褐色の] 粗紡毛織

buril [buríl]《←カタルーニャ語 buril》男 [主に銅版用の] 彫刻刀, ビ

buriladura [buriladúra] 囡 [buril による] 彫刻
burilar [burilár] 他 [金属に図形や装飾を] 彫刻刀 buril で彫る
burillas [buríʎas] 囡《植物》野生のチューリップ《学名 Tulipa sylvestris》
burjaca [burxáka] 囡 [乞食・巡礼者が] 施しを入れる大きな皮袋
burla [búrla]《←ラテン語 burrula < burrae「愚かな言葉」》❶ からかい, 冷やかし, 嘲笑; 冗談: Este descuento es una ～. こんな(わずかな)値引きなんてばかにしている. Ni en ～s, ni en veras, con tu amo partas peras.《諺》目上の人への敬意を忘れてはならない《←冗談にせよ本気にせよご主人様と梨を分け合ってはならない》. ❷ 欺瞞, ごまかし
— ～ *burlando*《西》気づかずに; 何食わぬ顔で: B～ *burlando* nos hemos comido el queso entero. 私たちは知らない間にチーズを全部食べてしまった
de ～*s* 冗談で: decir *de* ～*s* 冗談に言う
decir entre ～*s y veras* 冗談半分に言う
gastar ～*s* いたずらをする, からかう
hacer ～ [+a+人 を] からかう
hacer ～ *de*+人 *con la mano* …に向かってからかいの仕草をする《親指を鼻先に当てる》
mezclar ～*s con veras* 冗談を交えながら話す(書く); 冗談めかして言う
burladero [burlaðéro]《←burla》男 ❶《闘牛》[barreras の前に作られた, 闘牛士の] 避難壁. ❷ [歩行者用の] 安全地帯
burlador, ra [burlaðór, ra] 形 名《まれ》からかう[人]
— 男 ❶ だましコップ《飲もうとすると隠れた穴から水が飛び出す》. ❷ びっくり水掛け器《不注意に近づくと水が飛び出す》. ❸《古語》女たらし, 色事師
— 囡《植物》チョウセンサガオ
burlapastor [burlapastór]《鳥》ヨーロッパヨタカ《=chotacabras》
burlar [burlár]《←burla》他 ❶ [巧みに] 回避する: ～ *la vigilancia* 監視の目をかいくぐる. ～ *las leyes* 法の網をかいくぐる, 法を愚弄する. ❷《スポーツ》ドリブルでかわす. ❸《闘牛》[牛を] かわす. ❹ […の期待を] 裏切る. ❺ [女性を] だまして誘惑する. ❻《まれ》からかう
— 自《隠語》金を賭ける
— ～*se* [+de を] からかう, 嘲笑する: Todos *se burlan de su rusticidad.* 皆は彼の田舎くささを笑う
burle [búrle] 男《隠語》金を賭けること
burlería [burlería] 囡《まれ》❶ だまし, からかい. ❷ おとぎ話. ❸ 嘲笑の的, お笑いぐさ; 不名誉
burlescamente [burléskaménte] 副 からかうように; おどけて, 滑稽に
burlesco, ca [burlésko, ka]《←burla》形 滑稽な, おどけた; からかう(冷やかす)ような: *tono* ～ おどけた調子, 冷やかしの口調
burlesque [burléske]《←英》男 笑劇, バーレスク
burleta [burléta] 囡 [ちょっとした] だまし, からかい
burlete [burléte]《←仏語 bourrelet》男 [戸・窓の] すき間ふさぎ, 目ばり
burlón, na [burlón, na]《←burla》形 名 ❶ からかい好きの(人). ❷ あざけるような: *risa burlona* 冷笑, 嘲笑
— 男《メキシコ. 鳥》マネシツグミ《=sinsonte》
burlonamente [burlonaménte] 副 あざけるように
burlonería [burlonería] 囡 からかい, あざけり
burlote [burlóte] 男《賭博》場代の低いゲーム
buro [búro]《アラゴン》男 粘土
buró [buró]《←仏語 bureau》男 ❶ 事務机, [特に] ロールトップデスク. ❷ [政党の] 事務局: ～ *político* 政局. ❸《メキシコ》ナイトテーブル
burocracia [burokráθja]《←仏語 bureaucratie》囡 ❶ 官僚制度, 官僚政治. ❷《軽蔑》官僚主義, お役所仕事
burócrata [burókrata]《←burocracia》共 ❶《多くの国で主に軽蔑》官僚, 役人: Son los ciudadanos, y no los ～s, los que deben decidir cómo se invierte el fruto de su propio trabajo. 自身の労働の成果をどう投資するかを決めなければならないのは国民であって, 官僚ではない. ～ *de Interior (de Justicia)* 内務(法務)官僚. ❷《軽蔑》官僚主義者, [手続きや書類を重んじる] 形式主義者
burocrático, ca [burokrátiko, ka]《←burocracia》形 ❶ 官僚の: *Estado* ～ 官僚国家. *sistema* ～ 官僚制度. ❷《軽蔑》

官僚的な: *trámites* ～*s* 官僚主義的な手続き. ❸《メキシコ》国の, 政府の
burocratismo [burokratísmo] 男《軽蔑》官僚主義
burocratización [burokratiθaθjón] 囡 官僚[政治]化
burocratizar [burokratiθár] 他 官僚[政治]化する
burofax [burofá(k)s] 男 [郵便局の] ファックスサービス
burótica [burótika] 囡 オフィスオートメーション《=ofimática》
burra[1] [búřa] 形《←burro》❶《口語》オートバイ; 自転車; 電車, バス. ❷《カナリア相撲 lucha canaria の》投げ. ❸《チリ. 口語》ポンコツ車
burraca[1] [buřáka] 囡 ❶《地方語》=urraca. ❷《隠語》売春婦
burraco, ca[2] [buřáko, ka] 形 ❶《闘牛》[牛が] 白い斑点のある黒色の. ❷《地方語. 鳩が》黒い斑点のある白色の
burrada [buřáða]《←burro》囡 ❶《口語》ばかなこと, 愚行; 粗暴なふるまい: *decir* ～*s* たわごとを言う. *hacer* ～*s* ばかなことをする; 乱暴を働く. ❷《口語》多数, 多量: Hay una ～ *de gente*. 大勢の人がいる. *una* ～ *de dinero* 多額の金. ❸ ロバの群れ. ❹《馬跳びの》ルール違反
una ～《西》非常に: Me gusta *una* ～. 私はそれが大好きだ
burrajear [buřaxeár] 他 =borrajear
burrajo [buřáxo] 男 乾燥した馬糞
— 形《メキシコ》粗野な; ばかな
burral [buřál] 形《まれ》野蛮な, 乱暴な《=asnal》
burranco, ca [buřáŋko, ka] 名《地方語》若ロバ
burranquino [buřaŋkíno] 男《エストレマドゥラ》ロバの子
burrear [buřeár] 自《口語》ばかなことをする, ふざける
— ～*se*《地方語》からかう
burreño, ña [buřéɲo, ɲa] 形 [ラバが] 雄ウマと雌ロバから生まれた
— 男《動物》ケッテイ《=burdégano》
burreo [buřéo] 男 ❶《口語》愚行, 悪ふざけ. ❷《地方語》からかい
burrería [buřería] 囡 ばかさ; 愚行, ばかなふるまい
burrero, ra [buřéro, ra] 名 ❶ ロバの乳売り. ❷《メキシコ》ロバの所有者(荷車). ❸《チリ. 隠語》麻薬の運び屋. ❹《アルゼンチン. 口語》競馬好きの人
burrez [buřéθ] 囡《口語》愚かなふるまい; 無知
burrianense [buřjanénse] 形 名《地名》ブリアナ Burriana の(人)《カステリョン県の町》
burricie [buříθje] 囡 愚かさ; 粗野
burriciego, ga [buříθjégo, ga] 形 名《軽蔑》目のよく見えない(人), 目の前にあるものが見えない(人)
burriel [buřjél] 形《廃語》=buriel
burrilla [buříʎa] 囡《地方語》支柱
burrillo [buříʎo] 男 [年間の] 聖務案内《=añalejo》
burrita [buříta] 囡《メキシコ》=burrito
burrito [buříto] 男《メキシコ. 米国. 料理》ブリート, ブリトー《小麦粉のトルティーヤ》
burro, rra[2] [búřo, řa]《←ラテン語 burricus「小型の馬」》名 ❶《動物》ロバ: *ir en* ～ ロバに乗って行く. *B*～ *grande, ande o no ande.*《諺》質より量. ❷ 無知な人, 愚か者: *el* ～ *de Juan* フアンのばか. ❸ 強情な人; 粗野な人; 働き者. ❹《アルゼンチン》馬〖複〗
apear a+人 *del* ～ …に自分の非(誤り)を認めさせる
apearse del ～ 自分の非(誤り)を認める, 引き下がる
bajarse del ～ =apearse del ～
～ *cargado de letras* 知ったかぶりをする人; 学問はしたが分別のないばか者
～ *de carga* 働き者, あくせく働く人; 最もつらい(報われない)仕事をしている人
caer del ～ =apearse del ～
como la burra de Balaán ふだん頭の悪い人が突然正しいことを言い出すように
hacer caer a+人 *del* ～ =apear a+人 del ～
hacer el ～《西》ばかなことをする
jinetear la burra《中南米》有り金全部を賭ける; 一か八かやってみる
no ver tres en un ～ [主にひどい近眼で] ものがよく見えない
poner a+人 *a caer de un* ～《口語》…に悪口雑言を浴びせる
poner ～《俗語》[男性を] 性的に興奮させる
trabajar como un ～ 長時間一所懸命に働く
vender a+人 *la burra*《口語》…をだます

—— [形] ❶ 無知な, 愚かな: Ese hombre es muy ～. あの男は愚鈍そのものだ. ❷ ひどく強情(頑固)な: La hija se puso *burra*. その娘は言うことをきかなくなった. ❸《コロンビア. 隠語》マリファナを常用する

***a lo* ～** 愚かに, ひどく〖=a lo bruto〗

—— [男] ❶ 木挽(こ)き台. ❷《トランプ》戦争に似たゲーム〖《メキシコ》=～ bala〗. ❸《遊戯》馬跳び〖=pídola〗; その馬になった人. ❹《西. 隠語》ヘロイン. ❺《魚》ヘダイの一種〖食用. 学名 Sparus assellus〗; マダラの一種〖食用. 学名 Gadus aeglefinus〗. ❻《メキシコ, ボリビア》折り畳み式のアイロン台. ❼《メキシコ》1) 脚立. 2) 架台〖=caballete〗. ❽《チリ》ビールのジョッキ. ❾《ラプラタ. 自動車》～ de arranque スターター

burro-taxi [bur̄ɔtá[k]si] [男]《西》観光客を乗せるロバ

burrumbada [bur̄umbáđa] [女] =**barrumbada**

burruño [bur̄úɲo] [男]《俗語》=**gurruño**

bursátil [bursátil]〖←ラテン語 bursa〗[形] 証券取引の, 株式市場の: índice ～ 株価指数, 株式指標. operaciones ～*es* 証券取引

bursatilidad [bursatiliđá(đ)] [女] 市場性

burseráceo, a [burseráθeo, a] [形] ブルセラ科の

—— [女] [複]《植物》ブルセラ科

bursina [bursína] [女]《生化》ブルシン

bursitis [bursítis] [女]《医学》滑液包炎

burucuyá [burukujá] [男]《ラプラタ. 植物》トケイソウ〖=pasionaria〗

burujo [burúxo]〖←orujo〗[男] ❶ 小さな凝塊, だま. ❷ オリーブ(ブドウ)の搾りかす

burujón [buruxɔ́n] [男] こぶ〖=chichón〗

burundés, sa [burundés, sa] [形] [名]《国名》ブルンジ Burundi の(人)

bus [bús] **I**〖autobús の省略語〗[男] バス: ～ escolar《中南米》スクールバス

II〖←英語〗[男]《情報》バス, 母線: ～ de datos データバス. ～ de direcciones アドレスバス

busaca [busáka] [女]《コロンビア, ベネズエラ》リュックサック; 大袋

búsano [búsano] [男]《貝》ツロツブリ

busarda [busárđa] [女] =**buzarda**

busardo [busárđo] [男]《鳥》ノスリ

busca [búska] **I**〖←buscar〗[女] ❶ 探すこと, 探索; 追求: La niebla dificultó la ～ de los montañeros. 霧のために登山者たちの捜索が難しくなった. ir en (a la) ～ de... …を探しに行く. en ～ del arca perdida 失われた櫃を求めて. ～ de empleo 求職. ～ de los desaparecidos 行方不明者の捜索. ❷ 追跡; 捜査: ～ del asesino 殺人犯の捜査. ❸ 廃品あさり. ❹《情報》検索. ❺ 狩猟隊: perro de ～ 猟犬. ❻《メキシコ, キューバ, ペルー. 口語》[複] アルバイト, 副収入, 役得

—— [男]《西》救難信号発信装置

—— [形] [名]《アルゼンチン. 軽蔑》時流に乗って利益を追い求める〔人〕

II〖buscapersonas の省略語〗[男]《西》ポケベル

buscabullas [buskaƀúʎas] [名]〖単複同形〗《南米. 口語》よく騒ぎを起こす人

buscada [buskáđa] [女] 捜索, 探すこと〖=busca〗

buscador, ra [buskađɔ́r, ra] [形] [名] ❶ 捜す〔人〕: ～ de oro 金鉱捜しの人. perro ～ de drogas 麻薬捜査犬. ❷《ウルグアイ. 口語》議論(けんか)好きの〔人〕

—— [男] ❶ [望遠鏡の] ファインダー. ❷《情報》サーチエンジン: ～ de información en Internet インターネットの検索サイト

buscaniguas [buskaníɡwas] [男]《南米》ねずみ花火

buscapersonas [buskapersónas] [男]〖単複同形〗ポケベル

buscapié [buskapjé] [男] =**buscapiés**

buscapiés [buskapjés]〖←buscar+pies〗[男]〖単複同形〗ねずみ花火

buscapleitos [buskapléi̯tɔs]〖←buscar+pleito〗[名]〖単複同形〗《軽蔑》けんか早い人

buscar [buskár]〖←?ラテン語 poscere〗[7] [他] ❶ 探す, 捜索する: Ahora estoy *buscando* las llaves. 私は今鍵を探している. La policía lo está *buscando*. 警察はその男を捜している. Dijo que me *buscaría* dondequiera que me escondiese. 彼は私がどこに隠れても探し出すと言った. el terrorista más *buscado* 特別指名手配中のテロリスト. ❷ 求める, 手に入れようと努める: 1) Voy a ～ al policía. 私が警官を呼んでこよう. Lleva meses *buscando* trabajo. 彼は何か月も仕事を探している. La academia *busca* profesores cualificados. その塾は有能な教師を募集している. *Buscamos* una oficinista. 事務員募集中. Solo *buscáis* vuestro propio beneficio. 君たちは自分たちの利益だけを求めている. Los realistas *buscan* un reflejo objetivo del mundo circundante. 写実主義者は私たちを取り巻く世界を客観的に映し出そうとする. no lograr efecto *buscado* 所期の結果を得られない. ～ ayuda 援助を求める. ～ la amistad de+人 …との交友を求める. ～ la luz 光を求める. 2)《諺》Quien *busca*, halla (encuentra). 天は自ら助くる者を助く. Tú vas a Roma a ～ lo que tienes a tu umbral. 求めるものはすぐ近くにあるものだ〖←自分の戸口にあるものをローマにまで探しに行く〗. ❸ 迎えに行く(来る): Mi hermano fue a ～la a la estación. 私の兄は彼女を駅まで迎えに行った. ❹ 取りに行く(来る): Vete a ～ tu chaqueta y vámonos. 上着を取って来いよ, 出かけよう. ¡*Busca*! ¡*Busca*! [犬に] 取ってこい! ❺ [+不定詞] …しようとする: Él siempre *busca* agradar a los demás. 彼はいつもほかの人たちを喜ばせようとする. Estoy *buscando* comprar una moto barata. 私は安いバイクを買うつもりだ. ❻《口語》怒らせる, 挑発する. ❼《中南米》[人を] 呼ぶ; [人に] 尋ねる

—— **～se** ❶ [自分の力で] …を探す; [自ら] …を求める, 求めていく: Debes ～*te* a alguien que te cuide a los niños. 君は子供の世話をしてくれる人を誰か探さなければならない. ～*se* la vida 生計の道をたてようとする. ❷ [3人称単数・複数で求人など] …を募集している: *Se busca* una secretaria. 秘書1名募集中

buscársela 当然の報いを受ける: *Te la has buscado* porque has hecho muchos novillos. 君はそんなに授業をサボるから, 報いを受けているんだ

buscárselas《口語》うまくやる, 都合をつける

buscar	
直説法点過去	接続法現在
bus**qu**é	bus**qu**e
buscaste	bus**qu**es
buscó	bus**qu**e
buscamos	bus**qu**emos
buscasteis	bus**qu**éis
buscaron	bus**qu**en

buscarla [buskárla] [女]《鳥》ヌマセンニュウ

buscarruidos [buskar̄wíđɔs]〖←buscar+ruido〗[名]〖単複同形〗けんか好きな人, けんか早い人

buscavida [buskaƀíđa] [名] =**buscavidas**

buscavidas [buskaƀíđas]〖←buscar+vida〗[名]〖単複同形〗❶《口語》詮索好きな人. ❷《口語》[主に悪い意味で] 抜け目なく生活の手づるを見つける人. ❸《南米》野心的な人, 積極的な人

buscaviento [buskaƀjénto] [男]《プエルトリコ, ボリビア. 玩具》風車(かざぐるま)

Busch [búʃ]《人名》**Germán ～** ヘルマン・ブッシュ〖1904～39, ボリビアの軍人・政治家. 大統領(1937～39). チャコ戦争 guerra del Chaco 後, パラグアイと和平協定を締結〗

busco [búsko]〖←仏語 bisc〗[男] 水門の扉

buscón, na [buskɔ́n, na]〖←buscar〗[形] [名] ❶ 探す〔人〕. ❷《古語》ぺてん師〔の〕

—— [女]《西. 古語的》売春婦

buseca [buséka] [女]《アルゼンチン, ウルグアイ. 料理》牛などの臓物・ジャガイモ・インゲン豆の煮込み

busero [buséro] [男]《コロンビア, エクアドル》乗り合いバスの運転手

buseta [buséta] [女]《コロンビア, ベネズエラ, エクアドル》小型バス

búshel [búsɛl]〖←英語〗[男]〖[複] ～s〗[英国・米国の乾量単位] ブッシェル

bushido [buʃíđo]〖←日本語〗[男] 武士道

busier [busjér] [男] =**bujier**

busilis [busílis]〖←ラテン語 [in die]bus illis「あの日々」〗[男]〖単複同形〗《西. 口語》核心, 肝心な点: La doctrina del uno excluye a la del otro. Y ahí está el ～. 一方の教義は他方の教義と相容れない. そこに根本的な問題がある. dar en el ～ 核心にぶつかる

business [bísnes]〖←英語〗[男] 事業, 取引〖=negocio〗

buso, sa [búso, sa] [形] [名] ❶《メキシコ, グアテマラ, ホンジュラス, エルサルバドル》1) 学習能力(理解力)の高い〔人〕. 2) [学習などで]

ねばり強い〔人〕, 努力家〔の〕. ❷《ベネズエラ》性的な意図で女性を見るのが好きな

búsqueda [búskeða]《←buscar》囡 ❶〔主に警察の, +de の〕捜索, 追求: ~ de desaparecidos 行方不明者の捜索. ~ de la felicidad 幸福の追求. ~ del tesoro 宝探し. ~ de la verdad 真理の探求. ❷〔情報〕検索: ~ de datos データ検索

busquillas [buskíʎas] 图〔単複同形〕《南米》生活力のある人

busquillo [buskíʎo]《←buscar》男《ペルー, チリ》生活力のある人

Bustamante [bustamánte]《人名》**Anastasio** ~ アナスタシオ・ブスタマンテ〖1780～1853, メキシコの軍人・保守派政治家, 大統領(1830～32, 37～39, 39～41)〗
Carlos María ~ カルロス・マリア・ブスタマンテ〖1774～1848, メキシコの歴史家・政治家. 独立宣言起草に関わる〗

bustier [bustjé]《←仏語》男《服飾》ビスチェ

busto [bústo]〖ラテン語 bustum「火葬場」〗男 ❶《美術》胸像, 半身像. ❷ 上半身; 〔特に女性の〕胸, バスト: con el ~ desnudo 上半身裸で

bustrófedon [bustrófeðon] 男 犂耕(ʀ̥ʏ̣)体〖畑を耕す牛の歩みのように右から左, 左から右へと交互に書く古代の書式〗

butaca [butáka]《←カリブ語》囡 ❶《主に西》〔肘掛け・ヘッドレスト付きで, 時にリクライニング式の〕安楽椅子; 〔飛行機の〕座席. ❷〔劇場・映画館の〕座席, 観覧席; その切符: sacar tres ~s para la sesión de la tarde 午後の部の席を3枚買う. ceder su ~ a+人 …に席を譲る. ~s agotadas《表示》切符売り切れ. patio de ~s 1階, 平土間. ~ de patio/ ~ de platea 1階〔椅子〕席

butaco [butáko] 男《コロンビア》〔背・肘掛けのない, 主に木製の〕腰掛

butadieno [butaðjéno] 男《化学》ブタジエン

butanero, ra [butanéro, ra] 图 ブタンガスボンベ bombona de butano の配達係
—— 男 ブタンガス輸送船

butanés, sa [butanés, sa] 形《国名》ブータン Bután の(人)

butano [butáno] 男《化学》ブタン, ブタンガス〖=gas ~〗
—— 形《西》〔ブタンガスボンベの〕明るいオレンジ色の

butanol [butanól] 男《化学》ブタノール

butaque [butáke] 男《中南米》低い粗末な椅子

buten [búten]〖ジプシー語 buté「たくさんの」〗 *de* ~《西. 俗語》最高の, 非常にすばらしい; すばらしくすばらしく

buteno [buténo] 男《化学》ブテン

butiá [butjá] 男《植物, 果実》ブラジルヤシ

butifarra [butifáfra]《←カタルーニャ語 botifarra》囡〔料理〕❶〔カタルーニャ地方などの〕腸詰め: ~ negra〔血入りの〕黒ソーセージ. ~ blanca〔血入りでない〕白ソーセージ. ❷《ペルー》ハム・レタス・玉ねぎ入りのサンドイッチ bocadillo

butifarrero, ra [butifaféro, ra] 图 腸詰め butifarra の製造(販売)業者

butileno [butiléno] 男《化学》ブチレン

butílico, ca [butíliko, ka] 形《化学》ブタンの; ブチル基の

butilo [butílo] 男《化学》ブチル基

butiondo, da [butjóndo, da] 形 =botiondo

butirato [butiráto] 男《化学》酪酸塩

butírico, ca [butíriko, ka] 形《化学》酪酸の: ácido ~ 酪酸

butiro [butíro] 男《まれ》〔牛の〕脂肪

butiroso, sa [butiróso, sa] 形《瀬語》脂肪分の多い〖=manteocoso〗

butomáceo, a [butomáθeo, a] 形 ハナイ科の

—— 囡〔植物〕ハナイ科

butomeo, a [butómeo, a] 形 **=butomáceo**

butrino [butríno] 男 **=buitrón**

butrón [butrón] 男 ❶《西》泥棒が侵入用に開けた穴. ❷ **=buitrón**

butronero, ra [butronéro, ra] 图 天井や壁に穴を開けて侵入する泥棒

buxáceo, a [bu(k)sáθeo, a] 形 ツゲ属の
—— 囡〔植物〕ツゲ属

buyo [bújo] 男 ❶ キンマ〖ビンロウ areca の実と貝殻の石灰の混合物をキンマ betel の葉で包んだガム状の刺激剤で, フィリピンなどの先住民が噛む〗. ❷〔植物〕**=betel**

buz [búθ] 男《まれ》❶ 感謝・尊敬の意を表わす接吻. ❷ 唇〖=labio〗
hacer el ~ お辞儀をする〖右足を引き, 手を体に近づけ, 左手を横に伸ばす〗

buzamiento [buθamjénto] 男〔鉱脈・地層の〕傾斜

búzano [búθano] 男《地方語》**=búsano**

buzaque [buθáke] 男 酔っぱらいの

buzar [buθár] 固〔鉱脈・地層が〕傾斜する

buzarda [buθárða] 囡《船舶》❶ 船首係索, もやい綱. ❷〔複〕船首の曲材, おもて肘材

buzo [búθo]《←ポルトガル語 búzio「巻き貝」》男 ❶ 潜水士, ダイバー: traje de ~ 潜水服. enfermedad de los ~s ケーソン病, 潜函病. ❷《服飾》1)〔全身を覆う〕子供用オーバー; つなぎの作業衣〖=mono〗. 2)《パナマ, 南米》ジャージ, トラックスーツ. 3)《コロンビア》〔ハイネックの〕セーター. 4)《エクアドル, ウルグアイ》〔毛織物の〕上着. ❸ 昔の船
ponerse ~《メキシコ》注意する, 気をつける

buzón [buθón]《←古語 bozón「破城槌」》男 ❶〔郵便〕ポスト; 〔各家の〕郵便受け: echar una carta al (en el) ~ 手紙を投函する, ポストに入れる. ~ de sugerencias 投書箱, 提案箱. ❷〔ポストなどの〕投入口. ❸ 排水溝, 栓. ❹《口語》大きな口. ❺〔諜報機関などの〕連絡係
~ de voz〔西〕留守番電話, メッセージサービス
vender un ~《アルゼンチン, ウルグアイ. 口語》〔人のよさにつけ込んで〕だます, 食い物にする

buzonear [buθoneár] 他《西》〔各家のポストにちらしなどを〕投げ込む; 〔宣伝物を〕郵送する

buzoneo [buθonéo] 男《西》〔ちらしなどを〕ポストに投げ込むこと; 〔宣伝物の〕郵送

buzonero [buθonéro] 男《チリ》〔郵便を集める〕集配係

buzuki [buθúki] 男《音楽》ブズーキ〖=bouzouki〗

buzukista [buθukísta] 男 ブズーキの演奏者

bwana [bwána]《←スワヒリ語》囡《西. 皮肉, 戯語》だんな, 主人, オーナー

bypass [baipás]《←英語》男〔by-pass とも表記〕《医学》バイパス, 副路路: operación de ~ coronario 冠状動脈バイパス手術

bypassear [baipaseár] 他 …の許可を得ずに行動する, 無視する

byroniano, na [baironjáno, na] 形《人名》〔英国の詩人〕バイロン Byron の(ような)

byte [báit]《←英語》男〔情報〕〔記憶容量の単位〕バイト

bytownita [baitaunita] 囡《鉱物》亜灰長石

C

c[1] [θé] [女] ❶ アルファベットの第3字. ❷ [主に大文字で] ローマ数字の100

c[2] 《略語》←centígrado 摂氏

c/ 《略語》←1) caja〔s〕荷箱. 2) calle …通り, …街: *c/* Zaragoza サラゴサ通り. 3) capítulo …章. 4) cargo 荷積み, 借方, 負担, 貨物. 5) contra …に対して. 6) copia 複写. 7) cuenta 勘定

c- 《略語. 主に西》←carretera comarcal 地方道

c. 《略語》←calle …通り, …街

ca [ká] 〖←¡Qué ha〔de ser〕!〗 [間] 《西. 口語》 [不信・否定など] まさか, とんでもない!: ¿Ya habrá llegado?—*¡Ca!* 彼はもう着いただろうか?—まさか! ¿Te ha gustado la corrida de toros?—*¡Ca!* 闘牛は気に入ったか?—とんでもない!

C.A. 《略語》←Centro América 中米; Compañía Anónima 株式会社; corriente alterna 交流; Comunidad Autónoma 自治州; Club Atlético アスレチッククラブ

c/a. 《略語》←cuenta abierta オープン勘定

Caaba [ká〔a〕ƀa] [女] [メッカ La Meca の] カーバ神殿 〖その方角にイスラム教徒は祈りを捧げる〗

caacupeño, ña [ka〔a〕kupéɲo, ɲa] [形] [名] 《地名》 カアクペ Caacupé の〔人〕 〖パラグアイ, コルディジェラ県の県都〗

caaguazuense [ka〔a〕ǥwaθwénse] [形] [名] 《地名》 カアグアス Caaguazú の〔人〕 〖パラグアイ東部の県〗

caazapeño, ña [ka〔a〕θapéɲo, ɲa] [形] [名] 《地名》 カアサパ Caazapá の〔人〕 〖パラグアイ南東部の県・県都〗

cabal [kaƀál] 〖←cabo〗 [形] ❶ [人が] 道徳的に完璧な, 義務・規範をきちんと守る: Es un hombre ～: siempre cumple lo que dice. 彼は模範的な人で言ったことは必ず実行する. ❷ [計量などが] 正確な, 概数でない: Nunca se supo el número ～ de pasajeros. 乗客の正確な人数は全く分からなかった. durar dos horas ～*es* かっきり2時間続く. ❸ 全部そろった, 全くの: Esta baraja no está ～. このトランプは全部そろっていない. fracaso ～ 完全な失敗. ❹ 《地方語》 精通した, 専門家の

no estar (hallarse) en sus ～es [精神状態が] まともでない

por sus ～es 過不足なく

—— [副] 《口語》 [間投詞的. 言われたことに対し] そのとおり!

cábala [káƀala] 〖←ヘブライ語 qabbalah「伝統」〗 [女] ❶ 《ユダヤ教》 カバラ 〖神秘的な聖書解釈, ヘブライ神秘哲学〗. ❷ [複] 憶測; 陰謀: hacer ～*s* 憶測をめぐらす. meterse en ～*s* 陰謀に首をつっ込む. ❸ 秘教, 秘儀; 魔法, 魔術

cabalar [kaƀalár] [他] 《まれ》 =**acabalar**

cabalero, ra [kaƀaléro, ra] [名] 《アラゴン》 相続しない息子・娘

cabalgada [kaƀalǥáđa] 〖←cabalgar〗 [女] ❶ [長距離の] 乗馬. ❷ 騎馬行進. ❸ 《歴史》 [中世, 敵地に進入する] 騎馬隊; [騎馬隊による] 略奪遠征; その戦利品

cabalgador, ra [kaƀalǥađór, ra] [名] 馬に乗る人, 騎乗者

cabalgadura [kaƀalǥađúra] 〖←cabalgar〗 [女] 乗用(荷役用)の動物

cabalgamiento [kaƀalǥamjénto] [男] ❶ 《地質》 古い地層が新しい地層の上に重なっている逆断層. ❷ 《修辞》 音節過剰詩句 〖=hipermetría〗

cabalgante [kaƀalǥánte] [形] ❶ 乗馬する. ❷ 《地質》 逆断層の

cabalgar [kaƀalǥár] 〖←俗ラテン語 caballicare < ラテン語 caballus〗 [8] [自] ❶ [+en 馬などに] 乗る; 馬に乗る, 馬で行く: ¡A ～! 騎乗! Don Quijote *cabalga en* Rocinante. ドン・キホーテはロシナンテに乗る. ❷ [+sobre の上に] またがる: ～ *sobre* la tapia 塀にまたがる. Las gafas *cabalgan sobre* su nariz. 彼の鼻の上に眼鏡がのっている. ❸ 《俗語》 性交する

—— [他] ❶ [馬などに] 乗る: Una jinete *cabalgaba* una yegua blanca. 一人の騎手が白い雌馬に乗っていた. ❷ もたせかける. ❸ 《俗語》 …と性交する

cabalgata [kaƀalǥáta] 〖←伊語 cavalcata〗 [女] ❶ [祭りなどの, 騎馬・山車・踊り手などの] にぎやかな行列. ❷ 《西》 乗馬

cabalgazón [kaƀalǥaθón] [女] 馬などを交配させること

cabalhuste [kaƀalúste] [男] 《馬具》 鞍置き台 〖=caballete〗

cabalino, na [kaƀalíno, na] [形] 《詩語》 ペガサス Pegaso・ヘリコン Helicón 山・ヒポクレネ Hipocrene の泉の

cabalista [kaƀalísta] [形] [名] 《ユダヤ教》 カバラ cábala の; カバラ学者

cabalístico, ca [kaƀalístiko, ka] [形] ❶ 《ユダヤ教》 カバラ cábala の. ❷ 謎の, 不可解な: sentido ～ de un párrafo 言外の意味

—— [女] カバラによる占い

caballa [kaƀáʎa] [女] 《魚》 サバ

—— [形] [名] 《口語》 セウタ Ceuta の〔スペイン人〕

caballada [kaƀaʎáđa] 〖←caballo〗 [女] ❶ 馬の群れ. ❷ アティエンサ Atienza の騎馬による巡礼祭 〖グアダラハラ県の町〗. ❸ 《中南米. 口語》 ばかげた言行

caballaje [kaƀaʎáxe] [男] ❶ [馬などの] 交尾. ❷ 罰金の額

caballar [kaƀaʎár] 〖←caballo〗 [形] 馬の; 馬のような: cara ～ 馬づら. cría ～ 馬の飼育. feria ～ 馬市. raza ～ 馬種

caballazo [kaƀaʎáθo] [男] 《メキシコ, ペルー, チリ》 馬による突き飛ばし

Caballé [kaƀaʎé] 《人名》 **Montserrat** ～ モンセラット・カバリェー 〖1933～, スペインのソプラノ歌手〗

caballear [kaƀaʎeár] [自] 《まれ》 しばしば馬に乗って行く

caballejo [kaƀaʎéxo] 〖←caballo〗 [男] 《軽蔑》 駄馬; やせ馬

caballerango [kaƀaʎeráŋgo] [男] 《メキシコ》 馬丁

caballerato [kaƀaʎeráto] [男] ❶ 《古語》 騎士, 準貴族 〖国王が特権によってカタルーニャ人に与えた称号. 貴族と平民の間〗. ❷ 《廃語》 [教皇の特別許可によって与えられる] 既婚の一般信徒が聖職者年金を受け取る権利; その年金

caballerazo [kaƀaʎeráθo] [男] 責務に忠実な騎士

caballerear [kaƀaʎereár] [自] 騎士になる

caballerescamente [kaƀaʎeréskaménte] [副] 騎士のように

caballeresco, ca [kaƀaʎerésko, ka] 〖←caballero〗 [形] ❶ 騎士の; 騎士道の, 騎士道精神の: literatura ～*ca* 騎士道文学. ❷ 紳士的な; 高潔な, 高尚な: conducta ～*ca* 紳士的なふるまい. modales ～*s* 紳士らしい身のこなし. sentimientos ～*s* 高潔な心

caballerete [kaƀaʎeréte] 〖caballero の示小語〗 [男] 《まれ. 軽蔑》 気取った(生意気な)若者, 若造

caballería [kaƀaʎería] 〖←caballero〗 [女] ❶ [馬・ロバなどの] 乗用動物: ～ mayor 馬やラバ. ～ menor ロバ. ❷ 《軍事》 1) 騎馬隊, 騎兵隊: carga de ～ 騎兵隊の突撃. soldado de ～ 騎兵. ～ ligera 軽騎兵隊. 2) 機械化部隊. ❸ 《歴史》 [集名] 騎士; 騎士の遍歴: ～ andante 騎士の遍歴, 武者修行; 遍歴の騎士. ～ villana 馬1頭を所有する郷士 〖貴族の最下層〗. ❹ 《歴史》 騎士道, 騎士道精神; 騎士の武勇; 騎士の特権: libro de ～〔*s*〕/novela de ～*s* 騎士道物語 〖中世フランスに端を発する文学ジャンル. 宮廷風恋愛を軸に理想の騎士の遍歴を描いた物語で, アーサー王伝説や聖杯伝説などが代表的な題材. スペインでは16世紀に大流行し, 文学のみならず社会の諸相に影響を与えた〗. ❺ 《歴史》 騎士団 〖=orden de ～, órdenes militares〗; 騎士修道会. ❻ 《歴史》 [レコンキスタや新大陸征服で騎兵に授与された] 恩賞地. ❼ 《古代ローマ》 騎士階級. ❽ [土地面積の単位] カバリェリア 〖《西》 =3.863アール, 《キューバ》 =1.343アール, 《プエルトリコ》 =7.858アール〗. ❾ [間投詞的] ちくしょう!

andarse en ～s 慇懃(いんぎん)無礼である; 粋がっている, 気取っている

meterse en libros de ～s 他人のことに口ばしを入れる

ser de ～ 《口語》 粗野な人である

caballeril [kaƀaʎeríl] [形] 《まれ》 男性の

caballeriza [kaƀaʎeríθa] 〖←caballero〗 [女] ❶ [主に [複]] 馬(ロバ・ラバ)小屋, 厩舎: ～*s* del hipódromo 競馬場の厩舎. ❷ [集名] [小屋で飼っている] 馬, ロバ, ラバ. ❸ [集名] 馬丁. ❹ 馬丁の妻. ❺ 種馬飼育場

caballerizo [kaƀaʎeríθo] 〖←caballero〗 [男] ❶ 馬丁, 厩務員: ～ mayor del rey 王室馬丁頭. ❷ [騎乗の] 侍臣 〖=～ del rey, ～ de campo〗

caballero[1] [kabaʎéro]《←俗ラテン語 caballarius < ラテン語 caballus》[男] ❶《女性と区別して》男性だ《⇔dama》: C~s〔トイレの表示〕男性用. ❷《丁寧》男の方, 殿方;《成人男性への呼びかけ》旦那さま, あなたさま: C~, pase por aquí, por favor. そこのお方, どうぞお入り下さい. Señoras y ~s, ahora pueden entrar. 紳士, 淑女の皆様, どうぞお入り下さい. ❸ 紳士; 立派な男: Es〔todo〕un ~. 彼は〔申し分のない〕紳士だ. Acepta tu derrota como un ~. 正々堂々と〔素直に〕自分の敗北を認めろ. El reconoció su error como un verdadero ~. 彼は立派に自分の紳士らしい自分の誤りを認めた. pacto de (entre) ~s 紳士協定. ❹《歴史》1)〔中世の〕騎士; 上層の郷士 hidalgo: ~ andante 遍歴の騎士. C~ de la Triste Figura 愁い顔の騎士《ドン・キホーテのこと》. ~s de la Mesa (la Tabla) Redonda [アーサー王 Rey Arturo 伝説の] 円卓の騎士たち. Poderoso ~ es don Dinero.《諺》地獄の沙汰も金次第. 2)《西》~ cubierto 王族の前でも脱帽することが特権を有する大公爵. 3) ~ de〔la〕sierra 騎馬森林保護官. ❺《軍事》1) 騎兵: ~ ligera 軽騎兵. 2)《西》[生徒などの称号] ~ cadete 士官学校生徒. ❻《聞キ》騎馬闘牛士 [= en plaza, rejoneador. ⇔peón]. ❼[イギリスの叙勲者] ナイト, 勲爵士; [その称号] ナイト爵: C~ de la Orden de la Jarretera ガーター勲爵士. ❽《古代ローマ》騎士. ❾《経済》~ blanco ホワイトナイト《乗っ取りかけている会社に良い条件で買収をもちかける人》. ❿《築城》〔城郭内の〕やぐら. ⓫ スペインの古い舞踊. ⓬ 残土の山

armar ~ **a**+人 …を騎士に叙する

~ **de〔la〕industria**〔一見紳士風の〕いかさま師, ペテン師

de ~ 男性用の《⇔de señora》: ropa (zapatos) de ~ 紳士服. sección de ~ 紳士服〔用品〕売り場

de ~ **a** ~ 紳士同士として, お互い清廉潔白な態度で《確認書などを取ることなく, 互いの言葉を信用して, 率直に話し合うなど》: hablar de ~ a ~〔紳士同士〕胸襟を開いて話す, 腹蔵なく話し合う

entre ~**s** 互いに紳士として《口約束でも信用できる者同士として》: Hubo un acuerdo entre ~s de no difundir la noticia. お互いのニュースを公開しないという紳士同士の約束だった

Todos somos ~s, pero la capa no aparece. 誰を疑うわけでもないが盗みがあったことだけは確かだ《集団の中で盗難が発生したりした時などの決まり文句》

caballero[2], **ra** [kabaʎéro, ra] [形] ❶ 騎乗の, またがった: Iba ~ en (sobre) un camello. 彼はラクダに乗っていた. ❷ [+en に] 固執する: ~ en su opinión 自説を曲げない

Caballero Calderón [kabaʎéro kalderón]《人名》**Eduardo** ~ エドゥアルド・カバリェロ・カルデロン《1910～93, コロンビアの小説家. 生涯のほとんどを外国で過ごし, 様々なテーマのエッセイを書く一方, 小説ではコロンビアを舞台に酷烈無残な現実を乾いた文体で描き出している.《背を向けたキリスト》El Cristo de espaldas》

caballerosamente [kabaʎerósaménte] [副] 紳士的に, 寛大に

caballerosidad [kabaʎerosiðá(ð)] [女] ❶ 紳士らしさ, 高潔, 気高さ: mostrar su ~ 紳士的なふるまいを見せる. ❷ 騎士道精神

caballeroso, sa [kabaʎeróso, sa]《←caballero》[形] ❶ 紳士的な, 紳士らしい《礼儀正しく気品があり親切である》: comportamiento ~ 紳士的なふるまい, フェアプレー. ❷ 騎士道にかなった; 高潔な, 気高い

caballerote [kabaʎeróte] [男] ❶《口語》みすぼらしい騎士. ❷《キューバ. 魚》ネズミフエダイ

caballeta [kabaʎéta] [女]《昆虫》バッタ [=saltamontes]

caballete [kabaʎéte] [caballo の示小語] [男] ❶ 架台: ~ de aserrar 木挽(ひ)き台. ❷《美術》1) 画架, イーゼル. 2) pintura de ~ 板絵, カンバス絵. ❸ 鼻ばしら, 鼻梁. ❹《建築》[屋根の] 隅棟, 煙突の最上部. ❺ 鞍置き台. ❻ 拷問用の木馬. ❼=caballón

caballista [kabaʎísta]《←caballo》[名] ❶ 名騎手, 乗馬の名手. ❷〔サーカスの〕曲馬師

caballito [kabaʎíto] [caballo の示小語] [男] ❶〔子供用の揺らす〕木馬, 棒の先が馬の頭の形の玩具. ❷ ~ de mar / ~ marino《動物》タツノオトシゴ. ❸《西, メキシコ》[複] スリーカードウン [=tiovivo]. ❹ [複] 小さな馬が当たり数を指し示すルーレット. ❺〔ペルー〕[人用の] 革袋2でできた筏

~ **de Bamba** ほとんど役に立たない無駄な人・物
~ **de batalla**《チリ, アルゼンチン, ウルグアイ. 口語》よく使う論点
en el ~ de San Fernando 歩いて, 徒歩で [=en el coche de San Fernando]
llevar (subir) a+人 a ~ …をおんぶしている(する)

caballo [kabáʎo]《←ラテン語 caballus「労役馬」》[男] ❶ 馬; 雄馬《⇔yegua》: 1) Tiene un ~ de pura raza árabe. 彼はアラブ純血種の馬を持っている. Se montó a ~ en la tapia. 彼は囲いの中で乗馬した. hacer correr un ~ 馬を走らせる. subir a ~ 馬に乗る. bajarse de un ~ 馬から降りる, 下馬する. caerse de un ~ 落馬する. fuerte como un ~ とても強健な. A ~ regalado no hay que mirarle el diente (no le mires el dentado).《諺》もらい物にはけちをつけるな. 2)〔種類〕~ castrado 去勢馬. ~ de carga 荷役馬. ~ de carreras 競走馬. ~ de montar / ~ de monta / ~ de silla / ~ de manta 乗用馬. ~ de regalo / ~ de aldaba 晴れ舞台の馬, とっておきの馬. ~ de tiro 荷馬車馬. ~ padre (semental・entero) 種馬. ~ andaluz アンダルシア馬. ~ árabe アラブ馬. ~ percherón ペルシュ馬. ~ de pura sangre サラブレッド. 3) ~ de balancín / ~ mecedor / ~ de vaivén《玩具》木馬. ~ de Troya トロイの木馬; 破壊工作員; 内部から崩壊を促すもの. C~ Menor《天文》小馬座. ❷《チェス》ナイト;《西式トランプ》馬《数字は11》. ❸《力学》[= ~ de vapor, ~ de fuerza]: ¿Cuántos ~s tiene el motor? エンジンは何馬力ですか? ❹《体操》鞍馬 [= ~ con arcos]; 跳馬 [=potro]. ❺《軍事》1) 騎兵: tropas de ~ 騎馬隊. ~ ligero 軽騎兵. 2) ~ de Frisa / ~ de Frisia [木に有刺鉄線を巻いた] 拒馬, 馬柵柵. ❻ 木挽(ひ)き台. ❼《鉱物》岩塊. ❽《紡績》〔かせの〕交差した糸. ❾《医学》横痃(げん), 横根(ね)〔そけいリンパ節の炎症〕. ❿ ~ del diablo《昆虫》トンボ [=caballito del diablo]. ~ de mar・marino《魚》タツノオトシゴ [=caballito de mar]. ~ de río《動物》カバ [=hipopótamo]. ⓫《西. 隠語》ヘロイン. ⓬《中南米》愚か者, 乱暴者. ⓭《中米. 口語》ジーンズ, ジーパン.

a ~ 馬に乗って・乗った: El príncipe estaba a ~. 王子は馬に乗っていた. ir a ~ 馬で行く. llevar (subir) a+人 a ~ …をおんぶする(している) [=llevar (subir) a+人 a caballito].
guardia a ~ 騎馬警官

a ~ entre+事物 …の間に, またがって: El hombre de Atapuerca está a ~ entre el homo erectus y el Neanderthal. アタプエルカ人は直立猿人とネアンデルタール人の中間に位置する. Son temas a ~ entre la antropología y la historia. それは人類学と歴史学にまたがるテーマである

a mata ~《口語》大急ぎで; あわてふためいて: Preparé la maleta a mata ~ porque me apremiaba el tiempo. 時間が迫っていたので私は大急ぎで旅支度した. comer a mata ~ 大急ぎで食べる

andar a ~《南米》[物が] 不足している, 高価である
~ **blanco** 危険な事業に金をつぎ込む人; 政治運動家
~ **de batalla** 1) 軍馬. 2) 得意なこと, 独擅場, 十八番, おはこ. 3) 主要な論争(問題)点; 難点, 弱点
~ **de buena boca** 他人の言いなりになる人, 付和雷同する人
~ **fiscal** 財政力
de ~ 1) 多くの: dosis de ~ 大量の薬. 2) 激しい: gripe de ~ ひどい風邪
hacer de ~〔子供を背中に乗せて〕お馬さんになる
ser de ~《中南米》乗馬の上手である

caballón [kabaʎón]《caballo の示大語》[男]《農業》[灌漑用水を導く] 盛り土, 畝(うね)

caballuno, na [kabaʎúno, na]《←caballo》[形] ❶《軽蔑》[顔だ・歩き方などが] 馬のような: cara ~ na 馬づら. risa ~ na いたましい笑い. ❷《チリ. 口語》信じられない, 驚くべき, すごい

cabalmente [kabálménte] [副] ❶ 正確に; まさに: Son ~ las cinco. ちょうど5時だ. C~ iba a llamarte. ちょうど君に電話しようとしていたところだ. ❷〔間投詞的〕そのとおり!

cabalonga [kabalónga] [女]《植物》❶《メキシコ》トウダイグサ科の一種 [=haba de San Ignacio]. ❷《キューバ》キョウチクトウ科の一種《学名 Thevetia neriifolia》

cabaña [kabáɲa]《←ラテン語 capanna「掘っ建て小屋」》[女] ❶ [木・わらの粗末な] 小屋, コテージ: ~ alpina 山小屋. ~ de pastores 羊飼いの小屋. ~ de madera 丸太小屋, ログハウス. ❷ [集合] 一種類の, 一地域・一国の] 家畜: la ~ caballar 馬の総数. la ~ ovina 羊・山羊の総数. la ~ porcina 豚の総数. ~ ganadera de Badajoz バダホス県の総家畜数. ❸ [集合] [牛

物を運ぶ]一隊の馬(ロバ). ❹《ビリヤード》ポーク: línea de ～ ポークライン. ❺《メキシコ.スポーツ》ゴール. ❻《南米》血統のよい家畜を飼育する牧場
cabañal [kabaɲál] 形 [道が] 家畜の群れの通る
—— 男 ❶ 小屋の集落. ❷ 家畜小屋
cabañense [kabaɲénse] 形 《地名》カバーニャス Cabañas の〔人〕[エル・サルバドル中部の県]
cabañería [kabaɲería] 女 羊飼いに支給されるパン・油・酢・塩
cabañero, ra [kabaɲéro, ra]《←cabaña》形 家畜の群れの
—— 男 ❶ 畜産業者. ❷《ラプラタ》純血種の家畜の飼育者
—— 女《アラゴン》家畜の通り道 [=cañada]
cabañil [kabaɲíl] 形 羊飼いの小屋の〔世話をする人〕
cabañuelas [kabaɲwélas]《cabaña の示小語》名 複《西》各月ごとの年間天気予報 [1月1日と8月1日の天候を基に農民たちが出す]
cabaré [kabaré] 男 《複 ～s》《まれ》=cabaret
cabaret [kabaré]《←仏語》男 《複 ～s》《古語的》キャバレー, ナイトクラブ
cabaretero, ra [kabaretéro, ra]《←cabaret》形 名 キャバレーの〔芸人〕
—— 女 キャバレーのホステス; 《軽蔑》売春婦
cabarga [kabárga] 女《ペルー, ボリビア》牛の足を保護する革製の覆い
Cabarrús [kabarús]《人名》**conde de Francisco ～** フランスコ・カバルス伯爵 [1752～1810, ナポレオン統治下スペインの大蔵大臣]
cabás [kabás]《←仏語 cabas》男 ❶《西》学童かばん. ❷《まれ》ブリーフケース [=maletín]
cabazo [kabáθo]《古.地方語》❶ 牛の足を保護する革製の覆い. ❷ 小さく簡単な穀物倉 hórreo
cabe [kábe] I《←古語 a cabo de「の岸に」》前《詩語》…の近くに, 隣りに [=cerca de]: sentarse ～ la fuente 泉のほとりに腰をおろす
II《←擬声》男 ❶《サッカー》ヘディング [=cabezazo]. ❷《弾通しゲーム argolla で》弾が他の弾に完全に当たること
～ de pala 思いがけない授かり物を得る 好機, チャンス
dar un ～ a... …に害を与える
dar un ～ al bolsillo あらさがしをする
poner a+人 **～...** …が間違えるようにする, だます
cabeceada [kabeθeáða] 女 ❶《中南米》うたた寝, 昼寝. ❷《南米》ヘディング. ❸《チリ.口語》精神労働
cabeceado [kabeθeáðo] 男 [文字 b, d などの] 縦棒 palo の肉太部分
cabeceamiento [kabeθeamjénto] 男 =cabeceo
cabeceante [kabeθeánte] 形 頭を振る
cabecear [kabeθeár]《←cabeza》❶ 頭を [上下・左右に] 振る; [居眠りで] こっくりする; [否定して] 首を横に振る: El caballo *cabeceaba* nervioso. 馬は神経質に頭を振っていた. Mi padre *cabeceaba* todas las tardes frente a la tele. 私の父は毎晩テレビの前でこっくりこっくりしていた. *Cabeceó* al verme tan desharrapado. 彼は私がぼろぼろの身なりをしているのを見て首を横に振った. ❷ [車などが] 大きく揺れる, がたつく; [積み荷などのせいで] 傾く. ❸ [船舶が] ピッチングする, 縦揺れする. ❹ ——《他》❶《裁縫》縁を付ける. ❷《サッカー》ヘディングする. ❸ [力強くまぜる] 古いワインに少量ブレンドする. ❹《製本》花ぎれ cabezada を付ける. ❺ ストッキングを] 修理する
cabeceo [kabeθéo] 男 ❶ こっくり. ❷ [扇風機の] 首振り. ❸《車の》大きな揺れ. ❹《船舶》ピッチング
cabecera [kabeθéra]《←cabeza》女 ❶ 枕もと; [ベッドの] 頭板: colocar una radio a la ～ de la cama 枕元にラジオを置く, del laboratorio a la ～ del enfermo [医療システムが] 研究と臨床を直結させる. ❷ [食卓などの] 上座: El presidente se sentó en la ～ de la mesa. 議長がテーブルの上座に座った. ❸ [紙面などの] トップ, 見出し, 題字: La noticia apareció en la ～ de todos los periódicos. そのニュースは全紙のトップに載った. ～ de carta 《情報》タイトルページ. ～ de cartel 《催物などの》❹ [印刷] ページ上部 [の飾り]. ❺《ヘッドバンド [=》. 《製本》花ぎれ [=cabezada]. ❻《農業》畝の端. ❼ [川の] 水源地, 上流; [路線などの] 起点: ～ del Ebro エブロ川の源流. ❽ [地域の] 行政中心地 [=～ de comarca]. 《グアテマラ, ホンジュラス》県都. ❾《歴史》[スペイン植民地時代のアメリカで都市

国家 altepetl の] 主邑 (ᔥᓍ). ❿ [組織の] トップ, 中心人物: desde la ～ de la empresa 会社の上層部から. ～ de reparto 主役. ⓫《デモ等の》先頭. ⓬《軍事》～ de puente 橋頭堡. ⓭ [教会の] 祭室
cabecero [kabeθéro]《←cabeza》男 ❶ [ベッドの] 頭板. ❷ [貴族の家の] 跡取り息子. ❸《漁業》引き網の頂部を支える小舟. ❹《地方語》たき火で燃やす木の幹

cabeciancho, cha [kabeθjántʃo, tʃa] 形 大頭の
cabeciduro, ra [kabeθiðúro, ra]《キューバ, コロンビア》頑固な [=testarudo]
cabecilla [kabeθíʎa]《cabeza の示小語》名 ❶《軽蔑》[抗議運動などの] リーダー, 首謀者. ❷ がさつで思慮の乏しい人
—— 女 [紙巻きたばこの, 刻んだたばこが落ちないための] 筒の折り返し
cabecinegra [kabeθinégra] 形 →**curruca** cabecinegra, gaviota cabecinegra
cabecita negra [kabeθíta négra] 名《複 ～s ～ [s]》《アルゼンチン》❶《軽蔑》[大都市の貧困地区に住む] 下層階級出身の田舎者, 低俗な人. ❷《口語》[主に先住民で, 20世紀半ばに] 国の奥地から大都市に移住してきた人
—— 男《鳥》ズグロヒワ
caballado, da [kabeʎáðo, ða] 形 つやのある栗色の
caballadura [kabeʎaðúra] 女《古語》頭髪, 長髪 [=cabellera]
caballar [kabeʎár] 自《古語》髪が伸びる
—— **se**《古語》かつらをつける
caballejo [kabeʎéxo] 男 cabello の示小語
cabellera [kabeʎéra]《←cabello》女 ❶《集合》《文語》[肩にかかる束ねていない] 頭髪; [豊かな] 長髪: Cristina tiene una espesa ～ que le llega hasta la cintura. クリスティーナは腰まで届く豊かな長い髪をしている. echar atrás su ～ 髪をかき上げる. ❷ かつら, 入れ毛. ❸《天文》1) [彗星の] 尾. 2) C～ de Berenice かみのけ座
cabello [kabéʎo]《←ラテン語 capillus》男 ❶《不可算》[人間の] 髪の毛, 頭髪 [《頭髪》《口語》では **pelo** の方がよく使われる]. 《可算》[1本の] 毛髪: Todavía le queda un poco de ～. 彼にはまだ少し髪の毛が残っている. Analizan solo un ～. 彼らは1本の髪の毛を分析する. caída de ～ 抜け毛. rubio 金髪. ～ suelto 束ねていない髪. ～s postizos かつら, ウイッグ. ～s secos 乾燥ヘア. ～ de ángel ❶《料理》薄いあごひげ. ❷《料理》[fideo de] ～ de ángel 砂糖漬のカボチャで作った菓子; 極細のスパゲッティ. ❹《植物》～ de Venus クジャクシダ
agarrar (asir) la ocasión por los ～s わずかなチャンスをものにする
asirse de un ～ 何でも利用する, 藁 (わら) にもすがる
coger la ocasión por los ～s =agarrar (asir) la ocasión por los ～s
cortar un ～ en el aire 一を聞いて十を知る, 頭が切れる
en ～ 乱れ髪で
estar en ～ 無帽である
estar pendiente de un ～ 絶体絶命の窮地にある
llevar a+人 *por los ～* …を意のままに操る
partir un ～ en el aire =cortar un ～ en el aire
ponerse a+人 *los ～s de punta* [恐怖で] …の髪の毛が逆立つ: *Se le pusieron los ～s de punta.* 彼は身の毛がよだった
traído por los ～s [議論が] 強引な, こじつけの
cabelludo [kabeʎúðo, ða]《←capillo》形 ❶ 頭髪の: cuero ～ [人間の] 頭皮. ❷ 髪の毛の多い, ふさふさした; 毛深い, 毛むくじゃらの. ❸《植物》繊維状の, 軟毛で覆われた
caber [kabér]《←ラテン語 capere「つかむ」》54 自 ❶ [収容能力・容量に] 入る, 入り得る: 1) [+en] *En este salón caben quinientas personas.* このホールは500人収容できる. *En el cajón no caben más cosas.* 引き出しにはもうこれ以上入らない. *En esta botella caben 2 litros.* この瓶には2リットル入る. 2) [サイズ・大きさ] ¿*Quepo yo?* [座席などのスペースに] 入りますか/乗れますか? ❸ [+por 不定詞] 通り得る: *Este piano no cabe por la puerta.* このピアノはドアを通らない. *Este anillo no cabe por el dedo.* この指輪は指に入らない. ❷ 可能性がある: *No cabe perdón.* 弁解の余地はない. *No cabe duda.* 疑いの余地はない. *Todo cabe en este mundo.* この世の中何が起こるか分からない. *No cabe en él esa necedad.* 彼はそんなにばかなことはできない. *Todo cabe en él.* 彼はどんなことでもやりかねない. ❸ [+不定詞・que+接続法] …することができる; あり得る:

Cabe pensarlo así. そう考えられるかもしれない. *No me cabe decirlo.* 私にはとてもそんなことは言えない. *Solo cabe esperar.* 待つしか手はない. *Cabe recordar que*+直説法 …ということを忘れてはなるまい. *Cabe que* llueva fuerte mañana. 明日は雨が激しく降るかもしれない. ❹《役割・責任・栄誉・満足などが, +a+人 に》当たる, もたらされる: Es el papel que le *cabe a la* mujer en la sociedad actual. それは現代社会において女性に与えられる役割である. Me *cupo* el honor de entregar el premio. 光栄にも私がその任を授けることになった. ❺《割り算の商が, +a に》なる: Treinta entre cuatro *caben a* siete y sobran dos. 30割る4は7で, 余りは2である
en (dentro de) lo que cabe 力の及ぶ限り, できる限り, 可能な限り; せいぜい
no cabe más 1) もう限界だ, もうできない. 2)《口語》とびっきり良い, 最高だ:¿Te gusta tanto ese lugar?—*No cabe más.* そんなにここが気に入ったのかい?—もう最高さ
no ~ en sí 非常に満足している; 思い上がっている
que no cabe más《口語》とびっきり良い:¡Es tan guapa *que no cabe más*! あの娘はとびっきりの美人さ!
si cabe 可能ならば, できれば: Este plan es, *si cabe,* mucho mejor que los anteriores. この計画は, もし可能なら, 以前の計画よりもずっといい
── 他《大きさが》…に入り得る: Esta falda ya no me *cabe.* 私にはこのスカートはもう入らない

caber		
直説法現在	直説法点過去	直説法未来
quepo	**cup**e	cabré
cabes	**cup**iste	cabrás
cabe	**cup**o	cabrá
cabemos	**cup**imos	cabremos
cabéis	**cup**isteis	cabréis
caben	**cup**ieron	cabrán
直説法過去未来	接続法現在	接続法過去
cabría	**quep**a	**cup**iera, -se
cabrías	**quep**as	**cup**ieras, -ses
cabría	**quep**a	**cup**iera, -se
cabríamos	**quep**amos	**cup**iéramos, -semos
cabríais	**quep**áis	**cup**ierais, -seis
cabrían	**quep**an	**cup**ieran, -sen

cabero, ra [kabéro, ra] 形《古語》最後の, 最近の
── 男《アンダルシア》金属製の農具に木製の柄を取り付ける職人

caberú [kaberú] 男《動物》アビシニアジャッカル

cabestraje [kabestráxe] 男 ❶ 集合《馬具》頭絡, 端綱. ❷ 牛追いへの謝礼金

cabestrante [kabestránte] 男 =**cabrestante**

cabestrar [kabestrár] 自 牛の後ろに隠れて狩りをする牛 buey de cabestrillo を使って狩りをする
── 他《馬などに》端綱をつける

cabestrear [kabestreár] 自《馬などが》端綱を引く者におとなしく従う
── 他《中南米》❶《馬などを》端綱で引く. ❷《渡し舟を》前を泳いで引く

cabestreo [kabestréo] 男《地方語》馬の後ろに隠れたカモ撃ち猟

cabestrería [kabestrería] 女 端綱などの製造(販売)所

cabestrero, ra [kabestréro, ra] 形《アンダルシア》《馬などが》端綱に慣れクている者
── 名 ❶ 端綱などの製造(販売)者. ❷ 端綱で牛を移動させる者

cabestrillo [kabestríʎo]《cabestro の示小語》男 ❶ 三角巾, 吊り包帯: llevar el brazo en ~ 腕を三角巾で吊っている. ❷[金・銀などの]チェーンネックレス

cabestro [kabéstro]《←ラテン語 capistrum》男 ❶《馬具》端綱. ❷《闘牛》牛を先導する去勢牛. ❸《スペイン王立アカデミーで》新会員をエスコートする会員. ❹ 愚かで他人に影響されやすい人. ❺ 乱暴者. ❻《コロンビア, ペルー, アルゼンチン》三角巾[=cabestrillo].
llevar a+人 *del* ~ …を完全に服従させる, 意のままにする

cabete [kabéte] 男 ❶ 端金(?)[=**herrete**]. ❷《魚》カナガシラの一種[学名 Lepidotrigla cavillone, Trigla aspera]

cabeza [kabéθa]《←俗ラテン語 capitia < ラテン語 caput》女 ❶[人・動物の]頭, 頭部: 1) Tengo dolor de ~. /Me duele la ~. 私は頭が痛い. El niño se dio un golpe en la ~. その子は頭を打った. asentir con la ~ 肯定する, うなずく. ~ de un pez 魚の頭. ~ de un toro 牛の頭. ~s piensan más que una. 3人寄れば文殊の知恵. Más vale (Mejor) ser ~ de ratón que cola de león./Más vale (Mejor) ser ~ de sardina que cola de salmón. 鶏口となるも牛後となるなかれ. 3) 頭髪: lavarse la ~ 頭を洗う. ❷[物の]頭脳, 知能; 記憶力, 判断力, 理性: Es duro de ~. 彼は頑固だ. hombre de ~ 思慮分別のある人. hombre de ~ hueca (vacía) 愚か者. ❸ 生命: pedir la ~ de... …の首[生命・死刑]を要求する. poner la ~ de+人 a... …の首に…の賞金をかける. ❹ 先頭, 主席, 最上位: vagón de ~ 先頭車両. ❺ 頭数: rebaño de doscientas ~s 200頭の羊の群れ. ❻[物の]頭部, 上部, 先端: ~ de cerilla (clavo・martillo) マッチ[釘・ハンマー]の頭. ~ de viga 梁の先端. ~ grabadora (borradora・reproductora)[テープレコーダーの]録音(消去・再生)ヘッド. ❼《軍事》 1) 弾頭: ~ nuclear (atómica) 核弾頭. ~ buscadora 誘導弾頭. 2) ~ de playa 海岸堡《敵前上陸後の拠点》. ❽《植物》[穂などの]先端: ~ de espárrago アスパラガスの頭. ❾《印刷》1)天; [ページの]上部の余白. 2) ~ de pie. ~ de muerto 死. ❿ 頭1つ分の長さ: ganar (perder) por una ~. 《競馬》首1つの差で勝つ(負ける). ⓫《料理》1)[豚の]頭, ヘッド. 2) ヘッドチーズ. 3) ~ de jabalí 豚の頭肉のパテゼリー寄せ[=queso de cerdo]. 4) ~ de olla 鍋の中にとったスープ, 一番出し. ⓬ 山頂. ⓭ 出発点, 発端, 始まり: ~ de línea《交通》[路線の]基点. ⓮《音楽》[音符の]符頭. ⓯《技術》1) ~ de biela/~ de émbolo ビッグエンド, 大端《ピストン棒などのクランク側の端部》. 2)[板のひずみを防ぐ]角材. ⓰《音声》音節頭位. ⓱《中米》水源[地]
── 名 ❶[形容詞女性形と共に]…な頭の人: mala ~ 愚か者, 頭の悪い人. ~ rapada《西》スキンヘッドの人《頭髪を短く刈り込んだ右翼の暴力的な若者》. ❷ 筆頭[の人], 首位の人; 指導者, 首脳, 家長: Es el ~ de familia. 彼が家長だ. C ~ de los Apóstoles キリスト. ~ de la Iglesia ローマ教皇. ~ de lista[選挙の]候補者名簿の筆頭. ~ de la oposición 野党の党首

a la ~ 1) [+de の]先頭に・で, …のトップに: ir (ponerse) *a la* ~ *de todos* 皆の先頭に立つ. estar *a la* ~ *de clase* クラスの首席である. 2)[順位として]1位に, 首位に

abrir a+人 *la* ~ [時に脅し]…の頭を割る(傷つける)

agachar la ~ =**bajar la** ~

agarrar la ~《南米》[心配で]頭を抱える

alzar [la] ~ 1) 顔を上げる. 2) 胸を張る, 毅然とする. 3)[劣状から]立ち直る, [病気が]快方に向かう

andar de ~ 1) ひどく多忙である: *Andan* siempre *de* ~ con tanto trabajo. 彼らは仕事が多くて目の回るような忙しさだ. 2) [+con・por を]ひどく欲しがる, …のために何もかもしたい: *Anda de* ~ *por* ese coche de lujo. 彼はその豪華な車が欲しくてたまらない. 3) …にほれ込んでいる, 夢中である: *Anda de* ~ *por* María. 彼はマリアに夢中である

andar mal de la ~ =**estar mal de la** ~

apostar[se] la ~ *a...*《口語》…に首を賭ける; [+que+直説法]断言する: *Me apuesto la* ~ *a que* no deja de fumar mucho tiempo. 断言してもいいが, 彼の禁煙は長くないよ

arrancar la ~《南米》[高値で]ぼったくる

asentar la ~ =**sentar la** ~

bajar la ~ 1) 頭を下げる, 顔を伏せる; 恥じる: *Bajó la* ~ avergonzado. 彼は恥ずかしくて顔を伏せた. 2) 従う, 屈服する: No estaban de acuerdo con la orden, pero *bajaron la* ~ y la acataron. 彼らはその命令に納得できなかったが, 服従せざるを得なかった. やり込める

~ *abajo* 1) 上下を逆に: Sé que él no está leyendo porque tiene el libro ~ *abajo*. 本を逆さにしているので, 彼が読んでいないのが分かる. 2) 混乱して, 無秩序に

~ *ajena* 他人[のこと]: Aprendamos en la ~ *ajena*.《諺》他山の石とせよ/人のふり見て我がふり直せ. Nadie escarmienta en ~ *ajena*.《西》人は自分の誤りからしか学ばない

~ *arriba* 下を正しく[逆にせずに]: poner la botella ~ *arriba* 口を上にして瓶を立てる

~ *caliente* 名 1) せっかちな人. 2)《ベネズエラ・口語》過激派, 左翼

~ cuadrada《軽蔑》頑固; 图 頭の固い人: Tiene la ~ *cuadrada*./Él es un (una) ~ *cuadrada*. 彼は頭が固い/融通がきかない
~ de chorlito/~ de alcornoque《軽蔑》そこつ者, 気の散る人; 頭が空っぽな人
~ de ñame 图《ベネズエラ.口語》ばか者
~ de partido [地方裁判所の] 管轄区の首市
~ de pescado《チリ.口語》ばかな言葉
~ de pollo 图《チリ.口語》気の散る人
~ de puente 1)《軍事》橋頭堡: abrir una ~ *de puente* 橋頭堡を築く《比喩的にも》. 2) 初めての土地で事業展開する際の] 拠点, 情報提供者
~ de serie《スポーツ》シード〔の選手・チーム〕: tercer ~ *de serie* 第3シード
~ de turco 图 スケープゴート, 他人の罪を着せられる人, 身代わり: Buscaron la (al) ~ *de turco* porque no encontraron al culpable. 彼らは犯人が見つけられなかったので,スケープゴートを探したのだ
~ dura (duro)《口語》1) 頑固〔な人〕: Tiene una ~ *dura*./《中南米》Es ~ *dura*. 彼は石頭だ. 2)《軽蔑》[理解力に欠ける] ばか〔な人〕
~ hueca (loca)《時に親愛》1) 空っぽの頭, 軽薄: Tiene la ~ *hueca*. 彼は頭が空っぽ(軽率・軽薄)だ. 2) 頭が空っぽの人, 軽薄な人
~ mayor 頭部の大きい動物〔牛や馬など〕
~ menor 頭部の小さい動物〔羊や山羊など〕
~ pensante 男 [集団の] 頭脳, 理論的指導者
~ torcida《口語》偽善者
~ vacía =~ **hueca**
~ visible 代表者, 指導者: Es la ~ *visible* de la oposición. 彼が野党の指導者だ
calentar la ~ a+人《口語》1) …にうるさく(あれこれ)言う, 心配させる: No me *calientes* más la ~, que ya se arreglará todo. うまく解決するから, あれこれ言わないでくれ. 2) 過大な期待を抱かせる: Te está *calentando* la ~ diciéndote que se va a comprar una moto, pero no te lo creas. オートバイを買ってやると彼は気をもたせているけど, 当てにしない方がいいよ
calentarse la ~ 1) 頭を悩ます: No *te calientes* la ~ y descansa un rato. あれこれ考えるのはやめて, しばらく休みなさい. 2) 熟考する; 猛勉強する
cargarse a+人 la ~ 頭が重くなる, 気分が悪くなる; 頭がぼうっとなる
con ~ alta 毅然として, 堂々と
con ~ baja 頭を下げて, うつむいて
con ~ levantada (erguida) =**con ~ alta**
con la ~ baja =**con la ~ gacha**
con la ~ entre las manos [考え込んで] 頭を抱えて
con la ~ gacha 悄然と, うつむいて
conservar la ~ [老人・病人が] 頭がしっかりしている, 意識がはっきりしている
cortar ~s 首にする, 解雇する
dar a+人 en la ~《口語》…の意図をくじく
dar de ~ contra la pared 1) [絶望などで] 壁に頭を打ちつける. 2) 絶望する, 目の前が真っ暗になる; 怒り狂う; 自暴自棄になる
dar de ~ en el suelo 頭からまっさかさまに地面に落ちる
darle [vueltas] a la ~《口語》知恵を絞る
darse con la ~ en (contra) la pared/darse con la ~ contra las paredes =**dar de ~ contra la pared**
darse de ~ [失敗などして] ひどい目に遭う, 思いがけない不幸に出くわす
darse la ~ en (contra) la pared/darse la ~ contra las paredes =**dar de ~ contra la pared**
de ~ 1) 頭から〔突っ込んで〕; 一直線に: arrojarse *de* ~ 頭から飛び込む. caerse *de* ~ まっさかさまに落ちる. 2) 迷わずに, ちゅうちょなく, 思い切って. 3) 暗記して, そらで.《サッカー》ヘディングで: meter un gol *de* ~ ヘディングシュートを決める
de la ~ a los pies 足の先から頭のてっぺんまで; 完全に・〔=de pies a cabeza〕
doblar la ~ 1) 頭を下げる, 顔を伏せる; 恥じる. 2) 従う, 屈服する. 3) 死ぬ

echar ~s 首脳陣を更迭する
echarse de ~ a un pozo =**tirarse de ~ a un pozo**
en ~ 1) =**a la ~**: estar *en* ~ de una cola 列の先頭にいる. 2)《中南米》帽子をかぶらずに
enderezar [la] ~ =**alzar ~**
entrar a+人 en la ~ …の頭に入る, 理解する《主に否定文で》: No me *entra en la* ~ el contenido del libro porque es difícil. 難しくて私は本の中身が理解できない
erguir [la] ~ =**alzar [la] ~**
estar de ~ =**andar de ~**
estar mal [tocado] de la ~《口語》常軌を逸している, 気がふれている
estar pasado de ~ 認知症にかかっている
estrujarse la ~ 頭をしぼる, よく考える
hacer ~ 主宰する
hacer de ~ =**llevar a+人 de ~**
henchir a+人 la ~ de viejo …をおだてる
hinchar la ~ a+人 =**calentar la ~ a+人**
inclinar la ~ 頭を下げる, おじぎをする; うなずく: *Incliné* la ~ para olerle el cabello. 私は頭を傾けて彼女の髪の匂いを嗅いだ. Los fieles *inclinaron* la ~ ante el altar. 信者たちは祭壇の前で頭を下げた. El jefe *inclinó* la ~ en señal de consentimiento. 上司はうなずいて同意を示した
ir de ~ =**andar de ~**
ir de ~ por... 1) …を欲しがる, …が欲しくてたまらない. 2) …に惚れこんでいる, 夢中である
irse a+人 de la ~ …が忘れてしまう: *Se me ha ido de la* ~ el nombre de esa persona. 私はその人物の名前を忘れてしまった
irse a+人 la ~ 1) …がめまいがする: No puedo bajar las escaleras mecánicas muy largas porque *se me va la* ~. 私は頭がくらくらするので下りの長いエスカレーターには乗れない. 2) 正気を失う, 判断力を失う
jugarse la ~ a... =**apostar [se] la ~ a...**
levantar ~ 経済的・精神的に立ち直る, 健康を回復する, 苦境を脱する《主に否定文で》: Desde que le echaron del trabajo, Antonio no *levanta* ~. 仕事を首になってからアントニオはなかなか立ち直れない
levantar la ~ 1) 顔を上げる, 頭をもたげる. 2) [否定文で; 勉強などに] 没頭する: He estado estudiando todo el día sin *levantar la* ~. 私は一日中勉強に没頭していた. 3) [非現実的条件文で] よみがえる, 生き返る: Si el abuelo *levantara la* ~, se asombraría mucho al ver que todo ha cambiado. もしも祖父が生き返ったら, 何もかも変わってしまったことにひどく驚くだろう
llenar a+人 la ~ de pájaros (de pajaritos・de viejo) …に甘い夢を抱かせる, おだてる: Le llenan la ~ de pájaros diciendo que puede ser actriz. 彼らは女優になれると言って彼女に甘い夢を見させている
llenarse a+人 la ~ de humos …が思い上がる, つけ上がる: Con tantas alabanzas *se le llenó la* ~ *de humos*. そんなにほめられて彼女は思い上がってしまった
llevar a+人 la ~ …を混乱させる, 悩ませる: Estos niños me *llevan de* ~ con sus travesuras. この子たちのいたずらは私の頭痛の種だ
llevar la ~ a+人 …をあわてさせる, てんてこ舞いさせる
llevar la ~ muy alta 1) 毅然としている. 2) 偉そうにふるまう
meter a+人 ... en la ~ 1) …に…を納得させる, たたき込む: Le *metí en* la ~ que no teníamos otro remedio. 我々にはほかに方法がないことを私は彼に分からせた. 2) [心配させるようなことを] …に言う
meter [la] ~ 位置する
meter ~ en... [地域・組織に] 受け入れられる, メンバーと認められる: Si no tienes contactos, no podréis *meter la* ~ *en* esa empresa. コネがなかったら, 君たちはその会社には入れない
meterse a+人 en la ~ 1) [考えが] 思いつく, 浮かぶ: *Se le ha metido en la* ~ aprender arquitectura. 彼は建築を学んでみたいと思うようになった. 2) [根拠もないまま真実だと] 思い込む
meterse de ~ en... …に全力で取り組む
mover la ~ de arriba abajo 首を縦に振る, 肯定する

cabezada

mover la ～ *de un lado a otro* 首を横に振る, 否定する
negar con la ～ 否定する, 首を横に振る
no caber a+人 *en la* ～ …には理解できない: *No me cabe en la* ～ *que te guste vivir aquí.* 君はここに住むのがいいだなんて私には信じられない
no estar bien de la ～ 気がふれている, 常軌を逸している
no tener ～ ぼんやりしている, 考えが足りない
no tener donde (adonde) volver la ～ 助けや援助を求める相手がいない
partirse a+人 *la* ～ …が脳みそを絞る, 頭を悩ます
pasar [se] a+人 *por la* ～ 思いつく, 頭に浮かぶ
perder la ～ 1) 分別を失う, かっとなる. 2)《口語》[+por+人に]ほれこむ, 夢中になる: *Perdió la* ～ *por una chica joven.* 彼は若い娘に夢中になった. 3) 気が狂う, 気が変になる
ponerse a+人 *la* ～ =*pasar [se] a*+人 *por la* ～
por ～《口語》一人(一頭)に: *Hay que pagar 10 euros por* ～. 一人あたり10ユーロ払わなければならない
¡Qué ～ *la mía!* 私の頭はどうかしている!
quebrar la ～《中南米》頭を悩ます, ひどく心配する
quebrarse la ～ =*calentarse la* ～
quitar a+人 … *de la* ～ [説得して] …に…を思い止まらせる, やめさせる: *Le quité de la* ～ *ir de viaje en esa temporada.* 私は彼がその時期に旅行に行くことをやめさせた
quitar a+人 *la* ～ …の理性を失わせる
quitarse a+人 … *de la* ～ …が…を忘れてしまう: *Se me quitó de la* ～ *tener que verle hoy.* 今日彼に会うはずだったのを忘れてしまった. *Mejor será que te quites de la* ～ *el proyecto tan disparatado.* 君のその無謀な企画を断念した方がいい
rodar ～*s*《口語》首脳陣を辞めさせる, 配置換えをする: *Dicen que en ese departamento van a rodar* ～*s.* その部では首のすげかえが行われるそうだ
romper a+人 *la* ～ =*abrir a*+人 *la* ～
romperse la ～ =*calentarse la* ～
sacar a+人 *de la* ～ =*quitar a*+人 *de la* ～
sacar la ～ 1) 顔をのぞかせる: *Ella saca la* ～ *por la ventana.* 彼女は窓から顔をのぞかせている. 2) 気配を見せる: *En marzo ya está sacando la* ～ *la primavera.* 3月になればもう春の気配がする. 3) 大胆になる, 大胆な行動に出る. 4) [+a+人より]頭一つ背が高い
sacar la ～ *caliente y los pies fríos / salir con la* ～ *caliente y los pies fríos*《口語》得るものが何もない
salir con las manos en la ～ 1) [けんかなどで]ひどい目に会う. 2) [頼み事が]無視される
sentar [la] ～[自堕落な生活の後で]分別がつく, まじめになる, 腰を落ち着ける: *Se casó y luego sentó la* ～. 彼は結婚してからまじめになった
subirse a+人 *a la* ～ 1) …を酔わせる: *El vino se le ha subido mucho a la* ～. 彼はワインですっかり酔ってしまった. 2) 思い上がらせる: *Se le ha subido a la* ～ *el éxito.* 彼は成功して得意になった
tener … metido en la ～ …の事ばかり考える
tener a+人 *de* ～ =*traer a*+人 *de* ～
tener ～ 頭がいい: *tener buena (mucha)* ～ とても頭がいい. *tener poca* ～ 頭が悪い
tener a+人 *a (llena de) pájaros*《西》1) ぼんやりしている, うっかりしている. 2) 頭がおかしい, 気が変である
tener mala ～ 1) 頭が悪い, 記憶力が悪い: *Tengo mala* ～, *por eso apúntame tu dirección en esta agenda.* 私は物覚えが悪いので, 君の住所をこの手帳に書いておく. 2) 分別(良識)がない: *Isabel tuvo mala* ～ *al salirse de casa sin divorciarse legalmente.* 法的に離婚せずに家を出るなんてイサベルはどうかしている
tirarse de ～ *a un pozo* 無茶(無分別)なことをする
tocado de la ～ 気のふれた; 常軌を逸した
torcer la ～ 1) 振り向く. 2)《まれ》病気になる; 死ぬ
traer ～ *a*+人 *a la* ～《口語》…に…を思い出させる: *Esta foto me trae a la* ～ *los días difíciles de la guerra.* この写真を見ると戦時中のつらい日々が思い出される
traer a+人 *de* ～ 1)《口語》…をわずらわす, 頭を悩ませる. 2) 魅了する, 夢中にさせる: *Eva trae a los hombres de* ～. エバは男たちを夢中にさせる
venir a+人 *por (a) la* ～ =*meterse a*+人 *en la* ～

volver la ～ 1) 振り向く, 横を見る. 2) [+a+人に対して]そっぽを向く, 挨拶しない; 援助を断わる

cabezazo [kabeθáðo]【←cabeza】男 ❶ 頭突き【=cabezazo】; [頭への]打撃, 殴打: *Mientras jugaba, ese niño se dio una* ～ *contra la valla.* その子は遊んでいて柵に頭をぶつけた. ❷ [挨拶・肯定の]うなずき. ❸ [居眠りの]こっくり: *dar (echar)* ～*s* こっくりこっくりする. ❹《船舶》ピッチング, 縦揺れ. ❺《製material》花ぎれ, ヘッドバンド, 頂帯; 糸かがり. ❻《馬具》1) 頭絡, 面懸(*méŋ*) ～ *potrera* [麻製の]子馬用の面懸. 2)《エクアドル, パラグアイ》鞍橋【=arzón】. ❼[ブーツの]先革. ❽ 耕地の一番盛り上がった部分. ❾《キューバ, アルゼンチン》[川の]水源地

dar ～*s*《口語》[居眠りで]舟をこぐ;《船舶》ピッチングする
dar una ～ =*echar una* ～
darse ～*s contra la pared* =*darse de* ～*s contra la pared*
darse de ～*s* 知恵を絞る
darse de ～*s contra la pared* 失敗したので(チャンスを生かせなかったので)腹を立てる
echar una ～ [居眠りで]一眠りする

Cabeza de Vaca [kabéθa de báka]【人名】**Alvar Núñez** ～ アルバル・ヌニェス・カベサ・デ・バカ[1490?~1557?, スペイン人コンキスタドール. メキシコ湾岸とメキシコ北西部を探検. リオ・デ・ラ・プラタの総督.『難破』*Naufragios y comentarios*]

cabezal [kabeθál]【←cabeza】男 ❶ [器具の]頭部, ヘッド: ～ *de la maquinilla* シェーバーのヘッド. ❷[テープレコーダーなどの]磁気ヘッド【=magnético】. ❸ [ベッドの幅一杯の]長枕; [敷布の下に入れる]枕の台; 長いクッション. ❹[椅子の]ヘッドレスト. ❺[ろくろ・旋盤などの]心, 受け台. ❻《医学》止血用の]圧定布. ❼《中南米》[坑道などの]横材

cabezalejo [kabeθaléxo]男 cabezal の示小詞

cabezalero, ra [kabeθaléro, ra]【←cabezal】名 ❶ 遺言執行者【=testamentario】. ❷ 公開討論会の主催者. ❸《古語》[地主との交渉に当たる]小作人たちの代表者

cabezazo [kabeθáθo]【←cabeza】男 ❶ 頭突き; [頭への]打撃, 殴打: *darse un* ～ 鉢合わせをする. *pegarse un* ～ *contra* …に…で頭をぶつける. ❷《サッカー》ヘディング: *dar un* ～ ヘディングをする. ❸《ボクシング》バッティング. ❹《コロンビア. 口語》素晴らしいアイディア

darse ～*s contra la pared* 失敗したので(チャンスを生かせなかったので)腹を立てる

cabezo [kabéθo]【←cabeza】男 ❶ [主に独立した, 小高い]丘; 峰: *En la llanura se levanta un* ～. 平原に丘が一つ小高くそびえている. ❷《船舶》岩礁. ❸[シャツの]頭部

cabezón, na [kabeθón, na]【cabeza の示大語】形 名 ❶《軽蔑》大頭の[人], 頭でっかちの[人]. ❷《軽蔑》頑固な[人], 強情な[人]: ～ *terco* 【強意】: *Es inútil discutir con personas tan cabezonas.* そんな頑固な人たちと議論しても無駄だ. ❸《口語》[酒が]頭へ上る, 頭痛を起こす
— 男 ❶《馬具》頭絡【=cabezada】. ❷[衣服の]襟ぐり. ❸《中南米》(略)[川の]渦. ❹《中米》オタマジャクシ【=renacuajo】

cabezonada [kabeθonáða]【←cabezón】女《口語》頑固さ【=cabezonería】: *La* ～ *de salir bajo la lluvia le costó un terrible resfriado.* 雨の中に出かけると言い張った結果, 風邪をひいてしまった

cabezonería [kabeθonería]【女】《口語》❶ 頑固さ, 強情; *¡Qué* ～! 何て石頭だ! ❷ =*cabezonada*

cabezorro, rra [kabeθóro, ra]【形】《口語》大頭の; 頑固な
— 男《口語》大頭
— 名《軽蔑》大頭

cabezota [kabeθóta]【形】【名】❶《西. 口語》頑固な[人]. ❷《口語》大頭の[人], 頭でっかちの[人]: *Ese chico es un* ～. その子は頑固そうだ

cabezote [kabeθóte]【男】❶《アンダルシア, カナリア諸島; キューバ》[荒石積みに使う]彫っていない大石. ❷《キューバ. 魚》トウゴロウイワシの一種【学名 *Atherina laticeps*】

cabezudamente [kabeθuðáménte]【副】頑固に; 執拗に

cabezudo, da [kabeθúðo, ða]【形】名 ❶《口語》大頭の[人]. ❷《口語》[酒が]強い, アルコール度の高い
— 男 ❶《祭りの扮装で》大頭の張りぼてのかぶりもの. ❷《魚》ボラ

cabezuela [kabeθwéla]【女】【cabeza の示小語】❶ 二番粉: *pan de* ～ 二番粉で作ったパン. ❷《植物》頭状花. 2) ヤグルマ

アザミ. ❸ 樽底のワインの澱(*)を取り除いてから2, 3か月後に生じる澱. ❹〖バラ水を作るために用いる〗バラのつぼみ── 判断力に欠ける人, 軽はずみな人
cabezuelo [kabeθwélo]〖男〗cabezo の示小語
cabiay [kabjái]〖男〗《動物》カピバラ 〖=capibara〗
cabiblanco [kabiblánko]〖男〗《中南米》刃が幅広のナイフ
cabida [kabíða] 〖←caber〗〖女〗❶ 容量, 収容能力: La piscina tiene una ～ de mil litros. プールには千リットル入る. El estadio puede dar ～ a cien mil espectadores. スタジアムは10万人の観客を収容できる. ❷〖土地の〗面積. ❸《船舶》積載能力
tener (dar) ～ [+en に]受け入れ可能である: *En esa asociación tienen* ～ *facultativos que no son especialistas.* その学会は専門医でない医者も受け入れている
cabila [kabíla]〖女〗❶〖ベドウィン・ベルベル人の〗カバイル族. ❷《集合》人々
cabildada [kabildáða]〖女〗権力の乱用
cabildante [kabildánte]〖名〗《南米, 歴史》市会(町会)議員
cabildear [kabildeár] 〖←cabildo〗〖自〗〖目的があって〗暗躍する, 策を弄する, こざかしく動く: *Es poco amigo de ～.* 彼は策士ではない
cabildeo [kabildéo]〖男〗暗躍, 裏工作
cabildero, ra [kabildéro, ra]〖名〗暗躍(裏工作)する人
cabildo [kabíldo] 〖←俗ラテン語 capitulum〗〖男〗❶《カトリック》聖堂参事会, 司教座参事会: ～ *catedralicio* 大聖堂参事会. ～ *colegial* 教会付き祭式者会. ❷ 市議会《機関, 建物》: ～ *insular*《カナリア諸島》島議会. ❸《主に中南米》都市自治体. ❹〖歴史〗市参事会, カビルド〖植民地各地に創設され, 司法・行政・治安維持・物価統制などを担う. 当初はスペイン人植民者のみのだけであったが, 16世紀後半から先住民共同体にもカビルドが新設された. =ayuntamiento〗: *abierto* 公開市参事会〖有事の際に招集される会議. 公開とは名ばかりで地方における寡頭支配制の温床となった. 植民地時代末期, 独立運動において大きな役割を果たす〗
cabileñismo [kabileɲísmo]〖男〗部族制, 部族組織;《軽蔑》同族的忠誠心〖=tribalismo〗
cabileño, ña [kabiléɲo, ɲa]〖名〗❶ カバイル族〖の〗. ❷ 部族の〖=tribal〗
cabilla [kabíʎa]〖女〗❶《船舶》1) 索止め栓, ビレーピン. 2) 操舵輪の取っ手. ❷《キューバ, ベネズエラ》〖varilla より太い, 建築用の〗鉄棒
cabillero [kabiʎéro]〖男〗《船舶》〖ビレーピンが通る穴のある〗索止め板
cabillo [kabíʎo]〖男〗花柄, 葉柄〖=pezón〗
cabima [kabíma]〖女〗《キューバ, ドミニカ, ペルー. 植物》マンゴスチンの一種〖学名 Rheedia aristata, Cedrela angustifolia〗
cabimiento [kabimjénto]〖男〗容量, 収容能力〖=cabida〗
cabina [kabína] 〖←仏語 cabine〗〖女〗❶ 小部屋, ブース: ～ *de playa* 海岸の脱衣所. ～ *de prensa* 記者席. ～ *de proyección* 映写室. ～ *electoral* 投票用紙記入所. ～ *a presión*/～ *de sobrepresión*《航空》与圧室. ❷〖トラック・クレーンなどの〗運転席;〖飛行機の〗操縦室〖～ *de pilotaje*, ～ *de mando*〗. ❸〖列車・船・飛行機の〗客室〖=～ *de pasajeros*〗: ～ *personal*《航空》キャビンクルー. ❹〖エレベーター・ケーブルカーなどの〗ボックス. ❺ 電話ボックス〖=～ *de teléfono*〖s〗, ～ *telefónica*〗. ❻〖複〗〖スポーツ施設の〗ロッカールーム
cabinero, ra [kabinéro, ra]《コロンビア. 航空》客室乗務員
cabinista [kabinísta]〖名〗《映画》映写技師
cabio [kábjo] 〖←ラテン語 caprevs〗〖男〗《建築》❶〖屋根の〗垂木(*), ～ *común*. ❷〖窓枠・戸枠の〗横木, 横がまち: ～ *bajo* ボトムレール
cabizbajo, ja [kabiθbáxo, xa] 〖←cabeza+bajo〗〖形〗〖estar+〗うなだれた, 悲しげな: *Caminaban tristes y ～s.* 彼らは寂しそうに歩いていた
cabizcaído, da [kabiθkaíðo, ða]〖形〗=cabizbajo
cable [káble] **I** 〖←仏語 câble〗〖男〗❶《電気, 通信》ケーブル, コード: ～ *de alimentación* 電源コード. ～ *de cobre* 銅線. ～ *de fibra óptica* 光ファイバーケーブル. ～ *del amplificador* アンプケーブル. ～ *eléctrico* 電線. ～ *telefónico* 電話線. ❷〖主に鋼鉄製の〗太綱, ロープ: ～ *de remolque* 引き綱. ～ *portador* 吊り上げ索;〖吊橋の〗主ケーブル. ❸《船舶》〖距離の単位〗ケーブル〖≒約185m〗
cruzarse los ～s a+人《口語》…の頭が混乱する;とっぴな行

動に出る: *No contestó bien porque se le cruzaron los ～s.* 彼は頭が混乱してしまい, うまく答えられなかった. *Aunque parece una persona normal, de vez en cuando se le cruzan los ～s.* 彼は正常に見えるが, とっぴな行動をすることがある
echar (lanzar) un ～ a+人《口語》…に助け船を出す
pelarse los ～s a+人《中米》=cruzarse los ～s a+人
tender un ～ a+人《口語》=echar (lanzar) un ～ a+人
tener los ～s pelados《南米. 口語》頭がおかしい, 気がふれている
II〖cablegrama の省略型〗海底電信, 外電: *enviar un ～ a*+人 …に海外電報を打つ. *por ～* 外電で
cableado, da [kableáðo, ða]〖形〗ケーブルでつながれた
──〖男〗《電気》❶ 配線〖行為〗. ❷《集合》配線: *revisar el ～ del panel de control* 配電盤の配線を点検する
cablear [kableár]〖他〗《電気》ケーブルを取りつける
cablecarril [kableka\}l]〖男〗《アルゼンチン, パラグアイ》ケーブルクレーン
cablegrafiar [kablegrafjár]〖11〗〖他〗〖海底ケーブルで〗…に打電する
cablegráfico, ca [kablegráfiko, ka]〖形〗《古語》海底電信の
cablegrafista [kablegrafísta]〖名〗海底電信技師
cablegrama [kablegráma]〖男〗《古語》海底電信, 外電〖=cable〗
cablero [kabléro]〖男〗《船舶》海底ケーブル敷設船
cablevisión [kablebisjón]〖女〗《主に中南米》ケーブルテレビ
cablista [kablísta]〖名〗電気工事士
cabo [kábo] 〖←ラテン語 caput「頭」〗〖男〗❶ 端, 先端: *Hice un nudo con los dos ～s de la cuerda.* 彼は綱の両端を結びつけた. ❷ 岬: *C～ de Buena Esperanza* 喜望峰. *C～ de Hornos* ホーン岬〖南アメリカ大陸南端部にあり, ドレーク海峡 Pasaje de Drake に面している〗. *Ciudad del C～/El C～* ケープタウン. *C～ Verde*《国名》カーボベルデ. ❸〖ひも・布などの〗使い残り;〖紐などの〗切れ端: ～ *de vela* ろうそくの燃え残り. ～ *de hilo* 糸くず. ❹〖ウール・ロープなどの〗一縒(*), 縒り;糸. ❺《船》ロープ;〖特に帆船の〗索具. ❻〖ボートの〗繋留手. ❻《軍事》1) 〖陸軍〗伍長: *Fue ～ durante su servicio como francotirador.* 彼は狙撃兵として兵役中伍長だった. ～ *primero* 先任伍長. 2)《海軍》～ *de mar* 兵長, 伍長. ～ *mayor* 上級伍長. ～ *de primera* 一等伍長. ～ *de segunda* 二等伍長. ～ *de cañón* 砲手長. 3)〖海兵隊の〗兵長. 4) ～ *de fila* 嚮導〖～〗兵;先導艦. ❼〖警察の〗巡査部長. ❽〖道具・農具の〗柄, 取っ手. ❾〖税関での〗小型包装物. ❿〖衣服の〗付属品, 小物. ⓫〖馬の〗脚先と鼻面にかけたたてがみ: *bayo de ～s negros* 鹿毛で頭や脚先などが黒毛の馬. ⓬ 足首, くるぶし;手首
al ～ 1) ついに, とうとう: *Al ～ lo hemos conseguido.* 私たちはやっとそれを手に入れた. 2) 結局, 結局のところ
al ～ de… 1)〖時間〗…の後に: *Nos encontramos otra vez al ～ de* 30 *años.* 私たちは30年後に再会した. *Al ～ de cien años, todos calvos.*《諺》誰も時の流れには逆らうことはできない/皆いつかは老いていく. *Al ～ de los años mil, vuelven las aguas por (donde) solían ir.*《諺》人の世がどんなに変わろうとも, 本質は変わらないものだ. 2) …の端に;終わりに: *al ～ del mundo* 世界の果てに. *al ～ de sus años* 晩年に
atar bien los ～s しっかりと準備をする
atar ～s《口語》〖情報などを〗結び合わせる, 結論を引き出す
～ de año《地方語》一周忌のミサ
～ de vara 看守
～ de varas 意地悪な人
～ suelto 未解決の問題, あやふやな点: *dejar muchos ～s sueltos* 未解決の問題を多く残す. *no dejar ～ suelto* すべて完璧に処理する
～s negros〖女性の〗黒い瞳〖と髪〗
dar ～ a… …を完成する, 仕上げる
dar ～ de… …を廃止する, やめる
de ～ a rabo/de ～ a ～ 始めから終わりまで: *Lee el periódico de ～ a rabo.* 彼は新聞を隅から隅まで読む
en su solo 独りで, 単独で
estar al ～ de… …を熟知している, …に通じている
estar al ～ de la calle 1) すべてに精通している, 事情に通じている. 2) 十分である;問題は解決済みである
juntar ～s《口語》=atar ～s

llevar a (al) ~... …を実行する, 実現する: *Llevaron a ~ una excelente labor.* 彼らは見事な仕事をやってのけた
por ningún ~ 決して…ない〖=de ningún modo〗
recoger (reunir・unir) ~s《口語》=**atar ~s**

cabotaje [kaβotáxe]〖←仏語 cabotage〗男 ❶ 〖主に国内での〗沿岸海上交通, 沿岸海海; 〖特に〗域内沿岸交易: *buque de ~* 沿岸貿易船. ❷〖ラプラタ. 航空〗国内線, ローカル便〖=vuelo de ~〗

Caboto [kaβóto]《人名》**Sebastián ~** セバスチャン・カボト〖1474?~1557, イタリア出身の航海者・地図作製者. スペイン王に仕え, ラプラタ川・パラナ川を踏査〗

caboverdiano, na [kaβoberðjáno, na] 形 名《国名》カーボベルデ Cabo Verde の〖人〗

cabra¹ [káβra] 女 ❶《動物》1) ヤギ〖山羊〗: *~ montés (montesa) / ~ de los Alpes* 野生ヤギ〖学名 Capra pyrenaica〗. *La ~ siempre tira al monte.*《諺》生まれついての性分は代わらない. *camino de ~s* ひどく険しい道. 2) *~ de almizcle* ジャコウジカ. ❷《貝》オオノガイ. ❸ 複《熱による皮膚の》紅斑. ❹《古語》破城槌〖=ariete〗. ❺《キューバ, コロンビア, ベネズエラ〖ドミノ〗いかさま, ずる; いかさまさいころ. ❻《チリ》二輪の軽馬車. 7) 木挽き台
~ loca 思慮の足りない人
cargar las ~s a+人 …に責任を負わせる; 賭けで負けた金の支払いを負わせる
como una ~《口語》頭のおかしい: *Estás como una ~.* 君は頭がいかれている
echar las ~s a+人 =**cargar las ~s a+人**
más loco que una ~《口語》=**como una ~**
—— 〖C~〗 カブラ〖ケベド Quevedo の作品『大悪党』el Buscón に登場する教師. 強欲の象徴〗

cabracho [kaβrátʃo] 男《魚》カサゴ

cabracoja [kaβrakóxa] 女《地方語. 植物》テレビンノキ〖=terebinto〗

cabrada [kaβráða] 女 ヤギの群れ

cabrahigadura [kaβraiɣaðúra] 女 野生のイチジクの実をイチジクの枝に吊るすこと

cabrahigal [kaβraiɣál] 男 野生のイチジク林〖=cabrahigar〗

cabrahigar [kaβraiɣár] [8] [17] 他〖野生のイチジクの実を〗イチジクの枝に吊るす〖←果樹園のイチジクをおいしくさせると信じられた〗

直説法現在	直説法点過去
cabrahígo	cabrahigué
cabrahígas	cabrahigaste
cabrahíga	cabrahigó
cabrahigamos	cabrahigamos
cabrahigáis	cabrahigasteis
cabrahígan	cabrahigaron
命令法	接続法現在
	cabrahígue
cabrahíga	cabrahígues
	cabrahígue
	cabrahiguemos
	cabrahiguéis
cabrahigad	cabrahíguen

cabrahígo [kaβraíɣo] 男《植物. 果実》野生のイチジク

cabrales [kaβráles] 男《単複同形》《料理》カブラレス〖アストゥリアス・カンタブリア地方特産の, 牛・羊・山羊の乳を混ぜて作ったブルーチーズ. 干した葉に包まれ自然の洞窟で熟成される. =queso de ~〗

cabraliego, ga [kaβraljéɣo, ɣa] 形 名《地名》カブラレス Cabrales の〖人〗〖アストゥリアス州の村〗

cabrarroca [kaβraróka] 女《地方語. 魚》=**cabracho**

cabreante [kaβreánte] 形《西. 卑語》ser ~ que+接続法 …は頭に来る

cabrear [kaβreár]〖←cabra ヤギ特有の怒り〗他《西. 卑語》怒らせる: *Me cabrea que no me suelte lo que está pensando.* 彼が何を考えているのか話さないので私は頭に来る. *No me cabrees.* ふざけんなよ/なめんなよ. ❷〖ヤギの群れを〗地所に入れる. ❸《ペルー. スポーツなど》フェイントでかわす. ❹《チリ. 口語》飽きる

—— 自《チリ》跳んだりはねたりする
—— **se** ❶《西. 卑語》〖+con に〗非常に頭に来る, ひどく腹を立てる: *No te cabrees.* そんなにカリカリするなよ. ❷《ボリビア, チリ. 口語》飽きる

cabrense [kaβrénse] 形 名《地名》カブラ Cabra の〖人〗〖コルドバ県の町〗

cabreño, ña [kaβréɲo, ɲa] 形 名 =**cabrense**

cabreo [kaβréo] 男 ❶《西. 卑語》腹立ち, 不機嫌: *coger (pillar・agarrar) un ~* 怒る. ❷《歴史》教会・修道院が特権を書きとめた書物. ❸《チリ》退屈

cabrera¹ [kaβréra] 女 ヤギ飼いの妻

Cabrera [kaβréra]《人名》**Miguel ~** ミゲル・カブレラ〖1695~1768, メキシコの先住民サポテカ族の宗教画家〗

Cabrera Infante [kaβréra infánte]《人名》**Guillermo ~** ギリェルモ・カブレラ・インファンテ〖1929~2005, キューバの小説家・映画評論家. 口語的な表現や地口・頭韻などを縦横に用い, 言葉遊びをふんだんに織り込んで革命前のハバナの若者たちを描いた小説『三匹の淋しい虎』*Tres tristes tigres*, 自伝的小説『亡き王子のためのハバナ』*La Habana para un infante difunto*. セルバンテス賞受賞〗

cabrería [kaβrería] 女 ❶ ヤギの乳の販売所. ❷ 夜ヤギが寝る小屋

cabreriza¹ [kaβreríθa] 女 ❶ ヤギ飼いの身の回り品を置き夜ヤギが寝る小屋〖牧場の隣にある〗. ❷ ヤギ飼いの妻〖=cabrera〗

cabrerizo, za² [kaβreríθo, θa] 形 名 ヤギの

cabrerizo =**cabrero**

cabrero, ra² [kaβréro, ra]〖←cabra〗名 ヤギ飼い
—— 形《ラプラタ》激怒している: *ponerse ~* かんかんに怒る
—— 男《キューバ》シトドフウキンチョウ

cabrestante [kaβrestánte]〖←?語源〗男《機》ウインチ;《船舶》キャプスタン

cabrete [kaβréte] 男《地方語》中二階〖=entreplanta〗

cabrevar [kaβreβár] 他《アラゴン. 歴史》〖王室財産に対する借地料がかかる地所の〗境界を定める

cabria [káβrja]〖←*caprea*「野生ヤギ」〗女 巻き上げ機, クレーン: *~ giratoria* 旋回式クレーン

cabrilla [kaβríʎa] 女 ❶《魚》コーマー, カブリラニラミ. ❷〖主に 複〗火のそばに長くいすぎたための脚の紅斑. ❸《西》複〖海が荒れ始めた時などに〗白く泡立ったさま, 白波. ❹《植物》アンズタケ〖=rebozuelo〗. ❺ 木挽き台
hacer ~s《西. 遊戯》〖石を投げて〗水切りをする

cabrillear [kaβriʎeár] 自 ❶ 白波が立つ. ❷《文語》〖水が〗キラキラ輝く

cabrilleo [kaβriʎéo] 男 白波が立つこと; 水がキラキラ輝くこと

cabrio [káβrjo] 男《建築》垂木〖チョナ〗;《紋章》シェヴロン, 山形模様. ❸《自動車》コンバーチブル〖=descapotable〗

cabrío, a [káβrío, a]〖←cabra〗形 ヤギの: *macho ~* 雄ヤギ; 種ヤギ; 精力の強い男, 好色な男
—— 男 ヤギの群れ

cabriola [kaβrjóla]〖←伊語 *capriola*〗女 ❶《舞踊》カプリオール〖空中で斜めに足を打ち合わせる〗: *hacer ~s* カプリオールをする; 跳んだりはねたりする. ❷《馬術》後足をそろえて上に跳ね上げた跳躍. ❸ 宙返り. ❹《メキシコ, キューバ, プエルトリコ》〖子供の〗悪さ, いたずら

cabriolar [kaβrjolár] 自《舞踊》カプリオールをする

cabriolé [kaβrjolé]〖←仏語 *cabriolet*〗男〖古語〗 ❶〖主に二輪の〗折畳み幌の馬車. ❷《自動車》コンバーチブル〖=descapotable〗. ❸《古語》〖袖付きの・腕を出すための開口部のある〗外套

cabriolear [kaβrjoleár] 自 =**cabriolar**

cabriolet [kaβrjolé]《古語的》=**cabriolé**

cabrita [kaβríta] 女 ❶ 卑劣な女. ❷《チリ》複 ポップコーン〖=~s de maíz〗

cabritada [kaβritáða] 女《蜘蛛》汚い手段, 悪意による行為

cabritero, ra [kaβritéro, ra] 名 子ヤギ肉の販売業者
—— 男〖刃が三角形の〗獣の皮はぎナイフ〖=navaja ~ra〗

cabritilla [kaβritíʎa]〖←cabrito〗女 子ヤギ・子ヒツジなどのなめし革, キッド: *guantes de ~s* ヤギ革の手袋

cabrito [kaβríto]〖cabra の示小形〗男 ❶ 子ヤギ: *~ en horno*《料理》子ヤギの丸焼き. ❷《西. 俗語》やつ;〖間投詞的に〗この野郎. ❸《西. 蜘蛛》妻に浮気された夫〖=cabrón〗. ❹《俗語》複 売春婦の客. ❺《メキシコ》〖年齢に応じて〗補助労働をする子供. ❻《チリ》複 ポップコーン

a ~ またがって，馬乗りに
── 形 《婉曲》卑劣な〔やつ〕，ひどい〔やつ〕，油断のならない〔やつ〕
cabrituno, na [kabrituno, na] 形 子ヤギの
cabro, bra[2] [kábro, bra] 形 《ペルー》ホモセクシュアルの
── 名 《エクアドル，ボリビア，チリ》子供，若者: ~ chico 《チリ》幼児
── 男《主に中南米》雄ヤギ
cabrón[1] [kabrón] 男 ❶ 雄ヤギ [=macho cabrío]. ❷ 《軽蔑》妻に浮気された夫，浮気を受け入れている夫. ❸ 《チリ.軽蔑》女衒(ぜん)，ポン引き
cabrón[2], **na** [kabrón, na]《cabra の示大語》形 名 ❶《西.軽蔑》1) 卑劣な〔やつ〕: Eres un ~. お前はひどい野郎だ. 2) 〔間投詞的〕畜生め; この野郎. 3) 〔侮辱にも我慢してしまう〕弱虫. ❷《メキシコ》1)《口語》〔賞賛を意味する〕上手な〔人〕. 2)《ペルー》やつ，あれ. ❸《親愛》親友〔の〕. 4)《口語》難しい: El examen estuvo ~. 試験は大変だった. ❸《南米.軽蔑》道徳心のない人，いかがわしい人，与太者. ❹《軽蔑》売春宿の主人
cabronada [kabronáđa] 女 ❶《卑語》卑劣な行為，汚い手段: No puedo seguir engañándola. Es una ~. 私は彼女をだまし続けることはできない，それは卑劣な行為だ. hacer a+人 una ~ …に対して卑劣なことをする. ❷〔義務的にしなければならないことなど〕嫌なこと，腹立たしいこと
cabruno, na [kabrúno, na] 形 ヤギの: barba ~*na* ヤギひげ
cabruza [kabrúθa] 女《魚》イソギンポの一種〔学名 Blennius gattorugine〕
cabuchino [kabutʃíno] 男《魚》サンドゴビー〔ハゼの一種. 学名 Gobius minutus〕
cabuchón [kabutʃón] 男 =**cabujón**
cabujón [kabuxón] 男 カボション・カット〔の宝石〕
cábula [kábula] 名《メキシコ.口語》悪党
cabulear [kabuleár] 他《メキシコ》いじめる，だます
caburé [kaburé] 男 ❶《ラプラタ.鳥》スズメフクロウ. ❷《アルゼンチン.口語》女たらしの男
cabús [kabús] 男《メキシコ.鉄道》❶《メキシコ》最後尾の車両，車掌車. ❷《キューバ》サトウキビ輸送用の貨車
cabuya [kabúja] 女 ❶《植物》リュウゼツラン [=pita]; その繊維. ❷《中南米》〔リュウゼツランの繊維製の〕紐，細綱. ❸《ベネズエラ.遊戯》縄跳び
dar ~《キューバ，プエルトリコ，南米》紐でつなぐ，舫(もや)う
ponerse en la ~ 好きになる
cabuyera [kabujéra] 女 ハンモックの吊るし紐
cabuyería [kabujería] 女《集名》《船舶》細綱
caca [káka]《←擬音》女 ❶《幼児語》うんこ; 汚いもの: Hace tres días que no hago ~. 僕は3日間うんちしてない. hacerse ~〔服を着たまま〕うんちをしてしまう. tener ~ うんちをしてしまっている. No cojas eso, es una ~. ばっちいからさわらないで. ❷〔間投詞的〕さわるな/汚い! ❸《口語》〔una+〕失敗作，品質の悪い（無価値な）もの: Vimos una película que era una ~. 私たちの映画を見たが，それは駄作だった. ❹ 欠点，短所
cacabear [kakabeár] 自〔ウズラが〕鳴く
cacahual [kakawál] 男 カカオ畑
cacahuate [kakawáte]《メキシコ》=**cacahuete**
importar a+人 *un* ~《メキシコ》…にとって全くどうでもいい
cacahué [kakawé] 男 ~s/~ses《俗語》=**cacahuete**
cacahuet [kakawét] 男 ~s《西》=**cacahuete**
cacahuete [kakawéte]《←ナワトル語》男 ❶《西.植物,実》落花生，ピーナッツ [=maní]. ❷《メキシコ》〔ピーナッツの殻のような〕あばたのある
cacalotazo [kakalotáθo] 男《キューバ.口語》〔拳骨による〕殴打
cacalote [kakalóte] 男 ❶《メキシコ，キューバ》場違いの（的外れな）言動. ❷《メキシコ.口語》カラス [=cuervo]. ❸《中米》ポップコーン
cacán [kakán] 男 カカン語〔ディアギタ族 diaguita の言語. 現在では消滅している〕
cacao [kakáo]《←ナワトル語》男 ❶《植物,実》カカオ [粉末の]ココア[飲み物は chocolate]: manteca de ~ カカオバター. ❷《西.口語》騒ぎ，騒動: armar un ~ 騒ぎを起こす. tener un ~ en la cabeza 頭の中が混乱している. ❸《西.化粧》[カカオバターから作られる]リップクリーム. ❹《酒》クレーム・ド・カカオ[=crema de ~]
~ *mental* 頭の中の混乱: La gente saldrá del teatro con un verdadero ~ mental. 人々は頭の中がごちゃごちゃになっ

て劇場から出て来るだろう
dar《中南米》嫌がらせをする
no valer un ~ 何の価値もない
pedir ~《中南米》敗北を認める; 慈悲を乞う
tener ~ 金持ちである
cacaotal [kakaotál] 男 カカオ農園
cacaotero, ra [kakaotéro, ra] 形《植物》カカオ[の]
cacaraña [kakarápa] 女 あばた
── 形《中米》悪筆の
cacarañado, da [kakarapáđo, đa] 形《まれ》あばただらけの
cacarañar [kakarapár] 他 ❶《メキシコ.廃語》〔柔らかい物を〕つまんで穴をたくさん残す. ❷《グアテマラ》1)〔天然痘が〕あばたを残す. 2) 汚い字で書く
cacareado, da [kakareáđo, đa] 形 ❶〔広く世間で〕うわさされている，話の種となっている: El ~ boicot a la inauguración se ha desinflado. 広く取り沙汰されていた開会式ボイコットのうわさは消えてしまった. ❷《キューバ》〔主題・発言が〕言い古された，手垢の付いたような
cacareador, ra [kakareađór, ra] 形 ❶ クワックワッと鳴く. ❷ 吹聴する
cacareante [kakareánte] 形《文語》=**cacareador**
cacarear [kakareár]《←擬声》自〔鶏が〕クワックワッと鳴く
── 他《軽蔑》吹聴する; 自画自賛する: ¡Cómo *cacarea* lo poco que hace! 大したことをしてないのに何という自慢ぶりだ!
cacareo [kakaréo] 男〔鶏の鳴き声〕クワックワッ
cacarizo, za [kakaríθo, θa] 形《メキシコ》あばたのある
cácaro [kákaro] 男《メキシコ》映写技師
cacarro [kakárro] 男《アラバ》オークの虫えい
cacas [kákas] 男《単複同形》《口語》お尻
cacaseno, na [kakaséno, na] 形 ❶ 単純な〔人〕，お人好し〔の〕. ❷《ペルー，ボリビア》愚かな〔人〕，ばかな〔人〕
cacastle [kakástle] 男《メキシコ，グアテマラ》=**cacaxtle**
cacatúa [kakatúa] 女《鳥》ボタンインコ，〔冠毛のある白色の〕オウム. ❷《軽蔑.戯語》醜い人，風変わり（派手）な外見の人〔特に老婦，年増女〕
cacaxtle [kaká(k)stle] 男《メキシコ，グアテマラ》❶〔果物や野菜を運ぶのに使う〕背負子(しょいこ). ❷〔主に人間の〕骸骨
cacayaca [kakajáka] 女《メキシコ》echar ~s 侮辱する
cacaztle [kakáθtle] 男《メキシコ，グアテマラ》=**cacaxtle**
cacea [kaθéa] 女 船釣り: a la ~ 船釣りで
cacear [kaθeár] 自 ❶ 船釣りをする. ❷《アストゥリアス，サンタンデール》釣り針を絶えず動かす
── 他《料理》おたまでかき混ぜる
caceo [kaθéo] 男 おたまでかき混ぜること
cacera [kaθéra] 女 灌漑用の水路
cacerense [kaθerénse] 形 =**cacereño**
cacereñismo [kaθerepísmo] 男 カセレス Cáceres らしさ; カセレスへの愛好
cacereño, ña [kaθerépo, pa] 形 名《地名》カセレス Cáceres の〔人〕〔エストレマドゥラ州の県・県都〕
cacería [kaθería] 女〔←cazar〕❶ 狩猟隊; 狩猟に行くこと: ir de ~ 狩りに行く. ~ de zorros キツネ狩り. ~ del hombre 人間狩り. ❷《美術》狩りを描いた絵. ❸《まれ》《集名》狩りの獲物
cacerina [kaθerína] 女〔革製の〕弾薬袋
cacerola [kaθeróla]《←仏語 casserole》女 ❶《料理》〔浅めの〕両手鍋，キャセロール: carne a la ~ 肉の蒸し焼き. ❷《動物》~ de las Molucas アメリカカブトガニ
cacerolada [kaθeroláđa] 女 鍋やふたを叩きながら行なう抗議デモ
caceta [kaθéta] 女〔薬剤師が用いた〕穴あき玉じゃくし
cacha[1] [kátʃa]《→cachas》女 ❶《主に複》ナイフなどの柄，つか; 銃床. ❷ は2つの部分を重ね合わせての片側. ❷《西.口語》〔主に 複〕尻 [=nalga]. ❸《ペルー，チリ.俗語》性交. ❹《ペルー》口振りを交えた〕からかい，あざけり: hacer〔la〕~ a+人 …をからかう，あざける. ❺《ボリビア》ペニス
hacer la ~《エルサルバドル》手に入れることのできるだけのことをする
hasta las ~s すっかり，完全に: Se metió en el barro *hasta las* ~s. 彼は泥の中にすっぽりはまってしまった
cachaco, ca [katʃáko, ka] 形 ❶《プエルトリコ.古語》〔スペイン人が〕経済的地位の高い. ❷《コロンビア，ベネズエラ》ボゴタ Bogotá の

—— 男 ❶《コロンビア, ベネズエラ, エクアドル》おしゃれな若者. ❷《コロンビア》よく気のつく若者, 親切な青年. ❸《ペルー》警官, 軍人

cachada [katʃáđa] 女 ❶ [こま回しで] 心棒を相手のこまにぶつけること. ❷《ホンジュラス, エルサルバドル, ニカラグア, アンデス, ウルグアイ》角(½)による一撃. ❸《ラプラタ. 口語》 [えげつない] からかい, 冗談, いたずら. ❹《チリ. 口語》たくさん, 大量

cachafaz, za [katʃafáθ, θa] 形 《チリ, アルゼンチン, ウルグアイ. 口語》恥知らずな[の], ろくでなしの[主に男性について]

cachalonga [katʃalóŋga] 女 《鉱物》ホワイトオパール

cachalote [katʃalóte] 男 ❶《動物》マッコウクジラ. ❷《口語》巨大な男

cachama [katʃáma] 女 《ベネズエラ. 魚》ブラックコロソマ

cachamarín [katʃamarín] 男 = **quechemarín**

cachanchán, na [katʃantʃán, na] 形 《キューバ. 軽蔑》ごまをする[人], おべっか使いの[人]

cachanlagua [katʃanláɣwa] 女 《植物》センブリの一種〖薬草. 学名 Centaurium cachalahuen〗

cachano [katʃáno] 男《口語》悪魔
llamar a C~《アラゴン. まれ》空しく助けを求める

cachaña [katʃáɲa] 女 ❶《鳥》コイミドリインコ. ❷《チリ. 口語》[仕草による] からかい
hacer una ~《ボリビア, チリ. 主にサッカーで》[相手を] すばやくよける

cachapa [katʃápa] 女 《ベネズエラ. 料理》カチャパ〖トウモロコシ粉のパンケーキ〗

cachapear [katʃapeár] 他《コロンビア, ベネズエラ》[家畜の] 所有印を偽って変える

cachapera [katʃapéra] 女 《ベネズエラ. 俗語》レスビアン

cachar [katʃár] I 〖←*cacho*〗他 ❶ 砕く; [木を縦に] 裂く. ❷《地方語》[鋤で畝を割って] 耕す. ❸《メキシコ, チリ, アルゼンチン. 口語》[悪いことをしている人の] 不意をつく. ❹《中米, コロンビア, チリ》角(½)で突く. ❺《中米, エクアドル, チリ, ラプラタ. 口語》[単なる冗談で] からかう. ❻《中米》盗む. ❼《ニカラグア, ペルー, アルゼンチン, ウルグアイ. 口語》強くつかむ. ❽《チリ, アルゼンチン, ウルグアイ. 口語》[冗談の意味合いに] 気づく
—— 自《西, 南米. 口語》性交する
~se《中南米. 口語》…と性的関係を持つ; 性交する
II 〖←英語 *catch*〗他《中南米》[飛んできたボールなどを] 取る

cacharpari [katʃarpári] 女 《ペルー, ボリビア, アルゼンチン》= **cacharpaya**

cacharpas [katʃárpas] 女 複 《南米》がらくた

cacharpaya [katʃarpája] 女 《ボリビア, アルゼンチン》[旅立つ人の] 送別会; その音楽・踊り

cacharpear [katʃarpeár] ~*se*《チリ. 口語》おニューの服を着る; ドレスアップする, 着飾る

cacharra [katʃára] 女 ❶ 牛乳缶. ❷《隠語》ピストル. ❸《ベネズエラ. 口語》ポンコツ車

cacharrazo [katʃaráθo] 男 〖←*cacharro*〗男 ❶ 強打, 激突; その音

cacharrear [katʃareár] 自 《地方語》かき回す

cacharrería [katʃareríá] 女 ❶ 瀬戸物店; 製陶工場. ❷ 集合 瀬戸物

cacharrero, ra [katʃaréro, ra] 形 名 瀬戸物商[の]

cacharro [katʃáro] 男 〖←*cacho*〗男 ❶ [安物の・台所用の] 容器, 瀬戸物; 複 その破片: *~s de cristal* ガラス容器. *~s de botella* 瓶のかけら. ❷ [鍋など] 調理器具: *lavar los ~s* 洗い物をする. ❸《口語》がらくた, おんぼろ: *Este automóvil es un ~.* この車はポンコツだ. ❹《俗語》[男性・女性の] 性器

cachas [kátʃas] 女 複 〖単複同形〗《西. 口語》力の強い[人], 筋骨たくましい[人]; [精力的に] 体の締まった[女性]: *En el gimnasio ella se ha puesto ~.* 彼女はジムに行って引き締まった体になった

cachativa [katʃatíβa] 女《チリ》先見の明, 勘の良さ

cachava [katʃáβa] 女 〖←?語源〗 ❶ [上端が曲がった] 杖, ステッキ 〖= *cayado*〗. ❷ 地面の穴に棒でボールを入れる子供の遊戯

cachavazo [katʃaβáθo] 男 杖 *cachava* での一撃

cachay [katʃáj] 男《ペルー》[山のふもとに作られる] 傾斜のついた溝

cachaza [katʃáθa] 女 〖←ポルトガル語 *cachaço* "尊大, 傲慢"〗女 ❶《口語》急ぎあせらないこと, 悠長, 沈着, 冷静: *tener mucha ~* のんびりしている, ものおじしない. ❷《酒》カシャーサ〖サトウキビの糖蜜で作った蒸留酒〗. ❸《中米》サトウキビを煮た時に最初に出る泡. ❹《コロンビア, エクアドル》厚かましさ. ❺《コロンビア》1) 煮物をする時に出る泡, あく. 2) 馬のはみに出る泡. 3) 植物の繊維を取る時に出る泡

cachazo [katʃáθo] 男《コロンビア》角(½)による一撃

cachazudamente [katʃaθúđaménte] 副 のんびりと, 悠長に

cachazudo, da [katʃaθúđo, đa] 形 のんびりした, 悠長な
—— 男《キューバ》鱗翅目の毛虫〖タバコにつく害虫. 学名 Sphynx carolinae, Feltia annexa, Feltia malefida〗

cache[1] [kátʃe] 形《アルゼンチン. 口語》[人・物が] 趣味の悪い, 下品な

cache[2] [káʃe] 男 〖←英語〗《情報》キャッシュメモリー 〖= *memoria ~*〗

caché [katʃé/kaθé] 〖←仏語〗男〖複 ~s〗 ❶ [アーティストの] 出演料, ギャラ 〖= *cachet*〗. ❷ 気品, 洗練; [他と比べた] 優秀性: *Tiene un ~ que no se puede imitar.* 彼には他人に真似のできない上品な趣きがある. ❸ = **cache**[2]

cachear [katʃeár] 他 ❶ [凶器などを持っていないか] …のボディチェックをする, 所持品をチェックする. ❷《メキシコ, チリ. 闘牛》角で一撃する

cachelada [katʃeláđa] 女 《ガリシア. 料理》= **cachelos**

cachelos [katʃélos] 男 複 《ガリシア. 料理》[つけあわせ・煮込み用の] 塩ゆでしたジャガイモ

cachemarín [katʃemarín] 男 = **quechemarín**

cachemir [katʃemír] 男 ❶《繊維》カシミア織り: *jersey de ~* カシミアのセーター. ❷《模様》ペイズリー

cachemira[1] [katʃemíra] 女 = **cachemir**

cachemire [katʃemíre] 〖←仏語〗男 = **cachemir**

cachemiro, ra[2] [katʃemíro, ra] 名 《地名》[インドとパキスタンにまたがる] カシミール Cachemira の[人]

cacheo [katʃéo] 男 ❶ 所持品検査, ボディチェック. ❷《ドミニカ》1)《植物》シュロの一種. 2) その髄から作る発酵酒

cachera [katʃéra] 〖←アラビア語 *quixra* "服"〗女 ❶ 長くて固い羊毛でできた服. ❷《アラゴン, クエンカ》[ウサギなどの] ねぐら. ❸《ラマンチャ》ブタ小屋

cachero, ra[2] [katʃéro, ra] 形 名 ❶《コスタリカ, ベネズエラ》嘘つきの[人]. ❷《コスタリカ》[頼み事などで] せっかちな[人]

cacherulo [katʃerúlo] 男 《地方語》= **cachirulo**

cachet [katʃé] 〖←仏語〗男 = **caché**

cacheta [katʃéta] 女 《錠前の》留め金 〖= *gacheta*〗

cachetada [katʃetáđa] 女 平手打ち 〖= *bofetada*〗

cachetazo [katʃetáθo] 男 《中南米》平手打ち; 頭突き

cachete [katʃéte] 〖←ラテン語 *capulus* "拳"〗男 ❶《主に西》平手打ち: *dar un ~ a+人* …に平手打ちをする. ❷《闘牛》牛にとどめを刺す短剣 〖= *puntilla*〗. ❸《船舶》船首 〖= *amura*〗. ❹《主に中米》[主に 複] 丸々とした頬 〖= *moflete*〗. ❺《中米》恩恵 〖= *favor*〗. ❻《チリ, アルゼンチン, ウルグアイ. 口語》複 尻 〖= *nalgas*〗
darse de ~s《口語》[事物が] 調和しない

cachetear [katʃeteár] 他《主に中南米》[顔に] 平手打ちを食わせる
—— ~*se*《チリ. 口語》もりもり食べる

cachetero [katʃetéro] 男 ❶ 1)《まれ》[とどめを刺す] 短剣 〖= *puntilla*〗. 2) それを使うマタドール補佐 〖= *puntillero*〗. ❷ 短剣で人を刺す男

cachetina [katʃetína] 女 ❶ 短剣 *cachete* を使ったけんか. ❷ 鞭打ち

cachetón, na [katʃetón, na] 形 ❶《中南米. 口語》頬がふっくらした. ❷《メキシコ》恥知らずな. ❸《チリ. 口語》ほら吹きの, 強がりの

cachetonear [katʃetoneár] ~*se*《チリ. 口語》ほらを吹く

cachetudo, da [katʃetúđo, đa] 形 頬がふっくらした

cachibajo, ja [katʃibáxo, xa] 形《ログローニョ; コロンビア》うつむいた, うなだれた

cachiberrio [katʃibérjo] 男《リオハ》[祭りの] 踊り手の指揮者

cachicamo [katʃikámo] 男《コロンビア, ベネズエラ》アルマジロ 〖= *armadillo*〗

cachicán [katʃikán] 男《まれ》❶《農場の》監督 〖= *capataz*〗. ❷ ずるがしこい男, 抜け目のない男

cachicha [katʃítʃa] 女《ホンジュラス》激怒

cachicuerno, na [katʃikwérno, na] 形 《ナイフなどが》束(½)が角製の

cachidiablo [katʃidjáblo] 男《口語》[道化師のような服を着て] 悪魔に似せた化粧をしている男

cachifo, fa [katʃífo, fa] 名 《コロンビア, ベネズエラ. 軽蔑》❶ がき, ちびっこ. ❷ 召使い

cachifollar [katʃifoʎár] 他 《口語》❶ [物・計画などを] 台なしにする, ぶち壊す. ❷ [議論で] やり込める, ぎゃふんと言わす

cachigordete [katʃiɡorðéte] 形 《口語》=**cachigordo**

cachigordo, da [katʃiɡórðo, ða] 形 小太りの, ずんぐりした

cachila [katʃíla] 女 《ウルグアイ. 口語》[主に20世紀初頭の] クラシックカー

cachillada [katʃiʎáða] 女 [集合][一回の出産で生まれた動物の]子

cachilo [katʃílo] 形 《ウルグアイ. 口語》古くてぼろぼろの車

cachimba[1] [katʃímba] 女 ❶ パイプ《=pipa》. ❷ 《アルゼンチン, ウルグアイ》井戸
  fregar la ~ 《チリ. 口語》わずらわせる, 困らせる

cachimbear [katʃimbeár] 他 ❶ 《ホンジュラス》棒などで人を強打する. ❷ 《チリ. 口語》うんざりさせる

cachimbo, ba[2] [katʃímbo, ba] 名 《ペルー》❶ 《隠語》《大学の》1年生; 新人. ❷ 《軽蔑》国家警察の隊員. ❸ 《口語》村の楽隊（軍楽隊）の演奏者
  ── 男 ❶ カチンポ《チリ北部の民俗舞踊》. ❷ 《中南米》パイプ《=pipa》. ❸ 《中米》大量. ❹ 《キューバ》1) 炭焼きがま. 2) 短窯. 3) [19世紀の] 小規模な製糖工場

cachina [katʃína] 女 《ボリビア》ビー玉

cachinería [katʃinería] 女 《エクアドル. 口語》盗品の売買; [時に盗品も出回る] 古物市, ぼろ市

cachipodar [katʃipoðár] 他 [木の小枝などを] 剪定する

cachipolla [katʃipóʎa] 女 《昆虫》カゲロウ《=efémera》

cachiporra [katʃipóra] 女 《←モサラベ語 qazporra》❶ [先が太い] 棍棒
  ── 形 《チリ. 口語》虚栄心の強い, うわべだけの

cachiporrazo [katʃipoṛáθo] 男 棍棒の一撃; [落下などによる] 強打

cachiporrear [katʃipoṛeár] ~*se* 《チリ. 口語》自慢する

cachipuco, ca [katʃipúko, ka] 形 《ニカラグア》[人が] 片側の頬だけふくれた

cachiquel [katʃikél] 形 名 カクチケル族[の]《グアテマラ東部のマヤ系先住民》
  ── 男 カクチケル語

cachiri [katʃíri] 男 《ベネズエラ》[奥地の先住民の作る] ユッカ（サツマイモ）の醸造酒

cachirla [katʃírla] 女 《アルゼンチン, ウルグアイ. 鳥》タヒバリ

cachirul [katʃirúl] 男 《メキシコ》虚偽, 欺瞞; 罠

cachirula [katʃirúla] 女 《コロンビア》マンティーリャ《=mantilla》

cachirulo[1] [katʃirúlo] 男 《←cacho》❶ 《口語》もの, そいつ《その場にあるものを, その名前で呼ぶ代わりに用いる》: Pásame ese ~. そこのそれを取ってくれ. ❷ 《俗語》愛人. ❸ おんぼろ自動車. ❹ 酒を入れる容器. ❺ 《アラゴン》[男性の民族衣装で] 頭に巻くスカーフ. ❻ 《バレンシア》凧. ❼ 《アンダルシア》小さな器. ❽ 《中南米》[乗馬ズボンなどの] 股間の補強布. ❾ 《メキシコ》1) [衣服の] 継ぎ, 当て布. 2) 罠, だまし. ❿ 《チリ》巻き毛; ヘアカーラー《=rulo》

cachirulo, la[2] [katʃirúlo, la] 形 名 ❶ 《ラプラタ》[服・飾り・人が] 趣味の悪い, 下品な. ❷ 《アルゼンチン》うぶな[人]; 頭の回転が鈍い[人]

cachita [katʃíta] 女 《ペルー》ぱちんこ《=tirachinas》

cachito [katʃíto] 男 ❶ 《メキシコ》宝くじの20等. ❷ 《ベネズエラ, ペルー》クロワッサン《=cruasán》

cachivache [katʃiβátʃe] 男 《軽蔑》[主に複]. 台所用品・家具などの] がらくた; [名前を具体的に言わずに物を指して] こいつ, そいつ, もの: Quita todos esos ~s de la mesa. そのがらくたを全部テーブルからどけろ

cachizas [katʃíθas] 女 複 《地方語》*hacer* ~ [物を] こなごなにする; めちゃめちゃにする

cachizo, za [katʃíθo, θa] 形 [材木が] 太くて挽くのに適している

cacho [kátʃo] 男 《←俗ラテン語 cacculus < ラテン語 caccabus「波」》❶ 《口語》小片, かけら《=pedazo》: un ~ de pan パン一かけ. ❷ 《西. 口語》[形容詞的. 強調] Ven aquí, ~ *puta*. ここへ来い, やめろ! ❸ 《魚》チャブ. ❹ 《トランプ》カードの半分を使うポーカーに似たゲーム. ❺ 《グアテマラ, アンデス》クロワッサン《=cruasán》. ❻ 《グアテマラ, チリ》がらくた, 不用品. ❼ 《南米》角(2). ❽ 《口語》[角製の] さいころ壺. ❾ 《コロンビア. 隠語》マリファナタバ

コ. ❾ 《エクアドル》パーティー・ジョーク, 笑い話. ❿ 《ボリビア. 競走》復 スターティングブロック. ⓫ 《口語》売れ残り品; 迷惑. ⓬ 《アルゼンチン, ウルグアイ. 口語》短時間. ⓭ 《ラプラタ》バナナの房
  ~ de pan 好人物, お人好し《=pedazo de pan》
  colgar los ~s 《口語》死ぬ
  fuera de ~ 《闘牛》牛が来ない場所で
  montar ~s 《パナマ, ベネズエラ》浮気をする
  pillar ~ 《西. 卑語》利益を得る; 性交する
  poner los ~s 《中米, コロンビア》=**montar ~s**
  tener más vuelta que un ~ 《ホンジュラス, ドミニカ, プエルトリコ, ボリビア. 口語》大変利口である
  un ~ 《口語》少し

cacho[2], **cha** [kátʃo, tʃa] =**gacho**

cachola [katʃóla] 女 《船舶》[マストの] 楢肩(ならかた)

cachón [katʃón] 男 ❶ 浜辺で砕け散る波; [川で] 落下して泡になる個所. ❷ 《カンタブリア. 動物》コウイカ. ❸ 《アンダルシア》ワイン倉に積み上げられた大樽の列

cachondada [katʃondáða] 女 《口語》愉快なこと, 楽しいこと

cachondear [katʃondeár] 他 《←cachondo》《地方語》[性的に] 挑発する
  ── *~se* 《西. 口語》❶ [+de で] からかう, ばかにする《=burlarse》: *Se cachondea hasta de su padre*. 彼は何でもばかにしてしまう. ❷ [+de をばかにして] 大喜びする

cachondeo [katʃondéo] 男 ❶ 《西. 口語》からかい, 冗談; 悪ふざけ: *¡Esto es un ~! ¡Se acabó! ! 人をばかにして! sin ~* 冗談抜きで. ❷ 《口語》混乱, ばか騒ぎ
  sonar a ~ 《西. 口語》冗談に聞こえる: *Lo que dices suena a ~*. お前の言っていることは冗談に聞こえる
  tomarse... a ~ 《西. 口語》…を冗談に取る: *Todos se lo toman a ~*. みんなそのことを冗談だと思っている

cachondería [katʃondería] 女 《西》=**cachondez**

cachondez [katʃondéθ] 女 《西》❶ 《俗語》性欲; 性的魅力. ❷ 《口語》愉快さ

cachondo, da [katʃóndo, da] 形 《←古語 cacho「動物の子」》《西》❶ 《俗語》[estar+. 特に雌犬が] 発情期の. ❷ 《俗語》[人が] 性的に興奮した: *ponerse ~* さかりがつく; 興奮する. ❷ 《口語》好色な; セクシーな. ❸ 《ser+. 人・事物が》愉快な, 面白い: *Es un tío muy ~*. 彼は愉快な奴だ. *fiesta muy ~da* 愉快なパーティー
  ── 男 《西. 口語》[しばしば +mental] 愉快な[人]: *Eres un ~ mental*. お前は面白い奴だ

cachopín [katʃopín] 男 =**gachupín**

cachopo [katʃópo] 男 [木の] うろ, 切り株

cachorreñas [katʃoréɲas] 女 復 《アンダルシア. 料理》にんにくスープ

cachorreo [katʃoréo] 男 《ペルー》居眠り
  ── ❶ ばかにすること, からかい《=pitorreo》

cachorril [katʃoríl] 形 《まれ》子犬の

cachorrillo [katʃoríʎo] 男 《cachorro の示小語》小型ピストル

cachorrito, ta [katʃoríto, ta] 男 子犬: *¡Qué ~ tan rico! 何てかわいい子犬だろう!

cachorro, rra [katʃóro, ra] 形 《←ラテン語 catalu》形 名 ❶ [動物の] 子; [特に] 子犬. ❷ 《中南米. 軽蔑》軽薄すぎる; 育ちのよくない, 不作法な. ❸ 《キューバ》尊大な[人]. ❹ 《コロンビア. 俗語》激怒している; 凶暴な
  ── 男 ❶ =**cachorrillo**. ❷ 《口語》社会に参加し始めた若造

cachú [katʃú] 男 《複 -es》カテキュー《=cato》

cachucha[1] [katʃútʃa] 女 《←cacho》❶ カチュチャ《カスタネットを使ったアンダルシアの民俗舞踊. その歌・音楽》. ❷ 《古語》小舟, ボート. ❸ 《ガリシア. 料理》豚の頭の上部. ❹ 《メキシコ, プエルトリコ, コロンビア》1) ひさし付きの帽子. 2) 《口語》*~ militar* 軍部独裁. ❺ 《キューバ, チリ》小型の凧. ❻ 《チリ》1) 平底の小舟. 2) 《口語》平手打ち. ❼ 《アルゼンチン, ウルグアイ. 卑語》女性の外陰部

cachuchazo [katʃutʃáθo] 男 《チリ. 口語》平手打ち

cachuchear [katʃutʃeár] 自 《ペルー》へつらう, おべっかを使う

cachuchero [katʃutʃéro] 男 ❶ ひさし付きの帽子 cachucha の製造（販売）者. ❷ 針を入れるケース cachucho の製造（販売）者

cachucho[1] [katʃútʃo] 男 ❶ 《魚》ハチジョウアカムツ《食用》; ベニメダイ. ❷ 針を入れるケース. ❸ 油の計量単位《=約80cc》

cachucho[2], **cha** [katʃútʃo, tʃa] 形 《地方語. 俗語》好色な

cachudo, da [katʃúðo, da] 形 《←cacho》❶ 《メキシコ, 南米. 口

cachuela [katʃwéla] 囡《料理》ウサギ肉の煮込み;《エクアドゥラ》豚の臓物の煮込み

cachuelera [katʃweléra] 囡《ペルー.口語》売春婦

cachuelero [katʃweléro] 男《ペルー.口語》臨時労働者

cachuelo [katʃwélo] 男 ❶《魚》ウグイ. ❷《エクアドル、ペルー. 口語》臨時の仕事, アルバイト, 副業

cachumba [katʃúmba] 囡《フィリピン. 植物》ベニバナの一種〔サフランの代用. 学名 Carthamus dentatus〕

cachumbo [katʃúmbo] 男 ❶《中南米》[ココナッツなどの] 殻〔容器などとして使う〕. ❷《コロンビア》巻き毛

cachunde [katʃúnde] 男 ❶ ジャコウ・コハク・カテキューを練って作る健胃剤. ❷ カテキュー, 阿仙薬〔=cato〕

cachupín, na [katʃupín, na] 图 =**gachupín**

cachupinada [katʃupináda] 囡《軽蔑》[中流階級の] 踊ったりゲームをするホームパーティ

cachurear [katʃureár] 圓《チリ. 口語》がらくたをあさる

cachureco, ca [katʃuréko, ka] 厖《中米. 政治》保守的な

cachureo [katʃuréo] 男《チリ. 口語》がらくたをあさること; しまってある役に立たないもの(がらくた)

cachurero, ra [katʃuréro, ra] 厖 图《チリ. 口語》がらくたをあさる[人]; 役に立たないものをしまっておく[人]

cachurrera [katʃuréra] 囡《植物》トゲオナモミ

cachuzo, za [katʃúθo, θa] 厖《アルゼンチン. 口語》ぼろぼろの, 壊れた

cacía [kaθía] 囡《地方語》食器〔=vajilla〕

cacica [kaθíka] 囡 ❶ 族長 cacique の妻; 女族長. ❷ 女性のお偉方(ボス); 恣意的に権力を行使する女

cacicada [kaθikáda] 囡 [族長 cacique のような] 専断, 恣意的な権力の行使

cacical [kaθikál] 厖 族長 cacique の

cacicato [kaθikáto] 男 =**cacicazgo**

cacicazgo [kaθikáθgo] 男 ❶ 族長 cacique の権威(権力・支配区域). ❷ お偉方(ボス)であること

cacillero [kaθiʎéro] 男《米国》ロッカー

cacillo [kaθíʎo] 男《料理》おたま

cacimba [kaθímba] 囡《中南米》雨水(湧き水)を入れる容器;《アルゼンチン》[農園, 牧場で] 雨水を溜める地下の貯水槽

cacique [kaθíke]〔←アラワク語〕男 ❶《中米・南米の先住民の》族長, 首長, 家長〔植民地時代, スペインは族長を通じて先住民社会を支配した. 先スペイン期のアンデスでは「族長」はケチュア語のクラカ curaca などが用いられていたが, スペイン支配下で, 次第に cacique が定着していった〕: El ~ toma todas las decisiones de su comunidad. 族長は共同体のあらゆることに決定を下す. ❷ カシケ〔特に19世紀以後のスペインや20世紀のメキシコなど, 地方において政治・経済・社会的に影響力を持つ有力者〕. ❸《軽蔑》恣意的に権力を行使する男: Es una buena persona, pero un poco ~. 彼はいい人だが, ちょっと独裁的だ. ❹《メキシコ, 中米, アンデス. 鳥》コンゴウインコ. ❺《チリ, アルゼンチン, ウルグアイ. 口語》働かないのに裕福な暮らしをする人

caciquear [kaθikeár] 圓 有力者 cacique が支配する, 牛耳る. 関わりのあることに口出しする

caciquil [kaθikíl] 厖 有力者 cacique の, ボスの; 有力者が支配する, ボス支配の

caciquismo [kaθikísmo] 男 カシキスモ〔中南米などの地方政界・経済界のカシケ cacique による支配〔体制〕. 特に独立後の旧スペイン領アメリカにおいて, 有力者が経済的利益の打算的分配により支持者との間に築く癒着に基づいて行なう寡頭的支配体制〕

cacle [kákle] 男《メキシコ. 口語》[粗末な] 靴, 履き物; 革製のサンダル

caco [káko]〔←ラテン語 Cacus(伝説の盗賊)〕男 ❶《巧みな》泥棒, すり. ❷ 意気地なし

cacodemón [kakoðemón] 男 悪霊

cacodilato [kakoðiláto] 男《化学》カコジル酸塩

cacodílico, ca [kakoðíliko, ka] 厖《化学》カコジル基の: ácido ~ カコジル酸

cacodilo [kakoðílo] 男《化学》カコジル

cacofonía [kakofonía] 囡〔←ギリシャ語 kakophonia < cacos「悪い」+-phone (声, 音)〕囡《言語》不調和音, 不快音調〔l・s などの連続〕. Dales las lilas a las niñas. ⇔**eufonía**〕; 耳ざわりな

cacofónico, ca [kakofóniko, ka] 厖 不調和音の; 耳ざわりな

cacografía [kakografía] 囡 不正確な綴り字

cacología [kakoloxía] 囡〔←caco+ギリシャ語 logos「言葉, 表現」〕囡〔文法的には間違いでないが〕慣用上(論理的に)間違った表現

cacomite [kakomíte] 男《植物》トラユリ, チグリジア〔根茎は食用〕

cacomiztle [kakomíztle] 男《動物》ハクビシン

cacoquimia[1] [kakokímja] 囡 ❶[昔の医学で] 体液の変質. ❷《医学, 植物》カヘキシー, 悪液質〔=caquexia〕

cacoquímico, ca [kakokímiko, ka] 厖 图 体液の変質 cacoquimia の; 体液が変質した[人]

cacoquimio, mia[2] [kakokímjo, mja] 厖《まれ》衰弱して憂鬱な[人]

cacorro [kakóro] 男《コロンビア. 軽蔑》[ホモセクシュアルな関係で] 能動的な役割をする方の男性

cacosmia [kakósmja] 囡《医学》❶ 異常嗅覚. ❷ 悪臭

cacota [kakóta] 囡《コロンビア》コーヒー豆の殻を取り除いた後に残るかす

cacreco, ca [kakréko, ka] 厖 图《ホンジュラス, コスタリカ》老衰した[人]

cactáceo, a [kaktáθeo, a] 厖 サボテン科の
── 囡 圈《植物》サボテン科

cactal [kaktál] 男《植物》サボテン目の

cactáceo, a [káktiko, a] 厖 圈《植物》サボテン目

cácteo, a [kákteo, a] 厖 圈 =**cactáceo**

cacto [kákto] 男《植物》サボテン

cactus [káktus]〔単複同形〕男 =**cacto**

cacuí [kakwí] 男《鳥》カコイ〔夜悲しげな声で鳴く〕

cacumen [kakúmen]〔←ラテン語 cacumen「頂」〕男《口語》[よい] 意気込み, 才覚; 抜け目なさ, 才覚

cacuminal [kakuminál] 厖《音声》そり舌の, 後屈した; そり舌音, 反転音

cacuminalización [kakuminaliθaθjón] 囡《音声》そり舌音化, 反転音化

cacuy [kakwí] 男《鳥》=**cacuí**

CAD《略語》←Comité de Ayuda al Desarrollo [OECDの] 開発援助委員会

cada [káda] I〔←俗ラテン語 cata < ギリシャ語 kata「に従って」〕厖《単複同形》〔不定形容詞〕❶ [+単数名詞] それぞれの, おのおのの〔=todo, ❷〔類義〕❸: C~ socio pagó su cuota. どの会員も会費を払った. ~ habitación tiene un baño. 各部屋にはバスルームがある. C~ familia tiene sus problemas. それぞれの家庭がそれなりの問題を抱えている. Darán un regalo a ~ niño. それぞれの子供がプレゼントをもらえるだろう. C~ cosa a (en) su tiempo./C~ cosa en su momento. 何事にも潮時がある/あせらないで一歩ずつ進め. C~ día trae sus penas. 毎日[その日なりに]悩みがある. ❷ [+数詞付きの名詞]…ごとに: Los autobuses para Toledo salen ~ media hora. トレド行きのバスは30分ごとに出る. Mi padre se hace una revisión médica ~ seis meses. 父は半年ごとに健康診断を受けている. Uno de cinco chicos tiene su ordenador. 少年の5人に一人は自分のパソコンを持っている. C~ cuatro años hay elecciones. 4年に一回総選挙がある. ¿C~ cuándo (cuánto tiempo) van los niños al aula? どのくらいの間隔で子供たちは学校へ行くの？ ~ dos días 1日おきに. ❸ [比較級と共に]…ごとにますます…: C~ día hace más calor. 日ごとに暑くなっていく. ❹ [強調・皮肉] ものすごい, あまりの: ¡Esos jóvenes arman ~ juerga! あの若い連中はすごいどんちゃん騒ぎをする! ¡Alberto hace ~ regalo! アルベルトはものすごいプレゼントをする! ¡Tiene ~ idea! 彼は何たることを考えているのか!

a ~ cual lo suyo =**a ~ uno lo suyo**

a ~ nada《中南米》絶え間なく, いつも

a ~ uno lo suyo 1) 各人各様に, 人それぞれに. 2) 一人一人平等に, 公平に分配するには: Se debe distribuir *a ~ uno lo suyo*. 一人一人にふさわしい量を分配しなければならない. 3) 良い面も悪い面も: Es una mujer pesada pero muy servicial, *a ~ uno lo suyo*. 彼女はしつこい女性だが, とてもよく気がつく. 誰でもいいところも悪いところもある

~ cual [不特定の人々の] 各人, めいめい: C~ cual dio su opinión. めいめいが自分の意見を述べた. Aquí ~ cual propone hacer algo nuevo. ここでは各自が何か新しいことを

しようとする
~ cual a lo ~ =*~ uno a lo ~*
~ cual es ~ uno 〔*y hace sus cadaeunadas*〕=*~ uno es ~ uno* 〔*y hace sus cadaeunadas*〕
~ cuando que... ～ *y cuando que...*
~ otro día 《米国》1日おきに
~ quien 《主に中南米》各人, めいめい
~ quisque 《西. 口語》=*~ cual*
~ uno 〔特定の集団の〕各人; 一つずつ: *C~ una de las asistentes se presentó a sí misma./Las asistentes se presentaron ~ una a sí misma.* 出席者は一人一人自己紹介で戦死. 啓蒙主義的な批判精神の持ち主で, 代表作『モロッコ人の手紙』*Cartas marruecas* では風刺を交えてスペインの社会を描いた. 恋人の亡骸をめぐる自伝的な作品『鬱夜』*Noches lúgubres* はロマン主義の先駆けとも言われる』 Esos pañuelos, ~ *uno* cuesta cinco euros. それらのハンカチはそれぞれ一枚5ユーロする. Varios gatos, ~ *uno* de raza distinta, dormitaban en el escaparate. それぞれ異なる種の数匹の猫がショーウインドウで居眠りしていた
~ uno a lo suyo いらぬおせっかいはすべきでない: *En el examen, ~ uno a lo suyo.* 試験では自分のことに専念しろ
~ uno es ~ uno 各人各様である, 人それぞれである
~ y cuando que... 1) …する時はいつも. 2) …するとすぐに
~ y siempre que... …するとすぐに
II 男《植物》プリックリージュニパー, ケード

cadahalso [kaða(a)álso] 男 ❶ 木造の小屋, バラック. ❷《古語》処刑台〖=cataflaco〗

cadalecho [kaðalétʃo] 男 小枝で編んだ寝床

cadalso [kaðálso] 男 ❶《築城》木製の稜堡(りょうほ). ❷〔儀式などの〕式台, 演壇. ❸《古語》処刑台, 絞首台

Cadalso [kaðálso]〖人名〗**José ~** ホセ・カダルソ〖1741～82, スペインの作家・詩人, 軍人. ジブラルタル包囲戦 Sitio de Gibraltar

cadañal [kaðaɲál] 形 ❶《古語》〖ログローニョ〗毎年に栽培する

cadañar [kaðaɲár] 他〖ログローニョ〗毎年同じ土地に種をまく

cadañego, ga [kaðaɲégo, ga] 形《古語》〖植物が〗毎年たくさん実をならす

cadañero, ra [kaðaɲéro, ra] 形 毎年の

cadápano [kaðápano]《アストゥリアス. 植物》ビワ

cadarzo [kaðárθo] 男 ❶ 〔繭の外側の糸を使った〕粗く糸のつれた絹織物. ❷ その絹布製のシャツ;《アストゥリアス》その絹布製の帯

cadáver [kaðáβer]〖←ラテン語 cadaver, -eris < ca(ro) da(ta) ver [nibus]「蛆虫に引き渡された肉」〗男〔主に人間の〕死体, 遺体: *Practicaron la autopsia al ~.* 遺体の検死が行なわれた. *Su ~ fue trasladado al cementerio.* 彼の遺体は墓地に運ばれた. *Él se puso pálido como un ~.* 彼は死人のように青ざめた表情になった. *Es un ~ ambulante.* 彼はまるで生ける屍だ. *olor a ~* 死臭

pasar por encima de mi ~ 〔私の死体を乗り越える〕: *¡Antes tendrás que pasar por encima de mi ~!* 私の目の黒いうちは絶対にそんなことはさせない! *Si quiere usted detenerle, tendrá que pasar por encima de mi ~.* 彼を捕まえようとするなら私を殺してからにして下さい

pasar por encima del ~ de su madre とんでもなくひどい奴である

cadavérico, ca [kaðaβériko, ka] 形 死体の〔ような〕; aspecto ~ 死人のように青ざめた(やせ細った)顔. *delgadez ~ca* 憔悴

cadaverina [kaðaβerína] 女 ❶《化学》カダベリン〖死体のたんぱく質が分解してできる物質〗. ❷ カダベリンによる臭い: *heder a ~* 死臭を放つ

cadaverización [kaðaβeriθaθjón] 女《まれ》死体化

cadaverizar [kaðaβeriθár] 自 *~se*《まれ》死体(のよう)になる

cadaveroso, sa [kaðaβeróso, sa] 形《俗語》=**cadavérico**

caddie [káði]〖←英語〗名《ゴルフ》キャディー

cadejo [kaðéxo] 男 ❶ 髪の毛のもつれた部分. ❷ 糸のかたまり, 糸束; 飾り房などを糸束などでできたもの. ❸《中米》夜道で人を襲いつれ去る空想上の動物

cadena [kaðéna]〖←ラテン語 catena〗女 ❶ 鎖: *atar a un perro con ~* 犬を鎖でつなぐ. ❷ *~ antirrobo* 〔自転車などの〕盗難チェーン. *~ de agrimensor*《測量》測鎖. *~ de distribución*《自動車》チェーンドライブ, 鎖駆動. *~ de reloj* 懐中時計の鎖. *~ de seguridad* 〔ドアなどの〕安全鎖. *~ sin fin* 〔自転車などの〕継ぎ目なし鎖. *~ humana* 〔抗議行動の〕人間の鎖, スクラム. ❸ *~ de sucesos* 一連の出来事. *~ alimentaria (alimenticia・trófica)* 食物連鎖. ❸ 〔水洗トイレの〕鎖: *tirar de ~* 水を流す. ❹ チェーンネックレス〖→collar〗類義. ❺《複》〔タイヤの〕スノーチェーン〖=*~s* de arrastre〕: *Hay que poner ~s al coche para pasar el paso.* 車でその峠を越えるにはチェーンを付けなければならない. ❻《複》〔囚人をつなぐ〕鎖; 〔鎖でつながれた〕囚人たちの列; 束縛: *romper las ~s* 束縛の鎖を断ち切る. ❼《音響》システムコンポ〖=~ de música, ~ de sonido〕: *~ de alta fidelidad* ハイファイコンポ. ❽《放送》1) 放送網. 2) チャンネル〖=canal〗: *la segunda ~* 第2チャンネル. ❾《経済, 商業》~ de fabricación/~ de producción 生産ライン. *~ de montaje/*《メキシコ》~ de ensamblaje 組立ライン. *~ de supermercados* スーパーチェーン〖店〗. *~ franquiciada* フランチャイズ・チェーン. *~ voluntaria* ボランタリー・チェーン〖チェーンストアに対抗して卸売業と中小小売業が協業・提携する〕. ❿ 山脈, 連山〖=~ montañosa, ~ de montañas〗. ⓫《化学》〔原子の〕連鎖. ⓬《法律》~ perpetua 終身刑, 無期懲役. ⓭《情報》~ de caracteres 文字列. ⓮《音声》~ hablada (fónica) 音連鎖, 音声連鎖

en ~ 連鎖的な: *choque en ~* 玉突き衝突. *difusión en ~* 多元放送. *reacción en ~* 連鎖反応. *trabajo en ~* 流れ作業

hacer ~ 〔物を順に手渡すために〕列を作る

soltar la ~《コロンビア》水洗トイレの鎖を引く

cadenado [kaðenáðo] 男《古語》南京錠〖=candado〗

cadenazo [kaðenáθo] 男 鎖での一撃

cadencia [kaðénθja]〖←伊語 cadenza < ラテン語 cadere「落ちる」〗女 ❶ 拍子, 調子, リズム: *marcar la ~* 拍子をとる. *golpear la pelota con ~* リズミカルにボールを打つ. *con una ~ de cien por minuto* 一分間に100回のテンポで. *~ de paso* 歩調. *~ de tango* タンゴのリズム. ❷ 旋律, 曲: *Hasta nosotros llegaban las ~s de un vals.* ワルツの曲が私たちの耳に達していた. ❸《音楽》終止〔形〕; カデンツァ. ❹《文学》韻文・散文での韻律. ❺《音声》〔文末の〕下降調

cadencial [kaðenθjál] 形《音楽》拍子の; カデンツァの

cadenciosamente [kaðenθjosaménte] 副 調子にのせて

cadencioso, sa [kaðenθjóso, sa] 形 律動的な, リズミカルな; 調子をつけた, 抑揚のある: *voz ~sa* 耳に快い声

cadenero, ra [kaðenéro, ra]〖←cadena〗名 ❶ *naranja ~ra* 甘酸っぱくジューシーでほとんど種なしの大型のオレンジ. ❷《測量》測鎖を扱うこと. ❸《アルゼンチン, ウルグアイ》荷車につける予備の馬

cadeneta [kaðenéta]〖←cadena〗女 ❶《手芸》鎖編み, チェーンステッチ〖=*punto de ~*〕. ❷ 〔色紙などの輪をつなげた〕紙の鎖

cadenilla [kaðeníʎa]〖cadena の小詞〗女 細い鎖; チェーンネックレス

cadente [kaðénte]〖←ラテン語 cadens, -entis < cadere「落ちる」〗形 ❶《文語》今にも崩れそうな ❷ =**cadencioso**

cadenza [kaðéntsa]〖←伊語〗女《音楽》カデンツァ

cadera [kaðéra]〖←ラテン語 cathedra「椅子」< ギリシア語 kathedra「尻」< hedra「腰掛け」〗女 ❶ 腰〖類義〗**cadera** は **cintura** より下の腰の各側面. 《複》で腰全体. **riñones** は背中の下部〕: *Al caerse se golpeó la ~.* 彼は転んで腰を打った. *mover las ~s al andar* 腰を振って歩く. *con las manos en las ~s* 〔主に挑発的な態度で〕両手を腰に当てて. ❷《複》ヒップ, 腰回り: *ser ancho de ~s* ヒップが大きい. ❸《料理》腰肉. ❹〔馬などの〕尻の中央. ❺《動》基節〖=coxa〗

a la ~ 腰に担いで

caderamen [kaðerámen] 男《口語》女性の〔豊かな〕ヒップ

caderazo [kaðeráθo] 男《口語》腰で押すこと

caderillas [kaðeríʎas] 女《複》《服飾》バッスル《スカートを広げる腰当て》

caderudo, da [kaðerúðo, da] 形 ヒップの大きい

cadetada [kaðetáða]〖←cadete〗女 青年期の軽率な行為

cadete [kaðéte]〖←仏語 cadet「軍に志願する青年貴族」〗名 士官学校の生徒, 士官候補生: *~ de marina* 海軍兵学校生徒
—— 男 ❶《サッカーで》青年期の前年齢層の選手クラス. ❷〔仕立屋で〕子供サイズと大人サイズの間の男子. ❸《古語》〔ファランヘ党青年組織の〕高年齢層の青年. ❹《南米》見習い, お使いさん

enamorarse como un ~ 〔分別を失って〕恋に落ちる

cadetería

hacer el ~ 無分別な行為をする
cadetería [kaðetería] 囡 [集名] 《口語》士官学校の生徒, 士官候補生
cadi [káði] 《←英語 caddie》 图《ゴルフ》キャディー
── 男《エクアドル》アメリカゾウガシ
cadí [kaðí] 男 〔榎〕~(e)s〕[イスラム教国の] 民事裁判官
cadiazgo [kaðjáθɣo] 男 cadí の職
cadiera [kaðjéra] 囡 《アラゴン》背もたれのついた長椅子
cadillar [kaðiʎár] 男 オナモミの群生地
cadillo [kaðíʎo] 男 ❶ 《植物》1) = オナモミ; [衣服にくっつく] オナモミなどの実, くっつき虫. 2) 《コロンビア, ベネズエラ》ハマビシ. ❷ 榎 いぼ 〔=verruga〕. ❸ 布の最初の方の縦糸. ❹《コロンビア, ベネズエラ》たこ, うおのめ 〔=callosidad〕.
cadmeo, a [kaðméo, a] 形 カドモス Cadmo の
cadmiado [kaðmjáðo] 形 《化学》カドミウムめっきの
cadmiar [kaðmjár] ⑩ 他《化学》カドミウムめっきする
cádmico, ca [káðmiko, ka] 形 カドミウムの
cadmio [káðmjo] 男 ❶《元素》カドミウム. ❷ カドミウム色
── 形 カドミウム色の: amarillo ~ カドミウムイエロー
Cadmo [káðmo] 固《ギリシア神話》カドモス《フェニキアの王子. テーベ Tebas の町を建設し, アルファベットをギリシアに伝えたとされる》
cado [káðo] 男《アラゴン》❶ [ウサギなどの] 巣穴. ❷ [悪者たちの] 巣窟
cadoce [kaðóθe] 男《魚》ハゼ 〔=gobio〕
cadozo [kaðóθo] 男《カスティーリャ, レオン》[川の] 淵
cadre [káðre] 男 [クッションを貼った] 家具運搬用のコンテナー
caduca[1] [kaðúka] 囡《医学》脱落膜
caducamente [kaðukaménte] 副 はかなく
caducante [kaðukánte] 形 期限の切れる
caducar [kaðukár] 《←caduco》⑦ 圓 ❶ 失効する, 有効期限が切れる: Me *caducó* el permiso de residencia. 私の滞在許可は期限が切れた. Tengo *caducado* el pasaporte. 私のパスポートは有効期限が切れている. ❷ 老衰する, ぼける. ❸《文語》使いものにならなくなる, 古くなる 〔=envejecer〕
caduceo [kaðuθéo] 男《ギリシア・ローマ神話》ヘルメス(マーキュリー)の杖《先に蛇のついた杖. 昔は和解, 現在は商売のシンボル》
caducidad [kaðuθiðáð] 囡 《←caduco》 囡 ❶ 失効: fecha de ~ [薬などの] 使用期限; [食品の] 賞味期限. ❷ はかなさ. ❸ 老衰. ❹《法律》~ de [la] instancia 訴権の消滅時効
caducifloro, ra [kaðuθiflóro, ra] 形《植物》開花して間もなく花の落ちる
caducifolio, lia [kaðuθifóljo, lja] 形《植物》落葉樹の 〔⇔perennifolio〕
caduco, ca[2] [kaðúko, ka] 《ラテン語 caducus「落ちる(形容詞)」< cadere「落ちる」》形 ❶ すたれた, 古くさい: moda ~*ca* 昔のファッション; 一時的な流行. ❷《文語》一時的な, はかない: La materia es ~*ca*. 物質は永遠ではない. ❸ 失効した, 無効となった: testamento ~ 失効した遺言 〔=nulo〕 〔↔vigente〕. ❹《軽蔑》老衰した. ❺《生物》脱落性の: árbol de hoja ~*ca* 落葉樹. membrana ~*ca* 脱落膜. ❻《医学》mal ~ てんかん
caduquez [kaðukéθ] 囡 《廃語》 =**caducidad**
C.A.E.《略記》←cóbrese al entregar 着払い, 先方払い
caedizo, za [kaeðíθo, θa] 形 ❶ 落ちやすい, 倒れやすい; 倒すぐけた: muros ~*s* 崩れかけた壁. ❷《植物》落葉性の
caedura [kaeðúra] 《←caer》囡 [織機や布についた] 糸くず
Caeli enarran glorium Dei [kaéli enáran glórjum déj]《←ラテン語. 旧約聖書『詩編』》天上の世界は造物主の叡知と力を証明する
caer [kaér] 《←ラテン語 cadere》㊹ 圓 ❶ [+de から, +por を越えて, +en・a に] 落ちる, 落下する; 墜落する 〔→~se 顯義〕: Un libro *cayó* del estante. 1冊の本が本棚から落ちた. La maceta *cayó* por el balcón a la calle. 植木鉢がベランダから通りに落ちた. El helicóptero *cayó* en el mar. ヘリコプターが海に墜落した. ❷ 転ぶ, 倒れる: Tropecé y *caí* en el camino. 私は道でつまずいて転んだ. *Cayó* sentada de culo en el primer escalón. 彼女は1段目で尻もちをついた. *Cayeron* unos árboles por el viento tremendo. すごい風で木が何本か倒れた. ~ de espaldas 仰向けに倒れる. ~ de rodillas 膝をつく. ~ como un muerto ばったり倒れる. ❸ 垂れる, 垂れ下がる; [幕などが] 下りる: El pelo le *cae* hasta la cintura. 彼女の髪は腰まである. El telón *cae* y así la obra termina. 幕が下りりて劇が終わる. ❹ [土地などが] 傾斜する, 傾く; [地盤が] 沈下する: El terreno cae suavemente hacia la valle. 土地は谷の方へ緩やかに傾斜している. ❺ [価格・相場が] 下がる; [レベル・温度・電圧などが] 低下する; [風などが] 弱まる; [騒ぎなどが] 静まる: El dólar ha *caído* mucho en el mercado. ドルが為替市場で大幅に下落した. Ya ha *caído* la fuerza del torbellino. 竜巻の勢力はもう衰えた. ❻ [太陽・月が] 沈む; [日・年が] 暮れる; [季節・時期が] 終る: Cuando el Sol *cae*, el cielo se tiñe de rojo. 太陽が沈む時, 空は赤く染まる. al ~ el día 日暮れに. al ~ la noche 夜になると, 夜のとばりが下りると. ❼ [雨・雪が] 降る; [雷が] 落ちる: *Cae* mucha nieve por aquí. このあたりでは雪がたくさん降る. En el árbol del parque *cayó* un rayo. 公園の木に雷が落ちた. ❽ [国が] 滅亡する; [政府が] 倒れる; [要塞・都市などが] 陥落する: Los bárbaros invadieron y *cayó* el país. 蛮族が侵入してその国は滅亡した. hacer ~ el gobierno 政府を倒す. Madrid *cayó* por fin después de la terrible batalla. マドリードは激しい戦闘の後ついに陥落した. ❾ [戦闘などで] 死ぬ, 倒れる: Muchos soldados *cayeron* en la batalla. 多くの兵士がその戦いで倒れた. La policía hizo una redada en el barrio, en la que *cayeron* cuatro presuntos narcotraficantes. 警察はその地区の手入れを行ない, 麻薬密売の容疑者が4人つかまった. ❿ [地位・名誉などが] 失われる; [地位のある人が] 失脚する; [落ち目になる]: El ministro ha *caído* a causa del escándalo. その大臣はスキャンダルで失脚した. Dicen que esa actriz ha *caído* recientemente. 最近の女優は落ち目だというもっぱらの噂だ. ⓫ 失敗する; 負ける; 堕落する: *Caí* en los exámenes de ingreso. 私は入学試験で失敗した. *Cayó* ante el campeón. 彼はチャンピオンに挑戦して負けた. ⓬ [夢・希望などが] 消える: Al fin y al cabo *cayeron* mis ilusiones. 結局私の夢は消え去った. ⓭《会話》止む, 途切れる: *Cayó* la conversación y se produjo un largo silencio. 会話が切れて長い沈黙が生じた. ⓮ [+en+名詞・代名詞, +形容詞 に] 陥る; [望ましくない状況・状態に] なる: La gente *cayó* en la desesperación. 人々は絶望に突き落とされた. ~ en el peligro 危機に陥る. ~ en postración 虚脱状態に陥る. ~ prisionero 虜囚となる. ~ víctima de terrorismo テロの犠牲となる. ⓯ [+bien・mal. 服に] +a+人 に] 似合う(似合わない): Te *cae* bien este abrigo. このコートは君によく似合う. ⓰ [+bien・mal. +a+人 に] 気に入る(入らない); 気が合う(合わない), 相性が好い(悪い); 体に合う(合わない): Me *cae* mal lo que dijo Antonio en la fiesta. アントニオがパーティーで言ったことはどうも気に食わない. Nos *cae* bien Pedro. 私たちはペドロとうまが合う. La cena me *cayó* mal. 私は夕食が腹にもたれた. ⓱ [+形容詞・副詞. +a+人 に] …の感じを与える, …と印象づける: María me *cae* simpática. 私はマリアにいい印象を持っている. ⓲ [くじ・順番などが] 当たる: ¡Ojalá que me *caiga* el premio gordo en la lotería! 宝くじで1等が当たりますように! ⓳ [日付・時刻などが, +en に] 当たる, [特定の日に] 巡り合わせになる: ¿En qué día *cae* el 20? ─En jueves. 20日は何曜日になりますか ─木曜日です. Mi cumpleaños *cae* en sábado. 私の誕生日は土曜日になる. El pago *cae* al principio del mes de diciembre. 支払いは12月の初めになります. Llegué allá cuando estaban al ~ las nueve de la noche. 私は夜の9時ちょうどという時にそこに着いた. ⓴ [+sobre・encima de に] 襲いかかる; [災難などが] ふりかかる, 襲う: De improviso *cayeron* avispas sobre la gente. 突然スズメバチが人々に襲いかかった. En aquel entonces las desdgracias *cayeron* una tras otra sobre ellos. あの当時彼らは次々と不幸に見舞われた. ㉑ [不意に] やって来る; [ふらりと] 立ち寄る; 行き着く: Muy tarde por la noche Juan *cayó* por mi casa. 夜も遅くなってからフアンが突然訪ねてきた. Me perdí y fui a ~ en una plaza. 私は道に迷い, とある広場に出た. ㉒《西》《おおよその位置》に在る; [+a・hacia に面す]: ¿Dónde *cae* la estación del metro? 地下鉄の駅はどこですか? El taller *cae* a mano derecha. 修理工場は右手の方にある. ㉓ [+en を, ようやく] …が分る, …を思い出す, …に気づく: ¡Ya *caigo*! 今分かったぞ! No *caigo* en lo que dice María. 私はマリアの言うことが理解できない. ㉔《ニカラグア, ボリビア, アルゼンチン, ウルグアイ. 口語》到着する. ㉕《ベネズエラ. 口語》金をもたらす
── **alto** [聖週期など年によって移動する祭日が] 早くなる
── **bajo** 1) [聖週期など年によって移動する祭日が] 遅くなる. 2) 身を落とす, 堕落する
~ **dentro de...** …の中に存在する; …の範囲内に含まれる: La ciudad de Alcalá de Henares *cae* dentro de la Comuni-

dad Autonómica de Madrid. アルカラ・デ・エナーレスという町はマドリード自治州の中にある. Este asunto no cae dentro de la jurisdicción del gobierno. この件は政府の管轄外である

~ **muy** (**tan**) **bajo** 身を落とす, 堕落する
cayendo y levantando 浮き沈みを繰り返しながら, 一進一退しながら
estar al ~《口語》[事が]まさに起きようとしている: Las doce están al ~. ちょうど12時になるところだ. El conflicto estaba al ~ en esa área. その地域で紛争が起こりそうだった
que te cae《西》[強調]すごい, ひどい
te caigo《中南米》君の家に寄るよ
──他《アルゼンチン, ウルグアイ. 口語》[言行不一致などを]叱責する

~se ❶ 落ちる, 落下する〖類義〗**caerse** は **caer** と同様の意味で使われるが, 動作の起点・発生の場所・発生の理由・突発性・自発性を積極的に表わしたい時は caerse: Los cuadros mal colgados *caen*. 掛け方の悪い絵は落ちる. Ayer *se cayó* el cuadro del comedor. 昨日食堂の絵が落ちた〗: Una vez de pequeño *me caí de* este árbol. 私は小さいころ一度この木から落ちたことがある. *Se cayó de* la escalera de mano. 彼ははしごから落ちた. ❷ 倒れる, 転倒する: *Me caí de* la moto. 私はバイクで転倒した. ❸ [持っているものをうっかり手・体から] 落とす: *Se me cayó* la botella de vino. 私はワインの瓶を落としてしまった. *Parece que cerca de ahí se me cayeron* las llaves. 私は車のそばで鍵を落としたと思う. ❹ [歯・髪の毛が] 抜ける; [ボタンなどが] 取れる, 脱落する: *Se me cayó* un diente. 私は歯が1本抜けた. *Se le cae* el pelo recientemente. 彼は最近髪の毛が抜ける. *Se te cayó* un botón. 君, ボタンが取れたよ. ❺《西》[人の名がリストなどから] 消える. ❻ [+de+名詞]…になる, …の状態になる: Las muchachas *se cayeron* [muertas] *de* risa. 少女たちは笑い転げた. ❼《メキシコ. 口語》寄与する. ❽《チリ. 口語》間違える

caer	
現在分詞	過去分詞
cayendo	caído
直説法現在	直説法点過去
caigo	caí
caes	caíste
cae	cayó
caemos	caímos
caéis	caísteis
caen	cayeron
接続法現在	接続法過去
caiga	cayera, -ses
caigas	cayeras, -ses
caiga	cayera, -se
caigamos	cayéramos, -semos
caigáis	cayerais, -seis
caigan	cayeran, -sen

caetera desiderantur [kaetéra desiderántur]《←ラテン語》他にも足りないものがある, 未完成である
cafarnaúm [kafarnaúm] 男 ❶《地方語》ごたごた, 混乱. ❷《コロンビア》[C~]. 想像上の 遠い所
café [kafé]《←トルコ語 kahvé》男〖圓 ~s〗 ❶《飲料》コーヒー〖《西》では特にブラックコーヒー café solo を指す〗: 1) 不可算 preparar ~ コーヒーを入れる. ~ a la crema クリーム入りコーヒー. ~ americano《主に中南米》=~ largo. ~ cerrero《南米》濃いブラックコーヒー. ~ con hielo アイスコーヒー. ~ con leche カフェオレ; 薄茶色. ~ de Colombia コロンビア・コーヒー. ~ de olla《メキシコ》シナモンコーヒー. ~ granizado フローズンコーヒー. ~ irlandés アイリッシュコーヒー. ~ largo アメリカン. ~ negro《主に中南米》エスプレッソ; =~ solo. ~ puro《チリ》=~ solo. ~ solo ブラックコーヒー. ~ turco トルココーヒー. ~ vienés ウィンナーコーヒー. 2) 可算 [カップ入りの] He tomado un ~ esta mañana. 私は今朝コーヒーを1杯飲んだ. ❷ コーヒー豆. ~ [en grano]: ~ torrefacto (natural・mezcla) 深煎りの(浅煎りの・中位の煎りの)コーヒー豆. ~ molido 挽いたコーヒー. ~ torrado《南米》煎ったコーヒー豆. ❸ コーヒーの木〖=cafeto〗. ❹ 喫茶店〖=cafetería〗; カフェ; バー bar 酒も飲める喫茶店. ~ cantante《現在ではまれ》主にフラメンコを聴ける

るナイトクラブ. ~ concierto (concert) ライブ演奏のある喫茶店. ~ teatro〖圓 ~s teatro〗酒を飲みながら演劇を見るようなナイトクラブ. ❺ コーヒーブレーク, お茶の時間. ❻ estratega de ~ 机上の戦略家. político (estadista) de ~ [実際の政治には携わらない, しろうとの] 政治評論家. ❼ コーヒーブラウン, 暗褐色;《中南米》茶色〖=marrón〗.❽《ペルー, チリ, ラプラタ. 口語》叱責, 小言
~ para todos《口語》平等な待遇: ¡C~ *para todos*! えこひいきはやめろ!
dar un ~《南米. 口語》罰として殴る; 叱責する
de buen (**mal**) **~** 機嫌のいい(不機嫌な), 機嫌よく(不機嫌に)
──形〖単複同形〗コーヒーブラウンの, 暗褐色の;《中南米》茶色の〖=marrón〗.
cafeína [kafeína] 女《化学》カフェイン
cafeinismo [kafeinísmo] 男《医学》カフェイン中毒
cafeísmo [kafeísmo] 男 =**cafeinismo**
cafelito [kafelíto]《café の示小語》男 デミタスコーヒー
cafeomancia [kafeománθja] 女 コーヒー占い〖カップの底に残った澱から占う〗
cafería [kafería]〖←アラビア語 kafriyya「村」〗女 村; 農園
cafesero, ra [kafeséro, ra] 形《ベネズエラ》コーヒー好きの
cafetal [kafetál] 男〖大規模な〗コーヒー農園
cafetalero, ra [kafetaléro, ra] 形名 コーヒー農園の(農園主)
cafetear [kafeteár] 他《ペルー, ラプラタ. 口語》叱る, 小言を言う
── 自 ❶ [よく・習慣的に] コーヒーを飲む. ❷《パナマ》通夜にコーヒーを飲む
cafetera[1] [kafetéra]〖←仏語 cafétière〗女 ❶ コーヒーポット, パーコレーター, コーヒーメーカー: ~ de filtro フィルター式パーコレーター. ~ exprés エスプレッソコーヒーメーカー. ❷ やかん. ❸《戯語》おんぼろ自動車; ぼろ機械
estar como una ~《口語》気が狂っている
cafetería [kafetería]〖←cafetero〗女 喫茶店: Suelo desayunar en esa ~. 私はいつもその喫茶店で朝食を取っている
cafeteril [kafeteríl] 形 喫茶店の: tertulia ~ 喫茶店でのおしゃべり
cafetero, ra[2] [kafetéro, ra]〖←café〗形 ❶ コーヒーの: finca ~ra コーヒー農園. país ~ コーヒー生産国. ❷《口語》コーヒー通の, コーヒー好きの: Josefa es muy ~ra. ホセファは大変なコーヒー好きだ
── 名 ❶ コーヒー農園主; コーヒー豆販売業者. ❷ 喫茶店の店主
cafetín [kafetín]《café の示小語》男 ❶ 〖安っぽい〗喫茶店; カフェ. ❷《ペルー》〖うらぶれた外見の〗ライブ演奏のある喫茶店
cafetito [kafetíto]《café の示小語》男 デミタスコーヒー
cafeto [kaféto] 男《植物》コーヒー〔の木〕
cafetucho [kafetútʃo] 男《軽蔑》安っぽい喫茶店
cafiche [kafítʃe] 名《南米. 俗語》ポン引き
caficho, cha [kafítʃo, tʃa] 名《アルゼンチン. 俗語》ポン引き
caficultor, ra [kafikultór, ra] 形名 コーヒー栽培の(栽培者)
cáfila [káfila]〖←アラビア語 gafila「隊商」〗女 ❶ 〖主に列を作って動く〗大群;《軽蔑》大勢の人: Acude cada día una ~ de aventureros. 大勢の山師たちが毎日ぞろぞろ押しかける
cafiolo [kafjólo] 男 売春婦のひも
cafiroleta [kafiroléta] 女《キューバ. 菓子》すりおろしたココナッツ入りのスイートポテト
cafishiar [kafisjár] 10 他《アルゼンチン, ウルグアイ. 軽蔑》[女性の] ひもをする
cafishio [kafísjo] 名《アルゼンチン, ウルグアイ. 軽蔑》ポン引き
cafisho [kafísjo] 名《アルゼンチン, ウルグアイ. 軽蔑》=**cafishio**
cafisio [kafísjo] 名《アルゼンチン, ウルグアイ. 軽蔑》=**cafishio**
cafre [káfre] 形 ❶《歴史, 地名》[南アフリカの旧イギリス植民地] カフレリア Cafrería の〔人〕, カフィール人〔の〕. ❷《口語》粗野な〔人〕, 野蛮な〔人〕
caftán [kaftán]《服飾》カフタン〖トルコ人やアラブ人が着用する長袖で丈長の服〗
cafúa [kafúa] 女《南米. 口語》刑務所, 牢獄
cafuinga [kafwínga] 女《キューバ. 口語》薄くてまずいコーヒー
cagaaceite [kaɣa(a)θéjte] 男《鳥》ヤドリギツグミ〖=zorzal charlo〗
cagachín [kaɣatʃín] 男 ❶《昆虫》イエカの一種〖学名 Culex ciliaris〗. ❷《鳥》セッカ科の一種〖ヒワより小さい〗
cagada[1] [kaɣáða]〖←cagar〗女 ❶《口語》[主に動物の] うんこ,

糞. ❷《軽蔑》へま, 失敗[作]; つまらない物・事: tener ～ へまをする. Este cuadro es una ～. この絵はへぼい. ¡Qué ～! 何てことだ!
—— 形《アルゼンチン, ウルグアイ. 卑語》[人が] 好ましくない
cagadera [kaɣaðéra] 囡《中南米. 俗語》下痢
cagadero [kaɣaðéro] 男《俗語》[主に屋外の] 大便所
cagado, da[2] [kaɣáðo, ða] 形《口語》❶ [ser+] 意気地のない[人], 臆病な[人]; [estar+] 怖くて死にそうな. ❷《メキシコ》面白い, 楽しい. ❸《コロンビア》する(手に入れる)のが容易な. ❹《チリ》[ser+] けちな, 欲いない; [estar+] 意気消沈した, 打ちひしがれた
cagafierro [kaɣafjéro] 《←cagar+hierro》男 鉱滓, スラグ
cagafuego [kaɣafwéɣo] 形《キューバ. 口語》速くて能率的な[人], てきぱきした[人]
cagajón [kaɣaxón] 男 馬糞
cagajonera [kaɣaxonéra] 囡《アンダルシア. 鳥》ヤツガシラ [=abubilla]
cagalaolla [kaɣalaóʎa] 男《口語》多色の奇妙な服 botarga を着ている男
cagalera [kaɣaléra] 囡《口語》❶ 下痢 [=diarrea]. ❷ 恐れ [=miedo]: tener una ～ おじけづく
cagaleta [kaɣaléta] 囡 =cagalera
cagallón [kaɣaʎón] 男《地方語》=cagajón
cágalo [káɣalo] 男《地方語. 鳥》トウゾクカモメ [=págalo]
cagalón [kaɣalón] 男《地方語》vino — 新酒
cagaluta [kaɣalúta] 囡 =cagarruta
cagancho [kaɣántʃo] 男《地方語. 鳥》黒と茶色の小鳥
caganido [kaɣaníðo] 男 =caganidos
caganidos [kaɣaníðos] 男《単複同形》❶ [鳥のひとかえりの雛のうち] 最後に生まれた雛. ❷ 末っ子. ❸ 病弱な人
cagantina [kaɣantína] 囡《ドミニカ》❶ 下痢 [=diarrea]. ❷ 賭け事での負け
cagaprisas [kaɣaprísas] 男《単複同形》《口語》いつも急いでいる人, いつも他人をせかす人
cagar [kaɣár] 《←ラテン語 cacare》[8] 自《卑語》うんこ (糞) をする: *Cagó en el campo.* 彼は野糞をした. *El niño lleva los pañales cagados.* 子供がおむつにうんちをしている. ❷《南米》困る; 失敗する

pillar a+人 *cagando* …の不意をつく
——《卑語》❶ 台なしにする: *Por demasiado hablar cagué el negocio.* 私はしゃべりすぎて取引をだめにした.《中南米》1)[肉体的・精神的に], 人に] 大打撃を与える; だます; 打ち負かす. 2)[試験に] 落ちる
~la/~lo《卑語》大きなへまをする: *¡La has cagado!* お前はしくじりやがったな!
La cagamos. ひどい災難に出会う
—— *~se*《卑語》❶ [+en に] うんこをする(もらす): *Se cagó en los calzoncillos.* 彼はパンツの中でうんこをもらしてしまった. ❷ おじけづく: *En cuanto suenan los tiros se cagan.* 彼らは銃声が聞こえたとたん腰を抜かす. ❸ [+en を] 悪く言う, けなす: *Se cagó en su jefe.* 彼は上司の悪口を言った. ❹ [+de] ひど く…の状態になる: *En invierno nos cagamos de frío.* 冬には私たちはたまらなく寒い. *~se de miedo* 怖くてたまらない
~se encima うんこをもらしてしまう
¡Me cago en diez (en la mar·en la leche·en la hostia·en Dios·en la puta·en la Vírgen)! くそっ, ちくしょう! {diez は Dios の, mar は la madre de Dios の婉曲表現}
que te cagas《西. 卑語》《強調》すごい, ひどい
cagarrache [kaɣarátʃe] 男 ❶ 搾油工場の作業員. ❷《鳥》ヤドリギツグミ [=zorzal charlo]
cagarreta [kaɣaréta] 囡 牛糞, 馬糞 [=boñiga]
cagarria [kaɣárja] 囡 ❶《植物》アミガサタケ [=colmenilla]. ❷ 糞. ❸ 下痢 [=diarrea]. ❹ 臆病者
cagarrina [kaɣarína] 囡《西. 口語》うんこ; 下痢
cagarro [kaɣáro] 男《地方語》糞
cagarropa [kaɣarópa] 男《昆虫》イエカの一種 [=cagachín]
cagarrope [kaɣarópe] 男《地方語. 鳥》ムシクイ [=curruca]
cagarruta[1] [kaɣarúta] 囡《西》[ヤギなどの丸い形の] 糞
cagarrutero [kaɣarutéro] 男《集名. 西》[ウサギの] 糞; 糞がある場所
cagarruto, ta[2] [kaɣarúto, ta] 名《コロンビア. 口語》子供 [= niño]
cagatinta [kaɣatínta] 男 =cagatintas

cagatintas [kaɣatíntas] 男《単複同形》《軽蔑》[無能な] 事務職員 [=chupatintas]
cagatorio [kaɣatórjo] 男 =cagadero
cagayán, na [kaɣaján, na] 形 名《地名》カガヤン Cagayán の [人]《フィリピン. ルソン島の州》
cagayano, na [kaɣajáno, na] 形 名 =cagayán
cagazo [kaɣáθo] 男《南米. 俗語》恐怖
cagón, na [kaɣón, na] 形 名《口語》❶ しばしば脱糞する[人], 臆病な[人]. ❷《メキシコ》運のいい. ❸《チリ》品質の悪い; 取るに足りない
—— 男《キューバ》《魚》洋紅色の魚《学名 Mesoprion elegans》. ❷《鳥》サギの一種 [=aguaitacaimán]
caguama [kaɣwáma] 囡 ❶《動物》アオウミガメ《卵は食用》; その甲羅《タイマイのべっ甲ほどの価値はない》. ❷《メキシコ. 口語》容量約1リットルのビール瓶. ❸《キューバ. 口語》太って醜い女
caguanete [kaɣwanéte] 男 綿くず
caguayo [kaɣwájo] 男《キューバ. 動物》[海岸の岩場に生息する] 小型のトカゲ
cagueta [kaɣéta] 囡《←cagar》形 名《軽蔑》臆病者[の], 意気地なし[の]
——男《口語》下痢 [=diarrea]
cagüil [kaɣwíl] 男 =cahuil
cahíz [kaíθ] 男 ❶《乾量の単位》カイース [=約666リットル]. ❷ =cahizada
cahizada [kaiθáða] 囡 1カイース cahíz の穀粒をまける土地の面積
cáhuil [káwil] 男《鳥》ズアオカモメ
cahuín [kawín] 男《チリ. 口語》❶ 売春宿. ❷ [不和をもたらすような] 悪意のある意見
caí [kaí] 男《動物》フサオマキザル [=mono ～]
caíble [kaíble] 形 落ちて(転倒し)得る, 落ち(倒れ)やすい
caico [kájko] 男《キューバ》浅瀬, 暗礁
caicos [kájkos] 男 複《メキシコ》ビー玉遊び
caíd [kaíd] 男《アラビア語 qaid「首長」》《歴史》カイド《イスラム教国の裁判・統治権を持つ地方官》
caída[1] [kaíða] 《←caer》囡 ❶ 落下, 降下, 墜落: *Es agradable ver la ～ de la nieve desde la ventana.* 雪が降るのを窓から見るのは楽しい. *ley de la ～ de los cuerpos* 物体落下の法則. *~ del telón* 幕が下りること, 幕引き. *~ del avión en el mar* 飛行機の海上への墜落. ❷ 転倒, 転落: *Una anciana se ha dado una ～ al bajar del autobús.* バスから降りる時おばあさんが転んだ. *sufrir una ～ de bicicleta* 自転車で転ぶ. ❸ [価格などの] 下落; [レベル・温度・電圧などの] 低下; [地盤の] 沈下: *~ de la bolsa* 相場の下落. *~ de potencial* 電位降下. *~ de temperatura* 気温の低下. *~ de voltaje/~ de tensión* 電圧降下. *~ de la tensión* 緊張感の低下. ❹ 脱落: *~ de dientes* 歯の抜け落ち. *~ de cabellos/~ del pelo* 抜け毛. *~ de color* 色落ち. ❺ [土地・屋根などの] 傾斜, 坂: *Por el norte la montaña presenta una ～ brusca.* 山の北側は急斜面になっている. ❻ [国の] 滅亡; [政府などの] 崩壊; [要塞・都市などの] 陥落: *~ del Imperio Romano* ローマ帝国の滅亡. *~ del muro de Berlín* ベルリンの壁の崩壊. ❼ [危険・誤りなどに] 陥ること: *Desde su ～ en desgracia, nunca sale de casa.* 不幸に見舞われてから, 彼は全く家を出ようとしない. ❽ 失敗, 敗北; 失脚; ～ない ～ 失敗をする. ❾ [宗教・道徳上の] 堕落, 罪; 辱め: *la C~* [アダムとイブの] 堕罪, 原罪; [天使の] 堕落. ❿《服飾》1) ドレープ, カーテンの丈. 2) *~ de mangas tres* 3) *~s de la camisa* ワイシャツの裾. ⓫《繊維》[布地の] 密度, 重み: *Esta tela tiene mucha ～.* この布は重みがある. 2) [布地の] 幅, 丈; ～着分: *falda de tres ~s* 3幅のスカート. ⓬ 当意即妙の受け答え, 機知: *¡Qué ~s tiene este chico!* この子は何て面白いことを言うのだろう. ⓭《船舶》1) [マストの船尾方向への] 傾斜, レーキ. 2) [横帆の] 上下長; [大三角帆の] 船尾側の上下長. ⓮《スポーツ》[跳躍の] 着地; [馬術] 前脚倒地. ⓯ 再生毛糸

a la ～ de la noche 夜になると
a la ～ de la tarde 夕暮れに, たそがれ時に
~ de cine [気を引くために] わざと倒れること
~ de latiguillo《闘牛》ピカドールの落馬
~ de ojos 流し目, 色目
~ libre 1)《物理》自由落下. 2)[パラシュートが開くまでの]

自由降下；スカイダイビング

ir de ～ 1)［暑さなどが］衰える: El calor *va de* ～. 暑さが弱まる. 2)［怒り・恨みなどが］和らぐ. 3)［人が］落ち目になる；容色が衰える

caído, da[2] [kaído, ða]《*caer* の[過分]》[形] ❶ 落ちた, 倒れた: Las hojas están ～*das* en las aceras. 葉が歩道に落ちている. encontrar los restos de un avión ～ al mar 海に墜落した飛行機の残骸を発見する. hojas ～*das* 落ち葉. árbol ～ 倒木. ❷ 戦死した；［大義・理想のために］死んだ；殉職した: soldados ～*s* 戦没兵士たち. policía ～ en acto de servicio 殉職した警官. ❸ 垂れた, 垂れ下がった: José tiene los hombros ～*s*. ホセはなで肩をしている. mujer ～*da* de caderas 尻の垂れた女. ojos ～*s* 垂れ目. ❹ 気落ちした, 意気消沈した；衰えた, 衰弱した: Está un poco ～*da*. 彼女は少し気落ちしている（元気がない）. ❺ ［+en ＝］分かった, 理解した
── [男] ❶ ［主に [複]］死者；《古語的》戦死者, 戦没者: monumento a los ～*s* 戦没者慰霊碑. ❷ ［主に [複]. ペン習字用の］斜線罫. ❸ [商] 支払い利子

caigua [kájgwa] [女] 《植物》カイグア〖ウリ科. 食用. 学名 Cyclanthera pedata〗

caiguá [kajgwá] [形][名] カイグア族〖の〗〖現在のウルグアイ, パラナ川流域, パラグアイに居住していた先住民〗

caigüe [kajgwé] [形]《パラグアイ》怠け者〖の〗, やる気のない〖人〗

cailón [kajlón] [男] 《動物》ニシネズミザメ

caima [kájma] [形]《中南米》[人が] 鈍く面白みのない

caimacán [kajmakán] [男] ❶ 《歴史》カイマカン〖オスマン帝国の首相代行〗. ❷ 《コロンビア》権威のある人

caimán [kajmán] 《←タイノ語 kaimán》[男] ❶ 《動物》カイマン〖南米産のワニ〗. ～ de anteojos メガネカイマン. ❷ 《中南米. 技術》わに口レンチ
── [名] ❶ 《口語》腹黒い人, ずるい人. ❷ 《コロンビア》［職務の］代行者

caimiento [kajmjénto] [男] ❶ 落下〖＝caída〗. ❷ 落胆, 意気消沈；失神

caimital [kajmitál] [男] スターアップルの群生地

caimito [kajmíto] [男] 《植物, 果実》スターアップル〖学名 Chrysophyllum cainito〗

caín [kaín] [男]《旧約聖書》[C～] カイン〖アダムとエバの息子で, 弟アベル Abel を殺した〗
las de C～ 悪意: con *las de C*～ 悪意があって
pasar las de C～ 《口語》ひどい苦労をする
── [名] ❶ 邪悪な〖人〗. ❷ 兄弟殺しの〖人〗

cainar [kajnár] [自]《ボリビア》［一日中など］長時間訪問する

cainismo [kajnísmo] [男] ［兄弟などへの］憎悪, 報復〖的な態度〗

cainita [kajníta] [形][名] ❶ カイン Caín の. ❷ ［兄弟などを］憎んでいる〖人〗

caíño [kaíɲo] [男] カイニョ〖ガリシア産の赤ワイン用のブドウの品種〗

caipiriña [kajpiríɲa] [女]《酒》カイピリニャ〖サトウキビなどの蒸留酒にレモンと砂糖を加えたカクテル〗

caique [kájke]《←アラビア語 caic》[男]《船舶》カイク（1）地中海東岸地域で用いられる軽帆船. 2）ガレー船に付属する小艇〗

cairel [kajrél]《←古オック語》[男] ❶《服飾》［主に [複]］房飾り. ❷ ［シャンデリアなどのガラス製の］飾り. ❸ かつら, 入れ毛. ❹《メキシコ》渦巻毛. ❺《キューバ. 植物》ハンバーガー〖マメ科. 学名 Mucuna Urens〗. ❻《ラプラタ》涙

cairelado [kajreláðo] [形] arco ～ 細かいギザギザのあるアーチ

cairelar [kajrelár] [他] ［服に］房飾り caireles を付ける

cairino, na [kajríno, na] [形][名]《廃語》＝**cairota**

cairoa [kajróa] [名]《キューバ. 口語》抜け目のない人

cairota [kajróta] [形][名] 〖地名〗〖エジプト〗カイロ El Cairo の〖人〗

caite [kájte] [男]《メキシコ, グアテマラ》革製のサンダル

caíz [kaíθ] [男]〖[複]*―ces*〗〖乾量の単位〗カイース〖量は地方によって異なるが≒12アネガ〗

caja [káxa]《←ラテン語 capsa》[女] ❶ 箱, ケース；一箱分の量: Pongan ustedes los libros en estas ～*s*. 本はこの箱の中に入れて下さい. una ～ de vino ブドウ1箱. ～ de cartón 段ボール箱. ～ de colores 絵の具箱. ～ de embalaje 輸送用の包装箱（木枠）. ～ de herramientas 道具箱. ～ de sorpresas びっくり箱. ❷ 金庫〖＝～ fuerte, ～ de caudales, 《チリ》～ de fondos〗；［銀行の］貸金庫〖＝～ de alquiler, ～ de seguri-

---

cajero, ra

dad］: depositar las joyas en la ～ fuerte del hotel 宝石をホテルの金庫に預ける. ～ nocturna［銀行の］夜間金庫. ～ pública［金融機関としての］金庫: ingresar mitad de sueldo en ～ 給料の半分を貯金する. ～ de ahorros《西》貯蓄金庫〖非営利の金融機関で, 余剰金はすべて社会的事業の形で地元に還元される〗. ～ de comunidad 共同体金庫〖植民地期のアメリカ先住民共同体で, 収穫物の販売や土地・家屋の賃貸による収益を管理する. 資金は宗教的祝祭の開催など共同体の利益となる事業に用いられた〗. ～ de crédito 信用金庫. ～ de Depósitos y Consignaciones 預金信託局. *C*～ Postal de Ahorros《西》郵便貯蓄金庫〖1991年に民営化〗. ～ rural《西》地方銀行. ❹ ［手持ちの］現金, 資金；基金: coeficiente de ～ 現金比率. ～ de pensiones/～ de jubilaciones［退職］年金基金. ～ de resistencia 闘争（ストライキ）資金. ❺ レジ, 帳場［＝～ registradora］課, 出納窓口: Pague usted por (en) ～. レジ（会計窓口）で支払って下さい. marcar los precios en la ～ 金額をレジに打ち込む. ocuparse de la ～ 会計を預る. ～ de salida チェックアウト［カウンター］. ～ registradora レジスター. ❻ ひつぎ, 棺桶; de muerto[s]］: El muerto ya está en la ～. 死者にはすでにひつぎに納められている. llevar la ～ ひつぎをかつぐ. ❼ ［トラックの］荷台. ❽ ［車両の］ボディー；［ベッドの］台. ❾ 徴兵事務所［＝～ de reclutamiento, ～ de reclutas］. ❿《技術》箱状の物, 容器；外枠；［時計の］側（ｶﾜ）: ～ de cambios/～ de transmisión/～ de velocidades《自動車》ギアボックス. ～ de cigüeñal［内燃機関の］クランク室. ～ de empalmes《電気》接続箱. ～ del eje ＝engrase 軸箱, 軸受け箱. ～ de fusibles《電気》ヒューズボックス. ～ de humos［蒸気機関車の］煙室. ～ negra (mágica)《航空》ボイスレコーダー, フライトレコーダー, ブラックボックス. ⓫《建築》1）［階段の］吹抜け［＝～ de la escalera］. エレベーターの］縦穴, シャフト［＝～ de ascensor］. 2）ほぞ穴. ⓬《音楽》1）［ギターなどの］胴, ボディー；共鳴箱［＝～ de resonancia］；［ピアノなどの］胴部. 2）太鼓［＝tambor］: ～ de ritmos リズムボックス. ⓭《解剖》craneana/～ ósea 頭蓋. ～ de las muelas 歯茎；口.［＝boca］. ～ del tímpano/～ del tambor［耳の］鼓室. ～ torácica/～ del cuerpo 胸廓. ⓮ ［舞台の］下. ⓯ 銃床［＝～ de fusil］. ⓰《植物》莢(ｻﾔ), 蒴果［＝cápsula］. ⓱《印刷》活字箱, ケース: ～ alta (baja) 大文字(小文字)ケース. ～ perdida 特殊な活字を入れておく箱

arquear la ～ 帳簿と現金をつき合わせる
～ anidadera 入れ子式に納まる箱
～ boba 《軽蔑》テレビ〖受像機〗
～ chica 小口現金
～ china 一回り大きい箱にぴったり納まるようになっている箱
～ de agua 《南米》水槽, 貯水槽
～ de las muelas 口［＝boca］
～ de música オルゴール
～ nido ＝～ anidadera
～ tonta 《軽蔑》＝～ boba
despedir a+人 con ～*s destempladas*《口語》＝*echar a+人 con* ～*s destempladas*
echar a+人 con ～*s destempladas*《口語》…を叩き出す, 追い出す
entrar en ～ 1）徴兵される, 軍隊に入る. 2）身を固める, まっとうな暮らしをする；健康を取り戻す. 3）［物事が］きちんと整う, 正常になる. 4）金が入る
estar en ～ 1）体調がいい, 元気である. 2）［機械の］調子がいい
hacer buena (poca) ～ 1）売り上げが多い（少ない）. 2）多額(少額)の預金をする
hacer ～ 1）収支決算をする. 2）［商店などが］売り上げる, 稼ぐ: Hoy *hemos hecho* buena ～. 今日は大変もうかった
mandar a+人 con ～*s destempladas*《口語》＝*echar a*+人 *con* ～*s destempladas*
¡Oído a la ～*!* ［これから話すことを］よく聞け

cajamarquino, na [kaxamarkíno, na] [形][名] 〖地名〗 カハマルカ Cajamarca の〖人〗〖ペルー北部の県・県都. 1532年ピサロ Pizarro がインカ皇帝アタワルパ Atahualpa を捕えた場所〗

cajel [kaxél] [形] naranja ～ 酸っぱいオレンジの木に甘いオレンジの木を接木してできるオレンジ

cajería [kaxería] [女]〖まれ〗箱の販売店

cajero, ra [kaxéro, ra] 《←caja》[名] ❶ 会計係, 出納係；[銀行の] 窓口係, テラー. ❷ [商店・マーケットの] レジ係；料金係；

cajeta

～*ra del supermercado* スーパーのレジ係. ❸ 箱(ケース)製造職人.
── 男 現金自動預け払い機, ATM〖＝～ *automático*, 《メキシコ, コロンビア, ペルー, ボリビア, パラグアイ》～ *electrónico*〗: Este ～ no acepta mi tarjeta. このATMは私のカードを受け付けない.

cajeta [kaxéta] **I** 〖*caja* の示小語〗 女 ❶〖アラゴン〗[教会の]寄付金箱. ❷《メキシコ, 中米. 菓子》カヘタ〖ヤギの乳のドゥルセ・デ・レチェ. *dulce de leche*〗. ❸《メキシコ, グアテマラ. 菓子》[デザートやゼリーを入れる] 上が付いた丸い箱;《メキシコ, ニカラグア. 廃語》その箱入りの菓子. ❹《キューバ. 廃語》刻みタバコ入れ〖＝*tabaquera*〗. ❺〖アルゼンチン, パラグアイ. 卑語〗女性の外部性器
II 〖船舶〗ガスケット, 括帆索

cajete [kaxéte] 男 ❶《メキシコ, グアテマラ, エルサルバドル》素焼きの深い土鍋. ❷《メキシコ》苗を植えるための穴

cajetilla [kaxetíʎa] 〖*caja* の示小語〗 女 ❶《西》紙巻き(刻み)たばこの箱: fumar una ～ diaria 一日に1箱吸う
enseñar la ～《キューバ. 婉曲》微笑する
── 形 男《ラプラタ. 軽蔑》金持ちぶった〖青年〗, 上流階級を鼻にかけた〖青年〗; きざな〖青年〗

cajetín [kaxetín] 〖*caja* の示小語〗 男 ❶〖書込み用の〗空所のあるスタンプ. ❷〖公衆電話などの〗コインを入れるレール. ❸《スポーツ》〖棒高跳びで棒を突っ込む〗ボックス. ❹《電気》分電箱. ❺〖車掌が持つ〗切符入れ. ❻〖印刷〗活字盤の一仕切り

cají [kaxí] 男〖魚〗スクールマスター〖フエダイの一種〗

cajiga [kaxíɣa] 女〖地方語〗＝**quejigo**

cajigal [kaxiɣál] 男〖地方語〗＝**quejigal**

cajilla [kaxíʎa] 女 ❶〖植物〗[硬くて割れる]殻. ❷ 複 あご〖＝*mandíbula*〗

cajista [kaxísta] 名〖印刷〗植字工〖＝～ *de imprenta*〗

cajita [kaxíta] 〖*caja* の示小語〗 女 ❶ ～ *de música* オルゴール. ❷《南米. 音楽》～ *china* ヤギ皮の太鼓

cajo [káxo] 男〖製本〗[表紙の]背に接した溝

cajón [kaxón] 〖*caja* の示大語〗 男 ❶ 引出し: La agenda está en el primer ～ de la mesa. 手帳は机の一番上の引出しにある. abrir un ～ 引出しをあける. armario con *dos cajones* 引出しが2つあるたんす. ❷〖ふたなしの, 主に木製の〗大箱: ～ *de fruta* 果物箱. ～ *de herramientas* 道具箱. ❸〖トラックの〗荷台〖＝*caja*〗. ❹〖市場などの〗屋台店;《中南米》食料品店. ❺〖本棚などの棚と棚の間〗物を置くスペース. ❻ 牛輸送用の木製の檻. ❼〖闘牛〗～ *de curas*〖治療などのために〗牛を動かなくしておく木製の道具. ❽〖競馬〗出走ゲート〖＝～ *de salida*〗. ❾〖建築〗[控え壁などの間の]壁の区切り. ❿《メキシコ》*de aire comprimido* 空気ケーソン. ⓫《メキシコ》駐車場所. ⓬《南米》1) ひつぎ, 棺. 2)《古語》スペインからガレオン船で到着した郵便物. ⓭《チリ, アルゼンチン》[底を川が流れる]長い峡谷
～ *de arena*〖子供の遊び〗砂場
～ *de sastre* 1) 散らかった物[場所]: Su cuarto es un ～ *de sastre*. 彼の部屋はまるでごみためだ. Su cabeza es un ～ *de sastre*. 彼の頭の中は色々ごちゃごちゃしている. 2) 考えのまとまらない人
de ～《口語》1) 当然の: Es *de* ～ devolver tu deuda. 借金を返すのは当り前だぞ. 2) ありきたりの: reloj *de* ～ ごく普通の時計

cajonada [kaxonáða] 女〖船舶〗[下甲板の]船員の持ち物置き場

cajonera[1] [kaxonéra] **I** 〖←*cajón*〗 女 ❶〖教科書などを入れておく, 教室の机の〗引き出し. ❷〖引き出しだけの〗たんす. ❸〖教会の聖具納室の〗祭服と祭壇布を保管するたんす. ❹《農業》〖ガラス製の〗苗床. ❺《リオプ》採石場
── 男〖集合〗[一つの家具の]引き出し〖全体〗
II 〖←*cagajón*〗 女《アンダルシア. 鳥》ヤツガシラ〖＝*abubilla*〗

cajonería [kaxonería] 女 ❶ 引き出し〖＝*cajonera*〗. ❷〖集合〗引き出し群

cajonero, ra[2] [kaxonéro, ra] 名 ❶〖鉱山〗水の汲み上げ係. ❷《中南米》屋台店[食料品店]の所有者

cajonga [kaxóŋga] 女 ❶《ホンジュラス. 料理》〖粗挽きトウモロコシの〗大型のトルティーリャ

cajuela [kaxwéla] 女 ❶《メキシコ. 自動車》トランク. ❷《キューバ. 植物》トウダイグサ科の木 *Antidesma cubana*〗

cajuelita [kaxwelíta] 女《メキシコ. 自動車》グローブボックス

cakchiquel [kaktʃikél] 形 名 ＝**cachiquel**

cake [kéjk] 男〖←英語〗《キューバ. 菓子》フルーツケーキ

cakewalk [kakebál] 男〖←英語〗《古語》ケークウォーク〖1900年ごろに南米の黒人で, 続いてヨーロッパで流行した踊り; その2拍子の音楽〗

cal [kál] 〖←ラテン語 *calx*〗 女 石灰: dar de ～ 石灰を塗る. apagar (matar・ahogar) la ～ 石灰を消和する. agua de ～ 石灰水. piedra de ～ 石灰岩. ～ hidráulica 水硬性石灰. ～ apagada (muerta) 消石灰. ～ viva 生石灰
a ～ *y canto* 密閉して, ぴったりと
cerrar a ～ *y canto*《西》[まずまずの結果に]納得する, よしとする
dar (echar) una de ～ *y otra de arena* 功罪相半ばする; 矛盾した言動をする; 試行錯誤を繰り返す
de ～ *y canto*〖建物が〗石と石灰でできた; しっかりした, 固い: Entre santa y santo, pared *de* ～ *y canto*.《諺》李下に冠を正さず

cal. 〖略語〗←*caloría* カロリー

cala [kála] **I** 〖←*calar*〗 女 ❶[メロン・スイカなどの]皮をむくこと; [果物の]試食用の一切れ. ❷ 試掘(ボーリング)の穴; 試掘, ボーリング. ❸〖薬学〗[便通用の]座薬. ❹〖医学〗[傷口の]消息子. ❺〖船舶〗船倉. ❻《西. 古語》ペセタ〖＝*peseta*〗. ❼〖漁業〗漁場; [魚釣りに適する]沖合. ❽ 未開拓の分野の研究. ❾[主に筆記の]小試験
a ～ *y cata* 試しに, 試食(試飲)用に
II 〖←?語源〗 女《西》[主に岩場に囲まれた]入り江, 小湾〖en*senada* より小さい〗: En esta ～ está permitido ponerse en bolas. ここはヌーディストビーチになっている
III 女〖植物〗カラー, オランダカイウ

calaba [kaláβa] 女〖植物〗テリハボクの一種〖＝*calambuco*〗

calabacear [kalaβaθeár] 他 ❶[異性(特に男性)を]ふる, ひじ鉄を食わせる〖＝dar *calabazas*〗. ❷[何かを調べたり得ようとして]疲れ果てる. ❸ 落第させる

calabacero, ra [kalaβaθéro, ra] 名 カボチャ売り
── 男〖植物〗ヒョウタンノキ〖＝*güira*〗
── 女〖植物〗カボチャ

calabacete [kalaβaθéte] 男 ＝**calabazate**

calabacilla [kalaβaθíʎa] 女 ❶〖植物, 実〗テッポウウリ〖＝*cohombrillo amargo*〗. ❷ ズッキーニの形をしたイヤリング(ピアス)

calabacín [kalaβaθín] 〖*calabaza* の示小語〗 男 ❶〖植物, 果実〗ズッキーニ. ❷《口語》頭の回転の鈍い人. ❸〖戯語〗頭〖＝*cabeza*〗

calabacinate [kalaβaθináte] 男《料理》ズッキーニの煮込み

calabacino [kalaβaθíno] 男 ❶[カボチャをくり抜いて乾燥させた]飲み物用の椀. ❷〖地方語〗＝*calabacín*〗

calabacita [kalaβaθíta] 女《メキシコ》ズッキーニ〖＝*calabacín*〗

calabaza [kalaβáθa] 〖←?語源〗 女 ❶〖果実〗1) カボチャ: ～ confitera セイヨウカボチャ. ～ *de invierno* ケーナッツ. 2) ヒョウタン〖＝～ *vinadera*〗. 3)《中南米》ズッキーニ〖＝*calabacín*〗. ❷〖植物〗1) カボチャ〖＝*calabacera*〗. 2) ヤマドリタケ〖食用のキノコ〗. ❸ 愚か者. ❹〖戯語〗[人の]頭〖＝*cabeza*〗. ❺[カボチャをくり抜いて乾燥させた]飲み物用の椀〖＝*calabacino*〗. ❻《西. 口語》[主に 複]不可, 落第: tener ～*s* 不可を取る. ❼〖船舶〗[不格好で]船脚の遅い船
dar ～*s a*＋人〖異性が, 特に女性が男性が〗1) Ella me *dio* ～*s*. 私は彼女にふられた. 2) 落第させる: El profesor nos *ha dado* ～*s*. 先生は私たちを不合格にした
llevarse ～*s*《口語》＝**necesitar** ～*s*
nadar sin ～*s*/*no necesitar* ～*s para nadar*《口語》一人で世の中を渡っていける
recibir ～*s*《口語》1) [異性に, 特に男性が女性から]ふられる. 2) 落第する
── 形 男[カボチャのような]明るいオレンジ色[の]

calabazada [kalaβaθáða] 女 頭突き; 頭への打撃, 頭をぶつけること〖＝*cabezada*〗
darse de ～*s*《口語》得よう(調べよう)として疲れる, 知恵を絞る; 頭をかかえる

calabazar [kalaβaθár] 男 カボチャ畑

calabazate [kalaβaθáte] 男 ❶ カボチャで作った干菓子. ❷ カボチャの皮の蜂蜜(シロップ)漬け

calabazazo [kalaβaθáθo] 男 ❶《口語》＝*calabazada*. ❷ カボチャによる一撃

calabazo [kalaβáθo] 男 ❶〖果実〗カボチャ, ヒョウタン〖＝*calabaza*〗. ❷[カボチャをくり抜いて乾燥させた]飲み物用の椀〖＝*calabacino*〗. ❸《キューバ, コロンビア》1)《音楽》ギロ〖＝*güiro*〗. 2) 草刈り鎌

calabazón, na [kalaβaθón, na] 形 名《地名》ドン・ベニート Don Benito の〔人〕《バダホス県の町》
calabazuela [kalaβaθwéla] 女《アンダルシア》毒蛇にかまれた時につける薬草
calabobos [kalaβóβos] 〖←calar I+bobo〗男《単複同形》《口語》小ぬか雨, 霧雨: Cae un ~. 霧雨が降る
calabocero [kalaβoθéro] 男《まれ》[牢屋 calabozo の] 看守
calabozaje [kalaβoθáxe] 男《古語》[牢屋 calabozo の囚人を鞭で払う] 入出獄税
calabozo [kalaβóθo] I 〖←俗ラテン語 calafodium〗男 ❶ 牢屋, 独房, 留置場;《軍事》営倉. ❷《古語》土牢, 地下牢
II 〖←?calar+レオン語 boza「茂み」〗男 鉈 (？)
calabrés, sa [kalaβrés, sa] 形 名《地名》[イタリア南部の] カラブリア Calabria の〔人〕
calabriada [kalaβrjáða] 女 ❶ ワイン (特に赤と白) を混ぜ合わせたもの. ❷ ごた混ぜ
calabriar [kalaβrjár] 10 他《廃語》[赤ワインと白ワインを] 混ぜ合わせる
calabrotar [kalaβrotár] 他《船舶》=**acalabrotar**
calabrote [kalaβróte] 男《船舶》3つ縒 (より) り綱, 9本縒りの太索
calaca [kaláka] 女《メキシコ. 口語》骸骨; 死
calaceitano, na [kalaθejtáno, na] 形 名《地名》カラセイテ Calaceite の〔人〕《テルエル県の村》
calada[1] [kaláða] 〖←calar〗女 ❶《西》[たばこ・葉巻の] 一服: dar una ~. たばこを一口吸う. ❷《西. 俗語》薬物. ❸ 漁獲量; 網の投げ入れ. ❹ 水が浸みること. ❺〔猛禽が舞い降りて飛び立つ〕すばやい飛翔. ❻〔織機の〕杼口 (ひぐち). ❼《古語》狭いでこぼこ道
dar una ~《まれ》叱りつける
caladero[1] [kalaðéro] 〖←calar〗男《西》漁場, 漁網を入れるのに適した場所
caladero[2], **ra** [kalaðéro, ra] 形《地方語》[雨が] 細かくて長く降る
caladio [kaláðjo] 男《植物》カラジューム《観葉植物》
caladizo, za [kalaðíθo, θa] 形 =**coladizo**
calado[1] [kaláðo] 〖←calar〗男 ❶《手芸》カットワーク, 透かし編み〔の刺繍〕. ❷《美術》透かし〔彫り〕;《建築》採光のための透かし彫装飾. ❸《船舶》1) 喫水: barco de gran (poco) ~ 喫水の深い (浅い) 船. 2) 水深: bahía de mucho (poco) ~ 水深の深い (浅い) 湾. 3)《比喩》camino de colaboración de gran ~ 深い協力関係. problema de mucho ~ 根の深い問題. ❹《西》エンスト. ❺《古語》[女性用の胴着などの] 飾り. ❻《チリ》大きさ, サイズ
calado[2], **da**[2] [kaláðo, ða] 形 ❶ 水に浸かった, ずぶぬれの: Llegamos ~s hasta los huesos. 私たちはびしょぬれで着いた. ❷ 透かし編みされた. ❸《建築》[壁に] 透かし彫りの開口部がある
calador, ra [kalaðór, ra] 男 ❶ 透かし細工をする人; 透かし彫りをする人. ❷ 網を投げ入れる人
—— 男 ❶《医学》消息子, ゾンデ. ❷《船舶》槇皮 (まいはだ) 詰め用のたがね. ❸《中南米》〔穀物の抜き取り検査の〕抜き取り用の刺し
—— 女《ベネズエラ》[河川での輸送用の] 大型のカヌー
caladre [kaláðre] 女《鳥》クロヒコウテンシ〖=calandria〗
caladura [kalaðúra] 女 ❶ [果物を] 試食用に切ること; その一切れ〖=cala〗. ❷ [液体が] しみこむこと
calafate [kaláfate] 男 ❶《船舶》槇皮 (まいはだ) 工; [昔の] 船大工. ❷《チリ, アルゼンチン. 植物》メギ科の一種〖学名 Berberis buxifolia〗
calafateado [kalafateáðo] 男 =**calafateo**
calafateador [kalafateaðór] 男 =**calafate**
calafateadura [kalafateaðúra] 女 =**calafateo**
calafatear [kalafateár] 他 ❶《船舶》槇皮 (まいはだ) を詰める, 填隙 (てんげき) する, コーキングする. ❷〔隙間などを〕ふさぐ. ❸ 修理する. ❹ 元気づける
calafatería [kalafatería] 女 =**calafateo**
calafateo [kalafatéo] 男 槇皮詰め; コーキング
calafatero, ra [kalafatéro, ra] 名 =**calafate**
calafatín [kalafatín] 男 槇皮工見習い
calafetear [kalafeteár] 他 =**calafatear**
calagozo [kalaɣóθo] 男 鉈 (なた)〖=calabozo〗
calagraña [kalaɣráɲa] 女 ❶ 品質の悪いブドウ. ❷ 小粒の白ブドウ〖=uva torrontés〗
calaguala [kalaɣwála] 女《植物》エゾデンダ《薬用のシダ》

calagurritano, na [kalaɣuřitáno, na] 形 名《地名》カラオーラ Calahorra の〔人〕《リオハ県の町. 昔のカラグリス Calagurris》
hambre ~na《口語》ひどい空腹
calahorra [kalářa] 女 ❶ 城, 要塞. ❷《古語》飢饉の時にその間からパンを配る鉄格子つきの公共の建物
calahorrano, na [kalaořáno, na] 形 名 =**calagurritano**
calahorreño, ña [kalaořéɲo, ɲa] 形 名 =**calagurritano**
calaíta [kalaíta] 女 トルコ石〖=turquesa〗
calalú [kalalú] 男 ❶ オクラ〖=quingombó〗. 2)《キューバ, プエルトリコ》ハリビュ;〔ハリビュの葉を使った〕野菜スープ. ❷《プエルトリコ》騒ぎ, けんか
calaluz [kalalúθ] 男〔インドで使われた〕帆または櫂で動かす大型船
calamaco [kalamáko] 男 ❶ 浮き綾織りに似た薄い毛織物. ❷《中南米. 植物》リュウゼツラン〖=pita〗. ❸《メキシコ》1) インゲンマメ〖豆〗. 2) 酒 メスカル〖=mezcal〗
calamar [kalamár] 〖←伊語 calamaro〗男《動物》イカ, ヤリイカ: ~ gigante ダイオウイカ. ~es a la romana《料理》イカのリングフライ
calamarín [kalamarín] 男《動物》小型のイカ〖学名 Allotenthis subulata〗
calambac [kalambák] 男《植物》ジンコウ (沈香), キャラ
calambrazo [kalambráθo] 男 強いけいれん
calambre [kalámbre] 〖←ゲルマン語 kramp〗男《時に 複》❶ けいれん, 引きつり, こむらがえり: Me ha dado un ~ en la pierna derecha. 私は右足がつった. ~ de estómago 胃けいれん. ~ de escribiente 書痙. ❷〔電気による軽い〕しびれ, 感電: Si tocas ese enchufe, te dará un ~. そのコンセントに触るとビリッとするぞ
calambrina [kalambrína] 女《キューバ》[恐怖などによる] 身震い
calambrojo [kalambróxo] 男《地方語》ノバラ escaramujo の実
calambuco [kalambúko] 男 ❶《植物》テリハボクの一種〖学名 Calophyllum calaba〗. ❷《地方語》広口瓶〖=bote〗. ❸《コロンビア》〔運搬用の〕牛乳缶
calambur [kalambúr] 〖←仏語 calembour〗男 語呂合わせ《単語の切れ目を変えると全く意味が異なる文. 例 su padre es conde/su padre esconde》
calamento [kalaménto] 男 ❶《植物》シソ科の薬草〖学名 Satureja calamintha〗. ❷ 水に浸すこと; 漁網の投げ入れ
calamidad [kalamiðáð] 〖←ラテン語 calamitas, -atis〗女 ❶〔大〕災害, 災難, 不幸: Pueden llegar ~es el día menos pensado. 災害は思わぬ時にやって来る. El analfabetismo es una ~ de la humanidad. 文盲は人類にとっての不幸である. ~ natural 天災. ~ de la guerra 戦禍. ❷《親愛》役立たず; 不運な人: Eres una ~ para los deportes. 君はスポーツがからきし駄目だ. ❸《口語》出来の悪いもの
calamiforme [kalamifórme] 形《動植物の体の一部が》羽根の軸の形をした
calamillera [kalamiʎéra] 女 =**caramilleras**
calamina [kalamína] 女 ❶《鉱物》異極鉱, カラマイン. ❷ 溶けた亜鉛. ❸《薬学》カラミン. ❹《南米》1) 屋根用の亜鉛の薄板. 2) どたん, 亜鉛
calaminar [kalaminár] 形 piedra ~ 異極鉱
calaminta [kalamínta] 女《植物》シソ科の薬草〖=calamento〗
calamís [kalamís] 男《古》髪をカールさせる鉄製の器具
calamistro [kalamístro] 男《考古》髪をカールさせる鉄製の器具
calamita [kalamíta] 女 ❶ 天然磁石. ❷ 方位磁針, 磁石の針. ❸ =**calamite**
calamitales [kalamitáles] 女《植物》ロボク科
calamite [kalamíte] 男《動物》ナタージャックヒキガエル
calamites [kalamítes] 男《単複同形》《植物》ロボク (櫨木), カラミテス《化石のみ存在する木》
calamitosamente [kalamitósaménte] 副 不幸にも; 悲惨なまでに
calamitoso, sa [kalamitóso, sa] 〖←ラテン語 calamitosus < calamitas, -atis〗形 ❶ 災害を起こす: inundación ~sa 大災害をもたらした洪水. ❷ 悲惨な: estado ~ 悲惨な状態. tiempos ~s 災禍の時代. ❸《口語》〔人が〕無能で不幸な: hombre ~ 情けない男; 役立たず
cálamo [kálamo] 〖←ラテン語 calamus <ギリシャ語 kalamos〗男 ❶《音楽》1) 葦笛. 2)〔パイプオルガンの〕リード, 舌管. ❷《詩語》羽ペン, ペン: coger el ~ ペンを取る, 書き始める. ❸《植物》1)

calamocano, na [アシなどの] 茎. 2) ～ aromático ショウブ. ❹ 鳥の羽の軸の空洞部分
～ **currente** 筆の赴くままに, 取り急ぎ
calamocano, na [kalamokáno, na] 形 ❶《口語》ほろ酔いの. ❷《まれ》ほうけた, ぼけた. 男《果実》ルピナス
calamocha [kalamótʃa] 女《-?語源》鉱 くすんだ色の黄土
calamochear [kalamotʃeár] 自《闘牛》[攻撃する時, 牛が] 首を振る
calamoco [kalamóko] 男 つらら, 氷柱 [=carámbano]
calamo currente [kálamo kuřénte]《ラテン語》副 ペンを走らせて; escribir ～ [事前によく考えずに] 走り書きする
calamón [kalamón] 男 ❶《鳥》セイケイ. ❷ 飾り釘, 飾り鋲. ❸ [ブドウ・オリーブなどの] 搾り桶; 圧搾機のてこを支える棒. ❹ 秤の支点の穴
calamorra [kalamóřa] 形 [羊が] 顔の毛が長い
── 女《口語》[人の] 頭
calamorrada [kalamořáða] 女《口語》頭突き, 頭を殴る(ぶつける)こと [=cabezada]
calamorrazo [kalamořáθo] 男《口語》頭への打撃
calamorro [kalamóřo] 男《チリ. 口語》粗末な履き物
calamus scriptorius [kálamus skriptórjus]《←ラテン語》男《解剖》筆尖(びっせん)
calancate [kalaŋkáte] 男 ～ **cara roja**《鳥》ベニガオメキシコインコ
Calancha [kalántʃa]《人名》**Antonio de la** ～ アントニオ・デ・ラ・カランチャ [1584～1654, ラ・プラタ出身の聖職者;『聖アウグスティヌス会教導記』*Crónica moralizada del orden de San Agustín en el Perú*]
calancuniar [kalaŋkunjár] 自《地方語》不確かな足取りで歩く, よちよち歩きする
calandino, na [kalandíno, na] 形 名《地名》カランダ Calanda の [テルエル県の村]
── 男《魚》コイ科の小さな魚 [学名 Rutilus alburnoides]
calandra [kalándra]《←仏語 calandre》女 ❶《自動車》ラジエーターグリル, フロントグリル. ❷《カナリア諸島. 鳥》ヒバリ [=alondra]
calandraco, ca [kalandráko, ka] 形 名《アルゼンチン》軽率な [人], 無遠慮な [人], だらしのない [人]
── 男《アルゼンチン》ぼろ布, ぼろ服
── 女 ❶ [船の食糧が不足した時の] ビスケットのかけら入りスープ. ❷《アルゼンチン. 軽蔑》意地悪な女
calandrado [kalandráðo] 男《紙・布の》艶出し, カレンダー加工
calandrajo [kalandráxo] 男 ❶《口語》服から裂けて垂れ下がった大きな布. ❷ ぼろ布. ❸《口語》ばか, こっけいな人. ❹《サラマンカ》うわさ話
calandrar [kalandrár] 他《紙・布を》光沢機にかける
calandria [kalándrja] 女 ❶《←古語》❶《鳥》クロエリコウテンシ. 2)《地方語》ヒバリ [=alondra]. ❷ 光沢機, カレンダー. ❸《原子炉》カランドリア管. ❹ [人力で回す, 重い物用の] 木製の洗濯槽. ❺ ウィンチのドラム. ❻《古語》ペセタ [=peseta]. ❼《メキシコ》観光用の馬車
── 名 ❶《口語》[入院して食べ物と寝場所を得るために] 仮病を使う人. ❷《メキシコ. 口語》ばか
calandro, na [kalandrón, na] 女《カナリア諸島. 鳥》ヒバリ [=alondra]
calante [kalánte] 形《音楽》[音が] 本来の高さより低い
calaña [kalána] I《←古語 calaño「同様の」》女 ❶《軽蔑》[人の, 主に悪い] 気質, 性質: Son dos tipos de la misma ～. 2人は同じような [悪い] 者同士だ. ── たちが悪い. ❷ 見本, 型
II《←?語源》女 [骨が葦でできた] 安物の扇
calañés, sa [kalanés, sa] 形 名《地名》カラーニャス Calañas の [人]《ウェルバ県の町》
── 男《西》カラーニャス帽《山が平らでつばが反った帽子. = sombrero ～, sombrero de Calañas》
cálao [kálao] 男《鳥》サイチョウ
calapé [kalapé] 男《中南米》甲羅のまま焼いた亀
calapié [kalapjé] 男《自転車》バインディングシューズ
calar [kalár] I《←ラテン語 calare「下げる, 下がる」<ギリシア語 khalao「私は放す, 下げる」》他 ❶ しみ通る, しみ込む, 浸透する: La lluvia *ha calado* la chaqueta. 上着が雨でびしょぬれになった. El aire frío *calaba* los huesos. 冷気が骨身にしみていた. ❷ 貫く, 突き抜ける; 突き抜く: La barrena *caló* la tabla. 錐が板を突き抜けた. ── una tabla con la barrena 錐で板に穴を開ける. ❸《口語》察する, 見抜く; [心中を] 見抜く: 1) ～ el secreto 秘密を見破る. ～ a+人 la intención …の意図を見抜く. 2) [+a+人 の心底を] Fingió una enfermedad, pero le *calaron* en seguida. 彼は仮病を使ったが, すぐ見破られた. ❹ [帽子を] 深くかぶらせる; [眼鏡を] かけさせる: llevar un sombrero *calado* 帽子を深くかぶっている. ── con el sombrero *calado* hasta los ojos 帽子を目深にかぶって. ～ a+人 unas grandes gafas de sol …に大きなサングラスをかけさせる. ❺ [メロンなどを] 味見用に小さく切り取る. ❻ [人が] …に入り込む. ❼ [槍などで] 刺す; [銃剣を] つける: ¡*Calen* armas! 構え! ❽ [紙・金属・木材・皮革に] 透かし模様を施す; [手芸] 透かし編みをする, カットワークをする. ❾《西. 自動車》エンストを起こさせる. ❿ [網・釣り針を水中に] 下ろす, 投げ入れる. ⓫ [船舶] 1) [喫水線一杯まで船に] 荷を積み込む. 2) [帆などを] 降ろす. ⓬《中南米》[穀物などの] 抜き取り検査をする. ⓭《メキシコ》能・能力を試す. 2) [人に] 影響を及ぼす. ⓮《コロンビア》精神的に打ちのめす. ⓯《チリ. 口語》[+a+人 を抜いて, ゴールを] する
── 自 ❶《船舶》喫水が…である: Este barco *cala* ocho metros. この船は喫水8メートルだ. ～ mucho 喫水が深い. ❷ [+en 心などに] しみ通る, 浸透する: Esas palabras *calaron* en lo más profundo de su alma. その言葉は彼の心の奥深くにしみ込んだ. Este cambio irá *calando* lentamente en la sociedad. この変化は社会にゆっくり浸透していくだろう. ❸ [深く] 追及する: Su estudio *cala* hondo *en* el asunto. 彼の研究は問題を深く掘り下げている. ❹ [水分が] しみ通る, ぬれる: Se ha roto la botella y la bolsa está *calando*. 瓶が割れて袋がぬれている. Estos zapatos me *calan*. この靴は水がしみてくる.
── ～**se** ❶ しみ通る; びしょぬれになる: La lluvia *se ha calado* por el tejado. 屋根が雨漏りした. Al caer en el estanque *se caló* hasta los huesos. 彼は池に落ちてずぶぬれになった. ❷ [帽子を] 深く(目深に)かぶる; [眼鏡を] かける: El niño *se ha calado* la boina hasta las orejas. 少年はベレー帽を耳までかぶった. ❸《西》[エンジンが] 動かなくなる: *Se nos ha calado* el coche. 私たちの車がエンストしてしまった. ❹ [鳥が] 獲物に襲いかかる. ❺《口語》[場所に] 入り込む: *Se caló* en Córdoba. 彼はコルドバに入った. ❻《ベネズエラ. 俗語》我慢する.
II《←-cal》石灰質の, 石灰を含む [=calizo]
── 男 石灰岩の採掘場

calasancio, cia [kalasánθjo, θja] 形《キリスト教》エスコラピオス修道会の [修道士・修道女] [=escolapio]

calatear [kalateár] 他《ペルー》裸にする
── ～**se**《ペルー》裸になる

calato, ta [kaláto, ta] 形 名《ペルー》❶ 裸の [人]. ❷ 貧乏な [人], 無一文の [人]
ver al diablo ～《ペルー》目から火が出る
── 男 偶像

cálato [kálato] 男《考古》[イグサ・籐で編んだ] 籠. ❷《建築》[コリント式の柱頭の] 鼓筒

Calatrava [kalatráβa]《人名》**Santiago** ～ サンティアゴ・カラトラバ [1951～, スペインの建築家. バルセロナの『モンジュイックタワー』*Torre de telecomunicaciones de Montjuïc*, バレンシアの『芸術科学都市』*Ciudad de las Artes y las Ciencias*]

calatraveño, ña [kalatraβéno, na] 形 名《地名》カンポ・デ・カラトラバ Campo de Calatrava の [人]《シウダー・レアル県中央部の地方》

calatravo, va [kalatráβo, ba] 形 名《キリスト教》カラトラバ騎士団の [団員・修道士・修道女]

calavera [kalaβéra]《←ラテン語 calvaria < calvus「禿げた」》女 ❶ 頭蓋骨, どくろ. ❷《昆虫》クロメンガタスズメガ. ❸《メキシコ. 自動車》[主に 複] テールランプ; そのプラスチックカバー
mover la ～《ウルグアイ》[休止などの後] 体を動かす, 向こうずねをける
── 形《軽蔑》放埓な [人], 放蕩な [の], 道楽者 [の]; 向こう見ずな [人]

calaverada [kalaβeráða] 女 放埓, 乱行; 無分別な言動, とっぴな行為

calaverear [kalaβereár] 自 放埓なことをする; 無分別な言動をする

calavernario [kalaβernárjo] 男《まれ》納骨堂 [=osario]

calaverón [kalaβerón] 男 ❶ 大きな頭蓋骨. ❷ ひどい放蕩者, 極道者

calazón [kalaθón] 囡 [船の] 喫水
calboche [kalbótʃe] 男《サラマンカ》栗を焼くための穴の開いた土鍋
calbochero [kalbotʃéro] 男《地方語》=**calboche**
calbote [kalbóte] 男《サラマンカ》焼き栗
calcado[1] [kalkáðo] 男 透写, トレース, 模写
calcado[2], **da** [kalkáðo, ða] 形 ❶《口語》[ser+. +a・de に] そっくりの: Eres ～ a tu madre. 君はお母さんに生き写しだ. ❷ [estar+] 複写した; 模倣した: Este dibujo está ～. この図はなぞった(トレースした)ものだ
calcador, ra [kalkaðór, ra] 图 トレースする人, トレーサー
── 男 トレース用具
calcamonía [kalkamonía] 囡 =**calcomanía**
calcáneo, a [kalkáneo, a] 形《解剖》踵骨(しょう)[の]; かかとの
calcantita [kalkantíta] 囡《鉱物》胆礬(ばん)〖=vitriolo azul〗
calcañal [kalkaɲál] 男 =**calcañar**
calcañar [kalkaɲár] 〖←古語 calcaño < ラテン語 calcaneum < calcare「踏む」〗男〖=talón〗
pisar los ～es a+人 [仕事などで] …に迷惑をかける
calcaño [kalkáɲo] 男 =**calcañar**
calcañuelo [kalkaɲwélo] 男《養蜂》[ミツバチの] 腐蛆(そ)病
calcar [kalkár] 〖←ラテン語 calcare「踏む」〗7 他 ❶ [絵・碑文などを] 透写する, 敷き写す. ❷ [そっくり] 模倣する: ～ los ademanes de+人 …の身ぶりをまねる. ❸ 足で踏む. ❹《口語》[罰金を] 課す: Me calcaron 50 euros. 私は50ユーロの罰金を取られた. ❺《地方語》1) 下へ押しつける. 2)「打撃を」加える
── 自《地方語》突き刺さる
calcarenitas [kalkarenítas] 囡複《地質》カルカレナイト
calcáreo, a [kalkáreo, a] 〖←ラテン語 calcarius < calx, calcis〗石灰質の: agua ～a 硬水. capa ～a 石灰[岩]層. roca ～a 石灰岩
calce [kálθe] 〖←ラテン語 calceus〗男 ❶ くさび, かいもの〖=calza〗: La mesa se mueve, hay que ponerle un ～. テーブルがたつくので, かいものをしないといけない. ❷ [車輪の] 輪金〖=llanta〗. ❸ 磨耗した工具の先に着せる鉄(鋼). ❹《アラパ》河床〖=cauce〗. ❺《中米》[書類の] 下部: firmar al ～ 末尾に署名する. ❻《アルゼンチン》機会, チャンス
dar ～ a+人《南米. 口語》…にチャンスを与える; [女性が男性のくどきに] 応じる
calceatense [kalθeaténse] 形图《地名》サント・ドミンゴ・デ・ラ・カルサーダ Santo Domingo de la Calzada の[人]〖ラ・リオハ州の町〗
calcedonia[1] [kalθeðónja] 囡《鉱物》玉髄 ～ azul ブルーカルセドニー. ～ parda サードニックス, 紅シマメノウ
calcedonio, nia[2] [kalθeðónjo, nja] 形图《歴史, 地名》ビテュニア Bitinia の〖カルセドニア Calcedonia の[人]
calcemia [kalθémja] 囡《生理》血液中のカルシウム量
cálceo [kálθeo] 男《古代ローマ》ぴったりした長靴
calceolaria [kalθeolárja] 囡《植物》カルセオラリア, キンチャクソウ(巾着草)
calcés [kalθés] 男《船舶》檣頭
calceta [kalθéta] 〖←古ラテン語 calcea「長靴下」< ラテン語 calceus「靴」〗囡 ❶ 編み物: hacer ～ 編み物をする. ❷ [まれ] ストッキング, 長靴下〖=media〗. ❸《古語》漕役刑囚の足かせ. ❹《ムルシア》太い腸のソーセージ
calcetar [kalθetár] 自 編み物をする; メリヤス編みをする
calcetería [kalθetería] 囡《古語》タイツ・靴下類の製造業(製造所・販売店)
calcetero, ra [kalθetéro, ra] 形《闘牛》[牛が黒っぽい毛色で] 足だけ白い
── 图《古語》タイツ・靴下類の製造(販売)業者
calcetín [kalθetín] 〖calceta の示小語〗男 ❶ [主に 複] 短靴下, ソックス〖=calcetines cortos〗: Llevo los *calcetines* negros. 私は黒い靴下を履いている. ponerse (calzarse) los *calcetines* 靴下を履く. un par de *calcetines* 靴下1足. *calcetines* altos ハイソックス. ❷《戯語》貯めた金の置き場所, へそくりの隠し場所
a golpe de ～《メキシコ》歩いて向かって
～ de viaje コンドーム
darle la vuelta al ～ 裏返す, ひっくり返す
volver a+人 como un ～《口語》…の気持ちを一変させる
calcetinera [kalθetinéra] 形《古語的・チリ》ティーンエイジャーの[女の子]
calcetón [kalθetón] 男 [長靴の下に履く] 麻(ラシャ)の長靴下
calcha [káltʃa] 囡 ❶《チリ, アルゼンチン》集合[労働者たちの] 粗末なシーツ・ベッドカバーと衣服. ❷《チリ》[主に 複] 1) [馬などの] 脚の毛の房. 2) [鳥の] 蹠蹠(しょ)tarsos の毛・羽
calchaquí [kaltʃakí] 形图 カルチャキ族[の]〖アルゼンチン, ツクマンの Calchaquí 谷の先住民〗
calchines [kaltʃínes] 形图《単複同形》《アルゼンチン》カルチネス族[の]〖サンタフェの北に住むグアラニー族の先住民〗
calchón, na [kaltʃón, na] 形《チリ》❶ [鳥が] 蹠蹠 tarsos に毛(羽)のある. ❷ [馬が] 房の多い
calchudo, da [kaltʃúðo, ða] 形《チリ》=**calchón**
cálcico, ca [kálθiko, ka] 形《化学》カルシウムの, カルシウム基の; 石灰質の: sal ～*ca* カルシウム塩. óxido ～ 酸化カルシウム, 生石灰
calcícola [kalθíkola] 形《植物》好石灰性の
calcicosis [kalθikósis] 囡《医学》石灰症
calcídico [kalθíðiko] 男《考古》建物の軸と直角に交わるように造られた回廊
calcífero, ra [kalθífero, ra] 形《化学》炭酸カルシウムを含む, カルシウム塩を形成する
calciferol [kalθiferól] 男《生化》カルシフェロール
calcificación [kalθifikaθjón] 囡《医学》石灰化, 石灰沈着; 骨化
calcificar [kalθifikár] 7 他 [生物組織を] 石灰化させる; 人工的に炭酸カルシウムを作る
── *se* 石灰化する, 石灰が沈着する
calcífugo, ga [kalθífuɣo, ɣa] 形《植物》嫌石灰性の
calcillas [kalθíʎas] 囡複《服飾》ぴったりした半ズボン
── 男《口語》背の低い男; 臆病な男
calcímetro [kalθímetro] 男 耕作地の石灰含有量測定機器
calcina [kalθína] 〖←カタルーニャ語 calcina < ラテン語 calx, calcis〗囡 コンクリート〖=hormigón〗
calcinable [kalθináβle] 形《化学》煆焼され得
calcinación [kalθinaθjón] 囡 ❶ 黒焦げ. ❷《化学》[石灰の] 焼成, 煆焼;《冶金》焙焼. ❸ 煆焼炉〖=horno de ～〗
calcinador, ra [kalθinaðór, ra] 形 煆焼炉
calcinamiento [kalθinamjénto] 男 =**calcinación**
calcinar [kalθinár] 〖←calcina〗他 ❶ [主に強調] 焼く, 黒焦げにする: 1) perecer *calcinado* 焼死する. cadáver *calcinado* 焼死体. campo *calcinado* 焼け野原. 2) [比喩] asfalto *calcinado* del mediodía 焼けるように熱い真昼のアスファルト. ❷《化学》焼いて石灰にする, 煆焼する. ❸《冶金》焙焼する, 高熱処理する
calcinatorio [kalθinatórjo] 男 石灰釜, 煆焼炉
calcinero [kalθinéro] 男 石灰岩採掘業者〖=calero〗
calcinosis [kalθinósis] 囡《医学》石灰沈着症
calcio [kálθjo] 〖←ラテン語 calx, calcis「石灰」〗男《元素》カルシウム
calciotermia [kalθjotérmja] 囡《化学》[金属ウラン・プルトニウム製造の] カルシウム還元法
calcita [kalθíta] 囡《鉱物》方解石
calciterapia [kalθiterápja] 囡 カルシウム療法
calcitonina [kalθitonína] 囡 カルシトニン
calcitrapa [kalθitrápa] 囡《植物》ヤグルマソウ〖=cardo estrellado〗
calco [kálko] 〖←calcar〗男 ❶ 透写, トレース. ❷ 透写複製した物. ❸ トレーシングペーパー〖=papel de ～〗. ❹ 模倣, 盗作; 模倣物. ❺〖言語〗直訳借用[語]〖～ lingüístico. 例 perro caliente ←hot dog (英語)〗. ❻《隠語》靴
calco- [接頭辞][銅, 青銅] *calcografía* 銅版画法
calcocianita [kalkoθjaníta] 囡《鉱物》硫酸銅
calcofilita [kalkofilíta] 囡《鉱物》葉銅鉱
calcografía [kalkoɣrafía] 囡 銅版印刷[術・画・所], 銅版彫刻[術]
calcografiar [kalkoɣrafjár] 11 他 銅版印刷する
calcográfico, ca [kalkoɣráfiko, ka] 形 銅版印刷の
calcógrafo, fa [kalkóɣrafo, fa] 图 銅版印刷工, 銅版彫刻師, 銅版画家
calcolítico, ca [kalkolítiko, ka] 形《考古》銅石器時代[の]〖=eneolítico〗; 銅石器文化の
calcomanía [kalkomanía] 囡 ❶ 写し絵《行為, 絵》. ❷ 転写[紙]. ❸《メキシコ, アルゼンチン, ウルグアイ》シール, ステッカー〖=pegatina〗

calcopirita [kalkopiríta] 女《鉱物》黄銅鉱
calcosiderita [kalkosiðeríta] 女《鉱物》鉄トルコ石
calcosina [kalkosína] 女《鉱物》輝銅鉱
calcotipia [kalkotípja] 女〔活版を再生するための〕銅版彫刻術
calcotriquita [kalkotrikíta] 女《鉱物》毛赤銅鉱
calculable [kalkuláβle] 形 ❶ 計算され得る; 計算で確かめられる. ❷ 予想(予測)され得る
calculación [kalkulaθjón] 女《まれ》=**cálculo**
calculadamente [kalkuláðaménte] 副 ❶ 計算して. ❷ 計画的に, 注意して
calculador, ra [kalkulaðór, ra]《←ラテン語 calculator, -oris》形 名 ❶ 計算をする: José es buen ～. ホセは計算が得意だ. ❷ 慎重に計算してかかる〔人〕. ❸ 打算的な〔人〕, 計算高い〔人〕, 冷たい人: Ella es una mujer muy ～ra. 彼女はとても計算高い女だ. Es ～ con sus amigos. 彼は損得で友人を選ぶ
—— 女 計算機〖=**máquina** ～ra〗. ～ra electrónica 電子計算機. ～ra manual/～ra de bolsillo 小型計算機, 電卓
calcular [kalkulár]《←ラテン語 calculare》他 ❶ 計算する, 算出する: Calcule la raíz cúbica de este número. この数の立方根を計算しなさい. ～ el peso del puente 橋の重量を計算する. ～ mal 計算間違いをする. ❷〔影響・結果などを慎重・綿密に〕検討する: Hay que ～ la respuesta que debemos dar. 私たちはどのような回答を出すべきか十分検討しなければならない. gesto calculado 計算された仕草. ❸ 見積もる, 概算する: Vamos a ～ los gastos del viaje. 旅行の費用を見積もろう. ～ un puente 橋梁工事の積算をする. ～ por (lo) bajo 少なめに見積もる. ❹ 推定する: 1) Le calculo unos 50 años. 彼は50歳くらいだと思う. 2) 〔+que+直説法〕Calculo que con este tráfico tardaremos dos horas en llegar. この渋滞では到着まで2時間かかると思う
calculatorio, ria [kalkulatórjo, rja] 形 計算の, 計算上の, 見積もりの
calculiforme [kalkulifórme] 形 丸い小石の形の
calculista [kalkulísta] 名 ❶ 計算の早い人; 計算家. ❷《技術》プランナー, 設計者
cálculo [kálkulo]《←ラテン語 calculus「生徒に計算を教えるための石」》男 ❶ 計算, 算法: Antonio hace un ～ muy rápido. アントニオは計算が早い. llevar ～ estricto 厳密に計算する. ～ diferencial 微分〔学〕. ～ integral 積分〔学〕. ～ infinitesimal 微分〔学〕. ～ algebraico 代数計算. ～ de costes 原価計算. ～ de probabilidades 確率計算. ～ mental 暗算. ❷ 見積もり, 概算: hacer un ～ de gastos 費用を見積もる. ～ del presupuesto 予算の見積もり. ❸ 推定, 見込み; 予想, 思惑: El perder no entraba en mis ～s. 負けるとは私は思ってもみなかった. Mis ～ no salieron bien. 私の予想は当たらなかった. según sus ～s 見込みでは. fuera de sus ～ 予想外の. ❹《医学》〖時に 複〗結石: ～ renal 腎臓結石. ～ urinario 尿路結石. ～s biliares 胆石
calculosis [kalkulósis] 女《医学》結石症〖=**litiasis**〗
calculoso, sa [kalkulóso, sa] 形 結石の, 結石症の〔患者〕
calcutense [kalkuténse] 形《地名》〔インドの〕コルカタ(カルカッタ) Calcuta の〔人〕
calda [kálda]《←**caldear**》女 ❶ 複 温泉: ～s romanas 古代ローマの共同浴場〖=**termas**〗. ❷〔温度を上げるための〕高炉への燃料投入. ❸ 加熱. ❹ 神明裁判〖=**ordalía**〗
caldaico, ca [kaldáiko, ka] 形 =**caldeo**
caldario [kaldárjo] 男《古代ローマ》〔蒸し風呂の〕高温浴室, カルダーリウム
caldarium [kaldárjun] 男〔単複同形〕=**caldario**
Caldas [káldas]《人名》Francisco José de ～ フランシスコ・ホセ・デ・カルダス〖1768～1816, コロンビア人で植物学・天文学に詳しく, 通称エル・サビオ El Sabio (賢者) の. 独立戦争に参加, 王党派に銃殺される〗
caldeamiento [kaldeamjénto] 男 暖房, 暑くする(なる)こと; 加熱
caldear [kaldeár]《←ラテン語 cal(i)dus》他 ❶〔閉ざした場所を〕暖める, 暑くする: ～ la habitación 部屋を暖かくする. ❷ 興奮させる, あおる: La cantante caldeó los ánimos de los espectadores. 歌手は観客の心を熱くした. ❸〔加工するため〕鉄を赤く熱する
—— **~se** ❶ 暖まる. ❷ 興奮する, いきり立つ
caldeirada [kaldeiráða] 女《料理》カルディラーダ〖ガリシアやポルトガルの, 魚介と野菜のトマトソース煮込み〗
caldeísmo [kaldeísmo] 男 カルデア語独特の言い回し
caldense [kaldénse] 形《地名》カルダス・デ・レイエス Caldas de Reyes の〔人〕〖ポンテベドラ県の村〗; カルダス Caldas の〔人〕〖コロンビア中部の県〗
caldeo, a [kaldéo, a] 形 ❶《歴史, 地名》カルデア Caldea の(人). ❷ カルデア語. ❸《古語》占星術師; 数学者. ❹ =**caldeamiento**
caldera [kaldéra]《←ラテン語 caldaria < cal(i)dus》女 ❶ ボイラー, 汽罐〖=～ de vapor〗: ～ de calefacción 暖房用ボイラー. ～ tubular 煙管ボイラー. ❷〔両手の〕大鍋, 釜: una ～ de aceite 大鍋1杯の油. ❸ ～ de jabón 石鹸工場. ❹《地質》カルデラ. ❺《音楽》ティンパニーの半球形の胴体. ❻《紋章》頭部が蛇の図形. ❼《鉱山》集水坑, 地底の排水だめ. ❽〔チリ, アルゼンチン, ウルグアイ〕〔マテ茶用などの〕ポット, やかん
las ～s de Pedro Botero《西. 口語》地獄
ser (ponerse como) ～ de lata《ウルグアイ. 口語》逆上する, かっとなる
Caldera [kaldéra]《人名》Rafael ～ ラファエル・カルデラ〖1916～2009, ベネズエラの政治家・大学教授, 大統領(1969～74). 『アンドレス・ベーリョ』Andrés Bello など著作多数〗
calderada [kalderáða] 女 ❶ 大鍋1杯の分量: una ～ de patatas 大鍋1杯のジャガイモ. ❷〖主に食物の〗大量, 山盛り
calderería [kalderería] 女 ❶ ボイラー製造業; ボイラー製造(販売)所. ❷〔製鉄所の〕鍛造(加工)部門
calderero, ra [kalderéro, ra] 名 ❶ ボイラー製造(修理・販売)業者, ボイラーマン. ❷〔製鉄所の〕鍛造部門の工員. ❸ 鋳掛屋; 鍋釜製造者
caldereta [kalderéta]《caldera の示小語》女 ❶ 1) 小型のボイラー. 2)〔夏にカリブ海沿岸で吹く〕雨と雷を伴った陸風. ❷《西. 料理》1)〔魚介類の〕煮込み: ～ menorquina イセエビのシチュー. 2)〔羊などの〕煮込み, シチュー. 3) 小鍋. ❸ 小型の聖水桶〖=**calderilla**〗
calderetero, ra [kalderetéro, ra] 名 ❶《船舶》機関員; 機関長. ❷《グアテマラ》ボイラーマン〖=**calderero**〗
calderilla [kalderíʎa]《caldera の示小語》女 ❶《西》〖集合〗硬貨, 小銭: Encontré ～ en el bolsillo. 私はポケットに小銭を見つけた. Tengo el monedero lleno de ～. 私の財布は小銭で一杯だ. ❷《口語》少額の金: ¿Para qué sirve esa ～? そんなはした金が何の役に立つのだ? ❸ 銅・青銅などの正貨. ❹《キリスト教》小型の聖水桶. ❺《植物》スグリ科の一種〖学名 Ribes alpinum〗
calderillo [kalderíʎo] 男 ❶ 小型の自在鍋. ❷ 小型の聖水桶〖=**calderilla**〗. ❸《料理》ジャガイモ・カタツムリ・野菜などの煮込み
calderín [kalderín] 男《技術》リボイラ
caldero [kaldéro]《←**caldera**》男 ❶〔持ち手を掛け渡した〕自在鍋: un ～ de agua 鍋1杯の水. ❷《バレンシア, ムルシア. 料理》魚・ピーマンを入れて炊いた米. ❸《ムルシア》バケツ
ponerse como un ～《ムルシア》〔銅鍋のような〕赤みがかった
calderón [kalderón]《caldera の示大語》男 ❶《音楽》フェルマータ, 延音記号. ❷《印刷》セクション記号, 段落標, 参照標〖¶〗. ❸《動物》ゴンドウクジラ. ❹《植物》ヨウシュインディゴウ. ❺ 大型の鍋. ❻《古語. 数学》千の単位を表わす記号. ❼《アラブ》〔子供の〕棒打ち遊び
Calderón de la Barca [kalderón de la βárka]《人名》Pedro ～ ペドロ・カルデロン・デ・ラ・バルカ〖1600～81, スペイン黄金世紀を代表する劇作家. ロペ・デ・ベガ Lope de Vega の大衆演劇の流れを汲みながら, 知的な作風や華麗な文体によってバロック演劇 teatro barroco を完成させた. 聖体神秘劇 auto sacramental の第一人者. 『人生は夢』La vida es sueño, 『サラメアの市長』El alcalde de Zalamea〗
Calderón Guardia [kalderón gwárðja]《人名》Rafael ～ ラファエル・カルデロン・グアルディア〖1900～70, コスタリカの医師・政治家, 大統領(1940～44). 社会保障制度の確立に努力〗
calderoniano, na [kalderonjáno, na] 形《人名》カルデロン・デ・ラ・バルカ Calderón de la Barca の
calderuela [kalderwéla] 女〔猟師が夜ヤマウズラを脅かして網に追い込むための〕ランタン
caldibache [kaldibátʃe] 男《まれ》薄い(まずい)スープ〖=**calducho**〗
caldibaldo [kaldibáldo] 男 薄い(まずい)スープ〖=**calducho**〗
caldillo [kaldíʎo] 男《料理》❶ 煮込みのソース. ❷《メキシコ》

レガノなどのスパイスを入れた] ひき肉のソース. ❸《チリ》魚介類と玉ネギ・香草のスープ

caldo [káldo]《←古語 caldo「熱い」<ラテン語 calidus》 男 ❶《料理》[不可算] 1) スープ《肉・野菜を煮て実を取り除いた残りの出し汁. →sopa》[類義]: pastilla de ~ concentrado 固形ブイヨン, スープキューブ. ~ alterado《古語》子牛・野生動物・ハーブを混ぜて作るスープ. ~ corto クールブイヨン. ~ de carne コンソメ. ~ de pollo チキンブイヨン. ~ de verduras 野菜からとったスープ. ~ gallego [肉・豆類を長時間煮込んだ] ガリシア風スープ. A falta de ~, buena es la carne.《戯言》[すばらしいものなのに]お粗末なものですが…. Al que no quiere ~, la taza llena.《諺》降れば土砂降り／嫌だと思うと, なおさら嫌な方に事が運ぶものだ. 2) [サラダの] ドレッシング [=aliño]. 3) ガスパチョの調味料. 4) 料理から出る水分, 肉汁. ❷ 復[ワイン・酢・油などを作る] 果汁. ❸ 復《特級の》 ワイン: ~s de la Rioja リオハ産のワイン. ❹《農業》~ bordelés ボルドー液. ❺《中南米, プエルトリコ, エクアドル》サトウキビの搾り汁. ❻《メキシコ. 植物》キンセンカ
a ~《まれ》節食して, ダイエットして
amargar el ~《戯言》嫌な思いをさせる
~ *de cultivo* 1)《生物》培地, 培養基. 2)《比喩》温床: Aquel barrio es el ~ de cultivo adecuado para que germine la violencia. その地域は暴力の温床になっている
~ *esforzado* 気絶した人を介抱する人
cambiar el ~ *a las aceitunas*《戯言》[男が] 小便をする
dar sabor al ~《メキシコ. 口語》[状況などを] 激化させる
echar un ~《メキシコ》愛撫する, まさぐる
hacer a+人 *el* ~ *gordo*《口語》[結果的に] …を利する
poner a+人 *a* ~《西. 口語》…を侮辱する; 叱責する
revolver ~*s*《俗語》古い話を蒸し返す

caldorro, rra [kaldóro, ra] 形《軽蔑》[冷たくなくてはならない飲み物が] 生ぬるい

caldoso, sa [kaldóso, sa] 形 スープの多い, 水気の多い, どろどろした: arroz ~ おかゆ, 雑炊

caldúa [kaldúa] 女《チリ. 料理》エンパナーダ [=caluda]

calducho [kaldútʃo] 男 ❶《軽蔑》薄い(まずい)スープ. ❷《チリ》[学生の] 特別な休日

caldudo, da [kaldúdo, da] 形 =caldoso
—— 女《チリ. 料理》[卵・干しブドウ・オリーブの実などの, スープたっぷりの] エンパナーダ

cale [kále] 男 手で軽く叩くこと: dar un ~ en el sombrero 帽子をポンと叩く
dar a ~ *a*+人《メキシコ》…の意図を見抜く

calé [kalé]《←ジプシー語》形 名 ジプシー [の] [=gitano]
—— 男《コロンビア, エクアドル》[昔の] 4分の1レアル貨

calear [kaleár] 他《地方語》石灰で白く塗る [=encalar]

calecer [kaleθér] 自《古語》熱くなる

caledoniano, na [kaledonjáno, na] 形 ❶《地質》カレドニア造山運動の. ❷ =caledonio

caledonio, na [kaledónjo, nja] 形 名《古代ローマ. 地名》[グレートブリテン島北部] カレドニア Caledonia の [人]

calefacción [kalefa(k)θjón]《←ラテン語 calefactio, -onis < cale-gacere「熱する」》女 ❶ 暖房;[集名] 暖房器具, 暖房設備: encender (poner) la ~ 暖房をつける. apagar la ~ 暖房を切る. ~ habitación con ~ 暖房付きの部屋. ~ central セントラルヒーティング. ~ individual 個別暖房. ~ por aire caliente 温風暖房. ❷ 加熱

calefaccionar [kalefa(k)θjonár] 他《チリ, アルゼンチン, ウルグアイ》熱する; 暖房する

calefactable [kalefaktáble] 形 [器具に] 暖房に使える

calefactar [kalefaktár] 他 暖房する

calefactor, ra [kalefaktór, ra]《←calefacción》形 暖房する
—— 名 暖房器具の製造 (設置・修理) 業者
—— 男 ❶ 暖房器具. ❷ 温風ヒーター [=~ de aire caliente]

calefactorio [kalefaktórjo] 男 修道院内で修道士 (修道女) が暖を取る場所

calefón [kalefón] 男《南米》湯沸かし器, 給湯器 [=calentador]

caleidoscópico, ca [kaleiðoskópiko, ka] 形 万華鏡のような, めくるめく

caleidoscopio [kaleiðoskópjo] 男《←calidoscopio》万華鏡: La vida es como un ~, repetida y siempre diferente. 人生は万華鏡のようだ, 繰り返すがいつも異なっている

calellense [kaleʎénse] 形 名《地名》カレリア Calella の [人] [バルセロナ県の町]

calenda [kalénda]《←ラテン語 calendae, -arum「月・時期などの最初の日」》女 ❶《古代ローマ》1) 聖人伝の読誦文. 2) 復[暦で毎月の] 1日 (朔). ❷《口語》遠い日
las ~*s griegas*《皮肉》[否定の推測] 絶対にやって来ない日: Él me devolverá el dinero en *las* ~*s griegas*. 彼は永遠に金を返してくれないだろう

calendar [kalendár] 他《まれ》[書類に] 年月日を記載する

calendárico, ca [kalendáriko, ka] 形《まれ》カレンダーの

calendario [kalendárjo]《←ラテン語 calendarium》男 ❶ カレンダー, 暦: En el ~ ya estamos en primavera. 暦の上ではもう春だ. ~ americano 卓上日めくり. ~ azteca アステカの暦石 [= Piedra del Sol]. ~ de Adviento [12月に子供に与える] クリスマスイブまでのカレンダー. ~ de Flora 花暦. ~ de pared 壁掛けカレンダー. ~ de taco ～ de bloque 日めくり. ~ perpetuo 万年暦. ~ zaragozano 農業用の気象情報などが書かれている暦. ❷ 暦法: ~ solar (lunar) 太陽 (太陰) 暦. ~ juliano ユリウス暦. ~ gregoriano (nuevo・renovado・reformado) グレゴリオ暦 [1582年教皇グレゴリウス13世が制定]. ~ eclesiástico (litúrgico) 教会暦. ~ republicano [フランス革命時の] 共和暦. ❸ 予定表, スケジュール: cumplir un ~ のスケジュールを守る. ❹ 年間の予定: ~ escolar 学校行事予定. ~ laboral 行政が祝日などを定めた年間予定. ❺《古語. 手紙》発信地と日付
hacer ~*s*《軽率な》予想を立てる; 取りとめのないことを考える
parecer ~ *de vicario*《口語》[希望・計画・スピーチで] 何でも自分の都合のいいようにしようとする

calendarista [kalendarísta] 名 ❶ カレンダーの製作者. ❷ 占い好きな人

calendarizar [kalendariθár] 他 予定を立てる, 期限を決める

calender [kalendér] 男 [中世イスラムの] 托鉢僧

caléndula [kaléndula] 女《植物》キンセンカ

calentadita [kalentaðíta] 女《メキシコ. 口語》殴打

calentado [kalentáðo] 男 ❶《ベネズエラ. 飲料》砂糖とシナモン入りのホットパンチ. ❷《エクアドル, ペルー》翌日の朝食に食べる炒めた米とインゲン豆

calentador[1] [kalentaðór]《←calentar》男 ❶ ヒーター, 暖房機: poner (encender) el ~ ヒーターをつける. apagar el ~ ヒーターを消す. ~ de aire ファンヒーター. ❷ 給湯器 [=~ de agua]: ~ de gas ガス湯沸かし器. ~ de inmersión [棒状の] 直接水に浸す] 電気湯沸かし器. ❸ 哺乳瓶の加熱器 [= ~ de biberones 哺乳瓶加熱器. ❹ [寝床を温める, 長い柄の付いた] あんか [= ~ de cama]. ❺ 足温器. ❻《服飾》[主に 復] レッグウォーマー. ❼ [機関車の] 過熱器. ❽《俗語》大型の懐中時計

calentador[2], **ra** [kalentaðór, ra] 形 熱する, 暖める: placa ~*ra* パネルヒーター

calentamiento [kalentamjénto] 男 ❶ 加熱, 熱する(暖める)こと; 熱く(暖かく)なること: ~ global グローバルな・ ~ del planeta 〜 de la Tierra 地球温暖化. ❷《スポーツ》ウォーミングアップ [=ejercicio de ~]: hacer ejercicios de ~ ウォーミングアップをする

calentano, na [kalentáno, na] 形《中南米》海抜約1200m以下の暑い土地 Tierra Caliente の [人]

calentar [kalentár]《←ラテン語 calentare < calens, -entis》[23] 他 ❶ 熱する; 暖める, 温める: Vamos a encender la estufa temprano para ~ bien la habitación. 部屋を十分暖めるために早めにストーブをつけておこう. ~ el agua 湯を沸かす. ~ el horno オーブンを熱する. ~ el motor エンジンを温める. ~ la sopa スープを温める. ❷ 奮い立たせる, 活気づける: Esas palabras nos *han calentado* mucho. その言葉に私たちは大いに奮い立った. ~ los ánimos 元気を出させる, 気持ちを高ぶらせる. ❸《俗語》[性的に] 興奮させる: Me *calentó* mucho la película porno. 私はそのポルノ映画にひどく興奮した. ❹《口語》殴る: Como lo repitas, te *caliento*. 今度やったら, お前を殴ってやるからな. ~ a+人 *el culo*《口語》1) ~ los músculos 筋肉をほぐす. 2) [ボールを返す前に手・ラケットで] 留めておく. ❻《中南米》いらだたせる, 怒らせる
—— 自 ❶ 熱を発する, 熱くなる: Esta estufa no *calienta* mucho. このストーブはあまり熱くない. ❷ [日差しが] 強くなる, 暑くなる: Hoy *calienta* mucho el sol. 今日は日差しがとてもつよい. ❸《スポーツ》ウォーミングアップする [=precalentar]
—— ~*se* ❶ 熱くなる, 暖かくなる; 体を暖める: Entra y ca-

liéntate. 入って暖まりなさい。El agua *se calienta* con el sol. 水が日差しでぬるくなっている。 **❷** 〘議論・試合などが〙白熱する,熱を帯びる: Tanto *se calentó* la discusión que llegaron a las manos. 議論が熱くなりすぎて,ついには殴り合いになった。Ayer el partido de fútbol *se calentó* mucho. 昨日のサッカーの試合は白熱した。 **❸** 高揚する, 奮い立つ; 興奮する: Los miembros *se calentaron* mientras discutían. メンバーは議論しているうちに興奮してしまった。**❹** 《俗語》〖性的に〗興奮する。**❺** 〖動物が〗発情する,さかりがつく。**❻** 《中米. 口語》怒る,かっとなる。**❼** 《南米. 口語》心配する

calentero, ra [kalentéro, ra] 图 《地方語》チューロ売り〖=churrero〗
—— 囡 《ベネズエラ. 口語》激怒

calentísimo, ma [kalentísimo, ma] 形 caliente の絶対最上級

calentito, ta [kalentíto, ta] 〖←ラテン語 calens, -entis「温められた」〗形 **❶** 《口語》最近の,最新の: noticias ~*tas* ホットニュース。**❷** 《口語》できたての: pan ~ 焼きたてのパン, ほかほかのパン。**❸** 《衣服が》暖かい
Te las traigo ~tas. こんな話があるんだぞ/聞いたかい
—— 男 《地方語》チューロ 〖=churro〗

calentón, na [kalentón, na] 〖←calentar〗形 **❶** 《俗語》好色な〖人〗, 助平〖人〗; 《性的に》興奮した; 色っぽい, 情欲をそそる。**❷** 《南米》怒りっぽい
—— 男 **❶** 熱の急上昇; 〖急激な〗過熱: Dale un ~ a la sopa. スープを少し温めなさい。 ~ del motor エンジンのオーバーヒート。**❷** 《ペルー. 口語》〖一時的な〗怒り: pegarse un ~ かっとなる
darse un ~ 1) 〖エンジンが〗過熱する, オーバーヒートする。2) 《俗語》性的に興奮する

calentorro, rra [kalentóřo, řa] 形 《軽蔑》 **❶** 〖冷たくなくてはならない飲み物が〗生ぬるい。**❷** 〖人が〗性的に興奮している〖しやすい〗。**❸** 酒を飲みすぎた, 酔っぱらった

calentura [kalentúra] 〖←calentar〗囡 **❶** 〖病気による〗熱 〖=fiebre〗: tener ~ 熱がある。**❷** 〖熱で〗唇にできる膿疱。**❸** 《俗語》性的興奮。**❹** 《中米》タバコの発酵。**❺** 《南米》発作的な怒り
~ de pollo 〖*por comer gallina*〗《俗語》仮病, 詐病

calenturiento, ta [kalenturjénto, ta] 〖←calentura〗形 **❶** 《軽蔑》熱狂した, 興奮した; 〖imaginación *~ta* 突っ拍子もない想像. mente *~ta* 妄想〗。**❷** 〖estar+〗微熱のある〖人〗, 発熱した〖人〗: Parece que tengo un resfriado, porque estoy ~. 私は熱っぽい, 風邪をひいたみたいだ。Se despertó ~. 彼は目を覚ましたら少し熱があった。frente *~ta* 熱っぽい額。**❸** 《俗語》性的に興奮しやすい。**❹** 《パナマ, チリ》〖人が〗熱の高い。**❺** 《チリ》結核患者

calenturón [kalenturón] 男 《口語》〖一時的な〗高熱
calenturoso, sa [kalenturóso, sa] 形 =calenturiento
caleño, ña [kalépo, ɲa] I 〖←cal〗 **❶** 石灰の採れる〖できる〗. **❷** 石灰質の 〖=calizo〗
II 形 图 《地名》カリ Cali の〖人〗〖コロンビア, Valle de Cauca 県の県都〗

calepino [kalepíno] 〖←Ambrosio Calepino 〖イタリアのラテン語学者〗〗男 **❶** ラテン語の辞書。**❷** ノート 〖=cuaderno〗
caler[1] [kalér] 国 《廃語, アラゴン》必要〖重要・好都合〗である
calera[1] [kaléra] 囡 **❶** 石灰岩の採掘場。**❷** 石灰焼成炉。**❸** 〖ビスカヤ・ギプスコア沖で操業する〗小型漁船
calería [kaleríɑ] 囡 石灰の粉砕場・販売所
calerizo [kaleríθo] 男 《地方語》石灰質の土地
calero, ra[2] [kaléro, ra] 图 石灰の; 〖石灰製造の為の〗石灰岩採掘〖販売〗業者
calés [kalés] 男 **=calesa**
calesa [kalésa] 〖←仏語 calèche〗囡 〖折畳み式幌の〗二輪〖四輪〗馬車
calesero, ra [kaléséro, ra] 图 calesa の御者
—— 男 **❶** 《アンダルシア》〖calesa の御者が着ている〗模様付き上着。**❷** 《音楽》カレセラ〖アンダルシアの民謡〗
a la ~ra 馬車を calesa 風に飾って
calesín [kalesín] 男 〖1頭立て2人乗りの〗軽い四輪馬車
calesinero, ra [kalesinéro, ra] 图 〖calesín の〗貸し馬車屋; 御者
calesita [kalesíta] 囡 《アルゼンチン; 南米》回転木馬 〖=tiovivo〗
caleta [kaléta] 〖cala の示小語〗囡 **❶** 《西》小さな入り江。**❷** 《中南米》1) 〖入り江づたいに進む〗沿岸航行船。2) 小規模の港,

波止場。**❸** 《プエルトリコ》海に向かう短い通り。**❹** 《南米》隠し場所。—— 图 《ベネズエラ. 隠語》利己的な人; 買い占めする人

caletear [kaleteár] 圓 《ペルー, チリ》〖船が〗沿岸を寄港して巡航する
—— 他 《ベネズエラ》動かす, 運搬する

caletero, ra [kaletéro, ra] 图 《ベネズエラ》沖仲仕, 荷役作業員
—— 男 《ベネズエラ》沿岸巡航船

caletón [kaletón] 男 《ベネズエラ》caleta よりさらに小さい入り江

caletre [kalétre] 〖←ラテン語 character < ギリシア語 kharakter「線, 図形」〗男 **❶** 《主に戯謔》知的能力, 才能; 分別, 良識: tener mucho 〖poco〗 ~ 頭がいい〖悪い〗; 常識がある〖ない〗。**❷** 《キューバ. 植物》ハマベブドウ

caletrear [kaletreár] ~*se* 《ベネズエラ. 隠語》暗記する
caletrero, ra [kaletréro, ra] 形 《ベネズエラ. 隠語》〖学生が〗丸暗記する

caleya [kaléja] 囡 《地方語》市〖町・村〗道 〖=camino vecinal〗
cali [káli] 男 《化学》=**álcali**
calí [kalí] 形 〖スペインのジプシーが話すような〗ジプシー語〖の〗。**❷** ジプシー女

Calibán [kalibán] カリバン 〖シェークスピアの『テンペスト』*La tempestad* の登場人物。権力に追従する野蛮な輩〗

cálibe [kálibe] 图 《歴史》カリュベス人〖古代小アジアの部族で鍛冶に従事〗

calibo [kalíbo] 男 《アラゴン》燠 (ﾌ?)
calibración [kalibraθjón] 囡 **❶** 内径〖直径〗の測定。**❷** 評価, 判断

calibrado [kalibráðo] 形 **=calibración**
calibrador, ra [kalibraðór, ra] 形 〖内径・直径・口径などの〗測定器, ゲージ; キャリパス 〖~ *de mordazas*〗: ~ *de alambres* ワイヤーゲージ。 ~ *de joyero* ジュエリーゲージ。 ~ *de profundidades* 深さゲージ。~ 穿孔器, 穴開け器, 中割り機。**❹** 弾丸の直径を測定するための青銅製の管

calibrar [kalibrár] 〖←calibre〗他 **❶** 〖能力・重要性・影響などを〗判断する: ~ *las consecuencias* 結果がどうなるかを考える. *velocidad relativa calibrada* 《航空》較正対気速度。**❷** 詳細に検討する。**❸** 〖火器などの〗口径を測る; 〖弾丸・針金などの〗直径を測る。**❹** 口径〖太さ・厚み〗をつける。**❺** 《物理》目盛をつける

calibre [kalíβre] 〖←仏語 calibre < アラビア語 galib「型」〗男 **❶** 〖火器・管などの〗内径, 口径; 〖弾丸・針金などの〗直径: ~ *de grueso* 〖*alto*〗 大口径の。 ~ *de pequeño* 〖*bajo*〗 小口径の。*pistola de ~ 22* 22口径のピストル。**❷** 重大さ, 重要さ 〖*gran・poco・mucho* などと共に〗: *asunto de mucho ~* 重大な事柄。*error de pequeño ~* 小さな過ち。Es un pelmazo de mucho ~. 彼はひどくしつこい奴だ。Llegará a ser una estrella del ~ de Seve Ballesteros. 彼はセベ・バレステロス級のスターになるだろう。**❸** 〖口径〗測定器, ゲージ
ser de gran ~ 《南米》大物である

calicantáceo, a [kalikantáθeo, a] 形 ロウバイ科の
—— 囡 《複》《植物》ロウバイ科

calicanto [kalikánto] 男 **❶** 《←káncam》〖漆喰でつないだ〗石〖煉瓦〗積み建築〖工事〗。**❷** 《植物》ロウバイ。**❸** 《プエルトリコ, アルゼンチン》石壁; 防波堤

calicata [kalikáta] 〖←calar+cata〗囡 **❶** 探鉱, 鉱脈探査, ボーリング調査。**❷** 《建築》材料検査。**❸** 探求。**❹** 《俗語》《複》臀部, 尻

caliche [kalítʃe] 〖←cal〗男 **❶** 陶土に混じた小石。**❷** 壁面から剥がれ落ちた石灰。**❸** 〖果物の〗傷み, 傷。**❹** 《地方語, 俗語》男性性器。**❺** 《アンダルシア》器のひび。**❻** 《ムルシア》の当て遊び。**❼** 《ペルー, ボリビア, チリ》チリ硝石の鉱床; 《ペルー》硝石を取った後の山積み〖の〗チリ硝石

calichera [kalitʃéra] 囡 《ペルー, ボリビア, チリ》チリ硝石の鉱床
caliciflora [kaliθiflóra] 囡 《植物》萼 〖*=flor ~*〗
caliciforme [kaliθifórme] 形 **❶** 《解剖》杯状の: *célula ~* 杯細胞。**❷** 《植物》萼状の

calicillo [kaliθíʎo] 男 《植物》総苞 (ﾎ?); 菌輪
calicó [kalikó] 〖←仏語 calicot〗男 〖複 ~*s*〗《繊維》キャラコ, 薄い綿布

caliculado, da [kalikuláðo, ða] 形 《植物》副萼のある
calicular [kalikulár] 形 《植物》副萼の, 副萼状の
calículo [kalíkulo] 男 《植物》副萼 (ｶﾞｸ)

calidad [kaliđá(đ)] 〖←ラテン語 qualitas, -atis < qualis「のままに」〗[女] ❶ [事物の] 質, 品質; 等級: de primera ～ 第一級品の. papel de buena (mala) ～ 上質紙(粗悪紙). ～ de vida クオリティオブライフ, 生活(生命・人生)の質. ～ y precio 品質と価格. ❷ [事物の] 質の良さ, 良質, 上質; [人の] 資質の良さ, 品格: El comportamiento respetuoso de los asistentes dio ～ al acto. 参列者が礼儀正しくふるまったので, 式典は品位のあるものになった. persona de ínfima ～ 最低の人物. ～ humana 品性, 人間性. ❸ 重要性, 重大さ: asunto de ～ 重要問題. ❹ [社会的な] 地位, 身分, 資格: persona de ～ 身分の高い人. ❺ 高貴な血筋: familia de alta ～ 貴族. ❻ [契約の] 条件. ❼《トランプ》[複] 規則. ❽《美術》画材の特質

a ～ de que+接続法 …という条件であれば: El interesado puede usar el servicio de autobús sin pagar, *a ～ de que* sea vecino de este municipio. 当人がここの市民であれば無料でバスを利用できる

de ～ 質の良い, 良質の, 上質の, 高級な, 一流の: Es una obra *de ～*. それは良質の作品だ. vino *de ～* 上等のワイン. profesor *de ～* 優秀な教師

en ～ de... [+無冠詞名詞] …の資格で, …として: Asistió a la conferencia *en ～ de* observador. 彼はオブザーバーの資格で会議に出席した

por su ～ de... …の権限で, …の権利を使って: *por su ～ de* presidente de la asamblea general 総会議長としての権限で

calidez [kaliđéθ] [女] ❶《医学》熱, 熱さ. ❷《中南米》心温かさ

cálido, da [káliđo, đa] 〖←ラテン語 calidus〗[形] ❶ [気候・地域が] 暑い: clima ～ y húmedo 高温多湿の気候. tierra *～da* 暑い土地. viento ～ 熱風. ❷ 熱烈な, 熱心な: *～da* acogida 熱烈な歓迎. *～s* aplausos 熱烈な拍手. ❸ [態度・気持ちなどが] 温かい, 温かみのある: voz *～da* 温かみのある声. de ～ corazón 心温かい. ❹ [色が] 暖かい, 暖色の: colores *～s* 暖色. ❺ [食べ物などが] 体を熱くする

calidonio, nia [kaliđónjo, nja] [形] [名]《歴史, 地名》[古代ギリシアの] カリドニウス Calidonia の〔人〕

calidoscópico, ca [kaliđoskópiko, ka] [形] =**caleidoscópico**

calidoscopio [kaliđoskópjo] 〖←cali-+ギリシア語 eidos「画像」+skopeo「私は見る」〗[男] =**caleidoscopio**

calientabraguetas [kaljentaƀraɣétas] [女] 〖単複同形〗《卑語, 軽蔑》=**calientapollas**

calientacamas [kaljentakámas] [男] 〖単複同形〗 あんか: ～ eléctrico 電気あんか

calientahuevos [kaljentawéƀos] [女] 〖単複同形〗《南米. 卑語》=**calientapollas**

calientapiernas [kaljentapjérnas] [男] 〖単複同形〗《服飾》レッグウォーマー

calientapiés [kaljentapjés] 〖←calentar+pie〗[男] 〖単複同形〗 足温器

calientaplatos [kaljentaplátos] [男] 〖単複同形〗 料理保温器

calientapollas [kaljentapóʎas] [女] 〖単複同形〗《西. 卑語, 軽蔑》扇情的な女, セクシーな女

calientasillas [kaljentasíʎas] [形] [名] 〖単複同形〗 [あまり働かずに] ただ長く椅子に座っている〔人〕

caliente [kaljénte] 〖←ラテン語 calens, -entis「熱い」〗[形] ❶ 熱い, 熱した: No me gusta la sopa ～. 私は熱いスープは苦手だ. ¡Cuidado, que la plancha está ～! アイロンが熱くなっているから, 気をつけて! asfalto ～ 熱くなったアスファルト. café ～ 熱いコーヒー. ❷ 温かい; [部屋・衣類などが] 暖かい: Sus manos estaban *～s*. 彼の手は温かかった. Que mantengan ～ la habitación. 部屋を暖かくしておいてくれ. Tengo unos zapatos muy *～s* para el invierno. 私は冬用の非常に暖かい靴を持っている. Ande (Ándeme) yo ～ y ríase la gente.《諺》見てくれより実利が大切だ/人がどう思おうと自分がよければそれでいい〖ゴンゴラ Góngora の詩の一節. ただし成立はそれ以前〗. ❸ 最近の, 最新の: Traigo noticias *～s*. ホットなニュースがあるぞ. ❹ [議論などが] 激しい, 熱した: discusión ～ 激論. disputa ～ 激しい口論. riña ～ すごいけんか. Los españoles tienen la sangre ～. スペイン人は激しやすい性格だ. Los ánimos están *～s*. 人々の気持ちがたかぶっている. ❺《俗語》[性的に] 熱くなった, 燃えている; セックス好きな; さかりのついた: Ella se ha puesto ～ esta noche. 今夜は彼女は燃えている. Ese tío es muy ～. そいつは女好きだ. ❻《美術》[色彩が] 暖かい, 暖色の. ❼ [間投詞的. クイズなどで正解に近い時] 近い, 惜しい: Frío, templado, ～... ¡te quemaste! 全然違う, やや近い, 近い. あと一歩! ❽《主に南米. 口語》怒った

—— [名]《俗語》[性的に] 興奮しやすい人

comer ～ 1) 温かいうちに食べる. 2)《口語》生活必需品は何とか得る

en ～ すぐに, その場で: No lo dejes para mañana: toma la decisión *en ～*. 明日まで放っておいてはいけない, 今この場で決めなさい

califa [kalífa] 〖←アラビア語 jalifa「跡継ぎ」〗[男] ❶《歴史》カリフ〖ムハンマド Mahoma の代理者としての, イスラム教国の教主・最高権威者の称号〗. ❷《皮肉》コルドバ出身の有名な闘牛士たちのあだ名

califal [kalifál] [形] カリフ califa の; カリフ統治時代の

califato [kalifáto] 〖←califa〗[男] カリフ califa の位(在位期間・領土); カリフ〔統治〕時代: *C*～ Omeya ウマイヤ朝〖661～750, 最初の世襲制イスラム王朝〗. *C*～ de Córdoba 後ウマイヤ朝〖756～1031, イベリア半島に興ったイスラム王朝〗

califero, ra [kalífero, ra] [形] 石灰を含んだ

calificable [kalifikáƀle] [形] 形容され得る

calificación [kalifikaθjón] 〖←calificar〗[女] ❶《教育》[試験などによる] 成績, 評点; 採点: Antes de las vacaciones saldrán las *calificaciones* finales. 休暇の前に最終成績が出るだろう. He conseguido la ～ de sobresaliente en el examen de inglés. 私は英語の試験で優を取った. dar una buena (mala) ～ 良い(悪い)成績をつける. realizar la ～ de los exámenes 試験の成績をつける. excelente ～ 優秀な成績. 〖[参考] 普通10点満点で, 10点が matrícula de honor「授業料免除つきの優等」, 9～10点が sobresaliente「優」, 7～9点が notable「良」, 5～7点が aprobado「可」, 5点より下が suspenso/reprobado/no aprobado「不可」のことが多い〗 ❷ [調査などによる] 評価, 査定: agencia de ～〔de riesgos〕信用格付け機関. ～ urbanística 土地の評価〔額〕. ～ de servicios 勤務評定. ～ de solvencia [個人・法人の] 信用格付け. ❸ [労働者の] 能力, 資格; [その仕事をするのに必要な] 条件; 熟練度: trabajadores de baja ～ 未熟練労働者. ❹《法律》罪科の決定; [係争事実などの] 性質決定. ❺《文法》修飾, 形容

calificadamente [kalifikáđaménte] [副]《主に中南米》必要な資格を備えて, 条件を満たして

calificado, da [kalifikáđo, đa] 〖←calificar〗[形] ❶ [+para の] 資格のある, …に適任の: No estoy ～ *para* este trabajo. 私はこの仕事に向いていない. personal ～ *para* el puesto そのポストに就く資格を持っている人員. ❷ 熟練した; 有能な: obrero ～ 熟練工. ❸ 一流の, 権威のある; 著名な: Es un político ～ en este país. 彼はこの国では名の知れた政治家だ. marca *～da* 一流ブランド. científico ～ 権威のある科学者. ❹ 条件のそろった, 要件を備えた: Es una prueba muy *～da*. それは完璧な証拠だ. ❺ 証明済みの, 正真正銘の

calificador, ra [kalifikađór, ra] [形] 審査(調査・審理)する: jurado ～ 審査委員会

—— [名] 審査員, 試験官: ～ del Santo Oficio《歴史》異端審問所で検閲する神学者

calificar [kalifikár] 〖←俗ラテン語 qualificare < ラテン語 qualis+facere〗 [7] [他] ❶ [+de・como と] 評価を下す: Ahora la *califican de* pintora genial. 今では彼女は天才的な画家と評価されている. Sus obras pueden ser *calificadas como* las más excelentes de la época. 彼の作品はその時代で最高と評価され得る. Todos *han calificado* muy bien tu comportamiento. みんなは君の行動をとてもよかったと評価している. ❷ [+de と] 見なす, 格付けする: Tu actitud se puede ～ *de* insolente. 君の態度は横柄だと見られるかもしれない. ❸ [試験などで] 点数をつける, 評点を与える: *He calificado* su examen con un aprobado (un reprobado). 私は彼の試験に及第点(落第点)をつけた. Ya *he calificado* a todos mis alumnos. 私は受け持ちの生徒全員の採点をすませた. ❹《文法》修飾する, 形容する: Estos adjetivos *califican* al sustantivo. これらの形容詞は名詞を修飾している. ❺ [財産・収入などを] 査定する, 評価する

—— **～se** ❶ [3人称で] 評価される. ❷ [自らが] 貴族であると証明する

calificativo, va [kalifikatíƀo, ƀa] 〖←calificar〗[形] 性質を示す, 品質を表わす: adjetivo ～ 品質形容詞

—— [男] ❶ [性質・特徴を表わす] 修飾語〔句〕, 形容詞〔句〕: No encuentro *～s* para describir su bondad. 彼の善良さを表現する言葉が見つからない. ❷ 別称, 別名, あだ名: Se me

aplicó el ~ de reaccionario. 私は反動的だというレッテルを貼られた
Solo merece el ~ de... ⋯としか表現しようがない
califón [kalifón] 男〖複 ~s〗《チリ》=**cálifont**
cálifont [kálifont] 男〖複 ~s〗給湯器, 湯沸かし器
californiа[1] [kalifórnja] 女 ❶《プエルトリコ》20ペソ(ドル)金貨. ❷《南米》競馬
californiano, na [kalifornjáno, na] 形 名〖地名〗カリフォルニアの〔人〕《米国のカリフォルニア州; メキシコのカリフォルニア湾 golfo de California, カリフォルニア半島 Baja California》
californico, ca [kalifórniko, ka] 形 =**californiano**
californio, nia[2] [kalifórnjo, nja] 形 名 =**californiano**
── 男《元素》カリホルニウム
cáliga [káliga] 女 ❶《古代ローマ》[サンダル状の] 軍靴. ❷ [主に. 中世の僧侶, 後に司教が履いた] ゲートル
calígine [kalíxine]〖←ラテン語 caligo, -iginis〗女《文語》❶ もや〖=calina〗. ❷ 霧; 暗がり. ❸ 蒸し暑さ
caliginoso, sa [kalixinóso, sa] 形《文語》❶ もや calina のかかった. ❷ 暗く霧の深い. ❸ 蒸し暑い
caligrafía [kaligrafía]〖←ギリシア語 kalligraphia < kalos「美しい」+grapho「私は書く」〗女 ❶ 書道, 習字; 能筆: Tengo muy mala ~. 私は字がとても下手だ. ❷ 不可算 筆跡. ❸[形式上の]完璧さ, 様式美
caligrafiar [kaligrafjár] 11 他 書法どおりに書く, 美しい書体で書く
caligráfico, ca [kaligráfiko, ka] 形 書道の, 習字の; 達筆の
calígrafo, fa [kalígrafo, fa]〖←ギリシア語 kaligraphos〗名 ❶ 達筆な人. ❷ 書家, 能書家
caligrama [kaligráma] 男《詩法》カリグラム
caligüeba [kaligwéba] 女《ベネズエラ. 俗語》怠惰, 無気力
calilla [kalíʎa] 女 ❶《中南米. 口語》わずらわしさ, 迷惑. ❷《チリ. 口語》借金
── 形 名 ❶《グアテマラ, ホンジュラス》わずらわしい〔人〕, 迷惑な〔人〕; うるさい奴. ❷《チリ. 口語》無能な人, 役立たず
calima [kalíma] 女 ❶ [夏に出る] もや〖=calina〗. ❷ [サハラから来る] 埃の雲. ❸《船舶》コルクをつないだブイ
── 形 名 カリマ族〔の〕《コロンビア, Valle de Cauca 県の先住民》
calimaco [kalamáko] 男 浮き綾織りに似た薄い毛織物〖=calamaco〗
calimba [kalímba] 女《キューバ》[家畜に押す] 焼き印
calimbo [kalímbo] 男 品質, 銘柄
calimico [kalimíko] 男《動物》ゲルディモンキー
calimocho [kalimótʃo] 男《西. 酒》カリモーチョ《赤ワインのコーラ割り》
calimoso, sa [kalimóso, sa] 形 =**calinoso**
calimote [kalimóte] 男《漁業》[袋網の口に付ける3つのコルクのうち] 真ん中のコルク
calina[1] [kalína]〖←ラテン語 caligo, -iginis〗女 ❶ 不可算 [夏に出る] もや, かすみ. ❷ 蒸し暑さ, 猛暑
calino, na[2] [kalíno, na] 形 石灰を含んだ
calinoso, sa [kalinóso, sa] 形 ❶ もや calina のかかった. ❷ 蒸し暑い
caliología [kaljoloxía] 女 鳥の巣学
Calíope [kalíope] 女《ギリシア神話》カリオペ《叙事詩と雄弁の女神》
calípedes [kalípedes] 男〖単複同形〗《動物》ナマケモノ〖=perezoso〗
calipedia [kalipédja] 女 美しい子供を産む法
calipédico, ca [kalipédiko, ka] 形 美しい子供を産む法の
calípico [kalípiko] 形〖←Calipo《古代ギリシアの天文学者カリッポス》〗76年周期の閏に関する
calipso [kalí(p)so] 男 [C] 《ギリシア神話》カリュプソ〖ニンフ〗
── 男 ❶ カリプソ《トリニダード島の民俗舞踊・音楽》. ❷ de color ~ 濃いターコイズブルーの
caliptra [kalíptra] 女《植物》根冠
caliptriforme [kaliptrifórme] 形《植物》根冠状の
caliptrógeno [kaliptróxeno] 形《植物》原根冠, 根冠形成層
caliqueño [kalikéɲo] 男《口語》性交〖=coito〗: echar un ~ 性交する.《西》細く締まった葉巻きか
calistenia [kalisténja] 女〖←英語 callisthenics〗女 柔軟体操, 美容体操

calitipia [kalitípja] 女《古語. 写真》カリタイプ法
calitricáceo, a [kalitrikáθeo, a] 形《植物》アワゴケ科の
── 科《植物》アワゴケ科
cáliz [káliθ]〖←ラテン語 calix, -icis〗男 ❶《カトリック》聖杯, 聖餐杯, カリス: paño de ~ 聖杯布. ❷《文語》杯. ❸ 集合 苦難: apurar el ~ de amargura [hasta las heces] 苦杯をなめ尽くす. ❹《植物》萼(がく): ~ actinomorfo (regular) 放射相称の萼. ~ irregular 非相称の萼
calizo, za [kalíθo, θa] 形〖←cal〗石灰質の: espato ~ 方解石
── 女 石灰岩〖=piedra ~za〗: ~za dolomítica (lenta) 苦灰石
calla [káʎa] 女《中南米》地面に穴を開けて植え付けをするための棒
callacuece [kaʎakwéθe] 名《アンダルシア》羊の皮を着た狼, 偽善者
callada[1] [kaʎáða] I〖←callar〗❶ 静寂, 静けさ; 沈黙. ❷《船舶》強風(波浪・風波)の静まり
a las ~s =de ~
dar la ~ por respuesta わざと答えない
de ~ そっと, こっそりと, 密かに
II〖←callo〗女《西》主に臓物を食べる無礼講の宴会
calladamente [kaʎáðaménte] 副 そっと; 静かに
calladera [kaʎaðéra] 女《地方語》沈黙, 無言
callado, da[2] [kaʎáðo, ða] 形 ❶ 無言の, 黙っている; 口数の少ない, 静かな: Casi siempre él permanece ~ en la reunión. 彼は会議ではほとんど何も喋らない. ¡Qué le pasa a María?, que hoy está muy ~da. マリアはどうしたのだろう? 今日はとても無口だ. ❷ 内気な, 無口な〔性格の〕: Esa muchacha es muy ~da. その娘はとても無口だ. ❸ 静かな: Es una aldea ~da. 内々での, 密かな, 秘密の: tener ~ [物事を] 秘密にしておく
más ~ que un muerto 黙りこくって
callamiento [kaʎamjénto] 男 黙ること, 沈黙, 無言
callampa [kaʎámpa] 女 ❶《アンデス. 植物》ヌメリイグチ《食用のキノコ》. ❷《チリ》1) フェルト帽. 2) 掘っ立て小屋, バラック住宅;複 そのスラム地区
callamperío [kaʎamperío] 男《チリ》貧民街, スラム街
callampero, ra [kaʎampéro, ra] 名《チリ》バラックの住民
callana [kaʎána] 女 ❶《南米》1) [先住民がトウモロコシや小麦の穀粒を煎る] 素焼きの器. 2) 利用できる鉱滓. ❷《ペルー》植木鉢. ❸《チリ》大型の懐中時計
callandico [kaʎandíko] 副《口語》=**callandito**
callandito [kaʎandíto] 副 黙って, 静かに, そっと, こっそりと, 密かに: Entró en casa ~ para no despertar a nadie. 彼は誰も起こさないようにこっそり家に入った. ¡C~, ~! 静かに, 静かに!
callando [kaʎándo] 副 =**callandito**
callantar [kaʎantár] 他 =**acallar**
callanudo, da [kaʎanúðo, ða] 形《チリ. 口語》[言行が] 恥知らずな〔人〕, 無礼な〔人〕
callao [kaʎáo] 男 ❶《地方語》丸い小石〖=guijarro〗. ❷《カナリア諸島》丸石で覆われた平地
callar [kaʎár]〖←俗ラテン語 callare「声をひそめる」< ギリシア語 kalhao「私は放す, 下げる」〗自〖~se の方が多く使われる〗❶ 黙る: *Calle* usted por favor, que todavía estoy hablando. まだ私が話している途中なので, 話をしないで下さい. Todos *callaron* cuando los informaron de esa tragedia. その悲報が知らされた時みんなは黙ってしまった. hacer ~ a+人 ⋯を黙らせる. 2)《諺》Al buen ~ llaman Sancho. 口は災いのもと. Quien *calla*, otorga. 沈黙は同意のしるし. ❷《口語》黙して語らない, 黙っている. ❸ [音・鳴き声などが] やむ: A la mitad del segundo movimiento, *callan* las flautas. 第2楽章の半ばでフルートがやむ. Ya *han callado* los grillos. コオロギの鳴き声がやんだ. ❹ [海・風などが] 静まる, 凪ぐ
¡Calla!/¡Calle! まさか, これは驚いた!
calla callando 用心深く
── 他 ❶ 口外しない, 言わない; 隠す: *Han callado* lo que querían decir. 彼らは言いたいことを言わなかった. *Calló* un hecho en su declaración de testigo. 彼は証言の中である事実を語らなかった. Lo *callaré*. それは言わずにおこう. ❷ 黙らせる, 口止めする
── ~se ❶ 黙る, 黙り込む; 話すのをやめる: ¡Cállate! 黙れ! ❷ [知っていることを] 口外しない, 言わずにおく: Si te cogen, es

mejor que *te calles*. 捕まっても，何も言わないことだ． ❸［音・鳴き声などが］やむ，静かになる: Las máquinas *se callaron*. 機械の音が止まった． *Se callan* los cañones. 大砲が鳴りやむ

calle [káʎe]《ラテン語 callis「小道」》囡 ❶ 通り，街路: Mi colegio está en esta ～. 私の学校はこの通りにある． andar por las ～*s* 街を歩く． niños en la ～. 私の街には…ストリートチルドレン． ～ mayor ∕ ～ principal 大通り，メインストリート． ～ peatonal 歩道． ～ de árboles 並木道． ❷ …通り，…街: ¿En qué ～ vive usted?—Vivo en la C～ de Goya. 何通りに住んでいますか？—ゴヤ通りに住んでいます． vivir en el número 105 de la C～ de Arrieta アリエタ通り105番地に住む． ❸ [la+. 家の中に対して] 外，屋外: Hace mucho frío en la ～. 外はとても寒い． Ya hace una semana que él no sale a la ～. 彼はもう1週間も外出していない． Hoy me he pasado todo el día en la ～. 今日私は一日中外にいた． ¡A la ～! 外へ行きなさい／外へ行って遊びなさい． ❹ [集合] [la+] 通りの人，街中の人；普通の人，一般大衆；世論，ちまたの声: Ya lo sabía toda la ～. もう街中の人がそのことを知っていた． ❺《口語》［刑務所内に対して］しゃば． ❻［自動車道路の］車線，レーン: En Japón hay que circular por la ～ de la izquierda. 日本では左側の車線を走らなければならない． autopista de cuatro ～*s* 4車線の高速道路． ❼《航空》誘導路 [=～ de rodadura, ～ de rodaje]. ❽《スポーツ》1) コース，走路: nadar en la ～ número tres 第3コースを泳ぐ． 2)《ゴルフ》フェアウェイ． ❾《チェス・チェッカー盤などの》升目の列． ❿《印刷》リバー． ⓫《建築》［飾り壁 retablo の］縦の区画． ⓬［間投詞的］どけ！/道をあけろ！

abrir ～《口語》1) 人をかき分けて進む． 2) ［通れるように］道をあける

aplanar ～*s*《ペルー》［仕事をせずに・時間つぶしに］街をぶらつくする

azotar ～*s*《口語》街をぶらつく，当てもなく歩き回る

～ *ciega* ∕ ～ *cortada*《南米》行き止まりの道

～ *de lágrimas* この世，浮き世

～ *de una mano*《南米》一方通行の道

～ *de una vía*《コロンビア》 =～ *de una mano*

coger la ～《口語》［急に］立ち去る；外出する

criarse en la ～ 市井（場末）に育つ

de ～ 1)《服飾》［フォーマルでない］街着の・で，普段着の・で: estar (ir) vestido *de* ～ ラフな格好をしている． 2) 簡単に，容易に: ganar *de* ～ 楽勝する

de la ～ 1)［主に社会的・政治的に］他と変わりのない，普通の: gente *de la* ～ 普通の人 [=hombre de la calle]． lenguaje *de la* ～ 普通の言い回し，くだけた言葉づかい． opinión *de la* ～ 街の声，世論． 2)［売春婦が］通りで客を誘う: chica (mujer) *de la* ～ 街娼

dejar a+人 *en la* ～ 解雇する；路頭に迷わす: La quiebra de la empresa me *ha dejado en la* ～. 会社の倒産で私は失業中だ

doblar la ～ 角を曲がる

echar a la ～《口語》1)［+a+人 を］解雇する: Le *echaron a la* ～ porque llegaba tarde muchas veces. 彼は何度も遅刻したので首になった． 2) 追い出す． 3)［囚人などを］釈放する，解放する． 4) 公表する，発表する

echar por la ～ *de en* (*del*) *medio*《口語》思い切ってする，あれこれ迷わず行動する，障害をものともせず突き進む

echarse a la ～ 1) 外出する． 2)［デモ隊が］街頭へ繰り出す: Los obreros *se echaron a la* ～ reclamando el aumento del sueldo. 労働者たちは賃上げを要求して街頭へ繰り出した． 3) 暴動に加わる，反乱を起こす． 4) 売春する

en la ～《口語》1) 失業中で・の: Antonio ahora no está en casa, está *en la* ～. アントニオは今家にいません，外出中です．《口語》失業中の． 3) 宿無しの，一文無しの． 4) 釈放された，自由の身になった

hacer ～ 1)［歓迎などの］人垣を作る． 2) =**abrir** ～． 3)《口語》=*hacer la* ～

hacer la ～《口語》［売春婦が］通りで客を引く

ir a la ～ 1) 立ち去る． 2)《口語》解雇される: Después de diez años trabajando en esa empresa, Pepe *ha ido a la* ～. ペペはその会社で10年働いた後，解雇されてしまった

irse a la ～ 急に立ち去る，出かける

llevar a+人 *de* ～《西．口語》…の心をひきつける

llevar a+人 *por la* ～ *de la amargura*《口語》…に苦労をかける，惨めな生活をおくらせる

llevarse a+人 *de* ～《西．口語》1) …の心をひきつける，…に好感を与える: Eva es tan guapa que *se lleva de* ～ a todos los chicos de su clase. エバはとてもきれいなのでクラスの男の子はみんな彼女にいかれている． 2)［議論で］納得させる，言い負かす

no pisar la ～《口語》外出しない，家に閉じこもっている

pasear la ～［男が女に］言い寄る，口説く: A Julia nunca le faltan mozos que *paseen la* ～. フリアには常に言い寄る男たちがいる

plantar a+人 *en la* ～ =*poner a*+人 *en la* ～

poner a+人 [*de patitas*] *en la* ～ 1) …を追い出す: *Puso* al violinista *en la* ～. 彼はバイオリン弾きを外に追い出した． 2) 解雇する． 3) 釈放する，解放する

quedarse en la ～［職・家がなくて］路頭に迷う

romper por la ～ *de en* (*del*) *medio*《口語》=*echar por la* ～ *de en* (*del*) *medio*

rondar la ～ =*pasear la* ～

salir a la ～ 街に出る，外出する

tirar por la ～ *de en* (*del*) *medio*《口語》=*echar por la* ～ *de en* (*del*) *medio*

traer a+人 *por la* ～ *de la amargura*《口語》=*llevar a*+人 *por la* ～ *de la amargura*

callear [kaʎeár] 他 ［ブドウ畑で取り入れを容易にするため］通り道に伸びたブドウのつるを切り離す

callecalle [kaʎekáʎe] 男《植物》トリケ［薬用］

calleja [kaʎéxa] 囡《calle の示小語》囡 =**callejuela**

Calleja [kaʎéxa] I《人名》Félix ～ フェリックス・カジェハ〖1753～1828, スペイン出身の軍人, ヌエバ・エスパーニャ副王〗 II ［←民間伝承の人物］*Sépase* (*Ya se verá*∕*Ya verán*) *quién es* ～.《まれ》私の力を思い知らせてやる／今に見ておれ

tener más cuento que ～ ひどい嘘つきである

callejeador, ra [kaʎexeaðór, ra] 形 名 街をぶらつく［人］

callejeante [kaʎexeánte] 形 名《まれ》=**callejeador**

callejear [kaʎexeár]［←calleja］自 ❶［+por 街を］ぶらつく，出歩く，遊び歩く: ～ *por* el centro 繁華街をぶらぶらする． ❷ 遊び歩く

callejeo [kaʎexéo] 男 街をぶらつくこと，そぞろ歩き

callejero, ra [kaʎexéro, ra]［←calleja］形 ❶ 通りの，街頭の: animación ～*ra* 街の活気． combate ～ 市街戦． festejo ～ 通りのお祭り騒ぎ． manifestación ～*ra* 街頭デモ． músico ～ ストリートミュージシャン． orador ～ 街頭演説家． riña ～*ra* 往来でのけんか． vendedor ～ 行商人． venta ～*ra* 街頭販売． ❷ 街を歩いる，ぶらつく；遊び歩くことが好きな: Es muy ～. 彼はいつも街をぶらついている． ❸ 通俗的な，ありふれた ── 男《西》❶［街路名リスト付きの］市街図，街路図，タウンマップ: El nombre de esa calle lo buscaré en el ～. その通りの名は市街地図で探そう． ❷ 街路名リスト． ❸［新聞配達などのための］購読者・顧客の］住所録． ❹ 地区別電話帳

callejón [kaʎexón]《calleja の示大語》男 ❶［建・建物の間の］路地，小路 (dim.)；通路． ❷《闘牛場》のフェンスと観客席の間の通路． ❸《地理》狭い谷． ❹《スポーツ》［プールなどの］コース． ❺《地方誌》［かき分けて進む］人込みのすきま． ❻《アンデス》大通り． ❼《ペルー》アパート [=casa de vecinos]

～ *sin salida* 1) 袋小路，行き止まり． 2) 難局，行き詰まり: Perdió mucho dinero y ahora está en un ～ *sin salida*. 彼は大金を失い，今やにっちもさっちもいかない． meterse en un ～ *sin salida* 窮地に陥る

callejuela [kaʎexwéla]《calleja の軽蔑語》囡 ❶ 路地，裏通り，横丁． ❷［比喩］抜け道，逃げ道；逃げ口上，口実

callera [kaʎéra] 囡 hierba ～ rosa《植物》ムラサキベンケイソウ（紫背慶草）

Calles [káʎes]《人名》Plutarco Elías ～ プルタルコ・エリアス・カジェス〖1877～1945, メキシコの軍人・大統領．政教分離を推進〗

callialto, ta [kaʎiálto, ta] 形 ［馬のひづめの欠陥を補うため，蹄鉄の］両端が分厚くなっている

callicida [kaʎiθíða] 男 うおのめ・たこの治療薬

callista [kaʎísta] 名 足のうおのめ・皮膚病などの治療医

callizo [kaʎíθo] 男《アラゴン》横丁，路地

callo [káʎo]［←ラテン語 callum］男 ❶《医学》胼胝 (ﾀｺ), たこ, うおのめ: criar ～*s* たこができる． tener ～*s* en las manos 両手にたこができている． ❷［解剖］仮骨． ❸《西，メキシコ．料理》覆［牛などの］胃袋の煮込み． ❹《西．口語》若作りしている老女，醜い

callón 女. ❺《メキシコ. 貝》~ de hacha ホタテガイ
dar el ~《西. 口語》根をつめて働く
tener ~《メキシコ》熟練している、経験がある
callón [kaʎón] 男 突き錐 lezna を研ぐ道具
callonca [kaʎóŋka] 形《栗・どんぐりが》軽く焼いてある
── 女 ❶ 非常に太った女. ❷《口語》売春婦
callosa¹ [kaʎósa] 女《植物》=calosa¹
callosidad [kaʎosidá[d]] 女《←ラテン語 callositas, -otis》❶ 皮膚の肥厚;《callo ほど深くない》: Tengo con ~ debido al índice de tanto escribir. 私は人差し指にペンだこができている. ❷《医学》複 慢性の潰瘍による組織の硬化. ❸ ~ isquiática《主に複》サルの〉尻だこ
callosino, na [kaʎosíno, na] 形 名《地名》カリョサ・デ・セグラ Callosa de Segura の〔人〕《アリカンテ県の町》
calloso, sa² [kaʎóso, sa] 形 肥厚した, 胼胝状の; まめ(たこ)のある. ❷《解剖》cuerpo ─ 脳梁ジッ
callosotomía [kaʎosotomía] 女《医学》脳梁切断手術
callueso [kaʎwéso] 男《ムルシア. 昆虫》ケラ《=alacrán cebollero》
calma¹ [kálma] 女《←ギリシア語 kauma「やけど」< kaio「私は焼く」》
❶ 平静, 落ち着き: Piénsatelo con ~. 落ち着いて考えろ. mantener (perder) la ~ 平静を保つ(失う). ❷ 平穏, 静寂: El mar está en ~. 海は穏やかだ. ~ antes de la tempestad 嵐の前の静けさ. ~ en el dolor 痛みの和らぎ. ❸《口語》〔言動の〕過度の悠長さ; 怠惰. ❹ 凪なぎ, 無風状態. ❺《気象》平穏〈風力0〉: en ~ 凪いだ. ~s ecuatoriales 赤道無風帯. ❺〔活動の〕不活発, 一時休止;〔病気の〕小康《状態》;〔相場の〕閑散〔期〕. ❻〔間投詞的〕冷静になれ, 落ち着け!
~ chicha べた凪ぎ
tomarlo (*tomárselo*) *con* ~ のんきに構える, くよくよしない
calmado, da [kalmádo, da] 形 静かな, 落ち着いた;〔痛みなどが〕和らいだ
calmante [kalmánte]《←calmar》形 男《薬学》鎮静の, 鎮静剤《⇔estimulante》; 鎮痛の, 鎮痛剤《=analgésico》: Se quejaba sin parar y tuvimos que darle un ~. 彼はひっきりなしに苦痛を訴えたので, 私たちは鎮静剤を飲ませなければならなかった
calmar [kalmár]《←calma》他 鎮める, 和らげる: La aspirina *calma* el dolor. アスピリンは痛みを和らげる. ~ *su hambre* 空腹を抑える. ~ *a la multitud* 群衆を鎮める
── 自〔天気・風などが〕穏やかになる, 鎮まる
── ~*se* ❶ 鎮まる: Se *calmó* el mar. 海が穏やかになった. ❷ 落ち着く: *Cálmate.* 落ち着きたまえ
calmazo [kalmáθo]《calma の示大語》男《船舶》べた凪ぎ《=calma chicha》
calmécac [kalmékak] 男《メキシコ. 古語》貴族の息子用の寄宿学校
calmil [kalmíl] 男《メキシコ》農家のそばの畑
calmo, ma² [kálmo, ma] 形 ❶《文語》静かで;〔海などが〕穏やかな. ❷《文語》休憩中の. ❸《地方語》〔土地が〕荒れた, 耕されていない; 荒涼とした, 草木の生えていない
calmoso, sa [kalmóso, sa]《←calma》形 名《西》悠長な〔人〕, のんびりした〔人〕, 落ち着いた〔人〕. ❷《船舶》viento ~ ゆるやかで断続的な風
calmuco, ca [kalmúko, ka] 形 名 カルムイク Kalmukia 人〔の〕《モンゴル系の民族》
calmudo, da [kalmúdo, da] 形《まれ》=calmoso
calnado [kalnádo] 男《古語》南京錠《=candado》
calo [kálo] 男《エクアドル》〈水を含んでいる〉太く長いヨシ
caló [kaló] 男《←ジプシー語》❶ ジプシー語(方言). ❷ 隠語, スラング. ❸《メキシコ》学生言葉
calobiótica [kalobjótika] 女 ❶ 快適な生活法, 良く生きる術. ❷〔人間の〕規則正しい生活を送ろうとする自然の傾向
calocéfalo, la [kaloθéfalo, la] 形《動物》頭部の美しい
calofilo, la [kalofílo, la] 形《植物》葉の美しい
calofriante [kalofrjánte] 形《まれ》悪寒をさせる, 震え上がらせる
calofriar [kalofrjár] 11 他《まれ》悪寒をさせる
── ~*se* 悪寒がする, ぞっとする, 身震いする
calofrío [kalofrío] 男《まれ》〔主に〕複 =escalofrío
calografía [kalografía] 女《まれ》=caligrafía
calogía [kaloxía] 女《まれ》美学《=estética》
calomel [kalomél] 男 =calomelanos
calomelanos [kalomelános] 男 複《化学》甘汞カンッハウ
calón [kalón] 男 ❶ 川や港の水深を測る竿. ❷〔1メートルの

calonche [kalóntʃe] ノパルサボテンの果汁と砂糖で作った酒
caloña [kalóɲa] 女《古語》❶ 罰金; 補償. ❷ 非難; 中傷. ❸ 争い, けんか. ❹ 誣告, 虚偽告訴; その罰金
calóptero, ra [kalóptero, ra] 形《動物》翼の美しい
calor [kalór] 男《←ラテン語 calor, -oris》《地方語, 俗用》女《不可算》
❶ 暑さ, 暖かさ, 温かさ《⇔frío》: 1)〔気温として〕En este gimnasio hace mucho ~. この体育館はとても暑い. En este país no hace ~ en verano. この国では夏は暑くない. Hace un ~ horrible. ものすごい暑さだ. 2)〔感覚として〕Tengo mucho ~ porque he venido corriendo hasta aquí. 私はここまで走ってきたので, とても暑い. Siento ~ en las manos. 私は手が温かい. ¡Qué ~! 何という暑さ! ❷〔エネルギーとしての〕熱: 1)《物理》El ~ dilata los cuerpos. 熱は物体を膨張させる. ~ blanco 白熱. ~ específico 比熱. ~ negro 電熱器による熱. 2)《生理》~ animal 体温. ❸ 熱気, 熱情, 熱狂; 熱心: aplaudir con ~ 熱烈な喝采をおくる. en el ~ de la batalla 激しい戦いのさなかに. ❹〔家庭などの〕温かみ, ぬくもり: Él necesita el ~ de la familia. 彼には家族のぬくもりが必要だ. acoger a uno con ~ ...を温かく迎える. ~ humano 人間的温かみ. ❺《口語》複 性的興奮; 性本能. ❻《南米. 口語》複 更年期のほてり
al ~ *de...* 1)...の暖かさ(熱気)で. 2)《口語》...に守られて: Me he criado *al* ~ *de* mis hermanos mayores. 私は兄たちに守られて育った
asarse de ~ 熱気に焼かれる, 暑さにうだる
dar ~: 1)《+a+人》を暖める. ストーブは暖かい. Aunque haga mucho frío, este abrigo me *da* ~. どんなに寒くても, このオーバーがあれば暖かい. 2) 勇気づける, 鼓舞する. 3)《ボリビア, アルゼンチン, ウルグアイ. 口語》気恥ずかしくさせる
en el ~ *de...* ...の熱気に包まれて;...のさなかに: *en el* ~ *del combate* 戦いのさなかに
entrar en ~ 1) 暖まる.《スポーツ》ウォーミングアップする. 2)〔議論などが〕白熱化する
hacer entrar en ~ 1) 暖める. 2)《スポーツ》ウォーミングアップさせる. 3) 暖機運転をする
hacer un ~ *que pela*《口語》焼けつくような暑さである
mantener al ~ 保温する
pasado de ~*es*《口語》更年期に入った
pasar ~《ボリビア, アルゼンチン, ウルグアイ. 口語》気恥ずかしくなる
caloría [kaloría]《←calor》女 ❶《物理, 生理》カロリー, 熱量; グラムカロリー: endulzante bajo en ~s 低カロリーの甘味料. gran (pequeña) ~ 大(小)カロリー. ❷ キロカロリー《=kilocaloría, ~ grande》
caloriamperímetro [kalorjamperímetro] 男《電気》熱量測定の方法による電流計
caloricidad [kaloriθidá[d]] 女《生理》温熱力
calórico, ca [kalóriko, ka]《←calor》形 熱の, カロリーの: energía ~*ca* 熱エネルギー. alimentos con bajo contenido ~ 低カロリー食品
caloridoro [kaloríðoro] 男《染色工場の》熱量再利用装置
calorífero, ra [kalorífero, ra]《←calor+ラテン語 fero「運ぶ」》形 伝熱の, 放熱の; 暖房の
── 男 ❶ 暖房装置, 暖房器具, 放熱器: ~ de aire 温風暖房器. ❷ 足温器
calorificación [kalorifikaθjón] 女《生理》〔動物体内での〕熱発生
calorífico, ca [kalorífiko, ka]《←calor+ラテン語 facere「作る」》形 熱を生じる, 熱を伝える; 熱の: conductibilidad ~*ca* 熱伝導性. energía ~*ca* 熱エネルギー. rendimiento ~ 熱効率
calorifugación [kalorifugaθjón] 女 =calorifugado
calorifugado [kalorifugáðo] 男 断熱
calorifugador, ra [kalorifugaðór, ra] 名 断熱の専門家
calorífugo, ga [kalorífugo, ga] 形 ❶ 断熱する, 断熱の; 保温する. ❷ 不燃性の
calorimetría [kalorimetría] 女 熱量測定, 測熱
calorimétrico, ca [kalorimétriko, ka] 形 熱量測定の
calorímetro [kalorímetro] 男 熱量計, カロリーメーター
calorimotor [kalorimotór] 男《物理》高出力電流による発熱装置
calorina [kalorína] 女 ❶ 蒸し暑さ. ❷ もや, 霧
calorosamente [kalorósamente] 副《まれ》=calurosamente

caloroso, sa [kalorόso, sa] 形 《まれ》=**caluroso**
calorrada [kalořáđa] 女 《隠語》ジプシー民族
calorro, rra [kalóřo, řa] 名 《隠語》ジプシー【=gitano】
——— 男 《隠語》ジプシー語【=caló】
calosa[1] [kalósa] 女 《植物》カロース
calosfriar [kalosfrjár] 11 ~**se** =**escalofriarse**
calosfrío [kalosfrío] 男 《地方語》=**escalofrío**
caloso, sa[2] [kalóso, sa] 形 《紙》浸透性の
calostro [kalóstro] 男 ❶ 《不可算》〖分娩後の〗初乳. ❷ 複 初乳で作る菓子
calota [kalóta] 女 《解剖》〖頭蓋の〗頭頂部
calote [kalóte] 男 《アルゼンチン》詐欺, 窃盗
calotipia [kalotípja] 女 =**calitipia**
caloyo [kalójo] 男 ❶ 生まれたばかりの子ヒツジ(子ヤギ). ❷ 《口語》〖訓練中の〗新兵, 召集兵
calpamulato, ta [kalpamuláto, ta] 名 《メキシコ. 歴史》zambaigo の男性と lobo (黒人と先住民との混血) の女性との混血の〔人〕; ムラートの男性と先住民女性との混血の〔人〕; barcino (albarazado と coyote との混血) の男性と先住民女性との混血の〔人〕; ムラートの男性とメスティーソの女性との混血の〔人〕
calpamulo, la [kalpamúlo, la] 形 名 《メキシコ. 歴史》albarazado と黒人との混血の〔人〕
calpense [kalpénse] 〖←Calpe カルペ (現イギリス領ジブラルタル)〗 形 名 《文語》=**gibraltareño**
calpul [kalpúl] 男 ❶ 《グアテマラ》〖秘密の〗集会, 会合. ❷ 《ホンジュラス》先住民の村落跡
calpulli [kalpúli] 〖←ナワトル語〗 男 《メキシコ. 歴史》〖アステカ社会の〗主に血縁関係で結ばれた複数の家族から構成される基本単位
calseco, ca [kalséko, ka] 形 石灰でなめした(処理した)
calta [kálta] 女 《植物》リュウキンカの一種【学名 Caltha bicolor】
caltener [kaltenér] 58 《地方語》維持する, 保存する
caluga [kalúga] 女 ❶ 《魚》ボラの一種【学名 Mugil labeo】. ❷ 《チリ》1) キャラメル. 2) 四角い化粧品入れ
——— 名 《チリ. 口語》いちゃつく人
caluguear [kalugeár] ~**se** 《チリ. 口語》いちゃつく合う
caluma [kalúma] 女 《ペルー》アンデス山脈の峡谷
calumbre [kalúmbre] 女 パンのかび
calumet [kalumét] 男 【複 ~s】〖北米先住民が和解の儀式に吸った〗飾り付きの長いパイプ
calumnia [kalúmnja] 〖←ラテン語〗 女 ❶ 中傷, 誹謗(ひぼう): decir (levantar) ~ contra+人 …を中傷する. ❷ 《法律》虚偽の告発, 誣告(ぶこく), 名誉毀損
calumniador, ra [kalumnjađór, ra] 形 名 中傷的な; 中傷する人
calumniar [kalumnjár] 〖←ラテン語 calumniari〗 10 他 中傷する, 誹謗する: Calumnia que algo queda. 〖諺〗たとえ根も葉もない中傷でもイメージを傷つけるものだ
calumniosamente [kalumnjósaménte] 副 悪しざまに
calumnioso, sa [kalumnjóso, sa] 形 中傷の, 悪しざまな
calungo [kalúŋgo] 男 《コロンビア, ベネズエラ》毛が縮れている品種の犬
calura [kalúra] 女 《まれ》=**calor**
caluro [kalúro] 男 《メキシコ, 中米. 鳥》キヌバネドリ
calurosamente [kalurosaménte] 副 温かく, 愛情をこめて; 熱烈に: Nos recibieron ~. 私たちは熱烈な歓迎を受けた
caluroso, sa [kaluróso, sa] 〖←calor〗 形 ❶ 暑い, 暖かい: Este mes ha sido ~. 今月は暑かった. día ~ 暑い日. ❷ 愛情のこもった: ~ recibimiento 熱烈な(温かい)歓迎. ❸ 《主に南米》暑がりの《⇨friolero》: Soy ~. 私は暑がりだ. ❹ 暑くさせる: Esta chaqueta es muy ~. この上着はとても暑い
caluyo [kalújo] 男 《ボリビア》カルージョ〖アンデス地域の先住民の舞踊・音楽〗
calva[1] [kálba] 〖←calvo〗 女 ❶ はげ, はげ頭. ❷ 〖衣服の〗すり切れた部分. ❸ 《西》作物(草木)のはげた個所. ❹ 《西》石を投げて丸太などを倒す遊び
calvados [kalbáđos] 〖←仏語〗 男 《酒》カルヴァドス
calvar [kalbár] 他 ❶ 〖人を〗だます. ❷ 〖丸太などを倒す遊び calva で〗丸太などの上部に石を当てる
calvario [kalbárjo] 〖←ラテン語 calvarium〗 男 ❶ 〖長く続く〗受難, 苦労: Su vida ha sido un ~. 彼の人生は苦難の道だった. sufrir su (un) ~ 十字架を背負っている. tener un ~ de deudas 借金地獄にある. ❷ 〖町外れの〗十字架の立ってい

る小高い場所. ❸ 十字架の道【=vía crucis】. ❹ 《美術》キリスト受難図(像). ❺ 〖C~〗カルヴァリーの丘, ゴルゴタの丘〖エルサレム近郊の, キリスト磔刑の地〗
calvatrueno [kalbatrwéno] 男 《まれ》❶ 分別のない男, 思慮の足りない男. ❷ はげ頭の人
calvera [kalbéra] 女 《地方語》=**calvero**
calverizo, za [kalberiθo, θa] 形 〖土地が〗作物(草木)のはげた個所が多い
calvero [kalbéro] 男 ❶ 林間の空き地. ❷ 粘土状の土地
calvete [kalbéte] 男 《古語》杭(くい)【=estaca】
calvicie [kalbíθje] 〖←calvo〗 女 はげ頭, 脱毛(症): Aunque es joven, ya tiene una incipiente ~. 彼は若いが, 既に少しはげかかっている
calvinismo [kalbinísmo] 男 《プロテスタント》カルヴァン Calvino 主義, カルヴァンの宗教思想; カルヴァン派教会
calvinista [kalbinísta] 形 名 カルヴァン派の; カルヴァン主義者
calvitar [kalbitár] 男 《まれ》林間の空き地【=calvero】
calvo, va[2] [kálbo, ba] 〖←ラテン語 calvus〗 形 名 ❶ はげた, はげ頭の〔人〕: 1) Habían llegado los treinta años y yo me estaba quedando ~. 私は30歳を迎え, はげ始めた. cabeza ~va はげ頭. 2) 〖諺〗[A] La ocasión la pintan ~va. 好機逸すべからず. Al cabo de (Dentro de) cien años, todos ~s. 時の流れには逆らえない. ❷ 〖皮・フェルトなどが〗はげた. ❸ 〖土地が〗草木のない: monte ~ はげ山
ni tanto ni tan ~ {que se le vean los sesos}/ni ~ ni con tres pelucas 《西》ほどほどの; 〖誇張などを非難して〗ほどほどにしろ: Son necesarios anuncios, pero *ni tanto ni tan* ~, ni diez minutos ni cero. 広告は必要だ, 10分でもゼロでもなくほどほどに
quedarse ~ 《主に皮肉》ひどく思い悩む
Calvo [kálbo] **Carlos** ~ カルロス・カルボ〖1824~1906, アルゼンチンの歴史家・法学者・外交官.『国際法 理論と実践』*Derecho internacional teórico y práctico*〗
calvorota [kalboróta] 形 名 《軽蔑》はげ頭の〔人〕
——— 名 《戯語》つるっぱげ
Calvo Sotelo [kálbo sotélo] 〖人名〗 **José** ~ ホセ・カルボ・ソテーロ〖1893~1936, スペインの政治家. プリモ・デ・リベラ Primo de Rivera の独裁下で財務大臣を務め. 1935年スペイン改革党 Renovación Española の党首となり, 翌年暗殺される〗
Leopoldo ~ レオポルド・カルボ・ソテーロ〖1926~2008, スペインの政治家. 民主中道連合 UCD の党首, 首相(1981~82)〗
calza [kálθa] 〖←俗ラテン語 calcea「長靴下」<ラテン語 calceus「靴」〗 女 ❶ 《西, メキシコ, ドミニカ, アルゼンチン》輪止めのくさび; 家具を水平にするために下にかう薄板, かいもの. ❷ 《服飾》1) 〖長〗靴下: medias ~ 〖口語〗ハイソックス, 長靴下. 2) 《古語》複 〖男性用の〗タイツ, ももひき〖片足ずつ分かれているものと腰まであるものの2種類がある〗. 3) 《アルゼンチン》複 タイツ. ❸ 《パナマ, コロンビア, エクアドル》虫歯の充填材
tomar las ~**s** *de Villadiego* 〖危険・約束から〗逃げる
verse en ~**s** *prietas* 苦しい状況にある
calzacalzón [kalθakalθón] 男 《服飾》長靴下
calzada[1] [kalθáđa] 〖←俗ラテン語 calciata「道」<ラテン語 calx, calcis「石灰」〗 女 ❶ 車道; 自動車道: carretera de doble ~ 中央分離帯のある幹線道路. ~ de asfalto アスファルト道路. ❷ 〖古代ローマ人が造った広い石畳の〗道: ~ romana ローマ街道
calzadeño, ña [kalθađéno, na] 形 名 《地名》カルサダ・デ・カラトラバ Calzada de Calatrava の〔人〕〖シウダ・レアル県の町〗
calzadera [kalθađéra] 女 ❶ 《古語》〖サンダル abarca 用の〗細い麻紐. ❷ 鉄製の輪止め
calzado[1] [kalθáđo] 男 《総称》履物, 靴: Venden todo tipo de ~. そこではあらゆる種類の靴を売っている. tienda de ~ 靴店
calzado, da[2] [kalθáđo, da] 形 ❶ 〖馬が〗脚先だけ毛色の違う; 〖鳥が〗脚が羽毛で覆われた. ❷ 《カトリック》靴履きの〖⇔descalzo だしの〗. ❸ 《紋章》逆三角形模様の
calzador [kalθađór] 〖←calzar〗 男 ❶ 靴べら. ❷ 《ボリビア》鉛筆のホルダー; 《アルゼンチン》ペン軸
entrar (meter) con ~ 無理やり入る(入れる): Tengo que meter el coche con ~ en esa plaza de aparcamiento. その駐車場に無理やり車を入れないといけない
calzadora [kalθađóra] 女 〖靴をはく時に使う〗低い腰掛
calzadura [kalθađúra] 女 《まれ》❶ 履物をはくこと. ❷ 〖荷車

の輪金の代用となる］丈夫な木片
calzar [kalθár] 〘←ラテン語 calceare < calceus「履き物」〙[9] [他] ❶［靴などを］はく: ¿Qué número *calzas*? 君の靴のサイズは? ～ un 43 サイズ43の靴をはく. ❷［人に］靴をはかせる: ～ a un bebé 赤ん坊に靴をはかせる. ❸［手袋・スキー具・拍車などを］つける, つけている: ～ guantes 手袋をはめる. ～ esquís スキーを装着する. ❹［家具がぐらつかないように・輪止めに］かいものをする, くさびをかう. ❺《グアテマラ. 農業》土寄せする, 茎に土を寄せる. ❻《ニカラグア, パナマ, コスタリカ, コロンビア, エクアドル》虫歯に充塡する
～ bien (mal) 靴のはきこなしが上手(下手)である
—— ～se ❶〔靴などを〕はく: Hay que ir bien *calzado*. 靴をしっかりはいて行かなければいけない. ～*se* las botas ブーツをはく. ～*se* los esquís スキーを装着する. ❷［知力・影響力で］…を上回る: Ese *se calza* a todos los de la clase. そいつはクラスの中でずば抜けている. ❸ …を獲得する, 手に入れる
calzo [kálθo] 〘←calzar〙[男] ❶ くさび, かいもの, 輪止め: poner ～*s* en las ruedas 輪止めにくさびを入れる. ❷ [複]［馬の］脚先の毛色
calzón [kalθón] 〘calza の示大語〙[男] ❶《服飾》1)［時に [複]. 男性のスポーツ用の］トランクス. 2)《古語》［主に [複]］半ズボン〘=～ corto〙. 3)《西. 古語》［主に [複]. 男性・女性の下着用の］パンツ, ズロース. 4)《メキシコ, グアテマラ, 南米》[複] パンティー〘=bragas〙. ❷《メキシコ》サトウキビの病気の一種. ❸《ボリビア. 料理》ピリ辛のポークシチュー
a ～ quitado《中南米. 口語》無思慮に, 軽率に
llevar los calzones bien puestos［夫が］威厳を保っている, ちゃんと家を取り仕切っている
ponerse los calzones 家を取り仕切る
calzona [kalθóna] [女]［時に [複]. 現在ではピカドール・牧童がはく］比翼 portañuela のある半ズボン
calzonarias [kalθonárjas] [女] [複]《グアテマラ, コロンビア, ボリビア, エクアドル》パンティー〘=bragas〙
calzonarios [kalθonárjɔs] [男] [複]《パナマ, コロンビア, エクアドル》パンティー〘=bragas〙
calzonazos [kalθonáθɔs] [形] [男]〘単複同形〙《西. 軽蔑》妻の尻に敷かれている〔夫〕
calzoncillada [kalθɔnθiʎáđa] [女]［祭りで, 性別に従って］トランクスまたはペチコート姿での競走
calzoncillo [kalθɔnθíʎo] 〘calzón の示小語〙[男]《服飾》［主に [複]. 下着の］トランクス: ～ corto ブリーフ. ～*s* largos ズボン下
calzoncitos [kalθɔnθítɔs] [男] [複]《コロンビア》パンティー〘=bragas〙
calzoneras [kalθɔnéras] [女] [複]《メキシコ》［乗馬用の］両わきがボタンで開くズボン
calzoneta [kalθɔnéta] [女]《グアテマラ, ニカラグア》［男性用の］水着のパンツ
calzonudo, da [kalθonúđo, đa] [形] [男] ❶《中南米》小心な〔男〕. ❷《メキシコ, コスタリカ》［女たちがからかって］男ども. ❸《メキシコ. 口語》勇敢な〔男〕, 決断力のある〔男〕. ❹《アルゼンチン, ウルグアイ. 口語》=**calzonazos**
calzorras [kalθɔ́r̄as] [男]〘単複同形〙《口語》=**calzonazos**
Cam [kán] [男]《旧約聖書》ハム〘ノア Noé の次男〙
cama [káma] **I** 〘←俗ラテン語 cama「床の上の台」〙[女] ❶ ベッド, 寝台: 1) En la planta baja hay una habitación con dos ～*s*. 1階にはベッド2つの部屋がある. Ya es hora de irse a la ～. もう寝る時間だ. meterse en la ～ ベッドに入る, 寝る. meter al niño en la ～ 赤ん坊をベッドに寝かせる. echarse en la ～［眠くて］ベッドに倒れ込む. levantarse de la ～ 起床する; [病人が] 床上げする. permanecer en ～ por la gripe インフルエンザで寝ている. saltar de la ～ 飛び起きる, 急いで起きる. levantar la ～［起床後に］寝具を上げる. destapar la ～［就寝前に］ベッドカバーを取る. juego de ～ 敷布・アッパーシーツ・枕カバーのセット. 2)《諺》A las diez en la ～ estés, si puede ser antes, mejor que después.《時に戯語》早寝した方がいい. Échate en tu ～ y piensa en lo de casa. 寝床に入れば色々妙案が浮かんでくる. Quien mala ～ hace, en ella se yace. 自業自得/身から出た錆〘←ベッドを整えない人は整えないままのベッドに寝ることになる〙. 3)［種類］～ de soltero/～ de uno/～ individual シングル. ～*s* separadas/～*s* gemelas ツイン. ～ de matrimonio/～ doble ダブル. ～ camera セミダブル. ～ adicional エキストラベッド. ～ de agua ウォーターベッド. ～ de campaña［野営用の］簡易ベッド. ～ marinera《ボリビア, アルゼンチン, ウルグアイ》=～ nido. ～ mueble ソファベッド. ～ nido《西》［ベッドの下からもう一つ引き出す］入れ子式ベッド〘[複] ～*s* nido〙. ～ plegable 折り畳み式ベッド. ～ solar 日光浴用のベッド. ～ turca オットマン〘=otomana〙. 4)《鉄道》～ en primera 1等寝台. ～ turista 2等寝台. 5)［病院・寄宿舎などの］Faltan ～*s* y no puede ingresar en el hospital. ベッドが足りなくて彼は入院できない. hospital de 200 ～*s* ベッド数200の病院. ❷［家畜の］寝わら〘=～ de paja〙;［野生動物の］寝場所, ねぐら, 巣, 巣穴. ❸《地質》層: ～ de tierra 地層. ～ de roca 基岩, 岩床. ❹《スポーツ》～ elástica トランポリン〘=trampolín〙. ❺《料理》［盛り付けで］メインの食材を載せる土台: Sirven una ～ de guisantes y coloca sobre ellos los filetes de lomo. グリーンピースが敷かれ, その上に豚肉の切り身が載せてある. ❻《農業》冷床, フレーム: ～ caliente 温床. ❼［馬車などの］床. ❽［動物の］一腹の子;［鳥の］一巣のひな. ❾［メロンなどの］地面にふれている部分, 尻. ❿《印刷》版盤. ⓫《船舶》浜上げした船の跡
caer en ～ 病の床につく, 病気になる
～ adentro《アルゼンチン, ウルグアイ》住み込みの: empleada ～ *adentro* 住み込みの家政婦
～ de galgos/～ de podencos《口語》くしゃくしゃのままのベッド, 万年床
～ redonda 1)［3・4人用の］大型ベッド. 2)《俗語》スワッピング
～s calientes 時間制ベッド
estar de ～《中南米. 口語》［人が］ぼろぼろになっている
estar en ～ =**guardar ～**
estar en la ～ ベッドに入っている, 寝ている: *Está en la ～* durmiendo. 彼はベッドに入って寝ている
guardar ～ 病床についている: Sigue indispuesta y debe *guardar* ～. 彼女はあいかわらず調子が悪くて寝ていなければならない
hacer ～ =**guardar ～**
hacer la ～ 1) ベッドメーキングする〘いくつもする場合は hacer ～*s*〙: *La* ～ está por *hacer*. ベッドメーキングされていない. 2)《口語》[+a+人 に対して, 失職させるなどの］裏工作をする, 寝技を使う; 密かに新たな地位を用意する
irse a la ～ con+人［性的な意味で］…と寝る
llevarse a+人 ***a la ～*** …をベッドに連れ込む, 性交する
media ～ 1) マットレス・シーツ・毛布・枕だけからなる寝床. 2) 同衾
mojar la ～《口語》寝小便をする: Ese niño *moja la ～* todas las noches. その子は毎晩おねしょをする
II 〘←ケルト語 cambos「曲線」〙[女] ❶《農業》［鋤の］柄と刃床部のカーブした接合部分. ❷［荷車の］車輪の外縁. ❸《馬具》［主に [複]. はみ freno の］頬の部分. ❹《服飾》1)［婦人用の］マント用の布. 2) [複]［フレアーを出すための］ゴア, まち
camacero [kamaθéro] [男]《中南米. 植物》ナス科の木の一種
camachil [kamatʃíl] [男]《フィリピン. 植物》マニラタマリンド〘飼料用〙
camacho [kamátʃo] [男]《地方語. 鳥》ムネアカヒワ〘=pardillo〙
camachuelo [kamatʃwélo] [男]《鳥》ウソ〘=～ común〙
camacita [kamaθíta] [女]《鉱物》カマサイト
camada [kamáđa] 〘←cama I〙[女] [集名] ❶ 一腹の子: una ～ de cachorros 一腹の子犬たち. ❷ 一重ね(一並べ)の物: una ～ de ladrillos 一段の煉瓦. ❸《皮肉》［悪者などの］一団, 一味. ❹《鉱山》［坑道の］坑木を並べた床. ❺《料理》層
de la misma ～《軽蔑》［人が］同じたぐいの, 同類の
camafeo [kamaféo] 〘←古仏語 camaheu〙[男] カメオ〔細工〕: broche ～ カメオのブローチ
camagón [kamaɡɔ́n] [男]《フィリピン. 植物》カキノキ科の木〘良材. 学名 Diospyrus discolor〙
camagua [kamáɡwa] [女] ❶《メキシコ, 中米》熟し始めたトウモロコシ. ❷《メキシコ》1) 亀〘=tortuga〙. 2)［ビールの単位］カマグア〘=1リットル〙
estar entre ～ y elote《中米》中途半端である, どっちつかずである
camagüeyano, na [kamaɡwejáno, na] [形] [名] カマグエイ Camagüey の〔人〕〘キューバ中部の県・県都〙
camahuas [kamáwas] [男] [複] カマワス族〘ペルー, Ucayali 地方の先住民〙
camaina [kamái̯na] [男]《ベネズエラ》悪魔
camal [kamál] [男] ❶《馬具》端綱(はづな), 頭絡. ❷ 死んだ豚の後

脚を吊るす太い棒. ❸《地方語》ズボンの脚〔の部分〕. ❹《アラゴン》太い枝. ❺《アンデス》[大きな] 畜殺所

camáldula [kamáldula] 囡《カトリック》カマルドレーズ修道会〖11世紀に San Romualdo de Camáldoli によって創設. =Orden de la C〜〗

camaldulense [kamaldulénse] 名《カトリック》カマルドレーズ修道会の〔修道士・修道女〕

camaleón [kamaleón] 男 ❶《動物》1) カメレオン. 2)《キューバ》グリーンアノール. 3)《ボリビア》イグアナ〔=iguana〕. ❷《軽蔑》日和見主義者, 無定見な人. ❸《俗用》〜 mineral 過マンガン酸カリウム. ❹《コスタリカ.鳥》小型の猛禽類の一種〖学名 Falco sparverus〗

camaleónico, ca [kamaleóniko, ka] 形《文語》❶ 無定見な, 無節操な: carácter 〜 日和見主義の性格. ❷ カメレオンのような; 色の変わる

camaleonismo [kamaleonísmo] 形《文語》無定見, 無節操
Camaleopardo [kamaleopárdo] 男《天文》きりん座
camalero [kamaléro] 男《ペルー》畜殺業者; 肉販売業者
camalote [kamalóte] 男 ❶《中南米.植物》ホテイアオイ. ❷《メキシコ.植物》水生のタデ科の一種〖学名 Paspalum paniculatum〗. ❸《ラプラタ》ホテイアオイで形成される浮島

camama [kamáma] 囡《口語》❶ 嘘っぱち, からかい. ❷ ばかげたこと, くだらないこと

camambú [kamambú] 男《南米.植物》黄ヒヨス, ホオズキの一種〖学名 Physalis viscosa〗

camamila [kamamíla] 囡 =**camomila**

camanchaca [kamantʃáka] 囡《ペルー, チリ》[海から来るアタカマ砂漠の] 低い濃霧

camándula [kamándula] 囡 ❶《口語》甘言, 悪知恵, 陰険: Ese tipo tiene muchas 〜s. そいつはとても陰険だ. ❷《主にコロンビア》ロザリオ. ❸《アルゼンチン, ウルグアイ.口語》愚連隊
—— 名《軽蔑》=**camándulas**

camándulas [kamándulas] 名《単複同形》《軽蔑, 時に親愛》無関心な人, 無感動な人

camandulear [kamanduleár] 自 ❶ いかにも信心深そうに見せる. ❷《サラマンカ, アラゴン》うわさ話をする. ❸《サラマンカ》街をぶらつく, 家から家に行く

camandulense [kamandulénse] 形 =**camaldulense**
camandulería [kamandulería] 囡 偽善的な言動
camandulero, ra [kamanduléro, ra] 形《主にコロンビア.口語》信心家ぶった, 偽善者の

camanonca [kamanóŋka] 囡《古語》裏地用の布
cámara [kámara] 囡《←俗ラテン語 camara ＜ギリシャ語 kamara「丸天井〔の部屋〕」》❶ [スティール] カメラ, 写真機〖=〜 fotográfica, 〜 de fotos〗; 映画カメラ, 撮影機〖=〜 cinematográfica, 〜 de cine〗: Lo vi en la 〜 entrar en esa casa. 私はカメラで彼がその家に入っていくのを見た. 〜 de televisión テレビカメラ. 〜 réflex レフレックス. 〜 submarina (sumergible) 水中カメラ. 〜 rápida 高速度撮影で. 〜 lenta スローモーションで; 非常にゆっくりと. a 〜 rápida 高速度撮影で. ❷ [各種用途の] 部屋: 〜 acorazada (blindada) 金庫室, 貴重品保管室. 〜 ardiente [通夜をする] 霊安室. 〜 de gas [死刑用の] ガス室. 〜 mortuoria 遺体安置室, 霊安室. 〜 nupcial [ホテルの] 新婚カップルの部屋. 〜 sorda 無響室. ❸ 会議室: 〜 agraria 農業会議所. C〜 Apostólica《カトリック》[教皇庁の] 教皇空位期間事務局. 〜 de apelaciones《アルゼンチン》高等裁判所. 〜 de comercio e industria 商工会議所. C〜 de Comercio Internacional 国際商業会議所. 〜 de compensación 手形交換所; [商品取引の清算業務を行なう] クリアリング・ハウス. 〜 de la propiedad 登記所. 〜 sindical [組合の] 統制委員会. ❹ 議会〔機関〕: 〜 alta (baja) 上 (下) 院. C〜 de Castilla《歴史》カスティーリャ諮問会議. 〜 de Indias《歴史》植民地会議. 〜 de los Lores (los Comunes)《英国・英連邦議会》上 (下) 院. 〜 de los Diputados《フランスの》国民議会. 〜 de Representantes《米国の》下院. ❺《国王などの》私室, 寝室《国王などの内心となる》設宮: ayuda de 〜 = real〗; 侍従〖=real〗; 侍医, 側仕え; 付人〔御〕 médico de 〜 侍医. música de 〜 室内楽. orquesta de 〜 室内オーケストラ. pintor de 〜 宮廷画家. 〜 de audiencia 謁見の間.《美術》〜 clara カメラオプスクラ;《光学》暗箱. ❻《船舶》1) 上級船員室;《軍艦の》士官室. 2) 〜 de cartas 海図室. 〜 de máquinas/〜 de motores 機関室. ❼《タイヤの》チューブ〖=〜 de aire〗: neumático sin 〜 チューブレスタイ

ヤ. ❿ 冷蔵室〖=〜 frigorífica〗. ⓫ [銃砲の] 薬室. ⓬《技術》[各種用途の] 箱, 装置: 〜 de aire 空気室;《建築》[壁内部の断熱用の] エアスペース; [パイプオルガンの] 風箱. 〜 de burbujas《物理》泡箱. 〜 de combustión [エンジンの] 燃焼室. 〜 de humo [暖炉の] 煙室. 〜 de ionización 電離箱. 〜 de oxígeno 酸素テント. 〜 de resonancia 共鳴箱. 〜 séptica《南米》[下水処理の] 腐敗槽. ⓭《解剖》〜 [anterior・posterior] de ojo [前・後] 眼房. ⓮《医学》下痢. ⓯ 穀物倉, 穀倉. ⓰《古語》penas de 〜 [住民に対する] 罰金〔刑〕. ⓱《まれ》[一般に] 寝室, 部屋

〜 **húngara**《キューバ》無秩序, 混乱状態

chupar 〜《口語》写真・テレビに写りたがる
—— 名《西.映画,テレビ》カメラマン
—— 間《メキシコ.口語》[驚き] おや!〖=caramba〗

camarada [kamaráda] 共《←cámara》❶ [共産党・労働組合などの] 同志;《歴史》[スペイン内戦で] 共和国側兵士に対しての呼称. ❷ 仲間, 同僚: 〜 de colegio クラスメート. 〜 de trabajo 仕事の同僚. ❸ 戦友〖=〜 de armas〗. ❹ 同居人
—— 名《集合》❶ 同志の集まり. ❷《古語》重火器; 重火器の掩蔽

camaradería [kamaradería] 囡 仲間関係, 仲間意識: Había mucha 〜 entre los vecinos. 住民たちは結束が固かった. ambiente de 〜 連帯感のある雰囲気

camaraje [kamaráxe] 男 穀物倉の賃貸〔料〕
camaranchón [kamarantʃón]《←cámara》男《軽蔑》[主に物置き用の] 屋根裏部屋; 物置き

camarera[1] [kamaréra]《←cámara》囡 ❶ [料理以外の家事をする] 家政婦, 女執事. ❷《西》[料理などを載せる] ワゴン. ❸ [信念室で] 祭壇や像の手入れをする女性

camarería [kamarería] 囡 家政婦 camarera の職
camarero, ra[2] [kamaréro, ra]《←cámara》名 ❶《主に西》ウェイター, ウェイトレス; バーテン. ❷《西》[ホテル・客船などの] 客室係, メード. ❸ [カスティーリャ国王・王妃の] 侍従長, 侍女長〖=〜 mayor〗
—— 男 ❶ [教皇の] 侍従. ❷《歴史》1) 租税としての穀物を扱う役人. 2) [中世の] 王室財務官. ❸《古語》[身分の高い人の屋敷の] 上級の使用人

camareta [kamaréta]《cámara の示小語》囡 ❶《船舶》小型船の客室,《軍艦》の士官候補生用船室. ❷《アンデス》[子供の祭りで用いられる] 爆竹
—— 男《軍艦・練習船の》従兵, 給仕

camargueño, ña [kamargéɲo, ɲa] 形《地名》カマルゴ Camargo の〔人〕〖ボリビア南部, チュキサカ県の町〗

camargués, sa [kamargés, sa] 形《地名》[フランス南部の] カマルガ Camarga 地方の〔人〕

camarico [kamaríko] 男 ❶《中南米.古語》先住民が聖職者〔後にスペイン人〕に捧げた奉納物. ❷《チリ》情事, 恋愛ざた, 愛情のもつれ: tener un 〜 肉体関係を持つ; 浮気をする

camariento, ta [kamarjénto, ta] 形《廃語》下痢の〔人〕
camarilla [kamaríʎa]《cámara の示小語》囡 ❶《集合》《軽蔑》[政治を左右する] 圧力団体, 黒幕, 派閥: el presidente y su 〜 大統領とそのバックにいる連中

camarillesco, ca [kamariʎésko, ka] 形《軽蔑》派閥の
camarín [kamarín]《cámara の示小語》男 ❶ [祭壇裏の] 小聖堂; 聖像の衣類や宝石類の保管室. ❷ 复 楽屋, バックステージ: ir a los camarines 楽屋へ行く. ❸ 洗面所, 物置に使う奥まった部屋. ❹《アラバ》[階段の] 踊り場〖=cambarín〗. ❺《チリ.スポーツ》更衣室, ロッカールーム

camarina [kamarína] 囡《植物》クロウベリー〖学名 Corema album〗

camarinense [kamarinénse] 形《地名》カマリネス・ノルテ Camarines Norte の〔人〕〖フィリピン, ルソン島の州〗

camariña [kamaríɲa] 囡《植物》=**camarina**

camarista [kamarísta] 男 ❶ カスティーリャ王室の侍従. ❷《歴史》カスティーリャ諮問会議 Cámara de Castilla の議員. ❸《古語》宿の一室に他の宿泊者と離れて住む人. ❹《メキシコ》[ホテルの] 客室係
—— 囡 王室の侍女

camarlengo [kamarléŋgo] 男 ❶《カトリック》カメルレンゴ〖ローマ教皇の秘書長で, 教皇空位の際の事務局長官〗. ❷ アラゴン王家の侍従

cámaro [kámaro] 男 =**camarón**
camarógrafo, fa [kamarógrafo, fa] 名《まれ.映画, テレビ》カメ

ラマン

camarón [kamarón]《←ラテン語 cammarus》男 ❶《動物》1)［食用の］小エビ: *C~ que se duerme, se lo lleva la corriente*.《諺》ぼんやりしていると周囲に流されてしまう/歳月人を待たず. 2)《中南米》芝エビ [kamaróte]《←*cámara*》男 ❶《コスタリカ》心づけ, チップ. ❸《パナマ, コロンビア》掘り出し物. ❹《キューバ. 植物》ピーコックフラワー《学名 *Cesalpinia pulcherrima*》. ❺《ドミニカ》スパイ. ❻《ベネズエラ. 口語》昼寝《=*siesta*》. ❼《ペルー》1) 日和見主義者. 2)《口語》招待されていないのにパーティーなどに押しかける人

Camarón de la Isla [kamarón de la ísla]《人名》カマロン・デ・ラ・イスラ《1950～92, スペインのフラメンコ歌手. 独特の歌唱法でカンテ *cante* の刷新を試みた》

camaronero, ra [kamaronéro, ra] 形 小エビ *camarones* 捕りの
── 男 ❶ 小エビ捕り漁師; 小エビ売りの男.《アンデス. 鳥》カワセミ
── 女 ❶ 小エビ売りの女. ❷《アンデス》小エビ捕り網

camarote [kamaróte]《←*cámara*》男 ❶［ベッドのある］船室, キャビン. ~ de primera clase 一等船室. ❷《地方語》屋根裏《=*desván*》.
cama ~ 1)《パナマ, ドミニカ, アンデス》2段ベッド. 2)《パナマ, コロンビア, ペルー, ボリビア. 鉄道》寝台車

camarotero, ra [kamarotéro, ra] 名《メキシコ, アンデス》客船の客室係

camarroya [kamarrója] 女《植物》野生のチコリ

camarú [kamarú] 男《南米. 植物》ナンキョクブナ属の木《樹皮は薬用》

camaruta [kamarúta] 女《口語》バントバーのウェイトレス

camasquince [kamaskínθe] 名《単複同形》《口語》おせっかいな人

camastro [kamástro]《←*cama* I》男《軽蔑》簡易ベッド; 粗末なベッド

camastrón, na [kamastrón, na] 形 名《まれ. 軽蔑》❶ 狡猾な〔人〕, 日和見主義の(主義者). ❷ 怠け者〔の〕
~ =*camastro*

camastronería [kamastronería] 女 日和見主義

camauro [kamáuro] 男《服飾》カマウロ《ローマ教皇などがかぶるビロードの帽子》

camba [kámba] 女 ❶《馬具》[はみ *freno* の] 頬の部分《=*cama*》. ❷《服飾》複［フレアーを出すための］ゴア, まち. ❸《アストゥリアス, カンタブリア, サラマンカ》《車輪の》リム. ❹《カンタブリア》《牧場の》刈り入れされる帯状の土地. ❺《ボリビア》1) カンバ《東部のアマゾン低地地方》. 2)《軽蔑》《アンデス高原の人々にとって》田舎者, なまけもの
─ ❻《ウルグアイ. 口語》裕福な〔人〕, セレブな〔人〕

cambada[1] [kambáda] 女 ❶《カンタブリア》《牧場の》刈り入れされる帯状の土地. ❷《ウルグアイ. 口語》セレブなもの(場所・言行)

cambadense [kambadénse] 形 =*cambadés*

cambadés, sa [kambadés, sa] 形《地名》カンバドス *Cambados* の〔人〕《ポンテベドラ県の村》

cambado, da[2] [kambádo, da] 形《中南米》X脚の〔人〕

cambalachar [kambalatʃár] 自 他 =*cambalachear*

cambalache [kambalátʃe]《←*cambiar*》男 ❶《軽蔑》［時にだます目的での, 安物の］物々交換: *hacer ~s con sus cosas* 互いに持ち物の交換をする. ❷《軽蔑》信用ならない取引; 不正な取引, 一方的な利益目的の取引. ❸《ラプラタ. 口語》1) 中古品店. 2) 騒がしい(混乱した)場所

cambalachear [kambalatʃeár] 自 他《軽蔑》［時にだます目的で］物々交換をする

cambalachero, ra [kambalatʃéro, ra] 形 名《軽蔑》［時にだます目的で, 安物の］物々交換をする〔人〕

cambalada [kambaláda] 女《アンダルシア》《酔っぱらいの》千鳥足

camballada [kambaʎáda] 女《アンダルシア》=*cambalada*

cambar [kambár] 他《カナリア諸島, アルゼンチン, ベネズエラ》=*combar*

cámbara [kámbara] 女《動物》[カンタブリア海の] ケアシガニの一種《学名 *Maja verrucosa*》

cambará [kambará] 男《南米. 植物》枝葉の茂った木《樹皮と葉は薬用. 学名 *Moquinia polymorpha*》

cámbaro [kámbaro] 男《動物》ミドリガニ《学名 *Carcinus maenas*》

cambear [kambeár] 他 自《俗用》=*cambiar*

cambera [kambéra] 女 ❶［ミドリガニなどの］カニ捕りの小型の網. ❷《カンタブリア》小道

cambeto, ta [kambéto, ta] 形《ベネズエラ》がにまたの

cambiable [kambjáble] 形 ❶ 変わり得る, 変わりやすい. ❷ 交換され得る, 取り替えのきく

cambiada [kambjáda] 女 ❶《馬術》歩調を変えること. ❷《船舶》タック, 方向転換

cambiadiscos [kambjaðískos] 男 =*tocadiscos*

cambiadizo, za [kambjaðíθo, θa] 形 ❶ 変わりやすい. ❷ 移り気な, 気まぐれな

cambiador [kambjaðór] 男 ❶ ~ de calor 熱交換器. ~ iónico/~ de iones イオン交換体. ❷［赤ん坊の］おむつ交換台, おむつ交換シート. ❸《古語》両替商《=*cambista*》. ❹《メキシコ, チリ. 鉄道》転轍手《=*guardagujas*》

cambial [kambjál] 形《経済》為替手形〔の〕

cambiamiento [kambjamjénto] 男 変化; 多様性

cambiante [kambjánte] 形 ❶ 変化する, 変わる; 変わりやすい: *En España el tiempo es ~ en primavera*. スペインでは春の天気は変わりやすい. ❷ 交換の, 両替の
── 名 両替商
── 男 複［布などの］玉虫色のきらめき, 光による色の変化: *los ~s del muaré* モアレのきらめき

cambiar [kambjár]《←ラテン語 *cambiare*「物々交換する」》10 他 ❶ 替える, 取り替える: 1) *Llevé el reloj a la relojería que me cambiara la pila*. 私は電池交換をしてもらうために時計を時計店に持って行った. *¿Cada cuánto tiempo cambias el agua de la pecera?* どのくらいの間隔で水槽の水を替えるのですか? ~ *una bombilla* 電球を取り替える. ~ *la rueda tira* タイヤを交換する. ［+*por* と］*Han cambiado el horario antiguo por uno completamente nuevo*. 古い時刻表は全く新しいものに替えられた. ~ *su ropa por dinero* 服を金に換える. 3)［両替. +*en* と］*¿Aquí podría ~ yenes japoneses en euros?* ここで日本円をユーロに換えることができますか? *¿Me puede ~ un billete de cien euros?* 100ユーロ札をくずしていただけますか? ❷［+*con*+人 と］*Siempre cambio con él la corbata./Le cambié mi corbata por la suya*. 私は彼とネクタイを交換した. ~ *opiniones (saludos) con*+人 …と意見(挨拶)を交わす. ❸《古用法》*He cambiado mi turno de vigilante con el otro*. 私は警備を次の人と交代した. ❹ 変える, 変化させる: 1)［変化］*El tiempo ha cambiado mucho a Juan*. 時が流れてフアンはとても変わってしまった. ~ *la costumbre* 習慣を変える. 2)［+*en* と］*La noticia de que él está vivo ha cambiado nuestra tristeza en una gran alegría*. 彼が生きているという知らせは悲しみを大きな喜びに変えた. 3)［変更］*Han cambiado el plan*. 彼らは計画を変えた. ~ *el día de la partida* 出発日を変える. ❺ 移す, 移動させる: 1) *Quiero ~ este armario de aquí a otro sitio*. このたんすをここから別の場所に移したい. ~ *la oficina a otro edificio* オフィスを別のビルに移す. 2)［+*de*］*Hemos cambiado la mesa de sitio*. 私たちはテーブルの置き場所を変えた. ~ *a*+人 *de oficina* …を配置転換する. ❻［服を］仕立て直す, 作り直す
── 自 ❶ 変える, 変化する.《題》*cambiar* は変化, *modificarse* は改変, *alterarse* は変質, *variar* は変動, *transformarse* は変形, *convertirse* は別のものへの変身: *Ha pasado mucho tiempo, pero él no ha cambiado nada*. 時がたっても彼は少しも変わっていない. *En las montañas cambia de repente el tiempo*. 山では天気が急に変わる. ❷［+*de*+無冠詞名詞 と］替える, 変える: *No voy a ~ de opinión*. 私は意見を変えるつもりはない. ~ *de casa* 引っ越す. ~ *de ciudad* 別の町に引っ越す; 転勤する. ~ *de plan* 計画を変更する. ~ *de trabajo* 仕事を変える. ❸［乗り物を］乗り換える: *Cambié de tren en la estación "Norte"*. 私はノルテ駅で電車を乗り換えた. ~ *de autobús* バスを乗り換える. ~ *de avión* 飛行機を乗り換える. ❹《自動車》ギアチェンジする
── ~*se* ❶［+*en* に］変わる, 変化する: *Al oírlo, su tranquilidad se cambió en inquietud*. それを聞いて彼の平静は不安に変わった. ❷［+*de* の］着替える: *Volví a casa y me cambié de ropa*. 私は家に帰って服を着替えた. ~*se de zapatos* 靴を替える. ❸《主に南米》転居する, 引っ越す: *El se cambió de piso*. 彼はマンションを引っ越した. ~*se de domicilio* 住所を変える. ❹［受け身］*Se cambian pilas*.《表示》電池替えます

cambiario, ria [kambjárjo, rja] 形《商業》為替の; 為替手形の: mercado 〜 為替市場. política 〜*ria* 為替政策. sistema 〜 為替制度

cambiavía [kambjabía] 男《メキシコ, キューバ, コロンビア. 鉄道》転轍(て゚)手〖＝guardagujas〗

cambiazo [kambjáθo]《cambio の示大語》男 ❶ だまして交換すること. ❷ [主に突然の] 大きな変化
dar el 〜 *a*＋人〖口語〗[すりかえて] …のだます: Allí te enseñan un producto auténtico y luego te *dan el* 〜. あそこでは本物を見せた後ですりかえる

cambija [kambíxa] 女 高置水槽

cambín [kambín] 男 帽子形の魚籠(び)

cambio [kámbjo]〖←cambiar〗男 ❶ 変化, 変更, 変革: José ha dado un 〜 tremendo. ホセはひどく変わってしまった. No hay 〜*s* en el horario. 時間割の変更はない. 〜 climático 気候の変動. 〜 de estado《物理》状態変化. 〜 de nombre《商業》社名変更. 〜 de política 政治改革. 〜 de registro 登録変更. 〜 de sexo 性転換. 〜 de temperatura 気温の変化. 〜 lingüístico 言語変化. 〜 químico 化学変化. 〜 social 社会の変化; 社会変革. ❷ 交換, 入れ替え: En las rebajas no se admite el 〜 de artículos defectuoso. バーゲンでは欠陥商品の取り替えはできません. 〜 de aceite (la rueda) オイル(タイヤ)交換. 〜 de impresiones 印象を述べ合うこと, 意見交換. 〜 de papeles 立場の逆転. ❸ 交替, 交代: 〜 de gobierno 政権交代. 〜 de guardia 衛兵交代. 〜 de pareja パートナーチェンジ. 〜 ministerial 閣僚の更迭. ❹ 移動, 移動先. ❺ 釣り銭: En aquella tienda no me dieron exactamente el 〜. あの店ではお釣りを正確に返してくれませんでした. Quédese con el 〜. お釣りは結構です. devolver el 〜 a＋人〖口語〗…に釣りを返す. ❻ 小銭: Como no tengo 〜, ¿puedo pagar con un billete de 50 euros? 小銭がないので, 50ユーロ札で払ってもいいですか？ ¿Tiene usted 〜 de 100 euros? 100ユーロ札を崩せますか？ ❼ 両替;《商業》[株・為替の] 相場; 為替レート: ¿A cuánto está el 〜 del euro hoy? 今日はユーロを為替レートはいくらですか？ casa de 〜 両替屋〖中南米に多い〗. control de 〜 為替管理. ganancia (pérdida) por diferencia de 〜 為替差益(差損). mercado de 〜*s* 為替市場. oficina de 〜 両替所. 〜 a la vista 一覧払い為替相場. 〜 a plazo 先物為替. 〜 al contado 直物為替相場, 現物相場. 〜 arbitrado 裁定為替相場. 〜 base 基準為替相場. 〜 fijo 固定為替レート. 〜 flotante (variable) 変動為替レート. 〜 interior 内国為替. ❽ 貿易, 交易: zona de libre 〜 自由貿易圏. ❾《自動車》変速装置, ギア〖〜 de marchas, 〜 de velocidades〗. 2)《チリ》luz de 〜 テールランプ. ❿《西. 自転車》変速器: coche con 〜 automático (manual) オートマチック(マニュアル)車. palanca de 〜[s] ギアチェンジレバー. ⓫《鉄道》転轍(て゚)機, ポイント切り替え装置〖＝〜 de vía〗. ⓬《スポーツ》1) メンバーチェンジ: Ha habido un 〜 de jugador. メンバーチェンジがあった. efectuar (realizar・hacer) 〜*s* 選手を2名替える. 2) 作戦変更. ⓭《情報》〜 de línea 改行. 〜 de página 改ページ. ⓮《演劇》〜 escénico 舞台転換
a 〜 交換に, 引き替えに, 見返りに: 1) Le regalé un libro y *a* 〜 ella me regaló una botella de vino. 私は彼女に本をプレゼントしたが, お返しにワインを贈ってきた. 2)〖＋de＋名詞・不定詞・que＋接続法 と〗 Me reveló el lugar *a* 〜 *de* mi dinero. 私がお金を渡すと彼は引き換えに場所を教えてくれた. A 〜 *de* su ayuda, le proporcioné facilidades en los negocios. 私は彼に手伝ってもらう代わりにビジネスの面で色々と便宜を図ってあげた. Te daré toda la información *a* 〜 *de que* investigues tú también. 君も調べるならすべての情報をあげよう
a la [*s*] *primera* [*s*] *de* 〜 1) いきなり, 出し抜けに. 2) 機会があり次第
〜 *de acciones*《商業》スピンオフ, 分社化〖ある組織から分離独立して小規模の会社を作ること〗
en 〜 1) それにひきかえ, 反対に: Vosotros no podéis ir, *en* 〜, yo sí. 君たちは行けないが, 逆に私なら行ける. 2) 交換に, その代わりの

cambista [kambísta]〖←cambiar〗名 ❶ 両替商. ❷ 為替ディーラー

cámbium [kámbjun] 男 圏〖〜*s*《植物》形成層

cambizo [kambíθo] 男《サラマンカ》脱穀機の柄

cambote [kambóte] 男《ベネズエラ. 隠語》[悪者の] 一味

camboyano, na [kambojáno, na] 形 名《国名》カンボジア Camboya〖人〗の; カンボジア人
── 男 カンボジア語

camboyense [kambojénse] 形 名 ＝**camboyano**

camboyés, sa [kambojés, sa] 形 名 ＝**camboyano**

cambra [kámbra] 女《地方語》穀物倉

cambray [kambráj] 男《繊維》キャンブリック

cambrayado, da [kambrajádo, da] 形 ＝**acambrayado**

cambrayón [kambrajón] 男《繊維》キャンブリックに似ているが粗い綿布

cambreta [kambréta] 女《地方語》闘牛の運搬用の箱

cambriano, na [kambrjáno, na] 形 名《地質》カンブリア紀

cámbrico, ca [kámbriko, ka] 形 名 ❶《地質》カンブリア紀〖の〗. ❷《地名》〖イギリス〗のウェールズ Gales の〖人〗

cambrilense [kambrilénse] 形 名《地名》カンブリルス Cambrils の〖人〗〖タラゴナ県の港町〗

cambrillón [kambriʎón] 男〖靴を補強する〗幅の狭い中敷き

cambrón [kambrón] 男《植物》❶ ニシキシ科の一種〖学名 Catha europaea〗. ❷ ナス科クコ属の灌木〖学名 Lycium intricatum〗; ヨーロッパクコ. ❸ クロツバラ〖＝espino cerval〗. ❹ ブラックベリー〖＝zarza〗. ❺ 複 トゲハマナツメ〖＝espina santa〗

cambronal [kambronál] 男 cambrón の茂る土地

cambronera [kambronéra] 女《植物》ヨーロッパクコ

cambroño [kambróɲo] 男《植物》❶ マメ科の一種〖学名 Adenocarpus hispanicus〗. ❷《地方》＝**cambrón**

cambucha [kambútʃa] 女《チリ》小型の凧(た)

cambucho [kambútʃo] 男《ペルー, チリ》1) [酒瓶などの] こも, わら包み. 2)《口語》円錐形の紙袋. ❷《チリ》1) 非常に狭い部屋. 2)《口語》紙袋. 3)《口語》洗濯物かご

cambuj [kambúx]〖←アラビア語 canbus〗〖まれ〗❶ 仮面〖＝antifaz〗. ❷ [子供の頭をまっすぐにするためにかぶせる] あご紐付きの帽子

cambujo, ja [kambúxo, xa] 形 名 ❶《古語》[中南米の] sambayo と先住民との混血の〖人〗,《メキシコ, 中米》zambaigo と中国人との混血の〖人〗. ❷ [馬などが] 赤みがかった黒色の〖＝morcillo〗. ❸《メキシコ, 中米》1) [黒人や先住民の子孫の] 黒っぽい肌の, 先住民のような顔つきの. 2) [鳥などが] 黒っぽい色の

cambullón [kambuʎón] 男 ❶《カナリア諸島; メキシコ, コロンビア, ペルー》策略, 罠; だまして物々交換すること. ❷《カナリア諸島; コロンビア》[安物の] 物々交換. ❸《カナリア諸島》1) [国内生産物の] 外国船上での貿易取引. 2) 船の貯蔵庫から盗まれた食糧. ❹《ペルー, チリ》思考の混乱. ❺《チリ》[社会・政治を混乱させる] 密謀

cambullonero, ra [kambuʎonéro, ra]《カナリア諸島》[港々で] 物々交換する人

cambur [kambúr] 男《ベネズエラ, エクアドル. 果実》バナナ〖＝banana〗: 〜 pigmeo 幹が低く実が長いバナナ
cortar el 〜《ベネズエラ》解雇する

cambuta[1] [kambúta] 女《コロンビア》お化け

cambute [kambúte] 男 ❶《植物》1)《中南米》イネ科の一種〖学名 Stenotophrum secundatum〗. 2)《キューバ》ルコウソウ〖＝cambutera〗; その花と実. ❷《コスタリカ. 動物》大型の食用カタツムリ

cambutera [kambutéra] 女《キューバ. 植物》ルコウソウ

cambuto, ta[2] [kambúto, ta] 形 名《ペルー》ずんぐりした〖人〗, 小太りの〖人〗

camcorder [kamkórðer]〖←英語〗女 ビデオカメラ

camedrio [kamédrjo] 男《植物》ウォールジャーマンダー, ニガクサ

camedris [kamédris] 男 ＝**camedrio**

camedrita [kamedríta] 男 煎じたニガクサ camedrio を加えたワイン

cámel [kámel] 形 名〖まれ〗ラクダ色〖の〗〖＝camello〗

camelador, ra [kamelaðór, ra] 形 言い寄る; ご機嫌をとる

camelancia [kamelánθja] 女《口語》＝**cameleo**

camelar [kamelár]〖←ジプシー語〗他 ❶《西》[異性に対し, 上品に・優しく] 言い寄る. ❷《西. 口語》…にへつらう, ご機嫌をとる; 丸め込む: Ella intenta 〜 a su abuelo para que le diese dinero. 彼女は祖父の機嫌をとって金をもらおうとしている. ❸《口語》愛する. ❹《メキシコ》つけ狙う; 見る

camelear [kameleár] 自《ラプラタ. 口語》嘘をつく

camelero, ra [kameléro, ra] 形《ラプラタ. 口語》嘘つき

camelia [kamélja] 女《植物》❶ ツバキ, ヤブツバキ. ❷《キューバ》

ヒナゲシ

cameliáceo, a [kameljáθeo, a] 形 ツバキ属の
── 女 複 《植物》ツバキ属

camélido, da [kamélido, da] 形 ラクダ科の
── 男 複 《動物》ラクダ科

camelieo, a [kameljéo, a] 形 女 《植物》ツバキ科[の]《=te-áceo》

camelina [kamelína] 女 《植物》ナガミノアマナズナ

camelio [kameljo] 男 《地方語. 植物》ツバキ, ヤブツバキ《=camelia》

camelista [kamelísta] 名 《口語》だます人, うわべを飾る人; 知ったかぶりをする人

camelístico, ca [kamelístiko, ka] 形 《口語》だます; うわべを飾る; 知ったかぶりをする

camella¹ [kaméʎa] 女 《農業》畝 (⅃); ❷ =**gamella**

camellar [kameʎár] 自 《コロンビア. 口語》懸命に働く

camellear [kameʎeár] 自 麻薬を密売する

camellera¹ [kameʎéra] 女 《植物》スナビキソウ属の一種 [学名 Heliotropium erosum]

camellería [kameʎería] 女 ラクダ引きの職

camellero, ra² [kameʎéro, ra] 名 ラクダ引き; ラクダの飼育者

camello¹ [kaméʎo] 名 《西》《末端の》麻薬の売人: hacer de ~ 麻薬を運ぶ
── 男 ❶《船舶》浮き箱. ❷《南米. 口語》仕事, 職; 努力

camello², lla² [kaméʎo, ʎa]《←ラテン語 camellus <ギリシア語 kamelos》 男《動物》1) ラクダ; フタコブラクダ[=bactriano]: hilo de ~ ラクダの毛と羊毛の混紡糸. pelo de ~《繊維》キャメルヘア. 2) ヒトコブラクダ[=dromedario]

disfrutar como un ~ 《口語》大いに楽しむ
── 男 ラクダ色[の]

camellón [kameʎón] I《←camello》男 ❶《農業》畝 (⅃)[=caballón]. ❷《地方語. 繊維》キャムレット[=camelote]. ❸《メキシコ, グアテマラ, コスタリカ, コロンビア》大通り中央の》遊歩道. ❹《メキシコ, グアテマラ》[道路の] 中央分離帯
II《←camella》男 牛に水を飲ませる四角い桶

camelo [kamélo]《←camelar》男 ❶《口語》嘘, 見せかけ; ぺてん, おべっか: Ese pastel tan grande es un ~; está hueco. その巨大なケーキは見せかけだけで, 中はがらんどうだ. No me vengas con ~s. うわべを飾るのはやめろ. ❷《まれ》冗談, からかい. ❸《キューバ. 植物》赤色のアオイ malva

dar [el] ~ a + 人 …をたぶらかす, だます

camelotado, da [kamelotádo, da] 形 《繊維》キャムレットに似た

camelote [kamelóte]《←古仏語 camelot》男《繊維》キャムレット, カムロ

camelotina [kamelotína] 女 《繊維》キャムレットの一種

camelotón [kamelotón] 男 《繊維》キャムレットに似た粗布

camember [kámember] 男 =**camembert**

camembert [kámember]《←仏語》男《料理》カマンベールチーズ

camena [kaména] 女 《詩語》ミューズ[=musa]

camenal [kamenál] 形 《詩語》ミューズの

camera¹ [kaméra] 女 《コロンピア. 動物》=**camerá**

camerá [kamerá] 女 《コロンピア. 動物》野ウサギの一種

cameral [kamerál] 形 《まれ》議会 cámara の

cameralismo [kameralísmo] 男 [17~18世紀ドイツ・オーストリアの重商主義的な経済学・財政学・行政学を体系化した] 官房学, カメラリズム

cameraman [kameráman]《←英語》名《映画, テレビ》カメラマン

camerano, na [kameráno, na] 形 名《地名》[ラ・リオハ州の] カメロス連峰 sierra de Cameros [地域]の人

camerino [kameríno]《←伊語》男 ❶《演劇》楽屋. ❷《祭壇裏の》小聖堂[=camarín]

camerista [kamerísta] 名 室内楽の作曲家

camerístico, ca [kamerístiko, ka] 形 《音楽》室内楽 música de cámara の

camero, ra² [kaméro, ra] I《←cama I》形 名 ❶ セミダブルベッド[の]: sábana ~ra セミダブル用のシーツ. ❷ ベッドの
── 名 ベッド製造業者
II 形 《地名》カマス Camas の[人]《セビーリャ県の町》

camerunés, sa [kamerunés, sa] 形 名 《国名》カメルーン Camerún の[人]

cámica [kámika] 女 《チリ》屋根の傾斜

camicace [kamikáθe] 男 形 名 =**kamikaze**

camilito, ta [kamilíto, ta] 名 《キューバ》陸軍幼年学校で教える[教官]

camilla [kamíʎa]《cama I の示小語》女 ❶ 担架; 移動用ベッド, ストレッチャー《=~ de ruedas》: Me llevaron en ~ al hospital. 私は担架で病院に運ばれた. poner en ~ 担架《ストレッチャー》にのせる. ❷《精神分析などの》寝椅子. ❸《自動車修理用の》寝台(怤). ❹《西》《昔は下に火鉢を入れた》丸テーブル, こたつ《=mesa [de] ~》. ❺《南米》向こうずね, 脛骨[=espinilla]

camillero, ra [kamiʎéro, ra] 名 ❶ 担架を運ぶ人;《軍事》担架兵. ❷《病院の》雑用係

camilo [kamílo] 男 《古代ローマ》礼拝の時に雇う少年
── 形 名 《カトリック》カミロ修道会 Orden de los Camilos 修道士・修道女[の]《Camilo de Lelis が病人看護のために設立》

camilucho, cha [kamilútʃo, tʃa] 形 名 《中南米》日雇いの先住民労働者[の]

caminador, ra [kaminadór, ra] 形 よく歩く[人], 健脚な[人]
── 男 《コロンビア》歩行器

caminal [kaminál] 男 《地方語》小道

caminante [kaminánte] 形《文語》❶ 徒歩の, 歩く[人]; 歩行者, 通行人. ❷ 旅する; 旅人, 徒歩旅行者
── 名 ❶《馬丁, 馬の口取り[=mozo de espuela]. ❷《チリ, 鳥》タヒバリの一種[学名 Anthus correndera]

caminar [kaminár]《←camino》❶《主に中南米》歩く[→andar 類語]: *Caminamos charlando por la Gran Vía.* 私たちはグラン・ビアをおしゃべりしながら歩いた. *Me gusta ~.* 私は歩くのが好きだ. *Si te mantienes así, caminarás a tu perdición.* このままだと君は破滅の道を歩くことになる. ~ *hacia la gloria* 栄光に向かって進む. ❸ [川が] 流れる. ❹ [天体が] 運行する. ❺《中南米》[機械・時計などが] 作動する; [事件が] 進行する
── 他《距離》進む, 歩く: *Hoy hemos caminado 10 kilómetros más o menos.* 今日私たちは10キロほど歩いた

caminata [kamináta] 女 ❶《伊語》《長距離を》歩くこと, 長い《苦しい》道のり: *hacer una (la) ~* 長く歩く. ❷ [徒歩の] 遠足, 徒歩旅行, ハイキング: *dar[se] una ~* 遠足に行く. ❸ 行程, 旅程: *Íbamos por la mitad de la ~, cuando empezó a nevar.* 私たちが行程の半ばに来た時, 雪が降り始めた

pegarse la gran ~ えんえんと歩く

caminatear [kaminateár] 自 あてもなく歩く

caminero, ra [kaminéro, ra] 形 道の, 道路の
── 名 ❶《主に中南米》道路工事の作業員[=peón ~]. ❷《南米》[廊下の] 細長いじゅうたん
── 女 ❶《コロンビア. 古語》[主に旅人が携行する] 酒瓶. ❷《アルゼンチン. 鳥》ジカマドリ

caminí [kaminí] 男 《南米》カミニ[大変おいしいマテ茶]

camino [kamíno]《←俗ラテン語 camminus》男 ❶ [一般に] 道: 1) ¿Es este el ~ a la estación? これは駅に行く道ですか? vamos por ese ~. そっちの道を行こう. El recto ~ llevaba hasta el castillo. その一本道は城へと続いていた. preguntar el ~ a Santiago de Compostela サンティアゴ・デ・コンポステラへ行く道を尋ねる. cerrar el ~ 道路を閉鎖する. equivocar (equivocarse en) el ~ 道を間違える[比喩的にも]. perderse en el ~ 道に迷う. seguir su ~ 我が道を行く. reemprender el ~ 再び道を行く. *C~s*, *Canales y Puertos* 土木工学. 2) [各種の] ~ carretero/~ carretil/~ de rueda[s] 車の通れる道, 車道. ~ de cabaña [放牧で] 家畜が通る道. ~ de entrada/~ de acceso 進入路. ~ de hierro 鉄道. ~ de ronda [城壁の] 巡視路. ~s del Inca/~s incas インカ道 [インカ帝国時代, アンデス地域に約4万キロにわたって張り巡らされた]. 3) 諺 *A ~ largo, paso corto.* 急がば回れ. *Por todas partes hay una legua de mal ~.* どこへ行っても苦労はつきまとう. ❷ 道のり, 道程: ¿Cuánto ~ hay de aquí a Barcelona? ここからバルセロナまでどのくらいの距離がありますか? ❸ [目標への] 道, 手段, 方法: Llevaron a José por el mal ~. ホセは悪の道に引きずり込まれた. Elegir morir tampoco es ~ de solución. 死を選ぶのも正しい解決法ではない. elegir el ~ más fácil 最も安易な道を選ぶ. errar el ~ 道を誤る. escoger el buen ~ 正しい選択をする. seguir el

~ trillado (trivial)《主に軽蔑》常套手段を用いる，ありきたりの方法に従う. ~ **para hacerse rico** 金持ちになる方法. ❹ 旅行: preparar para el ~ 旅行の支度をする. **traje de** ~ 旅行着. ❺ テーブルランナー, 細長いテーブル掛け [=~ **de mesa**]. ❻《バスケットボール，ハンドボール》トラベリング. ❼《情報》パス, 経路. ❽《口語》［俚］土木技師の養成課程: **empezar** ~**s** 土木技師の勉強を始める

a medio ~ 1）道のり半ばで, 途中で: **Todavía no hemos llegado; estamos** *a medio* ~ **a nuestro destino.** 私たちは到着していない, 目的地に向かっての途中だ. **La antorcha olímpica se encuentra ahora** *a medio* ~ **de París a Madrid.** オリンピック聖火は今パリからマドリードへの途中にある. **Tuve que regresar** *a medio* ~. 私は途中で引き返さなければならなかった. **El hijo dejó la carrera** *a medio* ~ **para suceder a su padre en la administración de los negocios.** 息子は父の事業経営を引き継ぐために大学を中途でやめた. **Nuestro plan todavía está** *a medio* ~. 私たちの計画はまだ前途多難だ. **dejar el trabajo** *a medio* ~ 仕事を中途で放棄する. 2）［+**entre** の］中間に: **Ahora estamos** *a medio* ~ **entre León y Santiago de Compostela.** 我々は今レオンとサンティアゴ・デ・コンポステーラの中間地点にいる
a mitad de [l] ~ 途中で
abrir [el] ~ 1) 道を開く: **abrir el** ~ **entre la gente** 人ごみをかき分ける. 2) [**+a** への] 端緒となる, 先例となる: *abrir el* ~ *a la paz* 和平への道を切り開く
abrirse [un] ~ 1）道を切り開いて進む: **Por sí solo tuvo que** *abrirse* ~ **en la vida.** 彼は独力で世の中を渡っていかねばならなかった. 2）解決方法を見い出す, ブレイクスルーする. 3) 成功する, 出世する. 4) [水などが] 流れ出す, 噴出する. 5) 流行する, 広まる
agarrarse al ~《自動車》ロードホールディングがよい
allanar el ~ **para (a)+人** …のために障害を取り除く
atravesarse en el ~ **de+人 =cruzarse en el** ~ **de+人**
~ **a...** …に向かう途中で [=~ **de...**]
~ **de...** 1）…に向かって(の): **Van** ~ **de Salamanca.** 彼らはサラマンカに向かっている. **partir** ~ **de...** …に出発する. ~ **de la gloria** 栄光への道. 2) …に向かう途中で: *C* ~ *de la estación, me encontré con Alberto.* 駅へ行く途中で私はアルベルトに会った
~ **de rosas** 順風満帆, 安楽な道: **Hasta ahora, su vida ha sido un** ~ *de rosas*. 今まで彼の人生は順風満帆だった. **no ser [todo] un** ~ *de rosas* 楽しいことばかりではない, 苦あれば楽あり
~ ***directo*** 1) まっすぐな道: **¿Cuál es el** ~ **más** *directo* **para llegar a la estación?** 一番まっすぐ駅に行ける道はどれですか？ 2) 最善の手段
~ ***real*** 1) [目的を達成するための容易な手段] 王道, 近道. 2)《古語》国道
coger de ~ **=pillar de** ~
coger el ~ 出発する
coger por el buen (mal) ~ 正しい道を選ぶ(道を間違える)
continuar ~ 前へ進む; 旅を続ける
continuar su ~ 旅を続ける
cruzarse en el ~ **de+人** …の邪魔をする, 足を引っ張る
de ~ 1) [+**a** の] 途中で, 通りすがりに; ついでに: **Me lo encontré** *de* ~ *a casa.* 私は帰宅途中で彼に会った. 2) 旅行用の
deshacer el ~ 来た道を戻る
echar cada cual por su ~ 別れる
echarse a los ~**s** 放浪する
en ~ 1) [+**de** への] 途上に: **Está** *en* ~. 彼は途中です. **El imperio estaba** *en* ~ **de derrumbarse.** 帝国は崩壊への道をたどっていた. 2) 《口語》妊娠中の
en el ~ 1) [+**a** の] 途中で, 途中で: **Los vi** *en el* ~ *a la universidad.* 私は大学へ行く途中で彼らを見かけた. **dejar** *en el* ~ 途中でやめる
hacer el ~ 道を行く. 2）出世する
hacerse [su] ~ **=abrirse**
interponerse en el ~ **de+人** …のすることに干渉する
ir cada cual (cada uno) por su ~《比喩》それぞれ勝手な道を行く
ir ~ **de+不定詞 =llevar** ~ **de+不定詞**
ir fuera de ~ 正道を外れる, 道を踏み外す

ir por buen (mal) ~《比喩》正しい(誤った)道を行く
ir por su ~ 1) 地道にこつこつやる. 2) 我が道を行く, 思うとおりにやる
llevar a+人 por la ~ **de la amargura** …に苦労をかける, 惨めな生活をさせる
llevar a+人 por mal ~ …を誤った道に導く
llevar buen (mal) ~ 1) やり方が正しい(間違っている). 2) [物事が] うまくいっている(いっていない)
llevar ~ **de+不定詞** …することになると予想される, …しそうである: **En el partido, este equipo lleva** ~ **de ganar.** 試合ではこのチームが勝ちそうだ. **El partido lleva** ~ **de acabar en un empate.** 試合は引き分けになりそうだ
meter por ~ …に道理を分からせる, 物事を理解させる
no llevar ~ **=ir fuera de** ~
pillar de ~ [**+a+人** にとって] 途中に位置している: **Una plaza pequeña le** *pilla de* ~. 小さな広場が君の行く途中にある
ponerse en ~ 旅立つ, 旅行に出かける; 出発する
ponerse en el ~ **de+人** …の邪魔をする
por el ~ 旅の途中で
por ese ~ そんな風であれば: *Por ese* ~ **no le convencerás.** そんなやり方では彼を説得できそうにない
quedarse a mitad de ~ **/quedarse a medio** ~ 中途半端に終わる
salir a+人 al ~ 1）…を迎えに出る. 2) 待ち伏せる
tomar el ~ **más corto** 近道をする
tomar el ~ **más largo** 1) 遠回りをする, 道草を食う. 2) 回りくどいやり方をする
traer a+人 a ~ [悪事から] 足を洗わせる
traer a+人 por la ~ **de la amargura =llevar a+人 por la** ~ **de la amargura**
venir de ~ **=pillar de** ~

camión [kamjón]《←仏語 camion》男 ❶ [大型の] トラック: **transportar en** ~ トラックで輸送する. ~ **articulado** トレーラートラック. ~ **bencinero**《チリ》石油タンクローリー. ~ **cisterna** タンクローリー車; [暴動鎮圧用の] 放水車. ~ **cuba** タンクローリー車. ~ **de la basura** ごみ収集車. ~ **estanque**《チリ》 [=~ **cuba**]. ~ **frigorífico** 冷凍トラック. ~ **grúa** レッカー車. ~ **hormigonero (agitador・mezclador)** 生コン車, コンクリートミキサー車. ~ **tanque**《メキシコ, プエルトリコ, ペルー, アルゼンチン, ウルグアイ》 [=~ **cuba**]. ~ **volquete**/~ **de volteo**/《ベネズエラ, チリ》~ **tolva** ダンプカー. ❷《メキシコ》1) バス [=**autobús**]. 2) [プルケ pulque の量の単位] =約2.5リットル
estar como un ~《口語》[人が] 魅力的な体つきをしている
camionada [kamjonáda] 女 トラックの最大積載量
camionado [kamjonádo] 男 集名《コロンビア》 [トラックなどの] 一台分の積み荷・乗客
camionaje [kamjonáxe] 男 ❶ 集名 トラック. ❷ トラック運送; その運送料
camionero, ra [kamjonéro, ra] 形 名 トラック運転手(の)
camioneta [kamjonéta]《←仏語 camionette》女 ❶ [積載量1500kg以下の] 軽トラック, ピックアップ. ❷《西. 俗用》長距離バス [=**autocar**]; バス [=**autobús**]. ❸《中南米》ワゴン車
camionetilla [kamjonetíʎa] 女《グアテマラ》ワゴン車, 小型バン
camisa [kamísa]《←ラテン語 camisia》女 ❶《服飾》1）ワイシャツ, シャツ: ~ **de deporte** スポーツシャツ. ~ **de dormir**/~ **de noche**《まれ》[=**camisón**]. ~ **de tirantes** タンクトップ. ~ **romana**《古語. キリスト教》短い白衣 [=**roquete**]. 2)《古語. カトリック》アルバ [=**alba**]. 3) スリップ, シュミーズ. ❷ [本などの] カバー [=**sobrecubierta**]. ❸ 書類挟み, ホルダー. ❹ 包装紙. ❺ カバー, 覆い; [シリンダーの] スリーブ; コーティング: ~ **de la lámpara** ランプの覆い, [ガス灯の] ガスマントル. ~ **del cilindro** シリンダーケーシング. ~ **de agua**《技術》水ジャケット. ❻ [蛇の] 抜けがら. ❼ [穀類・球類の] 薄皮. ❽ [隠語] 一包みのヘロイン. ❾《まれ》月経. ❿《古語. トランプ》賭け金 [=**dote**]. ⓫《古語. 船舶》~ **alquitranada**/~ **de fuego** [敵船に放火する] タールを含ませた帆布. ⓬《チリ》壁紙の下紙
cambiar de ~ 1) ワイシャツを着替える. 2) [蛇が] 脱皮する. 3)《軽蔑》[政治的な] 立場(意見)を変える, 変節する《= **cambiar de chaqueta**》
dejar a+人 sin (en) ~ …を破産に追いやる, 貧乏のどん底に突き落とす
en ~《口語》[女性と結婚するのに] 持参金なしで

camisería

jugar hasta la ~ 1)全財産を賭ける: *Se jugaron hasta la ~.* 彼らは全財産賭けて賭博をした. 2)ひどく賭け事好きである

meterse en ~[s] de once varas 《口語》他人事に干渉する, よけいな世話をやく

mudar de ~ =***cambiar de ~***

no dejar a+人 ni aun ~ =***dejar a+人 sin (en) ~***

no llegar a+人 la ~ al cuerpo 《口語》…がびくびくする: *Solo de pensar en el resultado del examen no me llega la ~ al cuerpo.* 試験の結果について考えるだけで私はびくびくする

perder [hasta] la ~ 《口語》[賭けなどで] 無一文になる, 破産する, 破滅する: *Perdí hasta la ~ jugando a los dados.* 私はさいころゲームで身ぐるみはがされた

quedarse en ~ 1)ワイシャツ姿になる. 2)無一文になる

quedarse sin ~ 《口語》=***perder [hasta] la ~***

── 图 [+形容詞女性形. 人] ~ azul 青シャツ《ファランへ党員 falangista》. ~ negra 黒シャツ《イタリアのファシスト》. ~ parda 褐色シャツ《ナチス》. ~ vieja スペイン内戦以前からのファランへ党員

camisería [kamiseríá] 囡 ❶ ワイシャツ製造所. ❷ ワイシャツ製造業. ❸ 集名 ワイシャツ. ❹《まれ》ワイシャツ販売店, 紳士洋品店

camisero, ra [kamiséro, ra] 形 名 ワイシャツの; ワイシャツ製造(販売)業者
[*blusa ~ra, vestido ~*]

camiseta [kamiséta] [←camisa] 囡《服飾》❶ [丸首の] シャツ [下着・スポーツ用など], Tシャツ: ~ de tirantes/~ sin mangas/~ imperio/《メキシコ》~ de resaque ランニングシャツ; タンクトップ. ❷ トレーナー; サマーセーター. ❸《ボリビア》[先住民の着る] 白い袖なしシャツ

cambiarse la ~ 《中南米》[政治的な] 立場(意見・主義)を変える, 変節する

ponerse la ~ 《南米. 口語》[政治的な] 意見を掲げる

sudar la ~ 激烈な試合をする; 猛練習する

camisilla [kamisíʎa] 囡《プエルトリコ, コロンビア, ウルグアイ. 服飾》ランニングシャツ; タンクトップ

camisola [kamisóla] [←伊語] 囡《服飾》❶ [襟のないゆったりしたアウターの] シャツ. ❷《サッカなどのユニホームの》シャツ. ❸ [足首まである] ネグリジェ. ❹《チリ》1) 胴着 [=jubón]. 2) [女性が整髪の時に着る] 白いうわっぱり

camisolín [kamisolín] 男《服飾》プラストロン, 胸当て

camisón [kamisón] [camisa の示大語] 男《服飾》❶ [主に女性の寝巻用の] 膝・足首まである長いシャツ, ネグリジェ. ❷《地方語》ワイシャツ [=camisa]. ❸《コロンビア, ベネズエラ, チリ》シンプルなワンピース. ❹《カリブ, コスタリカ, 口語》女性用のシャツ

camisote [kamisóte] 男 長袖の鎖かたびら

camita [kamíta] 形 名 ハム Cam の子孫[の]《ノアの息子》; ハム族[の]

camítico, ca [kamítiko, ka] 形 ハム族の; ハム族語の: *lenguas ~cas* ハム語
── 男《歴史》ハム語

camitosemítico, ca [kamitosemítiko, ka] 形 ハム・セム語族の
── 男《言語》セムハム系語統

camoatí [kamoatí] 男《ボリビア, ラプラタ》❶《昆虫》スズメバチの一種 [学名 Polybia Scutellaris, Melipona interrupta]; その巣房. ❷ 烏合の衆

camocán [kamokán] 男 [中世に東洋やスペインで用いられた] ブロケード織り, 金襴(きんらん)

camocha [kamótʃa] 囡 =***camota***

camomila [kamomíla] 囡《植物》カミツレ [=manzanilla]

camomilla [kamomíʎa] 囡《植物》カミツレ [=manzanilla]

camón [kamón] I [cama I の示大語] 男 ❶ 出窓 [=mirador]. ❷ ~ *de vidrios* ガラス製の間仕切り. ❸《古語》移動式の玉座
II [cama II の示大辞] ❶ 水車の外輪の部品. ❷《建築》見せかけの丸天井の骨組み. ❸ 荷車の車輪の外縁補強材

camoncillo [kamonθíʎo] 男 [謁見の間 estrado の] 小型スツール

camorra [kamóra] [←伊語] 囡 ❶《口語》騒々しく乱暴な(けんか: *buscar ~* けんかをふっかける. *armar ~* けんかを始める. ❷ [主に la *C~*] カモラ《ナポリ起源の犯罪組織》. ❸《アラゴン料理》ロンガニサソーセージ入りの長いロールパン

camorrear [kamoreár] 自《アンダルシア, ラプラタ》けんかする, 口論する

camorrero, ra [kamoréro, ra] 形 名《西, 南米》=***camorrista***

camorrista [kamoríṣta] 形 名 ❶ けんか好きな[人], けんか早い[人]. ❷ カモラ la Camorra の[構成員]

camota [kamóta] 囡《ブルゴ》頭 [=cabeza]. ❷ [針・釘の] 頭. ❷《ムルシア》1) 大頭の人. 2) 不器用な人; 頑固な人

camotal [kamotál] 男 サツマイモ畑

camote [kamóte] [←ナワトル語 camótli] 男《中南米》1) サツマイモ [=batata]; 塊茎. 2) 恋すること. 3) 嘘. ❷《メキシコ, アンデス》混乱. ❷《メキシコ, エクアドル》間抜け. ❹《メキシコ. 俗語》ペニス. ❺《ペルー》恋人.

poner a+人 como ~ 《メキシコ. 口語》…をひどくひっぱたく(叱る)

ser un ~ 《メキシコ. 口語》嫌である, 人を悩ます

tomar un ~ 《中南米》[主に異性を] 好きになる

tragar ~ 《メキシコ. 口語》詰まりながら話す

── [estar+. +de] 《チリ. 口語》…にすっかり恋している

hacerse ~ 《メキシコ. 口語》頭がこんがらがる

camotear [kamoteár] 自《メキシコ》[捜し物が見つからず] うろつく
── 他《グアテマラ》わずらわせる, 邪魔をする

camotillo [kamotíʎo] 男《ペルー, チリ》つぶしたサツマイモの菓子

camotiza [kamotíθa] 囡《メキシコ. 口語》叱責

camotudo, da [kamotúdo, da] 形《チリ. 口語》タフな

camp [kámp] [←英語] 形 [名詞+. 芸術・流行などで] 古いものを再評価する: *cantante ~* 懐メロ歌手. *música ~* 懐メロ
── 男 古臭くなった美術・文学への愛好

campa [kámpa] I ── 囡《地方版》牧草地
II 形 名 カンパ族[の]《ペルーの山岳地帯の先住民》

campago [kampáɣo] 男 =***cámpago***

cámpago [kámpaɣo] 男 [古代ローマやビザンチンの] 高官が履く靴

campal [kampál] [←campo] 形 *batalla (guerra) ~* 野戦; [主に大勢の] 激しいけんか(論争). *misa ~* 野外ミサ

campamental [kampamentál] 形 キャンプの

campamentista [kampamentísta] 名《中南米》キャンプする人 [=campista]

campamento [kampaménto] [←campo] 男 ❶ 集名 [登山者・軍隊などの] キャンプ [テントなどの設備]: *Nos fuimos de ~ a un pueblo de Galicia.* 私たちはガリシアの村へキャンプに行った. *levantar el ~* キャンプをたたむ [口語] 急いで出発する. ~ *de instrucción* トレーニングキャンプ. ~ *de trabajo* ワークキャンプ. ~ *de verano* サマーキャンプ. ❷ キャンプ地, 野営地. ❸ 集名 キャンプしている人, キャンパー; 野営部隊. ❹ [新兵の] 訓練期間

campamiento [kampamjénto] 男 キャンプ[すること], 野営

campamocha [kampamótʃa] 囡《メキシコ. 昆虫》ウスバカマキリ

campamulato, ta [kampamuláto, ta] 形《歴史》[中南米の] barcino と 先住民 との混血の[人]

campana [kampána] [←ラテン語] 囡 ❶ 鐘: *Las ~s tocan a muerto.* 弔いの鐘が鳴っている. *tañer (tocar) las ~s* 鐘を鳴らす. *a toque de ~* 鐘の音を合図に. *reloj de ~* チャイム時計. ~ *de buzo* = ~ *de inmersión/* ~ *neumática* 潜水鐘(かね), 潜函, ケーソン. ~ *de la chimenea* 暖炉のフード. ~ *aislante*《電気》はかま形碍子. ❷ [台所の] レンジフード [= ~ *extractora [de humos]*]. ❹ [チーズ・時計などにかぶせておく] ガラスのカバー [=fanal]. ❺ ベル, グラスハーモニー: ~ *tubular* チューブラーベル. 2) [吹奏楽器の] 朝顔口 [=pabellón]. ❻ 教会, 教区教会;《廃語》教会・教区教会の土地. ❼《メキシコ》[黒色の] スカート. ❽《メキシコ》立入禁止時刻を告げる鐘. ❾《ペルー, ラプラタ. 隠語》監視員, 見張り

a ~ herida (tañida) 1) 鐘が鳴ると. 2) 時間に正確に

de ~ 釣鐘形の;《服飾》ベルボトム

doblar a ~s 弔鐘(弔いの鐘)を鳴らす

echar (lanzar) a[l] vuelo las ~s =***tocar a[l] vuelo las ~s***

no haber oído ~s [+de 周知の・基本的なことを] 知らないでいる

oír ~s [y no saber dónde] 《口語》[漠然とした情報は持っているが] 肝心の点が分かっていない, 誤解する

campeón, na

picar la ~ 《船舶》鐘を鳴らして時刻を知らせる
repicar las ~s =**tocar a(l) vuelo las ~s**
salvar a+人 la ~ 《口語》…がぎりぎりのところで助かる
tocar a(l) vuelo las ~s 1)〔祝賀の〕鐘を一斉に打ち鳴らす. 2)《口語》〔喜んで〕知らせて回る, 吹聴する
vuelta de ~ 〔完全な〕回転; 宙返り; 転覆: El coche dio tres *vueltas de* ~ en el accidente. 車は事故で3回転した

campanada [kampanáða]《←*campana*》囡 ❶ 鐘の音;〔時計の〕時報: He oído las ~*s* de las seis. 6時の鐘〔時報〕が聞こえた. El reloj dio las diez ~. 時計が10時を鳴らした. ❷ 騒ぎ, スキャンダル: dar la ~ 物議をかもす

campanariense [kampanarjénse] 形 图《地名》カンパナリオ Campanario の〔人〕〔バダホス県の村〕

campanario [kampanárjo]《←*campana*》男 ❶ 鐘楼. ❷〔織機の〕刃. ❸《サラマンカ》パイナップルの花
de ~《軽蔑》見方が狭い(地域的な); 卑劣な, けちな

campanazo [kampanáθo]男《中南米》鐘の音〔=campanada〕

campanear [kampaneár]《←*campana*》自 ❶ 鐘を連打する. ❷ 揺れる. ❸ すぐに知れ渡る. ❹《発射体が》軌道上で異常な回転をする. ❺《ボリビア, ラプラタ. 俗語》見張る, スパイする
―― 他《闘牛》〔牛が〕何度も角に引っ掛けてほうり上げる
―― ~se 肩・腰を揺らして気どって歩く〔=contonearse〕
Allá se las campanee. 私の知ったことではない/勝手にしろ
campaneárselas《口語》何とか切り抜ける

campanela [kampanéla]《伊語 *campanella*》囡 ❶《舞踊》円を描きながら跳躍するステップ. ❷《音楽》〔ギターの〕カンパネラ奏法

campaneo [kampanéo]男 ❶ 鐘の連打; 連続した鐘の音. ❷ 揺れること; 腰を振ること. ❸ 発射体の異常な回転

campanero, ra [kampanéro, ra]《←*campana*》图 ❶ 鐘つき. ❷ 鋳鐘師, 鐘作り職人. ❸《中南米》ゴシップ好きな〔人〕
―― 男 ❶《昆虫》ウスバカマキリ〔=santateresa〕. ❷《ベネズエラ. 鳥》クロウタドリに似た鳴禽〔学名 Chasmarhynchus nudicollis, Chasmarhynchus variegatus〕

campaneta [kampanéta] 囡 *campana* の示小語

campaniense [kampanjénse] 形 图《地名》〔南イタリアの〕カンパニア Campania の〔人〕

campaniforme [kampanifórme] 形《考古》鐘形の: cultura del vaso ~ 鐘形杯文化

campanil [kampaníl] 形 metal ~ 鋳鐘用の青銅
―― 男 ❶《文語》鐘楼〔=campanario〕. ❷《アラブ》市域〔=término municipal〕. ❸《アラゴン》〔切り石積み建築 sillería の〕切り石の一種

campanilla [kampaníʎa]《*campana* の示小語》囡 ❶ 鈴; ハンドベル, 振鈴; ドアベル: tocar la ~〔振って〕鈴(ベル)を鳴らす. ❷ のどひこ〔=úvula〕. ❸ 釣鐘型のモール飾り(縁飾り). ❹ 釣鐘型の小さな花. ❺《植物》1)〔総称〕カンパニュラ. 2)《中南米》キダチチョウセンアサガオ, ダチュラ. ❻ 泡〔=burbuja〕
de [muchas] ~s《西. 皮肉》一流の, 豪華な: futbolista (restaurante) *de* ~*s* 一流のサッカー選手(レストラン)

campanillazo [kampaniʎáθo]男 鈴(ベル)を強く鳴らすこと

campanillear [kampaniʎeár]自 ❶ 鈴(ベル)をしつこく(長く)鳴らす. ❷ 鈴(ベル)のように鳴る

campanilleo [kampaniʎéo]男〔うるさい〕鈴(ベル)が鳴り続く音

campanillero, ra [kampaniʎéro, ra]图 ❶ 鈴(ベル)の奏者. ❷《アンダルシア》ハンドベル・ギターなどで伴奏する聖歌隊員
―― 男 複《アンダルシア》クリスマスにハンドベル・ギターなどで伴奏されるカンテ・フラメンコ *cante flamenco*

campanillo [kampaníʎo]《*campana* の示小語》男 ❶ 小型の鐘. ❷《アラブ》鐘形のカウベル

campanita [kampaníta] 囡《植物》スノードロップ〔=~ *de las nieves*〕; オータム・スノーフレーク, スズランスイセン〔=~ *de otoño*〕; スプリング・スノーフレーク, オオマツユキソウ〔=~ *de primavera*〕

campano [kampáno]《←*campana*》男 ❶ カウベル〔=cencerro〕. ❷〔修道院の召集用の〕小型の鐘〔=esquila〕. ❸《中南米. 植物》マホガニーに似た木〔造船用. 学名 Laplacea semiserrata〕

campanología [kampanoloxía]囡〔コンサート〕チャイムの演奏法

campanólogo, ga [kampanólogo, ga]图〔コンサート〕チャイムの奏者

―― 男《音楽》〔コンサート〕チャイム, チューブラーベル

campante [kampánte]《←*campar*》形〔estar+〕❶〔主に〕tan+. 状況に反して〕平静な, 悠然とした: El hombre salió de entre los escombros tan ~, como si nada. その男は平然と, 事もなげに瓦礫から出てきた. ❷ 得意げな: Su hijo anda muy ~ por ahí. 彼の息子はその界隈で得意げにふるまっている. ❸ 際立っている

campanudo, da [kampanúðo, ða]《←*campana*》形 ❶《軽蔑》〔言葉・人が〕大仰な, もったいぶった: Mi profesor habla con un tono ~. 私の先生はもったいぶった話し方をする. ❷ 釣鐘型の

campánula [kampánula]囡《植物》カンパニュラトラケリウム, ヒゲキキョウ: ~ china (japonesa) キキョウ

campanuláceo, a [kampanuláθeo, a] 形 キキョウ科の
―― 囡 複《植物》キキョウ科

campaña [kampáɲa]《←ラテン語 campania < campus「野原」》囡 ❶〔軍隊の〕遠征, 軍事行動: batir la ~ 敵の軍事行動を偵察する. estar (hallarse) en ~ 軍事行動中である. salir a (la) ~ 遠征に出る. muerto en ~ 戦死した. artillería de ~ 野戦砲兵. traje (uniforme) de ~ 戦闘服. ~ de Rusia ロシアへの遠征. ❷〔集合〕〔政治的・社会的な〕運動, キャンペーン: Están haciendo una ~ para promover el uso del transporte público. 公共交通機関をもっと利用しようというキャンペーンが実施されている. Los ecologistas han lanzado una ~ a favor de la purificación de los ríos. 自然保護運動家たちは河川の浄化を訴えキャンペーンを繰り広げた. ~ antituberculosa 結核撲滅運動. ~ de imagen イメージ・キャンペーン. ~ de venta 商戦. ~ denigratoria 組織的な中傷. ~ electoral 選挙運動, 選挙戦. ~ publicitaria 宣伝キャンペーン. ❸ 遠征期間, キャンペーン期間. ❹ mesa de ~ キャンプ用の簡易テーブル. ❺《口語》作戦. ❻《船舶》〔船や艦隊の〕出港から帰港までの期間. ❼《農業》〔播種から収穫までの〕シーズン. ❽ 平野. ❾《中南米》田園, 郊外〔=campo〕. ❿《コロンビア》軍事演習

campañista [kampaɲísta]男《チリ》家畜飼育係の農場労働者

campañisto [kampaɲísto]男《チリ》=**campañista**

campañol [kampaɲól]男《動物》ハタネズミ

campar [kampár]《←*campo*》自 ❶〔+sobre・por encima de に〕勝る; 際立つ: Este alumno *campa sobre* los demás. この生徒は他の生徒より抜きん出ている. ❷ うろつく. ❸《廃語》野営する
―― 男《地方語》山に囲まれた牧草地

campari [kampári]《←伊語》男《酒》カンパリ: ~ soda カンパリソーダ

campatedije [kampateðíxe]男《メキシコ》何某, 某氏

campeador [kampeaðór]形《まれ》〔軍人が野戦で〕卓越した

campear [kampeár]《←*campo*》自 ❶ 目立って見える: Entre las colinas *campeaban* unas banderas. 丘の間に何本かの旗が見えた. El pesimismo *campea* en sus palabras. 彼の言葉にはペシミズムが目立つ. ❷〔家畜が野原で〕草を食む: Las vacas *campean* a sus anchas. 牛が野原でのびのびと草を食んでいる. ❸〔種をまいた畑が〕緑色になる. ❹《まれ》軍事行動中である. ❺〔部隊が〕平原での戦闘に進発する; 平原を偵察する. ❺《チリ, ラプラタ》草原を捜索する
―― 他 ❶《古語》〔軍旗を〕はためかせる. ❷《チリ, ラプラタ》〔牛・馬・人を〕草原で捜索する

campechana[1] [kampetʃána]囡 ❶《船舶》〔小型船の〕船尾外側の格子. ❷《メキシコ, キューバ》数種類のリキュールを混ぜた飲み物. ❸《メキシコ. 菓子》パイケーキ. ❹《ベネズエラ》1) ハンモック. 2) 売春婦

campechanamente [kampetʃanaménte] 副 気さくに; ざっくばらんに

campechanería [kampetʃanería]囡 =**campechanía**

campechanía [kampetʃanía]囡 気さくさ

campechano, na[2] [kampetʃáno, na]形 图 ❶ 気さくな〔人〕, 気のおけない〔人〕. ❷ ざっくばらんな〔人〕. ❸《口語》気前のいい〔人〕, 気前よく出す〔人〕. ❹《地名》カンペチェ Campeche の〔人〕《メキシコ, ユカタン半島の州・州都》

campeche [kampétʃe]男 ❶《植物》アカミノキ, ログウッド〔=palo del C~〕. ❷《ペルー》〔しばしばタンニン分が多い〕質の悪いワイン

campeo [kampéo] 男 家畜が草を食みに出かけること

campeón, na [kampeón, na]《←伊語 *campione*》图 ❶ チャンピ

campeonato

オン, 選手権保持者; 優勝者, 優勝チーム: Fue el ~ en la prueba de salto de altura. 彼が走り高跳びの優勝者だった. Es ~ del peso medio. 彼はミドル級のチャンピオンだ. Ha sido ~ de boxeo. 彼はボクシングで優勝した. el ~ de la Liga española スペインリーグの優勝チーム. ~ del mundo/~ mundial 世界チャンピオン. ❷《文語》[主義などの]擁護者, ~ de la justicia 正義を守る人. ❸ [良い意味でも悪い意味でも] すごい人. ❹《歴史》[馬上槍試合などの] 戦士

campeonato [kampeonáto]《campeón》男 ❶ 選手権, 優勝: ganar el ~ de tenis テニスの選手権を獲得する. ~ de liga リーグ優勝. ❷《集名》選手権試合, 選手権大会
 de ~《西. 口語》ものすごい, 全くひどい: tonto *de ~* どうしようもないとか
 por el ~《チリ. 口語》たくさん, 大量に

campeonísimo, ma [kampeonísimo, ma] 名《口語》チャンピオン(優勝者)の常連

camper [kámper]《←英語》男《複》~s《ペルー, チリ》キャンピングカー

campero, ra [kampéro, ra]《←ラテン語 camparius「野原の」》形 ❶ 田舎の; 野原の: fiesta ~*ra* 田舎の祭り. traje ~ 乗馬服. ❷ 野ざらしの. ❸[家畜・動物が] 野外で寝る. ❹[植物が] 葉や茎が地面を這うように伸びている. ❺《中南米》[馬などが] 悪路に慣れた. ❻《ラプラタ》農作業に熟練した
 ── 名《コロンビア》田舎の人
 ── 名《西. 料理》ハム・チーズ・レタス・トマトマヨネーズ入りのホットドッグ. ❷[修道院などで] 農場係の聖職者. ❸《アストゥリアス, レオン》森の中の空き地. ❹《サラマンカ》野原でドングリを食べる豚. ❺《コロンビア. 自動車》ジープ, ランドローバー. ❻《チリ》畑を回って監視する人
 ── 女《服装》❶《西》カウボーイブーツ. ❷《ボリビア, ラプラタ》[カジュアルな・スポーティーな] ジャケット

campesinado [kampesinádo] 男《集名》農民, 農民層

campesino, na [kampesíno, na]《←campo》形 ❶ 田舎の(人); 田舎風の: fiesta ~*na* 田舎の祭り. vida ~*na* 田園生活. ❷ 畑の; 農民(の): labores ~*nas* 野良仕事. movimiento ~ 農民運動. ❸《地名》ティエラ・デ・カンポス Tierra de Campos の(人)《Castilla la Vieja の西部地域》. ❹《米国》ラテンアメリカ先住民の農業労働者

campestre [kampéstre]《←ラテン語 campester < campus》形 ❶ 野原の, 田園の; 野外の: flores ~*s* 野の花. comida ~ 野外の食事. ❷ 田舎の, ひなびた: paz ~ 田舎ののどかさ
 ── 男 メキシコの古い舞踊

campiar [kampjár] 自《中南米》=**campear**

campilán [kampilán] 男《フィリピン》ホロ Joló 族の使う幅広の直刀

campillo [kampíʎo]《campo の示小語》男 ❶ 村の共有地《=ejido》. ❷ 小農場

campilótropo, pa [kampilótropo, pa] 形《植物》湾生の

campímetro [kampímetro]《医学》平面視野計

campimetría [kampimetría] 女《医学》中心視野測定

camping [kámpin]《←英語》男《複》~s》❶ キャンプ《行為》: ir de ~ キャンプに行く. hacer ~ キャンプをする. ❷ キャンプ場. ❸《西》~ gas《燃料用の》小型ガスボンベ

campiña [kampíɲa]《←campo》女 ❶[平らで広大な] 耕地, 畑. ❷《文語》平野, 平原: ~ cordobesa コルドバの平原. ❸《文語》田園: ~ española スペインの田園

campiñero, ra [kampiɲéro, ra] 形 男《地名》カンピニャ Campiña の(人)《Campiña と名付けられたいくつかの地域》

campinés, sa [kampinés, sa] 形 男 =**campiñero**

camprano, na [kampráno, na] 形 男《メキシコ》1) 田舎の人, 農民. 2) 畑仕事に精通した. 3) 馬の扱いが巧みな[男]. ❷《コスタリカ》田舎者(の), 粗野な[男]

campismo [kampísmo] 男 キャンプ, 野営《行為》

campista [kampísta]《←campar》名 ❶ キャンプする人, キャンパー. ❷《中南米》鉱山の賃借人. ❸《ホンジュラス》森・サバンナにいる家畜の見張り

campizal [kampiθál] 男 ところどころに草の生えた狭い土地;《地方語》草原

campizo [kampíθo] 男《地方語》[草が密生した] 草原

campo [kámpo]《←ラテン語 campus「平原」》男 ❶ 野原, 原っぱ; 野外: A veces salimos al ~ los fines de semana para airearnos. 私たちは時々週末に良い空気を吸いに野外に出かける. El ~ está florido. 野原には花が咲いている. montañas y ~*s* 野山. día de ~ 遠足, ピクニック. ❷[都会に対して] 田舎, 田園, 地方; 郊外: Ellos, retirados, viven tranquilos en el ~. 彼らは退職してのんびりと田舎に住んでいる. retirarse al ~ 田舎に引っ込む. emigración del ~ a la ciudad 農村から都会への人口移動. gente del ~ 田舎の人々. mujer de ~ 田舎の女, 農婦. ❸ 畑, 田畑, 農地, 耕地《~ cultivado, ~ de cultivo》: A la salida del pueblo hay ~*s* de trigo. 村のはずれに小麦畑がある. ❹《軍事, 政治》陣地, 陣営《捕虜・政治犯などの》強制収容所. ~ de trabajo 労働キャンプ, 奉仕キャンプ. ❺[特定の目的に使われる] 場所, …場: ~ de aterrizaje 離着陸場. ~ de aviación 飛行場. ~ de batalla/~ de fuego 戦場. ~ de juego 運動場, グラウンド; 遊び場. ~ de minas/~ minado 地雷原, 機雷原. ~ de prueba(s) 実験場, 試験場. ~ de tiro 射撃場; 射程, 着弾範囲. ~ minero《ペルー》鉱山. ~ santo 墓地. ❻《軍事, 政治》陣地, 陣営: montar el ~ 陣を敷く. ~ enemigo 敵陣, 敵軍営. ~ conservador 保守陣営. ~ liberal リベラル派陣営. ❼[学問・活動などの] 分野, 範囲, 領域: No quiero decir nada de eso porque no es de mi ~. 私の専門分野ではないのでそのことについては何も言いたくない. ~ de actividad 活動範囲. ~ de la medicina 医療分野. ~*s* sociales 社会的領域. ❽《研究・調査》の実地, フィールド: salida al ~ 実地見学. trabajo de ~ 実地研究(調査), フィールドワーク. investigador de ~ 現地調査員. ❾《スポーツ》1) 競技場, 運動場, グラウンド《~ de deportes, ~ deportivo》: ~《サッカー》ピッチ: ~ contrario アウェイ. en ~ propio ホームグラウンドで. ~ de fútbol サッカー場. 2)《テニスなど》コート. 3)《ゴルフ》コース. 4)《野球》内野《=jardines》: ~ corto《ベネズエラ》ショート. ❿《主に中南米》余地, 場, 空間, スペース: No hay ~. 空きがない. ⓫《光学》視界, 視域《~ óptico》: profundidad de ~ 被写界深度. ~ de un telescopio 望遠鏡の視域. ⓬《物理》線, 界: ~ eléctrico 電界. ~ gravitatorio/~ de gravedad 重力場, 重力圏. ~ magnético 磁場, 磁界. ⓭《情報》フィールド, 欄. ⓮《心理》場: ~ psicológico 心理的場. ⓯《医学》[施術を施す] 部位, 場: ~ operatorio 術野《手術において術者が見ることができる部分》. ⓰《言語》領域, 場. ⓱《幾何》場, 体: ~ de vectores ベクトル場. ⓲《美術》[図案・模様などの] 地, 背景. ⓳《紋章》紋地. ⓴《アンデス, チリ, アルゼンチン, ウルグアイ. 鉱山》採掘権. ㉑《アンデス》農場, 牧場. ㉒《チリ, アルゼンチン, ウルグアイ》不毛地
 a ~ abierto 境界のないところで; 平坦地で
 a ~ raso 野外で, 野天で: dormir *a ~ raso* 野宿する
 a traviesa/a ~ travieso/a ~ través[道を通らず] 野原を横切って
 abandonar el ~ 退却する《比喩的にも》
 abrir ~ [人・物をどけて] 場所をあける
 arriba el ~ ―《戯曲, 古語的》[挨拶] やあ
 asentar el ~ 野営のテントを張る, 設営する

 ~ *a través* 1)[道を通らず] 野原を横切って. 2)《スポーツ》クロスカントリー: carrera *a través* クロスカントリーレース
 ~ *abierto* 1) 広い平原. 2)[柵で仕切られていない] 開放耕地
 ~ *abonado* [+para の] 温床《人・事物たち》: La debilidad física es ~ *abonado para* la depresión. 肉体的に衰弱してくると精神的に落ち込みやすくなる
 ~ *ajeno*《スポーツ》本拠地以外で, アウェイで, ロードゲームで
 ~ *de acción* 行動範囲: En la actualidad la empresa ha ampliado su ~ *de acción* a otros países. 現在その会社は外国にまで活動範囲を広げている
 ~ *de Agramante*《文語》[けんか] てんやわんやの場所
 C~ de Gibraltar ジブラルタルに接するスペイン領
 ~ *de visión*/~ *visual* 視界, 視野: El prestidigitador desapareció del ~ *de visión* de los espectadores. 手品師の姿は観客の視野から消えた
 C~ Elíseos 1)《ギリシア神話》極楽. 2)《地名》[パリの] シャンゼリゼ
 ~ *libre* 行動の自由: tener ~ *libre* 行動の自由がある, 自由に行動できる
 creer que todo el ~ es orégano 事を甘く見る, 楽観する
 dar a... …に負ける, 譲る
 de ~ 1)[研究などが] 現地での: investigación *de ~* 現地調査. trabajo *de ~* フィールドワーク. cuaderno *de ~* フィールドノート. 2)《口語》[人が] 埒外(らちがい)の, 無関係の

dejar el ~ *libre* [競争などから] 下りる, 身を引く
en ~ 1) [実験などが] 実地での [《⇔*en laboratorio*》]. 2) 農地
ganar mucho ~ [+*entre*+人 の間に] 広く地歩を占める
hacer ~ [活動の] 場所を用意する; [人・物をどけて] 場所をあける, スペースを作る
jugar en el otro ~ 《スポーツ》ロードゲーム (遠征試合) に出る
levantar el ~ 1) キャンプをたたむ, 野営をとく; 《軍事》陣地を撤退する. 2) [議論・争いなどで] あきらめる, 譲歩する. 3) 中止する, 断念する
medio ~ 《サッカー》フィールド中央, ミッドフィールド: *línea de medio* ~ ハーフウェイ・ライン
quedar en el ~ 戦場に散る, 決闘で死ぬ

Campo [kámpo] 《人名》**Estanislao del** ~ エスタニスラオ・デル・カンポ 『1834～80, アルゼンチンの詩人・軍人. ガウチョを主人公にした物語詩『*Fausto*』を発表, イラリオ・アスカスビ Hilario Ascasubi と共に後のガウチョ文学 literatura gauchesca に大きな影響を与えた』

Campoamor [kampoamór] 《人名》**Ramón de** ~ ラモン・デ・カンポアモール 『1817～1901, スペインの詩人. ロマン主義の流れを汲みながらも, 高揚感を抑えた, 日常性を感じさせる詩風を特徴とする. アイロニカルで警句的な味わいの作品は同時代の嗜好と合致した』

Campomanes [kampománes] 《人名》**Pedro Rodríguez** ~ ペドロ・ロドリゲス・カンポマネス 『1723～1803, スペインの伯爵・政治家. カルロス3世治世下, 啓蒙派官僚として経済分野における諸改革を主導』

Cámpora [kámpora] 《人名》**Héctor** ~ エクトル・カンポラ 『1909～80, アルゼンチンの政治家. 1973年大統領となり, 亡命中のペロン Perón の帰国を実現するが, その後の政治的混乱の責任をとり辞任』

camposantero [kamposantéro] 男 《地方語》墓掘り人
camposanto [kamposánto] 男 《文語. カトリック》墓地 『=*camposanto*』
CAMPSA 《西. 略記》← Compañía Arrendataria del Monopolio de Petróleos S.A. 石油独占会社『1920年～1992』
campuroso, sa [kampuróso, sa] 《ベネズエラ. 口語》田舎者の
campurriano, na [kampurjáno, na] 形 《地名》カンポーCampoo の [人] 《カンタブリア州南部の地域》
campus [kámpus] 《ラテン語》男 [単複同形] ❶ [大学の] キャンパス, 構内. ❷ 《バスケットボール》キャンプ, 合宿
campylobacter [kampilobaktér] 男/女 《生物》カンピロバクター
camuatí [kamwatí] 男 《ラプラタ》❶ きこりのキャンプ. ❷ =*camoatí*
camu-camu [kamu kámu] 男 《植物》カムカム 『学名 Myrciaria dubia』
camuesa [kamwésa] 女 《果実》ピピン Pippin 種のリンゴ 『香りが強く果肉が多い』
camueso [kamwéso] 男 ❶ 《植物》ピピン種のリンゴ. ❷ 《口語》間抜けな男
camuflaje [kamufláxe] 『← *camuflar*』 男 カムフラージュ: *Los soldados usaban ramas como* ~. 兵士たちは木の枝でカムフラージュしていた. *uniforme de* ~ 迷彩服
camuflajear [kamuflaxeár] 他 《中南米》=*camuflar*
camuflar [kamuflár] 『← 仏語 camoufler < 伊語 camuffare「仮面をつける」』他 カムフラージュする, 偽装 (迷彩) を施す
―― ~*se* [自分の姿を] カムフラージュする; [動物が] 保護色になる
camuñas [kamúɲas] 『← ラテン語 communia < communis 「普通の」』 女 覆 ❶ [小麦・大麦・ライ麦以外の] 穀粒. ❷ 《口語》*el* ~ 『← 怖いおじさん『子供たちを脅すための想像上の人物』
Camus [kámus] 《人名》**Mario** ~ マリオ・カムス 『1935～, スペインの映画監督. カミーロ・ホセ・セラの小説『蜂の巣』を映画化』
camuza [kamúθa] 女 =*gamuza*
can [kán] I 『← ラテン語 canis 「犬」』 男 ❶ 《詩語》犬 『=*perro*』: ~ *de busca* 《古語》 ~ *de levantar* 猟犬. ~ *que mata al lobo* マスティフ犬. ❷ 《天文》~ *mayor* (*menor*) おおいぬ (こいぬ) 座. ~ *luciente* シリウス 『おおいぬ座の α 星』. ❸ [銃の] 引き金 『=*gatillo*』: *calar el* ~ 引き金を銃の発射装置に取り付ける. ❹ 《古語》[さいころの] 1の目. ❺ 《カンタブリア, アラバ, ブルゴス, パレンシア, ソリア》[こま遊びで] 負けた

こまに与える打撃
II 男 =*kan*

cana[1] [kána] **I** 『← ラテン語 cannus 「白い」』 女 ❶ [主に 覆] 白髪 (⬚): *tener* ~*s* 白髪がある. *Le han salido* ~*s*. 彼は白髪が出始めた. ❷ 《キューバ, ボリビア, チリ, アルゼンチン, ウルグアイ. 隠語》刑務所, 刑務所. ❸ 《ボリビア, チリ, アルゼンチン, ウルグアイ. 隠語》警察
echar una ~ [*camita*] *al aire* 《口語》[いつもはまじめな人が] たまに楽しむ: *¡Vamos a echar una* ~ *al aire esta noche!* 今夜はははめを外して楽しもう!
peinar ~*s* 《口語》[実は] かなりの年齢である, 老いている
quitar mil ~*s a* +人 《口語》…を大喜びさせる
―― 女 《チリ, アルゼンチン, ウルグアイ. 隠語》警官
II 『← ラテン語 canna 「管」』 女 《古語》[長さの単位] =約2バラvara: ~ *de rey* 《タラゴナ》[農地面積の単位] =60.84ヘクタール

canabíneo, a [kanabíneo, a] 形 /男 《植物》=*cannabáceo*
canabla [kanábla] 女 《アラゴン》カウベルを吊り下げる木製の首輪
canaca[1] [kanáka] 名 ❶ =*canaco*. ❷ 《エクアドル, チリ. 軽蔑》黄色人種の人, 中国人. ❸ 《ペルー, チリ. 軽蔑》売春宿の主人
canáceo, a [kanáθeo, a] 形 《植物》=*cannáceo*
canaco, ca[2] [kanáko, ka] 名 [オセアニア・タヒチなどの先住民] カナカ族
canadiense [kanaðjénse] 形 《国名》カナダ Canadá [人]の; カナダ人
―― 女 《服飾》ランバージャケット, 羊皮の裏付きジャケット
canadillo [kanaðíʎo] 男 《植物》フマヤアマチャ 『=*belcho*』
canal [kanál] 『← ラテン語 canalis』 男 ❶ 運河, 水路, 掘り割り: ~ *de Panamá* パナマ運河. ~ *de Suez* スエズ運河. ~ *abierto* 開水路, 開渠. ~ *de drenaje* 排水路. ~ *de riego* 灌漑用水路. ❷ 経路; 伝達手段: ~ *es de distribución* 販売経路. ❸ 《放送》1) [テレビ・ラジオの] チャンネル: *cambiar de* ~ チャンネルを変える. *en el segundo* ~ 第2チャンネルで. ❹ *de pago* 契約チャンネル [有料放送]. 2) テレビ局, ラジオ局. ❹ [本の] 小口. ❺ 《地理》海峡 頻題 canal は幅の広い海峡. *estrecho* は狭い海峡: *C* ~ *de la Mancha* イギリス海峡, 英仏海峡. ❻ 《解剖》1) 管: [*tres*] ~ *es semicirculares* [耳の] [三] 半規官. ~ *de parto* 産道. ~ *digestivo* 消化管. *intestinal* 腸管. ~ *medular* 髄管. ~ *torácico* 胸管. 2) 喉, 咽頭 [*=tragadero*]. ❼ 《航空》航空路. ❽ [テレビ・ラジオのチャンネル, 伝送経路. 2) [外部装置との情報の入出力の単位] チャンネル. ❾ 《冶金》~ *de colada* 湯道. ❿ 《建築》雌瓦 (⬚⬚) [⇔*cobija*]. ⓫ 港の入り口の最深部. ⓬ 谷あい. ⓭ ~ *de ballesta* 弩 (クロスボウ) の矢溝
―― 女/男 《建築》1) 雨どい: ~ *maestra* [他の雨どいの水を受ける] 大きな雨どい. 2) [柱などに彫りつけられている細長い] 溝掘り装飾. ❷ 《料理》枝肉: ~ *de carne* 枝肉で
abrir en ~ [上から下まで] 切り裂く, 真っ二つにする
correr las ~*es* どしゃ降りの雨が降る
mojar la ~ *maestra* 一杯やる
[*ni*] *aunque me abran en* ~ 《口語》たとえ何があっても…ない
―― 女 《キューバ, プエルトリコ》トボガン 『=*tobogán*』
canalado, da [kanaláðo, ða] 形 =*acanalado*
canaladura [kanaladúra] 女 《建築》[装飾としての] 垂直の溝
canalé [kanalé] 『← 仏語』男 《繊維》リブ編み, ゴム編み: *jersey de* ~ リブ編みのセーター
canalear [kanaleár] 自 《テレビ》[リモコンで] やたらにチャンネルを変える, ザッピングする
canaleo [kanaléo] 男 《テレビ》やたらにチャンネルを変えること
canaleja [kanaléxa] 女 [製粉機のホッパーから臼に穀粒が通っていく] 木管
canalero, ra [kanaléro, ra] 名 ❶ 線路の敷設 (修理) 作業員. ❷ 《ニカラグア》パナマの [人]
―― 男 《アラゴン, ムルシア》雨どい; 雨どいを流れる水
canaleta [kanaléta] 女 ❶ 《アラゴン; チリ》=*canaleja*. ❷ 《南米》雨どい
canalete [kanaléte] 男 《船舶》❶ [カヌーなどの] パドル, 櫂 (⬚). ❷ [繰り縄を作る] 巻き取り器
canaletear [kanaleteár] 男 《コロンビア, ベネズエラ》[パドル *canalete* で] 漕ぐ
canaleto [kanaléto] 男 《建築》[柱の] 凹面彫形 (⬚⬚) 『=*mediacaña*』
canalículo [kanalíkulo] 男 《解剖》小管: ~ *lagrimal* 涙小管

canalillo [kanalíʎo] [男] ［女性の］胸の谷間
canalizable [kanaliθáƀle] [形] 運河化され得る; 方向づけの可能な
canalización [kanaliθaθjɔ́n] [女] ❶［主に水の］配管網, パイプライン; 配線網. ❷ 運河化, 運河(水路)の開設; 水流の調節. ❸ 方向づけ, 誘導
canalizar [kanaliθár] 〖←canal〗 [9] [他] ❶［河川を］運河化する, …に運河(水路)を開く; 配管網(パイプライン)を開設する; 配線網を設置する. ❷［水路の水を］調節する, 利用する. ❸ 方向づける, 誘導する: ～ opiniones 意見に一定の方向づけをする. ～ información 情報を流す
canalizo [kanalíθo] [男] 《船舶》［島・浅瀬の間の］狭い水路
canalla [kanáʎa] 〖←伊語 canaglia < ラテン語「犬」〗 [女] [集名] ❶《軽蔑》下賤な連中; 下層民. ❷《地方語》大勢の子供たち. ❸《古語》犬の大群
―― [形] [名]《軽蔑》げすな, 卑劣な〔人〕; ごろつき, 悪党: ¡Qué ～!《時に親愛》このろくでなし!
canallada [kanaʎáđa] [女] 下劣な行為(言葉)
canallesco, ca [kanaʎésko, ka] [形] 下劣な, げすな
canallismo [kanaʎísmo] [男] 下劣さ, げす
canalón [kanalɔ́n] 〖canal の示大語〗 [男] ❶《西》雨どい. ❷［聖職者のかぶる］つばの反り上がった帽子〖=sombrero de teja〗
canalones [kanalónes] [男] [複]《まれ》=**canelones**
canana [kanána] 〖←アラビア語 kinana「矢筒」〗 [女] ❶ 弾〔薬〕帯. ❷《コスタリカ》甲状腺腫〖=bocio〗. ❸《ドミニカ》冗談, 悪ふざけ. ❹《コロンビア》拘束衣; [複] 手錠
cananeo, a [kananéo, a] [形] [名]《歴史, 地名》カナーン Canaán の〔人〕
cananga [kanáŋga] [女]《植物》イランイランノキ
canapé [kanapé] 〖←仏語〗 [男] 〖[複] ～s〗 ❶《料理》カナッペ. ❷ 長椅子, ソファ〖=diván〗. ❸ ベッドの土台. ❹《アンダルシア》［散歩道・庭の］背もたれのあるベンチ
canapero, ra [kanapéro, ra] [名]《口語》無料の飲食目当てに催し物に出かける人
canar [kanár] [自]《コロンビア》白髪になる〖=encanecer〗
canarés [kanarés] [男]［インド, カルナータカ州などの］カンナダ語
canaria[1] [kanárja] [女]《鳥》雌のカナリア
Canarias [kanárjas] [女] [複]《地名》カナリア諸島〖アフリカ大陸北西岸に近い大西洋にある島々. スペインの自治州の一つ: 正式名称 Islas ～ カナリア諸島州〗
canaricultor, ra [kanarikultɔ́r, ra] [名] カナリアの飼育者
canaricultura [kanarikultúra] [女] カナリアの飼育術
canariedad [kanarjeđá(đ)] [女] カナリア諸島民らしさ; カナリア諸島への愛好
canariense [kanarjénse] [形] [名]《文語》カナリア諸島の〔人〕〖=canario〗
canariera [kanarjéra] [女] カナリア飼育用の大型の鳥かご
canario[1] [kanárjo] 〖←Cararias「カナリア諸島」〗 [男] ❶《鳥》カナリア. ❷《俗語》陰茎. ❸ [複]［間投詞的］おやおや〖=caramba〗. ❹［カナリア諸島・地中海で使われる］ラテンセールの船. ❺《植物》1) レダマ〖=gayomba〗. 2)《コスタリカ》バラ科の一種〖学名 Jussieva geminiflora〗. ❻［カスティーリャ語の］カナリア諸島方言. ❼《歴史》[複]［17世紀スペイン宮廷の］カナリア諸島起源の3拍子の舞踊; その音楽. ❽《チリ》1)［陶器製の水入りの］鳥笛. 2) 男娼. ❾《アルゼンチン》100ペソ紙幣
***cambiar el agua al* ～**《西. 戯語》小便をする
～ *flauta*《戯語》ホモセクシャルの男
más raro que un* ～ *a cuadros［人が］とんでもない性格の
―― [間]［快・不快の驚き］おや, 何と!
canario[2], **ria**[2] [kanárjo, rja] [形] [名] ❶《地名》1) カナリア諸島 Islas Canarias の〔人〕. 2)《まれ》［カナリア諸島の］グラン・カナリア島の〔人〕〖=grancanario〗. ❷ カナリア色の: amarillo ～ カナリアイエロー. ❸《チリ》［ホテルなどでチップをはずむ］気前のいい人. ❹《ウルグアイ. 軽蔑》田舎者
canarión, na [kanarjɔ́n, na] [形] [名]《少し軽蔑的》グラン・カナリア島の〔人〕〖=grancanario〗
canariote [kanarjóte] [形] [名]《口語》グラン・カナリア島の〔人〕〖=grancanario〗
canarismo [kanarísmo] [男] カナリア諸島への愛好
canarista [kanarísta] [名] カナリア諸島の研究者(愛好者)
canariuco [kanarjúko] [男]《地方語. 鳥》セリン〖=verdecillo〗
canasta [kanásta] 〖←canastillo〗 [女] ❶［両取っ手付きで口の広い］かご, バスケット〖=cesto〗. ❷ =**banasta**. ❸《バスケットボール》ゴール; その得点: En el partido José ha marcado varias ～*s* triples (de tres puntos). ホセは試合でスリーポイント・シュートを何本も決めた. hacer (meter・anotar) cinco ～*s* 5本のシュートを成功させる. ❹《トランプ》カナスタ〖ラミーの一種〗;［カナスタで］同種の札の7枚ぞろい. ❺《船舶》［帆・旗を揚げる時の］引き結び, 結索. ❻《地方語》［聖週間の行列の］みこし anda の装飾. ❼《セビーリャ》［オリーブの実の容量単位］=2分の1ファネガ. ❽《中南米. 経済》マーケットバスケット〖=《メキシコ, パナマ, プエルトリコ, アルゼンチン》=～ de súper〗: ～ de divisas 通貨バスケット
canastada [kanastáđa] [女] 一つのかごに入る量
canastero, ra [kanastéro, ra] [名] ❶ かご canasta の製造(販売)業者. ❷《チリ》1) 野菜・果物の行商人. 2) パン職人の見習い
―― [男]《チリ. 鳥》オグロカマドドリ
―― [女]《鳥》ニシツバメチドリ
canastilla [kanastíʎa] 〖←canastillo〗 [女] ❶ 小型のかご: ～ de la costura 裁縫箱. ～ del pan パンかご. ❷ [集名] 産着; かごに入った新生児用品一式: hacer (preparar) la ～ 産着の用意をする. ❸《歴史》［公式行事の際］宮廷の女性たちに配られる菓子; 会議の参加者に配られる菓子やチョコレート. ❹《地方語》みこし anda の装飾〖=canasta〗. ❺《メキシコ, プエルトリコ, コロンビア, ペルー. スキー》リフト〖=telesilla〗
canastillero, ra [kanastiʎéro, ra] [名] かご canastillo の製造(販売)業者
canastillo [kanastíʎo] 〖←ラテン語 canistellum < canistrum〗 [男] ❶ 小型のかご, 平たいかご. ❷《地方語》みこし anda の装飾〖=canasta〗. ❸《メキシコ. 自動車》ルーフラック〖=baca〗
canasto [kanásto] 〖←canastillo〗 [男] ❶［両取っ手付きで長く口の狭い］かご. ❷《地方語》みこし anda の装飾〖=canasta〗
¡C～s!《古語的》［驚き・怒り・賞賛］何だって, ちくしょうめ, おや, すごい!
canastro [kanástro] [男]《地方語》=**canasto**
canaula [kanáu̯la] [女]《アラゴン》カウベルを吊り下げる木製の首輪
cancaburriada [kaŋkaƀur̄jáđa] [女]《地方語》でたらめ, ばかげたこと
cancagua [kaŋkágwa] [女]《チリ》［建築用の］砂の多い土
cancamacola [kaŋkamakóla] ***de* ～**《まれ》偽りの, 嘘の
cáncamo [káŋkamo] [男] ❶《船舶》1) リングボルト, アイボルト. 2) ～ de mar 大波. ❷《地方語》［木材にはめ込む金属製の］ねじリング. ❸《古語》東洋の木から採った樹脂・ゴム
cancamurria [kaŋkamúr̄ja] [女]《口語》憂鬱〖=murria〗
cancamusa [kaŋkamúsa] [女]《廃語. 軽蔑》ごまかし, たわごと
cancán [kaŋkán] 〖←仏語 cancan〗 [男] ❶《舞踊》カンカン. ❷《服飾》［フリルの多い］ペチコート. ❸《ムルシア》迷惑, 不快. ❹《コスタリカ. 鳥》オウムの一種〖話すことを覚えない〗
―― [男]/[女]《南米. 服飾》パンスト
cancana [kaŋkána] [女]《ペルー, アルゼンチン. 料理》［金属製・木製の］焼き串
cáncana [káŋkana] [女] ❶《動物》脚の短い黒っぽいクモ. ❷《コロンビア》やせこけた人. ❸《チリ》1) 焼き串. 2) 燭台
cancaneado, da [kaŋkaneáđo, đa] [形]《カンタブリア; コスタリカ》天然痘にかかった
cancanear [kaŋkaneár] [自] ❶《口語》さまよう, ぶらつく. ❷《メキシコ, ニカラグア, コスタリカ, コロンビア》どもる. ❸《キューバ. 口語》［決める前に］ためらう. ❹《ラプラタ》カンカン cancán を踊る
cancaneo [kaŋkanéo] [男] ❶《アンダルシア》1) さまようこと, ぶらつくこと. 2) 怠惰. ❷《メキシコ, ニカラグア, コスタリカ》どもること
cáncano [káŋkano] [男]《口語》シラミ〖=piojo〗
cancel [kanθél] [男] ❶［二重扉の］内側(外側)のドア〖=puerta ～〗. ❷［教会の］身廊と内陣を隔てる柵. ❸［王宮の礼拝堂で］王の姿を隠すガラス扉. ❹《まれ》［木製などの］ついたて. ❺《古語》限界, 範囲. ❻《メキシコ, コロンビア》仕切り壁〖=tabique〗;《メキシコ, アルゼンチン》鉄柵;《メキシコ》びょうぶ, ブラインド
cancela [kanθéla] [女]《主にアンダルシア》［敷地の入口の, 中庭が見える］鉄柵, 格子扉
cancelación [kanθelaθjɔ́n] [女] ❶［借金の］帳消し, 棒引き;［債務の］返済. ❷ 取り消し, 解約, キャンセル
canceladura [kanθelađúra] [女] =**cancelación**
cancelar [kanθelár] 〖←ラテン語 cancellare「書いたものの上に格子状に線を書いて消す」〗 [他] ❶ 取り消す; 解約する, キャンセルする: Tuve que ～ mi viaje. 私は旅行をキャンセルしなければならなかっ

た. ～ el contrato 契約を取り消す. ❷ [債務を] 全額支払う, 返済する: ～ la cuenta 勘定を清算する. ❸ con cargo a beneficios [損失として] 償却する, 帳消しにする. ❸ [書類や法的義務を] 破棄する, 無効にする: ～ a+人 los antecedentes penales ～の前科を帳消しにする. ❹ [使用した切手などに] 無効の印をつける. ❺《中南米》[手続き料などを] 払い込む

cancelaría [kanθelaría] 囡《カトリック》ローマ教皇庁尚書院
cancelariato [kanθelarjáto] 男《古語》大学事務局長の職と権威
cancelario [kanθelárjo] 男 ❶《古語》[大学の] 事務局長. ❷《ボリビア》[大学の] 学長
cáncer [kánθer] 《←ラテン語 cancer, -cri「カニ」》男 ❶《医学》癌: 1) tener {un} ～ de pulmón 肺に癌がある. ～ avanzado 進行癌. ～ de mama 乳癌. 2)《比喩》La corrupción es el ～ de la sociedad. 汚職は社会の癌（積弊）だ. ❷ 植物に発生する癌に似たバクテリア性の病気. ❸ [石などの] 浸食. ❹《天文, 占星》[C～] かに座 [→zodíaco 参照]
cancerado, da [kanθeráðo, ða] 形 ❶ 癌のある; 癌を患っている. ❷《古》悪しき, 堕落した
cancerar [kanθerár] 他 ❶ 癌を引き起こす. ❷ 堕落させる; 憔悴させる
— 他・～se ❶ 癌を患う. ❷ 癌性化する: Es posible que estos lunares *se canceren*. これらの黒子は癌化するかもしれない. ❸ 堕落する, 腐敗する
cancerbero [kanθerβéro] 男《←can+Cerbero》 ❶《ギリシア神話》ケルベロス, 地獄の番犬. ❷《戯語》厳格な門番; [厳しい] 監視者. ❸《文語. サッカーなど》ゴールキーパー [=portero]
canceriforme [kanθerifórme] 形 [形状が] 癌のような
cancerígeno, na [kanθeríxeno, na] 形《医学》発癌性の [=carcinógeno]
cancerización [kanθeriθaθjón] 囡《医学》悪性腫瘍の形成
cancerofobia [kanθeroβóβja] 囡 癌恐怖症
cancerología [kanθeroloxía] 囡 癌腫学
cancerológico, ca [kanθerolóxiko, ka] 形 癌腫学の
cancerólogo, ga [kanθerólogo, ga] 名 癌腫学者
canceroso, sa [kanθeróso, sa] 形 癌の, 癌性の: células ～*sas* 癌細胞. tumor ～ 癌性腫瘍
— 名 癌患者
cancha [kántʃa] 囡《←ケチュア語 cancha「囲まれた場所」》 ❶《テニス・バスケットボール・フロントンなど》コート, 競技場. ❷ 闘鶏場. ❸《中南米》1) 空き地; [囲まれた] …置き場: ～ de madera 材木置き場. 2) 競馬場. ❸ 広々とした内部, 床. ❹ こつ, 技術. ❺《コロンビア, パラグアイ》[賭場の] てら銭. ❻《ペルー, チリ, ラプラタ》[サッカーなどの] グラウンド. ❻《チリ》滑走路. ❼《ウルグアイ》小道, 道
abrir ～ ❶《メキシコ, コスタリカ, ペルー, チリ, ウルグアイ. 口語》…に場所を空ける, 道を譲る
dar ～ *a*+人 …に便宜を与える
dar ～ *a*+人, *tiro y lado*《チリ. 口語》1)《競馬》…に自主的にハンディを与える. 2) …より社会的に恵まれている
estar en su ～ 1)《メキシコ. 口語》他人の領分に入り込む. 2)《チリ, アルゼンチン, パラグアイ. 口語》自分の得意な領域にいる
hacer ～ 1)《メキシコ, コスタリカ, ペルー, チリ, ウルグアイ. 口語》=*abrir* ～. 2)《メキシコ. 口語》有利な状況を得る
hacerse ～《アルゼンチン》社会的地位を築く
tener ～ 《メキシコ, コスタリカ, ペルー, チリ, アルゼンチン, ウルグアイ》経験が豊富である
— 間《メキシコ, コスタリカ, ペルー, チリ, アルゼンチン, ウルグアイ》そこをどけ, 道を空けろ!
II 《←ケチュア語 camcha「炒りトウモロコシ」》囡《南米》炒ったトウモロコシ（ソラマメ）: ～ blanca ポップコーン [=palomitas]
canchal [kantʃál] 男 ❶ 岩だらけの土地. ❷《サラマンカ》大金
canchalagua [kantʃalágwa] 囡《ホンジュラス. 植物》リンドウ科マンセンブリ属の一種《薬草. 学名 Centaurium chilensis》
canchalera [kantʃaléra] 囡《地方語》石ころだらけの土地
canchamina [kantʃamína] 囡《ボリビア, チリ. 鉱山》鉱石置き場と選鉱用の中庭
canchar [kantʃár] 他《南米》炒る, 狐色に焼く
canchear [kantʃeár] 自 ❶ 岩場をよじ登る. ❷《南米》まじめに働かない
canchero, ra [kantʃéro, ra] 名 ❶《バスク; 中南米》コートの管理人, 競技場主. ❷《チリ》赤帽, ポーター
— 形 ❶《ペルー, チリ, ウルグアイ》熟達した; 流行の

❷《チリ, アルゼンチン. 口語》ずる賢い. ❸《チリ. 口語》フリーターの, 固定した仕事につきたがらない
— 男《ペルー》信者から金を巻き上げる主任司祭
— 囡《サラマンカ》[大きな] ただれ, 傷
canchita [kantʃíta] 囡《ペルー》ポップコーン
cancho [kántʃo] 男 ❶ 大きな岩, 岩場; [主に 複] 岩の多い土地. ❷《サラマンカ》1) 玉ネギの外皮; ピーマンの果肉. 2) [物の] 端, へり. ❸《チリ. 口語》1) [弁護士などへの最低額の] 謝礼. 2) 短期間（アルバイト）の仕事. 3) [ちょっとしたことへのお礼の] チップ
canchón [kantʃón] 男《ペルー》[物を置く] 広い土地
canchoso, sa [kantʃóso, sa] 形《コロンビア》 ❶ 疥癬にかかった. ❷《軽蔑》愚か者
cancilla [kanθíʎa] 囡 [畑・庭・囲い場の] 鉄格子の門
canciller [kanθiʎér]《←ラテン語 cancellarius「書記, 秘書」》男 ❶ 政府高官; [ドイツ・オーストリアの] 首相 ～ del exchequer [英国] 財務大臣. ❷ [大使館の] [一等] 書記官. ❸ [中南米諸国などの] 外務大臣. ❹《カトリック》司教区の秘書官. ❺《私立大学や外国の大学の》[大学の] 学長; [大学の] 名誉学長. ❻《歴史》1) 大法官, [国璽] 尚書《国王印の管理者, 公文書管理官. = mayor》; ～ del sello de la puridad 国王の私信係. 2) [大学の] 学位授与の権限保持者. ❼《ボリビア. 口語》留年している大学生
cancilleresco, ca [kanθiʎerésko, ka] 形《歴史》大法官の, [国璽] 尚書の
cancillería [kanθiʎería] 囡 ❶ 首相 canciller の職. ❷ 大使館事務局. ❸ [中南米諸国などの] 外務省. ❹《歴史》1) 高等法院, 尚書院; ～ apostólica 教皇庁尚書院. 2) 大法官の地位（報酬）, [国璽] 尚書の地位（報酬）. 3) 最高裁判所
cancín, na [kanθín, na] 名 囡 1歳以上2歳未満の[羊]
canción [kanθjón]《←ラテン語 cantio, -onis < canere「歌う」》囡 ❶ 歌 [→canto]: ¡Hala, vamos a cantar una ～! さあ, 歌を歌いましょう! ～ de amor ラブソング, 恋歌. ～ infantil 童謡. ～ nacional《チリ》国歌. ～ parodia 替え歌. ～ protesta プロテストソング. ❷《canto》: tocar una ～ al piano ピアノで歌曲を弾く. ～ española コプラ [=copla]. ～ italiana イタリア歌曲. ～ sin palabras 無言歌. ❸ [16世紀の優雅な] 宮廷風歌曲. ❹ 詩歌, 叙情詩; [中世の] 叙事詩; ～ de gesta 武勲詩 [=cantar de gesta]. ～ trobadoresca 吟遊詩. ❺ [主に 複]. 根拠のない] 言い訳, 口実; [しつこい・中身のない] 話, 繰り言: No me vengas con *canciones*. でたらめな言い訳はやめろ. No trabajas y te inventas siempre una ～. 君は仕事をしないで, いつも繰り言ばかり言っている
la misma ～ [otra vez・siempre・de nuevo+] またいつもの話: ¡Siempre con *la misma* ～! いつも同じ話だ!
poner en ～ *a*+人 *de*... [不要なものなのに] …に…を欲しくさせる
ser otra ～《口語》話が違う/別の問題である: Ir a clase no cuesta nada, pero aprobar el examen ya es *otra* ～. 学校に行くのは大変ではないが, 試験に受かるのは別問題だ
cancioneril [kanθjoneríl] 形 ❶ 昔の詩歌の. ❷ 15世紀の詩歌集に見られる詩形の
cancionero [kanθjonéro] 男 詩歌集, 歌集; [特に14〜15世紀の] 抒情詩集: *C*～ de Baena バエナ詩歌集《1445, スペイン最古の詩集とされる抒情詩集》
cancioneta [kanθjonéta] 囡 canción の示小語
cancionista [kanθjonísta] 名《まれ》歌手; 歌を作る人
canco [káŋko] 男 ❶《ボリビア, チリ》尻 [=nalga]. ❷《チリ. 口語》1) 土鍋. 2) [花の] 植木鉢. 3) 水入れ [=botijo]. 4) [石工の使う, 柄の短い] 両頭ハンマー
cancón [kaŋkón] 男《口語》お化け [=bu]
cancona [kaŋkóna] 形《チリ》尻の大きい女
cáncora [káŋkora] 囡《プエルトリコ》[沼地の] 塩分を含んだ水
cancrinita [kaŋkriníta] 囡《鉱物》カンクリナイト, 灰かすみ石
cancro [káŋkro] 男 ❶ 癌 [=cáncer]. ❷《植物》癌腫病
cancroide [kaŋkróiðe] 男《医学》カンクロイド, 類癌
cancroideo, a [kaŋkroiðéo, a] 形 癌のような
candado [kandáðo]《←ラテン語 catenatum < catena「鎖」《昔は鎖で閉じた》》男 ❶ 南京錠: Esta caja está cerrada con ～. この箱は南京錠がかかっている. La tapa del registro del agua tiene un ～. 水道の点検孔のふたには錠がかかっている. ❷《レスリング》ハンマーロック. ❸《法律》[法案の] 提出時まで効力が遡及する

candaja 370

条項. ❹ [馬の] 蹄叉(^{ていさ}) 近くにある2つのくぼみ. ❺《エストレマドゥラ》[輪型の] イヤリング. ❻《コロンビア》あごひげ
echar (poner) un ～ a la boca (a los labios) 口に鍵をかける, 秘密を話さない
candaja [kandáxa] 囡《地方語》うわさ話の好きな女, 出歩くのが好きな女
candajón, na [kandaxón, na] 形《カンタブリア, レオン, サラマンカ》人の家を訪ねるのが好きな女
candaliza [kandalíθa] 囡《船舶》バントライン briol の役目をする帆綱, 絞り綱
cándalo [kándalo] 男《バリャドリード》[燃料に使う] マツの枝
candanga [kandáŋga] 形《ベネズエラ. 口語》恐ろしい
candar [kandár] 他《←ラテン語 catenare「鎖で縛る」》❶ …に鍵をかける: *Canda bien la puerta.* 戸締まりをしっかりしなさい. ❷ しまっておく《=guardar》
cándara [kándara] 囡《アラゴン》ふるい《=criba》
cande [kánde] 形 →**azúcar** cande
—— 男《ウルグアイ. 菓子》[バラ色で細長い] 口の中で柔らかくなるキャンデー
agarrar de ～ 《ウルグアイ. 口語》[純真で信じやすい人を] からかう
candeal [kandeál] 形《←ラテン語 candidus「白い」》❶ *trigo ～* クラブ小麦. *pan ～* [クラブ小麦製の] 白パン. ❷《サラマンカ》[人が] 誠実な
—— 男《チリ, アルゼンチン, ウルグアイ. 飲料》[卵・牛乳・シナモン・蒸留酒で作る] エッグノッグ
candeda [kandéda] 囡 ろうそく《=vela》
candela [kandéla] 囡《←ラテン語 candela < candere「燃える」》❶ ろうそく《=vela》: *Las mujeres sostenían ～s en la mano.* 女たちは手にろうそくを持っていた. ❷ 燭台《=candelero》. ❸ [光度の単位] 燭光, カンデラ. ❹ クリの花. ❺ [重い物の方への] 天秤の針の傾き. ❻ 火《=fuego》: *¿Tienes ～?* 火 (ライター) 持ってる? *pedir ～ para un cigarrillo* たばこの火を借りる. ❼《アラブ》1) ホタル《=luciérnaga》. 2) つらら. ❽《サラマンカ》コナラ (コガシ) の花. ❾《キューバ, ベネズエラ》紛争状態, 混乱状態, 厄介な状況. ❿《キューバ》いたずらっ子, 悪ガキ
a mata ～ 1) [競売で] もうありませんか? 2)《カトリック》破門の最終的な宣告で [ろうそくを水に漬けて消す]
acabarse la ～ 1) [競売で] 入札の期限が過ぎる. 2)《口語》命の炎が尽きる, 死にかけている
arrear (arrimar·atizar) ～ a+人 [棒で] …を殴る
coger ～ 《キューバ》焼け始める
como unas ～s 陽気に
dar ～ 1) [棒で, 手で ～ を] 殴る. 2)《キューバ》[+a+人 の] たばこに火をつける; [+a+物 の] …に火がつく
en ～ 《船舶》垂直に
estar con una ～ en la mano 臨終の床にある
estar que echar ～ かんかんに怒っている: *María estaba que echaba ～.* マリアはかんかんだった
jugar con ～ 1) 火遊びをする. 2)《コロンビア》軽はずみに危険を冒す
líder que es ～ 毅然とした態度の指導者
meterse ～ 《キューバ》[人が] 窮地に陥る
sacudir ～ a+人 =**arrear ～ a+人**
Toma ～. 《西. 口語》なかなかいいだろ?
candelabro [kandelábro] 男《←ラテン語 candelabrum》❶ [何本もの枝 brazo 付きの] 大燭台: *～ de plata* 銀の燭台. ❷《メキシコ, アルゼンチン. 植物》柱サボテン
candelada [kandeláda] 囡 ❶《地方語》たき火, かがり火《=hoguera》. ❷《コロンビア》[魚の] 産卵期
candelaria[1] [kandelárja] 囡《←candela》囡 ❶《カトリック》聖燭(^{せいしょく})節, ろうそく祝別の日, 聖母マリア清めの祝日 [2月2日]. ❷《植物》ビロードモウズイカ《=gordolobo》
candelariero, ra [kandelarjéro, ra] 名《地名》テネリフェ島 Tenerife の [人]《カナリア諸島の人》
candelario, ria[2] [kandelárjo, rja] 名《ペルー》愚かな [人]
—— 男《料理》サラマンカ産のチョリソー chorizo
candelecho [kandelétʃo] 男《高床式の》ブドウ園の見張り小屋
candeledano, na [kandeledáno, na] 形《地名》カンデレダ Candeleda の [人]《アビラ県の村》
candelejón [kandelexón] 形《コロンビア, ペルー, チリ》頭の働きの

鈍い人
candelera [kandeléra] 囡 ❶《植物》ビロードモウズイカ《=gordolobo》. ❷《古語》ろうそく祝別の日《=candelaria》. ❸《コロンビア》浮気な女, 尻軽女, ふしだらな女
candelerazo [kandeleráθo] 男 燭台での殴打
candelería [kandelería] 囡《集合》聖像の通り道 (みこし) を照らす明かり
candelero [kandeléro] 男《←candela》❶ 燭台, ろうそく立て. ❷ ろうそく職人; ろうそく売り. ❸《船舶》手すり柱. ～ *ciego* 上部に輪のない柱. ～ *de ojo* 上部に輪のある柱. ❹ ランプ《=velón》. ❺ 漁火(^{いさりび}). ❻《築堤》土嚢を固定する木枠. ❼《コロンビア》1) 鎖骨. 2) ボイラーマン
en [el] ～ 主に人が 著名な, 脚光を浴びている, 一世を風靡している: *Esta actriz está en el ～.* この女優は時の人だ
candeleta [kandeléta]《船舶》=**candaliza**
candelilla [kandelíʎa] 囡 ❶《菓子》[ラ・マンチャ特有の] 蜂蜜・砂糖をかけて焼いたパン. ❷《植物》[ヤナギなどの] 尾状花序. ❸《医学》[尿道の検査・治療用の] 消息子, カテーテル. ❹《昆虫》1)《ホンジュラス, コスタリカ, チリ》ホタル《=luciérnaga》. 2)《キューバ》タバコの害虫 [学名 *Phtorimea operculella*]. 3)《ベネズエラ》コーヒーハモグリガ [コーヒーにつく寄生虫]. 4)《キューバ, チリ, アルゼンチン》[草叢に出る] 鬼火. ❺《キューバ, チリ. 裁縫》縫い目, しつけの目
acabarse la ～ [競売で] 入札の期限が過ぎる
hacerle ～+人 a los ojos 《口語》[ほろ酔いして] 目がうるむ
ver ～s 《チリ. 口語》[頭を強打して] 目から星が飛び出る
candelizo [kandelíθo] 男 つらら《=carámbano》
candelón [kandelón] 男 ❶《エストレマドゥラ》つらら《=carámbano》. ❷《カリブ》マングローブ
candencia [kandénθja] 囡 白熱 [状態]
candente [kandénte] 形《←ラテン語 candeus, -entis < candere「白い」》❶ [estar. 金属が] 白熱した: *hierro ～* 白熱した鉄. ❷《比喩》*Está ～* el tema de los problemas ambientales. 環境問題の話題が白熱している. *cuestión ～* やけっこない厄介な問題. *noticias ～s* ホットニュース
candi [kándi] 形 →**azúcar** candi
candial [kandjál] 形《主に中南米》*trigo ～* クラブ小麦. *pan ～* [クラブ小麦製の] 白パン
cándida[1] [kándida]《医学》カンジダ [菌]
candidación [kandidaθjón] 囡 砂糖の結晶化
cándidamente [kándidaménte] 副 無邪気に, 純真に, 素朴に
candidatear [kandidateár] 他《チリ. 口語》候補者として紹介する
candidato, ta [kandidáto, ta]《←ラテン語 candidatus < candidus「白い」(古代ローマでは役職への立候補者が白いトーガを着用した)》名 [立候補した・推薦された, +a への] 候補者, 志願者: *El partido propuso su ～ a la presidencia.* その政党は大統領候補を選出した. ～ *republicano* 共和党候補. ～ *al Premio Nobel de Literatura* ノーベル文学賞候補
candidatura [kandidatúra] 囡《←candidato》❶ [+a への] 立候補: *Pedro presentó su ～ a la secretaría.* ペドロは書記長に立候補した. ❷ 推薦: ～ *al Premio Príncipe de Asturias* スペイン皇太子賞への推薦. ❸《集合》候補者, 《西》候補者名簿: *Su nombre encabeza la ～ socialista.* 彼の名前は社会党候補者名簿の第1位にある. ❹ [あらかじめ候補者名が書かれた] 投票用紙
candidez [kandidéθ] 囡 純真さ, 無邪気さ; 人のよさ
candidiasis [kandidjásis] 囡《医学》カンジダ症
cándido, da[2] [kándido, da]《←ラテン語 candidus「白い」》形 ❶ 純真な, 無邪気な, あどけない: ～ *como un niño* 子供のように純真な. ❷ 間抜けな, 単純な; 経験不足の: *Es un artesano un poco ～.* 彼はやや経験不足の職人だ. ❸《文語》白い《=blanco》
candiel [kandjél] 男《飲料》白ワインで作るエッグノッグ
candil [kandíl] 男《←アラビア語 qandil「ランプ」< ラテン語 candela》❶ 引しっけ式のランプ;《古語》持ち手のついたランプ. ❷ [鹿の] 角の先端. ❸《服飾》1)《古語》*sombrero de ～/sombrero de tres ～es* 三角帽《=tricornio》. 2) [スカート・カーテンの] 裾のくぼみ. ❹ [古語] 長スカート *saya* の長くそろわなタック. ❺ *baile de ～* 庶民的な祝宴.《植物》1) ウマノスズクサ. 2) サトイモ科アラム属の一種 [学名 *Arisarum vulgare*]. ❻《古語》漁火(^{いさりび}): *pescar al ～* 漁火漁をする. ❼《メキシコ》シャンデリア《=araña》. ❽《カリブ, ベネズエラ. 魚》キンメダイの一種《

名 Holocentrum matejuelo》
Adóbame esos ~es. それは間違い(脱線)だ
buscar con un ~ 丹念に探す
haber que con ~ =ser necesario con ~
ni aun buscándolo (ni aunque lo busques) con ~ 《時に皮肉》どんなに探しても〔見つけるのは難しい〕
ni buscado con [un] ~ 〔時に皮肉〕〔任せる相手として〕最高だ, 最適だ
poder arder en un ~ 強い酒である; 鋭い意見である
ser necesario con ~ きわめて珍しい, 見つけにくい

candilada [kandiláða] 囡《口語》ランプからもれた油
candilazo [kandiláθo] 男 ❶《まれ》ランプを叩くこと; ランプでの殴打. ❷《まれ》〔薄暗がりでの〕朝焼け, 夕焼け. ❸《地方語》雲間の日の光
candileja [kandiléxa] 囡 [←candil] ❶《演劇》圈 フットライト. ❷ ランプの油を入れる部分. ❸《植物》ニゲラ [=neguilla]
a la luz de las ~s 脚光を浴びて
entre ~s 演劇で〔生計を立てて〕
candilejo [kandiléxo] 男 ❶ 小型のランプ candil. ❷《植物》ニゲラ [=neguilla]
candilera [kandiléra] 囡《植物》エルサレム・セージ, キバナキセワタ〔学名 Phlomis lychnitis〕
candilero [kandiléro] 男《ムルシア》〔木製の〕ランプ candil 掛け
candiletear [kandileteár] 自《アラゴン》あちこち詮索して回る; ウインドーショッピングをして歩く
candiletero, ra [kandiletéro, ra] 名《アラゴン》おせっかいな暇人; ウインドーショッピングをして歩くのが好きな人
candilico [kandilíko] 男《グラナダ》ホタル [=luciérnaga]
candilillo [kandilíʎo] 男《植物》〔主に 圈〕テンナンショウ [=arisaro]
candilito [kandilíto] 男《マラガ》ホタル [=luciérnaga]
candilón [kandilón] [candil の示大語] 男 容器が2つ付いた金属製の大型のランプ candil
estar con el ~ 〔病人が〕死にかけている
candinga [kandínga] 囡 ❶《中米》悪魔 [=diablo]. ❷《ホンジュラス》混乱. ❸《チリ. 口語》愚かな娘
candiota [kandjóta] 形名《地名》〔クレタ島の都市〕イラクリオンの〔人〕《イタリア語でカンディア Candía》; クレタ島 Creta の〔人〕
── 囡〔高さ1メートルほどの, 下部に蛇口の付いた〕ワイン貯蔵用のかめ; ワインなどの酒類を入れる樽
candiotera [kandjotéra] 囡 酒樽の入った貯蔵所; 集名 酒樽
candiotero [kandjotéro] 男 酒樽を作る(売る)人
candombe [kandómbe] 男 [←? 語源] ❶《宗教, 舞踊・音楽》カンドンベ《1》アフリカ黒人・南米先住民・カトリックの要素の混ざった南米の土俗宗教. 2) その祭礼でのアフリカ風のにぎやかな集団の踊り・音楽》. ❷ カンドンベを踊る場所. ❸《カンドンベに使われる》皮が一枚の長太鼓. ❹ 混乱, 無秩序
candombero, ra [kandombéro, ra] 形 ❶ カンドンベ candombe の踊り・音楽の好きな. ❷《ラプラタ》〔政治で〕乱れてモラルのない, 悪政の; 〔人が〕悪政を行なう
candomble [kandómble] 男 =**candombe**
candomblé [kandomblé] 男 =**candombe**
candonga[1] [kandónga] 囡 ❶《口語》冷やかし, からかい. ❷《口語》策略, ぺてん. ❸《船舶》〔ミズンマストに張る〕荒天用の三角帆. ❹ 荷駄用の牛. ❺《口語》〔外国人投資家に選好されるポルトガルの〕闇の証券市場. ❻《ホンジュラス》新生児の腹帯. ❼《コロンビア, エクアドル》圈 輪状のイヤリング. ❽《ラプラタ》1) へつらい, おもねり. 2) 大型のひょうたん, 《容器》
candongo, ga[1] [kandóngo, ga] 名 ❶《口語》へつらう〔人〕. ❷《口語》仕事をサボるのがうまい〔人〕, 怠け者〔の〕; 厚かましい〔人〕; ずる賢い〔人〕. ❸ *seda de ~[s]*〔織物用の〕seda conchal より細い極上級絹糸
candonguear [kandongeár] 他《まれ》冗談(冷やかし)を言う
── 自《口語》仕事をサボる; 厚かましいことをする
── *se* [口語] [+de+人 を] へつらう
candongueo [kandongéo] 男《口語》❶ 仕事をサボること; 厚かましいこと. ❷ からかい, 冷やかし
candonguero, ra [kandongéro, ra] 形《口語》しょっちゅう冷やかしを言う
candor [kandór] [←ラテン語 candor, -oris < candere「白い」] 男 ❶ 無邪気さ, 悪意のなさ, あどけなさ: *~ infantil* 子供の無邪気さ. ❷ 純白

candorosamente [kandorósaménte] 副 無邪気に
candoroso, sa [kandoróso, sa] 形 無邪気な, あどけない
candray [kandráj] 男《古語. 船舶》〔港湾内輸送用の〕両頭の小型帆船
cané [kané] 男 [圈 ~s] ❶《西式トランプ》モンテ monte に似たゲーム. ❷ おしゃべり, 雑談
canear [kaneár] 他 ❶《西. 口語》殴る. ❷《ムルシア》日光に当てて熱する
── 自《アンダルシア, カナリア諸島; グアテマラ》白髪になり始める
caneca[1] [kanéka] [←ポルトガル語] 囡 ❶〔主にジン用の円筒形の〕陶製の瓶. ❷《キューバ》1) 素焼きの陶製の湯たんぽ. 2)〔液量単位〕=19リットル. ❸《コロンビア, エクアドル》ごみ箱 [=papelera]; ごみバケツ, 運ぶ〕ブリキ缶. ❹《コロンビア》ごみ箱 [=papelera]; ごみバケツ. ❺《エクアドル》素焼きの水壺 [=alcarraza]. ❻《アルゼンチン》ブドウ用の〕木製の器
canecer [kaneθér] 自 ~*se*〔パンなどが〕かびが生える
canecillo [kaneθíʎo] 男《建築》〔軒〕持ち送り [=can]
caneco, ca[2] [kanéko, ka] 形《ボリビア》ほろ酔い機嫌の, 少し酔った
── 男 陶製の瓶 [=caneca]
canéfora [kanéfora] 囡《古代ギリシア》〔酒神バッカス Baco の祭りなどで〕花や供物を入れたかごを頭に戴いた乙女
caneforias [kanefórjas] 囡 圈《古代ギリシア》女神ディアナ Diana の祭り
Canek [kanék]《人名》*Jacinto ~* ハシント・カネック《1730-61, メキシコのマヤ系先住民. 本名 Jacinto Uc. 1761年イツァー族 Itzá の王名カネックを名乗り反乱を起こす》
canela[1] [kanéla] [←伊語 cannella] 囡 ❶《香料》シナモン, 桂皮: *leche de ~* ワインに溶かしたシナモンオイル. *~ en rama* シナモンスティック. *~ fina/~ en polvo* シナモンパウダー. ❷《植物》シナモンの木, ニッケイ(肉桂). ❸《コロンビア》力, 活力
ser ~ [*fina~ en rama*] 大変美味である; 一級品である, 最高である: *Este vino es ~.* このワインは大変おいしい. *Esa secretaria es ~ fina.* あの秘書は最高に有能だ
ver (saber) lo que es ~ 《口語》教訓を得る
❹ シナモン色の, 赤褐色の
caneláceo, a [kaneláθeo, a] 形 カネラ科の
── 囡 圈《植物》カネラ科
canelada, da [kaneláðo, da] 形 =**acanelado**
canelar [kanelár] 男 シナモン畑
canelero [kaneléro] 男《植物》シナモンの木 [=canela]
canelo, la[2] [kanélo, la] I 男 ❶《動物》シナモン色の, 赤褐色の: *perro ~* 赤褐色の犬. ❷《口語》愚かな人: *No seas ~.* ばかなことはやめろ. ❸《カナリア諸島》栗色の
── 男《植物》シナモンの木 [=canela]. ❷ 〔チリ原産の〕モクレン科の高木〔学名 Drimys winteri〕
hacer el ~ 《西. 口語》〔別の人の利益になるような〕愚かなことをする
II 形名〔エクアドルとペルーの〕アマゾン川流域に住む〔先住民〕
canelón [kanelón] I 男 [←伊語 cannellone] 圈《料理》〔主に 圈〕カネロニ: *canelones de espinaca* ホウレンソウのカネロニ
II [←canela] 男 ❶《菓子》シナモンまたはかんきつ類の砂糖漬けが入ったキャンデー. ❷〔軍服の〕肩章の房. ❸《口語》鞭の先端の房. ❹《まれ》雨どい [=canalón]. ❺《まれ》つらら. ❻《メキシコ》〔こま同士の〕ぶつかり合い. ❼《ベネズエラ》ヘアアイロンでつけたカール. ❽《ラプラタ. 植物》ツルマンリョウ [=capororoca]
canelonense [kanelonénse] 形名《地名》カネロネス Canelones の〔人〕《ウルグアイ南部の州・州都》
caneloni [kanelóni] [←伊語 cannelloni] 男 圈《料理》カネロニ
canene [kanéne] 男《地方語》❶ 体の弱い男, 病弱な男. ❷《建築》〔軒〕持ち送り [=can]
canequí [kanekí] 男 [圈 ~es] =**caniquí**
canesú [kanesú] 男 [←仏語 canezou] 男 [圈 ~[e]s]《服飾》❶〔婦人服・シャツの〕身頃. ❷〔婦人用の〕胴着
canete [kanéte] 男《地方語, 建築》〔軒〕持ち送り [=can]
canetón [kanetón] 男 鴨料理
canevá [kanebá] 男《南米》帆布 [=lona]; 〔刺繍用の〕目の粗い布
caney [kanéj] 男 ❶〔南米の〕簡単にシュロの葉(わら)をのせて屋根とした小屋; タバコの葉の干し小屋. ❷《キューバ》〔川の〕湾曲部
canfeno [kanféno] 男《化学》カンフェン
canfinflero [kanfinfléro] 男《アルゼンチン. 隠語》売春宿の主人,

canforáceo, a

ポン引き; 悪党, ろくでなし
canforáceo, a [kanforáθeo, a] 形 樟脳 (のう) の; [特に] 樟脳のにおいの
canga [káŋga] I 《←俗ラテン語 cambica》女 ❶《サラマンカ》馬一頭用の犂 (すき). ❷《アンダルシア》[雄牛以外の] 二頭立ての動物 II《←ganga》女《南米》粘土を含む鉄鉱石 III《←中国語》女《首と手首をはめる》首かせ; 首かせの刑
Canga Argüelles [káŋga arɣwéʎes]《人名》José ～ ホセ・カンガ・アルグェジェス《1770〜1843, スペインの政治家・財政学者. カディス議会 cortes de Cádiz で蔵相を務め, 国家予算を初めて策定した.『財政学要綱』*Elementos de la ciencia de la Hacienda*》
cangada [kaŋgáða] 女《畑の》刈り束の山《=tresnal》
cangagua [kaŋgáɣwa] 女《コロンビア, エクアドル》日干し煉瓦を作る土
cangalla [kaŋgáʎa] 女 ❶《サラマンカ》ぼろぼろの服, 古着の切れ端. ❷《ボリビア, チリ, アルゼンチン》鉱石くず. ❸《ボリビア》荷鞍付きの馬具
── 名《コロンビア》やせこけた人 (動物). ❷《ペルー, ラプラタ》臆病な人, 意気地のない人
cangallar [kaŋgaʎár] 他 ❶《ボリビア, チリ》[鉱山で] 鉱石を盗む. ❷《チリ》脱税する
cangallero [kaŋgaʎéro] 男《隠語》荷車引き《=calletero》
cangilón [kaŋxilón]《←俗ラテン語 cangialis》男 ❶《浚渫機などの》バケット. ❷ 釣瓶 (つ²). ❸ 陶製・金属製の, 貯蔵・運搬・計量用の ❹ 大きな壺形の容器. ❺《襟のフリルのひだ. ❺《キューバ》[車両・牛馬などの頻繁な通行による] 地面のでこぼこ, わだち
cangreja [kaŋgréxa] 女《船舶》スパンカー《=vela ～》
cangrejada [kaŋgrexáða] 女 ❶ カニ料理. ❷《エクアドル》1) 混乱, トラブル. 2) ばかげたこと, 愚かなこと. ❸《ペルー》不忠, 裏切り; 愚考
cangrejal [kaŋgrexál] 女《ラプラタ》[小型のカニがたくさん生息していて通れない] 沼地
cangrejero, ra [kaŋgrexéro, ra] 形 カニの
── カニ漁師; カニ売り
── 男 ❶《グアテマラ. 動物》カニクイアライグマ. ❷《チリ》カニの巣穴
── 女 カニの巣穴
cangrejito [kaŋgrexíto] 男《キューバ》クロワッサン《=cruasán》
cangrejo [kaŋgréxo]《←古語 cangro の示小語 < ラテン語 cancer, -cri》男 ❶《動物》1)《海の》カニ [一般を指す]: ～ cacerola / ～ de las Molucas カブトガニ. ～ de los cocoteros ヤシガニ. ～ ermitaño ヤドカリ《=solitario》. ～ gigante タラバガニ. ～ moro《アンダルシア; 中南米》イワカイワガニの一種《学名 Eriphia verrucosa》. ～ violinista シオマネキ. 2)《淡水の》カニ; ザリガニ《=～ de río》. ～ [de río] americano アメリカザリガニ. ❷《植物》boca de ～ ゴマノハグサ科の一種. ❸《船舶》ガフ, 斜桁 (しゃ). ❹《占星》a ～ に座《古語の》《=Cáncer》. ❺《古語》ファランヘ党の記章. ❻《古語. 隠語》25ペセタ硬貨. ❼《古語》[鎧の] 膝当て, 肘当て. ❽《ベネズエラ》問題, 用件, もめごと

avanzar como los ～s 後退する
como un ～ 真っ赤な, ひどく日焼けした: Me puse rojo *como un ～*. 私はカニのように真っ赤に日焼けした
ir para atrás como el ～ ますます悪くなる

cangrejuelo [kaŋgrexwélo] 男 小型のカニ
cangrena [kaŋgréna] 女《口語》=gangrena
cangrenar [kaŋgrenár] 〜se《廃語》=gangrenarse
cangri [káŋgri] 女《隠語》25ペセタ硬貨《=cangrejo》
cangrí [kaŋgrí] 女《隠語》刑務所《=cárcel》
cangrilero, ra [kaŋgriléro, ra] 名《隠語》教会荒らし; 泥棒
cangro [káŋgro]《アンダルシア; メキシコ, グアテマラ, コロンビア》癌, 悪性腫瘍《=cáncer》
canguelo [kaŋgélo]《←ジプシー語》男《西. 口語》恐怖《=miedo》
cangués, sa [kaŋgés, sa] 形《地名》カンガス・デ・オニス Cangas de Onís の [人]《アストゥリアス県の町》; カンガス・デ・ナルセア Cangas de Narcea の [人]《アストゥリアス県の村》; カンガス・デ・モラソ Cangas de Morrazo の [人]《ポンテベドラ県の村》
cangüeso [kaŋgwéso] 男《魚》ハゼ
canguil [kaŋgíl] 男《エクアドル》❶ [粒の小さい] トウモロコシ, ポップコーン《=palomita》. ❷

canguis [káŋgis] 男《西. 口語》=canguelo
canguro [kaŋgúro]《←古英語 kangooroo》男 ❶《動物》カンガルー. ❷《服飾》[大きな胸ポケットのある] アノラック. ❸《西》[両親が外出する時などの不定期の] 子守り《行為》: ¿Me haces un ～? 子守りをしてくれない? ❹《船舶》バルセロナ・ジェノヴァ間のフェリー. ❺《隠語》護送車. ❻《パナマ, キューバ, プエルトリコ, アルゼンチン. トランプ》戦争に似たゲーム《=burro》
── 名《西》[主に若い] ベビーシッター: hacer de ～ 子守りをする
cania [kánja] 女《植物》ヒメイラクサ
caníbal [kaníβal]《←caríbal < caribe「カリブ族」》形 名 ❶ 食人種 [の], 人食いであるとしたアンティル諸島の先住民. コロンブスが, カリブ人 caribe が caniba と呼ばれているのを聞いたことに端を発する》. ❷《口語》残酷な [人], 残忍な [人]. ❸《動物が》共食いの習性のある
canibalesco, ca [kaniβalésko, ka] 形 食人種特有の
canibalismo [kaniβalísmo] 男 ❶ カニバリズム, 食人. ❷《主に政治の世界での》残忍さ. ❸《動物の》共食い. ❹《経済》1) [機械・設備の交換部品が乏しい時] まだ使える部品を転用するために取り外すこと. 2) [新製品が旧製品と類似していて] 同一企業の製品同士が競合する危険性のある状況
canibalizar [kaniβaliθár] 他 ❶《リサイクルするために製品から》再利用可能な部品を取り外す. ❷《古い製品の》販売を縮小する
canica [kaníka] I《←ゲルマン語 knicher》女《西, メキシコ》❶ ビー玉. ❷複 ビー玉遊び《=juego de las ～s》: jugar a las ～s ビー玉遊びをする

botarse la ～《メキシコ. 口語》逆上する

II《←ポルトガル語 cana》女《キューバ》《野生の》シナモンの木
caniche [kanítʃe/kaníʃ] 名《犬》プードル《=perro ～》
canicie [kaníθje] 女 ❶ 白髪 [の状態]. ❷《医学》白毛症
canícula [kaníkula]《←ラテン語 canicula「子犬, 小さい犬」》女 ❶《文語》盛夏, 大暑《7月24日〜9月2日》: Ha llegado la ～. 真夏になった. en plena ～ 真夏に. ❷《天文》1) シリウスの出現する時期《かつては最も暑い時期だったが今は8月の終わりに出現する》. 2) シリウス, 天狼 (てんろう) 星《=Sirio》
canicular [kanikulár] 形《文語》盛夏の, 大暑の: un día ～ 盛夏の一日. calor ～ 酷暑
── 男複 大暑の時期, 暑い盛り, 土用
caniculario [kanikulárjo] 男 会堂番《=perrero》
canido, da [kaníðo, ða] 形《パンに》かびの生えた
cánido, da [kániðo, ða] 形《動物》イヌ科の
── 男複《動物》イヌ科
canijo, ja [kaníxo, xa] 形 ❶《西. 口語》病弱な. ❷ 小さい, 背の低い. ❸《メキシコ》1) 血も涙もない. 2)《口語》頑固な; 強烈な, ひどい. 3)《estar+. 状況が》複雑な, 難解な
── 名 病弱な人 (動物)
canil [kaníl] 男《犬用の》大型の丸いパン
canilla [kaníʎa]《←古語 cañilla < caña の示小語》女 ❶ 長い骨《特に》脛骨, 鳥の翼骨. ❷ 脚の細い部分, すね; [非常にやせた] 脚. ❸《樽などの》栓. ❹《ミシン・織機の》糸巻き, ボビン. ❺ 管《=tubo》. ❻ 不注意で色むらが異なった繊維が入ってできた布の縞模様. ❼《口語》体力, 腕力: tener ～ 体力がある. ❽《南米》libre 無料のおつまみ. ❾《コロンビア, ペルー》ふくらはぎ. ❿《ベネズエラ》バゲット《=barra de pan》. ⓫《口語》さいころ賭博. ⓬《チリ, アルゼンチン, ウルグアイ》むこうずね. ⓭《ラプラタ》蛇口, コック. ⓮《ウルグアイ. 口語》新聞売り子

irse de ～ 1) ぺらぺら [無思慮に] しゃべる. 2) 下痢をする

canillado, da [kaniʎáðo, ða] 形 =acanillado
canillero, ra [kaniʎéro, ra] I 名 ボビン canilla を作る人
── 穴. ❶《かめ tinaja や樽に》蛇口を取り付けるために開けた穴. ❷《コロンビア. サッカー》すねに受けた蹴り
── 男 ❶《鎧の》すね当て《=espinillera》. ❷《繊維》管巻き機《=máquina ～》. ❸《中米》恐怖感; 恐怖感による》脚の震え. ❹《チリ, アルゼンチン, ウルグアイ. スポーツ》すねのプロテクター, レガース

II 形 名《地名》カニリャス・デ・アセイトゥノ Canillas de Aceituno の [人]《マラガ県の村》
canillita [kaniʎíta] 名《ドミニカ, 南米. 口語》❶ 新聞売り子《主に大人の男, 若い男》. ❷ 宝くじ売り《若い男》
canilludo, da [kaniʎúðo, ða] 形《グアテマラ, コスタリカ, ドミニカ, 南米》脚の長い [人];《ベネズエラ》脚がひどく細い [人]

canina[1] [kanína] 女 ❶ 犬の糞. ❷《古語》盛夏〖=canícula〗
caninamente [kanínaménte] 副 凶暴に;犬のように
caninero [kaninéro] 男《古語》犬の糞を拾う人
caninez [kaninéθ] 女《地方語》ものすごい食欲
canino, na[1] [kaníno, na] 形《←ラテン語 caninus < canis「犬」》❶ 犬の: exposición ~na/concurso ~ ドッグショー. raza ~na 犬種. ❷ 犬のような. ❸《地方語》飢えた, 腹のへった. ❹ letra ~na 複文字の rr
   estar ~《地方語》金がない
 —— 男 ❶《解剖》犬歯, 牙〖=diente〗. ❷《動物》los ~s イヌ科
caniquí [kanikí] 男《捻》〖=es〗インド産の薄い綿布
canistel [kanistél] 男《植物, 果実》カニステル, エッグフルーツ
canister [kanistér] 男《プエルトリコ》〖ガラス・陶器製で蓋付きの, 主に食品・香水・化粧品を入れる〗蓋付き容器, 広口瓶
canistro [kanístro] 男《まれ》イグサで編んだかご
canivete [kanibéte] 男《サラマンカ》鉈(な)の形のナイフ
canje [kánxe] 男《←古語 canjar「交換する」< 伊語 cangiare》男〖外交・軍事・商業における〗交換, 換金 株式交換. ~ de notas〖外交〗交換公文. ~ de prisioneros 捕虜交換
canjeable [kaŋxeáble] 形 交換され得る, 取り替えられ得る
canjear [kaŋxeár] 他《←canje》〖外交, 軍事, 商業〗〖+por と〗交換する〖=cambiar〗; 貿易取引をする: ~ los bonos *por* premios 引換券を賞品と交換する. ~ a los rehenes *por* presos 人質を囚人と交換する
canjerana [kaŋxerána] 女《植物》センダン科の木〖用材. 学名 Cabralea canjerana〗
canjilón, na [kaŋxilón, na] 形《地名》カンハジャル Canjáyar の〖アルメリア県の村〗
cannabáceo, a [kanabáθeo, a] 形 アサ科の
 —— 女 複《植物》アサ科
cannabis [kánabis] 男《単複同形》《植物》インド大麻;《薬学》カンナビス
cannabismo [kanabísmo] 男 カンナビス中毒, カンナビスへの精神的依存
cannáceo, a [kanáθeo, a] 形 ショクヨウカンナ属の
 —— 女 複《植物》ショクヨウカンナ属
cannel [kannél] 男《鉱物》燭炭
cano, na[2] [káno, na]《←ラテン語 canus「白い」》形 ❶〖頭髪全体もしくは大部分が〗白髪の: Mi padre es aquel hombre ~. 私の父はあの白髪の男性です. ponerse ~ 白髪になる. anciano de pelo ~ 白髪の老人. ❷ 年取った. ❸《詩語》白い. ❹〖四足動物が〗灰色がかった: yegua cana 灰色がかった雌馬. ❺《料理》migas canas 牛乳に浸したパンくず. sopa cana 牛乳・パン・シナモンで作ったスープ; 牛乳と去勢鶏の脂肪で作ったスープ
Cano [káno]《人名》**Alonso** ~ アロンソ・カノ〖1601～67, バロック期スペインの画家・彫刻家. 特に教会の祭壇や聖像の神秘主義的な傑作品で知られる.『無原罪の御宿り』*La Inmaculada Concepción*〗
 Melchor ~ メルチョル・カノ〖1509～60, スペイン人聖職者. トリエント公会議 Concilio de Trento に参加.『神学的証泉論』*De locis theologicis*〗
canoa [kanóa]《←タイノ語》女 ❶ カヌー; 手漕ぎボート: descenso en ~ por por el río カヌーによる川下り. ~ monoxila 丸木舟. ~ neumática ゴムボート. ~ a motor, ~ automóvil モーターボート. ~ a motor, ~ automóvil フエラ borda 船外機付きボート. ❸〖艦長や司令官が使用する〗搭載艇, 艦長艇. ❹ つばの反り上がった帽子〖= sombrero de ~〗. ❺ マリファナたばこ. ❻《中南米》1) 水路, 管, パイプ. 2)〖細長い〗飼料入れ. 3) 鶏合せ〖= ~ de gallinas〗, 鳩舎〖= ~ de palomas〗. ❼《ニカラグア, コスタリカ, キューバ, プエルトリコ, コロンビア, チリ》搾り機から蜜を受ける容器. ❽《チリ》樋
canódromo [kanóðromo] 男 ドッグレース場
canoero, ra [kanoéro, ra] 名 カヌーの漕ぎ手
canoísta [kanoísta] 名 カヌー競技の選手
canon [kánon]《←ラテン語 canon, -onis < ギリシア語 kanon「茎, 棒」》男 複 *cánones* ❶〖主に 複. 伝統的な・一般に認められている〗規範;〖理想的・古典的な〗典範: Esta obra rompe los *cánones* del teatro clásico. この作品は古典演劇の規範を破っている. seguir los *cánones* 模範的である. ❷《カトリック》1) 複〖教会の〗法規, 宗規;〖宗教会議の〗決議; 教会法. 2) 神聖であると認められた本の目録. ❸〖聖書〗正典;〖ミサの〗典文; 〖Te igitur で始まり Páter nóster で終わる〗ミサの一部. ❹ privilegio del ~ 聖職者の特権. ❺《皮肉》習慣的に作られていった規則. ❻ 目録, リスト. ❼ 使用料, 納付金: ~ de regadío 用水料. ~ de superficie 鉱山使用料. ❽《法律》地代; 小作料. ❾《音楽》カノン. ❿《美術. 古代ギリシア》〖人体表現において理想的な〗各部分の全体に対する比率または各部分相互の比率. ⓫《印刷》24ポイント活字: gran ~ かつて使われていた最大の活字. ⓬《チリ》家電, 地代
 como mandan los cánones 当然そうであるような・に; しかるべき, しかるべく
canonesa [kanonésa] 女 ❶〖フランドルやドイツの修道院に住む〗盛式誓願 voto solemne をしない女性. ~ de San Agustín/~ agustina 聖アウグスティヌスの宗規を守る修道女
canónica[1] [kanónika] 女《←ラテン語 canonica「規則に従った」》〖司教座聖堂参事会員 canónigo の〗古い宗規に従う修道院生活. ~ agustiana 聖アウグスティヌスの宗規を守る修道院生活
canonical [kanonikál] 形 ❶ 司教座聖堂参事会員 canónigo の. ❷《口語》vida ~ ゆったりと快適な生活
canónicamente [kanónikaménte] 副 宗規に従って
canonicato [kanonikáto] 男 =**canonjía**
canónico, ca[2] [kanóniko, ka]《←ラテン語 canonicus「規則的な, 規則に従った」》形 ❶《カトリック》1) 教会法による, 宗規に関する: derecho ~ 教会法. horas ~cas 聖務日課の時間. matrimonio ~ 教会法による婚姻. 2)〖本・文章が〗教会で真正と認められた: libros ~s〖聖書の〗正典書. 3)《古語》〖教会・家が〗参事会員の住む. ❷ 規準の, 標準の: forma ~ca〖言語〗規準形
 —— 男《まれ》〖司教座聖堂〗参事会員〖=canónigo〗
canóniga [kanóniga] 女《←ラテン語 canónigo》 昼食前の昼寝
canónigo[1] [kanóniɣo]《←ラテン語 canonicus < canon「宗規」》男 ❶《カトリック》〖司教座聖堂〗参事会員: ~ doctoral 司教座聖堂の法的顧問. ~ lectoral 司教座聖堂の神学者. ~ magistral 司教座聖堂の説教師. ~ penitenciario 聴罪参事会員. ~ regular (reglar) 聖アウグスティヌスの宗規を守って生活する参事会員. ❷《植物》複 ノヂシャ, コーンサラダ
 llevar vida de ~ 安楽(優雅)に暮らす
canónigo, ga[2] [kanóniɣo, ɣa] 形《まれ》〖司教座聖堂〗参事会員の
canonista [kanonísta] 名 ❶ 教会法専門の弁護士. ❷ 教会法学者
canonizable [kanoniθáble] 形《カトリック》列聖されるにふさわしい
canonización [kanoniθaθjón] 女《カトリック》列聖; 列聖式
canonizar [kanoniθár] 9 他《カトリック》聖人の列に加える, 列聖する. ❷〖実際はどうであるかに関わらず, +人・事物を〗良いと評価する
canonjía [kanoŋxía]《←オック語 canonge < ラテン語 canonicus》女 ❶ 司教座聖堂参事会員の職 (禄): ~ de penitenciario 聴罪参事会員の職. ~ doctoral 司教座聖堂の法的顧問の職. ~ lectoral 司教座聖堂の神学者の職. ~ magistral 司教座聖堂参事会の説教師の職. ❷《戯語》楽な〖割のいい〗仕事, 閑職; 得な状況
canope [kanópe] 男《古代エジプト》カノプス壺〖=canopo〗
canopo [kanópo] 男 ❶《古代エジプト》カノプス壺, カノピック・ジャー〖ミイラを作る際に死体の内臓を入れておく容器〗. ❷《天文》〖C~〗カノープス〖りゅうこつ座のα星〗
canoro, ra [kanóro, ra]《←ラテン語 canere「歌う」》形《文語》❶〖鳥が〗鳴き声の美しい, よい声でさえずる. ❷ 美しい旋律の: poesía ~ra 美しい詩
canoso, sa [kanóso, sa] 形《ser・estar+》白髪の多い: barba ~sa 白ひげ. anciana ~sa 白髪の老女
canotaje [kanotáxe] 男 カヌー競技〖=piragüismo〗
canotié [kanotjé] 男《仏語》〖=~s〗=**canotier**
canotier [kanotjér] 男《←仏語》カンカン帽
Cánovas del Castillo [kánobas del kastíʎo]《人名》**Antonio** ~ アントニオ・カノバス・デル・カスティーリョ〖1828～97, スペインの政治家, 歴史家. 1874年の王政復古 Restauración に尽力. 保守党 Partido Conservador 党首. 二大政制による立憲君主制の安定を目指した〗
canquén [kaŋkén] 男 =**cauquén**
cansadamente [kansáðaménte] 副 ❶ 大儀そうに, だらだらと,

疲れて. ❷ 迷惑そうに, わずらわしそうに

cansado, da [kansáđo, đa] 形 ❶ [ser+] 疲れさせる, 骨の折れる, 面倒な; 飽きさせる: Conducir 200 kms. todos los días es muy ~. 毎日200キロ運転するのはひどく疲れる. Llego agotado a casa porque tengo un trabajo muy ~. 私は大変厄介な仕事を抱えているので消耗して帰宅する. Es ~ hablar sobre este tema con ellos. この件で彼らと話するのは気が重い. viaje ~ 退屈な旅行. ❷ [estar+. +de+por で] 飽きた, 飽きた: 1) Recientemente estoy un poco ~ por el mucho trabajo que tengo. 私は最近仕事が多くて少し疲れている. Estamos ~s de su larga charla. 私たちは彼の長話にはうんざりだ. José tiene la cara ~da. ホセは疲れた顔をしている. Ha llegado del trabajo ~. 彼は仕事から疲れて帰って来た. con voz ~da 疲れた声で. 2) [+de+不定詞・que+接続法] Estoy ~ de hacer lo mismo todo un día. 私は一日中同じことをすることに飽きてしまった. ❸ [ser+. 人がしつこくて] 不快にさせる, うんざりさせる: No seas ~. うるさくしないでくれ. ❹ 使い古した, すり減った: pluma ~da 先のすり減ったペン. ❺ [話] やせた

a las ~das 《メキシコ, アルゼンチン, ウルグアイ. 口語》ついに, とうとう, あげくの果てに

nacer ~ / haber nacido ~ 《皮肉》[生まれつき] 怠け者である

cansador, ra [kansađór, ra] 形 《メキシコ, チリ, アルゼンチン, ウルグアイ》[人・事が] 退屈な, 疲れさせる, うんざりさせる

cansancio [kansánθjo] 《←ラテン語 cansatio < campsare「曲げる」》男 疲れ, 疲労, 飽き, うんざりすること: Estos días siento mucho ~. 私はこのごろとても疲れを感じる. Ver todos los días el mismo paisaje produce ~. 毎日同じ風景を見ているとうんざりしてしまう

cansar [kansár] 《←ラテン語 campsare「曲げる」》他 ❶ 疲れさせる: Parece que a ese anciano le *cansa* mucho subir la escalera. その老人は階段を上がるのがとても疲れるようだ. Este trabajo me *cansa* mucho. この仕事はとても疲れる. ~ la vista 目を疲労させる. ❷ 飽きさせる; うんざりさせる, わずらわす: Nos *cansa* hacer las mismas cosas todos los días. 毎日同じ事をするのはうんざりだ. ❸ [土地を] やせさせる, 疲弊させる: Estos cultivos *cansan* el terreno. こんな耕作をしていると土地がやせていく

自 《地方語》疲れる; 飽きる

—— *~se* [+de+por で・に, 肉体的・精神的に] 疲れる; 飽きる: He subido hasta el octavo piso a pie y *me he cansado* mucho. 9階まで歩いて上ったので私はひどく疲れた. Ella *se cansó* mucho *de* andar dos horas. 彼女は2時間歩いてとても疲れた. Ya me *canso de* decirle las mismas cosas tantas veces. 彼に何度も同じことを言うのはもううんざりだ

no ~se de+不定詞 [必要なだけ] 繰り返し…する: *No me canso de* decirte que no soy yo el que lo hizo. 何度でも言うが, それをしたのは私じゃない.

cansera [kanséra] 《←cansar》女 ❶ 怠惰, 無気力; 疲労, 倦怠(^(ケ)). ❷ [口語] タイミングが悪くうんざりすること. ❸ 《中南米》無駄な時間 (努力・手間)

cansino, na [kansíno, na] 形 ❶ 疲労の見える, 元気のない; ゆっくりとした, のろい: Caminaban lentos y ~s hacia sus casas. 彼らは家に向かってのろのろとしんどそうに歩いていた. paso ~ のろのろとした足どり. voz ~*na* 元気のない声. ❷ [しつこくて] わずらわしい, うんざりさせる: charla ~*na* しつこいおしゃべり

canso, sa [kánso, sa] 形 《カスティーリャ, アラゴン; 中南米》疲れた [=cansado]; 衰えている

canson [kánson] 男 キャンソン紙 [=papel ~]

cansón, na [kansón, na] 形 《コロンビア》[人・事が] 退屈な

canta [kánta] 女 《アラゴン; コロンビア》歌

cantabile [kantabíle] 形 男 =**cantábile**

cantábile [kantábile] 形 男 [音楽] カンタービレ [の]

cantable [kantáble] 形 ❶ [詩で] 歌うのに適している, 歌いやすい. ❷ =**cantábile**

—— 男 ❶ [サルスエラの] 歌の場面; その歌詞; [台本で] 歌えるように韻文になっている個所. ❷ =**cantábile**

Cantabria [kantáβria] 固 《地名》カンタブリア 《スペイン北部の州. 1978年憲法によって Castilla la Vieja から分かれた》

cantábrico, ca [kantáβriko, ka] 形 Montes C~s / Cordillera C~ca カンタブリア山脈. Mar C~ カンタブリア海 《ビスケー湾のこと》

cantabrigense [kantaβrixénse] 形 名 《地名》[英国の] ケンブリッジ Cambridge の [人]

cántabro, bra [kántaβro, bra] 形 名 《地名》カンタブリア Cantabria の [人]

cantaclaro [kantakláro] 形 ❶ 《口語》歯に衣着せずに言う [人], 思っていることをずばっと言う [人]. ❷ 《ベネズエラ》アルパ arpa に合わせて即興でコプラ copla を歌う歌手

cantado, da [kantáđo, đa] 形 ❶ [estar+] 初めから分かっている, 避けられない: En 1982, la izquierda llega al Gobierno. ¿Le sorprendió?—No. En aquel momento, estaba ~. 1982年に左翼が政権につきましたが, 驚きましたか?—いいえ, 当時すでに予想されたことでした. El triunfo estaba ~. 勝利は初めから見えていた. ❷ 《スポーツ》gol ~ [容易だったのに] 失敗したゴール

—— 女 ❶ 《西. 口語》[主に無能による] 失敗. ❷ 《音楽》=**cantata**. ❸ 《地方語》歌うこと. ❹ 《メキシコ》秘密を明かす (ばらす) こと

cantador, ra [kantađór, ra] 形 ❶ 歌う [人] [=cantor]. ❷ [主にスペインの民謡 cantos populares の, 職業的な] 歌手

cantal [kantál] 男 ❶ 小石, 石ころ. ❷ 石ころだらけの土地 [=cantizal]

cantalear [kantaleár] 自 [鳥が喉を使って] 鳴く; [雄鳩が雌鳩に求愛行動として] クークーと鳴く

cantaleta [kantaléta] 女 ❶ 《古語》1) [人をからかう] 声・物音・楽器による騒ぎ. 2) [主に夜に, 人をからかうために歌われる] 戯(ケ)れ歌. ❷ 《アンダルシア; 中南米》[人を不快にさせるほどの] しつこい繰り返し. ❸ 《コロンビア. 口語》[親の子供に対する] 叱責, 小言 [しばしば聞き入れられない]. ❹ 《ベネズエラ, チリ, アルゼンチン》単調な繰り返し [=cantinela]

cantaletear [kantaleteár] 他 《アンダルシア; 中南米》[人を不快にするほど] しつこく繰り返す

cantalinoso, sa [kantalinóso, sa] 形 [土地が] 小石だらけの

cantalupo [kantalúpo] 男 《果実》カンタロープメロン

cantamañanas [kantamaɲánas] 《←cantar+mañana》名 《単複同形》《西. 軽蔑》当てにならない人, 無責任な人, 不まじめな人

cantamisa [kantamísa] 女 《アンダルシア; 中南米》叙階されたばかりの司祭が初ミサを行なうこと

cantamisano [kantamisáno] 男 《アンダルシア; 中南米》初めてミサを執り行なう司祭

cantante [kantánte] 名 [職業的な] 歌手, 声楽家: ~ de ópera / ~ lírico オペラ歌手. ~ de moda 流行歌手

cantaor, ra [kantaór, ra] 名 《フラメンコの》歌い手, 歌手

cantar [kantár] 《←ラテン語 cantare < canere「歌う」》自 ❶ 歌う: María *canta* muy bien. マリアは歌がとても上手だ. El padre le *canta* en voz baja para que se duerma. 父親は彼女が眠れるように小さな声で歌ってあげた. Quien *canta*, su mal espanta. 《諺》笑う門には福来たる. ❷ [主に鳥が] 鳴く, さえずる: Por la mañana *cantan* unos gallos por aquí. このあたりでは朝雄鶏が鳴く. ❸ [物が] 音を出す: Esta vieja puerta *canta* siempre al abrir y cerrar. この古いドアは開閉の時いつもきしむ. ❹ 《西. 口語》強烈で不快な臭いを放つ: Le *cantan* los pies. 彼の足はとても臭い. ❺ 《口語》目立ちすぎる: Entre muchos coches parados *cantaba* mucho su coche pintado de colores llamativos. 停まっているたくさんの車の中で彼の派手な色の車がひどく目立った

—— 他 ❶ 歌う: El hombre enamorado le *canta* una serenata a su amada al pie de la ventana. 恋している男は窓の下で愛する人にセレナードを歌う. ❷ 《文語》讃える, 賞賛する: *Canta* en su poesía a la naturaleza. 彼は詩の中で自然を賛美している 『*a* は目的語の明示形』. ~ los méritos de+人 …の功績を讃える. ❸ 《口語》[節・調子をつけて] 言う, 告げる: ~ el premio gordo de la lotería [独特の節回しで] 宝くじの1等賞の番号を読み上げる. ❹ 《口語》白状する: Si le amenas un poco, *cantará* todo lo que sabe. ちょっと締め上げれば彼は知っていることをすべて吐くさ. ❺ [詩を] 朗読する, 詠じる; [詩に…を] 歌う, 詠(ヨ)む. ❻ [トランプ] [手札の点数を] 言う, コールする. ❼ [ビンゴ] ビンゴと叫ぶ. ❽ 《南米. 口語》警告する; 自分の権利として主張する

~las (cantárselas) claras [+a+人 に] 直言する, はっきりと叱る

hacer lo que se le canta 《アルゼンチン, ウルグアイ. 口語》好き勝手なことをする

—— 男 ❶ 民謡, 俗謡. ❷ 《旧約聖書》C~ de los C~es 雅

歌. ❸ 詩歌; 叙事詩: ~ de gesta 武勲詩【伝説的な英雄の偉業を歌った中世の叙事詩. 遍歴芸人による朗誦を基本とし, スペインでは Cantar de Mio Cid など数編のテキストが残されている. 散逸した作品の一部は年代記の史料あるいは物語詩 romance の形で伝承し, 後世の文学作品の題材を提供した】. C~ de los Nibelungos『ニーベルンゲンの歌』. C~ de Mio Cid『わがシッドの歌』【中世ヨーロッパを代表するスペイン叙事詩の傑作. エル・シド El Cid と呼ばれたレコンキスタの英雄ロドリーゴ・ディアス Rodrigo Díaz の武勲が描かれる. 写実性が高く, 当時の社会を知る資料的な価値もある. 成立はペール・アバット Per Abbat を作者とする1207年説と, それ以前の複数の作者による共作の説がある】. C~ de Roldán ローランの歌『カール大帝 Carlomagno の甥ローラン Roldán を讃える11世紀フランスの武勲詩』. ❹ 農夫が畑で一緒に働く時のはやし歌. ❺《口語》しつこく繰り返せりふ: Ya estás con el mismo ~. お前はまたその せりふか

meter (poner) en ~es a ~《口語》[人に] 望みを抱かせる
ser otro ~ 別物である, 話は別である: El primer proyecto fue malo, pero este es otro ~. 最初の計画はひどかったが, 今度の は違う. Enamorarse es bueno, pero casarse *es otro* ~. 恋愛するのはよいが, 結婚は別問題だ

cántara [kántara]〖女〗❶《液量の単位》カンタラ【=11〜18リットル. 地方によって異なる】. ❷ =**cántaro**
cantarada [kantaráda]〖女〗❶ 壺 cántaro 1杯分の液体. ❷《カスティリャ》【若者が若い女性に初めて話しかけるのを村の若者たちが許す時に要求する】
cantaral [kantarál]〖男〗《アラゴン》=**cantarera**
cantarano [kantaráno]〖男〗❶ =**cantarero**
cantarela [kantaréla]〖女〗❶ [バイオリン・ギターの] 第一弦. ❷《地方語》=**cantinela**
cantarelo [kantarélo]〖男〗《植物》アンズタケ【食用のキノコ】
cantareri[1] [kantaréra]〖女〗❶ [田舎の住居で] 壺 cántaro を並べて置く台
cantarería [kantarería]〖女〗❶ 製陶【=**alfarería**】. ❷ 壺 cántaro の売り場
cantarero, ra[2] [kantaréro, ra]〖女〗❶ 陶工【=**alfarero**】
cantárida [kantárida]〖女〗❶《昆虫》ゲンセイ. ❷《薬学》カンタリス
cantaridina [kantaridína]〖女〗《薬学》カンタリジン
cantarilla [kantaríʎa]〖女〗《cántara の示小語》❶ [水差し jarra の大きさの] 素焼きで丸口の容器. ❷ 小型の壺
cantarillos [kantaríʎos]〖男〗〖複〗《植物》サクラソウ科トチナシ属の一種【学名 Androsace maxima】
cantarín, na [kantarín, na]【←**cantar**】〖形〗❶《口語》歌好きの: Tenemos un vecino muy ~. 隣人は歌を歌うのがとても好きだ. pájaro ~ よくさえずる鳥. ❷ 美しく楽しい調べの; [音が] 歌うような, 耳に心地よい: El agua *cantarina* sonaba en la fuente de la plaza. 広場の噴水の水が心地よい音を立てていた. risa *cantarina* コロコロとした笑い声
—— 〖名〗《まれ》歌手【=**cantante**】
cantarino, na [kantaríno, na]〖形〗❶ 美しく楽しい調べの【=**cantarín**】. ❷《南米》歌好きの
cántaro [kántaro]【←ラテン語 canthrus < ギリシャ語 kantharos「甲虫」】〖男〗❶ [陶製・金属製で, 大型で両手・片手付きの] 壺 (の形); 水がめ; それに入った液体: 1) beberse medio ~ de agua 壺半分の水を飲み干す. moza de ~ 水を運ぶ女中. 2)《諺》~ roto no sufre remedio. 覆水盆に返らず. Si da el ~ en la piedra (la piedra en el ~), mal para el ~. ばかを見るのはいつも弱者. Tanto va el ~ a la fuente que al fin se rompe. 危険を冒していると痛い目に遭う. ❷《隠》乳房. ❸《口語》くじ引きの箱. ❹ ワインの計量単位【量は地方によって異なる】. ❺《アラゴン, 歴史》ワイン・オリーブ油・酒の販売時に課される地方税. ❻《メキシコ, 楽器》バスーン
a ~s 大量に, どっと; 激しく: llover *a ~s* どしゃぶりの雨が降る
entrar en ~《まれ》1) 役を決めるくじを引く立場になる. 2) 職につく候補者になっている, 職を得ようとする
cantarola [kantaróla]〖女〗《ウルグアイ, 口語》楽器の演奏と歌の陽気でくだけた集まり
cantata [kantáta]【←伊語】〖女〗《音楽》カンタータ
cantatriz [kantatríθ]〖女〗《まれ》[プロの] 女性歌手
cantautor, ra [kantauˈtor, ra]〖名〗シンガーソングライター
cantazo [kantáθo]〖男〗《西, 口語》小石の投げつけ, 小石を使った

殴打
cante [kánte]【←**canto**】〖男〗❶《音楽》1) カンテ【アンダルシア地方の民謡; 特にフラメンコ. =~ **flamenco**】: ~ **jondo** (hondo) カンテ・ホンド【深く重厚なカンテ】. ~ **chico** カンテ・チコ【日常生活を歌う軽妙なカンテ】. 2)《アンダルシア》カンテを歌うこと. ❷《西, 口語》[主に体の一部の, 強烈な] 不快臭. ❸《西, 口語》とんでもない間違い. ❹《トランプ》追加得点. ❺《口語》目立つ行為, 歌うような行為 (物). ❻《口語》犯罪の自白. ❼《地方語》歌うこと. ❽《アストゥリアス》[単調な] 歌
dar [el] ~《西, 口語》1) 場違いに目立つ, 不釣合である. 2) ばか騒ぎをする. 3) 秘密を伝える; 告発する
ir con el ~《隠》告発する, 密告する
quedarse con el ~《口語》事の成り行きを見る
cantea [kantéa]〖女〗《地方語》石合戦【=**pedrea**】
canteado, da [kanteáðo, ða]〖形〗《西, 煉瓦などが》縦に置かれた, 縦積みされた
cantear [kanteár]〖他〗❶《まれ》[石材などの] 縁に細工を施す. ❷《煉瓦》を縦に並べる. ❸《まれ》石を投げつける. ❹《グアテマラ》1)《問題》を歪曲する. 2) いい加減に行なう
—— 〖自〗・~**se**〖地方語〗横になる
cantegril [kantegríl]〖男〗《ウルグアイ》貧民街, スラム街
cantel [kantél]〖男〗《船舶》大檣を積み上げるのに用いる綱
cantera[1] [kantéra]【←**canto** II】〖女〗❶ 石切り場, 採石場: ~ de *arena* 砂採取場. ~ de *mármol* 大理石採石場. ❷ 人材の宝庫: Sevilla es una ~ de toreros. セビリャは闘牛士の宝庫である. ❸《西, スポーツ》下部組織, 選手育成機関: **jugador de la** ~ 育成選手. ❹ 才能, 天分. ❺《地方語》けが, 傷. ❻《メキシコ》石材
armar (levantar·mover) una ~ 1)《口語》論争を巻き起こす原因を作る. 2)《まれ》不養生のために傷や病気をこじらせる (悪化させる)
cantera[2] [kantéra]〖男〗 [上部が机の] 整理だんす
canterano[1] [kanteráno]〖男〗 [上部が机の] 整理だんす
canterano[2], na [kanteráno, na]〖名〗《西, スポーツ》下部組織 **cantera** の選手, 選手育成機関所属の選手; 下部組織から上がってきた選手
cantería [kantería]〖女〗❶ 石材の切り出し [の技術]: **taller de** ~ 石材作業所. ❷ 切り出された石; 石造物. ❸《古語》採石場【=**cantera**】
canteril [kanteríl]〖形〗 石工の, 石材の切り出しの
canterios [kantérjos]〖男〗〖複〗 天井を作るために交差して取り付けられた梁
canterito [kanteríto]〖男〗 パンくず
cantero[1] [kantéro]【←**canto** II】〖男〗❶ [固いがもろいものの] 端: ~ de *pan* パンの皮. ❷ [一般に] 角, 端. ❸ 狭い耕作地; 灌漑しやすいように区分された耕作地の一区画. ❹《南米》花壇; 野菜畑. ❺《ラプラタ, 交通》 central 中央分離帯
cantero[2], ra[2] [kantéro, ra]〖名〗 石工, 採石者
cántica [kántika]〖女〗《古語》短い叙情詩歌
canticio [kantíθjo]〖男〗《口語》うるさい歌声
cántico [kántiko]【←ラテン語 canticum】〖男〗❶《キリスト教》カンティクム, 雅歌, 頌歌, 讃歌: ~ **del Magníficat** 聖母マリアの讃歌. ❷《一般に・世俗の》歌. ~ **de alegría** 歓喜の歌. ~ **espiritual negro** 黒人霊歌. ~ **triunfal** 勝利の歌. ❸ [美徳・長所などの] 賞賛. ❹《スポーツ》応援歌
cantidad [kantiðá(d)]【←ラテン語 quantitas, -atis < quantus】〖女〗❶ 量, 数量, 分量【⇔**calidad**】: ¿No has calculado la ~ de agua que se necesita? 必要な水の量を測らなかったのか? Más vale la calidad que la ~. 量より質が大切だ. ~ **producida** 生産量. ❷ 金額: El abonaré la ~ de 500 euros por el arreglo del coche. 自動車の修理代金として500ユーロ支払い. ¿Qué ~ de dinero necesitáis para el viaje? 君たちは旅行にいくら必要なの? ❸ 数字: 68 % es una ~ mayor que 67 %. 68%は67%よりも大きい数字である. Multiplicaron esa ~ por cinco. その数字に5をかけた. ❹《音声, 詩法》音量, 音長, 母音 (子音・音節) の長短. ❺《文法》数量: **adjetivo** (**adverbio**) **de** ~ 数量形容詞 (副詞). ❻《物理》量: ~ **de electricidad** アンペア数. ~ **de calor** 熱量. ❼《数学》量: ~ **constante** 定数. ❽《哲学, 論理》量
~ *alzada* 総額
~ *de...* 1) [+名詞] 大量の…, 多数の…: Se reunió ~ *de gente* en la plaza. 広場に大勢の人が集まった. ¿Qué harías si tuvieras tanta ~ *de dinero*? そんな大金があったら, どうする? ¡Qué ~ *de libros* hay! 何とたくさんの本があること

か! hacer ～ de regalos たくさんのプレゼントをする. 2)［+形容詞］非常に: Ese asunto es ～ de chungo. その件は非常に複雑だ
　～es industriales《口語》大量: comer... en ～es industriales …をものすごく食べる
　cualquier ～《南米》たくさん, 大量
　en ～ たくさん, 大量に; 非常に, すごく: En esta calle hay librerías *en* ～. この通りには本屋がたくさんある
　en gran ～ 大量に: consumir *en gran* ～ 大量に消費する
　una ～ *de*... =～ *de*...
　── 副《口語》多く, たくさん: Hoy hemos trabajado ～. 私は今日はすごく働いた

cantidubí [kantiðuβí] 女《若者語》［人・事物の］多数, 大量
　── 副《若者語》たくさん

cantifonario [kantifonárjo] 男《ラマンチャ》［主に 侮］たわごと. ❷ 厄介事

cantiga [kantíɣa] 女 ❶《文学》［中世の, 主にガリシア・ポルトガル語の］古謡, 頌歌(じゅ): *C*～*s de Santa María*『聖母マリアの古謡集』［アルフォンソ10世作］. ❷《古語》短い詩

cántiga [kántiɣa] 女 =**cantiga**

cantil [kantíl] 男 ❶［主に海岸の］断崖. ❷《主に中南米》崖っぷち. ❸《グアテマラ》大蛇の一種

cantilagua [kantiláɣwa] 女《植物》マウンテンフラックス［学名 Linum catharticum］

cantilena [kantiléna] 女［←ラテン語］❶［中世の, ゆるやかなリズムの］感傷的なメロディー, 叙情的な旋律. ❷ 短い詩歌. ❸［主題・言葉の］単調な繰り返し［=cantinela］

cantillanero, ra [kantiʎanéro, ra] 形名《地名》カンティリャナ Cantillana の人《セビーリャ県の村》

cantillo [kantíʎo] 男 ❶《遊戯》juego de ～s［5つの小石を使う］お手玉遊び; それに使う小石. ❷ 建物の角［=cantón］

cantimpla [kantímpla] 形《ラプラタ》無口で時おり理由もなく笑い出す［人］

cantimplora [kantimplóra] 女［←ラテン語 cantimplora < canta i plora「歌い泣く」］❶ 水筒. ❷ U字型管［=sifón］. ❸《サラマンカ》1) 大鍋. 2) ワインを入れる大型のかめ（革袋）. ❹《グアテマラ》甲状腺腫［=bocio］. ❺《コロンビア》火薬入れ
　──《キューバ, プエルトリコ》何だぞんなことか, 何でもないことだ!

cantina [kantína] 女［←伊語］❶［駅・工場・学校などの］食堂, 売店;《軍事》酒保. ❷《俗用》居酒屋［=taberna］. ❸［外側に革のカバーが付き, 中に仕切りのある］弁当箱. ❹《中南米》酒場. ❺《メキシコ》鞍袋. ❻《南米》イタリアンレストラン. ❼《コロンビア》牛乳つぼ
　── 男《キューバ》［調理済み食品などを入れるプラスチック・金属製の］密閉容器

cantinela [kantinéla] 女［←ラテン語 cantilena］❶［主題・言葉の］単調な繰り返し. ❷ 叙情的な旋律; 短い詩歌［=cantilena］
　la misma ～ 単調な繰り返し; 繰り言: Mi abuela siempre está con *la misma* ～. 祖母はいつも同じことを言う
　... y toda esa ～ …などなど

cantinero, ra [kantinéro, ra] 名 ❶ cantina の経営者（従業員）, ❷ 酒類を扱う人. ❸《メキシコ》［バルの］バーテンダー
　── 女《古語》［軍隊の移動に従う］酒保の女

cantiña [kantíɲa] 女 ❶ カディス Cádiz 独特のフラメンコ［歌］. ❷［まれ］［民衆の］短い歌

cantiñear [kantiɲeár] 自他 ハミングで歌う［=canturrear］

cantista [kantísta] 名 ❶［まれ］歌手. ❷《地方語》俗謡を上手に歌う人

cantito [kantíto] 男 ❶《中南米》軽快な話しぶり. ❷《ウルグアイ》［ある地方に特有の］話し言葉の抑揚

cantizal [kantiθál] 男 石ころだらけの土地, 石原

canto [kánto] I ［←ラテン語 cantus < canere「歌う」］男 ❶［類語 **canción** は一般的に歌, 特にポピュラーソング. **canto** は歌の範囲が限定されていて, 特にクラシックの歌曲］: 1) ～ *gregoriano* グレゴリオ聖歌. ～ *llano* 単旋律聖歌. ～ *polifónico* 多声歌, 合唱. ～*s populares* 民謡. ❷ 歌うこと, 声楽; 歌唱法: estudiar ～ 声楽を学ぶ. ～ *del himno nacional* 国歌斉唱. ❸ 歌声; ❹［主に鳥の］鳴き声: El ～ *de los pájaros nos despertaba cuando vivíamos en el campo*. 田舎に住んでいた時には小鳥のさえずりで起こされたものだ. ❹［楽曲の］旋律部, メロディー. ❺《文語》［歌われるための］詩, 詩編. ～ *de amor* 恋愛歌. ～ *nupcial* 婚礼歌. ❻ 叙事詩編.

❼ 長大な詩文. ❽《比喩》讃歌: ～ *a la vida* 生への讃歌. ❾《コロンビア》［女性が赤ん坊を抱く時の］両腕と腹部の間のくぼみ
　～ de sirena［危険な］誘惑の言葉, 耳に快い提案: No te fíes de sus ～*s de sirena*. いいことずくめの彼の怪しい話を信じてはならない
　～ del cisne［主に 修. 芸術家の］最後の傑作, 絶筆［←死を悟った白鳥が最後に美しい鳴き声を立てるという伝説］
　en ～ *llano* 1) 単純明快に. 2) ごく平凡に
　ser ～ *llano* 1) 質素である. 2) 困難なことではない

II ［←ラテン語 canthus「縁金」］男 ❶ へり, 縁(ふち); 角(かど), 端: Me he cortado el dedo con el ～ *de una hoja de papel*. 私は紙の縁で指を切った. Se golpeó con el ～ *de la mesa*. 彼は机の角にぶつかった. golpear con el ～ *de la mano* 手刀で打つ. ～ *de una moneda* 貨幣の縁. ～ *de pan* パンの皮. ～ *de acero*（スキー）エッジ. ～ *de* ［刃物の］峰, 背［=filo］. ❷《製本》小口［⇔lomo］: libro con el ～ *dorado* 小口が金線装丁の本. ❸［板の幅 tabla に対し］厚み: Esta tabla tiene 5 centímetros de ～. この板は厚さが5センチある. ❹ colocar el ladrillo en ～ 煉瓦を小端立て積みにする［→sardinel］. 2)［建物の］角［=cantón］. ❺《技術》［板の接合の］さね: juntar por los ～s さねはぎする. ❼［車輪の］外縁(そとべり). ❽《アラゴン》［祭りの主日に信心会が配る］糖衣をかけたカステラ. ❾《プエルトリコ. 俗語》一かけら. ❿《コロンビア》ひざ［=regazo］
　a ～ =*al* ～
　al ～《西》［名詞+］ 1) 必ず, 決まって: Cada vez que llega tarde a casa, bronca *al* ～. 彼は遅く帰宅するたびにいつも叱られる. 2) 緊急に, すぐに; 不可避的に: Venga, dinero *al* ～. さあ, すぐに金を出すんだ. 3) 緊急の, さし迫った; 不可避の: discusión *al* ～ 避けられない論争. 4) 明白な, 確かな: pruebas *al* ～ 動かぬ証拠. 5) 端に: plato desportillado *al* ～ 縁が欠けた皿. 6) すぐ横に
　con un ～ *a los pechos*《口語》すごく喜んで
　darse con un ～ ［*en los pechos*・*en los dientes*］《西》［まずまずの結果に］納得する, よしとする; 大喜びする
　de ～, 縦に, 立てて［⇔de plano］: Coloquen los libros *de* ～. 本を立てて置いて下さい
　［*no*］ *faltar el* ～ *de un duro*《西. 口語》［+para+不定詞・que+接続法］もう少しで…である: Le *faltó el* ～ *de un duro para caerse del acantilado*. 彼はもう少しで崖から落ちるところだった. *Faltó el* ～ *de un duro para que me atropellara un coche*. 私はもう少しで車にひかれるところだった
　por el ～ *de un duro*《西. 口語》きわどいところで, 危機一髪で

III ［←?語源］男 ❶［手におさまるほどの］石ころ, 丸石: tirar un ～ 小石を投げる. ～ *rodado* (*pelado*) ［水流で転がって丸くなった］小石. ❷ 大きな岩. ❸《アイスホッケー》パック. ❹［遠くへ投げる］石投げ遊び

cantollanista [kantoʎanísta] 名 単旋律聖歌 canto llano の唱法に詳しい人

cantón [kantón] ［←canto III］男 ❶《歴史》［スペインの第一共和制 Primera República 時代の］自治区. ❷［スイスの］州;［フランスの］小郡. ❸［建物の］角［=esquina］. ❹《軍事》宿営地. ❺《紋章》カントン［盾の四隅に分ける小区画］: ～ *de honor* クォーター［盾の四隅に分ける小区画］. ❻ ～ *redondo* 丸やすり［=limatón］. ❼《地方語》大きな岩.《アラバ, ビルバオ, アラゴン》2つの主要な通りにつながる路地［その路地に面する家にはドアがない］. ❾《メキシコ. 口語》1) 住居. 2)［住んでいる］地域, 地区. ❿《ホンジュラス》平原にある孤立した高所

cantonada[1] [kantonáða] 女《古語, アラゴン》建物の角［=cantón］
　dar ～ *a*+人 1)《口語》…を置き去りにする, 待ちぼうけを食わせる. 2) からかってわざと無視する

cantonado, da[2] [kantonáðo, ða] 形《紋章》カントン cantón に飾りのある

cantonal [kantonál] 形名 ❶《歴史》地方分立主義の（主義者）. ❷ 州（小郡）cantón の

cantonalismo [kantonalísmo] 男 ❶《歴史》［19世紀後半の］地方分立主義［国家を自治区 cantón に分割し, その連邦体制の実現を目指す急進的連邦主義］. ❷ 国家権力の弛緩による政治的混乱

cantonalista [kantonalísta] 形名《歴史》地方分立主義の（主義者）, 地方分立派［の］

cantonalización [kantonaliθaxjón] 女 地方分立

cantonar [kantonár] 他 =**acantonar**
cantonear [kantoneár] 自 暇に任せて街じゅうをうろつく
　── **~se**《口語》=**contonearse**
cantoneo [kantonéo] 男《口語》=**contoneo**
cantonera¹ [kantonéra] 囡《西》❶ 隅の補強材; 隅金具:〜*s* de un libro《製本》本の角布. ❷ コーナー家具〔=**rinconera**〕. ❸《まれ》街娼
cantonero, ra² [kantonéro, ra] 形 街じゅうをうろつく〔人〕
　── 男《製本》本の小口に金箔を塗る道具
cantonés, sa [kantonés, sa] 形《地名》[中国の] 広東 Cantón の〔人〕
　── 男 広東語
cantor, ra [kantór, ra]《←ラテン語 cantor, -oris》形 ❶ [主に職業として] 歌う: los niños 〜*es* de Viena ウィーン少年合唱団. ❷ [鳥が] よい声で鳴く: canario muy 〜 よくさえずるカナリア
　── 名 ❶ [作品で, +de を] 讃美する人: Dante, el 〜 de Beatriz ベアトリスを謳い上げるダンテ. ❷ [主に叙事詩・宗教詩の] 詩人:〜 de Laura ラウラの詩人〔イタリアの詩人ペトラルカ Petrarca のこと〕. ❸ 浪漫派 抒情詩人. ❹《まれ》歌手〔=**cantante**〕
　── 男《歴史》教会音楽の作曲家, カントル
　── 囡 ❶ 鳴禽《=aves 〜*ras*》. ❷《チリ. 口語》おまる, 室内用便器
cantoral [kantorál] 男《キリスト教》合唱歌集, 聖歌集《聖歌の歌詞・楽譜や典礼文などが書かれた羊皮紙製の大型の本. 教会の聖歌隊席の書見台の上に置かれる》
cantoría [kantoría] 囡《まれ》❶ [教会の] 少年合唱隊席. =**canturía**
cantorral [kantořál] 男 石ころだらけの土地〔=**cantizal**〕
cantoso, sa [kantóso, sa] 形〔土地が〕石ころだらけの
cantú [kantú] 男《ペルー. 植物》=**cantuta**
cantúa¹ [kantúa] 囡《キューバ》サツマイモ・ココナッツ・ゴマ・黒砂糖の干菓子
cantuariense [kantwarjénse] 形《地名》[英国の] カンタベリー Canterbury の〔人〕
cantuesal [kantwesál] 男 ストエカスラベンダーの畑
cantueso [kantwéso] 男《植物》ストエカスラベンダー, フレンチラベンダー
cantúo, a² [kantúo, a] 形《地方語》[人が] 魅力的な体つきの
canturía [kantuṛía] 囡 ❶ 歌うこと. ❷ 単調な歌
canturrear [kantuřeár] 自 他 ハミングで歌う, 鼻歌を歌う; 小声で歌う
canturreo [kantuřéo] 男 ❶ ハミング, 鼻歌《行為》. ❷ 平板な調子で告げること
canturria [kantúřja] 囡 ❶ ハミング, 鼻歌〔=**canturreo**〕. ❷ 単調に歌うこと
canturriar [kantuřjár] 10 自 他 ❶ =**canturrear**. ❷ 単調に歌う
cantusear [kantuseár] 自《ラマンチャ, アンダルシア, ムルシア》=**canturrear**
cantus firmus [kántus fírmus]《←ラテン語》男 単旋律聖歌〔= canto llano〕
cantuta [kantúta] 囡《中南米. 植物》カントゥータ〔学名 Cantua buxifolia〕
cánula [kánula]《←ラテン語 cannula》囡《医学》❶ カニューレ, 套管. ❷ 注射器の先端, 注射針
canular [kanulár] 形 カニューレの形の
canutas [kanútas] 囡 覆 *pasarlas* 〜《西. 口語》ひどく苦労する: En un punto de la carretera se nos agotó la gasolina y *las pasamos* 〜. 高速道路のある場所でガソリンが切れて, 私たちはひどい目にあった
canutazo [kanutáθo] 男 ❶ 発射体による衝撃. ❷《アンダルシア; キューバ》密告
canutero, ra [kanutéro, ra] 名《隠語》ハシッシュやマリファナを吸う人
　── 男 ❶ 針を入れるケース〔=**alfiletero**〕. ❷《中南米》ペン軸〔=**portaplumas**〕
canutillo [kanutíʎo]《canuto の示小語》男 ❶《繊維》[コーデュロイなどの] 畝(ぅ); 凹凸: de 〜 ancho (estrecho) 畝の太い(細い). ❷《手芸》1) 管状のビーズ, 竹ビーズ: persiana (cortina) de 〜 小さなビーズをつなげて作ったブラインド(カーテン). 2) bordado de 〜 金糸銀糸を用いた刺繍. ❸《菓子》パイ生地のクリームホーン. ❹ carbón de 〜 細い枝で作った木炭

canuto¹ [kanúto]《←モサラベ語 cannut < ラテン語 canna「稈」》男 ❶ [竹などの] 節間; [短い] 管. ❷《西. 口語》マリファナたばこ〔=**porro**〕. ❸《菓子》1) パイ生地のクリームホーン〔=**canutillo**〕. 2)《メキシコ》牛乳のシャーベット. ❹《軍事》除隊許可〔←許可証を入れる筒〕. ❺《メキシコ》イナゴなどが産卵のために地中に腹部を刺しこんでできる細い穴. ❻《隠語》電話. ❼《アンダルシア》[蒸留酒を飲むための] ヨシで作った小さなカップ. ❽《中南米. 軽蔑》新教, プロテスタンティズム. ❾《メキシコ, ペルー, チリ》巻き枠〔=**carrete**〕
　dar el 〜) 1)《古諺》[兵士に] 除隊許可を与える. 2)《口語》追放する
canuto², **ta** [kanúto, ta]《←Canut (人名. プロテスタントの牧師)》形 名 ❶《キューバ》教養・教育のなさを見せてしまう〔人〕. ❷《チリ. 軽蔑》プロテスタント〔の〕
caña [káṇa]《←ラテン語 canna》囡 ❶ [麦・竹などの中空の・節のある] 茎, 稈〔=**tallo**〕; 籐家具. ❷ 〜 *s* se vuelven lanzas.《諺》ちょっとしたことが大けんかの元になる / ひょうたんから駒. ❸《植物》1) サトウキビ〔=〜 dulce, 〜 de azúcar, 〜 azucarera, 〜 de Castilla, 〜 melar〕: campo de 〜 de azúcar サトウキビ畑. 2)《俗用》アシ(葦), ヨシ〔=**carrizo**〕. 3) 〜 amarga ショウガ類の一種〔学名 Costus spicatus〕. 〜 borde アシの一種《背が高い》. 〜 brava ユリ科の草〔学名 Gynerium sagittatum〕. 〜 de bambú 竹. 〜 de Batavia アシの一種《高さ約3メートルで茎が紫色》. 〜 de Bengala /〜 de Indias トウ(籐). 〜 de cuentas カンナ〔=**cañacoro**〕. 〜 espina 大きな竹の一種. 〜 flecha クズウコン〔食用〕. ❸ 釣竿〔=〜 de pescar〕: poner la 〜 釣糸をたらす. ❹《西》[主に生ビール・ワイン用の細長い] グラス; そのグラスに入ったビール・ワイン: Vamos a tomar unas 〜*s*. 一杯飲みに行こう. una 〜 de cerveza グラス1杯のビール. ❺ [長靴・長靴下の] すねの部分: bota de 〜 alta ロングブーツ, bota de media 〜 ハーフブーツ. ❻《解剖》1) [腕・脚の] 長い骨〔=**canilla**〕. 2) 髄(ぅ). 〜 de vaca 牛の脚の骨(の髄). 〜 de pulmón 気管. ❼《船舶》1) 舵柄(た)〔=〜 del timón〕. 2) 〜 del ancla 錨幹(からだ). ❽《自動車》〜 de la dirección ステアリングコラム. ❾《建築》1) 柱身. 2) 〜 de media 〜 半円形モールディングの. ❿ [銃身を支える] 銃床. ⓫《管楽器の》リード. ⓬《フラメンコ》カーニャ《1) 最も古い形式のひとつで, 3拍子. 2) 嘆きや寂しい感じのカンテ》. ⓭《料理》1) 〜 de lomo ロモ〔=lomo embuchado〕. 2) 丸い棒の形の菓子: 〜 de chocolate 細長いチョコレート. ⓮ ワインの計量単位. ⓯ 剣の刃にできた亀裂. ⓰《鉱山》坑道. ⓱ [昔の大砲の] 3番目の砲身. ⓲《古語》覆 葦を投げる騎馬戦の祭り〔=juego de 〜*s*〕: correr 〜 祭りで葦を投げる騎馬戦をする. ⓳《アンダルシア など》[農地面積の単位] =6平方コド codo. ⓴《メキシコ, 南米》[安い] サトウキビの蒸留酒, ラム酒
　arrear 〜 *a...*《口語》…のアクセルを一杯に踏み込む
　bajar a+人 *la* 〜) 1)《アルゼンチン, ウルグアイ. 口語》…を叱る. 2)《アルゼン. 俗語》…を裸にする. 3)《パラグアイ. 口語》…の高慢の鼻をへし折る
　dar 〜 *a...*《西. 口語》1) …を殴る; 言葉で傷つける. 2) アクセルを一杯に踏み込む; 速度を上げる: Vamos a *dar* 〜 *a* este trabajo. 気合を入れてこの仕事を進めよう. 3) [人を] せきたてる, 強要する
　echar 〜《コロンビア. 口語》=**hablar**
　estar la 〜 *a tres trozos*《キューバ》状況が入り組んでいる
　hablar 〜《コロンビア. 口語》嘘をつく; おしゃべりする
　irse de 〜《口語》度が過ぎる
　jugar a+人 *a las* 〜 先端を切った葦で…を傷つける〔昔の祈願の仕方の一つ〕
　meter 〜 *a...*《西. 口語》=**dar** 〜 **a...**: Me *metieron* 〜 para que se lo dijera todo. 私はすべて言うように彼らに強要された
　ser brava (buena・linda) 〜 *de pescar* [人が] 大変狡猾(ぅ)である
　ser una 〜《口語》非常にすぐれている
cañabota [kaṇabóta] 囡《魚》カグラザメ〔学名 Hexanchus griseus〕
cañabrava [kaṇabrába] 囡 ❶《植物》ユリ科の草〔=caña brava〕. ❷《中南米》[家造りの材料の] わら
cañacoro [kaṇakóro] 男《植物》ダンドク〔カンナの一種〕
cañada [kaṇáda] 囡 ❶《放牧地に移動する》家畜の通り道〔=real 〜〕. [特に] 牧羊移動路《冬期牧草地と夏期牧草地を

cañadilla

南北に結ぶ4本の移動路．移動牧羊業者組合 mesta の管理下にあり，耕作地域で幅90 varas (=75m)．❷ [浅い] 谷，山あいの道．❸ 牛の脚の骨 [の髄]《=caña de vaca》．❹《解剖》骨髄《=médula》．❺《サラマンカ．古語》[牧畜業者が払う] 家畜の通行税．❻《中南米》小川．❼《キューバ，ラプラタ》細長い丘の間の湿地

cañadilla [kaɲaðíʎa] 囡《貝》シリアツブリボラ，ムラサキガイ《食用．昔，紫色を得るために使った》

cañado [kaɲáðo] 男《ガリシア》《液量単位》=約37リットル

cañadón [kaɲaðón] 男《キューバ，ラプラタ》山脈（長い丘）の間にある昔の深い河床

cañadonga [kaɲaðóŋɡa] 囡《キューバ》1) 質の悪いラム酒．2) 民衆の踊りの一種．❷《コロンビア，ベネズエラ．植物》モモイロナンバンサイカチ《=carao》

cañaduz [kaɲaðúθ] 囡《アンダルシア；コロンビア》サトウキビ《=caña de azúcar》

cañaduzal [kaɲaðuθál] 男《アンダルシア；コロンビア》=**cañamelar**

cañafístola [kaɲafístola] 囡 =**cañafístula**

cañafístula [kaɲafístula] 囡《植物，果実》ナンバンサイカチ，ゴールデンシャワー《実は緩下剤に用いられる》

cañafote [kaɲafóte] 男《エストレマドゥラ．昆虫》バッタ《=saltamontes》

cañaheja [kaɲaéxa] 囡 ❶《植物》オオウイキョウ；〜 hedionda タピシア《=tapsia》．❷ 切って乾燥させたオオウイキョウの茎

cañaherla [kaɲaérla] 囡《植物》オオウイキョウ《=cañaheja》

cañahuate [kaɲawáte] 男《コロンビア．植物》ユソウボクの一種《用材．学名 Guayacum officinalis, Tecoma spectabilis》

cañahueca [kaɲawéka] 形 囡《軽蔑》秘密を守れない[人]，口の軽い[人]，おしゃべりな[人]

cañaílla [kaɲaíʎa] 囡《カディス》=**cañadilla**

cañajelga [kaɲaxélɡa] 囡 =**cañaheja**

cañal [kaɲál] 男 ❶ =**cañaveral**．❷《漁業》[草で囲った] やな

cañaliega [kaɲaljéɡa] 囡《漁業》やな《=cañal》

cáñama [káɲama] 囡《財産・人数に応じた》課税・分担金などの割り当て

cañamal [kaɲamál] 男 =**cañamar**

cañamar [kaɲamár] 男 麻畑

cañamazo [kaɲamáθo] 男 ❶ [刺繍用の] 粗布，粗布の布．❷ 粗い麻布，麻のくず．❸ [行動の] 基準．❹ メモ，スケッチ．❺ [小説などの] 概要，あらすじ．❻《キューバ．植物》ツルメヒシバ

cañamelar [kaɲamelár] 男 [植え付けをしたばかりの] サトウキビ畑

cañamelero, ra [kaɲameléro, ra] 形 サトウキビの

cañameño, ña [kaɲaméɲo, ɲa] 形 麻糸でできた

cañamero, ra [kaɲaméro, ra] 形 麻の：industria 〜*ra* 麻工業．—— 囡《植物》アオイ科の一種《学名 Althaea hirsuta》

cañamiel [kaɲamjél] 囡《植物》サトウキビ《=caña melar》

cañamiza [kaɲamíθa] 囡 [打って繊維を取った後の] 麻・亜麻の茎《=agramiza》

cáñamo [káɲamo] 男《ラテン語 cannabum < cannabis》❶《植物》1) アサ（麻）；その繊維：〜 de Manila マニラ麻．〜 sisal サイザル麻．2) タイマ（大麻）《〜 índico，〜 indio，〜 indiano》．3)《キューバ》ツルメヒシバ《=cañamazo》．4)《アルゼンチン》〜 criollo キンゴジカ《=pichana》，ハシッシュ，マリファナ．❷ 麻布，キャンバス；麻製のもの《網，索具など》．❸《ホンジュラス，コスタリカ，チリ》麻ひも

cañamón [kaɲamón] 男 ❶ [主に鳥の餌用の] 麻の実（種）．❷《口語》とても小さい人・物．❸《地方言》[羽根の] 軸《=cañón》

cañamoncillo [kaɲamonθíʎo] 男 モルタルに使う細かい砂

cañamonero, ra [kaɲamonéro, ra] 形 麻の実売り

cañandonga [kaɲandóŋɡa] 囡 ❶《パナマ，コロンビア．植物》カシア．❷《南米》細長いもの．❸《ベネズエラ．軽蔑》1) 質の悪いラム酒．2) 飲酒，一杯飲むこと

cañar [kaɲár] 男 =**cañaveral**

cañardo [kaɲárðo] 男《西．サッカーなど》強烈なシュート

cañareja [kaɲaréxa] 囡 =**cañaheja**

cañarejo, ja² [kaɲaréxo, xa] 形《地名》カニャール Cañar の[人]《エクアドル中西部の県》

cañarense [kaɲarénse] 形 囡 =**cañarejo**

cañari [kaɲári] 形 囡 カニャリ人[の]，カニャル人[の]《エクアドル》の先住民．先スペイン期に一部はインカ帝国に征服され，mitimaes として帝国各地へ強制移住させられた》

cañariego, ga [kaɲarjéɡo, ɡa] 形 ❶ [皮が] 家畜の通り道 cañada で死んだ羊の．❷ [人が] 移牧をする；[犬・馬が] 移牧に使われる

cañarroya [kaɲařója] 囡《植物》ヒカゲミズ《=parietaria》

cañavera [kaɲabéra] 囡《植物》アシ，ヨシ《=carrizo》

cañaveral [kaɲaberál] 男 ❶ アシでの茂み．❷ アシ，アシの茂る沼（川岸）．❸ [植え付けをしたばかりの] サトウキビ畑

recorrer los 〜*es*《口語》家々を回って物乞いをする

cañaverear [kaɲabereár] 他 =**acañaverear**

cañazo [kaɲáθo] 男 ❶ アシでの一撃．❷《キューバ》1) 強い酒．2)《闘鶏》雄鶏の脚の傷．❸《ペルー》ラム酒《=caña》

dar 〜 *a* + 人《まれ》悲しませる；物思いにふけさせる；不快な気持ちにする

darse 〜《キューバ》だまされる

cañedo [kaɲéðo] 男 サトウキビ畑《=cañaveral》

cañería [kaɲería] 囡《=caño》配管，導管．❶《特に》水道管：〜 de [l] agua》，ガス管《=〜 de [l] gas》：Las 〜*s* funcionan a la perfección. 水回りがしっかりしている．La 〜 está atascada. 配管が詰まっている．〜 de desechos 排水管．〜 maestra 本管

cañero, ra [kaɲéro, ra] 形 名 ❶ サトウキビ栽培（売買）の；サトウキビ農園主（労働者）の．❷《西．口語》[音楽が] 力強い．❸ 配管工．❹《アンダルシア；ホンジュラス》サトウキビ農園とラム酒製造所の所有者．❺《コロンビア．口語》嘘つき[の]．—— 男《西》cordobés に似た田舎の帽子．❷《アンダルシア》シェリー酒のグラス caña を運び・注ぐための二枚重ねの盆状の道具

cañeta [kaɲéta] 囡 =**carrizo**

cañetano, na [kaɲetáno, na] 形 名《地名》カニェテ Cañete の[人]《ペルー中部，リマ県の郡》

cañete [kaɲéte] 男 caño の示小語

cañetero, ra [kaɲetéro, ra] 形 名《地名》カニェテ Cañete の[人]《クエンカ県の村》

cañí [kaɲí] 形《ジプシー語 cali》形《囲〜s》❶ ジプシー[の]《=gitano》；ジプシーのような[人]：tez 〜 ジプシーのような肌．❷《西．口語》民俗的・伝統的なスペインの，本当のスペインの，スペイン的な

España 〜《西》1)《軽蔑》[フラメンコや闘牛などのイメージによる] 皮相[絵葉書的] のスペイン観．2) [伝統主義者・伝統愛好家にとっての] スペインらしいスペイン

cañihua [kaɲíwa] 囡《ペルー．植物》キヌアの一種《アンデス高地の食用の穀物．学名 Chenopodium pallidicaule》

cañihueco, ca [kaɲiwéko, ka] 形 →**trigo** cañihueco

cañilavado, da [kaɲilabáðo, da] 形 [馬・ラバが] 脚の細い

cañillera [kaɲiʎéra] 囡 =**canillera**

cañinque [kaɲíŋke] 形《中南米》病弱な[人]，虚弱な[人]

cañirla [kaɲírla] 囡《植物》オオウイキョウ《=cañaheja》

cañista [kaɲísta] 囡 ❶ 釣り師．❷ よしず作りの職人；よしずを張る職人

cañita [kaɲíta] 囡 ❶《プエルトリコ》最低の品質のラム酒．❷《ベネズエラ》蒸留酒を飲む人．❸《ペルー，チリ》ストロー．❹《アルゼンチン》〜 voladora 打ち上げ花火

cañivano [kaɲibáno] 男 →**trigo** cañivano

cañiza [kaɲíθa] 囡 madera 〜 木目が縦の木材，柾目 (まさめ) の板．—— 囡 ❶ 粗布 lienzo の一種．❷《レオン，サラマンカ》《集名》[羊の囲いを作るための] アシを通す穴を開けた木片 pielga でつないだよしず cañizo

cañizal [kaɲiθál] 男 サトウキビ畑《=cañaveral》

cañizar [kaɲiθár] 男 サトウキビ畑《=cañaveral》

cañizo [kaɲíθo] 男 ❶ よしず，アシを編んだもの《漆喰の天井を補強するためにも使われた》．❷ 脱穀機のハンドル．❸《サラマンカ》鉄格子の門《=cancilla》

caño [káɲo] 男《←caño》❶ [噴水の] 口．❷ [短い] 管，パイプ《ついでに配管に用いる》；排水管《=albañal》：〜 del desagüe de un fregadero 流しの排水管．❸《船舶》[港・湾の] 航路筋，狭い水路，澪 (みお)；海辺の浅瀬．❹《サッカー》相手選手の足元を抜く技《=pasillo》．❺ オルガンのパイプ．❻ 水を冷やす洞窟．❼ 酒樽の地下貯蔵庫．❽ 坑道．❾《まれ》パイプを通って落ちる水．❿《古語》[坑道・地下道の] 連絡通路．⓫《アラゴン》ウサギの繁殖口．⓬《中南米》航行可能な狭い川．⓭《ベネ

エラ)〔沼地をゆっくり流れる〕水の流れ. ⓮《ペルー》1) 蛇口, コック《＝grifo》. 2)〔台所の〕流し, シンク. ⓯《アルゼンチン, パラグアイ》～ de escape 排気管

a ～ libre 全く自由に, 制限なしに, 遠慮なく

cañocal [kaɲokál]《〈魚〉》〔木材切〕割れのすれ

cañón [kaɲón]〔←caño〕男 ❶ 大砲: Los enemigos empezaron a disparar el ～. 敵が大砲を撃ち始めた. ～ de campaña 野砲. ～ de montaña 山砲. ～ de tiro rápido 速射砲. ～ de agua〔機動隊の〕放水砲. ～ naranjero〔オレンジ大の弾丸を発射する〕大口径砲. ❷ 砲身, 銃身: escopeta de dos *cañones* 二連銃. ❸ 管状のもの;〔オルガンなどの〕パイプ. ❹〔暖炉などの〕煙道: Hay que limpiar el ～ de la chimenea para que salga bien el humo. 煙がよく出るように煙道を掃除しなければならない. ❺〔羽根の〕軸;羽ペン. ❻ 生まれたての鳥の羽根〔まだ羽毛が出ていない状態〕. ❼〔ひげの〕短く硬い毛. ❽〔地理〕峡谷: Gran ～ del Colorado コロラドのグランドキャニオン. ❾ スポットライト. ❿〔建築〕丸天井〔＝bóveda〕. ⓫〔技術〕～ de nieve 人工降雪機. ～ de cemento セメントガン. ～ electrónico 電子銃. ～ láser レーザーガン. ⓬〔zumba より小型の〕カウベル. ⓭《コロンビア》木の幹. ⓮《ペルー》道〔＝camino〕. ⓯《ラプラタ, 菓子》詰め物をしたミルフィーユ

al pie del ～ 1) 任務を放棄しない, 仕事にずっと打ち込む: Está *al pie del ～*. 彼はいつも仕事熱心だ/問題にすぐ対応できる. 2) morir *al pie del ～* 戦死する

── 形《単複同形》〔主に estar+〕《口語》すばらしい, 傑出している;〔人が〕とても魅力的な: Estas modelos están ～. このモデルたちはすばらしい

pasárselo ～《西》すばらしい時を過ごす: *Me lo pasé ～* el pasado fin de semana. 先週末私はとても楽しく過ごした

cañonazo [kaɲonáθo]〔←cañón〕男 ❶ 砲撃. 砲声: salva de 21 ～s 21発の礼砲. ❷ 砲撃による損害. ❸《スポーツ》力強いショット(シュート), 豪打. ❹《口語》思いがけない知らせ. ❺《キューバ》突然的な知らせ. ❻《チリ, 口語》一杯〔飲むこと, 飲酒

cañonear [kaɲoneár] 他〔繰り返し〕砲撃する. ❷《メキシコ》狙う. ❸《ベネズエラ》～ の家の前で音楽を演奏して祝う

── *～se*《チリ, 口語》酔う

cañoneo [kaɲonéo] 男〔繰り返しの〕砲撃

cañonera[1] [kaɲonéra] 女 ❶〔船舶〕1) 砲門. 2)〔＝lancha ～〕. ❷《軍事》野営テント

cañonería [kaɲonería] 女《集名》❶ オルガンのパイプ. ❷ 大砲

cañonero, ra[2] [kaɲonéro, ra] 形〔船舶〕大砲を備えた

── 名 ❶《スポーツ》ストライカー. ❷《中南米, 口語》ストライキ参加者

── 男《船舶》砲艦

cañota [kaɲóta] 女《植物》アシ, ヨシ〔＝carrizo〕

cañuela [kaɲwéla] 女 ❶《植物》メドフェスク, ヒロハウシノケグサ. ❷《カナリア諸島》織機の糸巻き棒. ❸《チリ》凧(たこ)揚げの糸巻き棒

cañunero [kaɲunéro] 女《アンダルシア》針入れ〔＝alfiletero〕

cañutazo [kaɲutáθo] 男 密告, 告げ口;うわさ話

cañutería [kaɲutería] 女〔集名〕❶ オルガンのパイプ〔＝cañonería〕. ❷〔飾り紐に付ける〕ガラスビーズの付いた金銀細工

cañutero [kaɲutéro] 男 針入れ〔＝alfiletero〕

cañutillo [kaɲutíʎo] 男 ❶《西》糸に通した管状のビーズ canutillo. ❷ 刺繍用の金糸・銀糸. ❸《ロブスターなど》受精嚢. ❹ ～ de suplicaciones〔アイスクリームの〕細い筒状のコーン. ❺《キューバ, 植物》ツユクサ

cañuto [kaɲúto] 男〔←モサラベ語 cannut < ラテン語 canna「桿」〕男 ❶〔葦・ブドウのつるなどの〕節間, ❷〔細い〕短い管〔＝canuto〕. ❸〔まれ〕告げ口屋, 密告者. ❹〔古語〕うわさ話. ❺《アラゴン》針入れ〔＝alfiletero〕

cao [káo] 男《鳥》ジャマイカガラス

caoba [kaóba] 女《植物》マホガニー;マホガニー材

── 形 マホガニー色の, 赤褐色の

── 男《キューバ, 口語》陰茎

caobana [kaobána] 女《植物》マホガニー〔＝caoba〕

caobilla [kaoβíʎa] 女《カリブ, 植物》トウダイグサ科の木〔木質がマホガニーに似ている. 学名 Croton lucidum〕

caobo [kaóβo] 男《中南米, 植物》マホガニー〔＝caoba〕

caolín [kaolín] 男《鉱物》カオリン, 白陶土, 高陵石

caolínico, ca [kaolíniko, ka] 形《地質》白土の, カオリンを形成させる

caolinita [kaolinita] 女《鉱物》カオリナイト

caolinizar [kaoliniθár] 他《地質》カオリン化する

caos [káos]〔←ラテン語 chaos < ギリシア語 khaos「すき間」〕男〔単複同形〕❶ 大混乱, 無秩序: Su mesa de trabajo es un ～ total. 彼の仕事机は散らかり放題だ. Este país es un auténtico ～. この国は完全に無秩序状態だ. producir un ～ 混乱状態をもたらす. ～ circulatorio 交通麻痺. ❷〔唯〕のみ. 天地創造以前の〕混沌〔⇔cosmos〕: ～ primigenio 原初の混沌. teoría del ～ カオス理論

caótico, ca [kaótiko, ka]〔←caos〕形 ❶ 混沌とした: Encontramos la ciudad en un estado ～. 私たちが町に着くとそこは混沌としたありさまだった. ❷ 混沌 caos の

cap [káp] 男〔＝cup

cap.〔略記〕←capital 資本金, 首都; capitán 船長, 艦長, キャプテン; capítulo ～ 章

capa[1] [kápa]〔←俗ラテン語 cappa「フード」〕女 ❶《服飾》1) ケープ, 袖なしマント: ponerse (echarse・colocarse) la ～ マントをはおる. derribar la ～〔大きな動きで〕マントを背後にはらう. ～ aguadera (～ de agua) ～ gascona〔グアテマラ, コスタリカ, キューバ, プエルトリコ, アルゼンチン〕～ de lluvia 雨ガッパ. ～ española〔毛織物の〕丸く大きな男性用マント. 2)〔聖職者の〕～ *magna* (consistorial)〔司教・大司教の〕長袍祭服. ～ *pluvial* (司祭) 祭服. ～ de coro 上級聖職者が合唱のためなどに着るケープ. 3)《闘牛》ケープ〔＝ ～ torera, capote〕: sacar la (su) ～《闘牛》牛をケープで上手にあしらう. 4)《ドミニカ, プエルトリコ, ボリビア》トレンチコート. ❷ 層, コーティング: El exceso de sol causa estragos en las ～s profundas de la piel. 日光にあたりすぎると皮膚の深層部に悪影響が出る. Una ～ de nieve cubre el monte. 村は雪景色である. dar a la una ～ de barniz 板にニスを塗る. cortar a ～s《髪を》レイヤーカットにする. bizcocho recubierto de una ～ de nata 生クリームで覆われたスポンジケーキ. papel higiénico de dos ～s 2枚重ねのトイレットペーパー. ～ de acabado 仕上げ塗り. ～ geológica《地質》薄層: ～ vegetal 表土. ❸ 階層: pertenecer a las ～s altas de la sociedad 社会の上層に属する. ～s medias 中間層. ❹ 外見, 表面: Bajo una ～ de abnegación esconde un gran egoísmo. 彼は自己犠牲を装っているが, 実はひどいエゴイストだ. bajo la ～ de amabilidad うわべの親切の陰で. Una buena ～ (La) ～ todo lo tapa.《諺》外見がよければ内実は問われない. ❺ 財産, 地所: defender (guardar) su ～ 自分の地所を見張る. El que tiene ～ escapa.《諺》地獄の沙汰も金次第. ❼〔葉巻の〕上巻き葉, ラッパー. ❽〔中身を保護する〕カバー. ❾〔馬などの〕毛色. ❿〔船舶〕1) ponerse (hacer) a la ～ ライツーする. estar a la ～ ライツーしている. 2) 防水のためにタールを塗った帆布. 3)〔船長が受け取る〕用船料. ⓫〔情報〕レイヤー. ⓬《築城》土嚢でできた斜面したカムフラージュした土・芝土. ⓭《紋章》シャーペ〔盾の上辺中央から下辺の両端への2本の斜線でできた三角形の紋地〕. ⓮〔隠語〕夜. ⓯ 犯罪者をかくまう人. ⓰〔古語〕～ de rey 粗布の一種

a so ～ 内緒で; 賄賂を使って

bajo de...《西》…を装って, …を口実に

～ del cielo〔すべてを覆う〕天, 天空: Eres lo más hermoso que hay bajo la ～ *del cielo*. 君はこの世で一番美しい存在だ

～ rota 密使

～ y espada 1) 秘密諜報員, スパイ. 2) comedia de *～ y espada* 騎士活劇. película de *～ y espada* チャンバラ映画. 3) defender a *～ y espada* 必死になって〔全力で〕守る. 4) ministro (consejero) de *～ y espada* 王室裁判の顧問〔判決の権限がない〕

de ～ caída《口語》〔estar・andar・ir+〕〔うまくいっていた仕事・健康などが〕思わしくない: Las ventas están *de ～ caída*. 売上げが落ちている. 2) 尾羽うち枯らした, 落ちぶれた: Antes era millonario, pero ahora anda *de ～ caída*. 彼はかつて大金持ちだったが今では落ちぶれている

de ～ y gorra 親しみやすい服装で

de so ～《古語》＝a so ～

dejar la ～ al toro 一方を救うために他方を犠牲にする, 危険から逃れるために何かを手放す

echar la ～ al toro 人助けのため他人のことに介入する

echar una (la) ～ a+人 …の失敗などをカバーする, フォローする

esperar (estar[se]) a la ～ いざという時のために備蓄しておく

gente de ~ *negra* 都会の人たち，洗練された人々，上品な人々，立派な服を着た人々
gente de ~ *parda* 田舎者たち，粗野な人々
hacer de su ~ *un sayo*《西》[規則に従わず] 好き勝手なことをする
hacer la ~ *a*+人 …をかくまう
no tener más que la ~ *en el hombro* 大変貧しい
pasear la ~ ぶらつく
quitar la ~ *a*+人 …から奪う; 必要以上の額を支払わせる
salir de ~ *de raja* 難局を乗り越える
so ~ *de*…《西》=*bajo* ~ *de*…
soltar la ~ *al toro* =*dejar la* ~ *al toro*
tirar a+人 *de la* ~ …に危険を注意する，警告する
—— 男 闘牛士見習い《=*maletilla*》

capá [kapá] 男《植》《カリブ. 植物》カナレッテ《ムラサキ科の木. 船材に用いられる. 学名 Cordia alba, Cordia alliodora》

capacear [kapaθeár] 自《アラゴン》[しばしば] 往来で人と話すために立ち止まる
—— 他《ムルシア》浅いかご capazo で運搬する

capacete [kapaθéte] 男《古語》❶ 面頬・前立てのない兜(⏑). ❷《キューバ》二輪馬車 quitrín の前部を覆う幌

capacha [kapátʃa] 女 ❶ かご《=capacho》. ❷ [果物などを入れる] シュロで編んだ小さなかご. ❸《口語》サン・フアン・デ・ディオス修道会《=Orden de San Juan de Dios. かごで寄付金を受け取る》. ❹《アンデス》刑務所

caer en la ~《アルゼンチン》[逃亡者が] 罠にかかって捕まる

capachero, ra [kapatʃéro, ra] 图 かご capacho 作り職人; かご売り
—— 男 商品をかごで運ぶ人
—— 形《ベネズエラ》けんか早い

capacho [kapátʃo] 男《←俗ラテン語 capaceum <ラテン語 capere「入っている」》❶《果実などを運ぶための、小さな両取っ手付きの、主にヤナギ・イグサ製の》かご. ❷ 買い物袋. ❸《搾油のために》すり潰したオリーブを入れるかご. ❹《赤ん坊用の》かごのベッド《=capazo》. ❺《皮製・粗布製の》左官が石灰と砂を混ぜたものを運ぶ袋. ❻《鳥》ヨタカ《=chotacabras》. ❼《ベネズエラ. 植物》ショクヨウカンナ. ❽《口語》サン・フアン・デ・ディオス修道会 Orden de San Juan de Dios の修道士. ❾《南米》古びた帽子. ❿《エクアドル》鉱夫の用いる袋

capacidad [kapaθidá(d)] 《←ラテン語 capacitas, -atis》女 ❶ [個人の] 能力，才能，園 素質: Tiene ~ para los idiomas. 彼は語学の才能がある. Le falta algo la ~ de pensar. 彼にはあまり考える力がない. desarrollar las ~es creativas en los estudiantes 生徒の創造力を伸ばす. ❷ [経済的な] 能力: ~ de pago 支払い能力. ~ económica 経済力. ❸ [身体的な] 能力: ~ auditiva 聴力. ~ visual 視力. ~ vital 肺活量. ~ de trabajo 労働能力. ❹ [事物の]，性能: ~ de aceleración 加速性能. ~ de arrastre 牽引力，引きつける力; 影響力. ~ de fuego 火力.《軍事》~ productiva 生産能力. ❺ [+de・para+不定詞] 法的に・公的に…する] 資格: Tienen ~ de presentarse a las oposiciones. 彼らは公務員試験を受ける資格がある. ❻《法律》法定資格，行為能力: No tiene ~ de testar porque padece una deficiencia psíquica. 彼は精神的に障害があるので遺言能力がない. ~ de suceder 相続権. ❼ [建物・乗り物などの] 収容能力，容量: Este ascensor tiene ~ para diez personas. このエレベーターには10人乗れる. Este recipiente tiene una ~ de 2 litros. この容器は2リットル入る. camión de cinco toneladas de ~ 5トントラック. ~ ambiental 環境収容力. ~ de carga 積載容量.《物理，化学など》容量: ~ calorífica 熱容量. ~ eléctrica 電気容量. ~ de registro 録画容量

capacitación [kapaθitaθjón] 女 ❶ 養成，研修，訓練: ~ profesional 職業訓練. ❷ 能力，適性，資格: La ~ de piloto se consigue tras varios exámenes. 操縦士の資格はいくつかの試験を受けて得ることができる. ❸《生理》受精能力獲得

capacitancia [kapaθitánθja] 女《電気》静電容量，キャパシタンス

capacitar [kapaθitár] 《←capaz》他 ❶ 養成する，訓練する: Allí los *capacitarán* para ser soldados valientes. そこで彼らは勇敢な兵士になるための訓練を受けることになるだろう. ❷ [+para] 資格(能力)を与える: Este título solo te *capacita* para ejercer como ayudante. この資格では君は単に助手としてやっていけるだけだ. ❸《法律》法的に適格にする，権限を与える. ❹《生理》[精子に] 受精能を獲得させる
—— ~se ❶ 資格を得る，能力を身につける: Estos jóvenes *se capacitan* para pilotar un avión en medio año. この若者たちは半年後に飛行機を操縦する資格を得る. ❷ …する資格(権限)がある

capacitor [kapaθitór] 男《電気》キャパシタ，コンデンサー

Cápac Ñan [kápak ɲán] 男《歴史》[インカ帝国の] 主街道，王道

capada [kapáda] 女 ケープを袋代わりにして入る量

capadocio, cia [kapaðóθjo, θja] 形 图《地名》[トルコの] カッパドキア Capadocia の[人]

capador [kapaðór]
—— 男 ❶ [主に豚を] 去勢する人. ❷《コロンビア. 音楽》ケーナに似た葦笛

capadura [kapaðúra] 女 ❶ [刻みたばこなどに使う] 質のよくないタバコの葉. ❷ 去勢. ❸ 去勢の傷跡

capalangostas [kapalaŋgóstas] 图《単複同形》《ラマンチャ》取るに足らない人・物

capaliendres [kapaljéndres] 图《単複同形》《ラマンチャ》神経質でけちな人

capanga [kapáŋga] 男 ❶《ボリビア，ラプラタ》ボディガード. ❷《アルゼンチンの地方語》農場の監督者（支配人）

capar [kapár] 《←capón》他 ❶ [人・動物を] 去勢する. ❷ 減らす，切り詰める，削除する: ~ las iniciativas やる気をそぐ. ❸ [ベレー帽のてっぺんの] しっぽ rabo を取り除く: boina sin ~ しっぽ付きのベレー帽. ❹《コロンビア. 口語》…から脱走する: ~ clase 授業をサボる

caparacho [kaparátʃo] 男 甲羅《=caparazón》

caparoch [kaparótʃ] 男《中南米. 鳥》アナホリフクロウ

caparazón [kaparaθón] 《プロバンス語 capairon》男 ❶《動物》甲皮，甲殻: ~ de tortuga カメの甲羅. ❷ 心理的な殻: Está metido en su ~. 彼は自分の殻に閉じこもっている. ❸ [保護用の] 覆い. ❹ 鳥類の胸骨. ❺ 馬衣. ❻ [馬の首から下げる] まぐさを入れたかご

caparidáceo, a [kapariðáθeo, a] 形《植物》フウチョウソウ科の
—— 女《植物》フウチョウソウ科

caparídeo, a [kapariðeo, a] 女《植》=**caparidáceo**

caparra [kapára] 女 I《←伊語》❶ 手付け金《=señal》. ❷《植物》フウチョウボク《=alcaparra》
II《←ラテン語 crabus》《地方語. 昆虫》ダニ《=garrapata》
III 女《アラゴン》話がくどい人，退屈な人

caparrón [kaparón] 男 ❶《西. 植物, 実》赤色で豆が短く丸いインゲンマメ《ラ・リオハやアラバで好まれる》;《料理》そのインゲンマメ・チョリソ・背肉・ベーコンの煮込み. ❷《ブドウなどの》芽

caparrosa [kaparósa] 女《化学》硫酸塩の総称: ~ azul 胆礬(⏑)，硫酸銅. ~ blanca 皓礬(⏑)，硫酸亜鉛. ~ roja 硫酸鉄の異種《赤みのあるオークル色》. ~ verde 緑礬(⏑)，硫酸鉄

capataz, za [kapatáθ, θa]《←ラテン語 caput「頭」》图《男 複 ~ces》❶ 職長，現場監督，作業員頭. ❷ 農場の監督者（支配人）《=~ de campo》. ❸《造幣局の》護衛官. ❹ ~ de cultivo 農業技師・森林技師の補佐

capaz [kapáθ]《←ラテン語 capax, -acis》形《複 ~ces》❶ 有能な，熟達した: No es un gobernante ~. 彼は有能な統治者ではない. cirujano ~ 熟練した外科医. ❷ [+para に] 適任の，資格のある: Se busca una persona ~ para este empleo. この仕事ができる人を募集している. ❸ [+de+不定詞・名詞] 1) [無茶なこと・とっぴなことなどを] …しかねない，やってしまうかも知れない: Somos *capaces* de colarnos en esa fiesta. 私たちはそのパーティーにももぐり込めるかも知れない. Esos jóvenes son *capaces* de comérselo todo en solo diez minutos. その若者たちはそれを10分で平らげることができる. 彼はとんでもないことでもやりかねない. 2)[可能性] …するかも知れない: Este frío tan tremendo es ~ de matarnos a todos. こんなひどい寒さで，私たち全員が凍死しかねない.《文語》[+para] 収容力がある: Es un estadio ~ *para* 50.000 personas. これは5万人が入るスタジアムだ. ❺《法律》[+de+不定詞・名詞] 法的能力のある: Él es ~ *de* administrar su herencia porque es mayor de edad. 彼は成人になっているので遺産を管理することができる.
❻《幾何》arco ~ 円周角
—— 副《主に中南米》たぶん，かも知れない: [Es] C~ que+接続法 …かも知れない. ¿Vienes esta noche? —C~. 今晩来る? —たぶんね

capaza [kapáθa] 囡《まれ》大かご〖=capazo〗

capazmente [kapáθménte] 副〖空間的に〗ゆったりと，楽々と

capazo [kapáθo] I〖←俗ラテン語 capaceum〗男 ❶〖頑丈な〗大かご．❷〖赤ん坊用の〗かごのベッド〖乳母車にもなる〗．❸ 買い物袋，トートバッグ
II 男 マントを使った殴打
acabarse (*salir*) *a ~s*《口語》〖会議などが〗不和に終わる

capazorras [kapaθóřas] 名〖単複同形〗《ラマンチャ》さつな怠け者

capción [kapθjón] 囡 ❶ 獲得，把握，理解〖=captación〗．❷〖法律〗逮捕〖=captura〗

capciosamente [kapθjosaménte] 副 ぬけぬけと，狡猾にも，陰険に

capciosidad [kapθjosiðá(ð)] 囡 ❶ 狡猾さ，陰険さ．❷ 人をだます(陥れる)ような事物

capcioso, sa [kapθjóso, sa]〖←ラテン語 captiosus < captio, -onis < captare「つかもうとする」〗形 ❶〖甘言などで〗人を欺く，狡猾(ずる)な．❷ 相手を陥れるような: *pregunta ~sa* ひっかけの質問，誘導質問

capea [kapéa]〖←capear〗囡 ❶〖闘牛〗1)〖素人が参加できる，子牛を使った〗祭りの闘牛，牛追い試合．2) ケープで牛をあしらうこと．❷ ごまかすこと，言い逃れること

capeador, ra [kapeaðór, ra] 形 名 ❶《闘牛》ケープで牛をあしらうのが巧みな〖人〗．❷《古語》マントを盗む〖人〗．❸《グアテマラ》学校をずる休みする学生〖生徒〗〖主に男性〗

capear [kapeár]〖←capa〗他 ❶《闘牛》ケープ capa で牛をあしらう．❷《口語》〖甘言などで〗だます，一杯食わせる: ~ *a sus acreedores* 債権者にうまいこと言ってごまかす．❸《口語》〖困難を〗うまく切り抜ける; 〖約束・仕事などを〗すっぽかす，巧みに逃れる: *Él ha capeado nuestras críticas.* 彼は私たちの批判を巧みにかわした．❹《船舶》〖悪天候を〗巧みに乗り切る．2) ライツーする．❺《メキシコ 料理》卵をとって揚げる．❻《コロンビア》手招きする
── 自《グアテマラ》学校をずる休みする，教室から抜け出す
～*se*《中米，キューバ，プエルトリコ，チリ》学校をずる休みする; 約束などをすっぽかす

capeja [kapéxa] 囡《軽蔑》小さいマント，粗末なマント

Capela [kapéla] 囡《天文》カペラ〖ぎょしゃ座の α 星〗

capelán [kapelán] 男《魚》カペリン，カラフトシシャモ

capelina [kapelína] 囡 ❶《まれ》〖女性用の〗つば広の帽子．❷《医学》帽状帯〖=capellina〗

capella →*a capella*

capellada [kapeʎáða] 囡〖靴の〗❶ つま革，爪先革; 甲皮．❷〖補修の〗当て革

capellán [kapeʎán]〖←古オック語 capelán < 俗ラテン語 cappellanus < capella「礼拝堂」〗男 ❶〖教区付きではなく修道院・病院・大学などの礼拝堂付きの〗司祭: ~ *militar* 従軍司祭． ~ *de altar* 歌ミサをあげる司祭; 聖歌隊がいないような日に賞をあげる司祭． ~ *de coro* 禄を受けずに合唱に参加する司祭． *C~ de Honor*〖18世紀までの〗王室付きの司祭． ~ *del ejército y de la armada* 陸軍・海軍でミサをあげる司祭． ~ *mayor* 聖堂参事会・礼拝堂付き司祭長． ~ *mayor del rey* 宮廷司祭長． ~ *real*〖トレド・セビーリャ・グラナダなどの王家礼拝堂のために〗王が任命した司祭．❷〖一般に〗司祭，聖職者．❸《魚》コマイ型のタラ〖学名 Trisopterus minutus〗

capellanía [kapeʎanía] 囡 ❶ 礼拝堂付き司祭の禄〖職〗．❷ 聖職者の勤めに支払われる報酬のための基金: ~ *colativa* 一般の人が聖職者向けの基金． ~ *laical* 教会の権威が介入しない聖職者向けの基金

capellina [kapeʎína]〖←*capella*〗囡 ❶〖農夫が雨・寒さを防ぐための〗頭巾，フード．❷《医学》帽状帯．❸〖兜の鉢金，鉢金をつけた騎兵．❹《鉱物》銀の精製に使われる鉄製・青銅製の釣鐘型の器; 大量の銀を精製するマッフル窯 mufla

capelo [kapélo]〖←伊語 cappello「帽子」〗男 ❶〖枢機卿のつば広の赤い帽子〗; 枢機卿の地位: *pasar de la mitra al ~* 司教から枢機卿になる． *El Papa le otorgó el ~.* 教皇は彼を枢機卿に任命した．❷ 司教が得ていた権利．❸〖古語〗広い形の山高帽．❹《メキシコ》〖バルなどで料理を埃・ハエなどから守る〗ガラス製の釣鐘型の覆い．❺《チリ》 ~ *de doctor*〖博士の儀式用の〗小ケープ

capeo [kapéo] 男 ❶ マントを盗むこと．❷《闘牛》1) 牛をケープ

であしらうこと．2)〖複〗〖素人が参加できる〗子牛を使った闘牛〖=capea〗

capeón [kapeón] 男 素人が参加できる闘牛 capea に使われる子牛

capero [kapéro] 形 *tabaco* ~ 葉巻の外巻き葉用のタバコの葉
── 男 ❶《カトリック》〖祭服を着て教会で〗聖歌隊席や祭壇の世話をする人．❷ マント掛け

caperol [kaperól] 男《船舶》〖部材の〗頂点，てっぺん

caperucear [kaperuθeár] 他《廃語》〖挨拶のために〗帽子を脱ぐ

Caperucita [kaperuθíta] 囡 ~ *Roja*『赤頭巾ちゃん』

caperuza [kaperúθa]〖←*capa*〗囡 ❶〖先端が後ろに垂れた〗縁なし帽，円錐状の垂れ頭巾．❷〖西〗〖万年筆などの〗キャップ: ~ *del bolígrafo* ボールペンのキャップ．❸〖西．建築〗煙突帽．❹〖先端の〗保護する〗カバー．❺〖鷹狩〗鷹の目隠し用のフード．❻〖古語〗銀から水銀を除去するのに使う素焼きの円筒

caperuzado, da [kaperuθáðo, ða] 形 =*capirotado*

capeta [kapéta]〖*capa* の示小語〗囡〖ひざ上の丈の〗フードのない短いマント

capetonada [kapetonáða] 囡 熱帯を通るヨーロッパ人が催すひどい嘔吐

capi [kápi] 男 ❶《口語》=*capitán*．❷《ボリビア》トウモロコシの白い粉．❸《チリ》〖豆に〗柔らかいさや

capí [kapí] 男《ボリビア》トウモロコシの粉

capia [kápja] 囡 ❶《コロンビア，ペルー，アルゼンチン》〖白くて甘い〗トウモロコシ; 《コロンビア，アルゼンチン》そのトウモロコシの粉と砂糖を混ぜた菓子．❷《ボリビア》焼いたトウモロコシの粉; その生地

capialzado [kapjalθáðo] 男《建築》〖窓・扉の上部につけた〗斜角，隅切り

capialzar [kapjalθár] 他《建築》〖窓・扉の上部に〗傾斜をつける

capialzo [kapjálθo] 男《建築》丸天井の内輪の隅切り部

capiateño, ña [kapjatéɲo, ɲa] 形 名《地名》カピアター Capiatá の〖人〗〖パラグアイ，セントラル県の町〗

capibara [kapiβára] 囡／男《動物》カピバラ

capiblanco [kapiβláɲko] 〜 *mirlo capiblanco*

capiceño, ña [kapiθéɲo, ɲa] 形 名《地名》カピス Capiz の〖人〗〖フィリピン西部の県〗

capicúa [kapikúa]〖←カタルーニャ語 *cap*「頭」+*cua*「しっぽ」〗形 男 ❶ 逆さ言葉で，回文〖の〗〖逆から読んでも同じ言葉・数．例 *anilina*, 27372〗．❷ 番号が回文数になっているチケット・切符．❸〖ドミノ〗両端のどちらに牌を置いても勝つ方法

capicuerno [kapikwérno] 男《植物》セイヨウイボタ

capichola [kapitʃóla] 囡 喪章のリボン用の絹布

capicholado, da [kapitʃoláðo, ða] 形 喪章のリボンに似た

capidengue [kapiðéŋge] 男《古語》〖女性の使う〗スカーフ，小さいケープ

capiello [kapjéʎo] 男 つばのある兜

capigorra [kapiɣóřa] 男《古語》暇でぶらついている学生〖=*capigorrón*〗

capigorrista [kapiɣoříta] 形 男《古語》暇でぶらついている〖学生〗〖=*capigorrón*〗

capigorrón [kapiɣořón] 形 男《古語》❶〖16〜17世紀，マントと帽子をかぶって〗暇でぶらついている〖学生〗．❷〖低い階級のまま〗高い階級に上がらない〖聖職者〗

capiguara [kapiɣwára] 男《ボリビア》=*capibara*

capilar [kapilár]〖←ラテン語 *capillaris*「髪の」< *capillus*「髪」〗形 ❶ 髪の，頭髪用の: *loción* ~ ヘアーローション．❷ 毛細状の; 《物理》毛管の: *tubo* ~ 毛細管． *acción* ~ 毛管現象
── 男〖主に〗毛細血管〖=*vasos* ~ *es*〗: ~ *es linfáticos* リンパ毛細管

capilaridad [kapilariðá(ð)] 囡 ❶《物理》毛管現象，表面張力現象．❷ 毛細状であること

capilarímetro [kapilarímetro] 男《物理》アルコールの純度計

capilarizar [kapilariθár] 自 ~*se*《物理》毛細管化する

capiliforme [kapilifórme] 形 髪の毛の形をした

capilla [kapíʎa]〖←ラテン語 *cappella*〗囡 ❶〖学校・病院などに付属する〗礼拝堂; 〖教会の建物に併設された〗小教会; 私設の小礼拝堂: *C~ Cixtina* システィナ礼拝堂． ~ *real* 王室礼拝堂．❷ ~ *ardiente* (*mortuoria*) 遺体仮安置所，霊安室; 身内が亡くなった家に仮設された礼拝堂．❸〖教会内の〗小聖堂，副祭壇: ~ *mayor* 主祭壇; 内陣と主祭壇のある場所．❹〖ミサ用の〗携帯用祭具; 聖像を持ち運びする箱．❺〖教会の〗

聖歌隊: maestro de 〜 聖歌隊指揮者. ❻《礼拝堂付きの》司祭団. ❼《口語》修道僧. ❽《軽蔑》閉鎖的な集団, 派閥《=capillita》. ❾《印刷》囲 抜き刷り: en 〜s［本が］製本する前の. ❿《服飾》フード;《まれ》［修道士のかぶる］頭巾. ⓫ かまどの蓋. ⓬［学校の］生徒なら. ⓭《古語, 鳥》〜 negra スズメの一種. ⓮《中南米, 植物》〜 de mono トリカブト《=acónito》.
estar en（*la*）〜 死刑を待つ身である;［心配事の］結果待ちである, やきもきしている

capillada [kapiʎáda] 囡 ❶ 一つの頭巾に入る量. ❷ 服のフードによる殴打

capillejo [kapiʎéxo] 男 ❶《裁縫》絹糸の綛(かせ).❷《古語. 服飾》［女性用の］フード. ❸《古語》ヘアネット

capiller [kapiʎér] 男《地方語》信心会 cofradía の召使い

capillero [kapiʎéro] 男 礼拝堂の管理人

capilleta [kapiʎéta]《capilla の示小語》囡 ❶ 教会の付属建物. ❷ 礼拝堂付きの司祭団. ❸ 礼拝堂の形をした壁龕(へきがん).

capillismo [kapiʎísmo] 男 集団の閉鎖性, 派閥主義

capillita [kapiʎíta] 囡《軽蔑》［利害・目的を同じくする人々の］閉鎖的な集団, 派閥, 一門

capillo [kapíʎo]《←俗ラテン語 *cappellus*「頭を覆う物」<ラテン語 *cappa*「ケープ」》男 ❶ 乳児にかぶせる粗布製の帽子. ❷ 洗礼を受ける子供にかぶせる白い頭巾;《古語》［教会に支払う］その頭巾の使用料. ❸《鷹狩り》鷹の目隠し《=capirote》. ❹《製靴》爪先の補強. ❺ 糸巻棒の松かさ形の頭部《=rocadero》. ❻《狩猟》［巣穴に放たれた猟犬に追われたウサギが出てくるのを捕えるための］ウサギの巣穴の出入り口にかぶせる網. ❼ 蠟の濾し布. ❽［蚕などの］繭《=capullo》. ❾［植物, 茎部］*capullo*. ❿《解剖》［陰茎の］包皮《=prepucio》. ⓫ 葉巻の外巻き葉. ⓬《船舶》［ブリキ・木の］羅針箱の防湿用の覆い. ❽《帆布製の》索端の覆い. ⓭《古語》教会への供物用のパンにかぶせる布. ⓮《レオン》［ティエラ・デ・カンポス Tierra de Campos の女性たちがミサなどでかぶる］マンティーリャ. ⓯《サラマンカ》罠, だましごと. ⓰《エクアドル》［洗礼式で教父が教会の外に集まった少年たちに投げ与える］一握りの硬貨

capilludo, da [kapiʎúdo, ða] 形《服飾》❶ フードの;フードに似た. ❷ フードの付いた

capincho [kapíntʃo] 男《ラプラタ》=**carpincho**

capingo [kapíŋgo] 男《チリ. 古語》［フレアーがほとんどない］短いケープ

capio [kápjo] 男《植物》ナギイカダ《=brusco》

capipardo, da [kapipárðo] 男囡 下層階級の男, 職人

capirón [kapirón] 男《古語》頭を覆うもの, かぶりもの

capirotada¹ [kapirotáða] 囡《料理》1)《西》香草・卵・ニンニク入りの「フライの衣. 2)《中南米》クレオール風の］肉・トウモロコシ・チーズ・ラード・スパイスのシチュー. 3)《メキシコ》クルミ・干しブドウ・チーズなどの入った甘い揚げパン. ❷《メキシコ. 婉曲》［貧しい人の］共同墓地

capirotado, da² [kapirotáðo, ða] 形 ❶《紋章》［人・動物が］頭巾をかぶった. ❷《鷹狩り》［鷹が］目隠しをされた

capirotazo [kapirotáθo] 男《西》［頭などに］指ではじくこと《=papirotazo》

capirote [kapiróte]《←capirón》男 ❶［聖週間の参列者がかぶる］とんがり頭巾の覆面;［四旬節の修行者がかぶる］白いとんがり帽子. ❷［博士の儀式用の］小ケープ. ❸《鷹狩り》❹ 革製の鷹の目隠し. ❹《鳥》冠毛《=capucha》. ❺ =**capirotazo**. ❻ tonto (bobo) de 〜《軽蔑》大ばか者. ❼［馬車の］幌. ❽《養蜂》de colmena［蜜の量が多い時に］巣箱にかぶせる物. ❾《古語》裾が肩や腰まで垂れ下がっている頭巾;［時に法服に付属する］喪服用の頭巾. ❿《古語》サラマンカの軍学校の学生が着けるV字形のたれ布 beca. ⓫《地方語. 鳥》カンムリヒバリ
── 形《闘牛》［牛が］頭の毛色が体の毛色と異なる

capirotero [kapirotéro] 形《鷹狩り》目隠しに慣れた

capirro, rra [kapírro, rra] 男囡《キューバ》雑種の《動物》;白人の血が混ざった《混血の人》

capirucho [kapirútʃo] 男 ❶《古語》先端が後ろ肩まで垂れ下がった頭巾. ❷《エルサルバドル》九柱戯《=boliche》

capisayo [kapisájo] 男 ❶《古語》労働者や下層民の着る, 上っぱりを兼ねた］短ケープ. ❷ 司教服. ❸《軽蔑》着心地の悪いだぶだぶの服. ❹ 安物の衣服, ふだん着. ❺《コロンビア》Tシャツ

capiscar [kapiskár] 他《戯言》理解する《=entender》

capiscol [kapiskól] 男 ❶ 先唱者《=chantre》. ❷《隠語》雄鶏. ❸《地方語》グレゴリオ聖歌の指揮者

capiscolía [kapiskolía] 囡 先唱者の職

capista [kapísta] 囲《古語》ケープ(マント)をはおっている人

capistro [kapístro] 男《古代ローマ》馬の兜

capitación [kapitaθjón] 囡《歴史》人頭税《各人同額. =puesto de 〜》

capital [kapitál]《←ラテン語 *capitalis* < *caput, -itis*「頭」》形 ❶ 主要な, 重要な: Su opinión es de 〜 importancia para nosotros. 彼の意見は私たちにとってきわめて重要である. error 〜 重大な誤り. punto 〜 要点. ❷《カトリック》大罪の. ❸［刑罰として最も重い］死刑の. ❹ 大文字の, 頭文字の. ❺ 首都の, 政庁の: ciudad 〜 首都
── 男 資本, 資本金: 1) compañía con un 〜 de mil millones de yenes 資本金10億円の会社. ampliación de 〜 増資. bienes de 〜 資本財. gran 〜 大資本, 大資本家. 〜 autorizado 授権資本, 株式の発行予定限度枠. 〜 en acciones 株式資本. 〜 extranjero (externo) 外国資本, 外資. 〜 fijo (circulante) 固定 (流動) 資本. 〜 humano (material) 人的 (物的) 資本. 〜 inicial 当初資本金. 〜 propio (ajeno) 自己 (他人) 資本. 〜 social［株式会社の］資本金, 資本ストック; 社会資本. 〜 social comunitario 社会資本. 〜〔suscrito y］pagado 払い込み資本. 2)《比喩》La inteligencia es su 〜. 頭脳が彼の資本だ. ❷ 資金; 元金; 元手: 〜 circulante［経営活動を円滑にする］運転資本, 運転資金. 〜 de explotación［本来の経営活動に直結した］経営資金. 〜 especulativo 投機資金. ❸《集》[el+]資本家側: relación entre el 〜 y los asalariados (y el trabajo) 労資関係. ❹《口語》大金. ❺《古》［結婚に際しての］夫の資産. ❻ ❶ 首都, 首府 《= 〜 del Estado》;州都; 県都, 県庁所在地《=〜 de provincia》: Madrid la 〜 de España. マドリードはスペインの首都である. ser de Valencia 〜［バレンシア州でなく］バレンシア市の出身である. ❷［生産などの］中心地. ❸ 大文字, 頭文字

capitaleño, ña [kapitaléɲo, ɲa] 形 囡 首都 (州都・県都) の〔人〕

capitalicio, cia [kapitalíθjo, θja] 形 首都 (州都・県都) の

capitalidad [kapitaliðað] 囡 ❶ 首都 (州都・県都) であること; 首都機能: Con la conquista islámica, Toledo perdió la 〜, pero mantuvo su condición de gran ciudad. イスラム勢力の征服によってトレドは首都ではなくなったが, 大都市ではあり続けた. ❷《まれ》首都, 州都, 県都《=capital》

capitalino, na [kapitalíno, na] 形 ❶ 首都の〔人〕: calles 〜nas 首都の街並み. ❷《地名》サン・ミゲリート San Miguelito の〔人〕［パナマ, パナマ市に隣接する町〕

capitalismo [kapitalísmo] 男 ❶ 資本主義: 〜 de estado 国家資本主義. 〜 popular ピープルズ・キャピタリズム, 大衆資本主義, 証券民主化《資本所有と経営が分離し多数の大衆投資家が株式を所有する》. ❷《集》資本, 資本家

capitalista [kapitalísta] 形 ❶ 資本主義の: país 〜 資本主義国. sociedad 〜 資本主義社会. ❷ 資本家の; 資本の
── 囲 ❶ 資本家: 〜 petrolero 石油資本家. ❷［主にたくさんの］金銭・証券を有する］金持ち, 富豪. ❸ 資本主義体制派, 資本主義者. ❹《商業》出資者, 出資社員. ❺《闘牛》［若牛による闘牛 novillada への］飛び入り参加の若者; [闘牛に] 飛び入り参加する観客

capitalizable [kapitaliθáβle] 形 資本化され得る, 資本の繰り入れが可能

capitalización [kapitaliθaθjón] 囡 ❶ 資本への組み入れ, 資本化, 収益還元; 現価計上; 元本への組み入れ, 元加. ❷《状況などの》利用

capitalizar [kapitaliθár] 他 ❶ 資本化する;［利子などを］資本(元金)に組み入れる, 元加する. ❷ 現価計上する, 元利合計する. ❸ 貯蓄する, 蓄積する. ❹《主に政治》［状況などを］うまく利用する, …に乗じる: El partido de la oposición está *capitalizando* los errores cometidos por el gobierno. 野党は政府の犯した誤りに乗じている

capitalmente [kapitalménte] 副 致命的に; 非常に

capitán, na [kapitán, na]《←ラテン語 *capitanus* < *caput, -itis*「頭」》男囡 ❶［チームの］主将, キャプテン: El 〜 del equipo de fútbol habla poco. そのサッカーチームのキャプテンは無口だ. ❷《文語》一般に］隊長, 指揮官. ❸《文語》首領, 頭目: Fue el 〜 de una banda de forajidos. 彼は無法者の一味の親分だった. ❹《陸軍, 空軍》大尉, 中隊長: 〜 de artillería 砲兵大尉

~ general 1)陸軍大将. 2)《西》軍司令官；《海軍》総司令官；《歴史》総監
~ mayor《古語》=**~ general**
── 男《海軍》海佐, 艦長：~ de navío/~ de alto bordo 海軍大佐. ~ de fragata 海軍中佐. ~ de corbeta 海軍少佐. ~ de batallón 海兵隊長. ~ de bandera 旗艦艦長. ~ de mar y guerra《古語》艦長, 指揮官. ~ de maestrazgo 造船所所長. ~ de proa《主に罰としての》清掃係の水兵. ~ de puerto 港長. ❷[大型船・商船の]船長. ❸《歴史》1)指揮官《植民地時代, 発見・征服事業の企画・実行者で, 大半は民間人. 原則として国王と協約 capitulación を締結するが, スペイン王室による事業への投資はほとんどない》. 2) ~ de guardias de Corps 近衛隊長. ~ de lanzas《西》槍騎兵隊の隊長. ~ de llaves 武器係将校, 兵站部将校. ~ de partido《キューバ》地方裁判. ~ general《植民地時代のスペイン領アメリカで軍事的役割を担う官吏》. ~ pasado《フィリピン》元治安判事. ~ preboste 警務隊長, 憲兵隊長. ❹《歴史》~ a guerra [文民の]軍需省. ❺《メキシコ, キューバ》ボーイ長. ── 女 ❶ [艦隊の] 旗艦《=nave capitana》: La "Santa María" era la capitana de las tres naves. サンタマリア号がその3隻の旗艦だった. ❷《古語的》《口語》[集団・行動を]指揮する, 統率する: Él capitanea un grupo de empresas. 彼は企業グループを率いている. ~ una huelga ストライキを指揮する. ~ [軍隊を]指揮する

capitanear [kapitaneár] 他《←capitán》[集団・行動を]指揮する, 統率する: Él capitanea un grupo de empresas. 彼は企業グループを率いている. ~ una huelga ストライキを指揮する. ~ [軍隊を]指揮する

capitanía [kapitanía]《←capitán》女 ❶ 大尉(海佐)の職(地位). ❷ ~ de puerto 港長の執務室. ❸ [大尉に指揮された]中隊；《歴史》大隊《16世紀まで. =batallón》. ❹ 停泊料 《=anclaje》. ❺《古語》所有権；領地. ❻《古語》軍事政権
~ general 1)陸軍大将の地位. 2)司令部；軍司令部の管轄区. 2)《歴史》総督領《植民地時代のスペイン領アメリカで, 副王 capitán general が管轄した領地. 副王領の中心から遠く離れた総督領《ヌエバ・グラナダ, グアテマラ, チリ》は独自に活動することが多かった》

capitel [kapitél] 男《←古オック語 capitel <ラテン語 capitellum》❶《建築》1) 柱頭：~ compuesto コンポジット式柱頭. ~ corinto コリント式柱頭. ~ dórico ドーリア式柱頭. ~ jónico イオニア式柱頭. ~ románico ロマネスク様式の柱頭. ~ toscano トスカナ式柱頭. 2) [主に教会の, ピラミッド型・円錐形などの]塔の先端部. ❷《化学》[蒸留器の]釜の蓋

capitidisminución [kapitiðizminuθjón] 女 尊厳を傷つけること, 権利を奪うこと; 質を落とすこと, 力を奪うこと

capitidisminuir [kapitiðizminwír] 48《主に《過分》》[人の]尊厳を傷つける, 権利を奪う；[人・事物の]質を落とす, 力を奪う

capitolino, na [kapitolíno, na] 形 ❶ 中心的建造物の. ❷《古代ローマ》1) ユピテルの神殿の. 2) カピトリーノの: Colina C~na カピトリーノの丘《ローマの7つの丘の一つ》
── 男 装飾に使う宝石の角

capitolio [kapitóljo] 男 ❶ [都市の, 主に高まった所にある]中心的建造物《市庁舎, 議事堂など》：~ de Washington ワシントンの国会議事堂. ❷《古代ギリシア》《古代ローマ》1)《=acrópolis》. ❸《古代ローマ》1) [C~] ユピテル Júpiter の神殿. 2) monte C~ カピトリーノの丘. ❹《まれ》壮麗な建物

capitón [kapitón] 男 ❶《魚》ボラ《=mujol》. ❷《サラマンカ》1)頭に受けた打撲. 2) 宙返り

capitonado, da [kapitonáðo, ða] 形《コロンビア》詰め物をした
capitoné [kapitoné]《←仏語 capitonné》形 詰め物をした《=acolchado》
── 男 ❶《西》家具運搬(引越し)用のトラック《=camión ~》. ❷《鉄道》[時にクッションを貼った]家具運搬用の貨車

capitonear [kapitoneár] 他《キューバ, アルゼンチン, ウルグアイ》詰め物をする《=acolchar》
capitoso, sa [kapitóso, sa] 形 ❶《まれ》アルコール度の強い, 陶然とさせる. ❷《古》気まぐれな, 頑固な
── 男《まれ》強い酒

capitoste [kapitóste] 男《軽蔑》[団体・企業などの]親分, ボス: fricciones entre los ~s derechistas 右翼の親玉同士のあつれき

capítula [kapítula] 女《カトリック》[聖務日課で]詩編と讃歌の間に唱える聖書の抄句

capitulación [kapitulaθjón]《←ラテン語 capitulatio, -onis》女 ❶ [条件付きの]降伏; 降伏文書. ❷《歴史》カピトゥラシオン, 協約《スペイン王室と指揮官 capitán との間で結ばれる契約. 事業達成後の王室および指揮官などの権利, 戦利品の取得権, 領土の管轄権などが詳細に記される》: capitulaciones de Santa Fe サンタフェの協約《1492年, コロンブスの航海の条件を定めた》. ❸《法律》複《夫婦間の》財産処理契約書《かつては婚姻の前にのみ, 現在はいつでも作成可能. =capitulaciones matrimoniales》

capitulado, da [kapituláðo, ða] 形 簡略にされた, 要約された
── 男 [本などの] 章立て

capitulante [kapitulánte] 形 協定を結ぶ; 降伏する
── 男《古語》[投票権のある]正会員

capitular [kapitulár] 自 ❶ [条件付きで]降伏する. ❷ 主張を捨てる, 譲歩する: Ustedes ya no tienen más remedio que ~. あなたたちはもう譲歩するより仕方ありません. ❸《文語》協定する, 議定する. ❹《カトリック》聖書の抄句 capítula を唱える. ❺ 命令する
── 他 [+de の]責任を…に取らせる: Le capitularon de soborno. 彼は汚職の責任を取らされた
── 形 ❶《司教座聖堂》参事会の; 《修道院》総会の: sala ~ 参事会室; 会議室. ❷ [文字が] 文章の冒頭の; 大文字の. ❸ 市(町・村)議会の
── 名 [投票権のある] 正会員
── 女 ❶ 文章の冒頭の文字; 大文字. ❷《歴史》[カロリング朝]王の勅令

capitulario [kapituláljo] 男 聖書の抄句 capítula が載った聖歌集

capitularmente [kapitulárménte] 副 参事会(総会)によって
capítulo [kapítulo]《←ラテン語 capitulum「章旨第の大文字」》男 ❶ [本などの] 章《「第一章」は第10章までは序数を用いるのが普通》: ~ primero 第1章. ~ once 第11章. serial de cincuenta ~s 50回ものの連続ドラマ. ❷《経済》分野, 領域. ❸《カトリック》1) 修道騎士団の参事会. 2) 《修道会》の会議, 総会: ~ provincial《サン・ファン修道会の》上訴裁判所. 3)《アラゴン》聖堂参事会, 司教座参事会《=cabildo》. ❹ [職務の担当者に負わせる, 過ちの] 責任, 責任追及《=de culpas》. ❺《植物》頭状花《=cabesuela》. ❻《西》複《婚姻の前に財産権や相続権を定める》結婚[時]約定書《=~s matrimoniales》. ❼ [聖職者への] 弾劾《略》. ❽ 市議会. ❾ 決定
~ aparte は主題の話, 別問題: El nuevo jefe es antipático, pero la baja del sueldo es ~ aparte. 新しい上司は感じが悪いが, 減給はまた別の問題だ
ganar ~《大勢の中で》成功する
llamar a ~ a+人 …に注意を与える; [したことの] 責任を問う, 説明を求める
perder ~《大勢の中で》失敗する
traer a ~ a+人 =llamar a ~ a+人

capizana [kapiθána] 女《馬鎧の》首の上部を覆う部分
capnomancia [kapnománθja] 女《古語》煙占い《煙の形で吉凶を占う》
capnomancía [kapnomanθía] 女《古語》=**capnomancia**
capo[1] [kápo]《←伊語》男 ❶ [マフィアの] 親分, 組長: ~ de la droga 麻薬組織の親分. ❷《戯語》[一派の] ボス, 親玉《=jefe》; 有力者; 非常に有能な人, 専門家: Es un ~ en física cuántica. 彼は量子物理学の権威だ. ❸《コロンビア》麻薬王
capo[2]**, pa**[2] 形《エクアドル, ペルー, ボリビア, チリ, アルゼンチン, ウルグアイ. 口語》非常に有能な人
capó [kapó]《←仏語 capot》男《自動車》ボンネット
capolador [kapolaðór] 男《ムルシア》首切り台
capolar [kapolár] 他 ❶《廃語》粉々にする. ❷《アラゴン》ひき肉にする. ❸《ムルシア》首を切る, 斬首する
capón [kapón]《←俗ラテン語 cappo, -onis <ラテン語 capo, -onis》形 男 ❶《人・動物》去勢された. ❷ [去勢された] 食用の鶏: ~ de leche 去勢されたひな鶏用の小屋 caponera で肥育された鶏. ❸ 剪定したつるの束. ❹《船舶》吊錨《略》索, 吊り鉤. ❺《しっぽのないベレー帽. ❻《料理》~ de galera 堅パン・オリーブ油・酢・ニンニク・オリーブなどで作るガスパチョ. ❼《南米》[去勢された] 雄羊《=carnero》; 羊肉
a ~《口語》不注意に
II[頭]《西》1)頭を拳骨でコツンと叩く(中指でパチンとはじく)こと. ❷ ~ de ceniza 灰を詰めて結んだぼろ切れを額にぶつけること

capona [kapóna] 形 llave ~ 侍従の鍵《王室の侍従が名誉の印として持つ》

—— 囡 [騎兵隊などの] 房飾りのない肩章
de ~《船舶, 軍事》[物が] 兵役の代償として〔使用される〕
caponar [kaponár] 他 ❶ [畑を耕す際に邪魔にならないように] ブドウのつるを縛る. ❷《古語》去勢する〔=capar〕
caponera [kaponéra] 囡 ❶ 去勢されたひな鶏を肥育する小屋. ❷ 無料で安楽に住める場所(家). ❸ 刑務所: estar metido en ~ 刑務所に入れられている. ❹《築城》1) [壕を守るための] 銃眼のついた砦柵. 2) [壕の側面防御などのための] 掩蔽(えんぺい)砲台. 3) ~ doble 堡塁をつなぐ連絡壕. ❺ 群れを先導する雌馬〔=yegua ~〕
caporal [kaporál] 【←伊語 caporale】 男 囡 **caporala** もあるが《まれ》❶《軍事》班長, 伍長. ❷ [農場の] 役牛係, 役馬係. ❸ 集団の先導者 (指導者). ❹《地方語》[家畜の] 群れのボス. ❺《中南米》[農場の] 監督
—— 形《古語》[風などが] 主要な
caporala [kaporála] 囡 →**caporal**
caporalista [kaporalísta] 男 集団の先導者〔=caporal〕
caporo, ra [kapóro, ra] 形《チリ》現在のルゴ地方の先住民の〔人〕
capororoca [kapororóka] 囡《植物》ツルマンリョウ
capot [kapó] 男《闘》~s = **capó**
capota [kapóta] I 【←ラテン語 caput「頭」】囡 ❶ [自動車・馬車・ベビーカーなどの] 折畳み式の幌. ❷《服飾》[毛糸やレース編みなどの, 子供の] ボンネット帽. ❸ オニナベナ cardencha の穂先. ❹《メキシコ. 自動車》ボンネット〔=capó〕
II【-capote〕囡 短いマント〔=capeta〕
capotaje [kapotáxe] 男《航空》機首から地面に突っ込むこと
capotar [kapotár] 自 ❶《航空》機首から地面に突っ込む;《自動車》頭からひっくり返る. ❷《チリ. 口語》失敗する
capotazo [kapotáθo] 男《闘牛》ケープによるあしらい
capote [kapóte]【←仏語 capot < ラテン語 cappa「フード」】男 ❶《闘》ケープ: a punta de ~ ケープの片方の端をつかみ反対の端を牛に向けたあしらい. ~ de paseo 行進用の半ケープ『表がピンクで裏が緑色』. ~ de brega 牛をあしらうケープ『金銀のスパンコールが入っている』. ❷《服飾》1) 袖のある外套: ~ de montar 乗馬用マント. ~ de monte ポンチョ. ~ de dos faldas (haldas)《古語》両端が開いて前後が閉じたジャケット. 2) 軍用外套〔=~ militar〕. ❸《ドミニカ, ボリビア》長いレインコート. ❹《トランプ》相手を一度もあがらせない手, 全勝の手. ❹《気象》垂れこめた雲, 雨雲. ❺ しかめっ面. ❻《メキシコ, チリ. 自動車》ボンネット〔=capó〕
a mi ~《口語》私の理解では, 心の中では
a punta de ~/*con la punta del* ~《闘牛》ケープの片方の端を持ちもう片方の端を牛に向けて
dar ~ 1)《トランプ》相手を一度もあがらせない. 2)《口語》議論に参加しない; 免れる. 3)《口語》[+a+人] 遅れて来たので…に食事を与えない
dar un ~ *a*+人《チリ. 口語》…をふざけて叩く; 輪姦する
de ~《メキシコ》秘かに, こっそり
decir para (*a*) *su* ~ 独語する
echar un ~ *a*+人《西. 口語》…の失敗などをカバーする, フォローする: Cuando no sabía qué decir, mi hermano me *echó un* ~. 私が何と言えばよいか分からない時, 兄が助け舟を出してくれた
hacer ~《アルゼンチン, ウルグアイ. 口語》[経済的に] 成功する
llevar ~《トランプ》一度もあがらない
para mi ~《口語》=*a mi* ~
pensar para su ~ 心の中でつぶやく
capotear [kapoteár] 他 ❶《闘》[牛を] ケープ capote であしらう. ❷《口語》口先でごまかす, 巧みに逃げ打つ. ❸《演劇》[背景などを] 省略して演じる. ❹《ホンジュラス》毎日同じ服を着る. ❺《アルゼンチン》[ふざけて] 袋叩きにする
capoteo [kapotéo] 男《闘牛》牛をケープであしらうこと
capotero, ra [kapotéro, ra] 形 aguja ~ *ra* 一番太い針
—— 名《古語》外套 capote 作り職人
—— 男 ❶《ホンジュラス》ハンガー, コート掛け〔=percha〕. ❷《ベネズエラ》[両端から紐で開閉する] 麻布製の旅行かばん
capotillo [kapotíʎo] 男《服飾》❶《古語》[主に女性用の] 腰までであるマント: ~ de dos faldas (haldas) 両肩が開いて前後が閉じたジャケット. ❷《歴史》異端審問所が教会に復帰した悔悛者に着せたマント
capotudo, da [kapotúđo, đa] 形 ❶ しかめっつらの〔=ceñudo〕. ❷《チリ》[眼・まぶたが] 閉じた; [空が] 暗雲に覆われた

cappa [kápa] 囡 =**kappa**
capra [kápra] 囡 ~ hispánica《動物》アイベックス〔=cabra montés〕
caprario, ria [kaprárjo, rja] 形 ヤギの〔=cabruno〕
capricho [kapríʧo]【←イタリア語 capriccio < capo < ラテン語 caput「頭」】男 ❶ 気まぐれ, 移り気; わがまま: Es un ~ nada más. それは単なる気まぐれに過ぎない. Tiene sus ~s. 彼は移り気だ. En pleno invierno y tiene el ~ de helado. 真冬だというのに彼は物好きにもアイスクリームなんか食べたがる. Es sumisa a los ~s de la moda. 彼女は流行ばかり追いかける. ~s de la suerte/~ de la vida 運命のいたずら. ❷ 奇抜な小物 (装飾品). ❸《音楽》奇想曲, 狂想曲: C ~ español『スペイン奇想曲』. ❹ 幻視 (空想) 的な芸術作品. ❺ 気まぐれ (わがまま) の対象となる人 (動物・物), おもちゃにされる人: Este bolso fue un ~ de mi mujer. このバッグは妻が気まぐれに買った. ❻ 不安定, 不規則
a ~ 勝手に, 根拠なしに: Ese término no se debe usar *a* ~. その言葉は軽々に用いるべきでない
a [*l*] ~ *de*+人/*a su* ~ …の好みのままに: Entra y sale *a su* ~. 彼は好き勝手に出入りする
darse [*un*] ~ [気ままに] やりたいことをする
por ~ 気まぐれに: Se lo ha comprado sin necesitarlo, *por puro* ~. 彼はそれを必要もないのに, ほんの気まぐれで購入した
caprichosamente [kapriʧósaménte] 副 気まぐれに
caprichoso, sa [kapriʧóso, sa] 形 ❶ 勝手な 〔人〕, わがままな 〔人〕; 気まぐれな 〔人〕: Es una niña mimada y ~*sa*, todo lo que ve se le antoja. その女の子は甘やかされたわがまま娘で, 見たものすべて手に入れたがる. tiempo ~ 変わりやすい天気. ❷ 奇想天外な, とっぴな: idea ~*sa* 奇抜なアイデア. modas ~*sas* とっぴなモード
caprichudo, da [kapriʧúđo, đa] 形 気まぐれにふるまう
capricornio [kaprikórnjo] 男《天文, 占星》[主に C~] やぎ座 〔→zodíaco 参考〕
cáprido, da [kápriđo, đa] 形 ヤギ亜科の
—— 男 複《動物》ヤギ亜科
caprierense [kaprjerénse] 形 名《地名》カブレラ Cabrera 島の〔人〕『バレアレス諸島の一つ』
caprifoliáceo, a [kaprifoljáθeo, a] 形《植物》スイカズラ科の
—— 囡 複《植物》スイカズラ科
caprimúlgido, da [kaprimúlxiđo, đa] 形 ヨタカ科の
—— 男 複《鳥》ヨタカ科
caprimulgiforme [kaprimulxifórme] 形 ヨタカ目の
caprino, na [kapríno, na] 形 =**cabruno**
caprípede [kaprípeđe] 形《詩語》=**caprípedo**
caprípedo, da [kaprípeđo, đa] 形《文語》ヤギの脚をした
caprolactama [kaprolaktáma] 囡《化学》カプロラクタム
capsaicina [ka(p)sajθína] 囡《生化》カプサイシン
cápsida [ká(p)siđa] 囡《生化》カプシド
capsiense [ka(p)sjénse] 形 名《考古》カプサ文化〔の〕
cápsula [ká(p)sula]【←ラテン語 capsula < capsa「箱」】囡 ❶《薬》カプセル剤; ~ vitamínica ビタミン剤のカプセル. ❷ [ロケット・人工衛星などの] カプセル: ~ lunar 月着陸船. ~ nuclear 核弾頭. [navegar en una] ~ *del tiempo* タイムカプセル〔に乗って旅をする〕. ❸ [瓶の口, 栓〔=tapón〕; [金属製の] 蓋; 密閉容器. ❹ [銃の] 雷管〔= fulminante〕. ❺《解剖》被膜, 嚢(のう): ~ articular 関節嚢. ~ *del cristalino* 水晶体嚢. ~ interna 内包. ~ sinovial 滑液嚢. ~ suprarrenal〈古語〉atrabiliaria (renal) 副腎. ❻《植物》蒴果(さくか), 蒴. ❼《化学》蒸発皿. ❽ [レコードプレーヤーの] カートリッジ
capsular [ka(p)sulár] 形 ❶ カプセル状の. ❷《解剖》被膜の
—— 他 ❶ [口金で] 密閉する. ❷《薬学》[薬を] カプセルに詰める
captable [ka(p)táble] 形 知覚され得る; 理解 (把握) され得る
captación [ka(p)taθjón] 囡 ❶ 知覚, 理解. ❷ 集水, 取水: ~ *de aguas*. ❸ 引きつけ; 獲得: ~ *de recursos* 資源の獲得. ~ *de socios* 会員の獲得. ❹ [電波の] 受信. ❺《医学》摂取: ~ *de oxígeno* 酸素の摂取
captador, ra [ka(p)tađór, ra] 形 名 知覚する〔人〕
—— 男 ❶ センサー
captar [ka(p)tár]【←ラテン語 captare < capere「捕える」】他 ❶

［五感によって］知覚する: El perro *capta* rápidamente los ruidos. 犬ははやく物音に気づく。❷［水などを］引く, 集める: Ese pantano *capta* las aguas de lluvia. その沼には雨水が集まる。❸ 理解する: No *capta* el significado de la palabra. 彼はその言葉の意味を捉えることができない。❹［人を］ひきつける: ~ los partidarios 賛同者を獲得する。❺［興味・注意を］引く: El bebé llora para ~ la atención de su madre. 赤ん坊は母親の注意を引くために泣く。~ el interés de los oyentes 聞き手の関心を引く。❻［金・客・票などを］集める: Intentaron ~ nuevos clientes. 彼らは新しい客を集めようとしていた。❼［人・器具がラジオ・テレビなどの電波を］受信する: No capto la emisora extranjera. 私は海外放送がキャッチできない。❽《情報》［音声・画像などを］取り込む。❾［芸術家・作品が、ものを］表現する, 反映する。❿《医学》摂取する。⓫《化学》捕獲する

—— **~se**［信用などを］得る, 自分のものにする: El alcalde sabe cómo *~se* las simpatías del vecindario. その市長はどうしたら住民から好感をもたれるかを知っている

captatorio, ria [ka(p)tatórjo, rja] 形 =**captador**
captor, ra [ka(p)tór, ra] 形 名 ❶ 知覚する［人］。❷［人を］捕える［人］
—— 男 センサー
captura [ka(p)túra]《ラテン語 captura「捕まえること」＜ capere「捕える」》女 ❶ 逮捕, 捕獲: ~ del sospechoso 容疑者の逮捕. ~ y suelta del pez《釣り》キャッチ・アンド・リリース。❷ 集水。❸ 漁獲高。❹《密輸品の》押収。❺《化学》捕獲: ~ neutrónica 中性子捕獲
capturación [ka(p)turaθjón] 女 =**captura**
capturador, ra [ka(p)turaðór, ra] 形 名 捕える［人］
capturar [ka(p)turár] 他 （←**captura**）❶ 逮捕する, 捕獲する: La policía *capturó* al ratero. 警察はすりを逮捕した。~ un lobo 狼をつかまえる。~ un barco pesquero 漁船を拿捕(ﾀﾞﾎ)する。❷《密輸品などを》押収する: ~ drogas 麻薬を押収する。❸《魚を》釣る。❹［芸術家・作品が、捉えたものを］表現する。❺《情報》［画像などを］取り込む, キャプチャする。❻ 取水する。❼《化学》捕獲する
capuana [kapwána] 女 殴打
capucha [kapútʃa]《←伊語 cappuccio》女 ❶《服飾》フード, 頭巾: cubrirse con la ~ フードをかぶる. chaquetón con ~ フード付きのジャケット。❷ ふた, 覆い: ~ de estilográfica 万年筆のキャップ。❸《印刷》曲折アクセント記号 [^]。❹《鳥の》冠毛。❺《蛇の》眼状斑
capuchina [kaputʃína] 女 ❶《植物》1) ノウゼンハレン, キンレンカ。2) シモフリシメジ《食用のキノコ》。3)《中南米》ケッパー《= alcaparra》。❷ とんがり帽子形の卵黄の菓子。❸《古語的》《金属製の》とんがり帽子形の石油ランプ。❹ とんがり帽子形の凧。❺《印刷》いくつかの単語を連結した植字台
capuchino, na² [kaputʃíno, na] 形《カトリック》カプチン会の〔修道士・修道女〕
—— 名 ❶《カトリック》⚥ カプチン会 (1) マテオ・デ・バスチオ Mateo de Bascio によって1520年に創設された修道会。2) マリア・デ・ロンゴ María de Longo によって16世紀に創設されたフランシスコ会の分派に属する女子修道会。❷《コーヒーの》カプチーノ《= café ~》。❸《動物》ノドジロオマキザル《= mono ~》: ~ de frente blanca シロガオオマキザル。❹《鳥》herrerillo ~ カンムリガラ。❺《化粧》大麦の粉製のおしろい《= polvo de ~》。❻《自動車》スプリングの固定ねじ。❼《ドミニカ, プエルトリコ》《骨のない》小さな凧。❽《チリ》非常に小さな果実
llover ~s [de bronce]《口語》どしゃ降りになる
capucho [kapútʃo] 男《まれ. 服飾》フード。❷《古語》《蚕などの》繭(ﾏﾕ)
capuchón [kaputʃón]《capucha の示大語》男 ❶［顔を隠すための］頭巾。❷《服飾》フード《= capucha》; フード付きのコート。❸《万年筆・ボールペンなどの》キャップ: Se te cayó el ~ del bolígrafo. ボールペンのキャップが落ちたよ。❹《刑務所で囚人同士が話さないようにするためにかぶせる》頭巾。❺《蛇の》眼状斑《= capucha》
capudre [kapúðre] 男《地方語. 植物》ナナカマド《=serbal》
capuera [kapwéra] 女《ペルー, アルゼンチン, パラグアイ》❶ 伐採したジャングル。❷ 果樹園
capujar [kapuxár] 他《アルゼンチン. 口語》❶ 宙でつかむ。❷ 先回りして言う
capul [kapúl] 男/女《中南米》前髪《=flequillo》

capulí [kapulí] 男 (覆 ~[e]s)《植物. 果実》❶ アメリカンチェリー《実は食用, 葉はハーブティー用》。❷《中南米》ナンヨウザクラ。❸《ペルー》シウオオミキ, ケープグーズベリー
capúlido, da [kapúliðo, ða] カツガイ科の
—— 男 複《貝》カツガイ科
capulín [kapulín] 男《植物》アメリカンチェリー《=capulí》
capulina [kapulína] 女 ❶《中南米. 果実》ナンヨウザクラの実。❷《メキシコ》1)《動物》クロゴケグモ《有毒のクモ》。2)《まれ》売春婦。3) vida ～ 左うちわの暮らし。❸《キューバ. 植物》ナンヨウザクラ《果実は美味》
capullada [kapuʎáða] 女《西. 口語》ばかげた《とんでもない・ろくでもない》言動; 悪意のある言動
capullo¹ [kapúʎo] 男 ❶ 繭(ﾏﾕ): hilar su ~ 繭を作る. devanar ~s 繭から糸を取る。~ ocal 複数の蚕が作った一つ繭。❷ つぼみ: Ya empiezan a romper los ~s. もうつぼみが開き始めている。~ de rosa バラのつぼみ; 魅力的な娘. mujer en ~ 開花寸前の女性。❸《解剖》1) 包皮《=prepucio》; 陰茎。2) 間抜け, お人好し; 新米。❹《卑語》［卑劣なことをした人に軽蔑的に］野郎。❺《どんぐりの》殻斗, ぼうし。❻ 煮た亜麻の束。❼ 繭から取った絹糸で作った粗布
en ~《口語》片鱗を見せている
capullo², lla [kapúʎo, ʎa] 名《西. 俗語》ばか, とんま, 間抜け
cápulo [kápulo] 男《貝》カツガイの一種《学名 Capulus hungaricus》
capurrio [kapúrjo] 男《地方語. 植物》ナナカマド《=serbal》
capusbovense [kapusβoβénse] 形 名《地名》カベサ・デル・ブエイ Cabeza del Buey の《バダホス県の村》
caputre [kapútre] 男《地方語. 植物》ナナカマド《=serbal》
capuz [kapúθ] 男《←伊語 cappuccio》❶《服飾》1) とんがり帽子, とんがり頭巾。2)《古語》フード付きの長い喪服。3)《古語》《晴れ着として用いる》マント。❷ 頭から水に飛び込むこと《=chapuz》
capuzar [kapuθár] 他 ❶《人を頭から》水に飛び込ませる, 放り込む。❷《船舶》《船首が沈むほど》荷を積む
caque [káke] 男《口語》恐怖
caquéctico, ca [kakéktiko, ka] 形 名《医学》カヘキシーの; カヘキシーにかかっている《人》
caquetense [kaketénse] 形 名《地名》カケター Caquetá の《人》《コロンビア南部の県》
caquexia [kakéksja] 女 ❶《医学》カヘキシー, 悪液質。❷《植物》黄化, 軟白
caquéxico, ca [kakéksiko, ka] 形 名 =**caquéctico**
caqui [káki] **I**《←日本語》男《植物. 果実》カキ《柿》
II《←英語 khaki＜ウルドゥ語 khaki「埃の色」》形 男《主に単複同形》❶ カーキ色の。❷ カーキ色の軍服
marcar el ~《口語》兵役を務める
car [kár] 男《船舶》《三角帆の》斜桁の最も太い下端
cara¹ [kára]《←ラテン語》女 ❶ 顔: Tengo la ~ alargada. 私は面長だ/細長い顔をしている。~ angulosa 角顔。~ oval (ovalada) 瓜実(ｳﾘｻﾞﾈ)顔。~ redonda 丸顔。❷ 顔つき, 顔色: Su ~ me lo dice. 彼の表情から私にもそれが読み取れる. Me recibió con buena ~. 彼は私を愛想よく迎えた. Tiene ~ de no haber dormido. 彼は寝不足の顔をしている。¿No has reparado en la ~ que ha puesto cuando nos ha visto? 君は彼が私たちを見た時の表情に気づかなかったのか？ juzgar por la ~ 表情から判断する. tener ~ de enfermo 病人のような顔をしている. estar siempre mirando la ~ a+人 いつも～の顔色をうかがっている. con ~ de sueño 眠そうな顔. con ~ de español スペイン人らしい顔つきの. ~ inteligente 知性的な顔. ~ simpática y alegre. C~ de beato y uña de gato.《諺》猫かぶり/信心家には用心しろ。❸ 体面: No sé qué ~ poner. 全く目目ない. salvar la ~ 面目を保つ。❹《行事などの》参加者, 顔ぶれ: Había muchas ~s conocidas en la ceremonia de entrega de los premios. 授賞式には多くの名だたる顔ぶれが参加していた。❺《物事の》面, 側面; 様相: Esa tela tiene ~ de romperse pronto. その布はすぐ破れそうだ. Siempre ve las cosas por la ~ más negra. 彼はいつも物事を悲観的に見る. Es una persona con muchas ~s. 彼は多くの顔を持っている. escribir por una sola ~ (por las dos ~s) del papel 紙の表だけに（表と裏に）書く。~ de arriba del caja 箱の上側. una ~ del asunto 事柄の一側面。《建物などの》~ del altar 祭壇の正面. Teníamos el viento de ~. 私たちは正面から風を受けていた。❼《硬貨・切手などの》表側《『肖像のあ

る側. =〜 derecha. ⇔cruz]: 1)［コイントスで］¿C〜 o cruz?/¿C〜 y cruz?/《まれ》¿C〜 o culo?/《アルゼンチン》¿C〜 o ceca? 表か裏か? Salió 〜. 表が出た. echar (jugar・sortear) a 〜 o cruz コイントスで決める. 硬貨を投げて表か裏かを当てる. a (de) 〜 y cruz コイントスで決めるような, 偶然性に左右される. 2) la otra 〜 (la 〜 opuesta) de la moneda コインの裏面《人・事の見かけとは全く異なる側面, 逆の見方, 別の一面》 〜 y cruz de una cuestión 問題の表裏. ❽［登山］［広い］壁, フェース: escalar la 〜 sur de la montaña 山の南壁を登る. 〜 norte del Eiger アイガー北壁. ❾［レコードなどの］面［=lado］. ❿《幾何》［二面体・多面体の］面: seis 〜s de un cubo 立方体の6面. ⓫《鉱物》結晶面. ⓬ 円錐形の氷砂糖の下面（底面）. ⓭《製靴》甲. ⓮［食品・部品の］作動面. ⓯《集》《樹脂を採るために木に入れる》連続した彫り目. ⓰《口語》厚かましさ, ずうずうしさ: ¡Oye, no tengas tanta 〜! おい, ずうずうしいぞ! tener mucha 〜 非常に厚かましい
―― 形 图 ❶《西. 口語》厚かましらずな人［=〜 dura］: Es un 〜. 彼は面の皮が厚い/鉄面皮だ. ❷ カラ族の〔人〕《エクアドル北部の先住民》
a 〜 《+a 》 副 〜に向かって, 面して: Caminábamos 〜 al norte. 私たちは北に向かって歩いていた. Voy 〜 a casa. 私は家に向かっている. Va 〜 a un desastre. 彼は破滅への道をたどっている
a 〜 de perro 敵意のある顔で, 怖い顔で, とがめるような顔つきで, 不機嫌な顔で, 無愛想な顔で
a 〜 descubierta 公然と, 堂々と
a doble 〜《印刷》両面に: copiar a doble 〜 両面コピーする
a la 〜 面と向かって
caerse a+人 la 〜 de vergüenza［人が］赤面する, 恥じ入る: No sé cómo no se te cae la 〜 de vergüenza por lo que has hecho. 君がどうして自分のしたことを恥じないのか私には分からない
〜 a 〜 1) 向かい合って; 対立して; 率直に: sentarse 〜 a 〜 向かい合って座る. conversación 〜 a 〜 対談. mirar 〜 a 〜 直視する, 見据える. enfrentarse 〜 a 〜 対決する. Los dos vecinos decidieron hablar 〜 a 〜 para solucionar sus problemas. 隣同士の2人は自分たちの問題を解決するために率直に話し合うことにした. 2)男 一対一の議論
〜 abajo うつ伏せになって
〜 de ángel《主に皮肉》かわいい顔; 善人そうな顔
〜 de Cuaresma《口語》浮かぬ顔, やつれた顔
〜 de guante《キューバ》鉄面皮, 厚顔無恥
〜 de palo 1) 硬い顔, 無表情な顔. 2)《キューバ, アルゼンチン, ウルグアイ》鉄面皮, 厚顔無恥
〜 de perro 怖い顔, 不機嫌な顔, 無愛想な顔
〜 dura《口語》厚かましさ, 図々しさ; 厚かましい人, 図々しい人: Eres un 〜 dura. 君は図々しい. ¡Qué 〜 más dura tienes! 君は何て厚かましいんだ! Tiene la 〜 dura de no pagar las deudas. 彼は借金を返さないような厚かましさで
〜 larga 1) 細長い顔. 2) 不機嫌な顔: poner 〜 larga 不満（不愉快）な顔をする, 落胆（がっかり）した顔をする
〜 mitad 夫, 妻: Mi 〜 mitad es demasiado habladora. うちの女房は口数が多すぎる
〜 nueva 新顔, ニューフェース, 新人
¿Con qué 〜...?《口語》あえて…できようか: ¿Con qué 〜 le voy a pedir eso? どの面さげてあなたにこんなことを頼めようか
conocerse a+人 en la 〜=verse a+人 en la 〜
cruzar la 〜 a+人《口語》［脅し文句］…を平手打ちする, 殴る
dar 〜 a+人 …に反抗する, 反論する, 歯向かう
dar la 〜《口語》1)［+por+人］を］かばう: Antonio es tan cobarde, que sus amigos siempre tienen que dar la 〜 por él. アントニオはとても臆病なので, 友人たちは彼を守ってやらねばならない. 2) 危険に立ち向かう, 責任をとる
de 〜 正面から, まともに: Nos daba el sol de 〜. 私たちは日射しをまともに浴びていた. Teníamos el viento de 〜. 私たちは向かい風を受けていた
de 〜 a...《+a》1) …に向かって; sentarse de 〜 al mar 海に向かって座る. 2) …に関して; …に向けて, …のために［=para］: Las agencias de viajes ya están haciendo los preparativos de 〜 a una nueva temporada turística. 各旅行会社は今度の観光シーズンに向けて準備を進めている
de doble 〜 両面の, 両面ある; 両面使える, リバーシブルの
echar... en［la］〜 a+人/echar... a la 〜 a+人［受け

た恩・利益を忘れた相手に対し, それを思い起こさせるような］いやみを言う, 責める: Me echó en 〜 todo lo que había hecho por mí. あれほどしてあげたのに彼は私を責めた. 2) 非難する［=reprochar］
echarle《口語》厚かましい, 恥知らずである
echarse a la 〜［銃の］狙いをつける: Cuando descubrió el jabalí, se echó la escopeta a la 〜 y de un disparo lo mató. 彼はイノシシを発見すると, 銃の狙いをつけ, 一発でしとめた. 2)［人を］見つける: El día que me lo eche a la 〜, le voy a dar una buena paliza a ese sinvergüenza. あの恥知らずを見つけたら, こっぴどく叩きのめしてやるつもりだ
en la 〜 1) 顔色で: En la 〜 se le conoce que ha ganado. 彼が勝ったことは顔つきで分かる. 2) 面と向かって: No me atrevo a decírselo en la 〜. 面と向かって彼にそれは言えない
escupir a (en) la 〜［+a+人］…の顔に唾を吐きかける;〜 をひどく侮辱する
estar con la 〜《口語》お金がない
guardar la 〜 こっそりとする, 表立たない
hacer a dos 〜s 二枚舌を使う, 表裏がある
hacer 〜 a...《口語》1) …に立ち向かう, 対処する. 2) …に耳を貸す
hacer la 〜 nueva a+人 …を殴る, ひっぱたく
lavar la 〜《口語》［+事］…の表面を取り繕う;［+人］…におべっかを使う
mirar... con buena (mala) 〜 …にいい（いやな）顔をする
mirar a la 〜［人を］直視する, 普通に扱う
no mirar a+人 a la 〜《口語》1)［…の言うこと］を問題にしない. 2)［怒って］…と口をきかないようにする: Desde que se portó mal con mi padre, no le miro a la 〜. 彼が私の父に無礼なふるまいをして以来, 彼とは絶交している
no tener a quien volver la 〜 頼れる人がいない
no tener 〜［あえてする］勇気がない
no volver la 〜 atrás ためらわない, 一直線に突き進む
partir la 〜=romper la 〜
partirse la 〜 殴り合いのけんかをする
perder la 〜［闘牛］［+a 牛を］見ない, 背を向ける
plantar 〜 a+人［勇敢に］…に立ち向かう, 歯向かう: Es una mujer de mucho carácter; la he visto plantándoles 〜 a cuatro hombres armados. 彼女は気の強い女性だ. 4人の武装した男たちに立ち向かっていくのを見たことがある
poner buena 〜 a+人 …に愛想よくする, …を受け入れる
poner 〜 a...《口語》…に耳を貸す
poner 〜 de+名詞 …な顔をする: Puso 〜 de disgusto. 彼は不快そうな顔をした. No pongas 〜 de detective. 刑事みたいな顔をするな
poner la 〜［+por+人］をかばう［=dar la cara］
poner la 〜 colorada《口語》［+a+人 に対し］恥ずかしく思う, 顔を赤らめる
poner mala 〜 a+人 …に嫌な顔をする, …を拒否する
por la 〜 1)《西. 口語》顔パスで, ただで. 2)=por su 〜 bonita
por su bella 〜《口語》顔パスで, ただで: Él puede entrar en ese cine por su bella 〜. 彼はただでその映画館に入れる
por su 〜 bonita 1) 不当に, それに値しないのに. 2)《皮肉》容易に［…ない］: No creas que te van a aprobar sin estudiar por tu 〜 bonita. 勉強もせずに簡単に合格できるなんて思うなよ
por su linda 〜=por su 〜 bonita
quitar la 〜=romper la 〜
romper la 〜［脅し文句］¡A ti te voy a romper la 〜! お前の頭をたたき割るぞ!
sacar la 〜《口語》［+por+人 を］かばう［=dar la cara］
salir a+人 a la 〜 …の顔色に出る
saltar a la 〜 1) 明白である: Salta a la 〜 que está arruinado. 彼が破産したのは明らかだ. 2)［忠告・叱責に対して］無礼（横柄）な態度をとる
salvar la 〜 体面を保つ
ser un dos 〜s《メキシコ》［人が］裏表（二心・陰ひなた）がある
tener buena 〜 1) 顔色がよい, 健康である. 2) Ese pastel tiene muy buena 〜. このケーキはとてもおいしそうだ
tener dos 〜s 偽善者（猫かぶり）である, 裏表がある
tener mala 〜 1) 顔色が悪い, 健康でない. 2) El tiempo tiene mala 〜. 天候はよくなさそうだ

terciar la ~ *a*+人［ナイフなどで］…の顔に傷を負わせる
verse a+人 *en la* ~ …の顔に出る: *Se le ve en la* ~ *que es buena persona.* 彼はいい人である. 彼にはいつも善意が出ている
verse las ~*s* ［脅し文句で］互いにけりをつける《一人称複数の主に未来形で》: *Nos veremos las* ~*s.* 覚えてろ［けりをつけてやるからな］. *Si no me paga usted lo que me debe, tendremos que vernos las* ~*s ante el juez.* もし借金を返していただけないなら, 裁判で決着をつけざるを得ませんぞ

caraba [karába] ［←レオン語 caraba「楽しい会話」］女 ❶ ［la+. 間投詞的に良くも悪くも］すごいこと, ひどいこと. ❷《古語》25センティモ白銅貨《1940年ごろまで流通していた》. ❸《レオン, サラマンカ, エストレマドゥラ》《村の》お祭り騒ぎ
ser la ~ 《西. 口語》［人・事物が良くも悪くも］すごい, ひどい: *Cuenta unos chistes que son la* ~. 彼はすごくうまいジョークを言う. *Este tío es la* ~; *cada vez que viene, se bebe todo el vino que tenemos.* このおやじはひどい. 来るたびに家にあるワインを全部飲んでしまう

cáraba [káraba] 女《歴史》地中海で私掠船として用いられた船
carabalí [karabalí] 男 ❶ カラバリ《アンティル諸島の黒人のうち, 特にナイジェリアのカラバル Calabar から連れて来られた奴隷の子孫》. ❷ ナイジェリアのカラバル地方の先住民
carabaña [karabáɲa] 女 下剤効果のある水《マドリード州のカラバニェ Carabaña 村でとれる》
carabao [karabáo] 男 《フィリピンの》スイギュウ《水牛》
cárabe [kárabe] 男 琥珀《=ámbar》
carabela [karabéla] ［←ポルトガル語 caravela < ラテン語 carabus「船」］女 ❶《船舶》カラベル船《コロンブスの時代に使われた2. 3檣の中型帆船》. ❷《貝》斧足《ふ》類弁鰓《べんさい》綱の一種《学名 Solenocurtus strigillatus》. ❸《ガリシア》《女性が頭にのせ食料品を運ぶ》大型のかご. ❹《エクアドル》砂糖を煮詰めて作る菓子
carabelón [karabelón] 男《船舶》小型のカラベル船
carabello [karabéʎo] 男《エストレマドゥラ》コガネムシ《=escarabajo》
carabí [karabí] 間《童謡などで使われる》意味のない言葉
carábido, da [karábido, da] 形《昆虫》オサムシ科の
—— 男複 ~*s*《昆虫》オサムシ科
carabina [karabína] ［←仏語 carabine］女 ❶ 騎銃, カービン銃《スポーツ》ライフル: *El soldado estaba armado de una* ~. 兵士はカービン銃で武装していた. ~ *neumática* エアライフル. ❷《西. 歴史》1）［外出する恋人たちがふしだらな行ないをしないように］付添う人《主に年配の女性》. 2）［外出する若い女性の安全のための］付添い人たち
hacer (*ir*) *de* ~《西. 口語》［2人でいたい恋人たちの］邪魔者になる, 付き添いとして同行する
ser [*como*] *la* ~ *de Ambrosio/ser lo mismo que la* ~ *de Ambrosio* 《口語》［物・人が］無用の長物である: *Esta aspiradora no funciona; es la* ~ *de Ambrosio.* この掃除機は動かない. 全く役立たずだ
carabinazo [karabináθo] 男 カービン銃の射撃《射撃音・射撃による負傷》
carabinero, ra [karabinéro, ra] 名 ❶ ［密輸を摘発する］国境《沿岸》警備隊員《現在では海岸警備隊に統合されている》. ❷《イタリアの》カラビニエリ, 国家憲兵. ❸《チリ》制服警官
—— 男 ❶《歴史》1）カービン銃を持った兵士. 2）~*s reales* 近衛騎兵隊. ❷《動物》1）チヒロエビ科の一種《学名 Aristeus antennatus》. 2）スカーレットシュリンプ
cárabo [kárabo] 男 ❶《昆虫》オサムシ. ❷《船舶》カラベル船《15〜16世紀ごろのアラブの小型帆船》. ❸《鳥》フクロウ科の一種. ~ *común.* 学名 Strix aluco》. ~ *uralense* フクロウ. ~ *lapón* カラフトフクロウ. ❹《古語》猟犬の一種
carabobeño, ña [karaboβéɲo, ɲa] 形 名《地名》カラボボ Carabobo の〔人〕《ベネズエラ中北部の州》
carabritear [karaβriteár] 自《雄ヤギが発情して雌ヤギを》追う
caraca[1] [karáka] 形 名 カラカラ族の〔人〕《スペインによる征服期にラプラタ川流域に住んでいたグアラニーの部族》
caraca[2] [karáka] 女《キューバ》トウモロコシ粉の菓子パン
caracal [karakál] 男《動物》カラカル
caracalla [karakáʎa] 女 ［←Caracalla《古代ローマのカラカラ帝》］ ❶《古代ローマ》カラカラ起源の外套. ❷ 18世紀に流行した髪型
caracará [karakará] 男（複 ~*raes*）《ラプラタ. 鳥》カラカラ
cará-cará [kará kará] 形 名 カラカラ族の〔人〕《スペインによる征服期にパラナ川右岸に住んでいた先住民》

caracas [karákas] 男《地名》［C~］カラカス《ベネズエラの首都. 1567年建設. 正式名称 Santiago de León de Caracas》. ❷ ベネズエラのカラカス Caracas 海岸産のカカオ. ❸《メキシコ. 廃語》チョコレート
caracense [karaθénse] 形 名《文語》グアダラハラ Guadalajara の〔人〕《=guadalajareño》
caraceño, ña [karaθéɲo, ɲa] 形 名《地名》カラソ Carazo の〔人〕《ニカラグア西南部の県》
caracha[1] [karátʃa] 女 ❶《中南米》［人の］疥癬《かいせん》. ❷《南米》［リャマなどの］疥癬に似た病気. ❸《コロンビア》刑務所
carache [karátʃe] 男《ペルー, ボリビア》［リャマなどの］疥癬に似た病気
carachento, ta [karatʃénto, ta] 形《南米》疥癬にかかった
caracho[1] [karátʃo] ［*carajo* の婉曲語］間《ペルー, チリ, ラプラタ》いまいましい, 何てこった!
caracho[2]**, cha** [karátʃo, tʃa] 形 スミレ色の
carachoso, sa [karatʃóso, sa] 形《ペルー》疥癬にかかった
carachupa [karatʃúpa] 女《ペルー, ボリビア. 動物》オポッサム《=zarigüeya》
caracoa [karakóa] 女《フィリピン》櫂《かい》でこぐ船
caracol [karakól] ［←ラテン語 cochlea］男 ❶《動物》1）カタツムリ: ~ *boyuno* 黒ずんだ殻の食用のカタツムリ. ~ *chupalandero*《ムルシア》木々や草の間で育つカタツムリ. ~ *judío* 殻が白く中身は濃い色のカタツムリ《食用には適さない. スペイン南部・東部に多い》. ~ *moro* 殻が白く殻口が黒いカタツムリ《スペイン南部・東部に多い》. ~ *sapenco* 横向きに茶色の線の入った緑がかった食用のカタツムリ《食用には適さない》. ~ *serrano/*~ *de monte* 白っぽく黒い縞の入った殻のざらざらしたカタツムリ《食用》. 2）巻き貝《~ *marino*: ~ *de agua dulce* タニシ》. 3）巻貝形・カタツムリの殻. ❷《建築》螺旋階段. ❸《料理》螺旋形のパスタ《菓子》. ❹《時計の》渦形カム. ❺［こめかみ・額の］巻き毛. ❻《解剖》［内耳にある］蝸牛《かぎゅう》殻, 渦巻管. ❼《馬術》一連の小さい乗り回. ❽《フラメンコ》複 カラコレス《caracoles というリフレインが特徴の歌》. ❾《地方語》ほら貝《貝殻. =caracola》. ❿《メキシコ》ネグリジェ; ［刺繍した］麻のブラウス
¡C~es!［怒り・不快・奇異・賞賛］何とまあ!
no se le da (*no importa·no vale*) *un* ~ (*dos* ~*es*) 全く価値がない
caracola [karakóla] ［←caracol］女 ❶《貝》ホラガイ; その貝殻《吹いて鳴らす》. ❷《西》［菓子パンの一種］コルネ. ❸《アラゴン》殻が白いカタツムリ. ❹《ムルシア. 植物》ヒカゲミズ《=parietaria》
caracolada [karakoláða] 女《西. 料理》エスカルゴ《主にピリ辛のソースで煮込んだもの》
caracoleado, da [karakoleáðo, ða] 形 巻き毛の
caracoleante [karakoleánte] 形《中南米》曲りくねった
caracolear [karakoleár] 自 ❶《馬術》［半］回転をする; 乗り乗りする. ❷《スポーツ》［ボールを持って］何度もターンする
caracolejo [karakoléxo] 男 caracol の示小語
caracoleo [karakoléo] 男 ❶《馬術》［半］回転; 巻き乗り. ❷《スポーツ》何度もターンすること. ❸《チリ》曲がり角
caracolero, ra [karakoléro, ra] 形 カタツムリの: *La Montaña es la mejor comarca* ~*ra.* モンターニャ地方はカタツムリの本場だ
—— 名 カタツムリを取る《売る》人
—— 男 ❶ カタツムリを入れる《かめ, かごなどの》入れもの《シカメ》. ❷《植物》ヒカゲミズ《=parietaria》
caracolillo [karakolíʎo] 男 ❶［小粒の］コーヒー豆. ❷《植物》カラリーショ《スペイン産のインゲンマメ》; その花. ❸［木目の細かい］マホガニー. ❹《古語. 服飾》縁飾り
carácter [karákter] ［←ラテン語 character < ギリシャ語 kharasso「私は印をつける」］男（複 *caracteres*）❶ 性格, 気性: *Es una persona de* ~ *abierto* (*cerrado*). 彼は外向（内向）的な人である. *Tiene un* ~ *violento y depresivo.* 彼の性格は激しく, 落ち込みやすい. *Es alegre de* ~. 彼は性格が明るい. *Tienen dos caracteres incompatibles.* 2人は性格が合わない. *Con el* ~ *que tiene, choca con todo el mundo.* 彼のあの性格では誰とでもぶつかる. *educación del* ~ 人格教育. ~ *español* スペイン人気質. ❷ 気骨, 意志の強さ: *Es un hombre de* ~. 彼は気骨のある男だ. *Hamlet no tiene un* ~. ハムレットはとてもしっかりした［決して信念を曲げない］人物である. *Es de poco* ~ *y tiene dificultad para imponerse.* 彼は意志が弱く自分を押し

通せない. persona de mucho ～ あくの強い人. ❸ [作品・作家などの] 個性, 特徴: cantante de ～ 個性的な歌手. ～ de la arquitectura griega ギリシャ建築の特徴. ❹ [物事の] 性質, 属性; [人の] 資格: Es una obra más adecuada, por su ～, para ser leída que para representarla. この作品はその性質上, 読むより演じる方が適している. El sexo es un ～ de los seres vivos, por el cual pueden ser machos o hembras. 性はそれによって雌雄が決まる生物の属性である. Esta enfermedad no tiene ～ hereditario. この病気は遺伝性のものではない. visita de ～ privado 私的な訪問. régimen monárquico de ～ parlamentario 議会主義的君主制, 議会制民主主義的性格の王政 [スペインの現体制]. ❺ [主に 印] 文字; 活字: 1) escribir con *caracteres* de imprenta 活字体で書く. *caracteres* chinos 漢字. *caracteres* cursivos イタリック体. 2) [情報] キャラクタ, 文字: ～ de cambio de línea 改行 (改ページ) 文字. ～ de control コントロール文字, 制御文字. ～ de petición プロンプト. ～ libre 任意の文字. ❻ [精神的な] 刻印, 痕跡: La milicia imprime ～. 兵役は心に刻印を残すものだ. La guerra le imprimió ～. 戦争は彼の心に消し去りがたい影響を与えた. llevar el ～ de la época 時代の刻印を帯びる. ❼ 印, 記号, 符号. ❽ [魔術の] 記号, シンボル. ❾ [生物] 形質: ～ adquirido 獲得形質. ～ heredado (heredado) 遺伝形質. ～ sexual 性徴. ❿ [カトリック] [秘跡による] 霊印. ⓫ [演劇] de ～ [俳優が] 老け役の, 熟年役の. ⓬ [まれ] [家畜の] 焼き印. ⓭ [中南米. 文学, 演劇] 人物, キャラクター [=personaje].
　～ dominante 1) 傲慢な性格: Todos tu rehúyen por su *dominante*. 彼女は横柄な性格だので皆彼女を避ける. 2) [生物] 優性形質
　con ～ de... …として; …の資格で: *con ～ de* excepción 例外として. Llegó *con ～ de* embajador. 彼は大使としてやって来た
　dar ～ a... …を個性的にする; [登場人物などに] 性格づけをする
　de medio ～ 性格のあいまいな
　tener buen ～ おとなしい性格である
　tener ～ 個性的である, 特色がある; 意志が強い: Este es un dibujo infantil, pero *tiene ～*. この絵は幼稚だが, 個性がある. *no tener ～* 無個性である
　tener mal ～ 怒りっぽい性格である

caracterial [karakterjál] 形 [心理] 性格の: análisis ～ 性格分析
caracteriología [karakterjoloxía] 女 =caracterología
caracteriológico, ca [karakterjolóxiko, ka] 形 =caracterológico
caracterismo [karakterísmo] 男 集名 特徴 [=carácter]
característica[1] [karakterística] 女 [←característico] ❶ 特徴, 個性: La hospitalidad es una ～ de los españoles. もてなし好きはスペイン人の特徴の一つである. ～s del arte mozárabe モサラベ芸術の特徴. ❷ [数学] [対数の] 指標. ❸ [物理] 特性 [曲線]. ～ de frecuencia 周波数特性. ❹ [アルゼンチン, ウルグアイ] 市外局番 [=prefijo]
característicamente [karakterístikaménte] 副 ❶ あるべき特徴に従って, 典型的に. ❷ 際立って, 顕著に
característico, ca[2] [karakterístiko, ka] [←carácter] 形 ❶ 特徴的な: animal ～ 標徴動物. cualidad ～*ca* 特質, 特性. personalidad ～*ca* 独特の個性. ruido ～*ca* del motor Diesel ディーゼルエンジン特有の音. ❷ 性格 (個性・特徴・性質) に関する. ❸ [物理, 化学] curva ～*ca* 特性曲線. ecuación ～*ca* 状態方程式
　❶ [演劇] 老け役, 熟年役 [主に女優. 男優は主に barba]

caracterización [karakteriθaθjón] 女 ❶ 性格づけ, 特徴づけ. ❷ [演劇] 役づくり; 扮装, メーキャップ
caracterizado, da [karakteriθáðo, ða] 形 ❶ [西] [人が] 傑出した, 権威のある. ❷ 特徴のはっきりした
caracterizador, ra [karakteriθaðór, ra] 男女 特徴づける
　―― 名 [演劇] メーキャップ係 [=maquillador]
caracterizar [karakteriθár] [←carácter] ❾ 他 ❶ 特徴づける, 性格 (特色) を示す: Lo que le *caracteriza* es su amor al trabajo bien hecho. 彼の特徴は仕事をきちんとするのが好きなことだ. ❷ [演劇] 1) [俳優が人物を] 演じ分ける, 役づくりをする. 2) [俳優に役の] 扮装をさせる. ❸ [職・地位・名誉を与えて]

賞揚する
　――se ❶ [+por・de が] 特徴である: La ciudad se *caracteriza por* sus numerosas iglesias. この町の特色は教会が多いことだ. ❷ [演劇] メーキャップをして衣装をつける
caracterógico, ca [karakterolóxiko, ka] 形 性格学の; 性格の
caracterología [karakterolοxía] 女 ❶ 性格学. ❷ 集名 [一人の人間の] 性格
caracterólogo, ga [karakterólogo, ga] 男女 性格学者
caracú [karakú] 男 ――es/caracuses] ❶ [ボリビア, ラプラタ] 毛が短くしっぽが細い品種の牛 [主に食肉用]. ❷ [チリ, アルゼンチン, ウルグアイ. 料理] [牛などの] 骨髄, 髄入りの骨
　hasta el ～ [アルゼンチン, ウルグアイ. 口語] [関係の深さなどが] 骨の髄まで
caracul [karakúl] 男 =karakul
carado, da [karáðo, ða] *bien* (*mal*) *～* 人相のよい (悪い), 愛想のよい (悪い)
　dar una ～da a+人 [地方語] …に図々しく話しかける
caradriforme [karaðrifórme] 形 チドリ目の
caradura [karaðúra] 男女 [軽蔑, 親愛] 厚かましい [人], 恥知らずな [人] [=cara dura]
caradurez [karaðuréθ] 女 [南米. 口語] 厚顔無恥; 屈託のなさ
carafíta [karáfita] 女 [チリ. 口語] [奇異・賞賛] うわあ, これは驚いた!
caraguata [karagwáta] 女 =caraguatá
caraguatá [karagwatá] 男 [南米. 植物] ヒゴタイサイコ属の一種 [実は食用, 繊維は帯などにする. 学名 Eryngium eburneum]; エクメア属の一種 [学名 Aechmea distichantha]; ブロメリア属の一種 [学名 Bromelia pinguin]
caraguay [karagwáj] 男 [南米. 動物] アルゼンチンテグー [大型のトカゲ]
caragüilla [karagwíka] 形 [チリ] 酒を飲むと性格が変わる
caraipo [karáipo] 男 [南米. 植物] カライパ属の一種 [学名 Caraipa fasciculata]
caraira [karáira] 女 [キューバ. 鳥] カラカラ
caraísmo [karaísmo] 男 [ユダヤ教の] カライ派
caraíta [karaíta] 男女 カライ派の [信者]
caraja [karáxa] 女 ❶ [西. 料理] 雄羊のモルシージャ morcilla. ❷ [カンタブリア] 雑草の一種. ❸ [メキシコ] [ベラクルスの漁船の] 斜桁の横帆
　a la ～ [アンダルシア] 不注意に, おざなりに
carajá [karaxá] 形 男女 [ブラジルの先住民] タパヤ族 [の]
carajada [karaxáða] 女 [西, コロンビア. 口語] ばかげたこと, つまらないこと. ❷ [チリ. 口語] 裏切り [=traición]
carajal [karaxál] 男 [キューバ] 大勢の人; 大量のもの
　un ～ de... [西, メキシコ] たくさんの
carajear [karaxeár] 他 [ペルー] 迷惑をかける
　―― 自 [中南米] 汚い言葉を吐く; ののしる, 毒づく
carajillo [karaxíλo] 男 ❶ [carajo の示小語] [西] カラヒージョ [ブランデーまたはアニス酒などのリキュール入りのコーヒー. =café ～]. ❷ [地方語. 軽蔑] [生意気な] 子供; がき, 鼻たれ小僧. ❸ [チリ] ブドウの搾りかすの蒸留酒
carajito, ta [karaxíto, ta] 男女 [ベネズエラ. 口語] 子供; 若者
carajo[1] [karáxo] 男 [←?ガリシア・ポルトガル語 caralho] 間 ❶ [卑語] [驚き・怒り・侮辱] ばかな, くそったれ, ざまあみろ!: *¡C～, cómo llueve!* ちくしょう, 何てひどい雨降りだ! ❷ [ラプラタ] [驚き] おや, まあ!
　―― 男 [口語] 陰茎 [=pene]. ❷ [地方語] つまらない人物 [*a la vela* を伴って強調]: Ese tipo es un ～ a la vela. そいつは本当にくだらない奴だ
　¡Al ～! [口語] 1) ああ嫌だ!: *¡Al ～* con esta lluvia! この雨のちくしょうめ! 2) どうということはない!
　del ～ 1) [口語] ひどい; すごい, 巨大な: Hace un frío *del ～*. ひどい寒さだ. Su nueva novela es *del ～*. 彼の今度の小説はすごい. 2) [メキシコ, アルゼンチン, ウルグアイ. 口語] [人が] 非常に悪く, ひどく憎い
　en el quinto ～ [考え事で] ぼんやりして
　irse al ～ [口語] [事が] 失敗に終わる: Mi plan se ha ido al ～. 私の計画はおじゃんになった
　mandar al ～ [口語] 1) [冷たく] 突き放す, じゃけんに扱う. 2) 心配の種を絶つ: Voy a *mandar*lo todo *al ～*. 私はすべてのことに踏み切りをつけるつもりだ

Me importa un ~. 私にはどうでもいい
ni un ~ 全然…ない: No entiendo *ni un ~*. 私に分かるわけがない
no valer un ~ 《口語》全く役に立たない(価値がない): Estos billetes ya *no valen un ~*. これらの券はもう一文の価値もない
para el ~ 《メキシコ, アルゼンチン, ウルグアイ. 口語》[人が] 非常に悪く, ひどく悪い《=del ~》
¡Qué ~! [否定・驚き・反意] ¡Pero qué ~ de hombre! それにしても何てひどい男だ!
¡Vete al ~! うんざりだ, くたばれ!
Y un ~. [否定の返答] とんでもない/ばかなことを言うな: ¿Te gusta este trabajo?—*¡Y un ~!* Lo hago para ganarme la vida. この仕事は好きかい?—とんでもない! 生活費を稼ぐためだ

carajo², ja [karáxo, xa] 形 ❶《メキシコ》ごろつき[の]. ❷《ベネズエラ. 隠語》少年, 少女

carajote, ta [karaxóte, ta] 形 名《アンダルシア》ばかな〔人〕

carallo [karáʎo] 男 [carajo の婉曲語] 間 ばかな!

carama [karáma] 女 ❶ 霜《=escarcha》. ❷《ベネズエラ》1)〔川の増水による〕雑草や枝の堆積. 2) 山積み. 3) 鹿の不規則な角; 人の乱杭歯

caramanchel [karamantʃél] 男 ❶《船舶》ハッチカバー. ❷《ベネズエラ》乱雑に積み上げられた物. ❸《エクアドル》物売り台, 屋台. ❹《ペルー》[屋根と柱だけの] 小屋; 避難小屋. ❺《チリ, アルゼンチン. 口語》安食堂

caramanchelero, ra [karamantʃeléro, ra] 名 屋台で売る人

caramanchón [karamantʃón] 男 **=camaranchón**

caramañola [karamaɲóla] 女 ❶《レオン》飲むための筒の付いた器. ❷《南米》〔兵士の持つ〕水筒. ❸《コロンビア, アルゼンチン, ウルグアイ. 自転車》[フレームに取り付ける] 飲み物のボトル. ❹《コロンビア. 料理》ユッカの皮で包んだエンパナーダ empanada

caramba [karámba] **I**《ポルトガル・ポルトガル語 caralho》間 [しばしば qué+] ❶《上品に奇異・賞賛》おやおや! *¡C~!* ¿Tú por aquí? おや, お互いに! ¿Qué ~ está pasando? 一体何が起きているというんだ? ❷《怒り》いやはや, 全く!: ¡[Qué] C~ con este coche! いやはやこんなひどい車だ! Pero, ~, esto no puede ser. しかし, 全く, こんなはずがない
II 女 [18世紀末ごろの女性の] かぶりもの cofia の上に付ける髪飾り

carambanado, da [karambanádo, ða] 形 凍った, つららになった

carámbano [karámbano] 男《←俗ラテン語 calamulus <ラテン語 calamus「茎」》男 ❶ つらら, 氷柱: Cuelgan ~s del tejado. 屋根からつららが下がっている. ❷ [つららのような] 冷たさ: estar hecho un ~ [人が] とても寒い. ❸《ニカラグア. 植物》モミイロナンバンサイカチ《=carao》
~s 《口語》[間投詞的] おやおや!《=caramba》

carambillo [karambíʎo] 男《植物》オカヒジキ《=caramillo》

carambola [karambóla] 女 ❶《ビリヤード》キャノン, キャロム. ❷《南米》まぐれ, 僥倖. ❸《口語》罠, トリック. ❹《果実》ゴレンシ. ❺《トランプ》ルヴェルシ revesino で盃のエースと馬を一度に取る事. ❻《狩猟》一回の射撃で2つの獲物を殺すこと. ❼《メキシコ》玉突き衝突
¡C~s! 《ペルー, ボリビア. 婉曲》《不快な驚き》ひどい!
de ~ 《口語》1) 偶然に・の, まぐれで・の: Lo supe *de ~*. 私は偶然にそのことを知った. gol *de ~* まぐれのゴール. 2) 間接的に, 遠回しに
por ~ 《口語》**=de ~**
—— 間 おやおや!《=caramba》

carambolear [karamboleár] 自《ビリヤード》キャノンをする
—— *~se* 《チリ》酔っぱらう

carambolero, ra [karamboléro, ra] 名 **=carambolista**

carambolista [karambolísta] 名《ビリヤード》❶ キャノンの上手な人; キャノンをよくする人. ❷ プレーヤー

carambolo [karambólo] 男《植物》ゴレンシ

carambú [karambú] 男《隠語》懲罰房

caramel [karamél] 男 ❶《魚》地中海産のイワシの一種〔食用. 学名 Maena sumaris〕. ❷《古語. 菓子》あめ《=caramelo》

caramelear [karameleár] 自《プエルトリコ》口車にのせる, 丸め込む. ❷《コロンビア. 口語》[言い訳をして] 解決を後回しにする

caramelero, ra [karameléro, ra] 名 キャンデー売り

caramelizar [karamelitθár] 他《料理》❶…にカラメルソース

をかける. ❷ [砂糖を] カラメル状にする

caramellas [karaméʎas] 女 複《音楽》[カタルーニャ地方の] セレナード

caramelo [karamélo] 男《←ポルトガル語 caramelo <ラテン語 calamullus < calamus「茎」》男 ❶《菓子》あめ, ドロップ, キャンデー: ~ balsámico のどあめ. ~ de limón レモンあめ. ~ masticable (blando) キャラメル. ❷《料理》カラメル[ソース]: jarabe de ~ キャラメルシロップ. ❸《口語》抗しがたいもの: Aunque es un trabajo duro, su sueldo es un ~. つらい仕事だが給料はは抗しがたい. ❹《フィリピン》カルメラ状の菓子《=azucarillo》
a punto de ~ 1) カラメル状の. 2)《西》[+para にとって] よい潮時の, 万全の状態の, 理想的な, 大変良い: Le ha hablado de ti a mi jefe mi hermana *a punto de ~ para* que te contrate. 君のことを上司に話しておいたから, 雇ってはしければ今がチャンスだ. Lo tenía *a punto de ~ para* la fiesta, pero llegaron sus vecinos y lo estropearon. 彼が準備したパーティーは楽しくなるはずだったのに, 近所の人たちが参加して台なしにした
de ~ とても良い, すばらしい, すてきな
—— 形 あめ色の, キャラメル色の

caramente [káramente] 副 ❶ 高い値段で《=costosamente》. ❷ 熱心に《=encarecidamente》. ❸ [誓約書の文言で] 厳しく《=rigurosamente》

caramida [karamíða] 女 磁鉄鉱, 天然磁石

caramiello [karamjéʎo] 男《アストゥリアス, レオン》[女性用の] 尖ったかぶりもの〔帽子〕

caramilla [karamíʎa] 女 **=calamina**

caramillar [karamiʎár] 男 オカヒジキの群生地

caramilleras [karamiʎéras] 女 複《カンタブリア》自在鉤《=llares》

caramillo [karamíʎo] 男《←ラテン語 caramellus》男 ❶《音楽》1) [骨・木・葦などで作った, 高音の] 笛. 2) サンポーニャ《=zampoña》. ❷《西》うわさ話, 陰謀; 空騒ぎ: levantar (armar・mover) *~s* ゴシップを流す. Por cualquier tontería arma un ~. 彼はどんなつまらないことでも騒ぎ立てる. ❸《植物》オカヒジキ. ❹《雑穀を積み上げ, 積み上げた》山

caramilloso, sa [karamiʎóso, sa] 形《口語》神経が過敏な, 神経の細かい《=quisquilloso》

caramujo [karamúxo] 男 ❶《貝》ニシキウズガイ, タマキビガイ〔船底に付く巻き貝〕. ❷《植物》**=escaramujo**

caramullo [karamúʎo] 男《アラゴン》容器からあふれた部分

caramuzal [karamuθál] 男《船舶》3檣で船尾の高いトルコの商船

carancho [karántʃo] 男《鳥》❶《ペルー, ボリビア, チリ, アルゼンチン, ウルグアイ》カラカラ《=caracará》. ❷《ペルー》ミミズク《=búho》

carandaí [karandaí] 男《アルゼンチン. 植物》ブラジルロウヤシ

Carande [karánde]〔人名〕**Ramón ~** ラモン・カランデ〔1887~1986. スペインの経済史家.『カール5世とその銀行家達』*Carlos V y sus banqueros*〕

carandero [karandéro] 男《植物》セイロン島産の小型のヤシ

caranegra [karanégra] 形《アルゼンチン》oveja ~ 頭の黒い品種の羊
—— 男《コスタリカ, コロンビア, ベネズエラ. 動物》黒色のクモザル

carángano [karáŋgano] 男 ❶《中米, キューバ, アンデス. 口語》シラミ《=piojo》. ❷《コロンビア, ベネズエラ. 音楽》カランガノ《弦とパーカッションを組み合わせた民俗楽器》

carangueño, ña [karaŋgéɲo, ɲa] 形 名 カランガス Carangas の〔人〕《ボリビア, オルーロ Oruro 県の町》

carantamaula [karantamáula] 女 ❶ 恐ろしい顔の仮面. ❷ 厚化粧した女.《廃語》醜い顔の人

carantoña [karantóɲa] 女《←古語 carántula》女 [主に 複] ❶《西》甘える仕草, 愛撫, ご機嫌取り: La madre está haciendo *~s* al bebé. 母親が赤ん坊をあやしている. hacerse ~ 互いに愛撫する. ❷《まね》醜い顔の人; 厚化粧をした醜い老女. ❸《地方語》しかめ面

carantoñero, ra [karantoɲéro, ra] 形 名《西. 口語》ご機嫌取りをする〔人〕

carao [karáo] 男《中米》❶《植物》モミイロナンバンサイカチ. ❷《鳥》ツルモドキ

caraota [karaóta] 女《ベネズエラ. 植物, 豆》インゲンマメ, ぶちインゲンマメ

carapa [karápa] 女《カリブ. 植物》アンディロバ〔学名 Carapa guianensis〕

carapachay [karapatʃáj] 男 ❶《ラプラタ. 古語》パラナ川の三角州の先住民. ❷《アルゼンチン, パラグアイ》炭焼き職人, きこり

carapacho [karapátʃo] [←carapazón] 男 ❶《カニ, カメなどの》甲殻, 甲羅. ❷《地方語》コルク製の椀. ❸《キューバ. 料理》殻付きのエビ・カニの詰め物. ❹《エクアドル. 料理》詰め物をしたカニの甲羅の煮込み. ❺《ペルー》種 Huánaco 県の先住民族

carapálida [karapálida] 名《中南米》青白い顔の人

carapato [karapáto] 男 ヒマシ油

carape [karápe] 間《まれ》おやおや![=caramba]

carapegüeño, ña [karapegéɲo, ɲa] 形 名《地名》カラペグア Carapeguá の[人]《パラグアイ, パラグアリ県の町》

carapico [karapíko] 男《植物》ギアナ特有のアカネ科の一種

carapintada [karapintáda] 形《中南米》クーデター派の[軍人]

carapopela [karapopéla] 男《南米. 動物》[ブラジル産の] 猛毒のトカゲ

carapucho [karapútʃo] 男 ❶《アストゥリアス. 服飾》フード[=capucho], へんてこな帽子. ❷《ペルー. 植物》イヌゲシ《種は酔いと精神錯乱を引き起こす》

carapulca [karapúlka] 女《ペルー. 料理》肉・ジャガイモ・トウガラシの煮込み

caraqueño, ña [karakéɲo, ɲa] 形 名《地名》カラカス Caracas の[人]《ベネズエラの首都》

carasol [karasól] [←cara+al+sol] 男 日なた[=solana]

carasolero, ra [karasoléro, ra] 形 名《ラマンチャ》暇な[人]

carat [kará] [←仏語] 男《複 ~s》カラット[=quilate]

carate [karáte] 男 ❶《医学》1) 斑点病, ピンタ. 2)《コロンビア》=**caratea**. ❷《パナマ》黒と白の斑点のある灰色がかった鶏

caratea [karatéa] 女《コロンビア, ベネズエラ, エクアドル. 医学》高温多湿な地域に特有の腺病, 癜癬

carato [karáto] 男 ❶《中南米. 植物》ウイト, チブサノキ[=jagua]. ❷《ベネズエラ. 飲料》カラート《米またはトウモロコシの粉・パイナップルまたはトゲバンレイシのジュース・砂糖・水で作る》

carátula [karátula] [←古語 carátura < ラテン語 character「魔法の印」] 女 ❶ 仮面[=máscara]. ❷ [la+] 役者稼業: mundo de la ~ 舞台, 演劇. ❸ 厚かましさ, 表情. ❹ 顔つき, 表情. ❺ [本の] カバー, [CD・ビデオなどの] ジャケット [本の表側]. ❻《メキシコ, グアテマラ》[時計の] 文字盤. ❼《アルゼンチン, ウルグアイ》[本の] 扉, [新聞の] 第1面, [雑誌の] 表紙[=portada], [ファイルの] ラベル, [一件書類の] 件名

caratulado, da [karatuládo, da] 形 仮面をかぶった

caratular [karatulár] 他 ❶《アルゼンチン, ウルグアイ》[一件書類に] 件名をつける. ❷ [本に] 扉をつける. ❸ 顔を仮面で覆う. ❹ 形容する, 描写する

caratulero, ra [karatuléro, ra] 名 仮面の製造[販売]者

caraú [karaú] 男《アルゼンチン. 鳥》ツルモドキ

carava [karába] 女 農民たちの祭り

caravana [karabána] [←ペルシア語 karawan「馬の隊列」] 女 ❶ キャラバン, 隊商《アジア・アフリカなどでラクダでなど, 乗った商人・巡礼者などの一団》: ciudad de las ~s キャラバン都市. ❷ 共にする一団, 一緒に移動する動物や馬車の一団《主に野山を一緒に移動する人々の群れ. ❸ [車などの] 長い行列: Hay ~ en la carretera. 道路は渋滞している. ❹《西. 自動車》[主に~牽引式の] キャンピングカー, トレーラーハウス. ❺《歴史》[聖ヨハネ騎士団 orden militar de San Juan de Jerusalén・マルタ騎士団 orden de Malta の騎士の] 初陣. ❻《メキシコ, ホンジュラス》お辞儀[=reverencia]. ❼《キューバ》[鳥を捕える] 罠. ❽《チリ, アルゼンチン, ウルグアイ》複 イヤリング

correr [*las*] ~*s* 1)《歴史》[聖ヨハネ騎士団の新人が] 3年間軍務につく. 2) 任務を果たす

en ~ 隊列を作って; 数珠つなぎになって: Fuimos *en* ~ por la autopista 私たちは高速道路で数珠つなぎになっていた

hacer [*las*] ~*s* = *correr* [*las*] ~*s*

caravanero, ra [karabanéro, ra] 名 キャラバンの, 隊商の
—— 名 キャラバンの統率者
—— 女 [中庭のある] 大きな隊商宿

caravaning [karabáníŋ] [←英語 caravan] 男《西》キャンピングカーでの旅行[キャンプ]

caravansar [karabansár] 男 =**caravasar**

caravaqueño, ña [karabakéɲo, ɲa] 形 名《地名》カラバカ・デ・ラ・クルス Caravaca de la Cruz の[人]《ムルシア県の町》

caravasar [karabasár] [←ペルシア語 carawansarai] 男《中東の》キャラバンサライ, 隊商宿

caravinagre [karabinágre] 男《口語》不機嫌な顔の人
—— 男《軽蔑》国境[沿岸] 警備隊員[=carabinero]

caray [karáj] 間 おやおや![=caramba]
—— 男 =**carey**

carayá [karajá] 男《コロンビア, ボリビア, アルゼンチン, パラグアイ. 動物》ホエザル[=aullador]

carbalí [karbalí] 形《複 ~es》=**carabalí**

carballés, sa [karbaʎés, sa] 形 名《地名》カルバリョ Carballo の[人]《ラ・コルーニャ県の町》

carballinés, sa [karbaʎinés, sa] 形 名《地名》カルバリノ Carballino の[人]《オレンセ県の村》

carballo [karbáʎo] 男《地方語. 植物》ヨーロッパナラ[=roble albar]

carballón [karbaʎón] 男《植物》褐色植物の一種《学名 Ficus serratus》

carbamida [karbamída] 女《化学》カルバミド

cárbaso [kárbaso] 男 ❶《繊維》とても細い亜麻の一種《プリニウス Plinio によると最初にスペインで発見された》; その種の亜麻でできた衣類. ❷《詩語》白い帆

carbayón, na [karbajón, na] 形 名《口語》オビエド Oviedo の[人]

carbinol [karbinól] 男《化学》❶ カルビノール. ❷ メチルアルコール

carbocha [karbótʃa] 女《エストレマドゥラ》焼き栗

carbochera [karbotʃéra] 女《エストレマドゥラ》栗を焼く鍋

carbodinamita [karbodinamíta] 女《化学》ニトログリセリンを原料とする爆薬

carbógeno [karbóxeno] 男《薬学》カルボゲン

carbohidrato [karboidráto] 男《化学》炭水化物[=hidrato de carbono]

carbol [karból] 男《化学》フェノール[=fenol]

carbólico, ca [karbóliko, ka] 形《化学》コールタール性の[=fénico]

carbolíneo [karbolíneo] 男《薬学》カーボリニウム

carboloy [karbolój] [←商標] 男《金属》カーボロイ

carbón [karbón] [←ラテン語 carbo, -onis] 男 ❶ 炭, 石炭[=~ mineral, ~ de piedra. →hulla 類義]; 木炭[=~ vegetal, ~ de leña]: ~ animal 骨炭. ~ de arranque 木の根で作った木炭. ~ de bola 炭団(な). ~ de canutillo 小枝で作った木炭. ~ térmico ボイラー用炭, 一般炭. negro como el ~ 真っ黒な. ❷《美術》=**carboncillo**. ❸《植物》黒穂病. ❹ copia al ~ カーボン紙による写し. ❺《薬学》木炭. ❻ [モーターの] ブラシ. ❼《コロンビア》炭疽病

al ~ 1)《料理》炭火焼きの. 2)《美術》木炭画の: retrato *al* ~ 木炭画の肖像

Se acabó el ~.《キューバ》[活動・演説などの終了の表明] はい, おしまい

carbonado, da [karbonádo, da] 形《化学》炭素原子を含む
—— 男《鉱物》カルボナード, 黒ダイヤ
—— 女 ❶ [ボイラーなどに入れる大量の] 一回分の石炭. ❷《料理》1) カルボナード《牛肉と玉ネギのビール煮込み》. 2)《菓子》牛乳・卵のラード揚げ. 3)《南米》肉・米・カボチャ・ジャガイモ・トウモロコシ入りのシチュー

carbonalla [karbonáʎa] 女 反射炉の炉床を作るための砂・粘土・炭の混合物

carbonar [karbonár] 他 炭を作る, 炭にする
—— ~*se* 炭になる

carbonara [karbonára] [←伊語] 女《料理》カルボナーラソース: espaguetis a la ~ スパゲッティ・カルボナーラ

carbonario, ria [karbonárjo, rja] 形 名《歴史》カルボナリ党の[党員]

carbonarismo [karbonarísmo] 男《歴史》カルボナリ党, 炭焼き党《イタリア・フランスで19世紀に結成された秘密政治結社. スペインでは1858年に結成》

carbonatación [karbonataθjón] 女《化学》炭酸塩化

carbonatado, da [karbonatádo, da] 形《化学》炭酸と結合した: cal ~ 炭酸石灰

carbonatar [karbonatár] 他 ❶《化学》炭酸塩化させる. ❷ 炭酸ガスを飽和させる; [飲料]を ソーダにする
—— ~*se*《化学》炭酸塩化する

carbonatita [karbonatíta] 女《鉱物》カーボナタイト

carbonato [karbonáto] 男《化学》炭酸塩: ~ cálcico 炭酸カルシウム. ~ de sodio 炭酸ナトリウム

carboncilla [karbɔnθíʎa] 囡 木炭の粉 〖=carbonilla〗

carboncillo [karbɔnθíʎo] 閺〖carbón の示小語〗❶〘美術〙1)［デッサン用の］木炭. 2) 木炭画 [=dibujo al ～]. ❷［小麦につく］黒穂病菌〖=tizón〗. ❸ 日光の作用で黒くなった砂. ❹《コスタリカ. 植物》ネムノキ科の木〖学名 Inga grandiflora〗. ❺《キューバ, チリ》生焼けの炭

carbonear [karbonear] 他 ❶ …から木炭を作る. ❷ ［船に］石炭を積む. ❸《チリ》けんかをあおる

carbonéo [karbonéo] 閺 炭焼き, 木炭作り

carbonera[1] [karbonéra] 囡 ❶ 石炭貯蔵庫; 木炭置き場. ❷ ［粘土で覆った］炭火（木炭製用の薪）の山, 炭焼き窯. ❸《植物》1) カワリハツ〖食用のキノコ〗. 2)《ホンジュラス》園芸植物の一種〖学名 Pithecolobium brevifolium〗. ❹《コロンビア》炭鉱. ❺《チリ》炭水車の石炭部分

carbonería [karbonería] 囡 炭店; 石炭集積場

carbonerillo [karboneríʎo] 閺《地方語. 鳥》ヒガラ〖=carbonero garrapinos〗

carbonero, ra[2] [karbonéro, ra] ❶ 炭の; 石炭の. ❷《チリ》けんかをあおる
　　—— 囡 炭焼き, 炭売り
　　—— 閺 ❶ 石炭運搬船 [=barco ～]. ❷《鳥》1) シジュウカラ [=paro ～, común]. ❷ ～ garrapinos ヒガラ. ～ palustre ハシブトガラ. ❸《地方語》モリフクロウ. ❸《魚》セイス（タラの一種. 食用）. ❹《カリブ. 植物》フウチョウソウ科の一種〖学名 Capparis jamaicensis〗
de (l) ～《軽蔑》盲信的な: fe del ～ 素朴な信仰

carbónico, ca [karbóniko, ka]〘化学〙炭素の, 炭素を含有する; 炭酸の: ácido ～ 炭酸. agua ～ca 炭酸水. bebida ～ca 炭酸飲料. gas ～ 炭酸ガス ❷《チリ, アルゼンチン, ウルグアイ》カーボン紙〖=papel ～〗

carbónidos [karbónidɔs] 閺 複 炭化物

carbonífero, ra [karboníffero, ra] ❶ 石炭の; 石炭質の: industria ～ 石炭産業. terreno ～ 石炭質の土地. yacimiento ～ 炭田. ❷ 石炭紀の
　　—— 閺〘地質〙石炭紀

carbonilla [karboníʎa] 囡 ❶ 不可算 木炭の粉, ［燃え残りの］石炭殻. ❷［ラプラタ］［デッサン用の］木炭 [=carboncillo]

carbonilo [karboníʎo] 閺〘化学〙カルボニル基

carbonita [karboníta] 囡《軍事》発破用の爆薬

carbonización [karboniθaθjón] 囡〘化学〙炭化

carbonizar [karboniθár] 他〖←carbón〗 9 黒焦げにする, 焼き尽くす: Ellos murieron *carbonizados*. 彼らは焼死した. ❷〘化学〙炭化させる
　　—— **～se** ❶ 黒焦げになる: Dejé el pollo en el horno y *se me carbonizó*. 私は鶏肉をオーブンに入れっぱなしにして黒焦げにしてしまった. ❷［建物が］全焼する. ❸〘化学〙炭化する

carbono [karbóno] 閺〘元素〙炭素: acero de ～ 炭素鋼. ciclo del ～ 炭素サイクル. ～ 14 炭素14［年代測定法］

carbonoso, sa [karbonóso, sa] 炭素を含む; 炭素状の, 炭に似た

carborundo [karborúndo] 閺〘化学〙カーボランダム, 炭化硅素

carborundum [karborúndun]〖←商標〗閺 =**carborundo**

carboxílico, ca [karbɔ(k)síliko, ka] カルボキシル基の（に属する）

carboxilo [karbɔ(k)sílo] 閺〘化学〙カルボキシル基

carbuncal [karbuŋkál] 閺 炭疽症の

carbunclo [karbúŋklo] 閺 ❶ =**carbúnculo**. ❷ 炭疽症 [=carbunco]

carbunco [karbúŋko] 閺 ❶〘獣医, 医学〙炭疽症, 脾脱疽: ～ sintomático 気腫疽, 黒脚疽. ❷《コスタリカ. 昆虫》ホタルコメツキ [=cocuyo]

carbuncosis [karbuŋkósis] 囡〘医学〙炭疽症の感染

carbuncoso, sa [karbuŋkóso, sa] 炭疽症の; 炭疽症にかかった

carbúnculo [karbúŋkulo] 閺〘鉱物〙ざくろ石, カーバンクル

carburación [karburaθjón] 囡 ❶［燃料の］気化. ❷《金属》浸炭

carburador [karburaðór] 閺〘自動車〙キャブレター, 気化器

carburante [karburánte] 炭化水素を含む
　　—— 閺〘内燃機関用の〙燃料

carburar [karburár] 他〖←carburo〗自 ❶ 燃料を気化する: El coche *carbura* mal. 車はキャブレターの調子が悪い. ❷《口語》［人・事物が］正常に機能する《主に否定文で》: Mi cerebro no *carbura* bien por este clima. この気候のせいで私の頭はちゃんと動かない. ❸《口語》［人が］収入が高い
　　—— 他〘燃料を〙気化する

carburata [karburáta] 閺《口語》=**carburador**

carburero [karburéro] 閺 カーバイドランプ

carburina [karburína] 囡 油性のしみ抜きに用いられる二硫化炭素

carburo [karbúro] 閺〖←ラテン語 carbo〗 ❶〘化学〙炭化物; ［特に］カーバイド. ❷ カーバイドランプ

carca [kárka] **I** 〖carcundia の省略語〗❶《西. 軽蔑》［宗教的に］保守的な[人], 反動的な[人], 古臭い[人]: mentalidad ～ 保守的な気質. ❷〘歴史〙カルリスタ[の] [=carlista]
II〖←ケチュア語〙囡《中南米》チチャ chicha を作る鍋

carcagentino, na [karkaxentíno, na] 〘地名〙カルカヘンテ Carcagente の[人]（バレンシア県の町）

carcaj [karkáx] 閺〖←古ほ語 carcais < フランス語 tarkas〗閺 ❶《古語》箙（えびら）, 矢筒 [=aljaba]. ❷［宗教行列で］持った十字架の下端を納める革袋. ❸《中南米》ライフル銃を納める革製の鞍袋

carcajada [karkaxáða]〖←アラビア語 qahqah「激しい笑い」〗囡 大笑い, 爆笑: reír[se] a ～s 大声で笑う
a ～ limpia (tendida) [激しく・長く] 大笑いして: *Disfrutamos a ～ limpia la película*. 私たちは大笑いしながらその映画を楽しんだ
soltar una ～ 爆笑する: *Soltó una ～ al oír mi respuesta*. 彼は私の返答を聞いて大笑いした

carcajeante [karkaxeánte] ❶ 大笑いする. ❷ 大笑いさせる

carcajear [karkaxeár]〖←carcajada〗自 大笑いする, 大声で笑う [=～se]: Pasamos esa tarde *carcajeando* con sus chistes. 私たちはその日の午後を彼のジョークで大笑いしながら過ごした
　　—— **～se** ❶ 大笑いする, 大声で笑う. ❷ [+de を] ばかにする, 問題にしない: Los del barrio *se carcajearon de* nuestras advertencias. 町内の人々は私たちの警告を一笑に付した

carcajeo [karkaxéo] 閺 大笑いすること

carcamal [karkamál] 閺 ❷《軽蔑》老いぼれ[の]《時に動物について》

carcamán, na [karkamán, na] **I** 〖←cárcamo〗 閺〘船舶〙粗悪で重い大型船
II ❶《メキシコ, ペルー, アルゼンチン, ウルグアイ. 軽蔑》［意地悪な］老人, 老いぼれ[の]
　　—— 閺《メキシコ》3個のさいころを使う数当て賭博
　　—— ❶《キューバ》［地位の低い］外国人. ❷《ペルー, アルゼンチン》1)［特に取り柄のない］うぬぼれ屋[の]. 2) =**carcamal**. ❸《アルゼンチン》イタ公（イタリア人に対する軽蔑的なあだ名）

cárcamo [kárkamo] 閺 =**cárcavo**

carcañal [karkaɲál] 閺 =**calcañar**

carcasa [karkása]〖←仏語 carcasse〗囡 ❶［器具・建物の］骨組み, フレーム;（技術, 情報）ケーシング;［タイヤの］カーカス [=～ radial]. ❷ 打ち上げ花火; その打ち上げ装置. ❸ 焼夷（しょうい）弾. ❹《口語》［人間の］体. ❺《鳥》の骨格

cárcava [kárkaβa] 囡 ❶［水の浸食でできた大きな］溝, 雨裂; 細流. ❷［堡塁の］堀, 壕. ❸ 墓穴

carcavera [karkaβéra] 囡《まれ》売春婦

carcavina [karkaβína] 囡 =**cárcava**

carcavón [karkaβón] 閺 ❶《キューバ》［水車の］軸箱が回転する隙間. ❷《地方語》=**cárcava**

carcavuezo [karkaβwéθo] 閺 地面にできた深い穴

carcax [karká(k)s] 閺 ❶ =**carcaj**. ❷ ブレスレット, アンクレット

carcaza [karkáθa] 囡 矢筒 [=aljaba]

cárcel [kárθel]〖←ラテン語 carcer, -eris〗囡 ❶ 刑務所, 牢獄: ir a la ～ 刑務所に入る. visita de ～[es]［裁判所・裁判官などによる］刑務所監, 刑務所査察. ❷［刑罰としての］収監: Fue condenado a tres años de ～. 彼は禁固3年の判決を受けた. pena de ～ con trabajo forzado 懲役刑. ❸［牢獄のような］居心地の悪い場所. ❹《木工》かすがい, 締付け金具. ❺《セゴビアなど》［薪を売る時の］薪の計量単位. ❻ 小扉 compuerta の通る溝

carcelaje [karθeláxe] 閺《古語》［囚人が刑務所を出る時に払う］出所料

carcelario, ria [karθelárjo, rja] 刑務所の: vida ～ria 刑

務所生活

carcelera[1] [karθeléra]〖女〗《フラメンコ》カルセレラ〘囚人の労働や嘆きをテーマとする歌〙

carcelería [karθelería]〖女〗❶ 強制的な身柄の拘束〘収監されない場合も〙: guardar 〜 [罪人が] 拘束されている場所から出ない. ❷ 保釈金〘=fianza carcelaria〙. ❸《古語》〖集名〙収監されている犯罪者

carcelero, ra[2] [karθeléro, ra]〖形〙❶ =**carcelario**. ❷ fiador 〜 身元引受人, 保釈保証人. fianza 〜ra 保釈金
—〖男〙看守, 刑務官

carchense [kartʃénse]〖形〙《地名》カルチ Carchi の〔人〕〘エクアドル北部の県〙

carchi [kártʃi]〖男〙《コロンビア》塩漬け肉

carcino-〖接頭辞〕❶〔癌, 腫瘍〕carcinología 甲殻類学. ❷〔甲殻類〕carcinología 甲殻類学

carcinofobia [karθinofóbja]〖女〙癌恐怖症〘=cancerofobia〙

carcinogénesis [karθinoxénesis]〖女〙《医学》発癌, 癌の発生

carcinogenético, ca [karθinoxenétiko, ka]〖形〙《医学》発癌性の

carcinogénico, ca [karθinoxéniko, ka]〖形〙《医学》発癌性の〘=carcinógeno〙

carcinógeno, na [karθinóxeno, na]〖形〙《医学》発癌性の: El tabaco es 〜. たばこは発癌性がある. substancias 〜nas 発癌性物質
—〖男〙発癌性物質

carcinoide [karθinójðe]〖男〙《医学》カルチノイド

carcinología [karθinoloxía]〖女〙甲殻類学

carcinológico, ca [karθinolóxiko, ka]〖形〙甲殻類学の; 甲殻類の

carcinoma [karθinóma]〖男〙《医学》癌腫, 悪性腫瘍

carcinomatoide [karθinomatójðe]〖形〙《医学》癌腫に似た

carcinomatosis [karθinomatósis]〖女〙《医学》癌腫症

carcinomatoso, sa [karθinomatóso, sa]〖形〙癌の, 癌性の〘=canceroso〙

cárcola [kárkola]〖女〙〔織機の〕ペダル, 踏み板〘=premidera〙

carcoma [karkóma]〖女〙❶《〜?昆虫》キクイムシ; その幼虫が木材を食べて出す粉. ❷ むしばむもの; [心をさいなむ] 不安. ❸ 金食い虫, 財産を食いつぶす人・もの

carcomer [karkomér]〖他〙❶〔=carcoma〕[虫が木材を] 食い荒らす: Esta escultura de madera está carcomida. この木像は虫に食われている. ❷ むしばむ; さいなむ: El cáncer carcomió su salud. 癌が彼の健康をむしばんだ. Los remordimientos lo carcomen. 彼は自責の念にさいなまれている.
— 〜se [+de に] むしばまれる; さいなまれる: Mi corazón se carcome de envidia. 私の心は羨望の念にさいなまれている

carcomiento, ta [karkomjénto, ta]〖形〙食い荒らす; むしばむ

carcón [karkón]〖古語〙轎(ｷｮｳ) silla de manos の取り手首掛け, 端の輪に担い棒を通す〙

carcoso, sa [karkóso, sa]〖形〙《西. 軽蔑》保守的な, 反動的な

cárcova [kárkoβa]〖女〙外側に堀のある囲い

carcunda [karkúnda]〖形〙〖名〙《西. 軽蔑》保守的な〔人〕〘=carca〙

carcundia [karkúndja]〖女〙《西》保守的, 反動派

carda [kárða]〖女〕〔←cardar〕❶ 梳毛, ❷ 梳毛機, カード; 梳毛用のくし. ❸ 梳毛業. ❹ たしなめ, 叱責. ❺《古語. 船舶》小型ガレー船 galeota に似た船
dar una 〜 **a**〈人〉…を強く叱る: La madre dio una buena 〜 a sus hijos por romper la ventana. 母親は窓を割ったとで子供たちをとてもきつく叱った
de 〜 〔羊毛が〕繊維が短く不規則な
de la 〜 〘まれ〙〔人が〕いかがわしい
gente de 〔**la**〕 〜 〘まれ〙悪事に手を染める梳毛職人
Todos somos de la 〜. 《軽蔑》我々はみな同じ状況〘同類〙

cardada [karðáða]〖女〙梳毛一回分の羊毛

cardado [karðáðo]〖男〙梳毛; 逆毛を立てること

cardador, ra [karðaðór, ra]〖名〙けば立て職人
— 〖男〙《昆虫》ヤスデ
— 〖女〙けば立て機

cardadura [karðaðúra]〖女〙〔羊毛の〕梳毛

cardal [karðál]〖男〙アザミなどの雑草の繁茂地〘=cardizal〙

cardamina [karðamína]〖女〙《植物》コショウソウ〘=mastuerzo〙

cardamomo [karðamómo]〖男〙《植物, 香辛料》カルダモン, ショウズク

cardan [kárðan]〖男〙《技術》❶ カルダン継ぎ手〘=junta 〜〙. ❷ カルダン軸; 直交軸のサスペンション

cardán [karðán]〖男〙=**cardan**

cardancha [karðántʃa]〖女〙《地方語. 植物》オニナベナ〘=cardencha〙

cardar [karðár]〖←cardo〕〖他〙❶ 〔羊毛などを〕梳(ｽ)く: algodón cardado 梳かれた綿. ❷〔フェルト布などを〕けば立てる. ❸ 〔髪に〕逆毛を立てる
— 〜se 〔自分の髪に〕逆毛を立てる

cardario [karðárjo]〖男〙《魚》エイの一種〘学名 Raja fullonica〙

cardelina [karðelína]〖女〙《鳥》ゴシキヒワ〘=jilguero〙

cardenal[karðenál] **I**〔←cárdeno〕〖男〙❶〔打撲による〕あざ: Se hizo (Le salió) un 〜 en el brazo. 彼は腕にあざを作った
II〔←ラテン語 cardinalis「主要な」〕〖男〙❶《カトリック》1) 枢機卿(ｷｮｳ): Los 〜es eligieron al nuevo papa. 枢機卿たちは新しい教皇を選出した. cuerpo de 〜es 枢機卿団. 2) 〜 de Santiago サンティアゴ・デ・コンポステラ司教座聖堂参事会員. ❷《鳥》ショウジョウコウカンチョウ. ❸《チリ》ゼラニウム〘=geranio〙

Cardenal [karðenál]《人名》**Ernesto** 〜 エルネスト・カルデナル〘1925〜, ニカラグアの詩人・聖職者. 独裁者ソモサ Somoza を批判したために迫害を受け, ソモサ失脚後, 政治に携わる. 深い信仰心に裏付けられた数多くの詩を書く. 物質文明を批判し, 素朴な生き方を讃える彼の詩は多くの詩人・作家に影響を与えている〙

cardenalato [karðenaláto]〖男〙《医学》枢機卿の地位

cardenalicio, cia [karðenalíθjo, θja]〖形〙枢機卿の

Cárdenas [kárðenas]《人名》**Lázaro** 〜 ラサロ・カルデナス〘1895〜1970, メキシコの政治家, 大統領(1934〜40). 穏健な社会主義政策を進め, 農地改革, 鉄道・石油産業の国有化を実施, トロツキー Trotski など亡命者を受け入れた〙

cardencha [karðéntʃa]〖女〙❶《植物》オニナベナ, ラシャカキグサ. ❷ 梳毛機〘=carda〙

cardenchal [karðentʃál]〖男〙オニナベナの群生地

cardenense [karðenénse]〖形〙〖名〙《地名》カルデナス Cárdenas の〔人〕〘キューバの Matanzas 県の県都〙

cardenilla [karðeníʎa]〖女〙小粒で紫がかったブドウの一種

cardenillo [karðeníʎo]〖男〙❶〖不可算〙緑青(ﾛｸｼｮｳ): criar el 〜 緑青が出る. ❷〔化学〕酢酸銅〔顔料になる〕. ❸〔酢酸銅に似た〕明るい緑色

cárdeno, na [kárðeno, na]〔←ラテン語 cardinus「青みがかった」〕〖形〙〖男〙❶ 紫色(の), 暗紫色(の)〘=amoratado〙: labios 〜s a causa del frío 寒さで紫色になった唇. ❷〔闘牛〕牛の毛が灰色がかった, 白黒混ざった. ❸〔水が〕乳白色の

cardería [karðería]〖女〙❶ 梳毛業場. ❷ 梳毛ぐし製作場

cardero [karðéro]〖男〙梳毛ぐし製造者

carderola [karðeróla]〖女〙《ウエスカ. 鳥》ゴシキヒワ〘=jilguero〙

cardi-〔接頭辞〕=**cardio-**: cardiáceo ハート形の

cardia [kárðja]〖女〙《解剖》=**cardias**

-cardia〔接尾辞〕〔心臓〕taquicardia 頻脈

cardiaca[1] [karðjáka]〖女〙=**cardíaca**[1]

cardíaca[1] [karðíaka]〖女〙《植物》モミジバキセワタ, ヨウシュメハジキ, マザーワート

cardiáceo, a [karðjáθeo, a]〖形〙ハート形の

cardiaco, ca[2] [karðjáko, ka]〖形〙〖名〙=**cardíaco**

cardíaco, ca[2] [karðíako, ka]〔←ラテン語 cardiacus < ギリシア語 kardiakos < kardía「心臓」〕〖形〙❶《医学》心臓の: válvula 〜ca 心臓弁. vena 〜ca 心臓静脈. ❷ 心臓病の; 心臓病患者の. ❸《戯語》心の; 恋愛報道の: revista 〜ca 扇情的な雑誌

cardial [karðjál]〖形〙《医学》心臓の

cardialgia [karðjálxja]〖女〙《医学》噴門痛, 心臓痛, 胸焼け

cardiálgico, ca [karðjálxiko, ka]〖形〙噴門痛の, 心臓痛の, 胸焼けの

cardias [kárðjas]〖男〙〖単複同形〙《解剖》噴門

cardiectasia [karðjektasja]〖女〙《医学》心臓拡張症

cárdigan [kárðigan]〔←英語〕〖男〙〖〜s/単複同形〙《主に中南米. 服飾》カーディガン

cardillar [karðiʎár]〖男〙キバナアザミの群生地

cardillo [karðíʎo]〖男〙《植物》キバナアザミ

cardina [karðína]〖女〙《建築》《主に. 彫刻. オジーブ様式の装飾に用いられる》アザミに似た葉の模様

cardinal [karðinál]〔←ラテン語 cardinalis < cardo, -inis「主な」〕〖形〙❶ 基本の, 非常に重要な: ideas 〜es del libro その本の基本的な思想. punto 〜 方位点〘東西南北〙. viento 〜 四風

(՟֟)〖方位点から吹く風〗. ❷《文法》基数の〖⇔ordinal〗: adjetivo numeral ~ 基数形容詞. ❸《占星》牡羊座・かに座・てんびん座・やぎ座の〖黄道十二宮のうち四方位にある〗
── 圐《文法》基数の〖=número ~〗

cardincha [karðíntʃa] 囡《植物》オニナベナ〖=cardencha〗
cardio-《接頭辞》〖心臓〗cardiología 心臓病学
-cardio《接尾辞》〖心臓〗miocardio 心筋
cardioangiografía [karðjoaŋxjoɣrafía] 囡《医学》心血管造影検査, 心臓カテーテル検査
cardioangiología [karðjoaŋxjoloxía] 囡《医学》循環器学
cardiocirculatorio, ria [karðjoθirkulatórjo, rja] 形《医学》心循環器系の
cardiocirugía [karðjoθiruxía] 囡《医学》心臓手術
cardiocirujano, na [karðjoθiruxáno, na] 图 心臓外科医
cardiode [karðjóðe] 圐《音響》カーディオイドマイクロフォン
cardiofobia [karðjofóβja] 囡《心理》心臓恐怖症
cardiogénico, ca [karðjoxéniko, ka] 形《医学》心臓性の, 心臓発生の
cardiografía [karðjoɣrafía] 囡《医学》心拍記録法〖法〗, カルジオグラフ
cardiográfico, ca [karðjoɣráfiko, ka] 形 心拍記録法〖法〗の
cardiógrafo [karðjóɣrafo] 圐 心拍記録器
cardiograma [karðjoɣráma] 圐 心拍曲線
cardioide [karðjóiðe] 圐《数学》カージオイド
cardiología [karðjoloxía] 囡 心臓〖病〗学
cardiológico, ca [karðjolóxiko, ka] 形 心臓〖病〗の
cardiólogo, ga [karðjóloɣo, ɣa] 图 心臓病専門医
cardiomegalia [karðjomeɣálja] 囡《医学》心臓肥大症
cardiomiopatía [karðjomjopatía] 囡《医学》心筋症
cardiópata [karðjópata] 形图 心臓病の〖患者〗
cardiopatía [karðjopatía] 囡 心臓障害, 心臓疾患
cardiopulmonar [karðjopulmonár] 形 心臓と肺臓の
cardioprotector, ra [karðjoprotektór, ra] 形《薬学》心臓病予防の〖予防薬〗
cardiorespiratorio, ria [karðjorespiratórjo, rja] 形 =**cardiorrespiratorio**
cardiorrespiratorio, ria [karðjořespiratórjo, rja] 形 心肺の: función ~ria 心肺機能
cardiotónico, ca [karðjotóniko, ka] 形圐《薬学》強心の; 強心剤
cardiovascular [karðjoβaskulár] 形 心臓血管の: cirugía ~ 心臓血管外科. enfermedad ~ria 心疾患. sistema ~ 循環系, 心臓血管系
cardioversión [karðjoβersjón] 囡《医学》電気的除細動, カーディオバージョン
cardítico, ca [karðítiko, ka] 形 心臓の; 心臓病の
carditis [karðítis] 囡《医学》心〖臓〗炎
cárdium [kárðjun] 圐〖圈 ~s〗《古生物》ザルガイ
cardizal [karðiθál] 圐 アザミなどの雑草の繁茂地
cardo [kárðo] 圐〖←ラテン語 cardus〗❶《植物》1) アザミ〖葉は食用〗: ~ ajonjero (aljonjero) キク科の一種〖学名 Atractylis gummifera〗; チャボアザミ. ~ bendido アザミゲシ. ~ borriquero (borriqueño・yasquero)／~ de arrecife オオヒレアザミ. ~ cabrero オオアザミ. ~ corredor (setero) ヒゴタイサイコ属の一種〖学名 Eryngium campestre〗. ~ de María／mariano オオアザミ, マリアアザミ. ~ estrellado ヤグルマギク, ヤグルマソウ. ~ huso アレチベニバナ. ~ santo (bendito) サントリソウ, キバナアザミ. 2) カルドン〖= ~ lechero, ~ lecher〗. 3)《中南米》ヒゴタイサイコ〖エクメア・ブロメリア〗属の一種〖=caraguatá〗. ❷《口語》大変醜い人, 無愛想な人, とっつきにくい人: Es más áspero que un ~. 彼は大変無愛想だ. ❸《西. 口語》無愛想な人, 意地悪な人. ❹《古代ローマ》〖町・陣営の〗南北方向の通り(通路)〖⇔decumano〗
cardón [karðón] 圐 ❶《植物》1) トウダイグサの一種〖学名 Euphorbia canariensis〗. 2)《地方語》セイヨウヒイラギ. 3)《メキシコ, 中米》カルドン〖数種のサボテンの総称〗. 4)《チリ》プロメリア科の一種〖学名 Puya chilensis〗. ❷ 梳毛〖ﾉし〗〖行為〗
cardonal [karðonál] 圐《コロンビア, ベネズエラ, チリ, アルゼンチン》アザミの群生地
cardoncha [karðóntʃa] 囡《植物》オニナベナ〖=cardencha〗
cardoncillo [karðonθíʎo] 圐《植物》オオアザミ
cardonera [karðonéra] 囡《地方語. 植物》セイヨウヒイラギ
carducha [karðútʃa] 囡 鉄製の大型の梳毛機

cardume [karðúme] 圐《まれ》=**cardumen**
cardumen [karðúmen] 圐 ❶《魚》〖遊牧民の〗群れ; 〖昆虫の〗大群. ❷《チリ, ウルグアイ》多量, 豊富
carduzador, ra [karðuθaðór, ra] 图 ❶ 梳毛をする人. ❷《隠語》盗品の服をばれないようにほどいたり変形したりする人
carduzal [karðuθál] 圐 =**cardizal**
carduzar [karðuθár] 他 梳く〖=cardar〗
carear [kareár] 〖←cara〗他 ❶《法律》対質〖ﾀｲｼﾂ〗させる: El juez careó a los testigos. 判事は証人二人を対質させた. ❷ 対照, 照合する: Hay que ~ la copia con el original. 写しを原本と突き合わせなければならない. ❸〖家畜を〗移動させる. ❹〖移動中の家畜に〗草を食べさせる. ❺ 砂糖の塊 pan de azúcar の外側のかすを取り除く. ❻《文語》=**cariar**. ❼《サラマンカ》シッシッと追い払う. ❽《メキシコ, プエルトリコ, コロンビア, アルゼンチン. 闘鶏》〖闘い方を分からせるために2羽の鶏を〗向かい合わせる
── 自 ❶〖家畜が〗牧草を食べる. ❷〖ある方向に〗正面を向く
── ~se 対面する, 面談する; 〖難しい問題について〗会談する
carecer [kareθér] 〖←俗ラテン語 carescere < ラテン語 carere〗 39 自《文語》〖+de+無冠詞名詞〗欠く, …がない: Carecemos de medios para acometer esa empresa. 私たちにはその企てに挑むための手段がない. Carece totalmente de sentido de responsabilidad. 彼には責任感が全くない
careciente [kareθjénte] 形 欠けている
carecimiento [kareθimjénto] 圐 =**carencia**
carel [karél] 圐《船舶》〖オール受けのある〗船側上部
careliano [kareljáno] 圐《地質》カレリア造山運動
carelio, lia [karéljo, lja] 图《地名》〖ヨーロッパ北東部の〗カレリア Carelia の〖人〗
── 圐 カレリア語
carena [karéna] 囡〖←ラテン語 carina「竜骨」〗囡 ❶《船舶》1) 喫水部, 船底. 2) 傾船修理〖=carenadura〗. 3) centro de ~ 浮力の中心, 浮心. ❷《航空, 自転車など》フェアリング〖=carenado〗. ❸《古典的》〖dar・sufrir・llevar・aguantar などと共に, 非難・叱責を混じえた〗嘲笑, からかい: dar ~ あざ笑う; 叱りとばす. ❹《古語》〖パンと水だけの〗40日間の断食苦行
carenado, da [karenáðo, ða] 形 ❶《航空, 自転車など》フェアリング〖の〗, 整形〖のための〗, 整形板. ❷《船舶》傾船修理〖=carenadura〗. ❸《植物》竜骨状の
carenadura [karenaðúra] 囡《船舶》傾船修理, 船底の修理(手入れ)
carenaje [karenáxe] 圐《航空, 自転車など》フェアリング〖=carenado〗
carenar [karenár] 他 ❶《船舶》傾船修理する, 船底を修理する. ❷《航空, 自転車など》フェアリング(整形板)をつける
carencia [karénθja] 囡〖←ラテン語 carens, -entis < carere「欠く」〗囡 ❶ 欠如, 欠乏: La ~ de dinero me impidió hacer el viaje. 私はお金がなくて旅行ができなかった. ❷ 欠乏症: ~ cálcica カルシウム不足. ❸《商業》〖保険の〗免責期間; 〖貸付の〗返済据置期間: crédito con una ~ de dos años 元金(元本)返済据置期間2年の貸付
carenciado, da [karenθjáðo, ða] 形《南米》欠如した〖=careciente〗
carencial [karenθjál] 形 ❶《医学》欠乏症の: enfermedad ~ 欠乏性疾患. ❷ 欠如の, 欠乏の
carenero [karenéro] 圐《船舶》傾船修理場
carenóstilo [karenóstilo] 圐《昆虫》オサムシ科の一種〖スペインに多い. 学名 Carenostylus〗
carenote [karenóte] 圐《船舶》〖傾船修理などで〗竜骨を支える支柱(板)
carente [karénte] 形〖←ラテン語 carens, -entis < carere〗《文語》〖+de〗❶ 欠如した: un ser ~ de dignidad humana 人間としての尊厳を持たない存在. paciente ~ de recursos económicos 貧しい患者
careo [karéo] 圐 ❶《法律》対質〖ﾀｲｼﾂ〗: El fiscal solicitó un ~ de los dos testigos. 検事は2名の証人の対質を請求した. hacer un ~ 対質をする. ❷ 対照, 照合. ❸ 対談. ❹ 対立. ❺ 羊の群れを移動させること; 羊の群れが牧草を食べる方向. ❻《サラマンカ》1) 牧草. 2) おしゃべり. ❼《エストレマドゥラ》豚にドングリを食べさせるために区画された土地. ❽《ドミニカ, プエルトリコ, エクアドル. 闘鶏》休憩
carero, ra [karéro, ra] 图形《口語》❶ 高く売りつける〖人〗:

Esta tienda es ~ra. この店は高い. ❷ 泥棒, 詐欺師

carestía [karestía]《←ラテン語 carestia》囡 ❶ [生活必需品などの] 高値: ~ de vivienda 高い住居費. ❷《古語》[主に食糧の] 欠乏, 不足

careta¹ [karéta]《←cara》囡 ❶ [主にボール紙製の] 仮面. ❷ [養蜂·防毒用·フェンシングなどの] マスク: ~ antigás 防毒マスク. ~ de protección [溶接の] ハンドシールド. ❸ 見せかけ. ❹《料理》塩漬けにされた豚の顔の部分. ❺《植物》judía de coushinoya. ❻《ラジオ·トークの入る音楽番組》;《テレビ》映像·トーク·音楽を組み合わせた番組. ❼《映画、テレビ》クレジット·タイトル. ❽《キューバ. 自動車》ラジエーターグリル. ❾《アルゼンチン, ウルグアイ. 口語》厚かましい奴

arrancar a+人 la ~ …の正体を暴く: El detective *arrancó la ~ a* ese señor sospechoso. 探偵はその怪しい男性の正体を暴いた
con una ~ de mansedumbre 猫をかぶって
quitar a+人 la ~ =arrancar a+人 la ~
quitarse la ~ 1) 仮面を脱ぐ. 2) 正体を現わす; 本心を明かす: La esposa *se quitó la* ~. 妻は本心を明かした

careto, ta² [karéto, ta] 形 ❶《西》[牛·馬が] 頭部の前面が白く残りの頭部が黒っぽい.《ホンジュラス, エルサルバドル, ニカラグア》[人が] 顔のית った
── 男《口語》顔: ¿Qué te pasa con ese ~? そんなひどい顔をしてどうしたの?

carey [karéj] 男[複 ~s] ❶《動物》タイマイ《=tortuga ~》. ❷ べっ甲. ❸《キューバ. 植物》1) ビワモドキ科のつる植物《学名 Tetracera volubilis》. 2) クロウメモドキ科の灌木《学名 Cordia angiocarpa》

careza [karéθa] 囡《まれ》=carestía

carfolita [karfolíta] 囡《鉱物》カーフォル石

carga [kárga]《←cargar》囡 ❶ 荷積み, 積載;《集合》積み荷: La ~ del barco llevó mucho tiempo. 船積みは大変時間がかかった. dejar la ~ en el muelle 埠頭に荷を下ろす. zona de ~ y descarga 積降ろし専用駐車区域. seguro sobre la ~ 積み荷保険. ~ máxima: exceso de ~ 重量オーバー. línea de ~《船舶》積載喫水線. línea de máxima ~《船舶》満載喫水線. ~ máxima 最大積載量. ❷ 重量: 1) [構造物の] alar 翼部荷重. ~ de ruptura/~ de fractura 破壊荷重. ~ muerta (fija) 死荷重. ~ rentable 収益荷重. ~ útil/~ de pago 有効荷重. 2) [機械·モーターの] 荷重, 負荷.《経済的な》負担, 費用: 1) ~ de pago 給料負担. ~ personal 人的労務負担. ~ real 不動産税. ~ económicas 経済的負担. ~s familiares 家計の負担; 扶養家族. ~s fijas 定額の使用料. ~s sociales [労使双方で負担する] 社会保険料. 2)《園》租税負担《≠s fiscales》: La finca está libre de ~s. その地所には租税負担がかからない. ❺ [心身の] 負担, 苦労, 重み: ~ de los años 寄る年波. ~ de la responsabilidad 責任の重さ. ❻ [地位·職に付随する] 責務. ❼ 情緒; 不安, 悲嘆: ~ afectiva《心理》情動的負荷. ❽ 装填《される物》: de ~ superior (frontal) [洗濯機などが] 上部(前部)から入れる. ~ del cañón 大砲への装填. ~ de bolígrafo ボールペンの替え芯. ~ de gas para el mechero ガスライターのボンベ. ~ de papel 給紙. ❾ 火薬《量》: 1) ~ explosiva 装薬. ~ percutora 点火薬. ~ de profundidad 爆雷. 2) 射撃一発分の火薬の計量単位. ❿《電気》1) 電荷, 電気. ~ eléctrica; ~ elemental 素電荷, 電気素量. ~ estática 静電荷. 2) 充電. ⓫《情報》~ de archivos アップロード. ⓬《軍事》1) 突撃, 突入: La policía dio una ~. 警官隊が突入した. ¡A la ~! 突撃! 2)《古語》一斉射撃, 斉射. ⓭《サッカー, バスケットボール》チャージ: ~ por la espalda バックチャージ. ⓮ [薪·炭·果実など] 林産品の容量単位. ⓯ 穀類の容量単位《=4ファネガ; 地方によっては3ファネガ》

a ~ cerrada 1) 無思慮に. 2) [買い物の個々の中身を見ずに] 一括して. 3) 区別《制限》せずに; 一度に
a ~s 大量に, 豊富に
a paso de ~ 大急ぎで; 高速に: Nos hacen ir *a paso de* ~. 私たちを大至急行かせられる
~ cerrada 1)《口語》厳しい叱責. 2)《軍事》白兵戦. 3)《古語》一斉射撃, 斉射《=descarga cerrada》
~ de la prueba《法律》挙証責任, 立証責任
~ mayor ロバの荷
~ menor ロバの荷
constituir una ~《口語》=ser una ~: Esa finca *consti*-

tuye realmente una ~. その地所は実際のところ重荷になっている

de ~ 荷役用の, 貨物用の: animal *de* ~ 荷役用の家畜. avión *de* ~ 輸送機. barco *de* ~ 貨物船. tren *de* ~ 貨物列車
echar la ~ a+人 …に責任を転嫁する
echarse con la ~ [立腹·屈服して] すべてを投げ出す
llevar la ~ 1)《口語》[+de+人 を] 扶養する, 責任を持つ. ❷《ウルグアイ. 口語》[+a+人 に] 口説く, ナンパする
quitar a+人 *la* ~ …の責任を取り除く
sentarse la ~ 1) [載せ方が悪いため] 荷物が動物を傷める. 2) 義務《企て》がわずらわしくなる
ser una ~《口語》厄介である, 迷惑である: Un niño tan revoltoso *era una* ~ *para los abuelos*. あんな腕白坊主は祖父母の手に負えない
terciar la ~ [積荷の重さが左右同じになるように] 釣合いを取る
volver a la ~ [テーマ·意図を] しつこく繰り返す, 固執する: Mi padre *volvió a la* ~ hoy también afeándome de nuevo mi conducta. 父はまた今日もうるさく私の行ないを叱った

cargacera [kargaθéra] 囡《地方語》酔い, 酩酊

cargada¹ [kargáda] 囡 ❶《トランプ》カードを一枚も取れなかった人はいちばんたくさんカードを取った人が負けるゲーム. ❷《メキシコ. 政治》支援;《集合》支援者. ❸《アンデス》荷積み; 充電. ❹《アルゼンチン, ウルグアイ. 口語》冷やかし, いたずら

cargadera [kargaðéra] 囡 ❶《船舶》[帆の] 降ろし索, ダウンホール. ❷《コロンビア》複[ズボンの] サスペンダー《=tirantes》

cargadero [kargaðéro] 男 ❶ 荷積場, 荷降ろし場; その機材. ❷《建築》まぐさ《=dintel》. ❸ 炉《特に溶鉱炉》上部の開口部

cargadilla [kargaðíʎa] 囡 ❶《口語》借金の利子がかさむこと. ❷《コロンビア》反感, 悪意

cargado, da² [kargáðo, ða] 形 [estar+] ❶ [天気が] うっとうしい, 蒸し暑い; 空模様が怪しい, 曇りの: cielo ~ 一雨来そうな空. ❷ 空気の汚れた; [大気が] 息苦しい, むっとするような. ❸ [茶·コーヒーなどが] 濃い: poner un café bien ~ コーヒーを大変濃く入れる. ❹《西. 口語》酔った《=borracho》: Estás un poco ~ esta noche. 君は今晩少々酔いが回っている. ❺ [雰囲気などが] うっとうしい, 暗い; 重苦しい《=pesado》: ambiente ~ 重苦しい雰囲気. tener la cabeza ~*da* 頭が重い. ❻ ~ de espaldas/~ de hombros 猫背の, 背中が曲がった《=encorvado》. ❼《裁縫》[縫い]しろが片返し縫いの. ❽ [雌牛などが] 出産間近の. ❾《口語》死んだ, 殺された. ❿《紋章》[レイブル brisura 以外の] 別の紋が上に乗った模様の. ⓫《コスタリカ》理屈っぽい, しつこい. ⓬《エクアドル》[牛·馬が] 首の上部が太い
── 男《西. 舞踊》右足を左足に重ねた上で左足を外して右足を残す動作

cargador, ra [kargaðór, ra] 图 荷役作業員: ~ de muelle 港湾労働者, 沖仲仕
── 男 ❶ [銃の] 挿弾子, 弾倉: llenar el ~ 全弾装填する. tener el ~ vacío 弾を装填してない. ❷《電気》充電器《=~ de baterías》. ❸《技術, 運輸》積込機, ローダー. ❹《写真, 映画》[フィルムの] カートリッジ. ❺《情報》~ de archivos アップローダー. ❻《農業》[わら積み用の] 大型フォーク. ❼《軍事》[弾薬の] 装塡手. ❽《狩猟》猟銃かつぎの人夫. ❾《中南米》ポーター, 人足. ❿《メキシコ, ドミニカ, プエルトリコ》買い物用のカート. ⓫《グアテマラ, パナマ, カリブ, アンデス》乳母車. ⓬《グアテマラ》大音響の打ち上げ花火. ⓭《コロンビア》複[ズボンの] サスペンダー《=tirantes》. 2) 背負い紐. ⓮《チリ》剪定時に新しい枝の支えとして残しておくブドウの茎

cargamento [kargaménto] 男《集合》船荷, 積み荷

cargante [kargánte] 形 ❶《口語》[主に人がしつこくて·細かくて] 腹立たしい, わずらわしい: Es un tipo ~. あいつはうるさい. Él no dejaba de interrumpirnos con absurdas y ~s preguntas. 彼はばかげた小さなくだらない質問を続けて私たちの話の腰を折ってばかりいた. ❷ 負担の重い: trabajo ~ 大量の仕事. ❸《南米》不快な, 感じの悪い

cargar [kargár]《俗ラテン語 carricare < ラテン語 carrus「荷車」》8 他 ❶ 荷を積む: 1) […に, +con·de 荷を] *Cargaron* cinco camiones *con* los escombros. 彼らは5台のトラックに瓦礫を積んだ. 2) […を, +a·en に/+sobre の上に] *Cargó* una enorme mochila *sobre* los hombros. 彼は巨大なリュックを

にかついだ. ~ un saco a las espaldas 袋を背負う. ~ un baúl a la espalda de un mozo de cuerda トランクをポーターの背に載せる. ❷ [+con・de を] …に装填する, 充塡する, 入れる: ~ un revólver [con balas] ピストルに弾を込める. ~ la estilográfica 万年筆にインクを入れる. ~ un barreno 発破孔に爆薬を詰める. ~ una máquina fotográfica カメラにフィルムを入れる. ~ una estufa de leña ストーブに薪を入れる. ~ una batería バッテリーに充電する. ❸ [負ान担などを] 負わせる: 1) [+a に] Le cargaron la responsabilidad. 彼が責任を負わされた. Le cargaron el robo sin tener pruebas. 証拠もないのに彼に盗みの疑いがかけられた. ~ nuevos impuestos a la venta 新しく売上税を課する. ~ la culpa al mal tiempo 悪天候のせいにする. 2) [+con を] Le cargaron con las faenas ínfimas. 彼は下等な仕事を押しつけられた. Tratamos de no ~ a los alumnos con demasiadas horas de clase. 私たちは生徒に過度な授業時間の負担をかけないように努めている. Le cargan además con el asalto al banco. 彼はその上銀行強盗の容疑をかけられている. Han cargado este tipo de establecimientos con un nuevo impuesto. この種の施設に新税がかけられた. ❹ [+de で] 一杯にする: ~ un guiso de especias シチューに香辛料を入れすぎる. ~ un baúl トランクをぎゅうぎゅう詰めにする. El libro le cargó la cabeza de ideas disparatadas. その本によって彼の頭は常軌を逸した考えで一杯になった. El filósofo nunca hace afirmaciones absolutas. Sus palabras están siempre cargadas de cierta relatividad. その哲学者は決して絶対的な断言はせず, 言葉にある程度の相対性を持たせている. ❺ 強化する: Conviene ~ los tacones por donde más se desgastan. かかとの一番すり減るところを補強するとよい. ❻ 《西. 口語》[人が] 不快にする, うんざりさせる: Nos carga con su presunción. 私たちは彼の気取りにはうんざりする. Me carga la gente aduladora. 私はおべっかつかいの連中にはうんざりだ. ❼ 容量がある: Este depósito carga 50 litros. このタンクは50リットル入る. ❽ 《サッカーなど》チャージする. ❾ 《敵を》攻撃する; [暴徒を] 鎮圧する. ❿ 《西. 隠語》[試験で] 落第点をつける. ⓫ 《商業》1) 借方に記入する, つけにする: Le han cargado la cantidad de mil euros. 彼には1000ユーロ借越し(つけ)になっている. 2) [価格に費用などを] 上乗せする: Le hemos cargado 20 euros por gastos de envío. 送料として20ユーロ申し受けました. ~ un tanto por ciento/~ un tanto por ciento sobre la factura 請求書に数パーセント上乗せする. ⓬ 《電気》負荷をかける; 帯電させる. ⓭ 《情報》1) 読み込む, ロードする: ~ archivos アップロードする. cargando datos 《表示》データ読み込み中. 2) [プログラムを] 実行する. ⓮ [言語] 強く発音する, アクセントをかける. ⓯ 《トランプ》1) 高位の(より強い)札を出す. 2) [モンテ monte で] 賭け金を上乗せする. ⓰ 《船舶》 [投錨に備えて帆を] 畳む. ⓱ 《紋章》[レイブル lambel 以外の] 別の紋を上に乗せる. ⓲ 《まれ》重みをかける, 加重する: La poca ropa no carga los hombros. 薄着だと肩は軽い. ⓳ 《ログローニョ》[誰を責に] 掛け合わせる, 交配する. ⓴ 《ベネズエラ》1) 携帯する; 身につけている: ~ gafas 眼鏡をかける. Ella cargaba un vestido blanco. 彼女は白いドレスを着ていた. 2) 耐え忍ぶ. 3) …が心に残る; 考慮する. 4) …に殴打を食らわせる: Su madre la cargaba a correazos. 母親は彼女を皮ひもで殴っていた. ㉑ 《アルゼンチン, ウルグアイ》からかう. ㉒ 《ウルグアイ》ナンパする

—— 自 ❶ [+sobre に] 重みをかける: La bóveda carga sobre los pilares. 丸天井は柱に支えられる. ❷ [+con] 1) …をかつぐ, になう: Yo cargaré con la mochila. 私がリュックをかつごう. 2) 負う, 負担する: Como siempre, yo tendré que ~ con las culpas. いつものように結局私が責任を取らされることになるだろう. Su padre cargó con las costas. 彼の父親が費用を負担した. 3) …を持ち去る: Los ladrones cargaron con todas las joyas. 泥棒たちは宝石を全部持ち去った. ❸ [+sobre・contra に] 攻撃する, 突撃する; 鎮圧する: La tropa cargó sobre el enemigo. 部隊は敵に突撃した. La fuerza pública cargó contra los manifestantes. 警察はデモ隊を鎮圧した. ❹ [負担などが, +sobre に] かかる: Los tributos deben ~ sobre la riqueza improductiva. 税金は非生産的な富にかけられるべきだ. La mayor parte del trabajo carga sobre ella. 大部分の仕事は彼女にかかっている. ❺ [+hacia のあたりで] 猛威をふるう: Cargó la tempestad hacia la isla. 嵐は島の近辺で猛威をふるった. ❻ [+de を] 大量に持つ〘=~se〙: No conviene ~ de géneros estampados porque se pasan de moda. プリント地をたくさん抱え込むのは流行遅れになるのでよくない. ❼ 暴食する, 暴飲する: Cargó demasiado. 彼は食べ(飲み)過ぎた. ❽ [木々が] たわわに実をつける: Este año han cargado los manzanos. 今年はリンゴがたくさん生っている. ❾ 《音声》[アクセントが] 置かれる: El acento carga en la penúltima sílaba. アクセントは最後から2番目の音節にかかる. ❿ 《西. 口語》不快になる, うんざりする. ⓫ 《まれ》[人が] 大勢集まる; [物が] 大量に集まる. ⓬ 《まれ》[呼吸器が] 煙(埃・粘液)だらけになる. ⓭ 《まれ》[+sobre に] 頼む, 任せる.

—— ~se ❶ [+de で] 大量に持つ, 一杯ある: El local se cargó de marineros. 店は船員たちで一杯になった. Eva entró en el probador cargada de vaqueros. エバはジーンズをたくさん抱えて試着室に入った. Se cargó de joyas. 彼女は宝石を一杯身につけた. Se cargan los ojos de lágrimas. 目が涙で一杯になる. Se cargó de obligaciones. 彼は多くの責任を背負い込んだ. Llegó cargado de regalos. 彼はプレゼントをたくさん持ってやって来た. El carro va demasiado cargado. 荷車は荷を積み過ぎている. Los árboles están cargados de fruta. 木々にはたわわに実がなっている. ~se de deudas 借金だらけになる. estar cargado de años 齢(とし)を重ねている. estar cargado de vino (de miedo) ひどく酔って(恐れて)いる. vestido cargado de adornos 飾りだらけのドレス. 《空が》雲に覆われる: El tiempo se fue cargando. 曇ってきた/空がどんよりしてきた. ❸ [+con を] 担当する, 引き受ける: Me cargo con este trabajo. 私がこの仕事を担当します. ❹ 《口語》重苦しく感じる, 疲れる: Se me cargan las piernas. 私は足がだるい. ❺ 《口語》[人が] 不快になる, 我慢の限界に達する: Acabarás por ~te y mandarle a paseo. 君の堪忍袋の緒も限界に達して, しまいにはあいつを放り出すことになるだろう. Me estoy cargando y no sé si podré contenerme. 私はだんだん腹が立ってきた. 自分を抑えられるか分からない. ❻ 暴食する, 暴飲する: No te cargues mucho. 食べ(飲み)過ぎは控えなさい. ❼ 《口語》[物を] 壊す; [規則などを] 破る: Te has cargado el jarrón. 君は壺を割ってしまった. ❽ 《西. 口語》[試験で] …を落とす, 落第点をつける: Se cargaron a Tomás en la última convocatoria. トマスは最終審査で落とされた. El nuevo profesor se ha cargado a la mitad de la clase. 今度の先生はクラスの半分に落第点をつけた. ❾ 《口語》[人を] 殺す: Se cargaron a un delincuente a balazos. 犯罪者を銃撃で殺した. ❿ を説き伏せる, 説得する: Se van a ~ a Rosa. 彼らはロサを説得するつもりだ. ⓫ 怒った態度をとる. ⓬ 《商業》借記を許容する. ⓭ 《まれ》傾く: ~se de popa [船が] 船尾に傾く. ⓮ 《チリ. 口語》[+a+事] …をひいきする, しがちである; [+para+人] …をひいきする.

cargársela(s) 《西. 口語》厳罰を受ける; 不愉快な結果をこうむる: Si el profesor descubre que has copiado en el examen, te la cargas. カンニングをしたのを先生に見つかったら, 君はひどい目に遭うぞ

cargar	
直説法過去	接続法現在
cargué	cargue
cargaste	cargues
cargó	cargue
cargamos	carguemos
cargasteis	carguéis
cargaron	carguen

cargareme [kargaréme] 男 領収証, 受領証; 受け取り
cargazón [kargaθón] 《←cargar》 女 ❶ [体の部に感じる] 重苦しい感じ: Tengo ~ de cabeza. 私は頭が重い. tener ~ de estómago 胃がもたれる. ~ en los ojos 目の疲れ. ❷ 《気象》垂れこめた雲, 雨雲. ❸ 船荷, 積み荷 〘=cargamento〙. ❹ 《まれ》[水路などに溜まった] 汚泥. ❺ 《チリ》果実のたわわな実り. ❻ 《アルゼンチン, ウルグアイ》[家などの] 装飾過剰. ❼ 《アルゼンチン》粗雑な仕上がりの機械による仕事
~ de espalda 《まれ》猫背, 腰の曲がり
cargo [kárgo] 《←cargar》 男 ❶ 職務, 任務, 地位; 担当, 役目 〘→profesión 類義〙: 1) Tiene (Ocupa) un ~ de responsabilidad en la empresa. 彼は社内で責任ある地位についている. tomar el ~ de ministro 大臣に就任する. ~ público 公務. 2) [職務・任務の内容が明示されない場合は行政・政治ポストを指す] Desempeñó distintos ~s durante la Dictadura. 彼は独裁期には様々な役職についていた. ❷ 職務(地位)についている

cargosear

人. ❸ [主に 複] 責任追及, 非難: lanzar graves 〜s contra el gobierno 政府を非難して攻撃する. ❹ 手数料: 〜 de custodia 保管料. 〜 por servicios サービス料. ❺《商業》1) 借方〖=debe〗; 借記［項目］; 借記による支払い. 2) 請求金額. ❻ [1回分の圧搾用の] すり潰したオリーブのかごの山; 踏み潰したブドウの量. ❼《船舶》貨物船. ❽ 容積重. ❾ [荒石積みなどの] 石の容積単位〖=約1/3立方メートル〗. ❿《古語》荷積み. ⓫《グラナダ》1)《建築》まぐさ〖=dintel〗. 2) 木材の容積単位〖=1立方バーラ vara〗. ⓬《ペルー, チリ》裁判所での] 書類提出の日時証明. ⓭《ペルー》1) 文書の交付記録. 2) 守護聖人の祝祭を主催する輪番の責務

a 〜 de.../a su 〜) ⋯の担当で: Los niños están *a 〜 de* su abuela. 子供たちは祖母が面倒を見ている. Tiene *a su 〜* las calderas. ボイラーは彼の担当だ. Lo dejo *a tu 〜*. それは君に任せる. 2)⋯の負担で; 扶養されて; 代金がわりに. 3) ⋯の条件で

al 〜 de... 1)⋯を所管（担当）して: Está *al 〜 de* una sección. 彼はある部署を管轄している. 2)⋯の先頭に・で, 最前線にて

alto 〜［政府の]高官(の職): Varios *altos 〜s* de la Administración comparecieron ante la comisión parlamentaria. 大勢の政府高官が議会の委員会に出頭した

〜 de conciencia 良心のとがめ: Es un 〜 *de conciencia* tirar eso a la basura. それをごみ箱に捨てるのは気がとがめる. Me da un 〜 *de conciencia* terrible venderle el coche tan caro a nuestra vecina. そんな高い値段で車をお隣さんに売るのは私はひどく良心がとがめる

con 〜 a... ⋯の費用で, ⋯が払って: La recepción se llevó a cabo *con 〜 al* departamento de ventas. 歓迎会は営業部の払いで行なわれた

correr a 〜 de+人 ⋯の負担である: La comida *corra a 〜* de empresa. 食事は会社持ちだ. Los costes de reparación y mantenimiento *corren a 〜 del* usuario. 修理費と維持費はユーザーの負担となる

hacer 〜 [s] a+人 ⋯のせいにする, ⋯をとがめる

hacer los 〜s a+人 [考え・反感などを, ＋a＋人 に]表明する

hacerse 〜 de... 1)⋯を担当する, 引き受ける: Me hice 〜 *del* dinero. 金の件は私が引き受ける. *hacerse 〜 de* las deudas 債務を引き受ける. *hacerse 〜 del* poder 政権を担当する. 2)［状況などを］把握する: No es necesario que me cuente usted sus problemas con tanto detalle. Me hago 〜 perfectamente *de* su situación. そんなに詳しく悩みをお話しいただく必要はありません. あなたの置かれた状況はちゃんと理解していますから. 3) よく考える, 理解する: *Hazte* bien 〜 *de* todo lo que te digo. 君に言ったことをよく考えなさい

jurar el (su) 〜 職務に忠実であることを宣誓する

ser en 〜 a+人 ⋯に債務がある

cargosear [kargoseár] 他《南米. 口語》⋯に迷惑をかける
cargoso, sa [kargóso, sa]形 **=cargante**
cargue [kárge]男 ❶ 荷積み; 荷積み設備. ❷《コロンビア》〜 y descargue 積み降ろし
carguero, ra [karɣéro, ra]形 貨物を運ぶ
—— 名《まれ》ポーター, 人足
—— 男 ❶ 貨物船, 荷船; 貨物列車. ❷《南米》役畜
carguío [karɣío]男 ❶［積み荷を構成する]商品の量. ❷［かつがれる]荷; [積載される]積み荷
cari [kári]形《アルゼンチン, チリ》=**carí**
carí [karí]形《アルゼンチン, チリ》褐色の
—— 男《コロンビア》テンジクネズミ, モルモット
caria[1] [kárja]女《建築》柱身
cariacedo, da [karjaθédo, da]形 気難しい
cariaco [karjáko]男 ❶ 複《新大陸発見時代の》アンティル諸島のカリブ族の先住民. ❷《中南米》ヨシのシロップ・タピオカの粉・ジャガイモから作るアルコール飲料. ❸《キューバ》尻に着くほど脚を曲げて踊る民俗舞踊
cariacontecido, da [karjakonteθído, da]形 [estar+. 表情が] しょげた, 悲しそうな, びっくりしたような
cariacuchillado, da [karjakutʃiʎádo, da]形 [人が] 顔面に傷跡のある
cariado, da [karjádo, da]形 虫歯になった: Tengo dos muelas 〜*das* aquí. 私はここに虫歯が2本ある
cariadura [karjaðúra]女 カリエスにかかった部分
cariaguileño, ña [karjaɣileɲo, ɲa]形 面長で頬がこけて鷲鼻の

carialegre [karjaléɣre]形 笑顔の; すぐに笑う
carialzado, da [karjalθáðo, ða]形 顔を上げた (起こした)
cariampollado, da [karjampoʎáðo, ða]形 =**cariampollar**
cariampollar [karjampoʎár]形 頬の丸々とした
cariancho, cha [karjántʃo, tʃa]形《口語》顔の幅が広い, 顔の大きい
cariaquito [karjakíto]男《コロンビア. 植物》コウオウカ, ランタナ
cariar [karjár]他〖←caries〗カリエスにかからせる; 虫歯にする: Los dulces pueden 〜 los dientes. 菓子は虫歯になる可能性がある
—— 〜*se* 虫歯になる: *Se me ha cariado* una muela. 私は奥歯が1本虫歯になった
cariátide [karjátiðe]女〖←ギリシア語 karyatidos〗《建築》女像柱, カリアティード〖⇔atlante, talamón〗
cariavacado, da [karjaβakáðo, ða]形《闘牛》[牛が] 鼻面の長い
cariba [karíβa]男 キャッサバ mandioca の[ジュースで作る]飲み物
caríbal [karíβal]形〖←caribe〗形 名 食人種(の)〖=caníbal〗
Caribdis [karíβðis]女《ギリシア神話》カリュブディス《オデュッセイアに出てくる海の怪物》
caribe [karíβe]形 ❶ カリブ族(の)《米大陸到達時, アンティル諸島および南米大陸北部のカリブ海沿岸に居住した先住民. 16世紀初頭, 人肉嗜食の習慣があると考えられ, 奴隷化が許可された》. ❷《名》カリブの(人), アンティル諸島の(人)
—— 男《名》[el C〜] カリブ海〖=mar C〜〗; カリブ海地域. ❷ カリブ語(族)《南米のギアナ高地を中心に, 主としてオリノコ川, アマゾン川とネグロ川に囲まれた地域で話されている多数の言語の総称》. ❸ 残忍な男. ❹《コロンビア, ベネズエラ. 魚》オリノコ川・アマゾン川のピラニア
caribello [kariβéʎo]形 [雄牛が] 頭部が黒っぽく額に白いまだらのある
caribeño, ña [kariβéɲo, ɲa]形 名《地名》カリブ海 mar Caribe の(人): música 〜*ña* カリブ音楽
caribú [kariβú]男 複 〜[e]s《動物》カリブー
caricáceo, a [karikáθeo, a]形《植物》パパイア科の
—— 女 複《植物》パパイア科
caricari [karikári]男《鳥》チョウゲンボウ属の一種《学名 Cerchneis cinnamomina》
caricarillo, lla [karikaríʎo, ʎa]名《バリャドリード》[再婚相手の] 連れ子
caricato, ta [karikáto, ta]名《西》お笑い芸人; [特に] 物まね芸人
—— 男 ❶［オペラで] 道化役の歌手. ❷《中南米》=**caricatura**. ❸《キューバ. 髪型》坊主刈り
caricatura [karikatúra]女〖←伊語〗 ❶ 風刺漫画: En el periódico aparece una 〜 del primer ministro. 新聞に首相の風刺漫画が載っている. ❷ 漫画: 〜 *de animales* 動物漫画. ❸ パロディー, (軽蔑)［ばかげた] 模倣, まがい物: hacer una 〜 *de+人* ⋯の物まねをする. La gente está buscando una 〜 *de* la sociedad americana. 大衆はアメリカ社会の模倣物を追い求めている. ❹《メキシコ. 映画》短編アニメ. ❺《中米》漫画雑誌〖=tebeo〗
caricatural [karikaturál]形《文語》=**caricaturesco**
caricaturar [karikaturár]他《まれ》=**caricaturizar**
caricaturesco, ca [karikaturésko, ka]形 戯画化した;《軽蔑》[結果的に] 滑稽な, くだらない
caricaturista [karikaturísta]名 戯画家, 風刺漫画家
caricaturización [karikaturiθaθjón]女 ❶ 戯画化, パロディー化. ❷ =**caricatura**
caricaturizar [karikaturiθár]他 戯画化する, パロディー化する
caricia [karíθja]女〖←伊語 carezza < caro「親愛な」〗 ❶ 愛撫, 優しく触れること: Hago 〜s a mi perro. 私は自分の犬をなでる. ❷ 心地よい感触: 〜 *de la brisa en las mejillas* 頬をなでるそよ風. ❸ うれしがらせ, 愛情表現: decir 〜s 愛をささやく
cariciosamente [kariθjosaménte]副《文語》なでるように. ❷ 愛情を込めて
caricioso, sa [kariθjóso, sa]形《文語》=**cariñoso**
carichato, ta [karitʃáto, ta]形 のっぺりした顔の, 顔の平たい
caridad [kariðáð]女〖←ラテン語 caritas, -atis「愛, 愛情」< carus「親愛なる」〗 ❶ 思いやり, 慈悲, 情け: No hay 〜 sin amor.

思いやりの心には必ず愛情がある. ❷《キリスト教》愛, 愛徳《対神徳 virtud teologal の一つ》. ❸ 施し, 慈善: Vive de la ~ de las gentes del barrio. 彼は地域の人々のお情け(施し物)で暮らしている. hacer ~ 慈善を施す. hacer una colección de ~ 義援金をつのる. La ~〔bien ordenada〕empieza por uno mismo.《諺》慈善とはまず自分に施すことから始まる/自分の頭の上の蠅を追え. ❹ Su (Vuestra) C~《聖職者間の敬称》あなた. ❺ 〔守護聖人の祝祭の参加者にふるまわれる〕ワイン・パン・チーズなどの軽食. ❻《古語》〔小村での〕葬儀の際に行われる供応. ❼《古語. 船舶》〔船倉に積まれる〕予備の錨. ❽《メキシコ》捕虜(囚人)の食事

Hágame la ~ de+不定詞 …して下さい
¡por ~! 〔気の毒と思って〕お願いします!: ¡Una limosnita, *por ~!* どうか, お恵みを!

caridelantero, ra [kariðelantéro, ra] 形 厚かましくておせっかいな

caridoliente [kariðoljénte] 形 辛そうな(痛そうな)表情の

carie [kárje] 女《まれ》=**caries**

cariedón [karjeðón] 男《昆虫》クリマイガ

carientismo [karjentísmo] 男《修辞》反語的緩和《穏やかに見せかけて, 裏にとげを隠す表現法》

caries [kárjes] 女《←ラテン語 caries「腐敗」》《単複同形》❶《医学》カリエス: ~ espinal 脊椎カリエス. ❷ 齲歯《口語》, 虫歯(で黒くなった所)《=~ dental》: Tengo unos ~. 私は数本虫歯がある. ❸《植物》1) 穀類に寄生する菌類. 2) ~ seca 樹木の木質部分が黄色くざらざらになる病気

carifosco, ca [karifósko, ka]《口語》《闘牛》《牛が》首の後ろの毛が巻き毛の

carifruncido, da [karifrunθíðo, ða]《口語》顔をしかめた

carigordo, da [kariɣórðo, ða] 形《口語》顔の太った

cariharto, ta [karjárto, ta] 形 丸顔の《=carirredondo》

carilanco [kariláŋko] 男《動物》クチジロペッカリー

carilargo, ga [karilárɣo, ɣa] 形《口語》浮かない顔の, 憂鬱そうな

carilindo, da [karilíndo, da] 形 顔の美しい

carilla[1] [karíʎa]《cara の示小語》❶〔書類などの表・裏の〕面: escribir la hoja por las dos ~《口語》書類の両面に書く. ❷《養蜂》マスク. ❸《植物, 豆》ササゲ《=judía de careta》. ❹《バレンシア》昔の貨幣《=dieciocheno》

carilleno, na [kariʎéno, na] 形《口語》顔のふくれた

carillo, lla[2] [karíʎo, ʎa]《caro の示小語》形 親愛なる
──── 男《詩語》愛人, 恋人

carillón [kariʎón] 男《←仏語 carillon》❶〔教会の〕カリヨン, 組み鐘: En la torre de la catedral hay un viejo ~. その大聖堂の塔には古いカリヨンがある. ❷ カリヨンの音. ❸〔時計の〕チャイム; チャイム時計《=reloj de ~》. ❹《音楽》グロッケンシュピール

carilucio, cia [karilúθjo, θja] 形 顔につやのある

carimañola [karimaɲóla] 女《パナマ, コロンビア. 料理》ユッカの皮で包んだエンパナーダ empanada

carimba [karímba] 女《中南米》焼き印《押された印》
──── 間《キューバ. 婉曲》〔不快・不満〕あー!

carimbo [karímbo] 男《中南米》焼き印《鉄製の道具》

carincho [karíntʃo] 男《中南米. 料理》丸のままのジャガイモ・肉・トウガラシの煮込み

carinegro, gra [kariné ɣro, ɣra] 形〔動物の〕顔が黒っぽい

caringa [karíŋɡa] 女《キューバ》アフリカ起源の踊り

carininfo, fa [kariníɱfo, fa] 形《文語》女性的な顔だちの

cariñana [kariɲána] 女《服飾》17世紀に流行した, 修道女のような頭をぴたっと覆う女性用の頭巾

cariñar [kariɲár] 自・~**se**《アラゴン》郷愁を感じる, 懐かしく思う
──── 他《ペルー》かわいがる, 同情する

cariñena [kariɲéna] 女《酒》カリニャン《サラゴサ県カリニェナ村 Cariñena 産の甘口の赤ワイン》
──── 女 濃厚で暗い色の赤ワインがとれるブドウ

cariño [karíɲo] 男《←古語 cariñar「ないのを寂しく思う」<ラテン語 care- re「欠く」》形 ❶〔人・動物・事物への〕愛情, いとおしさ; 愛着《→*amor* 類語》: Demuestra mucho ~ por sus hijos. 彼は息子たちに強い愛情を注いでいる. Tenía ~ al reloj que ha perdido porque era recuerdo de su madre. 母親の形見なので彼は紛失した時計に愛着を抱いていた. *falta de* ~ 愛情の欠如. *palabras de* ~ 愛情のこもった言葉. ~ *de la familia* 家族愛. ❷〔主に 複〕愛撫, かわいがり: Siempre están haciéndose

~ *s*. 彼らはいつもいちゃついている. *hacer (dar)* 〔*un*〕 ~ *a*+人 …を愛撫する. ❸ 丹念, 丹精, 入念. ❹《主に女性語》〔親愛の呼びかけ〕Ven aquí, ~. ねえ, こっちに来て. mi ~ あなた. ❺ 園〔第三者を介しての挨拶〕=**recuerdos**: Ana te manda muchos ~*s*. アナから君によろしくとのことだ. ❻《ボリビア》贈り物, プレゼント

coger ~ a+人·事物 …が好きになる
como sea su ~ 《チリ》おぱしめしで結構です
con ~ 1) 愛情を込めて; なつかしく: Lo recuerdo *con ~*. それは楽しい思い出だ. 2) 慎重に; 大切に, 優しく: Trátame *con ~ estos discos*. これらのレコードは大事に扱って下さい. Mi madre trata a sus plantas *con* mucho ~. 母は草花を大切に育てている. 3) 〔手紙〕〔結辞〕*Con ~*, José じゃあね, ホセ
dar ~ a+人·事物 …が好きである
sentir ~ por+人 …が好きである
tomar ~ a+人·事物 =**coger ~ a**+人·事物

cariñosamente [kariɲósaménte] 副 優しく, 愛情を込めて

cariñoso, sa [kariɲóso, sa]《←cariño》形 ❶ 愛情のこもった; 〔人が, +con·事物に〕優しい: ~*sas palabras* 優しい言葉. Es un perro muy ~ *con los niños*. その犬は子供たちにとても優しい. ❷《古語》恋をしている. ❸《メキシコ》高価な, 高くつく

cariñosón, na [kariɲosón, na] 形《口語》大変愛想のいい

cario, ria[2] [kárjo, rja] 形 ❶《歴史. 地名》古代小アジアのカリア Caria の[人]. ❷《中南米》グアラニー族の[人]《=guaraní》
──── 男 カリア語

carioca [karjóka] 形 ❶《地名》ブラジルのリオ・デ・ジャネイロ Río de Janeiro の[人]. ❷《広く》ブラジルの
──── 女 ❶ 1930年代に流行したブラジルの激しいリズムの民俗舞踊. ❷《闘牛》ピカドールが牛の周囲を回って逃げないようにしながら突くこと. ❸《古語》色紙をつなげ重りをつけて飛ばす遊び. ❹《地方語. 魚》若いメルルーサ

cariocariáceo, a [karjokarjáθeo, a] 形《植物》バターナット科の
──── 女《植物》バターナット科

cariocinesis [karjoθinésis] 女《単複同形》《生物》❶ 核分裂. ❷ 有糸分裂《=mitosis》

cariocinético, ca [karjoθinétiko, ka] 形《生物》核分裂の

cariofiláceo, a [karjofiláθeo, a] 形《植物》ナデシコ科の
──── 女《植物》ナデシコ科

cariofilada [karjofiláða] 女《植物》ハーブベネット, セイヨウダイコンソウ

cariofilales [karjofiláles] 女《複》《植物》ナデシコ目

cariofíleo, a [karjofíleo, a] 形 =**cariofiláceo**

cariofilina [karjofilína] 女《生化》カリオフィレン

cariogamia [karjoɣámja] 女《植物》カリオガミー, 核融合

cariógeno, na [karjóxeno, na] 形《医学》虫歯を助長する

cariola [karjóla] 女 ❶《メキシコ》乳母車. ❷《キューバ, プエルトリコ》スケートボード《=patinete》

cariolinfa [karjolíɱfa] 女《生物》核リンパ, 核液

carioplasma [karjoplásma] 女《生物》核質

carióspide [karjó(p)siðe] 女《植物》穀果, 頴果

carioquinesis [karjokinésis] 女《単複同形》=**cariocinesis**

cariotípico, ca [karjotípiko, ka] 形《生物》核型の

cariotipo [karjotípo] 男《生物》核型

cariparejo, ja [kariparéxo, xa] 形《口語》平然とした顔の

carirraído, da [kariraíðo, ða] 形《口語》厚かましい, 恥知らずな

carirredondo, da [kariredóndo, da] 形 丸顔の

carisea [kariséa] 女《繊維》カルゼ, カルゼ織り《16·17世紀のスペインでよく用いられた》

carisellazo [kariseʎáθo] 男《コロンビア》コイントス

cariseto [kariséto] 男《繊維》粗いウール地

carisias [karísjas] 女《複》《ギリシア神話》三美神 Gracias を讃える夜の祭典

carisma [karísma] 男《←ラテン語 charisma <ギリシア語 kharisma「私は喜ばせる, 楽しませる」》❶ カリスマ, 才能, 特能〔神から与えられた宗教上の特殊な能力〕. ❷《天性の》人をひきつける力, 影響力, 統率力: tener ~ カリスマ性がある

carismático, ca [karismátiko, ka] 形 ❶ カリスマ的な, カリスマ性のある[人]. ❷ 園: persona ~*ca* カリスマ的人物. ❷《カトリック》カリスマ派の[人]《病気を直す力など聖霊がもたらす超自然力を強調する一派》

caristias [karístjas] 女《複》《ローマ神話》毎年2月18日と20日に

caristio, tia [karístjo, tja]形《歴史》［前ローマ時代の］ギプスコアとビスカヤのデバ Deva 川西岸の先住民族［の］

caritán [karitán]男《フィリピン》蒸留酒 tuba を集める人

caritativamente [karitatíbaménte]副 慈愛をもって

caritativo, va [karitatíbo, ba]［←ラテン語 caritas, -atis］形 ❶ 慈善な; obra ~va 慈善［事業］. ❷ ［+con に］慈悲深い: Son ~s con los pobres. 彼らは貧しい人に思いやりがある. Los humanos pueden ser ~s o crueles. 人は慈悲深くもまた残酷にもなれる

carite [karíte]男《魚》❶《中米》サワラ. ❷《南米. 誤用》ピラニア〖=piraña〗

cariucho [karjútʃo]男《エクアドル. 料理》肉・ジャガイモ・トウガラシの煮込み

cariz [kariθ]〖←?カタルーニャ語 caris <ラテン語 character「性格」〗男《口語》［事物の, 主に悪い］様子, 形勢: La herida presenta buen (mal) ~. 傷の具合はよい(思わしくない). La depresión tomó un ~ peligroso. 不況は危険な様相を呈した. El cielo tiene mal ~. 空模様が怪しい

carlán [karlán]男《アラゴン. 歴史》管轄区と利権を持つ領主

carlanca [karláŋka]女 ❶ ［オオカミの嚙みつきから犬の首を守る］鋲付きの首輪, スパイクカラー. ❷《西. 口語》［主に複]賢さ: tener muchas ~s 油断ならない. ❸《ホンジュラス, チリ》［しつこい・不快な人から受ける］迷惑. ❹《ホンジュラス》不快な人. ❺《コスタリカ, コロンビア》鉄の［足]かせ. ❻《エクアドル》［畑に入れないように］家畜の頭から吊る棒

carlanco [karláŋko]男《西. 鳥》青みがかった渉禽類の一種

carlancón, na [karlaŋkón, na]形 名《まれ》大変する賢い［人］

carlanía [karlanía]女《アラゴン. 歴史》carlán の位（管轄区）

carlear [karleár]自《廃語》［主に犬に］あえぐ, ハーハー言う

carlense [karlénse]形 名《地名》サン・カルロス San Carlos の［人］〖ベネズエラ, コヘデス Cojedes 州の州都〗

carleño, ña [karléɲo, ɲa]形 名《地名》サン・カルロス San Carlos の［人］〖ニカラグア, リオ・サン・フアン Río San Juan 県の県都〗

carleta [karléta]〖←仏語 carlette〗女 ❶ ［鉄用の］やすり. ❷《鉱物》フランスのアンジェ Angers 産の粘板岩

carlín [karlín]男〖16世紀以降スペインで流通した〗小型の銀貨

carlina [karlína]形 →**angélica** carlina
—— ~ angélica《植物》チョウアザミ

carlinga [karlíŋga]〖←仏語 carlingue〗女 ❶《航空》操縦室, コックピット. ❷《船舶》マストステップ, キールソン

carlismo [karlísmo]男《歴史》カリスモ, カルロス党〖イサベル2世と対立した叔父カルロス Carlos María Isidro de Borbón (1788～1855)とその子孫の王位継承権を要求する運動・主義〗

carlista [karlísta]形 名《歴史》カルロス党の, カルロス Carlos 支持派［の］: guerras ~s カルリスタ戦争〖イサベル2世と叔父カルロスの王位争いを発端とする, 絶対王政を支持するカルロス派と自由主義者との内戦: primera guerra ~ 第1次カルリスタ戦争 (1833～40年), segunda guerra ~ 第2次カルリスタ戦争 (1846～49年), tercera guerra ~ 第3次カルリスタ戦争 (1872～76年)〗

carlistada [karlistáða]女《歴史》カルリスタ戦争〖→guerras carlistas. 第1次から第3次までの, 特に第1次を指す〗

carlistón, na [karlistón, na]形 名《歴史. 軽蔑》カルロス Carlos 支持派［の］

carlita [karlíta]女《光学》文字を読むためのレンズ

carlitos [karlítos]《人名》Carlos の示小語

carló [karló]男《酒》カステリョン県ベニカルロ Benicarló 産のワインに似せた赤ワイン〖Sanlúcar de Barrameda 産など〗

Carlomagno [karlomáɡno]男《人名》カール大帝〖8～9世紀, フランク王国の王〗

carlón [karlón]男《アンダルシア; ラプラタ》=**carló**

Carlos [kárlos]《人名》~ **I de España y V de Alemania** スペイン王カルロス1世にして神聖ローマ皇帝カール5世 (1500～58, 1516年ハプスブルク朝 スペインの初代君主, 1519年神聖ローマ皇帝即位. 対フランス戦争, 宗教改革等への対応, オスマントルコとの戦争などによりスペイン財政を圧迫〗
—— ~ **II el Hechizado** 呪われし王カルロス2世 (1661～1700, ハプスブルク朝スペイン最後の王. 病弱で世継ぎがなく, スペイン継承戦争 Guerra de Sucesión de España を招く〗
—— ~ **II el Malo** 悪い王カルロス2世 (1322～87, ナバラ王〗
—— ~ **III el Político** 政治家カルロス3世 (1716～88, ブルボン朝スペイン Casa de Borbón en España の啓蒙専制君主. 啓蒙派官僚を登用し社会経済改革を推進. 諸科学の振興に努めマドリードの発展に貢献.「マドリード最良の市長」El Mejor Alcalde de Madrid とも呼ばれる〗
—— ~ **IV** カルロス4世 (1748～1819, スペイン王〗

carlota [karlóta]女 ❶《西. 菓子》牛乳・卵・砂糖・ゼラチン・バニラで作るケーキ. ❷《地方語》ニンジン〖=zanahoria〗

Carlota Amalia [karlóta amálja]《人名》カルロッタ・アマリア (1840～1927, ベルギー国王の王女, メキシコ皇帝マキシミリアノ Maximiliano の妻〗

carloteño, ña [karlotéɲo, ɲa]形 名《地名》ラ・カルロタ La Carlota の［人］〖コルドバ県の村〗

carlotercismo [karloterθísmo]男《歴史》カルロス3世 Carlos III 時代 (1759～88)

carlotercista [karloterθísta]形《歴史》カルロス3世時代の

carlovingio, gia [karloβíŋxjo, xja]形 =**carolingio**

carmañola [karmaɲóla]〖←仏語 carmagnole〗女 ［フランス革命時, 革命派の着た］狭い襟で短い上着; 当時の革命歌

carme [kárme]〖←アラビア語 karm「ブドウ畑」〗男《グラナダ》別荘〖=carmen〗

carmel [karmél]男《植物》オオバコの一種

carmela [karméla]女《西. 料理》［焼き網のような, 主にステーキ用の］底が波形のフライパン

carmelina [karmelína]女 ビクーニャ vicuña から2番目に取れる毛

carmelita[1] [karmelíta]形 名《カトリック》カルメル会 del Carmen (Carmelo) の［修道士・修道女］. ❷ 明るい茶色の, 淡褐色の〖カルメル会の僧服の色〗
—— 女 ❶ ノウゼンハレン capuchina の花〖サラダに入れる〗. ❷《菓子》アーモンド入りのケーキ

carmelitano, na [karmelitáno, na]形 名 ❶《カトリック》カルメル会の. ❷《地名》コロニア Colonia の［人］〖ウルグアイ南西部の町〗

carmelito, ta[2] [karmelíto, ta]形 名《中南米》明るい茶色［の］, 淡褐色［の］

carmen [kármen] I 〖←アラビア語 karm「ブドウ畑」〗男《グラナダ》［果樹園・庭園つきの］別荘
II 〖←[monte] Carmelo〗男《カトリック》カルメル会〖13世紀に創設された托鉢修道会. =orden del C~〗
III 〖←ラテン語 carmen〗男《ラテン語》の詩, 韻文

carmenador [karmenaðór]男 ❶ 羊毛梳き職人. ❷ 羊毛を梳く道具. ❸ 逆毛を立てるためのくし

carmenadura [karmenaðúra]女《まれ》解きほぐすこと, 梳き

carmenar [karmenár]他《まれ》❶ ［髪・羊毛・生糸を］解きほぐす, 梳く（゜）と. ❷ 盗む, くすねる. ❸ 髪の毛を引っ張る

carmentales [karmentáles]女[複] ニンフのカルメンタ Carmenta を讃えるローマの祝祭

carmentina [karmentína]女《植物》キツネノマゴ科の一種〖薬草〗

carmes [kármes]男《昆虫》=**quermes**

carmesí [karmesí]〖←カタルーニャ語 carmesí <アラビア語 qarmazi〗形 男[複]～[e]s ❶ 深紅色［の］. ❷ エンジムシ quermes から取れる赤色の粉末. ❸ 赤い絹布

cármica [kármika]女《ウルグアイ》=**formica**

carmín [karmín]〖←中世ラテン語 carminia <アラビア語 quermez「粒」+ラテン語 minin「鉛丹」〗男 ❶ 洋紅色［の］, カーマイン: dos corbatas ~ 洋紅色のネクタイ2本. ❷ ［口紅］紅; 口紅. ❸《植物》hierba ~ アメリカヤマゴボウ, ポークルート

carminativo, va [karminatíbo, ba]形 名《薬学》胃腸内のガスを排出しる, 駆風の; 駆風剤

carmíneo, a [karmíneo, a]形 口紅色; 洋紅色の

carminita [karminíta]女《鉱物》洋紅石, カルミナイト

carminoso, sa [karminóso, sa]形 洋紅色の

carmonense [karmonénse]形 名《地名》カルモナ Carmona の［人］〖セビーリャ県の町〗

carmonés, sa [karmonés, sa]形 名 =**carmonense**

carnación [karnaθjón]女 ❶《美術》肉色, 肉色〖人体部分の図柄に用いられる〗. ❷《紋章》自然な肌色

carnado, da [karnáðo, ða]形 ❶ 肉づきのよい
—— 女 ❶《釣り, 狩猟》［主に肉で作った］餌. ❷《比喩》おとり, 罠

carnadura [karnaðúra]女 ❶《医学》=**encarnadura**. ❷ 体格, 肉づき

carnaje [karnáxe] 男 [特に船に積み込まれた] 干し肉
carnal [karnál]《←carne》形 ❶ [精神に対して] 1) 肉体の; 肉欲の; 好色な, 淫乱な: amor ～ 性愛. deseos (apetitos) ～es 性欲. unión ～ 性的結びつき. 2) 物質的な, 地上の: Los intereses espirituales están por encima de los intereses ～es. 精神的な利益は物質的な利益にまさる. ❷ 血のつながった, 血縁の: hermano ～ 実の兄弟. primo ～ 血のつながいとこ
—— 男 ❶《カトリック》[一年のうち] 四旬節 cuaresma 以外の期間. ❷《古語》カーニバル[=carnaval]. ❸《メキシコ. 口語》1) 仲間, 相棒, 親友. 2) 兄弟
carnalera [karnaléra] 女《地方語》[中ぐらいの大きさの] 羊の首に付ける鈴
carnalidad [karnaliðá(ð)] 女《主に軽蔑》肉欲[にふけること], 肉体的快楽
carnalita [karnalíta] 女《鉱物》カーナライト
carnalmente [karnálménte] 副 肉欲で, 肉欲面で
carnauba [karnáuβa] 女《中南米. 植物》ブラジルロウヤシ
carnaval [karnaβál]《←伊語 carnevale < carnelevale < ラテン語 carnem levare「肉を取り去る」》男 ❶《キリスト教》[無冠詞で] 告解の三が日《四旬節直前の3日間》. ❷ [主に 複] カーニバル, 謝肉祭《2月～3月で年によって違う》: C～ de Oruro [ボリビア の] オルロのカーニバル. los ～es de Río de Janeiro リオのカーニバル. ❸《軽蔑》ごまかし, 不作法. ❹《メキシコ》友人
estar encendido el ～《キューバ. 口語》[事態が] ひどくややこしい, 厄介である
ser un ～ 1)《軽蔑》ごまかし(見せかけ)である. 2) どんちゃん騒ぎである
carnavalada [karnaβaláða] 女 ❶《軽蔑》[カーニバル特有の] お祭り騒ぎ, 悪ふざけ. ❷《西》異様で滑稽なこと
carnavalero, ra [karnaβaléro, ra] 形 名 ❶ カーニバル(お祭り)騒ぎを楽しむ[人]. ❷ カーニバルの
carnavalesco, ca [karnaβalésko, ka] 形 カーニバルの; お祭り騒ぎの
carnaválico, ca [karnaβáliko, ka] 形《まれ》=**carnavalesco**
carnavalito [karnaβalíto] 男《アルゼンチン》カルナバリト《北東部の伝統的で陽気な舞踊とその音楽》
carnaza [karnáθa] 女 ❶《料理. 軽蔑》くず肉, 腐った肉. ❷《釣り・猟の》餌[=carnada]. ❸《軽蔑》[主に 複] 肥満, ぜい肉. ❹《解剖》[肉と接する] 内皮. ❺ 罪もない人が犠牲になった悲しい事件.《軽蔑》[他人のせいで起こる危険・損害を受ける] 事情を知らない犠牲者: Los ancianos sirvieron de ～. 年寄りたちが罪もなく犠牲になった. ❻ スキャンダル. ❼《メキシコ, ホンジュラス, コスタリカ, コロンビア》罪を着せること, 身代わり: echar a+人 de ～ …を身代わりにする
carne [kárne]《←ラテン語 caro, carnis》女 ❶《不定冠》[骨に対して] 肉, 身. ❷ 男は Es un hombre de pocas ～s. その男はやせている. de abundantes ～s 大変肉づきのよい. Él es ～ de mi ～. 彼は私の肉親だ《主に母親または子供について》. 2) [食品. 魚介類・野菜に対して動物・鳥の肉] 肉: día de ～《カトリック》[肉食が許される日] 肉の日. plato de ～ 肉料理. ～ de cerdo 豚肉. ～ de cordero 羊肉. ～ de pluma 鳥肉. ～ de ternera 牛肉. ～ de pelo [carne de pluma に対し] ウサギなどの肉. ～ de cangrejo カニの身. ～ blanca 鶏肉・豚肉などの白っぽい肉. ～ roja 牛肉・羊肉など赤い肉. ～ magra [脂・筋のない] 赤身肉. ～s frías《中南米》冷肉[=fiambre]. ❷ [果実の] 果肉: 1) Quítale la piel y tómate solamente la ～ del melocotón. モモの皮はむいて, 肉の部分だけを食べなさい. 2)《西》果肉で作る菓子: ～ de membrillo マルメロのゼリー. ❸《キリスト教》[精神 espíritu・魂 alma に対して] 肉体; 肉欲: La ～ es débil.《新約聖書》〔心は勇んでも〕肉体が弱るとどうにもならない. los pecados de la ～ 肉欲の罪, 不貞の罪. placeres de la ～ 肉体的快楽. tentaciones de la ～ 肉体の誘惑. ❹《口語》[複] [人間の体 =cuerpo]: Las ～s se le cansan y las piernas se le niegan a caminar. 彼の体は疲れ, 脚は歩くのを拒否する. ❺ [白人の] 肌色, ピンクがかったクリーム色: medias de color ～ 肌色のストッキング. ❻ [人の] 肌: ～ de gallina de los bebés 赤ん坊のピンク色の肌. ❼《医学》～ viciosa 菌状増殖. ❽《遊戯》[taba の] 盛り上がったS字型の側. ❾《中南米》[木の] 芯, 心材[=cerne]
abrir a+人 las ～s《口語》[事が] …を怖がらせる
abrirse a+人 las ～s《口語》1) …が怖がる, ぞっとする. 2) [他人の苦しみなどに] 胸が張り裂ける思いをする

～ *de cañón* 1) 最前線の部隊; [思慮に欠けたため] 危険にさらされている部隊: Usaron los más jóvenes como ～ de cañón. 最も若い兵士たちが最前線に送られた. 2)《集名》危険の矢面に立たされる人; 無慈悲な扱いを受ける人, まともな扱いを受けない人
～ *de cogote*《チリ, アルゼンチン, ウルグアイ》つまらないもの
～ *de doncella* 1)《古語》[17世紀の薄布の] ピンク色. 2)《キューバ. 植物》キントラノオ科の一種《学名 Byrsonima lucida》
～ *de gallina* 1)《寒さ・恐怖・興奮による》鳥肌: Se me puso la ～ de gallina al oírlo. 私はそれを聞いて鳥肌が立った. tener la ～ de gallina 鳥肌が立っている. 2)《木材が腐る前に現れる》黄みがかった白い傷
～ *sin hueso* 1)《料理》骨なし肉. 2) 楽でもうかる仕事
castigar la ～ 苦行をする, 情欲を抑制する, 禁欲生活をする
cobrar ～s 太る
criar ～s 太る
de ～ y hueso [人が痛みや苦しみを感じる] 生身の, 実存の: hombre de ～ y hueso 生身の人《血も涙もある》人間. Soy de ～ y hueso. 私は生身の人間だ. Los personajes de esta película son seres de ～ y hueso. この映画の登場人物たちは真に迫っている
de muchas (pocas) ～s 肉づきのよい (悪い)
echar ～s [やせた人が] 肉がつく, 太る
echar toda la ～ en el asador《口語》=*poner toda la ～ en el asador*
en ～ mortal《キリスト教》[聖母マリアの御出現が] 生身の存在として
en ～ viva 1) 皮膚が赤むけの: Tenía las rodillas en ～ viva. 彼は両膝をすりむいていた. 2) 裸の・で. 3) [人が] 怒りっぽい, 神経過敏の. 4) [記憶などが] 生々しい: herir a+人 en ～ viva …の痛い所をつく
en ～ y hueso = en ～ y hueso: visto en ～ y hueso [映像でなく] 実物で見ると. Aquí podemos ver en ～ y hueso a los actores. ここでは実物の役者たちに会うことができる
en ～s [vivas] 裸の・で
en su ～ [被害が及ぶのが] 直接自分自身に
en vivas ～s = *en ～s* [vivas]
entrado en ～s =*metido en ～s*
entrar en ～s 太る
hacer ～ 1) [肉食動物が獲物を] 殺す, むさぼり食う. 2) [人が人を] 殺す, 傷つける. 3)《口語》害をもたらす, 迷惑になる
metido en ～s 肉づきのよい, 太りすぎの: Está algo metido en ～s. 彼は太り気味だ
no ser ni ～ ni pescado《西》どっちつかずである, 優柔不断である; あいまいである; 面白味がない
perder ～s やせる
poner ～s 太る
poner toda la ～ en el asador《口語》すべてを賭する, 一か八か勝負に出る; 手段を尽くす
ser ～ de... えじきである: Son ～ de prestamista. 彼らは金貸しのえじきになっている. Eran ～ de prisión. 彼らは刑務所行きと相場が決まっていた
ser ～ y uña《口語》切っても切れない仲である『=ser uña y carne』
ser de la misma ～ y sangre 血肉を分けた間柄である
temblar a+人 las ～s《口語》…が恐怖に襲われる, ぞっとする
tener ～ de perro 頑健な体の持ち主である, まるで不死身である
tomar ～s 太る
carné [karné] 男《複 ～s》=**carnet**
carneada [karneáða] 女《チリ, アルゼンチン, ウルグアイ》畜殺; 畜殺所, 食肉処理場
carnear [karneár] 他 ❶《主にチリ, アルゼンチン, ウルグアイ》[食肉用に] 畜殺する, 解体する. ❷《メキシコ, チリ. 口語》だます, からかう. ❸《メキシコ, アルゼンチン》[けんかで] 傷つける, 殺す
cárneas [kárneas] 女《古語》カルネイア祭《アポロ神を讃えるスパルタの祝祭》
carnecería [karneθería] 女《俗用》=**carnicería**
carnecilla [karneθíθa] 女《傷跡などの》肉の小さな盛り上がり
carneiro [karnéiro] 男《貝》トゲザル《学名 Acanthocardia echinata》
cárneo, a [kárneo, a] 形《チリ, アルゼンチン, ウルグアイ》食肉の

carneola [karneóla] 囡 =**carniola**
carnerada [karneráda] 囡 羊の群れ
carneraje [karneráxe] 男 ❶《歴史》羊の通行税. ❷《メキシコ, チリ, ウルグアイ》雄羊の群れ
carnereamiento [karnereamjénto] 男《歴史》羊などが侵入して害を及ぼしたことに対する刑罰
carnerear [karnereár] 他 ❶［害を及ぼしたことを理由に羊を殺す. ❷《アルゼンチン》［地位・職］の候補者から除外する
carnerero [karneréro] 男 羊飼い
carnerete [karneréte] 男《アンダルシア. 料理》油・酢・刻んだピーマン・炒めたパン粉の煮込み
carneril [karneríl] 形 →**dehesa** carneril
carnero[1] [karnéro] I ［←ラテン語［agnus］carnarius「肉用の（子羊）」］男 ❶《動物》ヒツジ（羊）, 雄羊《⇔oveja》: ~ llano 去勢羊. ~ de simiente 種羊. ~ de cinco cuartos 額が秀でて角が短く毛が長く尾が太いモロッコ産の羊. ~ de dientes 1歳以上3歳未満の雄羊. De la mar, el mero y de la tierra, el ~.《諺》海では海の幸、山では山の幸を食べるべきだ. ❷《料理》羊肉, マトン. 2) ~ verde パセリ・ニンニク・豚の脂身の塩漬け・パン・卵の黄身・香辛料の煮込み. ❸ ~ 羊皮, シープスキン. ❹ ~ marino アザラシ《=foca》. ~ del Cabo アホウドリ《= albatros》. ~ de la tierra リャマ《=llama》. ❺《気象》複 羊雲, 綿雲. ❻《馬術》bote de ~［馬が騎手を投げ飛ばすために］頭を前脚の間に入れながら跳びはねること. ❼《古語》牡牛座. ❽《アラゴン》雄羊のなめし革
no haber tales → そうしたことは定かでない
ojos de ~ ［*degollado・a medio morir*］悲しそうな目, 憂鬱そうな目
II ［←ラテン語 carnarium「穴」］男 ❶《まれ》墓; 納骨所《=osario》; 死体置き場. ❷《古語》［一家の］地下墓所. ❸《古語》肉の貯蔵場所
carnero[2], ra [karnéro, ra] 名 ❶《キューバ, ペルー, チリ, アルゼンチン, ウルグアイ》自主性のない人, 活気のない人. ❷《チリ, ラプラタ》スト破り
cantar para el ~《アルゼンチン, ウルグアイ》［人が］死ぬ
carneruno, na [karnerúno, na] 形 羊の; 羊に似た
carnestolendas [karnestoléndas] 囡《まれ》［las+］謝肉祭〔の期間〕
carnet [karné] ［←仏語］男〔複 ~s〕❶ 身分証明書《= ~ de identidad》: Tienes que sacar el ~ de prensa. 君は記者証を取得しなければならない. He renovado el ~ de conducir. 私は運転免許証を更新した. ~ de estudiante 学生証. ~ de sindicato 組合員証. ~ de socio 会員証. ~ de vacunas 予防接種証明書. ❷ メモ帳; ~ de baile《古語》舞踏会の手帳〔若い女性が踊った相手の名前を書き込む〕
carnicera[1] [karniθéra] 囡 ❶《地方版》肉や魚の重量単位〔=1kg余り〕. ❷《チリ》肉を入れておくかご
carnicería [karniθería] 囡 ❶ 精肉店. ❷ 食肉産業. ❸［戦争・大災害による］大量殺, 大勢の死. ❹［大量に出血するくらいの人体の］損傷. ❺《エクアドル》畜殺所《=matadero》
hacer una ~ 1) 大破壊（大量殺・大量処分）する. 2) たくさんの傷を負わせる
parecer ~ 同時にたくさんの人が騒いで大混乱する
carnicero, ra[2] [karniθéro, ra] ［←**carniza**］形 ❶《動物》食肉類の, 肉食の 類義 **carnicero** は他の動物を捕食する動物, **carnívoro** は単に肉を食べる動物の意である: animal ~ 肉食動物. ave ~ra 猛禽. ❷ 残虐な, 血を好む: venganza ~ra 血なまぐさい報復. ❸［人が］肉好きの, 肉をたくさん食べる. ❹［放牧場が］食用肉用の家畜が草をはむ
— 名 ❶ 精肉商. ❷ 残虐な人. ❸《軽蔑, 戯語》腕の悪い外科医
— 男《ニカラグア》［警察の］護送車
cárnico, ca [kárniko, ka] ［←*carne*］形 食用肉の: industria ~ca 食肉産業. preparados ~ 肉製品
carnicol [karnikól] 男 ❶ 蹄《》のある指《=pesuño》. ❷［主に 小 *taba* に使用する］距骨; 距骨を使った遊び
carniense [karnjénse] 形《地質》三畳紀後期の
carnificación [karnifikaθjón] 囡《医学》［肺などの組織の］肉変
carnificar [karnifikár] 自 ~se［器官・組織が］《医学》肉変する
carnífice [karnífiθe] 男 ❶［錬金術で］火. ❷《古語》死刑執行人《=verdugo》

carniforme [karnifórme] 形 肉のような外見の
carnina [karnína] 囡《生化》カルニン〔肉の苦味成分〕
carniola [karnjóla] 囡《鉱物》黄色みがかったカーネリアン〔赤玉髄〕
carniseco, ca [karniséko, ka] 形［人・動物が］やせた, 肉の少ない
carnitas [karnítas] 囡 複《料理》❶《メキシコ, グアテマラ》豚肉の網焼き〔トルティージャで巻いて食べる〕. ❷《ベネズエラ》揚げた肉だんご
carnitina [karnitína] 囡《生化》カルニチン
carnívoro, ra [karníboro, ra] 形 ❶［動物が］肉食の《→carnicero 類義》: animal ~ 肉食動物. ❷《植物》食虫の: planta ~ra 食虫植物
— 男《動物》肉食動物
carniza [karníθa] ［←ラテン語 carniceus, -a］囡 ❶ 畜殺した動物の肉くず. ❷《口語》死体の肉
carnización [karniθaθjón] 囡《畜殺された動物の》肉の切り分け
carnosaurio [karnosáurjo] 男《古生物》カルノザウルス
carnosidad [karnosidád] 囡 ❶［傷跡などの］肉の盛り上がり. ❷ 贅肉《》, 肥満
carnoso, sa [karnóso, sa] ［←*carne*］形 ❶ 肉の. ❷ 肉づきのよい: pollo ~ 太った若鶏. labios ~ 肉感的な唇. ❸［植物・果実が］肉質の: fruto ~ 多肉果. planta ~sa 多肉植物. uva ~sa 果肉の多いブドウ. ❹ 栄養豊富な
carnotita [karnotíta] 囡《鉱物》カーノタイト
carnudo, da [karnúdo, da] 形 肉づきのよい; ［植物・果実が］多肉質の《=carnoso》
carnuz [karnúθ] 男《アラゴン》腐肉《=carroña》
carnuza [karnúθa] 囡《軽蔑》〔不快を催すような〕大量の肉
caro, ra[2] [káro, ra] ［←ラテン語 carus］形 ❶［値段が］高価な, 高くつく, 割高な《⇔barato》: 1) El caviar es ~. キャビアは高い. Los pisos están muy ~s. マンションは非常に高くなっている. Este vestido me ha resultado ~. このドレスは高かった. Venden muy ~s sus artículos en esta tienda. この店の品物は高い. La publicación de una novela es cada día más *cara*. 小説の出版にはますます費用がかかるようになった. Este ordenador es ~ en ese precio. このコンピュータはその値段では高い. joya *cara* 高価な宝石. 2)［場所について, そこにある商品・その物価が高い］restaurante ~ 高いレストラン. ciudad *cara* 物価の高い都市. ❷［人が］《+名詞》親愛な, 愛する: mi ~ amigo わが親愛なる友. ~s recuerdos 大切な思い出. ❸《古語》厄介な; 困難な
costar ~ a+人《比喩》…に高い代償を支払わせる: Los amoríos le *costaron* muy *caros*. 彼は浮気をしてひどい目にあった
salir ~ a+人 =costar ~ a+人
vender ~ 1) 身をすげなくとは与えない: *Vendieron cara* su vida. 彼らは多くの敵を道連れにして死んだ. *Vendió ~* su apoyo. 彼の支持を得るのは一筋縄ではいかなかった. 2) いかにも価値があるかのように説く
venderse ~ 《口語》1) めったに姿を見せない: No te vendas tan ~. もっと頻繁に顔を見せてくれ. 2) お高くとまっている
— 副［値段が］高く, 高価に《動詞が直接目的語を伴わない場合》: Venden ~ en este bar. このバーは高い. costar (salir) ~ 高くつく
— 男《キューバ》カニの腹子とキャッサバの澱粉で作る料理
caroba [karóba] 囡《植物》ノウゼンカズラ科の一種〔葉や樹皮は薬用. 学名 Jacaranda caroba〕
caroca [karóka] 囡 ❶［祭り・儀式などで街路や広場に飾られる］布絵. ❷ にせ物, 見かけだけのもの. ❸ 甘える仕草, 愛撫《=carantoña》. ❹《古語》パントマイムに似た喜劇
carocha [karótʃa] 囡 =**carrocha**
carochar [karotʃár] 自 =**carrochar**
carocho [karótʃo] 男《魚》ヨロイザメ〔学名 Scymnorhinus licha〕
carofíceo, a [karofíθeo, a] 形 車軸藻綱の
— 囡《植物》車軸藻類
carola [karóla] 囡《チリ. 馬具》鞍下《=carona》
carolina[1] [karolína] 囡 ❶《植物》1) タマザキフジ, ツルレンゲ. 2)《キューバ》アカテツ科の高木《=cuyá》. ❷《西. 菓子》パイ地にクリームを載せメレンゲでコーティングしたケーキ
carolinense [karolinénse] 形 名《地名》❶ カロリナ Carolina の〔人〕〔プエルトリコの町〕. ❷ ラ・カロリナ La Carolina の〔人〕

carolingio, gia [karolíŋxjo, xja] 形 ❶《人名》カール大帝 Carlomagno の、シャルルマーニュ大帝の。❷《歴史》カロリング王朝〔時代〕の: el Renacimiento 〜 カロリング朝ルネサンス『カール大帝期のラテン語文芸復興』

carolino, na² [karolíno, na] 形 名 ❶《人名》カルロス Carlos という名の王(特にカルロス5世)の; その統治時代の。❷〔書記法が〕カロリング朝ルネサンス期独特の。❸《地名》[ミクロネシアの] カロリン諸島 las Carolinas の〔人〕

cárolus [károlus] 男《歴史》カルロス5世時代のスペインで用いられた〕フランドルの貨幣

caromomia [karomómja] 女 人間のミイラの肉〔薬として用いられた〕

carón, na¹ [karón, na] 女 ❶《中南米. 口語》[顔が] 大きな。❷《コロンビア》ずうずうしい, 恥知らずの

carona² [karóna] 女 ❶《馬具》1) 鞍下。2) 鞍の内側。❷〔鞍下が載る〕馬の背中: corto (largo) de 〜 [馬が] 背中の短い (長い)。❸《隠語》[下着の] シャツ 〔=camisa〕
 a 〜《古語》肉・膚に直接触れて
 blando de 〜 1) ふけめの、やる気のない。2) [馬が] 鞍ずれしやすい。3) ほれっぽい 〔=enamoradizo〕
 hacer la 〜 馬の鞍下の部分を剪毛する

caroncho [karóntʃo] 男《スペイン西部》キクイムシ 〔=carcoma〕

caronjo [karóŋxo] 男《レオン》キクイムシ 〔=carcoma〕

Caronte [karónte] 男《ギリシャ神話》カロン『死者の魂を死の国に送る渡し守』

caroñoso, sa [karoɲóso, sa] 形 [馬が] 皮がすりむけた; 鞍ずれした

caroquero, ra [karokéro, ra] 形 男 布絵 caroca を描く〔人〕

carosiera [karosjéra] 女 carosiero の実

carosiero [karosjéro] 男《植物》シロワヤシの一種〔実はリンゴに似ている〕

carosis [karósis] 女《医学》[重度の] 昏睡

carota [karóta] 《cara の示大語》名《西. 口語》面の皮の厚い人, 鉄面皮
 ── 名《口語》顔

caroteno [karoténo] 男《生化》カロテン: beta 〜 ベータカロテン

carotenoide [karotenójde] 形 男《生化》カロチノイド〔の〕

carótida [karótiða] 女《解剖》頸動脈 〔= arteria 〜〕

carotídeo, a [karotíðeo, a] 形《解剖》頸動脈の

carotina [karotína] 女 =caroteno

carotinoide [karotinójde] 形 男 =carotenoide

carozo [karóθo] 男 ❶〔トウモロコシの〕穂軸。❷《サラマンカ》よく挽いたオリーブの種〔豚の餌に使われる〕。❸《チリ, アルゼンチン, ウルグアイ》[桃などの] 核, 種

carpa [kárpa] I《←ラテン語 carpa》女 ❶《魚》コイ(鯉): 〜 dorada 金魚。❷ salto de la 〜 とんぼ返り. salto en 〜《水泳》ジャックナイフ, えび型飛び込み
 II《←?語源》女 ❶《サーカスなどの》大きなテント;《中南米》[野営用の] テント: levantar la 〜 テントを立てる。❷《中南米》[屋台店の] 日よけ。❸《南米》〜 de oxígeno 酸素テント
 III《←仏語 grappe》女 ブドウの小さい房

carpacchio [karpátʃjo] 男 =carpaccio

carpaccio [karpátʃo] 《←伊語》男《料理》カルパッチョ

carpancha [karpántʃa] 女《カンタブリア》深いかご

carpancho [karpántʃo] 男《カンタブリア》[魚・野菜などを運ぶ] 丸く平たいかご

carpanel [karpanél] 形 →**arco** carpanel

carpanta [karpánta] 《←ジプシー語》女 ❶《西. 口語》ひどい空腹。❷《サラマンカ》怠惰, ものぐさ。❸《メキシコ》ごろつきの集団; 陽気な連中

carpático, ca [karpátiko, ka] 形《地名》カルパティア山脈 cordillera de Cárpatos の

carpaza [karpáθa] 女《植物》ゴジアオイ属の灌木〔学名 Cistus psilosepalus〕; ハリミウム属の灌木〔学名 Halimium alyssoides〕

carpazo [karpáθo] 男 =carpaza

carpe [kárpe] 男《植物》セイヨウシデ

carpedal [karpeðál] 男《植物》セイヨウシデ林

carpe diem [kárpe ðíem]《←ラテン語》現在を楽しめ『人生は短いから急いで楽しまねばならぬ。ホラティウス Horatius の言葉』

carpelar [karpelár] 形《植物》心皮の

carpelo [karpélo] 男《植物》心皮(ぎ), 雌蕊葉(ばい)

Carpentier [karpentjér]《人名》Alejo 〜 アレホ・カルペンティエ〔1904〜80, キューバの作家。フランスへ亡命, その後ベネズエラで創作を行なう。そこでカリブ海の驚異に満ちた歴史と自然を再発見し, 作品として結実させた。川をさかのぼることがそのまま時間遡行になるという独自の発想に基づいて書かれた小説『失われた足跡』*Los pasos perdidos* は現代ラテンアメリカ文学の傑作とされる。ほかに現実の驚異的なものをテーマにした『この世の王国』*El reino de este mundo*, 『光の世紀』*El siglo de las luces*, 『春の祭典』*La consagración de la primavera*. セルバンテス賞受賞〕

carpeño, ña [karpéɲo, ɲa] 名《地名》カルピオ Carpio と名の付く町・村の〔人〕; エル・カルピオ El Carpio と名の付く町・村の〔人〕

carpeta [karpéta] 《←仏語 carpette < 英語 carpet「じゅうたん」》女 ❶ 紙ばさみ, ファイル, フォルダー: 〜 de anillas リング式バインダー。❷ デスクマット。❸《西》CDジャケット, レコードジャケット。❹《情報》フォルダ: 〜 provisional 仮フォルダ。❺《古語》居酒屋の入り口にかけるのれん。❻〔アラゴン〕頭のれん。❼《米国, メキシコ》じゅうたん 〔=alfombra〕。❽《中南米》1) 〔家具などの〕飾り・保護用の敷物。2) 賭博台を覆う緑色の敷物。❾《ペルー》〔学校の〕机〔=pupitre〕
 〜 *de antecedentes* 1) 事例史。2)《医学》既往歴
 cerrar la 〜〔調査などを〕打ち切る
 dejar en 〜《チリ》懸案にする
 hacer la 〜 ベッドのアッパーシーツを入り込めないように折り畳む〔新入生などに対するいたずら〕
 tener 〜《アルゼンチン, ウルグアイ. 口語》人づき合いがうまい
 tener 〜 *médica*《アルゼンチン》病気で休職中である
 tener 〜《チリ》検討中である

carpetano, na [karpetáno, na] 形 名《歴史》❶ カルペタニー族〔の〕〔前ローマ時代, イベリア半島中央部の先住民〕。❷《文語》トレド王国の〔人〕

carpetazo [karpetáθo] 男 *dar* 〜 *a...*《口語》1) …を棚上げにする: ¿Por qué piensa usted *dar* 〜 al recurso? なぜあなたは訴えを握りつぶそうとするのですか? 2) 中止にする: *Dimos* 〜 al proyecto. 私たちは計画を打ち切った

carpetería [karpetería] 女《集名》紙ばさみ, ファイル, フォルダー

carpetovetónico, ca [karpetobetóniko, ka]《←Carpetovetónicos 山脈》形 男 ❶《西. 軽蔑》スペインの伝統に固執する〔人〕, 排外主義的な〔人〕。❷《西. 戯語》スペインの; スペイン人。❸ la cordillera C〜〔スペインの〕中央山系。❹《歴史》カルペタニー族 carpetanos とベトン族 vetones の

carpetovetonismo [karpetobetonísmo] 男《排外的な》スペイン至上主義

carpiano, na [karpjáno, na] 形《解剖》手根骨 carpo の

carpicultura [karpikultúra] 女 鯉の養殖技術

carpidor [karpiðór] 男《中南米》除草鍬(ホ)

carpín [karpín] 男《魚》ヨーロッパブナ

carpincho [karpíntʃo] 男《ボリビア, ラプラタ. 動物》カピバラ

carpintear [karpinteár] 自〔職業・趣味・練習として〕大工仕事をする

carpintera¹ [karpintéra] 女《昆虫》クマバチ 〔=abeja 〜〕

carpinterear [karpintereár] 自《チリ. 口語》大工仕事をする

carpintería [karpintería] 女 ❶ 大工の作業場(仕事場)。❷ 大工仕事, 木工技術。❸ 大工。❹〔建物の〕木造部: 〜 metálica 金属部分。❺ de aluminio アルミサッシ。❺《集名》〔一つの場所にある家具など〕木工製品。❻《演劇》〔劇作家や演出家の〕演劇技法 〔=〜 teatral〕。❼《文学》[+形容詞] 〜 poética 詩作技法

carpinteril [karpinteríl] 形 大工の, 大工仕事の

carpintero, ra² [karpintéro, ra]《←古語 carpentero < ラテン語 carpentarius「車大工」》名 ❶ 大工: 〜 de armar, 〜 de obra de afuera〔指物師, 建具屋〕〔〜 de blanco〕: 〜 de carretas/〜 carretero/〜 de prieto 車大工. 〜 de ribera 船大工. 〜 de cámara 客船の船大工
 ── 形 大工の
 ── 男《鳥》キツツキ 〔=pájaro 〜, pico 〜〕

carpir [karpír] 他 ❶ 失神させる, 唖然とさせる。❷《主に中南米》〔鍬で, +場所の〕雑草を取る。❸《まれ》引っかく
 ── *se* ❶ 失神する, 唖然とする。❷《まれ》自身を引っかく

carpo [kárpo] 男《解剖》手根骨(ホミ)

carpobálsamo [karpobálsamo] 男 ギレアドバルサム opobálsamo が取れる木の実

carpófago, ga [karpófaɣo, ɣa]《動物》主に果実を食べる
carpología [karpoloxía] 囡 果実学
carqueja [karkéxa] 囡《植物》キク科の灌木【学名 Baccharis articulata】
carquesa [karkésa] 囡 ❶《植物》マメ科の灌木【学名 Chamaespartium tridentatum】. ❷［ガラス工場・工房の］徐冷炉
carquesia [karkésja]《植物》マメ科の灌木【学名 Genistella tridents】
carquexia [karké(k)sja]《植物》❶ エニシダに似たマメ科の灌木【学名 Pterospartum tridentatum】. ❷ **=carqueja**
carquiñol [karkiɲól] 男《アラゴン, カタルーニャ, レバンテ. 菓子》砕いたアーモンド・小麦粉・卵のクッキー
carra [káṛa] 囡 ❶《演劇》引枠【大道具を載せる台車】. ❷《植物》トウダイグサ科の多年草【学名 Mercurialis tomentosa】
carraca[1] [kaṛáka] I ［←擬音］《音楽》ラチェット【歯車を回転させるとカラカラという音を出す. 聖週間の暗闇の聖務・試合の応援などにも使う】❷《技術》ラチェット: destornillador [de] 〜 ラチェット・ドライバー. ❸《鳥》ニシブッポウソウ. ❹《コロンビア. 軽蔑》あごの骨
 estar como una 〜 頭が少しおかしい: Aquel presidente _está como una_ 〜, pero es popular. あの大統領は少し頭がおかしいが人気がある
 II ［←アラビア語 harrak］囡 ❶ カラック船【15〜16世紀の大型帆船. コロンブスの乗ったサンタマリア号もカラック船】❷《軽蔑》おんぼろ物, ぽんこつ: Este ordenador es una 〜. このパソコンはおんぼろだ. ❸ 持病だらけの人, 病弱な人: Mi tío está hecho una 〜. 私の叔父は持病だらけだ. ❹ 老朽船, ぼろ船. ❺《古風》造船所
carraco, ca[2] [kaṛáko, ka] 厖 ❶ おいぼれた[人]; 病弱な[人] ―― 名 ❶《西》陰茎. ❷《鳥》1)《コスタリカ》アメリカオシ. 2)《コロンビア》コンドル
carracón [kaṛakón] 男《音楽》大型のラチェット carraca
Carracuca [kaṛakúka]《西》「想像上の人物で, 否定的な性質・状況の比較表現で用いられる】El vagabundo tenía más hambre que 〜. その放浪者はひどく腹をすかせていた. _estar más perdido que_ 〜 絶望的な苦境にある
carrada [kaṛáda] 囡 ❶ 荷車一台分の量【=carretada】. ❷《メキシコ》石灰の売買量の単位【=10アロバ arroba の袋12個分】
 _a_ 〜 _s_《ラプラタ》おびただしく
carrafa [kaṛáfa] 囡《サラマンカ. 豆》イナゴマメ
carral [kaṛál] 男 ❶ ワイン運搬用の樽. ❷《ムルシア》病弱な人【=carraco】
carraleja [kaṛaléxa] 囡 ❶《昆虫》ツチハンミョウ【=aceitera】. ❷《古風》**=cañaheja**
carralero [kaṛaléro] 男 樽作り職人
carramarro [kaṛamáṛo] 男《アラバ》ミドリガニ【=cámbaro】
carramplón [kaṛamplón] 男 ❶《コロンビア, ベネズエラ》銃【=fusil】. ❷《コロンビア》［ゴルフシューズの］スパイク
carranca [kaṛáŋka] 囡 ❶ 鋲付きの首輪【=carlanca】. ❷《アラバ》［水たまり・池などに張った］氷, 氷盤
carrancla [kaṛáŋkla] 囡 ❶《キューバ》古くがたがたきた自動車. ❷ 役立たずの人
carrancudo, da [kaṛaŋkúdo, ða] 厖 首をまっすぐに伸ばした, 誇り高い
carranza [kaṛánθa] 囡［鋲付きの首輪 carlanca の］鋲の先端
Carranza [kaṛánθa]《人名》**Venustiano** 〜 ベヌスティアノ・カランサ【1859〜1920, メキシコの政治家, 大統領 (1917〜20). メキシコ革命では立憲主義を掲げて戦い, 1917年憲法を制定】
carranzudo, da [kaṛanθúdo, ða] 厖《犬の》鋲付きの首輪 carlanca をはめた
carrao [kaṛáo] 男《ドミニカ, プエルトリコ, ベネズエラ. 鳥》ツルモドキ
carraón [kaṛaón] 男《植物》ヒトツブコムギ
carraplana [kaṛapána] 囡《ベネズエラ. 口語》_estar en la_ 〜 一文なしである
carrara [kaṛára]［イタリアの］（カッラーラ）Carrara 産の白大理石
carrasca [kaṛáska] 囡 ❶《植物》コナラ属の一種【=encina】の薪. ❷《中南米. 音楽》カラスカ【棒で弦をこすって音を出す】
carrascal [kaṛaskál] 男 ❶ コナラ属の一種 carrasca の林. ❷《チリ》石だらけの土地
carrascalejo [kaṛaskaléxo] 男 carrasca の示小語
carrascaloso, sa [kaṛaskalóso, sa] 厖《メキシコ》不平を言う, 気難しい

carrasco [kaṛásko] 男《植物》1) コナラ属の一種【=encina】. 2)《地方語》セイヨウヒイラギ【=acebo】. ❷《中南米》薪がたくさん取れる森
carrascón [kaṛaskón] 男 carrasca の示大語
carrascoso, sa [kaṛaskóso, sa] 厖 コナラ属の一種 carrasca の群生した
carraspa [kaṛáspa] 囡《植物》トキワガシ
carraspada [kaṛaspáda] 囡 薄めた赤ワインまたは赤ワインの澱に蜜・香辛料を加えた飲み物
carraspear [kaṛaspeár] ［←擬声］自 ❶ 咳払いをする. ❷ 喉がいがらっぽい, 声がかすれる. ❸ うなるような音を出す: El helicóptero _carraspea_. ヘリコプターがうなりをあげている
carraspeño, ña [kaṛaspéɲo, ɲa] 厖［声が］かすれた
carraspeo [kaṛaspéo] 男 ❶ 咳払い. ❷ うなるような音
carraspera [kaṛaspéra] 囡 ❶ 喉のしわがれ, いがらっぽさ 咳払い【=carraspeo】
carraspique [kaṛaspíke] 男《植物》ナズナ
carrasposo, sa [kaṛaspóso, sa] 厖 ❶ しわがれた声の〔人〕; [声が] かすれた. ❷《コロンビア, ベネズエラ, エクアドル》［手ざわりが］ざらざらした
carrasquear [kaṛaskeár] 自《アラバ》［噛んだ時］サクサクいう
carrasqueño, ña [kaṛaskéɲo, ɲa] 厖 ❶ コナラの; コナラ属の. ❷《果実》aceituna 〜_ña_ 球形のオリーブ【植物》学名 Olea europaea columelia】. ❸ →**roble** carrasqueño, **pino** carrasqueño. ❹ 厳しい
carrasquera [kaṛaskéra] 囡 **=carrascal**
carrasquilla [kaṛaskíʎa] 囡《植物》❶ 小型のクロウメモドキ【学名 Rhamnus alaternus prostata】. ❷ ウォルジャーマンダー【=camedrio】. ❸ ケルメスナラ【=coscoja】. ❹ コリルカンザロ【=arzolia】. ❺ 〜 azul ミヤマホタルカズラ
Carrasquilla [kaṛaskíʎa]《人名》**Tomás** 〜 トマス・カラスキリャ【1858〜1940, コロンビアの小説家. 故郷アンティオキア Antioquia の人々の暮らしぶりや風俗を口語的な文体で描き出した作品で知られる】
carré [kaṛé] ［←仏語］男 正方形の布地【スカーフとして利用する】
carrejo [kaṛéxo] 男《地方語》廊下【=pasillo】
carrendilla [kaṛendíʎa] 囡《チリ》数珠つなぎ, 連なり
 _de_ 〜《チリ》棒暗記で【=de carrerilla】
Carreño de Miranda [kaṛéɲo de miránda]《人名》**Juan** 〜 フアン・カレーニョ・デ・ミランダ【1614〜85, バロック期スペインの画家. フェリペ4世・カルロス2世の宮廷に仕え, 王侯貴族の肖像画を描いた】
carrera[1] [kaṛéra] ［←俗ラテン語 carraria「車道」］囡 ❶ 走ること, 走り【=corrida】: Emprendí una loca 〜 en dirección a la salida. 私は出口に向かって狂ったように走り始めた. ¿Nos echamos una 〜 hasta el muro? 塀まで走ろうか？〜 de aterrizaje (despegue)《航空》着陸 (離陸) 滑走. ❷《スポーツなど》1) 競走. 〜 a pie: perder mucho dinero en las 〜_s_ de caballos 競馬で大金を失う. moto de 〜 レース用のバイク. 〜 corta 短距離走, スプリント競走. 〜 de automóviles / 〜 de coches / 〜 automovilística カーレース. 〜 de cien metros 100メートル競走. 〜 de consolación コンソレーション. 〜 de galgos / 〜 de liebre［ウサギの人形を追う］ドッグレース. 〜 de motocicletas オートレース. 〜 de natación 競泳. 〜 de obstáculos《競馬》障害競走; 困難. 〜 de relevos / 〜 de postas リレー競走. 〜 de tres pies 二人三脚. 〜 de armamentos / 〜 armamentista / 〜 armamentística 軍拡競争. 〜 espacial 宇宙開発競争. 〜 de ensacados / 〜 de costales / 〜 de embolsados《チリ, アルゼンチン, ウルグアイ》両足を袋に入れた競走. 2) 助走【=carrerilla】. 3) 競走用の場所, レース場. 〜 母集線, ゴールライン. 5)《野球》ホームベースを踏むこと; 得点: vencer por cuatro 〜_s_ a una 4対1で勝つ. 6)《闘 馬術》競技. 7)《中南米. バスケットボール》hacer 〜 トラベリングをする. ❸ 専名《大学の》専門課程［での勉強］; 学位: Está en primero de 〜. 彼は大学の1年生だ. Tengo el propósito de hacer el doctorado cuando termine la 〜. 私は大学を卒業後, 大学院に進学するつもりだ. Mi hijo estudia la 〜 de abogado. 私の息子は弁護士になる勉強をしている. estudiar una 〜 大学で勉強する, 大学に進学する. 〜 de ingeniero 技術者養成課程. 〜 de ciencias (letras) 理学士 (文学士) の学位. 〜 diplomática 外交官養成課程; 外交官の職歴. 〜 media (superior) 3年(5年)制の大学課程. ❹［専門職の］経歴, キ

ャリア『=~ profesional』;［生涯たどるべき］職業: Tiene la ~ de ingeniero en informática. 彼はコンピュータ技術者の経歴がある. Ganó mucho dinero a lo largo de su ~ de cantante. 彼は長い歌手生活をして大金を得た. Se encuentra en uno de los momentos más difíciles de su ~ política. 彼は政治家人生で一番難しい時期にある. Se retiró en lo mejor de su ~. 彼は仕事が最も脂の乗っている時に引退した.　abandonar su ~ de actriz 女優をやめる. iniciar su ~ 開業する; デビューする. tener una ~ larga en…… …のキャリアが長い. funcionario de ~ キャリア官僚. militar de ~ 職業軍人. mujer de ~ キャリアウーマン. ~ de pintor 画家としての経歴. ~ literaria 作家としての経歴. ❺［行列など］の 経路, 通り道: vigilar la ~ de la comitiva 行列の道筋を警備する. ❻《西, コロンビア, ベネズエラ》［タクシーなどの］走行, 行程: importe de la ~ 走行料金. ❼《天文》軌道, 運行: El Sol estaba a la mitad de su ~. 太陽は運航の中間にあった. ~ de la luna 月の軌道 (運行). ❽《技術》［往復機関で］行程, ストローク: ~ de admisión/~ de aspiración 吸気行程. ~ de compresión 圧縮行程. ~ de escape/~ de evacuación 排気行程. ~ ascendente (descendente) 上昇 (下降) 行程. ❾［ストッキングの］伝線: Me he hecho una ~ en la media. 私のストッキングが伝線した. ❿ 道. 1)［特に］国道. 2)《まれ》かつて道路で現在固有名詞として残っている］街, 通り. ~ de San Jerónimo サン・ヘロニモ通り. 3)《地方語》車の通れる広い道. ⓫［定期船の］航路. ⓬ 生涯, 人生. ⓭［髪の］分け目. ⓮ 列, 並び: ~ de árboles 並木. ~ de sillas 椅子の列. ⓯ 急ぐこと; 迅速さ. ⓰ 手段, 方法. ⓱《建築》梁, 根太. ⓲《隠語》オルガスム 『=orgasmo』
a ~ tendida 全速力で, 猛スピードで
a la ~ 大急ぎで: Conseguimos escapar *a la ~*. 私たちは大急ぎで逃げ出した. Siento tener que dar explicaciones tan *a la ~*. 説明が大急ぎにならざるをえず申し訳ありません
C~ de Indias《歴史》西インド貿易
~ del oro ゴールドラッシュ
dar [***la***] ~ ***a***+人 …に学資を出してやる: Ha dado ~ a todos sus hijos. 彼は息子たち全員の学費を出してやっている
darse una ~ 走る; 急ぐ, 急いでする
de ~ 暗誦で, すらすらと; 無造作に
de ~ 競走用の: caballo (coche) *de ~s* 競走馬 (レーシングカー)
de mucha ~ 学歴の高い
de una ~ 走って: El niño cruzó la calle *de una ~*. その子は走って通りを渡った
en una ~ 1) 走って: He venido *en una ~* para llegar a tiempo. 私は遅刻しないように走って来た. 2) 大急ぎで: Voy a acabar esto *en una ~*. 大急ぎで終わりにする
estar en ~［職業・任務に］就き始める
hacer ~ 1) 出世する; 成功する; 金持ちになる: *hacer ~* en el partido 党内で高い地位につく. *hacer ~* en el extranjero 外国で名をもうける. 2) 大学で学ぶ. 3) 仕事をする. 4)《中南米》広まる, 知れ渡る
hacer la ~《西》［売春婦が］通りで客を引く, 売春をする. 2)［+de 科目］を 大学で学ぶ: Estoy haciendo la ~ de Económicas. 私は経済学を学んでいる
hacer su ~［+en で］キャリアを積む
no hacer ~ con (***de***)+人 …に言い聞かすことができない: No hago ~ con este niño. 私はこの子を手を焼いている
partir de ~ 大急ぎで取りかかる
pegarse una ~ 走る
tener ~ 大学卒である, 学位を持っている
tomar ~ 1)［跳躍の前に］助走する: Tomó ~ y cruzó de un salto el arroyo. 彼は助走し, 小川を跳び越えた. 2) 心の準備をする

Carrera [kařéra]《人名》**Rafael** ~ ラファエル・カレラ『1814~65, グアテマラの軍人, 保守派の大統領』

Carrera Andrade [kařéra andráðe]《人名》**Jorge** ~ ホルヘ・カレラ・アンドラデ『1903~78, 20世紀のエクアドルを代表する詩人・随筆家・外交官. モデルニスモ Modernismo の詩人として出発するが, ボードレール, ヴァレリーなどフランスの詩人から影響を受けて詩風が変化する. その後, 日本に滞在して俳句に出会い, 詩境は一層深くなる』

carreraje [kařeráxe]男《野球》得点
Carreras [kařéras]《人名》**José** ~ ホセ・カレーラス『1946~, バ

ルセロナ出身のテノール歌手』

carrerear [kařereár]他《メキシコ. 口語》❶ せかす. ❷ 麻薬を売る
── 自《グアテマラ》走る

carrerilla [kařeríʎa]女『*carrera* の指小詞』女 ❶《スポーツ》助走. ❷《西. 舞踊》クイックステップで2歩前進し相手と互いに上体を左右に傾ける動作. ❸《音楽》ポルタメント
coger ~ =***tomar*** ~
de ~《西. 口語》1) 棒 (丸) 暗記で: Los alumnos tuvieron que decir *de ~* todo el párrafo. 生徒たちはその段落を全部丸暗記で言わなければならなかった. aprender... *de ~* …を丸暗記する. 2)［話などを］一気に
echar una ~ 助走する
tomar ~《西》1) 助走する. 2)《口語》はずみをつける. 3)《西. 口語》［話などを］する

carrerista [kařerísta]名 ❶ レース (競馬など) 好きの人. ❷ レース (競馬など) に金を賭ける人. ❸ 競輪の選手. ❹ 職業政治家
── 男《古語》王族の馬車の先駆けをする馬丁
── 男《古語》売春婦, 通りで客引きをする売春婦

carrero, ra[kařéro, ra]名《主に南米》荷車引き, 馬方『=carretero』
── ❷《アストゥリアス》足跡; 轍; 航跡

carrerón [kařerón]男 ❶［レベルの高い］競走. ❷《主に皮肉》輝かしい経歴

carreta [kařéta]女『←*carro*』女 ❶［二輪の, 主に動物の引く］荷車. ~ de bueyes 牛車. ~ de caballos 荷馬車. ~ de mano 手押し車. andar como una ~ のろのろと進む. ❷《古語》[攻城用の] 亀甲形掩蓋 (えん)車. ❸《メキシコ, ベネズエラ》[建設現場で使う] 手押し車. ❹《グアテマラ, コスタリカ, ボリビア》ショッピングカート. ❺《南米. 口語》のろまな人; 遅い乗り物. ❻《コロンビア, ベネズエラ》手押し一輪車, 猫車. ❼《コロンビア. 口語》雑談; 嘘, 作り話
comer ~《コロンビア. 口語》[+con 怪しげな話を] 信じ込む
poner la ~ delante de los bueyes 《パナマ, キューバ, チリ, アルゼンチン, ウルグアイ. 口語》順序が逆のことをする, 本末を転倒する
tener la ~ llena 《カリブ》[困難などに] うちひしがれている
── 男《口語》[貨客混成の] 鈍行, 各駅停車の列車 『=tren』

carretada [kařetáða]女 ❶ 荷車一台分の量: cuatro ~s de leña 荷車4台分の薪. ❷《口語》多量: tener ~s de libros たくさんの本がある. ❸《メキシコ. 古語》[石灰の重量単位]=約1300キログラム
a ~s 《口語》大量に, 豊富に

carretaje [kařetáxe]男 荷車による運送
carretal [kařetál]男 荒削りにした切り石
carretazo [kařetáθo]男《メキシコ》[自動車同士の] 衝突
carrete [kařéte]【《←仏語 caret<ラテン語 carrus「荷車」》】男 ❶［糸などを巻く］ボビン, リール: ~ de hilo 糸巻き. ❷《西. 写真, 映画》カートリッジ, フィルム, リール: Tiré dos ~s. 私はフィルムを2本使った. ~ de 36 fotos 36枚撮りのフィルム. ❸［釣りの］リール. ❹《電気》コイル: ~ de inducción 誘導コイル. ❺《アルゼンチン》[スライド映写用の] 回転式トレー
dar ~ 1)［釣り・凧揚げで］糸を送り出す. 2)《口語》[+a+人 に] 好きなだけ話させる: El abogado *dio* ~ al cliente para comprender la situación. 弁護士は状況を理解するために顧客に好きなだけしゃべらせた. 3)[会話などで] 楽しませる. 4) 手間を取らせる; 引き留める
ir ~《チリ. 口語》どんちゃん騒ぎ (パーティー) に出かける
tener ~《口語》よくしゃべる: Mi tía *tiene* mucho ~. 私の叔母は大変おしゃべりだ

carretear [kařeteár]他 ❶ 荷車で運ぶ. ❷《エクアドル. 口語》お世辞でたぶらかそうとする. ❸《チリ. 口語》運ぶ; 手続きをする
── 自 ❶《中南米. 航空》タキシングする『=*rodar*』. ❷《キューバ》[オウムが] 大声で鳴く. ❸《チリ. 口語》1)［列車などが］徐行する. 2)［人が］うろつき回る; [はしごして] 飲み騒ぐ
── *se* [牛などが車を引く時に] 両足を外側に向けて体を傾ける

carretel [kařetél]男 ❶《船舶》綱を巻くための大型のリール. ❷《エストレマドゥラ; 中南米》[釣り] リール. ❸《カナリア諸島; 中南米》[糸などを巻く] ボビン

carretela [kařetéla]女 ❶［一頭立てで折畳み式幌の］四人乗りの軽馬車. ❷《チリ》二輪の荷車

carretera [kařetéra] 《←carreta》囡 ❶ 幹線道路, 街道 《=~ general》; 国道 《=~ nacional》: Esta ~ va de la capital de provincia hasta la frontera con Francia. このハイウェイは県都からフランス国境まで行っている. El coche tiene un rendimiento excelente en ~ y en ciudad. この車は町の外を走る時も町の中を走る時も燃費がいい. ir por ~ 陸路で行く. carrera en ~ ロードレース. ~ comarcal (secundaria) 県道. ~ vecinal 市道. C~ Panamericana パンアメリカンハイウェイ. C~ Interamericana インターアメリカンハイウェイ《パンアメリカンハイウェイのうちメキシコからパナマにかけてのルート》. ❷《サラマンカ》[荷車・農具をしまう] 納屋
~ *y manta* 《西》旅立ち: El sábado por la mañana cogeremos el coche y, ~ *y manta*, nos iremos de vacaciones. 土曜日の午前中, 私たちは車に乗り込み, 旅行に行く. 休暇に出かけるのだ. Él y ella rompieron su relación. Ella le hizo la maleta y se la dejó en la puerta. C~ *y manta*. 彼と彼女は別れることにし, 彼女は彼の荷物をまとめて戸口に置いた. これでおさらばだ

carretería [kařetería] 囡 ❶ 荷車の製造・修理所. ❷ 荷車の製造・修理所が密集する地区. ❸ 荷車引きの踊りを真似た17世紀の民俗舞踊. ❹ 荷車の製造業. ❺ 《集名》荷馬車, 荷車. ❻《西》1) 荷車による輸送. 2) 町はずれなどで夜荷車を停めておく場所

carreteril [kařeteríl] 形 ❶ 荷車引きの; 車大工の. ❷ 幹線道路の: sistema de comunicaciones ~*es* 幹線道路による交通システム

carretero[1] [kařetéro] 男 ❶《主に軽蔑》荷車引き, 馬方. ❷ 車大工
blasfemar como un ~《西. 口語》=*jurar como un* ~
fumar como un ~《西. 口語》ヘビースモーカーである
hablar peor que un ~《西. 口語》乱暴な言葉づかいをする
jurar (maldecir) como un ~《西. 口語》乱暴な言葉づかいをする

carretero[2], **ra** [kařetéro, ra] 形 ❶ [車の通れる道路が] 舗装されていない. ❷ [戸口が広くて] 荷車が入れる. ❸ 幹線道路の

carretil [kařetíl] 形 荷馬車の, 荷車の

carretilla [kařetíʎa] 《carreta の示小語》囡 ❶ [一輪の] 手押し車. ~ *de mano*. ❷ 小型の運搬車, 台車: ~ eléctrica 電動運搬車. ~ elevadora/ ~ de horquilla フォークリフト. ❸《主にグアテマラ, パナマ, キューバ》[空港・スーパーマーケットなどで使う] カート. ❹《料理》[歯車のついた] パスタカッター; パン生地などに模様をつける器具. ❺ [幼児の] 歩行器. ❻ ねずみ花火 《=buscapiés》. ❼《チリ, ラプラタ》顎 《=quijada》. ❽《アルゼンチン》モンツキウマゴヤシの実
de ~《西》暗記で 《=de carrerilla》: El alumno se sabía estas fórmulas *de* ~. その生徒はこれらの公式を棒暗記して知っていた
una ~ *de*...《コロンビア》一連の…: Juana dijo *una* ~ *de* disparates. フワナはさんざんでたらめを言った

carretillada [kařetiʎáda] 囡 手押し車一台分の量

carretillera [kařetiʎéra] 囡《キューバ》尻軽女

carretillero [kařetiʎéro] 男 ❶ 手押し車を押す人. ❷《ラプラタ》荷車引き, 馬方

carretillo [kařetíʎo] 男 ❶ 飾り紐の織り機の滑車. ❷《地方語》手押し車, カート 《=carretilla》

carretina [kařetína] 囡《チリ》糸巻き

carreto [kařéto] 男《コロンビア》糸巻き

carretón [kařetón] 男 ❶ [1頭の馬で引くことも可能な] 小型の荷車; 手押し車. ❷《西》ボギー車. ❸ 研ぎ師が砥石と水桶を運ぶ小さな車. ❹ 車輪付きの大きな骨組み. ❺ 乳母車; いざり車. ❻ ~ de lámpara 教会のランプを上げ下げするための車. ❼《古語》砲架. ❽《トレド》[聖体の祝日に聖餐神秘劇 auto sacramental を上演する] 山車, 可動式舞台

carretona [kařetóna] →**cerceta** carretona

carretonada [kařetonáda] 囡 荷車 carretón に載る量

carretonaje [kařetonáxe] 男 荷車 carretón による輸送; その輸送料

carretoncillo [kařetonθíʎo] 男 ❶ 非常に小型の荷車. ❷ [雪山で用いる] 橇

carretonero[1] [kařetonéro] 男 ❶ 荷車 carretón 引き. ❷《コロンビア. 植物》シロツメクサ 《=trébol》

carretonero[2], **ra** [kařetonéro, ra] 名《中南米》[言葉づかいの] 下品(粗野)な人

carric [kařík] 《←Garrick (18世紀の英国の俳優)》男《服飾》ひだ付きケープの付いた男性用コート

carricera [kařiθéra] 囡《植物》キツネノオ 《=rabo de zorra》

carricerín [kařiθerín] 男《鳥》スゲヨシキリ

carricero [kařiθéro] 男《鳥》❶ ヨシキリ 《=~ común》. ❷ ~ tordal オオヨシキリ 《学名 Acrocephalus arundinaceus》

carricillo [kařiθíʎo] 男《植物》❶《メキシコ》ダンチク. ❷《コスタリカ》[険しい荒れ地に育つ] キビ属の一種. ❸《キューバ》[牧草となる] キビ属の一種 《学名 Panicum arborescens》. ❹《チリ》ヒルガオ科の一種 《=correhuela mayor》

carricito, ta [kařiθíto, ta] 名《ベネズエラ. 口語》子供 《=niño》

carricoche [kařikótʃe] 男 ❶《←carro+coche》《西. 軽蔑》おんぼろ自動車. ❷ [二輪の] 幌馬車. ❸《ムルシア》ごみ集めの荷車

carricuba [kařikúba] 囡 液体を運ぶタンクがついた荷車

carriego [kařjéɣo] 男《漁業》仕掛けかご 《=buitrón》. ❷ 束ねた麻糸を漂白するのに用いる大かご

carriel [kařjél] 男 ❶《中南米》皮製の財布. ❷《コスタリカ》旅行かばん, スーツケース

carrier [kařjér] 男《通信》搬送波

carril [kaříl] 《←carro》男 ❶ [道路の] 車線: En España, los coches circulan por el ~ de la derecha. スペインでは自動車は右側の車線を走る. cambiar de ~ 車線を変更する. ~-tera de dos ~*es* 片側2車線の道路. ~ bici 自転車用レーン. ~ bus《西》バス専用レーン. ~ de taxi タクシー専用レーン. ~ de aceleración (de desaceleración)《西》[高速道路の] 加速(減速)車線. ~ de adelantamiento《西》追い越し車線. ~ de incorporación 合流車線. ~ de salida 出口車線. ❷ 車の跡, わだち 《=rodada》. ❸《鉄道》レール, 線路 《並行する2本, またはその内の1本 =raíl》. ❹ [カーテンの] レール. ❺ 車1台しか通れない道幅の道路. ❻《サッカー》サイドライン. ❼《隠語》極貧, 物乞い生活: Su tío está en el ~. 彼の叔父は極貧状態にある. hacer ~ 物乞い生活をしている. ❽ 犂（すき）でできた溝. ❾《南米. スポーツ》コース, 走路. ❿《チリ. 口語》嘘
—— 形《古語》[道路が] 舗装されていない
de ~《闘牛》[牛が] 真っ正直に突進する
pegarse un ~《チリ》全くの作り話をする
tirarse el ~《チリ》あるもので満足する

carrilada [kařiláda] 囡 ❶ わだち 《=carril》. ❷《コスタリカ》[ストッキングなどの] 伝線

carrilano, na [kařiláno, na] 名《隠語》生活困窮者, 乞食; [特に] 浮浪者

carrilero, ra[1] [kařiléro, ra] 名 ❶《チリ. 軽蔑》鉄道の作業員. ❷ 泥棒

carrilar [kařilár] 自《サッカーなど》[主に攻撃的なプレーで] サイドラインぎわを走る

carrilear [kařileár] ~*se*《チリ. 口語》❶ 自慢する. ❷ 即興で作る

carrilera[1] [kařiléra] 囡 ❶ わだち 《=carril》. ❷《キューバ. 鉄道》待避線. ❸《キューバ》[土台の] 鉄枠

carrilero, ra[2] [kařiléro, ra] 名《サッカーなど》[主に攻撃的な] サイドプレーヤー, ウイング. ❷《隠語》生活困窮者, 乞食, 浮浪者 《=carrilano》. ❸《チリ. 口語》ペテン師

carrilete [kařiléte] 男《古語》手術用器具の一種

carrilla [kaříʎa] 囡《メキシコ. 口語》*hacer* ~ *a*+人 …にたちの悪いいたずらをする (冗談を言う)

carrillada [kařiʎáda] 囡 ❶ 豚の両頬の脂身. ❷ [主に複] あごがガチガチ震えること. ❸《古語》=**carrillera**. ❹《カンタブリア》平手打ち 《=bofetón》. ❺《エストレマドゥラ》[複] 羊・牛の臓物

carrillera[1] [kařiʎéra] 囡 ❶ [ヘルメットやシャコー帽の] あごひもを締めるバンド. ❷ 動物のあごの骨. ❸《地方語》[人の両頬の] 頬身. ❹《中南米》線路. ❺《メキシコ》弾薬帯

carrillero, ra[2] [kařiʎéro, ra] 名《サッカーなど》サイドプレーヤー 《=carrilero》. ❷ [街の] 浮浪者

carrillo [kaříʎo] I 《←アンダルシア方言》男 ❶ 頬（ほお）, ほっぺた 《頬骨の下の柔らかい部分》. ❷《戯語》尻
~*s de monja boba* / ~*s de trompetero* 1)《口語》肉のたっぷりついた頬. 2)《戯語》尻
comer a dos ~*s*《西》1) 急いで(がつがつ)食べる. 2) 兼業(兼職)である. 3) 対立する両派に取り入る, 二股をかける
dar a+人 *todas en el mismo* ~《口語》…を次々に不幸が襲う: Le están *dando todas en el mismo* ~. 彼は今次々と不幸に見舞われている
masticar a dos ~*s*=*comer a dos* ~*s*

II〖carro の指小語〗男 滑車〖=polea〗
Carrillo de Acuña [kaříʎo de akúɲa]《人名》**Alonso ~** アロンソ・カリーリョ・デ・アクーニャ〖1410～82, カスティーリャ王国の高位要職者, 政治家〗
carrillón [kaři̯ʎón] 男《文語》=**carillón**
carrilludo, da [kaři̯ʎúðo, ða] 形 頬がふっくらした
carriño [kaříɲo] 男《古語》〖大砲の〗前車
carriola [kaři̯óla]《←シチリア語》女 ❶ 車輪のついた低いベッド（演壇）. ❷《古語》〖王族の乗る〗三輪の豪華な小型馬車. ❸《地方語》トレーラー〔と牽引車〕. ❹《メキシコ》乳母車, ベビーカー
carrionés, sa [kaři̯onés, sa] 形 名《地名》カリオネス・デ・ロス・コンデス Carrión de los Condes の〔人〕〖パレンシア県の町〗
carrique [kaříke] =**carric**
carrista [kaří̯sta] 名《軍事》戦車兵
carrito [kaříto] 男 ❶〖空港・スーパーマーケットなどで使う〕カート〖=~ de mano〗: empujar el ~ カートを押す. ~ de (la) compra ショッピングカート. ~ de golf ゴルフカート. ❷〖料理などを運ぶ〕ワゴン. ❸ 車椅子〖=~ de ruedas〗. ❹《中南米》~ chocón 豆自動車〖=coche de choque〗
carrizada [kaři̯θáða] 女《船舶》〖水上に浮かべて曳航される〕木樽 pipa の列
carrizal [kaři̯θál] 男 アシ原
carrizo[1] [kaří̯θo] 男 ❶《植物》1) アシ〔葦〕, ヨシ. 2)《カナリア諸島》〖牧草用の〕アシの若芽. 3)《南米》アシの一種〔茎が甘い. 学名 Arundo phragmites〕. ❷《アストゥリアス. 鳥》ミソサザイ
irse para el ~ 《ベネズエラ》怒って立ち去る
carrizo[2]**, za** [kaří̯θo, θa] 形《ベネズエラ. 口語》あいまいな; 何の役にも立たない
carro [káro]《←ラテン語 carrus》男 ❶〖主に二輪の, 動物に引かせ人・人を運ぶ〕荷車, 馬車: Trajo la leña en un ~ tirado por un buey. 彼は薪を荷車に載せ牛に引かせて運んだ. ~ fuerte《主に中南米》〖装甲のない〕山車. ❷ 荷車の積み荷: dos ~s de naranjas 車2台分のオレンジ. ❸ カート〖=carrito〗; 運搬車, 台車: ~ de (la) compra ショッピングカート. ~ de aeropuerto 空港のカート. ~ camarero 配膳車. ❹《軍事》戦車〖=~ de combate〗: ~ de asalto 大型戦車. ~ falcado〖古代の〕戦車.❺《技術》往復台, 可動台部. ❻〖プリンター・タイプライターの〕キャリッジ〖=~ de impresión〗: retorno del ~ automático〔単語の〕自動行送り. ❼《口語》〖大量の事物〗: Tenemos un ~ de problemas. 私たちには問題がたくさんある. ❽《天文》*C~ Mayor* おおぐま座〖=Osa Mayor〗. *C~ Menor* こぐま座〖=Osa Menor〗. ❾～金色の変化する高級な毛織物. ❿《カンタブリア》〖農地面積の単位〗=約44～48平方フィート〖=~ de tierra〗. ⓫《米国, 中南米》自動車〖=coche〗: ~ alegórico〖パレードの〕山車(だし). ~ colectivo 乗合バス, 乗合タクシー. ~ libre《ベネズエラ》タクシー. ~ loco《チリ》豆自動車〖=coche de choque〗. ~ pirata《ベネズエラ》白タク, 無認可のタクシー. ~ por puesto《ベネズエラ》〖乗合の〕マイクロバス. ⓬《中南米. 鉄道》1) 車両: ~ comedor 食堂車. ~ dormitorio 寝台車. 2) 貨車: ~ de reja〔檻で囲まれた〕家畜車. 3)《チリ》市電
apearse del ~《口語》計画（行動）を断念する
arrimarse al ~ del que manda 強い方につく
~ y carretas《西》〔いくつもの〕苦難, 逆境: Aguantamos ~s y carretas esperando una oportunidad. 私たちはチャンスを待ちながらいくつもの逆境を耐え忍んだ
coger a+人 el ~《口語》…に厄介なことが起こる
parar el ~ 1)《口語》〖主に命令形で, 怒り・焦燥などを〕抑える: ¡Para el ~! まあ落ち着け! 2)《南米. 口語》〖+a+人〕を抑える
poner el ~ antes de los bueyes (del caballo・まれ de las mulas)《主に中南米. 口語》=*poner el ~ delante de los bueyes*
poner el ~ antes que los bueyes (el caballo・まれ las mulas)《主に中南米. 口語》=*poner el ~ delante de los bueyes*
poner el ~ delante de los bueyes (del caballo・まれ de las mulas)《主に中南米. 口語》順序が逆のことをする, 本末を転倒する
subirse al ~ 1)〖進行中のことに〕参加する. 2)《口語》時流に乗る: *subirse al ~ de los vencedores* 勝ち馬に乗る
tirar del ~ 1) すべての責任（仕事）を負い込む: Tú no tie-

carta

nes que tirar del ~, ya que es un trabajo de todos. 君が背負いこむことはない. それは全員の仕事なのだから. 2) 特別な努力の必要な仕事を行なう
untar el ~ a+人 …を買収する
carrocería [kařoθería] 女 ❶〖自動車・列車の〕車体, ボディー. ❷ 自動車〔修理〕工場; 自動車販売店. ❸《戯語》〖人の〕体. ❹《西》〖店内用の〕幼児も乗せるカート. ❺〖機器の〕外装, ケース
carrocero, ra [kařoθéro, ra]《←carroza》形 車体を製造する〔組み立てる・修理する〕
—— 名 車体製造〔組立・修理〕工; カーデザイナー
—— 男 ❶ 馬車 carroza の製造業者. ❷《古語》御者〖=cochero〗
carrocha [kařótʃa] 女〖アブラムシなど昆虫の〕卵
carrochar [kařotʃár] 自〖昆虫が〕卵を産む
carrocín [kařoθín] 男 二輪馬車〖=silla volante〗
carromatero [kařomatéro] 男 幌馬車 carromato の御者
carromato [kařomáto]《←伊語 carro matto》男 ❶ 大型の幌馬車. ❷《軽蔑》大型で乗り心地の悪い車. ❸ 四輪の大型トレーラー
carrón [kařón] 男 ❶ 一人の男が一度に運べる煉瓦の数量. ❷《キューバ》〖製糖工場で使われる〕鋳鉄のかたまり
carronada [kařonáða]《←英語 carronade》女 カロネード砲
carroña[1] [kařoɲa]《←伊語 carogna》女 不可算 ❶〖動物の〕腐った死体, 腐肉: Los hienas comen ~. ハイエナは腐肉を食べる. ❷《西. 軽蔑》〖主に無定冠〗下劣なこと〔人〕: Estas novelas son verdadera ~. これらの小説は本当に下劣だ
carroñar [kařoɲár] 他〖羊に〕疥癬を起こさせる
carroñero, ra [kařoɲéro, ra]《←carroña》[1] 形 名 ❶ 腐った死体の, 腐肉の. ❷ 腐肉を食べる〔動物〕. ❸《軽蔑》〖商売などで〕他人の不幸につけこむ〔人〕: No te acerques a él, que es un ~. 彼には近づくな. 他人の不幸につけこむ奴だから
carroño, ña[2] [kařoɲo, ɲa] 形 ❶ 腐敗した. ❷《コロンビア》1)《闘鶏》〖鶏が〕闘うのが下手な. 2) 臆病な; 卑怯な
carroñoso, sa [kařoɲóso, sa] 形 腐肉のにおいがする
carroza [kařóθa]《←伊 carrozza < ラテン語 carrus「車」》女 ❶ 豪華な大型四輪馬車, 儀典用の馬車: ~ del rey 国王の馬車. ❷〖祭りの〕山車(だし). ❸《主に中南米》霊柩車〖=~ fúnebre〗. ❹《船舶》〖ゴンドラや小型艇などの〕取り外し可能な屋根. ❺《隠語》年取った同性愛者
—— 形 名 ❶《西. 口語》〖好み・考え方が〕年寄りじみた〔人〕, 古くさい: Mi suegro es un ~. 私の舅は古くさい考えの人だ. ❷《口語》若者らしくふるまおうとする〔老人〕
carrozal [kařoθál] 男《地方語》〖緑色から茶色に変わるまで置いておく〕クリの貯蔵場所
carrozar [kařoθár] 他《口語》〖車に〕ボディーを取り付ける
carrozón, na [kařoθón, na] 形《西. 口語》若者らしくふるまおうとする老人
carruaje [kařwáxe]《←カタルーニャ語 carruatge < ラテン語 carrus「車」》男 ❶〖乗用の〕車, 乗り物; 〔複数頭立てで四輪の豪華な〕馬車. ❷《古語》車を使う商売（運搬）. ❸《廃語》[集名]〖一群の〕車. ❹《グアテマラ》〖bebé の〕乳母車
carruajero [kařwaxéro] 男 ❶ 車を操縦（運転）する人. ❷《中南米》自動車製造業者
carruca [kařúka] 女《古代ローマ》豪華な馬車
carrucha [kařútʃa] 女 ❶《地方語》滑車〖=polea〗. ❷《ベネズエラ》ショッピングカート
carruco [kařúko] 男 ❶ 車輪に輻(や)のない小型の荷車. ❷ 一人の男が運べる屋根瓦の数量
carrujado, da [kařuxáðo, ða] 形 男 細かいしわが寄った; 細かいひだ〖=encarrujado〗
carrujo [kařúxo] 男 樹冠〖=copa〗
carrusel [kařusél]《←仏語 carrousel》男 ❶ メリーゴーラウンド〖=tiovivo〗; 〔祭りなどの〕呼びもの. ❷〖騎馬などの〕パレード. ❸ 連続: ~ de noticias やつぎばやの知らせ. ❹《西》〖空港の〕手荷物受取用コンベヤー, カルーセル. ❺《放送》ワイドショー: ~ deportivo スポーツ中継中心のワイド番組
carst [kárst] 男 =**karst**
cárstico, ca [kárstiko, ka] 形 =**kárstico**
carta [kárta]《←ラテン語 charta < ギリシア語 khartes「パピルス, 紙」》女 ❶ 手紙〖=~ postal〗: 1) Envió por ~ su agradecimiento. 彼は感謝の気持ちを手紙に書いて送った. ¿Hay ~ para mí? 私に手紙が来ていますか? escribir una ~ a+人 …に手紙

を書く(出す). echar una ~ 手紙をポストに入れる. papel de ~s 便箋. ~ abierta 公開質問状, 公開書簡; 複数人宛ての国王通達文書. ~ aérea/~ por avión 航空便. ~ de aviso 通知状. ~ de familia [公用・商用通信文に対して] 一般通信文. ~ de un amigo 友人からの手紙. ~ electrónica 《情報》Eメール. ~ bomba 手紙爆弾. ~ viva メッセンジャー. 2)《歴史》C~ de Jamaica ジャマイカからの手紙『1814年, 独立運動を指揮してスペイン軍に敗れたボリバルが亡命地ジャマイカから友人に宛てた書簡で, ボリバルの政治思想がうかがえる史料』. 3)《文学》C~s marruecas『モロッコ人の手紙』『1793年, カダルソ Cadalso の代表作. モロッコ人の故郷に宛てた手紙という体裁で, スペインの伝統や風俗が語られる. 自国の現状を憂い, その歴史的経緯を批判する一方, 啓蒙主義的な視点から因習的な社会を改善する必要性が説かれている』. ❷ [公式の] 書状, 文書: 1) Una representación de los pescadores llevaron la ~ al ministro. 漁民の代表団が大臣に書簡を手渡した. ~ acordada 裁判所による警告文書. ~ de despido 解雇通知. ~ de ahorro [古語] 旅券, 旅行許可証. ~ de pago [借金の] 清算書, 領収書. ~ de renuncia 辞表. ~ de venta 売渡証, 売買証書. ~ orden 《商業》指図書. ~ partida por ABC 合い札. ~ verde《西》国際自動車損害保険証書. ~ [s] credencial[es]《外交》信任状. 2)《歴史》~ de amparo 保護勅書『この者に危害を加えたら厳罰に処すという内容』. ~ de examen [開業を許す] 免状. ~ de horro/~ de ahorría/~ de ahorro [奴隷の] 解放証明書. ~ de marca/~ de contramarca 私掠免許, 敵国船拿捕免許状. ~ puebla [国王・領主などによる] 移住(入植)許可証. ❸ 憲章: 1) C~ Constitucional (Fundamental)《文語》憲法. C~ de Derechos [英国・米国の] 権利章典. C~ de la ONU 国連憲章. suscribir la C~ de las Naciones Unidas 国連に加盟する. C~ Social Europea [EU 域内労働者の社会的基本権について] 欧州社会憲章. 2)《歴史》C~ de la Habana 国際貿易 [ハバナ] 憲章『1947-48年ハバナで開催された国連貿易雇用会議で採択. 自由無差別な貿易・完全雇用の維持などを規定したが批准されていない』. C~ del Pueblo [1838年イギリスの] 人民憲章. C~ Magna 大憲章, マグナカルタ. ❹《トランプ》カード, 札;〘圓〙一組のトランプ, トランプゲーム: Repartió las ~s a los jugadores. 彼はプレーヤーにカードを配った. jugar a las ~s トランプ遊びをする. no ver ~ 手が悪い. ~s españolas スペイン式トランプ『=naipes. 日本で普通のは ~s francesas, ~s de póker』. ~ falsa かす札, 価値のない札.【参考】el as de corazones/el corazón ハートのエース. el rey (la reina・la jota) de picas スペードのキング(クイーン・ジャック). un diamante (un trébol) ダイヤ(クラブ)1枚. スペイン式トランプの組札は oros 金貨, copas 盃, espadas 剣, bastos 棍棒』❺ 図表. ~ de colores カラーチャート. ~ de flujo《情報》フローチャート. ❻《船舶》海図;《地理》地図: ~ náutica/~ de marear/~ hidrográfica [この海の] 海図. ~ de navegación [海の一部分の] 海図; 航空図. ~ de viaje/~ de vuelo 航空図. ~ acotada 地形図, 等高線図. ❼《気象》天気図. ❽【←仏語 carte】[レストランなどの] メニュー, 献立表 [=menú]: ~ de vinos ワインリスト. ❾《テレビ》 de ajuste テストパターン. ❿《占星》astral 出生天宮図, ホロスコープ. ⓫《古語》用箋. ⓬《古語》字の書いてある紙(羊皮紙)
a ~ cabal 1) 完璧な, 全くの: Es un hombre honrado *a ~ cabal*. 彼は非の打ち所のない誠実な男だ. Es un caballero *a ~ cabal*. 彼は本物の紳士だ. torpe *a ~ cabal* ひどい間抜け
a ~s vistas 1) 正直に. 2) 確実に
a la ~ お好みの: cursos *a la ~* 自由選択講座. platos *a la ~* 一品料理
~ blanca 1) 白紙委任[状]; 自由裁量: dar (tener) ~ *blanca* 白紙委任する(されている). ❷《トランプ》価値のない札
C~ canta./C~s cantan. 論より証拠だ『←文書が白状している』
~ de crédito《商業》信用状, L/C: abrir ~ *de crédito* 信用状を開く. ~ *de crédito* comercial 商業(荷為替)信用状. ~ *de crédito* documentaria 荷為替信用状. ~ *de crédito* de viajero 旅行信用状『現在はトラベラーズチェックが一般的』. ~ *de crédito* simple (abierto) クリーン信用状
~ de presentación 紹介状: Lleva buenas ~s *de presentación*. 彼は信用できる筋の紹介状をいくつか持っている

de ~《歴史》[称号が] 国王から認められた
echar las ~s トランプ占いをする: Fui a una pitonisa a que me *echara las ~s*. 私はトランプ占いをしてもらいに女占い師のところに行った
enseñar las ~s 手のうちを明かす
jugar [bien] sus ~s うまい手を使う
jugar la ~ de...《政治》…というカードを切る, …の手段をとる: El presidente trató de *jugar la ~ de*l enemigo exterior. 大統領は外敵というカードを切ろうとした
jugar su (la) última ~ 奥の手を出す, 最後の切り札を出す
jugárselo todo a una ~《文語》一か八かの勝負に出る, 一るの望みをつなぐ
no saber a qué ~ quedarse (quedar・tomar) 判断(決心)しかねる, 途方に暮れる
poner las ~s boca arriba 意図(本心)を明かす
por ~ de más (menos) あまりに多く(少なく)に: Más vale pecar *por ~ de más* que *por ~ de menos*. 毒を食らわば皿まで
tomar ~s en+事 …に介入する, 関与する: La policía tuvo que *tomar ~s en* el asunto. 警察はその件に介入せざるをえなかった
cartabón [kartabón]【←古オック語 escartabont】圐 ❶ [不等辺の] 三角定規: ~ graduado 目盛付きの三角定規. ❷《測量》直角儀. ❸《木工》直角定規. ❹《建築》屋根の2つの傾斜面が作る角度. ❺《古語》靴職人が足の長さを測るのに使うスライド式の測定具. ❻《地方語》種まきを均等に行なうために印をつける細長い土地
cartabuche [kartabútʃe]圐《カナリア諸島》強い紙巻きたばこ
cartagenero, ra [kartaxenéro, ra]圐 图《地名》カルタヘナ Cartagena の(人) 1) ムルシア県の港湾都市・軍港. 2) コロンビア, ボリバル県の県都. ガレオン船団が寄港した貿易港』 —— 囡《フラメンコ》カルタヘネーラ『ムルシア民謡の一つ』
cartaginense [kartaxinénse]圐 图 =**cartaginés**
cartaginés, sa [kartaxinés, sa]圐 图《歴史》カルタゴ Cartago の(人). ❷ =**cartagenero**
cártama [kártama]囡《植物》=**cártamo**
cartameño, ña [kartaméɲo, ɲa]圐 图《地名》カルタマ Cártama の(人)『マラガ県の町』
cártamo [kártamo]圐《植物》ベニバナ
cartapacio [kartapáθjo]圐〘←carta〙❶ [大型の] フォルダー. ❷ フォルダーに入っている書類. ❸ デスクマット. ❹《まれ》[特に習字用の] ノート
en el ~ 検討中の
razón de ~ 教条的なだけで時宜にかなっていない理屈
cartapel [kartapél]圐 ❶ 落書きした紙, 反故, 〘卑〙.《古語》勅令. ❷《サラマンカ》糸巻棒の頭部『=rocadero』
cartayero, ra [kartajéro, ra]圐 图《地名》カルタヤ Cartaya の(人)『ウエルバ県の村』
cartazo [kartáθo]圐《口語》強い叱責・不快の念が書かれた手紙(書類)
carteado, da [karteádo, da]圐《ベネズエラ》[家畜の毛色が] ぶちの, まだらの
—— 圐《トランプ》賭け金をつり上げないゲーム『=juego ~』
cartear [karteár]自《トランプ》かす札 carta falsa を出して様子を見る
—— *se* [+con 人] 文通する, 手紙をやりとりする: Yo solía *~me con* mis amigos extranjeros. 私は外国の友人たちと文通していた
cartel [kartél] I 圐〘←カタルーニャ語 cartell〙圐 ❶ [通知のための] 貼り紙, ポスター; 立て札: Un ~ en la entrada reza que la finca es propiedad privada. 入り口の貼り紙に, ここは私有地だと書かれている. fijar (pegar) un ~ en la pared 壁にポスターを貼る. ~ electoral 選挙ポスター. ❷〘集合〙[公演・競技会などの] 出演者また出場選手たち. ❸《教育》[読み方を教えるための] 文字や言葉が大きく書かれた掛け図. ❹ イワシ漁用の網. ❺ 風刺文, 落書き『=pasquín』. ❻《古語》決闘状, 果たし状『=~ de desafío』. ❼《廃語》軍備交換協定書
de ~ 有名な: cantante *de ~* 有名な歌手
en ~ 上演中の: Esta obra de teatro ahora está *en ~*. この劇作品は現在上演中である. La obra *en ~* se titula "La verbena de la Paloma". 上演中の作品は『パロマの前夜祭』というタイトルである

tener ～《口語》名声を確立している: Tú tienes buen ～ entre los profesores. 君は教師たちの間で評判がよい. II [←英語 cartel]《男》❶《経済》カルテル: ～ de precios 価格カルテル. ❷《政治》連合: ～ de las izquierdas 左翼連合. ❸ [違法な] 闇組織: ～ de la droga 麻薬カルテル. ～ de Medellín メデジン・カルテル《コロンビアのメデジンを本拠とする麻薬カルテル》

cártel [kártel] カルテル《=cartel》

cartela [kartéla]《←伊語 cartella》《女》❶ 三角形の金属製支え. ❷《建築》軒持ち送り《張り出し vuelo より高い》; [バルコニー・軒などを支える] 腕木. ❸ ポスター《=cartel》. ❹《紋章》短冊組み模様. ❺《まれ》[厚紙·木などの] プレート, 名札

cartelado, da [karteláđo, đa]《形》《紋章》短冊組みの

cartelera[1] [karteléra]《←cartel I》《女》❶ [新聞などの] 娯楽案内欄. ❷ [映画のポスターなどを貼る] 広告揭示板. ❸ [演劇などの] 興行案内; ❹ 同時に催される複数の興行. en ～ 上映中の, 上演中の: llevar mucho (poco) tiempo en ～《催し物が》ロングランする(しない)

cartelería [kartelería]《女》❶ ポスターの制作技術. ❷《集名》ポスター

cartelero, ra[1] [kartelého, ra]《名》ポスター貼り《人》 ——《形》ポスターの: nombre ～ 芸名. ❷ [興行・芸術家などが] ポスターに載る, 人々をひきつける. ❸ ポスターを貼る

cartelismo [kartelísmo]《男》ポスターのデザイン(制作); その技術

cartelista [kartelísta]《名》ポスターのデザイナー

cartelón [kartelón]《男》大判のポスター

carteo [kartéo]《男》《主に中南米》文通, 手紙のやりとり

cárter [kárter]《男》《機》~[e]s)《機械を保護する》金属覆い: ～ de motor《自動車の》クランク室. ❷《自動車》潤滑油タンク. ❸《自転車》チェーンカバー

cartera[1] [kartéra]《←carta》《女》❶ 財布, 札入れ《=～ de bolsillo, billetero》: Llevo 800 euros en la ～. 私は財布に800ユーロ入れている. ❷ 書類かばん, ブリーフケース《=～ de mano》; [生徒用の] 手さげ(背負い)かばん: sacar unos papeles de la ～ かばんから書類を取り出す. ❸《文語》大臣の職務; 省《=～ ministerial》: ocupar la ～ de Interior 内務大臣をつとめる. ministro sin ～ 無任所大臣. ❹《商業》1) [主に《集名》保有する] 各種金融資産, ポートフォリオ《=～ de valores》: tener en ～ [会社の金融資産を] 保有している. con una buena ～ 持ち株の多い, カルテラの良好な. acción en ～ 金庫株. administración de ～s/administración de títulos en ～ ポートフォリオ(金融資産)の管理·運用. inversiones de ～ を目標に国際間で行われる〕証券投資, ポートフォリオ·インベストメント. 2) sociedad de ～ 持ち株会社. 3) 紙(書類)ばさみ, フォルダー, ファイル: ～ de pedidos 注文控え帳; 受注残高. ～ de clientes 顧客リスト. 4)《集名》顧客: tener una buena ～ いいお得意様をもっている. ❺《服飾》1)《ポケットの》ふた, フラップ《=tapa》: bolsillo con ～ ふた付きポケット. 2) [袖口の] 折り返し. 3)《トランプ》ランスクネ lansquenet に似たゲーム《=parar》. ❼《中南米》ハンドバッグ《=bolso》. ❽《グアテマラ, キューバ, ペルー, チリ》袋, バッグ《=bolsa》. en ～ 検討中の, 計画中の: Tenemos en ～ una reforma total. 私たちは全面改革を計画中である

carterero, ra [karteréro, ra]《名》《チリ》[女性のハンドバッグを狙う] 男

cartería [kartería]《女》❶ [correos より小さな] 郵便局. ❷ 郵便配達人の職

carterista [karterísta]《名》すり《=ratero》

cartero, ra[2] [kartéro, ra]《名》郵便配達人, 郵便局員

carterón [karterón]《男》大型の書類かばん

cartesianismo [kartesjanísmo]《男》デカルト哲学

cartesiano, na [kartesjáno, na]《形》デカルト Descartes 派〔の〕: espíritu ～ デカルト的精神, 合理的精神. filosofía ～na デカルト哲学. racionalismo ～ デカルト派合理論. sistema ～ デカルトの哲学体系. ❷ きちょうめん(論理的·理性的)すぎる[人]. ❸《幾何》coordenada ～na デカルト座標

carteta [kartéta]《女》《トランプ》ランスクネ lansquenet に似たゲーム《=parar》

cartilágine [kartiláxine]《男》=**cartílago**

cartilagíneo, a [kartilaxíneo, a]《形》《動物》軟骨魚類の

cartilaginoso, sa [kartilaxinóso, sa]《形》《解剖》軟骨〔性·質〕の: tejido ～ 軟骨組織

cartílago [kartílago]《男》《解剖》軟骨, 軟骨組織: ～ fibroso 線維軟骨

cartilla [kartíʎa]《carta の示小語》《女》❶《西》[初級の] 読み書きの教科書, 文字教本《幼稚園などで文字の書き方·読み方を覚えるための絵本》. ❷ [薄手の] 入門書. ❸《西》[公的な] 手帳《=libreta》: ～ de la seguridad social 健康保険証. ～ militar 軍隊手帳. ❸《西》預金通帳《=～ de ahorro[s]》. ❹ [技能·仕事の] 初級の知識, イロハ. ❺《カトリック》聖務記事, 教会暦. ❻《チリ》キニエラ quiniela の券
cantar a+人 la ～《中南米. 口語》=*leer a+人 la ～*
leer a+人 la ～《西》1) …を厳しく叱る, 説教する: Como no te portes bien, te voy a *leer la* ～. 行儀よくしないと, お前を叱るぞ. 2) [何かをするように] 忠告する: El guía *ha leído la* ～ *a* los turistas. ガイドは旅行客たちにアドバイスした
no leer en la ～《口語》知らない
no saber [ni] la ～《西》全く(イロハも)知らない
saberse la ～/*tener aprendida la* ～《西》[指導を既に受けていて, どうふるまえばよいかすべて心得ている

cartiliero, ra [kartiʎéro, ra]《形》《口語》[演劇作品が] 通俗的で頻繁に上演される

cartismo [kartísmo]《男》[19世紀前半イギリスの] チャーチスト運動

cartista [kartísta]《形》チャーチスト運動の

cartivana [kartibána]《女》《製本》喉布《税》

cartografía [kartografía]《女》❶ 地図製作法, 製図法. ❷ 地図学

cartografiar [kartografjár]《11》《他》…の地図を製作する

cartográfico, ca [kartográfiko, ka]《形》❶ 地図製作法の. ❷ 地図学の

cartógrafo, fa [kartógrafo, fa]《名》地図製作者

cartograma [kartográma]《男》統計地図, カルトグラム

cartola [kartóla]《女》❶《畜》二人乗り用の鞍《=artolas》. ❷《アラブ》荷車の側板. ❸《地方語》[トラックの] 可動式の側板. ❹《チリ》リスト《=listado》

cartomancia [kartománθja]《←carto-+ギリシア語 manteia「予見」》《女》トランプ(カード)占い: Mi tía practica la ～. 私の叔母はトランプ占いをする

cartomancía [kartomanθía]《女》=**cartomancia**

cartomante [kartománte]《名》トランプ占い師《=cartomántico》

cartomántico, ca [kartomántiko, ka]《形》《名》トランプ占いの; トランプ占い師

cartometría [kartometría]《女》[地図上の] 曲線の長さの測定

cartométrico, ca [kartométriko, ka]《形》曲線の長さの測定の

cartometro [kartómetro]《男》[地図上の曲線の長さを測る] 曲線計

cartón[1] [kartón]《←伊語 cartone》《男》❶ ボール紙, 厚紙: lotería de *cartones* 数字の入ったボール紙を使うゲーム. ❷ ondulado (corrugado) 段ボール. ～ bristol ブリストル紙. ～ piedra《西》混凝《紙》紙. ❷ [牛乳·ジュースの] パック: Consumimos un ～ de leche cada mañana. 私たちは毎朝牛乳を1パック消費する. ❸ [タバコの] カートン《10箱入り》.《1ダースまたは半ダース》. ❺《美術》[タペストリー·フレスコ画などの実物大の] 下絵, カルトン. ❻ [鉄·真鍮製などの] 長い葉をかたどった飾り. ❼《建築》アーチの要石や軒持ち送りの突出部の装飾《アカンサスの葉の模様であることが多い》. ❽《印刷》紙型《=flan》. ❾《古語的》[自動車の] 通行許可証《=permiso de circulación》. ❿《メキシコ》風刺漫画《=caricatura》. ⓫《チリ. 口語》職業資格
ser de ～ piedra 偽物である, 人工的である

cartón[2], **na** [kartón, na]《形》《アルゼンチン, ウルグアイ. 口語》うぶな, 未熟な

cartonaje [kartonáxe]《男》《集名》厚紙製品, ボール箱

cartoncillo [kartonθíʎo]《男》薄手のボール紙《cartulina より厚い》

cartoné [kartoné]《←仏語 cartonnée》《男》《製本》厚紙装丁: en ～ 厚表紙の, ハードカバーの. libro en ～ 上製本

cartonería [kartonería]《女》❶ ボール紙の製造工場(販売店); ボール紙の製造(販売). ❷ ボール紙工作(アート)

cartonero, ra [kartonéro, ra]《名》ボール紙の ——《名》ボール紙の製造(販売)業者

cartonista [kartonísta]《名》[タペストリー·フレスコ画などの] 下絵画家, カルトン画家

cartoon [kartún]《←英語》男 漫画映画の)漫画
cartoteca [kartotéka] 女 地図の収集; 地図の収集庫
cartuchera [kartutʃéra]《←cartucho¹》女 ❶ 弾薬盒(ごう). ❷ 弾〔薬〕帯, ガンベルト. ❸《口語》〔主に〔複〕〕胴回りのぜい肉. ❹《ベネズエラ, アルゼンチン, ウルグアイ》筆入

quién manda, manda, y ～ en el cañón《口語》盲目的な服従を強いる

cartuchería [kartutʃería] 女 ❶ 〔集名〕薬莢(きょう). ❷ 薬莢製造工場

cartucho¹ [kartútʃo]《←仏語 cartouche < 伊語 cartoccio < ラテン語 charta「紙」》男 ❶ 薬莢(きょう); 弾薬筒, 薬包: *disparar cinco ～s* 5発射つ. ～ *en blanco/～ de fogueo* 空包. ～ *de dinamita* ダイナマイト管. ❷ 〔同種の貨幣を包む紙製の〕〔ロール〕: *un ～ de monedas de 1 euro* 1ユーロ硬貨の包装ロール1本. ～ *de perdigones*〔貨殻が入っている〕偽の包装ロール; 素直すぎる人をだます物. ❸〔菓子・ナッツなどを入れる〕円錐形の袋: *un ～ de avellanas* ヘーゼルナッツ1袋. ❹《技術》〔インクなどの〕カートリッジ; 交換可能な部品, 円筒形の部品: *Hay que cambiar el ～ de tinta de la impresora.* プリンターのカートリッジを交換しないといけない. ～ *de tóner* トナーカートリッジ. ❺〔写真〕〔フィルムの〕パトローネ. ❻《ボリビア, ウルグアイ. 植物》カラー

quemar el último ～ 最後の手段をとる: *Tuvimos que quemar el último ～ para realizar nuestro proyecto.* 私たちは計画を実現するために最後の手段をとらねばならなかった

cartucho², cha [kartútʃo, tʃa]《チリ. 口語》慎み深い;《軽蔑》性的経験のない

cartuchón, na [kartutʃón, na]《チリ. 口語》かまとぼった

cartuja¹ [kartúxa] 女《カトリック》〔C～〕カルトジオ会(の修道院)

cartujano, na [kartuxáno, na] 形 ❶ カルトジオ会の〔=cartujo〕. ❷〔馬が〕アンダルシア種の

cartujo, ja² [kartúxo, xa] 形 名《カトリック》カルトジオ(シャルトル)会 Cartuja の〔修道士・修道女〕. ❷ 隠遁した〔人〕; 寡黙な〔人〕

cartulario [kartulárjo] 男 ❶〔歴史〕〔教会・修道院の〕特許状台帳, 地券台帳. ❷〔裁判所関係の仕事をする〕公証人

cartulina [kartulína]《←伊語 cartolina》女 ❶〔上質の〕厚紙〔カードや証書に用いられ, かなり薄く光沢がある. =papel ～〕. ❷〔サッカーなど〕カード〔=tarjeta〕. ❸〔商業〕〔商家の〕サイン・カード〔銀行口座で本人の照合に使われる〕

cartusana [kartusána] 女 縁が波形になっている飾り紐

carúncula [karúŋkula] 女 ❶〔動物〕肉垂, とさか. ❷〔解剖〕丘(きゅう): *lacrimal* (lagrimal) 涙丘

caruncúlado, da [karuŋkuláðo, ða] 形〔動物〕肉垂のある

caruncular [karuŋkulár] 形〔動物〕肉垂の

carupanero, ra [karupanéro, ra] 形 名〔地名〕カルパノ Carúpano の〔人〕《ベネズエラ東部, スクレ州の町》

carurú [karurú]《植物》ヒユ属の一種《アメリカ大陸原産, 漂白剤をつくるのに用いられる. 学名 *Amaranthus melancholicus*》

carvajal [karbaxál] 男 オークの林〔=robledal〕

carvajo [karbáxo] 男《植物》=carvallo

carvallada [karbaʎáða] 女 オークの林〔=robledal〕

carvallar [karbaʎár] 男 オークの林〔=robledal〕

carvalledo [karbaʎéðo] 男 オークの林〔=robledal〕

carvallo [karbáʎo] 男《植物》オーク〔=roble〕

carvi [kárbi] 男 キャラウェーシード

cas [kás] I 女 *casa* の語末音消失形《今日では, 田舎の俗語でのみ用いられる》
II 男《コスタリカ. 植物》コスタリカバンジロウ《果実から清涼飲料が作られる》

casa [kása]《←ラテン語 *casa*「小屋」》女 ❶ 家. 1) 家屋, 住宅, 住居〔戸建て, 共同住宅の内の一戸〕: *Queremos vender la casa y comprarse una.* 私たちはマンションを売って一戸建てを買いたい. ¿*Dónde tiene usted su ～?* ご自宅はどちらですか? *Mi ～ está en el n.º 12, 3.º*. 私の家は12番地の3-D〔4階のD号室〕です. *Vivo en ～ propia.* 私は持ち家に住んでいる. *No encuentran ～ y viven con su madre.* 彼らは住むところが見つからず, 彼の母親と同居している. *Está en ～.* 彼は家にいている.〔対義〕*Está en la ～.* 彼は家の中にいる〕¿*Está por ～?* — *No sé.*〔漠然と〕彼はいますか? — さあ. *No le encontré en ～.*〔捜したが〕彼は家にいなかった. *Me he dejado la cartera en* [*mi*] *～.* 私は財布を家に忘れてきた. *Está usted en su ～./Esta es su ～.*〔訪問客に〕どうぞお楽になさって下さい. *ir de ～ en ～* — vendiendo 家から家へ売り歩く. *ir hacia ～* 家に向かう. *trabajar en ～* 家で仕事をする. *fuera de ～* 戸外で. ～ *de Lorca en Fuentevaqueros* フエンテバケロスにあるロルカの旧家. 2)〔家具・生活様式なども含めた〕我が家: *Echo de menos las comodidades de ～.* 我が家の様子がなつかしい. 3)〔各種の家〕～ *de cinco plantas* 5階建てのマンション. ～ *con jardín* 庭つきの家. ～ *club* クラブハウス. ～ *de altos*《南米》メゾネット. ～ *de campaña*《メキシコ, キューバ》テント. ～ *de campo/～ de recreo* 別荘. ～ *de invitados* ゲストハウス. ～ *de labor/～ de labranza*〔家畜小屋・納屋も含む〕農家. ～ *de muñecas* 人形の家, ドールハウス. ～ *de vecinos/～ de vecindad* 集合住宅〔旧式で中央にパティオがある〕. ～ *flotante/～ barco* ハウスボート. ～ *fuerte* 要塞化した住居; 大金持ちの家. ～ *quinta*《アルゼンチン》〔郊外の〕広い庭付きの別荘. ～ *rodante*《中南米》キャンピングカー. ～〔医学〕*síndrome de ～ enferma* シックハウス症候群. 5)〔諺〕*Cada uno en su ～* [*y Dios en la de todos*]. 各人は自分のことだけ考えればよい〔他人のことは神様に任せておけ〕. *C～ con dos puertas, mala es de guardar.* 戸口が2つあると不用心だ. *De fuera vendrá quien de ～ nos echará.* 他人の家では余計な口出しをするな〔←我々を追い出しに来る人は外から来るだろう〕. *Unos por otros y la ～ por barrer.* 担当者が多いと仕事はおろそかにされる/船頭多くして船山に登る. ❷ 建物, 施設: 1)〔行政機関の〕*C～ Amarilla*〔コスタリカの〕大統領官邸. *C～ Blanca*〔米国の〕ホワイトハウス. ～*cuartel*〔官舎付きの〕警察署;〔治安警備隊の〕兵舎, 駐屯所. *C～ de Contratación de las Indias*〔歴史〕インディアス通商院〔1503年, スペイン王室が新大陸との貿易・出入国管理などを統制するためにセビーリャに設置. 18世紀末まで運営〕. *C～ de la Moneda* 造幣局, 貨幣鋳造所〔現在スペインでは *Fábrica Nacional de Moneda y Timbre* という〕.〔チリの〕大統領官邸. *C～ del Pueblo*〔歴史〕社会主義労働者党の支部(集会所). ～ *dezmera* (*excusada*)〔歴史〕十分の一税の受け取りを認められた家. *C～ Rosada*《アルゼンチン》大統領官邸. 2)〔公共の〕～ *de España*〔国外にある〕スペイン人会, スペインセンター. ～ *de Galicia* ガリシア人会, ガリシアセンター. ～ *de baños* 公衆浴場. ～ *de estudios*《南米》大学, 学部. ～ *de la cultura* 文化会館. ～ *de locos*〔軽蔑〕精神病院; 無秩序な場所, けんかの絶えない家. ～ *de menores*《チリ》少年院. ～〔古語的〕〔私立の〕精神病院;《南米》療養所. ～ *de socorro*〔古語的〕救急病院; 救護所. *C～ Museo García Lorca* ガルシーア・ロルカ記念館. ～ *refugio* 女性の福祉施設, 駆け込み寺. ～ *regional* 地域振興協会〔地方の文化・経済の振興のために首都などに設置された〕. 3)〔娯楽用の〕～ *de camas/～ de compromiso*[*s*]*/～ de prostitución/～ de trato/～ pública/～ non sancta*〔古語的〕～ *de vicio* 娼家, 売春宿. ～ *de conversación*〔17世紀の〕社交クラブ. ～ *de juego* 賭博場. 4)〔宗教的な〕～ *de devoción*〔聖像をまつる〕神殿, 寺院. ～ *de Dios/～ del Señor/～ de oración*〔文語〕教会. ～ *de ejercicios* 黙想施設. ～ *religiosa* 修道院. ～ *religiosa de monjes* 女子修道院. ❸ 家族, 家庭: *Toda la ～ se intoxicó.* 家族全員が中毒にかかった. *En ～ todos estamos bien.* うちでは皆元気です. *Es una ～ con alegría.* 明るい家だ. *escribir a ～* 家に手紙を書く. *amigo de la ～* 家族同様の友人. ❹〔集名〕〔高貴な〕……家〔宮廷・元首邸の〕奉公人; *La ～ de Borbón* スペイン国王はブルボン家に属する. ～ *real* 王家; 王室. *C～ de Alba* アルバ家. ～ *de Habsburgo* ハプスブルグ家. ～ *de Normandía* ノルマン朝. *C～ del Rey* 王宮; 王室付きの従者たち. ～ *militar* (*civil*) 王宮付き武官(文官). ❺ 会社, 商店, 本社, 本店: 1) *Esta es la ～ más importante en su ramo.* ここはその分野では最も大手の会社だ. *La ～ le manda la pieza sin cargo.* 会社より手数料なしで部品をお送りします. ～ *comercial/～ de comercio* 商社, 販売会社. ～ *de banca* 銀行. ～ *de discos/～ discográfica* レコード会社. ～ *de modas* ブティック, 婦人服店. ～ *editorial* 出版社. ～ *matriz* (*central*, *madre*) 本社, 本店; 本部. 2) 支社, 支店: *en nuestra ～ de Barcelona* わが社のバルセロナ支店で. 3)〔飲食関係の〕店: *A ronda invita la ～.* 一杯は当店のサービスです. ❻〔スポーツ〕ホームグラウンド, 地元; そこでの試合: *Hoy juegan en ～.* 今日は彼らはホームで戦う. *jugar fuera de ～* アウェイで試合をする. *equipo de ～* ホームチーム. 2)〔野球〕本塁〔=*base meta*〕. ❼〔チェス〕升目〔=*casilla*〕. ❽〔遊戯〕〔安全な場所〕陣地.

casamiento

《バックギャモン》[細長い3角形の]地点, ポイント. ❿《ビリヤード》ポーク《=cabaña》. ⓫《占星》宿, 宮《=~ celeste》. ⓬[飾り壁 retablo の]枠で仕切られた区画. ⓭ 家事使用人の職(働き口). ⓮《古語》[出入りする職人・商人などの]得意先. ⓯《古語》[一人の領主の所有する]領地・家臣・年貢. ⓰《アストゥリアス》木靴の足を入れる区画. ⓱《メキシコ》=chica 妾宅. ⓲《チリ》俗[大農場の中の]母屋; 建物が集中している場所

a ~ [移動の動詞+] 家に: Vámonos a ~. 家に帰ろう. ir a ~ de su amigo 友人の家に行く [対義] Quiere volver a su antigua ~. 彼は元の家に帰りたがっている]

abrir la ~ 1) 窓やドアを開け放つ. 2)[+a+人に]家を開放する. ❷ 開業する, 開店する

barrer para ~《口語》自分の利益だけを図る

caerse a+人 la ~ encima (a cuestas)《口語》1) ⋯に思いがけない災難がふりかかる. 2)[靴・服などが]普段着である

~ abierta 1) 住居; 事務所. 2) 正面入口が通りに面した店

~ de estado 小ホテル, 旅館

~ de tócame Roque [各人が勝手なする]無秩序な場所

~ grande 1) 大邸宅. 2)《古語. トランプ》王《=rey》. 3)《メキシコ》[妾宅に対して]本宅

~ llana《古語》売春宿; 無防備な田舎家

~ y comida 食事付き下宿

como Pedro por su ~《口語》我が物顔で, 勝手知ったる他人の家のように

como una ~ 1)《口語》非常に大きな, 巨大な: rata como una ~. 巨大なネズミ. 2) 疑いの余地のない: Eso es una mentira como una ~. それは大嘘だ. penaltí como una ~ 明らかな反則

de andar por ~《西》1) [手続き・説明などが]おざなりの, いい加減な: Esa es una definición de andar por ~. その定義は厳密でない. 2)《靴・服などが》普段着の, よそいきでない

de ~ 1) 家の, 家庭の; 地元の; 自国の: vino ~ 自家製のワイン. 2) 普段着の: Ella está de ~. 彼女は部屋着(普段着)を着ている. ropa de ~ 普段着. ❷ 愛兄用の, 愛兄の

de la ~《西》1) vino de la ~ [銘柄でない]ハウスワイン. 2)[店などの]自家製の, 手造りの: flan de la ~ 自家製プリン. 3)[人が]その会社の: Soy de la ~. 私はこの会社のものです. 4)[友人などが]家族同様の: Es un amigo [como] de la ~ que ha venido a pasar las fiestas con nosotros. 彼は家族同様の友人で休暇を一緒に過ごすためにやって来た

dejarse caer en la ~ de+人 ⋯の家にぶらっと寄る

deshacerse una ~ [rica] 家が没落する, 貧窮に陥る

en ~《口語》[移動の動詞+. 主に +de]家に《=a casa》: Suele muchas veces ir en ~ de mi padre. 彼は非常にしばしば私の父の家に行く. Luego vinieron en ~ unos señores que eran de la Policía. その後警察のものだという人々が家にやってきた

estar en ~ de Dios 思いにふけっている, ぼんやりしている, 考え事をしている

hacer ~ 金持ちになる

hacer temblar la ~ 大騒ぎする, 大声を出す

hecho en ~ 自家製の, 手造りの: helado hecho en ~ 自家製アイスクリーム

la ~ de usted《メキシコ. 文語》=su ~

levantar [la] ~ 1) 引越しする. 2)[没落した家を]再興する

llevar la ~ 家を切り回す

mandar en ~ 家を取り仕切る: Como llevo casada diez años, ya puedo mandar en ~. 私は結婚して10年なので, もう家でばっていられる

muy bien [su] ~ 出不精な; 家庭的な, 家事が好きな: Creí que era una niña muy de su ~. 彼女はとても家庭的な娘だと私は思った

no parar en ~ 二度と家に戻らない, 家から出たっきりである; 家に寄りつかない

no tener ~ ni hogar 決まった住まいを持たない, 住所不定である. 2) 極貧である

ofrecer la ~ 転居[開店]通知を出す

para andar por ~《西》=de andar por ~

poner ~ 1) 居を定める: Van a poner ~ en Barcelona. 彼らはバルセロナに居を構えるつもりだ. 2)[+a+人に]住居の面倒をみてやる; 恩恵をほどこす

poner ~ a+人《口語》⋯に大きな恩恵をほどこす, 大きな利益を得させる

poner la ~ 家具をそろえる

quedar [se] todo en ~ よそ者に門戸を開かない

quitar la ~ 引越しする

sentirse como en su ~ [自宅のように]くつろぐ: Siéntase como en su ~. おくつろぎ下さい

su ~《メキシコ. 文語》[招待する時など]私どもの家

tener ~ abierta en... ⋯に支店を開設している; 住居を持つ, 人を住まわせる

tener ~ atrasada 家事をおろそかにしている

vivir una ~ 家に住む

CASA [kása] 囡《西. 略記》←Construcciones Aeronáuticas, Sociedad Anónima スペインの航空宇宙産業メーカー

casabe [kasábe] 男 ❶《中南米. 料理》カサベ「キャッサバの粉で作るパン」. ❷《キューバ, ドミニカ. 魚》クラカケヒラアジ属の一種〖学名 Chloroscombrus orqueta〗

casabú [kasabú] 男《獣》=es《南米. 動物》スペオアルマジロ

casaca [kasáka] 囡《←仏語 casaque》囡《服飾》❶[男性用の]長袖で膝丈の上着『18世紀に軍服として流行. 現在では礼装用の制服』. また似た女性用の服. ❷《コロンビア》燕尾服《=frac》. ❸《ペルー, ボリビア, チリ》スポーツジャケット

cambiar (mudar) de ~/volver [la] ~《まれ》変節する, 転向する

tirar de la ~ へつらう, おもねる

casación [kasaθjón] 《←casar II》囡 ❶《法律》1) [判決などの]破棄, 無効の宣告. 2) →recurso de casación. ❷《商業》[取引所での]取り引き終了. ❸《音楽》カッサシオン『18世紀に流行した野外用器楽曲の一形式』

casacón [kasakón] 男 長袖で膝丈のゆったりした上着 casaca

casadero, ra [kasaðéro, ra]《←casar I》形 結婚適齢期の: chica ~ra 年ごろの娘

casado, da [kasáðo, ða]《←casar I》形 名 ❶[ser·estar+]結婚した[人], 既婚の, 既婚者の《⇔soltero》: 1) Soy ~. 私は既婚です. Está ~da con un japonés. 彼女は日本人と結婚している. Ya hace un año que estamos ~s. 私たちが結婚してからもう1年になる. Los ~s hacen grupo aparte. 既婚者は別のグループになっている. recién ~s 新婚夫婦. 2)《諺》C~ y arrepentido. 結婚すると後悔する. El ~ casa quiere. 結婚すると夫婦だけの家がほしくなる. ❷《キューバ》[葉たばこが]葉巻の上巻き葉および中身と同じ香りの

bien ~ [財産・家柄など]評価に値する人と結婚した; 結婚生活がうまくいっている

estar ~ a media carta 同棲している

mal ~ [財産・家柄など]評価に値しない人と結婚した; 結婚生活がうまくいっていない

―― 男《印刷》組み付け

casal [kasál]《←ラテン語 casale》男 ❶ 別荘《=casa de campo》; 貴族の古い館. ❷ 小集落《=caserío》. ❸《アラバ》空き地, かつて建物のあった場所. ❹《カナリア諸島; 南米》一つがいの動物

Casal [kasál]《人名》**Julián** ~《1863~93, キューバの詩人. ロマン主義の影響を受けて詩作を始めるが, やがてボードレール, ゴーチエの詩に親しみ, モデルニスモ Modernismo を代表する詩人の一人となった. 若くして死亡. ロマン主義の影響が見られる『風にそよぐ葉』Hojas al viento, 病的で深いペシミスムをたたえた『降る雪に』Nieve, 『胸像と抒情詩』Bustos y Rimas』

casalicio [kasaliθjo] 男《まれ》家, 建物

Casals [kasáls]《人名》**Pablo** ~ パブロ・カザルス『1876~1973, カタルーニャ出身のチェロ奏者・作曲家. カタルーニャ語表記 Pau Casals. バッハ Bach の無伴奏チェロ組曲の価値を再発見した. 平和・民主主義・人権擁護運動にも参加. 『鳥の歌』El Canto de los pájaros』

casamata [kasamáta]《←伊語 casamatta》囡《軍事》[トーチカ状の]砲台

casamentero, ra [kasamentéro, ra] 形名 ❶ 結婚の仲介をするのが好きな[人]. ❷《古語的》金目当てに結婚の仲介をする[人] [参考] 仲人は intermediario]

hacer de ~/meterse a ~ 結婚の仲介をする

casamiento [kasamjénto]《←casar I》男 ❶《文語》結婚式《=boda》: asistir a un ~ 結婚式に出る. ❷《文語》結婚《=matrimonio》: efectuar un ~ secreto こっそり結婚する. ~

casampulga

por amor 恋愛結婚. ～ de conveniencia 財産や地位目当ての結婚, 政略結婚. ～ a la fuerza [妊娠などによる] やむを得ない結婚. ❸《古語》持参金《=dote》

casampulga [kasampúlga] 囡《ホンジュラス, エルサルバドル. 動物》コモリグモの一種《学名 Lycosa casampulga》

casamuro [kasamúro] 男《古語》盛上のない普通の防壁

casanareño, ña [kasanaréɲo, ɲa] 形《地名》カサナレ Casanare の[人]《コロンビア中東部の県》

Casandra [kasándra] 囡《ギリシア神話》カサンドラ《トロイの王女》

casanerense [kasanerénse] 形 名 =**casanareño**

casanova [kasanóβa]《←Cassanova (18世紀のイタリアの色男)》男《まれ》女たらし[人]

casapuerta [kasapwérta] 囡《←casa+puerta》囡《カディス》[伝統的な家の] 玄関

casaquilla [kasakíʎa] 囡 ❶《闘牛》[闘牛士の着る] 丈の短い上着. ❷ 丈のとても短い上着 casaca

casaquinta [kasakínta] 囡《地方語》庭付きの別荘 casal

casar [kasár] I 他《←casa》❶ [+con と] 組み合わせる, 調和させる: Los niños juegan a ～ las bolas de vidrio por colores. 子供たちはビー玉を色で合わせて遊んでいる. ❷ [判事・司祭などが] 結婚させる: Ese cura casó a Juan y a María. その司祭がフアンとマリアの結婚式をあげた. ❸ [親が息子・娘などを] 結婚させる: Ya ha casado a todas sus hijas. 彼はもう娘をみんな嫁にやってしまった. Casó muy bien a la sobrina que vivía con él. 彼は同居していた姪をうまく嫁に出した. ❹ [胴元と子が] 一枚の札に同額を賭ける

—— 自 ❶ 結婚する《～se》. ❷ 調和する, はまる; 合致する: La alfombra no casa con las cortinas. じゅうたん[の色]がカーテン[の色]と合わない. No casa tanto orgullo con pedir dinero prestado. そんなにいばった態度は借金を頼むのにそぐわない. Las noticias que tú me das no casan con las que yo tenía. 君が教えてくれたニュースは私の知っていたのと合わない

—— ～se [互いに/+con と] 結婚する: En 1469 se casaron Fernando II de Aragón y Isabel la Católica. 1469年アラゴンのフェルナンド2世とカトリック女王イサベルは結婚した. Cásate conmigo, por favor. 私と結婚して下さい. Se casó con una mujer muy rica. 彼は非常に金持ちの女性と結婚した. Antes de que te cases mira lo que haces.《諺》せいては事を仕損じる

¡Me caso en diez!/¡Me caso en la mar!《俗語. 婉曲》くそっ!《=Me cago en diez》

no ～se con nadie 他人の[意見]に影響されない, 自分で正しい判断ができる; 相手が誰であろうと甘くしない

—— 囡《まれ》[村より小さい] 集落. ❷《古語》廃村;《集名》廃屋. ❸《地方語》動物のつがい

II《←ラテン語 cassare < cassus「無効な」》他 ❶《法律》[法廷が判決を] 破棄する, 無効にする. ❷《商業》[取引所が] 取引を終了する

casareño, ña [kasaréɲo, ɲa] 形 名《地名》カサル Casar の[人]《Casar の名の付く様々な地名》; カサレス Casares の[人]《Casares の名の付く様々な地名》

casariego, ga [kasarjéɣo, ɣa] 形 名《アストゥリアス》[家にいて] 家事の好きな[人], 家庭的な[人]

casarón [kasarón] 男 =**caserón**

Casas [kásas]《人名》→**Las Casas**
Ramón ～ ラモン・カサス《1866～1932, カタルーニャ モダニズモ Modernismo catalán を代表する画家. カタルーニャ語読みでラモン・カザス. 印象派的な油絵やモダンなポスターなど》

casata [kasáta] 囡 果実・チョコレート入りのアイスクリーム

casatienda [kasatjénda] 囡《←casa+tienda》囡 店舗付き住宅

casba [kásba] 囡 =**casbah**

casbah [kásba]《←カスパ》囡《歴史》カスパ《北アフリカのモーロ人居住区; 王宮》

casca [káska]《←cascar》囡 ❶ ブドウの搾りかす. ❷ 皮をなめしたり釣り道具を染めるのに用いられる樹皮. ❸ マジパンと似たまたはサツマイモに糖衣を掛けたドーナツ型の菓子. ❹ 卵の殻; 果物の皮. ❺《トレド》[ブドウの搾りかすから作る] 水っぽいワイン

cascabel [kaskaβél]《←オック語 cascavel < 俗ラテン語 cascabus < caccabus「土鍋」》男 ❶ 鈴: Mi gato lleva un ～ al cuello. 私の猫は首に鈴を付けている. ❷《口語》陽気な人; あわて者. ❸《古語》砲尾の乳頭状突起. ❹《メキシコ, コロンビア. 植物》カスカ

ベル《カボチャのような形のトウガラシ. 乾燥させると鳴る》

de ～ gordo [作品が] 粗削りの, 洗練されていない, 安っぽい, 俗悪な

echar el ～《口語》[反応を見るために] 会話の中でとっぴな知らせや意見を言う

echar el ～ a+人…に荷の重い仕事を押しつける

poner el ～ al gato《口語》猫の首に鈴を付ける《←イソップの寓話. 他の人が出来ない危険(困難)なことをあえてやってみる. A propósito, ¿quién va a *poner*le el ～ al gato? ところで誰が猫に鈴を付けるのか》

ser un ～《口語》1) 大変陽気である. 2) あまり分別がない

soltar el ～《口語》=**echar el ～ a**+人

tener ～《口語》想像して疲れるほど注意する

—— 囡《中南米. 動物》ガラガラヘビ《=serpiente [de] ～》

cascabelada [kaskaβeláða] 囡《古語》❶ [鈴を鳴らす] 田舎の騒がしい祭り. ❷ 思慮に欠けた言動

cascabelear [kaskaβeleár] 自 ❶ 鈴を鳴らす; 鈴のような音を立てる. ❷《口語》軽はずみなふるまいをする. ❸《南米》ガラガラ音を立てる(鳴らす)

—— 他 [調子のいいことを言って] そそのかす

cascabeleo [kaskaβeléo] 男 鈴の音; 鈴の音のような声(笑い声)

cascabelero, ra [kaskaβeléro, ra] 形 名 ❶ 陽気でよくしゃべる[人]. ❷ 鈴の音で騒がしい

—— 男《古語》鈴がたくさん付いている玩具

cascabelillo [kaskaβelíʎo] 男《植物》タヌキマメの一種《学名 Crotalaria lotifolia》

cascabil [kaskaβíl] 男《ラマンチャ》[どんぐりの] 殻斗《=cascabillo》

cascabillo [kaskaβíʎo] 男 ❶ [どんぐりの] 殻斗(ばう). ❷ [穀類などの] 殻, さや. ❸《=cascabel》

cascabullo [kaskaβúʎo] 男《サラマンカ》[どんぐりの] 殻斗《=cascabillo》

cascaciruelas [kaskaθirwélas] 名《単複同形》《まれ》役立たずの人, 取るに足らない人

hacer lo que C～《口語》取るに足らないことに精を出す

cascada[1] [kaskáða]《←伊語 cascata「落下」》囡 ❶ 滝《=salto de agua》. ❷ [大量に長く続くもの] ～s de fuegos artificiales 滝のような花火. una ～ de aplausos 嵐のような拍手

en ～ 1) 滝となって: El agua cae *en* ～. 水が滝となって落ちる. 2) 次々と, 相次いで: saltar *en* ～ [並んだ馬を] 次々に跳ぶ. 3)《電気》直列の

cascadeña [kaskaðéɲa] →**lavandera** cascadeña

cascado, da[2] [kaskáðo, ða]《←cascar》形 [estar+] ❶ [声・音が] 本来の響きのない, かすれた: Tengo la voz *da* de tanto gritar. 私は大声を出し過ぎて声が枯れている. La voz del cantante estaba *da*. その歌手の声はかすれていた. ❷《西》1) 使い古した: máquina *da* ぼろぼろの機械. 2) 疲れ切った: Todos los atletas estarán *s*. 選手全員がばてていることだろう

cascador, ra [kaskaðór, ra]《←仏語 cascadeur》名 スタントマン

cascadura [kaskaðúra] 囡《まれ》ぼろぼろの状態; 声のかすれ

cascahueso [kaskawéso] 男《地方語》乾燥して蹄鉄の跡が残っている固い土地

cascajal [kaskaxál] 男 砂利採掘場

cascajar [kaskaxár] 男 ❶ 砂利採掘場《=cascajal》. ❷ ブドウの搾りかすの山

cascajera [kaskaxéra] 囡 =**cascajal**

cascajo [kaskáxo]《←cascar》男 ❶《集名》[煉瓦・容器などの] 破片, かけら; 砂利, 砕石. ❷ がらくた, おんぼろ: Este ordenador está hecho un ～. このパソコンはもうぼろだ. ❸ 病気がちの人: Mi abuela es (está hecha) un ～. 私の祖母はもうよぼよぼだ. ❹《西》《集名》堅果類, ナッツ: ～ de almendras, avellanas y nueces アーモンド・ヘーゼル・クルミのミックスナッツ. ❺《集名》硬貨, 小銭《=calderilla》. ❻《古語》[銀と銅の合金の] 銅貨《=moneda de vellón》. ❼《コロンビア. 建築》小砂利

cascajoso, sa [kaskaxóso, sa] 形 砂利だらけの

cascalbo, ba [kaskálβo] 形 →**pino** cascalbo, **trigo** cascalbo

cascalote [kaskalóte] 男《中南米. 植物》ジャケツイバラ属の高木《学名 Caesalpinia coriaria》

cascamajar [kaskamaxár] 他 叩きつぶす

cascamazo [kaskamáθo] 男《地方語》[主に棒による] 殴打

cascamiento [kaskamjénto] 男 =**cascadura**

cascanueces [kaskanwéθes] 男《←cascar+nuez》男《単複同形》

❶ クルミ割り【道具】. ❷《鳥》ホシガラス. ❸ おっちょこちょい【=trincapiñones】
cascapiñones [kaskapiɲónes]〘名〙〘単複同形〙松の実の殻を割り皮をむく人
—— 〘男〙松の実割り器
cascar [kaskár]〘←俗ラテン語 quassicare < ラテン語 quassare「叩く, 割る」〙〘7〙〘他〙❶〘割れやすいものを〙割る; ひび入らせる, 穴をあける: ~ un huevo 卵を割る. ~ nueces クルミを割る. ❷《西. 口語》壊す. ❸《口語》〘人を〙叩く. ❹《口語》〘人に〙かすれさせる. ❺《口語》〘人を〙衰弱させる, 健康を損なわせる. ❻《口語》殺す. ❼《口語》罰として課する. ❽《口語》打ち明ける
~ **la**《西》死ぬ: El hombre de esta foto la *cascó* hace un par de años. この写真の男は2年前に死んだ
—— 〘自〙❶《西. 軽蔑》〘時と場所をわきまえずに, どうでもよいことを〙よくしゃべる: Mi madre *está* cascando con las vecinas. 私の母は近所の女たちとおしゃべりをしている. ❷《西. 口語》死ぬ. ❸〘+a+人. 声が〙嗄れる, しわがれる: Dieron tanta voz que les *cascó* la voz. 彼らは大声を出しすぎて声が嗄れた. ❹ 割れる; 壊れる. ❺《チリ. 口語》逃げる
—— ~**se** ❶ 割れる; ひびが入る. ❷《西. 口語》壊れる. ❸〘声が〙かすれる, しわがれる. ❹ 体が衰弱する, 健康を損なう. ❺《口語》苦難に耐える
cascársela《西. 俗語》〘男が〙自慰をする
cáscara [káskara]〘←cascar〙〘女〙❶〘卵・木の実などの〙殻(ﾞ); 〘バナナ・オレンジなどの〙皮: quitar la ~ de un huevo 卵の殻をむく. con ~ 殻付きの. ~ de naranja オレンジピール. ❷ 樹皮: ~ sagrada《植物》カスカラ・サグラダ〘樹皮が薬用. 学名 Rhamnus purshiana〙. ❸ 貝殻. ❹ 表面的なイメージ. ❺《口語》ちっぽけな船〘=~ de nuez〙. ❻《ムルシア》1)〘繭綿 filadiz を作るために〙死んだ蚕が取り出される繭. 2) 粉にするために天日干ししたトウガラシ
~ **de nuez**〘すぐ壊れそうな〙ちっぽけな船
¡C~**s**!〘驚嘆, 称賛〙わあ, すごい, へえ!; 〘嫌悪〙何ということだ!; 〘怒り〙ちくしょう!
dar a+人 ~ **de novillo**〘人を〙むち打つ
no haber〔**más**〕~**s** ほかに仕方がない: No hay más ~s que marcharnos de aquí. 私たちはここを去るしかしょうがない
ser de〔**la**〕~ **amarga** 1)《軽蔑》急進的な政治思想の持ち主である. 2)《戯語》同性愛者である. 3) トラブルメーカーである
cascarañado, da [kaskaraɲáðo, ða]〘形〙《メキシコ, キューバ, プエルトリコ》あばたのついた
cascarazo [kaskaráðo]〘男〙《コロンビア, ラプラタ》殴打, 鞭打ち
cascarela [kaskaréla]〘女〙《トランプ》カドリル〘=cuatrillo〙
cascarilla [kaskaríʎa]〘《cáscara の示小語》〙❶〘穀物などの〙殻;〘実の〙薄いさや: Trituramos los cacahuetes en una picadora tras haberles quitado la ~ roja. ピーナッツの赤い薄皮をむいてからフードプロセッサーですりつぶします. ~ del arroz もみがら. ❷〘金属などの〙被覆, 薄片: botones de ~ メッキ加工したボタン. ❸《植物》カスカリラ〘学名 Croton eluthheria〙;〘樹皮が薬用オイルが採れる〙. ❹ 卵の殻で作った白色塗料. ❺ 炒ったカカオの皮〘煎じて熱い飲料にする〙
jugar de ~ ゲームのメンバーに入れてもらえない, 員数外にされる
cascarillero, ra [kaskariʎéro, ra]〘名〙殻 cascarilla を集める(売る)人
—— 〘男〙=**cascarillo**
cascarillina [kaskariʎína]〘女〙《生化》カスカリリン〘カスカリラ cascarilla の樹皮に含まれる苦味成分〙
cascarillo [kaskaríʎo]〘男〙《中南米. 植物》カスカリラ〘=cascarilla〙
cascarón [kaskarón]〘cáscara の示大語〙〘男〙❶〘鳥の卵の〙殻;〘特に〙ひなが生まれて破れた卵の殻. ❷《トランプ》〘カドリル cuatrillo で〙剣と棍棒を用いて相手の札を奪おうとする手
~ **de nuez**《口語》ちっぽけな船
encerrarse〔**meterse**〕**en su** ~ 自分の殻に閉じ込もる
recién salido del ~《口語》未熟な, くちばしの黄色い, 世間知らずの: Aquel joven está *recién salido del* ~. あの若者は世間知らずだ
salir del ~《口語》思春期が終わる
cascarrabias [kaskařábjas]〘名〙〘←cascar+rabia〙〘単複同形〙《軽蔑》すぐかっとなる人, 怒りっぽい人, かんしゃく持ち: Mi abuelo era un ~. 私の祖父は怒りっぽい人だった
cascarria [kaskářja]〘女〙❶=**cazcarria**. ❷《チリ. 口語》垢, 汚れ. ❸《アルゼンチン》〘羊などの〙糞
cascarriento, ta [kaskařjénto, ta]〘形〙《南米. 軽蔑》身なりの汚い
cascarrojas [kaskařóxas]〘男〙〘複〙船に生息する虫
cascarrón, na [kaskařón, na]〘形〙❶ざらついた
—— 〘男〙〘船舶〙縮帆しなければならないような強風
cascarudo, da [kaskarúðo, ða]〘形〙〘皮〙cáscara の厚い
—— 〘男〙《アルゼンチン. 昆虫》〘総称〙カブトムシ, コガネムシ
cascaruja [kaskarúxa]〘女〙《ムルシア》乾燥果実, ナッツ
cascaruleta [kaskaruléta]〘女〙❶《アンダルシア産の小麦の一種》〘=cuchareta〙. ❷《口語》〘手のひらで下顎を叩いて出す〙歯のぶつかる音
cascarullo [kaskarúʎo]〘男〙《アラバ, アラゴン, グアダラハラ》穀物の殻
casco [kásko]〘←cascar〙〘男〙❶ ヘルメット, かぶと: ponerse (llevar) el ~ ヘルメットをかぶる(かぶっている). ~ de motorista オートバイ用のヘルメット. ~ de secador ヘアドライヤー. ~ protector〘作業員などの〙保安帽;〘レーサーなどの〙緩衝ヘルメット. ~ militar 鉄かぶと. ❷ 頭, 頭蓋;《西. 口語》〘複〙判断力, 脳. ~ de boxeo 格闘技用ヘッドギア. ~ =auriculares). ❸〘割れた容器・爆弾の〙破片: ~ de vidrio ガラスのかけら. ❹《西, メキシコ》空き瓶. ❺《西》〘人家の〙密集地〘=~ de población〙: ~ urbano 市街地. ~ antiguo (viejo) 旧市街. ❼〘帽子の〙山. ❽〘船舶〙船体, 船殻;〘飛行艇の〙機体下部. ❾〘果実などの固い〙皮〘=cáscara〙;〘玉ネギなどの〙外皮. ❿〘馬の〙ひづめ: abajar el ~《獣医》馬のひづめをとても短く切る. ~ atronado《獣医》脚をひどく悪くした馬のひづめ. ⓫〘料理〙1)〘牛・羊などの, 脳みそと舌を除いた〙頭部. 2)〘ジャガイモ・トマトなどの〙ざく切り. ⓬《ボクシング》ヘッドギア. ⓭《紋章》ヘルメット. ⓮〘馬具〙鞍の骨組み. ⓯〘古語〙〘額の治療のために〙頭に当てる湿布〘=casquete〙. ⓰《地方語》〘柑橘類などの〙袋, 薄皮〘=gajo〙. ⓱《フィリピン》50トン積みの平底船. ⓲《グアテマラ 1)《動物》~ de mula カミツキガメ. 2)《植物》~ de mulo フィリソンカ〘=árbol de Orquídea〙. ⓳《メキシコ, アルゼンチン, ウルグアイ》〘大農園 estancia の〙中心区域, 主要な建物〘邸宅, サイロ, 牧舎, 馬屋, 倉などが集まる〙. ⓴《南米》樽
—— 〘男〙azul 国連軍兵士
alegre(**barrenado**)**de** ~《口語》=**ligero de** ~**s**
calentar los ~**s a**+人〘不平・心配事などで〙…を悩ます; …の関心を呼び覚ます
calentarse a+人 **los** ~**s** 我慢ならなくなる: Se me están *calentando los* ~*s*. 私はもう我慢ならない
calentarse los ~**s**《西. 口語》ガリ勉する;〔+con・por に〕脳みそ(知恵)を絞る: No te calientes los ~*s por ese asunto*. その件についてはそんなに心配(かっか)しなくてもいいよ
~ **de casa** 造作や装飾のない構造体のみの建物
~ **de mantilla** 装飾やベールのないマンティーリャ
cortar a ~ 切り口が滑らかになるように剪定する
de ~**s lucios**《口語》=**ligero de** ~**s**
estar mal de ~**s** 気が狂っている
lavar el ~(**los** ~) **a**+人《口語》…の顔を洗う
levantar los(**de**)~**s a**+人 …をそそのかす, 誘惑する
ligero de ~**s**《口語》〘ser+〙1) 軽薄な, 軽率な: Su novio es un poco *ligero de* ~*s*. 彼女の恋人はちょっと軽薄だ. 2)〘女性が〙尻軽な
meter a+人 **en los** ~**s** …をうまく説得する, …の頭にたたき込む
meterse a+人 **en los** ~**s**〘考えなどがあまり根拠もないのに〙…の頭に入り込む(こびりつく): Se me *ha metido en los* ~*s que no hay solución*. 私は解決法がないものと思い込んでしまった
parecerse los ~**s a la olla**《口語》親の悪癖を受け継いで行なう
quebrarse los ~**s**〘まれ〙=**calentarse los** ~**s**
quitar(**raer**)**a**+人 **del** ~《口語》…の頭にこびりついていた考えを取り除く
romper a ~**s a**+人 1)…の頭にけがをさせる. 2)〔横柄な物言いで〕…をうんざりさせる
romperse los ~**s**=**calentarse los** ~**s**
sentar los ~**s**〘性格が〙落ち着く: *Sentó los* ~*s*. 彼は人間が丸くなった

ser caliente de ~s すぐ怒る, かんしゃく持ちである
tener ~s de calabaza/tener los ~s a la jineta/tener malos ~s 《口語》思慮が足りない
untar el ~ (los ~s) a+人《口語》**=lavar el ~ (los ~s) a**+人

cascolitro [kaskolítro] 男《南米. 植物》イネ科コバンソウ属の一種

cascorvo, va [kaskórbo, ba] 形《中南米》X脚の〔人〕《=patizambo》

cascote [kaskóte]《←cascar》《集名》〔建物の〕瓦礫($\frac{かわら}{がれき}$);〔新しい建物に使われる〕廃材

cascudo, da [kaskúdo, ða] 形〔動物が〕ひづめの大きい

cascué [kaskwé] 男《魚》ナイル川に生息するチョウザメ

caseación [káseaθjón] 女《生化》カゼイン変性, チーズ化

caseico, ca [kaséiko, ka] 形《生化》**=caseoso**. ❷《酸が》チーズの分解によって生じる

caseificar [kaseifikár] 7 他《生化》❶ カゼインに変化させる. ❷ 乳からカゼインを分離(沈殿)させる

caseína [kaseína]《生化》カゼイン

caseinógeno [kaseinóxeno]《生化》カゼイノゲン

cáseo, a [káseo, a] 形《技術》**=caseoso**
── 男《←cuajada》凝乳

caseoso, sa [kaseóso, sa] 形 ❶ チーズの; チーズ状の. ❷《医学》乾酪性の

casera[1] [kaséra] 女 ❶《アラゴン》[独身男性, 特に聖職者の]家政婦. ❷《グアテマラ. 俗語》愛人

caseramente [káseraménte] 副 形式ばらずに, 気さくに, 気取らずに

casería [kasería]《←casa》女 ❶ 別荘《=caserío》. ❷ 小集落《=caserío》. ❸〔女性が〕家計を取り仕切ること, 家政. ❹《古語》家の中での養鶏. ❺《チリ》〔店の〕顧客, 常連客, お得意さん

caserillo [kaseríʎo] 男 自家製の粗布

caserío [kaserío]《←casería》男 ❶〔畑・納屋付きの〕別荘. ❷《集名》〔農家の〕小集落;〔村より小さい〕村落, 部落. ❸《バスクなど》〔田舎の2階建ての〕大きな農家

caserismo [kaserísmo] 男《スポーツ》ホームチームびいき

caserna [kaserna]《←仏語 caserne「兵営」》女 ❶《軍事》トーチカ, 構築陣地. 2)《ガリシア》兵舎. ❷《クエンカ》街道沿いの居酒屋(宿屋)

casero, ra[2] [kaséro, ra]《←casa》形 ❶ 家で作られる, 自家製の; 家で作るのに適した: vestido de confección ~*ra* 自分の家で作ったドレス. cocina ~ 家庭料理. jamón ~ 自家製のハム. vinificación ~*ra* 自家製ワインの醸造. trabajo ~ 家事〔労働〕. ❷ 家の: animal ~ 家畜. conejo ~ 家ウサギ. ❸〔家で〕親しい者同士で行なう, うち解けた: fiesta ~ 内輪のパーティー. concierto ~ ホーム・コンサート. ❹ 初歩的手段による: bomba de fabricación ~*ra* 手製爆弾. ❺ 民間の知識に基づく: remedio ~ 素人療法. ❻〔家が〕好きで, つつましい. ❼《口語》〔人が〕家庭的な, 家事の好きな; 出不精な. ❽《スポーツ》1)〔審判が〕ホームチームびいきの. 2) ホームチームの. ❾《古語》〔木が野生でなく〕栽培された
── 名 ❶ 家主, 大家. ❷〔貸家の〕管理人;〔別荘などの〕住み込みの管理人. ❸ 借家人. ❹〔農場の〕小作人. ❺《古語》住人, 居住者. ❻《ホンジュラス》〔賭け事の〕貸元. ❼《キューバ, チリ》〔食料品などの〕行商人. ❽《エクアドル, ペルー, チリ》〔店などの〕常連客, 顧客;〔客にとっての〕なじみの商人

caserón [kaserón]《casa の示大語》男〔古めかしい〕大きな屋敷;《軽蔑》荒れ果てた屋敷

caseta [kaséta]《casa の示小語》女 ❶〔平屋の〕小さな家, 小屋: ~ *y taquilla*/~ *de peaje* 料金〔徴収〕所. ~ *de cambios de agujas*《鉄道》〔線路の〕仮乗降場, 信号塔. ~ *de tiro* 射的場. ❷〔海岸・プールなどの〕脱衣所〖= ~ *de baño*〗. ❸《スポーツ》ロッカールーム. ❹〔船舶〕甲板上の小区画: ~ *del timón* 操舵室, ~ *de derrota* 海図室. ❻ 犬小屋〖= ~ *de perro*〗. ❻《メキシコ》1) 電話料金所〖= ~ *telefónica*〗. 2) ~ *de cobro*《高速道路》料金所
mandar (enviar) a la ~ 〔審判が, +a 選手に〕退場を命じる

casete [kaséte]《←仏語 cassette》女／男 カセットテープ: ~ *de vídeo* ビデオカセット
── 男《西》カセットテープレコーダー, カセットデッキ; ラジオカセットレコーダー, ラジカセ

casetera [kasetéra] 女《キューバ》❶ ラジカセ. ❷ カセット収納棚; カセット収納ケース

casetero [kasetéro] 男 ❶ カセット収納棚; カセット収納ケース. ❷《ウルグアイ》ラジカセ

caseto [kaséto] 男《サラマンカなど》小屋, 木造の小さな家

casetón [kasetón]〔建築〕格間($\frac{ごう}{ま}$)

casetonado, da [kasetonáðo, ða] 形〔建築〕格間のある

cash [káʃ]《←英語》男 現金: pagar con ~ キャッシュで払う

cash and carry [káʃ aŋ káři]《←英語》男〔現金払いで持ち帰りの〕ディスカウントショップ

cash-flow [káʃflou]《←英語》男《経済》キャッシュフロー, 資金流入額, 資金ぐり

casi [kási]《←ラテン語 quasi「まるで…のように」》副《+siempre・nunca・todo・nadie・ninguno では無強勢》❶ ほとんど: 1) La fruta era de un rojo claro, ~ *naranja*. その果物はオレンジ色に近い, 明るい赤色だった. Es ~ *imposible*. それは不可能に近い. C~ *he terminado*. 私はほとんど終えた. Salieron ~ *al mismo tiempo*. 彼らはほとんど同時に出発した. Lo han aprobado ~ *todos los miembros*. ほとんど全員がそれに賛成した. Ya ~ *ninguno de nosotros podríamos pasar sin teléfono móvil*. もう私たちのほとんど誰もが携帯電話なしでは生きてゆけないだろう. C~ *no tiene amigos*. 彼にはほとんど友達がいない.《俗用》〖修飾する語句の後に置く〗*No tiene amigos ~*.1)〖数量に限りなく近く〗 Son ~ *las diez y no ha regresado aún*. もう10時近いのに彼はまだ戻っていない. 2)〖+動詞の現在形〗もう少しで…するところだった: C~ *le atropella un coche*. 彼はあやうく車にひかれるところだった.〖ためらって〗どちらかというと: C~ *estoy por irme contigo*. どちらかといえば君と出かけたい. C~ *prefiero no ir*. どちらかといえば出かけたくない. ❹《経済》~ *dinero* 準通貨
~ ~《口語》〖繰り返して強調〗Son ~ ~ *las diez*. ほとんど10時だ. C~ ~, *me caigo*. 私はあやうく転ぶところだった. C~ ~, *metió un gol*. 彼は惜しいところでゴールを逃した. C~ ~, *me gustaría quedarme*. 私はむしろ残っていたいのだが
~ nada 1) ほとんど何も…ない: Ya no queda ~ *nada de los restos romanos en este poblado*. この村にはローマ時代の遺跡はほとんど何も残っていない. 2)〖まれ〗〖un+〗Con un ~ *nada de sal tiene bastante este plato*. ほんの少し塩気があればこの料理は申し分ない. 3)〖反語〗Se necesita cinco mil euros.—¡C~ *nada*! 5千ユーロ必要です.—そんなにたくさん!
~ nunca めったに…ない: C~ *nunca estaba en casa*. 彼はめったに家にいなかった. C~ *nunca hablaremos de él*. 私たちが彼のことを話題にすることはまずないだろう
~ que...《俗用》〖ほとんど=casi〗: C~ *que parece de ayer*. まるで昨日のように思える. C~ *que me voy porque aquí no tengo nada que hacer*. 私はここでは何もすることがないので立ち去るところだった. C~ *que sí*. まあそうだ
sin [el] ~〖反論〗ほとんどどころか: Eso es ~ *cierto*.—*Sin ~*. それはほぼ確実だ.—いや絶対〔確実〕だ. Está ~ *loco*.—*Sin ~*. 彼はちょっと頭がおかしい.—ちょっとどころか
un ~ 一種の: Se produjo *una* ~ *sublevación*. 一種の反乱が起きた

CASI [kási] 男《略語》←Club Atlético San Isidro CA サン・イシドロ《アルゼンチンのサッカーチーム》

casia [kásja] 女 ❶《植物》カシア《クスノキ科の高木》. ❷《古語》シナモンの枝の皮

cásico [kásiko]《南米. 鳥》スズメ目の一種《学名 Cassicus cristatus》

casicontrato [kasikontráto] 男 **=cuasicontrato**

casida [kasíða] 女《詩法》カシーダ, カスィーダ《アラブ・ペルシアの単韻詩》

casilla [kasíʎa]《casa の示小語》女 ❶〔表などの〕欄, セル; チェックボックス: Ponga una cruz en la ~ *adecuada*. 該当する欄に×印をつけなさい. ❷〔チェス盤・クロスワードパズル・双六などの〕升目, 碁盤目: ~ *de la muerte*〔双六の〕振り出しに戻るの升. ❸〔踏切番・森の見張り・庭番などの〕小屋. ❹ 小屋, 売店, 露店〖=artesón〗.〔劇場・映画館の〕切符売り場. ❺〔棚などの〕仕切り, 区分け: ~ *postal*/~ *de correos*《中南米》私書箱〖=apartado〗.〔郵便〕私書箱のコーナー; 私書箱番号. ❻《悪天候の際の》避難小屋. ❼〔言語〕スロット; ~ *vacía* 空のスロット. ❽《地方語》道路作業員の家. ❾《メキシコ》投票ブース. ❿《キューバ》〔鳥を捕える〕罠. ⓫《エクアドル》トイレ
sacar a+人 ***de sus ~s*** 1)〔…〕を怒らせる, 我慢できなくする,

Sus palabras me *sacaron de mis* ~s. 彼の言葉に私は我慢ができなかった. 2) 生活のリズムを狂わせる(変えさせる)

salir〔**se**〕**de sus ~s** 1)《口語》怒る;《感情の》たがが外れる: Finalmente *se salieron de sus* ~s. ついに彼らは怒りだした. 2) 生活のリズムが狂う

casillero [kasiʎéro]〔←*casilla*〕男 ❶ 整理棚, 整理箱, 仕切り棚; レターボックス;〔その棚の〕一つ一つの区分: No encontré nada en mi ~. 私のメールボックスには何もなかった. ❷《スポーツ》得点表示板, スコアボード. ❸ 分類表. ❹《地方語》道路工事の作業員. ❺《ラプラタ》〔申込書などの〕書き込み欄. ❻《ウルグアイ》〔仕切りのある, 輸送・保存用の〕ボトルケース

casillo [kasíʎo] 男《アンダルシア》穀物の殻

casimba [kasímba] 女《中南米》 1)〔海岸に掘られた〕飲料水の井戸. ❷〔雨水・湧き水を貯める〕貯水槽

casimir [kasimír] 男《南米》=**cachemir**; その裁断

casimira [kasimíra] 女=**cachemir**

casina [kasína] 女《カリブ, 植物》モチノキ科の一種〔煎じ薬・清涼飲料・アイスクリームが作られる. 学名 Ilex vomitaria〕

casinense [kasinénse] 形 名《カトリック》カッシノ会 Congregación Casinense の〔修道士・修道女〕

casinero, ra [kasinéro, ra] 形 名 ❶ クラブ casino の〔会員〕. ❷ カジノ好きの, ギャンブル好きの

casineta [kasinéta] 女《アルゼンチン. 古語》裏地用の薄い毛織物;=**casinete**

casinete [kasinéte] 男 ❶《ホンジュラス, アンデス》カシミヤより品質の劣る布地. ❷《ベネズエラ, エクアドル, ペルー》安物の質の悪いラシャ

casino [kasíno]〔←伊語 casino「瀟洒な小さい家」〕男 ❶ カジノ, 賭博(ゼ)場. ❷〔政党員や同じ階級・職業などの男性が集まって暇な時間を過ごす〕クラブ, サークル〔組織, 場所で〕: ~ liberal 自由党のクラブ. ~ de oficiales 将校クラブ. ~ militar 軍人クラブ. ❸《廃語》町外れにある娯楽施設. ❹《廃語》男性専用の会員制クラブ. ❺《チリ》従業員食堂

Casiopea [kasjopéa] 女 ❶《ギリシア神話》カシオペア〖アンドロメダ Andrómeda の母〗. ❷《天文》カシオペア座

casiopiri [kasjopíri] 男《植物》イワヒゲ

casis [kásis] 男〔単複同形〕❶《植物》カシス, クロフサスグリ〖=~ de negro〗: ~ de rojo カーラント. ❷《酒》カシス ── 男/女《貝》トウカムリガイ〖カメオの材料になる〗

casita [kasíta] 女〖casa の示小語〗❶ 女〔貸し〕別荘. ❷ 小さな家, 拙宅: Muchas gracias por su amable invitación, disfrutamos mucho la ~ linda y su amabilidad. ご招待ありがとうございました. すてきなお家とご親切のおかげで楽しい時間を過ごすことができました. Los niños están jugando a las ~s. 子供たちはおままごとをしている

casiterita [kasiteríta] 女《鉱物》錫石(ホピ)

casmodia [kasmódja] 女《医学》あくびが過剰に出る症状

caso [káso]〔←ラテン語 casus「落下・転倒, 事故」〕← cadere「落ちる, 倒れる」〕男 ❶ 出来事, 事態, 事件: Nunca había oído un ~ igual. そんなことは全く聞いたことがなかった. Presencié un ~ que me dejó asombrado. 私を驚かせたある出来事を目撃した. La policía aún no ha resuelto el ~ del asesinato. 警察はまだその殺人事件を解決していない. Hay muchos ~s de robo. 盗難事件が多い. Me creía en el ~ de avisar a la policía. 私は警察に通報すべき事態だと思った. ~ curioso 奇妙な出来事. ~ imprevisto 不測の事態. ~ Watergate ウォーターゲート事件. ❷ 場合: Mi ~ es distinto del tuyo. 私の場合は君と違う. Puedes obrar en cada ~ como te parezca más conveniente. 場合場合で君が適当だと思ったように行動してよい. En ciertos ~s lo mejor es callarse. 口を言わないのが一番いい場合もある. Si es el ~, lo haré. その場合は私がやろう. Ahí tienes el ~ de China. 中国の場合を例にとってみよう. en ~ necesario 必要ならば, 必要な場合は. en ~ negativo さもなければ, そうでなければ. en mi ~ 私の場合には. en otro ~ ほかの場合には. según el ~ 場合によって. ❸ 機会: Cuando llegue el ~ te contaré el cuento. 機会が来たらその話をする. Le expuse el ~ en pocas palabras. 私は問題を彼に簡潔に説明した. ~ difícil de resolver 解決困難な問題. ~ de honra 名誉にかかわる問題. ❺〔理論ではなく現実に起こる〕事例, ケース: Explicó la teoría y nos contó un ~. 彼は理論を説明し私たちに実例を語った. Se dan ~s de despido por falta de puntualidad. 遅刻で解雇されるケースがある. Hay pocos ~s de gemelos de distinto sexo. 性の異な

る双子はほとんどない. Veamos un ~ práctico. では具体例を見てみよう. método de los ~s 事例研究法, ケース・メソッド. ~ de divorcio 離婚例. ❻《医学》〔伝染病などの〕患者; 症例: Ha habido varios ~s de tifus en el pueblo. 村でチフス患者が何人か出た. ~ clínico 臨床例;〔行為め〕並外れた人. ~ de meningitis 髄膜炎. ~ urgente 急患, 急病人. ❼《カトリック》~ reservado 留保される罪〖教皇・司教しか赦免できない罪〗. ❽ 裁判〖=*juicio*〗: El abogado ganó el ~ sin dificultad. その弁護士は難なく裁判に勝った. ❾《文法》格〖スペイン語では人称代名詞にのみ見られる〗: ~ ablativo 奪格. ~ acusativo 対格. ~ agentivo 動作格. ~ dativo 与格. ~ genitivo 属格. ~ locativo 所格. ~ nominativo 主格. ~ oblicuo 斜格. ~ recto 直格. ~ vocativo 呼格. ❿《アルゼンチン》〔虚実を問わず〕教訓話

a ~ *hecho* 故意に: Se cayó *a* ~ *hecho* para llamar atención. 彼は注意を引くためにわざと転んだ

a un ~ *rodado* =*en un* ~ *rodado*

caer en mal ~《まれ》〔人が〕笑いものになる

~ *de*+不定詞 =**en** ~ **de**+不定詞

~ *de conciencia* 1)〔戒律や法律では是非が決められない〕良心の問題: consultar un ~ *de conciencia* con el confesor 良心の問題について聴罪司祭に相談する. 2) 道徳的義務を生む状況): La situación de este pobre hombre es un ~ *de conciencia*. このかわいそうな男は手をさしのべてやるべき状況にある

~ *de menos valer* 不名誉な行為

~ *de extremo* 極端な例〔場合〕: en〔un〕~ *extremo* 極端な場合には; ほかにどうしようもなければ

~ *fortuito* 偶発事故,《法律》不可抗力: muerte por ~ *fortuito* 偶発事故による死, 事故死

~ *particular* 個々の場合; 特別な事例: Se exceptúan de la disposición ciertos ~s *particulares*. 特段の場合には例外的な処置がとられる. El triángulo rectángulo es un ~ *particular* de triángulos. 直角三角形は三角形の特別なケースである

~ *perdido* 手の施しようのない人(こと): El gamberro es un ~ *perdido*. その不良少年はどうしようもない. Este examen es un ~ *perdido*. この試験はお手上げだ. El juicio es un ~ *perdido*. 裁判は勝ち目がない

~ *por* ~ ケースバイケース

~ *que*+接続法 =**en** ~ **de que**+接続法

dado〔*el*〕~〔*de*〕*que*+接続法 =**en** ~ **de** *que*+接続法: *Dado el* ~ *que* tuvieras que irte, ¿a dónde irías? 出て行かなくてはならなくなったら, 君はどこへ行く?

darse el ~〔*de*〕*que*+直説法 …ということが起こる: *Se dio el* ~ *de que* no se presentó. 彼は〔ついに・結局〕出頭しなかった

de ~ *pensado* 故意に

el ~ *es que*… 〔+直説法〕実は…である: *El* ~ *es que* se me olvidó su nombre. 実を言うと私は彼の名を忘れてしまった. Sea como sea, *el* ~ *es que* te he ganado. 何はともあれ, 実際に僕は君に勝った. 2) 〔+接続法〕…が肝要である: Aunque vengas tarde, *el* ~ *es que* vengas. たとえ遅くなっても, 大切なのは君が来ることだ

en ~ いずれにしても〖=en cualquier ~〗

en ~ *alguno* 〔+動詞〕どんな場合でも…ない: *En* ~ *alguno* se te ocurra dejar tu trabajo actual. 今の仕事をやめようなどと決して考えてはいけない

en ~ *de*+名詞・不定詞・*que*+接続法 …の場合は: Esto protege al conductor *en* ~ *de* accidente. これは事故の時ドライバーを保護する. *En* ~ *de* decidirte, dímelo. 決心がついたら言いなさい. *En* ~ *de que* no puedas venir, llama por teléfono. 来ることができない場合は電話しなさい

en cualquier ~ 1) いずれにしても: Explosionar la bomba en un lugar seguro o tratar de desactivarla, *en cualquier* ~ tienen que sacarla de la tierra. 爆弾を安全な場所で破裂させるか, 起爆装置を外すか, いずれにしても爆弾を地中から取り出さなければならない. 2) どんな場合でも

en cuyo ~ =**en tal** ~

en ese ~ 1) そのような場合には: *En ese* ~, avísame por teléfono. その場合は電話で知らせてくれ. En *esos* ~s la policía corta la circulación. そのような場合には警察は交通を遮断する. 2) そういう状況(事情)なら: *En ese* ~, no hay más

que hablar. そういうことなら話はここまでだ
***en otro* ~** 状況(事情)が異なる
***en su* ~** 1) 私が…だったら: *En tu* ~ yo lo rechazaría. 私が君だったらそれは断るのだが. Ponte *en mi* ~. 私の立場になってごらん. 2) 必要な場合には
***en tal* ~** この(その)ような場合
***en todo* ~** 1) いずれにしても〖=en cualquier ~〗: Puede ser que le convenga; *en todo* ~, díselo a él. 彼を説得できるかも知れない, いずれにしても話してみなさい. 2) [否定表現で]そうだとしても, せいぜい. 3) 少なくとも. 4) 必要な場合には
***en todos los* ~s** いずれにしても〖=en cualquier ~〗
***en último* ~** ほかに打つ手がないので; いざとなれば: *En último* ~, iré yo mismo a recogerlo. ほかにどうしようもなければ私自身が受け取りに行こう
en un* ~ *rodado もしもの時には; 必要になれば: *En un* ~ *rodado*, hipotecaré la finca. まさかの場合は地所を抵当に入れよう
***en uno u otro* ~** どっちみち, どちらにしても
***estar en el* ~** 1) [+不定詞] …せざるをえず …する: *Estamos en el* ~ *de tomar una decisión enérgica*. 仕方がないので私たちは断固とした処置をとる. 2) …についてよく知っている
***hablar al* ~** 適切な話をする
***hacer al* ~ =*venir al* ~**: *Eso no hace ahora al* ~. それは今はまずい
***hacer* ~** [+de+人·事/+a+人. 言葉·意見に] 1) 関心を持つ, 機にかける; [うわさなどを] 信じる: *No hizo* ~ *de mi advertencia*. 彼は私の警告を無視した. *Prosiga su discurso sin hacer* ~ *de los abucheos*. やじを気にせず演説を続けて下さい. *Vi que le hacían mucho* ~ *en la fiesta*. 彼がパーティーで注目を集めているのが分かった. ¡*Oye, haced* ~ *de mi*! おい, 俺の話も聞いてくれ! ¡*No haga usted* ~! 無視して下さい! 2) 相手をする: *Haz* ~ *del chico*. 子供を構ってやりなさい
***hacer* ~ *omiso* (*omiso* ~) *de*...** …を無視する, 気にとめない
***hay* ~** [+de+不定詞 する] 機会(必要)がある〖主に否定文で〗: *No hubo* ~ *de echarle, porque se marchó por su voluntad*. 彼は自分から出ていったので, 私は追い出すまでもなかった. *Si hay* ~, *dices que vas de mi parte*. 必要があれば私の名前を出しなさい. *Ten cuidado.*—*No hay* ~. 気をつけて. —だいじょうぶ
***ir al* ~** 本論に入る: *Vamos al* ~. 本題に入ろう
***llegado el* ~** 必要になれば, その場合には
***ni* ~** 気にもとめず, 問題にせず: *Se lo dije mil veces, pero él ni* ~. 私は何度も言ったのに, 彼は聞き入れなかった
***ni* ~+不定詞** …とは言うまでもない
***no hacer ni* ~** 全く気にとめない(問題にしない)
***No hay* ~.** 《主に中南米》無駄である; 不可能である
***no sea* ~ *que*+接続法** …しないように: *Me llevaré el abrigo, no sea* ~ *que refresque por la noche*. 夜冷えるといけないのでオーバーを着て行こう
***No tiene* ~.** 《メキシコ》それは何にもならない, 何の役にも立たない
***para cada* ~** そのつどの必要に応じた; 都合よく
***para el* ~** その場合にとっては [十分である·どうでもよい]: *Para el* ~ *es igual que sea inglés o americano*. この場合, 彼がイギリス人でもアメリカ人でも同じことだ. ¿*Por qué no te pones el traje nuevo*?—*Para el* ~. 新しい服を着なさいよ. —どうでもいいのになあ
***poner* *a*+人 *en el* ~ *de*+不定詞** …せざるをえない状況に…(人)を追い込む
***poner* ~ =*poner por* ~**
***poner por* ~** 1) [+que+接続法 を] 仮定する: *Pongamos por* ~ *que haya ocurrido terremoto*. たとえば地震が起こったとしよう. 2) 例にあげる: *Pongamos por* ~ *a Juana*. フアナを例にとってみよう
***por el mismo* ~** 同じ理由(動機)で
***puesto [el]* ~ [*de*] *que*+接続法** …の場合は
***según el* ~** 場合によって: *Sustitúyase, según el* ~, *una frase u otra*. 必要ならいくつかの語句を入れ替えなさい
ser* ~ *negado まず起こり得ない, ほとんど不可能である
***ser del* ~** 適切である
***ser un* ~** 《口語》[良くも悪くも] 並外れている, ひどい: *Ese chico es un* ~. あの少年はどうしようもない(あきれた奴だ)
***si es* ~...** 《俗用》…の場合は
***si llega* [*el*] ~** 必要になれば: *Si llega el* ~, no vaciles en llamarme. 必要になったら, ためらわずに私を呼んでくれ
***si se da el* ~ =*llegado el* ~**
***¡Vamos al* ~!** [本腰を入れて] 仕事に取りかかろう!
***vaya por* ~...** …を例にあげよう
***venir al* ~** 1) 適切である: *Ese tema no viene ahora al* ~. その話題は今ふさわしくない. 2) [+con ~] 関連がある
***verse en el* ~ *de*+不定詞** …せざるを得ない
***y el* ~ *es que*... =*el* ~ *es que*...**

Caso [káso] 《人名》**Alfonso ~** アルフォンソ·カソ〖1896〜1970, メキシコの考古学者. 遺跡の発掘, 先スペイン期の暦などメソアメリカ文明を研究〗

Antonio ~ アントニオ·カソ〖1883〜1946, メキシコの思想家·教育者. 革命後メキシコ社会を革新しようと考え, 当時流行していた実証主義哲学を批判して, ヨーロッパの哲学·思想から多くを取り入れ, アルフォンソ·レイェス Alfonso Reyes, レオポルド·セア Leopoldo Zea, オクタビオ·パス Octavio Paz と共に新しい社会の創造を目指した〗

casoar [kasoár] 男《鳥》ヒクイドリ〖=casuario〗
casón [kasón] 男《カンタブリア; ウルグアイ》古い貴族の館
casona [kasóna] 女《カンタブリア; ウルグアイ》[古くて大きな] 屋敷, 豪邸
Casona [kasóna] 《人名》**Alejandro ~** アレハンドロ·カソーナ〖1903〜65, スペインの劇作家. 本名 Alejandro Rodríguez Álvarez. 内戦のためにスペインを離れたが, その後も困難な現実と対峙する人々の心情を豊かな詩情で描き続けた. 『暁に訪れる女』*La dama del alba*, 『立枯れ』*Los árboles mueren de pie*〗
casorio [kasórjo] 〖←casar 1+軽蔑辞 -orio〗男 ❶《戯語, 軽蔑》不釣り合いな結婚; 早まった結婚. ❷《口語》[集合] 結婚式の準備. ❸〖=boda〗
caspa [káspa] 〖←?語源〗女 ❶ 不可算 [頭の] ふけ: *Cae un copo de* ~. ふけが落ちる. *Tus hombros están cubiertos de* ~. 君の肩にはふけだらけだ. ❷ かさぶた. ❸ [銅の] 緑青(ろくしょう). ❹《サラマンカ》[古木の幹に生じる] 苔
caspaletear [kaspaleteár] 自《コロンビア》ひどく苦しむ; 絶望する
caspera [kaspéra] 女 目の細かい櫛〖=lendrera〗
caspete [kaspéte] 男《コロンビア》粗末な食事
caspia[1] [káspja] 女《アストゥリアス》❶ [リンゴなどの] 芯. ❷ リンゴの実の落下
caspicias [kaspíθjas] 女 複《口語》かす, 残り物
caspio, pia[2] [káspjo, pja] 形 名《歴史, 地名》[古代ペルシアのカスピ海南東岸地方] ヒルカニア Hircania の [人]
caspiroleta [kaspiroléta] 女《中南米》エッグノッグ, 卵酒
cáspita [káspita] 間《まれ》[賞賛·奇異] これはこれは, おやまあ; [怒り] ちくしょう!
caspolino, na [kaspolíno, na] 形 名《地名》カスペ Caspe の [人]〖サラゴサ県の町〗
casposo, sa [kaspóso, sa] 形 ❶ ふけの多い, ふけだらけの. ❷《西·軽蔑》古くさい, 流行遅れの
casquera[1] [kaskéra] 女《まれ》石ころだらけの土地
casquería [kaskería] 女 臓物店
casquero, ra[2] [kaskéro, ra] 〖←cascar〗名 臓物の販売者 —— 男 [球果から] 松の実を取り出す場所
casquetazo [kasketáθo] 男 頭突き〖=cabezazo〗
casquete [kaskéte] 〖casco の示小語〗男 ❶《服飾》スカルキャップ. ❷ [パラシュートの] キャノピー, 傘体. ❸ ~ *esférico*《幾何》球冠. ~ *glaciar*/~ *de hielo*《地理》氷冠; 氷帽. ~ *polar*《地理》極冠. ❹《軍事など》ヘルメット. ❺ 部分かつら. ❻《西·軽蔑》性交: *echar un* ~. 性交する. ❼《古語》[白癬の治療のために] 頭に当てる湿布
***a* ~** 《口語》[髪型が] ヘルメット型に·の〖=a tazón〗
casquiacopado, da [kaskjakopáðo, ða] 形《獣医》[馬の] 蹄の狭窄した
casquiblando, da [kaskiblándo, da] 形 [馬が] 蹄の柔らかい
casquiderramado, da [kaskiðeřamáðo, ða] 形 [馬が] 蹄の底が広い
casquijo [kaskíxo] 男 ❶《地方語》砂利. ❷《地方語》堅果類, ナッツ〖=cascajo〗. ❸《ログローニョ》小麦のもみがら
casquilucio, cia [kaskilúθjo, θja] 形《まれ》=**casquivano**

casquilla [kaskíʎa] 囡 ❶《養蜂》[巣の]王台の蓋. ❷《複》[宝飾業者が計量に用いる]銀製の重り

casquillo, na 《casco の示小語》囲 ❶ [先端にかぶせる]輪金, 口金; ~ de un bastón ステッキの石突き. ~ de botella (de lámpara) 瓶 (電球) の口金. ~ 空の薬莢; 紙薬莢の金属底差し込み (ねじ込み) 式の口金. ❷ [鉄砲の] 矢じり. ❹《中南米》蹄鉄. ❺《ホンジュラス》帽子の革製の裏地. ❻《コスタリカ》ペン軸; ペンホルダー
comer ~ 《ベネズエラ.口語》気を悪くする
meter ~ a+人《ベネズエラ.口語》…にくどくど言う
reírse a ~ *quitado* 大声で笑う

casquimuleño, ña [kaskimuléno, ɲa] 形 [馬が] ラバ蹄の, 蹄が小さく細長い

casquite [kaskíte] 形《ベネズエラ》❶ [カラト carato が] 酸っぱくなった. ❷ [人が] 気難しい, 怒りっぽい

casquivano, na [kaskibáno, na]《←casco+vano》形《軽蔑》[遊び好きで] 思考が散漫な, 軽薄な
——囡《軽蔑》浮気な女

Cassadó [kasadó]《人名》Gaspar ~ ガスパール・カサドー《1897~1966, バルセロナ出身のチェロ奏者・作曲家.『無伴奏チェロ組曲』*Suite para violonchelo solo*, 『愛の言葉』*Requiebros*》

cassette [kasét] 囲/囡 =*casete*

cast [kást]《←英語》囲《複》~s《映画》キャスト, 配役《=*reparto*》

casta[1] [kásta]《←?ゴート語 kasts 「一かえりの鳥の卵」》囡 ❶《生物》種 (ʒ): de ~ cruzada 交雑種の. ❷ 血統, 家系: ~ de genios 天才の家系. ❸ [インドの] カースト: sociedad de ~s カースト制社会. ❹ [特権を有する] 階級: ~ de los samuráis 武士階級. ❺《蜂・蟻の》階級. ❻《歴史》[中南米の先住民・白人・黒人などの] 混血による人種 (民族) グループ《メスティーソ mestizo, ムラート mulato, サンボ zambo など. 植民地時代, 被支配者階級を構成した》. ❼《闘牛》気の荒い牛の血統. ❽ [物の] 種類, 質. ❾《メキシコ.印刷》フォント
de ~ 純血 (種) の: perro *de* ~ 純血種の犬. *artista de* ~ 本物の芸術家. *de media* ~ 片方の親が純血種の. *De* ~ *le viene al galgo* (*el ser rabilargo*).《諺》カエルの子はカエル/血筋は争えない
——囡《口語》生粋の〔人〕: madrileño ~ 生粋のマドリード子

castálidas [kastáliðas] 囡《複》《ギリシア神話》ミューズたち《=*musas*》

castalio, lia [kastáljo, lja] 形 ❶《ギリシア, デルフォイ Delfos の》カスタリア Castalia 《の泉》の. ❷ミューズたちの

castamente [kástaménte] 副 純潔に, 貞節に, 貞淑に

castaña[1] [kastáɲa]《←ラテン語 castanea<ギリシア語 Kastanon》囡 ❶《果実》栗: ¡C~s calentitas! 焼きたての栗はいかが! ¡~s asadas 焼き栗. ~ confitada《菓子》マロングラッセ. ~ de cajú《南米》カシューナッツ. ~ de Indias マロニエの実. ~ de Pará《南米》ブラジルナッツ. ~ pilonga (apilada・maya) [保存用の] 干し栗. ~ regoldana 山栗. ❷《植物》~ *de agua* オニビシ: semillas de ~ *de agua* ヒシの実. ❸《西.口語》[大きな音の] 平手打ち: arrear a+人 una ~ en la cara ～の顔をピシャッと殴る. ❹《西.口語》酔い: agarrar una ~ 酔っぱらう. ❺ 細首の大瓶. ❻《髪型》[女性の] 後頭部で束ねてまとめた髪, シニョン. ❼《戯語》[primavera に対し, 20歳を越した女性について] …歳: Tengo veintiséis ~s. 私はもう26歳よ. ❽《口語》退屈な人 (事物). ❾ がらくた《=*cacharro*》. ❿《口語》打撃, 衝撃, 衝突. ⓫《メキシコ》小さな樽. ⓬《キューバ》[サトウキビ圧搾機の] 主ローラー maza mayor の軸受け
dar a+人 *la* ~ …をだます
meter una ~ [+a+人 に] 大金を払わせる
pegarse una ~ ひどく殴る (ぶつかる)
sacar a+人 *las* ~*s del fuego* …のために火中の栗を拾う, 窮地を救ってやる
tener ~*s*《地方語.婉曲》非常に勇敢である, 向こう見ずである《=*tener cojones*》
¡Toma ~!《西.口語》ざまをみろ/[驚き] わあ/[不快] あーん!

castañada [kastaɲáða] 囡 栗祭り《焼き栗を食べる伝統的な祭》

castañal [kastaɲál] 囲 =*castañar*

castañar [kastaɲár] 囲 栗林

castañazo [kastaɲáθo] 囲《西.口語》[こぶしによる] 殴打, 強打

castañear [kastaɲeár] 自 =*castañetear*

castañeda [kastaɲéða] 囡 =*castañar*

castañedo [kastaɲéðo] 囲《アストゥリアス》=*castañar*

castañeo [kastaɲéo] 囲 =*castañeteo*

castañero, ra [kastaɲéro, ra] 囲囡 焼き栗売り
——囲《鳥》アビの一種
——囡《地方語》

castañeta [kastaɲéta]《←*castaña*[1]》囡 ❶ 指をパチッと鳴らすこと; その音. ❷ [闘牛士の弁髪を留める] 黒リボン《=*moña*》. ❸《まれ》カスタネット《=*castañuela*》. ❹《地方語.魚》シマガツオ《=*japuta*》

castañetada [kastaɲetáða] 囡 =*castañetazo*

castañetazo [kastaɲetáθo] 囲 ❶ 指をパチッと鳴らす音. ❷ カスタネットの音. ❸ [火の中で] 栗がはじける音. ❹ 関節がポキポキ鳴る音

castañeteado [kastaɲeteáðo] 囲 カスタネットの演奏音

castañetear [kastaɲeteár] 自 ❶ [+a+人の歯が] カチカチ鳴る; [骨が] ポキポキ鳴る: Me *castañetearon* los dientes de miedo. 私は怖くて歯がガチガチ鳴った. ❷ カスタネットを鳴らす. ❸ 指をパチンと鳴らす. ❹ [ヤマウズラの雄が] クッチクッチと鳴く
——他 カスタネットで演奏する

castañeteo [kastaɲetéo] 囲 ❶ 歯がカチカチ鳴ること. ❷ カスタネットを鳴らすこと; 指をパチンと鳴らすこと

castaño, ña [kastáɲo, ɲa]《←*castaña*[1]》形 [主に髪・目に] 茶色の, 栗色の: cabello ~ 栗色の髪. de color ~ rojizo エビ茶色の
——囲 ❶《植物》クリ (栗); [特に] ヨーロッパグリ: ~ de Austraria オーストラリアビーンズ, ジャックトマメノキ. ~ de Guinea パキラ. ~ de Indias/~ loco マロニエ, セイヨウトチノキ. ~ de Indias rojo ベニバナトチノキ. ~ del Japón ニホングリ. ~ de Pará ブラジルナッツノキ. ❷ 茶色, 栗色
pasar de ~ *oscuro*《口語》[冗談などが] 度を越す, 行き過ぎる

castañola [kastaɲóla] 囡《魚》シマガツオ《=*castañeta*》

castañuela[1] [kastaɲwéla]《*castaña*[1] の示小語》囡 ❶《音楽》[主に 複] カスタネット: tocar las ~s カスタネットを鳴らす. ❷《建築》基礎ボルト, アンカーボルト. ❸《植物》ハマスゲ《=*hierba* ~》. ❹《地方語.魚》シマガツオ《=*japuta*》
estar [*alegre*] *como unas* ~*s* 上機嫌である, 心が弾んでいる

castañuelo, la[2] [kastaɲwélo, la] 形 ❶ [ニンニクが] 鱗茎の外皮がピンク色の. ❷ [馬が] 栗毛の

castellana[1] [kasteʎána] 囡 ❶ 城主夫人. ❷《詩》8音節のロマンセの4行詩. ❸ ~ *de oro* カスティーリャ金貨《=*castellano*》. ❹《チリ》灰色で赤みがかった斑点のある鶏

castellanía [kasteʎanía] 囡 ❶ =*castellanidad*. ❷《歴史》1) [独自の法・司法権を持つ] 自治領. 2) 城付き領主制, シャトルニー

castellanidad [kasteʎaniðá(ð)] 囡 ❶ カスティーリャ人気質. ❷ カスティーリャ地方の独自性

castellanismo [kasteʎanísmo] 囲 ❶ カスティーリャ地方特有の言葉や言い回し, カスティーリャ方言. ❷ カスティーリャ地方特有のものへの愛着

castellanista [kasteʎanísta] 形 名 カスティーリャ方言を話す〔人〕

castellanización [kasteʎaniθaθjón] 囡 ❶ スペイン語化. ❷ スペイン語教育

castellanizar [kasteʎaniθár]《←*castellano*》他 ❶ [外国語を] スペイン語化する《例》fútbol←football. ❷ [初心者に] スペイン語を教える
——*se* スペイン語を習得する

castellano, na[2] [kasteʎáno, na]《←ラテン語 castellanus<castellum 「城の本丸」》形 名 ❶《地名》カスティーリャ Castilla 地方の〔人〕: ~ *viejo* カスティーリャ・ラ・ビエハ Castilla la Vieja の〔人〕. ~ *nuevo* カスティーリャ・ラ・ヌエバ Castilla la Nueva の〔人〕. ❷《歴史》カスティーリャ王国の〔人〕. ❸ スペイン語の, スペイン語の持ち主
——囲 ❶ スペイン語, カスティーリャ語《=lengua ~*na*. 中南米では español より castellano を主に用いる》. ❷ カスティーリャ・ラ・ビエハ地方で生まれたロマンス語方言《スペイン語の起源となった》; カスティーリャ・ラ・ビエハ地方のスペイン語. ❸ [中

の〕カスティーリャ金貨〖=～ de oro〗. ❹ 〔金銀の重量単位〕50分の1マルク marco 〖=約4.60グラム〗. ❺ 槍騎兵. ❻ 城の守備隊兵. ❼ 《アラバ》南風

castellanohablante [kasteʎanoaβlánte] 形 スペイン語を母国語とする〔人〕; 〔国・地域が〕スペイン語を話す

castellano-leonés, sa [kasteʎano leonés, sa] 形 名 〔地名〕カスティーリャ・イ・レオン Castilla y León の〔人〕〖スペイン北部の自治州〗

castellano-manchego, ga [kasteʎano mantʃéɣo, ɣa] 形 名 〔地名〕カスティーリャ＝ラ・マンチャ Castilla-La Mancha の〔人〕〖スペイン中央部の自治州〗

castellanoparlante [kasteʎanoparlánte] 形 名 =**castellanohablante**

Castellanos [kasteʎános] 〖人名〗 **Juan de ～** フアン・デ・カステリャノス〖1522～1607, グアテマラの16世紀作家. 兵士として新大陸へ渡り, のち聖職者となり南米北部で布教活動に従事. 『インディアスの令名高き人々に捧ぐる哀歌』*Elegías de varones ilustres de Indias*〗 **Rosario ～** ロサリオ・カステリャノス〖1925～74, メキシコの女性作家. 詩人として出発し, やがて短編や小説も書くようになる. 抑圧された先住民の暴発とその悲劇的な結末を描いた小説『テネブレの祈禱』*Oficios de tinieblas*〗

castellano y leonés, sa [kasteʎano i leonés, sa] 形 名 =**castellano-leonés**

castellar [kasteʎár] 男 ❶ 城のある(あった)高台. ❷ 〖植物〗コボウズオトギリ〖=todasana〗

castellería [kasteʎería] 女 〔歴史〕〔城のある〕領地の通行税

castellers [kasteʎérs] 〔←カタルーニャ語〕男 複 人間ピラミッド castillos humanos を作る人々

Castelli [kastéʎi] 〖人名〗 **Juan José ～** フアン・ホセ・カステリ〖1764～1812, アルゼンチンの弁護士・政治家. 初の自治政府(1810年5月)の指導者の一人〗

castellología [kasteʎoloxía] 女 城郭学, 城郭史研究

castellológico, ca [kasteʎolóxiko, ka] 形 城郭学の, 城郭史研究の

castellonense [kasteʎonénse] 形 名 〔地名〕カステリョン・デ・ラ・プラナ Castellón de la Plana の〔人〕〖バレンシア州カステリョン県の県都〗

casticidad [kastiθiðá(ð)] 〔←castizo〕女 生粋であること

casticismo [kastiθísmo] 〔←castizo〕男 ❶ 〔習慣などの〕純粋主義. ❷ 純正語法主義

casticista [kastiθísta] 共 純粋主義者; 純正語法主義者

castidad [kastiðá(ð)] 〔←casto〕女 純潔, 貞節〖⇔lujuria〗: hacer voto de ～ 貞潔の誓願を立てる. ～ conyugal 〔夫と妻相互間の〕貞操

castigación [kastiɣaθjón] 女 〔まれ〕〔犯罪に対する〕罰〖=castigo〗

castigadera [kastiɣaðéra] 女 〔荷車を引く家畜の〕首の鈴の舌についている紐

castigador, ra [kastiɣaðór, ra] 形 名 ❶ 罰する〔人〕, 懲らしめる〔人〕. ❷ 悩殺(誘惑)する〔人〕

castigar [kastiɣár] 〔←castigar「叱る, 直す」〕8 他 ❶ 罰する, 懲らしめる; ペナルティーを科す: La *castigaron* por decir mentiras. 彼女は嘘をついたので罰を受けた. Dolores rompió un jarrón y su madre la *castigó* sin postre. ドロレスは花瓶を割り母親はおしおきとして彼女をデザート抜きにした. Lo *castigaron* con tarjeta amarilla. 彼はイエローカードを出された. ❷ 〔精神的・肉体的に〕痛めつける: ～〔a〕su cuerpo 肉体に苦行を課する. ❸ 〔自然現象が〕害をもたらす: Las heladas tardías *han castigado* los frutales. 遅霜が果樹に被害が出た. ❹ 〔鞭・拍車で馬を〕責める, 急がせる: ～ a su montura con el látigo 馬に鞭を入れる. ❺ 〔闘牛〕〔槍などで〕牛を傷つける. ❻ 〖スポーツ〗〔文書・作品を〕訂正する, 修正する. ❼ 〔費用を〕削減する, 切り詰める. ❽ 〖口語〗悩殺する, 誘惑する. ❾ 〖メキシコ〗〔ねじなどを〕締める

castigo [kastíɣo] 〔←castigar〕男 ❶ 罰, 懲罰〖⇔premio〗: corporal 体罰, 折檻. ～ divino 天罰. ～ ejemplar みせしめ. ❷ 痛めつけるもの, 苦痛の原因: Las jaquecas son su ～. 彼女は偏頭痛に苦しんでいる. ❸ 〖スポーツ〗máximo ～ ペナルティーキック. tiro de ～ ペナルティーシュート. ❹ 〔文書・作品の〕訂正, 修正. ❺ 〔闘牛〕〔槍などで〕牛が負わされた傷 *ser de ～* 〔事柄が主語〕骨が折れる, つらい

castila [kastíla] 形 名 〖フィリピン〗スペインの, スペイン人, スペイン語〖=español〗

castilla [kastíʎa] 〖地名〗［C～〕1) カスティーリャ〖スペイン中央部の地方. 元来はアストゥリアス王国およびレオン王国の国境防衛のために城や砦が数多く築かれた地域を指す. 1978年憲法以前は Castilla は北の Burgos を中心とした Castilla la Vieja と Madrid を中心とした Castilla la Nueva の2地方に分かれていた. 現在は Castilla y León と Castilla-La Mancha の2州に分かれている〗. 2) C～ de oro カスティーリャ・デ・オロ〖現在のニカラグア, パナマおよびコロンビアの一部を含む地域〗. ❷ 〖ボリビア, チリ〗毛足の長いウール地〖先住民の女性が上着に用いる〗

¡Ancha es C～! 1) 好き勝手なことばかりやって! 2) がんばれ!

hablar en ～ 《中南米. 口語》スペイン語で話す

Castilla [kastíʎa] 〖人名〗 **Ramón ～** ラモン・カスティーリャ〖1797～1867, ペルーの軍人, 大統領(1845～51, 55～62). グアノ・硝石の開発, 奴隷制廃止, 憲法制定. 高潔な大統領として評判が高い〗

castillado, da [kastiʎáðo, ða] 形 〔紋章〕〔盾などに〕城をちりばめた

castillejo [kastiʎéxo] 〔←castillo〕男 ❶ 〔建築〕足場. ❷ 手織機の部品. ❸ 4個のクルミを積み, 離れた所から別のクルミを投げてそれを崩す子供の遊び. ❹ 〔まれ〕〔幼児用の〕歩行器

castillete [kastiʎéte] 男 ❶ 〔高圧線などの〕鉄塔; 〔油井の〕やぐら

castillito [kastiʎíto] 男 《植物》イネ科コスカサ属の一種

castillo [kastíʎo] 〔←ラテン語 castellum「城の本丸」< castrum「砦, 防備を固めた野営地」〕男 ❶ 城: C～ de San Antón サン・アントン城. ～s humanos 〔カタルーニャ地方の祭りの〕人間ピラミッド. ❷ 〖メキシコ〗ピラミッド. ❸ 《船舶》船首楼〖～ de proa〗: ～ de popa 船尾楼. ❹ ～ de fuego de fuegos artificiales/～ de fuegos de artificio 仕掛け花火. ❺ 〔荷車の〕積載量. ❻ 《養蜂》女王蜂の巣房, 王台. ❼ 〔幼児用の〕歩行器. ❽ 〔紋章〕〔1個・複数個の〕塔の模様. ❾ 軍刑務所. ❿ 〔古語. 軍事〕〔象に乗せる〕木製のやぐら

～ de naipes/～ de cartas 砂上の楼閣, 机上の空論: hacer ～s de naipes 砂上に楼閣を築く

hacer (levantar·construir) ～s de arena 砂の城を作る; 砂上に楼閣を築く

hacer ～s en el aire 空中楼閣を描く

Castillo [kastíʎo] 〖人名〗 **Ramón S. ～** ラモン・S・カスティーリョ〖1873～1944, アルゼンチンの保守派の大統領. ペロン Perón らによるクーデター(1943)で失脚〗

Castillo Armas [kastíʎo ármas] 〖人名〗 **Carlos ～** カルロス・カスティーリョ・アルマス〖1914～57. グアテマラの軍人. CIAの支援でアルベンス・グスマン Arbenz Guzmán 政権を崩壊へ追い込む. 大統領(1954～57)として農地改革などを破棄し, 暗殺される〗

Castillo Solórzano [kastíʎo solórθano] 〖人名〗 **Alonso de ～** アロンソ・デ・カスティリョ・ソロルサノ〖1584～1648?, スペインの作家. ピカレスク小説 novela picaresca やイタリア風の短編小説の様式を取り入れ, 宮廷や都市を舞台とした短編や長編小説を数多く著わした〗

castilluelo [kastiʎwélo] 男 castillo の示小語

casting [kástin] 男 =**cásting**

cásting [kástin] 男 ❶ 《映画》1) 配役の決定, 出演者の選考. 2) 配役〖=reparto〗. ❷ 〔釣〕キャスティング

castizales [kastiθáles] 名 複 〖口語〗生粋の人たち

castizamente [kastiθaménte] 副 純粋に, 純正に

castizar [kastiθár] 9 他 〖キューバ, プエルトリコ〗〔別種の動物を〕つがわせる

castizo, za [kastíθo, θa] 〔←俗ラテン語 casticeus < castus「純粋な」〕形 ❶ 生粋の: 1) Es un castellano ～. 彼は生粋のカスティーリャ人だ. 2) カスティーリャ(スペイン)生っ粋の: apellido muy ～ 代表的なスペイン人の姓. lenguaje muy ～ 生っ粋のカスティーリャ語. ❷ 伝統となる: flamenco ～ 伝統的なフラメンコ. ❸ 〔文体が〕純正な, 新語を使わない. ❹ 家柄のよい. ❺ 気さくで面白い. ❻ 繁殖力の旺盛な

── 名 〖主にメキシコ, プエルトリコ. 古語的〗スペイン人とメスティーソ mestizo の混血の〔人〕

casto, ta[2] [kásto, ta] 〔←ラテン語 castus「純粋な」〕形 ❶ 純潔な, 貞節な: mantenerse ～ 純潔(童貞)を守る. ❷ 清純な: miradas ～*tas* de la joven 若い娘の清純なまなざし

castor [kastór] 男 ❶ 《動物》ビーバー: ～ de canadiense アメリカビーバー. ～ de montaña ヤマビーバー. ～ europeo ヨーロッパビーバー. ❷ ビーバーの毛皮; ビーバーの毛でできたフェルト. ❸

《繊維》ビーバー・クロス

Cástor [kástor] 男 ❶《ギリシア神話》カストル『レダ Leda の産んだ双子の一人』. ❷《天文》1)［双子座のα星］カストル. 2) 双子座. ❸《気象》セント・エルモの火［=fuego de Santelmo］

castora [kastóra] 女《エストレマドゥラ, アンダルシア》シルクハット

castorcillo [kastorθíλo] 男《繊維》サージ, 綾織りのウール地

castoreño [kastoréɲo] 男《闘牛》ピカドールの帽子［=sombrero～］

castóreo [kastóreo] 男 海狸香, カストリウム

castorina [kastorína] 女 ❶ ビーバー・クロス castor に似た織物. ❷《化学》カストリン, 海狸香に含まれる脂肪分

castra [kástra] 女 ❶《養蜂》巣箱から蜜の詰まった巣板を取り出すこと; その時期. ❷ 剪定《牧》

castración [kastraθjón] 女 ❶ 去勢: complejo de ～《心理》去勢コンプレックス. ❷［植物などの］刈り込み, 剪定

castradera [kastradéra] 女《養蜂》蜜刀

castrado, ra [kastrádo, da] 形 ❶ 去勢された［人］: caballo ～ 去勢馬. ❷《音楽》=castrato

castrador, ra [kastradór, ra] 形 去勢する
── 男 ❶［人・動物を］去勢する人. ❷ =castrapuercas

castradura [kastradúra] 女 ❶ =castración. ❷ 去勢の傷跡《=capadura》

castrametación [kastrametaθjón]《←ラテン語 castra「陣営」+ metatione「測定」》女《軍事》布陣法, 陣立て

castrapuercas [kastrapwérkas] 男《単複同形》［動物の去勢をする人が来訪を告げる合図に使う］管を束ねた呼子

castrapuercos [kastrapwérkos] 男《単複同形》=castrapuercas

castrar [kastrár]《←ラテン語 castrare》他 ❶ 去勢する. ❷《養蜂》［巣箱から］蜜の詰まった巣板を取り出す. ❸ 弱める, 意気を奪う. ❹ 剪定する. ❺［トウモロコシを］間引く. ❻［焼灼などで］傷・ただれを］癒合させる, 治す. ❼《地方語》ブドウの房を取る

castrato [kastráto] 男《音楽》カストラート, 去勢された男性歌手

castrazón [kastraθón] 女《養蜂》巣箱から蜜の詰まった巣板を取り出すこと; その時期

castrense [kastrénse]《←ラテン語 castrensis「陣営の」》形 軍隊の: vida ～ 軍隊生活. cura (capellán) ～ 従軍司祭

castreño, ña [kastréɲo, ɲa] 形 名《地名》カストロ・デル・リオ Castro del Río の［人］《コルドバ県の町. アラブの城の遺跡がある》. ❷《考古》砦の遺跡の

castrismo [kastrísmo] 男 カストロ Fidel Castro 主義

castrista [kastrísta] 形 名 カストロ主義の［主義者］

castro [kástro] I ❶《←ラテン語 castrum》男 ❶《遊戯》石蹴り. ❷［中世の］城. ❸《ガリシア, アストゥリアス》［ローマ時代の］砦の遺跡［のある高台］. ❹《アストゥリアス, カンタブリア》海に突き出た大きな岩
II 形《-castrar》男《廃語》=**castrazón**

Castro [kástro]《人名》 **Américo ～** アメリコ・カストロ《1885～1972, スペインの文献学者・文芸批評家.『セルバンテスの思想』El pensamiento de Cervantes,『歴史のなかのスペイン』España en su historia》
Fidel ～ フィデル・カストロ《1928～, キューバの政治家. 1959年キューバ革命を達成, 社会主義国家を建設. ラテンアメリカの革命, アフリカの民族解放闘争を支援, 第三世界の指導者. 2008年, 要職を辞任し引退》
Guillén de ～ ギジェン・デ・カストロ《1569～1631, スペインの劇作家. ロペ・デ・ベガ Lope de Vega の大衆演劇の流れを汲み, ロマンセ romance など伝統的な物語を題材とする戯曲を残している. 英雄エル・シッドの若き日を描いた『シッドの青春』Las mocedades del Cid》
Raúl ～ ラウル・カストロ《1931～, キューバの政治家. 兄フィデルと共にキューバ革命を成功に導く》
Rosalía de ～ ロサリア・デ・カストロ《1837～85, スペインの女性詩人. 故郷ガリシアへの思いと生の苦悩の詩風で歌われる. ガリシア語による詩集『ガリシアの歌』Cantares gallegos と新葉』Follas novas はガリシア文芸復興の先駆けとなり, カスティリャ語による随筆『サール川の畔にて』En las orillas del Sar では絶望を諦観する詩境の深化を見ることができる》

castrón [kastrón] 男 ❶《主に比喩, 軽蔑》去勢された男. ❷《ガルシア, アストゥリアス》去勢された雄ヤギ. ❸《キューバ》去勢された豚

castuga [kastúga] 女《中南米. 昆虫》鱗翅目の一種

cástula [kástula] 女《古代ローマ》［女性の足が下着に用いた］丈の長いチュニック

castúo, a [kastúo, a] 形 名《エストレマドゥラ》エストレマドゥラの［人］《=extremeño》
── 男 エストレマドゥラ方言

casual [kaswál]《←ラテン語 casualis < casus》形 ❶ 偶然の, 偶発的な, 思いがけない, 不慮の: Un encuentro ～ con un amigo me hizo decidir este viaje. 私は友人と偶然の出会ったことから, この旅行を決心した. Ese resultado no es ～, sino fruto del esfuerzo. その結果は偶然ではなく, 努力の成果だ. Nada es ～. 何事も偶然には起こらない. No es ～ que+接続法 …は偶然ではない. de forma (manera) ～ 偶然に. sexo ～ 行きずりの情事. ❷《言語》格 caso ～. ❸《俗用》偶然《=casualidad》. ❷《ホンジュラス》［中庭にある, 塔の形の］木造の穀物倉庫
── 男《口語》ひょっとして, 万が一; 偶然に: ¿Has visto mi bolígrafo, por un ～? どこかで私のボールペンを見なかった?

casualidad [kaswalidá(d)] 女 ❶ 偶然(性)《⇔causalidad》: Fue una ～, pero esto que nos encontráramos. 私たちの出会ったのは偶然だった. Sería mucha ～ que ganasen el mundial. 彼らが世界選手権で優勝するなんてすごい偶然だろう. La ～ hizo que yo llegase aquel día más pronto. 私はその日たまたま早く到着した. ¡Qué ～ [verte aquí]!［ここで君に会うなんて］何という偶然だろう!. ❷ 偶然の出来事: Ocurren a veces ～es increíbles. 時おり信じられないような偶然の出来事が起こる. ❸《中米》俚《事故などの》犠牲者たち
dar la ～ 偶然に起きる: Dio la ～ de que la encontré en el teatro. 私は偶然彼女を劇場で見つけた
de ～ =**por ～**
por ～ 偶然に: Nos encontramos allí por ～. 私たちはあそこで偶然会った. No meten un gol ni por ～. 彼らにはゴールを入れるチャンスは万に一つもない

casualismo [kaswalísmo] 男《哲学》偶然論

casualista [kaswalísta] 名 偶然論者

casualizar [kaswaliθár] 自《グアテマラ》[事が] 偶然に起きる

casualmente [kaswálménte] 副 偶然に, たまたま, ふと: Lo descubrí ～. 私はそれを偶然発見した. ❷《俗用》とんでもない

casuar [kaswár] 男《鳥》=**casuario**

casuárido, da [kaswárido, da] 形 ヒクイドリ科の
── 男 複《鳥》ヒクイドリ科

casuariforme [kaswarifórme] 形 ヒクイドリ目の
── 男 複《鳥》ヒクイドリ目

casuarina [kaswarína] 女《植物》モクマオウ

casuarináceo, a [kaswarináθeo, a] 形 モクマオウ科の
── 女 複《植物》モクマオウ科

casuario [kaswárjo] 男《鳥》ヒクイドリ

casuca [kasúka] 女 =**casucha**

casucha [kasútʃa] 女《軽蔑》ぼろ家, あばら家. ❷《チリ》犬小屋

casucho [kasútʃo] 男 =**casucha**

casuismo [kaswísmo] 男《哲学》決疑論《=casuística》

casuista [kaswísta] 形 名 ❶ 決疑論の; 決疑論者. ❷ 詭弁家［の］

casuístico, ca [kaswístiko, ka] 形 名 ❶《哲学》決疑論［的な］. ❷ 詭弁［の］

casulario [kasulárjo] 男《地方語》大きな屋敷《=caserón》

casulla [kasúʎa] 女 ❶《カトリック》［司祭がミサの時に着る］カズラ, 上祭服. ❷《ホンジュラス》《白米に残った》脱穀されていない（もみ殻付きの）米粒
── 形《婦人服がカズラのように》両サイドが大きく開いた

casullero [kasuʎéro] 男［カズラなどの］祭服製造職人

casunguear [kasuŋgeár] 他《チリ》鞭で打つ, 懲らしめる

casus belli [kásus béli]《←ラテン語》開戦の理由: El hundimiento de "Maine" fue ～ entre España y los Estados Unidos. メイン号の沈没が米西戦争の原因だった

casuta [kasúta] 女《西. 略語》小さな家
── 男《ペルー》［人が］歯が1本欠けた

casutín [kasutín] 男《地方語》小さな家

CAT 名《西. 略語》=Comisaría de Abastecimientos y Transportes 食糧供給輸送委員会

cata [káta] I 女《←catar》❶《主に西》試食, 試飲: ～ del vino ワインの試き酒. ❷ 試食 (試飲) 用のサンプル, 試食品. ❸《メキシコ, コロンビア》試掘, 鉱脈調査: hacer ～ 試掘する. ❹《ドミニカ》階級《=casta》. ❺《コロンビア》隠されている事柄. ❻《ペルー》［先住民女性の着る］四角い小型のマント

cata- 418

II 囡 ❶《メキシコ. 昆虫》コロラドハムシ. ❷《鳥》1) ～ australiana セキセイインコ. 2)《ボリビア, チリ》オキナインコ
a ～ y cala 試しに, 試食（試飲）用に《=a cala y cata》

cata-［接頭辞］❶［下へ］*cata*cumbas 地下墓所, *cata*rata 瀑布. ❷［上から下まで, 完全に］*cata*clismo 大異変. ❸［反］*cata*dióptrico 反射屈折の

catabejas [katabéxas] 男《鳥》シジュウカラ

catabólico, ca [katabóliko, ka] 形 異化の, 分解的な

catabolismo [katabolísmo] 男《生物》異化, 異化作用《⇔ anabolismo》

catabolito [katabolíto] 男《生化》カタボライト, 異化生成物

catabra [katábra] 囡《コロンビア》［ヒョウタン製の・柳の枝を編んだ］果実（穀粒）を入れ背負って運ぶ器

catabre [katábre] 男《コロンビア》=catabra

catabro [katábro] 男《コロンビア》［ヒョウタン製の］種まき用の穀粒を入れる器

catacaldos [katakáldɔs]《←catar+caldo》名《単複同形》❶《口語》［色々なことに手を出すが］根気のない人, 飽きっぽい人. ❷ 差し出がましい人, 出しゃばりな人

cataclasis [kataklásis] 囡《地質》カタクラシス, 圧砕

cataclasita [kataklasíta] 囡《地質》カタクレーサイト

cataclismal [kataklismál] 形《まれ》=**cataclísmico**

cataclismático, ca [kataklismátiko, ka] 形《まれ》=**cataclísmico**

cataclísmico, ca [kataklísmiko, ka] 形 大異変の; 大変動の

cataclismo [kataklísmo]《←ギリシア語 kataklysmos「洪水」》男 ❶ 地震・津波など地球上の大異変. ❷［社会などの］大変動. ❸［日常生活を変えるような］災難, 不慮の出来事

catacresis [katakrésis] 囡《単複同形》《修辞》［本来の語義から離れた］比喩的転用

catacumbal [katakumbál] 形 地下墓所の, カタコンブの

catacumbas [katakúmbas]《←ラテン語 catacumbae》囡《複》地下墓所, カタコンブ《初期キリスト教徒が死者を葬り礼拝を行なった》

catadióptrico, ca [katadjó(p)triko, ka] 形《光学》反射屈折の. ❷［光学機器が］鏡とレンズから成る

catador, ra [katadór, ra] 男 ❶［ワインなどの］テイスター: ～ de vinos ワインテイスター. ❷［芸術作品などの］目ききの人, 鑑定家. ❸ 酒にうるさい人. ❹《養蜂》巣箱から蜜の詰まった巣板を取り出す人

catadura [katadúra]《←catar》囡 ❶ きき酒, 試飲; 味見, 試食. ❷《軽蔑》容貌, 顔つき: de mala ～ 顔つきのよくない; 嫌な感じの

catafalco [katafálko]《←伊語》男 ❶ 棺台［葬儀で遺体を安置したり運んだりするための黒い布で覆われた台］. ❷《まれ》壇, 舞台

catafaros [katafárɔs] 男《単複同形》❶《自動車》［赤色の］後部反射鏡. ❷ 反射鏡

catafilo [katafílo] 男《植物》低出葉

catáfora [katáfora] 囡《文法》［代名詞などの］後方照応, 逆行指示《⇔anáfora》

cataforesis [kataforésis] 囡《単複同形》《医学, 物理, 化学》電気泳動

catafórico, ca [katafóriko, ka] 形《文法》後方照応の

catafracto [katafrákto] 男《歴史》騎馬武装兵

catajarria [kataxárja] 囡《ベネスエラ》［主に価値のない］一連のもの

catalán, na [katalán, na] 形 名 カタルーニャ Cataluña〔人・語〕の; カタルーニャ人
—— 男 カタルーニャ語, カタラン語

catalanidad [katalanidád] 囡 カタルーニャ〔人〕らしさ, カタルーニャの特性

catalanismo [katalanísmo] 男 ❶ カタルーニャ文化・伝統の愛好. ❷ カタルーニャ語風の言い方, カタルーニャ自治《政治離》主義

catalanista [katalanísta] 形 名 ❶ カタルーニャ自治主義の〔主義者〕. ❷ カタルーニャ語〔文学〕研究者

catalanización [katalaniθaθjón] 囡 カタルーニャ化

catalanizar [katalaniθár] 9 他 カタルーニャ〔語・文化〕化する

catalanohablante [katalanoaβlánte] 形 名 カタルーニャ語を母語とする〔人〕［地域などが］カタルーニャ語を話す

catalanoparlante [katalanoparlánte] 形 名 =**catalanohablante**

catalasa [katalása] 囡《生化》カタラーゼ

cataláunico, ca [kataláuniko, ka] 形《歴史, 地名》［451年西ローマ帝国とフン族との戦いでアッチラ Atila が敗れた北フランスの平原］カタラウヌム Catalaunio の

cataldo [katáldo] 男《船舶》［平底荷船・小型帆船の］船首三角帆

cataléctico, ca [kataléktiko, ka] 男《詩法》［ギリシア・ラテン詩で］末尾が1音節欠けた行, 脚韻が不完全な行《=verso ～》

catalecto [katalé(k)to] 男 =**cataléctico**

catalejo [kataléxo] 男 ❶ 望遠鏡《=telescopio》. ❷《メキシコ, コロンビア, ベネスエラ, チリ》双眼鏡《=gemelos》

catalepsia [katalé(p)sja] 囡《医学》強硬症, カタレプシー

cataléptico, ca [katalé(p)tiko, ka] 形 名 カタレプシーの〔患者〕

catalicores [katalikóres] 男《単複同形》《アラブ. 化学》非常に狭いピペット

catalina[1] [katalína] 囡 ❶《西. 口語》［人間・牛などの］糞. ❷《ベネスエラ. 菓子》ビスケットの一種

Catalina de Lancaster [katalína de laŋkástɛr]《人名》ランカスター公女カタリーナ《1373～1418, カスティーリャ王ペドロ1世の孫で, エンリケ3世の妻. ペドロ1世の死後, 摂政をつとめる》

catalineta [katalinéta] 囡《キューバ. 魚》イサキ科の一種

catalino, na[1] [katalíno, na] 形 ❶ →**rueda** catalina. ❷［時計が］鎖歯車で動く
II 形 名 =**catalán**

catálisis [katálisis]《←ギリシア語 katalysis》囡《単複同形》触媒作用

catalítico, ca [katalítiko, ka] 形 触媒作用の: estufa ～*ca* 触媒燃焼方式のストーブ

catalizador, ra [kataliθadór, ra] 形 ❶ 触媒の, 触媒の働きをする. ❷《文語》［力・意見などを］集める;［一般に反応を］引き起こす
—— 男 ❶《化学》触媒: ～ positivo (negativo) 正（負）触媒. ❷《文語》きっかけ［となる事物・人］, 大勢をリードする人, 牽引車. ❸《自動車》触媒コンバーター

catalizar [kataliθár] 9 他 ❶ 触媒作用を及ぼす. ❷《文語》［力・意見などを］集める;［一般に反応を］引き起こす

catalnica [katalníka] 囡《鳥》ミドリインコ

catalogación [katalogaθjón] 囡 目録作成;［資料などの］ファイリング

catalogador, ra [katalogadór, ra] 形 名 目録（カタログ）を作成する〔人〕

catalogar [katalogár]《←catálogo》8 他 ❶ …のカタログを作る: ～ libros 図書目録を作る. ❷ … por fichas …のカード索引を作る. ❸ カタログに載せる: ～ nuevas especies 新種をカタログに登録する. ❸［人を, +de・entre に］分類する, 類別する: ～ a+人 de blando (entre pro-americanos) …に弱腰の（親米派の）レッテルを貼る

catálogo [katálogo]《←ラテン語 catalogus < ギリシア語 katalogos》男 目録, カタログ: compra por ～ カタログショッピング. ～ colectivo ［いくつかの図書館の］総合目録. ～ de materias 件名索引. ～ de títulos 書名目録. ～ de viajes 旅行パンフレット. ～ razonado〔作品の〕解題付き類別目録, レソネ. Ese libro está fuera de ～. その本は絶版だ

catalografía [katalografía] 囡 ファイリング技術

catalográfico, ca [katalográfiko, ka] 形 ファイリング技術の

catalpa [katálpa] 囡《植物》キササゲ

catalufa [katalúfa] 囡 ❶［じゅうたん用の］目の詰まったビロードの毛織物. ❷《キューバ. 魚》=**catalineta**

cataluja [katalúxa] 囡《キューバ. 魚》=**catalineta**

Cataluña [katalúɲa] 囡《地名》カタルーニャ《スペイン北東部の自治州. 公用語はカタルーニャ語とスペイン語》

catamarán [katamarán] 男 ❶《船舶》カタマラン, 双胴船. ❷［インドの先住民の］筏. ❸［水上飛行機の］双フロート

catamarcano, na [katamarkáno, na] 形 名 =**catamarqueño**

catamarqueño, ña [katamarkéɲo, ɲa] 形 名《地名》カタマルカ Catamarca の〔人〕《アルゼンチン北部の州・州都》

catamenial [katamenjál] 形《医学》月経の: neumotórax ～ 月経随伴性気胸

catamita [katamíta] 男《コロンビア》お世辞, へつらい

catán [katán] 男《古語》［インド人など東洋人の］刀の一種

catana [katána] 囡《←日本語》❶《複 ～s》刀, 日本刀. ❷《キュ

―パ〕重く粗末で不格好な物. ❸《ベネズエラ. 魚》ホオベニインコ. ❹《チリ. 古語》「警官の」古びた長いサーベル

catanga [katáŋga] 女 ❶《コロンビア. 漁業》筌(^{うけ}). ❷《ボリビア》果実を運ぶ馬車. ❸《チリ, アルゼンチン. 昆虫》クソムシの一種〖学名 Megathopa villosa〗. ❹《アルゼンチン》去勢牛が引く荷車

catango [katáŋgo] 男《アルゼンチン》「二輪の」荷馬車

cataplasma [kataplásma] 女《医学》パップ, 湿電法(^{ほう}). ❷《口語》持病のある人; わずらわしい人

catapleíta [katapleíta] 女《鉱物》カタプレイ石

cataplexia [kataplé(k)sja] 女《医学》カタプレキシー, 脱力発作. ❷《獣医》強剛症

cataplines [kataplínes] 男 複《西. 婉曲》睾丸〖=cojones〗: darse un golpe en los ~ 睾丸に一撃を受ける
　estar hasta los ~《西》飽き飽きとしている

cataplum [kataplún] 間〔物が落ちる・倒れる音, 叩く音〕ドスン, ガチャン, ポン

catapulta [katapúlta] 女〖←ラテン語 catapulta <ギリシャ語 katapeltes〗 ❶《航空》カタパルト. ❷《歴史. 軍事》投石器

catapultar [katapultár] 他 ❶〔カタパルトで〕射出する. ❷一挙に有名にする〔昇進させる〕: Esa película lo *catapultó* al estrellato. その映画で彼は一躍スターになった

catapum [katapún] 間 =**cataplum**
　el año〔*del*〕~ 昔々その昔

catapún [katapún] 間 =**cataplum**
　el año〔*del*〕~ 昔々その昔

catar [katár]〖←ラテン語 captare「つかむ」〗他 ❶ 試食する, 試飲する: ~ el vino ワインのきき酒をする. ~ la sopa スープの味を見る. ❷ 初めて経験する: ~ el éxito 成功の味を知る. ❸《養蜂》蜜の詰まった巣板を取り出す〖=castrar〗. ❹ 調べる, 検査する, 探す. ❺《古語》見る, 眺める; 求める; 考える; 面して
　Lo verás pero no lo catarás.《口語》君の望みは手が届きそうで不可能だ
　――*se* 気づく, 自覚する〖=percatarse〗

catara [katára] 女《ベネズエラ. 料理》カタラ〖苦いユッカの汁を軽く煮てトウガラシで辛く味付けしたソース〗

cataraña [kataráɲa] 女 ❶《鳥》ムラサキサギ. ❷《カリブ. 動物》トカゲの一種

catarata [kataráta] 女〖←ラテン語 cataracta <ギリシャ語 kataraktes〗 ❶ 大きな滝, 瀑布: 1)《地》~s de Iguazú イグアスの滝〖アルゼンチンとブラジルにまたがる世界最大の滝〗. C~s del Niágara ナイアガラ瀑布. ❷《医学》〖主に 複〗白内障, そこひ: Tengo ~s. 私は白内障にかかっている
　a ~*s* ± 砂降りで
　abrirse las ~*s del cielo*《まれ》滝のような雨が降り出す
　tener ~*s*〔無知・熱狂のために〕目が曇っている

catarina [katarína] 女 ❶《中南米. 昆虫》テントウムシ〖=mariquita〗. ❷《メキシコ》〖牧童用語で〗拍車

catarinita [katariníta] 女 ❶《メキシコ. 昆虫》コロラドハムシ. ❷《鳥》サザナミインコ

cátaro, ra [kátaro, ra] 形 名《キリスト教》カタリ派〔の〕〖11世紀フランスに起こった異端〗

catarral [kataRál] 形《医学》カタル〔性〕の

catarribera [kataRiβéra] 男 ❶《古語》雇われ弁護士. ❷ 代官. ❸《公職》志願者

catarriento, ta [kataRjénto, ta] 形《メキシコ》風邪を引いた

catarrino, na [kataRíno, na] 形 狭鼻猿類の
　――男《動物》狭鼻猿類

catarro [katáRo] 男〖←ラテン語 catarrhus <ギリシャ語 katarrhein〗 ❶ 風邪: No se me pasa〔cura〕el ~. 私は風邪が治らない. coger〔pescarse・pillarse〕un ~ 風邪をひく. tener un ~〔un pequeño〕風邪をひいている〔風邪ぎみである〕. con un ~ 風邪をひいた・いて. ❷ ~ de pecho/~ bronquial 咳風邪. ❸ 花粉症, 枯草熱. ❹〖諺〗Al ~, con el jarro. 問題には正面から取り組め 気分転換することでうまくいきかねない
　alborotar el ~ 騒ぎを起こす

catarrofín [kataRofín] 男《地方語》アレチエンドウ algarroba の種子

catarroso, sa [kataRóso, sa] 形 ❶〔estar +〕. 主に軽い風邪をひいた. ❷ いつも風邪ぎみの

catarsis [katársis] 女〖←ギリシャ語 katharsis「純化」〗〖単複同形〗 ❶《哲学》カタルシス, 浄化. ❷《生理》〔体内からの毒素の〕排

泄. ❸〔精神的動揺を来たすような記憶の〕除去

catártico, ca [katártiko, ka] 形 ❶《哲学》カタルシス, 浄化の. ❷《薬学》下剤の

catasalsas [katasálsas] 名〖単複同形〗《口語》=**catacaldos**

catascopio [kataskópjo] 男《古語》伝令・偵察用の快速船

catástasis [katástasis] 女〖単複同形〗《演劇》カタスタシス, クライマックス, 山場

catastral [katastrál] 形 ❶ 土地台帳の: plano ~ 地籍図. valor ~ 土地評価額

catastrar [katastrár] 他 土地台帳に含める

catastro [katástro]〖←古仏語 catastre〗男 ❶ 地籍調査; 土地台帳, 固定資産課税台帳. ❷ 不動産取得税, 固定資産税. ❸〖1716年カルルーニャで設けられた〗地租; ~ real〖貴族・平民を問わず〗王に支払った地税

catástrofe [katástrofe]〖←ギリシャ語 katastrophe〗女 ❶ 大惨事, 大災害, 破局: causar una ~ aérea 飛行機事故を引き起こす. ❷ natural 自然災害. ❸《口語》大きな不幸; 大失敗: La obra es una ~. その作品はひどい出来だ. ❹〖劇詩などの, 主に悲劇的な〗結末, 大詰め
　de ~《口語》ひどく悪い・悪く, 嘆かわしい

catastrófico, ca [katastrófiko, ka] 形 ❶ 大惨事を招く, 大災害の, 破滅的な: inundación ~*ca* 大きな被害をもたらした洪水. zona ~*ca* 被災地,〖援助法が適用される〗災害指定地域. ❷ 全くひどい, 惨憺たる: sacar unas notas ~*cas* ひどい点数をとる

catastrofismo [katastrofísmo] 男 ❶ ひどく悲観主義的な態度, 強度の悲観主義. ❷《地理》天変地異説, 激変説

catastrofista [katastrofísta] 形 名 ひどく悲観主義的な〔人〕

catata [katáta] 女《キューバ. 植物》大型の黄色いマテチャノキ

catatán [katatán] 男《チリ》肉体を痛めつける罰, 体罰, お仕置き

catatar [katatár] 他 ❶《中南米》魔法をかける. ❷《ペルー》魅惑する

cataté [kataté] 形《キューバ》愚かな, 軽蔑すべき

catatermómetro [katatermómetro] 男 カタ温度計, カタ計

catatonía [katatonía] 女《医学》緊張病, 緊張型分裂病, カタトニー

catatónico, ca [katatóniko, ka] 形 緊張病性の

catatumba [katatúmba] 女 ❶《メキシコ》宙返り, とんぼ返り. ❷《コロンビア. 手芸》カットワーク〔の刺繡〕

cataubas [katáuβas] 形 複《北米先住民の》カトーバ族〖現在では絶滅〗

cataure [katáure] 男《キューバ, ベネズエラ》 ❶〖種まき用の穀粒を入れる〗ヒョウタン製の器. ❷ ダイオウヤシの繊維製のかご

catauro [katáuro] 男《中南米》ココナッツなどの殻. ❷《カリブ》ダイオウヤシの繊維製のかご

cataviento [kataβjénto]〖←catar + viento〗男《船舶》〖円錐状の布製の〗風見

catavino [kataβíno]〖←catar + vino〗男 ❶〖ブドウ搾汁・ワインの〗きき酒用のグラス. ❷ テイスティングピペット. ❸《ラマンチャ》〖ワイン貯蔵用の〗かめの上部の穴

catavinos [kataβínos] 名〖単複同形〗 ❶ ワインの鑑定家, ワインテイスター. ❷《口語》〖はしご酒をする〗酔っ払い

catazona [kataθóna] 女《地質》〖高温・高圧状態の〗岩石変成の最深部

catch [kátʃ] 男〖←英語〗 ❶《スポーツ》フリースタイルレスリング, プロレス: luchador de ~ レスラー. ❷《自転車》スプリントポイント〖=meta volante〗

catch-as-catch-can [kátʃ as kátʃ kan]〖←英語〗男《スポーツ》フリースタイルレスリング

catcher [kátʃer]〖←英語〗名 複 ~s《スポーツ》 ❶〖フリースタイルレスリングの〗レスラー. ❷《野球》キャッチャー

catchup [katʃúp] 男 =**ketchup**

cate [káte] 男 ❶〖←ジプシー語 caté「杖」〗《西》 ❶《隠語》落第, 不合格: darse un ~ 落第する. ❷《口語》〖頭への〗殴打, 平手打ち

cateada [kateáða] 女《チリ》試掘, 観察

cateador, ra [kateaðór, ra] 名《中南米》試掘する人
　―― 男 鉱石試料破砕用ハンマー

catear [kateár] I〖←cate〗他 ❶《西. 口語》落第させる, 不合格にする, 落とす: Me *han cateado* las matemáticas. 私は数学を落とした. Es un profesor que *catea* mucho. その先生はたくさん落第させる. ❷《西. 口語》〖単位で〕落とす: *Cateó* varias asignaturas. 彼は何科目も単位を落とした

catecismo II 〖←cata〗 他 ❶《まれ》観察する, 見張る, 探す 〖=catar〗. ❷《中南米. 口語》身体(の所持品)検査をする. 家宅捜査をする. ❸《南米》1) 試掘する. 2)〖家に〗侵入する. ❹《チリ. 口語》見る, 観察する

catecismo [kateθísmo]〖←ラテン語 catechismus＜ギリシア語 katekhismos＜katecheo「教える」〗男 ❶《キリスト教》公教要理, 教理問答〔書〕. ❷〖学説などの〗要約; 〖問答形式の〗入門書

catecolamina [katekolamína] 女《生化》カテコールアミン

catecú [katekú] 男〖圏〗～es〗カテキュー, 阿仙薬？

catecumenado [katekumenáđo] 男 ❶ 洗礼準備教育, 洗礼準備期間. ❷ 信仰を深める修行

catecumenal [katekumenál] 形《カトリック》洗礼志願者の

catecúmeno, na [katekúmeno, na]〖←ラテン語 catechumenus＜ギリシア語 katechoumenos「教えられる人」〗名 ❶《カトリック》洗礼志願者. ❷ 初心者, 入門者

cátedra [káteđra]〖←ラテン語 cathedra＜ギリシア語 kathedra「椅子」〗女 ❶ 正教授職: concursar ～ 正教授職に応募する. ocupar la ～ 正教授になる. ostentar una ～ 正教授の地位にある. ～ de literatura comparada 比較文学の講座. ❷〖大学の〗講座: libertad de ～ 学問(研究・教育)の自由. ～ de literatura comparada 比較文学の講座. ❸〖高校の〗学科長の職. ❹ 教壇; 説教壇: ～ sagrada/～ del Espíritu Santo 説教〔壇〕. ❺ 講義室. ❻ 高位聖職者の地位: ～ de San Pedro 教皇位. ～ de Roma カテドラ, 司教座〖司教が教区内の信徒を教え導き司式するために座る椅子. ＝～ de la iglesia〗. ❽《カリブ》驚異, すばらしさ

dar ――《中南米》大学で授業する

sentar (poner) ～ 1)《軽蔑》もっともらしい話をする, 当然自分が正しいかのように話す. 2) 通暁している

――《カリブ》すばらしい

――形 司教座聖堂の, 大聖堂の, 主教会の

catedralicio, cia [kateđralíθjo, θja] 形 司教座聖堂の, 大聖堂の, 主教会の

catedralidad [kateđraliđá(đ)] 女〖教会の〗司教座聖堂としての地位

catedrático, ca [kateđrátiko, ka]〖←cátedra〗名 ❶〖大学の〗教授, 正教授〖→profesor 参考〗; 〖講座の〗主任教授. ❷〖高校の〗正教諭

―― 男《古》高位聖職者への年給

―― 女 正教授(正教諭)の妻

cátedro [káteđro] 男《学生語》正教授, 正教諭〖=catedrático〗

categorema [kategoréma] 男《論理》命題の主語・述語として単独に使用され得る語

categoremático, ca [kategoremátiko, ka] 形《論理》命題の主語・述語として単独に使用され得る, 完全な実在的意味を表わす

categoría [kategoría]〖←ギリシア語 kategoria〗女 ❶〖人・事物の〗階層, 等級, ランク: Fue ascendido a la ～ de director general. 彼は総支配人の地位にまで出世した. Es hombre de cierta ～. 彼はちょっとした大物だ. En el mercado laboral siempre existe una mayor oferta de empleos de menor ～. 労働市場には常に低い職種のオファーが常に大量にある. de primera (segunda) ～ 一（二）流の. oficial de baja ～ 下級士官. restaurante de máxima ～ トップクラスのレストラン. ～ fiscal 課税所得に基づく階層区分. ～ profesional 職階. ～s sociales 社会階層. ～ de cinturón negro. 彼は黒帯を取った. campeón en la ～ de béisbol infantil 少年野球のチャンピオンチーム. ～ de los pesos ligeros (pesados) 軽（重）量級. ～ masculina (femenina) 男子（女子）種目. ❸〖哲学〗範疇, カテゴリー: La cantidad y la cualidad son dos ～s kantianas. 量と質はカント哲学における2つのカテゴリーである. ～ lingüística 言語的範疇. ❹〖言語〗1) ～ gramatical/～ léxica 品詞. 2) 語尾変化〖=～ de perico〗. ❺ 部類. ❻ 権威, 名声; 重要性

dar ～ a... ...を高級にする(見せる)

de ～ 権威のある, 一流の, 高級な: Es una orquesta de ～. これは一流のオーケストラだ. artículos de ～ 高級品, 一級品. coche de ～ 高級車. persona de ～ 上流階級の人. borrachera de ～ 泥酔

de mucha (poca) ～ 非常に優れた（劣った）

tener mucha (poca) ～ 非常に優れて（劣って）いる

categorial [kategorjál] 形 ❶〖論理的な〗範疇の, カテゴリーの. ❷ 階層の, 等級の

categóricamente [kategorikaménte] 副 断定的に, きっぱりと

categórico, ca [kategóriko, ka]〖←ラテン語 categoricus〗形 断定的な: juicio ～ 断定. negación ～ca きっぱりとした拒絶

categorismo [kategorísmo] 男 類別（等級）の体系

categorización [kategoriθaθjón] 女 範疇化, 類別, 分類; 等級づけ

categorizar [kategoriθár] 69 他 範疇化する, 類別する, 分類する; 等級づけする

catela [katéla] 女《古代ローマ》〖宝飾品に付けられた〗金・銀の細い鎖

catenaria [katenárja] 形《鉄道, 電気》懸垂線〔状の〕, カテナリーの 女 懸垂線

catenular [katenulár] 形 鎖状の

cateo [katéo] 男 ❶《メキシコ》家宅捜査. ❷《南米. まれ》試掘. ❸《チリ》見張ること

estar al ～ de la laucha《チリ》待ち構えている; 警戒している

catequesis [katekésis]〖←ラテン語 catechesis〗名〖単複同形〗❶〖洗礼志願者への〗信仰教育; その場・集まり. ❷ 問答形式の教育

catequeta [kateketa] 名 信仰教育の専門家

catequético, ca [kateketiko, ka] 形 女〖神学の中の〗教理教育法〔の〕

catequina [katekína] 女《生化》カテキン酸

catequismo [katekísmo] 男 ❶ 信仰教育; 問答形式の教育〖=catequesis〗. ❷《廃》公教要理, 教理問答〔書〕〖=catecismo〗

catequista [katekísta] 名《カトリック》教理 catecismo を教える人, 伝道士

catequístico, ca [katekístiko, ka] 形 ❶ 教理教育の. ❷ 問答形式の

catequización [katekiθaθjón] 女 ❶ 教理教育. ❷ 説得

catequizador, ra [katekiθađór, ra] 形 ❶ 説得する〔人〕. ❷ =catequista

catequizar [katekiθár]〖←ラテン語 catechizare〗69 他 ❶ ...にカトリックの教理（公教要理）を教える; 信仰教育を施す. ❷〖意に反することをさせるよう〗説得する

cateramba [katerámba] 女《植物》ウリ科スイカ属の一種

catéresis [katéresis]〖医学〗薬物による衰弱

caterético, ca [katerétiko, ka] 形 ❶《薬学》焼灼性の, 腐食性の. ❷《医学》衰弱(憔悴)させる

―― 男《薬学》焼灼薬, 腐食薬

catering [káterin]〖←英語〗男〖圏〗～s〗〖料理の〗仕出し, ケータリング; 《航空》機内食サービス

caterpillar [katerpilár]〖←商標〗男/女〖圏〗～s〗キャタピラー式の掘削機

caterva [katérba]〖←ラテン語 caterva「大隊, 群衆」〗女《軽蔑》〖人・物の〗雑多な集まり, 群れ: una ～ de pillos 不良の一団

catervarios [katerbárjos] 男《古代ローマ》〖集団で戦う〗剣闘士団

catete [katéte] 形《チリ. 口語》〖人が〗退屈な, わずらわしい

―― 男《チリ》❶《料理》豚のスープで作る粥(？). ❷ 悪魔

saber más que ～ 悪賢い, 非常に抜け目がない

catéter [katéter]〖←ギリシア語 katheter〗男《医学》カテーテル

cateterismo [kateterísmo] 男《医学》カテーテル法

cateterizar [kateteriθár] 69 他《医学》カテーテルを挿入する

catetez [kateteθ] 女《西. 軽蔑》=catetismo

cateto¹ [katéto] 男《幾何》〖直角三角形の〗隣辺

cateto², ta [katéto, ta] 名 形《西. 軽蔑》無知で粗野な人, 田舎者

catetómetro [katetómetro] 男《測量》カセトメーター

catey [katéj] 男 ❶《カリブ. 植物》ヤシの一種〖実は食用. 学名 Acrocomia aculeata〗. ❷《キューバ. 鳥》インコ〖=perico〗

catgut [kátgut]〖←英語〗男〖圏〗～s〗〖主に縫合用の〗腸線

catibia [katíbja] 女 ❶《キューバ》ユッカの根をすりおろし絞ったもの〖スポンジケーキ panatela を作る〗. ❷《コロンビア, ベネズエラ》ユッカの粉

comer ～ 全くありそうもない話を信じる, 簡単にだまされる

catibo [katíbo] 男《キューバ》❶《動物》ウツボの一種〖学名 Tetranorhinus variabilis〗. ❷ 田舎者

catiguá [katiɣwá] 女《アルゼンチン. 植物》カツアーバ〖センダン科の高木. 学名 Trichilia catigua〗

catilinaria [katilinárja] 〖←古代ローマ, カティリーナ Catilina に対するキケロ Cicerón の弾劾演説〗女《文語》[演説などでの]個人攻撃, 弾劾演説

catimbao [katimbáo] 〖←ポルトガル語〗男 ❶《ペルー, チリ》[聖体の祝日の行列に登場する]仮面を付けた人, 奇妙な服装の人. ❷《ペルー》ずんぐりした人. ❸《チリ》道化師, ピエロ

catín [katín] 男 [クラス roseta 採取のための]銅精錬用のつぼ

catinga [katínga] 女 ❶《ブラジル》落葉灌木の森. ❷《中南米》[動植物の]悪臭; 《軽蔑》黒人・先住民の汗の悪臭 ❸《チリ》[水兵による]陸軍兵士に対する蔑称

catingoso, sa [katiŋɡóso, sa] 形《ボリビア, アルゼンチン》悪臭のする; 体臭の強い

catingudo, da [katiŋɡúðo, ða] 形《ボリビア, アルゼンチン》=**catingoso**

catino [katíno] 男《古語》❶ 素焼きの大皿. ❷ 溶け出る金属を溜める受け皿

catión [katjón] 男《物理》陽イオン〖⇔anión〗

catiónico, ca [katjóniko, ka] 形 陽イオンの

catire, ra [katíre, ra] 形名《キューバ, コロンビア, ベネズエラ, ペルー》金髪の[人], 白い肌の[人]

catiro, ra [katíro, ra] 形名《コロンビア》=**catire**

catirrino [katiříno, na] 形名 =**catarrino**

catirrucio, cia [katiřúθjo, θja] 形《ベネズエラ》=**catire**

catita [katíta] 女《鳥》~ chilena コイミドリインコ. ~ enana アオメルリハインコ. ~ versicolor ソデジロインコ

catite [katíte] 男 ❶ 山の高いカラーミュス帽〖sombrero ~〗. ❷ 円錐形の砂糖. ❸ 殴打, 平手打ち. ❹《メキシコ》絹布の一種

catitear [katiteár] 自《アルゼンチン》❶ 金欠である. ❷《まれ》[老人の頭が]ブルブル震える
—— 他《アルゼンチン》[凧の糸を他の凧に]からませる

catiusca [katjúska] 女 =**katiusca**

cativa[1] [katíβa] 女《パナマ》cativo の種子〖食用〗

cativí [katiβí] 男《ホンジュラス》全身に赤紫色の斑点が出る発疹

cativo[1] [katíβo] 男《ニカラグア, コスタリカ. 植物》マメ科の高木〖学名 Prioria copaifera, Copaiba hemitomophylla〗

cativo[2], **va**[2] [katíβo, βa] 形《ガリシア》不幸な, 不運な

catizumba [katiθúmba] 女《中米》多数, 大量

catleya [katléja] 女《植物》カトレア

cato [káto] 〖←?語源〗男 ❶ カテキュー, 阿仙薬〖皮なめし・染色などに使う生薬〗. ❷《ボリビア》[農地面積の単位]=40パーラ vara 四方

catoche [katótʃe] 男《メキシコ》不機嫌, 無愛想

catódico, ca [katóðiko, ka] 形《物理》陰極の: rayos ~s 陰極線. ❷《皮肉》テレビの

cátodo [kátoðo] 男《物理》陰極〖⇔ánodo〗

catodonte [katoðónte] 男《動物》マッコウクジラ〖=cachalote〗

católicamente [katólikaménte] 副 カトリックの教義にのっとって

catolicidad [katoliθiðá[ð]] 女 ❶ カトリックの教義にかなうこと. ❷〖カトリックの教義・教会の〗普遍性. ❸《集名》カトリック教徒. ❹ =**catolicismo**

catolicísimo, ma [katoliθísimo, ma] 形 católico の絶対最上級

catolicismo [katoliθísmo] 男 ❶ カトリック[の教義], カトリシズム; その信仰(実践): convertirse al ~ カトリックに改宗する. ❷ カトリック教会共同体

católico, ca [katóliko, ka] 〖←ラテン語 catholicus < ギリシア語 katholikos「普遍的な」〗形 ❶ カトリック[教会・教徒]の): pensamiento ~ カトリック思想. ❷[信仰が]真実の, 確かな, 無謬の. ❸[国王の称号] rey ~ スペイン国王. su majestad ~ca スペイン国王陛下
no estar [*muy*] *~*《口語》元気でない, 具合が悪い: Mi internet *no está muy* ~. 私のインターネットは調子が悪い
—— 男 カトリック教徒

catolicón [katolikón] 男 =**diacatolicón**

catolización [katoliθaθjón] 女 カトリックへの改宗; カトリック布教

catolizar [katoliθár] 他 カトリックに改宗させる; カトリックを布教する

catón [katón] 男 ❶[簡単な文章による]初級読本〖cartilla の次の段階〗. ❷ 毒舌の批評(評論)家

catoniano, na [katonjáno, na] 〖←Catón(古代ローマの大カトー)〗形《文語》[大カトー Catón el Viejo のように]厳格な

catonismo [katonísmo] 男《文語》[大カトーのような]厳格さの模倣(傾向)

catonizar [katoniθár] 自《文語》[大カトーのように]厳格に批評する

catóptrico, ca [kató[p]triko, ka] 形 女 ❶ 反射光学[の]. ❷[器具が]光の反射を利用した

catoptrofobia [kato[p]trofóβja] 女 鏡恐怖症

catoptromancia [kato[p]trománθja] 女 鏡占い

catoptromancía [kato[p]tromanθía] 女 =**catoptromancia**

catoptroscopia [kato[p]troskópja] 女《医学》反射鏡による診断

catoquita [katokíta] 女《鉱物》コルシカ島の瀝青石

catorce [katórθe] 〖←ラテン語 quattuordecim < quattuor「4」+decem「10」〗形 ❶《基数詞》14[の]. ❷ 14番目の
—— 女《複》[主に las+]午後2時

catorceañero, ra [katorθeaɲéro, ra] 形名 14歳の[人]

catorceavo, va [katorθeáβo, βa] 形名 ❶《分数詞》14分の1[の]. ❷《口語》14番目の

catorceno, na [katorθéno, na] 形 ❶ 14番目の. ❷ 14歳の
—— 女 14のまとまり

catorrazo [katořáθo] 男《メキシコ》殴打, 平手打ち

catorro [katóřo] 男 ❶《メキシコ》殴打; 衝突. ❷《コロンビア》部屋, アパート

catorzavo, va [katorθáβo, βa] 男 =**catorceavo**

catraca [katráka] 女《メキシコ. 鳥》キジ目ホウカンチョウ科の一種〖学名 Crux globicera〗

catracho, cha [katrátʃo, tʃa] 形名 ❶《ニカラグア, エルサルバドル. 軽蔑》ホンジュラスの(人). ❷《ホンジュラス》下品な(人)

catral [katrál] 男《地方語》巨大な, すごい

catramina [katramína] 女《アルゼンチン, ウルグアイ. 口語》ポンコツ車

catre [kátre] 〖←ポルトガル語 catre < サンスクリット語 khatva〗男 ❶ 簡易ベッド: ~ de tijera/《メキシコ, ペルー》~ de viento 折畳み式ベッド. ❷《戯語》性交. ❸《アルゼンチン, ウルグアイ. 口語》ベッド. ❹《アルゼンチン》~ de balsa 筏
ser un caído del ~《ラプラタ. 口語》うぶである, 物知らずである
irse al ~ 寝る
llevarse al ~《口語》寝る, 性交する

catrecillo [katreθíʎo] 男 小さな折畳み椅子

catrera [katréra] 女《ラプラタ》粗末なベッド; 簡易ベッド

catricofre [katrikófre] 男《廃語》折畳み式ベッドを収納する大箱

catrín, na [katrín, na] 形 ❶《メキシコ, グアテマラ, ニカラグア》優美な, ダンディーな. ❷《中米》大金持ちの
—— 男《メキシコ》プルケ pulque の量り売りの計量単位〖=約1リットル〗

catrinear [katrineár] 自《グアテマラ》[女性が]優美に着飾る

catrinería [katrinería] 女《メキシコ》❶ 優美さ, ダンディズム. ❷《集名》しゃれ者

catrintre [katríntre] 男《チリ》脱脂乳から作ったチーズ
—— 形《チリ》貧しい, 服装のみすぼらしい

catrinura [katrinúra] 女《メキシコ》しゃれ者の言動

catrivoliado, da [katriβoljáðo, ða] 形《パナマ》経験を積んだ, 熟達した

catsup [katʃúp/《メキシコ》katsúp] 〖←英語 ketchup〗男《料理》ケチャップ

catuán [katwán] 男《ドミニカ》怠け者

catuche [katútʃe] 男《メキシコ, ベネズエラ. 植物》バンレイシ〖=anona〗

catucho [katútʃo] 男《メキシコ. 植物》バンレイシ〖=anona〗

catumba [katúmba] 女《カナリア諸島》祭り

caturra [katúřa] 女《チリ. 鳥》小型のオウム(インコ)

catuto [katúto] 男《チリ》押しつぶした小麦で作る円柱形のパン

catzo [kátθo] 男《エクアドル. 昆虫》《総称》マルハナバチ

cauba [káuβa] 女《アルゼンチン. 植物》マメ科ハカメカズラ属の一種〖学名 Bauhinia candicans, Bauhinia pruinosa〗

cauca [káuka] 女 ❶《エクアドル, コロンビア》飼料用の草〖囲いのある牧場に種まきされる〗. ❷《ボリビア》[バター・塩入りの]大型のビスケット

caucano, na [kauķáno, na] 形 名《地名》カウカ Cauca の〔人〕《コロンビア北部の県》

caucara [kauķára] 女《エクアドル》〔動物の〕皮のすぐ下のあばら肉

caucáseo, a [kauķáseo, a] 形 =**caucasiano**

caucasiano, na [kauķasjáno, na] 形 名《地名》コーカサス地方 Cáucaso の〔人〕

caucásico, ca [kauķásiko, ka] 形 名 ❶ コーカソイドの, 白色人種の, コーカサス〔カフカス〕諸語の: lenguas〔íbero-〕~*cas*〔イベロ〕コーカサス諸語. ❷ =**caucasiano**

caucau [kauķáu] 男《ペルー. 料理》カウカウ《牛の胃袋・ジャガイモ・野菜のピリ辛煮込み》

cauce [káuθe]《←ラテン語 calix, -icis「導管」》男 ❶ 河床, 川床: El ~ estaba seco. 河床は干上がっていた. ❷〔決まった〕手順, 手続き: La tramitación no ha seguido los ~s establecidos. 決められた手続きがとられなかった. La solicitud va por el ~ reglamentario. 申請は決まった手順で行なわれる. ❸ 用水路
dar ~ *a* + *事* …を容易にする, …の機会を与える
volver las aguas a su ~〔川が氾濫せずに〕本来の流れに戻る;〔物事が〕元の状態に納まる

caucel [kauθél] 男《ホンジュラス, ニカラグア, コスタリカ. 動物》マーゲイ, ジャガーネコ

caucense [kauθénse] 形 名《地名》コカ Coca の〔人〕《セゴビア県の村》

caucha [káutʃa] 女《チリ. 植物》ヒゴタイサイコの一種《毒グモに刺された時の解毒剤. 学名 Eringium rostratum》

cauchal [kautʃál] 男 ゴム農園

cauchar [kautʃár] 他《コロンビア, エクアドル》〔木から〕ゴムを採取する

cauchau [kautʃáu] 男《チリ》マートル luma の果実

cauchera[1] [kautʃéra] 女 ❶《植物》ゴムノキ. ❷《コロンビア》パチンコ〔=tirachinas〕. ❸《ベネズエラ》タイヤ店

cauchero, ra[2] [kautʃéro, ra] 形 ゴムの
—— 名 ゴム採取人

cauchil [kautʃíl] 男《グラナダ》貯水槽

caucho [káutʃo]《←ペルーの先住民語 cáuchuc「水を透さない」》男 ❶ ゴム: llanta de ~ ゴムタイヤ. ~ crudo 生ゴム. ~ esponjoso スポンジゴム. ~ sintético 合成ゴム. ❷《中南米. 植物》パナマラバーツリー. ❸《パナマ, コロンビア. 自動車》ワイパーのゴム部. ❹《コロンビア, ベネズエラ》タイヤの外面. ❺《ベネズエラ》1) タイヤ. 2) レインコート
quemar ~《若者語. 自動車》ぶっ飛ばす, どんどんスピードを出す

cauchotina [kautʃotína] 女〔革に柔軟性・防水性を持たせる〕革なめし用ゴム化合物

cauchutar [kautʃutár] 他 ゴムで防水性を持たせる

caución [kauθjón]《←ラテン語 cautio, -onis》女 ❶《法律》〔契約履行・保釈などの〕保証, 抵当: ~ de conducta 一定期間は一定の悪事を行なわない身元保証を義務づける刑罰. ~ juratoria 保証宣誓. ❷ 用心, 予防, 注意

caucionar [kauθjonár] 他 ❶《法律》❶ 保証する, 保証人になる. ❷〔損害・損失を〕防止する

caucos [káukos] 男 複〔古代ゲルマニア北部の〕カウキー族

caucus [káukus]《←英語》男〔複 ~es〕❶〔米国の政党で候補者選定を行なう〕幹部会議, 党員集会. ❷〔政党の〕会派, 団体

cauda [káuda] 女 ❶《カトリック》長袍祭服 capa magna の引き裾. ❷《中南米》細長い path

caudado, da [kaudádo, da]《紋章》〔彗星・星が〕尾のある

caudal [kaudál] I《←ラテン語 capitalis「主要な」》形《まれ》水量の豊かな
—— 男 ❶ 水量, 流量: río de gran ~ 水量の多い川. ❷ 資産, 財産: legar su ~ a + 人 …に遺産を残す. Tiene un ~ su sonrisa. 笑顔は彼女の宝だ. ❸ 大量: poseer un ~ de conocimientos 豊富な知識を持っている
redondear el ~ 財産を増やす
II《←ラテン語 cauda「尾」》形《動物の》尾の: aleta ~ 尾びれ

caudalímetro [kaudalímetro] 男 水量計

caudalosamente [kaudalosaménte] 副 水量豊かに; 豊富に

caudaloso, sa [kaudalóso, sa] 形 ❶ 水量の豊かな: El curso bajo de los ríos es su parte más ~sa. 川の下流はどこよりも水量が多くなる. río ~ 水量豊富な川, 大河. ❷《廃語》金

---

caudatario [kaudatárjo] 男〔司教・大司教の〕長袍祭服の引き裾 cauda を持ち上げる助手

caudato, ta [kaudáto, ta] 形《動物が》尾のある

caudatrémula [kaudatrémula] 女《鳥》ハクセキレイ〔=lavadera blanca〕

caudetano, na [kaudetáno, na] 形 名《地名》カウデテ Caudete の〔人〕《アルバセテ県の村》

caudillaje [kaudiʎáxe]《←caudillo》男 ❶ 指導, 指揮; 軍事政権. ❷《中南米》1)《一国・一地域などの》指導者, ボス. 2) カシキスモ〔=caciquismo〕. ❸《アルゼンチン, ペルー》指導者制の時代

caudillesco, ca [kaudiʎésko, ka] 形 指導者のような外見〔性格〕の; 統領の

caudillismo [kaudiʎísmo] 男《政治》caudillo による支配〔制〕

caudillista [kaudiʎísta] 形 名《政治》caudillo による支配の

caudillo [kaudíʎo]《←ラテン語 capitellum「首謀者」》男 ❶〔軍隊などの〕指導者, 隊長《中世では el Cid が有名》. ❷〔el C~〕統領《フランコ Franco の称号》. ❸《歴史》カウディーリョ《19世紀, 独立直後の旧スペイン領アメリカにおいて, 特定の地域に基盤をもち, 武力を背景に国政を支配した》. ❹《アルゼンチン》〔地方政界・経済界などの〕お偉方, ボス

caudimano [kaudimáno] 形《動物が》物をつかむことのできる尾を持つ

caudímano [kaudímano] 形 =**caudimano**

caudino, na [kaudíno, na] 形 名《歴史, 地名》〔古代イタリア, サムニウム Samnio の町〕カウディウム Caudio の〔人〕

caudón [kaudón] 男《鳥》=**alcaudón**

caujazo [kauxáθo] 男《植物》ムラサキ科カキバチシャノキ属の一種《南米原産, 建材》

cauje [káuxe] 男《エクアドル. 植物》アカテツ科の一種《果実は柿に似て食用. 学名 Pouteria caimito》

caujil [kauxíl] 男《コロンビア, ベネズエラ. 植物》カシューナットノキ〔=anacardo〕

caula [káula] 女《グアテマラ, ホンジュラス, チリ》策略, 計略

caulerpa [kaulérpa] 女《植物》イワヅタ

caulescente [kaulesθénte] 形《植物》茎のある, 有茎の

caulículo [kaulíkulo] 男《建築》〔コリント式の柱頭 capitel の〕葉の間から出ている茎

caulífero, ra [kaulífero, ra] 形《植物》幹に花をつける, 茎生花をつける

cauliforme [kaulifórme] 形 茎状の

caulinar [kaulinár] 形《植物》茎から生えた; 茎の

caulógeno, na [kaulóxeno, na] 形《植物》茎上に発生する

caulorrizo, za [kaulor̃íθo, θa] 形《植物》茎から根の出ている

caulosarco [kaulosárko] 男《植物》塊茎

caulote [kaulóte] 男《ホンジュラス》桑に似たアオイ科の木《学名 Heliocarpus americana》

caunce [káunθe] 男《コロンビア. 植物》オクナ科の一種

cauncha [káuntʃa] 女《コロンビア. 料理》焼きトウモロコシの粉末に甘味をつけたもの

cauno [káuno] 男《南米. 鳥》カンムリサケビドリ〔=chajá〕

Caupolicán [kaupolikán]《人名》カウポリカン《? ~1558, チリの先住民族マプーチェ族 mapuche の指導者. コンキスタドールとの戦いに敗れ, 処刑される》

cauque [káuke]《チリ》❶《魚》大型のペヘレイ pejerrey《学名 Atherina caucus》. ❷《口語》頭の回転が速い人, 抜け目のない人;《皮肉》頭の回転が遅い人, 鈍い人, 間抜けな人

cauquén [kaukén] 男《チリ. 鳥》コバンリョ

cauquenino, na [kaukeníno, na] 形 名《地名》カウケネス Cauquenes の〔人〕《チリ中部, Maule 州の県・県都》

cauri [káuri] 男《貝》タカラガイ, コヤスガイ

cauriense [kaurjénse] 形 名《地名》コリア Coria の〔人〕《カセレス県の町》

cauro [káuro] 男 北西風

causa[1] [káusa]《←ラテン語》女 ❶ 原因《⇔efecto》: 1) La ~ de la inundación fue la rotura de un dique. 洪水の原因は堤防の決壊だった. Se desconocen las ~s del accidente. 事故原因は不明だ. relación ~-efecto 因果関係. ~ de la enfermedad 病気の原因. Si sabe la falta, sepa el ~.《諺》欠点が分かれば元を断て. 2)《哲学》~ eficiente 主因, 動力因. ~ formal 形相因. ~ primera 第一原因;《神学》神.

segunda 第二原因. ～ final 目的因, 究極因. ～ material 質料因. ❷ 動機〖＝～ motiva, ～ impulsiva〗; 理由, 根拠: Tengo una buena ～ para irme. 私には出て行くだけの十分な理由がある. Protestaron sin ～ justificada. 彼らは正当な理由もなしに抗議した. La escasez de recursos económicos fue la ～ por la que abandonó el negocio. 資金不足が彼が商売をやめた理由だった. ❸ 主義主張, 理想: Dio su vida por la ～. 彼は大義のために命を投げ出した. abrazar la ～ liberal 自由主義的な立場をとる. apoyar la ～ palestina パレスチナを支持する. ～ del pueblo 民衆という大義名分. misionera de la ～ misionera として彼が商売を教師が追い求める理想. ～ perdida 失われた理想. ❹《法律》1) 訴訟, 訴訟事件〖主に刑事訴訟〗: entender en una ～〖裁判官が〗審理を担当する. instruir una ～ 審理を開始する. dar la ～ por conclusa 結審する. dejar la ～ vista para sentencia 結審して判決申し渡しをするばかりにする. ～ civil 民事訴訟. ～ criminal 刑事訴訟. 2) ～ pública 公共の利益, 公益. 3)〖教会法で〗～s mayores ローマ司教座で教皇だけが審理する訴訟

a ～ de...〖...が原因で〗, ...の理由で: Falleció *a ～ del* cáncer. 彼は癌が原因で死んだ
～ bastante 十分な原因, 納得のいく理由: Estar acatarrado no es ～ *bastante* para que dejes de venir. 風邪を引いたというのは君が来るのをやめる十分な理由にはならない
～ mayor〖する・しないための〗強い動機(理由): No se puede faltar al trabajo si no es por ～ *mayor*. よほど強い理由がなければ仕事を休んだりしないものだ
～ perdida 見込みのない主張, 失敗した運動
～ suficiente =～ *bastante*
digno de mejor ～ 的外れ(見当違い)な〖使われ方をした〗: Da pena ver desperdiciado un talento *digno de mejor ～*. 才能が的外れなことに使われて捨てられるのを見るのは残念だ
ganar a+人 a su ～ ...を味方に引き入れる
hablar sin ～ 軽率なことを言う, でまかせを言う
hacer ～〖*común*〗〖目標に向かって, +con+人 と〗団結する, 力を合わせる: Hicieron ～ *común* contra el enemigo. 彼らは敵に対して団結した
hacer la ～ de+人 ...を有利にする, ...に味方する
por ～ de... =*a ～ de...*: No quiero que sufras *por mi ～*. 私の原因で君が苦しむのは望むところではない
por poca ～/sin ～ 理由もなく
por una buena ～ 正当な理由で
por una u otras ～s これやあれやの理由で
II〖←ケチュア語 causay「生活の糧」〗囡 ❶〖ペルー. 料理〗クレオール風マッシュポテト〖レタス・生チーズ・オリーブの実・チョコロ・トウガラシを加える〗. ❷〖チリ〗〖おやつ代わりの〗軽食, スナック, 間食
causación [kausaθjón] 囡 原因となること, 惹起
causador, ra [kausaðór, ra] 形 囲 原因となる〖人〗
causahabiente [kausa(a)bjénte] 囲《法律》〖財産・権利の〗承継人, 代位者
causal [kausál]〖←ラテン語 causalis〗形 ❶ 原因の; 原因となる: relación ～ 因果関係. 《文法》原因を表わす: conjunción ～ 原因の接続詞
囡 ❶《文法》原因の従属節〖=oración ～〗. ❷〖まれ〗理由, 動機
causalidad [kausaliðáð] 囡 ❶《哲学》因果関係〖⇔casualidad〗: principio de ～ 因果律. ❷ 根源, 起源; 原因
causante [kausánte] 形 囡 ❶ 原因となる〖人〗. ❷《法律》〖遺言者など〗権利授与者, 権利の被承継人. ❸〖メキシコ〗納税者
causar [kausár]〖←ラテン語 causare〗他 ...の原因となる, ...を〖結果として〗引き起こす: El terremoto *causó* muchas víctimas en la ciudad. 町では地震で多くの犠牲者が出た. El virus *causa* la enfermedad. ウイルスは病気の原因となる. La codicia *causa* muchos males. 貪欲は多くの悪を生み出す
―*se* 〖+de を原因・動機として〗生じる, 引き起こされる
causativo, va [kausatíβo, ba] 形《文法》使役の: verbo ～ 使役動詞. ❷ 原因となる
causear [kauseár] 自〖チリ〗❶ 間食をとる; おやつを食べる. ❷ causa を間食に食べる
―他〖チリ〗❶ 一般に〗食べる. ❷〖人を〗容易に打ち負かす
causeo [kauséo] 囲《チリ》冷肉・トマト・玉ねぎの料理〖軽食用〗

causía [kausía] 囡《古代ギリシア・ローマ》つば広のフェルト帽
causídica[1] [kausíðika] 囡《建築》袖廊, 翼廊〖=crucero〗
causídico, ca[2] [kausíðiko, ka] 形《法律》訴訟に関する
―囲《廃語》弁護士
causón [kausón] 囲 一過性の高熱
cáustica [káustika] 囡《光学》火面
cáusticamente [káustikaménte] 副 辛辣に, 手厳しく
causticar [kaustikár] 他 腐食性を持たせる, 苛性化する
causticidad [kaustiθiðáð] 囡 ❶ 腐食性, 苛性. ❷ 辛辣さ, 手厳しさ
cáustico, ca[2] [káustiko, ka]〖←ギリシア語 kaustikos「燃える」〗形 ❶ 腐食性の, 苛性の. ❷ 辛辣な, 手厳しい
―囲 ❶《薬学》腐食剤, 焼灼剤. ❷〖水疱治療用の〗発泡膏薬
causuelo [kauswélo] 囲《ニカラグア. 動物》マーゲイ〖=caucel〗
cautamente [káutaménte] 副 注意深く, 慎重に
cautela [kautéla]《←ラテン語 cautela < cautus「用心深い」》囡 ❶ 注意, 用心, 慎重: abrir una puerta con ～ ドアをそっと開ける. proceder con ～ 慎重に事を運ぶ. ❷ 警戒さ
cautelar [kautelár]《←cautela》形《法律》予防的な: prisión ～ 予防拘禁
―他〖まれ〗...に用心する, 警戒する
―*se*〖+de に〗備える, 気をつける
cautelosamente [kautelosaménte] 副 用心深く; 慎重に;《軽蔑》狡猾に
cauteloso, sa [kautelóso, sa] 形 ❶ 〖ser+. +en に〗用心深い: Ha sido ～ en su respuesta. 彼は用心深く答えを返した. aproximarse con paso ～ そっと近づく. ❷ 慎重な: ～sas palabras 慎重な言葉. ❸《軽蔑》狡猾な, ずるい, 悪賢い
cauterio [kautérjo] 囲 ❶《医学》焼灼〈しゃく〉; 焼灼器, 焼灼剤. ❷〖比喩〗荒療治
cauterización [kauteriθaθjón] 囡 焼灼; 荒療治
cauterizador, ra [kauteriθaðór, ra] 形 ❶ 焼灼用の; 焼灼施術者. ❷〖比喩〗荒療治をする人
cauterizar [kauteriθár]《←ラテン語 cauterizare》❶《医学》焼灼する. ❷〖比喩〗荒療治を加える: ～ la fuga de capitales 資本の流出を断固として阻止する. ❸ 欠点を指摘する
cautín [kautín] 囲 はんだごて
cautino, na [kautíno, na] 形 囡《地名》カウティン Cautín〖人〗〖チリ南部, La Araucanía 州の県〗
cautivador, ra [kautiβaðór, ra] 形 魅力的な, 感動的な
cautivante [kautiβánte] 形 =**cautivador**
cautivar [kautiβár]《←ラテン語 captivare < captivus「捕虜」< capere「つかむ」》他 ❶ ...の心をとらえる, 注意を引きつける: Me *cautivó* esa chica. 私はその娘のとりこになった. ～ *al* auditorio 聴衆を魅了する. ❷ 支配する, 抑圧する. ❸〖まれ〗捕虜にする
―自〖廃語〗捕虜になる
cautiverio [kautiβérjo]《←cautivo》囲 ❶ 捕虜の状態〖生活〗: vivir en ～ 囚われの身となって生きる. C～ de Babilonia《旧約聖書》バビロン捕囚. ❷ 投獄; 獄中生活. ❸ 野生動物の自由を奪うこと; その自由を奪われた状態
cautividad [kautiβiðáð] 囡 =**cautiverio**
cautivo, va [kautíβo, ba]《←ラテン語 captivus < capere「つかむ」》形 囲 ❶ 捕われた〖人〗, 自由を奪われた〖人〗;〖恋・情熱の〗とりこ: pájaro ～ かごの鳥. vivir ～ de su trabajo 仕事に追われる. La joven le tiene ～ de sus encantos. 彼はその娘の魅力に心を奪われている. ❷《地質》〖地下水が〗不透過層間にある. ❸《経済》1)〖銀行の資産が〗自由に処分できない. 2)〖部門が親会社などの〗支配下に置かれた
cauto, ta [káuto, ta]《←ラテン語 cautus》形 用心深い, 慎重な〖=cauteloso〗
cava[1] [káβa] I《←cavar》囡 ❶ 掘り起こし, 穴掘り; ブドウ畑の耕作: ～ de líneas 列植物がやり残した〖植物の根元付近の耕作. ❷〖地下の〗酒倉: de ～〖ワインの〗酒倉で寝かせた. ❸《古語》〖王宮の〗水とワインの係. ❹《築城》堀. ❺〖自動車整備用の〗ピット. ❻〖解剖〗大静脈〖=vena ～〗
―囲《酒》カバ〖カタルニア産の発泡ワイン. =vino de ～〗
II 囡 [La C～] フリアン Julián 伯爵の娘 Florinda のあだ名〖Florinda がタホ Tajo 川で水浴び中に西ゴート王ロドリゴ Rodrigo に辱められて暴行され, その報復としてフリアン伯爵がイスラム教徒軍をスペインに侵入させたと伝えられる〗
cavacote [kaβakóte] 囲〖境界標などのための〗盛り土
cavada[1] [kaβáða] 囡 穴掘り

cavadizo, za [kaβaðíθo, θa] 形 ❶ [地面が] 容易に掘れる. ❷ [土・砂が] 掘るともろい

cavado, da² [kaβáðo, ða] 形 ❶ [曲線・曲面が] 凹状の. ❷《南米.服飾》襟ぐり(袖ぐり)の深い; ハイレグの

cavador, ra [kaβaðór, ra] 男 名 掘る[人], 穴掘り作業員 ── 女 掘削機

cavadura [kaβaðúra] 女 ❶ 穴掘り. ❷《農業》掘り起こし, 耕作

cavalillo [kaβalíʎo] 男《農業》地所(農地)の間の用水路

caván [kaβán] 男 フィリピンの乾量単位 [=75リットル]

cavar [kaβár]《←ラテン語 cavare < cavus「穴」》他 ❶ [鍬などで] 掘り返す, 掘り起こす; [穴などを] 掘る ── 自 ❶ 深く入り込む: La herida *cava* para adentro. 傷は深い. ❷ 深く考える: ～ en las verdades y misterios de la fe 信仰の真理と神秘について瞑想する

cavaria [kaβárja] 女《中南米》猛禽類から他の鳥を守る小鳥

cavarra [kaβára] 女《ログローニョ》雌牛の群れ

cavatina [kaβatína] 女《音楽》カバティーナ

cavazón [kaβaθón] 男 穴掘り; 掘り起こし, 耕作

cávea [káβea] 女《古代ローマ》❶ 鳥かご; 檻. ❷ [劇場・円形競技場などの] [半] 円形の階段座席

cáveat [káβeat] 男《単複同形》警告, 通告, 勧告

cavedio [kaβéðjo] 男《古代ローマ》[家屋の] 中庭

Cave ne cadas [káβe ne káðas]《←ラテン語》倒れないように注意せよ: Ocupas un puesto elevado, ～. 君は高位についている. 失脚せぬよう注意されよ

caverna [kaβérna]《←ラテン語 caverna < cavare「掘る」》女 ❶ 洞穴, 洞窟: vivir en una ～ 洞穴に住む. hombre de las ～s 穴居人. ❷《医学》～ pulmonar 肺の空洞. ❸《軽蔑》[la+. 最も保守的な] 右翼

cavernario, ria [kaβernárjo, rja] 形 ❶ 洞穴の. ❷《考古》穴居の

cavernícola [kaβerníkola] 形 名 ❶ 洞穴に住む[動物・人]: hombre ～《考古》穴居人. ❷《軽蔑》反動的な[人]

cavernidad [kaβerniðá(ð)] 女 =cavernosidad

cavernosamente [kaβernosaménte] 副 [音・声が] こもって, 鈍く

cavernosidad [kaβernosiðá(ð)] 女 洞穴, 洞窟

cavernoso, sa [kaβernóso, sa] 形 ❶ 洞穴の(ような). ❷ 洞穴の多い. ❸ [音・声が] こもった, 鈍い, 太い. ❹《解剖》海綿性の: cuerpo ～ 海綿体

caveto [kaβéto] 男《建築》小えぐり, 四分円凹面削り形

caví [kaβí] 男《ペルー. 料理》オカ oca の根茎を干して煮込んだもの

cavia [káβja] 男《動物》モルモット [=cobaya] ── 女 [保水用に植物の根元に掘った] 穴

cavial [kaβjál] 男 =caviar

caviar [kaβjár]《←トルコ語 haviar》男 不可算《料理》キャビア: ～ rojo イクラ

cavicornio, nia [kaβikórnjo, nja] 形《動物》ウシ科の, 洞角動物の

cavidad [kaβiðá(ð)]《←ラテン語 cavitas》女 くぼみ, 穴; 空洞: 1) ～ del muro 壁の穴. 2)《解剖》～ abdominal 腹腔. ～ craneal 頭蓋. ～ ocular 眼窩. ～ torácica 胸腔 (ŠṣÙ), 胸郭. 3)《動物》～ paleal [軟体動物の] 外套腔

cavido [kaβíðo] 男《サンタンデール》道標; 境界標

cavilación [kaβilaθjón] 女 ❶ 思案, 熟考. ❷ 取り越し苦労, 杞憂

cavilar [kaβilár]《←ラテン語 cavillari「冗談を言う」< cavilla「冗談」》自 ❶ 思い悩む, くよくよする: *Cavila* sobre cómo encontrar dinero. 彼はどうやって金を工面するか思案に暮れている. ❷ よく考える, 熟考する

cavilatorio, ria [kaβilatórjo, rja] 形 ❶ 熟考の. ❷ 取り越し苦労の, 杞憂の

cavilosamente [kaβilosaménte] 副 取り越し苦労をして, 無用の心配をして

cavilosería [kaβilosería] 女《コロンビア》=cavilosidad

cavilosidad [kaβilosiðá(ð)] 女 心配性; 取り越し苦労, 杞憂

caviloso, sa [kaβilóso, sa]《←ラテン語 cavillosus》形 ❶ 心配性の. ❷《中米》噂話の好きな. ❸《アンデス》怒りっぽい, けんか早い

cavitación [kaβitaθjón] 女 ❶《物理》空洞現象, キャビテーション. ❷《医学》空洞形成

cavitario, ria [kaβitárjo, rja] 形《医学》空洞形成の

caviteño, ña [kaβitéɲo, ɲa] 形 名《地名》カヴィテ Cavite の[人]《フィリピン, ルソン島の州》

cavo¹ [káβo] 男《ウサギなどの》穴

cavo², va² [káβo, βa]《古語》[曲線・曲面が] 凹状の

cavografía [kaβografía] 女《医学》大静脈撮影[法]

cavón [kaβón] 男《レオン, バリャドリード, サモラ》[畑の] 大きな土塊

cavul [kaβúl] 男《チリ. 植物》サボテン科の一種《学名 Echinopsis atacamensis》

caxcán, na [kak(s)kán, na] 形 名《歴史》カスカン族[の]《メキシコ中部の, ユト・アステク語族の先住民》

cay [káj] 男《アルゼンチン. 動物》ノドジロオマキザル

caya [kája] 女《ボリビア》オカ oca の根茎を干したもの

cayá [kajá] 男 [複 cayaes] [アルジェ Argel などで] 士官 agá の次の位

cayada [kajáða] 女 [握りの曲がった] 杖 [=cayado]

cayadilla [kajaðíʎa] 女 [鍛冶屋が炭を炉の中心に集めるのに用いる] 長い鉄棒

cayado [kajáðo]《←俗ラテン語 cajatus》男 ❶ [握りの曲がった] 杖: ～ de pastor 羊飼いの杖. ❷《カトリック》司教杖;《聖公会》牧杖. ❸《解剖》～ de la aorta 大動脈弓

cayajabo [kajaxáβo] 男《キューバ. 植物, 豆》タチナタマメ

cayama [kajáma] 女《キューバ. 鳥》アメリカトキコウ

cayán [kaján] 男《フィリピン》竹製の日よけ [=tapanco]

cayana [kajána] 女《南米》穀粒を煎る素焼きの器 [=callana]

cayanco [kajáŋko] 男《ホンジュラス》熱した薬草による温座療法

cayapa [kajápa] 形 名 カヤパ族[の]《エクアドルの海岸部に住む先住民》── 女《ベネズエラ》[1人を襲う] 群集, 一味

cayapear [kajapeár] 自《ベネズエラ》1人を襲うために大勢が集まる, 数を頼む

cayapona [kajapóna] 女《植物》ウリ科の一種《実から下剤を作る》

cayarí [kajarí] 男《キューバ. 動物》[淡水に棲む] 小型の赤いカニ《学名 Goniopsis cruentatus》

cayata [kajáta] 女《地方語》[握りの曲がった] 杖 [=cayado]

cayaya [kajája] 女 ❶《グアテマラ. 鳥》アオキヒメシャクケイ. ❷《キューバ. 植物》ムラサキ科の灌木《学名 Tournefortia hirsutissima》

cayena [kajéna]《←Cayena (仏領ギアナの首都)》女 ❶《香辛料》カイエンペッパー. ❷《ベネズエラ》ブッソウゲ, ハイビスカス

cayente [kajénte] 形《まれ》落ちる; 倒れる

cayeputi [kajepúti] 男《植物》カユプテ

cayerío [kajerío] 男《集名》《キューバ》[アンティル諸島・メキシコ湾の, 平らで砂地の] 小島

cayeté [kajeté] 形 名 カエテ族[の]《ブラジルの中部・東部にいた先住民》

cayo [kájo]《←アラウコ語》男《アンティル諸島・メキシコ湾の, 平らで砂地の》小島: C～ Hueso《地名》キー・ウエスト. C～ Largo《地名》キー・ラーゴ

cayopollín [kajopoʎín] 男《動物》ヨツメオポッサム

cayota [kajóta] 女《アストゥリアス; アルゼンチン. 果実》ハヤトウリ [=chayote]

cayote [kajóte] 男 ❶《果実》ハヤトウリ [=chayote]. ❷《動物》コヨーテ [=coyote]

cayto [kájto] 男《ボリビア》[先住民が糸巻き棒で紡ぐ時にできる] 羊毛の太い繊維

cayubro, bra [kajúβro, βra] 形《コロンビア》赤みを帯びた金髪の, 赤毛の ── 名《コロンビア》怒りっぽい人

cayuca [kajúka] 女《キューバ》[人の] 頭部

cayuco¹ [kajúko] 男《アンティル諸島などの先住民の》小型で平底のカヌー

cayuco², ca² [kajúko, ka] 形《軽蔑》❶《メキシコ, カリブ》[人が] 大頭の. ❷《カリブ》鈍い, 無知な

cayuela [kajwéla] 女《地方語》青みがかった石灰岩

cayumbo [kajúmbo] 男《キューバ. 植物》[川・沼地に生える] イグサの一種

cayuquero [kajukéro] 男 カヌー cayuco を操る男

cayutana [kajutána] 女《植物》サンショウ (山椒)

caz [káθ] 男 [複 caces] [取水用の] 水路

caza [káθa] I《←cazar》女 ❶ 狩猟: 1) ir de ～ 狩りに行く. perro de ～ 猟犬. ～ de jabalí イノシシ狩り. ～ submarina 水中漁. Primero prender la ～ y después hacerle la salsa.

《諺》捕らぬ狸の皮算用. 2)《比喩》andar (ir) a〔la〕～ de una buena noticia 特ダネを探しに行く. ～ al hombre 人間狩り. ～ de brujas 魔女狩り; 赤狩り. ～ de cabeza［人材の］引き抜き, ヘッド・ハンティング. ～ del hombre［犯人などの］捜索. ～ del tesoro 宝捜し. ❷ [集名] 獲物: En este monte hay ～ abundante. この山は獲物が多い. ～ mayor［クマ・シカなどキツネより］大型の獲物〔の狩猟〕. ～ menor［シャコ・ウサギなどキツネより］小型の獲物〔の狩猟〕. ❸《料理》［シカ・キジなど］猟獣, 猟鳥; その肉

a la ～ de...《口語》どうしても…を得ようとして

alborotar la ～ =**levantar la ～**

dar ～ a... 1) …を追跡する; 捕獲する. 2)［懸命に］理解(獲得)しようとする

espantar la ～《口語》［あと一歩のところで, 計画などを］台なしにする;［獲物を］逃す

ir a la ～ del hombre 1) 犯人を追跡する. 2)《スポーツ》［ボールを追うより］相手の選手を攻撃する

levantar la ～ 1) 獲物を追い出す. 2) 薮をつつく, 厄介な問題を提起する. 3)《俗語》［事前に計画などを］うっかり漏らす, 気づかれてしまう

—— [男] 戦闘機〖=avión de ～〗: ～ de escolta 護衛戦闘機

II [女]《古語》ガーゼ状の薄布

cazaautógrafos [kaθa〔a〕u̯tógrafɔs] [名]〖単複同形〗サイン収集家, サインをせがむ人

cazabe [kaθáƀe] [男]《中南米. 料理》=**casabe**

cazabombardero [kaθaƀɔmbarđéro] [男] 戦闘爆撃機

cazacerebros [kaθaθeréƀrɔs] [名]〖単複同形〗=**cazatalentos**

cazaclavos [kaθakláƀɔs] [男]〖単複同形〗釘抜き

cazadero, ra [kaθađéro, ra] [形]［猟の］獲物になり得る

—— [男] 猟場

cazador, ra[1] [kaθađór, ra] [形] ❶［職業として・趣味で］狩猟をする; 猟師の, 狩猟家の. ❷［動物が］狩猟本能のある

—— [名] ❶ 猟師, 狩猟家, 狩人(かりゅうど): ～ de alforja わな猟師. ～ de pieles［毛皮をとる］わな猟師. ～ recolector 採集狩猟生活者. ❷［手に入れようとして探し求める人］～ de cabezas 人材スカウト係〖=cazaejecutivos〗. ～ de autógrafos =**cazaautógrafos**. ～ de dotes =**cazadotes**. ～ de fortunas =**cazafortunas**. ～ de talentos =**cazatalentos**

—— [男] ❶《軍事》軽装歩兵. ❷ ～ mayor 宮廷の勢子(せこ)頭

—— [女] ❶《西. 服飾》ジャンパー, ブルゾン: ～*ra* de piel 革ジャンパー. ～*ra* motera バイクジャケット. ❷《コスタリカ. 鳥》アカクロムクドリモドキ

cazadotes [kaθađótes] [男]〖単複同形〗《口語》金持ちの女性と結婚したがる男

cazaejecutivos [kaθaɛxekutíƀɔs] [名]〖単複同形〗人材スカウト係, ヘッドハンター

cazafortunas [kaθafɔrtúnas] [名]〖単複同形〗❶［便宜的に］金持ちと結婚しようとする人. ❷ 金鉱捜し, 砂金掘り〖人〗

cazaguate [kaθaǥwáte] [男]《メキシコ. 植物》ヒルガオ科サツマイモ属の灌木〖学名 Ipomoea murucoides〗

cazalla [kaθáʎa] [女] セビーリャ県の Cazalla de la Sierra 産の蒸留酒

cazallero, ra [kaθaʎéro, ra] [形] [名] ❶《地名》カサーリャ・デ・ラ・シエラ Cazalla de la Sierra の〔人〕〖セビーリャ県の町〗. ❷ cazalla の愛飲家

cazamariposas [kaθamaripósas] [男]〖単複同形〗捕虫網

cazaminas [kaθamínas] [男]〖単複同形〗掃海艇

cazamoscas [kaθamɔ́skas] [男]〖単複同形〗=**papamoscas**

cazanazis [kaθanáθis] [形] [名]〖単複同形〗ナチス狩りをする〔人〕

cazaprimas [kaθaprímas] [名]〖単複同形〗援助金を不法に取得する人

cazar [kaθár]〖←俗ラテン語 captiare < ラテン語 capere「つかむ」〗[9] [他] ❶ 狩る, 狩猟する: ～ liebres ウサギ狩りをする. Los leones tienen que ～ para comer. ライオンは食べるためには猟をしなければならない. ❷《口語》うまく手に入れる: *Cazó* una gran fortuna jugando a las carreras de caballos. 彼は競馬で大金を手に入れた. ～ un buen marido 良い夫をつかまえる. ～ un empleo 職を見つける. ❸《口語》［悪いこと・内緒事などをしている人の］不意をつく. ❹《口語》［難しいことなどをすぐに］理解する: Ese estudiante lo *caza* todo enseguida. その学生はただちにすべてを理解する. ❺《口語》［秘密・失敗を］見つけ出す. ❻《競走》追いつく. ❼《闘牛》［牛の角が闘牛士に］触れる; 《ボクシング》［パンチが相手に］届く. ❽《船舶》［風を捉えるために］帆をできるだけぴんと張る

—— [自] 狩猟をする: salir a ～ 狩りに出かける

cazarete [kaθaréte] [男] 地引き網の漏斗状の部分

cazarrecompensas [kaθar̄ekɔmpénsas] [名]〖単複同形〗［犯人を追う］賞金稼ぎ〖人〗

cazasubmarinos [kaθasuƀmarínɔs] [男]〖単複同形〗駆潜艇; 対潜哨戒機

cazata [kaθáta] [女] 狩猟隊〖=cacería〗

cazatalentos [kaθataléntɔs] [名]〖単複同形〗人材スカウト係, タレントスカウト係

cazatesoros [kaθatesórɔs] [男]〖単複同形〗［主に沈没船の］トレジャーハンター, 宝探しの人

cazatorpedero [kaθatɔrpeđéro] [男] 駆逐艦〖=destructor〗

cazavirus [kaθaƀírus] [男]〖単複同形〗《情報》=**antivirus**

cazcalear [kaθkaleár] [自]《口語》［実際はすることがないのに］忙しそうに歩き回る

cazcarria [kaθkár̄ja] [女]［主に [複]. 裾などに付いた］泥のはね

cazcarriento, ta [kaθkar̄jénto, ta] [形]《口語》泥のはねだらけの

cazcarrioso, sa [kaθkar̄jóso, sa] [形] 泥のはねがかかった

cazcorvo, va [kaθkɔ́rƀo, ƀa] [形] [名]《メキシコ, エルサルバドル, キューバ, コロンビア》X脚の〔人〕

cazo [káθo]〖←?語源〗[男] ❶《西, メキシコ, 中米. 料理》［蓋なしの］片手鍋: ～ eléctrico 電気ポット. Dijo el ～ a la caldera: «Quítate allá, tiznera».《諺》目くそ鼻くそを笑う. ❷《西. 料理》おたま; その1杯分: tomar dos ～*s* de sopa スープをおたま2杯分飲む. ❸《西. 口語》ばか, 間抜け. ❹《西. 隠語》売春あっせん業者, ポン引き. ❺《西》［掘削機の］ショベル, バケット. ❻《西. 古語》［大工がにかわなどを熱する］取っ手付きの金属製の器. ❼［剣の椀形の］つば

mano de ～ 左ききの人

meter el ～ 間違いを犯す, よけいな手出し(口出し)をする

poner el ～《西. 口語》1)［時に不当な手数料などの］金を受け取る. 2) 金をせがむ; 施し物をせがむ

cazolada [kaθoláđa] [女]［大量の］土鍋 cazuela 1杯分の料理の量: Se come todas las mañanas una ～ de sopas. 彼は毎朝鍋1杯のスープを飲む

cazolero, ra [kaθoléro, ra] [形] [名]《まれ》ささいなことにこだわる〔人〕〖=cominero〗

cazoleta [kaθoléta] [女] ❶［パイプ・火縄銃の］火皿. ❷［剣の椀形の］つば. ❸［盾の取っ手の］鉄製の覆い. ❹ 小型の鍋. ❺《古語》香水の一種

cazoletear [kaθoleteár] [自] 口出しをする, おせっかいをやく

cazoletero [kaθoletéro] [形]《まれ》［男が］家事の好きな

cazolón [kaθolón] [男] cazuela の示大語

cazón [kaθɔ́n] [男]《魚》イコクエイラクブカ, ヤモリザメ〖食用, スポーツフィッシュ〗

cazonal [kaθonál] [男] ❶ [集名] サメ cazón 漁の装備一式. ❷［サメ・大型魚用の］目の粗い漁網. ❸ 苦境, 窮地: meterse en un ～ 苦境に陥る

cazonete [kaθonéte] [男]《船舶》［ロープの端に結び付けて索環に通す］留め棒

cazorleño, ña [kaθɔrléɲo, ɲa] [形] [名]《地名》カソルラ Cazorla の〔人〕〖ハエン県の町〗

cazudo, da [kaθúđo, đa] [形]《廃語》［剣が］つばが大きい(重い)

cazuela [kaθwéla]〖←cazo〗[女] ❶《料理》1)［浅く底の平らな］土鍋, シチュー鍋: a la ～ シチューの, 煮込んだ. ～ carnicera 大量の肉を煮る大鍋. 2) 土鍋による煮込み料理: ～ de mariscos エビ・貝の煮込み. 3)《グラナダ》～ mojí (mojina・mohína) チーズ・すりおろしパン・ナス・蜂蜜などを入れて土鍋で作るプディングの一種. 4)《南米》カスエラ〖辛いシチュー〗. ❷《西》［ブラジャーなどの］パッド. ❸《演劇》1)［la+］天井桟敷. 2)《古語》女性用観覧席. ❹《印刷》［複数行に対応した］幅広の植字用ステッキ. ❺［パイプの］火皿〖=cazoleta〗

cazueleta [kaθweléta] [女]《地方語》木製のグローブ〖=zoqueta〗

cazuelo [kaθwélo] [男]《地方語》円錐台形の素焼きの碗

cazumbrar [kaθumbrár] [他]［ワイン樽の側板を］麻ひも cazumbre で密着させる

cazumbre [kaθúmbre] [男]［ワイン樽の側板密着用に詰める］よりの少ない麻ひも

cazumbrón [kaθumbrɔ́n] [男] ワイン樽の側板を麻ひも cazumbre で密着させる職人

cazuñar [kaθuɲár] [他]《中米》こっそり盗む, くすねる

cazurrear [kaθur̄eár] [自]《西》無口で陰険にふるまう

C

cazurrería [kaθuɾeɾía] 囡《西》無口で陰険なこと
cazurría [kaθuɾía] 囡《古語》下劣さ; 下劣な行為
cazurro, rra [kaθúrɾo, r̄a]《←?語源》形 名 ❶《西》無口で陰険な〔人〕. ❷《西》粗野な〔人〕. ❸《西》〔頭の〕鈍い〔人〕. ❹《古語》〔言行が〕下劣な
cazuz [kaθúθ] 男《植物》アイビー《=hiedra》
cazuzo, za [kaθúθo, θa] 形《チリ》飢えた
CB [θé bé]《←英語 citizen band》囡《略称》市民ラジオ《←利用者に割り当てられた周波数》
CBE 囡《略語》←Corporación Bancaria de España スペイン銀行公社
c/c.《略語》←cuenta corriente 当座勘定; carta de crédito 信用状
CCA 男《略語》←Consejo de Cooperación Aduanera 関税協力理事会
CCI 男《略語》←Cámara de Comercio Internacional 国際商業会議所
CCOO 囡 複《略語》←Comisiones Obreras 労働者委員会《スペインの労働組合》
CD [θé dé] 男 コンパクトディスク: Volví a poner el CD desde el principio. 私はCDを初めからかけ直した
C. de J.《略語》←Compañía de Jesús イエズス会
CD-ROM [θé dé ř̄on] 男 コンパクトディスク読み出し専用装置
ce [θé] 囡 複 ces》文字 c の名称
 ce por be/ce por ce《西》詳細に, くどくどと
 por ce o por be どのみち, どうやっても: Por ce o por be siempre gana. どうしても彼が勝ってしまう
 ―― 間《呼びかけ・制止》ちょっと/おーい!
CE 囡《略語・歴史》←Comunidad Europea ヨーロッパ共同体, EC
ceajo, ja [θeáxo, xa] 形《アラゴン》〔子ヤギ・子ヒツジが〕1歳に達していない
ceanoto [θeanóto] 男《植物》ソリチャ, セアノサス
cearina [θeaɾína] 囡《薬学》蠟膏
ceba [θéba] 囡《←cebo》❶〔主に牛・豚などの肥育用の〕餌やり, 給餌《:》. ❷〔炉への〕燃料の補給. ❸《カンタブリア》〔冬用に蓄えられた〕干し草. ❹《中南米》〔銃砲の〕点火薬
cebada[1] [θebáda]《←ラテン語 cibata》囡《植物》オオムギ(大麦). 不可算 その種子: agua de ~ 大麦の煎じ薬. ~ fermentada モルト. ~ malteada 大麦麦芽. ~ perlada 精白玉麦
cebadal [θebaðál] 男 大麦畑
cebadar [θebaðáɾ] 他《家畜に》〔家畜に〕大麦を与える
cebadazo, za [θebaðáθo, θa] 形 大麦の: paja ~ 大麦のわら
cebadera [θebaðéɾa] I《←cebada》囡 ❶〔野外で家畜の首に掛ける, 大麦給餌用の〕まぐさ袋. ❷〔馬などの餌の大麦保存用〕大箱
 II《←cebar》囡 ❶《船舶》斜檣帆, スプリットスル. ❷《鉱山》〔鉱石・燃料を炉へ入れる〕蓋と一方の側壁がない箱
cebadero [θebaðéɾo] I《←cebar》男 ❶ 給餌場. ❷〔狩猟〕餌をまいておく場所. ❸《金属》〔炉への〕鉱石装入口. ❹〔家畜の〕餌やり係. ❺《古語・鷹狩り》鷹を飼育・訓練する人
 II《←cebada》囡 ❶《古語》の商人, ❷《古語》〔馬車馬などのための〕予備の飼料用大麦を運搬するラバ. ❸ 群れを先導するラバ
cebadilla [θebaðíʎa] 囡《植物》1) イヌムギ. 2) キク科の一種《学名 Pallenis spinosa》. 3)《メキシコ》サバジラ;〔その種子〕サバジラ子(´). ❷ バイケイソウの根《粉末はくしゃみ誘発剤・殺虫剤・吐剤・下剤》
cebado, da[2] [θebáðo, ða] 形《口語》〔estar+〕巨大な. ❷《紋章》オオカミが口に獲物をくわえた. ❸《中南米》〔獣が〕人食いの
cebador, ra [θebaðóɾ, ɾa] 名 ❶ 餌を与える〔人〕,〔特に〕餌やり係. ❷《ラプラタ》マテ茶をいれる人
 ―― 男 ❶〔蛍光灯の〕グローランプ, 点灯管. ❷〔銃砲の, 角・皮製の〕火薬入れ. ❸《チリ, アルゼンチン・自動車》チョーク
cebadura [θebaðúɾa] 囡 ❶ 餌を与える, 肥育. ❷《アルゼンチン, ウルグアイ》マテ茶をいれるのに必要な分量の葉
cebamiento [θebamjénto] 男 餌を与えること, 給餌
cebar [θebáɾ]《←ラテン語 cibare》他 ❶〔太らせるために, +動物〕餌を与える, 肥育する: ~ cerdos 豚に餌をやる. ❷《口語》〔+人 に〕食事をたっぷり与える. ❸〔釣針に〕餌を付ける;〔罠に〕餌を置く. ❹〔感情を〕かき立てる: ~ el amor en+人 ~の愛情に火を付ける. ❺〔機械を〕始動の状態にする. ❻〔火・ランプなどに〕燃料を補給する;〔溶鉱炉に〕鉱石を補給する. ❼〔銃砲の信管に〕起爆薬(点火薬)を装填する;〔導薬に〕信管を取り付ける. ❽《経済》política de ~ la bomba 誘い水政策《財政支出を呼び水にして経済活動を活性化する》. ❾〔磁性強化のために磁針を〕磁石に接触させる. ❿《メキシコ, コスタリカ》〔発射などに〕失敗する. ⓫《ラプラタ》〔マテ茶を〕いれる
 ―― 自〔釘・ねじなどが〕しっかりと食い込む
 ~se ❶〔+en・con に〕激しく襲いかかる; 猛威をふるう: La desgracia se ha cebado en la familia. 不幸が一家を襲った. ~se 犠牲者を虐げる. ❷《口語》行き過ぎる, 過剰になる. ❸〔+en〕熱中する, 没頭する: ~se en la lectura 読書にふける. ❹〔+en・de に〕心がかき立てられる: ~se en vanas esperanzas はかない期待に胸をふくらませる
cebedero [θebeðéɾo] 男《ベネズエラ・俗語》情事, 浮気
cebeísta [θebeísta] 名《隠語》市民ラジオ CB の利用者《=radioaficionado》
cebellina [θebeʎína] →**marta** cebellina
cebes [θébes] 男 複《略語・経済》←Certificados de Depósito del Banco de España スペイン銀行預金証書; ←Certificados del Banco de España スペイン銀行保証
cebiche [θebítʃe]《←?語源》男《ペルーなど・料理》魚のマリネー, セビチェ
cébido, da [θebiðo, ða] 形 オマキザル科の
 ―― 男 複《動物》オマキザル科
cebil [θebíl] 男《ボリビア, ラプラタ・植物》アンジコプレト《マメ科の高木, 建材用》
cebilar [θebiláɾ] 男《ボリビア, ラプラタ》アンジコプレト林
cebilla [θebíʎa] 囡《地方語》〔牛を動けなくする〕木製の首輪
cebipiro [θebipíɾo] 男《植物》マメ科の木の一種《ブラジル産. 樹皮採用. 学名 Cebipira virgiloides》
cebo [θébo] I《←ラテン語 cibus「食物」》男 不可算 ❶ 飼料: poner el ~ a las gallinas 鶏に餌をやる. ❷〔釣りなどの〕餌《比喩的にも》: Con este ~ pican mucho los peces. この餌だと食いがよく立つ. poner ~ al anzuelo 針に餌を付ける. ~ artificial 擬似餌, 擬餌. ~ para comprar 買い手を引きつける餌. operación C~ おとり作戦《捜査》. ❸〔銃砲の〕起爆薬, 点火薬; 雷管, 信管. ❹ 溶鉱炉に装入する一回分の鉱石. ❺ 感情をかき立てるもの, 刺激
 II《←ラテン語 cepus》男《動物》=**cefo**
cebolla [θebóʎa]《←ラテン語 cepulla「ネギ」< cepa「タマネギ」》囡 ❶《植物》1) タマネギ; その鱗茎: sopa de ~s《料理》オニオンスープ. ~ albarrana カイソウ(海葱). ~ cabezona《中南米》アサツキ《=cebolleta》. ~ de Figueras《普通のタマネギより少し小型で, 紫タマネギより淡い紫色. 主にサラダ用》. ~ de Mallorca《皮も果肉も真っ白. 煮たり炒めたりして食べる. 味は甘め》. ~ escalonia エシャロット. ~ morada 紫タマネギ. 2)〔一般に〕球根《=bulbo》. ❷〔人の〕頭. ❸〔木材の〕輪裂のある心材. ❹ ランプ velón の油を入れる丸い部分. ❺ 導管に付ける濾過用の球形部品. ❻《グアテマラ, ホンジュラス》支配力, 権威
cebollada [θeboʎáða]《料理》〔主材料に〕タマネギの煮込み
cebollana [θeboʎána] 囡《植物》アサツキ, チャイブ
cebollar [θeboʎáɾ] 男《植物》タマネギ畑
cebollazo [θeboʎáθo] 男《口語》勢いよく倒れること; 強打
cebollento, ta [θeboʎénto, ta] 形《チリ・口語》感傷過多の, 感傷的な
cebollero, ra [θeboʎéɾo, ɾa] 形 タマネギの
 ―― 名 タマネギ売り
 ―― 男《昆虫》ケラ《=grillo ~》
cebolleta [θeboʎéta]《cebolla の示小語》囡 ❶《植物》ネギ, 長ネギ. ❷ 新タマネギ. ❸《西・俗語》男根, 陰茎. ❹《西・口語》〔人の〕頭. ❺《キューバ・植物》ハマスゲ
cebollín [θeboʎín] 男《地方語》タマネギ ❶《植物》リーキ《=cebollino》
cebollino [θeboʎíno] 男《←cebolla》❶《植物》リーキ. ❷ 不可算 タマネギの種. ❸〔定植適期の〕タマネギの苗. ❹《西・口語》ばか, 間抜け
 mandar a+人 **a escardar ~s**《口語》…を追い払う, 追い出す
cebollo [θebóʎo] 男《西・口語》ばか, 間抜け《=cebollino》
cebollón [θeboʎón] 男《植物》スイートオニオン, 辛味の少ないタマネギ
cebolludo, da [θeboʎúðo, ða] 形〔植物・花などが〕球根から育つ
cebón, na [θebón, na] ❶〔七面鳥・豚などが〕肥育された.

cédula

❷《軽蔑》太った
── 男 ❶ 乳飲み豚(牛). ❷《西》豚〖=cerdo〗
ceborrancha [θeborántʃa] 女《地方語. 植物》カイソウ(海葱)〖=cebolla albarrana〗
ceborrincha [θeborīntʃa] 女《植物》❶ 野生のタマネギ. ❷《地方語》カイソウ(海葱)〖=cebolla albarrana〗
cebra [θébra]〖←?俗ラテン語 eciferus < ラテン語 equiferus「野生馬」〗女 ❶《動物》1) シマウマ: ~ común グラントシマウマ. ~ de montaña ケープヤマシマウマ. ~ real グレビーシマウマ. 2)《まれ》アジアノロバ〖=onagro〗. ❷《信号機のない》横断歩道〖=paso [de] ~〗
cebrado, da [θebráðo, ða] 形 ❶《馬などがシマウマのような》黒い縞模様のある. ❷ paso ~ 横断歩道〖=paso de cebra〗
cebratana [θebratána] 女 =cerbatana
cebrear [θebreár] 他《文語》[シマウマのような]縞模様を描く
cebrereño, ña [θebrereɲo, ɲa] 名《地名》セブレロス Cebreros の[人]〖アビラ県の村〗
cebrero [θebréro] 男 ❶ 栗の殻に詰めたチーズ. ❷ 複 セブレロス 産のワイン
cebrión [θebrjón] 男《昆虫》コメツキムシ
cebro [θébro] 男《まれ. 動物》アジアノロバ〖=onagro〗
cebruno, na [θebrúno, na] 形《馬が》濃い栗色の〖=cervuno〗
cebú [θebú] 男《複》~[e]s〗❶ コブウシ. ❷ クロホエザル
cebuano, na [θebwáno, na] 名 形《地名》セブ Cebú の[人]〖フィリピンの島・州・州都〗. 男 セブアノ語
ceburro [θebúřo] 形《小麦粉が》上質の, 白い
ceca [θéka]〖←アラビア語 sikka「貨幣鋳造」〗女 ❶《西. 歴史》[旧体制までの]貨幣鋳造所, 造幣局. ❷《モロッコ》貨幣, 通貨. ❸《アルゼンチン》コイン〖裏面〗
andar (*ir*) *de la C~ a la Meca*《口語》駆けずり回る; あちこち旅して回る
CECA [θéka] 女《西. 歴史》←Comunidad Europea del Carbón y del Acero 欧州石炭鉄鋼共同体
cecal [θekál] 形《解剖》盲腸の
ceceante [θeθeánte] 形 名 =ceceoso
cecear [θeθeár] 自《音声》s [s] を c [θ] で発音する
── 他《古語》[人に] ちょっと, ちょっと(おーい, おーい) ¡Ce, ce! と呼びかける
ceceo [θeθéo] 男《音声》セセオ〖s [s] を c [θ] で発音する現象〗
ceceoso, sa [θeθeóso, sa] 形 s [s] を c [θ] で発音する[人]
cecesmil [θeθesmíl] 男《ホンジュラス》早生のトウモロコシ畑
cecí [θeθí] 男《キューバ. 魚》=sesí
cecial [θeθjál] 形《古語》メルルーサなどの干物
cecias [θéθjas] 男 北東風
cecidia [θeθíðja] 女《植物》虫えい, 虫こぶ
cecilia [θeθílja] 女《動物》アシナシイモリ
cecina [θeθína] 女〖←俗ラテン語 siccina「干し肉」< siccus「乾燥した」〗女《料理》❶ 干し肉, ジャーキー. ❷《エクアドル》薄切りの生肉. ❸《チリ》ソーセージ. ❹《アルゼンチン, ウルグアイ, パラグアイ》[塩を加えていない] 干した牛肉
cecinar [θeθinár] 他 ❶ =acecinar. ❷《エクアドル》[肉を]薄切りにする
── *se*《西》《主に年をとって》やせる, しなびる
cecografía [θekografía] 女 点字
cecógrafo [θekógrafo] 男 点字器
cécubo [θékubo] 男《古代ローマ》《有名なワイン》チェクボ
cecuciente [θekuθjénte] 形《人が》盲目になりつつある
cechero [θetʃéro] 男《狩猟》待ち伏せする人
ceda [θéða] I 女 =zeda
II〖←ラテン語 seta〗女《馬・豚などの》剛毛
III〖←ceder〗女《交通》優先通行権〖=ceda el paso〗
CEDA [θéða] 女《略語》←Confederación Española de Derechas Autónomas スペイン自治右派連合
cedacear [θeðaθeár] 自《視力が》衰える, 目がかすむ
cedacería [θeðaθería] 女 ふるいの製造所(販売店)
cedacero, ra [θeðaθéro, ra] 名 ふるい職人, ふるい売り
cedacillo [θeðaθíʎo] 男《植物》コバンソウ
cedazo [θeðáθo] 男 ❶《目の細かい》ふるい: pasar por el ~ ふるいにかける; 裏ごしする. ❷《大きな》漁網
agua en un ~ ぬかに釘, 無駄な努力
cedazuelo [θeðaθwélo] 男 cedazo の示小語
cedé [θeðé] 男 コンパクトディスク, CD〖=disco compacto〗

ceder [θeðér]〖←ラテン語 cedere「退く」〗他 ❶ [+a に] 譲る, 譲り渡する, 引き渡す: El niño *cedió* su asiento *a* un anciano. その子は老人に席を譲った. El director *ha cedido* el puesto *a* su hijo. 社長は自分の地位を息子に譲った. El conde *cedió* su tierra *al* pueblo. 伯爵は土地を村に寄贈した. Me *vi* obligado *a* ~ mi parte de la herencia. 私は相続分を譲らざるを得なかった. ❷《スポーツ》[ボールを]パスする. ❸ [+時間・距離など] 負ける, 劣る: El ciclista *cedió* cinco minutos respecto del líder. その自転車選手はトップから5分遅れた. ❹ [熱を]伝導する: Al licuarse el vapor *cede* calor al aire. 蒸気は液化する際に熱を空気に伝える
── 自 ❶ [+a・ante に] 屈する, 譲歩する: Los sitiados *cedieron* *ante* la superioridad numérica. 包囲された城側は多勢に無勢で降伏した. Todos *cedimos* *a* sus encantos femeninos. みんな彼女の女性的な魅力に負けた. No *ceden* en su empeño de ganar. 彼らは勝つことに負けていない. ~ *al* chantaje 脅迫に屈する. ❷ [良くないものが] 弱まる, 軽減する: *Cede* la tormenta. 嵐がおさまる. Va *cediendo* el frío. 寒さが緩んできている. Parece que *cede* un poco el dolor. 痛みが少し軽くなってきているようだ. ❸ [圧力に負けて] 曲がる, たわむ, 壊れる; [衣服などが] 伸びる: Las vigas *han cedido* por un exceso de carga. 梁は負担が重すぎてたわんでいる. Si el problema es que *ha cedido* el terreno, lo mejor es levantar todo el suelo. 土地が傾いたことが問題ならば, 床全体を持ち上げるのが最善である. *Han cedido* los cables de tender la ropa. 物干し綱が伸びている. ❹ [+de・en を] 放棄する: Él *cede* de su derecho por evitar disgustos. 彼は対立を避けるため自分の権利を放棄する. ~ *de* sus locas pretensiones 自分の狂気じみた野望を捨て去る. ❺《まれ》[人の評価などが, +en で] 結果になる: Todo eso *cede* en desprestigio suyo. そのことはすべて彼の威信の失墜につながる. ❻《文語》[主に否定文, +en で] より劣る

cederrón [θeðeřón] 男 =CD-ROM
cedi [θeði] 男《複》~es〗[ガーナの通貨単位] セディ
cedilla [θeðíʎa] 女《言語》❶ セディーユ, セディーリャ〖フランス語・スペイン語などの ç の下の記号〗. ❷ [文字 ç の名称] セ・セディーユ〖=ce ~〗
Cedillo [θeðíʎo]《人名》**Saturnino** ~ サトゥルニノ・セディーリョ〖1890–1939, メキシコの軍人・政治家. メキシコ革命に参加. 全国農民連盟 CNC 創設者の一人〗
Cedis [θéðis] 男《複》《略語》←Certificados de Devolución de Impuesto 関税払戻証明書
cedista [θeðísta] 名《西》[第二共和制時代の政党] CEDA (Confederación Española de Derechas Autónomas スペイン自治右派連合) の[党員]
cedizo, za [θeðíθo, θa] 形《まれ》[食べ物が] 腐りかけた: carne ~*za* 腐りかけの肉
cedoaria [θeðoárja] 女《植物》ガジュツ, キョウオウ〖根は薬用〗
cedral [θeðrál] 男 スギ林
cedras [θeðras] 男《複》《羊飼いが食糧を入れる》革袋
cedrelo [θeðrélo] 男《植物》セドロ
cedrelón [θeðrelón] 男 シダーの精油(樹脂)
cedreno [θeðréno] 男《化学》セドレン, 杉油
cedria [θeðrja] 女 シダーの樹脂
cédride [θéðriðe] 女 シダーの実(松かさ)
cedrino, na [θeðríno, na] 形 シダーの, スギの: tabla ~ スギ板
cedrito [θeðríto] 男 甘口ワインにシダーの樹脂を混ぜた飲料
cedro [θéðro]〖←ラテン語 cedrus < ギリシア語 kedros〗男《植物》シダー, スギ: ~ amargo (blanco)《コスタリカ》ヌマヒノキ. ~ de España ビャクシン. ~ de Misiones《アルゼンチン》スギの一種〖材木は繊細で, 解熱剤が抽出される〗. ~ de Virginia エンピツビャクシン. ~ del Atlas アトラスシダー. ~ del Himalaya/~ deodara ヒマラヤスギ. ~ del Líbano レバノンスギ. ~ dulce《コスタリカ》スパニッシュシダー. ~ japonés スギ(杉)
cedróleo [θeðróleo] 男 シダーの精油
cedrón [θeðrón] 男 ❶《ホンジュラス, ニカラグア, コスタリカ》ニガキ科の一種〖学名 Simaba cedron, Quassia cedron〗. ❷《ペルー, チリ, ラプラタ》レモンバーベナ, コウスイボク(香水木), ボウシュボク(防臭木)
cédula [θéðula]〖←ラテン語 schedula < scheda「紙」〗女 ❶ [身分証明・債務などの] 文書, 証書: ~ *ante diem* 翌日の出頭を求める召喚状. ~ *de citación* 召喚状. ~ *de habitabilidad*《西》居住適格証明書. ~ *de identidad*《ベネズエラ, チリ, ラプラタ》

タ》身分証明書. ~ de preeminencias [退職公務員の] 勤続証明書. ~ hipotecaria 抵当証書, 担保付き証書. ~ personal/~ de vecindad 《古語》身分証明書. ❷ [目録の] カード. ❸《歴史》[特に王政復古時代の] 勅許証 《= ~ real, real ~》

cedulación [θeðulaθjón] 女《コロンビア, ベネズエラ》[身分証明書の] 発行

cedulaje [θeðuláxe] 男《歴史》勅許証交付税

cedular [θeðulár] 自《まれ》貼り紙（ポスター）で公示する. ❷《ニカラグア, エルサルバドル, コロンビア, ベネズエラ》[身分証明書を] 発行する

cedulario [θeðulárjo] 男《歴史》勅許集

cedulón [θeðulón] 男 ❶《まれ》[公共の場所に貼られた] 風刺文, 落書き. ❷《まれ》[公共の場所に貼られた] 布告, 公示. ❸《メキシコ》貨物引渡し通知書

CEE 女《略語. 歴史》= Comunidad Económica Europea ヨーロッパ経済共同体, EEC

cefal-《接頭辞》→ **cefalo-**: *cefal*algia 頭痛

cefalalgia [θefalálxja] 女《医学》頭痛

cefalálgico, ca [θefalálxiko, ka] 形 頭痛の

cefalea [θefaléa] 女《医学》偏頭痛

-cefalia《接尾辞》《頭》acro*cefalia* 尖頭症

cefálico, ca [θefáliko, ka] 形《ニカラグア》《解剖》頭の, 頭部の: índice ~《人類学》頭長幅指数

cefalitis [θefalítis] 女《医学》脳炎

cefalización [θefaliθaθjón] 女《解剖》頭化〔現象〕

cefalo-《接頭辞》《頭》*cefaló*podo 頭足綱

-cefalo, la《接尾辞》《頭》braqui*céfalo* 短頭の

céfalo [θéfalo] 男《魚》ヨーロッパスズキ

cefalocordado, da [θefalokorðáðo, ða] 形 頭索動物亜門の ── 男《複》《動物》頭索動物亜門

cefalópodo, da [θefalópoðo, ða] 形 頭足綱の ── 男《複》《動物》頭足綱

cefalorraquídeo, a [θefalorakíðeo, a] 形《解剖》脳脊髄の: líquido ~ 脳脊髄液

cefalosporina [θefalosporína] 女《薬学》セファロスポリン

cefalotáceo, a [θefalotáθeo, a] 形 フクロユキノシタ科の ── 女《複》《植物》フクロユキノシタ科

cefalotaxáceo, a [θefalotaksáθeo, a] 形 イヌガヤ(k)sáθeo, a] 形 イヌガヤ科の ── 女《複》《植物》イヌガヤ科

cefalotomía [θefalotomía] 女 頭骨切開 《= craneotomía》

cefalotorácico, ca [θefalotoráθiko, ka] 形 〔甲殻類・クモ類の〕頭胸部の

cefalotórax [θefalotóraks] 男《単複同形》《動物》[甲殻類・クモ類の] 頭胸部

cefeida [θeféiða] 女《天文》estrella [variable] ~ ケフェウス型変光星

cefelina [θefelína] 女《生化》ケファエリン

Cefeo [θeféo] 男 ❶《ギリシア神話》ケフェウス《エチオピアの王. アンドロメダの父》. ❷《天文》ケフェウス座

céfiro [θéfiro] 男 ❶《←ラテン語 Zephyrus < ギリシア語 zephyros》❶《詩語》そよ風. ❷ [地中海の, 暖かい] 西風. ❸《繊維》薄地の平織り綿布, ゼファー（クロス）

cefo [θéfo] 男 ❶《動物》クチヒゲゲエノン. ❷《昆虫》~ del trigo/~ pigmeo クキバチ科の一種《学名 Cephus pygmaeus》.

cegado [θegáðo] 男 → **arco** cegado

cegador, ra [θegaðór, ra] 形 目をくらませる: luz ~ra まぶしい光, まばゆい光

cegajo, ja [θegáxo, xa] 形 名 2歳未満の〔ヤギ・ヒツジ〕

cegajoso, sa [θegaxóso, sa] 形 名 かすみ目の〔人〕, いつも目がしょぼしょぼする〔人〕

cegamiento [θegamjénto] 男 ❶ 穴を埋める（ふさぐ）こと; 水深を浅くすること. ❷ 失明 《= ceguedad》

cegaña [θegáɲa] 女《アンダルシア》目やに《= legaña》

cegar [θegár] 自《←ラテン語 caecare < caecus》⟨8⟩⟨23⟩《→ **negar**》⟨他⟩ ❶ 失明させる: Cegó a Muley Hacén su padre. アブルハサン・アリーは父親が失明させた. ❷ [一時的に] 目をくらませる: Me cegaron los faros. 私はヘッドライトに目がくらんだ. ❸ 分別を失わせる: Le ciega el odio. 彼は憎しみのあまり分別を失っている. ❹〔穴〕を埋める, ふさぐ: ~ un boquete 割れ目をふさぐ. ❺〔運河・港湾などの〕水深を浅くして航行不能にする. ❻〔狭い通路をごみ・石などで〕ふさいで通れなくする ── 自 ❶ 目が不自由になる, 失明する: Vio el país antes de

~. 彼は失明する前にその国を見た. ❷《印刷》[文字が] インクで汚れる

Antes ciegues que tal veas.《口語》[悪いことを予言する相手に対して] 決してそのようなことが起きませんように

querer a ~《口語》溺愛する, 盲目的に愛する

── *se* ❶ [+de・por で] 盲目的になる, 理性を失う: *Se cegó de ira.* 彼は怒りに我を忘れた. ❷《地方語》疲労困憊する

cegarra [θegára] 形 名《口語》= cegato

cegarrita [θegaríta] 形 名《口語》[近視で] 目を細めて見る〔人〕

a [*ojos*] ~*s* 目を細めて

cegatería [θegatería] 女《まれ, 軽蔑》視力がほとんどない状態

cegato, ta [θegáto, ta] 形 名《主に軽蔑》視力がほとんどない〔人〕, 目がよく見えない〔人〕

cegatón, na [θegatón, na] 形 名 = cegato

cegatoso, sa [θegatóso, sa] 形 名 = cegajoso

cegesimal [θexesimál] 形《物理》CGS単位系の

cegrí [θegrí] 男 ❶《複 ~es》《歴史》セグリー家の〔人〕── 男《複》セグリー家《15世紀ナスル朝 Dinastía Nazarí グラナダ王国の有力貴族の家系. アベンセラーヘ家 los abencerrajes と王朝内の政治勢力を競った》

C~es [*y*] *abencerrajes* 敵味方, 犬猿の仲

cegua [θégwa] 女《ニカラグア》[夜現れる] 馬の顔をした女の幽霊

cegüecillo, lla [θegweθíʎo, ʎa] 形 名 ciego の示小語

ceguedad [θegeðá(ð)] 女《←ciego》形 名《文語》❶ 失明, 盲目《= ceguera》. ❷ のぼせ上がり, 無分別, 眩惑; 盲目的な愛好, 陶酔

ceguera [θeɣéra] 女《←ciego》❶ 失明, 盲目: ~ cromática 色覚異常. ~ nocturna 夜盲症. ❷ のぼせ上がり, 無分別, 眩惑; 盲目的な愛好, 陶酔. ❸ [失明に至る] 眼炎の一種. ❹《医学》~ psíquica (mental) 心理的盲目. ~ verbal 失読症《= alexia》

ceguezuelo, la [θeɣeθwélo, la] 形 名 ciego の示小語

ceheginero, ra [θ(e)exinéro, ra] 形 名《地名》セーヒン Cehegín の〔人〕《ムルシア県の町》

ceiba [θéiba] 女《植物》❶ パンヤノキ, カポックノキ. ❷ 細い帯状の海草

ceibal [θeibál] 男 パンヤノキの林; アメリカデイゴの林

ceibeño, ña [θeiβéɲo, ɲa] 形 名《地名》ラ・セイバ La Ceiba の〔人〕《ホンジュラス北部の町》

ceibo [θéibo] 男《植物》アメリカデイゴ《アルゼンチン・ウルグアイの国花. = ~ rojo》

ceibón [θeibón] 男《カリブ. 植物》パンヤノキの一種《学名 Ceiba emarginata》

ceilandés, sa [θeilandés, sa] 形 名《国名》スリランカ Sri Lanka の〔人〕;《古語》セイロン Ceilán の〔人〕

ceína [θeína] 女《生化》ゼイン

ceisatita [θeisatíta] 女《鉱物》セイサタイト

ceja [θéxa] 女 ❶《←ラテン語 cilia < cilium「眉」》眉 (⁊), 眉毛: *Tiene unas ~s pobladas* (*gruesas*). 彼は眉が濃い〔太い〕. ❷《音楽》1)〔弦楽器の〕ナット; 糸巻け. 2)〔ギターなどの〕カポタスト. ❸ 出っぱり, 小突起. ❹《裁縫》縁取り. ❺《製本》ちり. ❻ 山頂, 頂. ❼〔山頂にかかる〕雲, 笠雲. ❽《キューバ》[森の中の] 小道, 踏み分け道. ❾《南米》[森林が切られて] 道路となっている部分. ❿《ボリビア, ラプラタ》[遠くから見ると盛り上がった帯のように見える] 森の端《= ~ de monte》

arquear (*enarcar*) *las* ~*s* 眉を上げる;［驚いて] 目を丸くする

fruncir las ~*s* 眉をひそめる

hasta las ~*s* 1) 眉のところまで: con el gorro calado *hasta las* ~*s* 帽子を目深にかぶって. 2)《口語》極度に: Los americanos están armados *hasta las* ~*s*. アメリカ人たちは完全武装している. estar endeudado *hasta las* ~*s* 借金漬けになっている

llevar... entre ~ *y* ~《口語》…に固執する

meterse (*ponerse*) *a*+人 *entre* ~ *y* ~ 〔考えなど〕…の頭から離れない, 頭にこびりつく

quemarse las ~*s* 猛勉強する

tener... entre ~ *y* ~/*tener... entre* ~*s* 《口語》1)〔+a+人に〕反感を持つ: *Ella me tiene entre* ~ *y* ~. 彼女は私を嫌っている. 2)…に固執する

cejadero [θexaðéro] 男 [馬車を後退させるための] 引き綱

cejador [θexaðór] 男 = cejadero

cejar [θexár]《←ラテン語 cessare「退出する」》自 ❶ [+en を] 緩和する, 断念する《否定文でのみ》: No *cejará en* su empeño de conseguirlo. 彼はそれを獲得する努力を怠らないだろう. No *ceja* en su propósito de ir a España. 彼はスペインへ行く考えを捨てない. ❷ [馬車を引く馬などが] 後退する
── 他《地方語》[馬・馬車を] 後退させる

cejialba [θexjálba]《昆虫》ミドリコツバメ《シジミチョウの一種》

cejijunto, ta [θexixúnto, ta]《cejа+junto》形 ❶ [estar+. 立腹・心配などで] 眉間(ﾐｹﾝ)にしわを寄せた, しかめ面の. ❷ 眉毛の寄った(つながった), いかめしい顔つきの

cejilla [θexíʎa]《ceja の示小語》女 ❶《音楽》1) [ギターなどの] カポタスト《=cejuela). 2) [ギターの奏法] セーハ. 3) [弦楽器の] ナット, 糸受け. ❷《製本》ちり《=ceja》

cejirrubia [θexirrúβja] 女《昆虫》コツバメ属のチョウの一種《学名 Callophrys avis》

cejo [θéxo] I 《←ラテン語 cilium「眉」》男 ❶ [川面に立つ] 朝もや. ❷ 一面に広がった雲. ❸《ムルシア》[山中の] 断崖, 絶壁
II 男 [アフリカハネカヤを束ねる] アフリカハネカヤの紐

cejudo, da [θexúðo, ða] 形 眉の太い

cejuela [θexwéla] 女《音楽》[ギターなどの] カポタスト

cejunto, ta [θexúnto, ta] 形 **=cejijunto**

cela [θéla] 女《古代ギリシア・ローマ》[神殿の] 神像安置室

celacanto [θelakánto] 男《魚》シーラカンス

celada [θeláða] I 《←celar I》女《文語》待ち伏せ, 伏兵: caer en una ~ 待ち伏せにあう. ❷ 罠, 策略
II 女 ❶ 兜(ｶﾌﾞﾄ), サラッド. ❷ サラッドをかぶった騎兵

celadamente [θeláðaménte] 副《古語》隠れて, こっそりと

celadón [θelaðón] 形 **=verdeceledón**

celador, ra [θelaðór, ra]《←celar I》形 監視する; 隠れる, こっそり見張る
── 名 ❶《公共施設の》警備員, 監視員; 管理人
❷ 女《学校などの》女性用職員《=bedela》

celaduría [θelaðuría] 女 ❶ 警備員室; 管理人室. ❷ 警備員(管理人)の職

celaje [θeláxe]《←ラテン語 caelum「空」》男 ❶《美術》[主に複] 色々な色に染まった雲, 彩雲, 瑞雲(ｽﾞｲｳﾝ): ~s del crepúsculo 夕焼け雲. ❷《集合》[時に 複] 天空. ❸《望んでいたことの》前兆, 予兆. ❹《プエルトリコ, ペルー》亡霊
como un ~《チリ》電光石火のごとく, 一瞬のうちに

celajería [θelaxería] 女《船舶》雲

celán [θelán] 男《魚》ニシンの一種

celandés, sa [θelandés, sa] 形 名 **=zelandés**

celante [θelánte] 形 ❶ 注意を払う, 監視する ❷ [フランシスコ会修道士が] 清貧の会則を厳守する
── 名《まれ》警備員《=celador》

celar [θelár] I 《←俗ラテン語 zelari「嫉妬する, 監視する」》他 ❶ …に厳重な注意を払う, 監視する. ❷ …の observancia de las leyes 厳重に法律を守らせる. ~ a un sospechoso 容疑者を見張る
── 自 ❶ [+sobre・por に] 注意を払う: ~ *sobre* las reglas 規則を厳守する. ❷ [+de+人 に] 嫉妬する
II 《←ラテン語 celare》他《文語》~ su dolor bajo una sonrisa 悲しみを抑えて微笑する. ~ un secreto 秘密をもつ. luna *celada* por la niebla 霧に隠れた月
III 《←ラテン語 caelare》他 ❶ [金属板・木板に版画を] 彫る. ❷ [金属・石・木に] 彫刻する

celastráceo, a [θelastráθeo, a] 形 ニシキギ科の

celastrales [θelastráles] 女 複《植物》ニシキギ科

celastríneo, a [θelastríneo, a] 形 女《植物》**=celastráceo**

celastro [θelástro] 男《植物》ツルウメモドキ

Cela Trulock [θéla trulók]《人名》Camilo José ~ カミーロ・ホセ・セラ・トゥルロック《1916〜2002, スペインの作家. 死刑囚の凄惨な告白をつづった小説『パスクアル・ドゥアルテの家族』*La familia de Pascual Duarte* によって, 内戦直後のスペインの文壇に衝撃を与えた. その後も斬新な手法を駆使した『蜂の巣』*La colmena*, 『二人の死者のためのマズルカ』*Mazurca para dos muertos* など数多くの作品を著わした. ノーベル文学賞受賞》

Celaya [θeláʝa]《人名》Gabriel ~ ガブリエル・セラーヤ《1911〜91, スペインの詩人. 詩は世界を変えるための道具であると主張する社会派の詩人として活躍した名をはせた》

celayense [θelaʝénse] 形 名 セラヤ Celaya の《人》《メキシコ中部, Guanajuato 州の町》

celda [θélda]《←ラテン語 cella「小部屋」》女 ❶《修道院・寮などの》個室; [刑務所の] 独房: ~ de castigo 懲罰房. ❷ acolchada 壁に衝撃防止材を貼った個室《=celdilla》. ❸《情報》[表計算ソフトの] セル. ❹ [統計表の] 升目. ❺《鉱物》結晶構造の単位格子. ❻《技術》~ caliente [放射性廃棄物処理などの] ホットセル. ❼《建築》セラ, ケルラ《=cella》

celdilla [θeldíʎa]《celda の示小語》女 ❶《ハチの》巣穴, 蜜房: ~ real 王台. ❷ 小さな穴(くぼみ). ❸《植物》室, 小室.

cele [θéle] 形《コスタリカ》[果実が] 青い, 未熟な

celebérrimo, ma [θeleβérrimo, ma] 形 célebre の絶対最上級

celebración [θeleβraθjón]《←ラテン語 celebratio, -onis》女 ❶ [行事などの] 開催, 挙行; 祝うこと, 祝賀: ~ del congreso 会議の開催. ~ de elecciones 総選挙の実施. ❷ [時に 複] 祝賀行事, 記念行事: No estuvo en la ~ del centenario. 彼は百周年の式典に参加しなかった. ❸ 喝采《=aplauso》. ❹《カトリック》《ミサの》司式

celebrado, da [θeleβráðo, ða] 形 有名な, 評判の

celebrador, ra [θeleβraðór, ra] 形 ほめたたえる, 賞賛する

celebrante [θeleβránte] 名《カトリック》[ミサを行なう] 司式司祭《=cura》

celebrar [θeleβrár]《←célebre》他 ❶ [行事・会議などを] 開催する, 行なう: Hoy el Parlamento *celebra* sesiones ordinarias. 今日通常国会が開催される. ~ una conferencia 講演会を開く. ~ el campeonato 選手権試合を催す. ❷ [記念して] 祝う, …の祝賀行事を行なう: Da una fiesta para ~ la vuelta de su hijo. 彼は息子の帰還を祝ってパーティーを開く. Estamos *celebrando* que hemos aprobado los exámenes. 私たちは試験に合格したお祝いをしている. ~ el cumpleaños 誕生日を祝う. ~ la victoria 勝利を祝う. ❸ [儀式を] とり行なう: El alcalde *celebró* la boda. 市長が結婚式をとり行なった. ❹《カトリック》《ミサを》あげる, 司式する. ❺《文語》[主に 1 人称で] 喜ぶ, うれしい《=alegrarse》: 1) *Celebro* volver a verle a usted. またお目にかかれてうれしく思います. 2) [+que+接続法] *Celebro que* el accidente no tuviera importancia. 大した事故でなくてよかった. ❻《文語》[契約などを] 取り決める; 署名する. ❼ 賞賛する, ほめたたえる: Todos *celebran* su belleza. 誰もが彼女の美貌を賞賛する. Las interpretaciones han sido muy *celebradas* por el respetable. その演奏は聴衆に大いに受けた. ❽ [冗談などに] 笑う: Si *celebráis* tanto las gracias del niño, se pondrá pesado. 子供の冗談を面白がりすぎると, 調子に乗るよ. ❾《キューバ》恋心を起こさせる
── 自《カトリック》ミサをあげる
── ~se [行事・会議などが] 開催される: En 1998 *se celebró* el centenario del nacimiento de Lorca. 1998年ロルカの生誕100年祭が開かれた. El partido no pudo *~se* a causa de la lluvia. 試合は雨で流れた. El almuerzo *se celebró* en un conocido restaurante. 昼食会は有名なレストランで開かれた. ❷ [式が] 行なわれる: *Se ha celebrado* el enlace matrimonial de Santiago y Marta. サンティアゴとマルタの結婚式がとり行なわれた. ❸《カトリック》[ミサが] あげられる: La misa de difuntos *se celebró* en la catedral. 死者のためのミサは大聖堂であげられた

célebre [θéleβre]《←ラテン語 celeber, -bris》形《絶対最上級 celebérrimo》❶ 有名な, 名高い《→famoso 類義》: Salamanca es una ciudad ~ por su universidad. サラマンカは大学で有名な町だ. hacerse ~ 有名になる. persona ~ 有名人, セレブ. ❷《古語》[面白い, 風変わりな; 機知に富んだ]奇抜な. ❸《コロンビア》[女性が] 愛嬌のある, 美しい

celebridad [θeleβriðá(ð)]《←ラテン語 celebritas, -atis》女 ❶ 有名, 名声: No apetece la ~. 彼は有名になることを欲しない. 彼は有名人になることを欲しない. alcanzar (ganar) ~ 有名になる, 名声を得る. ❷ 名士, 有名人: Muchas ~es asistieron a la fiesta. パーティーには多くの有名人が出席した. Es una ~ como cantante. 彼は歌手として有名だ. boda de una ~ 有名人の結婚式. ❸《集合》祝賀行事, 祝典

celedón [θeleðón] 男 **=verdeceledón**

celedonia [θeleðónja] 女《植物》**=celidonia**

celemín [θelemín] 男 ❶ [乾量の単位] セレミン《=12分の1ファネガ fanega, =4.625リットル》. ❷《カスティーリャ. 古語》[農地面積の単位] =約537平方メートル

celeminada [θeleminádа] 囡 [穀類などの] 1セレミン celemín の量

celeminear [θelemineár] 自《サラマンカ》あちこちとたくさん歩き回る

celeminero [θeleminéro] 男 [宿屋の] 馬番, 厩舎番

celenterado, da [θelenteráðо, ða] 形 名 刺胞動物門〔の〕〖= cnidario〗

celentéreo, a [θelentéreо, a] 形 腔腸動物の
—— 囲 腔腸動物

celeque [θeléke] 形《ホンジュラス, エルサルバドル》[果実が] 青い, 未熟な

célere [θélere] 形《まれ》すばやい, 迅速な

celeri [θéleri] 副《まれ》すばやく, 迅速に
—— 男《古代ローマ》[騎士階級 orden ecuestre の] 騎士
—— 囡 複《ギリシャ神話》ホーライ, ホーラたち《時間・季節・秩序の女神たち》

celeri [θeléri] 男《中南米. 植物》セロリ〖=apio〗

celeridad [θeleriðá(ð)] 〖←ラテン語 celeritas, -atis < celer「速い」〗囡 すばやさ, 迅速さ: con toda ~ 大急ぎで, 大あわてで; a toda ~ 全速力で

celerífero [θelerífero] 男《古語》セレリフェール〖ペダルのない, 自転車の前身〗

celescopio [θeleskópjo] 男《古語》体腔鏡

celesta [θelésta] 囡《音楽》チェレスタ

celeste [θeléste] 〖←ラテン語 coelestis < coelum「空」〗形 ❶ 空の, 天の: cuerpo ~ 天体. figura ~ ホロスコープ, 十二宮図. ~ imperio [昔の] 中国. ❷ 空色の, 水色の. ❸《古語》この上なく美しい〖=celestial〗
—— 男 空色, 水色〖=azul ~〗

celestial [θelestjál] 〖←celeste〗形《文語》❶ 天上の, 神の: gloria ~ 天上の栄光. Padre ~ 天の父, 神. ❷ すばらしい: placer ~ この世のものならぬ快楽. ❸ 空の〖=celeste〗. ❹ この上なく美しい. ❺《皮肉》愚かな, 無能な

celestialmente [θelestjálménte] 副《文語》❶ 天の計らいで, 天命により. ❷ すばらしく, 完璧に

celestina[1] [θelestína] I《←La Celestina(戯曲)》囡 ❶ 売春宿の女主人, やり手ばばあ. ❷《文学》La C~『ラ・セレスティーナ』〖1499, Fernando de Rojas 作の戯曲. やり手ばばあセレスティーナの熱烈な個性, カリストとメリベーアの恋と悲劇的な結末が描かれている〗
II〖←celeste〗囡《鉱物》セレスタイト, 天青石
III〖←celestino〗囡《鳥》[アルゼンチン, Tucumán 産の] よい声でさえずる鳥

celestinaje [θelestináxe] 男 =celestineo

celestinazgo [θelestináθgo] 男 =celestineo

celestinear [θelestineár] 自 売春を仲介する

celestineo [θelestinéo] 男 売春の仲介

celestinesco, ca [θelestinésko, ka] 形 売春宿の女主人の, やり手ばばあの

celestino[1] [θelestíno] I 男《まれ》売春斡旋業者
II 男 よい声でさえずる鳥〖=celestina〗

celestino, na[2] [θelestíno, na] 形 名《カトリック》ケレスティヌス Celestino 派の〖隠修道士・修道女〗

celiaco, ca [θeljáko, ka] 形 名 ❶《医学》セリアック病の〔患者〕. ❷《解剖》腹腔の: arteria ~ca 腹腔動脈. plexo ~ 腹腔神経叢
—— 囡 =celiaquía

celíaco, ca [θelíako, ka] 形 名 =celiaco

celiaquía [θeljakía] 囡《医学》セリアック病, 小児脂肪便症

celibatario, ria [θelibatárjo, rja] 形《まれ》=célibe

celibato [θelibáto] 〖←ラテン語 coelibatus〗男 ❶ [特に貞節の誓いを立てた聖職者の] 独身, 未婚. ❷《口語》独身男性

célibe [θélibe] 〖←ラテン語 caelebs, -ibis〗形《文語》[特に貞節の誓いを立てた聖職者について] 独身の, 未婚の〖=soltero〗. ❷ 独身者, 独身主義者

célico, ca [θéliko, ka]《詩語》形 ❶ 空の, 天の〖=celeste〗. ❷ すばらしい〖=celestial〗

celícola [θelíkola] 名 天上の住人, 天人

celidonato [θeliðonáto] 男《化学》ケリドン酸塩

celidonia [θeliðónja] 囡《植物》❶ クサノオウ. ❷ ~ menor ヒメリュウキンカ

celidónico, ca [θeliðóniko, ka] 形《化学》ácido ~ ケリドン酸

celinda [θelínda] 囡《植物》バイカウツギ

celindo [θelíndo] 男 =celinda

celindrate [θelindráte] 男《料理》コリアンダーで調味した煮込み

celioscopia [θeljoskópja] 囡《医学》腹腔鏡検査

celioscopio [θeljoskópjo] 男《医学》腹腔鏡

celista [θelísta] 名《まれ》チェロ奏者〖=violonchelista〗

cella [θéla] 囡《古代ギリシャ・ローマ. 建築》セラ, ケルラ〖神殿の内陣〗

cellenco, ca [θeʎénko, ka] 形 [老齢・持病のため] 体が思うように動かない
—— 囡 売春婦

cellisca [θeʎíska]《←?語源》囡 みぞれ混じりの嵐

cellisquear [θeʎiskeár] 自 [単人称] みぞれ混じりの嵐が吹く

cellista [tʃelísta]〖←イ語〗名 チェロ奏者〖=violonchelista〗

cello[1] [θéʎo]〖←ラテン語〗男《商標》セロテープ〖=cinta de ~〗

cello[2] [θéʎo]《まれ》男 [樽の] たが〖=aro〗

cello[3] [tʃélo]〖←イ語〗男《音楽》=chelo

celo [θélo] I〖←ラテン語 zelus < ギリシャ語 zelos < zeo「私は興奮する」〗男 ❶ [任務遂行などの] 熱心さ, 献身: trabajar con ~ 熱心に(献身的に)働く. poner ~ en+不定詞 …に熱意を傾ける. ~ profesional 仕事への熱心さ. ❷ [大義・人物・神の栄光などへの] 熱情. ❸ [動物の] 発情; 発情期〖=época de ~〗: estar en ~ 発情期にある. ❹ 複《愛情関係の》嫉妬, やきもち: La madre tiene ~s de la mujer de su hijo. 母親は息子の嫁に嫉妬するものだ. Se perdió de ~s de su marido. 彼女は夫へのやきもちで自分の身を滅ぼしてしまった. sentir ~s de+人 …に嫉妬する, やきもちをやく. dar ~s a+人 …に嫉妬させる. ❺ 複 [人に先を越されたことなどへの] くやしさ
II〖←英語 cellotape〗男《西》セロテープ〖=papel [de] ~〗; [包装用の] ラップ
III 男《音楽》=chelo

celobiosa [θelobjósa] 囡《化学》セロビオース

celofán [θelofán]〖←仏語 cellophane〗男 セロハン〖=papel [de] ~〗

celofana [θelofána] 囡《まれ》=celofán

celofanar [θelofanár] 他 セロハンで包む

celoidina [θeloiðína] 囡《化学》セロイジン

celoma [θelóma] 男《解剖》体腔(くう)

celomado, da [θelomáðo, ða] 形《動物》真体腔動物
—— 男《動物》真体腔動物

celomático, ca [θelomátiko, ka] 形《解剖》体腔の: cavidad ~ca 体腔

celosa [θelósa] 囡《キューバ. 植物》ハリマツリ, タイワンレンギョウ, デュランタ

celosamente [θelósaménte] 副 ❶ 熱心に. ❷ 嫉妬して, 嫉妬深く

celosía [θelosía]〖←celo〗囡 ❶ 格子窓; 格子. ❷ 嫉妬心〖= celotipia〗

celoso, sa [θelóso, sa]〖←celo〗形 ❶ [estar+. 愛情関係で, +con・de+人 に] 嫉妬する, やきもちをやく; [ser+] やきもちやきの: Este chico está ~ de los otros chicos. この少年は他の少年たちにやきもちをやいている. Su marido es muy ~. 彼女の夫はひどく嫉妬深い. ❷ [+de・en・con に] 熱心な: ser ~ de su fama 懸命に名誉を守る. Siempre es muy ~ con su coche. 彼はいつも車の手入れに余念がない. ❸ 猜疑心の強い〖=receloso〗. ❹《船舶》[あまり帆を張れないほど船が] 転覆しやすい. ❺《中南米》[銃が] 暴発しやすい, [装置の] 感度のよい

celota [θelóta] 名 =zelote

celote [θelóte] 男 =zelote

celotipia [θelotípja]〖←ラテン語 zelotypia〗囡《文語》嫉妬心, 妬(ね)みごころ

celsitud [θelsitú(ð)]〖←ラテン語 celsa〗囡 ❶ 傑出, 卓越, 偉大さ. ❷《古語》[王族に対する称号] 殿下, 陛下〖=alteza〗

celta [θélta]〖←ラテン語〗形 ケルト人の〔の〕; [人種的に] ケルト系の
—— 男 ❶ ケルト語. ❷ 複 ケルト族

celtibérico, ca [θeltibériko, ka] 形 =celtíbero

celtiberismo [θeltiberísmo] 男《軽蔑》スペインらしさ

celtíbero, ra [θeltíbero, ra] 形 =celtíbero

celtíbero, ra [θeltíbero, ra] 形 名 ❶《歴史》ケルトイベリア Celtiberia 族〔の〕〖紀元前5世紀ごろからスペイン北部に居住したケルト人の一部族. 長年ケルト人とイベロ人の混血民族と誤解されていた〗. ❷《時に軽蔑》スペイン的な, スペイン独特の

céltico, ca [θéltiko, ka] 形 ケルト人の
―― 男 ケルト語 [=celta]
celtídeo, a [θeltíðeo, a] 形 ニレ科の
―― 女 《植》ニレ科
celtismo [θeltísmo] ❶ ケルト的語法. ❷ ケルト人的習慣(気質); ケルト文化. ❸ [現代諸語の]ケルト語源説. ❹ [巨石建造物の]ケルト起源説. ❺ ケルト研究
celtista [θeltísta] 名 ケルト語(文学)研究者
celtohispánico, ca [θeltoispániko, ka] 形 [建造物・遺跡が]スペインに残存するケルト文化の
celtohispano, na [θeltoispáno, na] =**celtohispánico**
celtolatino, na [θeltolatíno, na] 形 [言葉が]ケルト系ラテン語起源の
célula [θélula]【←ラテン語 cellula < cella「小部屋」】 女 ❶《生物》細胞: ～ adiposa 脂肪細胞. ～ fusiforme 紡錘細胞. ～ madre 〔cancelosa〕[癌]幹細胞. ～ madre pluripotente inducida 人工多能性幹細胞, iPS細胞. ～ nerviosa 神経細胞. ～ pigmentaria 色素細胞. ❷《政治》～ comunista 共産党細胞. ❸ 電池: ～ solar 太陽電池. ～ fotoeléctrica 光電管, 光電池. ❹《情報》[メモリの基本単位] セル. ❺《気象》～ polar 極循環. ～ de latitud media フェレル循環. ～ Hadley ハドレー循環. ❻ 小さな穴(くぼみ)
celulado, da [θeluláðo, ða] 形 細胞状の, 細胞質の
celular [θelulár]【←célula】 形 ❶ 細胞の; 細胞でできた: tejido ～ 蜂窩(ﾎｳｶ)状結締組織. ❷ 独房の: prisión ～ 独房. furgón (coche・camión) ～ [警察の]護送車. ❸《建築》[建材が]スポンジ状の
―― 男《中南米》携帯電話 [=teléfono ～]
celulario, ria [θelulárjo, rja] 形 多孔性の; 多細胞の
celulasa [θelulása] 女《生化》セルラーゼ
celulífugo, ga [θelulífugo, ga] 形《生物》細胞体遠心性の
celulípeto, ta [θelulípeto, ta] 形《生物》細胞体求心性の
celulítico, ca [θelulítiko, ka] 形《医学》フレグモーネにかかった
celulitis [θelulítis] 女《医学》❶ フレグモーネ, 蜂窩織(ﾎｳｶｼｷ)炎, 蜂巣(ﾎｳｿｳ)炎 [=flemón]. ❷ セルライト, 皮下脂肪
celuloide [θelulóiðe]【←celulosa】 男 ❶ セルロイド. ❷《アニメ原画の》セル. ❸ 映画人, 映画界. ❹《文語》映画 [=cine]: ～ rancio 古い映画
llevar al ～ 映画化する
celulolipolisis [θelulolipólisis] 女《医学》細胞内脂肪溶解
celulolipólisis [θelulolipólisis] 女 =**celulolipolisis**
celulosa [θelulósa] 女《化学》セルロース, 繊維素
celulósico, ca [θelulósiko, ka] 形 セルロースの; 酢酸セルロースの
cemba [θémba] 女《地方語》山積みされた雪
cembalista [θembalísta] 名 チェンバロ奏者
cémbalo [θémbalo] 男 =**clavicémbalo**
cembo [θémbo] 男《レオン》[小川・小道などの縁の]うね
cembro [θémbro] 男《植》ヨーロッパハイマツ
cementación [θementaθjón] 女 ❶《金属》セメンテーション, 浸炭. ❷《化学》置換法
cementar [θementár] 他 ❶《金属》セメンテーション処理をする. ❷ [金属を]置換析出させる. ❸ セメントで固定(保護)する
―― *se* [異なる素材と]堅く結合する
cementerial[1] [θementerjál] 形 セメント産業; セメント会社(工場)の
cementerial [θementerjál] 形 墓地の, 墓場の
cementerio [θementérjo]【←ラテン語 coemeterium < ギリシャ語 koimeterion「寝室」< koimao「私は横たわる」】 男 ❶ 墓地, 墓場: ～ de elefantes 象の墓場; 引退したお偉方のたまり場. ❷ [廃棄物置き場] ～ de automóviles/～ de coches 廃車置き場. ～ nuclear (radiactivo) 放射性廃棄物貯蔵施設
irse al ～《口語》死ぬ
cementero, ra[2] [θementéro, ra] 形 セメントの
―― セメント業者
―― 男 セメント運搬船
cementita [θementíta] 女《金属》セメンタイト, 炭化鉄
cemento [θeménto]【←ラテン語 caementum「モルタル」】 男 ❶ セメント: [ser de] ～ armado 鉄筋コンクリート(造り)である. re-lación (razón) agua-～ 水セメント比. ～ blanco 白色セメント. ～ aluminoso/～ de alúmina アルミナセメント. ～ dental 歯科用セメント. ～ expansivo (rápido・hidráulico) 膨張(急結・水硬)セメント. ～ portland ポートランドセメント. ❷《解剖》[歯の]セメント質. ❸《金属》浸炭用の木炭粉・砂など. ❹《地

質》膠結(ｺｳｹﾂ)物. ❺《メキシコ, コスタリカ, アルゼンチン, ウルグアイ》接着剤
tener cara de ～ armado《口語》鉄面皮である
cementoso, sa [θementóso, sa] 形 セメントのような
cemí [θemí] 男 [複 ～es]《カリブ》先住民の偶像
cemita [θemíta] 女 ❶《中南米》ふすまと小麦粉入りのパン [地域によって製法が異なる]. ❷《ホンジュラス, エルサルバドル, ニカラグア》ふすまのパン2枚の間にトロピカルフルーツのコンポートを詰めたケーキ
cempasúchil [θempasúʧil] 男《メキシコ. 植物》センジュギク [死者への献花に使われる]
cempoal [θempoál] 男《メキシコ. 植物》=**cempasúchil**
cena [θéna] 女 ❶ 夕食【←ラテン語 cena「午後3時の食事」】[食べ物, 行為]: tomar la ～ 晩ごはんを食べる. ❷ [キリストの]最後の晩餐 [=Última *C*～, Santa *C*～. Sagrada *C*～]
cenachero, ra [θenaʧéro, ra] 名 [売るための]魚をかご cenacho に入れて運ぶ人
cenacho [θenáʧo] 男 [食品を運ぶエスパルト製などの]かご
cenáculo [θenákulo]【←ラテン語 cenaculum「食堂」】男 ❶ 高間(ｺｳﾏ)《キリストが弟子たちと最後の晩餐を為した広間》. ❷ [芸術家などの]結社, サロン
cenada[1] [θenáða] 女《メキシコ》夕食をとること
cenadero [θenaðéro] 男 ❶ 夕食をとるための場所. ❷ 園亭, あずまや [=comedor]
cenado, da[2] [θenáðo, ða] 形 [人が] 夕食を済ませた
cenador[1] [θenaðór]【←cena】男 ❶ [つる草などに覆われた]園亭, あずまや. ❷《グラナダ》[家の中庭に面した]回廊
cenador, ra[2] [θenaðór, ra] 形 名 ❶ 夕食をとる[人]. ❷ 夕食をとり過ぎる[人]
cenaduría [θenaðuría] 女《メキシコ》❶ 食事(特に夕食)付きの簡易旅館. ❷ [夕食専門の]大衆食堂
cenagal [θenagál]【←ラテン語 caenum「泥土」】男《口語》泥沼, ぬかるみ《比喩的にも》: estar metido en un ～ de deudas 借金地獄に陥っている
cenagoso, sa [θenagóso, sa]【←ラテン語 caenum】形 泥だらけの, ぬかるみの
cenal [θenál] 男《船舶》[フェラッカ船 falucho の] 帆を引き上げる装置
cenancle [θenánkle] 男《メキシコ》トウモロコシの穂
cenaoscuras [θenaoskúras] 名 [単複同形]《まれ》❶ ひどく人嫌いな, 非社交的な人. ❷ けちで家庭用電気器具などを使いたがらない人
cenar [θenár]【←cena】自 夕食をとる [→comer《参考》]: Vamos *cenados*. 夕食をすませてから行こう
―― 他 夕食に…を食べる: Anoche *cené* solo fruta. 私の昨夜の夕食は果物だけだった
cenata [θenáta] 女《キューバ, コロンビア》友人たちとの豊富で陽気な夕食
cenca [θénka] 女《ペルー》[鳥類の]とさか; 冠羽, 冠毛
cencapa [θenkápa] 女《ペルー》[リャマ llama につける]おもり
cenceño, ña [θenθéɲo, ɲa] 形 [人・動植物が]やせ細った
cencerra [θenθéra] 女《まれ》=**cencerro**
cencerrada [θenθeráða]【←cencerro】女《口語》[再婚者をからかう, 家の前でのカウベル cencerros や角笛などを鳴らす]大騒ぎ: dar ～ カウベルや角笛を鳴らして大騒ぎする
cencerrear [θenθereár]【←cencerro】自 ❶ カウベルをうるさく鳴らす. ❷ [ギターなどを]調子外れに弾く. ❸ [ドア・窓・機械・車などの金具が合っていなくて]ガタガタいう, ガタつく. ❹《口語》[抜ける歯が]ぐらぐらする
cencerreo [θenθeréo] 男 ❶ カウベルをうるさく鳴らすこと. ❷ 騒音, ガタガタいう音
cencerrero [θenθeréro] 男 カウベルの製造者
cencerril [θenθeříl] 形 カウベルの
cencerro [θenθéro]【←擬声】男 [牛などの首につける]鈴, カウベル [楽器としても]: ～ zumbón 手綱(端綱)に付ける鈴
a ～s tapados《文語》こっそり, ひそかに
estar como un ～/estar más loco que un ～《西. 口語》頭がおかしい, 狂っている
cencerrón [θenθerón] 男 摘み残しのブドウの小房
cencha [θénʧa] 女 [安楽椅子・ベッドなどの脚を補強する]枠板
cencibel [θenθibél] 名 センシベル [赤ワイン用ブドウの品種]
cencido, da [θenθíðo, ða] 形 [草地・牧草地などが] 足を踏み入れていない

cencío [θenθío] 男《サラマンカ》冷たい風
cenco [θéŋko] 男《中南米. 動物》ヘビの一種
cencuate [θeŋkwáte] 男《メキシコ. 動物》デビドブルスネーク《パインヘビ属の蛇》
cendal [θendál] 男 ❶ 薄く透明な絹(リンネ)地. ❷［司祭がミサで用いる］肩かけ〖=humeral〗. ❸［鳥の］羽枝. ❹ 複［インク壺の底に入れる］綿, 海綿
cendalí [θendalí] 形〖複 ~es〗薄く透明な絹(リンネ)地の
cendea [θendéa] 女《ナバラ》一つの市を構成するいくつかの村
céndea [θéndea] 女《ナバラ》=cendea
cendolilla [θendolíʎa] 女 落ち着かず分別のない娘
cendra [θéndra] 女《技術》[灰吹き皿 copelas の原料の] 骨灰(灰)
cendrada[1] [θendráða] 女 ❶ 骨灰〖=cendra〗. ❷［銀製錬炉の］炉床に敷く灰の層. ❸《ムルシア》[細かい物の] ばらもの
cendradilla [θendraðíʎa] 女 貴金属用小型製錬炉
cendrado, da[2] [θendráðo, ða] 形 =acendrado
cendrar [θendrár] 他 =acendrar
cendrazo [θendráθo] 男［試金で］銀の粒と共に削り取られる骨灰片
cenefa [θenéfa] 女《←アラビア語 sanifa「服の縁」》女 ❶［カーテン・ハンカチ・口布などの］帯状の縁どり(縁飾り). ❷［カズラ casulla 中心部の］帯状装飾. ❸［塀・床・天井などの］反復模様の装飾. ❹(船舶) 1)［檣楼を囲む］太い円材. 2)［外輪船の］外輪覆い. 3)［天幕の縁から吊り下げられた］側面からの日よけ用の細長い帆布
cenegal [θenegál] 男《地方語》=cenagal
ceneque [θenéke] 男《口語》❶ 軍隊で支給されるパン. ❷ 鈍い人, 物わかりの悪い人
cenestesia [θenestésja] 女《生理》体感, 一般感覚
cenestésico, ca [θenestésiko, ka] 形《生理》体感の
cenestillo [θenestíʎo] 男《プエルトリコ》小さなかご
cenete [θenéte] 男〖ベルベル人の〗ゼナタ Zeneta 族［の］── 男〖ベルベル語の方言としての〗ゼナタ語
cenetero, ra [θenetéro, ra] 形 名 =cenetista
cenetismo [θenetísmo] 男《西》[国民労働連合 CNT の] 無政府主義的組合運動
cenetista [θenetísta] 形 名 国民労働連合 CNT の〖組合員〗
cenhegí [θenexí] 形 名〖複 ~es〗〖ベルベル人の〗サンハジャ Zanhaga 族〖の人〗
cení [θení] 男〖複 ~es〗極薄手の真鍮板
cenia [θénja] 女 ❶《バレンシア》[灌漑用の] 揚水車. ❷《モロッコ》水汲み水車; それによって灌漑される畑(庭)
cenicero [θeniθéro] 男《←ceniza》❶ 灰皿: echar la corilla al ~ 吸い殻を灰皿に捨てる. ❷［ストーブなどの］灰受け. ❸ 灰だめ, 灰捨て場
cenícero [θeníθero] 男《南米. 植物》=cenízaro
cenicienta[1] [θeniθjénta] 女 ❶［la C~〗シンデレラ. ❷ 不当に扱われている人(もの): Es la ~ del equipo. 彼女はチームの下働きだ
ceniciento[1] [θeniθjénto] 男 不当に扱われている男
ceniciento[2], **ta**[2] [θeniθjénto, ta]《←ceniza》形 灰色の: cielo ~ 灰色の空
cenicilla [θeniθíʎa] 女 ウドンコカビ〖=oídio〗
cenismo [θenísmo] 男 方言混合
cenit [θenít] 男《←アラビア語 semt ar-ras「頭から遠い所」》❶〖天文〗天頂. ❷《文語》頂点, 絶頂: estar en el ~ de su gloria 栄光の絶頂にある
cénit [θénit] 男 =cenit
cenital [θenitál] 形 ❶ 天頂の. ❷ 上方の: luz ~ 屋根の明かり取り窓; 天井からの照明
ceniza[1] [θeníθa] 女〖←俗ラテン語 cinisia「燠でかき混ぜられた灰」<ラテン語 cinis, -eris「灰」〗女 ❶〖不可算〗灰: ~ de cigarrillo たばこの灰. ~ volcánica 火山灰. tomar la ~［灰の水曜日 miércoles de ceniza に司祭によって額に］聖灰を受ける. ❷ 複 遺骨, 遺灰: Reposan sus ~s en este camposanto. 彼の遺骨はこの墓地に眠っている. ❸ 灰色. ❹ ウドンコカビ. ❺〖美術〗1) 灰と膠の混合物〖=cernada〗. 2) ~ azul (verde)〖銅の塩基を含む〗青(緑)色の顔料

convertir... en ~s / hacer... ~s =reducir a ~s
convertirse en ~s =reducirse a ~s
huir de las ~s y dar en las brasas 小難を逃れて大難に陥る

reducir... a ~s …を焼き尽くす; 破壊する: El fuego redujo a ~s la fábrica. 炎は工場を焼き尽くした. El nene ha reducido a ~s el juguete que le regalamos. 赤ん坊は私たちがプレゼントしたおもちゃを壊してしまった
reducirse a ~s 灰燼に帰す; 荒廃する: El prado quedó reducido a ~s. その牧草地は燃え尽きてしまった
renacer de sus propias ~s［不死鳥のように］灰の中からよみがえる

cenizal [θeniθál] 男 灰だめ, 灰捨て場
cenízaro [θeníθaro]《コスタリカ. 植物》マメ科キンキジュ属の一種〖学名 Pithecellobium saman〗
cenizo[1] [θeníθo]《←ceniza》男 ❶《西. 口語》悪運をもたらす人; 悪運の持ち主: Es un ~. 彼は疫病神だ／つきがない. ❷《西. 口語》悪運: tener ~ 悪運の持ち主である. ❸《西. 口語》悲観的に物事を見る人. ❹《西. 口語》他人を興ざめさせる人, その場を白けさせる人. ❺〖植物〗シロザ, アカザ. ❻ ウドンコカビ〖=oídio〗
cenizo[2], **za**[2] [θeníθo, θa] 形 灰色の〖=ceniciento〗: de rostro ~ 顔色の悪い
cenizoso, sa [θeniθóso, sa] 形 ❶ 灰色の〖=ceniciento〗. ❷ 灰状の, 灰のある. ❸ 灰で覆われた
cenobial [θenobjál] 形《文語》修道院の
cenobio [θenóbjo]《←ラテン語 coenobium < ギリシア語 koinos「共同の」+bios「生活」》❶ 男 修道院〖=monasterio〗. ❷《生物》連結生活体, 連生体
cenobita [θenobíta] ❶《文語》共住苦業者, 共住修道士. ❷〖歴史〗[初期のキリスト教で] 団体で宗教生活をする人
cenobítico, ca [θenobítiko, ka]《文語》共住苦業者の
cenobitismo [θenobitísmo] 男《文語》共住苦業者の生活状態; 共住苦業者に特有のこと
cenocítico, ca [θenoθítiko, ka]《生物》多核細胞の, 多核体の
cenojil [θenoxíl] 男《廃語》=henojil
cenomaniense [θenomanjénse]〖地質〗[白亜紀の時代区分] セノマニアン
cenopegias [θenopéxjas] 女 複《ユダヤ教》仮庵祭, 幕屋祭〖=fiesta de los tabernáculos〗
cenosarco [θenosárko] 男《動物》共肉
cenotafio [θenotáfjo]《←ラテン語 cenotaphium < ギリシア語 kenos「空っぽの」+taphos「墓」》男 記念碑, 慰霊塔
cenote [θenóte] 男《メキシコ, 中米》セノーテ〖天然の地下貯水池, 地底湖; 井戸〗
cenoyo [θenóʝo] 男《地方語. 植物》ウイキョウ, フェンネル〖=hinojo〗: ~ de [l] mar クリタモ
cenozoico, ca [θenoθóiko, ka] 形〖地質〗新生代〖の〗
censal [θensál] 男 ❶ 国勢調査の, 人口調査の. ❷《法律》[不動産の] 賃貸借契約の; 地代の
censar [θensár]《←censo》自 人口調査する, 国勢調査を行なう ── 他［人・事物を］登録する
censatario, ria [θensatárjo, rja] 名《法律》地代(年貢)上納者
censido, da [θensíðo, ða]《法律》地代(年貢)が課された
censista [θensísta] 名 国勢調査官; 有権者名簿作成官
censitario, ria [θensitárjo, rja] 形 →**sufragio** censitario
censo [θénso]《←ラテン語 census < censere「評価する」》男 ❶ 国勢調査: hacer (levantar) un ~ 国勢調査を行なう. ❷ 有権者名簿〖= ~ electoral〗;〖集合〗[有権者名簿に記載されている] 選挙民. ❸《法律》1)［不動産の］賃貸借契約: constituir (redimir) un ~［不動産の］賃貸借契約を結ぶ(解除する). ~ irredimible 永久的な(解除不能の) 賃貸借. ~ al quitar 解除可能な賃貸借契約. ~ consignativo 年賦金が不動産物担保で保証される賃貸借契約. 2) 賃貸料. 3) センソ契約〖教会・修道院による金銭と土地の貸付契約. 永代所有財産の解除に伴うセンソ契約の解消後, 初めてフェリペ二世によって近代的土地所有権として認められる〗. ~ consignativo 担保付きセンソ契約〖金銭の借受人は利子(年金)支払いのほかに自分の土地を抵当に入れる〗. ~ reservativo 留保付きセンソ契約〖土地は担保にしないが, 年金徴収権は留保される〗. ~ enfitéutico 永代センソ契約〖永代賃借地契約において借受人は用益権のみを有し, 処分権は教会にあって地代が徴収される〗. ❺《古代ローマ》人頭税; 住民台帳

~ muerto =~ irredimible; **~ enfitéutico**
ser un ~《古語的》金食い虫である、継続的に費用がかかる
censor, ra [θensór, ra]《←ラテン語 censor, -oris < censere「評価する」》形 監査人の, 検査人の
── 名 ❶ 検閲官. ❷ 他人のあらさがしをする人. ❸〔文学・芸術の〕評論家. ❹ 監査人, 検査人. ~ de cuentas 会計検査官. ── jurado de cuentas 公認会計士
── 男〔古代ローマ〕財務官, 監察官
censorial [θensorjál] 形 検閲の
censorino, na [θensoríno, na] 形《まれ》=**censorio**
censorio, ria [θensórjo, rja]《←censor》形 検閲の; 非難の
censual [θenswál] 形 ❶ 国勢調査の, 人口調査の《=censal》. ❷〔不動産の〕賃貸借契約の. ❸ 地代の; 封建貢租の
censualista [θenswalísta] 名 ❶ 年金受給者. ❷ 地代(年貢)徴収者
censuario [θenswárjo] 男 地代(年貢)上納者《=censatario》
censura [θensúra]《←ラテン語 censura「財務官の職務」》名 ❶ 検閲, 検閲係, 検閲機関: La ~ cortó unas secuencias de la película. 映画の数シーンが検閲でカットされた. ❷ 非難, 酷評: incurrir en la ~ 非難される. ❸ 不信任, 譴責: moción de ~ 問責動議, 不信任案. ❹ 監査, 検査: ~ de cuentas 会計監査, 会計検査. ❺〔古代ローマ〕財務官 censor の職務. ❻ 教会法上の犯罪に対する罰
censurable [θensurábale] 形 非難されるべき
censurador, ra [θensuraðór, ra] 形 非難する
censurar [θensurár]《←censura》他 ❶ 検閲する;〔検閲によって〕禁止する, 削除する: *Censuraron* muchas líneas de su novela. 彼の小説の多くの個所が検閲でひかかった. ❷ 非難する; 譴責する: ~ a (en)+人 su cobardía …を卑怯だと非難する
censurista [θensurísta] 名〔他人の〕あらさがしをする人
cent [θént] 男《複 ~s》〔EUの貨幣単位〕セント《=100分の1ユーロ》
centalla [θentáʎa] 女〔炭火の〕火花
centaura [θentáura] 女 ❶〔植物〕ヤグルマギク: ~ mayor ヒメマボウキ. ~ menor ベニバナセンブリ, セントーリー. ❷《まれ》女性ケンタウロス
centaurea [θentauréa] 女 ヤグルマギク《=centaura》
centaurina [θentauɾína] 女〔生化〕ケンタウリン
centauro [θentáuɾo] 男 ❶《ギリシア神話》〔主に C~〕ケンタウロス《馬の首から上が人間の, 半人半獣の種族》. ❷〔口語〕乗馬の巧みな人; 名騎手. ❸〔天文〕ケンタウルス座
centavería [θentaβería] 女《エクアドル》〔家金の〕囲い場
centavo[1] [θentáβo] 男 ❶〔中南米の多くの国々の貨幣単位〕センターボ《ペソなど単位通貨の100分の1》: estar sin un ~ 一銭も持っていない. ❷〔米国の貨幣単位〕セント
centavo[2], **va** [θentáβo, βa]《←ラテン語 centum「100」+スペイン語接尾辞 -avo》形 100分の1の《=centésimo》
cente-〔接頭辞〕〔百〕*centenario* 100年祭
centella [θentéʎa]《←ラテン語 scintilla「火花」》女 ❶〔弱い〕稲妻, 稲光. ❷ 火花, スパーク; 閃光. ❸〔主に 複〕眼の中の感情の〕きらめき. ❹ すばやい人; 迅速な事柄. ❺〔植物〕1) リュウキンカ. 2) 《チリ》ハナキンポウゲ《=ranúnculo》
como una ~ 稲妻のようにすばやく;非常に
echar ~s 激怒する
centellador, ra [θenteʎaðór, ra] 形 きらきら光る
centellante [θenteʎánte] 形 =**centelleante**
centellar [θenteʎár] 自 =**centellear**
centellazo [θenteʎáθo] 男《プエルトリコ》〔傷をあたえるような〕打撲, 衝撃
centelleante [θenteʎeánte] 形 きらきら光る
centellear [θenteʎeár]《←centella》自 ❶ きらめく, きらきら輝く;〔星が〕またたく. ❷〔眼が〕輝く
centelleo [θenteʎéo] 男 ❶ きらめき, またたき. ❷〔天文, 物理〕シンチレーション. ❸〔テレビ, 映画〕画面のちらつき
centellero [θenteʎéɾo] 男《チリ》=**centellar**
centellón [θenteʎón] 男 centella の示大語
centén [θenténn] 男〔古語〕❶〔スペインの〕100レアル金貨. ❷《キューバ》5ペソ金貨
centena[1] [θenténa] 形 **I** 《←ラテン語 centum》名 ❶〔集名〕100のまとまり. 約100: una ~ de libros 約100冊の本. unas ~s de libros 数百冊の本. Había dos ~s de personas. 200人いた. ❷〔複〕100の位の数: En el número 2012, el 0 representa las ~s.

2012という数で0は100の位の数である
II〔←centeno〕男〔古語〕ライ麦の茎
centenada [θentenáða] 女 100のまとまり《=centena》
a ~s 何百も, 数多く
centenal [θentenál] **I**《←centenal》男 100のまとまり《=centena》
II 男 100のまとまり《=centena》
centenar [θentenár] **I**《←centeno》男 ❶ 100のまとまり《=centena》:〔varios〕~**es** de personas 数百人. a ~**es** 何百となく; たくさん. ❷ 100周年, 100年祭. ❸〔複〕多数: ~**es** de veces 何度も
II〔←centeno〕男 ライ麦畑《=centenal》
centenario, ria [θentenárjo, rja]《←centeno》形 名 ❶ 100歳の〔人〕, 100歳以上の〔人〕; 100年の, 100年以上たった: árbol ~ 樹齢100年の木. ❷ 100の. ❸〔演劇〕〔作品が〕連続上演100回の. ❹ 年代物の, 骨董的価値のある
── 男 ❶ 100年間: llegar a ~ 100歳(100年)になる. ❷ 100周年〔記念日〕, 100年祭: celebrar el segundo ~ de la fundación 創立200周年を祝う. el quinto ~ del descubrimiento de América アメリカ発見500年祭. ❸《メキシコ》〔1916~30年に流通した〕50ペソ金貨
centenaza [θentenáθa] 形 paja ~ ライ麦のわら
centenero, ra [θentenéɾo, ra] 形〔土地が〕ライ麦栽培に適した
centenilla [θentenía] 女〔植物〕サクラソウ科の一種《学名 Centunculus minimus》
centeno[1] [θenténo]《←ラテン語 centenum < centeni「100ずつ」《まかれた種1粒が100粒に増えると思われていた》》男〔植物〕ライ麦: pan de ~ ライ麦パン
centeno[2], **na**[2] [θenténo, na] 形 100番目の《=centésimo》
centenoso, sa [θentenóso, sa] 形 ライ麦が多く混ざった
centésima[1] [θentésima] 女〔単位〕100分の1: una ~ de segundo 100分の1秒
centesimal [θentesimál] 形 ❶ 100分の1の: escala ~ 100分の1の縮尺. termómetro de escala ~ セ氏温度計. ❷ 100進法の, 100分法の.〔数が〕1から99までの
centésimo, ma[2] [θentésimo, na] 形《←ラテン語 centesimus < centum》形 ❶〔序数詞〕100番目の. ❷〔分数詞〕100分の1〔の〕: la ~**ma** parte de la población 人口の100分の1. dos ~**s** 100分の2
── 男〔パナマなどの貨幣単位〕センテシモ
centi-〔接頭辞〕〔百・100分の1〕*centí*metro センチメートル
centiárea [θentjáɾea] 女〔面積の単位〕センチアール
centígrado, da [θentíɣɾaðo, ða] 形 セ氏の, 100度目盛りに分けた
centigramo [θentíɣɾamo] 男〔重さの単位〕センチグラム
centil [θentíl] 男〔統計〕=**percentil**
centilitro [θentilítro] 男〔容量の単位〕センチリットル
centillero [θentiʎéɾo] 男《カトリック》〔聖体顕示に用いられる〕7本のろうそく付きの大燭台
centiloquio [θentilókjo] 男 100部(100の文書)から成る〔文学〕作品
centimano, na [θentimáno, na] 形《ギリシア神話》100の手を持つ〔巨人〕
centímano, na [θentímano, na] 形 =**centimano**
centímetro [θentímetɾo]《←centi-+metro》男〔長さの単位〕センチメートル: Te faltan dos ~s para poder ser policía. 警官になるには君は2センチ身長が足りない. ~ cuadrado (cúbico) 平方(立方)センチ
céntimo[1] [θéntimo] 男〔スペインで〕ユーロセント《ユーロの100分の1》;〔スペイン・ポルトガルの旧貨幣単位〕センティモ《ペセタ・エスクードの100分の1》: no tener un ~ 一銭も持っていない
al ~〔金勘定などで〕きわめて正確に
céntimo[2], **ma** [θéntimo, ma] 形 100分の1の《=centésimo》
centinela [θentinéla] 女《←伊語 sentinella》名 歩哨, 番兵; 見張り, 監視人: hacer ~ / estar de ~ 歩哨に立つ; 見張りをする
── 男 見張り, 監視〔行為〕
centinodia [θentinóðja] 女〔植物〕❶ ミチヤナギ. ❷ タデ属の一種《学名 Polygonum equisetiforme》
centinormal [θentinoɾmál] 形〔化学〕〔溶液が〕100倍に薄められた
centiplicado, da [θentiplikáðo, ða] 形 100倍にされた
centipondio [θentipóndjo] 男〔昔の重量単位〕キンタル《=quintal》

Cento《略語》←centenario 百年祭
centola [θentóla]《女》=**centolla**
centolla [θentóʎa]《女》《動物》ケアシガニ, ケガニ
centollo [θentóʎo]《男》=**centolla**
centón [θentón]《男》❶ ［借用・剽窃による］継ぎはぎの文学作品. ❷ パッチワークのベッドカバー
centonar [θentonár]《他》❶ 無秩序に山積みする. ❷ ［借用・剽窃によって, 作品を］継ぎはぎする
centrado, da [θentráðo, ða]《形》❶ ［+en 新しい環境に］適合した, おさまった: Ya anda (está) ~ en su trabajo. 彼はもう仕事に慣れている. ❷ ［道具・部品が］中心が正しく位置した. ❸ 中心に置かれた. ❹ 中枢に位置した. ❺ ［+en 焦点を当てた: estudio ~ en el Renacimiento ルネサンスに焦点を当てた研究. ❻ ［思考・行動が］バランスのとれた, 分別のある: padre muy ~ とてもバランスのとれた考え方をする父親. ❼ 落ち着いた: Le veo muy ~ desde que se casó. 彼は結婚してからとても落ち着きが出てきた
—— 《男》❶ 中心に置くこと, 中心をしかるべき位置に置くこと. ❷《技術》心出し, 心合わせ
central [θentrál]《←ラテン語 centralis》《形》❶ 中心の, 中央の: Los diccionarios están en el estante ~. 辞書類は真ん中の棚にある. estación ~ 中央駅. parte ~ de la plaza 広場の中央部. ❷ 中枢の: gobierno ~ 中央政府. ❸ 主要な, 中心的な, 根本的な: personaje ~ de la novela 小説の中心人物. tema ~ de la reunión 会議のメインテーマ. ❹ ［機能などが］一個所集中型の: calefacción ~ セントラル・ヒーティング, 集中暖房. ❺《音声》中舌音の: vocal ~ 中舌母音
—— 《男》《サッカー》センターバック《選手. =defensa ~》
—— 《男》《キューバ, ペルー》製糖工場《=~ azucarero》
—— 《女》❶ 本部, 本社《⇔sucursal》: La ~ de esta compañía de seguros está en Madrid. この保険会社の本社はマドリードにある. La sucursal del banco ha de pedir autorización a la ~ para concederme el préstamo. 銀行の支店は私へのローンの許可を本店に求めなくてはならない. ~ de correos 中央郵便局, 本局. ~ de la OMS en Ginebra ジュネーブのWHO本部. ~ obrera (sindical) ［労働組合の］ナショナル・センター. ❷ 発電所《=~ eléctrica, ~ de energía》: ~ de Chernobyl チェルノブイリ原子力発電所. ~ hidroeléctrica (térmica, nuclear) 水力(火力・原子力)発電所. ~ telefónica 電話局, 交換局《=~ telefónica》; ~ urbana 市内通話用の交換局. ~ automática 自動交換機. ~ de bombeo ポンプ場. ~ depuradora 浄水場. ~ lechera 搾乳場. ❺《メキシコ》~ camionera バスターミナル. ~ de abasto 市場(;). ❻《プエルトリコ》製糖工場
centralismo [θentralísmo]《男》中央集権制, 中央集権主義
centralista [θentralísta]《形》《名共》❶ 中央集権制の, 中央集権的な; 中央集権主義者. ❷ 電話交換係. ❸《プエルトリコ》製糖工場の工場主
centralita [θentralíta]《θentral の示小語》《女》電話交換機, 交換台
centralización [θentraliθaθjón]《女》集中化; 中央集権化: ~ del Estado 中央集権国家の形成
centralizador, ra [θentraliθaðór, ra]《形》❶ 中央に集める. ❷ 中央集権的な; 中央集権主義者
centralizar [θentraliθár]《←central》［9］《他》❶ 中央に集める: ~ informaciones 情報を中央に集める. ~ las fuerzas minoritarias 少数派勢力を結集する. ❷ 中央集権化する: Se intenta uniformar y ~ la educación primaria. 初等教育の画一化と国家統制が意図されている. economía centralizada 集権経済
centrar [θentrár]《←centro》《他》❶ ［+en 中心に置く, しかるべき位置に置く；…に集中させる: ~ un florero en la mesa テーブルの真ん中に花瓶を置く. ~ la rueda de un coche 車輪の中心を決める. ❷ ［+en 集中させる, 焦点を当てて行為う: Ha centrado sus investigaciones en la economía moderna. 彼は近代経済を集中的に研究している. ❸ ［注意・関心などを］引きつける: ~ la atención de todos 皆の注目を集める. ❹ ［旋盤・ろくろの］回転軸に中心を合わせる. ❺ ［弾丸などの］照準を合わせる. ［光線の］焦点を合わせる. ❻《狩猟》［獲物の］照準の中心に捉える. ❼《スポーツ》センターキックする; センタリングする. ❽ 均衡(安定)した状態に置く; 分別をわきまえさせる. ❾ ［精神的に］落ち着かせる
—— ~se ❶ ［+en 新しい環境に］慣れる: Estarás al princi-

pio un poco desorientado, pero ya te centrarás en tu nuevo puesto. 最初の内はまごつくだろうが, すぐ新しい部署に慣れるよ. ❷ ［行為・関心などが］集中する: El discurso del presidente se centró en la política económica. 大統領の演説は経済政策に焦点が当てられた. Todas las miradas se centraron en la actriz. すべての視線がその女優に集まった. Washington está centrado en Irak. アメリカ政府の関心はイラクに集中している. ❸ 均衡する, 安定する; 分別をわきまえる; 気持ちが落ち着く
centrarco [θentrárko]《男》《中南米. 魚》ケントラルクス《サンフィッシュ科》
céntrico, ca [θéntriko, ka]《←centro》《形》《名》❶ 中央部の; ［町などの］中央部にある: Se vende piso ~ en Huelva. ウエルバ都心のマンション売ります. calle ~ca 中心街. punto ~ 中心地. ❷ 中道主義の; 中道派〔の〕
centrifugación [θentrifuɣaθjón]《女》脱水; 遠心分離
centrifugado [θentrifuɣáðo]《男》=**centrifugación**
centrifugador, ra [θentrifuɣaðór, ra]《形》遠心分離する, 遠心力を利用する
—— 《女》❶ 遠心分離機; ［洗濯機の］脱水機. ❷ ［対重力訓練用の］遠心加速装置
centrifugar [θentrifuɣár]《8》《他》遠心分離機にかける; 脱水機にかける
centrífugo, ga [θentrífuɣo, ɣa]《←centro+ラテン語 fugere「逃げる」》《形》❶ 遠心力の, 遠心力による《⇔centrípeto》: fuerza ~ga 遠心力. bomba ~ga 遠心(渦巻)ポンプ. ❷ ［製品の］遠心分離で得られた
—— 《女》遠心分離機《=centrifugadora》
centrina [θentrína]《女》《魚》オロシザメの一種《学名 Oxynotus centrina》
centriolo [θentrjólo]《男》《生物》中心小体, 中心子
centrípeto, ta [θentrípeto, ta]《←centro+ラテン語 petere「向かう」》《形》求心的な, 求心力による《⇔centrifugo》: fuerza ~ta 求心力, 向心力
centris [θéntris]《男》《南米. 昆虫》膜翅類の一種
centrisco [θentrísko]《魚》サギフエ《=chocha de mar》
centrismo [θentrísmo]《男》中道主義, 中道政治
centrista [θentrísta]《形》《名共》中道派〔の〕: partido ~ 中間政党
centro [θéntro]《←ラテン語 centrum<ギリシア語 kentron「針」(円を描くコンパスの先)》《男》❶ 中心, 中央: 1) Madrid está en el ~ de España. マドリードはスペインの真ん中にある. Mi hermana es la que va en el ~. 私の姉は真ん中にいる女性です. navegar por el ~ del río 川の中央を航行する. en el ~ de la plaza 広場の中央に. ~ de la Tierra 地球の中心. ~ de huracán ハリケーンの目. ~ de incendio 火事の中心, 火元. 2)《幾何》~ de un círculo (una esfera) 円(球)の中心. ~ de curvatura 曲線中心. ~ de simetría 対称の中心. 3)《光学》~ óptico 光心. ❷ ［関心・話題などの］中心: Es el ~ de mis preocupaciones. それが私の心配の種だ. Ella fue ~ de todas las miradas. 彼女は皆の注目の的だった. El partido de oposición se ha convertido en el ~ de las críticas. 野党が批判の的になっている. Ella siempre busca ser el ~ de las fiestas. 彼女はいつもパーティーの主役になりたがる. ~ de interés 興味の中心, 関心の的. ~ del ataque 主要な攻撃対象. ❸ ［活動などの］中心地, 都市; 拠点: Tokio es el ~ editorial y de impresión de Japón. 東京は日本の出版・印刷業の中心である. ~ de comunicaciones 交通の要衝. ~ de negocios ビジネスの中心地. ~ industrial 産業中心地. ~ turístico 観光都市; 観光地, リゾート地; 観光案内所. ~ de resistencia 抵抗運動の拠点. ~ de intrigas 陰謀の温床. ❹ ［町の］中心部, 中心街, 都心: Vive en el ~ de Pamplona. 彼はパンプローナの中心部に住んでいる. No se puede aparcar en el ~. 都心では駐車できない. Tengo que ir al ~ a hacer unas compras. 私は買い物をするために都心へ行かなければならない. ~ ciudad《表示》市内. ❺ ［中心的な］機関, 本部; 総合施設: 1) Trabajan en el ~ logístico. 彼らは物流センターで働いている. ~ católico カトリックセンター. ~ cívico 公民館, コミュニティーセンター. ~ comercial ショッピングセンター. ~ cultural カルチャーセンター; ［国の］文化の中心地. ~ de atención de día ［高齢者用の］デイケアセンター. ~ de coordinación ［警察の］作戦司令室. ~ de decisión 意思決定機関. ~ de Documentación de Comercio Exterior《西》［財務省内の, 輸出促進のための］外国貿易情報センター. ~ de enseñanza／~ do-

cente 教育機関, 学校. ～ de enseñanza media (secundaria) 中等学校〘スペインでは高校, 日本では中学・高校〙. ～ de enseñanza superior 高等教育機関〘スペインでは大学, 日本では大学・大学院・短大〙. ～ de investigación 研究センター. ～ de jubilados y pensionados 退職者・年金生活者センター. ～ de llamadas コールセンター. ～ deportivo スポーツセンター. ～ distribuidor/～ de distribución 配送(流通)センター. ～ financiero internacional 国際金融センター; オフショア金融センター. ～ hospitalario/～ de salud 医療センター. ～ penitenciario 刑務所. 2)《情報》～ de cálculo 計算センター. ～〔de proceso〕de datos データ処理センター. ❻《解剖》中枢器官: ～ nervioso 神経中枢; [中心的な] 管理機関. ～ respiratorio 呼吸中枢. ❼《軍事》[部隊・隊形の] 中核: ～ de la batalla [右翼・左翼に対して] 中央部隊. ～ guerrillero ゲリラの中核〔部隊〕. ❽《政治》中道派: ser de ～/estar en el ～ 中道派に属する. de ～〔derecha・izquierda〕中道〔右派・左派〕の. partido de ～ 中道政党. ❾《紋章》盾の中央部. ❿《サッカー》センタリング. ⓫《商業》～ de beneficio〔s〕利益責任単位, プロフィット・センター. ～〔de determinación〕de coste 原価中心点, コスト・センター. ⓬ 飾り: ～ de flores [台に載せた] 花飾り. ～ de mesa テーブルセンター〘食卓の中央に置く飾り布・鉢〙. ⓭《服飾》1)《メキシコ, ホンジュラス》チョッキ. 2)《中米》ズボンとチョッキのセット. 3)《カリブ, アンデス》ペチコート. 4)《キューバ》ズボン・シャツ・チョッキのセット. 5)《アンデス》[先住民・メスティーソの女性の] 厚手のフランネル地のスカート. ⓮《コロンビア》奥〘=fondo〙. ⓯《ボリビア》小型の敷物, マット

～ de población [生活インフラの整った] 居住地域, 住宅街

～ histórico 1) [世界遺産の] 歴史地区: *C～ histórico* de Córdoba コルドバ歴史地区. 2)《歴史》[19世紀の都市への人口流入以前の] 旧市街

～ urbano =～ **de población**

estar en su ～ 水を得た魚のようである, 得意とする領域にある

—— [名]《スポーツ》センター: medio ～ ミッドフィールダー

centroafricano, na [θentroafrikáno, na] [形] [名] ❶《国名》中央アフリカ共和国 República Centroafricana の(人). ❷《地名》中部アフリカ África central の〔人〕

Centroamérica [θentroamérika] [女]《地名》中央アメリカ〘グアテマラ, ベリーズ, エルサルバドル, ホンジュラス, ニカラグア, コスタリカ, パナマ〙

centroamericano, na [θentroamerikáno, na] [形] [名]《地名》中央アメリカの〔人〕: países ～*s* 中米諸国

centroasiático, ca [θentroasjátiko, ka] [形] [名]《地名》中央アジア Asia central の〔人〕

centrobárico, ca [θentrobáriko, ka] [形]《物理》重心の

centrocampismo [θentrokampísmo] [男]《サッカーなど》守備的ミッドフィルダー〘戦術〙

centrocampista [θentrokampísta] [名]《サッカーなど》ミッドフィルダー

—— [形]《サッカーなど》守備的ミッドフィルダーの

centrodonte [θentrodónte] [形]《動物》尖った歯をした

centroeuropeo, a [θentroeuropéo, a] [形] [名]《地名》中央ヨーロッパ Europa central の

centrolecito, ta [θentroleθíto, ta] [形]《生物》心黄卵の

centrolense [θentrolénse] [形] [名]《地名》セントラル Central の〔人〕〘パラグアイ南西部の県〙

centro-oceánico, ca [θentro〔o〕θeániko, ka] [形] →**dorsal** centro-oceánico

centropen [θentrópen] [男]《キューバ. 文房具》マーカー〘=rotulador〙

centro-periferia [θéntro periférja] [男]《経済》[世界経済は中心に位置する基軸国とそれに従属する周辺国からなるという] 中心と周辺〔概念〕

centrosfera [θentrɔsféra] [女] ❶《地質》[地球の] 中心部. ❷《生物》[細胞の] 中心球

centrosoma [θentrosóma] [男]《生物》中心体

centrospermo, ma [θentrɔspérmo, ma] [形] 中心子目の

—— [女] [複]《植物》[旧分類体系で] 中心子目

centunviral [θentu〔m〕birál] [形]《古代ローマ》百人法院の裁判官の

centunvirato [θentu〔m〕biráto] [男]《古代ローマ》百人法院

centunviro [θentu〔m〕bíro] [男]《古代ローマ》百人法院の裁判官

centuplicar [θentuplikár] [7] [他] [主に強調] 100倍にする: Todos juntos, *centuplicamos* nuestras fuerzas. 皆が団結すれば百人力だ

céntuplo, pla [θéntuplo, pla] [形] [男]《まれ. 倍数詞》100倍〔の〕

centuria [θentúrja] 〘←ラテン語〙 [女] ❶《文語》1世紀, 100年〘=siglo〙. ❷《古代ローマ》1) 百人隊. 2) [投票単位としての] ケントゥリア

centuriados [θenturjádɔs] [形]《古代ローマ》comicios ～ ケントゥリアス民会

centurión [θenturjɔ́n] [男]《古代ローマ》百人隊長

centurionazgo [θenturjonáθgo] [男]《古代ローマ》百人隊長の職

cenuro [θenúro] [男]《動物》共尾虫

cenurosis [θenurósis] [女]《獣医》共尾虫病症

cenutrio, tria [θenútrjo, trja] [形] [名]《西. 軽蔑》うすらばか〔な〕, 間抜け〔な〕

cenzalino, na [θenθalíno, na] [形] イエカ cénzalo の

cénzalo [θénθalo] [男]《昆虫》イエカの一種〘学名 Culex pungens〙

cenzaya [θenθája] [女]《アラバ》ベビーシッター〘=niñera〙

cenzonte [θenθɔ́nte] [男]《メキシコ, グアテマラ, ホンジュラス》=**cenzontle**

cenzontle [θenθɔ́ntle] [男]《メキシコ. 鳥》マネシツグミ

ceña [θéɲa] [女]《地方語》=**aceña**

ceñida[1] [θeɲíđa] [女]《船舶》❶ [ヨットレースで] ブイ回り, マーク回航. ❷ 風上に詰めての帆走

ceñideras [θeɲiđéras] [女] [複]《西》[農業労働者などが着ける] ズボンカバー

ceñido, da[2] [θeɲíđo, đa] [形] ❶ [衣類などが] ぴったりした: pantalón muy ～ ぴっちりしたズボン. ❷ [ハエ・アリ・ミツバチなどのように] 胸部と腹部の区分が明確な. ❸ [カーブが] 急な. ❹ 質素な, 倹約した

—— [副]《スポーツ》ぎりぎりで

—— [男] ❶ 巻きつけ, 締めつけ. ❷ 限定, 自制

ceñidor [θeɲiđɔ́r] [男]《服飾》❶ [腰に締める] 帯, ベルト. ❷《古語的》[女性用下着としての] 胸に締める帯

ceñidura [θeɲiđúra] [女] 巻きつけ, 締めつけ

ceñiglo [θeɲíglo] [男]《地方語. 植物》シロザ, アカザ〘=cenizo〙

ceñimiento [θeɲimjénto] [男] =**ceñidura**

ceñir [θeɲír] 〘←ラテン語 cingere〙 [20] [35] 〘→**teñir**. [現分] ceñendo〙 [他] ❶ 締める, 締めつける: La vestida que lleva Ana le *ciñe* mucho la cintura. アナが着ているドレスはウエストをぴったり締めつける. Esta falda me *ciñe* demasiado. このスカートは私にはきつい. Esta faja no me *ciñe* bien. このベルトは私には緩い. ❷ [服などを] ぴったり合わせる, フィットさせる. ❸《文語》[体などに, +con・de を] 巻きつける: 1) *Ciñeron* su cabeza *con* una corona de laurel. 彼は頭に月桂冠を頂いた. ～ una ventana *de* rosas 窓にバラをからませる. 2) …を巻きつける: ～ cadenas a+人 …を鎖でがんじがらめにする. ❹《文語》取り囲む: Las murallas *ciñen* la ciudad de Ávila. 城壁がアビラの町を囲んでいる. ❺ [話などを] 短くする. ❻ [出費などを] 抑える. ❼《船舶》～ el viento 風上にできるだけ詰めて帆走する

—— **～se** ❶ [+a に] とどめる, 限定する; 自制する, 差し控える: Hay que ～*se a*l presupuesto. 出費を予算内に抑える必要がある. *Cíñase a* relatar los hechos. 事実だけを述べるようにして下さい. En mi instituto las clases no *se ceñían* casi nunca *a*l programa. 私の高校では授業がカリキュラムどおりに進んだことはまずなかった. ❷《文語》[剣などを] 身につける. ❸ [+a+場所 に] ぴたりと近寄る. ❹ [仕事などに] 専念する

ceño [θéɲo] **I** 〘←ラテン語 cinnus「目配せ」〙 [男] ❶ しかめっつら: fruncir (arrugar) el ～ 眉をひそめる. ❷ [空・雲・海などの] 一荒れきそうな様子

II 〘←ceñir〙 [男] ❶ 締め金具, 輪, たが. ❷《獣医》馬の蹄にできる輪状の突起

ceñoso, sa [θeɲóso, sa] **I** 〘←ceño I〙 [形] =**ceñudo**

II 〘←ceño II〙 [形]《獣医》馬の蹄に輪状の突起ができた

ceñudo, da [θeɲúđo, đa] [形] ❶ [人が] しかめっつらの, 眉をひそめた; 仏頂面の. ❷ 不機嫌な, 敵意のある

ceo [θéo] [男]《魚》マトウダイ〘=pez de San Pedro〙

ceoán [θeoán] [男]《メキシコ. 鳥》コマツグミ

CEOE [θeóe] [女]《略語》←Confederación Española de Organizaciones Empresariales スペイン経団連

ceolita [θeolíta] [女]《鉱物》=**zeolita**

cepa [θépa] 〘←cepo I〙 [女] ❶ [ブドウの] 幹状のつる〘そこから sarmiento が生える〙. ❷ [木の幹・草の茎の地中部分] 根茎,

C

株: arrancar las ～s 切り株を引き抜く. ❸［柱などの］根もと;［角・尾などの］付け根. ❹《文articles》家柄, 血筋: de rancia ～ 由緒ある家柄の. ❺《生物》〖集名〗［菌などの］株. ❻《建築》［丸天井の］支柱; 橋柱, 橋台. ❼《サッカー》ゴールポストの下部. ❽ 暗雲の中心. ❾《植物》～ caballo トゲオナモミ. ～ virgen ブドウに似たつる植物. ❿《メキシコ》［大きな］穴. ⓫《ホンジュラス, プエルトリコ》〖集名〗［バナナなど］共通の祖先を持つ植物
de buena ～ 上質の
de pura ～《口語》［人が］生粋の

CEPAL [θepál] 囡《略語》←Comisión Económica para América Latina ラテンアメリカ経済委員会
cepear [θepeár] 自《狩猟》［+場所に］罠 cepo を仕掛ける
cepeda [θepéða] 囡《根株で木炭を作る》灌木の茂み
cepejón [θepexón] 男［木の］太い根っ子
cepellón [θepeʎón] 男［移植の際］根に付けておく土, 根土
cepera [θepéra] 囡 ❶ =**cepeda**. ❷《サラマンカ》ヤギのひづめの炎症
cepero [θepéro] 男 罠猟師
cepillado [θepiʎáðo] 男 ❶ ブラッシング: ～ de los dientes 歯磨き. ❷ 鉋かけ
cepillador, ra [θepiʎaðór, ra] 形 名 鉋をかける; 削る〔人〕, 研磨する〔人〕
── 囡《技術》平削り盤, 機械鉋
cepilladura [θepiʎaðúra] 囡 ❶ ブラッシング. ❷ 鉋かけ; 研磨. ❸ 鉋くず
cepillar [θepiʎár]《←cepillo》他 ❶ ～にブラシをかける: ～ el traje ブラシで服をかける. ❷［木材に］鉋をかける;［金属を］磨く, 研磨する. ❸《西, ニカラグア, パナマ, コロンビア, パラグアイ》…へつらう, ごまをする; ちやほやする: ～ a sus superiores 上役にごまをする. ❹［マナーなどを］洗練する. ❺［賭け事で］…から金を巻き上げる. ❻《サッカー》［頭・足で, ボールの軌道を］わずかにそらす
──**se** ❶ 自分の…にブラシをかける: *Cepíllate* la chaqueta. 上着にブラシをかけなさい. ～*se* el cabello 髪をブラッシングする. ❷《西. 口語》［仕事などが］短時間に片付く. ❸《西. 口語》［金を］すぐに使い果たす. ❹《西. 口語》［人を］殺す. ❺《西. 口語》落第点をつける: *Se le cepillaron* en inglés. 彼は英語を落とした. ❻《西. 卑語》［主に男が女を性的に］ものにする
cepillazo [θepiʎáθo] 男《まれ》平手打ち
cepillo [θepíʎo]《←cepo I》男 ❶ ブラシ, 刷毛(${}_{はけ}^{}$): ～ para (de) la ropa 洋服ブラシ. ～ del pelo ヘアブラシ. ～ del calzado 靴ブラシ. ～ de dientes/～ dental 歯ブラシ. ～ para barrer［刷毛状の］ほうき. ❷ 鉋(${}_{かんな}^{}$): ～ bocel 割(${}_{わり}^{}$)り形鉋. ❸ 献金箱, 募金箱〖＝～ de las ánimas〗: pasar el ～《西》［ミサの時に］献金箱を回す; 掃く. ❹《カーリング》ブラシ. ❺《ニカラグア, エクアドル》おべっか使い. ❻《パナマ》〖複〗おべっか使い. ❼《ベネズエラ. 自動車》ワイパーブレード
al ～/a ～［髪を］短く刈った, クルーカットの
dar ～《コロンビア》おべっかを使う, ごまをする
cepita [θepíta] 囡《鉱物》［模様が同心状の］縞めのう
cepo [θépo] I《←ラテン語 cippus》男 ❶［動物を捕える］罠(${}_{わな}^{}$);［人に対する］計略: caer en el ～ 罠にはまる. ❷［木製の］枷(${}_{かせ}^{}$): estar con las manos en el ～ 手枷をはめられている. ❸［船舶］錨の横木, アンカー・ストック〖＝～ del ancla〗. ❹［木の］枝; 切り株. ❺［地面に置かれた太い丸太の］作業台, 鉄床(${}_{かなとこ}^{}$)を置く台. ❻［基礎杭などをはさむ］2本組みの梁(桁). ❼綿糸の繰り具. ❽［教会などの］献金箱, 募金箱〖＝cepillo ❸〗. ❾《喫茶店・ホテルなどの》新聞(雑誌)ばさみ. ❿《自動車》車止め. ⓫《地方語》家畜を分ける柵. ⓬《ホンジュラス, ラプラタ. 古語》～ colombiano/～ de campaña［軍隊で］2丁の銃ではさんで圧迫する刑罰
II《←ラテン語 cephus》男《動物》クチヒゲエゾノン〖=cefo〗
cepola [θepóla] 囡《魚》スミツキアカタチ
cepón [θepón] 男［ブドウの］幹dimのの太いいつる
ceporrez [θeporéθ] 男《西》間抜けさ
ceporro, rra [θepóro, ra] 形 名《西》間抜けな〔人〕, ばかな〔人〕
── 男 たきぎ用の古い根っ子
dormir como un ～《西》ぐっすり眠る
ceprén [θeprén] 男《アラゴン》［重い物を動かす］てこ
CEPSA [θé(p)sa] 囡《略語》←Compañía Española de Petróleos, Sociedad Anónima スペイン石油会社
ceptí [θe(p)tí] 形〖複 ～es〗《廃語》=**ceutí**

CEPYME 囡《略語》←Confederación Española de la Pequeña y Mediana Empresa スペイン中小企業連合会
cequeta [θekéta] 囡《ムルシア》細い用水路
cequí [θekí] 男〖複 ～es〗《古語》ゼッキーノ金貨
cequia [θékja] 囡 =**acequia**
cequiaje [θekjáxe] 男 用水路税
cequión [θekjón] 男 ❶《ムルシア》［水車などの取水用の］細い水路. ❷《ベネズエラ》小川, 流れ. ❸《ペルー, チリ》大きな運河 (用水路)
cera [θéra]〖←ラテン語 cera〗囡 ❶《不可算》蠟(${}_{ろう}^{}$): museo de ～ 蠟人形館. ～ amarilla 黄蠟. ～ blanca 白蠟. ～ de abejas/～ aleda 蜜蠟, 蜂蠟. ～ de palma パーム蠟. ～ mineral 鉱蠟, 地蠟. ～ toral 未ざらしの蠟. ～ vana 空の巣房から採取した蠟. ～ vegetal 植物性の蠟, 木蠟. ～ virgen 生(${}_{き}^{}$)蠟. ❷《不可算》［一か所での］ろうそく: ～ viva 燃え残りのろうそく. ❸《不可算》ワックス: dar la ～ al suelo 床にワックスをかける. sacar la ～ ワックスがけして磨く. ～ de lustrar ワックスポリッシュ. ～ de para suelos フロアワックス, 床磨き剤. ～ depilatoria 脱毛ワックス. ❹《不可算》耳垢〖=～ de los oídos, cerumen〗: sacarse la ～ de los oídos 耳垢を取る. ❺《美術》クレヨン. ❻《養蜂》〖複〗巣房. ❼《鳥》［くちばしの］蠟膜. ❽《メキシコ, アンデス》〖複〗ろうそく〖=vela〗. ❾《キューバ. 植物》アカネ科のつる植物の一種〖学名 Chimarrhis cymosa〗
～ perdida《美術》［中空の像を作る］ロストワックス: de (a) *～[s] perdida[s]* ロストワックスの
dar ～ 殴る
estar pálido como la ～［顔色が］真っ青である
hacer la ～ 脱毛ワックスでむだ毛の処理をする
No hay más ～ que la que arde. 何もこれ以上隠していることはない/すべて話した
ser como una ～/ser hecho de ～ 従順である, 人の言いなりになる
ceracate [θerakáte] 男《鉱物》白めのう
ceración [θeraθjón] 囡《化学》［金属の］溶解, 融解
cerafolio [θerafóljo] 男《植物》チャービル, セルフィーユ〖=perifollo〗
ceragallo [θeraɣáʎo] 男《コスタリカ. 植物》トーチ・ロベリア〖学名 Lobelia laxiflora〗
cerambícido, da [θerambíθiðo, ða] 形 カミキリムシ科の
── 男〖複〗《昆虫》カミキリムシ科
cerámica[1] [θerámika]《←ギリシア語 keramikos < keramos「粘土」》囡 ❶《時に》〖集名〗陶器, セラミックス: La ～ toledana es famosa por su buena calidad. トレドの陶器は上質なことで有名である. jarra de ～ 陶製の水差し. ❷ 陶芸〖=decoración de ～〗: aprender ～ 陶芸を学ぶ. ❸ 陶芸の考古学的研究
cerámico, ca[2] [θerámiko, ka] 形 陶器の: industria ～*ca* 製陶業, 窯業
ceramida [θerámiða] 囡《生化》セラミド
ceramista [θeramísta] 共 陶芸の; 陶工, 陶芸家
ceramita [θeramíta] 囡 ❶ 宝石の一種. ❷［花崗岩を上回る］硬質の煉瓦
ceramografía [θeramoɣrafía] 囡 陶器(セラミック)研究
cerapez [θerapéθ] 囡《製靴用の糸に塗る》ワックス
cerapio [θerápjo] 男《学生語》［試験の］零点
cerasiote [θerasjóte] 男《薬学》サクランボ汁入りの下剤
cerasita [θerasíta] 囡《鉱物》桜石
cerasta [θerásta] 囡 =**ceraste**
cerastas [θerástas] 囡〖単複同形〗=**ceraste**
ceraste [θeráste] 男《動物》ツノクサリヘビ
cerastes [θerástes] 男〖単複同形〗=**ceraste**
cerástide [θerástiðe] 男《昆虫》ヤガ科の蛾の一種
ceratias [θeratjas] 男《天文》2本の尾を持つ彗星
cerato [θeráto] 男《薬学》蠟膏(${}_{ろうこう}^{}$), セラート
ceratobranquial [θeratobraŋkjál] 男《動物》角鰓節(${}_{かくさいせつ}^{}$)
ceratotomía [θeratotomía] 囡《動物》=**queratotomía**
ceratótomo [θeratótomo] 男《医学》=**queratótomo**
ceráuneo, a [θeráuneo, a] 形 雷の
cerauniа [θeraunjа] 囡 磨製石斧〖=piedra de rayo〗
ceraunofobia [θeraunofóbja] 囡《雷》〖雨〗恐怖症
ceraunografía [θeraunoɣrafía] 囡 =**ceraunología**
ceraunógrafo [θeraunóɣrafo] 男 雷雨記録装置
ceraunología [θeraunoloxía] 囡 雷学
ceraunomancia [θeraunománθja] 囡 雷雨占い

ceraunomancía [θeraunomanθía] 囡 =**ceraunomancia**
ceraunómetro [θeraunómetro] 男 稲妻検知器
cerbas [θérbas] 男 インドの巨木
cerbatana [θerbatána] 囡 ❶［吹き矢の］吹き筒。❷［昔の］小口径のカルバリン砲。❸［昔の］補聴器
cerbero [θerbéro] 男 ❶《ギリシア神話》ケルベロス『冥界の門を守る3つの犬』。❷《植物》ケルベラ，ケレベラ，ミフクラギ
cerca [θérka] **I**《←ラテン語 circa「まわりに」》副 近くに《⇔lejos》: 1)［空間的］¿Está — la parada? 停留所は近いですか? Está aquí —. それはこの近くにある。No había una farmacia —. 近くに薬局はなかった。Se había puesto a mi espalda, muy —. 彼は私の背後，ごく近くにいた。Las casas están tan — que se pueden oír las conversaciones de los vecinos. 家々の間隔が狭くて隣家の話し声が聞こえる。2)［精神的］Los abuelos viven —. 祖父母は寄り添って暮らしている。Quería tener más — a los amigos. 彼は友人たちと仲よくなりたかった。Estás —, pero tienes una falta de ortografía. 君は正解に近い、でも綴りを1つ間違えている。3)［時間的．主に未来の］El plazo está —. 期限はもうすぐだ。He visto — la victoria. 私は勝利はもうすぐ来ていると見ている
~ de... 1) …の近くに: Viven ~ de la escuela. 彼らは学校のそばに住んでいる。Ahora tengo el trabajo ~ de casa. 私は今は家の近くに仕事場がある。Ponte ~ de mí. そばに来なさい。Nos perseguían de ~. 私たちはすぐ近くまで追いつめられていた。Se sentía muy ~ de su familia. 彼は私の家族に非常に親しみを感じていた。2)［数量を越えないで］およそ…，近く: Son ~ de las diez. 10時少し前だ。Llevamos ~ de tres horas andando. 私たちは3時間近く歩き続けている。Murieron ~ de dos mil hombres. 約2千名近くが死亡した。3)《←仏語》《外交》駐…の: embajador ~ de la Santa Sede バチカン駐在大使．enviado extraordinario ~ de Su Majestad Católica スペイン国王への特別使節．4)《まれ》《=acerca de》: Pregúntale ~ de eso. そのことについて彼に聞いてみなさい。5)《まれ》［介入．+de］…との間に
~ si+直説法 …かもしれない
~ suyo《主にチリ，アルゼンチン，ウルグアイ》…の近くに: La enfermera está siempre ~ suyo. 看護師がいつも彼のそばにいる
de ~ 1) 近くから: Vimos el desfile de ~. 私たちは行列を近くで見た。2) 実物で，じかに《=en persona》
en ~《古語》まわりに
estar ~ de+不定詞 もう少しで…するところである: Estuvimos tan ~ de conseguir la victoria. 私たちはもう少しで勝つところだった。El plazo está ~ de cumplirse. 期限はもうすぐ切れる
tener buen (mal) ~《古語》近くから見ると良く（悪く）見える
tocar de ~ 1) 実際的な知識がある: Toca muy de ~ todas las operaciones. 彼はあらゆる業務に精通している。2)［+a に］密接（直接的）な関係がある: Este asunto me toca de ~. この件は私と大いに関係がある。3)［+a と］近い血縁関係にある
── 男《美術》前景［にあるもの］
II《←ラテン語 circare「囲む」》囡 ❶ 囲い，柵，塀: rodear el campo con ~ 畑の回りに囲いをする。~ viva 生け垣。❷《古語》城壁。2)《軍》［中央が空いた］方陣
cercado [θerkáðo] 《←cercar》 男 ❶［畑・牧場など］囲われた場所。❷ 囲い，柵: ~ eléctrico 電気柵。❸《ペルー，ボリビア》州都・県都とその管轄下の町村。❹《ボリビア》［村の］共有地，入会地
cercador, ra [θerkaðór, ra] 形 囲む; 取り囲む
── 男［薄板の裏を凹ませてレリーフを施す］細い鑿(^{のみ})
cercana[1] [θerkána] 囡《キューバ》《碁盤目に向かって》コイン（石）を投げる遊び
cercanamente [θerkánaménte] 副 近くに; すぐに，間もなく
cercanía [θerkanía] 囡 ❶ 近いこと，近接: La ~ del mar se siente en el olor del aire. 海に近いことが空気の匂いから感じられる。❷ 複 近郊，周囲，付近: Vive en un pueblo en las ~s de Madrid. 彼はマドリード郊外の町に住んでいる。Su bicicleta aparece abandonada en las ~s del parque. 彼の自転車は公園の近くに乗り捨てられていた。3)《西》近距離電車《=tren de ~s》
cercano, na[2] [θerkáno, na]《←cerca I》形［estar+. +a に］

近い，近くにある《⇔lejano》: 1)［空間的］Vive en una casa ~na a la mía. 彼の住んでいる私の家から近い。¿Dónde está la farmacia ~na? 近い薬局はどこですか? 2)［時間的］En el otoño de 1944 la guerra estaba ~na a su fin. 1944年秋，戦争は終わりに近かった。3)［数量］La empresa pagará una cantidad ~na al millón de euros. 会社は100万ユーロ近い金を払うらしい。❷［友人・仕事の関係が］緊密な。❸［血縁関係が］ごく近い《親子，兄弟》
cerca peerless [θerkapírles] 囡《キューバ》［囲いなどに使う］金網
cercar [θerkár]《←ラテン語 circare「囲う」》[7] 他 ❶［場所を］囲む，囲う: ~ el terreno con alambre de espinos 有刺鉄線で土地に囲いをする。Unos árboles cercan la plaza. 木立が広場を取り巻いている。❷［人・物を］取り囲む，取り巻く: Los periodistas cercaron al ministro. 記者たちが大臣を取り巻いた。❸［包囲］包囲する《→asediar》[類義]
cercen [θérθen] =**cercén**
cercén [θerθén] *a* ~《←ラテン語 a circinum「丸く」》根もとから，ぎりぎりまで: cortar una rama *a* ~ 枝を付け根からすっぱり切り落とす
cercenador, ra [θerθenaðór, ra] 形 名 ❶ 刈り込む［人］。❷ 縮小する，削減する
cercenadura [θerθenaðúra] 囡 ❶ 刈り込み。❷［刈り込み時の］切れ端; 切り口。❸ 縮小，削減
cercenamiento [θerθenamiénto] 男 刈り込み; 縮小，削減
cercenar [θerθenár]《←ラテン語 circinare「丸くする」< circinus「コンパス」》他 ❶ 根もとから切る，短く刈る: ~ el seto 生け垣を刈り込む。❷［権限・費用などを］縮小する，削減する: ~ el poder real 王権を縮小する。~ a+人 al sueldo …の給料を減らす
cerceta [θerθéta] 囡 ❶《鳥》1) コガモ《=~ común》。2) ~ carretona マガモ属の一種《学名 Anas querquedura》。~ pardilla ウスユキガモ。❷ 複 シカの若角
cercha [θértʃa]《←古仏語 cerche》囡 ❶《建築》［アーチなどの］迫(^{せり})り枠。2)［曲面測定用の］曲がる物差し。3)［切り石の曲面加工用の］曲線形の型。4)［円卓などの支えの輪に用いる］円弧形の部材。❷《船》舵輪の外枠。❸ 鉄の輪。❹《キューバ》［二輪馬車 quitrín の幌・ベッドの蚊帳を支える］曲がった支柱
cerchab [θertʃáb] 男《グアテマラ》［衣服の］ハンガー《=percha》
cerchar [θertʃár] 他《農業》［ブドウの］取り木をする
cerchear [θertʃeár] **~se**《アラゴン，ムルシア》［梁・重量物を支える材木が］たわむ
cerchón [θertʃón] 男《建築》［アーチなどの］迫(^{せり})り枠
cercillo [θerθíʎo] 男 ❶ ~ de vid ブドウの巻きひげ。❷《廃語》《輪状の》イヤリング。❸《サラマンカ》［印としての］家畜の耳への切り込み
cerciorar [θerθjorár]《←ラテン語 certiorare》他［+de+事 を］確信させる
── **~se**［+de que+直説法 を］確かめる: Se cercioró de que la puerta estaba cerrada. 彼はドアが閉まっていることを確かめた
cerclaje [θerkláxe] 男《医学》ワイヤー固定による骨折部の接合
cerco [θérko]《←ラテン語 cercus「円」》男 ❶ 囲むこと; 包囲: poner (levantar el) ~ al castillo 城を包囲する（城の囲みを解く）。~ estrechar el ~ contra... …への包囲網を絞る。~ de curiosos 野次馬の輪（人垣）。~ de Zamora サモーラの包囲《1072年，アラゴンのサモーラ城をカスティーリャのサンチョ2世軍が7か月攻囲した》。❷ 輪，円形: ~ luminoso 光の輪，光輪。❸［樽の］たが。❹《西》［ドアの］枠(^{わく}); 窓枠。❺《主に中南米．農業》囲い，柵。❻《天文》［月などの］かさ，光環。❼ 回転《運動，周期》。❽ 警察官が張った魔法の円。❾《ガリシア》イワシ用の地引き網。❿《ホンジュラス》生け垣
cercópido, da [θerkópiðo, ða] 形 コガシラアワフキ科の
── 男《昆虫》コガシラアワフキ科の虫
cercopitécido, da [θerkopitéθiðo, ða] 形《動物》オナガザル科の
cercopiteco [θerkopitéko] 男《動物》オナガザル
cércopo [θérkopo] 男《昆虫》アワフキムシの一種《学名 Aphrophora espumaria》
cercote [θerkóte] 男《漁業》囲い網
cerda[1] [θérða]《←ラテン語 cirra「毛，毛の房」< ラテン語 cirrus「髪の巻き毛」》囡 ❶［馬・豚などの］剛毛。❷［毛ガニ・ミミズなど

の] 細く短い毛. ❸ [ブラシなどの] 毛. ❹《狩猟》[主に 腹] 剛毛製の] ヤマウズラ猟の罠(輪差). ❺ 刈り取った穀物. ❻ 豚の首の側面にできる癭(えい). ❼ [梳いてない] 亜麻の小さな束. ❽《コロンビア》足跡. ❾《ベネズエラ》掘り出し物, もうけ物
cerdada [θerðáða] 囡《口語》❶ 卑劣なやり口. ❷ 汚いもの. ❸ 下品な言行
cerdamen [θerðámen] 男 [ブラシなどに植える] 毛の束
cerdear [θerðeár] **I**《←cerdo》自 ❶ 後退する; 弱くなる: Este coche empieza a ～. この車はガタが来始めた. ❷ [馬・牛が] 前脚の力が抜ける, 前脚を引きずる. ❸ [楽器の弦が] 調子外れの音を出す. ❹ [言い訳して] サボる, ぐずぐずする. ❺ 卑劣(無礼)なふるまいをする; 汚くする. ❻《コロンビア》事業(取引)に参加する
II《←cerda》他 [馬などの] たてがみ(尾の剛毛)を切る
cerdito, ta [θerðíto, ta]《cerdo の示小語》名 子ブタ
cerdo, da[2] [θérðo, ða]《←cerda》名《動物》❶ ブタ(豚): preparar embutidos de ～ 豚の腸詰めを作る. ～ de muerte 1 歳になると畜殺される豚《de vida 1歳になっていないか, まだ太っていない豚》. ❷ ～ hormiguero ツチブタ. ～ marino ネズミイルカ, オロシザメの一種《学名 Phocaena phocaena》. ❸ イノシシ《=jabalí》
—— 形名《軽蔑》汚い(人); 下品な(人), 卑劣な(人), 身持ちの悪い(人); ¡Menudo ～, solo se lava una vez por semana! ひどく汚い奴だ, 週に1回しか風呂に入らないなんて! Es un ～: siempre eructa en las comidas. 彼は下品だ, いつも食事中にげっぷをする. Ese abogado fue un ～, nos estafó. あの弁護士は卑劣だ, 私たちから金をだまし取った. el ～ de Juan フアンのけす野郎

cerdoso, sa [θerðóso, sa] 形 ❶ 剛毛の多い. ❷ 剛毛状の
—— 男《動物》イノシシ《=jabalí》
cerdudo, da [θerðúðo, ða] 形 ❶ =cerdoso. ❷ [男が] 胸毛の濃い(多い)
cereal [θereál]《←ラテン語 cerealis「ケレス Ceres (豊穣の女神)の」》男 ❶ 穀物, 穀類; 穀草. ❷《料理》シリアル《《西》では《中南米》では 単》でも可》: desayunar ～es con leche 朝食でシリアルに牛乳をかけて食べる
—— 形 ❶ 女神ケレス Ceres の. ❷ 複 女神ケレスの祭り
cerealero, ra [θerealéro, ra] 形 穀物の, 穀類の/シリアルの
cerealícola [θerealíkola] 形 穀物生産の
cerealicultura [θerealikultúra] 囡 穀物生産
cerealina [θerealína] 囡 糠(ぬか)に含まれる酵素の一種
cerealista [θerealísta]《←cereal》形 穀物生産の; 穀物取引の: país ～ 穀物生産国. producción ～ 穀物生産. ❷ 穀物の
—— 名 穀物生産者; 穀物(穀類)取引業者
cerealístico, ca [θerealístiko, ka] 形 穀物生産の
cerebelo [θerebélo] 男 ❶《解剖》小脳. ❷《戯語》頭脳, 知力
cerebeloso, sa [θerebelóso, sa] 形 ⤵ 小脳の
cerebración [θerebraθjón] 囡 ❶《心理》思考, 大脳作用. ❷《解剖》頭化《=cefalización》
cerebral [θerebrál]《←cerebro》形名 ❶ 脳の; 大脳の: anemia ～ 脳貧血. sustancia ～ 脳内物質. ❷ 冷静な(人), 打算的な(人), 理知的な(人), 頭脳的な: Es una persona ～; tiene cabeza, pero no corazón. 彼は冷たい人間で, 頭はいいが思いやりがない. ❸《音声》そり舌の《=cacuminal》
cerebralismo [θerebralísmo] 男《感情に対する》知性の優位, 主知的考え方, 知性主義
cerebrina [θerebrína] 囡《薬学》アンチピリン・カフェイン・コカインを成分とする抗神経痛薬
cerebro [θerébro]《←ラテン語 cerebrum》男 ❶《解剖》脳; 大脳: hemisferio derecho (izquierdo) del ～ 右(左)脳. ❷ 頭脳, 知力; 知的指導者, ブレーン《=～ gris》; 頭のいい人: La policía ha detenido al ～ de la banda. 警察は一味の首謀者を逮捕した. Él es todo un ～. 彼はとても頭がいい(秀才だ). no tener ～ 頭が悪い. utilizar el ～ 頭を使う. ～ electrónico コンピュータ, 電子頭脳. ～ privilegiado (despierto) 優秀な頭脳, 俊才. ～s fugados 頭脳流出者
atormentar el ～ ブレーン・ストーミングを行なう
estrujarse (exprimirse) el ～ 《口語》脳みそを絞って考える: Se estruja el ～ tratando de resolver ese misterio. 彼はその謎を解こうと脳を絞っている
lavar el ～ a+人 ⋯を洗脳する

---

reblandecer el ～ 頭をぼけさせる
secar el ～ a+人《時に戯語》⋯の気を狂わせる
secarse el ～《時に戯語》気が狂う: De tanto estudiar se le va a secar el ～. そんなに勉強すると頭がおかしくなりますよ
cerebroespinal [θerebroespinál] 形《解剖》脳脊髄の
cerebroide [θerebrójðe] 形《解剖》大脳物質様の
cerebrorraquídeo, a [θerebrorakíðeo, a] 形 =cerebroespinal
cerebrósido [θerebrósiðo] 男《生化》セレブロシド
cerebrospinal [θerebrospinál] 形 =cerebroespinal
cerebrotónico, ca [θerebrotóniko, ka]《心理》頭脳型の
cerebrovascular [θerebrobaskulár] 形《解剖》脳血管の
cereceda [θereθéða] 囡 サクランボ畑, オウトウ林《=cerezal》
cerecero, ra [θereθéro, ra] 形 サクラの; サクランボを摘む
—— 囡《エストレマドゥラ》サクランボの収穫期
cerecilla [θereθíʎa] 囡 辛味の強い小型のトウガラシ
cerecillo [θereθíʎo] 男《植物》フライ・ハニーサックル
cerecino [θereθíno] 男《植物》サクランボの一種
ceremonia [θeremónja]《←ラテン語 caeremonia「聖なること」》囡
❶ 儀式, 式典: celebrar una ～ de nombramiento 命名式を行なう. maestro de ～s 式部官, 儀典長. ～ del matrimonio 結婚式. ❷ [時に 腹] 過度の礼儀, 儀礼, 虚礼; 堅苦しさ: hacer una ～ うやうやしくする. con ～ うやうやしく, もったいぶって
de ～ 1) 儀式用の: traje de ～ 式服, 礼服. 2) 礼儀作法にのっとった; 荘厳に, 盛大に: La boda es de ～. 結婚式は正式に行なわれる. 3) 儀礼的に, お義理で
por ～ 儀礼的に, お義理で: Me ha saludado por ～, pero nada más. 彼は私にきちんと挨拶したが, それだけのことだった
sin ～s もったいぶらずに, 堅苦しくなく: Nos atendió con mucha familiaridad, sin ～s. 彼は大変親しく, 肩ひじ張らずに応対してくれた
ceremonial [θeremonjál]《←ラテン語 caeremonialis》形 儀式〔用〕の, 式典〔用〕の: reglas ～es 儀式の決まり事. traje ～ 式服
—— 男 ❶ 集合 作法, 儀典: observar el ～ 礼儀作法を守る. ～ palatino 王室典範. ❷ 儀典書, 儀式書; 式次第. ❸ 葬儀社の作業員
ceremonialmente [θeremonjálménte] 副 =ceremoniosamente
ceremoniático, ca [θeremonjátiko, ka] 形 礼儀作法にのっとった
ceremoniosamente [θeremonjósaménte] 副 非常に礼儀正しく, 儀礼的に, 礼儀作法にのっとって
ceremoniosidad [θeremonjosiðáð] 囡 礼儀正しさ
ceremonioso, sa [θeremonjóso, sa]《←ceremonia》形 非常に礼儀正しい, 礼儀作法にやかましい, 礼儀作法にのっとった: saludo ～ うやうやしい(大げさな) 挨拶
cereño, ña [θeréɲo, ɲa] [犬が] 鉛色の
céreo, a [θéreo, a]《←ラテン語 cereus < cera》《文語》蝋の(ような): rostro ～ 黄色がかった顔色
cerería [θerería] 囡 ❶ ろうそく店, 蠟製品店. ❷ ろうそく製造業, 蠟細工業. ❸ 集合 ろうそく, 蠟細工品
cerero, ra [θeréro, ra] 形 ❶ ろうそく製造(販売)業者, 蠟製品商, 蠟細工師. ❷《歴史》～ mayor 王宮のろうそく係
Ceres [θéres] 囡《ローマ神話》ケレス《豊穣の女神. ギリシア神話の Deméter に当たる》
ceresina [θeresína] 囡《化学》セレシン《=goma ～》
ceretano, na [θeretáno, na] 形名《歴史, 地名》=cerretano
cerevisina [θerebisína] 囡《生化》ビール酵母
cereza [θeréθa] 囡《←俗ラテン語 cerasia < ラテン語 cerasium「サクランボ〔植物〕」》❶ [果実] 1) サクランボ《=～ mollar》: ～ pasa 干しサクランボ. ～ gordal (garrafal) ビガロー. ～ póntica サワーチェリー. 2)《コスタリカ》アセロラ《=acerola》. ❷《中米, カリブ, コロンビア》コーヒー豆の殻
—— 形 男 [サクランボ・アンチモンなどの] 暗赤色〔の〕. ❷ [白熱した金属の] 鮮紅色〔の〕《=rojo ～》
cerezal [θereθál] 男 ❶ サクランボ畑, オウトウ林. ❷《アストゥリアス, サラマンカ. 植物》オウトウ《=cerezo》
cerezo [θeréθo]《←ラテン語 cerasius》男《植物》❶ オウトウ(桜桃), セイヨウザクラ; [一般に] サクラ(桜). 1) ～ aliso エゾノウワミザクラ. ～ de Santa Lucía マハレブ・チェリー. 2) ～ silvestre ミズキ. ❸《中南米》アセロラ, バルバドスザクラ

cérido [θériðo] 男《化学》セリウム族，セリウム金属

cerífero, ra [θerífero, ra] 形 蠟を産み出す

cerífico, ca [θerífiko, ka] 形 pintura 〜ca 蠟画

ceriflor [θeriflór] 女《植物》キバナルリソウ，セリンセ

cerilla [θerí ʎa] 女《←cera》❶《西》マッチ: rascar una 〜 マッチをする，マッチに火をつける. acercar una 〜 a... …にマッチで火をつける. ❷ 不可算 耳垢《=cerumen》. ❸ 細長いろうそく

cerillero, ra [θeriʎéro, ra] 名《西》マッチ売り，たばこ売り
—— 男 マッチ箱《=cerillera》
—— 女 マッチ箱

cerillo [θeríʎo] 男 ❶《まれ》細長いろうそく《=cerilla》. ❷《メキシコ，グアテマラ，ペルー》マッチ《=cerilla》. ❸《植物》1)《ニカラグア》=**cerito**. 2)《キューバ》アカネ科の高木《学名 Exostemma caribeum》. 3)《コスタリカ》オトギリソウ科の一種《学名 Symphonia globulifera》

cerina [θerína] 女 ❶《化学》セロチン酸. ❷ コルクガシの樹蠟. ❸《地質》セリウムケイ酸塩鉱物

cerio [θérjo] 男《化学》《元素》セリウム

ceriolario [θerjolárjo] 男《古代ローマ》枝付きの大燭台

cerita [θeríta] 女《鉱物》セライト，セル石

cerito [θeríto] 男《コスタリカ. 植物》ヤナギ科の灌木《学名 Casearia corymbosa》

cerla [θérla] 女《地方語》トウモロコシの花

cermeña [θerméɲa] 女《果実》ラフランス

cermeño [θerméɲo] 男 ❶《植物》ラフランス《セイヨウナシの一種》. ❷ 粗野《下品》な男；愚かな男

cermet [θermét] 男《金属》サーメット

cernada [θernáða] 女 ❶《灰汁》濾し布 cernadero に残った灰. ❷《美術》[テンペラ画などのカンバス下塗り用の] 灰とにかわの混合剤. ❸《獣医》[馬の故障部位強化用の] 灰入りパップ

cernadero [θernaðéro] 男 ❶ [洗濯用の灰汁の] 粗い濾(こ)し布. ❷ [バンダイク襟 valona の素材の，時に絹糸を織り込んだ] 亜麻布

cerne [θérne] 形 [木材が] 堅く強い
—— 男《木の》芯，心材

cernedera [θerneðéra] 女《主に 複》. パン生地の練り鉢の上に置く》篩い作業用の木枠

cernedero [θerneðéro] 男 ❶ 粉篩い作業用の前掛け. ❷ 粉篩い場

cernedor, ra [θerneðór, ra] 名 [粉などを] 篩(ふるい)にかける人
—— 男 [粉用の] 篩
—— 女 篩い機

cerneja [θernéxa] 女《主に 複》. 馬の蹴爪(けづめ)毛

cernejudo, da [θernexúðo, ða] 形 蹴爪毛の多い

cerner [θernér] 《←ラテン語 cernere「分ける」》24 他 ❶ [粉などを] 篩(ふるい)にかける. ❷ 監視する，観察する，調べる: 〜 el horizonte 水平線を監視する. ❸ [思考・行動を] 磨く，洗練する
—— 自 ❶ [ブドウ・オリーブ・小麦などが] 花粉を落とす，受粉する. ❷ [単人称] 霧雨が降る
—— 〜**se** ❶ [気取って] 体を揺すって[腰を振って]歩く. ❷《文語》[脅威などが, +sobre に] 迫る: La tempestad se cierne sobre el pueblo. 嵐が町に迫る. ❸《鳥・昆虫・ヘリコプターが》空中停止する，ホバリングする

cernícalo [θerníkalo] 男 ❶《鳥》チョウゲンボウ. ❷《西. 口語》無骨者，がさつな男
coger un 〜《西》酔っ払う

cernidero [θerniðéro] 男《サラマンカ》粉篩い作業用の前掛け《=cernedero》

cernidillo [θerniðíʎo] 男 ❶ 霧雨，小ぬか雨. ❷ [気取って] 小股で体を揺すって[腰を振って]歩くこと

cernido [θerníðo] 男 ❶ 篩にかけること. ❷ 篩にかけられたもの；[特にパン用の] 小麦粉

cernidor [θerniðór] 男 篩《=cedazo》

cernidora [θerniðóra] 女 ❶《メキシコ, ボリビア》玉じゃくし《=espumadera》. ❷《プエルトリコ, コロンビア, ボリビア》濾し器《=colador》

cernidura [θerniðúra] 女 ❶ 篩にかけること. ❷ 複 粉を篩いにかけた残りかす

cernimiento [θernimjénto] 男《まれ》篩にかけること

cernir [θerní r] 25 他《まれ》=**cerner**
—— 自《地方語》[ブドウの花が] 落ちる

cerno [θérno] 男 堅い木材の芯

Cernuda [θernúða]《人名》**Luis** 〜 ルイス・セルヌーダ《1902〜 63，スペインの詩人. 孤独な瞑想を思わせる詩風で，満たされぬ情熱と現実との葛藤をうたい上げた》

cero [θéro] 《←伊語 zero < ラテン語 zephyrum < アラビア語 sifr「数量の空白」》形 男 形 では単数形のまま +名詞複数形: cero puntos 零点》❶《基数詞》ゼロ[の]: 1) Un dos seguido de seis 〜s forma el número dos millones. 2と6つの0で200万になる. Estaban a 〜 grados. 気温は零度だった. Afuera la temperatura es de cinco grados bajo 〜. 外の温度は零下5度だ. La bola cae en 〜.《ルーレット》玉がゼロに落ちる. salir a las 〜 horas 零時に出発する. desde las 〜 horas 夜12時から. cheque con muchos 〜s ゼロがたくさんある小切手. 〜 absoluto 絶対零度. 2)《得点》無得点: 試合は [両チーム] 無得点のまま終わった. Ganaron por dos goles a 〜. 彼らは2対0で勝った. sacar tres a 〜 3対0になる. cuarenta a 〜《テニス》フォーティー・ラブ. juego (set) a 〜《テニス》ラブゲーム(セット). 3)《評価》零点: Hoy me han puesto un 〜 en matemáticas. 私は今日数学で零点をつけられた. ❷ 無: reducir a 〜 無に帰する. tipo 〜 ゼロ金利. 〜 defectos《経済》ZD[無欠点]運動. ❸《言語》ゼロ《発音上は存在しないが特定の理論において存在すると見なすもの》: signo 〜 ゼロ記号《∅》. ❹ パトロールカー《=coche patrulla》. ❺《隠語》doble 〜/〜·〜 上質のマリファナ. ❻《チリ, アルゼンチン, ウルグアイ. 自動車》〜 kilómetro 新車

a 〜《西》金がない状態で: A final de mes siempre estoy a 〜. 私は月末にはいつも財布が空になる. La cuenta ha quedado a 〜. 口座はゼロになった

al 〜《西》[頭が] 丸坊主の・に《=al rape》: Se cortó el pelo al 〜 y no lo reconocíamos. 彼は頭を丸坊主にしたので私たちは誰だか分からなかった

〜 **al as**《南米. 口語》さっぱり分からない

de 〜/**desde** 〜 初めから，何もない状態から: Empezó en el negocio de la hostelería desde 〜. 彼はホテル業をゼロから始めた

hora 〜 行動開始時刻，予定時刻

partir de 〜 [経済的・精神的に] ゼロから出発する

punto 〜《比喩》出発点

ser un 〜 **a la izquierda**《口語》[人が] 役立たずである，無器用である；相手にされていない: Los demás son un 〜 a la izquierda. ほかの連中は役立たずだ

tener 〜 **faltas** 少しも失敗しない

cerocerismo [θeroθerísmo] 男《サッカー》零対零の同点引き分け

ceroferario [θeroferárjo] 男《カトリック》[ミサや行列で] ろうそくを持つ侍祭

cerografía [θerografía] 女 蠟画，蠟版画

cerógrafo [θerógrafo] 男《古代ローマ》蠟の封印用の指輪

ceroleína [θeroleína] 女《生化》セロレイン《蜜蠟の成分の一つ》

cerollo, lla [θeróʎo, ʎa] 形《収穫された穀物が》少し未熟で柔らかい

ceroma [θeróma] 女《古代ローマ》[剣闘士が試合前に手足に塗った] 蠟の軟膏

ceromancia [θerománθja] 女 [溶けた蠟が水に落ちてできた形による] 蠟占い

ceromancía [θeromanθía] 女 =**ceromancia**

ceromático, ca [θeromátiko, ka] 形《薬学》蠟と油を成分とする

ceromiel [θeromjél] 男 [傷・潰瘍の治療に用いられた] 蠟と蜂蜜の混合薬

cerón [θerón] 男《養蜂》[ミツバチの] 巣房くず

ceronero [θeronéro] 形 名 巣房くず買取り業の；巣房くず買取り業者

ceroplástica [θeroplástika] 女 蠟模型術，蠟型法

cerorrinco [θeroříŋko] 男《中南米. 鳥》ハヤブサに似た猛禽類

ceroso, sa [θeróso, sa] 形 ❶ 蠟を含んだ. ❷ 蠟状の，蠟のような

cerote [θeróte] 男 ❶ [製靴用の糸に塗る] ワックス. ❷ [悪いことが起きるのではないかという] 恐怖，おびえ. ❸《中米. 口語》排泄物，糞. ❹《ウルグアイ》髪の毛のもつれ

cerotear [θeroteár] 他 [製靴用の糸に] ワックスを塗る
—— 自《チリ》ろうそくの蠟が垂れる

cerotero [θerotéro] 男 [花火製造で] 打ち上げ花火にタールを塗るフェルト片

ceroto [θeróto] 男《廃語》=**cerato**

cerquero, ra [θerkéro, ra] 形 男《ガリシア》[イワシの] 地引き網漁の (漁船)

cerquillo [θerkíʎo] 男 ❶《宗教》[剃髪して] 冠状に残った頭髪. ❷ [靴の縫い目を補強する] 当て革 〖=vira〗. ❸《キューバ, エクアドル, ペルー, ラプラタ》前髪 〖=flequillo〗

cerquininga [θerkinínga] 副《ドミニカ. 口語》近くに, すぐ近くに

cerquita [θerkíta] ❶〖←cerca〗副〖すぐ〗近くに
—— 男 複《美術》前景〖にあるもの〗〖=cerca〗

cerracatín, na [θerakatín, na] 形 男 欲ばりの, けちん坊

cerrada¹ [θeráða] 女 ❶ [柵・生け垣などで] 囲われた牧場 (畑) 〖=cerrado〗. ❷ [動物の] 背の皮

cerradamente [θeráðaménte] 副 閉鎖的に, 排他的に

cerradero, ra [θeraðéro, ra] 形 ❶ caja ~ra 鍵のかかる箱. ❷《廃語》[場所が] 閉まる; [道具が] 閉めるための
—— 男 ❶ [ドアなどの錠の] 受け座, かんぬき穴. ❷ ロック装置. ❸ [袋などの] ひも
—— 女 =cerradero

cerradizo, za [θeraðíθo, θa] 形 閉まる, 閉められ得る

cerrado, da [θeráðo, ða] 形 ❶ [estar+] 閉まった《⇔abierto》: La biblioteca ya está ~da. 図書館はもう閉まっている. Hoy está ~ el registro civil. 今日は戸籍係は開いていない. C—《表示》準備中, 閉店, 休業. C— por reformas《表示》改装のため休業中. Esta casa huele a ~. この家は締め切ったにおいがする. ❷ 閉鎖的な, 排他的な: atmósfera ~da 閉鎖的な雰囲気. sociedad ~da 閉鎖的な社会. ❸ 取りつくしまもない, 頑固な: Está en una actitud ~da y es inútil tratar de convencerle. 彼はかたくなな態度をとっているので説得しようとしても無駄だ. carácter ~ 打ち解けない性格. ❹ 厳格な, 断定的な: criterio ~ 厳格な基準. ❺ 曇った: cielo ~ 曇り空. ❻ 密な: Su barba es muy ~. 彼のひげは大変濃い. en formación ~da 密集隊形で. ❼ [方言が] 顕著な: Habla con ~ acento gallego. 彼はひどいガリシアなまりで話す. Es un andaluz ~. 彼はなまりのきついアンダルシア人だ. ❽《音声》1) [母音が] 閉口音の. 2) [音節が] 閉じた〖=trabado〗. ❾ [カーブが] 急な. ❿ 頭の回転が遅い. ⓫ 隠れた; 分かりにくい, 意味不明の
—— 男 ❶ [柵・生け垣などで] 囲われた牧場 (畑). ❷ 囲い, 柵. ❸《廃語》閉じること

cerrador, ra [θeraðór, ra] 形 名 [ドア・箱などを] 閉める〖人〗
—— 男 蓋締め機; [一般に] 締め (留め) 金具
—— 女 蓋締め機; 縫合機

cerradura [θeraðúra]〖←cerrar〗女 ❶ 錠, 錠前: abrir la ~ de una puerta ドアの錠前を開ける. ojo de la ~ 鍵穴. ~ de cilindro シリンダー錠. ~ de combinación ダイヤル錠, 組み合わせ錠. ~ de golpe 〔y porrazo〕オートロック, スプリング錠. ~ de molinillo プラマー錠. ~ de seguridad 安全錠. ~ de tarjeta カード錠. ~ embutida 彫り込み錠. ~ antirrobo 〔自動車などの〕盗難防止装置. ❷《まれ》閉める (閉まる) こと, 閉鎖; 施錠. ❸《古語》囲われた場所; 囲い. ❹《古語》閉じ込めること, 監禁

cerraja [θeráxa] I 〖←ラテン語 cerratula〗 女《植物》ノゲシ 〖=lechuguilla〗
agua de ~ つまらないもの, 無価値なもの
volverse (quedar en) agua de ~s 挫折する, 龍頭蛇尾に終わる
II 〖←ラテン語 ceraculum〗 女《地方語》錠前〖=cerradura〗

cerrajear [θeraxeár] 自 錠前商 (金物製造業) を営む

cerrajería [θeraxería] 女 ❶ 錠前 (金物) 製造業. ❷ 錠前工場; 錠前店; 錠前 (金物) 屋街. ❸《集名》一つの建物に用いられる錠前・金物

cerrajero, ra [θeraxéro, ra] 形 錠前 (金物) 製造の
—— 名 錠前商; 金物製造業者
—— 男 ❶《鳥》クロビタイウタスズメ〖=calandria〗. ❷《セビーリャ》アオガラ〖=herrerillo〗

cerrajón [θeraxón] 男 ❶ 切り立った山, 険しい山. ❷《植物》ノゲシ, レイカルディア

cerral [θerál] 男《集名》[切り立った] 小山, 岩山

cerramiento [θeramjénto] 男 ❶《西》間仕切り, 隔壁. ❷ 閉める (閉まる) こと, 閉鎖〖=cierre〗. ❸《建築》[円筒部・管などの] ふさぐもの, さえぎるもの. ❹ 囲われた場所, 囲い. ❺《考古》屋根

cerrar [θerár]〖←ラテン語 serare < sera「差し錠」〗⎯⎯⎯ 他 ❶ 閉める, 閉じる《⇔abrir》: 1) Cierre la ventana. 窓を閉めなさい. Este tapón cierra herméticamente la botella. この栓は瓶を完全に ~ la boca 口を閉じる (つぐむ). ~ las alas 翼を閉じる. ~ su abrigo オーバーのボタンをかける. ~ un libro 本を閉じる. ~ una botella 瓶にふたをする. ~ una carta 手紙に封をする. ~ una circunferencia 円を閉じる. 2) [閉店・休業] ~ una tienda 店を廃業する; 店を廃業する. ~ una escuela 休校にする; 廃校する. 3) [閉鎖・遮断] Una gran piedra cierra la boca de la cueva. 大きな岩が洞窟の入口をふさいでいる. Unos policías nos cerraron el paso. 警官たちが私たちの行く手をふさいだ. Cierra el agua cuando yo te diga. 私が言ったら水を止めてくれ. carretera cerrada 閉鎖の道路. ~ un agujero 穴をふさぐ. ~ la herida 傷口をふさぐ (閉じる). ~ una habitación (un edificio) 部屋 (建物) を立入禁止にする. ~ el tráfico 交通を遮断する, 通行止めにする. 4) [電気器具など] ~ un interruptor スイッチを切る. ~ la televisión テレビを消す. ~ un programa 〔情報〕プログラムを閉じる (終了する). 5)《比喩》Su negativa nos cerraría la posibilidad de pactos. 彼に断られると協定の可能性が閉ざされる. ❷ 取り囲む; 閉じ込める: ~ el campo con una valla 柵で畑を囲う. ~ mariposas en una caja 蝶を箱に入れる. lago cerrado por las montañas 山々に囲まれた湖. ❸ 終わらせる; [期限を] 締め切る: El discurso del presidente cerró el debate. 議長のスピーチで討議は締めくくられた. ~ las sesiones de cortes 議会を閉会にする. ~ las negociaciones 交渉を打ち切る. ~ el discurso 演説を終える. ~ el plazo de presentación 提出期限を締め切る. ~ la herida 〔軍隊〕[部隊を] 密集させる; [隊列を] 詰める. ~ las filas 列の間隔を詰める. ❺ [行列などの] 最後につく: Cerraba la procesión una compañía de alabarderos. 矛槍兵部隊が行列の最後を進んだ. ❻ [協定などを] 締結する: Aún no he cerrado 〔el〕trato con el dueño de la casa. 私はまだ家主と契約を結んでいない. ❼《音声》[調音器官を] 閉じる, 狭める. ❽《建築》[アーチ・穹窿に] 要石を入れる. ❾《新聞》[最終ページを] 完成させる. ❿《ドミノ》[相手が牌を捨てられないようにする, ブロックする. ⓫ 祈禱で治す
—— 自 ❶ 閉まる: Esta puerta no cierra bien. このドアはよく閉まらない. Te dejo las llaves para que cierres. 閉められるように鍵を君に預けるよ. ❷ [店・事務所などが, 一時的に・永久に] 閉まる: Este comercio cierra de dos a cinco de la tarde. この店は午後2時から5時まで閉まる. ❹《相場》引けた: El dólar cerró a 100,58 yenes. 終値は1ドル100円58銭だった. ❺ [傷口などが] ふさがる. ❻ [+con・contra に] 襲撃する: La caballería cerró contra el enemigo. 騎兵隊は敵に襲いかかった. ¡Cierra España!《スペイン軍の鬨の声》突撃! ❼ [夜の帳が] 下りる: Cierra la noche. すっかり夜になる. ❽ [馬が] 歯が生えそろう. ❾《収支などが》ぴったり合う
—— ~se ❶ 閉まる: La puerta se cerró por sí sola. ドアがひとりでに閉まった. Se me cierran todos los caminos. 私は八方ふさがりになっている. ❷ 終了する: Se cerró el acto con unas palabras del presidente. 議長のあいさつで行事は終わった. El plazo de admisión de instancias se cierra el día cinco. 請願書の受付期間は5日で締め切られる. ❸ [+a に対して] 自分を閉ざす, …を受け入れない: Se cierra a cualquier concesión. 彼はいかなる譲歩も拒む. ❹ [+en 態度などに] かたくなに守る: Se cierra en callar. 彼はかたくなに沈黙を守っている. ~se en sus ideas 自分の考えに固執する. ❺ 閉じこもる. ❻ [空が] 曇る, すっかり夜になる. ❼ 花がしぼむ (閉じる): Las anémonas se cierran por la noche. アネモネは夜花を閉じる. ❽ [人・車が] 急カーブを切る. ❾《軍事》[部隊が] 密集する; 隊列を詰める. ❿ [傷口などが] ふさがる. ⓫ 祈禱で治る

cerrar		
直説法現在	命令法	接続法現在
cierro		cierre
cierras	cierra	cierres
cierra		cierre
cerramos		cerremos
cerráis	cerrad	cerréis
cierran		cierren

cerratense [θeraténse] 形 名 =cerrateño

cerrateño, ña [θeratéɲo, ɲa] 形 名〖地名〗セラート Cerrato の〖人〗《パレンシア県南部の郡》

cerrazón [θeraθón] 女〖←cerrar〗❶ 物分かりの悪さ, かたくな

cerrejón [θeřexón] 男 小高い丘

cerrería [θeřería] 女《廃語》[主に 複] 放蕩, 放縦

cerrero, ra [θeřéro, ra] 形 ❶[馬・牛などが] 飼い馴らされていない〖=cerril〗. ❷《廃語》[家畜・人が] 放浪する, さまよう. ❸《中南米》[飲み物が] 無教養な, 粗暴な. ❹《キューバ, コロンビア, ベネズエラ》[飲み物が] 苦い, 十分に甘くない; [食べ物が] あまり甘くない（おいしくない）

cerreta [θeřéta] 女《船舶》船首手すり〖=brazal〗

cerretano, na [θeřetáno, na] 形《歴史,地名》セッレタニア Cerretania の[人]《ピレネー山脈の, 現在のサルダーニャ Cerdaña》

cerrevedijón [θeřeβeðixón] 男《廃語》羊毛の大きな房

cerril [θeříl] 〖←cerro〗 形 ❶ 粗野な, 下品な, しつけの悪い. ❷ 狭量な, 独善的な. ❸[馬・牛などが] 飼い馴らされていない. ❹[土地が] 起伏の激しい, 険しい

cerrilidad [θeřiliðá(ð)] 女 ❶ 粗野, 下品な, しつけの悪さ. ❷ 狭量, 独善性

cerrilismo [θeřilísmo] 男 =**cerrilidad**

cerrilla [θeříʎa] 女《貨幣の縁に》ぎざを付ける道具

cerrillada [θeřiʎáða] 女《南米》低い丘の連なり

cerrillar [θeřiʎár] 〖←cerro〗 他《貨幣の縁に》ぎざを付ける

cerrillejo [θeřiʎéxo] 男《植物》マウスイヤー・ホークウィード〖=vellosilla〗

cerrillo [θeříʎo] 男 ❶《植物》シバムギ〖=grama del norte〗. ❷《貨幣の縁に》ぎざを付けるダイス

cerrilmente [θeřílménte] 副 ❶ 粗野に, 下品に. ❷《まれ》そっけなく

cerrión [θeřjón] 男 つらら〖=canelón〗

cerro [θéřo] 男〖ラテン語 cirrus「巻き毛」〗男 ❶[切り立った] 小山, 岩山: ~ testigo ぽつんと突き出た丘. C~ de los Siete Colores 七色の丘《アルゼンチン, ウマワカ渓谷 Quebrada de Humahuaca にある》. ❷［動物の］首; 背中. ❸［梳いた後の］亜麻(麻)の束

 irse por los ~s de Úbeda [話で] 脱線する, 横道にそれる
 mandar a la punta del ~ 《メキシコ, チリ》容赦なく（きっぱりと）拒絶する
 montar en ~ 裸馬に乗る
 salir por los ~s de Úbeda =*irse por los ~s de Úbeda*

cerrojazo [θeřoxáθo] 〖←cerrojo〗 男 ❶ 突然閉めること; [活動などを] 突然やめること; cerrar la puerta de un ~ いきなりドアを閉める. echar ~ a la tienda 急に店をたたむ. ❷《ドミノ》[ゲームの] 終了
 dar el ~ a... 《西》突然…を終える, 打ち切る: *dar el ~ a la investigación* 突然調査を打ち切る

cerrojeo [θeřoxéo] 男《ペルー》あてもなく行ったり来たりすること

cerrojillo [θeřoxíʎo] 男《鳥》アオガラ〖=herrerillo〗

cerrojito [θeřoxíto] 男 =**cerrojillo**

cerrojo [θeřóxo] 〖←latín berrojo〗男 ❶ 差し錠, 差し金. ❷[銃の] 遊底. ❸《スポーツ》守備固め, 防御固め: táctica de ~ 消極作戦, 時間かせぎ
 echar el ~ 《口語》終える, 打ち切る

cerrolarguense [θeřolarɣénse] 形 名《地名》セロ・ラルゴ Cerro Largo の[人]《ウルグアイ東部の県》

cerruma [θeřúma] 女《獣医》つなぎ〖=cuartilla〗

certajenal [θertaxenál] 男《キューバ》[主に 複] 馬車などの通行できまた［動物の］わだち

certamen [θertámen] 〖←ラテン語 certamen「闘い」〗男 ❶ 賞金などの出る主に芸術的な] コンクール: ~ de belleza 美人コンテスト. ❷《古語》1) [文学的な] 討論, 討論会. 2) 決闘, 闘い

certeneja [θertenéxa] 女 ❶《メキシコ》深く小さな沼; 深いくぼみ. ❷《チリ》河床にできた穴

certeramente [θerteráménte] 副 的確に, 確かに, 正しく

certería [θertería] 女《まれ》[射撃の] 確かさ, 腕の良さ

certero, ra [θertéro, ra] 〖←ラテン語 certus〗 形 ❶ 的を外さない: tirador ~ 名射手. flecha ~ra 狙いがたがわぬ矢. opinión ~ra 的を射た意見. ❷《まれ》正確な, 確実な; 事実をよく知っている

certeza [θertéθa] 〖←ラテン語 certus「確かな」〗女 ❶ 確信: Tengo no solo la creencia, sino la ~ de que vendrá. 私は彼が来ると思っているだけではなく, 確信している. ❷[知識などの] 確かさ, 確実性: Le garantizo la ~ de la noticia. 私はその報道の確かさを保証する. ❸《経済》 ~ del impuesto［アダム・スミスの] 租税の明確の原則
 con ~ 確信して; 確かに: No lo digas si no lo sabes *con ~*. 確かに知っているのでなければ言ってはならない. Nadie sabe *con ~ lo que ocurre*. 何が起きるか確かにはっきりとは知らない

certidumbre [θertiðúmbre] 女 ❶ 確信; [知識の] 確かさ〖=certeza〗: Tengo la ~ de que soy atractivo. 私は自分は魅力的だと確信している

certificable [θertifikáβle] 形 ❶ 証明(保証)され得る; 証明(保証)されるべき. ❷ 書留にできる

certificación [θertifikaθjón] 女 ❶ 証明, 保証, 認証. ❷ 証明書, 保証書

certificado¹ [θertifikáðo] 〖←certificar〗男 ❶ 証明書: presentar un ~ 証明書を提出する. ~ de acciones 株式預託証書. ~ de análisis [輸出入品の] 検査証明書; [鉱石や化学製品の] 分析証明書. ~ de auditoría 監査証明, 監査報告. ~ de garantía [品質] 保証書. ~ de incorporación 定款. ~ de matrícula 在学証明書. ~ de origen 原産地証明. ~ de residencia 居住証明書, 住民票. ~ médico 健康診断書. ~ sanitario [農畜産物の] 衛生証明書. ❷ 書留郵便[物]
 ~ de depósito 預金証書: *C~s de Depósito* del Banco de España スペイン銀行預金証書《その公開市場操作を通じてスペイン銀行の市場介入金利が形成される》

certificado², da [θertifikáðo, ða] 形 書留の: paquete ~ 書留小包

certificador, ra [θertifikaðór, ra] 形 名 証明(保証)する; 証明者, 保証人

certificar [θertifikár] 〖←ラテン語 certificare < certus「確かな」+facere「する」〗[7] 他 ❶[+que+直説法であることを] 証明する, 保証する: La presente es para ~ *que* el Sr. Álvarez se licenció en esta Universidad. 本状によりアルバレス氏が本学を卒業したことを証明する. Me *certificó que* lo haría en seguida. 彼はそれをすぐやると私に請け合った. ❷ 書留にする: ~ una carta 手紙を書留にする（で送る）. ❸《法律》[事実を] 認証する, 認定する

certificativo [θertifikatíβo, βa] 形 =**certificatorio**
 ── 男《チリ》診断書

certificatorio, ria [θertifikatórjo, rja] 形 証明(保証)する; 証明(保証)となる

certinidad [θertiniðá(ð)] 女《廃語》=**certeza**

certísimo, ma [θertísimo, ma] 形 cierto の絶対最上級

certitud [θertitú(ð)] 女 =**certeza**

cerúleo, a [θerúleo, a] 形《文語》[空・海が] 青い, 紺碧(こんぺき)の
 ── 男 セルリアンブルー

ceruma [θerúma] 女《獣医》つなぎ〖=cuartilla〗

cerumen [θerúmen] 〖←cera〗男 不可算 耳垢: tener los oídos llenos de ~ 耳垢がたまっている. quitarse el ~ de las orejas 耳垢を取る

ceruminoso, sa [θeruminóso, sa] 形 ❶ 耳垢のような. ❷ 耳垢を作る

cerusa [θerúsa] 女《化学》鉛白

cerusita [θerusíta] 女《鉱物》白鉛鉱

cerval [θerβál] 〖←ラテン語 cervus「シカ」〗形 ❶ シカの〖=cervuno〗. ❷[恐怖が] 非常に大きい: tener un miedo ~ ひどくおびえる

cervantes [θerβántes] 女《昆虫》ヒメミヤマセセリ《蝶の一種》

cervantesco, ca [θerβantésko, ka] 形 =**cervantino**

Cervantes de Salazar [θerβántes de saláθar]《人名》**Francisco ~** フランシスコ・セルバンテス・デ・サラサル《1514?~75, スペイン生まれの文筆家. 1551年教皇庁立メキシコ大学長に就任.『ヌエバ・エスパーニャのクロニカ記録』*Crónica de la Nueva España*》

Cervantes Saavedra [θerβántes saaβéðra]《人名》**Miguel de ~** ミゲル・デ・セルバンテス・サアベドラ《1547~1616, スペインの作家. 1571年レパントの海戦に参加, 左腕を負傷し, その自由を失う. さらにスペインへ帰国中, ベルベル人の海賊に捕らえられ5年間の捕虜生活を体験する. 1585年処女作『ラ・ガラテア』*La Galatea* を発表. その後, 数々の名作を生み出す.『ドン・キホーテ』*Don Quijote* は近代小説の嚆矢とされ, 文体・人物造

形・ストーリー展開などの面で後の文学に大きな影響を与えた.その他,『模範小説集』Novelas ejemplares,『ペルシーレスとシヒスムンダの苦難』Los trabajos de Persiles y Sigismunda. 詩作品『パルナソ山への旅』Viaje del Parnaso, 戯曲『ヌマンシア』La Numancia など).

cervántico, ca [θerbántiko, ka] 形 =**cervantino**

cervantino, na [θerbantíno, na] 形《人名》セルバンテス Cervantes の: estudios ~s セルバンテス研究

cervantismo [θerbantísmo] 男 ❶ セルバンテス研究. ❷ セルバンテス作品の影響. ❸ セルバンテス風の文体(言い回し)

cervantista [θerbantísta] 形 名 セルバンテス研究の(研究者)

cervantita [θerbantíta] 女《鉱物》アンチモニー鉱

cervantófilo, la [θerbantófilo, la] 形 ❶ セルバンテスを愛好する. ❷ セルバンテス作品の諸版を収集する〔人〕

cervariense [θerbarjénse] 形《地名》セルベラ Cervera の〔人〕〔レリダ県の町〕

cervario, ria [θerbárjo, rja] 形 シカの〔=cervuno〕

cervatica [θerbatíka] 女《昆虫》キリギリス科の一種〔=langostón〕

cervatillo [θerbatíʎo] 男 ❶《動物》ジャコウジカ〔=almizclero〕. ❷ 子ジカ〔=cervato〕

cervato [θerbáto] 男〔生後6か月未満の〕子ジカ

cerveceo [θerbeθéo] 男 ビールの発酵(醸造)

cervecera¹ [θerbeθéra] 女 ビール醸造業

cervecería [θerbeθería] 〔←cerveza〕女 ❶ ビヤホール〔ビール以外の酒も出す〕. ❷ ビール工場

cervecero, ra² [θerbeθéro, ra] 〔←cerveza〕形 ❶ ビールを製造(販売)する,ビール醸造業の. ❷ ビール好きの,ビール党の
── 男 女 ビール醸造(販売)業者;ビヤホール経営者

cervecita [θerbeθíta] 〔cervesa の示小語〕女 小グラス(小ジョッキ)入りのビール

cerverano, na [θerberáno, na] 形《地名》セルベラ・デ・ピスエルガ Cervera de Pisuerga の〔人〕〔パレンシア県の村〕

cerveza [θerbéθa] 〔←ラテン語 cervesia〕女 ビール: 1) 不可算 ~ negra 黒ビール. ~ rubia (dorada·clara) 淡色ビール. ~ de barril〜 tirada 生ビール. ~ reposada ラガービール. ~ doble アルコール度の高いビール. 2) 可算〔グラス・ジョッキ入りの〕 Dos ~s, por favor. ビール2杯,お願いします

cervicabra [θerbikábra] 女《動物》ブラックバック

cervical [θerbikál] 形《解剖》頸部(ぅʊ)の,首の
── 女〔主に 複〕頸部,首

cervicalgia [θerbikálxja] 女《医学》頸部痛

cervicitis [θerbiθítis] 女《医学》子宮頸管炎

cervicofacial [θerbikofaθjál] 形《医学》頸部顔面の

cervicotorácico, ca [θerbikotoráθiko, ka] 形《医学》頸胸の

cervicular [θerbikulár] 形 =**cervical**

cérvido, da [θérbiðo, ða] 形 シカ科の
── 男 複《動物》シカ科

cervigón [θerbiɣón] 男 =**cerviguillo**

cervigudo, da [θerbiɣúðo, ða] 形《古語》❶ 首の太い,猪首(ぃくび)の. ❷ 頑固な,強情な

cerviguera [θerbiɣéra] 女《まれ》丘,小山

cerviguillo [θerbiɣíʎo] 男〔四足動物の太い〕首筋

cervillera [θerbiʎéra] 女《古語》面頬・前立てのない兜〔=capacete〕

cervino, na [θerbíno, na] 形 シカの〔=cervuno〕

cérvix [θérbi(k)s] 男〔単複同形〕《解剖》子宮頸管

cerviz [θerbíθ] 〔←ラテン語 cervix, -icis〕女〔複 ~ces〕❶ 首筋,うなじ. ❷《解剖》子宮頸部〔=cuello uterino〕
bajar (doblar) la ~ うなだれる;〔プライドを捨てて〕屈服する
estar con la ~ erguida 昂然としている
levantar la ~ 思い上がる
ser de dura ~/ser duro de ~ 強情(頑固)である

cervuna¹ [θerbúna] 女《植物》ロックローズ〔=jara cervuna〕

cervunal [θerbunál] 男 マットグラスの草原

cervuno, na² [θerbúno, na] 形 シカ ciervo の(ような): bolso ~ 鹿皮の財布. ❷〔馬がシカ ciervo のような〕濃い栗色の,濃褐色の〔oscuro と zaino の中間〕
──男《植物》マットグラス〔学名 Nardus stricta〕

cesación [θesaθjón] 女 ❶ 終わること,停止,中止,中断: ~ de las hostilidades 停戦. ❷《カトリック》聖職停止,破門

cesalpináceo, a [θesalpináθeo, a] 形 ジャケツイバラ科の
── 女 複《植物》ジャケツイバラ科

cesamiento [θesamjénto] 男 =**cesación**

cesante [θesánte] 〔←cesar〕形 名 ❶《古語的》解雇(解任·免職)された(公務員). ❷《法律》lucro ~ 逸失利益. ❸ 退職した,退職者. ❹《メキシコ,キューバ,チリ》失業した,失業中の;失業者

cesanteado, da [θesanteáðo, ða] 形《中南米》解雇された〔人〕

cesantear [θesanteár] 他《中南米》雇用契約を打ち切る,解雇する

cesantía [θesantía] 〔←cesar〕女 ❶ 退職金,休職手当. ❷ 停職;免職. ❸《古語的》退職,休職〔状態〕

cesar [θesár] 〔←ラテン語 cessare "休む" < cedere "退出する"〕自 ❶ やむ,終わる: Cesó el viento. 風がやんだ. Cesó la disputa. 口論が終わった. ❷〔+de+不定詞 するのを〕やめる: La niña no cesaba de llorar. 赤ん坊は泣きやまなかった. ❸《文語》〔+en+como 職を〕やめる,退職する;休職する: Ha cesado en su cátedra. 彼は正教授の職をしりぞいた. ~ como director de la empresa 社長をやめる
sin ~ 絶えず,休みなく: Llueve sin ~. 小やみなく雨が降っている
──他《口語》首にする,解職する: El presidente cesó a dos de sus consejeros. 州大統領は大臣を2人やめさせた

césar [θésar] 〔←Julio César(ユリウス·カエサル)〕男《古代ローマ》1) 皇帝,カエサル: al ~ lo que es de ~《新約聖書》皇帝のものは皇帝に(神のものは神に). 2) ローマ皇帝(位後継承者)の称号. ❷《文語》〔一般に〕皇帝〔=emperador〕

cesaraugustano, na [θesarauɣustáno, na] 形 名《地名》❶《古代ローマ》カエサルアウグスタ Cesaraugusta の〔人〕〔現在のサラゴサ Zaragoza〕. ❷《文語》サラゴサの

cesáreo, a [θesáreo, a] 形《古代ローマ》皇帝の
── 女《医学》帝王切開〔=operación ~a〕: practicar una ~a 帝王切開を行なう

cesariano, na [θesarjáno, na] 形 名《人名》❶《古代ローマ》ユリウス·カエサル(ジュリアス·シーザー)Julio César の. ❷ ユリウス·カエサルを支持する〔人〕

cesariense [θesarjénse] 形 名《古代ローマ·地名》カエサレア Cesarea の〔人〕〔ローマ皇帝が各地に作った都市〕

cesarismo [θesarísmo] 男 独裁政治,専制君主制

cesarista [θesarísta] 形 名 独裁主義の(者)

cesaropapismo [θesaropapísmo] 男 皇帝教皇主義

cesaropapista [θesaropapísta] 形 皇帝教皇主義の

CESCE [θése]《略記》←Compañía de Seguro de Crédito a la Exportación スペイン輸出信用保証協会

cese [θése] 〔←cesar〕男《文語》❶ 解雇,解任;退職,休職. ❷ 解雇(解任)通知;給与支払停止通知;退職証明書. ❸ 中止,中断: ~ de alarma 《軍事》警報解除. ~ de fuego, de las hostilidades 停戦(協定). ~ de pagos 支払停止
dar el ~ a+人 …を解雇する,解任する

cesenés, sa [θesenés, sa] 形《地名》〔イタリアの都市〕チェゼーナ Cesena の〔人〕

cesibilidad [θesibiliðá(ð)] 女《法律》譲渡(可能)性

cesible [θesíble] 形《法律》譲渡され得る

cesio [θésjo] 男《元素》セシウム

cesión [θesjón] 〔←ラテン語 cessio, -onis〕女 ❶《法律》譲渡: ~ de bienes〔債務返済のための〕財産譲渡. ~ de derechos, intereses o propiedades〔海上保険での〕委付. ❷〔領土の〕割譲. ❸《スポーツ》〔ボールの〕パス

cesionario, ria [θesjonárjo, rja] 形 名〔権利·財産などの〕譲受人,受託者

cesionista [θesjonísta] 名 譲渡人

cesonario, ria [θesonárjo, rja] 名 =**cesionario**

CESPA [θéspa]《略記》セスパ〔←Compañía Española de Petróleos, SA. 株式会社スペイン石油会社. 1929年設立〕

césped [θéspe(ð)] 〔←ラテン語 caespes, -itis〕男 ❶ 不可算 芝生: 1) 不可算 cortar el ~ 芝生を刈る. ~ artificial 人工芝. 2)〔植付け用の〕芝生ブロック,切り芝〔=tepe〕. ❷《スポーツ》〔芝生の植わった〕フィールド,競技場. 2)《文語》サッカーグラウンド. 3)《中南米·テニス》グラスコート. ❸〔ブドウのつるの切り口で〕柔らかい帝層. ~ espinoso ナデシコ科ノミノツヅリ属の一種〔学名 Arenaria montana〕. ~ inglés ホソムギ,ペレニアルライグラス

céspede [θéspeðe] 男 =**césped**

cespedera [θespeðéra] 女 ❶ 芝生を切り出す草地. ❷《地方》

語》=**césped**

cespitar [θespitár] 自《まれ》ためらう, ちゅうちょする

cespitoso, sa [θespitóso, sa] 形《文語》[芝生のように] 密生した

cesta [θésta] 《←ラテン語 cista》女 ❶ かご, バスケット: ~ de compras 買物かご. ~ navideña/~ de navidad かご詰めにしたクリスマスプレゼント《主に食品》. ❷ 一かご分《=cestada》. ❸《ハイアライ》1) 手袋形のラケット. 2) ~ punta =**cestapunta**. ❹《バスケットボール》1) ゴール《=canasta》. 2) 得点, 点数. ❺《経済》~ de divisas 通貨バスケット. ~ de la compra マーケットバスケット, 生計費. ❻ [4人掛けの] 胴体が籐製の馬車. ❼《動物》クモヒトデ綱の一種《学名 Gorgonocephalus costosus》

llevar la ~《西》[デートに] 付き添う

cestada [θestáda] 女 一かご分

cestapunta [θestapúnta] 女《スポーツ》ペロタ, ハイアライ《=pelota》

cestería [θestería] 女 ❶ かごの製造所(販売店). ❷ かご細工《技術》. ❸《集合》かご

cestero, ra [θestéro, ra] 男女 かご cesto・cesta の(製造・販売業者)

cestiario [θestjárjo]《古代ローマ》カエストス cesto を付けて闘う剣闘士》

cestillo [θestíʎo] 男 ❶ 細かい細工の小かご. ❷ [蜜蜂の後脚にある] 花粉バスケット. ❸《植物》~ de oro 宿根アリッサム, イワナズナ

cesto [θésto] I《←cesta》男 ❶ 《大きく深い》かご: ~ de los papeles くずかご《=papelera》. Quien hace un ~, hace ciento.《諺》泥棒は一度やったら死ぬまでやめられない. ❷《中南米. バスケットボール》ゴール《=canasta》. ❸《メキシコ》[調理済み食品などを入れる, 合成樹脂・金属製の] 密閉容器, 弁当箱

echar... al ~ *de los papeles*《西》不用(関心がない)なので…を捨てる (遠ざける)

estar como un ~ 太っている

estar hecho un ~ ひどく眠い, うつらうつらしている; 泥酔している

ponerse como un ~ 太る

tirar... al ~ *de los papeles*《西》=*echar... al* ~ *de los papeles*

II《←ラテン語 caestus》男《古代ローマ》カエストス《剣闘士がボクシングに用いた籠手(⁀)》

cesticida [θestiθíða] 男《薬学》駆虫剤(の), 虫下し(の)

cestodos [θestóðos] 男複《動物》条虫綱

cestón [θestón] 男 ❶ 大きなかご: ~ de la ropa sucia [洗濯する] 汚れ物を入れるかご. ❷ 堡籃(旣), 蛇籠(旣)《=gavión》. ❸《口語. 俗語》大量

cestonada [θestonáða] 女《軍事》堡籃墻(⁀)

cesura [θesúra] 女《詩法》[詩行中の] 中間休止, 行中休止; 句切り

ceta [θéta] 女 =**zeta**

cetáceo, a [θetáθeo, a] 形 クジラ目の
—— 男複《動物》クジラ目

cetarea [θetaréa] 女 =**cetaria**

cetaria [θetárja]《←ラテン語 cetaria < cetus「海の怪物」》女 [エビなどの, 海に通じた] 養殖場, 生け簀(⁀)

cetario [θetárjo] 男《クジラなどが》子育てをする海域

cético, ca [θétiko, ka] 形 セチンから抽出した

cetilo [θetílo] 男《化学》セチル

cetina [θetína] 女《生化》セチン

cetme [θétme]《Centro de Estudios Técnicos de Materiales Especiales の略記》男 [スペイン製の] 自動小銃, 軽ライフル銃

cetogénesis [θetoxénesis] 女《医学》ケトン生成

cetona [θetóna] 女《化学》ケトン

cetonia [θetónja] 女《昆虫》ハナムグリ

cetónico, ca [θetóniko, ka] 形《化学》ケトンの

cetonuria [θetonúrja] 女《医学》ケトン尿(症)

cetosa [θetósa] 女《化学》ケトース

cetosis [θetósis] 女《医学》ケトン症, ケトーシス

cetra [θétra] 女《小型の》革製の盾

cetrarina [θetrarína] 女 イスランドゴケ musgo de Islandia に含まれる苦味成分

cetrería [θetrería]《←古語 acetrería》女 ❶ 鷹狩り. ❷ タカの飼育(訓練)

cetrero, ra [θetréro, ra] 形 名 鷹狩りの; 鷹匠
—— 男《古語》[教会の儀式に] 祭服に杖 cetro を携えて参列する聖職者

cetrino, na [θetríno, na] 形 ❶ 緑黄色(の); 血色の悪い: tez ~na 青ざめた皮膚. ❷ 無愛想な, 気難しい. ❸ シトロン cidra の

cetro [θétro]《←ラテン語 sceptrum < ギリシア語 skeptron「杖」》男 ❶ 王杖; 王権: El ~ y corona son los atributos de la realeza. 王杖と王冠は王権の象徴である. empuñar el ~《文語》[国王・皇帝・教皇に] 即位する. ❷ 統治期間, 治世. ❸ 優位, 支配: ostentar el ~ del fútbol (de la moda) サッカーの王座に(ファッション界をリードしている). ❹《司教座聖堂参事会員・信心会などの代表者の》銀の杖. ❺ [鳥の] 止まり木. ❻《中南米. スポーツ》選手権, タイトル
~ *de bufón* 頭部がグロテスクな形をした杖

ceu [θéu] 男《チリ. 植物》ドクウツギ属の一種《学名 Coriaria ruscifolia》

ceugma [θéugma] 男 =**zeugma**

ceutí [θeutí] 形 ❶《地名》セウタ Ceuta の(人)《北アフリカにあるスペインの自治都市で港町》. ❷ limón ~ セウタ原産の香りのよいレモン
—— 男《古語》セウタの通貨

Cevallos [θeβáʎos]《人名》**Pedro** ~ ペドロ・セバーリョス《1715～78, スペインの軍人. 初代リオ・デ・ラ・プラタ副王》

ceviche [θeβítʃe] 男 =**cebiche**

cf.《略語》=*confróntese* 参照せよ

C.F.《略語》←*Club de Fútbol* サッカークラブ

CFA 女《略語》←*Comunidad Financiera Africana* アフリカ金融共同体

CFC [θé éfe θé] 男《略語》←*clorofluorocarbono* フロン: el riesgo de los ~s フロンの危険性. gas ~ フロンガス

cfr.《略語》=**cf.**

CGS [θé xé ése] sistema ~ CGS単位系

ch [tʃé] 女 スペイン語の旧アルファベットの一字《大文字は Ch》

cha [tʃá]《←中国語》男 ❶ ペルシア皇帝の称号. ❷《中南米; フィリピン》紅茶《=té》

chabacanada [tʃaβakanáða] 女 下卑た言葉(行為)

chabacanería [tʃaβakanería] 女 下卑たこと, 下品さ, 悪趣味; 下品な言葉で: decir una ~ 下品 (がさつ) なことを言う

chabacano, na [tʃaβakáno, na]《←?語源》形 ❶ 下卑た, 趣味の悪い, 俗っぽい: Ese tipo tiene un aspecto ~. あいつはすごっぽい感じがする. chiste ~ 品の悪い冗談. espectáculo ~ 悪趣味なショー. ❷《メキシコ》無粋な女
—— 男 ❶《メキシコ, ベネズエラ. 果実, 植物》アンズ《=albaricoque》. ❷《フィリピン》スペイン語と先住民の方言との混合語

chábana [tʃáβana] 女《地方語》[道路の] 敷石, 舗石

chabela [tʃaβéla] 女 ❶《中南米》[C~] イサベル Isabel の愛称. ❷《ボリビア》ワインとチチャ chicha を混ぜた飲み物

chabelo [tʃaβélo] 男《ペルー》[食肉用の] 子ヤギ

chabelón [tʃaβelón] 形《グアテマラ》めめしい(男), 臆病な(男)

chabisque [tʃaβíske] 男《アラゴン》泥, ぬかるみ

chabola [tʃaβóla]《←バスク語 txabola「小屋」< 古仏語 jaole「檻, 牢屋」》女 ❶《西》[郊外の] バラック, あばら家《主にジプシーが住むと言われる》. ❷《俗語》刑務所. ❸《地方語》小屋; 個室

chabolero, ra [tʃaβoléro, ra] 形 名 =**chabolista**

chabolismo [tʃaβolísmo] 男 [都市周辺の] スラム(街)

chabolista [tʃaβolísta] 名 バラック(スラム街)の住人

chabolo [tʃaβólo] 男《地方語》敷石; 個室

chabón, na [tʃaβón, na]《←chambón》形 名《アルゼンチン》❶《若者語》[知り合いでない・名前を知らない相手への呼びかけで] やあ. ❷ のろまな(人), 不器用な(人)

chabuco [tʃaβúko] 男《←擬態》男《エストレマドゥラ》水たまり

chaca [tʃáka] 男 ❶《ボリビア》橋, アーチ. ❷《チリ. 貝》プレール《食用》

chacachaca [tʃakatʃáka] 男《←擬声》男 [列車などの] ガタゴト; [繰り返し動く音] カシャカシャ

chacal [tʃakál]《←トルコ語 cakal》男《動物》ジャッカル

chacalín, na [tʃakalín, na] 形 名《中米》❶ 子供, 赤ん坊《=niño》. ❷ 背の低い人, チビ
—— 男《中米. 動物》メキシコザリガニ《=acocil》

chacana [tʃakána] 女 ❶《エクアドル》担架. ❷《ペルー》[果実をもぎ落とす] 屋根裏部屋

chacanear [tʃakaneár] 他《チリ》❶ [馬に] 強く拍車をかける. ❷《口語》[要求などをして人を] 不快にする, うんざりさせる, 悩ます
── 自《ボリビア, アルゼンチン. 口語》日常的に使う

chacaneo [tʃakanéo] 男《ボリビア, アルゼンチン. 口語》毎日の使用, 常用

chacar [tʃakár] 7 他《ボリビア》盗む

chácara [tʃákara] 女 ❶《カナリア諸島》[カスタネットより大型の] 木(骨)製の打楽器. ❷《中南米》1)《口語》[小規模な] 農場《=chacra》. 2) 傷口, 潰瘍. ❸《コロンビア》小銭入れ. ❹《ベネズエラ. 古語》[革製の] 金袋; 弾薬袋

chacarera[1] [tʃakaréra] 女 チャカレラ《アルゼンチンなどの民俗舞踊. その曲》

chacarero, ra[2] [tʃakaréro, ra] 形 名 ❶《中南米》農場 chácara の; 農場主, 農夫. ❷《コロンビア》偽医者, 祈禱師. ❸《アルゼンチン. 軽蔑》粗野な[人], 田舎者[の]. ❹《ウルグアイ》おしゃべりな人
── 男《チリ. 料理》野菜と肉のサンドイッチ

chacarona [tʃakaróna] 女 ❶《西. 魚》ヨーロッパキダイ. ❷《カナリア諸島》保存加工した魚

chacarrachaca [tʃakařatʃáka]《←擬声》口論する騒がしい声, ワイワイガヤガヤ

chacate [tʃakáte] 男《メキシコ. 植物》ヒメハギの一種《学名 Krameria grayi, Krameria canescens》

chácena [tʃáθena] 女《演劇》舞台奥の空間《奥が少し狭まっている》

chacha[1] [tʃátʃa] Ⅰ [muchacha の語頭音消失]《幼児語, 軽蔑》子守り女; 家政婦
Ⅱ 女《グアテマラ. 鳥》=chachalaca

chachachá [tʃatʃatʃá]《←擬声》男《舞踊, 音楽》チャチャチャ《キューバ起源》

chachacoma [tʃatʃakóma] 女《ボリビア, チリ. 植物》シソ科の一種《高山植物. 薬用. 学名 Senecio eriophyton》

chachafruto [tʃatʃafrúto] 男《コロンビア. 植物》デイゴの一種《果実は食用. 学名 Erythrina edulis》

chachaguato, ta [tʃatʃagwáto, ta] 形 名《中米》双子[の]

chachajo [tʃatʃáxo] 男《コロンビア. 植物》クスノキ科の木《建築材》

chachal [tʃatʃál] 男 ❶《グアテマラ》[先住民の着ける] 飾り付きの首輪. ❷《ペルー》鉛筆

chachalaca [tʃatʃaláka]《←擬声》形 名《中米. 口語》よくしゃべる[人], 口数の多い[人]
── 女《鳥》ムジヒメシャクケイ

chachapoya [tʃatʃapója] 形 名 チャチャポヤ族[の]《ペルー北部のアンデス東斜面からアマゾン流域に居住する先住民. 先スペイン期, インカ帝国は征服後その一部を mitimae として帝国各地へ強制移住させた》

Chachapoyano, na [tʃatʃapojáno, na] 形 名《地名》チャチャポヤス Chachapoyas の[人]

Chachapoyas [tʃatʃapójas]《地名》チャチャポヤス《ペルー, アマゾナス県の県都》: cultura ～ チャチャポヤ[ス]文化

chachar [tʃatʃár] 他《エクアドル, ペルー. 軽蔑》[コカの葉を] 噛む
── ～se《ドミニカ, ボリビア》[+de 授業・約束などを] サボる, すっぽかす

cháchara [tʃátʃara]《←伊語 chiacchiera》女 ❶《口語》[たわいのない] おしゃべり, 雑談, 無駄話: de ～ おしゃべりしながら. estar de ～ おしゃべりしている. ❷《西; ラプラタ》陰口. ❸《メキシコ, チリ》[時に 複] 安物, がらくた, 取るに足りないもの. ❹《エクアドル》冗談

chacharear [tʃatʃareár] 自 おしゃべりする, 雑談する, 無駄口をたたく

chacharero, ra [tʃatʃaréro, ra] 形 名 ❶《口語》おしゃべりな[人]《=charlatán》. ❷《メキシコ》安物の商人; がらくたをため込む人

chacharón, na [tʃatʃarón, na] 形《口語》ひどくおしゃべりな, 非常に話好きの

chache [tʃátʃe] ❶ [el+] 自分, 本人. ❷《ラマンチャ. 幼児語》お兄ちゃん
El ～ [応答などで] 私です, はい

chachi [tʃátʃi] 形《口語》すばらしい, すごい《=～ piruli》: Este es un plan ～. こいつはすばらしい計画だ
── 副《西. 口語》すばらしく
pasárselo ～ 大いに楽しく過ごす

chacho, cha[2] [tʃátʃo, tʃa] [muchacho の語頭音消失] 形 名 ❶《親愛, 皮肉》子供. ❷《俗語》兄弟, 姉妹; [特に] 兄, 姉. ❸《古語. トランプ》[古い形式のオンブル hombre で] 賭け金. ❹《地方語》おじ, おば. ❺《メキシコ》召使い, 使用人. ❻《中米》双子[の]. ❼《エルサルバドル》対の, ペアの. ❽《中米. 口語》1) 大物, 重要人物. 2)《スポーツ》エース, チャンピオン

chachón, na [tʃatʃón, na] 形《ボリビア》[学生が] よく授業をサボる

chacina [tʃaθína]《←?俗ラテン語 siccina「干し肉」》女《料理》❶ 集名 [時に 複] サラミ風のソーセージ. ❷ [主にソーセージ用の] マリネーした豚肉. ❸ 干し肉, 燻製の肉

chacinado [tʃaθináðo] 男《ラプラタ》ソーセージ, 冷製《=chacinería》

chacinería [tʃaθinería] 女 ❶ サラミ風のソーセージの販売店(製造業). ❷ [豚肉の] ソーセージ, 冷製

chacinero, ra [tʃaθinéro, ra] 名 サラミ風のソーセージの製造(販売)者

chacla [tʃákla] 女 ❶《コロンビア, エクアドル》屋根瓦を支える棒. ❷《チリ》1) 大勢の人, 群衆. 2) ごちゃごちゃした(解決困難な)状況

Chac Mool [tʃák m[o]ól] 男《マヤ・アステカ神話》チャクモール《雨の神; 死との戦士を象徴し, 神へ供物を運ぶ存在》

chaco [tʃáko]《←ケチュア語 chacu》男 ❶《地理》[主に C～] チャコ《=Gran C～. 南アメリカ中央部, パラグアイ・ボリビア・アルゼンチンにまたがる広大な平原, 東はパラグアイ・ボリビア, 西はアンデス山脈に接する》: C～ boreal [パラグアイ・ボリビアにまたがる] 北部チャコ. guerra del C～ チャコ戦争《1932〜35, パラグアイ・ボリビア間で北部チャコの領有権を争った》. ❷《武術》ヌンチャク. ❸《中米》1) [村の近くのコーヒー・タバコ・サトウキビなどの] 畑, 農耕地. 2) 川・小川が流れ渇・沼を作っている土地. 3)《古語》追い込みの狩猟, 狩り立て《南米先住民が始めスペイン人も採用した》. ❹《ベネズエラ》柵《=empalizada》

chacó [tʃakó]《←ハンガリー語》男 複 ～s [←英語]《軽騎兵のかぶる》シャコー帽

chacolí [tʃakolí] 男 複 ～es チャコリ《主にバスク産のアルコール度が低く酸味のあるワイン》

chacolinero, ra [tʃakolinéro, ra] 形 チャコリ chacolí を愛飲する

chacolotear [tʃakoloteár]《←擬声》自《まれ》蹄鉄が緩んでガチャガチャ音を立てる

chacoloteo [tʃakolotéo] 男《まれ》緩んだ蹄鉄の立てる音

chacón[1] [tʃakón] 男 ❶《フィリピン. 動物》[塀の割れ目に生息する] ヤモリ《学名 Platydáctylus guttatus》. ❷《ペルー》[先住民の] 族長

chacón[2], **na**[1] [tʃakón, na] 形 名 ❶《ペルー》がんばり屋の[人]. ❷《アルゼンチン》[動物が] やせた

chacona[2] [tʃakóna] 女《音楽》シャコンヌ《16〜17世紀スペインの舞踊曲》

chaconada [tʃakonáða]《←仏語 jaconas》女 色鮮やかな薄い綿布《19世紀後半から女性がよく用いるようになった》

chaconero, ra [tʃakonéro, ra] 名 シャコンヌ chacona の作曲家(踊り手)

chacota [tʃakóta]《←擬声》女 ❶《口語》からかい, あざけり. ❷ ざわめき, 喧噪
agarrar a (para) la ～《チリ, アルゼンチン, ウルグアイ》[繰り返し] からかう
hacer ～ de.../tomar[se] (echar)... a ～ …をからかう

chacotear [tʃakoteár] 自 からかう, あざける
── ～se《+de+事物を》からかう, ちゃかす, 悪ふざけをする

chacoteo [tʃakotéo] 男《チリ, アルゼンチン, ウルグアイ》からかい, あざけり《=chacota》

chacotero, ra [tʃakotéro, ra] 形 からかい好きな[人]

chacra [tʃákra]《←ケチュア語》女 ❶《南米》[小規模な] 農場; 田舎家. ❷《アンデス》畑, 耕地
ser (venir) de la ～《チリ. 口語》純朴な; ぽっと出の田舎者である

chacuaco, ca [tʃakwáko, ka] 形 ❶《ドミニカ, ラプラタ》粗野な. ❷《プエルトリコ》ぞんざいな, 雑な
── 名《ドミニカ, ウルグアイ》田舎者, 粗野な人
── 男 ❶《中南米》[銀鉱石の] 溶鉱炉. ❷《メキシコ, エルサルバドル》たばこの吸い殻. ❸《メキシコ》煙突, ダクト. ❹《中米》質の悪い葉巻き

chacualear [tʃakwaleár] 自《メキシコ》❶ [水たまり・ぬかるみな

どで]足でピチャピチャいわせる. ❷からかう, あざける

chacueco, ca [tʃakwéko, ka] 形《アンダルシア》おざなりの, 雑な, ぞんざいな

chadiano, na [tʃaðjáno, na] 名《国名》チャド Chad の〔人〕

chador [tʃaðór]《←アラビア語》男 チャドル『イスラムの女性が外出時に全身を覆うベール』

chafa [tʃáfa] 形《メキシコ》[物が]役に立たない, 欠陥のある; [人が]行動の不適切な, 仕事のできない
—— 男《ホンジュラス. 口語》警官
—— 女《アルゼンチン》からかい, あざけり

chafaldete [tʃafaldéte] 男《船舶》クリューライン, 帆耳索

chafaldita [tʃafaldíta] 女《口語》軽い皮肉, 毒のない軽口

chafalditero, ra [tʃafalditéro, ra] 形 名《口語》皮肉屋[の]

chafalmejas [tʃafalméxas] 名《単複同形》《口語》下手な絵描き

chafallada [tʃafaʎáða] 女《アンダルシア》幼稚園

chafallar [tʃafaʎár] 他《まれ》雑な仕事や修理をする

chafallo [tʃafáʎo] 男《まれ》雑な修理

chafallón, na [tʃafaʎón, na] 形 名《まれ》雑な仕事や修理をする[人]

chafalonía [tʃafalonía] 女《溶かして使う》半端物の金・銀

chafalote [tʃafalóte] 形《南米》下品な, 通俗的な
—— 男 ❶《中南米》ナイフ. ❷《ボリビア》足の遅い馬

chafandín [tʃafandín] 男《アストゥリアス, カンタブリア, アラゴン》虚栄心が強くだらしのない人

chafar [tʃafár]《←擬声》❶《西》潰す, 押し潰す『比喩的にも』: ~ un plátano con tenedor バナナをフォークで潰す. ~ un plan 計画を潰す(台なしにする). ❷《西. 口語》[議論で]ぐうの音も出なくする, 言い負かす. ❸《西》意気消沈させる, くじけさせる: Este fracaso ha acabado de ~le. この失敗で彼は立ち直れないほどの打撃を受けた. ❹《西》[服を]しわくちゃにする. ❺《メキシコ》解く, ほどく. ❻《チリ》解雇する. ❼《アルゼンチン》あざける
—— ~se [物が]潰れる: Se cayó el paquete y se chafaron los pasteles. 箱が落ちてケーキが潰れた

chafardear [tʃafarðeár] 他《地方語》うわさ話をする, 陰口をきく『=cotillear』

chafardeo [tʃafarðéo] 男《地方語》うわさ話をすること, 陰口をきくこと

chafardería [tʃafarðería] 女《地方語》うわさ話, 陰口

chafardero, ra [tʃafarðéro, ra] 名《地方語》うわさ話をする人, 陰口をきく人

chafariz [tʃafaríθ] 男《地方語》[噴出口のある]噴水の先端部

chafarotazo [tʃafarotáθo] 男《まれ》〔剣〕 chafarote の一撃

chafarote [tʃafaróte] 男 ❶《まれ》[主に反りのある]幅広の短剣. ❷《まれ》[細身の]長剣, サーベル. ❸《グアテマラ, ホンジュラス, コロンビア. 軽蔑》[軍隊の]教養のない高官
—— 名《ホンジュラス》警察官

chafarraño [tʃafařáɲo] 男《カナリア諸島》トウモロコシが原料のビスケット

chafarrinada [tʃafařináða] 女《西》=chafarrinón

chafarrinar [tʃafařinár] 他《←chafar》《西》汚れ(染み)でだめにする

chafarrinón [tʃafařinón] 男《西》❶ 汚れ, 染み. ❷《軽蔑》下手な絵

chafarrocas [tʃafařókas] 男《単複同形》《魚》ウバウオ

chafear [tʃafeár] 自《メキシコ》だめになる, 失敗する

chafirete, ta [tʃafiréte, ta] 名《メキシコ. 軽蔑》[運転の乱暴な, バスなどの]運転手

chaflán [tʃaflán]《←仏語 chanfrein》男《西》[建物・十字路などの]角を切り落とした平面, 面取り部分; 角にある正面入口
hacer ~ 角をなす: Mi tienda hace ~ y da a dos calles. 私の店は角にあって, 2つの通りに面している

chaflanar [tʃaflanár] 他 =achaflanar

chaflar [tʃaflár] 他《チリ》[場所・組織から]追い出す

Chagas [tʃágas]《医学》シャーガス病《=enfermedad de ~》

chagolla [tʃagóʎa] 女《メキシコ》偽の貨幣; 使い古された貨幣

chagra [tʃágra] 名《エクアドル. 軽蔑》[アンデス地方の]貧しい農民
—— 女 ❶《キューバ》革砥. ❷《コロンビア, エクアドル》[小規模な]農場

chagrén [tʃagrén] 男 =chagrín

chagrín [ʃagrín]《←仏語》男 シャグリーン革, 粒起なめし革

chagual [tʃagwál] 男《南米. 植物》チャグアル『アナナス科. 茎の髄は食用. 繊維は綱に使われる. 学名 Puja chilensis』. ❷《チリ》オニアザミ cardón の実

chaguala [tʃagwála] 女 ❶《中南米. 古語》[先住民の]鼻輪; 金・銀の飾り物. ❷《メキシコ》室内履き, スリッパ. ❸《キューバ, コロンビア》古靴. ❹《コロンビア》[ナイフなどによる頭・顔の]深い傷跡

chagualo [tʃagwálo] 男《コロンビア》❶ 古靴『=chaguala』. ❷《植物》ヤブコウジの一種『学名 Myrsine guianensis』

chagualón [tʃagwalón] 男《コロンビア》❶ 古靴. ❷《植物》オトギリソウ科クルシア属の香木

chaguar [tʃagwár] 男《南米. 植物》=cháguar
—— 13 他《アルゼンチン》[洗濯物などを]絞る; 搾乳する

cháguar [tʃágwar] 男《南米. 植物》プロメリア科の一種『学名 Bromelia serra』; その繊維で作った綱

chaguaral [tʃagwarál] 男《エクアドル》cháguar の群生地

chaguarama [tʃagwaráma] 男《中米. 植物》=chaguaramo

chaguaramo [tʃagwarámo] 男《カリブ. 植物》ハボタンヤシ

chagüí [tʃagwí] 男《エクアドル. 鳥》海岸沿いによく見られる小鳥

cháhuar [tʃáwar] 形 男《中南米. 植物》=caraguatá. ❷《エクアドル》鹿毛の[馬]

chahuiscle [tʃawískle] 男《メキシコ》=chahuistle

chahuistle [tʃawístle] 男《メキシコ》[トウモロコシ・小麦の]銹(さ)病; [一般に]植物の疫病
caer el ~ a+人《メキシコ》…に悪いことが起きる, 迷惑がかかる

chai [tʃáj] I 形 ❶《西》幼女. ❷《隠語》若い売春婦
II《←英語 shine》形《メキシコ, パナマ, コロンビア》靴磨き

chaima [tʃájma] 形 名《西》チャイマ族[の]『ベネズエラ北西部の先住民』
—— 男《カリブ》チャイマ族の方言

chaira [tʃájra]《←ギリシア語 chairo「平らな」》女 ❶ [靴屋の]厚皮を切るナイフ. ❷ [肉屋の]包丁を研ぐ鋼鉄の棒. ❸《口語》ナイフ『=navaja』

chairman [tʃérman]《←英語》名 取締役会長

chaise longue [ʃeslón]《←仏語》女 [脚を伸ばして座る]寝椅子

chajá [tʃaxá] 男 ❶《ペルー, ボリビア, ラプラタ. 鳥》カンムリサケビドリ. ❷《ラプラタ. 菓子》メレンゲ・ホイップクリームを塗りモモのシロップ煮などを載せたケーキ

chajal [tʃaxál] 男 ❶《グアテマラ》裁判所の走り使い. ❷《エクアドル》1)《歴史》教区司祭に仕え世話をする先住民. 2) 召使い

chajuán [tʃaxwán] 男《コロンビア》蒸し暑さ, うだるような暑さ

chajuanado, da [tʃaxwanáðo, ða] 形《コロンビア》疲れた

chakitaqlla [tʃakitákʎa] 女《アンデス. 農業》踏み鋤

chal [tʃál]《←仏語 chale》男《服飾》❶ 肩かけ, ショール: ponerse (llevar) un ~ ショールを掛ける(掛けている). ❷ [赤ん坊の]おくるみ

chala [tʃála]《←ケチュア語》女 ❶《南米》チャラ『トウモロコシの穂軸を包んでいる葉』. ❷《ボリビア, アルゼンチン》お金, 銭. ❸《ボリビア》穀物の殻. ❹《エクアドル》落ち穂拾い. ❺《チリ》サンダル『=chalala』
parar las ~s《チリ》[人が]死ぬ
—— 男《南米》チャラで巻いたタバコ

chalaco, ca [tʃaláko, ka] 形 名《地名》カリャオ Callao の[人]『ペルー, リマ近くの特別郡 provincia constitucional』

chalado, da [tʃaláðo, ða]《←chalar》形《西. 口語》❶ [estar+] 正気を失った[人], 気が変になった[人], いかれたやつ. ❷ [+por への]恋に狂った[人]: Está ~ por Pepa. 彼はペパに夢中になっている

chaladura [tʃalaðúra] 女《西. 口語》❶ 奇行, 奇癖: Le ha dado la ~ de ir sin corbata. 彼はノーネクタイで行くというとんでもないことをした. ❷ 熱狂的な恋, のぼせ上がり

chalala [tʃalála] 女《チリ》[平底の]サンダル
parar las ~s《チリ》[人が]死ぬ

chalán, na [tʃalán, na]《←仏語 chaland「顧客」》形 名 ❶ [馬などの]仲買をする; 仲買人, 博労(ばくろう). ❷ 言葉巧みな[人], 口のうまい[人]
—— 男 ❶《メキシコ》1)石工の助手. 2) 平底舟, はしけ. ❷《コロンビア, ペルー》[馬の]調教師; 名騎手
—— 女 平底船, はしけ

chalanear [tʃalaneár]《←chalán》他 ❶《軽蔑》言葉巧み(不正)に商売(売買)をする. ❷《中南米》[馬を]飼い馴らす, 調教する. ❸《アルゼンチン》…の弱みにつけ込む

chalaneo ― 自《中米》冗談を言う、ふざける

chalaneo [tʃalanéo] 男 ❶ 言葉巧み(不正)な商売(売買). ❷《コロンビア、ペルー》[馬の]調教

chalanería [tʃalanería] 女《博労のような》ずるがしこさ、抜け目のなさ；ごまかし、不正な手口

chalanesco, ca [tʃalanésko, ka] 形《軽蔑》[博労のように]ずるがしい、抜け目のない

chalar [tʃalár] 《←ジプシー語 chalar「行く、歩く」》他 ❶《西. 口語》…の恋を焦がれさせる；熱狂的な恋に落ちさせる: Los pasteles me chalan. 私はケーキに目がない. ❷《エクアドル》落ち穂拾いをする
―**~se**《西. 口語》気が狂う、正気を失う；[+por・con への]熱狂的な恋に落ちる: Todos los chicos se chalan por ella. 男の子たちは皆彼女に夢中だ

chalate [tʃaláte] 男《メキシコ》やせて鞍擦だらけの馬

chalaza [tʃaláθa] 女 [卵の]カラザ, 卵帯

chalazión [tʃalaθjón] 男《医学》霰粒腫, 物もらい

chalcha [tʃáltʃa] 女《チリ》[主に 複] 二重あご [=papada]

chalchal [tʃaltʃál] 男《ボリビア、ラプラタ. 植物. 果実》ムクロジ科の一種《学名 Schmidelia edulis》

chalchalero [tʃaltʃaléro] 男《ボリビア、アルゼンチン. 鳥》キバラツグミ [=zorzal]

chalchihuite [tʃaltʃiwíte] 男 ❶《メキシコ》品質の低い緑色の翡翠・エメラルド. ❷《中米》魔力、驚き. ❸《グアテマラ、エルサルバドル》雑貨、安物

Chalchuapa [tʃaltʃwápa]《地名》チャルチュアパ《エル・サルバドル西部サンタ・アナ県にあるマヤ文明の遺跡の総称；その遺跡のある町》

chale [tʃále] 名《メキシコ. 軽蔑》中国系の人、東洋系の人
―《メキシコ. 口語》《驚嘆・不満・疑い》まさか!

chalé [tʃalé] 《←仏語 chalet》男《~s》庭付きの一軒家；別荘: ~ adosado (pareado)《西》テラスハウス. ~ independiente《西》一戸建て住宅

chaleca [tʃaléka] 女《チリ. 服飾》カーディガン [=rebeca]

chaleco¹ [tʃaléko] 《←アラビア語 yalika》男《服飾》❶ ベスト、チョッキ: ~ anticorte (antipunzón) 防刃ベスト. ~ de fuerza 拘束衣. ❷《チリ》カーディガン [=rebeca]
a ~《メキシコ. 口語》何とかして；むりやりに
hacer a＋人*un ~* …を騙して金を払わない

chaleco², ca [tʃaléko, ka] 形《ボリビア》熟練していない、見習いの

chalequero, ra [tʃalekéro, ra] 名 ❶ ベスト chaleco の製造業者. ❷《メキシコ. 口語》詐欺師

chalet [tʃalé] 男《複~s》=chalé

chalina [tʃalína] 女《←chal》《服飾》❶ ボヘミアンタイ. ❷《メキシコ、コスタリカ、コロンビア、ペルー、チリ、アルゼンチン、ウルグアイ》[首に巻いたりする、女性用の]幅の狭いショール

challa [tʃáʎa] 女 ❶《ボリビア、チリ、アルゼンチン》[カーニバルでの]水・粉・紙吹雪・糊のかけ合い. ❷《チリ》1) 土鍋；[3本足の]鉄鍋. 2) [砂金洗い用の] 木製の大型のボウル

challar [tʃaʎár] 自 ❶《ボリビア》[母なる大地・Pachamama に敬意を表して]地面に酒を振りまく. ❷ [いいことがあったので]食べたり飲んだりして祝う
―《チリ》カーニバルを楽しむ

challulla [tʃaʎúʎa] 女《ペルー. 魚》うろこのない川魚

chalón [tʃalón] 男《ニカラグア、チリ、アルゼンチン、ウルグアイ. 服飾》[女性用の]ショール、マフラー

chalona [tʃalóna] 女《ペルー、ボリビア、アルゼンチン. 料理》塩漬けにして干した羊肉；燻製にした羊肉

chalota [tʃalóta] 女 =chalote

chalote [tʃalóte] 《←仏語 echalote》男《植物》エシャロット

chalupa [tʃalúpa] I《←仏語 chaloupe》女 ❶《船舶》1) [エンジン付き船載の]短艇, ランチ. 2)《西》[2本マストの] 小船. ❷《メキシコ》《チナンパ chinampa で用いられる》平底のカヌー. 2)《料理》チャルパ《詰め物をしたトウモロコシパイ》. ❸《チリ》ピエロの靴
parar las ~s《チリ》[人が] 死ぬ
II《~?chalado》形《西. 戯語》正気を失った

chama [tʃáma] 女 ❶ [古物商たちの]取引、商売. ❷ 物々交換. ❸《ログローニョ》交換で得た物品

chamacazo [tʃamakáθo] 男《ペルー》[強い酒を長時間飲むことによる]酔い

chamaco, ca [tʃamáko, ka] 名 ❶《メキシコ、中米、キューバ、コロンビア、エクアドル. 口語》少年、少女、子供 [=niño]. ❷《メキシコ. 口》恋人 [=novio]

chamada [tʃamáða] 女 ❶ =chamarasca. ❷《アンダルシア》[一連の]不都合, 不快な出来事: pasar una ~ ふんだりけったりである

chamagoso, sa [tʃamagóso, sa] 形《メキシコ. 口語》❶ [人が]汚れた、だらしのない、風采の上がらない. ❷ [事物が] 低俗な、下品な；粗雑な

chamagua [tʃamágwa] 女《メキシコ》熟れかけたトウモロコシ畑

chamal [tʃamál] 男《ボリビア、チリ、アルゼンチン. 服飾》チャマル《先住民のアラウカ族が身にまとっていた大きな布》

chamamé [tʃamamé] 男 チャマメ《アルゼンチンなどのポルカを起源とする舞踊・音楽》

chamán [tʃamán] 《←露語》男 シャーマン, 呪術師, まじない師

chamánico, ca [tʃamániko, ka] 形 シャーマンの

chamanismo [tʃamanísmo] 男 シャーマニズム, 呪術

chamanístico, ca [tʃamanístiko, ka] 形 シャーマニズムの

chamanto [tʃamánto] 男《チリ. 服飾》チャマント《農民のまとう多色のポンチョ》

chamar [tʃamár] 他 [古物商たちが物品を] 交換する

chámara [tʃámara] 女 =chamarasca

chamarasca [tʃamaráska] 女 ❶ 付け木, 付け火用の細い薪(柴). ❷ 付け木の炎

chamarilear [tʃamariléar] 他 [古物などを] 売買する；=chamar

chamarileo [tʃamariléo] 男 古物の売買(交換)

chamarilería [tʃamarilería] 女 古物店

chamarilero, ra [tʃamariléro, ra] 名 古物商, 古着商

chamarillón, na [tʃamariʎón, na] 形 名 カードゲームが下手な[人]

chamariz [tʃamaríθ] 男《鳥》マヒワ [=lugano]

chamarluco [tʃamarlúko] 男《地方語》[村祭りの]道化役

chamarón [tʃamarón] 男《鳥》エナガ

chamarra [tʃamářa] 女《←zamarra》❶《服飾》1) チャマラ《羊の革製の田舎風のジャケット》. 2) [毛皮の] 半コート [=zamarra]. 3)《メキシコ、ドミニカ、ボリビア》ジャケット [=cazadora]. 4)《中米、ベネズエラ》ポンチョ [=poncho]. ❷《中米》詐欺

chamarrero, ra [tʃamařéro, ra] 名《ベネズエラ. 口語》いんちき医者, 偽医者

chamarreta [tʃamařéta] 女 ❶《服飾》ジャケットのような田舎風の防寒着. ❷《ベネズエラ》薄手のポンチョ

chamarro [tʃamářo] 男《服飾》❶《中米》[羊毛・木綿製の] マント. ❷《ホンジュラス》粗末な上着 [=zamarro]. ❸《コロンビア、ベネズエラ、エクアドル》複 チャップス [=zahones]

chamarruca [tʃamařúka] 女《地方語》ザルガイ [=berberecho]

chamba [tʃámba] 女 ❶《西. 口語》つき, 幸運, まぐれ: Le has dado a la pelota de (por) ~. 君がボールを打ったのは当たりだ. ❷《メキシコ、グアテマラ、ペルー. 口語》もうけの少ない臨時の仕事. 《メキシコ》労働, 仕事. ❸《コロンビア、ベネズエラ、エクアドル》[地所の境界の] 溝, 堀, 柵. ❹《エクアドル》水たまり. ❺《コロンビア》[頭部の] 裂傷. ❻《ベネズエラ》鎌の一種. ❼《エクアドル》思考の混乱. ❽《ボリビア》硫酸鉛. ❾《チリ、アルゼンチン、エクアドル》[四角に切った] 芝生

chambado [tʃambáðo] 男 ❶《地方語》[枝・竹製の] 小屋. ❷《チリ、アルゼンチン》[飲み物を運ぶ・飲むのに使われる] 粗末な牛角製のカップ

chambaril [tʃambaríl] 男《サラマンカ》かかとの骨; かかと

chambeador, ra [tʃambeaðór, ra] 名《メキシコ. 口語》よく働く・複雑労働の] 労働者

chambear [tʃambeár] 自 ❶《メキシコ. 口語》働く. ❷《コロンビア、エクアドル》芝生の上を歩く
―他 ❶《メキシコ》物々交換する. ❷《コロンビア》1) [芝生を] 四角に切る. 2) かみそりで傷つける. ❸《エクアドル》=champear

chambel [tʃambél] 男《アンダルシア. 漁業》はえなわの一種

chambelán [tʃambelán] 《←仏語 chambellan < 独語 kamarling「給仕」》男 ❶《王の》侍従官, 侍従長. ❷《メキシコ》少女の15歳の誕生祝いに付き添う若者

chamberga¹ [tʃambérga] 女 ❶《ラマンチャ》1) 鋤の柄から刃までの湾曲部分. 2) 耕作地. 3) 畝. ❷《アンダルシア. 服飾》幅広の絹のテープ

chambergo, ga² [tʃambérgo, ga] 形《歴史》チャンベルゴ親衛隊 regimiento chambergo の《17世紀後半カルロス2世警護のために創設》；その制服の

―― 男 ❶ チャンベルゴ親衛隊の隊員. ❷《服飾》1) チャンベルゴ帽《チャンベルゴ親衛隊がかぶったつば広の帽子. =sombrero ～, sombrero a la ～ga》. 2) [一般に] つば広の帽子. 3) 七分丈のコート. ❸《カタルーニャ》[18世紀の] チャンベルゴ銀貨. ❹《キューバ. 鳥》ボボリンク

chamberguilla [tʃamberɣíʎa] 女《アンダルシア. 服飾》=**chamberga**[1]

chamberí [tʃamberí] 形 男《ペルー》うぬぼれの強い[男], 高慢な[男], 素直でない[男]

chamberilero, ra [tʃamberiléro, ra] 形《地名》シャンベリ Chamberí の『マドリードの古い地区』

chambero, ra [tʃambéro, ra] 名 ❶《メキシコ》日雇い労働者. ❷《コロンビア》溝を掘る人. ❸《アンデス》腐肉を食べる人

chambi [tʃámbi] 男《地方語. 菓子》[2つの四角いコーンに入れた] アイスクリーム

chambilla [tʃambíʎa] 女《建築》[鉄格子を据える] 石の縁枠

chambira [tʃambíra] 女《ペルー. 植物》チャンビラヤシ『学名 Astrocaryum chambira』

chambismo [tʃambísmo] 男《メキシコ》兼職『行為』

chambista [tʃambísta] 形 名《メキシコ. 口語》熱心に働かない[人]

chambón, na [tʃambón, na] 形 名 ❶《口語》[賭け事などで] まぐれで勝つ[人]. ❷《口語》[賭け事・狩猟・スポーツなどで] 下手な[人]. ❸《メキシコ, ホンジュラス, ペルー, アルゼンチン, ウルグアイ》仕事がおざなりの[人]; 不器用な[人]
―― 男 複《プエルトリコ》ぼろ靴

chambonada [tʃambonáda] 女《口語》❶ まぐれ[当たり]; 幸運[による利益]. ❷ 下手くそ; へま, とちり

chambonear [tʃambonár] 自《中南米. 口語》おざなりな仕事をする, まぐれ当たりをする

chamboneo [tʃambonéo] 男《中南米. 口語》おざなりな仕事, やっつけ仕事

chamborote [tʃamboróte] 形《エクアドル》❶ [トウガラシが] 白い. ❷ [人が] 鼻の長い(大きい)

chambra [tʃámbra] 女《←仏語 chambre「部屋」》❶《服飾》1) [19世紀の] ゆったりしたブラウス. 2) 《古語的》[女性・子供用の] 肌着の] ゆったりした胴着. ❷《ドミニカ》幅広の山刀. ❸《ベネズエラ》お祭り騒ぎ

chambrana [tʃambrána] 女 ❶ [椅子・机などの足の間をつなぐ] 補強用の横木. ❷《建築》[扉・窓・暖炉の周囲につける] 石・木製の削り形. ❸《コロンビア, ベネズエラ》騒ぎ, けんか

chambre [tʃámbre] 男 ❶ 詐欺師, ペテン師. ❷《グアテマラ, エルサルバドル》うわさ話

chambrita [tʃambríta] 女《メキシコ》赤ん坊用の手編みの上着

chamburgo [tʃambúrɣo] 男《コロンビア》水たまり, よどみ

chamburo [tʃambúro] 男《南米. 植物》マウンテン・パパイヤ『漿果は食用. 学名 Vasconcellea cundinamarcensis』

chamburú [tʃambúrú] 男《南米. 植物》=**chamburo**

chamelo [tʃamélo] 男《ドミノ》ゲームの一種

chamelote [tʃamelóte] 男《繊維》=**camelote**

chameletón [tʃameletón] 男《繊維》粗末なキャムレット camelote

chamerluco [tʃamerlúko] 男《古語. 服飾》[女性用の] 詰襟のぴったりした服

chamicado, da [tʃamikáđo, đa] 形《ペルー, チリ》[estar+] ❶ 悲しげな; 無口な. ❷ 酔っている

chamicero, ra [tʃamiθéro, ra] 形 [山林が] 黒こげになった, 半焼けの
―― 男《コロンビア》細いたきぎがたくさんある場所
―― 女 ❶ 山火事で黒こげになった山林. ❷《まれ》最低ランクの売春婦

chamico [tʃamíko] 男《キューバ, ドミニカ, 南米》❶《植物》サンザシ, シロバナヨウシュチョウセンアサガオ. ❷ ほれ薬, 媚薬 『dar ～ a+人《アルゼンチン, エクアドル》…に魔法をかける, 幻惑する, 誘惑する』

chamillo [tʃamíʎo] 男《ボリビア》全粒パン

chamín [tʃamín] 男《ベネズエラ. 口語》親友, 仲間

chamiza[1] [tʃamíθa] 女 ❶《植物》カヤ(茅). ❷ たきぎ

chamizo [tʃamíθo] 男 ❶ 《植物》カヤ(茅). ❷ 茅ぶきの家. ❸《口語》あばら家. ❹ [薪などの] 燃えさし. ❺ 焼けこげた(半焦げの)立木. ❻《西》炭鉱. ❺ 質の悪い鉱石の採掘. ❻《メキシコ》枯れ枝

chamizo[2], **za**[2] [tʃamíθo, θa] 形《歴史》[中南米の] 先住民 indio と coyote との混血の[人]

chamo, ma [tʃámo, ma] 形 名《ベネズエラ, エクアドル》❶ 若い 『大人と子供の中間』; 若者. ❷ 友人, 仲間

chamorra[1] [tʃamóra] 女 丸刈りの頭

chamorrar [tʃamorár] 他《古語》丸刈りにする

chamorrero, ra [tʃamoréro, ra] 形 名《パラグアイ》挑発的な[人], 騒ぎを起こす[人]

chamorro, rra[2] [tʃamóra, ra] 形 名 ❶ [マリアナ諸島 islas Marihanas の先住民] チャモロ族[の]; チャモロ語の. ❷ 丸刈りの[動物]
―― 男 ❶ チャモロ語. ❷《ムルシア》小型の太った豚; 太った男. ❸《メキシコ》[主に女性の] ふくらはぎ

chamoso, sa [tʃamóso, sa] 形《地方語》[木が] キノコに覆われた

champa [tʃámpa] 女 ❶《中米》[ヤシの葉などで覆った] 掘っ建て小屋, 小屋. ❷《南米》1) からまった根と土; 芝生. 2)《口語》髪の房. ❸《ボリビア》紛糾, トラブル, 面倒事. ❹《チリ. 俗語》陰毛

champán [tʃampán] I 男 ❶《←仏語 champagne》《酒》シャンパン: ducha de ～ シャンパンシャワー
―― 形 [シャンパンのような] 黄金色の, 明るい黄色の
II 男《←マレー語》=**sampán**

champanero, ra [tʃampanéro, ra] 形 シャンパンの
―― 女 ❶ シャンパンクーラー. ❷《メキシコ》[小作人が所有し地主の土地を耕す] 2頭立ての牛・馬

champaña [tʃampáɲa] 男/(まれ) 女 シャンパン『=**champán**』

champañazo [tʃampaɲáθo] 男《チリ》シャンパンを飲む家族的なパーティー

champañés, sa [tʃampaɲés, sa] 形 名《地名》[フランスの] シャンパーニュ Champaña 地方の[人]

champar [tʃampár] 他《口語》[面と向かって] 相手の嫌がることを言う; 恩着せがましく言う

champear [tʃampeár] 他《エクアドル, ペルー, チリ, アルゼンチン》堰・穴などで芝でふさぐ

champi [tʃámpi] I 男《口語》=**champiñón**
II 男《←ケチュア語》《ペルー. 古語》先端に石・銅をはめた棒『武器』

champiñón [tʃampiɲón]《←仏語 champignon》男《植物》マッシュルーム, シャンピニオン

champiñonero, ra [tʃampiɲonéro, ra] 形 名 マッシュルームの; マッシュルーム栽培業者

champión [tʃampjón] 男《←商標》《パラグアイ, ウルグアイ》テニスシューズ

champola [tʃampóla] 女 ❶《中米, キューバ, ドミニカ》トゲバンレイシ・砂糖・牛乳の清涼飲料. ❷《チリ》チェリモヤの清涼飲料

champú [tʃampú]《←英語 shampoo》男《複 -(e)s》シャンプー: lavarse el pelo con ～ シャンプーで髪を洗う

champudo, da [tʃampúđo, đa] 形《ペルー, チリ》髪がぼさぼさな(もじゃもじゃの)

champurrado [tʃampuráđo] 男《メキシコ》❶《飲料》ココアのアトレ atole. ❷ チョコレート色の馬. ❸《口語》寄せ集め『=**revoltijo**』

champurrar [tʃampurár] 他 =**chapurrar**

champurrear [tʃampureár] 自《チリ, アルゼンチン, ウルグアイ》=**chapurrear**

champús [tʃampús] 男《アンデス》=**champúz**

champúz [tʃampúθ] 男《アンデス》チャンプス『トウモロコシ粉などと果実の温かい飲み物』

chamuchina [tʃamutʃína] 女 ❶ 価値のないもの, くだらないもの. ❷《ホンジュラス, キューバ, エクアドル, チリ》1)《軽蔑》下層民, 俗衆. 2) 騒ぎ, 混乱. ❸《ベネズエラ》けんか. ❹《パラグアイ. 料理》直火で軽く焼いた肉

chamuco [tʃamúko] 男《メキシコ》❶ 悪魔. ❷ 計略, 策略

chamula [tʃamúla] 形 名《地名》チャムラ族[の]『メキシコ, キアパス州の San Juan Chamula 村の先住民』

chamullar [tʃamuʎár] I《←ジプシー語》自《口語》❶《軽蔑》[第三者に分からないように] 外国語で話す. ❷ [事を] 知っている, 分かっている
―― 他《口語》[言語を] 話す, しゃべる
II 自 ❶《チリ. 口語》作り話をする, だます; 話す; 口ごもる. ❷《アルゼンチン, ウルグアイ. 口語》=**chamuyar**

chamulle [tʃamúʎe] 男 言葉, わけの分からない言葉

chamullero, ra [tʃamuʎéro, ra] 图《南米. 口語》嘘つき
chamullo [tʃamúʎo] 男 ❶《チリ. 口語》嘘; わけの分からない話; 不正な取引. ❷《アルゼンチン, ウルグアイ. 口語》[主に小声での] 会話
chamurrar [tʃamuřár] 他 表面を焦がす, さっと焼く
chamurrir [tʃamuříř] 他《ナバラ》表面を軽く焦がす, 部分的に焼く
chamuscado, da [tʃamuskáðo, ða] 形 悪徳(悪癖)にはまった; [思想などに] かぶれた, 染まった
―― 男 表面を焦がすこと
chamuscadura [tʃamuskaðúra] 女 焦げ目
chamuscar [tʃamuskár]《←ポルトガル語 < ラテン語 flammuscare》[7] 他 ❶ [表面を部分的に] 焦がす; 焦げ目をつける, 炙(炙)る. ❷《メキシコ》安売りする.
― **se** ❶ 焦げる; [自分の体の一部を] 焦がす: *Se chamuscó la barba.* 彼はひげを焦がした. ❷ 不信・疑念を表明する. ❸《アンデス》怒り出す, かっとなる
chamusco [tʃamúsko] 男 焦がす(焦げる)こと《=chamusquina》
chamusquina [tʃamuskína]《←chamuscar》女 ❶ 焦がす(焦げる)こと. ❷ 口論, けんか
oler a ~《西》[事が] きな臭い, もめそうである; うさん臭い
oler a ~ *a la cabeza a* ~ …が叱られそうである
chamuyar [tʃamujár] 自《アルゼンチン, ウルグアイ. 口語》おしゃべりをする; [言語を] 話す
chamuyo [tʃamújo] 男《アルゼンチン, ウルグアイ. 口語》=**chamullo**
chan [tʃán] 男《メキシコ, 中米》❶ チーア chía の種子とレモンジュースの清涼飲料. ❷《植物》チーア《=chía》. ❸ 山岳ガイド
chana [tʃána] 女 ❶《地方語》石を投げて丸太などを倒す遊び《=calva》. ❷《ホンジュラス. トランプ》配られた札が偶然組み合わさって勝つこと
chaná [tʃaná] 形 图 チャナ族[の]《スペインの征服時代にパラナ川流域に住んでいた先住民》
―― 男 チャナ語
chanada [tʃanáða] 女 欺き, いんちき
chanar [tʃanár] 他《隠語》[事を] 知っている, 分かっている
chanca [tʃánka] 女 ❶ スリッパ《=chancla》. ❷《サラマンカ》木靴《=zueco》. ❸《アンダルシア》魚の塩漬けの保存容器. ❹《エクアドル, ペルー, チリ, アルゼンチン》すりつぶし. ❺《ペルー, チリ. 口語》めった打ち, ひっぱたき
chancaca [tʃankáka]《←ナワトル語 chiancaca「黒砂糖」》女 ❶ 菓子. ❷《中南米》チャンカカ《炒って挽いたトウモロコシ(小麦)を蜂蜜で練ったかたまり》. ❸《中米, ペルー, チリ》黒砂糖のかたまり
chancacazo [tʃankakáθo] 男 ❶《アンデス》強打; 石による一撃. ❷《チリ》chanca の示大語
chancadora [tʃankaðóra] 女《アンデス》[鉱石などの] 粉砕機
chancaquita [tʃankakíta] 女《中南米. 菓子》チャンカカ chancaca・クルミ・ココナッツなどのキャンディー
chancar [tʃankár]《←ケチュア語 chánkkay「潰す」》[7] 他 ❶《中米, アンデス》[鉱石などを] 砕く, 粉々にする. ❷《エクアドル, チリ》中途半端にする. ❸《ペルー, チリ》1) 殴る, 虐待する. 2) やりこめる, ぐうの音も出なくする. ❹《ペルー. 隠語》[一夜漬けの] 猛勉強をする
chancay [tʃankáj] 男《ペルー, エクアドル. 菓子》チャンカイ《ビスケットの一種》
chance [tʃánθe] 男《←英語》❶ [参加の] 機会: dar ~ 機会を与える. ❷《時に》女《中南米》好機, チャンス《=oportunidad》
chancear [tʃanθeár] 自《←文語》❶ 冗談を言う: *No chancees ahora, que no estoy de humor.* 今冗談はよせ, 僕は機嫌が悪いんだ. ❷ [+con・de+人 を] からかう, 笑いものにする
chancelar [tʃanθelár] 他《ボリビア》[債務を] 全額支払う
chanceler [tʃanθelér] 男《古語》=**canciller**
chancellar [tʃanθeʎár] 他《古語》取り消す《=cancelar》
chancellier [tʃanθeʎiér] 男《古語》=**canciller**
chancero, ra [tʃanθéro, ra] 形 ❶《文語》冗談(からかい)好きな. ❷《チリ. 口語》おどけた
chancha [tʃántʃa] 女 ❶《古語》欺き, 嘘, ごまかし. ❷《アルゼンチン. 口語》護送車
hacerse la ~《チリ, ウルグアイ》[授業などを] サボる
ser ~ *de dos caras*《チリ》裏表(二心)がある
chanchada [tʃantʃáða] 女 ❶ 粗野(不誠実)な行為. ❷《中南米. 口語》不作法な(悪意のある)言動

Chan Chan《歴史, 地名》チャン・チャン《14〜15世紀, ペルー北部沿岸で栄えたチムー chimú 王国の首都. chan は「太陽」の意》
cháncharras máncharras [tʃántʃaɾas mántʃaɾas] 女 複《まれ》[何かをしないための] 口実, 言いのがれ
chanchera[1] [tʃantʃéra] 女《ボリビア》ウエストポーチ《=riñonera》
chanchería [tʃantʃería]《←chancho》女《中南米》豚肉・ソーセージ店
chanchero, ra[2] [tʃantʃéro, ra] 图《中南米》養豚業者; 豚肉販売業者
chanchi [tʃántʃi] 副《西. 口語》=**chachi**
chanchiro [tʃantʃíro] 男《コロンビア》[乞食などが着る] 古着
chanchita [tʃantʃíta] 女《ウルグアイ》護送車
chanchito [tʃantʃíto] 男《南米》❶ カイガラムシ《=cochinilla》. ❷ 貯金箱
pillar ~《チリ》現行犯で捕える
chancho, cha[2] [tʃántʃo, tʃa]《←Sancho (17世紀豚などの呼んだ名に使われた人名)》❶《中南米》豚《=cerdo》: ~ 豚肉. ~ salvaje 野豚. ~ de[l] monte《アルゼンチン》イノシシ. 2) 《豚》
A cada ~ *le llega su sanmartín.*《中南米》誰も罰を逃れることはできない《*A cada cerdo le llega su San Martín.*》 *C* ~ *limpio, nunca engorda.*《チリ, ラプラタ》正直者は金持ちになれない
hacerse el ~ [*rengo*]《ホンジュラス, ニカラグア, ラプラタ》しらばくれる, 分からないふりをする
❷ 形《中南米. 軽蔑》汚い[人], 不潔な[人]; でぶな[人]. ❸《チリ. 口語》食い意地のはった
―― 男《中南米》1) ~ eléctrico ワックスがけ機. 2)《ドミノ》pantalón ~《服飾》1920年代の, スポーツ用の ニッカーボッカー
chanchullero, ra [tʃantʃuʎéro, ra] 形 图 不正なことをする[人], ずるい[人]
chanchullo [tʃantʃúʎo]《←伊語 cianciullare「くだらないことをする」》❶《口語》不正な取引(手口), ずる; 汚職: andar en ~s 不正なもろけ仕事をする. ❷《ボリビア》カンニングペーパー
―― 形 pantalón ~《服飾》1920年代の, スポーツ用の ニッカーボッカー
chanciller [tʃanθiʎér] 男 =**canciller**
chancillería [tʃanθiʎería] 女 ❶《歴史》チャンシリェリア, 尚書院《スペインの高等法院 Audiencia の別称》. ❷ 大法官の職(俸給), [国璽]尚書の職(俸給)《=cancillería》
chancla [tʃánkla]《←chanclo》女 [主に複] ❶ サンダル《→sandalia 類義》: llevar ~s サンダルをはいている. ❷ 室内ばき, スリッパ. ❸ かかとを踏みつぶした靴. ❹ かかとのすり減った古靴
en ~*s* 靴をつっかけて
poner a+人 como ~《メキシコ》…の悪口を言う
chancleta [tʃankléta] 女 ❶ =**chancla**. ❷《南米. 親愛》[女性・娘に対し良い意味でも悪い意味でも] 娘っこ; 女の赤ん坊. ❸《ベネズエラ. 口語》鈍い人; 役に立たないもの, 不要なもの. ❹《チリ. 口語》古靴
en ~*s* 靴をつっかけて《=en chanclas》
largar la ~《キューバ. 口語》死ぬ
pisar la ~《ベネズエラ. 口語》アクセルを踏む; 逃げる
tirar la ~《南米. 口語》伝統にそむいたふるまいをする
―― 图《古語》能なし
chancletear [tʃankleteár] 自 ❶ 靴をつっかけて歩く. ❷《中南米》逃げる. ❸《メキシコ》タップダンスを踊る; ダンスをする. ❹《ベネズエラ》アクセルを踏む. ❺《チリ, アルゼンチン, ウルグアイ》ぶらぶら歩き回る; かかとを引きずって歩く
chancleteo [tʃankletéo] 男 ❶ 靴をつっかけて歩く音. ❷《メキシコ》タップダンス. ❸《キューバ》逃亡
chancletero, ra [tʃankletéro, ra] 形 图《中南米》1) へまな人, 愚鈍な人. 2) 下層階級の人. 3) 靴修理屋. ❷《チリ, ボリビア. 口語》[子供が] 娘しかいない[親]
chancletudo, da [tʃankletúðo, ða] 形 ❶《中南米》下層階級の[人]. ❷《ベネズエラ, チリ, アルゼンチン, ウルグアイ. 口語》普通の, 通俗的な
―― 男《グアテマラ》めかし屋, ダンディーな男
chanclo [tʃánklo]《←?モサラベ語 chanco》男 ❶ 木靴《=zueco》; [昔風の厚底の] サンダル. ❷ オーバーシューズ
chancludo, da [tʃanklúðo, ða] 形《メキシコ. 口語》だらしのない, 汚らしい感じの
chanco [tʃánko] 男 ❶《古語》分厚いコルク底靴《=chapín》. ❷《ベネズエラ》自家製チーズの一種. ❸《ペルー. 鳥》クロヒゲマネシツグミ

chancón, na [tʃaŋkón, na] 形 名 《ペルー. 隠語》ガリ勉家《の》

chancro [tʃáŋkro] 男《医学》下疳(ｶﾞﾝ)

chancuco [tʃaŋkúko] 男《コロンビア. 口語》[酒・たばこなどの]密輸; 密輸たばこ

chanda [tʃánda] 女《コロンビア》❶《主に服関係の》安物品, 粗悪品. ❷ 疥癬《=sarna》

chándal [tʃándal] [←仏語 chandail] 男 覆 ~[e]s《西. 服飾》[スポーツ用の上下の]ジャージー; スウェットスーツ《~ de felpa》

chandoso, sa [tʃandóso, sa] 形 名《コロンビア》疥癬にかかった〔犬〕; 野良犬〔の〕

chaneco, ca [tʃanéko, ka] 形《チリ》生活手段を持たない
── 名《チリ》《女性の髪型》三つ編み

chanel [tʃanél] [←商標] 形《服飾》《女性服の》シャネルスーツ〔の〕; [スカートの丈が]膝より少し下までの

chanela [tʃanéla] 女《古語》=chinela

chanelar [tʃanelár] 他《俗語》理解する
── 自《俗語》理解力がある

chanfaina [tʃanfáina]【←?カタルーニャ語 samfaina】 女 ❶《西. 料理》1) 臓物の煮込み. 2) トマト・ナス・ピーマン・玉ネギ・ズッキーニの炒め物. ❷《地方語》愚かさ, 滑稽さ. ❸《ホンジュラス, コロンビア, ペルー, ボリビア. 口語》もつれ, 紛糾, ごたごた. ❹《コロンビア》1) コネ, 縁故. 2) うまい働き口. 3) 買い得品, 掘り出し物. ❺《アルゼンチン》[人が]取るに足りない, つまらない

chanfla [tʃánfla] 女 ❶ にせ金《=chanflón》 ❷ 粗雑な作り. ❸《アラゴン》失敗作, 駄作

chanfle [tʃánfle] 男 ❶《メキシコ, チリ, アルゼンチン, ウルグアイ》角を切り落とした面, 面取りした面. ❷《メキシコ, チリ, アルゼンチン, ウルグアイ》1) [ボールの]スピン. 2)《口語》斜めの打撃(切断). ❸《プエルトリコ. アルゼンチン》下卑な連中. ❹《アルゼンチン, ウルグアイ》警官, 巡査
de ~《メキシコ, チリ, アルゼンチン, ウルグアイ》斜めに
── 間《メキシコ》《驚き・賞賛》わあ, すごい!

chanflear [tʃánfleár] 他《アルゼンチン》面取りをする《=achaflanar》

chanflón, na [tʃánflón, na] 形《まれ》❶ 粗雑な, 質の悪い; 不格好な. ❷ にせ金の
── 男 ❶ にせ金. ❷ [chito 遊びに使われる]古い硬貨

changa[1] [tʃáŋga] 【←?ポルトガル語 jangada「筏」】女 ❶《口語》ちょっとした商い. ❷《ムルシア》つまらない物, がらくた. ❸《パナマ. 料理》新鮮なトウモロコシで作るトルティーヤ. ❹《キューバ, 南米. 口語》《冗談口調で》からかい. ❺《プエルトリコ》1) 植物の害虫. 2) 邪悪な人. 3)《隠語》マリファナたばこの吸い殻. ❻《ボリビア, アルゼンチン》1)《口語》[固定した仕事が見つかるまでの]雑役, 半端仕事; その報酬. 2)《口語》半端仕事の作業員

changador [tʃaŋgaðór] 男《ボリビア, チリ, アルゼンチン, ウルグアイ》[港・市場などの]荷物かつぎの男, 仲仕

changallo, lla [tʃaŋgáʎo, ʎa] 形《カナリア諸島》怠惰な
── 自《チリ. 生物》エビの一種《学名 Bithynius longimana》

changar [tʃaŋgár] [←changa[1]] 自 他《口語》壊す
──《ボリビア, チリ, アルゼンチン, ウルグアイ》1) 荷物かつぎをする. 2)《安い報酬で》雑役をする, 手間賃かせぎの仕事をする
── ~se《口語》壊れる

changarín [tʃaŋgarín] 男《アルゼンチン, ウルグアイ》=**changador**; 雑役をする短期契約の作業員

changarra [tʃaŋgára] 女《サラマンカ》カウベル《=cencerro》

changarro [tʃaŋgáro] 男 ❶ カウベル《=cencerro》 ❷《メキシコ》小さな商店, 品ぞろえの少ない店, 屋台

changle [tʃáŋgle] 男《チリ. 植物》シロソウメンタケ属の一種《食用のキノコ. 学名 Clavaria coralloides》

chango, ga[2] [tʃáŋgo, ga] 形 名《チリ, 中米》猿. ❷《メキシコ, ボリビア, アルゼンチン》少年[の], 少女[の]《メキシコ》~s y una ~ga. 彼には男の子が2人と女の子が1人いる. ❸《ドミニカ, プエルトリコ, ベネズエラ》ふざけ(たがり)好きの人. ❹《プエルトリコ》《チリ》鈍感で不快な[人], 厄介者[の]
ponerse ~《メキシコ. 口語》気を張る, 注意する;《¡Ponte ~! ばかやるな, しっかりしろ!》
──《ベネズエラ》覆 ぼろ. ❷《アルゼンチン, ウルグアイ》ショッピングカート

changuear [tʃaŋgeár] 自 ❶《カリブ, コロンビア》ふざける, いたずらをする. ❷《ボリビア, チリ, アルゼンチン, ウルグアイ》雑役をする, 手間賃かせぎの仕事をする

changuería [tʃaŋgería] 女《メキシコ, ホンジュラス, プエルトリコ》子供っぽい行為, 冗談, いたずら, ふざけ

changüí [tʃaŋgwí] 男 ❶《口語》冗談, ふざけ, だまし: *dar* ~ *a*+人 ふざけて…をだます. ❷ 新参者, 初心者. ❸《中米. ゲーム, スポーツ》ハンディ. ❹《キューバ, プエルトリコ. 古謡》チャングイ《貧しい民衆の踊り》. ❺《キューバ》掘り出し物; 安物

changuito [tʃaŋgíto] [←商標] 男《アルゼンチン》ショッピングカート; 乳母車
hacer ~*s*《メキシコ. 口語》[幸運を招くために]指を重ね合わせる

changurro [tʃaŋgúro] 男《バスク》カニ料理の一種《ケアミガニの身をほぐして甲羅に詰める》; ケアミガニ《=centolla》

chano [tʃáno] 副《西. まれ》~ ~ ゆっくりと少しずつ; 静かに

chanquear [tʃaŋkeár] 自《古語》コルク底靴 chancos で歩く

chanquete [tʃaŋkéte] 男《魚》チャンケテ《ハゼの一種で食用. 学名 Aphya minuta》

chanta [tʃánta] 名《ラプラタ. 隠語》❶〔仕事など努力が必要なことに向いていない〕いい加減な〔人〕, だらしのない〔人〕. ❷〔能力・知識・権力などを備えたように〕嘘をつく〔人〕

chantado [tʃantáðo] 男《ガリシア》平石 chanto を積んだ囲い, 石垣

chantaje [tʃantáxe]【←仏語 chantage】男 恐喝, ゆすり: *hacer* ~ *a*+人 …を恐喝する

chantajear [tʃantaxeár] 他 自 恐喝する, ゆする

chantajista [tʃantaxísta] 名 恐喝者, ゆすり屋

chantar [tʃantár] 他 ❶《まれ》❶《アストゥリアス, ガリシア; 中南米》〔服などを〕着させる, 付けさせる. ❷《アストゥリアス; エクアドル, ペルー, チリ, アルゼンチン, ウルグアイ》〔疑問が残らないように〕面と向かって言う, はっきりと話す, はっきり不満を述べる. ❸《南米》与える《=dar》. ❹《ペルー, チリ, アルゼンチン, ウルグアイ. 口語》1) 強く投げつける. 2) [人を] 強く殴る. 3) 嫌なことを押しつける. ❺《チリ》待ちぼうけを食わせる
── ~se ❶《南米. 口語》〔服を〕着る. ❷《チリ. 口語》止まる; 身を落ち着ける; 悪習をやめる

chantillí [tʃantiʎí] [←仏語 chantilly] 男 覆 ~s ❶《料理》泡立てた生クリーム《練り白》. ❷《服飾》ボビンレースの布

chantillón [tʃantiʎón] 男 線引き定規《=escantillón》

chanto [tʃánto] 男 ❶《ガリシア, アストゥリアス, レオン》[木・石製の]杭. ❷《ガリシア》[柵・舗装用の]平らな切石

chantre [tʃántre] [←仏語 chantre < ラテン語 cantore] 男《古語》聖歌隊の]先唱者《司教座聖堂参事会員など高位の者が務める》; [教会の]合唱指揮者

chantría [tʃantría] 女《古語》先唱者の地位〔権威〕

chantung [tʃantún] 男 =**shantung**

chanza [tʃánθa]【←伊語 ciancia】女 ❶《文語》《主に悪気のない》冗談, からかい, 冷やかし: *decir* (*gastar*) ~ 冗談を言う. *estar de* ~ 冗談を言っている; 機嫌がよい. *de* (*en*) ~ 冗談で, からかって. ~ *pesada* たちの悪い冗談. ❷ こっけいなこと

chanzoneta [tʃanθonéta] **I**【←仏語 chansonnette】女 ❶《古語》[クリスマスなど]宗教的な祭りで歌われる軽く楽しい歌
II 【←仏語 chansonnette】女《古語》《クリスマスなど》宗教的な祭りで歌われる軽く楽しい歌

chanzonetero [tʃanθonetéro] 男《古語》宗教的な祭りで歌われる軽く楽しい歌 chanzoneta の作曲者

chañar [tʃanár] 男《南米. 植物, 果実》マメ科の一種《果実は甘く食用. 学名 Geoffroea decorticans》

chaño [tʃáno] 男《チリ》寝具・鞍敷に使う》房の付いた赤い縞の粗い毛布

chao [tʃáo] **I** 【←伊語 ciao】間《口語》じゃあまた, さようなら
II 男《ベネズエラ》雑草に覆われた畑

chaola [tʃaóla] 女 =**chabola**

chapa [tʃápa] [←?語源 ch-] 女 ❶《木・金属の》薄板: ~ *de horno* オーブンの天板. ~ *de acero* 鋼板. ~ *acanalada*《南米》石綿セメント, アスベスト. ❷《口語》1) 車体: *hacer* ~ *y pintura* 車体の修理と塗装をする. 2)《キューバ, アルゼンチン, ウルグアイ》ナンバープレート. ❸ バッジ, 名札: ~ *de identificación*《軍事》認識票. ❹《警察の》警官のバッジ. ❺《瓶の》口金: 口金を指で弾く子供の遊び. ❻ 合い釘. ❼《製靴》縫い目を補強する〕革片. ❼《口語》警察. ❽《口語》少額の金.《隠語》=**dinero**. ❾《口語》腸の上皮細胞を保護する表皮. ❿《西. 隠語》[売春婦・男娼との]性交. ⓫《西》覆 2個ほうずつの表裏を当てる賭博. ⓬《バレンシア》大型のカタツムリ. ⓭《主に中米. 口語》覆《女性の》頬の赤い染み《=chapeta》. ⓮《メキシコ, 中米, アルゼンチン》錠, 錠前. ⓯《中米. 口語》イヤリング. ⓰《ベネズエラ. 口語》冗談, からかい
de ~/*con* ~《まれ》[人が]まじめな, 良識のある

chapacuña

estar sin ~《口語》一文なしである
hacer ~s《西.卑語》売春をする
no pegar ni ~《西.口語》働かない, ぶらぶらする
no tener ni ~《口語》1) 一文なしである. 2)《西》何も分からない
quedarse sin ~《口語》一文なしになる
── 囡 ❶《隠語》秘密警察の捜査官; 市警察の警官. ❷《口語》[市場の] 積み卸し作業員
── 囝 ❶《口語》警官. ❷《エクアドル》国家警察の下級警官

chapacuña [tʃapakúɲa] 囡《地方語》平石舗装
chapadamente [tʃapáðaménte]《古語》完璧に
chapado, da [tʃapáðo, ða] 形 ❶ …を張った: Este reloj está ~ en oro. この時計は金側だ. armario ~ de caoba マホガニー張りのたんす. ❷ 美しい, 上品な, 優美な
~ a la antigua [考え方・習慣が] 古臭い, 古風な
── 囝 薄板を張ること

chapalear [tʃapaleár] =**chapotear**
chapalele [tʃapalélé] 囝《料理》すりおろしたジャガイモと小麦粉で作る平たいパン
chapaleo [tʃapaléo] 囝 =**chapoteo**
chapaleta [tʃapalétá] 囡 汲み出しポンプのバルブ
chapaletear [tʃapaleteár] 自 =**chapotear**
chapaleteo [tʃapaletéo] 囝 =**chapoteo**
chapapote [tʃapapóte] 囝 ❶《アンティル諸島・メキシコ産の》アスファルト. ❷《ガリシア, カンタブリア, キューバ》タール〖=alquitrán〗
chapar [tʃapár] 〖←chapa〗他 ❶ [+de·con 薄板を] …に張る: ¿De qué está *chapada* la pared? 壁には何が張ってありますか ❷ [防火などのために, 煉瓦を] …に積む. ❸《隠語》閉める; 閉じ込める; 投獄する. ❹《西.口語》[にがい真実などを] 告げる, 言う: Le *chapó* un no a Miguel. 彼はミゲルに言ったように, 嫌とミゲルに言った. ❺《西.俗語》[一所懸命に] 勉強する, 丸暗記する. ❻《コロンビア, エクアドル, ペルー》見張る, 見る, 観察する. ❼《ペルー.口語》1) [人を] 捕える. 2) 顧客を獲得する. ❽《アルゼンチン, ウルグアイ.口語》つかむ
── 自 ❶《西.俗語》働く; ガリ勉する. ❷《南米.俗語》いじくる

chaparra[1] [tʃapára] 囡 ❶《植物》ヒイラギガシ〖=chaparro〗; ケルメスナラ〖=coscoja〗. ❷《古語》荷台が低く幅広の車
chaparrada [tʃapařáða] 囡 =**chaparrón**
chaparral [tʃapařál] 囝 ヒイラギガシの林
chaparrastroso, sa [tʃapařastróso, sa] 形《メキシコ》[人が] 身なりのだらしない, 薄汚れた
chaparrazo [tʃapařáðo] 囝《ホンジュラス》=**chaparrón**
chaparrear [tʃapařeár] 〖←chaparrón〗自 [単人称] 大雨が降る, 雨が激しく降る
chaparrera [tʃapařéra] 囡 ❶《地方語》ヒイラギガシの若木. ❷《メキシコ.服飾》複 [主に子ヤギの毛皮製の] オーバーズボン
chaparrero [tʃapařéro] 囝《地方語》ヒイラギガシの若木
chaparrete [tʃapařéte] 囝《アンダルシア》ずんぐりした人, 小太りの人
chaparro, rra [tʃapářo, řa] 〖←バスク語 txaparra〗形 囝 ❶ ずんぐりした[人], 小太りの[人]: higuera *~rra* こんもり茂ったイチジクの木. ❷《メキシコ》背の低い[人]
── 囝 ❶《植物》1) 背の低いオーク, ヒイラギガシ. 2)《地方語》コルクガシ〖=alcornoque〗. 3)《中米》キントラノオ科の灌木〖枝からステッキが作られる. 学名 Curatella americana〗. ❷《メキシコ》男の子

chaparrón [tʃapařón] 〖←擬声〗囝 ❶《激しい》にわか雨, スコール〖→chubasco 類語〗: Cae un ~. 雨が激しく降る. llover a *chaparrones* 雨が降ったり止んだりする. ❷ 多量な: Le hicieron un ~ de preguntas. 彼は質問攻めにあった. ❸《西.口語》厳しい叱責

chaparrudo, da [tʃapařúðo, ða] 形 ずんぐりした, 小太りの
── 囝《魚》ブラックコビー
chapata [tʃapáta]〖←イ語〗囡《西.料理》チャパタ〖皮が厚く中身が少ない平たいパン〗
chapatal [tʃapatál]〖←擬態〗囝《まれ》泥地, ぬかるみ, 沼地, 湿地
chape [tʃápe] 囝 ❶《コロンビア, チリ.髪型》三つ編み. ❷《チリ.動物》[総称] ウミウシ
enfermo del ~《チリ.口語》頭が弱い, ばかな
chapeado, da [tʃapeáðo, ða] 形 ❶ =**chapado** ❷《メキシコ.コロンビア》[人の] 血色のよい

chapear [tʃapeár]〖←chapa〗他 ❶ …に張る, 上張りをする〖=chapar〗. ❷ [防火などのために, 煉瓦を] …に積む. ❸《中米, キューバ》[土地から] マチェテ machete で雑草を取り除く. ❹《キューバ.口語》[人を] マチェテで殺す
── 自 ❶《西》蹄鉄が緩んでガチャガチャ音を立てる. ❷《中南米》頬紅を塗る
~se《チリ》暮らしが良くなる, 栄える

chapeau [(t)ʃapó]〖←仏語〗間《口語》=**chapó**
chapeca [tʃapéka] 囡《アルゼンチン》❶ ニンニクの球を一つなぎにしたもの. ❷ 三つ編みの髪
chapecar [tʃapekár] 7 他《チリ》❶《髪型》三つ編みにする. ❷ [ニンニク・玉ネギを] 一つなぎにする
chapel [tʃapél] 囝《古語》=**chapelete**
chapela [tʃapéla] 囡《バスク地方の》ベレー帽〖boina よりも平たい〗
chapelaundi [tʃapeláundi] 囝《バスク》ベレー帽をかぶっている人
chapelete [tʃapeléte]《古語. アラゴン》帽子状のかぶりもの
chapelo [tʃapélo] 囝《古語》帽子〖=sombrero〗
chapeo [tʃapéo] 囝《古語》帽子〖=sombrero〗
chapera [tʃapéra] 囡《建築》[はしご代わりの] 斜めの渡し板
chapería [tʃapería] 囡 ❶ 多くの薄板 chapa による装飾, 化粧板張り. ❷《エクアドル》警官隊; 警察本部
chaperón [tʃaperón]〖←仏語 chaperon〗囝 ❶《建築》雨どいを支える軒〖=〗. ❷ 頭と胴体で色の異なる牛
chaperona [tʃaperóna] 囡《メキシコ, コスタリカ, ベネズエラ》社交界に出る若い娘に付き添う女
chapeta [tʃapéta]〖←chapa〗囡 ❶ 頬の赤い染み. ❷《メキシコ》[馬具の] 銀製の輪飾り〖=chapetón〗
chapeteado, da [tʃapeteáðo, ða] 形《メキシコ》血色のよい, 頬がバラ色の
chapetes [tʃapétes] 形《メキシコ》=**chapeteado**
chapetón, na [tʃapetón, na] 形 囝《中米.軽蔑》渡来したばかりの[スペイン人・ヨーロッパ人]〖植民地期・独立期に, クリオーリョ criollo たちが用いた蔑称〗. ❷《南米.口語》不慣れな[人], 新入りの
── 囝 ❶《まれ》にわか雨, スコール〖=chaparrón〗. ❷《メキシコ.馬具》銀製の輪飾り
pasar el ~ 逆境を乗り越える
chapetonada [tʃapetonáða] 囡 ❶《地方語》厳しい状況. ❷《古語》南米に着いたスペイン人が順応する前にかかった病気. ❸《エクアドル》新人(新入生)いじめ; 未熟さによる失敗; 見習い期間
chapico [tʃapíko] 囝《チリ.植物》ナス科の灌木〖葉から黄色の染料をとる. 学名 Desfontainea spinosa〗
chapín[1] [tʃapín]〖←擬声〗囝 ❶ [泥はねなどのための] 部厚いコルク底のオーバーシューズ;《古語》[女性用の] 部厚いコルク底靴. ❷《魚》ハコフグ. ❸《植物》オーキッド〖=orquídea〗. ❹《ナバラ.衣服》[寝る時にはく] 毛糸のソックス
chapín[2] **na** [tʃapín, na] 形《中米.口語》[あだ名で] グアテマラ生まれの[人]. ❷《グアテマラ, ホンジュラス, コロンビア.口語》脚の曲がった[人]
chapinada [tʃapináða] 囡 グアテマラ人特有の言動
chapinazo [tʃapináθo] 囝《古語》コルク底靴 chapín による殴打
chapinería [tʃapinería] 囡 ❶《古語》コルク底靴の製造・販売業(製造所・販売店). ❷《中米》=**chapinada**
chapinero [tʃapinéro] 囝《古語》コルク底靴の製造・販売業者
chapinete [tʃapinéte] 囝《チリ》セメントを流し込む木枠
chapinismo [tʃapinísmo] 囝 ❶ グアテマラなまり. ❷《中米》グアテマラの地方第一主義
chapinizar [tʃapiniθár] 9 ~*se*《中米》グアテマラ人の習慣に染まる
chapinudo, da [tʃapinúðo, ða] 形《ボリビア, アルゼンチン, ウルグアイ》ひざが長く伸びた
chapiollo, lla [tʃapjóʎo, ʎa] 形《中米.口語》慎ましい, 謙虚な
chapiri [tʃapíri] 囝《古語的》帽子〖=sombrero〗
chápiro [tʃápiro] 囝 *¡Por vida del ~ [verde]!/¡Voto al ~!* いまいましい, ちくしょう!
chapirón, na [tʃapirón, na] 囝《古語.闘牛》=**capirote**
chapirote [tʃapiróte] 囝《古語》=**capirote**

chapisca [tʃapíska] 囡《中米》トウモロコシの収穫
chapista [tʃapísta]《←chapa》板金工, 鋼板製造工
chapistería [tʃapistería] 囡 ❶ 板金工場, 鋼板工場. ❷ 板金(鋼板)鋼板製造業; 板金(鋼板)製造技術
chapita [tʃapíta] 囡 ❶《プエルトリコ, ペルー, チリ, アルゼンチン, ウルグアイ》[瓶の] 蓋, 栓《=chapa》. ❷《エクアドル, 軽蔑》警官, ポリ公
chapitel [tʃapitél]《←古語 chapa》男 ❶ 尖塔, 尖頂. ❷ 柱頭《=capitel》. ❸ コンパスの軸石《メノウなどの小片》
chaplín, na [tʃaplín, na]形《チリ. 口語》だらしのない; 他人をくさらせさせる
chaplinesco, ca [tʃaplinésko, ka] 形 [英国の喜劇俳優] チャップリン Chaplin 風の
chapó [(t)ʃapó]《←仏語 chapeau「帽子」》間 感服した/シャッポを脱ぐよ!
　de ~ 敬服すべき, 脱帽ものの
　── 男 4人からなるビリヤードに似たゲーム: hacer ~ 一度に5本のピンを倒して勝つ
chapodar [tʃapoðár] 他 剪定する; 刈り込む
chapodo [tʃapóðo] 男 ❶ 剪定した枝. ❷ 剪定, 刈り込み
chapola [tʃapóla] 囡 ❶《コロンビア》《昆虫》大型の黒い蛾. ❷ [政治的な] 宣伝パンフレット. ❸ 売春婦
chapón¹ [tʃapón] 男 インクの大きな染み
chapón², na [tʃapón, na] 形《地方語》勉強家
chapona² [tʃapóna] 囡《服飾》❶《古語》ゆったりしたブラウス《=chambra》. ❷《ラプラタ》上着, ジャケット
chapopote [tʃapopóte] 男《メキシコ, 中米》アスファルト, タール, ピッチ
chapote [tʃapóte] 男《中南米》黒色の蠟《噛んで歯磨きに使う》
chapoteadero [tʃapoteaðéro] 男《メキシコ》子供用の浅いプール
chapotear [tʃapoteár]《←擬声》自 [水が] ポチャポチャ音を立てる; [水の中を] ピチャピチャ動き回る: A los niños les encanta ~ *en el agua.* 子供たちは水をパチャパチャはねるのが大好きだ. *He venido chapoteando en el barro.* 私はぬかるみをピチャピチャさせながらやって来た
　── 他 [濡れたもので繰り返し叩いて] 湿らす
chapoteo [tʃapotéo] 男 ポチャポチャ (ピチャピチャ) いう音〔を立てること〕
chapucear [tʃapuθeár]《←chapucero》他 自 ❶《西》[仕事などを] いい加減にする, やっつけ仕事をする. ❷《メキシコ》いかさまをする
chapucería [tʃapuθería]《←仏語 chapuisser》囡 ❶《西》やっつけ仕事, 雑な仕事, 不出来. ❷ 嘘, ごまかし
chapucero, ra [tʃapuθéro, ra]《←chapuza》形《西》❶ [仕事が] 雑な, おざなりな: ¡Qué obra tan ~*ra tiene esta casa!* この家はひどいやっつけ仕事だ. ❷ 嘘つきの
　── 名 ❶ 雑な仕事をする人. ❷ 嘘つき, ペテン師
chapul [tʃapúl] 男 ❶《昆虫》《中南米》バッタの一種. ❷《コロンビア》トンボ《=libélula》
chapulín, na [tʃapulín, na] 名《メキシコ, 中米. 口語》少年, 少女《=niño》
　── ❶《メキシコ, 中米, コロンビア》[総称] バッタ《=saltamontes》. ❷《コスタリカ》犯罪を犯す若者
chapullar [tʃapuʎár] 他 [濡れたもので繰り返し叩いて] 湿らす《=chapotear》
Chapultepec [tʃapultepék]《←ナワトル語「バッタの丘」》チャプルテペック《メキシコ市中心部の西にある広大な公園. 19世紀半ば皇帝マキシミリアノ Maximiliano が居を構えた城や国立人類学博物館がある》
chapurrado [tʃapuráðo] 男《キューバ》❶ 煮たプラム・砂糖・クローブで作る飲み物. ❷ 酒 licor の水割り
chapurrar [tʃapurár]《←?語源》他 ❶《西. 口語》[酒をカクテル用に] 混ぜ合わせる. ❷《まれ》=chapurrear
chapurrear [tʃapureár]《←chapurrar》他 ❶《主に外国語を》たどたどしく話す: *Habla bien el francés y chapurrea el inglés.* 彼はフランス語は上手だが, 英語はたどたどしい. ~ *en japonés* 片言混じりの日本語を話す
chapurreo [tʃapuréo] 男 片言の外国語を話すこと, 下手な話し方
chapuz [tʃapúθ] 男 ❶《西》ちょっとした仕事《=chapuza》. ❷ 頭から水に飛び込むこと: *dar* un ~ 頭から水に飛び込む. ❸《船舶》マストの円材
chapuza [tʃapúθa]《←古語 chapuz < 古仏語 chapuisier「荒削りする」》囡 ❶《西》やっつけ仕事, 雑な仕事. ❷《西》[本業以外の] ちょっとした仕事, アルバイト. ❸《メキシコ》ごまかし, いかさま
chapuzar [tʃapuθár]《←古語 sopozar》❶ 他 [人を頭から] 水に飛び込ませる, 放り込む
　── ~*se* ❶ 水に飛び込む; [体の一部を] 水に突っ込む: ~ *se en el río* 川に飛び込む. ❷ さっと水浴びする
chapuzas [tʃapúθas] 男〔単複同形〕《西》仕事が雑な〔人〕
chapuzón [tʃapuθón]《←chapuzar》男 ❶ 水への飛び込み, 放り込み: *darse un* ~ *en la piscina* プールに飛び込む. ❷ ざっと水浴びすること, カラスの行水. ❸《中南米》豪雨
chaqué [tʃaké] 男《←仏語 jaquette》《服飾》モーニングコート
chaquense [tʃakénse] 形 名=**chaqueño**
chaqueño, ña [tʃakéno, ŋa] 形 名《地名》チャコ Chaco の〔人〕《アルゼンチン北東部の地域・州》
chaquet [tʃaké] 男〔複 ~s〕=**chaqué**
chaqueta [tʃakéta]《←仏語 jaquette < 古仏語 jaque < jacques「田舎者」》囡《服飾》1)《ズボンに対して》上着: *ponerse una* ~ 上着を着る. *con* ~ 上着を着て. ~ *de smoking* ディナージャケット, タキシード. 2) カーディガン《= ~ *de punto*》. ❷《メキシコ. 古語》[スペインからの独立戦争のころの] 親スペイン派に対するあだ名. ❸《コロンビア》歯にかぶせる冠
　cambiarse la ~/《チリ》*cambiar de* ~/《チリ》*darse vuelta la* ~《軽蔑》主義主張を変える, 変節する, 転向する, 寝返る
　hacerse una ~《メキシコ. 俗語》自慰をする
　jalar la ~《ニカラグア》[やり方などが悪いと] 叱る
　ser más vago que la ~ *de un guardia (de un peón caminero)*《西》生まれつき怠惰である
　volverse la ~=*cambiarse la* ~
chaquete [tʃakéte]《←仏語 jaquet》男 バックギャモン《=backgammon》
chaquetear [tʃaketeár]《←chaqueta》自 ❶《口語》[危険を前に] 逃げ出す, ためらう: *Algunos de los que habían prometido firmar la protesta chaquetearon.* 抗議文に署名すると約束した内の何人かは怖気づいて手を引いてしまった. ❷《西. 口語》変節する, 主義主張を変える. ❸《軍事. 隠語》[敵前で] 退却する
chaqueteo [tʃaketéo] 男《西. 口語》変節, 寝返り, 宗旨変え
chaquetero, ra [tʃakettéro, ra]《←chaquetear》形 名 ❶《西. 口語》変節漢〔の〕, 変わり身の早い〔人〕; 気まぐれな〔人〕. ❷《西. 口語》お世辞のうまい〔人〕, おべっか使い〔の〕. ❸《チリ》ねたみ深い
chaquetilla [tʃaketíʎa]《chaqueta の示小語》囡《服飾》[主に飾り付きの] 短いジャケット, [闘牛士の着る] ボレロ《~ *torera*》
chaquetón [tʃaketón]《chaqueta の示大語》男《服飾》長いジャケット, ショートコート: ~ *de marinero* ピーコート. ~ *tres cuartos* 短めのコート《chaquetón と abrigo の中間》
chaquí [tʃakí] 男《ボリビア》二日酔い
chaquiñán [tʃakiɲán] 男《エクアドル》[近道として使われる, アンデス山中の] ヤギの通る道; 近道, 小道
chaquira [tʃakíra] 囡《中南米》❶《古語》[スペイン人が先住民に交易品として売る] 安物の装飾品. ❷ [首飾り・腕輪などにする] ビーズ・貝殻などの数珠つなぎ
chaquitaclla [tʃakitákʎa]《←ケチュア語》《ペルー. 農業》踏み鋤《↓》
chara [tʃára] 囡 ❶《植物》海水・淡水に生える車軸藻綱の一種. ❷《地理》チャラ帯《アンデスの最も低い海岸砂漠地帯. ユンガ yunga 帯の下》
charabán [tʃarabán]《←仏語 char-à-bancs》男《古語》[2列以上の座席ある] 無蓋馬車
charabasca [tʃarabáska] 囡《地方語》小枝の束《=ramujo》
charabón [tʃarabón] 男《ボリビア, アルゼンチン, ウルグアイ》❶《鳥》[羽根が生え替わり始めた] レア ñandú のひな. ❷《ラプラタ》子供, 少年
charada [tʃaráða]《←仏語 charade < プロバンス語 charrado「おしゃべり」》囡 ❶ 音節から言葉を当てる遊び, 文字謎《例 ¿*Por qué está san 1ª-3ª el cantador de TODO?—Porque mientras todos 3ª-2ª, él no deja de cantar.* その歌手はなぜそんなに…なの?—答: TODO は fla-men-co フラメンコ《1ª-3ª は fla-co やせた, 3ª-2ª は co-men 食べる》》. ❷《アラゴン》[枯れ葉などの] パッと燃え上がった炎

charadrio [tʃaráðrjo] 男《鳥》イシチドリ《=alcaraván》
charal [tʃarál] 男《メキシコ. 魚》トウゴロウイワシ目 Chirostoma 属の数種《Michoacán の潟湖にすむ食用の小魚》

charamada *hecho un* ～《メキシコ. 口語》がりがりにやせこけた
charamada [tʃaramáða] 囡 燃え上がる炎
charamasca [tʃaramáska] 囡 [燃える薪からはねる] 火花
charambita [tʃarambíta] 囡《ブルゴス, バリャドリード, パレンシア. 音楽》ドゥルサイナ《=dulzaina》
charamita [tʃaramíta] 囡《音楽》ドゥルサイナ《=dulzaina》
charamusca [tʃaramúska] 囡 ❶《カナリア諸島; 中南米》付け木, 細い薪. ❷《ガリシア》[燃える薪からはねる] 火花. ❸《メキシコ》1)《菓子》渦巻毛のあめ. 2)《俗語》醜い女
charanda [tʃaránda] 囡《メキシコ》❶ チャランダ《ミチオアカン州特産のサトウキビの蒸留酒》. ❷ 赤みがかった土地
charanga [tʃaránga] 囡《擬音》《音楽》ブラスバンド, 吹奏楽団, 軍楽隊; コミックバンド. ❷[家庭での] ダンスパーティー. ❸《ドミニカ》どんちゃん騒ぎ
charango [tʃarángo] 男《擬音》《音楽》チャランゴ《アルマジロの甲で作った5弦の小ギター》
charanguero, ra [tʃarangéro, ra] 形 ❶ ブラスバンドの, 吹奏楽団の. ❷[仕事が] 雑な
── 男《アンダルシア》❶[港の] 行商人. ❷ 近くの港の間を往復する船
charapa [tʃarápa] 囡 ❶《エクアドル, ペルー. 動物》ナンベイゴコクビガメ《アマゾン流域のカメ, 食用》. ❷《ペルー. 地名》ロレトLoreto の[人]《ペルー北部の県》
charape [tʃarápe] 男《メキシコ》プルケ pulque・トウモロコシ pacnocha・蜂蜜・クローブ・シナモンで作った醸造酒
charata [tʃaráta] 囡《ボリビア, アルゼンチン. 鳥》ムジヒメシャクケイ
charca [tʃárka] 囡《←charco》大きな水たまり, 池: Todo el campo está hecho una ～. 畑じゅう池のようになっている
charcal [tʃarkál] 男 水たまりの多い場所
charcas [tʃárkas] 男 複 チャルカス族《南米の先住民》
charcha [tʃártʃa] 囡 ❶《グアテマラ》[ニワトリの] とさか. ❷《チリ》1)《料理》首の肉. 2)《口語》肉垂《=papada》; 皮下脂肪, ぜい肉
charchazo [tʃartʃáθo] 男《チリ. 口語》平手打ち
charchina [tʃartʃína] 囡《メキシコ》❶ 古い車, ポンコツ車. ❷ やせ馬, 駄馬
charco [tʃárko] 男《←擬音》❶ 水たまり: La acera está llena de ～s. 歩道は水たまりだらけだ. ～ de sangre 血の池. ❷《口語》[el+] 大西洋: cruzar (pasar) el ～ 大西洋を渡る; [特に] ヨーロッパから南米に移住する
estar en su ～《ホンジュラス, ニカラグア》[人が] 理想的(快適)な状況にある
charcón, na [tʃarkón, na] 形《←ケチュア語 charqui》《ボリビア, アルゼンチン. 口語》[人が] やせこけた, [動物が] 肉づきの悪い
── 男《地方語》大きな水たまり
charcutería [tʃarkuteríá] 囡《←仏語 charcuterie》《西》ハム・ソーセージ店(製造業)《=salchichería》
charcutero, ra [tʃarkutéro, ra] 名《西》ハム・ソーセージの製造(販売)者
charla [tʃárla] 囡《←charlar》囡 ❶ おしゃべり, 雑談: Las mujeres siempre estaban de ～. 女たちはいつもおしゃべりをしていた. ❷[くだけた感じの] 会議; [軽いテーマの] 講演, トークショー: Van a dar una ～ sobre las drogas. 麻薬に関する講話が行なわれる予定だ. ❸《鳥》ヤドリギツグミ《=zorzal charlo》
dar (echar) la (una) ～《口語》叱る, 教える
charlador, ra [tʃarlaðór, ra] 形 名 よくしゃべる[人], 話好きな[人]《=charlatán》
charladuría [tʃarlaðuríá] 囡 [無分別・無責任な] おしゃべり, 世間話, うわさ話
charlar [tʃarlár] 《←伊語 ciarlare》 自 おしゃべりをする, 無駄話をする《→hablar 類義》: Los alumnos no dejan de ～ en clase. 生徒たちは授業中話ばかりしている. ¿Vamos a un cafetería a ～? お茶でも飲みに行こうか
── 他 [秘密などを] うっかりしゃべってしまう
charlatán, na [tʃarlatán, na] 形《←伊語 ciarlatano》形 名 ❶ よくしゃべる[人], 話好きな[人], 口の軽い[人]. ❷ 香具師, てきや. ❸ 詐欺師, ペテン師. ❹ もぐりの医者
charlatanear [tʃarlataneár] 自《口語》しゃべりまくる, ぺらぺら(だらだら)話す
charlatanería [tʃarlataneríá] 囡 ❶ よくしゃべること. ❷[集名] 無駄話; うわさ話, 陰口; たわごと, でまかせ
charlatanismo [tʃarlatanísmo] 男 無駄話, たわごと, でまかせ, はったり

charlear [tʃarleár] 自 カエルが鳴く《=croar》
charleston [tʃarléston] 《←英語 charleston》ハイハットシンバル
charlestón [tʃarlestón] 《←英語 charleston》男《舞踊, 音楽》チャールストン
charleta [tʃarléta] 囡《口語》[くつろいだ] おしゃべり《行為》
── 名《南米. 口語》口の軽い人
charlista [tʃarlísta] 名[軽いテーマの] 講演者
charlo [tʃárlo] 男《鳥》ヤドリギツグミ《=zorzal charlo》
charlón, na [tʃarlón, na] 形 名《エクアドル》よくしゃべる[人], 話好きな[人]
charlot [tʃarlót] 男《南米》=**charlotte**
charlotada [tʃarlotáða] 囡《西》❶ 異様(悪趣味)な演技. ❷ 道化師(こびと)の演じる滑稽な闘牛
charlotear [tʃarloteár] 自《口語》おしゃべりをする, ぺちゃくちゃしゃべる《=charlar》
charloteo [tʃarlotéo] 男 おしゃべり, 世間話, うわさ話
charlotte [tʃarlót] 男《南米》チャルロ《アイスクリームの一種》
charme [ʃárm] 《←仏語》男 魅力《=encanto》
charneca [tʃarnéka] 囡《植物》マスティックツリー《=lentisco》
charnecal [tʃarnekál] 男 マスティックツリーの林《=lentiscar》
charnego, ga [tʃarnégo, ga] 名《西. 軽蔑》[スペインの他地方からの] カタルーニャへの移住者《カタルーニャ語を満足に話せない》
charnel [tʃarnél] 男《中米》廃品の切れ端
charnela [tʃarnéla] 囡《←俗ラテン語 cardinaria < ラテン語 cardine「ちょうつがい」》 ❶《=bisagra》; [二枚貝の] ちょうつがい. ❷[切手を収集帳に貼る時の] ヒンジ. ❸《地質》褶曲の] ヒンジ
charneta [tʃarnéta] 囡 =**charnela**
charniegos [tʃarnjégos] 男 複《隠語》[監獄の] 鉄かせ
charol [tʃaról] 《←ポルトガル語 charao「漆」》男 ❶[皮革用の] エナメル. ❷ エナメル革: zapatos de ～ エナメル靴. ❸《中南米》盆, トレー《=bandeja》
darse ～《俗語》自慢する, 偉ぶる, お高くとまる, うわべを飾る
charola [tʃaróla] 囡 ❶《メキシコ, ペルー, ボリビア》盆, トレー. ❷《メキシコ, ペルー》身分証. ❸《中米》顔をよくふざむった形
charolado, da [tʃaroláðo, ða] 形 [エナメルのように] 光沢のある
charolar [tʃarolár] 他 [皮革に] エナメル(ワニス)を塗る
charolista [tʃarolísta] 名 エナメル塗り職人
charpa [tʃárpa] 囡 ❶ 銃の負い革, ガン・ベルト. ❷《医学》三角巾《=cabestrillo》
charpe [tʃárpe] 男《メキシコ》ぱちんこ《=tirachinas》
charque [tʃárke] 男 =**charqui**
charquear [tʃarkeár] 《←charqui》他 ❶《南米》1) 干し肉にする. 2) 傷つける. ❷《ボリビア, チリ》ひったくる. ❸《ボリビア. 教育》落第させる
── ～se《アルゼンチン》[落ちないように馬の鞍に] しがみつく
charquecillo [tʃarkeθíʎo] 男《料理》❶《ペルー》塩干しのアナゴ. ❷《ボリビア》細い干し肉
charquetal [tʃarketál] 男 水たまりの多い場所《=charcal》
charqui [tʃárki] 《←ケチュア語》男《料理》❶《南米》干し肉. アンデスの先住民が保存食として利用していたリャマ llama の干し肉. 現在では干し肉全般に用いる. ❷《ボリビア》切った干し果実
charquicán [tʃarkikán] 男《南米》❶《料理》チャルキカン《干し肉, トウガラシ, ジャガイモ, インゲンなどのソース煮》. ❷ 騒ぎ, 騒動
charra [tʃára] 囡 ❶《グアテマラ, ホンジュラス》つば広で山の低い帽子. ❷《エクアドル》疥癬, 吹き出物
charrada [tʃaráða] 囡 ❶ サラマンカ地方の農民 charro の踊り. ❷ サラマンカ地方の農民特有の習慣・言い回し. ❸ けばけばしい(趣味の悪い)ごてごてした飾り
charrán[1] [tʃarán] 男《鳥》アジサシ《=～ común》: ～ ártico キョクアジサシ. ～ menudo コアジサシ. ～ patinegro サンドイッチアジサシ. ～ rosado ベニアジサシ
charrán[2], **na** [tʃarán, na] 《←アラビア語 xarrani「邪悪な」》形 名《西. まれ》悪党[の], ごろつき[の], ならず者[の]
charranada [tʃaranáða] 囡《西. まれ》悪事, 悪辣な行為, 不正: Le hicieron una ～ y le dieron la plaza a otro. 連中は汚い手を使って, 彼が得るはずの働き口を他の人に与えた
charrancito [tʃaranθíto] 男《鳥》コアジサシ
charranear [tʃaraneár] 自《西. まれ》悪事を働く

charranería [tʃaranería] 安《西. まれ》悪事
charrar [tʃarár] 自 ❶ おしゃべりをする《=charlar》. ❷ [無目別に]うわさ話をする
charrasca [tʃaráska] 安 ❶《口語》飛び出しナイフ. ❷《古語》サーベル. ❸《ニカラグア. 料理》豚の皮の唐揚げ.《ベネズエラ》チャラスカ《金属棒で叩くリズム楽器》
charrasco [tʃarásko] 男《まれ》飛び出しナイフ; サーベル《=rrasca》
charrasquear [tʃaraskeár] 他 ❶《メキシコ》短刀で刺す. ❷《南米》[チャランゴ・ギターなどを] かき鳴らす
charreada [tʃareáda] 安《メキシコ》[田舎の] 牧童の祭り
charrería [tʃarería] 安 ❶ 悪趣味な飾り《=charrada》. ❷ 集名 牧童 charro の仕事(技術)
charrete [tʃaréte] 安《←仏語 charrette》《古語的》[2席または4席の] 二輪馬車
charretera [tʃaretéra] 安《←仏語 jarretière「靴下止め」》❶ [房飾り付きの] 肩章: ~ mocha [士官の] 金線入りの正装用肩章. ❷《服飾》ガーター《=jarretera》. ❸ 水売りの肩当て. ❹ 鍋つかみ
charriote [tʃarjóte] 男《古語》馬車
charro, rra¹ [tʃáro, ra]《←バスク語 txar「欠陥のある」》形 名 ❶ サラマンカ地方の (農民); [サラマンカの] 田舎の. (県. 町): traje ~ サラマンカの民族衣装. ❷ 粗野な[人], 田舎風の. ❸ [服装などが] けばけばしい, ごてごてした. ❹《中南米. 口語》趣味の悪い. ❺《メキシコ》1) [独特の衣装を着た] 牧童[の]《文学や映画に登場する独特の衣装(つば広の帽子・丈の短いチョッキ・長いブーツ)をまとった姿がメキシコ人のシンボルとなる》. 2) [政治家が] 腐敗した; 御用組合の. 3)《口語》[人が] 鈍い. 4) O脚の. 5) 乗馬の巧みな
— ❶《服飾》メキシカンハット. ❷《チリ》紙巻きたばこ《=cigarrillo》
charrúa [tʃarúa] I 形 名 ❶《歴史》チャルア族[の]《現在のウルグアイにいた先住民》. ❷《口語》ウルグアイの(人)
II《←ケルト語 carruca》安《古語. 船舶》1) 船体中央部が広い船《=urca》. 2) 小型の引き船. ❸《アンダルシア》組立式の犂
chart [tʃárt]《←英語》男 ❶《隠》~s《経済》チャート, 図表
chárter [tʃárter]《←英語 charter》形《単複同形》《航空》チャーター便[の]: en vuelo ~ チャーター便で. avión de vuelo ~ チャーター機
— 男《航空》チャーター便会社
chartismo [tʃartísmo] 男《歴史》チャーティスト運動
chartista [tʃartísta] 名《経済》チャート分析者
chartreuse [tʃartrǿs]《←仏語》《酒》シャルトルーズ《薬草入りのリキュール》
charuto [tʃarúto] 男 ❶《まれ》[主にポルトガル産の] 葉巻き. ❷《ボリビア, パラグアイ》トウモロコシの葉で包んだ葉巻き《=cigarrillo》
chas [tʃás]《←擬声》男 ❶《擬声》[殴打・衝突などの音】パシッ, ガチャン
— 間[突然]パッ
chasca¹ [tʃáska]《←擬声》安 ❶《古語》[剪定した小枝の] 薪(まき);[炭焼き用の] 薪の上に載せる小枝. ❷《アンダルシア》鍬で浅く掘ること. ❸《チリ, アルゼンチン, ウルグアイ》[主に 複] ぼさぼさの髪
chascante [tʃaskánte] 形《地方語》おしゃべりな, よくしゃべる
chascar [tʃaskár]《←擬声》❶ 7 圓 自 ❶ [鞭・舌などを] 鳴らす, [枝などが] パシッと音を立てる《=chasquear》. ❷ 丸飲みにする《=engullir》. ❸《アンダルシア》鍬で浅く掘る
chascarrillo [tʃaskariʎo]《←chasco》男《口語》[落ちのある] 小話, 笑い話, ジョーク; 機知に富んだ話; ちょっとした猥談
chascarro [tʃaskáro] 男 =**chascarrillo**
chascás [tʃaskás] 男《複》チャプカ《ポーランド起源の槍騎兵の制帽. 頂部が平らで四角い》
chas chas [tʃas tʃás] 男 al ~《メキシコ》現金で, 即金で
chasco¹ [tʃásko]《←擬声》男 ❶ 期待外れ, 落胆, 失望: El resultado fue un gran ~. 結果はひどい期待外れだった. ❷ いたずら, からかい, 悪ふざけ; だまし: La apertura de la caja fue un ~. 箱を開けたらびっくりというのいたずらだった. Le dieron un ~ haciéndole creer que le llamaba una chica. 彼らは女の子から電話がかかっていると彼に思い込ませてだました
    darse (llevarse) un ~ 失望する: Me he llevado un ~ con esta tela que parecía tan buena. この生地は本当に良さそうに見えたのに私はがっかりした
    pa ~《俗語》ばかばかしいことに
chasco², ca² [tʃásko, ka] 形《中米》[髪・羽根が] からまった
chascón, na [tʃaskón, na]《チリ, アルゼンチン, ウルグアイ》[髪

chasconear [tʃaskoneár] 他《チリ》❶ [髪を] もつれさせる, ぼさぼさにする. ❷ [毛を] すっかり刈る, 刈り上げる
chasis [tʃásis]《←仏語 chassis》男《単複同形》❶《自動車など》シャシー, 車台. ❷《建築》フレーム, サッシ. ❸《写真》撮り枠. ❹ 骸骨
    estar (quedarse) en el ~《西. 戯語》やせこけている(やせてくる)
chasís [tʃasís] 男《中南米. 自動車など》シャシー, 車台《=chasis》
chaski [tʃáski] 男 =**chasqui**
chaspar [tʃaspár] 他《アンダルシア》[掘らずに] 鍬で切って雑草を取り除く
chaspe [tʃáspe] 男 斧で木の幹につけた印
chaspear [tʃaspeár] 他 木の株に印をつける
chasponazo [tʃaspoʹnaθo] 男 銃弾のかすった跡, 銃弾によるかすり傷
chasque [tʃáske] 男 =**chasqui**
chasqueador, ra [tʃaskeaðór, ra] 形 =**chasqueante**
chasqueante [tʃaskeánte] 形 落胆させる, がっかりさせる
chasquear [tʃaskeár]《←chasco》❶ 他 ❶ だます, からかう, ばかにする, いたずらする. ❷ …の期待を裏切る, 失望させる; …との約束を破る: Me chasqueó mucho su comportamiento. 彼のふるまいに私はがっかりした. ❸ [鞭・舌などを] 鳴らす: ~ la lengua 舌打ちする. ~ los dedos 指をパチンと鳴らす.《コロンビア》[馬が]くつわを噛む
— 自 [木などが] パシッと音を立てる
chasquero, ra [tʃaskéro, ra]《ラプラタ》郵便配達の
chasqui [tʃáski]《←ケチュア語》男 ❶《歴史》[インカ帝国時代の] 飛脚《宿駅 tambo に待機し, クスコ Cuzco へ様々な情報を伝達したり, 物資を運搬したりした》. ❷《南米》郵便配達の先住民
chasquido [tʃaskíðo]《←chascar》男 ❶ 舌打ちの音. ❷ 指を鳴らす音. ❸ [鞭などの] ヒュッという音. ❹ [枝などが割れる・折れる] ピシッという音
chasquilla [tʃaskíʎa] 安《チリ》前髪《=flequillo》
chasquir [tʃaskír] 6 自《エストレマドゥーラ》=**chascar**
chat [tʃát]《←英語》男《隠》~s《情報》チャット
chata¹ [tʃáta] 安 ❶ 溲瓶(しびん)《=orinal》. ❷ 平底船, はしけ《=chalana》. ❸《ナバラのロンカル Roncal 地方産の》インゲン豆の一種. ❹《ラ・マンチャ》鼻. ❺《アンダルシア》[la+] 死
cháta ro, ra [tʃátaro, ra] 形 名《カンタブリア. 地名》パス川谷の〔人〕《=pasiego》
— 安《カンタブリア》生皮製の履き物
chatarra [tʃatára]《←バスク語 txatarra < zatar の示小語「ぼろ切れ, 端切れ」》安 集名 ❶ くず鉄, 廃品: Esta máquina de escribir es ~. このタイプライターはもうスクラップだ. almacén de ~ スクラップ置き場. ❷《軽蔑》安物の装飾品: Mira cuánta ~ lleva. ほら, あんなにたくさんちゃらちゃらした飾りをぶら下げている. ❸《西》小銭: Solo llevo ~ en el monedero. 私は財布に小銭しか持っていない. ❹ 鉱滓(こうさい), スラグ
— 形《メキシコ》粗末な, 二流の
chatarrear [tʃatareár] 他 スクラップにする
chatarrería [tʃatarería] 安 ❶ くず鉄(廃品)取引場. ❷ くず鉄取引業, 廃品回収業
chatarrero, ra [tʃataréro, ra] 形 くず鉄の; 廃品の
— 名 くず鉄商, 廃品回収業者
chatasca [tʃatáska] 安《南米. 料理》チャルキカン《=charquicán》
chatear [tʃateár] I《←chato》自 ❶《西. 口語》[バルなどで] ワインを何杯か飲む. ❷《アンダルシア》[雑草を根絶やしにし雨水を溜めるために, 平らな土地に] 広い溝を掘る
II《←chat》自《情報》チャットする
chateaubriand [tʃatoßrján] 男《料理》シャトーブリアン
chatedad [tʃateðá(ð)] 安 ❶ 鼻の低い, 鼻ぺちゃの. ❷ 普通よりも低い(短い・浅い)こと. ❸《文語》[作品などの] 精神的貧しさ, 出来の悪さ
chatel, la [tʃatél, la] 名《中米. 口語》子供, 少年, 少女
chateo [tʃatéo] 男《西. 口語》[バルなどで] ワインを何杯か飲むこと
chatero, ra [tʃatéro, ra] 形 名《情報》チャット好きの[人]
chatez [tʃatéθ] 安《文語》[作品などの] 精神的貧しさ, 出来の悪さ
chati [tʃáti] 形《西. 口語》[女性・子供に対する親愛の呼びかけ]

いとしい人; かわい子ちゃん
── 女《若者語》少女, 娘

chato, ta[2] [tʃáto, ta]《←俗ラテン語 plattus「潰れた」<ギリシア語 platys「広い, 平らな」》形 ❶ [人が] 鼻の低い; [鼻が] 鼻ぺちゃの, 団子鼻の. その子は鼻ぺちゃだ. ❷ 普通よりも低い(短い・浅い): torre ~ta 低い塔. manos gordas y ~tas 指が短く肉付きのよい手. embarcación ~ta 平べったい船. ❸《文語》[作品などが] 精神的に貧しい, 近視眼的な, 洞察力のない, 出来の悪い. ❹《メキシコ》貧しい. ❺《南米》芸術的(知的)水準が低い. ❻《アンデス》[人が] 背の低い
dejar ~ *a*+人 …を面食らわせる
quedarse ~ [+con に] 失望する, 唖然とする; 失敗する
── 名 ❶ 鼻の低い人. ❷《時に皮肉》[女性・子供に対する親愛の呼びかけ》いとしい人, かわい子ちゃん: Anda, ~ta, alcánzame la sal. ねえ, お嬢さん, 塩を取ってよ
── 男 ❶《西》[居酒屋で常連の使う] ワイン用のコップ《vaso より小さい》: Vamos a tomar unos ~s. ちょっと飲もうよ. ❷[スペイン内戦中の] ロシア製の戦闘機

chatón [tʃatón]《←独語 kasto「箱」》男 ❶ [指輪などにはめた] 大きい宝石. ❷《古語》飾り鋲 [=tachón]

chatre [tʃátre] 形《エクアドル, チリ》[人が] 優美な, 晴れ着を着た
── 男《チリ. 服飾》ペチコート, アンダースカート

chatria [tʃátrja] 男 [インドの貴族と戦士が属するカースト] クシャトリヤ

chátterton [tʃáterton] 男《電気》[タールなどで作る] 粘性のある絶縁材

chatungo, ga [tʃatúŋgo, ga] 形《西. 口語》[子供・女性に対する親愛の呼びかけ》かわい子ちゃん

chatura [tʃatúra] 女 =chatedad. ❷《アルゼンチン, ウルグアイ》[人・学校・国などの] 凡庸さ, お粗末さ

chau [tʃáu] 間《ペルー, ボリビア, ラプラタ》= chao
y ~ *pinela*《アルゼンチン》それで問題は解決だ

chaucha [tʃáutʃa] 女 ❶《アンデス》小銭; 20センターボ貨. ❷《ボリビア, チリ, アルゼンチン, ウルグアイ. 植物, 実》サヤインゲン [=judía verde]. ❸《チリ》種芋用の, 小玉の新ジャガ. ❹《アルゼンチン》[豆などの] さや
── 形《ラプラタ. 口語》ひどく退屈な(面白くない), 味気ない

chau-chau [tʃáutʃau] 男《地方語. 鳥》ズアオアトリ [=pinzón]. ❷《ペルー, チリ》食べ物. ❸《チリ》ごた混ぜ

chaucháu [tʃautʃáu]《戯語》❶ 会話. ❷ 理解できない話

chauche [tʃáutʃe] 男《カスティーリャで鉛丹から作った, 床を塗るための》赤い塗料

chauchera [tʃautʃéra] 女《エクアドル, チリ》小銭入れ [=monedero]

chauchón, na [tʃautʃón, na] 形 名《アルゼンチン》ばか正直な [人], 抜け目のなさに欠ける [人]

chaud-froid [ʃofrwá]《←仏語》形《料理》[ソースが] ショーフロワの; ショーフロワの料理

chaul [tʃául] 男 =chaúl

chaúl [tʃaúl]《←英語 shawl》男《繊維》[主に青色の] 中国製の絹布

chauvinismo [tʃobinísmo]《←仏語 chauvinisme》男 狂信的愛国心, 国粋主義, 排外主義

chauvinista [tʃobinísta] 形 名 狂信的愛国者(の), 排外主義(の主義者)

chauz [tʃáuθ] 男 [イスラム教国の] 警官, 裁判所の下級職員

chava[1] [tʃába] 名《地方語》=chaval

chaval, la [tʃabál, la] 名《歴史》[ジプシー語 chaval < chavo「息子, 少年」》❶《主に西. 口語》子供; 若者: 1) Tiene tres ~*es* muy salados. 彼はとてもかわいい子供が3人いる. 2)《時に軽蔑》Llama al ~ de los periódicos. 新聞配達の小僧を呼べ. ser un ~ ほんの子供である, 青二才である. 3) [親愛の呼びかけ] Tú, ~, vete a dormir. お坊主, もう寝ろ
estar hecho un ~《西. 口語》子供っぽく(若々しく)見える

chavalada [tʃabaláda] 女《まれ》=chavalería

chavalería [tʃabaléria] 女《集合》子供たち, 少年少女たち, 若者たち

chavalo, la [tʃabálo, la] 名《ニカラグア, コスタリカ》子供, 若者 [=chaval]

chavar [tʃabár] 他《古語》布の一種
── 他《プエルトリコ》悩ます, 邪魔をする
── ~*se*《プエルトリコ》うんざりする

chavasca [tʃabáska] 女 薪 [=chasca]

chavea [tʃabéa] 名 子供, 若者 [=chaval]

Chavero [tʃabéro]《人名》**Alfredo** ~ アルフレド・チャベロ《1841~1906, メキシコの文学者・考古学者・歴史家・政治家. 自由主義者で数多くの研究書を執筆, 土着史料を研究》

chaveta [tʃabéta]《←伊語 ciavetta》女 ❶《技術》1) コッターピン. 2) 割りピン. ❷《口語》[人の] 頭; 理性, 判断力. ❸《メキシコ, キューバ, ペルー》ジャックナイフ. ❹《キューバ》[タバコの葉 capa を切る] 曲がったナイフ. ❺《ペルー》刃の広いナイフ《柄のないものもある》
estar [*mal de la*] ~《口語》気が狂っている
perder la ~《口語》頭がおかしくなる

chavetera [tʃabetéra] 女《技術》コッターピン(割りピン)の差し込み穴

Chávez [tʃábeθ]《人名》**Carlos** ~ カルロス・チャベス《1899~1978, メキシコの音楽家. 民族音楽を取り入れたクラシックの作曲. 交響曲第2番『インディオ』*Sinfonía India*》

Chavín [tʃabín]《歴史》チャビン《紀元前1000年~前200年にペルー北部山岳地帯の遺跡チャビン・デ・ワンタル Chavín de Huántar を起源としてアンデス各地へ広がった文化ホライズン》: Cultura ~ チャビン文化《前900年~前100年, アンデス文明形成期の文化》

chavo[1] [tʃábo] [ochavo の語音音消失] 男 ❶《西. 口語》[一般に] お金: estar sin un ~/no tener un ~ 一文なしである. quedarse sin un ~ 一文なしになる. ❷《古語》[少額の] 銅貨《10センティモ貨》

chavo[2], **va**[2] [tʃábo, ba] 名 ❶《メキシコ, 中米》若者; [親愛の呼びかけ] おい君. ❷《メキシコ》恋人
~*s banda*《メキシコ》街のギャング

chavó [tʃabó]《←ジプシー語》男《西. 口語》子供; 若者 [=chaval]
── 間 うわあ, すごい!

chavola [tʃabóla] 女《まれ》=chabola

chaya [tʃája] 女《ボリビア, チリ, アルゼンチン》[カーニバルでの] 水・粉・紙吹雪・糊のかけ合い [=challa]

chayar [tʃajár] 自《アルゼンチン》❶ カーニバルを祝う. ❷ [カーニバルで] 水・粉・紙吹雪・糊をかけ合う

chayero, ra [tʃajéro, ra] 形《アルゼンチン》カーニバルの

chayo [tʃájo] 男《メキシコ, キューバ. 植物》ウレンス《学名 Jatropha urens》

chayote [tʃajóte]《←アステカ語 chayutli》男《実, 植物》ハヤトウリ, チャヨーテ《キュウリに似て食用》
parir ~*s* ひどい目にあう, 困難に出会う

chayotera [tʃajotéra] 女《植物》ハヤトウリ, チャヨーテ; その畑

chaza [tʃáθa] 女 ❶《ペロータ》球を止める技; 球が止まった場所を示す印. ❷《船舶》[舷側の] 砲門と砲門の間隔

chazador [tʃaθaðór] 男《ペロータ》❶ 球を止める役割の選手. ❷ [選手ではなく] 球を止める場所を示す役割の人

chazar [tʃaθár] 他《ペロータ》印をつけた線より前で球を止め得点する

chazo [tʃáθo] 男 ❶ 木の切れ端. ❷《カナリア諸島》1) かけら. 2) 継ぎ当ての布

che [tʃé] 女 [腫~*s*] 旧アルファベットの一字 ch の名称
── 間 ❶《ボリビア, ラプラタ》[呼びかけ・注意喚起・驚き・不快, 意味のないはさみ言葉. ché とも表記] *Che*, *oye*. ねえ君. *Dame*, ~. ねえ, おくれよ. *No puedo*, ~. できないんだよ
── 名 ❶《戯語》バレンシアの人. ❷《チリ. 口語》アルゼンチン人

chebrón [tʃebrón] 男 =chevrón

checa [tʃéka] 女《歴史》❶ [旧ソ連の] [全ロシア反革命企業取締] 非常委員会, チェカ. ❷ [スペイン内戦中の共和国政府などの] 秘密警察, 政治警察

checada [tʃekáða] 女 ❶《中南米》確認, チェック. ❷《メキシコ》検診

checar [tʃekár] [7] 自《中南米》タイムカードを押す [=fichar]
── 他《メキシコ》=chequear

checato, ta [tʃekáto, ta] 形《アルゼンチン, ウルグアイ. 口語》=chicato

cheche [tʃétʃe] 形《メキシコ》甘やかされた, 泣き虫の
── 名 ❶《キューバ, プエルトリコ》空いばり屋. ❷《プエルトリコ》1) 長, 上司, 管理者. 2) 頭のいい人, 利口な人

chechén, na [tʃetʃén, na] 形 名《国名》チェチェン Chechenia の(人)
── 男 チェチェン語

checheno, na [tʃetʃéno, na] 形 名 =**chechén**
chécheres [tʃétʃeres] [←?語源] 男 複《コスタリカ, コロンビア》がらくた, 安物
chechía [tʃetʃía] 女 [トルコ帽に似た] 円錐台形の帽子
check-in [tʃék in] [←英語] 男《空港》チェックイン [=facturación]
checo, ca[2] [tʃéko, ka] 形 名《国名》❶ チェコ República Checa〔人・語〕の, チェコ人. ❷《歴史》=**checoslovaco**
—— 男 チェコ語
checoeslovaco, ca [tʃekoeslobáko, ka] 形 名 =**checoslovaco**
checoslovaco, ca [tʃekoslobáko, ka] 形 名《歴史》チェコスロバキア Checoslovaquia の〔人〕
cheddar [tʃéđar] [←英語] 男 チェダーチーズ
cheerleader [tʃirlíđer] [←英語] 女《複 ~s》チアリーダー
chef [(t)ʃéf] [←仏語] 男《複 ~s》[レストランの] シェフ
cheira [tʃéira] 女 =**chaira**
cheje [tʃéxe] 男 ❶《中米. 鳥》キバナシマセグレ. ❷《エルサルバドル, ホンジュラス》鎖の環
chela[1] [tʃéla] 女《メキシコ, グアテマラ, エルサルバドル, アンデス. 口語》ビール [=cerveza]
chele, la[2] [tʃéle, la] 名 ❶《中米》金髪で肌の白い〔人〕; [スペイン人以外の] 外国人〔の〕. ❷《ニカラグア》[estar+] 死んでいる
—— 男 ❶《中米》目やに [=legaña]. ❷《ドミニカ, プエルトリコ. 俗語》小銭
sin un ~《ドミニカ》無一文の
chelense [tʃelénse] 形 男《考古》前期旧石器時代〔の〕
cheli [tʃéli] 男《西》[主にマドリードの] 隠語
—— 形《西》隠語の; 隠語を話す人《主にマドリードの, 庶民階級に属しロックが好きな若者》
chelín [tʃelín] 男 [英国などの旧貨幣単位] シリング: ~ *austriaco* オーストリアシリング
chelista [tʃelísta] 名 チェロ奏者 [=violonchelista]
chelo [tʃélo] 男 チェロ [=violonchelo]
cheloso, sa [tʃelóso, sa] 形 ❶《エルサルバドル》目やにだらけの. ❷《コスタリカ》金髪で肌の白い
chenca [tʃéŋka] 女《中米》[葉巻きの] 吸い残し, 吸い殻
chencha [tʃéntʃa] 形《メキシコ》怠け者の, 不精な
chepa [tʃépa] [←カタルーニャ語 gepa] 女 ❶《西. 口語》背骨の湾曲 [=joroba]. ❷《ムルシア》たきぎ, たきつけ. ❸《ホンジュラス》刑務所. ❹《コロンビア. 口語》幸運. ❺《エクアドル. 口語》女性の外部性器. ❻《ペルー. 口語》休戦
subirse a+人 *a la* ~《口語》[敬意を払わず] …になれなれしくする
—— 名《西. 口語》背骨の湾曲している人
chepear [tʃepeár] 他《ホンジュラス》カンニングをする
chepibe [tʃepíbe] 男《南米. 口語》メッセンジャーボーイ
chépica [tʃépika] 女《チリ. 植物》ベント芝
chepo [tʃépo] 男《古степ. 隠語》胸, 乳房 [=pecho]
cheposo, sa [tʃepóso, sa] 形《西. 口語》背骨の湾曲した
chepudo, da [tʃepúđo, da] 形《軽蔑》=**cheposo**
cheque [tʃéke] [←英語 check] 男 ❶ 小切手: *extender un* ~ *de (por) diez mil euros* 1万ユーロの小切手を振出す(切る). *cobrar un* ~ 小切手を現金にする. ~ *a fecha*《チリ》先日付小切手. ~ *a la orden* 指図小切手. ~ *al portador* 持参人払い小切手. ~ *bancario (propio)* 預金小切手, 自己宛小切手. ~ *conformado (certificado)* 支払保証小切手. ~ *cruzado (barrado)* 線引小切手, 横線小切手. ~ *de compensación* 交換決済小切手. ~ *de gerencia*《中南米》管理小切手. ~ *de viaje*(~ *de viajero*) 旅行者用小切手, トラベラーズチェック. ~ *en blanco* [金額未記入の] 白地式小切手. ~ *postal* 郵便小切手. ~ *sin fondos* / ~ *sin provisión* 不渡り券. ❷ ~ *regalo* 商品券, ギフト券. ~ *comida* お食事券
dar a+人 *un* ~ *en blanco*《口語》…にすべて任せる, 好きなようにやらせる
chequeada [tʃekeáđa] 女《南米. 口語》検査, 確認
chequear [tʃekeár] 他 [←chequeo] 他 ❶ …の健康診断をする. ❷ 照合する, 点検する, チェックする: ~ *las dos firmas* 2つの署名を照合する. ❸ 監視する, 様子を見る: ~ *a los presos* 捕虜を見張る. ❹ 調査する, 検査する: ~ *el estado de cuentas* 資産状態を調べる. ❺《中南米》[荷物を] チッキにする. ❻《中米》小切手に書き込む

—— ~*se* ❶《ベネズエラ》健康診断を受ける. ❷《コロンビア, ベネズエラ》荷物をチッキにする
chequén [tʃekén] 男《チリ. 植物》フトモモ科の一種〖学名 Luma chequen〗
chequeo [tʃekéo] [←英語 check] 男 ❶ 健康診断: *hacerse un* ~ 健康診断を受ける. ❷ 監視; 照合, チェック; 調査, 検査: *hacer un* ~ *del coche* 車〔の状態〕を調べる
chequera [tʃekéra] 女《主に中南米》小切手帳, 小切手帳入れ
chequetrén [tʃeketrén] 男《鉄道》旅行定期券
chequista [tʃekísta] 男《歴史》❶ [旧ソ連の] 非常委員会 checa の委員. ❷ [スペイン内戦中の共和国政府などの] 政治警察の署長
cheral [tʃerál] 男《エルサルバドル》友人たちのグループ
chercán [tʃerkán] 男《チリ. 鳥》ミソソザイの一種〖学名 Troglodytes musculus〗
chercha [tʃertʃa] 女《ホンジュラス, ベネズエラ》冗談, からかい
cherchar [tʃertʃár] 自《ホンジュラス, ベネズエラ》冗談を言う, 悪ふざけをする
cheremis [tʃerémis] 形 名 [ヴォルガ・フィン系の] チェレミス族〔の〕
—— 男 チェレミス語
chericles [tʃeríkles] 男《エクアドル. 鳥》=**cherlicrés**
chérif [tʃeríf] 男 マホメットの後裔 [=jerife]
cherifiano, na [tʃerifiáno, na] 形 =**jerifiano**
cherkesa [tʃerkésa] 女《服飾》[コサック兵が着た] 胸に弾薬帯を縫い付けたフェルト地の外套
cherlicrés [tʃerlikrés] 男《エクアドル. 鳥》オウムの一種
cherna [tʃérna] 女《魚》ニシオオスズキ
cherne [tʃérne] 男《カナリア諸島》=**cherna**
chernozem [tʃernoʤém] 男《複 ~s》《地質》チェルノジョーム土
chero[1] [tʃéro] 男 ❶《地方語》悪臭. ❷《メキシコ. 俗語》刑務所
chero[2], **ra** [tʃéro, ra] 名《エルサルバドル》友達; 仲間, 同志
cherokee [tʃeróki] 形 名 =**cheroqui**
cheroquee [tʃeróke] 形 名 =**cheroqui**
cheroqui [tʃeróki] 形 名 チェロキー族〔の〕《北米先住民》
cherriado, da [tʃerriáđo, da] 形 =**chirriado**
cherriador, ra [tʃerriađor, ra] 形《古語》=**chirriador**
cherrión [tʃerriǫ́n] 男《まれ》二輪の荷車 [=chirrión]
cherva [tʃérba] 女《植物》トウゴマ, ヒマ
cheslón [tʃeslón] 男 =**chaise longue**
chéster [tʃéster] [←英語] 男《複 ~[e]s》❶《料理》チェシャー(チェスター) チーズ. ❷《家具》チェスターソファー
chetnik [tʃétnik] [←セルボクロアチア語] 男《複 ~s》セルビア人民兵
cheto, ta [tʃéto, ta] 形《南米》優雅な, 品のよい; きざな
cheve [tʃébe] 女《メキシコ, エルサルバドル. 口語》ビール [=cerveza]
chévere [tʃébere] 形 ❶《カリブ, エクアドル, ペルー》[人が] 情け深い, 寛大な. ❷《コロンビア, ベネズエラ》[人・事物・状況が] すばらしい; かわいい, 美しい. ❸《ベネズエラ》尊大な〔人〕
—— 男《プエルトリコ, アンデス》上品な男, 優雅な男
cheves [tʃébes] 女《メキシコ, エルサルバドル. 口語》=**cheve**
chevió [tʃebjó] 男 =**cheviot**
cheviot [tʃebjót] [←英語] 男《複 ~s》《繊維》チェビオット《スコットランド産の羊毛生地》
chevrón [tʃebrón] 男《紋章》シェブロン, 山形模様
cheyene [tʃejéne] 形 名 シャイアン族〔の〕《北米先住民》
chía [tʃía] **I** 女 ❶《植物》チーア, チア《サルビアの一種. 学名 Salvia columbaria》. ❷《メキシコ》チアシード《チーアの種》; それで作った清涼飲料
II 女 ❶《西. 古語》[主に喪服として着る] 黒色の短マント. ❷《古語》[貴族や権威の印として付ける] フード; そのフードの紐飾
chianti [tʃjánti] [←伊語] 男《酒》キャンティ
chiapaneco, ca [tʃjapanéko, ka] 形 名《地名》チアパス Chiapas の〔人〕《メキシコ南東部の州》
chiar [tʃiár] 自《擬声》ピイピイ鳴く [=piar]
Chiari [tʃjári] 〈人名〉 Roberto ~ ロベルト・チアリ〖1905~81, パナマの政治家, 大統領 (1949, 1960~64). 国旗掲揚問題から発生した暴動を米国が武力鎮圧したことに抗議し国交断絶を宣言 (1964)〗
chibalete [tʃibaléte] 〖←仏語 chevalet〗 男《印刷》組み版台, 植字台
chibcha [tʃíbtʃa] 形 名 チブチャ族〔の〕《先スペイン期からコロン

―― ❶ チブチャ語〔族〕《中米南部, 南米のコロンビアおよびエクアドル一帯で話されていた》. ❷ チブチャ国〔先スペイン期コロンビアのボゴタを中心に繁栄した首長国. 1536年黄金郷 El Dorado を求めて侵入したスペイン人に滅ぼされる〕

chibchismo [tʃibtʃísmo] 男 チブチャ語の語彙・特質

chibiri [tʃibíri] 名《歴史. 口語》[スペイン第二共和制下の] 社会主義青年同盟 Juventudes Socialistas の活動家

chibola[¹] [tʃibóla] 女《中南米》=**chibolo**

chibolo[¹] [tʃibólo] 男《中南米》❶ 小さく丸いもの. ❷ [打撲などに] こぶ

chibolo[², la[²]] [tʃibólo, la] 名《ペルー. 口語》子供, 少年, 少女

chiborra [tʃibóra] 女《地方語》[祭りの行列で踊り手と進む] 道化, 仮面をかぶった人〔竿に付けた風船で子供を叩く〕

chibuquí [tʃibukí] 男《トルコ人の使う, 長くまっすぐな》パイプ

chic [ʃík]《←仏語》形《着こなしなどが》しゃれた, 上品な, シックな ―― 男 しゃれていること, 粋(いき), 上品: Tiene mucho ~. 彼女はとてもシックだ

chica[¹] [tʃíka] 女 ❶ メイド, 家政婦〔= ~ de servicio〕. ❷《西. 古語》小型の貨幣〔⇔gorda〕. ❸《西式トランプ》集合 [As mus で] 低い数字のカード. ❹ 小瓶. ❺《メキシコ》1) プルケ pulque を売る液量単位. 2) 3センターボ銀貨. ❻《キューバ》アフリカ起源の踊りの一種

chicada [tʃikáda] 女 ❶ 子供っぽい言動, 子供じみたこと. ❷ [隔離して育てられる] 弱く発育不全の小羊の群れ

chicagüense [tʃikagwénse] 形《地名》[米国の] シカゴ Chicago の〔人〕

chicalé [tʃikalé] 男《中米. 鳥》ケツァールと同種の美しい鳥

chicalote [tʃikalóte] 男《中米. 植物》アザミゲシ〔=argemone〕

chicana[¹] [tʃikána]《←仏語 chicane》女 ❶ [裁判などでの] 言い逃れ, ごまかし, 策略. ❷ ふざけ, 冗談

chicane [tʃikáne] 男《自動車》シケイン

chicanear [tʃikaneár] 自 [裁判などで] 言い逃れをする, ごまかす

chicanero, ra [tʃikanéro, ra] 形 ❶ [裁判などで] 言い逃れをする. ❷《コロンビア》悪知恵のある, ずるい

chicano, na[¹] [tʃikáno, na] I《←[me]jicano》形 名《米国, メキシコ》チカーノ〔の〕, メキシコ(中南米)系米国人〔の〕, 両親がメキシコ(中南米)人で米国生まれの〔人〕《かつてメキシコ領であった米国南西部地域に多くが居住. 1960年代以降政治的復権運動 movimiento chicano を展開, 近年は特に文学や音楽の分野で創作活動が盛ん》
―― 名《米》メキシコ系住民の文化や権利を守る運動
II《←仏語》女 [主に訴訟での] 言い逃れ, ごまかし

chicaranda [tʃikaránda] 女《まれ. 植物》ジャカランダ〔=jacarandá. 特にその木材〕

chicarrero, ra [tʃikaréro, ra] 名《バリャドリード》子供靴の製造(販売)業者

chicarro [tʃikáro] 男《バリャドリード》子供靴

chicarrón, na [tʃikarón, na]《←chico》名 《西. 口語》[まだ子供なのに] 大人並みに体が成育した, 大きくて頑丈な〔子供・若者〕: ~ del norte バスク, ナバラ, アラゴン北部の若者

chicato, ta [tʃikáto, ta] 形《アルゼンチン, ウルグアイ. 口語》近眼の〔人〕

chicazo [tʃikáθo] 男《口語》おてんば娘

chicha[¹] [tʃítʃa] I《←擬態》女 ❶《西》❶ 肉〔=carne〕: 1)《幼児語》[食用の] En este plato hay muy poca ~. この料理にはあまり肉が入ってない. 2)《口語》[主に 複. 人体の] Tiene poca[s] ~[s]. 彼はやせっぽちだ. tener demasiada ~ 太りすぎている. 3) 体. ❷《口語》《事柄について》何か, 価値の, 重要性. ❸《まれ》筋力
de ~ y nabo《西. 軽蔑》何の価値もない, 取るに足りない: competición de ~ y nabo 小さな試合. ahorro de ~ y nabo ほんのわずかな貯金. Sus amigos son gente de ~ y nabo. 彼の友達は皆つまらない人たちだ
estar ~《エルサルバドル》非常に容易である
II《←ケチュア語》女《中南米》1) チチャ《アンデス地域で愛飲されるトウモロコシや果実を原料とする甘い醸造酒. インカ帝国においては発酵のためアクリャ aclla の唾液が用いられた. = ~ andina》. 2) [果実などの] ジュース: ~ de uva ブドウジュース. ~ criolla《ベネズエラ》牛乳の甘くどろどろした飲料《アルコール分はない》. ~ morada《ペルー》ムラサキトウモロコシから作った清涼飲料. ❷《中米. 口語》面白さ, 内容: libro con poca ~ 内容のない本. ❸《中米, アンデス》激怒: estar de ~ 怒っている
estar como ~《アンデス》ありふれている, よくある

no ser ni ~ ni limonada (limoná)《中南米. 口語》得体が知れない, どっちつかずである; 役に立たない
sacar la ~《チリ, アルゼンチン, ウルグアイ》[+a 人・状況などから] 利益(情報)を搾り取る
III《←口語 chiche》→**calma chicha**

chícharo [tʃítʃaro] 男《メキシコ, ホンジュラス, キューバ. 植物》エンドウマメ, インゲンマメ, ヒヨコマメ

chicharra [tʃitʃára] 女 ❶《昆虫》セミ〔=cigarra〕. ❷ セミの鳴き声に似た音を出す玩具. ❸ 呼び鈴, ブザー: Cuando tocan la ~, es la hora de entrar a clase. ブザーが鳴ったら教室に入る時間だ. ❹《口語》おしゃべりな人, 饒舌(じょうぜつ)な人. ❺《隠語》マリファナたばこの吸い殻. ❻《魚》ニシセミホウボウ, フライングガーナード
Canta la ~. ひどく暑い

chicharrar [tʃitʃarár] 他 =**achicharrar**

chicharrear [tʃitʃareár] 自 セミの鳴き声に似た音を出す, セミの鳴きまねをする

chicharrera[¹] [tʃitʃaréra] 女 とても暑い所, 酷暑
de ~ 焼けつくような, 非常に暑い

chicharrero, ra[²] [tʃitʃaréro, ra] 形 名 ❶《西. 口語》[カナリア諸島の] テネリフェ島の〔人〕〔=tinerfeño〕. ❷ 焼けつくような, 非常に暑い. ❸ セミの鳴き声に似た音を出す玩具 chicharra を作る(売る)人
―― 男《口語》とても暑い所

chicharrillo [tʃitʃaríʎo] 男《魚》小アジ

chicharrina [tʃitʃarína] 女 灼熱, 酷暑, 猛暑

chicharrita [tʃitʃaríta] 女《キューバ》青いバナナを薄切りにし揚げたもの

chicharro [tʃitʃáro] 男 ❶《魚》アジ〔=jurel〕. ❷ [ラードを取った後の] 豚肉の揚げかす〔=chicharrón〕. ❸ セミの鳴き声に似た音を出す玩具〔=chicharra〕. ❹《経済. 隠語》ジャンク・ボンド

chicharrón [tʃitʃarón] 男《←擬音》《料理》❶ 1) [ラードを取った後の] 豚肉の揚げかす: torta de chicharrones 揚げかす入りのパイ. 2) 黒焦げになった料理. 3) 複 [色々な部位の豚肉を使った] ソーセージ. 4)《地方語》揚げパンのもの. 5) 複《ペルー》豚の皮を油で揚げたもの; [それに似た] 小麦粉を練って揚げたもの. 6)《南米》豚肉の塊をラードで揚げたもの. ❷《口語》黒く日焼けした人. ❸《ベネズエラ》巻き毛, カール
buscar ruido al ~《メキシコ》[実際には存在しない] 問題点を発見したと言い張る
dar ~《メキシコ》[人を] 殺す
hacer chicharrones a (de)+人《口語》…を悩ます, うんざりさせる
saber a chicharrones de sebo《中南米》[事柄が] 不快感を与える

chicharrón, na[²] [tʃitʃarón, na] 名《キューバ. 軽蔑》❶ ごますり屋, おべっか使い. ❷ 陰口屋

chicharronero, ra [tʃitʃaronéro, ra] 形《メキシコ. 口語》不器用な
―― 名《メキシコ》豚の皮をラードで揚げたもの chicharrón を売る人

chiche [tʃítʃe] 男 ❶《中南米》1)《幼児語》おもちゃ. 2) [誕生日などに子供に贈る] 宝石などこまごまとした物. ❷《メキシコ. 口語》《時に 女》[主に乳母の] 乳房. ❸《南米. 口語》宝物, すばらしい物
―― 形 ❶《中米. 口語》容易な, 簡単な. ❷《エルサルバドル》白い肌で金髪の. ❸《ペルー, ボリビア, チリ, パラグアイ, ウルグアイ》小さい, 繊細な; かわいい

chicheante [tʃitʃeánte] 形《音声》tʃ 音の

chichear [tʃitʃeár] 自 =**sisear**

chicheme [tʃitʃéme] 男《中米》トウモロコシ・砂糖・牛乳を煮て冷やした飲料

Chichén Itzá [tʃitʃén itsá]《歴史》チチェン・イツァ〔メキシコ, ユカタン半島中央部にあるマヤ遺跡. 最盛期は900～1000年〕

chicheo [tʃitʃéo] 男 =**siseo**

chichería [tʃitʃería] 女《中南米》[チチャ chicha を売る・飲める] チチャ店, チチャ飲み屋

chichero, ra [tʃitʃéro, ra] 形《中南米》チチャ chicha の; チチャを作る(売る)人
―― 名《ペルー》=**chichería**

chichi [tʃítʃi] 形《中米》容易な, 簡単な
―― 男《西. 俗語》[女性の] 陰部
―― 女《中米, メキシコ》[女性・雌の] 乳房

chichí [tʃitʃí] 男《コロンビア. 幼児語》おしっこ
chichicaste [tʃitʃikáste] 男 =**chichicastle**
chichicastle [tʃitʃikástle] 男《中米. 植物》ネトル〖イラクサの一種. 綱が作られる〗
chichicuilote [tʃitʃikwilóte] 男《メキシコ. 鳥》ヒメウズラシギ〖食用〗
chichifo [tʃitʃífo] 男《メキシコ. 隠語》ホモの男娼
chichigua [tʃitʃíɣwa] ❶《メキシコ. 中米》乳母〖=nodriza〗. ❷《ドミニカ》凧. ❸《コロンビア. 口語》ささやかな贈り物
chichiguatero, ra [tʃitʃiɣwatéro, ra] 形《コロンビア. 口語》欲深な〔人〕, けちな〔人〕
chichilasa [tʃitʃilása] 女《メキシコ》❶《昆虫》ヨーロッパアカヤマアリ. ❷ 美人で無愛想な女性
chichilo [tʃitʃílo] 男《ボリビア. 動物》ボリビアリスザル
chichiltote [tʃitʃiltóte] 男《ニカラグア. 鳥》=**chiltota**
chichimeca [tʃitʃiméka] 形 男性形 **chichimeco** もある〗 チチメカ族〔の〕〖先スペイン期から現在のメキシコ北部・西部に居住し放浪狩猟採集生活をおくった先住民族の総称. 中には, アステカ王国を築いたメシーカ族 mexica のように, 生態学的変化を受けて南下を開始し, 先スペイン期に定住農耕民 に変化した集団もある. 16世紀, 北部のチチメカ族はスペイン人の征服にゲリラ戦を展開して抵抗. 1590年副王政府との和平交渉に応じた〗
chichimeco [tʃitʃiméko] →**chichimeca**
chichinabo [tʃitʃinábo] 男 **de ~**《地方語》取るに足らない, つまらない〖=de chicha y navo〗
chichinar [tʃitʃinár] 他《メキシコ》焦がす〖=chamuscar〗
chichipán [tʃitʃipán] 男《地方語. 鳥》アオガラ
chichirimoche [tʃitʃirimótʃe] 男 豊富: A la noche, ~ y a la mañana, chichirinada.《諺》明日のことは分からない
chichirinada [tʃitʃirináda] 《まれ》無〖=nada〗
chichisbeo [tʃitʃisbéo] 男〖←伊語 cicisbeo〗〖18世紀の〗男性から女性への敬愛; 敬愛を示す男性
chichito¹ [tʃitʃíto] Ⅰ 男 **chicho** の示小語
 Ⅱ 男 ❶《口語》幼児. ❷《中南米. 軽蔑》クリオール人〖=criollo〗
chichitote [tʃitʃitóte] 男《ニカラグア. 鳥》=**chiltota**
chicho¹ [tʃítʃo] 男〖←?語源〗❶《口語》[女性・子供特有の] 額にかかる小さな巻き毛. ❷《化粧》カーラー〖=rulo〗
chicho², cha² [tʃítʃo, tʃa] 形《メキシコ》[物が] きれいな; [人が] 巧妙な
chicholo [tʃitʃólo] 男《ボリビア, アルゼンチン, ウルグアイ. 口語》グアバ guayaba の菓子〖板状で, 昔はトウモロコシの皮に包んだ〗
chichón [tʃitʃón] 男〖←ラテン語 abscessio「分離」〗〖頭・額の〗こぶ: El niño tiene un ~ en la cabeza. その子は頭にこぶができている
chichona [tʃitʃóna] 形 女《メキシコ》胸の豊満な〔女〕
chichonera, ra [tʃitʃonéra, ra] 女 ❶《古語的》〖幼児のけが防止用の, 主に麦わら製の〗帽子. ❷《スポーツ》ヘルメット. ❸《コロンビア. 口語》群衆: tirar... a la ~ 群衆中に…をばらまく
chichota [tʃitʃóta] 女 ほんの少し: sin faltar ~ どんな細部も手落ちない
chichurro [tʃitʃúro] 男 モルシージャ morchilla のゆで汁
chiclán [tʃiklán] 形《アンダルシア》=**ciclán**
chiclanero, ra [tʃiklanéro, ra] 形 男《地名》チクラナ Chiclana の〔人〕〖カディス県の町〗
chiclayano, na [tʃiklajáno, na] 形 男《地名》チクラヨ Chiclayo の〔人〕〖ペルー, Lambayeque 県の都〗
chicle [tʃíkle] 男〖←ナワトル語 tzictli〗男 ❶ チューインガム: mascar ~ ガムを噛む. ~ de globo/~ de globito 風船ガム. ❷ チクル〖樹脂〗. ❸《俗語》上質の大麻. ❹《メキシコ》汚れ, 垢. ❺《ベネズエラ》しつこい頼み
chiclé [tʃiklé] 男 ❶《自動車》=**chicler**. ❷《地方語》=**chicle**
chiclear [tʃikleár] 自他 ❶《メキシコ》ガムを噛む. ❷《メキシコ》チクルを採る
chicler [tʃiklér] 男 ❶《自動車》[キャブレターの] 絞り弁, 噴出孔
chiclero, ra [tʃikléro, ra] ❶ 男《メキシコ》チクルの
—— 名 ❶《メキシコ, 中米》チクル採取業者. ❷《メキシコ》街頭チクル売り
chiclet [tʃiklét] 男《圏 ~s》《地方語》=**chicle**
chicloso, sa [tʃiklóso, sa] 形 粘着性の
—— 男《メキシコ. 菓子》牛乳を煮詰めた甘いクリーム
chico, ca² [tʃíko, ka] 形 ❶《擬態》❶ 子供, 少年, 少女; 息子, 娘: Los ~s suelen jugar en la calle. 子供たちはよく通りで遊ぶ. ❷ 青年, 若い女〖30歳台までで使われる〗: Este ~ ha tenido

suerte en los negocios. この男は商売運が良かった. buen ~ いい若者. ~ca guapa 美女. ❷〖主に自分と同年齢・年下の大人に対する, 親愛・軽蔑の呼びかけ〗君, お前: Bueno, ~, me marcho. おい, 君, 僕はもう帰るよ. Mira, ~ca, no lo entiendo. ねえ, お前, それが分からないんだ. ¡Anda (Vamos), ~!さあ, お前, それがわかるんだ. ❹ 使い走りの少年・子〖~ ~ para recados, ~ de los recados〗: Puedo mandarle los paquetes con el ~. 荷物はお使いさんに持たせてお届けできます. ❺〖家の〗使用人
—— 形 ❶《主に中南米》小さい〖=pequeño〗: Estos zapatos son ya ~s para ti. この靴はもう君には小さい. ❷ 幼い, 子供の. ❸《メキシコ》[反語的に] でっかい, すごい
a lo ~ 1) 男の子らしく・らしい: peinado a lo ~ ボーイッシュな髪形. 2) 男のような, 男らしく・らしい
~ con grande 大小とりまぜて
dejar ~ [+a+人に] 十二分に勝つ; …から精彩を奪う, 目立たなくさせる
ponerse como el ~ del esquilador 食べ飽きる
quedarse ~ 1) 精神的に萎縮する, 気後れする, たじろぐ: Ante su actitud tan imponente, me quedé ~. 彼のいたけだかな態度に私はひるんだ. 2) 小さくなる
—— 男 ❶《俗語》〖ワインの容量単位〗cuartillo の3分の1〖=168ミリリットル〗. ❷《中南米》1)《ビリヤード》セット. 2)《トランプ, ボウリング》ゲーム. ❸《中米. 植物》~ zapote, chicozapote. ❹《キューバ》小銭. ❺《ペルー》1センターボ銅貨
—— 間〖驚き〗おや!
chicoco, ca [tʃikóko, ka] 形《チリ. 親愛》[幼いが] 体の大きい
chicocotito, ca [tʃikóko, ka] 形《チリ. 親愛》こびと, 背の非常に低い人
chicolear [tʃikoleár] 自他《女性に》甘い言葉をかける, 言い寄る, 口説く
~se 《アルゼンチン》楽しむ, 気晴らしをする, 英気を養う
chicoleo [tʃikoléo] 男《口語》❶《女性への》ほめ言葉, 誘い文句〖=piropo〗. ❷ いちゃつき: estar de ~ いちゃつく
chicoria [tʃikórja] 女《まれ. 植物》チコリー〖=achicoria〗
chicorro [tʃikóro] 男《チリ》大きくて頑丈な子供
chicorrotico, ca [tʃikoɾotíko, ka] 形 名 chico の示小語
chicorrotillo, lla [tʃikoɾotíʎo, ʎa] 形 名 chico の示小語
chicorrotín, na [tʃikoɾotín, na] 形 名 chico の示小語; ごく小さな[子]
chicorrotito, ta [tʃikoɾotíto, ta] 形 名 chico の示小語
chicotada [tʃikotáda] 女《地方語》[聖週間の行列で] キリスト像を背負って運ぶ区間
chicotazo [tʃikotáθo] 男《中南米》[鞭 chicote による] 鞭打ち. ❷《地方語》酒の一飲み
chicote¹ [tʃikóte] 男 ❶ 葉巻き〖=puro〗; [葉巻きの] 吸い殻. ❷《船舶》ロープの先端. ❸《中南米》鞭〖=látigo〗. ❹《中米》一連, のぼり
chicote², ta [tʃikóte, ta] 名《親愛》大きくて頑丈な子供〖=chicarrón〗
chicoteada [tʃikoteáda] 女《グアテマラ》[体罰・傷害目的の] 繰り返しの投げつけ
chicotear [tʃikoteár] 他 ❶《中南米》[体罰・傷害のために, 鞭 chicote などで] 打つ, 叩く. ❷《コロンビア》1) 殺す. 2) 砕く, 粉々にする. 3)《動物》呼ぶ. ❸《チリ》スタッコ仕上げをする
—— 自 ❶《中南米》鞭で叩くような音がする. ❷《ドミニカ》酒を飲む. ❸《ベネズエラ》けんかする, 口論する
chicotén [tʃikotén] 男《アラゴン》首から下げた弦を棒で叩く楽器
chicozapote [tʃikoθapóte] 男《メキシコ. 植物, 果実》サポジラ〖=zapote〗
chicuelina [tʃikwelína] 女《闘牛》牛の突進と反対方向に回るパセ
chicuelo, la [tʃikwélo, la] 名 ごく小さい子供; 浮浪児
chicura [tʃikúra] 女《メキシコ. 植物》キク科ミカニア属の一種〖=guaco〗
chido, da [tʃído, da] 形《メキシコ. 口語》すばらしい, とてもいい
chifa [tʃífa] 女《中米, ペルー, ボリビア, チリ. 口語》中華レストラン; 中華料理
chifarrada [tʃifaɾáda] 女《地方語》ひっかき傷
chiffon [ʃifón] 男〖←仏語〗《繊維》シフォン
chiffonnier [ʃifonjér] 男〖←仏語〗《圏 ~s》[服飾品・裁縫道具などを入れる] 小たんす
chifla [tʃífla] Ⅰ 女 ❶〖鼓笛隊などで使う, 穴が3つの〗短い横笛. ❷ 呼び子, ホイッスル; その音. ❸ 口笛を吹く〔指笛

を鳴らす)こと; その音
II 囡 [←アラビア語 sifra] ❶ [製本・手袋作りで使う] 革を削る角張ったナイフ. ❷《古語. トランプ》スペードのエース
III 囡《メキシコ》不機嫌: estar de 〜 不機嫌である
chifladera [tʃifladéra] 囡 ❶ 短い横笛〖=chifla〗. ❷《メキシコ》=chifladura. ❸《コロンビア. 口語》ヒュッという音
chiflado, da [tʃifládo, da] 形 名《口語》[estar+] ❶ 正気を失った[人], 少し頭のおかしい[人]. ❷ [+con+事物・+por+人 に] 熱中した, 夢中の: Está 〜 con los coches. 彼は車に夢中だ
chifladura [tʃifladúra] 囡《口語》❶ 正気を失うこと, 狂気. ❷ 熱中, のぼせ上がり: Su 〜 es ajedrez. 彼はチェスに熱中している
chiflamicas [tʃiflamíkas] 男《単複同形》《コロンビア. 口語》❶ 下手な音楽家. ❷ いい加減な人, 信用できない人
chiflar [tʃiflár] **I**《←ラテン語 sifilare「口笛を吹く」》他 ❶《口語》[事物・人が] 熱中させる, 夢中にさせる: Me chifla la paella. 私はパエーリャに目がない. ❷ からかう, ばかにする. ❸ 酒がぶ飲みする
── 自《主に南米》[合図などのために, ピーッと] 口笛(指笛)を鳴らす; 野次る: 〜 a una chica bonita かわいい女の子に口笛を鳴らす
〜se《口語》❶ 頭が変になる. ❷ [頭が変になるほど, +por に] 熱中する: Se chifla por las motos. 彼はオートバイに熱中している. Se chifló por la vecina. 彼は隣の女の子に夢中になった
II [←chifla II] 他 [革を] ナイフで薄く削る
chiflato [tʃifláto] 男 口笛〖=silbato〗
chifle [tʃifle] 男 ❶ 角製の火薬入れ. ❷《狩猟》鳥笛. ❸ 口笛を吹くこと〖=chifla〗. ❹《エクアドル, ペルー》複 バナナチップス. ❺《ラプラタ》[畑で水筒として使われていた] 牛の角
dejar a+人 al 〜《グアテマラ》…を文無しにする
estar al 〜《グアテマラ》危険にさらされている
chiflera [tʃiflera] 囡《ボリビア》魔術用具売りの女
chiflete [tʃiflete] 男 ❶ 短い横笛〖=chifla〗. ❷《南米. 口語》すきま風
chiflido [tʃiflído] 男 ❶ 口笛(指笛)の音. ❷《キューバ. 口語》下痢
chiflo [tʃíflo] 男 ❶ 短い横笛〖=chifla〗. ❷ リコーダーに似た楽器
chiflón [tʃiflón] 男 ❶《中南米》すきま風; [空気・水の] 噴流. ❷《メキシコ》1) 《鉱山》落盤. 2) 水の噴出口, ノズル
chifón [tʃifón] 男 =chiffon
chigre [tʃígre] 男 ❶《船舶》ウィンチ. ❷《アストゥリアス》[リンゴ酒などを売る] 店; 屋台
chigrero, ra [tʃigréro, ra] 名 ❶《アストゥリアス》店 chigre の主人. ❷《エクアドル》山岳地域の産物を海岸地域の人に売る商人
chigua [tʃígwa] 囡《ボリビア, チリ》[柳の枝などで編んだ] 楕円形のかご〖家事・揺りかごなどに使う〗
chigüe [tʃigwé] 男《ベネズエラ》ひどい空腹
chigüí [tʃigwí] 男《ホンジュラス, ニカラグア, エルサルバドル》[小さく体力が衰えた] 少年
chigüil [tʃigwíl] 男《エクアドル. 料理》トウモロコシ粉・ラード・卵・チーズをトウモロコシの葉に包み蒸したもの
chigüín, na [tʃigwín, na] 名《中米. 口語》[小さく体力が衰えた] 少年, 少女
chigüire [tʃigwíre] 男《コロンビア, ベネズエラ》カピバラ〖=carpincho〗
chigüiro [tʃigwíro] 男《ベネズエラ》カピバラ〖=carpincho〗
chigüito, ta [tʃigwíto, ta] 名《地方語》幼児; 少年, 少女
chihuaco, ca [tʃiwáko, ka] 形《ニカラグア》O脚の
chihuahua [tʃiwáwa] **I**《←Chihuahua (メキシコの州)》名《犬》チワワ
── 間《メキシコ》[不愉快な驚き] あーあ!
II 囡《エクアドル》《祭りで燃やす》中に火薬を詰めたわら(紙)人形
chihuahuense [tʃiwawénse] 形 名《地名》チワワ Chihuahua の[人]《メキシコ北部の州・州都》
chihuahueño, ña [tʃiwawéɲo, ɲa] 形 名 =chihuahuense
chií [tʃií] 形 名《←es》=chiita
chiismo [tʃiísmo] 男 シーア派の教義
chiísmo [tʃiísmo] 男 =chiismo

chiita [tʃi(i)íta] 形 名《イスラム教》シーア派[の]
chíita [tʃi(i)íta] 形 名 =chiita
chijetazo [tʃixetáθo] 男《アルゼンチン, ウルグアイ. 口語》[吹き出す・循環する・落下する] 激しい水流
chijete [tʃixéte] 男《アルゼンチン, ウルグアイ. 口語》すきま風
como 〜《アルゼンチン, ウルグアイ. 口語》すばやく, たちまち
chilaba [tʃilába] 囡 [北アフリカのアラビア人の着る, フード付きのゆったりした] 長衣
chilacayote [tʃilakajóte] 男《植物》クロダネカボチャ〖=cidra cayote〗
chilacoa [tʃilakóa] 囡《コロンビア. 鳥》クイナの一種
Chilam Balam [tʃílan bálan] 男《歴史》チラム・バラムの書《ユカタン半島のマヤ人のもたらしたローマ字を用いて伝説・儀礼・占いなど多岐にわたる事柄を書き記した文書の総称》
chilanco [tʃilánko] 男 =cilanco
chilango, ga [tʃilángo, ga] 形 名《メキシコ. 口語》メキシコシティ Ciudad de México の[人]; 連邦特別区 Distrito Federal の[人]
chilaquila [tʃilakíla] 囡《グアテマラ. 料理》チーズ・ハーブ・トウガラシを巻いたトルティーリャ
chilaquiles [tʃilakíles] 男 複《メキシコ. 料理》チラキレス《チリソースで煮たトルティーリャ》
chilar [tʃilár] 男 トウガラシ畑
chilate [tʃiláte] 男《メキシコ, 中米》チラテ《トウガラシ・焦がしたトウモロコシ・カカオのジュース》
chilatole [tʃilatóle] 男《メキシコ. 料理》チラトレ《トウモロコシ・豚肉・トウガラシのスープ》
chilca [tʃílka] 囡《植物》❶《グアテマラ, コロンビア, ペルー, チリ, アルゼンチン, ウルグアイ》チルカ《薬草となる灌木. 学名 Bacchalis salicifolia》. ❷《チリ》=chirca
chilcano [tʃilkáno] 男《ペルー》❶《料理》チルカノ《魚介スープ; 魚・オレンジ・タマネギ・ニンニクのシチュー》. ❷《酒》ピスコ pisco のコーラ割り
chilchote [tʃiltʃóte] 男《メキシコ》非常に辛いトウガラシ
chilco [tʃílko] 男《チリ. 植物》野生のフクシア
chile [tʃíle] **I**《←アステカ語 chilli》❶ 男《中米》1)《植物》トウガラシ《=pimiento》: 〜 chilaca チレ・チラーカ《焦げ茶色. あまり辛くない》. 〜 poblano チレ・ポブラーノ《大型で暗褐色. あまり辛くない》. 〜 serano チレ・セラーノ《大型で濃紫色, 熟すと赤茶色. 激辛》. ❷《料理》チリ《パウダー》: 〜 con carne チリコンカルネ《牛ひき肉・豆の辛いトマトソース煮》. ❸《中米. 俗語》陰茎. ❹《中米. 口語》笑い話〖=chiste〗
a medios 〜s《中米》ほろ酔いで
estar hecho un 〜《中米》激怒している
hablar a+人 al 〜《メキシコ》…に単刀直入に話す
II 男《国名》[C〜] チリ《共和国. 首都はサンティアゴ》
chilear《中米》笑い話をする
chilena¹ [tʃiléna] 囡《中南米. サッカー》シザーズキック
chilenismo [tʃilenísmo] 男 ❶ チリ特有の表現. ❷ チリの文化・伝統への愛好
chilenización [tʃileniθaθjón] 囡 チリ化: 〜 del cobre 銅産業のチリ化《1966年》
chilenizar [tʃileniθár] 9 他 [人・事物を] チリ化する
chileno, na² [tʃiléno, na] 形 名 ❶《国名》チリ Chile [人]の; チリ人. ❷《ウルグアイ》牛の角がまっすぐに伸びた
chilero, ra [tʃiléro, ra] 形《グアテマラ》[物が] かっこいい, きれいな
chili [tʃíli] 男 ❶《料理》チリソース: quesadilla con 〜 ケサディリャのチリソースかけ. ❷ チュニス Túnez に吹く南からの乾燥した熱風
chilillo [tʃilílo] 男 ❶《中米》[鞭として使う] つる植物の枝. ❷《エルサルバドル》1)《服飾》ミトン. 2)《スポーツ》グローブ
chilicote [tʃilikóte] 男《南米》コオロギ〖=grillo〗
chilindrina [tʃilindrína] 囡《←chilindrón》❶ [会話を楽しくするための] 小話, 冗談. ❷ 軽い皮肉〖=chafaldita〗. ❸ くだらないもの, 安物. ❹《メキシコ》砂糖をかけた菓子パン
chilindrinero, ra [tʃilindrinéro, ra] 形 名 小話を話す[人], 冗談を言う[人]
chilindrón [tʃilindrón] 男《←古語 chilindrón「頭への一撃」》❶《西. 料理》チリンドロン《トマト・ピーマンのソースで煮込み》: pollo al 〜 鶏肉のチリンドロン煮. ❷《トランプ》ポープジョーン. ❸《ホンジュラス. 植物》チルカ〖=chilca〗
chilinguear [tʃilingeár] 自 他《コロンビア》[ブランコ・ハンモック

揺り椅子の人を〕揺らす
—— **~se**《コロンビア》ブランコに乗る
chilla [tʃíʎa] 囡 ❶《狩猟》[キツネ・ウサギなどの鳴き声を真似る〕呼び笛. ❷《建築》[最も質の悪い木の〕薄板. ❸ [グラフィックアートで本の大きさの〕版木. ❹《チリ,アルゼンチン. 動物》キツネの一種『ヨーロッパのキツネより小型』
estar en la ~/andar en la quinta ~《メキシコ, キューバ》ひどく貧しい, 一文なしである
chilladera [tʃiʎaðéra] 囡《中南米. 口語》大騒ぎ, 喧騒
chillado [tʃiʎáðo] 男 ❶ 角材と薄板 chilla で作られた天井. ❷《エストレマドゥラ》板に漆喰を塗った張り天井
chillador, ra [tʃiʎaðór, ra] 形 名 キーキー声の〔人〕, 金切り声を上げる〔人〕
chillanejo, ja [tʃiʎanéxo, xa] 形 名 =chillanense
chillanense [tʃiʎanénse] 形 名《地名》チジャン Chillán の〔人〕『チリのニュブレ Ñuble 県の県都』
chillar [tʃiʎár]〔←ロマンス語 tsisclare < ラテン語 fistulare < fistula「横笛」〕 自 ❶ かん高く叫ぶ〔鳴く〕, 金切り声を上げる, キーキーいう, わめく: No me *chilles*. キーキー言うな. ❷ かん高い声でしゃべる. ❸ どなる, 無礼に話す. ❹《狩猟》呼び笛 chilla を吹く. ❺《美術》[色が〕けばけばしく目立つ. ❻《メキシコ》泣く. ❼《コロンビア》[色が〕調和しない
—— **~se** ❶《中南米》むっとする, 怒る. ❷《中米》恥ずかしがる
chillera [tʃiʎéra] 囡《船舶》砲弾などを固定するための鉄の枠
chillería [tʃiʎería] 囡 [人々が金切り声を上げる・わめく〕騒ぎ, 叫び声
chillerío [tʃiʎerío] 男 =**chillería**
Chillida [tʃiʎíða]《人名》**Eduardo ~** エドゥアルド・チジーダ『1924〜2002, スペインの彫刻家.『風の櫛』*Peine del Viento*』
chillido [tʃiʎíðo]〔←chillar〕男 金切り声〔を上げること〕, キーキー声〔で話すこと〕: pegar un ~ 金切り声を上げる
chillo [tʃíʎo] 男 ❶ 薄板 [=chilla]. ❷《狩猟》呼び笛 [=chilla]. ❸《中米》借金, 負債. ❹《プエルトリコ》庶民, 一般大衆. ❺《エクアドル》1) 立腹. 2)《大勢の人を〕強い要求
chillón¹ [tʃiʎón] 男 薄板 chilla 用の釘: ~ real [chilla より厚い板用の〕長い釘
chillón², na [tʃiʎón, na]〔←chillar〕形 ❶ [人が〕金切り声を上げる. ❷ [声が〕かん高い; [音が〕鋭く耳ざわりな. ❸ [色が〕けばけばしい, どぎつい: corbata *chillona* 派手なネクタイ. ❹《メキシコ》泣き虫の; 臆病な
—— 名《メキシコ》騒がしい人
chilmole [tʃilmóle] 男《メキシコ》❶《料理》チルモレ『チリ chile とトマトなどのソース・煮込み』. ❷《口語》もつれ, 混乱
chilmolero, ra [tʃilmoléro, ra] 名《メキシコ》チルモレ chilmole を作る〔売る〕人
—— 形《メキシコ》腹立たしい, うっとうしい, うんざりさせる
chilostra [tʃilóstra] 囡《アンダルシア》頭『比喩的にも』
chilote¹ [tʃilóte] 男 ❶《メキシコ》トウガラシ入りのプルケ pulque. ❷《中米, キューバ》熟していないトウモロコシの穂軸
chilote², ta [tʃilóte, ta] 形 名《地名》チロエ Chiloé の〔人〕『チリのロス・ラゴス州にある島』
chilpancingueño, ña [tʃilpanθiŋgéɲo, ɲa] 形 名《地名》チルパンシンゴ Chilpancingo の〔人〕『メキシコ, ゲレロ Guerrero 州の州都』
chilpayate, ta [tʃilpajáte, ta] 名《メキシコ. 口語》小さな子, ちびっこ; 息子
chilpe [tʃílpe] 男 ❶《エクアドル》1) リュウゼツランの繊維で作った紐. 2) トウモロコシの乾燥した葉. ❷《チリ》ぼろ切れ
chilposo, sa [tʃilpóso, sa] 形《チリ》ぼろぼろの服を着た
chiltepe [tʃiltépe] 男《グアテマラ. 植物》野生のトウガラシ『肝臓病の薬』
chiltipiquín [tʃiltipikín] 男《メキシコ》❶ トウガラシ. ❷ 精力家; かんしゃく持ち
chiltoma [tʃiltóma] 囡《中米. 植物》甘いトウガラシ
chiltomate [tʃiltomáte] 男《中米. 料理》トマトとトウガラシのソース
chiltota [tʃiltóta] 囡《エルサルバドル. 鳥》ボルチモアムクドリモドキ
chilte [tʃílte] 男《中米, 中米. 鳥》中オレンジムクドリモドキ
chiltuca [tʃiltúka] 囡《エルサルバドル. 動物》コモリグモの一種『= casampulga』
chimachima [tʃimatʃíma] 男《アルゼンチン. 鳥》=**chimango**

Chimalpahin [tʃimalpáin]《人名》**Domingo Francisco ~** ドミンゴ・フランシスコ・チマルパイン『1579〜1660, メキシコの先住民, 年代記作者』
chimango [tʃimáŋgo] 男《ラプラタ. 鳥》チマンゴカラカラ
chimar [tʃimár] **~se**《中米》[人・動物の〕皮膚がむける, すりむける
chimba¹ [tʃímba] 囡 ❶《南米》短い三つ編みの髪. ❷《コロンビア》1)《俗語》女性性器, 膣. 2) トランプ遊び. ❸《ペルー, チリ》川の対岸. ❹《ペルー》浅瀬. ❺《チリ》[川に面した都市の〕さびれた側の地区
chimbador, ra [tʃimbaðór, ra] 名《エクアドル, ペルー》川をうまく歩いて渡る先住民
—— 男《ペルー》丈の高い馬
chimbambas [tʃimbámbas] 囡 履《西. 口語》どこか遠い所 [= quimbambas]: estar en las ~ どこか遠い所にいる
chimbo¹ [tʃímbo] 男 ❶《バスク地方》1)《総称》ムシクイ, モズ, シロビタイジョウビタキなど. ❷《中南米》チンボ『卵・アーモンド・糖蜜で作った菓子』. ❸《ホンジュラス. 鉱山》水力式送風機. ❹《コロンビア》1) 小銭. 2) 肉の小片
chimbo², ba² [tʃímbo, ba] I 男 名《地名. 戯語》ビルバオ Bilbao の〔人〕
II 形 ❶《コロンビア, ベネズエラ, パラグアイ. 口語》1) 偽造の, にせもの. 2) 使い古した. ❷《ベネズエラ. 隠語》質の悪い, 下等な. ❸《エクアドル》選挙に勝つためではなく相手方を妨害するために立候補した
chimbomba [tʃimbómba] 形《中米》球 [=globo]
chimenea [tʃimenéa]〔←仏語 cheminée〕囡 ❶ 暖炉: encender la ~ 暖炉に火を入れる. ~ francesa/~ de campana 飾り棚付きの暖炉. ~ hamboyant マントルピース. ❷ 煙突: Por la ~ sale el humo. 煙突から煙が出ている. ~ estufa 煙突付きのストーブ. ~ de aire/~ de ventilación 通気(換気)孔, ダクト. ❸《地質》[火山の〕噴煙口, 火道 [=~ volcánica]. ❹《登山》チムニー. ❺《戯語》[人の〕頭 [=cabeza]: estar mal de la ~ 気が変である. ❻《鉱山》立て坑. ❼《技術》1) サージタンク, 調圧水槽. 2) ~ refrigeradora 冷却塔. ❽ [パラシュートの〕ベンツ
caer por la ~ たばこ式に手に入る
fumar como una ~ やたらにたばこを吸う
chimento [tʃiménto] 男《ラプラタ. 口語》(悪意のある) うわさ話
chimichurri [tʃimitʃúri] 男《料理》[ラプラタ起源の〕網焼き肉 asado 用のピリ辛ソース
chiminango [tʃimináŋgo] 男《コロンビア. 植物》キンキジュ
chimiscol [tʃimiskól] 男《メキシコ, コスタリカ》サトウキビの蒸留酒
chimiscolear [tʃimiskoleár] 自《メキシコ. 口語》❶ うわさ話をして回る. ❷ 蒸留酒 chimiscol を飲む
chimisturria [tʃimistúrja] 囡《メキシコ》ちゃんぽんにした酒, 混ぜ合わせた酒
chimó [tʃimó]《コロンビア, ベネズエラ》タバコを煮た抽出物とウラオ塩 sal de urao を練った噛みたばこ
chimojo [tʃimóxo]《キューバ》[タバコ・バナナの皮・サルビアなどを混ぜ合わせた〕けいれん止めの民間薬
chimpancé [tʃimpanθé] 男《動物》チンパンジー
chimpún [tʃimpún] 男 ❶《軽蔑》街頭での演奏 [=chinchín]. ❷《ペルー》[主に 複〕サッカーシューズ
chimú [tʃimú] 形《歴史》チンカ族の〔人〕 [=yunca]
chimuchina [tʃimutʃína] 囡《チリ. 口語》くず連中, 俗衆
chimuelo, la [tʃimwélo, la] 形《メキシコ》歯の抜けた〔人〕
chin [tʃín] I〔←?chingar〕間《メキシコ. 口語》❶ [不快な驚き〕うへっ! ❷ [豚を呼ぶ時の言葉〕来い!
II〔←カリブ語《chiquitín の縮小語》〕男《ドミニカ》少し, 少量
china¹ [tʃína] I〔←幼児語 chin〕囡 ❶《西》[丸い〕小石: Se me ha metido una ~ en el zapato. 靴に石が入った. ❷《西. 遊戯》履 握った両手のどちらに石が入っているかを当てる遊び. ❸《西. 隠語》[たばこ大の〕大麻の大塊. ❹《セゴビア, ソリア》たき火; 赤くおこった炭火; 火花. ❺《キューバ》*pelona* [水流で転がって丸くなった〕小石
caer ~+人 a la ~《西. 口語》=*tocar a+人 la ~*
colocar ~s a+人 =*poner ~s a+人*
dar la ~《西. 遊戯》握った両手のどちらに石が入っているか当てさせる
echar a la ~ =*dar la ~*
echar a las ~s =*jugar a las ~s*
echar ~ =*dar la ~*
echar ~ un tabernero《まれ》[代金勘定のため〕居酒屋の

主人が客の飲んだ杯の数に相当する小石を数える
jugar a las ~s〘西. 遊戯〙[全員で合計すると]手にいくつ握っているか当てる【=jugar a los chinos】
poner ~s a+人 …の邪魔をする: En vez de animarle, no hacen más que *poner*le ~s. 連中は彼を励ますどころか邪魔ばかりする
tocar a+人 *la* ~〘西. 口語〙…が貧乏くじを引く: A mí me *tocó la* ~. 運悪く私が当たってしまった
tropezar en una ~ ちょっとした困難にもくじける
II 囡 ❶《国名》[C~] 中国: República Popular de C~ 中華人民共和国. principio de una C~ 一つの中国の原則. ❷《西》磁器【=porcelana】. ❸ 絹織物: media ~ 安物の絹織物. ❹《俗語》お金: No tiene ni una ~. 彼は一文なしだ. ❺《植物》サルトリイバラ. ❻《メキシコ, カリブ. 果実》アマダイダイ【=naranja dulce】. ❼《メキシコ, アルゼンチン, ウルグアイ. 古語》[牧童 charro・ガウチョ gaucho の]妻, 恋人. ❽《キューバ》水痘, 水疱瘡【=varicela】. ❾《アンデス》1)《玩具》こま【=trompo】. 2) うちわ【=abanico】. ❿《ベネズエラ》[石などを放つ] ぱちんこ

chinacate [tʃinakáte] 囲《メキシコ》❶ コウモリ【=murciélago】. ❷ 尻に羽根のない雄鶏. ❸ 独立戦争と自由主義を戦ったゲリラ兵士【=chinaco】

chinaco, ca [tʃináko, ka] 名《メキシコ》貧民
—— 囲《メキシコ》[19世紀の]独立戦争と自由主義を戦ったゲリラ戦士

chinaje [tʃináxe] 集名《アルゼンチン, ウルグアイ》先住民のような容貌の女性【=chinerío】

chinama [tʃináma] 囡《グアテマラ》[枝やわらでできた]屋台; 掘っ立て小屋

chinamo [tʃinámo] 囲《中米. 口語》[祭りの]物売り台; 小さなバル; [枝やわらでできた]屋台

chinampa [tʃinámpa] 囡《←ナワトル語》《メキシコ》❶ [主に 複] チナンパ《メキシコシティー近郊の浅い湖沼や湿地に発達した耕地. 杭で囲った長方形の区画に葦などの水草を, 灌漑水路から浚渫した泥土を積み上げて造成. きわめて生産性の高い集約的農耕が可能になった》. ❷ 川船の一種

chinampero, ra [tʃinampéro, ra] 形《メキシコ》チナンパ chinampa の: clavel ~ チナンパで栽培されるカーネーション
—— 名《メキシコ》チナンパの耕作者

chinancal [tʃinaŋkál] 囲《中米》掘っ立て小屋

chinanta [tʃinánta] 囡《フィリピン》[重量単位] 10分の1ピコ pico【=6.326kg】

chinapo [tʃinápo] 囲《メキシコ》黒曜石【=obsidiana】

chinar [tʃinár] 囲《古語》きしむ, ギシギシ音を立てる【=rechinar】
—— ❶《隠語》切る. ❷ [粗石積みの漆喰に] 小石 chinas をはめ込む

chinarral [tʃinařál] 囲 石 chinarros だらけの場所

chinarro [tʃinářo] 囲《西》[china より大きい] 石: Se me metió un ~ en el zapato. 靴に石が入ってしまった

chinata [tʃináta] 囡《キューバ》[石投げ遊び cantillos 用の]小石

chinateado [tʃinateáðo] 囲 [シウダ・レアル県の町アルマデン Almadén の水銀蒸留炉で] 鉱石にかぶせる小石の層

chinazo [tʃináθo] 囲《西》投石による打撲; 小石をぶつけること, 投石

chinchar [tʃintʃár] 【←chinche】⊕ ❶《口語》困らせる, 面倒をかける: Continuamente está *chinchando* a sus empleados con exigencias ridículas. 彼は従業員に次から次へとばかげた要求を押しつけてうんざりさせている. *Me chincha tener que saludarle.* 私は彼にあいさつしなければならないのが不愉快だ. ❷ 殺す. ❸《プエルトリコ》性交する
—— *~se*《口語》うんざりする; こらえる, 我慢する: Tú lo has querido, así que *chínchate*. 君は当然の報いだ, こらえろ. Pues no me han castigado, ¡para que te *chinches*! 僕は罰を受けなかったぞ, おあいにくさま!

chincharrazo [tʃintʃařáθo] 囲 =cintarazo

chincharrero [tʃintʃařéro] 囲 ❶ ナンキンムシの多い場所. ❷《中南米》小型の漁船

chinche [tʃíntʃe] 名《←ラテン語 cimex, -icis》❶《昆虫》1) ナンキンムシ, トコジラミ. 2)《ベネズエラ》テントウムシ【=mariquita】. ❷《主に中南米》画鋲【=chincheta】. ❸《チリ, アルゼンチン, ウルグアイ. 口語》不機嫌
caer (morir) como ~s《口語》ばたばた倒れる(死ぬ)

—— 囲 ❶《隠語》兵役期間が3か月以下の召集兵【=piojo】. ❷《地方語》ナンキンムシ. ❸《メキシコ》刑務所. ❹《チリ》小型のふいご
—— 形 ❶ 細かいことにこだわる〔人〕, いらうさい〔人〕. ❷《中米, アンデス》言うことを聞かない子, だだっ子. ❸《チリ》ひどい悪臭のする

chincheta [tʃintʃéta]【←chinche】囡 画鋲: Sujeté el cartel en la pared con cuatro ~s. 私は画鋲4個で壁にポスターを貼った

chinchetear [tʃintʃeteár] ⊕ 画鋲で留める

chinchibi [tʃintʃíbi]【←英語 ginger「ショウガ」+beer「ビール」】囲《中南米》ショウガを発酵させて作る酒

chinchilla [tʃintʃíʎa] 囡《南米. 動物》チンチラ; その毛皮

chinchín [tʃintʃín]【←擬音】間《口語》[親しい間柄で] 乾杯!【=brindis】
—— 囲 ❶《口語》街頭での演奏. ❷ 派手な街頭演説. ❸ 霧雨. ❹《中米, ラプラタ. 玩具》ブリキ製のがらがら. ❺《チリ. 植物》ヒメハギ科の灌木の一種
—— 副《ベネズエラ. 口語》現金で

chinchinero, ra [tʃintʃinéro, ra] 名《チリ》街頭音楽家

chincho [tʃíntʃo] 囲《地方語. 魚》小アジ

chinchón [tʃintʃón]【←Chinchón《マドリード県の町》】囲 ❶ アニス入りの蒸留酒. ❷《トランプ》チンチョン《ラミーの一種; そのゲームで配られた手札がすべて役の場合》

chinchona [tʃintʃóna] 囡 ❶ キナ【=quina】. ❷《南米》キニーネ【=quinina】

chinchonense [tʃintʃonénse] 形 名《地名》チンチョン Chinchón の〔人〕《マドリード県の町》

chinchorra [tʃintʃóřa] 囡《地方語》豚肉の揚げかす【=chicharrón】

chinchorrazo [tʃintʃořáθo] 囲 ❶《中南米》刀身で叩くこと. ❷《ドミニカ》酒の一飲み

chinchorrear [tʃintʃořeár] ⊕《口語》困らせる, 面倒をかける, わずらわせる
—— ⊕ ❶《口語》うわさ話をする. ❷《コロンビア》網で魚を獲る
—— *~se*《コロンビア》ハンモック chinchorro に揺られる

chinchorrería [tʃintʃořería] 囡《西. 軽蔑》❶ [話の] 細かさ, しつこさ. ❷ うわさ話

chinchorrero, ra [tʃintʃořéro, ra] 形《西. 軽蔑》細かいところにうるさい

chinchorro [tʃintʃóřo] 囲 ❶《手漕ぎの》小舟. ❷《小型の》地引き網. ❸《西, カリブ, チリ》[紐で編んだ軽い] ハンモック. ❹《メキシコ》[家畜などの] 小さな群れ. ❺《コスタリカ》小さなあばらやの集落. ❻《パナマ》鞭【=látigo】. ❼《プエルトリコ》小さな店

chinchosear [tʃintʃoseár] ⊕《チリ. 口語》気のあるそぶりをする

chinchoso, sa [tʃintʃóso, sa] 形 名《口語》うんざりさせる〔人〕, しつこい〔人〕. ❷《プエルトリコ, アンデス》ささいなことを気にする
—— 囡《チリ. 口語》色っぽい女【=coqueta】

chinchudo, da [tʃintʃúðo, ða] 形《アルゼンチン, ウルグアイ. 口語》気難しい, 怒りっぽい

chinchulín [tʃintʃulín] 囲《ボリビア, チリ, アルゼンチン, ウルグアイ. 料理》[主に 複] 羊・牛の三つ編みにして網焼きした空腸

chincol [tʃiŋkól] 囲 ❶《南米. 鳥》アカエリシトド. ❷《チリ》蒸留酒を水で割った飲み物

chincual [tʃiŋkwál] 囲 ❶《中南米》はしか. ❷《メキシコ》遊び好き

chincuete [tʃiŋkwéte] 囲《メキシコ》[先住民の] 巻きスカート

chinda [tʃínda] 囡 四足獣の臓物を売る人

chiné [tʃiné]【←仏語】囲 多色のまだら織りの〔絹地〕

chinear [tʃineár]【←china「子守り女」】⊕ ❶《チリ》[赤ん坊などを] 腕に抱く, 背負う. ❷《グアテマラ, コスタリカ》[ベビーシッターとして子供の] 世話をする. ❸《グアテマラ》[人・事・物のことを] 非常に心配する. ❹《キューバ》[子供を] 甘やかす. ❺《コスタリカ》優しく世話をする. ❻《エクアドル. 口語》[通りで] 脅して金を取る, かっあげする. ❼《ペルー. 隠語》見る, 見張る, 観察する
—— 囲《チリ. 口語》家政婦と性的関係を結ぶ

chinebro [tʃinébro] 囲《植物》ネズ【=enebro】

chinela [tʃinéla] 囡《←伊語 cianella》❶ スリッパ, 室内履き. ❷《古語》[女性用の, 泥道用の] オーバーシューズ. ❸《プエルトリコ, ボリビア, アルゼンチン, チリ》サンダル

chinelazo [tʃineláθo] 囲 スリッパで叩くこと, スリッパによる一撃

chinelón [tʃinelón] 囲《ベネズエラ》[靴] ローファー

chineo [tʃinéo] 囲《コスタリカ》甘やかし

chinería [tʃinería] 图《美術》中国趣味. ❷《ペルー》中国人のグループ. ❸《チリ》[集名] 召使い

chinerío [tʃinerío] 男《南米. 軽蔑》1) 先住民; メスティーソ. 2) 先住民のような容貌の女性.《チリ. 口語》召使い

chinero¹ [tʃinéro] 男 ❶ [田舎風の] 飾り棚, 食器戸棚. ❷《アンダルシア》[石を飛ばす] ぱちんこ. ❸《プエルトリコ》キッチン家具

chinero², ra [tʃinéro, ra] 图 選炭夫, 選炭婦

chinesco, ca [tʃinésko, ka] 形 中国の, 中国風の: sombras ~cas 影絵
—— 男《音楽》[主に 複] クレッセント『トルコの軍楽隊などの錫杖』

chinga¹ [tʃínga] 图 ❶《中南米》スカンク『=mofeta』. ❷《メキシコ, アルゼンチン》わずらわしいこと, おっくうなこと, 面倒: ser una ~ + 不定詞 …するのはおっくうである. ❸《中米, ベネズエラ》[葉巻の] 吸い殻. ❹《ホンジュラス》=chunga. ❺《コスタリカ》[賭けの勝者が出す] 祝金. ❻《ベネズエラ》酔い

chingada¹ [tʃingáda] 图《メキシコ. 口語》[ののしり] くそったれ, ばかものめ!
—— 图 ¡A la ~!《メキシコ. 口語》もう話すことはない/うんざりだ!
de la ~《メキシコ. 口語》[人・物が] ひどく悪い
importar una ~ a+人《まれ》…にとって全くどうでもいい
mandar a la ~《メキシコ. 卑語》愛想づかしを言う, 放り出す
¡Vete a la ~!《メキシコ. 卑語》とっとと消え失せろ/くたばれ!

chingadazo [tʃingadáθo] 男《メキシコ. 口語》強打: darse un ~ contra... …に激突する

chingadera [tʃingadéra] 图《メキシコ. 口語》がらくた

chingado, da² [tʃingádo, da] 形《メキシコ》❶ [単語] [呼びかけ・挿入句で] こんちくしょうめ: Y eso que ~s importa. 一体それが何だというのだ. ❷《口語》不快な, ひどい. ❸《単語》[母親が] 暴行された: hijo de tu ~da madre [侮辱] こんちくしょう

chingana [tʃingána] 图 ❶《中南米》どんちゃん騒ぎ(のパーティー). ❷ [歌と踊りのショーがある] キャバレー. ❸《ボリビア》穴; 地下道

chingaquedito, ta [tʃingakeðíto, ta] 图《メキシコ》陰険な, 陰ひなたのある

chingar [tʃingár]『ジプシー語 chingarar「けんかする」』 [8] 自 ❶《卑語》[+con と] 性交する; 淫行する. ❷《アルゼンチン, ウルグアイ》[服が] 片側だけずり落ちる.
—— 他 ❶《口語》…に迷惑をかける, うんざりさせる. ❷《口語》台なしにする, 壊す. ❸《口語》[頻繁に] 酒を飲む. ❹《単語》…と性交する. ❺《中米》[動物の] 尻尾を切る. ❻《エルサルバドル》いらだたせる
—— *~se*《口語》台なしになる, 失敗する; 壊れる: Los cohetes se chingaron. 打ち上げ花火が上がらなかった. ❷《口語》酔う. ❸《メキシコ》1)《逆境に》耐える, 我慢する. 2) 自分を犠牲にする. ❹《俗語》罰する, 盗む. 4)《単語》…を暴行する, [試合で] 打ち負かす. ❹《南米. 口語》間違える, 的中しない. ❺《チリ》[事が] 不首尾に終わる

chinglar [tʃinglár]『←擬声』自 ワインを一口飲む

chingo, ga² [tʃíngo, ga] 形 ❶《中米, ベネズエラ》鼻ペちゃの. ❷《中米》1) [動物が] 尾のない. 2) [衣服が] 短い. ❸《ニカラグア》[人が] 背の低い. ❹《キューバ, コロンビア》小さい, 小柄の, 小型の. ❺《コスタリカ》[人が] 裸の, 下着姿の. ❻《ベネズエラ》渇望している, ひどく欲しがっている
—— 男《メキシコ, ホンジュラス》大量: Hace un ~ de calor. ひどく暑い. un ~ de trabajo 大量の仕事

chingolo [tʃingólo] 男《ボリビア, チリ, アルゼンチン, ウルグアイ. 鳥》アカエリシトド『声が非常に美しい』

chingón, na [tʃingón, na] 形《米国, メキシコ》❶《口語》[事物・人が] すばらしい. ❷《軽蔑》[人が] 暴力的な
—— 图《中南米. 口語》器用な人

chingua [tʃingwa] 图《コロンビア》❶ 三つ編みの髪. ❷ [販売用の] 巻いた麻糸

chingue [tʃínge] 男 ❶《コロンビア》[女性用のワンピース] 水着. ❷《チリ》スカンク『=mofeta』

chinguear [tʃingeár] 自《ホンジュラス》冗談を言う. ❷《コスタリカ》脅す, 脅していうことをきかせる
—— 他 ❶《中米》[動物の] 尻尾を切る『=chingar』. ❷《パナマ》賭ける

chínguere [tʃíngere] 男《メキシコ. 口語》中級品の蒸留酒

chinguero [tʃingéro] 男 ❶《メキシコ. 口語》[un+] たくさん, 大量. ❷《グアテマラ》[闘鶏の見本となる] 雄鶏. ❸《コスタリカ》賭博場の経営者『=garitero』. ❹《パナマ》ばくち打ち

chinguirito [tʃingirito] 男《メキシコ, キューバ》サトウキビから作った品質の悪い蒸留酒

chinita¹ [tʃiníta] 图《中南米》テントウムシ『=mariquita』
poner (colocar) ~s a+人 …の邪魔をする

chinito, ta² [tʃiníto, ta] 图《アルゼンチン. 軽蔑》下層階級出身で教養のない若者

chino, na² [tʃíno, na] I 形 图 ❶《国名》中国 China [人・語] の; 中国人: ~ cambujo《古語》zambaigo と中国人との混血の [人]. ❷ [港町などで] 売春地区の. ❸《キューバ》切れ長の目をした [人]; [髪が] 直毛の
—— 男 ❶ 中国語. ❷《口語》理解不能(難解)な言葉: Eso es ~ para mí. それはちんぷんかんぷんだ. No sé a qué te refieres, porque me estás hablando en ~. 君は理解不能な言葉を使うので何の話をしているのか私には分からない. ❸《西》シノワ『円錐形のこし器. =colador ~』. ❹《西. 遊戯》複 手に握っている硬貨などの数を当てる遊び: jugar (echar) a los ~s [全員で合計すると] 手にいくつ握っているかを当てる. ❺ [インクの] 染み, 汚れ. ❻《隠語》ヘロイン. ❼《古語的》共産党員. ❽《ラマンチャ, アンダルシア》豚『=cerdo』. ❾《アンダルシア》小石『=china』
~ chano《西》ゆっくりと少しずつ
~ cochino 中国人 (および日本人を含めた東洋人) に対する軽蔑のはやし言葉
engañar a+人 como 〔a〕 un ~《軽蔑》…をころりとだます, 手玉に取る
ser ~ básico《アルゼンチン》[事柄が] ちんぷんかんぷんである: La electrónica es ~ básico para él. 彼にとって電子工学はちんぷんかんぷんだ
ser [un] trabajo de ~s 割に合わない仕事である; 複雑で手間のかかる仕事である
tener hablando en ~ a+人《キューバ》…は判断力を失っている, 頭が一杯になっている
tener un ~ atrás《キューバ》運が悪い, ついていない
trabajar como (más que) un ~ 骨身を惜しまず働く; 働きすぎる
trabajo de ~s [忍耐の必要な] 重労働, 長時間のきつい仕事; 精緻な仕事
II 『←ケチュア語 china「雌」』形 图 ❶《中南米》1) 黒人と先住民との混血の [人]《ペルー》=~ cholo. 2) [愛情・軽蔑をこめた呼びかけ] お前. ❷《メキシコ》髪がカールした [人]《キューバ》1)《口語》目の細い [人]. 2) 直毛の. ❸《南米. 軽蔑》[主に低い社会階層の] 先住民 [のような容貌・性格の]. ❺《コロンビア, ベネズエラ, エクアドル, チリ. 軽蔑》[先住民のような容貌の] 召使い, 使用人. ❻《アルゼンチン》1)《口語》[行儀の悪い子, いたずらっ子》. 2) 野蛮な [先住民]. ❼《ベネズエラ. 口語》1) 毛の薄い. 2) 裸の
—— 男 ❶《メキシコ》1) カールした髪. 2) ヘアカーラー. ❷《ペルー》店

chinología [tʃinoloxía] 图 =sinología

chinólogo, ga [tʃinólogo, ga] 图 =sinólogo

chinorri [tʃinóri] 图《隠語》少年, 少女

chinorro [tʃinóro] 男《地方語》小石『=canto rodado』

chinostra [tʃinóstra] 图《地方語》頭『=cabeza』

chinotibetano, na [tʃinotiβetáno, na] 形 图 シナ・チベット語族 [の]

chintz [tʃínθ] 男『←英語』繊維 チンツ, 木綿さらさ

chinuk [tʃinúk] 形 图 チヌーク族 [の]『米国, オレゴン州の先住民』
—— 男 チヌーク語

chionodoxa [tʃjonoðó(k)sa] 图《植物》チオノドクサ

chip [tʃíp] 男『←英語』[複 ~s] ❶《情報》チップ: ~ de memoria メモリーチップ. ~ de silicio シリコンチップ. ❷《料理》ポテトチップス『=patatas fritas,《西》patatas ~s』. ❸《ゴルフ》低く短いアプローチショット
cambiarse el ~《情報》最新化する

chipa [tʃípa] 图 ❶《魚》[スペイン北部の] ごく小型の川魚. ❷《コロンビア》[賭け事の] いかさま. ❸《コロンビア》1) [収穫した野菜や果物を入れる] わらを編んだかご. 2) 縒った綱 (針金・糸). 3) [頭に物を載せて運ぶ時の] 頭に載せるねじった布. ❹《ボリビア》刑務所

chipá [tʃipá] 男《ラプラタ. 料理》チパ『パラグアイで始まった主に

キャッサバの粉で作ったパン』. ❷《アルゼンチン, パラグアイ》肝臓

chipaca [tʃipáka] 囡《アルゼンチン. 料理》豚肉の揚げかす chicharrones 入りのパン

chipaco [tʃipáko] 男《アルゼンチン. 菓子》ふすま入りのケーキ

chipe [tʃípe] 男 ❶《中米》1) やせ衰えた人. 2) すぐ泣く人, 泣き虫. ❷《グアテマラ》末っ子. ❸《ベネズエラ, チリ. 口語》[主に 腹. わずかな] お金
~ **libre**〔チリ. 口語〕行動の自由: dar ~ libre 行動の自由を与える. tener ~ libre 行動の自由がある

chipé [tʃipé] 形 =**chipén**

chipear [tʃipeár] 他 ❶《中米》邪魔する, 迷惑をかける, わずらわせる. ❷《チリ. 口語》金を渡す, 現金で払う

chipén [tʃipén]〔←ジプシー語〕形 副《西. 古語的》すばらしい; すばらしく
de ~ すばらしい; すばらしく: Es una chica de ~. 彼女は文句なしの美人だ. He comido de ~. 私は最高のごちそうを食べた
la ~ すばらしいもの
pasarlo〔**de**〕**~** 楽しく過ごす
気, 活気, 生気, 活力

chipendal [tʃipendál] 形 =**chippendale**

chipendale [tʃipendále] 形 =**chippendale**

chipendi [tʃipéndi]〔←西. 古語的〕形 すばらしい〔=~ lerendi〕
de ~〔**lerendi**〕すばらしい; すばらしく

chipi [tʃípi] 形 名《メキシコ》=**chipil**
—— 名《ペルー. 料理》ポテトフライ

chipiar [tʃipjár] 10 他《中米. 口語》うるさがらせる, 困らせる

chipichape [tʃipitʃápe] 男 ❶《西. 口語》けんか, 口論〔=zipizape〕. ❷《激しい》衝突

chipichipi [tʃipitʃípi] 男 ❶《メキシコ, 中米, プエルトリコ. 口語》小雨, 霧雨, 小ぬか雨. ❷《南米》アサリ〔=almeja〕

chipichusca [tʃipitʃúska] 囡《戯語》売春婦

chipil [tʃipíl] 男 ❶《メキシコ》[病気だったり母親が妊娠中で] 甘える, 自分に関心を求める, よく泣く; 甘えん坊, 泣き虫

chipil [tʃipíl] 形 名《中南米》末から2番目の子; 嫉妬深い子

chipilear [tʃipileár] 他《メキシコ》甘やかす

chipilín[1] [tʃipilín] 男《メキシコ, グアテマラ, エルサルバドル. 植物》チピリン〔タヌキマメの一種. 葉は香草. 学名 Crotalaria longirostrata〕: tamalito de ~《メキシコ, グアテマラ. 料理》チピリン入りの小型のタマル

chipilín[2], **na** [tʃipilín, na] 形 小さい〔=chiquilín〕
—— 名 小さい子供

chipilo [tʃipílo] 男 不可算《ボリビア. 料理》揚げたバナナの輪切り《旅行用の食べ物》

chipionero, ra [tʃipjonéro, ra] 形 名《地名》チピオナ Chipiona の〔人〕〔カディス県の町〕

chipirón [tʃipirón] 男《動物》チピロン《ビスケー湾産の小型のイカ. 食用》

chipocludo, da [tʃipoklúdo, ða] 形《メキシコ》すばらしい, 上等な

chipojo [tʃipóxo] 男《キューバ》カメレオン〔=camaleón〕

chipolo [tʃipólo] 男《コロンビア, エクアドル, ペルー. トランプ》オンブルtresillo に似たゲーム

chiporro [tʃipóro] 男《チリ》❶ ラム肉. ❷ 羊毛の房

chipote [tʃipóte] 男 ❶《メキシコ, グアテマラ》[頭部を殴られた跡の] こぶ. ❷《中米. 口語》平手打ち, 殴打. ❸《ホンジュラス, コスタリカ》[鳥を射る] 矢

chipotle [tʃipótle] 男《メキシコ》〔燻製乾燥した〕茶色の非常に辛いトウガラシ

chippendale [tʃipendál(e)]〔←英語〕形〔単複同形〕〔家具が〕チッペンデール風の

chipriota [tʃiprjóta] 形 名《国名》キプロス Chipre の〔人〕

chipriote [tʃiprjóte] 形 名 =**chipriota**

chiqueador [tʃikeaðór] 男《メキシコ》❶[頭痛止めの, こめかみへの] 貼り薬. ❷《古語》[女性が飾りとして用いる] 輪切りにしたべっ甲

chiquear [tʃikeár] 他 ❶《メキシコ, キューバ, プエルトリコ》過度にかわいがる, 甘やかす. ❷《ペルー》照合する, 突き合わせる
—— **~se**《メキシコ, キューバ, プエルトリコ》甘える; ちやほやされる, おだてられる. ❷《ペルー》〔人を〕じらせる. ❸《ホンジュラス》腰を振って歩く

chiqueo [tʃikéo] 男《メキシコ, キューバ, プエルトリコ》❶ 甘やかし, おだて. ❷ 体を揺すって〔気取って〕歩くこと

chiquera[1] [tʃikéra] 囡《地方語》汚い場所, 豚小屋. ❷《エス

トレマドゥラ》オリーブの実の捨て場所

chiquero[1] [tʃikéro] 男 ❶[闘牛が始まる前の牛を入れておく] 囲い場. ❷ 豚小屋. ❸《メキシコ, コロンビア, アルゼンチン, ウルグアイ. 蛞蝓》乱雑で汚い場所〔部屋・家〕

chiquero[2], **ra**[2] [tʃikéro, ra] 形《口語》❶ 子供好きの, 子供の扱いが上手な. ❷ [男の子が] 女の子好きの; [女の子が] 男の子好きの

chiquichanca [tʃikitʃáŋka] 男《アンダルシア》若い羊飼い, 羊飼いの助手

chiquichaque [tʃikitʃáke] 男《まれ》❶ 材木を鋸で切る職人. ❷ 食べ物を噛む音

chiquigüite [tʃikiɣwíte] 男《メキシコ, グアテマラ》=**chiquihuite**

chiquihuite [tʃikiwíte] 男《メキシコ, 中米》取っ手のないかご
—— 形《メキシコ, 中米》ばかな, ぼけた, 役立たずの

chiquilicuatre [tʃikilikwátre] 男《古語的. 主に軽蔑》=**chiquilicuatro**

chiquilicuatro [tʃikilikwátro] 男《古語的. 主に軽蔑》思い上がった (中身のない・取るに足らない) 若者, 青二才

chiquilín, na [tʃikilín, na] 名《主に中南米. 口語》[小さな] 子供, 幼児

chiquillada [tʃikiʎáða]〔←chiquillo〕囡 子供じみた行為: Tu ~ nos ha causado muchos problemas. 君の子供じみたふるまいで私たちは困っている. hacer ~**s** 子供っぽいふるまいをする

chiquillería [tʃikiʎería]〔←chiquillo〕囡 ❶〔集名〕大勢の子供たち. ❷ 子供じみた行為〔=chiquillada〕

chiquillo, lla [tʃikíʎo, ʎa] 名《主に西》子供, 少年, 少女: Estos ~**s** no me dejan trabajar. この子供たちがうるさくて私は仕事ができない. Tengo que llevar a los ~**s** al colegio. 私は子供たちを学校に連れて行かなくてはならない
—— 形《主に西》[大人が] 子供っぽい, 愚かな, 稚拙な: No seas ~ y déjate de tonterías. そんな大人気ない, ばかな真似は止めないさい

chiquirín [tʃikirín] 男《グアテマラ. 昆虫》[鳴き声の鋭い] セミに似た虫

chiquirritico, ca [tʃikiritíko, ka] 形 chico の示小語

chiquirritillo, lla [tʃikiritíʎo, ʎa] 形 chico の示小語

chiquirritín, na [tʃikiritín, na] 形 名《口語》ごく小さな〔子〕, 幼児

chiquirritito, ta [tʃikiritíto, ta] 形 chico の示小語

chiquita[1] [tʃikíta] *no andarse con* (*en*) ~**s**《西》回りくどいやり方をしない, 単刀直入に言う

chiquitajo, ja [tʃikitáxo, xa] 形《軽蔑, 親愛》小さな〔子〕

chiquitear [tʃikiteár] 自《地方語》[居酒屋などで友人たちと, 小型のグラス chiquito などで] ワインを飲む
—— 他 ❶《メキシコ. 口語》[継続するように] 徐々に行なう. ❷《プエルトリコ》甘やかす
—— **~se**《ニカラグア》小さくなる, 縮む

chiquiteo [tʃikitéo] 男《地方語》[友人たちと] ワインを飲むこと

chiquitero, ra [tʃikitéro, ra] 形 名《地方語》[友人たちと] ワインを飲む, それが好きな〔人〕

chiquitín, na [tʃikitín, na] 形 名《口語》=**chiquirritín**

chiquito, ta[2] [tʃikíto, ta] 形 名 ❶《チャコ族の》〔チャコ Chaco・ボリビア南東部の先住民〕. ❷《主に中南米》小さな; 男の子, 女の子
dejar a+人 ~《口語》…を上回る, 抜きん出る
—— 男 ❶《西》小型のワイングラス. ❷《アルゼンチン, ウルグアイ》ほんのつかの間
un ~ *de*+不可算名詞《南米》ごく少量の…

chiquitujo, ja [tʃikitúxo, xa] 形《軽蔑》小さな〔子〕

chira [tʃíra] 囡 ❶《エルサルバドル》潰瘍〔=llaga〕. ❷《コスタリカ》バナナの仏炎苞. ❸《コロンビア》ぼろ布, ぼろ切れ〔=jirón〕

chirapa [tʃirápa] 囡 ❶《ペルー, ボリビア》天気雨. ❷《ボリビア》ぼろぼろの服

chirca [tʃírka] 囡 ❶《グアテマラ, 南米. 植物》1) フジバカマの一種〔= ~ de campo. 学名 Eupatorium buniifolium〕. 2) ~ de monte ハウチワノキ. ❷《コスタリカ》1) 葉巻の吸い殻. 2) やせ馬

chircal [tʃirkál] 男 ❶《グアテマラ, 南米》フジバカマの一種 chirca の群生地. ❷《コロンビア》瓦〔煉瓦〕製造工場

chircate [tʃirkáte] 男《コロンビア. 服飾》粗布製の長スカート saya

chireta [tʃiréta] 囡《地方語. 料理》もつ肉の腸詰め

chiri [tʃíri] 男《西. 隠語》マリファナたばこ

chiribico [tʃiribíko] 男 ❶《キューバ. 魚》フレンチエンジェルフィッシュ. ❷《コロンビア. 昆虫》小型のクモの一種〖刺されると発熱を生じる〗

chiribita [tʃiribíta]《←擬声》女 ❶ 火花, 火の粉〖=chispa〗. ❷《植物》ヒナギク, デージー. ❸《口語》⑱〖眼の〗飛蚊(ひぶん)症. ❹《キューバ. 魚》チョウチョウウオの一種
echando ~s《口語》急いで走って
echar (*estar que echa*) ~*s*《口語》烈火のごとく怒る (怒っている)
hacer a+人 ~*s los ojos* 1) …の目から火花が出る. 2) [主に不可能事を] 夢見る: Le hacen ~s los ojos hablando del viaje espacial. 彼はうっとりとした目で宇宙旅行について話した

chiribital [tʃiribitál] 男《コロンビア, ベネズエラ》未開墾地, 荒れ地

chiribitil [tʃiribitíl] 男 ❶《軽蔑》[天井の低い] 狭苦しい部屋. ❷ 屋根裏部屋〖=desván〗

chiricatana [tʃirikatána] 女《エクアドル. 服》粗布製のポンチョ

chiricaya [tʃirikája] 女《メキシコ, 中米. 菓子》プリン

chiricote [tʃirikóte] 男《アルゼンチン, パラグアイ. 鳥》コンゴウクイナ

chirigaita [tʃirigáita] 女《ムルシア》ハヤトウリ〖=cidra cayote〗

chirigota [tʃirigóta]《←?語源》女《口語》[悪意のない] 冗談, しゃれ〖=broma〗: tomar... a ~ …を本気にしない. decir (gastar) ~ 冗談を言う. ❷《カディス》[カーニバルの] 歌い手の一団. ❸《チリ. 口語》ののしり, 野卑な言葉

chirigotear [tʃirigoteár] 自《口語》冗談を言う, しゃれのめす

chirigotero, ra [tʃirigotéro, ra] 形 名《口語》冗談好きの [人]

chiriguano, na [tʃirigwáno, na] 名 チリグアノ人〖ボリビア南西部チャコ地方に居住する先住民. パラグアイから進出した〗
—— 男 チリグアノ語〖大西洋に面した南米南部で話されていたトゥピ=グアラニー語族に属する〗

chiriguare [tʃirigwáre] 男《ベネズエラ. 鳥》キバラカラカラ

chirigüe [tʃirígwe] 男《チリ. 鳥》セスジムシクイノジコ

chirimbolo [tʃirimbólo]《←?chirumbela》男 ❶《口語》[名前の分からない・名づけようのない・雑多な, 主に奇妙・複雑な形の] 物; [何かの] 道具, 容器: Llevaba en la mano un ~ que no pude adivinar lo que era. 彼は私には何だか判別できない物を持っていた. Tiene la mesa llena de ~s. 彼は机の上に雑然とたくさんの物を置いている. ❷ [曲線の] 家具末端の装飾. ❸ ⑱ ばくち

chirimía [tʃirimía]《←古仏語 chalemie》女《音楽》❶ シャリュモー. ❷《南米》チリミーア〖クラリネットに似た木管楽器〗
—— 名 シャリュモー奏者

chirimiri [tʃirimíri]《ブルゴスなど》霧雨〖=sirimiri〗

chirimoya [tʃirimója] 女《果実》チェリモヤ〖中米産で食用〗

chirimoyo [tʃirimójo] 男 ❶《植物》チェリモヤ〖木〗. ❷《チリ. 口語》不渡り小切手

chirinada [tʃirináda]《←Víctor Chirino (19世紀, アルゼンチンで起きた暴動の指導者)》女《ラプラタ. 軽蔑》失敗, へま

chiringa [tʃiríŋga] 女《キューバ, プエルトリコ》小型の凧(たこ)

chiringo [tʃiríŋgo] 男 ❶《地方語》1) 散らばった雑多なもの. 2) [露天の] 物売り台. ❷《セビーリャ》蒸留酒のカップ. ❸《中南米》小さな破片. ❹《ホンジュラス》ぼろ着. ❺《プエルトリコ》小型の駄馬

chiringuito [tʃiriŋgíto]《←?語源》男 ❶《西》[海岸などの] 仮設の飲食店, 屋台. ❷《キューバ. 口語》[酒の] 一飲み; [主に粗悪な] ラム酒. ❸《まれ》細いしたたり, チョロチョロと流れる水
montar [*se*] *un* ~ ちょっとした仕事をする

chirinola [tʃirinóla]《←Ceriñola の戦い(1503年)》女 ❶ 口論, 口げんか. ❷ 白熱した議論. ❸ [長くて] 楽しい (生き生きとした) 会話. ❹ 重要でないこと, ささいなこと. ❺《西. ゲーム》[子供のする] 九柱戯の一種
estar de ~ 楽しくやっている, 上機嫌である

chiripa [tʃirípa]《プエルトリコ:chiripá》女 ❶《ビリヤード》まぐれによる勝ち; [主に賭け事での] つき, 幸運: tener ~ ついている. por (de) ~ まぐれで, 運よく. ❷《プエルトリコ》1) 少し, 少量. 2) 駄賃, チップ. 3) ちょっとした仕事. ❸《ベネズエラ》[昆虫] 小型のゴキブリの一種. 2)《植物》ヤシ

chiripá [tʃiripá] I 男《口語》[主に賭け事での] つき, 幸運 II 男 ⑱ ~es ❶《ボリビア, チリ, アルゼンチン, ウルグアイ》チリパ〖ガウチョのはく腰布状のズボン〗. ❷《アルゼンチン, ウルグアイ》チリパ状のおむつカバー
gente de ~ 無学な田舎者

chiripada [tʃiripáda] 女《メキシコ. 口語》思いがけない幸運: por pura ~ 完全にまぐれで

chiripazo [tʃiripáθo] 男《南米. 口語》思いがけない幸運, まぐれ当たり

chiripear [tʃiripeár] 他《ビリヤード》まぐれで得点する
—— 自《プエルトリコ, ドミニカ, ペルー》ちょっとした仕事 chiripa をする

chiripero, ra [tʃiripéro, ra] 名 ❶《ビリヤード》まぐれで勝つ人. ❷ ついている人, 運のいい人

chirivía [tʃiribía] 女 ❶《植物》パースニップ〖ニンジンに似て食用〗. ❷《鳥》セキレイ〖=lavandera〗

chirivín [tʃiribín] 男《エストレマドゥラ》小鳥

chirivisco, ca [tʃiribísko, ka] 男《グアテマラ》やせこけた
—— 男《グアテマラ》枯れた灌木の薪

chirla [tʃírla] 女 ❶《貝》ヨーロッパザルガイ. ❷《俗語》強盗. ❸《エクアドル》平手打ち
yantar a ~ *come*《古語》のんびり気ままに会食する

chirlador, ra [tʃirlaðór, ra] 形 大声で早口(調子外れ)にしゃべる

chirlar [tʃirlár] 自 大声で早口にしゃべる
—— 他 [顔に] 切り傷をつける

chirlata [tʃirláta] 女 ❶《船舶》補修用部材. ❷《軽蔑》[賭け金が少額の] 場末の賭博場

chirlatar [tʃirlatár] 他《船舶》chirlata で補修する

chirlazo [tʃirláθo] 男《エクアドル, ボリビア, アルゼンチン. 口語》子供の尻への平手打ち〖=chirlo〗

chirle [tʃírle]《←前ローマ時代の語》形 ❶《口語》内容 (中身) のない: comedia ~ 面白くない (内容の薄い) 芝居. ❷《メキシコ, コロンビア, エクアドル, アルゼンチン, ウルグアイ》さらっとした, 薄い: caldo ~ 水っぽい (こくのない) スープ
—— 男 =sirle

chirlear [tʃirleár] 自 ❶《南米》傷を負わす. ❷《エクアドル》[夜明けに鳥が] 鳴く

chirlería [tʃirlería] 女 おしゃべり, うわさ話

chirlero, ra [tʃirléro, ra] 形 名《西》❶ うわさ話の好きな [人]〖=chismoso〗. ❷《口語》[ナイフで武装した] 強盗〖=navajero〗; 悪者

chirlido [tʃirlíðo] 男《サラマンカ》金切り声〖=chillido〗

chirlo [tʃírlo] 男 ❶ [顔の] 切り傷, 傷跡: Se hizo un ~ afeitándose. 彼はひげを剃っていて切ってしまった. ❷《アルゼンチン, ウルグアイ. 口語》子供の尻への平手打ち

chirlomirlo [tʃirlomírlo] 男 ❶ 栄養のないもの. ❷ [子供が遊びで言う] 決まり文句; [童謡で] 繰り返される句. ❸《サラマンカ. 鳥》ツグミ〖=tordo〗

chirmol [tʃirmól] 男《グアテマラ, エクアドル》ピーマン・トマト・タマネギなどの料理. ❷《グアテマラ》陰謀, 策略

chirmoloso, sa [tʃirmolóso, sa] 形《グアテマラ》陰謀や悪巧みのうまい, 策士の

chirola [tʃiróla] 女 ❶《中米》刑務所. ❷《ボリビア, アルゼンチン. 古語》20センタボ銀貨. ❸《アルゼンチン. 口語》わずかな金

chirona [tʃiróna]《←?語源》女《西. 口語》[主に無冠詞で] 刑務所〖=prisión〗: meter en ~ 投獄する. estar en ~ 獄中にある

chiros [tʃíros] 男 ⑱《コロンビア》ぼろ布

chiroso, sa [tʃiróso, sa] 形《中米》ぼろぼろの服を着た, むさくるしい

chirotada [tʃirotáða] 女《中米》不都合, 不便; 支障. ❷《エクアドル》ばかげたこと, 幼稚なこと

chirote [tʃiróte] 男《エクアドル, ペルー. 鳥》コムネアカマキバドリ
—— 形《ホンジュラス》背の高く大きい, 薄着の. ❷《コスタリカ》1) 大きくて美しい. 2) 勇ましい, 抜け目のない. ❸《ペルー》1) 粗野な, 品のない. 2) あまり聡明でない

chirotear [tʃiroteár] 自《メキシコ》[子供が遊びで] 跳んだり走ったりする. ❷《中米》ぶらつく, 遊び暮らす

chirpia [tʃírpja] 女《アラバ》❶ [移植前の樹木の] 苗床. ❷ 集名 街の子供たち

chirpial [tʃirpjál] 男 ❶ [樹木・灌木の] 若芽. ❷《アラバ》苗床〖=chirpia〗

chirraca [tʃiráka] 女《コスタリカ》香として焚く樹脂

chirraco [tʃiráko] 男《コスタリカ》樹脂 chirraca が採れる木

chirreador, ra [tʃireaðór, ra] 形 =chirriante

chirrear [tʃireár] 自 =chirriar

chirreo [tʃiréo] 男 きしむこと

chirrete [tʃiréte] 男《地方語.魚》トウゴロウイワシ〖=pejerrey〗

chirri [tʃírri] 男《地方語》[ハエン Jaén の沃野の] 野菜農家

chirriadero, ra [tʃirriadéro, ra] 形 =**chirriante**

chirriado, da [tʃirriádo, da] 形《コロンビア》❶ 機知に富んだ，気のきいた. ❷ 陽気な，活気のある
—— ❸《古語》=**chirrido**

chirriador, ra [tʃirriadór, ra] =**chirriante**

chirriante [tʃirriánte] 形 きしむ，きしる: sonido 〜 きしり音. voz 〜 調子外れの声

chirriar [tʃirriár]《←擬声》自 ❶［車輪・戸などが］きしむ，不快な音を立てる. ❷［鳥などが］調子外れな声で鳴く；［人が］調子外れに歌う（演奏する）. ❸［料理で］ジュウジュウ音を立てる
—— ❹《メキシコ》冗談だろう！

chirrichote [tʃiritʃóte] 形《ラマンチャ》生意気な

chirrido [tʃirrído] 男 ❶ きしむ音. ❷ 調子外れな歌声

chirrión [tʃirrión] 男 ❶ 二輪の荷車，《地方語.複》その二輪の車軸. ❷《中南米》革製の鞭. ❸《中米》1) 行列; 連続. 2)［恋人同士などの］おしゃべり
—— ❹《メキシコ》冗談だろう！

chirrionero [tʃirrionéro] 男 二輪の荷車 chirrión で運ぶ人

chirrisquear [tʃirriskeár] 自《バレンシア》=**carrasquear**

chirta [tʃírta] 女《鉱物》細かい褐鉄鉱

chirtera [tʃirtéra] 女《鉱物》褐鉄鉱 chirta の豊富な地表のくぼみ

chirucas [tʃirúkas]《←商標》女.複《服飾》軽登山用などの厚底で丈夫なキャンバス地のブーツ

chirula [tʃirúla]《←バスク語 txirula》女《音楽》[バスク地方で使われる] 短い縦笛

chirulí [tʃirulí] 男《ベネズエラ.鳥》ヒメキンヒワ

chirulio [tʃirulío] 男《ホンジュラス.料理》トウモロコシ・トウガラシ・アチョーテ achiote 入りのオムレツ

chirumba [tʃirúmba] 女《サラマンカ.遊戯》棒打ち〖=tala〗

chirumbela [tʃirumbéla] 女 =**churumbela**

chirumen [tʃirumén] 男《←ポルトガル語 chorume》男《古語的》知的能力，才能；分別，良識

chirusa [tʃirúsa] 女《アルゼンチン，ウルグアイ.軽蔑》[粗野・無知で，主にメスティーソの] 田舎娘

chiruza [tʃirúθa] 女《アルゼンチン，ウルグアイ.軽蔑》=**chirusa**

chis [tʃís] 間 ❶ ［黙らせる時の］しっ！ ❷《俗語》［人の注意を引くための］ちょっと！ ❸ 〜, chas［戦いで］剣のぶつかり合う音
—— ❹《幼児語; メキシコ》おしっこ〖=orina〗: hacer 〜 おしっこをする

chisa [tʃísa] 女《コロンビア》カブトムシ類の幼虫〖害虫．先住民には揚げて食べる〗

chiscar [tʃiskár] [7] 自［火打ち金と火打ち石で］火花を出す

chiscarra [tʃiskárra] 女 簡単に粉々になる石灰岩

chischás [tʃistʃás] 間［戦いで］剣のぶつかり合う音〖=chis, chas〗

chischil [tʃistʃíl] 男《ニカラグア.玩具》がらがら

chiscón [tʃiskón] 男《軽蔑》狭く見すぼらしい部屋〖=tabuco〗

chisgarabís [tʃisgarabís]《←擬態》男《単複同形》《西.軽蔑》❶［思い上がった］つまらない奴，軽薄な人. ❷ おせっかいな人，詮索好きな人. ❸ ちゃらんぽらんな人，そそっかしい人，おっちょこちょい，雑な人

chisgua [tʃísgwa] 女《コロンビア.植物》カンナ

chisguete [tʃisgéte] 男 ❶ ［ワインなどの］ひと口: Vamos a echar un 〜. 一杯やろう. ❷ ［液体の］ほとばしり

chislama [tʃisláma] 女《←ジプシー語》女 少女

chisma [tʃísma] 女 うわさ話〖=chisme〗

chismar [tʃismár] 自 うわさ話をする

chismarraco [tʃismarráko] 男《西，中米.軽蔑》［名称を知らない］大きなもの

chisme [tʃísme] 男 ❶《←?古語 chisme「ナンキンムシ」<ラテン語 cimex, -icis「子虫っぽい言動，ささいなこと」》男 ❶《軽蔑》[他人を陥れる] うわさ話，陰口，ゴシップ: andar (ir・venir) con 〜s ゴシップを流す. contar malos 〜s 他人の悪いうわさをする. ❷《西，中米.主に軽蔑》［主にあまり大きくない，名称を知らない］物; 1) ¿Para qué sirve ese 〜? その，それは何の役に立つんだ？ ¡El paraguas es un 〜 incómodo! 傘は厄介なものだ！ 2) 厄がらくた，邪魔になるもの: Quita todos esos 〜s de encima de la mesa. テーブルの上のそのがらくたを全部片付けなさい

chismear [tʃismeár] 自《軽蔑》うわさ話をする〖=chismorrear〗

chismecaliente [tʃismekaljénte] 形《メキシコ》詮索好きでおしゃべりな[人]

chismería [tʃismería] 女《まれ》うわさ話，陰口〖=chisme〗

chismero, ra [tʃisméro, ra] 形《まれ》うわさ話の好きな〖=chismoso〗

chismiar [tʃismjár] [10] 自《メキシコ》=**chismorrear**

chismografía [tʃismografía] 女《戯語》❶《集名》うわさ話，ゴシップ. ❷ うわさ話をして回ること

chismógrafo, fa [tʃismógrafo, fa] 名《戯語》うわさ話を流す人

chismorrear [tʃismorreár]《←chisme》自《軽蔑》陰口をたたく

chismorreo [tʃismorréo] 男《軽蔑》陰口をたたくこと

chismorrería [tʃismorrería] 女 ❶《軽蔑》=**chismorreo**. ❷ うわさ話〖=chisme〗

chismorrero, ra [tʃismorréro, ra] 名《軽蔑》うわさ話の好きな[人]〖=chismoso〗

chismosa[1] [tʃismósa] 女 ❶《キューバ》小型のケロシンランプ. ❷《ウルグアイ》[中身の見える] 買い物用の網袋

chismosear [tʃismoseár] 自《グアテマラ，キューバ，エクアドル，ペルー》うわさ話をして回る

chismoso, sa[2] [tʃismóso, sa]《←chisme》形《名.軽蔑》うわさ話の好きな[人]

chismotear [tʃismoteár] 自 うわさ話をする

chismoteo [tʃismotéo] 男 うわさ話をすること

chispa[1] [tʃíspa]《←擬声》女 ❶ 火花，火の粉: Me saltaron 〜s a la mano. 私の手に火花が飛んだ. escopeta de 〜 火打ち石銃. llave de 〜 火打ち石式発火装置. piedra de 〜 火打ち石. ❷《電気》スパーク〖=〜 eléctrica〗. ❸ 落雷，稲妻〖=〜 eléctrica〗. ❹［物質的・非物質的に］少量，微量: No queda una 〜 de pan. 一かけらのパンも残っていない. Echa una 〜 de sal 塩をほんの少し（一つまみ）入れる. La cosa no tiene [ni] 〜. その件は全くどうでもいい. no tener ni 〜 de talento 才能のひとかけらもない. ❺ 知性のひらめき; 機知，面白さ: Tiene 〜. 彼は頭が切れる（面白い）. El cuento tiene 〜. この話は面白い. ❻［主に複］雨滴，雨粒: Empiezan a caer 〜s. 雨がポツポツ降り始めた. ❼《西.俗曲》ほろ酔い: coger una 〜 軽く酔う. ❽ 非常に小粒のダイヤモンド. ❾《キューバ，グアテマラ》結果. ❿《メキシコ》一頭立ての二輪馬車. ⓫《チリ.釣り》スプーン

echando 〜*s*《口語》猛スピードで走って

echar (estar que echa) 〜*s*《口語》烈火のごとく怒る（怒っている）

ni 〜 何も［…ない］: No tiene velocidad, ni 〜. 彼にはスピードがない，全くない

no dar 〜*s* 頭の回転が鈍い

ser una 〜《口語》才気煥発である

una 〜《口語》少し，軽く

❷《メキシコ》冗談好きな，面白い

chispar [tʃispár] 〜*se*《口語》=**achisparse**

chispas [tʃíspas] 男《口語》電気屋〖=electricista〗

chispazo [tʃispáθo]《←chispa[1]》男 ❶［時に比喩］火花が飛ぶこと，スパークすること; 〜 de ingenio 才知のきらめき. ❷ ［事件などの］契機: El asesinato fue el 〜 que encendió la guerra civil. 内戦のきっかけとなったのはその暗殺事件だった. ❸《西》〖主に悪い内容の〗陰口，うわさ話: venir con 〜s うわさ話を聞かせにやって来る

chispe [tʃíspe] 男《地方語》潰れたオリーブの種

chispeado, da [tʃispeádo, da] 形《キューバ.口語》機嫌の悪い，ぷりぷりしている

chispeante [tʃispeánte] 形 ❶ 火花を出す. ❷ ［演説などが］機知に富んだ，才気のある. ❸ 目が生き生きとした

chispear [tʃispeár]《←chispa[1]》自 ❶ 火花を発する，スパークする. ❷ きらめく，輝く: Sus ojos chispean por el enfado. 彼の目は怒りできらぎらしている. ❸［単人称］雨がパラつく，霧雨が降る，しょぼしょぼ降る. ❹ 振りまわる. ❺ ひときわ目立つ
—— 〜*se*《ドミニカ，アルゼンチン》ほろ酔い機嫌になる

chispería [tʃispería] 女《マドリード.古語》下町の庶民たち

chispero, ra [tʃispéro, ra] 名《マドリード.古語》[マラビージャス Maravillas 地区などの] 下町の庶民[人]. ❷《ドミニカ，コロンビア》うわさ（デマ）を広める
—— 男 ❶ 鍛冶職人. ❷《中米》1)《口語》点火器〖=chisquero〗. 2)《俗語》尻. ❸《ドミニカ》拳銃

quedarse viendo un 〜《コロンビア》ぼんやりしている，周囲の出来事・話などに気づかない

chispo, pa² [tʃíspo, pa]《←chispa¹》形 ほろ酔い機嫌の: Iba medio ~. 彼は少しほろ酔い機嫌だった
―― 男《口語》ひと口の酒: salir a tomar unos ~s 一杯飲みに出かける
chispoleto, ta [tʃipoléto, ta] 形 頭の回転が速く快活な
chispón, na [tʃipón, na] 形《コロンビア》ほろ酔い機嫌の
chisporrotear [tʃisporoteár]《←chispa¹》自〖火・熱した油などが〗パチパチいう, 火花を発する
chisporroteo [tʃisporotéo] 男〖火・熱した油などが〗パチパチいうこと
chisposo, sa [tʃipóso, sa] 形 火花(火の粉)がたくさん出る
chisque [tʃíske]《口語》火打ち金(がね)
chisquera [tʃiskéra] 女《地方語》たき火〖=hoguera〗
chisquero [tʃiskéro] 男 ❶〖携帯用の〗ライター〖=mechero〗. ❷《西. 古語》携帯用点火器
chisss [tʃís] 間 しっ! 〖=chis〗
chist [tʃíst]《←擬声》間 しっ! 〖=chis〗; 聞け!
chistar [tʃistár]《←chist》自 ❶ 話す, 言う〖否定文でのみ〗: Bajó la cabeza y se marchó sin ~. 彼は頭を下げ, 何も言わずに出て行った. Ni chistó mientras le curaban. 彼は治療される間, 一言も発しなかった. ❷ ちょっと chis と呼びかける
sin ~ ni mistar 一言も言わずに, うんともすんとも言わずに
chiste [tʃíste]《←chistar》男 ❶ 笑い話, 冗談, ジョーク, 小噺(こばなし), しゃれ; 面白さ, 面白い状況; 機知: Déjate de ~s ahora. 今は冗談はやめろ. No le veo el ~ a lo que me ha dicho. 彼の言ったことは面白くも何もない. Es una cosa sin ~. 面白くもない話だ. Es un ~ malo, desaborido. それはつまらない, 何の面白味もない話だ. contar un ~ 笑い話をする. ~ de machismo 機知によらず, ただ情況だけで笑いをとる冗談. ~ de leperos「Lepe(アンダルシアの町)では」で始まる冗談〖例《Sabes por qué en Lepe ponen los semáforos a cien metros de altura?―No sé.―Para que no se los salten》. ~ de Jaimito〖Jaimito という名の少年が主人公の〗ピンクジョーク. ❷《中南米》からかい, 冗談: hacer un ~ a 人 …をからかう, …にいたずらをする. ❸《南米》複 漫画
caer en el ~ しゃれの意味を理解する
dar en el ~《西》困難にぶつかる; 命中する
de ~《口語》ぶざまな, へんてこな
hacer ~ de... …を意に介さない, 笑い飛ばす
no tener ~《中南米》役に立たない; 重要でない
tener ~ 1)〖冗談などが〗面白い;〖不平の表現〗お笑いぐさである, 不当である. 2)《中南米》冗談が当たっている; 困難(厄介)である
chisteo [tʃistéo] 男 話す chistar こと
chistera [tʃistéra]《←バスク語 xistera》女 ❶《西》シルクハット〖=sombrero de copa〗. ❷ 魚籠(びく). ❸〖ハイアライの〗ラケット〖=cesta〗
chisterazo [tʃisteráθo] 男《西》シルクハットを脱ぐあいさつ
chistido [tʃistíðo] 男 ❶ ちょっと chis と呼びかけること. ❷《南米》〖馬を抑えたり静粛を求める時, 歯の間から息を出す〗シッという音
chistorra [tʃistóra] 女《料理》細いソーセージ〖ナバラ産で chorizo より細く, 加熱して食べる〗
chistosear [tʃistoseár] 自《チリ. 口語》冗談を言う
chistoso, sa [tʃistóso, sa]《←chiste》形 ❶ 冗談好きな〖人〗, おどけ者〖の〗, 機知に富んだ〖人〗. ❷ 面白い: 1) anécdota ~a 面白い逸話. 2)〖ser ~ que+接続法〗Fue ~ que él se cayera desde encima de la cama. 彼がベッドから落ちておかしかった. 3)〖皮肉〗Es ~ que siendo mío el coche tenga que pedirte permiso para usarlo. 僕の車なのに, 使わせてくれと君に頼まなければならないなんて冗談じゃない
chistu [tʃistu]《音楽》チストゥ〖バスク地方の縦笛〗
chistulari [tʃistulári] 名 チストゥ chistu 奏者
chita [tʃíta] I《←語源》女 ❶〖解剖〗距骨. ❷ 地面に立てた距骨(棒)を石ではじき飛ばす遊び. ❸《メキシコ》網袋
dar en la ~ 図星をさす
no importar a+人 una ~ …にとって少しも問題でない, 全くどうでもよい
¡Por la ~!《チリ》〖驚き・賞賛〗すごい!
――《犬など》おい!
II《←擬声》女 *a la ~ callando*《口語》こっそりと, 静かに, 人に気づかれずに〖a la chitacallando とも表記〗
chitar [tʃitár] 自 =chistar
chite [tʃíte] 男《コロンビア》〖追い払う表現〗シーッ

―― 男《コロンビア. 植物》オトギリソウ科の木〖デッサン用の木炭に使う. 学名 Hypericum glutinosum, Hypericum mutisianum〗
chiticalla [tʃitikáʎa] 名 口の堅い人; 寡黙な人, 無口な人
a la ~ こっそりと, 密かに〖=a la chita callando〗
chiticallando [tʃitikaʎándo] 副 こっそりと, 静かに, 密かに〖=a la chita callando〗
chito [tʃíto] 男 ❶ 賭け金を載せた棒 tángana を瓦(片)を投げて倒すゲーム; その瓦(片). ❷ 地面に立てた距骨(棒)を石ではじき飛ばす遊び〖=chita〗; その距骨(棒). ❸《メキシコ》1)《料理》塩干しした(揚げた)子ヤギの肉(羊肉). 2) 汚れ, 垢
―― 間 しっ!〖=chis〗
―― 男《貝》ヒザラガイ
chitón [tʃitón] 間《口語》しっ!〖=chis〗
chitrulo, la [tʃitrúlo, la] 名《アルゼンチン, ウルグアイ. 軽蔑》ばか正直な人; 頭の働きが鈍い人, ばか
chiva¹ [tʃíβa] 女 ❶《中南米》1) ヤギひげ〖=perilla〗. 2) 小型バス. ❷《メキシコ. 口語》1) 自転車. 2)〖名前を知らない・言いたくない〗何か. 3) 複〖身の回りの〗ごちゃごちゃ〖=cachivaches〗: Recoge tus ~s. 自分のものを片付けろ. ❸《中米》毛布, ベッドカバー. ❹《ホンジュラス, コスタリカ》激怒, 立腹. ❺《コロンビア》1) 田舎のバス. 2) おんぼろ自動車. 3) スクープ. ❻《ベネズエラ. 口語》1)複 古着. 2) 豆や野菜を運ぶ網袋. 3) 幸運. ❼《チリ. 口語》大嘘
―― 男《メキシコ. サッカー》CD グアダラハラ Club Deportivo Guadalajara の〖選手〗. ❷《中米. 隠語》抜け目ない, ずる賢い. ❸《コスタリカ》すばらしい. ❹《キューバ》密告者. ❺《ベネズエラ. 口語》運のいい〖人〗〖=~ negra〗. ❻《アルゼンチン》怒った, 立腹した
―― 間《中米. 隠語》〖警告〗気をつけて!
chivado, da [tʃiβáðo, ða] 形 ❶《キューバ. 口語》1)〖人が経済的・健康上〗問題を抱えている. 2) 困難な, 骨の折れる. ❷《アルゼンチン. 口語》1)〖身体・服が〗汗びっしょりの, 汗くさい. 2) 怒っている, いらいらしている, 不機嫌な
chival [tʃiβál] 男 子ヤギの群れ
chivar [tʃiβár]《←chivato I》他《西. 口語》〖相手の利益になる・別の人の不利益になることを〗告げる, 教える: Me chivó las preguntas del examen. 私は試験の問題を教えてもらった. ❷
―― *~se* ❶《西. 口語》〖+de・aのことを, +a・con に〗告げ口する, 密告する: Siempre se está chivando con el maestro. あいつはいつも先生に告げ口している. ❷《西. 口語》迷惑をかける. ❸《中南米. 口語》腹を立てる, いらいらする. ❹《アルゼンチン. 口語》汗をかく
chivarras [tʃiβáras] 女 複《メキシコ. まれ》〖主に子ヤギの毛皮製の〗オーバーズボン
chivarro, rra [tʃiβáro, ra] 男 1～2歳の子ヤギ
chivata [tʃiβáta] 女《アンダルシア》羊飼いが使う杖
chivatada [tʃiβatáða]《西. 口語》告げ口, 密告
chivatar [tʃiβatár] 他《西. まれ》告げ口する, 密告する
―― *~se*《西. 口語》〖+de のことを〗告げ口する, 密告する
chivatazo [tʃiβatáθo] 男《←chivato I》《西》告げ口, 密告: dar un ~ 告げ口する
chivatear [tʃiβateár] 自 ❶《コロンビア. 口語》邪魔する. ❷《エクアドル, ペルー, チリ, アルゼンチン, ウルグアイ》〖子供たちがガヤガヤと〗遊び回る, はしゃぐ. ❸《チリ. 口語》〖子供たちが〗泣きわめく
―― 他 ❶《西, キューバ, プエルトリコ, コロンビア》告げ口する, 密告する. ❷《ベネズエラ. 口語》だまし取る
―― *~se*《キューバ》驚く, びっくりする
chivato, ta [tʃiβáto, ta] I《←ジプシー語》男 ❶《西, ベネズエラ》告げ口屋, 密告屋;〖警察の〗情報提供者. ❷《コロンビア. 口語》いたずらっ子. ❸《中米》大物, 重要人物
―― 男 ❶《西》警報器, アラーム, パイロットランプ. ❷《隠語》〖刑務所の〗のぞき窓. ❸《ペルー. 俗語》男色家. ❹《ボリビア》〖石工の〗見習い
II《←chivo》名〖生後6～12か月の〗子ヤギ
―― 男《南米》雄ヤギ
chiveado, da [tʃiβeáðo, ða] 形《コロンビア. 口語》にせものの, 偽造の
chivear [tʃiβeár] 自 ❶《グアテマラ》さいころ遊びをする. ❷《ドミニカ》〖女性が〗媚(こ)びる. ❸《ウルグアイ. 口語》〖子供たちが〗大声を上げて遊ぶ
―― 他《メキシコ. 口語》おびえさせる

—— ~se《メキシコ. 口語》おびえる, 怖がる; どぎまぎする
chivero, ra [tʃiβéro, ra] 形 ❶《キューバ, プエルトリコ》腹黒い, 策を弄する. ❷《エクアドル》けんか早い
—— 男 ❶《エクアドル》《賭博などで》ずる(いかさま)をする人. ❷《チリ. 口語》大嘘つき
—— 男《ログローニョ》子ヤギ用の囲い場
—— 男 ❶《コロンビア》ヤギひげ. ❷《ベネズエラ》廃車置き場, スクラップ場
chivertense [tʃiβerténse] 形 名《地名》アルカラ・デ・チベルト Alcalá de Chivert の(人)【カステリョン県の村】
chiveta [tʃiβéta] 女《キューバ. 口語》いらだたしい(うんざりさせる)状況
chivetero [tʃiβetéro] 男 子ヤギを入れる囲い場(小屋)
chivillo [tʃiβíʎo] 男《ペルー. 鳥》ムクドリの一種〖学名 Cassicus paliatus〗
chivirraque [tʃiβiráke] 男《地方語. 鳥》黒と茶色の小鳥〖=cagancho〗
chivital [tʃiβitál] 男 =**chivetero**
chivitero [tʃiβitéro] 男《地方語》=**chivetero**
chivitil [tʃiβitíl] 男 =**chivetero**
chivito, ta [tʃiβíto, ta] 男 ❶《ドミニカ》誰か, 誰かさん. ❷《コロンビア》少額の貨幣. ❸《アルゼンチン, ウルグアイ. 料理》肉のボカディージョ. ❹《アルゼンチン》子ヤギ肉
chivo, va[2] [tʃíβo, βa] 名 ❶《擬態》〖離乳した〗子ヤギ: barba [s] de ~ ヤギひげ. ~ expiatorio (emisario) スケープゴート, 贖罪のヤギ; 身代わり. ❷《キューバ》密告屋
comer ~《南米》怒る
estar ~*va*《ドミニカ》情報に通じている; 用心している
estar como una ~*va*/*estar como un* ~《口語》完全に気が変になっている
estar entre ~ *y conejo*《パナマ》岐路に立っている
hacerse el ~ *loco*《ドミニカ》理解できないふりをする
ponerse ~*va*《ニカラグア》情報に通じる; 用心する
—— 形《コスタリカ》怒っている
—— 男 ❶ 搾油工の沈殿槽. ❷《中南米》雄ヤギ. ❸《メキシコ. 口語》給料. ❹《グアテマラ, キューバ, ドミニカ, プエルトリコ》カンニングペーパー. ❺《ペルー. 軽蔑》男色家
chivudo, da [tʃiβúdo, da] 形 ❶《キューバ, ベネズエラ, ペルー, アルゼンチン. 口語》ひげの長い〖男〗. ❷《アルゼンチン. 口語》機嫌の悪い, 怒った
chiza [tʃíθa] 女 ❶《コスタリカ》わいろ, 袖の下. ❷《コロンビア》=**chisa**
cho [tʃó] 間《馬を制して》どうどう!〖=so〗
choapino, na [tʃoapíno, na] 名《地名》チョアパ Choapa の(人)【チリ北部の地方】
—— 男《チリ》手織りのじゅうたん
choba [tʃóβa] 女《カンタブリア》嘘, 作り話
choc [tʃók] 男〖←英語〗男 ショック, 虚脱
choca[1] [tʃóka] 女 ❶《鷹狩り》捕えたウズラを餌としてタカに一晩与えること. ❷《グアテマラ》ばか者, 愚か者. ❸《コロンビア》ひょうたんを輪切りにした容器. ❹《ペルー, ボリビア. 鳥》パンの一種. ❺《チリ》1) 熱い飲み物の一種. 2)《シャコの一種
chocado, da [tʃokádo, da] 形《南米. 口語》へこんだ
chocador, ra [tʃokaðór, ra] 形 ぶつかる
chocallero, ra [tʃokaʎéro, ra] 形《カナリア諸島》おしゃべりのうわさ好きの
—— 名 カウベルを作る(売る)人
chocallo [tʃokáʎo] 男 ❶《古語》耳飾り. ❷《サラマンカ》カウベル〖=cencello〗
chocancia [tʃokánθja] 女《コロンビア, ベネズエラ. 口語》ぶしつけ, 不作法
Chocano [tʃokáno]《人名》José Santos ~ ホセ・サントス・チョカノ〖1875~1934, ペルーの詩人. ロマン主義的な高揚感と誇張表現によって一時期の代表的詩人と目された. ラテンアメリカの歴史と自然をうたった〗
chocante [tʃokánte] 形〖←**chocar**〗❶〖事が〗奇異な, 奇妙な, おかしな: 1) Esa es la parte más ~ de la historia. それがその話の一番奇妙な部分だ. 2) [ser ~ que+接続法] Es ~ que no haya venido todavía. 彼がまだ来ていないはおかしい. ❷〖人が〗機知に富んだ, 面白い, ユーモアのある. ❸《アンダルシア; メキシコ, コスタリカ, アンデス, ウルグアイ》〖人・事が〗退屈な, 不快な. ❹《アンダルシア》ふさわしくない, 軽蔑すべき
chocantería [tʃokantería] 女《アンダルシア; メキシコ, パナマ, 南米》

不快なこと, 迷惑なこと
chocar [tʃokár] 〖←?仏語 choquer < 独語 schokken「激しく揺らす, 侮辱する」〗〖7〗 自 ❶ [+con・contra・en と・に]衝突する, ぶつかる: Han chocado dos camiones. 2台のトラックが衝突した. La pelota choca contra la pared. ボールが壁に当たる. ❷ けんかする, 反目する: A los pocos días de estar en la oficina ya había chocado con todos los compañeros. 会社に入ってすぐ彼はもう同僚全員と対立していた. ❸ [+a+人と+接続法することが] 1) 奇異感を与える, 不審を抱かせる: Me choca que no esté aquí todavía. 彼がまだここに来ていないのはおかしい. Me choca que haya sido tan espléndido. そんなにすばらしかったとは驚きだ. 2)《メキシコ, アルゼンチン, ウルグアイ》不満に思わせる, 不快にする
—— 他 ❶ ぶつける: *Chocamos* las copas para brindar. 私たちはグラスを当てて乾杯した. ❷《古語的》¡Choca esa mano!/¡Chócala! 握手しよう!〖交渉成立・賛成・了解・承知したなどの意味あいで〗. ❸《中南米》いらいらさせる; いやがらせをする
chocarrear [tʃokareár] 自 下品な冗談を言う
chocarrería [tʃokarería] 〖←古バスク語 sukarra〗女 ❶ 下品な冗談. ❷《古語》〖賭博などでの〗いかさま
chocarrero, ra [tʃokaréro, ra] 形 名 ❶ 〖冗談などが〗下品な. ❷ いつも下品な冗談を言う(人). ❸《古語》いかさま師
chocarresco, ca [tʃokarésko, ka] 形《古語》下品な〖=chocarrero〗
chocazo [tʃokáθo] 男《地方語》衝撃, 打撃
chocha[1] [tʃótʃa] 女 ❶《鳥》ヤマシギ. ❷《貝》ヨーロッパザルガイ〖=chirla〗. ❸《魚》~ *de mar*《チリ》ウニの一種. ❹《エストレマドゥラ》モモの一種. ❺《キューバ. 口語》女性性器, 膣
chochada [tʃotʃáða] 女《中米. 口語》ささいな愚行
chochaperdiz [tʃotʃaperðíθ] 女《鳥》ヤマシギ〖=chocha[2]〗
chochear [tʃotʃeár] 自〖←**chocho**[2]〗❶〖年をとって〗ぼける, もうろくする. ❷《口語》[+por に]夢中になる, ほれ込む: ~ *por los sellos* 切手集めに熱中する
chochera[1] [tʃotʃéra] 女 ❶ ぼけ, もうろく〖=chochez〗. ❷《コロンビア, エクアドル》小銭入れ. ❸《ペルー. 口語》愛好; 親友
chochero, ra[2] [tʃotʃéro, ra] 名《アンダルシア》ルピナス売り
chochez [tʃotʃéθ] 女〖←**chocho**[2]〗❶《主に口語》もうろくしたるまい(言葉): Le ha dado la ~ de hacer tal cosa. そんなことをするなんて彼もぼけてきたな. ❷《南米》溺愛の対象: ser la ~ de+人 ~の目に入れても痛くないほどかわいい
chochín [tʃotʃín] 男《鳥》ミソサザイ
chocho[1] [tʃótʃo]〖←擬態〗男 ❶《西. 卑語》女性性器, 膣. ❷ 糖衣菓子の一種. ❸《ラマンチャ》ピーナッツ. ❹《エストレマドゥラ》へそ. ❺《アンダルシア. 果実》ルピナス〖=altramuz〗. ❻《メキシコ》錠剤. ❼《キューバ. 植物》インゲン豆の一種
chocho[2], **cha**[2] [tʃótʃo, tʃa]〖←**clueca**(持病のある老人は雌鶏のように動かない)〗形 ❶ ぼけた, もうろくした: viejo ~ 老人. ❷ [+con・por に]夢中の, 溺愛している: Está ~ *por su nieta*. 彼は孫娘が目の中に入れても痛くないほどかわいい. ❸《アルゼンチン, ウルグアイ. 口語》幸福の, 満足(大喜び)している
—— 間《中米. 口語》〖賞賛・不満〗ああ!
chochocol [tʃotʃokól] 男《メキシコ》素焼きの大かめ
chocholada [tʃotʃoláða] 女《地方語》ぼけ, もうろく
chocholo, la [tʃotʃólo, la] 形 ❶《地方語》ぼけた, もうろくした
choclar [tʃoklár] 自 ❶〖玉通しゲーム argolla で〗球を一発で入れる. ❷《古語》いきなり入る, 割り込む, 押しかける
choclear [tʃokleár] 自 ❶〖ポチャポチャ音を立てる〗〖=chapotear〗. ❷《パナマ, 南米》〖トウモロコシが〗実を結ぶ; 穂を出す. ❸《ペルー》〖植物が〗芽を出す
choclera [tʃokléra] 女《チリ. 戯語》口〖=boca〗
choclero [tʃokléro] 男《チリ. 戯語》歯〖=diente〗
choclo [tʃóklo] I 〖←ラテン語 socculus〗男 ❶ 木靴, サンダル〖=chanclo〗. ❷《メキシコ》〖主に女性用のヒールの低い〗靴 II 〖←ケチュア語 choccllo〗 ❶《南米》〖完熟前のトウモロコシ〗チョコロ, ジャイアントコーン〖粒が白く, 煮込み用〗; その柔らかい粒をすりおろしたもの. 2) ウミータ〖=humita〗. 3)《口語》空疎な話題, 長い文章. 4) barba de ~ トウモロコシのひげ〖昔は燃料, 現在では民間薬〗. ❷《チリ》女性の足. ❸《アルゼンチン》厄介, 困難
meter el ~《メキシコ》〖不注意で〗失敗をする〖=meter la pata〗
un ~《アルゼンチン, ウルグアイ. 口語》大量, たくさん: un ~ de ...

たくさんの…

choclón, na [tʃoklón, na] 形 ❶ [服装が] だらしない. ❷《コロンビア》未熟な
—— 男 ❶ [玉通しゲーム argolla で] 球を一発で入れること. ❷《ペルー, チリ》政治集会; その場所. ❸《ペルー》地面の穴

choclonero, ra [tʃoklonéro, ra] 形 名 大衆受けを狙う〔政治家〕

choclotanda [tʃoklotánda] 女《エクアドル. 料理》ウミータ〖=humita〗

choco, ca[2] [tʃóko, ka] 形 ❶《中南米》[人・動物が] 片方の目 (耳・手・足) のない. ❷《コロンビア》肌の浅黒い. ❸《エクアドル》チョコレート色の. ❹《ボリビア》赤黒い. ❺《チリ》1)《スペインエル犬のような》縮れ毛の. 2) 尾の短い
—— 名《グアテマラ, ホンジュラス》片目の人
—— 男 ❶《南米》1) ヨーロッパコウイカ, モンゴウイカ. 2) コウイカの一種〖学名 Sepia orbignyiana〗. ❷《地方語》隅〖=rincón〗. ❸《南米》雑種の犬. ❹《ペルー. 動物》フンボルトウーリーモンキー. ❺《ボリビア》山高帽. ❻《チリ》1) スパニエル犬〖= perro de aguas〗. 2) 木の切り株. 3)《ペルー》ブレーキ

chocoano, na [tʃokoáno, na] 形 名《地名》チョコ Chocó の〔人〕〖コロンビア北西部の県〗

chocoe [tʃokóe] 形 名 チョコエ族〔の〕〖パナマ太平洋側の先住民〗

chocolatada [tʃokolatáda] 女《口語》ココアを飲むパーティー; ココアが中心の朝食 (間食)

chocolate [tʃokoláte]〖アステカ語〗男 ❶《菓子》可算/不可算 チョコレート〖= para crudo〗: viruta (rizo) de ~ チョコチップス. ~ blanco (negro) ホワイト (ブラック) チョコ. ~ de leche ミルクチョコレート. ~s surtidos チョコレートの詰め合わせ. ❷《飲料》不可算 ココア, ホットチョコレート〖= ~ caliente〗. ~ en polvo ココアの粉. ~ con leche ミルクココア. ~ a la taza クッキーや菓子パンを添えたココア. ❸《西. 隠語》大麻〖=hachís〗. ❹《南米. 口語》血〖=sangre〗.
estar como agua para ~《中南米》〔怒りで〕はらわたが煮えくり返っている
estar para mojar en ~ 美男 (美女) である, 魅力的である
¡*Las cosas* (*Las cuentas*) *claras y el* ~ *espeso!* 物事をはっきりさせよう!
sacar ~ *a*+人《中南米》…に鼻血を出させる
ser el ~ *del loro*《西. 口語》大した節約にならない
—— 形 チョコレート色の

chocolateado, da [tʃokolateáðo, ða] 形《菓子》チョコレートで覆った; チョコレート入りの

chocolatear [tʃokolateár] 自《コロンビア. 口語》悲しむ
—— 他《チリ》馬の尻尾を短く切る

chocolatera[1] [tʃokolatéra]〖←chocolate〗女 ❶《金属製の》ココア沸かし. ❷《口語》がらくた, おんぼろ: Ese coche es una ~. その車はポンコツだ

chocolatería [tʃokolatería]〖←chocolate〗女 ❶ ココア店. ❷ チョコレート店 (工場)

chocolatero, ra[1] [tʃokolatéro, ra]〖←chocolate〗形 名 ❶ ココア (チョコレート) 好きの〔人〕. ❷ ココア (チョコレート) の製造 (販売) 者. ❸《メキシコ, キューバ》強い北風

chocolatín [tʃokolatín] 男《軽蔑》=**chocolatina**

chocolatina [tʃokolatína]〖←chocolate〗女《西》ひと口大の板チョコ

chócolo [tʃókolo] 男 ❶ 遠くの穴にコインや球を投げ入れる遊び〖=hoyuelo〗. ❷ チョクロ〖=choclo〗

chocoyo [tʃokójo] 男 ❶《グアテマラ. 鳥》ヒガラ〖=herreruelo〗. ❷《ホンジュラス》1) チョクロ〖=choclo〗. 2) えくぼ

chocuije [tʃokwíxe] 男《ニカラグア》悪臭〖=tufo〗

chofe [tʃófe] 男《主に 複. 食用獣の》肺臓〖=bofe〗. ❷《キューバ》[バスの] 運転手

chofer [tʃofér] 名《主に中南米》おかかえ運転手; 〔一般に自動車の〕運転手
~ *pirata*《ベネズエラ. 口語》無許可のタクシー運転手

chófer [tʃófer]〖←仏語 chauffeur〗名《西》❶ おかかえ運転手: Tiene coche con ~. 彼には運転手つきの車がある. ❷《まれ》〔一般に自動車の〕運転手

choferesa [tʃoferésa] 女 おかかえ運転手〖女性〗

chofeta [tʃoféta]〖←仏語 chaufferette〗女《古語》〔たばこに火をつける・香草を燃やすのに使われる〕小型の火鉢

chofista [tʃofísta] 男《古語》貧乏学生〖←安い肺臓 chofes を食べたことから〗

chojín [tʃoxín] 男 ❶《グアテマラ》豚肉・トウガラシ・大根の料理. ❷《ホンジュラス》混乱した (問題の多い) 状況

chol [tʃól] 形 名 ❶《メキシコ, チアパス州の先住民》

chola[1] [tʃóla] 女 ❶ 頭; 頭脳: estar mal de la ~《口語》頭がおかしい, 気が狂っている. ❷《ベネズエラ. 口語》サンダル. ❸《ボリビア. 口語》〔低い社会層の〕恋人, 愛人〖女性〗

chole [tʃóle] 女《メキシコ chol 族の》
—— 間《メキシコ. 口語》¡Ya ~! 放っておいてくれ!
—— 女《メキシコ. 鳥》ヨーロッパウズラ

cholear [tʃoleár] 他 ❶《エクアドル, ペルー》侮辱する. ❷《チリ》赤ワインと白ワインを混ぜる. ❸《アルゼンチン》[人を] チョロ cholo (白人とアメリカ先住民の混血) 扱いする

cholería [tʃolería] 集名《アンデス. 軽蔑》白人とアメリカ先住民の混血の人々

cholerío [tʃolerío] 集名《南米. 軽蔑》白人とアメリカ先住民の混血の人々

cholga [tʃólga] 女《チリ, アルゼンチン》ムール貝に似た二枚貝〖学名 Aulacomya atra〗

cholgua [tʃólgwa] 女《チリ, アルゼンチン》=**cholga**

cholla [tʃóʎa] 女 ❶《古語的》頭; 頭脳. ❷《中米, コロンビア》倦怠感. ❸《コロンビア》[不安がる・あわてる理由のある時でも] 悠然としている人

chollar [tʃoʎár] 他《中米》❶ 皮をはぐ. ❷ こらしめる, 痛めつける

chollo [tʃóʎo]〖←?語源〗男 ❶《西. 口語》掘り出しもの; 簡単な仕事, 容易なこと; 役得, うまみ. ❷《ラマンチャ》嘘, ごまかし

cholo, la[2] [tʃólo, la] 名 ❶《主にペルーなど. 時に軽蔑》チョロ〔の〕1) 白人とアメリカ先住民の混血の人. 特に先住民らしい顔つきの人. 2) 近代社会の風俗を取り入れた先住民〔の〕, 西欧の風俗に染まった先住民〔の〕. ❷《南米. 愛称》いとしい子

choloque [tʃolóke] 男《ペルー. 植物》ムクロジ

Cholula [tʃolúla]《地名》チョルラ〖メキシコ, プエブラ州の町. 先スペイン期はケツァルコアトル Quetzalcóatl を祭る宗教都市〗

cholulo, la [tʃolúlo, la] 形 名《ラプラタ. 口語》出世主義の (主義者), 有力者 (芸能人) と知り合うのが好きな〔人〕

cholultecano, na [tʃolultekáno, na] 形 名《地名》チョルテカ Choluteca の〔人〕〖ホンジュラス南部の県・県都〗

cholulteco, ca [tʃolultéko, ka] 形 名《地名》チョルラ Cholula の〔人〕〖メキシコ中部, プエブラ州の町. トルテカやアステカの遺跡がある〗

chomba [tʃómba] 女 ❶《ペルー, ボリビア, チリ》セーター〖=suéter〗. ❷《アルゼンチン》ポロシャツ〖=polo〗

chomite [tʃomíte] 男《メキシコ. 服飾》[先住民女性の着る] 緩やかなスカート

chompa [tʃómpa] 女《服飾》❶《エルサルバドル, エクアドル》ブルゾン〖=cazadora〗. ❷《ペルー, ボリビア》カーディガン〖=rebeca〗

chompipe [tʃompípe] 男《中米》七面鳥〖=pavo〗

chompón [tʃompón] 男《ペルー. 服飾》ジャンパースカート

chon [tʃón] 男《カンタブリア》豚〖=cerdo〗

chona [tʃóna] 女《口俗》女性性器, 膣

choncho, cha [tʃóntʃo, tʃa] 形 ❶《メキシコ. 口語》十分に熟していない. ❷《メキシコ. 口語》1)〔状況・問題が〕難しい, 深刻な. 2) [人が] たくましい, 大きな. ❸《グアテマラ》[インゲン豆が] だだめでだけの

chonchón, na [tʃontʃón, na] 形《チリ》[人が] 感じの悪い
—— 男《チリ》❶ ランプ; [特に] アセチレンランプ. ❷ 凧

chonga[1] [tʃónga] 女《プエルトリコ》❶ 小さなバナナの房. ❷ 子豚

chongo[1] [tʃóngo] 男 ❶《メキシコ》束髪〖=moño〗. ❷《メキシコ》❶ チーズまたはシナモン入りの揚げパン.《中米》1) いたずら, からかい〖=broma〗. 2)《菓子》~s zamoranos シロップ入りの凝乳. ❸《グアテマラ》巻き毛, カール〖=rizo〗. ❹《ドミニカ, プエルトリコ》駄馬. ❺《チリ. 口語》[切断された手足の] 付け根. 2) かす, 残り
agarrarse del ~《メキシコ. 口語》[主に女性同士が] けんかする
mandar a freír ~s《メキシコ》きっぱりと断わる

chongo[2], **ga** [tʃóngo, ga] 形 名 ❶《コスタリカ》指のない. ❷《パラグアイ》ホモの疑いのある〔人〕. ❸《ウルグアイ. 軽蔑》醜く粗暴な〔人〕

chonguear [tʃongeár] ~*se*《メキシコ, グアテマラ》冗談を言う, からかう; 陰でばかにする

choni [tʃóni] 名《地方語》[英語を話す] 外国人

chonono [tʃonóno]《ボリビア》[女の子の] 巻き毛, カール
chonta [tʃónta] 囡《南米. 植物》チョンタドゥーロ. ❷《コロンビア. 動物》黒色で白い輪のあるヘビの一種
chontaduro [tʃontaðúro] 男《コロンビア, エクアドル. 植物》チョンタドゥーロ
chontal [tʃontál] 名 ❶ チョンタル族〔の〕《メキシコ, オアハカ州・タバスコ州の先住民》. ❷《中米, コロンビア, ベネズエラ》無教養な〔人〕, 粗暴な〔人〕
chonte [tʃónte] 名《グアテマラ. 口語》警官
chop [tʃóp] 男《エクアドル, ボリビア, チリ, アルゼンチン, ウルグアイ》[約半リットルの] 中ジョッキ
chopa [tʃópa] 囡 ❶《魚》1) タイ科の一種《学名 Spondyliosoma Cantharus》. 2) 圏 イズミ. ❷《船舶》船尾旗竿付近に張ったテント. ❸《地方語》[枝が伸びて日陰が大きくなるように幹の上部を切った] ポプラ. ❹《ドミニカ. 軽蔑》家政婦, メイド
chopal [tʃopál] 男 ポプラの木立ち《=chopera》
chopalera [tʃopaléra] 囡 ポプラの木立ち《=chopera》
chopazo [tʃopáθo] 男 ❶《チリ》鋤での殴打. ❷《チリ, アルゼンチン》拳骨での殴打
chope [tʃópe] 男《チリ》❶ 鋤. ❷ 鉤
chopear [tʃopeár] 自《チリ》❶ 鋤(鉤)を使う. ❷ 拳骨で殴る
choped [tʃópe(d)] 男《←英語 chopped》男《西》太いソーセージ
chopera [tʃopéra] 囡 ❶ ポプラの木立ち. ❷ 圏 クロウメモドキ属の一種《学名 Rhamnus pumilus》
chopiniano, na [tʃopinjáno, na] 形《人名》[音楽家] ショパン Chopin の
chopito [tʃopíto] 男《動物》オルビニコウイカ, ヨーロッパヒメコウイカ《食用》
chopo [tʃópo] I《←ポルトガル語 < ラテン語 populus「ポプラ」》男《植物》ヨーロッパヤマナラシ, ポプラ
　II《←伊語 schioppo》男《西. 口語》銃《=fusil》: cargar con el ~ 軍隊に入る
　III 男《アンダルシア. 動物》コウイカの一種
chopped [tʃópe(d)]《西》=choped
chop suey [tʃóp swej]《←中国語》男《料理》チャプスイ
choque [tʃóke] I《←chocar》男 ❶ 衝突: ~ frontal de un coche y un camión 乗用車とトラックの正面衝突. ~ múltiple (conjunto・en cadena) 多重衝突, 玉突き衝突. ondas de ~ 衝撃波. ❷ けんか, 口論《軍事》小競り合い ❸《少数の兵による短時間の戦闘》: ~ armado 武力衝突. ❹《スポーツ》対戦, 激突
　II《←英語 shock》男 [肉体的・精神的な] 衝撃, ショック: sentir el ~ ショックを感じる. estado de ~ ショック状態. medida (plan) de ~《比喩》ショック療法. ~ cultural カルチャーショック. ~ eléctrico 電気ショック. ~ operatorio 術後ショック
choquezuela [tʃokeθwéla] 囡 膝蓋骨《=rótula》
choquito [tʃokíto]《地方語》=chopito
chorar [tʃorár] 他《俗語》盗む, ちょろまかす, くすねる, かっぱらう
chorato [tʃoráto] 男《サラマンカ》子牛
chorbo, ba [tʃórbo, ba]《西. 口語》❶ [誰だか知らない・言いたくない] 人, やつ. ❷ [結婚を前提としない] 恋人. ❸ 若い人
chorcha [tʃórtʃa] 囡 ❶《鳥》ヤマシギ《=chocha》. ❷《グアテマラ》ムクドリモドキ. ❸《メキシコ. 口語》友人たちのおしゃべり会. ❹《中米》1) 甲状腺腫, 甲状腺肥大. 2) [鳥の] とさか
chorchi [tʃórtʃi] 男 新兵《=sorche》
chorco [tʃórko] 男 オオカミ狩りの罠
chordón [tʃorðón] 男《アラゴン. 植物》キイチゴ
choreado, da [tʃoreáðo, ða] 形《チリ. 口語》❶ いらいらしている. ❷ 盗品の
chorear [tʃoreár] 他《中南米. 口語》盗む, くすねる, かっぱらう. ❷《チリ. 口語》ぶつくさ言う; 飽きさせる; いらいらさせる
choreo [tʃoréo] 男 ❶《南米. 口語》窃盗. ❷《チリ. 口語》不平; 退屈
chori [tʃóri]《ジプシー語》男《西. 隠語》こそ泥〔人〕
　── 囡《西. 隠語》ナイフ《=navaja》
choricear [tʃoriθeár]《口語》=chorizar
choriceo [tʃoriθéo] 男《西. 口語》かっぱらい, すり〔行為〕
choricera[1] [tʃoriθéra] 囡 ❶ チョリーソ製造機. ❷《メキシコ》つながりのもの: una ~ de automóviles 一列に並んだ自動車. ❸《キューバ》混乱した状況
choricería [tʃoriθería] 囡 チョリーソの販売店
choricero, ra[2] [tʃoriθéro, ra] I《←chorizo》形 名 ❶ チョリーソの製造(販売)者. ❷《口語》エストレマドゥラ Extremadura の〔人〕《=extremeño》. ❸《口語》粗野な人, がさつな人. ❹《エルサルバドル》警察官
　II《←chori》名 こそ泥〔人〕
choripán [tʃoripán] 男《エルサルバドル, キューバ, ラプラタ》チョリーソとレタス・トマトなどをはさんだサンドイッチ
chorizada [tʃoriθáða] 囡 ❶《西. 口語》こそ泥, すり, 置引き〔行為〕. ❷ チョリーソを使った軽食
chorizar [tʃoriθár] 他《口語》盗む, くすねる, する
chorizo[1] [tʃoríθo]《←ラテン語 salsicium》男《料理》1) チョリーソ《豚の粗挽きソーセージ》. 2)《ラプラタ》太いソーセージ《= ~ criollo》; 牛の背肉の切り身. 2) [綱渡りの] バランス棒《=balancín》. 3)《ラプラタ》[壁の塗替え用の] わらを混ぜた壁土. ❹《18～19世紀初頭のマドリード》演劇ファンの一派
chorizo[2], **za** [tʃoríθo, θa]《←ジプシー語》名 ❶《西. 口語》こそ泥, すり, 置引き犯. ❷《西. 口語》詐欺師, たちの悪い男; 恥知らず. ❸《ラプラタ》太いソーセージ
chorla [tʃórla] 囡《鳥》クロハラサケイ
chorlitejo [tʃorlitéxo] 男《鳥》コチドリ
chorlito [tʃorlíto] 男《鳥》ムナグロ: ~ dorado común ヨーロッパムナグロ
　cabeza de ~ 1) そそっかしい人, そこつ者. 2) 判断力に欠ける人, 軽薄な人
chorlo [tʃórlo] 男 ❶《鉱物》トルマリン《=turmalina》. ❷ 黒電気石, ショール
choro[1] [tʃóro] 男 ❶《西. 隠語》1) こそ泥. 2) 盗品. ❷《ペルー, チリ》ムール貝《=mejillón》. ❸《チリ. 卑語》女性性器, 膣
choro[2], **ra** [tʃóro, ra]《アルゼンチン》泥棒
chorote [tʃoróte] 形 名 チョロテ族〔の〕《チャコ Chaco の先住民》
　── 男 ❶《メキシコ, ベネズエラ》黒砂糖で甘くしたココア. ❷《キューバ》どろっとした飲み物. ❸《プエルトリコ》トウモロコシ・ヤシの実などを成分とするコーヒー. ❹《コロンビア, ベネズエラ》素焼きの陶器製の〔ココア鍋かし
chorotega [tʃorotéga] 形 名 チョロテガ族〔の〕《メキシコ南部からニカラグアにかけての, 現在は滅亡した先住民》
choroy [tʃorój] 男《チリ. 鳥》ハシナガインコ
chorpa [tʃórpa] 囡《コスタリカ》刑務所
chorra[1] [tʃóra]《←chorro》形 名《西. 口語》ばかな〔人〕, 愚かな〔人〕
　hacer el ~ ばかなまねをする
　── 囡《西. 口語》運, 偶然. ❷《西. 卑語》陰茎. ❸《サラマンカ》[石などの障害物が多いため] 未開墾の土地; その障害物. ❹《口語》[暗黒街の] 隠語
chorrada [tʃoráða]《←chorra》囡《西. 口語》❶ ばかげたこと, たわごと: decir ~s くだらないことを言う. ❷ よけいな飾り, 不要物; ちょっとした物, 安物: guardar todas las ~s en el cajón 不要品をすべて引き出しにしまっておく. ❸《古語的》定量より余分に数滴足す液体〔例 カフェオレにおまけとして余分に入れるミルク》. ❹《まれ》したたった液体
　dar... con ~《古語的》余分に… を与える, おまけする
chorradita [tʃoraðíta] 囡 こまごまとした不要品
chorrar [tʃorár] 自《古語》=chorrear
chorreado, da [tʃoreáðo, ða] 形《闘牛》[牛の体の模様が] 縦じまの. ❷《中南米》[液体で] 汚れた: ~ de barro 泥だらけの. ❸《エクアドル》濡れた, ずぶ濡れの
　── 男《プエルトリコ》足で拍子をとって踊る民俗舞踊
　── 囡《チリ》
chorreadura [tʃoreaðúra] 囡 ❶ したたり《=chorreo》. ❷ [したたりによる] しみ, 汚れ
chorrear [tʃoreár]《←chorro》自 ❶ したたる, ポタポタ落ちる: *Chorrea* el agua de los canalones./*Chorrean* los canalones. 雨どいから雨水がしたたり落ちている. La ropa que he tendido está todavía *chorreando*. 主に私が干した洗濯物はまだしずくがたれている. ❷《口語》[形 現分] ずぶ濡れである: Traigo el abrigo *chorreando* de tanto como llueve. このどしゃ降りの雨で私はコートがずぶ濡れになっている. ❸ [ほとんど間隔を置かずに] やって来る; 起こる: Aún *chorrean* solicitudes. まだいつぽつと応募が届いている. ❹《チリ》不平(文句)を言う
　── 他 ❶ したたらせる. ❷《コスタリカ》[コーヒーに] 木綿の布で漉す. ❸《アルゼンチン, ウルグアイ》こっそり盗む
　── ~*se*《中南米. 口語》汚れる. ❷《メキシコ》[車が] スリップする
chorreo [tʃoréo]《←chorrear》男 ❶ したたり. ❷ 少しずつだが長期的にはかなりの出費: El arreglo de zapatos es un ~. 靴の

修理でいつも金が出ていく. ❸ ほとんど間隔を置かずにやって来る(起きる)こと. ❹《西. 口語》[厳しい] 叱責
chorreón [tʃořeón] 男 [大量の液体の] 噴出; その跡 (汚れ)
chorrera [tʃořéra] [←chorro] 女 ❶《服装》1) 胸飾り, ひだ飾り. 2)《古語》騎士団員の正装に貝殻印 venera を付ける飾り結び. ❷ [水などが] したたる所; 流れた跡. ❸ 急流, 早瀬, 滝. ❹《アンデス, ウルグアイ. 口語》多量, 山積み; 一連, 続き
chorrero [tʃořéro] 形《地方語》急流, 早瀬
chorretada [tʃořetáda] 女 ❶ [不意の] 噴出, ほとばしり. ❷《古語的》定量より余分に数滴足す液体 [=chorrada]
　hablar a ~s よく (早口で) しゃべる
chorretón [tʃořetón] 男 [液体の] 噴出; その跡 (汚れ)
chorrillo [tʃoříʎo]《chorro の示小語》男 ❶ 少しずつだが継続的に使う(受け取る)分量. ❷《メキシコ. 口語》下痢
　a ~ llega 少しずつ; ちけちけと: *sembrar a ~* [穴のあいた容器を使って] 種を一定量ずつまく
　irse por el ~《口語》大勢(習慣)に従う
　tomar a ~ de+不定詞 …することに慣れる
chorro[1] [tʃóřo] [←擬声] 男 ❶ [水などの] ほとばしり, 噴出 [= ~ grande]; [一本の筋となって] したたること, したたり [= ~ pequeño]: 1) Sale un ~ de agua del grifo. 蛇口から水がほとばしる. beber a ~ [水道の水・革袋のワインなどを] 口から離して流し飲みする, 口に受けて飲む. avión a ~ ジェット機. ~ de arena《技術》砂吹き, サンドブラスト. ~s de partículas《物理, 天文》飛沫, 粒子の放出. ❷《比喩》~ de palabras あふれ出る言葉. soltar a+人 un ~ de improperios …にさんざん悪口を言う. ❷《気象》ジェット気流 [=corriente [de・en] ~]. ❸《メキシコ. 口語》1) 下痢. 2) 大量. ❹《エルサルバドル》[水道の] 蛇口. ❺《キューバ, プエルトリコ》叱責
　a ~s《口語》豊富に, 大量に; 急速に: tener dinero *a ~s* 金をざくざく持っている. sudar *a ~s* 滝のような汗をかく
　como los ~s de (l) oro《西. 口語》ピカピカの, とても清潔な: tener la casa *como los ~s de oro* 家をきれいにしている
　hablar a ~s よく (早口で) しゃべる, とめどなく (絶え間なく) 話す
　soltar el ~ [まれ] 大声で (げたげた) 笑う; 突然笑い出す
　tener un ~ de voz 声量がある
chorro[2], **rra** [tʃóřo, řa] 名《アルゼンチン, ウルグアイ. 軽蔑》泥棒; 不正に金を得る人
chorroborro [tʃořoβóřo] 男 ❶《軽蔑》物や人が多すぎること;《比喩》洪水. ❷《ログローニョ》やっつけ仕事をする人, せっかちな人
chorrón [tʃořón] 男 ❶ 麻くずから取り出したきれいな麻糸. ❷《地方語》滝
chorrotada [tʃořotáda] 女《地方語》[不意の] 噴出, ほとばしり
　a ~s《地方語》豊富に
chorrotón [tʃořotón] 男《地方語》[大量の] 噴出; したたり
chortal [tʃortál] 男 小さな湧き水でできた小さな潟
chorvo, va [tʃórβo, βa] 名《西. 俗語》=chorbo
chosco [tʃósko] 男《アストゥリアス. 料理》腸詰めの一種
chospar [tʃospár] 自《地方語》=chozpar
chota[1] [tʃóta] 形 気の違った [=loco]
　― 名 ❶《西. 隠語》密告者, たれ込み屋. ❷《キューバ. 口語》しょっちゅう冗談を言う人. ❸《プエルトリコ》怠け者, 臆病者; 不器用な人
　― 女 ❶《米国, メキシコ. 隠語》警察. ❷《ホンジュラス》刑務所
　estar como una ~《西. 口語》完全に気が狂っている
chotacabras [tʃotakáβras] 男/女《単複同形》《鳥》ヨタカ; [特に] ヨーロッパヨタカ. ❷《~ gris》一晩飛ぶ, pardo アカエリヨタカ
chotar [tʃotár] 他《古語》[子ヤギ・子ヒツジが] 乳を飲む
chote [tʃóte] 男《キューバ. 果実》ハヤトウリ [=chayote]
chotear [tʃoteár] 自《アラゴン》はしゃぎ回る
　― 他 ❶ [人を] あざける, からかう. ❷《メキシコ》[原価を割って] 安売りする. ❸《グアテマラ》[警察が] 張り込みをする, 監視する. ❹《キューバ》からかって (嘘をついて) 楽しむ. ❺《コロンビア》甘やかす, かわいがる
　―*se* ❶《西. 口語》[+de+人 を] からかう, 冷やかす, あざける. ❷《メキシコ. 口語》嫌気がさす. ❸《アルゼンチン》帽子をあみだにかぶる
　irse a ~《エルサルバドル》[授業などを] サボる; [約束を] すっぽかす
choteo [tʃotéo] 男 ❶《西. 口語》からかい, 冗談, 冷やかす: En cuanto empezó a hablar, empezó el ~. 彼が話し出すと途端

にみんなが冷やかし始めた. ❷ ふまじめ; 混乱, ばか騒ぎ
chotería [tʃotería] 女《キューバ》❶ 告げ口, 密告. ❷ からかい, あざけり
chotis [tʃótis] [←独語 schottisch「スコットランドの」] 男《単複同形》《舞踊》ショティッシュ (マズルカに似たダンス・音楽. 19世紀末〜20世紀初頭にマドリードで流行)
　más agarrado que un ~《西. 口語》非常にけちな
chotís [tʃotís] 男 =chotis
choto, ta[2] [tʃóto, ta] [←擬声] 形 名 ❶《西》[乳飲み期の] 子ヤギ;《地方語》子牛. ❷《地方語》左ききの [人]. ❸《メキシコ, ニカラグア, グアテマラ, エルサルバドル, プエルトリコ》警官. ❹《ホンジュラス》橙色の. ❺《プエルトリコ》密告者. ❻《コロンビア》政治に明るい. ❼《アルゼンチン, ウルグアイ》1)《軽蔑》[言行が] ばかにされる [人]. 2) [口語] 頭の回転の鈍い [人]
　― 男 ❶《アルゼンチン, ウルグアイ. 卑語》陰茎 [=pene]. ❷《ウルグアイ. 料理》[牛の] 大腸
chotudo [tʃotúdo] 形《アルゼンチン, ウルグアイ. 卑語》陰茎の大きな
chotuno, na [tʃotúno, na] [←choto] 形《西》❶ [ヤギ・牛の] 乳飲み期の. ❷ [子ヒツジが] やせた, 病弱な
　oler a ~ 汗臭い, 体臭がきつい
chou [tʃóu] 男《主に中南米》ショー [=show]
choucroute [tʃukrút] 女《口語. 料理》=chucrut
chova [tʃóβa] 女《鳥》ベニハシガラス [= ~ piquirroja]; カラス: ~ piquiguarda キバシガラス
chovinismo [tʃoβinísmo] 男 =chauvinismo
chovinista [tʃoβinísta] 形 名 =chauvinista
chow-chow [tʃóutʃóu] 名《単複同形》《犬》チャウチャウ
choy [tʃój] 間《ボリビア》[人を呼ぶ] おーい!
choya [tʃója] 女《地方語》=chova. ❷《地方語》[メキシコ, ホンジュラス] [人・動物の] 頭. ❸《グアテマラ》だるさ, 怠惰
choyudo, da [tʃojúdo, da] 形《グアテマラ》ぐずぐずした, のろい, ものぐさな
choz [tʃóθ] 女 衝撃, 驚き
　dar ~ どきっとさせる
　de ~ いきなり [=de repente]
choza [tʃóθa] 女 ❶ [←?chozo] [幹・枝を立てわらなどで覆った, 羊飼い・農夫などが使う] 粗末な小屋, 掘っ立て小屋, 山小屋. ❷ バラック, みすぼらしい住居
chozajo [tʃoθáxo] 男 みすぼらしい小屋
chozno, na [tʃóθno, na] 名 玄孫
　―― 男《地方語》[祭りの] 屋台
chozo [tʃóθo] [←ラテン語 pluteus「板組み」] 男 [choza よりも小さな] 小屋
chozpar [tʃoθpár] 自 [子ヤギ・子ヒツジが] 跳びはねる
chozpo [tʃóθpo] 男《地方語》跳躍
chozpón, na [tʃoθpón, na] 形 ひどく跳びはねる
chozuela [tʃoθwéla] 女《羊飼いの》小屋
christmas [krísmas] [←英語] 男《単複同形》《西》クリスマスカード
chsss [tʃs] 間 しっ! [=chis]
chuascle [tʃwáskle] 男《メキシコ》❶ [動物を捕える] 罠. ❷ いんちき, まやかし, ペテン
chubascada [tʃuβaskáda] 女 [すぐ止む] 激しい雨, 通り雨, にわか雨
chubasco [tʃuβásko] [←ポルトガル語 chuvasco] 男 ❶ にわか雨 [類義 chubasco は chaparrón より雨量が多く短時間]: Cayó un ~. 夕立ちが降った. Fui sorprendido por (Me cogió) un ~. 私は夕立ちにあった. ❷ ~ de nieve 一時的な激しい雪. ❷ [一時的な] 不運. ❸《船舶》[水平線上の] 黒雲
chubasquear [tʃuβaskeár] 自《地方語》《単人称》にわか雨が降る
chubasquería [tʃuβaskería] 女《船舶》[水平線上の] 黒雲の大きな塊
chubasquero [tʃuβaskéro] [←chubasco] 男《西》❶ レインコート [=impermeable]. ❷《口語》避妊具, コンドーム
chubazo [tʃuβáθo] 男《古語》にわか雨 [=chubasco]
chubesqui [tʃuβéski] [←商標] 男 [主に石炭を燃やす] 円筒形のストーブ
chubutense [tʃuβuténse] 形 名《地名》チュブ Chubut の [人]〔アルゼンチン南部の州〕
chuca[1] [tʃúka] 女《遊戯》距骨 taba の凹んだ面
chucallo [tʃukáʎo] 男《古語》=chocallo
chucán, na [tʃukán, na] 形《中米》❶ こっけいな, 人を笑わせよ

うとする. ❷ 下品な, 粗野な
chucanear [tʃukaneár] 自《グアテマラ》おどける, ふざける, からかう
chucao [tʃukáo] 自《チリ. 鳥》ムナフオタテドリ《鳴き声は不吉とされる》
chúcaro, ra [tʃúkaro, ra]《←ケチュア語 chucru「固い」》形《中南米》❶《主に馬が》野生の, 飼い馴らされていない. ❷《人が》無愛想な, 人嫌いな
chucero [tʃuθéro] 男 穂先付きの棒 chuzo を持った兵
chucha¹ [tʃútʃa] 女❶《西. 古語》ペセタ《=peseta》. ❷《口語》酔い.❸《アンデス, ウルグアイ. 卑語》女性の外部性器. ❹《コロンビア. 口語》1) 体臭. 2) フクロネズミ. 3) 隠れんぼ. 4) マラカス
—— 間《パナマ, アンデス. 卑語》[驚き・不快・強調]一体全体
chucháis [tʃutʃáis] 男 複《隠語》[女性の]乳房
chuchanga [tʃutʃáŋga] 女《カナリア諸島》=**chuchango**
chuchango [tʃutʃáŋgo] 男《カナリア諸島》カタツムリ
chuchazo [tʃutʃáθo] 男 ❶《キューバ, ベネズエラ》鞭打ち. ❷《チリ, アルゼンチン》一刺し, 刺し傷
chuche [tʃútʃe] 女《西. 口語》駄菓子《=chuchería》
chuchear [tʃutʃeár] 自 ❶ =**cuchichiar**. ❷《狩猟》[ウズラなどを]おとりを使って捕える. ❸《ベネズエラ. 口語》菓子を食べる. ❹《チリ. 俗語》悪態をつく, ののしる
chuchería [tʃutʃería] **I**《←擬態》女 ❶ 駄菓子. ❷ 安くしゃれたもの: Le regalé una ～. 私は彼女にちょっとしたものを贈った. Tiene su cuarto lleno de ～s. 彼女は部屋中を色々なもので飾り立てている
II《←chuchero》女《狩猟》[ウズラなどを捕える]おとり, 罠, 網の仕掛け
chuchero, ra [tʃutʃéro, ra] 形《狩猟》ウズラなどをおとりを使って捕える
—— 男《キューバ. 鉄道》転轍(ﾃﾂ)手
chucho¹ [tʃútʃo] **I** 男《魚》淡水エイ《食用》
II《←英語 switch》男 ❶《中南米. 口語》悪寒; [マラリアによる]間欠的な発熱. ❷《キューバ, ベネズエラ》鞭. ❸《キューバ》1) [電気の]スイッチ. 2)《鉄道》ポイント, 転轍(ﾃﾂ)機. ❹《ウルグアイ》1) オオロコツメミドキ. 2)《口語》恐怖. ❺《チリ》1) 鳥 スズメフクロウ. 2)《口語》刑務所
chucho², cha² [tʃútʃo, tʃa]《←擬声》名《軽蔑》雑種の犬, 野良犬;《親愛》犬ころ
—— 形 ❶《中米》けちな, さもしい. ❷《コロンビア》1) [果物が]水っぽい, 味のない. 2) [人が] しわの寄った
—— 男《西》犬を制止する呼び声
chuchoca [tʃutʃóka] 女 ❶《南米》[焼いて挽いた]トウモロコシ粉《調味料として用いられる》. ❷《チリ》1)《軽蔑》策謀, 政界での不正取引. 2)《口語》野卑《=ordinariez》
chuchonal [tʃutʃonál] 男《ペルー. 口語》大量: un ～ de... 大量の…
chuchuluco [tʃutʃulúko] 男《メキシコ. 料理》インゲンマメのタマル tamal
chuchumeco, ca [tʃutʃuméko, ka] 形 名 ❶《まれ》ちびでやせこけた[人]. ❷《メキシコ》チチメカ族[の]《=chichimeca》. ❸《南米》卑劣な. ❹《ベネズエラ, チリ. 俗語》ぼけた, よぼよぼの[人]
—— 女《ペルー. 俗語》売春婦
chuchumido, da [tʃutʃumído, da] 形《地方語》しおれた, しなびた
chuchurrido, da [tʃutʃuřído, da] 形 ❶ しわくちゃな, よれよれの. ❷《アンダルシア》しおれた, しなびた
chuchurrío, a [tʃutʃuřío, a] 形《西. 口語》❶ [estar+. 植物が]しおれた, しなびた, しぼんだ, 枯れた. ❷ 元気のない; 外見の悪い, ぼろぼろの
chucla [tʃúkla] 女《地方語. 魚》地中海産のイワシの一種《=caramel》
chuco, ca¹ [tʃúko, ka] 形《ホンジュラス》[肉・魚などが古くなって]悪臭がする
—— 男《エクアドル》乳房
chucrut [tʃukrú(t)]《←仏語 choucroute》男《複 ～s》《料理》ザワークラウト《酸味のあるキャベツの漬物》
chucua [tʃúkwa] 女《コロンビア》ぬかるみ, 泥沼, 湿地
chu-cu-chu [tʃukútʃu]《幼児語》汽車ポッポ
chucuije [tʃukwíxe] 男《ニカラグア, コスタリカ》=**chocuije**
chucuru [tʃukúru] 男《エクアドル. 動物》オナガコジョ
chucuto, ta [tʃukúto, ta] 形《ベネズエラ. 口語》❶ 不完全な, 欠陥のある. ❷ 尾のない, 尾の短い

—— 男 悪魔
chueca¹ [tʃwéka]《←バスク語 txoco「距骨」》女 ❶ 切り株《=tocón》. ❷ 骨頭, 関節頭. ❸ [石けり作りで]ソーダを混ぜる棒. ❹ からかい, 冗談. ❺《スポーツ》ホッケーに似た競技; そのボール.
sacarla+人 ～《チリ》[思っていたことと]逆の結果が出る
chueco, ca² [tʃwéko, ka]《←chueca¹》形 ❶《口語》まずい, 悪い [=malo]: El negocio salió ～. 仕事はうまくいかなかった. ❷《中南米. 口語》1) 歪んだ, 異常な. 2) 不品行な, 不誠実な [商売が]汚れた. X)脚の; がにまたの; 片足の不自由な
❸《メキシコ》盗品売買
comprar de ～《メキシコ》盗品を買う
jugar ～《メキシコ, チリ》汚い手を使う
chuecura [tʃwekúra] 女《チリ. 口語》表裏のある言行, 不誠実
chuela [tʃwéla] 女《チリ. 口語》手斧, 鉈
chuelita [tʃwelíta] 女《グアテマラ》[肉切り用の]大きな包丁
chuequear [tʃwekeár] 自《南米. 口語》[体に]障害がある
chueta [tʃwéta] 形 名《西. 軽蔑》[マリョルカ島の]改宗ユダヤ人 converso の子孫[の];《歴史》[マリョルカ島の]改宗ユダヤ人[の]
chufa [tʃúfa] 女 ❶《植物》カヤツリグサ; その塊茎《食用》. ❷《口語》平手打ち. ❸ からかい, 冷やかし, 嘲笑
chufar [tʃufár] 自 からかう, 冷やかす, あざ笑う
chufear [tʃufeár] 自《古語》=**chufar**
chufería [tʃufería] 女《西》オルチャータ horchata を飲ませる店
chufero, ra [tʃuféro, ra] 名 カヤツリグサ chufa の販売者
chufeta [tʃufeta] 女 ❶ からかい, 冷やかし, 嘲笑《=chufleta》. ❷ =**chofeta**
chufla [tʃúfla]《←chuflar》女《口語》❶ 冗談, からかい: estar de ～ 冗談を言っている, ふざけている. tomar a ～ 冗談に取る, 本気にしない. ❷ 大騒ぎ, どんちゃん騒ぎ
❸《地方語》どんちゃん騒ぎの好きな人, ふざけるのが好きな人
chuflar [tʃuflár]《←ラテン語 sifilare》自《アラゴン》口笛を吹く
~se 《口語》[+de]からかう, あざける
chuflay [tʃufláj] 男《ボリビア, チリ. 酒》チュフライ《シンガニ singani に炭酸水を混ぜたもの》
estar ～《チリ》ほろ酔い機嫌である
chuflear [tʃufleár] ~se《口語》[+de]からかう, 冷やかす; 冗談を言う
chufleta [tʃufléta] 女《口語》からかい, 冷やかし; 冗談, しゃれ《=cuchufleta》
chufletear [tʃufleteár] 自《口語》冗談を言う[人]
chufletero, ra [tʃufletéro, ra] 形《口語》冗談好きの
chuflido [tʃuflído] 男《アラゴン》口笛の音
chufo [tʃúfo] 男《口語》ヘアカーラー
chuico [tʃwíko] 男《チリ》[時に編まれた柳に包まれた, ワインを入れる]細首の大瓶
caerse al ～《チリ. 口語》大酒を飲む
chukka [tʃúka]《←ヒンディー語》女《スポーツ》[ポロの7分間のピリオド]チャッカー
chula¹ [tʃúla] 女《西》柱サボテン candelabro の実
chulada [tʃuláda]《←chulo》女 ❶《西》気取り; 生意気, 強がり《=chulería》. ❷《西, メキシコ》すばらしいもの: ¡Vaya ～ de coche tienes! いい車を持っているね! ❸《メキシコ》かわいい人
chulampín [tʃulampín] 男《キューバ》女性にみつがせる男, ひも
chulanga [tʃulánga] 女 名《西. 口語》=**chulángano**
chulángano, na [tʃulánǵano, na] 形《西. 口語》生意気な, 強がりの《=chulo》
—— 男《西》ひも, ポン引き《=chulo》
chulango [tʃulánǵo] 形 名《西. 口語》=**chulángano**
chulapería [tʃulapería] 女《西. 口語》マドリードの下町っ子らしさ.《集合》マドリードの下町っ子たち
chulapo, pa [tʃulápo, pa]《←chulo》名《西. 口語》[19世紀末の労働者階級の服装をした]マドリードの下町っ子
—— 形 生意気な, 強がりの《=chulo》
chulapón, na [tʃulapón, na] 形《西. 口語》=**chulapo**
chulé [tʃulé]《←ジプシー語》男《西. 古語》1 ドゥーロ duro
chulear [tʃuleár]《←chulo》動 ❶《西》❶《主に女性に》みつがせる, ひもをはる: Ese hombre *chulea* a todas las mujeres de barrio. あの男は街の女全員にみつがせている. ❷ からかう. ❸《メキシコ. 口語》[女性に]ほめ言葉を投げかける. ❹《コロンビア》合図する. ❺《アルゼンチン. 口語》挑発する

―― 自《西》❶ 人にみつかせて暮らす. ❷ 気取る
―― ～se《西》❶ [+de を] 自慢する; 気取る: *Chulea de su bicicleta nueva.* 彼は新しい自転車を見せびらかしている. ❷ [+de+人 を] からかう: *No te chulees de los novatos.* 新人をからかうな

chulería [tʃuleríá] 女 ❶《西》[マドリードの下町っ子 chulo 特有の] 気取り; ぶしつけな態度, 生意気, 強がり: *Los chicos se paseaban por la calle con* ～. 若者たちはいきがって通りを歩いていた. ❷《西》[集名] ひも; ごろつき. ❸ [気のきいた] しゃれ, 冗談

chulesco, ca [tʃulésko, ka] 形《西》マドリードの下町っ子特有の

chuleta [tʃuléta] I [←カタルーニャ語 xulleta] 女 ❶《料理》1) 骨付きのあばら肉, リブロース, スペアリブ: ～ *empanada* カツレツ. ～ *de cerdo* ポークチョップ. *punta de* ～*s* 薄いあばら肉. 2)《アラゴン》薄切り肉. ❷《服飾, 建築》詰め物. ❸《西, コスタリカ, プエルトリコ, ベネズエラ. 隠語》カンニングペーパー: *sin* ～*s en la manga* カンニングペーパーなしで. ❹《口語》平手打ち [=bofetada]: *dar a+人 un par de* ～*s* …にびんたを2発食らわす. ❺《口語》頬ひげ, もみあげ. ❻《チリ. 口語》蹴り
～ *de huerta* 1) [マドリード. 古語的] フライドポテト. 2)《ムルシア》ニンジン
II [←chulo] 形 名《西. 口語》生意気な〔人〕, いきがる〔人〕

chuletada [tʃuletáða] 女 [田舎の] スペアリブがメインの食事
chuleteo [tʃuletéo] 男《チリ》*tomar para el* ～ [嘘を信じ込ませて] からかう
chuletón [tʃuletón] 男 大型のステーキ, Tボーンステーキ
chuli [tʃúli] 形《若者語》きれいな, かわいい
chulí [tʃulí] 男《西. 古語, 隠語》1 ドゥーロ duro
chulillo [tʃulíʎo] 男《ペルー》見習い, 助手, メッセンジャーボーイ
chulla[1] [tʃúʎa] 女《アラゴン. 料理》スペアリブ, 薄切り肉
―― 名《エクアドル》キトの人
chullo[1] [tʃúʎo] 男《ペルー, ボリビア, アルゼンチン》[色鮮やかな毛糸で幾何学模様を編んだ, アンデス特有の] 耳あて付きの縁なし帽
chullo, lla[2] [tʃúʎo, ʎa] 形 名 ❶《ペルー, ボリビア, アルゼンチン》中産階級の〔人〕. ❷《ボリビア》[靴・靴下などの] 片方だけ残った: *guante* ～ 片方だけの手袋
chullpa [tʃúʎpa] 女《南米》インカ時代 [以前] のアイマラ族 aimará の墳墓 [ミイラが納められている]
chullu [tʃúʎu] 男《ペルー, ボリビア, アルゼンチン》縁なし帽 [=chullo]
chulo, la[2] [tʃúlo, la] 形 [←伊語 ciullo] ❶《西》生意気な, 強がりの; 得意気な: *Ha estado muy* ～ *con el jefe*. 彼は上司に対して大変生意気な態度をとった. *No te pongas* ～, *porque será peor*. そんな強がるな, 事態が悪くなるだけだ. *Iba muy del brazo de una chica muy guapa*. 彼はとても美しい娘と腕を組んで得意気に歩いていた. ❷《西, メキシコ. 口語》かっこいい, かわいい, すてきな; 着飾った: *Te has comprado unas zapatos muy* ～. 君は本当にすてきな靴を買ったね. *jovencita* ～*la* いきな女の子. ❸ =**chulesco**. ❹《チリ. 口語》下品な
más ～ *que un ocho* ひどく生意気(横柄)な: *Vi a un joven, más* ～ *que un ocho, jugueteado diestramente con una pistola*. 私は一人の若者がひどく格好をつけて, 巧みにピストルを操っているのを見た
―― 名《歴史》[19世紀末の, 労働者階級の服装をした] マドリードの下町っ子〔男〕
―― 男 ❶《西》ひも, ポン引き [=～ *de putas*]; ごろつき, よた者. ❷《闘牛》1) [バンデリリャをバンデリリェーロに・槍をピカドールに渡す] 雑用係. 2) [古語] 徒歩の闘牛士. ❸ [畜殺場で牛などを] 囲いに入れる助手. ❹《ドミニカ》プレーボーイ. ❺《コロンビア》1) チェックマーク. 2)《鳥》ヒメコンドル. ❻《ペルー, アルゼンチン》縁なし帽 [=chullo]

chulpa [tʃúlpa] 女《南米》=**chullpa**
chuma [tʃúma] 女《メキシコ, エクアドル, アルゼンチン》酔い, 酩酊
chumacera [tʃumaθéra] 女 ❶《技術》軸受, ベアリング. ❷《船舶》オール受け
Chumacero [tʃumaθéro]《人名》*Alí* ～ アリ・チュマセロ [1918～2010, メキシコの詩人。ハビエル・ビリャウルティア Xavier Villaurrtia, オクタビオ・パス Octavio Paz の影響を受けて詩作を始め, 彼は独自の厳格な文体の抒情性をにじませた作品が高く評価される。寡作でメキシコを代表する詩人]
chumado, da [tʃumáðo, ða] 形《エクアドル, アルゼンチン》酩酊した
chumar [tʃumár] ～se《エクアドル, アルゼンチン》酔う

chumarro [tʃumárro] 男《地方語. 料理》=**somarro**
chumba [tʃúmba] 女 ❶《植物》=**chumbera**. ❷《パナマ》隆起, 突起. ❸《ボリビア》硫酸亜鉛. ❹《チリ》毛糸のチョッキ
chumbar [tʃumbár] 他 ❶《コロンビア》[赤ん坊を] くるむ. ❷《エクアドル, アルゼンチン》[吠える・襲うように犬を] けしかける: *¡Chúmbale!* [犬をけしかけて] いけ, やれ! ❸《ボリビア》銃で撃つ
―― 自《エクアドル, アルゼンチン》[犬が] 吠える
chumbe [tʃúmbe] 男《南米》[先住民の] 幅広の帯
chumbera [tʃumbéra] 女《植物》ヒラウチワサボテン
chumbimba [tʃumbímba] 女《コロンビア. 果実》ムクロジの一種 [石けんとして使われる]
―― 男《ウルグアイ》空気銃
chumbimbo [tʃumbímbo] 男《コロンビア. 植物》ムクロジの一種
chumbo [tʃúmbo] 男 ❶ ヒラウチワサボテンの実 [食用. =*higo* ～]. ❷《アルゼンチン, ウルグアイ. 口語》リボルバー, ピストル. ❸《アルゼンチン. 口語》弾丸, 発砲; 弾傷. ❹《ウルグアイ. 口語》小銃弾; 空気銃の弾
chumbón, na [tʃumbón, na] 形《プエルトリコ. 口語》尻の小さい
chumero, ra [tʃuméro, ra] 名《中米》見習い
chuminada [tʃumináða] 女《西. 口語》[取るに足りない] ばかげたこと, たわごと, 無意味なこと
chumino [tʃumíno] 男《西. 卑語》女性性器 [=*chocho*]
chumpa [tʃúmpa] 女《グアテマラ. 服飾》ブルゾン [=*cazadora*]
chumpi [tʃúmpi] 男《ペルー, ボリビア. 口語》毛糸で編んだ紐. ❷《ボリビア》[先住民のカラフルな] 帯
chumpipe [tʃumpípe] 男《中米》七面鳥
chuna [tʃúna] 女《鳥》=**chuña**
chunche [tʃúntʃe] 男 ❶《中米》1) がらくた; 何とかというもの, それ. 2)《卑語》膣. ❷《コロンビア》疥癬(ヒゼン)
chuncho, cha [tʃúntʃo, tʃa] 形 名《歴史》チュンチョ族〔の〕[ペルー東部の森林地帯の先住民]. ❷《南米. 口語》ひどく人嫌いな, 非社交的な
―― 男 ❶《ペルー. 植物》キンセンカ. ❷《チリ》1)《鳥》スズメフクロウ. 2)《口語》悪運をもたらす人
chunchules [tʃuntʃúles] 男 複《南米》=**chunchulines**
chunchulines [tʃuntʃulínes] 男 複《南米》小腸, 腸
chunchún [tʃuntʃún] 男《軽蔑》打楽器の多い音楽
chunda [tʃúnda] 女《口語》音楽
～ ～/～ *tachunda* 国歌
chundarata [tʃundaráta] 女 騒々しい音楽 (音)
chunga[1] [tʃúŋga] 女 [←ジプシー語] ❶《口語》冗談 [=*broma*]; からかい, いたずら: *Lo dijo en tono de* ～. 彼は冗談めかしてそう言った. *decir de (en)* ～ 冗談に言う; からかって言う. *estar de* ～ ふざけている. *gastar* ～ 冗談を言う. *tomar... a (en)* ～ …を冗談にとる, 本気にしない. ❷《チリ》[牛の] くび. ❸《アルゼンチン》粗野な女
chungo, ga[2] [tʃúŋgo, ga] 形 [←ジプシー語] ❶《西. 俗語》[=*estar+*] 外見の悪い; 調子がよくない, 壊れた; 難しい, 複雑な: *El tiempo está* ～: *va a llover otra vez.* 天気が怪しい, また雨が降りそうだ. ❷《西. 俗語》[*ser+*人が] 不快な; 怪しい. ❸《西. 俗語》[=*estar+*]《ベネズエラ》酔っぱらった
pasarlo ～ 調子が悪い
chungón, na [tʃuŋgón, na] 形《西. 口語》冗談(からかい) 好きな〔人〕
chunguear [tʃuŋgeár] ～se《口語》からかう: *Si tiene usted ganas de* ～*se, busque a otro.* 冗談をおっしゃりたいのでしたら, 他を当たって下さい
chungueo [tʃuŋgéo] 男《口語》からかうこと
chunguero, ra [tʃuŋgéro, ra] 形 ❶《西》冗談(からかい) 好きの. ❷《プエルトリコ》[人が] 陽気な, おどけた, 面白い
chunupí [tʃunupí] 名 アルゼンチンのコリエンテス州の先住民〔の〕
chuña [tʃúɲa] 女 ❶《南米. 鳥》ノガンモドキ. ❷《チリ》つかみ合い, 奪い合い
hacer la ～《ボリビア》授業をサボる
tirar a la ～《チリ. 口語》無駄づかいする
chuño [tʃúɲo] 男 [←ケチュア語 chuñu]《南米. 料理》❶ ジャガイモから取った澱粉, 片栗粉. ❷ 片栗粉と牛乳で作る食べ物, 甘いマッシュポテト. ❸ チューニョ [アンデス高地特有の昼夜の寒暖差を利用してジャガイモの冷凍冷凍を繰り返して水分を抜き, 毒抜きと貯蔵を可能にした保存食]. ❹ コーンスターチ, トウモロコシ粉

—— 形《南米》しわくちゃの
chuñusco, ca [tʃuɲúsko, ka] 形《チリ》しわの寄った
chupa [tʃúpa] 女 ❶《服飾》1)《西. 若者語》ブルゾン, ジャンパー. 2)《古語》《軍服などの》短い裾のついた胴着. ❷《ベネズエラ》[哺乳瓶の] ゴム乳首. ❸《コロンビア》吸引用の棒付きゴムカップ. ❹《フィリピン》乾量の単位《=0.37リットル》
poner a+人 como ~ de dómine《西》…を厳しく叱る, ののしる
—— 形《アルゼンチン》おべっか使いの, ごますりの
chupachú [tʃupatʃú] 男 =**chupa-chups**
chupa chupa [tʃúpa tʃúpa]《ウルグアイ》=**chupa-chups**
chupa-chups [tʃúpa tʃú(p)s]《←商標》男《単複同形》《西》棒付きキャンデー, ロリポップ
chupacirios [tʃupaθírjos] 男《単複同形》《軽蔑》頻繁に教会へ通う人, 過度に信心深い人
chupaco, ca [tʃupáko, ka] 名《ペルー》麻薬中毒者〔の〕
chupacobre [tʃupakóbre] 女《コロンビア》[トロンボーン・チューバなど] 楽器の管楽器奏者
chupada[1] [tʃupáða] 女 ❶ 吸う (しゃぶる・なめる) こと: *dar una ~ al cigarrillo* たばこを一服吸う. ❷《俗語》フェラチオ, クンニリングス
chupaderito [tʃupaðeríto] 〖chupadero の示小語〗 男 *andarse con (en) ~s* 穏健で効果の少ない手段で問題を解決しようとする《主に否定で》
chupadero, ra [tʃupaðéro, ra] 形 吸う
—— 男 おしゃぶり《=chupete》
chupado, da[2] [tʃupáðo, ða] 形 名 ❶ 《estar+》げっそりやせた, やつれた: *quedarse ~* げっそりする. ❷《西. 口語》子供でもできる, ひどく容易な: *¡Está ~!* そんなことは朝飯前だ! ❸《南米. 口語》《ser+》内気な〔人〕, 引っ込み思案の〔人〕. ❹《ボリビア, アルゼンチン, ウルグアイ》《estar+》酔っ払った
chupador, ra [tʃupaðór, ra] 形 吸う: *animal ~ de sangre* 吸血動物
—— 男 おしゃぶり《=chupete》
chupadorcito [tʃupaðorθíto]〖chupador の示小語〗男 *andarse con (en) ~s* 穏健で効果の少ない手段で問題を解決しようとする《=andarse con (en) chupaderitos》
chupadura [tʃupaðúra] 女 吸うこと
chupaflor [tʃupaflór] 男《メキシコ, プエルトリコ, コロンビア, ベネズエラ. 鳥》ハチドリ《=colibrí》
chupalámparas [tʃupalámparas] 名《単複同形》❶《軽蔑》過度に信心深い人. ❷《カトリック》侍祭, 聖具室係
chupalandero [tʃupalandéro] 形《ムルシア. 動物》*caracol ~* 木々や草の間で育つカタツムリ
chupalla [tʃupáʎa] 女 ❶《メキシコ, アルゼンチン, チリ》[プヤ *achupalla* の葉の繊維製の] ストローハット. ❷《チリ. 植物》アナナス科の薬用植物
¡Por la ~!《チリ. 口語》ちくしょう!
chupamedias [tʃupamédjas] 名《単複同形》❶《中南米》おべっか使い. ❷《南米》密告者
chupamieles [tʃupamjéles] 男/女《植物》《総称》ジギタリスやウシノシタグサなどの薬用植物
chupamirto [tʃupamírto] 男《メキシコ. 鳥》ハチドリ《=colibrí》
chupano [tʃupáno] 男《地方語》掘っ建て小屋, 小屋
chupapiedras [tʃupapjédras] 男《単複同形》《アンダルシア. 玩具》革製の濡れた円板《物をくっつけて取る》
chupar [tʃupár] 〖擬声〗他 ❶ 吸う; しゃぶる, なめる: *Esos insectos chupan el néctar de las flores.* それらの昆虫は花の蜜を吸う. *El papel talco chupa la tinta.* 吸い取り紙はインクを吸い取る. *~ un limón* レモンをかじる. *~ el helado* アイスクリームをなめる. *~ un sello para pegarlo* 切手をなめて貼る. *~ la televisión*《西》かじりつくようにしてテレビを見る. ❷《口語》[利益などを] 吸い取る, 巻きあげる: *El abogado le chupó el dinero.* 弁護士が彼らから金を吸い上げた. *Las preocupaciones le están chupando la salud.* 心配事のせいで彼は健康を害している. ❸《スポーツ》スタンドプレーをする: *~ el balón*《サッカー》ボールをパスしない (独り占めする). ❹《主に中南米》[不幸・不愉快なことを] 耐える, 我慢する. ❺《メキシコ, 南米. 口語》大酒を飲む. ❻《メキシコ, ホンジュラス, エルサルバドル, コロンビア》[たばこを] 吸う. ❼《チリ. 口語》盗む
¡Chupa de eso! =*¡Chúpate ésa!*
—— 自 ❶ [+de 葉巻き・パイプ] 吸う. ❷《口語》自給する. ❸《口語》たかる, 寄生する

—— *~se* ❶ 自分の…をしゃぶる (なめる): *¿Cómo hacer que un niño deje de ~se el dedo?* どのようにして子供の指しゃぶりをやめさせるか? ❷《医学》やせ細る, やつれる: *Se le chupaba el rostro.* 彼の顔はげっそりやつれていた. ❸ [年月を] 過ごす. ❹ [不幸・不愉快なことを] 耐える, 我慢する: *Nos chupamos toda la conferencia de pie.* 私たちはずっと立ってスピーチを聞いた. ❺《南米》1)《口語》おじけづく, 尻込みする. 2)《隠語》怒る. ❻《俗語》いちゃつく
¡Chúpamela!《俗語》[話し相手に対する強い軽蔑] このおたんこなす!
chupársela a+男性《俗語》…にフェラチオをする
¡Chúpate ésa!《西. 口語》[ライバルの失敗などに満足して] ほら見たことか!
¡Me la chupas!《俗語》=*¡Chúpamela!*
chuparrosa [tʃuparósa] 女《メキシコ. 鳥》ハチドリ《=colibrí》
chuparrueda [tʃuparwéða] 男《自転車》[体力を温存するため] 他の人の背後を走る選手
chupasangre [tʃupasáŋgre] 名《南米. 軽蔑》強欲非道な人, 搾取者
chupatintas [tʃupatíntas] 男《単複同形》《軽蔑》《役所などの》しがない事務職員, 安月給取り
chupativo, va [tʃupatíβo, βa] 形 吸収性の, 吸収力のある
chupe [tʃúpe] 男 ❶《幼児語》おしゃぶり《=chupete》. ❷《西. 軽蔑》たかり, 寄生. ❸ 吸うこと《=chupetada》. ❹《パナマ, アンデス. 料理》チュペ《ジャガイモ・チーズ・トウガラシ・肉・魚などのスープ. 国によって材料が異なる》: *~ de camarones*《ペルー》エビとジャガイモのスープ
chuperretear [tʃuperetear] 他《口語》強く吸う
chuperreteo [tʃuperetéo] 男《口語》強く吸うこと
chupeta [tʃupéta] 女 ❶《船舶》[大型帆船の] 船尾楼甲板下の狭い客室. ❷《地方語》おしゃぶり《=chupete》. ❸《南米》棒付きキャンデー
chupetada [tʃupetáða] 女 吸うこと《=chupada》
chupetazo [tʃupetáθo] 男《地方語》吸うこと《=chupada》
chupete [tʃupéte] 男《←chupar》❶《物》: *tener ~* おしゃぶりをしている. *poner el ~ a un bebé* 赤ん坊におしゃぶりをさせる. ❷《メキシコ. 口語》キスマーク. ❸《南米》1) [哺乳瓶の] ゴム乳首. ❷ 棒付きキャンデー. ❹《チリ》1)《自動車》チョーク, スターター. 2) 小型の凧
de ~ すばらしい, おいしい
—— 名《アルゼンチン》指をしゃぶる癖のある子
chupetear [tʃupeteár] 他 自 ちびちび吸う; しゃぶる, なめる: *Deja de ~ la cuchara y come.* スプーンをしゃぶるのはよして食べなさい
chupeteo [tʃupetéo] 男 ちびちび吸うこと
chupetilla [tʃupetíʎa] 女《船舶》[雨が入らないように] 船倉用ハッチにかぶせるガラスの小さな蓋
chupetín [tʃupetín] 男 ❶《少量のワインの》ひと口《=chupito》. ❷《古語》小さいスカートの付いた胴着. ❸《アルゼンチン, ウルグアイ》棒付きキャンデー
chupetón [tʃupetón] 男《口語》❶ 強く吸うこと. ❷ 強く吸った跡
chupi [tʃúpi] 形《西. 若者語》すごくいい, すばらしい
—— 副《西. 若者語》すごくよく, すばらしく
—— 男《チリ. 若者語》《口語》アルコール飲料
darle al ~ 一気飲みする
pasarlo ~ すごく楽しく過ごす
chupilca [tʃupílka] 女《チリ. 料理》=**cupilca**
chupín [tʃupín] 男 ❶《西. 古語》短い胴着 *chupa*. ❷《アルゼンチン, ウルグアイ. 料理》魚のシチュー
chupina[1] [tʃupína] 女《アルゼンチン》*hacerse la ~* [授業などを] サボる《=hacer novillos》
chupinazo [tʃupináθo] 男 ❶ [特に祭りの開始の合図の] 花火の打ち上げ. ❷《サッカーなど. 口語》[ボールへの] 強いキック. ❸《大砲の》発射
chupinear [tʃupineár] ~*se*《アルゼンチン》[授業などを] サボる; [約束などを] すっぽかす
chupino, na[2] [tʃupíno, na] 形《アルゼンチン》[動物が] 尾のない, 尾の短い
chupitel [tʃupitél] 男《地方語》つらら《=carámbano》
chupito [tʃupíto] 男《西》❶ [少量のワインなどの] ひと口. ❷ [主に食前酒として] 小さなグラスに注がれた少量のリキュールなど

chupo [tʃúpo] 男 ❶《地方語》おしゃぶり〖=chupete〗. ❷《南米》にきび, ねぶと.

chupón, na [tʃupón, na]《←chupar》形 名 ❶ 吸い取る, よく吸う. ❷《口語》寄生的な〖人〗, たかり屋〖人〗. ❸《スポーツ》スタンドプレーをする選手
── 男 ❶《古語的》棒付きキャンデー. ❷《主に南米》キスマーク; キス. ❸《植物》吸枝. ❹《暖炉の》煙道. ❺《鳥の》軸付きの羽根. ❻ 排水ポンプのピストン. ❼《メキシコ》おしゃぶり〖=chupete〗. ❽《中米》哺乳瓶〖=biberón〗. ❾《チリ》吹き出物, 腫れ物; せつ, 根太

chupóptero, ra [tʃupó(p)tero, ra] 名《軽蔑, 戯語》働かずに給料を得る人, 月給泥棒, ごくつぶし

Chuquisaca [tʃukisáka]《地名》=Chuquisaca

chuquiragua [tʃukirágwa] 女《エクアドル, ペルー. 植物》キク科の灌木〖解熱剤として用いられる. 学名 Chuquiragua diacanthoides〗

chuquisa [tʃukísa] 女《ペルー, チリ》売春婦

Chuquisaca [tʃukisáka]《地名》チュキサカ〖ボリビア南部の県(中心地はスクレ Sucre); スクレの旧称〗

chuquisaqueño, ña [tʃukisakéɲo, ɲa] 形《地名》チュキサカ Chuquisaca の〖人〗

churana [tʃuɾána] 女《南米》〖先住民の〗矢筒

churco [tʃúɾko] 男 ❶《カンタブリア》溝. ❷《チリ. 植物》オキザリスの一種〖学名 Oxalis gigantea〗

churcha [tʃúɾtʃa] 女《動物》オポッサム〖=zarigüeya〗

churdón [tʃuɾdón] 男《アラゴン. 植物, 果実》キイチゴ; キイチゴのシロップ〖ジャム〗

churí [tʃuɾí] 男《まれ》女《隠語》ナイフ〖=navaja〗

churla [tʃúɾla] 女 =**churlo**

churlengo, ga [tʃuɾléŋgo, ga] 名《アルゼンチン》脚の細長い人
── 男《チリ, アルゼンチン》グアナコ guanaco の子

churlo [tʃúɾlo] 男《南米》〖シナモンなどを運搬する〗革で覆われたリュウゼツラン製の袋

churo, ra [tʃúɾo, ɾa] 形《コロンビア》すてきな, 魅力的な; 美男子の
── 男 ❶《南米》1) 巻き毛. 2)〖先住民の用いる〗カタツムリ形の笛. ❷《エクアドル》1) カタツムリ. 2) らせん階段

churquito, ta [tʃuɾkíto, ta] 形《ボリビア》髪の縮れた

churra [tʃúɾa] 女 ❶《西. 口語》❶《鳥》1) ライチョウ〖=ortega〗. 2)《地方語》クロハラサケイ〖=ganga〗. ❸《サラマンカ》刑務所. ❹《プエルトリコ, コロンビア》下痢
no mezclar 〖*las*〗 *~s con* 〖*las*〗 *merinas*《西. 口語》月とスッポンである

churrada [tʃuɾáda] 女〖チュロス churro を中心とした〗大勢で食べる朝食〖おやつ〗

churrar [tʃuɾáɾ] 他《サラマンカ》焦げ目をつける

churrascar [tʃuɾaskáɾ] 自 他《レオン, アンダルシア; 中南米. 料理》よく焼く

churrasco [tʃuɾásko] 男《料理》❶ シュラスコ〖肉の串焼き〗. ❷《南米》ステーキ; ステーキ・サンドイッチ
── 形《アルゼンチン. 口語》〖男が〗非常に魅力的な

churrasquear [tʃuɾaskeáɾ] 自《ラプラタ》肉を軽く焼く, シュラスコを作る; シュラスコを食べる

churrasquera [tʃuɾaskéɾa] 女《南米》シュラスコ〖=churrasco〗

churrasquería [tʃuɾaskeɾía] 女《南米》シュラスコのレストラン

churre [tʃúɾe] 男 ❶〖べっとりとした〗油汚れ. ❷〖洗う前の〗羊毛の汚れ

churrear [tʃuɾeáɾ] 自〖~*se*〗《中南米》下痢をおこす

churrera [tʃuɾéɾa] 女 チュロスを作る機械〖パン生地を揚げ油の中に押し出す〗

churrería [tʃuɾeɾía] 女 チュロスの製造・販売店

churrero, ra² [tʃuɾéɾo, ɾa] 名 チュロス製造職人; チュロス売り

churretada [tʃuɾetáda] 女 大きな汚れ churrete, たくさんの染み

churrete [tʃuɾéte] 男《西》〖主に流れるものによる, 顔・手などの〗汚れ: *cara llena de ~s de pintura* 絵の具でひどく汚れた顔
tomar 〖*agarrar*〗 *a*+人 *para el* ~《アルゼンチン, ウルグアイ》〖嘘などで〗…をからかう
── 形《チリ》下痢をしている

churretón [tʃuɾetón] 男《西》大きな汚れ churrete

churretoso, sa [tʃuɾetóso, sa] 形《西》汚れだらけの, きたない

churri [tʃúɾi] 女《アンダルシア》❶ 凡庸な. ❷ 無用の, どうでもいい. ❸ おしゃべりな, 迷惑な

churriana [tʃuɾjána] 女《まれ》売春婦

churrias [tʃúɾjas] 女 複《コロンビア. 口語》下痢

churriburri [tʃuɾibúɾi] 男 =**zurriburri**

churriento, ta [tʃuɾjénto, ta] 形《まれ》油汚れのついた. ❷《南米. 口語》下痢をしている

Churriguera《人名》**José Benito de** ~ ホセ・ベニート・デ・チュリゲラ〖1665～1725, バロック期スペインの建築家・彫刻家. 弟のアルベルト・チュリゲラらとチュリゲラ様式を確立〗

churrigueresco, ca [tʃuɾigeɾésko, ka] 形 ❶《建築》チュリゲラ様式の, チュリゲラ様式の. ❷《軽蔑》装飾過剰の, けばけばしい, 悪趣味な

churriguerismo [tʃuɾigeɾísmo] 男《建築》チュリゲラ様式〖17世紀末～18世紀, スペイン独特のバロック的な装飾の多い様式〗

churriguerista [tʃuɾigeɾísta] 形 チュリゲラ様式の建築家

churrillero, ra [tʃuɾiʎéɾo, ɾa] 形《古語》=**churrullero**

churrillo [tʃuɾíʎo] 男〖カスティーリャ産の〗アルコール度数の低いワイン

churrinche [tʃuɾíntʃe] 男《ラプラタ. 鳥》ベニタイランチョウ

churrines [tʃuɾínes] 男 複《チリ. 戯語》〖女性用の〗ゆったりしたショーツ; 〖男性用下着の〗トランクス

churritar [tʃuɾitáɾ] 自〖種豚が〗ブーブー鳴く

churro¹ [tʃúɾo] 男 ❶〖擬声音 (揚げ物の音)〗 ❶《料理》チュロス, チューロ〖馬蹄形または棒状のドーナツ. スペインでは朝食にココアに浸して食べる〗: *desayunar chocolate con* ~ ココアでチューロの朝食をとる. ❷《西. 口語》出来損い, 失敗作: *Este dibujo ha salido un* ~. このデッサンは出来が悪い. *La foto salió hecha un* ~. 写真はひどいピンボケだった. ❸《口語》〖賭け事での〗幸運, つき: *tener* ~ ついている. ❹《メキシコ》出来の悪い映画. ❺《中米. 口語》マリファナたばこ. ❻《アルゼンチン, コロンビア. 口語》美女
como ~s《口語》大量に; 比較的容易に
de ~ たまたま, 偶然に
freír ~s きっぱりと拒絶する: *mandar a*+人 *a freír ~s* …を追い返す
mezclar 〖*las*〗 *~s con* 〖*las*〗 *merinas*《西. 口語》混同する; まぜこぜにする
¡Vete a freír ~s! 出て行け!

churro², rra² [tʃúɾo, ɾa] 形 名 ❶〖メリノ種より〗毛が粗く硬い〖羊〗; その羊毛の. ❷《サラマンカ》〖子牛・子ヒツジが〗満1歳過ぎの. ❸《バレンシア》アラゴンなまりで話す, アラゴン出身の; 田舎者の, 粗野な. ❹《南米. 口語》〖男が, おしゃれな服を着て〗とても魅力的な

churrullero, ra [tʃuɾuʎéɾo, ɾa] 形 名 おしゃべりな〖人〗, よくしゃべる〖人〗, 話好きな〖人〗

churrumbel [tʃuɾumbél]〖←ジプシー語〗男 小さい子供, 幼児

churrumbela [tʃuɾumbéla] 女 ❶ シャリュモー chirimía に似た木管楽器. ❷《中米》マテ茶を吸い飲みする管〖=bombilla〗

churrumen [tʃuɾúmen] 男《口語》=**chirumen**

churrumo [tʃuɾúmo] 男《口語》=**churumo**

churrupear [tʃuɾupeáɾ] 自《古語》ワインを少しずつ味わいながら飲む

churruscar [tʃuɾuskáɾ] 他〖食べ物などの〗表面を焦がす, カリカリにする
── *~se* 表面が焦げる, カリカリになる: *El arroz se ha churruscado.* ご飯が焦げた

churrusco¹ [tʃuɾúsko] 男 ❶ トーストし過ぎたパン, トーストし直したパン. ❷《コロンビア》1) 毛虫の一種〖触るとかゆくなる〗. 2) 瓶洗い用のブラシ

churrusco², ca [tʃuɾúsko, ka] 形《パナマ, コロンビア》〖髪が〗縮れた, カールした

churumba [tʃuɾúmba] 女《コロンビア》〖人の〗口

churumbel [tʃuɾumbél]〖←ジプシー語〗男《西》子供, 赤ん坊

churumbela [tʃuɾumbéla] 女 ❶《中米》マテ茶を吸い飲みする管〖=bombilla〗. ❷《喫煙具》1) パイプ. 2) 心斗

churumo [tʃuɾúmo] 男《口語》❶ 汁, 液. ❷ 内容, 実質
poco ~ 中身のない; 知能が足りない; 金のない

churupos [tʃuɾúpos] 男 複《ベネズエラ. 口語》現金

chus [tʃús] 間〖犬を呼ぶ〗おいで!〖=tus〗
chus chus《南米. 口語》どうか…ありませんように!
no 〖*sin*〗 *decir* 〖*ni*〗 ~ *ni mus* うんともすんとも言わない(言わずに)

chusbarba [tʃusbáɾba] 女 =**jusbarba**

chusca¹ [tʃúska] 女 ❶《チリ. 口語》あま, 女. ❷《アルゼンチン》器量のよい若い女性

chuscada [tʃuskáda] 女《古語的》こっけいな言動
chuscamente [tʃúskaménte] 副 こっけいに，面白く；気のきいた言い方で
chuscarrar [tʃuskařár] 他 =**churruscar**
chusco, ca² [tʃúsko, ka] 形《←?語源》名 ❶ こっけいな〔人〕，面白くてしかも驚くような: Me ha pasado una cosa muy ~ca: me dejé la pluma en la oficina y la he encontrado en mi casa. 今日は妙なことがあった，会社に忘れたはずのペンを家で見つけたのだ．❷《南米, 軽蔑》1)〔人が〕下品な. 2) 平凡な, ありきたりの. ❸《コロンビア. 口語》きれいな, 愛嬌のある; 気持ちのよい. ❹《ペルー》〔犬などの〕雑種の
── 男 ❶〔固くなった〕パンのかけら. ❷〔軍隊・監獄で支給される〕小さなパン
chusma [tʃúsma]〖←古ジェノバ語 ciusma〗女 ❶《軽蔑》《集名》大衆, 俗衆; 無頼の徒: Se junta con la ~. 全員恥知らずな奴らだ. Todos esos son ~. ❷《歴史》《集名》ガレー船の漕ぎ手. ❸ どんちゃん騒ぎ〔=**juerga**〕. ❹《中南米. 歴史》《集名》〔先住民の〕非戦闘員〔女性, 老人, 子供など〕
── 形《アルゼンチン, ウルグアイ. 口語》〔他人の私事を〕いつも詮索する〔人〕, しょっちゅう陰口をきく〔人〕
chusmaje [tʃusmáxe] 男《中南米》下劣な連中, ろくでもない連中
chusmear [tʃusmeár] 自《アルゼンチン, ウルグアイ. 口語》陰口をきく, うわさをする; 告げ口をする
chusmería [tʃusmería] 女《アルゼンチン, ウルグアイ. 口語》詮索好き
chuspa [tʃúspa] 女 ❶《南米》チュスパ〘金・コカの葉・たばこなどを入れる袋〙. ❷《コロンビア》筆箱; 眼鏡ケース
chusque [tʃúske] 男《コロンビア. 植物》背の高い竹の一種〘学名 Chusquea scandens〙
chusquel [tʃuskél] 男《隠語》犬
chusquero, ra [tʃuskéro, ra] 名 ❶《軽蔑》〔士官学校出身でない〕たたき上げの士官〔下士官〕. ❷〔主に軽蔑〕一兵卒. ❸《エストレマドゥラ》たきぎ売り
chusta [tʃústa] 間《ボリビア》〖静粛を求めて〗しっ！
chut [tʃút]〖←英語〗男《複 ~s》 ❶〔サッカーなど〕シュート. ❷《西. 俗語》麻薬の注射
chuta [tʃúta] 女 ❶《西. 隠語》〔麻薬中毒者の間で〕注射器. ❷《ボリビア》ネルの半ズボン
chutador, ra [tʃutaðór, ra] 形 名〔サッカーなど〕シュートする〔人〕
chutar [tʃutár]〖←英語 shoot〗自 ❶〔サッカーなど〕シュートする. ❷《西. 口語》〔機械などが〕調子がいい. ❸《エクアドル》引く, 引っぱる
　ir que chuta《西. 口語》もう十分（大丈夫）である: Dale cinco euros, y con eso *vas que chutas*. 彼に5ユーロあげておけ, それで十分だ．Tómate un vaso de leche caliente y *vas que chutas*. 温かいミルクを1杯飲んだら, それで大丈夫だよ
── **~se** ❶《西. 俗語》〔麻薬を〕注射する. ❷《メキシコ. 口語》がつがつ食べる, ぐいぐい飲む
chute [tʃúte] 男 ❶《西. 隠語》麻薬の注射. ❷《まれ. サッカー》シュート
chutear [tʃuteár] 他 ❶《南米》〔ボールを〕シュートする. ❷《チリ. 口語》〔恋人を〕捨てる
── **~se**《コロンビア. 隠語》麻薬の注射をする
chuteador [tʃuteaðór] 男《南米》エースストライカー; サッカーシューズ
chutona [tʃutóna] 女《西. 隠語》注射器〔=**chuta**〕
chuva [tʃúβa] 女《ペルー. 動物》クモザルの一種〘学名 Ateles marginatus〙
chuyo, ya [tʃújo, ja] 形 ❶《エクアドル, ボリビア》〔料理などが〕水っぽい, 薄い. ❷《エクアドル》一人（一つ）だけの: hijo ~ 一人息子
── 男《ペルー. 口語》1センターボ centavo
chuza [tʃúθa] 女 ❶《メキシコ. ボウリング》ストライク. ❷《アルゼンチン, ウルグアイ》ぼさぼさの髪. 2)《エクアドル》〔先住民・ガウチョの使う〕原始的な槍. ❸《エクアドル》雄鶏の蹴爪
　hacer ~《メキシコ》完全に壊す
── 名《アンデス》子供
chuzar [tʃuθár] 他《コロンビア》刺す, 突く
chuzazo [tʃuθáθo] 男 槍 chuzo での一突き
chuznieto, ta [tʃuzɲjéto, ta] 名《エクアドル》玄孫〔=**chozno**〕

chuzo [tʃúθo]〖←?語源〗男 ❶《西》〔夜警などが持つ穂先付きの〕棒, 杖. ❷《キューバ》〔革紐を編んだ〕鞭. ❸《南米》直毛でぼさぼさの髪. ❹《コロンビア》サソリの針. ❺《ベネズエラ》ナイフ, 刃物. ❻《ペルー. 口語》靴. ❼《チリ》1)〔穴掘り用の〕先の尖った金属製の棒. 2)《口語》[+para に] 鈍い人, 下手な人
　caer ~s de punta《西》激しく降る: Salimos aunque caigan ~s de punta. たとえ槍が降ろうとも私たちは出かける
　echar ~s 1) 虚勢を張る, 強がりを言う. 2) ひどく怒る
　llover ~s de punta《西》激しく雨が降る
　nevar ~s de punta《西》激しく雪が降る
── 形 ❶《コスタリカ, ラプラタ》しわくちゃの. ❷《エクアドル》〔髪が〕直毛でぼさぼさの
chuzón, na [tʃuθón, na] 形 ❶ 利口な, 抜け目のない. ❷ こっけいな. ❸《エクアドル》髪がぼさぼさの
── 男 ❶〔穂先付きの〕棒〔=**chuzo**〕. ❷《廃語》〔喜劇で〕奇妙な服装やこっけいな仕草で観客を笑わす人
chuzonada [tʃuθonáða] 女 こっけいな言動, おどけ
chuzonería [tʃuθonería] 女〔ちょっとした〕だまし, からかい
CI 男《略語》←coeficiente intelectual (de inteligencia) 知能指数, IQ;《中南米》cédula de identidad 身分証
cía [θía] 女 ❶ 寛骨, 腰骨. ❷《アラゴン》サイロ, 穀倉
Cía.《略語》←compañía 会社
ciaboga [θjaβóɣa] 女《船舶》その場回頭
ciabogar [θjaβoɣár] 自《船舶》その場回頭する
cian [θján] 形 シアン, 緑がかった青色〔の〕; 藍色〔の〕
cianamida [θjanamíða] 女《化学》シアナミド: ~ cálcica カルシウムシアナミド
cianato [θjanáto] 男《化学》シアン酸塩
cianea [θjanéa] 女《鉱物》ラピスラズリ〔=**lapislázuli**〕
cianhídrico, ca [θjaníðriko, ka] 形《化学》ácido ~ シアン化水素酸, 青酸
cianí [θjaní] 男《古語》〔アフリカの〕ムーア人が使った古貨
ciánico, ca [θjániko, ka] 形《化学》ácido ~ シアン酸
cianita [θjaníta] 女《鉱物》カイアナイト, 藍晶石（らんしょうせき）
cianobacterias [θjanoβakterjas] 女《複》《生物》シアノバクテリア, 藍色細菌
cianodermia [θjanoðérmja] 女 =**cianosis**
cianofíceo, a [θjanofíθeo, a] 形 藍藻(らんそう)綱の
── 女《複》《植物》藍藻綱
cianófilo, la [θjanófilo, la] 形 女《生物》組織が青く染まる〔細胞〕
cianógeno [θjanóxeno] 男《化学》シアン
cianografía [θjanoɣrafía] 女 =**cianotipia**
cianosis [θjanósis] 女《医学》チアノーゼ
cianótico, ca [θjanótiko, ka] 形 チアノーゼの〔患者〕
cianotipia [θjanotípja] 女 青写真法
cianotipo [θjanotípo] 男 青写真
cianotriquita [θjanotrikíta] 女《鉱物》青針銅鉱
cianuración [θjanuraθjón] 女《金属》青化製錬, 青化法
cianuro [θjanúro] 男《化学》シアン化物: ~ potásico シアン化カリウム, 青酸カリ
ciar [θjár] 11 自 ❶《船舶》逆漕する. ❷ 中止する, あきらめる: ~ en su proyecto 計画を中止する
ciático, ca [θjátiko, ka] 形《解剖》座骨の, 腰の
── 男 座骨神経〔=**nervio** ~〕
── 女 ❶《医学》座骨神経痛. ❷《ペルー. 植物》木生シダ〘有毒の灌木〙
ciatiforme [θjatifórme] 形 脚付きグラス copa の形の
ciatio [θjátjo] 男《植物》杯（さかずき）状花序
ciato [θjáto] 男《古代ローマ》液体を移すコップ
cibal [θiβál] 形《まれ》食べ物の, 栄養の
cibarios [θiβárjos] 男《複》ガリシア北部海岸地域の先住民
cibeleo, a [θiβeléo, a] 形《ギリシア神話》キュベレ Cibeles の
Cibeles [θiβéles] 固 ❶《ギリシア神話》キュベレ〘フリギア Frigia 地方の豊饒の女神〙. ❷ 地球
cibelina [θiβelína] → **marta** cibelina
ciber-〔接頭辞〕〔サイバネティックスの, 情報の〕*ciber*cultura サイバネーション文化, *ciber*nauta インターネットサーファー
cibera [θiβéra] 女 agua ~ 灌漑用水
── 女 ❶ 碾（ひ）き臼にかける穀物. ❷ 飼料用の種子. ❸ 果汁の絞りかす
ciberataque [θiβeratáke] 男《情報》サイバー攻撃

cibercafé [θiberkafé] 男 インターネットカフェ, サイバーカフェ
cibercorreo [θiberkor̄éo] 男《情報》Eメール〖=correo electrónico〗
cibercultura [θiberkultúra] 女 サイバネーション文化
ciberespacio [θiberespáθjo] 男《情報》サイバースペース
cibernauta [θibernáuta] 男《情報》インターネットサーファー
cibernético, ca [θibernétiko, ka]〖←ギリシア語 kybernet「舵手」〗形 名 サイバネティックス〔の〕: espacio ~《情報》サイバースペース. terrorismo ~《情報》サイバーテロ
—— 男 サイバネティックスの専門家
ciberpunk [θiberpúŋk] 形 名 サイバーパンクの〔作家〕
ciberterrorismo [θibert̄erorísmo] 男《情報》サイバーテロ
ciberusuario, ria [θiberuswárjo, rja] 名 インターネット利用者
cibi [θíbi] 男《キューバ. 魚》ギンガメアジの一種〖学名 Caranx cibi〗
cibiaca [θibjáka] 女 担架状の運搬具〖=parihuela〗
cibica [θíbika] 女 ❶ 車軸と車輪の接続部を補強する鉄棒. ❷《船舶》〔大型のかすがいを補強する〕小型のかすがい
cibicón [θibikón] 男〔車軸と車輪の接続部を補強する〕cibica より太い鉄棒
cíbolo, la [θíbolo, la] 名《動物》バイソン〖=bisonte〗
ciborio [θibórjo] 男 ❶《古代ギリシア・ローマ》〔脚付きの〕杯(さかずき), ゴブレット. ❷〖ロマネスクの教会の〗主祭壇の天蓋
cibucán [θibukán] 男〖ドミニカ, コロンビア, エクアドル〗すりおろしたユッカを搾る細長い袋
cibui [θíbwi] 男《ペルー. 植物》ヒマラヤスギ
cica [θíka] 女《植物》ソテツ
cicadáceo, a [θikadáθeo, a] 形 ソテツ科の
—— 女 複《植物》ソテツ科
cicádeo, a [θikádeo, a] 形 セミのような
cicádido, da [θikádido, da] 形 セミ科の
—— 男 複《昆虫》セミ科
cicadófitos [θikadófitos] 男 複《植物》ソテツ門
cicas [θíkas] 女 複《植物》=cica
cicatear [θikateár] 自 金を出し惜しむ, けちけちする, 倹約する
cicatería [θikatería] 女 吝嗇(りんしょく), けち
cicatero, ra [θikatéro, ra] 形 名 しみったれの, けちな; けちん坊, 吝嗇家
cicatricial [θikatriθjál] 形 =cicatrizante
cicatrícula [θikatríkula] 女《植物》脱離腔, 胚盤
cicatriz [θikatríθ]〖←ラテン語 cicatrix, -icis〗女 複 ~ces 〗 ❶ 傷跡;《医学》瘢痕(はんこん): tener una ~ en la mejilla 頬に傷跡がある. ❷ 精神的苦しみ: dejar una ~ en el alma xx に傷を残す
cicatrización [θikatriθaθjón] 女 癒合, 治癒;《医学》瘢痕形成
cicatrizal [θikatriθál] 形 傷跡の;《医学》瘢痕の
cicatrizante [θikatriθánte] 形 傷口をふさぐ, 傷を癒合させる;《薬学》瘢痕形成剤, 癒創(ゆそう)薬
cicatrizar [θikatriθár]〖←cicatriz〗他〔傷を〕癒合させる, 治す〖比喩的にも〗
—— 自. ~se 癒合する;《医学》瘢痕化する, 瘢痕ができる: Tarda mucho en ~〔se〕la herida. 傷口がなかなかふさがらない
cicatrizativo, va [θikatriθatíbo, ba] 形 癒合効果のある
cicca [θí(k)ka] 女《植物》トウダイグサ科の一種〖学名 Phyllanthus emblica〗
cícera [θíθera] 女《植物》レンリソウ属の一種〖学名 Lathyrus cicera〗
cicercha [θiθértʃa] 女 レンリソウ属の一種〖=almorta〗
cicércula [θiθérkula] 女《植物》レンリソウ属の一種〖=almorta〗
cícero [θíθero] 男《印刷》❶ 線・ページの長さの単位〖=12ポイント〗. ❷ パイカ活字〖=lectura〗
cicerón [θiθerón]〖←Cicerón キケロ〗男 非常に雄弁な男
cicerone [θiθeróne]〖←イタリア語〗名《文語》観光ガイド, 案内人
ciceroniano, na [θiθeronjáno, na]《人名》キケロ Cicerón の〔ような〕《古代ローマの雄弁家・名文家》: estilo ~ キケロばりの〔華麗な大仰な〕文体
cicindela [θiθindéla] 女《昆虫》ハンミョウ〔斑猫〕
cicindélido, da [θiθindélido, da] 形 ハンミョウ科の
—— 男 複《昆虫》ハンミョウ科
ciclada [θikláda] 女《服飾. 古代ローマ》キュクラス〖凝った縁飾りのある婦人用の長いケープ〗
cicládico, ca [θikládiko, ka] 形〔エーゲ海の〕キクラデス諸島 Archipiélago de las Cícladas の: civilización ~ca キクラデス

ciclamato [θiklamáto] 男〖人工甘味料〗シクラメート, チクロ
ciclamen [θiklámen] 男《植物》シクラメン
—— 形〖シクラメンのような〗紫がかった〔色〕
ciclamino [θiklamíno] 男《植物》シクラメンの一種〖=pamporcino〗
ciclamor [θiklamór] 男《植物》〖セイヨウ〗ハナズオウ
ciclán [θiklán] 形 単睾丸の, 睾丸が1つしかない
—— 男 睾丸が腹部から降りない子ヒツジ・子ヤギ
ciclantáceo, a [θiklantáθeo, a] 形 パナマソウ科の
—— 女 複《植物》パナマソウ科
ciclar [θiklár] 他〖宝石に〗磨きをかける
ciclatón [θiklatón] 男《服飾》〖チュニック・マントの形をした中世の〗豪華な衣服;〔その材料の〕絹と金糸の織物
cíclico, ca [θíkliko, ka]〖←ギリシア語 kyklikos〈kyklos「円」〗形 ❶ 周期的の, 循環する: enfermedad ~ca 周期的に起こる病気. ❷《化学》環式の, 環状の: compuesto ~ 環式化合物. ❸〔一群の〕史詩の, 伝説の
cíclido, da [θíklido, da] 形《魚》カワスズメ科の, シクリッド科の
—— 男 複《魚》カワスズメ科, シクリッド科
ciclismo [θiklísmo] 男 ❶ 自転車競技: ~ de montaña マウンテンバイク《競技》. ~ en pista トラック. ~ en carretera ロード. ❷ サイクリング
ciclista [θiklísta] 形 自転車の, サイクリングの: carrera (vuelta) ~ 自転車レース〔一周レース〕. pantalón ~ サイクリングパンツ
—— 名 ❶ 自転車に乗る人, 自転車利用者; サイクリングをする人. ❷ 自転車選手, サイクリスト
ciclístico, ca [θiklístiko, ka] 形 自転車競技の; サイクリングの
ciclo [θíklo]〖←ラテン語 cyclus〈ギリシア語 kyklos「円」〗男 ❶ 周期, 循環: 1) ~ anual 年周期. ~ de las estaciones 季節の巡り. ~ del carbono 炭素サイクル. ~ hidrológico/~ del agua 水の循環. ~ nitrógeno〔生物〕窒素循環. ~ solar (lunar) 太陽 (太陰) 周期. ~ vital ライフサイクル. La invasión de los bárbaros cierra un ~ de la historia. 蛮族の侵攻は歴史の一時代に終わりを告げた. 2)《経済》~ de fluctuaciones a largo plazo 長期波動. ~ de inventario 在庫〔投資〕循環. ~ de Juglar ジュグラー循環. ~ de Kitchin キチン循環. ~ de Kondratieff コンドラチェフ循環. ~ de vida de un producto プロダクト・ライフサイクル, PLC. ~ económico 景気循環. ❷ 一連の文化的催し;《音楽》連続演奏会, ツィクルス: ~ de conferencia 連続講演. ❸《文学》〔叙事詩の〕作品群;〔小説などの〕連作: ~ troyano トロイ戦争史詩大系. ~ bretón/~ del rey Arturo アーサー王物語群. ❹《教育》課程, コース: tercer ~ 博士課程. ❺《電気, 技術》サイクル: ~ de cuatro tiempos〔エンジンの〕4サイクル. ~ Brayton ブレイトンサイクル. ❻《化学》~s de 6 componentes 六員環. ❼《植物》葉が茎に付く螺旋. ~ s de 6 componentes 六員環. ❼《植物》葉が茎に付く螺旋. ~ s〔行政用語で〕運転者自身の力で動かす車両
ciclo-《接頭辞》〖円〗cíclostomos 円口類;〔自転車〕ciclomotor モーターバイク
-ciclo《接尾辞》〖円〗hemiciclo 半円;〔自転車〕triciclo 三輪車
ciclocross [θiklokrós]〖←ciclo-+cross〗男《自転車》バイシクルモトクロス, BMX
ciclograma [θiklográma] 男 円グラフ
ciclohexano [θikloe(k)sáno] 男《化学》シクロヘキサン
cicloidal [θiklojdál] 形《幾何》サイクロイドの
cicloide [θiklójde] 女《幾何》サイクロイド
cicloideo, a [θiklojdéo, a] 形 =cicloidal
ciclomasaje [θiklomasáxe] 男 マッサージ椅子
ciclómetro [θiklómetro] 男 円弧測定器, 車輪回転記録計, 走行計
ciclomotor [θiklomotór]〖←ciclo-+motor〗男 モーターバイク, 原動機付き自転車
ciclomotorista [θiklomotorísta] 名 モーターバイク運転者
ciclón [θiklón]〖←英語 cyclone〗男 ❶《気象》サイクロン; 大暴風〖竜巻, ハリケーンなど〗: ~ tropical 熱帯低気圧. ❷ 集塵装置
como un ~ 乱暴に, 猛烈な勢いで〖まわりのものをすべてひっくり返ようにに〗
ciclonal [θiklonál] 形 =ciclónico
ciclónico, ca [θiklóniko, ka] 形《気象》サイクロンの
ciclonita [θiklonita] 女 サイクロナイト〖高性能爆薬〗
cíclope [θiklópe] 男 =cíclope

cíclope [θíklope] 男《ギリシア神話》キュクロプス, 一つ目の巨人
ciclópeo, a [θiklópeo, a] 形 ❶《ギリシア神話》キュクロプスの. ❷《文語》巨大な. ❸《考古》キュクロプス式の, 大石をモルタルなしに積み上げた
ciclópico, ca [θiklópiko, ka] 形 =**ciclópeo**
ciclopropano [θiklopropáno] 男《薬学》サイクロプロペイン
ciclóptero [θikló(p)tero] 男《魚》ランプサッカー《=lumpo》
ciclorama [θikloráma] 女 ❶《映画》パノラマ式映写幕,《演劇》パノラマ式背景幕. ❷ 回転画《=panorama》
ciclosilicato [θiklosilikáto] 男《鉱物》サイクロ(シクロ)珪酸塩
ciclosporina [θiklosporína] 女《薬学》サイクロスポリン, シクロスポリン
ciclostil [θiklostíl] 男/女《西》謄写版, 謄写印刷器
ciclostilar [θiklostilár] 他《西》謄写印刷する
ciclostilo [θiklostílo] 男 =**ciclostil**
cicóstomo, ma [θiklóstomo, ma] 形 円口類の
── 男 複《魚》円口類
── 女《魚》円口類の一種《学名 Ciclostoma elegans》
ciclotema [θiklotéma] 女《地学》サイクロセム
ciclotimia [θiklotímja] 女《医学》[躁と鬱の]循環気質
ciclotímico, ca [θiklotímiko, ka] 形《医学》循環気質の, 循環性の; 循環気質者
ciclotrón [θiklotrón] 男《物理》サイクロトロン
cicloturismo [θikloturísmo] 男《←ciclo+turismo》男《自転車》ツーリング, サイクリング
cicloturista [θikloturísta] 名 サイクリング愛好家
cicloturístico, ca [θikloturístiko, ka] 形《自転車》ツーリングの, サイクリングの
ciclovía [θiklobía] 女《コロンビア》自転車用車線
-cico, ca《示小接尾辞》[n・rで終わる2音節以上の語+] joven*cico* 若者
ciconiforme [θikonifórme] 形 コウノトリ類の
── 女 複《鳥》コウノトリ類
cicuta [θikúta] 女《植物》ドクニンジン; その毒《ソクラテスが死を命じられて飲んだことで有名》| ~ menor ドクゼリ
cicutina [θikutína] 女《化学》コニイン
cid [θíd] 男 ❶ [el *Cid*] エル・シッド《カスティーリャの英雄武勲詩『わがシッドの歌』*Cantar de Mio Cid* の主人公》| más valiente que el *Cid* エル・シッドより勇敢な. ❷《文語》勇敢な男
-cida《接尾辞》[殺す人・物] homi*cida* 殺人者, insecti*cida* 殺虫剤
cidiano, na [θiðjáno, na] 形 エル・シッド el Cid に関する
-cidio《接尾辞》[殺すこと] geno*cidio* 民族大虐殺
cidra [θíðra] 女 ❶《果実》シトロン. ❷《植物, 果実》~ cayote クロダネカボチャ《学名 Cucurbita ficifolia》
cidrada [θiðráða] 女 シトロンのジャム
cidral [θiðrál] 男 ❶ シトロン畑. ❷ =**cidro**
cidrera [θiðréra] 女 =**cidro**
cidria [θíðrja] 女 =**cedria**
cidro [θíðro] 男《植物》シトロン
cidronela [θiðronéla] 女《植物》レモンバーム《=melisa》
ciegaliebres [θjegaljébres] 形 名《単複同形》《ラマンチャ》近眼の[人]
ciegamente [θjégaménte] 副 盲目的に; 無分別に, やみくもに: lanzarse ~ a la aventura 向こう見ずに危険を冒す. creer ~ 盲信する
ciegayernos [θjegajérnos] 男《単複同形》見かけと異なり価値の低いもの
ciego, ga [θjégo, ga]《←ラテン語 caecus》形《時に軽蔑》❶ 目の見えない, 盲目の: Fue ~ de nacimiento. 彼は生まれつき目が不自由だった. Un destello me dejó casi ~. 閃光で私は目がくらんだ. ❷[明白なことにも]気付かない: Para los defectos de sus hijos, es ~ga. 彼女は自分の子供のことになると欠点が見えなくなる. ❸[estar+. +de·por+]分別をなくした: Estaba ~ de amor. 彼は愛に我を忘れていた. Está ~ con las quinielas. 彼はサッカーくじに熱中している. confianza ~ga 盲信. ❹ 穴のない, 詰まった: orificio ~ ふさがった穴. pared ~ga 窓もドアもない壁. queso ~ 孔のないチーズ. ❺《西》[酔って・麻薬で] 正体のない. ❻ 盾の, 死角; 無防備のどこ. ❼ 盲点, 弱点. punto ~《生理》盲点. ❽《解剖》盲腸の. ❾《魚》pez ~ de las cavernas de México ブラインドケーブフィッシュ
── 名 ❶《時に軽蔑》盲人, 目の不自由な人: bastón de ~ [盲人用の]白い杖. perro de ~ 盲導犬. Un ~ lo ve. それはすぐ目の前にある/全く明らかだ. En tierra de ~s (En el país de los ~s) el tuerto es rey.《諺》鳥なき里のこうもり. ❷《南米》[ゲームで]一度も勝てなかった人

a ~*gas* 1) 手さぐりで: avanzar *a* ~*gas* 手さぐりで進む. 2) 無思慮に, 無分別に, やみくもに: obrar *a* ~*gas* 行き当たりばったりに行動する. comprar *a* ~*gas* 手あたり次第に買う
ponerse ~《西. 口語》満腹になる, 堪能する
── 男 ❶《解剖》盲腸《=intestino ~》. ❷《西. 俗語》酔い, 酩酊. ❸《隠語》麻薬による陶酔. ❸《西. 口語》los ~s 盲人宝くじ. ❺《カリブ》森などに囲まれているため外部と連絡の取れない平地

cieguecico, ca [θjegeθíko, ka] 形 名 ciegoの示小語
cieguecillo, lla [θjegeθíʎo, ʎa] 形 名 ciegoの示小語
cieguecito, ta [θjegeθíto, ta] 形 名 ciegoの示小語
cieguezuelo, la [θjegeθwélo, la] 形 名 ciegoの示小語
cielín [θjelín]《cieloの示小語》男《親愛の呼びかけ》ダーリン, あなた《=cielito》
cielito [θjelíto]《cieloの示小語》男 ❶《親愛の呼びかけ》ダーリン, あなた. ❷ シエリート《アルゼンチンなどの, ワルツのリズムの民俗舞踊・音楽; その歌詞》
cielo [θjélo]《←ラテン語 caelum》男 ❶《不可算》空, 天: El ~ está despejado (claro). 空は晴れて(澄んで)いる. 2)《諺》Al que al ~ escupe a la cara le cae. 天に向かって唾する. Ganar el ~ con rosario ajeno. 他人のふんどしで相撲を取る. ❷《旧約聖書など》[神のいる場所としての]天; 神, 神意: 1) [el+] Quiera el ~ que no le ocurra nada. 神様, 彼に何事もありませんように. Si el ~ lo quiere, lo veremos. 神の思し召しがあれば我々は彼に会える. Está gozando del ~. 彼は神のご加護を受けている/運がよい. pedir al C~ 神様にお願いする. regalo del ~ 天のたまもの. 2) [時に 複] Padre nuestro que estás en los C~s. 天にいます我らが父よ. ¡Valedme, ~s! 神様, お助け下さい! ❸《キリスト教》[主にC~] 天国《天使・聖人・浄福者 bienaventurado のいる場所. =el reino de los C~s》: Los justos irán al ~. 信仰の篤い者は天国に行ける. subir al ~ 昇天する, 天国へ行く. ❹ 気候, 風土: ~ benigno de España スペインの温暖な気候. bajo el ~ de los trópicos 熱帯の空の下. ❺《建築》天井: proyectores instalados en el ~ de la sala ホールの天井に設置された投光器. ~ de la cama ベッドの天蓋. ~ del coche《中米》車の天井. ~ raso 平天井, 張り天井; 雲一つない空. ❻《親愛の呼びかけ》ねえ《=Mi ~./C~ mío.》: Ven con mamá, ~. ねえ, ママと一緒に行こう. ❼《解剖》~ de la boca (~ del paladar) 口蓋. ❽ ~ máximo《航空》最高高度

a ~ *abierto* 1)《鉱山》露天掘りの: mina *a* ~ *abierto* 露天掘りの鉱山. 2) 屋根のない[所で], 青天井で: mercado *a* ~ *abierto* 露天の市場
a ~ *descubierto* 1) 公然と, あからさまに. 2) =*a* ~ *abierto*
a ~ *raso* 屋外で, 野外の
abrirse a+人 *el* ~《口語》…にとって棚からぼたもちである
agarrar el ~ *con las manos* =**tocar el ~ con las manos**
bajado del ~《口語》=**caído del ~**
bajo el ~ *raso* =*a* ~ *raso*
caído del ~《口語》好運な, 願ってもない, 棚からぼたもち式の: El premio nos ha llegado como *caído del* ~. その賞は我々にとって天からの授かりものだった
cambiar de ~ *a la tierra*《チリ》見違えるほど変わる
cerrarse el ~ 空が雲に覆われる, 曇る: Se cerró el ~ y empezó a llover. 空が曇って雨が降り始めた
¡C~ santo! = ¡Santo ~!
¡C~s! 1)《驚き》おや, まあ!: ¡Oh, ~s, qué horror! ああ, 何て恐ろしい! 2)《賞賛・奇異》すごい, [大げさな表現で]しまった; [不快]ええっ!
clamar al ~ [事柄が]天罰に値する, 言語道断である: Esta injusticia *clama al* ~. この不正はひどすぎる
coger el ~ *con las manos* =**tocar el ~ con las manos**
conquistar el ~ =**ganar[se] el ~**
descargar el ~ 雨(雪・雹)が大量に降る: Ha descargado el ~. バケツをひっくり返したような雨が降った
desgarrarse (desgajarse) el ~ 大雨が降る, 大嵐になる

escupir al ~ 《主に中南米》天に唾する、結局自分自身を害することになる
estar en el [*séptimo*] ~《口語》天にも昇る心地である、有頂天になっている
estar hecho un ~ [寺院などが] 輝いている、きらびやかである
ganar[*se*] *el* ~ [徳行・献身により] 天国へ行ける『我慢を強調する表現』: ¡Me voy a *ganar el* ~ quedando bien con mis suegros!. どうかしゅうとたちとうまくやっていけますように!
herir el ~ (*los* ~*s*) *con*... [嘆き・うめきなどの] 大声を上げる、気ен付する
irse al ~ *calzado y vestido*《時に皮肉》[煉獄を通らず] 天国へ直行する
irse al ~ *con todo y zapatos*《メキシコ. 時に皮肉》=*irse al* ~ *calzado y vestido*
irse al ~ *vestido y calzado*《時に皮肉》=*irse al* ~ *calzado y vestido*
juntarse a+人 *el* ~ *con la tierra* 1)《口語》[人が] 思いがけない難局(危険)に出くわす. 2)《中南米》臆病風に吹かれる、気怯れがする
llovido del ~《口語》=*caído del* ~
mover ~ *y tierra*《口語》奮闘する、あらゆる手段を講じる: *Movimos* ~ *y tierra para reparar la máquina*. 機械を修理するために我々は全力を尽くしている
mudar [*de*] ~ 1) [病人が] 転地する. 2) [危険から逃れて] 居場所を変える
nublarse el ~ *a*+人 …が悲しむ、苦悩する
poner a+人 *en los* ~*s* (*en el* ~) …をほめちぎる、絶賛する
remover ~ *y tierra*《口語》=*mover* ~ *y tierra*
¡*Santo* ~! 大変だ、何てことだ!
ser un ~ 1) 愛らしい: *Esta niña es un* ~. この子はとてもかわいい. 2) 親切である、優しい: ¡*Has limpiado la habitación! Eres un* ~. 部屋を掃除してくれたんだ! 本当に親切だね. *Mi amiga te encantará. Es un* ~. 私の友達を気に入るわよ. 優しい子だから
tapar el ~ *con un harnero*《アルゼンチン》…をあざむく、…の目をごまかす
tocar (*tomar*) *el* ~ *con las manos* 1) 激怒・絶望のしぐさをする. 2)《コロンビア、ペルー、チリ、アルゼンチン、ウルグアイ》ほとんど(事実上)~の~である
venido del ~ =*caído del* ~
venirse el ~ *abajo* [+a+人に] 嵐が猛威を振るう、大雨が降る; 大騒ぎが起こる
ver el ~ *abierto/ver los* ~*s abiertos*《口語》[助かって] 暗夜に明かりを見る思いをする; 希望の光を見つける: *Cuando me ofrecieron el trabajo vi el* ~ *abierto*. 仕事の話が来た時、私は救われたと思った
ver el ~ *por* [*un*] *embudo*《口語》世間知らずである、井の中のかわず大海を知らず
vivir en el [*séptimo*] ~ =*estar en el* [*séptimo*] ~
volar al ~《婉曲》死ぬ、人生の終焉(ﾆﾝ)を迎える

cielorraso [θjeloráso] 男《メキシコ、キューバ、南米》天井
ciemar [θjemár] 他《ログロニョ》堆肥を施す、肥やしをやる
ciemo [θjémo] 男 不可算 糞(ﾌﾝ), 堆肥
ciempiés [θjempjés] 《←*cien*+*pie*》男《単複同形》❶《動物》ムカデ. ❷ 脈絡のないこと; つじつまの合わないこと
ciempozueleño, ña [θjempoθweléɲo, ɲa] 形 名《地名》シエンポスエロス Ciempozuelos の(人)《マドリード県の村》
cien [θjén] [*ciento* の語尾脱落形] 形 男 ❶《基数詞》→**ciento**. ❷ 100番目の [=*centésimo*]: *Ha quedado en el puesto* ~. 彼は100位だった. ❸《口語》100 [=*ciento*]: *contar hasta* ~ 100まで数える. *billete de* ~ 100ユーロ札. ❹《廃語》[*el*+] トイレ《しばしばホテルで100号室と表示された》. ❺《文学》*C* ~ *años de soledad*『百年の孤独』《1967年刊行、ガルシア・マルケス García Márquez による長編小説. 架空の土地マコンドを舞台にブエンディア一族百年の歴史を、無数の幻想的なエピソードを織り交ぜて語る. 魔術的リアリズム *realismo mágico* の代表的な作品》
a ~《西. 口語》1) [主に性的に] 興奮した: *Su manera de bailar me ponía a* ~. 彼女の踊りに私は興奮した. 2) 怒った、いらいらした
al ~ *por* ~ 完全に
~ *por* ~《俗用》100パーセント; 本物の: *Estoy* ~ *por* ~ *seguro*. 私は100パーセント確信がある. *Es de lana* ~ *por* ~.

それは純毛だ
~ *por uno*《まれ》[成果が] 100倍になって [=*ciento por uno*]
estar hasta el ~《アンデス》死にかかっている、気息奄々(ﾆﾝ)としている

ciénaga [θjénaɣa]《←*cieno*》女 沼地、湿地
ciénago [θjénaɣo] 女《地方語》=**ciénaga**
ciencia [θjénθja]《←ラテン語 *scientia*「知識」<*sciens, -tis* <*scire*「知る」》女 ❶ 科学、学問: *La* ~ *va casi siempre unida al desarrollo tecnológico*. 科学はほとんど常に技術の進歩と結びついている. ~ *ficción* 空想科学小説: SF映画. ~ *y técnica* 科学技術. ~*s exactas* 精密科学《数学、物理学など》. ~*s naturales* (*sociales・humanas*) 自然(社会・人文)科学. ~*s ocultas* 神秘学《錬金術、占星術など》. ~*s políticas* 政治学. ~ *pura* 理論科学、純粋科学《⇔ ~ *aplicada* 応用科学》. ❷ 理科[系の学問]《⇔*letras*》: *facultad de* ~*s* 理学部. ❸ 知識、学識: *tener mucha* ~ 物知りである. *hombre de* ~ 物知りの人. ❹ 技術、ノウハウ: ~ *del comerciante* セールス術. ❺《宗教》*cristiana* ~ クリスチャン・サイエンス《米国で創設されたキリスト教系の新宗教》
a ~ *cierta* 確実に: *saber*... *a* ~ *cierta* …を確かに知っている
a ~ *y conciencia de*+人《まれ》=*a* ~ *y paciencia de*+人
a ~ *y paciencia de*+人 …に見逃してもらって、暗黙の了解を得て
~ *infusa* 1)《皮肉》学ばずに得た知識; 直感: *tener* ~ *infusa* 学ばずにすべてを知っている[と思い込む]. 2) 神から授かった知識
de ~ *cierta* =*a* ~ *cierta*
no tener ~ =*tener poca* ~
ser (*parecer*) *de* ~ *ficción* [誇大・空想的で] 信じられない
tener poca ~ 簡単(容易)である: *Ir en bicicleta tiene poca* ~. 自転車に乗るのは易しい

ciencismo [θjenθísmo] 男 =**cientificismo**
cienfueguero, ra [θjenfweɣéro, ra] 形 名《地名》シエンフエゴス Cienfuegos の[人]《キューバ、ラス・ビリャス県の県都》
cienmilésimo, ma [θje(m)milésimo, ma] 形 男 10万分の1 [の]
cienmilímetro [θje(m)milímetro] 男 100分の1ミリメートル
cienmilmillonésimo, ma [θje(m)milmiʎonésimo, ma] 形 男 1千億分の1[の]
cienmillonésimo, ma [θje(m)miʎonésimo, ma] 形 男 1億分の1[の]
cieno [θjéno]《←ラテン語 *caenum*「泥」》男 不可算 [川底・湖底などの] 泥土; 汚泥、スラッジ
cienoso, sa [θjenóso, sa] 形 =**cenagoso**
ciensayos [θjensájos] 男《単複同形》色とりどりの羽根を持った想像上の鳥
científicamente [θjentífikaménte] 副 科学的に、学問的に
cientificidad [θjentifiθidá(d)] 女 科学的であること
cientificismo [θjentifiθísmo] 男 ❶ 科学者的態度、科学主義. ❷ 科学万能主義
cientificista [θjentifiθísta] 形 名 科学主義の[信奉者]; 科学万能主義の[信奉者]
científico, ca [θjentífiko, ka]《←ラテン語 *scientificus* <*scientia*「科学」+*facere*「する」》形 ❶ 科学の、科学的な、学問上の: *estudios* ~*s* 学術研究. *libertad* ~*ca* 学問の自由. *nombre* ~ 学名. *revista* ~*ca* 科学雑誌. *socialismo* ~ 科学的社会主義. ❷ 理科系の《⇔*literario*》
—— 名 ❶ 科学者: ~ *natural* (*social*) 自然(社会)科学者. ❷《メキシコ》科学主義者たち《19世紀末~20世紀初頭、ディアス Díaz 大統領の顧問としてコント Comte の実証哲学に基づいて近代化政策を推進した人々. 外国資本導入による経済開発を進め、「秩序と進歩」*progreso y orden* をスローガンに後進性からの脱却を目指す》

cientifismo [θjentifísmo] 男 =**cientificismo**
cientifista [θjentifísta] 形 名 =**cientificista**
cientismo [θjentísmo] 男 =**cientificismo**
cientista [θjentísta] 形 名 =**cientificista**
ciento [θjénto]《←ラテン語 *centum*》形 男《語形》名詞・millones の前では **cien** となる: *cien libros* 100冊の本. *cien mil yenes* 10万円. ❶《基数詞》100[の]: ~ *cincuenta personas*

150人. El puesto ~ cuarenta 第140位. Cien[to] multiplicado por diez son mil. 100掛ける10は1000. Éramos más de ~. 我々は100人以上だった. ❷ 100番目の[=centésimo]: la página ~ una 第101ページ. ❸ 100のまとまり[=centena]: Había varios ~s de personas en la plaza. 広場には数百人がいた. unos ~s de miles años 数十万年. ❹《トランプ》[复] ピケット《先に100点獲得した者が勝つ》. ❺《歴史》[复] 売上税《売上の4%に達した》

a ~**s** たくさんの
[*al*] ~ *por*《まれ》100パーセント; 完全に
~ *por uno* [成果が] 100倍になって
~ *y la madre* 大勢の人, 多すぎる人: Vinieron ~ *y la madre* a la fiesta y no había mesas para todos. パーティーには大勢やって来てテーブルが足りなかった. Ya es imposible entrar; hay ~ *y la madre*. もう入れない, 人が多すぎる
~**s** *y* ~**s** [*de*...]非常にたくさん[の…]
dar ~ *y raya a*+人・事物《口語》…よりはるかに上回っている: Le *da* ~ *y raya a* su hermano en gandulería. 怠惰な点では彼は兄よりはるかに上だ
de ~ *en viento*《口語》たまに, 時おり
... *por* ~ [冠詞+]…パーセント: Lo aprobó el sesenta *por* ~ del pueblo. 国民の60%がこれに賛成した. crecer [un] 2 *por* ~ 2%成長する. con el 10 *por* ~ de descuento 10%割引で
ser de ~ *en carga* ありふれている, 平凡である
un ~《口語》非常に[たくさん]

cientoengrana [θjentoeŋgrána][女]《植物》コゴメビユ [=milengrana]

cientoenrama [θjentoenráma][女]《植物》コゴメビユ [=milengrana]

cientología [θjentoloxía][女]《宗教》サイエントロジー

cientopiés [θjentopjés][男]《単複同形》《動物》ムカデ [=ciempiés]

cierna [θjérna][女]《植物》[小麦・ブドウなどの花の] 葯(やく)

cierne [θjérne][《←cerner》男]《まれ》❶ 開花, 受粉. ❷ 新米, 駆け出し. ❸ 初期, 始め
en ~《まれ》=**en ~s**
en ~**s** 初期の・に: abogado *en* ~**s** 新米の弁護士. Una conspiración *en* ~**s** fue descubierta. 陰謀は初期のうちに摘発された. Tu pequeño es un Picasso *en* ~**s**. 君の子供はピカソの卵だ

ciernepedos [θjernepéðos][名]《ラマンチャ. 俗語》尻を振って歩く人

cierraojos [θjeraóxos][男] *a* ~ 考えもなく, 向こう見ずに, 無思慮に

cierre [θjére][《←cerrar》男] ❶ 閉じる装置; シャッター《~ metálico》: ~ centralizado《自動車》セントラルロッキングシステム. ~ de puerta ドアクローザ, ドアチェック. ~ de seguridad 補助錠. ~ hermético 密閉装置. ❷《中南米. 服飾》ファスナー, チャック.《中南米》~ eclair,《ラプラタ》~ relámpago;《西》cremallera}. ❸ 閉める(閉まる)こと, 閉鎖, 閉店, 休業, 廃業; 終了, 終結《⇔apertura》: día de ~ 最終日, 千秋楽. hora de ~ 閉店(閉館)時間; 締切(終了)時刻. precio de (al) ~《相場》終値, 引け値. defensa de ~《スポーツ》フルバック. ~ de una empresa 企業閉鎖. ~ patronal ロックアウト. ❹ [記事の] 締切日時. ❺《印刷》囲み. ❻ 囲い, 柵, 堀
echar el ~ 1) [勤務時間を終えて施設などを] 閉める. 2) 言わずにすむ

cierro [θjéro][男] ❶《西》出窓《主にガラスがはまっていて, 時にブラインドがかかっている》. ❷ 閉めること, 閉鎖. ❸《チリ》1) 囲い, 塀. 2) 昆虫

ciertamente [θjértaménte][副] ❶ 確かに: C~ hará buen tiempo mañana. きっと明日は晴れだ. Es difícil saber quién está detrás de esta campaña, pero ~ es gente próxima al partido de la oposición. この運動の黒幕が誰なのかを知るのは難しいが, きっと野党に近い人物だ. ❷ [留保] 確かに…だが: C~ fue condenado por desfalco, aunque luego se demostró su inocencia. 彼は横領で告発されたのは確かだが, のちに無実が証明された. ❸ [応答] そのとおり

ciertísimo, ma [θjertísimo, ma][形]《口語》=**certísimo**

cierto, ta [θjérto, ta][←ラテン語 certus][形]《絶対最上級:《文語》certísimo,《口語》ciertísimo》❶ [+無冠詞名詞] 1) ある…, ある

種の…: Tiene ~ aire de superioridad. 彼は何か優越感を抱いている. ~ día de marzo salieron del pueblo. 3月のある日彼らは村を出た. ~*ta* idea ある考え. ~ Tomás トマスとかいう人. 2) いくらかの, 多少の, ある程度の: Tenía ~*ta* melancolía en el rostro. 彼は表情が少し寂しそうだった. 3)《[一仏英]不定冠詞+》Notaba un ~ malestar. 彼はある不快感を感じた. Me da una ~*ta* pena. それは少し痛い. ❷ [名詞+/ser+] 確かな, 確実な, 本当の; 事実の: 1) Hay noticia ~*ta* sobre su paradero. 彼の居場所に関する確実な情報がある. La ruina es ~*ta*. 敗北は確実だ. Eso no es ~. それは疑わしい/事実ではない. Lo que dijiste ha resultado ~. 君の言ったことは本当だった. El paciente experimentó una mejoría ~*ta*. 患者は確実に回復した. dejar lo ~ por lo dudoso 不確実なもののために確実なものを捨てる. 2) [ser = que+直説法/no ser ~ que+接続法] Es ~ que tiene más de treinta años. 彼が30歳を越えていることは確かだ. No es ~ que tenga éxito. 彼が成功するか疑わしい. 3) 確定した: Déme usted un día ~. はっきりとした日にちを教えて下さい. ❸ [estar+. +de =] 確信した: Estoy ~ de su inocencia. 私は彼の無実を確信している. Estoy ~ de que la persona que vi era él. 確かに私の見たのは彼だった. ❹《狩猟》[犬が] 確実に獲物を見つけて駆り出す. ❺《隠語》いかさまをする[=fullero]. ❻《古語》的(まと)を外さない[=certero]

al ~《廃語》確かに, 疑いもなく [=de ~]
~ *que*+直説法 確かに…: C~ *que* él no lo sabía, pero eso no le disculpa. 彼は確かに知らなかった, しかしそれは言い訳にはならない
de ~《文語》確かに, 疑いもなく: No se puede saber *de* ~. 確かなことは分からない. Sé *de* ~ que él no piensa venir. 彼が来るつもりがないことは分かっている
en ~ 確かに, 疑いもなく [=de ~]
Es ~. そのとおり
estar en lo ~ 正しい, もっともである [=tener razón]; うまくいっている
lo ~ *es que* 確実なことは…, 本当のことを言うと…; そうだそうだが…: *Lo* ~ *es que* él no está aquí. 確かなのは彼がここにいないということだ. Todos aquí son muy honrados, pero *lo* ~ *es que* el dinero ha desaparecido. ここにいるのは全員まじめな人ばかり, 実は金が見当たらなくなった
No es [*algo*] ~. それは[全く]違う
No por ~. [皮肉・怒り・奇異などを込めた否定の答え] 違う, そうじゃない: ¿No tenías que salir temprano?—*No por* ~. 早く出かけなくてもよかった?—いや, そのとおり
por ~ [+que+直説法] ところで, そう言えば [=a propósito]: ¿Has visto a Manuel?—No. *Por* ~, *que* tengo que decirle una cosa. マヌエルに会ったかい?—いや, ところで彼に言わなくてはならないことがあるんだ
si bien es ~ *que*+直説法 [譲歩] …だが: *Si bien es* ~ *que* ostenta el récord nacional, no ha conseguido ninguna medalla en los Juegos Olímpicos. 彼は国内記録保持者だが, オリンピックでメダルを取ったことがない
Sí por ~. [皮肉・怒り・奇異などを込めた肯定の答え] そうだ, そのとおり
tan ~ *como dos y dos son cuatro* 明々白々な
——[副]《文語》❶ [応答] そのとおり. Hay que pensarlo mucho. —C~. よく考えなければならない. —そのとおりだ. ❷ 確かに, 本当に, 疑いもなく [=ciertamente]: Se supuso ~ que él sería el general. 彼はきっと自分が将軍になるものと思っていた

ciervo, va [θjérβo, βa][←ラテン語 cervus][名]《動物》シカ(鹿): ~ común アカシカ. ~ sika ニホンジカ. C~ en aprieto es enemigo peligroso.《諺》窮鼠猫を噛む
——[男] ~ *volante* クワガタムシ

cierzas [θjérθas][女][複] ブドウの新芽

cierzo [θjérθo][男] [アラゴン, ナバラ地方の冷たい] 北風

Cieza de León [θjéθa de león]《人名》**Pedro de** ~ ペドロ・デ・シエサ・デ・レオン《1518?~54, スペイン人コンキスタドール, 年代記作者》『ペルー誌』*Crónica del Perú*

ciezano, na [θjeθáno, na][名]《地名》シエサ Cieza の [人]《ムルシアの町》

CIF《略語》運賃・保険料込み価格. →**C.S.F.**

cifela [θiféla][男]《植物》盃点(はいてん)

cifontino, na [θifontíno, na][形]《地名》シフエンテス Cifuentes の [人]《グアダラハラ県の村》

cifoscoliosios [θifoskoljósjos] 囡《医学》脊椎後弯側弯症
cifosis [θifósis] 囡《医学》脊柱後弯症
cifra [θífra] 【←アラビア語 sifr「ゼロ」】囡 ❶ 数字 《[類語] **número** は **cifra** で表わされたもの》: En la numeración empleamos diez ～ s. 私たちは数を表わすのに10個の数字を用いる. ❷ [数字の]桁: número de tres ～ s 3桁の数. de 5 ～ s altas (bajas) 5桁上位(下位)の, 7～8万(2～3万)の. ❸ 数量; 金額: una elevada (baja) ～ de parados 多数(少数)の失業者. ～ s de la pérdida 損害の数字. ～ oficial de muertos 死者の公式数字. ❹ 暗号[システム]: escribir en ～ 暗号で書く. estar en ～ 暗号化されている. mensaje en ～ 暗号文. ❺ [イニシャルなどの]組合わせ文字, モノグラム; 略語. ❻ 概要, 要約[=resumen]: La generosidad es la ～ de todas las virtudes. すべての徳をまとめていうと高潔ということになる. ❼《音楽》数字譜, 略譜
en ～ 1) 暗号化された. 2) 密かに, 謎めいて. 3) 手短に, 要約して; 要するに, 要約すれば

cifradamente [θifráðamente] 副 ❶ 暗号で; 記号で, 符丁で. ❷ 要約して, かいつまんで; 手短かに
cifrado [θifráðo] 男 暗号化
cifrar [θifrár] 他 ❶ [通信文を]暗号化する, 暗号で書く: telegrama *cifrado* 暗号電報. ❷ [事物・人・考えを, +en だけに]あるとする: *Cifra* la felicidad en la riqueza. 彼は金銭の豊かさだけに幸せを求める. Ella tiene *cifradas en* su hijo todas sus esperanzas. 彼女は息子にすべての望みを託している. ❸ 要約する, かいつまんで述べる. ❹《商業》値踏みする: ～ un gasto 支出の見積りをする
— *se* ❶ [+en だけに]ある: Mi interés *se cifraba en* hallar alguna profesión. 私の関心は何か仕事を見つけることだった. ❷ [計算すると, +en という]数字になる: Solo en este tramo de la autovía, la intensidad media del tráfico se *cifra* en 22.600 coches al día. 高速道路のこの区間だけで通行量は一日平均22600台になる

cigala [θiɣála] 囡《動物》アカザエビ, スカンピ, ウミザリガニ. ❷《船舶》[錨・錨環への]縄による被覆
cigallo [θiɣáʎo] 男《船舶》[錨・錨環への]縄による被覆 [=cigala]
cigarra [θiɣára] 【←バスク語】囡 ❶《昆虫》セミ. ❷《隠語》巾着. ❸《動物》～ de mar シャコ
cigarral [θiɣarál] 男 [トレド郊外の]別荘
cigarralero, ra [θiɣarraléro, ra] 名 別荘 cigarral の管理人
cigarrera [θiɣaréra] 【←cigarro】囡 ❶ シガーケース; [パイプ用の]たばこケース. ❷ シガーキャビネット
cigarrería [θiɣarrería] 囡《中南米》たばこ屋, 葉巻き・たばこ工場
cigarrero, ra² [θiɣaréro, ra] 名 葉巻売り; 葉巻作りの工具
cigarrillo [θiɣaríʎo] 【cigarro の示小語】男 ❶ たばこ: apagar ～ たばこを消す. dejar el ～ たばこをやめる, 禁煙する
cigarro [θiɣáro] 【←マヤ語 sicar】男 ❶ 葉巻 《～ *puro*: fumar un ～ 葉巻を吸う. ❷ 紙巻きたばこ 《～ *de papel*, *cigarrillo*》. ❸《エクアドル. 昆虫》トンボの一種
echar un ～ たばこを吸う: Voy a *echar un* ～. 一服してこよう. ¿Quieres *echar un* ～? 一本いかがですか?

cigarrón [θiɣarón] 男《昆虫》[総称]バッタ [=saltamontes]. ❷《プエルトリコ, コロンビア, ベネズエラ, アルゼンチン》マルハナバチ
cigodáctilo, la [θiɣoðáktilo, la] 形《鳥》対指足の
cigofiláceo, a [θiɣofiláθeo, a] 形《植物》ハマビシ科の
— 囡《植物》ハマビシ科
cigofíleo, a [θiɣofíleo, a] 囡 =cigofiláceo
cigoma [θiɣóma] 男《解剖》頬骨
cigomático, ca [θiɣomátiko, ka] 形《解剖》頬の: arco ～ 頬骨弓. músculo ～ 頬筋
cigomorfo, fa [θiɣomórfo, fa] 形 =zigomorfo
cigoñal [θiɣoɲál] 男 ❶ [井戸の]跳ねつるべ. ❷《築城》跳ね橋を引き上げる鎖付きの梁
cigoñino [θiɣoɲíno] 男 コウノトリ cigüeña のひな
cigoñuela [θiɣoɲwéla] 囡《鳥》=cigüeñuela
cigosis [θiɣósis] 囡《生物》[生殖細胞の]接合
cigospora [θiɣospóra] 囡《生物》接合胞子
cigoto [θiɣóto] 男《生物》❶ 受精卵, 接合子. ❷ 卵子
cigua [θíɣwa] 囡《キューバ》1)《植物》クスノキ科の木 《学名 Laurus martinicensis》. 2)《貝》チャウダーガイ 《シガテラ病 ciguatera を引き起こす巻き貝》
ciguanaba [θiɣwanába] 囡《中米》女性の姿の怪物 《夜に現わ

れ男を怖がらせる》
ciguapa [θiɣwápa] 囡《キューバ, コスタリカ. 鳥》ナンベイトラフズク [=siguapa]
ciguatar [θiɣwatár] ～ *se* [シガテラ病にかかった魚介類で]食中毒になる [=aciguatarse]
ciguatera [θiɣwatéra] 囡 シガテラ病 《メキシコ湾の魚・甲殻類の病気. 食中毒を引き起こす》
ciguato, ta [θiɣwáto, ta] 形 名 シガテラ病の[患者]
cigüeña [θiɣwéɲa] 【←ラテン語 ciconia】囡 ❶《鳥》コウノトリ: ¿Cuándo viene la ～? 子供はいつ生まれるの? Lo trajo la ～. 男の子が生まれた. esperar la ～ お腹に子供がいる. ～ común (blanca) シュバシコウ. ～ negra ナベコウ. ❷《口語》[赤ん坊用の]携帯ベッド [=portabebés]. ❸《技術》クランク. ❹ [鐘楼上部に取り付けた]鐘を鳴らす綱を吊るす金具
cigüeñal [θiɣwéɲal] 【←cigüeña】男 ❶《技術》クランクシャフト. ❷《まれ》=cigüeña
cigüeñato [θiɣweɲáto] 男 コウノトリのひな
cigüeño [θiɣwéɲo] 男《地方語》雄のコウノトリ
cigüeñuela [θiɣweɲwéla] [cigüeña の示小語] 囡《鳥》セイタカシギ. ❷ クランク [=cigüeña]
cigüete [θiɣwéte] 形 uva ～ 白ブドウの一種
cija [θíxa] 囡 ❶《悪天候用の》ヒツジ小屋. ❷ わら置き場 [=pajar]. ❸《アラゴン》牢屋; 穀物倉庫
cilampa [θilámpa] 囡《エルサルバドル, コスタリカ》霧雨, 小雨
cilanco [θiláŋko] 男 [川の水が減った時に]川岸にできた池
cilandro [θilándro] 男 =cilantro
cilantro [θilántro] 【←ラテン語 coriandrum】男《植物, 香辛料》コリアンダー, コエンドロ, シャンツァイ (香菜)
cilbiceno, na [θilβiθéno, na] 形 名 シルビセノ族の〔人〕《紀元前5世紀, 現在のカディス県に住んでいた先住民》
ciliado, da [θiljáðo, ða] 形 ❶ 繊毛虫門の. ❷《生物》繊毛の
— 男 複《生物》繊毛虫門
ciliar [θiljár] 形《解剖》まつげの; 毛様体の
cilicio¹ [θilíθjo] 【←ラテン語 cilicium】男 ❶ 苦行衣 《修道士が苦行で着る毛シャツ・とげ付きベルトなど》. ❷《古語》大砲にかぶせる粗毛布
cilicio², cia [θilíθjo, θja] 形 名《歴史, 地名》[小アジアの]シリシア Cilicia 地方の[人]
cilindrada [θilindráða] 囡 [エンジンの]気筒容積, 排気量: vehículo de gran ～ 排気量の大きい車両
cilindrado [θilindráðo] 男 ローラーにかけること, 圧延
cilindrar [θilindrár] 【←cilindro】他 ローラーにかける, 圧延する
cilíndrico, ca [θilíndriko, ka] 形《円筒の; 円柱 (円筒) 状の: pilar ～ 円柱. superficie ～*ca* 円柱面
cilindrín [θilindrín] 男《古語的》たばこ [=cigarrillo]
cilindro [θilíndro] 【←ラテン語 cylindrus < ギリシア語 kylindros】男 ❶ 円柱, 円筒, 筒 《～ *circular*》; ～ *recto* 直円柱. ～ *oblicuo* 斜円柱. ❷《技術》1) シリンダー: motor de 6 ～ s en V V 型6気筒エンジン. motor de 4 ～ s en línea 直列4気筒エンジン. 2) ～ *compresor* ロードローラー. ～ *laminador* 圧延ローラー. ❸《印刷》[輪転機の]回転胴. ❹《解剖》軸 =cilindroeje. ❺《主に中南米》ボンベ [=bombona]
cilindroaxil [θilindroa(k)síl] 男《解剖》軸索
cilindroeje [θilindroéxe] 男《解剖》軸索
cilindruria [θilindrúrja] 囡《医学》円柱尿[症]
cilio [θíljo] 男《生物》線毛, 繊毛
ciliófobos [θiljófobos] 男 複《生物》=ciliados
cilla [θíʎa] 囡 ❶《古語》穀物倉庫. ❷《歴史》10分の1税
cillazgo [θiʎáθgo] 男《歴史》穀物倉庫料
cillerero [θiʎeréro] 男《修道院の》食料品係
cillería [θiʎería] 囡《古語》[修道院の]食料品係の職務
cilleriza [θiʎeríθa] 囡 [アルカンタラ修道会の]食料品係の修道女
cillerizo [θiʎeríθo] 男 =cillero
cillero, ra [θiʎéro, ra] 名《歴史》10分の1税の取立て人
— 男 ❶ 穀物倉庫 [=cilla]. ❷ [一般に]貯蔵庫
—**cillo, lla**《示小接尾辞》nube*cilla* 一片の雲
cima [θíma] 【←ラテン語 cyma < ギリシア語 kyma, -atos「芽, 若枝」】囡 ❶ 山頂, 頂上; 最高点: llegar a la ～ del Everest エベレストの山頂に達する. ❷ 梢 [=~ *de un árbol*]. ❸《比喩的にも》波頭 [=~ *de la ola*]: El móvil está en la ～ de la ola de los avances tecnológicos. 携帯電話は技術的進歩の波のピークにある. ❹ 最高潮, 絶頂: Cervantes alcanza su ～ con el Qui-

cimacio

jote. セルバンテスは『ドン・キホーテ』で〔作家としての〕頂点に達した. estar en la ～ de la gloria (la popularidad) 栄光（人気）の絶頂期にある. ❺《植物》集散花序. ❻《音声》音節核, 音節の頂点, 音節の核となるピーク
　dar ～ a+事 …をやり遂げる, 完成する, 仕上げる
　mirar... por ～ …を表面的にしか見ない

cimacio [θimáθjo] 男《建築》サイマ, 波形の刳(く)り形
cimarra [θimářa] 女 *hacer* [la] ～《チリ. 口語》授業（仕事など）をサボる
cimarrear [θimařeár] 自《チリ. 口語》=hacer [la] **cimarra**
cimarrero, ra [θimařéro, ra] 形《チリ. 口語》授業（仕事など）をサボる, 無責任な
cimarrón, na [θimařón, na]《←タイノ語 simaran「野生の, 逃げた」》形 ❶〔動植物が〕野生の, 野生動物；〔家畜が〕野生化した, 野生に帰った；粗野な〔人〕: perro ～ 野犬.〔船舶. 隠語〕〔船員が〕怠け者の ❷《中南米. 歴史》〔黒人奴隷が〕山に逃げ込んだ, シマロン, 逃亡奴隷〔旧スペイン領アメリカで, 過酷な労働条件と生活環境に耐えかねて逃亡した黒人奴隷は集落 palenque を作り, スペイン人を襲い, 社会不安をもたらした〕. ❹《ラプラタ》〔マテ茶に〕砂糖を入れない
　―― 男 ❶《地方語. 魚》マグロ, ツナ〔=atún〕. ❷《ラプラタ》砂糖の入っていないマテ茶
cimarronada [θimařonáđa] 女《中南米》野生化した牛・馬などの群れ
cimarronear [θimařoneár] 自《中南米. 歴史》〔奴隷が〕逃亡する. ❷《ラプラタ》砂糖を入れないマテ茶を飲む
cimba [θímba] I《←ラテン語 cymba》女《古代ローマ》〔船首・船尾が上方にカーブした〕川舟
　II《←ケチュア語 simpna》女《ペルー, ボリビア, アルゼンチン. 髪型》〔先住民の〕三つ編み
cimbado [θimbáđo] 男《ボリビア》三つ編みの鞭
cimbal [θímbal] 男《音楽》ハイハット〔シンバル〕
cimbalaria [θimbalárja] 女《植物》ツタウンラン, ツタガラクサ
cimbalero, ra [θimbaléro, ra] 名=cimbalista
cimbalico [θimbalíko] 男《地方語》=cimbalillo
cimbalillo [θimbalíʎo] 男《címbalo の示小語》〔教会の〕小型の鐘
cimbalista [θimbalísta] 名 シンバル奏者
címbalo [θímbalo]《←ラテン語 cymbalum <ギリシア語 kymbalon》男 ❶《音楽》1)〔古代ギリシア・ローマ〕アンティックシンバル『小型のシンバル』. 2) シンバル〔=platillos〕. ❷=cimbalillo
cimbanillo [θimbaníʎo] 男=cimbalillo
címbara [θímbara] 女 草刈鎌〔=rozón〕.
cimbel [θimbél]《←カタルーニャ語 cimbell》男 ❶《狩猟》1) おとりの鳥を止まり木につないでおく紐. 2) おとりの鳥. ❷ 好餌, おびき寄せる手段. ❸《口語》告げ口する人
cimboga [θimbóga] 女《植物, 果実》ビターオレンジ, ザボン
cimborio [θimbórjo] 男=cimborrio
cimborrio [θimbořjo] 男 ❶〔円天井とドームを支えるアーチの間の〕鼓胴. ❷〔ロマネスク・ゴシックの〕ドーム, 丸屋根
cimbra [θímbra]《←古仏語 cindre》女 ❶《建築》〔アーチなどの〕内迫(まき); 迫(せ)り枠. ❷《船舶》肋材(ろく)のカーブ. ❸《アルゼンチン, ウルグアイ》〔鳥を捕まえる〕罠. ❹《アルゼンチン》イナゴマメを粉にする道具
cimbrado [θimbráđo] 男《舞踊》〔さっと〕腰を曲げること
cimbrar [θimbrár]《←1 語源》他=cimbrear
cimbre [θímbre] 男 地下道
cimbreante [θimbreánte] 形 しなやかな: cintura ～ しなやかな腰. movimiento ～ しなやかな動き
cimbrear [θimbreár]《←cimbrar》他 ❶〔長くしなやかなものを〕震わせる, しならせる: ～ el látigo 鞭をうならす. ❷〔歩きながら体を〕くねらせる. ❸〔体を曲げるように棒で人を〕殴る. ❹《建築》〔アーチなどに〕迫り枠を設置する
　―― ～se 腰を振って歩く. ❷〔長くしなやかなものが〕震える, しなう
cimbreño, ña [θimbréɲo, ɲa]《←cimbrar》形 名 ❶《文語》〔枝などが〕よくしなう, しなやかな, 柔軟な. ❷《西》〔体が細く, 歩く時〕腰を優雅にくねらす〔人〕
cimbreo [θimbréo] 男 ❶ 震わす（しならせる）こと；曲がる（曲げる）こと. ❷ くねらすこと. ❸〔歩く時の〕しなやかな動き
cimbrio, bria [θímbrjo, brja] 形 名=cimbro
　―― 女《建築》❶ 平縁〔=filete〕. ❷ 迫り枠〔=cimbra〕
címbrico, ca [θímbriko, ka] 形 キンブリ族の

cimbro, bra [θímbro, ra] 形 名 キンブリ族〔の〕〔ゲルマン民族の一部族〕
cimbrón [θimbrón] 男 ❶《コスタリカ, コロンビア, アルゼンチン》〔リボン・紐などを〕強く引くこと. ❷《エクアドル. 口語》〔体を無理に動かした時の〕非常に鋭い痛み
cimbronada [θimbronáđa] 女《中南米》=cimbronazo
cimbronazo [θimbronáθo] 男 ❶ 剣のひらによる強打. ❷〔鞭などによる〕背中への強打. ❸《コスタリカ, コロンビア, アルゼンチン》〔肉体的・精神的原因による〕強い震え
cimentación [θimentaθjón] 女《←cimentar》❶ 基礎工事. ❷〔抽象的事柄の〕基礎固め: El proyecto parece tener una buena ～. その計画は土台がしっかりしているようだ. ❸ 土台〔=cimiento〕
cimentado [θimentáđo] 男《古語》〔cimiento real を使った〕金の精錬
cimentador, ra [θimentađór, ra] 形 名 基礎工事をする〔人〕
cimental [θimentál] 形《まれ》基礎の, 土台の
cimentar [θimentár]《←cimiento》《規則変化》/《古語》23 他 ❶ …の基礎を作る, 基礎工事をする, 土台を固める《比喩的に》: ～ una sociedad 会社の基礎を築く. ❷《古語》〔酢・塩・煉瓦の粉を混ぜたもの cimiento real を使って〕金を精錬する
　―― ～se 基礎が作られる: La paz se cimenta en el entendimiento mutuo. 平和は相互理解を土台として築かれる
cimento [θiménto] 男 セメント〔=cemento〕
cimera[1] [θiméra] 女 ❶〔羽根などで飾られた〕兜(かぶと)の頂. ❷《紋章》兜飾り
cimeriano, na [θimerjáno, na] 形 名=cimerio
cimerio, ria [θimérjo, rja] 形 名〔黒海北岸に居住していた〕キンメル族〔の〕
cimero, ra[2] [θiméro, ra]《←cima》形《文語》頂上にある: veleta ～ra de la torre 塔頂の風見鶏. época ～ra 絶頂期
cimetidina [θimetiđína] 女《薬学》シメチジン
cimicaria [θimikárja] 女《植物》ドワーフエルダー〔=yezgo〕
cimiento [θimjénto]《←ラテン語 caementum「建築物の石」》男 ❶〔主に 複. 建造物の〕基礎, 土台: 1) reforzar los ～s 土台をしっかり固める. abrir (excavar) los ～s 土台を掘る, 基礎工事をする. 2)《比喩》poner (echar) los ～s de la amistad 友好の礎(いしずえ)を築く. empezar desde los ～s 基礎から（一から）始める. ❷ 地盤. ❸《古語》～ real〔金の精製に使う〕酢・塩・煉瓦の粉を混ぜたもの
cimillo [θimíʎo] 男《狩猟》おとりの鳥をつないでおく棒
cimitarra [θimitářa] 女〔トルコ人・ペルシア人が用いた〕三日月刀, 新月刀
cimofana [θimofána] 女《鉱物》金緑石(きんりょくせき)
cimógeno, na [θimóxeno, na] 形《生化》発酵を起こす, 発酵性の
　―― 男《生化》チモーゲン, 酵素源
cimología [θimoloxía] 女 発酵学
cimómetro [θimómetro] 男〔電磁波の〕波長計
cimoso, sa [θimóso, sa] 形《植物》集散花序の, 集散状の
cimpa [θímpa] 女《ペルー》三つ編み〔=trenza〕
cina [θína] 女《地方語》〔集名〕〔穀類の〕積み上げられた束〔=hacina〕. ❷《エクアドル. 植物》イネ科の一種
cinabrio [θinábrjo] 男《鉱物》辰砂(しんしゃ). ❷ 朱色〔=bermellón〕
cina-cina [θinaθína] 女《南米. 植物》マメ科の灌木〔学名 Parkinsonia aculeata〕
cinámico, ca [θinámiko, ka] 形 ❶《化学》桂皮の: ácido ～ 桂皮酸. ❷ 肉桂から採った
cinamomo [θinamómo]《←ラテン語 cinnamomum》男《植物》❶ ニッケイ〔肉桂〕, シナモン. ❷ センダン. ❸《フィリピン》ヘンナ, イボタノキ〔=alheña〕
cinc [θínk] 男 [pl. cines/zines]《元素》亜鉛
cinca [θínka] 女《ボウリング》5点マイナスされる反則
cincado [θinkáđo] 男 亜鉛めっき
cincar [θinkár] 他 亜鉛めっきする
cincel [θinθél]《←古仏語 cesel <俗ラテン語 caesorium < caedere「切る」》男 鏨(たがね), チゼル: esculpir a ～ 鏨で彫る
cincelado [θinθeláđo] 男〔鏨による〕彫刻；その作品
cincelador, ra [θinθelađór, ra] 名〔鏨による〕彫刻師, 彫刻家
cinceladura [θinθelađúra] 女=cincelado
cincelar [θinθelár] 他〔鏨で〕彫刻する, 彫る

cincha [θíntʃa]【←ラテン語 cingula】囡 ❶《馬具》腹帯. ❷ [一般に]帯. ❸《コスタリカ》警官の使う斧. ❹《コロンビア》混合. ❺《チリ》ベルト〖=cinturón〗
 a raja ~《アルゼンチン, ウルグアイ. 口語》全速力で
 a revienta ~s 1)《メキシコ, コスタリカ, プエルトリコ. 口語》いやいやながら. 2)《アルゼンチン, ウルグアイ. 口語》全速力で
 ir rompiendo ~s〔車・馬で〕全速力で走る
cinchada[1] [θintʃáda] 囡《アルゼンチン》[引いたり緩めたりの] 綱引き
cinchado, da[2] [θintʃáðo, ða] 厖《アンダルシア; 中南米》[動物に] 腹に1つまたはいくつかの異なる色の筋がある
cinchadura [θintʃaðúra] 囡 馬の腹帯を締めること
cinchar [θintʃár]【←cincha】他 ❶《馬具》腹帯を締める. ❷ [樽に] たがをはめる. ❸《アルゼンチン, ウルグアイ》1)〔実現するように〕熱望する. 2)強く引っ張る, 引く. 3)《スポーツ》応援する
 ── 围 ❶《古語》馬の腹部に拍車をかける〖=cinchera〗. ❷《アルゼンチン. 口語》がんばる, 懸命に働く
cinchazo [θintʃáθo] 男《コスタリカ》マチェテ machete での一撃
cinchera [θintʃéra] 囡 ❶ 馬の腹部に; 腹帯を締める部分. ❷ [馬の] 腹帯による擦り傷
cincho [θíntʃo]【←ラテン語 cingulum「帯」】男 ❶〔農民が cinturón の上に巻く〕幅広の帯. ❷〔一般に〕帯; 剣帯. ❸〔鍋などの〕たが; [車輪の] 金輪. ❹〔チーズ型を巻く〕アフリカハネガヤの紐. ❺《獣医》馬蹄輪〖=ceño〗. ❻《建築》半円筒ボールトのアーチの張り出し部分. ❼《メキシコ. 馬具》腹帯, 鞍具
cinchuela [θintʃwéla] 囡 幅広の帯
cinchuelo [θintʃwélo] 男《馬具》[飾り用の] 細い腹帯
cincino [θinθíno] 男《植物》扇状集散花序
cinco [θíŋko]【←ラテン語 quinque】厖 男 ❶《基数詞》5〔の〕. ❷ 5番目の〖=quinto〗. ❸《バスケットボール》チーム: el ~ inicial スターティングメンバー. ❹《グアテマラ》ビー玉遊び〖=canicas〗. ❺《コスタリカ, チリ. 歴史》5センタボの銀貨. ❻《ベネズエラ》5弦の小型ギター. ❼《チリ》ほんのわずか: No vale un ~. それは少しの価値もない
 Choca esos ~.《口語》1)〔交渉成立〕手を打とう. 2)〔仲直り〕握手しよう. ❸ 賛成だ/了解/承知する
 Dame esos ~.《口語》=Choca esos ~.
 decir a+人 cuántas son ~ …にずけずけと文句を言う, 叱りとばす
 estar sin ~《口語》無一文である
 no saber cuántas son ~ 全く無知である
 no tener ni ~《口語》=estar sin ~
 quedarse sin un ~《ホンジュラス. 口語》健康(精神)状態がひどく悪い; 金詰まりである
 Vengan esos ~.《口語》=Choca esos ~.
cincoenrama [θinkoenráma] 囡《植物》キジムシロ属の一種〖学名 Potentilla reptans〗
cincograbado [θiŋkograβáðo] 男 亜鉛版印刷物
cincografía [θiŋkografía] 囡《印刷》亜鉛製版
cincomesino, na [θiŋkomesíno, na] 厖 5か月の
cincona [θiŋkóna] 囡《植物》キナ〖=quino〗
cinconina [θiŋkonína] 囡《生化》シンコニン
cincuenta [θiŋkwénta]【←ラテン語 quinquaginta】厖 男 ❶《基数詞》50〔の〕. ❷ 50番目の〖=quincuagésimo〗. ❸ 金婚式〖= bodas de oro〗. ❹《船舶》Furiosos (Aulladores) *C~s* 狂う50度〖南緯50度から60度にかけての海域〗
 los [*años*] *~* [*s*] 1950年代: música de los ~ 1950年代の音楽
cincuentavo, va [θiŋkwentáβo, βa] 厖 男《分数詞》50分の1〔の〕
cincuentena[1] [θiŋkwenténa] 囡 ❶《集合》50〔のまとまり〕: Hay una ~ de piezas. 50個ぐらいある. ❷ 50歳代
cincuentenario, ria [θiŋkwentenárjo, rja] 厖 囡 ❶ 50歳代の〔人〕. ❷〔事物が〕50年たった
 ── 男 ❶ 50周年記念日〔の祝賀〕. ❷《まれ》50周年
cincuenten, na[2] [θiŋkwenténo, na] 厖 50番目の〖=quincuagésimo〗
 ── 厖 名《コロンビア》=cincuentón
cincuentésimo, ma [θiŋkwentésimo, ma] 厖《まれ》50番目の〖=quincuagésimo〗
cincuentón, na [θiŋkwentón, na] 厖 名〔主に揶揄して〕50歳代〔の人〕: mujer *cincuentona* 50歳代の女性
cine [θíne]【*cinematógrafo* の省略語】男 ❶ 映画館: ir al ~ 映画館に行く, 映画を見に行く. ~ *de barrio* 近所の安い映画館. ~ *de estreno* 封切館. ~ *de verano* 野外映画会. ~ *continuado*《南米》途中入れ替えなしの映画館. ❷ 映画〖類義〗 **cine** はジャンルとしての映画, **película・film** は作品としての映画〗; 映画芸術, 映画技術; 撮影・写写器具; 映画界: hacer ~ 映画を作る; 映画に出演する. aficionado al ~ 映画ファン. ~ *francés* フランス映画. ~ *sonoro* (*hablado*) トーキー. ~ *mudo* 無声(サイレント)映画
 de ~ すばらしく, すばらしく: Esa chica es *de ~*. あの子はすごい美人だ
 ir al ~ de las sábanas blancas《戯語》ベッドに行く, 寝る
cineasta [θineásta]【←cine】名 ❶ 映画人〔俳優, 監督, カメラマンなど映画制作の関係者〕; [特に] 映画監督. ❷ 映画研究家
cinecámara [θinekámara] 囡《まれ》映画カメラ, ビデオカメラ
cinecassette [θinekasét] 囡《まれ》=videocasete
cineclub [θineklúβ] 男《複》~[e]s 映画研究会, シネクラブ〖組織, 建物〗
cineclubista [θineklußísta] 厖 名 映画研究会(シネクラブ)の会員〔の〕
cinéfago, ga [θinéfago, ga] 厖《戯語》=cinéfilo
cinefilia [θinefílja] 囡 映画好き, 映画狂
cinéfilo, la [θinéfilo, la] 厖 名 映画が大好きな〔人〕, 大の映画ファン〔の〕, 映画狂の〔人〕
cinefórum [θineförum] 男《複》~s/単複同形〗シネフォーラム
cinegeta [θinexéta] 名《まれ》狩猟家
cinegético, ca [θinexétiko, ka]【←ギリシア語 kynegetikos「狩りの」】厖 ❶ 狩猟術〔の〕. ❷ 狩猟の: actividad ~*ca* deportiva スポーツ狩猟
cineísta [θineísta] 名 =cineasta
cineístico, ca [θineístiko, ka] 厖《まれ》cine の
cinema [θinéma] 男《文語》=cine
cinema-《接頭辞》〔動き〕*cinemática* 運動学
cinemascope [θinemaskópe]【←商標】男《映画》シネマスコープ
cinemascópico, ca [θinemaskópiko, ka] 厖《口語》巨大な
cinemascopio [θinemaskópjo] 男 =cinemascope
cinemateca [θinematéka] 囡 前衛映画専門の小映画館; フィルムライブラリー
cinemático, ca [θinemátiko, ka] 厖 囡 ❶《物理》運動学〔の〕; 運動の. ❷《まれ》=cinematográfico
cinemato-《接頭辞》=cinema-
cinematografía [θinematografía] 囡 映画技術, 映画芸術〖=cine〗
cinematografiar [θinematografjár] [11] 他 映画に撮る, 映画化する
cinematográficamente [θinematográfikaménte] 副 映画のように; 映画の観点から
cinematográfico, ca [θinematográfiko, ka] 厖 映画の, 映画撮影の: crítica ~*ca* 映画批評. derechos ~s 映画上映権, 映画化権. estudios ~s 映画学校. industria ~*ca* 映画産業. sala ~*ca* 映画館
cinematografista [θinematografísta] 名《まれ》=cineasta
cinematógrafo [θinematógrafo] 男 ❶ 映写機; 映画館. ❷ =cinematografía
cinematoscopio [θinematoskópjo] 男 =cinemascope
cinemo-《接頭辞》=cinema-
cinemógrafo [θinemógrafo] 男《まれ》速度計
cinemómetro [θinemómetro] 男 ❶《物理》速度計. ❷《自動車》速度監視計
cineol [θineól] 男 ❶《化学》オイカリプトール〖=eucaliptol〗. ❷《薬学》シネオール
cineración [θineraθjón] 囡《まれ》=incineración
cinerama [θineráma]【←商標】男《映画》シネラマ
cineraria[1] [θinerárja]《植物》シネラリア, サイネリア, フキギク
cinerario, ria[2] [θinerárjo, rja] 厖 [容器が] 遺灰入れの, 納骨用の
cinéreo, a [θinéreo, a] 厖 灰色の〖=ceniciento〗
cinericio, cia [θineríθjo, θja] 厖 ❶ 灰の. ❷ 灰色の〖=ceniciento〗
cinescopado, da [θineskopáðo, ða] 厖 =kinescopado
cinescopar [θineskopár] 他 =kinescopar

cinescopio [θineskópjo] 男 =**kinescopio**
cinesia [θinésja] 女 =**quinesia**
cinésico, ca [θinésiko, ka] 形 女 =**quinésico**
cinesiología [θinesjoloxía] 女 =**kinesiología**
cinesiológico, ca [θinesjolóxiko, ka] 形 =**kinesiológico**
cinesiólogo, ga [θinesjólogo, ga] 名 =**kinesiólogo**
cinesiterapeuta [θinesiterapéuta] 名 =**kinesioterapeuta**
cinesiterapia [θinesiterápja] 女 =**kinesiterapia**
cinesiterápico, ca [θinesiterápiko, ka] 形 =**kinesiterápico**
cinestesia [θinestésja] 女《生理》運動感覚, 筋感覚
cinestésico, ca [θinestésiko, ka] 形 運動感覚的
cinestético, ca [θinestétiko, ka] 形 =**cinestésico**
cinete [θinéte] 形 名 [現在のポルトガル南部に住んでいた] イベロ系先住民[の]
cineteca [θinetéka] 女《メキシコ》=**cinemateca**
cinética[1] [θinétika]《←ギリシア語 kineticos「動く」》女 ❶ 動力学. ❷《化学》~ química 反応速度論. ❸《技術》集名 運動
cinético, ca[2] [θinétiko, ka] 形 ❶《物理》運動の: energía ~ca 運動エネルギー. ❷《美術》arte ~ キネティックアート, 動く芸術
cinetismo [θinetísmo] 男《美術》キネティックアート
cinetista [θinetísta] 形 名 キネティックアートの[美術家]
cinetosis [θinetósis] 女《医学》動揺病, 運動病, 乗物酔い
cingalés, sa [θingalés, sa] 形 名 セイロン Ceilán の[人]《スリランカ Sri Lanka 半島[名]》
—— 男 シンハラ語
cíngaro, ra [θíngaro, ra] 形 名 =**zíngaro**
cingiberáceo, a [θinxiberáθeo, a] 形 ショウガ科の
—— 女《植物》ショウガ科
cingla [θíngla] 女《ムルシア》鉄製のたが(輪)
cinglado [θingládo] 男《金属》[鉄の] 鍛錬
cinglador [θingladór] 男《鍛鉄用の》圧縮機
cinglar [θinglár] 他 ❶ [舟の] 櫓(¯)をこぐ. ❷《金属》[鉄を] 鍛錬する
cingleta [θingléta] 女 [地引き網の] 引き綱
cinglo [θínglo] 男《地方語》そそり立った岩山《=risco》
cíngulo [θíngulo] 男 ❶《カトリック》[聖職者の祭服 alba の] 腰を締める紐. ❷《文էし》腰に物を結び付ける紐. ❸《古代ローマ》[兵士の記章としての] 紐, 綬. ❹《解剖》肢帯
cinia [θínja] 女《植物》=**zinnia**
cínicamente [θínikaménte] 副 冷笑的に, 皮肉をこめて
cínico, ca [θíniko, ka]《←ラテン語 cynicus < ギリシア語 kynikos「犬儒学派の」< kyon, kynos「犬」》形 ❶ シニカルな, 冷笑的な [人], 皮肉屋[の], 世をすねた[人]. ❷《哲学》キュニコス学派の [人], 犬儒学派の: escuela ~ca キュニコス学派, 犬儒学派. ❸ 破廉恥な [人]
cínife [θínife] 男 蚊《=mosquito》
cinípedo, da [θinípeðo, ða] 形 タマバチ科の
—— 男《昆虫》タマバチ科
cinismo [θinísmo] 男 ❶ シニシズム, 皮肉な見方, 冷笑癖. ❷ キュニコス派哲学, 犬儒哲学
cinocéfalo [θinoθéfalo] 男《動物》ヒヒ. ❷《神話》犬頭人
cinódromo [θinóðromo] 男 =**canódromo**
cinoglosa [θinoglósa] 女《植物》シナワスレグサの一種《学名 Cynoglossum officinale》
cinológico, ca [θinolóxiko, ka] 形 犬の
cinomoriáceo, a [θinomorjáθeo, a] 形 キノモリア科の
—— 女 複《植物》キノモリア科
cinorexia [θinoré(k)sja] 女《医学》貪食
cinorrodón [θinorroðón] 男 ノバラの実
cinosura [θinosúra] 女 ❶《ギリシア神話》キュノスラ《イダ山のニンフ》. ❷《天文》[C~] 小熊座
cinquecentista [tʃiŋketʃentísta] 形 名 16世紀イタリア芸術の (芸術家)
cinquecento [tʃiŋketʃénto]《←伊語》男 16世紀イタリア芸術
cinquedea [tʃiŋkedéa]《←伊語》女 チンクエデア《イタリアルネサンス期特有の, 幅広先細の刃の短剣》
cinqueño [θiŋkéɲo] 男 男性5人でするゲーム
cinquero [θiŋkéro] 男 亜鉛職人, 亜鉛メッキ工
cinquillo [θiŋkíʎo] 男《西式トランプ》5並べ
cinquina [θiŋkína] 女 =**quinterna**
cinta [θínta]《←ラテン語 cincta < cingere「締める」》女 ❶ リボン; テープ: poner una ~ al regalo プレゼントにリボンをかける. recogerse el pelo con una ~ 髪をリボンで結ぶ. ~ adhesiva 粘着テープ, ガムテープ. ~ aislante/《南米》aisladora 絶縁テープ. ~ de vídeo ビデオテープ. ~ métrica 巻き尺, メジャー. ❷ 映画フィルム《=~ cinematográfica》. ❸ transportadora ベルトコンベア. ~ de andar ランニングマシーン, ルームランナー. ~ bibrador ベルトマッサージ機. ❹《スポーツ》1) ~ de llegada ゴールテープ. tocar (romper) la ~ 1着になる, ゴールテープを切る. 2) ~ negra 《メキシコ, 柔道など》《=cinturón negro》. ❺《植物》クサヨシ. ❻《魚》スミツキアカタチの一種《学名 Cepola rubescens》. ❼《料理》前ロース《=~ de lomo》. ❽《船舶》腰外板. ❾《建築》平線, 銘《=divisa》. ❿《マグロ漁用の》麻製の網. ⓫《獣医》蹄冠《=corona de casco》. ⓬《古語》1) 腰. 2)《服飾》ベルト. 3) 革帯
borrar ~《グアテマラ, キューバ, プエルトリコ》覚えていない, 記憶にない
de ~ [器具が] ベルト式の
en ~ 録音(録画)された; 制御(抑制)された
cintagorda [θintagórða] 女《マグロ漁用の》麻製の網
cintajo [θintáxo] 男《軽蔑》[服・帽子に付ける] 悪趣味なリボン
cintar [θintár] 他《建築》[飾りとして] 平縁(帯状装飾)を付ける
cintarazo [θintaráθo] 男 [刀の] 平(¹)で打つこと
cintarear [θintareár] 他《口語》[刀の] 平(¹)で打つ
cintazo [θintáθo] 男 ベルト (革帯)で打つこと
cinteado, da [θinteáðo, ða] 形 いくつものリボンで飾られた
cintería [θintería] 女 ❶ 集名 リボン. ❷ リボンの売買; リボンの販売店
cintero, ra [θintéro, ra] 名《まれ》リボンの製造(販売)者
—— 男 ❶ [牛の角などを縛る] 綱. ❷《古語》[村の女たちが締めた] 飾り付きの帯. ❸《アラゴン》脱腸帯
cinteta [θintéta] 女 レバンテ地方で使われる漁網
cintiforme [θintifórme] 形 リボン状の
cintilar [θintilár] 自《まれ》きらめく, きらきら輝く
cintillo [θintíʎo] 男 ❶ [帽子の山を巻く] 飾りのリボン; [髪を押さえる] スカーフ状のリボン; [汗止めなどの] ヘッドバンド. ❷《キューバ, アンデス》髪をまとめる カチューシャ. ❸《コロンビア》[小型の] 首飾り. ❹《ラプラタ》[宝石付きの] 指輪《=sortija》
cintilografía [θintilografía] 女《医学》シンチグラフィー
cinto [θínto]《←cinta》男 ❶《服飾》帯, ベルト《=cinturón》: varle una daga al ~ 短剣を腰に下げている. con una pistola al ~ ベルトにピストルを付けて. ❷《地理》~ negro 黒土帯. ❸ 腰, 腰回り. ❹《魚》~ pez オビレタチ. ❺《地方語》山腹の細長い耕地. ❻《ラプラタ》小銭入れ付きのベルト
echarse... al ~《口語》…を飲み干す
cintón [θintón] 男《船舶》[船腹を取り巻く木製の] 帯状の防御物
cintra [θíntra] 女《建築》[アーチ・丸天井の] 湾曲面, 内弧面
cintrado, da [θintráðo, ða] 形《建築》湾曲した, アーチ形の
cintrel [θintrél] 男《建築》[煉瓦積みの角度を示す] アーチ天井の中心から垂らした紐
cintura [θintúra]《←ラテン語 cinctura < cingere「締める」》女 ❶ 腰のくびれ; ウエスト, 胴回り: 1) coger a+人 por la ~[ダンスなどで] ~の腰に手を回す. 2)《服飾》ズボンのウエストライズの, またがみの深い. de ~ baja ヒップハンガーの, ローライズの, またがみの浅い. 3)《解剖》~ escapular (torácica) 肩[甲]帯. ~ pelviana 腰帯. ❷《暖炉》炉喉, 吸い込み口. ❸《船舶》索具と円材の接合部. ❹《南米》腰: Me duele la ~. 私は腰が痛い
entrar en ~ [子供などが] 従順になる
meter a+人 **en** ~《西. 口語》…を行ない正しくさせる, 規律を守らせる
mover la ~ 踊る《=bailar》
tener ~《アルゼンチン》困難を切り抜けるのがうまい
tener poca ~ ウエストが細い
—— 男《キューバ》ドンファン, 女たらし
cinturica [θintuŕíka]《cintura の示小語》女 =**cinturilla**
cinturilla [θintuŕíʎa] 《cintura の示小語》女 ❶《服飾》❶ [主にスカート用の布製の] ベルト. ❷ [補正下着の] ウエストニッパー
cinturita [θintuŕíta] 女 ウエストニッパー《=cinturilla》
cinturón [θintuŕón]《cintura の示大語》男 ❶《服飾》ベルト, バンド: Ese vestido no lleva ~. そのドレスにベルトは付いていない. llevarse el ~ ベルトを締める. ~ de castidad 貞操帯. ~ de lagarto トカゲ革のベルト. ~ de lastre [潜水の] ウエイトベル

ト. ～ de seguridad シートベルト, 安全ベルト. ❷ 帯状のもの, 環状線; 地帯～ de baluartes [環状の]防衛線. C～ de Fuego del Pacífico 環太平洋火山帯. ～ de miseria 貧困地区, 貧民街. ～ de trincheras 塹壕線. ～ industrial 工業地帯. ～ verde 緑地帯, グリーンベルト.《天文》～ de Orión オリオン座の三つ星. ～ de Van Allen バンアレン帯

apretarse el ～ 1) ベルトをきつくする(きちんと締める). 2) 出費(生活)を切り詰める, 財布の紐を締める
～ *negro (blanco・verde・azul)*《柔道など》黒(白・緑・青)帯; 黒(白・緑・青)帯の人

cinzolín [θinθolín] 男 形 赤紫色の
-ción [接尾辞] 動詞+. 名詞化. 動作・結果] ocupac*ión* 占領
cipariso [θiparíso] 男《詩語》糸杉 [=ciprés]
cipayo [θipájo]《←ペルシア語 cypahi「騎兵」》男 ❶《歴史》[主にイギリス植民地軍の] インド人傭兵士, セポイ. ❷《中南米. 歴史》[スペイン軍の] 先住民兵士. ❸《キューバ, ラプラタ. 軽蔑》外国のために活動する政治家
cipe [θípe]《←ナワトル語 tzipitl「子供」》形《ホンジュラス, エルサルバドル, コスタリカ》[子供が] 病弱な, 発育不全の
—— 男 ❶《エルサルバドル》樹脂 [=resina]. ❷《コスタリカ》灰を食べる悪魔 duende
ciperáceo, a [θiperáθeo, a] 形 カヤツリグサ科の
—— 男複《植物》カヤツリグサ科
ciperales [θiperáles] 男複《植物》カヤツリグサ目
cipero [θipéro] 男《ベネズエラ》かす; 糞便
cipmunk [θipmúŋk] 男《動物》シマリス
cipo [θípo] 男 ❶《考古》墓碑, 標柱. ❷《交通》道標
cipolino [θipolíno] 男《鉱物》雲母大理石
cipotada [θipotáða] 女 打撃, 殴打 [=porra]
cipotazo [θipotáθo] 男 打撃, 殴打 [=porra]
cipote [θipóte] 形 ❶《西》間抜けな, 愚かな. ❷《コロンビア. 口語》[+名詞] 強調. 良くも悪くも] すごい
—— 男 ❶《西. 卑語》陰茎 [=pene]. ❷ でぶ, ずんぐりした男. ❸ 棍棒; [太鼓の] ばち. ❹《中米》少年
cipoteo [θipotéo] 男《俗語》密通, 姦淫
cipotero [θipotéro] 男《グアダラハラ》❶ 土手, 堤. ❷ 道標
cipotón, na [θipotón, na] 形《ホンジュラス》少年[の], 少女[の]
ciprea [θipréa] 女《動物》ダカラ貝
ciprés [θiprés]《←ラテン語 cypressus <ギリシア語 kyparissos》男 ❶《植物》イトスギ(糸杉): ～ *calvo* ヌマスギ(沼杉), ラクウショウ; ～ *de Arizona* アリゾナイトスギ. ～ *de Lawson* ローソンヒノキ. ～ *de Monterrey* モントレーイトスギ. ～ *japonés* ヒノキ. ❷ 悲しみ, 憂鬱(≌): 《←イトスギは墓地に植えられる》Es un ～. 彼は悲しみに沈んでいる/陰気だ. ❸《カトリック》中央祭壇
cipresal [θipresál] 男 イトスギ林
cipresillo [θipresíʎo] 男《植物》ワタスギギク [=abrótano hembra]
cipresino, na [θipresíno, na] 形 イトスギの; イトスギのような
ciprínido, da [θipriníðo, ða] 形 コイ類の
—— 男《魚》コイ類
cipriniforme [θipriniíforme] 形 コイ目の
—— 男《魚》コイ目
ciprina, na [θipríno, na] 形 **I**《古語》=**cipresino**
II 形 名《廃語》=**chipriota**
III 男《魚》キンギョ(金魚)
ciprinodóntido, da [θiprinoðóntiðo, ða] 形 メダカ科の
—— 男《魚》メダカ科
ciprio, pria [θíprjo, prja] 形 名《廃語》=**chipriota**
cipriota [θipriótá] 形 名《まれ》=**chipriota**
ciquiricata [θikirikáta] 女 へつらい, おべっか
ciquitroque [θikitróke] 男 野菜の煮込み [=pisto]
CIR [θír] 男《西. 略語》←*centro de instrucción de reclutas* 新兵訓練センター
cirate [θiráte] 男《地方語》石製のベンチ
circa [θírka] 前 [+年] …ごろ: *Reloj de mesa Ansonia (～ 1900)* アンソニア社製の置き時計 (1900年ごろ製造)
❷《チリ. 鉱山》[石炭を掘りやすくするため] 鉱床に穴を掘ること
circadiano, na [θirkaðjáno, na] 形《生理》約24時間隔の, 概日の

circasiano, na [θirkasjáno, na] 形 名《歴史, 地名》[コーカサスの北の] サーカシア Circasia の[人]
circe [θírθe] 女 ❶ ずるい女, 女詐欺師. ❷ [C～] キルケー『『オデュッセイア』で男を豚に変えた魔女』
circense [θirθénse]《←ラテン語 *circensis* < *circus*》形 ❶ サーカスの: *compañía* ～ サーカス団. ❷《古代ローマ》円形競技場の
circo [θírko]《←ラテン語 *circus*》男 ❶ サーカス, 曲芸: *A los niños les gusta mucho el ～*. 子供たちはサーカスが大好きだ. ❷ サーカスの一座, サーカス団; その小屋: ～ *ambulante* 移動サーカス. ❸《古代ローマ》円形競技場. ❹ [集合]《円形の》観客席, 観客. ❺ 大騒ぎ, 目立つ行動. ❻《地理》圏谷, カール《～ *glaciar*》. ❼《古》魔術師の円形の祭壇 [=cerco]
de ～ こっけいな, 笑いものの
circón [θirkón] 男《鉱物》ジルコン
circona [θirkóna] 女《化学》ジルコニア, 酸化ジルコニウム
circonio [θirkónjo] 男《元素》ジルコニウム
circonita [θirkoníta] 女《鉱物》ジルコナイト
circuición [θirkwiθjón] 女 囲むこと; 包囲
circuir [θirkwír]《←ラテン語 *circuire*》48 他《文語》囲む, 取り巻く: *Una aureola circuye la cabeza de la Virgen.* 光輪が聖母マリアの頭を取り巻く. ～ *el campamento con una alambrada* 野営地を鉄条網で囲む
circuitería [θirkwiteríа] 女《情報》回路設計
circuito [θirkwíto]《←ラテン語 *circuitus*》男 ❶ サーキット[コース], 周回路 [=～ *de carreras*]: ～ *automovilístico* オートサーキット. ❷ [各地を巡る] ツアー, 周遊: ～ *turístico*: ～ *por Andalucía* アンダルシア一周の旅. ～ *de los castillos* 各地の城巡り. ❸《スポーツ》トーナメントツアー. ❹《電気》回路: *corto ～* ショート [=*cortocircuito*]. ～ *abierto (cerrado)* 開(閉)回路. ～ *impreso* プリント回線. ～ *integrado* 集積回路. ～ *primario (secundario)* 一(二)次回路. ～ *regional* 地域ケーブルテレビ. ❺ 系統, ネットワーク: ～ *de carreteras* 幹線道路網. ～ *comercial* 販売網. ❻ [主に文化的な] 分野, 集団. ❼《まれ》囲まれた空間; 周囲: *casas comprendidas dentro del ～ de la ciudad* 都市圏に含まれる家々
circulable [θirkuláßle] 形 循環し得る
circulación [θirkulaθjón] 女《←*circular* II》女 ❶ 通行, 交通: *Hasta ahora la ～ por las vías para automóviles es fluida.* 現在まで自動車道の交通は順調に流れている. *En España la ～ es por la derecha.* スペインでは右側通行である. *cerrado a la ～ rodada* 車両通行止め. *prohibida* 通行禁止. *única*《メキシコ》一方通行. ❷ 交通量: *calle de gran (mucha) ～* 交通量の多い通り. *horas de mucha ～* 交通量の多い時間. ❸《医学》1) 循環: ～ *sanguínea*/～ *de la sangre* 血液の循環, 血行. *tener buena (mala) ～* 血行がよい(悪い). 2) 循環器. ❹《気象》～ *atmosférica* 大気循環. ❺《経済》1) 流通: *estar fuera de ～* 流通していない. *acción en ～* 発行済株式, 流通株. ～ *del dinero* 貨幣の流通. 2) 通貨: ～ *fiduciaria* 紙幣; 流通貨幣, 法貨. 3) 流通学. ❻ [思想・情報などの] 伝達, 伝播, 普及. ❼《文語》循環濃«

desaparecer de la ～ [人が] いつもの場所に現われない; [物が] いつもの場所にない, 消える

poner... en ～ 1) …を流通させる. 2) 流布させる: *poner en ～ una idea revolucionaria* 革命思想を広める

retirar de la ～ 1) [貨幣などを] 流通から引き上げる. 2) 流通を止める, 回収する

retirarse de la ～ [人が] 隠れる, いつもの場所に現われない

circulante [θirkulánte] 形 ❶ 流通している: *dinero ～* 現金, 手許現金. ❷ 巡回している: *biblioteca ～* 巡回図書館
circular I [θirkulár]《←ラテン語 *circularis*》形 ❶ 円形の, 環状の, 円環的な: *moneda ～* 円形の貨幣. *movimiento ～* 円運動. ❷ 終わりのない: *relato ～* 果てしない議論, 堂々巡り. ❸ 巡回の; 周遊の. ❹ 循環論法の
—— 男 市内循環バス
—— 女 回状, 回覧 [=*carta*]; 通達, 通知: *enviar una ～ a los socios* 会員に回状を出す
II《←ラテン語 *circulare*「丸くする, 集団にする」》自 ❶ 通行する, 歩き回る, 動き回る; [車などを] 運転する: *¡Circulen, señores, no se estacionen en la entrada!* 皆さん, 入り口で立ち止まらずに歩いて下さい. *A causa de un accidente no circulan los trenes.* 事故のため列車は止まっている. *Circule con precaución.*《表示》安全運転. ❷ [血液など]が循環する: *La sangre circula por las arterias y las venas.* 血液は動脈と静脈を循

環する. ❸ [水・空気などが] 移動する, 通う: En las plantaciones de arroz, unos molinos hacen 〜 el agua. 田には水車で水が流し込まれる. Si se abre ese balcón *circula* demasiado aire. そのバルコニーが開くと風が入りすぎる. ❹ [手から手へ] 渡る, 回される; [商品・貨幣・証券が] 流通する. ❺ [思想などが] 広まる; [命令などが] 通達される, 回覧される: La noticia *circuló* rápidamente. そのニュースはあっという間に伝わった.
── 他 通達する, 回覧する; 流布させる, 行き渡らせる: El gobernador *circuló* una orden secreta. 知事は秘密通達を出した
── **〜se** [命令などが] 通達される, 回覧される: *Se circularon* instrucciones a los alcaldes de la región. 地域の市町村長に指示が届いた
circularismo [θirkularísmo] 男 循環論法
circularmente [θirkulárménte] 副 円く, 円状に, 輪になって; 循環して
circulatorio, ria [θirkulatórjo, rja] [←*circulación*] 形 ❶《医学》血液循環の, 血行の: aparato 〜 循環器. problemas 〜*s* 血行障害. ❷ 循環の; 交通の; 流通の: sistema 〜 交通(流通)システム
círculo [θírkulo] [←ラテン語 *circulus* < *circus*「輪」] 男 ❶《幾何》円; 円周 [=*circunferencia*]: dibujar un 〜 円を描く. 〜 de giro/〜 de viraje《自動車》最小回転半径を描く円. ❷ 円形, 輪: Pusieron las sillas formando un 〜 alrededor de la estufa. 彼らはストーブの周りに円を描くように椅子を並べた. poner un 〜 en... ...に丸印をつける [=〜 *del «OK» の意味にする*]: misteriosos 〜*s* ミステリーサークル. ❸ 集まり; サークル, クラブ《組織, 場所》: 〜 de lectores/〜 de lectura 読書会. 〜 de amigos de la ópera オペラ愛好会. 〜 de calidad [職場の] QCサークル. tener un 〜 de amistades amplio 交友関係が広い. ❹ 圏 ...界: 〜*s* financieros 財界. 〜*s* gubernamentales 政府筋. ❺《地理》〜 equinoccial 赤道. 〜 polar ártico (antártico) 北極(南極)圏. 〜 máximo 大圏(大円). 〜 menor 小圏/小円. ❻《天文》1) 〜 acimutal 方位圏;《船舶》方位環. 〜 diurno 日周圏. 〜 horario 時圏. 〜 vertical 垂直圏. 〜 de altura 鉛直圏. 2) 目盛環: 〜 meridiano 子午環. ❼《解剖》乳輪 [=*aréola*, 〜 *mamario*]. ❽《魔法師が描く》魔方陣 [=〜 *mágico*]. ❾《考古》クロムレック, 環状列石. ❿《論理》循環論法; 悪循環: Estamos ante un 〜 *vicioso*. 我々は悪循環に直面している

en 〜 輪になって: Se sentaron *en* 〜 alrededor del fuego. 彼らは火を囲んで車座になった
en 〜*s bien informados* 消息通の間では
en los 〜*s íntimos de* +人 ...に近い筋によれば
circum-《接頭辞》→**circun-**
circumcirca [θirkumθírka] 副 およそ, 大体
circumnutación [θirkumnutaθjón] 形《植物》巻きひげの回旋
circumpolar [θirkumpolár] 形 北(南)極付近の, 周極の
circun-《接頭辞》[b・p の前では *circum*-]〔周囲〕*circun*stancia 環境
circuncentro [θirkunθéntro] 男《幾何》外心
circuncidar [θirkunθiðár] 他《ユダヤ教など》「丸く切り取る」[儀式として] ...に割礼を行なう
circuncisión [θirkunθisjón]〔←*circuncidar*〕女 ❶ 割礼, 包皮切除. ❷ キリスト割礼の祝日『1月1日』; キリスト割礼像(画)
circunciso, sa [θirkunθíso, sa] 形 割礼を受けた [男]
circundante [θirkundánte] 形《文語》[+a の] 周囲の, 周辺の, 取り囲む: Acabo de llegar y no conozco los pueblos 〜*s*. 私は来たばかりで周りの町のことはわからない. bosque 〜 *al lago* 湖を取り囲む森
circundar [θirkundár] [←ラテン語 *circumdare* < *circum*「周囲」+*dare*「与える」] 他《文語》〔物が人・物を〕囲む, 取り巻く: La aureola *circunda* su cabeza. 光輪が彼の頭を取り巻いている
circunferencia [θirkunferénθja] [←ラテン語 *circumferentia* < *circum*「周囲」+*ferre*「持つ」] 女 ❶《幾何》周, 円 [=*círculo*]. ❷ 周囲, 周辺: Una arcada se extiende por toda la 〜 de la plaza. 広場のまわりはずっとアーケードになっている
circunferencial [θirkunferenθjál] 形 円周の, 周囲の
circunferencialmente [θirkunferenθjálmente] 副 周辺に
circunferente [θirkunferénte] 形 周囲の; 限定する
circunferir [θirkunferír] 33 他 [周囲を, +a に] 限定する

circunflejo, ja [θirkunfléxo, xa] 形《音声》曲折アクセントのつく: acento 〜 曲折アクセント, アクサン・シルコンフレクス
── 男 曲折アクセント符号[ˆ]
circunfuso, sa [θirkunfúso, sa] 形 周囲に広がった, 流布した, 散らばった
circunlocución [θirkunlokuθjón] 女《修辞》婉曲表現, 迂言(%)法, 回りくどい表現『例 lengua de Cervantes「セルバンテスの言語」つまり「スペイン語」』
circunloquial [θirkunlokjál] 形《まれ》遠回しな, 回りくどい
circunloquio [θirkunlókjo] 男 遠回しな(回りくどい)言い方; =*circunlocución*

andarse con 〜*s* 回りくどく言う: No *andes con* 〜*s* y di de una vez lo que quieres. 回りくどい話はやめてきっぱりと自分の希望を言え
circunmediterráneo, a [θirku(m)meðiterráneo, a] 形 地中海周辺の
circunnavegación [θirkunnaβeɣaθjón] 女 周航, 一周航海; 船での世界一周
circunnavegar [θirkunnaβeɣár] [←ラテン語 *circum*「周囲」+カスティーリャ語 *navegar*] 8 他 周航する: 〜 el mundo 船で世界一周する
circunscribir [θirku(n)skriβír] [←ラテン語 *circumscribere* < *circum*「周囲」+*scribere*「書く」] 他《過》*circunscrito*》 ❶ [+a に] 限定する: 〜 el incendio 火事を封じ込める. *Circunscribió* su intervención *a* mantener el orden. 彼は秩序を守るためにだけ口を出すにとどめた. ❷《数学》外接させる: círculo *circunscrito* 外接円
── **〜se**《文語》❶ [活動などについて] 自らを限定する: *Circunscríbase a* exponer el plan, sin comentario. コメントはせず計画について述べるだけにしなさい. ❷ [範囲に] 限定される: La borrasca *se circunscribió a* la región central. 嵐は中部地域にとどまった
circunscripción [θirku(n)skripθjón] [←ラテン語 *circumscriptio*, -*onis*] 女 ❶ [行政上の] 区分, 区域: 〜 electoral 選挙区. ❷ 限定, 制限. ❸《幾何》外接
circunscriptivo, va [θirku(n)skri(p)tíβo, βa] 形 限定する
circunscripto, ta [θirku(n)skrí(p)to, ta] =*circunscrito*
circunscrito, ta [θirku(n)skríto, ta] *circunscribir* の過分
circunsolar [θirku(n)solár] 形 太陽の周囲の
circunspección [θirku(n)spé(k)θjón] 女 用心深さ, 控え目, うち解けないこと; 慎重さ
circunspecto, ta [θirku(n)spékto, ta] 形 [対人関係で] 用心深い, 気を許さない, 控え目な; [評価する時に] 慎重な
circunstancia [θirku(n)stánθja] [←ラテン語 *circumstantia*] 女 ❶ [周囲の] 状況, 事情: 1) La crisis política es una 〜 poco favorable para la economía. 政治危機は経済にとって好ましくない状況だ. Si por alguna 〜 no puedo ir, te avisaré. 何らかの事情で行けない時は知らせるよ. 2) 悪い状況: La nación pasa por 〜*s* críticas. 国家は危機的な状況にある. Las 〜*s* nos obligan a suspender la función de esta noche. 都合により今晩の公演を中止せざるを得ません. En estas 〜*s* no podemos cometer errores. このような状況では我々に失敗は許されない. ❷《法律》情状: 〜*s modificativas*: tener en cuenta las 〜*s atenuantes* 情状を酌量する. 〜 *agravante* (eximente) 加重(免除)情状. ❸ 資格, 必要条件; 要因: La edad es una 〜 que se tiene muy en cuenta. 年齢は重要な条件の一つだ. ❹《文語》壮厳さ; 威厳

atenerse a las 〜*s* [主に脅し文句] 結果の責任をとる
de 〜*s* 1) 緊急用の; 急場しのぎの, 間に合わせの: vendaje *de* 〜 応急の包帯. equipo *de* 〜 非常用装備. gobierno *de* 〜 臨時政府. 2) 一時的な, 偶然の: Yo estaba en Roma en un viaje *de* 〜. 私はたまたま旅行でローマにいた. estancia *de* 〜 一時的滞在. encuentro *de* 〜 偶然の出会い. 3)〔顔・声・仕草などをつらい場面にふさわしように作った〕もっともらしい, 神妙な: Con cara *de* 〜, dio el pésame a la familia del fallecido. 彼はいかにも悲しげな顔つきで遺族に弔いの言葉を述べた. Su amiga le dio la mala noticia con cara *de* 〜. 彼女はいかにも気の毒そうな表情で彼女に悪い知らせを告げた. 4)《文学》poesía *de* 〜 状況詩. 5)《演劇》comedia *de* 〜*s* シチュエーションコメディ
en las 〜*s presentes* 現状では, このような状況で
circunstanciadamente [θirku(n)stanθjaðáménte] 副 詳しく, 詳細に, 微に入り細をうがって

circunstanciado, da [θirku[n]stanθjáđo, đa] [形] 詳しい, 詳細な: relato ～ del suceso 事件の詳細な報告
circunstancial [θirku[n]stanθjál] 〖←circunstancia〗 [形] ❶ 一時的な, 偶然の: Su estancia en Salamanca es ～. 彼のサラマンカ滞在は一時的なものだ. hecho ～ 偶然の出来事. medios ～*es* 一時的な措置. ❷《まれ》状況の, 状況(事情)による, 状況を示す
—— [男]《文法》=**complemento** circunstancial
circunstancialidad [θirku[n]stanθjaliđá(đ)] [女] 一時性, 偶然性
circunstancializar [θirku[n]stanθjaliθár] [9] [他] 一時的なものにする
—— **～se** 一時的なものになる
circunstancialmente [θirku[n]stanθjálménte] [副] 一時的に, 偶然に; 状況によって
circunstante [θirku[n]stánte] 〖←ラテン語 circumstans, -ntis < circumstare「周囲にいる」〗 [形] [名] ❶ 周囲にいる, 居合わせた; [主に [複]] 居合わせた人: Todos los ～*s* presenciaron el atraco. そこに居合わせた人は皆その強盗事件を目撃した. ❷ 出席者, 列席者. ❸《文語》周辺の, 周辺にある: poblaciones ～*s* 周囲の町や村
circunvalación [θirkumbalaθjɔ́n] [女] ❶ 取り囲むこと. ❷ línea de ～ 環状線; [バスの] 循環路線. carretera de ～ 環状道路. ❸《築城》塹壕, 城壁
circunvalador, ra [θirkumbalađɔ́r, ra] [形] [名] 取り囲む[人]
circunvalar [θirkumbalár] [他] ❶ [場所を] 取り囲む. ❷ 城壁(塹壕)を巡らす
—— [形]《コロンビア》carretera ～ 環状道路
circunvalatorio, ria [θirkumbalatórjo, rja] [形] 環状の
circunvecino, na [θirkumbeθíno, na] [形] 周囲にある; 周囲の, 付近の; 隣接する
circunvolar [θirkumbolár] [28] [他] …の周囲を飛ぶ, 旋回する, ぐるぐる回る
circunvolución [θirkumboluθjɔ́n] [女] ❶ 旋回, 回転. ❷《解剖》～ cerebral 大脳回
circunyacente [θirkunjaθénte] [形] =**circunstante**
cirenaico, ca [θirenáiko, ka] [形] [名] ❶《歴史, 地名》キレナイカ Cirenaica の[人] 〖現在のリビアの東部地方〗; キレネ Cirene の[人] 〖古代ギリシア時代のキレナイカの首都〗. ❷《哲学》キレネ学派の[人] 〖ソクラテスの弟子アリスティッポス Arístipo による快楽主義 hedonismo を唱える〗
cireneo, a [θirenéo, a] [形] [名]《歴史, 地名》キレナイカ Cirenaica の[人], キレネ Cirene の[人] 〖=cirenaico〗
ciri [θíri] [男]/[女]《古語, 隠語》100ペセタ貨
cirial [θirjál] 〖←cirio〗 [男]《カトリック》[ミサの時, 侍者が持つ] 大型の燭台
cirigallo, lla [θirigáʎo, ʎa] [名] [役立たずで] ただぶらぶらしている人
cirigüeña [θirigwéɲa] [女]《地方語. 植物》クサノオウ 〖=celidonia〗
cirila [θiríla] [女]《古語, 隠語》100ペセタ貨
cirílico, ca [θiríliko, ka] [形] [男]《言語》キリル文字[の]
cirilo, la [θirílo, la] [形] [名]《まれ》愚かな[人]
cirineo, a [θirinéo, a] [形] [名]《歴史, 地名》キレナイカ Cirenaica の[人], キレネ Cirene の[人] 〖=cirenaico〗
—— 〖←Simón Cirineo (キリストが十字架を運ぶのを助けた人物)〗 [男] つらい仕事をしている人を助ける人
cirio [θírjo] 〖←ラテン語 circus「蠟の」〗 [男] ❶ [教会の] 太く長いろうそく: ～ pascual 復活祭の大ろうそく. ❷《西. 口語》もめごと, 騒ぎ: Se ha armado un ～ en la escalera. 階段で一悶着起きた. ❸《中南米. 口語》恋人, 求愛者. ❹《メキシコ. 植物》ハシラサボテン
armar (montar) un ～《西. 口語》[+a+人 の] ひんしゅくを買う
cirolero [θiroléro] [男] =**ciruelo**
ciromancia [θirománθja] [女] [水の上に垂らした蠟の形による] 蠟(ろう)占い
cirpo [θírpo] [男]《植物》～ lacustre フトイ. ～ marino/～ de mar エゾウキヤガラ
cirquero, ra [θirkéro, ra] [形] [名] ❶《メキシコ, キューバ, チリ, アルゼンチン, ウルグアイ》サーカス団員. ❷《アルゼンチン, ウルグアイ. 軽蔑》風変わりなふるまいや服装で目立ちたがる[人]
cirriforme [θir̄ifɔ́rme] [形] ❶《気象》巻雲の形の: nube ～ 巻雲. ❷《植物》巻きひげの形の
cirrípedo, da [θir̄ípeđo, đa] [形] [男] =**cirrópodo**
cirro [θír̄ɔ] [男] ❶《気象》巻雲 〖=cirrus〗. ❷《動物》毛状突起, 棘毛(きょくもう). ❸《植物》巻きひげ. ❹《医学》硬性癌
cirrocúmulo [θir̄ɔkúmulo] [男] 巻積雲, 鱗雲, 鰯雲
cirroestrato [θir̄ɔestráto] [男] =**cirrostrato**
cirrópodo, da [θir̄ɔ́pođo, đa] [形] 蔓脚類の
—— [男] [複]《動物》蔓脚(まんきゃく)類
cirrosis [θir̄ɔ́sis] [女]《医学》肝硬変 〖=～ del hígado, ～ hepáptica〗
cirroso, sa [θir̄ɔ́so, sa] [形] ❶《動物》毛状突起のある, 棘毛の;《植物》巻きひげのある. ❷《医学》硬性癌のある
cirrostrato [θir̄ɔstráto] [男]《気象》巻層雲
cirrótico, ca [θir̄ɔ́tiko, ka] [形] [名] 肝硬変の[患者]
cirrus [θír̄us] [男]《気象》巻雲 〖=cirro〗
cirsocele [θirsoθéle] [男]《医学》精索静脈瘤
cirsoftalmía [θirsɔftalmía] [女]《医学》結膜静脈瘤
cirsotomía [θirsotomía] [女]《医学》静脈瘤切除術
ciruela [θirwéla] 〖←ラテン語 cereola「蠟色の」〗 [女]《果実》プラム, スモモ; [一般に] 梅の実: ～ pasa (seca) プルーン. ～ amarilla ミラベル. ～ claudia (verdal) グリーンゲージ, 西洋スモモ. ～ damascena ドメスチカスモモ. ～ de Génova 種がきれいに取れる大粒で黒色のプラム
—— [形] [男] 黄緑色[の]
como el maestro C～ 読み書きのできない人が学校を作ったように 〖el maestro *C*～ は民話の登場人物〗
ciruelo [θirwélo] 〖←ciruela〗 [男] ❶《植物》プラム, 西洋スモモ; [一般に] ウメ(梅): ～ silvestre (amargalejo・borde・endrino・montesino) リンボク 〖=endrino〗. ❷ ばか, 間抜け, 役立たず. ❸《俗語》睾丸
cirugía [θiruxía] 〖←ラテン語 chirurgia < ギリシア語 kheirurgia「手仕事」〗 [女] 外科, 外科医学: ～ cardiaca 心臓外科. ～ cerebral 脳外科. ～ del tórax 胸部外科. ～ dental 歯科外科. ～ mayor (menor) 大(小)手術
ciruja [θirúxa] [名]《アルゼンチン. 口語》[仕事も家もなく] ごみの山をあさる人, 乞食
—— [形]《アルゼンチン. 口語》[犬が] 雑種の
cirujano, na [θiruxáno, na] [名] 外科医 〖=médico ～〗: ～ dentista 歯科医; 口腔外科医
～ romancista ラテン語を知らない外科医
—— [男]《魚》ニザダイ科の一種 〖食用. 学名 Acanthurus hepatus〗
cirujear [θiruxeár] [自]《アルゼンチン. 口語》[仕事も家もなく] ごみの山をあさる
cisalpino, na [θisalpíno, na] [形]《古代ローマ》[イタリアから見て] アルプス山脈のこちら側の, ローマ側の 〖⇔transalpino〗: Galia ～*na* ガリア=キザルピナ 〖ロンバルディア Lombardía とピエモンテ Piamonte〗
cisandino, na [θisandíno, na] [形] アンデス山脈のこちら側(東側)の 〖⇔transandino〗
cisatlántico, ca [θisatlántiko, ka] [形] 大西洋のこちら側(東側)の 〖⇔transatlántico〗
cisca [θíska] [女] ❶《植物》アシ, ヨシ 〖=carrizo〗. ❷《メキシコ》1) 恥. 2) 立腹
ciscado, da [θiskáđo, đa] [形]《地方語》散らばった
ciscar [θiskár] [7] [他] ❶ 汚す 〖=ensuciar〗. ❷《口語》不快にする, うんざりさせる. ❸《地方語》ばらまく, 散らばらせる. ❹《メキシコ》立腹させる, 怒らせる. ❺《キューバ》恥をかかせる, 辱める
—— **～se**《西. まれ. 婉曲》❶ 大便をもらす 〖=cagarse〗: ～*se* de miedo 恐ろしさに便をもらす. ❷ おじけづく
Me cisco en ti (en tu padre・en tu madre).《侮辱, 軽蔑》お前なんかくそくらえだ
cisco [θísko] 〖←?語源〗 [男] ❶ 粉炭, 炭塵. ❷《西》騒ぎ, けんか: armar un ～ 騒動を起こす. ❸《メキシコ》恐怖
hacer ～ a...《西. 口語》1) [+人. 肉体的・精神的に] 痛めつける, ぼろぼろにする. 2) [+物] ばらばらに壊す, 粉々にする
hecho [un] ～《西. 口語》1) [人が] 打ちのめされた, ぼろぼろになった: El cuidado de la casa la ha dejado *hecha* ～. 彼女は家事でへとへとになった. 2) [物が] ばらばらに壊れた, 粉々になった
ciscón [θiskɔ́n] [男] 石炭の燃えかす, 石炭殻
-císimo, ma《接尾辞》→**-ísimo**
cisión [θisjɔ́n] [女] ひび, 裂け目, 亀裂

C

cisípedo, da [θisípeðo, ða] 形《動物》分趾の, 裂脚類の

cisjordano, na [θisxorðáno, na] 形《地名》ヨルダン川西岸地区 Cisjordania の

cisma [θísma] 形〔←ラテン語 schisma, -atis＜ギリシア語 skhisma, -atos＜ skhizo「私は分ける」〕男 ❶《宗教》1) 分裂, シスマ:〔gran〕~ de Occidente 西方教会の大分裂〔1378～1417, ローマとアヴィニョン, 後にピサにそれぞれ教皇が立つことによりカトリック教会が分裂した〕. ~ de Oriente 東西教会の分裂〔ローマ時代, キリスト教が東方教会と西方教会に分裂した〕. 2)〔キリスト教会からの〕分立, 離教;分派;その教義: ~ arriano アリウス派. ❷《文語》不和, 対立, 軋轢 (れき)

cismar [θismár] 他《サラマンカ》不和の種をまく

cismáticamente [θismátikaménte] 副 離教して

cismático, ca [θismátiko, ka] 形 ❶ 離教 cisma の, 離教者〔の〕. ❷ 教派からの離脱を促す〔人〕;教派からの離脱を受け入れる〔人〕. ❸《アンデス》1) お上品ぶった. 2) うわさ話の好きな

cismontano, na [θismontáno, na] 形《文語》山のこちら側の

cisne [θísne] 形〔←古仏語 cisne ＜俗ラテン語 cicinus ＜ラテン語 cycnus〕男 ❶〔鳥〕1) ハクチョウ (白鳥): ~ cantor オオハクチョウ. 2) 黒鳥〔＝ ~ negro〕. ❷〔すぐれた〕詩人, 音楽家. ❸《天文》〔C～〕白鳥座. ❹《服飾》タートルネック: jersey de cuello〔de ~〕 タートルネックのセーター. ❺《まれ》売春婦〔＝ramera〕. ❻《チリ, アルゼンチン, ウルグアイ. 古風. 化粧》パフ

Cisneros [θisnéros]《人名》**Francisco Jiménez de** ~ フランシスコ・ヒメネス・デ・シスネロス〔1436～1517, 枢機卿でイサベル1世の聴罪師, カスティーリャ王国の摂政. コンプルテンセ大学 Complutense を設置,『多言語対訳聖書』*Biblia políglota complutense* を編纂〕

cisoide [θisóiðe] 女《幾何》シッソイド, 疾走線

cisoria [θisórja] 形 arte ~《料理》切り分け方, 盛り付け方

cispadano, na [θispaðáno, na] 形〔ローマから見て〕ポー Po 河のこちら側の

cispirenaico, ca [θispirenáiko, ka] 形《文語》〔スペインから見て〕ピレネー山脈のこちら側の

cisplatino, na [θisplatíno, na] 形《歴史》〔ブラジルから見て〕ラプラタ川のこちら側の: Provincia *C~na* シスプラチナ州〔1821～28, ブラジル領. かつての東方州 Provincia Oriental, 現在のウルグアイ〕
—— 男《薬学》シスプラチン

cisquera [θiskéra] 女 ❶ 粉炭の貯蔵庫. ❷《キューバ》恥ずかしさ, 赤面

cisquero [θiskéro] 男 ❶〔ステンシル刷り用の〕色粉袋. ❷ 粉炭製造 (販売) 業者

cista [θísta] 女 ❶《考古》箱形石墳, 石棺. ❷《古代ローマ》〔聖器具などを入れた〕蓋付きの金属製の箱

cistáceo, a [θistáθeo, a] 形 ハンニチバナ科の
—— 女《植物》ハンニチバナ科

cistalgia [θistálxja] 女《医学》膀胱痛

cistectomía [θistektomía] 女《医学》囊腺腫切除, 膀胱切除

cistepático, ca [θistepátiko, ka] 形《医学》胆囊と肝臓の

cister [θistér] 男《カトリック》〔主に el *C*~〕シトー修道会

císter [θistér] 男 =**cister**

cisterciense [θisterθjénse] 形 名《カトリック》シトー会 el Cister の〔修道士・修道女〕〔中世では白い修道士 monjes blancos と称された. シトー会はベネディクト会 orden de San Benito から派生した修道会〕

cisterna [θistérna] 形〔←ラテン語〕女 ❶〔地下の〕貯水槽;〔水洗トイレの〕水槽. ❷ avión ~ 空中給油機. vagón ~《鉄道》タンク車. ❸《船舶》燃料庫. ❹《解剖》~ de Pecquet 乳び槽
—— 《船舶》タンカー〔=buque ~, barco ~〕

cisticerco [θistiθérko] 男《動物》囊尾虫

cisticercosis [θistiθerkósis] 女《医学》囊尾虫症, 囊虫症

cístico, ca [θístiko, ka] 形 ❶ conducto ~《解剖》胆囊管. ❷《医学》囊胞性の〔=quístico〕

cistina [θistína] 女《生化》シスチン

cistíneo, a [θistíneo, a] 形 =**cistáceo**

cistiscopia [θistiskópja] 女《医学》膀胱鏡検査

cistitis [θistítis] 女《医学》膀胱炎

cisto [θísto] 男《植物》シスタス, ゴジアオイ〔=jara〕

cistografía [θistoɣrafía] 女《医学》膀胱 X 線造影撮影 (法)

cistopatía [θistopatía] 女《医学》シストパチー, 膀胱自律神経障害

cistopielitis [θistopjelítis] 女《医学》膀胱腎盂 (う) 炎

cistoscopia [θistoskópja] 女《医学》膀胱鏡検査

cistoscópico, ca [θistoskópiko, ka] 形 膀胱鏡検査の

cistoscopio [θistoskópjo] 男《医学》膀胱鏡

cistotomía [θistotomía] 女《医学》膀胱切開

cistre [θístre] 男《古語》=**cistro**

cistro [θístro] 男《古語. 音楽》〔16・17世紀の〕特有の爪で弾く弦楽器

cisura [θisúra] 女 ❶《文語》〔細かい〕亀裂, 割れ目, ひび. ❷《解剖》〔脳の〕裂: ~ de Silvio シルヴィウス溝

cita [θíta] 女〔←citar〕❶〔友人・恋人などと〕会う約束;デート: Tengo una ~ con Miguel. 私はミゲルと会う (デートの) 約束がある. arreglar una ~ con+人 …と会う日時・場所を取決める. faltar a una ~ 約束をすっぽかす. llegar tarde a la ~ 待ち合わせ (予約) の時間に遅れる. casa de ~s ラブホテル, 連れ込み宿;売春宿. ❷〔診察・面会などの〕予約: Hoy tengo ~ con el dentista. 今日私は歯医者の予約がある. concertar una ~ 予約をする. pedir ~ 予約を申し込む. ❸《文語》会合: ~ de trabajo 仕事の集まり. Los electores tienen una ~ con las urnas el 20 de noviembre. 有権者は 11 月 20 日に投票する. ❹ 催し物: Los Juegos Olímpicos son la ~ más importante del deporte mundial. オリンピックは世界のスポーツで最も重要なイベントである. ❺ 引用〔行為〕;引用文, 引用語句: Trae una ~ de Séneca. 彼はセネカから引用している. hacer una ~ oportuna 適切な引用をする. diccionario de ~s 引用句辞典. ❻ 召喚, 呼び出し. ❼《音楽》〔主にオマージュとして挿入された〕オリジナルの作品の一節

~ **a ciegas** ブラインドデート, 初対面のデート: ir a una ~ *a ciegas* ブラインドデートをする

~ **obligada** 必須事項: Este festival es ~ *obligada* para los amantes del manga. このフェスティバルには漫画愛好者たちが必ず参加する

dar ~ **a**+人 …と会う約束をする: El abogado me dio ~ para las cinco. 弁護士は 5 時の約束をくれた

darse ~ 集まる;互いに会う約束をする: En ese bar *se dan* ~ los artistas. そのバルには画家たちが集う

lugar de ~ 会合場所: Este bar *es lugar de* ~ de artistas famosos. このバルは有名な画家たちのたまり場だ

citación [θitaθjón] 女 ❶《法律》召喚状, 召喚, 出頭命令〔~ judicial〕: He recibido una ~ judicial. 私は召喚状を受け取った. ~ a licitadores 入札案内, 入札公示. ~ de evicción 立ち退きの通告 (予告). ~ de remate 公売広告, 公売通知. ❷《まれ》引用〔行為〕. ❸《まれ》会う約束をすること

citadino, na [θitaðíno, na] 形 名《メキシコ, ベネズエラ, ペルー, アルゼンチン. 文語》都市の, 都会の;市民. ❷《メキシコ》メキシコシティ Ciudad de México の住民

citador, ra [θitaðór, ra] 形 名《まれ》引用する;引用者

citania [θitánja] 女《歴史》要塞都市〔前ローマ時代, 主にイベリア半島北西部にあった〕

citano, na [θitáno, na] 名 =**zutano**

citar [θitár] 形〔←ラテン語 citare「作動させる」〕他 ❶ …と会う約束をする: El alcalde nos *ha citado* a las diez en su despacho. 市長は 10 時に執務室で会う約束をくれた. ¿*Está usted citado*? お約束はおありですか? ❷ 引用する: *Cita* muchas veces a Platón en su libro. 彼は著書でしばしばプラトンを引用している. ~ palabras de Unamuno ウナムノの言葉を引用する. las fuentes *citadas* por el periódico 新聞に引用されている情報源. ❸ 引き合いに出す: El informe *cita* a China y a Brasil. 報告書では中国とブラジルが言及されている〔a は目的語の明示〕. Allí existe gran diversidad de insectos entre los que podemos ~: arañas, tarántulas, efímeras, libélulas, … には多様な昆虫がいる, 例えばクモ, サソリ, カゲロウ, トンボ, …. un ejemplo frecuentemente *citado* よく挙げられる例. en el *citado* informe 前述 (前記) の報告には. ❹《法律》召喚する, 喚問する, 出頭を命じる: ~ a los testigos 証人を喚問する. ❺《闘牛》〔牛に〕挑発をかける, けしかける

~se〔互いに/+con+人 と〕会う約束をする;デートをする: *Nos citamos* en el café. 私たちは喫茶店で落ち合うことにした. Quedaron *citados* para el día siguiente. 彼らは翌日会うことにした

citara [θitára] 女 ❶《建築》〔煉瓦の横幅の厚さの〕単純に積み上げた煉瓦の壁 (塀). ❷《軍事》側面の部隊, 翼

cítara [θítara] 女《音楽》❶ ツィター. ❷《古代ギリシア》キタラー

citarilla [θitaríʎa] 囡《建築》~ sardinel［横積みと縦積みを交互にしてすきま間を設けた煉瓦の仕切り壁

citarista [θitarísta] 图 ツイター奏者

citarón [θitarón] 男［煉瓦積み工事で］木の枠組みを載せる台座

citatorio, ria [θitatórjo, rja] 形 召喚の, 出頭を求める: mandamiento ~ 召喚命令
──囡 召喚状［=notificación ~ria］

cite [θíte] 男［牛に対する］挑発

citereo, a [θitéreo, a]〖←ビーナスがキュテラ島 Citeres に立ち寄った〗形《詩語》ビーナス Venus の, キュテレイアの

citerior [θiterjór] 形 こちら側の〖⇔ulterior〗: España ~《古代ローマ》近スペイン［エブロ川を境にローマに近い側. イベリア半島北部の属州］

cítiso [θítiso] 男《植物》エニシダ［=codeso］

cito- ［接頭辞］［細胞］citología 細胞学

-cito[1]［接尾辞］［細胞］fagocito 食細胞

-cito[2]**, ta**［示小接尾辞. 主に軽蔑, 時に親愛〗〖n·r で終わり, 主に最後の音節にアクセントのある語に付ける］jardincito 狭い庭

citocentro [θitoθéntro] 男《生物》細胞中心体

citocinesis [θitoθinésis] 囡《生物》細胞質分裂

citocromo [θitokrómo] 男《生物》細胞, サイトクローム

citodiagnosis [θitoðjaɣnósis] 囡 =citodiagnóstico

citodiagnóstico [θitoðjaɣnóstiko] 男《医学》細胞診

citodiéresis [θitoðjéresis] 囡《生物》細胞分化

citófono [θitófono] 男《コロンビア》インターホン

citogénesis [θitoxénesis] 囡《生物》細胞発生

citogenética [θitoxenétika] 囡 細胞遺伝学

cítola [θítola] 囡 挽き臼の上に吊り下げた木の板〖臼が回っている限りカタカタと鳴り続ける〗. ❷《古語》=cítara

citología [θitoloxía] 囡 ❶ 細胞学. ❷《医学》細胞検査, スミア試験

citológico, ca [θitolóxiko, ka] 形 細胞学的な

citólogo, ga [θitóloɣo, ɣa] 图 細胞学者

citomegalovirus [θitomeɣalobírus] 男《単複同形》《生物》巨細胞（サイトメガロ）ウイルス

citopatología [θitopatoloxía] 囡 細胞病理学

citopatólogo, ga [θitopatóloɣo, ɣa] 图 細胞病理学者

citoplasma [θitoplásma] 男《生物》細胞質

citoplasmático, ca [θitoplasmátiko, ka] 形《生物》細胞質の: membrana ~ca 細胞膜

citoplásmico, ca [θitoplásmiko, ka] 形 =citoplasmático

citoprotector [θitoprotektór] 男《生物》細胞保護体

citosina [θitosína] 囡《生化》シトシン

citostático, ca [θitostátiko, ka] 形 男《薬学》細胞増殖抑制性の; 細胞成長抑止剤

citostoma [θitostóma] 男《生物》口器(ː), 細胞口

cítote [θítote] 男 ❶［人に何かをさせるための］呼び出し. ❷《古語》呼び出しをする人

citotóxico, ca [θitotók(s)siko, ka] 形 男《医学》細胞毒の, 細胞傷害性の

citotoxina [θitotok(s)sína] 囡《生物》細胞毒素

citramontano, na [θitramontáno, na] 形 =cismontano

citrato [θitráto] 男《化学》クエン酸塩

cítrico, ca [θítriko, ka]〖←ラテン語 citreum「レモン」〗形 ❶《植物》柑橘(ｽ)類の. ❷《化学》ácido ~ クエン酸
──男 柑橘類［木, 果実］

citrícola [θitríkola] 形 柑橘栽培の

citricultor, ra [θitrikultór, ra] 图 柑橘栽培家

citricultura [θitrikultúra] 囡 柑橘栽培

citriforme [θitrifórme] 形 レモンの形の

citrino, na [θitríno, na] 形《鉱物》レモン色の: cuarzo ~ レモン水晶
──男《鉱物》シトリン
──男 レモンのエッセンシャルオイル, レモン精油

citrón [θitrón] 男《まれ》レモン［=limón］

citrus [θítrus] 男《アルゼンチン, ウルグアイ》柑橘類［木, =cítrico］

CiU《略語》←Convergencia i Unió 集中と統一〖1978年創設, カタルーニャナショナリズムを掲げる２つの地方政党（カタルーニャ民主集中党とカタルーニャ民主同盟党）の連合政党. カタルーニャ語表記 Convergència i Unió〗

ciudad [θjuðáđ]〖←ラテン語 civitas, -atis〗囡 ❶ 都市, 町: 1) Vivimos en una ~ moderna. 私たちは近代的な都市に住んでいる. gran ~/~ grande 大都市. ~ autónoma《西》自治都市〖自治州 comunidad autónoma のほかに, 1995年北アフリカのセウタ Ceuta とメリージャ Melilla が自治都市と規定された〗. ~ colmena = ~ dormitorio. ~ dormitorio《陽》=es dormitorio〗ベッドタウン. ~ hermana 姉妹都市. ~ industrial 工業都市. ~ jardín［庭付き一戸建住宅の］団地. ~ lineal 線状都市. ~ perdida《メキシコ》貧民街, スラム街. ~ satélite 衛星都市. ~ universitaria 大学都市. C~ de México メキシコシティー〖メキシコの首都. 標高2240mの盆地に位置する〗. 3)［都市の別名］C~ Condal 伯爵の町〖バルセロナ〗. C~ Dorada 黄金の都〖サラマンカ〗. C~ Eterna 永遠の都〖ローマ〗. C~ Imperial 皇帝の都〖トレド〗. C~ de Luz 光の都〖パリ〗. C~ Prohibida［北京の］紫禁城. C~ Santa 聖都〖エルサレム〗. 4) siete ~es de Cíbola シボラの七都〖中世スペインの黄金郷 El Dorado 伝説の一つ. 現在の米国中南西部あたりに存在すると信じられ, 初代ヌエバ・エスパーニャ副王メンドサ Mendoza が遠征隊を派遣した〗. ❷ 都会〖⇔campo〗: La gente emigra del campo a la ~. 人々は農村から都会へ移住する. vestir a la ~ 都会風の装いをする. ventajas de vivir en la ~ 都会に住む利点. ❸ 市役所; 市議会. ❹《歴史》都市国家〖=~ estado, ~ libre〗. ❺《歴史》《集合》〖王国議会の〗町代表議員

ciudadanía [θjuðaðanía]〖←ciudadano〗囡 ❶ 市民権, 公民権, 国籍: obtener (perder) la ~ 市民権を得る（失う）. carta de ~ 市民権証書, 国籍証明書.《中南米》帰化承認状〖= carta de naturaleza〗. ~ colombiana コロンビア国籍. ❷ 公徳心, 公民精神, 市民意識: Hay que votar por ~. 公民精神からして投票はしなければならない. ❸《集合》国民, 住民

ciudadano, na [θjuðaðáno, na]〖←ciudad〗形 ❶ 都市の, 都会の: seguridad ~na 都市の治安. vida ~na 都市会生活. ❷ 市民の, 都市出身（在住）の; 公民の
──图 ❶ 都会人, 都市住民. ❷ 市民, 公民, 国民: No es buen ~ el que no respeta las leyes. 法律を尊重しない人は良い市民ではない. el matrimonio entre un ~ español y un extranjero スペイン国民と外国人との結婚. deberes de ~ 民（国民）としての義務. ~ del mundo 世界市民. ❸《歴史》1) 市民〖caballero と artesano の間の階層〗. 2) 平民, 庶民〖=hombre bueno〗. ❹《ベネズエラ》1)［フォーマルな敬称］… 様. 2)《皮肉》人物
~ de a pie［専門家に対して］普通の人, しろうと: En electrónica soy un ~ de a pie. エレクトロニクスについては私は門外漢だ

ciudadela [θjuðaðéla]〖←伊語 cittadella〗囡 ❶［都市内の］城塞, 砦. ❷《キューバ》［主に貧しい家族が住み, トイレと中庭を共有する］共同住宅

ciudadrealeño, ña [θjuðá(đ)realéɲo, ɲa] 形 图《地名》シウダー・レアル Ciudad Real の（人）〖カスティーリャ＝ラ・マンチャ州の県・県都〗

ciudarrealeño, ña [θjuðařealéɲo, ɲa] 形 图 =ciudadrealeño

ciurell [θjuréʎ] 男 =siurell

civet [θibét] 男〖←仏語〗《料理》［ウサギ・シカ・イノシシなどの］赤ワイン煮込み

civeta [θibéta] 囡《動物》ジャコウネコ

civeto [θibéto] 男 麝香(ｼﾞｬ); =algalia

cívicamente [θíbikaménte] 副 ❶ 礼儀正しく, 節度（公徳心）をもって. ❷ 公徳心の面で

cívico, ca [θíbiko, ka]〖←ラテン語 civicus < civis「市民」〗形 ❶ 公徳心のある. ❷ 市民の: acto ~ 公民としての行為. educación ~ca 公民（市民）教育. sentido ~ 公徳心. virtudes ~cas 公民道徳. ❸ 愛国心の. ❹ 市の. ❺ 家の, 家庭の

civil [θiβíl]〖←ラテン語 civilis「市民の」< civis, -is「市民」〗形 ❶ 市民の: sociedad ~ 市民社会; 社団法人. guerra ~ 内戦, 内乱. ❷《法律》民事の, 民法上の〖⇔criminal〗: derecho ~ 民法権,［特に黒人の］平等権. ❸ 民間の, 民生の: muerte ~ 民事死, 準死. ❸［軍隊に対し］民間の〖⇔militar〗: control ~ シビリアンコントロール. oficial ~ 文官. traje ~ 平服. ❹［聖職・教会に対し］世俗の〖⇔eclesiástico〗: casarse por lo ~/《南米》casarse por ~［教会でなく］市役所で結婚式をあげる, 無宗教で結婚する. ❺［天文暦・宗教暦に対して］常用の: año ~ 暦年. día ~ 暦日. ❻ 社交的な: Es un hombre muy ~. 彼は大変つきあいのいい男だ. ❼《まれ》礼儀にかなった, 行

儀のよい. ❽《古語》粗野な; 卑劣な
vida ~ [軍人・聖職者生活に対する] 一般市民生活: incorporarse a la *vida* ~ 軍人をやめる; 還俗する
── 图 ❶ 民間人 [=persona ~]. ❷《西. 口語》治安警備隊 guardia civil の隊員; 圉 治安警備隊の2人組
──男《南米》市役所での結婚式

civilidad [θiβiliðá(ð)] 囡 礼節, 礼儀正しさ
civilismo [θiβilísmo] 男 ❶ 文民支配《⇔militarismo》. ❷《南米》反軍国主義
civilista [θiβilísta] 形 [弁護士の] 民事専門の
── 图 ❶ 民法学者, 民法の専門家. ❷《南米》反軍国主義者; 宗教による政治介入反対論者
civilización [θiβiliθaθjón] 囡 [←civilizar] ❶ 文明《⇔barbarie》; 文化: volver a la ~ 文明社会に戻る. lengua de ~ 文明語. ~ griega ギリシャ文明. ~ occidental 西欧文明. ~ del Renacimiento ルネッサンス文化. *civilizaciones primitivas* 未発達の文明. ❷ 文明化, 開化
civilizadamente [θiβiliθaðaménte] 副 文明的に: Los vecinos resolvieron ~ su problema. 住民は自分たちの問題を非暴力的な手段で解決した
civilizador, ra [θiβiliθaðór, ra] 形 文明化する[人]
civilizar [θiβiliθár] 他 [←civil] ❾ 格 ❶ 文明化させる: sociedad *civilizada* 文明社会. ❷ 行儀よくさせる, しつける [=educar]
── ~*se* ❶ 文明化する. ❷ 行儀よくなる, しつけられる
civilmente [θiβílmente] 副 ❶ 民法にのっとって, 民法上. ❷ 無宗教で, 宗教の儀式によらずに. ❸《まれ》社交的に; 礼儀正しく
morir ~《廃語》村八分になる
civismo [θiβísmo] 男 [←ラテン語 civis, -is「市民」] ❶ 公共心; 公民精神, 公徳心. ❷ [隣人に対する] 丁重さ, 気づかい, 礼儀正しさ
cizalla [θiθáʎa] [←仏語 cisailles] 囡 ❶ [主に 圈] 1) [金属切断用の] 大ばさみ, 金ばさみ, 剪断 (ᶜᵉⁿ) 機. 2) 骨切りばさみ. 3) [厚紙などの] 裁断機. ❷ 圉 [切断した] 金屑; 硬貨の切り屑. ❸《地方語. 鳥》モリバト [=paloma torcaz]
cizalladura [θiθaʎaðúra] 囡《気象》風向の突然の変化《= ~ de[l] viento》
cizallamiento [θiθaʎamjénto] 男 剪断, 切断: ensayo de ~ 切断検査
cizallar [θiθaʎár] 他 剪断する, 切断する, 金ばさみ cizalla で切る
cizaña [θiθáɲa] [←ラテン語 zizania, -orum<ギリシャ語 zizanion「種に毒のある植物」] 囡 ❶《植物》ホソムギ, ドクムギ. ❷ 善い行為・習慣の間に混ざった悪徳; 害をもたらすもの. ❸ 不和, 不仲
meter (*sembrar*) ~ 不和の種をまく
cizañador, ra [θiθaɲaðór, ra] 形 不和の種をまく
cizañar [θiθaɲár] 他《まれ》=**encizañar**
cizañear [θiθaɲeár] 他《まれ》=**encizañar**
cizañero, ra [θiθaɲéro, ra] 形 不和の種をまく[人], いつももめごとを起こす[人], トラブルメーカー(の); 仲を裂く[人]
cizañoso, sa [θiθaɲóso, sa] 形 图 ❶ 不和の, もめごとの. ❷ =**cizañero**
cla [klá] 囡《西. 口語》=**claque**
clac [klák] I [←仏語 claque] 男《服飾》オペラハット, 畳みシルクハット; [折り畳め] 三角帽
II [擬音] パリッ, ポキッ, ポキッ
── 图《西. 口語》=**claque**
claca [kláka] 囡《地方語. 口語》=**claque**
clactoniense [klaktonjénse] 形《考古》クラクトン文化の
cladóceros [klaðóθeros] 男 圉《動物》ミジンコ目
cladodio [klaðóðjo] 男《植物》葉状枝
cladograma [klaðográma] 男 生物の進化を説明するための分岐図
cladonia [klaðónja] 囡《植物》ハナゴケ《= ~ de los renos》
clamante [klamánte] 形《文語》求める, 叫ぶ
clamar [klamár] 他 [←ラテン語 clamare「叫ぶ, 呼ぶ」] ❶《文語》[絶望的に] 求める, 要求する, [+que+接続法 …することを求めて] 叫ぶ, 嘆く: ~ su inocencia 無実を叫ぶ. Este crimen *clama venganza*. この犯罪に対しては復讐が必要だ. ❷《古語》叫ぶ
── 自 ❶ [+por・a+事物 を] 求めて] 叫ぶ: Ese insulto *clama por* venganza. そのような侮辱には報復しかない. La tierra está *clamando por* agua. 土地には今水が必要だ. ~ *por justicia* 正義を求めて訴える. ❷ [+contra+事 に

抗議する
clámide [klámiðe] 囡 ❶《古代ギリシャ・ローマ. 服飾》クラミス《男性の, 主に乗馬用の短いマント》. ❷《魚》ラブカ
clamidia [klamíðja] 囡《生物》クラミジア
clamidiosis [klamiðjósis] 囡《医学》クラミジア症
clamidosaurio [klamiðosáurjo] 男《動物》エリマキトカゲ
clamidospora [klamiðospóra] 囡《植物》厚膜胞子
clamor [klamór] [←ラテン語 clamor, -oris<clamare] 男 圈 1) [群衆の興奮・抗議の] 大きな叫び声, わめき声, 歓声, 怒号; [混乱した] どよめき: La gente interrumpía de vez en cuando el discurso con ~*es* de entusiasmo. 人々は熱狂的な歓声で何回か演説を途切れさせた. Llegaba hasta los balcones el ~ de la multitud. バルコニーまで群衆の怒号が聞こえた. ~ de los aplausos 嵐のような歓呼と喝采. 2) [苦痛の] うめき声, 絶叫. ❷《まれ》鐘の音. ❸《古語》名声, 世論. ❹《アラゴン》[豪雨でできる] 溝, 小川
clamoreada [klamoreáða] 囡 悲痛な叫び; うめき声
clamorear [klamoreár] 他 やかましく要求する; 悲しげな声で求める
── 自 弔鐘を鳴らす
clamoreo [klamoréo] 男 執拗に続く叫び声; 何度も繰り返される要求
clamoroso, sa [klamoróso, sa] [←clamor] 形 ❶ 騒がしい; 強く求める: recibimiento ~ 熱烈な歓迎. aplausos y vivas ~*s* すさまじい拍手と万歳の声. ❷ 並外れた, 桁外れの; はなばなしい: éxito ~ はなばなしい成功
clamosidad [klamosiðá(ð)] 囡 騒々しさ
clamoso, sa [klamóso, sa] 形 叫ぶ, どよめく
clamp [klámp] 男《圉 ~*s*》《医学》鉗子, ペアン
clan [klán] [←ケルト語 clann「子孫」の] 男 ❶ 氏族《tribu より下位》: ~ Rothschild ロスチャイルド一族. ❷ [共通の利害・職業で結びついた] 一族, 一門, 一党, 派閥: ~ mafioso マフィアの一家
clandestinaje [klandestináxe] 男 非合法活動
clandestinamente [klandestináménte] 副 非合法的に, 秘密裏に
clandestinidad [klandestiniðá(ð)] 囡 ❶ 非合法性; 非合法状態: pasar a (vivir en) la ~ 地下にもぐる(もぐっている). ❷ 秘密であること
clandestino, na [klandestíno, na] [←ラテン語 clandestinus「秘密裏に行なわれる」<clam「隠れて」] 形 秘密の, 内密の, こそこそした, もぐりの; 非公然の: En aquella época los rojos tuvieron que reunirse de manera ~*na*. 当時, 共産主義者は秘密裏に集会を開かざるを得なかった. emisora ~*na* 非合法の放送局. mercado ~ 闇市. publicaciones ~*nas* 地下出版物, 海賊版. reunión ~*na* 秘密(非合法)の集会
── 图《口語》不法入国者
── 男《チリ》無許可のバル
clanga [klánga] 囡《鳥》=**planga**
clangor [klaŋgór] 男《詩語》トランペットやラッパ clarín の響き
clánico, ca [klániko, ka] 形 氏族の, 一族の, 一門の
clapo [klápo] 男《メキシコ》クルミの殻
claque [kláke] [←仏語 claquer] 男 圈《西》さくら《無料で劇場に入れてもらい拍手喝采する人》: Hicieron una señal a la ~ para que aplaudiera. 拍手するようにさくらたちに合図があった
claqué [klaké] [←仏語 claquer] 男《舞踊》タップダンス
claquear [klakeár] 自《まれ》カチッ・ピシッという音 chasquidos を立てる
claquero, ra [klakéro, ra] 图《まれ》さくら《claque の一員》
claqueta [klakéta] 囡 [←仏語 claquette]《映画》カチンコ
claquetista [klaketísta] 图《映画》カチンコ係
clara¹ [klára] [←*claro*²] 囡 ❶ [卵の] 白身, 卵白. ❷ 頭髪の薄い部分. ❸ 短い晴れ間: Hubo una ~. 少し晴れ間が出た. ❹ [製造不良で] 布地の薄く透けた部分. ❺《西》炭酸飲料で割ったビール. ❻《口語》昼寝. ❼ [活動の] 合間 [=clarita]. ❽ 森林の中の空き地
a las ~*s*/*a la* ~ 明らかに, 公然と: *A las* ~*s me muestra rebeldía*. 彼はあからさまに私に反抗する
levantarse con la ~ *del día* 夜明けに起きる
── 囡 囡 クララ修道女会の[修道女]《=clarisa》
claraboya [klaraβója] [←仏語 claire-voie] 囡《建築》天窓, 明り取り, 採光窓
claramente [kláraménte] 副 ❶ はっきりと, 明瞭に: Se ven las

montañas ～. 山々がはっきり見える. ❷ 明らかに, 明白に. ❸ 率直に, ざっくばらんに, 隠し立てせずに: Dímelo ～. はっきり言いなさい. Deben ustedes formular sus quejas lo más ～ posible. クレームはできるだけ明確に伝えて下さい

clarar [klarár] 他 《廃語》=**aclarar**

clarea [kláréa] 女 《古語》白ワインに砂糖か蜂蜜とシナモンなどを混ぜた飲み物

clarear [kláreár] [←claro] 自 ❶ [時に単人称] 夜が明ける: *Clareaba* [un punto] en el horizonte. 地平線〔の一点〕が明るんできた. al ～ el día 夜明けに. ❷ [時に単人称] 晴れる: Va *clareando* [el cielo]. 空が晴れていく. ❸ 透ける, 薄くなる: Le *ha clareado* el pelo. 彼は髪が薄くなった. ❹ 《メキシコ》[弾が] 貫通する
—— 他 明るくする: Una gran ventana *clarea* el cuarto. 窓が大きいので部屋が明るい. ❷ [洗濯物を] かわかす[=aclarar]. ❸ 《メキシコ》射抜く, 貫通させる. ❹ 《キューバ》[山林の] 下刈りをする
—— **se** ❶ [布がすり切れて] 透ける, 薄くなる: *Se clarean* las rodillas del pantalón. ズボンの膝が薄くなっている. ❷ [本心が] 見え透く: Tus intenciones *se clarean*. 君の魂胆は見え透いている. *Se clareó* sin querer. 彼は思わず本音を言ってしまった

clarecer [klareθér] [←claro] 39 自 [単人称] 夜が明ける〖=amanecer〗

clarens [kláréns] [←英語 Clarence (人名)] 男 クラレンス型馬車〖前面がガラス張りの4人乗り箱形馬車〗

clareo [kláreo] 男 ❶ 間伐, 伐採. ❷ 原っぱ
dar [*se*] *un* ～ [隠語] 散歩する, ぶらぶらする

clarete [kláréte] [←claro] 男 《酒》クラレット, 淡紅色のワイン〖=vino〗

claretiano, na [klaretjáno, na] 形 《カトリック》クラレチアン宣教会 congregación claretiana の[修道士・修道女]〖正式名称 congregación de Misioneros Hijos Del Inmaculado Corazón de María〗

clareza [kláréθa] 女 =**claridad**

claridad [klaridá(d)] [←ラテン語 claritas] 女 ❶ はっきり (くっきり) していること: Se veían las estrellas con ～. 星がはっきり見えていた. ❷ 明解さ, 明晰さ: Tienes que definir con mucha ～ desde qué hora y hasta qué hora vas a trabajar diariamente. 君は毎日何時から何時まで働くのかはっきりと決めなくてはいけない. Siempre respondía a mis preguntas con la mayor ～. 彼は私の問いかけに対して常にきわめて明確に答えをくれた. tener una gran ～ de juicio 大変明晰な判断力を持つ. de una ～ meridiana 明々白々な. ～ de estilo 様式の明快さ. ～ de lenguaje 言葉の分かりやすさ. [視聴覚などの] 明確さ: ～ de [la] vista/～ de los ojos 目の確かさ. ❸ 明るさ; 明かり, 光: Todavía hay ～. まだ明るい. Se distinguía una débil ～. かすかな光が見える. ～ del día 日中の明るさ, 日の光. ❺ 透明さ, 透明度: ～ del lago 湖の透明度. de un diamante ダイヤモンドのクラリティ〔透明度〕. ❻ [主に 複] 赤裸々 (不愉快) な事実; 物言いの率直さ, 無遠慮の (腹蔵のない) 言葉: decir [cuatro] ～ s [ずけずけ] 言う. 4 … にずけずけ言う. hablar con ～ 率直に話す. ❼ 《カトリック》[復活後の栄光の肉体 cuerpo glorioso の] 輝き. ❽ 名声, 評判

claridoso, sa [klaridóso, sa] 形 《メキシコ, 中米》[ser+. 人が] 開けっぴろげな, 感情をさらけ出す, 腹蔵のない

clarificación [klarifikaθjón] 女 ❶ 解明. ❷ 透明化, 浄化. ❸ [卵白・ゼラチンなどを加えることによる, ワインの] 清澄化

clarificador, ra [klarifikaðór, ra] 形 液体を清澄にする, 不純物を除去する
—— 男 浄化器; 澄まし剤
—— 女 ❶ 浄化装置. ❷ 《中南米》サトウキビの搾り汁を澄ますための器

clarificar [klarifikár] [←ラテン語 clarificare] 7 他 ❶ 明らかにする, 解明する: Quedan unos puntos por ～. 解明すべき点がいくつか残っている. ❷ 透明化する; 浄化する, 清澄化する. ❸ [ソースなどを澄ますために] 卵白を加える. ❹ まばらにする: ～ el bosque 森を間伐する. ❺ 照らす, 明るくする
—— **se** ❶ 透明になる: *Se iba clarificando* el líquido. 液が澄んできた. ❷ 浄化される, 清澄化される

clarificativo, va [klarifikatíβo, βa] 形 明らかにする, 明確にする

clarífico, ca [klarífiko, ka] 形 《文語》輝く, きらめく

clarimente [klariménte] 男 《古語》[女性の] 洗顔化粧品

clarimento [klariménto] 男 [主に 複]. 絵の具の明るく鮮やかな色

clarín [klarín] [←claro] 男 ❶ 《音楽》1) クラリオン〖高音を出す巻管の金管楽器〗. 2) [オルガンの] クラリオン音栓. ❷ 《軍事》[騎兵用の] 小型のラッパ. ❸ 《繊維》薄い布. ❹ 《メキシコ. 鳥》～ de la selva マネシツグミ. ❺ 《チリ. 植物》スイートピー
—— 名 ラッパ手

Clarín [klarín] 《人名》クラリン〖1852〜1901, スペインの小説家・批評家. 本名レオポルド・アラス Leopoldo Alas. 小説では犀利な洞察力に基づく分析的な手法で社会と人間を描き, 辛辣な文芸批評家としても活躍した. 『ラ・レヘンタ』*La Regenta* は心理小説 novela psicológica の傑作〗

clarinada[1] [klarináða] 女 ❶ ラッパ clarín の合図. ❷ 的外れの発言

clarinado, da[2] [klarináðo, ða] 形 《紋章》小型の鐘や鈴を付けた動物の

clarinazo [klarináθo] 男 ❶ ラッパ clarín の強い一吹き. ❷ 警告, 前触れ: El resultado de las elecciones fue un ～. 選挙の結果はその後の成り行きの前触れだった. ❸ ばかげたこと, 的外れ, 見当違い

clarinero, ra [klarinéro, ra] 名 クラリオン奏者; 《軍事》ラッパ手

clarinete [klarinéte] [←clarín] 男 《音楽》クラリネット: ～ soprano (alto・bajo) ソプラノ (アルト・バス) クラリネット. ～ requinto 小クラリネット
—— 名 クラリネット奏者

clarinetista [klarinetísta] 名 クラリネット奏者

clariniano, na [klarinjano, na] 形 《人名》クラリン Clarín の

clarión [klarjón] 男 ❶ 《文語》光, 明かり. ❷ 《古語的》チョーク, 白墨〖=tiza〗

clarioncillo [klarjonθíʎo] 男 パステル画用の白色鉛筆

clarisa [klarísa] 女 《カトリック》クララ修道女会 orden de Santa Clara の [修道女]

clarísimamente [klarísimaménte] 副 非常に明確に

claristorio [klaristórjo] 男 《建築》[ゴシック教会の中央廊の] 高窓層

clarita [klaríta] 女 [活動の] 合間

claritromicina [klaritromíθina] 女 《薬学》クラリトロマイシン

clarividencia [klariβiðénθja] 女 《クラテン語 "見る"》❶ 慧眼(けいがん), 洞察力, 先見の明; [オカルト的な] 察知能力, 透視 [能力]

clarividente [klariβiðénte] 形 洞察力のある [人]: Él fue ～ cuando anunció el resultado de la guerra. 彼には戦争の結果を予告できる洞察力があった

claro[1] [kláro] [←ラテン語 clarus, -a, -um] 男 ❶ 空き, すき間: llenar un ～ すき間を埋める. ❷ [森林・畑などの中の] 空き地. ❸ [頭髪の] 禿げた部分. ❹ [文書の] 間隙, スペース. ❺ 雲間, 晴れ間: En el cielo empezaron a abrirse ～s. 雲が切れ始めた. ❻ [活動の] 合間, 間隔; [演説などの] 合間: ～ de una procesión 行列の切れ目. ❼ 《美術, 写真》明るい部分, ハイライト: meter en ～s ハイライトを入れる. ～ [y] oscuro =**claroscuro**. ❽ 《建築》採光部; 天窓. ❾ 《コロンビア》トウモロコシ粉の粥 mazamorra の汁. ❿ 《ベネズエラ》ラム酒. ⓫ 《ペルー》透明な発泡性の飲み物

al ～ *de luna* [雲が切れて] 月明りで
—— 副 明白に, 明確に
hablar ～ 率直に (おもねることなく) 自分の考えを述べる: *Hablemos* ～. はっきり (単刀直入に) 言おう
—— 間 ❶ もちろん [そのとおり, 結構だ]! [類義] claro は「自明の理だ, 改めて考える必要もない」という意味で, 最初から思考を排除している. **desde luego** は「反証・反論の可能性を色々探ってみたうえでも, 反論の可能性は存在しない, 従って明らかである」というように, いったん反論の可能性を考えた上での「もちろん」でやや教養語的: ¿Te gustan las mujeres japonesas?—¡C～! 日本女性はお好きですか?—もちろん! ¿Quieres salir de paseo?—*C*～. 散歩に行かないか?—もちろん. ¿Crees que le parecerá bien?—¡C～! 彼はこれでいいと言うかな?—もちろんだ! Es lo mejor que podemos hacer.—¡C～! 我々はできる限りのことをしている. —そのとおりだ! ❷ [正当である, 論理的であるとして] 当然だ!: Por fin me decido a ir contigo.—¡C～! 結局君と行くことにしたよ.—当たり前だ! ❸ [理解できて声高に] 分かった, 合点した!: ¡C～! Por eso no quiso venir con nosotros. なるほど! だから彼は我々と来たがらなかったのだ. ❹ [時に皮肉] [提案などに

納得がいかず] Acompáñame a casa.—¡C~...! 一緒に家まで来てくれ.—やれやれ…!
¡C~ está! 当然だ/当たり前だ/もちろんそうだ!
¡C~ que no! もちろん違う!
¡C~ que sí! =¡C~ está!
¡Pues ~! =¡C~ está!

claro², ra² [kláro, ra]《←ラテン語 clarus, -a, -um》形 ❶ 明るい(⇔oscuro): habitación ~ 明るい部屋. luz ~ra 明るい光. ❷ [色が] 薄い: rosa ~ 薄いピンク色. Es un mulato de piel ~ra. 彼は肌の色の薄いムラートだ. vestido ~ 明るい色のドレス. ❸ 晴天の: El día amaneció ~. 好天の夜明けだった. cielo ~ 晴天. día ~ 晴れの日. ❹ [濃度が] 薄い: café ~ 薄いコーヒー. chocolate ~ 水っぽいココア. ❺ [密度が] 薄い, まばらな: bosque ~ 木のまばらな森. pelo ~ 薄い髪. tela ~ra 目の粗い布. trigal ~ まばらな小麦畑. ❻ 透明な: agua ~ra 澄んだ水. cristal ~ 透明なガラス. ❼ [音声が] 澄んだ, はっきりした: pronunciación ~ra 明瞭な発音. voz ~ra 澄んだ声, よく通る声. ❽ [映像が] 鮮明な: fotografía ~ 鮮明な写真. imagen ~ra recogida en una pantalla 画面にとらえられた明瞭な映像. ❾ [ワインが] 白の. ❿ 明らかな, 明白の, 明確な: Sus intenciones son ~ras. 彼の意図は明らかだ. Se nota una ~ra mejoría. 彼は目に見えてよくなっている. No tengo ~ lo que es eso. それが何であるかは私には分かっていない. hecho ~ 明白な事実. verdad ~ra 明らかな真実. ⓫ 率直な, さっぱくとした, あけすけな: Muestra una ~ra preferencia por ti. 彼はあからさまに君をひいきしている. lenguaje ~ 率直な言葉. persona ~ra はっきり言う人, 正直な人. ⓬ 明敏な, 明晰な: inteligencia ~ra 鋭い知性. vista ~ra 鋭い視線. ⓭ 明解な, 平明な: doctrina ~ra 分かりやすい教義. explicación ~ra 明解な説明. ⓮ [文語] 著名な, 名門の; 傑出した: de ~ra prosapia 名のある家柄の. ⓯ 清廉な, 不正のない, 誠実だ: Es una persona ~ra en sus tratos. 彼は人づきあいが誠実だ. actitud ~ra 誠実な態度. negocio poco ~ 怪しげな事業, 不透明な取引. ⓰ [闘牛] [牛が癖がなく] 堂々と攻撃する. ⓱ [獣医] [馬が] 前脚が白い.

a la ~ra =**a las ~ras**
a las ~ras 明らかに; 公然と: A las ~ras me muestra rebeldía. 彼は公然と私に反抗する.
~ que+直説法 もちろん,…である: C~ que alguna vez reñían. 彼らはもちろん時にはけんかをした
de ~ en ~ 1)《文語》一睡もしないで: pasar *de ~ en ~* 徹夜する. 2) 端から端まで最後まで
dejar [en] ~ =**poner en ~** / **sacar en ~**
en ~ 1) 一睡もしないで: pasar la noche *en ~* 徹夜する. 2) 明白に
¡Eso está ~! それはそうだ!
estar ~ que+直説法 …は明らかである〖否定では +接続法〗: Está ~ que él no quiere ir. 彼が行きたくないのは明らかだ
llevarlo ~ 《西. 口語》=**tenerlo ~**
más ~, agua/más ~ que el agua 《口語》[言葉・事実が] 明々白々だ, 間違えようがない, 火を見るよりも明らかである
pasar en ~ 省略する, 触れないでおく, 無視する: 大目に見る
poner en ~ 明らかにする: *poner en ~* su situación 自分の立場を明確にする
por lo ~ はっきりと, 単刀直入に
quedar en ~ 明らかになる
sacar en ~ [結論として] はっきり分かる; はっきりとした結論を出す: Lo único que he sacado *en ~* es que no debemos perder la esperanza. 私がたった一つ分かったことは希望を失ってはならないということだ
ser ~ que+直説法 …は明らかである〖否定では +接続法〗: Es ~ que si no lo hace es porque no quiere. 彼がそれをしないとすれば, それをしたくないからだ, ということは明白だ
tener+事 ~ …を確信している, 疑わない
tenerlo ~ 《西. 口語》[意図を実現するのは] 困難である: Si piensas que voy a dejarte el coche, *lo tienes ~*. 僕が君に車を貸すと思っていたら大間違いだ
ver poco ~ あまりよく見えない

clarona [klaróna]《←キューバ》明るい色のタバコの葉
claror [klarór] 男《文語》輝き, 明るさ
claroscuro [klaroskúro]《←伊語 chiaroscuro》男 ❶《美術》1) 明暗法, キアロスクーロ. 2) 無彩色の絵画. ❷ 線の太さの違いや濃淡を駆使した筆跡

clarucho, cha [klarútʃo, tʃa] 形《軽蔑》ひどく薄い, 薄すぎる: tela ~cha 薄っぺらい布地. sopa ~cha 水っぽいスープ

clase [kláse]《←ラテン語 classis「学級, 集団, 等級」》女 ❶ クラス, 学級: La ~ de historia es muy numerosa. 歴史のクラスは生徒が多い. ~ elemental 基礎級. ~ superior 上級クラス. ❷ 教室《=sala de ~》: El profesor entra en la ~. 先生が教室に入る. ❸ 授業, レッスン: 1) Hoy no hay ~ de D. Manuel. 今日はマヌエル先生の授業は休講だ. Hasta primeros de mes no hay ~ en la universidad. 大学では月初めまで授業がない. ~ atrasada 補習授業. ~ magistral [授業形態としての] 講義. 2) [先生・生徒が主語で] Tengo ~ de filosofía esta tarde. 私は午後に哲学の授業を休む. dar ~ de química 化学の授業をする(受ける). dar ~ en inglés a los japoneses 日本人たちに英語で授業をする. faltar a ~ de matemáticas 数学の授業を休む. ir a ~ 授業(学校)に行く. ❹ 階級, 階層: Son aproximadamente de la misma ~ social. 彼らはほぼ同じ社会階級に属する. ~ alta (baja) 上流(下層)階級. ~ media (media alta (baja) 中流の上(下)の階級, アッパー(ロー)ミドル. ~ agraria 農民階級. ~ de los menestrales/~ de los artesanos 職人(手工業者)階級. ~ obrera (trabajadora) 労働者階級. ~s pasivas 年金生活者層. ~ política 政治家たち. ❺ 等級: 1) de primera (segunda) ~ 一流(二流). lana de ~ superior 上質のウール. madera de mala ~ 質の悪い木材. 2)《航空》ejecutiva ビジネスクラス, エグゼクティブクラス. ~ económica エコノミークラス. ❻ [+de+無冠詞名詞] 種類: No me gusta esa ~ de músicas. 私はその種の音楽が好きない. Los ruidos en la comunicación pueden ser de muchas ~s. 意思伝達を阻害するノイズにはいろいろな種類がある. ¿Qué ~ de persona es él? 彼はどんなタイプの人ですか/どんな人柄ですか? toda ~ de.../...de toda[s] ~[s] あらゆる種類の. ~ de otra (la misma) ~ 違う(同じ)種類の. ❼ [主に人について] 気品, 優雅さ: Él tiene mucha ~. 彼は非常に上品だ. con ~ 気品(品格)のある. ❽《生物》綱(¾). ❾《軍事》隊《=~s de tropa》. ❿《情報, 言語》クラス: ~ de objeto オブジェクトクラス. ~ de almacenamiento masivo 記憶クラス. ~ base 基底クラス. ~ derivada 派生クラス. ⓫《数学》~ de equivalencia 等価クラス

aún hay ~s =**todavía hay ~s**
~ preferente 《航空》ファーストクラス;《鉄道》1等席: Suele viajar en ~ *preferente*. 彼は乗り物はいつもファーストクラスだ. Sacó un billete de tren en ~ *preferente*. 彼は1等車の切符を買った
correrse la ~ 授業をサボる
cortar ~ 《プエルトリコ》授業をサボる; 約束をすっぽかす
dar ~ con+人《西》…の授業(レッスン)を受ける: *Da ~ de piano con un profesor del conservatorio*. 彼は音楽学校の先生についてピアノのレッスンを受けている
en ~ 授業中: Lo dijo *en ~*. 彼はそのことを授業で言った. estar *en ~* 授業中である
en ~ de... 《まれ》…として
hacer ~ 《地方版》適合する
ninguna ~ 少しも[…ない]: sin *ninguna ~* de dudas 全く疑わずに《=sin ninguna duda》
saltarse (soplarse) la ~ 授業をサボる
todavía hay ~s 《主に戯言》[人・事物が] 優秀である, 上等である
¡Véase la ~! ほら, とびきり上等の品ですよ!
volarse las ~s 《メキシコ》授業をサボる
—— 形《アンデス》高級な, 上等な

clásicamente [klásikaménte] 副 古典的に
clásicas [klásikas] 女 複 古典[文学・語]: hacer ~ 古典を学ぶ
clasicidad [klasiθiða(ð)] 女 ❶ 古風さ. ❷ 古代ギリシア・ローマ文化
clasicismo [klasiθísmo]《←clásico》男 古典主義, 擬古主義, 古典らしさ
clasicista [klasiθísta] 形 名 古典主義の(主義者); 古典学者
clásico, ca [klásiko, ka] 形 ❶ 西洋における古い, 古代ギリシア・ローマの: lenguas ~cas 古典語〖ギリシア語, ラテン語〗. teatro ~ 古典劇. ❷ 古典的な, 古典派の: estilo ~ 古典的な文体. ❸ 古典主義の〖情熱・高揚を特徴とするロマン主義に対し, 理性と均衡を重んじる〗. ❹ [文芸などについ

clasicoide [klasikóiðe] 形《軽蔑》古くさい

clasificable [klasifikáβle] 形 分類可能

clasificación [klasifikaθjón] 女 ❶ 分類, 整理, 選別, えり分け; 順位. 〜 de datos データによる分類. 〜 alfabética アルファベット順による分類(整理). 〜 biológica (mineralógica) 生物(鉱物)の分類. 〜 del correo 郵便物の区分. 〜 decimal (universal) 〖国際〗10進分類法. 〜 〖英語〗順位, ランク; 順位づけ; 順位表: Quedé tercero en la 〜. 私は第3位だった. 〜 nacional del disco ヒットパレード. 〜 de solvencia [債務などの]格付け. 〜 de la primera división de fútbol サッカー1部リーグの順位. ❷ 予選通過, 決勝進出〖=〜 para la final〗. ❸ 〖映画〗[成人向けなどの]等級分け〖=〜 moral〗. ❹ 〖情報〗ソート. ❺ 〖船舶〗船舶部員. ❻ 〖アルゼンチン. 教育〗成績〖=calificación〗

clasificado, da [klasifikáðo, ða] 形 [書類・情報が]秘密の, 機密の
——男 複《新聞》関連記事

clasificador, ra [klasifikaðór, ra] 名 分類(類別)する[人]
——男 ❶ ファイリングキャビネット; リングバインダー. ❷ =**clasificadora**. ❸ 切手[整理]帳
——女 選別機, 分類機, ソーター

clasificar [klasifikár] 〔←clase+ラテン語 facere「作る」〗他 [+en・entre に]分類する; 等級に分ける, 選別する, えり分ける: La empresa está *clasificada* entre los mejores. その会社は優良企業に入っている. 〜 las cartas según sus destinos 手紙を宛先別に分ける. 〜 obreros por sus aptitudes 労働者を適性別に分ける. ❷ 〖情報〗ソートする. ❸ [主に 遠征]政府が文書・情報を]非公開にする. ❹ [+para 決勝などに]進出させる
——自《メキシコ》[+para 決勝などに]進出する
——〜se [+en の順位・等級に]位置する, 順位を占める: Esa patinadora *se clasificó en* tercera posición. そのスケート選手は3位になった. ❷ [+para 決勝などに]進出する: Nuestro equipo *se clasificó para* las semifinales. 私たちのチームは準決勝に進出した

clasificatorio, ria [klasifikatórjo, rja] 形 ❶《主にスポーツ》順位(決勝進出)を争う: torneo 〜 予選トーナメント. ❷ 分類する, 等級分けの

clasismo [klasísmo] 〔←clase〗男 ❶《軽蔑》階級差別: Que solo quiera relacionarse con gente de buena posición social es una muestra de su 〜. 上層階級の人とだけつきあおうとするのは階級差別の表われだ. ❷ 階級闘争主義. ❸ 〖社会の〗階級構造

clasista [klasísta] 形 名 ❶ 階級差別の, 階級差別的な[人]: tener unas ideas muy 〜 きわめて階級差別的な考えをもつ. sociedad 〜 階級社会. ❷ 階級闘争を支持する[人]. ❸ ある社会階級に特有の

clástico, ca [klástiko, ka] 形 ❶《地質》砕屑(さいせつ)性の. ❷ 分解式の: hombre 〜 人体模型

clasto [klásto] 男 岩の砕片

clastomanía [klastomanía] 女《医学》クラストマニア〖すべてを破壊する性向〗

clatrato [klatráto] 男《物理》クラスレート

claudia [kláuðja] 女《西. 果実》西洋スモモ〖薄緑色で甘いプラム. =ciruela 〜〗

claudicación [klauðikaθjón] 女 ❶ [他からの圧力などによる]屈服, 服従. ❷ [行動規範・信条などの]放棄, 不履行. ❸《医学》跛行(はこう): 〜 intermitente 間欠性跛行

claudicador, ra [klauðikaðór, ra] 形 屈服した; [規範などを]放棄した〖=claudicante〗

claudicante [klauðikánte] 形 ❶ 屈服した; [規範などを]放棄した. ❷《医学》跛行する

claudicar [klauðikár] 〖←ラテン語 claudicare「足を引きずる」〗 自 ❶ [+ante 他からの圧力などに]屈服する: No *claudicó ante* el chantaje. 彼は脅迫に屈しなかった. ❷ [+de 行動規範・信条を]放棄する, 果たさない: No puedo 〜 *de* mis creencias. 私は信念を曲げることはできない. ❸《古語》足を引きずる〖=cojear〗. ❹《古語》だます. ❺《古語》ためらう

clauso, sa [kláuso, sa] 形《文語》閉じられた

claustra [kláustra] 女 ❶ [模様入りの]格子. ❷《まれ》回廊〖=claustro〗

claustral [klaustrál] 〖←ラテン語 claustralis〗形 ❶ [修道院などの]回廊の. ❷ 修道院の[ような]; [修道院内の]禁域の, 禁域生活の: vida 〜 隠遁生活, 禁域生活
——名 ❶ 〖大学の〗教授, 教員. ❷ 修道士, 修道女

claustrar [klaustrár] 他《古語》[柵で]囲む

claustrillo [klaustríʎo] 男《古語》[試験が行われる]大学の広間

claustro [kláustro] 〖←ラテン語 claustrum < claudere「閉じる」〗男 ❶ [修道院・教会・大学などの中庭を取り囲む]回廊. ❷ 修道院[生活]: Se retiró al 〜. 彼は修道院での隠遁生活に入った. ❸ [大学などの]教授会〖=〜 de profesores〗; 集名 教授陣. ❹《文語》〜 materno 子宮〖=matriz〗

claustrofobia [klaustrofóβja] 〖←claustro+fobia〗女 閉所(密室)恐怖症

claustrofóbico, ca [klaustrofóβiko, ka] 形 閉所恐怖症の

cláusula [kláusula] 〖←ラテン語 clausula「文の結語」< claudere「閉じる」〗女 ❶ [契約・条約の]条項, 箇条, 約款(やっかん): 〜 adicional [生命保険の]特別保険約款, 特約. 〜 de elusión 免責条項, エスケープ・クローズ〖緊急輸入制限を認めたGATTの19条など〗. 〜 de escala móvil [賃金や契約価格などの変更に関する]エスカレーション条項. 〜 de escape 免責約款. 〜 del país más favorecido 最恵国約款. 〜 final 最終条項. 〜 resolutoria 失権条項, 契約解除条項. ❷《文法》文, 節, センテンス: 〜 absoluta 独立構文. 〜 simple (compuesto) 単文(複文). ❸《音楽》楽句

clausulado, da [klausuláðo, ða] 形 〖文体が〗切れ切れの, 短い
——男 集名 条項, 約款

clausular [klausulár] 他 ❶ 閉幕する, 閉会する. ❷ 話に区切りをつける

clausulón [klausulón] 男《軽蔑》〖文が〗長すぎる, くどい

clausura [klausúra] 〖←ラテン語 clausura「閉鎖」< claudere「閉じる」〗女 ❶ [催し物・会議の]閉会[式], 終了[式]; 閉廷: discurso de 〜 閉会の辞. 〜 del certamen コンクールの閉会. ❸ [修道院内の]禁域, 修道院禁入制; 禁域生活: convento de 〜 囲い女子修道院. monja de 〜 禁域生活の修道女. ❹《古語》囲われた場所. ❺《メキシコ. 法律》店じまい, 閉店

clausurar [klausurár] 〖←clausura〗他 ❶ [会議などを]終わらせる, 閉会する; 閉鎖する: El juez ordenó 〜 el hotel. 判事はそのホテルの閉鎖を命じた. ❷《まれ》閉じる〖=cerrar〗
——〜se 終了する, 閉会する: La feria internacional *se clausura* hoy. 国際見本市は今日閉会する

clava [kláβa] 女 ❶《船舶》甲板の排水口. ❷《古語》こん棒

clavacina [klaβaθína] 女《薬学》クラバシン

clavada[1] [klaβáða] 女 ❶《チェス》ピン, 〖駒の釘づけ〗. ❷ [エンジンの]故障, 停止. ❸《メキシコなど. 水泳》飛び込み〖=salto〗
pegar una 〜 *a+人* …から法外な金をとる, 不当な値段を要求する

clavadista [klaβaðísta] 名《メキシコ, 中米》崖から水に飛び込む人. ❷《南米. 水泳》飛び込みの選手〖=saltador〗

clavadizo, za [klaβaðíθo, θa] 形 [扉・窓・家具などが]飾り鋲のある

clavado, da² [klabádo, ða] 形 ❶《比喩》[estar+]釘づけの: Me quedé ~ en la cama. 私はベッドに寝たきりだった. tener la vista ~da en el horizonte 地平線をじっと見つめている. con la mirada ~da en el cielo 空をじっと見上げて. ❷ [+a に] 酷似している, 生き写しの: Es ~da a su abuela./Es su abuela ~da. 彼女は祖母に生き写しだ. El pintor le ha sacado ~ en este retrato. 画家は彼の姿をこの肖像画にそのまま写し取った. ❸《口語》正確な, ぴったりの: Llegó a las seis ~das. 彼はきっかり6時に着いた. Este vestido le está ~. このドレスは彼女にぴったりだ. traducción ~da 適訳. ❹ 鋲で飾られた(補強された)
¡C~! ぴったりだ!
dejar ~ a+人《口語》…を釘づけにする; 呆然とさせる: Mi respuesta le dejó ~. 私の答えを聞いて彼は唖然とした
venir ~ 適している, 都合がよい
── 男《メキシコ, キューバ, コロンビア, アルゼンチン》[水中への] 飛び込み

clavador, ra [klaβaðór, ra] 形 [釘・杭などを] 打ち込む
── 男 打釘機

clavadura [klaβaðúra] 女《獣医》釘傷, 蹄鉄の釘による馬の足の傷

claval [klaβál] 形《解剖》茎状の

clavar [klaβár]《←ラテン語 clavare < clavus》他 ❶ [釘・杭などを, +en に] 打ち込む: ~ un clavo en la pared 釘を壁に打ち込む. ~ un palo en el suelo 杭を地面に打ち込む. ~ a+人 un puñal en el corazón …の心臓に短剣を突き刺す. ❷ [+a に] 釘(鋲)でとめる: ~ la tapa de un cajón 箱の蓋を釘で打ち付ける. ~ un cartel en la puerta ポスターをドアに鋲でとめる. ❸《比喩》釘づけにする, 呆然とさせる: El terror la clavó en la pared. 彼女は恐怖のあまり壁に釘づけになった. ❹ 凝視する: Clavó los ojos en mí./Me clavó la mirada. 彼はじっと私を見つめた. ❺ [試験などで] 正解する, 言い当てる: De los tres problemas que nos han puesto en el examen, he clavado dos. 試験で出た3問の内, 私は2問正解した. ❻《西. 口語》《客》高い金をとる, 高値をふっかける: En este bar te clavan. このバーはぼる. ❼《獣医》[馬を] 蹄鉄の釘で傷つける. ❽ [宝石を] 金・銀の台にはめ込む. ❾《軍事》[撃てないようにするため] 大砲の火門に釘を打ち込む. ❿《古語》紐の端に金具をつける. ⓫《中南米》《性》性交する. ⓬《メキシコ. 口語》[他人の物を] 自分のものにする, 盗む. ⓭《南米. 口語》待ちぼうけを食わせる. ⓮《ベネズエラ》1)《隠語》殴る. 2)《口語》試験で落第させる
── ~se ❶ 刺さる; 自分に刺す: Me clavé (Se me clavó) un clavo en el pie. 私の足に釘が刺さった. Me he clavado la aguja en el dedo. 私は針で指を刺してしまった. ❷《隠語》男性[女性と]性交する. ❸《中南米. 口語》[+de に] はれ込む. ❹《中米》[崖などから] 水に飛び込む. ❺《南米. 口語》1) [+con 役に立たないもの・嫌なことを] 背負い込む. 2) 不快に思う. ❻《ペルー. 口語》もぐり込む [=colarse]

clavaria¹ [klaβárja] 女《植物》シロソウメンタケ属の一種《学名 Clavaria fistulosa》ハナビラタケ《食用》

clavario, ria² [klaβárjo, rja] 名 鍵の保管者
──《地方語》[信心会 cofradía の] 運営責任者

clavazón [klaβaθón] 女《集合》[ある物に打たれた・打たれる] 釘

clave [klaβe]《←ラテン語 clavis「鍵」》女 ❶ [理解・成功などの] 鍵, 手がかり, ヒント: 1) En eso está la ~ de su actitud. そこに彼の態度の謎を解く鍵がある. ~ del enigma 謎を解く手がかり. ~ del éxito 成功の秘訣. ~ de cifra 暗号の解法, 暗号解読の鍵. 2) [形容詞的. 時に数変化する] tres ministerios ~ かなめとなる3つの省庁. figuras ~ en las elecciones 選挙で鍵を握る人物たち. industria ~ 基幹産業. momento ~《映》momentos ~[s]《複》大事な瞬間, 重要な場面. palabra ~ キーワード, 重要な言葉. posición ~ 重要な地位. punto ~ キーポイント. ❷《集合》暗号[コード]; パスワード《=~ de acceso》: escribir en ~ 暗号で書く. escritura en ~ 暗号文. ❸《建築》[アーチ最上部の] かなめ石. ❹《情報》キー: ~ de búsqueda 検索キー. ❺《音楽》音部記号: ~ de sol (fa) ト音(ヘ音)記号. ❻《古語》鍵
dar con (en) la ~ 鍵を見出す
echar la ~ 《口語》[交渉・議論などに] 結着をつける
en ~ de... …の調子で
── 男《音楽》❶ チェンバロ, クラブサン, クラビコード, ハープシコード. ❷《中南米》複 クラベス《木製の棒状の打楽器》

clavecímbano [klaβeθímbano]《まれ》=**clavicémbalo**

clavecín [klaβeθín] 男 =**clavicémbalo**

clavecinista [klaβeθinísta] 名 チェンバロ奏者

clavel [klaβél]《←カタルーニャ語 clavell》男《植物》カーネーション: revolución de los ~es [1974年ポルトガルの] 4月革命. ~ de [la] India マリーゴールド. ~ del Japón ビジョナデシコ. ~ reventón (doble) オランダセキチク. ~es del aire ティランジア
un ~《隠語》[否定文で] 一文なしの: andar sin un ~ 一文なしである

clavelera [klaβeléra] 女 [街頭の] カーネーション売り娘

clavelina [klaβelína] 女 =**clavellina**

clavelito [klaβelíto] 男《植物》エゾカワラナデシコ

clavellina [klaβeʎína] 女 ❶《植物》1) カーネーション《=clavel》. 2) 陽炎団扇《ウチワサボテンの一種. 学名 Cylindropuntia alcahes》. ❷ [昔の大砲の] 火口の栓

clavelón [klaβelón] 男《植物》アフリカンマリーゴールド

claveque [klaβéke] 男 [ダイヤモンドに似せる] 水晶

Claver [kláβer]《人名》**Pedro** ~ ペドロ・クラベル《1580〜1654, スペイン出身の聖職者. 別名 Santo ~ 聖クラベル. 現コロンビアのカルタヘナで黒人への布教・保護活動に従事》

clavera¹ [klaβéra] 女 ❶ 釘の頭にある山(穴). ❷ 釘を打ち込む穴.《エストレマドゥラ》一連の道筋

clavería [klaβería] 女 ❶《古語》[騎士団の] 城代(守将)の位. ❷《メキシコ》[大聖堂で] 収入を扱う事務室

clavero, ra² [klaβéro, ra] 名 ❶《植物》チョウジ, クローブパッド. ❷《古語》[騎士団の] 城代, 守将

claveta [klaβéta] 女 木釘, ペグ

clavete [klaβéte] 男《音楽》バンドゥリア bandurria 用のピック

claveteado [klaβeteáðo] 男 飾り鋲を打つこと

clavetear [klaβeteár] 他 ❶ …に飾り鋲を打つ: ~ una puerta 扉に鋲をちりばめる. ❷ [紐などの先端に] 端金をつける《=herretear》. ❸ [仕事・手続きなどを] 完了する

claveteo [klaβetéo] 男 =**claveteado**

clavicembalista [klaβiθembalísta] 名 チェンバロ奏者, ハープシコード奏者

clavicémbalo [klaβiθémbalo]《←伊語 clavicembalo》男《音楽》チェンバロ, ハープシコード

clavicímbalo [klaβiθímbalo] 男《古語》=**clavicémbalo**

clavicímbano [klaβiθímbano] 男 =**clavicémbalo**

clavicordio [klaβikórðjo] 男《音楽》クラヴィコード

clavícula [klaβíkula]《←ラテン語 clavicula「小さな鍵」》女《解剖》鎖骨

claviculado, da [klaβikuláðo, ða] 形 鎖骨のある

clavicular [klaβikulár] 形 鎖骨の

claviforme [klaβifórme] 形 こん棒状の, こん棒の形をした

clavija [klaβíxa]《←ラテン語 clavicula「小さな鍵」》女 ❶《技術》ピン: ~ hendida/~ de dos patas コッターピン. ~ maestra 中心ピン. ❷《西. 電気》プラグ: enchufe con tres ~s 三口コンセント. ❸ [弦楽器の] 糸巻き. ❹《登山》ピトン, ハーケン《=~ de escalada》
apretar las ~s a+人《口語. 比喩》…にねじを巻く, 締めつける, はっぱを掛ける

clavijero [klaβixéro] 男 ❶《音楽》1) 糸倉. 2) [ピアノなどの] ピン板. ❷ コート掛け, ハンガー. ❸ [鋤のながえに] ピンを差し込む部分

Clavijero [klaβixéro]《人名》**Francisco Javier** ~ フランシスコ・ハビエル・クラビヘロ《1731〜87, メキシコ生まれの歴史家・考古学者・哲学者・聖職者. 『メキシコ古代史』Historia antigua de México》

clavillo [klaβíʎo] 男《clavo の示小語》❶ [扇・はさみなどの] かなめ. ❷《香辛料》クローブ, 丁字《=clavo》

claviórgano [klaβjórgano] 男《音楽》ストリング・オルガン

clavista [klaβísta] 名《まれ》チェンバロ奏者

clavito [klaβíto] 男 =**clavillo**

clavo [klaβo]《←ラテン語 clavus》男 ❶ 釘($\natural$), 鋲($\sharp$): clavar un ~ en... …に釘を打つ. sacar un ~ 釘を抜く. colgar un almanaque de un ~ 暦を釘に掛ける. ~ baladí/~ de herrar 馬蹄釘. ~ chanflón 出来の悪い釘. ~ de gota de sebo 丸頭釘. ~ de listonaje 木舞い釘. ~ de pie 長さ20センチ以下の釘. ~ de rosca ねじ釘, ビス. Por un ~ se pierde una herradura.《諺》千丈の堤も蟻の穴より崩れる. Un ~ saca otro

~.《諺》新たな悩みは古い悩みを忘れさせてくれる. ❷《植物, 香辛料》クローブ, 丁字(ちょうじ)《=~ de olor, ~ de especia》. ❸《医学》1) うおのめ, たこ. 2) せつ, ねぶと. 3) 偏頭痛: Tenía el ~ de ese hijo inútil. その役立たずな息子が彼の頭痛の種だった. 4) [傷口を開けておく, 脱脂綿などの] 栓塞杆(せんそくかん). ❹《登山》ピトン, ボルト. ❺《西. 口語》性交. ❻ 被害, 損害. ❼《地方語》サフランのめしべの柱頭. ❽《コスタリカ》恨み, 憎しみ. ❾《メキシコ, ホンジュラス, ボリビア》[鉱脈の] 鉱物の多くある所. ❿《チリ, アルゼンチン, ウルグアイ》1) 当たってしまう, わずらわしい こと: ¡Es un ~! 全く嫌になる! 2)《口語》売れ残り, 滞貨. ⓫《アルゼンチン, ウルグアイ》回収不能の勘定

a ~ pasado《口語》計画したかのように, 示し合わせたように
agarrarse a (*de*) *un ~ ardiendo*《口語》溺れる者はわらをもつかむ《←熱い釘につかまる》
clavar un ~ con la cabeza ひどく頑固である, 石頭である
como un ~《口語》時間に正確に: A las ocho estaré allí *como un ~*. 8時にはきっとそこに行くよ
dar en el ~ 図星をさす, 言い当てる
dar una en el ~ y ciento en la herradura 十中八九は失敗する, まぐれで当たる
de ~ pasado 非常に容易(明白)な: verdad *de ~ pasado* 明白な事実
entrar de ~《口語》無理やり入る
meter de ~《口語》無理やり入れる
no dar (*pegar*) *ni ~* 縦のものを横にもしない, ひどい怠け者である
¡Por los ~s de Cristo! どうかお願いだから!
remachar el ~ 傷口を広げる, よけいに悪化させる; [証明済みの] 事実に議論を重ねる
sacarse un ~《コロンビア, ベネズエラ》仕返しをする, 復讐する
tener un ~ en el corazón 悲嘆にくれる

claxon [klá(k)son]《←英語 klaxon》男《圏 ~s》クラクション, 警笛: *tocar el ~* クラクションを鳴らす
claxonar [kla(k)sonár] 自《まれ》クラクションを鳴らす
── 他《まれ》[クラクションを] 鳴らす
claxonazo [kla(k)sonáθo] 男 クラクションの音《=bocinazo》
clearing [klíriŋ]《←英語》男《圏 ~s》《経済》[主に国際間の] 清算; 清算協定
cleidocostal [kleiðokostál] 形《解剖》鎖骨肋骨の
cleistogamia [kleistoγámja] 女《植物》閉花受精
cleistógamo, ma [kleistóγamo, ma] 形《植物》*flor ~ma* 閉鎖花
clemátide [klemátiðe] 女《植物》クレマチス, テッセン
clematítide [klematítiðe] 女《植物》ウマノスズクサの一種《学名 Aristolochia clematitis》
clembuterol [klemburteról] 男《薬学》クレンブテロール
clemencia [kleménθja]《←ラテン語 clementia》女 寛容, 仁慈, 慈悲, 温情: Ha demostrado su ~ en esta ocasión. この時彼は寛大なところを見せた. No le sirvió pedir ~. 彼は寛大な措置を求めたが無駄だった
clemente [kleménte]《←ラテン語 clemens, -entis》形《文語》[人が] 寛容な, 情け深い: *juez ~* 寛大な裁判官
clementina [klementína] 女《植物, 果実》クレメンタイン《= *naranja ~*》. ❷《カトリック》教皇クレメンス5世 Clemente V の教皇令
cleopatra [kleopátra] 女《昆虫》ベニヤマキチョウ
clepsidra [kle(p)síðra] 女《古代の》水時計
cleptocracia [kle(p)tokráθja] 女《まれ》泥棒政治, 泥棒国家
cleptócrata [kle(p)tókrata] 名《まれ》泥棒政治家
cleptofobia [kle(p)tofóβja] 女 窃盗恐怖症
cleptomanía [kle(p)tomanía] 女 [病的な] 盗癖
cleptomaníaco, ca [kle(p)tomaníako, ka] 形 名 =**cleptómano**
cleptómano, na [kle(p)tómano, na] 形 名 盗癖のある〔人〕, 窃盗狂
clerecía [klereθía]《←*clero*》女《カトリック》❶《集名》聖職者, 聖職者の地位(身分). ❷ 聖職者階級
clergyman [klérʒiman]《←英語》男《圏 ~s》[上着とズボンから成る, 立襟の] 聖職者の平服
clerical [klerikál]《←ラテン語 clericalis》❶《宗教》聖職者の, 僧侶の:《カトリック》司祭の: *perder el estado ~* 聖職者の身分を失う, *traje ~* ローマンカラー服. ❷《カトリック》教権拡張主義の, 聖権至上主義の: *partido ~* 教権擁護政党

clericalismo [klerikalísmo] 男《カトリック》[聖職者が政治に勢力をふるおうとする] 教権拡張主義, 聖権至上主義
clericalista [klerikalísta] 名 形 教権拡張主義の
clericalizar [klerikaliθár] 他 聖職者風にする
clericalmente [klerikálménte] 副 聖職者風に, 聖職者のように
clericato [klerikáto] 男《まれ》聖職者の身分(権威)
clericatura [klerikatúra] 女 聖職者の身分, 司祭職
clericó [klerikó]《←英語 claret cup》男《南米》❶ クラレットカップ. ❷ 白ワインのフルーツポンチ
clerigalla [kleriγáʎa] 女《集名》《軽蔑》聖職者, 坊主
clérigo[1] [klériγo]《←ラテン語 clericus <ギリシャ語 klerikos「聖職の」》男 ❶《宗教》聖職者, 僧侶. ❷《カトリック》司祭: ~ *de cámara* バチカン宮殿での名誉司祭. ❸《古語》[中世の] 学者, 知識人. ❹《植物》~*s* [*de*] *boca abajo* 西洋オダマキ《=aguileña》
clérigo[2], **ga** [klériγo, γa] 名《プロテスタント》聖職者, 牧師
clerigón [kleriγón] 男 聖歌隊の少年, 侍者《=clerizón》
cleriguicia [kleriγíθja] 女《集名》《まれ》聖職者, 坊主
clerizón [kleriθón] 男 ❶ [一部の大聖堂で] 聖歌隊の少年, 侍者. ❷《古語》叙階を受けていないのに司祭服を着ている人《=clerizonte》
clerizonte [kleriθónte] 男 ❶《軽蔑》聖職者; 服装の乱れている(品行の悪い)聖職者. ❷《古語》叙階を受けていないのに司祭服を着ている人
clero [kléro]《←ラテン語 clerus <ギリシャ語 kleros「たまたまその人に当たったこと」》男《集名》《カトリック》聖職者; [教会における] 聖職者階級: ~ *regular* 修道会聖職者. ~ *secular* 教区(在俗)聖職者
clerodendron [kleroðéndron] 男《植物》クレロデンドロン
clerofobia [klerofóβja] 女 聖職者嫌い, 聖職者に対する反感
clerófobo, ba [kleróβobo, ba] 形 名 聖職者嫌いの〔人〕
cleruco [klerúko] 男《古代ギリシャ》[植民地に住んだ] 農奴
cleruquía [klerukía] 女《古代ギリシャ》クレルキア《植民地の一種》
cletráceo, a [kletráθeo, a] 形 カヤツリグサ科の
── 女《植物》カヤツリグサ科
cleuasmo [klewásmo] 男《修辞》自分の長所を他人の(他人の短所を自分の)ものであるとする文彩, 偽悪者говる文彩
clic [klík]《←擬声》男 ❶《西. 口語》クリック: *hacer ~ en...* ...をクリックする. *hacer doble ~* ダブルクリックする. ❷ [スイッチなど, 乾いた軽い音. 主に金属音] カチャッ, カチッ
clica [klíka] 女《貝》リュウオウゴロモ
clicar [klikár] 自《西. 情報》クリックする
cliché [klićé]《←仏語》男 ❶ 決まり文句, 型どおりの表現, 常套句, 紋切り型. ❷《印刷》クラッチ版. ❸《写真》ネガ, 陰画
clienta [kljénta] →**cliente**
cliente [kljénte]《←ラテン語 cliens, -entis「一門, 被保護者」》名 女 **clienta** も使われる ❶ [店などの] 客, 顧客, クライアント; [弁護士などの] 依頼人; [医師の] 患者: Esta tienda tiene muchos ~*s*. この店ははやっている. El médico desatiende a sus ~*s*. その医者は患者の診察をおろそかにする. *buen ~* 上客. *~ de cuenta abierta* 掛売客, 信用取引先. ~ *habitual* (*asiduo*) 常連客. ❷《政治》[政治家・政党の] 支持者, 後援者. ❸《古代ローマ》クリエンテス, 隷属平民《*patricio* の下で, 保護と支持の相互関係にある一門》
── 男《情報》[サーバー *servidor* に対して] クライアント
clientela [kljentéla]《←ラテン語》女《集名》❶ 顧客〔層〕, 常連, 客すじ; [弁護士などの] 依頼人; [医師の] 患者: Esta tienda tiene mucha ~. この店はとても繁盛している. *perder la ~ de* 客を失う. *con buena ~* よいお得意の. ❷《政治》支持者〔層〕: Algunos políticos se afanan solo por satisfacer a su ~. 政治家の中には支持者を喜ばせることのみに懸命なものもいる. ❸ [権力者の被保護者に対する] 庇護関係; ひいき, 愛顧
clientelar [kljenteláɾ] 形 ❶ 顧客の. ❷《政治》支持者の
clientelismo [kljentelísmo] 男《主に中南米. 軽蔑》官職などと引き換えに票を集めること; 派閥主義
clikear [klikeár] 自《米国. 情報》クリックする
clima [klíma]《←ラテン語 clima, -atis「地表面を極から近い順に分けた地域」<ギリシャ語 klima <klino「私は傾く」》男 ❶《気象》気候, 風土: 1) El ~ *de Japón es benigno*. 日本の気候は温暖である. ~ *espiritual* 精神的風土. 2)《気象》~ *continental* 大陸気候. ~ *de bosque lluvioso tropical* 熱帯雨林気候. ~

desértico 砂漠気候. ～ estepario 草原気候. ～ marítimo (oceánico) 海洋性気候. ～ mediterráneo 地中海性気候. ～ monzónico 季節風気候. 3)《地理》気候帯: ～ polar 極地〔気候〕. ～ boreal (subártico) 寒帯〔気候〕. ～ templado 温帯〔気候〕. ～ tropical 熱帯〔気候〕. ❷ [不可算] 雰囲気; 環境, 情勢, 状況: La reunión se celebró en un ～ de amistad. 会合は友好的な雰囲気で行なわれた. ～ de opinión 世論の動向. ～ económico 景気, 経済環境(情勢・状況). ❸ [緯度・気候から見た] 国, 地域. ❹《歴史》[農地面積の単位] 60フィート平方〖=約290平方メートル〗

***al* ～**《コロンビア》室温の・で

～ *artificial*《主に中南米》室温調節, エアコンディショニング

climácico, ca [klimáθiko, ka] [形]《生態》極相の

climacofobia [klimakofóƀja] [女] 階段恐怖症

climagrama [klimaǥráma] [男] =**climograma**

climalit [klimalít]〖←商標〗[男]〖単複同形〗二重窓, 二重ガラス

climatérico, ca [klimatériko, ka]〖←ギリシア語 klimakterikos < klimakter「段」〗[形] ❶《生理》[男性・女性の] 更年期の. ❷ 厄年の〖7年・9年目ごと〗: año ～ 厄年. ❸ 困難な時期の, 転換期の, 危機の

climaterio [klimatérjo] [男]《生理》[男性・女性の] 更年期; [女性の] 閉経期

climático, ca [klimátiko, ka] [形] 気候〔上〕の: cambios ～*s* 気候変動. condición ～*ca* 気候条件. suavidad ～*ca* 気候の穏やかさ

climatización [klimatiθaθjɔ́n] [女] ❶ 室温調節, エアコンディショニング. ❷《技術》耐温調節

climatizador, ra [klimatiθađɔ́r, ra] [形] 空気調節を行なう: unidad ～*ra* 空調ユニット

—— [男] 空調機, エアコン

climatizar [klimatiθár]〖←clima〗[9] [他] ❶ …の室温調節を行なう, 空調設備を施す; [プールを] 温水にする: Local *climatizado*《表示》冷房完備. piscina *climatizada* 温水プール. ❷《技術》熱帯(寒冷地)仕様にする

climatología [klimatolɔxía] [女] ❶ 気候学. ❷ 気候〖=clima〗: La destrucción de la capa de ozono puede provocar cambios en la ～. オゾン層の破壊によって気候に異変が起こる可能性がある

climatológico, ca [klimatolɔ́xiko, ka] [形] 気候学の: condiciones ～*cas* de la agricultura 農業の気候学的条件

climatólogo, ga [klimatóloǥo, ǥa] [名] 気候学者

climatoterapia [klimatoterápja] [女] 気候療法

clímax [klíma〔k〕s]〖←ラテン語 climax, -acis < ギリシア語 klimax, -akos「はしご」〗[男]〖単複同形〗❶ クライマックス, 最高潮: La película alcanzó su ～. 映画がクライマックスに達した. ❷《修辞》漸層法〖しだいに強い言葉を重ねて文勢を高めていく〗. ❸《生態》[時に [女]] 極相, 安定期; [森林の] 極盛相

climograma [klimoǥráma] [女]《気象》クリモグラフ, 気候図

clin [klín] **I** [女] =**crin**

II〖←擬声〗[男] [少し小型の鐘の音] カラン

clinch [klíntʃ]〖←英語〗[女]〖単複同形〗《ボクシング》クリンチ

clinero, ra [klinéro, ra] [名]《西》[街頭などの] ティシュ売り

clínex [klínɛ〔k〕s] [男] =**kleenex**

clinic [klínik]〖←英語〗[男]《スポーツ》[選手・コーチなどのための] 講習会, スポーツ教室

clínica[1] [klínika]〖←clínico〗[女] ❶ 病院, 医院, 診療所〖→hospital [類義]〗: ～ dental 歯科医院. ～ universitaria 大学病院. ～ veterinaria 動物病院. ❷ 臨床医学〖=medicina ～〗. ❸ [病院内の] 臨床講義〔部門〕

clínico, ca[2] [klíniko, ka]〖←ラテン語 clinicus < ギリシア語 klinikos「見舞う人」〗[形] 臨床の, 診療の: experimento ～ 臨床実験. hoja ～*ca* カルテ. medicina ～*ca* 臨床医学

—— [名] ❶ 臨床医, 臨床医学者. ❷《古語》臨終の床で洗礼を求める人. ❸《南米》一般開業医

clínker [klíŋkɛr] [男]《建築》クリンカー, 硬質(透化)レンガ

clinómetro [klinómetro] [男] 傾斜計, クリノメーター

clinopiroxeno [klinopirɔ〔k〕séno] [男]《鉱物》単斜輝石

clinopodio [klinopóđjo] [男]《植物》トウバナ属の一種〖学名 Clinopodium vulgare〗

Clío [klío] [女]《ギリシア神話》クリオ, クレイオ〖歴史の女神〗

clip [klíp]〖←英語〗[男]〖[複] ～s〗❶ [紙用の] クリップ, ペーパークリップ. ❷《化粧》ヘアクリップ. ❸ クリップイヤリング〖=pendientes de ～, aros de ～〗. ❹《映画》予告編;《音楽》ビデオクリップ. ❺ [間投詞的. 乾いた弱い音, 主に金属音] カチッ

clipe [klípe] [男] クリップ; ヘアクリップ〖=clip〗

clípeo [klípeo] [男]《考古》中央がふくらんだ丸盾;《美術》その形の大型メダル

clíper [klípɛr]〖←英語 clipper〗[男]〖[複] ～es〗❶ 快速帆船. ❷ 大型の長距離旅客機

clipiador [klipjađɔ́r] [男]《プエルトリコ》ホッチキス

clique [klík]〖←仏語〗[女]《政治. 軽蔑》派閥, 集団

cliquear [klikeár] [自] [他]《西. 情報》クリックする

cliqueo [klikéo] [男]《西. 情報》クリック

clisado [klisáđo] [男] ステロ版印刷; ステロ版技術

clisar [klisár] [他]《印刷》ステロ版にする

clisé [klisé] [男] =**cliché**

cliserie [klisérje] [女] 植生垂直分布

clisímetro [klisímetro] [男] 簡易傾斜計

clistel [klistél] [男]《まれ》浣腸〔剤〕〖=lavativa〗

clister [klistér] [男]《まれ》浣腸〔剤〕〖=lavativa〗

clisterizar [klisteriθár] [9] [他]《まれ》浣腸をする

clitelo [klitélo] [男]《動物》[ミミズなどの生殖開口付近の] 環帯

Clitemnestra [klitɛmnéstra] [女]《ギリシア神話》クリュタイムネストラ〖アガメムノン Agamenón の妻〗

clitocibe [klitoθíƀe] [男]《植物》ドクササゴ〖毒キノコ〗

clitómetro [klitómetro] [男]《測量》傾斜計

clitoridiano, na [klitoriđjáno, na] [形]《解剖》陰核の

clítoris [klítoris]〖←ギリシア語 kleitoris < kleio「私は閉める」〗[男]〖単複同形〗《解剖》クリトリス, 陰核

clitorismo [klitorísmo] [男]《医学》陰核持続勃起症

clitoritomía [klitoritomía] [女]《医学》陰核切除

clivaje [kliƀáxe] [男]《鉱物》劈開(へきかい)

clivia [klíƀja] [女]《植物》クンシラン

clivoso, sa [kliƀóso, sa] [形]《詩語》傾斜した, 斜めの

clo [kló]〖←擬声〗[間] [男] [繰り返されて, 抱卵期の雌鶏の鳴き声] コッコッ

cloaca [kloáka]〖←ラテン語〗[女] ❶ [主に地下の] 下水道, 下水設備, 下水溝, 排水溝. ❷ 汚くて不快な場所; 悪のはきだめ. ❸《動物》総排出腔

cloacal [kloakál] [形] 下水道の: aguas ～*es* 下水

cloasma [kloásma] [男]《医学》[妊娠期などの] しみ, 肝斑

cloc [klɔ́k] [間] [男] ❶ [乾いた音] コツン. ❷ =**clo**

clocar [klokár] [7] [28]〖→**trocar**〗[自] =**cloquear I**

cloche [klótʃe] **I**〖←仏語〗[男]/[女]《仏語》クローシェ帽〖婦人用の釣鐘型の帽子. =sombrero ～〗

II〖←英語 clutch〗[男]《中南米》クラッチ〖=embrague〗

clomifeno [klomiféno] [女]《薬学》クロミフェン

clon [klɔ́n] **I**〖←ギリシア語 klon「芽」〗[男] ❶《生物》クローン, 複製生物. ❷《植物》栄養系;《動物》分枝系

II〖←英語〗[男] =**clown**

clonación [klonaθjɔ́n] [女] クローン技術, クローニング: ～ de embriones クローン胚

clonaje [klonáxe] [男] =**clonación**

clonal [klonál] [形] クローンの

clonar [klonár] [他] …のクローンを作る, クローンとして発生させる

clónico, ca [klóniko, ka]〖←clon I〗[形] ❶ クローン技術で作られた: oveja ～*ca* クローン羊. ❷《医学》間代性の

clonorquiasis [klonɔrkjásis] [女]《医学》肝吸虫症, 肝ジストマ症

cloque [klóke]〖←擬声〗[男]《漁業》鉤竿; [マグロ漁用の] ガフ

cloqué [kloké] [男]《繊維》[麻などの] しわを寄せた布

cloquear [klokeár] **I**〖←擬声〗[自] ❶ [抱卵期の雌鶏が] コッコッ clo clo と鳴く. ❷ [雌鶏が] 卵を抱く

II〖←cloque〗[他]《漁業》[マグロを引き上げるために] ガフで引っかける

cloqueo [klokéo] [男] 抱卵期の雌鶏の鳴き声

cloquera [klokéra] [女] [雌鶏などの] 抱卵期

cloquero [klokéro] [男] ガフでマグロを引き上げる漁師

clor-《接頭辞》=**cloro-**

cloración [kloraθjɔ́n] [女] 塩素処理, 塩素消毒

cloral [klorál] [男]《化学》クロラール

cloramfenicol [kloramfenikɔ́l] [男]/[女] =**cloranfenicol**

cloramina [kloramína] [女]《化学》クロラミン

cloranfenicol [kloranfenikɔ́l] [男]/[女]《薬学》クロラムフェニコール

clorar [klorár] [他] 塩素で処理(消毒)する; 塩素化する

clloratado, da [kloratáđo, đa] 形 塩素を含む
cloratita [kloratíta] 女 塩素酸塩を原料とする爆薬
clorato [kloráto] 男 ❶《化学》塩素酸塩. ❷《口語》塩素酸カリウム〖=~ potásico〗
clorhidrato [kloriđráto] 男《化学》塩酸塩
clorhídrico, ca [kloríđriko, ka] 形《化学》塩化水素の: ácido ~ 塩酸
clórico, ca [klóriko, ka] 形《化学》塩素の, 塩素酸の
clorinidad [klorinidá(đ)] 女〖海水中の〗塩素量
clorita [kloríta] 女〖鉱物〗緑泥石, クロライト
clorítico, ca [klorítiko, ka] 形 緑泥石を含む
clorito [kloríto] 男《化学》亜鉛泥素酸塩
cloro [klóro]〖←ギリシア語 khloros「黄緑色」〗男《元素》塩素
cloro-〖接頭辞〗❶〖黄緑〗*clorofila* 葉緑素. ❷〖塩素〗*cloroformo* クロロホルム
cloroanfenicol [kloroanfenikól] 男《薬学》クロラムフェニコール
clorobenceno [klorobenθéno] 男《化学》クロロベンゼン
clorococales [klorokokáles] 女複《植物》クロロコックム目
clorofíceo, a [klorofíθeo, a] 形 緑藻綱の
── 男《植物》緑藻綱
clorofila [klorofíla] 女《植物》クロロフィル, 葉緑素
clorofilado, da [klorofiláđo, đa] 形 葉緑素を含む
clorofílico, ca [klorofíliko, ka] 形 葉緑素の
clorófito, ta [klorófito, ta] 形 緑色植物門の
── 男/女複《植物》緑色植物門
clorofluorocarbonado, da [kloroflworokarbonáđo, đa] 形《化学》gas ~ フロンガス
clorofluorocarbono [kloroflworokarbóno] 男《化学》クロロフルオロカーボン, フロン〖ガス〗
clorofórmico, ca [klorofórmiko, ka] 形《化学》クロロホルムの
cloroformización [kloroformiθaθjón] 女 クロロホルムによる麻酔〖処理〗
cloroformizar [kloroformiθár] 9 他 クロロホルムで麻酔〖処理〗する
cloroformo [kloroformo] 男《化学》クロロホルム
clorogás [klorogás] 男《化学》塩素ガス
clorohidrato [kloroiđráto] 男《化学》~ de aluminio アルミニウム・クロロハイドレート
cloromicetina [kloromiθetína] 女《薬学》クロロマイセチン
cloropicrina [kloropikrína] 女《化学》クロロピクリン
cloroplasto [kloroplásto] 男《植物》葉緑体
cloropreno [kloropréno] 男《化学》クロロプレン
cloropromacina [kloropromaθína] 女 =**clorpromacina**
cloroquina [klorokína] 女《薬学》クロロキン
cloroquinina [klorokinína] 女《薬学》クロロキニーネ
clorosis [klorósis] 女 ❶《医学》萎黄〖姜黄〗病. ❷《植物》白化
cloroso, sa [klorόso, sa] 形《化学》ácido ~ 亜塩素酸
clorosulfónico, ca [klorosulfóniko, ka] 形《化学》ácido ~ クロロスルホン酸
clorótico, ca [klorótiko, ka] 形 名 萎黄病の〖患者〗
clorpromacina [klorpromaθína] 女《薬学》クロルプロマジン
clorurar [klorurár] 他《化学》塩化物に変える
cloruro [klorúro]《化学》塩化物: ~ de ácido 酸塩化物. ~ de cal/~ de calcio さらし粉. ~ sódico/~ de sodio 塩化ナトリウム
closet [klóset]〖←英語〗男複 ~s《中南米》〖造り付けの〗戸棚, クローゼット
clostridio [klostríđjo] 男《生物》クロストリジウム
clotear [kloteár] 自《チリ. 口語》❶〖音を立てて〗壊れる. ❷〖計画などが〗実現しない, 不成立に終わる. ❸ 死ぬ
Cloto [klóto] 女〖ローマ神話〗クロト, クロートー〖運命の三女神の一人で, 命の糸を紡ぐ〗
clou [klú]〖←仏語〗男〖古語的. 演劇〗山場
clown [kláun/klóun]〖←英語〗男複 ~s 道化師, ピエロ〖→payaso〗〖参考〗
cloxacilina [klo(k)saθilína] 女《薬学》クロキサシリン
clu [klú] 男〖まれ〗=**clou**
club[1] [klúb]〖←英語〗男複 ~s;《中南米》~es ❶〖スポーツ・社交・政治などの〗クラブ, 会〖組織, 場所〗: 1) Van al ~ a jugar al tenis. 彼らはテニスをしにクラブに行く. Es miembro de un ~ de poetas. 彼はある詩のサークルの会員だ. Ronaldo es del Real Madrid C~. ロナウドはレアル・マドリードの選手だ. ~ atlético アスレチッククラブ. ~ de natación スイミングクラブ. ~

泳部. ~ literario 文学同好会. ~ náutico ヨットクラブ. C~ de Leones ライオンズクラブ. C~ de Rotarios ロータリークラブ. ~ revolucionario 革命派のクラブ〖集合的〗. 2)〖国際的な〗PEN C~ ペンクラブ. C~ de Roma ローマクラブ. ~ atómico 核クラブ. ~ de los Diez 10か国蔵相会議, G10. ❷〖酒を飲み踊る〗ナイトクラブ〖=~ nocturno〗. ❸〖劇場・映画館の〗1階の前の方の列
club[2] [kláb]〖←英語〗男複 ~s《西. ゴルフ》クラブ〖=palo〗
clube [klúbe] 男 =**club**[1]
clubista [klubísta] 名 クラブのメンバー, 部員, 会員
clueco, ca [klwéko, ka]〖←擬声〗形 ❶ 卵を孵す〖雌鶏〗, 抱卵期の〖雌鶏〗. ❷〖口語〗〖女性は女性が周囲の人に〗世話を焼く, 気遣いをする. ❸《チリ, アルゼンチン, ウルグアイ》うれしくて落ち着きのない. ❹《アルゼンチン》病弱な〖女〗, 体の弱い〖女〗. ❺《キューバ, プエルトリコ》うぬぼれ屋
cluniacense [klunjaθénse] 形《カトリック》クリュニー Cluny 修道会の〖修道士〗, クリュニー修道院の
cluniense [klunjénse] 形《地名》コルーニャ・デル・コンデ Coruña del Conde の〖人〗〖ブルゴス県の町〗
clupeido [klupéiđo] 形 ニシン科の
── 男複《魚》ニシン科
clupeiforme [klupeifórme] 形《魚》ニシン目の
── 男複《魚》ニシン目
cluster [kláster]〖←英語〗男《統計》クラスター分析
clutch [klótʃ]〖←英語〗男《中南米. 自動車》クラッチ〖=embrague〗
cm〖略語〗←centímetro センチメートル
CNC〖メキシコ. 略語〗←Confederación Nacional Campesina 全国農民連盟
cnidarios [knidárjos] 男複《動物》刺胞動物門
cnidoblasto [kniđoblásto] 男《動物》刺細胞
cnidocilo [kniđoθílo] 男《動物》刺胞突起
CNMV 女《西. 略語》←Comisión Nacional del Mercado de Valores 証券取引委員会
CNT 女《西. 略語》←Confederación Nacional del Trabajo 国民労働連合
co-〖接頭辞〗=**con-**: *co*operar 協力する, *co*madre 代母
coa [kóa] 女 ❶《メキシコ, パナマ, キューバ, ベネズエラ》シャベルに似た形の鍬. ❷《メキシコ, ベネズエラ》種まきをする土地;〖地面に種まき用の穴を掘る〗尖った棒
── 男《チリ》犯罪組織の用いる隠語: hablar en ~ 隠語で話す
coacción [koa(k)θjón]〖←ラテン語 coactio, -onis〗女 ❶ 強制, 強要: bajo ~ 強要されて. ❷《法律》強権. ❸《生態》相互作用
coaccionar [koa(k)θjonár]〖←coacción〗他 強制する, 無理強いする: Me *coaccionaron* a renunciar (para que renunciara) al plan. 私は計画を断念するように強要された
── 自《チリ. 口語》協力する
coacervación [koaθerbaθjón] 女 ❶《化学》〖コロイド溶液における〗コアセルベーション. ❷ 積み上げ
coacervar [koaθerbár] 他 山積みする, 積み上げる; 寄せ集める
coacervato [koaθerbáto] 男《化学》コアセルベート
coach [kóutʃ]〖←英語〗男複 ~s《スポーツ》コーチ〖=entrenador〗
coachear [koatʃeár] 他《キューバ. 口語》指導する
coacreedor, ra [koakre(e)đór, ra] 名 共同債権者
coactivo, va [koaktíbo, ba]〖←ラテン語 coactivus〗形 強制的な: medios ~s 強制的手段
coacusado, da [koakusáđo, đa] 形 名《法律》共同被告人〖の〗
coadjutor, ra [koađxutór, ra] 形 名 助手〖の〗, 補佐〖の〗
── 男《カトリック》❶ 助任司祭. ❷ 司教補, 補佐司教〖=obispo ~〗. ❸〖イエズス会の〗幇〖助〗修司〖=hermano ~〗
coadjutoría [koađxutoría] 女 助任司祭〖司教補〗の職
coadministrador [koađministrađór] 男《廃語》司教代理
coadquiridor, ra [koađkiridór, ra] 名《まれ》共同取得〖購入〗者
coadquirir [koađkirír] 27 他《まれ》共同取得する
coadquisición [koađkisiθjón] 女 共同取得
coadunación [koađunaθjón] 女 結合, 混合; 結合〖混合〗したもの
coadunamiento [koađunamjénto] 男 =**coadunación**

coadunar [koaðunár] 他 結合させる, 一つにする, 混ぜる
coadyutor [koaðjutór] 男《カトリック》=**coadjutor**
coadyutorio, ria [koaðjutórjo, rja] 形 補う, 助ける
coadyuvador, ra [koaðjuβaðór, ra] 名 助手, 貢献者
coadyuvante [koaðjuβánte] 形 名 ❶ 補佐の, 助けとなる; 助手. ❷《法律》[主に行政訴訟の行政側の] 代理をする; 代理人
coadyuvar [koaðjuβár]《←ラテン語 coadjuvare》自《文語》[+a 目的に] 貢献する, 助ける: ~ *a* la digestión 消化を助ける
coagente [koaxénte] 形 名 [目的に] 貢献する, 助ける; 協力者, 賛助者
coagulable [koaɣuláβle] 形 凝固(凝結)可能な
coagulación [koaɣulaθjón] 女 凝固(作用), 凝結; 凝集; 凝析
coagulador, ra [koaɣulaðór, ra] 形 男 =**coagulante**
coagulante [koaɣulánte] 形 男 凝固(凝結)させる, 凝固(凝結)性の; 凝固剤
coagular [koaɣulár]《←ラテン語 coagulare》他 凝固させる, 凝結させる: ~ la sangre 血を固まらせる
── 自 **~se** 凝固する
coágulo [koáɣulo]《←ラテン語 coagulum < cum- (共に)+agere「押す, 動かす」》男 ❶ 凝固物, 凝塊; [特に] 血塊, 血餅《=~ sanguíneo》. ❷《まれ》=**coagulación**
coagulopatía [koaɣulopatía] 女《医学》凝固障害, 凝固因子異常
coaguloso, sa [koaɣulóso, sa] 形 固まる, 固まった, 凝固した
coahuilense [koawilénse] 形 名《地名》コアウイラ Coahuila の [人]《メキシコ北部の州》
coahuilteca [koawiltéka] 形 名 コアウイラ州の先住民(の) ── 男 その言語
coaíta [koaíta] 女《動物》クロクモザル
coala [koála] 男《動物》コアラ
coalescencia [koalesθénθja] 女 ❶ 合体, 合同; 融合; 癒着. ❷《化学》合一
coalescente [koalesθénte] 形 合体する, 合同の; 連合(連立)する; 提携する
coalición [koaliθjón]《←仏語 coalition》女 合体, 一体化, 融合; [国家・政党などの一時的な] 同盟, 提携: gabinete (gobierno) de ~ 連立内閣(政府). ~ de izquierdas 左翼連合. ~ de empresas 企業連合(合同)
coalicionista [koaliθjonísta] 形 名 同盟の一員; 同盟賛成論者
coaligar [koaliɣár]《8》他 =**coligar**
coalla [koáʎa] 女《鳥》❶ ヤマシギ《=chocha》. ❷《古語》ウズラ《=codorniz》
coana [koána] 女《解剖》後鼻孔《ミッシ》
coandú [koandú] 男《南米. 動物》キノポリヤマアラシ
coanocito [koanoθíto] 男《動物》襟細胞
coanoflagelado [koanoflaxeláðo] 男《動物》立襟(タミッシ)鞭毛虫
coapóstol [koapóstol] 男《カトリック》他の人と共に使徒となった人
coaptación [koa(p)taθjón] 女《医学》接骨, 骨接ぎ《=~ de un hueso quebrado》
coaptar [koa(p)tár]《古語》適合させる, 調節する
coarcho [koártʃo] 男《漁業》一方の端をマグロ漁網に他方の端を漁網の錨に固定したロープ
coarrendador, ra [koarendaðór, ra] 名 共同地主, 共同貸し主
coartación [koartaθjón] 女 ❶《医学》大動脈狭窄. ❷[自由などの] 制限, 妨げ. ❸[聖職禄を受けるための] 一定の期限内に叙階を受ける義務
coartada[1] [koartáða]《←coartar》女 ❶《法律》アリバイ, 現場不在証明: Le proporcioné una ~. 私は彼にアリバイを提供した. probar su ~ 自分のアリバイを証明する. presentar una ~ アリバイを立てる. tener una ~ アリバイがある. refutar la ~ アリバイを崩す. ❷ 言い訳, 口実
coartado, da[2] [koartáðo, ða] 形《歴史》あらかじめ解放の条件を主人と取り決めた[奴隷]
coartador, ra [koartaðór, ra] 形 名 [自由などを] 制限する[人], 妨げる[人]
coartar [koartár]《←ラテン語 coartare < cum- (共に)+artare「抱き締める, 縮小する」》他 [自由などを] 制限する: La presencia de su padre me *coartó* para decirle lo que quería. 彼女の父がいて私は言いたいことが言えなかった. El exceso de celo de los padres *coarta* el desenvolvimiento de los niños. 両親が過度に教育熱心だと子供の発達を妨げる

coaseguro [koaseɣúro] 男 共同保険, コインシュアランス
coaster [kóaster]《←英語》男《パナマ》コースター《=posavasos》
coatequitl [koatekítl]《←ナワトル語》男 [先スペイン期アステカ王国における] 公共事業への労働割り当て制度 [植民地時代にも存続し, 先住民の強制労働割り当て制 repartimiento に受け継がれる]
coatí [koatí] 男《魚 ~(e)s》《動物》ハナジロハナグマ
Coatlicue [koatlíkwe] 女《アステカ神話》コアトリクエ「「ヘビのスカートをはく女性」の意の女神. ウィツィロポチトリ Huitzilopochtli の母」
coautor, ra [koautór, ra]《←co- (共に)+autor》名 ❶ 共著者, 共同執筆者; 共作者. ❷《法律》共同正犯者
coaxial [koa(k)sjál] 形《幾何, 電気》同軸の: cable ~ 同軸ケーブル
cob [kóβ]《←英語》名 コップ, 短脚で強健な馬
coba [kóβa] I《←ジプシー語》女 ❶《西》1) おべっか, へつらい: Sabe darle ~ al jefe. 彼は上司にごまをするのがうまい. 2) ふざけ, 冗談, 軽いだまし. ❷《ベネズエラ. 隠語》嘘, だまし
  dar ~ *a* +事物《西》1) …をほめそやす. 2) [時間的・空間的な] ゆとりを与える
  dar una ~ *a* +人《キューバ》…の見かけをよくする
  II《←アラビア語 cobba》《モロッコ》❶ ドーム, 丸屋根. ❷ イスラム教の隠者の墓を覆う建造物. ❸ スルタンの遠征用テント
cobáltico, ca [koβáltiko, ka] 形 コバルトの
cobaltina [koβaltína] 女《鉱物》輝コバルト鉱
cobalto [koβálto] 男 ❶《元素》コバルト. ❷ コバルト色, コバルトブルー《=azul ~》
cobaltoso, sa [koβaltóso, sa] 形 コバルトの
cobaltoterapia [koβaltoterápja] 女《医学》コバルト線療法
cobanero, ra [koβanéro, ra] 形 名《地名》コバン Cobán の [人]《グアテマラ, Alta Verapaz 州の町》
cobarcho [koβártʃo] 男 マグロ漁網の突き当たりの壁面部
cobarde [koβárðe]《←古仏語 coart < coe「尻尾」》形《主に軽蔑》❶ 勇気のない: No era valiente pero tampoco se resignaba a ser ~. 彼は勇敢ではなかったが, しかし臆病者に甘んじていたわけでもなかった. ❷ 怯懦な, 卑劣な
── 名《主に軽蔑》❶ 臆病者, 腰抜け, いくじなし. ❷ 卑怯者: Es un ~, cuando hay problemas siempre huye. 彼は卑怯者だ, 問題が起きるといつも逃げる
cobardear [koβarðeár] 自 臆する, 臆病になる, 怖じ気づく
cobardía [koβarðía] 女 ❶ 臆病, 気弱さ. ❷ 卑怯, 卑劣さ: cometer una ~ 卑怯なことをする
cobardica [koβarðíka] 形 名《口語》臆病な, 臆病者; 卑怯な, 卑怯者
cobardón, na [koβarðón, na] 形 [少し] 怖がりの, いくじなしの, 小心な
cobaya [koβája] 女/男《動物》テンジクネズミ, モルモット《比喩的に実験台としても》
cobayo [koβájo] 男 =**cobaya**
cobea [koβéa] 女《中米. 植物》ツルコベア, コベアカテドラルベル
cobear [koβeár] 自《西. 口語》へつらう, おべっかを使う. ❷《ベネズエラ. 隠語》嘘をつく
cobertera [koβertéra] 女 ❶《農業》[種まき後に土にかける] 肥料. ❷ [鳥の] 尾羽《=pluma ~》. ❸ ポン引き《=alcahueta》. ❹《地質》堆積層. ❺《古語》[鍋の] ふた. ❻《トレド. 植物》スイレン《=nenúfar》. ❼《エクアドル》袋
cobertero [koβertéro] 男《地方語》[鍋の] ふた
cobertizo [koβertíθo]《←古語 cobierto < ラテン語 cooperire》男 ❶ [屋根と柱だけの雨よけの] 小屋, 納屋. ❷《建築》[出入口・窓の] 庇(ミッシ)
cobertor [koβertór]《←ラテン語 coopertorium < cooperire》男 ❶ ベッドカバー. ❷《古語的》上掛け毛布. ❸《古語》覆い, ふた
cobertora [koβertóra] 女 [鳥の] 尾羽《=pluma ~》
cobertura [koβertúra]《←ラテン語 coopertura < cooperire》女「覆う」》女 ❶ 覆い, カバー《=cubierta》: servir de ~, …の隠れ蓑の役を果たす. bizcocho con ~ de chocolate チョコレートコーティングしたビスケット. ❷ 覆うこと. ❸ [電波・情報などの] 行き渡る範囲;《写真》被写域; マグロ レーダーの探知範囲. programa ~ nacional 全国ネットの番組. ❹《商業》1) 保証, カバー: operaciones de ~ ヘッジ取引. ~ frente a la inflación インフレヘッジ. 2) ~ de dividendo 配当倍率. ~ de intereses インタレストカバレッジ. ~ de paro [全失業者の

対する〕失業保険受給者の比率. ❺ 集名 掩護〔射撃〕: ～ aérea 空軍による掩護. ❻ 法 ⇔cobertura. ❼ 〔ディフェンスの〕カバー 〔行為，ライン〕. ❼ 歴史 王の前でも脱帽してよい権利を王に与える儀式. ❽ 古語 事実の秘密，虚構

cobete [kobéte] 男 俗用 =**cohete**

cobez [kobéθ] 女 鳥 ニシアカアシチョウゲンボウ

cobija [kobíxa] ←ラテン語 cubilia「寝床」 女 ❶ 建築 牡瓦（#ぶら）. ❷ ⇔canal. ❸ 〔鳥の〕綿羽. ❹ 覆い, カバー〔=cubierta〕. ❺ 〔服飾〕短いマンティーリャ mantilla. ❻《アンダルシア; 中南米》複 寝具. ❻《中南米》毛布

cobijada [kobixáða] 女 短いマンティーリャ cobija で頭（顔）を覆っている女性

cobijador, ra [kobixaðór, ra] 形 ❶ 宿泊（避難）所を提供する〔人〕. ❷ 覆う, 隠す

cobijamiento [kobixamjénto] 男 庇護, 保護; 避難

cobijar [kobixár] ←?cobija 他 ❶ …に宿泊（避難）所を提供する, 泊める: Este edificio cobija a muchas familias. この建物には多くの家族が避難している. ❷ 〔+de から〕庇護する: El paraguas nos cobija de la lluvia. 傘は雨を防いでくれる. ❸《文語》感情 抱く: ～ una ambición 野心を抱く. ❹ 〔また 覆う, ふたをする
── ～se 〔+en に〕避難する, 庇護を求める: Las personas damnificadas se cobijaron en las viviendas de sus vecinos y parientes. 被害を受けた人々は近所の親戚の家に避難した. ~se bajo la tienda (en la manta) テント（毛布）にもぐり込む

cobijense [kobixénse] 形 地名 コビハ Cobija の〔人〕《ボリビア, パンド州の州都》

covijeño, ña [kobixéɲo, ɲa] 形 名 =**cobijense**

cobijo [kobíxo] 男 ←cobijar ❶ 避難場所; 避難小屋. ❷ 庇護, 避難. ❸ まれ 食事のつかない宿
dar ～ **a** 人 …を庇護する; 泊める

cobista [kobísta] 名 口語 西. 軽蔑 おべっか使い〔の〕; おますり野郎〔の〕; 詐欺師

cobítido, da [kobítido, ða] 形 ドジョウ科の
── 男 複 魚 ドジョウ科

cobla [kóbla] 女 ❶ 〔民謡の一種〕コブラ〔=copla〕. ❷《カタルーニャ》サルダーナ sardana を演奏する管弦合奏団《通例9人で構成される》

cobo [kóbo] 男 ❶ 貝 ホラガイ. ❷ 動物 ～ acuático ウォーターバック. ❸ 内気な人, 引っ込み思案な人. ❹《コスタリカ》毛布
ser un ～ / **estar hecho un** ～《プエルトリコ》一人ぼっちである

Cobo [kóbo] 人名 **Bernabé** ～ ベルナベ・コボ〔1580～1657, スペイン人年代記作者・聖職者. ペルー副王領を跋渉し, インカ帝国に関する情報を収集. 『新世界史』*Historia del Nuevo Mundo*〕

cobol [koból] ←英語 男 情報 〔主に C～. プログラム言語の〕コボル

Cobos [kóbos] 人名 **Francisco de los** ～ フランシスコ・デ・ロス・コボス〔1477?～1547, スペイン生まれ. カルロス1世の秘書となり, その後, 顧問官 consejero de Estado として政務を担当〕

cobra [kóbra] ❶ ←ポルトガル語 動物 コブラ: ～ de anteojos インドコブラ. ～ real キングコブラ
Ⅱ ←cobrar 女 狩猟 猟犬が獲物を持って来ること
Ⅲ ←ラテン語 copula 女 ❶ 牛をつなぐくびき. ❷ 脱穀のためにつないだ数頭の雌馬

cobrable [kobráble] 形 集金（回収）され得る

cobradero, ra [kobraðéro, ra] 形 ❶ 集金（回収）の必要な. ❷ =**cobrable**

cobrador, ra [kobraðór, ra] 名 ❶ 集金人, 集金係, 徴収者: ～ de deudas/～ de morosos 取立人. ❷ 〔バスの〕車掌. ❸《犬》レトリーバー: ～ dorado ゴールデン・レトリーバー

cobranza [kobránθa] 女 ❶ 徴収, 集金, 回収〔=cobro〕: período de ～ 納付期限. ❷ 狩猟 獲物の回収

cobrar [kobrár] ←recobrar 他 ❶ 〔賃金・代金などを〕受け取る; 〔貸し金などを〕取り立てる, 回収する: 1) Han venido a ～ el recibo de la luz. 彼らは電気料金の集金に来た. No hemos cobrado los dividendos. 我々は利子を受け取っていない. ¿Cuánto cobras al año? 年収はいくらですか? Cobra dos mil euros al mes. 彼は月給2ユーロだ. ¿Qué me va usted a ～? 料金はいくらになりますか? ¿Cuánto cobra por hora esta academia? この学校は一時間いくらですか? Me han cobrado los gastos de envío. 私は送料を取られた. Me han cobrado demasiado. 私は法外な料金を請求された. ¿Me cobra, por favor? 〔店員に〕おいくらですか?/勘定書をお願いします. ¿Me cobra los cafés? コーヒー代はいくらですか? cantidades a (por) ～ 支払金額. 2) 商業 cuenta a (por) ～ 売掛金, 売掛勘定. letra a (por) ～ 受取手形. ❷ 狩猟 獲物を捕まえる: Cobraron un jabalí. 彼らはイノシシを捕まえた. Cazando las perdices con reclamo cobramos muchas piezas. ヤマウズラは笛笛を使うとよく獲れる. ❸ 〔非物質的なものを〕獲得する: Su nueva obra cobró renombre internacional. 彼の新作は国際的に高い評価を受けた. ～ actualidad 話題性を帯びる. ～ fama 有名になる. ❹ 口語 El cobró cariño a esa muchacha. 彼はその少女に愛情を抱いた. ～ simpatía 好感を抱く. ❺ 〔綱などで〕引く, たぐり寄せる: ～ el ancla 錨を引き上げる. ～ la red 網を引き揚げる. ❻ 〔失ったものを〕取り戻す, 回復する: ～ las tierras perdidas 失った領土を取り戻す. ❼ 〔人命を〕奪う: El tsunami cobró miles de víctimas. 津波で数千人の犠牲者が出た. ❽ 軽蔑 〔不正の見返りとして〕抱く〔不正の金を〕受け取る. ❾ 口語 体罰を〔加える〕. ❿ 中南米 …から取り立てる. ⓫ チリ 1) …の返還を求める, 遂行を要求する. 2) サッカーなど ゴール（フォール）を与える
── 自 ❶ 給料等受け取る: Cobran los viernes. 彼らは金曜が給料日だ. Te pagaré en cuanto cobre. 給料をもらったらすぐ払うよ. ❷ 〔+por〕代金を受け取る: No cobramos por estas revistas. これらの雑誌は無料です. Cobran en aquella ventanilla. 支払いはあの窓口です. ❸ ひどい目に会う〔叱られる, 殴られるなど〕: Si siguen peleando, van a ～ los dos. けんかをやめないと, 2人ともぶつよ. ❹ 〔戦争で〕戦利品〔捕虜〕を獲る. ❺ 古語 直す, 訂正する
por ～《中南米. 電話》コレクトコールで
── ～**se** ❶ 〔代金・貸した金などを〕受け取る: Me cobré mi porcentaje de las ventas. 私は売上げから歩合を取った. ¡Cóbrese, por favor! お勘定をお願いします. Cóbrese los cafés de aquí. 〔金を取り出して〕ここからコーヒーの代金を取って下さい. Se ha cobrado dos euros por traerlo a casa. 彼は宅配サービスということで2ユーロ多く取っていった. Cóbrese al entregar.《商業》現款着払い, COD. ❷ 文語 人命を 奪う: El terremoto se cobró un número de vidas incalculable. 地震で数えきれないほどの死者が出た. ❸ 口語 〔恩恵・被害の〕お返しをする: Se cobró la mala pasada que le hicieron. 彼は汚い手を使われたお返しをした. ❹ 立ち直る; まれ 意識を回復する. ～ de una pérdida 損失を取り戻す. ~se del susto 驚きから我に返る

cobratorio, ria [kobratórjo, rja] 形 ❶ 徴収の, 集金の, 取り立ての, 回収の: documento ～ 納付書. ❷ 狩猟 獲物の回収の

cobre [kóbre] Ⅰ ←ラテン語 cuprum < ギリシア語 Kypros「キプロス島」 男 ❶ 元素 銅: ～ amarillo 黄銅, 真鍮. ～ blanco 白銅. ～ negro 粗銅. ～ rojo 金属銅. ～ verde マラカイト〔= malaquita〕. ❷ 〔台所用品などの〕銅製品. ❸ 音楽 複 金管楽器. ❹《中南米》センターボ貨幣, センティモ銅貨
batirse el ～ 口語 1) 〔+en に〕全力を尽くす, 身を入れる. 2) 勇敢に戦う
enseñar (pelar·asomar·mostrar·sacar) el ～ 1) 〔悪者・卑怯者などが〕本性を現わす. 2)《メキシコ, パナマ, コロンビア》旗色を鮮明にする, 本心を明かす
un ～《メキシコ, ベネズエラ, ペルー, チリ, アルゼンチン, ウルグアイ. 口語》ごく少額: no tener un ～ 一文なしである
Ⅱ ←cobrar 男 ❶ つないだ二匹の干魚. ❷《古語》つないだニンニク〔タマネギ〕. ❸ 古語 〔馬など〕つないだ動物の列

cobreado [kobreáðo] 男 銅張り〔行為〕

cobrear [kobreár] 他 銅を張る, 銅で覆う. ❷《文語》銅色にする

cobreño, ña [kobréɲo, ɲa] 形 まれ 銅の

cobrizo, za [kobríθo, θa] ←cobre 形 ❶ 銅色の, 赤褐色の: Los pueblos indígenas de América tienen la piel ～za. アメリカ先住民族は銅色の肌をしている. ❷ 鉱物の 銅を含む

cobro [kóbro] ←cobrar 男 ❶ 〔金銭などの〕受取り; 〔代金などの〕集金, 取立て, 回収: llamar a ～ revertido コレクトコールで電話する. ～ indebido 不当徴収. ～ a la entrega《商業》現款着払い, COD. ❷《ホンジュラス, キューバ, ドミニカ》給料
poner... en ～ …を安全な場所に置く

ponerse en ~ 安全な場所に逃げ込む, 避難する
presentar... al ~ …を現金に換える, 支払いを受けるために…を示す

coca [kóka] **I**〖←ケチュア語 cuca〗囡 ❶〖植物〗1) コカ, コカノキ. 2) ~ piojera ヒエンソウ. ❷〖口語〗コカイン〖=cocaína〗. ❸〖果実〗1) コキュラスᰀツヅラフジ科のつる性灌木の漿果. 薬用᰿. 2) ~ de Levante アナミルタの実〖毒性がある〗
II〖←ラテン語 concha「貝」〗囡 ❶ 拳骨で頭を叩くこと. ❷〖髪型〗頭の両側にまとめたシニョン. ❸〖船舶〗1)〖中世の〗小型船. 2) 綱のねじれ. ❹〖動物・人の〗頭. ❺ こま trompo が互いに当たること
librar la ~《プエルトリコ. 口語》〖若い男が〗初めて性交する
III〖←coco〗囡《ガリシア》聖体行列の大蛇人形
IV〖←?語源〗囡《カタルーニャ》菓子パン, ケーキ
V《ドミニカ, ベネスエラ》囡 子供を怖がらせるための〛お化け
cocacho [kokátʃo] 男 ❶《南米. 口語》頭への殴打〖=coscorrón〗. ❷《ペルー》煮ると固くなるインゲンマメ
coca-cola [kokakóla] 男〖←商標〗囡〖飲料〗コカコーラ
cocacolo, la [kokakólo, la] 男 囡《アンデス》軽薄な若者
cocacolonización [kokakoloniθaθjón] 囡〖←Coca Cola〗囡〖皮肉, 戯語〗アメリカナイズ
cocada [kokáða] 囡 ❶〖菓子〗1) マコロン. 2)《中米, アンデス》トゥロン turrón に似た菓子. ❷《中米》旅行〖距離〗. ❸《アンデス. 自動車》タイヤ; タイヤのグリップ. ❹《ペルー, ボリビア》コカの葉を丸めたもの〖長時間噛む〗; コカの葉を噛む時間. ❺《ペルー》コカの葉の蓄え
cocador, ra [kokaðór, ra] 形 おだてる; 甘言でだます
cocaína [kokaína] 囡〖←coca〗囡〖化学〗コカイン
cocainismo [kokainísmo] 男〖医学〗慢性的なコカイン中毒
cocainomanía [kokainomanía] 囡 コカイン中毒
cocainómano, na [kokainómano, na] 形 囡 コカイン中毒の〖中毒者〗
cocal [kokál] 男 ❶《中南米》=**cocotal**. ❷《ペルー, ボリビア》コカ畑
cocalero, ra [kokaléro, ra] 形 囡《ペルー》❶ コカを栽培する; コカ栽培者. ❷ コカ畑の
cocamas [kokámas] 男 複〖ペルーの〗オマグアス Omaguas 地域の先住民
cocán [kokán] 男《ペルー》煮込んだ鳥の胸肉
cocar [kokár] 他 おだてる; 甘言でだます, 口車に乗せる
cocaví [kokaβí] 男《ペルー, ボリビア, アルゼンチン》〖旅行者が携行する〗コカと食糧
cocazo [kokáθo] 男《アルゼンチン, ウルグアイ. 口語》頭への殴打
coccidiasina [kɔ(k)θiðjasína] 囡〖生物〗コクシジウム, 球虫
coccidio [kɔ(k)θíðjo] 男 =**coccidiasina**
cóccidos [kɔ́(k)θíðos] 男 複〖生物〗カイガラムシ上科
coccígeo, a [kɔ́(k)θíxeo, a] 形 尾骨の
coccinélidos [kɔ́(k)θinélidos] 男 複〖昆虫〗テントウムシ科
coccíneo, a [kɔ(k)θíneo, a] 形 紫色の〖=purpúreo〗
cocción [kɔ(k)θjón] 囡〖←ラテン語 coctio, -onis〗囡 ❶ 煮ること;〖パンなどを〗焼くこと: agua de ~ 沸騰水. ❷ 調理, 料理: Hervir al vapor es uno de los métodos de ~. 蒸すのは調理法の一つである. ❸〖医学〗焼成. ❹〖金属〗焙成. ❺〖煉瓦などを〗焼くこと
cóccix [kɔ́(k)θi(k)s] 男〖単複同形〗=**coxis**
coceador, ra [koθeaðór, ra] 形〖馬などが〗蹴り癖のある
coceadura [koθeaðúra] 囡〖馬などの〗後脚で蹴ること, 跳ね上げること
coceamiento [koθeamjénto] 男 =**coceadura**
cocear [koθeár] 自〖←coz〗❶〖馬などが〗後脚で蹴る, 跳ね上げる. ❷ 反抗する, 反発する
—— 他〖馬などが〗後脚で蹴る
cocedero, ra [koθeðéro, ra] 形 火の通りやすい
—— 男 ❶ 魚介類を調理して売る店〖= ~ de mariscos〗. ❷〖ワインなどの〗発酵室
cocedizo, za [koθeðíθo, θa] 形 =**cocedero**
cocedor [koθeðór] 男 ❶〖ブドウの搾汁を〗煮る係. ❷ 鍋. ❸ 発酵室〖=cocedero〗
cocedura [koθeðúra] 囡 煮る(煮える)こと; 調理
cocer [koθér] 他〖←ラテン語 coquere〗[1]〖29〗他 ❶ 煮る: ~ las espinacas en agua ホウレンソウをゆでる. ~ el arroz ご飯を炊く. ~ el agua〖やかん・鍋で〗湯を沸かす. Este abrigo me cuece. このコートは暑くてしかたない. ❷〖窯でパン・陶器などを〗焼く.

❸ 発酵させる. ❹ 消化する
—— 自 煮立つ〖=hervir〗: El chocolate está cociendo a borbotones. ココアがぐつぐつ煮立っている. ❷〖ワインなどが〗発酵する
—— **~se** 煮える; 焼ける: a medio ~se 生煮えの, 生焼けの. ❷ ひどく暑い: Con los calcetines de lana se me cuecen los pies. 毛の靴下を履くと足がひどく暑い. ❸〖秘密裏に〗準備される: Se está cociendo una rebelión. 反乱のたくらみがある. ❹《チリ. 口語》酔う

cocer		
直説法現在	命令法	接続法現在
cuezo		cueza
cueces	cuece	cuezas
cuece		cueza
cocemos		cozamos
cocéis	coced	cozáis
cuecen		cuezan

cocha[1] [kótʃa] 囡 ❶ 洗鉱用の水槽. ❷《コロンビア》〖パン・煉瓦などを焼く〗一窯分. ❸《アンデス》〖浅い〗沼, 池. ❹《ペルー》平地, 原っぱ
cochabambino, na [kotʃaβambíno, na] 形《地名》コチャバンバ Cochabamba の〖人〗〖ボリビア中部の県・県都〗
cochada [kotʃáða] 囡 ❶《コロンビア》❶〖集名〗一窯分〖のパン・煉瓦など〗. 2) 煮ること. ❷《ペルー, チリ》各家ごとに割り当てられた灌漑用水. ❸《アルゼンチン》車一台分の人と荷物
cochama [kotʃáma] 囡《コロンビア. 魚》コロソマの一種〖学名 Colossoma oculus〗
cochambre [kotʃámbre] 男/囡〖油など〗表面の汚い膜
—— 囡〖集名〗汚い(不潔な)物, 汚れ, ごみ
cochambrería [kotʃambrería] 囡〖集名〗〖口語〗汚い物
cochambrero, ra [kotʃambréro, ra] 形〖名〗〖口語〗汚物だらけの〖人〗
cochambriento, ta [kotʃambrjénto, ta] 形〖口語〗=**cochambroso**
cochambroso, sa [kotʃambróso, sa] 形〖口語〗〖物が〗ひどく汚い
cochano [kotʃáno] 男《ベネスエラ》〖砂金など〗天然の金塊
cochar [kotʃár] 他《プエルトリコ》〖大声でせき立てながら牧群を〗移動させる
—— 自《グアテマラ》自動車の売買をする
cocharro [kotʃáro] 男〖木・石の〗器, 椀, 碗
cochastro [kotʃástro] 男 哺乳期の子イノシシ
cochayuyo [kotʃajújo] 男《南米. 植物》ヒバマタ〖食用の海草〗
estar como ~ 《チリ. 口語》非常に浅黒い
coche [kótʃe] **I**〖←ハンガリー語 kocsi「馬車の一種」〗男 ❶《西, メキシコ, プエルトリコ》自動車〖=《他の中南米》carro〗: 1) Fui a Córdoba en ~. 私はコルドバまで車で行った. Vamos en mi ~. 私の車で行こう. subir a un ~ 車に乗り込む. bajar de un ~ 車を降りる. guiar un ~/《中南米》manejar un ~ 車を運転する. ir con ~〖自分で運転して〗車で行く. ~ bomba 自動車爆弾. Ya que se lleve el diablo, que sea en ~.〖諺〗どうせ悪事を働くなら大もうけしなければ損だ. 2)〖各種の車〗~ abierto (descubierto) オープンカー. ~ antiguo/~ de época クラシックカー, ヴィンテージカー. ~ automático オートマチック車. ~ con marchas マニュアル車. ~ cerrado セダン. ~ de carreras/《南米》~ de carrera レーシングカー. ~ deportivo スポーツカー. ~ fúnebre ワゴン車. ~ K《西》覆面パトカー. ~ patrulla〖複 ~s patrulla〗パトロールカー. ~s de choque《西》〖遊園地などで相手にぶつけて遊ぶ〗バンパーカー. ❷〖鉄道〗車両; 特に〖客車〗〖= ~ de viajeros〗: Va en el segundo ~. 彼は2両目に乗っている. ~ directo 直通運転車両. ~ cama〖複 ~s cama〗寝台車. ~ de correos/~ correo 郵便車. ~ de equipajes 手荷物車. ~ de literas/~ litera 簡易寝台車. ~ restaurante 食堂車. ❸ 馬車〖= ~ de caballo(s)〗: simón/~ de sitio/《まれ》~ de punto/《まれ》~ de plaza 辻馬車;〖乗り場の定まった〗タクシー. ~ de camino《まれ》〖頑丈な〗旅行用の馬車, 軽快な馬車. ~ de ciudad《まれ》町中用の馬車. ~ de colleras 胸繋〖㍿〗を付けた雌ラバの引く馬車. ~ de estribos 扉に補助椅子の付いている馬車. ~ tumbón〖廃語〗幌馬車. ❹ 乳母車〖=cochecito

～ de niño]: ～ cuna 箱型の乳母車. ～ silla ベビーカー, 折畳み式乳母車. ❺《古語的》～ parado [大通り・広場に面した]窓, バルコニー. ❻《地方語》～ de horas 長距離バス [=～ de línea]. ❼《メキシコ》タクシー. ❽《ペルー》[スーパーマーケットなどの] カート
andar a ～ acá, cinchado 他の人がサボらないように懸命に努力する
～ de línea 1)《西》[+para・de 行きの] 長距離バス; 定期観光バス. 2)《古語》乗合馬車, 駅馬車 [=diligencia]
en el ～ de San Fernando (San Francisco) 歩いて, 徒歩で
Esto va en ～. まあまあだ/悪くはない
no pararse los ～s de+人 …の仲が良くない, 親密でない
para echar ～ 《口語》[給料などが] 高い
parar el ～ 《ドミニカ, ボリビア》[人の言動が害をもたらさないように] 手綱を引く
II《様々な言語で coch (豚への呼びかけ)》男《メキシコ, 中米》豚 [=cerdo]: ～ de monte イノシシ [=jabalí]
── 男《グアテマラ》汚い
cochear [kotʃeár] 自 ❶ 馬車を御する; 車を乗り回す. ❷《戯語》車を持っている
～se 車を乗り回す
cocheche [kotʃétʃe]《ホンジュラス》女っぽい男
cochecho, cha [kotʃétʃo, tʃa] 形《チリ》酔っぱらった
cochecito [kotʃeθíto]《coche の示小語》男 ❶ 乳母車, ベビーカー [=～ de niño]. ❷ 車椅子. ❸ おもちゃの自動車
cochera[1] [kotʃéra] I [←coche] 女 ❶ [時に 複] 列車・バス・馬車] 車庫. ❷ 御者の妻. ❸《まれ》[自家用車の] ガレージ. ❹《古語》[宿駅の] 替え馬のいる宿屋
II [←cocho]《コロンビア》豚小屋, 豚の囲い場
cocherada [kotʃeráda] 女《メキシコ》下品な (汚い) 言葉
cochería [kotʃería] 女 ❶《チリ, アルゼンチン》レンタカー屋. ❷《アルゼンチン》葬儀屋
cocheril [kotʃeríl] 形《口語》車の; 御者の
cochero, ra[2] [kotʃéro, ra] I [←coche I] 形 車馬用の; 馬車用の: puerta ～ra [車の出入りする] 大門, 馬車出入口
── 名 [馬車の] 御者: ～ de punto 辻馬車の御者. ❷《古語》馬車屋, 車大工
hablar como un ～ 盛んに毒づく, 罵倒する
hablar [en] ～《メキシコ》汚い言葉で話す
quedar como un ～《古語的》面目を失う, 恥をかく
── 男《天文》[C～] ぎょしゃ座 [=Auriga]
II [←cocho]《まれ》[主にヒヨコマメについて] 容易に煮える (焼ける)
── 男 養豚業者, 豚飼い [=porquerizo]
cocherón [kotʃerón] 男 大きな車庫
cochevira [kotʃebíra] 女 豚脂, ラード
cochevís [kotʃebís] [←仏語]《単複同形》カンムリヒバリ [=cogujada]
cochi [kótʃi] ❶ 繰り返して] 豚を呼ぶときの掛け声. ❷《メキシコ, プエルトリコ, アルゼンチン》豚
cochichear [kotʃitʃeár] 他《ホンジュラス》騙してからかう
cochifrito [kotʃifríto] 男《西. 料理》子ヤギ・子ヒツジ肉の冷製
cochina[1] [kotʃína] 女《ペルー》樹液を受ける器
cochinada [kotʃináda] [←cochino] 女 ❶ 下劣な (ずる賢い) 行為: hacer una ～ 汚い手を使う. ❷ 卑猥な言葉. ❸ 汚い物, 汚物; 汚さ, 不潔
cochinamente [kotʃináménte] 副 汚らしく; 卑劣にも
cochinata [kotʃináta] 女 ❶《船舶》船尾材と噛み合わせた船尾下部材. ❷《キューバ, コロンビア》一腹の豚の子
cochinear [kotʃineár] 自《口語》卑劣なことをする
cochinería [kotʃinería] 女 下劣な (ずる賢い) 行為 [=cochinada]
cochinero, ra [kotʃinéro, ra] 形 ❶ 品質が悪いので, 実が]豚の餌用の: habas ～ras 豚の飼料用のソラマメ. ❷《口語》trote ～ 小走り
── 男《メキシコ》ひどく汚い (乱雑な) 場所
cochinilla [kotʃiníʎa] I《cochina の示小語》女《動物》❶ ワラジムシ, ダンゴムシ [=～ de humedad]. ❷ marina フナムシ
II [←?語源] 女 ❶《昆虫》[メキシコ産でサボテンにつく] エンジムシ, コチニールカイガラムシ [=grana]. ❷ コチニール《エンジムシの雌を乾燥して粉末にした紅色の染料》
cochinillo [kotʃiníʎo]《cochino の示小語》男 ❶ 離乳前の子

豚. ❷《料理》子豚の丸焼き [=～ asado]
cochinita [kotʃiníta] 女《中南米》子豚 [=cochinillo]
cochino, na[2] [kotʃíno, na] [←様々な言語で coch (豚への呼びかけ)] 形 名 ❶ 豚 [=cerdo]: 1) ～ montés 猪 [=jabalí]. 2)《諺》A cada ～ le llega su San Martín. 誰も罰を逃れることはできない [←どんな豚にも聖マルタンの日 (畜殺の時期) がやって来る]. C～ fiado, buen invierno y mal verano. 掛けで買うと支払いの時が大変. ❷《軽蔑》[豚のように] 不潔な [人], 汚い [人]; 下品な [人], 卑猥な [人], 卑劣な [人]: El baño está bastante ～. トイレはかなり汚れている. ❸《西》[主に + 名詞] 不愉快な, いまいましい: Estos ～s zapatos me hacen un daño horrible. この靴のやつ, 痛くてたまらん. ❹《チリ》[競技・選手が] 汚い, 乱暴な, いかさまをする
cochiquera [kotʃikéra] 女 豚小屋, 汚い場所 [=pocilga]
cochite hervite [kotʃíte herbíte]《廃語》大急ぎで, あわてて
── ❶《廃語》そそっかしい人
cochitril [kotʃitríl] 男《口語》豚小屋 [=pocilga]; 狭く不潔な住居
cochizo [kotʃíθo] 男 [一つの鉱山の中で] 最も豊かな鉱床
cocho, cha[2] [kótʃo, tʃa] 形 ❶ 煮た; 焼いた. ❷ 汚れた, 汚い. ❸《ガリシア, アストゥリアス, ログローニョ》豚 [=cerdo]. ❹《ペルー》高齢の; 高齢者
── 男《チリ, アルゼンチン. 飲料》煎ったトウモロコシ粉 (小麦粉) にイナゴマメの粉を混ぜたもの [湯・砂糖を加え熱くして飲む]
cochón [kotʃón]《ホンジュラス》同性愛者
cochorro [kotʃórro]《昆虫》マルハナバチ [=abejorro]
cochoso, sa [kotʃóso, sa] 形《エクアドル》汚い, 汚れた
cochura [kotʃúra] 女 ❶ 煮ること, 焼くこと [=cocción]. ❷ [パン・陶器の] 一焼き分 [=hornada]: La panadería hace tres ～s diarias. そのパン屋は毎日3回パンを焼く. ❸ 水銀の原鉱を炉で焼くこと
cochurra [kotʃúrra] 女《キューバ》[種入りの] グアバ菓子
cochuso, sa [kotʃúso, sa] 形《キューバ》=**cochuzo**
cochuzo, za [kotʃúθo, θa] 形 名《キューバ》髪のほどけない [人]
cocido[1] [koθído] [←cocer] 男 コシード《ヒヨコマメ・ジャガイモ・野菜・肉を煮込んだポトフに似たスペインの料理》: ～ madrileño マドリード風コシード
cocido[2], **da** [koθído, da] 形 ❶ 煮た; 焼いた: arroz ～ ご飯. ❷《南米》[肉が] 生でない, 火を通した
cociente [koθjénte] [←俗ラテン語 quotiens, -entis < quotiens 「何回」] 男 ❶《割り算の》商: 8 de ocho por cuatro es dos. 8割る4の商は2である. el ～ a/b a/bの商. ❷ 指数 [=coeficiente]: ～ intelectual / ～ de inteligencia 知能指数
cocimiento [koθimjénto] [←cocer] 男 ❶ =**cocción**. ❷ 煮沸き; 煎汁 [=decocción]. ❸ ～ de hierbas 薬草の煎じ汁. ～ asativo 混じり物なしの煎じ薬. ❸《羊毛の》浸染. ❹《古語》炎症, 搔痒感, ひりひりする感じ
cocina [koθína] [←ラテン語 coquina] 女 ❶ 台所, 調理場: Antes de echarme la siesta, recogeré la ～. 昼寝をする前に食器洗いを済ませておこう. ～ abierta オープンキッチン. ～ amueblada システムキッチン. ～ comedor ダイニングキッチン. ～ a bordo《航空》ギャレー; 機内食. ～ de boca [王宮の] 王と王族専用の調理場. ❷ 調理台; コンロ, レンジ, 料理用ストーブ: ～ de gas ガスレンジ, ガステーブル. ～ de inducción 電磁調理器, IHクッキングヒーター. ～ de petróleo《中南米》石油コンロ. ～ económica 調理兼暖房用ストーブ. ～ eléctrica 電気調理器. ❸ 料理法: El chef es especialista en ～ española. シェフはスペイン料理が専門だ. alta ～ 高級 [フランス] 料理. libro de ～ 料理の本. ～ casera 家庭料理. ❹《料理》1) 豆と種子のシチュー. 2) スープ [=caldo]. ❺《口語》陰謀を巡らす報道. ❻《地方語》[一部屋だけの] 小屋. ❼《ベネズエラ. 口語》[飛行機・バスの] 後部
llegar hasta la ～《スポーツ》ディフェンスラインをすり抜ける
cocinar [koθinár] [←ラテン語 coquinare < coquina] 他《料理》作る; [加熱して] 調理する: 1) ～ una cena exquisita おいしい夕食を作る. ～ comida china 中華料理を作る. ～ un plato 料理を一品作る. ～ un besugo タイを調理する. 2)《口語》煮る, ゆでる. ❷《口語》[事を] 準備する, 段取りをつける; 提案する. ❸ [関係ないことに] 口出しする. ❹《隠語》麻薬》精製する. ❺《キューバ, ラプラタ》[少数の人が] 秘かにたくらむ, 陰で画策する
── 自 詮索する, おせっかいを焼く

cocinear [koθineár] 自《口語》料理を作る, 炊事をする
cocinería [koθinería] 女《ペルー, チリ》惣菜(ボェ)屋; 食堂
cocinero, ra [koθinéro, ra]《←cocinar》料理の
—— 名 ❶ 料理する人; (特に) コック, 料理人: Mi mujer es muy buena ~ra. 私の妻は料理がとても上手だ. Haber sido ~ antes que fraile.《諺》昔取った杵柄(ボカ)《←修道士になる前は料理人だった》. ❷《口語》《事を》準備する人, 提案者. ❸《隠語》《麻薬を》精製する人
cocineta [koθinéta] 女 ❶《菓子》砂糖漬けの果物を載せたピラミッド型のケーキ. ❷《メキシコ》キチネット, 簡易台所. ❸《コロンビア》携帯用コンロ《=cocinilla》
cocinilla [koθiníʎa]《cocina の示小語》女 卓上コンロ, 携帯用コンロ
—— 形《西. 軽蔑》《女性の役割とされている》家事(特に料理)に手を出すのが好きな〔男, 料理好きな人〕
cocinita [koθiníta] 女《まれ》❶ 卓上コンロ, 携帯用コンロ《=cocinilla》. ❷ 暖炉
cocker [kóker] 男《←英語》名《複 ~s》《犬》コッカースパニエル
cóclea [kóklea] 女 ❶《解剖》(耳の) 蝸牛殻《=caracol》. ❷ らせん揚水機
coclear [kokleár] 形 ❶《解剖》蝸牛殻の. ❷《植物》らせん状の
—— 男 重さの単位《=2分の1ドラクマ》
coclearia [okleárja] 女《植物》トモシリソウ
coclesano, na [koklesáno, na] 形《地名》コクレ Coclé の〔人〕《パナマ中部の県》
coclí [koklí] 男《コロンビア. 鳥》クロハラトキ
coco[1] [kóko] I《←アイマラ語》男 ❶《果実》ココナッツ, ヤシの実《=nuez de ~》: agua (leche) de ~ ココナッツミルク. crema de ~ ココナッツクリーム. ❷《植物》ココヤシ《=cocotero》: ~ de chile チリーヤシ. ❸《口語》頭《=cabeza》: tener mucho ~ 頭がいい. lavado de ~ 洗脳. ❹《口語》醜い人. ❺《南米. 俗語》複 睾丸《=testículos》. ❻《ベネズエラ. 口語》妄執, 偏執. ❼《ペルー》複 スパイク《=tacos》
botarse el ~《メキシコ》我を忘れる, 理性を失う
calentarse el ~ よく考える, 知恵を絞る
comer el ~ *a*+人《西. 口語》…の純真さにつけこむ, だます
comerse el ~《西. 口語》あれこれ(ああでもないこうでもないと)考える
dar al ~《西. 口語》《問題を》ああでもないこうでもないと考える
darse un ~ [*con la cabeza*] (頭に)ぶつかる, 1発くらう
echar ~《ベネズエラ. 口語》**=hacer** ~
estar hasta el ~ 満腹になる; うんざりする
hacer ~《ベネズエラ. 口語》頭を絞る, 考える; 誇示する
hacer ~*s*〔恋人同士が〕目くばせする; 愛撫する
ser (parecer) un ~ 1)《口語》《顔が》大変醜い(恐ろしい). 2)《スポーツ》マークすべき強敵である
—— 形《メキシコ. 口語》コカイン中毒の
II《←ラテン語 coccum < ギリシア語 kokkos》男 ❶《生物》球菌. ❷《昆虫》ゾウムシ《=gorgojo》
III《←擬態》男《口語》〔子供を怖がらせるために言われる〕鬼, お化け: Duérmete, que viene el ~. 寝なさい. さもないとお化けが出るよ
IV 男《キューバ. 鳥》~ *prieto* ブロンズトキ
coco[2], **ca**[2] [kóko, ka] 形《中米》はげの《=calvo》
cocó [kokó] 男《キューバ》白土《建築材》
cocoa [kokóa] 女《チリ, アルゼンチン, ウルグアイ》ココア《粉, 飲み物》
cocobacilo [kokoβaθílo] 男《生物》球桿菌
cocobálsamo [kokoβálsamo] 男 メッカバルサムの実
cocobolo [kokoβólo] 男《植物》ココボロ《用材. 学名 Dalbergia retusa》
cococha [kokótʃa] 女《バスク語》《料理》メルルーサやタラの下あご
cococho [kokótʃo] 男《キューバ, アルゼンチン. 幼児語》*a* ~ 肩車して
cocodrilo [kokoðrílo] 男《動物》[アフリカ・南アジアの] ワニ: *bolso de* ~ ワニ革のハンドバッグ
cocol [kokól] 男《メキシコ》❶《料理》ココル《偏菱形のプチパン》. ❷ 菱形. ❸ **=cocoliste**
ponerse del ~《メキシコ》〔事態が〕複雑化する, 悪化する
quedar del ~《メキシコ》〔人が, +con+人 に〕悪く思われる, まずい立場に置かれる
cocolazo [kokoláθo] 男《メキシコ. 口語》〔戦争などでの〕射撃
cocolia [kokólja] 女《プエルトリコ. 動物》小型の川ガニ

cocoliche [kokolítʃe] 男《ラプラタ》ココリチェ《イタリア語とスペイン語の混ざった隠語》
—— 形《ラプラタ》❶ ココリチェを話すイタリア系移民. ❷ 趣味の悪い(けばけばしい)服を着ている〔人〕
cocoliste [kokolíste] 男《メキシコ》伝染病; [特に] チフス
cocolón [kokolón] 男《コロンビア, ベネズエラ, エクアドル. 料理》おこげ
coconota [kokonóta] 女《メキシコ》❶ 七面鳥の雛. ❷ うぬぼれの強い女
cócora [kókora] 名 しつこくて厄介な人
cocoroco, ca [kokoróko, ka] 形《チリ. 口語》高慢な
cocorota [kokoróta] 女《西. 口語》〔人の〕頭
cocoso, sa [kokóso, sa] 形《地方語》〔果物が〕ゾウムシの食った
cocotal [kokotál] 男 ココヤシ林
cocotazo [kokotáθo] 男《コロンビア》頭をコツンと叩くこと
cocote [kokóte] 男 **=cogote**
cocotero [kokotéro] 男《植物》ココヤシ
cocotte [kokót]《←仏語》女 高級売春婦(コールガール)
cocotudo, da [kokotúðo, da] 形《ペルー》ずうずうしい, 無遠慮な
coctel [koktél] 男《中南米》**=cóctel**
cóctel [kóktel]《←英語 cocktail》男《複 ~[e]s》❶《酒》カクテル: *preparar (hacer) un* ~ カクテルを作る. *agitar un* ~ カクテルをシェイクする. ❷《料理》カクテル: ~ *de marisco*/~ *de langostinos*/~ *de gambas* 小エビのカクテル. ~ *de frutas*《中南米》フルーツサラダ. ❸ カクテルパーティー: *celebrar un* ~ カクテルパーティーを開く. ❹《服飾》カクテルドレス《=traje de ~》. ❺ ~ *Molotov* 火炎瓶
coctelera [kokteléra] 女 [カクテルの] シェーカー: *agitar la* ~ シェーカーを振る. *El camión parecía una* ~. トラックは激しく揺れていた
coctelería [koktelería] 女 カクテルバー
cocui [kokwí] 男《ベネズエラ》**=cocuy**
cocuisa [kokwísa] 女《プエルトリコ, コロンビア, ベネズエラ》**=cocuiza**
cocuiza [kokwíθa] 女《プエルトリコ, コロンビア, ベネズエラ》❶《植物》リュウゼツラン《=agave》. ❷ リュウゼツランの繊維製の綱
cocullada [kokuʎáða] 女《アラゴン》カンムリヒバリ《=cogujada》
cocuma [kokúma] 女《南米》トウモロコシ粉
cocuy [kokwí] 男《ベネズエラ》❶ リュウゼツラン《=agave》. ❷ リュウゼツランから作る蒸留酒
cocuyera [kokujéra] 女《キューバ》❶ ホタルかご. ❷ 小型の吊りランプ
cocuyo [kokújo] 男 ❶《昆虫》1) ホタルコメツキ. 2)《カナリア諸島》ホタル《=luciérnaga》. ❷《コロンビア, ベネズエラ. 自動車》パーキングライト
coda[1] [kóða] I《←伊語》女《音楽》終結部, コーダ; 舞踏曲の終節. ❷《音声》尾子音, 音節末尾
II《←codo》女《建築》〔留め継ぎ用の〕くさび
codadura [koðaðúra] 女《ブドウの》取り木する枝
codal [koðál] 形 ❶〔長さが〕1腕尺 codo の. ❷ 肘形の, 肘のように曲がった
—— 男 ❶《鎧の》肘当て. ❷ 長さ1腕尺 codo のろうそく. ❸ 〔ブドウの〕取り木する枝. ❹《建築》〔堀・壁工事用の2枚の板枠を平行に保つ〕横棒; 〔戸・窓の脇柱, 穴の側壁を支える〕横木, つっかい棒; 〔枠付きのこぎりの〕枠; 〔ひずみを直すために材木の先端にあてがう〕定規; 〔石工が使う下げ振りの〕糸. ❺《鉱山》〔側壁の圧力を弱めるため坑道に仮に設けた〕煉瓦のアーチ
codaste [koðáste] 男《船舶》船尾骨材
codazo [koðáθo]《←codo》[1] 男 肘で突くこと: *Me dio un* ~ *para avisarme que había terminado*. 彼は肘で私を軽く突き, 終わったことを知らせた. *abrirse paso (camino) a* ~*s* 肘で人をかき分けて通る
a ~ *limpio* 1) 肘でかき分けて. 2) 遠慮なく, 勝手に
dar (pegar) ~*s* 1)〔相手の注意を促すために〕肘で軽く突く. 2)《メキシコ》秘かに通報する
codeador, ra [koðeaðor, ra] 形 名《南米》ねだる〔人〕, せびる〔人〕
codear [koðeár]《←codo[1]》自 ❶ 肘を動かす, 肘で突く《人をかき分ける》: *abrirse paso codeando* 肘で人をかき分けて進む. ❷《南米》ねだる, せびる; 口車に乗せる
—— ~*se* ❶ [+con 高い地位の人などと対等に] 交際する, 親しくする: *Le gusta* ~*se con los famosos*. 彼女は有名人とつきあうのが好きだ. ❷《メキシコ》樹木が肘のように折れ曲がる

codecisión [kođeθisjɔ́n] [女] 共同決議, 協定, 協約
codeína [kođeína] [女]《薬学》コデイン
codelincuencia [kođeliŋkwénθja] [女] 共犯
codelincuente [kođeliŋkwénte] [形] [名] 共犯の; 共犯者
codena [kođéna] [女]《まれ》[織物の] 耐久性
codeo [kođéo] [男] ❶ 肘で突くこと. ❷《ペルー, チリ, エクアドル》口のうまさ, 口車
codependencia [kođependénθja] [女]《心理》共依存
codera [kođéra] [女] ❶《服飾》[継ぎ・飾りの] 肘当て; 肘のほころび(すり切れ). ❷ 肘につけるサポーター. ❸ 肘にできる疥癬. ❹《船舶》艫綱(ともづな)
codesera [kođeséra] [女] エニシダの群生地
codeso [kođéso] [男]《植物》エニシダ; [特に] 黄色い花のエニシダ〘学名 Cytisus hirsutus〙
codeudor, ra [kođeu̯đór, ra] [名] 共同債務者
códex [kóđε[k]s]〘←ラテン語〙[男] =**códice**
codezmero [kođezméro] [男] 十分の一税の受取人
códice [kóđiθe] [男] ❶ [主に活版印刷術発明以前の, 古典・聖書などの] 写本, 古文書. ❷《カトリック》ミサ典書・聖務日課書で個々の教区・会を対象とした部分. ❸《歴史》絵文書〘先スペイン期から植民地時代にかけて, メソアメリカの先住民が作成. 鹿の皮やアマテ amate の樹皮などに, 図像に絵文字やアルファベットを添えて描いた. 内容は暦・天文学・宗教儀礼・貢納品・土地台帳・王家の系譜・年代記など多岐にわたる〙
codicia [kođíθja]〘←ラテン語 cupiditia < cupidus「強欲な」〙[女] ❶ 激しい欲望, 強欲, 貪欲: con ～ 貪欲に, 熱心に. ～ de poder 権力欲. ～ de riquezas 富への渇望. La ～ rompe el saco.《諺》一文惜しみの百知らず. ❷ 意欲, 渇望: ～ de saber 知識欲. ❸《古語》性欲. ❹《闘牛》[牛の] 攻撃性, 闘争心
codiciable [kođiθjáble] [形] 欲望をかきたてる, 欲しくてたまらない, 魅力的な
codiciador, ra [kođiθjađór, ra] [形] [名] むやみに欲しがる〔人〕, 欲深な〔人〕, 切望する〔人〕
codiciante [kođiθjánte] [形] =**codiciador**
codiciar [kođiθjár]〘←codicia〙[10] [他] やたら欲しがる, 渇望する: ～ el puesto de director 校長になりたくてたまらない
codicilar [kođiθilár] [形] 遺言補足書の
codicilo [kođiθílo] [男]《法律》遺言補足書
codiciosamente [kođiθjósaménte] [副] 貪婪(どんらん)に, 欲ばって; 物欲しげに
codicioso, sa [kođiθjóso, sa] [形] [名] ❶ 強欲な〔人〕, 欲ばりな〔人〕; [+de を] 切望(熱望)する: Es ～ y no se contenta con lo que tiene. 彼は欲ばりで今持っているもので満足しない. Estoy ～ *de* verte. 私はたまらなく君に会いたい. mirada ～*sa* 物欲しそうな目. ❷《口語》勤勉な〔人〕, 働き者〔の〕. ❸《闘牛》[牛が] 攻撃的な, 闘争心の強い
codicología [kođikolɔxía] [女] 写本学, 写本研究
codicológico, ca [kođikolɔ́xiko, ka] [形] 写本学の
codicólogo, ga [kođikólogo, ga] [名] 写本学者, 写本研究家
codificable [kođifikáble] [形] 法典化され得る; コード(符号)化され得る
codificación [kođifikaθjɔ́n] [女] ❶ 法典化, 成文化, 法典編纂(へんさん). ❷ コード化, 符号化, エンコード, コーディング. ❸《情報》[集名] 命令, インストラクション
codificador, ra [kođifikađór, ra] [形] [名] ❶ 法典に編む〔人〕, 法典作成者. ❷ データをコード化する
—— [男]《情報》〔エン〕コーダー, データをコード化するソフトウェア
codificar [kođifikár]〘←仏語 codifier〙[7] [他] ❶ [法律を] 一つの法典にまとめる, 法典(成文)化する. ❷ コード(符号)化する, エンコードする
código [kóđigo]〘←ラテン語 codex, -icis「本」(ユスティニアヌス法典の換称)〙[男] ❶ 法典; [一国の] 法規集; [特に] ローマ法大全, ユスティニアヌス法典〘=*C*～ de Justiniano〙: *C*～ de Hammurabi ハンムラビ法典. *C*～ de Eurico エウリック法典〘485年ごろ西ゴート王エウリック Eurico が編纂. ローマ法の影響を受け西ゴートの慣習法を成文化したゲルマン最古の法典〙. ～ civil (penal) 民法(刑法)典. ～ mercantil/～ de comercio 商法. ～ de la circulación/～ de carreteras 交通法規. ❷ 暗号〔表〕, 信号, 符号, コード: ～ abreviado 略号. ～ autocomprobable 自己検査コード. ～ de barras/～ barrado バーコード. ～ de acceso パスワード. ～ de señales 手旗信号, 信号旗〘=telégrafo marino〙. ～ genético《生物》遺伝暗号. ～ postal 郵便番号. ～ Q 航空用国際電信符号. ～ secreto 暗号; 暗証番号. ～ telegráfico 電信略号. ～ territorial《電話》市外局番, 地域コード番号. ❸ [集名] 規則, 規範; [社会の] 掟: ～ de ética profesional 職業倫理規範. ～ del honor 名誉の掟, 決闘の作法. ～ de silencio 沈黙の掟. ～ de vestimenta ドレスコード
codillera [kođiʎéra] [女]《獣医》[馬の] 前肢最上部の関節の腫瘍
codillo [kođíʎo]〘codo¹ の示小語〙[男] ❶ [四足獣の] 前肢最上部の関節; この関節から膝までの部分. ❷ [枝を切り落した後に残った] こぶ. ❸《狩猟》四足獣の左前肢の膝下. ❹ 豚の膝肉〘ほとんど骨と皮の部分〙. ❺ [管の] L字継ぎ手〘=codo〙. ❻《トランプ》[オンブル・トレシーリョで] 勝負に出た者が逆に負かされること: dar ～ [勝負に出た相手を] 一蹴する. ～ y moquillo 勝負に出た相手の鼻をあかして賭け金をせしめる時に言う決まり文句. ❼《馬具》鐙(あぶみ)〘=estribo〙. ❽《船舶》竜骨の〔片方の〕端
tirar a+人 *al* ～《口語》…を破滅に追いやる
codín [kođín]〘←codo¹〙[男]《サラマンカ. 古語》[胴衣の] ぴったりした袖
codina [kođína] [女]《サラマンカ. 料理》栗入りのサラダ
codirección [kođire[k]θjɔ́n] [女] ❶ 共同経営, 共同管理. ❷《映画, 演劇》共同監督, 共同演出
codirector, ra [kođirεktɔ́r, ra] [形] [名] ❶ 共同経営(管理)の, 共同経営(管理)者. ❷《映画, 演劇》共同監督, 共同演出家
codirigir [kođirixír] [4] [他] ❶ 共同経営(管理)する. ❷《映画, 演劇》共同監督(演出)する
codo[1] [kóđo]〘←ラテン語 cubitus〙[男] ❶ 肘(ひじ): Se durmió con los ～*s* apoyados en la mesa. 彼はテーブルに肘をついて眠り込んだ. apoyar los ～*s* (estar de ～*s*) sobre... …に両肘をつく(ついている). separar los ～*s* 肘を張る. ～ de tenis/～ de tenista テニス肘. ❷ [服の] 肘: chaqueta raída por los ～*s* 肘のすり切れた上着. ❸ [四足獣の] 前肢最上部の関節〘=codillo〙. ❹ 肘状のもの; [管の] L字継ぎ手, エルボ; [道・川の] 屈曲部〘=recodo〙. ❺ [長さの単位] コド, 腕尺〘肘から中指の先までの長さ. =約42cm〙: ～ común (geométrico) =2分の1 vara〘=41.8cm〙. ～ real/～ de rey/～ perfecto/～ de ribera =33 dedos〘=約57.4cm〙. ❻ [容量の単位] ～ de ribera cúbico =329dm³. ～ de geométrico cúbico =173dm³. ❼《カナリア諸島》パンの硬い皮
a base de **〔*clavar los*〕 *～s*** 猛勉強によって
alzar el **～**《口語》=**empinar el ～**
apretar el **～**《口語》最期を見とる, 臨終に立ち会う
apretar los **～*s***《西》=**romperse los ～s**
beber de **～*s*** ちびちびと(ゆっくり)飲む
caminar con los **～*s***《キューバ》ひどくけちである
charlar por los **～*s***《口語》=**hablar por los ～s**
clavar los **～*s*** **〔*en la mesa*〕**《西》=**romperse los ～s**
～ *a* ～ 1) 力を合わせて, 団結して: trabajar ～ *a* ～ 力を合わせて働く. 2) 並んで, 一緒に, 横に, そばに
～ *con* ～ 1) =**～ *a* ～**. 2) 後ろ手に縛って(縛られて): Acabarán llevándole ～ *con* ～. 奴はしまいに手が後ろに回るだろう
～ *en* ～ 後ろ手に縛って(縛られて)〘=～ con ～〙
comerse los **～*s*** **〔*de hambre*〕**《主に軽蔑》食うのにも困っている〘それでも働かない〙
dar con el **～** 肘で突く, そっと合図する
dar de **〔*l*〕 ～**《口語》肘で突いて合図する
de **～*s*** 両肘をついて
desgastarse los **～*s***《西》=**romperse los ～s**
duro de **～**《中南米. 口語》けちな
empinar el **～**《口語》たくさん酒を飲む, 痛飲する: Cuando *empina el* ～, está más alegre. 彼は酒が入るともっと陽気になる
estar metido hasta los **～*s***《口語》[+en に] 深く関わっている, 深みにはまり込んでいる
hablar **〔*hasta*〕 *por los*** **～*s***《口語》よくしゃべる, しゃべり過ぎる
hacer más **～*s*** [勉強・仕事などに] もっと精を出す
hincar el **～**《口語》=**apretar el ～**
hincar los **～*s*** **〔*en la mesa*〕**《西》=**romperse los ～s**
levantar el **～**《口語》=**empinar el ～**
meterse hasta los **～*s*/*meter la mano hasta el*** **～**《口語》[+en に] 深く関わる, 深みにはまり込む

C

morderse el ~ 《メキシコ》自分を抑える
ponerse a los ~s 《ニカラグア》酔っぱらう, 酩酊する
romperse los ~s 《西》猛勉強する, ガリ勉する
ser el ~ 《中南米. 口語》けちである

codo², da² [kóðo, da] 形 《中南米》けちな, こすっからい

codón [koðón] 男 ❶ 馬の尾を包む革袋. ❷ 《古語》[四足獣の]尾の芯部 [=maslo]. ❸ 《ブルゴス》丸い小石, 砂利 [=guijarro]

codoñate [koðoɲáte] 男 《←カタルーニャ語》マルメロの砂糖煮 [= carne de membrillo]

codorniz [koðorníθ] 女 《鳥 ~ces》 ❶ ウズラ (鶉) [= común]. ❷ rey (guión) de *codornices* ウズラクイナ. ❸ 《キューバ》 コリンウズラ

codorno [koðórno] 男 《サラマンカ》パンの切れ端 [皮の部分]

codorro, rra [koðóro, ra] 形 《サラマンカ》頑固 [強情な] 〔人〕

codujo [koðúxo] 男 《アラゴン, 口語》背の低い人, ずんぐりした人; 小さい子, ちび

codujón [koðuxón] 男 《アラゴン》= **coguijón**

coedición [koeðiθjón] 女 共編 [本, 行為]

coeditor, ra [koeðitór, ra] 名 共同編集者, 共編者

coeducación [koeðukaθjón] 女 《←co-+educación》《西》男女共学

coeficiencia [koefiθjénθja] 女 共同要因; [原因の] 競合

coeficiente [koefiθjénte] 形 《←co-+eficiente》 共同作用の; [原因の] 競合する
— 男 ❶ 係数, 指数, 率; 定数: ~ de absorción 吸収係数. ~ de caja [民間銀行の] 現金準備率. ~ de dilatación 膨張率 (係数). ~ de Gini ジニ係数. ~ de inversión [銀行の強制的な] 投資係数. ~ de seguridad 安全率. ~ de la circunferencia 円周率. ~ intelectual 知能指数 [=cociente intelectual]. ~ técnico 《経済》投入係数. ❷ 《口語》《陸軍士官学校入学試験の》受験生の得点係数

coenzima [koenθíma] 男/女 《生化》補酵素

coepíscopo [koepískopo] 男 同僚司教 [同一管区の司教. =obispo comprovincial]

coequipier [koekipjér] 男 《←仏語》《自転車》同チーム (クルー) の者 (仲間)

coercer [koerθér] 《←ラテン語 coercere》1 他 《文語》[法・権力などに] 抑制する, 抑圧する, 妨げる: Las normas rígidas *coercen* la libertad de acción. 厳格な規則は行動の自由を抑えつける

coercibilidad [koerθiβiliðáð] 女 抑制 (抑圧) 可能性, 抑止力; 《物理》圧縮可能性

coercible [koerθíβle] 形 抑制され得る, 抑圧可能な

coercímetro [koerθímetro] 男 《物理》保磁力測定器

coerción [koerθjón] 女 抑制, 抑圧, 抑止; 《法律》強制, 強要

coercitividad [koerθitiβiðáð] 女 《物理》[磁気の] 保磁性, 保磁力

coercitivo, va [koerθitíβo, βa] 形 ❶ 抑制力のある, 抑止力の; 《法律》強制的な. ❷ 《物理》campo ~ 保磁界. fuerza ~*va* 保磁力

coercividad [koerθiβiðáð] 女 《磁気テープの》保磁力

coesposa [koespósa] 女 [一夫多妻制における] 妻 [同士]

coetáneo, a [koetáneo, a] 形 《←ラテン語 coetaneus < cum- (共に) +aetas, -atis 「年齢」 [+de と] 同年齢の [人]; 同時代 (時期) の [人] [=contemporáneo]: Shakespeare es un ~ *de* Cervantes. シェイクスピアはセルバンテスと同時代人である

coeternidad [koeterniðáð] 女 《神学》[三位一体について] 永遠共存

coeterno, na [koetérno, na] 形 《神学》[三位一体の三位格が] 永遠に共存する

coevo, va [koéβo, βa] 形 《文語》[特に古い事物について] 同時代に存在した; 同時代人

coexistencia [koe(k)sisténθja] 女 共存, 同時 (同所) に存在すること: ~ pacífica 平和共存. ~ de inflación con depresión 《経済》スタグフレーション

coexistente [koe(k)sisténte] 形 共存する, 同時 (同所) に存在する

coexistir [koe(k)sistír] 《←co-+existir》 自 [+con と] 共存する, 同時 (同所) に存在する: No es fácil que *coexistan* estos dos hombres en el mismo gabinete. 一つの内閣にこの両人が並び立つのは難しい

coextender [koe(k)stendér] 24 ~**se** [時間的・空間的に] 同一の広がりを有する, 同時に広がる (伸びる)

coextensivo, va [koe(k)stensíβo, βa] 形 同一の広がりを有する, 同時に広がる (伸びる)

cofa [kófa] 《←カタルーニャ語 cofa 「かご」< アラビア語 quffa》 女 ❶ 《船舶》[帆船の] 檣楼 (しょうろう), トップ; 檣上見張り座. ❷ 《ムルシア》 大きなかご

cofactor [kofaktór] 男 《数学》余因子, 余因数; 《生化》共同因子, 補助要因

cofia [kófja] 女 《←ラテン語 cofia》❶ [看護婦・ウェイトレスなどの] 白い布巾; 小さなかぶりもの (帽子). ❷ 《古語》1) [男女が用いた] ヘアネット; [女性が用いたレースなどの] 帽子, かぶりもの. 2) [兜の下につけた] 当て物をした縁なし帽; [兜の] 下頭巾. ❸ 《植物》種皮; 根冠. ❹ 《軍事》[信管にかぶせる] 輪金

cofiador, ra [kofjaðór, ra] 名 《法律》連帯保証人

cofiezuela [kofjeθwéla] 女 《cofia の示小辞》 小さなかぶりもの

cofín [kofín] 男 [果実などを運ぶ] 深めのかご, バスケット

cofinanciación [kofinanθjaθjón] 女 協調融資

cofinanciar [kofinanθjár] 他 協調融資する

cofrada [kofráða] 女 [団体・協会などの] 女性会員

cofrade [kofráðe] 《←擬古語 frade 「修道士」》名 ❶ 《カトリック》信心会の会員: Los ~s se reúnen todos los martes. その信心会は毎週火曜日に集まる. ❷ [団体・協会などの] 会員, 組合員; 仲間, メンバー

cofradía [kofraðía] 女 《←cofrade》❶ 《カトリック》信心会, 信徒会: Todas las de la ciudad salen en procesión en Semana Santa. その町のすべての信心会は聖週間の行列に参加する. ❷ 同職組合, 同業者団体, コンフレリー: ~ de pescadores 漁業組合. ❸ 《戯語》集まり, 会: ~ de ladrones 盗人の一味. ~ de millonarios venidos a menos 斜陽族

cofre [kófre] 《←仏語 coffre》 男 ❶ [貴重品を入れる] 頑丈な箱, 宝石箱. ❷ [ふた付きの] 大箱, 櫃 (ひつ) [=baúl]. ❸ 《魚》ハコフグ. ❹ [昔の印刷機の] 版面を支える四角の木枠. ❺ 《自動車》1) 《メキシコ, ボリビア》ボンネット. 2) 《コスタリカ》トランク
menear el ~ a+人 《口語》…を殴りつける; 罵倒 (ばとう) する

cofrero, ra [kofréro, ra] 名 箱 cofre の製造 (販売) 者, 箱屋

cofto, ta [kófto, ta] 形 名 = **copto**

cofundador, ra [kofundaðór, ra] 名 共同創設 (設立) の; 共同創設 (設立) 者

cogecha [koxétʃa] 女 《ログローニョ, リオハ》= **cosecha**

cogechar [koxetʃár] 他 《アンダルシア》[畑を] 休ませる, 中耕する; [時に] 第三耕を施す

cogecho [koxétʃo] 男 《アンダルシア》❶ 休耕地; 休耕. ❷ [輪作のための] 秋の鋤き返し

cogeculo [koxekúlo] 男 《ベネズエラ. 俗語》混乱, 混沌

cogedera¹ [koxeðéra] 女 ❶ アフリカハネガヤをかき寄せる棒. ❷ 《養蜂》分封ミツバチを収める棒. ❸ [高い枝の果実をとる] 熊手状の棒. ❹ 《コロンビア. 馬具》おもがい

cogedero, ra² [koxeðéro, ra] 形 [果実が] 摘みごろの, 収穫時の
— 男 《まれ》柄, 取っ手

cogedizo, za [koxeðíθo, θa] 形 取りやすい, 簡単に取れる

cogedor, ra [koxeðór, ra] 形 ❶ 取る〔人〕, 摘む〔人〕, 採取する〔人〕. ❷ 《中南米》性交する人
— 男 ❶ 《西》ちり取り [=recogedor]. ❷ [炉の灰をとる小型の] スコップ, シャベル. ❸ 《歴史》収税官. ❹ 《エクアドル》強制徴募の役人, 一口分のリクルート

cogedura [koxeðúra] 女 取ること, 採取, 収穫

cogeolla [koxeóʎa] 女 《コロンビア》鍋つかみ

coger [koxér] 《←ラテン語 colligere「拾う, 近づける」< legere「つむ」》3 他 《西, メキシコ》つかむ, 取る. 《《中米, 南米》では ❷❼ の語義以外ほとんど使われず, 「つかむ, 取る」の意では代わりに agarrar が用いられる》: 1) No ha *cogido* la azada en su vida. 彼は生まれてから鍬を手にしたことがない. No *coge* un libro en todo el día. 彼は一日本を開かない. ~ el cacharro por el (del) asa 鍋の取っ手をつかむ. ~ una cuchara スプーンを持つ (取る). 2) [~ con・de・por+体の一部] *Cogió del (por el)* brazo a su hijo. 彼は息子の腕をつかんだ. ❷ 《西, メキシコ》…の不意をつく; 発見する, 出会う: Le *cogí* de buen talante y me dijo a todo que sí. 私が会った時, 彼は機嫌が良くてすべてオーケーしてくれた. La noticia me *cogió* desprevenido. その知らせは私の不意を突いた. ¡Te *he cogido*! Llevas más dinero en la cartera. 見つけた! 財布にもっと金を持っているな. ❸ 《西, メキシコ》[たまたまある時に] 当たる, 巡り合わせる:

ha cogido la noche en el bosque. 彼らは森の中で夜になってしまった. El estallido de la guerra me *cogió* en Alemania. 私がドイツにいた時，戦争が始まってしまった. Nos *cogerá* el invierno sin haber terminado la obra. 工事が終わらないのに冬が来そうだ. ❹《西, メキシコ》[乗り物に]乗る【=tomar】: *Ha cogido* el avión. 彼は飛行機に乗ったところだ. Fui en coche hasta Irún y allí *cogí* el tren. 私はイルンまで車で行って，そこで列車に乗った. ❺《西, メキシコ. 俗用》[...に]追いつく: Le *cogí* a la media hora. 私は30分で彼に追いついた. 2)［乗り物が］轢（ひ）く: Le *ha cogido* un autobús. 彼はバスに轢かれた. 3)《闘牛》[角で]引っかける: El toro le *ha cogido*. 牛が彼を角で引っかけた. ❻《西, メキシコ. 口語》[習慣などを]身につける;［病気に］かかる: *Ha cogido* la costumbre de morderse las uñas. 彼は爪をかむ癖がついた. Los niños *cogen* las expresiones y gestos de los mayores. 子供たちは大人たちの言葉づかいや仕草を真似する. *Ha cogido* enseguida los pasos de baile. 彼はすぐに踊りのステップを覚えた. ~ acento andaluz アンダルシアなまりになる. ~ un vicio 悪習慣に染まる. *Cogió* el tifus. 彼はチフスにかかった. ❼《西, メキシコ. 口語》[感情・意見などを]持つ: *Cogió* muy mal su destitución. 彼は解任させられたことをひどく不満に思った. *Ha cogido* cariño a los niños. 彼は子供たちに愛情を抱いた. ❽《西, メキシコ. 口語》[液体を]吸収する，引き付ける: La tierra no *ha cogido* bastante agua. 大地は水分を十分吸ってはいない. Esta tapicería *coge* mucho polvo. このタピスリーはほこりをひどくかぶっている. El *perro ha cogido* pulgas. 犬にノミがたかってしまっている. ❾《西, メキシコ. 俗用》[手などを]はさむ，切る【=~se】. ❿《西》[+aから]奪う，取り上げる【=quitar】;［持ち主に］無断で使う: Le *cogieron* un vídeo que intentaba pasar por la frontera. 彼はビデオを持って国境を通過しようとして没収された. La policía *cogió* varios alijos de joyas. 警察が密輸品の宝石を何点か押収した. Me *coge* siempre mis lápices. 彼はいつも私の鉛筆を勝手に使う. ⓫《西》つかまえる，捕らえる【=atrapar】;《軍》捕虜にする: La guardia civil *ha cogido* al autor del asesinato. 治安警備隊が殺人犯をつかまえた. ¡A que no me *coges*! 私をつかまえてごらん! ~ peces en una red 網で魚を捕える. ~ un jabalí イノシシを捕える. ~ un buen marido 良い夫をつかまえる. Le *cogió* una llorera. 彼は号泣した. ⓬《西》[話を]筆記する; [メモを]取る: El taquígrafo *coge* 120 palabras. 速記者は120語筆記する. Es el que mejor *coge* los apuntes de la clase. 彼は授業のノートをとるのが一番うまい. ⓭《西》[放送を]受信する: No he podido ~ una emisora de la BBC. 今日のはBBCが入らなかった. ⓮《西》理解する，把握する: No *ha cogido* el sentido del párrafo. 彼はその段落の意味が分からなかった. No pude ~ lo que dijo. 彼が何と言ったのか私は分からなかった. No *he cogido* el chiste. 私は冗談が分からなかった. ~ la indirecta ほのめかしに気づく. ⓯《西》[果実などを]収穫する，取り入れる: ~ las aceitunas オリーブを摘む. ~ flores 花を摘む. ~ el trigo 小麦を刈り入れる. ~ la ropa 洗濯物を取り入れる. Él *cogerá* el fruto de su esfuerzo. 彼の努力は報われるだろう. ⓰《西》[既に始まっている仕事・活動に]参加する，取りかかる: *Cogió* el curso ya muy avanzado. 彼は途中から講習会に参加した. *Ha cogido* el estudio con mucho entusiasmo. 彼は熱心に勉強し始めた. ⓱《西. 口語》手に入れる: Ya *he cogido* billete para el avión. 私はもう飛行機のチケットを買った. *Coge* puesto en la cola para ti y para mí. 私の順番も一緒に取っていて. Tengo que ~ hora para el dentista. 私は歯医者の予約を取らなければならない. ~ velocidad 速度を上げる. ~ fuerzas 力が出る. ⓲《西. 口語》契約する，賃借りする;［仕事を］請け負う: *Ha cogido* un profesor particular. 彼は家庭教師を雇っている. *He cogido* un piso para tres meses. 私は3か月間マンションを借りている. *Ha cogido* un trabajo por las tardes. 彼は夜勤の仕事をしている. ⓳《西. 口語》[物事を]受け取る: Si se les da propina, la *cogen*. 彼らはチップを出されたら受け取る. *Cogió* la noticia con frialdad. 彼は知らせを冷静に受け止めた. ~ a broma [en serio] *Cogiste* mal momento para decírselo. 君が彼にそれを言うのは時機が悪かった. *Ha cogido* un tema interesante para su tesis doctoral. 彼は博士論文に面白いテーマを選んだ. ⓴《西》[場所などを，争って]取る: Están las butacas *cogidas*. 満席になっている. ㉑《西. 口語》[場所に]占める: La alfombra *coge* toda la sala. じゅうたんは部屋一杯の大きさだ. Los niños del colegio *cogían* casi todo el autobús. 小学生たちでバスはほとんど満員だった. ㉒《西. 俗用》入り得る，収容される，…の容量がある【=caber】: La tinaja *coge* diez arrobas de vino. そのかめにはワインが10アロバ入る. ㉓《西》[雄が]交尾する. ㉔《西. 古用》保護する，かくまう. ㉕《主にメキシコ，ベネズエラ，アルゼンチン》…と性交する. ㉖《中南米》[ある方向に]向かう，進む

Aquí te cojo, aquí te mato.《口語》この機を逃してなるものか

~la《口語》酔っ払う

~la con+人《西》…に反感を抱く，毛嫌いする

no haber (tener) por dónde ~[lo]［人・事物が］ひどい悪い，救いようがない

— 圓《西》[人・場所との関係で]位置する: La escuela *coge* muy lejos de mi barrio. その学校は私の地区から非常に遠い所にある. Tu casa me *coge* de camino. 君の家は私の通り道にある. ❷《西. 古用, 俗用》収容される【=caber】: Aquí no *cogen* todos. ここに全員は入りきれない. ❸《西. 口語》[+y+動詞]決心して…する: Se cansó de esperar y *cogió* y se fue a América. 彼は待ちくたびれてとうとうアメリカに行った. ❹《中南米. 俗用》避難する. ❺《中南米》[+con と]性交する

— *~se* ❶《西, メキシコ》つかまる. ❷《西, メキシコ》[+de・を]つかむ: *Cógete* de esta barra para no caerte. 転ばないようにこのバーを握りなさい. Los dos van *cogidos* de la mano. 2人は手をつないで行く. ❸《西, メキシコ. 俗用》[手などを]はさむ, 切る: *Se cogió* los dedos en la puerta. 彼はドアに指をはさまれた. Como no tengas cuidado, *te* vas a ~ la mano con el cuchillo. 気をつけないと小刀で手を切るよ. ❹《西》収穫される: Ya *se ha cogido* la uva. ブドウの収穫は終わった

cogérsela con+人《中南米》…のあらさがしをする

coger	
直説法現在	接続法現在
cojo	coja
coges	cojas
coge	coja
cogemos	cojamos
cogéis	cojáis
cogen	cojan

cogerencia [koxerénθja]【←co-+gerencia】囡 共同経営, 共同管理
cogerente [koxerénte] 囲 共同経営者, 共同管理者
cogestión [koxestjón]【←co-+gestión】囡 [労働者の]経営参加; 共同管理, 共同運営
cogible [koxíβle] 囲《中南米》セクシーな
cogido, da [koxíðo, da] 囲《西. 口語》❶ [風邪などの]病気にかかった. ❷ [仕事などで] 閉じこした
—— 圏《西》[服・カーテンの] ひだ, プリーツ
—— 囡 ❶《西》coger すること. ❷《西. 農業》収穫; 収穫物. ❸《闘牛》角による [角突き] 負傷, 手傷. ❹ [カナリア相撲の技] 足取り. ❺ [隠語] 性病. ❻《中南米》性交. ❼《キューバ》殴打による罰
cogitabundo, da [koxitaβúndo, da] 囲《文語》物思いにふけった, 考え込んだ, 思案顔の
cogitación [koxitaθjón] 囡 熟考, 沈思黙考
cogitar [koxitár] 他《古用》熟考する, 沈思黙考する, 思いをめぐらす
cogitativo, va [koxitatíβo, βa] 囲 思考能力のある; 熟考する, 思考する
Cogito, ergo sum [kogíto ergo sum]【←ラテン語】我思う, 故に我在り《デカルト Descartes の言葉》
cognación [kognaθjón] 囡 ❶《法律》[母方の] 血縁, 外戚, 女系親族関係. ❷《文語》[一般に] 血縁, 親戚関係
cognado, da [kognáðo, ða] 圏 囡《法律》女系親族[の]. ❷《文法》同系の, 同語源の
—— 囡《文法》同語源の語
cognaticio, cia [kognatíθjo, θja] 囲 女系親の; 親族の
cognición [kogniθjón]【←ラテン語 cognitio, -onis】囡《哲学》認識[行為], 認知
cognitivismo [kognitiβísmo] 圏《心理》認知主義
cognitivo, va [kognitíβo, βa]【←cognición】囲《哲学》認識の: procesos ~s subconscientes 潜在意識下の認知プロセス. psicología ~va 認知心理学
cognocer [kognoθér] 39 他《古用》=conocer

cognomen [kɔgnómen] 男 ❶《古代ローマ》第三名, 家名〖例 Gaius Julius Caesar「ガイウス・ユリウス・カエサル」の Caesar〗. ❷ 姓, 名字

cognomento [kɔgnoménto] 男〖人・町の〗添え名, あだ名, 異名〖例 Pedro *el Cruel* 残忍王ペドロ; *la Imperial* Toledo 帝都トレド〗

cognoscente [kɔgnosθénte] 形〖哲学〗認識できる, 認識する. ❷ 認識的

cognoscibilidad [kɔgnosθibilidá(d)] 形〖哲学〗認識可能性

cognoscible [kɔgnosθíβle] 形〖哲学〗認識され得る, 認識可能な

cognoscitivo, va [kɔgnosθitíβo, βa] 形〖哲学〗認識の, 認識に役立つ: facultad ～*va* 認識能力

cogollo [koɣóʎo] 男〖←ラテン語 cuculla「頭巾」〗❶〖レタスなどの〗芯近くの柔らかい部分, 球球;〖特に〗小型の(若い)サニーレタス: cortar el ～ de lechuga en cuartos レタスの玉を4つに切る. ～ *de Tudela*〖ナバラ県の〗トゥデラ産の若レタス. ❷〖草木の〗芽. ❸〖松の〗幹の先端. ❹ 最上のもの, 選り抜き: el ～ de la alta sociedad 上流社会のえりすぐり〖=crema〗. ❺ 中核, 真髄: ～ del problema 問題の核心. ❻ sombrero de ～ キノコのかさ; 麦わら帽子. ❼《ベネズエラ. 口語》有力者たち, 大物たち. ❽《チリ》〖作品末の〗短い詩;〖特に〗教訓歌

cogolludo, da [koɣoʎúðo, ða] 形 しっかり結球した: repollo ～ 巻きのいいキャベツ

cogombrillo [koɣombríʎo] 男〖植物, 実〗テッポウウリ〖=cohombrillo amargo〗

cogombro [koɣómbro] 男 =**cohombro**

cogón [koɣón] 男〖植物〗チガヤ(茅)

cogonal [koɣonál] 男 チガヤの群生地

cogorza [koɣórθa] 女〖←?語源〗酔い〖=borrachera〗: coger una ～ 酔っ払う

cogota [koɣóta] 女 ❶ チョウセンアザミの実, アーティチョーク. ❷〖人の〗頭

cogotazo [koɣotáθo] 男 うなじ(首の後ろ)への平手打ち

cogote [koɣóte]《←擬態》男 ❶ うなじ, 首筋, えり首〖首の後ろ側上部〗. ❷《古語》〖兜の〗後頭部の羽飾り. ❸《ウルグアイ. 口語》思い上がり, 高慢
de ～《チリ, アルゼンチン, ウルグアイ》〖馬などが〗よく太った
estar hasta el ～《口語》〖+de に〗飽き飽きしている: *Estoy hasta el* ～ *de tener que comer fuera de casa*. 私は外食ばかりでうんざりだ
ponérselas en el ～《中米》走り出す
ser tieso de ～《口語》うぬぼれが強い, 傲慢である

cogotear [koɣoteár] 他《チリ. 口語》強盗をする

cogotera [koɣotéra] 女 ❶〖帽子の後ろに付け, 首筋を日ざしや雨から守る布片〗. ❷〖御者が炎天下に〗馬にかぶせる帽子. ❸《古語》うなじにかかる巻き毛

cogotillo [koɣotíʎo] 男〖cogote の示小語〗〖馬車の〗ながえをとめる金具の後ろにつくアーチ型の鉄

cogotudo, da [koɣotúðo, ða] 形 ❶ 首の太い, 猪首の. ❷《中南米. 口語》有力者(の), 金持ち(の). ❸《南米》首の長い. ❹《ウルグアイ. 口語》高慢な, 思い上がった

cogucho [koɣútʃo] 男 質の劣った砂糖, くず砂糖

cogüelmo [koɣwélmo] 男《サラマンカ》〖あふれるほどの〗山盛り

cóguil [kóɣil] 男《チリ》ブドウ科のつる植物の一種 boqui の果実〖食用〗

coguilera [koɣiléra] 女《チリ》ブドウ科のつる植物の一種〖=boqui〗

coguionista [koɣionísta] 名 共同脚本家

cogujada [koɣuxáða] 女〖鳥〗カンムリヒバリ

cogujón [koɣuxón] 男〖まれ〗〖マット・枕・袋などの〗角, 隅

cogujonero, ra [koɣuxonéro, ra] 形 角のある, 尖った

cogulla [koɣúʎa] 女〖頭巾付きの〗修道服,〖修道服の〗頭巾

cogullada [koɣuʎáða] 女 ❶〖豚の〗喉下の肉垂. ❷《アラゴン》=**cogujada**

coguta [koɣúta] 女《エストレマドゥラ》=**cogujada**

cohabitación [koaβitaθjón] 女 ❶〖文語〗〖数人での〗同居, 共同生活. ❷ 夫婦生活; 同棲. ❸〖政治〗コアビタシオン, 保革共存〖対立する政党が〗連立政治

cohabitar [koaβitár]〖←co-（共に）+habitar〗自 ❶〖数人が〗同居し, 一緒に生活する. ❷ 夫婦として暮らす; 同棲する. ❸《婉曲》性交する, 密会する. ❹〖対立する政党が〗連立政治を行なう, 保革共存する

cohecha [koétʃa] 女《農業》〖種まき前の〗最後の耕耘(うん)

cohechador, ra [koetʃaðór, ra] 形〖買収する(人), 贈賄者. ❷《古語》買収できる, 金次第の, 賄賂のきく〖裁判官〗

cohechar [koetʃár] I〖←俗ラテン語 confectare「終わる, 交渉する」<ラテン語 conficere〗他 ❶〖裁判官・公務員などを〗買収する, 賄賂を贈る. ❷《古語》強制する, 無理強いする
—— 自《古語》買収される, 金で動く
II〖←?古語 cogecha〗他《農業》〖種まき前の〗最後の耕耘をする

cohecho [koétʃo] I〖←cohechar I〗男〖判事・公務員などの〗買収, 贈収賄
II〖←cohechar II〗男《農業》〖種まき前の〗耕耘(うん); その時期

cohen [kóen] 名〖まれ〗❶ 占い師, 呪術師. ❷ 売春斡旋人, ポン引き

coheredar [koereðár] 他 共同相続する

coheredero, ra [koereðéro, ra] 名 共同相続人

coherencia [koerénθja]〖←ラテン語 cohaerentia〗女 ❶〖論理の〗一貫性, 統一性; 調和, 統一, まとまり: No hay ～ entre lo que dijiste ayer y lo que has contado hoy. 君が昨日言ったことと今日の話とは食い違っている. ❷〖物理〗1)〖波動の〗コヒーレンス, 可干渉性. 2)〖分子の〗凝集〖=cohesión〗. ❸《言語》つながり, 結束作用, 結束関係

coherente [koerénte]〖←ラテン語 cohaerens, -entis < cohaerere「くっついている」〗形 ❶ 首尾一貫した, 筋の通った, 整合性のある: pensamiento ～ 一貫した思想. ❷《物理など》コヒーレントな: luz ～ コヒーレント光

cohesión [koesjón]〖←co-+ラテン語 haesum < haerere〗女 ❶ 団結, まとまり: ～ de un equipo チームのまとまり. ❷〖両者の〗つながり, 関連〖=enlace〗. ❸《物理》〖分子間の〗凝集〖力〗;《建築, 金属》粘着力: ～ del hormigón コンクリートの粘着力

cohesionar [koesjonár] 他〖事柄に〗まとまりを与える, 結合させる; 合併させる: ～ un entramado económico 経済的枠組みをしのけれる
—— ～*se* しっかりまとまる, 結合する; 合併する

cohesivo, va [koesíβo, βa] 形 結合力のある, 粘着性の; 凝集性の

cohesor [koesór] 男〖物理〗コヒーラー

cohetazo [koetáθo] 男《廃語》発破孔

cohete [koéte]〖←カタルーニャ語 coet〗男 ❶ ロケット〖弾〗: lanzar un ～ ロケットを発射する; 花火を打ち上げる. motor de ～ ロケットエンジン. ～ a la Congreve/～ de guerra コングリーヴロケット弾. ～ de señales/～ luminoso 閃光信号, 信号弾. ～ espacial 宇宙ロケット. ～ granífugo 降雹抑制ロケット. ～ sonda 観測ロケット; 宇宙探査機. ❷〖主に 複〗打ち上げ花火: Se lanzaron cientos de ～*s*. 数百発の花火が打ち上げられた. ～ *borracho* ねずみ花火. ～ *chispero* 噴き出し花火. ～ *tronador* かみなり花火. ～ *volador* ロケット花火. ❸《俗語》性交, 交尾. ❹《メキシコ》1) 発破孔. 2) ピストル
al ～《チリ, ラプラタ》むだに
salir como un ～ 鉄砲弾のように飛び出す
—— 形《メキシコ, 中米》酔っぱらった

cohetería [koetería] 女 ❶ ロケット産業, ロケット生産; ロケット技術. ❷ 集合〖一度に打ち上げる〗花火. ❸ 花火の打ち上げ. ❹ 花火工場, 花火店. ❺ 集合 人目を引く(派手な)言動

cohetero, ra [koetéro, ra] 名 花火の製造(販売)者, 花火職人
—— 女 花火職人の妻

cohibición [koiβiθjón] 女 抑制, 自制; 萎縮, 気おくれ

cohibido, da [koiβíðo, ða] 形 おどおどした, 萎縮した, 気おくれした

cohibir [koiβír]〖←ラテン語 cohibere「抑制する」〗17 他 ❶ 萎縮させる, 気おくれさせる, ものおじさせる: *Me cohíbe hablar en público*. 私は人前であがってうまく話せない. ❷〖自由などを〗制限する, 抑制する: *Estos trajes cohíben los movimientos de los niños*. この服は子供たちが自由に動けない
—— ～*se* 萎縮する, おどおどする: *No te cohíbas y di lo que opinas*. 臆せずに君の意見を言いなさい. ❷ 自制する, 慎む

cohobación [k(o)oβaθjón] 女《化学》再蒸留

cohobar [k(o)oβár] 他《化学》再び蒸留する

cohobo [k(o)óβo] 男 ❶ 鹿皮. ❷《エクアドル, ペルー》鹿〖=ciervo〗

cohollo [k(o)óʎo] 男 =**cogollo**

cohombral [k(o)ombrál] 男 コンブロー畑

cohombrillo [k(o)ombríʎo] 男《植物, 実》～ amargo テッポウ

ウリ〔鉄砲瓜〕

cohombro [k(o)ómbro] 男 ❶《植物, 実》コンブロ『キュウリの一種で長くねじれている』. ❷《料理》棒状のチューロ churro. ❸《動物》～ de mar ナマコ

cohonestador, ra [k(o)onestaðór, ra] 形 糊塗(こと)する, ごまかしの

cohonestar [k(o)onestár] 他 ❶ [不当なことを] よく見せかける, 取り繕う; 弁解する: Quiero ～ las estafas. 彼は詐欺行為を正当化したがっている. ❷ [+con と] 調和させる, 両立させる

cohorte [k(o)órte] 女 ❶《古代ローマ》歩兵大隊『300～600名で編成され, 軍団 legión の10分の1』. ❷ 多数, 群れ, 集団: Una ～ de seguidores esperaba la llegada de su ídolo. 大勢のファンがアイドルの到着を待っていた. ❸ [人口学で] コーホート

COI [kói] 男《略語》← Comité Olímpico Internacional 国際オリンピック委員会, IOC

coihué [koiwé]男《ペルー, チリ, アルゼンチン. 植物》コイゲ『ブナ科の巨木. 学名 Nothofagus dombeyi』

coima [kóima] **I**《←アラビア語 conaima「情婦」》女 ❶ 妾(めかけ), 情婦, 内縁の妻. ❷《コロンビア. 軽蔑》家政婦, メード **II**《←ポルトガル語 coima「罰金」》女 ❶《賭場》てら銭. ❷《中南米》わいろ, リベート

coimbricense [koimbriθénse] 形 =conimbricense

coime [kóime] 男《←coima I》 ❶《賭事》貸元. ❷ [ビリヤードの] ボーイ. ❸《雅》[grande sagrado+] 神 [=Dios]. ❹《コロンビア. 軽蔑》ウェイター [=camarero]

coimear [koimeár] 他《中南米》…からリベートを取る; …にリベートを渡す

coimero, ra [koiméro, ra] 名《中南米》リベートを取る(渡す)人

coincidencia [koinθiðénθja]《←coincidir》女 ❶ [偶然の] 遭遇, 巡り合わせ: ¡Qué ～ vernos aquí! こんな所で出会うとは全く偶然だね. ❷ [意見などの] 一致. ❸《幾何》[図形の] 合同

dar la ～ *de que*+直説法 偶然…である, 偶然…する

coincidente [koinθiðénte] 形 一致した, 同じくする

coincidir [koinθiðír]《←ラテン語 coincidere「一緒に倒れる」< cum- (共に)+incidere「倒れる」》自 ❶ [意見・好みなどが, 互いに/+con と, +en の点で] 一致する; 同意見である: Tus noticias *coinciden con* las mías. 君の情報は私の情報と一致している. No *coinciden* los resultados de las dos sumas. 2つの合計の結果が合わない. ～ *con* el público 大衆と同意見である. ❷ 同時に起こる: Su viaje *coincidió con* el estallido de la guerra. 彼の旅行中に戦争が起きた. ❸ [+en と] 居合わせる: *Coincidimos* a veces *en* el ascensor. 私たちはしばしばエレベーターで一緒になる. *Coincidí con* él *en* un congreso. 私は彼と会議で一緒になった. ❹ [互いに/+con と・に] 重なる, ぴったりはまる: Los extremos de las dos curvas *coinciden* exactamente. 2つの曲線の頂点が完全に重なる. Las dos figuras *coinciden*. 2つの図形が一致する

coiné [koiné] 女 =koiné

coinquilino, na [koinkilíno, na] 名 共同賃借人, 共同借家人

coinquinar [koinkinár] 他《廃語》汚す, 汚染する
―― ～*se* 《廃語》[名誉などに] 傷がつく

cointeresado, da [kointeresáðo, da] 形 名 利害を共にする [人]

coipo [kóipo] 男《チリ. 動物》ヌートリア, コイプー『食用, 毛皮として利用』

coirón [koirón] 男《植物》カルカヤの一種『学名 Andropogon argenteus』

coital [koitál] 形 性交の, 交尾の

coitar [koitár] 自 性交する, 交尾する

coito [kóito] 男《←ラテン語 coitus》男 性交, 交尾: ～ anal 肛門性交. ～ interrupto =coitus interruptus

coitus interruptus [kóitus interú(p)tus]《ラテン語》男 中絶性交, 膣外射精『避妊法』

coja [kóxa] 女《古語》売春婦. ❷《古語》ひがみ [=corva]

cojal [koxál] 男 [梳毛工の] 皮の膝当て

cojear [koxeár]《←cojo》自 ❶ [+de] 片足を引きずって歩く, 片足で歩く: Cojea *del* pie derecho 右足を引きずって歩く, 右足が不自由である. El que no *cojea*, renquea.《諺》猿も木から落ちる. ❷ [家具が] ぐらぐら, 不安定である: Hay que calzar la mesa que *cojea*. がたつくテーブルにかいものをしなくてはならない. ❸ 欠点 (悪癖)がある: Tu redacción está bien, pero *cojea* un poco su puntuación. 君の文章はよく書けているが, 句読点にいくつか誤りがある. Sé de qué pie *cojea*. 私は彼の弱点を知っている. ❸《口語》公正を欠く, 道に外れる

cojedad [koxeðá(ð)] 女 =cojera

cojedense [koxeðénse] 形 名《地名》コヘデス Cojedes の [人]『ベネズエラ西部の州』

cojera [koxéra] 女《←cojo》女 ❶ 片足を引きずって歩くこと, 片足が不自由なこと: ～ en caliente [馬の] 長時間走った後の跛行(はこう). ～ en frío [馬の] 走り出してすぐの突然の跛行『その後正常に戻る』

cojijo 男 ❶ 虫, 虫けら [=bicho]. ❷《まれ》[ささいなことから生じる] 不機嫌, 不快感, 恨み

cojijoso, sa [koxixóso, sa] 形 愚痴っぽい, 恨みっぽい

cojín [koxín]《←俗ラテン語 coxinum < coxa「腰」》男 ❶ クッション『almohadón より小さい』: apoyar la cabeza en un ～ 頭をクッションに載せる. ❷ ～ de aire エアクッション『車体・船体を浮上させる高圧空気の層』. ❸《船舶》ポルスタ『ロープの摩耗を防ぐためのマット・帆布』

cojinete [koxinéte]《←仏語 coussinet》男 ❶《技術》1) 軸受, ベアリング: ～ de aguante/～ de empuje 推圧軸受, スラストベアリング. ～ de bolas 玉軸受, ボールベアリング. ～ de rodillos ころ軸受, ローラーベアリング. 2) ダイス『雄ねじを切るねじ型』. ❷ 小クッション [=almohadilla]. ❸《裁縫》針刺し, 針山. ❹《鉄道》[レールを枕木に固定する] チェア, 座鉄. ❺《印刷》ローラーを固定する金具

cojinúa [koxinúa] 女《魚》ブルーテール『食用』

cojinuda [koxinúða] 女 =cojinúa

cojito [koxíto] 男 *a pie* ～《口語》けんけんして, 片足跳びで『= a la pata coja』

cojitranco, ca [koxitránko, ka] 形《軽蔑》[ひどく] 片足の不自由な [人]

cojo, ja [kóxo, xa]《←俗ラテン語 coxus < coxa「腰」》形 名 片足の不自由な, 片足の不自由な [人]: hombre ～ de la pierna derecha 右足が不自由な男. ❷ [机などが] ぐらつく, 不安定な: Esta silla está *coja*. この椅子はがたつく. ❸ 不完全な, つじつまが合わない, ちぐはぐな: razonamiento ～ 不完全な論証. frase ～ 欠けている文章

no ser ～ *ni manco*《口語》[主に悪い意味で] 有能である, 手慣れている; 他人のものを平気で横取りする

cojollo [koxóʎo] 男《チューバ》[障害に対し] 困った, くそっ!

cojón [koxón]《←俗ラテン語 coleo, -onis <ラテン語 coleus》男《西. 卑語》❶ [主に 複] 金玉, 睾丸 [=testículo]. ❷ 複 勇気, 肝っ玉. ❸ [主に 複] 間投詞的. 怒り・不快・拒否・賞賛] ちくしょうめ, とんでもない; げっ, すごい!: Que no quiero ir, *cojones*. おれは行きたくないんだってば. Dame el dinero. ―¡Y Un ～! 金をくれよ. ―ふざけるな! *Cojones*, vaya coche. うわぁ, すごい車だ. ❹《疑問詞+》一体全体…: ¡Qué *cojones* hago ya! 一体おれは何をやっているんだ!

con [*dos*・*un par de*] *cojones* 1) 勇敢な; 根性のある: Es un tío *con cojones*. あいつは根性がある. 2) 勇気をもって; 気合いを入れて, 根性で

de cojones 1) ひどい, 激しい: Hace un frío *de cojones*. ひどく寒い. 2) よく, すばらしく: El traje te cae *de cojones*. そのスーツは君にぴったりだよ

de los cojones 嫌な, 我慢のならない; ひどく悪い: Hemos visto una película *de los cojones*. 私たちは実につまらない映画を見た

¡Échale cojones! [賞賛・不満] お見事/くそったれ!

echar cojones a+事物 ひるまずに…に立ち向かう, …に屈しない

estar hasta los [*mismísimos*] *cojones* [+de に] うんざりしている, 飽き飽きしている: Estoy hasta los cojones de este trabajo. 私はこの仕事には飽き飽きしている. Ya *estoy hasta los cojones* de que me insulte. 侮辱にはもううんざりだ

hincharse a+人 *los cojones* …が辛抱できなくなる

importar a+人 *un* ～ (*tres cojones*) …にとって全く関心がない, どうでもいい: Me *importa un* ～ a chica. 僕はあの娘にはちっとも興味がない

¡Manda cojones! [驚き・不満・怒り] うへっ, くそったれ!

no haber (*tener*) *más cojones que*+不定詞 …するよりほか

に仕方がない: *No tiene más cojones que* ir a trabajar. 彼は勤めに出るしかない
no valer un ~ 全く価値がない
¡Olé sus cojones! お見事, でかした, よくやった, おめでとう!
pasarse... por los cojones …を軽視する: *Me paso por los cojones* el reglamento. 規則なんてくそくらえだ
poner los cojones encima de la mesa [意見がまとまらない状況で] 自分を強く打ち出す
ponerse a+人 *los cojones de corbata/ponerse a*+人 *los cojones en la garganta* …がたまげる, 金玉が縮み上がる
por cojones むりやり, 力ずくで; やむを得ず, いやでも応でも [=*a la fuerza*]: *Tiene que pasar por aquí por cojones.* 彼はどうしてもここを通らなければならない
salir a+人 *de los cojones* …が好き勝手なことをする: Ya estoy harto de que haga lo que le *sale de los cojones*. あいつしたい放題にもううんざりだ
tener [dos・un par de] cojones/tener los cojones cuadrados (bien puestos) 非常に勇敢(向こう見ず)である: *No tiene cojones* de decírmelo a la cara. 彼には面と向かってそれを私に言う勇気がない. *¡Tiene cojones!* すごい, ひどい!
tocar a+人 *los cojones* …をひどく悩ます, いらいらさせる: Este tío me está *tocando los cojones*. 私はこいつにいらついている
tocarse los cojones のらくらする, 少しも働かない: Se pasa el día *tocándose los cojones*. 彼は一日中のらくらしている
¡Tócate los cojones! [よくないことへの驚き・不満] うへっ/くそっ!
un ~ たくさん [=*mucho*]: Cuesta *un* ~. それはめちゃくちゃ高価だ
cojonal [koxonál] 男《キューバ, アルゼンチン》大量, 大人数
cojonazos [koxonáðos] 男《単複同形》《卑語》妻の尻に敷かれた〔夫〕; 腰抜けの〔男〕; とんまな〔男〕[=*calzonazos*]
cojonero, ra [koxonéro, ra] 形 →**mosca** cojonera
cojonudo, da [koxonúðo, ða] 形 ❶ [←*cojón*] 《西.卑語》すばらしい, すごい, 決然とした. ❷《南米.口語》勇敢な, ばかな
—— 副《卑語》よく, すばらしく: Lo pasamos ~ en la fiesta. パーティーはとっても楽しかった
cojudez [koxuðéθ] 女《ペルー》愚かな言動
cojudear [koxuðeár] 自《南米.卑語》ばかげたことをする; ばかにする
cojudo, da [koxúðo, ða] 形 ❶ [動物が] 去勢されていない. ❷《南米.軽蔑》ばかな, 間抜けな
—— 男《メキシコ, ラプラタ》繁殖に適した馬
cojuelo, la [koxwélo, la] 形 *cojo* の示小語
cojutepequense [koxutepekénse] 形 名《地名》コフテペケ Cojutepeque の〔人〕《エルサルバドル, Cuscatlán 州の州都》
cok [kók] 男《西》 ~[−e]s [=*coque*]
coke [kóke] 男 コークス [=*coque*]
col [kól] 女《←ラテン語 caulis「茎」女《西, メキシコ.植物》[総称] キャベツ《日本のキャベツは repollo》: 1) ~ china 白菜. ~ de Bruselas 芽キャベツ, コモチカンラン. ~ de Saboya/~ de Milán《西》ちりめんキャベツ, サボイキャベツ. ~ lombarda (roja・morada) 紫キャベツ, 赤キャベツ [=*lombarda*]. ~ verde/~ verde/berza ~ ケール. 2)《諺》El que quiere la ~, quiere las hojas de alrededor. あばたもえくぼ《キャベツの好きな人は外側の葉も好きだ》. Entre ~ y ~, lechuga. 何事も変化を持たなければよい
col.《略語》←colonia 区域; columna 縦欄
cola [kóla] I 女《←俗ラテン語 coda < ラテン語 cauda》女 ❶ 尾, しっぽ: El perro mueve su ~. 犬が尾を振る. ~ de un pavo real クジャクの尾. ❷ 末尾, 後部: ~ de una manifestación デモの後尾. ❸ 尾状のもの, 後ろに長く伸びたもの: ~ de un cometa 彗星の尾. ~ de un vestido de novia ウェディングドレスのレーン(引き裾). ❹ [順番などの] 後尾, [順番を待つ] 列: Había muchas personas en la ~. 大勢の人が並んでいた. Vine hoy a retirar dinero, aunque hay ~. 私は今日並んででも金をおろしに来た. estar en la ~ de la clase クラスのびりである. aparecer en la ~ de la lista リストの終わりに載っている. montar en ~ 最後尾の車両に乗る. venir en ~ 最後に来る, しんがりをつとめる. contar por la ~ 逆算する. ❺《西.婉曲》ペニス, 陰茎 [=*pene*]. ❻《建築, 技術》[切り石などの] ほぞ.

de milano/ ~ *de pato* 蟻継ぎ [ほぞ]. ❼《植物》 ~ *de zorra* ノズメノテッポウ. ❽《築城》1) 城塞の前の斜堤 [塹壕] などの後部. 2) 稜堡の入り口. 3) ~ *de golondrina* 凹角の堡塁. ❾《音楽》1) 結尾部, コーダ. 2) [ピアノの] 尾部. ❿《釣り》 ~ *de rata* フライライン. ⓫《コロンビア, チリ, アルゼンチン, ウルグアイ. 口語》尻 [=*nalgas*]. ⓬《ベネズエラ》交通渋滞. ⓭《チリ.口語》1) [たばこの] 吸い殻. 2) 尾骨. 3) 男色家
a la ~ 最後に, 末尾に
apearse por la ~《口語》でたらめを言う, 的外れな返事をする
comer ~《南米》幻滅する
~ *de caballo* 1)《植物》トクサ. 2)《髪型》ポニーテール. 3)《解剖》馬尾. 4) 馬の尾状の滝. 5)《俗語》ヘロイン
dar ~ *y luz*《ウルグアイ》上回る
estar (faltar) la ~ *por desollar*《口語》まだ最後の難関が残っている
formar ~ =*hacer* ~
guardar ~ 列をなさない, 順序よく並ぶ: Tuvimos que *guardar* ~ un buen rato. 私たちは長時間並ばなくてはならなかった
hacer bajar a+人 *la* ~《口語》…の鼻をへし折る, 高慢さをくじく
hacer ~ 列を作る, 並ぶ: Hicieron cinco horas de ~ para adquirir la entrada. 彼らは入場券を手に入れるために5時間並んだ
llevar [la] ~ 1) 裾を持つ. 2)《廃語》[競争試験で] びりになる
no pegar ni con ~ 全く調和しない: Esos colores *no pegan ni* ~. それらの色は全く合わない
pedir ~《ベネズエラ》ヒッチハイクをする
ponerse a la ~ 列の後尾につく: Si quieres comprar la entrada, *ponte a la* ~. 入場券を買いたいのなら列の後ろに並べよ
ponerse en [la] ~ 列の中に入る
ser ~《廃語》[競争試験で] びりになる [=*llevar [la]* ~]
tener ~ =*traer* ~
tener ~ *de paja*《ウルグアイ.口語》うしろめたい
traer ~《口語》尾を引く, 重大な結果を招く: Ese discurso traerá ~. その演説は大きな反響を呼ぶだろう
—— 男《コンクール・競技などの》びり, 最下位
II《←ラテン語 colla < ギリシア語 kolla》女 にかわ [=~ *fuerte*]; 糊; pintura a la ~ にかわ絵の具; にかわ細工. ~ *de boca* [紙などを貼るための] 唾液でつける錠剤状の糊. ~ *de pescado* 魚膠 (ぎょこう), にべ. ~ *de retal* [羊のなめし革から作った] テンペラ画用のにかわ
no pegar ni con ~《口語》1) 調和しない: Este vestido *no pega ni con* ~ con esos zapatos. このドレスはその靴と合わない. 2) つじつまが合わない, ちぐはぐである. 3) [詩の] 韻が全く合わない
III 女 ❶《植物》コラノキ;《果実》コーラナッツ [=*nuez de* ~]. ❷《飲料》コーラ. ❸《酒》~ *de mono* ラムとミルクコーヒーを混ぜたもの
-cola《接尾辞》❶ [耕作, 飼育] frutí*cola* 果樹栽培の, aví*cola* 養禽の. ❷ [居住] caverní*cola* 洞穴住まいの
colaboración [kolaβoraθjón] 女 ❶ 協力, 協調, 協働: Agradezco mucho tu ~ en el proyecto. プロジェクトにおける君の協力に深く感謝します. Trabajábamos en estrecha ~. 私たちは緊密に協力し合った. ❷ 共同執筆(制作), 合作. ❸ [企業の] 社外協力者の仕事. ❹ 寄稿[記事], 投稿. ❺ 寄付[金], 支援, 助け
en ~ [+*con* ?] 協力して, 共同で: obra escrita *en* ~ 共同執筆の作
hacer colaboraciones [給料をもらわないで] お手伝いをする
colaboracionismo [kolaβoraθjonísmo] 男《軽蔑》対占領軍協力
colaboracionista [kolaβoraθjonísta] 形 名《軽蔑》占領軍に協力する〔人〕; [特に] 第2次大戦中の対独協力者
colaborador, ra [kolaβoraðór, ra] 形 協力する, 共同して働く; 合作の
—— 名 ❶ 協力者: Contamos con excelentes ~*es*. 私たちはすばらしい協力者に頼っている. ❷ 共同執筆(制作)者. ❸ [企業の] 社外協力者の仕事. ❹ 寄稿家: Sartre fue ~ de periódicos de todo el mundo. サルトルは世界中の新聞の寄稿家であ

colaborar [kolaborár]【←ラテン語 cum-（共に）+laborare「働く」】 圓 ❶［互いに/+con と，+en に］協力する，協働する: Muchos actores *colaboraron en* la obra benéfica. 多くの俳優が慈善事業に協力した. *Colaboró con*migo en la organización. 彼は組織で私と一緒に働いた. El viento fuerte *colaboró en* la propagación del incendio. 強風のせいで火事は燃え広がった. ❷ 共同執筆(制作)する: Dos escritores *han colaborado en* el guión de la película. 2人の作家が映画の脚本を共同執筆した. ❸［+con 企業に］社外協力する. ❹［+en 新聞・雑誌などに］寄稿する，投稿する: *Colabora* los domingos *en* el periódico local. 彼は毎日曜日に地方紙に寄稿する. ❺ 寄付する, 寄付金を出す: ～ con una colecta solidaria 連帯募金に寄付する

colacao [kolakáo]【←商標】男《口語》コラカオ【チョコレート味の粉末で, ミルクに溶いて飲む】

colación [kolaθjón]【←ラテン語 collatio, -onis「もたらすこと, 比較」< conferre「もたらす, 比較する」】囡 ❶［聖職の］任命; [学位の］授与. ❷ 教区; 教区民. ❸ 軽食, 教区民. ❹［特に大斎日の］軽い夜食: Al llegar a casa tomaba una pequeña ～ y se acostaba. 彼は家に帰るとさっとかきこんで寝たものだった. ❹［クリスマスイブの］招待に与える] 菓子類. ❺《法律》～ de bienes [相続での] 持ち戻し. traer a ～ y partición 生前に贈与された分を相続額に含める. ❻《古語》対照, 照合【=cotejo】. ❼《古語》[修道士の] 霊的な会話. ❽《南米. 菓子》コラシオン【生地を型に入れて焼き, 砂糖をかける】. ❾《アルゼンチン》～ de grados 卒業式
sacar a ～《口語》触れる, 言及する: Aprovechando que estábamos todos, *sacó* a ～ el tema de las vacaciones. 私たちがそろったのを幸い, 彼女は休暇の話を持ち出した
traer a ～《口語》1) 証拠として出す. 2) 唐突(場違い)なことを言う: Con cualquier pretexto *trae* a ～ sus fincas. 彼は何かにつけて自分の地所のことを持ち出す
venir a ～【本件と】関係がある: Lo que dices no *viene* a ～ con lo que estamos hablando. 君の言うことは私たちの話と関係がない

colacionar [kolaθjonár] 他 ❶ 照合する, 対照する. ❷《法律》生前に贈与された分を相続額に含める. ❸ 聖職禄を授ける

colactáneo, a [kolaktáneo, a] 形 乳兄弟【=hermano de leche】

colada[1] [koláða] I【←colar I】囡 ❶《西》洗濯【=lavado】; 集合 洗濯物: hacer la ～ 洗濯をする. enjuagar la ～ 洗濯物をすすぐ. secar (tender) la ～ 洗濯物を干す. ❷《古語的》[洗濯物の] 漂白; 漂白剤. ❸ 濾すこと, 濾過. ❹《金属》[高炉から]の出銑, 出湯; 流し込み, 鋳込み: orificio de ～ 湯口. ❺［山間の] 隘路(ﾛ), ❻《地理》溶岩流【=volcánica】. ❼《サッカーなど》相手選手の間をすり抜けること【=牛】失敗して体すれすれに牛を通らせること. ❾ 紛糾, もつれ, 事件. ❿［主に］家畜の通り道. ⓫《キューバ》コーヒーをいれること. ⓬《コロンビア. 料理》[子供・病人に与える] おもゆ
sacar a la ～ 口を滑らす, 秘密を漏らす
salir en (en) la ～《口語》1) 明るみに出る, 知られる. 2) [悪事が] 露見する, ばれる: Todo *saldrá en la* ～. 今に思い知るぞ/必ず報いがあるぞ. 3)［脅し文句で] 年貢の納め時が来る/つけが一度に回って来る
II【←エル・シッド el Cid の剣の名称】囡 名剣, 名刀

coladera [koladéra] 囡 ❶《学生語》合格しやすい(点数の甘い)学校(教師・課目・試験)【=coladero】. ❷《メキシコ, ペルー》網状の下水口. ❸《メキシコ》濾し器【=colador】

coladero [koladéro]【←colar I】男 ❶ 濾し器【=colador】. ❷ 濾し布, フィルター. ❸ 狭い道, 隘路. ❹《鉱山》[鉱石を降ろす] 坑井(ｾ). ❺ そっと潜り込む] 穴, 抜け道: La puerta de atrás del cine es un ～ porque no suele haber nadie vigilando. 映画館の裏口は穴場だよ, ふだん見張りが誰もいないからね. ❻《スポーツ》[防御の] 穴, つけ目. ❼《西. 学生語》合格しやすい(点数の甘い)学校(教師・課目・試験). ❽《古語》家畜の通り道

coladizo, za [koladíθo, θa] 形 ❶ 潜り込みやすい. ❷ よく浸み込む

colado, da[2] [koláðo, ða] 形 ❶《西》[estar+. +por に] 首ったけの, ほれ込んだ: Está ～ *por* Ana. 彼はアナに夢中だ. ❷《金属》hierro ～ 鋳鉄

colador [koladór] I【←colar I】男 ❶ [液体用の] 濾(ﾛ)し器,

濾過器; 水切り, ざる: ～ de té 茶濾し. ❷《印刷》[灰を詰めて穴をあけた小桶. ❸《アンダルシア》篩(ﾌﾙｲ)【=criba】
como un ～ 穴だらけの: Lo frieron a balazos y lo dejaron *como un* ～. 彼はめちゃくちゃ撃たれて蜂の巣にされた
estar como un ～《西》完全に気が変である
tener la cabeza como un ～ ひどく物覚えが悪い
II【←colar II】男《カトリック》聖職禄授与者

coladora [koladóra] 囡 洗濯女

coladura [koladúra]【←colar I】囡 ❶ 濾すこと, 濾過. ❷ 濾しかす: ～ del té 茶がら. ❸《口語》間違い, 誤り, へま: Un par de ～s en el examen y ya no apruebas. 試験で2つ3つ間違えたら君はもう不合格だ. ❹《口語》[+por への] 激しい恋慕(愛着)

colage [koláʒ] 男 =collage

colágeno, na [koláxeno, na] 形 男《生化》コラーゲン(の), 膠原(ｺｳ)質

colagenoplatia [kolaxenoplátja] 囡《医学》コラーゲン移植手術

colagenosis [kolaxenósis] 囡《医学》膠原病

colagogo, ga [kolagógo, ga] 形 男《薬学》胆汁排出促進の; 胆汁排出促進薬, 利胆剤

colaina [koláina] 囡《木材》の目回り, 輪裂【=acebolladura】

colaire [koláire] 男《アンダルシア》すきま風の入る場所

colambre [kolámbre] 男 =corambre

colana [kolána] 囡《口語》[酒の] 一飲み, 一口

colandero, ra [kolandéro, ra] 名《リオハ》洗濯物の漂白業者

colangiopatía [kolanxjopatía] 囡《医学》胆管症

colangiotomía [kolanxjotomía] 囡《医学》胆管切開

colangitis [kolanxítis] 囡《医学》胆管炎

colanilla [kolaníʎa] 囡 [戸・窓の] 掛け金, 差し込み錠

colaña [kolána] 囡 ❶ [切り材・足場などの] 脚, 柱. ❷ [階段の] 手すり. ❸ [穀倉などの] 低い仕切り. ❹《ムルシア》角材

colapez [kolapéθ] 囡 魚膠【=cola de pescado】

colapís [kolapís] 男/囡《チリ》魚膠【=cola de pescado】

colapiscis [kolapísθis] 囡 魚膠【=cola de pescado】

colapiz [kolapíθ] 囡《チリ》魚膠【=cola de pescado】

colapsar [kola[p]sár] 他 ❶《主に比喩》麻痺させる; 停滞させる, 遮断する: El accidente *colapsó* totalmente la circulación de la autopista. 事故のため高速道路は交通が完全に麻痺した. ❷ [建物を] 解体する
— *se* [活動が] 麻痺する, 停止する

colapso [koá[p]so]【←ラテン語 collapsus, -us「落下, 崩壊」< collabi「沈む」< labi「落ちる」】男 ❶《医学》虚脱[状態], 衰弱: ～ cardíaco 心臓虚脱. ～ circulatorio 循環虚脱; 交通麻痺. ～ nervioso 神経衰弱. ❷《技術》ひずみ, 破壊. ❸ [活動の] 麻痺[状態], 停滞, 停止; [制度・組織の] 崩壊, 破綻: La aparición de la moneda causó el ～ del sistema de intercambio de productos. 貨幣の出現は物々交換システムを崩壊させた. ❹ ～ del negocio 事業の不振. ～ en las ventas ひどい売れ行き不振

colar [kolár] I【←ラテン語 colare】他 ❶ [液体を] 濾(ﾛ)す, 濾過する【=filtrar】: ～ la leche [乳皮を除くために] 乳を濾す. zumo de naranja sin ～ 濾していないオレンジジュース. ❷《口語》不法に通過させる; [嘘などを] 信じ込ませる: ～ una entrada del día anterior 前日の切符を通過させる. *Coló* la cámara de fotos por la aduana colgándosela al hombro. 彼はカメラを肩に掛けてまんまと税関をくぐり抜けた. ❸《口語》入れる, 通過させる: ～ el balón en la portería《サッカー》ボールをゴールへ蹴り込む. ❹《古語的》[洗濯物を] 漂白する
— 圓 ❶《口語》[嘘などが] 受け入れられる, まかり通る: Esas mentiras ya no *cuelan*. そんな嘘はもう通用しない. ❷ [狭い場所を] すり抜ける. ❸《口語》酒を飲む. ❹《キューバ》コーヒーをいれる
— *se* ❶ 浸み込む; [すきまから] 入り込む: *Se colaba* la luz (el aire) por las rendijas. 割れ目から光(すきま風)が入り込んでいた. ❷《口語》[+en に, 気付かれずに] こっそり入り込む, 許可なく潜り込む(割り込む): ～*se en* el cine (por la ventana) 映画館に(窓から)忍び込む. Oye, no *te cueles*, haz cola. おい, 割り込まずにちゃんと並べよ. ～*se en la fiesta* [招待されていないのに] パーティーに押しかける; [チケットなしに] パーティーにもぐり込む. ❸《西. 口語》[誤り・へま・無作法を] やらかす: *Se coló* en el examen. 彼は試験にしくじった. ❹《西.

口語》[+por に] ほれ込む, 夢中になる: Te colaste con su hermana, ¿no? 君は彼の妹にほれたね?
II 《←俗ラテン語 collare》他《カトリック》聖職禄を授ける, 聖職に任命する

colargol [kolarɣól] 男《薬学》膠質(ﾆｶﾜｼﾂ)銀

colateral [kolaterál] 《←ラテン語 collateralis < cum-(共に)+lateralis < latus, -eris「側」》❶ [本体の] わきに並んだ [=lateral]: calle 〜 並行して走る街路. punto 〜 中間方位. ❷ 傍系の, 傍系親族の. ❸ 付随的な: cuestión 〜 二次的な問題. daños 〜es 付帯的損害. efectos 〜es 副作用
—— 名 傍系親族
—— 女 系列会社, グループ企業

colativo, va [kolatíβo, βa] 形 ❶《カトリック》聖職授任による, 聖職禄授任を必要とする. ❷ 漂白力のある; 濾過性の

colayo [koláʝo] 男《魚》ツノザメの一種 [=pimpido]

colazo [koláθo] 男 =**coletazo**

colca [kólka] 女《ペルー》穀物倉

colcha [kóltʃa] 《←ラテン語 culcita「布団」》女 [飾り用の] ベッドカバー《主にキルティングの》: La cama tiene una 〜 de cuadros azules y blancos. ベッドには青と白の格子じまのカバーが掛けてある

colchado, da [koltʃáðo, ða] 形 布地に詰め物をした, 刺し子のした
—— 女 =**colchadura**

colchadura [koltʃaðúra] 女 詰め物をすること; 詰め物

colchagüino, na [koltʃaɣwíno, na] 形《地名》コルチャグアColchagua の [人]《チリ中部の県》

colchar [koltʃár] 他 ❶ …に詰め物をする. ❷《船舶》=**corchar**

colchero, ra [koltʃéro, ra] 名《古語》ベッドカバーを作る(売る)人

cólchico [kóltʃiko] 男《誤用》=**cólquico**

colchón [koltʃón] 男 ❶ 敷き布団; マットレス《〜 de espuma》. Yo dormía en un 〜 tirado en el suelo de la cocina. 私はマットレスを台所の床の上に敷いて寝ていた. 〜 de agua ウォーターマット, ウォーターベッド. 〜 de muelles スプリング入りマット [ベッド] の スプリングの上. 〜 de tela metálica マットレスを置く台 [=somier]. 〜 hinchable/〜 de viento/〜 neumático/〜 inflable エアマット. ❷ 緩衝材. ❸ 表面を覆う》ふかふかした層: 〜 de hojas 散り敷いた落ち葉. ❹ [行動・選択などの] 幅, 余地
〜 *de aire* [海岸などの] エアマット; [ホバークラフトなどの] エアクッション; [壁の防音・断熱用の] 空気層
〜 *sin bastas*《アラゴン. 口語》ぶよぶよに太った醜い人《特に女性》
estado 〜 緩衝国
hacer un 〜 [布団の] 綿(羊毛)を打ち直す
servir a+人 *de* 〜《比喩》…にとってクッションになる

colchonera[1] [koltʃonéra] 女 [布団用の] 綴じ針 [=aguja 〜]

colchonería [koltʃonería] 女 ❶ 寝具店. ❷ 羊毛販売店 [=lanería]

colchonero, ra[2] [koltʃonéro, ra] 名 寝具製造者, 寝具商
—— 形《俗》サッカーチーム Atlético de Madrid の [サポーター]

colchoneta [koltʃonéta] 女 ❶《ソファなどに置く》細長いクッション. ❷ 小型の敷き布団(マットレス). ❸ [水遊びに使う] エアマット [=〜 neumática]. ❹《スポーツ》[体操の] マット

colcol [kolkól] 男《アルゼンチン. 鳥》ミミズク

colcótar [kolkótar] 男《化学》[顔料・研磨材用の] ベンガラ, 鉄丹; 三酸化二鉄

colcrén [kolkrén] 《←英語 cold cream》男 コールドクリーム

cole [kóle] I [colegio の省略形] 男《口語》学校: ir al 〜 学校へ行く
II《カンタブリア》行水 [=chapuzón]

coleada [koleáða] 女 尾での一撃; 尾を振ること, 尾びれを動かすこと

coleador, ra [koleaðór, ra] 形 [ライオン・狼などの] 尾を振る(動かす)
—— 男 ❶《メキシコ, ベネズエラ, アルゼンチン》[牛などの] 尾を引っ張って倒す人. ❷《アルゼンチン》只酒にありつこうとする人

coleadura [koleaðúra] 女 尾を振る(動かす)こと

colear [koleár] 《←*cola* I》 自 ❶ しきりに尾を振る(動かす). ❷《口語》尾を引く, 継続する: Este asunto aún colea. この件はまだけりがついていない. ❸《南米. 自動車》尻を振る. ❹《チリ.

語》最後尾を行く, ビリである
—— 他 ❶《闘牛》[ピカドールが落馬した時] 牛の尾をつかんで制止する. ❷《中南米》[動物の] 尾を引っぱって倒す. ❸《コロンビア, ベネズエラ》困らせる, しつこく悩ます
〜se《ベネズエラ》[車が] スリップする

colección [kole(k)θjón] 《←ラテン語 collectio, -onis < colligere「拾う, かき集める」》女 ❶ 集めること, 収集; [集合] 集めたもの, 収集品: tener una 〜 de sellos (cuadros) 切手(絵画)のコレクションを持っている. 〜 de mariposas 蝶の標本. Hay una rica 〜 de corbatas en la tienda. 店にはネクタイが豊富に取りそろえてある. ❷ 双書, 全集; 〜 de cuentos populares 民話集. ❸《服飾》〜 de primavera-verano (de otoño-invierno) 春夏(秋冬)物の新作コレクション. ❹ 多数, たくさん: decir una 〜 de disparates さんざんばかげたことを言う. Tiene una 〜 de primos. 彼はいとこが大勢いる. ❺《医学》溜まること

coleccionable [kole(k)θjonáβle] 形 収集され得る
—— 男《西》[新聞・雑誌の] 永久保存版〔の綴じ込み付録〕, 付録の小冊子本

coleccionador, ra [kole(k)θjonaðór, ra] 名 =**coleccionista**

coleccionar [kole(k)θjonár] 他 集める, 収集する: 〜 llaveros キーホルダーを収集する

coleccionismo [kole(k)θjonísmo] 男 収集趣味, 収集癖; 収集法

coleccionista [kole(k)θjonísta] 名 収集家, コレクター

colecistitis [koleθistítis] 女《医学》胆嚢(ﾀﾝﾉｳ)炎

colecistopatía [koleθistopatía] 女 胆嚢病

colecta [kolékta] 《←ラテン語 collecta < colligere「拾う, かき集める」》女 ❶ [慈善のための] 寄付集め, 募金: hacer (efectuar・realizar) una 〜 para las víctimas del terremoto 地震の被災者のために募金をする. 〜 solidaria 連帯募金. ❷ 収穫, 取り入れ. ❸ [税金の] 割当て, 賦課. ❹《カトリック》[ミサの] 集禱文《書簡 epístola の前に司祭が唱える》. ❺《初期キリスト教徒の》祈禱集会

colectación [kolektaθjón] 女 募金, 徴収; [作品の] 収録

colectar [kolektár] 他 ❶ 募金する, 徴収する: 〜 dinero para una campaña contra el hambre 飢餓撲滅運動のために募金する. ❷ [分散した作品を] 一つにまとめる, 収録する

colecticio, cia [kolektíθjo, θja] 形 ❶ [散らばった作品を] 集めた, 収録した. ❷ [部隊が] 寄せ集めの新兵で編成された

colectivamente [kolektíβaménte] 副 一緒に, 共同で, 結束して; 集団で, まとめて: suicidarse 〜 集団自殺する

colectivero [kolektíβéro] 男《南米》バスの運転手

colectividad [kolektíβiðá(ð)] 《←*colectivo*》女 [共通の目的をもった] 集団, 団体; 共同体; 社会: bien de la 〜 集団の利益. 〜 local 地方自治体

colectivismo [kolektíβísmo] 男《政治》集産主義

colectivista [kolektíβísta] 形 名 集産主義(の主義者)

colectivización [kolektíβiθaθjón] 女 集団化, 共有化, 国有化

colectivizar [kolektíβiθár] 《←*colectivo*》他 集団化する, 共有(国有)化する: 〜 los medios de producción 生産手段を共有化する
—— 〜*se*《職業・利害を共にする者が》集まる, 組合を作る

colectivo, va [kolektíβo, βa] 《←ラテン語 collectivus》形 ❶ [共通の目的をもった] 集団の, 団体の, 共同体の, 社会の, 共有の: billete 〜 団体割引切符. conflicto 〜 労働争議. contrato 〜 団体協約. empresa 〜*va* ジョイントベンチャー. granja 〜*va* 集団(団体)農場. intereses 〜s 共通の利益. negociaciones 〜*vas* 集団(団体)交渉. propiedad 〜*va* 共同所有. seguridad 〜*va* 集団安全保障. sociedad 〜*va* 合名会社. trabajo 〜 共同作業. ❷ 集合的な: inconsciente 〜《心理》集合的無意識. vivienda 〜*va* 集合住宅
—— 男 ❶《文語》[共同作業をする] 集団, 団体: 〜 médico del hospital 病院の医師団. ❷《文法》集合名詞 [=nombre 〜]. ❸《ベネズエラ, ペルー, ボリビア, アルゼンチン》小型バス;《アンデス》[4・5人用の] 乗り合いタクシー. ❹《ペルー, ウルグアイ》募金

colector, ra [kolektór, ra] 《←*colecta*》形 方々から集める
—— 男 ❶ 方々から集める人. ❷ 収税官 [=recaudador]; 集金人, 取り立て人. ❸ 収集家, コレクター [=coleccionista]; [資料・標本の] 採取者
—— 男 ❶《カトリック》1) [教会で] ミサの献金を集める聖職者. 2) 〜 de espolios [教会に帰属する] 司教の遺産をかき集

める係. ❷［灌漑などの］排水管. ❸［下水の］幹線渠, 下水本管. ❹《電気》集電装置, コレクタ. ❺ 収集装置: ～ de basuras《西》ダストシュート. ～ de escape 排気マニホルド. ～ solar 太陽熱集熱器

colecturía [kolɛkturía] [女] ❶ 徴税, 収税. ❷ 徴収の職務; 徴収事務所. ❸ ミサの献金を集める役目

colédoco [koléđoko] [男]《解剖》総胆管〖=conducto ～〗

colega [koléga]〖←ラテン語 collega「司法官・行政官の同僚」〗[名] ❶ 同僚: María es mi ～. マリアは私の同僚です. ❷［医者・弁護士・教師・技術者などの］同業者: Es mi ～, el doctor Suárez. 彼は私の同業者, スアレス医師です. El primer ministro español recibió a su ～ japonés. スペインの首相は日本の首相を出迎えた. ❸《西. 主に若者語, 俗用》仲間, 友人: Estoy harto, ～. 君, 僕は飽きたよ

colegatario, ria [kolegatárjo, rja] [名]《法律》共同受遺者

colegiación [kolɛxjaθjɔ́n] [女]［専門職の］同業組合加入(結成)

colegiadamente [kolɛxjáđaménte] [副] 集団〔体制〕で

colegiado, da [kolɛxjáđo, đa] [形] [名] ❶ 同業組合に入っている; 組合員: Es médico, pero no puede recetar porque aún no está ～. 彼は医者だが, 医師会にまだ入っていないので処方箋を出せない. nobleza ～*da* 貴族会. ❷ 集団〔体制〕の: dirección ～*da* 集団指導〔体制〕. ❸《文語》［主にサッカーの］審判〖=árbitro〗. ❹ 医師. ❺《中南米》資格のある, 熟練した〖=cualificado〗

colegial [kolɛxjál] [形] ❶ 学校 colegio の; 生徒の: vida ～ 学校生活. bromas ～*es* 学生のいたずら. lenguaje ～ 学生言葉. vestido (traje) ～ 学生服. ❷ 参事会教会の

—— [名] ❶ 生徒, 学生〖[女] **colegiala** もある〗: En septiembre los ～*es* españoles regresan a las aulas. 9月にはスペインの生徒たちは教室に戻ってくる. ❷ 臆病で未熟な若者: Es todavía un ～. 彼はまだ小心な未熟者だ. ❸《メキシコ》乗馬の下手な人

—— [男] ❶ 奨学生, 給費生: ～ capellán《古語》教会(礼拝堂)の給費生. ～ freile (militar) 騎士修道会付属学校の給費生. ❷《歴史》寄宿学校生, 寮生: ～ menor 寄宿学校 colegio menor の生徒. ❸《チリ. 鳥》セアカタイランチョウ

—— [女] 参事会教会〖=iglesia ～, colegiata〗

colegiala [kolɛxjála] [女] 女生徒, 女学生: Se ruboriza como una ～. 彼女は女学生のように顔を赤らめている

colegialización [kolɛxjaliθaθjɔ́n] [女] =**colegiación**

colegialmente [kolɛxjálménte] [副] =**colegiadamente**

colegiar [kolɛxjár] [10] [他] 同業組合に入れる

—— **～se** ❶ 同業組合に入る. ❷ 同業組合を結成する

colegiata [kolɛxjáta] [女]《カトリック》参事会教会〖司教でなく聖堂参事会 cabildo colegial が管理する教会. =iglesia ～〗

colegiatura [kolɛxjatúra] [女] ❶［生徒・寮生の］奨学金, 給費; 学籍. ❷《メキシコ》授業料

colegio [koléxjo]〖←ラテン語 collegium「会, 同僚たち」< colligere「拾う, 集める」〗[男] ❶ 学校, 小学校;《西》小中学校〖8年間の一貫制〗;［私立の］高等学校: Mi hijo va al ～ todas las mañanas. 私の息子は毎朝小学校に行く. ～ privado/～ de pago 私立学校. ～ público/～ estatal/～ del estado 公立学校. ～ concertado 公費補助を受けている私立学校. ～ internacional インターナショナルスクール. ❷ ～ universitario［総合大学で基礎教育をする］カレッジ; 単科大学. ❸ 授業〖=clase〗: Hoy no hay ～. 今日は学校は休みだ. Este lunes los niños no tienen ～. 今週の月曜日は子供たちは学校が休みだ. ❹［医者・弁護士などの］同業組合, 同業者団体, 協会: ～ de médicos 医師会. ～ de abogados 弁護士会. ～ de la nobleza 貴族会. ❺《カトリック》1) ～ cardenalicio/～ de cardenales/sacro ～［教皇を選挙する］枢機卿会. ～ apostólico 使徒団. 2) 修道会付属学校. ❻《政治》～ electoral 選挙区の全有権者; 投票所. ❼《歴史》寄宿学校〖組織, 建物. 規律ある共同生活の下で学問・技術・工芸を教える〗

～ *mayor* 1)［大学の］学生寮. 2)《歴史》［大学都市の］学寮, 学院〖学生自身が選出した校長の下で禁域生活をした寄宿学校〗

～ *menor* 《古語》寄宿学校

colegir [kolɛxír]〖←ラテン語 colligere「拾う, 関連づける」〗[4] [35]〖→**corregir**〗[他] ❶［+de・por から］推論する, おしはかる, 察する〖=deducir〗: *Por* lo que me contó *colegí* que las cosas no debían ir bien en su familia. 彼の話から家庭がうまくいってないに違いないと私は思った. ❷［散らばったものを］寄せ集める, かき集める

colegislador, ra [kolɛxisladɔ́r, ra] [形] 共同立法の: cuerpos ～*es*［議会の］共同立法部

colegui [kolégi] [名]《隠語》仲間, 友人, 同僚

colelitiasis [kolelitjásis] [女]《医学》胆石〔症〕

colémbolo, la [kolémbolo, la] [形] トビムシ目の

—— [男] [複]《昆虫》トビムシ目

colemia [kolémja] [女]《医学》胆血症

colendo [koléndo] [形]《古語》día ～ 祝祭日, 休日〖=día festivo〗

colénquima [koléŋkima] [女]《植物》厚角組織

coleo [koléo] [男] =**coleadura**

cóleo [kóleo] [男]《植物》コリウス〖観葉植物〗

coleóptero, ra [koleɔ́〔p〕tero, ra] [形] 鞘翅(しょうし)目の, 甲虫の

—— [男] [複]《昆虫》鞘翅目

coleperitoneo [koleperitonéo] [男]《医学》胆嚢炎の穿孔による急性腹膜炎

colera[1] [koléra] [女] 馬の尾の飾り

cólera [kólera] **I**〖←ラテン語 cholera < ギリシア語 kholera < khole「胆汁」〗[女] ❶ 激怒, 激昂. ❷ 胆汁〖=bilis〗

cortar la ～《口語》1) 間食をとる. 2)［+a+人 を］おとなしくさせる, しずめる

descargar su ～ en... …に怒りをぶつける, 八つ当たりする: El director *descargó su ～ en* sus subordinados. 部長は自分の部下に当たり散らした

emborracharse de ～《口語》=**tomarse de la ～**

exaltarse a+人 la ～ …が怒る, 激怒する

montar en ～ 激怒する, かっとなる: Al oírlo, *montó en* ～. 彼はそれを聞くといきりたった

tomarse de la ～ 怒りのあまり我を忘れる

—— [男]《医学》コレラ〖=～ morbo〗: ～ asiático アジアコレラ, 真性コレラ. ～ de las gallinas 家禽コレラ. ～ nostras (esporádico) ヨーロッパコレラ, 散発性コレラ

II〖←?語源〗[女] ゴム引きした白い木綿

colerético [kolerétiko] [男]《薬学》胆汁排出促進剤, 利胆薬

colérico, ca [kolériko, ka]〖←cólera〗[形] ❶［estar+］激怒している, 怒り狂った;［ser+］怒りっぽい, 短気な: Con gesto ～ se marchó. 彼女は怖い顔をして立ち去った. Es una persona muy ～*ca*, así que no le lleves la contraria. あの人はひどいかんしゃく持ちだから逆らわないようにしろよ. ❷ コレラの; コレラにかかった: síntoma ～ コレラの徴候. ❸ 胆汁の

—— [名] ❶ 怒りっぽい人. ❷ コレラ患者

coleriforme [kolerifɔ́rme] [形]《医学》コレラに似た, コレラ状の

colerín [kolerín] [男]《エクアドル. 口語》［呼吸困難・頭痛・発熱などを伴う］怒りの発作

colerina [kolerína] [女]《医学》軽症コレラ; 良性コレラ; 初期コレラ

colerización [koleriθaθjɔ́n] [女] コレラの予防接種

colerizar [koleriθár] [9]《まれ》[他] いらいらさせる, 怒らせる, 激怒させる

—— **～se** いらいらする, 怒る, 激怒する

colero, ra[2] [koléro, ra] [形]《コロンビア》びりの, 最後の

—— [名]《キューバ》［行列に並んで］順番を金で譲る人

—— [男] ❶《中南米》鉱山の現場監督の助手. ❷《チリ》シルクハット

colerón [kolerɔ́n] [男]《南米. 口語》激怒, 腹立ち

colesteatosis [kolesteatósis] [女]《医学》高コレステロール血症

colesterina [kolesterína] [女] =**colesterol**

colesterinemia [kolesterinémja] [女]《医学》血清コレステロール値

colesterol [kolesterɔ́l] [男]《生理》コレステロール: ～ bueno (malo) 善玉(悪玉)コレステロール. ～ total 総コレステロール

coleta [koléta] **I**〖cola の示小語〗[女] ❶［リボンなどで束ねた］お下げ髪: media ～ 短いお下げ髪. ❷［闘牛士の］弁髪〖現在はかつら〗;［昔の中国人の］弁髪. ❸ 服地用の薄い麻布. ❹《口語》補遺, 追記, 言い足し〖=coletilla〗

cortarse la ～《西》1)［闘牛士が］引退する. 2)《戯語》［職業・習慣・趣味などを］やめる: Después de la paliza de anoche he decidido *cortarme la* ～ y no jugar más a las cartas. 昨夜大敗した後私はもうやめた, 二度とトランプ遊びはしないと決めた

traer (tener) ～《口語》尾を引く, 重大な結果を招く〖=traer cola】

II 【←cola II】 [女] [絵の剝がれかけた顔料に注入する] にかわと蜜の混合物

coletazo [koletáθo] [男] ❶ 尾での一撃. ❷ [死にかけた魚の] 尾のひくつき. ❸ [主に [複]] 最後のあがき, 断末魔: El gobierno está dando los últimos ~*s*. 政府は断末魔にあえいでいる. ❹《自動車》カーブで尻を振ること

coletear [koleteár] [自] 尾を振る
—— [他]《キューバ》尾で一撃する

coleteo [koletéo] [男] 尾を振ること

coletero [koletéro] [男] ❶ [リボン・ゴムなど] 髪を束ねる道具. ❷《古語》胴着職人(商人)

coletilla [koletíʎa] 【coleta の示小語】 [女] ❶ 言い足し, 補遺, 追記. ❷ 付加疑問 【=~ interrogativa】

coletillo [koletíʎo] 【coleto の示小語】 [男] [カスティーリャの山地の女性住民の] 袖なし胴衣

coleto [koléto] 【←古伊語 colletto】 [男] ❶《口語》内心 【=adentros】. ❷《古語》革製の胴着. ❸《チリ》殴打; 頭を指ではじくこと
  echarse... al ~ 《西. 口語》 1) …を一気に食べる(飲む): *Échate* un trago *al* ~. まあ, ぐいっと一杯やれよ. 2) …を最後まで一気に読む, 通読する: *Me eché al* ~ la novela en un día. 私はその小説を1日で読んだ
  para su ~ 《西》心の中で: decir *para su* ~ ひとりごとを言う

coletón [koletón] [男]《ベネズエラ》[トウ estopa で作った] 粗布

coletudo, da [koletúđo, đa] [形] 厚かましい, 無礼な, 恥知らずな

coletuy [kolétwi] [男]《植物》マメ科の一種 【学名 Coronilla valentina】

colgadero, ra [kɔlgađéro, ra] [形] ❶ [果実などが] 吊るされるのに適した. ❸ 物を吊るすための
—— [男] ❶ [物を吊るす] 鉤, フック: ~ de ropa [フック型の] 洋服掛け. ❷ ハンガー 【=percha】. ❸ [吊るす物をフックに掛ける] 輪, 取っ手. ❹《アルゼンチン, ウルグアイ》物干し場
—— [女] 雄鶏の首からぶら下がっている羽根

colgadizo, za [kɔlgađíθo, θa] [形] 吊り下げ用の
—— [男] ❶ [つっかい棒で支えた] 片庇(かたびさし). ❷《キューバ》片屋根だけの小さな家

colgado, da [kɔlgáđo, đa] 【←colgar】 [形] [名] ❶ [estar+] 失望した: dejar a+人 ~ …を失望させる, 期待を裏切る. ❷《隠語》[estar+] 金のない〔人〕; 友人のいない〔人〕, 孤立した〔人〕. ❸《西. 口語》[estar+] 麻薬でラリっている〔人〕, 麻薬中毒の(中毒者); 知能に障害のある; 強迫観念にとりつかれた; 自由奔放な生き方をする. ❹ [+de 電話で] 長話する. ❺《情報》quedarse ~ ハングする, フリーズする. ❻ [estar+] 疑わしい, 不確かな. ❼ [estar+. +con·por に] 恋をしている, 惚れている. ❽《隠語》気が変になった. ❾《コロンビア. 口語》[仕事が] 遅れた; 金が足りない. ❿《チリ. 口語》何も理解できない, 無知な; ばか, あほう
—— [男] ❶ 吊るすこと. ❷《情報》ハング, フリーズ

colgador [kɔlgađór] [男] ❶ [壁・扉の] 洋服掛け, フック. ❷《西》ハンガー 【=percha】;《メキシコ, グアテマラ, パナマ, アンデス》物干しハンガー

colgadura [kɔlgađúra] [女] ❶《西》[主に [複]. 祝賀行事などに壁・バルコニーなどを飾る] 壁掛け, タペストリー, 垂れ幕. ❷ ~ de cama ベッドのカーテン・縁飾り・天蓋. ❸ 吊るすこと

colgajo [kɔlgáxo] [男] ❶《主に軽蔑》[主に無価値な・美的でない] ぶら下がり物; [裾などのほつれた] 垂れ下がり, 垂れ下がったぼろ, ほつれ. ❷ [ブドウの房など, 保存用に] 吊り下げられた(つなげられた)果実. ❸《医学》皮弁, 縫合用の皮膚のたるみ

colgamiento [kɔlgamjénto] [男] 吊るす(掛ける)こと

colgandero, ra [kɔlgandéro, ra] [形] ぶら下がった 【=colgante】

colgante [kɔlgánte] [形] ぶら下がった: casas ~*s* [クエンカ Cuenca の] 崖っぷちの家. jardín ~ 屋上庭園. lámpara ~ 吊り下げられたランプ
—— [男] ❶《服飾》ペンダント; 垂れ下がる飾り: ~ de diamantes ダイヤのペンダント. ❷ [吊橋の] 吊りケーブル. ❸《建築》懸花装飾 【=festón】. ❹《カリブ》~ de reloj 懐中時計の鎖

colgar [kɔlgár] 【←ラテン語 collocare「置く, 位置させる」】 [8] [28] [他] ❶ [+de·en に] 吊るす, 吊り下げる: 1) *Cuelga* el sombrero *en* una percha. 帽子は帽子掛けに掛けなさい. Cada día *cuelgan* el cartel de "no hay billetes". 連日「切符売り切れ」のボードが掛けられている. ~ un cuadro *de* (*en*) la pared 絵を壁に掛ける. ~ el teléfono/~ el auricular 受話器を置く, 電話を切る. ❷ [職業などをやめる] ~ los estudios 研究をやめる. ❸ 絞首刑にする: Lo *colgaron* por ladrón. 彼は物を盗んで縛り首になった. No se lo digo, aunque me *cuelguen*. 口が裂けてもそれは言えません. ❹ [試験で] 落第点をつける: Me *han colgado* en matemáticas. 私は数学を落とした. ❺ [あだ名などを] …につける; [過ちなどを] …のせいにする: Le *colgaron* el mote de "el lobo". 彼は「狼」というあだ名がつけられた. Me *cuelgan* esa frase que no es mía. 言ってもいないのに彼らはそれが私の言葉だと言う. ❻ […の意向・判断に] 依存する. ❼《情報》[ネットに] 載せる, アップする. ❽《古語》[誕生日などに, 宝飾品などを] 贈る. ❾《廃語》[タペストリーなどで, 部屋・壁などを] 飾る
¡Cuelguen! 《軍事》[銃を肩から吊り下げさせる号令] 吊れ銃(つつ)
—— [自] ❶ [+de·en から] ぶら下がる, 垂れ下がる: 1) Una lámpara *cuelga del* techo. 電灯が天井から下がっている. Le *colgaban* los pies. 彼は足をぶらぶらさせていた. Un camión quedó *colgado del* puente. トラックが橋から宙づりになった. 2) [現在分詞で名詞を修飾する] con el pelo *colgando* 髪を垂らして. ❷ [服などが] ずり下がる. ❸ 電話を切る: Le *colgué* porque me estaba molestando lo que decía. 言っていることがわずらわしかったので私は彼からの電話を切った. ❹《情報》1) ハングする, フリーズする. 2) tecla de ~ エンドキー. ❺ [建物が] 急斜面(崖っぷち)に建っている: casas *colgadas* [クエンカ Cuenca の] 崖っぷちの家 【=casas colgantes】
—— **~se** ❶ 首吊り自殺する. ❷ [相手を倒すほど, +de に] ぶら下がる: Ella *se colgó de* mi brazo y casi me hace caer. 彼女が腕にしがみついてきて私は転びそうになった. ❸《西. 口語》[麻薬などに] 依存する. ❹ [+de 電話で] 長話する. ❺《情報》ハングする, フリーズする. ❻《口語》[主に [過分]. +con·por に] 恋をする, 惚れる. ❼《メキシコ, チリ. 通信, 電気》接続する. ❽《コロンビア》落伍する

colgar	
直説法現在	直説法点過去
cuelgo	colg**ué**
cuelgas	colgaste
cuelga	colgó
colgamos	colgamos
colgáis	colgásteis
cuelgan	colgaron
命令法	接続法現在
	cuelg**ue**
cuelga	**cue**lg**ue**s
	cuelg**ue**
	colg**ue**mos
colgad	colg**ué**is
	cuelg**ue**n

colguije [kɔlgíxe] [男]《中南米》ペンダント 【=colgante】

coliamarillo [koljamaríʎo] [男]《メキシコ. 鳥》キガタムクドリモドキ

colias [kóljas] [女]《昆虫》クロケアモンキチョウ

coliastada [koljastáđa] [女]《昆虫》[木材に住む] スズメバチ

colibacilo [koliƀaθílo] [男]《生物》大腸菌: ~ patógeno 病原性大腸菌

colibacilosis [koliƀaθilósis] [女]《医学》大腸菌症

colibia [kolíƀja] [女]《植物》モリノカレバタケ 【食用のキノコ】

coliblanco, ca [koliƀláŋko, ka] [形] 尾の白い

colibrí [koliƀrí] 【←仏語 colibri】 [男] [[複] ~〔e〕s]《鳥》ハチドリ 【=pájaro mosca, picaflor】

cólica[1] [kólika] [女]《医学》[一過性の] 疝痛(せんつう), はきくだし

colicano, na [kolikáno, na] [形] 尾に白毛のある

cólico[1] [kóliko] [男]《医学》疝痛(せんつう), さしこみ; [幼児の] 激しい腹痛: ~ biliar 胆石疝痛. ~ cerrado 便秘を伴う疝痛. ~ hepático 肝疝痛. ~ miserere《口語》ひどい腸閉塞. ~ nefrítico (renal) 腎疝痛. ~ saturnino 鉛疝痛

cólico[2], **ca**[2] [kóliko, ka] [形]《解剖》結腸の

colicoli [kolikóli] [男]《チリ. 昆虫》アブ

colicorto [kolikórto] [男]《動物》ジネズミオポッサム

colicuación [kolikwaθjón] [女] ❶ 溶解, 液化. ❷《医学》下痢(組織の溶解)による急激な衰弱

colicuar [kolikwár] [12] [他] [複数の物質を一度に] 溶かす, 液化させる

collicuativo, va [kolikwatíbo, ba] 形 ❶ 溶かす,融解性の. ❷《医学》[排出物が]組織の溶解による,劇症の: sudor ~ 急激な衰弱をもたらす発汗

colicuecer [kolikweθér] 39 他 =colicuar

coliche [kolítʃe] 男《口語》気楽な［ダンス］パーティー

colíder [kolíder] 名《スポーツ》同率(同ポイント)首位者

colidir [kolidír] 自 ❶ こする《=ludir》. ❷《古語》ぶつける,衝突させる

colifato, ta [kolifáto, ta] 形《南米.口語》頭のおかしい,気のふれた

coliflor [koliflór] 《←col+flor》女《植物》カリフラワー

coligación [koligaθjón] 女 ❶ 結束,連合,同盟《=coalición》;提携,連立. ❷［物同士の］結合,つながり

coligado, da [koligádo, ða] 形 名 同盟(提携)した[人]

coligadura [koligaðúra] 女 =coligación

coligamiento [koligamjénto] 男 =coligación

coligar [koligár] 81 他［人・組織を］結束させる,団結させる《=coaligar》
　── ~se 結束する,団結する;[+con と]連合する,同盟を結ぶ

coliguacho [koliɣwátʃo] 男《チリ.昆虫》黒色のウマバエ《学名 Tabanus depressus》

coligual [koliɣwál] 男《チリ》coligüe の林

coliguay [koliɣwáj]《中南米.植物》トウダイグサ科の灌木《根から毒矢用の毒が採れる.学名 Adenopeltis colliguaya》

coligüe [koliɣwe] 男《アルゼンチン,チリ.植物》竹の一種《実は食用・飼料用.学名 Chusquea colen》

colihue [kolíwe] 男《アルゼンチン,チリ.植物》=coligüe

colilarga [kolilárɣa] 女《チリ.鳥》エンビタイランチョウ

colilla [kolíʎa]《←cola 1》女 ❶《西》[たばこの]吸い殻,吸いさし: Apaga la ~ de tu cigarro antes de tirarla al suelo. 吸い殻は火を消してから捨てなさい. ❷［昔の婦人用マントの］腰の下の広い部分. ❸《チリ》[書類の]控え,副本

colillero, ra [koliʎéro, ra] たばこの吸殻を拾い集める人,もく拾い

colimación [kolimaθjón] 女《光学》視準;視準整正

colimador [kolimaðór] 男《望遠鏡の》視準儀,視準器,コリメーター

colimar [kolimár] 他《光学》[光線を]平行にする,視準する

colimba [kolímba] 女《アルゼンチン.口語》兵役
　── 男《アルゼンチン.口語》新兵,教育中の応召兵

colimbo [kolímbo] 男《鳥》アビ

colimense [kolimén̪se] 形 名《地名》コリマ Colima の[人]《メキシコ南西部の州・州都》

colimeño, ña [kolíméno, ɲa] 形 名 =colimense

colimote, ta [kolimóte, ta] 形 名 =colimense

colín, na[1] [kolín, na] 形 ❶ [馬・ロバなどが]尾の短い,尾を切った. ❷［ピアノが］尾部 cola の短い
　── 男 ❶《料理》細長い棒状の堅焼きパン,スティックパン. ❷ 小型グランドピアノ. ❸［法服の］短めの裾(垂れ). ❹《鳥》コリンウズラ

colina[2] [kolína] I 《←ラテン語 colle》女[なだらかな,標高500m位までの]丘,小山: En lo alto de la ~ había un castillo. 丘の上に城があった
　II《←col》男 =colino[1]
　III《←ギリシア語 cholé「胆汁」》女《生化》コリン

colinabo [kolinábo]《←col+nabo》男《植物》❶ コールラビ,球茎甘藍. ❷ カブラカ 砂糖大根に似たカブの一種》

colindancia [kolindánθja] 女 隣接

colindante [kolindán̪te] 形 ❶［土地・建物・市域が］隣接する,隣り合った: campo ~ 隣の畑. ❷［家主・地主が］隣同士の,隣り合う

colindar [kolindár]《←co-+lindar》自[+con と]隣接する,隣り合う: España colinda con Francia. スペインはフランスと境を接している

colinérgico, ca [kolinérxiko, ka] 形《生化》コリン作動性の

colineta [kolinéta] 女 ❶《まれ》美しく盛った飾り菓子. ❷《ベネズエラ》アーモンドペースト・卵・砂糖で作った菓子

colino[1] [kolíno] 男 ❶《集名》キャベツの種子. ❷ キャベツの苗床

colino[2], **na** [kolíno, na] 形 =colín

colipavo, va [kolipábo, ba] 形［七面鳥のような］幅広の尾の［鳩］

coliquera [kolikéra] 女 軽度の疝痛

colirio [kolírjo]《←ラテン語 collyrium <ギリシア語 kollyrion》男 目薬,洗眼剤: echarse [unas gotas de] ~ 目薬を［数滴］さす

colirrábano [koliřábano] 男 =colinabo

colirrojo [koliřóxo] 男《鳥》ジョウビタキ: ~ real シロビタイジョウビタキ. ~ tizón (negro) クロジョウビタキ

colisa [kolísa] 女《船舶》旋回砲座;旋回砲

coliseo [koliséo]《←伊語》男 ❶ [一般に大きな]劇場. ❷《古代ローマ》[C~] コロセウム

colisión [kolisjón]《←ラテン語 collisio, -onis < collidere「ぶつける」》女 ❶ 衝突,激突《=choque》: casi ~ ニアミス. ~ de frente 正面衝突. ~ entre dos trenes 列車同士の衝突. ❷ すり傷. ❸［主義・利害などの］対立,あつれき《=conflicto》: ~ de intereses 利害の衝突. entrar en ~ 衝突する

colisionar [kolisjonár] 自[+con·contra と・に]激しくぶつかる,衝突する;対立する

colista [kolísta]《←cola 1》形 名《西》❶ 最下位の[選手・チーム],びり[の]. ❷ 列を作って待つ人

colitejo [kolitéxa] 形［鳩が］尾が丸瓦の形の

colitigante [kolitiɣán̪te] 名 共同訴訟人

colitis [kolítis] 女 ❶《医学》結腸炎,大腸炎. ❷《口語》[一般に]下痢《=diarrea》

coliza [kolíθa] 女《船舶》=colisa

colla [kóʎa] 女 ❶ ［鎧の］喉当て,頸甲(_ぎょう_). ❷ つないだ筌(_うえ_)による漁. ❸［引き網で結んだ］2匹の猟犬. ❹ 港湾労働者の一団. ❺《船舶》[船の接ぎ目に詰めこむ]最後の槙皮(_まいはだ_). ❻《フィリピン》強い南西風と雨の嵐
　── 形 名 ❶《ペルー,ボリビア,アルゼンチン》1) アンデス高原に住む[先住民],[特に]ボリビア人. 2) 先住民のような顔立ちの[人];文化水準の低い[人]. ❷《ペルー》欲ばりの,けちな

collada [koʎáða] 女 ❶［山間の］窪地《=collado》. ❷《船舶》いつまでも吹きやまぬ風,異常に長く吹く風. ❸《古語》首《=cuello》

colladía [koʎaðía] 女 集名《山の》窪地,鞍部

collado [koʎáðo] 男 ❶ 丘《=colina》. ❷［山間の］窪地,鞍部

collage [koláʒ]《←仏語》男《美術》コラージュ

collalba [koʎálba] 女 ❶《農業》[土塊を砕く]木槌(_きづち_). ❷《鳥》サバクビタキ: ~ gris ハシグロヒタキ. ~ negra クロサバクヒタキ. ~ rubia [地中海沿岸に住む]シロエリヒタキ

collar [koʎár]《←ラテン語 collare < collum「首」》男 ❶ 首飾り,ネックレス《類義 collar は宝石などをつけた首飾り,cadena は鎖のネックレス, gargantilla は首まわりにぴったりしている》: Le colgué un ~ al (del) cuello. 私はネックレスを彼女の首につけた. ponerse (llevar) un ~ de diamantes ダイヤの首飾りをつける(つけている). con un ~ de perlas de tres hilos 3連の真珠のネックレスをつけた. ❷［勲章の］頸(_けい_)章. ❸［罪人・奴隷などの］首枷(_かせ_). ❹［動物用の］首輪: poner un ~ antiparasitario al gato 猫に駆虫首輪をつける. ~ antipulgas ノミ取り首輪. ❺《動物》[胸の]輪状の模様;[鳥などの]首の環紋,首輪. ❻《紋章》家紋を囲む飾り. ❼《技術》継ぎ環,軸鍔(_じくつば_). ❽《古語.服飾》襟(_えり_)

collareja [koʎaréxa] 女 ❶《メキシコ,コスタリカ.動物》イタチ. ❷《コスタリカ,コロンビア.鳥》オビバト《食用》

collarejo [koʎaréxo] 男 collar の示小語

collarín [koʎarín]《collar の示小語》男《服飾》❶ 正装用の襟飾り,ローマンカラー《=alzacuello》. ❷［頸椎を固定する］ネックカラー. ❸［信管の口の］鍔(_つば_),フランジ. ❹《建築》=collarino. ❺［瓶の］首に貼るラベル

collarino [koʎaríno] 男《建築》[ドーリス式・トスカーナ式円柱などの]柱頭と柱身との接合部,柱環

collarón [koʎarón] 男 ❶ 胸繋《=collera》. ❷［他の部分と色違いの］首の回りの毛. ❸《まれ》首の飾りのような物

collazo, za [koʎáθo, θa] I 《←ラテン語 collacteus》男 ❶ 乳兄弟《=hermano de leche》. ❷ 使用人仲間;召使い,下男,下女
　── 男 ❶《歴史》従属農民. ❷《アンダルシア》[麦などの束を荷車へ積み上げるための]棒
　II《←cuello》男［首筋・頭への］殴打《=pescozón》

college [kólitʃ]《←英語》男《教育》[米国・英国の]カレッジ

colleja [koʎéxa] 女 ❶《口語》[挨拶で後ろから]肩を叩くこと. ❷《植物》フクロナデシコ《学名 Silene vulgaris》. ❸《畜》羊の首の細い筋(腱)

collera [koʎéra] I 《←collar》女 ❶［馬などの］胸繋(_むながい_). ❷

[式典などに使う馬の] 首飾り
II 〖←colla〗 [女] ❶ [鎖などでつながれた] 囚人の列. ❷ ～ de yeguas [脱穀に使う] 一組の雌馬. ❸《アンダルシア; 南米》[主に動物の] 対(つい), つがい: una ～ de pavos 1つがいの七面鳥. ❹《コロンビア, チリ》[複] カフスボタン 〖=gemelos〗. ❺《ペルー. 口語》[悪者の] 一味. ❻《チリ. 口語》競技, 試合
collerón [koʎerɔ́n] [男] [馬車馬の] 飾り付きの胸繋
colleta [koʎéta] [女]《リオハ》小型のキャベツ
collie [kóli] 〖←英語〗 [名]《犬》コリー
collipullense, sa [koʎipuʎénse, sa] [形] [名]《地名》コリプリ Collipulli の[人] 〖チリ中部 Malleco 県の町〗
collón, na [koʎɔ́n, na] [名]《主にメキシコ. 口語》怖がりの人, 意気地のない人, 臆病者
collonada [koʎonáđa] [女]《口語》おじけること, 意気地のないふるまい
collonería [koʎonería] [女]《口語》臆病, 意気地なし
colmadamente [kɔlmáđaménte] [副] ふんだんに, 豊富に
colmado, da [kɔlmáđo, đa] [形] [+de で] 山盛りの; 一杯の, 豊富な, 多量の: dos cucharadas ～*das de* azúcar スプーンに山盛り2杯の砂糖. una vida ～*da de* satisfacciones 満足一杯の一生
—— [男] ❶《主にアンダルシア》[主にシーフードの] 大衆食堂; ワインの小売店. ❷《主にカタルーニャ》食料品店
colmar [kɔlmár] 〖←ラテン語 cumulare「山積みにする, 満たす」〗 [他] ❶ [容器を, +de で] 山盛りにする, 一杯にする, 満たす: No debes ～ la copa *de* vino. グラスにワインをなみなみと注いではいけないよ. ～ un cesto *de* manzanas かごにリンゴを山盛り一杯にする. ❷ [欲求などを, 十二分に] 満足させる: ～ las ansias de saber 知識欲を満たす. ～ sus sueños 夢を実現する. ❸ [+de を] 豊富に与える: Quería tanto a su esposa que la *colmaba de* regalos y atenciones. 彼は妻を熱愛していたので, 贈り物ぜめにし, やたらと気をつかった. ～ a+人 *de* alabanzas …に賛辞を浴びせる
colmatación [kɔlmataθjɔ́n] [女]《地質》沈泥
colmatar [kɔlmatár] [他]《地質》沈泥でふさぐ, 沈泥法を施す
colme [kɔ́lme] [形] =**colmado**
—— [男]《メキシコ》=**colmo**
Colmeiro [kɔlméiro]《人名》**Manuel** ～ マヌエル・コルメイロ 〖1818～94, スペインの経済史家・憲法学者.『スペインの政治経済学史』*Historia de la Economía Política de España*〗
colmena [kɔlména] 〖←ケルト語 kolmena < kolmos「わら」〗 [女] ❶ [ミツバチの] 巣, 巣箱. ❷ ミツバチの群れ. ❸ 大ぜいの人間がひしめく場所(建物). ❹《メキシコ》ミツバチ 〖=abeja〗
colmenar [kɔlmenár] [男] 養蜂場
colmenero, ra [kɔlmenéro, ra] [形] ❶ ミツバチの巣(巣箱)の. ❷《動物》oso ～ ミツアナグマ, アフリカラーテル
—— [名] 養蜂家
—— [男]《古語》=**colmenar**
colmenilla [kɔlmeníʎa] [女]《植物》アミガサタケ
colmillada [kɔlmiʎáđa] [女] =**colmillazo**
colmillar [kɔlmiʎár] [形] 犬歯の, 牙(きば)の
colmillazo [kɔlmiʎáθo] [男] 牙での一噛み(一突き)
colmilleja [kɔlmiʎéxa] [女]《魚》タイリクシマドジョウ
colmillejo [kɔlmiʎéxo] [男] colmillo の示小語
colmillo [kɔlmíʎo] 〖←俗ラテン語 collumellus < columella「小円柱」〗 [男] ❶ 犬歯, 牙(きば). ❷ 象牙 〖=～ de elefante〗. ❸ [毒蛇の] 毒牙. ❹《メキシコ》[経験に伴う] 抜け目なさ, 老獪(ろうかい)さ
enseñar los ～s 牙をむく; [自分を尊敬させる・恐れさせるために] 力を見せつける, すごむ
escupir por el ～《口語》虚勢を張る, 強がりを言う; 威圧する
tener el ～ retorcido/tener los ～s retorcidos《口語》抜け目がない, 老獪である
colmilludo, da [kɔlmiʎúđo, đa] [形] ❶ 牙の大きい. ❷ 抜け目のない, ずる賢い
colmo[1] [kólmo] **I** 〖←ラテン語 cumulus「山積み, 山盛り」〗 [男] ❶ [容器から] 盛り上がった部分, 山盛り: una cucharada de azúcar con (sin) ～ スプーンに山盛り(すり切り)1杯の砂糖. ❷ 絶頂, 極み; 限界: Este traje es el ～ de la elegancia. この上着はきわめて上品だ. Es el ～ de la tontería. それは愚の骨頂だ. ～ de la belleza 美の極致
a ～ たくさん, あり余るほど
al ～ =a ～
el ～ [*de los ～s*]《口語》[驚き] すごい; [抗議] あんまりだ
llegar a (*al*) *～* 頂点(最高潮)に達する: Su ira *llegó al ～*. 彼の怒りは頂点に達した
para ～ [*de males·de desgracia·de desdicha*] さらに悪いことに, おまけに: Y ahora, *para ～*, se ha puesto enferma su mujer. そして今, 悪いことは重なるもので彼の妻が病気になった. Me perdí y, *para ～ de males*, no tenía dinero para un taxi. 私は道に迷って, まだその上にタクシー代の持ち合わせがなかった
ser el ～《口語》[怒り. 事物が] あんまりである, 我慢ならない/[人が良くも悪くも] すごい, 桁外れである: *¡Son el ～!* 彼らはあきれた連中だ!
II [男]《主にガリシア》わらぶき屋根; [屋根ふき用の] 麦わら
colmo[2]**, ma** [kólmo, ma] [形] =**colmado**: Se vendió de 10 pesetas fanega ～*ma*. 山盛り1ファネガあたり10ペセタで売られていた
colobo [kolóƀo] [男]《動物》コロブス 〖アフリカ産尾長猿〗
coloboma [koloƀóma] [男]《医学》コロボーム
colocación [kolokaθjɔ́n] 〖←ラテン語 collocatio, -onis〗 [女] ❶ 置くこと: Está prohibida la ～ de carteles en lugares públicos. 公共の場所への立て札の設置は禁止されている. ～ de la primera piedra 定礎. ❷ 配置, 配列: Ella ha cambiado la ～ de los muebles. 彼女は家具の配置を変えた. No me gusta la ～ de ese cuadro. 私はその絵の位置が気に入らない. El balón no entró gracias a la buena ～ del portero. キーパーの位置取りが良かったのでボールはゴールに入らなかった. ❸ 職, 地位: No encuentro ～. 私は仕事が見つからない. buscar ～ 職を捜す. tener una buena ～ よい職についている, 立派な地位にある. ❹《商業》資本売出し: ～ en firme 一括買取引受, 事前買受方式. ～ privada 私募. ～ pública 公募. ❺《競馬》2着
colocado, da [kolokáđo, đa] [形] [名] ❶ 職のある: estar bien ～ いい仕事についている. ❷《競馬》2着の[騎手]: apostar a ～ al número... …番に複勝式で賭ける. ❸《西. 口語》[酒で] ご機嫌の; [麻薬で] ラリっている
—— [男]《ラグビー》ゴールキック
colocador, ra [kolokađɔ́r, ra] [名]《バレーボール》セッター
colocar [kolokár] 〖←ラテン語 collocare〗 [7] [他] ❶ [+en しかるべき所に] 置く, 配置する: *Coloqué* libros *en* el pasillo. 私は本を廊下に並べた. Me *colocó en* un asiento en la primera fila. 彼は私を一番前の席に座らせた. *Coloca* la cabeza alta. 頭を上げなさい. *Colocó* la bala *en* el mismo centro. 彼は矢をまん真ん中に命中させた. ～ el coche *en* el garaje 車をガレージに入れる. ～ una silla junto a la pared 椅子を壁ぎわに置く. ～ un guarda a la entrada 入り口に見張りを置く. ～ el puntero del ratón encima de...《情報》マウスのポインターを…の上に置く. ❷ 職につける, 就職させる: *Ha colocado* a su hermano como camarero *en* su bar. 彼は自分のバルのボーイとして弟を雇った. ～ a+人 de guarda *en* el ministerio …を役所の警備員に雇う. ❸ [生産物を] 販売する: Hemos conseguido ～ nuestras camisas *en* el extranjero. 当社はワイシャツを外国で売ることができるようになった. ❹ [言葉・逸話を] 差しはさむ: Te *colocará* la historia de siempre. いつもの話を彼に聞かされるよ. ❺《主に戯語》[欠陥品・面倒事を] 押しつける, 無理強いする: Me *han colocado* una televisión que no funciona. 私は映らないテレビをつかまされた. ❻ 投資する 〖=invertir〗: ～ todos sus ahorros *en* acciones 貯金全部を株につぎ込む. ❼《西. 口語》[酒で] ご機嫌にさせる; [麻薬で] ラリらせる: La marihuana le *coloca*. マリファナで彼はご機嫌だ. ❽《古語的》[主に親が娘を] 結婚させる: *Ha colocado* bien a las tres hijas. 彼は娘3人をめでたく嫁がせた. ❾《隠語》[人を] 捕まえる. ❿ …の素性(身の上)を特定する
—— [自]《西. 口語》[酒・麻薬が] 利く: Este vino *coloca*. このワインは強い
—— **～se** ❶ 身を置く, 位置する; 着席する: *Se ha colocado en* el sexto lugar. 彼は6位だった. Siempre *se coloca en* el mismo asiento. 彼はいつも同じ席に座る. ❷ 雇われる: *Se ha colocado en* una empresa. 彼はある会社に就職した. ❸ 販売される: La naranja *se coloca* bien *en* Inglaterra. オレンジは英国でよく売れる. ❹《西. 口語》[酒で] ご機嫌になる; [麻薬で] ラリる: Aspiró cocaína y *se colocó* de inmediato. 彼はコカインを吸引してすぐラリった. ❺ …をはく, 着る: ～*se* unas sandalias サンダルをはく

colocar	
直説法点過去	接続法現在
coloqué	coloque
colocaste	coloques
colocó	coloque
colocamos	coloquemos
colocasteis	coloquéis
colocaron	coloquen

colocasia [kolokásja] 囡《植物》サトイモ(里芋)
colocho, cha [kolótʃo, tʃa] 形《エルサルバドル》巻き毛の〔人〕── 男 ❶《中米》1) 巻き毛, 渦巻毛. 2) [木の] 削りくず. ❷《エルサルバドル》親切, 恩恵
colocolo [kolokólo] 男《チリ》❶《動物》パンパスネコ. ❷ コロコロ〔トカゲと魚の形の伝説上の怪物〕
locón [kolokón] 男《西. 口語》酔い, 酩酊; [麻薬による] トリップ: llevar encima un buen ~ へべれけに酔う. tener un ~ terrible 酔っ払っている; 麻薬でラリっている
colocutor, ra [kolokutór, ra] 名《まれ》対話者, 対談者〔=interlocutor〕
colodión [kolodjón] 男《化学》コロジオン
colodra [kolódra] 囡 ❶ [刈り取り人夫が携帯する] 鎌の砥石を入れる木箱. ❷ [羊などの搾乳用の] 桶(詰). ❸ 角製のコップ. ❹ [小売ワイン用の] 桶. ❺《ラマンチャ》[人の] 頭 *ser una* ~《口語》大酒飲みである
colodrazgo [kolodráθɣo] 男《歴史》酒税
colodrillo [kolodríʎo] 男《口語》後頭部
colofón [kolofón] 男〔←ギリシア語 kolophon, -onus「頂点, 端, 作品の最後」〕❶《印刷》[書物の] 奥付. ❷《演説・行事などの》締めくくり, 掉尾(勞): Como a sus palabras deseó a todos los licenciados mucho éxito. 彼は全卒業生の前途を祝して挨拶を締めくくった
colofonia [kolofónja] 囡《化学》コロホニウム, ロジン
colofonía [kolofonía] 囡 =colofonia
colofonita [kolofoníta] 囡 薄緑色または橙色のざくろ石
cologaritmo [kologarítmo] 男 余対数
coloidal [kolojdál] 形《化学》コロイド状の, 膠状(貁)の: solución (disolución) ~ コロイド溶液
coloide [kolójde] 男《化学》コロイド〔の〕, 膠質(貁)〔の〕
coloideo, a [kolojdéo, a] 形《化学》=coloidal
Colombia [kolómbja] 囡《国名》コロンビア〔共和国. 首都はボゴタ Bogotá〕: Gran ~《歴史》大コロンビア〔1819年ボリバルが建設したコロンビア共和国 República de Colombia の通称. 現在のベネズエラ, エクアドルを含んだが, 地域間の対立が激しく, 1831年瓦解〕
colombianismo [kolombjanísmo] 男 ❶ コロンビア特有の言い回し. ❷ コロンビア文化の愛好
colombiano, na [kolombjáno, na] 形 名《国名》コロンビア Colombia〔人〕の; コロンビア人
colombicultura [kolombikultúra] 囡 ❶ 鳩の飼育, 養鳩. ❷ 伝書鳩の飼育〔=colombofilia〕
colombino, na [kolombíno, na] 形《人名》Colón の, コロンブス家の: fiestas ~nas コロンブス祭《米大陸発見の日. 10月12日》
colombío [kolombío] 男《ボリビア》[谷間などで] ケーブルに簡単な座席を吊り下げて渡らせる装置
colombo [kolómbo] 男《植物》コロンボ;《薬学》コロンボ根(貊)
colombofilia [kolombofílja] 囡 ❶ 鳩(特に伝書鳩)の飼育. ❷ 伝書鳩愛好
colombófilo, la [kolombófilo, la] 形 伝書鳩の飼育〔飼育者〕
colon [kólon] 男〔←ラテン語 colon「腸の一部」<ギリシア語 kolon「手足」〕❶《解剖》結腸: ~ transverso 横行結腸. ~ ascendente (descendente) 上向(下向)結腸. ~ sigmoide S字結腸. ~ irritable 過敏(興奮)性結腸. ❷《文法》コロン(:)〔=dos puntos〕; セミコロン(;)〔=punto y coma〕. ❸《まれ. 文法》文の主部, 主節〔コロン, セミコロンで区分される〕. ~ imperfecto 不完節《それ単独では意味を成さない節》. ~ perfecto 完全節《それ自体意味を成す節》. ❹《古語》疝痛〔=cólico〕
colón [kolón] 男〔←(Cristóbal) Colón (コロンブス)〕❶《コスタリカとエルサルバドルの貨幣単位》コロン; その金貨〔コロンブスの像が刻まれている〕. ❷《料理》白い棒パン. ❸《コスタリカ》籐で巻いた大型の瓶
Colón [kolón] Ⅰ《人名》**Bartolomé** ~ バルトロメー・コロン〔1461~1514, クリストバル・コロンの弟. コロンブスの2回目の航海に参加. サント・ドミンゴ Santo Domingo 市を建設, 新大陸最初のスペイン植民地となった〕
　Cristóbal ~ クリストバル・コロン〔1451?~1506, ラテン語名コロンブス. イタリア, ジェノヴァ出身の航海者. 1492年カトリック両王の援助を受け, 西方航海に着手し, 同年10月「新大陸」に到着, スペインの海外進出の端を開く. 自身は終生, インド India へ到達したと確信. 植民地統治では失政を繰り返し, 王室から特権を剥奪され, 失意のうちに死去〕
　Diego ~ ディエゴ・コロン〔1479?~1526, クリストバル・コロンの息子. インディアス提督・総督 almirante y virrey de las Indias. 父が失った特権や称号を回復するため王室を相手に裁判闘争〕
　Ⅱ《地名》ガラパゴス諸島〔=Islas Galápagos〕
colonato [kolonáto] 男〔←colono〕コロナートゥス制, 土着農夫制〔古代ローマ末期, 小作人が法的に移動を禁止され農奴に近くなった〕
colonda [kolónda] 囡〔隔壁・足場などの〕垂直材, 柱
colonense [kolonénse] 形 名《地名》コロン Colón の〔人〕《パナマ中部の州・県・県都》
coloneño, ña [kolonéɲo, ɲa] 形 名《地名》コロン Colón の〔人〕《ホンジュラス北部の県》
colonia [kolónja] 囡〔←colono〕Ⅰ ❶ 植民地, 植民市; 開拓地: ~s españolas de América アメリカ大陸のスペイン植民地. ~s fenicias en el Mediterráneo 地中海におけるフェニキア植民市. ❷〖集名〗植民者, 入植者; 開拓者. ❸ 居留地, 居住区;〖集名〗在住の外国人・避暑客・芸術家などの団体: ~ española en París パリ在住のスペイン人たち, パリのスペイン人街. ~ de artistas 芸術家集団(コロニー). ❹[保養・矯正などのために] 隔離された子供たち(人々); そのための施設: ~ de verano/~ veraniega / ~ de vacaciones 林間(臨海)学校. ~ penal [海外・島の] 流刑地. ~ penitenciaria 少年院; 流刑地, 収容所. ❺[都市計画に基づく] 団地. ~ obrera 労働者用住宅団地. ❻《生物》コロニー, 集落, 集団繁殖地; 群体: ~ de pingüinos ペンギンの集団繁殖地. ~ de hormigas アリの一群. ~ de corales サンゴの群体. ❼ [幅が指2本分の] 絹のリボン: media ~ [幅が指2本分以下の] 細い絹のリボン. ❽《メキシコ, 中米》地区〔=barrio〕; 行政区, 区: ~ proletaria《メキシコ》スラム地区
　Ⅱ〔←Colonia「ケルン(ドイツの都市)」〕囡 ❶《化粧》オーデコロン〔=agua de C~〕: echarse ~ オーデコロンをつける. ❷《キューバ. 植物》ショウガ科の観葉植物〔学名 Alpinia nutans〕
coloniaje [kolonjáxe] 男《中南米》スペインによるアメリカ統治時代
colonial [kolonjál] 形〔←colono〕❶ 植民地の; 植民地風の: 1) ciudad ~ 植民都市. época ~ 植民地時代. 2) arquitectura ~ コロニアル〔建築〕様式《中南米ではスペインやポルトガル風の建築》. ~ barroco コロニアルバロック様式の《16世紀末~18世紀中頃にヨーロッパで盛んだった美術・音楽・建築などの様式が植民地にも及んだもの》. ❷[食料品が] 海外からの, 植民地からの, 輸入した ── 男 植民地産食料品, 輸入食料品;[一般に] 食料品
colonialismo [kolonjalísmo] 男《政治》植民地主義
colonialista [kolonjalísta] 形 名《政治》植民地主義の(主義者)
coloniense [kolonjénse] 形 名《地名》コロニア Colonia の〔人〕《ウルグアイ南部の県・県都》
colonización [koloniθaθjón] 囡 植民, 開拓; 植民地化
colonizador, ra [koloniθaðór, ra] 形 名 植民・開拓する〔人〕, 植民地建設者
colonizar [koloniθár]〔←colono〕他 植民する, 開拓する; 植民地化する: Las naciones europeas *colonizaron* muchas zonas de Asia y África. ヨーロッパの国々はアジア・アフリカの多くの地域を植民地化した
colono, na [kolóno, na]〔←ラテン語 colonus「農民, 植民地人」〕名 ❶ 植民地開拓者, 入植者: ~s españoles en el Nuevo Mundo 新大陸のスペイン人入植者. ❷ 小作人, 小作農. ❸《古代ローマ》コロヌス《自営農民, 末期には小作人》. ❹《メキシコ》地区 colonia の住民会. ❺《キューバ. 歴史》サトウキビ農場で働く中国人移民《アルゼンチン. 歴史》農場 estancia で働く

移民労働者

coloño [koló̞ɲo] 男 ❶《ブルゴス》[大型の] かご【=cesto】. ❷《カンタブリア》[一人が頭に載せて・背負って運べる] たきぎなどの束

colopatía [kolopatía] 女《医学》結腸疾患

coloque [kolóke] 男《口語》=**colocón**

coloquial [kolokjál] 〖←coloquio〗形《言語》口語[体]の, 会話体の, 話し言葉の, くだけた《⇔literario》: giro ～ 話し言葉

coloquíntida [kolokíntiða] 女《植物, 実》コロシント【実は下剤の原料】

coloquio [kolókjo]〖←ラテン語 colloquium < cum-（共に）+loqui「話す」〗男 ❶ [親しい間柄での] 会話, 対話. ❷ 討論会, 談話会: Después de la conferencia, se abrió un ～. 講演の後討論会が開かれた. ❸ 対話体の文学作品【=diálogo】. ❹ 会話の文《⇔narración 地の文》: introducir ～s en la narración 地の文に会話を入れる. ❺《中南米》シンポジウム

color [kolór]〖←ラテン語 color, -oris〗男《古語的, 地方語》女 ❶ 色: 1) La vista percibe la forma y el ～ de las cosas. 視覚は物の形と色をとらえる. ¿De qué ～ es?—Es azul. それは何色ですか?—青色です. El ～ del sol es amarillo y el de la luna es plateado. 太陽の色は黄色で月の色は銀色である《スペイン人の一般的なとらえ方》. Antes el rosa ha sido el ～ de las niñas y el azul el de los niños. 以前はピンク色は女の子の色, 青は男の子の色とされていた. de ～es vivos カラフルな. tres ～es primarios (fundamentales) 三原色. ～ ácido 酸性色【赤色など】. ～ básico 基本色彩. ～ caliente (cálido) 暖色. ～ frío 寒色. ～ espectral (del espectro (solar) 分光色. ～es del arco iris 虹の色【rojo, anaranjado, amarillo, verde, azul, añil, violáceo】. ～es litúrgicos《キリスト教》典礼色【blanco, rojo, verde, morado, negro, azul】. 2) [人が] ¿De qué ～ tiene ella los ojos?—Es de ～ verde. 彼女の目は何色ですか?—緑色です. Tengo pintada la pared en ～ naranja. 私は壁をオレンジ色に塗った. Lo quisiera en ～ canela. 私は赤褐色のが欲しい. falda [de] ～ negro 黒色のスカート. 3)《美術など》色調, 色彩, 配色: Lo mejor de esa película es el ～. その映画で一番いいのは色彩だ. 4)《紋章》原色【azul 紺, gules 赤, púrpura 紫, sable 黒, sinople 緑】. ❷ 絵の具, 染料: caja de ～es 絵の具箱. ❸ 顔色: tener buen ～ 血色がよい. tener mal ～ 顔色が悪い. mudar (cambiar) de ～ 顔色を変える. recuperar el ～ 血色をまた取り戻す. ❹《人種の違いによる》肌の色: sin distinción de sexo o ～ 性別・人種に関わりなく. ❺ [典型的な] 特徴, 特色: La feria ha perdido el ～ de antaño. 祭りはかつての特色を失った. Pintó con ～es trágicos. 彼は悲劇的に描写した. La situación se presenta con ～es sombríos. 状況は暗い. ❻ 精気, 活気: El partido no tuvo ～. その試合はつまらなかった. escena llena de ～ 生き生きとした情景. ❼ [ца歌手の声の] 音色, 響き: La niña tiene un bellísimo ～ de voz. その少女は非常に美しい声をしている. ❽ 政治的傾向【=～ político】; 思想的傾向【=～ ideológico】: Todos los ciudadanos, sin distinción de ～, deben ponerse al lado del gobierno. すべての市民は思想の違いにかかわりなく政府側に立たなければならない. políticos de todos los ～es—socialistas, centristas, conservadores— あらゆる色合い—社会主義, 中道, 保守—の政治家たち. ❾《化粧》頬紅, チーク: ponerse ～ 頬紅をつける. ❿ 覆 [セットになった] 色鉛筆, クレヨン: estuche de doce ～es 12色の箱入り色鉛筆. ⓫《口語》《国・団体・チームを象徴する》色, カラー; その団体, チーム; ユニホーム: defender nuestros ～es《比喩》国旗(チーム)を守る. ～es nacionales [国旗などの] ナショナルカラー; [一国の] 選手団, ナショナルチーム. bufanda con los ～es del Barcelona《サッカー》バルセロナカラー（えんじと青）のスカーフ. ⓬《トランプ》1) [ポーカーで] フラッシュ. 2) [トランプ遊び]treinta y cuarenta で] 色（黒か赤かによる勝ち）. ⓭《隠語》関心. ⓮《まれ》口実; 見せかけ. ⓯《ベネスエラ. 口語》1) 大きさ. 2) 愛称

a ～ カラーの: fotocopias *a* ～ カラーコピー

a todo ～ フルカラーの・で: El libro tiene ilustraciones *a todo* ～. その本はイラストをフルカラーにしている. foto *a todo* ～ カラー写真

bajo de... =*so de...*

cargar los ～*es*《口語》誇張して言う

coger ～ =*tomar* ～

～ *local* 地方色: En ninguna parte encontrará el viajero más ～ *local* que en el Albaicín. 旅行者にとってアルバイシンほど地方色豊かな場所はないだろう

comer la ～《ベネスエラ. 口語》浮気する

dar ～ *a...* …に色を付ける: Le dio ～ *al* dibujo. 彼は線画に色を塗った. 2) 精彩（活気）を与える

de ～ 1) 色つきの: Viste *de* ～. 彼は色物を着ている. zapatos *de* ～ 茶色の靴. 2) [人が] 有色の: hombre *de* ～ 有色人種; [特に] 黒人

de ～*es* 種々の色の・で: papeles *de* ～*es* 色とりどりの紙. pintar... *de* ～*es* …を色とりどりに塗る

de mil ～*es* =*de todos los* ～*es*

de todos los ～*es* あらゆる種類の, 大量の: Le metieron goles *de todos los* ～*es*. 大量のゴールを決められた

del ～《まれ》revista *del* ～ ゴシップ雑誌

distinguir ～*es* 適切な判断を下せる《主に否定文で》: La violencia no *distingue* ～*es*. 暴力は人を狂わす

en ～ カラーの・で《⇔*en negro*》: película *en* ～ カラー映画. televisión *en* ～ カラーテレビ

en ～*es* =*en* ～

estar ～ *de hormiga* [事が] 否定的である, 悲観的である: La situación en Europa, particularmente en la zona euro, *está* ～ *de hormiga*. ヨーロッパ, 特にユーロ圏の状況は良くない

haber ～《口語》[集まりなどが] にぎやかである, 面白い, 楽しい

jugar a los ～*es*《古語》[17世紀の] 賞品としてリボンが貴婦人から与えられる室内ゲームである

meter en ～《美術》配色をする

mudar de ～ [恥ずかしさ・怒りで] 顔色が変わる

mudarse el ～ *del rostro* =*mudar de* ～

no haber (tener) ～ 月とすっぽんである, 比べものにならない;《スポーツなど》両者の力量が違いすぎる: No hay ～ entre este piso y el que vimos ayer. このマンションと私たちが昨日見たマンションとでは月とすっぽんだ

perder el ～ 1) 色が落ちる. 2) 顔色が悪くなる

ponerse de mil ～*es*《口語》赤面する; [興奮して顔が] 赤くなったり青くなったりする

quebrado de ～ [人が] 青ざめた

sacar a+人 los ～*es* [*al rostro・a la cara*]《口語》…を赤面させる

salir a+人 los ～*es* [*al rostro・a la cara*]《口語》…が赤面する: Le *salieron los* ～*es*. 彼は顔を赤らめた

so ～ *de...*《古語的》…を口実にして; …と見せかけて

subido de ～《婉曲》[会話・冗談などが] きわどい

subir de ～ [状況が] 緊迫する, 激化する

subirse a+人 los ～*es* [*a la cara*] …が赤面する

tener ～ 1)《口語》=*haber* ～. 2) =*tener otro* ～

tener el ～ *quebrado* 顔色が悪い, 生気がない

tener otro ～ [事物が] 変化する

tomar [el] ～ 1) [果実が] 色づく. 2) [料理] こんがり焼け目がつく: cuando la cebolla *haya tomado* ～ タマネギがきつね色に炒めた時. 3) [布地が] よく染まる: Esa tela no *ha tomado* bien el ～. その布は全く染まらなかった. 3) El proyecto empieza *a tomar* ～. 計画は具体化し始めた

Un ～ *se le iba y otro se le venía.* [恥ずかしさ・怒りなどで]《口語》彼は赤くなったり青くなったりした

verlas de todos los ～*es*《口語》苦労する

coloración [koloraθjón]〖←colorar〗女 ❶ 着色【行為】: ～ artificial 人工着色. ～ defensiva《生物》保護色. ❷《集名》色調, 色合い: Estas rosas tienen distinta ～ por la mañana que por la tarde. これらのバラは朝と晩で色合いが異なる. ❸ 特色, 傾向: ideología de ～ marxista マルクス主義的傾向の思想. ❹ [恥ずかしさによる顔の] 紅潮, 赤面. ❺《古語》口実, 言い訳

colorado, da [koloráðo, ða] 形 名 ❶ [顔などが] 赤い: poner a+人 ～ …を赤面させる. flor ～*da* 赤い花. ❷《闘牛》[牛の毛色が] 赤みを帯びた. ❸ 粉飾された, 取り繕われた. ❹《中南米》《冗談的》卑猥(ʰ)な, きわどい. ❺《ドミニカ》日焼けした. ❻《パラグアイ, ウルグアイ. 政治》コロラド党 Partido Colorado の [党員]

la ～*da*《口語》舌

ponerse ～ 赤面する: Más vale *ponerse* una vez ～ que ciento amarillo.《諺》恥を忍んでも勇気を出して事に当たれ

〖←百度血の気を失うより一度赤面する方がまし〗
—— 男 ❶ 赤色. ❷《魚》ホウボウ〖=bejel〗. ❸《隠語》金〖=oro〗. ❹《中南米. 動物》アカムコザル〖=mono ～〗. ❺《メキシコ. 口語》卑猥な冗談. ❻《カリブ. 医学》猩紅(しょう)熱〖=escarlatina〗. ❼《パラグアイ, ウルグアイ. 政治》los *C*～s コロラド党〖=Partido *C*～〗

colorante [koloránte] 形 着色する, 色づける, 染める
—— 男 着色剤, 着色料, 染料〖=materia ～〗

colorar [kolorár]〖←color〗他《まれ》着色する, 染色する〖=colorear〗.
—— ～**se**❶《まれ》[赤く]色づく〖=colorearse〗. ❷《古語》赤面する

colorativo, va [koloratíbo, ba] 形 着色する〖=colorante〗

coloratura [koloratúra] 女《音楽》コロラトゥーラ: soprano ～ コロラトゥーラソプラノ

coloreable [koloreáble] 形 着色され得る

colorear [koloreár]〖←color〗他 ❶ 着色する, 染色する: ～ un mapa 地図に色を塗る. ～ una preparación microscópica プレパラートを染色する. dibujos para ～ 塗り絵. ❷《文語》取り繕う, 活気づける: ～ su falta 過ちを取り繕う
—— 自 [果実などが] 色づく; 赤みを帯びる: Ya *colorean* las uvas. ブドウはもう色づいている
—— ～**se** ❶ [+de 色に] 色づく: El cielo *se coloreaba* de rojo. 空が赤く染まっていた. ❷《文語》取り繕われる; 活気づく

colorete [koloréte]〖←color〗男《化粧》頬紅, チーク. ❷《メキシコ, パナマ, コロンビア》口紅

colorido[1] [koloríðo]〖←color〗男 ❶《美術など》色調, 配色: ～ de un cuadro 絵の配色. ❷ 精彩, 活気: El mercado tiene mucho ～. 市場は大変活気的. carecer de ～ 精彩を欠く. ❸ 特色, 特徴: ～ local 地方色. ❹ 派手な色, 華やかさ; [文学作品の] 文体の華麗さ. ❺《化粧》頬紅, チーク. ❻《動物》体色. ❼《古語》口実, 言い訳

colorido[2], **da** [koloríðo, ða] 形 ❶ 派手な色の. ❷ 活気のある

coloridor, ra [koloriðór, ra]〖まれ. 美術》色彩派の〖=colorista〗

colorimetría [kolorimetría] 女《化学》比色定量〖分析〗, 測色法

colorímetro [kolorímetro] 男 比色計, 測色計

colorín[1] [kolorín]〖←color〗男 ❶ [主に 複. 主に他と比べて] 派手な色: No me gusta la camisa con tantos *colorines*. 私はそんなにけばけばしい色のシャツは嫌いだ. ❷《鳥》1) ゴシキヒワ. 2)《地方語》ロビン [=petirrojo]. ❸《俗用》麻疹, はしか〖=sarampión〗. ❹《戯語》ゴシップ雑誌〖=revista de *colorines*〗. ❺《カナリア諸島》漫画雑誌〖=tebeo〗. ❻《メキシコ. 植物, 果実》メキシコデイゴ〖学名 Erythrina americana〗
y ～ *colorado, este cuento se ha acabado* [物語の終わり] この話はこれでおしまい, めでたし, めでたし

colorín[2], **na** [kolorín, na] 名《チリ》赤毛の[人]; 赤い

colorinche [kolorínt∫e] 形 名《中南米. 口語》どぎつい (けばけばしい) 配色の

colorir [kolorír]〖欠如動詞: 語尾に i の残る活用形のみ. →**abolir**〗他《まれ》着色する, 染色する. ❷ 取り繕う, 言い訳する
—— 自《まれ》色づく

colorismo [kolorísmo] 男 ❶ 色彩感覚に優れていること. ❷《美術. 時に軽蔑》色彩主義, 色彩派. ❸《文学. 時に軽蔑》派手 (冗長) の修辞の乱用

colorista [kolorísta] 形 名 ❶ 色彩感覚に優れた[人]. ❷《美術. 時に軽蔑》色彩主義の[人], 色彩派の[人]. ❸《文学. 時に軽蔑》派手 (冗長) の修辞を乱用する[人]. ❹ 色彩豊かな, カラフルな

colorrectal [koloréktál] 形《解剖》結腸直腸の

colosal [kolosál]〖←coloso〗形 ❶ 巨大な, 大規模な; すばらしい, 途方もない: edificio ～ 巨大なビル. empresa ～ 巨大な事業. éxito (pérdida) ～ 大成功 (損害). comida ～ すごいごちそう. precio ～ べらぼうな値段. ～ inteligencia 驚くべき知能. ❷ 巨像の
—— 副《口語》すばらしく: En la fiesta lo pasamos ～. パーティーで私たちは楽しく過ごした

colosalismo [kolosalísmo] 男 ❶ 巨大なこと, 巨大さ. ❷《軽蔑》巨大主義, 巨物礼賛

colosalista [kolosalísta] 形 巨大主義の, 巨物礼賛の

colosense [kolosénse] 形 名《歴史, 地名》コロサイ Colosas の

〖人〗《小アジアの古王国フリギア Frigia の都市》

coloso [kolóso]〖←ラテン語 colossus<ギリシア語 kolossós 「巨像」〗男 ❶ 巨像の: ～ de Rodas ロードス島のアポロン巨像〖世界七不思議の一つ〗
—— 名 ❷ 偉大な人, 傑物: Goya es un ～ de la pintura española. ゴヤはスペイン絵画の巨人である

colostomía [kolostomía] 女《医学》人工肛門形成[術]

colpa [kólpa] 女《ペルー》❶ [アマルガム法での銀の精錬に使う] ベンガラ, 鉄丹. ❷《ペルー》コルパ〖インコなどが土を食べに来る崖〗

colpocele [kolpoθéle] 男《医学》膣ヘルニア

colpopatía [kolpopatía] 女《医学》膣疾患

colpoplastia [kolpoplástja] 女《医学》膣形成[術]

colposcopia [kolposkópja] 女《医学》コルポスコピー, 膣鏡診

colposcopio [kolposkópjo] 男《医学》膣鏡

colquecharqueño, ña [kolket∫arkéɲo, ɲa] 形 名《地名》コルケチャルケ Colquechaca の[人]〖ボリビア南部, ポトシ州 Chayanta 郡の首府〗

colquicáceo, a [kolkikáθeo, a] 形 イヌサフラン属の, コルチカム属の
—— 女 複《植物》イヌサフラン属, コルチカム属

cólquico [kólkiko] 男《植物》イヌサフラン, コルチカム

colt [kólt]〖←商標〗男 コルト〖式自動拳銃〗

colúbrido, da [kolúbriðo, ða] 形 ナミヘビ科の
—— 男《動物》ナミヘビ科

coluchismo [kolut∫ísmo]〖←Colouche (選挙に出馬したフランスの喜劇俳優)〗男 有名人の政治活動〖活動〗

coludir [koluðír] 自《古語》❶《法律》[+con と] 共謀する, 結託する. ❷ =**ludir**

coludo, da [kolúðo, ða] 形 ❶《中南米. 口語》尾が長い. ❷《チリ. 口語》[服が] 長さが不ぞろいな; [自動車が] 非常に大型の

columbario [kolumbárjo] 男《古代ローマ》[地下墓所の] 納骨壁龕(がん)

columbeta [kolumbéta] 女 宙返り, とんぼ返り〖=voltereta〗

columbiforme [kolumbifórme] 形 ハト目の
—— 男 複《鳥》ハト目

columbino, na [kolumbíno, na] 形 男 ❶ 鳩の; 鳩のような: sencillez ～*na* 鳩のような純朴さ. ❷ [ざくろ石が] 鳩色[の], 暗紫色[の]

columbón [kolumbón] 男《レオン》シーソー

columbrar [kolumbrár]〖←co-+lumbre〗他 ❶ 遠くに (かすかに・ぼんやり) 見える: A lo lejos *columbré* un bulto. 遠くに人影が見えた. ❷ ほの見える, 見当がつく: Por tus sonrisas *columbro* que todo ha sido un engaño. 君が笑っているところを見るとどうも全部まやかしだったらしい

columbrete [kolumbréte] 男《船舶》[丘状の] 小島

columelar [kolumelár] 形《解剖》犬歯[の]

columna [kolúmna]〖←ラテン語〗女 ❶《建築》円柱, 柱: ～ acanalada (estriada) [ドーリア式などの] 縦溝飾りのある柱. ～ ática (cuadrada) [角柱を言う] アッティカ式柱. ～ compuesta [イオニア式とコリント式との] 混合式柱, コンポジット式柱. ～ corintia (dórica・jónica) コリント (ドーリア・イオニア) 式円柱. ～ de media caña/～ embebida/～ entregada 半円形くり形柱. ～ entorchada (salomónica) ねじり柱, 螺旋形円柱. ～ fajada 帯状装飾のある柱. ～ fasciculada いくつかの細い柱を束ねた柱. ～ rostrada (rostral)《古代ローマ》[敵船の船嘴を付けた・その模様を彫刻した] 海戦勝利記念柱. ❷ 柱状のもの; 縦の積み重ね: ～ anunciada 広告塔. ～ de fuego 火柱. ～s de humo 数本 (数条) の煙. ～ de latas de conserva 缶詰の山. *C*～s de Hércules〖ジブラルタル海峡の入口にある2つの岬. ギリシア神話によれば地中海から大西洋への出口にあるとされ, 地中海世界の終焉あるいは他の世界への入り口を示す柱. スペイン側の柱はジブラルタル岬大岩, アフリカ側の柱はセウタのアチョ山あるいはムサ山〗. ❸《印刷》縦の段: Este diccionario está impreso a dos ～*s*. この辞書は2段組である. disponer el texto a dos ～*s* 本文を2段組にする. ～*s literarias* 文芸欄. ～ de lectores 投書欄. ❺《比喩》支柱, 支え: La familia es una de las ～*s de la sociedad.* 家族は社会の柱の一つである. ～ de la familia 一家の柱. ❻《物理》[垂直の] 柱状の流体: ～ de mercurio [温度計・気圧計などの] 水銀柱. ❼《化学》[塔式の] 分離装置: ～ destiladora/～ de destilación 蒸留塔. ❽《船舶》[船隊の] 縦列, 縦陣. ❾《軍事》1) 縦隊: marchar en ～ de a dos (cuatro) 2

(4)列縦隊で行進する. ～ de honor 儀仗兵の隊列. quinta ～/～ quinta 第5列〖敵地に紛れ込んで撹乱する部隊. スペイン内戦中のファシスト協力組織を起源とする〗. 2)［一時的な］独立混成部隊〖=～ mixta〗: ～ blindada 機甲部隊. ❿《音響》バッフル〖=bafle〗. ⓫《自動車》～ de dirección ステアリングコラム

～ ***vertebral*** 1)《解剖》脊柱(せきちゅう), 背骨. 2) 支え, 基本: La informática es la ～ *vertebral* de esta empresa. 情報処理はこの会社の要である

columnario, ria [kolumnárjo, rja] [形]［18世紀スペイン統治下のアメリカで鋳造された銀貨で裏面に］2本の柱が刻印されている
—— [男]《古語》=**columnata**

columnata [kolumnáta] [女]《建築》列柱, 柱列, コロネード

columnista [kolumnísta]〖←columna〗[名]［新聞・雑誌の］コラムニスト, 常時特約寄稿家

columpiar [kolumpjár]〖←ギリシア語 kolymban〗[10] [他] ブランコを押してやる; 揺り動かす
—— ～**se** ❶ ブランコをこぐ. ❷［歩く時］体を前後(左右)に揺する, 揺れ動く. ❸《口語》どっちつかずの態度をとる. ❹《口語》誤りを犯す, 間違える, へまをする, ドジを踏む

columpio [kolúmpjo]〖←columpiar〗[男] ❶ ブランコ: subirse a un ～ ブランコに乗る. ❷ ～ basculante/～ de tabla シーソー. ❸ [複] 公園の遊戯設備〖ブランコ, シーソー, すべり台など〗. ❹《中南米》揺り椅子

colunia [kolúnja] [女]《ベネズエラ》悪党の一味, ごろつきども

coluna [kolúna] [女]《まれ》=**columna**

coluria [kolúrja] [女]《医学》胆汁尿［症］

coluro [kolúro] [男]《天文》分至経線, 四季線: ～ de los equinoccios 二分経線. ～ de los solsticios 二至経線

colusión [kolusjɔ́n] [女]《法律》共謀, 談合, なれ合い: en ～ 共謀して

colusor [kolusɔ́r] [男]《法律》［詐欺などの］共謀者

colusorio, ria [kolusórjo, rja] [形]《法律》共謀による, 共謀した, なれ合いの

colutorio [kolutórjo] [男]《薬学》うがい薬

coluvial [koluƀjál] [形]《地質》depósito ～ 崩積土

coluvie [kolúƀje] [女]《まれ》❶ 悪党の一味, ごろつきども. ❷ ぬかるみ, 掃きだめ

coluvión [koluƀjɔ́n] [男]《地質》崩積土, 崩積層

colza [kɔ́lθa] [女]《植物》セイヨウアブラナ: aceite de ～ 菜種油

com-《接頭辞》→**con-**: *com*binar 組み合わせる, *com*partir 共用する, *com*padre 代父

com.《略語》←comisión 手数料

coma [kóma] **I**〖←ラテン語 comma < ギリシア語 komma「断片」〗[女] ❶ コンマ, 句点: poner una ～ コンマを打つ. ❷ 小数点〖=～ decimal. スペインでは小数点はコンマ(,)で書き表わし, coma または con と読む. 中南米ではピリオド(.)で書き表わすことが多くなってきている〗: El valor de pi es aproximadamente 3,1416. 円周率の値は約3.1416である〖小数点以下は全体を1つの整数のように読むか, 1桁ごとに読む. 小数点以下の数字が偶数個ある場合は2桁ごとにまとめて読むこともある: tres *coma* (con) mil cuatrocientos dieciséis/ tres *coma* (con) uno cuatro uno seis/ tres *coma* (con) catorce dieciséis〗. ～ flotante《情報》浮動小数点. ❸［起立時の支えとなる］教会の聖歌隊席の裏についた突出部. ❹《音楽》コンマ. ❺《光学》コマ. ❻《天文》［彗星の］髪, コマ. ❼《植物》毛状葉

sin faltar una ～ 1)［原文の］コンマ一つ変えずに. 2) 正確に, 逐一(ちくいち), 委細漏らさず, 詳細に

II〖←ギリシア語 koma, -atos「熟睡」〗[男]《医学》昏睡: entrar en ～ 昏睡状態に陥る. estar en estado de ～ 昏睡状態にある

comacate [komakáte] [男]《ベネズエラ》佐官クラスの士官

comadrazgo [komađrázgo] [男] 実母と代母との間柄

comadre [komáđre]〖←ラテン語 commater, -tris < cum- (共に)+mater「母」〗[女] ❶ うわさ話(悪口)好きの女; 気のおけない女友達, 近所の話仲間の女性: No hagas caso de las historias de las ～*s*. 口さがない女どものうわさ話など気にするな. entre ～*s* うわさ話で; 女の友人同士で, 井戸端会議で. ❷《口語》産婆, 助産婦〖=comadrona〗. ❸《カトリック》実母と代母とが互いに呼び合う呼称; 実父・代父が代母を呼ぶ呼称. ❹《口語》［男女間の］取持ち女, やり手〖=alcahueta〗

comadrear [komađreár] [自]《口語》［主に近所の女たちが集まって］うわさ話をする, 井戸端会議をする

comadreja [komađréxa] [女]《動物》イイズナ〖=～ común〗

comadreo [komađréo] [男]《口語》［主に女同士の］うわさ話, 井戸端会議

comadrería [komađrería] [女]《口語》［主に女同士の］うわさ話, ゴシップ, 無駄口

comadrero, ra [komađréro, ra] [形] [名] うわさ好きの〔暇人〕

comadrita [komađríta] [女]《キューバ》［肘掛けのない］小型の揺り椅子

comadrón, na [komađrɔ́n, na] [名] 助産師; 産婆, 助産婦〖中南米の一部では古語的. =partero〗

comal [komál] [男]《メキシコ, 中米》［トルティーヤを焼く・コーヒー豆やカカオ豆を煎る, 素焼き・金属製の］焼き皿, グリドル

comalada [komaláđa] [女]《メキシコ, 中米》［焼き皿 comal に載る］トルティーヤの量

comalia [komálja] [女]《獣医》［羊などの］水腫症

comalido, da [komalíđo, đa] [形]《古語. 獣医》病弱な

comanche [komántʃe] [形] [名] コマンチ族〔の〕〖北米先住民〗
—— [男] コマンチ語

comanda [kománda] [女]［レストランなどの］❶ 注文, オーダー: tomar la ～ 注文をとる. ❷《中南米》勘定書〖=cuenta〗

comandancia [komandánθja] [女] ❶ 指揮官の地位(管轄区域); 司令部: ～ de marina 海軍司令部. ～ general 総司令部. ❷《中米》［政治犯などの］拘置所. ❸《ラプラタ》指揮権

comandanta [komandánta] [女] ❶《口語》指揮官の妻. ❷《古語. 海軍》旗艦

comandante [komandánte]〖←comandar〗[名] ❶《陸軍, 空軍》少佐. ❷《海軍》～ de un barco 艦長. ～ general de escuadra 艦隊司令官. ❸《軍事》指揮官, 司令官: ～ de armas 駐屯部隊司令官. ～ en jefe/～ general 総司令官, 司令長官. ❹《航空》機長: Les habla el ～.［機内放送で］こちら機長です

comandar [komandár]〖←仏語 commander〗[他] ❶《軍事》指揮する, 命令する: ～ la fortaleza (las tropas) 砦(部隊)の指揮をとる. ❷《スポーツ》［順位が］1位である, 首位に立つ

comandita [komandíta]〖←仏語 commandite〗[女]《商業》合資会社〖=sociedad en ～〗

en ～ 1)《商業》合資会社で(として). 2)《皮肉》集団で, 一緒に, 共同で: Los alumnos fueron *en* ～ a hablar con el director. 生徒たちは連れ立って校長に掛け合いに行った. responsabilizarse *en* ～ 責任を共にする

comanditar [komanditár] [他]［合資会社に］出資する

comanditario, ria [komanditárjo, rja] [形] →**sociedad** comanditaria, **socio** comanditario

comando [komándo]〖←comandar〗[男] ❶《軍事》1) 特殊部隊, 特別攻撃隊, コマンド部隊; その隊員: ～ de reconocimiento 偵察隊. 2)《主に中南米》指揮, 命令. ❷ 武装集団; そのメンバー: ～ terrorista テロ集団. ～ legal《西》警察にマークされていないメンバーからなるテロ集団. ❸《情報》コマンド. ❹《古語的》［軍服風の］短い雨着

comarca [komárka]〖←co- (共に)+marca〗[女] 地方, 地域〖→región [類義]〗;《西》コマルカ, 郡〖県 provincia と市町村 municipio の間の行政単位〗: Los pueblos de la ～ de Tolosa se han convertido en un vivero de ETA. トロサ地区の村々はETAの温床となった

comarcal [komarkál] [形] 地方の, 地域の: costumbre ～ 地方的な習慣
—— [女]《西》村道, 地方道

comarcalización [komarkaliθaθjɔ́n] [女]［地域 comarca への］区割り

comarcalizar [komarkaliθár] [9] [他]［地域 comarca として］まとめる, 区割りする

comarcano, na [komarkáno, na] [形] 隣接した, 近在の: pueblos ～*s* 近隣の村々

comarcar [komarkár] [7] [自]［国・地所などが］境を接する, 隣接する
—— [他]［並木道を作るために, 樹木を］一列に等間隔で植える

cómaro [kómaro] [男]《地方語》❶ 丘. ❷［地所を分ける］垣根

comatoso, sa [komatóso, sa]〖←coma II〗[形]《医学》❶ 昏睡の. ❷ [estar+] 昏睡状態にある: El niño está ～ desde ayer. その子は昨日から昏睡状態にある. en estado ～ 昏睡状態の

comátula [komátula] [女]《植物》ウミシダの一種〖学名 Antedon bifida〗

comay [komái̯] [間]《キューバ》［親しい女性への呼びかけ］ねえ

comayagüense [komajagwénse] [形] [名]《地名》コマヤグア Co-

mayagua の〔人〕【ホンジュラス中部の県・県都】
comba[1] [kómba]【←ラテン語 cumba「小さな谷」< ケルト語 cwm「深い谷」】囡 ❶〘西〙縄跳び【=salto a la ～】: jugar (saltar) a la ～ 縄跳びをする. dar a la ～ 縄を回す. ❷〘木材・棒などの〙湾曲, 反〔ｿ〕り, ふくらみ. ❸〘エクアドル, ペルー〙大槌
  buscar la ～ al palo〘コスタリカ, コロンビア. 口語〙【難しい状況に】最善の策を求める;[人が] 状況に適応できる
  coger [la] ～〘口語〙慣れる, 適応する
  hacer ～s〘まれ〙腰を振って歩く
  no perder [se] ～〘チリ〙チャンスを逃さない, あらゆる機会を利用する;細大漏らさず聞き取る
combado, da [kombádo, da] 形 湾曲した
  ―― 男〘建築〙交差ボールトの肋材リブ
combadura [kombadúra] 囡 ❶ 湾曲, たわみ, 反り. ❷〘古語〙丸天井
combalachar [kombalatʃár] ～**se**《アストゥリアス, ナバラ, アラゴン, ムルシア, ベネズエラ》共謀する, 陰謀を企てる《=confabularse》
combar [kombár]【←comba】他〘木・鉄などを〙湾曲させる, 曲げる, 反〔ｿ〕らせる
  ―― 男 大槌で作業する
  ―― ～**se** 湾曲する, たわむ, 反る: Las tablas *se comban* con la humedad. 湿気で板が反る
combate [kombáte]【←combatir】男 ❶ 戦い, 戦闘【→guerra 類語】: librar duros ～s 激戦を繰り広げる. avión de ～ 戦闘機. ～ en las calles 市街戦. ❷ 格闘, けんか;〘格闘技の〙試合. ❸〘比喩〙闘争: ～ contra la pobreza 貧困との戦い. ❹〘心の〙葛藤, 苦悩
  fuera de ～〘ボクシング〙ノックアウト: dejar a+人 *fuera de ～* ノックアウトする;…の戦闘能力を奪う
combatible [kombatíble] 形 戦闘(征服)され得る
combatidor, ra [kombatidór, ra] 形 图〘まれ〙戦う[人], 戦士, 闘士
combatiente [kombatjénte]【←combatir】形 戦闘する: país ～ 交戦国. unidad ～ 戦闘部隊
  ―― 图 ❶ 戦闘員: no ～ 非戦闘員. ❷ 戦士, 闘士; 殴り合う人
  ―― 男 ❶〘鳥〙エリマキシギ. ❷〘魚〙[トラディショナル]ベタ
combatir [kombatír]【←ラテン語 combattuere < cum-(共に, ちょうど)+battuere「叩く」】自 [+contra・con と, +por のために・を求めて] 戦う: Su abuelo *combatió* en la Primera Guerra Mundial. 彼の祖父は第一次世界大戦で戦った. ～ *contra* un enemigo 敵と戦う. ～ *por* la libertad 自由のために戦う
  ―― ～と戦う; …に抵抗する: Los montoneros *combatieron* la dictadura militar. 騎馬ゲリラ兵たちは軍事独裁と戦った. ❷ 反対する, 反論する, 抗議する: ～ las calumnias 中傷と戦う. ❸ [人・場所を] 攻撃する, 襲いかかる: Sucre *combatió* a las tropas españolas en la batalla de Ayacucho. スクレはアヤクチョの戦いでスペイン軍を攻撃した. ～ la fortaleza 要塞を攻撃する. ❹〘波・風などが〙打ちつける, 当たる: Las olas *combaten* el acantilado. 波が断崖に打ちつける. ❺〘感情・情熱が, …の心を〙動揺させる: Le *combaten* mil pensamientos. 彼の心は千々に乱れる
combatividad [kombatibiðá[d]]【←combatir】囡 ❶ 攻撃性, 闘争心. ❷ 闘志, 戦意; やる気, 意欲: Es un periodista con mucha ～. 彼はとても意欲的なジャーナリストだ
combativo, va [kombatíβo, ba] 形 ❶ 戦闘的な, 好戦的な. ❷ 闘志(戦意)のある: espíritu ～ 闘争心. ❸ やる気のある, 意欲的な
combazo [kombáθo] 男〘ペルー, チリ〙[拳骨による] 殴打【=combo】
combeneficiado [kombenefiθjáðo] 男〘カトリック〙同一教会の受禄聖職者
combés [kombés] 男 ❶ 野天, 戸外. ❷〘古語. 船舶〙[メインマストから船首楼までの] 甲板中央部
combi [kómbi] 男 ❶ 2ドア冷蔵庫【=frigorífico ～】. ❷〘自動車〙バン【=furgón ～】
  ―― 囡 ❶〘古語的. 服飾〙コンビネゾン【=combinación】. ❷《メキシコ, ペルー, アルゼンチン, ウルグアイ. 自動車》小型バン【=furgoneta ～】
combina [kombína]〘古語的〙❶ 組み合わせ, 混ぜ合わせ. ❷ 計略, 悪巧み, 陰謀
combinable [kombináble] 形 組み合わせ可能な
combinación [kombinaθjón]【←combinar】囡 ❶ 組み合わせ, 結合: El consumo de zumo de pomelo en ～ con estas drogas puede causar una peligrosa disminución de la tensión arterial. グレープフルーツの果汁とこれらの薬を一緒に飲むと血圧の危険な低下が起きる可能性がある. ～ de inteligencia y sensibilidad 知性とセンスの結合. ❷〘口語〙術策, 策略: Tengo una ～. 私にプランがある. Se le descubrió la ～. 彼の計略は発覚した. ❸〘服飾〙コンビネゾン, スリップ. ❹〘化学〙化合〔物〕. ❺〘数学〙組み合わせ. ❻〘金庫の〙ダイアル; その数字: cerradura de *combinaciones* ダイアル錠. ❼〘集〙[辞書で, ab…・ba… など] 同じ文字の組み合わせで始まる語彙. ❽〘交通機関の〙連絡, 接続. ❾〘古語〙組閣
combinada [kombináða] 囡〘スキーなど〙複合競技: ～ nórdica ノルディック複合
combinado [kombináðo] 男 ❶ 組み合わせ: espectacular ～ de colores 派手な配色. ❷〘酒〙カクテル【=cóctel】. ❸〘スポーツ〙1) 混成チーム. 2)〘水泳〙個人メドレー. ❹〘南米〙ラジオ付きプレーヤー
combinador, ra [kombinaðór, ra] 形 組み合わせる
  ―― 男〘鉄道〙列車集中制御装置
combinar [kombinár]【←ラテン語 combinare < cum-(共に, ちょうど)+bini「2つずつ」】他 ❶ [+con と] 組み合わせる, 結びつける: ～ colores 色を組み合わせる; 絵の具を配合する. ～ los guantes con el vestido 服に合った手袋をコーディネートする. ～ las piezas 部品を組み立てる. ❷ [計画などを] 調整する, 段取りをつける, 取り決める: Los empleados *combinan* sus vacaciones para que la oficina no tenga que cerrar. 従業員たちは事務所が休まなくてよいように, 休暇の日程を調整する. ～ un plan 計画を企てる. ❸ [勢力・部隊などを] 合同させる: ～ sus esfuerzos 団結する. operación *combinada* 連合(共同)作戦. ❹〘スポーツ〙[ボールを] パスする. ❺〘数学〙組み合わせを作る. ❻〘化学〙化合させる
  ―― 自 [+con と] 調和する: La corbata no *combina* con el traje. そのネクタイは背広と合わない
  ―― ～**se** ❶ [+para+不定詞 することを] 互いに取り決める, 意見が一致する: Los vecinos *se combinaron* para limpiar el patio. 住民たちは中庭を掃除することで意見がまとまった. ❷〘化学〙[+con と] 化合する
combinatorio, ria [kombinatórjo, rja] 形 組合わせの
  ―― 囡〘数学〙組合わせ数学; 組合わせ理論【=análisis ～】
comblezo, za [kombléθo, θa] 图〘まれ〙[既婚者のもつ] 愛人
combo[1] [kómbo]【←combo 大槌】男 ❶ [ジャズなどの] 小楽団, コンボ. ❷ 樽を載せる台. ❸〘南米〙大槌. ❹〘コロンビア. 口語〙[悪者の] 一味. ❺〘ペルー, ボリビア, チリ〙[拳骨による] 殴打
combo[2]**, ba**[2] [kómbo, ba] 形〘文語〙湾曲した, 反った
comboniano, na [kombonjáno, na] 图〘カトリック〙コンボニアーニ宣教修道会・修道女会 Orden Comboniana の[修道士・修道女]【創立者 Daniel Comboni】
comboso, sa [kombóso, sa] 形 湾曲した, 反った
combretáceo, a [kombretáθeo, a] 形 シクンシ科の
  ―― 囡〘植物〙シクンシ科
combro [kómbro] 男〘隠語〙❶ 治安警備隊の兵舎. ❷《料理》棒状のチュロ【=churro】
comburente [komburénte] 形 男〘化学〙支燃性の[物質], 燃焼促進剤
combustibilidad [kombustiβiliðá[d]] 囡 可燃性, 燃焼力
combustible [kombustíble]【←ラテン語 combustus】形 可燃性の; 燃えやすい: basura ～ (no ～) 燃える(燃えない)ごみ
  ―― 男 ❶ 燃料: ～ gaseoso (líquido・sólido) 気体(液体・固体)燃料. ～ nuclear 核燃料. ❷〘化学〙可燃物【=materia ～】
combustión [kombustjón]【←ラテン語 combustio, -onis】囡 燃焼, 燃えること; 〘化学〙酸化: ～ incompleta 不完全燃焼. ～ nuclear 核燃焼
combusto, ta [kombústo, ta] 形 焼けた, 焦げた
comebolas [komebólas] 图 ❶〘単複同形〙〘西〙【=cohombro】. ❷〘キューバ〙[嘘を信じる] 愚か者. ❸〘コロンビア〙街をぶらぶら遊び歩く人, のらくら者
comecandela [komekandéla] 图〘キューバ. 口語〙虚勢をはる[人], 空いばり屋
comechingón, na [kometʃiŋgón, na] 形 图 コメチンゴネス族〔の〕【アルゼンチンのコルドバ山脈に住んでいた先住民】
comecobalde [komekoβálde] 形 图〘ボリビア. 口語〙怠け者

comecocos [komekókɔs]《←comer+coco「人の頭」》男《単複同形》《西》❶《ゲーム》パックマン. ❷ 理性を失わせる人・事物, 頭を悩ます問題: Es un ~: sus teorías no tienen ni pies ni cabeza. 彼は分からないことを言うので, 彼の説は支離滅裂だ

comecome [komekóme]《←擬態》❶《口語》かゆみ. ❷《西, 南米》不安, 不快

comecuras [komekúras] 名《単複同形》《口語》反教権主義者

comedera[1] [komeðéra] 女《口語》給餌器《=comedero》

comedero[1] [komeðéro]《←comer》男 ❶《牧畜》給餌(餌)器. ❷《動物の》餌場. ❸《戯語》《公共施設の》食堂. ❹《コロンビア》《幹線道路ぎわの》大衆食堂

limpiar a+*el* ~《口語》…から職(生活手段)を奪う

comedero[2], **ra** [komeðéro, ra] 形 食べられる, 食用の

comedia [komédja]《←ラテン語 comoedia <ギリシア語 komodia < komos「歌・踊りのある祭り」+ado「私は歌う」》❶ 喜劇《⇔tragedia》: ~ italiana イタリア喜劇. ~ ligera (liviana) 軽喜劇. ~ musical 喜歌劇, ミュージカルコメディー. Divina C~『ダンテの』神曲』. ❷ コメディ映画. ❸ 演劇, 演劇作品: alta ~ 上流喜劇《19世紀スペインで上流階級の生活を題材にした鋭い社会批判文明批判の作品』. ~ de capa y espada 騎士道仁俠劇. ~ de carácter 性格劇《黄金世紀スペインの作品』. ~ de costumbres 風俗劇《黄金世紀~20世紀初めのスペインの作品』. ~ de enredo 筋のこみいった(波乱万丈の)劇. ~ de figurón 黄金世紀スペインの作品』. ~ de santos 聖人劇《中世の宗教劇の一つ』. ~ del arte コメディア・デラルテ《イタリアの即興喜劇』. ❹ コメディア《ロペ・デ・ベガ Lope de Vega が規定した17世紀, スペイン黄金世紀の演劇形式. ジャンルとしては喜劇のほか広く悲劇的要素も包含し, 三一致の法則 regla de la tres unidades の無視, 悲劇的要素と喜劇的要素の共存, 三幕 tres actos 構成などを基本とする. = ~ nueva》. ❺《口語》笑い事; お芝居, 茶番: El juicio fue una ~. その裁判は笑えた. hacer [la·una] ~/venir con ~ お芝居をする. ❻《廃語》劇場: Esta noche iré a la ~. 私は今晩芝居を見に行くつもりだ. ❼《中南米》長編テレビ(ラジオ)ドラマ

~ *nueva* [ne]《古代ギリシア》《アリストファネス Aristófanes の伝統的喜劇への反動として起こった》新喜劇. 2)《ロペ・デ・ベガ が創始したスペイン黄金世紀の》新しい演劇

comediante, ta [komeðjánte, ta]《←comedia》名 ❶ 役者, 俳優《=actor》. ~ del arte コメディア・デラルテ comedia del arte の俳優. ❷《軽蔑, 比喩》《見せかけの》芝居をする人: Cuidado con ese hombre, pues es un gran ~. そいつには用心しろよ. 相当な役者だから. ❸ 喜劇俳優

comediar [komeðjár] 10 他 ❶《人を》穏健にする. ❷《古語》2つに分ける

comedidamente [komeðiðaménte] 副 礼儀正しく, 節度をもって, 穏健に

comedido, da [komeðíðo, ða] 形 ❶ [+en に] 節度のある, 控えめな, 慎み深い, 中庸の: Es ~ en sus palabras. 彼は言葉づかいが穏やかだ. ❷《南米》世話好きな, 愛想のよい. ❸《エクアドル》おせっかいな

comedieta [komeðjéta] 女 喜劇; コメディ映画《=comedia》

comedimiento [komeðimjénto] 男 ❶ 礼儀; 節度, 控えめ, 穏健. ❷《南米》《世話・手助けの》申し出

comedio [komédjo] ❶《文語》《領域などの》中心〔地〕. ❷ 過渡期

comediógrafo, fa [komeðjóɣrafo, fa] 名 喜劇作家; 劇作家

comedión [komeðjón]《comedia の示大語》男《軽蔑》長くてつまらない喜劇, 三文芝居

comedir [komeðír] 35 ~*se* ❶《まれ》節度を守る, 自制する: ~ en sus acciones 行動を自重する. ❷《中南米》《親切に》, +a を申し出る. ❸《アルゼンチン, エクアドル》介入する; 割り込む

comediscos [komeðískos] 男《単複同形》ジュークボックス; 携帯音響

comedón [komeðón] 男《医学》面皰(にきび), にきび

comedor[1] [komeðór] 男 ❶《家・学生寮などの》食堂; mozo de ~ 給仕係の召使い. ~ [de] diario 居間. ~ de estudiantes 学生食堂. ~ para pobres 無料給食センター. ❷《集》《食堂の》家具. ❸《ウルグアイ》《陰語》入れ歯

~ *infantil*/~*es infantiles*《女性の発育途中の》乳房

comedor[2], **ra** [komeðór, ra] 形 大食いの, 食欲旺盛な: mal ~ 少食の

comedura [komeðúra] 女 ❶《西. 口語》理性を失わせる人・事物

物《= ~ de coco, ~ de tarro, comecocos》. ❷《プエルトリコ》家畜の飼料

comefrío [komefrío] 男《コロンビア》ひも, ごろつき

comegente [komexénte] 男《プエルトリコ, エクアドル》大食漢, 食いしん坊

comehostias [komeóstjas] 名《単複同形》《口語》信心に凝り固まった人, 信心家ぶった人

comején [komexén] 男 ❶《南米》シロアリ《=termita》. ❷《エクアドル, ペルー》不安, 心配

comejenera [komexenéra] 女 ❶《コロンビア》シロアリの巣. ❷《ベネズエラ》《犯罪組織の連中の》たまり場, 巣窟(そうくつ)

comelata [komeláta] 女《キューバ, プエルトリコ, アルゼンチン》ごちそう, 大盤ぶるまい

comelón, na [komelón, na] 形 名《中南米》大食いの〔人〕《= comilón》

—— 女《ドミニカ, プエルトリコ》たくさんの食べ物, ごちそう

comemierda [komemjérða] 名《卑語》見下げた奴, 卑劣な奴
—— 女《アンダルシア. 鳥》ヤツガシラ

comendación [komendaθjón] 女《歴史》託身, コメンダティオ《封建制下の中世ヨーロッパで, 家臣が主君に対して行なう服従儀礼》

comendador [komendaðór]《←ラテン語 commendator, -oris》男 ❶《宗教騎士団 orden de caballería の》分団長, 上級騎士団員《中世には騎士団から委託領・俸禄などを与えられた》: mayor スペイン騎士団副団長. ❷《いくつかの修道会の》大修道院長, 高位聖職者. ❸ ~ de Calatrava/el C~ ドン・ゴンサロ・デ・ウリョア D. Gonzalo de Ulloa『セビーリャの色事師』*El burlador de Sevilla* や『ドン・フアン・テノーリオ』*Don Juan Tenorio* の登場人物》

comendadora [komendaðóra] 女 ❶《メルセル会などの》女子修道院長; 〔古い騎士修道会の〕修道女

comendatario [komendatárjo] 男《カトリック》騎士領に聖職禄を持つ教区付司祭; 委託によって聖職禄を受ける在俗司祭

comendaticio, cia [komendatíθjo, θja] 形《推薦状などが》高位聖職者の授与する

comendatorio, ria [komendatórjo, rja] 形《文書・書状などが》推薦の

comendero [komendéro] 男《王から領地の委託や権利の授与を受けた》領主

comensal [komensál]《←俗ラテン語 commensalis》名 ❶《文語》食卓を共にする人, 会食者, 陪食者: Lo mejor es repartir a los ~*es* en dos mesas. お客さんたちに2つのテーブルに分かれていただくのがよい. ❷ [レストランなどの] 客: restaurante para 75 ~*es* 75席のレストラン. ❸《生物》共生動物〔植物〕. ❹ 寄食者, 居候

comensalía [komensalía] 女 寝食を共にすること

comensalismo [komensalísmo] 男《生物》片利共生, 共生

comentador, ra [komentaðór, ra] 名 ❶ コメンテーター, 解説者, 評論家《=comentarista》. ❷《まれ》嘘や架空の話などで〕でっち上げる人

comentar [komentár]《←ラテン語 commentari「思索する, 練習する」》他 ❶ 解説する, 論評する, コメントする, …について意見を述べる〔取りざたする〕; […を話題に〕話す《→hablar 類義》: La boda fue un golpe muy *comentado*. 彼の結婚は色々なうわさを呼んだ. Quiero ~ un problema contigo. ある問題について君と話したい. Algunos *comentaban*, en voz baja, que sería mejor que dimitiera. 彼は辞任した方がいいだろうとささやいている人たちもいた. ❷ ~ に注釈をつける: Hoy voy a ~ un poema de Quevedo. 今日はケベドの詩に注釈を加えよう

—— 他《南米. 口語》うわさ話をする

comentario [komentárjo]《←ラテン語 commentarium》男 ❶ 解説, 論評, コメント: Sin ~*s*. ノーコメント. Debo mirar este trabajo y dar un ~ sobre él. 私はこの論文を検討し, それについてコメントを出さないといけない. ~ de noticias ニュース解説. hacer ~*s* (un ~) sobre... …について論評する, 話題にする. ❷ 注釈, 注解, 論評 texto con ~*s* 注釈つきテクスト. ❸ [主に 複]うわさ, 取りざた. ❹ 回想録, 実録: los "C~*s* de la Guerra de las Galias" y "C~*s* de la Guerra Civil" de César シーザーの『ガリア戦記』と『内乱記』

sin más ~*s* 説明なしに, 何も言わずに: Se marchó *sin más* ~*s*. 彼は何も言わずに立ち去った

comentarista [komentarísta]《←comentario》名 ❶ [ニュース

comer

などの] 解説者, 評論家: ~ deportivo スポーツ評論家. ❷ 注釈者, 注解者

comento [koménto] 男 ❶《文語》解説, 論評, コメント〖行為, 内容〗. ❷ 大噓, 見えすいた噓

comenzante [komenθánte] 形 始める

comenzar [komenθár]《←俗ラテン語 cominitiare < ラテン語 cum-(共に)+initiare「始める」》9 23《類語》**comenzar** は **empezar** より少し固い表現》他 始める, 開始する: Hemos comenzado la recolección. 私たちは取り入れを始めた. Comienzan la construcción. 工事が始まる. Comienza las oraciones con mayúscula. 文の最初は大文字で始めなさい. Hemos comenzado mal el año. 年明け早々縁起が悪い. ~ un trabajo 仕事に取りかかる. ~ un libro 本を読み始める
── 自 ❶ 始まる: Ahora comienza la misa. 今ミサが始まる. El curso comienza en septiembre. 講義は9月から始まる. ¿Puedo ~? al ~ el año 年の初めに ❷ [+a+不定詞/+現在分詞] …し始める: Comenzó a nevar. 雪が降り始めた. Comenzaba a cerrar la noche. 夜になり始めていた. Comenzó diciendo que estaba de acuerdo conmigo. 彼は私に賛成だと言い出した. Comenzó a los cinco años tocando el violín. 彼は5歳からバイオリンを始めた. ❸ [+por+不定詞] 最初に…する, …することから始める: Comencemos por quitarnos los abrigos. まずコートを脱ごう. ❹ [+con・por+名詞] …から始める: La novela comienza con un asesinato. 小説は殺人から始まる. Su nombre comienza por p. 彼の名前はpで始まる. Todos sois culpables, comenzando por ti. 全員が悪い, 君を始めとして. ❺ [+en・con+名詞] …を始める

comienza y no acaba 《口語》彼の話はなかなか終わらない

comenzar	
直説法現在	直説法点過去
com**ie**nzo	comencé
com**ie**nzas	comenzaste
com**ie**nza	comenzó
comenzamos	comenzamos
comenzáis	comenzasteis
com**ie**nzan	comenzaron
命令法	接続法現在
	com**ie**nce
com**ie**nza	com**ie**nces
	com**ie**nce
	comencemos
comenzad	comencéis
	com**ie**ncen

comepiojo [komepjóxo] 男《アルゼンチン. 俗語》カマキリ

comer [komér]《←ラテン語 comedere < edere「食べる」》他 ❶ 食べる: 1) ¿Quieres ~ algo? 何か食べる? No ha comido más que unas galletas. 彼はビスケット数枚しか食べていない. No tenemos qué ~. 私たちは食べるものがない. ~ fruta 果物を食べる. ~ chicle ガムをかむ. 2)《主に西, メキシコ》〖昼食に〗Hoy comeré pasta. 昼食はパスタを食べよう. 3)《主に中南米》〖夕食に〗Ayer almorzamos sopa y comimos sopa. 昨日は昼食がスープで夕食もスープだった. ❷ 消費する: Esta estufa come mucha electricidad. このストーブはたくさん電気を食う. ❸ 侵す, むしばむ 〖**=~se**〗: El orín come el metal. 錆は金属を腐食させる. El agua comió la piedra. 水は石を浸食した. ❹ …の心の平静を乱す, ひどく不安にする: Le come la envidia por dentro. ねたみは彼を内側からむしばむ. ❺ 小さく見せる, 隠す: El flequillo le come la cara. 前髪のせいで彼女の顔が小さく見える/前髪で彼女の顔が半分隠れている. Esto come las existencias. このために彼の存在感が薄れている. ❻《口語》消耗させる. ❼《口語》言い忘れる, 書き落とす. ❽ [色を] あせさせる. ❾ [蚊にさされたりして] かゆい, ちくちくする: El picor me come la pierna. 私は脚がかゆい. ❿《チェス》[相手の駒を] 取る: Siempre que juego al ajedrez contigo, tratas de ~ me enseguida la reina. 君とチェスをすると, 君はいつもすぐ私のクイーンを取ろうとする. Te voy a ~ esa torre. そのルークを取るぞ

~le〖隠語〗フェラチオをする

para ~lo =**para comérselo**

sin ~lo ni beberlo/sin ~la ni beberla《口語》[結果が良くも悪くも] 何もしなかったのに: Sin ~lo ni beberlo me vi envuelto en un caso de contrabando. 私は何もしていないのに密輸事件に巻き込まれた. Ha recibido una herencia sin ~lo ni beberlo. 彼に遺産がころがりこんだ
── 自 ❶ 食べる, 食事をする: 1) ¿Qué hay para ~? 食べるものがある/料理は何? No se puede vivir sin ~. 人は食べなければ生きられない. ~ muy poco 食が細い. 2)《諺》Donde comen dos, comen tres. 2人養うのも3人養うのも同じだ. El ~ y el rascar, todo es empezar. 何事もまず始めることが肝心. El que come más, come menos./El que más come, menos come. 食べ過ぎると早死にする/浪費は慎むべし. 3) 一日のメインの食事をとる〖《参考》スペインとメキシコでは一般に昼食がメインで, その場合夕食は **cenar**. 他の中南米などでは夕食がメインで, その場合昼食は **almorzar**〗. i)《主に西, メキシコ》昼食をとる: Se quedan por la tarde a trabajar en la oficina, salvo la media hora en que bajan a ~ a un restaurante cercano. 彼らは午後ずっとオフィスで仕事をし, 30分だけ近くのレストランに昼食を食べに行く. Me gusta ~ fuerte y cenar poco. 私は昼食をたっぷりとって夕食を軽くするのが好きだ. ii)《主に中南米》夕食をとる. 4)《主に中南米》Ahora no puede ~ y solo toma líquidos. 彼は今固形物が食べられなくて, 流動食をとっている. ❷ [+de] 1) …を食べる: No comas de esa carne. この肉を食べてはいけない. Come de los platos de los demás sin pedir permiso. 彼はほかの人の分まで勝手に食べている. 2) …によって生活する: No todos podemos ~ de lo que cultivamos. 必ずしも誰もが自分の力で生きていけるわけではない. ❸《口語》[定期収入などを] 得る, 享受する. ❹《過ぎて》手に負えなくなる: Cerró el negocio porque le comían las deudas. 彼は借金で首が回らなくなったため店を閉じた. ❺《アンデス》うまく利用する, だます; 苦しめる, 痛めつける

¡Come y calla!〖養われの身に〗口答えは無用/黙って従え!

~ bien (mal) きちんと食事をとる(とらない)

~ por 食べたくないのに食べる

¿Cuándo hemos comido juntos?/¿Cuándo hemos comido en el mismo plato?《口語》〖ひどくなれなれしくし始めた人を突き放して〗いつ食事をご一緒しましたっけ

el mismo que veo y viste 同一人物

no ~ ni dejar ~《口語》[意地悪で] 自分に用がないのに他人に使わせない

no tener [de] qué ~ 食うや食わずである

── ~se ❶ …を《すべて》食べてしまう: Él solo se comió una tarta. 彼一人でケーキを食べてしまった. ¿Quién se ha comido mi bocadillo? 私のサンドイッチを食べたのは誰だ? No me como a nadie. 私は何も取って食うわけじゃない《恐がらなくていい》. ❷ [不特定主語の se] En el colegio mayor se come muy mal. 学生寮の食事は非常にまずい. ❸ 侵す, むしばむ: El ácido se ha comido el cobre. 酸で銅が錆びてしまっている. ❹ [色を] あせさせる: El sol se ha comido los colores de la alfombra. じゅうたんの色が日にあせた. ❺《口語》台なしにする, 相殺する: El edificio se come parte de la vista. ビルのせいで見晴らしが悪くなった. Este armario se come el dormitorio. このたんすで寝室が狭くなっている. ❻《金などを》使い果たす: Se comió toda la herencia. 彼は遺産を食いつぶした. La enfermedad se ha comido los ahorros. 病気で貯金が消えた. ❼《口語》を言う(読み・書き)落とす: Se han comido una línea. 1行落ちている. ~se las eses finales de las palabras 語末のsを発音しない. ❽〖嫉妬などが〗…をさいなむ; [人が, +con・se+名詞 嫉妬などに] さいなまれる. ❾《口語》〖蚊などが〗そこらじゅう刺す. ❿《口語》〖靴下などに〗ずり落とす: Súbete los calcetines que te los vas comiendo. 靴下がずり落ちちきているから上げなさい. ⓫〖口語〗[停止信号を] 見落とす, 無視する. ⓬《口語》…に顔を近づける: Para leer se come el periódico. 彼は新聞に顔を近づけて読む. ⓭〖闘牛〗[牛が] ひどく闘志を見せる. ⓮〖隠語〗〖麻薬を〗摂取する. ⓯〖隠語〗〖牢獄などに〗苦しむ. ⓰《中南米. 口語》性交する

~se unos a otros いがみ合う

¿Cómo se come eso? それは一体何の話だ/どういう意味だ?

¿Con qué se come?《口語》[抽象物について] それは何?

Con qué se come eso? =¿Cómo se come eso?

para comérselo《口語》食べてしまいたいほどかわいい《魅力的》: Está para comérsela. 彼女は食べちゃいたいほどかわいい

── 男 ❶ 食べること: Ella es muy parca en el ~. 彼女はとても小食だ. Soy de poco ~ y me lleno enseguida. 私は小食で, すぐおなかが一杯になる. Para mí escribir es tan necesario

como el ～. 私にとって書くことは食べることと同じくらい重要だ. ❷《廃語》食物
el buen ～ おいしい食べ物
perder el ～ 食欲をなくす
quitárselo de su ～ [他人のために] 取っておく, なしで済ます
ser de buen ～ 1)〔人が〕食べるのが好きである; 大食漢である. 2)〔食物が〕おいしい, 美味である
tener buen ～ 〔食物が〕おいしい, 美味である

comerciable [komerθjáβle]《形》❶〔商品などが〕取引され得る, 取引の対象となる. ❷〔人が〕社交的な, 愛想のよい

comercial [komerθjál]《←comerciar》《形》❶ 商業の; 貿易の: tener relaciones ～es con... …と取引関係がある. arte ～ 商業美術. avión ～〔個人用・軍用でない〕商業用飛行機. banco ～〔商業〕銀行. carta ～ 商業通信文. centro ～ ショッピングセンター. operación ～ 商業運転. revolución ～ 流通革命. tratado ～ 通商条約. zona ～ 商業〔ビジネス〕地区. ❷《主に軽蔑》〔製作者・作品などについて〕営利目的の, 商業的な: película ～ 商業映画, 金もうけ主義の映画. ❸ 市場性の高い, よく売れる
── 《名》販売促進担当者
── 《男》❶《中南米. 放送》コマーシャル, スポット広告. ❷《南米》ビジネススクール
❷《女》商店《=tienda》

comercialidad [komerθjaliðá(ð)]《女》《まれ》営利性; 市場性

comercialismo [komerθjalísmo]《男》営利主義, コマーシャリズム

comercialización [komerθjaliθaθjón]《女》❶ 商品化, 商業化, 売り出し. ❷ マーケティング《=mercadeo》

comercializador, ra [komerθjaliðaðor, ra]《形》商品〔商業〕化する

comercializar [komerθjaliθár]《←comercial》《9》《他》❶ 商品化する, 商業化する;〔製品を〕売る: agricultura comercializada 商業的農業. ～ un producto 製品を市場に出す. ❷《主に軽蔑》営利化する
── ～**se**《主に軽蔑》営利的になる

comercialmente [komerθjálménte]《形》商業的に; 通商上; 営利的に

comerciante [komerθjánte] [komerθjánte]《←comerciar》《名》商人, 商店主: pequeño ～ 小商人. ～ al por mayor (menor) 卸売〔小売〕商. ～ de armas 武器商人. ～ de coches カーディーラー. ～ en granos 穀物商. ❷ 欲深い人: Es un ～. 彼は欲深だ/がめつい
── 《形》❶ 商売をする, 商店主の. ❷ 利益第一主義の, 欲深な, 計算高い《=negociante》: espíritu ～ 利益第一主義

comerciar [komerθjár]《←comercio》《10》《自》❶〔+con・en の〕商売をする, 取引をする, 貿易をする: Hizo una fortuna comerciando con frutas. 彼は果物の売買で財産を築いた. ～ con el extranjero 外国と取引をする. ❷ 不正な取引をする: ～ con los permisos de importación 輸入許可を操作して収賄する. ❸ 交際する, 交渉を持つ

comercio [komérθjo]《←ラテン語 commercium「商売」< cum-（共に）+merx, mercis「商品」》《男》❶ 商業, 取引, 貿易《=～ exterior》: dedicarse al ～ 商業をする. salir al ～〔商品が〕売りに出される. ～ al por mayor (menor) 卸売り〔小売り〕. ～ americano アメリカ貿易《16～17世紀にスペイン王家の介入で独占的に行われた》. ～ de estado〔国営企業や特権企業による〕国家貿易. ～ de iniciados インサイダー取引. ～ electrónico 電子取引. ～ interior 国内取引. ～ justo フェアトレード. ❷ 商店;《集名》商人, 商業界: En este ～ no hay ninguna chaqueta ni corbata que me gusten. この店には私の気に入るような上着もネクタイもない. ¿A qué hora cierran los ～s aquí? ここでは店は何時に閉まりますか? Hoy cierra el ～ y la banca. 今日は店と銀行は休みだ. Es una persona de mucho prestigio en el ～ madrileño. 彼はマドリード商業界の大物だ. pequeño ～ 小売店; 小売商〔たち〕. ～ de maderas 材木店. ～ de tejidos 呉服店. Huye del ～ con sus semejantes. 彼は仲間たちとのつきあいを避けている.《文語》〔性的な〕関係《=～ carnal; sexual》. ❺《トランプ》銀行《ゲームの一種》. ❻《戯語》食べ物, 料理. ❼《まれ》繁華街

comestible [komestíβle]《←ラテン語 comestibilis》《形》食べられる, 食用の: frutos ～s 食べられる果実
── 《男》[主に 複] 食料品, 食品: tienda de ～s 食料品店

cometa [kométa]《←ラテン語 cometa < ギリシア語 kometes < kome「髪の毛」》《男》❶《天文》彗星《俗》: ～ Halley ハレー彗星. ～ barbato (caudato) 尾が核の前(後)にある彗星. ～ corniforme 尾が曲がった彗星. ～ crinito 尾が枝分かれした彗星. ～ periódico 周期彗星. ❷《アルゼンチン, ウルグアイ》贈賄, 買収; 賄賂《俗》
── 《女》凧《俗》: [hacer] volar una ～ 凧を揚げた. ❷《トランプ》cometa と呼ばれる金貨の9の札がジョーカーになり, それで上がれば点数が2倍になるゲーム. ❸《製本》はなぎれ
── 《形》《ホンジュラス, コスタリカ, パナマ》〔生徒が〕授業をよくサボる〔人〕

cometario, ria [kometárjo, rja]《形》彗星の

cometedor, ra [kometeðor, ra]《形》《名》〔犯罪・過ちなどを〕犯す〔人〕

cometer [kometér]《←ラテン語 committere「委ねる, 派遣する, 合わせる」< cum-（共に）+mittere「送る」》《他》❶〔過失・犯罪などを〕犯す: En una página cometió cinco faltas de ortografía. 彼は一ページに5個所綴りを間違えた. Ha cometido varias estafas. 彼は何度も詐欺をはたらいた. ～ una indelicadeza 無礼をはたらく. ❷《商業》…に手数料を払う. ❸《修辞的技法を〕使う: ～ el hipérbaton 転置法を用いる. ❹《まれ》[+a に] 委任する. ❺《古語》襲う, 攻撃する. ❻《古語》企てる, 着手する
── ～**se**《古語》❶ 危険を冒す. ❷ 信頼する, 身を委ねる

cometido [kometíðo]《男》❶ 役目, 任務, 使命; 義務: desempeñar su ～ 自分の仕事をする, 義務を果たす. ❷《チリ》実績. ❸《アルゼンチン, ウルグアイ》目的: principal ～ del viaje 旅行の主な目的

cometón [kometón]《男》《キューバ》凧《俗》

comezón [komeθón]《←ラテン語 comestio, -onis「食べる行為」》《女》❶ かゆみ, むずがゆさ: tener ～ en la espalda 背中がかゆい. ❷ 漠然とした欲求 (不安): sentir una ～ por+不定詞 …したくてむずむずする. ～ del remordimiento 後悔のうずき. ～ del séptimo año 7年目の浮気

comible [komíβle]《形》❶ 何とか食べられる, それほどまずくない. ❷ 食用に適した

COMIBOL [komiβól]《女》《略語》←Corporación Minera de Bolivia ボリビア鉱山公社

cómic [kómi(k)]《←英語 comic》《男》《複 ～s》[4こま以上の] 漫画, 劇画; 漫画本, 漫画雑誌, コミック

comicalla [komikáʎa]《女》《プエルトリコ》トウモロコシ粉〔を使った菓子〕

cómicamente [kómikaménte]《形》滑稽に, 面白おかしく, おどけて

cómicas [kómikas]《女》《複》《パナマ》絵本, 漫画本; アニメ, 動画

comicastro, tra [komikástro, tra]《名》下手な喜劇俳優, 大根役者

comicial [komiθjál]《形》❶ 選挙の, 投票の: resultado ～ 選挙結果. ❷《医学》てんかんの

comicidad [komiθiðá(ð)]《女》喜劇の質, 喜劇性; 滑稽さ, おかしさ: Esta película es de una gran ～. この映画は大変面白い

comicios [komíθjos]《←ラテン語 comitium < com-（共に）+ire「行く」》《男》《複》❶《政治》選挙《=elecciones》;《まれ》選挙集会. ❷《古代ローマ》平民集会

cómico, ca [kómiko, ka]《←ラテン語 comicus「商売」< ギリシア語 komikos < komos「歌・踊りのある祭り」》《形》❶ 喜劇の《⇔trágico》; 喜劇的な: actor (autor) ～ 喜劇俳優《作家》. obra ～ca 喜劇作品. ❷ 滑稽な, おかしな: chiste ～ 笑い話. cara ～ca 面白い顔
── 《名》❶ 喜劇俳優; コメディアン, お笑い芸人. ❷ [主に古典の] 喜劇作家《=autor ～》. ❸《主に軽蔑》[一般に] 役者, 俳優: ～ de la legua どさまわりの芸人, 旅役者. ❹ 滑稽な人, ひょうきん者, ふざけ好きな人

cómics [kómiks]《←英語 comic》《男》劇画《=cómic》

comida[1] [komíða]《←comer》《女》❶《集名》[調理した] 食べ物, 料理《菓子・果物などは含まれない》: La ～ es muy buena en Japón. 日本の食事は大変おいしい. comprar ～ 食べ物を買う. casa de ～s 大衆食堂. tienda de ～ preparada おそうざい屋. grandes ～s すばらしい (ボリュームのある・豪華な) 料理. ～ de pescado 肉食分の多い食事. ～ pesada (ligera) 重い〔軽い〕食事. ～ japonesa 和食, 日本食. ～《メキシコなど》定食. ～ preparada 調理済み食品. ～ rápida (lenta) ファスト (スロー) フード. ～ para perros (gatos) ドッグ〔キャット〕フード. ❷ 食事〔行為〕: 1) En España hacen

cinco ~s al día. スペインでは日に5回食事をとる. He tenido una ~ con los compañeros. 私は仲間たちと食事をした. ❸《主に西，メキシコ》1) 昼食［一日の内で最も中心となる食事］: En la ~ beben vino, en la cena no. 彼らは昼食の時にはワインを飲むが, 夕食では飲まない. Tarda dos horas en cada ~. 昼食には毎回2時間かかる. 2) 昼食会: El lunes tenemos una ~. 毎週月曜日には昼食会がある. ❹《主に中南米》夕食［=cena］. ❺《コロンビア》果肉
buena ~ ごちそう
cambiar la ~ 食べた物を吐く
~ *fuerte* 正餐
dar una ~ ［敬意などの印として］食事を出す: Sus amigos le vamos a *dar una* ~ *de despedida*. 私たち友人は彼の送別会を開く
reposar la ~ 食後に休む: Antes de trabajar, conviene *reposar la* ~. 仕事にかかる前に, 食後の休憩をとるのがよい
comidero, ra [komidéro, ra]《中米》大衆食堂の主人
comidilla [komidíʎa]【*comida* の示小語】女 ❶《西》悪いうわさの的, 物笑いの種: Es la ~ de barrio. 彼は町中の笑いものだ. ❷ 趣味, 道楽: La baraja es su ~. カードゲームは彼の無上の楽しみだ
comidita [komidíta]【*comida* の示小語】女［複］でままごと遊び: jugar a las ~s ままごと遊びをする
comido, da[2] [komído, da] 形 ❶ 食べた: Ya estoy ~. 私はもう食事をすませた. Ya hemos venido ~s. 私たちはもう食事をすませて来た. ❷ bien (mal) ~ 良い(悪い)食生活の, 栄養状態の良い(悪い). ❸［服などが］すり切れた: herraduras ~das すり減った蹄鉄. ❹ 食事付き(込み)の
~ *y bebido* 養われた
lo ~ *por lo servido*《口語》やっと食事代を稼ぐだけの仕事である, 仕事がペイしない, 給料が雀の涙である
váyase lo ~ *por lo servido* 損益が互いに相殺し合っている, 損得なしになっている, もとの木阿弥である
comiente [komjénte] 形《まれ》食べる
comienzo [komjénθo] 男［←*comenzar*］❶ 開始, 始まり《⇔*final*》: Lo más difícil es el ~. 一番難しいのは始めだ. Ese fue el ~ de una serie de bancarrotas. それが一連の倒産の始まりだった. Desde el ~ supe que el asesino era el abogado. 私は最初から殺人の犯人は弁護士だとわかっていた. ~ de la enfermedad 発病. ~ de la guerra 開戦. ~ de una nueva era 新時代の幕開け. ~ del mundo 世界の始まり. ❷ 出発点: La ruta tiene su ~ la ciudad de Gandía. そのルートは Gandía の町が出発点である. ❸ 初め, 根源
a ~ *de*... =*a* ~*s de*...
a ~*s de*... …の初めに: Visitaré a Madrid *a* ~*s de* mayo. 私は5月初旬にマドリードに行くつもりだ. *a* ~*s del* verano 初夏に. *a* ~*s de* los años sesenta 1960年代初頭に
al ~ 初めは, 初期は
dar ~ 始まる: La ceremonia dio ~ a las diez de la mañana. 儀式は午前10時に始まった. 2)［+a を］始める: El director dio ~ al curso académico. 校長は始業式のあいさつをした
desde el (*un*) ~ 初めから, 最初から
en el (*un*) ~ =*al* ~
comijo [komíxo] 男《地方語》食事, 食べ物
comilitón [komilitón] 男 =**conmilitón**
comilitona [komilitóna] 女《口語》ごちそう, 大盤ぶるまい［=*comilona*］
comilla [komíʎa] [←*coma* I] 女［複］で ❶ 引用符 «…» ［~*s* ~ bajas, ~*s* latinas, ~*s* españolas, ~*s* angulares. さらに «~ *de apertura*, » は ~ *de cierre*］/"..."［=~*s altas*, ~*s inglesas*］: La palabra "reforma" lleva ~*s*. 「改革」という言葉はかっこ付きだ. poner entre ~*s* かっこ付きでくる, かっこ付きにする. Esto lo dijo entre ~*s*. これが彼の強調した点だ. ❷ 引用符 '…'［=~*s simples*. 引用文中での引用や, 言葉が概念的に用いられたり他の言葉の定義として用いられていることを示す］
entre ~*s* かっこ付きの; いわゆる: democracia *entre* ~*s* かっこ付きの民主主義
comillano, na [komiʎáno, na] 形《地名》コミーリャス Comillas の［人］《カンタブリア県の村》
comillés, sa [komiʎés, sa] 形 =**comillano**
comilón, na [komilón, na] 形 大食いの［人］, 大食漢の［人］.

食い意地のはった［人］
cominear [kominɾár] 自《軽蔑》［男が］女のするささいなことにこだわる, 女の領分に口出しする
cominería [kominería] 女《軽蔑》ささいなこと; ささいなことへのこだわり
cominero, ra [kominéro, ra] 形《軽蔑》ささいなことにこだわる［人］; 女の領分に口出しする［男］
cominillo [kominíʎo] 男 ❶《植物》ドクムギ. ❷《ドミニカ》不安, 気がかり. ❸《チリ, ラプラタ》良心のとがめ; 心配, 疑い. ❹《ペルー, ラプラタ》ドイツ起源のアルコール飲料の一種
comino [komíno] 男 ❶《植物》1) クミン《香辛料》その種. 2) ~ *rústico* セリ科の一種［=*laserpicio*］. 3)《コロンビア》クスノキ科の一種《学名 Aniba perutiles》. ❷［un+］取るに足りないこと, ささいなこと. ❸《親愛》［子供・背の低い人に対して］おちびちゃん
importar a+人 *un* ~ (*tres* ~*s*) …にとってどうでもいい
no valer un ~ (*tres* ~*s*) 無価値である
comiquear [komikɾár] 自［貴族などの］サロンで上演する(演じる)
comiquería [komikería] 女 ❶［集名］《口語》喜劇俳優 cómico; その集まり. ❷ 軽蔑 滑稽な仕草
comiquero, ra [komikéro, ra] 形 漫画の
comiquitas [komikítas] 女《ベネズエラ》絵本, 漫画本
comís [komís]［←仏語 commis］男《まれ》［レストラン・バルの］給仕の助手
comisar [komisár] 他 没収する, 押収する［=*decomisar*］
comisaría [komisaría]［←*comisario*］女 ❶ 警察署, 警察本部《=*comisario*》: Acudimos a la ~ a denunciar el robo. 私たちは盗難届を出しに警察署へ行った. ❷ comisario の職（事務所・管轄区域）: Alta *C*~ de las Naciones Unidas para los Refugiados 国連難民高等弁務官事務所. ❸《コロンビア》県; 《歴史》特別行政区
comisariado [komisarjáđo] 男 ❶［省庁・国連などの］下部組織. ❷［共産主義国の］政治委員. ❸ 委任, 委託
comisariato [komisarjáto] 男［←*comisariado*］《ニカラグア, パナマ, コロンビア》［企業が従業員用に設ける］廉売店［=*economato*］
comisario, ria [komisárjo, rja]［←ラテン語 commissus < committere「委託する, 合わせる」］男 ❶ 委員, 役員; 長官, 監督官: 1) ~ *de guerra*《軍事》主計官. ~ *de la quiebra* 破産管財人. ~ *europeo* EU委員. ~ *político*《軍事》政治委員. alto ~ ［国連などの］高等弁務官. 2)《歴史》~ de la Inquisición / ~ del Santo Oficio 異端審問所の地方支部長. ~ *ordenador* 17世紀に軍隊の検察官や主計官に取って代わられた役人. ❷ 警察署長, 警視［=~ *de policía*］. ❸《スポーツ》コミッショナー. ❹《プエルトリコ》[barrio の] 区長
—— 女《廃語》警察署長夫人
comiscar [komiskár] 他［色々な物を］少しずつ食べる
comisión [komisjón]［←ラテン語 commissio < committere「委託する, 合わせる」］女 ❶ 委員会, 幹事会［→*reunión*類義］: convocar una ~ 委員会を召集する. ~ *de presupuesto* 予算委員会. ~ *parlamentaria* 議会委員会. *C*~ *de Valores y Cambios*［米国の］証券取引委員会, SEC. *C*~ *Económica para América Latina* (para Asia y Lejano Oriente·para Europa) 国連ラテンアメリカ(アジア極東・ヨーロッパ)経済委員会. *C*~ *Europea* EU委員会. *C*~ *Nacional del Mercado de Valores*《西》証券取引委員会. *Comisiones Obreras*《西》労働者委員会［共産党系の労働組合全国組織］. ❷ 委任, 委託［任務］: 任務: Te traigo una ~ de parte de María. マリアから君に用を頼まれてきました. *dar* (*recibir*) *una* ~ 任務を与える(引き受ける). ❸《商業》1) 手数料, コミッション: La agencia recibirá un cinco por ciento de ~. 代理店は5%の手数料を受け取ることになっている. *cobrar una* ~ *del diez por ciento sobre*... …の10%を手数料として取る. 2) 商取引の代理. ❹《文語》［犯罪の］遂行. ❺《チリ》［凧揚げで］凧じゃまのぶつかりあい
a ~ 歩合制の·で: trabajar *a* ~ 歩合制で働く. viajante *a* ~ 歩合制のセールスマン
~ *de servicio* [*s*]《西》［公務員の］出向: en ~ *de servicio* en... …に出向中である
en ~ 委託販売の·で: venta *en* ~ 委託販売. dejar los libros *en* ~ 本を委託に出す
comisionado, da [komisjonáđo, đa] 委任された; junta

~ **da** para aclarar un asunto 事件の解明を託された委員会
── ❶ 委員. ~ de apremio 収税の督促係官. Alto C~ de las Naciones Unidas para los Refugiados 国連難民高等弁務官. ❷《キューバ》執行官; 捕吏
── 囲《まれ》委員会
comisionar [komisjonár]《=comisión》他 …に委任する, 委託する; 使命を与えて派遣する: Le *comisionaron* para negociar un tratado de comercio. 彼は通商条約を取り決める権限を委任された
comisionista [komisjonísta] 名《商業》委託販売業者, 取次業者, 代理業者, 仲買人
comiso [komíso] 男《法律》没収, 押収; 没収品, 押収品〖=decomiso〗
comisorio, ria [komisórjo, rja] 形《法律》期限付きの: pacto ~ 期限付き契約
comisquear [komiskeár] 他 =**comiscar**
comistión [komistjón] 女 =**conmistión**
comistrajear [komistraxeár] 自《西. 軽蔑》まずい料理を食べる
comistrajo [komistráxo] 男《西. 軽蔑》まずい料理, まずそうな料理; おかしなごたまぜ料理
comisura [komisúra] 女《解剖》❶ 交連〔部〕; 目尻, 目頭: ~ de los labios 口唇交連, 口角. ❷ 頭蓋骨の縫合線
comisural [komisurál] 形《解剖》交連の
comital [komitál] 形《文語》伯爵の〖=condal〗
comité [komité] 男《←英語 committee》❶《少人数の》委員会〖→reunión 類語〗: C~ de Ayuda al Desarrollo〔OECDの〕開発援助委員会. ~ de empresa《西》〔各職場で自発的に選出される〕職場代表委員会. ~ de redacción 起草委員会. ~ electoral 選挙管理委員会. ~ paritario〔労使の代表が同数の〕労使協議会, 経営協議会. ~ revolucionario 革命委員会. ❷《政党の》幹事会, 委員会
comiteco [komitéko] 男《メキシコ》龍舌蘭でつくる酒
comitente [komiténte] 形名 委任〔委託〕する; 委任〔委託〕者
comitiva [komitíβa]《←ラテン語 comitiva〔dignitas〕》女〖集名〗随員, お供: Apenas pasó la ~ real, la gente cruzó la calle. 国王のお供が通り過ぎるやいなや, 人々は通りを渡った. ~ fúnebre 葬列
comitragedia [komitraxédja] 女《まれ》悲喜劇〖=tragicomedia〗
cómitre [kómitre] 男 ❶ 人をこき使う人, 人使いの荒い人. ❷《古語》ガレー船の漕刑囚の監督
cómix [kómi(k)s] 男《←英語》❶ 劇画〖=cómic〗; アングラ漫画
comiza [komíθa] 女《魚》バーベルの一種〖学名 Barbus comiza〗
comizo [komíθo] 男《魚》=**comiza**
commedia dell'arte [kommédja deʎárte]《←伊語》女《演劇》コメディア・デラルテ〖=comedia del arte〗
comme il faut [kɔmíl fó] 形 上品な〖=de buen tono〗
commelináceo, a [kommelináθeo, a] 形 ツユクサ科の
── 女〖複〗《植物》ツユクサ科
como [komo]《←ラテン語 quomodo》接 ❶〔様態・類似〕…のように, …のような: 1) Me puse rojo ~ un tomate. 私はトマトのように赤くなった. Me tratan ~ a una reina. 私は女王のような待遇を受けている. La familia está unida ~ una piña. 家族は〔パイナップルのように〕しっかり団結している. Hazlo ~ yo. 私のようにやれ. 2)〔+直説法・接続法〕C~ sabes, mi mejor amigo es Paco. 知ってのとおり, 私の親友はパコだ. C~ estaba previsto, me esperaban en el aeropuerto. 予定どおり, 彼らは空港で待っていてくれた. Hacedlo ~ queráis. 君たちの好きなようにやれ. 3)〔+estar・ser〕…のまま: Todo está ~ estaba antes. すべて以前のままだ. No dejemos las cosas ~ están.〔状況を〕そのままにしておくのはよそう. Yo soy ~ soy. 私は見てのとおりの性分だ. Nada es exactamente ~ era. 何もかも正確には以前のままではなかった. 4)〔+現在分詞・過去分詞〕Habla ~ gritando.〔話し方はまるで〕叫んでいるようだ. Llegó ~ muerta. 彼女は死にそうになって帰ってきた. Respiraba ~ dormido. 彼は眠るように息をしていた. 5)〔同等比較: tan(to)〕+〔形容詞・副詞・数詞〕+〕 **tan, tanto**. 6)〔例示〕例えば…: Esos esclavos eran exportados a países islámicos ~ Arabia, Egipto o Turquía. それらの奴隷はアラビア, エジプト, トルコのようなイスラム諸国に輸出された. ❷〔原因・理由. かなり必然的な結果を導く. 主節に先行〕…なので: 1) C~ me gus-

tó la corbata, la compré. 私はそのネクタイが気に入ったので, 買った. C~ no me contestaba se la volví a preguntar. 答えてくれないので私はまた彼に尋ねた. 2)〔現在分詞+~+同じ動詞の直説法〕実際に…なので: Mi primera impresión es positiva, conociendo ~ conozco al autor. 実際に作者を知って, 私の一印象は良かった. 3)《まれ》〔主格補語+~+動詞〕Siendo un muchacho ~ era, yo no lo podía entender bien. 私は子供だったので, よく理解できなかった. ❸〔資格〕…として: 1)〔前置詞的〕Alfonso X normaliza el uso del castellano ~ lengua oficial. アルフォンソ10世が公用語としてのスペイン語の使用を定めた. Muchas personas resultaron heridas ~ consecuencia de la explosion. 多くの人がその爆発の結果負傷した. 2)〔+形容詞〕La herida fue calificada ~ muy grave. けがは重傷だと判断された. 3)〔最上級の場合は原則として +定冠詞・所有詞+名詞〕Es considerado ~ el mejor jugador. 彼は最高の選手だと考えられている. 4)〔関係詞の先行詞の場合は時に +限定詞付きの名詞〕Pasará a la historia ~ el hombre que acabó con el terrorismo. 彼はテロを終結させた人として歴史に残るだろう. ❹〔並列. así・tanto+ で強調〕…も~も〔同等比較と異なり tanto は無変化〕: Son sujetos de este impuesto todas las empresas *tanto* públicas ~ privadas. この税金は公営企業も民間企業もすべてに課せられる. Agradeció las muestras de apoyo que le han brindado *tanto* dentro ~ fuera del país. 彼は国の内外から寄せられた支援表明に感謝した. *Tanto* él ~ yo conocemos la causa. 彼も私もその原因は分かっている. Cantó *tanto* en castellano ~ en catalán. 彼はスペイン語でもカタルーニャ語でも歌った. ❺〔小さな数の概数. 副詞的〕約…, ~ぐらい: Llegué ~ a las seis. 私は6時ごろに着いた. Estábamos ya ~ a cinco kilómetros de distancia. 私たちはもう5キロぐらい離れていた. ❻〔警告的な条件. 通常, 主節に先行する. +接続法〕もし…ならば: C~ siga así habrá algún susto muerto. こんなことが続くと死人が出るぞ. ❼〔知覚動詞・saber などと〕…と〔いうこと〕: Noté ~ su mano llegaba a mi pecho. 彼の手が私の胸にやってくるのに私は気付いた. No sabes ~ me alegro de verte. 君に会えて私が嬉しいのを君は知らない. ❽〔譲歩〕…としても: Escaso de tiempo ~ estaba, todavía se detuvo a hablar conmigo. 時間がないのに, 彼はまだと立ち話を続けた. ❾〔古語〕〔時間〕…するとすぐ: C~ llegué a la ciudad, fui a visitar el museo. 私は町に着くとすぐ美術館を訪れた
── 副〔方法・様態の関係副詞. manera・modo・forma・así・tal などを先行詞とする〕1)〔限定用法〕Me gusta la forma ~ se visten. 私は彼らの服装が好きだ.〖como 限定用法ではあまり使われない. en que の方が普通〗2)〔+不定詞〕No sé la manera ~ manejar la máquina. 私はこの機械の操作方法を知らない. 3)〔先行詞が主節に現われていない〕Recuerdo ~ ocurrió todo. 私はすべてがどうして起こったか思い出す. No sé *cómo* explicar esto. これをどう説明していいか分からない〖独立用法の関係詞+不定詞. 強勢をとることが多い〗. 3)〔強調構文. ~〕Así es ~ se aprende. こうして人は学ぶのだ. Jugando el partido ~ se adquiere el ritmo. 試合をしながら調子を取り戻す. 4)〔+名詞〕Sentí ~ un escalofrío que me sacudía todo. 私は全身を震わせる悪寒が走るのを感じた

así ~ quien no quiere la cosa =~ **quien no quiere la cosa**

~ **debe ser**〔道義に従って〕しかるべく, 立派に: La compasión solo tiene sentido cuando es con el débil, ~ *debe ser*. 同情は, そうあってしかるべきだが, 弱者に対してのみ意味がある

~ **el que es**《まれ》=~ **lo que es**

~ **el que no quiere la cosa** =~ **quien no quiere la cosa**

~ **él solo** 二人とない: Son valientes ~ *ellos solos*. 彼らほど勇敢な者はいない

~ **lo que es** その人らしく, 分相応に; 世評にたがわず: Se ha comportado ~ *lo que es*, un caballero. 彼は〔世評どおり〕男らしくふるまった. Ha jugado ~ *lo que es*, un campeón mundial. 彼は世界チャンピオンらしく戦った

~ **ninguno** 誰よりも: De las muchachas que nos sirven ella es más simpática ~ *ninguna*. 私たちにアテンドしてくれるウエイトレスのうち彼女は誰よりも気だてが優しい

~ **no sea**… …でなければ: 1) Nunca sonríen ni abren la

boca ~ no sea para decir no. 彼らは全く微笑することもないし、「いいえ」と言うため以外には口を開けることもない。 2)［+que＋接続法］C~ no sea haga mal tiempo, mañana saldremos. 天気が悪くなければ明日外出しよう

~ para＋不定詞・**que**＋接続法］まるで…するためであるかのように: Es ~ para echarla a la calle sin más explicaciones. それは有無を言わさずに彼女を家から放り出すようなものだ. Asentía de por sí con la cabeza ~ para convencerse a sí mismo. 彼は自分自身を納得させるかのようにうなずいていた. 2)…するほど: La vida es suficientemente compleja ~ para poder hablar de varios temas. 人生は様々なテーマについて話せるほどに十分複雑だ

~ que＋直説法 1)…であるかのように: Se oyó ~ que lloraban. 彼らが泣いているらしいのが聞こえた. Yo hago ~ que no me entero. 私は気づかないふりをする. Me dijo algo así ~ que hablara más tarde. 彼は後で話すというようなことを言った. 2)《口語》［原因・理由の強調］…であるから: Se toma demasiada confianza con el profesor.—C~ que eran compañeros de universidad. 彼は先生にいやに親しくするね.—2人は大学の同級生だからね. Seguro que era él, ~ que lo vi en la cámara de seguridad salir de ese edificio. 間違いなく彼だった. 私は防犯カメラで彼がその建物から出てくるのを見たのだから. No quiero que mi madre vea mi boletín. C~ que me echará la bronca. 母に成績票を見られたくない. こっぴどく叱られるに決まってるから. 3)［結果］だから…: Estoy cansadísimo ~ que me voy a acostar. ずいぶん疲れている. だから寝るとしよう. 4)《皮肉》決して…ない. 5)《中南米》…するほど: distancia ~ que embellece los objetos 物を美しく見せるくらいの距離

~ que＋接続法［まれ］=**~ si**＋接続法

~ quien… まるで…のように: La gente quiere cambiar las definiciones ~ quien cambia leyes. 人々はまるで法律を変えるかのように定義を変えたがる

~ quien dice いわば, あたかも, まるで

~ quien dice《まれ》=**~ lo que es**

~ quien no quiere la cosa 何食わぬ顔をして, そしらぬふりをして, さりげなく; 平然と: Después asistió a la ceremonia ~ quien no quiere la cosa. 彼はその後で澄ました顔で儀式に参列した. Era capaz de comerse diez hamburguesas, ~ quien no quiere la cosa. 彼は何でもないことのようにハンバーガーを10個食べることができた

~ quiera 1)=**usted quiera**. 2)=**comoquiera**. 3)《口語》［estar+］すばらしい: Está ~ quiera para su edad. 彼は年のわりにはすてきだ

~ quiera que 1) とにかく《=de cualquier manera》. 2)［原因・理由. 主節に先行し, ＋直説法］であるから: C~ quiera que no llevaba abrochado el cinturón de seguridad, me estampé contra el volante. シートベルトを締めていなかったので, 私はハンドルに激突した. 3)［＋接続法］どのように…しても: Las personas mayores, los pensionistas, ~ quiera que les llamemos, están disgustados. 高齢者, 年金生活者—彼らをどう呼ぼうと—は怒っている

~ quiera que sea =**sea** ~ **sea**: C~ quiera que sea, iremos. とにかく行ってみよう

~ quieras 好きなように［しなさい］: ¿Puedo salir esta noche?—Si quieres, ~ quieras. 今晩外出してもいい?—したければ, 好きにしなさい. ¿Nos vemos a las ocho?—C~ quieras. 会うのは8時にしようか?—それでいいよ

~ sea 何とかして: Tengo que llegar hoy a Madrid ~ sea. 私は何としても今日中にマドリードに着かなければならない. Hay que ganar las elecciones ~ sea. 何としても選挙に勝たなければならない. 2) それはともかく

~ sea＋接続法《地方語》…であるにしても

~ ser《南米》…のような, 例えば

~ si＋接続法 1)［事実に反して］まるで…であるかのように《内容が非完了的であれば接続法過去, 完了的であれば接続法過去完了で, 時制の一致はしない》: C~ si fuera hijo suyo. 彼らは自分の息子であるかのように扱ってくれた（くれた）. Me critican (criticaban) ~ si yo hubiera cometido un error grande. 彼らが私が大失敗をしたかのように非難されている（いた）. 2)《皮肉》［否定の強調］¡C~ si supiera él algo de eso! まるで彼はそれについて何か知っているかのようだ！《実は何も知らない》

~ si no fuera con＋人 **la cosa** …にとって他人事のような顔をして

~ si tal《口語》=**~ si tal cosa**

~ si tal cosa 1)［何事もなかったように］平然と: Les pedí que bajasen la voz, pero seguían hablando ~ si tal cosa. 私は小さい声で話すように頼んだが, 彼らは平気で話し続けた. 2) こともなげに: Exhibió su pasaporte y, ~ si tal cosa, pasó el control de aduanas. 彼はパスポートを提示して, いとも簡単に税関チェックをパスした

~ tal［先行する名詞を指して］そういう事物・人として: La nación italiana no existió ~ tal hasta 1961. イタリア国家は［国家的に］1961年まで存在しなかった. Un artista no es un periodista, ni tiene que actuar ~ tal. 芸術家はジャーナリストではないし, そういうものとして行動すべきではない

~ usted quiera お好きなように

¡Está ~ quiere!《西, 中米. 口語》［人が］美しい, すてきだ（ついている）!: ¡Estás ~ quieres! 君はすてきだ！

hacer ~ ふりをする, 見せかける: 1)［＋不定詞］Hacía ~ estar enferma. 彼女は病気のふりをしていた. 2)［+que＋直説法］Haz ~ que no entiendes nada del inglés. お前は英語が全然分からないふりをするんだよ. Hizo ~ que no le gustaba. 彼女は私が好きでないふりをした. 3)［+si＋接続法過去・過去完了］Haz ~ si lo supieras todo. すべてを知っているような顔をしていなさい

no［**así**］**~ quiera** かなりの重要性をもって, 相当に

sea ~ fuere《文語》=**sea ~ sea**

sea ~ sea とにかく, 何であれ: Sea ~ sea, usted cumplirá con su deber. 何であれ義務は果たして下さい. Sea ~ sea, lo cierto es que pintas muy bien. それはともかく, 確かに君は絵がとても上手だ

si＋直説法 ~ **si**＋直説法 …しようがしまいが: Si quiere ~ si no quiere, tendrá que trabajar. 好むと好まざるにかかわらず, 彼は働かなければならないだろう

cómo [kómo]《←ラテン語 quomodo》副《様態の疑問副詞》❶ どのように?: 1) ¿C~ está usted? ごきげんいかがですか? ¿C~ anda el ordenador? コンピュータの調子はどうですか? ¿C~ quiere usted que seamos? 私たちにどうしろと言うのですか? ¿C~ quiere el bistec? ステーキの焼き加減はどのくらいがいいですか? ¿C~ ves tu futuro como pianista? ピアニストとしての彼の将来性はどう? 2)［間接疑問］Dígame ~ estuvo el partido. 試合はどうだったのか教えて下さい. ¿C~ quieres que te llame? 何と呼んで欲しいの? ¿C~ crees que anda el reloj? 時計の調子はどうだと思う?《語法》主動詞が creer・parecer・querer などでは疑問詞は文頭に義務的に移動する: ×¿Quieres ~ te llame?/¿Crees ~ anda el reloj?》 3)［+不定詞］No sé ~ disculparme. 何と弁解していいか分かりません. Estudian ~ evitar erratas. 彼らは誤植の避け方を研究している. ❷《西》［性状］¿C~ es el libro? その本はどんな内容ですか? ¿C~ fue tu relación con él? 君と彼の関係はどうでしたか? Ya sabes ~ es tu padre. 君の父親がどういう人間かもう分かってるね. ❸［方法・手段］¿C~ lo han construido? それはどのようにして建てられたのですか? ¿C~ explicar todo esto? これを一体どう説明するの? No sé ~ hemos llegado hasta aquí. 私たちがどのようにしてここまでたどり着いたか分からない. ❹［理由］どうして?《類義 ¿por qué? よりも奇異感が強い. 否定疑問文や条件・譲歩節と組んで用いられることが多い》: ¿C~ has llegado tan tarde? どうしてこんなに遅刻したの? ¿C~ no se le ha ocurrido a Antonio? アントニオはどうしてそれを思いつかなかったの? 2)［反語］¿C~ podíamos (podríamos) sospechar de él? どうして彼を疑うできますか? ¿C~ se puede decir eso! よくもそんなことが言えるもんだ! ¿C~ es posible que ocurran estas cosas? こんなことが起こるなんて! ¿C~ no va a saberlo? 彼女にそれが分からないはずが/彼女にそれが分からないだろうか. ¿C~ sabes qué hora es si no llevas reloj? 時計を持ってないのによく何時か分かるね! ❺［親しい相手・目下の相手に対する聞き返し］何ですって? ¿Cliente?—Primo. —¿C~?—? お客を?—いとこ. —何ですって? ❻《感嘆》何と!: 1) ¡C~ llueve! 何というひどい雨だ! ¡C~ hemos aguantado! 私たちはどれほど我慢したことか! 2)［間接感嘆文］¡No sabes ~ me alegro de verte! 君に会えて私がどんなにうれしいか君には分からないだろう!

¿A ~? ［単位価格が］いくら?: ¿A ~ lo venden? それはいくらで売っていますか? ¿A ~ son las naranjas? オレンジは〔1キロ

いくら? ¿A ~ es (está) el dólar? ドル[の相場]はいくらですか?

¿C~ así? どうして/まさか?: Han dicho que mañana no habrá clase. ¿C~ así? 明日は授業がないそうだ。どうしたのだろう?

¿C~... de+形容詞・副詞**?**《西》[形状・性状] どれほど…か?: Vi una bola grande.—¿C~ de grande? 大きなボールを見たよ。—どれくらい大きいの? ¿C~ es de largo? それは長さがどのくらいですか?[語順 ○¿C~ es de largo? ×¿C~ quieres el salón de grande? 居間はどのくらいの広さが欲しい?

¡C~... de+形容詞**!** 何と…か!: ¡C~ te has puesto de gordo! 何て君は太ったんだ! ¡C~ es de grande tu habitación! 君の部屋は何と大きいのだろう![語順 ×¿C~ de grande es tu habitación!]

¿C~ es posible? = ¿C~ así?

¿C~ es que+直説法**?** [説明を求めて] …とは[一体]どういうことだ?: ¿C~ es que no juega en el Madrid? どうして彼はマドリードでプレイしないの?

¡C~ ha de ser! 1) [同意] そうなんだ! 2) [あきらめ] 仕方ないよ! 3) [それ以外に]どうあるべきだと言うのか!: En la clase hablo solo en español.—Ah, ¡~ ha de ser! 授業ではスペイン語だけを話します。—そりゃ、そうでなくっちゃ!

¿C~ la ve? どう思う?

¿C~ le va? やあ、お元気ですか?

¿C~ no?/¡C~ no! 1) [承諾] 承知した、いいですとも: ¿Profesor? ¿puedo usar diccionario?—Si, ¡~ no! 先生、辞書を使ってもいいですか?—ええ、もちろんです! 2) [肯定] もちろん: Lo haré, ¿~ no? もちろん、するよ

¿C~ puede ser? = ¿C~ así?

¿C~ que...? [不審・奇異・侮蔑] …はどうしてか?: ¿C~ que qué? [聞き返し] 何って何? No sé nada.—¿C~ que nada? 私は何も知らない。—何も知らないだと! No viene; ¿~ que no? 彼は来ない。来ないはずはないのだ!

¡C~ que no! そうじゃないって?/もちろん!

¡C~ que+直説法**!/¿C~ que**+直説法**?** [強い不審・反発] …とはどういうことなのだ/…に賛成じゃないの!: ¿C~ que no lo sabes? それを知らないどうこと?

—— 男 [el+] 様子、方法: Quiero saber el ~ y [el] porqué. どうして、なぜそうなったのか知りたい。 El problema radica en el ~, [el] cuándo y [el] dónde de la aclamación. 問題は拍手喝采の方法、時期、場所にある

—— 間 [驚きと怒り] ¡¿C~?! ¿No lo entiendes? 何だって! 分からないのか! ¡Pero ~! しかしまた何だって! ¡Y ~! へえ/何だって!

cómoda[1] [kómoða] 《←仏語 commode》 女 ❶ 整理だんす『上部の天板に物が置け、衣服をしまう引き出しが3つか4つ付いている。= ~ de roble』: Sobre la ~ tienen algunos marcos con fotos. 整理だんすの上に写真立てがいくつか置かれている。 ❷ 引き出しの付いた机

comodable [komoðáble] 形 [法律] [物が] 使用貸借可能な

cómodamente [kómoðaménte] 副 ❶ 快適に、ゆったりと; Estaba ~ arrellanando en su sillón. 彼は肘掛け椅子にゆったりと座っていた。 ❷ 容易に: Se pueden hacer ~ cien piezas en un día. 彼は一日に楽に[軽く]100個作れる

comodante [komoðánte] 名 [法律] [使用貸借の] 貸し主、貸し手

comodatario, ria [komoðatárjo, rja] 名 [法律] [使用貸借の] 借り主、借り手

comodato [komoðáto] 男 [法律] 使用貸借[契約]

comodidad [komoðiðáð] 《←ラテン語 commoditas, -atis》 女 ❶ 便利さ; 快適さ; 気楽さ; 好都合: Siéntese con ~. 座ってお楽になさって下さい。 Viven con toda ~. 彼らは何不自由なく暮らしている。 Ven a cualquier hora a tu ~. いつでも都合のいい時に来なさい。 Solo piensa en su ~. 彼は自分の都合しか考えない。 No nos acompañó por ~. 彼は面倒くさがって我々について来なかった。 ❷ [主に 複] [集名] 設備など] 生活に便利な[快適]なもの: Esta casa tiene todo tipo de ~es. この家は設備が整っている。 ❸ 利益

comodidoso, sa [komoðiðóso, sa] 形 《コスタリカ》 安楽志向の[人]、快適な生活をしたがる[人]

comodín [komoðín] I 《←cómodo》 男 ❶ [トランプ] ジョーカー。 ❷ 何にでも役立つもの: Este sofá de ~. このソファはいろいろな用途に使える。 ❸ 都合のよい口実、逃げ口上; 何にでも使える[非常に一般性のある]言葉 [=palabra ~]: Siempre utiliza el ~ del tráfico para justificar que llega tarde. 彼は遅刻の言い訳にいつも交通事情をあげる。 El patriotismo es para ellos un ~. 愛国心は彼らにとって都合のいい言葉だ。 ❹ [情報] ワイルドカード [=carácter ~]。 ❺ 《ペルー》毛布 [=manta]

—— 形 《メキシコ》楽をしたがる、気楽な; 甘やかされた [=comodón]

II 《cómoda の示小語》 男 小型の整理だんす

comodino, na [komoðíno, na] 名 《メキシコ》楽をしたがる [人] 《 =comodón》

comodista [komoðísta] 名 **=comodón**

cómodo, da[2] [kómoðo, ða] 《←ラテン語 commodus「適した、都合のよい」 < cum- [共に] +modus「方法」》 形 ❶ [ser+. 事物が] 便利な、使いやすい; 安楽な: Madrid es ~ para vivir. マドリードは暮らしやすい。 Esta casa es muy ~da. この家はとても住み心地がいい。 cocina ~da 便利な台所。 empleo ~ 楽な仕事。 habitación ~ 居心地のいい部屋。 plancha ~da アイロン。 sillón ~ 座り心地のいい椅子。 vestido ~ 着やすい服、ゆったりした服。 ~da victoria 楽勝、大勝。 ❷ 好都合な: ocasión ~da ちょうどいい機会。 ❸ [estar+. 人が] 快適だ、くつろいだ、気楽な: Con otra almohada estarás más ~. 枕を変えた方がもっと楽だ。 Sin la chaqueta trabajarás más ~. 上着を脱いだ方が楽に働ける。 Aquí estoy más ~. ここの方がくつろげます。 Póngase ~. どうぞお楽に。 ❹ [主に 《メキシコ》 楽をしたがる [=comodón]。 ❺ [闘牛] [牛が] おとなしい、危険でない

—— 男 ❶ [まれ] 利益。 ❷ 《メキシコ》室内用便器、おまる

comodón, dona [komoðón, na] 《cómodo の示小語》 形 安楽[快適]な生活をしたがる[人]、安楽[気楽]志向の~、楽をしたがる[人]、面倒くさがり屋[の]

comodoro [komoðóro] 男 [主に英国・米国海軍の] 戦隊司令官、准将、代将。 ❷ [ヨットクラブなどの] 船舶監督者

Comonfort [komonfórt] 《人名》 **Ignacio** イグナシオ・コモンフォルト [1812~63, メキシコの自由主義派の政治家。アユトラ革命 revolución de Ayutla を主謀し、大統領に就任 (1855~58)。1857年憲法を制定]

comoquiera [komokjéra] 《←como+quiera < querer》 副 《西では古語的》 何がどうであろうと、ともかく

~ que... [譲歩] 1) [+接続法] …にせよ: C~ que sea, lo hecho no merece disculpa. それが何であれ[いずれにしても]、やったことに弁解の余地はない。 2) [+直説法] …なので、…である以上: C~ que sabes la dirección, no necesitas que te acompañe. 君は住所を知っているのだから、私が付いて行く必要はない

sea ~ [譲歩] いずれにしても

comorano, na [komoráno, na] 形 《国名》コモロ **Comoras** の(人)

compa [kómpa] 名 《口語》 ❶ 仲間、友達 [=compañero]。 ❷ ニカラグアのゲリラ

compacidad [kompaθiðáð] 女 小型であること; ぎっしり詰まっていること

compact [kómpak] 《←英語》 形 コンパクトな

—— **=compact disc**

compactación [kompaktaθjón] 女 締め固め、突き固め; 《金属》[粉末の] 成形

compactado[1] [kompaktáðo] 男 [建築] 地固め、突き固め

compactado[2], **da** [kompaktáðo, ða] 形 《ペルー》[俗説で] 悪魔と契約した、魂を売り渡した

compactadora [kompaktaðóra] 女 突き固め機、ローラー

compactar [kompaktár] 他 締める、ぎっしり詰める

—— **~se** [土などが] 締まる、固まる

compact disk [kompák dísk] 男 複 ~s/単複同形 《←英語》 コンパクトディスク、CD; CDプレーヤー

compactibilidad [kompaktiβiliðáð] 女 ぎっしり詰められること、小型であること

compactible [kompaktíβle] 形 小型化でき、ぎっしり詰められる

compacto, ta [kompákto, ta] 《←ラテン語 compactus「結びついた」 < compingere「結ぶ」》 形 ❶ ぎっしり詰まった [⇔esponjoso]: tierras ~tas ぎっしり固くしまった土。 muchedumbre ~ta 密集した群集。 ❷ [印刷物が] 字のぎっしり詰まった。 ❸ [自動車・装置が] 小型の、かさばらない; 手軽な: equipo ~ de música ミニコンポ

―― 男 ❶ コンパクトディスク, CD《=disco ~》; CDプレーヤー. ❷《メキシコ, パナマ, キューバ, プエルトリコ. 化粧》コンパクト

compadecer [kompadeθér]《←ラテン語 compati < cum-（共に）+pati「苦しむ, 耐える」》39 他 …に同情する, 哀れむ, 気の毒に思う: ~ a los pobres 貧乏人を哀れむ
―― **~se** 男 [+de･con に] 同情する, 哀れむ: Muchos se compadecen del dolor ajeno. 多くの人は他人の痛みに同情する.《まれ》両立する, 調和する; 意見が一致する

compadrada [kompaðráda] 女《ラプラタ. 口語》虚勢, 空いばり, 強がり; 見せびらかし, 自慢

compadraje [kompaðráxe] 男 ❶《主に軽蔑》ぐる, 共謀; 助け合い. ― ～するになる. ❷ 実父母と代父母の間の親しい仲間意識（連帯感）

compadrar [kompaðrár] 自 ❶ 友人（仲間）になる. ❷ 実父母と代父母の間柄になる

compadrazgo [kompaðráθɣo] 男 ❶ 実父母と代父母の間柄. ❷《メキシコなど. 軽蔑》ぐる, 共謀《=compadraje》

compadre [kompáðre] 男《←ラテン語 compater, -tris < cum-（共に）+pater「父」》❶ 友人, 仲間. ❷《カトリック》実父母が互いに呼び合う呼称; 実父・代父母が代父を呼ぶ呼称. ❸《アンダルシア; 中南米》[庶民階級の親しい男同士の呼称] やあ君. ❹《ラプラタ》=**compadrito**

compadrear [kompaðreár] 自 ❶ [compadre と呼び合って] 親しくする. ❷《軽蔑》ぐるになる. ❸《ラプラタ》虚勢を張る; [地位・富などを] ひけらかす, 自慢する

compadreo [kompaðréo] 男 =**compadraje**

compadrería [kompaðrería] 女 実父母と代父母の間柄; 親密な関係

compadrito [kompaðríto] 男《ラプラタ》生意気な男, けんか好きな男, すぐ口論する男, 気取った男, 高慢な男

compadrón [kompaðrón] 男《ラプラタ》compadrito ぶる男, やくざ者の真似をする男

compaginable [kompaxináble] 形 両立できる; 一致できる

compaginación [kompaxinaθjón] 女 ❶ 両立, 対応, 一致. ❷《印刷》ページアップ, メーキャプ, 組み版

compaginado, da [kompaxinádo, da] 形《印刷》ページアップ（メーキャプ）済みの[ページ]

compaginador, ra [kompaxinaðór, ra] 名《印刷》メーキャプ係, 組み版をする人

compaginar [kompaxinár]《←ラテン語 compaginare「結ぶ」》他 ❶ [+con と] 両立させる, 調整する: ~ su trabajo en casa con el de la tienda 家事と店の仕事を両立させる. ❷ 対応させる, 一致させる: ~ su actitud con sus promesas 約束どおりのふるまいをする. ❸《印刷》ページアップする, メーキャプする, 組み版をする
―― **~se** ❶ 両立する; 対応する, 一致する: Su buen genio no se compagina con el aspecto de persona maligna. 彼の優しさは意地悪そうな顔つきにそぐわない. ❷《南米》自分の仕事（時間）をきちんと組織する《=organizarse》

compaisano, na [kompajsáno, na] 形 名《主にウルグアイ》同国の, 同郷の; 同国人, 同郷人

companaje [kompanáxe]《←ラテン語 cum-（共に）+panis「パン」》男《西. 料理》[チーズ・タマネギなど] パンと一緒に食べる冷副菜

companga [kompáŋga] 女《キューバ. 軽蔑》仲間, 連中

compango [kompáŋgo] 男《西. 料理》=**companaje**
estar a ~ [契約が] 給料の半分を現金で半分を小麦でとなっている

compaña [kompáɲa] 女《西. 文語》[親しい間柄で] 仲間, 一同: ¡Adiós, Pedro y la ~! さようならペドロ, そして皆さん
Santa ~ [ガリシアの民間神話で] 煉獄にいる霊魂 alma en pena たちの夜の行列

compañerismo [kompaɲerísmo] 男 仲間意識, 団結精神, 連帯感

compañero, ra [kompaɲéro, ra]《←古語 compaña「会社」< 俗ラテン語 compania < panis「パン」（同じパンを食べること）》名 ❶ 仲間, 連れ, 相棒: Somos ~s de colegio. 私たちは学校友達だ. hacer a ~ a …を仲間にする, 相棒にする. tener un ~ para toda la vida 生涯の伴侶を得る. ~ de armas 戦友. ~ de clase 級友. ~ de equipo チームメート. ~ de fatigas (en desgracia) 苦労（不幸）を共にした人. ~ de oficina 会社の同僚. ~ de piso ルームメート. ~ de viaje 旅の道連れ; [右翼の軽蔑語] 共産党の協力者. ❷ [同じ政党・労働組合の] 同志. ❸ [一対・セットなどの] 片方, 一点: perder el ~ de un guante 手袋の片方をなくす. Estos sillones son ~s del sofá. この椅子はソファーとセットになっている. ❹《トランプ》パートナー. ❺《地方語》牧夫頭補佐

compañía [kompaɲía]《←ラテン語 compania < cum-（共に）+panis「パン」（同じパンを食べる仲間同士のきずな）》女 ❶《商業》会社, 商会: 1) El Gobierno ayuda a la ~. 政府はその会社を援助している. Pérez y C~ ペレス社（商会）. ~ aérea 航空会社. ~ de seguros 保険会社. ~ dominante 持株会社. 2) ~ de privilegio [絶対王政下で外国貿易・植民・鉱工業に携わった] 特権企業. C~ Arrendataria del Monopolio de Petróleos S.A.《西》石油独占株式会社, CAMPSA. C~ de Filipinas フィリピン会社《1785年スペインがフィリピンに設立した王立の貿易会社》. C~ Española de Seguro de Crédito a la Exportación [半官半民の] スペイン輸出信用保証協会. C~ Inglesa de las Indias Orientales イギリス東インド会社. ❷ 同伴: Le gusta la ~. 彼は人といるのが好きだ. Todos los días se hacen ~ charlando y jugando. 彼らは毎日集まって雑談したり遊んだりしている. Hazle ~. 彼の相手をしてやれ. ❸ [時に集配] 同伴者, 一緒にいる人, 友達: La música es su mejor ~. 音楽が彼の最良の友だ. malas ~s 悪い仲間. señora (dama) de ~ [病人などの] 付き添い婦.《古語》[独身女性の外出時の] 付き添い, お目付. ❹ [芝居などの] 一座, 劇団《=～ de teatro》: la ~ María Guerrero マリア・ゲレロ劇団. ❺《軍事》中隊. ❻ C~s Blancas《歴史》白い傭兵団《14世紀半ば, フランス人を中心とした傭兵団》. ❼《カトリック》イエズス会《C~ de Jesús》: miembro de ~ イエズス会修道士. ❽ 団体, 集団
de ~ ペットの: tener un animal *de* ~ ペットを飼う
en ~ [+de+kと] 一緒に

compañón [kompaɲón] 男 ❶《廃語》[主に 集] 睾丸, 精巣. ❷《植物》~ de perro ランの一種《=testículo de perro》

comparable [komparáble] 形 [+a･con に･と] 比較され得る, たとえられる, 匹敵する: Su popularidad es ~ a la de un actor. 彼の人気は俳優並みだ

comparación [komparaθjón]《←comparar》女 ❶ 比較, 対比: grados de ~《文法》優等・劣等・同等比較. ❷《修辞》比喩, たとえ《=símil》
admitir ~ 比較し得る: El café de filtro no *admite* ~ con el instantáneo. フィルターでいれたコーヒーとインスタントとでは比べものにならない. Las situaciones son tan distintas que no *admiten* ~. それらは状況があまりに異なっているので比較はできない
en ~ con... …と比較して, …に比べると: La casa estaba oscura *en* ~ *con* la claridad del exterior. 外の明るさと比べると家の中は暗かった
fuera de ~ =sin ~
ni ~/ni punto de ~ =sin ~
no haber ~ [posible] entre... …の中で最上である
no tener ~ 最上である
sin ~ [優れていて] 比べようもなく, 断然
valga la ~ たとえて言えば: Es como intentar jugar al fútbol sin balón, *valga la* ~. それは, たとえて言えば, ボールなしでサッカーをやろうとするようなものだ

comparado, da [komparádo, da] 形 比較研究の: estudio ~ 比較研究. gramática ~*da* 比較文法. historia ~*da* de las religiones 比較宗教史. literatura ~*da* 比較文学
mal ~《口語》比較はよくないが; たとえは悪いが, 言っては悪いが

comparador, ra [komparaðór, ra] 形 名 比較する[人]
―― 男《技術》コンパレータ, 比較（測長）器

comparanza [komparánθa] 女《古語》=**comparación**

comparar [komparár]《←ラテン語 comparare < cum-（ちょうど）+parare「発射する」》他 ❶ [相互に; +con･a と] 比較する, 比べる: *Comparada con* la mía, tu casa es un palacio. 私の家と比べたら君の家はまるで御殿だ. Tu jefe es una malva *comparado con* el mío. 君の上司は私の上司とはとおとない. ~ dos modelos 2つのモデルを比べる. ~ el texto con el manuscrito テキストと原稿をつき合わせる. ~ precios 値段を比較する. ❷ [+a に] たとえる: *Comparó* la familia unida *a* un haz de mimbres. 彼は結束した家族をヤナギの枝の束にたとえた
―― **~se** 比べられる: Ella no puede ~*se* a ti (contigo). 彼女なんか君とは比べものにならないよ

comparatibismo [komparatibísmo] 男 =**comparatismo**

comparatismo [kɔmparatísmo] 男 比較言語学, 比較文法; 比較文学, 比較研究

comparatista [kɔmparatísta] 形 名 比較研究の(研究者)

comparativamente [kɔmparatíβamɛ́nte] 副 比較して, 比較的に

comparativo, va [kɔmparatíβo, βa]《←ラテン語 comparativus》形 ❶ 比較の: estudio ～ 比較研究. juicio ～ 比較判断. medicina ～va 比較医学.《文法》比較を表す: conjunción ～va 比較の接続詞. oración ～va 比較文 ── 男《文法》比較級: ～ de superioridad (de inferioridad) 優等(劣等)比較

comparecencia [kɔmpareθénθja] 女《法律》出頭, 出廷

comparecer [kɔmpareθér]《←ラテン語 comparescere < comparere < cum-（共に）+parere「現れる」》39 自 ❶《法律》出頭する: ～ ante el juez 出廷する. ❷［思いがけず・時期外れに］現れる: Compareció al final de la fiesta. 彼はパーティーの終わりころにやって来た

compareciente [kɔmpareθjénte] 名《法律》出頭者, 出廷者

comparecimiento [kɔmpareθimjénto] 男《ベネズエラ》=**comparecencia**

comparendo [kɔmparéndo] 男《法律》召喚, 出頭命令, 召喚状

comparición [kɔmpariθjón] 女 ❶ =**comparecencia**. ❷《法律》［裁判所の下す］出頭命令, 召喚命令

compariente [kɔmparjénte] 名［ある人を］共通の親戚として持つ人

comparsa [kɔmpársa]《←伊語 comparsa < ラテン語 comparere「現れる」》女 ❶《集合》❶［カーニバルなどの］仮装行列: ～ lubola《ラプタ》カーニバルの奴隷に扮してカンドンベ candombe を演奏する集団. ❷《映画, 演劇》その他大勢, 端役.《古語. 闘牛》滑稽な仕草で牛をからかう人々
── 名《映画, 演劇》端役《人》. ❷《軽蔑》［地位が］名前だけの人, かかし

comparsería [kɔmparsería] 女《集合》《演劇》その他大勢, 端役

comparte [kɔmpárte] 名《法律》［訴訟などの］共同当事者

compatible [kɔmpartíβle] 形 共用(共有)され得る, 分かち合える

compartido, da [kɔmpartíðo, ða] 形 共用の, 共有の: casa ～da シェアハウス. espacios ～s 共有スペース. instalaciones ～das 共有設備. línea ～da 共用回線. tiempo ～ タイムシェアリング《=time sharing》. uso ～ de archivos ファイル共有

compartidura [kɔmpartiðúra] 女《プエルトリコ》［髪の］分け目

compartimentación [kɔmpartimɛntaθjón] 女 区分, 分割, 細分化

compartimentar [kɔmpartimɛntár]［独立したものとして］区分する, 細分化する, 分ける

compartimiento [kɔmpartimjénto] 男 =**compartimento**

compartimento [kɔmpartiménto]《←compartir》男 ❶《鉄道》車室, コンパートメント: Literas de 1a clase: El ～ se compone de 4 literas. 一等寝台車では車室に寝台が4つある. ～ de equipaje 荷物室. ❷ 仕切り, 区画: Tengo mi despacho en un ～ de la oficina, dividido con mamparas de cristales. 私のオフィスはガラスのついたてで仕切られた中にある. cajón con ～s 仕切り付き引出し. ～ estanco《船舶》水密区画. ～ de bombas《航空》爆弾倉. ❸《まれ》共用

compartir [kɔmpartír]《←ラテン語 compartiri < cum-（共に）+partiri「分ける, 配る」》他 ❶［+con と］共有する: Él y yo compartimos una tienda de campaña. 私と彼は同じテントで寝た. Compartí su camarote durante la travesía. 私は航海中, 船室をともにした. ❷［感情などを］共有する: Comparto su dolor. ご心痛お察しする. Comparto tu opinión. 私は君と同意見だ. Sus ideas me parecen muy respetables, pero no las comparto. あなたの考えは傾聴に値すると思うが, 私にはそれにくみしない. He recogido su idea en el ensayo, pero no la comparto. 私はエッセイに彼の説を引用したが, 共鳴はしていない. ～ la alegría de+人 ～と喜びを分かち合う. ❸［一つのものを］分ける(分け合う): El niño compartió su merienda con un compañero. その子は友達とおやつを分け合った

comparto [kɔmpárto] 男《コロンビア》徴収, 取り立て

compás [kɔmpás]《←古語 compasar「測る」< ラテン語 cum-（で, 共に）+passus「歩幅」》男 ❶《幾何》コンパス: trazar un círculo con ～ コンパスで円を描く. ～ de calibres カリパス. ～ de cuadrante スプリングコンパス. ～ de espesor 外径カリパス. ～ de proporción《船舶》《海図用の》ディバイダー. ～ de puntas ディバイダー. ～ de reducción 比例コンパス. ～ de varas ビームコンパス.《船舶》羅針盤《= ～ magnético》. ❸《音楽》拍子, リズム: marcar el ～［con el pie］［足で］拍子(リズム)をとる. guardar (perder) el ～ リズムを保つ(外す). seguir el ～ リズムに乗る. al ～ de vals ワルツのリズムで. al ～ de tres por cuatro 4分の3拍子で. ～ de ～ リズムを外して; 歩調を乱して. ～ a la breve/～ mayor 2分の2拍子. ～ menor《廃語》4分の4拍子. ～ binario (ternario・cuaternario) 2(3・4)拍子. ～ compuesto 複合拍子. ❹ 小節; その縦線: repetir los primeros *compases* 最初の数小節を繰り返す. ❹《文法》局面, 段階: en los primeros *compases* de la guerra 戦争の序盤には. ❺《自動車》折畳み式幌のばね. ❻《教会・修道院の》管轄区域. ❼ 規準, 節度. ❽《フェンシング》ボルト《突きを避けるすばやい身のかわし》. ❾《天文》［C～］コンパス座. ❿《地方語》《教会・修道院の》前廊

a ～ =al ～

al ～ 1) 拍子を[正しく]とって: ir *al* ～ 歩調をそろえる. 2) ［+de に］従う: vivir *al* ～ *de* la sociedad 社会のテンポに合わせて生活する

coger el ～ ［+a+人・事物 に］ならう, 合わせる, 従う《=coger el aire》

～ de espera 1)《音楽》休止［符］. 2)［一般に］間(^{s}); ［作業などの］中休み: abrir un ～ *de espera* 間を置く, 一時中止する. encontrarse en un ～ *de espera* 一時中断している. 3)《スポーツ》タイム[アウト]

llevar el ～ 拍子をとる; ［楽団・合唱団を］指揮する《比喩的にも》

compasadamente [kɔmpasáðamɛ́nte] 副 節度を持って, 穏やかに, 控え目に, 慎重に

compasado, da [kɔmpasáðo, ða] 形 節度(良識)のある, 穏やかな, 控え目な

compasar [kɔmpasár] 他 ❶［長さを］コンパスで測る. ❷《まれ》=**acompasar**. ❸《音楽》小節に分ける

compasear [kɔmpaseár] 他《音楽》［曲を］小節に分ける

compaseo [kɔmpaséo] 男《音楽》小節に分けること, 小節の縦線を引くこと

compasible [kɔmpasíβle] 形 ❶ 同情に値する. ❷ 同情的な, 思いやりのある《=compasivo》

compasillo [kɔmpasíʎo] 男《音楽. 古語》4分の4拍子

compasión [kɔmpasjón] 女《←ラテン語 compassio, -onis < compati》女 思いやり, 同情, 哀れみ: Sentí ～ por las víctimas del terremoto. 私は地震の犠牲者に胸を痛めた. tener ～ de+人 ～を思いやる, 気の毒に思う. mover (llamar) a ～+人/dar a+人 ～の胸を痛める, 同情を誘う. *por* ～ 同情して

¡Por ～*!* お願いだから!

tener pronta ～ すぐに同情する, 涙もろい

compasionado, da [kɔmpasjonáðo, ða] 形《まれ》情熱的な, 熱烈な《=apasionado》

compasivamente [kɔmpasíβamɛ́nte] 副 同情的に, 思いやりをもって

compasivo, va [kɔmpasíβo, βa] 形 ❶［+hacia に］同情的な, 思いやりのある. ❷ すぐに同情する, 情にもろい

compaternidad [kɔmpaterniðáð] 女 実父母と代父母の間柄《=compadrazgo》

compatibilidad [kɔmpatiβiliðáð] 女 ❶ 両立[性], 適合性. ❷ 互換性. ❸《生物》融和性;《化学》和合性

compatibilización [kɔmpatiβiliθaθjón] 女 両立させること; 互換性を持たせること

compatibilizar [kɔmpatiβiliθár] 9 他［+con と］両立させる, 互換性を持たせる
── 自《チリ》仲がよい; 両立する

compatible [kɔmpatíβle]《←ラテン語 compatibilis < compati「共感する」》形 ❶［+con と］両立[できる]する, 両立し得る: ¿La religión es ～ con la ciencia? 宗教は科学と両立するか? No es ～ con nadie. 彼は誰とも[性格が]合わない. ❷《技術, 情報》互換性のある: ordenador ～ con el Windows XP ウィンドウズXPと互換性のあるコンピュータ

compatricio, cia [kɔmpatríθjo, θja] 名《文語》=**compatriota**

compatriota [kɔmpatrjóta]《←con-（共に）+patriota》名 同国人, 同郷人: Ha prestado el vehículo a un amigo y ～ suyo. 彼は同郷の友人に車を貸した

compatrón, na [kɔmpatrón, na] 名 =**compatrono**

compatronato [kɔmpatronáto] 男 共同経営者の権限
compatrono, na [kɔmpatróno, na] 名 共同経営者
compay [kɔmpáj] 男《キューバ, ベネズエラ》友人; [友人への呼びかけ] おい, 友よ
compeler [kɔmpelér]《←ラテン語 compellere》他《文語》[+a+名詞・不定詞 を]…に強制する, 強要する: No me pueden ~ a abandonar el cuarto. 部屋を明け渡すよう私に強制することはできない
compelir [kɔmpelír] 他《まれ》=compeler
compendiador, ra [kɔmpendjaðór, ra] 名 要約する[人]
compendiar [kɔmpendjár] 10 他 要約する
compendiariamente [kɔmpendjárjaménte] 副《まれ》=compendiosamente
compendio [kɔmpéndjo]《←ラテン語 compendium「節約, 短縮」》男《古語的》要約, 概要: ~ de química 化学概論. en ~ 要約して, 要約すれば, かいつまんで言うと. Es un ~ de todos los vicios. 彼は悪徳の塊だ
compendiosamente [kɔmpendjósaménte] 副 要約して, かいつまんで, 手短に, 簡潔に
compendioso, sa [kɔmpendjóso, sa] 形 ❶ 要約した, 簡潔な. ❷ 一括した
compendista [kɔmpendísta] 名 要約書 (概論) の著者; =compendiador
compendizar [kɔmpendiθár] 9 他《廃語》=compendiar
compenetración [kɔmpenetraθjón] 女 ❶ [人と人との] 相互理解, 一体感. ❷ [微粒子が] 混ざり合うこと, 相互浸透
compenetrar [kɔmpenetrár]《←ラテン語 cum- (で, 共に)+penetrare「入らせる, 貫く」》~se ❶ [+con と/互いに] 理解し合う, 共感する: Nos compenetramos a la perfección. 私たちは完全に理解し合っている. ❷ [+con を] 理解する. ❸ [異なるものが] 影響し合って同化 (一体化) する. ❹《微粒子が》混ざり合う, 相互浸透する
compensable [kɔmpensáble] 形 補償され得る, 補える, 埋め合わせのできる
compensación [kɔmpensaθjón]《←ラテン語 compensatio, -onis》女 ❶ 補償, 代償, 代価: Ella recibió una gruesa ~ de divorcio. 彼女は高額の離婚慰謝料を受け取った. exigir la ~ de molestias 迷惑を受けた償いを要求する. ~ aparte del salario normal ボーナス. ~ de riesgos リスク・ヘッジ. ~ económica 経済的補償. ~ por enfermedad [休務中の] 療養手当. ❷ 《法律, 経済》相殺, 平衡; 手形交換, 貿易決済: ~ bancaria 銀行間決済. ~ de cheques [手形交換所における] 小切手の清算. ❸ 《生理》代償, 回復. ❹ 《技術》補整, 補正: ~ péndulo de ~ 補正振り子. ❺ 《心理》補償
en ~ 埋め合わせに, その代わりに
compensador, ra [kɔmpensaðór, ra] 形 ❶ 補償の, 代償の, 埋め合わせする. ❷ 《技術》補整の, 補正の
—— 男《技術》補正器, 補整器; [時計の] 補正振り子
compensar [kɔmpensár]《←ラテン語 compensare「両方が同じくらい重い」< cum- (で, 共に)+pensare「重さがかかる」》他 ❶ [+con で, +por について] 補償する, 埋め合わせる: Le compensaron con diez mil euros por la pérdida de la mano. 彼は片手を失った補償金として1万ユーロをもらった. Le compensaron [de] los esfuerzos./Fue compensado de los esfuerzos./Los esfuerzos le fueron compensados. 彼の努力は報われた. Las ganancias han compensado las pérdidas. もうけが損失を補った. ❷ [受けた被害を] 自身で埋め合わせる
—— 自 やる価値がある, 努力に見合うだけのものがある: Esta tarea no compensa. この仕事はやっても損だ
~se ❶ 埋め合わせをつける: ~se del trabajo con unas vacaciones 休暇をとって仕事の疲れをいやす. ❸ 《医学》代償される
compensativo, va [kɔmpensatíbo, ba] 形 =compensatorio
compensatorio, ria [kɔmpensatórjo, rja] 形 補償の, 償いの, 補整の, 補正の
compentencia [kɔmpeténθja]《←competente》女 ❶ 競争; 競合: Hay mucha ~ en la industria textil. 繊維業界は競争が激しい. en ~ con... …と競争で. libre ~ 自由競争. ~ ajena a los precios 非価格競争《商品の品質・デザイン・アフターサービスなどによる》. ~ desleal 不公正競争. ❷ 《集名》[商売をする] 競争相手: La ~ bajará los precios para robarnos clientes. 競争他社は我が社の顧客を奪うために値下げするらしい.

cómpite

❸ 権限, 管轄: Esto no es (cae dentro) de su ~. これは彼の管轄外だ/権力を越えている. cuestión de ~ [官庁間の] 縄張り争い. ❹ 資格, 能力;《言語》言語能力: persona de gran ~ 大変有能な人. ~ administrativa 行政能力. ~ comunicativa コミュニケーション能力. ~ lingüística del español スペイン語運用能力. ❺ 《集名》専門家, 学識経験者. ❻ 《生物》反応能. ❼ 《メキシコ, コロンビア, ベネズエラ, ペルー, アルゼンチン, パラグアイ》競技, 試合
con ~ 適切に
hacer la ~ a+人・事物 …と張り合う
competencial [kɔmpetenθjál] 形 権限の, 管轄の
competente [kɔmpeténte]《←ラテン語 competentens, -entis < competere「互いに衝突する」》形 ❶ 権限のある, 所轄の: autoridad ~ 所轄官庁. tribunal ~ 管轄裁判所. ❷ 有能な, 能力のある; [+para に] 適格の, 資格のある; [+en に] 詳しい: profesor muy ~ 大変有能な先生. ser ~ para un cargo docente 教職の資格がある. ser ~ en finanzas 財政に通じている. edad ~ 有資格年齢. ❸ 適切な, 十分な: premio ~ 妥当な賞. ❹ 耐圧の
—— 名 有資格者
competentemente [kɔmpeténteménte] 副 ❶ 適切に, ふさわしく. ❷ 有能に, 適格に; 権限を持って
competer [kɔmpetér]《←ラテン語 competere「互いに衝突する, 適切である, 所属する」》自 [+a の] 管轄である, 権限に属する: Esto compete al ayuntamiento. これは市役所の管轄だ
competición [kɔmpetiθjón]《西》女 ❶ 競争: escolares en la alta ~ 激しい競争の中にある生徒たち. ~ reñida 熾烈な争い. ❷ 競技, 試合, コンペ: deporte de ~ 競技スポーツ. ~ de la Copa de Europa《サッカー》ヨーロッパカップ戦. ~ de perros ドッグコンテスト. ~ de diseño デザインコンペ
competidor, ra [kɔmpetiðór, ra] 形 競争する, 張り合う: espíritu ~ 競争心
—— 名 競争相手: Nuestros ~es son temibles. 我々の相手は手ごわい
competir [kɔmpetír]《←ラテン語 competere「互いに衝突する, 適切である, 所属する」< petere「向かう, 要求する」》35 自 ❶ [+en で, +por を得ようと] 競う, 競争する, 競合する: En la carrera competí con él por el primer puesto. レースで私は彼と1位を争った. ~ en belleza 美を競う. ~ en precio 価格競争をする. ❷ [+con に] 匹敵する: Nadie podía ~ con García Márquez. 誰もガルシア・マルケスに太刀打ちできなかった
competitividad [kɔmpetitibiðá(d)] 女 競争力; 競争 [関係・相手], 競合 [関係・相手]
competitivo, va [kɔmpetitíbo, ba] 形 競争の; 競争力のある: análisis ~ 競争戦略分析. mercado ~ 競争市場. precio ~ 競争価格
compi [kómpi] 名《俗語》compinche の省略語
compilación [kɔmpilaθjón]《←ラテン語 compilatio, -onis》女 ❶ 編纂; 集成. ❷ 編纂物: ~ de leyes 法規集. ❸ 《情報》コンパイル. ❹ 《音楽》コンピレーション: álbum de ~ コンピレーション・アルバム
compilador, ra [kɔmpilaðór, ra] 形 名 編纂 (集成) する; 編纂者
—— 男《情報》コンパイラー
compilar [kɔmpilár]《←ラテン語 compilare「略奪する, 盗作する」》他 ❶ 編纂 (%) する; [文献などを] 集成する, 一冊にまとめる. ❷ 《情報》コンパイルする, 機械語に翻訳する
compilatorio, ria [kɔmpilatórjo, rja] 形 編纂の; 集成の
compincha [kɔmpíntʃa] 女 →compinche
compinchado, da [kɔmpintʃáðo, ða] 形《軽蔑》仲間の, ぐるの
compinchar [kɔmpintʃár] ~se《軽蔑》[主に悪いことをするのに] 同意する, 共謀する
compinche [kɔmpíntʃe] [~com-+pinche] 名 女 **compincha** もある《軽蔑》[主に悪い遊び・悪事の] 友達, 仲間, 相棒; 共犯者
compinchería [kɔmpintʃería] 女《軽蔑》仲間であること; 共犯関係
compitales [kɔmpitáles] 女 複《古代ローマ》十字路の守り神の祭り《=fiestas ~》
cómpite [kómpite] 形《コロンビア》=**competente**;《ベネズエラ》=**cómplice**

compitura [kɔmpitúra] [女]《ベネズエラ》=**complicidad**

complacedero, ra [kɔmplaθeđéro, ra] [形]《廃語》=**complaciente**

complacedor, ra [kɔmplaθeđɔ́r, ra] [形][名] 喜ばせる〔人〕, 満足させる〔人〕

complacencia [kɔmplaθénθja] 〖←ラテン語 complacentia〗[女] ❶ 喜び, 満足感: hablar de su obra con gran ～ 自分の作品について大変うれしげに話す. ❷ [過度の] 寛容, 甘やかし

complacer [kɔmplaθér] 〖←ラテン語 complacere「複数の人を同時に喜ばす」< cum- (で, 共に)+placere「気に入られる, 喜ばす」〗[39] 〖→**placer**〗[他] ❶ 喜ばせる: Me *complace* su visita. ご来訪うれしく思います. ¿En qué puedo ～le? 何かご用ですか? ❷ …の気に入るようにする; 甘やかす

—— **～se** ❶ [+en·con·de を] 喜ぶ, 満足する, うれしく思う: *Se complace en* hacer burla de mí. 彼は私をからかって楽しんでいる. ～*se en* el trabajo (*con* su obra·*de* sí mismo) 仕事(作品·自分自身)に満足する. ❷《丁寧》…させていただく, 謹んで…する: *Nos complacemos en* anunciarles la próxima boda de nuestra hija. 私どもの娘の結婚式についてご案内いたします

complacido, da [kɔmplaθíđo, đa] [形] [+de に] 喜んだ, 満足した, うれしい: El pandit, divertido y ～, sonrió. 賢者は楽しみ, 喜んで, 微笑した

complaciente [kɔmplaθjénte] [形] [+con に] 愛想のよい, 好意的な; 寛容な: Es ～ *con* sus parroquianos. 彼はお得意さんに愛想がいい. marido ～ 寛大な夫, 妻の不貞をとがめない夫

complacimiento [kɔmplaθimjénto] [男] =**complacencia**

complañir [kɔmplaɲír] **～se**《まれ》泣く, 嘆く

compleción [kɔmpleθjɔ́n] [女]《まれ》❶ 完成, 終了; 完了. ❷ 完全さ, 完璧さ

complejidad [kɔmplɛxiđá〔đ〕] [女] 複合性, 複雑さ: de una gran ～ 大変複雑な

complejificar [kɔmplɛxifikár] [他]《技術》複雑にする

—— **～se**《技術》複雑になる

complejizar [kɔmplɛxiθár] [9] [他]《まれ》複雑にする

—— **～se**《まれ》複雑になる

complejo[1] [kɔmpléxo] [男] ❶ 複合体, 集合体: ～ de montes y valles 山と谷の複雑な地形. ～ militar-industrial 軍産複合体. ～ químico 化学複合体. ～ vitamínico 複合ビタミン剤. vitaminas del ～ B 複合ビタミンB. ❷ コンビナート, 工業団地 〖=～ industrial〗: ～ siderúrgico (petrolero) 製鉄(石油)コンビナート. ❸ 総合施設: ～ deportivo 総合スポーツ施設. ～ hotelero 総合宿泊施設. ～ residencial/～ de viviendas 住宅団地. ～ turístico 総合観光(レジャー)施設. ～ vacacional 休暇村. ❹《心理》観念複合, コンプレックス: tener (dar) ～ de inferioridad 劣等感を抱く(与える). ～ de superioridad 優越複合, 優越感. 〖～ de culpa/～ de culpabilidad 罪責複合. ～ de Edipo/～ edípico エディプスコンプレックス. ～ de Electra エレクトラコンプレックス. ～ de Lolita ロリータコンプレックス. ❺《医学》症候群〖=síndrome〗. ❻《数学》複素数〖=número ～〗. ❼《化学》錯体, 錯化合物〖=compuesto ～〗: ～ activado 活性錯体. ❽《地質》累相群

complejo[2], **ja** [kɔmpléxo, xa] 〖←ラテン語 compexus「包含する」< complector「私はかかえる, 私は抱く」〗[形] ❶ 複合的な: accidente ～ 複合的な事故. prótido ～ 複合たんぱく質. ❷ 複雑な, 入り組んだ: mecanismo ～ 複雑な機構. problema (asunto) ～ 込み入った問題(事件). ❸《数学》複素数の. ❹《文法》複合の

complementación [kɔmplementaθjɔ́n] [女] 補完

complementar [kɔmplementár] 〖←complemento〗[他] ❶ [+con で] 補う, 補充する, 補完する: *Complementa* su sueldo *con* algunas horas extras. 彼は残業をして給料の不足を補っている. ❷《文法》補語を付加する

—— **～se** 補い合う

complementaridad [kɔmplementariđá〔đ〕] [女]《文語》=**complementariedad**

complementariedad [kɔmplementarjeđá〔đ〕] [女] 補足性

complementario, ria [kɔmplementárjo, rja] 〖←complementar〗[形] 補足の, 相補の: hacer una explicación ～*ria* 補足説明をする. bienes (productos) ～*s*《経済》補完財. colores ～*s* 補色. distribución ～*ria*《言語》相補分布. proposición ～*ria*《文法》補文

complemento [kɔmpleménto] 〖←ラテン語 complementum < complere〗[男] ❶ 補足(完全)にするもの, 補い: El vino es el ～ necesario en toda buena comida. ワインはおいしい食事に欠かせない. ❷ [相互に] 補完し合うもの. ❸ 完成, 完全(完璧)な状態, 極み. ❹ ボーナス, 手当〖=～ salarial, ～ de sueldo〗. ❺《文法》補語: ～ directo (indirecto·circunstancial) 直接(間接·状況)補語. ～ verbal (de nombre) 動詞(名詞)補語. ❻《幾何》1) 余角; 余弧. 2) 補集合, 補空間. ❼《生理》補体. ❽ [複] 付属品;《服飾》小物

***de* ～**《軍事》予備役の: oficial *de* ～ 予備役士官

completamente [kɔmplétaménte] [副] 完全に, 徹底的に: Ese barrio ha cambiado ～. その地区はすっかり変わった

completar [kɔmpletár] 〖←completo〗[他] ❶ 完全〔なもの〕にする, 完成させる; 終える: *Completó* su discurso con palabras de agradecimiento. 彼は感謝の言葉でスピーチを締めくくった. Los maratonianos tienen que ～ un recorrido de más de cuarenta kilómetros. マラソン選手は40キロ以上を完走しなくてはならない. ～ un rompecabezas ジクソーパズルを完成させる. ❷《中南米》[申込書に] 書き込む

—— **～se** ❶ 補完し合う: Los dos libros *se completan*. その2冊の本は互いに補い合う. ❷ 完全〔なもの〕になる, 完成する: La obra *se completa* con un útil glosario. 便利な語彙集が付いて著作は完成する

completas [kɔmplétas] [女] [複]《カトリック》終禱(しゅうとう)〖聖務日課の最終のもの; その音楽〗

completitud [kɔmpletitú〔đ〕] [女]《まれ》完全性, 完璧であること

completivamente [kɔmpletíβaménte] [副] 補足的に, 補完的に

completivo, va [kɔmpletíβo, βa] 〖←ラテン語 completivus〗[形] ❶ 補足的に, 補完的に. ❷ 完成した, 完全な. ❸《文法》補文の: conjunción ～*va* 補文接続詞〖que〗

—— [女]《文法》補語節〖que に導かれる従属節. =proposición ～*va*〗

completo, ta [kɔmpléto, ta] 〖←ラテン語 completus「満ちた」< complere「終わる」〗[形] ❶ 完全な, 完璧な, 仕上がった: Hay un metro ～ de cinta. テープはちょうど1メートルある. Disfruta de ～*ta* salud. 彼は全く健康である. La fiesta ha sido un ～ fracaso. パーティーは完全に失敗だった. El éxito del estreno ha sido ～. 初演は完璧な成功だった. Es un jugador muy ～. 彼は申し分のない選手だ. estudio ～ 徹底した研究. ❷ [estar+. 構成要素が] 全部ある: La baraja está ～*ta*. トランプは全部そろっている. La asamblea ～*ta* votó a su favor. 集会の参加者全員が賛成票を投じた. familia ～*ta* 家族全員. vajilla ～*ta* 全部そろった食器セット. ❸ [estar+] 満員の: El teatro estaba ～. 劇場は満席だった. Todos los hoteles están ～*s*. ホテルは全部満室だ. autobús ～ 満員のバス. ❹ [浴室が] 浴槽とビデ付きの. ❺ [下宿が] 3食付きの. ❻ [買春が] 性交のある

—— [男] ❶ 全員の出席(参加): En la sesión de anoche estaba el ～. 昨夜の集まりには全員がいた. ❷《表示》満室, 満席. ❸《服飾》1) 着ぐるみ: ～ para bebé 赤ん坊用着ぐるみ. 2)《まれ》三つぞろい〖=terno〗. ❹《プエルトリコ, コロンビア》借金の残り. ❺《チリ》ホットドッグ

***al* ～** 全員で; 満員で

***el* ～**《口語》[不快なことなどが] もう限界だ

***por* ～** 完全に, すっかり, 徹底的に: registrar una casa *por* ～ 家のすみずみまで捜索する

—— [副]《ベネズエラ》全く, 完全に

complexidad [kɔmplɛ〔k〕siđá〔đ〕] [女] =**complejidad**

complexión [kɔmplɛ〔k〕sjɔ́n] 〖←ラテン語 complexio, -onis「体格, 気質」< complexus < complector〗[女] ❶ 体格〖=constitución〗; 体質: ～ débil 虚弱体質. ser robusto de ～ 体が頑丈である. ❷《修辞》反復句. ❸《パナマ》顔色, 顔の皮膚

complexionado, da [kɔmplɛ〔k〕sjonáđo, đa] [形] bien (mal) ～ 頑丈(虚弱)な体質の

complexional [kɔmplɛ〔k〕sjonál] [形] 体格の; 体質の

complexo, xa [kɔmplɛ́〔k〕so, sa] [形] =**complejo**

compliance [kɔmpljánθe] 〖←英語〗[男] コンプライアンス, 法令遵守

compliancia [kɔmpljánθja] [女]《物理》[物体の変形しやすさの単位] コンプライアンス

complicación [kɔmplikaθjɔ́n] [女] ❶ [時に [複]] 複雑〔化〕, 紛糾, 混乱, 面倒: La trama es de gran ～. 筋が錯綜している. Surgieron *complicaciones* que retrasaron el viaje. 面倒な

ことが起きて旅行が遅れた. Hay otra ~. もう一つ厄介なことがある. ❷《医学》合併症, 併発症, 余病: A veces surgen *complicaciones* en el parto. 出産中に合併症が現われることがしばしばある. ❸《中南米》関わり合い《=implicación》.

complicado, da [komplikáđo, đa] 形 複雑な, 入り組んだ; 解決の困難な: 1)《事柄が》asunto ~ ややこしい(厄介な)事件. historia ~*da* 込み入った物語. problema ~ 複雑な問題. situación ~*da* 複雑な状況. 2)《人が》persona ~*da* 気難しい人. Ese escritor tiene un carácter ~. その作家は複雑な性格をしている. 3)《物が》fachada ~*da* 手の込んだ装飾のファサード. máquina ~*da* 複雑な機械

complicar [komplikár]《←ラテン語 complicare < cum- (共に, ちょうど)+plicare「曲げる」》[7] 他 ❶ 複雑にする, 紛糾させる; 困難にする: Con su terquedad *complica* las cosas. 彼の頑固さが事をややこしくする. ❷ [+en 事件 人] 巻き込む: Le *complicaron* en el escándalo. 彼をスキャンダルの巻き添えにした. estar *complicado en* una conspiración 陰謀に関わっている
── **~se** 他 ❶ 複雑になる: *Se ha complicado* la discusión. 議論が紛糾した. ❷ 巻き添えになる: *Se ha complicado en* el asunto. 彼はその事件の巻き添えになった. ❸ [病状が] こじれる; [+con 余病を] 併発する: Su resfriado *se complicó con* una pulmonía. 彼は風邪から肺炎を併発した

cómplice [kómpliθe]《←ラテン語 complex, -icis「結合した, 複雑な」< cum-「(で)+plicare「2倍にする」》形 共犯の, ぐるの; 合意を示す: guiño ~ 内緒のウインク
── 名 [+de 人/+en+事 の] 共犯者, 従犯者; 加担者: Fue ~ *del* ladrón. 彼は泥棒とぐるだった. ~ *en* una estafa 詐欺の共犯者. ~ encubridor 事後共犯, 事後従犯人. ~ instigador 事前共犯, 事前従犯人

complicidad [kompliθiđá(đ)] 名 共犯, 共謀; 加担: en ~ con+人 …と共謀して

compló [kompló] 男 =complot

complot [komplót(t)]《←仏語》男《複 ~s》❶ 共同謀議, 密議. ❷ 策謀; [政治的・社会的な] 陰謀, 共謀: Hubo un ~ contra la organización. 組織に対する陰謀があった. maquinar (tramar) un ~ 陰謀をたくらむ

complotado, da [komplotáđo, đa] 形 名 陰謀に加わっている [人]

complotador, ra [komplotađór, ra] 形 名《まれ》陰謀を企てる [人]

complotar [komplotár] 自・**~se**《主に中南米》共謀する, 陰謀を企てる

complutense [kompluténse] 形《地名》アルカラ・デ・エナレス Alcalá de Henares の [人]《マドリード東方の都市》
── 名 [C~] コンプルテンセ大学, マドリード大学《=Universidad C~ de Madrid》

compluvio [komplúβjo] 男《古代ローマ, 建築》アトリウムの天窓《そこから雨水が impluvio に落ちる》

compoblano, na [kompoβláno, na] 形 同じ村の [人]

compón [kompón] 男《紋章》[帯などの] 2色交互に並ぶ四角形

componado, da [komponáđo, đa] 形《紋章》[帯などが] 2色の四角形が交互に並ぶ

componedor, ra [komponeđór, ra] 名 ❶ 調停(仲裁)する人: amigable ~《法律》[紛争・係争の] 調停者, 仲裁人. ❷ 構成者, 制作者. ❸《カナリア諸島》民間療法医, 薬草で治療する人. ❹《メキシコ, コロンビア, チリ, アルゼンチン》整骨医《=~ de los huesos》
── 男 ❶《印刷》[植字の] ステッキ. ❷《地方語》[陶器・鍋などの] 修理屋, つぎ継ぎ屋, いかけ屋
── 名《印刷》植字機

componenda [komponénda]《←ラテン語 componenda < componere》名 ❶ [失敗を取り繕う] 一時しのぎの措置 (方策). ❷ [不正な] 談合, 裏取引. ❸《歴史》[ローマ教皇の] 教書 (許可) の見返りに支払われる金

componente [komponénte]《←componer》形 構成する: La fruta es un ~ esencial de una dieta. 果物はダイエットの重要な一つである
── 名 構成員: Son los ~s de un equipo de fútbol. 彼らはあるサッカーチームのメンバーです
── 男 ❶ 構成要素《=elemento ~》: La ganadería es un ~ fundamental de la economía de Argentina. 牧畜はアルゼンチン経済の土台の一つである. ❷ 部品: fábrica de ~s electrónicos 電子部品工場. ❸《情報》1) ~s físicos (lógicos)

ハードウェア (ソフトウェア). 2) コンポーネント. ❹《電気》素子《=elemento》. ❺《キューバ, プエルトリコ》[警官などによる] 体罰
── 男/女 ❶《物理》[ベクトル・力などの] 成分. ❷《気象》un viento de ~ norte 北風

componer [komponér]《←ラテン語 componere < cum-(共に, ちょうど)+ponere「置く」》60 [過分 *compuesto*. 命令法単数 *compón*》他 ❶ [一つにまとめて] 作る, 組み立てる: ~ un ramillete con diversas flores 色々な花で花束を作る. ~ una medicina 薬を調合する. ❷ 構成する: Ocho departamentos *componen* la Facultad. 8学科でその学部は構成されている. ❸ 作曲する, 創作する, 著作する: *Compone* música algunas veces. 彼は時々作曲をする. ~ versos 詩を作る. ~ un tratado de matemáticas 数学の専門書を書く. ❹ 修理する, 取り繕う: ¡Se *componen* pucheros y cacerolas de porcelana! 土鍋・瀬戸物の欠け継ぎのご用はありませんか! ~ un reloj viejo 古時計を調整する. ~ unos cuadros 絵画の修復をする. ~ los semblantes 見かけをよくする, うわべを繕う. ~ las razones 理由を取り繕う. ~ la expresión あたりさわりのない表現に変える. ❺ …の飾り付けをする; …の身なりを整える: Están *componiendo* la casa para la boda. 彼らは結婚式のために家の飾り付けをしている. ~ la novia 花嫁衣装を着せる. ❻ 味つけをする, 味をととのえる;《サラダ》をあえる. ❼《ワインなど》に混ぜ物をする. ❽《印刷》[活字で] 組む. ❾ 和解させる, 合意させる. ❿ [損害回避のために] 手立てを講じる, 根回しをする, 口封じをする. ⓫ 和らげる, 静める; 直す, 改める: La música *compone* los ánimos. 音楽は精神を静める. ~ las costumbres 習慣を改める. ⓬《口語》[体調などを] 取り戻す: El vino me *ha compuesto* el estómago. ワインを飲んで私のお腹の調子が回復した. ⓭《言語》[語を] 合成する; 組成する. ⓮《数学》1) 合計で…になる: Cuatro arrobas *componen* un quintal. 4アローバで1キンタルになる. 2) [比例式で] 前項と後項の和で置き換える《a:b=c:d である時 (a+b):b=(c+d):d ということ》. ⓯《メキシコ, チリ. 婉曲》去勢する. ⓰《南米》[脱臼を] 治す. ⓱《アルゼンチン. 闘鶏, 競馬》[鶏・馬を] 訓練する, 調教する
── 自 作詩する; 作曲する
── **~se** 他 ❶ [+de で] 構成される: El jurado *se compone* de doce personas. 陪審員は12人で構成される. Cuba está *compuesta* de (por) quince provincias. キューバは15の県で構成されている. ❷ [自分の] 身なりを整える; 身なりを整えてもらう: La novia *se está componiendo*. 花嫁は着付けをしてもらっている. ❸ [+con と] 和解する, 合意する

componérselas《口語》[+para+不定詞] うまく~する, 何とかする: Siempre *se las compone para* salir del apuro. 彼はいつもうまく窮地を逃れる

componible [komponíβle] 形 和解 (調停) され得る

componte [kompónte] 男《キューバ》警官の裁量による懲罰

compontear [komponteár] 他《キューバ, プエルトリコ》[逮捕者に] 警官の裁量による懲罰を与える

comporta [kompórta] 女 ❶《ブドウの取り入れに使う》大かご. ❷《地方語》水門《=compuerta》. ❸《ペルー》精製した硫黄を固める型

comportable [komportáβle] 形《まれ》我慢 (許容) され得る, 耐えられ得る

comportamental [komportamentál] 形《心理》行動の, 習性の

comportamiento [komportamjénto] 男 ❶ 行動, ふるまい: observar buen (mal) ~ 行儀がよい (悪い). ❷ [機械などの] 動き; [物質の] 特性. ❸《経済》~ económico 経済行動. ~ de la economía 経済パフォーマンス, 経済の実績. ~ de las exportaciones 輸出パフォーマンス. ❹《心理》[集名] 行動, 習性: ~ instintivo 本能的行動. ~ social 社会的行動. ❺《教育》[生徒の評価] 生活・学習態度

comportar [komportár]《←ラテン語 comportare < cum-(で)+portare「持つ」》他 ❶《文語》[事柄・行為が] 伴う, 含む: Este trabajo no *comporta* ningún beneficio. この仕事は何の得にもならない. Retrasar la intervención quirúrgica *comporta* unos riesgos. 手術を遅らせることには危険が伴う. ❷《廃語》耐える, 我慢する. ❸《南米》もたらす, 原因 (動機) となる
── **~se** 自 ❶ ふるまう, 行動する: ~*se* bien 立派にふるまう. ~*se* mal 行儀が悪い. ❷ [機械などが] 動く
saber **~*se*** 行儀よくする

comporte [kompórte] 男《古語》行動, ふるまい; 忍耐, 我慢

comportería [komportería] 女 comportero の技術 (職・仕事

場)

comportero [kɔmpɔrtéro] 男 大かご comporta の製造(販売)者

comportón [kɔmpɔrtón] 男《地方語》[ブドウの運搬用の] 口の広い大かご

composible [kɔmposíble] 形《まれ》=componible

composición [kɔmposiθjón]《←ラテン語 compositio, -onis < componere》女 ❶ 構成; 組成, 合成: ~ de la cámara española 議会の構成. ~ de fuerzas《物理》力の合成. ❷ 成分, 含有量: ~ de un medicamento 薬の成分. ~ fulminante 起爆剤. ❸ 作曲, 創作: ~ una sonata para piano ピアノソナタの作曲.《音楽・詩》作品;《学術的な》著作: composiciones musicales 音楽作品, 曲. composiciones poéticas 詩作品. ❺《教育》作文: hacer una ~ 作文を書く. ~ en inglés 英作文. ❻《美術》構図: Yo tengo ya hecha mi ~ de lugar. 私はもう場所の構図が決まっている. ❼《体操, スケート》 composiciones libres 自由演技, フリー. ❽《印刷》植字, 組み版《行為, 版》: ~ manual 手組み. ~ por ordenador コンピュータ植字(組み版) ❾《言語》合成. ❿《鉄道》集名 車両. ⓫《法律》~ procesal 裁判(法廷)外の和解. ⓬ 節度, 穏健, 慎み《=compostura》. ⓭《まれ》[不正な]談合, 裏取引《=componenda》. ⓮《歴史》1) 土地の競売《植民地時代, 財政逼迫にあえぐスペイン王室が新大陸にある所有権の不明な土地をいったん没収し、その後競売を通じて再び植民者(実質的には元の不法占拠者)に払い下げた制度. 1591年の勅令が最初》. 2)《法律》[被害者(家族)]への補償金支払いによって加害者が免責される]贖罪. ⓯《古語》[学んでいる言語に翻訳させるため]文法教師が生徒に口述した文

~ de lugar《全面的な》状況の検討: Antes de tomar una decisión debes hacer una ~ de lugar. 決定を下す前に君は状況を十分に把握しておくべきだ

composites [kɔmposítes] 男《技術》コンポジット, 複合材料: ~ cerámicos セラミックコンポジット

compositivo, va [kɔmpositíβo, βa] 形《文法》派生の;[合成語の]構成要素となる: prefijo ~ 合成語を構成する接頭辞

compositor, ra [kɔmpositór, ra]《←ラテン語 compositor, -oris》形 構成する
—— 男女 ❶ 作曲家. ❷《チリ》整骨医. ❸《ラプラタ》[競走馬・闘鶏などの]調教師

compos sui [kómpɔs swi]《ラテン語》自制心がある: En todas las circunstancias el sabio permanece ~. いかなる状況下でも賢人は自制できる

compost [kɔmpɔ́s]《←英語》男 コンポスト, 生ごみを処理した肥料, 堆肥

compostage [kɔmpɔstáxe]《←仏語》男 堆肥; 堆肥づくり

compostelano, na [kɔmposteláno, na] 形《地名》サンティアゴ・デ・コンポステーラ Santiago de Compostela の(人)《ガリシア州の州都. 聖ヤコブの聖堂がある》

compostura [kɔmpostúra]《←ラテン語 compositura < componere「構成する」》女 ❶ 節度, 穏健: guardar la ~ 節度を守る, 礼儀正しくする. ¡Miguel, ten ~! ミゲル, お行儀よくしなさい. ❷《文語》修理: taller de ~《南米》靴の修理場. ❸ 身繕い: ~ de su rostro 化粧[直し]. ❹[偽造のための]混ぜ物. ❺ 構成, 組立て. ❻ 調整, 取決め. ❼《ラプラタ》[競走馬・闘鶏などの]調教

composturero, ra [kɔmposturéro, ra] 名 服の繕い(仕立て直し)をする人

compota [kɔmpóta]《←仏語 compote》女《料理》果実のシロップ煮, コンポート

compotera [kɔmpotéra] 女《料理》コンポートを入れる器

compound [kómpaund]《←英語》形《技術》化合した, 合成の; 複合の, 複式の《=compuesto》

compra [kómpra]《←comprar》女 ❶ 購入, 買入れ, 買い物: 1) Le gusta a mi mujer ir de ~s. 私の妻は買い物に出かけるのが好きだ. hacer una buena ~ よい(上手な)買い物をする. precio de ~ 買い値, 取得価格. 2) 軍[食料品・日用品の] Los viernes hacen la ~ para toda la semana. 彼らは金曜日に1週間分の買い物をする. Mi mujer se ha ido a la ~ al supermercado. 妻はスーパーに買い物に出かけている. 3)《商業》~ apalancada de empresas レバレッジド・バイアウト. ~ por ejecutivos マネジメント・バイアウト. ❷《西》集名 買う予定の物; 買った品物: En esta cesta no me cabe toda la ~. このかごには私の買った物が入りきらない. Te voy a enseñar la última

~ de mi marido. 夫が一番最近に買ったものをお見せしましょう. ❷《まれ》買収, 贈賄

comprable [kɔmpráβle] 形 ❶ 買われ得る, 購入可能な. ❷ 買収され得る, 賄賂の効く

compradero, ra [kɔmpraðéro, ra] 形《まれ》=comprable

compradillo [kɔmpraðíʎo] 男《トランプ》=comprado

compradizo, za [kɔmpraðíθo, θa] 形《まれ》=comprable

comprado [kɔmpráðo] 男 ❶《トランプ》4人で各自8枚のカードを持つゲーム. ❷《エクアドル. 口語》集名《時に 複》. 一軒の店などで買った]食料品

comprador, ra [kɔmpraðór, ra] 形 名 ❶ 買い手[の]: mercado de ~es/mercado favorable al ~ 買い手市場. parte ~ra《法律》買い手. ❷《まれ》[地所などを]購入する人. ❸《廃語》[毎日の食料品を購入する係の]下男

comprante [kɔmpránte] 形 名 買い手の, 購入する

comprar [kɔmprár]《←ラテン語 comperare < comparare「得る, 供給する」》他 ❶[+a+人「のために・から」] 買う, 購入する《⇔vender》: Te he comprado un recuerdo de París. 君にパリ土産を買ってきた. Siempre le compro las frutas a este frutero. 私は果物はいつもこの果物屋で買う. Si decides vender la finca, yo te la compro. 土地を売る気になったら私が買うよ. ~ dólares ドルを買う. Que te compre quien te entienda. お前の言っていることがでたらめだ. ❷[不正に]買収する: El árbitro está comprado. 審判は買収されている. ❸《隠喩》観察する; 聞く. ❹《チリ》支払う
—— 自 買い物をする: Ella nunca compra en grandes almacenes. 彼女は絶対にデパートでは買い物をしない. No sabe ~. 彼は買い物が下手だ
—— 再 ❶ 自分のために買う: Me he comprado por fin la bici. 私はとうとう自転車を買った. ❷[金で]買える: El amor no se compra. 愛情は金では買えない. ❸[受け身] Se compran libros vendidos.《古語》本買います.《アルゼンチン. 口語》~ にぶつかって[ほとんど]無傷である: Venía corriendo y se compró la puerta. 彼は走って来てドアにぶつかったが何ともなかった

compraventa [kɔmpraβénta]《←compra+venta》女[職業としての, 主に古物の]売買: Tiene un negocio de ~ de automóviles usados. 彼は中古車売買の仕事をしている. contrato de ~ 売買契約
—— 名 中古品販売業者, 古物商

comprehender [kɔmpre(e)ndér] 他 ❶《哲学》包含する. ❷《古語》理解する《=comprender》

comprehensión [kɔmpre(e)nsjón] 女 ❶《哲学》包含. ❷《古語》理解《=comprensión》

comprehensivo, va [kɔmpre(e)nsíβo, βa] 形《文語》=comprensivo

comprendedor, ra [kɔmprendeðór, ra] 形 理解する; 含む

comprender [kɔmprendér]《←ラテン語 comprehendere < cum-(共に, うしろ)+prehendere「つかむ」》他 ❶《議義》《→entender 類義》1) Comprendí el japonés. 彼は日本語が分かる. No comprendo bien este párrafo de la carta. 私には手紙のこの段落が十分に分からない. No comprendí nada [de] lo que dijo. 私は彼の言ったことが分からなかった. Aunque hablaban en francés, comprendí de qué se trataba. 彼らはフランス語で話していたが, 私は何が話題なのか分かった. Dice que nadie le comprende. 誰も自分のこと(気持ち)を理解してくれないと彼は言っている. Yo no comprendo sus intenciones. 私には彼の意図が理解できない. Solo el hombre es capaz de ~ la naturaleza. 人間だけが自然を理解できる. 2)[過去分詞. 聞き手の性と無関係に男性形] ¿[Me] Comprendido?[念押し]分かる?/分かった? ¡Comprendido! 分かった! ❷ 納得する, 当然だと思う: 1) Comprendo tu reserva. 私には彼が慎重になっている気持ちが理解できる. 2)[+que+接続法] Comprendo que no me creas. 君が私を信用しないのも無理はない. No comprendo que rechace esa proposición. 何故彼がその申し出を断わったことが私には理解できない. ❸ 含む, 包含する: La finca comprende una dehesa y un monte de caza. その地所には牧草地と狩り場もある. IVA no comprendido《表示》消費税を含まず. ❹《まれ》包み込む, 取り囲む

como tú comprenderás《口語》お分かりのように
compréndelo《口語》分かってくれよ

~ de qué+直説法 何が…であるか分かる: No comprendo de

comprometido, da

qué va el asunto. 私には問題の中味がもう一つよく分からない
hacerse ~/darse a ~ 自分の言い分(考え)を分からせる
── **~se ❶** 理解される. **❷** 理解し合う, 意思(気持ち・感情)が通じ合う; なかよい, 気が合う: *Se comprenden* muy bien. 彼らはとても仲がいい. **❸** 含まれる, 包含される: En el reino de León *se comprendían* las provincias de Galicia y de Portugal. レオン王国にはガリシアとポルトガルの各地方が含まれていた
comprensibilidad [kɔmprensibiliðáð] 囡 **❶** 理解できること, 分かりやすさ. **❷** 包含性, 包括性
comprensible [kɔmprensíβle]《←ラテン語 comprehensibilis, -e》形 **❶** 理解され得る, 分かりやすい: Es ~ para todos. それは全員に理解できる. **❷** 納得のいく, 無理もない
comprensión [kɔmprensjón]《←ラテン語 comprehensio, -onis》囡 **❶** 理解. **❷** 試験: prueba de ~ auditiva ヒアリングテスト. **❸** [他人の行動・心情に対する]思いやり: tener ~ con (para)... …に対して物わかりがよい. **❹**《論理》内包〔⇔extensión〕. **❺**《哲学》[精神科学の対象に対する]理解, 悟り〔⇔explicación〕
comprensividad [kɔmprensiβiðáð] 囡《教育》理解力
comprensivo, va [kɔmprensíβo, βa]《←comprender》形 **❶** 理解力のある; 物わかりのよい, 寛容な: Es un hombre muy ~. 彼は大変のみこみが早い／思いやりがある. **❷** 含む: bloque ~ de doscientas viviendas 200戸ある地域. precio ~ de todos los impuestos すべての税込み価格. **❸** 包括的な, 意味が幅広い. **❹**《論理》内包の
comprenso, sa [kɔmprénso, sa]《まれ》comprender の不規則な 過分
comprensor, ra [kɔmprensór, ra] 形 名 **❶** 悟った〔人〕, 会得した〔人〕. **❷**《神学》至福を得た〔人〕
comprero, ra [kɔmpréro, ra] 名《地方語》買い手〔=comprador〕
compresa[1] [kɔmprésa]《ラテン語 compressa < comprimere》**❶**《医学》1) [ガーゼなどの]圧迫布. 2) 湿布: Póngase al pecho ~s frías. 胸に冷湿布をしなさい. **❷** 生理用ナプキン〔=~ higiénica, ~ femenina〕
compresbítero [kɔmpresβítero] 男 同時に司祭品級を受階した者
compresibilidad [kɔmpresiβiliðáð] 囡 圧縮性, 圧縮率
compresible [kɔmpresíβle] 形 圧縮され得る
compresión [kɔmpresjón]《←ラテン語 compressio, -onis》囡 **❶** 圧縮, 圧搾; 声圧. **❷** 圧縮成型. **❸**《医学》圧迫. **❸**《音声》母音の縮約〔=sinéresis〕. **❹**[エンジンシリンダー内の]圧縮: ciclo de ~ 圧縮行程
compresivo, va [kɔmpresíβo, βa]《←comprimir》形 圧縮(圧搾)する, 圧縮(圧搾)力のある
compreso, sa[2] [kɔmpréso, sa] comprimir の不規則な 過分
compresor, ra [kɔmpresór, ra]《←ラテン語 compressor, -oris < comprimere》**❶** 形 圧縮(圧搾)する, 圧搾力のある
── 男《まれ》**❶** 圧縮機, コンプレッサー: ~ de aire エアコンプレッサー. ~ frigorífico 冷凍用圧縮機. **❷**《情報》圧縮ソフト
comprimario, ria [kɔmprimárjo, rja] 名 [オペラで]準主役の歌手
comprimente [kɔmpriménte] 形 圧縮(圧搾)する, 締めつける; 抑える
comprimible [kɔmprimíβle] 形 =**compresible**
comprimido, da [kɔmprimíðo, ða] 形《動物》[ヒラメ・マンボウなどのように]左右に平たい, 側偏形の
── 男 **❶**《薬学》錠剤: ~ para dormir 睡眠薬. **❷**《南米. 口語》カンニングペーパー
comprimir [kɔmprimír]《←ラテン語 comprimere < cum- (で) +premere「締めつける」》他 **❶** 圧縮する: 1) ~ el gas ガスを圧縮する. aire *comprimido* 圧縮(圧搾)空気. Nos *comprimieron* en un autobús. 私たちはバスにぎゅうぎゅう押し込まれた. 2)《情報》~ un documento 文書ファイルを圧縮する. datos *comprimidos* 圧縮データ. **❷** 抑制する
── **~se ❶** 詰め合う. **❷** 圧縮される, 詰め込まれる. **❸** 自分を抑える; [感情などを]抑える: Tuve que *me* para no echarme a reír. 私は笑わないように我慢しなければならなかった. ~*se* en los gastos 支出を抑える
comprobable [kɔmproβáβle] 形 確認され得る, 証明(立証・検証)可能な

comprobación [kɔmproβaθjón] 囡 確認, 証明, 立証: Han hecho una ~ del buen funcionamiento de la máquina. 機械が正常に動くことが確認された. de difícil ~ 証明しがたい. en ~ de... …の証明として. ~ cruzada クロスチェック. ~ general de cuentas《商業》一般監査
comprobador, ra [kɔmproβaðór, ra] 形 名 確認する〔人〕, 証明する〔人〕
── 男 確認装置; テスター
comprobante [kɔmproβánte] 形 確認(証明)のための; 証明(立証)する, 証拠となる
── 男 **❶** 証明(立証)するもの: ~ de espera 整理券. **❷**[支払いなどの]証明書; レシート, 領収書〔=~ de pago, ~ de compra〕
comprobar [kɔmproβár]《←ラテン語 comprobare》他 確認する, 証明する; 実験する: 1) Voy a ~ si el dinero está donde lo dejé. 私が置いた場所に金があるかどうか確かめよう. Esto *comprueba* lo que ya suponíamos. これで私たちの想像どおりであることがはっきりする. ~ la firma de un documento 書類の署名を確かめる. ~ el disco《情報》ディスクを検査する. 2)[+que+接続法] El revisor *comprueba que* no haya errores en el nuevo libro. 新刊書に誤りがないかは校正係がチェックしている
comprobatorio, ria [kɔmproβatórjo, rja] 形 確認する, 立証(証明)する, 証拠となる: documento ~ 証明書類
comprofesor, ra [kɔmprofesór, ra] 名 同業者; 教師(教職)仲間, 同僚教師
comprometedor, ra [kɔmprometeðór, ra] 形 危険にさらす, 危うい, 面倒を起こす: carta ~*ra* やばい手紙. situación ~*ra* まずい事態
── 名 危険人物, 要注意人物: Es una ~*ra*. 彼女はトラブルメーカーだ
comprometer [kɔmprometér]《←ラテン語 compromittere < cum-(共に, ちょうど) +promittere「約束する」》他 **❶** 危うくする, 危険にさらす: Las indiscreciones de tu amigo me han *comprometido*. 君の友人の無分別が私を危険に陥れた. Si te precipitas, puedes ~ el éxito. 君があせると成功を危うくしかねない. Ha *comprometido* todo su capital en el negocio. 彼は投資した金すべてを危険にさらしている. ~ los intereses de la nación 国益を損いかねない. ~ su reputación 彼の評価を危うくする. **❷** [+en 犯罪などに] 巻き込む: ~ a+人 *en una estafa* …を詐欺事件に巻き込む. **❸** [+a+名詞・不定詞・que+接続法 …に]義務づける, 余儀なくさせる; 苦境に立たせる: Esto no le *compromete a* nada a usted. これであなたに何らかの義務が発生することは一切ありません. Su juramento le *compromete a* guardar silencio. 彼は宣誓したので何も話せない. quedar *comprometido* a+不定詞 …しなければならない. **❹** [+en・a 第三者に] …の調停(解決)を委ねる: ~ un negocio *en* jueces árbitros 一件を仲裁裁定に委ねる. **❺** 予約する, 事前に確保する: *He comprometido* entradas para el concierto del domingo. 私は日曜日のコンサートのチケットを予約してある. Conviene ~ habitaciones en el hotel por anticipado. あらかじめホテルの部屋を予約しておいた方がいい. **❻**[+con, 売買条件などの]合意に達する, 契約する. **❼**[内臓などを]冒す, 障害を及ぼす: La puñalada le *comprometió* el pulmón. 彼は刺されて肺が傷ついた. El cáncer ya le ha *comprometido* el riñón. 癌が既に彼の腎臓を冒している
── **~se ❶** [+a+不定詞 …すると, +con+人 に] 固く約束する, 義務を負う; 互いに固い約束を交わす: *Se ha comprometido* *a* terminarme el traje para el lunes. 彼は背広を月曜日までに仕上げてくれると約束した. El prestatario *se compromete a* devolver el dinero al banco. 債務者は借りた金を銀行に返済する義務を負う. **❷** 罪(責任)を認める. **❸** [知識人が政治問題などに]深く関わる, 参加する: ~*se en* la lucha por la libertad 解放闘争にコミットする. **❹** 婚約する〔=prometerse〕. **❺** 自身を危うくする: Quemó las cartas que le *comprometían*. 彼は自身を危うくする手紙を焼いた. **❻** [+en・a …に]巻き込まれる, 関わり合いになる: No querían ~*se a* una guerra civil. 彼らは内戦に巻き込まれたくなかった
comprometido, da [kɔmprometíðo, ða] 形 **❶** [estar+] 危険な, 困難な: situación ~*da* 厄介な事態. **❷** [estar+, +con と] 婚約している: Los dos están ~s. 2人は婚約中だ. **❸** [ser+] 明確な政治(社会)思想を持った, 政治参加の: intelectual ~ 政治的態度を明確にした知識人. literatura ~ 社

会派文学

comprometimiento [komprometimjénto] 男 ❶ 巻き込む（巻き込まれる）こと; 関わり合いになること. ❷ 約束, 言質. ❸ 第三者による裁定, 仲裁

compromisario, ria [kompromisárjo, rja] 形 名 ❶ [委託を受けて] 調停 (解決・代行) する; 調停者, 代行者, 代理人. ❷ [米国大統領選挙などの] 代表選挙人

compromiso [kompromíso] 男 《←ラテン語 compromissum < compromittere》❶ 約束, 取り決め [に基づく義務]: 1) [公的な] Esperamos que cumplan con su ~ de bajar los impuestos. 減税の約束が守られることを私たちは期待している. ~ político 政治的約束. ~ público 公約. ~ social 社会的約束. 2) [個人的な人と会う] ¿Tienes algún ~ para esta noche? 今晩は何か約束がありますか? Mañana, tengo un ~. 明日は約束があります. 3) [慣習による] Aunque no tengo ~ con él, le voy a invitar. 彼に義理はないが, おごってやろう. ❷ 婚約《=~ matrimonial》: Han roto su ~. 彼らは婚約を破棄した. fiesta de ~ 婚約披露パーティー. ❸ 合意, 妥協, 示談: aceptar un ~ 妥協 (和解案) を受け入れる. llegar a un ~ 妥協 (妥協) にこぎつける. solución de ~ 妥協 [による解決] 策. ~ histórico 歴史的合意. ~ verbal 言葉による合意. ❹《スポーツ》試合, 対戦. ❺《医学》内臓などへの] 悪影響, 障害: golpe en la cabeza con ~ cerebral 脳に損傷を与える頭への殴打. ❻ [米国大統領選挙のような] 代表選挙. ❼《法律》仲裁 (調停) 契約 [書]. ❽《歴史》C~ de Caspe カスペ会議《1410年マルティン1世の死後, 空位となったアラゴン連合王国 Corona de Aragón の国王選出のために1412年にカスペで開かれた, アラゴン, カタルーニャ, バレンシアの代表者による会議. カスティーリャ王家出身のフェルナンド1世 Fernando I el de Antequera が即位》. ❿《メキシコ》俗巻き毛, カール. ⓫《ペルー》同棲, 内縁関係
de ~ [芸術作品が] 政治参加の, 社会派の: película de ~ social 社会派映画. 2) [招待客が] 口うるさい, 要注意の. 3) [解答が] 正しいが完全に満足のいくものではない. 4) [回答が] 義理で (義務として) なされた
estar en ~ [前には明確であったことが] 疑わしい
poner a+人 *en un ~* 1) …を窮地に立たせる. 2) 余儀なくさせる
poner en ~ [前には明確であったことに] 疑問を呈する
por ~ 義理で: Reímos su chiste *por* puro ~. 私たちは彼のジョークを全くのお義理で笑ってやった. *Por* ~ no lo hagas. 無理しないでね
sin ~ 1)《商業》自由に; 無償で: Pruebe usted este aparato en su casa *sin* ~. 買わなくても結構ですからこの製品をお宅で使ってみて下さい. 2) 婚約者のない: Está soltero y *sin* ~. 彼は独身で恋人もいない. 3) 政治的約束のない
verse en el ~ [+de を] 義理 (義務) だと感じる: Me vi en el ~ *de* invitarlos a la boda. 私は彼らを結婚式に招待するべき義理を感じた

compromisorio, ria [kompromisórjo, rja] 形 約束の, 義務の

comprovincial [komprobinθjál] 形 [司教が同時期に] 同じ大司教管区の

comprovinciano, na [komprobinθjáno, na] 名 同じ県・州 provincia の人, 同県人

comprueba [komprwéba] 女《印刷》再校ゲラ

compto [kóm(p)to] 男 ナバラ Navarra 会計検査院《Cámara de Comptos と名付けられた》

compuerta [kompwérta] I 女《←con- (共に) +puerta》❶ [ダム・水路の] 水門, 流量調節門: bajar la ~ 水門を閉じる. ❷ [扉の下部に付いた] 小扉, ハッチ. ❸《情報》ゲート
II 《←comportar》[騎士分団長 comendador が記録として胸につけていた] 十字架の刺繍 (プリント) をほどこした細長い布《騎士団によっては小袋に収めて胸の中央に垂らす場合もあった》

compuesta[1] [kompwésta] 女《植物》❶ 頭状花序. ❷ 複 キク科

compuestamente [kompwéstaménte] 副 ❶ 節度を守って, 礼儀正しく. ❷ 整然と, きちんと《=ordenadamente》

compuesto, ta[2] [kompwésto, ta] 形《←ラテン語 compositus < componere》❶ 合成された, 複合の: 1) ojo ~《生物》複眼. 2)《言語》conjunción ~ 複合接続詞. nombre ~ 複合名詞. palabra ~*ta* 合成語, 複合語《例》abrelatas, guardaespaldas》. ❷ 整った. ❸ 取りました; 身なりを整えた. ❹ 節度の

ある, 控え目な. ❺《植物》頭状花の; キク科の. ❻《建築》コンポジット式の
quedarse ~ y sin novia《西》1) 結婚式直前に気を変える: Se quedó ~*ta* y sin novio a los pies mismos del altar. 彼女はまさに結婚式の祭壇の前で気を変えた. 2) せっかくの準備が無駄になる
—— 男 ❶ 合成物. ❷《化学》化合物《=~ químico》: ~ cíclico 環式化合物. ❸《建築》コンポジット式オーダー《イオニア式とコリント式の複合様式. =orden ~》. ❹《数学》複合数《=número》. ❺《キューバ》果汁と酒を混ぜた飲み物. ❻《アルゼンチン, パラグアイ》詩, 歌詞

compulsa[1] [kompúlsa] 女《←compulsar》❶ [原本と写しとの] 照合. ❷《法律》謄本, 写し: presentar la ~ del diploma 卒業証書の写しを提出する

compulsación [kompulsaθjón] 女 照合《=compulsa》

compulsar [kompulsár] 他《←ラテン語 compulsare》❶ [写しを原本と] 照合する, 突き合わせる. ❷ 原本に相違なきことを証する. ❸《法律》謄本 (写し) を作成する. ❹《プエルトリコ》強制する

compulsión [kompulsjón] 女《←ラテン語 compulsio, -onis < compulsare》❶《法律》強制. ❷《心理》強迫

compulsivo, va [kompulsíbo, ba] 形《←ラテン語 compulsare》❶ 強制力のある. ❷《心理》強迫感にとらわれた: compras ~*vas* 買い物依存症. conducta ~*va* 強迫行為

compulso, sa[2] [kompúlso, sa] compeler の不規則な 過分

compulsorio, ria [kompulsórjo, rja] 男 ❶《法律》照合命令 [の]. ❷《中南米》強制的な

compunción [kompunθjón] 女《←ラテン語 compunctio, -onis < compungere》❶ 悔恨, 良心の呵責《*e.c.*》. ❷ 同情《=compasión》. ❸ 憂鬱, 悲しみ

compungido, da [kompuɲxído, da] 形 心を痛めている, 悲しい, 悲嘆に暮れている

compungir [kompuɲxír] 他《←ラテン語 compungere「貫く」》[4] 他 …の心を痛める, 悲しませる, つらい思いをさせる
—— ~*se* 悔恨《再》する; 心が痛む, つらい思いをする

compungivo, va [kompuɲxíbo, ba] 形 [事柄が] 心を痛める, 深く悔いる

compurgación [kompurgaθjón] 女 ❶《法律》嫌疑を晴らすこと. ❷ ~ canónica 教会法上の雪冤 [宣誓]. ❸《メキシコ, ペルー, ラプラタ》[罪の] あがない, 償い

compurgador [kompurgaðór] 男 [教会法上の雪冤宣誓における] 宣誓者

compurgar [kompurgár] 他 ❶《法律》[被告が] 嫌疑を晴らす. ❷《メキシコ, ペルー, ラプラタ》[刑罰を] 全うする, あがなう

computable [komputáble] 形 数えられ得る, 算出可能な

computación [komputaθjón] 女《←ラテン語 computatio, -onis》❶ コンピュータ操作, 情報処理. ❷ 計算, 算定《=cómputo》

computacional [komputaθjonál] 形 コンピュータの; コンピュータによる: lingüística ~ コンピュータ言語学

computador, ra[1] [komputaðór, ra]《←ラテン語 computator, -oris》形 名 計算する [人], 計算用の
—— 男 ❶ 計算機. ❷ コンピュータ《=~ electrónico》

computadora[2] [komputaðóra] 女《主に中南米》コンピュータ《=ordenador》. ~ anfitriona ホストコンピュータ. ~ central 中央コンピュータ. ~ personal パソコン. ~ de mesa デスクトップコンピュータ. ~ portátil ノートパソコン, ラップトップコンピュータ. ❷ 計算機

computadorización [komputaðoriθaθjón] 女 =**computarización**

computadorizar [komputaðoriθár] [9] 他 =**computarizar**

computar [komputár]《←ラテン語 computare「計算する」< cum- (で) +putare「数え直す」》他《文語》[+en・por で] 計算する, 算定する: ~ la distancia en kilómetros 距離をキロメートルで算出する. ~ cada acierto *por* diez puntos 命中ごとに10点計上する

computarización [komputariθaθjón] 女 コンピュータ処理; 電算化, コンピュータ化

computarizar [komputariθár] [9] 他 [情報を] コンピュータに入れる (で処理する), [過程を] 電算化する

computear [komputeár] 自《チリ. 口語》うわさ話をする

computerismo [komputerísmo] 男 コンピュータを過度に使用したがること

computerización [komputeriθaθjón] 女 =**computariza-**

ción

computerizar [komputeriθár] 動 他 =**computarizar**
computista [komputísta] 名 計算(算定)する人
cómputo [kómputo] 【←ラテン語 computus】男 ❶《文語》計算, 算定; ~ del tiempo 時間の算定. ~ de los daños 被害額の算出. ❷《キリスト教》移動祝日 fiesta móvil の算出《=~ eclesiástico》
comto, ta [kómto, ta] 形《まれ》[用語・文体が] 推敲(すいこう)し過ぎの, わざとらしい
comucho [komútʃo, tʃa] 男《チリ》大勢, 多数
comulación [komulaθjón] 女 =**acumulación**
comulgador, ra [komulgaðór, ra] 名 =**comulgante**
comulgante [komulgánte] 形 名《カトリック》聖体を拝領する(受ける); 聖体拝領者. ❷ [+con と, +en を] 共有する
comulgar [komulgár] 【←ラテン語 communicare「知らせる」】 7 自 ❶《カトリック》聖体を拝領する《→comunión》. ❷ [+con と, +en を] 同じくする, 共有する: No *comulgo* con sus principios. 私は彼らと主義が異なる
―― 他《まれ》…に聖体を授ける
comulgatorio [komulgatórjo] 男《カトリック》聖体拝領台
común [komún] 【←ラテン語 communis】 形 [名詞+] ❶ [+a に] 共通の, 共有の, 共同の: Es un carácter ~ a las plantas de clima seco. それは乾燥気候の植物に共通の性質である. problema ~ a todos los hombres すべての人に共通する問題. empresa ~ ジョイントベンチャー. intereses *comunes* 共通の利益. mercado ~ 共同市場. puntos *comunes* 共通点. retrete ~ 共同便所. tierra de propiedad ~ 共有地. ❷ 普通の, 一般の; 平凡な, 普及した, 日常の: Soy una chica ~, como muchas de las que usted ve por las calles. 私はこの辺で見かけると同じ普通の女の子です. Es una costumbre muy ~ en los pueblos eslavos. その習慣は奴隷民たちには一般的だ. En este lugar de la carretera son muy *comunes* los accidentes. 国道のこの地点は事故が多発している. Los geranios son flores muy *comunes*. ゼラニウムはありふれた花だ. ~ (poco ~) [entre los jóvenes 若者に]ありがちな(にはまれない). ciudadanos *comunes* 一般市民. melón de clase ~ 中級品のメロン. vino ~ [よく飲まれる] 普通のワイン. ❸ 下劣な, 下級の: modales muy *comunes* 大変な不作法. ❹《西. 教育》[カリキュラムの] コア, 共通課目
―― 男 ❶ [国・市町村などの] 住民全体. ❷ [いくつかの国で] 市役所. ❸ 大多数の人. ❹《文法》~ de dos 普通名詞 《=nombre común》. ~ de tres [ラテン文法で] 3性同形の形容詞. ❺《数学》~ múltiplo 公倍数. ~ divisor 公約数. ❻ [la Cámara de] los *Comunes*《英国の》下院. ❼《歴史》[コムネロスの反乱 insurrección de los comuneros の] 革命委員会. ❽《まれ》便所

~ y corriente《人・物が》ありきたりの, よくある, 並の
~ y silvestre《中南米》= *~ y corriente*
el ~ de... 《古》..., 大部分の...; *el ~ de* las gentes (los mortales・los comunes) 世間一般〔の人〕
en ~ 1) 共通して: tener mucho (poco) *en ~* con... …と共通するところが多い(少ない). 2) 共同で: comprar *en ~* 共同で購入する. trabajar *en ~* 共同で働く. empresa *en ~* ジョイントベンチャー.
fuera de lo ~ 並外れた
hablar en ~《まれ》[その場にいる] みんなに話しかける
poner en ~ [主導権・問題などを] 分かち合う
por lo ~ 普通は, 一般には: *Por lo ~*, cenan a las diez. 普通, 彼らは10時に夕食をとる
tener en ~ 共有する: *Tienen* un estudio *en ~*. 彼らはアトリエを共同で持っている

comuna [komúna] 【←común】女 ❶ コミューン, 革命自治区, 共同生活体, 共同生活する小グループ: C~ en París パリ・コミューン. ❷《ムルシア》主用水路. ❸《南米》自治体, 市町村《=municipio》. [集合] 市町村民
comunal [komunál] 形 【←ラテン語 communalis】 ❶ 公共の, 共有の: bosque ~ 共有林. ❷ 共同体の, 自治体の. ❸《歴史》パリ・コミューンの. ❹《南米》市町村の, 市町村民の
―― 男《地方語》共有地 《=terreno ~》
comunalmente [komunálménte] 副 ❶ [個人でなく] 組織として, 共同で. ❷《古語》=**comúnmente**
comunero, ra [komunéro, ra] 形 名 ❶ コムニダーデス Comunidades 派〔の〕. ❷《歴史》秘密結社 Confederación de Ca-

balleros Comuneros の〔参加者〕《自由主義の3か年 Trienio Liberal (1820~23)に生まれた》. ❸《歴史》1) コムネロスの反乱 Guerra de las Comunidades de Castilla の〔参加者〕〔の〕《1520~21年, カルロス1世治下のカスティーリャ王国において, 諸都市が結成した反響約団体 comunidad による反国王権蜂起》. 2) コムネロスの反乱 insurrección de los comuneros の参加者〔の〕《18世紀末コロンビア, パラグアイで起きたクリオーリョ criollo による反スペインの大規模な反乱. 革命委員会 común を結成した》. ❹《歴史》パリ・コミューン Comuna en París の〔参加者〕. ❺ [不動産の] 共同所有者. ❻ 気さくな, 人づきあいのいい. ❼《メキシコ》共有地を所有しそこで働く者の一人
―― 名 [不動産・権利などの] 共有者. 腹 共有牧草地を持つ市町村
comunicabilidad [komunikaßiliðá(ð)] 形 ❶ 伝達(連絡)可能性. ❷ 人づきあいのよさ, 社交性
comunicable [komunikáßle] 形 ❶ 伝達(連絡)可能な. ❷ 人づきあいのよい, 社交的な, あけっぴろげな
comunicación [komunikaθjón] 【←ラテン語 communicatio, -onis】女 ❶ 伝達, 通知, コミュニケーション: ~ de un pensamiento 思考の伝達. ~ de masas マスコミュニケーション. ❷ 連絡; 通信, 交通, [腹 で] [集合] 通信(交通)機関: Quedan cortadas las *comunicaciones* con la ciudad. 町との連絡が断たれている. La escuela está muy bien de *comunicaciones*. 学校は交通の便のよい所にある. ponerse (estar) en ~ con... …と連絡を取る(接触がある). línea de ~ 交通・通信回線, 交通通信網. puerta de ~ [2部屋間の] 連絡扉. ~ por teléfonos 電話通信. ~ marina 海上交通. ~ secreta 秘密の連絡. [人同士の] つきあい, 意思疎通: Hay buena ~ entre el padre y el hijo. その父子のコミュニケーションはよくとれている. ❹《文語》文書; 伝言: presentar una ~ sobre... …について書類を提出する. ~ oficial 公報. ❺ [学会での] 発表, 報告: presentar una ~ 研究発表をする. ❻《電話》発信音. ❼ [刑務所の収監者への] 面会
comunicacional [komunikaθjonál] 形 コミュニケーションの
comunicado[1] [komunikáðo]《←comunicar》男 ❶ 公式声明, コミュニケ: publicar un ~ 共同コミュニケを発表する. enviar un ~ a la prensa 新聞社に声明文を送りつける. ~ de prensa 新聞発表. ❷ 文書; 報告[書]. ❸《メキシコ》[遺言執行の] 委託
comunicado[2]**, da** [komunikáðo, ða] 形 ❶ [交通機関が] 通じている: estar bien (mal) ~ 交通の便がよい(悪い). ❷ [刑務所内で] 収監者に面会できる. ❸《法律》[資産の] 共有の
comunicador, ra [komunikaðór, ra] 名 形 ❶ 伝達(連絡)する; 伝達者
―― 男 動力伝達装置
comunicante [komunikánte] 形 ❶ 相通じている: vasos ~s 連通管. ❷ 伝達する
―― 名《文語》通報者
comunicar [komunikár] 【←ラテン語 communicare「共用する, 連絡がある」< cummunis】 7 他 ❶ [+a に] 知らせる, 伝達する, 伝える: 1) Le *he comunicado* la noticia por teléfono. 私はそのニュースを電話で知らせた. ~ sus intenciones (su emoción) a+人 …に意向(感動)を伝える. 2) [動きなどを] ~ el calor 熱を伝導する. ~ una enfermedad 病気を伝染させる. ❷ つなぐ, 連絡させる: Una carretera *comunica* ambas ciudades. 国道が両市を結んでいる. El barco dispone de ascensores y escaleras que *comunican* entre sí todos los puentes. その船は全甲板がエレベーターと階段でつながっている. ❸ [事柄について] 相談する. ❹ [暗号で] 通信する. ❺《中南米》1)《電話》接続する: La telefonista me *comunicó* con el señor López. 交換手はロペス氏につないでくれた. 2) [捕虜・囚人に] 接見禁止を解除する
―― 自 ❶《西》[+con と] 連絡を取る, 通話する, 交信する; 報告をする: *Comuniqué* con él por carta. 私は手紙で彼と連絡を取った. ❷《西. 電話》話し中である: Está *comunicando*. 話し中だ. ❸ つながる, 通じている: El lago *comunica con* el mar por un canal. 湖は運河で海に通じている
―― *~se* ❶ …を伝達し合う, 互いに連絡する: *Nos comunicamos* las opiniones. 私たちは意見を交換した. ❷ [無生物が] つながっている: Nuestras habitaciones *se comunican* por una puerta. 私たちの部屋はドア一枚でつながっている. ❸ [感情などが, +a に] 伝わる: La inquietud *se comunicó* a todos. 不安が皆の間に広まった. El fuego *se comunicó* a la

casa vecina. 火が隣家に燃え移った. ❹ 連絡を取る; 交信する: *Me comuniqué con* su amigo. 私は彼の友人と連絡を取った

comunicar	
直説法点過去	接続法現在
comuni**qué**	comuni**que**
comunic**aste**	comuni**ques**
comuni**có**	comuni**que**
comunic**amos**	comuni**quemos**
comunic**asteis**	comuni**quéis**
comunic**aron**	comuni**quen**

comunicatividad [komunikatibidá(d)] 囡 ❶ 話し好き, 人づきあいのよさ. ❷ 伝わりやすさ
comunicativo, va [komunikatíbo, ba]《←ラテン語 communicativus》形 ❶ 話し好きな, 人づきあいのよい: poco ~ 口数の少ない, とっつきにくい. carácter ~ 気さくな性格. ❷ 伝わりやすい: El bostezo es ~. あくびは伝染しやすい. ❸ 伝達の; 通信の
comunicología [komunikoloxía] 囡 コミュニケーション理論
comunicólogo, ga [komunikólogo, ga] 图 マスメディア研究者
comunidad [komunidá(d)]《←ラテン語 communitas, -atis》囡 ❶《社会学など》共同体, 社会: 1) La ~ internacional reconoció al nuevo Estado. 国際社会はその新国家を承認した. ~ lingüística 言語共同体. 2) [機関] *C*~ Británica de Naciones イギリス連邦. *C*~ Europea de la Energía Atómica 欧州原子力共同体. *C*~ Financiera Africana アフリカ金融共同体. 3) [歴史] *C*~ Económica Europea 欧州経済共同体, EEC. *C*~ Europea 欧州共同体, EC. *C*~ Europea del Carbón y del Acero 欧州石炭鉄鋼共同体. ❷ 地域社会, コミュニティー: trabajar para la ~ 地域社会のために働く. ~ de vecinos [マンションなどの] 管理組合, 住民自治会. *C*~ de regantes del Turia ツリア川灌漑組合. ❸ [西] 自治州《= autónoma. 1978年憲法によって県 provincia を統括する自治州の制度が導入され, 17の自治州が設置された: Andalucía, Aragón, Asturias, Baleares, Canarias, Cantabria, Castilla-La Mancha, Castilla y León, Cataluña, Extremadura, Galicia, La Rioja, Madrid, Murcia, Navarra, País Vasco, Valencia》; 州政府. ❹ 共通性; 同一性: tener ~ de origen 起源が共通している. ~ de bienes 夫婦共有財産制. ❺ 教団, 修道会《=~ religiosa》: ~*es* de base キリスト教基礎共同体. ❻ [歴史] 邇 コムニダデス, 市民蜂起《1520～21, カルロス1世の増税策や外国人重用に対して起こったカスティリャ諸都市住民の反乱. =*C*~*es* de Castilla, sublevación de las *C*~*es*》; その反乱諸都市が結成した誓約団体. ❼ [歴史] 王室領の町の住民. ❽《植物》~ clímax 極相. ~ serial 遷移系列. *C*~ del Sur《中南米》村, 町. ❾《キューバ》[la+. 米国内の] キューバ人コミュニティー
en ~ 一緒に, 共に, 共同で: vivir *en* ~ 共同生活をする. poseer *en* ~ 共有する
comunión [komunjón]《←ラテン語 communio, -onis 「聖体拝領」< communis 「共通の」》囡 ❶《カトリック》聖体拝領[の儀式]《= Sagrada *C*~》《《プロテスタント》聖餐式: recibir la ~ 聖体を拝領する. [hacer la] Primera *C*~ 初聖体拝領[を受ける]. ❷ [信仰・思想などを同じくする] 共同体: ~ católica カトリック教団. ~ de los fieles [集合] カトリック教徒. ❸ [同一教団の信者による] 精神的財産の共有: la ~ de los Santos/ ~ de la Iglesia 諸聖人の通功. ~ espiritual 霊的交感. ❹ [思想・感情などの] 共有, 共感, つながり: estar en (tener) ~ de ideas con+人 ···と同じ考えである. estar en ~ con la naturaleza 自然と合一する
acabar de hacer la primera ~ まだ子供である, 幼い
de primera ~ 晴れ着を着て
comunismo [komunísmo]《←*comuna*》男 ❶ 共産主義; 共産主義体制: ~ de guerra 戦時共産主義. ~ primitivo 原始共産制. ❷ ~ libertario アナキズム
comunista [komunísta] 形 图 共産主義の(主義者); 共産党員[の]
comunistizar [komunistiθár] 他 共産主義化する
comunitario, ria [komunitárjo, rja]《←ラテン語 comunitas, -atis》形 囡 ❶ 共同体の; 地域社会の: centro ~ コミュニティーセンター. jardín ~ 公園. servicios ~*s* 地域サービス. ❷ ヨーロッパ連合 Unión Europea の[人];《歴史》欧州共同体 Comunidad Europea の[人]: España es un país ~. スペインは

EU(EC)加盟国である. países ~*s* EU(EC)諸国
——男 EU加盟国民; EC加盟国
comúnmente [komú(m)ménte] 副 ❶ 一般に, 普通に, 通常. ❷ 頻繁に
comuña [komúɲa] 囡 ❶ ライ麦を混ぜた小麦. ❷ [邇] 穀粒《= camuñas》. ❸《アストゥリアス》分益小作
con [kɔn]《←ラテン語 cum》前 [語形] +mí·ti·sí は **conmigo**·**contigo**·**consigo** となる. ⇔sin》❶ [+方法·手段, +道具·材料] ···で, ···を使って: 1) Se logra ~ perseverancia. 彼は辛抱強くがんばってうまくやっている. Nos convenció ~ razones de peso. 彼はもっともな理由づけで私たちを納得させた. Corto el pan ~ un cuchillo. 彼はナイフでパンを切る. Adornan la mesa ~ flores. 彼らはテーブルを花で飾る. Mató el jabalí ~ una escopeta. 彼は猟銃でイノシシを殺した. Mantiene a sus hijos ~ un sueldo de cien mil yenes. 彼は給料10万円で子供たちを養っている. rociar la carne ~ sal 肉に塩をふりかける. 2)《口語》[交通手段] =en: Vino ~ tren. 彼は列車で来た. ❷ [同伴·協同] ···と一緒に, ···と共に: 1) He venido ~ mi hermano. 私は兄と来た. Salieron a pasear ~ su perro. 彼らは犬を連れて散歩に出かけた. Ve ~ tu padre. お父さんと一緒に行きなさい.《参考》同伴·同行の文では行き先も暗に了解されている》Está ~ sus amigos. 彼は友人たちと一緒にいる. Trabaja ~ su padre. 彼は父親と働いている. El príncipe ~ su séquito se alojó (se alojaron) en el hotel. 王子は随員たちとホテルに泊まった. Un avión cayó al mar ~ 217 pasajeros. 217名を乗せた飛行機が海に墜落した. 2) [含めて] Somos cinco, *conmigo*. 私を入れて5人です. El total de la factura ~ el IVA es de 52 euros. 請求書の合計額は消費税込みで52ユーロです. 3) [相互的な主語を表わす] Hablamos ~ María. マリアと私は話す《=*María y yo hablamos*》/私たちはマリアと話す. Me escribo ~ ella. 私と彼女は文通している. ❸ [混合·混同] En un bol mezcla vinagre ~ aceite de oliva, un poco de sal. 酢をオリーブ油, 塩少々とボールの中でかき混ぜなさい. Perdone, lo he confundido ~ otra persona. 失礼, 他の人と間違えました. ❹ [比較·関連] ···と比べて, 見比べて: Compararemos ~ los precios de la otra tienda. 他の店の値段と比べてみよう. Empezaron la reunión ~ la cuenta de gastos. 彼らは必要経費に関する会議を始めた. ❺ [一致·協力·調和] 1) España tiene un tratado de colaboración ~ Hispanoamérica. スペインはイスパノアメリカと経済協力条約を結んでいる. Estás muy bien ~ ese vestido. そのドレスは君にとてもよく似合っている. 2) [思考の対象+. ···について] Opino ~ mis amigos que debemos regresar antes que sea de noche. 夜になるまでには帰らなければいけないということで私は友人たちと意見の一致を見ている. 3) [提案に対して] Estoy de acuerdo ~ vosotros en que es mejor así. その方がもっと良いということでは君たちと同意見だ. No están conformes ~ actuar tan pronto. そんなに早く行動に移すことに彼らは賛成でない. 4)《疑問》¿Estás *conmigo*, o en contra? 君は私に賛成それとも反対? Me doy por satisfecho ~ que hayan venido a verme. 会いに来てくれて満足しています. Me conformo ~ haber podido verlo al fin. やっとお会いできてうれしいです. ❻ [対決·競争] Siento haber discutido ~ tu hermano. すまないが僕は君の兄さんに逆らってしまった.《類義》**con** よりも **contra** の方が「対決」を際立たせる: Hoy juega el Real Madrid *contra* el Barcelona. レアル・マドリードはバルセロナとぶつかる. ❼ [強い·弱い接触] El automóvil chocó ~ una farola. 自動車が街路灯にぶつかった. La puerta no cierra bien porque roza ~ el suelo. ドアが床にこすりつけあってうまく閉まらない. ❽ [結合·付加] ···を加えた, ···と共に《=a》: Suma la primera cantidad ~ la segunda. 最初の金額を2つめの金額に足して下さい. No juntes la ropa blanca ~ la de color. シーツ·タオル類を色つきの物と一緒にしないで. ❾ [所持·付随] ···を持った, ···の付いている: 1) [形容詞句を作る] Hay un viejo ~ un saco al hombro. 肩に袋をかけた老人がいる. El carnaval durará 14 días ~ sus noches. カーニバルは昼夜分かたず2週間続くだろう. matrimonio ~ hijos 子持ちの夫婦. madre ~ un hijo en brazos 子供を腕にかえた母親. 2) [副詞句を作る] Ha salido ~ el paraguas. 彼は傘を持って外出した. No me dejaron entrar ~ traje de baño. 私は水着姿では入れてもらえなかった. Estamos ~ lo de robos. 私たちは盗みの問題を抱えている. 3) [中身·付属] ···入りの, ···の入った: Me robaron la

maleta ~ vestidos. 私は衣類の入ったスーツケースを盗まれた. cazuela ~ agua caliente お湯の入った鍋. huevos ~ jamón ハムエッグ. té ~ whisky ウイスキー・ティー. torta ~ fresas イチゴのケーキ. habitación ~ baño バス付きの部屋. radio ~ antena アンテナ付きのラジオ. 4) [特徴] …のある: La chaqueta ~ el cuello de piel es la mía. 襟が毛皮の上着は私のだ. chica ~ [los] ojos azules 青い目の少女. hombre ~ barba あごひげの男. mujer ~ mal humor 不機嫌な女. jarra ~ dos asas 取っ手が2つの水差し. ❿ [目的. +名詞] …のための・に: Vinimos ~ la intención de verte. 私たちは君に会いに来た. Se organizó un concierto ~ fines benéficos. 慈善目的のコンサートが催された. ⓫ [人・物の状態・状況, 行動・実現の様式・方法] 1) …の様子(状態)で: Leía ~ voz tranquila. 彼は声をひそめて読んでいた. Duermo ~ las ventanas abiertas. 私は窓を開けたまま眠る. Despidió de su mujer ~ un beso en la mejilla. 彼は頬にキスをして妻と別れた. Salió a la calle ~ los pies desnudos. 彼は裸足のまま通りに飛び出した. Están todos ~ gripe. みんな流感にかかっている. El tren llegó ~ una hora de retraso. 列車は1時間遅れて到着した. 2) [+抽象名詞 =-mente の副詞] Se levantó ~ rapidez. 彼は急いで起き上がった [=rápidamente]. Llovía ~ fuerza. 土砂降りだった [=fuertemente]. ~ claridad 明確に [=claramente]. ⓬ [条件] …という条件で, …ならば: Con ese dinero podría comprar un piso. それだけの金があればマンションを買えるはずだ. Con un poco de aplicación en el ejercicio obtenirías cenas abundantes por el precio de un hot dog. もう少し熱を入れて練習に励むという条件で私たちはホットドッグ1個の値段で腹一杯晩御飯にありついた. ⓭ [関係のある人・事物] 1) [行為・交渉の対象] …と: Desearía hablar ~ usted. あなたとお話したいのですが. Ya no tengo casi trato ~ mis compañeros de universidad. 私は大学時代の仲間とはもうほとんど付き合いはない. El objetivo del plan es reconciliar a los israelíes ~ los palestinos. その計画の目的はイスラエル人とパレスチナ人を仲直りさせることにある. Se cambió de asiento ~ su esposo. 彼女は夫と席を入れ換えた. No puedo ~ él. 私は彼には我慢がならない. 2) [関心・意向の対象] …に, …を: i) Tiene mucha influencia ~ el ministro. 彼は大臣に大きな影響力を持っている. Tuve un sueño contigo. 私は君の夢を見た. ii) 《文語》 [時に para+] …にとって, …に対して: Es muy amable para ~ los vecinos. 彼は近所の人にとても親切だ. Tiene unas obligaciones para ~ ellos. あなたは彼らに対して扶養義務があります. Mi lealtad para ~ el rey es muy grande. 国王に対する忠誠心は非常に強い. línea política de Japón [para] ~ China 日本の対中国政策. [語義] 感情などの対象で主に相手の利益になるような場合 para con とすることがある. iii) [形容詞+] …に対して: Es insolente ~ el jefe. 彼は上司に対し無礼だ. Sé amable ~ los demás. 他の人に親切にしなさい. cariñoso ~ los animales 動物に優しい. 3) [指導・保護下] …の下で: Aprendió piano ~ su madre. 彼は母親についてピアノを習った. Me voy ~ mis padres. 私は両親のもとに帰る. 4) [仲介〔者〕・依頼] …に, …と: Enviaron el paquete ~ un mensajero. 小包はメッセンジャーに託して届けてもらった. 5) [物・事柄] …を, …に関して: Ayudarás ~ los deberes de matemáticas. 数学の宿題を手伝ってちょうだい. 6) [身分] …として: Trabajo ~ una empresa de alimentación desde hace dos años. 私は2年前から食品会社で働いている. ⓮ [原因・理由] …によって: Me desperté ~ el ruido de la calle. 私は通りの騒音で目が覚めた. Con las prisas se me olvidó el paraguas. 急いでいたので私はうかつにも傘を忘れてきた. Este jersey encogió ~ los sucesivos lavados. このセーターは何度も洗っているものだから縮んでしまった. Está ciega ~ los celos. 彼女は嫉妬で目がくらんでいる. Está contento ~ el regalo. 彼は贈り物をもらって喜んでいる. ⓯ [結果] …で: La crisis terminó ~ su dimisión. 危機は彼の辞職で終結した. La película se proyectó ~ gran éxito. その映画の上映は大成功を収めた. Acabo de leer su carta ~ gran sorpresa. お手紙を読んで大変驚きました. ⓰ [重要性・有利性の強調] …であること, …であるために: Tú, ~ tu juventud, puedes llegar lejos. 君はその若さを存分に活かすことで将来は明るいよ. ⓱ [始まり・終わり] …で, は: El congreso comenzó ~ un vino de honor. 会議はワインによる乾杯で始まった. Las drogas han acabado ~ su vida. 麻薬は彼の人生を終焉に導いた. Hay que terminar ~ el hambre en el mundo. 世界中の飢餓をなくさ

なければならない. ⓲ [同時性] …と同時に: Con la puesta del sol la plaza queda desierta. 日没と共に広場は閑散となる. Con la llegada de la primavera comienza la temporada de los anfibios. 春の訪れと共に両生類が活動を始める. ⓳ [+不定詞] 1) [原因・理由] Con declarar se eximió del tormento. 彼は自白したので拷問を免れた. 2) [方法・条件. 主に主節に先行して] Con rezar no conseguirás nada. 祈るだけでは何事もままならぬ. Con estudiar un poco aprueba. 少し勉強すれば合格するよ. 3) [譲歩] Con ser tan antiguo le han postergado. 彼は大変古参なのに降格させられた. ⓴ [譲歩. 主節の内容に反して] …にもかかわらず: Con tantas dificultades, no se descorazonó. 多くの困難にもかかわらず, 彼はやる気を失わなかった. Es raro, ¿verdad?, que nunca nos hayamos conocido, ~ tantas veces como vengo a vuestra casa. 妙なことだ, そうだろう? こんなにたびたびおたくに家に来ているのに, 一度も出会ったことがないなんて. ¡Con los años que lleva estudiando inglés y todavía no sabe hablar con fluidez! 彼は何年も英語を勉強しているというのに, まだ流暢に話すことができないなんて! ㉑ [不平・抗議] ¡Con mis impuestos! 元はといえばおれの払った税金だ! ㉒ 《映画, 放送》 [登場人物名] …で: A continuación les ofrecemos las noticias, ~ María Muñoz y José Suárez. 引き続きマリア・ムニョスとホセ・スアレスでニュースをお届けいたします. ㉓ [小数点] =coma: La libra esterlina equivalió a un euro ~ cincuenta centavos. 1ポンドは1.50ユーロに相当した. tres ~ catorce 3.14. un metro ~ cincuenta centímetros 1メートル50センチ

無冠詞名詞+~+同一名詞 …と…が触れあう: Me coge por los hombros y pone su cara frente a la mía: nariz ~ nariz. 彼は私の肩をつかんで顔を私の顔のところにもってきた. 鼻と鼻をつき合わせた格好だ

~+名詞+que+直説法 1) = **~ lo+形容詞・副詞+que+直説法. 2)** [不平・抗議] ¡Con los sacrificios que me ha costado! 私はあんなに犠牲を払ったのに! Con el dinero que tiene, y nunca invita a nadie. 彼はたくさん金を持っているのに, 誰にもおごってやらない. ¡Cómo te olvidaste? ¡Con las veces que te lo dije! 何だって忘れたの? あれだけ何度も言っておいたのに!

~ lo+形容詞・副詞+que+直説法 [強意] 1) [理由・原因] …ので, 寒さのあまり. Con lo flacos que estamos. この寒さでは死ぬ思いだ. 私たちはやせているからなあ. 2) [譲歩] …にもかかわらず: Con lo guapo que es, mi hermano no consigue encontrar novia. 本当にいい男なのに, 私の兄は恋人が見つからない. 3) [失望・不満] …なのに, …なんて: Con lo caro que ha costado, no funciona bien. それは高価だったのに, うまく動かない. ¡Con lo contenta que yo estaba! あのころ私はあんなに満足していたのに! ¡Con lo bien que lo estábamos pasando! 私たちはあんなに楽しくやっていたのに!

Con lo mucho que+直説法+y... [不平・非難] …なのに…とは

~ lo que+直説法 [強意] 1) [理由・原因] …なので, …だから: Con lo que ha tardado el autobús, no he podido llegar a tiempo. バスが遅れたものだから私は間に合わなかった. Con lo que come, no es extraño que engorde. あれだけ食べるのだから彼が太るのも無理はない. 2) [譲歩] …にもかかわらず: ¡Con lo que yo te quiero, qué mal me tratas! 私がこれだけあなたを愛しているのに, どうして邪険にするの! 3) [不平・非難] …なのに, …だなんて: No me dejó ni un trocito, ~ lo que me gustan esos caramelos. 私はそのあめが好きなのに彼はひとかけらもくれなかった

Con lo que+直説法+y... [不平・非難] …なのに…とは: ¡Con lo que trabajó y terminó muriendo en la miseria! 彼はあれほど働いたのに最後は貧窮のうちに亡くなった!

~ mucho →mucho

~ que... それで…, それでは… 《=conque》: Con que, vaya con Dios. それでは, ごきげんよう

~ que+接続法 [条件] …すれば: Con que me inviten a la fiesta, iré con mucho gusto. パーティーに招待してくれるのであれば喜んで行きましょう. Me contento ~ que apruebes. 君が合格さえしてくれれば私はうれしいのです

~ ser... 《古語的》 …にもかかわらず: Con ser tan pequeña, ya trabaja ayudando a su madre. 彼女はあんなに小さいのにもう母親を助けて働いている. Con ser bella nunca llegó a casarse. 彼女は美しいのに結婚しなかった

~ solo+不定詞 [方策・条件の強調] …さえすれば

~ *solo que* +接続法 ［方策・条件の強調］ …さえすれば: *Con solo que* estudies un par de horas cada día, puedes prepararte bien para el examen de ingreso. 毎日2時間ばかり勉強しさえすれば十分受験準備ができるよ

~ *tal de* +抽象名詞+*que*+直説法 そればほど…なので…する: Cada billete es cortado ~ *tal* presición *que* todos son similares. 切符はそれぞれ正確に切られ、すべて同一のようだ

~ *tal de* +不定詞 ［条件］ …するなら: Todo te irá bien ~ *tal de* tener paciencia. 辛抱しさえすれば万事うまくいくよ

~ *tal de que* +接続法 《文語》 ［条件］ …するなら、…という条件なら: Saldré a cenar, ~ *tal de que* vayamos a un restaurante italiano. イタリア料理店に行くのなら夕食を食べに出かけよう

~ *tal que* +接続法 = **~ tal de que** +接続法

¡*Con tanto como* +直説法+*y*...! = **¡Con todo lo [mucho] que** +直説法+**y**...!

~ *todo* 1) それでも、しかしながら: *Con todo* [y *con eso*], la gente se lo pasó bien. それにもかかわらず人々は安楽に暮らしていた。*Con todo* [y *con eso*] me parece que es bueno. それでもやはり彼はいい人だと思うわ。 2) ［+名詞］ …をもってしても: *Con todo* sus esfuerzos no salió bien. 彼はあらゆる努力をしたが、それでも成功しなかった

~ *todo lo* [*mucho*] *que* +直説法 ［不平・非難］ …なのに、…だなんて: No conseguí aprobar, ~ *todo lo que* había estudiado. 私は合格できなかった、あれだけ勉強したのに

Con todo lo* [*mucho*] *que +直説法+*y*... ［不平・非難］ …なのに…とは: ¡*Con todo lo mucho que* le he ayudado *y* ahora me vende! ずいぶん彼を助けてやったのに今になって私を裏切るなんて!

~ *todo y* ~ *eso* しかしながら、それでも: Pedro estudia poco; ~ *todo y* ~ *eso* no es mal chico. ペドロはあまり勉強しない、でも悪い子じゃない

~ *todo y que* +直説法 …ではあるが: Suelo aburrirme muchas veces, ~ *todo y que* vivo en Madrid. マドリードに住んでいるが私は退屈することがよくある

ni* ~ *mucho → **mucho**

***para* ~** →❶❷❸ 2) ii); **para**

con- 《接頭辞》 ［b・p の前では com-］ ［同伴・完了・同時］ *con*llevar 伴う, *con*ciudadano 同郷人

conacaste [konakáste] 圐 《植物》ネムノキの一種《家具・建材用. 学名 Enterolabium cyclocarpum》

conacho [konátʃo] 圐 **❶** 《地方語》籠のかご. **❷** 《ペルー》［金銀を含* 鉱物をすりつぶすための］石臼

Conacyt 圐 《メキシコ. 略記》 ←Consejo Nacional de Ciencia y Tecnología 国家科学技術審議会

conativo, va [konatíβo, βa] 圏 《言語》動能的な: función ~*va* 動能作用

conato [konáto] 圐 《←ラテン語 conatus「試み、努力」< conari「に備える」》 **❶** 始まったが続かないこと: ~ de incendio ぼや. **❷** 《法律》未遂［罪］: ~ de asalto a mano armada 強盗未遂. **❸** 努力、試み

conaza [konáθa] 囡 《パナマ. 植物》ココヤシに似たヤシ《=seje》

conca [kóŋka] 囡 貝殻 《=concha》

concadenar [koŋkaðenár] 他《まれ》= **concatenar**

concalecer [koŋkaleθér] 39 ~*se* 《エストレマドゥラ》腐る

concambio [koŋkámbjo] 圐 《廃語》交換

concanónigo [koŋkanóniɣo] 圐 同一教会内にいる2人目の司教座聖堂参事会員

concatedral [koŋkateðrál] 囡 ［同じ司教区の中で別の教会と］司教座聖堂としての格を共有する教会

concatedralidad [koŋkateðraliðáð] 囡 **❶** 2つの教会が司教座聖堂としての格を共有することで、それぞれの参事会員が双方の祈禱席に席を有する. **❷** 2つの司教座聖堂の親交関係

concatenación [koŋkatenaθjón] 囡 《←ラテン語 concatenatio, -onis》 囡 連結、連鎖、つながり. 一連の議論はこの結論にもたらされる. Una ~ de argumentos lleva a esta conclusión. 一連の議論はこの結論にもたらされる. Una ~ de circunstancias impidió el viaje. 一連の事情のため旅行を中止せざるを得なかった. **❷** 《修辞》前辞反復《前文の最後の語句を次の文頭で繰り返すこと》

concatenar [koŋkatenár] 《←ラテン語 concatenare < cum-（共に）+catena（鎖）》他 **❶** ［事柄・考えを］連絡させる、つながりを持たせる: Al ~ los hechos ocurridos, encontró su causa. 一連の出来事を関連づけてみると彼は原因が分かった. **❷** ［異なる事柄を］一つにまとめる: El gobierno *concatena* sus esfuerzos para lograr la mejora de la economía. 政府は経済を改善するために様々な努力を結集する

concausa [koŋkáusa] 囡 一因、原因の一つ

cóncava [kóŋkaβa] 囡 =**concavidad**

concavidad [koŋkaβiðáð] 《←ラテン語 concavitas, -atis》囡 **❶** 凹状. **❷** 凹面; へこみ、くぼみ: ~ de una roca 岩のくぼみ

cóncavo, va² [kóŋkaβo, βa] 《←ラテン語 concavus < con-（共に）+cavus「くぼみ」》圏 凹状の《⇔convexo》、くぼんだ、へこんだ: espejo ~ 凹面鏡. lente ~*va* 凹レンズ

── 圐 へこみ、くぼみ 《=concavidad》. **❷** 《鉱山》［坑道口周辺の］削岩機を操作するための空間

concavoconvexo, xa [koŋkaβokombé(k)so, sa] 圏 凹凸形状の、片側が凹面でその反対側が凸面の

concebible [konθeβíβle] 圏 考えられ得る、想像され得る

concebimiento [konθeβimjénto] 圐 =**concepción**

concebir [konθeβír] 《←ラテン語 concipere「全部取る、含む」》35 他 **❶** ［感情などを］抱く: Eso me hizo ~ esperanzas. そのことが私に希望を抱かせた. ~ un odio hacia+人 …に対して憎しみを抱く. hacer ~ ilusiones 幻想を抱かせる. **❷** ［考え・計画などを心の中で］思い描く: *Concibo* la sociedad como una jungla donde solo sobrevive el más fuerte. 社会は強者だけが生き残るジャングルのようなものだと私は思う. ~ un plan 計画を立てる. **❸** ［主に否定で］理解する［に至る］; ［ありそうなことだと］想像がつく: No puedo ~ que estalle otra guerra. また戦争が起こるとは考えられない. **❹** 受胎する、妊娠する: El bebé ha sido *concebido* en un laboratorio. その赤ん坊は実験室で受胎した. **❺** 《←仏語》言い（書き）表わす: carta *concebida* a los consiguientes términos 次のような言葉で書かれた手紙

── 自 受胎する、妊娠する

concedente [konθeðénte] 圏 圐 《まれ》譲渡する［人］; ［権利・恩恵などを］与える［人］、認める［人］

conceder [konθeðér] 《←ラテン語 concedere「退出する、譲る」》他 《⇔denegar》 **❶** ［当局・上司などが、望んでいた・請求していたものを］与える、認可する: El ayuntamiento le *concedió* la licencia de obras. 市は彼に建築許可を与えた. *Concede* a sus empleados un mes de vacaciones. 彼は従業員に1か月の休暇を与えている. Está dispuesto a ~ me todo lo que le pida. 彼は私の望みを何でもかなえてくれる. Los monarcas solían ~ la grandeza a ciertos nobles que se destacaban en su servicio. 王たちは臣下として功績のあった貴族に大公爵の称号を与えるならわしがあった. ~ un premio 賞を与える. ~ un préstamo 借款を供与する. ~ una beca 奨学金を与える. ~ amnistía 恩赦を与える. **❷** 《文語》［+que+接続法］事実・確実であることを］認める、同意する: *Concedo* que yo estuve brusco; pero fue él quien me irritó. 私がぶっきらぼうだったことは認めるよ、だが私をいらっとさせたのは彼だったのだ. Te *concedo* que tienes razón. 君の言い分が正しいことは認めるよ. 《文語》 ［+que+接続法 することを］許可する: Me *concede* que no vaya a la oficina los sábados. 私は毎週土曜日は出勤しなくていいと許される. Te *concedo* que expreses tres deseos. 願い事を3つ言ってよろしい. **❹** ［価値などを］認める: ~ demasiada importancia a... …を過大評価する

concejal, la [konθexál, la] 《←concejo》圐 市（町・村）議会議員

── 囡 《古語的》市（町・村）議会議員夫人

concejalía [konθexalía] 囡 ［市役所・町役場・村役場の］局、課. 市（町・村）議会議員の職

concejeramente [konθexeráménte] 副 《古語》 **❶** 公然と、おおっぴらに; 無節操に. **❷** 裁判によって、法の定めに従って

concejero, ra [konθexéro, ra] 圏 公の 《=público》; 周知の 《=conocido》

concejil [konθexíl] 圏 圐 **❶** 都市自治体の. 市会の、市（町・村）議会の. **❷** 共同体の、共有の. **❸** 《歴史》市議会によって戦争に送られた［人］

concejo [konθéxo] 《←ラテン語 concilium「会合」》圐 **❶** 都市自治体. 市会、市（町・村）議会 《組織, 会議, 建物. 組織としては C~》; 市役所、市（町・村）議会. *C~* de Ciento 百人会議 《1265年アラゴン王ハイメ1世が創設したバルセロナの都市自治体組織》. *C~* de la Mesta → **mesta**. *C~* Real 国王顧問会議 《1385年創設. 近世の中央官僚組織の基盤となる》

concelebración [konθeleβraθjón] 女《カトリック》複数の司祭によるミサの司式

concelebrar [konθeleβrár] 他《カトリック》〔複数の司祭でミサを〕あげる

conceller [konθeʎér] 男《カタルーニャ》都市自治体の参事, 市参事会員

concento [konθénto] 男 調和のとれた（心地よい）歌声

concentrabilidad [konθentraβiliðáð] 女 ❶ 集中できる資質. ❷ 濃縮可能性

concentrable [konθentráβle] 形 ❶ 集中できる. ❷ 濃縮され得る

concentración [konθentraθjón] 女 ❶〔人・物の〕集中, 結集: gobierno de ~ 党派代表内閣. punto de ~ de residuos 集中廃棄場. ~ del poder en las manos de una persona 一人への権力の集中. ~ parcelaria〔農地の〕交換分合. ❷〔精神の〕集中, 専念, 精神統一〔=~ mental〕. ❸〔政治的な〕集会. ❹ 濃縮, 濃度. ❺《スポーツ》合宿, 練習キャンプ; 宿舎（キャンプ）入り: hotel de ~ 宿舎のホテル. ❻《医学》 ~ alveolar mínima 最小肺胞内濃度, MAC. ~ inspiratoria 呼気内濃度

concentracionario, ria [konθentraθjonárjo, rja] 形《まれ》収容所の campo de concentración の

concentrado, da [konθentráðo, ða] 形 [estar+] ❶ 専心（熱中）した: Está muy ~ viendo la tele. 彼はテレビに一心に見入っている. ❷ 濃厚な, 凝縮された: café ~ 濃いコーヒー. comida ~da 濃縮食品. ❸ 一か所に集まった. ❹《スポーツ》合宿（キャンプ）中の
—— 男 ❶ 濃縮物, エキス: ~ de carne 牛肉エキス. ~ de limón レモンエキス. ~ de tomate 濃縮トマト. ❷《薬学》 ~ de hematíes 濃縮赤血球製剤

concentrador, ra [konθentraðór, ra] 形 ❶ 集中させる, 集中的な. ❷ 濃縮させる
—— 男 濃縮機

concentrar [konθentrár] 【←ラテン語 cum-（で, 共に）+centrum「中心」】他 ❶〔分散しているものを, +en に〕集中させる, 一か所に集める: La lente convexa concentra los rayos. 凸レンズは光線を一点に集める. Concentran la reunión para el próximo viernes. 彼らは次の金曜日の集会への出席を呼びかけている. ~ las tropas 軍隊を集結させる. ~ el poder en pocas manos 権力を少数の人間に集中させる.〔注意・関心を〕一か所に向ける: ~ la atención en una cuestión 一つの問題に神経を集中する. ❷〔液を〕濃縮する. ❸《スポーツ》 ~ を宿舎に集める, キャンプ入りさせる. ❹《まれ》精神を集中させる
—— **~se** ❶ 集中する, 集結する: La población se concentra en el norte. 人口は北部に集中している. ❷ 精神を集中する, 専念する, 精神統一する: Se concentra en los estudios. 彼は勉強に精神を集中している. ❸ 濃厚になる. ❹《スポーツ》合宿する, 宿舎（キャンプ）に入る

concéntricamente [konθéntrikaménte] 副 同心円状に

concéntrico, ca [konθéntriko, ka] 形〔幾何〕同心の: círculos ~s 同心円

concentuoso, sa [konθentwóso, sa] 形《廃語》調和のとれた

concepción [konθepθjón] 【←ラテン語 conceptio, -onis < concipere】 女 ❶ 概念形成, 概念作用; 考え, 理解: ~ de la historia 彼の歴史観. ~ del mundo 世界観. clara ~ 明晰な理解力. ❷ 妊娠, 受胎, 懐妊: impedir la ~ 避妊する. ❸《カトリック》処女懐胎: Inmaculada C~/Purísima C~〔聖母の〕無原罪のお宿り; その祝日〔12月8日〕;〔聖母マリアを称える〕御名（♀）

concepcionero, ra [konθepθjonéro, ra] 形 名〔地名〕コンセプシオン Concepción の〔人〕パラグアイ北部の県・県都

concepcionista [konθepθjonísta] 形《カトリック》〔フランシスコ会の〕無原罪の聖母修道女会の〔修道女〕

conceptáculo [konθe(p)tákulo] 男〔植物〕生殖器巣

conceptear [konθe(p)teár] 自《まれ》機知に富んだ言葉を用いる

conceptible [konθe(p)tíβle] 形 ❶ =concebible. ❷ =conceptuoso

conceptismo [konθe(p)tísmo] 男 奇知主義, 奇想主義, 警句文学〔文飾主義 culteranismo と共に17世紀スペインのバロック文学を特徴づける手法で, ケベド Quevedo やグラシアン Gracián などがその典型とされる. 対句・隠喩・警句・箴言・寓意・言葉遊びなどを駆使し, 多義的な意味内容の解読を求める知的遊戯, また実践的な哲学としての面も持ち, ヨーロッパ文学・思想界に影響を与えた〕

conceptista [konθe(p)tísta] 形 名 奇知主義の〔作家〕

conceptivo, va [konθe(p)tíβo, βa] 形《まれ》❶ 概念作用の. ❷ 思考能力のある

concepto[1] [konθé(p)to] 【←ラテン語 conceptus < concipere「吸い込む」< capere「取る」】男 ❶〔一般化された〕概念, 考え: Manejamos las palabras, que representan ~s. 私たちは言葉を用いて概念を表わす. ¿Qué ~ tiene de esto? これについてどうお考えですか? No tengo un ~ claro de lo que es el confucianismo. 私は儒教とは何かよく分からない. formar [un] ~ de... …について概念を得る, 把握する. ~ del tiempo 時間の概念. ~ de la vida 人生観. ❷〔主に人に対する〕意見, 判断: Tengo buen ~ a ese chico. 私はその少年をよく評価している. ❸《文語》〔考え・知識を表わす〕言葉, 表現: expresar con ~s muy claros 非常に明快な言葉で表現する. ❹《商業》細目, 品目: Figuran cantidades por distintos ~s. 様々な項目に金額が示されている. ❺ 機知に富んだ言葉. ❻《古語》胎児

bajo ningún ~ =*por ningún ~*
bajo todos los ~s =*por todos los ~s*
en ~ de... …の資格で, …として〔=como〕: adelantar una cantidad de dinero *en ~ de* impuestos ある金額を税金として前払いする. *en ~ de amigo* 友人として
en ningún ~ =*por ningún ~*
en su ~ …の意見では: *En mi ~ se equivoca usted.* 私の見るところあなたは間違っています
perder el ~ 信用（人望）を失う
por ~ de... =*en ~ de...*: Recibió el dinero *por ~ de* herencia. 彼はその金を遺産として受け取った
por dicho ~ このような理由で
por ningún ~〔否定文で〕どんな観点（面）からも…ない: No tienes que arrepentirte *por ningún ~*. 君は全然後悔する必要はない
por todos los ~s あらゆる面から, あらゆる観点から
tener un gran (alto) ~ de... …を高く評価している

concepto[2]**, ta** [konθé(p)to, ta] 形《古語》=conceptuoso

conceptuación [konθe(p)twaθjón] 女 判断, 評価

conceptual [konθe(p)twál] 【←concepto】形 ❶ 概念の, 概念上の, 概念的な. ❷ arte ~ コンセプト・アート, 概念芸術

conceptualidad [konθe(p)twaliðáð] 女 概念性

conceptualismo [konθe(p)twalísmo] 男《哲学》概念論

conceptualista [konθe(p)twalísta] 形 名 概念論の〔論者〕

conceptualización [konθe(p)twaliθaθjón] 女 概念化, 観念化

conceptualizar [konθe(p)twaliθár] 29 他 自 概念化する, …の概念を形成する

conceptualmente [konθe(p)twalménte] 副 概念上, 概念的に

conceptuar [konθe(p)twár] 【←concepto】14 他〔+目的格補語/+de であると〕考える, 判断する, 評価する: Le conceptúo poco apto para ese cargo. 彼にはその任務は荷が重いと私は思う. ~ a+人 *por docto* …を博学であると思う. *bien (mal) conceptuado* 高く（低く）評価されている
—— **~se** 自分を…であると考える

conceptuosamente [konθe(p)twosaménte] 副 奇をてらって, 気取って; 機知を働かせて

conceptuosidad [konθe(p)twosiðáð] 女 てらい, 気取り

conceptuoso, sa [konθe(p)twóso, sa] 形 ❶〔文体などが〕気取った, ひねった; ウィットのある, 機知に富んだ. ❷《南米》〔手紙などが〕愛情のこもった, 心からの, うれしがらせの

concercano, na [konθerkáno, na] 形 近くの, 周辺の

concernencia [konθernénθja] 女《まれ》関連, 関連性

concerniente [konθernjénte] 形 [+a に] 関連する: datos ~s a la vida privada de los indivíduos 個人の私生活に関わるデータ. en lo ~ a... …に関しては

concernir [konθernír] 【←俗ラテン語 concernere < cum-（共に）+cernere「見分ける」】25 自〔3人称のみ〕〔主に否定文で, +a に〕関わる. 1)〔機能などが〕属する: A ti no te concierne juzgar si está bien o mal mandado. 指揮の良し悪しは君の判断するところではない. 2)〔人に〕関係のある: A mí no me concierne la reciente disposición. 最近の規定は私には関係がない

concertación

por (en) lo que concierne a... …に関して
concertación [konθertaθjón] 囡 ❶ 協定; 合意: ~ social《西》[特に1980年代前半に労使間で交わされたような] 社会協約. ❷《古語》論争, 口論
concertadamente [konθertáðaménte] 副 申し合わせて, 取り決めたように; 整然と, 調和して
concertado, da [konθertáðo, ða] 形 ❶《西》[私立学校が] 公的補助を受けている. ❷《西》[病院が] 健康保険のきく. ❸ 整った, 調和した: mampostería ~*da* 整然とした石組み. fiesta bien ~*da* 段取りのよいパーティー. ❹《古語》身だしなみを整えた
── 名 ❶《キューバ》農場労働者. ❷《コスタリカ》召使い, 家事使用人. ❸《ベネズエラ》[当局から無報酬での家事労働を強制される] 身持ちの悪い人
concertador, ra [konθertaðór, ra] 形 名 申し合わせる, 調整する; 調停者, 仲裁人
concertaje [konθertáxe] 男《エクアドル. 歴史》先住民を終身日雇い労働者として働くよう強制する契約
concertante [konθertánte] 形 男《音楽》合奏の, 合唱の; 合奏曲, 合唱曲
concertar [konθertár] 〖←ラテン語 concertare「戦う, 議論する」< cum- (共に) < certare「闘う」〗 他 23 ❶ ❶ [協定などを] 取り決める, 申し合わせる: 1) *Concertaron* la venta de la casa en tres millones de euros. 家を300万ユーロで売ることで取引がまとまった. ~ la paz 和平協定をする. ~ el casamiento 婚約する. ~ una entrevista 会見の約束をする. ~ un precio 価格を取り決める. 2) [売買・貸借の語を省略して] *He concertado* el piso en quinientos euros al mes. 私は月500ユーロでマンションを借りることに決めた. 3) [+不定詞] *Hemos concertado reunirnos los lunes.* 私たちは毎週月曜日に集まることにした. ❷ 合意させる; 和解する: 1) [+con と] ~ al padre con el hijo 父と子を和解させる. 2) [+para que+接続法] *Les he concertado para que* emprendan juntos un negocio. 一緒に事業を始めることで私は彼らを合意させた. ❸ [+con と] 一致させる, 調和させる, 調整する. ❹ [+con と] …と合わせる: ~ la llegada del tren *con* la salida del autobús 列車の到着とバスの発車時刻を合わせる. ~ a+人 la rodilla dislocada …の膝の脱臼を直す. ~ los esfuerzos 力を合わせる. ❺《文法》Hay que ~ el adjetivo *con* el sustantivo en género y número. 形容詞は名詞の性と数に合わせなければならない. ❻《音楽》…の音合わせをする, 調音する. ❼《狩猟》[勢子・猟師が] 手分けして山中の獲物の居場所を探る
── 自 ❶ 一致する, 調和する: Lo que me dices *concierta con* las noticias que yo tenía. 君の話は私が得た情報と一致する. ❷《文法》[+en 性質・人称などが] 一致する: El pronombre y el verbo *conciertan en* número y persona. 代名詞と動詞は数と人称が一致する. ❸《音楽》音(調子)が合う
── **~se** ❶ [+para+不定詞 …することで] 合意に達する, 折り合う, 同意する: *Se han concertado* todos *para* lograr sus objetivos. 彼らは全員目標を達成することで合意した. ❷ 一致する, 調和する: Valiente y sabio pocas veces *se concierta*. 勇気と知恵はめったに調和しない. ❸ 共謀する, 徒党を組む. ❹ [まれ] 身繕いする, 身だしなみを整える. ❺《中南米》[召使い・家事使用人として] 雇われる
concertina [konθertína] 囡〖←concierto〗《音楽》コンサーティーナ, コンチェルティーナ
concertino [konθertíno] 男〖←伊語〗《音楽》❶ コンサートマスター, コンサートミストレス; 第一バイオリン. ❷ [合奏協奏曲 concerto grosso の] 独奏楽器群, コンチェルティーノ
concertista [konθertísta] 〖←concierto〗名《音楽》ソリスト, 独奏者
concerto [kontʃérto] 〖←伊語〗男 =**concierto**
concerto grosso [kontʃérto gróso] 男《音楽》合奏協奏曲
concesible [konθesíβle] 形 認可(許容)され得る
concesión [konθesjón] 囡〖←ラテン語 concessio, -onis < concedere「退出する, 譲る」〗 ❶ [賞などの] 授与: ~ del premio Nobel ノーベル賞の授与. ~ de medalla al mérito laboral 労働勲章の授与. ❷《法律》譲渡; [土地・権利などの] 委譲, 払い下げ; [政府などの与える] 権利, 利権; [公共事業などの] 委託, 許可: otorgar la ~ de explotar las minas 採掘権を許可する. ~ arancelaria 関税譲許. ~ de un ferrocarril 鉄道の営業権. ~ de una obra pública 公共工事の利権. ~ del crédito 信用供与. ❸ 地域独占販売(取扱)権[の譲渡]: Tenemos la ~ para vender ese producto en Japón. 当社はその製品を日本で販売する権利を有している. ❹ [+a への] 譲歩, 妥協: Prefiero vivir en el destierro a hacer *concesiones a* la ideología enemiga. 敵のイデオロギーに譲歩するくらいなら私は亡命する方がいい. No está dispuesto a ninguna ~. 彼は一歩も譲ろうとしない. ❺《修辞》譲歩[仮説]法. ❻《歴史》居留地, 租界, 租借地

sin concesiones 断固として[譲歩せずに]: Está dispuesto a hacer una política *sin concesiones*. 彼は断固として政策を推し進めるつもりだ. Hace lo que le parece justo, *sin concesiones* al qué dirán. 彼は人から何と言われようと気にせず, 自分が正しいと思ったことをやる

concesionario, ria [konθesjonárjo, rja] 〖←concesión〗 形 名 権利を与えられた, 認可された[人]; 利権の所有者: entidad ~ria de los transportes 交通営業権所有会社
── 男 特約店, 総代理店: ~ de una firma de relojes ある時計会社の販売特約店
concesivo, va [konθesíβo, βa] 〖←concesión〗 形 ❶《文法》譲歩を示す. ❷ 譲歩され得る
── 囡《文法》譲歩文, 譲歩節 [=oración ~*va*]
concha[1] [kóntʃa] 囡 〖←ラテン語 conchula < concha < ギリシア語 konkhe〗 ❶ 貝殻: quitar las ~s a las almejas アサリをむく. ~ de caracol カタツムリの殻. C~ de Peregrino [Santiago de Compostela への巡礼者がつけた] 帆立貝形の記章. ❷ [貝] ~ de Venus イタヤガイ, ヨーロッパホタテ. ~ reina コンク貝, ピンク貝 [食用, 真珠採取取も]. ❸ [カメの] 甲羅; べっ甲 [=carey]. ❹《演劇》プロンプターボックス [=~ del apuntador]. ❺《料理》[貝殻の形の] ねじった形のマカロニ. ❻ 陶・磁器の破片. ❼ [挽き臼の] 下臼. ❽ ごく小さい入り江. ❾ [昔の] 銅貨 [=8 maravedís]. ❿《中南米. 口語》ずうずうしさ, 臆面のなさ. ⓫《メキシコ》1) [貝殻型の] 菓子パン. 2)《スポーツ》プロテクター. ⓬《南米. 俗語》[女性の] 性器. ⓭《ベネズエラ》1) 樹皮; [果実・チーズ・パンなどの] 殻, 皮. 2) [隠語][テロリストなどの] アジト

¡C~ (s) de tu madre (tu hermana)!《ペルー, チリ, アルゼンチン, ウルグアイ. 卑語》[相手への侮辱] ちくしょうめ/[苦痛・怒り] くそ!

meterse en su ~ 自分の殻に閉じ込もる
tener más ~s que un galápago/tener muchas ~s《口語》手練手管にたけている, 一筋縄でいかない, 抜け目がない, 猫をかぶっている
tener sus ~s《口語》[外見が] 厳格そうである, つきあいにくそうである

conchabamiento [kontʃaβamjénto] 男 =**conchabanza**
conchabanza [kontʃaβánθa] 囡 ❶ 癒やし, 慰め. ❷《口語》共謀
conchabar [kontʃaβár] 他 ❶ 品質の劣った羊毛を並や上質の羊毛と混ぜる. ❷ [まれ] 集める, 結びつける. ❸《南米. 口語》[作業員・家事使用人を] 雇う. ❹《チリ》物々交換する
── **~se** ❶《口語》[+para 悪い目的で] 示し合わせる, 共謀する. ❷《メキシコ》…の心を得る. ❸《南米》[作業員・家事使用人として] 雇われる
conchabeo [kontʃaβéo] 男 [不正な目的のために] 人が結びつくこと
conchabo [kontʃáβo] 男 ❶《南米》[賃金の低い・一時的な] 仕事, 職; [仲介業者を使った違法な] 家事使用人契約. ❷《チリ》物々交換
conchado, da [kontʃáðo, ða] 形 [動物が] 貝殻(甲羅)を持つ
conchal [kontʃál] 形 seda ~ 最高級品質の絹. seda medio ~ 中位品質の絹
conchar [kontʃár] 形《エクアドル》最後の一滴まで飲み干す
── 自 ❶ 最も安い酒を飲む. ❷《ドミニカ》安いおんぼろタクシーを運転する
conchería [kontʃería] 囡《コスタリカ》[農民の] 素朴さ; 田舎者concho の言い回し
conchero [kontʃéro] 男 ❶《考古》貝塚. ❷ 複 コンチェロス『主に羽根のかぶりものを付けたアステカ起源の先住民の踊り』
conchífero, ra [kontʃífero, ra] 形《地質》貝殻を含む
conchil [kontʃíl] 男《貝》ツロツブリ
conchita [kontʃíta] 囡《南米. 俗語》女性性器
conchito [kontʃíto] 男《南米. 口語》[大人数家族の] 末っ子
concho[1] [kóntʃo] 間《婉曲》[怒り・奇異] ちくしょう, くそっ, ちぇっ; おや! [=coño]

—— 男 ❶《アストゥリアス, レオン》熟していないクルミの殻. ❷《中南米》[ワインなどの]澱. ❸《コスタリカ》素朴な田舎者(農民). ❹《ドミニカ》ぼろ車. ❺《南米》1)《口語》末っ子. 2)食べ物の残り. ❻《エクアドル》トウモロコシの皮. ❼《チリ》[物事の]終わり

concho², cha² [kóntʃo, tʃa] 形《エクアドル》赤褐色の〔チチャ chicha やビールの澱の色〕

conchoso, sa [kontʃóso, sa] 形《古語》抜け目のない, 猫をかぶった

conchuchar [kontʃutʃár] ~se《キューバ, プエルトリコ》共謀する, 陰謀を企てる

conchudo, da [kontʃúðo, ða] 形 ❶ [生物が]貝殻で覆われた. ❷《廃語》抜け目のない, 用心深い, ずるい. ❸《中南米. 卑語》1) 恥知らずな[人], 面の皮の厚い[人]. 2) のろまな[人]. ❹《メキシコ》怠け者[の], 他人の労働の成果を横取りする[人]. ❺《プエルトリコ》頑固な, 無鉄砲な. ❻《南米. 口語》運のいい. ❼《アルゼンチン, ウルグアイ. 軽蔑》悪意のある, 悪者[の]

conchuela [kontʃwéla]《concha の示小語》女 貝殻の破片で埋め尽くされた海底

concia [kónθja] 女《地方語》[狩猟地内の]禁猟区域

conciencia [konθjénθja]《←ラテン語 conscientia「知覚, 意識」< sciens, -tis < scire「知る」》女 ❶ 意識, 自覚: Tiene plena ~ de lo que está haciendo. 彼は自分がしていることに対する意識が十分にある. Ha perdido la ~ de lo que le rodea. 彼は周囲に対する意識を失った. tener la ~ clara (obscura) はっきり(もうろうと)している. sin ~ del mal 悪いことだという自覚なしに. ~ de sí mismo 自己認識, 自意識. ~ de clase 階級意識. ❷ 良心, 道義心: No tiene ~. 彼には良心がない. Es un abogado de ~. 彼は良心的な弁護士だ. Me remuerde la ~ por haber obrado mal. 私は悪いことをして気がとがめている. tener la ~ limpia (tranquila) 良心に恥じることがない. ~ ancha (estrecha) 自分に甘すぎる(厳しすぎる)人. ser profesional de ~ 職業上の良心. ❸ 信仰, 信教. ❹ 度量, 寛大さ: ser ancho (estrecho) de ~ 寛大(厳格)である

a ~ 良心的に; 念入りに, 丹念に, 手を抜かず, ごまかしなく, 手がたく: mueble hecho *a* ~ 丹念に作ってある家具

a ~ *de que*+直説法 …を自覚しながら, …と知りつつも

acusar a+人 *la* ~ …が良心の呵責(ᵏᵃˢᵉᵏᵘ)に悩む: Le *acusaba la* ~. 彼は良心の呵責を感じた

cobrar ~ 意識を回復する; [+de に]気づく, 自覚する: *cobrar* ~ política 政治的に目覚める

descargar la ~ con+人 …に打ち明けて心の重荷を下ろす

en ~ 正直言って: *En* ~, no merecía la plaza. 率直に言って, 彼はその地位にふさわしくなかった. Te digo *en* ~ que no siento lástima por él. 正直言って彼に同情はできないよ

mala ~ やましい気持ち, 後ろめたさ, 罪悪感: No tengo *mala* ~. 私にやましいところはない

saber a ~ 確かに(深く)知っている

tener la ~ *limpia (tranquila)* 良心に恥じることがない

tener la ~ *sucia* 悪い行ないをした覚えがある

tomar ~ *de*... …を自覚する

concienciación [konθjenθjaθjón] 女 自覚(意識)させること, 自覚(意識)すること; 自覚, 意識

concienciador, ra [konθjenθjaðór, ra] 形 自覚させる[人]

concienciar [konθjenθjár] 10 他《西》[+de 責任・問題性などを]…に自覚を持たせる, 意識させる: Hay que ~ a la población *de* que debe ahorrar agua. 水を節約すべきことを住民に自覚させる必要がある

—— ~se 自覚する, 意識に目覚める: Está *concienciado sobre el* problema del paro. 彼は失業問題を身にしみて感じている

concientizar [konθjentiθár] 9 他《主に中南米》=**concienciar**

concienzudamente [konθjenθúðaménte] 副 良心的に, 誠実に, 真摯に; 念入りに

concienzudo, da [konθjenθúðo, ða]《←conciencia》形 ❶ 良心的な, 誠実な: trabajador ~ 勤勉な労働者. ❷ 念入りな, 細部にまで注意の行き届いた: traducción ~*da* 丹念な翻訳

concierto [konθjérto]《←concertar》男 ❶ 音楽会, コンサート: ¿Cómo vestirse para ir a un ~ clásico? クラシックコンサートを聞きに行くのにどんな服装をして行ったらいいだろうか? dar un ~ コンサートを開く. ~ al aire libre 野外演奏会. ❷《音楽》1) 協奏曲, コンチェルト: ~ para violín [y orquesta] バイオリン協

奏曲. 2) 音合わせ. ❸ 協定, 取り決め; 合意, 協議: ~ europeo 欧州の協調(各国間協定). ❹《西》租税協定『バスク州が事実上すべての租税を徴収し, 定められた割当金 cupo を中央政府に交付する』. ❺《狩猟》[勢子・猟師が]手分けして山中の獲物の居場所を探ること. ❻ 調和, 秩序: Me gusta tener las cosas con orden y ~. 私はきちんとしているのが好きだ. ❼《コスタリカ》働き口, 職. ❽《エクアドル》concertaje によって強制労働させられた先住民

al ~ *de*... …に調和して, 一致して

de ~ 合意の上で, 協力して

conciliable [konθiljáβle] 形 調和(両立)し得る; 和解できる

conciliábulo [konθiljáβulo] 男 ❶ 秘密会議, 密議. ❷《宗教》異端(背教)者の集会

conciliación [konθiljaθjón]《←ラテン語 conciliatio, -onis》女 ❶ 仲裁, 和解: acto de ~《法律》調停, 恩恵. ❷《法律》調停

conciliador, ra [konθiljaðór, ra] 形 和解(両立)させる, 調停を図る; 妥協的な, 融合的な: espíritu ~ 協調の精神

—— 名 調停者, 仲裁人

conciliante [konθiljánte] 形 =**conciliador**

conciliar [konθiljár] I《←ラテン語 conciliare「結ぶ, 参加させる」》10 他 ❶ [+con と]和解させる, 仲裁する;《法律》調停する. ❷ 両立させる: ~ lo divertido *con* lo provechoso 実利と楽しみを両立させる. ❸ [好意などを]得る(=~se)

—— ~se ❶ 互いに和解する. ❷ 両立する. ❸ [好意などを]得る: ~se *el* respeto de todos 全員の尊敬を得る

II 形 男 公会議 concilio の[議員]

conciliarismo [konθiljarísmo] 男《カトリック》[公会議を教皇より上に置く]公会議優先主義

conciliativo, va [konθiljatíβo, βa] 形 名《まれ》=**conciliador**

conciliatorio, ria [konθiljatórjo, rja] 形 和解させる: palabras ~*rias* 仲直りの言葉

concilio [konθíljo]《←ラテン語 concilium「集会」》男 ❶《カトリック》[教義上の重要な問題を論じるための]公会議, 宗教会議; その決定(事項): ~ ecuménico (universal) 世界司教会議. *C*~ *de Nicea* ニカイア公会議〔325年, 787年〕. *C*~*s de Toledo* トレド公会議〔397〜702, 西ゴート王国 reino visigodo の首都トレドで計18回開催された教会会議. カトリック教会が西ゴート王国の政治に介入する場となった〕. ~ *lateranense* ラテラノ公会議〔1123〜1517年, ローマのラテラノ宮殿で開催〕. *C*~ *de Trento/C*~ *Tridentino* トリエント公会議〔1545〜63年, 宗教改革に対抗するカトリック教会の姿勢を明確化しカトリック教会の教義を確定〕. ❷ [中世トレドで王が招集した, 宗教会議も兼ねた] 国会. ❸ [公会議での]教皇令集. ❹《戯語》会議

concinidad [konθiniðáð] 女《修辞》同調, 調和

concino, na [konθíno, na] 形《修辞》階調的な, 調和のとれた

conción [konθjón] 女《まれ》説教〔=sermón〕

concionador, ra [konθjonaðór, ra] 名《まれ》公衆の中で発言する人

concionante [konθjonánte] 男《まれ》説教師

concionar [konθjonár] 自《古語》公衆に話をする

concisamente [konθísaménte] 副 簡潔に

concisión [konθisjón]《←ラテン語 concisio, -onis》女 簡潔さ: Un rasgo representativo del autor es su ~ de estilo. その作家の代表的な特徴は文体の簡潔さだ

conciso, sa [konθíso, sa]《←ラテン語 concisus「切られた」< concidere「ばらばらに切り離す」》形 ❶ 簡潔な, 簡明な: hacer una exposición ~*sa* de los hechos 事実を手短かに紹介する. expresión ~*sa* 簡潔な表現. tratado ~ de astronomía 簡単な天文学書. ❷《まれ》短い

concitación [konθitaθjón] 女 挑発, 扇動

concitador, ra [konθitaðór, ra] 形 名 挑発する[人], 扇動する[人]

concitar [konθitár]《←ラテン語 concitare》他 ❶ [+contra に対する敵意などを]かきたてる, 挑発する, 扇動する. 激怒させる: *Concitó contra* sí las iras de la muchedumbre. 彼は自ら大衆の怒りを招いた. El ministro *concitó contra* el rey el odio del pueblo. 大臣は国王に対する国民の反感をあおった. ❷ [人を]集める

—— ~se [好意などを]受ける: En pocos días *se ha concitado* la antipatía de todos. 幾日もたたないうちに彼は全員の反感を買ってしまった. ❷ [人が]集まる

concitativo, va [konθitatíβo, βa] 形 反感(憎悪など)をかき立てる

conciudadano, na [konθjuðaðáno, na]《←con-+ciudadano》圏 同じ町の人; 同国人, 同郷人, 同胞

conclapache [konklapátʃe] 圐《メキシコ》相棒, 仲間; 共犯者, 従犯者

conclave [konklábe] 圐 =**cónclave**

cónclave [kónklabe]《←ラテン語 conclave「小部屋」》圐《カトリック》コンクラーベ, 教皇選挙会議場; 新教皇選出のための枢機卿会議. ❷《戯謔》[秘密の]会議: En la portería hay un ~ de cocineras. 門番部屋で料理女たちが集まってひそひそ話している

conclavista [konklabísta] 圐《カトリック》枢機卿の世話をするためコンクラーベに入る随行員

concluir [konklwír]《←ラテン語 concludere「終える」< claudere「閉める」》48 ⬜ ❶《文語》完結させる, 終了させる: Solo me falta un capítulo para la novela. 私はあとかあと1章で小説を書き終える. La guerra concluyó el año cuarenta y dos. 1942年は戦争で暮れた. Concluye tu plato de sopa. スープを飲みなさい. ❷《文語》[+de から]…と結論する, 結論を出す, 決定する; 推論する; 断定する, 推断する: Concluimos de todo esto que el acusado obró con plena conciencia. 以上のことから我々は被告が完全な意識下に行動したと結論する. Concluimos pedir un armisticio. 我々は休戦提案することにした. ~ una consecuencia falsa 誤った結論を導き出す. ~ a+人 de ignorancia …を無知であると決めつける. ❸[協定などを]結ぶ, 締結する. ❹[芸術作品などを]丹念に仕上げる. ❺《フェンシング》[つばで相手の剣を]押さえ込む. ❻《廃語》[反論の余地なく]説き伏せる

── 圎 ❶ 終わる, 終了する: 1) Las vacaciones ya han concluido. 休暇はもう終わった. La guerra concluyó el año dieciocho. 戦争は1918年に終結した. Su vida concluyó tristemente. 彼は寂しく人生を終えた. 2)[+en・con で]Todos los discursos concluyen en un viva. すべての演説が声援と共に終わる. Esa palabra concluye en vocal. その単語は母音で終わる. El acto concluyó con un brindis. 儀式は乾杯で終わった. El primer acto concluye con un monólogo. 第1幕はモノローグで終わる. 3)[+de+不定詞]…し終わる: Concluyó de hablar. 彼は話し終えた. ❷[+por+不定詞/+現在分詞]結局(ついに)…する: Concluirás por ceder. 君もしまいには折れるだろう. Concluirá aceptando. 彼は結局受け入れるだろう. Concluiré volviéndome loco. 私は気が変になりそうだ

──**se** ❶ 終わる: Se concluyó la representación ayer. 上演は昨日終わった. ❷ 結論が出る

¡Hemos concluido![怒って, 話し合いは]もうこれまでだ!

Se ha concluido.[命令口調で議論を打ち切って]もうこれまでだ

conclusión [konklusjón]《←ラテン語 conclusio, -onis》囡 ❶ 結論, 帰結; 推断; 結末, 結び; [考慮の末の]決意: Después de hablar tres horas no hemos llegado a ninguna ~. 私たちは3時間話したあげく, 何の結論にも達しなかった. Sacó la ~ de que el acusado fue culpable. 彼は被告は有罪だという結論を導き出した. ❷ 終了, 完結: ~ de un negocio 取引の終了. ~ de la guerra 終戦. ❸[協定などの]締結, 取り決め. ❹《論理》1)[三段論法の]結論, 断案. 2)[主に 圐]スコラ派哲学で]命題. ❺《法律》[主に 圐]検事の]論告書面. ❻《歴史》[主に 圐]大学での討論における]命題

como ~ =**en** ~

en ~[主に不快・落胆を表わして]結論としては, 結局のところ: En ~, que no has hecho el trabajo. 要するに君は仕事をしなかった訳だ

sacar en ~[+de から]…という結論を引き出す: Después de todo eso, lo que saco en ~ es que la culpa la has tenido tú. それらすべてから私が引き出した結論は君が悪かったということだ

conclusivo, va [konklusíbo, ba] 围 結論的な, 議論の余地のない: proposición ~ 最終質問

concluso, sa [konklúso, sa]《←ラテン語 conclusus < concludere》围 ❶《文語》終わった. ❷《法律》結審した: ~ para sentencia 結審して判決申し渡しをするばかりになった

concluyente [konklujénte]《←ラテン語 concludens, -entis》围 ❶[結論を引き出すのに]決定的な, 議論(反論)の余地のない: prueba ~ 決定的証拠. razón ~ 決定的理由. respuesta ~ 異論をさしはさむ余地のない返答. ❷ 断定的な: Eres demasiado ~ en tus afirmaciones. 君の言明は断定的すぎる

hablar en términos ~s 断定的な話し方をする

concluyentemente [konklujénteménte] 圖 きっぱりと, 断定的に

concocción [konkok̬θjón] 囡[食べ物の]消化

concofrade [konkofráde] 圐[信徒会・同職組合などの]仲間

concoide [konkóide] 囡《幾何》螺旋(ら)線, コンコイド
── 围 =**concoideo**

concoideo, a [konkoideo, a] 围《鉱物》貝殻状の, 貝殻状の割れ口のある. 囡《文語》貝に似た

concolega [konkoléga] 圐《まれ》同窓生

concolón [konkolón]《パナマ, ペルー》[鍋に残った]焦げつき

Concolorcorvo [konkolorkórbo]《人名》コンコロルコルボ《1715?~78, スペイン人アロンソ・カリオ・デ・ラ・バンデラ Alonso Carrió de la Vandera がブエノスアイレスからペルーのリマの間に位置する地方の風習を愚かな小説風に描いた『道行かない盲人の案内人』*El Lazarillo de ciegos caminantes* で用いたペンネーム》

concomer [konkomér]《←con-+comer》──**se** ❶《文語》[+por・de 不安・後悔などに]さいなまれる, いらだつ: Paula se concome de envidia. パウラは嫉妬に身を焦がしている. ❷《口語》[かゆくて]肩・背中をもぞもぞさせる

concomimiento [konkomimjénto] 圐 ❶[不安・後悔などに]さいなまれること, いらだち, 煩悶(はん), 焦燥. ❷《口語》[かゆくて]肩・背中をもぞもぞさせること

concomio [konkómjo] 圐《まれ》=**concomimiento**

concomitancia [konkomitánθja] 囡 共存, 付随, 随伴

concomitante [konkomitánte] 围 共存する, 付随する, 伴う: acciones ~s 随伴行動. síntomas ~s《医学》随伴症状

concomitar [konkomitár] 他[事柄に]付随する

concón [konkón] 圐《チリ》❶《鳥》アカアシモリフクロウ. ❷ 南米の太平洋岸に吹く陸風

concordable [konkorðáble] 围 一致し得る

concordación [konkorðaθjón] 囡 調整; 配合, 取り合わせ

concordador, ra [konkorðaðór, ra] 圐囡 調整する[人]

concordancia [konkorðánθja]《←古ラテン語 concordantia》囡 ❶ 一致, 合致; 調和, 適合: ~ de sus opiniones 意見の一致. ❷《文法》[時制・性数の]一致: ~ de los tiempos 時制の一致(照応). ❸《音楽》和声, 和音: ~ de voces que suenan juntas 複数の声が一緒にハモって聞こえること. ❹ 圕《アルファベット順の》用語索引. ❺《歴史》[C~]コンコルダンシア《アルゼンチンの保守派政治同盟. 1931年アグスティン・フスト Agustín Justo 将軍を中心に結成. 不正選挙により政権を奪取したが, 1943年に解散》

concordante [konkorðánte] 围 一致した, 調和した: opiniones ~s 一致した意見

concordar [konkorðár]《←ラテン語 concordare < cum-「によって, 共に」+cor, cordis「心」》28 ⬜ ❶[+con と, +en で]一致する, 合致する; 同意する: Todas las noticias concuerdan en que ha sido un accidente grave. すべてのニュースがそれが重大な事故だったということで一致している. Todos los médicos concuerdan en el diagnóstico. 医者は全員同じ診断を下している. Tu opinión concuerda con la mía. 君の意見は私のと一致している. ❷《文法》[時制・性数の]一致する: El nombre y su adjetivo concuerdan en género y número. 名詞とその形容詞は性と数が一致する. El verbo y el sujeto concuerdan en persona y número. 動詞と主語とは人称と数が一致する

── 他 ❶ 一致させる, 調和させる; 和解させる. ❷《文法》[時制・性数を]一致させる

concordata [konkorðáta] 囡 =**concordato**

concordatario, ria [konkorðatárjo, rja] 围 宗教協約の

concordativo, va [konkorðatíbo, ba] 围 一致する; 合意する

concordato [konkorðáto] 圐《歴史》コンコルダート《ローマ教皇と各国政府間で締結された政教条約》

concorde [konkórðe]《←ラテン語 concors, -dis》围 ❶[estar+, +con と, +en で]一致した, 合致した: Su declaración no está ~ con lo que nos había dicho. 彼の証言は以前言っていたことと違う. ❷ 同意見の: Estamos ~s en la necesidad de salir cuanto antes. できるだけ早く出発する必要があるということで我々は意見が一致している. Yo estoy ~ en reunirnos en vez de por semanas. 私は週ごとではなく月ごとに集まることに同意している

concordemente [konkórðeménte] 圖 一致して, 同意して; 調和して, 和合して

concordia [koŋkórđja] 〖←ラテン語〗 [女] ❶ 一致; 融和, 和合: Reina la ～ en su matrimonio. 彼らの結婚生活はうまくいっている. en un clima de ～ 協調的な雰囲気の中で. ❷ 協定書, 合意書. ❸ 2つの輪を組み合わせた指輪, ダブルリング

concorpóreo, a [koŋkorpóreo, a] [形]《神学》聖体拝領によってキリストと一体になった

concorvado, da [koŋkorƀáđo, đa] [形]《まれ》=**corcovado**

concostráceo, a [koŋkostráθeo, a] [形] カイエビ目の
—— [男] [複]《動物》カイエビ目

concreado, da [koŋkreáđo, đa] [形]《神学》神に創られた時から人に備わっている

concreción [koŋkreθjón] 〖←ラテン語 concretio, -onis「付加」〗 [女] ❶ 具体化, 実体化; 具体性: El proyecto carece de ～. その案は具体性に欠ける. ❷ 凝固, 凝結; 凝固物, 凝結物: 1) Una perla es una ～ de nácar. 真珠は真珠層の固まりである. *concreciones* calcáreas《地質》石灰質結核. 2)《医学》～ biliar 胆石. ～ renal 腎臓結石. ❸《中南米》実現

concrecionar [koŋkreθjonár] **～se** 凝固する

concrescencia [koŋkresθénθja] [女]《生物》合生, 癒合

concrescente [koŋkresθénte] [形]《生物》合生の, 癒合の

concretamente [koŋkrétaménte] [副] ❶ 具体的に〔言うと〕; はっきりと, 明確に言えば: Me refiero ～ a ti. 私ははっきりと君のことを言っているのだ. ❷ きっぱりと, 断固として: Me dijo ～ que viniera hoy y a esta hora. 彼は私に今日この時刻に来るようきっぱりと言い渡した. ❸ 的確に, 正確に: No sé ～ a qué ha venido. 何のために彼が来たのか私は正確には分からない. No es ～ una conferencia lo que se va a celebrar. 開催されるのは正確には会議ではない. ❹ 特に, とりわけ: Me refiero ～ a tus preguntas. 私は特に君の質問のことを言っているのだ

concretar [koŋkretár] 〖←concreto〗 [他] ❶ 具体化させる; 明確にする: ～ el número 具体的に数字をあげる. ❷ [話題・行為などの範囲を, +a に] 限定する: El Sr. N. *concretó* su intervención *a* explicar su voto. 某氏が話に割って入ったのはもっぱら自分の意見を説明するためだった. Él *concreta* sus aspiraciones *a* ganar lo necesario para vivir. 彼は暮らしていくのに必要なだけ稼ぐことに願望を限っている. ❸《チリ》コンクリートで固める
—— **～se** ❶ 具体化する; はっきりする, 明確になる: La idea *se concreta* en el individuo. 概念は個々人の中で具体化する. Su ideal de mujer *se ha concretado* en esa muchacha. その若い娘はまさに彼の理想とする女性像の具現化したものだった. *Se* van *concretando* las noticias. ニュースがどんどん詳しく明確になっていっている. ❷ 自身を限定する: *Se concretó a* dar su opinión. 彼は自分の意見を述べるだけにとどめた. *Se concreta a* vivir con lo que gana. 彼は稼いだ分だけで暮らしている. *Concrétese* usted *a*l tema. 話がテーマからそれないようにして下さい

concretización [koŋkretiθaθjón] [女] 具体化; 限定

concretizar [koŋkretiθár] [9] [他] ❶ =**concretar**. ❷《チリ》限定する

concreto, ta [koŋkréto, ta] 〖←ラテン語 concretus「濃い, 詰まった」< concrescere「濃くなる, 固くなる」〗 [形] 〖⇔abstracto〗 ❶ 具体的な; 有形の, 実在する: Dime día y hora ～*s* para ir a verte. 君に会いに行くのに何日の何時がいいのか具体的に言ってくれ. dar forma ～*ta* al proyecto 計画を具体化する. hechos ～*s* 具体的な事実. ❷《文法》具象の. ❸ 限定された, 特定の, 個々の: No busco un pañuelo cualquiera, sino uno ～, un pañuelo que yo había dejado aquí. ハンカチならどれでもいいのではない. 私がここに忘れていったその特定のハンカチを捜しているのだ. en mi caso ～ 私の場合に限って言えば. ❹ 的確な, 正確な: No tengo noticias ～*tas* de lo que pasó. 私は起こったことの正確な情報は得ていない. ❺《数学》número ～ 名数. ❻《音楽》música ～*ta* ミュージック・コンクレート, 具体音楽
***en* ～** 1) 具体的に; 現実に: Aún no hay nada *en* ～ de su nombramiento. 彼が指名されるかどうかは何も具体的に決まっていない. 2) 要するに, つまり, 結局
—— [男] ❶ 凝固物, 凝結物. ❷《米国, 中南米》コンクリート 〖=hormigón〗: ～ reforzado (armado) 鉄筋コンクリート

concubina [koŋkuƀína] 〖←ラテン語 concubina < cum- (によって, 共に)+cubare「寝る」〗 [女] 内縁の妻, 愛人, 情婦, 妾; [多妻制で] 第2夫人以下の妻

concubinario [koŋkuƀinárjo] [男] 内縁の夫

concubinato [koŋkuƀináto] [男] 内縁関係, 同棲

concubino [koŋkuƀíno] [男]《まれ》=**concubinario**

concúbito [koŋkúƀito] [男]《文語》性交, 交接

concuerda [koŋkwérđa] ***por* ～** 原本と相違ないことを証明する〖コピーの頁末に書かれる決まり文句〗

conculcación [koŋkulkaθjón] [女]《文語》違反, 侵害

conculcador, ra [koŋkulkađór, ra] [形] [名]《文語》違反する〔人〕

conculcar [koŋkulkár] 〖←ラテン語 conculcare「踏みつける」< calcare「踏む」〗 [7] [他] ❶《文語》…に違反する, 侵害する: *Ha conculcado* todas las normas de la convivencia humana. 彼は人間的共存の原則をすべて破った. ～ los principios 方針に背く. ❷ 踏みつける

concuna [koŋkúna] [女]《コロンビア. 鳥》モリバト

concuñado, da [koŋkuɲáđo, đa] [名] 義姉妹の夫, 義兄弟の妻; 兄弟の妻(姉妹の夫)の兄弟姉妹

concuño, ña [koŋkúɲo, ɲa] [名]《カナリア諸島; メキシコ》=**concuñado**

concupiscencia [koŋkupisθénθja] [女]《文語》[現世の快楽への] 欲望; [特に] 色欲, 肉欲, 情欲

concupiscente [koŋkupisθénte] [形]《文語》貪欲な, 強欲な; 淫蕩な, 好色の

concupiscible [koŋkupisθíƀle] [形]《心理》alma ～ 享楽的魂. apetito ～ 快欲求

concurrencia [koŋkur̄énθja] 〖←concurrir〗 [女] ❶ [集名] 参加者, 出席者; 観衆, 聴衆: En la fiesta hubo gran ～. パーティーには大勢が出席した. La ～ escuchó complacida. 参列者たちは満足げに聴いていた. ❷《文語》参加, 出席. ❸《文語》同時発生: ～ de dos accidentes 2つの事故の同時発生. ❹《主に経済》競争〔相手〕. ❺《言語》共起. ❻ 援助, 協力

concurrencial [koŋkur̄enθjál] [形]《主に経済》競争の

concurrente [koŋkur̄énte] [形] [名] ❶ 参加(出席)する; 参加者, 出席者. ❷ 集中する; 同時発生する. ❸《幾何》一点で交差する. ❹《文法》共起の

concurrido, da [koŋkur̄íđo, đa] [形] 混み合った, 参加者の多い: Es un café muy ～. それはとてもはやっている喫茶店だ. La sesión estuvo ayer muy ～*da*. 昨日の集まりは盛会だった

concurrir [koŋkur̄ír] 〖←ラテン語 concurrere「一緒に走る」< cum- (によって, 共に)+currere「走る」〗 [自] ❶ [複数の人が, +a に] 参加する, 集まる: Todos los que *concurrieron a*l baile recibieron un regalo. ダンスパーティーに来た人は全員お土産をもらった. Muchas personas *concurrieron* para la inauguración de nuevas secciones de esos grandes almacenes. 大勢の人がそのデパートの新設売り場の開場に詰めかけた. *Concurre a* mi tertulia. 彼は私の茶話会のメンバーだ. Los partidos *concurren a* las elecciones. 各政党は選挙に参加する. ❷ [+en 一か所・一時に] 集中する; 同時発生する: Las tres carreteras *concurren en* Madrid. 3本の幹線道路がマドリードに集まっている. ❸ [複数の事柄が, +a・en に] 影響を及ぼす, 作用する: *A* la derrota del equipo *concurrieron* una porción de circunstancias. いくつもの事情が重なってチームが敗退してしまった. Multitud de razones *concurren* para explicar este hecho. この事実にはいくつもの原因が重なっている. ❹ [特性・状況が, +en 人・事物に] 存在する: *Concurren en* ella todas las cualidades deseables de una secretaria. 彼女は秘書に望ましいすべての資質を持っている. ❺ [コンクールなどに] 参加する. ❻ [+a・con 目的のために] 献金する. ❼ [+con と, +en で] 同意見である, 賛同する. ❽《幾何》[複数の線が] 一点で交差する

concursado, da [koŋkursáđo, đa] [名]《法律》破産宣告を受けた債務者

concursal [koŋkursál] [形] ❶ 競争入札の. ❷ 債権者会議の. ❸ 採用試験の

concursante [koŋkursánte] 〖←concursar〗 [形] [名] 応募する, 応募者; [クイズ番組などの] 出場者, 解答者;《スポーツ》出場選手: El público recibe a los ～*s* con una ovación. 観客は出場者たちを盛大な拍手で迎えた. El ～ escogió la caja más grande. クイズの挑戦者は一番大きな箱を選んだ

concursar [koŋkursár] 〖←concurso〗 [自] [+en・a コンクール・採用試験などに] 応募する: Muchos poetas *concursaron en* el certamen. 多くの詩人がコンクールに応募した
—— [他] ❶《法律》…の破産を宣告する; [破産宣告に従って] 競売にかける. ❷ …に応募する; 採用試験を受ける: *He concursado* la vacante de Madrid. 私はマドリード市の欠員補充

[C]

concursillo [koŋkursíʎo] 男 試験に応募した 制限付き競争入札

concurso [koŋkúrso] 【←ラテン語 concursus < concurrere「一緒に走る」】男 ❶ コンクール, 競技会: tomar parte en un ~/presentarse a un ~/participar en un ~ コンクールに出場する. ~ completo individual《体操》個人総合. ~ de atletismo 陸上競技大会. ~ de novelas 小説の懸賞募集. ~ hípico 馬術競技会. ❷ 採用試験 [類義] **concurso** は主に民間の採用試験. **oposición** は公務員で身分保障のある定年までの正規雇用者の採用試験): Se ha anunciado un ~ para proveer una plaza de médico del hospital. 病院の医師の欠員を補充するための募集が始まった. ~ de traslado 欠員補充のための転任選考試験. ~-oposición [主に公務員の] 期間限定の臨時雇用者の採用試験. ❸《西.放送》クイズ番組《=programa ~》. ❹《商業》競争入札《= ~ subasta》: presentar+物 a ... を入れにかける. ~ para la provisión de botas al ejército 軍に軍靴を納入するための入札. ❺ 協力, 貢献: Todos prestaron su generoso ~ para el éxito de la obra. 作品成功のためにみんなが惜しまず援助した. ❻《状況・出来事などの》一致, 同時発生: Un ~ de circunstancias hizo posible mi viaje. 様々な状況がうまく合って私は旅行に行けるようになった. ❼《法律》1) ~ de acreedores 債権者会議. 2)[個人に適用される]破産[手続き]. ❽ [集合]参加者; 観衆

fuera de ~ 競争に加わらず; 入賞の望みもなく, 勝ち目もなく
salir a ~ 採用試験(競争入札)が行なわれる: Saldrán a ~ unos vacantes. 数名の欠員補充の試験が行なわれるだろう

concusión [koŋkusjón] 女 ❶《法律》[公務員の]横領. ❷《廃語》衝撃, 揺らし; 脳しんとう

concusionario, ria [koŋkusjonárjo, rja] 形 名 公金横領する[人]

condado [kondádo] 【←conde】男 ❶ [集合] 伯爵領: C~ de Barcelona バルセロナ伯爵領. ❷ 伯爵位. ❸ [英国などの] 州; [米国などの] 郡

condal [kondál] 形 伯爵の

conde [kónde] 【←ラテン語 comes, -itis「君主に随伴する貴族」】男 ❶ 伯爵《↔ condesa. →nobleza [参考]》: Su abuelo era ~. 彼の祖父は伯爵だった. ~-duque 伯爵兼公爵, 公伯爵. C~ de Floridablanca フロリダブランカ伯爵. C~ Lucanor『ルカノール伯爵』《1330~35年, ドン・フアン・マヌエル Don Juan Manuel 作の説話集. 簡潔かつ優雅な文体で著された51話が収められている. ルカノール伯爵が助言を求め, 相談役のパトロニオが『イソップ寓話 *Fábulas de Esopo* や『カリーラとディムナ *Calila y Dimna* などを出典とする寓話をもとに忠告を与える形で読者への教訓が示される]. ❷ 複 伯爵夫妻. ❸ 女伯爵 condesa の夫. ❹《歴史》1)[スペイン中世初期において]一定地域の統括を任される領主・伯; [10世紀以降の中世後期で]一定地域の独立した統治権を確立した領主. 2)[西ゴート王国の時代の]宮廷などの官職ポストにつく特権をもつ貴族の称号. ❺[ジプシーの]族長. ❻《アンダルシア》農場労働者の副責任者

condecente [kondeθénte] 形《廃語》適切な, 対応する

condecir [kondeθír] 64 自《まれ》[+con に]適切である, ふさわしい

condecoración [kondekoraθjón] 女 ❶ 勲章. ❷ 叙勲, 勲章授与式

condecorar [kondekorár] 【←ラテン語 condecorare < cum- (で) +decorare「飾る」】他 [+de 勲章・勲位を] …に授与する, 叙勲する: El rey lo *ha condecorado con* la cruz de Alfonso X el Sabio. 国王は彼に賢王アルフォンソ10世の十字勲章を授けた

condemasiado [kondemasjáðo] 副《ボリビア.口語》**=demasiado**

condena [kondéna] 女 ❶ 有罪判決, 刑[の宣告]: Ha cumplido su ~. 彼は刑期を終えた. imponer a+人 una ~ de diez años de cárcel …を懲役10年の刑に処する. pronunciar una ~ 有罪を申し渡す. ~ condicional 執行猶予付きの刑. ~ perpetua 終身刑. ❷ [+de 人への]非難

condenable [kondenáble] 形 罰せられるべき; 非難されるべき; 有罪判決を下され得

condenación [kondenaθjón] 女 ❶ =**condena**: pronunciar una ~ 判決を言い渡す. ❷《口語》永年の怒り(いらだち)の原因. ❸《古語.カトリック》永罰, 地獄での永遠の苦しみ《= ~ eterna》

condenado, da [kondenáðo, ða] 形 名 ❶ 有罪宣告された [人], 受刑者: ~ a muerte 死刑囚.《カトリック》永罰を受けた[人], 地獄に落とされた[人]. ❸ 邪悪な[人], 呪われた人. ❹《口語》[+名詞] いまわしい, 嫌な〈奴〉; [特に]腕白な〈子〉; いたずらっ子: Esa ~*da* mujer manipuló a todos. あの嫌な女がみんなを操っていた. 天動説は禁じられた. いまいましい時計だ, 止まってばかりいる. ese ~ trabajo そのいまいましい仕事. ❺ [戸・窓などが]ふさがれた, 閉鎖された: puerta ~*da* 釘づけされた扉. ❻《チリ》抜け目のない, ずる賢い

定冠詞+ ~ *de...*《親愛.時に皮肉》¡Qué hermosa es la ~*da* de tu hija! 君の娘さんはすごい美人だね! El ~ *de* mi marido siempre llega tarde. 私のしょうのない夫はいつも遅刻する
como un ~/*como* ~*s* [人・動物について]ひどく: sufrir *como un* ~ 地獄の苦しみを味わう. trabajar *como un* ~ 牛馬のごとく働く

condenador, ra [kondenaðór, ra] 形 名 非難する〔人〕

condenar [kondenár] 【←ラテン語 condemnare < cum- (で) +damnare「害する」< damnum「害」】他 ❶ …に有罪判決を下す; [+a 刑を]宣告する: Las opiniones contra el geocentrismo estaban *condenadas* por la Iglesia católica. 天動説は禁じられるとカトリック教会によって罰せられた. Le *condenaron por* ladrón *a* dos años de cárcel. 彼は窃盗罪で懲役2年の刑を言い渡された. ~ *a muerte/* ~ *a pena capital* 死刑を宣告する. ~ *con una multa* 罰金を支払うよう申し渡す. ~ *en costas* 訴訟費用の支払いを命じる. ❷ 非難する, とがめる: En su discurso *condena* todo tipo de fundamentalismo. 彼は講演であらゆる原理主義を批判した. ❸ [+a+名詞・不定詞で]…に余儀なくさせる: Este trabajo me *condena a* una vida aburrida. 私はこの仕事のせいで退屈な暮らしを強いられている. La enfermedad lo *condena a* guardar cama durante unos meses. 彼は病気で数か月寝ていなければならない. ❹ [戸・窓などを]ふさぐ, 閉鎖する[使えなくする, 出入りできなくする]: Hay que pasar por la otra puerta porque *han condenado* esta. こちらの扉をふさいでしまったので, 反対側の扉から入らなければならない. *Hemos condenado* esa habitación porque el piso amenaza ruina. 床が傷んで危険なので私たちはその部屋を閉め切りにしてしまった. ❺[主に子供中心に]いらだたせる, 怒らせる: Este chiquillo me *condena* con su terquedad. 私はこの子の強情さにへきえきしている. ❻ だめにする, 台無しにする
—— ~*se*《カトリック》永罰を受ける, 地獄に落ちる.《比喩》Él *se condenó* solo. 彼だけがばかを見た. ❷ いらだつ, じれる: *Me condeno* esperando el autobús. 私はいらいらしてバスを待っている. ❸ 自責する, 自分の罪を認める

condenatorio, ria [kondenatórjo, rja] 形 ❶《法律》有罪とする, 処罰する: sentencia ~*ria* 有罪判決. ❷ 非難する: denuncia ~*ria* 非難の訴え

condensabilidad [kondensaβiliðað] 女 凝縮可能性

condensable [kondensáβle] 形 凝縮され得る

condensación [kondensaθjón] 女 凝縮, 濃縮, 凝結;《化学》縮合

condensada [kondensáða] 女 コンデンスミルク, 練乳《=leche ~》

condensador, ra [kondensaðór, ra] 形 ❶ 凝縮させる.《光学》集光させる
—— 男 ❶《電気》コンデンサー, 蓄電器《= ~ eléctrico》. ❷ 凝縮器《=dispositivo ~》. ❸《光学》集光レンズ《=lente ~ra》

condensante [kondensánte] 形 凝縮させる

condensar [kondensár] 【←ラテン語 condensare「締める, 密にする」< cum- (によって, 共に) +densare「締める, 濃くする」】他 ❶ 凝縮する, 濃縮する; [蒸気を]液化する: ~ el vapor 水蒸気を凝結させる, 結露させる. ❷ [+en に]要約する: ~ *en* unas palabras la teoría de la relatividad 相対性理論を簡単に要約する
—— ~*se* 凝縮する, 凝結する; 液化する

condensativo, va [kondensatíβo, βa] 形 凝縮性のある

condenso, sa [kondénso, sa] 形 condensar の不規則な 過分

condesa [kondésa] 女 ❶ 女伯爵; 伯爵夫人. ❷《古語》大衆, 大勢

condesado [kondesáðo] 男《まれ》伯爵位《=condado》

condesar [kondesár] 他 ❶ 節約する. ❷《古語》取っておく, 保存する

condescendencia [kondesθendénθja] 【←condescender】女 ❶ [目下の人などに対する]思いやり, 寛容さ: Él tiene hacia las mujeres una ~ claramente machista. 彼は女性に対して

明らかに男性優位主義的な思いやりがある．Aceptó la invitación por ～．相手の意を酌んで彼は招待を受けた．❷《軽蔑》恩着せがましさ: tratar a+ ～ con ～ …に恩着せがましくする．❸《まれ》追従，おもねり，へつらい．❹《まれ》［時に過度の］寛大さ，寛容さ

condescender [kondesθendér]【←ラテン語 condescendere「の水準に身を置く」＜ cum-（によって，共に）+descendere「下がる」】24 自［+a・en+不定詞．思いやり・気安さ・優越感などから］わざわざ〔（へり下って・たっぷりと）…してあげる，合意する，承諾する: 1) *Condesciende a* acompañar a su mujer a las fiestas, aunque a él no le gustan. 彼はパーティーが嫌いだが，妻が行きたいので一緒に行ってやる．2) ［目上の者が］La reina *condesciende* en esa ocasión *a* bailar con sus servidores. 女王はその機会には家臣の者たちと踊って下さる．3) 《皮肉》El nuevo director *condescendió* a saludar a sus empleados. 新社長はご丁寧に従業員にもあいさつをふりまいたよ

condescendiente [kondesθendjénte]【←condescender】形［+con に対して］思いやりのある，気安い: La madre Teresa era muy ～ *con* ese pequeño egoísmo de los turistas. マザーテレサは観光客たちの身勝手にも大変優しかった

condesil [kondesíl] 形《戯語》伯爵の

condestable [kondestáble]【←俗ラテン語 comes stabuli「王室厩舎長の伯爵」】男 ❶《海軍》砲兵隊軍曹．❷《歴史》［中世，国王軍の］総指揮官．陸軍総師

condestablesa [kondestablésa] 女《古語》元帥の妻
condestablía [kondestablía] 女《古語》元帥の位
condición [kondiθjón]【←ラテン語 condicio, -onis「起こるための基本的状況」】女 ❶ 条件: 1) Para ejercer la abogacía es ～ imprescindible tener el título oficial. 弁護士を営むには公的な資格を持っていることが不可欠の条件である．¿En qué *condiciones* aumenta el volumen de un cuerpo? どのような条件のもとで身体は太るのか？ con una ～ 条件付きで．admitidas estas *condiciones* これらの条件が認められれば．～ de frontera/～ de contorno《物理》境界条件．～ necesaria y suficiente 必要十分条件．2) ［契約などの］条項: Entre las *condiciones* del contrato está la de no poder subarrendar el local. 契約条件の中に部屋を又貸しできないという条項が含まれている．estipular las *condiciones* de un contrato 契約の条件を定める．～ del intercambio 交換条件．～ imposible 不能条件．*condiciones* laborales/*condiciones* de trabajo 労働条件．*condiciones* de pago 支払い条件．❷［主に 複］状態；状況，環境: La casa estaba en buenas *condiciones* para vivir en ella. その家は住むのに良好な状態にあった．Los refugiados vivían en *condiciones* infrahumanas. 避難民たちは人間以下の生活状況にあった．Sus *condiciones* de salud no le permiten el viaje. 彼の健康状態では旅行できない．Estoy en mejores *condiciones* económicas que yo. 彼の経済状態は私より良い．～ física 体調．*condiciones* atmosféricas 天候，気象状況．*condiciones* de vida 生活状態，生活環境．❸［生まれつきの・本来的な］性格，性質: 1) Es propio de la ～ del león ser fiero. 獰猛であることはライオンの本性である．2) ［道徳的見地からの人のありよう］Ya de niña era de ～ rebelde. 彼女は子供の時から反抗的だった．hombre de ～ mezquina (bonachona・perversa) けち(のんき・邪悪)な性質の男．❹［社会的な］地位，身分，階層［昔の貴族，平民，郷士，奴隷，自由民など．=～ social］: Se casó con una mujer de distinta ～．彼は身分の違う女性と結婚した．de ～ humilde 卑しい身分の．❺［公的な］立場，職務: Su ～ de agregado no le permite hacer ciertas declaraciones sobre el gobierno. 彼は外交官としての立場上，政権についての意見を表明することができない．［主に 複，+para ～］適性，特性: No tiene *condiciones para* ser músico. 彼には音楽家の素質がない．muchacho de excelentes *condiciones* すばらしい素質をもった少年．❼［主に 複］種類: Había allí coches de todas ［las］ *condiciones*. あらゆる種類の車があった．❽《アルゼンチン》伝統的な屋内の舞踊・音楽《=～ del general Belgramo》

a ～ *de que*+接続法 …という条件で: Te dejaré mi coche ～ *de que* lo trates bien. 大切に扱ってくれるなら車を貸してあげる

bajo ～ ［+de の］条件付きで［の］，条件のもとで［の］

～ *humana* 1) 人間の本性: La sociabilidad es propia de la

～ *humana*. 社会性は人間特有の性質である．2)《哲学》人間の条件

de ～ 身分の高い，貴族階級の: Es un hombre *de* ～．彼は貴族だ

en condiciones 1) よい状態の: Este jamón que me han vendido no está *en condiciones*. 私が売りつけられたこのハムは状態が悪い．2) ［+de・para に］適した状況(状態)で: El actor afirmó ayer en una rueda de prensa que se halla de nuevo *en condiciones* de poder reanudar el rodaje. 俳優は昨日の記者会見で，撮影を再開できる状態にあると言明した

poner una ～ ［+a に］条件を出す(付ける): Te lo doy, pero te *pongo una* ～．それをあげるよ，だが条件が一つある

sin condiciones 無条件で・の: rendirse *sin condiciones* 無条件降伏する

condicionable [kondiθjonáble] 形 条件を付けられ得る
condicionado, da [kondiθjonádo, da] 形 ❶［estar+］条件付きの｛=condicional｝; 制約付きの: La expedición está ～*da* al tiempo. 遠征は天候に左右される．amistad ～*da* condiciones の友情．❷《心理》acto ～ 条件行動．reflejo ～ 条件反射．❸ 条件の整った，適切な状態にある｛=acondicionado｝: aire ～ 冷暖房，空調 ── 男《論理》結句

condicionador, ra [kondiθjonadór, ra] 形 男 条件付ける〔要素〕

condicional [kondiθjonál]【←condición】形 ❶ 条件付きの: Me prestó su ayuda de forma ～．彼は条件付きで私を助けてくれた．libertad ～ 条件付きの自由．venta ～ 条件付きの販売．❷《文法》条件の(仮定の)を表わす: conjunción ～ 条件を表わす接続詞．oración subordinada ～ 条件節
── 男《文法》条件法《日本のスペイン語教育では直説法の一部に含めることが多い．=modo ～》: simple ～ 条件法単純形 ｛=直説法過去未来｝．～ compuesto 条件法複合形 ｛=直説法過去未来完了｝

condicionalidad [kondiθjonalidád] 女 条件付きであること
condicionalmente [kondiθjonalménte] 副 条件付きで
condicionamiento [kondiθjonamjénto] 男 ❶ 条件を付けること; 調節．❷ 限定，制約，制限: ～ económico 経済摩擦
condicionante [kondiθjonánte] 形 男 条件付ける〔もの・要因〕
── 女《まれ》制約する状況

condicionar [kondiθjonár]【←condición】他 ❶［+a の］条件を…に付ける: Ha *condicionado* su aceptación del cargo *a* las ayudas que se le ofrezcan. 彼は手助けしてもらえればその任務を引き受けると条件を付けた．❷ 条件に合わせて…をする: ～ el trabajo al salario 給料に合わせて働く．❸ 制約する，影響する，左右する: El clima *condiciona* la forma de vida de las personas. 気候は人々の生活様式に影響を及ぼす．❹ ［…の行動の自由を］制限する．❺ ［温度などを］調節する
── 自 適応する，順応する

condignamente [kondígnaménte] 副《文語》それ相応に，しかるべく

condigno, na [kondígno, na] 形《文語》それ相応の，しかるべき: ～ castigo しかるべき罰

de ～《カトリック》功徳となる: mérito *de* ～ 功徳

cóndilo [kóndilo] 男《解剖》顆状突起
condiloma [kondilóma] 男《医学》湿疣(しつゆう)，コンジローム
condimentación [kondimentaθjón] 女 味つけ，調味
condimentar [kondimentár] 他 …に味つけをする，味を整える，調味する

condimento [kondiménto]【←ラテン語 condimentum ＜ condire「味付けする，調理する」】男［時に 不可算］調味料｛塩，香辛料，オリーブ油，酢，マスタードなど｝

condiscípulo, la [kondisθípulo, la]【←ラテン語 cum-（共に）+discipulus「弟子」】男 同級生，同窓生，相弟子: Fueron ～*s* en Complutense. 彼らはマドリード大学の同窓生だった

conditio sine qua non [kondítjo sine kwa nón]【←ラテン語】女 必要条件

condolecer [kondoleθér] 29 *se* =condolerse
condolencia [kondolénθja]【←仏語 condoléance】女《文語》❶ 弔意，哀悼: Le expreso mi sincera ～．心からお悔やみ申し上げます．❷ 同情，憐憫

condoler [kondolér]【←ラテン語 condolere ＜ cum-（共に）+dolere「苦しむ」】29 ～*se* ［+de・por に］弔意を表わす．❷ [+de・

por を] 気の毒に思う, 同情する: *Me conduelo de* su desgracia. 彼の不幸には心が痛む

condolido, da [kondolíðo, ða] 形 弔意(同情)を表わす

condominio [kondomínjo]〖←英語 condominium〗男 ❶ 共同統治, 共同領有; 共同統治領, 共同領有地. ❷ 共同所有; 共同所有のもの(土地). ❸《中南米》コンドミニアム, マンション〖共同保有制の建物〗

condómino, na [kondómino, na] 名《法律》共同所有者〖= condueño〗

condón [kondón]〖←仏語 Condom(人名)〗男《口語》コンドーム〖=preservativo〗: calzarse (ponerse) el ～ コンドームをつける

condonación [kondonaθjón] 女〖刑の〗赦免;〖債の〗免除

condonante [kondonánte] 形 名 赦免(免除)する(人)

condonar [kondonár]〖←ラテン語 condonare ＜ donare〗他 ❶〖刑を〗赦免する. ❷〖債を〗免除する, 帳消しにする: *C*～ *le la deuda es una obra de caridad*. 借金を棒引きにするのは慈善である

cóndor [kóndor]〖←ケチュア語 cúntur〗男 ❶《鳥》コンドル〖= ～ andino〗. ❷〖コロンビア, チリ〗コンドル貨〖元は金貨. =10ペソ〗;《エクアドル》コンドル金貨〖=25スクレ〗

Condorcanqui [kondorkánki]《人名》**José Gabriel ～** ホセ・ガブリエル・コンドルカンキ〖1741～81, ペルー副王領生まれ. インカ皇族の血を引く混血. 1780年, 鉱山における強制労働や強制的な物資配給制の廃止を訴え, 反植民地闘争を開始. インカ皇帝トゥパック・アマル2世 Túpac Amaru II を名乗るが, 逮捕され処刑〗

condotiero [kondotjéro] 男〖主に14～15世紀イタリアの〗傭兵隊長; 傭兵

condrictio, tia [kondríktjo, tja] 形 軟骨魚綱の
—— 男《魚》軟骨魚綱

condrila [kondríla] 女《植物》ホッグバイト〖=achicoria dulce〗

condrín [kondrín] 男《フィリピン》貴金属の重量単位〖mas の10分の1. =約0.376g〗

condrina [kondrína] 女《生物》軟骨質

condriosoma [kondrjosóma] 男《生物》コンドリオソーム, 糸粒体

condritis [kondrítis] 女《医学》軟骨炎

condrito [kondríto] 男《生物》コンドライト, 球粒隕石

condroblasto [kondroβlásto] 男《生物》軟骨芽細胞

condroitín [kondroitín] 男《生化》～ sulfato コンドロイチン硫酸

condroitina [kondroitína] 女《生化》コンドロイチン: sulfato de ～ コンドロイチン硫酸

condrología [kondroloxía] 女《生物》軟骨学

condroma [kondróma] 男《生物》軟骨腫

condromalacia [kondromaláθja] 女《医学》コンドロマラキア, 軟骨軟化症

condromucina [kondromuθína] 女 =**condrina**

condróstEO, a [kondrósteo, a] 形 軟質亜区の
—— 男 複《魚》軟骨亜区

condrostoma [kondróstoma] 男《魚》コイの一種〖学名 Chondrostoma 属〗

conducción [konduk(θ)jón]〖←ラテン語 conductio, -onis〗女 ❶《西, メキシコ》〖車の〗運転: permiso de ～ 運転免許〔証〕. ～ imprudente 運転不注意. ～ temeraria 無謀運転. ～ por [la] izquierda 左側通行. ❷〖主に中南米〗指揮, 指導〖= dirección〗: *Los dos líderes mostraron discrepancias con relación a la* ～ *del régimen*. その2人の指導者は体制の運営について意見を異にしていた. ❸ 伝導: línea de ～ eléctrica 電源供給ライン, 送電線. ～ de calor 熱伝導. ～ ósea 骨伝導. ❹〖集名〗導管, 配管: ～ de agua para el abastecimiento de una ciudad 都市に供給されるための水道管. ～ de aire エアダクト. ❺〖主に墓地の遺体の〗運送;〖主に治安警察員による別の町への逮捕者の〗移送. ❻《ナバラ》〖医師などとの〗契約〖=iguala〗. ❼〖アルゼンチン〗指揮部, 本部

conducencia [konduθénθja] 女 =**conducción**

conducente [konduθénte] 形 ❶ [+a に] 導く, 貢献する: *medidas* ～ *s a la resolución del problema de la vivienda* 住宅問題解決のための方策. ❷ lo ～ 関係書類

conducho [kondútʃo] 男 ❶《古語》領主が権利として家臣に要求する食糧. ❷《まれ》〖一般に〗食糧

conducible [konduθíβle] 形 導かれ得る

conducido, da [konduθíðo, ða] 形《ナバラ》〖医師などの〗契

約を結んだ

conducir [konduθír]〖←ラテン語 conducere ＜ cum- (共に)+ducere「持つ, 導く」〗41 他 ❶ [+a に] 導く, 案内する: 1) [場所に] *La secretaria nos condujo a la oficina del director*. 秘書が私たちを社長室に案内してくれた. *El pastor conduce al rebaño al prado*. 羊飼いは群れを草原に連れて行く. *Este pasillo conduce a los pasajeros al avión*. この通路を行くと乗客は飛行機のところに出る. 2) [結果に] *Su tenacidad le conducirá al triunfo*. 彼は粘り強さによって成功するだろう. *Esta política conduce a la catástrofe*. この政策は破局に通じる. *El coronel condujo al regimiento a la victoria*. 大佐は連隊を勝利に導いた. ❷《西, メキシコ》運転する〖=《中南米》manejar〗: ～ *un camión* トラックを運転する. ❸ 指揮する, 指導する: *Conduce un proyecto publicitario*. 彼は宣伝プロジェクトを動かしている. ～ *al pueblo* 民衆を率いる. ❹《水を》引く: *El canal conduce el agua de riego*. 水路が灌漑用水を運ぶ. ❺《物理》伝導する: *El cobre conduce bien la electricidad*. 銅は電気をよく通す. ❻〖車両が〗運ぶ: *Las ambulancias conducen los heridos del lugar del accidente al hospital*. 救急車は事故現場から病院へ負傷者を運ぶ. ❼《放送》[脚本に縛られずに番組を] 進行させる. ❽《ナバラ》[医者と患者の間で] 治療契約を結ぶ

—— 自 ❶《西, メキシコ》車を運転する: ¿*Sabe usted* ～? 車の運転ができますか? *Si bebes no conduzcas*. 飲んだら乗るな. *En España se conduce por la derecha*. スペインでは車は右側通行だ. ❷ [+a に] 通じる: *Esta carretera conduce a la playa*. この道路を行くと海岸に出る. *La escalera del fondo conduce a la cabina de proyección*. 奥の階段を上ったところに映写室がある

¿**A qué conduce**+不定詞? …したところでどうなるというのか?〖どうにもならない, 時宜を得ない, 無用である〗: ¿*A qué conduce lamentarse ahora?* 今さら嘆いても何になろうか. ¿*A qué conduce hacerle reproches si ya no tiene remedio?* 彼を非難して何になるものか, もうどうしようもないのだから

no ～ **a nada (ninguna parte)** 〖行為が〗何ももたらさない, 無駄である: *No conduce a nada mostrarse resentido*. 恨みがましい態度を示しても何の役にも立たない

—— ～**se** ふるまう, 態度をとる〖=portarse〗: *Te has conducido como un colegial*. 君は子供みたいなふるまいをした. *Ha sabido* ～*se con generosidad*. 彼は寛大にふるまう術を知っていた

conducir	
直説法現在	点過去
conduzco	conduje
conduces	condujiste
conduce	condujo
conducimos	condujimos
conducís	condujisteis
conducen	condujeron
接続法現在	接続法過去
conduzca	condujera, -se
conduzcas	condujeras, -ses
conduzca	condujera, -se
conduzcamos	condujéramos, -semos
conduzcáis	condujerais, -seis
conduzcan	condujeran, -sen

conducta [kondúkta]〖←ラテン語 conducta「導かれた」＜ conducere〗女 ❶ 行動, ふるまい〖類義〗それぞれ意味が重なり合うが, **conducta** は個々の動作を集合的に見ての「行ない, ふるまい方」, したがって普通は複. 道義的な意味合いで用いられることが多い 男: *Su conducta me ha producido una gran decepción*. 「彼のふるまいにはがっかりした」. **acto** は独立した個々の動作に言及した「行為」: *Era un acto de defensa propia*. 「それは正当な防衛行為だった」. **acción** は意識的・無意識的を問わず, 動詞 hacer・actuar の名詞としての「行動」: *El parlamento controla la acción del gobierno*. 「議会は政府のすることをチェックする」: *Es una persona de* ～ *irreprochable*. その人の生活態度は申し分のないものだ. cambiar de ～ 行動を改める. buena ～ 善行, 品行方正. mujer de mala ～ 娼婦; 身持ちの悪い女. notas de ～ 操行点. ～ antisocial 反社会的行動. ❷《心理, 生物》行動, 習性: *Tras el nacimiento el niño posee una serie*

de ~s reflejas como succionar, llorar, etc. 赤ん坊には生後すぐに吸ったり泣いたりといった一連の習性がある. ~ sexual de los españoles スペイン人の性行動. ciencia de la ~ 行動科学. ❸《地方версия》[医師などとの] 契約 [=iguala]；ホームドクター契約. ❹《地方版》経営, 統治；指揮, 指導. ❺《地方版》運賃 [=conducción]. ❻《歴史》[主に宮廷へ] 貨幣を運ぶ輸送隊〔馬・荷車など〕；その貨幣. ❼《歴史》徴兵し戦地に送る任務；徴兵された新兵たち. ❽《歴史》徴兵の手数料: obtener una ~ 徴兵手数料を得る. ❾《古語》契約, 協定
conductancia [konduktánθja] 囡《電気》コンダクタンス
conductero [konduktéro] 男 ❶《歴史》貨幣の護送隊員. ❷《古語》運転士 [=conductor]
conductibilidad [konduktibiliðá(ð)] 囡 =**conductividad**
conductible [konduktíßle] 形 =**conducible**
conducticio, cia [konduktíθjo, θja] 形《法律》農地の借地料の
conductímetro [konduktímetro] 男《電気》導電率計
conductismo [konduktísmo] 男《心理》行動主義
conductista [konduktísta] 形 名《心理》行動主義の, 行動主義的な；行動主義者
conductividad [konduktiβiðá(ð)] 囡《物理》伝導性, 伝導力；《電気》導電率
conductivo, va [konduktíßo, ßa] 形《物理》伝導性のある；伝導の
conducto [kondúkto] [←ラテン語 conductus, -us] 男 ❶ 導管, パイプ, ダクト: ~ de desagüe 排水管. ~ de humo[s] 煙道. ❷《解剖》管: ~ alimenticio 消化管. ~ auditivo (externo/interno) [外・内] 耳管. ~ deferente 精管. ~ hepático 胆管. ~ lacrimal 涙管. ❸《文語》[事務処理などの] 経路: enviar su instancia por ~ oficial 陳情書を公式のルートを通じて提出する
por ~ de... …を通じて, 介して: Le envié un regalo *por ~ de* un amigo. 私は友人を介して彼にプレゼントを贈った
conductor, ra [konduktór, ra] [←ラテン語 conductor, -oris] 形 ❶ 導く, 指導する. ❷ [熱・電気などを] 伝導する
—— 男 ❶《口語》[主にプロとしての] 運転者, 運転手: Es muy buen ~. 彼は大変運転が上手だ. ❷ 案内者, 統率者. ❸《中南米》車掌. ❹《メキシコ, ラプラタ》1) 番組司会者. 2)《音楽》指揮者 [=director]
—— 男 ❶《物理》導体: buen (mal) ~ 良 (不良) 導体. ~ eléctrico 導線. ❷《情報》ドライバー
conductual [konduktwál] 形《心理》行動に関する: evaluación ~ 行動評価
condueño, ña [kondwéno, na] 名 共同所有者
conduerma [kondwérma] 囡《ベネズエラ》ひどい眠気, 睡魔
condumio [kondúmjo] [←古語 cundir「調味する」] 男 ❶《皮肉》食べ物: Eva la invitaba a compartir el ~. エバは彼女を招いて食べ物を分かち合っていた. Nos espera el ~. さあ食事だ. ganarse el ~ 食い扶持を稼ぐ. ❷ パンと一緒に食べるもの, おかず
conduplicación [konduplikaθjón] 囡《修辞》連鎖, 反復〔節の最後の語を次の節の最初で繰り返す〕
condurango [kondurángo] 男《コロンビア, エクアドル. 植物》コンズランゴ《薬用. 学名 Marsdenia condurango》
condutal [kondutál] 男《建築》雨どい
conectable [konektáßle] 形 連結 (接続) され得る
conectador, ra [konektaðór, ra] 形 連結 (接続) する
—— 男 ❶《電気》コネクター. ❷《言語, 論理》連結詞；結合記号 [=conector]
conectar [konektár] [←英語 connect] 他 ❶ [+a に/+con と] つなぐ, 連結させる；[電気回路などを] 接続させる, …のスイッチを入れる: 1) ~ la secadora *a* la red ドライヤーをコンセントにつなぐ. ~ el teléfono móvil 携帯電話の電源を入れる. ~ la impresora *con* el ordenador プリンターをコンピュータに接続させる. 2)《比喩》Los dos están mal *conectados*. 2人は波長が合わない. ❷《スポーツ》得点になるように打つ, 得点に結びつける. ❸《ボクシング》[パンチを] 命中させる
—— 自 ❶ [+con と] 関係を持つ；気が合う: Los dos *conectan* bien. 2人は気が合う. ❷ 接続する: 1)《電話》*Conectamos con* Barcelona. バルセロナにおつなぎします. 2)《放送》*Conectamos con* nuestro corresponsal en París. パリの特派員とつなぎます. 3)《主に中南米. 交通》Este vuelo *conecta con* el Madrid en París. この便はパリでマドリード行きと接

続する. ❸《メキシコ. 隠語》麻薬を手に入れる
—— *~se*《情報など》接続する: El usuario del ordenador está *conectado al (con el)* internet. そのコンピュータ利用者はインターネットに接続している
conecte [konékte] 男《メキシコ, 中米》コンセント [=enchufe]
conectividad [konektiβiðá(ð)] 囡 接続性, 結合性
conectivo, va [konektíßo, ßa] 形 接続的な, 結合性の
—— 男《植物》葯隔(やっかく)
—— 囡《言語, 論理》連結詞；結合記号 [=conector]
conector, ra [konektór, ra] 形 連結する
—— 男 ❶ 連結するもの, コネクター. ❷《言語》連結詞, 連結語；《論理》結合記号
coneja[1] [konéxa] 囡《軽蔑》多産系 (子だくさん) の女性
conejal [konexál] 男 =**conejar**
conejar [konexár] 男 ウサギ小屋
conejear [konexeár] 自《地方版》ウサギ狩りをする
conejero, ra [konexéro, ra] 形 ❶《犬が》ウサギ狩り用の. ❷ 養兎の；養兎家. ❸《口語》ランサロテ島の〔人〕 [=lanzaroteño]
—— 囡 ❶ ウサギの巣穴. ❷ ウサギ小屋, ウサギの飼育場
conejil [konexíl] 形 ウサギの
conejillo [konexíʎo] [conejo の示小語] 男 ~ de Indias《動物》モルモット《比喩的にも》, テンジクネズミ
conejito [konexíto] 男《アルゼンチン. 植物》キンギョソウ
conejo, ja[2] [konéxo, xa] [←ラテン語 cuniculus, -i] 名《動物》ウサギ；[特に] 飼いウサギ [= ~ casero]: alambre ~/hilo de ~ ウサギ狩り用の罠に使う針金. ~ común (europeo) アナウサギ. ~ de campo/ ~ de monte 野ウサギ. ~ de Indias モルモット [=conejillo de Indias]. ~ de Noruega レミング. El ~ ido, el consejo venido.《諺》後の祭り
—— 男《西. 口語》女性の陰部
correr la ~ja《アルゼンチン》飢えている；困窮している
de ~《口語》[笑いが] 不自然な, 作り笑いの
conepatl [konepátl] 男《メキシコ. 動物》ブタバナスカンク
conera [konéra] 囡《繊維》糸巻き機 [=bobinadora]
conexidad [kone(k)siðá(ð)] 囡 ❶《古語》つながり. ❷《廃語. 法律》関 従物
conexión [kone(k)sjón] [←ラテン語 connexio, -onis < connectere「つなげる」] 囡 ❶ つながり, 関連: No hay ~ entre lo que dices y el asunto de que estamos hablando. 君が言っていることと今私たちが話し合っている件とは何ら関連がない. Hay una íntima ~ entre los dos fenómenos. 2つの現象の間には緊密なつながりがある. ❷ [主に 複]. 主に悪事で] つきあい, コネクション: tener buenas *conexiones* いいコネを持っている. ~ mafiosa マフィアとのつながり. ❸《航空》vuelo de ~ 乗継ぎ便. ❹《技術》連結；《電気》接続〔箇所〕: ~ a tierra アース. ❺《情報》ログイン；~ a Internet インターネットへの常時接続. ~ por red conmutada ダイアルアップ接続
conexionado, da [kone(k)sjonáðo, ða] 形 つながりのある
conexionador, ra [kone(k)sjonaðór, ra] 形 名 つながり〔人〕
conexionar [kone(k)sjonár] 他 [+con と/+a に] つなげる
—— *~se* つながる；親交を結ぶ
conexivo, va [kone(k)síβo, βa] 形 接続する, 連結する
conexo, xa [kone(k)so, sa] 形 関連した, 関係のある: asuntos ~*s* 関連事項. empresas ~*xas* 関連企業
confabulación [konfabulaθjón] 囡 密談, 密議；共謀, たくらみ
confabulador, ra [konfabulaðór, ra] 名《まれ》共謀する人
confabular [konfabulár] [←ラテン語 confabulari] 自 ❶《古語》おとぎ話をする. ❷《廃語》会話する
—— *~se* [+con と/互いに] 共謀する, 示し合わせる, 結託する
confalón [konfalón] [←伊語 confalone] 男 軍旗, 旗
confalonier [konfalonjér] 男 =**confaloniero**
confaloniero [konfalonjéro] 男 旗手
confarreación [konfařeaθjón] 囡《古代ローマ》パン共用式婚姻
confección [konfe(k)θjón] [←ラテン語 confectio, -onis「構成, 準備」] 囡 ❶《衣服の》製造, 縫製, 仕立て；[複] 既製服: industria (ramo) de la ~ アパレル産業 (部門). ~ de camisas ワイシャツの製造. *confecciones*《表示》紳士 (婦人) 服誂えます. ❷《文語》[食品・飲料などの] 製造: La cerveza requiere una ~ cuidadosa. ビールの製造には細かい神経が必要である. ❸ [書類・一覧表などの] 作成. ❹《出版, 新聞》割付, レイアウト.

❺ [シロップ・蜂蜜などを用いた] 糖菓剤
de ~ 既製服の: prenda *de ~* 既製服. tienda *de ~* 既製服店

confeccionable [konfe(k)θjonáble] 形 製造(作成)され得る
confeccionador, ra [konfe(k)θjonaðór, ra] 形 名 ❶ 仕立て屋(の); 製造する[人]. ❷《出版, 新聞》割付(レイアウト)の担当者
—— 女 縫製機
confeccionar [konfe(k)θjonár]《←confección》他 ❶ [衣服・料理など], 組み立てて, また手作業で作る; 製造する: Esta fábrica *confecciona* pantalones vaqueros. この工場ではジーンズを作っている. Un cocinero famoso *confeccionó* el plato dulce. 有名な料理人がデザートを作った. ❷《書類・一覧表などを》作成する: ~ el censo electoral 有権者名簿を作る
confeccionista [konfe(k)θjonísta] 形 名 既製服製造の(製造業者)
confector [konfektór] 男 剣闘士《=gladiador》
confederación [konfeðeraθjón]《←ラテン語 confederatio, -onis》女 ❶ 連邦: *C~* Helvética/*C~* Suiza スイス連邦. ❷ 同盟, 連合: *C~* Española de Derechas Autónomas スペイン自治右翼連合《1933年第二共和制下, ヒル・ロブレス・イ・キニョネス Gil Robles y Quiñones を中心に結成. カトリック教会の権威回復と保守的富裕層の利益確保を目指す》. *C~* Española de Organizaciones Empresariales スペイン経営者団体連合会. *C~* Española de la Pequeña y Mediana Empresa スペイン中小企業連合会. *C~* Nacional Campesina《メキシコ》全国農民連盟《1938年創設の農業団体》. *C~* Nacional del Trabajo《西》全国労働連合《1911年に結成されたアナルコ・サンジカリスト系の労働組合. 1930年代まで勢力があった》
confederado, da [konfeðeráðo, ða] 形 ❶ 連邦の. ❷ 連合した: estados ~s 同盟諸国
—— 男 [アメリカ南北戦争の] 南部連邦; 南軍兵
confederal [konfeðerál] 形 連邦の; 連盟の, 同盟の
confederar [konfeðerár] 他《まれ》連合させる
—— ~se 連合する, 同盟を結ぶ
confederativo, va [konfeðeratíβo, βa] 形 連合の, 連盟の
conferencia [konferénθja]《←ラテン語 conferentia < conferre「帯同する」》女 ❶ [主に国際的な] 会議, 協議会《→reunión 類義》: La ~ sobre la paz de la región fue un fracaso. その地域の和平に関する会議は失敗に終わった. El ministro tiene manos libres para decidir en la ~ de negociaciones arancelarias en la que está presente. 大臣は出席中の関税交渉会議において自由裁量決定権を持っている. celebrar (convocar) una ~ 会議を開く(招集する). ~ de las cuatro grandes potencias 四大国会議. *C~* de las Naciones Unidas sobre Comercio y Desarrollo 国連貿易開発会議, UNCTAD. ~ de alto nivel 首脳級会談. ~ de paz 講和会議. ~ de ventas 販売会議. ~ episcopal《カトリック》[一国の定期的な] 司教会議. ❷ 講演; 講演会: Se llevó a cabo la ~ sobre población y desarrollo. 人口と開発に関する講演会が行われた. dar una ~ sobre literatura 文学についての講演する. ~-coloquio 講演と討議会. ❸ [一部の大学で] 講義. ❹《西》長距離電話, 市外通話《=~ telefónica》: Hizo (Puso) una ~ a Italia. 彼はイタリアに国際電話をかけた. ❺《情報》会議. ❻《古語》比較, 照合
~ de prensa 記者会見《=rueda de prensa》: El entrenador convocó una ~ *de prensa* después del partido. 監督は試合後, 記者会見を開いた
conferenciante [konferenθjánte] 形 会議に参加する
—— 名 講演者, 講師: El ~ propuso un plan. 講演者はある計画を提案した. [会議への] 参加者
conferenciar [konferenθjár]《←conferencia》自 ❶ 話し合う, 協議する, 会談する: El ministro *conferenció* con el Presidente. 大臣は大統領と協議した. ❷ 講演する
conferencista [konferenθísta] 名《中南米》講演者
conferir [konferír]《←ラテン語 conferre「帯同する」》他 ❶ [称号・特権などを, +a に] 授ける, 与える: Le *confirieron* la más alta distinción. 彼は最高の栄誉を授与された. Los sacramentos *confieren* la gracia. カトリックの秘跡は神の恩寵を授ける. Las cortinas *confieren* dignidad al cuarto. カーテンをつけると部屋が荘重な感じになる. ❷《まれ》協議する, 検討する; 照合する
confesa[1] [konfésa] 女《古語》寡婦で尼僧になった人

confesable [konfesáble] 形 [事柄で] 告白され得る, 何も恥じるところのない
confesadamente [konfesáðaménte] 副 自認して; 告白(自白)によって
confesado, da [konfesáðo, ða] 名 ❶《カトリック》告解者[の]. ❷ 自認する
¡Que Dios nos coja ~s! 神よ, 私どもをお助け下さい/私どもにお慈悲を!
confesante [konfesánte] 形 名 ❶《法律》[裁判で] 自白した[人]. ❷《古語》告解する[人]
confesar [konfesár]《←俗ラテン語 confessare < confiteri < cum-(共に)+fateri「話す」》23 他 ❶ [隠していた事実・心情などを, +a に] 告白する, 公表する, うち明ける, 公言する: Ella me ha *confesado* que tiene más de treinta años. 彼女は私に年齢が30歳を超えているとうち明けた. *Confesó* su preferencia por las novelas de misterio. 彼はミステリー小説ファンであることを公表した. Una vez le *confesé* mi amor. ある時, 私は彼女に愛を告白した. *Confieso* que te he mentido. 君に嘘をついていたことを認めます. ~ la verdad 事実を認める. ~ abiertamente/~ sin reservas 率直に告白する. ❷ 自白する: El reo *confesó* su crimen. 被告は犯行を自白した. ❸《カトリック》1)［聴罪師が］…の告解を聞く: Siempre me *confiesa* el mismo sacerdote. いつも同じ司祭が告解を聞いてくれる. 2) 告解する: ir a ~ 告解しに行く. ❹ 信仰を認める(公表する): El buen ladrón *confesó* a Jesucristo. 善き盗人はキリストへの信仰を明らかにした《キリストの横で磔刑になったディスマス Dimas のこと》. ❺《カトリック》告解する
—— *de plano*/~ *de pleno* 包み隠さず白状する
—— ~*se*《カトリック》[+con・a・ante に, +de について] 告解する: Se *confesó* de sus pecados con su sacerdote. 彼は司祭に罪を告解した. *Me confieso* a Dios. 神に告解します. ❷ 自白する: Se ha *confesado* de sus culpas. 彼は罪を認めている. Se *confesó* autor del crimen. 彼は自分が犯人であると認めた. ❸［隠していた事実・心情などを］公表する: Se *confesó* adicto a las drogas. 彼は自分が麻薬中毒であることを認めた

confesión [konfesjón]《←ラテン語 confessio, -onis》女 ❶ 告白, 白状: Hizo la ~ pública de su culpa. 彼は自分の罪を公に認めた. ❷《カトリック》告解, 贖罪の秘蹟《=~ sacramental》: El sacerdote escuchó la ~. 司祭は告解を聞いた. morir sin ~ 告解せずに死ぬ. oír a+人 en ~ …の告解を聞く. bajo secreto de ~ 告解の守秘義務に従って. ~ general 総告解. anual 年1回の告解. ❸ 信仰; 宗派: No declaró su ~. 彼は自らの信仰を言明しなかった. ~ de cristiana キリスト教の, escuela que no está adscrita a ~ alguna 無宗教の学校. ❹ [隠していた事実・心情などの] 公表: ~ de amor 愛の告白. ❺ 複《古語》聴罪師
confesional [konfesjonál]《←confesión》形 ❶ 信仰の; [一つの決まった] 宗派の: disputas ~*es* 宗教論争. escuela ~ 宗教学校, ミッションスクール. escuela no ~ 無宗教の学校. estado ~ 国家宗教を標榜している国. ❷《カトリック》告解の: secreto ~ 告解の秘密
confesionalidad [konfesjonaliðá(ð)] 女 宗派性, 宗教色; 特定の宗派(宗教)に属すること: principio de no ~ del estado 国家無宗教(政教分離)の原則
confesionalismo [konfesjonalísmo] 男 =confesionalidad
confesionario [konfesjonárjo] 男 ❶ =**confesonario**. ❷ [信者用の] 告解とその償いの早見表, 告解の手引書
confesionista [konfesjonísta] 形 名《カトリック》アウクスブルクの信仰告白 confesión de Augsburgo の[信者]
confeso, sa[2] [konféso, sa]《←ラテン語 confessus < confiteri》形 名 ❶ 告白した[人]; 自白した[人]: autor ~ del crimen 自白した犯人. ❷《歴史》改宗(回心)したユダヤ教徒(の), いずれがキリスト教に改宗した[人]. ❸《カトリック》平修士, 助修士
confesonario [konfesonárjo] 男《カトリック》[教会の] 告解室
confesor [konfesór] 男《カトリック》❶ 聴罪師, 聴罪司祭. ❷ 証聖者『迫害に屈せず信仰を守った信者』;《歴史》信仰の公言者
confesorio [konfesórjo] 男 =confesonario
confesuría [konfesuría] 女 聴罪司祭の職務
confeti [konféti]《←伊語 confetti》男 [主に 集名. カーニバルなど

で投げる]紙吹雪: lanzar ～ a+人 …に紙吹雪を投げる
confiabilidad [konfjabilidá(d)] 囡 信頼性．確実性
confiable [konfjáble] 形《主に中南米》信頼できる，当てになる；誠実な，正直な
confiadamente [konfjáđaménte] 副 ❶ 信じて，信頼して，安心して．❷ うぬぼれて
confiado, da [konfjáđo, đa] 形 ❶ [estar+. +en を] 信頼(信用・確信)している: Estoy ～ en que no lloverá. 私は絶対雨が降らないと思う．❷ [ser+] 人を信じやすい，だまされやすい《= crédulo》: Lo engañaron por ser tan ～ de la gente. 彼はとても人を信じやすいのでだまされた．❸ 自信家の，うぬぼれの強い
confiador, ra [konfjađór, ra] 形《まれ》信じやすい，だまされやすい
── 图《法律》連帯保証人
confianza [konfjánθa] [←confiar] 囡 ❶ [+en+事・人 への，揺るぎない] 信頼，信用，信任: Tengo plena ～ en sus capacidades. 私は彼の才能に全幅の信頼を置いている．El cliente deposita la ～ en ti. 顧客は君を信頼している．Ponga toda su ～ en el abogado. 弁護士さんを信頼できるお任せください．ganarse la ～ de+人 …の信頼を得る．perder la ～ de los colegas 同僚の信頼を失う．❷ [困難なことなどに着手する時の] 自信，うぬぼれ [～ en sí mismo]: Emprendieron la expedición llenos de ～. 彼らは自信満々で探検旅行に出かけた．Tengo ～ en que vamos a lograr un buen resultado. 私にはいい結果を得る自信がある．Ya no le duele el pie y eso le da más ～ al andar. 彼は足がもう痛まないので，歩ける自信がさらに大きくなっている．exceso de ～ 自信過剰．sin ～ 自信なく．❸ 親密さ，親しさ；率直さ: Hemos sido compañeros de colegio y tenemos mucha ～. 私たちは小学校の同級生だったのでとても仲がいい．❹《軽蔑》複 なれなれしさ，図々しさ，ぶしつけ: Ese camarero se toma demasiadas ～s conmigo. あのウェイターは私になれなれしすぎる．¿Qué ～s son esas? そんなに図々しくするな．❺ 気力，活力
con ～ 1）気兼ねなく，親しく: Quiero que me tratéis con ～ y no hagáis por mí ningún extraordinario. 私と遠慮なく付き合ってほしいし，私のために一切特別なことはしないでくれ．2）率直に，遠慮なく: Hablamos con mucha ～. ざっくばらんに話そう
con toda ～ 1）全幅の信頼を寄せて．2）自信満々で
dar a+人 [内緒事などを] …に打ち明ける
de ～ 1）[人などが] 信頼のおける，信用できる，頼りになる: Tengo una muchacha de ～. うちには信用できるお手伝いさんがいる．hombre de ～ 腹心，片腕．2）親しい，気のおけない: Hoy tengo invitados, pero son de ～. 今日は客があるが，気のおけない人たちばかりなんだ．amigo de ～ 親友．reunión de ～ 内輪の集まり．3）[地位・職務が] 責任の重い．4）[物が] 信頼のおける，確かな: Esta máquina es de toda ～. この機械は絶対間違いがない
en ～ 1）[人などが] Te lo digo en ～. 内緒の話だよ．Me dijo en ～ que nunca fuera después de las 9 de la noche. 夜9時以降は決して外出してはいけないと彼はそっと教えてくれた．2）うち解けて；格式ばらずに，内々で
inspirar ～ 信頼感を抱かせる: Ese médico no me inspira ～. あの医者は信用が置けない
confianzudamente [konfjanθúđaménte] 副《口語》ざっくばらんに；なれなれしく
confianzudo, da [konfjanθúđo, đa] 形《口語》❶ [人が] ざっくばらんな，あけっぴろげな；なれなれしい．❷ 信じやすい
confiar [konfjár] [←ラテン語 confiare < cum- (共に) +fidere「掛け売りする」] 11 自 [+en を] 信頼する，信用する，あてにする: 1) Confío en ti. 彼は君をあてにしている．No deberíamos ～ en su palabra. 私たちは彼の言葉を信頼すべきでなかった．Confían en el ministro para que resuelva el problema. 問題解決のために大臣が頼りにされている．En Dios confiamos. 我らは神の助けを信じる《ニカラグアの国の標語》．2) [実現の可能性が大きい，＋en＋直説法未来・過去未来]: Confío en que llegará a tiempo. 彼は時間に合うと思う．Confió en que su hijo aprobaría el examen. 彼はきっと息子が試験に合格するだろうと思った．3) [実現の可能性がそれほど大きくない, +en que+直説法・接続法]: Confiaron en que todo salga bien. 彼らはすべてうまくいくだろうと思った
── 他 ❶ [信頼して, +a に] ゆだねる，任せる，託す: Me confió el cuidado de su gato. 彼は猫の世話を私にゆだねた．Con-

fió las llaves de la casa *a* su amigo. 彼は家の鍵を友人に預けた．Le *confiaron* una misión. 彼はある使命を与えられた．Le *confiaron* la dirección de la obra. 彼は工事の指揮を任された．Afirmaba que lo mejor era ～ el destino *al* azar. 運を天に任せるのが最善だと彼は言っていた．*Confíenos* sus ahorros. 貯金は私どもにお任せ下さい．❷ うち明ける: *Confió* sus problemas *a* su padre. 彼は父親に悩みをうち明けた
──*～se* ❶ 心の中をうち明ける，秘密を共有する: *Me confiaré* a mi mejor amigo. 私は一番の親友にうち明けよう．Por suerte yo tenía en quien ～*me*. 幸い私には心から相談できる人がいた．❷ [+en・a を] 信頼する，信用する: *Me confié a* su buena fe. 彼の善意を信じた．❸ [自分を] 過信する: No estudió, *se confió* demasiado y no aprobó el examen. 彼は勉強せず, 自分の力を過信して, 試験に落ちた．❹ 全幅の信頼を置く, 身をゆだねる: *Se confió al* médico. 彼は医者に身をゆだねた．*Me confío en* usted. あなたにお任せします

confiar		
直説法現在	命令法	接続法現在
confío		confíe
confías	confía	confíes
confía		confíe
confiamos		confiemos
confiáis	confiad	confiéis
confían		confíen

confidencia [konfiđénθja]《←ラテン語 confidentia < confidere「信頼する」》囡 ❶ うち明け話, 内密の話《行為, 内容》；内部情報: Me ha hecho ～s muy delicadas. 彼は私に非常に微妙な秘密をうち明けた．Nos contó ～s sobre su vida íntima. 彼は私たちに私生活に関するうち明け話をした．No me gusta oír sus ～s. 私は彼のうち明け話は聞きたくない．❷ [内心・秘密を打ち明ける] 信頼感
en ～ 内密に: Le gusta a Carmen hablar *en* ～. カルメンは内緒話をするのが好きだ
confidencial [konfiđenθjál] 形 内密の, 機密の: carta ～ 親展書．información ～ 機密情報．nota ～ 内部文書
confidencialidad [konfiđenθjalidá(d)] 囡 機密性
confidencialmente [konfiđenθjálménte] 副 内密に, ひそかに, 内々に
confidenciar [konfiđenθjár] 10 他《チリ》[+a+人 に, 秘密を] うち明ける
── 自《チリ》うち明け話をする
confidenta [konfiđénta] 囡《まれ》→**confidente**
confidente [konfiđénte] 形《女性形 **confidenta** もある》❶ うち明け話のできる相手, 親友, 腹心: Tú eres su ～, debes de saber lo que le pasa. 君は彼の親友だから, 彼に起こっていることは知っているはずだ．❷ 内部通報者, 情報屋, スパイ．❸《演劇》腹心の役
── 形《まれ》内密の
── 男 ラブシート, 2人掛けのソファ
confidentemente [konfiđéntémente] 副 ❶ 内密に．❷ 誠実に, 忠実に, 信頼して
configurable [konfiguráble] 形 形成され得る
configuración [konfiguraθjón] 囡 ❶ 形状, 外形；地形: ～ del cráneo 頭蓋骨の形状．～ de la costa 海岸の地形．❷ 形成, 構成《行為》．❸《情報》[システム・プログラムの] 設定；機器構成: ～ Windows ウィンドウズ方式
configurador, ra [konfiguraðór, ra] 形 形成する, 形作る
configurar [konfigurár]《←ラテン語 configurare < cum- (で) +figurare「形作る, 表わす」》10 他 ❶ 形成する, 構成する: El clima *configura* el paisaje. 気候が風景を形作る．❷《情報》[用途に応じて] システム・プログラムなどを] 設定する
──*～se* 形成される: El carácter *se configura* en la niñez. 性格は幼年期に形成される
configurativo, va [konfiguratíβo, βa] 形 形成する
confín [konfín]《←ラテン語 confinis「隣接する」》男《文語》[主に複] ❶ 境界, 境界線: en los *confines* de España y Portugal スペインとポルトガルの境．❷ 地の果て, はるかかなた: Estudian los pueblos olvidados en los *confines* del mundo. 彼らは世界の果てにある忘れられた村々について研究している．en los *confines* del horizonte 地平線のかなたに
confinación [konfinaθjón] 囡 =**confinamiento**

confinado, da [konfináðo, ða] 形 名 監禁(流刑)の刑を受けた[人]

confinamiento [konfinamjénto] 男 監禁, 拘禁, 幽閉; 追放, 流刑: pena de ~ 短期休暇(外泊)許可の取消

confinante [konfinánte] 形 隣接する, 境界を接する

confinar [konfinár]《←confín》他 ❶ [+en・a に] 閉じ込める, 監禁する, 幽閉する: Está *confinado en* su domicilio por orden de juez. 判事の命令で彼は自宅から出ることを禁じられている. Ha pasado la mayor parte de su vida *confinado en* una silla de ruedas. 彼は人生の大半を車椅子に縛り付けられて過ごした. ❷ 追放する, 流刑にする: Estuvo *confinado en* Lanzarote. 彼はランサローテ島に追放された. ❸ 隔離する: Los compañeros lo tienen *confinado*. 彼は仲間はずれにされている
── 自《文語》❶ [+con 領地・海などと] 隣接する: España *confina* al norte *con* Francia. スペインは北でフランスと国境を接している. ❷ 紙一重である: Su estado *confina con* la locura. 彼はほとんど狂気に近い状態だ
── **~se** 閉じ込もる

confingir [konfinxír] 4 他《廃語》[薬を] 溶く

confinidad [konfiniðá(ð)] 女 隣接, 近隣

confirmación [konfirmaθjón] 女 ❶ 確認; 確証: hacer la ~ de una noticia ニュースを確認する. ❷ [予約などの] [再]確認, コンファメーション: ~ del pedido 注文の確認[状]. ❸《カトリック》堅信[式], 堅信の秘蹟『信仰上の成人式』. ❹ [決定・裁定などの] 承認, 批准. ❺ [確認された新たな] 事実, 証拠

confirmadamente [konfirmáðaménte] 副 確信をもって, 確かに; 是認して

confirmador, ra [konfirmaðór, ra] 形 名 確証する[人], 追認する[人]

confirmando, da [konfirmándo, da] 名《カトリック》堅信を受ける者, 受堅者

confirmante [konfirmánte] 形 名 **=confirmador**

confirmar [konfirmár]《←ラテン語 confirmare》他 ❶ 確認する, 確証する: Los periódicos *confirman* hoy la noticia. 新聞は今日このニュースが事実であることを確認した. Le han hecho una prueba para ~ su competencia profesional. 彼の職業能力を確認するため試験が行われた. Esa hipótesis no ha sido *confirmada* todavía. その仮説はまだ確認されていない. ❷ [予約などを] 確かめる, 再確認する: ~ un pedido 注文を確認する, 注文請け書を出す. Quiero ~ mi vuelo. 予約したフライトの[再]確認(コンファメーション)をしたいのですが. ❸ [+en 信念などで] 堅固にする: Su actitud me *confirmó en* mis sospechas. 彼の態度で私の疑いが裏づけられた. Las últimas noticias me *confirman en* que no es prudente salir al extranjero. 最近のニュースで海外に出るのは賢明ではないと確認できた. ~ a+人 *en* la fe …の信仰を固めさせる. ❹ 確立する, 揺るぎないものにする: Este nuevo libro le *confirma* como uno de nuestros mejores ensayistas. この新刊書で彼が我が国の最高の随筆家の一人であることが証明された. ❺《カトリック》堅信[の秘蹟]を授ける. ❻《法律》追認する: El juez ha *confirmado* la sentencia. 裁判官は判決を是認した
── **~se** ❶ 確認される; 再確認する: *Se han confirmado* los rumores. うわさは本当であることが確認された. *Me confirmo en* la creencia de que es inocente. 私は彼の無実を再確認できた. ❷ 堅持する: *Se confirma en* su opinión. 彼は自説を曲げない. ❸《カトリック》堅信を受ける

confirmativo, va [konfirmatíβo, βa] 形 **=confirmatorio**

confirmatorio, ria [konfirmatórjo, rja] 形 ❶ [前判決などを] 追認する, 是認する, 確定する. ❷ 確認の, 確証の

confiscable [konfiskáβle] 形 没収(押収)され得る

confiscación [konfiskaθjón] 女 没収, 押収

confiscado, da [konfiskáðo, ða] 形《アンダルシア, カナリア諸島, ベネズエラ》性悪の, いたずらっ子の

confiscar [konfiskár]《←ラテン語 confiscare「国庫への合体」< cum-(と共に)+fiscus「公庫」》7 他 [権力が国庫などに, +a を] 没収する, 押収する: Los nazis *confiscaron* unas 1.500 pinturas *a* coleccionistas judíos. ナチスはユダヤ人の収集家から約1500点の絵画を没収した. La policía *confiscó a* la secta religiosa numerosos productos químicos. 警察はその宗教団体から多くの化学薬品を押収した

confiscatorio, ria [konfiskatórjo, rja] 形 没収の, 押収の

confisgado, da [konfisɣáðo, ða] 形《中米》**=confiscado**

confit [konfí]《←仏語》男 [覆] **~s**《料理》[肉の] コンフィ

confitado, da [konfitáðo, ða] 形 ❶《菓子》砂糖漬けの, 糖衣を着せた. ❷ 甘い期待を抱いた: Ella está muy ~*da* con ir a la fiesta, pero, a lo mejor, no la dejan ir. 彼女はパーティーに行くことをとても楽しみにしているが, たぶん行かせてもらえないだろう

confitar [konfitár]《←カタルーニャ語》他 ❶《菓子》[果実・サツマイモなどを] 砂糖漬けにする, 糖衣を着せる. ❷《料理》[肉を] コンフィにする. ❸ [人に] 甘い期待を持たせる: No *confites* al chico con la bicicleta. 自転車を買ってもらえるなんてその子に期待させてはいけない

confite [konfíte]《←カタルーニャ語 confit》男 ❶ [主に 複] 砂糖菓子『糖衣を着せたアーモンドなど』. ❷《隠語》[警察の] 情報屋

confitente [konfiténte] 形《まれ》罪を自白した

confíteor [konfíteor] 男 ❶《カトリック》コンフィテオル, 告白の祈り. ❷《過失などの》告白

confitera[1] [konfitéra] 女 砂糖菓子 confite の容器

confitería [konfitería] 女 ❶ 菓子店. ❷ 菓子製造業. ❸ [集名] 菓子. ❹《主に南米》喫茶店『=cafetería』

confitero, ra[2] [konfitéro, ra] 形 名 菓子店の; 菓子製造(販売)者
── 男《古語》菓子を載せて出す容器

confítico [konfítiko] 男 **=confitillo**

confitillo [konfitíʎo] 男 [小型の砂糖菓子に似た] ベッドカバーについている手芸品

confitito [konfitíto] 男 **=confitillo**

confitura [konfitúra]《←仏語 confiture < ラテン語 confectura「加工, 準備」》女 ❶ 砂糖菓子. ❷ 糖果, 砂糖漬け

conflación [konflaθjón] 女《廃語》融解

conflagración [konflaɣraθjón] 女 ❶《文語》動乱, 国際紛争; 戦争『~ bélica』. ❷《廃語》大火『=incendio』

conflagrar [konflaɣrár] 他 燃やす, 焼く

conflátil [konflátil] 形《廃語》融解し得る

conflictar [konfliktár] 自《まれ》対立する, 衝突する

conflictividad [konfliktiβiðá(ð)] 女 ❶ 対立性. ❷ [集名] 対立: ~ laboral 労働争議

conflictivo, va [konfliktíβo, βa]《←conflicto》形 ❶ 紛争の, 闘争の: época ~*va* 動乱の時代. ❷ 対立を引き起こす: tema ~ もめそうな問題. zona ~*va* 紛争地域

conflicto [konflíkto]《←ラテン語 conflictus < confligere「ぶつかる」》男 ❶ 紛争, 闘争: 1) Un incidente de fronteras provocó un ~ entre los dos países. 国境での事件が両国間の争いを引き起こした. entrar en un ~ 衝突する. tener un ~ con+人 …と衝突している. ~ armado 武力衝突. ~ bélico 軍事衝突. ~ de clases 階級闘争. ~ de intereses 利害の衝突, [金融機関などの利害関係者間の] 利益相反. ~ de leyes 法の抵触, 抵触法, 国際私法. ~ de opiniones 意見の衝突. ~ fronterizo 国境紛争. ~ generacional 世代間の争い. ~ laboral/~ de trabajo/~ colectivo 労働争議. ~ social 社会闘争. 2)《歴史》C~ árabe-israelí 中東戦争. C~ de Suez スエズ紛争. ❷ 解決困難な問題, ジレンマ: Tiene un ~ porque la han invitado a la vez a dos fiestas. 彼女は同時に2つのパーティーに招待されて, どちらに行くか決めかねている. ❸ 困難, 窮地: Se encontró en un ~ porque no podía pagar la letra. 手形を払えないので彼は苦境に立たされた. ❹《心理》葛藤. ❺《情報》コンフリクト

conflictuado, da [konfliktwáðo, ða] 形《まれ》対立している

conflictual [konfliktwál] 形《まれ》**=conflictivo**

confluencia [konflwénθja]《←confluir》女 ❶ 合流. ❷ 合流点: en la ~ de la calle A y B A通りとB通りの合流点で

confluente [konflwénte] 形 ❶ 合流する. ❷《医学》viruelas ~*s* 融合性の痘瘡

confluir [konflwír]《←ラテン語 confluere < cum-(と共に)+fluere「湧く」》48 自 ❶ [川・道などが, +en で, +con と] 合流する, 集まる: El Pisuerga *confluye con* el Duero cerca de Simancas. ピスエルガ川はシマンカス付近でドゥエロ川と合流する. *En* Madrid *confluyen* casi todas las líneas importantes de comunicación. マドリードにはほとんどすべての主要な交通路線が集まっている. ❷ [考え・態度・目的などが] 一致する

confluyente [konflujénte] 形 合流する

confor [konfór] 男 **=confort**

conformación [konformaθjón] 女 ❶《文語》[主に非物質的

なものの] 形態, 構造: ~ de una teoría nueva 新理論の構成. ❷ [全体における部分の] 配置, 配列. ❸ 体格, 骨組み. ❹ 形成; 適合

conformadizo, za [kɔnfɔrmaðíθo, θa] 形 あきらめやすい

conformado, da [kɔnfɔrmáðo, ða] 形 ❶《まれ》あきらめた, 満足した, あきらめやすい. ❷ bien (mal) ~ 体格のいい(悪い), 骨組みのしっかりした(していない)

conformador, ra [kɔnfɔrmaðór, ra] 形 名 形作る〔人〕
── 男 帽子の木型

conformar [kɔnfɔrmár]《←ラテン語 conformare「形作る, 適合させる」》他 ❶ [+a·con に] 合わせる, 適合させる, 合致させる: Le conformaron el zapato a su pie. 彼は靴を足に合わせてもらった. Debes ~ los gastos a los ingresos. 君は収入に見合った支出をするべきだ. Trataba de ~ la vida a (con) la doctrina. 彼は教義に従った生活を送ろうとした. ❷ [いくつかの要素が全体を] 構成する: Miles de estrellas conforman una Galaxia. 数十億の星が銀河を構成している. ❸《文語》[主に非物質的なものを] 形作る: ~ el carácter 性格を形成する. ¿Tiene conformado ya su equipo? もうチームのメンバーは決まりましたか. ❹ [+con で] 満足させる: Le conformé con diez euros, que es todo lo que llevaba. 私は10ユーロで何とか彼を納得させた, それだけしか持っていなかったので. El niño se quería venir conmigo, pero le conformé con un caramelo. 子供は一緒に来たがったが, 私は飴を与えてあきらめさせた. ❺ [銀行が小切手に] 支払保証印を押す. ❻《まれ》仲直りさせる, 合意させる
── 自 [+con と/互いに] 適合する, 合致する. ❷ 同意する, 合意する

ser de buen (mal) ~《口語》[人が] 与しやすい(与しにくい), 気安い(気安くない)

── ~*se* ❶ [+con に] 従う, 順応する: *C~se con* la voluntad de Dios es la oración más hermosa del alma cristiana. 神の意志に従うというのはキリスト教徒の最も美しい祈りである. Eso no *se conforma con* nuestra política diplomática. それは我々の外交政策に適合しない. ~*se con* su suerte 運命に逆らわない. ❷ [不十分な・不満足なものを] 自発的に受け入れる, 甘受する, 満足する: *Me conformo con* ese salario. 私はその給料で満足だ. Tuvo que ~*se con* la medalla de bronce. 彼は銅メダルで満足しなければならなかった. ❸ [+como としての]. ❹《主に中南米》あきらめる

conformativo, va [kɔnfɔrmatíβo, βa] 形 適合(合致)させる

conforme [kɔnfórme]《←ラテン語 conformis < conformare》形 ❶《文語》[+a と] 適合した, 合致した; [法律などに] 従った: Es un plan de reformas ~ a la realidad del país. それは国の現実に合った改革計画だ. El premio es ~ a sus méritos. その賞は彼の功績にふさわしい. El resultado es ~ a nuestras esperanzas. 結果は我々の期待どおりだ. La disposición es ~ a ley. その処置は法にかなっている. ❷ 整った, 規定どおりの: Todo está ~. すべて万全だ. ❸ [estar+, +en について, +con と 人と] 同意する, 賛成の: Estamos ~s *en* el precio. 私たちは値段の点で合意している. Estoy (Quedo) ~ *contigo en* que debemos regresar cuanto antes. 一刻も早く帰るべきだという君の意見に私も賛成だ. ❹ [+con に] 満足した, 満足している: No se ha quedado muy ~ *con* la propina. 彼はチップ(の額)にあまり満足していない. Está ~ *con* su destino. 彼は自分の運命とあきらめている. ❺《まれ》仲のよい, 不仲(敵対)していない
── 男 [書類への] 承認(のサイン): poner (dar) el ~ 承認のサインをする; 承認する
── 間 オーケー, 分かった!
── 前 [+a] ~に従って, ~次第で: Te atenderán ~ a lo que pagues. 君へのサービスは君がいくら払うかによって決まる. pagar ~ *a* su trabajo 彼の仕事ぶり次第で払う. ~ *a la* ley 法にのっとって. ~ *a las* instrucciones 指示どおりに
── 接 ❶ ~するのに従って, ~するとおりに; ~するやいなや: 1) Lo he hecho todo ~ me han dicho. 私はすべて言われたとおりにした. 2)[同時進行] Nosotros nos íbamos comiendo las patatas ~ ella las iba sacando de la sartén. 彼女がフライパンからフライドポテトを取り出すそばから私たちはどんどん食べていった. 3)[未来のこと. +接続法] Colocamos a la gente ~ llegue. 私たちは到着順に人々を配置していく. *C~ amanezca, saldré.* 夜が明けたら, すぐ出かけます

~..., *más* (*menos*)... ~するにつれてより多く(少なく)…であった: ~ *se* conocían los detalles del asunto, *menos* lo en-

tendía. 事の詳細を知れば知るほど彼は訳が分からなくなっていった

conformemente [kɔnfɔrméménte] 副 一致して, 合致して; 従順に

conformidad [kɔnfɔrmiðá(ð)]《←ラテン語 conformitas < conformare》女 ❶ 適合, 合致: ~ de gustos 趣味の一致. no ~ 不一致; 非協調. ❷ 同意, 承認; 確認: Cuentan con mi ~ para cualquier cosa que decidan. 彼らは何を決めるにしても私の承認をあてにしている. Dio su ~ para que empezaran las obras. 彼は工事開始を承認した. ❸《主に中南米》あきらめ, 我慢, 忍耐, 忍従: Lleva su enfermedad con mucha ~. 彼は非常な忍耐力で病気をこらえている. aguantar con ~ las pruebas de la vida 人生の試練にじっと耐える

de (en) ~ *con…* …に従って, 応じて, …のとおりに
en esta (tal) ~ そのような場合には

conformismo [kɔnfɔrmísmo] 男 [体制・因習への] 順応主義. ❷《宗教》英国国教〔主義〕

conformista [kɔnfɔrmísta]《←conformar》形 名 ❶ [体制・因習への] 順応主義の(主義者な): hacerse ~ 体制に順応する. ❷ 英国国教〔会〕の; 英国国教徒

confort [kɔnfór]《←英語 comfort < 古仏語 confort》男 ❶《匿》のみ. 暖房・給湯などの] 快適な設備: todo ~ [マンションなどの広告で] 最新設備完備. ❷ [物質的な] 快適さ

confortabilidad [kɔnfɔrtaβiliðá(ð)] 女 ❶ 快適さ, 心地よさ. ❷《まれ》快適な設備

confortable [kɔnfɔrtáβle] I 形《←confort》快適な, 心地よい: sillón ~ 座り心地のよい椅子
 II《←confortar》形 励ます, 元気づける

confortablemente [kɔnfɔrtaβleménte] 副 快適に

confortación [kɔnfɔrtaθjón] 女 励まし, 元気づけ

confortador, ra [kɔnfɔrtaðór, ra] 形 励ましの, 励ます〔人〕

confortamiento [kɔnfɔrtamjénto] 男 =**confortación**

confortante [kɔnfɔrtánte] 形 励ます〔人〕
── 男《まれ》ミトン, 手袋

confortar [kɔnfɔrtár]《←ラテン語 confortare < cum- (で)+fortis「強い」》他 ❶ [衰弱・疲弊した人に] 力を与える: Esta taza de caldo te *confortará*. このスープを飲んだら元気が出るよ. ❷ [困窮・苦労に耐えるため] 気力を与える, 励ます: *Me conforta* ver que hacéis lo que podéis por ayudarme. 私を助けるために君たちができることをしてくれているのを見て, 私は元気づけられる
── ~*se* 励まされる, 元気が出る

confortativo, va [kɔnfɔrtatíβo, βa] 形 名《まれ》励ます〔人〕, 元気づける〔人〕

conforte [kɔnfórte] 男 ❶《まれ》=**confortación**. ❷《グアテマラ》匿 頭痛用の膏薬

conforto [kɔnfórto] 男《古語》=**confortación**

confracción [kɔnfra(k)θjón] 女《廃語》破壊

confrade [kɔnfráðe] 名 =**cofrade**

confradía [kɔnfraðía] 女 =**cofradía**

confraternal [kɔnfraternál] 形 友人の, 仲間の

confraternar [kɔnfraternár]《←ラテン語 cum- (で)+fraternus》自 《まれ》=**confraternizar**

confraternidad [kɔnfraterniðá(ð)]《←confraternar》女 ❶ 兄弟のように親密な. ❷ 友情, 友愛, 友好: ~ entre España y Portugal スペインとポルトガルの間の友好

confraternización [kɔnfraterniθaθjón] 女 友愛(友好)関係を結ぶこと, 結束

confraternizar [kɔnfraterniθár]《←confraternar》自 [+con と] 友愛(友好)関係を結ぶ《階級・身分などの異なる人たちが平等に, 兄弟のように結束して付き合う》: *Confraterniza* todo el personal de la casa, desde el más alto empleado al más humilde. この社のすべてのスタッフが, 最も高い要職にある幹部から一番下の社員まで固く結束しています

confricación [kɔnfrikaθjón] 女《廃語》摩擦

confricar [kɔnfrikár] 他《廃語》こする, 摩擦する

confrontación [kɔnfrɔntaθjón] 女 ❶ 対照, 照合. ❷ 対決;《法律》対質(ﾀｲｼﾂ). ❸《文語》試合

confrontamiento [kɔnfrɔntamjénto] 男《まれ》=**confrontación**

confrontar [kɔnfrɔntár]《←ラテン語 cum- (共に)+frons, frontis 「正面」》他 ❶ [+con と] 比較する, 照合する《2つ以上のものの同一・類似・相違を見極める》: ~ una copia *con* su original

写しを原本と照合する. ～ dos ediciones del Quijote ドン・キホーテの2つの版を照合する. ❷《法律》[真相究明]・各人の主張を裏付けするため, 法廷で2人を]対面させる, 対決させる. ❸ 面と向かう; 前に物を置いておく; …の前に着く: Al día siguiente confrontamos una playa desconocida. 次の日我々は見知らぬ海辺に到着した. ❹ [目の前にある困難・危険に, 毅然と・勇気をもって]立ち向かう: Es mejor ～ la realidad que engañarse. 自分を欺くより現実を直視する方がいい. Confrontó peligros sin cuento. 彼は数知れないほどの危険に直面した ━ 自《まれ》隣接する. ❷《古語》似ている. ❸《廃語》気が合う
━～se ❶ [困難・危険が]自分の前にある: Nos confrontamos en este momento con una situación delicada. 現在我々は微妙な状況に直面している. ❷ 気心が知れる, 合意する
confróntese 参照せよ: *Confróntese* la lección 10. 10課を参照して下さい

confucianismo [konfuθjanísmo]《←Confucio（孔子）》男 儒教, 儒学
confucianista [konfuθjanísta] 形 名 =confuciano
confuciano, na [konfuθjáno, na] 形 名 儒教の, 孔子 Confucio の; 儒者
confucionismo [konfuθjonísmo] 男 =confucianismo
confucionista [konfuθjonísta] 形 =confuciano
confulgencia [konfulxénθja]《←ラテン語 confulgere「輝く」》女 自然な輝き, 光沢: ～ de estrellas 星のきらめき
confundible [konfundíble] 形 混同され得る, 間違えやすい
confundido, da [konfundído, da] 形 [estar+] ❶ 混乱した: Usted está ～. お間違えです. ❷ 当惑した: Estoy ～ con sus alabanzas. おほめの言葉に恐縮しています
confundidor, ra [konfundiðór, ra] 形 名 混乱させる[人]
confundimiento [konfundimjénto] 男 混同, 混乱
confundir [konfundír]《←ラテン語 confundere「混ぜる, 絡ませる, 不明瞭にする」< fundere「こぼす, ぶちまける」》他 ❶ [境界・輪郭を]ぼかす: La niebla *confunde* los perfiles de las montañas. 霧で山々の輪郭がぼやけている. El grabado de cristal *confundía* las figuras de detrás. ガラスの彫り模様で向こう側の人影がはっきり分からない. ❷ [別の人・事物と]取り違える: Mi hermano gemelo es idéntico a mí, nos *confunden* mucho. 私の双子の兄は私にそっくりで, よく間違われる. Ya me has *confundido* otra vez. 君はまた僕を誰かと間違えたな. No *confundas* tu ropa con la mía. 君の服と私の服を間違わないようにしなさい. *Confundimos* la carretera y llegamos a Ávila en vez de a Segovia. 道を間違えて私たちはセゴビアに行くはずがアビラに着いた. Siempre *confundo* los nombres de tus hijos. 私はいつも君の子供たちの名前を取り違えてしまう. ❸ [人を]混乱させる: Fui yo quien le *confundí* con mis explicaciones. 彼を混乱させてしまったのは私のまずい説明のせいだ. ❹ [事物を混ぜ合わせて]明確に理解できなくする, 見えなくする; [物を一緒にして]合体させてしまう): Estás *confundiendo* tus deseos con la realidad. 君は自分の夢と現実をごっちゃにしている. ❺ [あるべき所に置かなかったので]どこにあるか分からなくする: Ya me habéis *confundido* otra vez las tijeras. あんたたちはまた僕のはさみをどこかへやってしまった. ❻ [自分・自分自身をとがめる人に対し]防御する手段（反論する機会）を奪い, どう言っていいか分からない状態にする; 恥じ入らせる: *Confundió* a sus acusadores con su entereza. 彼は断固たる態度で糾弾者たちを圧倒した. ❼ 平静さを失わせる; [過度の親切・ほめ言葉で]当惑させる: Me *confunde* usted con tantas atenciones. こんなに親切にしていただいて恐縮です
━～se ❶ ぼやける: En la lejanía *se confunden* las formas. 遠くにある物がぼやけて見える. ❷ 間違える: Me *confundo* cada vez que tengo que llamar a una de las dos hermanas. 姉妹のどちらかを呼ぼうとするたびに私は必ず間違える. ❸ 精神的に混乱してしまう

confusamente [konfusaménte] 副 ❶ 混乱して, 混同して. ❷ 漠然と, あいまいに. ❸ 当惑して; 恥じ入って
confusión [konfusjón] 女《←ラテン語 confusio, -onis》❶ 混同, 取り違え: ～ de fechas 日付の違い. ❷ 混乱; 不明瞭さ: Se dieron a la fuga aprovechando la ～. 彼らは混乱に紛れて逃げ出した. ❸ 言語の混乱: ～ de lenguas 言葉の混乱《←バベルの塔》. ❹ 当惑, 錯乱, 恐縮: ～ mental《医学》精神錯乱. ❹《法律》[債権と債務の]混同. ❺ 侮辱, 不名誉
confusional [konfusjonál] 形《医学》精神錯乱の

confusionario, ria [konfusjonárjo, rja] 形 名 混乱の原因を作り出す[人]
confusionismo [konfusjonísmo] 男 [概念・言葉]の混乱, 混同, あいまいさ
confusionista [konfusjonísta] 形 名 [概念・言葉]の混乱を生み出す[人]
confuso, sa [konfúso, sa]《←ラテン語 confusus》形 ❶ 混乱した, 整理されていない: ideas ～*sas* 混乱した考え. situación ～*sa* 紛糾した状況. ❷ 不明瞭な, 識別できない: contorno ～ ぼんやりとした輪郭. explicación ～*sa* あいまいな説明. ❸ 当惑した, うろたえた; 恐縮した: Yo estaba ～ y no sabía qué actitud adoptar. 私は頭が混乱していてどんな態度を取ったらいいか分からなかった
confutación [konfutaθjón] 女《まれ》論駁, 論破
confutador, ra [konfutaðór, ra] 形 名《まれ》論駁する[人]
confutar [konfutár] 他《まれ》論駁する
confutatorio, ria [konfutatórjo, rja] 形《まれ》論駁する
conga¹ [kónga]《←語源》女 ❶ コンガ《キューバの民俗舞踊・音楽, 《まれ》打楽器》. ❷《メキシコ》ミックスジュース. ❸《キューバ. 動物》オオテンジクネズミ. ❹《コロンビア. 昆虫》ネッタイオオアリ《大型の毒アリ. 学名 Paraponera clavata》
congal [kongál] 男《メキシコ. 口語》売春宿
congelable [konxeláble] 形 冷凍され得る
congelación [konxelaθjón] 女 ❶ 凍結, 冷凍: punto de ～ 氷点. ～ de fondos 資金凍結. ❷《医学》凍傷: muerte por ～ 凍死
congelado, da [konxeláðo, da] 形 ❶ 非常に冷たい（寒い）: ¡Estoy ～! 私はものすごく寒い! ❷《中南米》驚いた
congelador, ra [konxelaðór, ra] 形 冷凍する: barco ～ 冷凍船. camión ～ 冷凍車
━男 ❶ [冷蔵庫の]冷凍庫, フリーザー. ❷《釣り》フリーザーボックス
━女 [大型の]冷凍室《=cámara ～ra》
congelamiento [konxelamjénto] 男 =congelación
congelante [konxelánte] 形 冷凍する; 凍結の
congelar [konxelár]《←ラテン語 congelare》他 ❶ 凍結させる; 冷凍する: carne *congelada* 冷凍肉. ❷ [資金・財産を]凍結する: ～ los precios 物価を凍結する. ～ los fondos 資産を凍結する. ❸ 凍傷にかからせる. ❹《スポーツ》[リードを守るため追加得点しようとせず, ボールを]保持し続ける. ❺《映画, 放送》[映像を]こま止めにする. ❻ [情報]フリーズさせる
━～se ❶ 凍結する: El vapor de agua *se congelaba* sobre los cristales. 水蒸気がガラスに氷結していた. ❷ 凍える, 凍える: Me he olvidado la chaqueta y me estoy *congelando*. 私は上着を忘れて凍えている. *Se congelan* las relaciones entre los dos países. 両国の関係が冷えきっている. ❸ 凍傷にかかる: Se le *congelaron* los dedos de los pies. 彼は足の指が凍傷になった. ❹ [情報]フリーズする
congelativo, va [konxelatíβo, βa] 形 凍らせる
congénere [konxénere]《←ラテン語 congener, -eris》形 名《主に戯語, 軽蔑》同種の[人]; 仲間: No quiero nada con tus ～*s*. あんたのような人種とは関わりたくないね
congenial [konxenjál] 形《まれ》同じ気質の, 気心の合う; 同類味の
congenialidad [konxenjaliðáð] 女《まれ》気心が合うこと
congeniar [konxenjár]《←ラテン語》自［+con+人 と, +en 気質・好みが似ていて］気が合う, 仲良く暮らす: 1) No *congenia con* su marido. 彼女と夫の間には性格の不一致がある. 2)［時に肯定文で +bien］Las dos primas *congenian* muy bien. 2人の従姉妹はとても仲がいい
congénito, ta [konxénito, ta]《←ラテン語 congenitus「共に生み出された」< cum-（によって, 共に）+genitus「生み出された」》形 生まれつきの, 先天的な［意見的を含めて］: talento ～ 生まれつきの才能. enfermedad ～*ta* 先天性疾患. ～ en el hombre 人間本来の
congerie [konxérje] 女《文語》山積み, 大量
congestión [konxestjón]《←ラテン語 congestio, -onis < cungerere「積み重ねる」》女 ❶ 鬱血（症）, 充血: ～ cerebral 脳溢血. ～ pulmonar 肺鬱血. ❷ 閉塞状態; 大混雑, 超満員: ～ de tráfico 交通渋滞. ～ nasal 鼻詰まり
congestionado, da [konxestjonáðo, da] 形 鬱血した; とどこおった: ojos ～*s* 充血した目. el ～ Tokio 混雑した東京
congestionar [konxestjonár]《←congestión》他 ❶ 鬱血させる.

❷ [道を] ふさぐ, 混雑させる: Los coches privados *congestionan* la circulación. 自家用車が渋滞を引き起こしている
—— **~se** ❶ 鬱血する, 充血する; 紅潮する: *Se le congestionó* la cara. 彼は顔を赤らめた. ❷ 渋滞する, とどこおる

congestivo, va [kɔŋxestíβo, βa] [形] 鬱血性の

congiario [kɔŋxjárjo] [男] 《古代ローマ》[祝い事での] 皇帝から民衆への贈り物

congio [kɔ́ŋxjo] [男] 《古代ローマ》[液量の単位] コンギウス 〖=8分の1アンフォラ, =約3リットル〗

conglobación [kɔŋgloβaθjɔ́n] [女] ❶ 球形化, 塊化. ❷ [感情・言葉などの] 集積

conglobar [kɔŋgloβár] [他] 球形化させる, 塊化させる
—— **~se** 球形化する, 塊化する

conglomeración [kɔŋglomeraθjɔ́n] [女] 凝集

conglomerado, da [kɔŋglomeráđo, đa] [形] 《植物》 flores ~*das* 総状花
—— [男] ❶ 集塊, 凝塊: un ~ de intereses 複雑な利害関係の塊. ❷ 《経済》 コングロマリット, 複合企業. ❸ 《地質》 礫岩

conglomerante [kɔŋglomeránte] [形] [男] 凝集させる〔物質〕

conglomerar [kɔŋglomerár] [他] 集塊(団塊)状にする, 凝集させる
—— **~se** 集塊(団塊)状になる, 凝集する

conglutinación [kɔŋglutinaθjɔ́n] [女] =**aglutinación**

conglutinante [kɔŋglutinánte] [形] [男] =**aglutinante**

conglutinar [kɔŋglutinár] [他] =**aglutinar**

conglutinativo, va [kɔŋglutinatíβo, βa] [形] 《まれ》 膠着性の

conglutinoso, sa [kɔŋglutinóso, sa] [形] 《まれ》 膠着性の

congo[1] [kɔ́ŋgo] [男] ❶ 《国名》 [*C*~] コンゴ. ❷ 《メキシコ, キューバ》 [豚の後足の] 大腿骨. ❸ 《エルサルバドル, コスタリカ. 動物》 マントホエザル. ❹ 《キューバ》 2人で踊る古い民族舞踊

congo[2], **ga**[2] [kɔ́ŋgo, ga] [形] [名] 《まれ》 =**congoleño**

congó [kɔŋgó] [男] 《ドミニカ》 [ハイチの] 新米の農園労働者

congoja [kɔŋgɔ́xa] 〖←カタラン語 congoixa < 俗ラテン語 congustia < congustus < ラテン語 coangustus < cum- (共に)+angustus 「狭い」〗 [女] 《文語》 苦悩; 悲痛, 心痛, 悲嘆; 失神

congojar [kɔŋgɔxár] [他] =**acongojar**

congojo [kɔŋgɔ́xo] [男] 《戯語. 婉曲》 睾丸 〖=testículo〗
tener los ~s en la garganta 臆病者である, 意気地がない

congojosamente [kɔŋgɔxósaménte] [副] 《文語》 苦悩して

congojoso, sa [kɔŋgɔxóso, sa] [形] 《文語》 ❶ 苦悩する, 悲嘆に暮れた. ❷ 悲しい, 痛ましい

congola [kɔŋgóla] [女] 《コロンビア》 [喫煙の] パイプ

congoleño, ña [kɔŋgoléɲo, ɲa] [形] [名] 《国名》 コンゴ Congo 〔人・語〕の; コンゴ人
—— [男] コンゴ語

congolés, sa [kɔŋgolés, sa] [形] [名] =**congoleño**

congoña [kɔŋgóɲa] [女] 《ペルー, チリ. 植物》 コショウの一種 〖薬草. 学名 Piper dolabriformis〗

congosto [kɔŋgɔ́sto] [男] 《地方語》 隘路, 山と山の間の狭い道

congostra [kɔŋgɔ́stra] [女] 《地方語》 狭い道

congraciador, ra [kɔŋgraθjađɔ́r, ra] [形] 好意を勝ち得る, 気に入られる

congraciamiento [kɔŋgraθjamjénto] [男] 《文語》 好意を勝ち得ること, 気に入られること

congraciar [kɔŋgraθjár] 〖←con+gracia〗 [10] [他] [好意・同情などを] …に与える
—— **~se** [+con の] 好意を得る, 同情される: *Se congració con* todo el mundo. 彼は皆の心をつかんだ. No *se congració* a las fuerzas progresivas ni contentó a los tradicionalistas. 彼は進歩勢力に好かれず, 伝統主義者も満足させなかった

congratulación [kɔŋgratulaθjɔ́n] [女] 《文語》 [主に [複]] お祝い, 祝賀: Reciba usted mis *congratulaciones* por su éxito. ご成功おめでとうございます

congratular [kɔŋgratulár] 〖←ラテン語 congratulari 「祝う」〗 [他] 《まれ》 [+por 成功などを] …に祝う, 祝辞を述べる
—— **~se** ❶ [+de+名詞・不定詞・que+接続法 を] 喜ぶ, 祝う: *Me congratulo de que* el accidente no tuviera consecuencias. 事故が重大な結果にならなかったのがうれしい. ❷ 《文語》 [+con+人 の] 好意を得る 〖=congraciarse〗

congratulatorio, ria [kɔŋgratulatórjo, rja] [形] 祝い(祝賀・祝辞)の: telegrama ~ 祝電

congregación [kɔŋgregaθjɔ́n] 〖←ラテン語 congregatio, -onis〗 [女] ❶ 《カトリック》 1) [独自の会則による単式誓願だけを立てる] 修道会 〖⇔orden〗: ~ de San Pablo バルナバ会. 2) [ローマ教皇庁の] 聖省: *C*~ de Propaganda 布教聖省. *C*~ de Ritos 典礼聖省. *C*~ de Santo Oficio 検邪聖省. 3) ~ de los fieles カトリック教会. 4) 宗教団総会, 司教座聖堂参事会; 信心会, 信徒会. ❷ 集める(集まる)こと, 集合, 集結; [話し合いのための] 集まり. ❸ 《歴史》 集住政策 〖スペイン支配下のアメリカ(特にヌエバ・エスパーニャ副王領)で先住民人口激減に直面した王室が徴税・行政・改宗の円滑化のために実施. スペイン式の統治様式の市参事会 cabildo や市(町・村)議会 municipio を導入. →reducción〗; [その結果誕生した共同体] 集住村

congregacional [kɔŋgregaθjonál] [形] 《カトリック》 iglesia ~ 組合教会, 会衆派教会

congregador, ra [kɔŋgregađɔ́r, ra] [形] 一か所に集める

congregante, ta [kɔŋgregánte, ta] [名] 《カトリック》 修道会員

congregar [kɔŋgregár] 〖←ラテン語 congregare 「参加させる」 < grex, gregis 「群れ」〗 [8] [他] [人を] 一か所に集める: El partido de fútbol *congregó* en Madrid a los aficionados de toda España. そのサッカーの試合はスペイン中のファンをマドリードに集めた
—— **~se** 集まる, 集結する: Los manifestantes *se congregaron* en la plaza. デモ参加者は広場に集まった

congresal [kɔngresál] [名] 《中南米》 下院議員

congresional [kɔngresjonál] [形] 《まれ》 =**congresual**

congresista [kɔngresísta] [名] ❶ [集会・会合の] 出席者, 参加者. ❷ 《西》 下院議員

congreso [kɔngréso] 〖←ラテン語 congressus 「会見, 集まり」 < congredi 「集まる, 会う」〗 [男] ❶ [主に *C*~. 主に国内の定期的な] 会議, 大会 〖→reunión [類義]〗: *C*~ de Neurocirugía 神経外科学会. ~ nacional 全国大会. ❷ [米国・中南米の共和国などの] 議会, 国会; 国会議事堂: *C*~ de los Estados Unidos アメリカ合衆国議会. *C*~ de los Diputados 《西》 下院. ❸ 《歴史》 *C*~ de Panamá パナマ会議 〖1826年大コロンビア Gran Colombia 大統領ボリバル Bolívar が, 旧宗主国や米国の脅威に立ち向かうため, 独立後間もないイスパノアメリカ各国の団結を呼びかけて開催したが, メキシコ, 中央アメリカ連邦とペルーの代表が参加したのみ〗. ~ de Viena ウィーン会議 〖1814~15〗. ❹ 《廃語》 交尾

congresual [kɔngreswál] [形] 会議の; 国会の

congrí [kɔŋgrí] [男] 《料理》 ❶ 《キューバ》 黒い豆 judía negra 入りご飯. ❷ 《ドミニカ》 米とインゲン豆の煮込み

congria [kɔ́ŋgrja] [女] 《地方語》 干しアナゴ

cóngrido, da [kɔ́ŋgriđo, đa] [形] アナゴ科の
—— [男] [複] 《魚》 アナゴ科

congrillo [kɔŋgríʎo] [男] 《地方語》 ヨーロッパアナゴの幼魚

congrio [kɔ́ŋgrjo] [男] ❶ 《魚》 ヨーロッパアナゴ 〖食用〗; アナゴ. ❷ 《チリ. 口語》 召集兵

congrua[1] [kɔ́ŋgrwa] [女] ❶ 《カトリック》 聖職者が受け取るべき収入. ❷ 公務員の調整手当

congruamente [kɔ́ŋgrwaménte] [副] =**congruentemente**

congruencia [kɔŋgrwénθja] [女] ❶ [主に論理的な] 一致, 対応. ❷ 《幾何, 数学》 合同

congruente [kɔŋgrwénte] 〖←ラテン語 congruens, -entis < congruere 「都合がよい」〗 [形] ❶ [主に論理的に, +con と] 一致する, 対応する: Sus palabras y sus hechos no son ~*s*. 彼の言葉と行動は一致しない. Nada de lo que estás diciendo es ~ *con* el asunto de que tratamos. 君が言っていることは今我々が問題にしている件とは話が違う. ❷ 《幾何, 数学》 合同の: números ~*s* 等剰数

congruentemente [kɔŋgrwénteménte] [副] 適合して, 一致して, 対応して; 適切に, ふさわしく

congruo, grua[2] [kɔ́ŋgrwo, grwa] [形] =**congruente**
de ~ 《カトリック》 [功徳が] 大罪者の善行による

conguito [kɔŋgíto] [男] 《中南米. 実》 トウガラシ 〖=ají〗

conhortar [konɔrtár] [他] 《古語》 励ます; 《廃語》 慰める

conhorte [konɔ́rte] [男] 《古語》 激励

cónico, ca [kóniko, ka] 〖←cono〗 [形] 《幾何》 円錐の, 円錐形の: superficie ~*ca* 円錐面. techo ~ 円錐状の天井
—— [女] 円錐曲線 〖=sección ~*ca*〗

conidia [koníđja] [女] 《植物》 =**conidio**

conidio [koníđjo] [男] 《植物》 分生子(ぶんせいし)

conidióforo [konidjóforo] [男] 《植物》 分生子柄

conidiospora [konidjɔspóra] [女] 《植物》 =**conidio**

coniferal [koniferál] [形] 針葉樹目の

coniferina
── 囡 覆《植物》針葉樹目
coniferína [koniferína] 囡《化学》コニフェリン
conífero, ra [konífero, ra] 厖 針葉樹の、毬果植物の
── 囡 覆《植物》針葉樹、毬果（きゅうか）植物
coniferófito, ta [koniferófito, ta] 厖 針葉樹類の
── 男 覆《植物》針葉樹類
conificar [konifikár] [7] 他《まれ》円錐形にする
coniforme [konifórme] 厖《幾何》円錐形の
conimbricense [konimbriθénse] 厖 囲《地名》コインブラ Coimbra の〔人〕《ポルトガル中部の古都》
conirrostro, tra [konirróstro, tra] 厖 厚嘴類の
── 男 覆《鳥》厚嘴類
conivalvo, va [konibálbo, ba] 厖《動物》貝殻が円錐形の、巻き貝の
coniza [koníθa] 囡《植物》❶ キク科オグルマ属の薬用植物《学名 Inula conyza》. ❷ サイリウム《=zaragatona》
conjetura [konxetúra] 《←ラテン語 coniectura < conicere「意見を言う」》囡〔主に 覆〕憶測、推測、推量: Conversan basándose en ~s más que en hechos. 彼らは事実より推測に基づいて話している. Solo puedo hablar por ~s. 私は推測でしか話せない
hacer ~s sobre... ⋯について憶測をめぐらす: Los responsables del partido se limitan a *hacer* ~s *sobre* la fecha de los eventuales cambios. 党の責任者たちはいつ改革が行なわれるか推測するにとどめている
conjeturable [konxeturáble] 厖 推測され得る、憶測可能な
conjeturador, ra [konxeturaðór, ra] 厖 囲 推測する
conjetural [konxeturál] 厖 推測に基づいた、推測上の
conjeturalmente [konxeturálménte] 副 推測で、推測に基づいて
conjeturar [konxeturár] 他 憶測する、推測する、推量する: Periodistas estaban *conjeturando* que el Presidente podría haber muerto en los bombardeos. 記者たちは大統領は爆撃で死亡したかもしれないと考えていた
conjuez [konxwéθ] 男〔共同して審理に当たる〕裁判員、判定人
conjugable [konxugáble] 厖〔動詞が〕活用できる
conjugación [konxugaθjón] 囡 ❶《文法》〔動詞の〕活用、変化; 〔集名〕活用形、活用表: ~ regular (irregular) 規則(不規則)活用. ❷ 結合、調整. ❸《生物》〔生殖細胞・原生動物の〕接合、合体. ❹《化学》共役
conjugado, da [konxugáðo, ða] 厖 ❶《植物》1) 対をなす. 2) 接合藻類の. ❷《数学、物理、化学》共役の
── 男 覆《植物》接合藻類
conjugar [konxugár]《←ラテン語 conjugare》[8] 他 ❶〔動詞を〕活用させる: *Conjugue* el verbo en el tiempo presente indicativo. 動詞を直説法現在形に活用させなさい. ❷ [+con と]結合させる、つなぐ; 調整する、調和させる: El Papa *conjuga* las normas divinas *con* las condiciones cambiantes de la humanidad. 教皇は神の規範を人間の変わりゆく状況に合わせる. ❸《エクアドル》⋯とけんかする
conjunción [konxunxjón]《←ラテン語 conjunctio, -onis》囡 ❶《文法》接続詞: ~ coordinante (coordinadora) 等位接続詞. ~ subordinante (subordinadora) 従位接続詞. ❷ 連結: ~ de los esfuerzos 努力の結集. ❸《天文》〔天体の〕会合、朔(さく). ❹《占星》合、コンユンクティオ. ❺《まれ》偶然
conjuntado, da [konxuntáðo, ða] 厖 ❶ まとまりのある: Tenemos un equipo ~. 私たちのチームはまとまりがいい. ❷ 〔服装が〕調和した: Ella lleva siempre la ropa y los zapatos muy bien ~s. 彼女はいつも服と靴がよく合っている
conjuntamente [konxúntaménte] 副 ❶ 共同で、まとまって: Actúan ~ la iniciativa privada y la del Estado. 民間活力と国の主導が一つになって機能する. ❷ [+con と]一緒に、共に; 同時に
conjuntar [konxuntár] 《←ラテン語 conjunctare》他 ❶ 一つにまとめる、調和させる: Sabe ~ muy bien los colores de la decoración. 彼は装飾の色の取り合わせが非常にうまい. ❷《古語》合わせる、集める《=juntar》
── 自 ~**se** まとまりがある、調和している、コーディネートする: La lámpara y la tapicería del sofá *conjuntan* perfectamente. 明かりとソファのタペストリーは完璧に調和している
conjuntero, ra [konxuntéro, ra] 囲《口語》〔楽団・合唱団 conjunto の〕楽団員、合唱団員
conjuntiva[1] [konxuntíba] 囡《解剖》〔目の〕結膜

conjuntival [konxuntibál] 厖 結膜の
conjuntivitis [konxuntibítis] 囡《医学》結膜炎
conjuntivo, va[2] [konxuntíbo, ba]《←ラテン語 conjunctivus》厖 ❶ 結合する、連結する: fibra ~*va* 結合繊維. tejido ~《解剖》結合組織. ❷《文法》接続〔詞〕的な;《古語》接続法の
── 男《文法》接続語
conjunto[1] [konxúnto]《←ラテン語 conjunctus < conjungere「集める、一緒にする」》男 ❶〔事物・人の〕集合、集団: 1) El ~ de los magistrados lo ha decidido. 司法官たちがそう決定した. ~ de muebles 家具一式. ~ español スペイン選手団. ~ urbanístico (residencial) 住宅団地. 2) [un+] Un ~ de árboles es una arboleda. 木々の集まりを木立という. Este libro es un ~ de líricas españolas. この本はスペインの叙情詩を集めたものだ. un ~ de circunstancias 一連の情況. ❷ 全体、総体: ~ de sus obras 彼の全作品. ❸《服飾》セット、アンサンブル: ~ de chaqueta y falda 上着とスカートの〔セット〕. ~ de tenis テニスウエアの上下. ❹ [小編成の]楽団《= musical》; 合唱団《= ~ vocal》: chica de[l] ~ コーラスガール. ❺《数学》1) 集合: teoría de los ~s 集合論. ~ abierto (cerrado) 開(閉)集合. ~ finito (infinito) 有限(無限)集合. ~ vacío 空集合. ~s disjuntos 素集合. 2) 順列・組合わせ《=permutación y combinación》. ❻《情報》~ integrado de programas 統合化ソフト
de ~ 全体の: foto *de* ~ 集合写真. visión *de* ~ おおざっぱな意味. vista *de* ~ 概観
en ~ 全体的に見て、概して: La película, *en* ~, está bien hecha. この映画は全体としてよくできている
en el ~ たくさんある中で
en su ~ 全体として、まとめて
conjunto, ta[2] [konxúnto, ta]《←ラテン語 conjunctus》厖 結合した、一つになった; 共同の、合同の; 連帯の: bajo el patrocinio ~ 共催の. esfuerzos ~*s* de todos 全員の努力の結集. base aérea ~*ta* 連合空軍基地. comisión ~*ta* 合同委員会. empresa (operación) ~*ta* ジョイントベンチャー. hilandería ~*ta* entre España y Japón スペイン・日本合弁の紡績工場. obra ~*ta* 共同作品. operaciones ~*tas* 共同作戦. sesión ~*ta* 合同会議
conjura [konxúra]《←conjurar》囡〔主に支配者に対する〕陰謀、謀反、共謀: Julio César murió víctima de una ~. ユリウス・カエサルは謀反の犠牲となって死んだ
conjuración [konxuraθjón] 囡 =conjura
conjurado, da [konxuráðo, ða] 厖 囲 陰謀に加担した〔人〕
conjurador, ra [konxuraðór, ra] 囲 ❶ 悪魔払い師《=exorcista》. ❷《古語》=conjurado
conjuramentar [konxuramentár] ~**se** =juramentarse
conjurante [konxuránte] 囲 共謀する、共謀者
conjurar [konxurár]《←ラテン語 coniurare》他 ❶〔災厄を〕払いのける、逃れる: Nuestros rezos no lograron ~ la catástrofe. 我々の祈りは通じず、大災害を逃れることができなかった. El gobierno trata de ~ el peligro de inflación. 政府は何とかインフレの危機を避けようとしている. ❷〔悪霊を〕払う《=exorcizar》: Jesucristo *conjuraba* los demonios. イエス・キリストは悪魔を去らせた. ❸ 誓いを立てる、誓約する. ❹〔霊魂を〕呼び寄せる《=invocar》. ❺《文語》[+*a* que+接続法 するように]願い出る、懇願する; 厳命する
── 自 ~**se**
── ~**se** [+contra に対して/+con と]陰謀を企てる、共謀する; 協力する: Los generales *se conjuraron contra* el emperador. 将軍たちは皇帝に対して陰謀を企てた. Los empresarios *se conjuraron contra* la crisis económica. 経営者たちは協力して経済危機に立ち向かう
conjuro [konxúro]《←conjurar》男 ❶ 悪魔払い; その呪文. ❷ 懇願、嘆願
al ~ de...〔魔術のような〕⋯の影響で: Las estatuas parecían vivir *al* ~ *del* sol y el viento. それらの像は日光と風のせいで生きているように見えた
conllevador, ra [konλeβaðór, ra] 厖 囲 我慢する〔人〕、耐え忍ぶ〔人〕
conllevancia [konλeβánθja] 囡《まれ》我慢、耐え忍ぶこと
conllevar [konλeβár]《←con+llevar》他 ❶ 結果的(必然的)に伴う: La eliminación de carriles *conlleva* una reducción del tráfico. 車線を減らせば交通量は減ることになる. ❷〔逆境などに〕耐える、耐え忍ぶ. ❸《まれ》〔変わった人・難しい性格の

人と〕うまく付き合う. ❹《俗語》[…の仕事を]手伝う
── 自《ベネズエラ》[+a の]結果に通じる: Esto *conllevó a la quiebra del banco*. このことから結果的に銀行が倒産した
conllorar [koʎorár] 自 悲しみを分かち合う, もらい泣きする
conmemorable [ko(m)memoráble] 形 記念すべき, 記憶すべき
conmemoración [ko(m)memoraθjón]《←ラテン語 commemoratio, -onis》女 ❶ 記念, 祝賀; 追悼〖行為〗. ❷ 記念式, 記念祭; 追悼式. ❸《カトリック》1) 記念禱〖聖人の祝日がより多くの上の祝日と重なった時その聖人について司祭がミサなどで触れること〗. 2) ～ de los difuntos 死者の日, 万霊節〖11月2日. 煉獄の霊魂の贖罪と冥福を願う〗
en ～ de… …を記念して〖の〗: *en ～ del* IV Centenario de El Quijote『ドン・キホーテ』出版400年を記念して
conmemorar [ko(m)memorár]《←ラテン語 commemorare》他 ❶〖+事〗記念する: *Este obelisco conmemora* el dos de mayo. このオベリスクは5月2日〖ナポレオンに対する民衆蜂起の日〗を記念するものだ. ❷ 祝う; …の記念日を祝う: Hoy *conmemoramos* [el aniversario de] la fundación de esta institución. 今日ここにこの施設の設立〔記念日〕を祝いましょう
conmemorativo, va [ko(m)memoratíbo, ba] 形 記念する, 記念の: monumento ～ de las víctimas del franquismo フランコ体制の犠牲者の記念碑〖像・建築物〗. acto ～ 記念式典. foto ～*va* 記念写真. sello ～ 記念切手
conmemoratorio, ria [ko(m)memoratórjo, rja] 形 =**conmemorativo**
conmensurabilidad [ko(m)mensurabiliðá(ð)] 女《数学》同一単位で計測され得ること; 通約性
conmensurable [ko(m)mensuráble] 形 ❶ 計測され得る: El sentimiento humano no es algo ～. 人間の感情は数字で表わせるようなものではない. ❷《数学》同一単位で計測できる; 通約できる
conmensuración [ko(m)mensuraθjón] 女 同一単位での計測
conmensurar [ko(m)mensurár] 他《まれ》同一単位で計測する
conmensurativo, va [ko(m)mensuratíbo, ba] 形 計測に役立つ
conmesal [ko(m)mesál] 名《まれ》=**comensal**
conmesalía [ko(m)mesalía] 女《まれ》=**comensalía**
conmigo [ko(m)mígo]《←ラテン語 cum- (共に) +mecum》Ven ～. 私と一緒に来たまえ. Ahora no tengo dinero ～. 私は今金を持っていない. ¿Estás ～ o contra mí? 私に賛成なの反対なの?
conmilitón [ko(m)militón] 男《文語》戦友
conminación [ko(m)minaθjón] 女 ❶ 脅し, 脅迫, 威嚇. ❷ 通達, 通告; 厳命. ❸《修辞》ひどい悪口で脅迫する文彩, 威嚇話法
conminador, ra [ko(m)minaðór, ra] 形 脅迫的な, 威嚇する
conminar [ko(m)minár]《←ラテン語 comminari < cum- (共に) +minari「脅す」》他 ❶〖命令に従わなければならないよう, +con 罰などで〗脅す, 威嚇する: Le *conminó con* el claxon para que se detenga. 彼は停車するようクラクションで脅された. ❷《法律》〔脅しによって, +a+不定詞・que+接続法を〕…に通達する, 通告する; 厳命する: El casero le *ha conminado a* abandonar el piso en el término de un mes. 家主は彼に1か月を期限としてアパートから出て行くよう通告した
conminativo, va [ko(m)minatíbo, ba] 形 =**conminatorio**
conminatorio, ria [ko(m)minatórjo, rja] 形 脅迫の, 威嚇の, 含んだ, 処罰をにおわせる: con una voz ～*ria* どすのきいた声で
conminuta [ko(m)minúta]《医学》fractura ～ 粉砕骨折
conmiseración [ko(m)miseraθjón]《←ラテン語 commiseratio, -onis》女 ❶ 同情, 憐憫〖欠〗, 哀れみ〖他人の不幸・苦難に対して感じる心痛〗: tener ～ con+人 …に同情する
conmiserado, da [ko(m)miseráðo, ða] 形 同情心がある, 思いやりがある: Es muy ～ para con la servidumbre. 彼は召使いたちにもとても理解がある
conmiserativo, va [ko(m)miseratíbo, ba] 形 同情する, 憐憫の情のある
conmistión [ko(m)mistjón] 女 混合
conmisto, ta [ko(m)místo, ta] 形 混ざり合った, 混合した
conmistura [ko(m)mistúra] 女 =**conmixtión**
conmixtión [ko(m)mi(k)stjón] 女《まれ》混合
conmixto, ta [ko(m)mí(k)sto, ta] 形 混ざり合った

conmoción [ko(m)moθjón]《←ラテン語 commotio, -onis》女 ❶〖物理的な〗衝撃, 振動: ～ cerebral《医学》脳振盪〖ミ〗. ❷〖精神的な〗動揺, 動転: La aparición de la flota americana causó mucha ～ al gobierno de Edo. 米艦隊の出現は江戸幕府に大きなショックを与えた. ❸ 地震〖=～ geológica〗. ❹〔政治的・社会的な〕変動
conmocionar [ko(m)moθjonár] 他 ❶ …に衝撃を与える; 動揺させる, 動転させる. ❷ 脳振盪を起こさせる
── ～*se* ❶ 動揺する, 動転する. ❷ 脳振盪を起こす
conmonitorio [ko(m)monitórjo] 男《法律》下位の裁判官への訓告書. ❷《廃語》覚え書, 報告書
conmoración [ko(m)moraθjón] 女《修辞》異形反復〖=expolición〗
conmoriencia [ko(m)morjénθja] 女《法律》同時に複数の人が死ぬこと
conmovedor, ra [ko(m)moβeðór, ra] 形 感動的な, 人の胸を打つ: película ～*ra* 感動的な〖ほろりとさせる〗映画
conmovedoramente [ko(m)moβeðoraménte] 副 感動的に; 動揺するほど
conmover [ko(m)moβér]《←ラテン語 commovere》29 他 ❶〖主に悲しみ・哀れみで〗…の心を動かす, 感動させる; 涙を誘う: Le *conmovió* mucho el homenaje. 彼は賞賛を受けてひどく感激した. Me *conmovió* ver cómo cuidaba a su hermanita pequeña. 彼が妹の面倒を見る様子を見て私は感動した. No le *conmovió* ni la muerte de su mejor amigo. 彼は親友の死にさえも動揺しなかった. Le *conmueven* mucho las películas sentimentales. 彼は感傷的な映画を見ると大泣きする. ❷〖強く〗揺り動かす: Los golpes en la puerta *conmovían* la casa. ドアを強く叩くと家が揺れたものだ. Un terremoto *conmovió* la ciudad. 地震で町が揺れた. Es un cambio de costumbres que *conmueve* los cimientos de la sociedad. これは社会の土台を揺るがすような習慣の変化だ
── ～*se* ❶ 感激する, 感動する: *Se conmueve* por cualquier cosa. 彼はちょっとしたことにも動揺〖感動〗する. ❷ 振動する, 揺れる: *Se conmovió* el edificio. 建物が揺れた
conmovible [ko(m)moβíble] 形 感動し得る: ser fácilmente ～ すぐ感動する
conmovido, da [ko(m)moβíðo, ða] 形 ❶ 動揺した; 感動している: Los espectadores, en su mayoría mujeres, lloraron ～*das*. 観客は大半が女性で, もらい泣きした. ❷《まれ》感動的な
conmuta [ko(m)múta] 女 =**conmutación**
conmutabilidad [ko(m)mutaβiliðá(ð)] 女 ❶ 可換性. ❷《法律》減刑の可能性
conmutable [ko(m)mutáble] 形 ❶ 入れ換えできる, 転換できる; 可換の, 交換可能な. ❷《法律》減刑され得る
conmutación [ko(m)mutaθjón]《←ラテン語 commutatio, -onis》女 ❶ 入れ換え, 置き換え; 《技術》切り換え. ❷《情報》～ de mensajes メッセージ交換. ～ por paquetes パケット交換. ❸《法律》減刑〖=～ de pena〗. ❹《修辞》〖語順の倒置による〗語呂合わせ. ❺《数学》交換
conmutador, ra [ko(m)mutaðór, ra] 形《電気》整流する;《電話》交換する
── 男 ❶《電気》整流子, 整流器;《技術》切換スイッチ. ❷《電話》交換機.《中南米》交換台
conmutar [ko(m)mutár]《←ラテン語 commutare < cum- (で) +mutare「変える」》他 ❶《法律》〖裁判官が, +por・en に〗減刑する: ～ a+人 la pena de muerte *por* cadena perpetua …を死刑から終身刑に減刑する. ❷《数学》交換する. ❸《電気》変流する. ❹《西. 教育》〖単位を〗読み換える〖=convalidar〗
conmutatividad [ko(m)mutatiβiðá(ð)] 女《数学》可換性
conmutativo, va [ko(m)mutatíβo, ba] 形 ❶《法律》双務の. ❷《数学》交換可能な, 可換な: geometria no ～*va* 非可換幾何学
conmutatriz [ko(m)mutatríθ] 女《電気》変流機: ～ síncrona 同期変流機
connacional [konnaθjonál] 名 同国籍の人
connato, ta [konnáto, ta] 形 同じ日に生まれた
connatural [konnaturál]《←ラテン語 connaturaliz》形 〖+a に〗生まれつきの, 生来の, 生得の, 固有の: facultad ～ *al* hombre 人間固有の能力
connaturalidad [konnaturaliðá(ð)] 女 生得〖固有〗であること
connaturalización [konnaturaliθaθjón] 女《まれ》適応, 順応

connaturalizar [kɔnnaturaliθár] 動他《まれ》[+con に] 適応(順応)させる
—— **~se**《まれ》適応(順応)する、慣れる

connaturalmente [kɔnnaturalménte] 副 生来、先天的に; 生得(固有)のように

connivencia [kɔnniβénθja] 女[←ラテン語 conniventia]《文語》❶ 共謀: Está en ~ con un empleado de aduanas para pasar contrabando. 彼は税関職員とぐるになって密輸品を運んでいる。❷ [部下などの過ちに対する] 寛容、寛大さ、黙認

connivente [kɔnniβénte] 形 ❶ 寛大な。❷《植物》輻合(ふくごう)の。❸《まれ》共謀している、ぐるの

connotación [kɔnnotaθjón] 女 [←connotar]《文語》❶ 言外の意味、暗示、含意、含み: Las chimeneas tienen *connotaciones* fálicas. 煙突は男根を暗示している。❷《言語、論理》内包 [⇔denotación]。❸《まれ》遠い縁戚関係、遠縁

connotado, da [kɔnnotáðo, ða] 形《中南米》著名な。❷《メキシコ》きっぱりした、頑固な
—— 男《まれ》遠縁

connotador, ra [kɔnnotaðór, ra] 形 =**connotante**

connotante [kɔnnotánte] 形 言外の意味を含む、暗示する、含意として示す

connotar [kɔnnotár] 動他 [←英語 connote]《言語》内包する; 言外に意味する: "Engaño" *connota* mala intención. 「欺瞞」という語には悪意が含まれている

connotativo, va [kɔnnotatíβo, βa] 形《言語》内包的な

connovicio, cia [kɔnnoβíθjo, θja] 名《カトリック》見習い修道士(修道女)仲間

connubial [kɔnnuβjál] 形《まれ》結婚の、婚姻の

connubio [kɔnnúβjo] 男 ❶《文語》結婚、婚姻 [=matrimonio]。❷《中南米》共謀

connumerar [kɔnnumerár] 他《廃語》列挙する、名を挙げる

cono [kóno] 男 [←ラテン語 conus < ギリシア語 konos「円錐、松かさ」] ❶《幾何》円錐、円錐形 [= ~ circular、~ de revolución]: ~ oblicuo 斜円錐。~ recto 直円錐。~ truncado 円錐台。❷ [道路に置く] コーン、パイロン [=~ de encauzamiento、~ de balizamiento]。❸《光学》~ de luz 光錐。❹《天文》~ de sombra 本影。❺《解剖》[眼の] 円錐体。❻《地質》崖錐、テラス。❼《植物》球果。❽《アルゼンチン》~ urbano =**conurbano**
~ *sur* アルゼンチン・チリ・ウルグアイの3国《時にパラグアイを含めた4国》

conocedor, ra [konoθeðór, ra] 形 名 [←conocer] ❶ [+de の] 良し悪しが分かる〔人〕; 玄人、通(つう); 専門家: Eres buen ~ de hombres. 君は人間というものがよく分かっている。~ de vinos ワイン通。❷ 精通している、詳しい: Yo no sabía que él fuese ~ de nuestras relaciones. 彼が我々の関係を熟知しているとは私は知らなかった
—— 男《アンダルシア》牧童頭

conocencia [konoθénθja] 女 ❶《法律》[被告の] 自供、自白。❷《古語》=**conocimiento**

conocer [konoθér] 動 [←ラテン語 cognoscere] 39他 ❶ 知っている; 精通している [→saber 語義]: 精通している: 1) *Conozco* un camino más corto. 私は近道を知っている。Ya *conocía* ese procedimiento. 私はその手順をすでに知っていた。El enfermo debe ~ la verdad. 病人は本当のことを知らされるべきだ。*Conozco* las dificultades que me esperan. 自分の前途に困難があることを私は知っている。*Conociendo* el estado crítico de la compañía, el despido del personal es perdonable. 会社が危機状態にあるのなら、人員解雇も許される。2) [諺、成句] Más vale malo *conocido* que bueno por ~./Es preferible lo malo *conocido* a lo bueno por ~. 知らない善より知った悪の方がよい/明日の万より今日の五十。Quien (El que) no te *conoce* te compre. 人の欠点は初対面では分からない。3) [副詞 bien・mal、mucho・poco などと共に] *Conozco* bien el cine español. 私はスペイン映画に詳しい。*Conoce* mucho el tema. 彼はその話題に疎い。4) [+de. 知識の源源を示して] *¿De qué lo conoces?* そのことを何から知りましたか? 5) [学習・練習などによって] Él *conoce* los vinos mejor que yo. 彼は私よりワインに詳しい。*Conoce* bien su oficio. 彼は自分の仕事を心得ている。*Conoce* dos idiomas además del suyo. 彼は母国語のほかに2か国語を話せる。No *conoce* nada de filosofía. 彼は哲学のことは何も知らない。*Conoce* por ciertas señales el tiempo que va a hacer. 彼はある兆候からどんな天気になるか分かる。6) [国・町などを] Me encantaría ~ España. スペインに行けたらなあ。No *conozco* Buenos Aires. 私はブエノスアイレスのことは知らない/ブエノスアイレスに行ったことがない。Quiero ~ mundo. 私は世界中を見て回りたい。[+経験] *Ha conocido* dos guerras mundiales. 彼は2度の世界大戦を経験している。Todavía no *ha conocido* el amor. 彼はまだ恋を知らない。❷ [人と] 知り合いである、知り合う: 1) ¿*Conoces* a José? ホセに会ったことはあるか/ホセを知っているか? No *conozco* de nada. 彼は私と全く面識がない。¿*Conoces* de algo a ese hombre? その男のことを何か知っているか? La *conozco* de haber trabajado juntos. 私は一緒に働いたので彼女のことは知っている。Es uno de los hombres más honrados que *conozco*. 彼は私が知る最も正直な人の一人だ。2) [初対面] *Conocí* a su hermana en la universidad. 私は彼の妹と大学で知り合った。3) [友達にまではならない程度に付き合う] La *conozco*, pero no tengo confianza con él para pedirle ese favor. 私は彼のことは知っているが、そんな頼みごとができるほど親しくはない。4) [人とつきあって知る] La única forma de ~ es vivir con él. 彼がどんな人間か知るには一緒に暮らすしかない。❸ [+de・en・por で] 察知する、気付く: 1) El médico *conoce* las enfermedades *por* los síntomas. 医者は症状で病気〔の正体〕が分かる。2) [+que+直説法] *Conocí en* su rostro *que* le disgustaba. 私は彼の表情で気に入られなかったことが分かった。*Conoce que* ha de llover. 彼は雨が降るはずなのを知っている。❹ 識別できる、認識する: Yo no *conozco* las hierbas buenas de las malas. 私は雑草の見分けがつかない。El bebé ya *conoce* a su madre. 赤ん坊はもう母親が分かる。La *conocí en* la voz (por el modo de andar). 私は声(歩き方)で彼女と分かった。Nadie la *conoce* en el pueblo sino *por* la María. 村でマリアと言えば知らない人はいない。Esta razón social no es *conocida* en el domicilio que indica de la propaganda. この社名は広告に記されている住所には該当しない。❺《法律》[裁判官などが訴訟を] 担当する: Es el juez que *conoce* esta causa. 彼がこの訴訟を担当する判事だ。❻《文語》[聖書などで] …と肉体交渉を持つ: Todavía no *conoce* hombre. 彼女は処女である/まだ男を知らない。❼《廃語》[罪に] 告白する: Lo *conocieron* con ingenuidad. 彼らは無邪気にそれを告白した。❽《感謝》: Job *conoció* a Dios haberle hecho rico. ヨブは金持ちにしてくれたことを神に感謝した

dar a ~ 知らせる、告知する、通知する; 公表する: Dio a ~ sus intenciones. 彼は自分の意図を明らかにした。Dieron a ~ el ganador del premio a través de la radio. 受賞者はラジオで発表された。No dieron a ~ su paradero por motivos de seguridad. 警備の都合上、彼の宿泊先は公表されなかった。dar a ~ la nueva marca 新商標名を担当する

darse a ~ 1) 公表される。2) 自分の身元を明かす、名乗る: El príncipe apareció disfrazado y hasta el final no *se dio* a ~. 王子は仮装して現われ、最後まで身分を隠した。3) デビューする: *Se dio* a ~ en una película. 彼はある映画でデビューした

—— 自 ❶ [+de・en について] 知っている; 精通している: Conoce bien de coche. 彼は車に大変詳しい。Conoce de mujeres. 彼は女性のことに詳しい。❷ 識別できる: El enfermo ya no conoce. 病人はもう意識不明だ。❸《法律》[裁判官などが、+de+訴訟を] 担当する

—— **~se** ❶ 自分のこと(自己)を知る: Conócete a ti mismo. おのれ自身を知れ。No *se conocía* en la foto. 彼は写真を見てもどれが自分か分からなかった。❷ 知り合いである、知り合う: 1) Nos *conocemos* desde hace mucho tiempo. 私たちはずっと以前からの知り合いだ。¿Os *conocéis*? 君たちは知り合い?/前にあったことがある? 2) [初対面] *Se conocieron* en un baile. 彼らはダンスパーティーで知り合った。3) [親しいほど] Para ser feliz hay que entenderse, ~se y aceptarse. 幸せになるためにはお互いを理解し、親しくなり、受け入れなければならない。Miguel y yo nunca llegamos a ~*nos* bien. 私とミゲルとはそれほど親密になれなかった。❸《西、口語》察知(識別・認識)される、明らかである: *Se le conocía* la satisfacción *en* la cara. 顔を見れば彼が満足していることが読み取れた。*Se conoce* que está maduro *por* el color. 色でもう熟しているかどうか分かる。❹ 知る [=saber]: *Me* lo *conozco* de memoria. 私はそれを覚えていない。❺ 一般に知られている: *Se conocen* con el nombre de composites. それはコンポジットという名前で知ら

ている. No *se le conoce* ninguna novia. みんなの知る限り彼には恋人が一人もいない
Se conoce que+直説法《西.口語》[原因・動機が]明らかに…である，…のようである: *Se conoce que* no les iba bien, y cerraron la tienda. その店はうまくいってなかったようで，閉店した

conocer	
直説法現在	接続法現在
cono**zc**o	cono**zc**a
conoces	cono**zc**as
conoce	cono**zc**a
conocemos	cono**zc**amos
conocéis	cono**zc**áis
conocen	cono**zc**an

conocible [konoθíßle] 形《まれ》知られ得る，認識され得る
conocidamente [konoθíðaménte] 副 明らかに
conocido, da [konoθíðo, ða] 形 よく知られている，有名な: Toledo es una ciudad muy ~*da*. トレドは大変有名な町だ. médico ~ 有名な医者. El problema no me es ~. その問題については私は何も知りません
— 名《付き合いが友情までに到らない》知り合い，知人: Es un simple ~. 彼は単なる知り合いだ. Es una ~*da* de mi hermana. 彼女は私の姉の知人だ
conocimiento [konoθimjénto]《←conocer》男 ❶ 知っていること；[主に 複] 知識: Un mejor ~ mutuo favorecería nuestras relaciones comerciales. お互いをもっとよく知れば，我々は商売上もっとうまくいくだろう. Tengo algunos ~*s* de contabilidad. 私にはいささか簿記の心得がある. profundo ~ sobre España スペインに関する深い造詣. [clase según el] nivel de ~*s* 習熟度 [別クラス]. ~*s* técnicos (tecnológicos) ノウハウ. ❷ 知ること，認識；[哲学] 認識: teoría del ~ 認識論. ❸ [善悪・適不適の] 分別, 思慮；理解力, 良識: Los niños no tienen ~ y hay que apartar de ellos los peligros. 子供たちは分別がないので，危険から遠ざけなければならない. Salir sin abrigo en un día como este es no tener ~. こんな日に着ないで外出するなんて思慮が足りない. ❹ 意識, 知覚: recobrar el ~ 意識を回復する. ❺《商業》1) 船荷証券 [~ de embarque]. 2) [小切手などの現金化の際の] 本人確認書類, 署名. ❻《戯語》[主に 複] 知人 [=conocido]. ❼《古語》感謝. ❽《廃語》受取証, 預かり証
con ~ 1) 分別をもって，思慮深く. 2) 意識的に
con ~ ***de causa*** 事情を十分にわきまえて: Hablo del tema *con* ~ *de causa*. その件に関してはよく分かっていて話しています
dar ~ ***de...*** …のことを知らせる, 連絡する
estar en pleno ~ 正気である, まともである
llegar a ~ ***de***+人 [事柄が] …の知るところとなる
perder el ~ 気絶する: Perdió el ~ con el golpe y no lo ha recobrado todavía. 彼は打撲で意識を失い, まだ回復していない
poner en su ~ ***que...*** 《手紙》…をご通知します: Me permito *poner en su* ~ *que* el portador de esta carta será el doctor Claudio López, profesor numerado de nuestra universidad. 勝手ながら, 本状の所持する人物は当方大学専任教授クラウディオ・ロペス博士であることを, お伝えいたします
sin ~ 1) 判断力のない, 思慮の足りない. 2) 無意識の, 気を失った
tener ~ ***de...*** …のことを知っている, 熟知している
venir en ~ ***de...*** …を突きとめる, …に気付く
conoidal [konojðál] 形《幾何》円錐形の
conoide [konójðe] 形 円錐状の
— 男《幾何》円錐曲線体
conopeo [konopéo] 男《教会》聖櫃 sagrario を覆う天蓋状のカーテン
conopial [konopjál] 形 →**arco** conopial
conopio [konópjo] 男《建築》オージーアーチ [=arco conopial]
conque [konke]《←con+que》接[引き継ぎの接続詞]《口語》❶ [結果] それで…, だから…;［=así que］: No entiendes nada de esto; ~ cállate. 君はこのことが全く分かっていない. だから何も言うな. Te educó, te dio carrera; ~ no tienes motivo sino para estarle agradecido. 彼は君にしつけをし, 学費を出してくれた. だから君に感謝こそすれ, 不満に思うことは何もないはずだ.

❷ [文頭で] 結局…, では…: ¡C~ te ha tocado la lotería! じゃあ, 君は宝くじに当たったんだね! ¡C~ hoy me pagabas la deuda! 君は借金を今日返すと言ったじゃないか! C~ ya sabes: si no estás aquí a las dos en punto, nos iremos sin ti. で, もし2時ちょうどに来なければ, 我々は君なしで出かける. ¿C~ nos vamos o nos quedamos? それでは私たちは立ち去るのか, 残るのか?
—《俗用》=前置詞 con+関係詞: las atribuciones ~ he sido investido 私に付与された権限 [=las atribuciones *con las cuales* he sido investido]
— 男《口語》❶ [行為・約束の] 条件: Ha accedido, pero con sus ~*s*. 彼は同意した. しかし条件付きだ. Este es el ~ indispensable para la unión. これは団結のための不可欠の条件だ. ❷ お金 [=dinero]
conqué [konké]《口語》[el+所有詞]+手段 [=con qué], 弁解, 口実. ❷《ログローニョ》理由, 動機；興味. ❸《グアテマラ, プエルトリコ, ペルー. 戯語》お金
conquense [konkénse] 形 名《地名》クエンカ Cuenca の [人]《カスティーリャ＝ラ・マンチャ州の県・市名》
conquibus [konkíßus] 男 =**cumquibus**
conquiforme [konkifórme] 形 貝の形の
conquiliología [konkiljoloxía] 女 貝類学
conquiliólogo, ga [konkiljólogo, ga] 名 貝類学者
conquiolina [konkjolína] 女《生化》コンキオリン
conquista [konkísta] 女《古語 conquerir "征服する" <ラテン語 conquiere "あらゆる所を捜す"》 ❶ 征服, 占領: 1) deseo de ~ 征服欲. ~ de Toledo por Alfonso VI《歴史》アルフォンソ6世によるトレドの征服 [1085年]. 2)《歴史》[la C~] スペインによるアメリカ大陸の征服；植民地化《15〜17世紀》. ❷ 獲得, 獲得物: ~ de la libertad 自由の獲得. ❸《異性の》心をつかむこと；ものにした女(男): hacer ~*s* (una ~) de+人 …を夢中にさせる, …の愛情を獲得する. ir de ~ ナンパしに出かける. Me ha presentado a su última ~. 彼は私に最近口説き落とした恋人を紹介した. ❹《南米. スポーツ》ゴール [=gol]
conquistable [konkistáßle] 形 征服(獲得)され得る；容易に手に入る [口説き落とせる]
conquistador, ra [konkistaðór, ra] 形 征服する；[多くの異性の] 心をとらえる
— 名 ❶ 征服者: Jaime I el C~ 征服王ハイメ1世. ❷《歴史》コンキスタドール《特に16世紀前半に南北アメリカ大陸を征服したスペイン人. 軍事的征服と同時に精神的征服(先住民の魂の獲得)がキリスト教化と呼ばれるのも任務としたが, 後者はほとんど実行されなかった》. ❸ [異性の] 愛情を獲得する人, ドン・ファン
conquistar [konkistár]《←conquista》他 ❶ [武力によって] 征服する: El año 1453 los turcos *conquistaron* Constantinopla. 1453年トルコ人はコンスタンチノープルを征服した. tierra *conquistada* a los árabes アラブ人から征服した土地. ❷ [努力して] 獲得する, 勝ち取る: Ha *conquistado* una buena posición social a fuerza de trabajo. 彼は必死に働いて高い社会的地位を手に入れた. La relojería japonesa *ha conquistado* el mercado. 日本製の時計が市場を制圧した. ❸ …の心をつかむ, 魅了する: Ella nos *ha conquistado* a todos con su simpatía. 彼女は感じの良さで私たちみんなをとりこにした. ~ a una mujer 女をものにする. ❹ 納得させる: Le he *conquistado* para que vuelva enseguida. 私は彼を説得して, すぐ帰らせた
conrear [konreár] 他 下準備する《2度鋤を入れて畑を耕す, ラシャを油に浸す, など》
— ~se《ムルシア》利益を得る；農業を営む；中流生活を営む
conreo [konréo] 男 ❶ 下準備. ❷《ムルシア》利益
consabido, da [konsaßíðo, ða]《←con+saber》形 [主に +名] よく知られた, いつもの, 昔からの: Nos gastó la ~*da* broma de apagarnos la luz. 彼は我々の部屋の明かりを消すといういつものいたずらを性懲りもなく我々に仕掛けた. Estaba fumando el ~ cigarro. 彼はいつもの葉巻を吸っていた. el ~ discurso おきまりのスピーチ. ❷ [話し手・聞き手双方にとって] 既に知られた: El ~ testigo... 既に申し上げた証人は…
consabidor, ra [konsaßiðór, ra] 形 名《まれ》[事柄を] 共に知っている
consagrable [konsagráßle] 形《宗教》神聖化され得る；《カトリック》聖別され得る
consagración [konsagraθjón] 女 ❶《カトリック》聖別；聖変化

consagrado, da

〖ミサでパンとぶどう酒を聖体化すること〗. ❷ 奉献. ❸ 〖地位・名声などの〗確立

consagrado, da [konsaɡráðo, ða] 形 有名な: artista ~ 著名な芸術家

consagrador, ra [konsaɡraðór, ra] 形 名 《カトリック》聖別する〔人〕

consagrante [konsaɡránte] 形 名 《カトリック》聖別する〔人〕; 聖別者; 奉献者; 聖職任者

consagrar [konsaɡrár] 〖←ラテン語 consecrare < cum- (で) +sacrare < sacer, -cra, -crum 聖なる」〗他 ❶ 《宗教》1) 神聖化する; 儀式で神聖化したものを捧げる. 2)《カトリック》聖別する, 祝別する: ~ una iglesia (la hostia) 教会(パン)を聖別する. ~ a un obispo 司教の祝聖式をあげる, 司教に叙階する. vino de ~ ミサ用ワイン. ❷ [+a に] 捧げる, 奉献する; 割り当てる: ~ a su hija a Dios 娘を神への奉仕のために捧げる. *Consagró* su vida *a* la ciencia. 彼は一生を学問に捧げた. *Le han consagrado* una lápida en la casa donde nació. 彼の偉業を讃え, 生家に記念碑が建てられた. *Ese libro consagra* unas páginas *a* Cataluña. その本はカタルーニャに数ページ割いている. ❸ […の, +como としての地位・名声などを]確立させる;〖正式なものとして〗認める: *Esta película le consagró como* un director de primera categoría. この映画で彼は一流監督の仲間入りをした. *El uso ha consagrado* esta nueva palabra. これはよく使うので新語として認められた

—— ~se ❶ 身を捧げる, 没頭する: Ha profesado la medicina antes de ~*se a* la escritura. 彼は文筆に専念する以前は医者をしていた. ~*se a* ayudar a los pobres 貧者の救済に身を捧げる. ❷ [名声・地位などが]確立する, 認められる: Penélope *se consagró como* una de las actrices más bellas. ペネロペは最も美しい女優の一人と認められた

consagratorio, ria [konsaɡratórjo, rja] 形 《カトリック》聖別の

consanguíneo, a [konsaŋɡíneo, a] 〖←ラテン語 consanguineus〗形 名 同族の〔人〕, 血縁の〔人〕: casamiento ~ 近親結婚

consanguinidad [konsaŋɡiniðá(ð)] 〖←ラテン語 consanguinitas, -atis < cum- (で) +sanguis, -inis 血」〗女 同族〔関係〕, 血縁〔関係〕: grado de ~ 親等

consciencia [konsθjénθja] 女《文語》=**conciencia**

consciente [konsθjénte] 〖←ラテン語 consciens, -entis < conscire 「自覚する」< cum+scire 「知る」〗形 ❶ [+de を] 自覚〔意識〕している, 気付いている: El procesado es plenamente ~. 被告人は十分〔自分のしたことを〕自覚している. Los trabajadores son ~*s de* sus derechos. 労働者たちは権利意識に目覚めている. ❷ [estar+] 意識のある, 正気の: El paciente está ~. その患者は意識がある. ❸ [ser+] 良心的な, 良識と責任感のある: funcionario ~ まじめな公務員

conscientemente [konsθjéntemẽnte] 副 意識的に, 知っていながら

conscripción [konskripθjón] 女《エクアドル, ボリビア, チリ, アルゼンチン》募兵, 徴兵〖=reclutamiento〗

conscripto [konskrí(p)to] 形 →**padre** conscripto

—— 男《メキシコ, 南米》徴集兵〖=recluta〗

consectario, ria [konsektárjo, rja] 形《廃語》結果としての; 付随する

—— 男《廃語》必然の結果, 帰結

consecución [konsekuθjón] 〖←ラテン語 consecutio, -onis < conseguir〗女《文語》達成, 成就; 獲得, 入手: Me ayudó en la ~ de trabajo. 彼は私が仕事を見つけるのを手伝ってくれた. de difícil ~ 獲得(達成)するのが難しい. ~ del premio Nóbel ノーベル賞の受賞. ~ de sus deseos 望みの実現. ~ de un plan 計画の成功

consecuencia [konsekwénθja] 〖←ラテン語 consequentia〗女 ❶ 結果, なりゆき: Cada uno debe aceptar las ~*s* de sus actos. 各自は自分の行動の結果を受け入れるべきだ. tener ~*s* (traer...) buenas ~*s* 好ましい結果をもたらす. traer... como ~ 結果として…をもたらす. ❷ [結果・影響などの]重大さ: El asunto es de ~. 事は重大だ. ❸ [思想・言行などの]首尾一貫性: Su actitud no guarda ~ con su manera de pensar. 彼の行為は思想と矛盾している. ❹ 結論, 帰結: sacar... en ~ …という結論を引き出す

a ~ de... …の結果として: *A ~ de* la muerte de sus padres, el niño no pudo estudiar más. 両親が死んだ結果, その子は勉強を続けられなくなった

atenerse a las ~s 〖主に脅し文句で〗結果の責任をとる

como ~ de... =*a ~ de...*

en ~ con... …に相応して: Cada uno debe obrar *en ~ con* sus ideas. 各人は自分の考えに即した行動をとるべきだ

pagar las ~s=*sufrir las ~s*

por ~ =*en ~*

sufrir las ~s 報い(被害)を受ける, 痛い目にあう

tener ~s/traer ~s [事が]重大な結果(影響)をもたらす

consecuencialmente [konsekwenθjálménte] 副《チリ》=**consecuentemente**

consecuente [konsekwénte] 〖←ラテン語 consequens, -entis < conseguí < cum- (で) +segui 「続く」〗形 ❶ [人が] 自分の主義(信念)に従って行動する, 思想的に一貫した, 言行に矛盾のない; [事が] 論理的に首尾一貫した. ❷ [事が, +de の] 結果として生じる; 当然の, 必然的な: efectos ~*s de* la droga 麻薬の影響

—— 男 ❶ 帰結, 結果;《論理》後件. ❷《数学》後項. ❸《文法》2番目の項目〖条件文の帰結節など〗

consecuentemente [konsekwenteménte] 副 ❶ 結果的に, その結果, 従って. ❷ 自分の主義(信念)に従って

consecutivamente [konsekutíbamẽnte] 副 続けて, 連続して, 次々に, 順々に

consecutivo, va [konsekutíbo, ba] 〖←ラテン語 consecutus < conseguí 「続く, 後から行く」〗形 ❶ [主に 複] 連続した, あいつぐ: Discutimos diez horas ~*vas*. 我々は10時間ぶっ通しで議論した. Le dieron tres ataques ~*s*. 彼は3回連続して襲撃された. por segundo día ~ 翌日(2日目)も続けて. cinco victorias ~*vas* 5連勝. El número dos es ~ al uno. 2は1に続く数である. ❷《文法》結果を表わす: conjunción ~*va* 結果の接続詞

—— 女《文法》結果節〖=oración ~*va*〗

conseguible [konseɡíble] 形 獲得(達成)され得る, 入手可能な

conseguido, da [konseɡíðo, ða] 形 よくできた, 完成した: Es una novela muy ~*da*. それはよくできた小説だ

dar... por ~ …を当然の(許される)ことと考える

conseguidor, ra [konseɡiðór, ra] 形 名 獲得(達成)する〔人〕

conseguimiento [konseɡimjénto] 男 =**consecución**

conseguir [konseɡír] 〖←ラテン語 consequí < cum- (で) +segui 「ついていく」〗[5] [35] [→**seguir**] 他 達成する, 成就する; 獲得する, 手に入れる〖→**obtener** 類義〗: 1) *He conseguido* el permiso de conducir. 私は運転免許を取った. *Me consiguió* un billete. 彼は私のために切符を1枚手に入れてくれた. *Conseguí* mi fin. 私は目的を達した. *Este microscopio electrónico consigue* fotografías de gran resolución. この電子顕微鏡は解像度の高い写真を撮ることができる. 〖¡Lo *conseguí*! やった! ~ la mayoría 過半数を獲得する. ~ una fama 名声を得る. 2) [+不定詞・que+接続法] Por fin *conseguí* arrancar el clavo. やっと私は釘を抜くことができた. Con esos argumentos *consiguió que* me dimitiera. 彼はそのような理屈で私を辞職させた

conseja [konséxa] 女 ❶ 物語〖=cuento〗; [特に] おとぎ話, 昔話, 伝説. ❷ 密談, 秘密の(非合法な)会合

consejal, la [konsexál, la] 名《中南米》市町村議会議員〖=concejal〗; 審議官

consejera[1] [konsexéra] 女《歴史》枢密院顧問官の妻

consejería [konsexería] 〖←consejero〗女 ❶《西》〖州の〗省: *C~ de* Salud de Castilla-La Mancha カスティーリャ=ラ=マンチャ州保健省. ❷ [大使館の] …部: ~ económica 経済部. ❸ 顧問・カウンセラー・評議員の執務室(職). ❹《チリ》企業経営

consejero, ra[2] [konseхéro, ra] 〖←ラテン語 consiliarius〗名 ❶ 助言者, 忠告する人. La ira no es buena ~*ra*. 怒りは人のいい相談相手だ. ❷ 顧問, 相談役; コンサルタント; カウンセラー: ~ de publicidad 広告コンサルタント. ~ militar 軍事顧問. ~ técnico 技術顧問. ❸ 評議員, 理事;〖審議会の〗委員. ❹《西》〖自治州政府の〗大臣. ❺〖大使館の〗参事官: ~ cultural 文化参事官. ❻《経営》常任取締役; ~ delegado 代表取締役; ~ ejecutivo 専務取締役, マネージングディレクター. ❼ 〖米大統領の〗補佐官: ~ de seguridad nacional 国家安全担当補佐官. ❽《歴史》~ de Corte 枢密院顧問官. ~ de Estado 顧問官

—— 女《歴史》枢密院顧問官の妻

consejillo [konsexíʎo] 男《口語》[非公式の] 審議会
consejo [konséxo] [←ラテン語 consilium「会議」] 男 ❶ 忠告, 助言; カウンセリング: Sigue fielmente los ~s del médico. 彼は医師の指示に忠実に従う. Me dio un ~ muy útil para quitar las manchas. 彼は汚れを取るいい方法をアドバイスしてくれた. Debes oír los ~s de tus padres. 君は両親の忠告を聞くべきだ. ❷ [代表者の] 会議, 審議会, 協議会 〖→reunión 類義〗; その場所, 議場, 建物: 1) ~ de administración 重役会, 取締役会, 役員会; 理事会. ~ de alumnos 生徒会. ~ de disciplina 懲罰(査問)委員会. ~ de familia 後見人会議. ~ de guerra 軍法会議. ~ de ministros 内閣〖集名〗として大臣; 閣僚; [EUの] 閣僚会議. ~ de Cooperación Aduanera 関税協力理事会. 2) C~ de Seguridad [国連の] 安全保障理事会. C~ Europeo [EUの] 欧州理事会. C~ Superior Bancario《西》最高銀行諮問委員会. 3)《歴史》C~ de Aragón アラゴン会議. C~ de Castilla/C~ Real カスティーリャ最高法院, 国王顧問会議. C~ de Ciento バルセロナ市会. C~ de Cruzada 大斎免除判定会議《16世紀~18世紀中ごろ, 十字軍の費用負担と引き替えに大斎免除 bula de la Santa Cruzada の特権を与える》. C~ de Estado 国務会議. C~ de Europa 欧州評議会, 欧州審議会. C~ de Hacienda 財政諮問会議. C~ de Indias インディアス枢機(諮問)会議《アメリカ大陸の植民地およびフィリピンの統治を直轄する国王直属の官僚機関. コンキスタドールの権限を抑える目的があった. 1524年カルロス1世の勅令で設置され, 1834年まで存続》. C~ de la Inquisición 異端審問所, C~ de la Mesta →mesta. C~ de las Órdenes militares 騎士団会議. C~ Real de España y Ultramar イスパニア本国・海外領会議. ❸ 決意, 決心. ❹《古語》[得るための] 手段
entrar en ~ 相談する
tomar (pedir) ~ de+人 …に助言を求める, 相談する: Tomaré ~ de mis amigos. 私は友人に相談しよう
consell [konsél] 男《圏 ~s》[バレンシアとマヨルカの] 州議会
conselleiría [konseʎeiɾía] 女 [ガリシア州政府の] 省
conselleiro, ra [konseʎéiɾo, ra] 名 [ガリシア州政府の] 大臣
conseller, ra [konseʎéɾ, ra] 男 女《圏 ~s》[カタルーニャ・バレンシア・マヨルカの州政府の] 大臣
conselleria [konseʎeɾía] 女《圏 ~ries》[カタルーニャ・バレンシア・マヨルカの州政府の] 省
consenso [konsénso]《←ラテン語 consensus》男 同意, 承諾; コンセンサス: Las conversaciones se rompieron por falta de ~. 意見の一致が見られなかったので対話は打ち切られた. conseguir el ~ nacional 国民のコンセンサスを得る. con el ~ de todos 全員の合意を得て. de mutuo ~ 互いに合意の上で
consensuadamente [konsenswáðamente] 副 合意によって
consensual [konsenswál] 形《主に法律》合意の上の, 合意による: contrato ~ 諾成契約. unión (separación) ~ 合意の結婚 (離婚)
consensuar [konsenswáɾ] 14 他《主に政治》❶ …について合意に達する. ❷ 無投票で多数により決定する: La ley fue *consensuada* tras la discusión en el Parlamento. 法律は議会で討議されて可決された
consensus [konsénsus]《←ラテン語》男《単複同形》《文語》= consenso
consensus omnium [konsénsus ómnjum]《←ラテン語》副 満場一致で
consentido, da [konsentíðo, ða] 形 名 ❶ 甘やかされた [人], わがままな [人]: La presentadora de televisión es una ~*da* por su belleza. あのテレビのキャスターは美人なので甘やかされている. niño ~ 甘やかされた子供. ❷ 妻に浮気された [夫]; 妻の浮気を許している [夫]. ❸ 寛容すぎる, 甘い
consentidor, ra [konsentidóɾ, ɾa] 形 ❶ [過度に] 寛容な [人], 寛大な [人], 甘やかす [人]. ❷ 妻に浮気された [夫]; 妻の浮気を許している [夫] 《=consentido》
consentimiento [konsentimjénto] 男 ❶ 同意, 許可: dar el ~ a+人 …に同意する. ~ con información/~ informado《医学》インフォームドコンセント. ❷《法律》[契約当事者間の] 同意, 承諾, 許諾, 受託; [明示・暗黙の] 了解
por ~ 1) 合意によって. 2)《医学》体内部位間の対応・関連によって
consentir [konsentíɾ]《←ラテン語 consentire < cum-（共に）+sentir「思う」》33 他 ❶ 容認する, 許容する: 1) Los ministros *con-*

sienten el alboroto. 大臣たちは暴動を容認する. sexo no *consentido* 同意のない性行為. 2) [+不定詞] Le *consienten* salir de la oficina media hora antes. 彼は30分前に退社するのを許されている. Aquí no *consiente* hablar. ここでは言葉を発してはいけない. 3) [+que+接続法] El profesor no *consiente que* los estudiantes fumen en la clase. 先生は学生たちが教室で喫煙するのを認めない. No *consiente que* nadie dude de la respetabilidad de su familia. 彼は自分の一族の一員であることに誰かがケチをつけるのを絶対に許さない. ❷ 甘やかす, 放任する: Les *consienten* tanto en su casa que el profesor no puede hacer carrera de ellos. 彼らは家庭で甘やかされているので先生は手を焼いている. ❸ [使用・重量などに] 耐えられる: El estante no *consiente* más peso. 棚はこれ以上の重さを支えられない. Ese abrigo *consiente* todavía un arreglo. その外套はまだ修理がきく. El puerto *consiente* barcos de mucho porte. その港には巨大な船が入れる. Es una obra que no *consiente* añadidura. それは付け足しの不可能な作品だ. ❹《法律》許認する, 受諾する. ❺ 信じる, 本当だと思う
● 自 ❶ 同意する, 承諾する《主に否定文で》 1) [+en+不定詞] No *consintió en* venderme la casa. 彼は私に家を売ることに同意しなかった. *Consiente en* marcharse a cambio de una indemnización. 彼は補償と引き替えに出ていくのに同意する. 2) [+en que+接続法] El niño no *consiente en que* le cambien la camiseta. その子はシャツを着替えるのを嫌がる. ❷ [重量などで] がたが来る: La mesa *ha consentido* con tanto peso encima. あんな重い物を載せたのでテーブルががたがたになってしまった
—— *~se* [重量などで] へこむ, ひび割れする, 壊れかける: Con tu peso *se ha consentido* la pata de la silla. 君の体重で椅子の足がぐらぐらになった. El buque *se consintió* al varar. 座礁して船が壊れ始めた
conserje [konséɾxe]《←仏語 concierge》名 ❶ [主に公共施設の] 管理人, 守衛, 門番; [学校の] 用務員. ❷ [ホテルの] コンシェルジュ
conserjería [konseɾxeɾía] 女 ❶ 管理人(守衛)の職務; 管理人室, 守衛室. ❷ [ホテルの] コンシェルジュ《鍵を預かったり, 各種のインフォメーションサービスをする職務・場所. チェックイン・チェックアウトをするフロントは recepción》
conserva [konséɾba]《←ラテン語》女 ❶《料理》1) [缶詰・瓶詰などの] 保存食品, 缶詰, 瓶詰《乾物は含まれない》: ~ de mandarinas ミカンの缶詰. ~s alimenticias 缶詰・瓶詰食品. ~s de carne コンビーフ. ~s en aceite 油漬け. 2) [トウガラシ・キュウリなどの] 酢漬け. 3) [エルサルバドル, ベネズエラ] 砂糖煮の乾燥果実. ❷ [缶詰・瓶詰などによる] 食品の保存加工. ❸ 保存, 保管. ❹《船舶》護送船団: navegar en ~ 船団を組んで航行する
en ~ 缶詰の, 瓶詰の: atún *en* ~ ツナ缶
estar en ~《ぎゅうぎゅう詰めで》身動きできない
conservable [konseɾβáβle] 形 保存され得る,《チリ》[食品が] 長期保存できる
conservación [konseɾβaθjón] 女 ❶ 保存, 保管: ~ de los alimentos 食品の保存. ~ frigorífica 冷凍保存. ❷ 保護, 保全: gastos de ~ 保全費. ~ de la naturaleza 自然保護. ~ de suelos 土壌保全. ~ de un edificio 建造物の保存. ❸《生物》~ de las especies 種 (ʃʊ) の保存. ❹《物理, 化学》~ de la masa 質量の保存
conservacionismo [konseɾβaθjonísmo] 男 自然保護主義
conservacionista [konseɾβaθjonísta] 形 名 自然保護主義の (主義者): grupo ~ 自然保護団体
conservador, ra [konseɾβaðóɾ, ɾa] 形 名 ❶ 保守的な [人], 保守主義の: diario ~ 保守系新聞. partido ~ [英国の] 保守党. ❷ [美術館・博物館の] キュレーター, 学芸員: ~ adjunto アシスタントキュレーター. ❸《料理》防腐剤の, 保存料の. ❹ 保管する [人]. ❺《カトリック》juez ~ 教権・教会財産の擁護を命じられた聖職者・一般信徒
—— 男《中南米》[料理などの] 密封保存容器
conservadurismo [konseɾβaðuɾísmo] 男 ❶ 保守主義. ❷ [思想・行動の] 保守的傾向, 保守性
conservadurista [konseɾβaðuɾísta] 形《まれ》保守主義の
conservante [konseɾβánte] 形 保存する, 保存用の
—— 男 [食品の] 防腐剤, 保存料: ~ químico 合成保存料
conservar [konseɾβáɾ]《←ラテン語 conservare》他 ❶ 保存する, 保管する: *Conserva* los alimentos en una nevera. 食料品を

冷蔵庫に入れて保存しなさい. *Conservo* una carta autógrafa de él. 私は彼の自筆の手紙を1通大切に取ってある. 保持する: *Conserva* una cicatriz de la guerra. 彼は戦争の傷が残っている. Una capa aislante *conserva* el calor del termo. 断熱層が魔法瓶の熱を保持する. Todavía *conservo* el piso de Tokio. 私は東京のマンションを残してある. Todavía *conservamos* las amistades de la universidad. 私たちは大学時代の友人関係を続けている. El ejercicio *conserva* la salud. 運動すると健康が保たれる. *Conserva* la costumbre de ducharse con agua fría. 彼は冷水でシャワーを浴びる習慣を守っている. ~ un recuerdo 思い出を持ち続ける. ❸ [人を] 保護する. ❹ [缶詰・瓶詰などの] 保存食品にする: Es el tiempo de ~ los tomates. トマトを缶詰にする時期だ
── **~se** ❶ 保存される, 保管される: *Consérvese* en lugar fresco y seco. 涼しく湿気のない所で保管して下さい. En el jardín del palacio *se conserva* un antiguo reloj de sol. その宮殿の庭には古い日時計が残されている. *Se conserva* intacta la fachada norte. 北面は手つかずで保存されている. ❷ 存続する: *Se conserva* el ambiente exótico de la ciudad. 町のエキゾチックな雰囲気が残っている. ❸ [自分の良い状態などを] 保つ, 維持する: ¡Qué bien *se conserva*! 彼は年のわりに元気だ (かっこいい)! A su edad la tía *se conserva* bien todavía. 叔母は年のわりにまだ容姿が衰えていない. ~*se* para mañana 明日のために力を蓄えておく. ~*se* joven 若さを保つ

conservatismo [konserβatísmo] 男《主に中南米》=**conservadurismo**
conservativo, va [konserβatíβo, βa] 形《まれ》保存用の
conservatorio[1] [konserβatórjo] 男 ❶ [公立の] 音楽院, 音楽学校《バレエ・演劇なども関連分野を教える場合もある》. ❷《中南米》[私立の] 学校, 塾. ❸《チリ》温室
conservatorio[2], **ria** [konserβatórjo, rja] 形 保存する, 保存用の
conservería [konserβería] 女 缶詰《保存食品》の製造
conservero, ra [konserβéro, ra] 形《←conservar》保存食品の, 缶詰の, 瓶詰の: industria ~ *ra* 缶詰産業
── 男 [缶詰・瓶詰などの] 保存食品製造業者
considerable [konsiðeráβle]《←considerar》形 かなりの, 考慮に値する, 相当な: Le han ofrecido una cantidad ~ por la renuncia a la herencia. 彼は相続権放棄の代わりにかなりの大金を与えられた. Hay una ~ diferencia entre una cosa y otra. 2つのことの間には相当な違いがある
considerablemente [konsiðeráβleménte] 副 かなり, 相当に, ずいぶん: Esta casa es ~ mayor que la otra. この家はあちらよりかなり広い
consideración [konsiðeraθjón] 女《←considerar》 ❶ 考慮, 熟慮: Cuando le apetece algo no le detiene ninguna ~. 彼は何か欲しくなると何も考えられなくなる. El asunto merece una ~. この件は一考に値する. después de largas *consideraciones* 長考の末. ❷ 意見, 考え: No estoy de acuerdo con tus *consideraciones* sobre el paro. 私は君の失業に関する考えには賛成しない. ❸ [人・事物への] 配慮, 注意: Todos le tratan con mucha ~ en la empresa. 彼はとても大切に扱われている. Trata los libros sin ~. 彼は本をいい加減(無雑作)に扱う. ❹ [時に 複. +a·por·con·hacia+人 への] 思いやり, 敬意; 特別扱い: Tiene mucha ~ con sus empleados. 彼は雇い主に大変思いやりがある. Tienen una gran ~ por su profesor. 彼らは先生を大変尊敬している. Me tuvieron muchas *consideraciones* mientras estuve allí. 私はそこでの滞在中親切にしてもらった. 彼をみんなと同じように働かせて, 特別扱いしてはいけない. falta de ~ 思いやりのなさ, 軽視. ❺《宗教書》瞑想(思索)すべき事柄. ❻《主に中南米. 手紙》Le saludo con mi más distinguida ~. De mi [mayor] ~. 拝啓, 謹啓
cargar la ~ *en*+事 =*fijar la* ~ *en*+事
consideraciones humanas 人間としての配慮, 憐憫(れんびん)の情
de ~ かなりの, 相当な: Tiene una herida de bala *de* ~. 彼は重い傷を負った. Sufrieron heridas de diversa ~. 彼らは重軽傷を負った. daño *de* ~ 相当な被害
en ~ *a*... …を考慮に入れて: Le han dado la plaza *en* ~ *a* los servicios que prestó en la guerra. 彼は戦争中の功績を考慮された地位を与えられた

fijar la ~ *en*+事 …を熟慮する, 熟考する
parar la ~ *en*+事 …を特に考慮(検討)する
poner... *a la* ~ *de*+人 …を…の考慮(検討)に委ねる
poner... *ante la* ~ …を提示する
por ~ *a*... …を気づかって, 斟酌(しんしゃく)して: No le despiden *por* ~ *a* su madre. 母親のことを斟酌して彼は解雇されない
tener... *en* ~ =*tomar*... *en* ~
tomar... *en* ~ 1) …を考慮に入れる: El profesor no *toma en* ~ las faltas de ortografía. 彼は綴りの誤りは入れない. 2) [議案などを] 審議の対象とする: La asamblea *tomó en* ~ la propuesta. 会議ではその提案を議案に取り上げた

considerado, da [konsiðeráðo, ða] 形 [ser+] ❶ 思いやりのある: jefe muy ~ con los empleados 従業員たちに大変思いやりのある上司. 2) 思慮分別のある, 節度のある. ❷ [estar+] 尊敬されている, 信望のある: Es una persona muy ~*da* en el pueblo. その人物は村では大変信望がある
bien ~ よく考えてみると: *Bien* ~, su intervención no ha sido inoportuna. よく考えてみると, 彼の口出しはタイミングが悪くはなかった
estar bien (*mal*) ~ 信望がある(ない), 評判がよい(悪い)
considerador, ra [konsiðeraðór, ra] 形 名《よく》考える [人]
considerando [konsiðeránðo]《*consdiderar* の現分》男《法律》前文, 理由 [書]《裁定の根拠となる各要件. この語で文章が始まる》
considerante [konsiðeránte]《←considerar》形《まれ》=**considerador**
considerar [konsiðerár]《←ラテン語 considerare「綿密に調べる」》他 ❶《よく》考える, 検討する《→pensar 類義》: *Considera*, hijo mío, lo que me debes. 息子よ, どれほど私のおかげかよく考えなさい. *Consideramos* su proposición. お申し出を検討します. Estoy *considerando* los pros y los contras del viaje. 私は旅行の当否について考えている. *Consideré* la oferta y decidí rechazarla. 私はオファーを検討し拒否することに決めた. *Consideraba* la posibilidad de un traslado. 彼は移転の可能性について考えていた. ❷ 考慮に入れる: *Considera* que se lo debes todo a él. すべて彼のおかげだということを考慮しなさい. Hay que ~ que es joven. 彼は若いということを考えなければならない. ❸《文語》1) [+目的格補語 と] みなす, 判断する: El jurado *consideró* culpable al acusado. 陪審員たちは被告は有罪だと判断した. No le *considero* capaz de eso. 私は彼にそれができるとは思わない. *Consideras* a los hombres demasiado malos. 君は人を悪く考えすぎる. 2) [時に +como+名詞] Lo *considero* [*como*] hijo mío. 私は彼を我が子のように思っている. 3) [+形容詞+接続法] *Consideran* necesario *que* el Banco de España suba el tipo de interés. スペイン銀行が利率を上げることが必要だと彼らは考えている. ❹ 重んじる, 尊敬する: Se le *considera* mucho en los medios intelectuales. 彼は知識人たちの間で大変重んじられている. ❺ 思いやる: *Considera* mucho a la servidumbre. 彼は召使いに大変思いやりがある
── **~se** ❶ 自分を…とみなす: Yo *me considero* bastante guapo. 自分はかなり美男子だと私は思う. ❷ みなされる: *Se le considera* como uno de los grandes pintores de este siglo. 彼は今世紀最高の画家の一人と考えられている. ❸ 自分を想像する: *Se consideraba* en un palacio. 彼は宮殿にいる自分をよく思い浮かべたものだ
si se considera bien よく考えてみると
consiervo, va [konsjérβo, βa] 名 同じ主人に仕える使用人(奴隷)
consign《略語》←**consignación** 委託
consigna [konsíɣna]《←consignar》女 ❶《西》[駅・空港などの] 手荷物一時預かり所: dejar... en ~ …を一時預けにする. ~ automática コインロッカー. ❷《主に軍事》[短い] 指令, 指示: El centinela tenía la ~ de no abandonar el lugar. 衛兵はその場所を離れるなという指令を受けていた. ❸《政治的》標語, 合い言葉, スローガン: Los manifestantes corean la ~ "¡Queremos la paz!" デモ隊は「和平を!」とスローガンを叫んでいる
consignación [konsiɣnaθjón] 女 ❶ [予算の] 割り当て, 配分, 計上; 割り当て予算: No hay ~ en el presupuesto para esa atención. その応対のための予算は組まれていない. ❷《商業》[商品などの] 委託, 託送: mercancías en ~ 委託販売品. ❸《法律》供託 [金]. ❹ 明記, 記入

consignador, ra [konsiɡnaðór, ra] 形 名《商業》委託する; 委託者, 荷主

consignar [konsiɡnár] 《←ラテン語 consignare < cum- (で)+signa「印」》他 ❶ [正式に・法的に] 明記する: *Consignaron su opinión en el acta.* 彼の意見は議事録に記録された。*Olvidé ~ mi domicilio en la instancia.* 申込書に私の住所を書き忘れた。❷ [予算に] 計上する, 充当する, 振り当てる: *Consigna una cantidad mensual para libros.* 彼は月々ある一定の金額を本代に割いている。*~ una importante suma para la inversión pública* 公共投資に相当な額を計上する。❸ [保管所に] 預ける。❹《商業》委託する, 発送する: *El paquete viene consignado a mi nombre.* 小包は私あてに配送されてくる。❺《法律》供託する。❻《船舶》[船を] 船会社代理人に差し向ける。❼ [石版に] 人に十字の印を付ける。❽《メキシコ》…を刑務所に送る。❾《コロンビア》[小切手・現金を] 預ける

consignatario, ria [konsiɡnatárjo, rja] 形《←consignar》委託される
—— 名 ❶《商業》委託販売人; 商品の引受人, 荷受人。❷《法律》[供託金の] 受託者。❸《船舶》船会社代理人(業者), シップブローカー《= ~ de buques》

consignativo, va [konsiɡnatíβo, βa] 形 →**censo** consignativo

consigo [konsíɡo]《←ラテン語 cum- (と)+secum》*Se llevaron a sus hijas ~*. 彼らは娘たちを一緒に連れていった。*La reforma traerá ~ un aumento del paro.* 改革は失業の増加をもたらすだろう

consiguiente [konsiɡjénte]《←ラテン語 consequens, -entis < consegui「ついていく」》形 ❶ 結果として生じる: 1) *Recibimos la noticia con la ~ alegría.* 私たちはその知らせを受け取って喜んだ。*El crecimiento económico sin control ha dado lugar al ~ aumento de las diferencias sociales.* 無秩序な経済発展は結果として社会的格差の増大を生む。2) [+a の] *gastos ~s a su viaje* 彼の旅行に要した費用《対称》*su viaje y los gastos ~s* 彼の旅行とそれに伴う費用。❷《廃語》思想(考え)の一貫した
—— 名 帰結, 結果《= consecuente》
de ~ =*por ~*
en ~《廃語》自らの思想に合致して
por ~ 従って, それ故: *He trabajado más que tú y, por ~ tengo derecho a irme a descansar.* 私は君より働いた。だから休憩に行く権利がある。*Te lo avisé; por ~ solo a ti mismo puedes echar la culpa.* 君には警告をした。だからすべて君自身のせいだ。*El Sol es la causa de la formación de las lluvias y, por ~, de los saltos de agua.* 太陽は雨を生じさせる原因であり, 従って滝を生む原因である

consiguientemente [konsiɡjénteménte] 副 従って, それ故に, その結果として

consiliario, ria [konsiljárjo, rja] 名《まれ》助言者, 顧問《= consejero》
—— 男《カトリック》顧問役の聖職者

consistencia [konsistén̯θja] 名《←consistir》❶ 粘りけ; 堅さ: *La masa tiene una ~ suficiente.* パン生地は十分練れている。❷ 内実, 一貫性; 安定性: *Su teoría no tiene ~.* 彼の理論には内容がない。*partido político sin ~* 一貫性のない政党。*vino sin ~* こくのないワイン。❸《物理》粘度, 粘稠(ねんちゅう)度
tomar ~ 粘つく, 固まる; 実体化する: *El plan va tomando ~.* 計画は具体化しつつある

consistente [konsisténte]《←ラテン語 consistens, -entis》形 ❶ 粘りけのある; 堅い: *masa ~* 粘りけのある生地。*mesa ~* 頑丈な机。❷ 内実のある; 一貫性のある: *El personaje es poco ~.* その登場人物は奥行がない。*tesis ~* 内容のしっかりした論文。❸ [+en から] 構成される: *adorno ~ en unas plumas* 羽でできた飾り。*drama ~ en tres actos* 三幕からなるドラマ。*premio ~ en un viaje a Hawai* ハワイ旅行が当たる賞

consistir [konsistír]《←ラテン語 consistere「置かれる」< cum- (で)+sistere「置く, 止める」》自 ❶ [+en に] ある, 基づく; 起因する: *Su trabajo consiste en corregir pruebas.* 彼の仕事はゲラ刷りの校正だ。*Su atractivo consiste en su naturalidad.* 彼の魅力は自然さにある。*Mis sentimientos consisten en mis desgracias.* 私の情念は不幸に基づいている。*No sé en qué consiste que no ande el coche.* 車が動かない原因が判らない。❷ …のことである: *La tortilla mexicana consiste en una torta de harina de maíz.* メキシコのトルティージャはトウモ

ロコシ粉の薄焼きである。*El juego consiste en* adivinar palabras. そのゲームは言葉捜しである。❸ …から成る: *Toda su fortuna consiste en una casa que le dejaron sus padres.* 彼の全財産は両親の残した1軒の家だ。*El primer fondo consiste en dos mil euros.* 最初の資金は2千ユーロだ。❹ …の義務(役目)である: *En ti consiste el realizarlo.* それを実現するのは君の役目だ。❺《廃語》[+en の中で] 育成される

consistorial [konsistórjal] 形 ❶ 教皇枢密会議の[決定による]; [教皇枢密会議で与えられた] 司教や修道院長などの職務に関する。❷《西》市役所の, 町役場の: *casa ~* 市庁舎

consistorialmente [konsistórjalménte] 副 教皇枢密会議の決定によって

consistorio [konsistórjo]《←ラテン語 consistorium「会議場」》男 ❶《カトリック》教皇枢密会議。❷ 教会会議, 宗教法廷;《英国国教》監督院, 《長老教会》長老法院。❸《西》[一部の都市で] 市役所, 町役場[組織, 建物]; 市議会, 町議会。❹《古代ローマ》皇帝の審議会

consocio, cia [konsóθjo, θja] 名 ❶ [事業などの] 共同経営者, 共同出資者。❷ [クラブなどの] 会員仲間

consola [konsóla]《←仏語 console < consoler「慰める, 精神的に支える」》女 ❶ 飾り机, コンソールテーブル《壁ぎわに置かれ, 時計・燭台・花瓶などを載せる》。❷《情報》コンソール, 操作卓; ビデオゲーム機《= ~ de videojuegos》。❸《バイプオルガンの》演奏台

consolación [konsolaθjón] 女 ❶ 慰め(行為); 慰めとなるもの《= consuelo》: *Esas cartas me sirvieron de ~.* それらの手紙が私にとって慰めとなった。❷ [トランプなどで] 敗者が勝者にしはらうチップ。❸《西, メキシコ, コスタリカ, プエルトリコ, コロンビア. スポーツ》コンソレーション, 敗者復活戦《= partido de ~, final de ~》

consolador, ra [konsolaðór, ra] 形 慰めとなる, 慰めの: *Le dirigió a María unas palabras ~ras para calmar su llanto.* 彼はマリアが泣くのを止めようと彼女に慰めの言葉をかけた。*De la resignación pasé a un ~ olvido.* 私はあきらめ, 次にありがたいことに沈めた
—— 名 慰める人
—— 男 [女性の自慰用の] 陰茎形の器具, 張り形

consoladoramente [konsolaðóraménte] 副 慰める(慰めとなる)ように

consolar [konsolár]《←ラテン語 consolare》28 他 ❶ 慰める: *Consolé a un amigo por la muerte de su padre.* 私は父親を亡くした友人を慰めた。❷ [精神的・肉体的苦痛などを] 和らげる: *Sus palabras me consolaban de los pobres resultados que obtenía.* 彼の言葉は私の受けたひどい結果の痛みを癒やしてくれた
~se [+con で] 自分を慰める: *Se consoló con la bebida.* 彼は酒で憂さを晴らした

consolatorio, ria [konsolatórjo, rja] 形 =**consolador**

consólida [konsólida] 女《植物》ヒレハリソウ, コンフリー《= consuelda》: *~ real* ラークスパー, チドリソウ《= espuela de caballero》

consolidable [konsoliðáβle] 形 強化され得る, 補強可能な

consolidación [konsoliðaθjón]《←ラテン語 consolidatio, -onis》女 ❶ 強化, 補強: *~ de la democracia* 民主主義の強化。❷ 債務の借換

consolidar [konsoliðár]《←ラテン語 consolidare < cum- (で)+solidar「固くする」》他 ❶ [主に非物質的なものを] 強化する, 補強する: *El objetivo de este tratado es la amistad entre dos países. El propósito es consolidar la amistad entre dos países.* 条約の目的は両国間の友好を強化することである。❷ [短期債務を] 長期債務に変える: *deuda consolidada* 借換債務。❸《簿記》連結方式で清算する, 連結決算を行なう: *cuentas consolidadas* 連結決算, 連結勘定
~se 強化される, 強固になる

consolidativo, va [konsoliðatíβo, βa] 形 強化される

consomé [konsomé]《←仏語》男《料理》コンソメ(スープ)

consonancia [konsonán̯θja]《←ラテン語 consonantia < consonare「一緒に鳴る」》女 ❶《音楽》協和音《⇔disonancia》。❷ [詩などの] 語尾同音《アクセントのある母音以下の音の一致: *labio* と *sabio*》。❸ 調和, 一致
en ~ con... 1) …に従って: *actuar en ~ con su conciencia* 良心に従って行動する。2) …と調和して, 一致して: *Su modo de vestir no está en ~ con su posición social.* 彼の服装は社会的地位にふさわしくない

consonante [konsonánte]《←ラテン語 consonans, -antis < consonare》形 ❶ 子音の。❷《音楽》協和音の。❸《詩法》語尾が同

音の; 同音韻を踏む. ❹《文語》[+con と] 調和する, 一致する ── 囡《音声》子音字《⇔vocal》; 子音字 [=letra ～]: ～ simple 単子音. ～s compuestas 二重子音 [bl·cl·fl·gl·pl·tl, br·cr·dr·fr·gr·pr·tr]. ～s dobles 重子音 [cc, nn]

consonantemente [konsonántemɾnte] 副 調和して, 一致して

consonántico, ca [konsonántiko, ka] 形 ❶ 子音の: sistema ～ de una idioma 言語の子音体系. ❷ 調和の

consonantismo [konsonantísmo] 男 [一言語の]子音体系

consonantización [konsonantiθaθjón] 囡 [母音・半母音の]子音化

consonantizar [konsonantiθár] 9 ～se [母音・半母音が]子音化する

consonar [konsonár] 28 自 ❶《音楽》協和する, 協和音になる. ❷《まれ》調和する, 一致する. ❸《まれ》同音韻になる

cónsone [kónsone] 形《まれ》調和した, 和音の

cónsono, na [kónsono, na] 形 調和する; 和音の

consorciar [konsorθjár] 10 他 …のシンジケートを作る; 業者団体を作る

consorcio [konsórθjo] 【←ラテン語 consortium < cum- (で)+sors, sortis 「分け前」】男 ❶ シンジケート, コンソーシアム, 共同事業体: ～ de bancos 協調融資団. ～ del dólar ドル・プール制. ～ financiero 金融機関の企業合同, 金融トラスト. ❷ 業者団体, 組合, 財団: ～ de fabricantes de pan パン職人組合. ❸《まれ》夫婦の結びつき; 仲間. ❹《アルゼンチン》[建物の]区分所有者団体, 管理組合

consorte [konsórte] 【←ラテン語 consors, -ortis < cum- (で)+sors, sortis 「運命」】名 ❶《文語》配偶者: príncipe ～ 女王の夫君. reina ～ 王の妻, 皇后. ❷《法律》1) 複 原告団, 被告団. 2) 共犯者, 共謀者

conspicuamente [konspíkwamɾnte] 副《文語》目立って

conspicuo, cua [konspíkwo, kwa] 形【←ラテン語 conspicuus「見える, 注目の的となって」< cum- (で)+spectare「見る」】形《文語》[主に人が] 著名な, 卓越した, 傑出した: Se reunieron los personajes más ～s de las artes del teatro. 舞台芸術の著名人たちが集まった. ❷ 目立つ, よく見える

conspiración [konspiraθjón] 囡 陰謀, 謀反, 共謀, 共同謀議: tramar una ～ contra el Estado 国家に対する陰謀を企てる

conspirado, da [konspiráðo, ða] 形 =**conspirador**

conspirador, ra [konspiraðór, ra] 名 陰謀家, 謀反人, 共謀者

conspirar [konspirár] 【←ラテン語 conspirare < cum- (で)+spirare「吹く, 呼吸する」】自 ❶ [+contra に対して] 陰謀を企てる: Ellos conspiraba contra la dictadura de Franco. 彼らはフランコの独裁に対して陰謀を企てていた. No conspiréis a mis espaldas. 私の知らないところでことを運ぶな. ❷ [いくつかの要因が, +a+名詞・不定詞・que+接続法 の[主に悪い]結果に] 生じさせる: Los vicios y la ignorancia conspiran a corromper las buenas costumbres. 悪徳と無知が重なってよい風習をだめにする ── 他《古語》[自分の利益のために] 人を集める, 召集する

conspirativo, va [konspiratíßo, ßa] 形《まれ》陰謀の

conspiratorio, ria [konspiratórjo, rja] 形 陰謀の

Const. 《略語》←Constitución 憲法

constancia [konstánθja] 【←ラテン語 constantia】囡 ❶ 粘り強さ, 根気, 一貫性: Debes tener ～ en el estudio para aprobar. 君が合格するには根気よく勉強するべきだ. ～ hombre de gran ～ 大変粘り強い男. ❷ 証拠, 記録: La foto es una ～ del asesinato. その写真は殺人の証拠である. Tengo ～ de que todo es cierto. すべて本当だという証拠を私は持っている. No hay ～ de que recibió el dinero. 彼が金を受け取った証拠はない. El rey dejó ～ de su visita al museo firmando en el libro de honor. 国王は芳名帳にサインして美術館訪問を記録に残した. ❸ 確実さ: Tengo ～ de que se ha ido. 彼が立ち去ったのは確かだと私は思う. ❹ 志操堅固, 節操. ❺ 恒常性, 不変性, 安定性: ～ de la temperatura 気温が一定なこと. ❻《中南米》証拠書類: ～ de estudios 成績証明書

constanciense [konstanθjénse] 形 名《地名》[ドイツの]コンスタンツ Constanza の[人]

constante [konstánte] 【←ラテン語 constans, -antis】形 ❶ 粘り強い, 根気よい, 一貫した: 1) amor ～ 変わらぬ愛. esfuerzo ～ 不断の努力. viento ～ 吹き続ける風. 2) [+en に] Es muy ～ en su trabajo. 彼はすごく働く. ❷ 恒常的な, 一定

の: Las temperaturas son ～s en la región a lo largo del año. その地方では一年を通して気温が一定している. cantidad ～《数学》不変量. ❸ 絶え間ない: Recibimos ～s llamadas por teléfono. 電話が始終私たちにかかってくる. Me molesta con sus ～s peticiones. 彼はしょっちゅう要求してきて私は迷惑している. ～ ruido 絶え間ない騒音 ── 囡 ❶ 不変のもの[特徴]: La ironía es una ～ en su obra. 皮肉は彼の作品にお決まりの特徴である. ❷《数学, 物理》定数, 定量: ～ solar 太陽定数. ～ universal 普遍定数. ❸《医学》複 生命徴候: ～s vitales

constantemente [konstántemɾnte] 副 ❶ 絶えず, 常に, しょっちゅう: La veleta gira ～. 風見鶏は常に回っている. Su nombre aparece ～ en los libros. 彼の名前はそれらの本にしばしば出てくる. ❷ 確実に, 確かに

constantiniano, na [konstantinjáno, na] 形 コンスタンティヌス大帝 Constantino el Grande に関する[古代ローマ皇帝, 280～337. キリスト教を公認した]. ❷ 教会保護政策の

constantinismo [konstantinísmo] 男 [国家による] 教会保護政策

constantinopolitano, na [konstantinopolitáno, na] 形 名《歴史, 地名》コンスタンチノープル Constantinopla の[人]《イスタンブールの旧称》

constar [konstár] 【←ラテン語 constare < cum- (で)+stare「立っている」】自 ❶ [+de から] 構成される: El examen consta de 6 preguntas. その試験は6つの設問から成っている. Conste por este documento, ……本契約書の条件は以下のとおり…. ❷ [+en に] 記録(記載)されている: Su nombre no consta en la lista de pasajeros. 乗客名簿に彼の名前は載っていない. ～ por escrito 明記されている. ❸ [+que+直説法 は, +a にとって] 確かである, 明らかである: Me consta que ya han llegado. 彼らが既に到着しているのは確かだ. según me consta 事実として私が知っているところによれば. ❹ [接続法で念押し] [Que] Conste que no estoy en contra de ellos. とはいえ, 私は彼らに反対しているわけではない《文頭に置かれた場合は que を省略することがある》. Te digo que yo no he sido, que conste. 言っておくが私がやったのではないよ, 本当だよ

hacer ～ [+en に] 明記する, 明言する; 証明する, 明らかにする: El médico hizo ～ en el informe que el niño tenía rozaduras en los pies. 医師は報告書の中でその子の足にすり傷があることを明記した

y para que así conste 右証明する, 右のとおり相違ありません

constatación [konstataθjón] 囡 確認, 検証, 立証

constatar [konstatár] 【←仏語 constater】他 確かめる, 確認する, 証明する [=comprobar]: Todas las noches constatamos que las puertas están cerradas. 私たちは毎晩戸締まりを確かめる. Constató que le quedaban fuerzas al derribar un taburete. 彼はスツールを倒して自分に力が残っていることを証明した

constelación [konstelaθjón] 【←ラテン語 constellatio, -onis「星々の位置」< cum- (一緒に)+stella「星」】囡 ❶《天文, 占星》星座: ～ de Orión オリオン座. ～ de Virgo 乙女座. constelaciones de verano 夏の星座. ❷《文語》集合 [人・事物の] 集団: No es una mancha; es una ～ de manchas. これはしみがあるというより, しみだらけだといった方がいい. ～ de escritores 文壇の巨星たち

constelar [konstelár] 他《文語》[+de 輝くものなどで] 覆う, 一杯にする, ちりばめる

consternación [konsternaθjón] 囡 悲嘆, 落胆, 愕然, 茫然自失: La ～ dejó a los vecinos sin palabras. 心痛のあまり住民たちは言葉も出なかった

consternado, da [konsternáðo, ða] 形 悲しみにくれた; 茫然自失した: Los que encontraron los cadáveres estaban tan consternados que no querían ni hablar. 遺体発見者たちは茫然として口もききたくなかった

consternar [konsternár] 【←ラテン語 consternare < cum- (で)+sternere「横たわる・驚きで」】他 ❶ 悲しみ・落胆させる, 動揺させる; 茫然自失させる: Nos consternó la noticia del accidente. 我々は事故の知らせを聞いて悲しみに沈んだ

constipación [konstipaθjón] 囡 便秘 [=～ intestinal, ～ de vientre, estreñimiento]. ❷《西》風邪

constipado, da [konstipáðo, ða] 形 [estar+] ❶《西》風邪をひいている. ❷《主に中南米》便秘している

—— 男《西》風邪: coger (agarrar) un ～ 風邪をひく

constipar [konstipár]《←ラテン語 constipare < stipare「密集させる、積み重ねる」》他 ❶ 毛穴を閉じて発汗を阻止する. ❷《西》風邪をひかせる, 風邪をうつす
～**se** ❶《西》風邪をひく: Los chicos están muy débiles, y por eso *se constipan* continuamente. 子供たちは体が弱く, それでしょっちゅう風邪をひいている. ❷《主に中南米》便秘する

constipativo, va [konstipatíbo, ba] 形《古語》便秘の原因となる

constitución [konstituθjón]《←constituir》女 ❶ 構成, 組成: ～ de un tribunal 法廷の構成. ～ de la materia 物質の組成. ～ de una molécula 分子の構造. ～ atmosférica 大気の組成. ❷ 体格[＝física]; 体質: tener una ～ fuerte 体が丈夫である. ser de ～ débil 虚弱体質である. ❸[主に C～]憲法: promulgar la nueva C～ 新憲法を発布する. ～ de Apatzingán アパチンガン憲法[1813年, メキシコ最初の憲法]. ～ de Cádiz《西》カディス憲法[1812年スペイン, 立憲君主制下での国民主権・三権分立などを規定]. C～ española de 1978《西》1978年憲法《スペインの現行憲法. フランコ死後の民主主義体制の基盤となる》. C～ de Weimar [ドイツの]ワイマール憲法. ❹《カトリック》 ～ apostólica 使徒教令. *Constituciones* apostólicas 使徒憲章. ～ pontificia [ローマ教皇の]大勅令, 教書[＝bula]. ❺[ユネスコ・ILOなどの]憲章. ❻ 團の規則, [ローマ法の]勅法. ❼ 政体, 体制; [組織・集団の]情勢, 状況. ❽ 設立; 制定: ～ de una sociedad 会社の設立
jurar (prometer) la C～ [為政者が]憲法に忠誠を誓う

constitucional [konstituθjonál] ❶ 憲法の, 立憲的な: régimen ～ 立憲政体. ❷ 合憲の; 憲法擁護の, 立憲主義の. ❸ 体格の; 体質の, 体質的な: debilidad ～ 体質の虚弱さ
—— 名 立憲論者; 立憲主義者
—— 男 憲法裁判所[＝tribunal ～]

constitucionalidad [konstituθjonaliðá(ð)] 女 合憲性; 立憲性

constitucionalismo [konstituθjonalísmo] 男 護憲主義, 護憲精神; 立憲主義, 立憲政治

constitucionalista [konstituθjonalísta] 形 名 護憲派[の], 護憲主義の(主義者); 立憲主義の(主義者); 憲法学者

constitucionalizar [konstituθjonaliθár] 他 憲法にのっとらせる, 合憲化する, 合憲性を与える; 憲法に組み入れる

constitucionalmente [konstituθjonálménte] 副 憲法にのっとって; 憲法の観点から, 憲法上

constituir [konstitwír]《←ラテン語 constituere < cum-（で)+statuere「確立する」》他 ❶ 構成する, 構成要素となる; ～となる, …である: 1)[全体を] Los padres y los hijos *constituyen* la familia. 両親と子供たちで家族が構成されている. *Constituyen* el equipo once jugadores. 11人の選手でチームは構成される. El Sol y los planetas *constituyen* el sistema solar. 太陽と惑星で太陽系は構成される. La serie 4, 8, 12, 16... *constituye* una progresión aritmética. 4, 8, 12, 16... という数の列は等差数列である. 2)[内実を] La casa incendiada *constituía* toda su fortuna. 焼けた家が彼の全財産だった. La falta de recursos *constituye* un problema. 資金不足は問題だ. Este río *constituye* el límite del país con el vecino. この川が隣国との国境になっている. Ayudarte *constituye* un placer para mí. 君の力になれて私はうれしい. Emborracharse no *constituye* un delito. 酩酊を罪を構成しない. ❷[人・事物を, 主に +en に]する; 指定する, 任命する: *Constituyeron* la nación *en* una república. その国は共和国にした. Felipe II *constituyó* Madrid *en* capital de España. フェリペ2世はマドリードをスペインの首都にした. El testamento le *constituyó* heredero universal. 遺言で彼が相続人に指定された. Dios los *constituyó* jueces del mundo. 神は彼らを世界の裁き手とした. ❸ 設立する, 組織する: ～ una junta gestora 役員会を設ける. ❹[預託金・抵当権などを]設定する: Para tomar parte en la subasta hay que ～ previamente un depósito. 競売に参加するにはあらかじめ供託金を納めなければならない. ～ una hipoteca sobre la casa 家屋に抵当権を設定する. ❺[まれ][+en の状態に]置く, 追いやる: ～ a+人 en una obligación …に義務を負わせる. ～+事 *en* impedimento …を妨げにする
—— ～**se** [+en] ❶ 出向く, 立ち合う: Se le ordenó que *se* *constituyera* inmediatamente *en* el lugar de su destino. 彼はただちに任地に赴くよう命じられた. El juez *se constituyó en* el lugar del accidente. 裁判官が事故現場の検証に立ち合った. ❷ 構成される, 組織される;《文語》自分を…にする, …になる; 役割を引き受ける: Desde aquel momento *se constituyó en* defensor de la causa. その時から彼は大義の擁護者となった. *Se han constituido en* república. 彼らは共和制にした. *Se constituyeron en* junta gestora. 彼らは自分たちで役員会を作った

constitutivo, va [konstitutíbo, ba]《←constituir》形 [+de を]構成する, 構成要素である: elementos ～s *de* las rocas 岩石の成分. El juez estimó que los hechos no eran ～ de delito. 判事はそれらの行為は犯罪の構成要素ではないと判断した
—— 男 構成要素; 成分

constituyente [konstitujénte] 形 ❶ ＝constitutivo. ❷[議会などが]憲法制定(改正)のための: poder ～ 憲法制定(改正)政権
—— 名 憲法制定(改正)議会議員
—— 男 構成要素; 成分
—— 女 團 憲法制定(改正)議会

Consto.《略記》←consentimiento 同意

constreñimiento [konstreɲimjénto] 男 ❶ 強制, 強要, 無理強い: Lo hice sin ～ de nadie. 私は誰にも強要されることなくそれを行った. ❷ 抑制, 抑止, 制限

constreñir [konstreɲír]《←ラテン語 consringere < cum-（で)+stringere「締める」》⟨20⟩ ⟨35⟩ [→teñir] 他 ❶ [+a+不定詞 することを]強制する: Su situación económica le *constriñó a* aceptar ese empleo. 彼は経済上の理由からその仕事を引き受けざるを得なかった. ❷ 抑圧する; 制限する: Su falta de salud *constriñe* sus iniciativas. 彼は健康がすぐれず, 自由に動けない. ❸《医学》圧迫する, 狭める; [筋肉を]収縮させる
—— ～**se** ❶ 自制する. ❷ 限定する

constricción [konstri(k)θjón] 女 ❶ 強制; 抑圧, 制限. ❷ 締め付け;《医学》圧迫, 狭窄

constrictivo, va [konstriktíbo, ba] 形 ❶ 圧縮する, 締め付ける. ❷《音声》摩擦音の
—— 女《音声》摩擦音[＝fricativa]

constrictor, ra [konstriktór, ra] ❶ 緊縮させる: músculo ～《解剖》括約筋, 収縮筋. serpiente ～*ra* [大蛇の一種]ボアコンストリクター. ❷ 収斂性の
—— 男《薬学》収斂剤

constringente [konstriŋxénte] 形《薬学》収斂性の

constriñir [konstriɲír] ⟨20⟩《古語》＝**constreñir**

construcción [konstru(k)θjón]《←ラテン語 constructio, -onis < construngere》女 ❶ 建築, 建造, 建設: casa en ～ 建築中の家. edificio de sólida ～ 堅固な構造の建物. ❷ 建設業, 建造業[＝industria de ～]. ❸ 製造, 組立て; 製造業: ～ naval /～ de barcos 造船[業]. ～ aeronáutica 航空機製造[産業]. ❹ 建築物, 建造物: Los mayas levantaban grandiosas *construcciones*. マヤの人々は壮麗な建築物を建てた. El nuevo museo es una hermosa ～. 今度できた博物館は建物が美しい. ～ de cemento セメント建造. ❺ 建築法, 建築技術. ❻《文法》[文・語句の]構造, 構文: ～ absoluta 独立構文. ❼《幾何》作図. ❽ 團 積み木遊び, ブロック遊び

construccionismo [konstru(k)θjonísmo] 男 ＝**constructivismo**

constructivamente [konstruktíbáménte] 副 建設的に, 積極的に

constructivismo [konstruktibísmo] 男《美術, 演劇》構成主義

constructivista [konstruktibísta] 形 名 ❶《美術, 演劇》構成主義の(主義者). ❷ 実践教育の(主義者)

constructivo, va [konstruktíbo, ba] 形 [批判などが]建設的な, 積極的な[⇔destructivo]: opinión ～*va* 建設的な意見

constructor, ra [konstruktór, ra]《←construir》形 建築する, 製造する: firma ～*ra* de automóviles 自動車メーカー
—— 名 建設業者, 製造業者: ～ de buques 造船業者
—— 女 建設会社, 製造会社[＝empresa ～*ra*]

construible [konstrwíble] 形 建築され得る, 建造可能な

construido, da [konstrwíðo, ða] 形 [土地が]建造物のある

construir [konstrwír]《←ラテン語 construere「建てる, 積み重ねる」》⟨48⟩ 他 ❶ 建築する, 建造する[⇔destruir]: Los directivos decidieron ~ una refinería de petróleo en Alicante. アリカンテ県に石油精製所を建設することが重役会議で決まった. Es posible ~ un mundo mejor. よりよい世界を構築することは可能だ. ~ una casa 家を建てる. ~ una carretera 道路を建設する. ~ un palacio 王宮を作る. ~ una pared 壁を作る. ~ una chimenea 煙突を作る. ~ un barco 船を建造する. ~ una balsa 筏を組む. ~ una fortuna 一財産を築く. ❷ [部品を集めて] 製造する, 組立てる: ~ armas atómicas 核兵器を製造する. ~ una máquina 機械を組立てる. ~ una mesa テーブルを作る. ~ una cometa 凧を作る. ❸ [作品などを] 組立てる: ~ una novela 小説を構成する. ~ una teoría 理論を構築する. ❹《文法》[文章・語句を] 構成する: Este escritor no *construye* con elegancia. この作家の文体は優雅ではない. 2)[文法規則に従って, +con 語句と] 組み合わせる, 並べる. 3)[+en に] 活用させる: En esta oración hay que ~ el verbo *en* imperativo. この文では動詞を命令法にしなければならない. 4)《古語》[ラテン語・ギリシア語を] カスティーリャ語の語順に並べる. ❺《幾何》作図する. ~~ *se*《文法》❶ [文法規則に従って, +con 語句と] 組み合わさる: El verbo acordarse *se construye con* la preposición *de*. 動詞 acordarse は前置詞 de と組む. ❷ [+en に] 活用する: En este caso, el verbo *se construye en* subjuntivo. この場合, 動詞は接続法になる

consubstanciación [kɔnsubstanθjaxjón] 女 =**consustanciación**

consubstancial [kɔnsubstanθjál] 形 =**consustancial**

consubstancialidad [kɔnsubstanθjalidáð] 女 =**consustancialidad**

consuegrar [kɔnsweɣrár] 自《まれ》子の結婚相手の親と姻戚関係になる

consuegrero, ra [kɔnsweɣréro, ra] 形 嫁・婿の[実家の]父親・母親の

consuegro, gra [kɔnswéɣro, ɣra] 名 嫁・婿の[実家の]父親・母親

consuelda [kɔnswélda] 女《植物》ヒレハリソウ, コンフリー 《= ~ mayor》: ~ menor アジュガ, セイヨウキランソウ

consuelo [kɔnswélo] 《←consolar》 男 安らぎ, 慰め[となるもの], 安堵: Su hija es su único ~. 娘が彼の唯一の慰めだ. buscar (encontrar) ~ en.... ...に安らぎを求める(見出す). Mal de muchos, ~ de todos (tontos).《諺》災いが全員に及べば諦めもつく

sin ~ 1) 慰めようのない, 慰めようもなく: llorar *sin* ~ さめざめと泣く. 2) 容赦のない. 3) けちけちせずに

consueta[1] [kɔnswéta] 名《まれ》プロンプター《= apuntador》

―― 男《カトリック》❶《集会》司教座聖堂参事会規則. ❷ その各規則. ❸《暦》[賛課・晩課の終わりに唱えられる] 記念禱. ❹《アラゴン》教会暦《= añalejo》

consueto, ta[2] [kɔnswéto, ta] 形 慣れた

consuetud [kɔnswetúð] 女《まれ》習慣

consuetudinariamente [kɔnswetuðinárjaménte] 副 習慣的に

consuetudinario, ria [kɔnswetuðinárjo, rja] 形 ❶ 習慣の, 習慣から生じる: derecho ~ 慣習法. matrimonio de derecho ~ 事実婚. ❷《神学》常習的に罪を犯す

cónsul [kɔ́nsul]《←ラテン語 consul, -ulis「執政官」< consulere「相談する」》名 領事: Es ~ de España en Bogotá. 彼はボゴタ駐在のスペイン領事だ. ~ general 総領事. ~ honorario 名誉領事

―― 男 ❶《古代ローマ》執政官. ❷《歴史》商業裁判所 consulado の判事. ❸《歴史》[フランスの] 執政: primer ~ 第一執政《ナポレオン》

cónsula [kɔ́nsula] 女 領事夫人

consulado [kɔnsuláðo]《←ラテン語 consulatus》男 ❶ 領事館: personal del ~ 領事館員. ~ general 総領事館. ❷ 領事の職(任期). ❸《古代ローマ》執政官の職(任期). ❹《歴史》[13〜14世紀の] 商業裁判所: [Libro del] C~ del Mar [カタルーニャで編纂された] 海上航行・貿易に関する法令. 2) 商人ギルド《スペインやラテンアメリカ(メキシコ市・リマ市)に設立された. 王室の承認を受け商取引を独占, 港湾の管理・航海者の養成を行なう. 商取引上の争いを調停するための下級裁判権も有した》

consular [kɔnsulár] 形 ❶ 領事[館]の: legalización ~ 領事査証. derechos ~*es* 領事査証料. ❷《古代ローマ》執政官の

consularmente [kɔnsulárménte] 副 領事の資格で

consulesa [kɔnsulésa] 女 ❶ [いくつかの国で] 女性領事. ❷《まれ》領事夫人

consulta [kɔnsúlta]《←consultar》女 ❶ 医院, 診療所; 診察室: Ha abierto una ~ con los aparatos más modernos. 最新の機器を備えた病院がオープンした. Hoy va a la ~ del otro ambulatorio. 彼は今日は別の病院の外来科に診察を受けに行く. Este médico tiene la ~ de 9 a 12. この医師は9時から12時まで診察する. horas (horario) de ~ 診察時間. ~ a domicilio 往診. ~ particular 往診. ~ previa petición de cita (de hora)《表示》完全予約制, 予約診療制. ❷ 相談, 諮問: hacer una ~ 相談をする. ~ jurídica 法律相談. ❸ [医師団の] 協議, 診断; [専門家・弁護士の] 鑑定, 意見, 答申. ❹ 参照: libro de ~ 参考書. documento de ~ 参考資料. ❻《政治》1) 国民投票 《= referéndum, ~ popular》. 2) ~ electoral 選挙. ❼《法律》検討, 見直し, 再審査. ❽《情報》問い合わせ. ❾ 覆 交渉: El acuerdo se alcanzó tras la celebración de intensas ~*s*. 激しい交渉が行なわれた末, 合意に達した. ❿《歴史》[諮問会議などが王に出す] 意見書, 答申; 人事提案

bajar la ~《歴史》[王からの] 諮問を却下する

llamar a ~*s*《歴史》[相手国への圧力として] 大使を召還する

pasar ~ 診察を行なう: El doctor Álvarez no *pasa* ~ los miércoles. アルバレス医師は水曜日は休診だ. no *pasar* ~ a domicilio 往診は行なわない

subir la ~《歴史》[大臣・秘書が] 意見書(答申)を提出する

consultable [kɔnsultáble] 形 [事柄が] 調べ得る, 相談できる, 参考にできる

consultante [kɔnsultánte] 形 名 ❶ 相談する, 相談者, 助言を求める[人]. ❷《キューバ》[博士論文の] 助言者, 協力者

consultar [kɔnsultár]《←ラテン語 consultare「何度も討議する」< consulere「相談する」》他 ❶ [+con 人 に/+人 に, +sobre+事 について] 相談する, 意見を求める: *Consulté* el asunto *con* mi abogado (a mi abogado *sobre* el asunto). 私は弁護士にその件について弁護士に相談した. ❷ [本などを] 調べる: Le recomiendo ~ este diccionario. この辞書を引いてみて下さい. ❸ [+en で] 参照する, 調べる: *Consulté* la programación televisiva en internet. 私はインターネットでテレビの番組表を調べた. ~ la palabra *en* un diccionario 辞書で単語を引く. ~ la ciudad *en* un plano 地図で町のことを調べる. ~ la hora *en* (con) su reloj 時計を見る. ❹《歴史》[諮問会議などが王に] 意見書(答申)を出す; 人事提案をする: El Consejo *consultó* favorablemente al Rey. 顧問会議は国王に賛成の答申をした. ❺《チリ. 口語》並べる《= disponer》

―― 自 ❶ に相談する, 助言を求める; [医師の] 診察を受ける: Ya tengo *con* quien ~. 私には既に相談相手がいる. El viejo *consulta* por el dolor de rodilla. その老人は膝の痛みで受診している. ~ con un abogado (un médico) 弁護士に相談する(医者に診察してもらう)

consulting [kɔnsúltiŋ]《←英語》男 覆 ~*s* =**consultoría**

consultivo, va [kɔnsultíbo, ba]《←consultar》形 ❶ 諮問の: comisión ~*va* 諮問委員会. procedimiento ~ 諮問手続き. valor ~ 諮問の効力. ❷ [事案, 諮問会議などから] 元首に諮(はか)るべき

―― 男《チリ》集まり

consultor, ra [kɔnsultɔ́r, ra]《←ラテン語 consultor < consulere》形 名 ❶ 助言を与える[人], 顧問[の], コンサルタント: abogado ~ 顧問弁護士. firma ~*ra*/firma de ~*es* コンサルティング会社. ~ de dirección 経営コンサルタント. ~ financiero 財務コンサルタント. ❷ 相談の, 諮問の; 相談者《= consultante》

―― 男 ❶ ローマ教皇庁の顧問. ❷《歴史》~ del Santo Oficio 異端審問所の司法官(代理弁護士)

―― 女 コンサルティング会社, 調査会社

consultoría [kɔnsultoría] 女 コンサルティング会社; コンサルティング[業務]

consultorio [kɔnsultɔ́rjo]《←consultar》男 ❶ 医院, 診療所《= ~ médico》; 診察室, 診療室. ❷ [専門的な相談の; 弁護士・コンサルタントの] 事務所; ~ jurídico 法律相談所. ❸ [新聞・ラジオなどの] 相談室: ~ de belleza 美容相談室. ~ sentimental 悩みごと相談室

consumación [kɔnsumaxjón]《←ラテン語 consummatio, -onis》女 ❶ 完遂, 完了, 完成, 成就: ~ del crimen 犯罪の遂行.

～ del matrimonio 結婚の完遂, 床入り. ❷ 終わり, 終結; 消滅

hasta la ～ de los siglos 《文語》この世の終わりまで; いつまでも

consumadamente [kɔnsumáđaménte] [副] 全く, 完全に

consumado, da [kɔnsumáđo, đa] [形] ❶ 完遂された, 完結(完了)した: Todo está ～. すべては成し遂げられた〖十字架上のキリストの言葉〗. ❷ 非のうちどころのない, 完璧な: en un movimiento de ～ tenista テニスの名プレーヤーのような動きで. ❸ 《口語》全くの, とてつもない: malvado ～ どうしようもない悪人

—— [男] ❶《料理》肉汁. ❷《隠語》盗品; [犯罪の] 責任, 罪

consumador, ra [kɔnsumađór, ra] [形] [名] 完遂する〔人〕

consumar [kɔnsumár] 〖←ラテン語 consummare < cum- (で) +summa「合計」〗 [他] ❶《文語》[主に犯罪·契約行為を] 仕遂げる, 完遂する, 完了する, 履行する: No llegó a ～ el crimen. 彼の犯罪は未遂に終わった. ～ la sentencia 刑を執行する. ～ el matrimonio《法律》[性交によって] 結婚を完遂する, 床入りする. ❷ [主にバル·喫茶店などで] 食べる, 飲む

—— **～se** ❶ [行為が] 完遂される: El asesinato *se consumó* 48 horas antes de que la policía entrara en la casa. 殺人は警察が家に入る2日前に行なわれた. ❷ 終わる, 終結する: *Se ha consumado* la batalla. 戦闘は終わった

consumativo, va [kɔnsumatíƀo, ƀa] [形] [聖体の秘蹟について] 完成する, 仕上げの〖すべての秘蹟の頂点にある〗

Consumatum est [kɔnsumátum est] 〖←ラテン語. 新約聖書『ヨハネによる福音書』〗すべては成し遂げられた〖十字架上のキリストの最後の言葉〗

consumerismo [konsumerísmo] [男] 消費者〔保護〕運動, コンシューマリズム

consumerista [konsumerísta] [形] [名] 消費者〔保護〕運動の, コンシューマリズムの; 消費者運動家

consumero [kɔnsuméro] [男] ❶《まれ》市税徴収係. ❷《歴史》入市税徴収官

consumible [kɔnsumíƀle] [形] 消費(消耗)され得る

consumición [kɔnsumiθjɔ́n] 〖←consumir〗 [女] ❶ [バルなどの] 飲み物, 料理; その代金: Cuesta nueve euros la entrada con ～. ドリンク付き入場券は9ユーロする. huir sin pagar la ～ 食い逃げをする. pagar las *consumiciones*/pagar la ～ ドリンク代を払う; 飲食代を払う. ～ mínima 席料, カバーチャージ. ❷ 消費〖=consumo〗; 消滅, 破壊

consumido, da [kɔnsumíđo, đa] [形] ❶ [estar+] 衰弱した, やせ細った: Aunque no es todavía viejo, tiene la cara muy ～*da*. 彼はまだ年老いていないが, やつれた顔をしている. ❷ 臆病な, 小心な. ❸ [果実などが] 水分を失った, しなびた

tener ～ a+人 …を不快にする, 絶望させる

—— [女]《コスタリカ》[水中への] 飛び込み

tirarse de ～da 《コスタリカ》[水中に] 飛び込む

consumidor, ra [kɔnsumiđór, ra] [形] [+de を] 消費する: país ～ *de* petróleo 石油消費国. sociedad ～*ra* 消費社会

—— [名] 消費者: asociación de ～*es* 消費者団体. ～ final 最終消費者

consumir [kɔnsumír] 〖←ラテン語 consumiere < cum- (で) +sumere「取る」〗 [他] ❶ 消費する, 使う: La caldera *consume* mucho carbón. ボイラーは石炭をたくさん消費する. *Hemos consumido* más electricidad que el mes pasado. 私たちは先月より電気を多く使った. La sociedad *consume* mucha información. 社会は情報を多用する. ❷ 飲食する: *Consumen* diariamente un kilo de pan. 彼らは毎日パンを1キロ食べる. Una vez abierta la lata, *consúmase* en el día. 缶を開けたらその日のうちにお召し上がり下さい. ～ preferentemente antes del fin de...《表示》賞味期限…. ❸ 消滅させる: El fuego *consume* la leña. 薪は燃え尽きる. El vicio *consumió* su hacienda. 放蕩によって彼の財産は尽きた. ❹ 消耗させる, 憔悴させる: La enfermedad le iba *consumiendo*. 彼は病気にむしばまれていった. Me *consume* el deseo de verle. 私は彼に会いたくて心がさいなまれている. Me *consume* la terquedad de esta criatura. こいつの頑固さに私はいらいらさせられる. ❺ 水分を失わせる, しなびさせる. ❻《カトリック》[司祭がミサで聖体を] 拝領する. ❼《古語》～ el matrimonio [性交によって] 結婚を完遂する. ❽《中南米》水中に投げ込む

—— **～se** ❶ 尽きる, 消費され尽くす: La vela *se consumió*. ろうそくが燃え尽きた. ❷ [+con·de で] 憔悴する: *Se consume de* envidia. 彼はねたましさにさいなまれている. *Me consumo de* verle todo el día sin hacer nada. 私は彼が一日中何もしないでいるのを見ていらいらする. ❸ やつれる, やせ衰える: La pobre *se está consumiendo* con tanto trabajar. その貧しい女は働き過ぎでやせ衰えている. ❹ 水分を失う, しなびる: El jugo de la carne *se consumió* totalmente. 肉は汁けが完全になくなった. *Se ha consumido* como una pasa. それは干しブドウのようにしなびた. ❺《中南米》水に飛び込む; 潜る

consumismo [konsumísmo] [男] ❶《軽蔑》消費主義. ❷ 消費者〔保護〕運動〖=consumerismo〗

consumista [konsumísta] [形] [名] ❶《軽蔑》消費主義の〔人〕: sociedad ～ 消費社会. ❷ 消費者運動の(運動家)〖=consumerista〗

consumístico, ca [konsumístiko, ka] [形] 消費の, 消費上の

consummatum est [kɔnsumátun ést] 〖←ラテン語〗《文語》すべては成し遂げられた

consumo [kɔnsúmo] 〖←consumir〗 [男] ❶ 消費, 消耗; 消費量: El ～ de electricidad aumenta en los meses de invierno. 冬期には電力消費量が増加する. fecha de ～ preferente 賞味期限. impuesto de ～ 消費税. motor de bajo ～ 低燃費のエンジン. sociedad de ～ 消費社会. ～ local 地産地消. ～ nacional 国内消費〔量〕. ～ privado (individual) 個人消費〔量〕. ❷《歴史》1) [複] [関税の形で食料品などに賦課される] 入市税. 2) 国庫に対する債権の消滅

consunción [kɔnsunθjɔ́n] 〖←ラテン語 consumptio〗 [女] ❶ 消費, 消耗〖行為〗; 衰弱, 憔悴. ❷《医学》消耗症〖=tabes〗; 肺結核

consuno [kɔnsúno] ***de ～*** 〖←古語 de con so uno「全員が合意して」〗《文語》一緒に, こぞって; 合意の上で

consuntivo, va [kɔnsuntíƀo, ƀa] [形] ❶ 消費の, 消耗の. ❷ 衰弱の

consunto, ta [kɔnsúnto, ta] [形]《まれ》=**consumido**

consustanciación [kɔnsustanθjaθjɔ́n] [女]《神学》両体共存説〖キリストの肉と血が聖餐のパンとワインに共存するというルター派の教義〗

consustancial [kɔnsustanθjál] 〖←con- (共に)+sustancial〗 [形] ❶《宗教》同質の, 同体の. ❷ 本来的な, 固有の, 本質的な; [+a と] 一体になった: España ha sido una Monarquía toda su historia. Pero no es que sea ～. スペインは歴史的に一貫して王政だったが, それは本来的なものだからではない. La corrupción es ～ *a*l sistema político español. 汚職はスペインの政治システムにつきものである

consustancialidad [kɔnsustanθjaliđá(đ)] [女] ❶《宗教》同質性, 同体性: ～ de las tres personas 三位一体の同一実体性. ❷ 生得性, 本来性, 本質

consustancialmente [kɔnsustanθjálménte] [副] 本来的に, 本質的に, 不可分に

consustanciar [kɔnsustanθjár] [10] **～se** [不可分になるほど] 一体化する

contabilidad [kɔntaƀiliđá(đ)] 〖←contable〗 [女] ❶ 簿記, 会計, 経理; 簿記学, 会計学: llevar la ～ 帳簿をつける, 会計を担当する. estudiar ～ 簿記の勉強をする. sección de ～ 経理課. 〔libros de〕 ～ familiar 家計簿. ～ analítica/～ de costes 原価計算. ～ nacional 国民経済計算〔体系〕. ～ pública 公会計. ～ tributaria 税務会計. ❷ 可算性

contabilizable [kɔntaƀiliθáƀle] [形] 帳簿に記入され得る, 記帳できる

contabilización [kɔntaƀiliθaθjɔ́n] [女] 帳簿への記入(記載), 記帳; 計算

contabilizador, ra [kɔntaƀiliθađór, ra] [形]《まれ》記帳(計算)する

—— [女] レジスター

contabilizar [kɔntaƀiliθár] 〖←contable〗 [9] [他] ❶ 帳簿に記入する, 記帳する. ❷ 計算する, 算定する; [+como と] 考える, みなす: Las organizaciones internacionales *han contabilizado* cerca de mil presos políticos en ese país. 国際機関はその国の政治犯は約千人と推定した

contable [kɔntáƀle] 〖←ラテン語 comptabilis〗 [形] ❶ 簿記の, 会計の, 経理の: periodo ～ 会計期間. ❷《言語》可算の: nombre ～ (no ～) 可算(不可算)名詞. ❸《まれ》物語られ得る

—— [名]《西》会計係; 会計士: ～ público 公認会計士

contactar [kɔntaktár] [自] [+con と] 接触する; 連絡を取る

contacto [kɔntákto] 〖←ラテン語 contactus〗 [男] ❶ [生物との] 接触, 触れること: Esa enfermedad se transmite por simple ～.

その病気は単なる接触によって伝染する. ❷[人との]交流, 連絡, 交際: El testigo no tenía ningún ~ con el acusado en los últimos tiempos. 証人は最近被告とは全く付き合いがなかった. entrar en (ponerse en・establecer) ~ con... …と接触する; entrar en (tener) ~ con... …と接触している, 連絡がある. mantenerse en ~ 接触を保つ. perder el ~ 接触を失う, 連絡が絶たれる. ~ sexual 性交. ~ visual 視線を合わせること. ❸ 縁故, コネ: tener ~s コネがある. ❹《秘密の》連絡員. ❺《天文》蝕の始まり. ❻《写真》prueba (copia) por ~ 密着印画, べた焼き. ❼《電気》1)接触, 接点: hacer ~ 接触させる, スイッチを入れる. 2)《メキシコ》コンセント. ❽《自動車》イグニッション. ❾《新聞, 雑誌》圈《性交目的の》交際相手募集欄.
punto de ~ 共通点, 類似点; 接点

contactología [kontaktoloxía] 囡 コンタクトレンズ製造・使用の技術

contactológico, ca [kontaktolóxiko, ka] 形 コンタクトレンズ製造・使用技術の

contactólogo, ga [kontaktólogo, ga] 名 コンタクトレンズ製造・使用の技術者

contactor [kontraktór] 男《電気》接触器

contada[1] [kontáda] 囡《チリ. 口語》数え上げ

contado[1] [kontádo] **I**《←contar》男《*al* ~ 即金で, 現金で《⇔a plazos》: comprar *al* ~ 即金で買う. cotización *al* ~ 現物相場. dinero *al* ~ 現金. precio *al* ~ 直物(スポット)価格. venta *al* ~ 現金販売
de ~ ただちに, すぐに
del ~ 1)ただちに, すぐに. 2)《中南米》即金で, 現金で
por de ~ もちろん, 確かに
II 男《コロンビア》[分割払いの]一回分の支払い: pagar el gasto en tres ~s 費用を3回払いにする

contado, da[2] [kontádo, da] 形 ❶ まれな, ほんのわずかな, 数少ない: Nos vemos en ~das ocasiones. 私たちはめったに会わない. Tengo los minutos ~s. 私には時間がない. ❷ 特定の, 指定の

contador, ra [kontadór, ra]《←ラテン語 computator, -oris》形 名 ❶ 計測する; 数える〔人〕: mecanismo ~ 計測装置. ❷《西》会計検査官. ❸《法律》1)〔勘定の〕清算人. 2) ~ partidor 遺産分配人. ❹ 財務官. ❺《古語》おしゃべりな〔人〕, うわさ好きな〔人〕. ❻《中南米》会計士, 帳簿係: ~ público 公認会計士
── 男 ❶〔電気・水道・ガスなどの〕メーター, カウンター: ~ de [la] luz/~ eléctrico 電気のメーター. ~ de aparcamiento パーキングメーター. ~ [de] Geiger ガイガーカウンター. ~ de revoluciones 回転〔数〕計. ❷〔商人・両替商の〕現金勘定用テーブル. ❸〔扉・飾りのある〕引き出し付き事務所. ❹ 財務局. ❺《中南米》そろばん. ❻《エクアドル》金貸し, 貸し金業者《←エクアドルで最初の金貸し Tomás Contador》

contaduría [kontaduría] 囡《←contador》❶〔企業・行政などの〕経理部, 会計課: ~ de hacienda 大蔵省財務局. ~ de provincia 県の財務(主計)局. ~ del ejército 軍の主計局. ❷〔劇場などの〕前売券発売所, 会計事務所; 会計士(会計士)の職(業務). ❸《古語》不動産登記所の会計事務所. ❹《中南米》簿記, 会計〔職業〕. ❺《エクアドル》質店《=casa de empeños》
de ~〔口語〕〔ニュースなどが〕実は当事者が出所の

contagiable [kontaxjáble] 形 伝染(感染)し得る

contagiante [kontaxjánte] 形 名 伝染(感染)させる; 感染源

contagiar [kontaxjár]《←contagio》他 ❶ 《+a+人に》伝染する, 感染させる《比喩的にも》: *Contagió* la gripe *a* sus compañeros. 彼は仲間に風邪をうつした. Me *ha contagiado* su optimismo. 彼の楽観主義が私に伝染した.
~se 《+*de* 病気に・感染源から》感染する: Se ha *contagiado de*l sarampión. 彼ははしかにかかった. El niño *se contagió de* su hermano. その子は兄からうつった. ❷《比喩》伝染する: También la tontería *se contagia*. 愚かさも伝染する.

contagio [kontáxjo]《←ラテン語 contagium < cum-〔で〕+tangere〔触れる〕》男 ❶ 伝染: exponerse al ~ 感染の危険にさらされる. por ~ 伝染によって, 似せして. ❷《口語》〔主に軽い〕伝染病, はやり病: Hay un ~ de gripe. インフルエンザがはやっている

contagiosidad [kontaxjosiðá(ð)] 囡 伝染性

contagioso, sa [kontaxjóso, sa]《←contagio》形 伝染性の, 伝染病の: 1) enfermedad ~sa 伝染病, 感染症. 2)《比喩》El bostezo es ~. あくびは移りやすい

container [kontájner/-téi-]《←英語》男《圈 ~s》 container《= contenedor》

contaje [kontáxe] 男 計測, 計算

contal [kontál] 男〔計算用の〕数え玉

contaminable [kontamináble] 形 汚染され得る

contaminación [kontaminaθjón]《←ラテン語 contaminatio, -onis》囡 ❶ 汚染: ~ ambiental 公害. ~ atmosférica/~ del aire 大気汚染. ~ del agua 水質汚染. ~ acústica 騒音〔公害〕. ❷ 悪習(悪癖)などの伝染; 堕落, 腐敗. ❸《言語》混交, 不純化

contaminador, ra [kontaminaðór, ra] 形 汚染する: agente ~ 汚染源; 感染源

contaminante [kontaminánte] 形 汚染する: combustible no ~ 無公害燃料
── 男 汚染源, 汚染物質

contaminar [kontaminár]《←ラテン語 contaminare「汚し, 腐敗させる」》他 ❶ 汚染する: Una letrina próxima *ha contaminado* el agua del pozo. 近くの便所が井戸の水を汚染した. aire *contaminada* 汚染された空気. ❷〔+*de* 主に悪い考え・感情などを〕…に移す: Me *contaminó de* su melancolía. 彼の憂鬱が私に移ってしまった
── 自 汚す: *Contamina* cuanto toca con sus labios. 彼が唇で触るものすべてが汚れてしまう
~se 汚染される: *~se con (de)* un vicio 悪習に染まる

contante [kontánte]《←仏語 comptant》形 現金の, 即金での: dinero ~ 現金
~ *y sonante* 現金の, キャッシュの: Quiero que me paguen en dinero ~ *y sonante*. 現金で払ってほしい

contar [kontár]《←ラテン語 computare「計算する, 数え直す」< cum-〔によって, 共に〕+putare》 28 他 ❶ 数える: 1) Estoy *contando* ovejas saltando una valla. 私は羊が柵を跳び越えるのを数えている. ~ el dinero 金を勘定する. 2) 数に達する: El anciano *cuenta* 90 años de edad. その老人は歳で90を重ねる. 3) 計算(考慮)に入れる: Se encontraban allí 20 personas sin ~ los niños. そこには子供を別にして20人いた. ❷〔+*por/+como* と〕見なす, 判断する: *Contamos por* hecho el trabajo. 仕事はすんだものと考えます. *Cuento por* segura su colaboración. 私は彼の協力を確信している. En los hoteles *cuentan* a dos niños *por* una persona. ホテルでは子供2人を〔大人〕1人分と計算する. ❸〔+*entre* に〕: Te *cuento entre (como* uno *de)* mis mejores amigos. 君を親友だと思っているよ. ❹ 物語る, 語る, 話して聞かせる〔→hablar 頻義〕: No estuve en la reunión, pero me *contaron* lo que pasó. 私は集まりには出ていなかったが, 何が起きたかを聞いている. Anda, *cuénta*me algo. さあ, 何か話してよ. Tengo muchas cosas que ~. 私は話したいことが山ほどある. Si me lo *cuentan* no lo creo. まさか/とても信じられない. ~ una anécdota 逸話を語る. ~ su experiencia 経験談をする
── 自 ❶ 数をかぞえる, 計算する: A esta edad ha de saber ~. この年齢では数をかぞえることができねばならない. ~ de uno a diez 1から10まで数える. *Cuento* por cuánto me saldrá el viaje. 私は旅費がいくらになるか計算する. ❷ 重要である: Lo que cuenta son las aptitudes y no los títulos. 重要なのは能力であって肩書ではない. Un pequeño error no *cuenta*. 小さな誤りは重要ではない. ❸〔+*por* に〕値する: Tiene mucha fuerza y *cuenta por* dos. 彼は力持ちで2人分の値打ちがある. ❹ 計算に入る: Las estropeadas no *cuentan*. 壊れているのは数に入らない. ❺〔+*con* を〕あてにする: *Contaba con* tu ayuda. 私は君の助けを当てにしていた. *Contamos con* tu hermana para la cena. 晩飯には君の妹も来てくれると思っているよ. ❻〔+*con* を〕考える, 考慮する: 1) ¡*Cuenta con* lo que dices! よく考えてものを言え. 2) 〔+*con que*+直説法〕*Cuenta con que* ya no eres un chiquillo. 彼はもう子供ではないと考えろ. Te dije que vinieras hoy, sin ~ *que* era domingo. 私は君に今日来るように言ったが, 今日が日曜日であることを考えずに. ❼《文語》〔+*con* 性質・数などを〕備えている, 持っている: Lo logramos gracias a ustedes, *contamos con* nuestro sincero reconocimiento. 成しを遂げられたのはあなたのおかげです, 私たちは心から感謝しています. El equipo *cuenta con* once jugadores. チームには11人の選手が

いる
a ~ de (desde)... …から数えて
como te lo cuento [自分の確信を相手に念押しして] 本当ですよ
~ hacia atrás 逆に数える; カウントダウンする
no ser bien contado a+人 …にとって良くない結果である; 非難されるべきことである
¿Qué cuentas? [挨拶] 元気ですか/どうですか?
¿Qué me cuentas? [驚き・奇異] 何事ですか/どうしたんですか?
ser mal contado a+人 =*no ser bien contado a*+人
sin ~ con que+直説法 ましてやその上に…: Él solo no puede hacer ese trabajo *sin ~ con que* tiene poca salud. 彼一人ではこの仕事はできない。体の具合がよくないのではなおさらだ
── **~se** ❶ 含まれる; みなされる: Este cuadro *se cuenta entre* los mejores de Goya. この絵はゴヤの最高傑作に数えられている。Cada vaca *se cuenta por* diez ovejas. 牛1頭は羊10頭分に相当する。❷ 自分をみなす: *Me cuento entre* sus admiradores. 私はあなたの崇拝者です。❸ 存在する: *Se contaban* tres mil soldados. 3千人の兵士がいた。❹《古語》…に帰する; …のものであるとされる

contar		
直説法現在	命令法	接続法現在
cuento		cuente
cuentas	cuenta	cuentes
cuenta		cuente
contamos		contemos
contáis	contad	contéis
cuentan		cuenten

contario [kontárjo] 男《建築》=contero
contemperar [kontemperár] 他 =atemperar
contemplable [kontempláble] 形 熟視され得る, 眺め得る
contemplación [kontemplaθjón] 女 ❶ 熟視, 凝視。❷ 瞑想, 観想。❸ 複 甘やかし, 寛大さ: Tenéis demasiadas *contemplaciones* con tu hijo. 君は息子に甘すぎる。tratar a+人 con *contemplaciones* …を寛大に扱う。❹ 複 儀礼, 堅苦しさ: no andarse con *contemplaciones* 儀式ばらない, 堅苦しいことは抜きにする。sin *contemplaciones* 堅苦しいこと抜きにして
contemplar [kontemplár] 《←ラテン語 contemplari「注意して見る」》他 ❶ 熟視する, じっと見つめる: Un grupo de turistas estaban *contemplando* la Giralda. 観光客の一団がヒラルダの塔をじっと眺めていた。Desde la ventana *contemplo* la puesta del sol. 私は窓から夕日を眺めている。Dos de los chicos estaban riñendo y el otro los *contemplaba* tranquilamente. 少年たちのうち2人がけんかしていて, 残りの少年たちは静かに眺めていた。❷ 考える, 考慮に入れる: 1) *Contempla* la posibilidad de vender su coche. 彼は車を売ろうかと考えている。La ley no *contempla* ese supuesto. 法律はそのような仮定を考慮しない。2) [否定文では +que+接続法] その国の伝統では *contempla que* se celebre un viaje de bodas. その国の伝統では新婚旅行はしないことになっている。❸ [人を] 大事にする, 甘やかす: No *contemples* tanto a tu hermano menor, que lo acostumbras mal. 弟をあまり甘やかしてはいけないよ, 悪い習慣がつくから
── 自《主に神学》瞑想(^{めいそう})する, 黙想する: ~ *en Dios* 神について瞑想する。~ *en el misterio de la Trinidad* 三位一体の玄義について瞑想する
── **~se** 自分をじっと見つめる: ~*se en el espejo* 鏡を見つめる
contemplativo, va [kontemplatíbo, ba] 《←contemplar》形 ❶ 瞑想的な, 瞑想にふける: vida ~*va* 観想生活。❷ [+con を] 甘やかす, 大事にする
── 名《カトリック》観想修道士 (修道女)。❸ 神秘家
contemporáneamente [kontemporáneaménte] 副 [+a と] 同時期に, 同時代に
contemporaneidad [kontemporaneidá(d)] 女 同時代性, 同時性; 現代性: El periodista es testigo de nuestra ~. ジャーナリストは私たちの時代の証言者である
contemporáneo, a [kontemporáneo, a] 《←ラテン語 cum- (で) +俗ラテン語 temporanus「間に合って行われる」< ラテン語 tempus,

-oris》形 ❶ [ser+. +con と] 同時期の, 同時代の: Cervantes y Shakespeare son ~*s*. セルバンテスとシェイクスピアは同時代人である。❷ 現代の, 当代の: arte ~ 現代美術。edad ~*a* 現代《フランス革命以後。スペインでは普通は独立戦争 (1808〜14) 以後を指す》。historia ~*a* 現代史。novela ~*a* 現代小説
── 名 同時代の人; 現代人: nuestros ~*s* 我々と同時代 (世代) の人々
contemporización [kontemporiθaθjón] 女《文語》妥協, 迎合, 順応
contemporizador, ra [kontemporiθaðór, ra] 形 名《文語》妥協的な [人], 迎合的な [人], 日和見主義の (主義者): Juan tomó una actitud ~*ra*. フアンは妥協的な態度をとった。Es un ~: no se enfrenta nunca con nadie. 彼は日和見主義者だ。決して対立しない。actuar de ~ 日和見する
contemporizar [kontemporiθár] 《←ラテン語 cum- (で) +tempus, -oris》自《文語》[主に対立を避けるために, +con と] 妥協する, 迎合する: El gobierno fue acusado de ~ *con* los terroristas. 政府はテロリストと妥協したと非難された
contención [kontenθjón] 女 ❶ 抑制, 抑止: ~ *de precios* 物価の抑制。~ *del gasto* 支出の抑制 (削減)。❷ 自制, 節度: No tiene ~. 彼には自制心がない
contencioso, sa [kontenθjóso, sa] 《←ラテン語 contentiosus < contendere「争う, 努力する」》形 男 ❶《法律》訴訟の; 係争の, 紛争中の: asunto ~ 係争事件。vía ~*sa* 法的手段。❷ 議論好きの, 係争を好む
── 男《法律》訴訟 [事件]《=juicio ~》: [recurso] ~ administrativo《西》行政訴訟
contendedor [kontendeðór] 名 係争者, 競争者, 論争者
contender [kontendér] 《←ラテン語 contendere「努力する」》24 自 ❶ [+por・para を得ようと] 競う, 争う: Las señoritas *contendían por* tener noticias mías. お嬢さんたちは私から情報を得ようと争っていた。Trabajan con un mismo objetivo y no *contienden* en intereses entre ellas. 彼らは同じ目的のために働き, 互いの利害関係で争うことはない。~ *por el primer puesto* 首位を争う。❷ 論争する, 言い争う; 議論する
contendiente [kontendjénte] 形 競う, 争う, 対抗 (抗争) する: países ~*s* 敵国
── 名 対抗者; 論争相手
contenedor, ra [konteneðór, ra] 《←contener》形 含む, 入れている
── 男 ❶ [ごみを入れるふた付きの] 容器: ~ *de basura[s]* [通りに置かれる] ごみ収集容器。~ *de escombros* 建築廃棄物搬出用の大型容器。~ *de vidrio* 空き瓶回収ボックス。❷ コンテナー: transporte en ~*es* コンテナー輸送。tren de ~*es* コンテナー列車。❸《船舶》コンテナー船。❹《まれ》[商品を入れる] 容器
contener [kontenér] 《←ラテン語 continere》58 《命令法単数 contén/conten》他 ❶ 含む; [容器などが] 入っている: Esta caja *contiene* unos zapatos. この箱には靴が入っている。Esta botella *contiene* agua. この瓶には水が入っている。La colección *contiene* cien obras. 作品集には100点入っている。El primer tomo *contiene* las novelas. 第1巻には小説が収められている。No *contiene* alcohol.《表示》アルコール分ゼロ。Agitamos el vino *contenido* en la copa sin derramarlo. 私たちはグラスに入っているワインをこぼさずに揺り動かす。❷ [文書・演説などが] 表明する: El oficio *contenía* su destitución. 通達には彼の罷免が記されていた。Su discurso *contenía* las líneas principales de su programa de gobierno. 彼の演説では施政方針の概要が述べられた。❸ [動きなどを] 制止する, 抑制する: Tiene que ~ *el brazo para que cure*. 治療するために彼は腕を押さえなければならない。La presa *contiene* la corriente del río. ダムは川の流れをせき止める。~ *un caballo* 馬を止める。~ *la sangre de la herida* 傷口からの出血を抑える。~ *los progresos de la invasión* 侵略が進むのをはばむ。~ *la inflación* インフレを抑制する。❹ [感情を] 抑える: El niño *contuvo* las ganas de llorar. 子供は泣きたいのを我慢した。No pude ~ *la risa*. 私は笑いをこらえることができなかった。~ *la indignación* 憤りを抑える。❺《チリ, アルゼンチン, ウルグアイ》意味する
── **~se** ❶ 表明される: como en ello *se contiene* 正に表明されているとおり。❷ [+de を] 自制する, 慎む, 我慢する: *Conteneos de* beber hasta que lleguemos arriba. 上に着くまで飲むのは我慢しなさい。*Me contuve* para no llorar. 私は

contenido¹ [kontenído]【←contener】男 ❶ 中身, 内容[物], コンテンツ: Vamos a ver la ~ del sobre. 封筒の中身を見てみよう. Nos explicaron los ~ del curso. 私たちは講習会の内容について説明を受けた. ❷ 含有量: alimentos con un alto ~ de proteínas 高たんぱくの食品. ~ vitamínico ビタミン含有量. ❸《言語》内容【言語の意味面. ⇔expresión】: palabra de ~ 内容語

contenido², da [kontenído, ða] 形 ❶ [人が] 自制心のある, 控え目な, 感情を表に出さない. ❷ [感情などが] 抑制された: risa ~da くすくす笑い, 忍び笑い. tensión ~da 張りつめた気分

contenta¹ [konténta] 女 ❶《商業》[手形の] 裏書き. ❷《軍事》善行証書. ❸ [相手をなだめるための] 贈り物. ❹《船舶》譲渡証書. ❺《中米. 法律》放棄; 承認. ❻《メキシコ, キューバ》負債完済証明書. ❼《ペルー》[大学で, 学費免除などの] 特待賞

contentación [kontentaθjón] 女 =**contentamiento**

contentadizo, za [kontentaðíθo, θa] 形 [人が] すぐに満足する, 満足させやすい, 協調的な: mal ~ なかなか満足しない, 喜ばせにくい

contentamiento [kontentamjénto] 男 満足, 喜び

contentar [kontentár]【←contento】他 ❶ 満足させる, 喜ばせる: No podemos ~ a todos. 万人を満足させることはできない. Aunque no me gusta el fútbol, voy para ~ a mi marido. サッカーは好きではないのに, 夫を喜ばせるために私は行く. ❷《まれ》[手形などに] 裏書きする. ❸《中米》和解させる. ❹《ペルー》特待賞 contenta を授与する

ser de buen (mal) ~《口語》すぐに満足する(なかなか満足しない)

── *~se* ❶ [+con で] 満足する, 我慢する: 1) Para cenar me contento con poco. 夕食は軽くて構わない/私はわずかしか食べない. 2) [+con+名詞・que+接続法] Me contento con que me dejéis en paz. 私をそうっとしておいて欲しい. 3) [主に過去未来形] Me contentaría con entrar en la Europa League. ヨーロッパリーグに入れたらなぁ. ❷《中米》和解する

contentible [kontentíβle] 形《まれ》軽蔑に値する, つまらない, ろくでもない, 全く評価できない

contento, ta² [konténto, ta]【←ラテン語 contentus「満足した」< continere「含む」】形 [estar+] ❶ 満足した, うれしい【類義】*contento* は「満足してうれしい」, *satisfecho* は単に「満足した」】: 1) [+con・de で] Los niños están muy ~s con sus juguetes. 子供たちはおもちゃに大変満足(大喜び)している. Está muy ~ de la boda de su hija. 彼は娘の結婚式を大変うれしく思っている. Vive ~ y feliz. 彼は満足し幸福に暮らしている. 2) [+de+不定詞・que+接続法] Estoy muy ~ de saber tu éxito. 私は君の成功を知って大変うれしい. Estoy ~ de que hayas tenido éxito. 君は成功してうれしい. ❷《古語》抑制された, 控え目な. ❸《グアテマラ, プエルトリコ, ボリビア》和解した

~ me tienes《口語》[怒り. +con と] 頭に来ているんだぞ

darse por ~《口語》《一応》満足する: Si le ofrecen una pequeña gratificación ya puede *darse por ~*. わずかでもボーナスをくれたら, 御(ご)の字ではないですか

no ~ con... …だけでなく[さらに悪いことに]: Tolstoi, *no ~ con* combatir la guerra, combate el progreso industrial. トルストイは戦争に反対しただけでなく, 産業の発展にも反対した

quedarse tan ~《口語》[精神的に] 動揺する

tenerse por ~ 《口語》=*darse por ~*

y tan ~s 《口語》[言われたことに対して] 問題ない, 相違ない

── 男 ❶《文語》満足, 喜び: Se le nota el ~ en la cara. 彼の顔には喜びの色が表われている. con gran ~ 大いに満足して, 大喜びで. ❷《古語》[裁判で支払命令を受けた債務者が, 十分の一税回避のため判決から24時間以内に債権者から得た] 済金領収書

a ~ 満足のいくかたちで, 思いどおりに

no caber en sí de ~《口語》うれしくてたまらない: *No cabía en sí de ~*. 彼は喜びではちきれそうだった

que es un ~《口語》たくさん, とても

ser de buen (mal) ~ すぐに満足する(なかなか満足しない)

contenutismo [kontenutísmo] 男《美術, 文学》内容(内的意味)第一主義

contenutista [kontenutísta]《美術, 文学》内容(内的意味)第一主義の

conteo [kontéo] 男 ❶ 計算, 評価, 見積もり, 査定. ❷《コスタリカ, コロンビア, ペルー》数え直し, 検算

contera [kontéra]【←ラテン語 contus < ギリシャ語 kontos】女 ❶ [傘・杖の] 石突き; [鞘の] こじり. ❷ [鉛筆の] キャップ. ❸ 砲尾. ❹《詩);反復句》セクスティーナ sextina の終わりの3行

de ~《口語》=*por*

echar la ~《まれ》[+a+事を] 完結させる, 終える

por ~《口語》なおその上に, おまけに: Su familia es numerosa, y por ~, pobre. 彼の家族は大勢で, おまけに貧しい

conterazo [konteráθo] 男 石突きによる打撃

contérmino, na [kontérmino, na] 形《廃語》[町・領土が] 隣り合っている, 隣接する

contero [kontéro] 男《建築》玉縁 [飾り]

conterráneo, a [konteráneo, a] 形 名 =**coterráneo**

conterturliano, a [kontertuljáno, a] 形 名 =**contertulio**

contertulio, lia [kontertúljo, lja]【←con-+tertulia】名【集まり tertulia に出席している】仲間, 常連, メンバー: Al finalizar, uno de los ~s le reprochó su actitud. 終わりごろ, 寄り合い仲間の一人が彼の態度を非難した

contesta [kontésta] 女 ❶《中南米》返事, 返答【=contestación】. ❷《メキシコ, パナマ》会話, おしゃべり

contestable [kontestáβle] 形 反論される, 反駁の余地ある

contestación [kontestaθjón] 女 ❶ 答え, 返事【→respuesta【類義】】: La ~ fue inmediata. 即答だった. dar una ~ 返事をする. dejar una carta sin ~ 返信を出さないままにする. ❷ [+a] ~ a la demanda [被告の] 抗弁[書]. ❸《政治》異議申立て, 抗議: La ~ al ministro fue muy fuerte. 大臣に対する抗議は激しかった. movimiento de ~ 抗議運動. ❹ 口論, 論争

mala ~ 1) 鋭い言い返し, 口答え, 無礼な返事: No pensaba recibir de él una *mala ~* como esta. 彼からこのように失礼な返事をするとは私は思いもしなかった. 2) 間違った答え

contestador, ra [kontestaðór, ra] 形 名 ❶ 応答する[人]. ❷ =**contestatario**. ❸《南米. 口語》不作法な, 横柄な口答えする

── 男 留守番電話【=~ automático】

contestano, na [kontestáno, na] 形 名《歴史》Contestania 族(の)【現在の Valencia, Alicante, Murcia にあたる地域に住んでいたイベリア人】

contestar [kontestár]【←ラテン語 contestari < cum- (で)+testari「立証する」】他 ❶ 答える, 返答する, 返事する【→responder【類義】】: 1) [質問などに] No contestaré una pregunta tan impertinente. 私はそんな失礼な質問に答えるつもりはない. *Contestaré* pronto la carta. 私は早急に手紙の返事を出すつもりだ. 2) [+que+直説法 であると] Me *contestó que* lo había pasado muy bien. 彼はとても楽しかったと私に答えた. *La contesté que* no necesitaba su ayuda. 私は彼に助けは必要ないと答えた. Ella le *contestó que* sí. 彼女は彼にはいと答えた. 3) [+que+接続法 するようにと] Me *contestó que* viniera a verle pronto. 彼はすぐ会いに来なさいと私に答えた. ❷ …に応じる, 反応する: Ladró un perro y otro le *contestó*. 一匹の犬が吠えると別の犬もそれに吠えた. ❸ …に異議を唱える. ❹《廃語》[他の証言などと] 一致する; 合致した証言をする. ❺《廃語》確認する, 証明する

── 自 ❶ 返答する, 返事する: 1) *Contestó* bien. 彼は正しく(上手に)答えた. Le he preguntado sobre su experiencia, pero no me *contestó*. どういう経験をしたのか私は尋ねたが, 彼は答えなかった. No *contestan*. 彼らの返事はない. 2) [+a 質問などに] ¿*Contesta* a mi pregunta? それが私の質問への答えか? ~ a una carta 手紙の返事を書く. ❷ 応じる, 反応する: *Contestó* al discurso de bienvenida con unas palabras de agradecimiento. 彼は歓迎のスピーチに応えて感謝の言葉を述べた. Sigo llamando a su casa pero no contesta nadie. 私は彼の家に電話し続けているが誰もでない. Le insultaron pero no quiso ~. 彼は侮辱されたが応じようとしなかった. *A mi amabilidad contesta* con grosería. 私が親切にしたのに彼は無礼な態度を取る. ❸ 口答えをする: ¡No le *contestes a* tu madre! 自分の母親に向かって口答えするな! ❹《まれ》[+con と] 一致する, 合致する. ❺《メキシコ》会話をする, 話す; 議論する

contestatario, ria [kontestatárjo, rja] 形 名 [社会などに] 異

conteste [kontéste] 形《文語》全く同じことを証言する; [+en において] 一致(合致)した: *En este respecto todos están ~s*. その点に関しては全員が一致している

contestón, na [kontestón, na] 形 名《口語》よく口答えする〔人〕, ああ言えばこう言う〔人〕, 口の減らない〔人〕

contexto [konté(k)sto]《←ラテン語 contextus < contexere「織る」》男 ❶ 文脈, 文の前後関係: *Las palabras que no conozco las deduzco del ~*. 私は知らない語は文脈で類推する. ❷［政治的・歴史的・文化的事柄などの］背景, 状況: *Esta campaña electoral se ha desarrollado en un ~ político extraordinariamente adverso para el partido socialista*. 今度の選挙戦は社会党にとってひどく不利な状況で繰り広げられた. *~ social* 社会的背景. ❸《まれ》［作品などの］構成. ❹《廃語》織り方

contextual [konte(k)stwál] 形 文脈の, 前後関係の

contextualización [konte(k)stwaliaθjón] 女 ある文脈(状況・背景)の中に置くこと

contextualizar [konte(k)stwaliθár] 動 他 ある文脈(状況・背景)の中に置く: *La evolución de los precios durante ese año, hay que ~lo en función del incremento del precio de los hidrocarburos*. その年の物価変動は石油価格の上昇との関係で考えなければならな

contextuar [konte(k)stwár] 14 他 原文を引用して裏付ける, 典拠を示す, 引用(引証)する

contextura [konte(k)stúra]《←con-+textura》女《文語》❶ 繊維などの］組織, 構成: *~ de la madera* 木目. ❷ 体格《= constitución》: *joven de ~ delgada* やせ形の若者

contezuelo [konteθwélo] 男 *cuento* の示小語

conticinio [kontiθínjo] 男《まれ》夜すべてが沈黙する時, 夜の静寂(ニネミ)が支配する時, 草木も眠る丑三つ時

contienda [kontjénda]《←contender》女《文語》❶ 争い, 戦い, けんか: *La ~ civil ha dejado huellas durante generaciones*. 内戦は数世代にわたって傷跡を残す. ❷ 口論, 論争

contigo [kontíɣo]《←ラテン語 cum- (共に)+tecum》《¡Llévame ~!* 私を一緒に連れて行って! *Me siento feliz ~*. 君と一緒で私は幸せだ. *Sé sincero ~ mismo*. 君自身に正直であれ

contiguamente [kontíɣwaménte] 副 隣接して, 隣り合って

contigüidad [kontiɣwiðá(d)] 女 隣接〔状態〕: *La ~ de los amigos es siempre alegre*. 友人が隣にいるのはいつも楽しい. ❷ 隣接地

contiguo, gua [kontíɣwo, ɣwa]《←ラテン語 contíguus「すぐの」< cum-+tangere「触る」》形［+a に］隣接する: «*Era un hombre normal y trabajador*», relataba su vecina del piso ~. 「普通の働き者でした」と隣のマンションの住人は語った. *El cuarto de baño está ~ a la cocina*. 浴室は台所の隣にある. *habitación ~gua al jardín* 庭続きの部屋

contimás [kontimás] 副《メキシコ》多くても《=*cuanto más*》

continencia [kontinénθja]《←ラテン語 continentia < continere「結合し続ける」》女 ❶ 自制, 節制, 節度;〔特に性的な〕禁欲. ❷《古語》態度, 容貌. ❸《舞踊》〔昔の振り付けの〕優雅なお辞儀

continental [kontinentál] 形 大陸の, 大陸性の: *Copa C~ de Hockey sobre Hielo* アイスホッケー・コンチネンタルカップ. *país ~* 内陸国

—— 男《古語》〔私的な〕郵便屋; 〔その配達者の〕手紙

continente [kontinénte]《←ラテン語 continens, -entis < continere「結合し続ける」》男 ❶ 大陸: *~ americano* アメリカ大陸. *~ blanco* 白い大陸〔南極大陸のこと〕. *~ negro* 黒い大陸〔アフリカのこと〕. *antiguo ~* 旧大陸〔アジア, アフリカ, ヨーロッパのこと〕. *viejo ~* 旧大陸〔ヨーロッパのこと〕. *nuevo ~* 新大陸. ❷《主に貫賓》〔人の〕表情, 外見, 容貌: *Guarda siempre un ~ noble*. 彼はいつも見るからに高貴だ. ❸《文語》入れ物, 容器《⇔contenido》

—— 自制する, 控えめな; 禁欲的な

continentemente [kontinénteménte] 副 自制して, 控えめに; 禁欲的に

contingencia [kontinxénθja] 女《文語》❶ 偶発性, 偶然性, あり得ること: *No hay que descartar la ~ de la guerra*. 戦争の勃発する可能性を除外すべきではない. *La ~ de tu venida impide que fundemos ningún plan sobre ella*. 君がいつ来るか分からないので, 来た時の予定が立てられない. ❷ 不慮の出来事, 不測の事態, 偶発事件: *El Servicio de Ambulancias actúa con la máxima rapidez ante cualquier ~*. 救急医療サービスはいかなる不測の事態に対しても最速で行動する

る. ❸ 危険, 危機《=*riesgo*》. ❹ 臨時出費

contingentación [kontinxentaθjón] 女《経済》割当内に留めること

contingentar [kontinxentár] 動《経済》割当内に留める

contingente [kontinxénte]《←ラテン語 contingens, -entis < contingere「触る」》形《文語》偶発的な, 偶然の, 起こり得る; 臨時の: *futuro ~* 不測の未来

—— 男 ❶ 軍隊, 軍事力: *Parte del ~ americano se encuentra ahora en Irak*. アメリカ軍の一部は現在イラクにいる. ❷ 分担割当;《経済》割当量, 割当額: *~ de importación* 輸入割当, 輸入数量制限. *~ provincial* 地方交付金. ❸ ［その年の〕徴兵人数. ❹ ［人・物の〕集団: *Se ve el extenso ~ de nubes*. 遠くに雲の群れが見える. ❺ 偶発事, 不測の事態, 起こり得ること: *Hay que estar preparados para el ~*. 不測の事態に備えておかねばならない

contingentemente [kontinxénteménte] 副 偶発的に, 偶然に

contingible [kontinxíβle] 形《まれ》可能性のある, 起こり得る

continuación [kontinwaθjón] 女 ❶ 連続, 継続: *Es necesaria la ~ de las obras del ferrocarril*. 鉄道工事の続行は必要だ. ❷ 続くもの; 続き, 続編: *La cocina es una ~ del salón*. 台所は居間の続き. *~ de la novela* 小説の続き

a ~ 引き続いて: 1) *A ~* pronunció su discurso el ministro. 引き続き大臣は演説を行なった. *A ~ añada azúcar*. 続いて砂糖を入れなさい. *Reproduzco a ~ el texto original*. 以下に原文を再録します. 2) [+de] 次に: *Mi toca a ~ de esta señor*. この方の次が私の番です. *Mi calle está a ~ de la suya*. 私の家のある通りは彼の通りの先にある

tener ~ 継続される; 続きがある

continuado [kontinwáðo] 男《南米》各回入れ替えなしの映画館

continuador, ra [kontinwaðór, ra] 形 名 継承する〔人〕, 引き継ぐ〔人〕, 後継者

continuamente [kontínwaménte] 副 連続的に, 継続して; 絶えず, 頻繁に: *La fuente mana ~*. 泉がこんこんと湧き出ている. *C~ me está pidiendo dinero*. 彼は私によく金をせがむ

continuar [kontinwár]《←ラテン語 continuare》14 他 続ける: *Los peregrinos continuaron su camino*. 巡礼たちは道を続けた. *El tren continuó su marcha*. 列車は走り続けた. *Continuó sus estudios en Salamanca*. 彼はサラマンカで研究を続けた. *Continuó su vida como antes*. 彼は以前と同様に暮らし続けた. *Continuaremos la clase mañana*. 授業の続きはまた明日. *~ el viaje* 旅を続ける. *~ una historia* 物語を続ける

—— 自 ❶ 続く, 継続する: 1) *Continúan las restricciones*. 供給制限が続く. *Continúa el peligro de una recaída*. 病気が再発する危険性が続いている. *Continuó la lluvia toda la noche*. 雨は一晩中降り続いた. *Pase lo que pase, la vida continúa*. 何が起こっても人生は続く. *Continúe, por favor*. 頼む, 続けてくれ. *Continuará*. 〔連載の〕次号に続く. 2) ［場所的に〕*La carretera continúa más allá de la frontera*. 道路は国境の向こうまで続いている. *La frontera continúa desde aquí hacia el oeste*. 国境はここから西の方に続いている. *El ferrocarril continúa por el litoral*. 鉄道は海岸に沿って伸びている. 3) [+en+場所など] *Mi hermano continúa en Inglaterra*. 私の弟は引き続きイギリスにいる. *Continúa en el mismo puesto de trabajo*. 彼は以前と同じ部署にいる. *Continúa en la página 83*. 83ページに続く. *La pieza continúa en cartel*. その芝居は続演中だ. 4) [+主格補語] …であり続ける: *Continúa tan guapa como siempre*. 彼女はあいかわらず美しい. *La puerta continúa cerrada*. ドアは閉まったままだ. 5) [+現在分詞] …し続ける: *Continúa lloviendo*. 雨が降り続いている. *Me vio, pero continuó andando*. 彼は私を見たが, 歩き続けた. *Continúa tú hasta el final de la página y después continuaré leyendo yo*. ページの終わりまで君が読んでくれ, その後は僕が続けて読む. ❷ [+con・sin] 続ける: *Continuó con sus explicaciones*. 彼は説明を続けた. *Continúa con su hermano*. 彼はずっと兄と一緒だ. *~ con salud* ずっと健康である. *Continúa sin contestar*. 彼は依然として答えない. ❸ [+con と] 隣接する: *La casa que continuaba con el convento existe aún*. 修道院に続く家はまだ残っている

—— *~se* ［継続の強調］ずっと続く; 長引く: *El trabajo se continuó el miércoles por la noche*. 仕事は水曜日の夜中まで続いた. *El camino se continúa entre prados y huertos*. 道は牧場と畑の中を伸びている

continuar		
直説法現在	命令法	接続法現在
continúo		continúe
continúas	continúa	continúes
continúa		continúe
continuamos		continuemos
continuáis	continuad	continuéis
continúan		continúen

continuativo, va [kontinwatíβo, ba] 形 継続の; 継続する, 引き継ぐ: conjunción ~*va* 引き継ぎの接続詞『pues, así que など』

continuidad [kontinwiðá(ð)] [←ラテン語 continuo] 女 ❶ 連続〔性〕, 継続〔性〕: dar ~ al proyecto 計画を継続する. perder la ~ とぎれる, 中断する. romper la ~ さえぎる, 中断させる. ~ de una planicie 果てしない平原. ❷ [映画, 放送] 1) 台本, コンテ. 2) [番組のその間の] つなぎの文句. ❸ [関敷などの] 連続〔性〕. ❹ 《まれ》根気; 執拗. ❺ 《古語》続き, 延長

continuismo [kontinwísmo] 男 [政治] 政権・体制を無制限に維持する傾向

continuo, nua [kontínwo, nwa] [←ラテン語 continuus「隣接した, 連続した」] 形 ❶ 連続した, 連なった, 切れ目（絶え間）のない: dolor ~ 持続する痛み. fila ~*nua* de coches 切れ目のない車の列. línea ~*nua* 実線. lluvia ~*nua* 続く雨. papel ~ 連続紙. programa ~ 連続上映. ❷ 絶えず繰り返される, 不断の: Me aburre con sus ~*nuas* quejas. 私は彼のひっきりなしの苦情にはうんざりだ. esfuerzo ~ たゆまぬ努力. ❸ 《数学》1) 比例式で] 2つの内項（外項）の値が等しい. 2) cantidad ~*nua* 連続量. ❹ 《電気》直流の. ❺ 《音声》[音が] 連続の ~

a la ~ *nua* =*de* ~

de ~ 連続して: Hablaba *de* ~ sobre sus enfermedades. 彼はたえず自分の病気について話していた

―― ❶ 男 連続体. ❷ 《音楽》通奏低音『=*bajo* ~』. ❸《数学》2つの内項（外項）の値が等しい比例式

―― 副 連続して, 絶えず『=continuamente』

contínuum [kontínu(u)n] 男 [複 ~s/単複同形] 《技術》連続〔体〕

contlapache [kontlapátʃe] 名 《メキシコ. 軽蔑》共犯者, かくまう人; [犯罪・悪巧みの] 一味

contonear [kontoneár] ~*se* [気取って] 腰を振って歩く

contoneo [kontonéo] 男 腰を振って歩くこと

contorcer [kontorθér] ① ㉙ [→*torcer*] ~*se* 《まれ》体をひどくねじる; 捻挫する

contornado, da [kontornáðo, ða] 形 [紋章] [動物の横顔が] 左向きの

contornar [kontornár] 他 =**contornear**

contornear [kontorneár] [←*contorno*] 他 ❶ …〔の縁〕に沿っていく, 一周する: El río Tajo *contornea* la ciudad de Toledo. タホ川はトレドの町に沿って流れる. ❷ 《美術》…の輪郭を描く

contorno [kontórno] [←伊語 *contorno* <ラテン語 *tornus*「ろくろ」と *contra* の立ち場に立つ **por** 逆に, 反対に: EEUU aumentó la producción de leche y, *por* ~, la UE no la autorizó. 米国は牛乳の生産量を増やし, 逆にEUは牛乳の生産を禁じた.
語 *tornos*「旋盤」] 男 ❶ 輪郭, 周囲, 外周: Como estaba a contraluz solo distinguía su ~. 逆光だったので彼の輪郭しか見えなかった. ~ de una isla 島の輪郭図. El ~ de cadera es de 28 pulgadas. 腰回りは28インチだ. ❷ [しばしば 複] 都市などの] 周辺, 郊外: Madrid y sus ~s マドリードとその郊外. ❸ [硬貨・メダルの] 縁. ❹ 《数学》[集合の] 境界. ❺ 《音声》前後の音

en ~ まわりに, 周囲に

en estos ~*s* このへんに

contorsión [kontorsjón] [←ラテン語 *contorsio, -onis*] 女 ❶ [体の乱暴な・ひどい] よじり, ねじり: ¿No resulta doloroso tanta ~ del miembro? そんなに手足をねじって痛くないのか? hacer *contorsiones* 激しく身をよじる, 身もだえする. ❷ [道化師などの] こっけいな身ぶり

contorsionar [kontorsjonár] ~*se* [自分の体を乱暴に・ひどく] よじる, ねじる; 身もだえする: Baila, *se contorsiona*, vuela y se abre de piernas en la escena. 彼は舞台で踊り, 体をよじり, 跳びつ, 開脚をする

contorsionismo [kontorsjonísmo] 男 [サーカスなどの] 軟体曲芸

contorsionista [kontorsjonísta] 名 [サーカスなどの] 軟体曲芸

contra¹ [kóntra] 【←ラテン語】前 ❶ …に対して, 対抗して, 反して, 逆らって: 1) [対立・敵対] Luchó valientemente ~ los agresores. 彼は侵略者に対して勇敢に戦った. Protestamos ~ el gobierno. 私たちは政府に抗議する. No actúan ~ la ley. 彼らは違法なことはしない. Es un atentado ~ la libertad de expresión. それは表現の自由への侵害だ. No tengo nada ~ ti. 私は君に反対する点は何もない. defender... ~ los ataques 攻撃から…を守る. recoger firmas ~ el proyecto 計画反対の署名を集める. campaña ~ la discriminación 差別反対運動. crimen ~ la humanidad 人類に対する犯罪. 2) [逆] C~ lo que parece, no manda nadie. 見た目に反し, 彼はいばりちらさない. remar ~ la corriente 流れに逆らって漕ぐ. 3) [防止] El fármaco previene ~ el cáncer de mama. その薬は乳癌を予防する. vacuna ~ la gripe インフルエンザワクチン. ropa ~ el frío 防寒服. 4) [衝突] El autocar chocó ~ un camión. 観光バスはトラックと衝突した. 5) [試合] El Japón juega ~ el Guatemala. 日本はグアテマラと対戦する. ❷ [接触] …に触れて; もたせかけて, 寄りかかって: Un niño presionaba una muñeca ~ su pecho. 少女は人形を胸に抱き締めていた. Él la empujó fuerte ~ la pared. 彼は彼女を強く壁に押し付けた. Un viejo se apoyó ~ la puerta. 老人が戸に寄りかかった. Apoyó la bici ~ la pared. 彼は自転車を壁にたてかけた. ❸ [方向・目標] …に向いて, 向けて: El edificio está ~ la estación. その建物は駅と向かい合っている. Mi habitación está ~ el norte. 私の部屋は北向きだ. Un joven lanzó una piedra ~ los soldados. 若者が兵士たちに向かって石を投げた. ataque ~ objetivos militares 軍事目標に対する攻撃. ❹ [対比・割合] …と比べて, …対…で: Lo que ganamos fue poco ~ lo que habíamos perdido. 我々の得たものは失ったものと比べてわずかだ. Se aprobó la ley por nueve ~ ocho. その法案は9対8で可決された. Son cuatro ~ uno. [勢力などが] 4対1だ. ganar con un tanteo de dos ~ uno 2対1(のスコア）で勝つ. ❺ [交換] …と引き換えに: Cobrará el dinero ~ entrega del boleto ganador. 当たりくじと引き換えに金がもらえます. entregar las mercancías ~ pago de letra 手形支払いと引き換えに商品を引き渡す. ❻ [←仏語] …の隣に: Su casa está ~ la mía. 彼の家は私の隣だ. ❼ [俗用] [接続詞的に] …すればするほど: C~ más temprano, mejor. 早ければ早いほどいい. ❽ [地方間] [時間的に] …近くに: ~ la amanecida 夜明けごろに

de ~ 無料で

en ~ 反対の・に, 不利に『⇔a favor』: 1) ¿Quién está *en* ~? 反対なのは誰だ? Tengo a toda la familia *en* ~. 家族全員が私に反対している. Lo tenemos todo *en* ~. 状況はすべて我々に不利だ. El Real Madrid tenía el marcador *en* ~. レアル・マドリードが負けていた. opinión *en* ~ 反対意見. viento *en* ~ 向かい風, 逆風. 2) [+*de* ~] Estamos *en* ~ *de* la subida de los impuestos. 私たちは増税に反対だ. *en* ~ *de* lo que pienso 私の思っているのと逆に

ir en ~... …に反する; 反対する

ponerse en ~ *de*... …と

volverse ~+人 …に敵対する, 反発する: La opinión pública *se vuelve* ~ él. 世論は彼に背を向ける

contra² [kóntra] I 男 ❶ 反対, 不利な点『⇔pro』: Existían varias pruebas en su ~ y la procesaron. 彼女に不利な証拠がいくつかあったため, 彼女は起訴された. ❷ 《音楽》[オルガンの] ペダル

―― 女 ❶ [主に中南米, 口語] 困難, 不都合: Ahí está la ~. そこに難点がある. aprovechar las ~*s* 逆境（ピンチ）を活かす. ❷ [得意様への] 景品, おまけ. ❸ [歴史] コントラ『1980年代ニカラグアの反政府運動』. ❹ 《スポーツ》[ボクシング, フェンシング] カウンター. 2) 複 プレイオフ. ❺ [コイン投げ遊び rayuela でゲームを複雑にするために加えられる] 小さな升目. ❻ [トランプ] [ブリッジで] ダブル. ❼ [お守り・お札のような] 魔よけ. ❽ 『中南米』[毒や呪いを癒す] 解毒剤

a la ~ 1) 反対して; 反対の. 2) 反撃して

a su ~ …の自分の反対側に

dar la ~ *a*+人 =*hacer la* ~ *a*+人

en ~+所有形容詞女性形/*en*+所有形容詞女性形+~ …に反対の・

に: **en ~ nuestra/en nuestra ~** 私たちに反対して〖=en contra de nosotros〗
hacer la ~ a+人 …に反対する, 逆らう; 難癖をつける: ¿Me haces la ~? 私に反対なの?
ir a la ~ [+de に] 反対する
llevar la ~ a+人 =**hacer la ~ a**+人: No le gusta que le lleven la ~. 彼は反対されるのを好まない
tirar ~ [教室を] 抜け出す
―― 形 名 ❶ 革新命派の〖ゲリラ〗;〘歴史〙コントラの〖構成員〙. ❷〖何にでも〙反対する〖人〙, 逆らう〖人〙
―― 間〘婉曲〙〖怒り・不快など〙 ちくしょうめ!; 一体全体〘=coño〙: ¡C~, qué susto me has dado! くそ, どきっとさせるな!
II〖contratapa の省略語〙囡〘料理〙〖牛の〙股肉 babilla と内ルも肉 tapa の間の肉
III〖contraventana の省略語〙囡 よろい戸

contra-〖接頭辞〙[+名詞・形容詞・動詞] ❶ [反対] *contra*ataque 逆襲, *contra*decir 反論する. ❷ [補強] *contra*ventana よろい戸. ❸ [副] *contra*almirante 海軍少将
contraacusación [kontraakusaθjón] 囡 [非難に対する] 反撃, 反批判
contraalisios [kontr(a)alísjos] 形 男 複 反対貿易風〖の〙
contraalmirante [kontr(a)almiránte] 男 海軍少将
contraamura [kontr(a)amúra] 囡〘船舶〙補強（補助）用の索, 増し索;〖帆の〙添え綱
contraanálisis [kontr(a)análisis] 男〘単複同形〙 ❶ 〖検査で疑いが出た場合の〙再検査. ❷ 比較分析, 反対分析
contraaproches [kontr(a)aprótʃes] 男〘軍事〙対抗塹壕
contraarmadura [kontr(a)armaðúra] 囡〘建築〙屋根の2つ目の傾斜面
contraarmiños [kontr(a)armíɲos] 男〘紋章〙逆アーミン模様〘紋地が黒, 斑点が銀〙
contraatacar [kontr(a)atakár] 他 逆襲する, 反撃する; 言い返す
contraataguía [kontr(a)atagía] 囡〘河川工事用の〙第2の締め切り用えん, 補助堰
contraataque [kontr(a)atáke] 男 ❶ 逆襲, 反撃: pasar al ~ 反撃に転じる. ❷〖スポーツ〙カウンターアタック
contraaviso [kontr(a)abíso] 男 取消し命令; 注文の取消し
contrabajete [kontrabaxéte] 男〘音楽〙バッソ・プロフォンド bajo profundo のための作品
contrabajista [kontrabaxísta] 男女 コントラバス奏者, ベーシスト
contrabajo [kontrabáxo]〖←イ伊 contrabasso〙男 ❶〘音楽〙コントラバス, ベース. ❷ 低音部, バス〖の歌手〙
―― 男女 コントラバス奏者
contrabajón [kontrabaxón] 男〘音楽〙コントラファゴット〖= contrafagot〙
contrabajonista [kontrabaxonísta] 男女 コントラファゴット奏者
contrabalancear [kontrabalanθeár] 他 ❶ 釣合わせる, 平衡させる. ❷ 補う, 相殺する, 埋め合わせる
contrabalanceo [kontrabalanθéo] 男 釣合わせること; 補いをつけること, 埋め合わせ
contrabalanza [kontrabalánθa] 囡〖まれ〙=**contrapeso, contraposición**
contrabandado, da [kontrabandáðo, ða] 形〘紋章〙斜帯が反対色で彩色された
contrabandear [kontrabandeár] 他 密輸入（輸出）する, 密売する, 密造する
contrabandeo [kontrabandéo] 男 密輸入, 密輸出, 密売, 密造〖行為〙
contrabandismo [kontrabandísmo] 男 密輸, 密売〖活動〙
contrabandista [kontrabandísta] 男女 密輸業者, 密売人
contrabando [kontrabándo]〖contra+bando〙男 ❶ 密輸入, 密輸出, 密売, 密造〖活動〙: hacer ~ de.../pasar... de ~ …の密輸（密売）をする. ❷ 集合 密輸品: ser de ~ 密輸（密売・禁制）品である. ~ de guerra 戦時禁制品. ❸〖思想などの〙非合法
de ~ 秘密に, 人目を避けて
hacer ~ ずるをする, 許されないことをする
contrabarrera [kontrabařéra] 囡〖闘牛場の観客席 tendido の〙2列目
contrabasa [kontrabása] 囡 台座, 台石〖= pedestral〙
contrabatería [kontrabatería] 囡 ❶〘軍事〙敵の砲列に対抗する砲列. ❷ 相手の策略に対抗する手段

contrabatir [kontrabatír] 他〘軍事〙〖敵の砲撃に向かって〙撃ち返す
contrabloqueo [kontrablokéo] 男〘軍事〙封鎖破り
contrabocel [kontraboθél] 男〘建築〙小えぐり, 四分円凹面縁形
contrabolina [kontrabolína] 囡〘船舶〙副〖補助〙はらみ綱
contrabracear [kontrabraθeár] 他〘船舶〙帆桁を反対側に回す
contrabranque [kontrabráŋke] 男〘船舶〙副船首材
contrabraza [kontrabráθa] 囡〘船舶〙補助ブレース, 補助転桁索
contrabreterado, da [kontrabreteráðo, ða] 形〘紋章〙両側に色違いの鋸壁のある
contraburra [kontrabúřa] 囡〖カナリア相撲の〙投げ burra に対する返し技
contracaja [kontrakáxa] 囡〘印刷〙特殊な活字を入れる小ケース〖= caja perdida〙
contracambio [kontrakámbjo] 男 ❶〖まれ〙代償, 代替, 引き換え, 交換. ❷〘商業〙戻り為替手形
contracampo [kontrakámpo] 男〘映画〙=**contraplano**
contracanal [kontrakanál] 男〘建築〙❶ 分岐水路. ❷〖柱の〙溝掘り装飾 canal の下の細長い繰形
contracancha [kontrakántʃa] 囡〖競技場の〙観客席とコートを隔てる部分
contracanto [kontrakánto] 男〘製本〙見返しの遊びの装飾輪郭線
contracaro [kontrakáro] 男〖まれ〙否定的側面, ネガティブ面
contracarril [kontrakaříl] 男〘鉄道〙〖脱線防止の〙護輪軌条, ガードレール
contracarros [kontrakářos] 形 男〘単複同形〙〘軍事〙対戦車〖の〙; 対戦車部隊: fosos ~ 対戦車壕
contracarta [kontrakárta] 囡 =**contraescritura**
contracción [kontra(k)θjón]〖←ラテン語 contractio, -onis < contractum < contrahere「縮める, 収縮させる」〙囡 ❶ 収縮, 縮小, 減少: política de ~ 引締め政策. ~ de la demanda 需要の減少. ~ del PIB 国内総生産の低下. ~ económica 不況. ❷〘生理〙〖筋肉などの〙引きつり, 痙攣〖略〙〖= ~ muscular〙. ❸ 複 陣痛〖= contracciones uterinas, contracciones del parto〙: Ya le han empezado las *contracciones*. 彼女は陣痛が始まっている. ❹〖親交・約束などを〙結ぶこと: ~ de matrimonio/~ matrimonial 婚約; 婚姻. ❺〖病気に〙かかること. ❻〖負債・義務などを〙引き受けること. ❼〖習慣を〙身につけること, 合得. ❽〘文法〙縮約〖語〙〖例 al←a+el, del←de+el〙. ❾〖音声〙縮音〖例 toro←tauru〙. ❿〖中南米〙熱中, 専念
contracebadera [kontraθebaðéra] 囡〘船舶〙=**sobrecebadera**
contracédula [kontraθéðula] 囡 前の証書を撤回・無効にする証書
contracepción [kontraθepθjón] 囡 避妊〖= anticoncepción〙
contraceptivo, va [kontraθe(p)tíbo, ba] 形 避妊〖用〙の
―― 男 ❶ 避妊法. ❷ 避妊具, 避妊薬〖= anticonceptivo〙
contrachapado, da [kontratʃapáðo, ða] 形 合板〖の〙〖= contra+chapado〙) 男 ベニヤ板〖の〙, 合板〖の〙: madera ~*da* ベニヤ材
contrachapeado, da [kontratʃapeáðo, ða] 形 男 =**contrachapado**
contrachaveta [kontratʃabéta] 囡〘技術〙凹字形くさび, 割りくさび
contracifra [kontraθífra] 囡 暗号解読の鍵〖コード〙
contraclave [kontrakláβe] 囡〘建築〙〖アーチの〙迫り石
contracodaste [kontrakoðáste] 男〘船舶〙船尾の補強骨材
contracogida [kontrakoxíða] 囡〖カナリア相撲の〙足取り cogida に対する返し技
contracomercio [kontrakomérθjo] 男〘商業〙カウンター・トレード
contraconcepción [kontrakonθepθjón] 囡 =**anticoncepción**
contraconceptivo, va [kontrakonθe(p)tíβo, ba] 形 男 =**anticonceptivo**
contracorriente [kontrakořjénte] 囡 ❶〖水・空気などの〙逆流, 反流. ❷〖文化・思想的な潮流の〙反主流
a ~ 流れに逆らって, 逆方向に; 時流に抗して: El arquitecto navegaba a ~ al defender el clasicismo. その建築家は古典主義を擁護しようと時流に逆らった

contracosta [kontrakósta] 囡 [島・半島の] 反対側にある海岸
contractibilidad [kontraktibiliðá(ð)] 囡 =**contractilidad**
contráctil [kontráktil] [←*contracto*] 形 収縮し得る, 収縮性の: músculo ～ 収縮性のある筋肉
contractilidad [kontraktiliðá(ð)] 囡 収縮性
contractivo, va [kontraktíβo, βa] 形 ❶ 収縮させる. ❷《経済》引き締めの: efectos ～*s* 引き締め効果
contracto, ta [kontrákto, ta]《←ラテン語 *contractus* < *contrahere*》形《文法》縮約された: artículo ～ 縮約冠詞 [*al, del* など]
contractual [kontraktwál] [←ラテン語 *contractus*「契約」] 形 契約の, 契約上の, 契約による, 契約で保証された: cláusula ～ 契約条項. responsabilidad ～ 契約責任
contractualismo [kontraktwalísmo] 男《ホッブス・ルソーなどの》社会契約論
contractualista [kontraktwalísta] 形 契約主義の; 社会契約論の
contractualmente [kontraktwálménte] 副 契約上, 契約によって
contractura [kontraktúra] 囡 ❶《医学》[筋肉・腱などの] 拘縮, 痙縮. ❷《建築》[円柱上部の] 先細り
contracuartelado, da [kontrakwarteláðo, ða] 形《紋章》重ね4分の, 楯を十字に4等分したものをさらに4等分する
contracubierta [kontrakuβjérta] 囡 [本の] 表紙の内側; [本・雑誌の] 裏表紙
contracultura [kontrakultúra] 囡 カウンターカルチャー, 反文化《体制的価値観や慣習などに反抗する, 特に若者の文化》
contracultural [kontrakulturál] 形 カウンターカルチャーの, 反文化的な
contracurva [kontrakúrβa] 囡 反対カーブ, 逆カーブ
contradanza [kontraðánθa] 囡《←仏語 *contredanse* <英語 *country dance*「田舎の踊り」》《舞踊》コントルダンス, コントラダンス;《音楽》同舞曲
contradecir [kontraðeθír] [←ラテン語 *contradicere*] 64《命令法単数は *contradice*》他 …と反対のことを言う, 反論する; 否認する: *Contradijo* todo lo que confesé yo. 彼は私の自供をすべて否認した. Sus actos *contradicen* sus palabras. 彼の行動は言うことと矛盾している
—— ～se [+*con* と] 矛盾する, 矛盾したことを言う, つじつまが合わない: Lo que dices ahora *se contradice con* lo que has dicho antes. 今, 君が言っていることは, 前に言ったこととつじつまが合わない. La práctica a veces *se contradice con* la teoría. 実践が理論と食い違うことはよくある
contradeclaración [kontraðeklaraθjón] 囡 対抗声明, 反対宣言
contrademanda [kontraðemánda] 囡《法律》反訴
contradenuncia [kontraðenúnθja] 囡 対抗告発
contradicción [kontraði(k)θjón] 囡《←ラテン語 *contradictio, -onis*》 ❶ 反論, 異論: no admitir ～ 反論の余地がない. ❷ [意見の] 相違, 不一致. ❸ 矛盾, 撞着: Hay algunas *contradicciones* en su teoría. 彼の理論にはいくつか矛盾点がある
estar en ～ con... …と矛盾している: Sus actuaciones *están en* clara ～ *con* sus promesas. 彼のしていることは約束したこととはっきり食い違っている
contradicente [kontraðiθénte] 名《まれ》=**contradictor**
contradicho, cha [kontraðítʃo, tʃa] *contradecir* の 過分
contradictor, ra [kontraðiktór, ra] 形名 反論する[人]; 矛盾した
contradictoriamente [kontraðiktórjaménte] 副 矛盾して; 相対立して
contradictoriedad [kontraðiktorjeðá(ð)] 囡 矛盾[した状態]
contradictorio, ria [kontraðiktórjo, rja] [←*contradecir*] 形 ❶ [主に 複] 矛盾した, 相反する: hipótesis ～*rias* 相反する仮定. ❷ 反論の: interrogatorio ～ 反対尋問. juicio ～《法律》対審
—— 囡《論理》矛盾命題
contradiós [kontraðjós] 男《口語》ばかげた言行, でたらめ
contradique [kontraðíke] 男 第二堤防, 控え堤
contradriza [kontraðríθa] 囡《船舶》補助ハリヤード, 副動索
contradurmente [kontraðurménte] 男 =**contradurmiente**
contradurmiente [kontraðurmjénte] 男《船舶》副梁受け材, 補強ビーム受け材
contraejemplo [kontraexémplo] 男 反例, 反対例

contraelectromotriz [kontraelektromotríθ] 形《電気》fuerza ～ 逆起電力
contraemboscada [kontraemboskáða] 囡 待ち伏せの裏をかく作戦
contraembozo [kontraembóθo] 男《服飾》[昔のマントの内側で] 縁取りとは異なった色の細長い当て布
contraentregas [kontraentrégas] 囡 見返り輸入, カウンターパーチェス
contraenvite [kontraembíte] 男《トランプ》ブラフコール
contraer [kontraér] 《←ラテン語 *contrahere* < *cum-*「で」+*trahere*「持ってくる」》 45 他 ❶ 収縮させる, 縮める《⇔*dilatar*》: El frío *contrae* los cuerpos. 冷やすと物体は収縮する. ～ los músculos 筋肉を収縮させる(引きつらせる). ❷ [主題・対象を, +*a* に] 限る, 限定する: ～ su estudio *al* siglo XX 研究を20世紀に絞る. ❸ [約束を] 結ぶ: ～ matrimonio 婚姻を取り結ぶ. ❹ [負債・義務などを] 負う, 引き受ける. ❺ [病気に] かかる. ❻ [習慣を] 身につける; [悪習に] 染まる. ❼《文法》縮約する
—— ～se ❶ 収縮する; 減少する: La pupila *se contrae* por efecto de la luz. 瞳孔は光の影響で収縮する. *Se ha contraído* la oferta. オファーが減少した. ❷ 限定される, 限られる: El informe *se contrae* al aspecto económico. 報告は経済面に絞られる. ❸《文法》縮約される. ❹《中南米》[物事に] 熱中する, 専念する
contraescarpa [kontraeskárpa] 囡《築城》[堀の外側の] 傾斜面
contraescota [kontraeskóta] 囡《船舶》プリベンタ, 予備の帆足綱, 副帆脚綱
contraescotín [kontraeskotín] 男《船舶》横帆の副帆脚索
contraescritura [kontraeskritúra] 囡 反対証書
contraespía [kontraespía] 名《まれ》逆スパイ
contraespionaje [kontraespjonáxe] 男 防諜, 対スパイ活動
contraestay [kontraestáj] 男《船舶》補助ステー, 副支索
contraetiqueta [kontraetikéta] 囡《ワイン瓶の》副ラベル
contrafagot [kontrafagót] 男《音楽》コントラファゴット
—— 名 コントラファゴット奏者
contrafajado, da [kontrafaxáðo, ða] 形《紋章》横帯が左右に分かれて違う色の
contrafallar [kontrafaʎár] 自《トランプ》上切りする, 相手より上の切り札で切る
contrafallo [kontrafáʎo] 男《トランプ》上切り
contrafase [kontrafáse] 囡《電気》プッシュプル増幅器
contrafaz [kontrafáθ] 囡《貨幣・メダルの》裏面
contrafigura [kontrafigúra] 囡《演劇》代役; ダミー人形
contrafilete [kontrafiléte] 男《料理》外ロース
contrafilo [kontrafílo] 男《剣の》切っ先のみね側
contraflorado, da [kontrafloráðo, ða] 形《紋章》対置された花模様の
contrafoque [kontrafóke] 男《船舶》前檣ステースル
contrafoso [kontrafóso] 男 ❶《演劇》奈落のさらに下の階. ❷《築城》外壕, 対壕
contrafuego [kontrafwégo] 男《山火事の延焼防止の》向かい火
contrafuero [kontrafwéro] 男 特権に対する侵害
contrafuerte [kontrafwérte] 男 ❶《建築》扶壁, 控え壁, バットレス. ❷《靴の》かかとの補強革. ❸《山脈の》山脚, 支脈. ❹《築城》付け城. ❺《馬具》鞍帯
contrafuga [kontrafúga] 囡《音楽》カウンターフーガ
contragolpe [kontragólpe] 男 ❶《ボクシング》カウンター. ❷《政治》カウンタークーデター《～ *de Estado*》. ❸《医学》対側衝撃. ❹《まれ》間接的な影響
contragolpear [kontragolpeár] 自《ボクシング》カウンターを打つ
contraguardia [kontragwárðja] 囡《築城》外堡, 外翼
contraguerrilla [kontrageříʎa] 囡《軍事》カウンターゲリラ《対ゲリラの小部隊》
contraguía [kontragía] 囡 [引き馬の] 先頭左側の馬
contrahacedor, ra [kontra[a]θeðór, ra] 形名 偽造の; 偽造犯
contrahacer [kontra[a]θér] 63 過分 *contrahecho* 他 ❶ 偽造する, 贋造 (略) する: flor *contrahecha* 造花. moneda *contrahecha* 偽造硬貨. ❷ 模倣する; ゆがめる
—— ～se ふりをする, 装う
contrahaz [kontr[a]áθ] 囡《まれ》[服などの] 裏, 裏側

contrahechizo [kɔntraetʃíθo] 男 呪い返し
contrahecho, cha [kɔntraétʃo, tʃa]《←古語 contrecho「麻痺した」< ラテン語 contractus「縮まった」》形 名 ❶《軽蔑》奇形の〔人〕; 背中の曲がった〔人〕. ❷ ねじ曲がった. ❸ 模造の, にせ物の
contrahechura [kɔntraetʃúra] 女 偽造されたもの
contrahierba [kɔntrajérba] 女 ❶《植物》クワ科の薬草『南米産. 学名 Dorstenia brasiliensis』. ❷ 予防策, 対抗策
contrahilera [kɔntrajléra] 女《建築》他の棟木を補強する棟木
contrahílo [kɔntraílo] **a ～**《服飾》布目と直角に
contrahuella [kɔntrawéʎa] 女《建築》[階段の] 蹴(")込み
contraincendios [kɔntrajnθéndjɔs] 形《単複同形》防火の: sistema ～ 防火システム
contraindicación [kɔntrajndikaθjón] 女《医学》禁忌
contraindicado, da [kɔntrajndikáðo ða] 形《医学》[estar+] 禁忌された
contraindicante [kɔntrajndikánte] 形《医学》禁忌の
contraindicar [kɔntrajndikár] 他 …に禁忌を示す
contrainforme [kɔntrajnfórme] 男 打ち消し情報
contrainsurgencia [kɔntrajnsurxénθja] 女 対反乱計画, 対ゲリラ活動
contrainteligencia [kɔntrajntelixénθja] 女 対敵情報活動
contrainterrogación [kɔntrajnterɔɣaθjón] 女 反対尋問
contrajudía [kɔntraxuðía] 女《トランプ》[モンテ monte で] 絵札 judía 以外のカード
contralateral [kɔntralaterál] 形《医学》反対側(はんたい)の『⇔ipsilateral』
contralecho [kɔntralétʃo] **a ～**《建築》石材の据え方が節理方向と逆に, 水平面理の石を垂直に据えて置く
contralisios [kɔntralísjɔs] 男 複 **=contraalisios**
contralizo [kɔntralíθo] 男《織機》綜絖(‰)を動かす棒
contralmirante [kɔntralmiránte] 男 **=contraalmirante**
contralor, ra [kɔntralór, ra] 名 ❶《歴史》王室の会計監査官『名誉職』. ❷《軍事》[砲兵隊・軍病院の] 監査官. ❸《中南米》会計検査官
contraloría [kɔntraloría] 女 ❶ contralor の職務. ❷《中南米》会計検査庁
contralto [kɔntrálto]《←伊語》男《音楽》アルト, コントラルト
── 名 カウンターテナー, アルト
── 形《楽器が》アルトの, コントラルトの
contraluz [kɔntralúθ]《←contra-+luz》男《まれ》女 逆光; 逆光の写真: **a ～** 1) 逆光で: fotografiar **a ～** 逆光で撮る. 2) 影の側に: Su rostro queda **a ～**. 彼の顔は影になっている
contramaestre [kɔntramaéstre]《←contra-+maestre》名 ❶職〔工〕長, 現場監督. ❷《船舶》水夫長, ボースン, 《海軍》甲板(̉)長; 《古語》掌帆長: ～ **de segunda** 二等海曹
contramalla [kɔntramáʎa] 女《漁業》[二重網の] 外側の網; 漁網の先端 [魚が集まる部分]
contramalladura [kɔntramaʎaðúra] 女 **=contramalla**
contramallar [kɔntramaʎár] 他《漁業》[二重網の] 外側の網を作る
contramandar [kɔntramandár] 他 反対の命令を下す, 命令を取り消す
contramandato [kɔntramandáto] 男 反対命令, 取り消し命令『=contraorden』
contramangas [kɔntramáŋgas] 女 複《古語. 服飾》[シャツの] 袖覆い飾り
contramanifestación [kɔntramanifestaθjón] 女 対抗デモ
contramanifestante [kɔntramanifestánte] 名 対抗デモの参加者
contramano [kɔntramáno] **a ～** 1)《習慣・規定に》逆らって: actuar **a ～** 常軌を逸した行動をとる. 2) 逆方向に: multa por circular un vehículo **a ～** 車を逆走させたための罰金
calle ～《ウルグアイ》一方通行の道路
contramarca [kɔntramárka] 女 ❶[小包などに付ける] 添え荷印, 副印記; 副票. ❷[硬貨の価値の変更などを示す] 付加刻印. ❸ 商品にかけられた税金が支払済みであることを示す印の税金
contramarcar [kɔntramarkár] 他 添え荷印を付ける
contramarcha [kɔntramártʃa] 女 ❶ 逆進, 《軍事》回れ右前進, 背面行進, 背進: **dar ～** 逆進する; 退却する. ❷《技術》逆転装置, バックギア

a ～ 進行方向と反対に
contramarchar [kɔntramartʃár] 自 逆進する; 《軍事》回れ右前進(背面行進)する, 退却する
contramarco [kɔntramárko] 男《建築》観音開き窓の内枠
contramarea [kɔntramaréa] 女《船舶》逆潮
contramaza [kɔntramáθa] 女《料理》豚もも肉のハムの最も細い部分
contramedida [kɔntrameðíða] 女 対抗手段, 報復措置; 《軍事》防衛手段
contramesana [kɔntramesána] 女《船舶》後檣, ミズンマスト
contramina [kɔntramína] 女 ❶《軍事》対抗坑道. ❷《鉱山》連絡坑道. ❸ 相手の計略の裏をかく計略
contraminar [kɔntraminár] 他 ❶《軍事》対敵坑道を掘る. ❷ …の計略の裏をかく
contramuelle [kɔntramwéʎe] 男《技術》サブスプリング
contramuralla [kɔntramuráʎa] 女《築城》副塁, 対抗壁
contramuro [kɔntramúro] 男 **=contramuralla**
contramuslo [kɔntramúslo] 男 [鶏などの] 筋肉のすぐ裏側の部分
contranatura [kɔntranatúra] 形 **=antinatura**
contranatural [kɔntranaturál] 形《まれ》**=antinatural**
contra naturam [kɔntra natúran]《←ラテン語》形 自然界(道徳律)に反する
contranota [kɔntranóta] 女 [下部の提案とは逆の] 反対決定, 反対通達
contraofensiva [kɔntraofensíba] 女《軍事》反攻, 反撃
contraoferta [kɔntraofértá] 女《商業》カウンターオファー
contraorden [kɔntraórðen] 女 反対命令, 取り消し命令
contrapalado, da [kɔntrapaláðo, da] 形《紋章》[上下が反対色の] 縦縞紋の
contrapalanquín [kɔntrapalaŋkín] 男《船舶》補助帆桁索
contrapar [kɔntrapár] 男《建築》垂木(%)
contrapariente [kɔntraparjénte] 名 親戚の親戚
contraparte [kɔntrapárte] 女 ❶《経済》カウンターパート『= personal or ～, funcionarios de ～』. ❷ [対の] 片方. ❸《中南米》[裁判などの] 相手側
contrapartida [kɔntrapartíða]《←contra-+partida》女 ❶ 埋め合わせ, 見返り, 代償: Como ～ **de aquella pérdida, luego hicimos un buen negocio.** 初めの損失の埋め合わせをするかのように, その後は我々はうまい商売をした. ❷ [複式簿記の] 反対記入, 反対項目. ❸ 反対給付
en ～ 埋め合わせとして, 見返りに
contrapás [kɔntrapás] 男《舞踊》反対方向へのステップ『=contrapaso』
contrapasamiento [kɔntrapasamjénto] 男 敵方への寝返り
contrapasar [kɔntrapasár] 自 ❶ 敵方へ寝返る, 敵方陣営につく. ❷《紋章》[2匹の動物が] 右前脚を上げて向かい合う
contrapaso [kɔntrapáso] 男 ❶《舞踊》反対方向へのステップ. ❷《音楽》[カノンの第3パート. ❸《古語》交換
contrapear [kɔntrapeár] 他 ❶ 交互に置く: ～ **las copias** コピーを互い違いに積み重ねる. ❷《木工》[木片を] 互いに木目が交差するよう重ねる
contrapechar [kɔntrapetʃár] 他 [馬上試合などで騎手が相手の馬の胸に] 自分の馬の胸をぶつける
contrapelo [kɔntrapélo]《←contra-+pelo》**a ～** 1) 毛の生えている方向と逆に, 逆なでに: afeitarse **a ～** 逆剃りする. 2) 通常とは逆に: ir **a ～ de los tiempos** 時流に逆らう. 3) 意に反して: **Hace la carrera a ～.** 彼は意に染まない仕事をしている. 4) 時宜を得ずに: **Sus intervenciones son siempre a ～.** 彼の干渉は常にタイミングが悪い
contrapesar [kɔntrapesár] 他 ❶ 重さを釣り合わせる, 平衡させる. ❷ 補う, 埋め合わせる: **Las ganancias de esta operación contrapesan las pérdidas de la otra.** この取引のもうけが, もう一方の損失を相殺する
contrapeso [kɔntrapéso] 男 ❶ [エレベーターなどの] 釣合い重り, 平衡錘; hacer más (menos) ～ 釣合い重りを増やす (減らす). ❷ 釣合わされるもの, 伴もの. ❸ [綱渡りの] バランス棒『=balancín』. ❹ [再鋳造するため] 造幣局で改鋳した硬貨や金くず. ❺《チリ》不安, 心配
hacer [de] ～ バランスをとる: **Ella hace de ～ a la frivolidad de él.** 彼女が彼の軽薄なところを補っている
contrapeste [kɔntrapéste] 男 適宜なペスト対抗策
contrapicado [kɔntrapikáðo] 男《映画》下から上へ撮るショッ

ト, ローアングル

contrapié [kɔntrapjé] *a* ~ 1) 逆足で, 利き足と逆に. 2) おりあしく

contrapilastra [kɔntrapilástra] 囡《建築》❶ 付け柱. ❷ [すきま風を防ぐ, 扉の] 凹面縁り形

contraplacado, da [kɔntraplakáðo, ða] 形 男 =**contrachapado**

contraplano [kɔntrapláno] 男《映画》切り返し〔のショット〕

contrapoder [kɔntrapoðér] 男 反権力

contraponedor, ra [kɔntraponeðór, ra] 名 対置する〔人〕

contraponer [kɔntraponér]《←ラテン語 contraponere》60 他 ❶ [+a に] 対置する, 対抗させる; [意見などを] 対立させる: un dique *a* la fuerza del oleaje 波の力に対抗するため防波堤を設置させる. ~ la virtud *al* vicio 悪徳に徳を対置する. ❷ 対比する, 対照させる: ~ colores 色彩を対比する
── **se** [+a・con] 対抗する, 対立する, 反対する: La razón no *se contrapone a* la fe. 理性は信仰と対立しない. ❷ 対照的である: Esta actitud discreta al exterior *se contrapone a* un interior más dinámico. この外面的には慎重な態度と対照的に内面的にはもっと活動的である

contraportada [kɔntraportáða] 囡《雑誌の》最終ページ; [本の] 裏表紙

contraposición [kɔntraposiθjón, -onis] 囡 ❶ 対置; 対抗, 対立: Existe una ~ de intereses. 利害の対立がある. ❷ 対比, 比較, 対照: ~ entre religión y ciencia 科学と宗教の比較
en ~ *a* (*con*)... …と対照されて; 対照的に
pero en ~ しかし一方では

contrapotenzado, da [kɔntrapotenθáðo, ða] 形《紋章》金銀色などの撞木形十字紋 potenza で終わる

contrapozo [kɔntrapóθo] 男《軍事》敵の坑道に対して掘られた発破孔

contrapresión [kɔntrapresjón] 囡 逆圧, 反対圧力

contraprestación [kɔntrapresta θjón] 囡 ❶ [恩恵などの] 見返り. ❷《法律》[契約者間の] 対価

contraprincipio [kɔntraprinθípjo] 男 確立した原理に反する主張

contraproducente [kɔntraproðuθénte] 形 意図と逆の結果をもたらす, 逆効果の: Es ~ abrigar demasiado a los niños. 子供に厚着をさせるのはかえって身体を弱くする

contraprogramación [kɔntraproɣrama θjón] 囡《放送》裏番組の編成, 他局の番組に対抗して番組を作ること

contraproposición [kɔntraproposi θjón] 囡 =**contrapropuesta**

contrapropuesta [kɔntrapropwésta] 囡 反対提案, 反対発議

contraproyecto [kɔntraprojékto] 男 対案, 代案

contraprueba [kɔntraprwéβa] 囡 ❶《印刷》再校〔参考〕初校 primera prueba〕. ❷《プエルトリコ, コロンビア, アルゼンチン》訴訟の相手側から出された証拠

contrapuerta [kɔntrapwérta] 囡 ❶ 二重扉の内側の戸; 玄関から部屋への戸. ❷《築城》内門

contrapuesto, ta [kɔntrapwésto, ta]《←contraponer》形 [+a に] 対置した; 対立(対抗)した, 反対の: como *a*... …に対置して, …の反対として. fuerzas ~*tas* 対抗勢力. opiniones ~*tas* 反対意見. intereses ~*s* 利害の対立

contrapunta [kɔntrapúnta] 囡《技術》[旋盤の] 工作物の端を押さえる部分

contrapuntante [kɔntrapuntánte] 名《音楽》対位法で歌う人

contrapuntar [kɔntrapuntár] 他 ~ **se** =**contrapuntearse**

contrapuntear [kɔntrapunteár] 他 ❶ 付随テーマ contrapunto とする. ❷《音楽》対位法で歌う(演奏する). ❸ …にいやみ(皮肉・嫌みあてこすり・辛辣なこと)を言う. ❹《古語》対照する, 照合する. ❺《南米》即興で歌を競う
── **se** 角を突き合う, 対立する, いがみ合う

contrapunteo [kɔntrapuntéo] 男 ❶ 付随テーマの提起. ❷ いがみ合い, 辛辣なもの言い; 対立, 反目. ❸《キューバ, プエルトリコ, ペルー, ボリビア, アルゼンチン》意見の対立, 口論
en ~《ペルー》競争して, 張り合って

contrapuntismo [kɔntrapuntísmo] 男《音楽》対位法

contrapuntista [kɔntrapuntísta] 名 対位法で作曲する人

contrapuntístico, ca [kɔntrapuntístiko, ka] 形《音楽》対位法の

contrapunto [kɔntrapúnto] 男 ❶ [文学作品などの] 付随テーマ, 副次的主題. ❷《音楽》対位法; 対位旋律. ❸ 対照, コントラスト [=contraste]. ❹《南米》即興での歌合戦

contrapunzar [kɔntrapunθár] [9] 他《技術》釘締めで打ち込む

contrapunzón [kɔntrapunθón] 男《技術》逆抜き, 釘締め

contraquilla [kɔntrakíʎa] 囡《船舶》内竜骨, 張り付けキール, 底material

Contraria contrarius curantur [kɔntrárja kɔntrárjus kurántur]《←ラテン語》逆症療法 [相反するもので治す. 同毒(同種)療法の反対]

contrariar [kɔntrarjár]《←contrario》[11] 他 ❶ 対立する, 反対する, 逆らう; 矛盾する; 妨げる, 邪魔をする: No debes ~ la vocación del muchacho. 少年の資質の発露をしてはいけない. Solo lo hace por ~*me*. 彼は単に私の邪魔をしたくてそうやっているのだ. ❷ …の気持ちを損なう; 不快にする, いらいらさせる: 1) Tu actitud *me contraría*. 君の態度は不快だ. 2) [不定詞・que+接続法 が主語] Le *contrarió* no poder ver la televisión esa tarde. 彼はその晩テレビを見られないので不機嫌だった. *Me contraría* mucho *que* no podáis venir hoy. 君たちが今日来られないので私はとても気分を害している. ❸《←仏語》組み合わせる [=combinar]: ~ colores 色を組み合わせる
── **se** 不機嫌になる, 不愉快になる: *Se contrarió* mucho con la noticia. 彼はその知らせにひどく機嫌を損ねた

contrariedad [kɔntrarjeðá(ð)]《←ラテン語 contrarietas, -atis》囡 ❶ 対立(関係), 反対. ❷ 障害, 妨害; 災難, 不運: Ya nos hubiésemos marchado si no hubiese surgido esa ~. そんな障害が起きなければ私たちはもう立ち去っていた. tropezar con una ~ 障害にぶつかる. ❸ 不機嫌, 不快: Me produjo ~ que no me consultasen. 私に相談がなかったのが不愉快だった. ❹《論理》反対

contrario, ria [kɔntrárjo, rja]《←ラテン語 contrarius》形 ❶ [+a・de と] 反対の, 逆の: Íbamos por la misma acera, en dirección ~*ria*. 私たちは同じ歩道を逆の方向に歩いていた. La generosidad es ~*ria al* egoísmo. 寛容は利己主義と相反する. Son ~*s* en gustos. 彼らは趣味が正反対だ. invadir el carril ~ 反対車線に侵入する. ❷ 相手の, 敵の; 敵対する: Su equipo es ~ *del* mío. 彼のチームは私のチームの相手だ. Militaban en bandos ~*s*. 彼らは敵味方の党派に分かれて戦った. parte ~*ria*〔訴訟の〕相手方; 相手チーム. ❸ [+a に] 有害な, 都合の悪い: Es ~ *a* nuestro interés. それは我々の利益に反する. suerte ~*ria* 不運, 逆境. viento ~ 逆風. ❹ [+a に] 反対意見の: Ella es ~*ria a* ese plan. 彼女はその計画に反対だ. ❺《論理》oposición ~*ria* 反対対当. proposición ~*ria* 反対命題
a ~ =*al* ~
al ~ 反対に: 1) Tal vez estoy molestándote.─*Al* ~, te escucho con mucho gusto. 迷惑でしょう.─それどころか, 君の話を喜んで聞いているよ. 2) [+de と] Todo ha salido *al* ~ *de* como yo esperaba. すべて私の期待と逆になった
de lo ~ [+de と] そのでないと: Tiene que someterse a las normas; *de lo* ~, le obligarán a abandonar la organización. あなたは規則に従わなくてはなりません. そうないと組織をやめさせられることになります
en ~ 反して, 反対に: No tengo nada que decir *en* ~. 私に異議はありません. prueba *en* ~ 反証
en [*el*] *caso* ~ さもなければ, そうでなければ
hacer la ~*ria* + 人 =*llevar la* ~*ria* + 人
lo ~ [+de と] …の反対のこと: Dice *lo* ~ *de* lo que piensa. 彼は思っているのと反対のことを言う. Claro es *lo* ~ *de* oscuro. 「明るい」は「暗い」の反対だ
llevar la ~*ria a* + 人 …に反対する, 逆らう: Lo dice solo por *llevarme la* ~*ria*. 彼はただ私に反対するためにそんなことを言っている. Lleva siempre *la* ~*ria*. 彼はいつも反対する/へそ曲がりだ
muy al ~ 全く反対に
por el (*lo*) ~ =*al* ~: Debió de hacer mal tiempo.─*Por el* ~: no hizo un día espléndido. 天気が悪かったに違いない. ─逆です. すばらしい一日でした
todo lo ~ [+de の] 正反対: Su idea es *todo lo* ~ *de* la mía. 彼の考えは私の考えと全く逆だ
── 图 ❶ 敵, 反対者, 対抗者. ❷ 訴訟相手

―― 男《まれ》障害, 妨げ
―― 女《戯語》妻
contrarraya [kontrařája] 女 [版画で] 交差する線
contrarreforma [kontrařefórma] 女 [←contra-+reforma] ❶ 反改革. ❷《歴史》[C～] カトリック改革, 対抗宗教改革《16世紀初頭以降の宗教改革運動 Reforma に対抗するための, カトリック教会内部の刷新運動》
contrarreformista [kontrařeformísta] 形 反改革の
contrarregistro [kontrařexístro] 男 [負債額の] 再検分
contrarreguera [kontrařeǧéra] 女 [作物を押し流さないように] 斜め方向に付けられた灌漑溝
contrarreloj [kontrařelóx]《←contra-+reloj》形 女《スポーツ》タイムトライアル[の]: carrera ～ タイムトライアルレース. a ～ タイムトライアルで
―― 副 時計との競争で: trabajar ～ para acabar el proyecto プロジェクトを終わらせるために時間と競争で働く
contrarrelojista [kontrařeloxísta] 名《自転車》タイムトライアルの選手
contrarréplica [kontrařéplika] 女 ❶ 反論に対する返答, 言い返し, 応酬. ❷《法律》被告の2回目の反訴
contrarrestar [kontrařestár]《←contra-+ラテン語 restare「抵抗する」》他 ❶ …に抵抗する, 対抗する, 立ち向かう, 耐える. ❷ …の効果を消す, 相殺する, 中和する: Su forma *contrarresta* el efecto de rozamiento del aire. その形状は空気との摩擦を少なくする. La altura *contrarresta* en las regiones montañosas la proximidad al Ecuador. 山間の地方では高度が赤道への近さが相殺される《気温がそれほど高くない》. ～ las pérdidas 損失を帳消しにする. ～ el efecto de un veneno 毒の作用を中和する. ❸《スポーツ》サービスラインからボールを打ち返す
contrarresto [kontrařésto] 男 ❶《スポーツ》レシーバー, ボールを受ける人. ❷《まれ》抵抗; 相殺
contrarrevolución [kontrařeβoluθjón] 女 反革命, 反革命運動
contrarrevolucionario, ria [kontrařeβoluθjonárjo, rja] 形 名 反革命の, 反革命家
contrarriel [kontrařjél] 男《鉄道》護輪軌条 [=contracarril]
contrarroda [kontrařóda] 女《船舶》船首副材, 副船首材
contrarronda [kontrařónda] 女《軍事》[逆の道順でする] 2度目の巡邏〈ら〉
contrarrotante [kontrařotánte] 形《技術》反回転の: eje ～ 反転軸
contrarrotura [kontrařotúra] 女《獣医》[骨折・脱臼治療用の] 膏薬〈こうやく〉, 貼り薬
contrasalida [kontrasalída] 女《軍事》包囲網脱出者に対する攻撃
contrasalva [kontrasálβa] 女《軍事》[礼砲に応える] 答礼の礼砲
contraseguro [kontraseǧúro] 男《保険》掛け金払い戻し契約
contrasellar [kontraseʎár] 他 追加の捺印をする, 副封印を押す
contrasello [kontraséʎo] 男 追加の捺印, 副封印
contrasentido [kontrasentído]《←contra-+sentido》男 ❶ 非常識, ばかげた行為: Es un ～ comprar ahora los muebles si nos vamos a mudar de casa. すぐ引っ越しするのに家具を今買うのはナンセンスだ. Es un ～ que queramos ganar tiempo y sigamos el camino más largo. 我々は先を急いでいるはずなのに一番遠回りするのはおかしい. ❷ [概念・用語における] 矛盾, 誤った解釈 (推論)
contraseña [kontraséɲa]《←contra-+seña》女 ❶ 合い言葉, 符丁; 合い札: dar la ～ 合い言葉を言う. ❷ [劇場などの] 一時外出券, 半券 [=～ de salida]. ❸ 副署〈しるし〉. ❹《情報》パスワード: poner una ～ a… …にパスワードを打ち込む
contraseñado [kontraseɲádo] 男 副署〈行為〉
contraseñar [kontraseɲár] 他 副署する
contrasol [kontrasól] *a* ～ 太陽と反対の方向に
contrastable [kontrastáβle] 形 ❶ 証明され得る. ❷ 対照 (対比) され得る. ❸ [金銀などの] 検証され得る
contrastación [kontrastaθjón] 女 [正確さの] 証明, 対比, 比
contrastado, da [kontrastádo, da] 形 対照的な
contrastador, ra [kontrastaðór, ra] 形 =**contrastante**
contrastante [kontrastánte] 形 対照をなす, 対照的な; 対立する

contrastar [kontrastár]《←ラテン語 contrastare < contra「正面に」+stare「維持する」》自 [+con ～] 対照をなす, 際立った違いを見せる: La riqueza del matrimonio *contrastaba con* la humildad de la casa. その夫婦は裕福なのに質素な家に住んでいた. Parece fea porque *contrasta con* sus hermanas. 姉妹たちと比べるから彼女が不細工に見えるのだ. Los dos colores *contrastan* agradablemente. この2色は互いに引き立て合う
―― 他 ❶ [秤・情報などの正確さを] 立証する, 証明する: Quiso ～ la fidelidad de sus hombres. 彼は部下の忠誠心を確かめたかった. ❷ 比較対照する. ❸ [金銀などの] 純分を検証する; 極印を押す
contraste [kontráste]《←contrastar》男 ❶ 対照, 対比: Hay un gran ～ entre los dos hermanos. 2人の兄弟は大変対照的だ. ～ de hipótesis 仮説の検定. ～ de luces y sombras 光と影のコントラスト. ❷ [金銀製品などの] 純分検証. 極印. [=marca del ～, sello del ～]; 極印. ❸《テレビ》コントラスト. ❹《情報》ベンチマークテスト. ❺《医学》造影剤. ❻《船舶》[風向きの] 突然の変化
en ～ con… …と対照して, 対照的に
contrastivo, va [kontrastíβo, βa] 形《言語》対比する, 対照の: análisis ～ 対照分析
contrata [kontráta]《←contrato》女 ❶ [主に役所との] 請負い: hacerse con la ～ del servicio de recogimiento de basuras ごみ収集の仕事を請負う. trabajo por ～ 請負い仕事. ❷ 上演 (演奏) の契約. ❸ 契約書
contratable [kontratáβle] 形 契約され得る
contratación [kontrataθjón] 女 ❶ 契約〈行為〉; 雇用, 雇い入れ. ❷ 売買: Casa de C～ de las Indias〈歴史〉[対インディアス] 通商院《1503年創設, 新大陸との交易・渡航を監督しかつ, 海図の作成に当たった役所》
contratajamar [kontrataxamár] 男 橋脚の下流側の支柱
contratante [kontratánte] 形 契約する; 契約者, 契約当事者: controversia entre las partes ～s 契約者間の争い
contratapa [kontratápa] 女《料理》[牛の] 股肉 babilla と内ももに tapa の間の肉
contratar [kontratár]《←ラテン語 contractare》他 ❶ 契約する; [特に] …と雇用契約を結ぶ: La han *contratado* como mecanógrafa. 彼女はタイピストとして雇われた. Han *contratado* a un profesor especializado en informática. 情報工学を専攻する教員が採用された. ～ a+人 como un miembro del equipo ～ と選手契約する. ～ un profesor de baile ダンス教師を雇う. ～ los servicios de un detective privado 私立探偵を雇う. ～ una agencia de mudanzas 引っ越し業者と契約する. ～ un seguro de vida 生命保険契約を結ぶ. ❷ [工事を] 請負に出す
―― 自 契約書を作成する
―― *～se* 自身の雇用契約を結ぶ: Se ha *contratado* para cantar en Madrid. 彼はマドリードで歌う契約をした
contratenor [kontratenór] 男《音楽》カウンターテナー《声部, 歌手》
contraterrorismo [kontrateřořísmo] 男《集名》反テロリズムの活動, テロ対策
contraterrorista [kontrateřořísta] 形 名 反テロリズム活動の〈従事者〉, テロ対策の〈担当者〉
contratiempo [kontratjémpo]《←contra-+tiempo》男 ❶ 不慮の出来事, 偶発事件; 障害, 困難, 不都合: A consecuencia de algunos ～s, ha tenido que vender la casa. いくつかの災難が重なり, 彼は家を売らざるを得なくなった. No tuvimos ni un solo ～ en el viaje. 旅行中私たちは何のトラブルもなかった. ❷《馬術》閑 足並みの乱れ
a ～ 1) おりあしく, 具合の悪い時に. 2)《音楽》シンコペーションで, 拍子を外して
contratipo [kontratípo] 男《映画》ネガコピー
contratista [kontratísta] 名 契約者, 請負人, 請負業者, 契約業者: ～ primario 元請《参考》下請は subcontratista
contrato [kontráto]《←ラテン語 contractus < cum-「共に」+trahere「引っ張る」》男 契約; 契約書: concluir (anular) un ～ 契約を結ぶ（解除する）. romper el ～ 契約を破棄する. hacer ～s 契約書を作る. fabricación bajo ～ 請負生産. ～ de arrendamiento/～ de alquiler 賃貸契約. ～ de compraventa 売買契約. ～ de empleo [対等な当事者間で結ばれるのを前提とした] 雇用契約. ～ de trabajo [従属的な地位にある (それ

故保護の対象となる)労働者と使用者との] 労働契約. ～ bilateral (unilateral) 双務(片務)契約. ～ social 社会契約
contratorpedero [kɔntratɔrpeđéro] [男] 駆逐艦 〖=destructor〗
contratreta [kɔntratréta] [女] [策略に対する] 対抗策
contratrinchera [kɔntratrintʃéra] [女] 《軍事》 対抗塹壕 〖=contraaproches〗
contratuerca [kɔntratwérka] [女] 《技術》 ロックナット, 止めナット
contravalación [kɔntrabalaθjɔ́n] [女] 《築城》 対塁
contravalar [kɔntrabalár] [他] 《築城》 対塁を築く
contravalor [kɔntrabalɔ́r] [男] 《経済など》 対価, 同等の価値
contravapor [kɔntrabapɔ́r] [男] 《鉄道》 dar ～ [蒸気機関車を停止・後退させるために] 蒸気を逆流させる
contravención [kɔntrabenθjɔ́n] [女] 違反
contraveneno [kɔntrabenéno] [男] ❶ 解毒剤. ❷ 予防策, 防止策
contravenir [kɔntrabenír] 〖←ラテン語 contravenire〗 [59] [他] …に背く, 違反する: Fue multado por ～ las ordenes municipales. 彼は市の条例に違反して罰金を課せられた. ～ las órdenes 命令に背く
contraventana [kɔntrabentána] 〖←contra-+ventara〗 [女] よろい戸 〖光・雨・寒暑を防ぐための, 主に窓の外側の, 木製の戸〗
contraventor, ra [kɔntrabentɔ́r, ra] [形] [名] 背く, 違反する; 違反者
contraventura [kɔntrabentúra] [女] 不運, 不幸 〖=desdicha, infortunio〗
contraverado, da [kɔntraberáđo, đa] [形] 《紋章》 カウンターヴェアの
contraveros [kɔntrabérɔs] [男] [複] 《紋章》 カウンターヴェア 〖鐘型を基部で対に並べた模様〗
contravidriera [kɔntrabiđrjéra] [女] [防寒用の] 二重窓
contravolante [kɔntrabolánte] [男] 《自動車》 カウンターステア
contravoluta [kɔntrabolúta] [女] 《建築》 複渦巻き装飾
contrayente [kɔntrajénte] [形] [名] [主に [複]] 婚約した; 婚約者
contre [kɔ́ntre] [男] 《チリ》 =**contri**
contrecho, cha [kɔntrétʃo, tʃa] [形] ❶ [手足が] 麻痺した, 不自由な. ❷ 《古語. 獣医》 [馬の] 風邪
contreras [kɔntréras] [形] [名] 《口語》 反対したがる〔人〕, へそ曲がりの〔人〕
contrete [kɔntréte] [男] 《技術》 水平方向の支柱
contri [kɔ́ntri] [男] 《チリ》 砂嚢 〖=molleja〗
contribución [kɔntribuθjɔ́n] 〖←ラテン語 contributio, -onis〗 [女] ❶ [+a への] 貢献, 寄与: Todos reconocieron positivamente su ～ en el proyecto. 彼らは全員その企画に関与していたことをはっきり認めた. ～ de la ciencia *a* la humanidad 科学の人類に対する貢献. *contribuciones* sociales 社会貢献. ❷ 分担金, 拠出金; 寄付金. ❸ [主に国への] 税金: 1) imponer *contribuciones* 税を課する. *contribuciones* directas (indirectas) 直接(間接)税. ～ especial 公共公益事業受益者税. ～ industrial [商業・自由業を含む] 事業税. ～ municipal 地方税. ～ territorial 地租, 土地課税. ～ urbana 都市部不動産税. 2) 《歴史》 ～ de guerra [占領地域に課する] 軍税. ～ sobre la renta [累進的な] 個人所得税 〖スペインでは1932年に創設, 64年に Impuesto sobre la Renta de las Personas Físicas (IRPF) と改称〗. ～ territorial, urbana y rústica-pecuaria 地租, 土地課税 〖定率で土地台帳に基づく. スペインでは1845年に導入, 1979年に国税から地方税に移行した〗
～ de sangre 兵役
poner... a ～ …の手段を用いる, …に訴える: Tendrás que *poner a* ～ tu diplomacia. 君は外交手腕を発揮しなければならないだろう
contribuir [kɔntribwír] 〖←ラテン語 contribuere < cum- (で)+tribuere「与える」〗 [48] [自] ❶ [+a に/+para のために, +con を] 分担金として拠出する, 出資する; 寄付する: También él *contribuyó con* una pequeña cantidad *a* la lucha contra el hambre. 彼も飢餓に対する闘いに少額を寄付した. ～ *con* el 30% del capital 30%出資する. ❷ [+a に] 貢献する, 役立つ, 寄与する; 原因となる: 1) *Hemos contribuido a*l éxito de la película. 私たちはその映画の成功に貢献した. El viento *ha contribuido a* la propagación del fuego. 風のせいで火が燃え広がった. 2) [+a que+接続法] El desarrollo industrial *contribuye a que* cambien las costumbres. 工業発展によって習慣が変わる. ❸ 税金を納める: Este año *ha contribuido con* una buena cantidad de dinero. 今年彼はかなりの金額を納税した. *Contribuyo con* el 10% de mi sueldo. 私は給料の10%を税金として納める
—— [他] ❶ [分担金を] 払う, 出資する; 寄付する. ❷ [税金として] 納める: *Contribuye* sesenta euros por el impuesto de utilidades. 彼は所得税として60ユーロ納める. ❸ 《古語》 [原因などが, +a に] あるとする
contribulado, da [kɔntribuláđo, đa] [形] 苦しい, つらい
contribular [kɔntribulár] [他] 《廃語》 =**atribular**
contributivo, va [kɔntributíbo, ba] [形] 納税の, 租税の
contribuyente [kɔntribujénte] [形] [名] 貢献する, 納税する, 寄付する; 貢献者, 納税者, 寄付者
contrición [kɔntriθjɔ́n] 〖←ラテン語 contritio, -onis〗 [女] 《カトリック》 痛悔, 悔恨, 悔悟: Antes de morir hizo un acto de ～. 彼は死ぬ前に痛悔(悔恨)の祈りをした
contrín [kɔntrín] [男] 《フィリピン》 重量単位 〖=0.39グラム〗
contrincante [kɔntriŋkánte] 〖←con-+trinca〗 [名] 競争相手, 対戦相手, ライバル: Fue ～ mío en unas oposiciones. 彼は採用試験で私と職を争った
contristado, da [kɔntristáđo, đa] [形] 《文語》 悲しい, 心を痛めた
contristar [kɔntristár] [他] 《文語》 悲しませる, 悲嘆に暮れさせる
—— **～se** 心を痛める, 悲嘆に暮れる
contritamente [kɔntrítaménte] [副] 後悔して, 悔悛の意を表わして
contrito, ta [kɔntríto, ta] [形] [estar+] 後悔した, 悔悛(かいしゅん)した; 《カトリック》 痛悔の
control [kɔntrɔ́l] 〖←仏語 contrôler「確認する, 検査する」< rôle「登録」〗 [男] ❶ 制御; 統制, 管理: Tiene a su cargo el ～ de las entradas y salidas en el almacén. 彼は倉庫の搬出・搬入の管理を任されている. Hay demasiados extranjeros en el barrio y la inmigración carece de ～. その地域は外国人が増えすぎて, 入国管理ができなくなっている. llevar el ～ 統御する, 管理する. estar bajo ～ médico 医師の監視下にある. bajo el ～ del gobierno 政府の統制(監督)下で. barra (botón) de ～ 制御棒(ボタン). sala de ～ コントロールルーム, 調整室. ～ automático 自動制御〔装置〕. ～ de calidad 品質管理, QC. ～ de calidad total 総合的(全社的)品質管理, TQC. ～ de gestión [所有と経営の分離後, 資本家に代わって遂行される] 企業の経営者支配. ～ de libertad de expresión 言論統制. ～ de producción 生産管理. ～ 〔del tráfico〕 aéreo 航空〔交通〕管制. ～ de sí mismo セルフコントロール, 自己制御. ～ electrónico 電子制御. ～ mental マインドコントロール. ❷ [主に [複]] 制御装置. ❸ 検問, 検査, チェック; 検問所, 検査所 〖=puesto de ～〗: coche en un ～ 検問中の車. lista de ～ チェックリスト. ～ de aduanas 税関〔検査〕. ～ de frontera 国境検問所. ～ de pasaportes パスポート審査〔所〕. ～ de seguridad [空港などの] 身体・所持品検査. ～ policial 警察の検問所. ～ sanitario 衛生検査. ❹ 《競走》 ～ de firmas/～ de salida 出走チェック. ～ de llegada ゴールチェック. ❺ 《教育》 小テスト. ❻ 健康診断
fuera de ～ 制御できない: Este chico está *fuera de* ～. この子は手に負えない. accidente *fuera de* ～ 不可抗力の事故
perder el ～ 1) [+de を] 制御できなくなる: *perder el* ～ *del* coche 車の制御ができなくなる. 2) 錯乱する, 激怒する
sin ～ 1) 制御できなくなって. 2) たくさん, 大量に
todo bajo ～ すべて思いどおりに
controlable [kɔntrolάble] [形] 制御(確認・検査)され得る
controladamente [kɔntroláđaménte] [副] 制御下で; 自制して
controlado, da [kɔntroláđo, đa] [形] ❶ 制御下にある. ❷ 自分を抑制している
controlador, ra [kɔntrolađɔ́r, ra] [形] [名] ❶ 制御(統制・管理)する〔人〕: Su madre era muy demandante y ～*ra*. 彼の母親はとても厳しく口やかましかった. Es el ～ del partido. 《スポーツ》 彼がゲームを支配している. ～ de estacionamiento 駐車取締員. ❷ 《航空》 管制官 〖=～ aéreo, ～ de vuelo〗. ❸ 《中南米. 鉄道》 集札係
—— [男] 《情報》 ドライバー: ～ de dispositivo デバイスドライバー. ～ de impresora プリンタードライバー
controlar [kɔntrolár] 〖←仏語 contrôler〗 [他] ❶ 制御する; 支配する, 統制する, 管理する: Una válvula especial *controla* la salida de agua. 特別なバルブが水の出方を制御する. Se vio des-

de el primer momento que no *controlaba* el aparato. 最初の瞬間から彼が装置を制御できていないのが明らかだった. *Controlo* con precisión el rendimiento horario de mi fábrica. 私は自分の工場の生産性を時間ごとにきちんと管理している. Le entró una rabia que no pudo ~. 彼は抑えきれない怒りがこみ上げた. El gobierno *controla* los estados de opinión. 政府は世論をコントロールする. Una sola empresa *controla* toda la producción de penicilina. 一社だけがペニシリンの生産を支配している. ~ los precios 物価を統制する. ~ sus impulsos 衝動を抑える. ~ el espacio aéreo 制空権を確保する. ~ el fuego 火災を抑え込む. ~ el balón (サッカーなど)ボールをコントロールする. ❷ 見張る, 監視する; 検査する: ~ la eficacia de un medicamento 薬の効果を調べる
—— ~**se** 自分を抑制する, 自制する: Con tomar solo dos copas, ya no *se controla*. 彼は2杯飲んだら, もう自制できない

controller [kontróler]〘←英語〙名 ㊐ ~s 経理担当(責任)者
controversia [kontroβérsja]〘←ラテン語〙安 [主に宗教上の, 長期にわたる]論争, 議論: El problema de los orígenes del Corán ha suscitado numerosas ~*s*. コーランの起源の問題は多くの論議を巻き起こした
sin ~ 疑いもなく, 明らかに
controversial [kontroβersjál]形 ❶ 論争の; 議論の対象になる; 論争好きな. ❷《ベネズエラ》=**controvertido**
controversista [kontroβersísta]名 論争する人, 論客
controvertible [kontroβertíβle]形 議論の対象になり得る
controvertido, da [kontroβertíðo, ða]形 議論の対象になっている(なり得る): El ~ proyecto salió a la luz gracias a la prensa. その論議を呼んだ企画は出版社のおかげで日の目を見ることになった. ~ punto 論争点, 争点
controvertir [kontroβertír]〘←ラテン語 contravertere〙㉝ 他 論争する, 議論する
contubernio [kontuβérnjo]〘←ラテン語 contubernium < taberna「掘っ建て小屋」, つまり「同じ掘っ建て小屋で」〙男 ❶《軽蔑》共謀, 結託, 野合: Un ~ de intereses mantiene la actual situación. 利害の一致する人々の結託が現状を存続させている. ❷《時に戯語》同棲, 内縁関係
contumacia [kontumáθja]安 ❶ 強情さ, 頑固, 頑迷. ❷《法律》出廷拒否 [=rebeldía]
contumaz [kontumáθ]〘←ラテン語 contumax, -acis〙形 (複 ~*ces*) ❶ [けなして]強情な, 頑固な〖→terco 類義〗; [忠告・刑罰などにもかかわらず]誤りを認めようとしない, 非難される行動をとり続ける.《法律》出廷拒否の [=rebelde]. ❸ 病原菌の保存に適した
—— 名《法律》出廷拒否者
contumazmente [kontumáθménte]副 強情に, 頑固に
contumelia [kontumélja]安《文語》[面と向かった]侮辱, 無礼, 罵詈雑言(ぞうごん)
contumelioso, sa [kontumeljóso, sa]形《文語》侮辱的な, 無礼な
contumerioso, sa [kontumerjóso, sa]形《中米》気取った, 上品ぶった
contundencia [kontundénθja]安 ❶ 打撲, 打撃. ❷ 確信性; 明白さ, 説得力のあること
contundente [kontundénte]〘←ラテン語 contundens, -entis〙形 ❶ 打撲傷を与える, 打撲の; 殴打の, 一撃の, 強打. instrumento (arma) ~ 鈍器. ❷ 確信(強い印象)を与える; [議論の余地のないほど]明白な, 決定的な: un no ~ きっぱりとした否定の答え. argumento ~ 反論の余地のない主張. prueba ~ 確証, 敗北の, 完敗
contundentemente [kontundénteménte]副 明白に, 決定的に, 強い説得力をもって
contundir [kontundír]他 殴打する, 打撲傷を負わせる
—— ~**se** 打撲傷を負う
conturbación [konturβaθjón]安 ❶ 動揺, 狼狽, 不安
conturbado, da [konturβáðo, ða]形 動揺した, ろうばいした, 不安な
conturbador, ra [konturβaðór, ra]形 動揺させる, 不安にする
conturbar [konturβár]〘←ラテン語 conturbare〙他《文語》動揺させる, 不安にする: Le *conturbó* visiblemente la pregunta del juez. 裁判官の質問に彼は眼に見えて動揺した
—— ~**se** 動揺する, ろうばいする, 不安になる
conturbativo, va [konturβatíβo, ba]形 動揺させる(不安にする)ような

contusión [kontusjón]〘←ラテン語 contusio, -onis < contundere「叩く」〙安《文語》打撲傷;《医学》挫傷(ざしょう)
contusionar [kontusjonár]他《文語》…に打撲傷を与える, 殴打する
—— ~**se** 打撲傷を負う
contusivo, va [kontusíβo, ba]形《文語》打撲傷の;《医学》挫傷の
contuso, sa [kontúso, sa]形《文語》打撲傷を負った;《医学》挫傷した
contutor [kontutór]男《古語》共同後見人
conuco [konúko]男《カリブ, コロンビア, ベネズエラ》貧しい農民が耕した小さな土地
En ~ *viejo nunca faltan batatas*.《ベネズエラ》昔の恋には常に思い出がある
conuquero, ra [konukéro, ra]名《カリブ, コロンビア, ベネズエラ》conuco の地主
conurbación [konurβaθjón]安〖集合〗コナベーション, 連接都市, 市街地連担地域
conurbano [konurβáno]男《アルゼンチン》郊外 [=suburbios]
convalaria [kombalárja]安《植物》スズラン [=muguete]
convalecencia [kombaleθénθja]〘←ラテン語 convalescentia〙安 [病気の]回復, 療養; 回復期: estar en ~ 回復期にある. centro (casa) de ~ [回復期にある患者の]療養所
convalecer [kombaleθér]〘←ラテン語 convalescere < valere「健康である」〙㊴ 自 ❶ [+de 病気から]回復する, 快方に向かう: *Convaleció* de la gripe. 彼は風邪が治った. ❷ 立ち直る: ~ de la guerra 戦災から復興する
convaleciente [kombaleθjénte]形 [estar+]病気から回復しつつある[人], 回復期にある[人], 病み上がりの[人]
convalecimiento [kombaleθimjénto]男《まれ》=**convalecencia**
convalidación [kombaliðaθjón]安 ❶ 有効性を認めること; 真正であることの認定. ❷《教育》[単位の]読み換え, 認定: Ha solicitado la ~ del título de licenciado en Japón. 彼は日本で取得した学士号の承認を求めた
convalidar [kombaliðár]〘←ラテン語 convalidare < cum-(と共に) +validus「力強い」〙他 ❶ …の有効性を認める: Le *han convalidado* su título de médico para ejercer en España. 彼はスペインで医師として働く資格を認められた. ❷《教育》[他大学で取得した単位を]認める, 読み換える
convección [kombeγθjón]安 ❶《物理》対流, 還流: ~ de calor 熱対流. ❷《気象》気流の上昇・下降
convecinal [kombeθinál]形 近所の, 住民の
convecino, na [kombeθíno, na]形名 ❶ 近所の, 近くに住む. ❷ 近い, 近くの, すぐ隣の
—— 名 [主に su+]隣人, 近所の人
convectivo, va [kombektíβo, ba]形《気象》気流が上昇・下降する
convector [kombektór]男 ❶ 対流暖房器. ❷《古代ローマ》[C~]収穫をもたらす神
conveler [kombelér] ~**se**《廃語》痙攣(けいれん)する, ひきつる
convencedor, ra [kombenθeðór, ra]形《まれ》説得力のある, 納得させる, 満足のいく
convencer [kombenθér]〘←ラテン語 convincere < cum-(共に) +vincere「勝つ」〙① 他 ❶ [人を]説得する, 納得させる: 1) Le voy *convenciendo* poco a poco. 私は徐々に彼を説得するもりだ. 2) [+para・de que+接続法 するように] Nos *convenció para que* fuéramos a la fiesta. 彼はパーティーに行くように私たちを説得した. La *he convencido de que* se corte el pelo. 髪を切ることを私は彼女に承知させた. 3) [+de que+直説法 であると] Nos *ha convencido de que* es mejor aplazar el viaje. 旅行を延期した方がいいと彼は私たちに納得させた. 4) [+de+名詞] Me *han convencido de* mi error. 私は自分の誤りを認めさせられた. ❷ [主に疑問文・否定文で]得心させる, 満足させる: Su interpretación no me *ha convencido* del todo. 彼の演技には私は全く得心がいかない. El discurso del político no logró ~ a un público frío y escaso. その政治家の演説は冷ややかな少人数の聴衆に受け入れられなかった
—— ~**se** 納得する, 確信する: 1) ¡*Convéncete*! 本当だってば! 2) [+de que+直説法 であると] Copernico llegó a ~*se de que* el Sol es una estrella fija. コペルニクスは太陽は恒星であると確信するに至った. [主文が否定文では +接続法] No estoy *convencido de que* sea la democracia. 私はそれが民主主義

であるとは確信が持てない
ser un convencido de+事《南米》…に賛成である

convencimiento [kombenθimjénto] 男 ❶ 納得, 確信 [主に結果]: Tengo el ~ de que no nos defraudará. 彼は私たちの期待を裏切らないと私は確信している. llegar al ~ de +直説法 …であると確信するようになる. llevar... al ~ de+人 …を納得させる. ❷ 説得 [行為]: poder de ~ 説得力. ❸ 《まれ》慢心

convención [kombenθjón] 《←ラテン語 conventio, -onis「集まり」 < convenire》 女 ❶ 《主に外交》協約, 協定, 取り決め: C~ de Ginebra ジュネーブ協定. C~ de Lomé ロメ協定《1975年, 貿易・産業支援と資金・技術援助のため旧宗主国EC（欧州共同体）と旧植民地（アフリカ・カリブ海・太平洋地域）が締結》. ❷ 《全地域で》大会, 集会, 代表者会議 《=reunión》[類義]; [大統領候補指名などの] 党大会: salón (sala) de *convenciones* コンベンションホール. ❸ 慣例, 因習: ~ literaria 文学における約束事, 小説作法. ❹ 《歴史》[C~. フランス革命後の] 国民公会《=C~ Nacional》
── 名 ❶ 《歴史》国民公会の議員. ❷ [協議会・大会などの] 協議員, 審議員

convencional [kombenθjonál] 形 ❶ 慣用的な, 因習的な, 型にはまった: ideas ~*es* 因習的な考え方. signo ~ 定められた記号, 慣用符号. boda ~ 型どおりの結婚式. espectáculo de un españolismo ~ 陳腐なスペイン趣味のショー. ofrecimiento ~ 形式的な贈り物. ❷ 従来どおりの, 在来の: armas ~*es* [核兵器に対して] 通常兵器. fuerzas ~*es* [核戦力に対して] 通常戦力. guerra ~ [核戦争に対して] 通常戦争. ❸ 《歴史》国民公会の

convencionalidad [kombenθjonaliðá(ð)] 女 慣例であること, 慣習性

convencionalismo [kombenθjonalísmo] 男 慣例主義, 因習尊重; 因習性, 慣習性

convencionalista [kombenθjonalísta] 形 名 慣例（因習）を重んじる〔人〕

convencionalmente [kombenθjonalménte] 副 慣例的に, 古いしきたりに従って; 協約に従って

convenido, da [kombeníðo, ða] 形 取り決められた, 同意した; 協定による: hora ~*da* 協定の時刻. precio ~ 協定価格

conveniencia [kombenjénθja] 《←convenir》女 ❶ 適切さ, 好都合, 便利さ, 有用性: No me he parado a pensar en la ~ o inconveniencia de la proposición. 私は提案の適・不適はよく考えなかった. Insistieron en la ~ de adelantar las elecciones. 彼らは総選挙を早める利点を主張した. ❷ [su+ …の] 利益, 都合, 便宜: Te lo digo por tu ~. 私は君のためを思って言っているのだ. No atiende más que a sus ~*s*. 彼は自分の都合しか考えない. por ~*s* partidistas 党利党略のための. ❸ 《←仏語》[主に 複] 慣習, ならわし, 社会的な規則 《=~*s* sociales》: faltar a las ~*s* 慣例を破る. respetar las ~*s* 慣例を重んじる. ❹ 《俗》便利さ, 快適さ. ❺ 《まれ》合致, 適合. ❻ 《古語》[家事使用人の] 職, 働き口: He hallado ~. 私は召使いの職を見つけた. ❼ 《古語》[給料以外に家事使用人に与えられる] 便益, 支給物. ❼ 《古語》合意, 取り決め. ❽ 《古語》複 財産, 定期収入

a ~ 便宜的に, 正当・適正かどうかを考慮せず
a su ~ 自分の都合に合わせて
de ~ 都合のいい, 便宜的な: tienda de ~ コンビニエンスストア
por ~ 自分の利益のために: Lo hace por ~. 彼は自分の都合そうした

conveniente [kombenjénte] 《←convenir》形 ❶ [ser+. 比較的] 都合のよい, 便利な; ふさわしい, 適当な 《→adecuado》[類義]: 1) Venga a verme cuando le sea ~. ご都合のいい時においで下さい. Creí ~ advertirle el peligro. 私は彼に危険を知らせた方がいいと思った. Me lo ofrecen por un precio ~. いい価格のオファーが来ている. 2) [+para に] La natación es ~ *para* la salud. 水泳は健康にいい. 3) [ser ~ +que+接続法] …するほうがよい: Es ~ no olvidar este asunto. この件は忘れないほうがよい. No es ~ *que* os alejéis mucho. 君たちはあまり互いに離れないほうがよい. ❷ 一致した, 同意見の

convenientemente [kombenjénteménte] 副 都合よく, ふさわしく, 相応に

convenio [kombénjo] 《←convenir》男 ❶ 取り決め, 協定; 協定書, 協約書: llegar[se] a un ~ 協定にこぎつける. ~ colectivo (laboral) [団体交渉による] 労働協約. ~ comercial 貿易協定. ~ Ramsar ラムサール条約. ❷ 《西》租税協定《= concierto》

convenir [kombeníɾ] 《←ラテン語 convenire》59 [命令法単数 convén/conven] 自 《文語》[主語は事物. +a に] 都合がよい; ふさわしい, 適している, 適切である: 1) ¿Te *conviene*? 都合はどう? Es un hombre culto y afable, como *conviene a* un embajador. その男は教養があって人当たりよく, 外交官に向いている. A este bizcocho le *conviene* el fuego lento. このスポンジケーキは弱火がいい. No me *conviene* ese precio. 私にはその値段は無理だ. Él es tu amigo cuando le *conviene*. 彼は自分に都合のいい時は君の友達になる. Mi mama me hace decir mentiras cuando le *conviene*. ママは自分に都合が悪いと私に嘘を言わせる. 2) [不定詞・que+接続法 が主語] Me *conviene* quedarme en casa hoy. 私は今日は自宅にいる方がいい. *Conviene* que analicemos los pros y los contras. 得失をよく考えた方がいい. ❷ [+con と] 合意する, 同意する; 協定する: 1) [+en+名詞 で] No han *convenido* todavía *en* el precio de venta. 彼らはまだ価格面で合意していない. 2) [+en+不定詞・que+直説法 することで] Hemos *convenido en* reunirnos el próximo sábado. 今度の土曜日に集まることで私たちは合意している. *Convinimos en* que lo mejor es decirle nada. 彼に何も言わないのが最善策であることで私たちの意見が一致した. *Convengo en* que no siempre ocurre lo mismo. いつも同じ事が起きるとは限らないという意見に私は賛成する. ❸ [結論・意見などが] 一致する: *Conviene* lo que dice él *con* lo que ya sabíamos. 彼の話は我々が既に知っていたことと符合している. ❹ [人が] 集まる, 会合する. ❺ 《古語》[女性と] 性交する
a ~ 《表示》交渉できる: remuneración *a* ~ 給与応談
── ~ について合意する, 取り決める: ~ un precio 価格について取り決める
── ~*se* ❶ 互いに合意する: No *nos convinimos en* el precio. 私たちは価格で折り合わなかった. ❷ 《法律》[義務を伴って] 同意する

conventico [kombentíko] 男 =conventillo
conventícula [kombentíkula] 女 =conventículo
conventículo [kombentíkulo] 男 秘密集会, 非合法な会合; 密談, 陰謀

conventillero, ra [kombentiʎéro, ra] 形 名 《南米. 口語》うわさ話をして回る〔人〕, 陰口屋〔の〕

conventillo [kombentíʎo] 男 ❶ 《まれ》集合住宅《=casa de vecindad》. ❷ 《廃語》売春宿. ❸ 《南米》長屋

convento [kombénto] 男 《←ラテン語 conventus「修道会, 人々の集まり」》❶ 《宗教》修道院 [建物, 組織. →monasterio]: entrar en el ~ 修道士（修道女）になる. vida de ~ 修道院生活. ❷ 《古代ローマ》司法区《=~ jurídico》

conventual [kombentwál] 形 《←convento》修道院の, 修道士の: misa ~ 修道院のミサ. vida ~ 修道院生活
── 男 《カトリック》❶ 修道士; 修道院の説教師. ❷ コンベンツアル聖フランシスコ修道会 Franciscanos conventuales の修道士《フランシスコ会原始会則派に対し, 共有不動産定収入を認める》. ❸ 《歴史》[集名] 騎士団の] 教会, 修道院

convergencia [komberxénθja] 《←converger》女 ❶ 一点に集まること, 集中. ❷ [意見・考えなどが] 一致, 収束: 意見がまとまってくること. ❸ 《幾何, 物理》収束, 収斂《略》. 《⇔divergencia》. ❹ 《気象》zona de ~ intertropical 熱帯収束帯

convergente [komberxénte] 《←converger》形 名 ❶ 一点に集中する, 収斂する: caminos ~*s* 一本になる道. línea ~ 収束線. ❷ 共通の目的・結論に向かう, 一致する: actividades ~*s* 統一的な行動. ❸ カタルーニャ民主集中党 Convergencia Democrática de Cataluña の 〔党員〕

converger [komberxér] 《←ラテン語 convergere < vergere「向かう, 傾く」》3 自 《文語》❶ 一点に向かう, 集中する: +a *en* a ~. No esperábamos to en el punto *en* que *convergen* las dos carreteras. 私たちは幹線道路が交わる地点で待ち合わせていた. ❷ [一つの目標に向けて] 集中する: Los esfuerzos de todos *convergen al* bien común. みんなの努力は共通の利益に向かっている

convergir [komberxíɾ] 4 自 《文語》=converger

conversa [kombérsa] 女 《主に南米. 口語》[長々とした] おしゃべり, 雑談

conversable [kombersáble] 形 ❶ 《文語》愛想のいい, 人当た

conversación [kombersaθjón]【←ラテン語 conversatio, -onis】囡 ❶ 会話; 話し方: Han tenido una larga ~ por teléfono. 彼らは電話で長々と話した. Tiene una ~ pesadísima. 彼は話がくどい. estar en ~ おしゃべりをしている. cambiar de ~ 話題を変える. de ~ agradable 話上手な. ❷ 交渉, 会談: *conversaciones* de Viena sobre desarme 軍縮に関するウィーン会談. ❸ 聴売. ❹ 交友, 交際. ❺ 同棲; 内縁関係
dar ~ *a*+人 …に話しかける, 話相手になってやる
dejar caer en la ~ 〖口を滑らしたかのように〗さりげなく〖うっかり〗言う
sacar la ~ 〖+de から〗話をあるテーマに持っていく
trabar (*empezar*・*entablar*) ~ *con*+人 …と話を始める

conversacional [kombersaθjonál] 形 ❶ 話し言葉の, 口語的な. ❷《情報》対話型の

conversada [kombersáða] 囡《キューバ. 口語》〖長々とした〗おしゃべり

conversadera [kombersaðéra] 囡《キューバ, ベネズエラ. 口語》〖数人の長々とした〗雑談

conversador, ra [kombersaðór, ra] 图 ❶ 話好きな〖人〗, 話上手な〖人〗. ❷《中南米. 軽蔑》おしゃべりな, よくしゃべる

conversar [kombersár] 【←ラテン語 conversari「同居する」】自 ❶〖+con と, +sobre について〗会話をする, 話し合う, 話をする: Gusta de ~ *con* la gente. 彼女は人と話すのが好きだ. Los dos *conversaron sobre* las elecciones. 両者は総選挙について話し合った. ❷《廃語》同居する. ❸《廃語》交友する, 付き合う. ❹《廃語》旋回運動する

conversata [kombersáta] 囡《ベネズエラ》〖長々とした〗おしゃべり, 雑談

conversión [kombersjón] 【←ラテン語 conversio, -onis < convertere】囡 ❶〖+en への〗変換, 転換, 変化: tabla de ~ 換算表. ~ de yenes *en* euros 円のユーロへの換算. ❷〖+a への〗改宗, 回心; 転向: ~ de jóvenes *a* sectas religiosas dudosas 怪しげな宗派への若者たちの改宗. ❸《軍事》旋回運動. ❹《経済》〖有価証券の〗転換; 〖公債の〗借換. ❺《修辞》結句反復〖=epístrofe〗. ❻《論理》転換法

converso, sa [kombérso, sa] 图 ❶〖キリスト教に〗改宗〖回心〗した〖人〗, 改宗者. ❷《歴史》コンベルソ, 宗ユダヤ人《カトリックに改宗したユダヤ人. =judío ~》カトリックに改宗したイスラム教徒. ❸《軽蔑》転向, 転向者
—— 男《カトリック》助修士

conversor [kombersór] 男《情報》変換器, コンバータ: ~ de media メディアコンバータ. ❷《物理》転換炉

convertibilidad [kombertibiliðá(ð)] 囡 ❶ 変換〖転換〗可能性. ❷《経済》兌換性, 交換性: ~ monetaria 各国通貨の交換性

convertible [kombertíβle] 形 ❶〖+en に〗変換〖転換〗され得る: sofá ~ *en* cama ソファベッド. ❷《経済》bonos (obligaciones) ~s 転換社債. moneda ~ (no ~) 兌換〖不換〗銀行券
—— 男《中南米. 自動車》コンバーチブル〖=coche ~, carro ~〗

convertidor, ra [kombertiðór, ra] 形 変換する, 転換する
—— 男 ❶ 変換器, コンバータ: ~ catalítico 触媒コンバータ ~. ~ de par/~ de torsión トルクコンバータ. ~ de imagen 映像変換器. ❷《金属》転炉

convertir [kombertír] 【←ラテン語 convertere < cum-（で）+vertere「ひっくり返す, 変える, 変える」】他 ❶〖+en に〗変える, 変換する, 転換する: Jesús *convirtió* el agua *en* vino. イエスは水をぶどう酒に変えた. La guerra le *convirtió en* el hombre más rico del país. 戦争によって彼は国一番の金持ちになった. *Convirtieron* su hotel *en* el bloque de pisos. 彼らはホテルをマンションに変えた. ~ la pena *en* alegría 苦しみを喜びに変える. ~ euros *en* yenes ユーロを円に換算する. ❷ 改宗させる; 転向させる, 考えを変えさせる: Los misioneros van a ~ a los infieles. 宣教師たちは異教徒をキリスト教に帰依させようとする. ❸〖+a・hacia の方向へ〗向ける: ~ la cuestión *a* otro objeto 質問を変える. ~ los pensamientos *hacia* Dios 思考を神に向ける. ~ las armas contra los moros 武器をモーロ人に向ける. ❹〖有価証券の〗転換する. ❺《バスケットボール》フリースローを入れる. ❻《論理》転換する
—— 自《中南米. スポーツ》得点する
—— ~*se* ❶ 変わる《別のものへの無意志の変化. →cambiar 自》〖類義〗: El agua *se convierte* en hielo a cero grados. 水は0度で氷になる. El placer *se convierte en* energía. 歓びは力に変わる. Cuando *pasa* la época de frío, esta región *se convierte en* un paraíso terrenal. 寒い時期が過ぎると, この地方は地上の楽園になる. La huelga *se convirtió en* una serie de revueltos difíciles de controlar. ストライキは一連の統制困難な暴動へと発展した. Todo *se convirtió en* realidad. すべてが現実のものとなった. *Se convirtió en* un aficionado a la jardinería. 彼はすっかり園芸愛好家になってしまった. ~*se en* enemigo 敵になる. ~*se en* padre 父親になる. ~*se en* un delincuente 犯罪者になる. ❷〖+a に〗改宗する, 転向する: *Se ha convertido al* budismo. 彼は仏教徒になった. ~*se al* comunismo 共産主義に転向する. ❸ 同義語に変換される

convexidad [kombe(k)siðá(ð)] 囡 ❶ 凸状〖⇔concavidad〗. ❷ 凸状の部分

convexo, xa [kombé(k)so, sa] 【←ラテン語 convexus】形 凸状の〖⇔cóncavo〗: espejo ~ 凸面鏡. lente ~*xa* 凸レンズ

convexocóncavo, va [kombe(k)sokónkaβo, βa] 形 凸凹の

convicción [kombi(k)θjón] 囡 ❶ 〖複〗信念, 信条: Eso está en contra de mis *convicciones*. それは私の信念に反する. ❷ 確信, 自信: Tengo la ~ de que va a ganar. 私は彼の勝利を確信している. llegar a la ~ 確信するに至る. ❸ 説得: poder de ~ 説得力

convicto, ta [kombíkto, ta] 【←ラテン語 convictus < convincere】形《法律》〖+de の〗罪に問われたと認められた, 犯行が証明された: ser declarado ~ *de* asesinato 殺人の廉(かど)で有罪を宣告される. ~ y confeso 〖犯行の〗立証と自白
—— 图 受刑者, 有罪を宣告された人

convictor [kombiktór] 男〖修道会に属さない〗神学校の寄宿舎に住んでいる人

convictorio [kombiktórjo] 男〖イエズス会の学校の〗寄宿舎

convidado, da [kombiðáðo, ða] 图 ❶〖+a に〗招待された人, 招待客. ❷ いつもおごってもらう人; 居候
como el (*un*) ~ *de piedra*〖←Tirso de Molina の戯曲 *El burlador de Sevilla y convidado de piedra* の登場人物 Gonzalo de Ulloa の石像〗押し黙って, 黙々と
—— 囡〖主に酒の〗おごり: pagar una ~*da* 一杯おごる

convidar [kombiðár] 【←俗ラテン語 *contvitare*】他 ❶〖+a 祝事・飲食などに〗招待する, 誘う: 1) Te *convido a* una cerveza. ビールを1杯おごるよ. 2) 〖+a+不定詞〗Me *ha convidado a* pasar una semana en su casa. 彼は私を別荘で1週間過ごすように誘ってくれた. ❷〖+a+名詞・不定詞を〗引き起こす, 誘い込む, …するようにさせる, …する気を起こさせる: La soledad *convidaba a* la meditación. 孤独が瞑想を誘った. ❸《ペルー, ボリビア, ラプラタ》〖+con 食べ物・飲み物などを〗…におごる: Me *convidaron con* una taza de café. 彼らは私にコーヒーをおごってくれた
—— ~*se* ❶ 申し出る. ❷〖招待されないのに〗押しかける

convincente [kombinθénte] 【←ラテン語 convincens, -entis < convincere】形 納得させる, 説得力のある: argumento ~ 納得のゆく主張

convincentemente [kombinθéntemente] 副 説得力をもって, 納得のいくように

convite [kombíte] 【←カタルーニャ語 convit】男 ❶〖招待しての〗饗宴(きょうえん), 宴会; 招待: dar un ~ a sus amigos 友人たちを招いて祝宴を開く. ❷《メキシコ, コロンビア》食事と引き換えだけで働く人々. ❸《中米》〖集合〗祭りなどを知らせるために通りを練り歩く踊り手たち

convival [kombibál] 形《まれ》招待の, 宴(えん)の

convivencia [kombiβénθja] 囡 ❶ 同居, 共同生活; 同棲: La ~ con su marido se ha hecho insoportable. 夫との共同生活が耐えられなくなった. ❷ 共和, 共生. ❸〖主に 複〗野外活動などの〗合宿
irse de ~*s*《宗教》隠遁する

convivencial [kombiβenθjál] 形 同居の; 共存の

conviviente [kombiβénte] 形 图 =conviviente

convivial [kombibjál] 形 ❶《文語》同居の. ❷《まれ》同居できる

convivible [kombibíβle] 形《まれ》同居できる; 共存できる

conviviente [kombibjénte] 形 图 同居する; 同居人

convivio [kombíβjo] 男《文語》宴会〖=convite〗

convivir [kombibír] 自〖互いに/+con と〗同居する, 一緒に生活する; 同棲する; 仲よく暮らす: En el campamento *conviven* profesores y alumnos. キャンプでは

convocación

先生と生徒たちが一緒に生活する． ❷ 共存する, 共生する: ~ en la misma época 同時代を共に生きる
── 他〘まれ〙…と同居する

convocación [kombokaθjón] 女〘まれ〙❶ 召集; 公募, 募集． ❷〔召集された〕会議

convocador, ra [kombokaðór, ra] 形 名 召集する〔人〕

convocante [kombokánte] 形 名 =**convocador**

convocar [kombokár] 〖←ラテン語 convocare < cum- (で)+vocare 「呼ぶ」〗他 ❶ [+a に] 召集する: Han convocado a todos los socios a una junta general. 会員全員が総会に招集された． ~ consejo de ministros 閣議を召集する． ❷［採用試験などを] 公示する: Han convocado a los opositores para el lunes. 採用試験が月曜日に行なわれる． ❸［選挙などを] 告示する． ❹〘まれ〙歓呼して迎える, 拍手喝采する
── ~se 召集される: Se ha convocado una asamblea de padres de familia. 父母会が召集された. Se convocó una manifestación de rechazo al atentado. テロに反対するデモが組織された． ❷ 告示する; 公示される: Se van a ~ oposiciones para médicos. 医師の資格試験が行なわれる予定だ． ❸ 告示される

convocatoria [komboqatórja] 〖←convocar〗女 ❶ 召集; その告示, 招集状: Se ha anunciado la ~ del congreso republicano. 共和党大会が召集された. la ~ de huelga ストライキ指令． ❷［採用試験などの〕公示, 募集要綱: ~ [pública] de plazas docentes 教員の公募． ❸ 選挙告示: Han anunciado la ~ de elecciones generales. 総選挙が告示された． ❹［第…次の〕選考; 選挙: Ha ganado las oposiciones en la primera ~. 彼は採用試験の第一次選考を通った
poder de ~ 〘政治的・思想的な〕求心力

convolvuláceo, a [kombolbuláθeo, a] 形 ヒルガオ科の
── 女〘植物〙ヒルガオ科

convólvulo [kombólbulo] 男〘植物〙サンシキヒルガオ． ❷〘昆虫〙ブドウの木につく有害な毛虫〘学名 Tortrix viridana〙

convoy [kombój] 〖←フランス語 convoi「兵隊・船の護衛」< convoyer「一緒に行く, 護衛する」< ラテン語 conviare < via「道」〗男 ❶〘軍事〙〘集名〙1) 護衛隊, 輸送隊: ~ de camiones 輸送トラックの列． 2) 護送船団, 輸送船団: ~ marítimo 輸送船団． ❷ 列車 (=tren)． ❸〘西, ベネズエラ〙卓上用の調味料入れ (=vinagreras)． ❹ 〘集名〙〘まれ〙お供の人々, 取り巻き連中

convoyar [kombojár] 他〘輸送隊を〕護送する, 護衛する
── ~se〘プエルトリコ, ベネズエラ〙共謀する

convulsamente [kombúlsaménte] 副 痙攣して

convulsión [kombulsjón] 〖←ラテン語 convulsio, -onis < convulsus < convellere「根こそぎにする, こじ開ける」〗女 ❶〘医学〙痙攣, ひきつけ: Sufrió una ~. 彼は痙攣を起こした． ❷〔大地・海の〕震動． ❸〔社会的・政治的な〕激動, 動乱: provocar una ~ en el país そ国に混乱をもたらす. convulsiones políticas 政治的激震． ❹〘地質〙地震

convulsionador, ra [kombulsjonaðór, ra] 形 名 =**convulsionante**

convulsionante [kombulsjonánte] 形〘医学〙痙攣させる, 痙攣療法の

convulsionar [kombulsjonár] 他 ❶ 痙攣させる, ひきつけさせる． ❷ 動揺させる, 激動させる
── ~se ❶ 痙攣する, ひきつけを起こす． ❷ 震動する

convulsionario, ria [kombulsjonárjo, rja] 形 名 痙攣を起こす〔人〕

convulsivamente [kombulsíbaménte] 副 痙攣して

convulsivante [kombulsíbánte] 形 名〘医学〙痙攣を引き起こす〔要因〕

convulsivo, va [kombulsíbo, ba] 形 痙攣〔性〕の: ataque ~ 痙攣性の発作

convulso, sa [kombúlso, sa] 形 ❶ 痙攣した, ひきつった． ❷ 激動する． ❸〔怒りなどに〕体が震えた

conyúdice [konjúðiθe] 名 裁判員, 判定人 (=conjuez)

conyugal [konjuɣál] 〖←cónyuge〗形〘文語〙夫婦の; 婚姻の, 結婚の義務: deberes ~es 夫婦の義務. reyerta (riña) ~ 夫婦げんか. vida ~ 夫婦生活. visita ~〘刑務所内での〕夫婦面会〘夫婦だけの長時間の面会が許される〙

conyugalidad [konjuɣaliðáð] 女〘文語〙夫婦であること

conyugalmente [konjuɣálménte] 副〘文語〙夫婦として

cónyuge [kónjuxe] 〖←ラテン語 conjux, -ugis < cum- (と共に)+jugum「くびき」. つまり「同じくびきを持つ」〗男女〘文語〙配偶者〘複 夫婦: Los ~s se deben amor y fidelidad. 夫婦は互いに愛情と貞節の義務がある

conyugicida [konjuxiθíða] 名 配偶者殺しをする人

conyugicidio [konjuxiθíðjo] 男 配偶者殺し

conyugue [konjúɣe] 男〘俗用〙=**cónyuge**

coña[1] [kóɲa] 女 ❶〘←coño〙〘俗用〙あざけり, 愚弄(**); からかい, 冗談: Lo dijo con mucha ~. 彼はばかにしているのが十分伝わるように言った． ❷ 面倒なこと・もの, 退屈な（うっとうしい・面白くない）こと・もの〘=~ marinera〙: Eres la ~. お前は最低だ. ¡Vaya ~ de película! 何てつまらない映画だ！ ❸〘婉曲〙〔間投詞的. 怒り・奇異・歓喜など〕ちくしょう！〘=coño〙
dar a+人 la ~〘西. 卑語〙あざける, 愚弄する
de ~〘西. 卑語〙あざけって, 愚弄して: ¿Estás de ~? ばかにしているのか？
ni de ~〘西. 卑語〙決して［…ない］, 絶対に［…ない］

coñá [koɲá]/〘俗用〙女〔間投詞的. 怒り・奇異・歓喜など〕ちくしょう！〘=coño〙

coñac [koɲá(k)]〖←仏語 cognac〙男〘複 ~s〙〘酒〙コニャック

coñazo [koɲáθo] 男 ❶〘西. 卑語〙退屈な事物〔人〕, わずらわしい事物〔人〕: ¡Qué ~ de película! くだらない映画だ！ ❷〘南米. 口語〙打撃． ❸〘ベネズエラ. 口語〙大量
dar el ~ a+人〘西. 卑語〙をうんざりさせる, いらだたせる: Deja de darme el ~, tío. おい, いい加減にしてくれ

coñe [kóɲe] 男〘婉曲〙〔間投詞的. 怒り・奇異・歓喜など〕ちくしょう！〘=coño〙

coñear [koɲeár] ~se〘西. 卑語〙それとなく, [+de を] あざける, 愚弄する; からかう

coñeo [koɲéo] 男〘西. 卑語〙それとないあざけり〔愚弄〕

coñete [koɲéte] 形〘ペルー, チリ. 口語〙けちな, しみったれた

coñi [kóɲi] 男〘地方国. 婉曲〙〔間投詞的. 怒り・奇異・歓喜など〕ちくしょう！〘=coño〙

coño[1] [kóɲo] 〖←ラテン語 cunnus〗男〘西. 卑語〙❶ 女性性器, 外陰部〔= vulva〕． ❷〔間投詞的. 怒り・奇異・歓喜など〕ちくしょう！: ¡Deja ya de molestar, ~! この野郎, もう邪魔はよせ！ ❸〔疑問詞+〕一体: No sé qué ~ hacer. くそ, おれは一体どうすりゃいいんだ. ¿Dónde ~ has estado? 一体全体どこへ行ってやがったんだ？
comer el (un) ~〘西. 卑語〙クンニリングスをする
estar en el quinto ~〘西. 卑語〙非常に遠い
estar hasta el [mismísimo] ~〘西. 卑語〙〔不快・怒り. 主に女性が, +de・con に〕もう我慢できない
ser [como] el ~ de la Bernarda/parecer el ~ de la Bernarda〘西. 卑語〙ひどく散らかっている
tener hasta el [mismísimo] ~ 〘西. 卑語〙=*estar hasta el [mismísimo] ~*
tocarse el ~〘西. 卑語〙何もしない
tomar a+人 por el ~ de la Bernarda〘西. 卑語〙…をからかう; 軽視する

coño[2], **ña**[2] [kóɲo, ɲa] 名 ❶〘ベネズエラ. 俗語〙やつ〘=tipo〙． ❷〘チリ. 軽蔑〙スペイン出身の人
~ de madre〘ベネズエラ. 俗語〙悪人, ごろつき; 皮肉屋

coñón, na [koɲón, na] 形 名〘西. 卑語〙❶ あざける〔人〕, あなどる〔人〕． ❷ ふざけた, からかうような, おどけ者〔の〕, 冗談好きな〔人〕

cooficial [ko(o)fiθjál] 形 dos lenguas ~es 共に公用語として認められた2言語

coolí [ko(o)lí] 男 クーリー〔苦力〕〘=culi〙

coolie [kúli] 男 クーリー〔苦力〕〘=culi〙

coona [ko(o)óna] 女〘中南米〙先住民がその汁を塗って毒矢にした植物; その葉

cooperación [ko(o)peraθjón] 女 [+en での] 協力, 協同, 支援: ~ en el ámbito educativo 教育分野での協力. ~ económica 経済協力
en ~ 協力し合って

cooperador, ra [ko(o)peraðór, ra] 形 名 協力〔支援〕する; 協力者, 協同の
── 男 ❶〘コロンビア. 口語〙尻軽女． ❷〘アルゼンチン〙〔父母・教員による〕学校の賛助会

cooperante [ko(o)perante] 形 名 ❶ =**cooperador**． ❷〔開発途上国などへの〕海外協力派遣員, ボランティア

cooperar [ko(o)perár] 〖←ラテン語 cooperare〗自 [+con と, +a のために, +en で] 協力する, 協同する, 力を合わせる: El vecindario *cooperó con* los bomberos *a (en)* la extinción del incendio. 近所の人々は消防士たちに協力して消火を手伝った. Diversos factores *han cooperado a* nuestro fracaso. 様々な要因が我々の失敗の後押しをした

cooperario, ria [ko(o)perárjo, rja] 形 名 協力する;協力者
cooperativa[1] [ko(o)peratíβa] 《←cooperar》 女 協同組合 《= sociedad ～》; 協同組合店, 生協ストア: **～ agrícola (agraria)** 農業協同組合. **～ de comerciantes** [チェーンストアに対抗し小売業だけで協業・提携する] コーペラティブ・チェーン. **～ de consumo** 生活協同組合. **～ pesquera** 漁業協同組合
cooperativamente [ko(o)peratíβaménte] 副 協力して
cooperativismo [ko(o)peratiβísmo] 男 協同組合主義
cooperativista [ko(o)peratiβísta] 形 名 協同組合の〔組合員〕; 協同組合運動の〔活動家〕
cooperativizar [ko(o)peratiβiðár] 他 協同組合化する
cooperativo, va[2] [ko(o)peratíβo, βa] 《←cooperar》 形 ❶ 協力の: *trabajo ～* 共同作業. ❷ 協力的な, 協調的な: demostrar una disposición *～va* 協力的な姿勢を示す. *espíritu ～* 協調精神
cooperita [ko(o)perίta] 女 《鉱物》 クーパー鉱
coopositor, ra [ko(o)positór, ra] 名 同じ採用試験の受験者
cooptación [ko(o)p]taθjón] 女 新会員の選出
cooptar [ko(o)p]tár] 他 新会員を選出する
coordenado, da [k(o)orðenáðo, ða] 《←co-+ordenado》 形 《幾何》座標の: *línea ～da* 座標線
——— 女 ❶ 《地理》[主に 複] 経緯度 《= ～das geográficas》. ❷ 《幾何》 複 座標: *ejes de ～das* 座標軸. *～das cartesianas* カーテシアン座標, デカルト座標, 直交座標. ❷ 《価値など の》座標系
coordinación [k(o)orðinaθjón] 女 ❶ 連携, 調整. ❷ 《文法》等位(関係). ❸ 《物理》番号 de ～ 配位数
coordinadamente [k(o)orðináðaménte] 副 連携して, 協調して; 整然と
coordinado, da [k(o)orðináðo, ða] 形 ❶ 連携した, 調整(整理)された: *intervención ～da* 協調介入. ❷ 《言語》等位の, 等位関係にある: *oración ～da* 等位節
——— 男 《服飾》 ツーピース
coordinador, ra [k(o)orðinaðór, ra] 形 調整する
——— 名 〔企画推進などの〕責任者, 調整役, コーディネーター: **～ de trasplantes** 臓器移植コーディネーター
——— 女 推進(調整)委員会 《=comisión ～*ra*》
coordinamiento [k(o)orðinamjénto] 男 **=coordinación**
coordinante [k(o)orðinánte] 形 《言語》 等位の
coordinar [k(o)orðinár] 《←ラテン語 coordinare < cum- (と共に) +ordo, -inis「秩序」》 他 ❶ 連携させる; 調和させる, 調整する: *C～ los permisos de verano para que no quede desatendido el servicio.* 仕事に穴があかないよう夏休みのとり方を調整する. *～ voluntades* 人々の意思を結集する. *El centro cerebral coordina los movimientos.* 脳の中枢は動作を統合する. ❷ 服・色を, +con と] コーディネートする
coordinativo, va [k(o)orðinatíβo, βa] 形 《言語》→**conjunción** coordinativa
coordinatorio, ria [k(o)orðinatórjo, rja] 形 連携させる
copa [kópa] 女 《←俗ラテン語 cuppa》 ❶ 〔脚付き〕 グラス; グラス1杯の酒: *tomar una ～ de vino* ワインを1杯飲む. *convidar (invitar) a una ～* …に酒を1杯おごる. *Fuimos a tomar unas ～s.* 私たちは一杯飲みに出かけた. *levantar las ～s para brindar* グラスを上げて乾杯する. *local de ～s* [総称] 酒場, 飲み屋. **～ de balón** 球形のブランデーグラス. **～ de coñac** ブランデーグラス. **～ de champaña** / **flauta** シャンパングラス. **～ de jerez** シェリーグラス. **～ de vino** ワイングラス. **～ graduada** メジャーグラス. ❷ 優勝杯, トロフィー; その争奪戦: *ganar la ～* *la C～ Davis* デビスカップ戦. **～ mundial** ワールドカップ戦. ❸ 樹冠, 梢. ❹ 《服飾》1) 帽子の山, クラウン. 2) [ブラジャーの] カップ: **～ de media** ～ ハーフカップの. **～ helada** クリームサンデー. ❻ カクテルパーティー, 小宴会 《= *cóctel*》, **～ de vino español**]: *dar una ～* カクテルパーティーを催す. ❼ 《西式トランプ》1) [組札] 盃. 2) [a+] 盃のエース. ❽ 《天文》 [C～] コップ座. ❾ 《昔の液量の単位》 cuartillo の4分の1 《=0.126リットル》. ❿ [椀形の] 火鉢の蓋; その蓋のついた火鉢; [椀形の] 小型火鉢. ⓫ **～ del horno** かまどの丸天井. ⓬ 《馬具》 馬銜(はみ)の頭部. ⓭ 《ムルシア》 トウモロコシの

雄花(雄小穂). ⓮ 《アンデス. 自動車》 ハブキャップ
andar de ～s 飲み歩く
apurar la ～ 〔*de la amargura*・*del dolor*・*de la desgracia*〕 辛酸をなめる
como la ～ de un pino 《西. 口語》 並外れた, 大変重要《偉大》な: *Es un artista como la ～ de un pino.* 彼は偉大な芸術家だ
echar por ～s 《中南米》 考えすぎる
estar con la ～ 《まれ》 酔っている
estar de ～s 飲み歩いている
haber la ～ 《古語》 **=tener la ～**
ir de ～s **=salir de ～s**
irse de ～s 1) **=salir de ～s**. 2) 《まれ》 放屁する
levantar un ～ 《文語》 [+por+人・事 に] 乾杯する
llevar una ～ de más **=tener una ～ de más**
salir de ～s 一杯飲みに出かける
tener la ～ 《古語》 王の酒人である
tener una ～ de más 少し酔っている, ほろ酔い機嫌になっている: *No conduzcas ahora, que tienes una ～ de más.* 今は運転するな. 少し酔っているから
copado, da [kopáðo, ða] 形 ❶ [木が] 樹冠のある. ❷ 《コロンビア》 一文なしの
copador [kopaðór] 男 [金属板を曲げるための] 先の丸い木槌 (金槌)
copaiba [kopáiβa] 女 ❶ 《植物》 コパイバ. ❷ コパイババルサム, コパイバ油 《=bálsamo de ～》
copal [kopál] 男 コーパル樹脂; 《植物》 ジャトバ
Copán [kopán] 男 《歴史》 コパン 《ホンジュラス西部, グアテマラ国境近くにあるマヤ遺跡. 5～8世紀に繁栄するが, 9世紀に放棄される》
cópano [kópano] 男 《廃語》 小舟
copar [kopár] 他 ❶ 〔仏語 couper「切る」〕 ❶ 〔議席などを〕 独占する. ❷ 《賭博》 [子が] 親と同額を賭ける. ❸ [注意などを] 引きつける. ❹ 《軍事》 包囲する, 退路を断つ
——— **～se** 《南米. 口語》 夢中になる, 熱中する
Coparmex [koparmék[s] 《略記》 **=**Confederación Patronal de la República Mexicana メキシコ共和国経営者連合
coparticipación [kopartiθipaθjón] 女 共同参加
copartícipe [kopartíθipe] 形 《文語》 共同参加の, 共同所有の; 共同参加者, 共同所有者
copartidario, ria [kopartiðárjo, rja] 形 名 同じ政党に属する 〔人〕
copatrocinador, ra [kopatroθinaðór, ra] 形 名 共同で後援する, 協賛する; 協賛者
copatrocinar [kopatroθinár] 他 共同で後援する, 協賛する
copatrón, na [kopatrón, na] 名 共同守護聖人
copatrono, na [kopatróno, na] 名 **=copatrón**
copayero [kopajéro] 男 《植物》 コパイバ 《=copaiba》
copazo [kopáθo] 男 《口語》 酒をぐっと飲むこと: *Se metió (Tomó) dos ～s de vino.* 彼はワインを立て続けにコップに2杯飲んだ
cope [kópe] 男 漁網の最も目の詰まった部分
copé [kopé] 男 《中南米》 自然のビチューメン 《タールと混ぜられる》
copear [kopeár] 《←copa》 自 ❶ 《西. 口語》 [バルなどで, 友人たちと] 酒を飲む. ❷ [酒などを] コップ(グラス)売りする
——— **～se** 《メキシコ》 酔っぱらう [ほど酒を飲む]
cópec [kópɛk] 男 **=kopek**
copeca [kopéka] 女 **=kopek**
copejear [kopexeár] 他 《漁業》 袋網を引き上げる
copela [kopéla] 女 〔←伊語 coppella〕 《金属》 灰吹皿, 灰吹炉: *oro de ～* 吹金, 灰吹金
copelación [kopelaθjón] 女 《金属》 灰吹法
copelar [kopelár] 他 《金属》 灰吹で吹き分ける
copeo [kopéo] 男 《西. 口語》 ❶ 飲酒, 飲み歩き: *El viernes va de ～ con los amigos.* 金曜日は友人たちと酒を飲みに行く. ❷ 〔酒の〕 グラス売り
copépodo, da [kopépoðo, ða] 形 カイアシ類の
——— 男 複 《動物》 カイアシ類
copera[1] [kopéra] 女 ❶ カップボード, グラス戸棚. ❷ 《コロンビア》 [バル・喫茶店の] ウェイトレス
coperacha [koperátʃa] 女 《メキシコ. 口語》 共同基金; 出資金
copernicano, na [kopernikáno, na] 形 《人名》 コペルニクス Copérnico の: *giro ～* コペルニクス的転回

copero, ra² [kopéro, ra]〖←copa〗優勝杯〔争奪戦〕の: partido ～ 優勝杯争奪戦
── 男 ❶ カップボード, グラス戸棚. ❷《歴史》酌をする召使い: ～ mayor 王の酌人
copeta [kopéta] 女《アラゴン, 西式トランプ》盃のエース
copete [kopéte] 男 ❶《まれ》[立たせた] 前髪; [鳥の] 冠羽; [馬の] 額にかかる前髪. ❷ [アイスクリームなどの] 盛り上がり. ❸ [靴の] 舌革. ❹ 山頂. ❺ うぬぼれ, 尊大, 傲慢. ❻ [家具の] 表面飾り. ❼《南米》[茶に入れたマテ茶の周囲に浮かぶ泡（茶の葉）]. ❽《アルゼンチン, 新聞》[タイトル直後に置かれる] 記事の要約
bajar el ～ 高慢の鼻をへし折る
de alto ～/de [mucho·gran] ～ 高貴な血筋の
estar hasta el ～《口語》うんざりしている
copetín [kopetín]〖←copa〗男《まれ》カクテルパーティー. ❷《まれ》グラス1杯の酒. ❸《中南米》リキュールの. ❹《キューバ, チリ, アルゼンチン, ウルグアイ》アペリチフ, 食前酒; カクテル. ❺《アルゼンチン, パラグアイ》前菜, オードブル
copetinera [kopetinéra]女《チリ》《キャバレーなどの》ホステス
copetón, na [kopetón, na] 形 ❶《南米》[鳥が] 冠毛のある. ❷《コロンビア. 口語》ほろ酔い機嫌の. ❸《チリ. 口語》尊大な, 思い上がった
── 女《アルゼンチン, ウルグアイ. 鳥》シギダチョウ〖=martineta〗
copetudo, da [kopetúdo, ða] 形 ❶ 冠毛のある. ❷ うぬぼれた, 傲慢な
── 女《鳥》ヒバリ〖=alondra〗
copey [kopéi] 男《中米. 植物》オートグラフツリー〖果実は有毒〗
copeyano, na [kopejáno, na] 形《ベネズエラ》キリスト教社会党 COPEI (Partido Social Cristiano) の
copia [kópja]〖←ラテン語 copia「豊富, 持つ可能性」〗女 ❶ 写し, コピー《行為, 複写した物》: Tengo una ～ de la carta. 私はその手紙のコピーを持っている. *sacar (hacer) ～* コピーをとる. *papel de ～* コピー用紙. ～ *en limpio* 清書〔した写し〕. ～ *legalizada* オーソライズド・コピー, 原本証明のある謄本. ～ *simple* 原本証明のない謄本. ❷ [印刷物の] …部: Quiero cinco ～*s* de este libro. 私はこの本を5部ほしい. ～ *de seguridad/～ de respaldo* バックアップ. ❹《写真, 映画》プリント, 印画: Haga una ～ de la fotografía. 写真を1枚焼増しなさい. ～ *intermedia* インター・ポジフィルム. ❺《美術》模写〔した絵〕.《音楽》作品の写し. ❻ ダビング〔したテープ〕: *hacer una ～ de cinta de vídeo* ビデオテープをダビングする. ❼ 生き写しの人: Es una ～ de su padre. 彼は父親に瓜二つだ. ❽ コピー機〖=copiadora〗. ❾《文語》大量, 豊富: *con gran ～ de citas* 豊富な引用で
dar ～《中米, キューバ》[よく知らない・言うべきかわからないなど] 小声で話す
copiado [kopjáðo] 男 コピーすること
copiador, ra [kopjaðór, ra] 形 コピーをとる〔人〕, 複写する〔人〕
── 男《主に商業》信書控え帳〖=libro ～〗
── 女 コピー機〖=fotocopiadora〗
copiante [kopjánte] 名 =copista
copiar [kopjár]〖←copia〗⑩ ⑩ ⑪ ❶ 写す; コピーにとる〖=～ a máquina〗: ～ *una página de un libro* 本の1ページをコピーする〔書き写す〕. ～ *por las dos caras* 両面コピーする. ❷ 模倣する: ～ *el estilo de un escritor* ある作家の文体をまねる. ～ *a+人 en la manera de hablar* …の話し方をまねる. ～ *el examen del compañero* クラスメートの答案をまねる. ❸《情報》コピーする: ～ *y pegar* コピーアンドペーストする. ❹《美術》1）模写する: ～ *un cuadro de Velázquez* ベラスケスの絵を模写する. 2) [目の前にあるものを] そっくりにスケッチする〔絵に描く〕: ～ *un paisaje* 風景を写生する. ❺ 口述筆記する: ～ *la carta* 手紙の口述筆記をする.
── 自 カンニングする: *Copió de un compañero.* 彼はクラスメートの答案を写した
copichuela [kopitʃwéla] 女《口語》❶ アルコール飲料. ❷ カクテルパーティー. ❸[アルコール飲料の] 1杯
copieteo [kopjetéo] 男《口語》カンニング
copihue [kopíwe] 男《植物》ツバキカズラ《チリの国花》
copilación [kopilaθjón] 女 =compilación
copilador, ra [kopilaðór, ra] 名《まれ》=compilador
copilar [kopilár] ⑩《まれ》=compilar
copiloto [kopilóto]〖←co+piloto〗男 副操縦士;《自動車》ナビゲーター

copilla [kopíʎa] 女 小型の火鉢〖=chofeta〗
copión, na [kopjón, na] 形 名《軽蔑》人まねする〔人〕; カンニングする〔人〕; 作品を模倣する〔人〕
── 男 ❶《美術作品の》粗悪なコピー品. ❷《映画》編集用プリント, ラッシュ
copiosamente [kopjósaménte] 副 大量に, おびただしく: *Nieva ～.* 大雪が降る
copiosidad [kopjosiðáð] 女 豊富さ, 多量さ
copioso, sa [kopjóso, sa]〖←ラテン語 copiosus < copia「豊富」〗形《文語》[主に物質名詞・集合名詞と共に] 多量の, 豊富な: ～ *botín* たっぷりの戦利品. ～*sa cabellera* 長い〔豊かな〕髪. ～*sa cosecha de cereales* 穀物の豊作. ～*sa comida* たっぷりの食物. *lluvia ～sa* 大雨. ～*sa nevada* 大雪
copismo [kopísmo] 男《軽蔑》人まね〔模倣〕する傾向
copista [kopísta]〖←copia〗名 ❶ [古文書などの] 写字生, 筆耕者; 模写する画家
copistería [kopistería] 女 コピー店
copita [kopíta] 女 小グラス: *una ～ de anís* アニス酒小グラス1杯
copla [kópla]〖←ラテン語 copula「結合」〗女 ❶ [歌などの] 節.《複》詩, 歌詞: *manriqueña* 4または5音節の行とそれより多い音節の行とを交互させる詩. ～ *de ciego* へぼ詩. ❷《文語》コプラ《短詩型による主にアンダルシアの民謡風の詩歌. 狭義には偶数行に類音韻を持つ8音節以下の4行連の詩型を指す. 中世からルネサンス期には詩連の同義語として. copla de arte mayor (12音節8行詩) やホルヘ・マンリケ Jorge Manrique の『父の死に寄せる詩』の詩型 copla de pie quebrado （主に4音節の行と8音節の行とを交互にしたもの）などにその例を見ることができる》. ❸《口語》しつこい繰り返し. ❹《複》うわさ話; 逃げ口上. ❺《まれ》[人・物の] ペア, カップル〖=pareja, par〗. ❻《チリ. 技術》連結
andar en ～s《口語》巷のうわさになる
～*s de Calaínos*《古諺的》ばかばかしい話, 荒唐無稽な話; 面白くもない昔話
echar ～s a+人《口語》…の悪口を言う
coplanario, ria [koplanárjo, rja] 形《幾何》同一平面上にある
coplear [kopleár] 自 詩 copla を作る〔語る・歌う〕
coplería [koplería] 女《集合》詩 copla
coplero, ra [kopléro, ra] 名 ❶ 詩 copla を作って売る人. ❷《軽蔑》へぼ詩人
── 形《まれ》詩 copla の
copleta [kopléta] 女《地方》=coplilla
coplilla [kopliʎa] 女 滑稽・皮肉な調子の詩 copla
coplista [koplísta] 名《軽蔑》へぼ詩人〖=coplero〗
coplón [koplón] 男《軽蔑》[主に《複》] 下手な詩
copo [kópo] I〖←copa〗男 ❶ 雪片〖=～ *de nieve*〗: *Caen los ～s de nieve.* 雪がちらついている. *sacudir los ～s de nieve* 雪を払う. ❷ [紡ぐ前の羊毛・綿などの] かたまり: *Poco a poco hila la vieja el ～.*《諺》塵も積もれば山となる. ❸《料理》[雪片状の物] avena *en ～s/～s de avena* オートミール. ～*s de cereal* シリアルフレーク. ～*s de maíz* コーンフレークス. ❹《テレビ》～*s de nieve* スノーノイズ《画面の白斑》. ❺《漁業》袋網《漁》
II〖←copar〗男 ❶《軍事》包囲, 退路の遮断. ❷《漁業》袋網《漁》
copolimerización [kopolimeriθaθjón] 女《化学》共重合
copolímero, ra [kopolímero, ra] 形《化学》コポリマー, 共重合体〔の〕
copón [kopón]〖copa の示大語〗男 ❶《カトリック》聖体器. ❷《まれ》大型の酒杯. ❸《コロンビア》漁網, 筌《魚》
del ～《西. 俗語》[強調] 巨大な, 並外れた
el ～ [de la baraja]《俗語》極み, 頂点
y todo el ～《俗語》[述べてきたことの強調] 結論としては
── 男《西. 卑語》《怒り・驚き》へっ
coposesión [koposesjón] 女 共同所有
coposesor, ra [koposesór, ra] 名 共同所有者
coposo, sa [kopóso, sa] 形 樹冠のある〖=copado〗
copra [kópra]〖←ギリシア語 kopros「糞便」〗女 コプラ《ココヤシの胚乳を乾燥させたもの》
copresidente [kopresiðénte] 名 共同議長
copretérito [kopretérito] 男《メキシコ. 文法》線過去
copríncipe [kopríntipe] 男 [アンドラ Andorra の] 共同元首《フランス大統領とスペインのウルヘル Seo de Urgel 司教》
coprino [kopríno] 男《植物》ヒトヨタケ

coprívoro, ra [kopríβoro, ra] 形 =**coprófago**
copro- 〘接頭辞〙〘黴尾〙*copro*fagia 食糞
coproanálisis [koproanálisis] 男 検便
coprocultivo [koprokultíβo] 男 《医学》糞便の菌の培養
coproducción [koproðu(k)θjón]《←co+producción》女 ❶ 共同生産. ❷《映画など》共同制作, 合作: ~ chino-japonesa 日中共同制作
coproducir [koproðuθír] 41 他 共同生産する;《映画など》共同制作する
coproductor, ra [koproðuktór, ra] 形 名《映画など》共同制作者〔の〕
coprofagia [koprofáxja] 女 食糞;《医学》汚食症
coprófago, ga [koprófaɣo, ɣa] 形 名〔昆虫が〕食糞性の;《医学》糞を食とする〔人〕
coprofilia [koprofílja] 女《医学》愛糞, 弄糞
coprófilo, la [koprófilo, la] 形 名《医学》愛糞の〔人〕
coprolalia [koprolálja] 女《医学》汚言(おげん)〔症〕
coprolito [koprolíto] 男《地質, 医学》糞石
coprológico, ca [koprolóxiko, ka] 形《文語》糞の, 排泄物の
copropiedad [kopropjeðáð] 女 共同所有権
copropietario, ria [kopropjetárjo, rja] 形 名 共同所有の, 共有の; 共同所有者
coprotagonista [koprotaɣonísta] 名《映画, 演劇》主役級の共演者
cóptico, ca [kó(p)tiko, ka] 形 =**copto**
copto, ta [kó(p)to, ta] 形 名 コプト人〔の〕〘エジプトの初期キリスト教徒〙
—— 男 コプト語
copucha [kopútʃa]《チリ》❶〖口語〗嘘, 作り話; 誇張; うわさ話; 好奇心. ❷〖色々な家庭用品に使われる〗牛の膀胱
hacer ~s《チリ》頬をふくらませる
copuchar [kopytʃár] 自《チリ. 口語》嘘をつく; 会話する, おしゃべりする, 詮索する
copuchear [kopytʃeár] 自《チリ. 口語》=**copuchar**
copuchento, ta [kopytʃénto, ta]《チリ. 口語》嘘つきの; 誇張する; うわさ話の好きな; 好奇心の強い
copudo, da [kopúðo, ða]〘←copa〙形 梢の茂った
cópula [kópula]〘←ラテン語 copula「きずな, 結合」〙女 ❶《生物》交接, 性交; 交尾. ❷《言語》繋辞, 連結詞. ❸《建築》=**cúpula**. ❹ 結合, 連結
copulación [kopulaθjón] 女 ❶《生物》交接, 交尾. ❷《言語》連結の接続詞
copulador, ra [kopulaðór, ra] 形 交接の
copular [kopulár] 自 *~se* 交接する, 交尾する
copulativo, va [kopulatíβo, βa]〘←cópula〙形 ❶《言語》conjunción ~va 連結の接続詞〖y, ni など〙. verbo ~ 繋辞動詞. ❷《生物》交接の. ❸ 結びつける, 連結する
copulatorio, ria [kopulatórjo, rja] 形 交接の
copyright [kópirajt]〘←英語〙男《~s》版権, 著作権; そのマーク〖©〗: El ~ es de 1998. 版権は1998年のものだ
coque [kóke]〘←英語 coke〙男 コークス
coquear [kokeár] 自 ❶《プエルトリコ. 俗語》のぞく, うかがう. ❷《南米》コカの葉を噛む
—— 他《コロンビア》けしかける, あおり立てる
coqueficable [kokefikáβle] 形 =**coquizable**
coqueluche [kokelútʃe]〘←仏語〙女《医学》百日咳〖=tos ferina〙
coquera[1] [kokéra] 女 ❶《建築》石(コンクリート)にある小さな窪み. ❷〖独楽(こま)の〗頭. ❸《コロンビア》コカインの販売業者. ❹《ボリビア》コカの倉庫, コカを入れる袋
coquero, ra[2] [kokéro, ra] 形 名 ❶《主にペルー, ボリビア》コカ coca の取引(生産)業者〔の〕. ❷《西. 口語》〖主に週末だけの〗コカイン吸引者
—— 男《ドミニカ》賭け事の支払いの悪い男
coqueta[1] [kokéta] 女 ❶ 色っぽい女; 浮気な女. ❷ 鏡台, 化粧台〖=tocador〗
coquetamente [koketaménte] 副 色っぽく; かっこよく
coquetear [koketeár]〘←coquetear〙自 ❶〖主に女性が, +con に対して〗色っぽくふるまう, 媚びを売る; 誰かに恋をする: ¿Con quién has estado *coqueteando*? 誰といちゃついていたんだ? ❷〖活動などに〗ちょっと手を出す: En su juventud *coqueteó con* el comunismo. 若い時彼は共産主義にかぶれた
coqueteo [koketéo] 男 ❶ 色っぽい仕草〔をすること〕, 媚びる

coquetería [koketería] 女《←coquetear》❶ 媚(こ)び, 色っぽさ: hacer ~s 媚態を示す. ❷ 小粋さ, こぎれいさ: sala puesta con mucha ~ しゃれた部屋, こざっぱりした部屋
coquetismo [koketísmo] 男 =**coquetería**
coqueto, ta[2] [kokéto, ta]《←仏語 coquette < coq「雄鶏」》形 ❶〖女性が〗色っぽい, 男好きのする; 浮気な: niña ~ta おませな子. ❷〖物が〗しゃれた, かっこいい;〖人が〗おしゃれする, 異性の目を意識した: piso (peinado) ~ しゃれたマンション(ヘアスタイル). Él es muy ~. 彼はすごくおしゃれだ
coquetón, na [koketón, na]《coqueto の示大語》形 名《西》❶《親愛》小粋〔の〕, こざっぱりした: teatro pequeño y ~ 小さなしゃれた劇場. ❷ 女たらし〔の〕, 伊達男〔の〕; 男たらし〔の〕, 浮気女〔の〕
coquetonamente [koketonaménte] 副《西》小粋に, こざっぱりと
coquí [kokí] 男《プエルトリコ. 動物》小型のカエル〖夕方いい声で鳴く. 学名 Xylodes martinicensis〗
coquificable [kokifikáβle] 形 =**coquizable**
coquilla [kokíʎa] 女 ❶《ボクシング》プロテクターカップ〖~ de protección〗. ❷《金属》金型
coquillo [kokíʎo]《キューバ》〖衣服用の〗白く薄い綿布
coquina [kokína] 女《貝》フランスナミノコ〖食用〗
coquinario, ria [kokinárjo, rja]《古語》食事の, 料理の
—— 名 コック: ~ del rey 王室調理人
coquinero, ra [kokinéro, ra] 名 フランスナミノコの採集(販売)者
coquito [kokíto] 男 ❶《鳥》インカバト. ❷《植物, 果実》1) ~ del Brasil ブラジルナッツ. 2)〔エクアドル, ペルー, チリ〕ヤシ. ❸〖大人が〗幼児を笑わせようとする仕草. ❹《プエルトリコ. 酒》コキート, ココナッツリキュール〖牛乳・ココナッツクリーム・ラム酒を混ぜたもの. クリスマスに飲む〗
coquizable [kokiθáβle] 形〖石炭が〗コークス化できる
coquización [kokiθaθjón] 女 石炭のコークス化, コークスの製造
coquizar [kokiθár] 9 他〖石炭を〗コークス化する
cora [kóra] 女 ❶《歴史》〖あまり広くない〗イスラム時代のスペインの行政区. ❷《米国》4分の1; 25セント貨
—— 名 複《コラ族〔の〕《メキシコ, ナヤリット州の先住民》
coracán [korakán] 男《植物》シコクビエ
coráceo, a [korátθeo, a] 形 =**coriáceo**
coracero [koraθéro] 男 ❶ 胸甲騎兵. ❷《口語》非常に強く質の悪い葉巻
coracha [korátʃa] 女《古語》〖アメリカ大陸からスペインにタバコ・カカオなどを運ぶのに使った〗革袋
coracín [koraθín] 男 coracha の示小語
coraciforme [koraθifórme] 形 カワセミ科の
—— 名 複《鳥》カワセミ科
coracina [koraθína] 女 鉄製の小札(こざね)の鎧
coracoideo, a [korakoiðéo, a] 形《解剖, 動物》烏啄骨の
coracoides [korakóiðes] 名《解剖, 動物》烏啄(うたく)骨, 烏啄突起
corada [koráða] 女《アストゥリアスなど》四足獣の臓物
coraje [koráxe]〘←仏語 courage < ラテン語 cor「心臓」〙男 ❶ 勇気, 度胸〖→valor〖類義〗〗; 気力: Los soldados mostraron gran ~ ante su enemigo. 兵士たちは敵に対し大いに勇気を発揮した. batirse con ~ 勇敢に〔全力を尽くして〕戦う. echar ~ a... …に全力を尽くす. ❷《西》激昂, 憤怒, 逆上: Me da ~ pensar que podría haber ganado si no hubiera sido por esa tontería. 私はあんなばかなことをしなければ勝てたのにと思うとはらわたが煮えくり返る. ¡Qué ~! 何と腹立たしい! tener ~ 激怒している. estar lleno de ~ かんかんになっている
corajina [koraxína] 女《西. 口語》〖発作的な〗怒り, かんしゃく, 激昂
corajinoso, sa [koraxinóso, sa] 形《まれ》=**corajoso**
corajoso, sa [koraxóso, sa] 形 勇敢な, 怒った
corajudamente [koraxuðaménte] 副 ❶ 果敢に, 勇敢に. ❷《西》怒りっぽく, 短気に
corajudo, da [koraxúðo, ða] 形 ❶ 果敢な. ❷《西》怒りっぽい
coral [korál] I 《←coro》形《音楽》合唱の; 合唱用の: canto ~ 合唱曲
—— 男《音楽》コラール

coralario, ria

── 囡 合唱団, 合唱隊

II 〖←仏語 coral〗男 ❶ 〖動物〗サンゴ虫; サンゴ: pendientes de ~ サンゴのイヤリング. ~ blando ソフトコーラル, 非造礁サンゴ. ~ cerebro 迷路サンゴ. ~ duro 造礁サンゴ. ❷ サンゴ色: labios de ~ サンゴのように赤い唇. ❸ 囡 七面鳥の赤い肉垂

── 囡 〖動物〗サンゴヘビ [=coralillo]

coralario, ria [koralárjo, rja] 形 〖動物〗花虫類〖の〗 [=antozoo]

coralero, ra [koraléro, ra] 名 サンゴ細工職人(販売者)

coralífero, ra [koralífero, ra] 形 サンゴ礁のある

coraliforme [koralifórme] 形 サンゴ状の: litiasis ~ 〖医学〗サンゴ状結石

coralígeno, na [koralíxeno, na] 形 サンゴを生じる

coralillo [koralíʎo] 男 ❶ 〖動物〗サンゴヘビ. ❷ 〖キューバ. 植物〗 ~ blanco 白い花の咲くつる植物〖学名 Porona paniculata〗. ~ rosado アサヒカズラ

coralináceo, a [koralináθeo, a] 形 紅藻類の

── 囡 複 〖植物〗紅藻類

coralino, na [koralíno, na] 形 サンゴの〖ような〗: labios ~s 赤い唇

── 囡 ❶ 〖植物〗サンゴ藻. ❷ 〖まれ〗サンゴ虫 [=coral]

coralista [koralísta] 名 合唱団員

corambre [korámbre] 囡 ❶ 〖集名〗皮, 革. ❷ [ワインなどを入れる] 革袋

corambrero [korambréro] 男 革加工職人(販売者)

coram populo [kóram popúlo] 副 〖←ラテン語〗大衆の面前で, 公然と: hablar ~ 恐れることなく大声で話す

Corán [korán] 男 [el+] コーラン [=alcorán]

coránico, ca [koránico, ka] 形 コーランの

coranvobis [korambóbis] 男 ❶ 〖まれ〗〖立派な〗体格, 風貌. ❷ 堂々たる風格の人

coras [korás] 男 〖動物〗マンドリル

corasmio, mia [korásmjo, mja] 形 名 〖スキタイの〗ホラズミア族〖の〗

coraza [koráθa] 囡 〖←ラテン語 coriacea「革製の」< corium「皮膚」〗 ❶ 胴鎧(どう), 胸と背 espaldar の2部分から成る. ❷ [艦船·戦車などの] 装甲. ❸ 〖動物〗[カメなどの] 甲, 甲羅. ❹ 〖比喩〗Su ingenuidad es su ~. あの純真さが彼を守ってくれている

coraznada [koraznáða] 囡 ❶ 松の幹の中心. ❷ 〖料理〗心臓の煮込み(揚げ物)

corazón [koraθón] 〖←ラテン語 cor, cordis〗男 ❶ 〖解剖〗心臓: trasplante de ~ 心臓移植. a ~ abierto 〖医学〗開心方式の·で. ~ artificial 人工心臓. ❷ 心, 心情; 愛: Haz solo lo que te dicte el ~. 心の命じることだけをやりなさい. No sé cómo tienes ~ para hacer eso. どうして平気でそんなことをする気になれるのか私には分からない. Le entregó a María su ~. 彼はマリアに愛を捧げた. no tener ~ para con+人 …に対して思いやり(愛情)がない. blando de ~ 心の優しい(良心)に訴える. en el fondo del ~ 心の底で. sin ~ 心ない, 薄情な, 冷酷な. ❸ 勇気; 熱意: Hacía falta ~ para lanzarse al océano en aquellas cáscaras de nuez. あんなちっぽけな船で大洋に乗り出すには勇気が必要だった. No tengo ~ para decírselo. [気の毒で] 私は彼にそれを言う勇気がない. ❹ [木材·果実などの] 芯(しん): Se comió la manzana y arrojó el ~ al suelo. 彼はリンゴを食べ, 芯を床に捨てた. ❺ 中心, 中央, 核: Barcelona es el ~ industrial de España. バルセロナはスペインの工業の中心地である. en el ~ de la ciudad 市の中心部で·に. ❻ ハート型[のもの]; 〖トランプ〗ハート [→carta 参考]. ❼ 〖親愛〗[呼びかけ] ¡Ven acá, ~ mío! 私のいとしい人, ここにおいで. Pero, ~ mío, ¿aún no has terminado? しかし, 君, まだ終わらないのかね? 〖時に軽い不快〗. ❽ 中指 [=dedo ~]. ❾ 〖天文〗C~ de León [獅子座のα星] レグルス, コル·レオニス. ❿ 〖紋章〗盾の中心

abrir a+人 **el** ~ …に心(胸襟)を開く, 本心を打ち明ける; ~の心を慰める, 安心させる

anunciar a+人 **el** ~ …に虫が知らせる, 予感させる: Me lo anuncia el ~. 私はそんな気がする

arrancar a+人 **el** ~ =partir a+人 el ~

arrancarse el ~ =partirse a+人 el ~

buen ~ 優しさ, 寛大さ: Su madre tiene buen ~, siempre ayuda a los demás. 彼の母は親切で, いつもほかの人を助ける

cerrar el ~ 心を閉ざす

clavar a+人 **en el** ~ =**clavarse** a+人 **en el** ~

clavarse a+人 **en el** ~ …の悲しみ(同情心)をかきたてる

con el ~ **en la boca** ひどく不安で, やきもきして; 疲れ果てて

con el ~ [**en la mano**] 心から, 率直に, 腹を割って〖=con sinceridad〗

con el ~ **en los labios** ざっくばらんに, 腹蔵なく

con el ~ **en un puño** びくびくしながら

con todo el (su) ~ 心から, 率直に, 心の底から: Te quiero con todo mi ~. 僕はしんそこ君が好きだ

~ **roto (partido)** 傷心, 張り裂けそうな心

crecer el ~ 〖古語〗勇気を奮い起こす; 元気を出す

cubrirse el ~ …が悲嘆に暮れる

dar a+人 **el** ~ =**anunciar** a+人 **el** ~: Me da el ~ que ha de venir a verme. 私は彼が会いに来るような気がする

de ~ 1) 心の優しい. 2) 心から [=de todo ~]. 3) 〖古語〗そらんじて, 暗記して〖=de memoria〗

de mi ~ 1) 〖親愛〗[呼びかけ] ¡Hijita de mi ~! いとしい娘よ! 2) [軽い不快] ¡Pero, Pepe de mi ~, ya es hora de que te enteres! しかし, ペペ君, もう分かっていいころだよ!

de todo ~ 心から

decir a+人 **el** ~ =**anunciar** a+人 **el** ~

declarar su ~ 心を打ち明ける

del ~ 有名人の私生活の: crónica del ~ ゴシップ欄. revista del ~ スキャンダル雑誌

desgarrar a+人 **el** ~ =**partir** a+人 **el** ~

destrozar a+人 **el** ~ =**partir** a+人 **el** ~

dilatar el ~ 心を慰める

El ~ **no es traidor.** 虫が知らせる/予感がする

encoger a+人 **el** ~ 1) …をぞっとさせる. 2) [苦悩で] 胸を締めつける; 同情心をかきたてる: Ver aquella horrorosa escena me encogía el ~. あの悲惨な光景を見て私は心をかきむしられる思いだった

encogerse a+人 **el** ~ …がぞっとする: Se le encogió el ~ cuando se enteró de la mala noticia. 悪い知らせを聞いて彼は身の縮む思いをした

ensanchar el ~ =**dilatar el** ~

estar con el ~ **en un hilo (en vilo)** はらはらしている, 不安である

ganarse el ~ [+de+人の] 愛を勝ち取る

gran ~ 寛大(高貴)な心〖の持ち主〗: tener [un] gran ~ 心が広い

haber a+人 ~ やる気がある, 決然としている

helar a+人 **el** ~ [恐怖·悪い知らせで] …の肝を冷やさせる, ぞっとさせる

helarse a+人 **el** ~ [恐怖·悪い知らせで] 肝を冷やす, ぞっとする

herir el ~ **sin romper el jubón** 〖古語〗[悪知恵などで] 侮辱する, 心を傷つける

latir el ~ 1) 心臓が鼓動する; 胸がどきどきする. 2) [+por+人に] 胸をときめかす, 感動している: Haz latir el ~ del mundo. 世界中の人を感動させよう

levantar el ~ 元気づける; 元気づく

llegar al ~ **de**+人 …の心を動かす

llevar el ~ **en la mano** 心の内をさらけ出す

mal ~ 残酷さ, 残虐さ, 冷酷さ: Es bastante egoísta, pero no es de mal ~ tampoco. 彼はエゴイストだが, 冷酷でもない

meter a+人 **el** ~ **en un puño** =**poner** a+人 **el** ~ **en un puño**

meterse a+人 **en el** ~ …への愛情のそぶりを見せる

no caber a+人 **el** ~ **en el pecho** 1) …はうれしくて(不愉快で·心配で)たまらない: : De tanta alegría, no me cabía el ~ en el pecho. あんまりうれしくて, 私はもうたまらなかった. 2) きわめて善良である(優しい)

partir a+人 **el** ~ …の心を痛ませる, 胸を打つ, 同情心を起こさせる, 胸の張り裂ける思いをさせる: La tristeza me partió el ~. 私は悲しみで胸が張り裂ける思いだった. Me parte el ~ verla tan demacrada. 彼女があんなにやつれているのを見るのはつらい

partir corazones 〖口語〗=**romper corazones**

partirse a+人 **el** ~ …の心が痛む, 同情する, 胸の張り裂ける思いがする: Se me parte el ~ de no poder darles lo que me piden. ご注文いただいたものをお渡しできず非常に残念である

poner a+人 **el** ~ **en un puño** …をびくびくさせる

poner el ~ en... …を熱望する; …を決心する
poner... en el ~ de+人 [感情などを] …に抱かせる, 誘う
quebrar a+人 *el ~* =*partir a*+人 *el ~*
romper a+人 *el ~* =*partir a*+人 *el ~*
romper corazones 《口語》[1人または複数の相手を] 自分の魅力の虜にする
romperse a+人 *el ~* =*partirse a*+人 *el ~*
sacar a+人 *el ~*《口語》1) …を殺す, 痛めつける. 2) 一文無しにさせる
salir a+人 *del ~* […の言動などが] 誠心誠意のものである
secar a+人 *el ~* …の心をひからびさせる, 無感動にさせる
secarse a+人 *el ~* …の心がひからびる
tener a ~ 《古語》= haber a ~
tener el ~ bien puesto《口語》やる気がある, 決然としている
tener el ~ en la mano = llevar el ~ en la mano
tener el ~ en su sitio 気骨がある
tener el ~ que se sale del pecho 優しい心を持つ
tener mucho ~ 1) 気品と情熱がある. 2) 非常に勇気がある
tener [también] ~《口語》情にもろい, 思いやりがある 《= tener [también] su corazoncito》
tener un ~ de oro いい人である, 優しくて思いやりがある
tocar a+人 *en el ~* …の心を打つ
todo ~ 善人; 寛大な人: Es *todo* ~. 彼はいい人だ
traspasar a+人 *el ~* = *partir a*+人 *el ~*
venir en ~《古語》欲する, 願う

corazonada [koraθonáda]《←*corazón*》囡 ❶ 予感, 虫の知らせ《=presentimiento》: Tengo la ~ de que va a suceder algo malo. 何か悪いことが起こりそうな予感がする. ❷ 衝動《的行為》, 弾み, 勢い: en (por) una ~ 衝動的に. ❸《口語. 料理》内臓, もつ

corazoncillo [koraθonθíλo] 男《植物》セントジョーンズワート

corazoncito [koraθonθíto] 男 *tener [también] su ~*《口語》情にもろい, 思いやりがある

corazonista [koraθonísta] 形 名《カトリック》聖心修道会 Sagrados Corazones de Jesús y María の《修道士・修道女》

corbachada [korbatʃáda] 囡《廃語》鞭打ち

corbacho [korbátʃo] 男《廃語》[ガレー船の監督 cómitre が漕ぎ手の囚人を打つ] 鞭

corbata [korbáta]《←伊語 corvatta「クロアチアの」(クロアチアの騎士がネクタイをつけ始めたことから)》囡 ❶《服飾》ネクタイ: Hay que ir de (con) ~. ネクタイを着用しなければならない. *llevar ~* ネクタイを締めている. *ponerse la ~* ネクタイを締める. ~ *de lazo*/~ *de moño*《中南米》~ *michi*/《ベネズエラ》~ *de lacito*/《ボリビア》~ *gato*/《チリ》~ *de huma (humita)*/《アルゼンチン》~ *de moñito* 蝶ネクタイ《=pajarita》. ❷ 軍旗の先につける飾り紐; 文官の記章. ❸《レスリング》ヘッドロック. ❹《ゴルフ》カップに蹴られること. ❹《演劇》幕と舞台の端の間の部分, フットライトとプロンプターボックスの間の部分. ❻《古語》聖職者にも司法官にもならない道. ❼《コロンビア. 口語》楽で報酬のいい仕事
ponerse a+人 *por (de) ~*《西. 卑語》…の金玉が縮み上がる
tenerlos por (de) ~《西. 卑語》[びっくりして] 金玉が縮み上がる

corbatería [korbatería] 囡 ネクタイ店

corbatero, ra [korbatéro, ra] 名 ネクタイを製造(販売)する人

corbatín [korbatín]《*corbata* の示小語》男 [あらかじめ蝶結びになっているものを金具・マジックテープなどで留める] 蝶ネクタイ
irse (salirse) por el ~ やせこけている

corbato [korbáto] 男 [蒸留器のらせん管の] 冷却槽

corbela [korbéla] 囡《植物》ヒバマタ

corbelo [korbélo] 男《地方語. 魚》コノベの一種《=corvina》

corbeta [korbéta] 囡《←仏語 corvette》《軍》コルベット艦《フリゲート艦より小型の帆船; 現代の護衛艦》

corbícula [korbíkula] 囡 花粉バスケット《=cestillo》

corca [kórka] 囡《アラゴン, ムルシア. 昆虫》キクイムシ《=carcoma》

corcar [karkár] 〔7〕 ~*se*《アラゴン, ムルシア》[虫が木材に] 食い荒らす《=carcomer》

corcel [korθél]《←仏語 coursier》男《文語》駿馬

corcesca [korθéska] 囡 両側に小穂が2つある長い矛, コルセック

corcha [kórtʃa] 囡 ❶《地方語》コルク; コルク製のワインバケット《=corcho》. ❷《地方語》ミツバチの巣箱《=colmena》. ❸《船舶》ロープを綯うこと

hasta la ~ ぎりぎり一杯まで

corchar [kortʃár] 他 ❶《船舶》ロープを綯(*な*)る. ❷ コルクで栓をする

corche [kórtʃe] 男 コルク底のサンダル

corchea [kortʃéa] 囡《音楽》8分音符

corchero, ra [kortʃéro, ra] 形 コルクの: industria ~*ra* コルク産業
—— 名 コルク樹皮を剥ぎ取る人
—— 囡 ❶《水泳》コースロープ. ❷ [コルクを貼った] ワインクーラー

corcheta [kortʃéta] 囡《西. 服飾》[ホック留めの] 小穴, ループ

corchete [kortʃéte]《←仏語 crochet》男 ❶《西. 服飾》ホック《その鉤(*かぎ*)》, フック. ❷《印刷》角かっこ, ブラケット [ ]. ❸《木工》ベンチストップ. ❹《歴史》囚人を拘留する職務の役人. ❺《チリ》ホチキスの針《=grapa》

corchetera [kortʃetéra] 囡《チリ》ホチキス《=grapadora》

corcho [kórtʃo] 男《←モサラベ語 corche < ラテン語 cortex, -icis「樹皮」》男 ❶ コルク《樹皮, 板》: ~ *borniza (virgen)* コルクガシから最初にはいだ樹皮. ❷ コルク栓《=tapón de ~》; コルクのバケット; コルク底のサンダル; [食品を運ぶ] コルク箱. ❸ ミツバチの巣箱《=colmena》. ❹《婉曲》[間投詞的] ちくしょう!《=coño》
de ~《口語》無関心な, 冷淡な

corcholata [kortʃoláta] 囡《メキシコ》口金, 瓶のふた

córcholis [kórtʃolis] 間《婉曲》[奇異・怒り] えっ, まあ, 何だって!

corchoso, sa [kortʃóso, sa] 形 コルクのような

corchotaponero, ra [kortʃotaponéro, ra] 形 コルク栓製造業の

corcino [korθíno] 男 若いノロジカ corzo

corcova [korkóba]《←俗ラテン語 cucurvus「湾曲した」》囡 ❶ 背骨(胸骨)の異常な湾曲, 背中のこぶ《=joroba》: El corcovado no ve su ~ y ve la otra.《諺》他人の欠点には気付いても自分の欠点には気付かないものだ. ❷《ペルー. 口語》翌日まで《数日》続く祭り《=fiesta con ~》

corcovado, da [korkobádo, da] 形 名 背骨の湾曲した〔人〕, 猫背の〔人〕

corcovar [korkobár]《まれ》曲げる, 湾曲させる

corcovear [korkobeár] 自《馬・ロバが》跳びはねる

corcoveta [korkobéta] 名 背骨の湾曲した人, 猫背の人

corcovo [korkóbo] 男 ❶《馬・ロバの》背中を丸めた跳びはね. ❷ ゆがみ, ねじれ

corcubionés, sa [korkubjonés, sa] 形 名《地名》コルクビオン Corcubión の〔人〕《ラ・コルーニャ県の村》

corcusido [korkusído] 男《軽蔑》粗雑な縫い方《縫製》

corcusir [korkusír]《軽蔑》《衣服の破れた》下手に繕う

cordada[1] [kordáda] 囡《登山》アンザイレンした(ザイルで結び合った)パーティー: primero de ~ ザイルのトップ

cordado, da[2] [kordádo, da] 形 ❶ 脊索動物門の. ❷《紋章》弦が様々な色の弦楽器の
—— 男 圈《生物》脊索動物門

cordaje [kordáxe] 集名 ❶《船舶》索具. ❷《スポーツ》[ラケットの]: tensión del ~ ガットの張り

cordal [kordál] I 《←ラテン語 chorda「紐」》男 ❶《解剖》[弦楽器の] 緒止め板. ❷《アストゥリアス》山地, 小さな山脈
II 《←ラテン語 cordatus》《解剖》知歯, 親知らず《=muela ~》

cordato, ta [kordáto, ta] 形《まれ》賢明な, 分別のある, 慎重な

cordectomía [kordektomía] 囡《医学》声帯切除術

cordel [kordél]《←カスティーリャ語 cordell < ラテン語 chorda》男 ❶ [細い] 綱, 紐: atar el paquete con un ~ 包みを紐で縛る. ~ *guía* [煉瓦を正確に積むための] 基準紐. ❷《製本》本を縫う麻糸: libro de ~ 糸綴じの本. ❸ [スペイン起源の長さの単位] コルデール《5歩 pasos》. ❹ 季節移動する家畜の通り道《cañada より小規模な移動路. 幅45バラ vara》. ❺《キューバ》農地面積の単位《=4.14アール》. ❻《チリ》縄跳び〔の綱〕
a ~ [建物・道などが] 一直線に, まっすぐ: calle trazada *a* ~ 一直線に引かれた道
a hurta ~《まれ》突然, 思いがけず
dar ~《アラゴン》苦しめる

cordelado, da [kordeládo, da] 形 [絹のリボンなどに] 細い紐状にした

cordelar [kordelár] 他 = *acordelar*

cordelazo [kordeláθo] 男 縄による殴打

cordelejo [korðeléxo] 男 *dar* ～ 1) 一杯食わす, かつぐ. 2) 《メキシコ》先延ばしにする, はかない望みを抱かせる

cordelería [korðelería] 女 ❶ 製綱業; 綱製造(販売)所. ❷ 《船舶》[集名] 索具 [=cordaje]

cordelero, ra [korðeléro, ra] 形 製綱業の(業者)

cordellate [korðeʎáte] 男 横糸がうねになっているウールの粗布

cordería [korðería] 女 [集名] 紐, ロープ

corderil [korðeríl] 形 子羊 cordero の

corderillo [korðeríʎo] 男 子羊のなめし革

corderino, na [korðeríno, na] 形 子羊の [=corderil]
—— 女 子羊の皮

corderito [korðeríto] [cordero の示小語] 男 ❶ 子羊. ❷ 《服飾》forrado de ～ フリースの裏地の
contar ～*s* [眠れない時に] 羊の数を数える
ser un ～ 《口語》子羊のようにおとなしい

cordero, ra [korðéro, ra] [←俗ラテン語 ccrdarius < cordus「遅い」] 名 ❶ [1歳未満の] 子羊: ～ lechal (recental) [生後2か月未満の] 乳飲み子羊. ～ de museo 耳が小さい子羊. ～ pascual 生後2か月以上の子羊. ユダヤ人が過ぎ越しの祭りで食べる子羊. C～ de Dios/Divino C～ 神の子羊 [イエスのこと]. ❷ 非常に従順な人: Él es como un ～. 彼は子羊のようにおとなしい.
—— 男 ❶ 《料理》ラム. ❷ 子羊のなめし革
cara (ojos) de ～ *degollado* 無実の犠牲者のような(恋に悩む・あどけない)顔(目つき)

corderuelo, la [korðerwélo, la] 名 cordero の示小語

corderuna [korðerúna] 女 子羊の皮 [=corderina]

cordezuela [korðeθwéla] 女 cuerda の示小語

cordíaco, ca [korðíako, ka] 形 =**cardíaco**

cordial [korðjál] [←ラテン語 cor, cordis「心」] 形 ❶ 《文語》[行為が] 心からの, 心のこもった, 丁重な: 1) bienvenida ～ 温かい歓迎. 人手紙] Le expreso mi más ～ agradecimiento. 心から感謝申し上げます. Un saludo ～/Saludos ～*es*/Mi más ～ saludo 敬具. ❷ 如才のない, 人当たりよい; 親切な, 丁寧な; 親密な: Se mostró muy ～ conmigo. 彼は私にとても丁重だった. La reunión fue muy ～. その会は和気あいあいとしていた. las ～*es* relaciones con España スペインとの友好関係. ❸ [薬が] 強心作用のある, 気つけの: flores ～*es* 煎じて発汗剤にする花. remedio ～ 強心剤, 強壮剤
—— 男 ❶ 強心剤, 気つけ薬[となる飲み物]. ❷ 中指 [=dedo ～, dedo [del] corazón]

cordialidad [korðjaliðá(d)] 女 ❶ 《文語》まごころのこもっていること, 温かい心情, 厚情: con ～ ねんごろに, 心を込めて. ❷ 誠実, 誠心誠意: En la reunión reinó gran ～. 会合は和気あいあいとした雰囲気だった

cordialmente [korðjálménte] 副 心をこめて, 心から, 丁重に, 手あつく: Me trataron ～. 私は丁重にもてなされた. C～ 《手紙》敬具

cordicia [korðíθja] 女 《医学》心臓病

cordierita [korðjeríta] 女 《鉱物》菫青(きん)石

cordiforme [korðifórme] 形 ハート形の [=acorazonado]

cordila [korðíla] 女 マグロの稚魚

cordilina [korðilína] 女 《植物》ニオイシュロラン[観葉植物. 学名 Cordyline australis]

cordilla [korðíʎa] 女 《まれ》[子羊などの] 内臓[猫の餌用]

cordillera [korðiʎéra] [←ラテン語 chorda「紐」] 女 山脈, 山系 [→sierra][類義]: C～ de los Andes アンデス山脈. C～ Pirenaica ピレネー山脈

cordillerano, na [korðiʎeráno, na] 形 名 ❶ 山脈の. ❷ 《主に南米》アンデス山脈の[人]

cordilo [korðílo] 男 ❶ 《動物》オオヨロイトカゲ. ❷ 《古語》サンショウウオの幼生のような動物

cordimariano, na [korðimarjáno, na] 形 《カトリック》❶ 聖母マリアの聖心 Corazón de María の. ❷ 聖心という名称をもつ修道会の[修道士・修道女]

cordita [korðíta] 女 コルダイト火薬

corditis [korðítis] 女 《医学》声帯炎

córdoba [kórðoba] 男 [ニカラグアの貨幣単位] コルドバ

cordobán [korðobán] 男 [← Córdoba の] 《皮革》コードバン

cordobana [korðobána] 女 *andar a la* ～ 《まれ》全裸で歩く

cordobanero, ra [korðobanéro, ra] 名 コードバンの製造者

cordobés, sa [korðobés, sa] 形 《地名》コルドバ Córdoba の[人]《アンダルシア州の県・県都; アルゼンチン中部の県・県都; コロンビアの県》
—— 《服飾》コルドバ帽《アンダルシア独特のつば広のフェルト帽. =sombrero ～》

Cordobés [korðobés] 《人名》 El ～ エル・コルドベス《1936～, スペインの闘牛士. 本名 Manuel Benítez. 1960年代に絶大な人気を誇った》

cordón [korðón] [←古仏語 cordon < ラテン語 chorda「紐」] 男 ❶ [主に布製の細い] 紐: zapatos de ～ 編み上げ靴. *cordones* de los zapatos 靴紐. ❷ 《電気器具の》コード: La plancha tiene el ～ roto. アイロンのコードが断線している. ❸ 《修道服の》腰帯. ❹ 警戒線: Se hizo ～ policial. 警察の警戒(非常)線が張られた. ❺ 《ひもで》[制服の肩にかける]飾り紐. ❻ 《建築》玉縁. ❼ 《地理》～ litoral 砂嘴(しゅ), 沿岸州, 浜堤. ❽ 《解剖》～ umbilical へその緒. sangre de ～ umbilical 臍帯(さい)血. ～ espermático 精索. ❾ 《船舶》[ロープの] より糸. ❿ 《繊維》lana de tres *cordones* 三重織りの毛織物. ⓫ 馬の鼻筋の白線. ⓬ 《カリブ, アンデス, チリ, アルゼンチン, ウルグアイ》切り立った丘(岩山)の連なり. ⓭ 《カリブ, アンデス》蒸留酒. ⓮ 《キューバ, チリ, アルゼンチン, ウルグアイ》[街路の] 縁石. ⓯ 《チリ, アルゼンチン, ウルグアイ. 電気》～ detonante ヒューズ
en ～ [駐車で] 歩道に沿って一列に: aparcar *en* ～ 縦列駐車する

cordonazo [korðonáθo] 男 ❶ 紐で叩くこと. ❷ 《船舶》～ de San Francisco 秋分の日のころに吹く嵐

cordoncillo [korðonθíʎo] [cordón の示小語] 男 ❶ 《繊維》[コールテンなどの] うね. ❷ 《手芸》punto de ～ 鎖綴じ; チェーンステッチ. ❸ 《貨幣の》縁のぎざぎざ. ❹ 《印刷》[ページの] 縁飾り. ❺ 細い紐

cordonería [korðonería] 女 ❶ 紐・綱の製造所(販売店). ❷ [集名] 紐, 綱

cordonero, ra [korðonéro, ra] 名 紐・綱の製造(販売)者

cordubense [korðubénse] 形 =**cordobés**

cordula [korðúla] 女 =**cordilo**

cordura [korðúra] [←ラテン語 cor, cordis「心臓」] 女 分別, 良識, 慎重さ; 正気: obrar con ～ 慎重に行動する

core [kóre] 男 《メキシコ》=**corebac**

corea [koréa] 女 ❶ 《国名》[C～] 朝鮮: C～ del Sur 韓国《正式名称 República de C～》. C～ del Norte 北朝鮮《正式名称 República Popular Democrática de C～》. ❷ 《医学》舞踏病. ❸ 《古語》歌に合わせたスペインの踊り

coreanista [koreanísta] 名 朝鮮語(文化)の研究者

coreano, na [koreáno, na] 形 《国名》朝鮮 Corea [人・語] の, 韓国[人・語] の; 朝鮮人, 韓国人
—— 男 朝鮮語, 韓国語

corear [koreár] [←coro 1] 他 ❶ 合唱する, 唱和する. ❷ [音楽作品に] 合唱部をつける. ❸ 口をそろえて…に賛同する, 付和雷同する. ❹ 《ペルー》雑草を取る

corebac [korebák] 男 《メキシコ. アメフト》クオーターバック

corecico [koreθíko] 男 =**corezuelo**

corecillo [koreθíʎo] 男 =**corezuelo**

corega [koréga] 男 《古代ギリシア》コレーゴス《ギリシア悲劇の上演費用や合唱隊の訓練費用を負担した市民》

corego [korégo] 男 =**corega**

corégono [korégono] 男 《魚》コレゴヌス

coreico, ca [koréiko, ka] 形 《医学》舞踏病 corea の

corellano, na [koreʎáno, na] 形 《地名》コレリャ Corella の[人]《ナバラ州の町》

coreo [koréo] 男 ❶ 《詩法》[ギリシア・ラテン詩の] 長短格. ❷ 《まれ》合唱すること; その間合

coreodrama [koreoðráma] 男 舞踊劇

coreografía [koreografía] [←ギリシア語 khoreia「踊り」+graphe「記述」] 女 ❶ 《舞踊》振り付け; 舞踏術, 舞踏法. ❷ [集名] [一作品の] 踊り

coreografiar [koreografjár] [11] 他 [音楽作品に] 振り付けをする

coreográfico, ca [koreográfiko, ka] 形 振り付けの

coreógrafo, fa [koreógrafo, fa] 名 振り付け師

coreopsis [koreó(p)sis] 男 《植物》ハルシャギク

corepíscopo [korepískopo] 男 代理司教《司教の地位を一時的に授けられた高位聖職者. 元々の職務以上の権限を持たない》

corete [koréte] 男 ❶ [馬具職人が釘の下にはさむ(し)る]円盤状の革. ❷ [影像磨き用の] 子ヤギのなめし革

coreuta [koréɣta] 名 [ギリシア悲劇の] 合唱隊員
corezuelo [koreθwélo] 男 ❶ 子豚. ❷《料理》ローストした子豚の皮
CORFO [kórfo] 女《チリ. 略語》←Corporación de Fomento de la Producción 経済開発公社
cori [kóri] 男《植物》セイヨウオトギリソウ, セントジョンズワート
cori [korí] 男《動物》モルモット, テンジクネズミ
coriáceo, a [korjáθeo, a] 形《主に植物の外見・手触りが》革 cuero のような
corial [korjál] 形《解剖》絨毛膜の
coriámbico, ca [korjámbiko, ka]《詩法》長短短長格の
coriambo [korjámbo] 男《詩法》[古代ギリシア詩の韻脚] 長短短長格
coriandro [korjándro] 男《植物》コリアンダー〖=cilantro〗
coriano, na [korjáno, na] 名《地名》コリア Coria の〖人〗〖カセレス県の町〗; コリア・デル・リオ Coria del Río の〖人〗〖セビーリャ県の町〗
coriaria [korjárja] 女《植物》ドクウツギ
coriariáceo, a [korjarjáθeo, a] 形《植物》ドクウツギ科の
——女 複 《植物》ドクウツギ科
coribante [koribánte] 男《古代ギリシア》女神キュベレ Cibeles に仕える祭司
coridora [koridóra] 女《魚》コリドラス
corifénido, da [korifénido, da] 形 シイラ科の
——男 複 《魚》シイラ科
corifeo [koriféo] 男 ❶《古代ギリシア》コリュパイオス〖古典悲劇の合唱隊指揮者〗. ❷ [一党・一派の] 代弁者, 指導者: Habla tú, ya que pareces el ~ de los descontentos. 君は不満分子の代弁者らしいから, 君がしゃべれよ. ❸ [主に 複] 腰巾着, とりまき
coriláceo, a [koriláθeo, a] 形 ハシバミ属の
——女 複 《植物》ハシバミ属
corimbiforme [korimbifórme] 形《植物》散房花序の
corimbo [korímbo] 男《植物》散房花序
corindón [korindón] 男《鉱物》コランダム, 鋼玉
corinocarpáceo, a [korinokarpáθeo, a] 形 コリノカルプス属の
——女 複 《植物》コリノカルプス属
coríntico, ca [koríntiko, ka] 形 =**corintio**
corintio, tia [koríntjo, tja] 形 名 ❶《地名》[ギリシアの] コリント Corinto の〖人〗: Carta a los C~s〖新約聖書〗コリント人への手紙. ❷《建築》コリント式の
corinto [korínto] 男 赤みがかった濃紫色〖干しブドウ pasa de Corinto の色〗
corion [kórjon] 男《解剖》絨毛膜;《生物》漿膜
coriónico, ca [korjóniko, ka] 形 絨毛膜の
coripétalo, la [koripétalo, la] 形 =**dialipétalo**
corisanto [korisánto] 男《植物》ラン科 Chorizanthe 類
corista [korísta] ❶ [←coro 1] 名 ❶ [オペラなどの] 合唱団員; [ミュージカルの] コーラスラインのメンバー, コーラスガール. ❷ 聖歌隊員
corito, ta [koríto, ta] 形 ❶《俗語》裸の. ❷ 小心な, 意気地のない, 臆病な
——男 ❶ 革袋に入ったぶどう酒を圧搾所から樽まで運ぶ職人. ❷ サンタンデールとアストゥリアスの人々
coriza [koríθa] I [←ラテン語 coryza < ギリシア語 koryza] 女/《まれ》男《医学》コリーザ, 鼻風邪
II 女《地方語》生皮製の粗末なサンダル
corla [kórla] 女《美術》金・銀・錫などの上に主に緑色で描いた絵〖=transflor〗
corlador, ra [korlaðór, ra] 名 金色ワニスを塗る人
corladura [korlaðúra] 女 [金属板に塗る] 金色ワニス
corlar [korlár] 他 金色ワニスを塗る
corleador, ra [korleaðór, ra] 名 =**corlador**
corlear [korleár] 他 =**corlar**
corma [kórma] 女 ❶ [木製の] 足かせ. ❷《廃語》邪魔, 迷惑
cormiera [kormjéra] 女《植物》野生のリンゴ〖ナシ属. スペインに多く, 果実は小さいが食用. 学名 Amelanchier vulgaris〗
cormo [kórmo] 男《植物》根・茎・葉からなる構造
cormofíceo, a [kormofíθeo, a] 形 =**cormófito**
cormófito, ta [kormófito, ta] 形 茎葉植物の
——女 複 《植物》茎葉植物
cormorán [kormorán]《←仏語 cormoran》男《鳥》ウ(鵜): ~ grande カワウ. ~ japonés ウミウ. ~ moñudo ヨーロッパヒメウ. ~ pigmeo ピグミーウ〖学名 Microcarbo pygmeus〗

cornac [kornák] 男《まれ》=**cornaca**
cornaca [kornáka] 男 [東南アジアの] 象使い
cornáceo, a [kornáθeo, a] 形《植物》ミズキ科の
——女 複 《植物》ミズキ科
cornada [kornáða] 女 ❶ 角 cuerno による一撃; 角による突き傷. ❷《フェンシング》低い位置から上方への突き
nadie muere de ~ de burro《まれ》怖がる必要はない, もっと大胆になれ
cornadillo [kornaðíʎo] 男 *emplear (poner) su ~*《廃語》[目的達成のために] 手段を尽くす, 努力する
cornado [kornáðo] 男《古語》[カスティーリャ王国の] 銀を混ぜた銅貨
cornadura [kornaðúra] 女 [一対の] 角(?)〖=cornamenta〗
cornal [kornál] 男 牛をくびきにつなぐ綱〖=coyunda〗
cornalina [kornalína] 女《鉱物》紅玉髄
cornalón, na [kornalón, na] 形 [牛などが] 角の非常に大きい
cornamenta [kornaménta] 女 集合 ❶ [主に大型の, 一対の] 角(?). ❷《戯語》妻に浮気された男の印の角〖=cuerno〗: *poner la ~ a+人* …の妻(夫)を寝取る
cornamusa [kornamúsa] 女 ❶《音楽》1) コルヌミューズ〖単調音パイプの古いバグパイプ〗, 2) 朝顔口の大きなラッパ. ❷《船舶》クリート, 索止め. ❸《古語》金属を昇華させるためのレトルト
cornatillo [kornatíʎo] 男 角(?)のように曲がったオリーブの実
córnea[1] [kórnea] 女《解剖》角膜
corneado, da [korneáðo, da] 形《古語》両端が尖った
corneador, ra [korneaðór, ra] 名《廃語》=**acorneador**
corneal [korneál]〖←córnea+al〗形《解剖, 光学》角膜の
corneano, na [korneáno, na] 形《光学》角膜の: *reflejo ~* 角膜反射
cornear [korneár] 他 角(?)で突く
corneja [kornéxa] 女《鳥》❶ ハシボソガラス〖=~ común〗. ❷ コノハズク, モリフクロウ
cornejal [kornexál] 男《地方語》=**cornijal**
cornejo [kornéxo] 男《植物》❶ セイヨウミズキ〖=~ hembra, ~ encarnado〗. ❷ macho ガマズミ〖=durillo〗
cornelina [kornelína] 女 =**cornalina**
córneo, a[2] [kórneo, a] 形 ❶ 角(?)の; 角質の. ❷《廃語》=**cornáceo**
córner [kórner]〖←英語 corner〗男 複 ~[e]s《サッカー》コーナーキック
cornerina [kornerína] 女 =**cornalina**
corneta[1] [kornéta]〖←ラテン語 cornu, -us「トランペット」〗女 ❶ 軍隊ラッパ: ~ de llaves コルネット〖=cornetín〗. ❷ [豚飼いの] 角笛. ❸《古語》~ acústica ラッパ形補聴器. ❹《古語》[愛徳修道会の] 修道女の頭巾. ❺《古語》[竜騎兵隊などの] 隊旗; 竜騎兵隊. ❻ [カスタリヤ, コロンビア, ボリビア, チリ] メガホン〖=megáfono〗. ❼《ベネズエラ. 自動車》クラクション. ❽《チリ, ラプラタ》角が1本しかない雄牛
——名《軍事》ラッパ手〖=~ de órdenes〗
——男《古語》[竜騎兵隊の] 旗手
cornete [kornéte] 男 ❶《解剖》鼻甲骨. ❷ コーン cucurucho 入りのアイスクリーム
cornetilla [kornetíʎa] 女 →**pimiento** de cornetilla
cornetín [kornetín] [corneta の示小語] 男《音楽》コルネット
——名 コルネット奏者; ~ de órdenes《軍事》ラッパ手
corneto, ta[2] [kornéto, ta] 形 ❶《メキシコ, ベネズエラ》[牛が] 角が下向きの. ❷《ホンジュラス, ニカラグア》X脚の. ❸《ベネズエラ》[無用の印として馬が] 耳を切られた
cornezuelo [korneθwélo] 男 ❶《薬学》麦角(?);《生物》バッカク菌. ❷《獣医》[鹿の角製の] 血管と組織を分離する手術器具. ❸《果実》長く尖っているオリーブ〖=cornicabra〗
corn flakes [kórn fléjks/kon fléj]〖←英語〗男 複 コーンフレーク
corniabierto, ta [kornjabjérto, ta] 形《闘牛》[牛が] 角の幅が非常に離れている
cornial [kornjál] 形 角(?)の形をした
cornialto, ta [kornjálto, ta] 形《闘牛》[牛が] 角が長く立っている〖corniveleta ほどではない〗
corniancho, cha [kornjántʃo, tʃa] 形 =**corniabierto**
corniapretado, da [kornjapretáðo, da] 形《闘牛》[牛が] 角の幅が非常に狭い
cornibrocho, cha [kornibrótʃo, tʃa] 形《闘牛》[牛が] 角が内側に向いている

cornicabra [kɔrnikáƀra] [女] ❶《植物》1) テレビンノキ〖=terebinto〗. 2) ガガイモ科の一種〖学名 Periploca laevigata〗. 3) 野生のイチジク. ❷《果実》長く先がとがっているオリーブ
cornicorto, ta [kɔrnikɔ́rto, ta] [形]《闘牛》[牛が] 角が短い
cornidelantero, ra [kɔrniđelantéro, ra] [形]《闘牛》[牛が] 角が前に向いている
corniforme [kɔrnifɔ́rme] [形]《文語》角(つの)の形をした
cornigacho, cha [kɔrnigátʃo, tʃa] [形]《闘牛》[牛が] 角が下に向いている
cornígero, ra [kɔrníxero, ra] [形]《詩語》角をもつ, 角の生えた
cornija [kɔrníxa] [女]《建築》コーニス, 軒蛇腹〖=cornisa〗
cornijal [kɔrnixál] [男] ❶ 隅, 角(かど): ～ de un colchón 布団の角. ～ de un campo 畑の隅. ～ de un edificio 建物の角. ❷《カトリック》ミサで聖職者が手を拭く布
cornijamento [kɔrnixaménto] [男]《建築》エンタブラチュア〖=entablamiento〗
cornijamiento [kɔrnixamjénto] [男]《建築》エンタブラチュア〖=entablamiento〗
cornijón [kɔrnixɔ́n] [男] ❶《建築》エンタブラチュア〖=entablamiento〗. ❷ [通りに面した] 建物の角
cornil [kɔrníl] [男] =**cornal**
cornisa [kɔrnísa]〖←伊語 cornice〗[女] ❶《建築》コーニス, 軒蛇腹. ❷ 岩棚; 雪庇(せっぴ). ❸《地理》崖上の地帯
cornisamento [kɔrnisaménto] [男]《建築》エンタブラチュア〖=entablamiento〗
cornisamiento [kɔrnisamjénto] [男]《建築》エンタブラチュア〖=entablamiento〗
cornisón [kɔrnisɔ́n] [男] =**cornijón**
corniveleto, ta [kɔrniƀeléto, ta] [形]《闘牛》[牛が] 角が長く立っている
cornivuelto, ta [kɔrniƀwélto, ta] [形]《闘牛》[牛が] 角が後方に曲がっている
cornizo [kɔrníθo] [男]《植物》ミズキ〖=cornejo〗
corno [kɔ́rno] [男] ❶《音楽》〔フレンチ〕ホルン: ～ inglés イングリッシュホルン, コーラングレ. ～ de caza 狩猟ホルン. ❷《植物》ミズキ〖=cornejo〗
cornubianita [kɔrnuƀjaníta] [女]《地質》ホルンフェルス
cornucopia [kɔrnukópja]〖←ラテン語 cornucopia < cornu「角」+copia「豊かさ」〗[女] ❶《ギリシア・ローマ神話》豊饒の角〖=cuerno de la abundancia〗. ❷ [バロック風の金色の彫刻飾り付きの] 掛け鏡
poner la ～《戯語》不貞を働く〖=poner los cuernos〗
cornuda[1] [kɔrnúđa] [女]《魚》ナミシュモクザメ
cornudilla [kɔrnuđíʎa] [女]《魚》シュモクザメ
cornudo, da[2] [kɔrnúđo, đa]〖←ラテン語 cornutus < cornu「角」〗[形] [名] ❶ 角(つの)の生えた. ❷《時に軽蔑》[主に [男]] 恋人(夫・妻)に浮気された〔人〕, 妻を寝取られた〔夫〕: Me hizo ～. 私の妻は浮気した
encima de ～ apaleado 浮気されて間抜けな, 踏んだり蹴ったりの
tras 〔*de*〕 *～ apaleado* =**encima de ～ apaleado**
cornúpeta [kɔrnúpeta] [形] [名] ❶《戯語》恋人(夫・妻)に浮気された人. ❷ [図柄で] 角で突きかかろうとしている〔動物〕
—— [男] [闘牛用の] 雄牛
cornúpeto [kɔrnúpeto] [男] [闘牛用の] 雄牛〖=cornúpeta〗
cornuto [kɔrnúto] [形] argumento (silogismo) ～ ジレンマ, 両刀論法
coro [kóro] **I**〖←ラテン語 chorus < ギリシア語 khorós「輪になった踊り」〗[男] ❶ 合唱団, コーラスライン; 聖歌隊: niño de ～ 少年聖歌隊員. ❷ 合唱, コーラス; 合唱曲: cantar en (a) ～ 合唱する. libro de ～ 合唱曲集. ～ mixto/～ de voces mixtas 混声合唱〔団〕. ～ de cuatro voces 四部合唱. ❸ [教会の] 聖歌隊席; [聖職者用の] 聖堂内陣; [女子修道院の] 共唱祈禱の間(ま). ❹《カトリック》[教会・修道院の] 食前の祈禱. ❺ 天使の階級〖9つある. →ángel〗. ❻ [古典悲劇で] 合唱歌舞団, コロス. ❼《古語》舞踊団
a ～ 声をそろえて, 一斉に: Toda la familia pide *a ～* que te quedes unos días más. 家族みんなが口々にもう数日いてほしいと君に頼んでいる
hacer ～ a+人《口語》口をそろえて…に賛同する; …にへつらう
II〖←ラテン語 caurus〗[男]《詩語》北西風〖=cauro〗
III [男] *de ～* 暗記して, 記憶を頼りに
corocha [korótʃa] [女] ❶《古語》長くゆったりとした衣服. ❷《昆虫》[ブドウの葉を食べる黒褐色の] ノミハムシの幼虫
corografía [korografía] [女]《まれ》地方地誌, 地勢図
corográficamente [korográfikaménte] [副]《まれ》地勢図によって
corográfico, ca [korográfiko, ka] [形]《まれ》地勢図の
corógrafo, fa [korógrafo, fa] [名]《まれ》地勢図を読む(描く)人
coroideo, a [korɔi̯đéo, a] [形] 脈絡膜の
coroides [koróịđes] [女]〖単複同形〗《解剖》脈絡膜
coroiditis [korɔi̯đítis] [女]《医学》脈絡膜炎
corojal [korɔxál] [男] コフネヤシ林
corojo [korɔ́xo] [男]《植物》ヤシ科の一種〖実は食用. 学名 Acrocomia armentalis〗
corola [koróla] [女]《植物》花冠
corolario [korolárjo] [男] ❶ 必然的帰結, 当然の結果. ❷《数学, 論理》系, ある定理から直ちに導かれる別の定理
coroliflora [koroliflóra] [形]《植物》雄蘂が花冠に密着した
coroliforme [korolifɔ́rme] [形] 花冠状の
corolino, na [korolíno, na] [形] 花冠の
corona [koróna]〖←ラテン語〗[女] ❶ 冠; 王冠: 1) ～ de espinas [キリストの] いばらの冠. *C*～ de hierro ドイツ皇帝が受けたロンバルド王の王冠. *C*～ olímpica オリンピック競技の勝者に授けられたオリーブの冠. rey sin ～ 無冠の帝王. Una ～ de nubes rodeaba la cima de la montaña. 雲が冠のように山頂を取り巻いていた. 2)《古代ローマ》*C*～ castrense (valar・vallar) 敵陣に一番乗りした兵に与えらる冠. *C*～ cívica (civil) 市民冠〖戦友を助けた兵に与えられる樫の葉の冠〗. *C*～ mural 敵の城壁を最初に登った兵に与えられる冠. *C*～ naval (rostrada・rostral・rostrata) 敵船に最初に飛び移った兵に与えられる冠. *C*～ obsidional (gramínea) 敵の包囲を破った兵に与えられるギョウギシバの冠. *C*～ de ovación/*C*～ oval 小凱旋式 ovación で使われるミルタス arrayán の冠. *C*～ triunfal 凱旋将軍に授けられる金冠. ❷ [棺や墓などの上に置く] 花輪〖=～ de flores, ～ fúnebre〗: ～ de muerto 葬儀の花輪. ～ de caridad《チリ》花輪を贈る代わりの寄付. ❸ [時に *C*～] 1) 王位, 王権; 王: Heredó la ～ de su madre, Isabel II. 彼は母, イサベル2世の王位を継いだ. heredero de la ～ ducal 公爵位の後継者. atributos, privilegios, bienes de la ～ 王位の象徴, 特権, 財産. mensaje de la ～ 王による議会の開会演説. ～ inglesa イギリス国王. 2)《歴史》*C*～ de Aragón アラゴン連合王国〖1137年～18世紀初頭, アラゴン・カタルーニャ・バレンシア3国とバレアレス諸島から成る連合国家〗. ❹ 栄冠〖=～ de gloria〗; 褒賞: ～ de martirio 殉教者の栄冠. ❺ [聖像などの] 光輪, 光背;《幾何》環形〖=～ circular〗. ❻ [時計の] 竜頭;《技術》クラウン歯車. ❼ 山頂; 栄光の頂点. ❽ 頭頂;《宗教》削冠〖=coronilla〗. ❾《解剖》歯冠; [歯にかぶせる] 冠: poner una ～ a una muela 歯に〔金〕冠をかぶせる. ❿ [貨幣単位] ～ checa チェコ・コルナ. ～ danesa デンマーク・クローネ. ～ sueca スウェーデン・クローネ. ⓫《歴史》[王冠の刻印のある] コロナ金貨(銀貨); [英国の] クラウン銀貨: media ～ 半クラウン. ⓬《カトリック》7連のロザリオ. ⓭《築城》冠塞. ⓮《船舶》短索. ⓯《獣医》蹄冠〖=～ de casco〗. ⓰ 極致: ～ del martirio (de la abnegación・del sacrificio) 殉教(献身・自己犠牲)の極致. ⓱《植物》～ de fraile アザミ. ～ de rey ユキノシタ科の一種〖学名 Saxifraga longifolia〗. ～ imperial フリチラリア, ヨウラクユリ. ～ real ヒマワリ. ⓲《天文》1) [太陽の] コロナ〖=～ solar〗. 2) *C*～ Boreal 冠座. *C*～ Austral 南冠座. ⓳《紋章》*C*～ de barón 真珠6個の冠飾り. *C*～ de conde イチゴの葉8枚と真珠8個の冠飾り. *C*～ ducal/*C*～ de duque イチゴの葉のみの冠飾り. *C*～ de marqués イチゴの葉4枚と真珠4個の冠飾り. *C*～ de visconde 真珠18個の冠飾り. ⓴ ～ de luz [教会の天井から吊るす] 円形燭架
ceñir〔*se*〕 *la* ～ 王位につく, 君臨する
coronación [koronaθjɔ́n] [女] ❶ 冠をかぶせること, 戴冠; 戴冠式: ～ de la Virgen 聖母マリアの戴冠. ❷ 栄光の頂点; 完成, 仕上げ: El descubrimiento ha sido la ～ de largos años de investigaciones. その発見は長年の研究の最後を飾るものだった. ❸《建築》上部〔の飾り〕;《船舶》船尾上部〔飾り〕〖=coronamiento〗
coronado [koronáđo] [男]《古語》[剃髪した] 下位の聖職者
Coronado [koronáđo]《人名》→**Vázquez de Coronado**
coronador, ra [koronađɔ́r, ra] [形] [名] 冠をかぶせる〔人〕
coronal [koronál] [形] [男]《解剖》前頭骨〔の〕, 前額骨〔の〕

―― 形 女《言語》前舌の; 前舌子音
coronamiento [koronamjénto] 男 =**coronamiento**
coronamiento [koronamjénto] 男 ❶《建築》上部〔の飾り〕;《船舶》船尾上部〔飾り〕. ❷《古語》戴冠〔=coronación〕
coronar [koronár] 他 〔…に冠をかぶせる（授ける）、王位につける〕: 1) El rey fue *coronado*. 王は戴冠した。2) [+目的格補語] La *coronaron* reina de la fiesta. 彼女は祭りの女王に選ばれた。❷ [+de・con で]〔…の頂点（上部）を飾る〕: La montaña está *coronada* de nieve. 山頂は雪をいただいている。Ese edificio *corona* la ciudad. その建物は市の一番高い所に立っている。❸ 完成する、完遂する、…の有終の美を飾る;〔陣地などを〕奪取する: Con eso ha *coronado* su carrera. これで彼のキャリアは有終の美を飾った。El éxito *coronó* nuestros esfuerzos. 努力が報われ、私たちは成功を手にした。Consiguieron ～ la cima. 彼らはついに山頂をきわめた。❹ ～ la fiesta 祭りの最後を飾る。❺ …に報いる。❻《チェス》〔ポーンが〕成る、《チェッカー》〔こまを〕キングにする
para ～*lo* その上、おまけに
―― 自 〔お産で胎児が〕頭をのぞかせる〔=～**se**〕
―― ～*se* ❶ 冠をかぶる（戴く）; 王位につく: Los árboles *se coronan* de flores. 木々は花を戴いている。❷〔お産で胎児が〕頭をのぞかせる
coronario, ria [koronárjo, rja] 形 ❶ 冠形の。《解剖》冠状の: arteria (vena) ～*ria* 冠状動脈（静脈）。❸《まれ》〔金が〕非常に細かく純度が高い
―― 女 ❶《植物》スイセンノウ、フランネルソウ、リクニス〖=～*ria purpúrea*〗。❷〔時計の秒針を動かす〕冠歯車
coronariografía [koronarjografía] 女《医学》冠動脈造影検査
coronariopatía [koronarjopatía] 女《医学》冠状動脈疾患
coronavirus [koronabírus] 男《医学》コロナウイルス
corondel [korondél] ❶《印刷》❶〔段を区切る〕縦のインテル、段込（ごみ）の空き〕。❷ 覆 透かしの縦罫線
coroneja [koronéxa] 女《地方語》〔地面に描いた碁盤目に向かって〕コイン（石）を投げる遊び〖=rayuela〗
coronel[1] [koronél] ❶《陸軍、空軍》大佐
―― 女《紋章》冠付兜〖=corona〗、《建築》サイマ、波繰形、冠繰形。❸《キューバ》大型の凧
coronel[2], **la** [koronél, la] 男 [旗などが] 大佐の
―― 女《古語》大佐の妻。《動物》～*la europea* ヨーロッパナメラ〖蛇〗
coronelato [koroneláto] 男 大佐の位〖=coronelía〗
coronelía [koronelía] 女 ❶ 大佐の位。❷《廃語》連隊〖=regimiento〗
corónica [korónika] 女《廃語》=**crónica**
corónide [koróniðe] 女 完成、完結、仕上げ、成就
coronilla [koronía] 〖corona の示小語〗 女 ❶ 頭頂、つむじ: quedar calvo por la ～ 頭のてっぺんがはげる。❷〔修道士の〕剃髪〖=tonsura〗。❸〔パンプロナ独特の〕丸いケーキ。《植物》～ *de fraile/* ～ *de rey* キキョウ科の一種〖学名 Globularia alypum〗。～ *real* シナガワハギの一種〖学名 Melilotus officinalis〗。～ *de hoja fina* マメ科の一種〖学名 Coronilla juncea〗
andar de ～ 懸命（やっき）になる、がんばる; 人を喜ばせようと努力する
bailar de ～ =*andar de* ～
dar de ～ まっさかさまに落ちる、床に頭をぶつける
hasta la ～《口語》[+de に] あきあきした、うんざりした: Estoy hasta la ～ *de tus bromas*. 君の冗談にはうんざりだ
ir de ～ =*andar de* ～
traer (*llevar*) *de* ～《口語》てんてこ舞いさせる
coronio [korónjo] 男《天文》コロニウム
corónopo [korónopo] 男《植物》セリバオオバコ
coronta [korónta] 女《南米》〔粒を取り除いた後の〕トウモロコシの穂
corosol [korosól] 男《植物》トゲバンレイシ
corotero [korotéro] 男《ベネズエラ》がらくた
coroto [koróto] 男 ❶《南米》〔名前を知らない・忘れた〕物。❷《南米》覆 家庭用品、身の回りの品; 古道具。❸《ベネズエラ》政権
coroza [koróθa] 女 ❶《ガリシア》みの〔農夫が雨よけに用いるイグサ・わら製のかっぱ〕。❷《歴史》[異端審問所が罪人にかぶらせた] 紙製のとんがり帽子
corozo [koróθo] 男《コロンビア、ベネズエラ、植物、果実》=**corojo**

corpa [kórpa] 女 ❶《鉱物》原鉱片。❷《ボリビア》コカの運搬人。❸《チリ》ペンガラ〖=colpa〗
corpachón [korpatʃón] 男 ❶ [主に人の] 大きく頑丈な体。❷ 鶏肉の胸と脚を取り除いた部分
corpanchón [korpantʃón] 男 =**corpachón**
corpazo [korpáθo] 男 cuerpo の示大語
corpecico [korpeθíko] 男 胴衣〖=corpiño〗
corpecillo [korpeθíʎo] 男 胴衣〖=corpiño〗
corpecito [korpeθíto] 男 胴衣〖=corpiño〗
corpiñejo [korpinéxo] 男 corpiño の示小語
corpiño [korpíno] 男〖←ガリシア・ポルトガル語 corpinho〗❶《服飾》〔伝統的な、女性用の袖のない〕胴衣。❷《中南米》ブラジャー〖=sostén〗
corporación [korporaθjón] 女〖←英語 corporation < ラテン語 corpus, -oris〗❶ 同業者団体、同業組合: ～ *de médicos* 医師会. *docta* ～《文語》スペイン王立学士院〖=Real Academia Española〗. ～ *de catedráticos de universidad* 大学教授会. ～ *financiera* 金融公庫. ❷ 公団、公社: *C*～ *Andina de Fomento* アンデス開発公社. *C*～ *Bancaria de España* スペイン銀行公社. *C*～ *de Fomento de la Producción*《チリ》経済開発公社〖1939年創設の国営組織〗. *C*～ *Minera de Bolivia* ボリビア鉱山公社〖1952年設立の国営企業. 主として錫・亜鉛を産出〗. ❸《西》地方自治体〖=～ *municipal*〗。❹ [英国などの大きな] 会社、企業
corporal [korporál] 形〖←ラテン語 corporalis〗肉体の、肉体的な: *castigo* ～ 体罰. *expresión* ～ 肉体表現. *lenguaje* ～ ボディランゲージ. *trabajo* ～ 肉体労働
―― 男 複《カトリック》聖体布〖聖体拝領でパンとワインを載せる布〗: *bolsa de* ～*es* 聖体布入れ
corporalidad [korporaliðá(ð)] 女 身体性、肉体性
corporalista [korporalísta] 名《哲学》肉体主義者
corporalmente [korporálménte] 副 身体で、肉体で: *trabajar* ～ 体を使って働く
corporativamente [korporatíβaménte] 副 組織として: La Academia se dirigió ～ *a la catedral*. アカデミーは組織として大聖堂に働きかけた
corporativismo [korporatiβísmo] 男 ❶ コーポラティズム、協調組合主義〖フランコ時代のスペインのように、普通選挙によらず、資本・企業連合・伝統的職能組合などによって諸個人・諸階層の意見や利害を集約し調整する〗。❷ 同業組合主義
corporativista [korporatiβísta] 形 協調組合主義の; 同業組合主義の
corporativo, va [korporatíβo, βa] 形〖←英語 corporative〗男 ❶ 同業者団体の、同業組合の、組合の: *informe* ～ 組合報. ❷《時に軽蔑》協調組合主義の。❸ 公共団体の: *espíritu* ～ 公共（公衆）の精神。❹ 法人の、団体の
corporeidad [korporeiðá(ð)] 女 形体的存在、有形性
corpore insepulto [kórpore insepúlto]〖←ラテン語〗形《ミサ・葬儀が》埋葬前の〖=de ～〗
―― 副《まれ》埋葬前に
corporeización [korporeiθaθjón] 女 物質化、有形化
corporeizar [korporeiθár] 他〖概念・理念など非物質的なものを〗物質化させる、有形化させる
―― ～*se* 物質化する、有形化する、現実化する
corpóreo, a [korpóreo, a] 肉体をもつ、物質的な、有形の
corporificar [korporifikár] 他 =**corporeizar**
corporizar [korporiθár] 他 =**corporeizar**
corps [kór(p)s]〖←仏語〗男《古語》[主に *C*～] *guardia de C*～〖国王の〗護衛隊、近衛兵. *sumiller de C*～ 侍従長、式部官
corpudo, da [korpúðo, ða] 形《まれ》=**corpulento**
corpulencia [korpulénθja] 女 体の大きいこと; 巨体: Cayó con toda su ～. 彼はその巨体のせいで倒れた
corpulento, ta [korpulénto, ta]〖←ラテン語 corpulentus < corpus, -oris「体」〗形 [人・動物・木が] 大きい; 背が高く肉づきのよい、固太りする〖*gordo* と違って良い意味合いがある〗: *persona* ～*ta* 恰幅のいい人. *árbol* ～ 巨木
cor pulmonale [kór pulmonále]〖←ラテン語〗男《医学》肺性心
corpus [kórpus]〖←ラテン語 corpus, -oris「体」〗男〖単複同形〗❶ [データ・文書などの] 収集、集成。❷ 匿名 資料集、例文集、コーパス: ～ *jurídico romano* ローマ法典。❸ *día de C*～ 聖体の祝日〖=Corpus Christi〗

Corpus Christi [kórpus krísti]【←ラテン語】男《カトリック》聖体の祝日《復活祭から60日目の木曜日》

corpuscular [korpuskulár] 形 ❶ 粒子の, 微粒子の: teoría ～ de la luz 光の粒子説. ❷《解剖》小体の

corpúsculo [korpúskulo] 男 ❶ 粒子, 微粒子. ❷《解剖》小体, 小球: ～ renal 腎小体, マルピギー小体

corpus delicti [kórpus délikti]【←ラテン語】男《法律》罪体 [= cuerpo del delito]

corquete [korkéte] 男《地方語》[ブドウの取り入れ用の] 鉤型のナイフ

corral [koráł]【←ラテン語 currus「荷車」】男 ❶ [家に隣接した, 家畜を入れる] 囲い場, 農家の裏庭: ave de ～ 家禽. Antes el ～ que las cabras.《諺》捕らぬ狸の皮算用. ❷ ベビーサークル [=～ de niño, corralito]. ❸ [16·17世紀の] 芝居が上演された中庭 [初期の劇場、～ de comedias]. ❹《漁業》簗 [=]. ❺《古語》集合住宅の中庭. ❻《アンダルシア》旧式の集合住宅 [=～ de vecinos, casa de vecinos]. ❼《ペルー》鶏·豚などの飼育室 [住居の一部分が天井がない]

～ **de vacas** 廃墟, あばら家

corrala [koráła] 女 旧式の集合住宅《数階建てで, パティオに向かって各戸の入口がある》

corralada [koraláða] 女《アストゥリアスなど》[家の前にある] 家畜の囲い場

corralear [koraleár] 他《闘牛》[牛の] 囲い場 corral を変える

corraleja [koraléxa] 女《中米, コロンビア》[通りや広場を囲っただけの] 即席の闘牛場

corraleño, ña [koraléɲo, ɲa] 形《地名》コラル·デ·アルマゲルCorral de Almaguer の(人)《トレド県の村》

corralero, ra [koraléro, ra] 形 囲い場 corral の
—— 名 囲い場で家畜を飼育する人
—— 女 ❶《フラメンコ》コラレラ《民謡》. ❷《アンダルシア》慎みのない女, 厚かましい女

corraleta [koraléta] 女 ❶《地方語. 闘牛》狭い囲い場. ❷《アンダルシア》[狭い] 道具置き場

corralejo, ga [koraléxo, ga] 形 名《地名》コラレス·デ·ブエルナ Corrales de Buelna の(人)《カンタブリア県の村》
—— 女 =corralada

corralillo [koralíʎo] 男 市営墓地

corralito [koralíto] 男 ベビーサークル

corraliza [koralíθa] 女 ❶ 囲い場, 農家の裏庭 [=corral]. ❷ 養禽場

corralón [koralón] 男 ❶ 広い囲い場. ❷ 材木置き場 [=maderería]. ❸《マラガ》共同住宅, アパート. ❹《メキシコ》警察の車庫. ❺《ペルー》荒れ地, 空き地. ❻《アルゼンチン》材木倉庫, 建築資材倉庫

corrasión [korasjón] 女《地質》削磨, 磨食

correa[1] [koréa]【←ラテン語 corrigia】女 ❶《主に皮製の》ベルト《ズボンなどのベルトは cinturón》; 皮紐; [犬の] つなぎ紐, リード: 1) ～ del reloj 時計のバンド. 2)《技術》～ conductora (transportadora) ベルトコンベア. ～ de transmisión 伝導ベルト. ～ de ventilador ファンベルト. ❷ [かみそりを研ぐ] 革砥. ❸ [蜜などの] 粘性; [若枝などの] 弾力性, しなやかさ. ❹ 《複》革製のはたき. ❺《建築》母屋桁

tener ～ [からかいなどに対して] 我慢強い

correaje [koreáxe] 男 集名 ❶《軍事》革装具. ❷ [一つの物に使われている] 革ベルト

correal [koreál] 男 [衣服用の, 雄鹿などの] 赤色のなめし革

correar [koreár] 他 [布·羊毛に] 最後の仕上げをほどこす

correazo [koreáθo] 男 ❶ 革鞭による打撃; 殴打

correcalles [korekáʎes] 男 [単複同形]《西. スポーツ》淡々とした(盛り上がりのない)試合展開. ❷ のらくら者, 怠け者. ❸ 街娼. ❹《地方語》1)《祭りの[で] 若者が演奏し踊りながら通りを練り歩くこと. 2)《遊戯》馬跳び

correcaminata [korekamináta] 女 楽しみのためのランニング

correcaminos [korekamínos] 男 [単複同形] ❶《鳥》オオミチバシリ. ❷《自転車》ロードランナー
—— 名 旅行の多い人; 旅行狂

corrección [kore(k)θjón]【←ラテン語 correctio, -onis < correctus < corrigere】女 ❶ 訂正, 修正, [文章などの] 添削, 加筆; 校正 個所: El manuscrito está lleno de *correcciones*. その原稿は修正だらけだ. ❷ 校正 [=～ de pruebas]; signos de ～ 校正記号. ❸ 矯正; 叱責; 体罰; 折檻: ～ política ポリティカル·コレクトネス. ～ postural 姿勢の矯正. casa de ～《古的》少

年院. Tuvo la ～ que merecía. 彼は当然の罰を受けた. ❹ 正確さ, 完璧, 正しさ; 礼儀正しさ: Habla inglés con toda ～. 彼は完璧な英語を話す. obrar con gran ～ 非常に礼儀正しくふるまう. ❺《技術》補正: ～ de gamma ガンマ補正. ❻ ～ gregoriana グレゴリウス改正暦. ❼《アルゼンチン》集名 大行進する肉食アリ

correccional [kore(k)θjonáł]【←corrección】形《法律》矯正のための: castigo ～ 懲戒罰. pena ～ 懲戒刑
—— 男 [未成年者などの] 更生施設: ～ de menores 少年院, 教護院. ～ de mujeres 婦人補導院; 女子刑務所

correctamente [koréktaménte] 副 ❶ 正確に, 正しく, きちんと: Habla francés ～. 彼女はフランス語が正しく話せる. ❷ 服装(身なり)を整えて: Fue un señor ～ vestido. それは身なりのきちんとした男の人だった

correctivo, va [korektíβo, βa]【←correcto】形 ❶ 矯正する, 補正する: tratamiento ～ de la dentadura 歯列矯正. ❷《薬学》矯正する
—— 男 ❶ 矯正手段; 対策. ❷ 懲罰: imponer a+人 un ～ …に懲罰を課す. ❸《スポーツ》大敗: sufrir un severo ～ 惨敗を喫する. ❹《薬学》矯正薬

correcto, ta [korékto, ta]【←ラテン語 correctus < corrigere「訂正する」】形 ❶ 正確な, 間違いのない: hablar en un ～ japonés 正しい日本語を話す. con una pronunciación ～ta 正しい発音で. oración ～ta 正しい文章. solución ～ta 正解. ❷ [人が] 礼儀正しい, 行儀のよい, 品のよい: Es ～ en los modales (con los mayores). 彼は行儀がよい(目上の人に礼儀正しい). ❸《主に芸術》規範をきちんと守っている;《時に皮肉》規範は守っているが〕類型に堕した, 月並みな. ❹ 公正な, 理にかなった. ❺《主に軽蔑》満足のいく, 申し分のない

políticamente ～ ポリティカル·コレクトネスな
—— 副《口語》[間投詞的. 言われたことに対し] 確かに, そのとおり. ❷《口語》皮肉よく; よろしい. ❸《まれ》平らな

corrector, ra [korektór, ra]【←ラテン語 corrector, -oris】形 矯正する, 補正する
—— 名 ❶ 校正者, 校正係 [=～ de pruebas, ～ de galeradas]: ～ de estilo [新聞社の] 原稿整理係. ❷ [試験の] 採点者. ❸《聖フランシスコ·デ·パウラ会の》修道院長
—— 男 ❶ 修正液 [=líquido ～]. ❷ 歯列矯正具 [=aparato ～ de (en) los dientes]. ❸《情報》～ ortográfico スペルチェッカー. ❹《経済》～ del Producto Nacional Bruto 国民総生産 GNP デフレーター [=名目 GNP ÷ 実質 GNP]

corredentor, ra [koreðentór, ra] 形《カトリック》[イエス·キリストとの] 共同贖罪者(の)《C～ で聖母マリアのこと》

corredera[1] [koreðéra]【←correr】女 ❶ [物を滑らす·引き戸の] 溝, レール: de ～ スライド式の. ❷《蒸気機関の》滑り弁. ❸《船舶》ログ, 測程器. ❹ [挽き臼の] 上の石, 回転石. ❺ ゴキブリ [=cucaracha]. ❻ [昔, 競馬場だった] 道, 通り.《古語》馬場. ❼ 売春を斡旋する女. ❽ [大砲の] 揺架. ❾《古語》競走. ❿《コスタリカ, アルゼンチン. 口語》下痢. ⓫《アルゼンチン》急流

corredero, ra[2] [koreðéro, ra] 形 滑る, スライドする: puerta ～ra 引き戸, スライド戸

corredizo, za [koreðíθo, θa]【←correr】形 =corredero: puerta ～za 引き戸

corredoira [koreðójra] 女《ガリシア特有の》荷馬車 carreta 用の細い道

corredor, ra [koreðór, ra]【←correr】形 ❶ よく走る, 走る能力の高い, 足の速い. ❷ 走鳥類の
—— 名 ❶ 走る人; 走者, ランナー: ～ automovilista/～ de coches《自動車》レーサー. ～ ciclista 自転車競走選手. ～ de bola《アメフト》ランニングバック. ～ de fondo 長距離走者. ～ de vallas ハードル選手. ❷《商業》仲買人, ディーラー, ブローカー [=～ de comercio]: ～ de bolsa 株式仲買人. ～ de cambios/～ de oreja 手形ブローカー. ～ de fincas/～ de propiedades 不動産仲介業者. ～ de seguros 保険仲介人. ❸《軍事》斥候. ❹《南米》セールスマン
—— 男 ❶ 廊下 [=pasillo]; 回廊 [=galería]: ～ de la muerte 死刑囚棟. ～ aéreo《航空》空中回廊. ❷《地理》回廊地帯.《築城》覆道. ❹《鳥》スナバシリ
—— 女 ❶《鳥》複 走鳥類. ❷《ベネズエラ. 口語》多忙, 忙殺 [=ajetreo]

corredura [koɾeðúɾa] 囡 [液量の計測で] あふれたもの
correduría [koɾeðuɾía] 囡 仲買い, 仲介 [=corretaje]; その事務所 (手数料)
correería [koɾe(e)ɾía] 囡 革紐製造業; 革紐製造工場(販売店)
correero, ra [koɾeéɾo, ɾa] 图 革紐製造(販売)業者
correferencia [koreferénθja] 囡《言語》同一指示
corregencia [koɾexénθja] 囡 連立摂政の職
corregente [koɾexénte] 圐 連立摂政の[の]
corregible [koɾexíβle] 形 訂正(修正)可能な; 矯正され得る
corregidor, ra [koɾexiðóɾ, ɾa] 形 訂正する; 矯正する
—— 男《歴史》コレヒドール《中世スペインで都市自治体に派遣された, 国王任命の代官》: ~ de Indias 中南米に置かれたコレヒドール. ❷ [旧スペイン領アメリカ, 特にペルー副王領の] 地方行政・司法官《スペイン人の都市と先住民の町・村それぞれに設置. 任期は原則, 本国からの赴任者が5年, 現地在住者が3年. 行政・司法・治安維持・徴税・街道宿駅の整備・先住民の改宗化促進と保護など職務は多様. 役職売買の対象となり, 不正蓄財に走り, 先住民を抑圧した者が多い》
—— 囡 コレヒドールの妻
corregimiento [koɾeximjénto] 圐 ❶ コレヒドール corregidor の職(管轄区・役所). ❷ [旧スペイン領アメリカの] 行政・司法を管轄する長官 alcalde mayor の管轄区《18世紀, 地方監察官制 intendencia 導入により廃止》
corregir [koɾexíɾ] [←ラテン語 corrigere] ④ ㉟ 他 ❶ [誤りを] 直す, 訂正する; 修正する: Le estaré muy reconocido si me corrige el trabajo. 私のレポートを添削していただければ幸甚です. Corrígele sus faltas. 彼の誤りを直してやれ. ~ el dictado 書き取りの間違いを直す. ~ el informe 報告書に手を入れる. ~ las faltas del borrador 下書きの間違いを直す. ❷ 校正する. ❸ [欠点などを] 改める, 矯正する: Los jóvenes corrigieron la actitud negligente. 若者たちはだらしない態度を改めた. ~ la tartamudez 吃音を矯正する. ❹ [人を] 注意する, 叱責する: ~ a+人 una mala costumbre …の悪い癖をやめさせる. ❺ [先生が答案を] 調べる, 採点する: Quedan muchos exámenes por ~. まだ採点しなければいけないテストがたくさん残っている. ~ los ejercicios 練習問題の採点をする. ❻《技術》補正する. ❼《古語》化粧する
—— **~se** 圐 [+de 自分の欠点・素行などを] 改める; 真人間になる: Si no te corriges, serás expulsado de la escuela. 素行を改めないと, 退学させられるぞ. Se ha corregido de su egoísmo. 彼は自分の利己心を改めた. Se hizo una vez más el propósito de ~se. 彼は真人間になるとあらためて誓った. ❷ [欠点・障害が] 直る: La miopía se le ha corregido con el uso de gafas. 彼は眼鏡をかけて近視を矯正した

corregir		
現在分詞	過去分詞	
corrigiendo	corregido	
直説法現在	直説法点過去	命令法
corrijo	corregí	
corriges	corregiste	corrige
corrige	corrigió	
corregimos	corregimos	
corregís	corregisteis	corregid
corrigen	corrigieron	
接続法現在	接続法過去	
corrija	corrigiera, -se	
corrijas	corrigieras, -ses	
corrija	corrigiera, -se	
corrijamos	corrigiéramos, -semos	
corrijáis	corrigierais, -seis	
corrijan	corrigieran, -sen	

corregüela [koreɣwéla] 囡《地方語. 植物》ヒルガオ [=correhuela]
correhuela [koreẃéla] 囡 ❶《植物》1) ヒルガオ: ~ mayor ヒルガオ科の一種《学名 Calystegia sepium》. 2) ミチヤナギ [=centinodia]. ❷ 鞣にした革紐と棒を使った子供の遊び
correinado [koreináðo] 圐 [2人の国王による] 共同統治
correinante [koreinánte] 形 [2人の国王による] 共同統治の
correjel [korexél] 圐 [靴底などに使う] 丈夫な皮革
correlación [korelaθjón] 《←ラテン語 cum- (と)+relatio, -onis「関係」》囡 ❶ 相関関係, 相互的関係: 1) No hay ~ entre el desarrollo de su cuerpo y el de su inteligencia. 体は発達しても知性も同様に発達しているわけではない. 2)《数学》coeficiente de ~ 相関係数. ❷《言語など》相関
correlacionar [korelaθjonáɾ] 他 相関させる, 相互に関係を持たせる
—— **~se** 相関する, 相互に関連する
correlativa[1] [korelatíβa] 囡《ドミノ》4人(2人)でするゲームの一種 [=garrafina]
correlativamente [korelatíβaménte] 副 相関的に
correlativo, va[2] [korelatíβo, βa] 《←correlación》形 ❶ 相関関係の, 関連のある: una serie de aumentos de temperatura y otra serie ~va de aumentos de longitud de una varilla metálica 温度上昇の級数と相関した金属棒の伸長級数. ❷《言語》相関的な: Cuanto más corramos más pronto llegaremos. 走れば走るほど早く着ける. Es tan alto como era yo a su edad. 私が彼の歳だった時の身長と同じくらい彼も背が高い: partículas ~vas 相関語. ❸ 連続する: El 6 y 7 son números ~s. 6と7は続き番号である. cartas ~vas《トランプ》続き札
correlato, ta [koreláto, ta] 形《古語》=correlativo
—— 圐 相関要素. ❷《言語》相関語
correligionario, ria [korelixjonáɾjo, ɾja] 形 图 同じ宗教を信じる[人], 同派の[人]; [政治的に] 同意見の[人]
correlimos [korelímos] 圐《単複同形》《鳥》ハマシギ
correlón, na [korelón, na] 形 图《中南米》よく走る[人・動物], 走り回る[人]; よくはしゃぐ.《メキシコ, グアテマラ, コロンビア, ベネズエラ》[難事を前にして] 臆病な
corremundos [koremúndos] 图《口語》=trotamundos
correncia [korénθja] 囡《まれ》❶ 下痢. ❷ 恥じらい. ❸ おしゃべり, 多弁
correndero, ra [korendéɾo, ɾa] 形《まれ》よく出歩く
correndilla [korendíʎa] 囡《口語》短い距離の走り抜け, 一走り
correntada [korentáða] 囡《南米》急流, 激流, 早瀬
correntío, a [korentío, a] 形 ❶ [液体が] 流れる. ❷ [人が] のびのびとした, 気楽な
—— 囡 ❶《まれ》下痢. ❷《まれ》小さな急流. ❸《アラゴン》刈り取り後に畑を水浸しにすること《切り株を腐らせ肥料にする》
correntómetro [korentómetro] 圐 流速計; 潮流計
correntón, na [korentón, na] 形《まれ》❶《闘牛》[牛が] 勝手に走り回る [=corretón]. ❷ 屈託のない, 陽気な, 快活な. ❸ [鶏が] 臆病な
—— 圐《プエルトリコ, コロンビア》急流
correntoso, sa [korentóso, sa] 形《中南米》急流の
correo[1] [koréo] I《←タタルーニャ語 correu < 古仏語 corlieu < corir「走る」+lieu「場所」》圐 ❶ 郵便; 《集》郵便物: Está esperando el ~. 彼は郵便を待っている. enviar... por ~ …を郵便で送る. distribuir el ~ 郵便を配達する. leer el ~ 郵便物に目を通す. venta por ~ 通信販売. ~ certificado/《メキシコ》~ registrado/《南米》~ recomendado 書留郵便. ~ urgente 速達郵便[物], 至急便. ❷《情報》[電子]メール [= ~ electrónico, email]: ~ no deseado/~ basura ジャンクメール, スパム. ❸ 圐 郵便局 [→**correos**]; 郵便業務: privatización de ~s 郵政民営化. ❹ 郵便ポスト [=buzón]: echar... al ~ …を投函する. ❺ 郵便列車 [=tren]; 郵便車 [=coche ~]; 郵便輸送機 [=avión ~]. ❻《古語》メッセンジャー;《軍事》伝令, 急使. ❼《歴史》1) 外交伝書使, 公文書送達吏 [= ~ de gabinete, ~ del zar]. 2) ~ mayor《西》郵便長官. ~ mayor de las Indias 旧スペイン領アメリカとの郵便事業を独占的に管轄する官吏職《1514年よりガリンデス・デ・カルバハル Galíndez de Carvajal 家に委託されて以来1768年まで同家が継承》
a vuelta de ~ 折り返し便で: Espero noticias tuyas a vuelta de ~. 折り返しお便りをお待ちしています
~ de malas noticias《口語》よくない知らせ(出来事)の先触れになる人, げんの悪い人
II《←co-+reo》圐 共犯者
correo[2], **a**[2] [koréo, a] 形 ❶《隠語》麻薬の運び屋. ❷《地方語》郵便配達員 [=cartero]
correón [koreón] 圐《古語》馬車のサスペンションに使った幅広の革紐 [=sopanda]
correos [koréos] 圐《単複同形》《西》郵便局《業務, 建物. =oficina de ~, casa de ~》: ¿Dónde está ~? 郵便局はどこです

correosidad

か? ir a ～ 郵便局に行く

correosidad [kořeosidá(d)] 囡 ❶ 弾力性, しなやかさ. ❷ [食べ物などの] 堅さ. ❸ [人の肉体的な] 強靭さ, タフさ

correoso, sa [kořeóso, sa]《←correa》形 ❶ 弾力性のある, しなやかな. ❷ [料理] [パンが] なま焼けの; [肉が] 皮のように固い. ❸ [事柄・状況などが] 困難な. ❹ [人が肉体的に] 強靭な, タフな, 不屈の

correpasillos [kořepasíλos] 男《単複同形》乗用玩具《幼児が乗って蹴って走らせる車など》

correpiés [kořepjés] 男《単複同形》ねずみ花火

correr [kořér] 《←ラテン語 currere》自 ❶ [人・動物・乗り物などが] 走る: No *corráis*. 君たち, 走るんじゃない. El perro vino *corriendo* hacia mí. 犬は私の方へ走り寄ってきた. El coche *corre* a toda velocidad. 車は全速力で走っている. Es inútil ir *corriendo* tras el autobús que se ha ido. 出てしまったバスの後を走って追いかけても無駄だ. ～ en la prueba de descenso 滑降種目に参加する. ❷ 急ぐ: 1) *Corres* demasiado. 君はスピードを出しすぎる. ¡*Corre*, ponte la ropa! 急いで, 早く服を着なさい! Habla sin ～ tanto. そんなに急がずに話しなさい. 2) [+en 車などで] Vinieron *corriendo en* taxi. 彼らは急いでタクシーで来た. ～ *en* bicicleta 自転車で走る. 3) [+a へ] 急いで行く: *Corrió a* la puerta para ver quién llamaba. 彼は誰が訪ねてきたのかと玄関に急いだ. En cuanto me encuentro en un apuro de dinero, *corro a* mi madre para que me ayude. 私はお金に困るとすぐ助けてもらおうと母のところに駆けつける. ～ *al* puesto de policía 交番に急を知らせる. 4) [+a+不定詞 するために] 急ぐ; 急いで(あわてて)…する: *Corrió a* comprar la entrada. 彼は入場券を買いに急いだ. *Corrí a* esconderme. 私は急いで隠れた. ❷ [空気・水などが] 動く, 流れる: Allí *corría* un arroyo. そこに小川が流れていた. *Corría* un viento helado. 凍てつくような冷たい風が吹いていた. Deja ～ el agua del grifo hasta que salga caliente. 熱湯が出てくるまで蛇口から水を流しっぱなしにしておきなさい. ❹ [部品などが] 動く, 作動する: La cremallera no *corre*. ジッパーが動かない. El pestillo no *corre*. 錠前の舌が動かない. ❺ [地形などが] 長く伸びる, 流れる: La cordillera *corre* de norte a sur. 山脈が南北に走っている. El río *corre* a lo largo de la frontera. 川は国境沿いに流れている. ❻ [時間が] 経過する; 早く過ぎる: Cuando estoy contigo mi tiempo *corre* deprisa. 君と一緒にいると時間のたつのが早い. Los días pasan *corriendo*. 日々が飛ぶように過ぎ去る. con el ～ de los días (del tiempo) 月日がたつと共に. ❼ [うわさなどが] 伝わる, 広まる: La noticia *ha corrido* por toda la aldea. そのニュースは村中に広まった. El rumor *corrió* entre la gente con gran rapidez. うわさはあっという間に人々の間に広まった. ❽ [+con・de・por の] 面倒を見る, 負担する; 担当する, 引き受ける: Mi abuelo *corrió con* los gastos de mi educación. 祖父が私の学費の面倒を見てくれた. El Estado *corre con* dos tercios de los costes de las jubilaciones. 国が退職年金の3分の2を出す. Yo *correré con* los preparativos. 準備は私が引き受けます. ❾ [給料・賃貸料・利息などが] 支払いが行われる(べきである): El alquiler *corre* desde el día uno de cada mes. 家賃の支払いは毎月1日から発生する. *Corre* sin problema la financiación del proyecto. 計画の資金繰りは順調だ. ❿ 有効である; [貨幣が] 通用する; [料金などが] 適用される: Esta moneda no *corre*. この貨幣は通用しない. Las nuevas tarifas empezarán a ～ a partir de mañana. 新料金は明日から適用される. Ya sabes que esas excusas aquí no *corren*. そんな言い訳がここでは通用しないことは分かっているね. ⓫《情報》[プログラムが] 作動する: El programa *corre* bien con Windows 8. そのプログラムはウィンドウズ8と相性がいい. ⓬《アルゼンチン, ウルグアイ. 口語》[主に法律上の] 効力がある

a ～ [時間・話に] もう終わりだ/それでおしまいにしておきなさい: Venga, niños, ya habéis merendado, *a* ～. さあ, 子供たち, おやつは食べたでしょ, おしまいにしなさい. No tengo que decirte más, *a* ～. 君にこれ以上言う必要はない, 終わりにしよ

a más ～ =a todo ～

a todo ～ 大急ぎで: He venido *a todo* ～. 私は大急ぎでやって来た. Salí *a todo* ～ calle abajo. 私は猛スピードで通りを駆け下りた

～ *mucho* [通常より] よく走る, 速い: Ese coche *corre mu-*

～ *poco* [通常より] 走らない, 遅い: Mi coche *corre poco* en subidas. 私の車は登りのスピードが遅い

dejar ～ [*las cosas*] [事態を] 許す, 大目に見る; 気にしない, なりゆきに任せる, 介入しない, 干渉しない: Por esta vez lo *dejaré* ～, pero si vuelvo a pillarte copiando, te suspendo. 今回は見逃してやるが, もう一度カンニングしているところを見つけたら落第させるからな. *Dejó* ～ la preparación de la fiesta. 彼はパーティーの準備に加わらなかった. Este asunto más vale *dejarlo* ～ porque no está nada claro. この件は何もはっきりしていないのだから, そっとしておく方がいい

echar[*se*] *a* ～ すばやく立ち去る: [*Se*] *Echó a* ～ cuando vio al policía. 彼は警官を見てあわてふためき逃げ出した

el corre que te pillo《遊戯》鬼ごっこ

El que no corre, vuela./El que corre menos, vuela.《諺》やる気が大切だ/うかうかしていてはいけない《←走らない人は飛ぶ》: Yo tampoco dejaré pasar la ocasión, porque aquí *el que no corre, vuela*. 私も好機を見逃ごすことはしません. みんなやる気満々だから

──[他] ❶ [距離を] 走る; 巡る: *Corre* todas las mañanas varios kilómetros para mantenerse en forma. 彼は体調を維持するため毎朝数キロ走る. El verano pasado *corrí* media Europa. 昨年夏, 私はヨーロッパを半分回って旅して回った. ❷ [位置を, 主に少し] 動かす: *Corrimos* la mesa y la pusimos en el rincón. 私たちはテーブルをずらして, 隅へ置いた. *Corre* la mano, que no veo lo que has escrito. 君が書いているのを見たいから手を少しずらしてくれ. ❸ [カーテンなどを] 引く, 閉める; [時として] 開ける [=descorrer]: *Corre* las cortinas, que me molesta el sol. 日光が邪魔なのでカーテンを閉めてくれ. ❹ 追いかける, 追い払う: Acaba de salir, si la *corres*, la alcanzas. 彼女は出て行ったばかりだ, 追いかければ追いつくよ. *Corrimos* el ciervo hasta una pared rocosa donde lo atrapamos. 私たちはシカを岩壁まで追いつめて捕えた. Los muchachos *corrían* perros por las calles. 子供たちが路上で犬を追い回していた. ❺《文語》恥じ入らせる, 恥をかかせる, 当惑させる: *Corrieron* a la muchacha con tanta bromas. 彼らはさんざん冗談を言ってその娘を困らせた. ❻ [錠を] 下ろす: Cuando se va a acostar, cierra la puerta con llave, y *corre* el cerrojo. 彼は寝る時にドアに鍵を掛け, 差し錠を下ろす. ❼ 経験する; [危険などに] 立ち向かう: *Corrimos* grandes aventuras en nuestro viaje al Amazonas. 私たちはアマゾン旅行で大冒険を経験した. Vamos a ～ la misma suerte. 運命を共にしよう. ❽ [色などを] にじませる: La lluvia *corrió* los colores de la acuarela que estaba pintando. 描いていた水彩画の色が雨でにじんだ. ❾ [うわさ・ニュースなどを] 流す, 言いふらす: Sospecho que fue él quien *corrió* la noticia. そのニュースを言いふらしたのは彼ではないかと私は思っている. ❿ [口語] どんちゃん騒ぎなどを] する. ⓫《口語》[人を襲って] 持ち物を強奪する, 追いはぎをする. ⓬《スポーツ》[レースに] 参加する: El atleta *corrió* los 1.500 metros y quedó segundo. その選手は1500メートルに出場して2着だった. ～ la Vuelta a España《自転車》ブエルタ・ア・エスパーニャに出場する. ⓭《馬術》[馬を] 走らせる; 調教する. ⓮[牛で]闘う: En las fiestas del pueblo los mozos *corren* un novillo con valentía. 町の祭りで若者たちは若牛を相手に勇敢に闘牛をする. 2) [牛を] 走らせる: Los mozos *correrán* las vaquillas por las calles. 若者たちは通りで若牛を走らせることになる. ⓯《建築》下塗りする. ⓰《サッカーなど》サイドラインに沿って」相手ゴールに近づく. ⓱《情報》スクロールする. ⓲《商業》競売にかける. ⓳ [結び目を] 解く, ほどく. ⓴《古語》[敵地を] 襲撃する, じゅうりんする. ㉑《主に中南米》追い出す; 解雇する: Lo *corrieron* del pueblo. 彼は村から追い出された. Lo *corrieron* de la compañía porque faltaba con demasiado frecuencia. 欠勤が多すぎたので会社を首になった. ㉒《チリ. 口語》[殴打を] 加える

～*la*《口語》[主に深夜に] 酒を飲んでどんちゃん騒ぎをする, はめを外す, 遊び回る; 放蕩する: *La corremos* todos los fines de semana. 私たちは毎週末どんちゃん騒ぎをして楽しんでいる. Llegó a su casa al amanecer, después de *haberla corrido* con unos amigos. 彼は友達と飲めや歌えのお祭り騒ぎをしてから明け方に家へ帰った

──～*se* [人・物が] 少し動く; [左右に] 寄る, 移動する, ずれる: *Córrete* para allá, que no me dejas ver. ちょっとそっちへ寄ってくれないか, 見えないでしょ. *Córrase* un poco a la derecha. 少し右へ詰めて下さい. La estantería *se ha corrido*, porque ha dejado en el suelo la marca anterior. 本棚がずれている。床に元の場所の跡が残っているから。❷ 度を越す，限度を越える： La cremallera *se ha corrido* y no vuelve para atrás. ファスナーが行きすぎて元に戻らない。❸ ［色が］にじむ，流れる： La tinta *se ha corrido*. インクがにじんだ。No llores, que *se* va a *el rímel*. 泣かないで，マスカラが落ちるよ。He lavado el jersey en agua caliente y *se ha corrido* los colores. 私はセーターを熱湯で洗ったので，色が落ちてしまった。❹ 《肉屋》いいところを見せる，気前がよすぎる： *Te has corrido* en la propina. 君はチップのやりすぎだ。❺ ［口語］恥じ入る，赤面する，どぎまぎする： Cuando se descubrió su plan, *se corrió* de vergüenza. 計画がばれた時，彼は恥ずかしさで顔が赤くなった。❻ ［口語］＝**la**. ❼ 《西.俗語》オルガスムスに達する；喜びを感じる。❽ 《主に南米》［ストッキングが］伝線する，［ニットの編み目が］ほどける： *Se le ha corrido* la media. 彼女はストッキングが伝線した。❾ 《メキシコ,中米,口語》逃げる。❿ 《キューバ,口語》《主に男が》浮気をする。⓫ 《ペルー》交際する。⓬ 《チリ,口語》滑る

correría [koréría] 《←correr》女 ❶ 《複》で《集名》出かけ(てする)遊戯，遠出，小旅行： En sus ～s por el Rastro siempre compra algo que no sirve para nada. 彼は冷やかしで見て回る蚤の市でいつも何の役にも立たないものを買う。～s nocturnas 夜遊び。❷ 《古語.軍事》［敵地への一時的な］侵入，侵攻

correspasillos [koréspasíʎos] 男 ＝**correpasillos**

correspondencia [koréspondénθja] 《←corresponder》女 ❶ 対応： ～ de tiempos 《文法》時制の一致。❷ 対応（相当するもの）： No hay en francés ～ con este término castellano フランス語にはこのスペイン語に相当する言葉がない。❸ 文通，通信： Me gustaría mantener ～ con dama española. 私はスペイン女性と文通したい。amigo por ～ ペンフレンド。educación por ～. comercial 商業通信文。《集名》書簡，郵便物，通信文書；受信物： Se encarga de recepcionar toda la ～ que llega a la Alcaldía. 彼は市役所に届くすべての郵便物を受け取るのが役目だ。abrir la ～ 郵便物を開封する。❹《交通》乗り換え，接続： Este tren tiene ～ con la línea 3 del metro. この電車は地下鉄3号線に接続している。❺《数学》＝ biunívoca 一対一の対応関係。～ unívoca 一意対応，単射。❻ 《心理》 ～ de sensaciones 共感覚

a ～ その点に関し

en ～ ［+con に］対応して

corresponder [koréspondér] 《←ラテン語 cum-（共に）+respondere》自［+a に］❶ 配分される： Nos *correspondieron* diez mil yenes a cada uno. 私たちは各自1万円配分された。Me ha *correspondido* una parte de la herencia. 遺産の一部が私に回ってきた。❷ 属する，…のものである： Esa silla no *corresponde a* este despacho. その椅子はこの部屋のではない。❸ 責任（義務）となる： *A* los padres les *corresponde* cuidar de la educación de los hijos. 子供を教育するのは親の責任である。La educación obligatoria en Japón, *corresponde a* los primeros nueve años de estudios. 日本の義務教育は最初の9年間である。*a* quien *corresponda*《手紙》関係各位。❹ 対応する，相当する，該当する： La descripción que me hizo *corresponde a* esta casa. 彼がしてくれた説明から察するにこの家に違いない。Primera persona *corresponde con* la que habla. 1人称は話し手に当たる。Esta obra *corresponde a* la última etapa del Románico. この作品はロマネスク様式末期のものである。❺ ふさわしい： Proporcionalmente, deben ～ le más puntos *al* segundo. 割合からすると第2位の得点をもっと高くすべきだ。¿Qué *corresponde* hacer ahora? 今何をしたらいいだろう？ Serán juzgados como *corresponde*. 彼らはしかるべく裁かれることになろう。❻ ［好意などに］報いる，返礼する； ［+con］お返しをする；［愛情などに］応える，応じる： Quiero ～ *de* alguna forma *a* sus atenciones. 彼の親切に何らかの形で報いたい。Él le regaló un pañuelo y ella le *correspondió con* una corbata. 彼はハンカチをプレゼントし，彼女はネクタイでそのお返しをした。❼ 合う，釣り合う： Las cortinas no *corresponden a* los muebles. カーテンが家具に調和していない

―― 他《まれ》《主に 過去》愛情などに応える： Amaba y era *correspondido*. 彼は愛し愛された。amor no *correspondido* 片想い

―― **～se** ❶［互いに］対応する，合う： Estas dos cajas no *se corresponden*. この2つの箱は合わない。❷［+con］ふさわしい，合う： Esa conducta no *se corresponde con* su clase social. この

んふるまいは彼の身分にふさわしくない。❸ 応え合う，応じ合う；愛し合う： Esa pareja *se corresponde*. 2人は相思相愛だ。❹ 文通する，手紙のやりとりをする。❺《まれ》［部屋が，+con 他の部屋と］行き来できる，つながっている

correspondiente [koréspondjénte]《←corresponder》形 名 ❶ 対応する，相当する： Cada uno lleva su entrada ～ aparte. 各人がそれぞれ入場券を持っている。❷ ふさわしい，相応の： hacerse los exámenes ～s しかるべき検査を受ける。❸ ［+a に］該当する： No se publicaron los datos ～s al mes anterior. 前月の数字は公表されなかった。premio <Pío Baroja> de novela ～ *a* 1990 1990年度のピオ・バローハ小説賞。❹ 文通相手の。❺ ［会員が］通信による，客員［の］： miembro ～ de la Real Academia 王立学士院準会員。❻《幾何》ángulo ～ 同位角

correspondientemente [koréspondjéntemente] 副 対応して，相当して；［前者に］準じて，同様に

corresponsabilidad [koréspónsabilidáð] 女 共同責任

corresponsabilizar [koréspónsabiliθár] 自 **～se** 責任を分かち合う

corresponsable [koréspónsáble] 形 共同責任のある

corresponsal [koréspónsál]《←corresponder》形 名 ❶［新聞社などの］特派員［の］；通信員： noticias que provienen del ～ de Roma ローマ特派員からのニュース。～ residente en París パリ駐在の ～ de guerra 従軍記者。❷《商業》代理人［の］。❸ 文通の相手，ペンフレンド

―― 名《商業》代理店： ～ bancario/～ de banco コルレス［先銀行］，コレスポンデント

corresponsalía [koréspónsalía] 女 通信員（特派員）の職務；《南米》通信員のオフィス

corretaje [korétáxe]《←古オック語 corratatge》男 ❶ 仲買い，仲介；仲介業，周旋業；仲介手数料。❷《西》不動産の管理。❸《ホンジュラス》収穫物での小作料の支払い。❹《キューバ》あわてぶり。❺《ラプラタ》卸売り

correteada [koretéáða] 女 ❶ ＝**correteo**. ❷《中南米》［動物などを］追い回すこと

corretear [korétéár]《←correr》自［口語］❶［限定された場所を］歩き回る，出歩く；［遊びなどで］走り回る。❷ うろつく，放浪する

―― 他 ❶《中南米》追いかける，追い回す；追い払う。❷《南米》卸売りする。❸《チリ,口語》断念させる；要求する；［仕事などを］手早く片付ける

correteo [korétéo] 男［口語］❶ 歩き（走り）回ること。❷ うろつき，徘徊，放浪

corretero, ra [korétéro, ra] 形［口語］❶ 歩き回る［人］；走り回る［人］。❷ うろつく［人］，放浪する［人］

corretón, na [korétón, na]《←corretear》形 ❶ 遊び歩くのが好きな，じっとしていない。❷《闘牛》［牛が］場内を勝手に走り回る

corretora [korétóra] 女 聖歌隊の指揮修道女

correturnos [koretúrnos] 名《単複同形》代用要員

correúdo, da [koréúðo, ða] 形《地方語》弾力性のある，しなやかな〔＝**correoso**〕

correvedile [koreβeðíle] 名《まれ》＝**correveidile**

correveidile [koreβejðíle]《←corre+ve+y+decir》名《単複同形》❶《軽蔑》［他人の私事に関する］うわさ話の好きな人，ゴシップ好き；陰口を言う人。❷《軽蔑》若い使いっ走り［＝**recadero**］。❸ 売春の仲介者，ポン引き［＝**alcahuete**］

correverás [koreβerás] 男《単複同形》ぜんまい仕掛けのおもちゃ

corricorri [korikóri] 男［アストゥリアスの］歌に合わせて踊る民俗舞踊

corrida¹ [koríða]《←correr》女 ❶［少し］走ること： Di una ～ y le alcancé. 私は一走りして彼に追いついた。❷ 闘牛〔＝ ～ de toros〕： ir a una ～ 闘牛を見に行く。❸《経済》 ～ bancaria ［銀行の］取り付け。～ sobre el dólar 激しいドル買い。❹《音楽》《集名》《アンダルシアの》カンテ cante の一種〔＝**playera**〕。❺《西.俗語》オルガスム；射精。❻《メキシコ》1）旅行。2）［ポーカーの］ストレート，略奪。❼《メキシコ》1）［物の］まっすぐな列〔＝**fila**〕；連続〔＝**serie**〕。2）［飲み物の］注文。3）地表に露出した鉱脈。4）［主に夜間の］どんちゃん騒ぎ

dar [*se*] *una* ～ 一走りする

de ～ すらすらと〔＝**de corrido**〕

en una ～ すぐに，たちまち，あっという間に： Ve *en una*

hasta la farmacia de la esquina. ちょっと角の薬局まで行って来てくれ

corridamente [koříðaménte] 副 =**corrientemente**

corrido, da² [koříðo, ða] 形 ❶ 〖建築上〗つながった: balcón ~ 〖部屋をまたがった〗長いバルコニー, 連続バルコニー. ❷〖カーテンなどが〗引かれている, 閉まっている. ❸〖時間が〗1) 連続して: dos horas ~ *das* 2時間ぶっ通しで. tres noches ~ *das* 3晩続けて. 2) 経過して: hasta muy ~*da* la noche 夜遅くまで. una hora bien ~*da* たっぷり1時間. ❹〖正しい重さ以上に〗多めの, 量目が超過した: un kilo ~ de azúcar 1キロ強の砂糖. peso ~ 少しの超過重量〖分のおまけ〗. pesar ~ おまけして量る. ❺〖西〗〖estar+〗恥じ入った, 赤面した, 当惑した: Se quedó muy ~. 彼は大変恥じ入った. dejar ~ a+人 …を恥じ入らせる. ❻〖ser+〗世慣れた, 世故にたけた: más ~ que viejo zorro 古だぬきのような, 非常に悪賢い. hombre muy ~ 老獪〖な〗男. ❼ 筆記体の, 続け書きの; 走り書きの

── 男 ❶ 差し掛け屋根. ❷〖音楽〗1) ~ de la costa 〖ギターの伴奏でファンダンゴの曲に合わせて語られる〗ロマンセ. 2) コリード〖メキシコなどの2人で歌う民俗音楽〗. ❸〖〈ペルー〉〗逃亡者

de ~ 1) 急いで〖しかもつかえずに〗, すらすらと: El niño ya lee *de ~*. その子はもうすらすら読める. Se lo sabía tan bien que respondió *de ~* a todas las preguntas. 彼は熟知していたので, 全問にすらすらと答えた. 2) 暗記して

corridón [koříðón] 男 レベルの高い闘牛

corriendo [koříjéndo] 〖*correr* の現分〗副 大急ぎで: Cóseme ~ este botón. このボタンを大急ぎで縫い付けてくれ. Dame un vaso de agua, por favor.—Voy ~. 水を一杯下さい.—はい, ただ今. ¡*C*~! 走って/急いで!

corriente [koříénte] 形 〖←*correr*〗❶ 普通の, ありふれた, 日常の: Es una chica ~. 彼女はごく普通の女の子だ. Es ~ ver nudistas en esta playa. この海岸ではヌーディストは珍しくない. costumbre ~ ありふれた習慣. vino ~ 普段用のワイン. ❷ 〖主に商業文〗〖週・月・年・世紀の〗現在の: el mes ~/el ~ mes. el 5 del mes ~ 今月の5日に. el recibo ~ de la luz 今月分の電気料金の領収書. ❸ 現行の: precio ~ 時価. ❹ 流れる, 流体の. ❺〖水の〗流通中の. ❻〖まれ〗〖人が〗気さくな. ❼〖まれ〗〖文体が〗流麗な, よどみない. ❽〖+-〗〖estar・andar+〗下痢をしている

── 男 ❶〖主に商業文〗今月, 今年: el día 15 del ~ 今月15日. de fecha de 2 de febrero del ~ 本年2月2日付けの. ❷

── 複 今年の今月: el 12 de los ~*s* 本年本月12日

── 女 ❶ 流れ; 水流〖=~ de agua〗: Se lo llevó la ~. 彼は流れに運ばれた. ~ de conciencia 意識の流れ. ~ sanguínea 血流. ❷ 空気の流れ, すきま風; 気流: Aquí hay ~ de aire. ここはすきま風が入る. ❸ 海流〖=~ marina〗. ~s costaneras 沿岸流. ~ fría (cálida) 寒流 (暖流). *C*~ de Humboldt フンボルト海流. *C*~ del Golfo (de México) メキシコ湾流. ❹ 電流〖=~ eléctrica〗: ~ alterna (alternativa) 交流. ~ continua 直流. ❺ 傾向, 流れ; 思潮. ❻〖政党などの〗派: ~ izquierda socialista 社会党左派. ❼〖経済〗フロー〖=flujo〗: ~ de capital 〖国際〗資本移動. ❽〖物理〗línea de ~ 流線

── 副 ❶〖口語〗普通に: Trabaja ~, ni bien ni mal. 彼の仕事ぶりは普通だ, 良くも悪くもない. ❷〖古語的〗〖言われたことに〗賛成の

al ~ 1) 遅れずに, とどこおらずに: No está *al ~* en el pago. 彼の支払いはとどこおっている. 2) 〖+de〗知って, 通じて: No estoy *al ~ del* asunto. 私はその件は知らない. Tenme *al ~ de* cuanto ocurra. 起こったことはすべて知らせてくれ. poner *al ~* 知らせる, 報告する. ponerse *al ~* 情勢に遅れないようにする, 最新情報に通じる

contra [*la*] ~ 大勢〖時流〗に逆らって: ir (navegar・nadar) *contra* ~ 大勢〖時流〗に逆らう

~ en chorro 〖気象〗ジェット気流, ジェットストリーム: ~ *en chorro* a alta (baja) altura 亜熱帯 (亜熱帯) ジェット気流

~ y moliente ありきたりの, 型どおりの

dejarse llevar por (*de*) *la* ~ 大勢に従う, 状況に流される, 付和雷同する

irse con (*tras*) *la* ~ =*dejarse llevar por* (*de*) *la* ~

llevar por ~ a+人 …の機嫌をとる, 調子を合わせる, 迎合する

remar a favor de ~ *de…* …の流れに乗る

seguir la ~ 1) =*dejarse llevar por* (*de*) *la* ~. 2) 〖自分は反対意見であっても, +a+人に〗賛成の意を迎える, 機嫌をとる

corrientemente [koříjenteménte] 副 ❶ 通常, 普通, 一般に: La onza todavía se usa ~ en los países anglosajones. オンスはアングロサクソン諸国ではまだ普通に使われている. ❷ 飾らずに, 気取ることなく, 普通に: Iba vestido ~. 彼はいつも地味な服装だった. ❸ 習慣として: *C*~ paseo por la orilla del río. 私はいつも川岸を散歩する

corrigenda¹ [koříxénda] 女 正誤表

corrigendo, da² [koříxéndo, da] 形 名 矯正施設に収容されている〖人〗

corrigia [koříxja] 女〖植物〗ジギタリス・オブスクラ〖学名 Digitalis obscura〗

corrillero, ra [koříʎéro, ra] 形 内緒話などの輪 corrillo に入って行きたがる

corrillo [koříʎo] 〖*corro* の示小語〗男 ❶〖他の人たちから離れて内緒話などをする〗人の輪: hablar en ~*s* グループに分かれてひそひそ話をする. ❷ 同人, 徒党, 派閥

corrimiento [kořímjénto] 男 ❶ 流れること; 滑ること. ❷〖器官からの〗分泌. ❸〖西〗〖土地の地滑り. ❹ 走ること. ❺ 恥, 赤面. ❻〖古語〗侵入, 侵攻〖=correría〗. ❼〖ドミニカ, プエルトリコ, チリ〗リューマチ

corrincho [koříntʃo] 男〖+-〗❶ 下劣な連中; 暴力団, 人間のくずたち. ❷〖コロンビア〗騒ぎ. ❸〖エクアドル〗興奮; 怒り

corrionero, ra [koříonéro, ra] 名〖地方語〗馬具製造職人, 馬具商〖=guarnicionero〗

corrivación [koříβaθjón] 女 河川の統合工事

corriverás [koříβerás] 男〖アストゥリアス〗=**correverás**

corro [kóřo] 〖←?*corral*〗男 ❶〖人々の〗集まり: En el centro del ~, un cíngaro hacía bailar a un oso. 人の輪の真ん中でロマが熊を踊らせていた. ❷〖遊戯〗かごめかごめ: jugar al ~ かごめかごめをする〖手をつなぎ輪になって歌いながら回る〗. ❸〖植生などの異なる〗円形の場所: En algunos ~*s* el trigo está más alto. 麦の背が他より高い丸い部分がいくつかある. ❹〖経済〗〖取引所の〗場

hacer ~ 〖人のまわりに〗輪になる, 人がきを作る; 円陣を組む

hacer ~ *aparte* 分派を作る

corrobla [koříβla] 女〖地方語〗もてなし, 贈り物〖=alboroque〗

corroboración [koříβoraθjón] 〖←ラテン語 *corroboratio, -onis*〗女 確証, 裏づけ

corroborador, ra [koříβoraðór, ra] 形 確証する

corroborante [koříβoránte] 形 男 ❶ 確証する. ❷〖薬学〗強壮剤〖の〗

corroborar [koříβorár] 〖←ラテン語 *corroborare* < *cum-* (と)+*robur, roboris* 〖頑丈さ〗〗他 〖仮説・疑惑などを〗確証する, 裏づけする: Este experimento *corrobora* los resultados obtenidos anteriormente. 以前得た結果がこの実験で裏づけられる

── 自〖まれ〗強くなる

corroborativo, va [koříβoratíβo, βa] 形 確証する

corrobra [koříβra] 女〖古語的〗〖売り手・買い手による〗仲介者への接待 (リベート)〖=robra〗

corroer [koříér] 〖←ラテン語 *corrodere*〗46 他 ❶〖金属などを〗腐食させる: La lluvia *corroyó* la puerta. 雨でドアが錆びた. ❷〖精神的に〗さいなむ, 不安にする: ~ a+人 el alma …の精神をむしばむ

── ~*se* 腐食する; むしばまれる. ❷〖+de に〗さいなまれ, 不安になる: *Se corroe de celos* (*de inquietud*). 彼は嫉妬にさいなまれている (不安にかられている)

corrompedor, ra [kořompeðór, ra] 形 名 =**corruptor**

corromper [kořompér] 〖←ラテン語 *corrumpere*〗他 ❶ 腐らせる, 腐敗させる: El calor *corrompió* los alimentos. 暑さで食べ物が腐った. ❷〖純粋さ・美しさなどを〗損なう, ゆがめる: Los pesticidas *corrompen* el agua. 農薬で水が汚染される. ~ a los jóvenes 青年を堕落させる. ~ el idioma 国語を乱れさせる. ❸ 贈賄する, 買収する: ~ a los jueces 裁判官を買収する. ❹〖まれ〗〖女性・未成年者に〗強制わいせつ行為をする. ❺〖まれ〗いらいらさせる

── 自〖口語〗腐った臭いがする: Este pescado *corrompe*. この魚が臭い. El poder *corrompe*. 権力は腐敗している

── ~*se* 腐る, 腐敗する: El agua estancada *se corrompe*. よどんだ水は腐る. ❷ 悪くなる, 堕落する

corrompidamente [kořompíðaménte] 副 ❶ 腐敗したやり方で. ❷ 間違って, 誤って

corrompido, da [kořompíðo, ða] 形 ❶〖権力などが〗腐敗し

corroncho, cha [koróntʃo, tʃa] 形 ❶《コロンビア. 口語》粗末な, ざらざらの. ❷《ベネズエラ》遅い, のろまな
—— 男 ❶《中米, コロンビア, エクアドル》外皮. ❷《ホンジュラス, コスタリカ, コロンビア. 俗語》貝殻

corronchoso, sa [korontʃóso, sa] 形《中米, コロンビア, ベネズエラ》[人が] 粗野な

corrosca [koróska] 女《コロンビア》[つば広で大型の] 麦わら帽子

corrosible [korosíβle] 形 腐敗し得る

corrosión [korosjón] 女《←corroer》❶ 腐食, 浸食. ❷ 錆

corrosivo, va [korosíβo, βa] 形《←corroer》❶ 腐食する, 腐食性の. ❷ 辛辣な: ironía $\sim va$ 痛烈な皮肉. ❸《医学》腐蝕性の, 腐食物による
—— 男 腐食剤

corrote [koróte] 男《プエルトリコ》ビー玉遊び 〖=canicas〗

corroyente [korojénte] 形 腐食性の

corruco [korúko] 男《マラガ. 菓子》アーモンドクッキー

corrugación [koruɣaθjón] 女 波形化

corrugar [koruɣár] 他 波形にする: placa (chapa) corrugada 波形板

corrulla [korúʎa] 女《船舶》=corulla

corrumpente [korumpénte] 形《まれ》❶ 腐敗させる. ❷ 腹立たしい, 不快な, くどい

corrupción [korupθjón] 女《←ラテン語 corruptio, -onis》❶ 腐敗. ❷ 堕落, 退廃: $\sim$ de menores 未成年者に対する淫行罪; 青少年を使った犯罪. ❸ 買収, 汚職. ❹ [文書などの] 改竄 (㋝), 変造. ❺ [言葉などの] なまり; 乱れ, 崩れ. ❻《古語》下痢

corrupia [korúpja] →**fiera**[1] corrupia

corruptamente [korú(p)taménte] 副 =**corrompidamente**

corruptela [korú(p)téla] 女 [法律に違反するような] 堕落, 不正行為

corruptibilidad [korú(p)tiβiliðá(ð)] 女 腐敗性, 腐りやすさ; 堕落しやすさ; 買収されやすいこと

corruptible [korú(p)tíβle] 形 腐敗し得る, 腐りやすい, 生ものの, 堕落しやすい

corruptivo, va [korú(p)tíβo, βa] 形 腐敗させ得る, 腐食性の

corrupto, ta [korú(p)to, ta] 形《←corromper》名 ❶ 腐敗した. ❷ 堕落した[人]: No todos los políticos son $\sim s$. すべての政治家が腐敗しているわけではない. funcionario $\sim$ 腐敗した役人. sociedad $\sim ta$ 堕落した社会

corruptor, ra [korú(p)tór, ra] 形 堕落させる[人]: $\sim$ de menores 未成年者に対する淫行者(性犯罪者); 青少年を使った犯罪者

corrusco [korúsko] 男《←擬声》固くなったパンのかけら; フランスパンの皮 (焼けた外側部分)

corsariamente [korsarjaménte] 副 海賊のように, 海賊流に

corsario, ria [korsárjo, rja] 形《←corso[1]》《歴史》私掠船の [船員]; 海賊[の]: nave $\sim ria$ 私掠船

corsé [korsé] 男《←仏語 corset》[複 $\sim s$] ❶《服飾》コルセット: ponerse el $\sim$ コルセットをつける. $\sim$ ortopédico 矯正用コルセット. ❷ [思想・行動などの] 自由を束縛するもの

corsear [korseár] 自 私掠 (海賊) 行為をする

corselete [korseléte] 男《服飾》コースレット, オールインワン

corsetería [korsetería] 女 ❶ コルセットの製造所; 女性用下着店. ❷《集名》コルセット, 女性用下着

corsetero, ra [korsetéro, ra] 名 コルセット製造業者, 女性用下着販売業者

corso[1] [kórso] 男《←ラテン語 cursus「走ること」》男 ❶《歴史》私掠行為; 海賊行為: en $\sim$ 私掠行為をして. armar en $\sim$ 私掠船として艤装する. patente de $\sim$ 私掠免許状; 特権. ❷《アルゼンチン, ウルグアイ》カーニバルのパレード; 陽気な状態

corso[2], **sa** [kórso, sa] 形 名《地名》コルシカ島 Córcega の[人]

corta[1] [kórta] 女《←ラテン語 curtus》女 ❶ 木を切ること, 伐採, 刈り込み; 伐採時期. ❷《自動車》[主に複] ロービーム: poner las $\sim s$ ヘッドライトを下に向ける. ❸《地方語》水路, 運河. ❹《地方語》[露天掘りの] 炭坑. ❺《チリ. 口語》[たばこの] 吸い殻

cortabolsas [kortaβólsas] 名《単複同形》《廃語》すり 〖=ratero〗

cortacésped [kortaθéspe(ð)] 男/女 芝刈り機

cortacigarros [kortaθiɣárros] 男《単複同形》=**cortapuros**

cortacircuitos [kortaθirkwítos] 男《単複同形》《←cortar+circuito》男《単複同形》[電気] ブレーカー, 回路遮断装置

cortacorriente [kortakorjénte] 男 =**cortacircuitos**

cortacristales [kortakristáles] 男《単複同形》ガラス切り 〖=cortavidrios〗

cortada[1] [kortáða] 女 ❶ パンの1切れ(1枚). ❷《中南米》切り傷. ❸《南米》近道 〖=atajo〗

cortadera [kortaðéra] 女 ❶《植物》1) パンパスソウ, パンパスグラス 〖イネ科の観葉植物〗. 2) タルケザル〖カヤツリグサ科〗. ❷ [鉄棒切断用の] たがね. ❸《養蜂》巣枠を切る道具

cortadillo, lla [kortaðíʎo, ʎa] 形 [硬貨が] 円形でない, 八角形の
—— 男 ❶《菓子》コルタディージョ 〖小麦粉・バター・砂糖製で四角く, cabello de ángel などが中に入っている〗. ❷ 角砂糖 〖=azúcar $\sim$〗. ❸《口語》一時的な愛情関係. ❹《古語》[ワイン用の] 小さなコップ, 計量カップ

cortadito [kortaðíto] 男《菓子》コルタディージョ 〖=cortadillo〗

cortado, da[2] [kortáðo, da] 形 ❶《西》[estar+] 困惑した, あがった; [ser+] 内気な, 気のきかない. ❷ [文体が] 短文の多い, ぶつ切りの. ❸ [岩が] 垂直に切り立った. ❹《紋章》[盾が] パーフェスの, 横2分割の. ❺《貨幣》縁に何も飾りのない. ❻《中南米》[andar・estar+] 一文なしの. 2) ひどく健康状態の悪い(元気のない); 寒気(悪寒)がする
irse $\sim$《チリ. 口語》[人が] 死ぬ
—— 男 ミルクを少量入れたコーヒー 〖=café $\sim$〗

cortador, ra [kortaðór, ra] 形 名 切る[人]; 精肉商; [仕立屋などで] カッティングする人

cortadura [kortaðúra] 女《←cortar》女 ❶ 切り傷; 切れ目, 切り口, 亀裂, 裂け目. ❷《地質》[山間の] 断層, 切り通し. ❸《複》切りくず, 裁ちくず. ❹《複》[新聞・雑誌の] 切り抜き, 抜き抜き[絵]. ❺《築城》胸壁, 胸墻

cortafiambres [kortafjámbres] 男《単複同形》ハム・ソーセージ切断機

cortafierro [kortafjérro] 男《ラプラタ》=**cortafríos**

cortafrío [kortafrío] 男 =**cortafríos**

cortafríos [kortafríos] 男《単複同形》《技術》冷たがね, 生(㋖)切り

cortafuego [kortafwéɣo] 男 =**cortafuegos**

cortafuegos [kortafwéɣos] 男《単複同形》❶ [森林の] 防火線, 防火帯 〖=camino $\sim$〗. ❷《建築》防火壁. ❸《情報》ファイアウォール

cortagrama [kortaɣráma] 男《ベネズエラ》芝刈り機

cortahumedades [kortaumeðáðes] 男《単複同形》[壁の] 防湿層

cortalápices [kortalápiθes] 男《単複同形》鉛筆削り

cortante [kortánte] 形《←cortar》❶ [道具が] 切れる, 鋭利な; instrumento $\sim$ 刃物. ❷ [風・寒さなどが, 身を切るように] 非常に冷たい: Hace un frío $\sim$. 身を切るような寒さだ. ❸ [口調・文体が] ぶっきらぼうな, つっけんどんな, そっけない; 辛辣な. ❹ 恥ずかしがらせる, 気後れさせる
—— 名《地方語》肉屋 〖=carnicero〗
—— 男《古語, 地方語》切断器; 肉切り包丁

cortapajas [kortapáxas] 男《単複同形》《農業》わら切断機

cortapapel [kortapapél] 男 =**cortapapeles**

cortapapeles [kortapapéles] 男《単複同形》ペーパーナイフ

cortapastas [kortapástas] 男《単複同形》[パスタ・ケーキなどの] 型, 抜き型

cortapatillas [kortapatíʎas] 男《単複同形》[電気かみそりの] きわぞり刃

cortapichas [kortapítʃas] 男《単複同形》《俗語. 昆虫》ハサミムシ 〖=tijereta〗

cortapicos [kortapíkos] 男《単複同形》《昆虫》クギヌキハサミムシ

cortapiés [kortapjés] 男《まれ》足への切りつけ

cortapisa [kortapísa] 女《←カタルーニャ語 cortapisa < ラテン語 culcita pinsa 「縫って綿を詰めた布団」》❶《主に複》制限, 条件: Le han puesto en libertad, pero con muchas $\sim s$. 彼は釈放されたが, たくさんの条件付きでだ. La iniciativa privada tropieza con demasiadas $\sim s$. 民間活力はあまりにも多くの障害にぶつかる. poner $\sim s$ a la capacidad creativa 創造力に枠をはめる. ❷《古語》[衣服の] 色飾り; [言葉に加え] 機知, あや
$sin \sim s$ 無制限に, 付帯条件なしに; 自由に: Allí habla todo el mundo $sin \sim s$. あそこではみんなが好き勝手にしゃべっている

cortapisar [kortapisár] 他《まれ》制限する、条件を付ける
cortaplumas [kortaplúmas] 男《単複同形》ポケットナイフ
cortapuros [kortapúros] 男《単複同形》《葉巻の》口切り器, シガーカッター
cortar [kortár]《←ラテン語 curtare》他 ❶ 切る, 切断する: Ha cortado un poco de pan. 彼はパンを少し切り分けた. flor recién cortada 摘み立ての花. ～ a+人 el dedo …の指を切り落とす(詰める). ～ el cuello de la gallina 鶏の首を切り落とす. ～ las ramas 枝を切る. ❷ [形に]裁断する, 切り抜く; 彫る, 刻む: ～ pantalones 布地をズボンに裁つ. ❸ 遮る, 遮断する; [流れを]止める: ～. No me cortes. 私の話を遮らないで下さい. ～ la conversación 話の腰を折る. ～ la corriente eléctrica 電流を切る. ～ la hemorragia 止血する. ～ el agua 水を止める; 水を切って進む. ❹[道路などを]通行止めにする, 不通にする: Habían cortado todas las carreteras. 国道はすべて封鎖されていた. ～ la calle por obra pública 工事で通行止めにする. calle cortada 通行止め(行き止まり)の通り. ❺[関係を]切る, 断つ: Corté toda la relación con él. 私は彼との関係をすっかり断ち切った. ❻《文語》[空気·水を]切って進む: La flecha cortó el aire. 矢は風を切って飛んだ. ～ las olas 波を切って進む. ❼[山脈·川などが土地を]横断している: La cordillera corta el país de sur a norte. 山脈が国を南北に分けている. ❽[寒さが皮膚を]切り割れさせる. ❾[酒を水などで]割る, ブレンドする: ～ el vino con gaseosa ワインを炭酸で割る. ❿[文章·映画などの一部を]削除する, カットする: ～ un fragmento del relato 物語の一部をカットする. ¡Corten!《映画》カット! ⓫《口語》[間違った行動をしている人を]引き止める, やめさせる. ⓬《トランプ》1)[相手のカードを切り札で]切る. 2)[カードを]カットする. ⓭《スポーツ》[ボールを]カットする. ⓮《料理》[牛乳·ソースなどを]分離させる. ⓯《情報》カットする: ～ y pegar カットアンドペーストする. ⓰ …に裁定を下す. ⓱《養蜂》[巣箱から]採蜜する. ⓲《軍事》[敵陣を]分断する: ～ la retirada al enemigo 敵の退路を断つ. ⓳《南米》～ los dientes [赤ん坊が]歯が生え始める. ⓴《チリ, アルゼンチン, ウルグアイ》[電話を]切る. ㉑《チリ. 競馬》～ a+人 …を抜く
¡Córtala!《ボリビア, チリ, アルゼンチン, ウルグアイ. 口語》[相手の言動に対し]やめろ, よしなさい!
—— 自 ❶《刃物が》切れる: Este cuchillo no corta bien. このナイフはよく切れない. ❷[水·風が]非常に冷たい: Hace un frío que corta. 身を切られるような寒さだ. ❸近道をする《＝～ por un atajo》: Cortemos por la plaza. 広場を通って近道をしよう. ❹[con +人]＋con と〕縁を切る: ～ con su novio 恋人と別れる. Hay que ～ con los problemas de raíz. それらの問題は元から断たねばならない. ❺《服飾》裁断する. ❻《トランプ》カードをカットする. ❼《南米》電話を切る. ❽《チリ. 口語》向かう, 発進する
¡Corta!《口語》やめろ, よしなさい!
—— **se** [自分の物などを]切る: Acabo de ～me con vidrio. 私はガラスで切り傷を負ってしまった. Voy a ～me el pelo. 散髪してもらおう[自分で]髪を切ることにしよう. ～se las uñas 爪を切る. ❷切断される, 遮断される: La retransmisión del partido se ha cortado por un fallo en la recepción de la señal. 試合の中継放送は電波の受信トラブルのため中断した. Se ha cortado la comunicación. 電話が切れてしまった. Se cortó la luz. 停電した. Se corta el tránsito. 通行が遮断された. ❸[布地が折り目で]すり切れる. ❹あかぎれができる: Con este jabón se me cortan las manos. この石けんでは手にあかぎれができてしまう. ❺《口語》[困惑して]言葉に詰まる; 困惑する, あがる. ❻《幾何》交差する. ❼[牛乳·ソース·ドレッシングなどが]分離する: La leche se ha cortado. 牛乳が変質した. ❽《チリ. 口語》[動物が]疲労で倒れる
cortársela《卑語》《確約》Si no te convenzo, me la corto. あいつを説得できないと, おれのきんたまをやるよ
cortarraíces [kortařaíθes] 男《単複同形》《農業》[食料·飼料用に]根を細かく切る機械
cortasetos [kortasétos] 男《単複同形》キノコを刈り取るはさみ(道具)
cortaúñas [kortaúɲas] 男《単複同形》爪切り
cortavidrio [kortaβídrjo] 男 ＝**cortavidrios**
cortavidrios [kortaβídrjos] 男《単複同形》ガラス切り
cortaviento [kortaβjénto] 男《古語. 自動車》フロントガラス《＝parabrisas》
cortavientos [kortaβjéntos] 男《単複同形》❶ 防風設備, 風よ け. ❷《服飾》ウインドブレーカー

Cortázar [kortáθar]《人名》**Julio** ～ フリオ·コルタサル《1914～84, アルゼンチンの作家. 幻想文学とりわけエドガー·アラン·ポーの影響を受けて創作を始め,『遊戯の終わり』Final del juego,『秘密の武器』Las armas secretas,『すべての火は火』Todos los fuegos el fuego といった短編の中で, 日常生活の中に生じた小さな亀裂が徐々に大きくなり, ついには世界が崩壊していく過程を彫琢された文体で描き出しており, 20世紀を代表する短編の名手とされる. 小説では, 現代人の魂の彷徨と絶対の探求を実験的な手法を駆使して描いた『石蹴り遊び』Rayuela》
corte [kórte] I《←cortar》男 ❶ 切ること, 切断; 切り口: ～ del metal 金属の切断. ❷ 散髪, カット《＝～ de pelo》; 髪型: ～ a [la] navaja レザーカット. ～ alemán クルーカット. ❸《服飾》1) 裁断, カッティング; 仕立て: Este traje tiene muy buen ～. この背広は見事な仕立てだ. ～ y confección 仕立て, 洋裁, 裁断と縫製. 2) [布·皮の]切片, 切れ片: un ～ de vestido ドレス1着分の布地. un ～ de zapatos 靴1足分の革. ❹ 伐採; 刈り取り. ❺《俗》切り傷: Tiene un ～ en la cara. 彼は顔に切り傷がある. Me hice un ～ en la mano. 私は手を切った. ❻ 足切り: 1) nota de ～ 足切り点, 合格最低点. 2)《スポーツ》予選: pasar el ～ 予選を通過する. ❼ ナイフなどの刃. ❽ 切片, 断片; ～ redondo 肉の大きな切り身. ❾《幾何》断面: ～ longitudinal (transversal) 縦(横)面図. ❿[人·事物の]タイプ, スタイル, 傾向;[分析の]切り口: canciones de ～ romántico ロマンチックな傾向の歌. estudio de ～ tradicional 伝統的な方法による研究. ⓫ 中断, 遮断; 通行止め《＝～ de tráfico》; 供給停止: ～ de agua 断水. ～ de luz/～ de electricidad 停電. ～ de cuentas 借金返済の打切り. ⓬《印刷》[本の]小口. ⓭《電気》遮断: frecuencia de ～ 遮断周波数. ⓮《映画》[検閲による]カット, 削除. ⓯《建築》階, 部屋割り;[家の]縦断面図. ⓰《口語》恥ずかしい. ⓱《口語》驚き, 失望; 思いがけない拒絶の返事, けんつく: ¡Jo, qué ～! 残念/やられた! ¡Lo del ～ que me dio este niño! この子には顔負けだ. ⓲《西. 菓子》ウエハースではさんだアイスクリーム《＝helado de (al) ～, ～ de helado》. ⓳《舞踊》コルテ《タンゴのステップの一つ》. ⓴《フェンシング》切り《⇔estocada 突き》. ㉑ [土地の]起伏. ㉒《俗用》仕事, 用事; 仕事場. ㉓《中南米》予算の削減《先住民女性の着る》巻きスカート. ㉔《キューバ, コロンビア》サトウキビの刈り取り. ㉕《ベネズエラ》[恋人同士の]別離
～ **de digestión**《古語》[食後すぐ冷水に入ることによる]胃けいれん
～ **de manga**《まれ》＝～ **de mangas**
～ **de mangas**《口語》[腕を突き出しその腕をもう一方の腕で叩く]くそ食らえ(侮辱)の仕草《hacer un》de mangas くそ食らえの仕草をする; 断る, はねつける
dar ～ 1) [+a+人 を] やり込める. 2)《西. 口語》[+a+人 に] 気恥かしい: Me da ～ cantar en público. 私は人前で歌うのは恥ずかしい
dar un ～ a+人 …の話を遮る
llevarse un ～《西. 口語》1) 恥ずかしい. 2) がっかりする
II《←ラテン語 cohor, -ortis「地方司法官の随員」》女 ❶ 宮廷, 王室: Tiene amigos en la ～. 彼は宮廷に友人がいる. ～ de Luis XIV ルイ14世の宮廷. ❷《集名》宮廷人, 廷臣; 随員; 祝祭日に宮廷人の王の拝謁にあずかる人々《＝[las+] C～s》❸ 首都: la C～ マドリード. ❹《西》《複》[C～s][las+] 議会, 国会《組織, 建物》: aprobarse por las C～s 国会で承認される. manifestación frente a las C～s 国会外でのデモ. C～s constituyentes 憲法制定議会. C～s Generales 下院議会. C～s de Castilla-La Mancha カスティーリャ=ラ·マンチャ州議会. C～s de Cádiz カディス議会《1812年スペイン初の近代議会. 国民主権を確認, 封建的諸制度を撤廃, 憲法 Constitución de 1812·Constitución de Cádiz が採択された》. 2)《歴史》コルテス, 王国議会《中世イベリア半島の身分制議会. 国王が召集し, 各身分·町の代表で構成される》. ❺《牧畜》囲い場, 家畜小屋; そこの家畜. ❻《中南米》[主に C～]裁判所《＝tribunal》
～ **celestial**《カトリック》天使軍
～ **o cortijo** [大都会か田舎はいいが]小さな町には住みたくない
dar ～ **a**+人·事物《南米》…に注意を払う, 気にする
darse ～《南米》自慢する, 誇示する
hacer la ～ **a**+人 …にへつらう, 機嫌をうかがう; 求愛する, 言

cortedad [korteðá(đ)]【←corto】囡 ❶ 短いこと, 短さ: ～ de vista 近視. ❷ 簡潔さ. ❸ [才能・勇気などの] 不足, 欠如: ～ de ánimo 気力のなさ. ❹ 気後れ, 恥ずかしがり

cortega[kortéga]囡《鳥》=ortega

cortejador, ra [kortexaðór, ra] 形 名 ❶ 言い寄る[人], 口説く[人]. ❷ ご機嫌取りの[人]

cortejante [kortexánte] 形 =cortejador

cortejar [kortexár]【←伊語 corteggiare】他 ❶ [主に男性が女性に] 言い寄る, 口説く; [雄が雌に] 求愛する: El joven cortejaba a la muchacha. 若者は娘に言い寄っていた. El pavo real hacía la rueda a una hembra para ～la. クジャクは雌に向かって尾羽を広げ求愛した. ❷ へつらう, ご機嫌を取る

cortejo [kortéxo]【←cortejar】男 ❶ 口説き, 求愛. ❷ こび, へつらい. ❸〖集名〗[祭儀の] 行列, 随行の一行: ～ fúnebre 葬列. ❹ 付随して起こること, 結果としてもたらされるもの: la guerra con su ～ de desdichas 戦争とそれがもたらす災厄

cortés [kortés]【←corte II】形〖複 corteses〗礼儀正しい, 丁重な, 慇懃〖慇〗な: Su marido es complaciente, ～ y razonable. 彼女の夫は愛想がよくて礼儀正しく, 道理をわきまえている. saludo ～ 丁寧なあいさつ. hacer a+人 un recibimiento ～ pero frío ～ を丁重であるあまり冷ややかに出迎える. Lo ～ no quita lo valiente. 〖諺〗礼節と勇気は相反しない

Cortés [kortés]〖人名〗**Hernán** ～ エルナン・コルテス〖1485～1547, スペイン人コンキスタドール. キューバ島の征服に参加後, 1521年アステカ王国を征服.『報告書簡』Cartas de relación は貴重な史料〗

Martín ～ マルティン・コルテス〖1) 1533～89, エルナン・コルテスと正妻のスペイン人女性との間にメキシコで生まれた子. 父親の家督を継ぐが, 1566年の反乱未遂事件で, その首謀者として逮捕され, スペインへ移送される. 2) 1523?～95?, エルナン・コルテスが通訳マリンチェ Malinche との間にもうけた庶子. 1566年の反乱未遂事件では異母兄弟のマルティンと行動を共にする〗

cortesano, na [kortesáno, na]【←伊語 cortegiano】形 宮廷の: vida ～na 宮廷生活
──男 宮廷人, 廷臣
──囡《古語》[教養があり洗練された] 高級娼婦

Cortés Castro [kortés kástro]〖人名〗**León** ～ レオン・コルテス・カストロ〖1882～1946, コスタリカの大統領〗

cortesía [kortesía]【←cortés】囡 ❶ 礼儀[正しさ], 丁重さ, 礼節: con ～ 礼儀正しく. término de ～ 敬語. ❷ 敬称〖=título de ～〗. ❸ [物店などの] 厚遇. ❹ [商店などの] サービス; 贈り物, プレゼント, みやげ. ❺〖商業〗[手形の] 支払い猶予; [一般に] 猶予, 延期. ❻〖印刷〗página de ～ [章末などの] 空白のページ

de ～ ❶ 礼儀的な: acto de ～ 儀礼行事. carta de ～ 挨拶状, 儀礼的な手紙. coche de ～ 送迎車; 顧客用の代車. entrada de ～ 招待券. visita de ～ 表敬訪問. 2) esperar los quince minutos de ～ 儀礼（慣例）として15分待つ

faltar a la ～ 礼儀を欠く

hacer la ～ de+不定詞〖敬語〗…して下さる: Nos hizo la ～ de venir. その方は私どものところへ来て下さった

perder la ～ 礼を失する: Perdió la ～ a su profesor; no se descubrió ante él. 彼は先生に対して失礼なことをしてしまった. 先生の前で帽子を取らなかったのだ

por ～ 儀礼的に

tener la ～ de+不定詞〖敬語〗=hacer la ～ de+不定詞

cortésmente [kortésménte] 副 礼儀正しく, 丁重に, 丁寧に: Me recibieron ～ en su casa. 私は彼の家で丁重な歓迎を受けた. Me despedí ～ y salí de la habitación. 私は丁寧に別れを告げてから部屋を出た. rehusar el ofrecimiento ～ 申し出を丁重に断る

cortex [kórteɣk]s] 男 ❶《解剖》皮質, 大脳皮質〖=～ cerebral〗. ❷《植物》皮層

córtex [kórteɣk]s] 男 =cortex

corteza [kortéθa] I【←ラテン語 corticea < cortex, -icis「外皮」】囡 ❶ 樹皮, 果皮;《植物》皮層: ～ de una naranja オレンジの皮. ❷ [固い] 外皮: tener la ～ crujiente [パンなどの] 皮がカリカリした. ～ terrestre 地殻. ❸ うわべ, みかけ, 外見: no ver más allá de la ～ de los acontecimientos 物事のうわっつらしか見ない. ❹ ぎさつ, 下品. ❺〖物理〗殻: ～ atómica 原子殻. ❻〖解剖〗皮質: ～ cerebral 大脳皮質. ～ prefrontal 前頭連合野. ～ temporal 側頭連合野. ❼〖料理〗豚の皮を

カリッと揚げたもの〖=～s de cerdo〗
II [kortéθa] 囡《鳥》ライチョウ〖=ortega〗

cortezo [kortéθo] 男 パンの皮

cortezoso, sa [kortéθóso, sa] 形 ❶ 皮が分厚い. ❷ 樹皮のような

cortezudo, da [kortéθúðo, ða] 形 ❶ 皮が分厚い. ❷ [人が] 粗野な

cortical [kortikál] 形《解剖》皮質の,《植物》皮層の

corticoide [kortikóiðe] 男《生化》副腎皮質ホルモン, コルチコステロイド

corticosteroide [kortikosteróiðe] 男 =corticoide

corticotrófico, ca [kortikotrófiko, ka] 形 副腎皮質刺激ホルモンの

corticotrofina [kortikotrofína] 囡 =corticotropina

corticotropina [kortikotropína] 囡《生化》副腎皮質刺激ホルモン, コルチコトロピン

cortijada [kortixáða] 囡〖集名〗❶ 農場 cortijo の住居などの建物. ❷ =cortijo

cortijero, ra [kortixéro, ra] 形 農場 cortijo の
──名 ❶ 農場の監督（農夫）, 農場主. ❷ 農民, 農夫者

cortijo [kortíxo] 男 [アンダルシア・エストレマドゥラの] 大型の農場, 農園［畑, 作業場, 農場主・農場労働者の住居から成る］

cortil [kortíl] 男〖地方語〗中庭; 囲い場

cortina [kortína]【←ラテン語 cortina < cohors, -tis < hortus「菜園, 構内」】囡 ❶ カーテン, 幕: abrir (cerrar) la ～ カーテンを開ける(閉める). ～ de aire エアカーテン. ～ de enrollar《アルゼンチン》ブラインド. ～ de velo／～ de voilé《中南米》薄地のカーテン. ❷ 幕状のもの, 幕のようにさえぎるもの: lo de detrás de la ～ 内幕, 内情. ～ de agua どしゃ降りの雨. ～ de fuego 弾幕. ～ de hierro《中南米》鉄のカーテン. ～ musical《南米》テーマ音楽. ❸〖建築〗カーテンウォール. ❹〖築城〗幕壁. ❺ 堤防; ～ de muelle 岸壁. ❻ [王室礼拝堂での] 王の高座. ❼ [居酒屋で] 客がグラスに残した酒

correr la ～ カーテンを引く（開ける）; 事実を隠蔽する

～ de humo 煙幕: crear una ～ de humo 煙幕を張る

descorrer la ～ カーテンを開ける; 内情を暴露する

cortinado, da [kortináðo, ða] 形 ❶〖紋章〗シャーペの［遠近法による］道路のような図形の. ❷《古語》カーテンのある
──男《南米》=cortinaje

cortinaje [kortináxe] 男〖集名〗[主に. 豪華な] カーテンの装備一式

cortinal [kortinál] 男〖地方語〗[家・村に隣接した] 柵で囲った農地

cortinaria [kortinárja] 囡《植物》フウセンタケ〖クモの巣状のつばがあるキノコ〗

cortinilla [kortiníʎa] 囡 ❶ [列車などの窓の] 薄地のカーテン: ～ del probador 試着室のカーテン. ❷〖テレビ〗場面転換エフェクト［の］カーテン

cortinón [kortinón]〖cortina の示大語〗男 [丈夫な織物の] 大型のカーテン

cortisol [kortisól] 男《生化》コルチゾール

cortisona [kortisóna] 囡《生理, 薬学》コーチゾン

cortisónico, ca [kortisóniko, ka] 形 コーチゾンの

cortisquear [kortiskeár] 他〖紙・布などに〗切れ目を入れる

corto, ta[kórto, ta]【←ラテン語 curtus「削除された, 切れた」】
❶ 短い〖⇔largo〗: 1) 〖空間〗 Estos pantalones te están ～s. このズボンは君には短かすぎる. ¿Cuál es el camino más ～? 一番近道はどれですか? a ～ta distancia 近距離に・de. de estatura ～ta／de ～ta estatura 背の低い. falda ～／～ta falda ミニスカート. 2) 〖時間〗 Ya avanzada el invierno y el día se hacía más y más ～. 冬が深まって, 日はますます短くなっていた. tras una ～ta espera 少し待ってから. discurso ～ 短い演説. novela (película) ～ta 短編小説(映画). ～ viaje 短期間の旅行, 小旅行. ～tas vacaciones 短い休暇. ❷ [奥行きが] 狭い. ❸ 少ない, 足りない: 1) un kilo ～ 1キログラム弱. 2) [+de] El gordinflón estaba ～ de fondos. 政府は資金が足りなかった. ～ de pensamiento あさはかな. ～ de palabras 言葉の足りない, 説明不足の. ❹〖文語〗[+時間の名詞] ほどない: de ～ta edad 年少の, 幼少の. ❺〖口語〗[数が] 半分以上下回る. ❻ 無能な, 愚鈍な, 頭の悪い. ❼ 恥ずかしがりの, はにかみ屋の, 臆病な. ❽〖闘牛〗[闘牛士が] 技のレパートリーの少ない. ❾〖法律〗[遺産配分が] 厳正な

a la ～ta o a la larga 遅かれ早かれ, 早晩

atar ～ a+人《口語》…を厳しく監督する,手綱を引き締める
～ **de manos**《口語》未熟な
～ **de medios** 手の打ちようのない
～ **de miras** 洞察力のない,近視眼的な
～ **de vista** 1) 近視の,近眼の. 2) 洞察力のない,頭(物分かり)の悪い,近視眼的な
ni ～ ni perezoso ためらわずに
quedarse ～《必要な程度に》到達しない: Nos hemos quedado ～s. No había suficientes pasteles para todos. 私たちはみんなにゆきわたるだけのケーキを用意できなかった. Lo menos mides 180 centímetros.—Te has quedado ～ta, Carmen. Mido 190. あなたはどう見ても身長が180センチあるよ.—カルメン, それは低く見積もりすぎだよ. 僕は190センチだ. ¡Qué charlatán eres!—Pues tú tampoco te quedas ～. 君おしゃべりだね!—いや, 君も負けてはいないよ
—— 男 ❶ 短編映画《=cortometraje》. ❷ 欠乏, 不足. ❸《西》[ビール・ワインなどの] 小グラス: un ～ de cerveza ビール小グラス1杯. un ～ de café コーヒー小カップ1杯. ❹ 薄いブラックコーヒー. ❺《電気》ショート《=cortocircuito》. ❻《ボクシング》ジャブ. ❼《通信》どうぞ, オーバー《⇔fuera》. ❽《古語的》郊外電車. ❾《南米》予告編. ❿《メキシコ. 服装》[主に 複] トランクス《=calzoncillo》. ⓫《チリ. 酒》小カップに注いだピスコ pisco
de ～《服飾》ショートの: El entrenador todavía está vestido de ～. そのコーチは[もう現役でないのに]まだ短パンをはいている. Mi hija va de ～. 私の娘は[まだ大人でないので]短いスカートでいる
en ～ 近くから[の]: pasar en ～《サッカーなど》ショートパスをする. pelea en ～《ボクシングなど》接近戦
en ～ y por derecho《闘牛》[闘牛士が牛にとどめを刺す時] 近寄って正面から
—— 《古語的》弱く: cantar ～ 弱々しい声で歌う

cortocircuito [kɔrtoθirkwíto]《←corto+circuito》男《電気》ショート;《比喩》短絡: Se ha ido la luz por un ～. ショートで明かりが消えた. hacer [un] ～ ショートする; 短絡する

cortometraje [kɔrtometráxe]《[película de] corto metraje の省略語》男 [45分以下の] 短編映画

cortón [kɔrtón] 男《昆虫》ケラ《=alacrán cebollero》

coruja [korúxa] 女《地方語. 鳥》フクロウ《=lechuza》

corulla [korúʎa] 女 ❶《船舶》[ガレー船の] 索具収納庫. ❷《古語》ギャングウェイ《=crujía》

corundo [korúndo] 男《鉱物》コランダム《=corindón》

coruña [korúɲa] 女 ラ・コルーニャ産の麻布

coruñés, sa [korupés, sa] 形 名《地名》ラ・コルーニャ La Coruña の[人]《ガリシア州の県・都名》

coruscación [koruskaθjón] 女 ❶《医学》[眼の] きらめき感, まぶしさ. ❷《詩語》輝き, きらめき

coruscante [koruskánte] 形 ❶《文語》きらめく, 輝く. ❷《比喩》燦然(たる, まばゆいばかりの, 目もあやな. ❸《文語》Llevaba un traje de raso ～. 彼はまばゆいばかりのサテン地のスーツを着ていた

coruscar [koruskár] 自《文語》きらめく, 輝く

corusco, ca [korúsko, ka] 形《文語》燦然と輝く, 目もあやな

corva[1] [kórba]《←ラテン語 curvus「曲がった」》女 ❶ ひかがみ, 膝窩 (ひかがみ). ❷ [タカなどの] 風切羽. ❸《獣医》[馬のひかがみにできる] 骨性腫瘍. ❹《魚》イシモチの一種《学名 Sciaena umbra》. ❺《プエルトリコ》企業

corvadura [kɔrbaðúra] 女 ❶ [アーチ・丸屋根などの] 湾曲部. ❷ 湾曲

corval [kɔrbál] 男《レオン》サンダル abarca を足にくくりつける革紐

corvallo [kɔrbáʎo] 男《魚》ニベの一種《学名 Johnius umbra》

corvar [kɔrbár] 他《廃語》=**encorvar**

corvato [kɔrbáto] 男 ❶ カラス cuervo の子. ❷ [蒸留器 alambique の蛇管を冷やす] 冷水のタンク

corvaza [kɔrbáθa] 女《獣医》[馬の] 飛節外腫

corvecito [kɔrbeθíto] 男 cuervo の示小語

corvejón [kɔrbexón] I《←corva》男 ❶《馬の後脚》飛節: cerrado de corvejones 飛節同士が内側に湾曲した. ❷《料理》[牛の] 脛肉. ❸《口語》ひかがみ《=corva》. ❹《雄鶏の》蹴爪 (けづめ).
meterla hasta el ～《よけいなことをして》どじを踏む
II《←ラテン語 corvus「カラス」》男《鳥》ウ《=cormorán》

corvejos [kɔrbéxos] 男 複 飛節《=corvejón》

corveta [kɔrbéta] 女《馬術》クルペット, 騰躍 [馬の両前脚が地に着かないうちに両後脚を伸ばして跳躍すること]: hacer (pegar) ～s クルペットをする

corvetear [kɔrbeteár] 自《馬が》クルペットをする

córvido, da [kɔ́rbido, da] 形《鳥》カラス科の
—— 男 複《鳥》カラス科

corvillo [kɔrbíʎo] 男 ❶ →**miércoles** de corvillo. ❷《アラゴン》籐製のかご

corvina[1] [kɔrbína] 女《魚》コルヴィーナ [食用. 学名 Johnius regiusm, Argyrosomus regius]

corvinato [kɔrbináto] 男《魚》ニベの一種《=berrugato》

corvinera [kɔrbinéra] 女《漁業》コノベ網《=red ～》

corvino, na[2] [kɔrbíno, na] 形 カラスの, カラスに似た
—— 男 ❶ =garfio. ❷《魚》=**corvina**[1]. ❸《中南米》耕作用のマチェテ machete; [武器として使われる] ナイフ

corvo, va[2] [kórbo, ba] 形 湾曲した

corzo, za [kórθo, θa] 名《動物》ノロ, ノロジカ

corzuela [kɔrθwéla] 女《動物》～ americana マザマジカの一種 [学名 Mazama americana]. ～ parda マザマジカ

corzuelo [kɔrθwélo] 男 [吹き分ける時に] 殻の付いたまま飛ばされる小麦粒

cosa [kósa]《←ラテン語 causa「事柄, 問題」》女 ❶ 物, 物体: 1) ¿Qué ～ ves a lo lejos? 遠くにどんな物が見えるか? Necesitamos muchas ～s. 私たちは色々な物が必要だ. Comió tres ～s a la vez. 彼は3つのものを同時に食べた. 2)《人に対して》El esclavo era considerado como una ～. 奴隷は物のように考えられていた. 3) 所有物, 物のすべて: No tiene ～ alguna de valor. 彼は値打ちのある物は何も持っていない. Retira tus ～s de esta habitación. この部屋から君の物をどけてくれ. ❷ 事, 事柄: 1)《話すこと, 話題》Voy a decirte una ～. 一つ君に言っておくことがある. Su madre dijo unas ～s horribles. 彼の母は恐ろしいことを言った. Es tan ligero que cada día dice otra ～. 彼は気が変わりやすく, 日によって言うことが違う. No se habla de otra ～ en estos días. 最近その話で持ちきりだ. 2)《物事, 問題》Todas las ～s tienen su fin. 物事にはすべて終わりがある. Hay ～s que la voluntad humana no es capaz de controlar. 人間の意志ではコントロールできないことがある. Eso es otra ～. それは別問題だ. hablando de otra ～ 話は別だが. ～s del mundo 世事, 俗事. 3)《出来事, 事情》Oye, cómo está la ～? 何がどうなっているんだ? Cada uno tiene sus ～s. 人にはそれぞれ事情がある. Son las ～s de la vida. 人生とはそんなもんだ. 4) [主に 複] 仕事, 用事: He de hacer muchas ～s hoy. 私は今日たくさんのことをしなければならない. ❸ 複 事態: ¿Cómo le van las ～s? うまくいってますか? Las ～s no van bien. 事態はかんばしくない. ❹ [奇行・欠点など, +de に特有の] 言動: Son ～s de jóvenes. いかにも若い人のすることだ. Son ～s de niños. それは子供のやりようだ. ❺ [主に 複] 口からの出任せ, 思いつき: ¡Qué ～s dices! 君は何ということをなさると言うのだ. ❻《婉曲》剃刀の当たらない用ひげそり用品. ～s de escribir 筆記用具. ❼《法律》[客体としての] 物《⇔persona》. ❽《軽蔑》取るに足りない人. ❾ 不安, 疑い; ためらい. ❿《口語》[la+] 性器; [特に] 陰茎. ⓫《婉曲》[時に 複] 月経. ⓬《婉曲》生理的欲求, 排尿, 排便. ⓭《主に婉曲》[社会的に見て] 良くないこと. ⓮ [主に呼びかけ] 愛する人. ⓯《まれ》何も[…ない]《=nada》. ⓰《コロンビア. 隠語》マリファナ

a ～ hecha 1) 成功を確信して. 2) 前もってすべて決めて. 3) わざわざ, わざと

a otra ～ ～ この話はおしまいだ, 別の話にしよう

a otra ～, mariposa《戯語》=**a otra ～**

así las ～s そういう事情で, こういうわけで

cambiar las ～s de sitio《戯語》盗む

como ～ de... =～ **de...**

con unas y otras ～s あれやこれやで: Con unas y otras ～s, no he tenido tiempo ni de respirar esta semana. 私は何かと雑用が多くて, 今週は息つく暇もなかった

～ de... 1)《概数》約…, およそ…, …ほど: Esperamos ～ de media hora. 我々は半時間くらい待った. Perdió ～ de mil euros. 彼は1000ユーロくらい損をした. 2)《南米. 口語》[+不定詞]…するために, …するように

～ fina《西. 口語》1) すばらしいもの(こと): Estos platos son ～ fina. これらの料理はすばらしい. 2) すばらしく: Lo pasó ～ fina. とても楽しかった

~ mala《西. 口語》ものすごく, とても; たくさん: Llovió ~ *mala* ese día. その日はとても激しい雨だった

~ que... 1) [+直説法. 説明的な関係節を導く] Yo conozco un niño de 6 años que ya hace quebrados, ~ *que* en las escuelas no enseñan. 6歳でもう分数のできる子供を私は知っている, 学校では教えてないのに. 2)《中南米》[+接続法] …のために, …するように〖=para que, de modo que〗

~ que lo valga そのようなものは何も〔…ない〕

~ rara 驚くべきこと, ありえないこと

~ seria すばらしく

creerse la gran ~《メキシコ》偉そうにふるまう

de ~《文法》物の〖⇔de persona 人の〗: complemento *de* ~ 物の補語

decir otra ~《婉曲》=**decir una ~ por otra**

decir una ~ por otra《婉曲》嘘をつく, 黒を白と言う

entre unas ~s y otras [事情などが] 色々あって, あれやこれやで: *Entre unas ~s y otras* yo no conseguía dormir. あれやこれやで私は眠れなかった. *Entre unas ~s y otras* se me hizo tarde. いつの間にか遅い時間になっていた

fuerte ~ 厄介なこと, 面倒なこと

gran ~ それほど重要な(多くの)こと〖主に否定文で〗: No es *gran* ~. それは大したことではない. La herida no fue *gran* ~. けがは大したことがなかった

¡Habráse visto ~ 〔igual·parecida〕! [驚き·不快] こんなことってあるか/これはひどい!

hacerse la gran ~《メキシコ》=**creerse la gran ~**

igual ~《チリ》…と同様に

la ~ en sí《哲学》ものそれ自体

La ~ es que... 1) [+直説法] 実は…だ, 話は…だ: *La ~ es que* tengo mucho miedo a la altura. 本当は私は高所恐怖症なのだ. 2) [+接続法] 大切(必要)なのは…だ: *La ~ es que* él se presente cuanto antes a la policía. 大事なのは彼が一刻も早く警察に出頭することだ

la ~ pública《文語》国事

las ~s [人間として] 避けられないことだ

las ~s como son [気に入らない·必要ないことだが] 事実だ

las ~s de la vida =**las ~s**

las ~s que pasan =**las ~s**

lo que son las ~s... [挿入句として] 〔奇妙なことに〕実は…

meterse en sus ~s 自分のことをする: Le dije que *se metiera en sus cosas* y que me dejara en paz. 私は彼に自分のことを構って, 私のことはほうっておいてくれと言った

ni ~ que lo valga [否定の強調] そのようなものは何もない: Aquí no hay encanto *ni ~ que lo valga*. ここには魅力なんてまるでありはしない

no... otra ~ que... …だけ: *No* hago *otra ~ que* pensar en ti. 私は君のことばかり考えている

no haber ~ con ~ 互いに関係はない

No hay tal ~. [反論] そんなことは全くない

no poder hacer otra ~ ほかにしようがない, それしかできない: Sé que esto no te satisface, pero *no puedo hacer otra ~*. これが君の気に入らないことは分かっているのだが, 私としてはほかにしようがないのだ

***no sea ~ 〔de〕 que*+接続法** …しないように: Cerremos las ventanas, *no sea ~ que* entre la polvareda. ほこりが入らないように窓を閉めよう

no ser la ~ para menos 正当な行動である, 無理もない

no tener ~ suya 気前がよい, 度量が大きい

no valer gran ~ 大したことではない, つまらないことである

poca ~ 1) ささいなこと: Es *poca* ~. ささいなことだ. Riñó con su novia por *poca* ~. 彼はちょっとしたことで恋人とけんかした. Mi indisposición fue *poca* ~. 私の身体の不調は大したことはなかった. 2) ちっぽけな人(動物); 弱々しい人(動物). 3) 取るに足りない人

por una〔s〕 ~〔s〕 o por otra〔s〕 いつも, 常に

¿Qué ~s? [聞いた·見たことに対する奇異] 何?/何だって?/どうしたのか?

***ser ~ de*+不定詞** 1) …するとよい, …するべきである: *Es ~ de* ver. それは見ものだ. No *es ~ de* ponernos a discutir en este momento. この場で議論するべきことではない. 2) 問題は…である: Todo *es ~ de* saber esperar. 問題は我慢できるかどうか, それがすべてだ

***ser ~ de*+人** …の領分である, …に属する事柄である: Esto no *es ~ tuya*. これは君の知ったことではない. No te preocupes; eso *es ~ mía*. 心配しないでくれ, これは私の問題だから

***ser ~ de*+時間** [時間が] およそ…かかる: Llegar a Madrid *es ~ de* 18 horas. マドリードまで約18時間だ

ser ~ hecha 非常にたやすいことである

ser ~ perdida [人が] 救いようがない

ser otra ~ [人·事物が] 1) より優れている. 2)《まれ》より劣っている

tomar las ~s como vienen なりゆき任せにする

una ~ es... y otra 〔es〕... …と…は別問題である: *Una ~ es* beber *y otra* emborracharse. 酒を飲むことと酔っ払うことは別問題だ. *Una ~ es* ser generoso *y otra* idiota. 気前がいいのと愚かとは違う

una ~ mala《西. 口語》=**~ mala**

¡Vaya 〔una〕 ~! [皮肉·驚き·不快] それはそれは/おやおや!

y esas (las) ~s [言われたことについて, 意味もなく] まあそういうことだ

y otra ~... そしてもう一つ…

y todas esas (las) ~s =**y esas (las) ~s**

Cosa [kósa]《人名》**Juan de la ~** フアン·デ·ラ·コサ〖1450?~1510, スペイン人航海者. コロンブスの第一次航海に水先案内人として参加. アメリカ大陸を含む地図を初めて作成〗

cosaco, ca [kosáko, ka] [形] [名] コサック〔の〕

—— [男] コサック騎兵

beber como un ~《軽蔑》大酒飲みである

cosario, ria [kosárjo, rja] [形] 行きつけの

—— [男] ❶《廃語》配達人. ❷《古語》海賊; 猟師

coscacho [kɔskátʃo] [男]《ペルー, チリ, アルゼンチン, エクアドル. 口語》[拳骨での] 頭への殴打

coscar [kɔskár] [7] **~se** ❶《口語》[+de に] 気づく. ❷ [不安·後悔などに] さいなまれる

coscarana [kɔskarána] [女]《アラゴン. 菓子》非常に薄く乾かしたパイ〖噛むとサクサクいう〗

coscoja [kɔskɔ́xa] [女] ❶《植物》ケルメスナラ; [主に [集名]] その枯葉. ❷《まれ》[ベルトの滑りをよくするための] バックルなどの鉄の円筒

coscojal [kɔskɔxál] [男] ケルメスナラ林

coscojar [kɔskɔxár] [男] =**coscojal**

coscojita [kɔskɔxíta] [女] 石蹴り遊び〖=rayuela〗

coscojo [kɔskɔ́xo] [男] ❶ ケルメスナラにできる虫こぶ. ❷《馬具》[複] 馬勒の鎖

coscoletas [kɔskolétas] ***a ~*** 背負って

coscolino, na [kɔskolíno, na] [形]《メキシコ》❶ 無愛想な, 不平の多い. ❷ 腕白な, 落ち着きのない

—— [男] ナンパ師, 女好きの男

—— [女]《メキシコ. 口語》❶ [容易な] ナンパ. ❷ 売春婦

coscomate [kɔskomáte] [男]《メキシコ》トウモロコシを保存するための素焼きの密封容器

coscón, na [kɔskɔ́n, na] [形] [名] ずる賢い〔人〕, ちゃっかりした〔人〕, 腹黒い〔人〕, 狡猾な〔人〕

coscorrón [kɔskɔr̃ɔ́n]〖←擬声〗[男]《口語》[痛いがそれほどひどくない] 頭への打撲(殴打)

darse (llevar unos) coscorrones [未熟なせいで] 痛い目にあう: Tendrá que *darse* muchos *coscorrones* para aprender. 彼はたくさん挫折を味わわないと学ばないだろう

coscurro [kɔskúr̃ɔ] [男] パンの端の堅い部分

cosecante [kosekánte] [女]《幾何》コセカント, 余割

cosecha [kosétʃa]〖←古語 cogecha < ラテン語 collectus < colligere「拾い集める」〗[女] ❶ [集名] 収穫物, 作柄: Este año hay (ha habido) buena (mala) ~ de trigo. 今年は小麦が豊作(不作)だった. ❷ 収穫, 取り入れ: La ~ de uvas se hace en otoño. ブドウの取り入れは秋に行なわれる. ❸ 収穫期: Prometió que me pagaría para la ~. 彼は私に収穫時期までには払うと約束した. ❹ [ブドウの] 収穫年: vino de la ~ 1982 1982年ものワイン. ❺ [集名] [努力などの] 結果, 成果: Recogió una tamaña ~ de datos. 彼は膨大な資料を収集した. ❻《古語》寄付金集め, 募金

***de la ~ de*+人**《口語》…の創作した, 思いついた: Eso es *de su* 〔propia〕 ~. それは彼の作り話だ. Cuéntame de lo que pasó sin poner nada *de tu* ~. 作り話など混ぜずに起こったことだけを話せ

de la última ~ 最新の

cosechador, ra [kosetʃađɔ́r, ra] [形] 刈り取る

C

cosechar
——囡《農業》コンバイン
cosechar [kosetʃár]《←cosecha》⓵ 収穫する, 取り入れる: Ahora están *cosechando* las mieses del estío. 今夏小麦の収穫が行なわれている. ⓶《憎しみ・同情などを》受ける; [敗北・成功などを] 得る: Con ese carácter solo *cosechará* antipatías. あの性格では彼は人に嫌われるだけだ. Con todo su trabajo y preocupaciones solo *ha cosechado* disgustos. あれだけ苦労し, 心配したあげくに彼は不快な目に会っただけだ. *Ha cosechado* muchos triunfos. 彼は大成功を収めた
——圓 収穫がある, 取り入れをする
cosechero, ra [kosetʃéro, ra]图 収穫する人: ~s de patatas ジャガイモの取り入れをする人たち
cosecho [kosétʃo]男《古語》=**cosecha**
cosechón [kosetʃón]男《口語》豊作
cosedor, ra [koseđór, ra]图《製本》縫う人
cosedura [koseđúra]囡 裁縫 [=costura]
coselete [koseléte]《←仏語 corselet》⓵ [主に皮製の軽い] 胴鎧 (どうがい), 胸当て. ⓶ [火縄銃隊に属する] 胴鎧を着けた槍兵 (矛槍兵). ⓷《昆虫》胸部
coseno [koséno]男《幾何》コサイン
cosepapeles [kosepapéles]男《単複同形》ホチキス [=grapadora]
coser [kosér]《←ラテン語 consuere < suere「縫う」》他 ⓵ 縫う, 縫い合わせる; [+a・en に] 縫い付ける: 1) Las mujeres está *cosiendo* la vela de un barco. 女たちは船の帆を縫っている. Ella *cosió* unas iniciales *en* un pañuelo. 彼女はハンカチにイニシャルを縫い付けた. Tengo que ~ el botón *a* la camisa. 私はワイシャツにボタンを縫い付けなければならない. ~ *a* mano 手縫いする. 2)《比喩》La niña está *cosida a* las faldas de su madre. 少女は母親のスカートにまとわりついて離れない. ⓶《医学》縫合する. ⓷ [ホチキスなどで] 綴じ合わせる: ~ las hojas está con hojas ホチキスで留める. ⓸《口語》[刃物で] ブスブスと突く, 銃弾を浴びせる, 穴だらけにする: Lo encontraron *cosido* a puñaladas. 彼はめった突きにされて発見された. ~ a+人 a balazos …を銃弾で蜂の巣にする
——圓 縫い物をする, 裁縫をする
ser ~ **y cantar**《口語》ごく簡単である, たやすい: Eso es ~ y cantar. それはごく易い
——**se** [+con+人 に] べったりとへばりつく, つきまとう
coseta [koséta]囡 [甘い汁を搾るために] テンサイをみじん切りにすること
cosetada [koseáđa]囡 早足, 駆け足
cosetano, na [kosetáno, na]形 图《歴史, 地名》コセタニア Cosetania の (人)《ローマ支配以前. 現在の Tarragona》
cosiaca [kosjáka]囡《コロンビア, チリ, アルゼンチン, ウルグアイ》つまらないもの・こと, ささいなこと
cósico, ca [kósiko, ka]形《数学》número ~ 等価数
cosicosa [kosikósa]囡 =**quisicosa**
cosido [kosíđo]男《←coser》⓵ 縫うこと, 縫い合わせ, 縫い付け, 裁縫, 縫製; 仕立て [の出来具合い]: Es primorosa en el ~. 彼女は針仕事がとても上手だ. El ~ que le hicieron en el hospital no le deja señal. 彼は病院で縫ってもらったが, 跡が残っていない. ~ de la herida 傷口の縫合. ⓶ 縫製品
cosidura [kosiđúra]囡《船舶》[ロープなどの] 継ぎ合わせ
cosificación [kosifikaθjón]囡 物体化
cosificar [kosifikár]他 物体 (事物) 化する; 物とみなす
cosignatario, ria [kosiɣnatárjo, rja]图 連帯署名人, 連署人
Cosío Villegas [kosío biʎéɣas] ~ ダニエル・コシオ・ビリェガス [1898~1976, メキシコの経済学者・歴史家・評論家.『大統領継承論』 *La sucesión presidencial*]
cosita [kosíta][cosa の示小語] ⓵《主に呼びかけに》愛する人. ⓶《中南米》性器.《パナマ》おやつ
hacer ~**s**《婉曲》性交する; [+a+人 に] 性的喜びを与える
cosmético, ca [kosmétiko, ka]《←ギリシア語 kosmetikos < kosmos「装飾, 世界, 構成」》形 化粧用の, 美容の
——男 化粧品 [=producto ~]
——囡 美容術
cosmetología [kosmetoloxía]囡 美容術 [=cosmética]
cosmetólogo, ga [kosmetóloɣo, ɣa]图 美容家
cósmicamente [kósmikaménte]副 宇宙的視点から, 全世界的に
cósmico, ca [kósmiko, ka]《←ラテン語 cosmicus < ギリシア語

kosmikos < kosmos「世界, 飾り」》形 宇宙の: física ~*ca* 宇宙物理学. materia ~*ca* 宇宙を構成する物質. leyes ~*cas* 普遍的な掟. ⓶《天文》[天体の出入りが] 日の出と同時に起こる
cosmo-《接頭辞》[宇宙, 世界] *cosmo*nauta 宇宙飛行士, *cosmo*polita 世界的な
-cosmo《接尾辞》[宇宙, 世界] micro*cosmos* 小宇宙
cosmocéntrico, ca [kɔsmoθéntriko, ka]形 宇宙の中心の
cosmogénesis [kɔsmoxénesis]囡 宇宙の起源
cosmogenético, ca [kɔsmoxenétiko, ka]形 宇宙の起源の
cosmogonía [kɔsmoɣonía]囡 宇宙発生 (生成) 論; 宇宙進化論
cosmogónico, ca [kɔsmoɣóniko, ka]形 宇宙発生 (進化) 論の
cosmogonista [kɔsmoɣonísta]图 宇宙発生 (進化) 論者
cosmografía [kɔsmoɣrafía]囡 宇宙形状誌学, 宇宙構造論
cosmográfico, ca [kɔsmoɣráfiko, ka]形 宇宙形状誌学の
cosmógrafo, fa [kɔsmóɣrafo, fa]图 宇宙形状誌学者
cosmología [kɔsmoloxía]囡 宇宙論, コスモロジー
cosmológico, ca [kɔsmolóxiko, ka]形 宇宙論の (的な)
cosmólogo, ga [kɔsmóloɣo, ɣa]图 宇宙学者
cosmonauta [kɔsmonáuta]《←cosmo-+ラテン語 nauta「船乗り」》图 宇宙飛行士 [=astronauta]
cosmonáutico, ca [kɔsmonáutiko, ka]形 宇宙飛行 [の] [=astronáutico]
cosmonave [kɔsmonábe]囡 宇宙船 [=astronave]
cosmópolis [kɔsmópolis]囡 国際都市
cosmopolita [kɔsmopolíta]《←cosmo-+ギリシア語 polites「市民」》形 ⓵ [民族・国家を超えて] 世界を家とする, 世界主義の; 全世界的な: ciudad ~ 国際都市. ⓶《生物》全世界に分布する
——图 国際人, 世界市民, 世界的視野を持った人
cosmopolitismo [kɔsmopolitísmo]男 世界主義, コスモポリタン気質; 国際性, 国際色
cosmoquímica [kɔsmokímika]囡 宇宙化学
cosmorama [kɔsmoráma]男 コズモラマ《世界の風物のぞきがね》
cosmos [kósmos]《←ラテン語 cosmos < ギリシア語 kosmos》男《単複同形》⓵ [秩序ある体系としての] 宇宙 (⇔caos); [被創造物としての] 万物: El hombre busca su lugar en este ~. 人間はこの宇宙において自分の居場所を探している. ⓶ [地球外の] 宇宙: exploración del ~ 宇宙の探査. ⓷《文語》秩序, 調和. ⓸《植物》コスモス, 秋桜
cosmotrón [kɔsmotrón]男《物理》陽子シンクロトロン, コスモトロン
cosmovisión [kɔsmobisjón]囡《文語》世界観, イデオロギー
coso [kóso]男 ⓵《文語》闘牛場: ~ taurino. ⓶《口語》[名称不明の] 何とかというもの. ⓷《古語》流れ. ⓸《昆虫》キクイムシ (=carcoma). ⓹《まれ》大通り; [祝宴を催すことのできる] 広場. ⓺《コスタリカ》1杯分の酒. ⓻《コロンビア》1) 所有者のいない動物を収容する市営の囲い場. 2)《隠語》マリファナタバコ
cospe [kóspe]男 [削りやすくするため木材に付ける, 斧・鋸による] 切り込み
cospel [kɔspél]男 ⓵ [貨幣製造で刻印される材料としての] 金属の円盤. ⓶《アルゼンチン》[貨幣代わりの] コイン
cosque [kɔske]男《地方語》頭への打撃 [=coscorrón]
cosqui [kóski]男《地方語》頭への打撃 [=coscorrón]
cosquillar [kɔskiʎár]他 =**cosquillear**
cosquillas [kɔskíʎas]《←擬声》囡 複 くすぐったさ: Siento ~ en las plantas del pie. 足の裏がくすぐったい
buscar *a*+人 *las* ~ …を挑発する, 怒らせる
hacer *a*+人 ~ 1)…をくすぐる. 2)《口語》[想像させて・思い起こさせて] …を楽しくさせる
cosquillear [kɔskiʎeár]《←cosquillas》他 ⓵ くすぐる, くすぐったがらせる. ⓶ 楽しいことを想像させる (思い起こさせる), 気を引く, わくわくさせる: *Me cosquillea* la idea de irme a París esta primavera. この春パリに行くことを思うと気分がうきうきする. ⓷ 涙や笑いを誘う
cosquilleo [kɔskiʎéo]男 ⓵ くすぐったさ, むずがゆさ: Sentí un ~ en la nariz. 私は鼻がむずがゆかった. ⓶ 不安

cosquilloso, sa [koskiʎóso, sa] 形 ❶ くすぐったがり屋の. ❷ [精神的に] 傷つきやすい, 神経質な; すぐかっとなる

cosquilludo, da [koskiʎúðo, ða] 形《メキシコ》くすぐったがり屋の [=cosquilloso]

costa [kósta] **I**《←ラテン語 costa「側, 肋骨」》女 ❶ 海岸, 沿岸［地方］: 1) dar un paseo por la ~ 海岸を散歩する. ir de vacaciones a la ~ 休暇を過ごしに海へ出かける. nadar hacia la ~ 岸に向かって泳ぐ. ~ oriental de España スペインの東海岸. 2)《国名》C~ Rica コスタリカ『共和国で永世非武装中立を宣言. 首都はサン・ホセ』. 3)《地名》C~ Azul［南仏の］コートダジュール. C~ Brava コスタ・ブラバ『バルセロナ北部』. C~ del Sol コスタ・デル・ソル『アンダルシアの地中海側』. C~ Firme コスタ・フィルメ『ベネズエラとコロンビアの北部』. ❷［湖沼の］岸, 湖岸 [= ~ interior]. ❸《アルゼンチン》山脈の裾に沿った地帯 **II**［komp］女 ❶［時に 複］費用, 出費《経済用語としては coste, costo］; 犠牲. ❷《法律》訴訟費用: Perdió el pleito y tuvo que pagar las ~s. 彼は敗訴して訴訟費用を払わねばならなかった. condenar a+人 en ~s …に訴訟費用の支払いを命じる. ❸《地方語》[日給以外の] 手当, 給食

a ~ de... 1) …を犠牲にして: Se compró la moto *a ~ de* no comer todo un mes. 彼は1か月分の食費を投げうってバイクを買った. 2) …の費用で: Está de moda vivir *a ~ de* los padres. 親のすねをかじって生活するのがはやりだ. 3) …を基礎として; …を起源として

a ~ de lo que sea *=a toda ~*

a cualquier ~ *=a toda ~*

a poca ~ ほとんど努力せずに

a toda ~ どれほど犠牲を払っても, 費用にかかわらず, ぜひとも: Hay que resolver este problema *a toda ~*. この問題は何としても解決しなければならない. Es una enfermedad que debe ser curada *a toda ~*. それはあらゆる手段を尽くして治療されなければならない病気だ

Costa [kósta]《人名》Joaquín C~ ホアキン・コスタ《1846-1911, スペインの政治家. 米西戦争敗北後のスペイン再生運動 regeneracionismo に取り組む》

costadillo [kostaðíʎo] *de ~* 側面から; 横向きに

costado [kostáðo]《←ラテン語 costatum < costa「わき腹, 側面」》男 ❶ 横腹, わき腹: Me duele en ~ 私は右わき腹が痛い. dar un cuchillazo a+人 al ~ …のわき腹をナイフで刺す. ❷ 側面, 横腹: A los dos ~s de mi casa hay edificios altos. 私の家の両側には高い建物がある. dos ~s del un armario 洋服ダンスの両側面. costuras de los ~s del abrigo コートの両脇の縫い目. luz de ~ [車などの] 側灯. ❸《船舶》舷側. ❹《軍事》側面部隊. ❺［事柄の］面, 側面, 局面. ❻［家系を］祖父母の代. ❼《古語》背, 裏

al ~ = de ~

de ~ 横向きに

de [los] cuatro ~s［血筋が］父方と母方の祖父母がすべて [=por los cuatro ~s]

ir de ~《口語》確実に失敗する

mirar de ~《南米》[こっそりと人を] 横目で見る

por los cuatro ~s 1) 完全に: rodaerar *por los cuatro ~s* 四方を囲まれる. 2)［血筋が］父方と母方の祖父母がすべて: Es francés *por los cuatro ~s*. 彼は生粋のフランス人だ

por un ~［問題の］一面では

punto de ~ わき腹の痛み

costal [kostál]《←ラテン語 costa「肋骨」》形《解剖》肋骨の: cartílagos ~*es* 肋軟骨

—— 男 ❶ [主に商品を詰める, 麻など粗布製の] 大袋: ~ *de* arroz 米袋. De ~ vacío, nunca buen bodigo.《諺》ない袖は振れない. ❷《建築》方杖（㲽）

~ de los pecados《まれ》人間の体

estar hecho un ~ de huesos《メキシコ, ニカラグア, エルサルバドル》*=quedarse hecho un ~ de huesos*

no parecer a+人 ~ de paja［異性が］…にとって憎からず思える, 気に入る

quedarse hecho un ~ de huesos《メキシコ, ニカラグア, エルサルバドル》[骨と皮ばかりに] やせ細っている

vaciar el ~［秘密などを］打ち明ける, 洗いざらいぶちまける

costalada [kostaláða]《←costal》女《口語》あお向け（横向き）に倒れた時の打撃: darse (pegarse) una ~ 倒れて体の側面を強く打つ

costalazo [kostaláθo] 男《口語》*=costalada*

costalear [kostaleár] *~se*《チリ. 口語》あお向け（横向き）に倒れる

costalero, ra [kostaléro, ra] 名《西》❶［聖週間などの行列で］キリスト像をかつぐ人. ❷ ポーター [=ganapán]

costamarfileño, ña [kostamarfiléɲo, ɲa] 形 名《国名》*=marfileño*

costana [kostána] 女 ❶《船舶》肋材 [=cuaderna]. ❷《地方語》坂道. ❸《レオン》荷台の側板 [=adral]

costanero, ra [kostanéro, ra]《←costa I》形 ❶ 海岸の, 沿岸の (=costero): buque ~ 沿岸貿易船. navegación ~*ra* 沿岸航行. pesca ~*ra* 沿岸漁業. río ~ [海岸近くに水源のある] 沿岸河川. ❷ 坂の, 坂になった, 斜面の, 傾斜した: camino ~ 坂道

—— 女 ❶ 坂 [=cuesta]. ❷《建築》［複］屋根の垂木（$\frac{2}{\rm cb}$）. ❸《古語》側, 脇. ❹《チリ, アルゼンチン, ウルグアイ》[主に C~ *ra*. 海・川沿いの] 遊歩道

costanilla [kostaníʎa]《←costa I》女［短く急な］坂道, 男坂

costar [kostár]《←ラテン語 constare「決着である, 在る, 持ちこたえる」》自 ❶ 値段が…である, …の費用がかかる, …の金額を要する: 1) ¿Cuánto *cuesta* este libro?—Diez euros. この本はいくらですか—10ユーロです. ❷ [+a+人 にとって] Este reloj me *ha costado* cien euros. この時計は100ユーロした. No le *costó* un solo peso. 彼は1ペソも払わずにすんだ. ❷［努力・犠牲などを］必要とする: 1) La realización de su plan *costará* mucho dinero. 彼の計画を実行するには金がたくさんかかるだろう. 2) [+a+人 にとって] El hacerlo me *ha costado* sangre, sudor y lágrimas. それをするには私は多大な苦労をした. La ligereza suya le *costó* el puesto. 彼は軽率さのせいで地位を失うはめになった. 3) [不定詞が主語] Me *ha costado* hallarlos. 私は彼らを見つけるのには苦労した. Me *cuesta* mucho dejar Japón. 日本を離れるのはとてもつらい. ❸《西》[時間が] かかる, 必要である: El trabajo me *costó* cuatro horas. その仕事に私は4時間かかった

cueste lo que cueste どんな犠牲を払っても, いくら費用がかかろうとも, どうしても

—— 自 ❶ 費用がかかる: Ese piso *cuesta* mucho. そのマンションは高い. La villa *costará* mucho. 別荘は大変金がかかるだろう. ❷ 骨が折れる, 困難である, 難しい: Le *cuesta* mucho a uno confesar sus defectos. 人は自分の欠点を打ち明けにくいものである. Me *cuesta* aprender francés. 私にはフランス語を勉強するのは難しい

costar		
直説法現在	命令法	接続法現在
c**ue**sto		c**ue**ste
c**ue**stas	c**ue**sta	c**ue**stes
c**ue**sta		c**ue**ste
costamos		costemos
costáis	costad	costéis
c**ue**stan		c**ue**sten

costarricense [kostariθénse] 形 名《国名》コスタリカ Costa Rica〔人〕の; コスタリカ人

costarriqueñismo [kostarikeɲísmo] 男 ❶ コスタリカ特有の言葉や言い回し; コスタリカ好き. ❷ コスタリカ方式

costarriqueño, ña [kostarikéɲo, ɲa] 形 名 *=costarricense*

costarrón [kostarón] 男《地方語》長い坂道

costasoleño, ña [kostasoléɲo, ɲa] 形 名《地名》コスタ・デル・ソル Costa del Sol の〔人〕《マラガ県の海岸》

coste [kóste]《←costar》男《主に西》《主に経済》費用: Esto supone un alto ~ para nuestro propuesto. これは高額の出費を予算に強いる. análisis de ~-beneficio 費用便益分析. precio de ~ 原価. ~ de oportunidad / ~ alternativo / ~ de sustitución / ~ implícito 機会費用. ~ marginal 限界生産費, 限界費用. ~, seguro y flete 運賃保険料込み [価格・条件], CIF. ~ de [la] vida 生活費, 生計費. ❷ 損害, 努力, 犠牲

a ~ y a costas 原価で, 利益なしで

al ~ de... …を犠牲にして, …の代価を払って

de bajo ~ 低費用の: compañías aéreas *de bajo ~* 格安航空会社

costeable [kosteáble] 形 費用がまかなわれ得る(負担可能な)
costeador, ra [kosteaðór, ra] 形 名 費用を負担する〔人〕
costear [kosteár] I 《←costar》他 ❶ 〔…の費用を〕負担する, 支払う: *Costeamos parte del alquiler del piso.* 私たちは家賃の一部を負担している. *Le costean los estudios a un sobrino suyo.* 彼らは甥に学費を出してやる. ❷ 努力に見合う, 利益になる
　── **~se** 費用がまかなえる; 採算がとれる, 割が合う: *Está ahorrando para ~se el viaje a España.* 彼はスペインへの旅費にあてるために貯金している
　II 《←costa》他 ❶ 〔海・川に〕沿って進む, …沿いに(…の沿岸を)航行する. ❷ 回避する, 避ける: ~ el peligro (los problemas) 危険(問題)を回避する. ❸ 《ペルー》からかう. ❹ 《アルゼンチン、ウルグアイ》放牧する
　── **~se** 《チリ、アルゼンチン、ウルグアイ》〔遠い・行きにくい場所へ〕わざわざ行く
costeño, ña [kostéɲo, ɲa] 形 名 海岸の, 沿岸の〔住民〕
costero, ra [kostéro, ra] 形 ❶ 沿岸の, 海岸の: asentamientos ~s 沿岸部の入植地. barco ~ 沿岸航行船. camino ~ 海沿いの道, 海岸道路. línea ~ra 海岸線. región ~ra 沿岸地方. pesca ~ra 沿岸漁業. ❷ 側面の, 横の
　── 男 ❶《木工》背板. ❷《鉱山》坑道の〕側壁. ❸ 溶鉱炉の側面壁. ❹《アンダルシア》〔農場労働者たちが食事をする契約をした時に〕村から食事を運ぶ労働者
　── 女 ❶ 沿岸, 海岸部 《=costa》. ❷ 坂, 斜面《=cuesta》. ❸ 漁期. ❹《梱包の》側面: apoyarse en la ~ra del fardo 梱包の側面に寄りかかる. ❺ 紙の束を保護する包装紙. ❻《メキシコ》〔海・川沿いの〕遊歩道
costezuela [kosteθwéla] 女 *cuesta* の示小語
costil [kostíl] 形 肋骨の, あばらの
costilla [kostíʎa]《←ラテン語 *costa*「側面,肋骨」》女 ❶《解剖》肋骨, あばら骨: ~ falsa 仮肋骨. ~ flotante 遊走肋骨. ~ verdadera 真性肋骨, 真肋. ❷《料理》1)〘複〙骨付きの背肉, リブ, スペアリブ. 2)《南米》Tボーンステーキ;《豚・羊の》チョップ. ❸《戯語》妻《=esposa》: consultar a su ~ 妻に相談する. ❹〘複〙背中《=espalda》: Todo carga sobre mis ~s. すべてが私の肩にかかっている. ❺《船舶》肋材. ❻ 椅子の背の横木, 籠かごの横材. ❼《建築》〔アーチ・ドームの〕リブ. ❽《果実・葉の》表面の筋. ❾《ペルー. 口語》恋人《女性》
　a ~s《地方語》背負って
　medir (*calentar*) *a+*人 *las ~s*《口語》…を殴る: *Lo voy a esperar al volver de la escuela y le voy a medir las ~s.* あいつを学校の帰りに待っていて, 殴ってやるんだ
costillaje [kostiʎáxe] 男 〘集名〙 ❶《船の》骨組. ❷ 肋骨;《料理》背肉《=costillar》
costillar [kostiʎár] 男 〘集名〙 ❶ 肋骨;《料理》背肉. ❷《船の》骨組《=costillaje》
costillazo [kostiʎáθo] 男《地方語》あお向け(横向き)に倒れた時の打撃《=costalada》
costilludo, da [kostiʎúðo, ða] 形《まれ》背中が広くがっしりした
costino, na [kostíno, na] 形 ❶《植物》コスタス *costo* の.《チリ》沿岸の, 海岸の
costipado [kostipáðo] 形 **=constipado**
costo [kósto] I《←costar》男 ❶《主に経済》費用《=coste》; 経費, コスト, 出費: análisis de ~-beneficio 費用便益分析. razón ~-beneficio コストパフォーマンス. precio de ~ 原価. ~ de fabricación 製造コスト. ~ de distribución 流通経費. ~ de funcionamiento 経常支出. ~ de la vida 生活費. ~ directo 直接経費. ~ industrial/~ de producción/~ de fabricación 生産コスト. ~, seguro y flete 運賃保険料込み〔価格・条件〕, CIF. ~ y flete 運賃込み〔価格・条件〕, C&F. ❷《アンダルシア》〔農場の警備員・牛飼い・馬豚飼いに毎月与えられる〕一人分の小麦・油・塩・酢
　al ~ 原価で
　II《←ラテン語 *costus* <ギリシア語 *kostos*》男 ❶《西. 隠語》大麻《=hachís》. ❷《植物》コスタス《ミョウガ科》: ~ hortense アレコスト, コストマリー《=hierba de Santa María》
costosamente [kostosaménte] 副 高い値段で, 高い代償を払って; 骨を折って, 非常に苦労して
costoso, sa [kostóso, sa] 形 ❶ 高価の, 費用のかかる: No es un restaurante ~. そのレストランは値段が高くない. *anillo ~* 高価な指輪. ❷ 犠牲(努力)を必要とする, 骨の折れる, 苦労の多い
costra [kóstra]《←ラテン語 *crusta*「堅い皮, 外皮」》女 ❶〔パンなどの〕堅い皮(表面). ❷ かさぶた, 痂皮(ｶﾋ)《=postilla》: ~ láctea/~ de leche《医学》乳児湿疹. ❸ 乾ついた汚れ: ~ de azúcar 製糖釜の底に残った塊. ❹〔ろうそくの〕溶けて垂れた蠟(ﾛｳ). ❺《金属》クラスト. ❻《古語》ガレー船の奴隷に与えられる〕堅パン
costrada [kostráða] 女《料理》〔主に皮の甘い〕パイ, エンパナーダ. ❷《ムルシア》石灰乳を塗った白壁
costrar [kostrár] 《料理など》表面をカリカリにする
　── **~se**《料理など》表面がカリカリになる
costro [kóstro] 男《地方語》ヒキガエル《=sapo》
costrón [kostrón] 男 ❶《料理》クルトン. ❷ 大きなかさぶた
costroso, sa [kostróso, sa]《←*costra*》かさぶたのできた; 外皮のような, 表面が硬くなった; 汚れがこびりついた
costumbre [kostúmbre]《←ラテン語 *consuetudo, -udinis < suescere*「習慣づける」》女 ❶ 習慣, 癖, 風習: Tengo la ~ de ir de compras los sábados. 私は土曜日に買い物に行くことにしている. *La ~ es una segunda naturaleza./La ~ es otra naturaleza.* 習慣は第二の天性である. ❷〔主に〘複〙〕集団の〕慣習, しきたり: *Cada país tiene sus usos y ~s.* どの国にも独特の風俗習慣がある. *La ~ hace ley.*《諺》習慣は法となる/慣習は法と同じ力を持つ. *~s andaluzas* アンダルシア地方の風習. ❸ 習性: *~s de las abejas* 蜂の習性. ❹ 月経. ❺《法律》慣習法
　*adquirir la ~ de+*不定詞 *=coger la ~ de+*不定詞
　*coger la ~ de+*不定詞 …する習慣がつく: *He cogido la ~ de no desayunar.* 私は朝食を抜く習慣がついてしまった
　*contraer la ~ de+*不定詞 *=coger la ~ de+*不定詞
　de ~ いつも〔の〕: *De ~ nos levantamos temprano.* 私たちはいつも早起きだ. *a la hora de ~* いつもの時間に. *como de ~* いつものように
　de ~s 1) 規則正しい生活をおくっている. 2)《文学》*novela de ~s* 風俗小説
　por ~ いつもは, 普段は
　según ~ 習慣どおりに, しきたりに従って
　tener buenas (*malas*) *~s* 身持ちがよい(悪い)
　*tener por ~+*不定詞 …するのが習慣である, いつも…する: *Tiene por ~ acostarse muy tarde.* 彼はとても遅く寝る習慣がある
costumbrismo [kostumbrísmo] 男《文学》❶ 風俗描写, 風俗文学《同時代の特徴的な習俗を写生する手法. 広義には風刺的な素描をも含む》. ❷ 写実的な風俗描写を主眼とする19世紀スペインの潮流, 後の写実主義の作家に影響を与えた. 代表的な作家に Mesonero Romanos, ラーラ Larra, エステバネス・カルデロン Estébanez Calderón などがいる》. ❸ コストゥンブリスモ《ラテンアメリカ独立後, その風土に根ざした風俗描写に重点を置く運動》
costumbrista [kostumbrísta] 形 名 ❶ 風俗描写の〔作家・画家〕. ❷ 風俗写生主義の〔作家〕
costura [kostúra] 《←俗ラテン語 *consutura*「裁縫」< ラテン語 *consuere*「縫う」》女 ❶ 裁縫, 針仕事; 〔特に婦人・子供用の〕仕立て: aprender la ~ 裁縫を習う. caja de ~ 裁縫箱. ❷ 縫い目: sentar las ~s 縫い目をアイロンで押さえる. medias con ~ 縫い目のあるストッキング. ~ de la manga 袖の縫い目. ❸ 縫いかけのもの;〔特に下着の〕繕いもの. ❹《船舶》〔船体の〕継ぎ目
　alta ~ 高級婦人服; 〘集名〙 高級婦人服店, オートクチュール
　*meter en ~ a+*人 …に〔道理を〕言い聞かせる
　*sentar las ~ a+*人 …にきびしくする, こらしめる, 罰する
　sin ~ 縫い目なしの, シームレスの: *medias sin ~* シームレスストッキング
costurar [kosturár] 他《中南米》縫う《=coser》
costurear [kostureár] 他《チリ. 口語》縫う
costurero, ra [kosturéro, ra] 名 縫い子, お針子《主に 女》
　── 男 ❶ 裁縫台, 裁縫箱. ❷《古語的》裁縫室
costurón [kosturón] 男 ❶《軽蔑》下手な縫い方, 粗い縫い目. ❷〔傷の〕縫い跡; 目立つ傷跡
cota [kóta] I《←ラテン語 *quota* 〔*pars*〕「どの〔部分〕」》女 ❶《地図》標高, 海抜; 等高線: *una ~ de los tres mil metros* 海抜3千メートルで. *volar a baja ~* 低空を飛ぶ. ❷ 重要性, 重要度: *El paro ha alcanzado ~s muy elevadas.* 失業率が非常に高くなった. ❸《数学》~ *superior* 上界《=mayorante》. ~ *inferior* 下界《=minorante》. ❹《古語》分担額《=cuota》

❺《古語》注釈
II［←古仏語 cote < フランク語 kotta「粗末な毛織物」］囡《古語》❶ 鎖かたびら［=~ de malla(s)］. ❷［紋章院長官が公式の席で着た］王家の紋章が刺繍された服. ❸ 胴着［=jubón］. ❹《狩猟》猪の背・わき腹を覆う堅い毛皮. ❺《フィリピン》土・小石で覆った木の幹で防備された砦

cotana [kotána] 囡《木工》ほぞ穴; ほぞ穴を掘る鑿(%)
cotangente [kotaŋxénte] 囡《幾何》コタンジェント
cotanza [kotánθa] 囡［フランスの Coutances が原産の］中品質のリンネル
cotar [kotár] 他《まれ》標高を付ける［=acotar］
cotardía [kotarðía] 囡［中世に男女が着用した］胴着
cotarra [kotářa] 囡《地方語》丘, 低い山;［特に］その上部
cotarrera [kotařéra] 囡 用もないのに(暇つぶしに)訪問して回る女
cotarro [kotářo] [←coto I] 男 ❶《西. 軽蔑》混乱した(落ち着かない)状況, 騒ぎ: hacerse dueño (amo) del ~ 事態を掌握する, 騒ぎをおさめる. ❷《軽蔑》騒々しい集団, 集まり: animar el ~ 人々を沸かせる. ❸《古語》[巡礼者・浮浪者たちを泊める]簡易宿泊所. ❹《地方語》丘, 低い山;《古語》崖の斜面
alborotar el ~ ［人々を］混乱させる, あおる
andar de ~ en ~ 用もないのに(暇つぶしに)訪問して回る
dirigir (manejar) el ~ 《軽蔑》支配する, 牛耳る
cotejable [kotexáβle] 形 対照(照合)され得る
cotejar [kotexár] 他 [←cota I] 形 [+con と] 対照する, 照合する: ~ un texto *con* el original テクストを原文とつき合わす
cotejo [kotéxo] 男 ❶ 対照, 照合, 比較: ~ *de* las huellas digitales 指紋の照合. ❷《中南米. 文語》[スポーツの]試合, 競技会. ❸《ベネズエラ. 動物》コモンアミーバ, グリーンアミーバ『中型のテユートカゲの一種』
cotelé [koteléɣ] 男《チリ》コーデュロイ[=pana]
cotera [kotéra] 囡《カンタブリア》傾斜のきつい小山
cotero [kotéro] 男 ❶ 禁漁区の番人. ❷《地方語》小山, 丘
coterráneo, a [koteřáneo, a] 形 囝 同国の[人], 同郷の[人]
cotexto [koté(k)sto] 男《言語》コテキスト
cotí [kotí] 男 =cutí
cotidianamente [kotiðjánaménte] 副 毎日, 日々, 日常的に
cotidianeidad [kotiðjanejðá(ð)] 囡 日常性; 日常生活=cotidianidad
cotidianidad [kotiðjaniðá(ð)] 囡 日常性; 日常生活
cotidiano, na [kotiðjáno, na] 形 [←ラテン語 quotidianus < quotidie「毎日」< quotus「いくつ」+dies「日」] 形 ❶ 日々の, 毎日の, 日常の: Las pruebas de ADN son ya una realidad casi ~*na* en el ámbito judicial. DNA鑑定は裁判においてはもはや日常茶飯の現実だ. pan ~ 日々の糧. vida ~*na* 日常生活. ❷ 日々よく発生する: ~*s* incendios del invierno 冬によく起こる火事
cotila [kotíla] 囡 =cotilo
cotiledón [kotileðón] 男《植物》子葉
cotiledóneo, a [kotileðóneo, a] 形《植物》❶ 子葉の, 子葉のある. ❷ コチレドン属の
―― 囡 圈《植物》コチレドン属
cotilla [kotíʎa] [←cota I] 形 囝《西. 軽蔑》うわさ好きの[人], ゴシップ屋[の]
―― 囡《服飾》鯨の骨を入れたコルセット
cotillear [kotiʎeár] [←cotilla] 自《西. 軽蔑》❶ うわさ話をして回る, 陰口をきく. ❷ [他人のことを]探る, 詮索する: No *cotillees* en mis cajones. 俺の詮索はよせ
cotilleo [kotiʎéo] 男《西. 軽蔑》陰口, うわさ話[行為, 内容]: Me molestan los programas de ~ televisivo. 私はテレビのゴシップ番組が嫌いだ
cotillería [kotiʎería] 囡《西. 軽蔑》=cotilleo
cotillero, ra [kotiʎéro, ra] 形 囝《西. 軽蔑》陰口屋, ゴシップ屋
cotillo [kotíʎo] 男［金づちなどの］頭;［斧などの］刃と反対の部分
cotillón [kotiʎón] [←仏語 cotillon] 男 ❶ 大晦日などの] ダンスパーティー, 踊り [そこで使われる] 紙・紙吹雪・紙テープなど. ❷《舞踊》コティヨン『舞踏会の飾りに踊られたワルツ』
cotilo [kotílo] 男《解剖》関節窩(°)
cotiloideo, a [kotiloiðéo, a] 形《解剖》関節窩の
cotín [kotín] 男 ❶《テニスなどの》バックハンドによる打ち返し. ❷ =cutí. ❸《ベネズエラ》仲間, 同僚
cotitular [kotitulár] 形 囝 共同名義の; 共同名義人
cotiza [kotíθa] 囡 ❶《紋章》コティス, 斜め細帯. ❷《コロンビア, ベネズエラ》田舎風のサンダル;《コロンビア》バレエシューズ

ponerse las ~s ［人が］助かる, 命拾いをする
cotizable [kotiθáβle] 形 値をつけられ得る: acciones ~*s* en bolsa 上場株
cotización [kotiθaθjón] 囡 ❶ 建て値, 見積もり [行為]. ❷ [株・商品などの] 相場; [為替の] レート: acciones con (sin) ~ oficial 上場(非上場)株. alta ~ del yen 円高. ~ de apertura (cierre) 始値(終値). ❸ 会費, 分担金. ❹《南米》査定, 評価; 予算
cotizado, da [kotiθáðo, ða] 形 ❶《紋章》様々な色の斜め細帯 cotiza のある. ❷ 好評の
cotizante [kotiθánte] 形 囝 分担金を払う[人]
cotizar [kotiθár] 他 [←cota I] 圈 圉 [+a の] 値(相場)を…につける: Ahora *cotizan* el dólar *a* ...euros. 今1ドルは…ユーロだ. empresas que *cotizan* en bolsa 上場企業. acción *cotizada* 上場株. ❷ (プエルトリコ, ペルー) 売る. ❸《南米》査定する, 評価する. ❹《チリ. 口語》注目する
―― 自 ❶ [+a の] 分担金を払う: ~ *a* (en) la seguridad social 社会保険料を払う. ❷ 会費を払う
―― ~*se* ❶ 値段がつく: Las acciones de esa empresa *se han cotizado* hoy a mil yenes. その会社の株価は今日1000円の値がついた. Los tomates de Murcia son los más *se cotizan*. ムルシアのトマトが最高値をつけられる. ❷ 評価される: El conocimiento de idiomas *se cotiza* mucho. 外国語ができると高く評価される. ❸《コロンビア》価値が上がる
coto [kóto] I [←ラテン語 cautum「守られた」] 男 ❶ [囲われた・区切られた]私有地; 保護地域. ❷ ~ de caza (de pesca) 禁猟(漁)区. ❸ 大規模農園, 大農園. ❹ 境界石. ❺ 限度, 限界. ❻《古語》領地(領国)内の教区民. ❼《古語》規範. ❼《リオハ. 古語》[法で定めた] 罰金刑; 罰金
~ cerrado [入会条件の厳しい] 会員制組織
~ redondo [一人が所有するいくつもの隣接した・近在の] 広大な農園
poner ~ a... …に終止符を打つ, 終わらせる: Hay que poner ~ *al* encarecimiento de la vida. 生活費の高騰を食い止めなければならない
tinquearse el ~ 《アルゼンチン. 口語》手をこまねく
II [←ラテン語 quotus] 男 ❶ 協定価格. ❷《ビリヤード》3回連続勝ちが試合に勝つ条件というゲーム
III [←ラテン語 cubitus「肘」] 男 [長さの単位]=2分の1 palmo
IV 男《魚》カジカ
V 男《地方語》小山, 丘
VI《南米. 口語》甲状腺腫

cotolengo [kotoléŋgo] 男 ❶《まれ》[病人などを収容する] 慈善施設. ❷《ウルグアイ》老人養護施設
cotón [kotón] 男 ❶《まれ》[多色でプリントされた] 綿布. ❷《ボリビア, チリ, アルゼンチン》綿棒. ❸《チリ》作業服のシャツ
cotona [kotóna] 囡 ❶《メキシコ》革の上着. ❷《ベネズエラ》[農民用の, 丈夫な綿などの] シャツ, 肌着
cotonada [kotonáða] 囡《古語》花柄が浮き上がるように織られた綿布
cotoncillo [kotonθíʎo] 男《美術》腕支え tiento に付ける毛・綿製の小球
cotoneáster [kotoneáster] 囡《植物》コトネアスター, シャリントウ
cotonete [kotonéte] 男《メキシコ, ボリビア, ラプラタ》綿棒
cotonía [kotonía] 囡 ❶ うね織りの白地綿布『現在では日よけや帆布として使用』. ❷《チリ》吐瀉
cotopaxense [kotopa(k)sénse] 形《地名》コトパクシ山 Cotopaxi『エクアドルにある世界一高い活火山』の
cotorra [kotořa] 囡 ❶《鳥》1) オキナインコ. 2) カササギ[=urraca]. ❷《軽蔑》おしゃべりな人. ❸《中南米》痩躯(%), おまる. ❹《メキシコ》タクシー. ❺《ベネズエラ. 口語》おしゃべり, 作り話, 大嘘
hablar como una ~ ペチャクチャしゃべる
cotorrear [kotořeár] 自《軽蔑》[内容のないことを] しゃべりまくる, 無駄話をする
―― 他 ❶《メキシコ. 口語》からかう;[からかって]だます. ❷《ベネズエラ. 口語》…に言葉巧みに話しかける
cotorreo [kotořéo] 男《軽蔑》[主に女たちの] おしゃべり, 無駄話
cotorrera [kotořéra] 囡 ❶ 雌のオウム. ❷ おしゃべりな女. ❸ 売春婦
cotorro [kotóřo] 男 ❶《地方語》山頂. ❷《アルゼンチン, ウルグアイ,

cotorrón, na

隠語》[泥棒たちの] すみか, ねぐら
cotorrón, na [kotořón, na] 形 名 ❶《軽蔑》若ぶりたい [老人], 若いころと同様に遊びたがる [老人]. ❷《キューバ》よくしゃべる [人]
cototo [kotóto] 男《中南米》[頭への打撃による] こぶ
cototudo, da [kototúdo, da] 形《チリ. 口語》困難な, 複雑な
cotovía [kotobía] 女《鳥》カンムリヒバリ [=coguiada]
cotoya [kotója] 女《地方語. 植物》ハリエニシダ [=tojo]
cotral [kotrál] 形 =cutral
cottolengo [kotoléŋgo] 男《南米》保護施設 [=asilo]
cotudo, da [kotúdo, da] 形 ❶ 綿毛に覆われた. ❷《南米》甲状腺腫を患っている
—— 名《コロンビア. 口語》ばか
cotufa [kotúfa] 女 ❶《植物》1) キクイモ. 2)《地方語》カヤツリグサ [=chufa]. ❷ 小型の砂糖がけ菓子. ❸《チリ. 軽蔑》おしゃれした老女. ❹《ベネズエラ》複 ポップコーン. ❺《ボリビア》気取り, 上品ぶること

pedir ~s en el golfo《文語》不可能なことを願う, ないものねだりをする
coturnicultura [koturnikultúra] 女 ウズラの養殖
coturno [kotúrno] 男 ❶ [古典悲劇で使う] 厚底の靴 [役の重要度に従って背が高く見える靴をはく]. ❷《古代ギリシア・ローマ》[ふくらはぎまで覆う] 半長靴

calzar el ~ [詩などで] 格調の高い文体で書く
de alto ~《文語》高級な, 上等の
cotutela [kotutéla] 女 共同後見
cotutor, ra [kotutór, ra] 名 共同後見人
COU [kóu] 男《西. 略記》←Curso de Orientación Universitaria 大学準備（受験）コース
couché [kutʃé] 男 =cuché
counseling [kóunseliŋ]《←英語》男《主に教育》カウンセリング
country [kántri]《←英語》男《音楽》カントリーミュージック
coupage [kupáʒ]《←仏語》男 ワインのブレンド
coupé [kupé]《←仏語》男 ❶《自動車》[主に同格的に] クーペ: un mil ～ 1000ccクーペ. ❷ 1) [2人乗り四輪の] 箱型馬車. 2) [乗合馬車の] 屋上前部席
courante [kuránt]《←仏語》女《舞踊. 音楽》クーラント [16世紀に起こった主に3拍子の軽快な踊り]
courier [kúrjer]《←英語》男 宅配便業者
court [kórt]《←英語》女《テニスなど》コート
covacha [kobátʃa] 女 ❶ 小さなほら穴. ❷《軽蔑》掘っ建て小屋, 粗末な狭い住居 [部屋]. ❸《メキシコ》階段下の食器棚. ❹《ボリビア》[旅館の] 日干し煉瓦のベンチ. ❺《エクアドル》青果店
covachuela [kobatʃwéla] 女 ❶ 小さなほら穴. ❷《まれ, 軽蔑》省, 役所 [昔, 王宮の地下にあった]. ❸ [教会などの地下の] 小さな店
covachuelismo [kobatʃwelísmo] 男《集合》《まれ, 軽蔑》役人
covachuelista [kobatʃwelísta] 男 名《まれ, 軽蔑》役人 [の], 公務員 [の]
covada [kobáda] 女《人類学》[産を願って] 夫が出産のまねをする風習
covadera [kobadéra] 女《ペルー, チリ》グアノ guano の採取場.《コロンビア》掘ること, 採掘
covalencia [kobalénθja] 女《化学》共有原子価
covalente [kobalénte] 形《化学》電子対を共有する
covalonga [kobalóŋga] 女《ベネズエラ. 植物》キバナキョウチクトウ
covanilla [kobaníʎa] 女 =covanillo
covanillo [kobaníʎo] 男 [収穫したブドウなどを運ぶ, 口の広い] 背負いかご
covano [kobáno] 男《地方語》=cuévano
covarrón [kobařón] 男 大きなほら穴
covarrubiano, na [kobařubjáno, na] 形《地名》コバルビアス Covarrubias の [人]《ブルゴス県の村》
Covarrubias y Horozco [kobařúbjas i oróθko]《人名》Sebastián de ～ セバスティアン・デ・コバルビアス・イ・オロスコ [1539～1613, スペインの辞書編纂者. 初の本格的な西西辞典 *Tesoro de la lengua castellana o española* を編纂. 語彙の説明に加えて見出語に関する様々な情報が記載されており, 当時の考え方や生活習慣などを知ることができる]
covarrubiense [kobařubjénse] 形 名 =covarrubiano
covatilla [kobatíʎa] 女 非常に小さなほら穴
coventure [kobéntʃur]《←英語》男《経済》ジョイントベンチャー
covezuela [kobeθwéla] 女 cueva の示小語

cowboy [káuboi]《←英語》男 [複 ~s] カウボーイ, 牧童 [=vaquero]
cowpox [káupoks]《←英語》男《医学》牛痘
coxa [kó[k]sa] 女《昆虫》基節
coxal [ko[k]sál] 形 腰の, 股関節の: articulación ～ 股関節. hueso ～ 寛骨
coxalgia [ko[k]sálxja] 女《医学》股関節痛, 腰痛
coxálgico, ca [ko[k]sálxiko, ka] 形 股関節痛の, 腰痛の
coxartrosis [ko[k]sartrósis] 女《医学》股関節炎
coxcojilla [ko[k]skoxíʎa] 女《遊戯》石蹴り

a ～ 片足立ちで, 片足跳びで
coxcojita [ko[k]skoxíta] 女 =coxcojilla
coxígeo, a [ko[k]síxeo, a] 形 尾骨の, 尾てい骨の
coxis [kó[k]sis] 男《単複同形》《解剖》尾骨, 尾てい骨
coxofemoral [ko[k]sofemorál] 形《解剖》寛骨大腿の
coy [kój] 男《船舶》ハンモック, 吊り床.《プエルトリコ, コロンビア》揺りかご
coya [kója] 女 ❶ アンデス高原の先住民 [の]. ❷《軽蔑》顔つきが先住民のような [人]; 文化水準の低い [人]
—— 女 ❶《歴史》インカ帝国の王妃（王女）. ❷《コロンビア》売春婦
coyantino, na [kojantíno, na] 形 名《地名》バレンシア・デ・ドン・フアン Valencia de Don Juan の [人]《レオン県の村》
coyol [kojól] 男《中米. 植物, 実》コフネヤシ; コフネヤシのような, 球形の物
coyolar [kojolár] 男《中米》コフネヤシの林
coyoleo [kojoléo] 男《中南米. 鳥》ウズラウズラ
coyotaje [kojotáxe] 男《メキシコ》密入国の斡旋
coyota [kojóta] 女 黒砂糖入りの菓子パン
coyote [kojóte]《←ナワトル語 cóyotl》男 ❶《動物》コヨーテ. ❷《メキシコ》[メキシコから米国への] 密入国斡旋業者. ❸《プエルトリコ》juego de ~s ビー玉遊び
—— 形《歴史》《中南米の》barcino と mulato との混血の [人]: ～ mestizo [中南米の] mestizo と chamizo との混血の [人]
coyotero [kojotéro] 形《メキシコ》コヨーテを追うように調教された [犬]
coyunda [kojúnda] 女 ❶ 牛をくびきにつなぐ綱. ❷《文語》夫婦のきずな; 性的結合: hacer ～ 結婚する. ❸ 束縛, 服従. ❹《ニカラグア》鞭
—— 女《エルサルバドル, コスタリカ》[人が] 強い, 丈夫な; 頑固な
coyuntar [kojuntár] 他《地方語》=acoyuntar
coyuntero [kojuntéro] 男《地方語》=acoyuntero
coyuntura [kojuntúra] 女《←conjungere < cum- [と]+jungere「合わせる」》❶《文語》[決定的な] 情勢, 局面: en la ～ actual 現状において. ～ crítica 危機. ～ política 政治情勢. ❷ [移ろいやすい多様な状況・要素が結集してできた一時的な] 経済情勢, 景気 [= económica]. ❸《文語》好機, チャンス: Tengo que esperar una ～ para decírselo. 彼にそれを言うには機会が来るまで待たなければならない. aprovechar la ～ para+不定詞 …のチャンスを利用する. ❹ 関節 [=articulación]
coyuntural [kojunturál] 形 ❶ 状況次第の; 当面の. ❷ 経済情勢の, 景気の: medida ～ 景気対策
coyuyo [kojújo] 男《アルゼンチン. 昆虫》セミ [=cigarra]
coz [kóθ]《←ラテン語 calx, -cis「かかと」》女 [複 coces] ❶ [馬などが] 後脚を跳ね上げること; その打撃: dar [de] coces a... …を蹴る. ～ de rana《水泳》カエル脚. ❷《銃砲》反動. ❸《西. 口語》のしり. ❹ 水流が障害物に当たって逆流すること. ❺ 銃の床尾. ❻ 木材の根元の最も太い部分. ❼《船舶》マストの基部

a coces 容赦なく; 独裁的に: Está acostumbrado a tratar a la gente *a coces*. 彼は人に居丈高に命令するのに慣れてしまっている

contestar con una ~ 無作法な返事をする: Si le adviertes algo te expones a que te *conteste con una ~*. 彼に何か注意してやっても, 無礼な口答えをされるはめになるだけだ
dar coces contra el aguijón 権威に対して [空しく] 反抗する, 無駄な抵抗をする
mano de coces 蹴飛ばし
soltar una ~ 無作法（無遠慮）なことを言う
cp.《略記》←copia 複写, 写し, コピー
C.P.《略記》←código postal 郵便番号; Contador Público 公

認会計士
CPE《略語》←compra por ejecutivos マネジメント・バイアウト
crabrón [krabrón] 男 スズメバチ《=avispón》
crac [krák]《←英語 crack》男《複 ~s》❶《擬声》[物が割れる] メリメリ, ガチャン: Hizo *i~!* y se abrió en dos mitades. パリッと音がして真っ二つに割れた. ❷《相場の》大暴落; 大型倒産. ❸ 没落, 失墜: Abusa de sus fuerzas y cualquier día dará un ~. 彼は自分の力を過信しているが, いずれ破滅するだろう. ❹《サッカーなど》スター, エース
-cracia《接尾辞》[権威, 支配, 政府] demo*cracia* 民主制, tecno*cracia* 技術優先の社会
crack [krák]《←英語》男《複 ~s》❶ クラック《コカインを精製した麻薬》. ❷《主に中南米. サッカーなど》スター, エース《=crac》. ❹《アルゼンチン》大暴落; 大型倒産《=crac》
cracker [kráker]《←英語》男《複 ~s》《料理》クラッカー
cracking [krákin]《←英語》男 [原油からの] 分留
cracoviano, na [krakoβjáno, na] 形《地名》[ポーランドの都市] クラクフ Cracovia の《人》—— 女 [19世紀中頃にスペインで流行した] クラクフ起源の踊り
crampón [krampón] 男《登山》❶ 大型のピトン. ❷《複》アイゼン
cramponado, da [kramponáðo, ða] 形《紋章》[十字架が] 腕木の先端に鏡(ﾏﾏ)のある
cran [krán] 男《印刷》[活字の] ネッキ
craneal [kraneál] 形 頭蓋《骨》の
craneano, na [kraneáno, na] 形 **=craneal**
cranear [kraneár] 他《南米. 口語》…の計画を立てる —— 自《ホンジュラス, エルサルバドル, パナマ, プエルトリコ, チリ, ウルグアイ》興味を持って考える —— *se*《チリ. 口語》知恵をしぼる; 一夜漬けの勉強をする, 猛勉強する
cráneo [kráneo]《←ギリシア語 kranion < kranos「かぶと」》男《解剖》頭蓋[骨]: radiografía de ~ 頭のレントゲン写真
andar de ~《口語》=**ir de ~**
ir de ~《口語》1) 非常に困難な状況にある. 2) [+con+人と] 犬猿の仲である. 3) 多忙である. 4) 不可能なことを企てる
llevar a+人 de ~ …の気を変にさせる, 狂わせる
secarse a+人 el ~ …の気が変になる, 狂う
tener seco el ~ 気が変になっている
traer a+人 de ~ =**llevar a+人 de ~**
craneocerebral [kraneoθereβrál] 形《解剖》頭蓋と脳の
craneoencefálico, ca [kraneoenθefáliko, ka] 形《解剖》頭蓋と脳の, 頭部の
craneoestenosis [kraneoestenósis] 女《医学》狭頭症
craneofacial [kraneofaθjál] 形《解剖》頭蓋と顔面の
craneología [kraneoloxía] 女《解剖》頭蓋学
craneotabes [kraneotáβes] 女《医学》頭蓋癆(ﾛｳ)
craneotomía [kraneotomía] 女《医学》頭骨切開, 開頭手術
craniano, na [kranjáno, na] 形 **=craneal**
craniectomía [kranjektomía] 女《医学》頭蓋骨の一部切除術
crápula [krápula] 女《文語》放蕩, 遊興, 酒浸り —— 名 ❶《軽蔑》放蕩者, 放埒な人. ❷《キューバ, ラプラタ》ごろつき
crapuloso, sa [krapulóso, sa]《文語》放蕩生活をおくる
craquear [krakeár] 他《化学》熱分解する
craqueladó [krakeláðo] 男 表面にこまかいひびを入れること; 《陶芸》ひび焼き
craquelar [krakelár] 他《主に陶芸》表面にこまかいひびを入れる
craqueo [krakéo]《化学》熱分解, クラッキング
crasamente [krásaménte] 副 間違って, 無知のせいで, 愚かにも
crascitar [krasθitár] 自 [まれ] [カラスが] カーカー鳴く
crash [kráʃ]《←英語》男《単複同形》❶ [相場の] 大暴落, 崩壊, 恐慌《=crack》. ❷《情報》クラッシュ: tener un ~ クラッシュする
crash test [kráʃ tést]《←英語》男《複 ~s/単複同形》《自動車》衝突テスト
crasiento, ta [krasjénto, ta] 形 **=grasiento**
crasis [krásis] 女《単複同形》《音声》母音縮合, 母音縮約《先行する語の語末の母音が次の語の語頭の母音と融合すること: de oro [déso], ese otro [esótro]》
crasitud [krasitú(ð)] 女《医学》内臓脂肪; 肥満
craso, sa [kráso, sa]《←ラテン語 crassus》❶《文語》[失敗・無知などが] ひどい, とんでもない, 許し難い: ~ error 重大な誤

り. ❷《文語》肥満した. ❸《植物》多汁の, 多肉の
crasuláceo, a [krasuláθeo, a] 形《植物》ベンケイソウ科の —— 女《植物》ベンケイソウ科
-crata《接尾辞》[政府・権威の支持者・一員] aristó*crata* 貴族, demó*crata* 民主党員
cráter [kráter]《←ラテン語 crater, -eris < ギリシア語 krater, -eros「器, 水飲み場」》男 ❶ 噴火口: lago de ~ 火口湖. ❷《天文, 地質》クレーター: ~ de Chicxulub チクシュルーブ・クレーター《ユカタン半島にある》. ❸《天文》[C~] コップ座
cratera [kratéra] 女 **=crátera**
crátera [krátera] 女《古代ギリシア・ローマ》[ワインを水で割るための] クラテル, 混酒器
crateriforme [kraterifórme] 形 噴火口（クレーター）の形の
cratícula [kratíkula] 女 ❶ [その間を通して修道女に聖体拝領をするための] 小窓. ❷《光学》回析格子
cratón [kratón] 男《地質》クラトン, 剛塊, 安定大陸地殻
cratógeno [kratóxeno] 男 **=cratón**
crawl [król]《←英語》男《水泳》クロール《=estilo ~》
crawling peg [królin péɡ]《←英語》男《経済》クローリング・ペッグ・システム, 小幅平価変動制
crayola [krajóla] 女《メキシコ, キューバ, ウルグアイ》=**crayón**
crayón [krajón] 男《メキシコ, チリ, アルゼンチン》クレヨン
craza [kráθa] 女 [貨幣鋳造用の金銀を溶解する] るつぼ
crazada [kraθáða] 女 [合金にするために] 溶解された銀
crea [kréa] 女《古語. 繊維》[シーツ・シャツ用の] 綿布巾
creación [kreaθjón]《←ラテン語 creatio, -onis》女 ❶ 創造, 創作; [知力・技術の] 産物, 作品. ~ artística 芸術的創造; 芸術作品. ~ literaria 文学的創造; 文学作品. ❷ [神による] 天地創造《=C~ del mundo, C~ de Cielos y Tierra》; [la+] 創造物, 万物, 世界: desde la C~ del mundo 天地創造以来, 創世以来, 大昔から. toda la ~ 森羅万象. ❸ 創設, 創立: ~ de un fondo 基金の創設; ~ de una comisión 委員会の設置. ❹《経済》[雇用の] 創出: ~ de empleos 雇用の創出; ~ del comercio [関税同盟の結成後に生じる域内の] 貿易創出《効果》. ❺《服飾》[モードの] 新作, 新製品. ❻ 位階の授与, 叙任. ❼《古語》養育
creacional [kreaθjonál] 形 創造の
creacionismo [kreaθjonísmo] 男 ❶《哲学》霊魂創造説《個人の魂は受胎・出生の際に神から創造するとする.《=generacionismo 霊魂伝遺説》. ❷《生物》特殊創造説《種は天地創造の日から今日まで変化していないとする. ⇔evolucionismo 進化論》. ❸《文学》創造主義《ビセンテ・ウィドブロ Vicente Huidobro を創始者とする前衛詩運動. 詩人は神が天地を創造したように自らの世界を創造すべきだとした》
creacionista [kreaθjonísta] 形 名 creacionismo を信奉する《人・詩人》
creador, ra [kreaðór, ra]《←ラテン語 creator, -oris》形 創造的な, 創造する, 生み出す, 作り出す: artista ~ 創造性に富んだ芸術家. capacidad ~ra 創造力. talento ~ 創造の才 —— 名 ❶ 創造者, 創始者. ❷ [職業人] 考案者; 《服飾, 広告など》クリエーター: ~ de videos 映像クリエーター —— 男 [el C~] 創造主, 造物主, 神
cream [krím]《←英語》女《単複同形》《酒》クリーム《甘口のシェリー酒》
crear [kreár]《←ラテン語 creare「無から産む, 子を産む」》他 ❶ [無から] 作り出す, 作る《⇔aniquilar》: Dios *creó* el mundo en seis días.《旧約聖書》神はこの世界を6日間でお創りになった. ❷ [作品などを] 創作する: Cervantes *creó* el Quijote. セルバンテスはドン・キホーテを創り出した. ❸《演劇》[役を] 作る, 初演する, 新たに役作りをする: ~ un Hamlet perfecto ハムレットを完璧に演じる. ❹ [機関・地位などを] 創設する, 創立する: *Crearon* esta plaza para él. 彼のためにこのポストが設けられた. ~ un hospital 病院を設立する. ~ una revista sobre la literatura española スペイン文学の雑誌を創刊する. ~ empleos 雇用を創出する. ❺ [事柄・事態を] 生み出す, 引き起こす: ¿Qué enemistades *crearía*? それはどんな問題を引き起こすのだろうか? ~ enemistades 敵意を生む. ❻ [高位の聖職に] 任命し, 叙任する: Fue *creado* cardenal. 彼は枢機卿に任命された. ❼《古語》育てる
—— *se* ❶ 生じる, 生まれる. ❷ 作り出される, 創造される. ❸ [自分のために] …を作り出す: Los niños *se crean* un mundo imaginario. 子供は空想の世界を作り上げる
creatina [kreatína] 女《生化》クレアチン

creatincinasa [kreatinθinása] 女《生化》クレアチンキナーゼ
creatinina [kreatinína] 女《生化》クレアチニン: aclaramiento de ～ クレアチニンクリアランス
creatividad [kreatibiðá(ð)] 女 創造性, 創造力: ～ del niño 子供の創造力
creativo, va [kreatíβo, βa]《←crear》形 ❶ 創造的な, 創造力のある: trabajo ～ 創造的な仕事. ❷ [estar+] ひらめきのいい
—— 名《服飾, 広告》クリエーター
creatura [kreatúra]《まれ》=**criatura**
crecal [krekál] 男《紋章》7本以上の腕をもつ大燭台
crecedero, ra [kreθeðéro, ra] 形 大きくなれる;《服飾》[子供用の] サイズ調節のできる
—— 女《ペルー》[chicha 用の] トウモロコシの種をまく鉢
crecentar [kreθentár] 23 他《古語》=**acrecentar**
crecepelo [kreθepélo] 男 育毛剤, 養毛剤
crecer [kreθér]《←ラテン語 crescere》39 自 ❶ [生物が] 成長する, 発育する; [特に高さが] 大きくなる; [植物が] 育つ, 生える: Su niño *ha crecido* mucho. 彼の子供はとても大きくなった. Tenemos dos hijos ya *crecidos*. 私たちにはもう大きくなった子供が2人いる. Estas plantas no *crecen* bien en las macetas. これらの植物は植木鉢ではよく育たない. Me *ha crecido* el pelo. 私は髪が伸びた. dejarse ～ la barba ひげを生やす. *Creced* y multiplicaos.《旧約聖書》増えよ, 地に満ちよ. ❷ [事物が] 発展する, 大きくなる, 進展する: *Crece* la empresa. 会社が大きくなる. Va *creciendo* el odio. 憎しみが大きくなっていく. *Crece* el rumor. うわさが広がる. ❸ [量などが] 増加する, 増大する《→aumentar [類義]》: La importación *creció* en un 5 por ciento. 輸入が5パーセント増加した. *Crece* la intensidad del viento. 風が強まる. ❹《川》》水かさが増す, 増水する: Ha *crecido* el río. 川が増水した. ❺《貨幣・価値が》上昇する: El yen *creció* mucho. 円がひどく値上がりした. ❻《潮・月が》満ちる
—— 他 ❶ [編み物の目を] 増やす. ❷《まれ》成長させる, 育てる. ❸《古語》先んじる, 上回る
——～**se** ❶ 勢いづく, 大胆になる: Si te ve acobardado, *se crecerá*. 君が怖がっているのを見れば, 彼は勢いづくだろう. ❷ 思い上がる, 増長する, 高慢になる

crecer	
直説法現在	接続法現在
crezco	crezca
creces	crezcas
crece	crezca
crecemos	crezcamos
crecéis	crezcáis
crecen	crezcan

creces [kréθes]《←crecer》女 複 ❶ 成長[の現われ], 増加: chico de ～ 成長期の子供. ❷ [農民が種子貸し付け制度に基づいて借りた小麦に対する] 利子
con ～ 1) たっぷりと: superar *con* ～ el nivel medio 平均をはるかに上回る. El ministro respondió *con* ～ a todo lo que le preguntaron. 大臣はあらゆる質問に丁寧に回答した. 2) 余分に: Pagó *con* ～ su deuda 彼は借金に利息をつけて払った. 3) 余裕を持てせて: A los niños hay que hacerles la ropa *con* ～. [上げを下ろすなど] 子供服は大きくできるよう余裕をとって作らなければならない
crecida[1] [kreθíða]《←crecer》女 ❶ [川などの] 増水, 水位の上昇; 氾濫. ❷ [思春期などの] 急な成長
crecidamente [kreθíðaménte] 副 増して; 利益を伴って; たっぷりと, 十分に
crecidito, ta [kreθiðíto, ta] 形 [子供じみた行為などへの非難] 成長した, もう大人の: Está ya ～*ta* para saber lo que se hace.《皮肉》彼女はもう大人だから自分が何をしているか分かっている
crecido, da[2] [kreθíðo, ða] 形 ❶ [estar+. 年齢のわりに] 大きい, 成長した: Mi hija está muy ～*da*. 私の娘はとても背が高い. ❷ [+名詞/名詞+. 数量を] 大きい, 多数の, 多量の: Se ha curado una ～*da* porción de enfermos. 大勢の患者が治った. un número ～ de personas 多数の人々. ❸ 増大した, 増えた; 増水した: ～*da* afluencia de trabajadores ilegales 違法な不法労働者の流入. El río venía muy ～ después de las lluvias torrenciales. 豪雨の後, 川の水かさが非常に増

した. ❹ 思い上がった, 高慢な
—— 名 思い上がった人, 高慢な人
—— 男 複 [編み物の] 増やし目
creciente [kreθjénte]《←crecer》形 ❶ 増大する, 成長する, 増える: verse sometido a la ～ opresión ますます圧迫を受けるようになっている. ❷ luna ～ 満ちていく月《⇔luna menguante》. luna en cuarto ～ 上弦の月. ❸《音声》[二重母音などが] 上昇する
—— 男 ❶《文語》三日月《～ de la luna》;《紋章》[上向きの] 三日月. ❷ イスラム半月: ～ rojo 赤新月社《イスラム教国での赤十字社に相当する》. ❸ 新月から満月までの期間《～ de la luna》. ❹ ～ del mar, aguas de ～》. ❺ [降雨・雪解けによる, 川の] 増水
—— 女 ❶ 上げ潮. ❷ 増水.《料理》イースト, パン種
crecimiento [kreθimjénto] 男 ❶ 成長, 生育: etapa de ～ 成長期. hormona de ～ 成長ホルモン. ❷ 増大, 増加; 成長率: acción de ～ 成長株. ～ cero ゼロ成長. ～ económico 経済成長. ～ de la población 人口増加. ～ de las ciudades 都市の拡大. ～ vegetativo (natural) 自然増加. ❸ [川の] 増水
Cred.《略語》←**crédito** クレジット
credencia [kreðénθja] 女 ❶《カトリック》[ミサに必要なものを置く] 祭器卓. ❷《古語》[王侯の飲み物用の] サイドボード. ❸《古語》信用状《=crédito》
credencial [kreðenθjál] 形 保証する, 信任する
—— 女 ❶ 資格認定書, 成績証明書; [イベントなどの] 身分証明カード. ❷《就職》紹介状. ❸《外交》複 信任状《=cartas ～es》
credenciero [kreðenθjéro] 男 [王侯に仕える] 毒見役
credensa [kreðénsa] 女《ペルー》[カード・書類の] 整理棚, 整理ケース
credenza [kreðéntsa]《←伊語》女《まれ》サイドボード
credibilidad [kreðibiliðá(ð)]《←ラテン語 credibilis》女 信頼性, 信憑(けん)性: Los casos de corrupción han afectado al ministro y han hecho que pierda su ～. 汚職事件が影響して大臣への信頼が失われた
crediticio, cia [kreðitíθjo, θja]《←crédito》形《商業》信用の, クレジットの, 信用貸しの, 貸付の, 借款の, 融資の: capacidad ～*cia* 信用限度. entidad ～*cia* 信用情報機関. inversión ～*cia* 信用投資. pago ～ 信用支払い
crédito [kréðito]《←ラテン語 creditum 「貸付, 借金」< credere 「信じる, 証明する」》男 ❶《商業》[支払い用の] 信用: 1) tener ～ 信用がある. habilitación de ～*s* 信用供与. 2) 信用貸し, 融資: pedir un ～ a un banco 銀行に貸付（融資）を求める. 3) 掛け売り《=venta a ～》. 4) 信用状, LC《=carta de ～》: abrir un ～ 信用状(LC)を開く; 《[+a+s. o.] 融資（貸付）を設定（供与）. apertura de ～ 信用状の開設. ～ documentario 荷為替信用状《貿易代金の決済に用いられる》. 5) 資産《～*s* activos》; ～*s* pasivos 負債. ❷ 金融; 金融機関: ～ a los consumidores 消費者金融. ～ abierto ゼネラル（オープン）クレジット《買取・引受などを特定の銀行に指定していない.⇔～ especial (restringido)》. ～ bancario《西》銀行ローン. ～ blando (subvencionado) ソフト・ローン, 長期低利貸付《=préstamo en condiciones favorables》. ～ especial (restringido) スペシャルクレジット《⇔～ abierto》. ～ condicionado (atado) ひもつき借款. ～ de avío《メキシコ》主に鉱業向け融資機関. ～ de vivienda/～ hipotecario 住宅ローン. ～ puente つなぎ融資. ❸《簿記》貸方《⇔débito》. ❹ [一般に] 信用《confianza》; 信望, 人望: Este mensaje es digno de ～. このメッセージは信用できる. Sus palabras no merecen ningún ～. 彼の言葉は全く信用できない. Tiene ～ de hombre justo. 彼は公平な人間だと定評がある. gozar de buen (gran) ～ entre… …の間で信望が厚い. ❺《教育》単位《=unidad》: asignatura de 4 ～*s* 4単位の授業科目. ❻《映画》複 クレジットタイトル《=títulos de ～》

a ～ 掛けで[の], クレジットで[の]: dar *a* ～ 信用貸しにする, 無担保で貸す. comprar *a* ～ 掛け（クレジット）で買う. casa comprada *a* ～ ローンで買った家. operaciones *a* ～ 信用取引
— **blando**《口語》[借金の] ある時払い
dar (prestar) ～ **a**+人・事物 …を信用する: No doy ～ a los rumores. 私はうわさは信じない. No podía dar ～ a mis oídos. 私は自分の耳が信じられなかった

sentar el ~ 世間の信用を得る
ser de ~ 信用できる, 信用に値する
tener sentado el ~ =sentar el ~
credo [krédo]《←ラテン語 credo「私は信じる」》男 ❶《カトリック》[主に *C*~]使徒信経;[ミサの]クレド[creo en Dios Padre で始まる言葉を祈りのように繰り返す]. ❷《集名》信条: ~ político 政治信条
en un ~ 大急ぎで, またたく間に, あっという間に
que canta el ~ とんでもない, 桁外れの: Es una mentira *que canta el* ~. それは真っ赤な嘘だ
ser la última palabra del ~ ほとんど重要性がない
crédulamente [krédulaménte] 副 疑いもせず, 信じて
credulidad [kreðuliðá(ð)] 女 ❶ 軽信, すぐ信じること, だまされやすいこと, お人好し. ❷《古語》信念, 信仰
crédulo, la [kréðulo, la]《←ラテン語 credulus < credere》形名《時に軽蔑》[他人の言うことを] すぐ信じる[人], 信じやすい[人, だまされやすい[人]
cree [krí]《←英語》形名[北米先住民の]クリー族[の]
creederas [kre(e)ðéras]《←creer》女複《口語》すぐ信じること, だまされやすさ: tener [buenas・grandes] ~ すぐに信じてしまう, だまされやすい. tener malas ~ 簡単に信じない, 疑い深い
creedero, ra [kre(e)ðéro, ra] 形 ❶ 信じられる, 信用できる; 本当らしい, ありそうな. ❷《古語》信用に値する
creedor, ra [kre(e)ðór, ra] 形 ❶ 信じやすい《=crédulo》
── 名《古語》債権者《=acreedor》
creencia [kr(e)énθja]《←creer》女 ❶《主に 複》信心, 信仰《=~s religiosas》; 宗派: Las ~s son una fuerza muy poderosa dentro de su conducta. 信仰は彼らの行動を非常に強く支配する. ~ popular 民間信仰. ❷《主に 複》思想的な]信念, 信条: Sus ~s están muy arraigadas. 彼の信念は根強い. ❸ 確信, 信じること: Mantiene la ~ de que allí hay un tesoro enterrado. 彼はそこに宝が埋められていると信じ続けている. ❹《古語》[王侯の]毒味. ❺《古語》親書, 伝言
en la ~ de que+直説法 …であると信じて
creer [kr(e)ér]《←ラテン語 credere》22 他 ❶ [信用]信じる, 事実であると考える《⇔dudar》: 1) [言われたこと・知らないことなどを] No *creo* nada de lo que me has contado. 君が語ったことを全く信じられない. Si no lo veo no lo *creo*.《諺》私は見たものしか信じられない. Solo *creo* lo que veo. 私はこの目で見たものだけを信じる. Lo *creas* o no lo *creas*, yo te aseguro que es cierto. 君が信じようと信じまいと, それは確かだと私が請け合う. 2) [+人の言うことを] Vete a comprobarlo, si no me *crees*. 私の言うことを信じないのなら, 自分で確かめに行って来いよ. A pesar de lo que tú dices, yo *creo* a Isabel. 君はそう言うが, 私はイサベルの言っていることの方が真実だと思う. Por favor, *créeme*. お願いだから私を信じてちょうだい.《語法》スペインでは目的語が人でも事物でも直接目的語だが, 中南米では事物の場合は直接目的語, 人の場合は間接目的語扱いされることが多い: creer a María→《西》creer*la*/《中南米》creer*le*》 ❷ [判断] …だと思う, 考える, 意見を言う; 感想を抱く, 印象を受ける: 1) [+que+直説法] No *creo* que ¿*Crees que* estoy equivocado? 君が私が間違っていると思う? *Creo que* vendrán mañana. 彼らは明日来ると私は思う. No *creo que* vengan mañana. 彼らは明日来るとは私は思わない.《対照》*Creo que* no vendrán mañana. 彼らは日本来ないだろうと私は思う》 2) [+状態動詞の不定詞・que+直説法] *Creía* saberlo todo. 自分は何でも知っていると彼は思っていた. ¿Tú *crees* poder hacerlo? 君はそれができると思っているのか? *Creo* haberla visto antes. 私は以前彼女に会ったように思う. *Creímos que* iba a desmayarse. 彼は卒倒するのではないかと私たちは思った. 3) [+目的格補語] Lo *creo* una buena persona. 彼はいい人だと私は思う. Nosotros no lo *creemos* así. 私たちはそうは思いません. No la *creo* tan guapa como dicen. 私はみんなが言うほど彼女が美しいとは思わない. Te *creía* de vacaciones. 君は休暇中だと私は思っていた. ¿Qué hacen aquí estas maletas?, las *creía* en el desván. どうしてこんなところにスーツケースが? 私は屋根裏にあると思っていたのに. *Creo* mejor que se quede callado. 彼は黙っている方がいいと思う
── 自 ❶ [+en の存在・価値などを]信じる: ¿*Cree en* el destino? 運命の存在を信じますか? Mi hijo ya no *cree en* los reyes magos. 私の息子は主の御公現の祝日のプレゼントをもう信じていない. ~ *en* Dios 神[の存在]を信じる. ~ *en* la democracia 民主主義[の良さ]を信じる. ~ *en* la ilusión y la esperanza 夢と希望を抱き続ける. ❷ [+en 人・聞いたこと・見たことなどを]信じる, 信頼する: *Creo en* ella como directora de esta sección. 私はこの課の課長としての彼女を信頼している. No puedo ~ *en* ti. 私は君を信じることができない. Pocos *creen en* las palabras del ministro. 大臣の発言を信用している者はほとんどいない. Solo *creo en* lo que veo. 私は自分の見たことだけを信じる. ~ *en* el artículo del diario 新聞記事を信用する. ❸ 信仰を持つ, 信心する: El que *cree* se salva. 信じる者は救われる
── ~*se* ❶ [+主格補語]自分を…であると思う: ¿Qué *se cree*? 一体彼は自分を何様だと思っているのだ? *Se cree* un play-boy. 彼はプレイボーイのつもりだ. *Te crees* superior. 君は自分の方が優秀だと思っている. ❷ [勝手に・根拠なく]…を信じ込む, 信じてしまう: Como no lo he visto, no me lo *creo*. 私はそれを見てないので信じるわけにいかない. *Se creía* de ligero todo lo que le explicaba. 彼は説明されたことをそのまま信じ込んでいた. Todavía *se cree* que este país se puede mantener con olivos, hoteles y vino. 彼はこの国がオリーブとホテルとワインでやっていけるとまだ思い込んでいる. ❸ [一般に]人が思う: si *se cree* 彼の言うところによれば. ❹ [+de ~を]信用する: No hay que ~*se de* habladurías. うわさを信じてはいけない. ❺ 信じられる, 思われる. ❻《メキシコ》[+de+人 ~を]信用する, 信頼する
a ~… …によれば: *A* ~ le a él, allí no hay nadie inteligente. 彼の考えによれば, そこには賢い人は誰一人いない
dar en ~ [根拠なく]信じ込む: Ha dado en ~ que todos le engañan. 彼はみんなにだまされていると思い込んだ
haberse creído《まれ》=tenerse [muy] creído
hacer ~ [でたらめ・嘘を]信じ込ませる, 納得させる: Ella me *hizo* ~ que me amaba. 私を愛していると私は彼女に思い込まされた
No [me lo] puedo ~.[驚き・怒り]信じられない
No [te] creas./No [te] vayas a ~.《口語》1) [はっきりしない事柄に対しての断定]間違いなく…なのだ: Es más joven que yo, *no creas*. 彼は私より若い. これは本当のことだ. *No crea* usted, no es del todo tonto. 間違いない. 彼は全くのばかではない. 2) [断定の否定・緩和] Llegaremos en dos horas.—*No te creas*. Es un viaje muy largo. 2時間もあれば着くだろう.—とんでもない, 大変な長旅だよ. Pues tiene mucha experiencia, *no se crean*. それで彼はたいそう経験があると, みんなそう思っているのだろうか
¿Qué te crees? / ¿Qué te has creído? / ¿Qué se habrá creído?《口語》[不当な態度に対する抗議]信じられない, 冗談じゃない!
¡Qué te crees tú eso! / ¡Qué te lo has creído! 《西. 口語》[否定・拒否の強調] 全く違う, 嫌だ!: *¡Qué te crees tú eso*, no pienso ir a pie al trabajo! 嫌だ, 歩いて仕事に行くなんてとんでもない!
tenerse [muy] creído 確信している
Tú crees. [言われたことに対する確認・不信]本当かい/そんなわけがない
¡Ya lo creo [que+直説法]! 1) [肯定・同意の強調]もちろん[…だ], […は]当たり前だ!: Hace un frío que pela.—*¡Ya lo creo!* 身を切るような寒さだ.—本当だ! *¡Ya lo creo que* tenías razón!* もちろん君が正しいさ! 2) [否定の強調][…は]とんでもないことだ: *¡Ya lo creo*, voy a ir yo en tu moto sin casco! 絶対しないさ, ヘルメットをかぶらないで君のバイクに乗せてもらうなんてことは!

creer	
現在分詞	過去分詞
cre**y**endo	creído
直説法点過去	接続法過去
creí	cre**y**era, -se
creíste	cre**y**eras, -ses
cre**y**ó	cre**y**era, -se
creímos	cre**y**éramos, -semos
creísteis	cre**y**erais, -seis
cre**y**eron	cre**y**eran, -sen

crehuela [krewéla] 女 粗末な亜麻布地
creíble [kreíβle] 形 ❶ 信じられ得る, 信用できる, 信用に値する. ❷ 本当らしい, ありそうな

creído, da [kreíđo, đa] 形 名 ❶《軽蔑》[ser+] 思い上がった [人], うぬぼれた[人]. ❷ [estar+. +de 確かでないことを] 信じ切った, 思い込んだ. ❸《メキシコ, グアテマラ, プエルトリコ, ペルー, チリ, ラプラタ》[他人の言うことを] 信じやすい

crema [kréma] I 《←仏語 crème「生クリーム」》女 ❶《料理》不可算 1) クリーム, 乳脂肪〖=nata〗; カスタードクリーム〖=natillas〗: ~ catalana《西》カラメルソースをかけたカスタードクリーム. ~ [de] Chantilly ホイップクリーム. ~ de chocolate チョコレートクリーム. ~ de leche シングルクリーム〖=nata líquida〗. ~ fresca 生クリーム. ~ pastelera ケーキ用のクリーム. doble ~《メキシコ》ダブルクリーム, 濃いクリーム. 2) クリームスープ, ポタージュ〖=sopa de ~〗: ~ de espárragos アスパラガスのポタージュ. 3) クリーム状のチーズ. ❷ 不可算 1) [化粧品などの] クリーム: Si vas a la playa, date ~ protectora [para el sol]. 海に行くなら日焼け止めクリームを塗りなさい. ~ de afeitar シェービングクリーム. ~ dental 練り歯磨き. ~ hidratante (humectante) モイスチャークリーム. 2) [革製品用の] クリーム; 靴ずみ, 靴クリーム〖= ~ de calzado, ~ para zapatos〗: dar ~ a los zapatos 靴にクリームを塗る. ❸ クリーム色, 乳白色〖=color ~〗. ❹《酒》クレーム《甘く濃いリキュール》: ~ de cacao クレーム・ド・カカオ. ~ de menta ミントリキュール. ❺ 集名 [la+] 精華, エリート: Se relaciona de inmediato con la ~ de la intelectualidad mexicana. 彼はメキシコのえり抜きの知識人たちと直接交際している

en ~/en ~s クリーム状の, 乳液タイプの: antimicótico en ~ クリームタイプの抗真菌薬
—— 形《性数無変化》クリーム色の
II《←ギリシア語 trema, -atos「さいころの目」》女《文法》分音符《güe, güi の¨》〖=diéresis〗

cremá [kremá] 女《バレンシアの火祭り Fallas の最終日(San José の日)の》人形焼き

cremación [kremaθjón] 女 ❶ 火葬. ❷ [ごみなどの] 焼却

cremallera [krema∫éra]《←仏語 cremaillère》女 ❶《西. 服飾》ファスナー, ジッパー, チャック: Súbete la ~. チャックを上げろ. abrir (cerrar) la ~ ファスナーをあける(しめる). ❷《技術》平板歯車, ラック: ferrocarril de ~ アプト式鉄道. tren ~ アプト式列車. ~ y piñón ラックアンドピニオン
echar la ~ 黙る, 口を閉ざす

cremallo [krema∫o]《ウエスカ》自在鉤の鎖
cremar [kremár]《まれ》[死体を] 焼却する, 火葬にする
crematístico, ca [krematístiko, ka]《←ギリシア語 khematistikos < khrematis「財産, お金」》形 ❶《文語》金銭の; 理財(利殖)の
—— 女《文語》❶ 経済学〖=economía política〗; 利殖. ❷ 金銭問題, 金の話

crematorio, ria [kremató.rjo, rja]《←ラテン語 crematus「焼かれた」》形 焼却の, 焼却の: horno ~ 火葬炉
—— 男 火葬場

crème [krém]《←仏語》女 *la ~ de la* ~ えり抜き, 精華
cremento [kreménto]《文語》男 =**incremento**
cremería [kremería]《アルゼンチン, ウルグアイ》乳製品加工業
cremona [kremóna] 女 クレモン錠
cremonense [kremonénse] 形 名 =**cremonés**
cremonés, sa [kremonés, sa] 形《地名》[イタリアの都市] クレモナ Cremona の〔人〕
crémor [krémor] 男《化学》酒石英〖= ~ tártaro〗
cremosidad [kremosiđá(đ)] 女
cremoso, sa [kremóso, sa]《← crema》形 クリーム〔状〕の, クリーミーな: leche ~*sa* 濃厚牛乳, 脂肪分の多い牛乳. queso ~ クリームチーズ

crencha [kréntʃa] 女 ❶ [髪の] 分け目; その片側の髪〖=raya〗. ❷《アルゼンチン, ウルグアイ. 軽蔑》ぼさぼさの髪

crenchar [krentʃár] 他 髪に分け目を入れる
crenoterapia [krenoterápja] 女《医学》テルマリズム, ミネラルウォーターを使う治療法
crenoterápico, ca [krenoterápiko, ka] 形《医学》テルマリズムの
crenulado, da [krenuláđo, đa] 形《植物》小鈍鋸歯状の
creolina [kreolína] 女《薬学》クレオリン
creosota [kreosóta] 女《化学》クレオソート
creosotado, da [kreosotáđo, đa] 形 クレオソートを含む
creosotar [kreosotár] 他《木材を》クレオソート処理する
crep [krép] 男〖複 ~s〗繊維 クレープ〖=crepe〗
crepa [krépa] 女《メキシコ, プエルトリコ. 料理》クレープ〖=hojuela〗

crepar [krepár] 他 [毛髪などを] 縮らせる;《西》梳く
—— 自《アルゼンチン, ウルグアイ. 口語》死ぬでしまう
crepe [krép] I《←英語》男 ❶ 繊維 クレープ, ちりめん: ~ de China〔クレープデシン〕. ~ georgette〔クレープジョーゼット〕. ~ satén〔繻子の入れ毛, エクステ〕. ❸ クレープゴム: suelas de ~ クレープソール
II《←仏語 crêpe》男 女《料理》クレープ〖=hojuela〗
crepé [krepé]《←仏語 crapé》男 繊維 クレープ〖=crepe〗
crepería [krepería]《←crepe》女 クレープ店
crepitación [krepitaθjón] 女 ❶ パチパチという音[を立てること]. ❷《医学》[骨折した骨の] コツコツ音, 断骨音; [肺の] 捻髪(⁽⁾) 様ラ音, 捻髪音
crepitáculo [krepitákulo] 男《音楽》両手で鳴らす打楽器
crepitante [krepitánte] 形 パチパチいう
crepitar [krepitár] 自《←ラテン語 crepitare》自 ❶ パチパチ (パラパラ)いう: En la chimenea *crepita* la leña. 暖炉で薪がパチパチいっている. ❷《医学》断骨音 (捻髪音)がする
crepuscular [krepuskulár]《← crepúsculo》形《文語》薄暗い, たそがれの, 薄暮の; [黎明の] 光: luz ~ 夕暮れの光
crepusculino, na [krepuskulíno, na] 形《廃語》=**crepuscular**
crepúsculo [krepúskulo]《←ラテン語 crepusculum》男 ❶ [主に夕暮れの, 時に明け方の] 薄明かり, たそがれ[時], 薄暮; 黎明: caminar en el ~ たそがれ時に歩く. ~ matutino あけぼの. ~ vespertino 夕暮れ. ❷《文語》衰退期: ~ del Imperio Romano ローマ帝国の末期
cresa [krésa] 女 ❶ 女王蜂の卵. ❷ 蛆(³'); 集名 ハエの卵
cresatén [kresatén] 男 繊維 サテン風のクレポン crespón
crescendo [kreséndo]《←伊語》副 男《音楽》クレッシェンド, 次第に強く
creso [kréso]《← Creso (紀元前560~546, 巨万の富で有名な Lidia の王)》男 億万長者, 富豪
cresol [kresól] 男《化学》クレゾール
crespa¹ [kréspa] 女《古語》頭髪, 長髪
crespar [krespár] 他《古語》髪にカールをつける, 縮らせる; 髪を逆立てる
crespilla [krespí∫a] 女《植物》アミガサタケ〖=colmenilla〗
crespillo [krespí∫o] 男《ホンジュラス. 植物》クレマチス〖=clematide〗
crespín [krespín] 男《アルゼンチン. 鳥》セスジカッコウ
crespina [krespína] 女《古語》ヘアネット
crespo, pa² [kréspo, pa]《←ラテン語 crispus「縮れ毛の, 波打つの」》形 ❶ [髪が] 縮れた: Tiene el cabello ~. 彼は縮れ毛だ. ❷ [感情が] いらだった. ❸ [文体が] 技巧的な, ひねった, 持って回った
—— 男《主に中南米》縮れ毛, 巻き毛, カール
dejar (quedarse) con los ~s hechos《南米》待ちぼうけを食わせる (食う)

crespón [krespón]《←crespo》男 ❶ [ちりめんの] 喪章〖= ~ de luto〗. ❷ 繊維 クレポン, 揚柳クレープ: ~ de la China〔クレープ〕デシン
cresta [krésta]《←ラテン語 crista》女 ❶ [ニワトリなどの] とさか; [鳥類の] 冠羽, 冠毛. ❷ [山の] 尾根, 峰: seguir la ~ 稜線づたいに行く. en la ~ de la montaña 尾根で. línea de ~ 分水嶺. ❸ [波動の] 山, 波頭〖⇔valle〗. ❹ かぶとの頂〖=crestón〗. ❺《築城》~ de la explanada 斜堤の最高部. ❻《植物》~ de gallo サルビア・ベルベナカ〖=gallocresta〗. ❼ (チリ)[否定の強調] ¿Qué ~ me importa? それが一体私に何の関わりがあるんだ
alzar la ~ 傲然とする
dar en la ~ *a*+人 …の高慢の鼻をへし折る
estar en la ~ *de la ola* [人気などの] 絶頂にある
levantar la ~ =**alzar la** ~
picar la ~ *a*+人《まれ》…を挑発する

crestado, da [krestáđo, đa] 形 とさか[冠毛]のある
crestería [krestería] 女 ❶《建築》棟飾り, クレスト. ❷《築城》狭間(¹⁾⁾) 胸壁, 鋸壁. ❸ 集名 尾根
crestomatía [krestomatía] 女《学習用の》名文集, アンソロジー
crestón [krestón] 男 ❶ 羽根飾りを付ける, かぶとの頂. ❷ [鉱脈の] 露頭
crestudo, da [krestúđo, đa] 形《まれ》❶ 傲慢な. ❷ とさか(冠毛)のある
creta [kréta] 女 ❶《鉱物》白亜; 石灰質岩石. ❷《美術》色チョ

cretáceo, a [kretáθeo, a] 形 =**cretácico**
cretácico, ca [kretáðiko, ka] 形 男 ❶ 〖地質〗白亜紀〔の〕. ❷ 白亜の, 白亜質の
cretense [kreténse] 形 名 〖地名〗クレタ島 Creta の〔人〕
—— 男 古代ギリシア語クレタ島方言
crético, ca [krétiko, ka] 形 =**cretense**
—— 男 〖詩法〗長短混合律〖=anfímacro〗
cretinada [kretináða] 女 白痴的な(大ばかの)言動
cretinez [kretinéθ] 女 白痴性; 白痴的な(大ばかの)言動
cretínico, ca [kretíniko, ka] 形 クレチン病の
cretinismo [kretinísmo] 男 ❶ 〖医学〗クレチン病. ❷ 白痴; 愚かさ, 無能
cretino, na [kretíno, na] 〖←仏語 crétin〗形 名 ❶ 〖医学〗クレチン病の〔患者〕. ❷ 〖軽蔑〗白痴〔的な〕, 大ばか〔の〕: Ese escritor es un ~. あの作家はばかだ
cretinoide [kretinóiðe] 形 白痴のような
cretona [kretóna] 〖←仏語 cretonne〗女 〖繊維〗クレトン, 厚手のプリント地
crevillentino, na [kreβiʎentíno, na] 形 名 〖地名〗クレビリェンテ Crevillente の〔人〕〖アリカンテ県の村〗
creyente [kreʝénte] 〖←creer〗形 名 ❶ 信仰心のある; 信者: no ~ 無信仰の人. ❷ 〖まれ〗[+en+人・事 を]信用する
creyón [kreʝón] 男 〖グアテマラ, キューバ. 化粧〗口紅〖=pintalabios〗
crezneja [kreznéxa] 女 =**crizneja**
cri [krí] 形 名 クリー族〔の〕〖=cree〗
cría[1] [kría] 〖←criar〗女 ❶ 〖乳離れしていない〗動物の子供; 稚魚. ❷ 〖集合〗一腹の子. ❸ 飼育: ~ del conejo ウサギの飼育
criadera[1] [krjaðéra] 女 〖まれ〗ワイン熟成用の樽
criadero[1] [krjaðéro] 男 ❶ 飼育場, 養魚場; 営巣地. ❷ 苗床. ❸ 鉱床, 鉱脈
criadero[2]**, ra**[2] [krjaðéro, ra] 形 多産の
criadilla [krjaðíʎa] 女 ❶ 〖料理〗[羊などの]睾丸. ❷ 〖植物〗1) ~ de tierra トリュフ〖=trufa〗. ❷ ジャガイモ〖=patata〗. ❹ ~ de mar 丸い形のサンゴの一種. ❺ 〖古語〗丸パン
criado, da [krjáðo, ða] ❶ 召使い, 使用人, 下男; 女中, お手伝いさん〖最近は muchacha が多く使われる〗: C~s, enemigos pagados.〖諺〗獅子身中の虫
~da de adentro 〖中米〗寝室の掃除を担当する女中
~da de mano 〖エクアドル〗=**da de mano**
~ a monte 〖ウルグアイ〗粗野な人, 洗練されていない人
salir a+人 la ~**da respondona** 〖口語〗…にやり返される, しっぺ返しを受ける
criador, ra [krjaðór, ra] 名 ❶ 飼育家, ブリーダー; 飼育係: ~ de ostras カキの養殖業者. ~ de perros 犬のブリーダー. ~ de toros 闘牛飼育業者〖=vinicultor〗. ❷ ワイン醸造家
—— 形 飼育の, 飼育する; 飼育に適した
—— 男 [C~] 創造主, 造物主, 神〖=Creador〗
—— 女 乳母〖=nodriza〗
criaduelo, la [krjaðwélo, la] 名 criado の示小語
criajo [krjáxo] 男 〖軽蔑〗子供, がき
crialo [krjálo] 男 〖鳥〗マダラカンムリカッコウ
criamiento [krjamjénto] 男 ❶ 改新と保存. ❷ 〖古語〗創造
criancero, ra [krjanθéro, ra] 名 ❶ 〖チリ〗〔動物の〕飼育係. ❷ 〖アルゼンチン〗〔南東部で〕季節移動する羊飼い
criandera [krjandéra] 女 〖中南米〗乳母〖=nodriza〗
crianza [krjánθa] 〖←criar〗女 ❶ 〔乳児の〕養育, 育児. ❷ 授乳期, 乳児期. ❸ 飼育: ~ de cerdos 養豚. ~ de gallinas 養鶏. ❹ 栽培: ~ de las cepas ブドウの栽培. ❺ 〖幼児期から人となるまでの〗教育, しつけ〖=proceso〗. ❻ 〖西〗ワインの熟成
buena ~ 1) 〖文語〗しつけの良さ: tener *buena* ~ しつけがいい. palabras de *buena* ~ お世辞, 社交辞令. 2) 立派な教育
dar ~ を育てる, 養育する
mala ~ 1) 〖文語〗しつけの悪さ: tener *mala* ~ 行儀作法を知らない. 2) 不十分な教育
—— 男 〖西〗〔ワインの等級〗クリアンサ〖赤は2年, 白・ロゼは1年以上熟成させたもの. →reserva 参考〗: sin ~ 樽で熟成させていないもの
criar [krjár] 〖←ラテン語 creare「無から産む, 子を産む」〗⓫ 他 ❶ [主に乳児が自立するまで]育てる, 養育する; 授乳する: Ella sola *crió* tres hijos. 彼女は女手一つで3人の子を育てた. ~ a su hijo con biberón 子供を哺乳瓶で育てる. ❷ [動物を]飼う, 飼育する: *Cría* una docena de gallinas en el corral de su casa. 彼は自宅の裏庭に鶏を12羽飼っている. ~ un perro 犬を飼う. ❸ [植物を]栽培する: ~ flores 花を育てる. ❹ 生じさせる, 生み出す; 引き寄せる: Esta tierra *cría* muchas plantas (bellas muchachas). この土地は多くの植物が育つ(美人が多い). Los perros *crían* pulgas. 犬にはノミがたかる. El largo mandar *cría* soberbia. 長期の支配は傲慢を生む. ~ moho かびを生やす. ❺ しつける, 教育する. ❻ [ワインを]熟成させる, 寝かす. ❼ 創造する. ❽ 創設する, 設置する. ❾ 選出する, 任命する
—— 自 〔動物が子を〕産む
—— **~se** ❶ [子供が]育つ; 育てられる, 養育される: Se está *criando* muy fuerte. 彼はとても丈夫に育っている. Él *se ha criado* sin madre. 彼は母親を知らずに育った. Manuel Oltra es un compositor nacido en Valencia y *criado* en Barcelona. マヌエル・オルトラはバレンシア生まれでバルセロナ育ちの作曲家である. ❷ 飼育される; 栽培される. ❸ 生み出される
a la (*lo*) *que te criaste* 〖チリ, アルゼンチン, ウルグアイ. 口語〗いい加減に, ぞんざいに
bien criado 育ちのよい, しつけのよい: hablar *bien criado* お上品な話し方をする
mal criado 育ちのよくない, しつけの悪い
名詞+*que te crió* 〖西. 口語〗…にはうんざりする

criar		
直説法現在	命令法	接続法現在
crío		críe
crías	cría	críes
cría		críe
criamos		criemos
criáis	criad	criéis
crían		críen

criatura [krjatúra] 〖←cria+接尾辞 -tura〗女 ❶ 〔主に1歳未満の〕幼児, 赤ん坊: Esta ~ tiene hambre. この子はお腹を空かせている. ¡Qué ~ más preciosa! 何てかわいい赤ちゃん! ❷ 子供: No seas ~. 子供じみたことはやめなさい. Todavía es una ~. 彼はまだ子供だ. Es padre de seis ~s. 彼は6人の子の父親である. ❸ 胎児. ❹ 〖文語〗〔神による〕被造物, 創造物; [特に]人間: ~s del señor 神の創造物. ❺ 〖間投詞的. 同情・驚き・抗議など〗かわいそうに! 困ったことだ!: ¡Pobre ~! お気の毒に! Pero ~, ¿cuándo vas a actualizar para contarnos tu viaje? でも, うっかりさん, いつになったら〔ブログを〕更新してくれるんだい? ❻ 〖まれ〗〔想像力などの〕産物, 所産: ~s mitológicas 神話の産物. ❼ 〖まれ〗ひいき〔庇護〕されている人, お気に入り
criaturita [krjaturíta] 〖criatura の示小語〗〖親愛〗赤ん坊: La ~ estaba asustada. 〔かわいそうに〕赤ちゃんはびっくりした
criazón [krjaθón] 女 ❶ 〖古語〗家族. ❷ 〖まれ〗[動物の]飼育; [動物の]子供たち
criba [kríβa] 〖←ラテン語 cribrum〗女 ふるい, 選別機: 1) pasar por la ~ …をふるいにかける, 選別する. 2) 〖比喩〗hacer una ~ de... …をふるいにかける, 選別する
estar como (*hecho*) *una* ~ 穴だらけの: Ese sombrero está hecho una ~. その帽子は穴だらけになってしまっている
cribado, da [kriβáðo, ða] 形 〖石炭が〕45ミリ以上の大きさの
—— 男 ❶ ふるいにかけること, 選別. ❷ 〖中米〗刺繡. ❸ 〖アルゼンチン〗〔チリパ chiripa の下から出ているパンツに〕縁飾り
cribador, ra [kriβaðór, ra] 形 名 選別する〔人〕
—— 女 選別機
cribar [kriβár] 他 ❶ ふるいにかける, 選別する. ❷ 〖アルゼンチン〗〔ガウチョがチリパ chiripa の下にはくパンツに〕縁飾りの刺繡をする
cribelo [kriβélo] 男 〖クモの〗出糸突起, 紡績突起
cribero, ra [kriβéro, ra] 名 ふるい製造(販売)者
cribete [kriβéte] 男 〖西〗簡易ベッド
cribo [kríβo] 男 ❶ 〖地方語〗=**criba**. ❷ 〖ラプラタ〗刺繡
cribón [kriβón] 男 〔穀物用の〕大型のふるい
criboso, sa [kriβóso, sa] 形 〖植物〗〔管が〕ふるいのように穴の開いた: vaso ~ 篩(ふるい)管, ふるい管
cric [krík] 〖←仏語〗男 〖圏 ~s〗ジャッキ〖=gato〗; 巻き上げ機, ウ

インチ

crica [kríka] 囡《まれ》❶ 割れ目. ❷ 女性の陰部
cricket [kríket]《←英語》男《スポーツ》クリケット
cricoides [krikóiđes] 形《単複同形》《解剖》輪状軟骨〔の〕
cricotiroideo, a [krikotiroiđéo, a] 形《解剖》輪状甲状の: músculo ～ 輪状甲状筋
cri-cri [kri kri]《←擬声》男 コオロギの鳴き声
crilor [krilór] 男《繊維》=**crylor**
crimen [krímen]《←ラテン語 crimen, -inis「告発」》男《圈 crímenes》❶ 犯罪, 罪; 重罪《類義》**crimen** は **delito** よりも重大な, 殺人・傷害などの犯罪. **pecado** は宗教上の罪》犯:Es un ～ abandonar a un niño en la selva. 子供を森に置き去りにするのは犯罪である. Es imposible cometer el ～ perfecto. 完全犯罪は不可能だ. lugar del ～ 犯罪現場. ～ contra la humanidad 人道に対する罪. ～ de guerra 戦争犯罪. ～ de sangre 粗暴犯. ～ organizado 組織犯罪. ～ pasional 痴情による犯罪. ❷ すべきでないこと, 大変な悪事:Es un ～ cortar ese árbol.その木を切るのは取り返しのつかない失策だ. Este cuadro es un ～. この絵はひどい失敗作である.
estar para el ～《南米. 口語》[人が]とても魅力的である
Crimilda [krimílda] クリムヒルト『ドイツの叙事詩『ニーベルンゲンの歌』Cantar de los nibelungos の主人公ジークフリート Sigfrido の妻』
criminación [kriminaθjón] 囡 告訴, 糾弾, 告発
criminal [kriminál]《←ラテン語 criminalis 同》❶ 形 犯罪の, 罪になる: acto ～ 犯罪行為. hecho ～ 犯罪事実.《法律》刑事の, 刑法上の[⇔civil]: caso ～ 刑事事件. derecho ～ 刑法. ❸ 形 ～ de sí mismo: hombre ～ 犯罪者. ❹ ひどい: tiempo ～ ひどい悪天候
—— 男 犯罪人, 犯罪者, 犯人: ～ de guerra 戦争犯罪人, 戦犯. ～ político 政治犯. ～ nato 生まれつきの犯罪者
criminalidad [kriminalidá(đ)] 囡 ❶〔行為の〕犯罪性. ❷《集名》[一地域・一時期の] 犯罪行為, 犯罪件数: índice de ～ 犯罪発生率
criminalista [kriminalísta] 名 ❶ 犯罪学者; 刑法学者. ❷ 刑事弁護士[=abogado ～]
criminalización [kriminaliθaθjón] 囡 犯罪とみなすこと
criminalizador, ra [kriminaliθađór, ra] 形 犯罪とみなす
criminalizar [kriminaliθár] 他 犯罪とみなす, 罪があるとする
criminalmente [kriminálménte] 副 犯罪として; 刑法上, 刑事上
criminaloide [kriminalóiđe] 形 犯罪者的な
criminar [kriminár] 他 告発する, 起訴する; 非難する
criminógeno, na [kriminóxeno, na] 形 犯罪者的性向の
criminología [kriminoloxía] 囡 犯罪学
criminológico, ca [kriminolóxiko, ka] 形 犯罪学の
criminólogo, ga [kriminólogo, ga] 名 犯罪学者
criminoso, sa [kriminóso, sa] 形 =**criminal**
—— 名 罪人, 犯罪者
crimno [krímno] 男 粗挽きの小麦粉〔主にポリッジ gachas の材料〕
crin [krín]《←ラテン語 criis「髪」》囡 ❶〔主に圏. 馬などの〕たがみ. ❷〔クッションなどに入れる〕植物繊維〔=～ vegetal〕
crinado, da [krináđo, đa] 形《詩語》髪の長い
crinar [krinár] 他 髪(毛)をとかす
crineja [krinéxa] 囡《ベネズエラ》三つ編み〔=crizneja〕
crinera [krinéra] 囡〔馬の首の〕たてがみの生える部分
crinito, ta [kríníto, ta] 形《まれ》=**crinado**. ❷《天文》cometa ～ta 尾が枝分かれしている彗星
crinogénico, ca [krinoxéniko, ka] 形 分泌促進性の
crinoideo, a [krinoiđéo, a] 形《動物》ウミユリ綱の
crinolina [krinolína] 囡《繊維》クリノリン; そのペチコート
crio-《接頭辞》〔冷, 低温〕criobiología 低温生物学
crío, a² [krío, a]《←criar》❶ 名〔主に圏. 口語〕〔小さい子; 乳飲み子, 赤ん坊:Es todavía un ～. その子はまだ小さい. ❷〔まだ成熟していない〕子供, がき:¡No seas ～! 子供みたいなことをするな(言うな)
cosas de ～*s* つまらない(ささいな)こと
estar hecho un ～《戯語》[肉体的に] 若々しい
criobiología [krjobjoloxía] 囡 低温生物学
criobiológico, ca [krjobjolóxiko, ka] 形 低温生物学の
criocéfalo [krjoθéfalo] 男《考古》クリオスフィンクス, 羊頭スフィンクス

criocirugía [krjoθiruxía] 囡 凍結(冷凍)外科, 冷凍手術
criocoagulación [krjokoagulaθjón] 囡《医学》低温による血液凝固
criodesecación [krjođesekaθjón] 囡《物理, 化学》真空凍結乾燥
criodeshidratación [krjođesiđrataθjón] 囡 フリーズドライ〔=liofilización〕
crioelectrónica [krjoelektrónika] 囡 低温電子工学
criófilo, la [krjófilo, la] 形《生物》好氷雪性の, 好冷性の
criogenia [krjoxénja] 囡《物理》低温学
criogénico, ca [krjoxéniko, ka] 形 極低温の
criogenina [krjoxenína] 囡《医学》結核治療で使われる解熱剤
criogenización [krjoxeniθaθjón] 囡 [再生のための, 人体などの]冷凍保存
criogenizar [krjoxeniθár] 他 [再生のために人体などを]冷凍保存する
crioglobulina [krjoglobulína] 囡《医学》クリオグロブリン
criolita [krjolíta] 囡《鉱物》氷晶石
criollaje [krjoλáxe] 男《集名》クリオール人
criollismo [krjoλísmo] 男 クリオール人の特性; クリオール人らしさ
criollización [krjoλiθaθjón] 囡 文化の混交
criollo, lla [krjóλo, λa]《←ポルトガル語 crioulo「植民地生まれの白人」》❶ 形 名 ❶ クリオール人〔の〕, クリオーリョ〔1) 16世紀後半, スペイン領アメリカで生まれた純粋のスペイン人. 2) 植民地生まれのヨーロッパ人. 3) スペイン領アメリカで生まれた黒人. 4) ラテンアメリカ人らしい特徴を備えた人〕. ❷《中南米》スペイン系の人々が作り出した〕中南米独特の, 自国の, 地元の; クリオーリョ風の, クレオール風の: arquitectura ～lla クリオーリョ風建築. sopa ～lla クレオール風スープ. ❸《アンデス》臆病な〔=cobarde〕
a la ～*lla*《南米. 口語》堅苦しいことは抜きにして
—— 男 クレオール言語〔スペイン語・仏語・英語・オランダ語・ポルトガル語とアフリカの言語・先住民語で形成〕: ～ seychelense セーシェル・クレオール語. ～ haitiano ハイチ語
criología [krjoloxía] 囡 氷雪学; =**crioscopia**
criomedicina [krjomeđiθína] 囡 低温医学
criometría [krjometría] 囡 低温計
criónico, ca [krjóniko, ka] 形 囡 人体冷凍保存〔の〕, クライオニクス〔の〕
crioplancton [krjoplánkton] 男《集名》《生物》氷層プランクトン
criopreservación [krjopreserbaθjón] 囡《医学》低温保存
criopreservar [krjopreserbár] 他《医学》[細胞などを] 低温保存する
crioprotector, ra [krjoprotektór, ra] 形《物理》寒冷(冷凍)保存する
—— 男 寒冷保存剤
crioquímico, ca [krjokímiko, ka] 形 低温化学の
crioscopia [krjoskópja] 囡《物理》凝固点降下〔法〕, 氷点法
crioscópico, ca [krjoskópiko, ka] 形 凝固点降下の
criosonda [krjosónda] 囡《医学》凍結子, 冷凍手術で使われる消息子
criostato [krjostáto] 男 クリオスタット, 低温保持装置
criotécnica [krjotéknika] 囡 低温技術
criotecnología [krjoteknoloxía] 囡 低温テクノロジー
crioterapia [krjoterápja] 囡《医学》凍結療法
criotropismo [krjotropísmo] 男《植物》向冷性
cripta [krí(p)ta]《←ラテン語 crypta < ギリシア語 krypte < krypto「私は隠す」》❶〔教会の〕地下礼拝堂; 地下納骨堂. ❷《解剖》陰窩(ゕ): ～ amigdalina 扁桃陰窩
criptanense [kri(p)tanénse] 形《地名》カンポ・デ・クリプターナ Campo de Criptana の〔人〕〔シウダー・レアル県の村. 風車で有名〕
criptano, na [kri(p)táno, na] 形 名 =**criptanense**
criptestesia [kri(p)testésja] 囡 潜在感覚
cripticismo [kri(p)tiθísmo] 男 謎(秘密)であること
críptico, ca [krí(p)tiko, ka] 形 ❶《←cripta》《文語》謎の, 秘密の; 謎めいた: lenguaje ～ 隠語. ❷ 暗号法の. ❸《動物》[毛色などが] 身を隠すのに適した
cripto-《接頭辞》〔隠れた〕criptocomunista 共産党秘密党員
criptoanálisis [krí(p)toanálisis] 男 暗号解読技術
criptocomunista [krí(p)tokomunísta] 形 名 共産党秘密党

員〕〔の〕

criptocristalino, na [kri(p)tokristalíno, na] 形《鉱物》隠微晶質の

criptofíceo, a [kri(p)tofíθeo, a] 形 クリプト藻綱の
—— 女《複》《植物》クリプト藻綱

criptogamia [kri(p)toɣámja] 女《植物》隠花植物

criptogamicida [kri(p)toɣamiθíða] 形 寄生性隠花植物駆除剤〔の〕

criptogámico, ca [kri(p)toɣámiko, ka] 形 隠花植物の
—— 女《複》《植物》隠花植物

criptografía [kri(p)toɣrafía] 女 暗号《通信》法

criptografiar [kri(p)toɣrafjár] 11 他 暗号化する

criptografico, ca [kri(p)toɣráfiko, ka] 形 暗号の

criptógrafo, fa [kri(p)toɣráfo, fa] 名 暗号作成(使用)者

criptograma [kri(p)toɣráma] 男 ❶ 暗号文. ❷〔出来上がりに言葉が隠されている〕クロスワードパズル《=damero》

criptojudaísmo [kri(p)toxuðaísmo] 男《歴史》隠れユダヤ教

criptojudío, a [kri(p)toxuðío, a] 名《歴史》隠れユダヤ教徒〔の〕

criptomería [kri(p)tomería] 女《植物》〔主に庭木の〕スギ《杉》

criptómetro [kri(p)tómetro] 男《技術》クリプトメーター

criptón [kri(p)tón] 男《元素》クリプトン

criptónimo [kri(p)tónimo] 男〔匿名化するための〕頭文字表記《例: GGM←Gabriel García Márquez》

criptopórtico [kri(p)tɔpɔ́rtiko] 男《考古》クリプトポルティクス, 半地下式の柱廊

criptorquidia [kri(p)torkíðja] 女《医学》潜在睾丸

criptorquídico, ca [kri(p)torkíðiko, ka] 形 名 潜在睾丸の(患者)

críquet [kríket] 〖←英語 cricket〗男 ❶《スポーツ》クリケット. ❷《南米》ジャッキ《=gato》

cris [krís] 男《単複同形》〔フィリピンの〕刃が曲がりくねった刃物

crisálida [krisáliða] 女《動物》蛹(さなぎ), 繭(まゆ)

crisalidar [krisaliðár] 自《動物》蛹化(ようか)する

crisantema [krisantéma] 女 =**crisantemo**

crisantemo [krisantémo] 男《植物》菊(キク)

criselefantino, na [kriselefantíno, na] 形 金と象牙でできた

crisis [krísis] 女〖←ラテン語 crisis <ギリシア語 krisis「決定」< krino「私が決定する, 判断する」〗女《単複同形》❶ 危機, 難局: La situación económica está pasando por una ~. 経済状況は危機を経験しつつある. caer en estado de ~ 危機に陥る. entrar en ~ 危機に入る. llegar a una ~ 危機に到る. estar ante una ~ 危機に直面している. salir de la ~ 危機を脱する. superar (vencer) una ~ 危機を乗り越える. gestión de ~ 危機管理. ~ de gobierno〔閣僚の辞任などによる〕政権の危機. ~ de los misiles cubanos《1962年》キューバ危機. ~ del petróleo de 1973 オイルショック, 1973年の石油危機. ~ económica 経済危機, 恐慌; 景気後退. ~ energética / ~ de energía エネルギー危機. ~ físico y mental de la edad madura 熟年期の肉体的精神的危機. ~ ministerial〔組閣までの〕内閣空白期. ~ política 政治危機. ~ religiosa 信仰に対する懐疑. ❷ 大幅な欠乏: En Tokio hay ~ de la vivienda. 東京は住宅難だ. No me hables de comprar nada, porque estoy en ~. 何か買うなんて言うな, 今金に困っているのだから. ❸〔病勢の〕急変, 峠: hacer ~ 重態に陥る. ❹《医学》発作: Tuvo una ~ de asma. 彼はぜんそくの発作を起こした. ~ de furia 発作的な怒り. ~ nerviosa / ~ de nervios 神経的発作, ヒステリー. ❺〔十分に検討した後の〕判断
estar en ~ 1) 危機にある: Ahora nuestro matrimonio *está en* ~. 私たちの結婚は今危険な状態にある. 2) 危篤状態にある

crisma [krísma] I 〖←ラテン語 chrisma <ギリシア語 khrisma < khrio「私は塗る」〗男《聖木曜日に司祭が洗礼・堅信・叙階などの秘蹟を施す時に使う》聖油
—— 女《口語》頭《=cabeza》
romper (partir) a+人 la ~ 〔脅し文句で〕…の頭をぶち割る: Si me dice algo, le *rompo la* ~. 彼に何か言われたらぶってやる
II 〖←英語〗男 クリスマス; クリスマスカード

crismación [krismaθjón] 女《カトリック》聖油 crisma を塗ること

crismal [krismál] 形《カトリック》〔ミサの〕聖油を聖別する

crismar [krismár] 男《古語》〔洗礼・堅信の〕秘蹟を授ける

crismas [krísmas] 男《単複同形》《西》クリスマス; クリスマスカード

crismazo [krismáθo] 男《まれ》頭への打撃

crismera [krisméra] 女《カトリック》〔主に銀製の〕聖油入れ

crismón [krismón] 男 イエス・キリストのモノグラム《イエス・キリストのギリシア語綴り Χριστος の最初の2文字Χ と Ρ を組み合わせた図案化した略文字記号》;〔そのモノグラムを織り込んだ〕ローマ皇帝コンスタンティヌス Constantino の軍旗

crisneja [krisnéxa] 女 =**crizneja**

crisobalanáceo, a [krisobalanáθeo, a] 形 ワレモコウ科の
—— 女《複》《植物》ワレモコウ科

crisoberilo [krisoberílo] 男 ❶《鉱物》金緑石. ❷《まれ》〔金緑石の〕黄緑色

crisocola [krisokóla] 女 ❶《鉱物》珪孔雀石(けいくじゃくせき). ❷《考古》古代人が金を溶かすのに用いた物質

crisoelefantino, na [krisoelefantíno, na] 形 =**criselefantino**

crisofíceo, a [krisofíθeo, a] 形 黄金色植物綱の
—— 女《複》《植物》黄金色植物綱

crisófitos [krisófitos] 男《複》海草

crisol [krisól] 〖←古カタルーニャ語 cresol「ランプ」〗男 ❶《化学》るつぼ. ❷《金属》湯だまり. ❸《文語》混合(純化)する場所(状況): ~ de razas 人種のるつぼ. ❹ 試練

crisolada [krisoláða] 女 るつぼを満たす一定量の溶かした金属

crisolar [krisolár] 他 =**acrisolar**

crisólita [krisólita] 女《鉱物》クリソライト: ~ oriental オリエンタル・クリソライト《オリーブ色のサファイア》

crisólito [krisólito] 男 =**crisólita**

crisomélido, da [krisomélido, ða] 形 ハムシ類の
—— 男《複》《昆虫》ハムシ類

crisopa [krisópa] 女《昆虫》クサカゲロウ

crisopacio [krisopáθjo] 男 =**crisoprasa**

crisopeya [krisopéja] 女 錬金術

crisoprasa [krisoprása] 女《鉱物》緑玉髄

crisóstomo [krisóstomo] 男《まれ, 戯語》演説者

crispación [krispaθjón] 女 ❶ 痙攣, 引きつり; 握りしめ. ❷ いらだち

crispado, da [krispáðo, ða] 形 ❶ 痙攣した. ❷ いらだった

crispadura [krispaðúra] 女 =**crispación**

crispamiento [krispamjénto] 男《まれ》=**crispación**

crispante [krispánte] 形 いらだたせる, いらいらさせる

crispar [krispár] 〖←ラテン語 crispare「波打たせる, 揺り動かす, かき回す」〗他 ❶〔筋肉を〕痙攣(させる, 収縮させる;〔手を〕握りしめる: ~ las manos sobre el volante ハンドルを握りしめる. ~ los puños こぶしを固く握りしめる. ❷《口語》いらだたせる: ¡Me *crispa* verle tan tranquilo! 彼があんなに平然としているのを見て私は身体が震えるほど腹が立つ
—— ~*se* ❶ 痙攣する: Se le *crispó* la frente. 彼は顔を引きつらせた. clima político *crispado* 緊迫した政界の雰囲気. ❷ いらだつ

crispatura [krispatúra] 女 =**crispación**

crispilla [krispíʎa] 女 アミガサタケ, シバフタケ《食用キノコ》

crispir [krispír] 他《建築》斑岩を模倣してブラシで塗料のはねをかける

crista [krísta] 女《紋章》兜の前立てや羽根飾り

cristal [kristál] 〖←ラテン語 crystallus <ギリシア語 krystallos「氷, ガラス」〗男 ❶〔透明で薄手の〕ガラス;《西》窓ガラス《= de la ventana》: Ha roto el ~ del escaparate. 彼はショーウィンドウのガラスを割ってしまった. limpiar los ~*es* ガラス拭きをする. botella de ~ ガラス瓶. doble ~ 二重ガラス. copa de ~ クリスタルグラス. ~ de Bohemia (Murano・Baccarat) ボヘミア《ヴェネチアン・バカラ》グラス. ~ esmerilado 磨りガラス. ~ delantero (trasero)《西, 自動車》フロントガラス《リアウインド―》. ~ hilado スパングラス. ~ tallado カットグラス. ❷《化学, 鉱物》結晶(体); 水晶《= ~ de roca》: bola de ~〔占いの〕水晶球. vibrador de ~ 水晶発振器. ~ de galera 方鉛鉱. ~ de hielo 氷晶, 氷の結晶. ~ de nieve 雪の結晶. ~ líquido / líquido ~ 液晶. ❸ レンズ《=lente, ~ de aumento》: ~*es* de gafas 眼鏡のレンズ. ❹ 鏡《=espejo》. ❺《詩語》水: ~ de la fuente 泉の澄んだ水. ❻ 光沢のある薄手の毛織物. ❼《パラグアイ》眼鏡
mirar con ~ *de aumento*〔他人の〕欠点を誇張する

cristalera[1] [kristaléra] 女 ❶〔大きな〕ガラス窓; ガラス扉; ガラ

スの天井. ❷ ガラス戸棚
cristalería [kristalería] [女] ❶ ガラス製造所(販売店). ❷ [集名] ガラス製品; ガラス器〘グラス, コップ, ジョッキ〙. ❸ ガラス工芸
cristalero, ra[2] [kristaléro, ra] [名] ガラス製造(販売)業者
—— [男] ❶《メキシコ. 口語》[ガラスを割って物を盗む] 車上狙い〘人〙. ❷《ラプラタ》ガラス戸棚
cristalino, na [kristalíno, na]〘←cristal〙[形] ❶ 結晶の, 結晶質の, 結晶体から成る; ガラスの: clase ~*na* 結晶族, 晶族. ❷《文語》[水晶のように] 透明な, 澄んだ: agua ~*na* 澄んだ水
—— [男]《解剖》[眼球の] 水晶体
cristalizable [kristaliθáble] [形] 結晶可能な
cristalización [kristaliθaθjón] [女] ❶ 結晶化, 結晶作用; 晶出. ❷ 結晶体. ❸ 具体化
cristalizado, da [kristaliθáđo, đa] [形]《鉱物》結晶構造の
—— [男] 結晶化
cristalizador, ra [kristaliθađór, ra] [形] 結晶化する
—— [男]《化学》晶析装置, 結晶皿
cristalizar [kristaliθár]〘←cristal〙[9] [自]・~**se** ❶ 結晶する: ~ en romboedros 菱面体に結晶化する. ❷ [+en の] 形をとる, 具体化する: Las negociaciones *han cristalizado en* un tratado comercial. 交渉の結果, 通商条約が成立した
—— [他] 結晶させる, 結晶にする
cristalografía [kristalografía] [女] 結晶学
cristalográfico, ca [kristalográfiko, ka] [形] 結晶学の
cristalógrafo, fa [kristalógrafo, fa] [名] 結晶学者
cristaloide [kristalói̯đe] [男]《化学》晶質
cristaloideo, a [kristaloi̯đéo, a] [形] 晶質の
cristalomancia [kristalománθja] [女] 水晶球占い
cristaloquímica [kristalokímika] [女] 水晶化学
cristaluria [kristalúrja] [女]《医学》結晶尿
cristazo [kristáθo] [男]《まれ》十字架による一撃
cristel [kristél] [男] =**clister**
cristero, ra [kristéro, ra] [名]《メキシコ》クリステロ〘クリステロ戦争でのカトリック信者側の反乱者. ¡Viva Cristo Rey! と叫んだ〙: Guerra de los *C*~*s* クリステロ戦争〘1926~29. メキシコのグアダラハラで, 1917年憲法以来, 反カトリック教会的態度(政教分離政策)を強行する政府に対するカトリック信者たちの平和的抵抗が暴動と化し, さらに内戦状態へ発展した. Cristiada または revuelta de los cristeros「クリステロスの反乱」とも呼ぶ〙
—— [男]《エクアドル. 宗教》説教をする人
Cristiada [kristjáđa] [女] →**cristero**
cristianamente [kristjánaménte] [副] キリストの教えに従って, キリスト教徒として, キリスト教徒らしく: morir ~ 敬虔なキリスト教徒として死ぬ
cristianar [kristjanár] [他]《口語》…にキリスト教の洗礼を施す〘=bautizar〙
cristiandad [kristjandá(đ)]〘←ラテン語 christianitas〙[女] ❶ [集名] キリスト教徒, キリスト教会, キリスト教国, キリスト世界: En la Edad Media la ~ se unía para combatir en las cruzadas. 中世にはキリスト教国は十字軍で戦うため団結した. ❷ キリストの戒律の遵守, キリスト教の実践
cristianesco, ca [kristjanésko, ka] [形] ❶ [モリスコ morisco が模倣する] キリスト教風の. ❷《廃語》キリスト教の〘=cristiano〙
cristianísimo, ma [kristjanísimo, ma] [形]《歴史》[15世紀以降のフランス王の尊称] 篤信王
cristianismo [kristjanísmo] [男] ❶ キリスト信仰, キリスト教: defensor del ~ キリスト教の擁護者. ❷ [集名] キリスト教会〘=cristiandad〙. ❸ 洗礼〔式〕〘=bautizo〙
cristianización [kristjaniθaθjón] [女] キリスト教化, キリスト教の布教
cristianizador, ra [kristjaniθađór, ra] [形] [名] キリスト教化する〔人〕, キリスト教の布教者
cristianizar [kristjaniθár]〘←ラテン語 christianizare〙[9] [他] ❶ キリスト教に改宗させる, キリスト教化する. ❷ [ワインを] 水で薄める
cristiano, na [kristjáno, na]〘←ラテン語 christianus < ギリシア語 khristianos〙[形] ❶ [ser+] キリスト教の, キリスト教徒の: civilización ~*na* キリスト教文明. democracia ~*na* キリスト教民主主義. mundo ~ キリスト教世界. ❷《皮肉》[ワインが] 水で割った
—— [名] ❶ キリスト教徒: buen ~ 良きキリスト者. ~ viejo《歴史》旧キリスト教徒〘ユダヤ人・モーロ人を先祖に持たない生粋のキリスト教信者〙. ~ nuevo《歴史》新キリスト教徒〘異教からキリスト教に改宗した信者〙. ❷《口語》人, 誰か: No hay ~ que coma esto. こんなものを食べる人はいない. cualquier ~ どんな人でも
en ~ 分かりやすく, はっきりと: hablar *en* ~ みんなに分かるようにはっきりと(スペイン語で)話す
cristianodemocracia [kristjanođemokráθja] [女] キリスト教民主主義
cristianodemócrata [kristjanođemókrata] [形] [名] キリスト教民主主義の(主義者): Unión *C*~ [ドイツの政党] キリスト教民主同盟
cristianosocial [kristjanosoθjál] [形] Unión *C*~ [ドイツの政党] キリスト教社会同盟
cristina[1] [kristína] [女] ❶ アーモンドをまぶした丸い菓子パン. ❷《ペルー》士官候補生のかぶる帽子 gorra
cristino, na[2] [kristíno, na] [形] [名]《歴史》マリア・クリスティーナ María Cristina 派の〔人〕〘第一次カルリスタ戦争でカルリスタ carlista に対抗し, マリア・クリスティーナの娘イサベル2世を支持〙
cristo [krísto]〘←ラテン語 christus < ギリシア語 khristos〙[男] ❶ 救世主; [*C*~] イエス・キリスト: antes (después) de *C*~ 紀元前(後). *C*~ sacramentado 聖別(祝別)したホスチア, 聖餅. ❷ 十字架〔上のキリスト受難〕像. ❸《体操》十字懸垂
donde C~ perdió el gorro/donde C~ dio las tres voces《口語》大変遠い所に, へんぴな所に: Mi casa está *donde C~ perdió el gorro*. 私の家はとても遠い所にある
hecho un C~《口語》気の毒な姿になった, 哀れな光景の; ひどく汚れた
ir como a un 〔***santo***〕 ***C~ dos*** (***un par de***) ***pistolas*** 全く似合わない, 全く適さない
la edad de C~ [宝くじで] 33〔の数字〕
ni C~ 誰も〔…ない〕
¡Ni C~ que lo fundó!《口語》全くありえない(不可能だ)/とんでもない!
poner a+人 ***como un C~*** 1) ひどくののしる, 侮辱する. 2) 名誉を汚(けが)す. 3) 虐待する
sacar el C~《まれ》窮余の一策をとる, 脅して説得しようとする
sentar como a un 〔***santo***〕 ***C~ dos*** (***un par de***) ***pistolas*** =**ir como a un** 〔**santo**〕 **C~ dos** (**un par de**) **pistolas**
todo C~《西》すべての人, みんな
cristobalense [kristoƀalénse] [形] [名]《地名》❶ サン・クリストバル・デ・ラス・カサス San Cristóbal de Las Casas の〔人〕〘メキシコ, Chiapas 州の町〙. ❷ サン・クリストバル San Cristóbal の〔人〕〘ベネズエラ, Tachira 州の州都〙
cristobalina [kristoƀalína] [女]《植物》ルイヨウショウマ〘=hierba de San Cristóbal〙
cristobalita [kristoƀalíta] [女]《鉱物》クリストバル石
cristobitas [kristoƀítas] [男] [複] 操り人形, マリオネット
cristofarina [kristofarína] [女]《植物》ルイヨウショウマ〘=hierba de San Cristóbal〙
cristofué [kristofwé] [男]《ベネズエラ. 鳥》タイランチョウ
cristología [kristoloxía] [女] キリスト学
cristológico, ca [kristolóxiko, ka] [形] キリスト学の; キリストの
cristus [krístus] [男]〘単複同形〙❶ アルファベット表;《古語》読み書き読本. ❷《古語》アルファベット表や読み書き読本の初めに付けられた十字架の印
crisuela [kriswéla] [女] カンテラ下部の油受け皿
criterio [kritérjo]〘←ギリシア語 kriterion「判断力」< krisis「決定」〙[男] ❶ [真贋などの判断・等級付けの] 基準: Juzga los cuadros con un ~ clasicista. 彼は絵画を古典主義の基準で判断する. El ~ para seleccionar a los soldados para ese cuerpo es la estatura. その部隊への兵士選抜の基準は身長だ. ~ de un hombre maduro 大人であるかどうかの尺度. ~ de rentabilidad 収益のガイドライン. ~ monetario 通貨のガイドライン. ❷ 判断力, 見識: No tiene ~ en cuestiones de arte. 芸術に関して彼には自分の意見がない. ❸ 意見, 判断: Mi ~ es que no debemos movernos de aquí. 私の意見では我々はここから動くべきではない. ❹《哲学》標識: ~ de la verdad 真理の標識
criteriología [kriterjoloxía] [女]《論理》〔判断〕基準論
criteriológico, ca [kriterjolóxiko, ka] [形] 〔判断〕基準論の
criterium [kritérjun] [男] ❶《スポーツ》非公式競技〔大会〕. ❷《競馬》同年齢の馬同士のレース. ❸《自転車》クリテリウム

crítica[1] [krítika]《←ギリシア語 kritikos》囡 ❶［芸術作品などに対する］批評, 評論, 論評 『批評の仕方を知る必要がある. Puedes hacer las ~s que quiera. どうぞ自由に意見を言って下さい. recibir buenas (malas) ~s 好評を得る(悪評をこうむる). ~ deportiva スポーツ評論. ~ literaria 文芸批評. ~ musical 音楽評論. ~ textual (menor) 本文批評, テクスト批評［=ecdótica］. ❷ 批判, 非難; あら探し, 悪口: dirigir (hacer) una ~ (~s) a+人 …を批判する. ~ a uno 人の～ あら探し(陰口)の好きな. ❸《集名》[la+] 批評家たち, 評論家

criticable [kritikáble] 圏 批判の余地のある, 非難されるべき

criticar [kritikár]《←crítico》[7] 他《時に軽蔑》批判する, 非難する, とがめる: 1) Yo no critico a nadie. 私は誰をも批判していない. Le critican mucho su negligencia. 彼の怠慢さが厳しく非難されている. Me criticó por mi modo de pensar. 彼は私の考え方を批判した. ~ a todo el mundo 八つ当たりをする. 2)［+que+接続法・直説法であることを］El partido de la oposición critica que ese banco se rescate a costa del Tesoro. 野党は例の銀行が国庫の負担で救済されることを批判している. ❷ 批評する, 論評を加える: El periodista criticó favorablemente la interpretación. その演奏に対する記者の批評は好意的だった
── 自［いつも］あら探しをする, 口うるさい, 陰口をきく

criticastro [kritikástro] 囲《軽蔑》天才の作品を知識も権威もなく批評したり風刺する人, 三文評論家

criticidad [kritiθidá(d)] 囡 ❶《物理》臨界: alcanzar la ~ 臨界に達する. ❷ 評論家の資質と条件

criticismo [kritiθísmo] 囲 ❶《哲学》［主にカントの］批判主義, 批判哲学. ❷《文語》批判的態度, 批判的傾向

criticista [kritiθísta] 囲 批判哲学の

crítico, ca[2] [krítiko, ka] 圏《←ラテン語 criticus <ギリシア語 kritikos < krisis「決定」》❶ 批評の: análisis ~ 批判的分析. edición ~ca［異文付きの］校訂版. espíritu ~ 批判的精神. reseña ~ca/informe ~ 書評. 非難の, 口うるさい: silenciar voces ~cas 批判の声を封じる. actitud ~ca 非難がましい態度. ❷ 決定的な, 重大な: Llegué en el ~ momento en que él salía. 私はあや彼が出かけようとしていた時に彼と会った. día ~《医学》病気が峠(山場)の日［=día decretorio］. momento ~ 重大な時期, 決定的瞬間. ❸《医学》重体の, 篤の: estado ~ 危篤状態. ❺《物理》臨界の: experimento ~ 臨界実験. temperatura ~ 臨界温度. ❻《蜘蛛》días ~s 生理日

estado ~ 危機的な状態; 危篤状態; 臨界状態

punto ~ 1) 重大な時点: Eva está pasando por un punto ~ en su carrera. エバは人生の重大な岐路に立っている. 2)《物理》臨界点
── 囲 ❶ 批評家, 評論家: ~ de arte 美術評論家. ~ deportivo スポーツ評論家. ~ literario 文芸批評家. ❷《まれ》気取った話し方をする人

criticón, na [kritikón, na] 圏 囡《軽蔑》難癖をつけたがる［人］, あら探しをする［人］, 口うるさい［人］, 批評好きの［人］

critiqueo [kritikéo] 囲《軽蔑》陰口, 批判

critiquizar [kritikiθár] [9] 他《軽蔑》むやみに批判する, やたらと非難する

crizneja [kriznéxa] 囡 ❶ 三つ編み『髪, 髪型』. ❷ 縄

croar [kroár]《←擬声》自［カエルが］鳴く

croasán [kroasán]《←仏語 croissant》囲《料理》クロワッサン

croata [kroáta] 圏 囲 囡《国名》クロアチア Croacia の(人)
── 囲 クロアチア語

crocant [krokán] 囲 =crocante

crocante [krokánte]《←仏語 croquant「カリカリする」》囲《菓子》❶ プラリネ, アーモンドヌガー. ❷ 砕いたアーモンド入りチョコレートでコーティングしたアイスクリーム
── 圏《歯触りが》サクサクした

crocanti [krokánti] 囲 =crocante

croché [krotʃé]《←仏語 crochet》囲 ❶《手芸》鉤針編み. ❷《ボクシング》フック

crochet [krotʃé] 囲 =croché

crocino, na [kroθíno, na] 圏 サフランの

crocitar [kroθitár] 自 =crascitar

croco [króko] 囲 サフラン [=azafrán]

crocodiliano, na [krokodiljáno, na] 圏 ワニ類の
── 囲複《動物》ワニ類

crocodilio, lia [krokodíljo, lja] 圏 囲 =crocodiliano

croissant [krwasán]《←仏語》囲《複~s》《料理》クロワッサン

croissantería [krwasantería] 囡 クロワッサンの製造所(販売店)

croissanterie [krwasanterí] 囡 =croissantería

crol [król]《←英語 crawl》囲《水泳》クロール: nadar a ~ クロールで泳ぐ

crolista [krolísta] 囲 クロールの泳者

cromado [kromádo] 囲 クロムめっき

cromar [kromár] 他 クロムめっきする

cromático, ca [kromátiko, ka] 圏 ❶ 色の, 色彩の: gama ~ca 色階. ❷《音楽》半音階の. ❸《光学》［レンズなどが］紫外線に当たると色が変化する; 色収差を補正していない

cromátida [kromátida] 囡《生物》染色分体

cromatidio [kromatídjo] 囲 =cromátida

cromatina [kromatína] 囡《生物》クロマチン, 染色質

cromatismo [kromatísmo] 囲 ❶ 配色. ❷《音楽》半音階主義. ❸《光学》色収差

cromatizar [kromatiθár] [9] 他《文語》配色する

cromato [kromáto] 囲《化学》クロム酸塩

cromatóforo [kromatóforo] 囲《生物》色素胞, 色素保有細胞

cromatografía [kromatografía] 囡《化学》色層分析, クロマトグラフィー: ~ gaseosa/~ de gases ガスクロマトグラフィー

cromatográfico, ca [kromatográfiko, ka] 圏 色層分析の

cromatógrafo [kromatógrafo] 囲 クロマトグラフ

cromatograma [kromatográma] 囲《化学》クロマトグラム

cromía [kromía] 囡《文語》配色

crómico, ca [krómiko, ka] 圏 クロムの

crominancia [krominánθja] 囡《光学》クロミナンス

cromita [kromíta] 囡《鉱物》クロム鉄鉱;《化学》亜クロム酸塩

crómlech [krónlek] 囲《複~s》《考古》環状列石, クロムレック

cromo [krómo] 囲 ❶《元素》クロム. ~ hexavalente 六価クロム. ❷ =cromolitografía;［紙に印刷した］絵, カード絵［=estampa］

hecho un ~ 1)《西. 口語》一分のすきもないほど身なりを整えた. 2)《口語》傷だらけの; ひどく汚れた

cromo-《接頭辞》[色, 色素] cromolitografía 多色リトグラフ

-cromo《接尾辞》[色, 色素] monocromo 単色の

cromocentro [kromoθéntro] 囲《生物》染色中心

cromófilo, la [kromófilo, la] 圏《生物》クロム親和性の, 好染性の

cromófobo, ba [kromófobo, ba] 圏《生物》難染性の

cromóforo [kromóforo] 囲《化学, 生物》発色団, 色原体

cromofotografía [kromofotografía] 囡 カラー写真

cromógeno, na [kromóxeno, na] 圏《化学, 生物》発色団の, 色原体の

cromolitografía [kromolitografía] 囡 多色リトグラフ［画］

cromolitografiar [kromolitografjár] [11] 他 多色リトグラフを作る

cromolitográfico, ca [kromolitográfiko, ka] 圏 多色リトグラフの

cromolitógrafo, fa [kromolitógrafo, fa] 囲 多色リトグラフ製作者

cromómero [kromómero] 囲《生物》顆粒質, 染色小粒

cromonema [kromonéma] 囲《生物》染色糸

cromoplasto [kromoplásto] 囲《植物》有色体

cromoproteína [kromoproteína] 囡《生物》色素蛋白

cromorno [kromórno] 囲《音楽》クルムホルン『ステッキを逆にした形の古代の木管楽器; オルガンのリードストップ』

cromosfera [kromosféra] 囡《天文》彩層

cromosoma [kromosóma] 囲《生物》染色体: ~ X X染色体, ~ Y Y染色体

cromosómico, ca [kromosómiko, ka] 圏 染色体の

cromosomopatía [kromosomopatía] 囡 染色体異常

cromoterapia [kromoterápja] 囡《医学》色彩治療

cromotipia [kromotípja] 囡 多色刷り『行為』

cromotipografía [kromotipografía] 囡 多色刷り『技法, 作品』

cromotipográfico, ca [kromotipográfiko, ka] 圏 多色刷りの

cromoxilografía [kromo(k)silografía] 囡 多色木版刷り『技法』

cron [krón] 男《地質》[時間の単位]＝100万年

crónica[1] [krónika]《←ラテン語 chronica, -orum < chronicus「年代順の」< ギリシア語 khronikos < khronos「時間」》女 ❶《新聞》[主に時事的な]記事, ニュース欄；《放送》ニュース, 報道番組：Manda las ~s al periódico desde su retiro en un pueblo. 彼は村に隠遁して暮らし, そこから新聞に記事を寄稿している. ~ deportiva スポーツ欄, スポーツニュース. ~ negra 犯罪記事. ~ rosa 社交欄. ❷ 年代記, 年代順の記録

crónicamente [krónikaménte] 副 慢性的に

cronicidad [kroniθiðá(ð)] 女 慢性, 常習

cronicismo [kroniθísmo] 男《医学》長期の痛み；病気の慢性状態

crónico, ca[2] [króniko, ka]《←ラテン語 chronicus「長く続く」》形 ❶《医学》慢性の《⇔agudo》：alcohólico ~ 慢性アルコール中毒患者. bronquitis ~ca 慢性気管支炎. fase ~ca《医学》慢性期. ❷ [悪いことが]長期にわたる：La mala administración es un mal ~ en este país. この国の愚政は昔から治らない業病だ. déficit ~ 慢性的赤字

cronicón [kronikón] 男 短い年代記, 略年代記

cronificar [kronifikár] 自 ～se 慢性的になる, 常習化する

cronista [kronísta] 名 ❶ 年代記 crónica の作者. ❷《主に中南米》報道記者, ニュース記者；解説記者, コラムニスト. ❸《歴史》新大陸開拓の年代記(記録文書)の作者：~ mayor 勅命で記録文書の作成にあたった官吏

cronístico, ca [kroníßtiko, ka] 形 年代記[作者]の

crónlech [krónlek] 男《複~s》＝**crómlech**

crono [króno] 男 ❶《西.スポーツ》タイム, 時間《＝tiempo》：con un ~ de...…のタイムで. ❷ ＝**cronómetro**. ❸《ギリシア神話》[C~] クロノス《ゼウス Zeus の父. 生まれた子を次々と飲み込んだ》

crono-《接頭辞》[時間] cronología 年代学

-crono《接尾辞》[時間] isócrono 等時の

cronobiología [kronobjoloxía] 女 時間生物学

cronobiológico, ca [kronobjolóxiko, ka] 形 時間生物学の

cronoescalada [kronoeskaláða] 女《自転車》ヒルクライム《競技》

cronoestratigrafía [kronoestratigrafía] 女《地質》年代層位学

cronofarmacología [kronofarmakoloxía] 女《医学》時間薬理学

cronofotografía [kronofotografía] 女 動体記録連続写真

cronografía [kronografía] 女《まれ》＝**cronología**

cronógrafo, fa [kronógrafo, fa] 名 年代学者
── 男 クロノグラフ, 記秒時計

cronograma [kronográma] 男 年代表示銘

cronología [kronoloxía] 女 ❶ 年代学；年代の決定. ❷ 年表, 年譜；年代順の記録

cronológicamente [kronolóxikaménte] 副 年代順に

cronológico, ca [kronolóxiko, ka] 形 年代学の, 年代順の, 編年体の：por (en) orden ~ 年代順に. tabla ~ca/cuadro ~ 年表

cronologista [kronoloxísta] 名 ＝**cronólogo**

cronólogo, ga [kronólogo, ga] 名 年代学者

cronometrable [kronometráble] 形 時間が測定され得る

cronometrador, ra [kronometraðór, ra] 形 時間測定の
── 名 ❶《放送など》タイムキーパー. ❷《スポーツ》計時員

cronometraje [kronometráxe] 男 時間計測

cronometrar [kronometrár] 他《精密に》時間を測定する；[ストップウォッチで] タイムを測る

cronometría [kronometría] 女 ❶ 精密な時間測定. ❷ クロノメーター製造(販売)業

cronométrico, ca [kronométriko, ka] 形 精密な時間測定の；クロノメーターの

cronómetro [kronómetro]《←crono-＋ギリシア語 metron「測定」》男 クロノメーター；ストップウォッチ

cronopatología [kronopatoloxía] 女 時間病理学

Cronos [krónɔs] 男《ギリシア神話》クロノス《時間の神》

cronoscopio [kronɔskópjo] 男 クロノスコープ

cronoterapia [kronoterápja] 女《医学》時間療法

cronotropismo [kronotropísmo] 男《医学》周期変動, 変時性

croococales [kro(o)kokáles] 名《植物》クロオコックム目

crooner [krúner]《←英語》男《音楽》クルーナー, 低い声で感傷的に歌う歌手

croque [króke] 男 ❶《船舶》かぎ竿《＝cloque》；かぎ竿での殴打. ❷《地方語》頭への殴打. ❸《地方語.貝》ザルガイ

croquero [krokéro] 男 ＝**cloquero**

croquet [króket] 男《複~s》《スポーツ》クロッケー

cróquet [króket] 男 ＝**croquet**

croqueta [krokéta]《←仏語 croquette》女《料理》コロッケ：~ de besamel クリームコロッケ

croquis [krókis]《←仏語》男《単複同形》❶《美術》クロッキー. ❷ 略図, 見取り図

croquización [krokiθaθjón] 女 略図(見取り図)の作成

croscitar [krɔsθitár] 自 ＝**crascitar**

crosopterigio [krosɔ(p)teríxjo] 男《魚》肺魚

cross [krɔs]《←英語》男《単複同形》《スポーツ》クロスカントリー

crossing over [krósin óber]《←英語》男《生物》[遺伝子の] 乗り換え

crossista [krɔ(s)sísta] 名 クロスカントリーの選手

crotal [krotál] 男 [羊や牛に付ける認識用の] プレート

crótalo [krótalo] 男 ❶《動物》ガラガラヘビ. ❷《音楽》[主に複] 1) フィンガーシンバル. 2) カスタネット《＝castañuela》

crotalogía [krotaloxía] 女《音楽》カスタネットの演奏技術

croto, ta [króto, ta] 名《南米. 軽蔑》無能な人

crotón [krotón] 男《植物》ハズ(巴豆)《＝ tiglio》. ❷ クロトンノキ

crotoniata [krotonjáta] 形 名《地名》[イタリアの] クロトナ Crotona の(人)

crotorar [krotorár] 自 [コウノトリが] 鳴く

crotoreo [krotoréo] 男 コウノトリが鳴くこと

crownglass [kroungláß]《←英語》男《光学》クラウンガラス

crrte《略記》＝**corriente** 当座の, 今月の

cruasán [krwasán]《←仏語 croissant》男《料理》クロワッサン

cruasantería [krwasantería] 女 ＝**croissantería**

cruce [krúθe]《←cruzar》男 ❶ 交差点, 十字路：En el momento de llegar yo al ~, se encendió la luz roja. ちょうど交差点に来た時, 信号が赤に変わった. doblar en un ~ 四つ角を曲がる. ~ de la calle Mayor con la calle Ancha マヨール街とアンチャ通りの交差点. ~ de culturas 文化の十字路. ❷ 横断歩道《＝~ de peatones》. ❸ 交差；すれ違い：luz de ~《自動車》すれ違い時に光を弱める》パッシングライト. ❹《電話》混線：Hay un ~. 混線している. ❺《生物》交配《＝cruzamiento》；交配種, 雑種. ❻《言語》語源の異なる2語の混合

cruceiro [kruθéjro] 男 [ブラジルの旧貨幣単位] クルゼイロ：~ real クルゼロ・レアル

cruceño, ña [kruθéɲo, ɲa] 形 名《地名》[スペイン・中南米の] Cruz または Cruces の名を持つ町・村の(人)

crucera [kruθéra] 女 ❶《馬の》肩甲骨上部, 鬐甲《たてがみ》. ❷《アルゼンチン, ウルグアイ》ジャララカ《＝víbora de la cruz》

crucería [kruθería] 女《建築》交差リブ, 丸天井の筋かい骨

crucerista [kruθerísta] 名 クルージング(船旅)をする人

crucero[1] [kruθéro]《←cruz》男《海, 航空》1) 巡航, クルージング：hacer un ~ por el Mediterráneo 地中海の[各地を巡る] 船旅をする. 2) クルーザー, クルージング用の客船；巡洋艦. 3) 巡航速度《＝velocidad de ~》：altura de ~ 巡航高度. misil de ~ 巡航ミサイル. ❷《建築》1) 袖廊, 翼廊《教会で身廊が交差する通路》. 2) 小割り板, 横材. ❸《宗教行列・葬式で》十字架奉持者. ❹《交差点や教会の広間 atrio に置かれた》石の十字架. ❺《天文》南十字星.《紙の》折り目. ❼《鉱物》劈開《ヘキ》. ❽《メキシコ》《幹線道路の》交差点

crucero[2], **ra**[2] [kruθéro, ra] 形 ❶《建築》arco ~ 交差リブ. ❷《ボクシングなど》peso ~ ヘビー級

cruceta [kruθéta] 女 ❶《手芸》十字縫い, クロスステッチ. ❷《技術》十字頭, 腕木. ❸《船舶》[橋桁の] クロスツリー. ❹《サッカーなど》クロス. ❺《コロンビア》[タイヤのナットを締める] 十字レンチ

cruci-《接頭辞》[十字] crucigrama クロスワードパズル

crucial [kruθjál]《←cruz》❶ 決定的な, 運命を分ける：fase (decisión) ~ 重大な局面(決定). batalla ~ 天下分け目の戦い. ❷ 十字形の

cruciata [kruθjáta] 女《植物》リンドウの一種《学名 Gentiana cruciata》

cruciferario [kruθiferárjo] 男《カトリック》十字架の担ぎ手

crucífero, ra [kruθífero, ra] ❶ アブラナ科の. ❷《文語》

字の印のある
—— [女] [複]《植物》アブラナ科
crucificación [kruθifikaθjón] [女] =**crucifixión**
crucificado [kruθifikáđo] [男] [el *C*～] 十字架にかけられたキリスト像〖=Cristo ～〗
crucificador, ra [kruθifikađór, ra] [形] [名] はりつけ執行人〔の〕
crucificar [kruθifikár]〖←ラテン語 crucifigere < crux, crucis「十字架」+figere「固定する」〗[7] [他] ❶ 十字架にかける, はりつけにする. ❷ [肉体的・精神的に] 苦しめる: ～ a+人 a preguntas …を質問攻めにする. ❸ 厳しく批判する
crucifijo [kruθifíxo] [男] 十字架にかけられたキリスト像
crucifixión [kruθifi〔k〕sjón]〖←ラテン語 crucifixio, -onis〗[女] 十字架にかけること; キリスト磔刑(たっけい)の図(像)
crucifixor [kruθifi〔k〕sór] [男] はりつけ執行人
cruciforme [kruθifórme] [形] 十字形の
crucígero, ra [kruθíxero, ra] [形]《詩語》十字の印のある
crucigrama [kruθigráma]〖←cruci-+ギリシア語 gramma「図面」〗[男] ❶ クロスワードパズル: hacer ～*s* クロスワードパズルをする. ～ blanco ノンクロ〖黒ますのないクロスワードパズル〗. ～ silábico ますに文字でなく音節を入れるクロスワードパズル. ❷《文語》謎, 不可解なこと
crucigramista [kruθigramísta] [名] クロスワードパズルの作成(愛好)者
crucillo [kruθíʎo] [男] [十字形に積んだ] 一組のピン
cruda[1] [krúđa] [女]《メキシコ, 中米. 口語》悪酔い, 二日酔い
crudelísimo, ma [kruđelísimo, ma] [形] cruel の絶対最上級〖=cruelísimo〗
crudez [kruđéθ] [女]《まれ》=**crudeza**
crudeza [kruđéθa] [女] ❶ [気候などの] 厳しさ, 過酷さ. ❷ どぎつさ, 生々しさ: decir ～*s* 露骨な(きわどい)ことを言う. ❸ ぶっきらぼう; ぞんざい, 下品. ❹《料理》生(なま)であること, 半煮え. ❺ [水の] 硬度. ❻ [複] 胃のもたれ
con ～ 1) 厳しく. 2) ぶっきらぼうに; ぞんざいに, ずけずけと
crudillo [kruđíʎo] [男] [芯地・覆いなどに使われる] 丈夫な粗布
crudités [kruđités]〖←仏語〗[女] [複]《まれ. 料理》生野菜
crudívoro, ra [kruđíβoro, ra] [形] 生で食べる; 生食用の
crudo, da[2] [krúđo, đa]〖←ラテン語 crudus「生の」〗[形] ❶《料理》[estar+] 生(なま)の, 加熱されてない, 調理していない; 生焼けの, 半煮えの: Las patatas todavía están ～*das*. ジャガイモはまだ煮えていない. carne un poco ～*da* 生焼けの肉. pescado ～ 生魚, 刺身. verdura ～*da* 生野菜. ❷ [果物が] 熟していない, 青い, 旬でない. ❸ 未加工の, 未精製の, 天然のままの: cuero ～ [なめしていない] 生皮. ❹ [ser+. 気候などが] 厳しい: Los rusos soportan ～*s* inviernos. ロシア人は厳しい冬を耐え忍ぶ. luz ～ 強い日ざし. ❺ 無慈悲な, つらい: Tras el choque con la ～*da* realidad, no se confía en nadie. 彼は残酷な現実に直面してから人を信じなくなった. ❻ [ser+. 表現などが] どぎつい, 生々しい: chiste ～ 露骨な冗談. película ～*da* どぎつい映画. ❼《主に中米. 口語》[estar+] 1) [技術的に] 未熟な, 不慣れな: torero ～ 経験の浅い闘牛士. 2) [性格的に] 大人になっていない, 未熟な: chico ～ けんか早い子. ❽ 生(き)なり色の, 無漂白の. ❾ [食物が] 消化しにくい. ❿《口語》難しい, 難儀な: Tienes ～ encontrar un trabajo si no sabes informática. コンピュータができなければ君が仕事を見つけるのは難しい. ⓫ 気取った, きざな. ⓬《メキシコ. 口語》[andar・estar+] 二日酔いの. ⓭《キューバ, コロンビア》[estar+] 未熟である, 用意ができていない. ⓮《チリ. 口語》すばらしい. ⓯ [ser+]《アルゼンチン. 口語》役立たずの, 非常に悪い
en ～ 1)《料理》生で, 生のままで: tomate *en* ～ 生のトマト. 2) ずけずけと, 露骨に: hablar *en* ～ ずけずけとものを言う
Lo (La) tienes ～.《口語》これは難しいよ(大変だよ)
punto ～ ちょうどその時, その瞬間
—— [男] ❶ 原油〖=petróleo ～〗: vender ～ a... …に原油を売る. reservas de ～ 原油埋蔵量. ❷《メキシコ, ベネズエラ, ペルー, チリ》[製袋用などの] ズック, 綿の粗布. ❸《メキシコ》二日酔い
cruel [krwél]〖←ラテン語 crudelis〗[形] ❶ [+con に] 残酷な, 冷酷な, 無慈悲な: Eres ～. 君は意地悪だ. chasco ～ 残酷なからかい. tirano ～ 残忍な独裁者. ❷ 過酷な, つらい: La vida es ～ *con* ella. 彼女にとってつらい生活である. destino ～ 過酷な運命. dolor ～ ひどい痛み. ～ invierno 厳冬
hablar en ～ 率直に言う, ずけずけと言う
crueldad [krwɛldá〔đ〕] [女] ❶ 残酷さ, 残虐行為: con ～ 残酷に. ～ mental 精神的虐待. ❷ つらさ, 厳しさ
cruelísimo, ma [krwelísimo, ma] [形] cruel の絶対最上級
cruelmente [krwélménte] [副] 残酷に
cruentamente [krwéntaménte] [副] 血を流しながら
cruento, ta [krwénto, ta] [形]《文語》流血の, 血なまぐさい: batalla ～*ta* 血みどろの戦い
cruise control [krus kóntrəl]〖←英語〗[男]《自動車》クルーズコントロール, 車速設定装置
crujía [kruxía]〖←伊語 corsia〗[女] ❶ [大きな建物の, 両側に部屋が並ぶ, 広い] 廊下. ❷《建築》ベイ, 柱間. ❸《船舶》ギャングウェイ; 船内中央を縦に走る通路. ❹ [病院の] 大部屋. ❺ [大聖堂の聖歌隊席と内陣を結ぶ] 手すりで囲まれた通路. ❻ [人生の] 苦難: pasar ～ 苦難を経験する
～ *de piezas* [廊下なしでつながっている] 一続きの部屋
crujidero, ra [kruxiđéro, ra] [形] きしむ
—— [男] パシッという音を出すために鞭に付ける麻や絹の組み紐
crujido [kruxíđo] [男] ❶ ギシギシ(パリパリ・カサカサ)いう音: dar un ～ ギシギシ(パリパリ・カサカサ)いう. ❷ 剣の刃に縦に入ったひび
crujiente [kruxjénte] [形] ❶ パリパリした: chocolate ～ クランチチョコ. pan ～ カリカリしたパン. ～ seda サラサラいう絹. ❷《まれ》[女性が] 若くかわいらしい
crujir [kruxír]〖←?語源〗[自] [こすれて・割れて] ギシギシ(パリパリ・カサカサ)いう, きしむ: *Crujían* los marcos de la puerta. かまちがミシミシいった. Le *crujen* los dientes cuando duerme. 彼は寝ながら歯ぎしりする. La seda *cruje*. 絹がサラサラいう. *Crujieron* los dedos. 指がポキポキ鳴った
cruór [krwór] [男] ❶《生理》凝血塊, 血餅; 血球. ❷《詩語》血潮
cruórico, ca [krwóriko, ka] [形] 凝血塊の, 血餅の; 血球の
crup [krúp]〖←仏語 croup〗[男]《医学》クループ, ジフテリア性喉頭炎
crupal [krupál] [形]《医学》クループ性の
crupier [krupjér]〖←仏語 croupier〗[名]〖[複] ～s〗[賭博場のルーレット台の] クルピエ
crupón [krupón] [男] [頭・腹部を除いた] 牛革
crural [krurál] [形]《解剖》大腿の
crustáceo, a [krustáθeo, a] [形] 甲殻類の
—— [男] [複]《動物》甲殻類
crústula [krústula] [女]《廃語》外皮, 皮層
crutón [krutón] [男]《料理》クルトン
cruz [krúθ]〖←ラテン語 crux, crucis〗[女]〖[複] ～*ces*〗❶ 十字架: 1) clavar (fijar) a+人 en la ～ …を十字架にかける. camino de la ～ 十字架の道〖キリストが十字架を背負って歩いた道〗. 2) [種類] ～ de Malta マルタ十字. ～ de San Andrés 聖アンドレア十字. ～ egipcia エジプト十字. ～ gamada かぎ十字. ～ griega ギリシア十字. ～ latina ラテン十字. ～ papal 教皇十字. ～ patriarcal/～ de Caravaca/～ de Lorena 総主教十字. ❷ 十字架像; 十字架の印(記章): ～ de los caídos 慰霊碑. ～ roja 赤十字; 赤十字社. La *C*～/～ de Mayo/Invención de Santa *C*～ 聖十字架発見の記念日〖5月3日〗. ❸ [祈りの時に切る] 十字〖=señal de la ～〗: hacer la (una) señal de la ～ 十字を切る. ❹ 十字の印〖名前の前に付けて故人, 日付の前に付けて命日, 墓に書いて故人がキリスト教徒であることを表わす〗. ❺ [文字を書けない人の署名代わりの] ×(ばつ)字; [チェックの] ×印〖「だめ」の意味はない〗: firmar con una ～ 自分の印をつける. marcar... con una ～/poner una ～ en... …に×をつける, チェックする. ❻ 十字勲章, 十字章: gran ～ 大十字章. ❼《天文》南十字星〖=*C*～ del Sur,《中米》*C*～ de Mayo〗. ❽ 貨幣(メダル)の裏面〖⇔cara〗. ❾ 苦難, 試練: llevar la ～ a cuestas 十字架を背負う, 苦難を忍ぶ. Cada uno lleva su ～. 人それぞれに十字架を背負っている. ～ del matrimonio 結婚生活の苦労. ❿ [牛・馬の] 肩甲骨上部, 鬐甲(きこう). ⓫ [木・ズボンの] 股. ⓬《言語》後期ラテン語であることを示す十字の印. ⓭《船舶》1) 錨の頂部. 2) 帆桁・円材の中央. ⓮《紋章》ペイル palo とフェス faja で形作られる図形. ⓯ [複] 風車の4枚の羽根. ⓰《歴史》*C*～ Parlante 語る十字架〖1847年に始まったメキシコのカスタ戦争 guerra de castas でマヤ系先住民の間に広まった信仰. これに支えられた反政府の抵抗が1901年まで続いた〗
con los brazos en ～ [十字架にかけられたように] 両腕を広げて
～ *y raya*《口語》これで終わりだ, 二度とごめんだ: *C*～ *y*

raya: no quiero volver a saber más de ti. これでおしまいだ. もう君とは関わりたくない
de la ~ a la fecha 最初から最後まで, 完全な
en ~ 1) [両腕を]十字のように広げた. 2) 十字形に, 斜めに: dos espadas *en ~* 交叉させた2本の剣
Es la ~ y los ciriales. それは大仕事だ
hacer la ~ A+物・人〘南米. 口語〙…には二度と関わらない, 手を切る: *A* ese restaurante le *he hecho la ~*. 私はそのレストランは二度とごめんだ
hacerse cruces/hacerse la ~ 1) 驚きを表わすために十字を切る. 2)〘口語〙奇異の念を表わす, いぶかる; 賛嘆の気持ちを表わす
por esta ~/por estas que son cruces 神にかけて
quedarse en ~ y en cuadro 貧乏に追い込まれる

Cruz [krúθ]〘人名〙→**Inés de la Cruz**
→**Juan de la Cruz**
Ramón de la ~ ラモン・デ・ラ・クルス〘1731〜94, スペインの劇作家. マドリードの風俗を題材としたサイネーテ sainete の第一人者で, 娯楽的な作風によって人気を博した. その作品はマドリードの風俗を題材にしており, 当時の生活についての資料的価値もある〙

cruza [krúθa]〘女〙〘主に南米〙[動物などの] 交雑種, 雑種
cruzada[1] [kruθáða]〘←*cruzar*〙〘女〙❶〘歴史〙1) [主に C~] 十字軍〘遠征, 部隊〙; 聖戦: C~ albigense アルビジョア十字軍. C~ de los Niños/C~ Infantil 少年十字軍. 2) ローマ教皇が各国王に与えた聖戦の免償 indulgencia. ❷ 改革運動, 撲滅運動: ~ antialcohólica 禁酒運動. ❸ 十字路〘=*encrucijada*〙. ❹〘植物〙アカネの一種〘学名 Cruciata laevipes〙
cruzadillo [kruθaðíλo]〘男〙白い綿布
cruzado, da[2] [kruθáðo, ða]〘形〙❶〘生物〙交配種の, 雑種の: raza ~*da* 雑種. ❷〘服飾〙ダブル[ブレスト]の: chaqueta ~*da* ダブルの上着. ❸〘繊維〙あや織りの. ❹〘紋章〙[図形が] 十字のある. ❺ 十字軍(聖戦)に参加した; 騎士団の十字章を授かった. ❻〘アンデス〙かんかんに怒った
―― ❶〘繊維〙あや織り. ❷ 十字軍の戦士; 騎士団の十字章を授かった騎士. ❸ [ブラジルの旧貨幣単位] クルザード: plan ~ クルザード・プラン〘1986年, ブラジルのインフレ対策. 貨幣クルザードを発行し賃金・物価を凍結しようとしたが失敗した〙. ❹〘歴史〙[カスティーリャ・ポルトガルの金・銀貨] クルザード. ❺〘ボクシング〙クロスカウンター. ❻〘音楽〙[ギターのコードで] Dメジャー. ❼〘舞踊〙交差. ❽〘美術〙複 線影づけ
cruzamen [kruθámen]〘男〙〘船舶〙帆の横幅, 帆桁の長さ
cruzamiento [kruθamjénto]〘男〙❶ 横断, 交差. ❷〘生物〙交配, 交雑: ~ natural (artificial) 自然(人工)交配
cruzar [kruθár]〘←*cruz*〙❾⦿ ❶ [十字形に] 交差させる; [腕・脚などを] 組む: Se sentó y *cruzó* las piernas. 彼は座って脚を組んだ. con las piernas *cruzadas* 脚を組んだ. ❷ 横断する, …と交差する: ~ el desierto 砂漠を横断する. ~ la calle 通りを渡る. ~ el Rubicón [カエサルの故事] ルビコン川を渡る, 大きな決断をする. El puente del ferrocarril *cruza* la carretera. 鉄道のガードが道路と交差している. Una escena me *cruzó* por la imaginación. ある光景が私の心をよぎった. ❸ 横切らせる: ~ un cable de una ventana a otra 窓から窓へロープを渡す. ❹ …に斜線を引く: ~ la página con una raya ページの端から端に斜めの線を引く. ❺〘商業〙~ un cheque 横線小切手にする. ❻ [挨拶などを] 交わす: Nunca *he cruzado* una palabra con ella. 私は彼女と全然口をきいたことがない. ~ la espada con+人 …と剣を交える. ❼〘生物〙交配させる. ❽〘船舶〙[海域を] 巡航する. ❾〘農業〙[最初に鋤を入れた方向とは直角に] 2度目の鋤を入れる. ❿ 騎士十字章を授ける
―― ⦿ ❶ 横切る, 行き交う: ~ por la plaza 広場を横切る. Los carruajes *cruzan* en todas direcciones. あらゆる方向に乗り物が行き交っている. ❷〘服飾〙Esta chaqueta *cruza* bien. この上着は打ち合わせがたっぷりしている
―― ~**se** 1) ~/+con と] 交差する; すれ違う, 行き違いになる: Las dos carreteras *se cruzan* cerca de aquí. 2本の高速道路がこの近くで交差している. El carro *se cruzó* en la vía. 道で荷車がすれ違った. *Me cruzó con* él todos los días al ir a la oficina. 私は会社に行く途中で毎日彼とすれ違った. Nuestras cartas *se habrán cruzado*. 私たちの手紙は行き違いになっているはずだ. ❷〘口語〙…に不快感(嫌悪感・反感)を起こさせる. ❸〘幾何〙[2本の直線が] 交差する

cruzeiro [kruθéjro]〘男〙=**cruceiro**
crylor [krilór]〘←商標〙〘男〙難燃性の合成繊維
C.S.〘略〙←*costo y seguro* 保険料込み〘価格・条件〙
CSB〘略〙←*Consejo Superior Bancario* 最高銀行諮問委員会
C.S.F.〘略〙←*costo, seguro y flete* 運賃保険料込み〘価格・条件〙〘*c.s.f.* とも表記する〙
CSIC [θésik]〘略. 男〙←*Consejo Superior de Investigaciones Científicas* 高等科学研究院〘1939年創設, 科学技術ならびに経済・社会・文化の国立総合研究機関〙
cta.〘略〙←*cuenta* 勘定
cta/a.〘略〙←*cuenta anterior* 前回勘定
cta.cte.〘略〙←*cuenta corriente* 当座勘定
cta/m〘略〙←*cuenta a mitad* 共同計算, プール計算
cta/n〘略〙←*cuenta nueva* 新勘定
cta.simda〘略〙←*cuenta simulada* 仮計算, 試算勘定書
cta/vta〘略〙←*cuenta de venta* 売上計算書
cte〘略〙=**crrte**
ctenóforo, ra [ktenóforo, ra]〘形〙有櫛動物の
―― 〘男〙〘動物〙有櫛〙動物
CTM〘略〙←*Confederación de Trabajadores de México* メキシコ労働者連合
CTNE〘女〙〘略〙←*Compañía Telefónica Nacional de España* スペイン国営電話会社
ctónico, ca [któniko, ka]〘形〙〘ギリシア・ローマ神話〙地獄の
ctra.〘略〙←*carretera* 幹線道路, 国道
cu [kú]〘女〙❶ 文字 q の名称. ❷〘トランプ〙クイーン
―― 〘男〙メキシコにあった先住民の古い神殿
c/u.〘略〙←*cada uno* 各自, 個個
cuacar [kwakár]⦾⦿〘中南米. 口語〙[事物が] …の気に入る
cuácara [kwákara]〘女〙〘服飾〙❶〘コロンビア. 俗語〙フロックコート〘=*levita*〙. ❷〘チリ〙上着
cuache, cha [kwátʃe, tʃa]〘名〙〘グアテマラ〙仲間〘=*cuate*〙
cuaco [kwáko]〘男〙❶〘中南米〙ユッカの根の粉. ❷〘メキシコ. 口語〙[田舎の] 馬, 駄馬
cuaderna [kwaðérna]〘女〙❶〘船舶〙[時に集合] 肋材〘=~ de armar〙: ~ maestra 主肋材; 中央フレーム. ❷〘詩法〙~ vía 一連4行単願詩〘中世の教養派俗語文芸などで用いられた一行14音節で同じ韻を踏む4行を一連とする詩形〙. ❸〘古語〙8マラベディ maravedí 硬貨. ❹〘アラゴン〙[パンなどの] 4分の1
cuadernal [kwaðernál]〘男〙〘船舶〙複滑車
cuadernillo [kwaðerníλo]〘男〙❶〘印刷〙5枚重ね折り; [それによる] 投げ込み. ❷ 教会暦
cuaderno [kwaðérno]〘←古語 quaderno「4から成る」<ラテン語 quaternus < quattuor「4」〙〘男〙❶ ノート, 帳面: ~ に書く. ❷ 記録帳, 出納帳, 小冊子: ~ de bitácora〘船舶〙航海日誌. ~ de Cortes 国会議事録. ❸〘印刷〙4枚重ね折り. ❹ 一組のトランプ. ❺ 小さい過失を犯した子供に学校で加える罰
cuado, da [kwáðo, ða]〘形. 名〙クアド族[の]〘ゲルマニアの南東に住んでいたスエビ族〙
cuadra [kwáðra]〘←ラテン語 quadra「四角形」〙〘女〙❶ うまや, 馬小屋, 厩舎; [集合 一厩舎に属する] 競走馬: Ganó la carrera el caballo de la ~ del marqués. 侯爵の厩舎の馬がレースに勝った. ❷ 汚い家(部屋): Tiene una casa que parece una ~. 彼はごみためみたい汚い家に住んでいる. ❸ 広間〙〘古語〙〘兵舎・病院の〙大部屋. ❹〘船舶〙1) 船尾後半部. 2) navegar a la ~ 斜め後方から風を受けて航行する. ❺〘距離〙約1マイル. ❻〘天文〙矩('), 矩象〘=*cuadratura*〙. ❼〘中南米〙1) 街区の一辺の長さ, ブロック: Vivo a tres ~*s* de aquí. 私はここから3ブロック先に住んでいる. 2)〘農地の長さの単位〙クアドラ〘=100〜150メートル. 国によって異なる〙
Cuadra [kwáðra]〘人名〙**Pablo Antonio ~** パブロ・アントニオ・

クアドラ『1912～2002, ニカラグアの詩人・劇作家・エッセイスト. ニカラグアの大地とそこに生きる人々の姿を, 信仰心に裏付けられた深い愛情を抱いてうたった詩集『ジャガーと月』*El jaguar y la luna*. 農民を主人公にした戯曲『農夫たちは行く』*Por los caminos van los campesinos*』

cuadrada[1] [kwaðráða] 囡《音楽》二全音符

cuadradamente [kwaðráðaménte] 副 正確に

cuadradillo [kwaðraðíʎo] 男 ❶ 鉄の角材. ❷《服飾》マチ [= cuadrado]. ❸ 三角定規 [=cuadrado]

cuadrado, da[2] [kwaðráðo, ða] [←cuadro] 形 ❶ 四角の, 正方形の: un trozo ～ de tela 四角い布切れ. mesa ～*da* 四角いテーブル. ❷ [estar+. 体格が] がっしりしている, いかつい. ❸ 角ばった: hombre de cabeza ～*da* 角ばった頭の男. ❹《数学》二乗の, 平方の: tres metros ～*s* 3平方メートル. ❺ 碁盤目状の. ❻《まれ》完全な. ❼《中南米》[ser+] 心がかたくなな. ❽《南米》——男 ❶ 正方形 [=～ perfecto]: ～ mágico 魔方陣. ❷《数学》二乗. ❸ 三角定規. ❹ [四角い] 一区画: un ～ de tierra 一区画の土地. ❺《服飾》❶ [袖付け部分の] マチ. 2)《靴下の》縫取り飾り. ❻《印刷》=**cuadratín**. ❼《天文》矩(く) [=cuadratura]

al ～ 1)《数学》elevar *al* ～ 二乗する. Tres *al* ～ son nueve. 3の二乗は9. 2)《古語的》刻みたばこの

dejar a + *A de* ～《口語》…の痛い所を突く

tenerlos ～*s*《俗語》男らしい, 勇気がある

cuadrafonía [kwaðrafonía] 囡 [録音・再生の] 4チャンネル方式

cuadrafónico, ca [kwaðrafóniko, ka] 形 4チャンネル方式の

cuadragenario, ria [kwaðraxenárjo, rja] 形 名 40歳代の [人]

cuadragésima[1] [kwaðraxésima] 囡 四旬節 [=cuaresma]

cuadragesimal [kwaðraxesimál] 形 四旬節 cuaresma の

cuadragésimo, ma[2] [kwaðraxésimo, ma] 形 男 40番目の; 40分の1 [の]

cuadral [kwaðrál] 男《建築》筋交い

cuadrangular [kwaðraŋgulár] 形 ❶ 四角形の.《中南米》四者トーナメントの

—— 男《メキシコ. 野球》ホームラン

cuadrángulo, la [kwaðráŋgulo, la] 形 =**cuadrangular**

—— 男 四角形

cuadrantal [kwaðrantál] 形《古代ローマ》[液量の単位] =48セクスタリウス sextarius

cuadrante [kwaðránte] ❶ 四等分したもの;《幾何, 占星》四分円, 象限: ～ del horizonte 視界の4分の1. ❷ 表示盤, ダイアル; [時計の] 文字盤. ❸《まれ》日時計 [=～ solar]. ❹ 四角い枠. ❺《船舶》四方位 (東西南北) の一つ. ❻《古語. 天文》四分儀, 象限儀. ❼《技術》コドラント. ❽《建築》=**cuadral**. ❾《法律》遺産の4分の1

cuadranura [kwaðranúra] 囡 [木材の] 心割れ [=pata de gallina]

cuadrar [kwaðrár] [←ラテン語 quadrare] 他 ❶ 四角にする, 直角にする;《数学》二乗する. ❷《美術》碁盤目にする, 方眼を引く. ❸ 清算する, 決済する. ❹《闘牛》[牛を] しっかり身構えさせる. ❺《中南米》[+人 に] 似合う; ふさわしい. ❻《コロンビア, ペルー》駐車する

—— 自 ❶ [+con と] 調和する: Esos muebles no *cuadran con* esa casa. それらの家具はあの家には似合わない. ❷ 合致する: Estas cifras no *cuadran*. この数字は間違っている. No me *cuadran* las cuentas. 私には計算が合わない. Lo que dices tú no *cuadra con* lo que dijo él. 君が言っていることは彼が言ったことと符合しない. ❸ [+a に] 適する, 都合がよい: No le *cuadra* ese trabajo. 彼にその仕事は合わない. Venga usted esta tarde si le *cuadra*. ご都合がよろしければ今日の午後おいで下さい. ❹《闘牛》[牛が] 身構える [=～*se*]. ❺《ベネズエラ》[+para+不定詞 する] 手配ができている; [+con と] デートの約束をする

—— ～*se* ❶ 直立不動の姿勢をとる: Los soldados *se han cuadrado* ante el Príncipe. 兵士たちは皇太子の前で気を付けをした. ❷ [馬などが] 足をふんばる, しっかり立つ. ❸《口語》かたくなになる, 態度を硬化させる: *Se ha cuadrado* y no hay modo de hacerle desistir. 彼はかたくなになってしまって, どうしても断念させるすべがない. ❹《口語》[急に] まじめな (むずかしい) 顔つきになる. ❺《闘牛》[牛が] 身構える. ❻《プエルトリコ, 口

ミニカ, エクアドル, チリ. 口語》[経済的地位が上がるような] 大金を得る. ❼《コロンビア. 口語》[+con と] 婚約する. ❽《ベネズエラ》[身体的特徴・ふるまいなどで] 目立つ. ❾《ペルー. 口語》[+a+人 に] 立ち向かう. ❿《チリ. 口語》[+con と] 連帯する, 協力する

cuadrático, ca [kwaðrátiko, ka] 形 ❶《数学》二次の: ecuación ～ *ca* 二次方程式. ❷《鉱物》四角形の

cuadratín [kwaðratín] 男《印刷》クワタ, 込め物

cuadratura [kwaðratúra] 囡 ❶《数学》求積 [法]. ❷《天文》矩(く), 矩象

～ *del círculo*《口語》円積問題, 解決不可能な問題

cuadrear [kwaðreár] 他《建築》四角にする

cuadrero [kwaðréro] 男《地方語》二頭立て yunta を扱う人

cuadri-[接頭辞] =**cuatri-**

cuadricenal [kwaðriθenál] 形 40年ごとの

cuádriceps [kwáðriθe[p]s] 男 [単複同形]《解剖》[大腿] 四頭筋

cuadriciclo [kwaðriθíklo] 男 [昔の] 四輪自転車

cuádrico, ca [kwáðriko, ka] 形《幾何》二次曲面 [の]

cuadrícula [kwaðríkula] 囡 碁盤目, ます目: papel de ～ 方眼紙

cuadriculación [kwaðrikulaθjón] 囡 碁盤目状に線を引くこと

cuadriculado, da [kwaðrikuláðo, ða] 形 ❶ 碁盤目状の: papel ～ 方眼紙. ❷《軽蔑》[習慣・考えが] 硬直化した

—— 男 =**cuadriculación**; **cuadrícula**

cuadricular [kwaðrikulár] 形 碁盤目の

—— 他 …に碁盤目状に線を引く, 升目を描く

cuadrienal [kwaðrjenál] 形 =**cuatrienal**

cuadrienio [kwaðrjénjo] 男 4年間

cuadrifoliado, da [kwaðrifoljáðo, ða] 形 =**cuadrifolio**

cuadrifolio, lia [kwaðrifóljo, lja] 形 葉が4つずつグループになっている

—— 囡／男 四つ葉型の装飾

cuadriforme [kwaðrifórme] 形 ❶ 4面の. ❷ 四角い

cuadrifronte [kwaðrifrónte] 形《美術》[四辺形を構成する] 4面の

cuadriga [kwaðríga] 囡 四頭立ての馬車;《古代ローマ》四頭立ての二輪戦車

cuadrigémino, na [kwaðrixémino, na] 形《解剖》tubérculo ～ 四丘体

cuadriguero [kwaðrigéro] 男 四頭立ての馬車 cuadriga の御者

cuadril [kwaðríl] 男 ❶ [馬などの] 尻 [=anca];《口語》[人の] 腰 [=cadera]. ❷ 腰骨. ❸《南米》[肉の] 切り身

cuadrilateral [kwaðrilaterál] 形 四辺形の; 四極の

cuadrilátero, ra [kwaðrilátero, ra] 形 四辺形の, 四辺を持つ

—— 男 ❶ 四辺形. ❷《ボクシングなど》リング

cuadriliteral [kwaðriliterál] 形 =**cuadrilítero**

cuadrilítero, ra [kwaðrilítero, ra] 形 四文字の

cuadrilla [kwaðríʎa] 囡 [←cuadra] ❶ [友人・作業員などの] 集団, グループ: una ～ de segadores 刈り取り労働者の一団. ❷《軽蔑》徒党: Mira qué ～ se ha juntado allí. ほら, あの徒党を組んでいる連中を見てごらん. ～ de ladrones 盗賊団. =～ de toreros). ❹ [祭りの] 組.《軍事》分隊. ❻《狩猟》猟犬の一団. ❼《舞踊》カドリール. ❽《歴史》移動牧羊業者の4つの集団の各々『Cuenca, León, Segovia, Soria にあり, メスタ Honrado Concejo de la Mesta を構成する』. ❾《歴史》市民警察 Santa Hermandad の一団

en ～ 集団で; 徒党を組んで

cuadrillazo [kwaðriʎáθo] 男《南米》集団による一人への攻撃

cuadrillé [kwaðriʎé] 形《南米》細かい格子模様の

cuadrillero [kwaðriʎéro] 男 ❶ [集団作業の] 一員. ❷《歴史》市民警察 Santa Hermandad の一員. ❸《チリ》[盗賊団などの] メンバー. ❹《フィリピン》警察官

cuadrillo [kwaðríʎo] 男《古》弩 (いしゆみ) の矢

cuadrilobulado, da [kwaðrilobuláðo, ða] 形 4つの小葉・裂片 lóbulo から成る

cuadrilongo, ga [kwaðrilóŋgo, ga] 形《文語》長方形の

—— 男 ❶《文語》長方形. ❷《軍事》縦陣

cuadrimestre [kwaðriméstre] 形《まれ》=**cuatrimestre**

cuadrimotor [kwaðrimotór] 男《航空》四発機

cuadringentésimo, ma [kwađriŋxentésimo, ma] 形《序数詞》400番目の;《分数詞》400分の1

cuadrinieto, ta [kwađrinjéto, ta] 名 4番目の孫

cuadrinomio [kwađrinómjo] 男《数学》4項式

cuadripartito, ta [kwađripartíto, ta] 形 4部から成る

cuadripétalo, la [kwađripétalo, la] 形《植物》4枚の花弁のある

cuadriplicador, ra [kwađriplikađór, ra] 形 4倍にする

cuadriplicar [kwađriplikár] 他《まれ》=**cuadruplicar**

cuadripolar [kwađripolár] 形 4極の

cuadrisílabo, ba [kwađrisílabo, ba] 形 男 =**cuatrisílabo**

cuadrivalente [kwađribalénte] 形《化学》4価の

cuadrivio [kwađríbjo]《←ラテン語 quadrivium》男 ❶《歴史》[中世の大学の]四科《自由七科 artes liberales のうちの算術, 幾何学, 音楽, 天文学》. ❷ 四つ辻

cuadrivista [kwađribísta] 名《歴史》自由科目四科 cuadrivio の修了者

cuadrivium [kwađribjún] 男 =**cuadrivio**

cuadríyugo [kwađríjugo] 男 四頭立ての馬車

cuadro [kwáđro]《←ラテン語 quadrum「正方形」》男 ❶ 絵《→pintura 類義》: El ~ lleva demasiadas flores. その絵には花がごてごてと描かれている. El caballero del ~ lleva un oscuro ropaje de la época. その絵に描かれた紳士は当時の黒っぽい衣装に身を包んでいた. pintar un ~ 絵を描く. ~ de Picasso ピカソの絵. ~ vivo 活人画. ❷ 描写: ~ de costumbres / costumbrista 風俗描写. ❸ 光景, 場面: ofrecer un ~ impresionante 感動的な光景を呈する. ❹《演劇》場: primer ~ del segundo acto 第2幕第1場. ❺ 表: estructurar en un ~ 表にする. ~ de honor 優等生名簿. ~ estadístico 統計表. ~ mágico 魔方陣. ❻ 四角形のもの, 四角い土地;《まれ》正方形《=cuadrado》: ~ de flores 花壇. ~ de frutales 果樹園. ❼ 計器盤, 制御盤: ~ de mandos, ~ de instrumentos《=de distribución 配線盤, 配電盤. ❽《自転車など》フレーム. ❾《建築》[窓・戸の]抱(だき). ❿《集合》幹部: ~ de dirigentes del partido 党指導部. ⓫《集合》スタッフ: ~ de profesores 教授陣. ~ facultativo (médico) 医師団. ~ flamenco フラメンコ舞踊団. ~ técnico 技術スタッフ. ⓬《軍事》方陣: formar el ~ 方陣を敷く; 団結を固める. ⓭《野球》ダイヤモンド: jugador de ~ 内野手. ⓮《衣服》格子柄, 碁盤目: camisa a ~s チェックのワイシャツ. ~s de un papel 用紙のます目. ⓯《医学》臨床像《= ~ clínico》; 病像《= ~ morboso》: Se le da un ~ de diarrea. 彼に下痢の症状が起きる. ⓰《南米. スポーツ》チーム《=equipo》. ⓱《チリ. 服飾》複 パンティ

dentro del ~ de... …の枠内で

en ~ 四角形に: cortar... *en* ~s …を四角く切る. sillas dispuestas *en* ~ 四角に並べられた椅子. habitación de tres metros *en* ~ 3メートル四方の部屋

estar (quedarse) en ~ 少人数になってしまう: Con la gripe, en la oficina estamos *en* ~. インフルエンザのせいで出社している人はわずかしかいません

recargar el ~ 大げさに言う, 誇張する

ser de otro ~《ウルグアイ. 口語》ホモである

¡Vaya un ~! 何という有様だ/何てざまだ!

cuadromano, na [kwađrománo, na] 形 男 =**cuadrumano**

cuadropea [kwađropéa] 女 =**cuatropea**

cuadru-《接頭辞》=**cuatri-**

cuadrumano, na [kwađrumáno, na] 形 男 四手を持つ〔動物〕〔サルなど〕

cuadrumano, na [kwađrumáno, na] 形 男 四手を持つ〔動物〕〔サルなど〕

cuadrupedal [kwađrupeđál] 形 四足の

cuadrupedante [kwađrupeđánte] 形《詩語》=**cuadrúpedo**

cuadrúpede [kwađrupéđe] 形 =**cuadrúpedo**

cuadrúpedo, da [kwađrúpeđo, đa] 形 男 ❶ 四足を持つ〔動物〕〔ウマなど〕. ❷《天文》牡羊座・牡牛座・獅子座・射手座・山羊座の

cuádruple [kwáđruple]《←ラテン語 quadruplus》形 男 ❶ 4倍〔の〕, 4重〔の〕: La población de Madrid es ~ de la de Sevilla. マドリードの人口はセビーリャの4倍ある. ❷ 4つ組の. ❸《ボート》クォドルプル

—— 副〔時に el+. +de・que より〕4倍大きく: Trabaja *el* ~ *que* tú. 彼は君の4倍働く

cuadruplicación [kwađruplikaθjón] 女 4倍にすること

cuadruplicado, da [kwađruplikáđo, đa] 形 4つ組の

por ~ 4倍に・の

cuadruplicar [kwađruplikár] 他 4倍にする: Ha cuadruplicado el capital en 10 años. 彼は10年で資本を4倍にした

cuadruplicidad [kwađrupliθiđá(đ)] 女 4倍であること

cuádruplo, pla [kwáđruplo, pla] 形 男《まれ》4倍〔の〕《=cuádruple》

cuaima [kwájma] 女 ❶《動物》ブッシュマスター〔非常に敏捷な毒蛇〕. ❷《ベネズエラ. 口語》非常に悪質な人, 危険な人, 残酷な人

cuaja [kwáxa] 女《地方語》開花, 結実

cuajada¹ [kwaxáđa] 女《←cuajar 1》❶ 凝乳, カード《=leche ~》. ❷ カテージチーズ《=requesón》; クアハーダ〔羊の乳で作ったヨーグルト状のデザート〕

cuajadera [kwaxađéra] 女《アンダルシア》[卵・砂糖・アーモンドなどのオーブン焼き cuajado 用の] 焼き皿

cuajadillo [kwaxađíλo] 男〔絹の布地に刺した〕入念で細かい刺繍

cuajado, da² [kwaxáđo, đa] 形 ❶〔聖書の背が〕金めっき〔金箔〕で飾られた. ❷《まれ》動かない; 〔驚いて〕呆然とした. ❸《コロンビア》たくましい, 筋肉質の

—— 男《料理》1) ひき肉・果実・ハーブ・卵・砂糖の煮込み. 2)《アンダルシア. 菓子》卵・砂糖・アーモンドなどのオーブン焼き. ❷ 開花, 結実

cuajadura [kwaxađúra] 女 凝固

cuajaleche [kwaxaléʧe] 男《植物》シラホシムグラ《=amor de hortelano》

cuajamiento [kwaxamjénto] 男 凝固《=coagulación》

cuajar [kwaxár] I《←ラテン語 coagulare》他 ❶ 凝固させる: ~ un flan プディングを作る. ❷〔主に 過分〕…を覆う: Han cuajado la mesa *de* manchas de tinta. 彼らは机をインクのしみだらけにしてしまった. bajo un cielo *cuajado de* estrellas 満天の星の下で. con los ojos *cuajados de* lágrimas 目に涙を一杯うかべて. diadema *cuajada de* pedrería 宝石がちりばめられたティアラ

—— 自 ❶ 凝固する: El huevo no *ha cuajado* todavía. 卵はまだ固まっていない. ❷〔花が咲く, 実がなる, 〈比喩〉[+en] 結実する: Sus ideas *han cuajado en* una gran obra. 彼の構想は偉大な作品となった. ❸《文語》[雪が]積もる; [水が]たまる: Ha nevado bastante, pero no ha llegado a ~. 雪は相当降ったが, 積もるまでにはならなかった. Hay nieve *cuajada* en la calle. 通りは雪が積もっている. ❹ 達成される: Mi negocio no *cuajó*. 私の商売は失敗した. El acuerdo *cuajó* después de largas discusiones. 長い議論の末, 協定が実現した. El noviazgo no *cuajó*. 婚約はしたが結婚に到らなかった. ❺ 適合する: No *cuajo en* ese trabajo. 私はその仕事に向いていない. Esa moda no *cuajó* entre los jóvenes. そのモードは若者に受けなかった. ❻《メキシコ》とりとめのない話をする; 嘘をつく

—— ~*se* 凝固する: El postre *se cuaja* en forma de geles, a medida que se enfría. そのデザートは冷えるにつれゲル状に固まる. ❷ 覆われる: Sus ojos *se cuajaban de* lágrimas. 彼は目に一杯涙をためていた. La Plaza *se cuajó* de gente. 広場は人で埋めつくされた

II〔←cuajo〕男〔反芻動物の〕第4胃, 皺胃(しゅうい)

cuajarón [kwaxarón] 男〔←cuajar 1〕〔血などの〕凝塊: dejar un ~ de sangre sobre la pared 壁に血のりを残す

cuaje [kwáxe] 男 果実がなること

cuajo [kwáxo]《←ラテン語 coagulum < cum-〈共に〉+agere「押す」》男 ❶ 凝乳酵素. ❷ 凝結剤. ❸《口語》冷静さ; 悠長さ: tener ~ 冷静である, 動揺しない; 動作が鈍い, 無気力である. ❹〔反芻動物の〕第4胃《=cuajar》. ❺《メキシコ》とりとめのない話, 雑談; 嘘

de ~ 根こそぎ, すっかり: arrancar un árbol *de* ~ 木を根こそぎにする

cuakerismo [kwakerísmo] 男 =**cuaquerismo**

cuákero, ra [kwákero, ra] 形 名 =**cuáquero**

cual [kwál]《←ラテン語 qualis》I《関代》❶〔定冠詞+. 先行詞を明確に示す関係代名詞. 数変化する. 定冠詞は先行詞の性・数に一致する〕[説明用法] Vi a su padre, *el* ~ estaba sentado en el suelo. 私は彼の父親に目したが, 彼は床に座っていた. Entrevisté a los obreros, *los* ~ *es* me informaron sobre la huelga. 私は労働者たちにインタビューしたが, 彼らはストライキについて情報をくれた. ❷〔**lo** ~〕先行詞は前文の全体. 説明用法〕そこに: 1) Fue su mujer quien hizo pintar de amarillo las paredes, lo ～ le irritó enormemente. 壁を黄色に塗ったのは妻だったが,そのことは彼をひどくいらだたせた. 2)［文脈で］A lo ～ nada repuso. それに対して彼は何も答えなかった. ❸［前置詞＋］1)［限定用法］Ese es el sillón en el ～ solía sentarse. それが彼がいつも座っていた安楽椅子だ. Esa es la puerta por la ～ escapó. そこが彼の逃げた戸口だ. 2)［説明用法］Necesito las gafas, sin las ～es no veo nada. 私には眼鏡が必要だ,それがないと何も見えない. Hay dos cuadros, de los ～es uno es de Picasso. 2枚の絵があるが,そのうち1枚がピカソだ. 3)［todo・mucho などと共に］Por todo lo ～ considero. すべてのことを勘案して検討します. A muchos de los ～es, los conocéis vosotros. それらの人と君たちは面識がある. ❹［過去分詞＋. 分詞構文］Dicho lo ～, se levantó y se fue. そのことを言い終えて講演者は立ち上がり,帰って行った

《語法》たいていの場合,特に《口語》では 関係詞の 定冠詞+cual に代わって 定冠詞+que が使われる. ただし次のような場合は 定冠詞+cual でなければならない. 1)［数詞と共に］Dijo que tiene otros cuatro hijos, dos de los cuales son gemelos. 彼はほかにも4人の子供がいると言っていた. そのうちの2人は双子だそうだ（ただし数詞が文の主要部に先行している場合は 定冠詞+que で可: Tiene cuatro hijos, de los que dos son gemelos.）. 2)［過去分詞＋］→❹. 3)［前置詞 según, a consecuencia de, gracias a, a pesar de など＋］Según el cual, son falsas. 彼の言うところによれば,それらはデマだ. En vista de lo cual, dicidimos. それを考慮して私たちは決める

lo ～ que＋直説法《俗用, 戯言》もちろん…である
por lo ～ したがって,それゆえ: Tiene mucho trabajo, por lo ～ no puede irse de vacaciones. 彼は仕事が忙しい. それでバカンスに出かけられない

—— 形《古語的》［定冠詞＋～＋名詞］❶《主に法律》前述の, 上記の: Habían venido montados en motos y en bicicletas, las ～s bicicletas dejaron aparcadas en la calle. 彼らはバイクや自転車に乗ってやって来て, 当該自転車を通りに放置した. Se han firmado un convenio sobre intercambio de profesores, el ～ convenio entrará en vigor dentro de dos años. 教員相互交換協定に署名がなされたが,その協定は2年後に発効することになる. ❷［文学作品の地の文で］Y entonces llegó Isabel; la ～ Isabel era la misma que él había conocido en la fiesta de carnaval. するとその時イサベルがやって来た. このイサベルこそ彼がカーニバルで知り合った当の娘だった

II [kwal] 形《文語》❶［物事の性質を示す関係形容詞］Una situación tan conflictiva, ～ es la que vivimos ahora, requiere soluciones drásticas. きわめて紛糾した状況に今我々は生きているので, 抜本的な解決が必要とされる. ❷［ser の接続法＋～＋ser の接続法, 譲歩文］…: Nada cambiará sea ～ sea el resultado. 結果がどうであれ何も変わらないだろう. Fuera ～ fuera el camino que tomáramos, acabaríamos en el mismo sitio. どちらの道を進んだとしても私たちは同じ所に行き着いただろう. Afirmó que reconocería los resultados electorales, sean ～es fueren. 彼は選挙の結果を, それがどのようなものであろうとも, 受け入れると確言した

—— 副《まれ. 文語》［様態の関係副詞］…するように, …と同じく: Corría ～ perseguido por el diablo. 彼は悪魔に追いかけられているかのように走った. Las fuentes se animan ～ doncellas vivas. 泉は活発な乙女のように勢いがある. C～ las estrellas del cielo, así brillaban sus ojos. 空の星のように彼女の眼はきらきら輝いていた

a ～＋比較級＋形容詞 いずれ劣らない・劣らず…《＝a cuál＋比較級＋形容詞》
～ o 《まれ》ごくわずかの: Había ～ o ～ extranjeros. 外国人がほんの数人いた
... tal... ［対句表現］C～ es Pedro, tal es Juana. ペドロもペドロなら,フアナもフアナだ《2人とも困ったものだ》. C～ la madre, tal la hija. この母にしてこの娘ありだ
～ más ～ menos 《文語》誰でも多かれ少なかれ《＝cuál más cuál menos》
～ si... 《文語》《＝como si...》1)［+接続法過去］まるで…であるかのように,あたかも…であるかのごとく: Me tratan ～ si fuera hija suya. 彼らは私をまるで自分の娘のように扱ってくれた. Comía ～ si estuviera muerto de hambre. 彼はまるで死ぬほど空腹であるかのような食べっぷりだった. 2)［+接続法過去完了］まるで…であったかのように, あたかも…だったかのように: C～

si de pronto hubiera visto al diablo, se puso a temblar. 彼は突然悪魔でも見たかのように震えだした

cuál [kwál]《←ラテン語 qualis》代［選択の疑問代名詞. 数変化する］❶ どれ?, どちら?: 1)［+de の中の］i) ¿C～ de los dos cree usted que es más fuerte como líder?—Es el señor Fernández. 2人のうちどちらがリーダーだと思いますか?—フェルナンデス氏です. ¿C～ de las ocho corbatas es la que más te gusta?—Es la verde. 8本のネクタイのうち君が一番好きなのはどれ?—緑のです. ii)［間接疑問文で］¿Sabes ～ de aquellas dos se llama Isabel? あの2人のうちどちらがイサベルという名か知っているかい? 2)［de なしで］¿C～ quieres?—El azul. どれが欲しい?—青いの. 《対照》¿Qué quieres?—Un móvil. 何が欲しい?—携帯電話. ¿C～ es tu coche? 君の車はどれですか? ¿C～ es su parecer referente al número de hijos que debe tener una pareja? 夫婦が持つべき子供の数についてお考えはいかがですか? Te pregunto a ～ eligieron. 彼らがどちらの人を選んだのか私は君に尋ねているのだ. No sé ～ es el título de la obra. その作品名は何か私は知らない. 3)［前置詞＋］¿En ～ hay mayor número de moléculas? 分子数が多いのはどちらですか? ❷［名称の特定］何?: ¿C～ es tu nombre? 君の名前は何というの? ¿C～ es su profesión? ご職業は何ですか? ¿C～ es el deporte que más te gusta? 君が一番好きなスポーツは何? ¿C～ es la capital de Chile? チリの首都はどこですか? Dime ～es son las cuatro estaciones del año. 四季の名前を言いなさい. 《対照》¿Qué es la cultura? 文化とは何か? ❸［数などの特定］どのくらい?: ¿C～ es tu teléfono? 君の電話番号は何番? ¿C～ es el precio? 値段はいくらですか? ¿C～ es la población de Tokio? 東京の人口は何人ですか? ¿C～ es la medida de su cuello?—Cuarenta. 首回りのサイズは?—40〔センチ〕です. Dime ～ es mi parte. 私の取り分はどれくらいか言ってくれ

—— 形［選択の疑問形容詞. 数変化する］《中南米. 西では俗用》［+名詞］どの?, どちらの?《＝《西》qué》: ¿C～ vestido es el nuevo?—Es el de derecho. どちらのドレスが新しいですか?—右の方です

—— 副 ❶《古語》何と…か!《＝cómo》: ¡C～ gritan esos malditos! あの悪党らが何とひどくわめきたてることか! ❷《俗用》何だって?《＝cómo?》

a ～＋比較級＋形容詞 いずれ劣らぬ・劣らず…: Son a ～ más embustero. 彼らはいずれ劣らぬ大嘘つきだ. tres casas a ～ más lujosa いずれ劣らぬ豪華な3軒の家《語法》普通, 形容詞は単数形だが, 複数形のこともある: Julia y Elvira son a ～ más inteligentes. フリアとエルビラとはいずれ劣らず聡明な女性だ
～... ～... 《文語》あるいは…またあるいは…: C～es en una cosa, ～es en otra, todos colaboraban. ある者はある事に, 別の者は別の事に, みんな力を合わせていた
～ más ～ menos 《文語》［誰でも］多かれ少なかれ; 分相応に: Todo hombre, ～ más ～ menos, es egocentrista. 人はみな, 多少の差はあれ, 自己中心的である. Los vecinos hicieron un donativo, ～ más ～ menos, para la reconstrucción de la iglesia. 住民たちは教会再建のために, 相応に寄付をした
～ no será (sería)＋名詞《文語》［名詞の強調. no は虚辞］¡C～ no sería mi sorpresa cuando lo vi! 私が彼に会った時の驚きはどれほど大きかったことか!

cualidad [kwalidáð]《←ラテン語 qualitas, -atis < qualis》女 ❶ 特徴, 特性, 質: La dureza es una ～ del diamante. 硬さはダイヤモンドの特性の一つである. ❷ 質, 品質《＝calidad》: la ～ y la cantidad de alimentos consumidos 消費された食物の質と量. ❸［人の］長所, 強味: Es un joven de muchas ～es. 彼は長所がたくさんある青年だ. explotar sus ～es 長所を生かす

cualificación [kwalifikaθjón] 女［職業・仕事につくための］訓練, 資格の付与

cualificado, da [kwalifikáðo, ða] 形 ❶ 資格のある; 熟練した: trabajador ～ 熟練労働者. obrero no ～ 未熟練労働者, 単純労働者. ❷ 権威のある, 著名な《＝calificado》: Es un médico ～. 彼は権威のある医者だ

cualificador, ra [kwalifikaðór, ra] 形 形容する
cualificar [kwalifikár] 他 ＝**calificar**
cualisquiera [kwaliskjéra] 形 代 ＝**cualquiera**

cualitativamente [kwalitatíbaménte] 副 質的に
cualitativo, va [kwalitatíβo, ba] [←ラテン語 qualitativus] 形 ❶ 質の, 質的な (⇔**cuantitativo**): control ～ 質的規制. ❷《化学》定性的な
cuálo, la [kwálo, la] 代 形《俗用, 地方語》=**cuál**
cualque [kwálke] 形《まれ》=**alguno, cualquiera**
cualquiera [kwalkjéra] [←cual+quiera < querer] 形《不定形容詞》[語形] 複 cualesquiera. [+形容詞]+名詞 では **cualquier**, 複 cualesquier: *cualquier mala noticia viviría rápido*. ❶［主に +名詞］どんな［…でも］, …ならどれ(何・誰)でも: 1) Háblame de *cualquier* cosa. 何でもいいから私に話してくれ. En este país *cualquier* persona puede comprar armas. この国では誰もが武器を買える. Quiero leer *cualesquier* libros para matar tiempo. 私は暇つぶしに何か本を読みたい. 2) [不定冠詞・otro+名詞+. 補足的に, 無関心] Dame un periódico ～. 何でもいいから新聞を一部下さい. Es una costumbre como otra ～. それはどこにでもあるような習慣だ. Aquí el primer día del año no es un día especial, es otro día ～. ここで1月1日は特別な日ではなく, 他の日と同じである. ❷［名詞＋］ごく普通の, ありふれた: Empieza una discusión en una casa ～. ありふれた家のありふれた口論が始まる. No es un hombre ～. 彼はただの人間ではない
── 代《不定代名詞》❶［人, 圏のみ］誰でも: 1) Pregúntaselo a ～. 誰にでもそのことを尋ねてごらん. 2)［一般化］C～ lo sabe. 誰でもそれを知っている. C～ se daría cuenta y se asustaría. 誰もがそれに気付いて驚くだろう. A ～ le pasa. それは誰にでも起こることだ. 3)［実現不可能］¡Qué nochecita! C～ pega ojo. 宵の口だよ! 眠くなるなんてありえない. ❷［皮肉］［反語］誰も…ない: ¡A ti ～ te entiende! 誰も君の言っていることなんか理解しないと思うよ! C～ le dice a Pedro que le han suspendido. 誰だってペドロに向かって落第したんだったなんて言わないだろう. ❸［事物. +de の］どれでも: ¿Qué flores prefieres?—C～ de ellas. どの花がいい?—どちらでもいい. La famosa basílica era más pobre que ～ de las mezquitas andaluzas. その有名な大聖堂はアンダルシアのどのイスラム教寺院よりもみすぼらしかった

así ～［成果・結果で］特にほめるほどのことではない, 大したことではない: La ayudó un profesional.—¡*Así* ～! 専門家が彼女を手助けしたんだって.—それじゃ賞賛もほどほどにね! Fíjate lo que he saltado; *así* ～. どう, 跳び越えたでしょ. 大したことないけどね

cualquier otro que... …以外ならば

C～ diría que +直説法 まるで…のようである: ¿Qué importa que vendan un piano? C～ *diría que* sin piano no se puede vivir. ピアノが売れたって, それが何だ. ピアノがないと人は生きていけないかのようじゃないか

C～ lo diría.［言動と現実との不一致に］そんなことは信じられない, まさか, 実に妙なことだ: Me ha contado que anda mal de dinero.—C～ *lo diría* con los viajes que hace. 彼は金がないと言っていた.—旅行ばかりしているのに, 彼そんなことを言っていたというのは正当化できないよ

～ que+接続法［譲歩］…であろうとも: C～ *que* sea la causa, el dolor es el síntoma más común de artritis. 原因がどうであれ, 関節炎の最も共通する症状は痛みである. No se justifica su comportamiento *cualesquiera que* sean los motivos. どのような動機があろうとも彼のふるまいは正当化できない

── 名 圏 cualquieras.［不定冠詞＋］取るに足らない人, 凡庸な人, 配慮に値しない人: Prada no era un ～. Había sido embajador. プラダは平凡な人物ではなかった. かつて大使だった
── 《軽蔑》客 売春婦; 性的にルーズな女性

cualunque [kwalúŋke] 形《アルゼンチン. 軽蔑》[人が] 何のとりもない, つまらない; [物が] 粗末な
cuan [kwan] 副 →**cuanto²**
cuán [kwán] 副 →**cuánto**
cuando［←ラテン語 quando］Ⅰ [kwando]［時の接続詞］❶ …する時: 1)［+直説法］i) ［習慣的行為・過去の事実など］C～ todos duermen yo estoy despierto. 皆が眠っている時, 私は起きている. C～ hace mal tiempo, no salgo de casa. 天気が悪い時は私は外出しない. C～ la conocí, no tenía aún quince años. 彼女と知り合った時, 彼女はまだ15歳になっていなかった. ii) ［仮定］C～ él lo dice será verdad. 彼がそう言っているのなら本当なのだろう. Cada uno de nosotros somos una carta dentro de una baraja, ～ falta una, no se puede jugar. 私た

ち一人一人が一組のトランプのカードのようなもので, 一枚欠けるとゲームができなくなる. ¿Por qué me voy a preocupar yo a él no le importa? 大したことはないと彼が思っているのなら, どうして私が心配してやらなきゃならないんだ. 2) [+接続法] i) [未来の事柄] C～ los acabe, iré al Perú. 私はそれらを終えたらペルーに行くつもりだ. Avísales que, ～ vengan, traigan lo prometido. 来る時に約束のものを持ってくるように彼らに連絡してくれた. ～. Llámame ～ quieras. 好きな時に電話をくれ. Te lo daré ～ vengas. 君が来た時, それをあげよう.《直説法未来は使用されない》×Llámame ～ *querrás*. ×Te lo daré ～ *vendrás*.》 Sofreír la cebolla. C～ esté, añadir el cordero. 玉ネギを炒めよ. 炒めたらラム肉を加えます. ii) [仮定] …したら, …すれば: Me marcharé ～ llegue. 彼が帰ってきたら, お暇します. C～ te pregunte, le dices que no me has visto. 彼に訊ねられたら, 私に会わなかったと言ってくれ. ❷ ［譲歩］1) ［+直説法］…であるにしてものに: Mi profesor me ha puesto un notable, ～ yo me merecía un sobresaliente. 優をもらえるはずと思っていたのに先生は私に良をつけた. 2) ［廃語］［+接続法］たとえ…でも: No faltaría a la verdad, ～ le fuera en ello la vida. 命がかかっていたとしても, 彼は真実を語るだろう. ❸［推定の根拠を導き出す状況. +直説法］…であるからには: C～ Antonio no ha venido, algo le habrá pasado. アントニオが来なかったということは, 彼に何かあったのだろう. C～ no han llamado, es que no hay novedad. 電話をかけてこなかったということは, 異常がないからだ
── 副 ❶ ［+定冠詞+名詞］…の時に, …のころ: Viajé a Japón ～ el terremoto. 地震の時, 私は日本を旅していた. ¿Quién es ella?—Ya la conocerás ～ la boda. 彼女は誰だ?—結婚式の時になったら分かるよ. 2) [+年齢を表わす形容詞] …のころ, …の間: Yo, ～ niño, vivía en Cáceres. 私は幼いころカセレスに住んでいた. C～ grande, quiero ser profesora. 私は大きくなったら先生になりたい. ❸ ［+名詞. 主節と同一動詞の省略］Llegué ～ tú. 君が着いた時に着いた 《＝… ～ tú llegaste》. Siempre vienes ～ yo. 私が来る時はいつでも君も来る 《＝… ～ yo vengo》
── ［時の関係副詞］❶ …する時: 1) [説明用法] Entonces, ～ lo conocí, era más delgado. 彼と知り合ったその当時の方が彼は痩せていた. Mañana, ～ vengan, se lo dices. 明日, 彼らが来たらそう言いなさい. 2)［まれ］［限定用法］El momento ～ llegaron no era el más oportuno. 彼らがやってきたのは絶好のタイミングではなかった. ¿Recuerdas los tiempos ～ nos conocimos? 私たちが知り合ったころのことを覚えてる?《限定用法は C～ que が主》. 3) [ser+. 強調構文 C～ que が主]: A las tres es ～ me viene mejor. 3時に私には最も都合がいい. Fue entonces ～ se presentó. 彼が姿を見せたのはその時だった. 4) [前置詞＋. 先行詞が主節に現われていない] Lo conozco desde ～ era chico. 彼は子供の時から彼を知っている. Quédate hasta ～ yo me quede. 私が帰るまで君も残っていなさい. ❷ …以来 《＝después de》. ❸ ［場所］…で 《＝donde》
～ no［＋文語的］1) そうでなければ［＝si no］: Es una persona difícil, ～ *no* intratable. 彼は気難しい人だ, もしそうでないとしたら無愛想な人だ. Recibió bastantes críticas, ～ *no* algún que otro insulto. 彼はかなりの批判を受けた, そうでないとしてもいくつかの侮辱を. 2) そうでないにしても: Son escasos ～ *no* absolutamente inexistentes. それらは全く存在しないわけではないにしても, ごくわずかである. 3) そうでない時には: C～ *no* llueve jugamos dentro y, ～ *no* fuera. 私たちは雨が降っていない時には中で遊ぶが, 降ってない時には外で遊ぶ
～ quieras (quiera·quieran) que+直説法・接続法《文語. スペインでは古語的》［譲歩］…の時はいつでも: C～ *quiera que* venga usted, será bien acogido. おいでの節は, いつでも歓迎いたします
～ [usted] quiera《文語》1) お好きな時に, ご都合のよい時に: Venga usted ～ *quiera*. いつでもおいで下さい. 2) ［開始を促して］始めて下さい
～ quiere 勝手に: Este ordenador se cuelga ～ *quiere*. このコンピュータはいつフリーズするか分からない
接続法+～+接続法 [譲歩] いつ…しても: La estaré esperando, llegue ～ llegue. いつ到着なさってもあなたをお待ちしています
Ⅱ [kwándo] **de ～ en ～** 時々《＝de vez en cuando》: A todos les gustaba venir por aquí de ～ en ～. 彼らは皆時々このあたりに来たくなるのだった
de ～ en vez =**de ～ en ～**

―― 男《ボリビア, チリ, アルゼンチン》クワンド〖19世紀半ばに大変流行した舞踊. 最初はゆっくりしたリズムで最後は非常に速くなる; その音楽. 歌詞の冒頭が cuando で始まる〗

cuándo [kwándo]《←ラテン語 quando》副〖時の疑問詞〗❶ いつ?: 1) ¿*C~* llegaron? 彼らはいつ着いたのか? 2)〖前置詞と desde・hasta・para・según+〗¿*Desde ~* ocupa usted el cargo del director? いつから所長の職に就いていらっしゃるのですか? ¿*Para ~* todo estará listo? いつごろ準備がすべて整うのだろう? 3)〖間接疑問文で〗Quiero saber ~ se acaba la obra de la calle. 通りの工事はいつ終わるのか私は知りたい. Dime hasta ~ tendré que esperar. いつまで待たなければいけないのか言ってくれ. 4)〖+不定詞〗いつ…すべきか: Es difícil decidir ~ regresar al trabajo. いつ仕事に復帰するべきかを決めるのは難しい. ❷〖繰り返して〗ある時は…またある時は…《= unas veces... y otras...》: Siempre están riñendo, ~ con motivo, ~ sin él. 原因がなにもなくても, 彼らは始終けんかしている. ❸〖感嘆〗¡Dios mío! ¡*C~* acabará todo! ああ困ったよ! いつになったら全部終わるのだろう! ¡*C~* vas a reconocer que te has equivocado! いつになったら君は自分の間違いに気づくのだろう!
¡*C~ no!*《中南米》何て間が悪いんだ!
¿*De ~* [*acá*]?〖継続している異常なことへの驚き〗¿*Y de ~ acá* eres mi juez? しかし君はいつから私の裁き手になったのか
no tener para ~《チリ》〖このペースでは〗いつになっても終わらない
―― 男〖冠詞+〗Solo queda por decidir el cómo y el ~. 方法と時期を決めることが残されているだけ

cuantía [kwantía]《←cuanto¹》女 ❶ 量《=cantidad》; 総額: Se desconoce la ~ de las pérdidas. 被害額は不明だ. Es indiferente la ~ de la deuda. 債務の額は重要でない. ❷ 重要性: de mayor (menor) ~ 重要な(重要でない) ❸〖人の〗長所: hombre de poca ~ 長所のあまりない男

cuantiar [kwantjár] 10 他 査定する, 評価する

cuántico, ca [kwántiko, ka] 形〖物理〗量子の; 量子論の: mecánica ~ca 量子力学. teoría ~ca 量子論

cuantidad [kwantiðáð] 女《主に数学》量

cuantificable [kwantifikáβle] 形 数量で表わされ得る, 数値に置き換えられ得る, 定量化され得る

cuantificación [kwantifikaθjón] 女 ❶ 定量化, 数量化; 量子化. ❷《論理》〖命題の〗量化

cuantificador, ra [kwantifikaðor, ra] 形 男 ❶〖言語〗数量を示す; 数量詞, 限量辞. ❷〖数学〗量記号

cuantificante [kwantifikánte] 形〖言語〗数量を示す

cuantificar [kwantifikár]《←cuanto¹》7 他 ❶ 数量で表わす(評価する): ~ en dinero 金額で表わす. ❷〖物理〗量子化する. ❸〖論理〗〖命題を〗量化する

cuantimás [kwantimás]《←cuanto y más; cuanto más》副《俗語》ましてや, なおさら; 多くても, せいぜい

cuantiosamente [kwantjósamente] 副 たくさん, 大量に

cuantioso, sa [kwantjóso, sa] 形〖量的に〗大きい, 莫大な, 大量の: Tiene ~s recursos naturales. そこは豊富な自然資源がある

cuantitativamente [kwantitatíβamente] 副 量的に

cuantitativo, va [kwantitatíβo, ba] 形《←cuanto¹》❶ 量の, 量的な《⇔cualitativo》: teoría ~va del dinero 貨幣数量説. valoración ~va 量的な評価. ❷《化学》定量の

cuanto¹ [kwánto]《←ラテン語 quantum《どのくらいの量》》男《物理》量子: teoría de los ~s 量子論. ~ de luz 光子《=fotón》

cuanto², ta [kwanto, ta]《←ラテン語 quantus》形 ❶《全部を表わす関係形容詞》〖+名詞〗…するすべての《主として限定用法. =todo... que》: 1) *C~tas* personas visitaron la exposición quedaron encantadas. その展覧会を訪れた人はみんな魅了された. Te doy ~ dinero tengo. 私は持っている金を全部君にあげる. De ahora en adelante pueden hacerlo ~tas veces quieran. 今後彼らは好きなだけそれをすることができる.《語法》cuanto に後続する可算名詞は単数形, 複数形 の意味的に はいずれでもよい. 分かった. 私はメキシコの骨董品店を全部歩き回って休む暇もなかった. Saluda a ~ conocido se encuentra. 彼は居合わせた知り合いの皆に挨拶をする 2)〖todo が先行詞. 強調〗Quiero castigar a *todos* ~s escuderos mentirosos hay en el mundo. 世の中すべての嘘つきな下僕を罰してやりたい. ❷《文語》〖tanto と相関して. 接続詞的〗…と同じくらい: *C~ta*

alegría él lleva *tanta* tristeza nos deja. 彼は喜びをもたらすが〖それと同じくらい〗悲しみもたらす. *C~tas* cabezas *tantos* pareceres. 人の数だけ考えは違う. Repitió *tantas* veces ~*tas* se lo pidió el público. 彼は聴衆が求めるまま何回ものアンコールに応じた. ❸〖比例比較. +比較級...《tanto》+比較級〗…すればするほど速い: 1)〖正比例〗*C~* más jabalíes hay, mayor riesgo de infecciones en la fauna silvestre. イノシシが増えれば増えるほど野生動物たちの感染の危険性が大きくなる. 2)〖反比例〗*C~s* más libros se compran, *〖tanto〗* menos espacio queda en la casa. 本を買えば買うほど家が狭くなる. ❹ 複〖unos・algunos・otros+〗いくらかの, 若干の, 少数の: No he leído más que *unos* ~*tas* páginas. 私は数ページしか読んでいない. Hace *unos* ~*s* años visité El Escorial. 私は数年前にエル・エスコリアルを訪れた. Solo *algunos* ~*s* allegados estaban en contacto con él. 彼らはわずかなく親しい人とだけ付き合いをしていた. Tiene preparadas *otras* ~*tas* sorpresas. 彼はびっくりするようないくつか用意している
―― 代〖「全部」を表わす関係代名詞〗❶《文語》…するすべて〖の人・事物〗: 1)〖先行詞 todo を省略〗*C~s* la conocían la admiraban. 彼女を知っている人は皆彼女のことをたたえた. Era una chica muy querida por ~s la conocían. その娘は知っている誰からも大変好かれていた. Pueden venir ~s quieran. 来たい人は誰でも来ていい. Consigue fácilmente ~ desea. 彼は望むものすべてを手に入れる. Yo hice ~ pude. 私はできることはすべてした. Caminó ~ pudo. 彼は歩けるだけ歩いた. 2)〖先行詞 todo+. 強調〗Mis pies se hunden en el fango y salpican a *todos* ~s me rodean. 私は両足がぬかるみにはまり込んでまわりの誰彼なしに泥水をはねかける. Le di *todo* ~ pude. 私は彼に与えられるものすべてを与えた. *Todo* ~ me decías entonces me sirvió de mucho. その時君が言ってくれたことはすべて大いに参考になった. *Todos* ~*s* en la empresa luchan por alcanzar nuevas metas. 会社で働いている全員が新たな目標を達成しようと努力している. ❸〖tanto と相関して〗…する限りのすべて: Emplearemos *tantos* obreros ~*s* hagan falta. いくらでも必要なだけ工具を雇おう. Lo haré *tantas* ~*tas* sean necesarias. 私は必要なだけ何度でもそうするだろう ❸《= *tantas* veces ~*tas* sean necesarias》. Le debo *tanto* ~ soy. 私が今日あるのは彼のおかげだ. Caminó *tanto*, ~ pudo. 彼は歩けるだけ歩いた. ❸〖比例比較. *〖tanto〗*+比較級〗…すればするほど速い: 1)〖正比例〗*C~* más como, más hambre tengo. 私は食べれば食べるほど腹が減ってくる. *C~* más estudias 〖*tanto*〗 más aprendes. 君は勉強すればするほど多くのことを学ぶ. *C~* más 〖*tanto*〗 mejor. 多ければ多いほどよい. 2)〖反比例〗*C~* menos la veía, más la quería. 彼女と会わなくなればなるほど, ますます私は彼女が好きになった. *C~* más me pedía, 〖*tanto*〗 menos le daba. 彼が要求すればするほど, 私は彼に少なく与えた. ❹ 複〖unos・algunos・otros+〗いくらかの人(物): ¿Tienes muchas amigas? ―Tengo *unas* ~*tas*. ガールフレンドは大勢いるかい? ―少しね. Hay infinidad de ejemplos, citaremos solo *algunos* ~*s*. 膨大な数の実例がありますが, そのうちの少しだけ引用します. Puso sobre la paja varios pellejos de oveja y dejó *otros* ~*s* amontonados a un lado. 彼は何枚かの羊の毛皮をわらの上に載せ, 別の何枚かはその横に積んでおいた
―― 副〖「全部」を表わす関係副詞. 先行詞不要. 語校〗+比較級以外の形容詞・副詞 では **cuan**〗❶ …する限り一杯に, …するだけたくさん, 可能な限り最大限に: 1) Incliné el cuerpo ~ pude hacia la mesa, para coger el vaso. 私はコップを取ろうとしてテーブルの方に体を一杯に傾けた. Estaba tendido *cuan* largo era. 彼は長々と横たわっていた《=一身長一杯に》. Ella se irguió *cuan* alta era. 彼女は背筋をぴんと伸ばして立った. Le rogó a su hermano *cuan* encarecidamente podía. 彼は精一杯兄に頼み込んだ. 2)〖未来のこと・仮定の場合は+接続法〗Su madre le aconsejó que llorara ~ quisiera. 泣きたいだけ泣けばいいと母親は彼に教えた. ❷〖比例比較. +比較級...+比較級...〗…すればするほど…である: *C~* mayores son sus esperanzas, más lejanas están. 彼の希望が大きければ大きいほど, それはますます遠のく. *C~* antes empieces a estudiar, mejor. 学び始めるのは早ければ早いほどよい. *C~* más cerca se ha estado, más fuerte es el odio. 身近にいればいるほど, 憎しみはより強くなる. *C~* menos hables, mejor. 言葉数が少なければ少ないほどよい. ❸《文語》〖*tanto* と相関して〗…であるほど〖それだけ〗…: *C~* más lo pienso, *tanto* menos lo

entiendo. 私はそれについて考えれば考えるほど、ますます分からなくなる. *Tanto* más estimaba ~ más sencillas. 純朴であればあるほど、人は高く評価される. Gastan *tanto* ~ quieren. 彼らは好きなだけ金を使っている. *C*~ antes [*tanto*] mejor. 早ければ早いほどよい. *Cuan* bueno era el padre *tan* malo era el hijo. 父親が善人だっただけに、逆に息子の悪さが目立った. El castigo será *tan* grande *cuan* grande fue la culpa. 罪が大きかったほど罰は大きくなるだろう. Las inundaciones fueron *tan* abundantes, *cuan* fuertes habían sido lluvias. 土砂降りだったので、それだけ洪水もひどかった. ❹ ~する間はずっと: ~ dure la vida 命の続く限り

接続法+~+接続法 [譲歩] いくら…しても: Prepares ~ prepares, nunca será suficiente. 君がいくら準備をしても十分ということはないだろう

~ *a...* =en ~ a...

~ *antes* できるだけ早く: ¡Sácate el pasaporte ~ *antes*! 早急にパスポートを取りなさい!

~ *más* 《既に述べたこととこれから述べることを対照させて》1) [動機・理由があって] とりわけ、…だから: ~ es un trabajo duro para una persona fuerte, ~ *más* para un enfermo. それは頑健な人でもつらい仕事だ、病人にとってはなおさらだ. Siempre está nervioso, ~ *más* en época de exámenes. 彼はいつもいらいらしている、特に試験の時期は. 2) 《文語》多くても、せいぜい《=cuando más》: Te costará diez euros ~ *más*. 君が君にかかるのはせいぜい10ユーロぐらいだろう

~ *más que*+直説法 [既述のことを前提に] ましてや…、その上…、なおさら…

~ *menos*《文語》少なくとも: Una vez por semana ~ *menos*, había podido ver a la muchacha de sus sueños. 彼は少なくとも週に一度はあこがれの彼女に会うことができた

~ *ni más*《併用》とりわけ、いっそう《=~ más》

~ *y más que* ずっと、はるかに

en ~ 1) [過去の事柄・習慣的な現在. +直説法] …するとすぐ、…するや否や: *En* ~ se enteró de que estaba enferma María, fue a verla. 彼はマリアが病気なのを知るとすぐ会いに行った. Salió *en* ~ se abrieron las puertas. 開門するとすぐ彼は外に出た. 2) [未来の仮定的な事柄. +接続法] *En* ~ llegue, dígale usted que me llame. 彼が来たらすぐ私に電話するように言って下さい. *En* ~ reciba el paquete, te llamo. 小包が届いたらすぐ君に電話するよ. Acudirá aquí *en* ~ pueda. 彼はできるだけ早く駆けつけてくるだろう. 3) [+無冠詞名詞] …の資格で・職務で《=como》として: Lo admiro *en* ~ profesional, no *en* ~ hombre. 私が彼を賞賛しているのはプロとしてであって、人間としてではない. Lo digo *en* ~ periodista, no *en* ~ embajador. 私はジャーナリストとして言っているのであって、大使としてではない. Él moría *en* ~ poeta. 彼は詩人として死んだ. la novela *en* ~ género literario 文学ジャンルとしての小説. 4)《文語》[理由・動機・正当性があって] …なのだから: Debe firmarlo *en* ~, es el dueño legal que es. 彼はそれに署名すべきなんだ、法的に正当な所有者なのだから

en ~ *a...*《文語》…について言えば、…に関して: Japón es el país número uno *en* ~ *a* edición de libros. 日本は書籍出版に関しては第1位である. *En* ~ *a* lo de antes, nada tengo que añadir. この前の件については私は何も付け加えることがない

en ~ *que*+直説法 1)《口語》…するとすぐ《=en ~》: *En* ~ *que* nos vio el perro, se puso a dar saltos. 犬は私たちを見るや否や何度も跳びはねた. 2)《文語》…であるから《=por + 直説法》: Estos relojes son más aconsejables *en* ~ *que* ofrecen garantía más larga, pero no son mejores. これらの時計は長期の保証付きですから他のよりお奨めできるのですが、あまり上等ではないのです

en tanto en ~ …である限りは: Se negarán a pagar *en tanto en* ~ no se resuelva el asunto. その件が解決しない限り彼らは支払いを拒否するだろう

ni por ~ *hay* 全然…ない《=ni por cuánto》

no tanto A ~ B AよりもはるかにBの方が: Su prestigio *no* se debe *tanto* a sus triunfos ~ a las contribuciones sociales de su esposa. 彼の名声は彼自身の成功のおかげというよりはしろ奥さんの社会貢献の賜物である

por ~+直説法《文語》…であるから、…ということにより: Fue un descubrimiento importante, *por* ~ supuso un gran avance médico. それは重要な発見であり、これにより医学上大きな進歩を予想させた

tanto... ~...《文語》1) [同等比較] …と同じくらいに: ¿Es *tanto* quisquilloso ~ dicen? 彼は言われているほど口うるさい人なのか? 2) …も ~ も: Me gusta este lugar *tanto* por su ambiente ~ por su clima. 気候からいっても環境からいっても私はここが気に入っている. 3) …するそれだけ[の]、…のすべて[の]: Te daré *tanto* [dinero] ~ quieras. 欲しいだけ[金を]あげるよ

tanto más ~ *que (porque)*+直説法 …であるだけそれだけ一層: Es *tanto* más importante para mí ~ *que* es mi única fuente de ingresos. それは私の唯一の収入源なので、なおさら大切なのだ. Se necesitan medidas de carácter internacional, *tanto* más ~ *que* Internet carece de nacionalidad. それには国際的なレベルの措置が必要とされるが、これはとりもなおさず、インターネットが国籍を持たないからである

Tanto vales ~ tienes.《諺》金持ちになればなるほど、みんなから敬われる

tanto y ~《主に皮肉》たくさんの[こと]

un tanto ~《西(19世紀まで)、メキシコ》少し; かなり: La historia es *un tanto* ~ divertida. その物語はかなり面白い

cuánto, ta [kwánto, ta]《←ラテン語 quantus》厖《数量の疑問形容詞》[+名詞] ❶ いくつの?、どれだけの?: 1) ¿A ~s amigos has invitado? 何人の友達を招待したのかい? ¿C~tas veces te has examinado tú? 君は何回受験しましたか? ¿C~ tiempo hace que estás aquí? いつからここにいるの? 2) [間接疑問] No sé ~ dinero le debes. 私は君が彼にいくら借りているのか知らない. Imagínate con ~ta ansiedad entré. 私がどんなに不安を抱えて入ったか想像してみたまえ. ❷ [感嘆] ¡C~ta gente hay! 何と大勢の人だ! ¡C~ tiempo sin vernos! 久しぶりですね!

—— 咲《数量の疑問代名詞》❶ いくつ?: 1) [覆] で人数] ¿C~s han nacido hoy? 今日は何人生まれましたか? ¿Para ~s hay bebida? 何人分の飲み物がありますか? ¿Sabes ~s vienen a la fiesta? パーティーに何人来るか知ってるか? 2) [単] [単] で金額] Aquí tiene el libro que ha pedido.—¿C~ es? ご注文の本です.—いくらですか? ¿~ cobra usted al año? あなたの年収はどれだけですか? ¿A ~ está el kilo de tomates? トマトは1キロいくらですか? Yo quería saber por ~ me lo vendían. 私はそれをいくらで売ってくれるのか知りたかった. 3) [覆] [覆] で時間] ¿C~ queda, Andrés?—Dos horas... アンドレス、時間はどのくらい残っている?—2時間かなあ... Nos preguntó ~ había durado la entrevista. 会談はどのくらい続いたのかと彼は私たちに尋ねた. 4) [先行する名詞の性数に一致] Me mostró tres bolígrafos y me preguntó ~s había. 彼はボールペンを3本私に見せ、それから何本あったか尋ねた. Si es verdad que cada hombre tiene una estrella, ¿~tas has apagado? それが本当なら誰もが良い星回りを一つは持っているのだが、お前はそれをいくつ台無しにしてきたんだ? ❷ [感嘆] ¡C~ has tardado! 何と君は時間がかかったことか!

—— 副《数量の疑問副詞. 語形》比較級以外の形容詞・副詞では *cuán* となるが、《口語》では *qué* が主》❶ どれだけ?: ¿C~ es? —Son cien euros. [支払いの時に] いくらですか? —100ユーロです. ¿C~ hace que nos conocemos? 私たちが知り合ってからどれくらいになるのだろう? ¿C~ se tarda de aquí a la estación? ここから駅まで[時間]どのくらいかかりますか? ❷ [感嘆] ¡C~ me alegro de verte! 君に会えてどんなにうれしいか! ¡C~ ~ charla! 彼はよくしゃべるなあ! ¡Cuán grandioso es el paisaje! 何とその風景の雄大なことか! ¡Cuán diferente era todo entonces! あの当時はどれほど全てが違っていたことか! ¡C~ más cómodo resultaría! ますます快適になることだろうな! No te imaginas ~ me asusté. 私がどんなに驚いたか君には想像できないだろう

¿A ~+名詞? [値段・相場] …はいくら?: ¿A ~ los tomates? トマトはいくら?

¿A ~s *estamos*? 今日は何日ですか?: ¿A ~s *estamos*?— Estamos a 2 de agosto. 今日は何日ですか—8月2日です

¡C~ *bueno* [*por aquí*]! ようこそ!: Pasen, pasen, señores. ¡C~ ~ *bueno*! みなさん、どうぞ、どうぞ、お通り下さい. ようこそいらっしゃいました

¿C~ *ha que*+直説法? どのくらい前に…?: ¿C~ *ha que* dejó de ser rector? 彼はどのくらい前に学長をやめたのですか?

~ *más* ましてや: 1) Puedo venir a ser Papa, ~ *más* gobernador. 私は教皇にだってなれるのだから、知事なんて易しいもの

だ. 2) [+que+直説法 なので] No quiero ir porque está lloviendo, ~ *más que* tengo mucho trabajo. 雨が降っているし，その上ひどく忙しいので私は行きたくない
 ~ menos ましてや[…ない]
 ni por ~ どんなことがあっても…ない: No saluda *ni por ~*. 彼はとてでも挨拶しない
 ―― 男 [el+] No me importa ni el ~ ni el cómo. 金額(数量)も方法も私には重要でない
cuantómetro [kwantómetro] 男《物理》カントメーター, 発光分光分析装置
cuaquerismo [kwakerísmo] 男 クエーカー教
cuáquero, ra [kwákero, ra]《←英語 quaker》形 名 クエーカー教の(教徒)
cuarcífero, ra [kwarθífero, ra] 形 石英から成る, 石英を含む
cuarcina [kwarθína] 女《鉱物》玉髄(繊維状石英)の一種
cuarcita [kwarθíta] 女《鉱物》珪岩, 石英岩
cuarenta [kwarénta]《←ラテン語 quadraginta》形 男 ❶《基数詞》40(の): De los ~ para arriba no te mojes la barriga.《諺》中年からは健康に気をつけねばならない. ❷ 40番目の. ❸ [los〔años〕+] 1940年代〔los〔años〕~s は《まれ》〕. ❹《船舶》 Rugientes C~s 吠える40度《南緯40度から50度にかけての海域》
 cantar (acusar) las **~** *a*+人 …にはっきりと不満を述べる
 ¡Esas son otras ~!《南米》それは全く別の話だ
 ―― 女 ❶《口語》[las+] 遅い時間: Siempre se levanta a las ~. 彼はいつも遅い時間に起きる. ❷《トランプ》[40点集めると勝つゲームで] 40点: cantar las ~ 上がる. 2)《エクアドル》ペア同士の対戦で40点集めると勝つゲーム
cuarentañero, ra [kwarentaɲéro, ra] 形 名 40歳代の〔人〕
cuarentañismo [kwarentaɲísmo] 男《政治》フランコ Franco による独裁
cuarentavo, va [kwarentábo, ba] 形 男 40分の1〔の〕
cuarentén [kwarenténé] 男《ウエスカ, カタルーニャ》長さ40パルモ palmo で3×2パルモの角材
cuarentena [kwarenténa] 女 ❶ 集合 40〔のまとまり〕: una ~ de personas 約40人. ❷ [生後・出産後の] 40日間. ❸ 検疫, 検疫期間〔かつては40日だった〕. ❹ 孤立, 隔離. ❺《キリスト教》四旬節〔=cuaresma〕
 estar en **~** 1) 検疫中である. 2) [信憑性などを] 検証中である
 poner en **~** 1) 検疫する; [検疫のために] 隔離する. 2) [真偽が明らかになるまで] 留保する, 保留にする; [信憑性などを] 検証する: *poner en ~ un rumor* うわさについて判断を控える
cuarentenal [kwarentenál] 形 数が40の
cuarentenario [kwarentenárjo] 男《まれ》生後(死後)40日〔年〕目
cuarentón, na [kwarentón, na] 形 名 [主に揶揄して] 40歳代の〔人〕, 40がらみの〔人〕
cuaresma [kwarésma] 女《キリスト教》❶ [時に C~] 四旬節〔灰の水曜日 miércoles de ceniza から聖土曜日 sábado santo までの, 主日 domingo を除く40日間〕. ❷ 四旬節の説教. ❸ 四旬節の説教集
cuaresmal [kwaresmál] 形 四旬節の
cuaresmario [kwaresmárjo] 男 集合 四旬節の説教〔=cuaresma〕
cuark [kwárk] 男 =**quark**
cuarta[1] [kwárta]《←ラテン語 quartus, -a, -um》女 ❶ [長さの単位] 掌尺〔=palmo〕. ❷《自動車》4速, トップ. ❸《音楽》[音程] 4度. ❹《トランプ》カート〔同種札の4枚続き〕. ❺《天文, 占星》象限: 90度〔円を4分した1つで9インチ角15分〕: nordeste ~ al este (al norte) 北東微東(北). 10 ~ s 112度30分. ❼《軍事》小隊〔中隊 compañía の4分の1〕. ❽《法律》遺産の4分の1. ❾《まれ》4分の1〔=cuarto〕. ❿《地方区》[地面積の単位] =6分の1 obrada. ⓫《地方区》[重量・容量の単位] =4分の1アロバ arroba. ⓬《アストゥリアス, ガリシア》[乾量の単位] =4分の1フェラド ferrado. ⓭《バリャドリード, ブルゴス》長さ11~25フィートで9インチの角材. ⓮《アンダルシア》[荷車を引く] 先頭のラバ. ⓯《メキシコ, キューバ, プエルトリコ》[主に皮を編んだ, 馬用の] 短い鞭. ⓰《アルゼンチン, ウルグアイ》故障した車を引く縄(鎖・棒)
cuartago [kwartáɣo]《←仏語 courtaud》男 ❶ 中位の大きさの馬. ❷ 小型の馬〔=jaca〕
cuartal [kwartál] 男 ❶《地方区》大きなパン hogaza の4分の1.
❷《アラゴン》[乾量の単位] =5.6リットル. ❸《サラゴサ》農地面積の単位 =2.384アール
cuartán [kwartán] 男 ❶《ヘロナ》[乾量の単位] =18.08リットル. ❷《バルセロナ》[油量の単位] =4.15リットル
cuartana [kwartána] 女《医学》[主に 複. 4日ごとに起こる] 四日熱〔=fiebre ~〕
cuartanal [kwartanál] 形《医学》四日熱の
cuartanario, ria [kwartanárjo, rja] 形 名 四日熱の〔患者〕
cuartar [kwartár] 他《農業》[播種の前に] 4回目を耕す
cuartazo [kwartáθo] 男《メキシコ, キューバ, プエルトリコ》短い鞭 cuarta による鞭打ち
cuartazos [kwartáθos] 男 ぶくぶくと太って不精な男
cuarteador, ra [kwarteaðór, ra] 4等分する; バラバラにする
―― 男《アルゼンチン》[坂を上る時などの馬車の] 応援の馬
cuarteamiento [kwarteamjénto] 男 ❶ 4等分. ❷ ひび割れ
cuartear [kwarteár] 他 ❶ 4等分する; [特に動物を] 四肢に切り分ける. ❷ バラバラにする; 粉々にする. ❸ ひび割れさせる. ❹ [坂道などを] ジグザグに走る. ❺ [ゲームに] 必要な4人目として加わる. ❻《中米》短い鞭で打つ. ❼《アルゼンチン》[坂を上る時などに馬車の] 応援の馬をつなげる
 ―― 自《闘牛》[主にバンデリリェーロが] すばやく牛の角をかわす. ❷《エクアドル》[時計・鐘が] 15分ごとに鳴る
 ~**se** ❶ [皮膚・壁などが] ひび割れる: *Se me han cuarteado las manos.* 私の手はひびが切れた. ❷《メキシコ》おじけづく
cuartel [kwartél]《←古語 quartier》男 ❶《軍事》1) 兵舎, 兵営; 宿営地: ~ general 司令部; [政党などの] 本部. ~ *es de invierno* 冬営地. ~ *de salud* 哨舎. 2) 複 作業基地. 3) traje de ~ 略服, 略式軍装. ❷ [目的をもって, 主に4分した] 地区, 区画. ❸《詩法》[11音節の] 4行詩句. ❹《紋章》クォータリー[盾を4分した各部. =franco ~]. ❺《船舶》[ハッチ・倉口の] ふた. ❻ 四角い花壇. ❼《文語》宿泊先, 避難先. ❽《古語》町村が兵士の駐留のために支払う税金. ❾《まれ》4分の1〔=cuarto〕. ❿《南米》~ *de bomberos* 消防署
 dar **~** 1) [+a 降伏した敵を] 寛大に扱う. 2) 便宜を与える
 estar de **~** [士官が] 半給である, 予備役である
 no dar **~** [+a 敵を] 容赦しない, 皆殺しにする; 息つく暇なく攻撃する
 sin **~** 情け容赦のない, 容赦なく: *guerra sin* **~** 全面戦争, 総力戦, 死闘; [間投詞的に] 皆殺しにしろ!
cuartelada [kwarteláða] 女《軽蔑》=**cuartelazo**
cuartelar [kwartelár] 他《紋章》[盾を] 縦横線で4分割する
cuartelario, ria [kwartelárjo, rja] 形《軽蔑》兵舎特有の
cuartelazo [kwartaláθo] 男《軽蔑》軍部による反乱〔政治体制の転覆〕
cuartelero, ra [kwarteléro, ra] 形 兵舎の: gorro ~ 略帽. lenguaje ~ 軍隊用語
 ―― 名 ❶ [兵舎の清掃と保安を担当する] 雑役兵;《海軍》[最下甲板の] 清掃兵. ❷《船舶》積み荷番の水夫
 ―― 男《南米》[ホテルの] ボーイ
cuartelillo [kwarteλíλo]《cuartel の示小語》男 ❶《西》交番; [軍隊・治安警備隊などの] 詰め所: ~ de los bomberos 消防署
 dar **~**《口語》助ける, 便宜を与える
cuarteo [kwartéo] 男 ❶ 4等分, バラバラにすること. ❷ [皮膚・壁などの] ひび, ひび割れ. ❸《闘牛》すばやく牛の角をかわすこと
cuartera[1] [kwartéra] 女 ❶《西》長さ15フィートで8インチの角材. ❷《カタルーニャ》[乾量の単位] =約70リットル. ❸ [農地面積の単位] =36アール強
cuarterada [kwarteráða] 女《バレアレス諸島》[農地面積の単位] =7.103平方メートル
cuartería [kwartería] 女《ニカラグア, キューバ, ドミニカ, チリ》[主に貧しい家族が住む] 共同住宅, アパート
cuartero, ra[2] [kwartéro, ra] 形《南米》[動物が] 車を引く
 ―― 名《アンダルシア》穀粒の賃貸料を農場 cortijo から取り立てる人
cuarterola [kwarteróla] 女 ❶ 容量が大樽 tonel の4分の1の樽. ❷ [液量の単位] =酒袋 bota の4分の1
cuarterón, na [kwarterón, na] 形 名 メスティーソ mestizo とスペイン人との混血の〔人〕: ~ de mestizo スペイン人男性とメスティーサの女性との混血の〔人〕. ~ de mulato《廃語》スペイン人男性とムラートの女性との混血の〔人〕
 ―― 男 ❶ [扉・窓の] 四角い装飾. ❷ [窓の] よろい戸. ❸ 4分したもの〔=cuarto〕. ❹《紋章》クォータリー〔=cuartel〕. ❺

cuarteta [kwartéta] 囡《詩法》8音節の4行詩〔脚韻はABAB〕

cuartetista [kwartetísta] 形 囲 四重奏団の〔一員〕, カルテットの〔一員〕

cuarteto [kwartéto] 男〔←伊語 quartetto〕❶《音楽》四重奏〔団〕, カルテット; 四重奏曲. ❷《詩法》11音節の4行詩〔脚韻はABBA〕. ❸ 4人組, 4個組

cuartico [kwartíko] 男❶〔昔の貨幣〕=4分の1レアル real. ❷《ドミニカ》宝くじの10分の1券

cuartil [kwartíl] 男《統計》四分位数

cuartilla [kwartíʎa] 囡〔←cuarto〕❶〔本・ノートなどの紙の〕1枚〔1折りの4分の1〕. ❷ 印 原稿用紙: Cuando estas ~s vean la luz... この原稿が出版されたら…. ❸《獣医》つなぎ〔馬の球節と蹄冠の間の部分〕. ❹〔乾量の単位〕=4分の1ファネガ fanega;〔液量の単位〕=4分の1カンタラ cántara;〔容量の単位〕=4分の1アローバ arroba. ❺ メキシコの昔の銀貨. ❻《古語》=cuarteta

cuartillero, ra [kwartiʎéro, ra]《新聞》〔原稿を届ける〕使い走り

cuartillo [kwartíʎo] 男❶〔液量の単位〕azumbre の4分の1〔=約0.5リットル〕. ❷〔昔の乾量の単位〕celemín の4分の1〔=約1.1リットル〕. ❸〔カスティーリャ王エンリケ4世時代の〕銀銅合金の硬貨〔=4分の1レアル real〕

cuartilludo, da [kwartiʎúðo, ða] 形〔馬が〕つなぎ cuartilla の長い

cuartizo [kwartíθo] 男 縦に十字に切断した木材

cuarto[1] [kwárto]〔←ラテン語 quartus〕男 ❶〔主に個人用の〕部屋; 寝室, 私室《ホテルなどでは主に =habitación》: Este es mi ~. これが私の部屋です. ~ de baño 浴室, トイレ. ~ de estar 居間. ~ infantil 子供部屋. ~ redondo《中南米》通り・中庭にも開けられる〕独立した部屋. ~ trastero 納戸. ❷ 4分の1: 1) cortar un huevo en ~s 卵を4つ割りにする. 2)〔1キログラムの〕Déme un ~ (tres ~s) de judías. インゲンマメ250 (750)グラムください. 3)〔四足獣・鳥の〕servir un ~ de pollo 若鶏の4分の1を出す. 4)〔獣医〕~ delantero 前四分体,〔特に〕肩甲骨. ~ trasero/ (-ra) ~ de atrás 後四分体,〔特に〕臀部; [からかって人の] 尻. 5) 骨付き肉. ❸ 15分〔間〕〔=un ~ de hora〕: Solo falta un ~ de hora. あと15分しかない. partir a las tres y (menos) ~ 3時15分 (15分前) に出発する. tres ~s de hora 45分. una hora y {un} ~ 75分間, 1時間15分. ❹《西. 口語》お金: No tengo ~s. 私は金がない. ❺《天文》弦〔=~ de Luna〕: ~ creciente (menguante) 上(下)弦. ❻《スポーツなど》形 準々決勝, ベスト8〔による4試合〕〔=~ [s] de final〕. ❼ マンションの各戸. ❽《服飾》~ delantero (trasero) 前 (後ろ) 身頃. ❾《製本》4分の1折版; 4折本. ❿《軍事》〔夜間を4分割した〕当直時間; 当直員. ⓫《歴史》~ militar〔王侯の〕従僕, 従者. ⓬《歴史》カスティーリャの古銅貨〔価値は時代により変化し, 最終的にはレアル銅貨の4分の1に相当〕. ⓭《古語》〔公衆にさらされる〕罪人の死体の一部. ⓮〔まれ〕〔祖父母の〕血筋, 家系. ⓯《地方語》地所の4分の1

andar bien de ~s 金回りがよい
~ frío 冷蔵庫
~ intermedio《アルゼンチン, ウルグアイ》休憩, 休業
~ oscuro 1) 暗室. 2) 物置部屋;〔子供のお仕置きに使う〕窓のない小部屋. 3)《アルゼンチン》投票用紙記入所
dar un ~ (tres ~s) al pregonero《西》秘密を言いふらす
de tres al ~ 程度の低い, 低級の
echar su ~ a espadas《西》〔人の話に〕口をはさむ, 差し出口をする
estar sin un ~ =no tener [ni] un ~
hacer ~《コロンビア》手を貸す, 手伝う
hacer ~s バラバラにする, 八つ裂きにする
irse a + 人 cada ~ por su lado …が無様になる, 惨めな状態になる
meter las ~s《コロンビア. 口語》へまをする, しくじる
no darse a + 人 un ~ …にとって少しも構わない, 全く重要でない
no tener [ni] un ~ 一文無しである
poner ~ 1)〔ある場所に〕居を構える. 2) [+a 女性を] 囲う
saber con quién se gasta (se juega) los ~s《口語》〔人の〕連中の正体は分かっている

tener buenos ~s〔人が〕がっしりしている, たくましい
tener ~s de hora《南米》盛りの時期である, 最盛期

cuarto[2], **ta** [kwárto, ta]〔←ラテン語 quartus〕❶《序数詞》4番目の: ~ lugar 第4位. ❷ 4分の1の: Se comió la ~ta parte de la torta. 彼はケーキを4分の1も食べた
── 名《コロンビア. 口語》友人・仲間に対する親愛の呼称
── 副 4番目に

cuartodecimano, na [kwartoðeθimáno, na] 形 名 復活祭を3月の満月とする異端信仰の〔人〕

cuartofinalista [kwartofinalísta] 名 準々決勝出場者

cuartogénito, ta [kwartoxénito, ta] 形 名 第4子〔の〕

cuartón [kwartón] 男 ❶《建築》化粧材. ❷ 丸太を縦に十字に切断した木材. ❸〔主に四角い〕耕地;《メキシコ》基準の4分の1の耕地面積単位. ❹〔液量の単位〕=約2リットル

cuartucho [kwartútʃo] 男《軽蔑》狭く汚い(むさくるしい)部屋

cuarzo [kwárθo] 男〔←独語 quarz〕《鉱物》❶ 石英: ~ lámpara de ~ 石英灯. ~ lácteo 乳石英, ミルキークォーツ. ~ rosa (rosado) ばら石英. ❷ 水晶〔=~ cristalino〕: reloj de ~ クォーツ時計

cuarzoso, sa [kwarθóso, sa] 形 石英質の, 石英を含む

cuásar [kwásar] 男 =quásar

cuasi [kwási] 副《古》=casi
~ dinero 準通貨〔=casi dinero〕

cuasi- 〔接頭辞〕〔近似〕cuasicontrato 準契約

cuasia [kwásja] 囡《植物》クワッシャ, ニガキ〔苦木〕

cuasicolisión [kwasikolisjón] 囡《航空》ニアミス

cuasicontrato [kwasikontráto] 男《法律》準契約

cuasidelito [kwasiðelíto] 男《法律》準不法行為

Cuasimodo [kwasimóðo]〔←カジモド〔ビクトル・ユゴーの小説の登場人物〕〕男《カトリック》Fiesta de ~ 神のいつくしみの主日〔復活祭後の最初の日曜. かつては白衣の主日 domingo de ~ と呼ばれた〕

cuasina [kwasína] 囡《化学》クアシン〔ニガキの苦味成分〕

cuasiusufructo [kwasjusufrúkto] 男《法律》準用益権

cuatachismo [kwatatʃísmo] 男《メキシコ》身内びいき〔=amiguismo〕

cuatacho, cha [kwatátʃo, tʃa] 名《メキシコ. 口語》仲間, 親友〔=cuate〕

cuate, ta [kwáte, ta] 形 名 ❶《メキシコ, グアテマラ, ベネズエラ》仲間〔の〕, 親友〔の〕, 一味〔の〕. ❷《メキシコ. 口語》双生児〔の〕; よく似た

cuatequil [kwatekíl] 男❶《歴史》強制労役〔植民地時代にメキシコ・中米・カリブ海地域の先住民に課せられた〕. ❷《メキシコ》種用のトウモロコシ

cuatequitl [kwatekítl] 男 =coatequitl

cuaterna[1] [kwatérna] 囡〔くじで〕4つの数の組み合わせ

cuaternario, ria [kwaternárjo, rja] 形 名 ❶《地質》第四紀〔の〕. ❷《化学》átomo de carbono ~ 第4級炭素原子. ❸ 4要素から成る

cuaternidad [kwaterniðá(ð)] 囡 4人一組, 4個一組

cuaterno, na[2] [kwatérno, na] 形 4つの数からなる

cuatezón, na [kwateθón, na] 形《メキシコ》❶〔牛・羊などの, 当然あるべき〕角のない. ❷《口語》仲間〔の〕, 親友〔の〕. ❸ 病気な

cuatorvirato [kwatorbiráto] 男《古代ローマ》司法官 cuatorviro の職務

cuatorviro [kwatorbíro] 男《古代ローマ》〔地方自治体の4人の〕司法官

cuatralbo, ba [kwatrálbo, ba] 形 名 ❶〔馬などが〕4足が白い. ❷《ペルー. 古語》スペイン人男性とメスティーソの女性との混血の〔人〕
── 男《歴史》〔4隻の〕ガレー船団の指揮官

cuatrapear [kwatrapeár] ~se《メキシコ》壊れる

cuatreada [kwatreáða] 囡《セビリャ産の》粗布 estameña の一種

cuatrear [kwatreár] 他《家畜を》盗む

cuatrena [kwatréna] 囡《地方語》5センティモ貨

cuatreño, ña [kwatréɲo, ɲa] 形〔若牛が〕4歳の

cuatrero, ra [kwatréro, ra] 形 名 ❶ 家畜泥棒〔の〕, 馬 (牛) 泥棒〔の〕; 2 carreras ~ras ガウチョの競馬. ❷《中米》裏切り者〔の〕, 嘘つき〔の〕

cuatri- 〔接頭辞〕〔4〕cuatrimestre 4か月間の

cuatriboleado, da [kwatriboleáðo, ða] 形《ベネズエラ. 口語》

勇敢な, 精力的な, 決断力のある; 非常な物知りの; 感じのいい
cuatricentenario, ria [kwatriθentenárjo, rja] 形 400日(年)の
—— 男 生後(死後)400日(年)目
cuatricolor [kwatrikolór] 形 4色の
cuatricromía [kwatrikromía] 女《印刷》4色刷り
cuatriduano, na [kwatriđwáno, na] 形 4日間の
cuatrienal [kwatrjenál] 形 4年間の; 4年ごとの
cuatrienio [kwatrjénjo] 男 ❶ 4年間. ❷ 4年ごとの給与改定
cuatrifolio [kwatrifóljo] 男 =**cuadrifolia**
cuatrillizo, za [kwatriʎíθo, θa] 形 名 4つ子(の)
cuatrillo [kwatríʎo] 男《トランプ》カドリル《4人でするゲーム》
cuatrillón [kwatriʎón] 男 10の24乗
cuatrimestral [kwatrimestrál] 形 4か月続く, 4か月ごとの
cuatrimestre [kwatriméstre] 男 4か月間(の)
cuatrimotor [kwatrimotór] 男《航空》四発機 [=avión ~]
cuatrinca [kwatrínka] 女 ❶ 4人組, 4個組. ❷《トランプ》[ベジーグ báciga で] フォーカード
cuatripartito, ta [kwatripartíto, ta] 形 ❶ 4つの部分に分かれた. ❷ 4要素(種類)から成る
cuatrirreactor [kwatrireaktór] 男 四発のジェット機
cuatrisílabo, ba [kwatrisílabo, ba] 形 4音節の(語)
cuatro [kwátro]《←ラテン語 quattuor》形 名 ❶《基数詞》4; 4つの. ❷ 4番目の. ❸ わずかな, いくつかの: No se aprende en ~ días. それは二三日で覚えられるものではない. hace ~ días 数日前に. ❹ コイン投げ遊び rayuela の碁盤目の. ❺《音楽》1) 四重奏曲. 2)《ベネズエラ》4弦の小ギター. ❻《隠語》馬: ~ de menor ロバ
comer por ~ たらふく食う
~ *cuartos*《西. 口語》ない金: tener ~ *cuartos* 貧乏である. vender por ~ *cuartos* 二束三文で売る
~ *cosas* [*bien dichas*]《口語》いやみ; 小言: Le he contestado ~ *cosas*. 私は彼にいやみを言い返した. decir ~ *cosas* a +人 …にいやみを言う; 小言を言う, 直言する
~ *por* ~ 四輪駆動車: Nos compramos un ~ *por* ~. 私たちは四輪駆動車を購入した
más de ~〖人・事物が〗たくさんの, かなりの; 多くの人たち: Más de ~ se aglomeraron ante la puerta de ese supermercado. 多くの人がそのスーパーの入り口の前に群がった
poner un ~ *a* +人《メキシコ. 口語》…を脅しにかける
cuatrocentismo [kwatroθentísmo] 男 15世紀《特にイタリアのルネッサンス期》
cuatrocentista [kwatroθentísta] 形 ❶ 15世紀の(人). ❷ 15世紀イタリア〔ルネッサンス期〕の文学者(美術家)
cuatrocientos, tas [kwatroθjéntos, tas] 形 名 ❶《基数詞》400(の). ❷ 400番目の
cuatrodoblar [kwatrođoblár] 他 4倍にまでする; 4重にする
cuatrojos [kwatróxos] 名《単複同形》《軽蔑》眼鏡をかけた人
cuatronarices [kwatronaríθes] 女《単複同形》《メキシコ, コロンビア. 動物》ヤジリハブ《毒蛇》
cuatropea [kwatropéa] 女 ❶ 家畜市《場所》. ❷ 家畜売り上げ税. ❸ 四足獣
cuatropeado [kwatropeáđo] 男《舞踊》デガジェ
cuatrotanto [kwatrotánto] 男 4倍; 4倍の量
Cuauhtemoc [kwauṭemók]《人名》クアウテモク《1496～1525, アステカ王国最後の王. コルテス Cortés のホンジュラス遠征に随行. 途中, 反乱を企てた嫌疑で処刑される》
cuauhxicalli [kwausikáli] 男《メキシコ》クアウシカリ《アステカの, 生贄から取り出した心臓を収めておく石製の容器》
cuba [kúba]《←ラテン語 cupa》女 ❶ 樽(㝯), 桶(㪫)(雀). ❷ 樽一杯の量. ❸《口語》でっぷり太った人. ❹〖家庭用電気器具内部の〗槽, タンク. ❺〖実験器具の〗トレイ, バット. ❻《冶金》炉腹. ❼《自動車》1) ~ 気化器のフロートチャンバー. 2) ~ *de riego* 給水車, 散水車. ❽《鉄道》タンク車〖=vagón ~〗. ❾ 雨水を溜める樽. ❿《技術》資材の山
beber como una ~ 大酒飲みである
estar [*borracho*] *como una* ~ ぐでんぐでんに酔っている
estar hecho una ~《俗語》〖樽のように〗太っている
calar una ~ (*las* ~*s*)〖徴税のために〗ワインの大樽の深さを調べる
—— 男《アンデス. 口語》末っ子

Cuba [kúba]《国名》[C~] キューバ《社会主義共和国. 首都はハバナ》
Más se perdió en ~.《戯語》〖失敗・損失などを慰めて〗気を落とすな, キューバではもっとひどかったのだから《←スペインはキューバなどを舞台にした米西戦争 guerra hispano-estadounidense によってすべてを失った》
cubagüés, sa [kubagwés, sa] 形 名 クバグア島 Cubagua の〔人〕《カリブ海にありベネズエラ領》
cubalibre [kubalíbre] 男《酒》クバリブレ, キューバリバー《ラム〔ジン〕のコーラ割り》
cubana[1] [kubána] 女《性技》ぱいずり
cubanicú [kubanikú] 男《キューバ. 植物》コカノキ科の灌木《葉は腫れ物と傷の治療に使われる. 学名 Erythroxylon minutifolium》
cubanismo [kubanísmo] 男 ❶〖スペイン語の〗キューバ特有の言葉づかい. ❷ キューバの文化・伝統への愛好
cubanización [kubaniθaθjón] 女《政治》キューバ化《カストロ Castro 体制の適用》
cubano, na[2] [kubáno, na] 形 名《国名》キューバ Cuba〔人〕の; キューバ人; キューバ料理: arroz a la ~*na*《料理》トマトとバナナ入りのライス
cubanón [kubanón] 男《地方語》[降雪中の] 雨をもたらす暖かい風
cubata [kubáta] 女《口語》=**cubalibre**
cubeba [kubéba] 女《植物》クベバ《学名 Piper cubeba》
cubereta [kuberéta] 女《キューバ. 口語》同性愛の男
cubería [kubería] 女 樽(桶)製造所(販売店)
cubero [kubéro] 男 樽(桶)製造人
cubertada [kubertáđa] 女《船舶》主甲板上の積み荷
cubertería [kubertería] 女《集合》カトラリー《そろいのスプーン・ナイフ・フォークなど》
cubertero [kubertéro] 男 カトラリー入れ《ケース, 仕切り皿, ボックス, 家具》
cubertura [kubertúra] 女 ❶ 覆い[=cubierta]. ❷《歴史》王の前でも着帽してよい権利を貴族に与える儀式[=cobertura]
cubeta[1] [kubéta]《←cuba》女 ❶〖主に四角い〗浅い槽(タンク); 〖実験・現像用の〗トレイ, バット. ❷ 製氷皿[=cubitera]. ❸〖気圧計の〗水銀槽. ❹ 桶型の容器. ❺《音楽》〖ハープの〗ペダルのある台座. ❻《地理》盆地の中の湖(池・沼). ❼《建築》1)〖浴室・プールなどの, 水の集まる〗底のくぼみ. 2) 水洗の便器. ❽ 柄付きの手桶. ❾《古語》水売りの小樽. ❿《メキシコ》ごみバケツ
cubetera [kubetéra] 女 製氷皿[=cubitera]
cubeto, ta[2] [kubéto, ta] 形 名 角が下向きで先端の狭い〖牛〗
—— 男 小型の桶
cúbica[1] [kúbika] 女 ❶《数学》3次曲線. ❷《繊維》estameña より薄く alepín より厚い毛織物
cubicación [kubikaθjón] 女《数学》立体求積; 3乗[《行為》]
cubicaje [kubikáxe] 男〖エンジンの〗排気量, 気筒容積
cubicar [kubikár] 他 ❶ …の体積(容積)を算出する: reservas *cubicadas* 確認埋蔵量. ❷《数学》3乗する
cubichete [kubitʃéte] 男 ❶《古語》〖大砲の〗点火孔と引き金を覆う金属部品. ❷《船舶》傾船修理用の浮き台
cúbico, ca[2] [kúbiko, ka]〖←cubo II〗形 ❶《数学, 幾何》1) 立方の, 立方メートル: un metro ~ 1立方メートル. 2) 3乗の, 立方の: ecuación ~*ca* 3次方程式. ❷《結晶》立方〔等軸〕晶系の
cubicularlo [kubikulárjo] 男《歴史》〖大貴族直属の〗召使い
cubículo [kubíkulo] 男 非常に狭い部屋(寝室), 間仕切りされたスペース, 狭い囲い地
cubierta[1] [kubjérta]〖←cubierto[2]〗女 ❶ カバー, 覆い, ふた: poner ~*s sobre los muebles* 家具にカバーをかける. ❷ ~ *de la cama* ベッドカバー[=cubrecama]. ❸ タイヤ〖の外皮〗: ~ *sin cámara* チューブレスタイヤ. ❹〖本の〗表紙; 〖雑誌の〗第1ページ. ❺《建築》屋根. ❻《船舶》甲板: fregar la ~ 甲板を磨く. ~ *principal* メインデッキ. ~ *superior* (*inferior*) 上(下)甲板. ~ *de proa* (*popa*) 前(後)甲板. ~ *de paseo* プロムナードデッキ. ~ *de aterrizaje*/~ *de vuelo* 飛行甲板. ❻ 封筒. ❼ 口実, 言い訳
bajo ~《商業》別便で
cubierto[1] [kubjérto] 男 ❶ 複 名《集合》カトラリー《そろいのスプーン・ナイフ・フォーク. =juego de ~*s*》; 食器一式: poner los ~*s* a un lado y otro de cada plato 各皿の両側にナイフ, フォーク, スプーンを置く. ❷〖一人分の〗食器のセット《皿, スプーン・ナイフ・フォーク, パン, ナプキン. =servicio de mesa》. ❸〖レスト

んなどの]コース料理, 定食: pedir el ~ de 8 euros 8ユーロの定食を注文する. ❷《まれ》屋根, 庇い: dormir bajo ~『野天ではなく』屋根の下で眠る. ❸《地方語》ひさし《=cobertizo》.
a ~ 1) 屋根の下で; [+de 危険から] 保護されて: ponerse *a* ~ 雨宿りする; 避難する. quedar *a* ~ de críticas 批判を免れている. 2)《商業》estar *a* ~ 信用貸しの支払いが保証されている.
por ~ [パーティー料金などで] 一人当たり, 一人前

cubierto²,ta² [kubjérto, ta]【←ラテン語 coopertus < cum-（共に）+opertum < operire「ふたをする, 覆う」 cubrir の [過分]】❶ [競技場などが] 屋根付きの: piscina ~*ta* 屋内プール. pista ~*ta* de esquí 屋内スキー場. ❷《気象》曇りの: Tenemos cielo ~. 空は一面曇っている. ❸ vino ~ 赤ワイン. ❹《築城》camino ~ [堀上部の] 覆道.
ir ~ 帽子をかぶっている

cubijar [kubixár]〖他〗=**cobijar**

cubil [kubíl] 男 ❶ [野生動物の] 巣穴, 寝ぐら.❷《口語》逃げ場, 隠れ場所. ❸《軽蔑》非常に狭い部屋. ❹《地方語》非常に汚い場所. ❺ 河床

cubilar [kubilár] 男 ❶ [野生動物の] 巣穴《=cubil》. ❷ [夜間用の] 家畜小屋《=apero》.
── 自 [家畜が] 家畜小屋で夜を過ごす《=majadear》

cubilete [kubiléte]【←仏語 gobelet】男 ❶ 円筒形の焼き型, タンバル. 2) [それを使った] カップケーキ, ミートパイ. ❷ [さいころ遊びの] つぼ, ダイスカップ. ❸《古語》広口のコップ. ❹《中南米》シルクハット《=sombrero de copa》. ❺《プエルトリコ, ペルー, チリ, ラプラタ》政治的陰謀

cubiletear [kubileteár] 自 ❶ [つぼ cubilete に入れて] ダイス (さいころ) を振る. ❷ 計略を用いる, 策を弄する

cubileteo [kubiletéo] 男 ❶ ダイスを振ること. ❷ 計略を用いること, たくらみ, いかさま

cubiletero [kubiletéro] 男 ❶ 手品でダイスカップを操る人. ❷《料理》円筒形の焼き型《=cubilete》

cubilla [kubíʎa] 女《昆虫》ツチハンミョウ《=carraleja》

cubillo [kubíʎo] 男 ❶ 冷水容器. ❷《古語》[劇場のボックス席 palco の下の] 小ボックス席. ❸ ~= **cubilla**

cubilote [kubilóte]【←仏語 cubilot】男《冶金》キューポラ, 溶銑炉

cubio [kúbjo] 男《コロンビア. 植物》赤っぽい小型の塊茎 [食用. 学名 Tropaelum tuberosum]

cubismo [kubísmo] 男《美術》キュビズム

cubista [kubísta] 形 名 キュビズムの [画家・彫刻家], 立体派〔の〕

cubital [kubitál] 形 ❶《解剖》尺骨の; 肘の, 前腕の. ❷ [長さが] 1コド codo の.
── 男 肘の筋肉

cubitera [kubitéra] 女 ❶ [冷蔵庫の] 製氷皿. ❷ 製氷機. ❸ アイスペール

cubito [kubíto] 男 ❶ [飲み物などに入れる] 角氷《=~ de hielo》. ❷《料理》スープキューブ《=~ de caldo》

cúbito [kúbito] 男《解剖》尺骨

cubo [kúbo] I ❶《←俗ラテン語 cupus》男 ❶《西, 中米》バケツ: ~ de [la] basura ゴミバケツ. ❷ 車輪のハブ. ❸《料理》スープキューブ《=cubito》. ❹《築城》[円柱形の] 小塔. ❺ [銃剣・槍の] 柄受け. ❻ [燭台の] ろうそく差し. ❼ 水車池, 水車用貯水池. ❽ 懐中時計のぜんまい箱. ❾《玩具》積み木《=~s de madera》
II ❰←ラテン語 cubus < ギリシャ語 kybos「さいころ, 立方体」❱ 男 ❶《数学, 幾何》1) 立方体, 正六面体: ~ de dos metros 2メートル立方. 2) 3乗: ~ de x xの3乗. al ~ 3乗して. ❷《築築》格天井の立方体の飾り

cuboflash [kuboflás] 男《写真》フラッシュキューブ

cuboides [kubóides] 形 男《解剖》立方骨〔の〕

cubre [kúbre] 男《隠語》=**cubreobjetos**

cubrebandejas [kubrebandéxas] 男《単複同形》[主に刺繍入りの] 盆の掛け布

cubrebañera [kubrebaɲéra] 女《カヌー》スカート

cubrebotones [kubrebotónes] 男《単複同形》《服飾》ボタンカバー

cubrecabeza [kubrekabéθa] 男 縁なし帽, 頭を覆うもの

cubrecabezas [kubrekabéθas] 男《単複同形》=**cubrecabeza**

cubrecadena [kubrekaðéna] 男《自転車》チェーンカバー

cubrecama [kubrekáma]【←cubrir+cama】男 ベッドカバー【特に colcha の上にさらに掛けるもの】

cubrecamas [kubrekámas] 男《単複同形》=**cubrecama**

cubrecorsé [kubrekorsé] 男《古語. 服飾》女性がコルセットのすぐ上に着る下着, キャミソール

cubrecosturas [kubrekostúras] 女《単複同形》《服飾》縫い目隠しのレース《=galón ~》

cubrefuego [kubrefwéɣo] 男《ガリシア. 古語》晩鐘【帰宅して火を消す合図】

cubrejunta [kubrexúnta] 男《建築》継ぎ目板

cubremantel [kubremantél] 男 テーブルクロスの上に掛ける飾り用の布

cubremantillas [kubremantíʎas] 男《単複同形》《古語的. 服飾》[乳児の] おくるみの上に掛ける四角い布

cubrenuca [kubrenúka] 女 ❶ 襟覆い《=cogotera》. ❷ [うなじを覆う守る] 兜の下部

cubreobjetos [kubreoβxétos] 男《単複同形》[顕微鏡の] カバーグラス

cubrepán [kubrepán] 男 長い柄付きの四角い鉄板【羊飼いがパイに炭火を載せて焼く】

cubrepié [kubrepjé] 男《中南米》ベッドカバー

cubrepiés [kubrepjés] 男《単複同形》[乳母車の] 足覆い

cubreplatos [kubreplátos] 男 半球形で金網製の蝿帳

cubrepuntos [kubrepúntos] 男《単複同形》《古語的. 軍事》[銃の] 照星覆い

cubrerradiador [kubreraðjaðór] 男 [棚状の] ヒーターカバー

cubretetera [kubretetéra] 女 ティーポットカバー

cubrición [kubriθjón] 女 ❶《動物》の交尾. ❷ 屋根

cubriente [kubrjénte] 形 覆う【物】

cubrimiento [kubrimjénto] 男 ❶ 覆うこと, 覆い隠すこと; 覆い. ❷《放送, 通信》受信可能範囲, サービスエリア. ❸ 取材: hacer el ~ de un suceso 事件の取材をする

cubrir [kubrír]【←ラテン語 cooperire】他 [過分] cubierto ❶ [+con・de で] 覆う, かぶせる: Cubre la mesa *con* un mantel blanco. テーブルに白いテーブルクロスをかけなさい. Las nubes *cubren* el cielo. 雲が空を覆っている. Los muebles están *cubiertos* de polvo. 家具はほこりをかぶっている. Se quitó la bata blanca que *cubría* su camiseta. 彼はTシャツの上に着ていた白衣を脱いだ. Van *cubiertos* de harapos. 彼らはぼろを着ている. ❷ [←se で]: Los niños *han cubierto* el suelo de papeles. 子供たちは床を紙くずだらけにした. Hay tres plazas *cubiertas* y dos vacantes. 席は3つ埋まっていて空きは2つだ. ❸ [人に, +de 侮辱・賞賛を] たくさん浴びせる: La prensa *cubrió* de elogios a los bomberos. 新聞は消防士たちを絶賛した. ❹ 隠蔽する, 覆い隠す: *Cubre* su tristeza *con* una sonrisa. 彼は微笑の下に悲しみを隠している. ~ un delito 犯罪を隠蔽する. ❺ [攻撃から] 守る, 防ぐ, 保護する, 防御する; 援護する; [部隊を] 配置する, 配備する: Los marines volverán a esta zona para ~ la retirada de la ONU. 国連軍の撤退を援護するため, 海兵隊が再びその地域に派遣される予定だ. ~ su pecho *con* el escudo 盾で胸を守る. ~ la carrera パレード (行列) の道筋を警備する. ❻ [出費を] まかなう: El sueldo no *cubre* sus primeras necesidades. 彼の給料では最低限の生活費をカバーできない. ❼《通信, 放送》受信可能範囲 (サービスエリア) にする: Esta emisora *cubre* toda la zona. この放送局は地域全体をカバーしている. ❽ [ニュースを] 取材する: ~ la visita del presidente 大統領の訪問に同行取材する. ❾ [区間を] 走る, 走破する: El tren *cubre* la distancia Madrid-Barcelona en nueve horas. その列車はマドリッド＝バルセロナ間を9時間で走る. ❿ [欠員を] 埋める: El nuevo empleado va a ~ la plaza. 新入社員がその仕事につくだろう. ⓫ [穴を] ふさぐ: ~ el agujero con tierra 土で穴をふさぐ. ⓬ [必要な事を] 実行する: ~ los trámites necesarios 必要な手続きを踏む. ⓭《保険》[危険に対して] 保障する, カバーする. ⓮ [サービス・業務を] 提供する, 任務を務める. ⓯ [債務・借金を] 支払う. ⓰《スポーツ》[相手の選手を] マークする. ⓱《音楽》[他人の楽曲を] カバーする. ⓲ [建物に] 屋根をふく. ⓳ 交尾する. ⓴ [水中で] 背が届く, 足がつく
── ~*se* ❶ 覆われる; 一杯になる: Las calles *se han cubierto* de nieve. 町は一面雪に覆われた. El campo *se cubrió* de flores. 野原一面に花が咲いていた. ❷ [自分を] 覆う, 【帽子などで体を】隠し, 服を着込む; 帽子をかぶる: Ella *se cubrió* el rostro *con* las manos. 彼女は両手で顔を隠した. ~*se con*

cuchillada

un paraguas 傘をさす. ～se con pieles 毛皮を着る. ❸《空が》曇る: Hacía buen tiempo, pero se ha cubierto. いい天気だったが,曇ってきた. ❹《空席が》埋まる. ❺ 防護する: Se cubrieron del fuego enemigo. 彼らは敵の砲火を避けた. ❻《腕を伸ばして》前へならえをする. ❼《西》《貴族が》戴帽の儀式を行なう

cuca[1] [kúka] 囡 ❶《西. 口語》ゴキブリ〖=cucaracha〗. ❷《古語》ペセタ: Tiene muchas ～s. 彼は金をたんまり持っている. ❸《植物, 球根》ショクヨウガヤツリ, キハマスゲ. ❹《複》干しイチジク《アーモンド》入りの菓子. ❺《蝶の幼虫》毛虫, 青虫, 芋虫. ❻《口語》陰茎;《まれ》女性性器. ❼《西式トランプ》〖=y matacán〗ゲームの一種〖cucaは剣の2, matacánは棍棒の2の札〗. ❽《コスタリカ, ペルー, チリ》《警察の》護送車. ❾《チリ. 鳥》シロクビサギ

cucaburra [kukabúra] 男《鳥》ワライカワセミ
cucada [kukáda] 囡《西. 親愛》かわいらしいもの〖主に女性言葉〗
cucalón [kukalón] 男《チリ. 口語》観客・レポーターとして軍事演習に参加する民間人
cucamba [kukámba] 名《ホンジュラス》臆病者
── 囡《ペルー》背が低く太って不格好な女
cucambé [kukambé] 男《コロンビア, ベネズエラ. 遊戯》隠れんぼ
cucamente [kúkamente] 副《口語》ずる賢く
cucamonas [kukamónas] 囡複《口語》甘言, 口車, おだて
cucanda [kukánda] 形《口語》ずる賢い
cucaña [kukáɲa]〖←伊語 cuccagna〗囡 ❶《石鹸や脂を塗って滑りやすくした長い棒をよじ登って賞品を取るゲーム; その棒》. ❷《口語》もうけもの, たなぼた
cucañero, ra [kukaɲéro, ra] 名《努力せずに他人を犠牲にして望むものを手に入れる》抜け目のない〖人〗
cucar [kukár] 他 ❶ ウィンクする, 目配せをする. ❷〖猟師同士で〗獲物が近いことを知らせ合う. ❸《廃語》からかう. ❹《メキシコ》〖人・動物を〗わざと怒らせる
── 自 ❶《家畜がアブに刺されて》走り出す. ❷《地方語》《クルミが》実が熟する
cucaracha [kukarátʃa] 囡 ❶《昆虫》ゴキブリ. ❷《動物》ワラジムシ〖=cochinilla〗. ❸《メキシコ, アルゼンチン. 口語》小型車; 《メキシコ. 口語》みすぼらしい車, ポンコツ車. ❹《キューバ. 植物》シダ. ❺《エクアドル》10センターボ貨
cucarachera[1] [kukaratʃéra] 囡 ゴキブリ取り器
cucarachero, ra[2] [kukaratʃéro, ra] 形 ❶《キューバ, ドミニカ》惚れっぽい. ❷《プエルトリコ, コロンビア》ずるい, 要領のいい. ❸《エクアドル》しばしば態度を変える; 言葉巧みな
── 男《コロンビア, ベネズエラ. 鳥》ウグイスに似た鳴き声の小鳥〖学名 Tryothorus mysticalis〗
cucarda [kukárda] 囡 ❶ リボン飾り, 花形帽章〖=escarapela〗. ❷《馬具》馬飾り. ❸《石工が仕上げに使う》歯付きハンマー
cucarro, rra [kukáro, ra] 形《チリ. 口語》酔っぱらった; 酔っぱらい
── 形 男《古語》❶《修道士が》堕落した, 生臭坊主の. ❷ 修道服姿の《少年》
cucha[1] [kútʃa] 間 ❶《驚き》へえ! ❷《犬に》伏せ! ❸《地方語》《注意喚起》ほら!
── 囡 ❶《西》売春婦. ❷《ペルー》沼. ❸《ラプラタ》1) 犬小屋. 2)《戯語》ベッド: meterse en la ～ 寝床に入る
cuchar [kutʃár] 囡 ❶《廃語》スプーン. ❷《古語》1)《穀物の容量単位》=cuartillo の3分の1. 2) 穀物税. 3) フォーク〖=tenedor〗
── 他《糞・堆肥で》施肥する
cuchara[1] [kutʃára]〖←古語 cuchar < ラテン語 cochlear, -aris〗囡 ❶〖主に大きな〗スプーン, さじ: comer con ～ スプーンで食べる. remover con una ～ スプーンでかき混ぜる. ～ de palo/～ de madera〖料理用の〗木さじ. ～ de servir 取り分け用の大さじ, テーブルスプーン. ～ sopera/～ de sopa スープスプーン. ～ coladera《メキシコ, コロンビア, ボリビア》あく取り用の網じゃくし〖=espumadera〗. ❷ おたま, 玉じゃくし〖=cucharón〗. ❸《掘削機などの》ショベル, バケット: ～ autoprensora グラブバケット. ❹《軍事》大砲に火薬を注ぎ入れるシャベル. ❺《船舶》あかくみ《用のひしゃく》. ❻《冶金》溶けた金属を鋳型に入れるひしゃく. ❼《鳥》ヘラサギ〖=espátula〗. ❽《コロンビア》ミネアザミの一種〖学名 Leuzea conifera〗. ❾《コスタリカ》泣きべそ顔. ❿《中南米》左官の《こて》. ～ **de viernes**《メキシコ》愛想のない人, 出しゃばり. **de** ～《西. 俗語》〖士官などが〗兵隊たたき上げの

despacharse con una ～ grande《メキシコ, ホンジュラス, プエルトリコ》大部分を自分のものにする
entregar la ～《口語》死ぬ
meter... a+人 con ～〖de palo〗《口語》…に…を手とり足とり教える
meter [la·su] **～ en...**…に口出しをする, おせっかいをやく
ser media ～《まれ》《人が》劣っている, さえない, 愚かである

cucharada [kutʃaráda]〖←cuchara〗囡 一さじの量: una ～ de azúcar 大さじ1杯の砂糖. ～ rasa スプーンすり切り1杯. ～ con colmo スプーン山盛り1杯
meter ～ en...…に口出しをする, おせっかいをやく
sacar ～ de...《口語》…から不当な利益を得る
cucharadita [kutʃaradíta] 囡 小さじ1杯の量: dos ～s de sal 小さじ2杯の塩
cucharal [kutʃarál] 男《羊飼いの》スプーン袋
cucharear [kutʃareár] 他 ❶ スプーンですくう. ❷〖船を〗上下に揺さぶる
── 自〖=cucharetear〗
cuchareo [kutʃaréo] 男 スプーンですくうこと
cucharero, ra [kutʃaréro, ra] 名 スプーン製造《販売》者
── 男 スプーン立て, スプーン掛け
cuchareta [kutʃaréta] 囡 ❶《鳥》ヘラサギ〖=espátula〗. ❷ アンダルシア産の小麦の一種. ❸《アラゴン》オタマジャクシ〖=renacuajo〗. ❹《獣医》羊の肝炎. ❺《アンダルシア; メキシコ, キューバ》おせっかいな人
cucharetear [kutʃareteár] 自 ❶ 鍋の中身をスプーンでかき混ぜる. ❷ いらぬおせっかいをする
cucharetero, ra [kutʃaretéro, ra] 名 木のスプーンの製造《販売》者
── 男 ❶ スプーン掛け. ❷《古語》ペチコートの裾の房飾り
cucharilla [kutʃaríʎa]〖cuchara の小示語〗囡 ❶ 小さじ, 茶さじ〖=～ de té〗: ～ de café コーヒースプーン. ～ de moca (moka) デミタス用のごく小さいスプーン. ❷《釣り》スプーン. ❸《獣医》豚の肝臓病
cucharita [kutʃaríta] 囡 小さじ〖=cucharilla〗
cucharón [kutʃarón]〖cuchara の示大語〗男 ❶ おたま, 玉じゃくし;〖取り分け用の〗大きなスプーン, サーバー. ❷《グアテマラ. 鳥》オオハシ〖=tucán〗
cuchareta [kutʃaréta] 囡《船舶》船首・船尾などを補強する不ぞろいな大きさの板
cuché [kutʃé]〖←仏語〖papier〗couché〗男 アート紙〖=papel ～〗
cuchepo, pa [kutʃépo, pa] 名《チリ. 口語》両脚の不自由な人, 両脚を切断された人
── 男《チリ. 口語》両脚の不自由な人が乗る車
cucheta [kutʃéta]〖←仏語 couchette〗囡 ❶《船・列車などの》簡易寝台〖=litera〗. ❷《ラプラタ》二段ベッド
cuchi[1] [kútʃi]《地方語. 鳥》セキレイ〖=～ canariera〗
cuchi[2] [kútʃi]〖←豚を呼ぶ言葉〗男《豚》〖=cerdo〗
cuchichear [kutʃitʃeár]〖←擬声〗自 耳もとでささやく, 耳うちをする, ひそひそ話をする: Es de mala educación ～ cuando hay mucha gente. 人が大勢いる時に内緒話をするのは行儀が悪い
cuchicheo [kutʃitʃéo] 男 耳うち, ひそひそ話
cuchichi [kutʃitʃí]《隠語》ジプシーと非ジプシーの混血の人
cuchichiar [kutʃitʃiár] 自《擬声》ヤマウズラが鳴く声
cuchichiar [kutʃitʃjár] [11] ヤマウズラが鳴く
cuchi-cuchi [kútʃi kútʃi] 男《口語》〖子供などを撫でながら親愛の呼びかけなど〗いい子, いい子
cuchifrito [kutʃifríto]〖=cochifrito〗
cuchilear [kutʃileár] 他《メキシコ》〖犬・人に〗けんかをけしかける
cuchilla [kutʃíʎa]〖←cuchillo〗囡 ❶ 牛刀, 肉切り包丁: gente de la ～《口語》肉屋〖人〗. ❷《切る道具》刃; maquinilla de doble ～ 二枚刃のシェーバー. ❸ かみそり〖=～ de afeitar〗. ❹《スケート》ブレード. ❺《詩語》剣; cara cortada con una ～ とがった細長い傷. ❻ 険しい峰. ❼《中南米》丘の連なり. ❽《コロンビア》1)《自動車》ワイパー. 2)《学生語》ひどく厳しい教師
cuchillada [kutʃiʎáda]〖←cuchillo〗囡 ❶〖刃物で〗切ること, 刺すこと: dar a+人 una 〈de ～s〉 …を突き刺す. matar a ～s 刺し殺す. ❷ 切り傷: ～ de cien reales 非常に大きな傷. ❸《複》けんか. ❹《服飾》〖裏地が見えるような〗切り込み, スラッシュ
andar a ～s 切りつける; 憎み合っている, 敵対している

cuchillar [kutʃiʎár] 形 ナイフの; ナイフのような形の
—— 男 絶壁や険しい峰のある山
—— 他《古語》=**acuchillar**
cuchillazo [kutʃiʎáðo] 男《中南米》女 =**cuchillada**
cuchilleja [kutʃiʎéxa] 女 ❶ cuchilla の示小語. ❷《植物》ミシマサイコ属の一種【=revientabuey de buey】
cuchillejo [kutʃiʎéxo] 男 cuchillo の示小語
cuchillería [kutʃiʎería] 女 ❶《中南米》刃物店, 刃物工場. ❷《古語的》刃物鋼. ❸《チリ》食器のセット
cuchillero, ra [kutʃiʎéro, ra] 形 ❶ ナイフの. ❷ hierro ～ 帯鋼, 刃物鋼
—— 名 刃物商(製造業者)
—— 男 ❶ 留め金, 締め具;《建築》[真束下部の横桁を支える] 鉄の留め金. ❷《メキシコ, ホンジュラス, 南米》[ナイフさばきの得意な]けんか好きの男
cuchillo [kutʃiʎo]《←ラテン語 cultellus「小ナイフ」< culter「ナイフ」》男 ❶ ナイフ, 包丁【=～ de cocina】; 短剣: cortar con un ～ ナイフで切る. comer con ～ y tenedor ナイフとフォークで食べる. ～ de monte/～ de caza 狩猟ナイフ. ～ de postre デザートナイフ. ～ de trinchar 取り分け用の大きなナイフ. ～ eléctrico 電動ナイフ. ～ para frutas 果物ナイフ. ❷《服飾》[主に 複]まち, ゴア. ❸【天秤ばかりなどの】支え刃. ❹《建築》切妻枠, 飾り破風枠; はさみ組み【=～ de armadura】. ❺ 冷たいすきま風【=～ de aire】: Me acatarró un ～ de aire que entraba por la rendija de la ventana. 私は窓のすき間から入る冷たい風で風邪を引いてしまった. ❻《地理》くさび形の峰, 鋭峰. ❼ イノシシの牙. ❽《鷹狩り》[鷹の]次列風切羽. ❾《船舶》大三角帆. ❿【封建君主などの】統治や法律執行の権利
noche de los ～s largos 激論の夜
pasar a ～ [+a 捕縛などを]殺す, 虐殺する
tener el ～ en la garganta 脅迫されている
cuchillón [kutʃiʎón] 男 cuchillo の示大語
cuchipanda [kutʃipánda]《←?語源》女《西, ペルー. 口語》宴会, どんちゃん騒ぎ
ir de ～ [飲酒などの]遊びにくり出す, どんちゃん騒ぎをする
cuchitos [kutʃítos] 男《エルサルバドル》洗濯ばさみ
cuchitril [kutʃitríl] 男《軽蔑》狭くて汚い部屋; 小さくて粗末な住居, あばらや
cucho, cha[2] [kútʃo, tʃa] 形《メキシコ》1) 鼻の潰れた, 鼻ぺちゃの. 2)《口語》口唇裂の. ❷《エルサルバドル》背骨の湾曲した
—— 男 ❶《コロンビア. 口語》父, 母; 先生;《軽蔑》老人. ❷《チリ. 口語》[主に呼びかけ語で]猫
hacerse el ～《チリ. 口語》しらばくれる
—— 女 ❶《コロンビア》屋根裏部屋. ❷《エクアドル, ペルー》隅; あばらや
cuchuchear [kutʃutʃeár] 自 =**cuchichear**. ❷ 陰口をたたく, うわさする
cuchuco [kutʃúko] 男《コロンビア. 料理》豚肉入りの大麦(小麦)のスープ
cuchufleta [kutʃufléta] 女 ❶《口語》[悪意のない]冗談, しゃれ: José siempre está de ～. ホセはいつも冗談ばかり言っている. ❷《メキシコ》ビスケット. ❸《グアテマラ》古靴
—— 男《コロンビア》[人に対する軽蔑の呼びかけ] Cállate viejo ～ 黙れ, 老いぼれ
cuchufletear [kutʃufleteár] 自《口語》冗談を言う
cuchufletero, ra [kutʃufletéro, ra] 名《口語》冗談(ふざけ)好きの[人]
cuchugos [kutʃúɣos] 男 複《南米》革製の箱【鞍橋に2個付ける】
cuchumbí [kutʃumbí] 男《動物》キンカジュー
cuchumbo [kutʃúmbo] 男 ❶《中米》さいころ遊び. ❷《中米》1) [さいころ遊びの]つぼ. 2) じょうご. 3) 手桶
cuclí [kuklí] 男 ❶《軍事. 隠語》新兵. ❷《南米. 鳥》カワラバトの一種【学名 Melopelia melodia】
cuclillas [kukʎíʎas] *en* — しゃがんで: ponerse *en* — しゃがむ
cuclillo [kukʎíʎo] 男 ❶ カッコウ【=cuco】. ❷《まれ》妻に浮気された男
cuco[1] [kúko] 男 ❶《鳥》カッコウ: ～ piquigualdo キバシカッコウ. ～ real マダラカンムリカッコウ. ❷ 毛虫, 青虫【=oruga】. ❸《魚》カナガシラ【=arete】. ❹《トランプ》エースが一番弱いゲーム【=malcontento】. ❺《口語》いかさま師, 賭博師【=tahúr】. ❻ [赤ん坊用の]かごのベッド【=capazo】. ❼《地方語》小型の果実. ❽《南米. 幼児語》[子供へのおどし] お化け, こわいおじさん
cuco[2]**, ca**[2] [kúko, ka]《←ラテン語 cucus》形 ❶《西》《親愛》かわいらしい: habitación *cuca* かわいらしい感じの部屋. ❷ ずる賢い[人], 狡猾な[人], 腹黒い[人]
cucú [kukú] 男 ❶ カッコウの鳴き声. ❷ ハト時計, カッコウ時計. ❸《地方語. 鳥》カッコウ【=cuco】
cucúbalo [kukúbalo] 男《植物》ナンバンハコベ
cucubano [kukubáno] 男《プエルトリコ. 昆虫》ホタルコメツキ【=cocuyo】
cucufato, ta [kukufáto, ta] 形 名 ❶《ペルー》えせ信心家[の]; 偽善的な, 偽善者. ❷《チリ. 口語》頭のおかしい, 気のふれた
cucuiza [kukwíθa] 女《中南米》リュウゼツランから取った糸
cuculí [kukulí] 女 男《ペルー. 鳥》ハジロバト
cuculído, da [kukulíðo, ða] 形 カッコウ科の
—— 男 複《鳥》カッコウ科
cuculiforme [kukulifórme] 形 カッコウ目の
—— 男 複《鳥》カッコウ目
cuculla [kukúʎa]《古語. 服飾》頭巾
cucumela [kukuméla] 女《植物》カバイロツルタケ【キノコの一種】
cuconé [kukuné] 男《地方語》シニョン【=moño】
cucúrbita [kukúrβita] 女《化学》レトルト【=retorta】
cucurbitáceo, a [kukurβitáθeo, a] 形《植物》ウリ科の
—— 女 複《植物》ウリ科
cucurbital [kukurβitál] 形 ウリ目の
—— 男 複《植物》ウリ目
cucurucho [kukurútʃo]《←cogulla「修道服」+corocha「マント」》男 ❶ 量り売りの商品を入れる]円錐形の紙袋(紙容器): un ～ de castañas asadas 紙袋入りの焼き栗1袋. ❷ [主に紙袋の]とんがり帽子. ❸ とんがり頭巾の覆面【=capirote】. ❹ 円錐形の物【ボールペンの先端, ろうそく消し, クラッカーなど】. ❺《主に南米》1) [アイスクリームの]コーン. 2)《カリブ》てっぺん, 頂上; 円錐形の丘【=helado de ～】
cucuteño, ña [kukutéɲo, ɲa] 形 名《地名》ククタ Cúcuta の[人]【コロンビア, Norte de Santander 県の県都】
cucuy [kukují] 男《昆虫》ホタルコメツキ【=cocuyo】
cucuyo [kukújo] 男《昆虫》ホタルコメツキ【=cocuyo】
cudria [kúðrja] 女《アフリカハネガヤを編んだ紐
cudú [kuðú] 男《動物》クーズー【=es】
cueca [kwéka] 女 クエカ【チリ, アルゼンチンなどの民俗舞踊】
cueceleches [kweθelétʃes] 男《単複同形》[吹きこぼれ防止装置付きの]牛乳沸かし鍋
cuechar [kwetʃár] 自《ニカラグア》うわさ話をする, 陰口をたたく
cuegle [kwéɣle] 男《カンタブリア神話》龍, ドラゴン
cuelga [kwélɣa]《←colgar》女 ❶ [果実などを保存用に]吊るすこと: tomates de ～ 吊るしトマト. ❷ 集合 保存用に吊るされた果実. ❸ 誕生日の贈り物. ❹ [絵画・写真の]陳列. ❺《コロンビア, チリ》滝
cuelgacapas [kwelɣakápas] 男《単複同形》コート掛け
cuelgaplatos [kwelɣaplátos] 男《単複同形》[壁の]飾り皿掛け
cuelgue [kwélɣe] 男 ❶《俗語》麻薬による恍惚感. ❷ 掛けること
cuellarano, na [kweʎaráno, na] 形 名《地名》クエジャル Cuéllar の[人]【セゴビア県の町】
cuellicorto, ta [kweʎikórto, ta] 形 首の短い
cuellierguido, da [kweʎjerɣíðo, ða] 形 首をまっすぐに伸ばした
cuellilargo, ga [kweʎilárɣo, ɣa] 形 首の長い
cuellinegro, gra [kweʎinéɣro, ɣra] 形 [動物が]首の黒い
cuellirrojo, ja [kweʎirróxo, xa] 形 [動物が]首の赤い
cuello [kwéʎo]《←ラテン語 collum》男 ❶ 首: agarrarse a+人 …の首にしがみつく. alargar el ～ 首を伸ばす. llevar un collar en el ～ ネックレスをつけている. ❷《服飾》1) えり, えり元: Se subió (Alzó) el ～ del abrigo. 彼はオーバーのえりを立てた. agarrar (coger) a+人 del (por el) ～ …のえり首をつかむ. ～ duro (blando) 糊付けした(してない)カラー. 2) [カラーとネックライン] ～ a [la] caja《西》クルーネック. ～ alechugado (escalopado・acanalado) リブ編みハイネック. ～ alto ハイネック. ～ base《アルゼンチン, ウルグアイ》丸首. ～ cisne《西》タートルネック. ～ Claudine 肩のボタン(蝶結び)で留めるネック【20世紀初頭に流行】. ～ de marinero セーラーカラー. ～ de pajarita/～ de palomita ウィングカラー. ～ de pico V ネ

ック. ~ [de] tortuga《中南米》タートルネック. ~ en O《ボリビア》クルーネック. ~ [en] V《中南米》Vネック. ~ esmoquin ヘチマえり, Jorge Cháves《ペルー》タートルネック. ~ mao/~ de tirilla/~ china チャイニーズカラー. ~ redondo 丸首. ~ volcado《南米》ハイネック. ~ vuelto タートルネック. 3)［毛皮などの］えり巻き. ❸［瓶などの］首. ❹［マストなどの］細くなった部分. ❺［解剖］~ del útero/~ uterino/~ de la matriz 子宮頸部. ❻［料理］牛の首肉. ❼［ニンニク・玉ネギなどの］茎. ❽《古語》足首
apostar a ~ a que+直説法=*jugarse el ~ a que*+直説法
con ~《チリ.口語》失望した
cortar a+*el ~* 1) …の首をはねる, 喉をかき切る. 2) ひどい目に遭わせる
~ de botella 渋滞; ボトルネック: *formar un ~ de botella* ネックになる
de ~ blanco ［犯罪について］ホワイトカラー(社会的地位の高い人)による: *delincuencia de ~ blanco* ホワイトカラー犯罪
empeñarse hasta el ~ 借金漬けになる: *Compró la casa y se empeñó hasta el ~*. 彼は家を買って借金漬けになった
escaparse por el ~ de la camisa《口語》=*salirse por el ~ de la camisa*
estar con el agua al ~ 窮地にある, 深みにはまっている
estar hasta el ~ de… …にうんざりしている
estar metido hasta el ~《口語》[+en 厄介事に] 首までつかっている
hablar al (para el) ~ de su camisa 非常に小声で言う
jugarse el ~ a que+直説法 …に首を賭ける: *Me juego el ~ a que él escribe mejor que tú.* 彼が君より上手に書けなかったら首をやる
levantar el ~ えりを立てる; 立ち直る
meter el ~ せっせと働く, 一途にがんばる
meterse hasta el ~《口語》[+en 厄介事に] 首までつかる
salirse por el ~ de la camisa《口語》やせこけている
ser un ~《南米.口語》嘘つきである
tener《ホンジュラス, エルサルバドル》大変影響力がある
cuelmo [kwélmo] 男 ❶ たいまつ《=*tea*》. ❷《レオン》わらぶき屋根
cuenca [kwéŋka]《←ラテン語 concha < ギリシア語 konkhē「貝殻」》女 ❶《地理》流域; 盆地: *Durante la mañana habrá neblinas en la ~ alta del Guadalquivir.* 朝のうちはグアダルキビル川上流域にもやが発生するだろう. *~ del Ebro* エブロ川流域; エブロ盆地(低地). *~ de recepción* 集水区域. ❷《地質》鉱床. *~ ~ minera*: *~ carbonífera* 炭田. *~ petrolífera* 油田. ❸《解剖》眼窩(ホシ). ❹［物乞い・巡礼者などが施しを受けるための］椀
cuencano, na [kweŋkáno, na] 形 名《地名》クエンカ Cuenca の(人)《=*conquense*》
cuenco [kwéŋko]《←*cuenca*》男 ❶《料理》ボウル, 鉢, 碗; どんぶり. ❷ くぼみ, 凹部: *~ de la mano* [くぼませた]手のひら. ❸《アラゴン》熱した灰汁で洗濯物を漂白するたらい
cuenda [kwénda] 女 糸のかせをまとめる紐
cuenta [kwénta]《←ラテン語 computus「計算, 数えること」》女 ❶ 計算, 加減乗除: *Sabe escribir y hacer ~s.* 彼は字が書けるし計算もできる. *Sale ajustada la ~.* 計算が合っている. *hacer una ~ de multiplicar* 掛け算をする. *~ de sumar* 足し算. *~ de restar* 引き算. *~ equivocada* 計算違い. ❷［時に 複］会計, 勘定; 勘定書, 請求書: 1) ¡Camarero, la *~ por favor!* ボーイさん, お勘定! *Tengo una ~ importante que cobrar.* 私は取り立てなくてはならない高額の勘定がある. *Tiene ~s con el sastre.* 彼は洋服屋に借金がある. *Las ~s son las ~s*.《諺》商売に人情は禁物《=勘定は勘定》. *pagar la ~* 会計をする, 勘定を払う. *pedir la ~* 勘定書を頼む. *~ de gas* ガス料金の請求書. *~ jurada*［訴訟代理人などが優先弁済を認められる］未払いの旨を宣誓した費用請求書. 2)《簿記》*saldar una ~* 決算する. *libro de ~s* 会計簿, 帳簿. *libro de ~s ajustadas* 簿記の手引書. *~ acreedora* (deudora) 貸方(借方)勘定. *~ anterior* 前回勘定. *~ de gastos* 経費計算書. *~ de pérdidas y ganancias/~ resultados* 損益計算書. *~ de venta simulada* 仮計算, 試算勘定. *~s a (por) cobrar* 売掛金. *~s a (por) pagar* 買掛金. ❸［銀行などの］口座: *abrir una ~* 口座を開く(開設する). *cerrar la ~* 口座を閉鎖する; 勘定を締める. *tener una ~ en un banco* 銀行に口座を持っている.

ingresar dinero en la ~ de+人 …の口座に金を振り込む. *~ abierta* 信用勘定; オープン勘定, 清算勘定, 掛け売買取引. *~ conjunta* 共同預貯口座. *~ corriente* 当座預金口座, 当座勘定; 経常収支. *~ de crédito* 当座貸越口座. *~ deudora* 借入(借越)残高のある口座. *~ en participación*［ジョイントベンチャーの一形態としての］共同勘定. *~ prendaria* 担保付き当座貸越口座. *~ presupuestario* 自動支払い口座. ❹［時に 複］報告, 説明; 釈明: *Nadie le pide ~s, así que hace lo que quiere.* 誰も彼に報告を求めないので彼は好き放題にしている. *Si me piden ~s de lo que he hecho, les contestaré adecuadamente.* 私はしたことの説明を求められれば適切に答えましょう. *dar ~s* すべきこと, 責任, 役目: *Corre (Queda) de mi ~ convencerle.* 彼を納得させるのは私の責任だ. ❻ 関心事: *Si gasto o dejo de gastar es ~ mía.* 金を使おうが使うまいが私の勝手だ. ❼ 思考, 考慮: *admitir… en ~* …も考慮に入れる. ❽［主に 複］狙い, もくろみ: *Han salido fallidas mis ~s.* 私の狙いは外れた. ❾［ロザリオ・首飾りの］珠: *pasar las ~s del rosario* ロザリオの数珠を繰りながら祈る. *~ de leche*《古語》［哺育中の女性が首に掛ける］母乳の出を良くするための玉髄の珠. *~ de perdón*《古語》免償のロザリオ《玉が通常より大きい》. ❿《情報》アカウント: *~ de correo [electrónico]* メールアカウント. ⓫《織物》番手, 縦糸の本数. ⓬ 懸案事項, 未解決の問題. ⓭ 利益, 利. ⓮《古語》数量; 部分. ⓯《古語》［物を支える］脚, 支柱《=*cuento*》. ⓰《エストレマドゥラ》ワラジムシ, ダンゴムシ《=*cochinilla*》
—— 間 気をつけて!《=*cuidado*》
a buena ~ 1) =*a ~*: *pagar mil euros a buena ~ de las diez* 1万ユーロのうち1千ユーロ先払いする. 2) 確かに, 当然, 疑いなく
a buena ~ y a mala =*a ~*
a ~ 先払いで, 内金として, 一部払いで: *pagar a ~ mil euros* 1千ユーロを先払いする
a ~ de… 1) …の勘定で. 2) …に依存して: *Vive a ~ de su tío.* 彼は叔父に食わせてもらっている. 3) …の埋め合わせに, 代わりに
a fin de ~s 結局, つまるところ
a la ~ =*por la ~*
a su ~ 自己負担で
abrir la ~ 帳簿をつけ始める
ajustar ~s［互いに］清算する; 借りを返す
ajustar las ~s a+人［脅し文句で］…とけりをつける, 報いを受けさせる
ajustar sus ~s［方策を練るため］利害得失を考量する
alcanzar de ~ a+人［論争・口論で］…を黙らせる, 打ち負かす
armar la ~ =*abrir ~*
bajar la ~ 勘定をまける
caer en la ~ de…［初めて］…に気づく, 分かる: *Entonces caí en la ~ de por qué no había querido venir.* その時私は彼がなぜ来たがらなかったか分かった. *No caí en la ~ de quién era hasta que me habló de ti.* 君のことを話すまで彼が誰だか私は分からなかった
cargar… en ~ …をつけにする, 借方に記帳する: *Cárgueme-lo en ~.* それは私につけておいて下さい
con ~ y razón 慎重に, 注意深く; 時間に正確に
con su ~ y razón 計算ずくで, 欲得ずくで: *Es verdad que él me ha ayudado, pero con su ~ y razón.* 確かに彼は手伝ってくれたが, 欲得ずくだった
correr a la ~ de+人 …の勘定につける
correr por (de la) ~ de+人 1) …の所属である. 2) …の責任である, 負担である: *Si tú me invitas a comer, las copas corren de mi ~.* 君が食事をおごってくれるなら, 飲み代は私が持つよ
correr por la misma ~ 同じ事に携わっている, 同じ状況にある
cubrir la ~ 借記を貸記で埋め合わせる
~ atrás カウントダウン, 秒読み
C~ con la ~［罰などで脅して］気をつけろ!
~ pendiente［口語］懸案事項, やり残しの仕事
~ regresiva《中南米》=*~ atrás*
~s alegres《口語》=*~s galanas*
~s galanas《口語》夢のような話, 根拠のない計画; 皮算用
dar buena ~ de… 1) …に対する信頼に応える. 2) 消費

尽くす, 食べ(飲み)尽くす《=dar ～ de...》
dar ～ de... 1) …について説明する, 釈明する: No tengo que dar ～ a nadie de mis actos. 誰に対しても私の行為を説明する必要はない. 2) …を知らせる, 報じる: Lo hizo él solo sin dar*me* a mí ～ de nada. 彼は私には何も知らせずに一人でそれをした. Un telegrama procedente de Tokio da ～ de un terremoto. 東京発の電報が地震を報じる. 3) 消費し尽くす, 食べ(飲み)尽くす: Él solo *ha dado* ～ de la herencia de todos los hermanos. 彼一人で兄弟全員の遺産を使い尽くした. En diez minutos *dio* ～ de la comida. 彼は10分で料理をすべて食べ終えた
dar en la ～ de... =caer en la ～ de...
dar la ～ a+人 …を解駁する
dar mala ～ de... …に対する信頼を裏切る
darse ～ de 〔口語〕気付く, 分かる: Salí y al poco *me di* ～ de que me había dejado la cartera dentro. 私は外出してすぐ財布を置き忘れてきたことに気付いた. ¿Cómo no *te has dado* ～ antes? どうしてもっと前に気が付かなかったの? Él *se da* ～ de que tiene que trabajar. 彼は働かなければならないことに気付いた. No hace falta que me digas más: ya *me doy* ～. それ以上私に言う必要はない, 私はもう分かった. Aunque es tan pequeño, *se da* ～ de las cosas. 彼は小さいがすべて分かっている
de ～ 1) 重要な; 〔盗み・詐欺などの〕罪を犯した, 罪を犯す可能性のある, 信用できる: hombre *de* ～ 重要人物; 要注意人物. 2) スクエアダンスをする: bailar (danzar) *de* ～ スクエアダンスをする
de ～ de+人 1) …+**por ～ de**+人: Los portes son *de* ～ del comprador. 送料は買い手持ちです. 2) …の責任で
de ～ y riesgo de+人 **=por ～ y riesgo de**+人
de nueva ～ 再び, もう一度《=de nuevo》
digno de tenerse en ～ 考慮する(一考)に値する
echar (s) 1) 熟慮する, 検討する. 2) [+de を]もくろむ, 計画する: Él *echa* ～*s* de ganar mucho dinero con ese negocio. 彼はその取引で大金をかせぐことを狙っている. 3) 勘定(計算)をする, 見積る
echar ～(s) con... …をあてにする, 頼りにする: No *eches* ～*s con*migo para ayudarte. 君の援助に私を当てにしてはいけない
echar la ～ 勘定(計算)する: *Echa* la ～ de lo que nos corresponde pagar a cada uno. 我々がそれぞれ払うべき金額を計算してくれ
echar la ～ sin la huéspeda《口語》利点ばかりを強調する
echar las ～s =echar la ～
echar sus ～s 利害得失を考える: Antes de decir que sí o que no, tengo que *echar mis* ～*s*. 賛成か反対かを言う前にその良い点, 悪い点を考えなければならない
echarse (la) ～ de... =hacer(se) (la) ～ de...
echarse sus ～s =echar sus ～s
en ～ =a ～
en ～ de...《古語》…の代わりに《=en vez de》
en fin de ～s =a fin de ～s
en resumidas ～s 手っ取り早く言うと, 要するに: *En resumidas* ～*s*, nadie sabe lo que conviene. 要するにどうしたら都合がいいか誰も知らない
entrar en ～ [事柄が主語]考慮(計算)に入る
entrar en ～s consigo mismo 良心の糾明をする, 反省する; 進むべき道を考える, 己を知る
entrar en las ～s de+人 …からあてにされる, 数に入れられる
estar a ～s 用意(準備)ができている
estar fuera de ～(s) [女性が]臨月である
estemos a ～s《口語》**=vamos a ～s**
exigir (estrechas) ～s a+人 …に〔厳しく〕釈明を求める
girar la ～ 請求書を作って送る
habida ～ de...《文語》…を考慮して, …に鑑みて: Se decidió a retirarse de la vida de activo, *habida* ～ de su debilitamiento físico. 彼は体力の衰えを感じて, 現役を引退することに決めた
hacer (la) ～ de...《口語》**=hacerse (la) ～ de...**: No *hacía* ～ de hallarte. 君を見つけられるとは思わなかった
hacer ～ sin la huéspeda《口語》**=echar la ～ sin la huéspeda**
hacer las ～s de la lechera〔取らぬ狸の〕皮算用をする
hacerse (la) ～ de...《口語》…と考える, 想像する: 1) No

vayas a trabajar, y que *se hagan la* ～ de que estás enfermo. 会社を休みなさい. そして君が病気になったことを分からせなさい. 2) [仮定的. +que+接続法] *Hazte* ～ de que ya no vuelva tu hijo. 君の子供はもう帰って来ないものと思いなさい
la ～ de la vieja《俗語》指を使った計算《幼稚な計算》
las ～s del Gran Capitán《戯語》高くふっかけた勘定; 〔まれ〕根拠のない大げさな話
llevar la ～... 〔合計を知るために〕…を数える, 数を記録する: Yo *llevo la* ～ de las veces que te equivocas. 君が何回間違えるか僕が数えるからな
llevar las ～s [+de の] 会計を担当する: Él era el encargado de *llevar las* ～*s* en la expedición. 彼は遠征の会計担当者だった
más de la ～ [適切・妥当・必要の]度を越して, 過度に: beber *más de la* ～ 酒を飲み過ぎる
menos de la ～ 少ない過ぎて: Acude al baño *menos de la* ～. 彼はトイレの回数が少ない過ぎる
meter en ～ 1) **=cargar... en ～**. 2) 理由として付け加える
no hacer ～ de... …を評価しない, 問題にしない
no querer ～s con+人《口語》…と付き合いたくない, 関わり合いになりたくない
no salir a+人 **la ～** …の期待(当て)が外れる
no tener ～ con... …に口出ししない
no tomar en ～ 無視する, 相手にしない
pasar (s) 考えさせる
pasar la ～ 1) 請求する, 勘定書を渡す: Todavía no me *ha pasado la* ～ el fontanero. 水道屋はまだ請求書を送ってこない. 2) 〔金など不要と言っておきながら, 後で〕見返り(返礼)を求める: Está *pasándole la* ～ a la muchacha. 彼は少女に見返りを求めている. 3) 会計検査をする
pasar las ～s 会計検査をする
pedir ～s a+人 …に釈明を求める: Nadie le pide ～*s*, así que hace lo que quiere. 誰も釈明を求めないから, 彼は勝手なことをするのだ
perder la ～ [+de の] 数が分からない: *He perdido la* ～ de los años que tengo. 私は自分が何歳になるか忘れてしまった. Si me hablas me harás *perder la* ～. 君に話しかけられると, いくつなのか分からなくなる
perderse la ～ de... …の数が膨大である; …は遠い昔のことである
poner... en ～ 1) **=cargar... en ～**. 2) 理由として付け加える
por ～ ajena 雇用された・されて, 生産物が生産者の所有とならない: trabajador *por* ～ *ajena* 雇用労働者. trabajo *por* ～ *ajena* 被雇用労働
por ～ de+人 …+払いの, 負担の: Los gastos de viaje serán *por* ～ del becario. 旅費は留学生持ちとする. 2) …名義で, …の代理人として. 3) …の利益のために
por ～ propia 1) 自営の・で: trabajador *por* ～ *propia* 自営労働者, 自営業者. 2) 自己資金で. 3) 自立して, 独立独行で
por ～ y riesgo de+人 …の責任で; …の支払いや危険負担で
por la ～ 様子(経緯・前歴)から判断すると
por la ～ que le trae その人自身のためを考えれば: Ya se preocupará él de no llegar tarde, *por la* ～ *que le trae*. 彼も自分のためを思ったら, いいかげん遅刻しないように気をつけるだろう
por su ～ 自分の責任で(判断)で, 勝手に: Estudia la gramática *por su* ～. 彼は文法は自分で勉強している
quedar de ～ de+人 **=correr por ～ de**+人
rendir ～s [+a 責任者などに]説明する: obligación de *rendir* ～*s* [行政機関などによる国民への]説明責任, アカウンタビリティ
resultar bien (mal) las ～s =salir bien (mal) las ～s
sacar (la) ～ de... 計算する, 計算結果を出す, 合計する: *Saqué la cuenta* de lo que había ganado. 私はいくらもうけたか計算した. *Sacan las* ～*s* de hoy. 彼らは今日の売上げの勘定をする
saldar las ～s《比喩》貸し借りなしにする
salir a ～ =traer ～
salir bien (mal) las ～s 期待どおり(期待外れ)になる: *Han salido bien las* ～*s*. 計算どおりの結果になった

salir ~ =traer ~
salir de ~*s* [現在形で, 女性が] 出産予定日である; [現在完了形で] 出産予定日を過ぎている
sin darse ~ 気づかずに, 知らないうちに, あっという間に: El tiempo pasa *sin darse* ~. 時間はあっという間に過ぎ去る
tener... en ~ …を考慮に入れる: Ten en ~ que por la noche hará frío. 夜は寒くなることを考慮に入れなさい. Esa es otra razón a *tener en* ~. それは考慮に入れるべきもう一つの理由だ. Teniendo en ~ su poca edad, no le impusieron ningún castigo. まだ幼いことを考慮に入れて, 彼は罰せられなかった
tener ~ 1) [+con を] 注意する, 気にとめる. 2) [事柄が, +a+人 に] 有利である, 都合がよい
tener ~*s con*... …に未払いの勘定がある; 未解決の問題がある
tomar... en ~ 1) [+名詞+que+接続法] …を気にかける, ありがたく思う; [他人の不愉快な言動を] 根に持つ: Tomó en ~ las veces que le había prestado dinero y me echó una mano. 私が以前何度も金を貸してあげたことをありがたく思って彼は救いの手をさしのべてくれた. No *tomes en* ~ que no venga a visitarte. 彼が訪ねてこなかったことは気にするな. 2) 一部支払いとして受け入れる
tomar... por su ~ の責任(役目)を引き受ける
tomar ~ 1) 会計監査(監査)をする 2) 行動を綿密に調べる
tomar la[*s*] ~[*s*] 会計監査をする; [提出されたものを] 調べる
traer ~ 1) 都合がよい: No me trae ~ cambiar de destino. 目的地を変更するのは都合が悪い. 2) もうけになる: Es un negocio que *trae* ~. この商売はもうかる
traer a+人 a ~*s* …をさとす, 説得する
vamos a ~*s* [問題点を] まとめてみよう/はっきりさせよう
venir a ~ 了解する, 説得に応じる
volar por su ~ 《口語》[人が] 自立している
cuentachiles [kwentatʃíles] 名 [単複同形] 《メキシコ. 口語》金(財産)をけちけちと管理する[人]
cuentacorrentista [kwentakorentísta] 名 当座預金の口座所有者
cuentadante [kwentadánte] 名 《地方語》受託者, 被信託人
cuentagotas [kwentagótas] [←contar+gota] 男 [単複同形] スポイト; 点眼器
con ~/*a* ~ 《口語》大変ゆっくりと; けちけちと, 出し惜しみをして, わずかずつ
cuentahilos [kwentáilos] 男 [単複同形] [織物の糸などを確認するための] 拡大鏡
cuentakilómetros [kwentakilómetros] 男 [単複同形] 走行距離計
cuentapasos [kwentapásos] 男 [単複同形] ❶ 万歩計 [=podómetro]. ❷ [通話の]度数計
cuentarrevoluciones [kwentareβoluθjónes] 男 [単複同形] 《自動車など》タコメーター, 回転速度計
cuentavueltas [kwentaβwéltas] 男 [単複同形] ❶ 《競走》ラップ(周回数)測定器. ❷ 《自動車など》=**cuentarrevoluciones**
cuentecito [kwenteθíto] 男 ❶ 短編小説. ❷ 小さな嘘, 作り話
cuentero, ra [kwentéro, ra] 形 名 ❶ 《主に中南米》嘘つきな[人]; うわさ話の好きな[人], 陰口をたたく[人]. ❷ 《キューバ》短編作家 [=cuentista]
cuentista [kwentísta] [←cuento] 形 名 ❶ 短編作家. ❷ 《軽蔑》うわさ好きな[人], 陰口をたたく[人]. ❸ 《軽蔑》大げさな[人], ほらふき[の]
cuentitis [kwentítis] 女 [単複同形] 《戯語》仮病: Este niño tiene mucha ~. この子はよく仮病を使う
cuento [kwénto] I [←ラテン語 computus「計算」< computare「計算する, 考える」] 男 ❶ 話, 物語 [→historia 類義]; おとぎ話: Todos hemos escuchado alguna vez el ~ de Caperucita Roja. 私たちは皆一度は『赤頭巾ちゃん』の話を聞いたことがある. ~ antiguo 昔話. ~ infantil 童話. ❷ 短編小説 [⇔novela]; [落ちのある] 小話, コント. ❸ [人を引くための] 作り話, 大嘘, でっち上げ: Lo que dices es un puro ~. 君の話は嘘っぱちだ. ¡Vete con el ~ a otra parte! そんな話を信じるのか/嘘をつけ! ❹ 《口語》[主に 複] うわさ話, 陰口, ゴシップ: Siempre anda con ~*s*. 彼は陰口をきいてばかりいる. Esos bi‑

chos tienen no sé qué ~*s* entre ellos. あのろくでなしどもが何やらひそひそ話をしている. ❺ 《主に 複》ばかげた話, わずらわしい話, 嫌な話; 時宜を得ない話: Es mejor no ir allí con ~*s*. あそこへは厄介な話は持ち込まない方がいい. No me vengas con ~*s*. くだらないことを言ってくるな. Dejaos de ~*s* y vamos al asunto. 余計な話はよしにして肝心の話に入ろう. ❻ 《口語》 複 もめごと, 面倒ごと: Ana tiene ~*s con* María. アナはマリアともめている. Han tenido no sé qué ~*s entre ellos*. 何か知らないけど彼らの間でもめごとがあった. ❼ 《口語》はったり, 誇張: Sí, es inteligente; pero tiene también mucho ~. 確かに彼は頭がいいが, 物事を大げさに言う傾向もある. ❽ 計算, 数えること: ~ de los años 年齢の計算 ❾ 《古語》100万 [=millón]. ❿ 《グアテマラ》 [主に 複] こまごまとした買い物
a ~ 1) 適切に, 都合よく. 2) 《古語》取り替えて
a ~ *de*... …に関して
¿*A* ~ *de qué...*? [不承認·不都合] 一体どんな理由で…? [=¿A santo de qué...?]
Acabados son ~*s*. 《口語》[口論をさえぎって] 話はここまで
¡*Allá* ~*s*! 勝手にしろ, 知ったことか!
aplicarse el ~ [他の人の経験を] 自らの戒めとする, 他山の石とする: ¿Has visto lo que le ha pasado a tu hermano? Así que *aplícate el* ~. 君の兄さんがどうなったか見たか? ああならないように気をつけることだな
como digo de mi ~ 《口語》[愉快な話の初めに] さて, そこで
como iba diciendo de mi ~ 《口語》[愉快な話の続きに] さて, それから
~ *chino* 《口語》荒唐無稽な話, 大嘘, でたらめな話
~ *de cuentos* 1) [込み入って] 説明の難しい話. 2) 1兆 [=billón]
~ *de hadas* おとぎ話, メルヘン;《比喩》夢物語
~ *de horno* 巷のうわさ話
~ *de la buena pipa* 延々と繰り返される話; どこまで行っても解決しない問題
~ *de nunca acabar* 際限のない事柄; ややこしくて解決のつきそうにない問題: La negociación sobre la indemnización del accidente de hace dos años se me ha hecho un ~ *de nunca acabar*. 2年前の事故の補償についての話し合いは, 私にとってきわめてややこしい話になってしまっている
~ *de viejas* [当てにならない] 昔からの言い伝え, たわいのない迷信
~ *del tío* 《南米. 口語》信用詐欺: hacer a+人 el ~ *del tío* …を詐欺にかける
~ *tártaro* 《口語》=~ *chino*
degollar el ~ 《口語》[別の話·質問などで] 話の腰を折る
dejarse de ~*s* 回りくどい前置きを省く, さっさと本論に入る; でたらめを言わない: *Déjate de* ~*s* y dinos solo lo que viste. 無駄なことは言わないで自分が見たことだけを言いなさい
despachurrar (*destripar*) *a+人 el* ~ 《口語》1) [話の先回りをして] …の話の腰を折る. 2) …の試み(企て)をくじく
echar a+人 mucho ~ [言動を] 大げさにする, ひどく派手にする
en ~ *de*... 1) …の数の(の). 2) …の代わりに
en todo ~ いずれにしても [=en todo caso]
Es mucho ~. それはないがしろにできない
Ese es el ~. 《口語》そこに問題の核心(難点)がある
estar en el ~ よく知っている, 事情に通じている
hablar en el ~ 話題(問題)になっている事柄について話す
ir a+人 con el ~ [悪意で] …にこっそり知らせる, 告げ口をする: Le faltó tiempo para *irle con el* ~ *al jefe*. 彼はすぐさま上司に告げ口した
ir a+人 con ~*s* =venir a+人 con ~s
meter un ~ 嘘を言ってだます
no contar el ~ 《中南米》[人が] 死ぬ
no querer ~*s con+人* …と関わりたくない
poner en ~*s* 危険にさらす
quitarse de ~*s* =dejarse de ~s
saber su ~ 《口語》よく考えて行動する; 動機を隠して行動する
ser de ~ おとぎ話のようである
ser el ~ 肝心〔の問題〕である
ser mucho ~ ひどい(うんざりする)話である
ser [*un*] ~ *largo* 《口語》話せば長い話である
sin ~ [名詞+] 無数の: Esto le proporcionó disgustos *sin*

C

〜. このため彼はいやというほど不快な目にあった
tener 〔***mucho***〕 ***〜/tener más 〜 que Calleja*** とても大げさである, ほらふきである
traer a 〜 別の話を持ち出す, ほかのことを話題にする
Va de 〜.《口語》1) そういう話(うわさ)だ. 2) そんなばかな
venir a+人 ***con 〜s*** …にくだらないこと(ぶしつけなこと・でたらめ)を言う
venir a 〜《口語》[主に否定文で] 適切である, 関連性がある: Lo que has dicho no *viene a* 〜. 君の言ったことは的外れだ
vivir del 〜《口語》働かずに(無為に)暮らす
Y va de 〜.《口語》=**Va de 〜.**
II〘←ラテン語 contus < ギリシア語 kontos「石突き」〙[男] ❶ [ステッキ・槍などの] 石突き. ❷ [物を支える] 脚, 支柱. ❸《鷹狩り》[鷹の] 翼の接合部

cuentón, na [kwentón, na] [形] [名] =**cuentista**

cuera[1] [kwéra] [女] ❶《服飾》[昔の] 胴着の上に着た革コート. ❷《中米》[革製の粗末な] ゲートル, 脚絆(きゃはん): 〜 de arnés よろいの下に着けたゲートル. ❸《パナマ, プエルトリコ, ボリビア》鞭打ち, 殴打

cuerada [kweráđa] [女]《地方語》殴打

cuerazo [kweráθo] [男]《口語》❶《中南米》すごい美人, かっこいい男. ❷《南米》鞭打ち. ❸《コロンビア》転倒

cuerda[1] [kwérđa]〘←ラテン語 chorda < ギリシア語 khorde「腸製の弦」〙[女] ❶ 縄, 綱, ロープ, ザイル; 紐: 1) Dame una 〜 para atar el paquete. 包みを縛るのに紐を下さい. atar con 〜 縄で縛る. lucha de la 〜 綱引き. 〜 de cáñamo 麻縄. 〜 sisal サイザル麻のロープ. 2)《諺》O se tira la 〜 para todos o no se tira para ninguno. 一部の利益にしかならないようなら何もしない方がいい. Siempre se rompe la 〜 por lo más delgado. いつも弱者にしわよせが来る. ❷ [時計などの] ぜんまい; [時計の] 振り子鎖: Hay que dar 〜 a este reloj todos los días. この時計は毎日ねじを巻く必要がある. 〔Se〕 Ha saltado la 〜. ぜんまいが切れた. juguete de 〜 ぜんまい仕掛けのおもちゃ. ❸ [弓の] 弦(つる): aflojar la 〜 a un arco 弓の弦をゆるめる. abrir la 〜 弓を引く. ❹《音楽》1) 弦(げん): 〜 falsa 調子の外れた弦. 2) [集名] 弦楽器〘=instrumento de 〜〙: cuarteto de 〜〔*s*〕 弦楽四重奏(四重奏曲). 3) 声域: 〜 bajo (tenor・contralto・tiple) バス(テノール・アルト・ソプラノ). ❺《テニス, バドミントン》ガット. ❻《幾何》曲線上の2点を結ぶ直線. ❼《農業》1ファネガ fanega 以上の種をまける地積. ❽ 数珠つなぎにされた囚人〘=〜 de presos〙. ❾《測量》計測用の縄: 〜 de plomada 測鉛線. ❿《建築》[アーチの] 起拱(きょう)点; 迫高(せりだか). ⓫《地質》[山すその] 岩が露出した地層. ⓬《競走》サーキットの内側の距離; その内側の走路. ⓭ 〜*s* vocales《解剖》声帯. 〜 dorsal《動物》脊索〘=notocordio〙. ⓮ 山頂. ⓯ 通常の馬高〘=1.47m〙. ⓰《船舶》[複] 甲板の支柱. ⓱《古語》[長さの単位] =8.5バーラ vara. ⓲ [昔の火器の] 火縄. ⓳《メキシコ, パナマ, ドミニカ, プエルトリコ, チリ, アルゼンチン, ウルグアイ》縄跳びの縄〘=comba〙: brincar la 〜/saltar a la 〜 縄跳びをする
a 〜 一直線に: colocar los pilares *a* 〜 柱を一直線上に並べる
aflojar (***apretar***) ***la 〜*** 規律などを緩める(引き締める)
bajo 〜 秘かに, 陰でこそこそと: Manejan la política municipal *bajo* 〜. 彼らは市政を陰で操っている
calar la 〜 マスケット銃に信管・導火線をつける
contra las 〜s《口語》窮地に立った, 非常に困った: El viento fuerte colocó *contra las* 〜*s* la vida ciudadana. 強風は都会生活を窮地に陥れた
〜 floja [綱渡りの] ロープ〘比喩的にも〙: estar (andar・bailar) en la 〜 *floja*《口語》綱渡り的(不安定・微妙)な状況にある; [都合のいい方につけるよう] どちら側にも与(くみ)しない
dar 〜 a...《口語》1) [愛好心などが長続きするように・話したいことを話すように, +人 を] 元気づける, その気にさせる: Parecía que *daban* 〜 al orador. 弁士は何かに憑(つ)かれたように熱弁をふるった. 2) [+事物 を] 長引かせる
estar con la 〜 al cuello 自ら招いて危険に陥っている
estar en su 〜《中南米》[+de+人 の] 得意の領分にいる
por bajo 〜《まれ》=**bajo 〜**
por 〜 separada《中南米》別個に, 独立して
por debajo de 〔***la***〕 ***〜***《まれ》=**bajo 〜**
romperse la 〜 抵抗・我慢を断ち切る
seguir la 〜 a+人《中南米. 口語》…の機嫌をとる
ser de la 〜 〔***de***+人〕/***ser de la misma 〜*** 〔***que***+人〕《口語》〔…と〕同じ意見(立場)である
tener 〜 para rato《口語》長引きそうである; 長話しをする癖がある
tener mucha 〜《口語》忍耐強い, からかわれても怒らない
tirar 〔***de***〕 ***la 〜*** 図に乗る; [+a の] 忍耐強さを悪用する: Cállate y no le *tires* más *de la* 〜, que acabará por enfadarse contigo. 黙れ, 図に乗るな. 今に怒られるぞ
tocar la 〜 sensible 痛い所を突く, 微妙な点に触れる

cuerdamente [kwérđaménte] [副] 理性をもって, 良識的に; 慎重に

cuerdo, da[2] [kwérđo, đa]〘←ラテン語 cordatus「慎重な」< cor, cordis「心」〙[形] ❶ [estar+] 正気の〘⇔loco〙: Está totalmente 〜. 彼は完全に正気だ. No hay hombre 〜 a caballo 〔ni colérico con juicio〕.《諺》馬に乗れば良識を失い〔怒れば判断を誤る〕. ❷ [ser+] 慎重な〔人〕, 思慮深い〔人〕, 賢明な〔人〕, 良識のある〔人〕: Es bueno ser 〜 en cualquier cosa. 何事につけ慎重なのは良いことだ. consejo 〜 分別のある助言
—— [名] 正気な人; 理性(良識)のある人

cuereada [kwereáđa] [女] ❶《中南米. 口語》[罰としての・傷つけるための] めった打ち. ❷《南米》皮をはぎ乾燥させる時期

cuerear [kwereár] [他] ❶《主に南米》[乾燥させて皮革製品にするために, 動物の] 皮をはぐ. ❷《メキシコ, ニカラグア, コロンビア, ベネズエラ, エクアドル》鞭で打つ. ❸《アルゼンチン, ウルグアイ. 口語》非難する, 悪口を言う

cuerezuelo [kwereθwélo] [男] =**corezuelo**

cueritatis [kweritátis] ***en 〜*** 丸裸の・で

cueriza [kweríθa] [女]《中南米》[罰としての・傷つけるための] めった打ち; [特に] 鞭打ち

cuerna [kwérna] [女] ❶ [シカなどの左右一組の] 枝角. ❷ 角笛; 角製の杯

cuérnago [kwérnago] [男]《カンタブリア, ブルゴス》河床〘=cauce〙

cuernavaquense [kwernabakénse] [形] [名]《地名》クエルナバカ Cuernavaca の〔人〕〘メキシコ, モレロス州の州都〙

cuernecillo [kwerneθíʎo] [男]《植物》ミヤコグサ

cuernezuelo [kwerneθwélo] [男] =**cornezuelo**

cuernito [kwerníto] [男]《メキシコ, ボリビア》クロワッサン〘=cruasán〙

cuerno [kwérno]〘←ラテン語 cornu〙[男] ❶ [動物の] 角(つの): El toro dio un golpe de 〜 al caballo. 牛が馬を角で突いた. peine de 〜 角製のくし. toro abierto de 〜*s* 角の間隔が広い雄牛〘闘牛で危険とされる〙. 〜 de 〔la〕 abundancia [花・果物を詰めた] 豊饒の角. 〜 de Amón アンモナイト〘=amonites〙. ❷ 角笛: 〜 de caza 狩りのラッパ. ❸ [昆虫の] 触角. ❹ [粗末な] 角製の容器. ❺ 三日月の先端部. ❻《軍事》翼, 突出部. ❼《解剖》〜 de la médula espinal 脊髄角. ❽《俗語》[複] 妻に浮気された男の印の角〘→cornudo〙: hacer 〜*s* a+人 con la mano 手で角の形の軽蔑の仕草をする. ❾《古語》巻物の先端を止めるボタン. ❿《古語. 船舶》[ラテンセールの] 帆桁の延長部分. ⓫《メキシコ》クロワッサン〘=cruasán〙
¡Al 〜! 出て行け/くそくらえ!
〜s de la Luna 三日月の両端
echar... al 〜 …を放棄する, 投げ出す; 追い出す
en los 〜s del toro《口語》危険な状態の: El año 1929 la economía estaba muy *en los* 〜*s del toro*. 1929年, 経済は大変危険な状態にあった
enviar... al 〜 =**echar... al 〜**
importar un 〜 a+人《軽蔑》…にとって全く重要でない: Me *importa un* 〜 lo que piensen de mí. 私がどう思われようと, そんなことはどうでもいい
irse al 〜《口語》1) 挫折する, 中止される: Desgraciadamente, el proyecto del parque comunitario *se ha ido al* 〜. 残念ながら地域の公園計画は流れた. 2) [命令文で] ¡*Vete* (*Váyase* usted・Que *se vaya*) *al* 〜! 地獄へ落ちろ!
levantar a+人 ***hasta los 〜s de la Luna*** …を大げさにほめちぎる
llevar 〜s =**tener 〜s**
mandar... al 〜 =**echar... al 〜**
meter los 〜s《口語》=**poner los 〜s**
no valer un 〜 一銭の価値もない
oler a 〜 quemado a+人《口語》=**saber a 〜 quemado a**+人
partirse los 〜s《口語》=**romperse los 〜s**
poner a+人 ***en los 〜s de la Luna*** =**levantar a**+人 **has-**

ta los ~s de la Luna
poner los ~s 《口語》[+a 夫・妻に対して] 不貞を働く: *Le puso los ~s con la vecina.* 彼は近所の女性と浮気した
romperse los ~s 《口語》骨を折る, 大変努力する: *Se rompió los ~s preparando las oposiciones.* 彼は野党をまとめ上げるのに大変苦労した
saber a ~ quemado a+人 《口語》1) …にとって不快である: *Le supo a ~ quemado tener que acompañarme.* 私と一緒に行かねばならないことに彼は不満である. 2) …に不審の念を抱かせる: *A mí me sabe su conducta a ~ quemado.* 彼の様子はうさんくさい
subir a+人 hasta los ~s de la Luna =**levantar a+人 hasta los ~s de la Luna**
tener ~s 浮気をされる
¡(Y) Un ~! 《口語》何を言うんだ/いまいましい!
—— 《間》[驚き・賞賛] すごい; [抗議] ひどい!

cuero[1] [kwéro]【←ラテン語 corium「人の皮膚, 動物の皮」】男 ❶ 不可算 なめし革 [= ~ adobado]; 皮革 [→piel 類義]: *zapatos de ~* 革靴. *~ sintético* 合成皮革. ❷《解剖》exterior (interior) 表皮 (真皮). ❸ [ワイン・オリーブ油などを入れる] 革袋. ❹《文選》サッカーボール. ❺《古風》革製の壁掛け. ❻《中南米》1) 鞭. 2) すごい美人, かっこいい男. 3) 売春婦. ❼《キューバ, コロンビア》老人. ❽《コロンビア. 俗語》紙. ❾《チリ》[果実の] 皮
dar ~ a...《キューバ, グアテマラ》…に鞭をくらわす
dar ~ a《アルゼンチン, ウルグアイ. 口語》1) [+para+不定詞 する] 勇気や力がある〘主に否定文で〙. 2) 入手の金が十分にある
en ~ [vivos] 1) 丸裸の・で: *Las turistas todos están en ~s vivos.* ヌーディストビーチでは皆全裸でいる. 2) 無一文の・で: *Huyó de casa en ~s.* 彼は何も持たずに家出した
estar hecho un ~ 《口語》酔っぱらっている
sacar el ~ a《アルゼンチン, ウルグアイ. 口語》悪口を言う, 批判する

cuero[2], **ra**[2] [kwéro, ra] 形《中南米》[estar+. 人・物が] 非常に美しい (うまい)

cuerpear [kwerpeár] 自《アルゼンチン, ウルグアイ》ひらりと体をかわす, すり抜ける; 言い逃れる

cuerpo [kwérpo]【←ラテン語 corpus, -oris】男 ❶ 身体, 体, 肉体〘⇔alma〙: *Me duele todo el ~.* 私は体中が痛い. *fortalecer el ~* 体を鍛える. ❷ 胴体; 体格, 体型; [衣服の] 胴部: *Es una bella muchacha de ~ estilizado.* 彼女はスリムな体の美少女だ. *Es largo de ~.* 彼は胴が長い. ❸ [人・動物の] 死体, 遺体: *hallar un ~ de recién nacido* 新生児の遺体を発見する. *velar el ~* 通夜をする. ❹ 物体: *Los ~s caen porque existe la fuerza de gravedad.* 物体は重力が存在するので落下する. *Se ve flotando no sé qué ~.* 何か漂っている物が見える. *~ sólido (líquido・gaseoso)* 固体 (液体・気体). *~ simple (compuesto)* 単体 (化合物). ❺ 本体, 主要部分, ボディー; [本・書籍などの] 本文: *Ese armario es de dos ~s.* この棚は2段重ねだ. *cohete de tres ~s* 3段式ロケット. *~ de un barco* 船体. *~ de una carta* 手紙の本文. *~ de la batalla* 本隊. *~ superior de un edificio* 建物の階上部分. ❻ 団体, 集団; 機関: *hacer... como ~* …集団として…する. *~ de baile* [舞踊団の] ソリスト以外の (群舞を踊る) ダンサーたち. *~ de bomberos* 消防隊. *~ de ejército* [数個師団で構成される] 軍団, 方面軍. *~ de guardia* [兵営・刑務所等の] 衛兵隊, 警備隊; 衛兵詰所. *~ de paz* [米国が派遣する] 平和部隊. *~ de policía* 警察力; 警官隊. *~ diplomático* 外交団. *~ electoral* 選挙人. *~ legislativo* 立法部. *~ médico* 医療班. *C~ Nacional de Policía*《西》警察庁. ❼ 集大成, 全書; *C~ de Derecho Civil* ローマ法大全. *~ de doctrina* 思想体系, 理論体系; 教理大全. *~ de leyes* 総合法律全書. ❽《印刷》[物の] かさばり, 大きさ; [布などの] 厚さ: *mueble de mucho ~* 図体の大きな家具. *paño de mucho (poco) ~* 厚手 (薄手) の布地. ❾ [酒などの] 濃さ, こく: *tener ~* こくがある. *vino de mucho ~* こくの濃い (フルボディーの) ワイン. ❿《印刷》[活字の] 数, ポイント: *letra de ~ 12* 12ポイント活字. ⓫《技》: *~ de bomba* シリンダー. ⓬《解剖》*~ amarillo* (lúteo) 黄体. *~ calloso* 脳梁. *~ ciliar* 毛様体. ⓭《建築》[飾り壁retablo の] 横の区画. ⓮《幾何》体 [= ~ geométrico]. ⓯ [競走で] 身差, 馬身: *Ganó por tres ~s de ventaja.* 彼は3身差で勝った. ⓰《まれ》[本の] 巻, 冊
a ~《口語》コートなしで, 外套を着ずに: *En Canarias se puede salir a ~ aun en invierno.* カナリア諸島では冬でもコートなしで外出できる
a ~ de[l] rey《口語》王侯のように, 至れり尽くせりで: *Vive a ~ de rey.* 彼は王侯のような暮らしをしている
a ~ descubierto=a ~ **limpio**
a ~ gentil《口語》=**a ~**
a ~ limpio《口語》1) 無防備で, 素手で. 2) 援助なしに. 3) =**tomar ~**
cobrar ~=**tomar ~**
~ a1) 取っ組み合って[の], 体をぶつけあって[の]: *combate ~ a ~* 白兵戦. 2) 格闘, 取っ組み合い: *un ~ a ~ encarnizado* 激しい取っ組み合い
C~ a tierra《号令》地面に身を伏せろ
~ de casa 家事; 家政婦
~ de Dios《戯語》[述べたことの強調] 本当に
~ del delito《法律》罪体, 犯罪の証拠[となる死体]
~ glorioso 1)《キリスト教》栄光の肉体 [復活後, 天国に行く浄福者 bienaventurado たち]. 2)《口語》生理的欲求を我慢している人
~ muerto 1) 死体. 2)《船舶》係留ブイ
~ sin alma 元気のない人, 活気のない人
dar con ~ en tierra《口語》倒れる, 平伏する
dar ~ a... 1) [思想・計画などを] 実体化する, 現実化する, 具体化する. 2) [スープなどを] 濃くする, 濃厚にする: *dar al gazpacho un poco más ~* ガスパチョをもう少し濃くする
dar de ~《俗用》=**hacer de[l] ~**
de ~ entero 1) 全身の; 全身大の: *bañador de ~ entero* ワンピースの水着. *foto de ~ entero* 全身の写真. 2) [人が] 完全無欠の: *escritor de ~ entero* 申し分のない作家
de ~ presente 1) [死体が] 埋葬の準備のできた. 2)《戯語》[代理でなく] 本人が, みずから
de medio ~ 半身の, 半身大の: *bañador de medio ~* 水泳パンツ. *retrato de medio ~* 上半身の肖像
descubrir el ~ 無防備の状態でいる; 弱点などを露呈している
echar el ~ fuera 困難 (責任) を回避する
echarse... al ~[飲み物・食べ物を] たいらげる: *Se echó al ~ una botella de vino.* 彼はワインを1瓶飲んでしまった
en ~=**a ~**
en ~ de camisa シャツ姿で, 上着を脱いで
en ~ y alma 身も心も; まったく: *entregarse (darse) a... en ~ y alma* …に精魂を傾ける; 身も心も委ねる. *estar en ~ y alma con+人* …に全く異存がない
falsear el ~=**huir el ~**
formar ~ con+物・事…と合体する, 一体化する
hacer de[l] ~《俗用》排尿する, 排便する
huir el ~ 体をかわす
hurtar el ~ [+a から] 体 (身) を引く, 避ける: *El torero hurtó el ~ a las astas del toro.* 闘牛士は牛の角をよけた. *hurtar el ~ a la lluvia* 雨宿りする. *hurtar el ~ al trabajo* 仕事をサボる
ir de ~=**hacer de[l] ~**
mal ~ [身体の] 不調, 不快感: *La película de terror me ha puesto mal ~.* 私はホラー映画を見て気分が悪くなった
medio ~ 1) [人の] 上半身 [= medio ~]: *Es una foto de medio ~.* それは一人の男の上半身の写真だ. *Estaba desnudo de medio ~ para arriba.* 彼は上半身裸だった. *entrar en el agua a medio ~* 腰まで水につかる. *ganar por medio ~* 半身 (馬身・艇身) の差で勝つ
mezquinar el ~《ラプラタ》体をかわす, 避ける
mi ~ serrano 我が輩, 小生
no cabe a+人 en el ~…の体からあふれる: *No le cabe la alegría en el ~.* 彼は喜びを隠し切れない
no poder con el ~ 大変疲れている
no quedarse con nada en el ~ 言いたいことをすべて言う, ずけずけ言う
no tener ~ 気力がない, 元気がない
pedir el ~ a+人 [事が主語] …したくてたまらない, どうしても…したい: *Me pide el ~ dar gritos.* 私は大声を出したくてたまらない. *En esos casos, haz lo que el ~ te pide.* そのような場合は, したいことをしなさい
por ~ de hombre 人手で, 人の手で
pudrirse en su (el) ~…の胸にしまっておかれる: *No se pu-*

drirá nuestro asunto *en su* ～. 彼は私たちのことを黙ってはいないだろう
quedar otra cosa dentro del ～ 言っていることと思っていることと違う
quedarse con... en el ～《口語》…を言わずに我慢する, 腹にしまっておく
quedarse en su (*el*) ～ =**pudrirse en su** ～
revolver *a*+人 *el* ～ …に吐き気を催させる: *Aquellas imágenes tan crueles me revolvieron el* ～. あの残酷な映像に私は気持ちが悪くなった
sacar... a +人 *del* ～ …に…を言わせる, …に口を割らせる: *Sacadle a ese del* ～ *la verdad*. 彼に真実を吐かせろ
sacar el ～《中南米. 口語》体をかわす, 隠れる
saltar a ～ ***limpio*** 飛び越える, クリアする
tener buen ～ [女性が] スタイルがいい
tener un miedo en el ～ 死ぬほど恐れる
tomar ～ 1) [計画が] 具体化する, 実現する; [物事が] 確実になる: *Vienen tomando* ～ *los rumores de la calle*. 巷のうわさが本当になってきた. 2) [スープなどが] 濃くなる
volverla al ～ 侮辱に仕返しをする, やり返す

cuérrago [kwérrago] 男 河床《=*cauce*》
cuerudo, da [kwerúdo, da]《中南米》形 ❶[馬が] 歩くのが遅い (ぎこちない). ❷[人・動物が] 皮膚が厚く堅い
cuerva [kwérba] 女《鳥》マサバ. ❷《鳥》ワタリガラスの雌.《クエンカ, アルバセテ, ムルシア, アルメリア. 飲料》サングリア
cuervera [kwerbéra] 女《クエンカ, アルバセテ, ムルシア, アルメリア》サングリアを作り飲むための容器
cuervo [kwérbo]《←ラテン語 corvus》男 ❶《鳥》カラス (烏); ワタリガラス: ～ *marino* ウ (鵜). ～ *merendero* ベニハシガラス《=*grajo*》. *Cría* ～*s, que te sacarán los ojos*.《諺》飼い犬に手をかまれる/腹をあだで返される. ❷《天文》[C～] カラス座
Cuervo [kwérbo]《人名》**Rufino José** ～ ルフィノ・ホセ・クエルボ (1844～1911, コロンビア出身の言語学者・人文学者)
cuesco [kwésko] 男 ❶ [モモ・サクランボなどの] 核, 種. ❷《俗語》音の大きいおなら. ❸ 搾油用の石臼. ❹《植物》～ *de lobo* ホコリタケ. ❺《メキシコ》大きな丸い鉱石の塊. ❻《コロンビア, ベネズエラ. 植物》実から油の採れるヤシの一種; その果実; そのヤシ油. ❼《チリ》惚れっぽい男
buscarle a ～ ***la breva***《チリ. 口語》無いものねだりをする
tirarse a ～《チリ. 口語》愛を告白する
cuesta [kwésta] I《←ラテン語 costa「肋骨, 側面」》女 ❶ 坂, 坂道, 斜面, 勾配: *La iglesia está al final de la* ～. その教会は坂の上にある. *subir* (*bajar*) *una* ～ 坂を上る (下る). *a la cabeza* (*al pie*) *de la* ～ 坂を上った (下った) 所で. *caerse de la* ～ 坂で転ぶ. ❷《地理》急傾斜面〔面〕, 絶壁. ❸《古語》肋骨
a ～*s* 1) 背負って: *llevar un bulto a* ～*s* 荷物を背負って運ぶ. 2) 負担になって: *Lleva a* ～*s la enfermedad de su hijo*. 彼には息子の病気が負担になっている. *Tú que no puedes, llévame a* ～*s*. 手一杯のくせにさらに重荷を背負いこむ (←君も大変だが, 私に手を貸してくれないか)
～ ***de enero*** 金に困る1月《年末年始に出費がかさむことから》
en ～ 坂になって, 傾斜して: *La calle está en* ～. その通りは坂になっている
hacerse *a*+人 ～ ***arriba***[事柄が] …にとってつらい (残念である): *Se me hace muy* ～ *arriba tener que pedirle dinero prestado*. 彼に借金を頼まないといけないなんて私はとてもつらい
ir ～ ***abajo*** 坂を下る; [人・事業などが] 下り坂である
ir ～ ***arriba*** 坂を上る: *Vaya* ～ *arriba, y al terminarla doble a la derecha*. 坂を上って, 上りきったら右へ曲がりなさい
II《←ラテン語 quaestus「商売, 募金」》女 =**cuestación**
cuestación [kwestaθjón]《←ラテン語 quaerere「頼む, 搜す」》女 慈善目的の 寄付集め, 募金: ～ *anual para la Cruz Roja* 毎年の赤十字募金. ～ *callejera* 街頭募金
cuestión [kwestjón]《←ラテン語 quaestio, -onis < quaerere「頼む, 搜す」》女 ❶ [ある事柄に関する] 問題, 話題《類 **cuestion** は「検討事項, 懸案事項」. **problema** は「困難なこと・困ったことのニュアンスを含んだ解決すべき事項」.「教科書などの練習問題」《試験やクイズ番組などの問題》は **pregunta**]: *El ayuntamiento se ocupa de la* ～ *de los transportes*. 市は交通問題に取り組んでいる. *El tribunal propuso tres cuestiones para ser desarrolladas por los opositores*. 裁判所は対立している両者に解くべき3つの争点を提 起した. *Eso es* ～ *mía*. それは私の問題だ. *La solución del caso es* ～ *de tiempo*. 事件の解決は時間の問題だ. *Eso está fuera de la* ～. それは問題外だ. *entrar en cuestiones secundarias* 枝葉末節にわたる ～ 問題となっている状況. ～ *política* (*social*) 政治 (社会) 問題. ～ *de gusto* 好みの問題. ～ *de nombre* 言葉 (表現) の問題. ❷ 質問《=*pregunta*》: *El examen se compone de cinco cuestiones*. 試験は5問から成っている. ❸《数学, 幾何》～ (*indeterminada*) 答が限定された (不定の) 問題. ❹ 論争, 係争, トラブル, いざこざ: *No quiero cuestiones con los empleados*. 私は従業員とごたごたしたくない. *tener una* ～ 論争する. ❺ 拷問《=*tormento*》: *someter a*+人 *a la* ～ …を拷問にかける
～ ***abierta*** 1) 未解決の問題, 異論の多い問題. 2) 回答者の自由な意見を求める質問《⇔～ *cerrada*》
～ ***de...*** およそ…で《=*en* ～ *de...*》: ¿*Cuánto tardará usted?* ―*C*～ *de dos meses*. どのくらい時間がかかりますか？―およそ2か月です
～ ***de confianza*** 信任投票
～ ***general*** 一般論
～ ***personal*** 特定の個人に関わる問題: *hacer de*+事 ～ *personal* …を [一般論でなく] 特定の個人の問題と考える
en ～ 問題の, 話題になっている, 当の: *asunto en* ～ 問題の件, 本件. *persona en* ～ 問題の人, 例の人, 当人
en ～ ***de...*** 1) …について [言えば]: *En* ～ *del dinero, no hay problema*. 金の件は問題ない. 2) [+数量] およそ…で: *Lo llevaron a cabo en* ～ *de cinco años*. 彼らは約5年でそれを成し遂げた. *en* ～ *de segundos* 数秒で
la ～ ***consiste en...*** =**la** ～ **está en...**
la ～ ***es...***[大事な] 問題は…だ: *El viaje me tienta; la* ～ *es que no tengo dinero*. 私は旅行に行きたいとは思うが問題は金が無いことだ
la ～ ***es pasar el rato*** 誰でも知っていることだ
la ～ ***está en...***[大事な] 問題は…にある: *La* ～ *está en saber qué procedimiento resultará más barato*. 問題はどの方法が一番安くあがるかだ
no es ～ ***de que***+接続法 …は道理に合わない: *No es* ～ *de que bajo el nombre del bienestar público sacrifiquen al individuo*. 公共の福利の名の下に個人を犠牲にするのは理屈に合わない
no sea ～ ***que***+接続法《口語》…しないように, …するといけないから《=*no sea que*》: *Lo mejor es que nos marchemos, no sea* ～ *que las cosas se enreden*. ことが紛糾しないために一番いいのは私たちが出て行くことだ
otra ～ 別問題: *Eso es otra* ～./*Otra* ～ *sería*. それは別問題だ. *Si me dices que lo va a pagar tu padre, eso ya es otra* ～. 君のお父さんが払ってくれるというのなら話は別だ
plantear la ～ ***de confianza***[政府・指導者が] 自身の命脈に直接かかわるような問題を提起する
poner en ～ …を疑う, 問題にする
ser ～ ***de...***《口語》問題は…である; …が必要である: *Es* ～ *de opinión*. それは見解の相違だ. *Es* ～ *de dinero, cuenta conmigo*. 金の問題 [だけ] なら, 私に任せておけ. *Es* ～ *de preparar la comida, que pronto vendrán los invitados*. 食事の支度をするのが問題だ. お客がすぐ来るだろうから. *Es* ～ *de proponérselo*. 必要なのは彼にそれを提案することだけだ. *Es solo* ～ *de pensar un poco*. ちょっと考えれば分かることだ. *Todo es* ～ *de esfuerzo*. 努力あるのみ. *Es* ～ *de horas que*+接続法 …は時間の問題だ

cuestionabilidad [kwestjonabiliðáð] 女 疑わしさ, 論争の余地のあること
cuestionable [kwestjonáble] 形 疑わしい, 不審な, 論争の余地のある: *Sus puntos de vistas son* ～*s*. 彼の視点には問題があ
cuestionador, ra [kwestjonaðór, ra] 形 問題にする, 疑問を呈する
cuestionamiento [kwestjonamjénto] 男 問題にすること, 疑問を呈すること: *poner en* ～ 問題にする
cuestionar [kwestjonár]《=*cuestión*》他 ❶[+que+接続法] 問題にする, 疑問を呈する: *El libro cuestiona que los nazis cometieran el holocausto*. その本はナチの大虐殺に疑問を投げかけている. ❷…について議論 (論争) する
── 自《口語》討論する, 議論する

cuestionario [kwestjonárjo] 男 ❶〔アンケートなどの〕質問表, 質問事項. ❷ 集名 〔試験の〕問題

cuesto [kwésto] 男 ❶ 丘, 小山〔=cerro〕

cuestor [kwestór] 男 ❶《古代ローマ》会計検査官. ❷〔街頭〕募金をする人

cuestuario, ria [kwestwárjo, rja] 形《まれ》=**cuestuoso**

cuestuoso, sa [kwestwóso, sa] 形《まれ》利益をもたらす

cuestura [kwestúra] 女《古代ローマ》会計検査官の職

cuete [kwéte] 男 ❶《メキシコ, 中米, アルゼンチン, ウルグアイ》打ち上げ花火, 爆竹. ❷《メキシコ, アルゼンチン, ウルグアイ》酩酊. ❸《メキシコ》1)《四足獣の》干した腿肉の薄切り. 2) 難問. ❹《中米, 口語》拳銃, ピストル. ❺《南米, 口語》おなら. ❻《ペルー》懲罰. ❼《チリ, 口語》殴打. ❽《ウルグアイ, 隠語》マリファナタバコ
al ~《ラプラタ, 口語》むだに
ser un ~《メキシコ, 口語》いやにさせる, 人を悩ます
―― 形《メキシコ》酔っぱらった

cueto [kwéto] 男 ❶〔孤立した, 主に岩だらけの〕円錐形の丘. ❷ 高所にある要害の地

cueva [kwéba] 女 ❶《一俗ラテン語 cova < covus < ラテン語 cavus「くぼみ」》ほら穴: Los dos osos habitan en una ~. 2頭のクマはら穴にいている. C~ de Altamira アルタミラ洞窟《カンタブリア州にある, 旧石器時代後期のマドレーヌ文化 cultura Magdaleniense の洞窟壁画 pintura rupestre で有名》. C~ de las Manos 手の洞窟《アルゼンチンにあり, 多くの手の跡が残されている》. ❷ 地下の住居: ~s del Sacramonte サクラモンテの洞窟《グラナダにあるかつてのジプシーの住まい》. ❸ 穴蔵, 地下貯蔵庫. ❹《チリ, アルゼンチン, ウルグアイ》運: tener ~ 運がよい. tener mala ~ 非常に運が悪い. traer ~ 幸運をもたらす
~ de ladrones 1) 金をだましとる所: Esa tienda es una ~ de ladrones. その店ではぼったくられるぞ. 2) 悪党のたまり場《巣窟》

Cueva [kwéba]《人名》**Juan de la ~** フアン・デ・ラ・クエバ《1543〜1612, スペインの劇作家. スペインの歴史や romance に題材を採り, 女性を侮辱する態度や, ドン・フアン的な人物を描くなど, 後の大衆演劇につながる戯曲を生み出した》

cuevano, na [kwebáno, na] 形 名《地名》クエバス・デル・アルマンソラ Cuevas del Almanzora の人《アルメリア県の村》

cuévano [kwébano] 男《ブドウなどを運ぶ》深いかご: Después de vendimiar, ~s.《諺》後の祭り

Cuevas [kwébas]《人名》**José Luis ~** ホセ・ルイス・クエバス《1936〜, メキシコの画家. 壁画運動 muralismo とは一線を画す世代の芸術家》

cuevero, ra [kwebéro, ra] 形 名 地下の住居 cueva の; 穴居生活者

cuezo [kwéθo] 男 ❶ しっくいをこねる槽. ❷《古語》小型のかご cuévano. ❸《俗語》首
meter el ~《口語》不用意なことをする（言う）; 余計なことに首を突っ込む

cúfico, ca [kúfiko, ka] 形 名 クーフィー体〔の〕《原典コーランに書かれた古いアラビア文字の書体》

cufifo, fa [kufífo, fa] 形《チリ, 口語》ほろ酔い機嫌の

cugujada [kuɣuxáða] 女 =**cogujada**

cugulla [kuɣúʎa] 女 =**cogulla**

cugullada [kuɣuʎáða] 女 =**cogujada**

cuicacoche [kwikakótʃe] 女《鳥》ツグミの一種《学名 Harporhynchus longirostris》

cuida [kwíða] 女 ❶ 小学校で年少の生徒を世話する係の女生徒. ❷《古語》配慮, 気づかい《=cuidado》

cuidado [kwiðáðo] 男《←cuidar》 ❶ 配慮, 注意, 用心: Debes poner ~ en tus palabras. 君は言葉づかいに注意すべきだ. ❷ [+de の] 世話, 手入れ: Juan es el responsable del ~ de animales. 動物の飼育係はフアンだ. ~ de la casa 家事. ~ de la piel 肌の手入れ. ~ de los niños 育児. ❸ 看護, 治療: ~s intensivos 集中治療. ❹ [+por への] 心配, 気づかい: Siente ~ por su hijo. 彼は息子のことを気づかっている. Pierde ~. 心配はいらないよ. ❺ [+de の] 役目, 担当: No es de ~ mío. それは私の担当ではない
al ~ de... 1) ...の世話になっている: Los niños están al ~ de la abuela. 子供たちは祖母が面倒をみている. 2) ...を担当している: Estoy al ~ de las compuertas. 私は水門を任されている. dejar al ~ de...〔=任せる. quedar al ~ de...〕... の役目となっている

andar con ~ 用心する, 注意を払う: Si no andas con ~, van a engañarte. 気をつけないとだまされるぞ
con ~ 1) 気をつけて: conducir con ~ 慎重に運転する. 2) [+de+不定詞・que+接続法 するように] Sigue adelante con ~ de no tropezar. つまづかないよう気をつけて進みなさい. 3) 丁寧に: limpiar con mucho ~ 丁寧に掃除する
correr al ~ de+人 ...の担当（責任）である, 役目である
de ~ 用心すべき, 危険性のある: cosa de ~ 心配事. gente de ~ 要注意人物. estar de ~ 重態である, 危篤状態である. Cuando supieron la noticia de la descalificación se cogieron una rabieta de ~. 彼らは失格の知らせを聞いて, 手がつけられないほど泣きわめいた
estar con ~ 心配している
ir con ~ =*andar con ~*
salir de [su] ~ 1) 出産する, 子を生む. 2) [病人が] 危機を脱する
tener a+人 sin ~ ...にとって全く重要ではない: Me tiene sin ~ si algunos quieren despedirme. 誰かが私をクビにしたい者がいようが私にはどうでもいい
tener ~ 1) [+de の] 世話をする, 面倒をみる: Tengo ~ del perro. 私が犬の世話をしている. 2) [+con・de に] 用心する, 注意する; 気を配る: Tenga más ~ con lo que se pone. 着るものにもっと気をつかいなさい. Ten ~ que te resbalas. 滑るから気をつけなさい. [+de que+接続法] Ten ~ de que no se escapen. 彼らが逃げないように気をつけなさい
traer a+人 sin ~ =*tener a+人 sin ~*: Me trae sin ~ lo que digan de mí los vecinos. 私は近所のうわさを少しも気にしていない
―― 間 ❶ 〔危険予告, 注目〕あぶない/気をつけて!: 1)¡C~!, ahí hay un bache. あぶない! そこにくぼみがある. 2) [+con に] ¡C~ con los coches! 車に気をつけなさい! ❷ 〔怒り・嘆きなど. +con+人〕¡C~ con el niño, cómo le contesta a su padre! しょうのない子だ. 父親に対して何という返事の仕方だ! ¡C~ conmigo! 〔脅し文句〕承知しないぞ/覚えていろ/気をつけろ! ❸〔強調〕¡C~ que es listo el niño! その子はお利口さんだねぇ! ¡C~ que es tonto! 何というばかだ!
¡Allá ~s! 勝手にしろ/好きなようにしなさい!

cuidador, ra [kwiðaðór, ra] 形 世話をする
―― 名 ❶ ベビーシッター, 保母. ❷〔車の〕整備係. ❸《スポーツ》トレーナー;《中南米. ボクシング》セコンド. ❹ 警備員, 監視員

cuidadosamente [kwiðaðósaménte] 副 ❶ 入念に, 注意深く. ❷ 用心深く, 慎重に

cuidadoso, sa [kwiðaðóso, sa]《←cuidado》形 [ser+] ❶ 入念な, よく気を配る; [+con・de に] 配慮する: modista ~ de los detalles 細かい所にも丁寧な仕立て屋. ❷ 慎重な, 注意を怠らない: ~ con los documentos 書類に対して用心深い. ❸ 気にする, 敏感な: Es ~ de su fama. 彼は自分の評判を気にするたちだ

cuidar [kwiðár]《←ラテン語 cogitare「考える」》他 ❶ ...に気を配る, 気づかう: Para tener una presencia atractiva ella cuida su arreglo personal. 魅力的であろうとして彼女は身だしなみに気をつかう. La realización de esta película está muy cuidada. その映画の制作には大変手間がかかっている. ~ la alimentación 栄養に配慮する. ~ su estilo 文体を練る. ~ su salud 自分の健康に気をつける. ~ su estilo 文体を練る, 手入れをする: Los abuelos cuidan a su nieto. 祖父母が孫の面倒をみている. Tiene el jardín muy cuidado. 彼の庭は手入れが行き届いている. ❸ 看病する: ~ a su madre 母親の看病をする. ❹《まれ》信じる, 思う
cuida [que] no+接続法 ...しないように用心しろ: Cuida no te pase lo mismo. 君も同じ目に遭わないようにしたまえ
―― 自 ❶ [+de を] 気にかける; 世話をする: Cuidan de niños que se han quedado huérfanos debido al Sida. 彼らはエイズで親を失った子供たちの面倒をみている. ~ de la hacienda 農場を管理する. ~ de un nene 赤ん坊の子守りをする. 2) [+de+接続法 するように] Cuidaré de que todo vaya bien. 万事うまくいくように気をつけます. ❷ [+con に] 用心する: Cuida con esa clase de amigos. そういう類（たぐい）の友人には用心したまえ
―― *~se* ❶ 自分〔の身体・健康〕に気を配る: Cuídate bien (mucho). 体に気をつけて. ❷ 気にかける, 注意する: 1) [+de を] No se cuida nada del qué dirán. 彼は何を言われても何も気にしない. 2) [+不定詞・que+接続法 するように] Cuídate

que no pase nadie. 誰も通らないように気をつけていろ． ❸《主に西》[+de の]世話をする，手入れをする: *Cuídate de* tus asuntos. まず自分の面倒をみなさい． *Se cuida* mucho *de ir bien vestida.* 彼女はお洒落にとても気を使っている． ❹ 体の線を保つ，太らないようにする
cuido [kwíðo] 男《俗語》世話，管理
cuidoso, sa [kwiðóso, sa] 形《まれ》=**cuidadoso**
cuija [kwíxa] 女《メキシコ》小型の非常に細いヤモリ《学名 Philodactilus tuberculatus》．❷ やせて醜い女
cuilón [kwilón] 形 男《メキシコ．口語》女性的な[男]
cuino [kwíno] 男 ❶《アストゥリアス》豚 [=cerdo]；豚を呼ぶ掛け声．❷《メキシコ》普通より太って脚の短い豚
cuique suum [kwíke suum]《←ラテン語》囲 各人に各人のものを《古代ローマ法学の箴言》
cuiqui [kuxí]《アルゼンチン．口語》恐怖心
cuita [kwíta] 女 ❶《文語》苦労，苦悩，悲しみ，悩み．❷《古語》渇望．❸《中米》鳥の糞
cuitadamente [kwítaménte] 副 苦労して，苦しんで
cuitado, da [kwitáðo, ða] 形 ❶《文語》❶ 苦しんでいる，悲しんでいる；不幸な．❷ 元気のない；臆病な，内気な．❸ ばかな[人]
cuitamiento [kwitamjénto] 男 気弱さ，内気，小心
cuitero, ra [kwitéro, ra] 形《アルゼンチン，ウルグアイ》運の悪い
cuitlacoche [kwitlakótʃe] 男《メキシコ．植物》=**huitlacoche**
cuja [kúxa] 女 ❶[槍や軍旗を立てるための]鞍につけた革袋．❷《古語》床も．❸《廃語》ベッドの骨組み．❹《中南米》ベッド [=cama]．❺《メキシコ，ホンジュラス》封筒；《メキシコ》包装紙．❻[ペルー]ひつぎを載せる輿
cuje [kúxe] 男 ❶《キューバ》1)[葉を取り除いた]長くしなやかな茎．2) 収穫したタバコの葉を掛けておく横木．❷《コロンビア》犬をけしかける掛け声
cují [kuxí] 男《ベネズエラ．植物》キンゴウカン
cujinillo [kuxiníʎo] 男《グアテマラ，ホンジュラス》[主に 複．動物の背に載せる] 振り分け式の水運び容器
cujito [kuxíto] 男 背が高くやせこけた男
cujón [kuxón] 男 =**cogujón**
cujus regio, ejus religio [kúxus réxjo éxus relíxjo]《←ラテン語》それぞれの国にそれぞれの宗教がある
culada [kuláða] 女
  dar[*se*] *una* ~ へまをする，失敗をする
culamen [kulámen] 男《口語》尻
culantrillo [kulantríʎo] 男《植物》クジャクシダ [=~ *de pozo, ~ común*]: ~ *blanco* イチョウシダ．~ *negro* (*mayor*) チャセンシダの一種《学名 Asplenium adiantum nigrum》
culantro [kulántro] 男 =**cilantro**
cular [kulár] 形《西》尻の．❷[ソーセージが]太い腸で作られた
culata [kuláta]《←culo》女 ❶ 銃床，銃尾；砲尾[の閉鎖機]．❷[エンジンの]シリンダーヘッド．❸[馬などの]尻；[牛などの]尻の肉．❹[馬車などの]後部．❺《中南米》家の横(側面)
  dar de ~[車が]バックする
culatazo [kulatáθo] 男 ❶ 銃尾での殴打．❷[発砲の] 反動．❸《プエルトリコ，コロンビア》尻もち
culatín [kulatín] 男 矢室，ノック
culcusido [kulkusíðo] 男 =**corcusido**
culé [kulé] 男《西．サッカー》バルセロナ・フットボールクラブ Fútbol Club Barcelona の[選手・サポーター]
culear [kuleár] 自 ❶《口語》尻を動かす(振る)．❷《俗語》❶《自動車・オートバイが》テールを振る．❸《中南米．口語》性交する
  ——~*se*《メキシコ．口語》おびえる，びっくりする
culebra [kuléβra]《←俗ラテン語 colobra》女 ❶《動物》[主に小型で無毒の] ヘビ(蛇): ~ *bastarda* モンペリエヘビ．~ *de agua*/~ *de collar* 黄色いえりのあるヨーロッパヘビ《学名 Natrix natrix》．~ *de anteojos* コブラ．~ *de cascabel* ガラガラヘビ．~ *de cogulla*《学名 Macroprotodon cucullatus》．~ *de escalera* Elaphe scalaris》．~ *de esculapio* クスシヘビ．~ *de herradura*《学名 Coluber hippocrepis》．~ *lisa* (europea)《学名 Coronella austriaca》．~ *lisa meridional*《学名 Coronella girondica》．~ *viperina* ヨーロッパヤマカガシ《学名 Natrix maura》．~ *voladora* アメリカツルヘビの一種《学名 Oxybelis acuminata》．❷《魚》~ *de mar* シギウナギ [=*serpentín*]．❸《天文》C~ *y Nube* 蛇遣(み)座．❹[蒸留器の]らせん管．❺ コルクの虫食い穴．❻[船舶] ウォーム[塡(ん)] 巻き用の細索]．❼[まれ][おとなしい人々の間の]騒々しい集団．❽《古語》[主に囚人が行なう] 新入りに対するいじめ．❾《コロンビア》未取立ての勘定(借金)．❿《ベネズエラ》1)《隠語》不正な取引，いかがわしい商売；陰謀．2)《軽蔑》長編テレビ[ラジオ]ドラマ
  ~ *de agua*《メキシコ》竜巻；土砂降り，集中豪雨
  hacer[*la*] ~ 蛇行する，ジグザグに進む
  matar la ~《キューバ》眠つぶしをする
  saber más que las ~*s* とても抜け目がない
  ——形 名《グアテマラ，ホンジュラス，エルサルバドル》おだてる[人]
culebrazo [kuleβráθo] 男 からかい，いじめ
culebreante [kuleβreánte] 形 蛇行する
culebrear [kuleβreár] 自 蛇行する [=*serpentear*]
culebreo [kuleβréo] 男 蛇行
culebrero, ra [kuleβréro, ra] 形 ❶《医学》蛇を捕まえる[人]．❷《プエルトリコ》ずる賢い，腹黒い．❸《コロンビア》[塗り薬などを売る]蛇を見せて客を釣る香具師
culebrilla [kuleβríʎa] 女 ❶《医学》たむし，白癬，輪癬．❷《植物》テンナンショウの一種《学名 Dracunculus vulgaris》．❸《動物》ミミズトカゲ [=*anfisbena*]．❹ ジグザグ模様やらせん形の装飾．❺ 銃身の亀裂
culebrina[1] [kuleβrína] 女 ❶ 稲光，稲妻．❷ カルバリン砲《16～17世紀，長砲身で小口径》
culebrino, na[2] [kuleβríno, na] 形《まれ》蛇の
culebrón [kuleβrón] 男 ❶《テレビ》長編メロドラマ，昼メロ．❷ 毒婦，悪女．❸ ずる賢い男．❹ 大蛇
culera[1] [kuléra] 女 ❶[飾り・補強用の]ズボンの尻のつぎて．❷[ズボン・スカートなどの尻の]汚れ，すり切れ．❸《地方語》後部
  ——形《口語》臆病な
culero, ra[2] [kuléro, ra] 形 ❶《隠語》麻薬を肛門に隠す[運び]屋．❷ 不精な，のろまな．❸《メキシコ．口語》弱虫の，卑怯者[の]
  ——男《コスタリカ，キューバ》~ *desechable* 紙おむつ
culetazo [kuletáθo] 男 ❶《地方語》尻で押すこと．❷《プエルトリコ》転倒，尻もち
culi [kúli]《←英語》男[インド・中国の]クーリー(苦力)
culialto, ta [kuljálto, ta] 形《西．口語》[主に女性が]脚がひどく長い；小股の切れ上がった
culibajo, ja [kulibáxo, xa] 形《西．軽蔑》[主に女性が]脚がひどく短い，短足の；ずんぐりした
culiblanco [kuliβlánko] 形 →**vencejo** culiblanco
culícido, da [kulíθiðo, ða] 形 カ科の
  ——男 複《昆虫》カ科
culillo [kulíʎo] 男 ❶《中南米．口語》[主に dar・entrar・tener+]恐怖，懸念．❷《ニカラグア》不安，心配．❸《キューバ》急ぎ；もどかしさ
  ~ *de mal asiento* 尻の落ち着かない人
culín [kulín] 男 瓶(グラス)の底に残った少量の酒
culinario, ria [kulinárjo, rja] 形《←ラテン語 culinarius < culina「台所」》形 料理の，調理の: *arte* ~ 料理法，料理術
  ——女 調理；料理法: *libro de* ~*ria chilena* チリ料理の本
culinegro, gra [kulinéɣro, ɣra] 形[馬などが] 尻の黒い
culipandear [kulipandeár] 自《~*se*《キューバ．口語》[決断の時に]逃げ腰になる，ためらう；逃げ口上をする
culito [kulíto] 男[コップ・瓶の底に残った]少量の酒(飲み物)
cullar [kuʎár] 自《地方語》したたる [=*gotear*]
cullarense [kuʎarénse] 形 名《地名》クジャル・デ・バサ Cúllar de Baza の[人]《グラナダ県の村》
cullarino, na [kuʎaríno, na] 形《地名》=**cuellarano**
cullerense [kuʎerénse] 形 名《地名》クジェラ Cullera の[人]《バレンシア県の村》
culm [kúln] 男 粉炭，粉末無煙炭；《地質》クルム層
culmen [kúlmen] 男《文語》頂点，極致
culminación [kulminaθjón] 女 ❶[重要なことを]成し遂げること，最高潮: *Este triunfo es la* ~ *de su carrera.* この成功は彼の経歴の頂点を成すものだ．❷《天文》子午線通過: ~ *superior (inferior)* 南中(北中)
culminante [kulminánte]《←culminar》形 頂点にある，最高の: *Estaba en el momento* ~ *de su fama.* 彼の名声は頂点にあった．*En el momento* ~ *de la fiesta, se apagaron las luces.* パーティーが最高潮の時に明かりが消えた
  punto ~ 1) 頂点，最高点．2)[劇などの]山場: *Estoy en el*

punto ~ *de la novela.* 私は小説の山場を読んでいるところだ. 3)《天文》［天体の］最高度

culminar [kulminár]《←ラテン語 culmen, -inis "頂点"》自 ❶ 頂点(最高レベル)に達する: *La juerga culminó a las tres de la madrugada.* お祭り騒ぎは夜明けの3時に最高潮に達した. ❷ [+con・en] ついに(…)になる: *La discusión culminó en un escándalazo.* 議論はつかみかからんばかりの騒ぎになった. ❸ 終わる: *La casa se empezó hace un mes y ya culmina.* 家の建設は1か月前に始まったが, もう終わりつつある. ❹《天文》［天体が］子午線を通過する

── 他 終える, 完了させる: *Hemos culminado la tarea.* 我々は任務を終えた

culo [kúlo]《←ラテン語 culus》男《地域によって卑語》❶ 尻($\frac{1}{2}$)＝nalgas, ancas);《口語》肛門《=ano]: *dar un azote a+人 en el* ~ …の尻をたたく. ❷ [容器などの] 底《=fondo]: ~ *de una botella* 瓶の底. ❸ [容器の底に残った] 少量の液体: *En el vaso apenas queda un* ~ *de vino.* ワインはコップの底にわずかに残っているだけだ. ❹ おかま《=sodomía]. ❺ [taba: carne の反対側の] 平らな面《→taba]. ❻ [果実の, 果柄と反対側の] 尻, 底. ❼《南米. 口語》幸運

a ~ *pajarero* 尻を丸出しにして
caer[*se*] *de* ~ 尻もちをつく; 度肝を抜かれる
con el ~ *a rastras* すっからかんで
con el ~ *al aire*《口語》お手上げの状態で
con el ~ *en las goteras* ひどく貧乏して
con el ~ *prieto (pequeñito)* 死ぬほど怖がって
confundir el ~ *con las témporas*《西. 軽蔑》ひどい取り違えをする
~ *de mal asiento*《西. 口語》尻の落ち着かない人, 長続きしない人
~ *de pollo*《口語. 裁縫》下手な穴直し
~ *de saco* 袋小路
~ *de vaso* ひどく度の強いレンズ; 模造宝石
~ *del mundo* 人里離れた場所
~ *inquieto* 尻の落ち着かない人; 不安定な性格; 落ち着かない態度
~ *veo,* ~ *quiero* 気まぐれな人だ
dar por [*el*] ~ *a*+人《西. 卑語》1) …におかまを掘られる. 2) …をいらいらさせる
de ~《口語》1) 尻から. 2) 後ろ向きに: *coger asientos de* ~ 背中合わせに座る. 3)《自動車》バックで
en el ~ *del mundo*《口語》ひどく遠いところに, 世界の果てに
enviar a tomar por [*el*] ~《西. 卑語》=mandar a tomar por [el]
hacerse a+人 *el* ~ *agua* …が強く望む, 欲望にかられる
hasta el ~《西. 卑語》極度に; 耐えられず
importar un ~ *a*+人《まれ》…にとって全くどうでもいい
ir de ~《西. 口語》[人・事が] ひどく調子が悪い; 全く忙しい
ir[*se*] *a tomar por* [*el*] ~ [不快・怒り・拒絶]《Vete a tomar por el* ~! とっとと失せろ!
lamer ~ *a*+人《卑語. 軽蔑》…にへつらう, ごまをする
limpiarse el ~ *con*+事物《卑語》…を軽蔑する
mandar a tomar por [*el*] ~《西. 卑語》[不快・怒りで] 出て行けと言う
¡Métetelo en (*por*) *el* ~!《卑語》さっさとひっこめろ!
mojarse el ~《卑語》旗色を鮮明にする, 立場を明らかにする; 危険を冒す
mover el ~《口語》1) 移動する, 歩く. 2) 行動する, 対処する
ojo de [*l*] ~ 尻の穴
pasarse por el ~ 全くばかにする, 完全に無視する
pensar con el ~ 無茶な(取りとめもない)ことを考える, 妄想する
perder el ~《卑語》1) 尻に火のついたように急ぐ; 夢中になる. 2)《軽蔑》[卑屈に] やっきになる, 懸命にぺこぺこする
poner a+人 *el* ~ *como un pandero*《口語》…の尻を強く叩く
poner ~《卑語》哀れな状態になる, やつれる
romper el ~《卑語》《アルゼンチン. 卑語》手ひどく負かす
romperse el ~《アルゼンチン, ウルグアイ. 口語》懸命に働く
ser ~ *y calzón*《アルゼンチン, ウルグアイ. 口語》大変仲がいい
ser ~ *y mierda*《地方語. 軽蔑》[人々が] 互いに離れられない

tener ~《アルゼンチン, ウルグアイ. 口語》非常に運がいい
tener más cara que ~《口語》いけずうずうしくふるまう
tirar de ~ 感心させる

-culo, la《接尾辞》[ラテン語特有の名詞・形容詞] *tubérculo* 塊茎, *molécula* 分子; *ridículo* 奇妙な
culombímetro [kulombímetro] 男 電量計
culombio [kulómbjo] 男 [電気量の単位] クーロン
culón, na [kulón, na] 形 ❶《軽蔑》尻の大きい. ❷《アルゼンチン, ウルグアイ》運がいい
── 男《口語》傷病兵
culote [kulóte]《←仏語》男 ❶《自転車》レーシングパンツ. ❷《古語》[女性用下着の]キュロットパンツ. ❸ るつぼの底に残ったもの. ❹ [砲弾・弾筒の] 底部, 弾底
culpa [kúlpa]《←ラテン語》女 ❶ [自発的に行なった] あやまち; その責任: *¿De quién es la* ~? ―*Es mía. ¿*誰のせいだ?―私のせいです. *Es* ~ *de José.* それはホセのせいだ. *Tú no tienes la* ~ *de nada.* 君には何の責任もない. *Tengo toda la* ~ *de lo ocurrido.* 事の全責任は私にある. *El mal tiempo tiene la* ~ *de que se suspendiera el partido.* 試合が中止になったのは悪天候のせいだ. ❷ 罪《宗教・道徳上の》罪: *Se arrodilló para pedir perdón por sus* ~*s.* 彼は罪の許しを乞うためにひざまずいた. ❸《法律》過失: *por* ~ により
~ *jurídica* 法律上の罪
echar a+人 *la*[*s*] ~[*s*] *de*... …を…のせいにする, …の…の罪を着せる: *No me eches la* ~ *de tu fracaso.* 自分の失敗を私のせいにするな.
pagar las ~*s ajenas* 他人の犯した罪をかぶる, ぬれぎぬを着せられる.
por ~ *de*... …のせいで, …が原因で, …のために: *Se perdió por mí* ~. 彼は私のせいで破滅した
culpabilidad [kulpaβiliðá(ð)] 女 罪のあること; 有罪, 罪状: *Esa es la prueba de su* ~. これが彼が有罪である証拠だ. *confesar* (*negar*) *la* ~ [被告が] 有罪を認める(を否認する). *sentido de* ~ 罪の意識, 罪悪感
culpabilísimo, ma [kulpaβilísimo, ma] 形 *culpable* の絶対最上級
culpabilización [kulpaβiliθaxjón] 女 とがめ, 責任の押しつけ
culpabilizar [kulpaβiliθár] 9 他 =culpar
culpable [kulpáβle]《←*culpar*》形 [ser+. +de について] ❶ 罪のある, 責任を負うべき: *Es* ~ *encubrir la verdad.* 真実を隠すのは罪である. *No soy* ~ *de nada.* 私は何も悪くない. *sentirse* ~ 責任を感じる, 気がとがめる. *amor* ~ 邪恋. ❷《法律》犯罪となる, 有罪の《⟷inocente》
── 名 ❶ 責任を負うべき人, とがめられるべき人: *Soy yo el* ~ *de todo.* すべての責任は私にある. *La* ~ *es la política.* 悪いのは政治だ. ❷《法律》犯罪者, 犯人: *Es uno de los* ~ *del atraco al banco.* 彼は銀行強盗の犯人の一人だ. *acusar a*+人 *de ser el* ~ *de*... …を…の罪で告発する
culpado, da [kulpáðo, da] 形 被告の[の]; 罪を犯した[人]
culpar [kulpár]《←ラテン語 *culpare* < *culpa*》他 ❶ [+*de* 責任・罪を] …に負わせる, …のせいにする, 転嫁する; 非難する: *No puedes* ~*me de lo que no he hecho.* 君はしてもいないことを私のせいにできない. *Me culpan de haberles robado.* 彼らは盗難を私のせいにしている. *Culpa siempre al tráfico de sus retrasos.* 彼はいつも遅刻を交通機関のせいにする. ❷ 告訴する, 起訴する: *La culpan de homicida.* 彼女は殺人のかどで訴えられている

── ~*se* 自分をとがめる, 自分の責任にする: *Me culpo de nuestra derrota.* 我々が負けたのは私のせいだ
culposo, sa [kulpóso, sa] 形 過失による, 有責の: *lesión* ~*sa* 過失傷害. *homicidio* ~ 過失致死
cultalatiniparla [kultalatinipárla] 女 気取った言葉
cultamente [kultaménte] 副 教養豊かに, 知的に; 上品に; 気取って
cultedad [kulteðá(ð)] 女《まれ》気取り
culteranismo [kulteranísmo] 男《文学》文飾主義, 誇飾主義, 衒飾(ﾍﾞﾝ)主義《ゴンゴラ *Góngora* を中心とした17世紀スペイン・バロック文学の精髄をなす手法. 日常的な言語表現とは異なる高踏的な文体を特徴とし, 当時の文壇に論争を巻き起こした》
culterano, na [kulteráno, na]《←*culto*》形 名 誇飾主義の[作家]
cultería [kultería] 女 =cultedad

cultero, ra [kultéro, ra] 形 名 =**culterano**
cultiparlante [kultiparlánte] 形 名 《軽蔑》=**cultiparlista**
cultiparlar [kultiparlár] 自 《軽蔑》気取って話す
cultiparlista [kultiparlísta] 形 名 《軽蔑》気取った話し方をする〔人〕
cultipicaño, ña [kultipikáɲo, ɲa] 形 教養人ぶった
cultismo [kultísmo] 男 ❶ 高尚ぶった言葉(表現), 教養語. ❷ 衒飾主義〖=culteranismo〗
cultista [kultísta] 形 ❶ 高尚ぶった. ❷ 衒飾主義の
cultivable [kultibáble] 形 耕作(栽培)され得る, 耕作(栽培)に適した: tierra ～ 可耕地. microbio ～ 培養可能菌
cultivación [kultibaθjón] 女 耕作, 栽培, 培養
cultivado, da [kultibádo, ða] 形 教養のある, 洗練された
cultivador, ra [kultibaðór, ra] 形 名 ❶ 耕作(開拓・栽培)する〔人〕; 農夫. ❷ 研究(芸術)活動に励む〔人〕; 開発者: Es un gran ～ de la novela policíaca. 彼はすぐれたミステリー作家だ
── 男/女 耕耘(こううん)機
cultivar [kultibár] 〖←俗ラテン語 cultivare〗 他 ❶ 耕す; 開拓する: 1) ～ el campo 畑を耕す. ～ la tierra yerma 荒れ地を開拓する. 2) 《比喩》 ～ una nueva rama 新しい分野を開拓する. ～ aficiones comunes 共通の趣味を開拓する. ～ la amistad 友情をはぐくむ. 《栽培》 Cultivan el olivo casi por toda España. オリーブはほぼスペイン全土で栽培されている. plantas *cultivadas* 栽培植物. ❷ 養殖する; 培養する: ～ bacterias 細菌を培養する. ❸ 養成する: ～ a los novatos 新人を育成する ❹〔能力などを〕開発する: ～ la inteligencia (la memoria) 知性(記憶力)を養う. Lola *cultiva* su racionalismo y nunca sigue sus impulsos. ロラは合理的な考え方を心がけ, 衝動で決断することがない. ❺〔研究・芸術活動に〕励む: *Cultiva* las ciencias naturales. 彼は自然科学の研究に励んでいる. El artista *cultivó* el paisaje con modernidad. その画家は現代的に風景を描いた
── *se* 知識を獲得する
cultivo [kultíbo]〖←*cultivar*〗男 ❶ 耕作; 開拓: tierra de ～ 耕作地. poner en ～ 開拓する, 耕地に変える. ❷ 栽培〔法〕: ～ de arroz 稲作. ～ frutícola 果樹栽培. ～ comercial 商品作物. ～ migratorio 移動農法. ❸ 養殖; 培養: perla de ～ 養殖真珠. ❹〔能力などの〕養成, 開発: ～ de las ciencias naturales 自然科学の研究
culto¹ [kúlto]〖←ラテン語 cultus「耕作」〗男 ❶ 信仰〖=fe〗: ～ católico カトリック信仰. ～ de antepasados 祖先崇拝. ❷ 礼拝〔の儀式〕: ～ divino 神への礼拝. ～ dominical 日曜日の礼拝. ❸〔+a·de への〕崇拝, 礼賛: ～ *del héroe* 英雄崇拝. ～ *a (de)* la personalidad《軽蔑》個人崇拝. ～ *de* Mao 毛沢東崇拝. ❹《社会学》カルト; 映画などの ～ カルトムービー. *rendir* ～ *a*... …を崇拝する; 賞賛する: *Rindieron* ～ *a* los dioses. 彼らは神々に祈りを捧げた. *Rendían* ～ *a* la Virgen de Guadalupe. 彼らはグアダルペの聖母を信仰していた. Algunas personas *rinden* ～ *al* dinero. 金を崇拝する者もいる
culto², ta [kúlto, ta]〖←ラテン語 cultus「耕作」< colere「耕す」〗形 ❶ 教養のある, 博学の; 文飾的な, 気取った: persona ～*ta* 教養人, 高学歴の人. lenguaje ～ 教養語, 雅語. ❷〔国が〕文化的に洗練された. ❸〔土地が〕耕された; 〔植物が〕栽培された
cultor, ra [kultór, ra] 形 名 《文語》 ❶ 耕作する〔人〕〖=cultivador〗. ❷ 崇拝する〔人〕
-cultor, ra〔接尾辞〕〔耕作者, 栽培者〕viti*cultor* ブドウ栽培家, pueri*cultora* 保母
cultrún [kultrún] 男《音楽》〔チリの先住民アラウコ族の〕太鼓
cultual [kultwál]《文語》❶ =**cultural**. ❷ 信仰の, 礼拝の
cultura [kultúra]〖←ラテン語〗女〖集合〗文化: La civilización es, por decirlo así, una ～ material. 文明とは, いわば物質文化のことである. alta (baja) ～ ハイ(ロー)カルチャー, 〔下位〕文化. ～ japonesa 日本文化. 〖集合〗教養: aumentar la ～ 教養を高める. hombre de gran (amplia) ～ 教養の高い(広い)人. ～ clásica 古典〔の素養〕. ～ general 一般教養. ❸ física 体育. ❹ 栽培, 養殖〖=cultivo〗
-cultura〔接尾辞〕〔栽培, 飼育〕olei*cultura* オリーブ栽培, pueri*cultura* 保育
cultural [kulturál]〖←*cultura*〗形 ❶ 教養の: programa ～ 教養番組. ❷ 文化の: bienes ～*es* 文化財. industria ～ 文化産業. nivel ～ 文化水準
culturalismo [kulturalísmo] 男 文化主義, 教養主義

culturalista [kulturalísta] 形 名 ❶ 文化主義の〔人〕, 教養主義の〔人〕. ❷ 文化研究者
culturalizar [kulturaliθár] 他《文語》=**culturizar**
culturalmente [kulturalménte] 副 文化的に; 文化的観点から
culturar [kulturár] 他 ❶〖=cultivar〗
cultureta [kulturéta] 女《軽蔑》低水準の文化活動
culturismo [kulturísmo]〖←*cultura*〗男 ボディービル: hacer ～ ボディービルをする
culturista [kulturísta] 形 名 ボディービルの; ボディービルダー
culturización [kulturiθaθjón] 女 文明化
culturizar [kulturiθár] 他《文語》文明化させる
── *se* 文明化する
cuma [kúma] 女 ❶《中米》〔木の切り払いと枝打ち用の〕鉈(なた). ❷《ペルー, ラプラタ. 俗語》代母, 名付け親
cumanagoto, ta [kumanaɣóto, ta] 形 名 クマナ地方の先住民〔の〕
── 男〔クマナ地方の先住民の〕クマナゴト語
cumanana [kumanána] 女 クマナナ〔アルパやギターを使う哀愁を帯びた, アフリカ起源のペルー音楽〕
cumanés, sa [kumanés, sa] 形 名 クマナ Cumaná の〔人〕〔ベネズエラ北東部, スクレ州の州都〕
cumarina [kumarína]女《化学》クマリン
cumarona [kumaróna] 女《化学》クマロン
cumbamba [kumbámba] 女 ❶《ドミニカ》🔒 どこか遠い所. ❷《コロンビア. 口語》あご
cumbancha [kumbántʃa] 女《キューバ》飲んだり踊ったりして楽しむ集まり, パーティー; 酒盛り, どんちゃん騒ぎ
cumbanchar [kumbantʃár] 自《キューバ》飲んだり踊ったりして楽しむ, どんちゃん騒ぎをする
cumbarí [kumbarí]《アルゼンチン. 植物》真っ赤で非常に辛いトウガラシ
cumbia [kúmbja] 女 クンビア〔コロンビアの民俗舞踊・音楽, そのリズム〕
cumbiamba [kumbjámba] 女 ❶ =**cumbia**. ❷《コロンビア》クンビア cumbia などを踊る祭り(パーティー)
cúmbila [kúmbila] 女 ❶《中米》ヒョウタン製の茶碗(容器). ❷《キューバ》同僚, 仲間, 友達
cumbo [kúmbo] 男 ❶《中米》山高帽. ❷《グアテマラ, ホンジュラス》大型のヒョウタン製の茶碗(容器). ❸《ホンジュラス》へつらい, おべっか
cumbre [kúmbre]〖←ラテン語 culmen, -inis〗女 ❶ 山頂, 頂上: vista desde la ～ 山頂からの眺め. ❷ 頂点, 絶頂, 極致: estar en la ～ de su poderío. 彼は権力の絶頂にある. "Cien años de soledad", de García Márquez, es una de las ～s del realismo mágico. ガルシア・マルケスの『百年の孤独』は魔術的リアリズムの最高峰である. alcanzar la ～ de la gloria 栄光の高峰に達する. ❸ 首脳会談, サミット〖=conferencia (en la) ～, ～ reunión〗. ❹〔形容詞的〕Es su novela ～. その小説は彼の最高傑作だ
cumbreño, ña [kumbréɲo, ɲa] 形 山頂の, 頂上の
cumbrero, ra [kumbréro, ra] 形 =**cumbreño**
── 女《建築》1)〔屋根の〕棟. 2) まぐさ, 鴨居〖=dintel〗. ❷ 頂上〖=cumbre〗. ❸《カディス, カナリア諸島》長さ7フィート以上で10×9インチの角材
cúmel [kúmel] 男 キュンメル酒
cumiche [kumítʃe]《中米. 口語》末っ子
cumínico, ca [kumíniko, ka] 形《化学》ácido ～ クミン酸
cuminol [kumiról] 男《化学》クミノール
cum laude [kum láude] 〖←ラテン語〗副〔卒業論文などについて〕優等の・で: sobresaliente ～ 特優
cumpa [kúmpa] 男《南米》❶《口語》親友. ❷《カトリック》実父と代父が互いに呼び合う呼称; 実母・代母が代父を呼ぶ呼称〖=compadre〗
cúmplase [kúmplase]〖*cumplir* の命令形〗男 ❶《文語》承認〔1〕公文書の署名の上に置く語. 2)《中南米》いくつかの共和国で法律が公布される時にその末尾に大統領が添える決まり文句〕. ❷《チリ》確定判決
cumple [kúmple] 男《口語》=**cumpleaños**
cumpleaños [kumpleáɲos]〖←*cumple*+*años*〗男〔単複同形〕誕生日; 誕生日祝い, バースデーパーティー: ¿Qué día es tu ～?── Es el dos de marzo. 君の誕生日はいつ?──3月2日です. Mañana es el ～ de mi padre. 明日は父の誕生日だ. ¿Quiénes están de ～ este mes? 今月誕生日なのは誰ですか? ¡Feliz ～

誕生日おめでとう! Me regalaron varias cosas en (para mi) ~. 私は誕生日に色々なものをもらった. celebrar el quinto ~ 5歳の誕生日を祝う

cumplemeses [kumpleméses] 男《単複同形》《口語》[月を単位にした] 誕生日; 記念日: ¡Feliz ~ Miguelito! Hoy hace un mes llegaste. ミゲルちゃん, おめでとう! 君が生まれて1か月たちました

cumplesiglo [kumplesíglo] 男《口語》100歳の誕生日; 100周年の記念日(年)

cumplesiglos [kumplesíglos] 男《単複同形》《口語》[世紀を単位にした] 誕生日(年); 記念日(年): Se celebra el ~: hace 800 años se escribió el Cantar de Mio Cid. 800年前に『わがシッドの歌』が書かれ, その記念祭が行なわれる

cumplidamente [kumplíðamé̱nte] 副 ❶ 完全に, すっかり; 十分に, たっぷりと: Si algún favor me debías, me lo has pagado ~. 私に恩があるとしても私はもう十分に返してくれたよ. ❷ 寛大に, きちんと. ❸ 礼儀正しく

cumplidero, ra [kumplíðéro, ra] 形 ❶ 期限の切れる, 満期となる: ~ el día de San Juan. サン・フアンの日に期限が切れる. ❷ 都合のいい, ふさわしい

cumplido, da [kumplíðo, ða] 形 ❶ [ser+] 礼儀正しい, 丁寧な: Miguel es muy ~. ミゲルはとても礼儀正しい. ❷ [estar+] 終わった, 終了した: El pago ya está ~ da. 支払いはすでに終わっている. Tiene el servicio militar ~. 彼は兵役を終えている. venganza ~da 遂げられた復讐. ❸《文語》[estar+] 完全な: victoria ~da 完勝. recibir ~da respuesta a su petición 請求がすべて認められる. Es un ~ don Juan. 彼は完璧な女たらしだ. ❹ 大きめの, ゆったりした; 多めの, たっぷりの: abrigo ~ 大きめのオーバー
── 男 ❶ 礼儀, 作法, 心づかい: No le gustará que le tratéis con tantos ~s. 彼はそんなに改まった扱いをされるのは好まないよ. No te andes con ~s. 堅苦しいことはやめてよ. Aceptó sin ~s la invitación. 彼は気らくに招待に応じた. ❷ [主に複] 賞賛, お世辞: hacer muchos ~s a+人 por... …の…をほめそやす. dirigir unos ~s a+人 …にお世辞を言う
de ~ 礼儀上の, 儀礼的な: visita **de ~** 表敬訪問
por ~ 礼儀として, 義理で

cumplidor, ra [kumplíðór, ra] 形 名 [義務・約束などを] 忠実に果たす[人]; 信頼できる[人], まじめな[人]: Es muy ~ en su trabajo. 彼は仕事に大変忠実だ

cumplimentación [kumplimentaθjón] 女 ❶ 遂行, 実行: ~ de la solicitud de empleo 就職申し込みをすること. ❷ 表敬訪問

cumplimentar [kumplimentár] 《←cumplimiento》 他 ❶ 表敬訪問をする; [公式訪問で] 敬意を表する; お祝いを述べる: Los directores generales *han cumplimentado* al ministro con motivo de su santo. 総支配人たちは大臣の霊名の祝日を祝うために表敬訪問した. ❷ [命令された任務を] 遂行する, 実行する; [手続きなどを] 行なう, 処理する: ~ las cláusulas del contrato 契約条項を履行する. ❸ [書類などに] 記入する: Basta con que nos remita la tarjeta *cumplimentada*. 葉書に[必要事項を]記入してお送り下さるだけで結構です

cumplimentero, ra [kumplimentéro, ra] 形 名 堅苦しい[人], ばか丁寧な[人]

cumplimento [kumpleménto] 男 =**cumplimentación**

cumplimiento [kumplimjénto] 男《←cumplir》❶ [義務・命令などの] 遂行: Falleció en el ~ del deber. 彼は職務遂行中に死亡した. Las normas son de obligado ~ para todos. その基準は全員に達成が義務づけられている. ~ de los derechos humanos 人権の効果的な利用. ❷ [期限の] 満了. ❸ 礼儀, 賞賛, お世辞 [=cumplido]. ❹ 補完, 補足 [=complemento]. ❺《カトリック》~ pascual 復活祭の告解(聖体拝領). ❻《古語》供給, 補給
de ~ 義理で
en ~ con... …に従って, …に応じて
por ~ =**de ~**
sin ~s 無礼講で, 気をつかわずに

cumplir [kumplír]《←ラテン語 complere》 自 ❶ [+con 任務など] を成し遂げる, 果たす, 履行する: Estoy *cumpliendo con* mi deber de funcionario público. 私は公務員としての任務を果たしているのだ. ❷ [規則などを] 守る: *Cumple* fielmente *con* su religión. 彼は自分の宗教の教えをきちんと守っている. ~ *con* la ley 法律を守る. ❸ [+con+人 への] 義理をする, 礼儀をつくす: *He cumplido con* mis amigos mandándoles una postal. 私は友人たちに葉書を送って義理を果たした. ❹ 責任・義務を果たす, 職務を遂行する: Si no *cumples*, te pondrán en la calle. きちんと仕事をしなければ, やめさせられるよ. *Cumpla* yo y tiren ellos.《諺》何かを正しくすることをせよ. ❺ [+不定詞・que+接続法] 何をすることが. *Cumple que* hagas este trabajo con toda diligencia. この仕事を一所懸命することが大事だよ. ❻ [期限が] 切れる, 来る; [手形などが] 満期になる, 支払い日になる: Mañana *cumple* el plazo de presentación de instancias. 願書の提出期限は明日で切れる. La letra *cumple* dentro de un mes. その手形は1か月後払いだ. ❼ 兵役を終える. ❼ [事柄が, +a+人 にとって] 都合がよい, 大切である: 1) Ven hoy, si te *cumple*, a comer conmigo. よければ今日食事をしにおいで. 2) [+不定詞・que+接続法が] 重要である. ❽ [+con と] 性交する; [配偶者と] 夫婦の義務を果たす. ❾ [+por+人] …の代わりに表明する. ❿《まれ》[+di+人] 十分である, 足りる
── 他 ❶ [責任・義務などを] 果たす, 遂行する: Los parques naturales *cumplen* la función de proteger nuestro patrimonio natural. 自然保護区は私たちの自然遺産を保護する機能を果たす. El director no *cumplió* su palabra de aumentar el sueldo. 社長は賃上げの約束を果たさなかった. ~ las órdenes 命令を遂行する. ❷ 満~歳になる: ¿Cuántos años *cumples*? 君は何歳になるの? ¿Cuándo *cumples* años? 君の誕生日はいつ? Hoy *he cumplido* veinte años. 今日私は20歳になった. Mi hija *cumple* ocho meses. 私の娘は生まれて8か月になる. ❸ [+時間の単位] が過ぎる: Este año *cumplimos* treinta años de casados. 私たちは今年で結婚30年になる. Que *cumplas* muchos. いつまでもお元気で/長生きして下さい
── **~se** ❶ [期間が] 経過する: *Se cumplió* 400 años del nacimiento de Cervantes. セルバンテス生誕400年を迎えた. ❷ 満期になる; 期限が来る: *Cumplido* su plazo, solicitó una prórroga. 支払い期限が来て, 彼は繰延べを願い出た. ❸ [希望などが] 成就する, 実現する, 果たされる: *Se cumplieron* sus deseos (sus predicciones). 彼の願いがかなった(予言が的中した)
***Cúmpleme (Cúmplenos)+*不定詞/*Me (Nos) cumple*+不定詞《丁寧》…いたします: *Cúmpleme* informar a ustedes lo siguiente. 以下のことをお知らせします
por ~ 礼儀的に, 義理で: Le hice una visita *por ~*. 私は儀礼的に彼を訪問した

cumquibus [kumkíbus]《←ラテン語 cum quibus》男《単複同形》❶《戯語》[el+. 何かをするのに必要な] 手段. ❷《口語》財産; 《古語》お金

cum quibus [kum kíbus]《←ラテン語》男《比喩》お金: No puedo comprar nada porque no llevaba ~. 許可不如意で彼は何も買えなかった

cumulador, ra [kumulaðór, ra] 形《まれ》=**acumulador**

cumular [kumulár] 他《まれ》=**acumular**

cumulativamente [kumulatíßaménte] 副《文語》=**acumulativamente**

cumulativo, va [kumulatíßo, ßa] 形 =**acumulativo**

cumuliforme [kumulifórme] 形《天文》星団状の, 星雲状の; 《気象》積雲状の

cúmulo [kúmulo]《←ラテン語 cúmulus「山積み, 過剰」》男 ❶ 山積み, 多量: Ha reunido un ~ de datos. 彼は大量のデータを集めた. Se me presenta un ~ de dificultades. 私にどんどん困難が降りかかる. por un ~ de circunstancias 色々な事情が重なって. un gran ~ de información 豊かな知見. ~ de documentos 書類の山. ~ de problemas 山積した問題. ❷《気象》積雲.《天文》星団, 星雲[=~ estelar]: ~ abierto 散開星団. ~ de las Pléyades プレヤデス星団

cumulonimbo [kumulonímbo] 男《気象》積乱雲, 入道雲

cumulonimbus [kumulonímbus] 男 =**cumulonimbo**

cuna [kúna] I《←ラテン語 cunae》女 ❶ 揺りかご; ベビーベッド: No despiertes al niño que está en la ~. 揺りかごで寝ている赤ん坊を起こさないで. Le conozco desde la ~. 私は彼のことを生まれた時から知っている. de la ~ a la tumba (a la sepultura) 揺りかごから墓場まで. canción de ~ 子守歌. ❷ 生まれ, 家柄: De humilde ~, se elevó por sus méritos. 彼は貧しい家の出だが, 自分の強みを生かして出世した. ser de ilustre ~ 名門の出である. criarse en buena ~ 育ちがよい. ❸《文語》出生地; 揺籃(らん)の地, 発祥地: Málaga, la ~ de Picasso ピカソ

cunaguaro

の生地マラガ. ~ de la civilización 文明発祥の地. ~ de violencia 暴力の温床. ❹ 発生源, 出所. ❺《遊戯》あや取り [= juego de la ~]. ❻《技術》クレードル, 揺籃. ❼《船舶》進水架 [=basada]. ❽ 牛の左右の角の間. ❾ 粗末な吊り橋. ❿《古語》[児童の] 養護施設, 孤児院 [=casa [de] ~, hogar ~]
II 形 名 クナ族(の)《パナマ, コロンビアの先住民》
―― 男 クナ語

cunaguaro [kunaɡwáro] 男《ベネズエラ. 動物》ジャガーネコ
cunar [kunár] 他《まれ》=acunar
cunca [kúŋka] 女 ❶《地方語》茶碗 [=taza]. ❷《アルゼンチン》首, 首筋
cuncho [kúntʃo] 男 ❶《コロンビア》沈殿物, おり. ❷ [食事の] 残り物
cuncuna [kuŋkúna] 女《コロンビア》野生のハト. ❷《チリ》1) 毛虫. 2) アコーデオン
cunda [kúnda] 形 名《ペルー》陽気で冗談好きの〔若者〕
cundeamor [kundeamór] 男《キューバ, ベネズエラ. 植物, 果実》ツルレイシ, ニガウリ
cundiamor [kundjamór] 男《キューバ, ベネズエラ》=cundeamor
cundido[1] [kundíðo] 男 ❶ [羊飼いに与える] 油・酢・塩などの調味料. ❷ [子供に与える, パンにつける] 蜂蜜・ジャム・チーズなど
cundido[2], **da** [kundíðo, ða] 形《中米》[+de で] 一杯の, 覆われた
cundidor, ra [kundiðór, ra] 形 広がる, 蔓延する; 膨張する
cundinamarqués, sa [kundinamarkés, sa] 形 名《地名》クンディナマルカ Cundinamarca の〔人〕《コロンビア中央部の県. 首都ボゴタがある》
cundir [kundír] 《←ゴート語 kunja「広まる」》自 ❶ [主に非物質的なものが] 広がる: La noticia de la muerte *cundió* rápidamente por la ciudad. 死亡の知らせはまたたく間に町中に伝わった. En esta ciudad corre la corrupción. この町では汚職が横行している. El aceite bueno *cunde* más que el malo. 良い油は悪い油よりさらさらしている. ❷ [仕事などが] はかどる, 成果が上がる: Hoy no me ha *cundido* el trabajo. 今日は仕事がはかどらなかった. ❸ 役に立つ, 効率がよい: Esta lana *cunde* poco porque es muy gruesa. この毛織物はとても分厚いのであまり使い道がない. Este detergente *cunde* mucho. この洗剤は使いでがある. ❹ 一杯にする, 満たす
cunear [kuneár] I 他《まれ》=acunar
II 《←cuna》~se《まれ》❶ 揺れる. ❷ 肩や腰を振って歩く
cuneco, ca [kunéko, ka] 名《ベネズエラ》末っ子
cuneiforme [kuneifórme] 形 ❶ くさび形の, 楔形 (ミッ) の: escritura ~ くさび形文字. ❷《植物》楔状 (ミッ) の
―― 男《解剖》楔状骨 [=hueso ~]
cuneo [kunéo] 男《まれ》揺り動かすこと, 揺さぶり, 揺れ
cúneo [kúneo] 男 ❶《古代ローマ》[劇場や競技場の出入口にある] くさび形の空間. ❷《軍事》くさび形隊形
cunero, ra [kunéro, ra] 形 ❶《政治》落下傘候補〔の〕, 選挙区に域外から移入された〔候補者〕. ❷ [商品が] ノーブランドの; 二流の. ❸《地方語》捨て子〔の〕. ❹《闘牛》[牛の] 牧養場が不明な
―― 男《キューバ》[病院の] 新生児室
―― 女《古語》[宮殿で] 王子や王女の揺りかごを揺らす係の女性
cuneta [kunéta]《←伊語 cunetta》女 ❶ [道路わきの] 排水溝, 側溝: Paré en la ~ para arreglar el pinchazo. 私はパンクを修理するため路肩に止まった. ❷《築城》空濠の排水溝
dejar a+人 *en la* ~ …を助けない, 突き放す
echar a+人 *a la* ~ …をのけ者にする
quedarse en la ~ [競走で] 引き離される
cunetear [kuneteár] 他《チリ》縁石に触れて駐車する
~*se* 縁石にぶつかる
cunícola [kuníkola] 形 養兎の; ウサギの
cunicular [kunikulár] 形 ウサギの; ウサギに似た
cunicultor, ra [kunikultór, ra] 名 養兎〔家〕
cunicultura [kunikultúra] 女 養兎, ウサギの飼育
cunini [kuníni] 男《地方語》[子供の埋葬の] 鐘の音: tocar a ~ [子供の埋葬の] 鐘を鳴らす
cunita [kuníta] 女《遊戯》[jugar a] hacer ~s あやとりをする
cunnilingus [kunnilíŋgus] 男《単複同形》《性技》クンニリングス
cuña [kúɲa]《←ラテン語 cuneus》女 ❶ くさび, かいもの; 車止め: clavar (meter) una ~ en... …にくさびを打つ. poner una ~ debajo de un armario たんすの下にかいものをする. No hay peor ~ que la de la misma madera.《諺》かつての友や身内ほど厄介な敵はいない. ❷ くさび形のもの: una ~ de la tarta ケーキ1切れ. ❸《幾何》= esférica 球面弓形. ❹《軍事》[敵の戦線を破るための] くさび形部隊〔⇔tenaza〕. ❺《新聞》[紙面の空きを埋める] 短いニュース. ❻《テレビ, ラジオ》= publicitaria スポット広告. ❼ [病人用の] 溲瓶 (ホい). ❽ [角錐形の] 舗石. ❾《気象》くさび形の高気圧圏 [= ~ anticiclónica, ~ de alta presión]. ❿《スキー》ボーゲン: giros en ~ ハの字での回転. ⓫《主に中南米》コネ, うしろ盾: tener ~s 有力な後援者がいる. ⓬《コロンビア》切り込み, 溝
en ~ V字形に
meter ~《口語》不和の種をまく
cuñadía [kuɲaðía] 女 姻戚関係 [=afinidad]
cuñadismo [kuɲaðísmo] 男 [姻戚関係による] 身内びいき
cuñado, da [kuɲáðo, ða]《←ラテン語 cognatu》名 ❶ 義兄(弟), 義姉(妹), 小舅, 小姑〔夫・妻の兄弟・姉妹; 兄弟・姉妹の妻・夫〕. ❷《ペルー. 口語》友達, 仲間
cuñapé [kuɲapé] 男《ボリビア. 料理》クニャペ《タピオカの粉で作った小型のチーズパン》
cuñar [kuɲár] 他《硬貨などに》刻印する [=acuñar]
cuñete [kuɲéte] 男《オリーブなどを漬ける》小さい樽
cuño [kúɲo]《←ラテン語 cuneus》男 ❶ [貨幣などの] 打ち型; 刻印. ❷ 特徴, 個性: Deja en su obra el ~ de su personalidad. 彼はその作品に独自の性格を刻み込んでいる. ❸ 消し印 [=matasellos]. ❹《軍事》くさび形隊形 [=cuña]. ❺《古語》くさび [=cuña]. ❻《古語》積み重ね. ❼《キューバ》判, 印鑑 [=sello]
de nuevo ~《主に軽蔑》作られたばかりの, できたての: palabra *de nuevo* ~ 新語
cuociente [kwoθjénte] 男《廃語》=cociente
cuodlibetal [kwoðlibetál] 形《古語》=cuodlibético
cuodlibético, ca [kwoðlibétiko, ka] 形《古語》cuodlibeto の
cuodlibeto [kwoðlibéto] 男《古語》❶ [著者が自由に選んだ] 専門的分野に関する議論; [大学を卒業する学生の] 自分の卒業論文に関する論法. ❷ [からかって言う] 嫌み
cuón [kwón] 男《動物》ドール, アカオオカミ
cuota [kwóta]《←ラテン語 quota (pars)「どのくらいの(割合)」》女 ❶ 割り当て分, 分担金, 割り前: pagar su ~ 自分の分担金を払う. ~ de instalación de teléfono 電話の設置負担金. ~ de importación 輸入枠, クォータ. ~ de mercado 市占有率. ~ del seguro 保険料. ~ patronal [社会保険の] 事業主負担分. ~ de socio 会費: Han subido la ~ del Ateneo. 文芸クラブの会費が上がった. ~ sindical 労働組合費. ❷《中南米》[分割払いの] 払込金: comprar en ~s 分割払いで買う. venta por ~ mensual 月賦販売. ~ inicial 頭金. ❸《メキシコ. 通行料》[= peaje]: carretera de ~ 有料道路. ❹《アルゼンチン》= alimentaria [離婚後の] 扶養料
―― 男《歴史》金を払って徴兵期間を短縮してもらう者 [=soldado de ~]
cuotidiano, na [kwotiðjáno, na] 形《まれ》=cotidiano
cup [káp] 男《←英語 cup》《~s》[飲料》カップ《白ワイン・ブランデー・果物などを使った清涼飲料》
cupana [kupána] 女《ベネズエラ. 植物》ガラナ
cupe [kúpe] 男《料理》サフラン [=hebra]
cupé [kupé] 男《古語》=coupé
cupido [kupíðo] 男 ❶《ローマ神話》[C~] クピド, キューピッド《愛の神. 羽根をつけ弓矢を持った男の子として表わされる》: Un C~ lanza sus flechas hacia la pareja. キューピッドがカップルに矢を射る. ❷ 漁色家, 女たらし
cupilca [kupílka] 女《チリ. 料理》小麦粉を炒め発酵させたブドウ (リンゴ) の果汁を加えた粥
cuplé [kuplé]《←英語 couplet》男 クプレ《主に1930年代にスペインで流行したポピュラーソング》
cupletero, ra [kupletéro, ra] 形 クプレ *cuplé* の
―― 名 クプレの歌手 [=cupletista]
cupletista [kupletísta] 名 クプレ *cuplé* の歌手
―― 名 クプレの作曲家
cupo [kúpo]《←ラテン語 capere「つかむ, 含む」》男 ❶ 割り当て〔分〕, 数量枠; 配給分: ~ de azúcar asignado a las fábricas de conservas 保存食品工場への砂糖の割当量. ~ de importación 輸入割当, 輸入数量枠. ❷《西》[一部の自治州から中央政府へ交付する] 割当金. ❸ [町・村に割り当てられる]

賦課《税金, 労役など》; 召集兵〔の人数〕: excedente de ～ 兵役のくじに外れた男. ❹《メキシコ, パナマ, コロンビア》容量; 〔車両の〕収容能力, 座席数. ❺《メキシコ》監獄

cupón [kupón]《←仏語 coupon < couper「切る」》男 ❶〔切符などの〕半券; クーポン券; ギフト券 [～ de regalo]男; 買物券, 商品券 [～ de compra]: *cupones en rama* 切り離した券片. ～ de pedido 注文票の半券. ～ de racionamiento 配給券. ～ federal〔低所得者などへの〕食糧切符. ～-respuesta/～ de franqueo (de respuestas) internacional 国際返信切手券. ❷〔債券などの〕利札, 配当券. ❸《西》宝くじ券: ～ de los ciegos 盲人福祉宝くじ券
cuponario, ria [kuponárjo, rja] 形 利札の
cuponazo [kuponáθo] 男《西. 口語》盲人福祉宝くじの特賞
cuprero, ra [kupréro, ra] 形《チリ》銅の
cupresáceo, a [kupresáθeo, a] 形 ヒノキ科の
　——女《植物》ヒノキ科
cupresino, na [kupresíno, na] 形 ❶《詩語》ヒノキの. ❷ ヒノキ材の
cúprico, ca [kúpriko, ka] 形 ❶《化学》第二銅の: óxido ～ 酸化第二銅. ❷ 銅の; 銅を含む
cuprífero, ra [kuprífero, ra] 形《鉱物》銅を含む
cuprita [kupríta] 女《鉱物》赤銅鉱
cuproníquel [kuproníkel] 男 ❶ キュプロニッケル, 白銅. ❷〔昔の〕白銅貨《主に25センティモ貨》
cuproso, sa [kupróso, sa] 形《化学》第一銅の
cúpula [kúpula]《←伊語 cupola < ラテン語 cupa「樽」》女 ❶《建築》ドーム, 丸屋根: ～ de bulbo《ロシア正教会の》玉ねぎ形丸屋根. ～ de radar レーダードーム. ～ gallonada /～ de gallos オレンジの房形のドーム. ～ geodésica ジオデシックドーム, 測地線ドーム. ～ de vapor 蒸気ドーム. ❷〔軍艦などの〕砲塔. ❸《植物》殻斗(かくと). ❹ 集《組織の》指導者たち: ～ fiscal 検察首脳. ～ militar 軍部, 軍隊上層部
cupulado, da [kupuládo, da] 形 ❶《建築》ドームのある, ドームで覆われた. ❷《植物》殻斗形の; 殻斗のある
cupular [kupulár] 形《建築》ドームの; ドーム型の
cupulífero, ra [kupulífero, ra] 形 ブナ科[の]; [＝fagáceo]
cupuliforme [kupulifórme] 形《建築》ドーム型の
cupulín [kupulín] 男 ＝cupulino
cupulino [kupulíno] 男《建築》ドームの❶頂塔
cuquear [kukeár] 他《米国》料理する [＝cocinar]. ❷《キューバ》けしかける, そそのかす
cuquera[1] [kukéra] 女《アラゴン》虫の一杯いる所 [＝gusanera]. ❷《プエルトリコ》抜け目なさ, ずる賢さ
cuquería [kukería]《←cuco》女 ❶ ずる賢さ, 狡猾さ. ❷《西. 親愛》かわいらしいもの, 愛らしいもの
cuquero, ra[2] [kukéro, ra] 名《地方語》ずる賢い人, 狡猾な人
cuqui [kúki] 形《キューバ. 口語》おしゃれをしている, いい服を着ている
cuquillero, ra [kukiʎéro, ra] 名《俗語》密猟する; 密猟者
cuquillo [kukíʎo] 男《鳥》＝cuclillo
cura [kúra]《←ラテン語 cura「注意, 申請」》女 ❶ 治療, 手当て, 処置; 治療法: La ～ de la llaga es muy dolorosa. 傷の手当ては非常に痛い. A esta enfermedad no se le conoce ～. この病気は治療法が分かっていない. hacer una ～ de reposo 安静療法をする. ponerse en ～ 治療を受ける. primera ～/～ de urgencia 応急処置. ～ de aguas 水療法. ～s médicas 医療. ❷ 治癒, 回復: ～ milagrosa 奇跡的な回復. ❸ 癒やし, ヒーリング. ❹ 外傷用の薬《軟膏など》. ❺ ～ de almas 魂の救済《司祭が信者の精神的苦痛を救済すること》. ❻《プエルトリコ, コロンビア, ボリビア》ガーゼ付き絆創膏. ❼《ボリビア. 口語》酩酊, 酔い
alargar la ～《口語》引き伸ばし戦術をとる
no tener ～ 手の施しようがない《比喩的にも》: *Su terquería no tiene* ～. 彼の頑固さは手の施しようがない
——男《カトリック》司祭; 〔特に, 司祭の下で〕主任司祭 [＝～ párroco]: *casa del* ～ 司祭館. ～ de almas 司祭の職. ～ económo 外勤司祭. el señor ～ 司祭さま
este ～《西. 戯語》我が輩, 小生
curable [kuráble] 形 治療され得る: *Muchos tipos de cáncer son* ～*s a la luz de los conocimientos actuales*. 癌の多くは現在の知識によれば治療可能である
curaca [kuráka]《←ケチュア語「族長, 首長」》男《南米. 歴史》クラ

curación [kuraθjón] 女 ❶ 治療. ❷ 保存加工
curadera [kuraðéra] 女《チリ. 口語》酩酊
curadillo [kuraðíʎo] 男《魚》タラ [＝bacalao]
curado, da [kuráðo, ða] 形 ❶ 精神的に鍛えられた, 慣れた, 平気な: *estar* ～ *de espanto* 何があっても動じない, めったなことでは驚かない. ❷《メキシコ. 口語》〔事物が〕愉快な, 面白い. ❸《ボリビア, チリ, アルゼンチン. 口語》酔っぱらった
　——男 ❶〔肉・魚などの〕保存加工. ❷ 皮のなめし. ❸〔木材の〕乾燥; 〔コンクリートの〕養生
curador, ra [kuraðór, ra] 名 形《法律》後見人, 保護者: ～ ad bona 成年後見人. ～ ad litem 〔未成年者の〕法定後見人. ❷ 世話をする[人]; 保護する[人]. ❸〔肉・魚などの〕保存加工業者. ❹《南米》キュレーター, 学芸員
curadoría [kuraðoría] 女 ＝curaduría
curaduría [kuraðuría] 女 ❶ 後見人（保護者）の任務: ～ ejemplar 精神病患者への後見人の任務
curagua [kurágwa] 女《南米. 植物》粒が非常に堅く葉が鋸歯状のトウモロコシ
cural [kurál] 男 司祭の: *casa* ～ 司祭館
curalotodo [kuralotóðo] 男《単複同形》万能薬, 万病に効く薬
curalle [kuráʎe] 男《鷹狩り》〔鷹の そ嚢をきれいにするための〕薬を浸みこませた羽や綿で作った小さい球
curandería [kuranðería] 女 民間療法; 呪医の医術
curanderil [kuranðeríl] 形 民間療法の; 呪医の医術の
curanderismo [kuranðerísmo] 男 ❶ 治療に民間療法医（呪医）が関わること. ❷ ＝curandería
curandero, ra [kuranðéro, ra]《←ラテン語 curandus < curare「気を配る」》名 もぐりの医師, 無免許医; 〔特に〕民間療法医, 呪術医, まじない師
curángano [kurángano] 男《軽蔑》司祭 [＝cura]
curanto [kuránto] 男《チリ. 料理》クラント《エビや貝類・肉・豆を穴に入れ, 焼いた石で蒸し焼きにする》
curar [kurár]《←ラテン語 curare「気を配る」》他 ❶ 治療する, 治す: [+a+人 の, 病気・傷を] *Estoy seguro de que este médico me curará. きっとこの医者が私を治してくれる. Estas pastillas curan la gripe. この錠剤で風邪が治る. Le curan la herida dos veces al día.* 彼は日に2度傷の手当てをしてもらう. *El perro deja dócilmente que le curen.* その犬はおとなしく治療されるままになっている. *Le curan con penicilina.* 彼の病気をペニシリンで治療する. 2) [+人 の, +de 病気・傷を] *Lo han curado de la gripe.* 彼は風邪が治った. ❷ 癒やす. ❸ 〔肉・魚などを〕保存加工する〔乾燥, 燻製, 塩漬けなど〕: ～ al humo 燻製にする. ❹〔皮を〕なめす. ❺〔麻布などを〕漂白する. ❻〔木材を〕乾燥させる; 〔コンクリートを〕養生させる. ❼〔悪を〕正す, 矯正する
　——自 治る, 治癒する [＝～se]: *Tiene esperanza de que curará.* 彼は病気が治ることを期待している. *Ya verás cómo curas en seguida.* 今に見ていてごらん, 君はすぐに良くなるよ
　——se 治る, 治癒する, 全快する: *La herida se curó sola.* 傷は自然に治った. *Me he curado de mi enfermedad.* 私は病気が治った. ❷《チリ》酔っぱらう
curare [kuráre] 男 クラーレ《中南米で先住民が毒矢に使った植物エキス》
curasao [kurasáo]《←Curasao〔キュラソー島〕》男《酒》キュラソー
curatela [kuratéla] 女《法律》後見人の職務
curativo, va [kuratíβo, βa] [←curar] 形 治療力のある, 治療に役立つ, 治療用の: *poder* ～ *natural* 自然治癒力. *remedio* ～. *música* ～. ～*va* ヒーリング音楽
　——女 治療法
curato [kuráto] 男 ❶ 司祭の職務. ❷ 小教区 [＝parroquia]
curazao [kuraθáo] 男 ＝curasao
curazoleño, ña [kuraθoléɲo, ɲa] 形 名《地名》キュラソー Curasao 島の[人]《アンティル諸島の一つ》
curbaril [kurβaríl] 男《植物》イナゴマメ
curco, ca [kúrko, ka] 形 名《エクアドル, ペルー, チリ》背骨の湾曲した[人] [＝jorobado]
curcucho, cha [kurkútʃo, tʃa] 形 名《ホンジュラス, エルサルバドル, ニカラグア》背骨の湾曲した[人] [＝jorobado]

cúrcuma [kúrkuma] 囡《植物》ウコン;《香辛料》ターメリック: papel de 〜《化学》ターメリック試験紙
curcuncho, cha [kurkúntʃo, tʃa] 形 ❶《ペルー, チリ, アルゼンチン》背骨の湾曲した〔人〕〔=jorobado〕. ❷《ボリビア, エクアドル》わずらわしい, うるさい
curcusilla [kurkusíʎa] 囡 ❶《口語》尾てい骨〔=rabadilla〕. ❷《料理》〔牛の〕尻肉. ❸〔鳥〕尾筒(ぅ‑).
curda[1] [kúrda]〖←仏語 curde「カボチャ」〗囡 ❶《口語》酔い: agarrar (coger) una 〜 酔っぱらう. ❷《ベネズエラ》酒 ── 形《口語》[estar+] 酔っぱらった; 酔っぱらい;《南米》常習の酔っぱらい
curdela [kurdéla] 囡《口語》酔い
curdo, da[2] [kúrdo, da] 形 名 =**kurdo**
cureña [kurépa] 囡 ❶ 砲車, 砲架. ❷ 銃床; 〔弩の〕臂(ʾ), 台座
 a 〜 rasa 遮蔽物なしで, 無防備で
cureñaje [kurepáxe] 男《集合》〔一砲廠・一部隊の〕砲架
curesca [kuréska] 囡 ラシャを梳く時に残る毛くず
cureta [kuréta] 囡《医学》キュレット, 搔爬(ʾ)器
Curetes [kurétes] 男《ギリシア神話》クレスたち, クレテス〖クレタ島でゼウスを育てた半神半人の群れ〗
curí [kurí] 男 ❶《南米. 植物》ナンヨウスギ科の一種〖学名 Araucaria brasiliensis〗. ❷《コロンビア. 動物》テンジクネズミ, モルモット
curia [kúrja]〖←ラテン語 curia「元老院」〗囡 ❶《集合》法曹, 法律家〔=gente de 〜〕. ❷《カトリック》1)〔主に教会法を扱う〕法廷. 2) ローマ教皇庁, ローマ聖庁〔=C〜 Romana〕. 3) 〜 diocesana《集合》〔教区を管理する〕司教補佐. ❸《歴史》〜 regia in León レオン議会 1188年スペイン, レオンの王に招かれた元老会議. ヨーロッパ最初の身分議会となる〕.❹《古代ローマ》1) クリア〖氏族による社会区分〗. 2) 元老院〖建物〗. ❺ 裁判所, 法廷. ❻《古語》注意, 世話. ❼《古語》宮廷
curiados [kurjádos] 男複《古代ローマ》comicios 〜 クリア民会
curial [kurjál] 形 ❶ ローマ教皇庁の, ローマ聖庁の. ❷《古代ローマ》クリアの. ❸《古語》精通した, 熟練した
 ── 男 ❶ 裁判所の下級職員. ❷ ローマ教皇庁の職員〔聖職者〕. ❸《古語》廷臣
curialesco, ca [kurjalésko, ka] 形《主に軽蔑》裁判所の下級職員のような; 法律尊重主義の, 杓子(ダ̥)定規な
curiana [kurjána] 囡 ゴキブリ〔=cucaracha〕
curiara [kurjára] 囡《コロンビア, ベネズエラ》〔先住民の〕帆と櫂を使うカヌー
curica [kúrika] 男《地方語. 鳥》アオガラ〔=herrerillo〕
curicano, na [kurikáno, na] 形《地名》クリコー Curicó の〔人〕〖チリ中部の県・県都〗
curiche [kurítʃe] 男 ❶《ボリビア》〔洪水の後に残る〕泥沼. ── ❷《チリ. 口語》皮膚が黒っぽい人
curie [kúrje] 男〔放射能の壊変強度の単位〕キュリー ──
curieterapia [kurjeterápja] 囡 =**radioterapia**
curiel [kurjél]《キューバ. 動物》モルモット, テンジクネズミ
curil [kuríl] 形《口語》司祭の
curio [kúrjo] 男 ❶《元素》キュリウム. ❷ =**curie**
curiosamente [kurjosaménte] 副 ❶ 好奇心から; 物珍しそうに, 不思議そうに. ❷ 奇妙なことに: Este reloj es 〜 parecido al que yo perdí. おかしなことにこの時計は私がなくしたのと似ている. ❸ 綿密に, 念入りに, きちんと
curioseador, ra [kurjoseaðór, ra] 形 名 詮索する〔人〕
curiosear [kurjoseár]〖←curioso〗自 ❶ 他人のことを知りたがる: No curiosees aquí y allí. あちこちかぎ回るな. ❷ 買う気もなしに冷やかす: Voy a 〜 por los escaparates. 私はウィンドウショッピングでもするつもりだ/あちこちの店を冷やかそうと思っている. 〜 por la librería 本屋で立ち読みをする〖本を見て回る〗 ── 他 詮索する, かぎ回る〔=fisgonear〕: 〜 los papeles 書類をこっそり調べる
curiosidad [kurjosiðá(ð)]〖←ラテン語 curiositas, -atis〗囡 ❶ 好奇心, 知識欲: Está muerto de 〜 (Le come la 〜) por conocer a mi novio. 彼は私の恋人に会ってたまらずうずうずしている. La 〜 de noticias me llevó allí. 私は情報が欲しくてそこに行った. despertar a+ la 〜 a 〜 をそそる. con 〜 = 物珍しそうに. por 〜 好奇心から, 物好きで. ❷ 珍しいもの(こと),《複》骨董品: tienda de 〜es 骨董品店. ❸ 清潔好き; 細心, 入念さ: limpiar la copa de cristal con gran 〜 クリスタルグラスを細心の注意を払って洗う

tener 〜 de (por)... …に好奇心を持つ: Tengo mucha 〜 por saber cómo acabó aquello. 私はあれがどうなったか知りたくてしかたがない
curioso, sa [kurjóso, sa]〖←ラテン語 curiosus「思いやりのある, 勉学熱心の強い」< cura 世話〗形 ❶ [ser+. +de+《時に軽蔑》〕好奇心の強い, 物好きな: Es muy 〜. 彼は大変好奇心が強い. 〜 de noticias 詮索好きな, 知りたがり屋の. ❷ [estar+] 好奇心を持つ: Estoy 〜 por ver cómo sale del paso. 彼がどうやって切り抜けるか見てみたいものだ. ❸ 好奇心をかきたてる, 不思議なる: fenómeno 〜 面白い(奇妙な)現象. ❹《西》 1) 清潔好きな; きちょうめんな: ser 〜 en el vestir いつも清潔な物を着ている. ❺ [estar+] 清潔な; きちんとした, 入念な ── 名《時に軽蔑》好奇心の強い人, 物好きな人, 好事(ʾ)家; やじうま, 見物人; おせっかいな人, 詮索好きな人: Pronto se agrupó un ruedo de 〜s. たちまちやじうまの輪ができた. ❷《中南米》民間療法医〔=curandero〕
curista [kurísta] 名 水療法を受ける人, 湯治客
curita [kuríta] 囡 ❶《アンダルシア》ツチハンミョウ〔=aceitera〕. ❷《中南米》ガーゼ付き絆創膏(ぅ゙̔) 〔ser+. +de〕〔=tirita〕
curling [kúrliŋ]〖←英語〗《スポーツ》カーリング
curpiel [kurpjél] 男 人工皮膚
curra[1] [kúra] 囡《地方語》〔鳥〕カササギ
currador [kuraðór] 男《隠語》triles の賭博師〔=trilero〕
curranta [kuránta] 囡《西. 口語》→**currante**
currante [kuránte] 形 名《女性形 curranta もある》《西. 口語》❶ 労働者. ❷ 働き者の人
currar [kurár]〖←ジプシー語〗自《西》❶ 働く, 仕事をする〔=trabajar〕. ❷《隠語》殴る ── 他 ❶ 大勝する, 圧勝する. ❷《アルゼンチン. 口語》だまし取る
curre [kúre] 男《西. 口語》[厄介な] 仕事, 重労働
currela [kuréla] 名《西. 口語》=**currante**
currelante [kurelánte] 形 名《西. 口語》=**currante**
currelar [kurelár] 自《西. 口語》[骨折って] 働く, 精を出す
currele [kuréle] 男《西. 口語》=**curre**
currelo [kurélo] 男《西. 口語》=**curre**
curricán [kurikán] 男 ❶《釣り》ドジャー, 集魚板: al 〜 ドジャーを使って. ❷《カリブ, コロンビア》紐, 細縄. ❸《キューバ》売春斡旋人, ポン引き. ❹《プエルトリコ. 農民》ひどい寒さ
curricular [kurikulár] 形 カリキュラムの
currículo [kuríkulo]〖←ラテン語 curriculum〗男 ❶ カリキュラム, 科目履修計画. ❷ 履歴書〔=currículum〕
currículum [kuríkulun]〖←ラテン語〗男〔複 〜s〕❶ 履歴書: tener [un] buen 〜 立派な経歴の持ち主である. ❷ カリキュラム〔=currículo〕
currículum vitae [kuríkulun bítae]〖←ラテン語〗男 履歴書
currinche [kuríntʃe] 男 ❶《軽蔑》へぼ, 三流の人; 無能な人. ❷《戯画, 軽蔑》駆け出しの新聞記者
currípé [kurípé] 男《隠語》殴打
currito, ta [kuríto, ta] 名《西. 口語》=**currante** ── 男 ❶ 頭こぶしの先で小突くこと. ❷ 指人形
curro[1] [kúro] 男 ❶《西. 口語》職, 仕事; 職場. ❷ 殴打. ❸《ガリシア》自由に育てられてきた馬に投げ縄を掛け蹄鉄を打つ馬場; その時を祝う民衆の祭り. ❹《アルゼンチン. 口語》1) 詐欺. 2) 臨時の簡単な仕事, アルバイト
curro, rra[2] [kúro, ra] 形 小粋な; おめかしした, 派手な
curruca [kurúka] 囡 ❶〔鳥〕ムシクイ: 〜 cabecinegra サバクムシクイ. 〜 capirotada ヤナギムシクイ. 〜 carrasqueña シラヒゲムシクイ. 〜 mirlona メジロムシクイ. 〜 mosquitera ニワムシクイ. 〜 rabilarga オナガムシクイ. 〜 sarda ネズミオナガムシクイ. 〜 zarcera ノドジロムシクイ. ❷《アラゴン》猟犬の群れ
currulao [kurulánó] 男《コロンビア》クルオア〖ドラムに合わせて踊る民俗舞踊〗
curruña [kurúpa] 囡《ベネズエラ. 口語》友達, 仲間
currusco [kurúsko] 男 =**coscurro**
currutaco, ca [kurutáko, ka] 形 ❶《口語》非常に小さい, 取るに足らない. ❷《まれ》流行に過敏な〔若者〕, おしゃれな〔若者〕. ❸《ベネズエラ. 口語》背の低い〔人〕, ずんぐりした〔人〕
curry [kúri]〖←英語〗男《複 curries》《料理》カレー粉: arroz al (con) 〜 カレーライス
cursado, da [kursáðo, ða] 形 [estar+. +en] に堪能な, 熟達した, 精通した: Está 〜 en idiomas. 彼は外国語がよくできる

cursante [kursánte] 形 名 授業に出席する、修学中の; 学生、生徒

cursar [kursár] 〖←ラテン語 cursare「しばしば歩く」〗他 ❶ 履修する: *Cursa filosofía*. 彼は哲学を履修している. *Está cursando* el primer año de la carrera. 彼は大学専門課程の1年生だ. ❷ [手紙などを] 送る: ~ *un telegrama a...* ~に電報を打つ. ❷ [命令に] 伝える: *Han cursado* las órdenes a las comisarías. 各警察署に指令が発せられた. ❹ [請願などの] 手続きをする, 提出する: ~ *la solicitud ante...* ~に嘆願書を出す ── 自 ❶ [時が] 経過する: *el mes que cursa* 今月. ❷《医学》[病気・症状が] 経過する

cursería [kurseríɑ] 女 =**cursilería**

cursi [kúrsi] 〖←?語源〗形 名《軽蔑》ひどく気取った[人], きざな, 趣味の悪い[人]: *Es una* ~, *siempre habla en francés*. 気取った女だ. いつもフランス語で話す

cursilada [kursiláða] 女《軽蔑》気取った態度; 趣味の悪いもの

cursilear [kursileár] 自《軽蔑》気取って…をする

cursilería [kursileríɑ] 女《軽蔑》❶ 趣味の悪さ; 趣味の悪いもの. ❷ 気取った態度; 〖集名〗気取り屋たち

cursillísimo, ma [kursiʎísimo, ma] 形 cursi の絶対最上級

cursillista [kursiʎísta] 形 受講中の, 研修中の: *profesor* ~ 教育実習生 ── 名 [短期の] 受講生, 研修生: *selección de los futuros* ~*s* 新受講生の選抜試験

cursillo [kursíʎo] 〖《curso の示小語》〗男 ❶ [短期の] 講義, 講座, 講習会: ~ *de cristiandad* 宗教実習講座. ~ *para teleoperarios* 司書養成講座. ❷ 研修, 実習: ~ *de vuelo sin visibilidad* 計器飛行訓練

cursión, na [kursión, na] 形 名《軽蔑》ひどくきざな[人], ひどく趣味の悪い[人]

cursivo, va [kursíβo, βa] 〖←*curso*〗形 女《印刷》イタリック体[の], 斜体[の]: *en* ~ *va* イタリック体で

curso [kúrso] 〖←ラテン語 cursus「走ること」< *currere*「走る」〗男 ❶〖集名〗講義, 講座, 講習会: *La universidad abre un* ~ *de inteligencia artificial*. 大学は人工知能の講座を開く. *Cruz Roja nos da un* ~ *de primeros auxilios*. 赤十字は応急手当の講習会を開いてくれる. ~ *acelerado (intensivo) de historia* 歴史の集中講義. ~ *de verano para extranjeros* 外国人向け夏期講座. ~ *académico*; 〖集名〗[一学年の] 生徒, 学生: *Soy un* ~ *de (Estoy en • Estudio) primer* ~. 私は1年生だ. *En España el* ~ *académico empieza en otoño*. スペインでは学年は秋に始まる. *Voy a asistir al* ~ *de contabilidad*. 私は簿記の課程を履修するつもりだ. *pasar al siguiente* ~ 進級する. *terminar un* ~ 課程を終える. *alumno de tercer* ~ 3年生. ~ 2015-16 2015年から16年にかけての学年度 ❷《水・時などの》流れ: *desviar el* ~ *del río* 川の流れを変える. *río de* ~ *rápido* 流れの急な川. ~ *alto (medio•bajo)* 上流(中流•下流). ~ *de agua* 水流, 川. ~ *de la historia* 歴史の流れ. ~ *de la vida* 人生行路. ~ *de la luna* 月の運行. *Dejo que las cosas sigan su* ~. 私はなりゆき任せにしている. ❹ 経過, 推移: *Queremos mantenerle en todo momento informado del* ~ *del asunto*. 私どもはこの案件の推移を逐次お知らせします. ~ *de una enfermedad* 病気の経過. ❺《経済》1) [貨幣の] 流通: *moneda de* ~ *legal* 法定通貨. 2) [変動する] 相場, 時価. ❻ [言葉などの] 通用, 使用. ❼ [賭け事で] 無一文に ── 公布

dar [*libre*] ~ *a...* …をどっと流出させる: *dar* ~ *a su cólera (su fantasía)* 怒りをぶちまける(想像をたくましくする)

darse [*libre*] ~ *a...* …がどっと流出する: *Rompiéndose el terraplén se dio libre* ~ *al agua del río*. 堤防が決壊して川の水がどっと流れ出した. *A este rumor se le dará* ~ *muy pronto*. このうわさはすぐに広まるだろう

en ~ 1) 現在の: *en* ~ *año (el mes) en* ~ 今年(今月). 2) 進行中の: *La construcción está en* ~. 建築工事が今行われている. *asunto en* ~ 審議中(未解決)の問題. 3) [貨幣の] 流通して, 通用して: *Esta moneda está aún en* ~. この貨幣はまだ通用する

en ~ *de...* …が進行中の, …を実行中の: *La biblioteca está en* ~ *de reconstrucción*. 図書館は改築中だ. *El plan está en* ~ *de realización*. その計画は実現の途中にある

en el ~ *de...* …の間に: *Ha crecido mucho en el* ~ *de un año*. 一年のうちに彼はとても成長した. *Se marcharon dos en el* ~ *de la discusión*. 討論の途中で2人いなくなった

hacer un ~ 講義(講習)を受ける: *Paco hace un* ~ *de español*. パコはスペイン語の講習を受けている. ~ *de baile flamenco* フラメンコのレッスンを受ける

seguir su ~ 順調に運ぶ: *Nuestros negocios siguen su* ~. 当社の経営は順調です. *La enfermedad sigue su* ~. 病状は順調に回復している

cursómetro [kursómetro] 男《鉄道》速度計

cursor [kursór] 〖←英語〗男 ❶《技術》滑子, カーソル. ❷《情報》カーソル: *desplazar el* ~ カーソルを動かす. ❸ ~ *de procesiones* 宗行列の進行を取り仕切る聖職者. ❹《古語》郵便配達人; 書記

cursus honorum [kúrsus onórun] 〖←ラテン語〗男《古代ローマ》公職

curtación [kurtaθjón] 女《天文》日照時間が短くなること〖=*acortamiento*〗

curtición [kurtiθjón] 女 皮なめし〖=*curtido*〗

curtido, da [kurtíðo, ða] 形 ❶《口語》[*estar*+] 日焼けした; 鍛えられた, 丈夫になった: *piel* ~*da* 赤銅色の肌. ❷《口語》ベテランの ── 男 ❶ 皮なめし[行為]. ❷ [主に 複] なめし革: ~ *dóngola* 高級なめし革. ❸ 樹皮. ❹《中南米. 料理》[複] 野菜などの酢漬け

curtidor, ra [kurtiðór, ra] 名 皮なめし職人

curtiduría [kurtiðuríɑ] 女 皮なめし工場

curtiembre [kurtjémbre] 女《中南米》=**curtiduría**

curtiente [kurtjénte] 形 皮なめし剤[の]

curtimbre [kurtímbre] 女 皮なめし〖=*curtido*〗

curtimiento [kurtimjénto] 男 皮なめし〖=*curtido*〗; 日焼け

curtir [kurtír] 〖←ラテン語 conterere「打つ, すり潰す」〗他 ❶ [皮を] なめす: *piel curtida* なめし革. ❷ [太陽や風雨が皮膚を] 褐色にする, 日焼けさせる; 丈夫にする: *La brisa marina ha curtido el cutis del marinero*. 潮風が船員の肌を赤銅色にした. ❸ [人を苦難に対して] 鍛える: *Las dificultades le curtieron*. 困難が彼を鍛えた. ❹《中南米》[人•動物を] 鞭で叩いて罰する. ❺《ペルー, チリ》[鉱物を融合させるために] 塩を加える. ❻《チリ》[賭け事で] 無一文にする ── ~*se* ❶ 日焼けする: *Se ha curtido* el rostro. 彼は顔が焼けた. ❷ [苦難に対して] 強くなる. ❸ 熟練する. ❹《メキシコ, 中米, コロンビア》[服などを] 汚す

curto, ta [kúrto, ta] 形《アラゴン》❶ [動物が] 尾のない, 尾の短い〖=*rabón*〗. ❷ [あるべき長さより] 短い

curú [kurú] 男《ペルー》イガの幼虫

curuca [kurúka] 女《鳥》フクロウ〖=*lechuza*〗

curuchupa [kurutʃúpa] 名《エクアドル. 軽蔑》信心家ぶった[人], 偽善者[の]; 政治的に保守派のカトリック信者

curucú [kurukú] 男《中南米. 鳥》ケツァール〖=*quetzal*〗

curucutear [kurukuteár] 他《コロンビア, ベネズエラ》かき回す, 探す

curuja [kurúxa] 女《鳥》フクロウ〖=*lechuza*〗

curul [kurúl] 形 ❶ →**silla** curul. ❷《コロンビア》議席

curulla [kuɾúʎa] 女《船舶》ガレー船の索具収納庫

cururasca [kururáska] 女《ペルー》糸玉

curupí [kurupí] 男《植物》シラキ属の一種〖学名 Sapium aucuparium〗

cururo [kurúro] 男《チリ. 動物》コルロネズミ

cururú [kururú] 男 ❶《中南米》[動物] ピパピパ, コモリガエル. ❷《植物》ガラナの一種〖実は毒矢の材料として使われた. 学名 Paulinia pinnata〗

curva¹ [kúrβa] 〖←*curvo*〗女 ❶《幾何》曲線. ❷《統計》曲線グラフ: ~ *de natalidad* 出生曲線. ❷ *de Phillips*《経済》フィリップス曲線. ❸ [道路などの] 湾曲部, カーブ: *tomar una* ~ カーブを切る. *en una* ~ *abierta* 緩やかなカーブで. ❹《野球》カーブ. ❺ [複]《女性の美しい》体の曲線, 曲線ライン: *Tiene* ~*s muy pronunciadas*. 彼女はとてもグラマーだ. ❻《船舶》肘(ひじ) [2つの船材を補強するための湾曲材]

~ *cerrada* 急カーブ; 閉曲線

~ *de felicidad*《戯語》太鼓腹

curvado, da [kurβáðo, ða] 形 曲線になっている, 湾曲した, カーブした: *piernas* ~*das hacia fuera* O脚

curvadura [kurβaðúra] 女 =**curvatura**

curvar [kurβár] 〖←*curvo*〗他 曲げる: ~ *el cuerpo* 体を曲げる. ~ *al fuego una barra de hierro* 鉄の棒を火で曲げる

── ~*se* ❶ 曲がる: *Las ramas se curvan* por el peso de

la nieve. 雪の重みで枝がたわんでいる. ❷ 身をかがめる
curvatón [kurbatón] 男『船舶』小型の肘(ひじ).
curvatubos [kurbatúbos] 男『単複同形』『技術』パイプベンダー
curvatura [kurbatúra] 女 ❶ 湾曲〖させること〗: ~ del universo 『天文』空間のゆがみ. ~ mayor gástrica 『解剖』胃の大彎(だいわん). ❷ 『幾何』線 de doble ~ 複曲線. radio de ~ 曲率半径. ❸ 『体操』屈伸
curvear [kurbeár] 自 曲線をたどる, カーブを描く
curvidad [kurbiđáđ] 女 =curvatura
curvígrafo [kurbígrafo] 男『幾何』雲形定規, 自在曲線定規
curvilíneo, a [kurbilíneo, a] 形 ❶ 曲線の, 曲線でできた; 曲がった, 湾曲した: ángulo ~ 曲線角. ❷ 『口語』(女性が)肉感的な
curvímetro [kurbímetro] 男 キルビメーター, マップメジャー
curvo, va² [kúrbo, ba] 〖←ラテン語 curvus〗形 曲がった, 湾曲した: línea ~va 曲線. superficie ~va 曲面 —— 名 ❶ 《プエルトリコ》左利きの人. ❷ 《コロンビア》がに股の人 —— 男 ❶ 《野球》カーブ. ❷ 《ガリシア》囲った小さな畑
cusano, na [kusáno, na] 形『人名』〖15世紀ドイツの哲学者・数学者・枢機卿〗ニコラウス・クザーヌス Nicolaus de Cusa の, クザーヌス哲学の
cusca [kúska] 女 ❶ 《中南米》男たらしの女. ❷ 《メキシコ. 口語》売春婦. ❸ 《コロンビア》酔い〖=borrachera〗; 吸い殻〖=colilla〗
hacer la ~ *a*+人《西. 口語》…を不快にする, うんざりさせる, 迷惑をかける〖hacer la puñeta a+人 の婉曲〗
cuscatleco, ca [kuskatléko, ka] 形『地名』クスカトラン Cuscatlán の〔人〕エル・サルバドル中部の〔県〕
cusco [kúsko] 男 《アルゼンチン, ウルグアイ. 口語》雑種の小型犬
cuscurrear [kuskureár] 自 ❶ パンの端の堅い部分を食べる. ❷ カリカリと音を立てて食べる
cuscurro [kuskúřo] 男 =coscurro
cuscús [kuskús] 男『単複同形』❶ =cuzcuz. ❷ 《中南米. 口語》恐怖, 懸念
cuscuta [kuskúta] 女『植物』ネナシカズラ
cuscutáceo, a [kuskutáθeo, a] 形 ネナシカズラ科の —— 女『植物』ネナシカズラ科
cusí cusí [kusí kusí] 副 《中南米. 口語》まあまあ〖=así así〗
cusifai [kusífaj] 男 《アルゼンチン. 口語》〖名前を知らない・忘れた〗誰か, 何か
cusir [kusír] 他 =corcusir
cusita [kusíta] 形〖ノアの孫である〗クス Cus の子孫の; クシ族の —— 男『ソマリア・エチオピアで話される』クシ諸語
cusma [kúsma] 女 《エクアドル, ペルー》〖山岳地帯の先住民の着る, 腿まで達する〗袖なしシャツ
cuspe [kúspe] 男 ❶『地方語』唾〖=saliva〗. ❷ 《チリ》1) 独楽(こま). 2) 非常に小柄で騒々しい人: como ~ わめいてる
cúspide [kúspiđe] 〖←ラテン語 cuspis, -idis「先端, 端」〗女 ❶ 山頂; 頂点: ~ de una torre 塔のてっぺん. ❷ 絶頂, 極致: Estaba en la ~ de su gloria. 彼は栄光の絶頂にあった. ❸ 《幾何》〖三角錐・円錐の〗頂点
cusqui [kúski] 女 *hacer la* ~ *a*+人《西. 口語》…を不快にする, 迷惑をかける〖hacer la puñeta a+人 の婉曲〗
custodia¹ [kustóđja] 〖←ラテン語 custodia「監視, 牢」〗女 ❶ 監視; 保管, 管理の; 監護, 養育; その義務, 権利: estar bajo la ~ de+人 …の監督〔保護・管理〕下にある. ~ de un reo 犯人の監護〔護送〕. ~ aduanera 税関保管. ~ de valores en la ~ de los hijos 子供の養育権. ❷ 〖囚人の〗監視人. ❸ 『カトリック』1) 聖体顕示台; 聖体容器, 聖櫃(せいひつ). 2) 〖集合〗〖フランシスコ修道会の〗管区を成すには至らない数の修道院. ❹ 《チリ》手荷物預かり所. ❺ 『アルゼンチン』護衛
custodiador, ra [kustođjađór, ra] 形名 監視する; 監視人
custodiar [kustođjár] 〖←custodia¹〗10 他 ❶ 監視する, 見張る: ~ a los presos 囚人を監視する. ~ la puerta del castillo 城門を見張る. ❷ 保管する, 管理する: ~ un tesoro 宝物を保管する. ❸ 保護する, 監督する, 養育する
custodio, dia² [kustóđjo, đja] 形 監視する; 保管する. ❷ 『カトリック』ángel ~ 守護天使 —— 男 ❶ 『文語』保護者, 監督者; 保管者; 監視者. ❷ 〖フランシスコ修道会の〗custodia の長
cusubé [kusubé] 男 《キューバ》ユッカの澱粉で作るパン
cusuco [kusúko] 男 ❶ 《中米. 動物》アルマジロ〖=armadillo〗. ❷ 《エルサルバドル》ひどい窮地〔困難〕. ❸ 《コロンビア. 音楽》サンボンバ〖=zambomba〗

cusumbe [kusúmbe] 女 《コロンビア, エクアドル. 動物》ハナグマの一種〖学名 Nasua brasiliensis〗
cususa [kusúsa] 女 《中米》タフィア〖ラム酒の一種〗
cutacha [kutátʃa] 女 ❶ 《中米》長くまっすぐなマチェテ machete. ❷ 《グアテマラ》1) 瓶半本分の蒸留酒. 2) 複 かかとの低い靴
cutama [kutáma] 女 《チリ》❶ 細長い袋. ❷ 《口語》鈍重な人, 不器用な人
cutáneo, a [kutáneo, a] 〖←cutis〗形 皮膚の: enfermedad ~a 皮膚病. respiración ~a 皮膚呼吸. ❷ 『解剖』músculo ~ 皮筋
cutara [kutára] 女 《メキシコ, コスタリカ, キューバ》〖田舎の〗粗末なスリッパ〖室内履き〗
cúter [kúter] 〖←英語 cutter〗**I** 男 〖複 ~es〗『船舶』カッター **II** 男〖複 ~es/単複同形〗カッターナイフ
cuti [kúti] 男 ❶『医学』=cutirreacción. ❷ 《ベネズエラ》隠語
cuti [kutí] 〖←仏語 coutil〗男〖複 ~es〗〖マットレスなどに使う〗厚織りの綿布
cutiano, na [kutjáno, na] 形『古語』日々の, 日々続く *de* (*en*) ~ 毎日, たえず
cutícula [kutíkula] 〖←ラテン語 cuticula〗女 ❶ 表皮, 小皮;《動物, 植物》角皮, クチクラ. ❷ 〖爪の〗甘皮
cuticular [kutikulár] 形 表皮の, 角皮の
cutidero [kutiđéro] 男 ❶ 繰り返し叩くこと. ❷『古語』打撃, 衝突
cutina [kutína] 女『植物』角皮素, クチン
cutinización [kutiniθaθjón] 女 角皮素化, クチン化
cutinizar [kutiniθár] 9 他 角皮素〔クチン〕化させる —— ~se 角皮素〔クチン〕化する
cutio, tia [kútjo, tja] 形『地方語』しつこい, 絶え間ない —— 男『地方語』しつこさ, 絶え間なさ *de* ~ 1) 日々〔の〕, いつも〔の〕. 2) 平日の: día *de* ~ 就業日, 平日
cutir [kutír] 他 ❶『廃語』叩く. ❷『古語』競う
cutirreacción [kutiřea(k)θjón] 女『医学』〖アレルギーなどの〗皮膚テスト, パッチテスト
cutis [kútis] 〖←ラテン語〗男『単複同形』皮膚〖→piel ❶ 類義〗: tener el ~ áspero 肌が荒れている
cutleriales [kutlerjáles] 女 複『植物』ムチモ科
cuto, ta [kúto, ta] 形 《中米, ボリビア》❶ 歯のない, 歯の抜けた; 手足の不自由な. ❷ 〖物が〗古い, 欠けた, 壊れた —— 男 《ナバラ》ブタ〖=cerdo〗
cutral [kutrál] 男 ❶『牛が』老いて元気のない. ❷〖雌牛が〗子を産まなくなった
cutre [kútre] 形名 《西》❶〖軽蔑〗みすぼらしい, いかがわしい: Esos extranjeros viven en un apartamento ~. その外国人たちはぼろアパートに住んでいる. ❷『古語的』けちな〔人〕, 欲深い〔人〕 —— 男 《コロンビア》不潔さ; 汚れ, 汚物
cutrería [kutrería] 女《西. 軽蔑》=cutrez
cutrerío [kutrerío] 男《西. 軽蔑》=cutrez
cutrez [kutréθ] 女《西. 軽蔑》みすぼらしさ; みすぼらしいもの: Las ferias del disco son una ~. Son tipo Rastro. レコードフェアはお粗末だ. のみの市のぐらいだ
cutter [kúter] 〖←英語〗男〖複 ~s/単複同形〗カッターナイフ
cutuco [kutúko] 男《エルサルバドル. 植物, 実》カボチャ〖=calabaza〗
cuy [kúj] 男《南米. 動物》モルモット〖食用〗
cuyá [kujá] 男《キューバ. 植物》アカテツ科の高木〖学名 Dipholis salicifolia〗
cuyano, na [kujáno, na] 形 名 ❶『地名』クジョ Cuyo の〔アルゼンチン中部の半乾燥地域〕. ❷ 《チリ. 軽蔑》〔アルゼンチン〕人の, アルゼンチン人
cuye [kwjé] 男 =cuy
cuyo, ya [kujo, ja] 〖←ラテン語 cuius〗形〖所有を表わす関係形容詞. +名詞. 名詞の性数に応じて語尾変化する〗『文語』…するその, 1) 〖限定用法〗…するその, …であるその: Aquel edificio *cuyas* torres vemos es la iglesia. 塔が見えているあの建物が教会です. El niño ~s padres están muertos se dice huérfano. 両親に死なれた子供は孤児と呼ばれる. Ayer visité a mi hermano en *cuya* casa coincidió con María. 昨日私は弟を訪ねて, その家で偶然マリアに会った. *Aquí hay un libro cuya* autora es mi amiga. ここにある本の著者は私の友人です. en ~ caso その場合には. ❷〖説明用法. 先行詞を受けて〗その,

それらの: Ha ocurrido un accidente, de *cuya* circunstancia informaremos pronto. 事故が発生しましたが、その状況については間もなくお知らせします。 Se detuvo un coche, con ~s faros pudimos buscar el collar. 車が止まり、そのヘッドライトで私たちはネックレスを捜すことができた

cúyo, ya [kújo, ja] 代《所有を表わす疑問代名詞. 対応する名詞の性数に応じて語尾変化する》《古語》誰の〘=de quién〙: ¿C~ es este sombrero? この帽子は誰のかな？ ¿*Cúya* es la culpa? ¿De ella? 誰のせいだ？彼女のか？

cuz [kúθ] 間〔繰り返して，犬を呼ぶ〕おいで

cuzca [kúzka] 女《メキシコ》食い意地のはった人

cuzco [kúzko] 男 ❶〔キャンキャン吠える〕小犬. ❷《アルゼンチン, ウルグアイ. 口語》=**cusco**

Cuzco [kúzko] 男《地名》クスコ《ペルーの南東部, アンデス山脈の標高3400mに位置する旧インカ帝国の都》

cuzcuz [kuzkúθ] 男 クスクス《北アフリカ料理. 蒸した小麦に肉・野菜を添えたもの》

cuzma [kúzma] 女 =**cusma**

cuzo, za [kúθo, θa] 名《アストゥリアス, レオン》小型犬

cuzqueño, ña [kuzkéɲo, ɲa] 形 名《地名》クスコ Cuzco の〔人〕《ペルー南部の県・県都. インカ帝国の首都だった》

CV《略語》←caballo de vapor 馬力
C.V.《略語》←capital variable 可変資本
CVP《略語》←ciclo de vida de un producto プロダクト・ライフサイクル
cyan [θján]〖←英語〗形 男 シアン色〔の〕
cyberespacio [θiberespáθjo]〖←英語〗男 =**ciberespacio**
cybernauta [θibernáuta]〖←英語〗名 =**cibernauta**
cyberpunk [θíberpúnk]〖←英語〗男 =**ciberpunk**
cyborg [θíbor/θájbor]〖←英語〗複 ~s サイボーグ
cyca [θíka] 形《植物》リュウゼツランの一種《学名 Cyca Revoluta》
cycling [θiklín]〖←英語〗男 自転車に乗って運動すること, サイクリング
cyclops [θiklóps] 男《動物》シクロプス
czar [θár] =**zar**
czardas [θárdas] 女 複 チャールダーシュ《ハンガリーの民族舞踊》
czarevitz [θareβítʃ] 男 =**zarevich**
czarina [θarína] 女 =**zarina**

D

d [dé] 囡 ❶ アルファベットの第4字. ❷ día ～ 作戦開始日, Xデイ [=día determinado]; [el día *D*. ノルマンディー上陸作戦の] Dデイ. ❸ [主に大文字で] ローマ数字の500
D《略語》←diciembre 12月
D.《略語》←don …さん《男性》
d/《略語》←día …日
DA《略語》←dificultades de aprendizaje 学習障害, LD
Da.《略語》←doña …さん《女性》: Sra. *Da*. Eva Yáñez《西. 手紙》エパ・ヤニェス様
D.ª《略語》=**Da.**
D/A《略語》←documento contra aceptación DA手形
dable [dáble] 彫 [ser+] 起こり得る, 行なわれ得る, 可能な, ありそうな: No es ～ renunciar. 断念するのは無理だ
da braccio [da brátʃo] 《←伊語》彫 →**viola** da braccio
dabute [dabúte] 彫《西. 口語》=**dabuten**
dabuten [dabúten] 《←ジプシー語 bute》彫《単複同形》《西. 口語》すばらしい, すごい
── 副《西. 口語》すばらしく
dabuti [dabúti] 彫 副《西. 口語》=**dabuten**
daca [dáka] 《←da[me] acá》*toma y ～* ギブアンドテーク, 持ちつ持たれつ; お互いさまである
dacá [daká] 《←de acá》副《古語》ここから, こちら側から
da capo [da kápo] 《←伊語》副《音楽》初めから繰り返して
dacha [dátʃa] 《←露語》囡 [ロシアの] 別荘
dacio[1] [dáθjo] 男《廃語》税金, 課徴金
dacio[2]**, cia** [dáθjo, θja] 名《歴史, 地名》ダキア Dacia の(人)
dación [daθjón] 囡《法律》譲渡, 譲与, 贈与: ～ *en pago* ノンリコースローン, 非遡及型融資
dacriadenitis [dakrjadenítis] 囡《医学》=**dacrioadenitis**
dacrioadenitis [dakrjoadenítis] 囡《医学》涙腺炎
dacriocistitis [dakrjoθistítis] 囡《医学》涙囊炎
dacriocisto [dakrjoθísto] 男《解剖》涙囊
dacrón [dakrón] 《商標》男《繊維》ダクロン, デークロン, テトロン
dactilado, da [daktiláđo, đa] 彫 指のような形の
dactilar [daktilár] 彫 指の [=digital]
dactili-《接頭辞》彫=**dactilo-**
dactílico, ca [daktíliko, ka] 彫《詩法》長短短格の, ダクティルの
dactiliforme [daktilifórme] 彫 ヤシの形をした
dactiliología [daktiljoloxía] 囡 指輪やそこにはめられた貴石を研究する考古学
dactilión [daktiljón] 男《古語》ダクティリオン《指に装着するピアノの練習器具》
dactilitis [daktilítis] 囡《医学》指炎
dactílo [daktílo] 男《植物》カモガヤ
dáctilo [dáktilo] 男《詩法》長短短格
dactilo-《接頭辞》[指] *dactilo*scopia 指紋鑑定
-dactilo《接尾辞》[指] artio*dáctilo* 偶蹄目の
dactilografía [daktilografía] 囡 タイプライティング技能
dactilografiar [daktilografjár] 他 タイプライターで打つ [=mecanografiar]
dactilográfico, ca [daktilográfiko, ka] 彫 タイプライティング技能の
dactilógrafo, fa [daktilógrafo, fa] 名 タイピスト [=mecanógrafo]
dactilograma [daktilográma] 囡 指紋
dactilología [daktiloloxía] 囡 [指文字による] 指話 [法]
dactilológico, ca [daktilolóxiko, ka] 彫 指話の
dactiloscopia [daktiloskopía] 囡 指紋検査, 指紋同定法
dactiloscópico, ca [daktiloskópiko, ka] 彫 指紋検査の
dactiloscopista [daktiloskopísta] 名 指紋検査の専門家
-dad《接尾辞》[形容詞+. 名詞化. 性状] livian*dad* 軽さ
dadá [dađá] 男 ダダイズム [の]
dadaísmo [dađaísmo] 《←仏語 dadaïsme》男《美術, 文学》ダダイズム
dadaísta [dađaísta] 彫 名 ダダイズムの, ダダイスト [の]

dadito [dađíto] 《dado の示小語》男《料理》cortar en ～s さいの目に切る
dádiva [dáđiba] 《←俗ラテン語 dativa < dativum「寄贈」< dare「与える」》囡《文語》贈り物, プレゼント [=regalo]: Ganó a los cortesanos con ～s. 彼は色々な贈り物で宮廷人たちを味方につけた. hacer ～s a+人 …に贈り物をする
dadivado, da [dađiβáđo, đa] 彫《廃語》わいろを受けた, 買収された
dadivar [dađiβár] 他《廃語》贈り物をする
dadivosamente [dađiβósaménte] 副 気前よく
dadivosidad [dađiβosiđá(đ)] 囡 [金に対する] 無欲, 気前よさ
dadivoso, sa [dađiβóso, sa] 《←dádiva》彫 [思いやりあって] 気前のよい [人], 金に執着しない [人], 物惜しみしない [人]
dado[1] [dáđo] 《←?アラビア語 dad「数」》男 ❶ さいころ, ダイス: Agitó los ～s en su mano. 彼は手の中でさいころを振った. tirar (echar) los ～s さいころを転がす. cortar en ～s《料理》さいの目に切る. ❷ 阀 さいころ遊び, さいころ賭博: jugar... a los ～s さいころで…を賭ける. ❸《技術》ダイス型, 雄ねじ切り. ❹《建築》台脚 [柱脚の方形部]. ❺ [旗の] 方形模様. ❻《船舶》スタッド, 繋柱
cargar los ～s さいころに[いかさまの]細工をする
correr ～ 運がよい
dado[2]**, da** [dáđo, đa] 《←ラテン語 datus. dar の過分》彫 ❶ [+名詞. 分詞構文] …を考慮すると: *Dada* la imposibilidad de una transcripción total, resumiremos el ejemplo. 全体を書き写すのが不可能であれば, 例文を要約しましょう. ❷ 一定の, 特定の; 所与の: en un momento ～ とある時に; いざという時に. ❸ [ser+. +a に] 熱中する, ふける, 愛好する: Es *dada* a amoríos. 彼女は恋愛ごとに熱心だ. Fue ～ *a* ideаr proyectos. 彼は計画を立てるのが大好きだった. ❹《南米》[ser+] できる, 可能な: Si me es ～ elegir... もし私に選択ができるのなら…
～ que... 1) [+直説法] …であることからして, …であるので: *D～ que* no hay ningún voto en contra, se aprueba por unanimidad. 反対票は一票もなかったので, それは満場一致で承認されている. *D～ que* no viene el director, suspenderemos la reunión. 校長が来ないのなら会議は中止しよう. 2) [+接続法] …であるならば, …であると仮定して: *D～ que* sea como dices, cuenta con mi ayuda. 君の言うとおりだとしたら, 私の援助をあてにしてもいい
ir ～《口語》[人が] 成功の見込みのない[ほとんど]ない
dador, ra [dađór, ra] 名 ❶ [+de に] 与える, 提供する, もたらす; 寄贈者. ❷《トランプ》札を配る人, 親. ❸《書状の》持参人, 所持者. ❹《商業》[手形の] 振出人
Dafne [dáfne] 囡《ギリシア神話》ダフネ《アポロンから逃げるために月桂樹に姿を変えてしまったニンフ》
dafnina [dafnína] 囡《化学》ダフニン
dafnita [dafníta] 囡《鉱物》ダフネ石, 月桂石
daga [dága] **I**《←?語源», 囡 ❶ [両刃の] 短剣, 短刀. ❷《プエルトリコ》ペニス; 山刀
II《←アラビア語 taca》囡 窯で焼かれる煉瓦の一山
dagal, la [dagál, la] 名《地方語》=**zagal**
da gamba [da gámba] 《←伊語》彫 →**viola** da gamba
dagame [dagáme] 男《キューバ. 植物》レモンウッド
dagga [dága] 《←英語》男 [南米先住民が麻薬として吸う] 大麻
daguero [dagéro] 男 短剣 daga の製造者
daguerrotipar [geřotipár] 他 銀板写真を撮る
daguerrotipia [dageřotípja] 囡 銀板写真術
daguerrotipo [dageřotípo] 男 銀板写真 [術]; 銀板写真機
daguestano, na [dagestáno, na] 彫 名《地名》[ロシアの] ダゲスタン Daguestán の [人]
dahír [daír] 男《歴史》モロッコのスルタンの政令
dahomeyano, na [daomejáno, na] 彫 名《古語. 国名》ダホメイ Dahomey の (人)《ベニンの旧名》
daifa [dáifa] 囡 ❶《西》めかけ [=manceba]; 売春婦. ❷《古語》厚いもてなしを受ける滞在客
daimieleño, ña [daimjeléɲo, ɲa] 彫 名《地名》ダイミエル Dai-

miel の〔人〕〖シウダ・レアル県の町〗
daimio [dáimjo]〖←日本語〗男 大名
daiquiri [daikíri] 男《酒》ダイキリ
dakota [dakóta] 形 名 ダコタ族〔の〕〖北米先住民〕
dala [dála] 女《船舶》〔船内の排水ポンプの〕板の導管
dalaga [daláɣa] 女〖フィリピンの〕若い独身の娘
dalai-lama [dálai lama] 男《宗教》〖チベットの〕ダライ・ラマ
dalear [daleár] 他《まれ》傾ける
Dalí [dalí]《人名》Salvador 〜 サルバドル・ダリ〖1904〜89, スペインの画家. シュルレアリスムの代表的作家. 天才と自称し, 数々の奇行でも有名.『記憶の固執』La persistencia de la memoria〗
dalia [dálja] 女《植物》ダリア
Dalila [dalíla] 女《旧約聖書》デリラ〖サムソンの髪を切ってその威力を失わせた愛人〗
daliniano, na [dalinjáno, na] 形《人名》サルバドル・ダリ Salvador Dalí の
dalla [dáʎa] 女《地方語》=dalle
dallador, ra [daʎaðór, ra] 名 鎌で草を刈る人
dallar [daʎár] 他 鎌で草を刈る
dalle [dáʎe] 男 鎌〖=guadaña〗
dallear [daʎeár] 他《まれ》=dallar
dálmata [dálmata] 形《地名》〖クロアチアの〗ダルマチア地方 Dalmacia の〔人〕
—— 男 ❶《犬》ダルメシアン〖=perro 〜〗. ❷ ダルマチア語〖=dalmático〗
dalmática[1] [dalmátika] 女《服飾》❶《カトリック》ダルマチカ〖助祭がミサで白衣 alba の上に着る祭服〗. ❷《古代ローマ》白のチュニック. ❸〖戦士が着た〕脇の開いた下着. ❹ 紋章学 rey de armas や職杖捧持者 macero の式服
dalmático, ca[2] [dalmátiko, ka] 形 =dálmata
—— 男 ダルマチア語
dalton [dáltɔn] 男《物理》〖=s〕〔原子質量の単位〕ドルトン
daltoniano, na [daltonjáno, na] 形 名《医学》色覚異常の〔人〕
daltónico, ca [daltóniko, ka] 形 =daltoniano
daltonismo [daltonísmo] 男《医学》〖赤と緑の先天性の〕色覚異常
dama [dáma] 女 I〖←仏語 dame＜ラテン語 domina「婦人」〗女 ❶ 淑女, 婦人〖mujer より丁寧な言い方. ⇔caballero〗: D〜s《表示》婦人用. Primero las 〜s./Las 〜s primero〔, los caballeros después〕. レディファースト. primera 〜 ファーストレディ; 主演女優. ❷ 貴婦人〖官廷の〕女官: 〜 de honor〖王妃の〕侍女;〖花嫁の〕付き添い;〖美人コンテストの〕審査員. 〜 cortesana 売春婦. 〜 regidora カーニバルの女王. ❸ 意中の女性, 想い人の女性〖= 〜 de sus sueños, 〜 de sus pensamientos〗. ❹《演劇》主演女優: segunda 〜 準主役の女優. 〜 joven 純情娘役の女優. ❺〖トランプ〕クイーン. ❻《チェス》クイーン: hacer 〜 クイーンになる. ❼《チェッカー》❶ 成り駒. 2) 遊戯 チェッカー〖=juego de 〜〗. ❽〜s chinas ダイヤモンドゲーム. D〜 de Elche『エルチェの貴婦人』〖バレンシア州エルチェで発掘された貴婦人の胸像. イベロ人 ibero により紀元前5〜4世紀に作成され, 宗教的にも使用されたとされる〗. ❾ スペインの古い舞踊. ❿《植物》〜 de noche ヤコウカ(夜香花). ⓫《文語》〜 blanca コカイン
〜s y galanes 来年の恋人(カップル)占い
II 女〖溶鉱炉の出銑口の〕スラグよけの障壁
III 女《西. 動物》ダマシカ〖=gamo〗
damaceno, na [damaθéno, na] 形 名 =damasceno
damajagua [damaxáɣwa] 男《エクアドル. 植物》アオイ科の巨木
damajuana [damaxwána] 女〖柳細工などで包んだ〕細首の大瓶
damán [damám] 男《動物》ハイラックス
damasana [damasána] 女《中南米》=damajuana
damascado, da [damaskáðo, ða] 形 =adamascado
damasceno, na [damasθéno, na] 形 名《地名》〖シリアの〕ダマスカス Damasco の〔人〕
damasco [damásko] 男 ❶《繊維》ダマスク, 西洋どんす. ❷《地名》〖D〜〕ダマスカス. ❸〖アンデス, チリ, アルゼンチン, ウルグアイ. 植物, 果実〕アンズ〖=albaricoque〗
damasina [damasína] 女 =damasquillo
damasonio [damasónjo] 男《植物》サジオモダカ
damasquillo [damaskíʎo] 男 ❶ ダマスクに似た毛(絹)織物.

❷《アンダルシア. 果実》アンズ
damasquina[1] [damaskína] 女《植物》フレンチマリーゴールド〖学名 Tagetes patula〗
damasquinado [damaskináðo] 男 金属の象眼細工〖技術, 作品. トレドのものが有名〗
damasquinador, ra [damaskinaðór, ra] 名 金属の象眼細工職人
damasquinar [damaskinár] 他〖金属に〕金銀を象眼する
damasquino, na[2] [damaskíno, na] 形《地名》ダマスカス Damasco〔産〕の: a la 〜na ダマスカス風の. ❷《繊維》ダマスクの, 西洋どんすの. ❸〖刀剣が〕ダマスク鋼の〖しなやかで刃文が美しい〗
damería [damería] 女《まれ》気取り, 上品ぶること
damero [daméro] 男 ❶〖出来上がりに言葉が隠されている〕クロスワードパズル. ❷ チェッカーボード. ❸ 碁盤目状の街路図
damerograma [dameroɡráma] 男 クロスワードパズル〖=damero〗
damisela [damiséla]〖←仏語 dameisele〗女 ❶《戯語, 皮肉》淑女 dama 気取りの娘; お嬢さん. ❷ 娼婦
damita [damíta] 女 結婚式で花嫁花婿に付き添う女の子〖⇔paje〗
damnación [damnaθjón] 女《廃語》有罪判決, 刑
damnificado, da [damnifikáðo, ða] 形 損害をこうむった, 罹災した: lugar 〜 被災地
—— 男 被災者, 罹災者; 犠牲者: los 〜s por el incendio 火事の被災者
damnificador, ra [damnifikaðór, ra] 形 損害を与える, 痛める, 傷つける
damnificar [damnifikár]〖←ラテン語 damnificare < damnum「損害」+facere「する」〗了 他《文語》〔人に〕害を与える: La avalancha damnificó a 15 familias de la aldea. 雪崩は村の15世帯に被害を与えた
Damocles [damókles] 男《人名》ダモクレス〖シラクサの王ディオニシオス Dionisio の家臣〗: espada de 〜 ダモクレスの剣〖常に危険にさらされていること〗
d'amore [damóre]〖←伊語〗形 →oboe d'amore
dan [dán]〖←日本語〗男《柔道など》段: Él es tercer 〜 de kárate. 彼は空手3段だ
Dánae [dánae] 女《ギリシア神話》ダナエ〖アルゴスの王の娘. ゼウスの子, ペルセウス Perseo を産んだ〗
danaides [danáiðes] 女 複《ギリシア神話》ダナイデス〖ダナオス Dánao の50人の娘たち. 冥界で底のない樽に水を汲み続ける罰を受ける〗
danaíta [danaíta] 女《鉱物》デーナアイト
danalita [danalíta] 女《鉱物》デーナライト
danburita [damburíta] 女《鉱物》ダンビュライト, ダンブリ石
dancaire [daŋkáire] 男《隠語》他人の金で賭けをする人
dance [dánθe] 男《アラゴン》剣の舞い〖= 〜 aragonés〗; その踊りで朗唱される詩
danchado, da [dantʃáðo, ða] 形《紋章》ぎざぎざのある
dancing [dánθiŋ] 男《←英語》〖=s〕〔古典的〕ダンスホール
dancístico, ca [danθístiko, ka] 形 舞踊 danza の
dandi [dándi]〖←英語 dandy〗男〖単複同形〕ダンディーな男, 伊達〔=男
dandismo [dandísmo] 男 ダンディズム, 男のおしゃれ, 伊達
dandy [dándi] 男 =dandi
danés, sa [danés, sa] 形 名《国名》デンマーク Dinamarca〔人・語〕の; デンマーク人
—— 男 ❶ デンマーク語. ❷《犬》グレートデーン〖=gran 〜〗
dango [dáŋgo] 男《鳥》カツオドリの一種〖=planga〗
dánico, ca [dániko, ka] 形 =danés
Daniel [danjél] 男《旧約聖書》❶ ダニエル〖紀元前7世紀の預言者〗. ❷〖旧約聖書〕ダニエル書
danio [dánjo] 男《魚》ダニオ〖観賞用〕
danone [danóne]〖←商標〗男 ヨーグルト
—— 形〖体が〕すらりとした: tener un cuerpo 〜 すらりとした体をしている
danta [dánta] 女《動物》❶ ヘラジカ〖=alce〗. ❷《中南米》バク〖=tapir〗
dante [dánte] 男 ❶《戯語》男役の同性愛者〖⇔tomante〗. ❷《動物》ヘラジカ〖=alce〗
dantellado, da [danteʎáðo, ða] 形《紋章》鋸歯状の, 細かいぎざぎざのある

dantesco, ca [dantésko, ka] 形 ❶ [ダンテの『神曲』Divina Comedia を思わせるような] 恐ろしい, ものすごい: Tenía ante mis ojos una visión ~*ca*. 恐ろしい光景が私の目の前にあった. ❷ [イタリアの詩人] ダンテ Dante のような

dantismo [dantísmo] 男 ❶ ダンテ Dante の作品への傾倒・愛着. ❷ ダンテの影響. ❸ ダンテ研究

dantista [dantísta] 形 名 ダンテ研究の(研究者)

danto [dánto] 女《中米》❶ [鳥]アカノドカサドリ. ❷ バクの革製の鞭

dantzari [dantsári]《←バスク語》名 バスクの民族舞踊の踊り手

danubiano, na [danuβjáno, na] 形 ドナウ Danubio 川の, ダニューブ川の

danza [dánθa]《←danzar》女 ❶ ダンス, 舞踊 [=baile. 行為, 種類]: baja ~ アルマンド [=alemanda]. ~ clásica 古典舞踊, バレエ. ~ de cintas メイポールダンス [柱に付けたテープを持って柱を回りながら踊る]. ~ de espadas 剣舞 [剣と盾をぶつけ合う]. ~ de figuras スクエアダンス. ~ de guerra 出陣(戦勝)の踊り. ~ de la muerte 死の舞踏 [死神が登場する; →danza macabra]. ~ del vientre ベリーダンス. ~ española スペイン舞踊 [フラメンコ, ボレロ, セギーディーリャ, ホタ, ファンダンゴなどの総称]. ~ hablada せりふ付き舞踊. ~ popular 民俗舞踊. ~ prima 大勢が手をつなぎ踊の掛け合いをするアストゥリアス・ガリシアの輪舞. ❷《集名》踊り手, 舞踊曲, 舞踏曲: *D*~ española N° 5 スペイン舞曲第5番. ❸《音楽, 舞踊》ハバネラ [=habanera]. ❺《口語》厄介事, ごたごた, けんか [騒ぎ]. ❻ 左右への継続的な動き. ❼《地方語》[伝統的な踊りで] 太鼓を叩く女

abrir la ~ 舞踊会で最初に踊る
armar una ~ 騒ぎを起こす
~ [s] y contradanza [s] [軽蔑] 踊り 〖行為〗
en ~《口語》活動中の; 現在的の: Él siempre está *en ~*. 彼はいつも動き回っている(仕事をしている). Ya está otra vez *en ~* el asunto de los transportes. 輸送問題が再び持ち上がってきている
entrar en ~《人・事が介入・登場などの》出番になる
meter a+人 *en la ~* …を面倒なことに巻き込む
meterse en la ~ 面倒事に関わり合う; 不正な取引に一枚かむ: Anda *metido en la ~*. 彼はその事件に一枚かんでいる
¡Que siga la ~!《無関心》勝手にやってくれ!

danzadera [danθaðéra] 女 [主に中世の] 踊り子
danzado, da [danθáðo, ða] 形 踊りによって実現(表現)される
── 男 舞踊 [技術]
danzador, ra [danθaðór, ra] 形 名 踊る; 踊り手, ダンサー
danzante [danθánte] 形 踊る
── 名 ❶ ダンサー, 踊り手. ❷《西》差し出がましい人, おせっかいな人. ❸ 落ち着きのない人
danzar [danθár]《←古仏語 dancier》自 他 ❶《文語》踊る, ダンスをする [特に芸術的な舞踏で]. ❷ 右往左往する, 揺れ動く, 巡回る: Se pasa el día *danzando*, sin hacer nada de provecho. 彼は一日あちこちせわしく動き回っているが, 何も役に立つことをしない. Las hojas *danzan* llevadas por el viento. 落ち葉が風に舞う. ❸ おせっかいを焼く, 余計な手出しをする
── 他 〖ダンスを〗踊る
danzari [danθári] 名 =dantzari
danzarín, na [danθarín, na] 名 [職業的な] 舞踊家
danzón [danθón] 男 ダンソン《ハバネラに似たキューバ起源の踊り, その音楽》
dañar [daɲár]《←ラテン語 damnare「刑を宣告する」》他 ❶ …に損害を与える, 損なう, 害する: El tifón *ha dañado* las cosechas. 台風で作物に被害が出た. Este champú puede ~ la raíz del pelo. このシャンプーは毛根を傷める恐れがある. ❷ [精神的に] 傷つける: Le *dañé* con mis palabras. 私の言葉で彼の心は傷ついた. ❸《古語》処罰する. ❹《中南米》[器具などを] 壊す. ❺《エクアドル, 口語》1) [人に] 悪い影響を及ぼす; [習慣などを] 堕落させる. 2) [婚外の関係で] 処女を失わせる
── 自 [+a に] 損害を与える, 被害をもたらす
── *~se* 損害をこうむる, 損される, 傷つく. ❷ [果物などが] 傷む, 腐る, 悪くなる: *Se han dañado* todas las frutas. 果物は全部だめになってしまった

dañino, na [daɲíno, na] 形 [ser+] 有害な, 危害を加える: Abusar del alcohol es ~ para la salud. 酒の飲み過ぎは健康に有害である. animal ~ 害獣. insecto ~ 害虫. substancia ~*na* 有害物質. ❷ [人が] 性悪な, 邪悪な. ocasionar ~*s* materiales 物的被害をもたらす

daño [dáɲo]《←ラテン語 damnum》男 ❶ 害, 損害, 被害: 1) Las inundaciones han causado grandes ~*s* en las cosechas. 洪水で作物に大きな被害が出た. ocasionar ~*s* materiales 物的被害をもたらす. pagar los ~*s* 損害を弁償する. 2)《法律》~ emergente [利益の停止でなく] はっきりとした損害, 財産の破壊. ~*s y perjuicios* 損害, 損失. ❷ 病気, けが; 痛み: ¿Dónde tengo el ~? 私はどこが悪いのか? No puedo caminar con este ~. これ(痛み)では歩けません. ¡Qué ~! ああ痛い! ❸ 精神的苦痛, 悲しみ. ❹《中南米》呪い

a ~ de... …の責任で
en ~ de... …の不利益にして, …を犠牲にして, …を損なって
hacer ~ 1) [+a に] 痛みを与える, 傷つける: Leer con poca luz *hace ~ a los ojos*. 暗いところで読むと目を痛める. Esas palabras me *hicieron* mucho ~. その言葉に私はひどく傷つけられた. 2) 損害をもたらす: Por aquí también *hizo* ~ el terremoto. 地震でこのあたりも被害を受けた. no *hacer ~ a nadie* 誰にも損はさせない; …するのも悪くない. 3)《食物が》胃にもたれる, 体質に合わない: Me *hace* ~ la comida picante. 辛い料理は私に合わない

hacer más ~ que las moscas de San Narciso 全く厄介である

hacerse ~ [自分の]体を痛める; けがをする: *Me hice ~* en la pierna derecha. 私は右脚を痛めた

sin ~ de barras 無害で, 危険なく

dañoso, sa [daɲóso, sa] 形 **=dañino**

DAO 男《略》←diseño asistido por ordenador 計算機用設計, CAD

dapsona [da(p)sóna] 女《薬学》ダプソーン

daque [dáke] 形《地方語》ある [=alguno]

dar [dár]《←ラテン語 dare》他 ❶ [人・物が, +a に, 具体的・抽象的なものを] 与える, あげる《⇔recibir》: 1) Mi madre *dio* un caramelo *a* cada niño. 母は子供一人一人にキャンディーをあげた. *Dio* su dinero *a* los pobres. 彼は自分の金を貧しい人々に与えた. Mi padre me *dio* treinta mil yenes para que me comprara un terno. 父は三つぞろいを買うようにと, 私に3万円くれた. *Dale* otra oportunidad. 彼にもう一度機会を与えてやれ. La claraboya *dará* más luz *a* la buhardilla. 天窓で屋根裏部屋にもっと光をもたらすだろう. La estufa nos *daba* mucho calor. ストーブのおかげで私たちはとても暖かだった.《語法》前置詞 *a* は省略が可能で *dio* cien euros *para* la Cruz Roja. 彼は赤十字に100ユーロ寄付する. 2) [+por の代価・代償と引き換えに] *Déme* un kilo de bananas, por favor. バナナを1キロ下さい. ¿Cuánto me *das por* limpiar la piscina? プールの掃除をする代わりにいくらくれる? 3) [提供・支給] Un conocido nos *dio* casa y vestido. ある知り合いが私たちに家と衣類を提供してくれた. 4) [思いつき・指し示し] Me *dieron* un buen tema para la tesis. 私はそれらによって学位論文の絶好のテーマを思いついた. 5) [許可・許諾] Les *dieron* permiso para salir. 彼らは出かける許可をもらった. 6)《諺, 成句》[A] *Dar*, que van *dando*. やられたら, やり返せ. A quien *dan* no escoge. 恵恵を受ける者は文句を言ってはならない. Donde *dan* las toman. 因果応報. Quien *da* lo que tiene, no debe nada. 情けは人のためならず. ❷ 手渡す, 引き渡す: *Dame* la sal. 塩を取って. *Dale* esto a tu madre de mi parte. 私からと言って君のお母さんにこれを渡してくれ. *Le di las llaves al portero para que abriera la casa*. 私は家のドアを開けてもらうために鍵を管理人に渡した. ❸《電気などを》供給する: Cuando se hizo de noche, *dio* la luz. 夜になったので彼が明かりをつけた. ¿Cómo va a sonar la radio si aún no *has dado* la corriente? 君がスイッチを入れていないのに, どうしてラジオが鳴るだろうか? La lavadora no funcionará hasta que no *des* el agua. 洗濯機は水を入れるまで動かないよ. ❹ [割り当てとして] 課す, 割りふる, 指定する; 分配する: La maestra les *dio* a los alumnos el tema para una composición. 先生は生徒たちに作文のテーマを与えた. Le *dieron* la vicepresidencia. 彼は副議長の椅子を提供された. ❺ [結果・成果を] 生み出してくれる, 結実する, 利益をもたらす: El árbol *da* frutos. その木は実をつける. Las vacas *dan* leche. 雌牛は乳を出す. Leer sin gafas le *da* dolor de cabeza. 彼は眼鏡をかけずに読書すると頭が痛くなる. Sus elogios me *han dado* ánimos. おほめの言葉で私は元気が出された. Pasa por el genio que *ha dado* esa familia. 彼は

その家系が生んだ天才との評判だ. Estas acciones nos *dan* un cinco por ciento. この株は5分の配当だ. El restaurante les *da* mucho dinero. そのレストランは彼らにずいぶんもうけさせている. Un olivar *da* buena renta. オリーブ畑はよい収入になる. ❻ [意見などを] 表明する: No *des* tu opinión si no te la piden. 君の意見が求められているのでなければ発言しないように. Tenía que ~ varias conferencias. 彼は講演をいくつかしなければならなかった. ❼ [情報を] 伝える, 知らせる: El periódico *dio* la noticia. 新聞がそのニュースを伝えた. No quiso oír los consejos que le *dimos*. 彼は私たちが言った忠告を聞こうとしなかった. *Dame* tu teléfono. 君の電話番号を教えてくれ. ❽ [挨拶などを] 言う: Le *dimos* la enhorabuena por su triunfo. 私たちは彼の勝利にお祝いを述べた. ¿Les *diste* las gracias? 彼らにお礼を言ったの? No me *dio* ni los buenos días. 彼は私におはようの挨拶すらしなかった. *Dio* el pésame a la viuda. 彼は未亡人にお悔やみの言葉を述べた. ❾ [会などを] 催す; [会などに] 招待する; [出席者に飲食物を] 提供する: *Dieron* un banquete de boda para doscientas personas. 招待客200人の結婚披露宴が催された. Tras el homenaje *darán* una copa. 表彰式の後, カクテルパーティーがあります. El Rey *dio* una recepción *al* cuerpo diplomático. 国王は外交団をレセプションに招待した. ~ una fiesta パーティーを開く. ~ una película 上映・上演する; 放送する: *Dan* una buena película. いい映画をやってる. En el Teatro de Madrid *dan* "La vida es sueño". マドリード劇場で『人生は夢』が上演されている. ¿Qué *dan* esta noche en la tele? 今夜はテレビで何がありますか? ❿ [+行為などの名詞] する, 実行する, 実現する: *Da* saltos de alegría. 彼はうれしくて跳びはねる. Empezó a ~ patadas *a* la puerta. 彼はドアを蹴とばし始めた. *Dimos* un paseo al lago. 私たちは湖を散歩した. ⓫ [声・音・臭いなどを] 立てる, 発する: *Dio* un grito enorme. 彼は大声をあげた. ~ un chasquido ピシッという音を立てる. ~ un buen olor よい香りがする. ⓬ [厄介事などを] 引き起こす; [口実・原因を] 生じさせる: Nos *da* muchos problemas. 彼は問題ばかり起こす. ⓭ [感覚・感情を] 生み出す, 催させる: El ajo nos *da* un sabor fuerte. ニンニクは強烈な味がする. Hay perfumes que *dan* un olor desagradable. 不快なにおいのする香水がある. El alcohol le *da* sueño. 酒を飲むと彼は眠くなる. Cuando se ponía furioso, nos *daba* miedo. 彼が怒り出すと私たちは恐怖を覚えた. Me *daba* pena decírtelo. 君にそれを言うのはつらかった. Me *ha dado* mucha alegría saber que estáis bien. 君たちが元気なことが分かって私はとてもうれしかった. ⓯ [授業・試験を] 行なう; 受ける: *Dará* la asignatura un profesor nuevo. この科目は新しい先生が教えることになっている. Ya *he dado* mi lección de español. もう私はスペイン語の授業を終えた. Hoy no *da* inglés. 今日は英語の授業はない. El niño no quiere ~ clase de música. その子は音楽のレッスンを受けたがらない. ⓰ [+a+不定詞] …させる, …してもらう: *Di* el ordenador a reparar. 私はコンピュータを修理に出した. ⓱ [+por+形容詞・過去分詞 (直接目的語と性数一致)] …と思う, みなす: *Doy por* provechoso este negocio. この取引はうまくいくと私は見ている. *Doy* el asunto *por* concluido. 私はその件は片付いたものと思っている. Había *dado por* perdida esta cartera. 私はこの財布はなくしたものと思っていた. *Doy por* hecho que vendrás a la fiesta. パーティーに来てくれると期待しているよ. ⓲ [時計が] …時を打つ: El reloj del ayuntamiento *dio* las nueve. 市庁舎の時計が9時を打った. ⓳ [ペンキなどを] 塗る: Hay que ~ barniz *a* la puerta antes de colocarla. 取り付ける前にドアにニスを塗らなければならない. ⓴ [効率・能力などを] 発揮する: ¿Cuánto *da* este coche?—*Da* 160 kilómetro por hora. この車はどのくらい出ますか?—時速160キロ出る. ㉑ [外見が] …に見える; 《西, 口語》予見する, 予言する: *Da* más edad de la que en realidad tiene. 彼は実際より年上に見える. Me *da* que no va a venir. 彼が来ないような気がする. ㉒《西》[時間を] 台なしにする, 不愉快にする: ¡El niño nos *ha dado* una noche!, no ha parado de llorar. 赤ん坊のせいで私たちは一晩中ぐずられ! 泣きつかれかったんだ! El reuma acabó *dándo*me las vacaciones. リューマチのために私の休暇は台なしに終わった. ㉓ […に延期を認める: Te *doy* hasta el sábado. 土曜日までにしてあげます. ㉔ [トランプ][カードを]配る: Te toca a ti ~ las cartas. 君がカードを配る番だ/君が親だ. ㉕ [音楽] ~ el la ラの音を出す. ㉖ [幾何] ~ un punto *dado* 与えられた一点. ㉗ 《南米》[+con] かを, 接続する: ¿Me *das con* María, por favor? 《電話》マリア

a mal ~ [結果が] どんなに悪くても
a todo ~ 《中南米》すばらしい, すばらしく
a todo lo que ~ 限度一杯に, 最高速度に: El coche venía *a todo lo que daba*. 車は全速力で走ってきた. poner la radio *a todo lo que daba* ラジオをボリューム一杯で流す
~ **a+人 no sé qué** …にとって気が進まない, 何となく嫌だ: Cuando llueve me *dan no sé qué*. 雨が降っていると何となく嫌だ
~ **a+人 que**+直説法 …に…であると告げる: Le *dieron que* estaban en peligro sus hijos. 彼は息子たちが危険だと告げられた
~**la a**+人 …をだます
Que te doy... [脅し文句] 痛い目にあうぞ
ser dado 許される: En ninguna circunstancia *es dado* pararse. いかなる状況においても立ち止まることは許されない
Te voy a ~... [脅し文句] 痛い目にあわせるぞ

━━ 自 ❶ [+a] 1) [建物・部屋・窓などが] …に面している: La fachada de la casa *da al* sur. その家の正面は南向きだ. La ventana *daba a* un patio. 窓は中庭に面していた. 2) …に通じる: Esta puerta *da al* recibidor. このドアは玄関ホールに通じる. Siguiendo por esta calle vas a ~ *a* una glorieta. この通りを行くと君をロータリーにぶつかる. 3) [人に感情などが] 起こる: i) Le *ha dado* un mareo. 彼は気持ちが悪くなった. Cuando se enteró, casi le *da* un síncope. それを知った時, 彼は失神しそうだった. ¡No te *dio* la impresión de que estaba nervioso? 彼がいらいらしていることに君は気づかなかったか? ii) [+de+不定詞・que+直説法 によって] Nos *da* rabia *de* verte en ese estado. あなたがそのような状態の君を見ると私たちは怒りを覚える. 4) [スイッチなどを] 作動させる, 操作する: Le *he dado* al mando del televisor. 私はテレビのリモコンを押した. ~ *a* la llave 鍵をかける. *al* gatillo 引き金をひく. ~ *a* la pelota ボールを蹴る. 5)《口語》に打ち込む, 熱中する. ❷ [+con] 1) [目当ての人・物を] 見つける, 出会う: No *dieron con* el excursionista perdido hasta el amanecer. 彼らは道に迷ったハイカーを夜明けまで見つけ出すことができなかった. Me costó trabajo ~ *con* su casa. 私は彼の家を見つけるのに苦労した. No conseguía ~ *con* la solución. 彼は解答を見つけることができずにいた. 2)《口語》[意図して, +en・a に] ~, 落とす, 倒す: Le *doy a* ese árbol *con* la piedra. 私はその木に石を当てる. *Di con* el pie *en* la roca. 私は足を岩にぶつけた. Lo empujaron y *dieron con* él *en* tierra. 彼は押されて地面に倒れ込んだ. *Dio con* su hermano *en* la cama. 彼は弟をベッドに押し倒した. 3) [+consigo] 倒れる, 行ってしまう, 身を落ち着ける: Se le salió el alma y *dio consigo en* el suelo. 彼の魂は抜け出て, 彼は床に倒れた. Antes que la noche viniese *di conmigo en* Torrijos. 私は夜が来る前にトリホスに到着した. ❸ [+de] 1)《西》[+a への, 打撃など] Su hermano le *dio de* bofetadas. 兄は彼にびんたを何発も食らわした. ~ *de* palos *a* la alfombra カーペットを棒で叩く. ~ *de* betún *a* los zapatos 靴に靴墨を塗る. 2) [+comer・beber など. 食べ物・飲み物などを] Ni siquiera nos *dio de* comer. 彼は私たちに食べるものすら与えてくれなかった. La madre estaba *dando de* comer *a* los gatos. 母親は猫たちに餌を与えているところだった. El ser guapo no le *dará de* comer. 美男子であっても生活の糧にはならないだろう. ~ *de* mamar *al* niño 子供に乳を飲ませる. ❹ [+en] 1) …にぶつける, 命中させる: Me dejaron tirar dos tiros con rifle y *di en* el blanco. 私はライフルを2発撃たせてもらい, 的に命中させた. 2) 当たる: La flecha *dio en* el blanco. 矢は的に当たった. A estas horas ya no *dará* el sol *en* la terraza. この時間になるともうテラスに日は射し込まないだろう. El resplandor del *dio en* los ojos y me deslumbró. 私は強い日差しが目に当たってまぶしかった. Me gusta que me *dé* la brisa *en* la cara. 私はそよ風に顔を吹かれるのが好きだ. 3) …に陥る, のめり込む: *Dio en* un error al hacer los cálculos. 計算間違いをした. ~ *en* la manía 悪い癖がつく, やみつきになる. 4) [+不定詞・名詞] …に没頭する; …の癖がつく: Don Quijote *dio en* leer libros de caballerías. ドン・キホーテは騎士道物語を読みふけった. *Di en* coleccionar sellos. 私は切手の収集に熱中した. 5) [+不定詞] …し始める: No se sabía cómo *dio en* pensar aquel despropósito. どうして彼があのようなばかなことを考え始めたのか訳が分からなかった. 6) …を理解するようになる. ❺ [+para] 1) ＋

分である, 足りる: Este pan *da para* dos comidas. このパンは2食分ある。 Eso no te *da ni para* un chicle. それはチューインガム1個にも足りないよ。 Con una botella no *da para* todos. 1瓶では全員に行き渡らない。 2) もうかる: Este negocio no *da para* más. この商売は以上もうからない。 ❻ [+por] 1) [+形容詞・過去分詞(間接目的語と性数一致)] i) …と思う, みなす: Todos le *dábamos por* muerto. 私たちは皆彼が死んだものと思っていた。 Os *doy por* libres. 君たちは自由の身に。 2) [+不定詞・名詞. +a+人 が] i) …したくなる, …することを思いつく: Le *ha dado por* dejarse la barba. 彼はひげを伸ばしたくなった。 Les *dio por* no venir a clase. 彼らは授業をサボることを思いついた。 ii) [何よりも] …に興味を覚える, 好きになる: Le *ha dado por* la música y se pasa el día oyendo discos. 彼は音楽に興味をもつようになり, 一日中レコードを聴いて過ごしている。 Le *dé por* jugar al golf. 彼はゴルフ好きになった。 iii) 習慣になる, 癖になる: Le *ha dado por* beber. 彼は酒を飲む習慣がついてしまった。 iv) 激しく…し始める: Nos *dio por* reír. 私たちを見て大笑いし始めた。 ❼ [+tras+人 を] 追及する: *Daban tras* él sin piedad. 彼は容赦なく追求された。 ❽ 衝突する, 打つ: La moto derrapó y fue a 〜 contra la valla. バイクが横滑りしてガードレールにぶつかりそうになった。 La lluvia *daba* con fuerza sobre los cristales. 雨が窓ガラスを強く叩いていた。 [時報・鐘が] 鳴る: *Han dado* tres campanadas. 鐘が3つ鳴った。 *Han dado* las once. 11時になった。 ❿ [+bien・mal など. 写真・映画で] 写りがよい・悪い: Seguro que *dará* fantástica en las fotografías. きっとあのすばらしい写真になります。 La imagen del reportaje *dio* muy bien. そのドキュメンタリーの映像はとても良かった。 ⓫《ホンジュラス》立ち去る, 出ていく《=dárselas》

¡Dale!) 続けろ; [はやして] そいつけ, 殴れ, 追いかけろ! 2) 《アルゼンチン, ウルグアイ》 [提案への肯定の返事] OK; [勧誘の強調] さあさあ!

dale que dale《口語》[同じことを何度も繰り返すしつこさ・わずらわしさにうんざりして] またもや, だらだらと, しつこく: La vecina se pasa toda la mañana *dale que dale* al piano. 隣人は午前中ずっとピアノを弾き通した

dale que te pego《口語》=dale que dale. Si seguimos *dale que te pego* con que estudiemos, será contraproducente. 私たちはだらだらと勉強を続けても, かえって逆効果かもしれない

dale y dale《中南米. 口語》=dale que dale

— 〜 **de sí** 1) [衣服などが着古されたりして] 伸びる, 広がる: Los vaqueros me están estrechos, pero ya *darán de sí*. ジーンズは私には窮屈だが, すぐ緩くなるだろう。 2) 効果を上げる, 役に立つ; 収益がある: Su inteligencia no *da más de sí*. 彼の知能はさほどの役に立たない。 El negocio *daba de sí* para mantenernos. 商売は私たちの生活を維持するほどにはもうけていた

— **en qué**+不定詞 …する機会を与える

— **que**+不定詞 [不定詞は hablar, decir, pensar など] 1) …のきっかけを作る, 原因となる: Su actitud misteriosa me *da que* pensar. 彼の不可解な態度が私は気になる。 2) …の対象になる: Aquel escándalo *dio que* hablar a todo el pueblo. あのスキャンダルは村中でうわさの的になった

— **que**+直説法 …の予感がする: Me *da que* no va a salir bien. うまくいかないような予感が私はする。 ¿No te *da que* están tramando algo? 何かたくらまれているような予感がしないか?

— **que hacer** 働かせる; 気苦労をかける, 心配させる: Mi hija, teniendo treinta años, todavía me *da que hacer*. 私の娘は30歳になっても, まだ私に心配をかける

— **y tomar** 激しく議論する, 口論する: En esto hay mucho que 〜 *y tomar*. この点については大いに議論しなければならない

〜**le a**+事物 1) …に熱心である, 専念する; 度を過ごす: Lleva toda la tarde *dándole a* la guitarra. 彼は午後中ギターを弾いて過ごしている。 Lo expulsaron de trabajo porque *le daba al* alcohol. 彼は飲み過ぎで職場を追われた。 2)《口語》…を作動させる, 操作する: *Dale* más fuerte *a* la bomba. もっと強くポンプを押しなさい。 *Dale a* la tecla enter.《情報》エンターを押しなさい。 Le *doy al* interruptor y no se enciende la luz. 私はスイッチを入れるが, 明かりはつかない。 3) 打つ, 叩く: Me es difícil 〜*le al* balón de cabeza. 私にはヘディングは難しい

no 〜 más de sí これ以上は無理である: Mi madre con tanto trabajo ya *no da más de sí*. 母もこんなに仕事があるとこれ以上は無理だ。 El coche es muy viejo y ya *no da más de sí*. 車が古すぎてもう無理だ

no 〜 [ni] una [答えなどが] なかなか当たらない

no 〜 para más 向上の見込みがない

para 〜 y tomar 大量に, 多彩に: En la biblioteca tiene libros *para 〜 y tomar*. 彼の蔵書は膨大である

y dale《口語》[+con について] しつこくする: *¡Y dale!*, te he dicho que no quiero seguir hablando de eso. いつまでもくどいぞ! それについてはこれ以上話したくないと言ったじゃないか

—— 〜**se** ❶ [+a に] 熱中する; 身を任せる; 献身する: *Se dio* a la pintura desde niño. 彼は子供のころから絵に熱中していた。 Al no haber trabajo el chico *se da a* la droga. 仕事がなく, 少年は麻薬におぼれる。 *Se ha dado a* los amigos. 彼は友人たちのために尽くしてきた。 〜*se al* estudio 勉強に打ち込む。 〜*se a* la policía 警察に自首する。 ❷ 起こる, [結果として] 生じる, 発生する; 存在する: *Se dio* un curioso fenómeno. 奇妙な事が起きた。 *Se dio* la circunstancia de que la alarma estaba desconectada. 警報器が作動しないという状況が生じた。 A lo largo de historia *se han dado* muchos casos de nepotismo. 歴史を通じて身内びいきの例はたくさんある。 ❸ 実行に移す, 実現する: Vamos a 〜*nos* un banquete. 晩餐会を催しましょう。 ❹ 得られる; [農産物が] とれる, 生産される: El girasol no *se da bien* en esta tierra. この土地ではヒマワリはできない。 ❺ [+a+人 に] 1) [+bien・mal] 才能(素質)がある・ない; 上手・下手である, 得意・不得意である: *Se me dan* muy bien los ordenadores. 私はコンピュータが大変得意だ。 *Se me da* mal (regular・fatal) la cocina. 料理は苦手(普通・ひどく苦手)だ。 2) 上手(得意)である: La pintura no *se me daba*. 私は絵は苦手だった。 ❻ [+por+形容詞・過去分詞 (主語と性数一致)] 自分を…とみなす: No me *doy por* vencido. 私は負けない(敗北を認めない)。 *Se dio por* muerto. 彼は自分は死んだと思った。 〜*se por* contento 自分は幸福だと思う。 〜*se por* sentido 気分を害する, むっとする。 ❼ [+en・de 自分の体〔の一部〕を, +contra に] ぶつける: *Me he dado en* la cabeza *con* el espejo. 私は鏡に頭をぶつけてしまった。 Se cayó y *se dio contra* una losa. 彼は転んで敷石で全身を打った。 ❽ [行為などを, 自分自身に] 与える・行う: Aprenderás a 〜*te* colorete en las mejillas. チークの塗り方を覚えなさい。 ❾ [+a+不定詞] 自らを…させる: 〜*se a* conocer 名乗る。 ❿ [+名詞. 自動詞的成句を作る] …する: 〜*se un paseo* 散歩に行く。 〜*se prisa* 急ぐ。 ⓫ [女性的に] 性的に身を任せる ⓬ [隠語] ずらかる。 ⓭《地方語》[人・動物が] やせ細る。 ⓮《ホンジュラス》立ち去る, 出て行く《=dárselas》

〜**se de sí** =〜 **de sí**: La falda *se ha dado de sí* y se me cae. 私はスカートがだぶだぶになって, ずり落ちる

dársela a+人《西. 口語》…をだます, たぶらかす: *A mí no me la des* con esa cara de no haber roto nunca un plato. 一度も悪いことをしたことがないというような顔をして私をだますなよ

dárselas《隠語; ホンジュラス》立ち去る, 出て行く; 逃げる: *Se las dio*, cuando era ya de noche. 彼は夜になって出て行った

dárselas de+形容詞《口語》…であると自慢する, 自負する: *Se las da de* listo. 彼は自分が利口だとうぬぼれている。 *No te las des de* experto conmigo. 私に向かって専門家ぶるのはよしなさい

dar	
直説法現在	直説法点過去
doy	di
das	diste
da	dio
damos	dimos
dais	disteis
dan	dieron
接続法現在	接続法過去
dé	diera, -se
des	dieras, -ses
dé	diera, -se
demos	diéramos, -semos
deis	dierais, -seis
den	dieran, -sen

dardabasí [darðaβasí] 男《鳥》猛禽の一種〖学名 Cerneis naumanni〗

dardanio, nia [darðánjo, nja] 形 名《ギリシア神話, 地名》ダルダニア Dardania の〔人〕〖トロイ Troya のこと〗

dárdano, na [dárðano, na] 形 名《ギリシア神話, 地名》=**dardanio**

dardeante [darðeánte] 形 投げ矢で傷つける

dardear [darðeár] 他 投げ矢で傷つける

dardo [dárðo] 《←仏語 dard》男 ❶ ダーツ, 投げ矢: jugar a los ~s ダーツで遊ぶ. tirar ~s ダーツを投げる. ❷《古語》投げ槍. ❸ あてこすり, 皮肉〖= ~ envenenado〗. ❹《魚》ニシキダイ〖=breca〗. ❺《建築》矢形装飾

dares [dáres] 男 複 ~ y tomares《まれ》1) 口論, 売り言葉に買い言葉: andar en ~ y tomares 口論する, 言い争う. 2) 支払いと受取り〖の金額〗

dárico [dáriko] 男〖ペルシアのダリウス Darío 大王が鋳造した〗ダリク金貨

Darío [darío]《人名》**Rubén** ~ ルベン・ダリーオ〖1867‒1916, ニカラグアの詩人. 19世紀末から20世紀前半にかけてラテンアメリカ文学に決定的な影響を与えたモデルニスモ Modernismo の指導的詩人. スペインの古典からロマン主義・サンボリスムに至るフランスの詩から詩法を学び取りつつ, 詩語に色彩と音楽性をもたらして独自の詩的世界と言語を創造し, スペイン語圏の詩を革新した.『青』*Azul*...,『俗なる続唱』*Prosas profanas*,『命と希望の歌』*Cantos de vida y esperanza*〗

darocense [daroθénse] 形 名《地名》ダロカ Daroca の〔人〕〖サラゴサ県の町〗

darro [dáro] 男《地方語》下水道〖=alcantarilla〗

dársena [dársena]《←伊語 darsena < アラビア語 dar sinaa「仕事場」》女〖荷役の〗波止場, 埠頭; 桟橋, 船着場

dartros [dártros] 男《医学》疱疹様皮疹, ヘルペス

darviniano, na [darβinjáno, na] 形 =**darwiniano**

darvinismo [darβinísmo] 男 =**darwinismo**

darvinista [darβinísta] 形 名 =**darwinista**

darwiniano, na [darwinjáno, na] 形 ダーウィン説の, 進化論の

darwinismo [darwinísmo] 男 ダーウィン Darwin 説, 進化論: ~ social 社会ダーウィン主義

darwinista [darwinísta] 形 =**darwiniano**; 進化論者

dasicerco [dasiθérko] 男《動物》ネズミクイ

dasícora [dasíkora] 女 過密〖⇔areócora〗

dasiuro [dasjúro] 男《動物》フクロネコ

dasocracia [dasokráθja] 女 営林学

dasocrático, ca [dasokrátiko, ka] 形 営林学の

dasonomía [dasonomía] 女 林学

dasonómico, ca [dasonómiko, ka] 形 林学の

data [dáta]《←俗ラテン語 data < dare「与える, 授ける」》女 ❶《文語》〖手紙などの〗日付; 〖しばしば〗日付と発信地: En el documento debemos escribir la ~ de entrega. 書類には渡した日付を書かなければいけない. ❷《文語》年代の推定〖=datación〗. ❸《商業》貸方〖=haber〗; 貸記〔項目〕. ❹《情報》複 データ〖=datos〗. ❺〖水量調整用の〗排水口. ❻《古語》〖書面による〗許可, 許可書

de larga ~ 遠い昔の

—— 自 [+de に] さかのぼる, …以来である: Este castillo *data de* tiempos de los romanos. この城の起源はローマ時代にさかのぼる. Nuestra amistad *data de* la infancia. 私たちは幼くして

data bank [dáta baŋk]《←英語》データバンク〖=banco de datos〗

data base [dáta béjs]《←英語》データベース〖=base de datos〗

datable [datáβle] 形 年代が推定〔特定〕され得る: torre ~ en los siglos XIV-XV 14〜15世紀のものと推定される塔

datación [dataθjón] 女 ❶ 年代の推定: ~ por carbono 14 C14年代法. ❷ 日付の記入

datáfono [datáfono] 男 データフォン〖機械, システム〗

datar [datár]《←data》他 ❶〖事件・作品などの〗年代を推定〔決定〕する: *Han datado* la obra como de principios del XV. その作品は15世紀初頭のものと推定された. ❷ …に日付を記入する〖=fichar〗: ~ *un* testamento 遺言書に日付を入れる. ❸《簿記》貸方に記入する

—— 自 [+de に] さかのぼる, …以来である: Este castillo *data de* tiempos de los romanos. この城の起源はローマ時代にさかのぼる. Nuestra amistad *data de* la infancia. 私たちは幼くしてみ

dataría [dataría] 女《歴史》ローマ教皇庁掌璽(しょうじ)院〖聖職志

望者の適格審査, 近親結婚の特別許可, 教会の財産譲渡の許可などを担当〗

datario [datárjo] 男《←data ❻》《歴史》ローマ教皇庁掌璽院長

datear [dateár] 他《チリ. 口語》…に情報を与える

datero, ra [datéro, ra] 名《チリ. 口語》〖警察の〗情報屋; 〖競馬の〗予想屋

dátil [dátil] 男 ❶ ナツメヤシの実, デーツ〖生で・粉にして食用〗. ❷《貝》ヨーロッパシギノハシ, 海のデーツ〖食用. = ~ de mar, ~ marino〗. ❸《口語》複〖人の〕指〖=dedo〗

datilado, da [datiláðo, ða]《まれ》ナツメヤシ色の, 茶褐色の

datilera [datiléra] 女《植物》ナツメヤシ〖=palmera ~〗

datismo [datísmo] 男《修辞》[不必要な] 同義語の羅列

dativo, va [datíβo, βa] 形《文法》与格〔の〕: ~ de interés 利害の与格. ~ ético 倫理与格. ❷《法律》選任の, 選定の

dato [dáto] I《←ラテン語 datum「与えられるもの」< dare「与える」》男 ❶〖主に〗複 資料, データ: El científico anotó algunos ~s sobre la reproducción de los osos panda. 科学者はパンダの繁殖についてのデータをいくつか書き記した. Han rectificado los ~s sobre los resultados de las votaciones. 投票結果のデータが訂正された. Este ordenador puede procesar una gran cantidad de ~s. このコンピュータは大量のデータを処理する能力がある. dar ~s データを与える. poner (meter) los ~s en el ordenador データをコンピュータに入れる. recoger ~s 資料を集める. sin ~s データ入手不能. ~s personales 個人情報. ❷《数学》既知数. ❸〖住所・電話番号などの〕連絡先: Le doy mis ~s. 私の住所をお教えします

II 男《フィリピン》〖先住民の〗族長

datura [datúra] 女《植物》チョウセンアサガオ, ダチュラ

daturina [daturína] 女 チョウセンアサガオに含まれるアルカロイド

daubéntonido, da [daβentoníðo, ða] 形 アイアイ科の

—— 男 複《動物》アイアイ科

dauco [dáuko] 男《植物》❶ イトハドクゼリモドキ〖=biznaga〗. ❷ 野生のニンジン

daudá [dauðá] 女《チリ. 植物》クワ科の薬草〖=contrahierba〗

davalar [daβalár] 自《船舶》=**devalar**

davaoceño [daβaoθéɲo] 男《フィリピン》ダバオ Davao のスペイン語方言

davawense [daβaβénse] 形 名《地名》ダバオ Davao の〔人〕〖フィリピン, ミンダナオ島の都市〗

davaweño, ña [daβaβéɲo, ɲa] 形 名 =**davawense**

David [dáβi(ð)] 男《旧約聖書》ダビデ〖古代イスラエルの王〗

davideño, ña [daβiðéɲo, ɲa] 形 名《地名》ダビド David の〔人〕〖パナマ, Chiriquí 県の町〗

davídico, ca [daβíðiko, ka] 形 ダビデ David の, ダビデ風の詩〖文体の〗

Dávila [dáβila]《人名》**Pedrarias** ~ ペドラリアス・ダビラ〖1460?〜1531. Pedro Arias de ~ とも. スペイン生まれ. カスティーリャ・デ・オロ Castilla de Oro の総督・総司令官. パナマ市を建設. 残忍な統治者として知られる〗

davo [dáβo] 男《中米. 口語》問題, 困難

davyna [daβína] 女《鉱物》デイビィン

daza [dáθa] 女《植物》モロコシ〖=zahína〗

dazibao [daθiβáo]《←中国語》男 大字報

DBE 男《西. 略語》←Diploma Básico de Español スペイン語基礎免状

dbre《略語》←diciembre 12月

dc《略語》←docena〔s〕ダース

dC《略語》=**d.C.**

d.C.《略語》←después de Cristo 西暦紀元, AD〖⇔a.C.〗

dcho, cha.《略語》←derecho 右の, 右側の

d. de C.《略語》=**d.C.**

d. de J.C.《略語》←después de Jesucristo 西暦紀元, AD

DDF《メキシコ. 略語》←Departamento del Distrito Federal 連邦区

D.D.T. [dé de té/de té] 男《略語》←diclorodifeniltricloroetano〖殺虫剤〗DDT

de¹ [de]《←ラテン語》前《語形》定冠詞 el の直前では el と縮約し **del** となる: el vuelo *del* cóndor コンドルの飛行. ただし固有名詞につく大文字の El とでは縮約形をとらない: la capital *de El* Salvador エル・サルバドルの首都, el avión procedente *de El* Cairo カイロ発の飛行機〗

I [所属・種類] ❶ [所有] …の: 1) ¿*De* quién es esta finca?

—Es *de* mi hermano. この地所は誰のですか?—私の兄のです. Cree que el dinero *de* él es *de* los dos, pero el *de* ella, solo *de* ella. 彼女は彼の金は2人のものだが, 自分の金は自分だけのものだと思っている. Han cortado los árboles *del* jardín. 庭の木々が切られた. Estos son las características *de* tragicomedia. それらが悲喜劇の特徴である. 2) 〔他の所有物を何が物にする〕…から, …を: Se adueñó *de* las tierras de los campesinos. 彼は農夫の土地を奪取した. Piensa por tu cuenta y no te apropies *de* mis ideas. 君は自分で考えるんだ. 私のアイデアなんか剽窃するんじゃないよ. ❷ 〔区分・性質〕Fue un hombre *de* estatura mediana. それは中背の男だった. 〖対照〗estatura *del* hombre その男の身長 Aquí hay libros *de* bellas artes. ここに美術の本がある. vacaciones *de* invierno 冬休み. juego *de* niños 子供の遊び. deberes *de* ciudadano 市民としての義務. ❸ 〔全体の一部・比較の範囲〕…の中で, …の内で: 1) Solo quedará uno *de* vosotros. 君たちの中の一人だけ残るだろう. Los meses desde noviembre hasta abril son los *de* mejores condiciones atmosféricas. 11月から4月が最も気象状態がいい. La ciudad más grande *de* Europa es Londres. ヨーロッパで最大の都市はロンドンである. 2) 〔不定語+〕…の中の: Rescataron a muchos *de* los supervivientes. 生存者の多くを救助した. ¿No quiere verte ella?—¡Nada *de* eso! 彼女は君に会いたくないって?—全然! algunos *de* ellos 彼らのうちの誰 (何人)か. un poco *de* todo 全部のうちの少し. ❹ 〔数量・寸法・価格〕1) …の数・量の: Desde casa al colegio existe una distancia *de* cien metros. 家から学校まで100メートルの距離だ. El peso total de naranjas es *de* diez kilogramos. オレンジの総重量は10キロある. Esta torre tiene unos cincuenta metros *de* alto. この塔は高さが約50メートルある. La piscina tiene veinticinco metros *de* largo y diez metros *de* ancho. そのプールは長さが25メートル幅が10メートルある. Hemos comprado un piso *de* casi un millón de euros en el centro. 都心で100万ユーロほどのマンションを購入した. El precio de esta moto es *de* doscientos mil yenes. このバイクの値段は20万円です. Pagan un interés *de* ocho por ciento por el préstamo. 融資に8分の金利を払う. Es una chica guapa *de* dieciocho años. 彼女は18歳のきれいな娘だ. ❺ 〔比較の対象が数量〕1) …より: Llevo más *de* dos horas esperando. 私は2時間以上も待っている. En esta carretera hay que ir a menos *de* sesenta kilómetros por hora. この道路では時速60キロ以下で走らなければならない. 〖語法〗比較の対象が抽象的な内容の場合も *de* を用いる: Mi hijo estudia más *de* lo normal. 息子は普通よりはよく勉強する方だ. 2) 〔形容詞・副詞+〕…ほどの, …のような: Tengo una bolsa así *de* grande. 私はこれくらい大きいバッグを持っている. Es igual *de* rico que Rockefeller. 彼はロックフェラーと同じく金持ちだ. ❻ 〔名詞(ventaja・diferencia・premio・multa など)+de+数量〕…の: Llegó a la meta con una ventaja *de* quince metros sobre el segundo. 彼は2位に15メートルの差をつけてゴールインした. El juez impondrá al acusado una multa de quinientos euros. 裁判官は被告人に500ユーロの罰金を科するだろう. ❼ 〔材質. +無冠詞名詞〕…で作った, …でできた: La copa es *de* cristal. そのカップはガラス製だ. Usaba sombrero *de* paja. 彼はいつも麦藁帽子をかぶっていた. mueble *de* madera 木製の家具. ❽ 〔用途・機能・種別〕…の, …用の: bolso *de* mujer 婦人用ハンドバッグ. casa *de* alquiler 賃家. coche *de* bomberos 消防車. cuarto *de* estar 居間. espuma *de* afeitar シェービングフォーム. goma *de* borrar 消しゴム. jabón *de* tocador 化粧石鹸. máquina *de* calcular 計算機. maquinilla *de* afeitar 安全かみそり. taza *de* café コーヒーカップ. ❾ 〔中身・内容〕1) …の入った: Descorchó una botella *de* champán. 彼はシャンパンの瓶の栓を抜いた. Llenó la carretilla *de* arena. 彼は手押し車を砂で一杯にした. Esta noche llegan dos autobuses *de* alemanes. 今晩ドイツ人を乗せたバスが2台やって来る. bocadillo *de* jamón ハムはさんだボカディージョ. cántaro *de* agua 水がめ. 2) …の, …用の: Si sales, ¿puedes comprar un kilo *de* azúcar y un poco *de* fruta, por favor? 出かけるんだったら砂糖1キロと果物を少し買ってきてくれないか? Mi madre sabe poco *de* cocina. 私の母は料理がほとんどできない. un estudio *de* música 音楽の勉強. ❿ 〔中身を満たす・取り除く〕…を, …で, …から: El domingo que viene me hartaré *de* dormir. 次の日曜日は嫌というほど寝やろう. Limpió el traje *de* manchas. 彼女はスーツのしみを取った. llenar *de* agua 水を一杯にする. cubrirse *de* gloria 栄光に包まれる. colmar *de* elogios ほめたたえる

II 〔関連〕❶ 〔主題・題材〕…について, …に関して: ¿*De* qué estáis hablando?—Hablamos *de* las vacaciones. 何を話しているの?—休暇のことを話し合っていたんだ. Se reunieron para discutir *de* la política internacional. 彼らは国際政治について議論するために集まった. imagen *de* la guerra y la paz 戦争と平和に関するイメージ. ❷ 〔主語の属性〕Somos japoneses *de* nacionalidad. 私たちの国籍は日本人だ. La gasolina va a bajar *de* precio. ガソリンは値段が下がりそうだ. ¿Qué será *de* mí cuando no estés. 君がいなくなったら私はどうなるのだろう? ❸ 〔身体の一部〕Es ancho *de* hombros. 彼は肩幅が広い. Estoy enfermo *del* corazón. 私は心臓が悪い. Era muy morena *de* piel. 彼女は肌がとても浅黒かった. Me cogió *de* la mano. 彼は私の手を取った. ❹ 〔特徴・特性〕1) …のある, …をもった: Observa con detenimiento a la chica *de* las gafas. サングラスをかけた女の子をじっと見ている. Ponte las gafas *de* sol. サングラスをかけなさい. El viejo *del* perro era un conocido personaje del barrio. 犬を連れた老人はその界隈で有名な人物だった. Es un chico *de* pelo rizado. その男の子は縮れ毛だ. No es *de* mucho hablar. 彼は多弁な人ではない. 2) 〔明示・具体化〕Murió a la edad *de* 84 años. 彼は84歳で亡くなった. Van a cruzar el Atlántico en un barco *de* vela. 彼らは大西洋を帆船で横断しようとしている. una casa *de* cinco habitaciones 5部屋の家. una señora *de* 60 años 60歳の女性. 3) 〔様式・色など. vestirse・disfrazarse などの動詞と共に〕Me dijo que quería casarse *de* blanco. 白無垢の衣装で結婚式を挙げたいと言っていた. Es policía, pero siempre va *de* paisano. 彼は警官なんだが, いつも平服を着ている. ❺ 〔判断〕…であると: Los periódicos calificaron el suceso *de* lamentable. 新聞は事件を遺憾であると評した. Lo tacharon *de* tacaño. 彼はけちだと非難された. ❻ 〔仮想代替. +過去未来形〕もし…ならば《=que》: Yo *de* tú no lo haría. 私が君ならそんなことはしないだろう

III 〔起点・原因・様態〕❶ 〔起点〕…から《⇔a. →desde 類義》: 1) 〔時間〕*De* ahora en adelante conduzco despacio. これからはゆっくり運転します. *De* [las] 18 a [las] 23 horas, se podrá disfrutar de la degustación de vinos. 18時から23時までワインの試飲ができます. El niño no ha comido nada *de* ayer a hoy. その子は昨日から今日にかけて何も食べていない. 〖語法〗*de* ... a ... では定冠詞を省略するのが普通《= *de* [los] 7 a [los] 15 años 7歳から15歳まで. *de* aquel entonces その時から. 2) 〔空間〕Cogeré el AVE *de* Madrid a Barcelona. 私はマドリードからバルセロナまで高速鉄道に乗ることにする. Vengo *de* tu casa y no hay nadie. 君の家からの帰りだが, 誰もいなかったよ. Sacó un bolígrafo *de* su bolsillo. 彼はポケットからボールペンを取り出した. colgarse *del* árbol 木からぶら下がる. cerca *de* aquí ここから近くに. 3) 〔分離・抽出などの動詞と共に〕Aléjate *de* él. 彼に近づくんじゃない. Saqué el dinero *del* cajero. 私はATMから金を下ろした. 4) 〔概念的〕Este año me he librado *de* la gripe. 今年はインフルエンザにかからなくてすんだ. No pudo evitar deshacerse *de* algunas joyas. 彼女は宝石をいくつか手放さざるを得なかった. librarse *de* la familia 家族を養う義務から解放される. 5) 〔定置〕Al salir a la calle se agarró al brazo *de* su marido. 通りに出ると彼女は夫の腕がみついた. Su vida pendía *de* un hilo. 彼の命は危機に瀕していた. 6) 〔状態の変化〕*de* ... a: Llevaron el cuerpo *de* la iglesia a la sepultura 揺りかごから墓場まで. 7) 〔出身・家系・起源〕…の出で, …の生まれで, …に由来する: ¿*De* dónde es usted?—Francés, *de* París. どこのお生まれ(ご出身)ですか?—フランス人で, パリの出身です. 〖参考〗スペイン語圏の人にとって, 近い国の場合, 国名で答えることはあまりしない La novia viene *de* los Castro. 恋人はカストロ家の出です. Ese vino es *de* Andalucía. そのワインはアンダルシア産だ. Esta palabra deriva *del* latín. この単語はラテン語からきた. carta *de* mi madre 母からの手紙. ❸ 〔供与・支払いの動詞と共に〕…から: El camarero me ofreció un pastel *de* la bandeja. ウエイターがトレイからケーキを取ってくれた. La jefa pagó la cena *de* su bolsillo. 上司がポケットマネーで夕食をご馳走した. ❹ 〔deducir・inducir などの動詞と共に推論〕…って推して: *De* su silencio se deduce que no vendrá. 黙っているところをみると彼は来ないと思われる. ❺ 〔比較(不等・最上級)の基準〕…よりも, …の中で: Era más listo *de* lo que yo pensaba. 彼は私が考えていたよりずっと賢い子だった. Esta película es menos interesante *de* lo que los periódicos dicen. こ

の映画は新聞紙上で評していたほどには面白くない. Esa ciudad está más lejos de lo que parece. その町は思っていたよりずっと遠い. Andrés es el mejor de todos. アンドレスは誰よりもいい子だ. Es el peor de todos. 彼はみんなの中で一番性悪だ. el más rico de la vecindad 近隣随一の金持ち. ❻ [原因]…で《→por 類義》: La niña chillaba de terror. 少女は恐怖で泣きわめいていた. Yo estoy tiritando de frío. 私は寒くて震えている. Estoy cansado de que me hagan siempre la misma pregunta. 私はいつも同じ質問をされてうんざりしている. morir de cáncer 癌で死ぬ. ❼ [目的・理由]…用の,…のための《用途については →para 類義》;…から,…ので: Utiliza las tijeras de podar para recortar el seto. 彼は生垣を刈り込むために剪定ばさみを使う. Lloraba de alegría. うれし泣きをしていた. Encantada de conocerle. 初めまして. salir de paseo 散歩に出かける. máquina de coser ミシン. viaje de turismo 観光旅行. ❽ [手段・方法]…で: 1) Viven de la pensión. 彼らは年金で生活している. Encendimos la estufa de gas. 私たちはガスストーブに点火した. Rompieron el cristal de una pedrada. ガラスが石で割られた.《語法》行動を表わす名詞が複数である場合は de ではなく a になる: Lo echaron a patadas. 彼はつまみ出された. Lo mataron a balazos. 彼は撃たれて殺された】 2) [usar・servirse・valerse などと共に]…として: Usa ese cuarto de trastero. 彼はその部屋を物置として使っている. Se valió de los amigos para conseguir un buen puesto de trabajo. 彼は良い働き口を手に入れるために友達の力を借りた. ❾ [状況・状態] 1) [主として状態の動詞と共に] Creí que estabas de vacaciones. 君は休暇中だと思っていた. Se habían encontrado de juerga los dos, en un local nocturno. 夜の部屋で2人は酒を飲んでばか騒ぎをしていた. 2) [主として永続的動詞と共に] El bosque se encuentra del otro lado del río. 森林が川の向こう側に広がっている. Acuéstate del lado derecho. 右向きになって寝なさい. ❿ [一時的な活動・その目的. 主として動きの動詞と共に] Yo les pago diez euros para que vengan de visita dos veces por semana. 彼らに週に2回来てもらうために私は10ユーロ支払う. ¿Nos vamos de juerga? 飲みに出かけようか? ⓫ [終了・中断. terminar・acabar・dejar のような動詞と共に] Acabo de llegar hace cinco minutos. 私は5分前に着いたばかりなのです. ¡Déjate de tonterías! ばかも休み休みにしなさい! ⓬ [保護・防止. proteger・defender・resguardar のような動詞と共に]…から: Se protegió del frío con una manta. 彼は毛布で寒さをしのいだ. Me he resguardado de la lluvia en un portal. 私は玄関口で雨宿りをした. ⓭ [様態] Se bebió un vaso de tequila de un trago. 彼はグラス1杯のテキーラを一息で飲みこんだ. Lo hizo de buena gana. 彼は喜んでそうした. ⓮ [姿勢] tomar el café de pie コーヒーを立ち飲みする. patinar de espaldas 後ろ向きに滑る. entrar de lado 身体を斜めにして入る. ⓯ [役割. +無冠詞名詞]…として: Trabaja de ingeniero. 彼は技術者として働いている. De postre sirvieron un mousse de chocolate. デザートにチョコレートムースが出た. ⓰ [方向]…への: Camino de Santiago サンティアゴへの道. carretera de Valladolid バリャドリード〔へ行く〕街道. ⓱ [時間の限定]…に: 1) De día pasea y de noche estudia. 彼は昼は散歩して夜は勉強する. el 4 de junio de 2015 2015年6月4日. a las tres de la tarde 午後3時に. un día de hace diez años 10年前のある日. María nunca sale de noche. マリアは決して夜は外出しない. Llegaron de madrugada. 彼らは夜明けに到着した. Había un chubesqui que no apagaba ni de día ni de noche. 昼も夜も火の途絶えることのない石炭ストーブがあった. Ya es de día. もう夜が明けている. 2) [年齢・年代・時代] De soltero, bailaba poco. 独身時代, 彼はほとんど踊ることはなかった. De niño le gustaban los tebeos. 小さいころ彼は漫画の本が好きだった. Me preguntaron qué quería ser de mayor. 大人になったら何になりたいかと私は尋ねられた. de joven 若い時に.

IV ❶ [動作主]…の,…が行なった,…による: 1) El amor de padres a hijos no tiene límites. 親の子に対する愛は無限である. llegada del tren 列車の到着. "El desafío" de Llosa ジョサの『挑戦』. 2) [受動態における] Era temido de todos. 彼は皆から恐れられていた. El equipo está formado de chicos y chicas. そのチームは少年少女で構成されている. acompañado de su madre 母親に付き添われて.《類義》感情動詞や acompañar・rodear などの動詞による受動文では動作主は de によって示されるが, 現在ではこれらの動詞にも por が使われることが少なくない》 ❷ [名詞の目的語] 1) [動作名詞+] análisis de los datos データの分析. cuidado de un enfermo 病人の看護. 2) [感情・感覚の名詞+] Tengo miedo de los perros. 私は犬が怖い. ❸ [修飾] [評価. 限定詞+形容詞+]…みたいな,…のような: El bueno de mi hermano siempre me ayuda. お人好しの私の兄はいつも私を助けてくれる. el imbécil de Pedro ばかなペドロ. 2) [評価の名詞+de+評価される人・物] ¡Qué asco de tiempo! 全く嫌な天気だ! Es un encanto de mujer, todo el mundo la quiere. 彼女はうっとりとするような女で, みんなが好きだ. lástima de chico 気の毒な男の子. 3) [悲哀・同情・羨望・憤慨. +人] ¡Ay de mí! 哀れな私! ¡Pobre de mi hermana! かわいそうな妹! Infeliz de mí, mi mala suerte. 不幸な私, 私の不運. ¡Diablo del chaval! あの悪がきめ! Es una mierda de película. 実にくだらない映画だ. ❹ [部分を表わす] Tomó de aquella agua. 彼はその水を少し飲んだ. Solo bebía de aquel vino. 彼はそのワインばかり飲んでいた. 彼はその水を少し飲んだ.《特定のものの(指示物ゆくことが多い)の一部分を表わす. 対訳》Tomó agua. 彼は水を飲んだ】❺ [+固有名詞] 1) [既婚婦人の姓] Matilde López de Montes マティルデ・ロペス・デ・モンテス《Montes は夫の父方の姓》. Señora de Montes モンテス夫人《この de は省略可能》. 2) [貴族などの姓の前] Miguel de Cervantes Saavedra ミゲル・デ・セルバンテス・サアベドラ. 3) [地名など. 直前の名詞を特定] Me queda más cerca la estación {de} Atocha. 私はアトチャ駅のごく近くに住んでいる. la ciudad de Madrid マドリード市. Golfo de México メキシコ湾. Museo del Prado プラド美術館. Universidad de Málaga マラガ大学.《口語では de が省略される傾向にある: calle {de} Alcalá アルカラ通り. 特+人名: Museo Sorolla ソローリャ美術館. Fundación Rockefeller ロックフェラー財団》. ❻ [補完目的語を導く]…を: Carece de sentido. それは意味がない. cambiar de marcha ギアを変える, 変速する. dudar de su cariño 彼女の愛情を疑う. Me proveyó de lo necesario. 彼は私に必要な物を支給した. ❼ [誤用]《+[que]》[→de que→dequeísmo] Juan dice que quiere venir. フアンは来たいと言っている《◯Juan dice que...》. Pensé de que no te habrías enterado. 君は気づかなかったのだろうと私は思った.《◯Pensé que...》.《正誤》de que の de を省略する《誤用》: No me he dado cuenta que estabas aquí./◯No me he dado cuenta de que estabas aquí. 君がここにいるなんて気づかなかった. /¡Ya es hora que venga!/◯¡Ya es hora de que venga! もうすぐ来る時間だ! Estoy seguro que lo vi./◯Estoy seguro de que lo vi. 彼に会ったことは確かだ. Me alegro que vengas./◯Me alegro de que vengas. 君が来てくれてうれしい. A pesar que lo intentó, no pudo./◯A pesar de que lo intentó, no pudo. 彼はやってみたが, できなかった】 ❽ [+不定詞] 1) [形容詞・名詞の補語] Estoy avergonzado de lo que he hecho. 私は自分のしたことを恥じている. Tiene la costumbre de acostarse a las doce. 彼は12時に寝る習慣がついている. máquina de calcular 計算機. 2) [形容詞+de+不定詞]…するのに,…するには: Su nombre es difícil de pronunciar. 彼の名前は発音するのが難しい. Es un libro digno de leerse. それは読むに値する本だ. bueno de comer 食用になる. cómodo de usar 使いやすい. 3) [独立用法. 仮定・条件]…であれば,…したら: De cenar, que sea pronto. 夕食を摂るのなら, 早くしてちょうだい. De ir a verte, sería este domingo. 君に会いに行くとしたら, 今度の日曜日になるだろう. De no poder hacerlo tú, dile a Paco que lo haga. 君ができないのなら, パコにしてくれるように頼んでくれ. De haber querido ir al cine, te lo habría dicho. 映画に行きたかったのだったら, 君を誘ってあげたのに.《語法》主文は普通, 直説法過去未来[完了]・接続法・命令法》. 4) [予測. +不定詞]…すべきである,…のはずである,…することができる,…と考えられる: Ya es hora de acostarse. もう寝る時間です. Es de esperar que todo acabe bien. 万事うまく収まると期待できる. Aquella reacción era de esperar. あのような反応は予想どおりだった.

de+名詞 a+同一名詞 [平等・同等]…と…で: De profesional a profesional le indico a usted que se ha equivocado radicalmente en el diagnóstico de este enfermo. 専門医同士の話し合いとしてこの病人の診断には根本的な誤りがあったということを申し上げます. Hemos hablado de mujer a mujer. 私たちは女同士の話をした

de+名詞 en+同一名詞 1) …から…へ: La noticia corrió de boca en boca. そのニュースは瞬く間に口から口へと伝わった. andarse ocioso de calle en calle 街から街へぶらぶらと歩く.

hacer su labores *de* día *en* día 日々自分の仕事をする. 2) [+数詞]…ずつ: Los muchachos subieron corriendo las escaleras *de* dos *en* dos. その子らは階段を2段ずつ駆け上った. contar *de* cinco *en* cinco 5つ(5人)ずつ数える

de **+数詞**《まれ》…で

de lo más あり余るほど[の]: Unión Europea está abordando una cuestión *de lo más* difícil. EUはひどく困難な問題に取り組んでいる

de no ser por... …がなかったら『=a no ser por...』

de que...《俗用》…するとすぐ

*de un***+形容詞** *que***+直説法** それほど…なので…する: Está *de un* pesado *que* no hay quien le aguante. 彼はあまりにしつこいので, 誰も我慢できない

*ser de un***+形容詞+***que***+接続法** 何とまあ…するような…である: Es *de un* sinvergonzón *que* pasme. 彼はあきれはてた恥知らずだ

de[2] [dé]《女》《圖 des》文字 d の名称

de-《接頭辞》❶ [無, 不, 反対] *deponer* 解任する, *demérito* 欠点. ❷ [強調] *declarar* 宣言する

dea [déa]《文語》女神『=diosa』

deadjetival [deadxetibál]《形》《男》《言語》形容詞から派生した[語]

deadline [dédlain]《←英語》《男/女》タイムリミット, 締切『=fecha límite』

deadverbial [deadberbjál]《形》《男》《言語》副詞から派生した[語]

deal [díl]《←英語》《男》《米国》取引, 商談『=trato』: ofrecer un ~ muy bueno いい話を持ちかける

dealer [díler]《←英語》《名》❶《隠語》麻薬密売人《特に卸売》. ❷《米国》ディーラー『=distribuidor』: ~ de carros カーディーラー
── 《男》金融機関

deambulación [deambulaθjón]《女》散歩, そぞろ歩き

deambulador, ra [deambulaðór, ra]《形》**=deambulante**

deambulante [deambulánte]《形》散歩する, そぞろ歩きする

deambular [deambulár]《←ラテン語 *deambulare*》《自》[ぶらぶらと]散歩する, 歩き歩く, ぶらつく: ~ por la ciudad 市内を散策する

deambulatorio, ria [deambulatórjo, rja]《形》散歩のそぞろ歩きの
── 《男》《建築》[教会の] 周歩廊

deambuleo [deambuléo]《男》**=deambulación**

deán [deán]《←古仏語 *deiien*》《男》❶《カトリック》司教地方代理, 大聖堂主任司祭, 聖堂参事会長, 僧会長『司教のすぐ下の地位』. ❷ 旧アルカラ大学の第一期生. ❸《古代ローマ》10人隊長

deanato [deanáto]《男》司教地方代理職, 大聖堂主任司祭の職務[管轄区]

deanazgo [deanázgo]《男》**=deanato**

de auditu [de auðítu]《←ラテン語》《副》耳で聞いて, 人から聞いて

debacle [debákle]《←仏語》《女》さんざんな状態, 惨憺たる結末, 大惨事

debajo [debáxo]《←*de-+bajo*》《副》《⇔*encima*》❶ [+*de* の] 下に『→*bajo*[1] 類義』: 1) Guarda el dinero ~ *del* colchón. 彼はマットレスの下にお金を隠している. Mi habitación está justamente ~ *de la* suya. 私の部屋は彼の部屋の真下だ. 2) [前置詞+] pasar por ~ *de* un puente 橋の下を通る. ❷…の支配下に; [地位が] …の下で: ¿No tienes a nadie ~ *de* ti? 君の下には誰も部下がいないのかね? ❸《その》下に: Déjeme ver la caja que está ~. その下にある箱を見せて下さい

de ~ [積み重なりなどの] 下の方にある: Mi maleta es la *de* ~. 私のスーツケースは下の方にある

por ~ [程度・数値が, +*de*] 下回って, 以下に・で: Este producto está muy *por* ~ *de* cualquier otro de su precio. この製品は他のどの同価格の製品と比べても質がぐんと落ちる. La temperatura descendió *por* ~ *de* los cero grados. 気温は零下に下がった. El año pasado se produjeron 2 millones de toneladas. Este año hemos quedado muy *por* ~. 昨年は200万トン生産され, 今年はそれを大幅に下回っている

debate [debáte]《←*debatir*》《男》❶ 討議, 討論, 討論; 論争: Hubo un ~ *sobre* la reforma agraria. 農地改革に関する討論が行われた. concurso de ~『競技としての』ディベート. ❷ 討論会: ~ público (abierto) 公開討論会. ❸ 戦い, 争い, 闘争

debatir [debatír]《←ラテン語 *debattuere*》《他》討議する, 討論する:

Hay mucho que ~. 議論すべきことはたくさんある. Precisamente *debatían* ese tema. ちょうど彼らはその問題を討議していたところだった. ~ la situación actual 現状について討議する
── 《自》❶ [+*de・sobre* について] 討議する, 討論する: ~ *sobre* el proyecto de reforma 改革案について討議する. ~ *de* los presupuestos 予算案を討議する. ❷《主に比喩》戦う, 争う

~*se*《←仏語》苦悶する, もがく, あがく: Su ánimo *se debatía* contra la tentación. 彼の心は誘惑と戦っていた. ~*se* entre la vida y la muerte 生死の狭間(はざま)でもがく

debe [débe]《←*deber*》《男》《簿記》借方『⇔*haber*』: llevar el importe al ~ de... その金額を…の勘定に借記する. ~ y haber 借方と貸方

debelación [debelaθjón]《女》《文語》武力でうち負かすこと, 武力による勝利

debelador, ra [debelaðór, ra]《形》《名》《文語》武力でうち負かす[人], 征服者

debelar [debelár]《他》《文語》武力でうち負かす, 征服する

deber [debér]《←ラテン語 *debere*》《他》❶ [義務. +不定詞] …しなければならない, …するべきである『→*haber que*+不定詞 類義』: 1) Los ciudadanos *deben* obedecer las leyes. 市民は法律を守らなくてはいけない. ¿Lo has dicho en serio o *debo* reírme? 君はまじめに言ったのか, それともここは私が笑うべきところなのか? *Debe* venir, aunque le moleste hacerlo. あなたはいやでも来なくてはなりません. ¿Qué *debo* hacer? 私は何をするべきだろうか? *Debiste* hacerlo./*Debías* haberlo hecho. 君はそうすべきだった. *Debes* haberlo hecho./*Has debido* hacerlo.『現在に関連させて』君はそうすべきだった. *Debiste* haberlo hecho. 君はそうしておくべきだった. 2) [禁止. no+] …するべきでない, …してはいけない: Los menores *no deben* fumar. 未成年者はたばこを吸ってはいけない(吸うべきでない). 3) [過去未来形で婉曲] *Deberías* pagarlo. 君はそれを払わなければならないはずだ. No *debería* hablarte de estas cosas. こういうことを君に話すべきではないのだが. Ya lo leí, y creo que *deberías* leerlo tú también. 私はそれを読んだし, 君もまた読むべきだろうと思う. ❷ [状況からの推測. +[*de*]+不定詞] …するに違いない, …だろう『最近は *de* が省略されることが多い』: El tren *debe* [*de*] llegar alrededor de las diez. 列車は10時ごろ着くはずだ. *Debe de* haber llegado. 彼はもう着いたはずだ. *Debe de* hacer como dos años. 2年くらい前のことだろう. *Debió de* llegar a las ocho. 彼は8時に着いたはずだ. No contestan; no *deben de* estar en casa. 彼らは答えない. 話が聞こえないに違いない. *Debe de* ser así. そのはずだ. No *debía de* ser así. そんなはずではなかった. Pero algo *debe de* haber. しかし, 何かがあるはずだ
── 《他》[+*a* に] ❶ [金品] 借りている, 返す義務がある: *Debo* a Miguel cien euros. 私はミゲルに100ユーロ借りている. ¿Cuánto le *debo*? あなたにいくら借りていますか/支払いはいくらですか? ❷ おかげをこうむっている: Él *debe* su éxito *a* la colaboración de todos. 彼の成功はみなの協力のおかげてす. Le *debo* lo que soy. 今日私があるのは彼のおかげだ. Los ricos *debían* su fortuna *al* sudor del pueblo. 金持ちは庶民の汗によって富を築いた. ❸ …の義務がある, …しなければならない: Le *debes* una explicación. 君は彼に説明する義務がある. Le *debo* carta *a* María. 私はマリアに返事を書かなければならない

como si te lo debieran y no te lo pagaran《口語》気に入らない(気持ちを傷つけられた)様子で

── ~*se* ❶ [事物が, +*a*] 原因がある, 起因する: El gol *se debió a* un fallo del portero. そのゴールはキーパーのミスによるものだった. Todo *se debió a* un malentendido. すべては誤解が原因だった. El color del vino tinto no *se debe a* la pulpa de la uva. 赤ワインの色はブドウの果肉によるものではない. ❷ [人が, +*a* に対して] 恩義がある, 尽くす義務を持つ, 義理がある: Yo me *debo a* mi familia. 私は家族に尽くす責があります. Se *debe a* la patria. 彼は祖国に身を捧げる義務がある. Eso es lo que *te debes a* ti mismo. それは君自身への責務だ. ❸ [相互] 互いに義務がある: Los cónyuges *se deben* amor y fidelidad. 夫婦は互いに愛し合い, 貞節でなければならない

── 《男》❶ [個人的・社会的な] 義務, 責務: Era nuestro ~ convertir en público aquello. それを公にすることは私たちの義務だった. Ha cumplido con su ~ de padre. 彼は父親としての義務を果たした. sentimiento (sentido) del ~ 義務感. ~ para con sus hijos 子供に対する義務. ~ de conciencia 道義上の責務. ~ profesional 職業上の義務. ❷《口語》《複》

題: poner (dar)〔los〕~es a+人 …に宿題を出す. hacer los ~es 宿題をする
dejar... a ~ …をつけで買う
hacer su ~ 義務を果たす; 職務を履行する
***quedar** a*+人 *a ~* …に支払いを猶予してもらう, つけにする: No llevo suficiente dinero: te *quedaré a ~* veinte euros. 金が足りないので20ユーロは借りておいてくれ. El comerciante *quedó a ~* el resto de la factura. 商人は請求書の残額の支払いを待ってもらった
tener el ~ de+不定詞 …する義務がある: Tiene el ~ de decírtelo todo. 彼は君にすべてを言わなければならない

debidamente [debíðáménte] 副 ❶ しかるべく, 決められたとおりに: Toda manifestación deberá estar ~ autorizada. あらゆる示威行為は定められた許可を得なければならない. ❷ 適切に, ふさわしく, それ相当に: Se conformó ~. 彼のふるまいは適切だった

debido, da [debíðo, ða]《←*deber*》形 ❶ 当然の, しかるべき: No le presté la atención ~*da*. 私は彼にしかるべき配慮をしなかった. con el ~ respeto しかるべき敬意を払って. sin investigación ~*da* それ相当の調査をしないで. ❷ 適切な, 適当な; 型どおりの: en ~*da* forma 適切な方法で. ❸ 未払いの, 支払うべき: suma ~*da* 負債額. ❹〔副詞的に原因. +a〕…のため(に, により: 1) *D* ~ a la huelga, todo el personal se hallaba ausente. ストライキのため職員は全員不在だった. Le costaba avanzar, ~ al barro que cubría el camino. 道が泥で覆われていたために彼は進むのに難渋した. ~ al paso de los años 年月の経過によって. 2)〔+que+直説法〕~ *a que* España estaba completamente aislada del resto del mundo... スペインが世界の他の地域から完全に孤立していたために…

a su ~ momento (tiempo) しかるべき時に, 時が来れば: Tengo muchos datos, y *a su ~ momento* los haré públicos. 私には資料がたくさんあるので, 時が来ればそれらを公表するつもりだ. Las cosas se aclararán *a su ~ tiempo*. それらの件はいずれしかるべき時機に明らかになるだろう
como es ~ しかるべく, それ相当に, きちんと: Lo haré *como es ~*. 私がきちんとやっておきましょう. Siéntate a la mesa *como es ~*. ちゃんとテーブルにつきたまえ
en ~da forma しかるべき形(方法)で, 正規の手続きを踏んで
más de lo ~ 過度に, 必要以上に
ser ~ a...〔事が〕…に原因がある, 起因する

débil [débil]《←ラテン語 *debilis*》形 ❶ 弱い, もろい, 脆弱(ぜいじゃく)な《⇔*fuerte*》; [estar+] 衰弱した, 虚弱な: Caía una ~ lluvia. 弱い雨が降っていた. Después de una enfermedad, quedó muy ~. 彼は病気をしてからすっかり弱くなった. luz ~ 弱い光. niño ~ 体の弱い子供. pared ~ 弱い壁. viento ~ 弱い風. voz ~ 弱々しい声. ~*es* aplausos 元気のない拍手. ❷〔性格・意志が〕弱い, 甘い; [+con に対して] 気弱な: Tiene un carácter muy ~. 彼は非常に気が弱い. Es ~ *con* sus subordinados. 彼は部下にらみがきかない. ❸ かすかな; ~ acento andaluz かすかなアンダルシアなまり. ~ claridad かすかな明るさ. ~ esperanza ほのかな期待. ❹〈音声〉〔音節・母音が〕無強勢の, アクセントのない
── 名 ❶〔体・力などの〕弱い人, 虚弱者: ~ mental 精神薄弱者. ❷ 弱者: proteger al ~ contra el fuerte 強者に対して弱者を保護する. los fuertes y los ~*s* 強者と弱者. ~*s* de la sociedad 社会的弱者

debilidad [debiliðá(ð)]《←ラテン語 *debilitas, -atis*》女 ❶ 弱さ, もろさ, 脆弱さ, 虚弱さ: caerse de ~ 衰弱で倒れる. ~ de un convaleciente 病み上がりの弱々しさ. ~ mental 精神薄弱. ~ senil 老衰. ❷ 優柔不断, 弱腰: acto de ~ 優柔不断の行ない. ~ de carácter 気の弱さ. ~ de su fuerza de voluntad 意志の弱さ. ❸ 弱み, 弱点, 欠点: Tu única ~ es beber demasiado. 君の唯一の欠点は飲み過ぎることだ. ❹〔特に〕[+sentir・tener+ +por+人・事物 への] 過度の愛好, 熱中: Siente verdadera ~ *por* el chocolate y aunque lo hace daño, no puede evitarlo. 彼は大のチョコレート好きで, たとえ体に悪くてもやめられない. Tengo ~ *por* ti. 僕は君に弱い. Susi es mi ~. 私はすしに目がない. ❺《口語》空腹: Cuando siento ~, me comería cualquier cosa. 私は腹がへると何でも食べてしまいたくなる. ❻《口語》〔相場の〕軟調, 弱含み

debilitación [debilitaθjón] 女 =*debilitamiento*
debilitamiento [debilitamjénto] 男 弱まること, 弱体化; 衰弱
debilitar [debilitár]《←ラテン語 *debilitare*》他 ❶ 弱める, 弱体にする; 衰弱させる: La lluvia ácida *debilita* los tejidos de plantas. 酸性雨は植物の組織を弱める. Comer demasiado *debilita* el aparato digestivo. 食べ過ぎは胃腸を弱める. El fracaso *ha debilitado* su voluntad. 失敗によって彼の意志はぐらついた. ❷〈音声〉非強勢にする, 弱音に変える; 〔文字の〕発音を略す
──~*se* 弱まる, 弱化する; 衰弱する: La capa de ozono *se fue debilitando* aceleradamente. オゾン層が急速に弱まってきた. Ya *se le han debilitado* mucho las facultades mentales al padre. 父はもう思考力がかなり減退した

débilmente [débilménte] 副 ❶ 弱く, 弱々しく: Lucían ~ algunas estrellas. 星がいくつか弱々しく光っていた. ❷ わずかに, かすかに: Ella sonrió ~. 彼女はかすかな笑みを浮かべた. Gimoteó ~. 彼はめそめそと泣いた

debilucho, cha [debilútʃo, tʃa] 形 名《口語》虚弱な〔人〕, ひ弱な〔人〕, 病弱な〔人〕
debitar [debitár] 他 ❶《簿記》借方に記入する. ❷《まれ》借金する
débito [débito]《←ラテン語 *debitum* < *debere*》男 ❶ 負債 〔=*deuda*〕; 《簿記》借方: nota de ~ 借方伝票, デビットノート. ❷〔血筋を存続させるための〕夫婦の義務〔=~ *conyugal*〕. ❸《中南米》~ bancario 自動振り込み

debla [débla] 女《アンダルシア》デブラ《4行の哀調を帯びた無伴奏の民謡》
deble [déble] 形《まれ》=*endeble*
debó [debó] 男《複 *deboes*》皮をなめす道具
debocar [debokár] 自《ボリビア, アルゼンチン》吐く
debruzar [debruθár] 自 ~*se*《地方語》うつぶせになる
debú [debú] 男 =*debut*
debut [debú(t)]《←仏語》男《複 ~*s*》❶ デビュー, 初登場: El jugador tuvo un impresionante ~. その選手は印象的なデビューを果たした. hacer su ~ en sociedad 社交界にデビューする. su ~ como conferenciante 講演者としての初仕事. ❷〔興行などの〕初演, 初舞台
debutante [debutánte] 形 名 ❶〔歌手・俳優などの〕新人〔の〕: actor ~ 新人俳優. ❷ 初心者〔の〕. ❸ 社交界にデビューする〔若者〕
debutar [debutár]《←仏語 *debuter*》自 [+en に] デビューする; 初舞台を踏む: ~ *en* el cine 映画界にデビューする. ~ *en* la Copa Davis デビスカップに初挑戦する
deca [déka] 男《地方語》コップ〔=*vaso*〕
deca-〔接頭辞〕〔十〕*deca*sílabo 10音節の
decacordo [dekakórðo] 男《音楽》10弦のプサルテリウム salterio
década [dékaða]《←ラテン語 *decada* < ギリシア語 *dekas*「10」》女 ❶ 10年間: en las cuatro ~*s* 40年間に. en la ~ de los años 70 1970年代に. ❷〔歴史書などの〕10巻, 10章, 10編. ❸ 10人の歴史上の人物の話: la ~ de *césares* 10人のローマ皇帝の物語. ❹ 10日間. ❺《古代ギリシア》10人隊
decadencia [dekaðénθja]《←*de*-+*cadencia*》女 ❶ 衰退, 減退; 〔芸術・歴史の〕衰退期: caer (estar) en ~ 衰退に陥る(衰退している). ~ de un imperio 帝国の衰退. ~ mental 知力の衰え. ❷ 堕落, 退廃, デカダンス: ~ moral 道徳的退廃
decadente [dekaðénte]《←*decaer*》形 名 ❶ 衰えていく: arte gótico ~ 衰退期のゴシック芸術. época ~ 衰退期. ❷ 退廃的な;《芸術》退廃派〔の〕, デカダン派〔の〕: poeta ~ 退廃派の詩人
decadentismo [dekaðentísmo] 男《芸術》退廃派, デカダン主義
decadentista [dekaðentísta] 形 名 退廃派の〔芸術家〕
decádico, ca [dekáðiko, ka] 形《数学》10進法の〔=*decimal*〕
decadracma [dekaðrákma] 女/男《古代ギリシア》10ドラクマ銀貨
decaedro [dekaéðro] 男《幾何》10面体
decaer [dekaér]《←俗ラテン語 *decadere* < ラテン語 *decidere*》44 自 ❶ [+en 力・強さ・重要度・完成度などが] 衰弱する, 衰える: La fiebre ha empezado a ~. 熱が下がり始めた. Su ánimo no *decae* a pesar de tantas penalidades. あんなに苦労を重ねても彼の気力は衰えない. Su inteligencia no *decayó* ni en la vejez. 年をとっても彼の頭はしっかりしていた. *Ha decaído* mucho: no es ya el hombre brillante que era. 彼はずいぶん歳をとったものだ, もうかつてのはつらつとした男ではない. *Ha decaído en* belleza. 彼女の美貌も衰えた. *Decayó* de su poderío. 彼は権

力の座から滑り落ちた. ❷《船舶》[風・潮によって] 針路からそれる
que no decaiga《口語》[喜び・活気などが] 続きますように
── ~**se**《地方語》[人が] 衰弱する
decagonal [dekaɣonál] 形 10角形の
decágono, na [dekáɣono, na] 形 男《幾何》10角形(の), 10辺形(の)
decagramo [dekaɣrámo] 男 [重さの単位] デカグラム
decaído, da [dekaíðo, ða] 形 [*estar*+. 肉体的・精神的に] 衰えた; 元気のない: *Estaba muy* ~ *y enfermaba por cualquier cosa*. 彼はひどく体力が衰えていて、少しのことで病気になった
decaimiento [dekaimjénto] 男 衰弱; 意気消沈: ~ *de las virtudes de sobriedad, justicia y trabajo* 節度・正義・勤労という美徳の衰退
décalage [dekaláʒ]《←仏語》男 =**decalaje**
decalaje [dekaláxe] 男 時間のずれ, 遅れ
decalcar [dekalkár] 7 他 [図面を] トレースする
decalcificación [dekalθifikaθjón] 女 =**descalcificación**
decalcificar [dekalθifikár] 7 他 =**descalcificar**
decalco [dekálko] 男 トレース《=*calco*》
decalcomanía [dekalkomanía] 女《美術》デカルコマニー
decalina [dekalína]《←商標》女《化学》デカリン, デカヒドロナフタレン
decalitro [dekalítro] 男 [容量の単位] デカリットル
decálogo [dekáloɣo] 男 集名 ❶《旧約聖書》[主に *D*~. モーゼ Moisés の] 十戒《=*Los Diez Mandamientos*》. ❷ [一般的に] 10か条
decalvación [dekalbaθjón] 女 [刑罰としての] 髪の剃り落とし, 剃髪
decalvar [dekalbár] 他 [刑罰として] 髪を剃り落とす
decámetro [dekámetro] 男 ❶ [長さの単位] デカメートル. ❷ デカメートル単位の物差し
decampar [dekampár] 自《軍事》宿舎を撤収する, 野営を引き払う
decanal [dekanál] 形 学部長の
decanato [dekanáto] 男 ❶ 学部長の職務(任期); 学部長室. ❷《占星》10分角, デカヌス《各宮の3分の1》
decania [dekánja] 女 修道院の所有する地所や地方の教会
decano, na [dekáno, na]《←ラテン語 *decanus*》男 ❶《大学》学部長. ❷ 最古参者, 先任者, 先輩: *Es el* ~ *del cuerpo diplomático*. 彼は外交団の最古参だ
── 男《まれ》司教地方代理《=*deán*》
decantación [dekantaθjón] 他 ❶ デカンテーション, 傾瀉. ❷ 心が傾くこと
decantador, ra [dekantaðór, ra] 形 デカンタする
── 男 デカンタ用の器具
── 女 デカンタ装置
decantar [dekantár] I 《←*de*-+*canto* II》他 ❶ [容器を傾けてワインなどの] 上澄みを移し取る, デカンタする, 傾瀉する. ❷ 明確にする. ❸《古語》強調する
── 自《古語》進路からそれる
── ~**se** ❶ [+*por*・*hacia* に] 心が傾く: ~*se por la abstención* 棄権する立場に傾く. ~*se hacia el marxismo* マルクス主義に傾斜する. ❷ 明確になる
II《←ラテン語 *decantare*》他《文語》賞賛する
decapado [dekapáðo] 男 錆・塗料の除去
decapador [dekapaðór] 男 錆・塗料の除去用器具
decapante [dekapánte] 形 男 錆・塗料を除去する; 錆・塗料除去剤
decapar [dekapár] 他《金属》[錆・塗料を] …の表面から取り除く, 剝がす; 錆取りをする
decapitación [dekapitaθjón] 女 斬首, 打ち首
decapitador, ra [dekapitaðór, ra] 男 斬首する(人), 首切り役人
decapitar [dekapitár] 他 ❶ …の首を切る. ❷ [組織を] 指導者不在にする. ❸《地理》[川が他の川の水を] 水源から切り離して奪う
decaploide [dekaplóiðe] 形《生物》[染色体が] 10倍性の; 10倍体
decápodo, da [dekápoðo, ða] 十脚類の; 十腕類の
── 男 複《動物》十脚類; 十腕類
decapsulador [deka(p)sulaðór] 男 =**descapsulador**
decárea [dekárea] 女 [面積の単位] デカアール《=10アール》

decasílabo, ba [dekasílabo, ba] 形 男《詩法》10音節の(詩)
decatleta [dekatléta] 名 =**decatloniano**
decatlón [dekatlón] 男《スポーツ》十種競技
decatloniano, na [dekatlonjáno, na] 形 名 十種競技の(選手)
decayente [dekajénte] 形 衰える
deceleración [deθeleraθjón] 女 =**desaceleración**
decelerar [deθelerár] 他 =**desacelerar**
decelerómetro [deθelerómetro] 男 減速度計
decembrino, na [deθembríno, na] 形 12月の
decembrista [deθembrísta] 形 名《歴史》[ロシアの] デカブリストの, 12月党員: *revuelta* ~ デカブリストの乱
decemnovenal [deθemnobenál] 形 *ciclo* ~《天文》太陰周期
decemnovenario, ria [deθemnobenárjo, rja] 形 =**decemnovenal**
decena [deθéna]《←ラテン語 *decem*「10」》女 ❶ 集名 10(のまとまり), [約]10個, [約]10人: *Estos caramelos valen dos euros la* ~. この飴は10個で2ユーロです. *Había allí una* ~ *de automóviles*. そこには10台ほどの車があった. *Trabajan a* ~*s de metros de suelo*. 彼らは地上数十メートルのところで働いている. *desde hace más de una* ~ *de años* 10年以上も前から. *la primera (segunda・última)* ~ *de abril* 4月の上(中・下)旬. ❷ 數 10の位の数: *En el número 2016, el 1 representa las* ~*s*. 2016という数で1は10の位の数である. ❸《音楽》10度《音程》. ❹《歴史》*D*~ *Trágica* 悲劇の10日間《1913年、メキシコ革命の最中、大統領マデロが反革命軍に軟禁され、銃殺されるまでの日々》
por ~*s* 10個ずつ, 10個単位で
decenal [deθenál]《←ラテン語 *decennalis*》形 ❶ 10年ごとの; 10年間の: *contrato* ~ 10年契約. ❷ 10(のまとまり) *decena* の; 旬刊の; 10日ごとの
decenar [deθenár] 男 10人の集団
decenario, ria [deθenárjo, rja] 形《まれ》10の
── 男 ❶ 小の珠 *cuenta* が10個ごとに大の珠が1個あるロザリオ. ❷《まれ》10年間《=*decenio*》. ❸《まれ》旬刊の, 10日ごとに刊行する
decencia [deθénθja]《←ラテン語 *decentia*》女 礼儀正しさ, 品位, 体面, 慎ましさ: *Su* ~ *le impidió aceptar la oferta*. 彼は慎み深くて(体面上)その申し出を受けなかった. *vivir con* ~ 節度のある(まあまあの)暮らしをする. ~ *en el hablar* 上品な言葉づかい
decenio [deθénjo] 男 10年間: *durante tres* ~*s* 30年間
deceno, na[2] [deθéno, na] 形《まれ》10番目の
decentar [deθentár] 23 他 ❶ …の最初の一枚を切る, 切り始める. ❷ 始める. ❸ 健康を損ない始める
── ~**se** 床ずれができる
decente [deθénte]《←ラテン語 *decens, -entis*》形 ❶ 誠実な, まともな: *Es una muchacha* ~ *que se gana la vida con su trabajo*. 彼女はちゃんと働いて生活しているまじめな娘さんだ. 品位のある, 慎ましい: *Ese escote no es* ~. その襟ぐりは(開きすぎて)品がない. *conversación* ~ 上品な会話. *espectáculo* ~ まともなショウ. ❸ [*estar*+. 服装などが] きちんとした, 見苦しくない: *Lleva un traje* ~. 彼は身なりがきちんとしている. *Siempre tiene* ~ *su cuarto*. 彼はいつも部屋をきちんとしておく. ❹ [質・金額などが] 常識にかなった, 適度な: *Vive en una casa* ~. 彼は人並みの家に住んでいる. *ingreso muy* ~ まずまずの収入
decentemente [deθénteménte] 副 きちんと, 礼儀正しく, 慎ましく; 適度に
decenvir [deθembír] 男 =**decenviro**
decenviral [deθembirál] 形《古代ローマ》十人委員会委員の
decenvirato [deθembiráto] 男《古代ローマ》十人委員会委員の職(任期)
decenviro [deθembíro] 男《古代ローマ》十人委員会委員
decepción [deθepθjón]《←ラテン語 *deceptio, -onis*》女 ❶ 失望, 落胆, 幻滅: *Tuve una* ~ *cuando la vi a ella después de haber visto su retrato*. 彼女の写真を見た後で本人と会ったら私はがっかりした. *El partido del domingo fue una* ~. 日曜日の試合には失望した. *¡Qué* ~! 何と残念な/がっかりだ! *causar a*+*una gran* ~ …をひどくがっかりさせる. ❷《まれ》ごまかし, 欺瞞《=*engaño*》
decepcionante [deθepθjonánte] 形 失望させる, 期待外れの

decepcionar [deθepθjonár]【←ラテン語 deceptio, -onis】⦅他⦆ 失望させる，幻滅させる: Me *decepcionó* ese resultado. 私はその結果にがっかりした
── ~**se** 失望する，落胆する

decesado, da [deθesádo, da] ⦅形⦆《中南米》[人が] 死んだ; 死者，故人

deceso [deθéso] ⦅男⦆《文語》[人の] 死, 死亡《=muerte》

dechado [detʃádo]【←ラテン語 dictatum「戒め，教え」】⦅男⦆ ❶ 本, 手本, ひな型, 例: Es un ~ de belleza. 彼は典型的な美人だ。Es un ~ de perfecciones.《皮肉》彼はご立派だ【実は欠点だらけ】。~ de virtudes (maldades) 美徳（悪徳）の見本。❷《古語的》模範, 鑑（ ^{かがみ} ）。❸《古語的》[女生徒たちが手本をまねて作った] 裁縫・刺繍の作品

deci- ⦅接頭辞⦆ [10分の1] *deci*litro デシリットル

deciárea [deθjárea] ⦅女⦆ [面積の単位] デシアール【=10分の1アール】

decibel [deθibél] ⦅男⦆ =**decibelio**

decibelímetro [deθibelímetro] ⦅男⦆ デシベルメーター

decibelio [deθibéljo] ⦅男⦆ [音の強さの単位] デシベル

decible [deθíble] ⦅形⦆ ⦅まれ⦆ 言い表され得る, 説明され得る《主に否定文で。ただし肯定文で indecible を用いる方が一般的》: No es ~ lo que me alegré. 私がどれほどうれしかったか筆舌に尽くしがたい

decideras [deθiðéras] ⦅女⦆⦅複⦆《口語》饒舌（ ^{じょうぜつ} ）, 多弁, 能弁

decidero, ra [deθiðéro, ra] ⦅形⦆ ⦅まれ⦆ [事が] 遠慮なく言える, 言ってさしつえない

decididamente [deθiðiðaménte] ⦅副⦆ ❶ 決然と, 断固として, きっぱりと. ❷ 確かに, 間違いなく: *D~*, es malo mentir. 嘘をつくのは絶対悪い

decidido, da [deθiðiðo, ða] ⦅形⦆ [ser+] 決然とした, 毅然とした, きっぱりした《⇔indeciso》: Traspasó ~ la puerta de entrada al salón. 彼は思い切って居間の扉から中に入った. con tono ~ 断固とした口調で. hombre muy ~ 決断力のある男
── ⦅名⦆ 決断力のある人, きっぱりした人

decididor, ra [deθiðiðór, ra] ⦅形⦆ ⦅まれ⦆ 決定する

decidir [deθiðír]【←ラテン語 decidere「切る, 解決する」】⦅他⦆ ❶ 決定する, 決める: 1) Todavía no *he decidido* nada. 私はまだ何も決めていない。Vamos a ~ quién tiene la razón. 誰が正しいかはっきりさせよう。Usted deberá ~ qué hace. 何をするのかあなたが決めなければならないでしょう。¿Está *decidida* ya la fecha de la partida? 出発の日はもう決まった? 2) [+不定詞・que+直説法] *Han decidido* suspender las obras. 彼らは工事の中止を決定した。El tribunal *decidió que* el ministro era culpable. 裁判所は大臣の有罪を決定した。3) [+que+接続法 せることになるように] Tu madre y yo *hemos decidido que* hagas un viaje. 君の母親と私は君に旅をさせることに決めた。❷ 決心する, 決意する: *He decidido* permanecer aquí. 私はここに留まることに決めた。*He decidido* marcharme. 私は立ち去る決心をした。❸ 決定づける; 決着をつける: Las nuevas armas *decidieron* el fin de la guerra. 新兵器が戦争終結の決め手となった。El asunto está por ~. その件はまだ決着がついていない。~ un argumento 議論に決着をつける。❹ [+a+不定詞 するように] …に決意させる: Las circunstancias de su familia la *decidieron* a casarse. 家庭の事情から彼女は結婚を決意した
── ⦅自⦆ 決定を下す, 決断する: 1) [+en・sobre について] El gobierno no *ha decidido* todavía *en* esa cuestión. 政府はまだその問題について決定していない。2) [+entre の中から] *Decidí entre* varias posibilidades. 私はいくつかの可能性の中から選んだ
── ~**se** ❶ 決心する, 熟慮して決める: 1) [+a+不定詞] *Se decidió por* fin *a* operarse. 彼はついに手術を受ける決心をした。No me *decido a* cambiar de trabajo. 私は転職する決心がつかない。Estamos *decididos a* mejorar la situación actual. 私たちは現状を改善しようと決意している。Por fin está *decidido a* irse al extranjero. 彼はついに外国へ渡ることに腹を決めた。2) [+por を選ぶことに] Tarda en ~ *por* alguna ropa. 彼女は服選びに時間がかかる。*Me decidí por* el piso más caro. 私は一番値段の高いマンションに決めた。3) [+entre] *Decídete entre* bañarnos o tomar el sol. 泳ぐのか日光浴をするか君が決めてくれ。❷ 決定される: *Se decidió por* mayoría absoluta. それは絶対多数で決まった

decidor, ra [deθiðór, ra] ⦅形⦆ ❶ 口達者な; 話の面白い, 冗談好

きな。❷《チリ》意味ありげな
──《チリ》《狩猟》[鳴き声で] おとりとして使われる鳥. ❷《古語》吟遊詩人《=trovador》

deciduo, dua [deθíðwo, ðwa] ⦅形⦆《生物》脱落性の, 抜け落ちる: dentadura ~*dua* 乳歯
── ⦅女⦆《解剖》胞衣（ ^{えな} ）, 脱落膜

decigramo [deθiɣrámo] ⦅男⦆ [重さの単位] デシグラム

decil [deθíl] ⦅男⦆《統計》十分位数

decilitro [deθilítro] ⦅男⦆ [容量の単位] デシリットル

décima[^1] [déθima]【←ラテン語 decima】⦅女⦆ ❶ 10分の1: Los precios aumentaron un 1,6 por 100, lo que representa un descenso de tres ~*s* con respecto al año anterior. 物価は1.6%上昇した。これは前年と比べ0.3少ない数字である。❷ [体温の] 10分の1度: Tiene 37 grados y 4 ~*s* de fiebre. 熱が37度4分ある. tener tres ~*s* de fiebre 平熱より3分高い. tener [unas] ~*s*/estar con ~ 微熱がある. ❸《歴史》十分の一税《=diezmo》. ❹《詩法》8音節10行詩. ❺《歴史》❶ デシモ銅貨【レアル銅貨 real de vellón の10分の1】. 2) [コロンビア・メキシコ・エクアドルの] デシモ銀貨

decimacuarta [deθimakwárta] ⦅形⦆ =**decimocuarta**

decimal [deθimál]【←ラテン語 dicimale】⦅形⦆ ❶ 10分の1の. ❷ [度量衡・記数体系が] 10進法の: punto ~ 小数点《=coma》. ❸ [位が] 小数点以下１桁の. ❹ 十分の一税 diezmo の
── ⦅男⦆ ❶《数学》1) 小数《整数部分と小数部分を合わせたもの. =número ~》. 2) 小数部分《=fracción ~》: Para los cálculos usen sólo los dos primeros ~ 小数点以下第2位まで計算しなさい. el tercer ~ 小数第3位. ❷《メキシコ》⦅複⦆[一般に] 金（ ^{かね} ）

decimalizar [deθimaliθár] ⦅9⦆⦅他⦆ [単位が] 10進法化する

decimanona [deθimanóna] ⦅形⦆ =**decimonona**

decimanovena [deθimanoβéna] ⦅女⦆《音楽》[オルガンの] トランペット音栓の一つ

decimaoctava [deθimaoktáβa] ⦅形⦆ =**decimoctava**

decimaquinta [deθimakínta] ⦅形⦆ =**decimoquinta**

decimaséptima [deθimasé(p)tima] ⦅形⦆ =**decimoséptima**

decimasexta [deθimasé(k)sta] ⦅形⦆ =**decimosexta**

decimatercera [deθimaterθéra] ⦅形⦆ =**decimotercera**

decimatercia [deθimatérθja] ⦅形⦆ =**decimotercia**

decimétrico, ca [deθimétriko, ka] ⦅形⦆ [単位が] デシメートルの

decímetro [deθímetro] ⦅男⦆ [長さの単位] デシメートル: ~ cuadrado (cúbico) デシ平方(立方)メートル. doble ~ 2デシメートル尺

décimo, ma[^2] [déθimo, ma]【←ラテン語 dicimus】⦅形⦆ ⦅男⦆ ❶《序数詞》10番目の. ❷ 10分の1の
── ⦅男⦆ ❶ 10分の1: un ~ de la herencia 遺産の10分の1. ❷ [宝くじの] 10分の1券《同番号の10枚一綴り tabla の内の1枚. =~ de lotería》: comprar varios ~*s* de números distintos 宝くじをバラ券で買う

decimoctavo, va [deθimoktáβo, βa] ⦅形⦆ ❶《序数詞》18番目の. ❷ 18分の1(の)

decimocuarto, ta [deθimokwárto, ta] ⦅形⦆ ❶《序数詞》14番目の. ❷ 14分の1(の)

decimonónico, ca [deθimonóniko, ka] ⦅形⦆ ❶《文学・建築などが》19世紀の. ❷《軽蔑》時代遅れの, 古くさい, 古風な

decimonono, na [deθimonóno, na] ⦅形⦆ ⦅男⦆ =**decimonoveno**

decimonoveno, na [deθimonoβéno, na] ⦅形⦆ ❶《序数詞》19番目の. ❷ 19分の1(の)

decimoquinto, ta [deθimokínto, ta] ⦅形⦆ ❶《序数詞》15番目の. ❷ 15分の1(の)

decimoséptimo, ma [deθimosé(p)timo, ma] ⦅形⦆ ❶《序数詞》17番目の. ❷ 17分の1(の)

decimosexto, ta [deθimosé(k)sto, ta] ⦅形⦆ ❶《序数詞》16番目の. ❷ 16分の1(の)

decimotercer [deθimoterθér] ⦅形⦆ →**decimotercero**

decimotercero, ta [deθimoterθéro, ra] ⦅形⦆ [+男性単数名詞では **decimotercer**] ❶ 13番目の. ❷ 13分の1(の)

deciocheno, na [deθjotʃéno, na] ⦅形⦆ 18番目の《=decimoctavo》

decir[^1] [deθír]【←ラテン語 dicere】⦅64⦆《現分》diciendo, 《過分》dicho⦆⦅他⦆ ❶ [口頭・文字で] 言う, 述べる, 話す《→hablar 類義》: 1) *Dijeron* la verdad a la policía. 彼らは警察に事実を述べた. Le he dicho adiós. 私は彼にさようならと言った. ¿Qué *dicen*? 彼らはどう言っているのですか? ¿Qué *dices* de mi sombrero? どう, 私の帽子? ¿No te lo *dije*?/Ya te *decía* yo./Si te lo *he dicho*. だから言ったろう. Será verdad, ya que tú lo *dices*. 君がそう言うのだから本当だろう. Escucha, tengo algo que ~ te. ねえ, 君に聞いてもらいたいことがある. La alcaldesa *dice* en su bando que la fiesta se traslada a la semana siguiente. 市長夫人はパーティーは次週に延期されると告示で述べている. 2) [+que+直説法] *Dice que* no debemos pagar la deuda. 彼は私たちに借金を払うべきでないと言っている. En el email me *decía que* esa noche iba a cenar con su amigo. 彼はメールで晩飯は友人と食べると言ってきた. No *dije* ni *que* sí ni *que* no. 私はイエスともノーとも言わなかった. 3) [+que+接続法 するように] Te *he dicho que* no lo toques. それに触るなと言ったろう. ❷ [3人称複数形+que+直説法] …だそうだ, …という噂だ: *Dicen que* no hablan las plantas. 植物は話さないと言われている. *Dicen que* habrá un gran terremoto. 大地震が起きるという噂だ. ❸ [徴候・表情などが] 分からせる, ほのめかす, 物語る: No hace falta preguntarle cómo está: su cara lo *dice* todo. 「ご機嫌いかが?」なんて聞くまでもない, 彼の顔がすべてを物語っているもの. Algo me *dice* que nos están vigilando. 誰かが私たちを見張ってるような気がする. Los ojos *dicen*, lo que los labios callan. 目は口ほどにものを言う. ❹ [意見を] 言う, 主張する, 断言する; 思う: Están muy igualados, no puedo ~ quién es. 力が拮抗していて, 誰が勝つか私には断言できない. ¿Qué *dices* tú al respecto? これについて君はどう思う? ❺ [文書・文言で] 述べる: ¿Qué *decía* la carta de tu padre? お父さんからの手紙には何と書いてありましたか?/お手紙にはお父さんのことをどう書いてありましたか? Hoy *dice* el periódico que ha muerto una mujer que conocí. 今日の新聞に私の知り合いの女性が死んだと書いてある. La etiqueta *dice*: "Algodón 100%". ラベルに「綿100%」と表示している. ❻ [人・事物を] …と呼ぶ: Se llama Rosario pero le *dicen* Charro. 彼はロサリオという名前だが, 皆にチャロと呼んでいる. Le *dicen* poesía aunque no se escribe en verso. それは韻文で書かれていないが, 詩と呼ばれる. ¿Cómo le *decís* aquí a la cerveza? ビールのことをここでは何と言うの? ❼ [情報を] 教える, 知らせる: ¿Me *dices* la hora? 時間を教えてくれる? ¿Me *dice* la tarifa del coche cama? 寝台料金はいくらですか? ¿Me podría ~ a qué hora se abre el registro? 登記所は何時に開くか教えていただけませんか? ❽ [事柄が主語. +a+人 に] …の心当たりがある: ¿Te *dice* algo ese nombre? その名前に心当たりがあるかい? ❾ [音楽など] [音を] 出す: *Di* "a", por favor. ラの音を下さい. ❿ 唱える, 朗唱する: ~ *su oración* 祈りを唱える

—— 自 ❶ 言う: Mi padre me *decía* a menudo. 父がよく言っていました. ❷ [+por] …について述べる, …のことを思って言う; …に代わって言う: No lo *digo por* vosotros, sino en general. 私は君たちのことではなくて, 一般論として言っているんだ. ❸ [+de について] 物語る, 例示する: El gesto de tu cara *dice de* todo. 君の表情がすべてを物語っている

A mí que no me digan.《口語》[言われたことに対する拒絶・不信] 冗談じゃない

aunque [me] *esté malo el* ~*lo*《口語》[自賛などに対する謙遜・困惑] そう言っていただくとありがたいのですが, それにいささかなりとも寄与している: Yo, *aunque me esté malo el* ~*lo*, también he participado en el éxito. 自分で言うのもおこがましいのですが, 私もその成功に関与いたしました

como aquel que dice = *como quien dice*

como decía (*dijo*) *el otro*《口語》[当然言われていることへの支持] 既によく言われていることですが

como le iba diciendo [中断の後で] 先ほど申し上げましたように

como quien dice 言わば, 言ってみれば […のようなものである]: Yo le he visto nacer, *como quien dice*. 私は彼を, 俗に言う, 産声を上げた時から知っている

como quien no dice nada [皮肉まじりの誇張] 何とまあ: He engordado, *como quien no dice nada*, cinco kilos en un mes. 何とまあ私は1ヵ月で5キロも体重が増えた

como si dijéramos = *como quien dice*: Es la mayor empresa de autocares de la región, *como si dijéramos*, una renfe de carreteras de la zona. そこはその地方で最大手の長距離バス会社なんだ. 言ってみればその地域における幹線道路の国鉄みたいなものさ

como si no hubiera dicho nada 前言を取消し
como te lo digo《口語》そのとおりなのです/本当だよ〖= lo que yo te diga〗
¿Cómo diríamos?《口語》= *¿Cómo* [te] *lo diría?*
cómo te lo diría《口語》[前言を強調的に肯定] まさにそうだ, きっとそうです: ¿Va usted a dormir la siesta? —¡Hombre, *cómo se lo diría*! 昼寝をするのですか?—もちろん, そうですよ!
¿Cómo [te] *lo diría?*/*¿Cómo* [te] *diré?*《口語》[言いよどみ] 何と言ったらいいか? /えーと
con ~*te* (*se*…) *que*+直説法《口語》何とまあ…: *Con* ~*te que* olvidó mi cumpleaños. 何と君, 僕は自分の誕生日を忘れられちゃったんだ
dar en ~《口癖のように》何度も言い出す, わけもなく執拗に言い張る: *Dio en* ~ *que* yo la engañaba. 彼女は私が自分をだましたのだと言い張った
dar que ~ うわさのたねになる, うわさ話の種となる
¿Decías? 何だっけ? [もう一度言ってくれ]
~ *bien* 1)《西》[+a に/+con と] 似合う, 調和する: Este traje me *dice* bien. この服は私によく似合う. Esas gafas *dicen bien con* tu cara. その眼鏡は君の顔によく似合います. 2) [+de…] ほめる, …のことをよく言う, 評判を高める: Todos *dicen bien de* ella. みんな彼女のことをほめている. 3) 正確(的確)に話す, 本当のことを言う; [よく考えれば] 言い得ている: Pensaba que eso sucedió el año pasado, pero, *dices bien*, fue hace más tiempo. それが起きたのは去年のことだと私は思っていた. しかし, 君の言うとおり, もっと前のことだったのだ. Ella dijo ayer que no debíamos actuar así *y dijo bien*. 私たちはあんな風にすべきでなかったと彼女は昨日言っていたが, まさしく彼女の言い分は正しかった
~ *entre sí* = ~ *para sí*
~ *mal* 1)《西》[+a に/+con と] 似合わない; 不釣り合いである: El verde *dice mal* a una morena. 緑色はブルネットの女性には似合わない. Su pelambre *dice mal* con un vestido tan elegante. 彼のぼさぼさの髪はそんなおしゃれな服に似合わしくない. 2) [+de…] けなす, …のことを悪く言う; 評判を落とす: Tu actitud prepotente *dice muy mal de* ti. 横柄な態度をとると君の評判がた落ちになるよ. 3) 呪う: ~ *mal de su suerte* 自分の運命を呪う
~ *para sí* 1) ひとりごとを言う, 自分に言い聞かせる: Cuando se enteró, *dijo para sí*: "Esta me la pagas". それを知った時, 彼はそっとつぶやいた. 「このつけはきっと払わせてやるからな」と. 2) 思う: ¿Pero por qué mierda hace? *Dije para mí*. しかし彼は一体何をやっているんだ? と私は思った
~ *por* いい加減なことを言う, 何の考えもなく言う, 理由もなく言う: No le hagas caso, lo *dice por* ~. 彼の言うことなんか気にしなくていいよ, いつもああやって出まかせなんだから. Lo que ha dicho lo *ha dicho por* ~, porque no tiene ni idea de lo que ha ocurrido. 彼が言ったことには何の意味もなかったのだ, というのもその出来事について彼は何の考えも持ち合わせていないのだから
~ *y hacer* 言うが早いか, すぐに, すばやく: Pedimos una pizza y, ~ *y hacer*, nos la trajeron al minuto. ピザを注文したら, あっと言うまに, すぐ持ってきた
~ *y no acabar* 口先ばかりで実行しない
~ *lo todo* 非常に口が軽い, おしゃべりが過ぎる
dejarse ~ 口をすべらす, うっかり言う
di [呼びかけ] ねえ, [かかってきた電話に応えて] はい, もしもし
di que…《口語》1) [聞いたことをそのまま] 信じないように: ¡En esa casa andan fantasmas! —¡*Di que* cosas le dices a la niña! Tu tío tiene malas entrañas. *Di que* nadie cree la historia de la casa encantada. あの家は幽霊が出るんだぞ!—小さな子に何てことを言うの! 悪いおじさんね. 幽霊屋敷の話なんか誰も本気にしないよ. 2) [しない理由, 動機. +que si no…] …なので…しない: *Di que* yo soy una persona muy tranquila, *que si no* me lío a golpes con otro. 私はごくおとなしい人間なので, 他の人と殴り合いなんかしないんだ
Di que sí (*no*) [強調] まさにそのとおりだ (そんなことあるものか)
diga《西》= *dígame*: Al otro lado del teléfono sólo se oía '¡*Diga*…, *diga*…!' 電話口の向こうで「もしもし…もしもし…!」という声だけが聞こえていた
diga no más《中南米》どうぞおっしゃって下さい/どういうご用件ですか?

dígame《西》1) [かかってきた電話に応えて] はい, もしもし; [店で] 何をさし上げましょう?/[声をかけられて] 何でしょう?: Aquí la oficina de turismo, *dígame*. こちら観光案内所です, 御用は? 2) Por favor, *dígame*. ちょっとお尋ねします
¡Dígamelo a mí! これだけは分かっていますよ!
digamos《口語》1) [数量] およそ: Ha ganado, *digamos*, millones de dólares. 彼は, まあ, 数百万ドルもうけている. 2) [断定を和らげて] どちらかと言えば, いわば[…のようなもので ある]: Es... *digamos*, un socio suyo. 彼は…, どちらかと言えば あんたの仲間なんだろう. Lo mejor sería un enfoque a la medida, *digamos* descentralizado. 一番いいのは適度なフォーカスだろう, 言ってしまえばピントのずれかな
digámoslo así 言うなれば, 言ってみれば
Digo 1) [感嘆・驚き・賞賛] これはすごい, おやまあ, これは驚きだ!: ¡*Digo*! Así que tú has aprobado el examen. すごい! それじゃ試験に合格したんだ. 2) [前言を訂正して] 間違えた, 言い直す: Si quiere usted, podemos ser amigos. *Digo*, si quiere. Te voy a tutear. あなたさえよかったら, 友達になろうよ. あっ, 言い損なった. 君さえよかったらね, タメ口で話すんだったな. 3) [同意] おっしゃるとおりです, もちろんです: ¡Qué calor hace!—¡*Digo*! 何て暑いんだろう!—本当にねえ! ¿Y te gusta?—¡*Digo*! ところでお好き?—もちろんよ!
¡Digo, digo! [注意を喚起して] ねえ, ちょっと!
digo yo [自身の発言への自信のないあいづち] そう思うんだけど; [前言を受けて] そう思います; [前言を強調して] 絶対にそうです
Dime. [相手に発言を促して] 何だい?: Mamá.—*Dime*. ママ.—何?
donde digo digo 《←donde digo digo no digo digo, sino que digo Diego》[前言を] 撤回する, 取り消す; [意見・考えを] 翻す; 約束を守らないのはけしからん
donde digo digo no digo digo, sino que digo Diego [早口ことば]
el qué dirán 世間の評判, うわさ: No se atrevió a hacerlo, por miedo al *qué dirán*. 彼は世評を恐れて, 思い切ってすることができなかった
es ~ 《文語的》換言すると, つまり, すなわち: Son los madrileños, *es ~* los naturales de Madrid. 彼らはマドリード子, つまりマドリード生まれの人たちだ
está diciendo cómeme ひどく食欲をそそる: Esta paella *está diciendo cómeme*. このパエーリャは実においしそうだ
¡Haberlo dicho! [知らずに犯した過ち・誤りについて] それならそう言ってくれればよかったのに/早く言ってくれればいいのに!
hay mucho que ~ por ambas partes 双方に言い分がある
he dicho 1) [演説などで] 終り, 以上: Acabó su conferencia con un solemne "*He dicho*". 彼は重々しく「以上です」と言って講演を終えた. 2) [強調] Suéltame, *he dicho*. 放してと言っているんだよ
lo digo yo =lo que yo te diga
¿Lo he de ~ cantado o rezado? [言われたことを理解しない相手に対する叱責] どう言ったら分かるんだ?
lo que yo te diga《口語》[話し相手に驚きを与えた言葉を追認して] そのとおりなのです/本当だよ: ¿Con quién está Luisa?—Con Antonio.—¡*Luisa con Antonio!* —*Lo que yo te diga*. ルイサは誰と一緒にいたの?—アントニオとだ.—ルイサがアントニオと?—そうだよ
ni que ~ tiene《西》1) [+que+直説法 することは] 言うまでもない, 当り前だ: *Ni que ~ tiene* puedes contar conmigo. 私を当てにしてもらっていいことは言うまでもない. No pienso pagarle, *ni que ~ tiene*, hasta que no lo arregle. そのことを解決しない限り, 当然彼に支払う気はない. 2) [問いかけに答えて] 言うまでもなく, もちろん: ¿Venís a cenar mañana?—*Ni que ~ tiene*. 明日の夕食には来るよね?—もちろん
no ~ nada 1) [事物が] 何の重要性も持たない, 何の意味もない, 何の興味も引き起こさない, 少しも関心を呼ばない: Tu certificado *no dice nada*. 君の証明書は何の役にも立たない. Este libro *no me dice nada*. この本は面白くない. 2) [人が] しゃべらない; 表現力に乏しい, 退屈な
no digamos《口語》[すでに述べたことと比較しより強調する] それ以上に: Un exceso de comida y *no digamos* de bebida entorpecen, perturban y originan abundancia de accidentes fatales. 食べ過ぎましてや飲み過ぎは反応を鈍らせ, 精神的な動揺を招いて結局は命にかかわるような多くの事故を引き起こすことになる. Hoy ha llovido mucho, y *no digamos* ayer. 今日は雨がひどく降った, それでも昨日ほどではなかったけれど. Este abrigo es carísimo, y el otro, *no digamos*. このコートはとても高い, でももう一つの方はもっと高い
no digamos (digo) que+直説法 …とは言わないまでも, …に近い[ことは確かである]: Sufría de frecuentes alucinaciones, *no digamos que* estaba loco. 彼は気が狂っているとは言わないまでも, 頻繁に幻覚に襲われていた. *No digamos que* es una belleza, pero está muy bien. 絶世の美女とは言わないまでも, 彼女はなかなかのものだ
No digas [強調] 言ってるとおりなんだ 〖=No me digas〗
No digas más =No me digas más
¡No digo nada! [強調] これは驚いた! 〖=¡Digo!〗
no digo que+直説法 =**no digamos que**+直説法
No he (hemos) dicho nada. [今のは] 誤って伝えてしまった, 言わなかったことにしてくれ: Si le molesta hacerlo..., *no he dicho nada*. そうすることがご迷惑をおかけするのなら…, 聞かなかったことにして下さい
No irás a ~... まさか…だとは言わないだろうね
No me digas 1) [驚き・意外] まさか, 冗談言うなよ: Hemos terminado Teresa y yo.—¡*No me digas*! テレサとは終わってしまったんだ.—まさか! 2) [強調] 言ってるとおりなんだ: El de la guitarra era un poco manazas, *no me digas*. あのギター弾きは少しばかりぶきっちょだった, 本当のところ. 3) [+que+直説法. 結果への驚嘆] ¿Ha obtenido los permisos?—¡Todos!—¡Magnífico! ¡*No me digas que* también ha logrado hablar con él! 許可はもらったのか?—何もかもだ!—すごい! おまけに彼と話をすることができたなんてびっくりだ!
no me digas más [話し相手の話の内容を] もう知っていた; 初めて知った: La señora de Pedro es una ferviente seguidora de Juan Pablo.—*No me digas más*. Aunque no lo parezca... ペドロの奥さんはフアン・パブロの熱心な追っかけ屋だってね.—へえー, ちょっとそうは見えないけれど
¡Podías haberlo dicho! =¡Haberlo dicho!
por así ~/por ~ lo así =como quien dice: La propina va, *por ~ lo así*, incluida en el precio. チップは, 実のところ, 値段に含まれている
por más que digas どう言おうと: *Por más que digas*, lo hago. 君が何と言おうと私はやる
por mejor ~ 《文語》いやむしろ, もっと正確には; 言わば, 言ってみれば: No cabe duda de que es importante, *por mejor ~*, indispensable. それが重要, もっと正確には不可欠であることは疑いない
por no ~ …は言わないでも, …とまでは言わないまでも
¡Porque tú lo digas! [相手の意見への反発・不同意] それは君の勝手な言いぐさだ: ¡*Porque tú lo digas*!—Sí, porque yo lo digo. 勝手なことを言って!—だって, そうなんだもの
que digamos [否定文+] 1) [否定したことを強調] No soy chino, *que digamos*. 私は中国人ではない, 本当だよ. 2) 特には…でない, それほど…でない: No tiene dinero *que digamos*. 彼は特に金を持っているというほどではない. Su hijo tampoco es un angelito, *que digamos*. 彼の息子も決して無邪気な坊やだとは言えない
que ya es ~ [既に述べられたことを強調・力説して] まさしくそうなのだ, 後で分かるだろう, 推して知るべしだ: Tiene una biblioteca de 50.000 volúmenes, *que ya es ~*. 彼は5万冊の蔵書があるんだ, まさしく5万冊だよ. Se ha casado cuatro veces, *que ya es ~*. 彼は4回も結婚しているんだ. 後は想像がつくだろう
¡Qué me dices! まさか 〖=No me digas〗: Está completamente arruinado.—¡*Qué me dices*! 彼は完全に破産しているんだ.—そんなこと!
si tú lo dices [自分にはよく分からないが] そうかもね
Te digo que... [強調] まさしく…なんだよ: *Te digo que* es una extravagancia. それは本当にとんでもないことなんだ. *Te digo que* te calles. 黙れと言っているんだ. *Te digo que no*. 違うっていうの
te diré《口語》1) =cómo te lo diría: Quiere que cenemos juntos para cambiar impresiones. Es muy probable que decida ocuparse de nosotros. —¿Y eso puede significar mucho para ti?—¡*Te diré*! 彼は意見交換をするために夕食を

共にしたいそうだ．私たちに対する処遇を決めてくれそうな気がする．—するとそれは君にとって大いに意味を持つかもしれないということなんだな？—まさしくそのとおりなんだ．2)［言いよどみ・ぼかし］そうかなぁ，どうだろう

te lo digo (***yo***) ［自身の言いたいことの強調］まさしくそうなんだ: Ellos, *te lo digo yo*, y si no me quieres creer no me creas, son oro molido. 私の言うことを信じたくないのならそれは本当に信じなくていいけれど，彼らは本当にすばらしい人たちだよ

tú [***me***] ***dirás*** 《口語》=**ya me dirás**［***tú***］
Usted dirá. 1)［用件が］何でしょうか？ 2) どうぞ［先を続けて］. 3)［酒などを注ぎながら］適量のところで言って下さい．4)［インタビューなどで］あなたのご意見は？
vamos a[***l***] ~ =**es un** ~: Él es, *vamos a* ~, un amigo tuyo, pero no te ha defendido en eso. 彼は，まあ言ってみれば君の友達なのだが，君をかばわなかった
Y no digamos... …は言うまでもない，推して知るべしだ
Y que lo digas. 《西》［相手の発言への同意］そのとおり，全くだ，ごもっとも: Hace un frío que pela.—*Y que lo digas*. 身を切られるような寒さだね．—全くだ
y ya es ~ =**que ya es** ~
ya me dirás［***tú***］《口語》自らの発言についてよく考えて下さい，自分で判断するように: El que tiene padrinos se bautiza, pero si no, *ya me dirás*. コネのある人はいいのですが，もしなければ自分でしっかり判断して下さい
¡Ya te digo! ［自分の主張を強調して］そうなんだったら！
── **~se** ① ［3人称単数．+en の言語で］呼ばれる: ¿Cómo *se dice* "oyasuminasai" *en* español? 「お休みなさい」はスペイン語で何と言うのですか？ ❷ ［3人称単数形+que］…だそうだ，…ということである；［人は・世間は］…と言う: *Se dice que* ha ocurrido un golpe de Estado en ese país. その国でクーデターが起こったそうだ. *Se dice que* soy fiera. 私は怒りっぽいと人に言われる．❸ うわさされる，取りざたされる: Esas cosas no *se dicen* pero todos saben. それらのことは語られないが誰もが知っている. *Se dicen* tantas cosas. 世間では色々なことが取りざたされる．❹［心の中で］自分に言い聞かせる，心に思う；ひとりごとを言う: *Se dijo* a sí mismo que había que decidirse. 決心しなければいけないのだと彼は自分に言い聞かせた. Yo *me dije* para mí que él no tenía razón. 私は内心，彼の理屈は通らないと思った
A+不定詞+se ha dicho.［開始の決定］…しなさい: *A* trabajar *se ha dicho*.《口語》さあ仕事だ
decírselo todo［相手の言葉を待たず］先回りして言う(答える): Yo no *te* he *dicho todo*davía ni que sí ni que no; tú *te lo dices todo*. 私はまだイエスともノーとも言っていないのに，君は先回りして何もかも言ってしまうう
dijérase (***diríase***) ***que***+直説法 =**se diría que**+直説法
eso se dice pronto 言うのは簡単だ: *Eso se dice pronto*, pero no es tan fácil. 言うのはたやすいが，行なうのはそう簡単なことではない
lo que se dice 1) 間違いなく…である: Es *lo que se dice* un éxito clamoroso. それは間違いなくすばらしい成功だ. 2) 文字どおり，まさしく；本物の，正真正銘の: Él es *lo que se dice* un correcaminos. 彼は本物の旅行狂だ. 2)［繰り返しを導く］…というほどのもの: Bien, *lo que se dice* bien, no está. 彼は，元気と言うほどの状態ではないが
que se dice pronto《口語》1) 言うのは簡単だが実行するのが大切である: Ha escalado tres veces el Everest, *que se dice pronto*. 彼は3度エベレストに登ったが，これは言うほど簡単なことではないぞ．2) 驚くべきことである，際立って多い: Gana al año casi medio millón de euros, ¡*que se dice pronto*! 彼は年に約50万ユーロかせいでいるんだって，すごいよ
se diría que+直説法 まるで…のように見える，…であるように思われる: *Se diría que* esto es otra ciudad. これはまるで別の町のようだ
── 男 ❶ 言葉: parco en el ~ 言葉数の少ない．❷ 言い回し，話し方: en el ~ popular 平易な語り口で．❸［主に複］創意に富んだ言葉，有名な文句；警句，諺，格言: Sus ~*es y* ocurrencias encierran gran sabiduría. 彼の創意に富んだ言葉や機知に満ちた考えはすばらしい知恵を含んでいる．❹［主に複］うわさ話，かげ口［=~ de la gente］: No son más que ~*es*. それはうわさにすぎない
al ~ ***de***+人 …の言うところによれば: *Al* ~ *de* la gente, el cli-

ma está cambiando. 人々の言うところによると，気候は変わりつつある．*Al* ~ *de* Cervantes, fábulas son cuentos disparatados, que atienden solamente a deleitar. セルバンテスの言によれば，寓話とはでたらめなお話で，ただ人を喜ばせるだけのものだ

ser mucho ~《口語》［前言に］反駁(%%)する，含みを持たせる: Eso de que fueran amigas íntimas, eso *es mucho* ~. 彼女たちがごく親しい友達だなんて，それはどでもない

ser un ~ 1) 言葉のあやである；言い過ぎかもしれないが，仮定の上のことだけとして；仮に思っても，仮の話として: La mayoría de los japoneses (*es un* ~) no para a la hora del almuerzo. 日本人の大部分は，言い過ぎかもしれないが，昼食時にも満足に休まない．¿Había cientos de coches?—Bueno, *es un* ~. 車が何百台もあっただって？—まあ，言ってみればだが．Si yo pudiera ser joven, *es un* ~, ... 私が若かったら，なんて仮に思っても．Si no vengo, *es un* ~, tampoco pasa nada. もし来なかったら，おそらく何もなかったということだ．2) およそ: Si Barcelona tiene, *es un* ~, veinte mil edificios, もしバルセロナにおおよそ2万棟のビルがあるとすれば…

decir

現在分詞	過去分詞	
diciendo	**dicho**	
直説法現在	点過去	
di**g**o	di**j**e	
dices	di**j**iste	
dice	di**j**o	
decimos	di**j**imos	
decís	di**j**isteis	
dicen	di**j**eron	
直説法未来	過去未来	命令法
diré	diría	
dirás	dirías	**di**
dirá	diría	
diremos	diríamos	
diréis	diríais	decid
dirán	dirían	
接続法現在	接続法過去	
di**g**a	di**j**era, -se	
di**g**as	di**j**eras, -ses	
di**g**a	di**j**era, -se	
di**g**amos	di**j**éramos, -semos	
di**g**áis	di**j**erais, -seis	
di**g**an	di**j**eran, -sen	

decisión [deθisjón]《←ラテン語 decisio, -onis》囡 ❶ 決定，決断，決着《行為，内容》: Respetó al pie de la letra la ~ de su mujer. 彼は妻が決めたことを一言一句たがえず守った. No estamos de acuerdo con esta ~. 私たちはこの決定に同意していない．tomar una ~ 決定する．poder de ~ 決定権．❷ 決心，決意: tomar (adoptar) su última ~ 最後の腹を決める．❸ 裁定，判定；決着: Él es lo que se dice el Tribunal tomó la ~ un correcaminos. 彼は本物の旅行狂だ. ~ judicial 法的決着．❹ 決定力: tener ~ 決断力がある．❺《柔道・ボクシングなど》[ganar] por ~ 判定で［勝つ］
con ~ 決然として，断固として: Suele afrontar los problemas *con* ~. 彼はいつも問題に決然と立ち向かう

decisional [deθisjonál] 形 決定の，決定的な
decisionismo [deθisjonísmo] 男《まれ》決定力
decisionista [deθisjonísta] 男《まれ》決定力の［ある］
decisivamente [deθisíβaménte] 副 決定的に，確定的に
decisivo, va [deθisíβo, βa]《←ラテン語 decisus》形 ❶ 決定的な，決め手となる，確定する: Es un medio ~ para arreglar la disputa. それは紛争解決の決め手だ．Aunque se trataba de una reunión ~*va*, acudió muy poca gente. それは大切な決定をするための集まりだったが，参加者はわずかだった. gol ~ 決定的なゴール．momento ~ 決定的瞬間．ventaja ~*va* 圧倒的優勢．voto ~ 決戦投票．❷ 断固とした，果断な

decisorio, ria [deθisórjo, rja] 形《文語》決定的な，決定づける｛=decisivo｝；意思決定の；決定権のある: minoría ~*ria* キャスティングボートを握る少数派. órgano ~ 意思決定機関. poder ~ 決定権

decitex [deθité(k)s] 男《単複同形》デシテックス《テックス tex の10分の1》

declamación [deklamaθjón]【←ラテン語 declamatio, -onis】囡 ❶ 朗読〔術〕, 朗唱〔術〕. ❷ 熱弁, 仰々しい演説, 罵言. ❸〔修辞の練習のための〕演説〔文〕

declamador, ra [deklamaðór, ra] 形 名 ❶ 朗読の, 朗唱の. ❷ 熱弁を振るう〔人〕, 熱弁家; 大仰に言う〔人〕, 仰々しい話し方をする〔人〕. ❸ 罵言を吐く〔人〕

declamar [deklamár]【←ラテン語 declamare】他 ❶〔俳優が〕朗読する, 朗唱する. ❷ 熱弁を振るう〔人〕, 大仰に言う, 激越に言明する; 罵倒する. ❸ 演説をする; 修辞の練習のために話す

declamatorio, ria [deklamatórjo, rja] 形〔文体・口調が〕大仰な, 大げさな; 演説〔朗読〕調の: estilo ～ 美文調

declarable [deklaráβle] 形 宣言(表明・申告)され得る

declaración [deklaraθjón]【←ラテン語 declaratio, -onis】囡 ❶〔公の〕言明, 公表; 声明, 宣言; 布告: hacer una ～ 声明を発表する. ～ conjunta 共同声明. ～ de derechos〔del hombre〕人権宣言. ～ de guerra 宣戦布告. ～ de victoria 勝利宣言. ❷〔納税などの〕申告, 届出; 申告書: ～ de Hacienda 確定申告. ～ sobre la renta/～ de impuestos 所得申告〔書〕. ～ de ingresos 損益計算書. ～ de quiebra/～ de bancarrota 破産宣告. ～ de defunción 死亡診断書. ❸ 愛の告白 [＝～ amorosa, ～ de amor]: María soñaba con la ～ de su compañero de colegio. マリアはクラスメートからの恋の告白を夢想していた. ❹ 発生, 表出. ❺《法律》1) 証言, 供述, 陳述: El juez oyó las *declaraciones* de los testigos. 裁判官は証人たちの供述を聞いた. prestar ～ 陳述して供述する, 証言する. tomar ～ a+人 …から供述をとる, 事情聴取する. ～ jurada 宣誓供述書 2) ～ de intención〔契約の構成要素としての〕意思表示. 3) 宣告, 裁定: ～ de quiebra/～ de renta 破産宣告. ❻《トランプ》ビッド, 宣言

declaradamente [deklaráðaménte] 副 公然と, 明白に

declarado, da [deklaráðo, ða] 形 公然の, 明白な: enemistad ～da あからさまな敵意

declarador, ra [deklaraðór, ra] 名 宣告(表明・申告)する〔人〕

declarante [deklaránte] 形 名 ❶ 証人. ❷ 申告する〔人〕

declarar [deklarár]【←ラテン語 declarare】他 ❶〔公に〕言明する, 公表する;〔公式に〕宣言する: 1) El parlamento *declaró* la independencia del país. 国会は国の独立を宣言した. 2)〔+直的格補語〕En el nombre del Padre y del Hijo y del Espíritu Santo, yo os *declaro* marido y mujer. 神と子と聖霊の御名により汝らを夫婦と認める. El árbitro *declaró* ganador a Pérez. 審判はペレスを勝者と判定した. ～ abierta la sesión 開会を宣する. ❷〔感情・意志などを〕表明する; 明言する: ～ su amor a+人 …に愛を告白する. ～ su posición 自分の立場を明らかにする. ❸〔税などを〕申告する, 届け出る: ¿Algo que ～?—Nada que ～. 〔税関で〕申告品をお持ちですか?—申告の必要なものは何もありません. ～ la renta 所得を申告する. ❹〔判決を〕下す;〔法廷で〕供述する, 陳述する: 1) ～ su complicidad 共犯を認める. 2)〔+目的格補語〕El jurado le *declaró* culpable. 陪審員は彼に有罪判決を下した. El testigo *declaró* falso el documento. 証人はその書類が偽物であると供述した. ❺〔古語的〕説明する
── 自 ❶ 言明する. ❷ 供述をする. ❸ 告白する, 打ち明ける. ❹《トランプ》ビッドする, 宣言する
──～**se** ❶ 自分は…であると言明する: El primer ministro *se declaró* ayer en contra de las pruebas nucleares. 首相は核実験に反対の姿勢を表明した. *Se declaró* culpable de tres robos. 彼は3件の盗みを働いたと陳述した. ～*se* inocente 無罪を主張する. ❷〔+en+無冠詞名詞で〕宣言する: ～*se en* derrota 敗北宣言をする. ❸〔災害などが〕発生する, 起こる: *Se ha declarado* un incendio. 火事が起こった. ❹〔+a+人 に〕愛を打ち明ける, 愛情を告白する: ¿Todavía no *se te ha declarado* José? ホセはまだ君に思いを打ち明けないの? ❺〔船舶〕〔風が〕出る, 吹き始める: *Se declaró* un levante. 東風が吹き出した

declarativo, va [deklaratíβo, βa]【←ラテン語 declarativus】形 ❶《法律》juicio ～ 宣言的判決, 確認判決. ❷ 明言する, 公表する. ❸《文法》陳述の: oración ～*va* 平叙文

declaratorio, ria [deklaratórjo, rja] 形〔←*declarar*〕宣言的な, 明示的な. ❶《法律》〔判決が〕宣言的な, 確認の
── 囡 ❶《メキシコ》声明, 言明, 宣言; 公示. ❷《南米》判決, 裁決

declinable [deklináβle] 形《言語》語尾変化する, 格変化する

declinación [deklinaθjón]【←ラテン語 declinatio, -onis】囡 ❶ 衰退, 衰微. ❷《言語》語尾変化, 曲用, 格変化; 変化系列, 語形変化表. ❸《天文》1) 赤緯. 2) 偏差, 偏角: ～ magnética/～ de la aguja 磁気偏角. ❹ 落下, 低下. ❺ 下り勾配, 傾き, 傾向

declinante [deklinánte] 形 ❶ 衰退(低下)していく. ❷〔面・壁が〕下り勾配のある

declinar [deklinár]【←ラテン語 declinare】自 ❶《文語》衰える,〔価値などが〕低下する: Mi padre *ha declinado* en fuerzas físicas. 私の父は体力が落ちた. *Declina* el dólar. ドルが下がる. ❷ 終わりに近づく: *Declina* el día. 日が暮れる. ❸〔性格・習慣を, +en に〕正反対に変えていく: ～ *en* el vicio 悪の道にそれる. ❹〔磁針などが〕左右〔下〕に傾く
── 他 ❶《文語》〔招待・任命などを〕丁重に断る, 辞退する: *Declinó* la candidatura a la secretaría. 彼は書記長への立候補を辞退した. *Declinamos* toda responsabilidad en caso de robo. 盗難の場合の責任は負いかねます. ❷《言語》〔性数・格によって〕語尾変化させる. ❸《法律》忌避する〔＝*recusar*〕. ❹〔まれ〕傾ける
──～*se*《言語》語尾変化する, 格変化する

declinatoria [deklinatórja] 囡《法律》裁判権否認〔裁判官忌避〕の申し立て〔＝～ de jurisdicción〕

declinatorio [deklinatórjo] 男《天文》赤緯儀, 偏角儀

declinómetro [deklinómetro] 男《物理》磁気偏角測定器, 偏角計

declive [deklíβe]【←ラテン語 declivis】男 ❶ 下り勾配, 傾斜: ～ suave 緩やかな傾斜. ❷《比喩的》衰退
en ～ 1) 傾斜した: tejado *en* fuerte ～ 急勾配の屋根. 2)《比喩的》衰退しつつある: artista *en* ～ 下り坂(落ち目)の芸術家

declividad [deklíβiðá(ð)] 囡〔まれ〕=*declive*

declivio [deklíβjo] 男〔まれ〕=*declive*

decocción [dekok(k)θjón] 囡 ❶〔煮出して, 薬を〕煎じること. ❷ 煎じ汁, 煎じ薬. ❸〔まれ, 医学〕〔体の一部の〕切断〔手術〕

decodificación [dekoðifikaθjón] 囡 =*descodificación*

decodificador, ra [dekoðifikaðór, ra] 形 男 囡 =*descodificador*

decodificar [dekoðifikár] 他 =*descodificar*

decolaje [dekoláxe] 男《エクアドル, アルゼンチン, 航空》離陸〔＝*despegue*〕

decolar [dekolár] 自《エクアドル, アルゼンチン, 航空》離陸する〔＝*despegar*〕

decoletado, da [dekoletáðo, ða] 形《金属》旋盤加工された

decoletaje [dekoletáxe] 男《金属》〔部品の〕旋盤加工

decolorable [dekoloráβle] 形 脱色(漂白)され得る, 脱色する可能性のある

decoloración [dekoloraθjón] 囡 ❶ 脱色, 漂白. ❷ 退色, 変色

decolorante [dekoloránte] 男 脱色剤, 漂白剤

decolorar [dekolorár]【←ラテン語 decolorare】他 ❶ 脱色する, 漂白する. ❷ 退色させる, 変色させる
──～*se* ❶ 漂白される. ❷ 退色する, 変色する: *Se ha decolorado* la blusa. ブラウスは色があせてしまった

decomisar [dekomisár] 他〔密輸品などを〕没収する, 押収する; 差し押さえる

decomiso [dekomíso] 男 ❶ 没収, 押収. ❷ 没収品, 押収品

decomisos [dekomísos] 男 押収品販売店

decompresión [dekompresjón] 囡〔まれ〕=*descompresión*

deconstrucción [dekonstruk(k)θjón] 囡《哲学》解体批評, 脱構築, ディコンストラクション

deconstructivista [dekonstruktiβísta] 形 名《哲学》解体批評をする〔人〕

deconstruir [dekonstrwír] 他《哲学》解体する

decoración [dekoraθjón] I【←ラテン語 decoratio, -onis】囡 ❶〔集合〕装飾品: ～ de la fiesta 祭りの飾り〔飾り付け〕. ❷ 装飾, 飾り付け〔行為〕; 装飾法. ❸ 舞台装置, 舞台美術〔＝*decorado*〕. ❹〔まれ〕叙勲〔＝*condecoración*〕
II 囡 暗記, 暗唱

decorado [dekoráðo]【←ラテン語 decoratus】男《演劇》舞台装置;〔映画, テレビ〕セット: montar un ～ 舞台装置〔セット〕を組み立てる. ❷ 装飾;〔集合〕装飾品〔＝*decoración*〕

decorador, ra [dekoraðór, ra] 名 装飾〔美術〕家: ～ de interiores 室内装飾家, インテリアデザイナー

decorar

―― 形《まれ》飾りとなる，装飾用の
decorar [dekorár] I 《←ラテン語 decorare》他 ❶ [物・場所を]飾る，飾りつける： su piso マンションの室内装飾をする． ~ el comedor con ramos de acebo 食堂にヒイラギの枝を飾る． ❷ [物が] 飾りとなる： Unos cactos *decoran* la entrada. サボテンが入口を飾っている． ❸《文語》勲章を授ける，叙勲する，表彰する
II《←coro》他 ❶《古語》暗記する，暗唱する． ❷ 音節を区切って発音する
decoratividad [dekoratiβiðáð] 女《まれ》装飾用であること；装飾性
decorativismo [dekoratiβísmo] 男《美術》装飾主義
decorativista [dekoratiβísta] 形 男女《美術》装飾主義の[人]
decorativo, va [dekoratíβo, βa]《←decorar》形 ❶ 装飾用の；装飾用の： arte ~va 装飾美術． artista ~ 装飾画家． flores muy ~vas para el salón 広間を飾るにふさわしい花． ❷《口語》見栄えだけの，飾り物の： un título ~ 名ばかりの称号． ❸《建築》装飾的な
decoro [dekóro]《←ラテン語 decorum》男 ❶ [地位などにふさわしい] 品格，気品： Este trabajo requiere un cierto ~ en el vestir. この仕事ではきちんとした服装をすることが必要だ． Con menos de eso no se puede vivir con ~. それ以下の収入ではちゃんとした〔品位を保った〕生活はできない． ❷ 慎重さ，厳粛さ． ❸ 慎ましさ，貞淑さ： mujer sin ~ ふしだらな女． ~ virginal 処女らしい慎ましさ． ❹《文語》面目，自尊心．❺《建築》建物の用途にふさわしい建築部分． ❻《文学》登場人物の地位と行動の一致；ジャンル・テーマ・人物設定と文体の適合
decorosamente [dekorósaménte] 副 品格をもって，上品に，端正に，清楚に；慎ましく
decorosidad [dekorosiðá(ð)] 女《まれ》品格；清楚さ；慎しみ深さ
decoroso, sa [dekoróso, sa]《←ラテン語 decororus》形 品格のある，端正な，立派な；清楚な，こぎれいな；恥ずかしくない[程度の]；慎しみ深い，貞淑な： profesión ~sa 上品な職業． conducta ~sa 慎ましみのある行動． traje ~ 清楚な服
decorticación [dekortikaθjón] 女 ❶《医学》除皮質． ❷《植物》樹皮の剥ぎ取り，剥皮
decorticar [dekortikár] 7 他 ❶《医学》[器官・組織の] 皮質を除去する． ❷《植物》樹皮を剥ぎ取る
decoupage [dekupáʃ]《←仏語 découpage》男 ❶ 切抜き貼り絵，デコパージュ． ❷《映画》カット割り
decrecer [dekreθér] 39 自《←ラテン語 decrescere》 [強度・量・重要性などが] 減少する： Ha decrecido el caudal del río. 川の水位が下がった． *Ha decrecido* su poder. 彼の権力は衰えた． *Decrece* el interés por la política. 政治的関心が低下する
decrecida [dekreθíða] 女 水位の低下速度
decreciente [dekreθjénte]《←decrecer》形 ❶ 減少する： Me preocupa el ~ número de estudiantes. 私は学生数の減少が心配だ． ley de la productividad (la utilidad) marginal ~ 限界生産力（効用）逓減の法則． ❷《音》二重母音などが] 下降する
decrecimiento [dekreθimjénto] 男 減少，減退，低下《=disminución》: ~ de natalidad 出産率の低下
decremento [dekreménto] 男《物理》減少《=disminución》
decrepitar [dekrepitár] 自《化学》[焼けて] パチパチいう
decrépito, ta [dekrépito, ta]《ラテン語 decrepitus < de-+crepitum < crepare「破裂する，壊れる」》形 [estar+] ❶ 老衰した，老いさらばえた： viejo ~ よぼよぼの老人． ❷ 老朽化した；衰微した： sociedad ~a 衰退した社会
decrepitud [dekrepitú(ð)] 女 ❶ 老衰． ❷ 衰微，衰退
decrescendo [dekresθéndo]《←伊語》副《音楽》デクレッシェンド，次第に弱く
decretador, ra [dekretaðór, ra] 形 男女 発令(布告)する[人]
decretal [dekretál] 形 女《カトリック》❶ 教皇教令[の]． ❷ 複 教皇教令集
decretalista [dekretalísta] 男 教皇教令の解説者
decretar [dekretár]《←decreto》他 ❶ 発令する，布告する： El gobierno *decretó* la expulsión de extranjeros. 政府は外国人追放を布告した． ❷ [裁判官が] 決定する，命令する． ❸ [欄外に] 決定を記す
decretazo [dekretáθo] 男《軽蔑》[不当な・拙速で作られた] 影響の大きい政令
decretero [dekretéro] 男 政令集，教令集

decretista [dekretísta] 男 グラティアヌスの教令集 Decreto de Graciano の解説者
decreto [dekréto]《←ラテン語 decretum》男 ❶ 政令： promulgar un ~ 政令を出す． real ~《西》勅令． ~ [de] ley/~-ley 緊急時に政府が発し，事後的に法律と同じ効力を持つ政令法． ❷ [教皇の] 教令，決議書： ~ conciliar 公会議の決議書． D~ de Graciano グラティアヌスの教令集《12世紀》． ❸ [裁判官の] 命令． ❹ [欄外に] 決定を記すこと；その決定
por [*real*] ~《皮肉》鶴の一声
decretorio [dekretórjo] 形《医学》día ~ 病気が峠（山場）の日
decúbito [dekúβito] 男《文語》臥位(が): en ~ supino (prono・lateral) 背臥位(腹臥位・横臥位)で
decubitus [dekuβítus] 男《医学》床擦れ《=úlceras del ~》
decumano [dekumáno] 形《古代ローマ》[町・陣営の] 東西方向の通路》❶《←cardo》
decumbente [dekumbénte] 形 ❶ 横になった，臥臥した；病臥した． ❷《植物》[組織が] 傾状の
decuplar [dekuplár] 他 =**decuplicar**
decuplicar [dekuplikár] 7 他 10倍する
―― ~se 10倍になる
décuplo, pla [dékuplo, pla] 形 男《まれ．倍数詞》10倍[の]
decuria [dekúrja] 女《古代ローマ》十人隊；百人隊の10分の1
decurión [dekurjón] 男《古代ローマ》❶ 十人隊長． ❷ [属州・地方都市の元老院に相当する] 地方議会の議員
decurionato [dekurjonáto] 男《古代ローマ》❶ 十人隊長〔地方議会議員〕の地位． ❷ 十人隊長〔地方議会議員〕の集団
decurrente [dekuŕénte] 形《植物》[葉が] 沿下(えんか)の
decursas [dekúrsas] 女複《法律》[不動産賃貸借の] 支払い期日が来た利子
decurso [dekúrso] 男 ❶《文語》[時間の] 経過，推移： en el ~ de los años 時の流れと共に，時がたつにつれて． ❷《言語》テクスト《=texto》
decusación [dekusaθjón] 女《解剖》X字形の] 交差，キアスマ
decusado, da [dekusáðo, ða] 形 ❶ X字形の，十字形の，交差した． ❷《植物》[葉が] 十字対生の
decuso, sa [dekúso, sa] 形 =**decusado**
dedada [dedáða] 女 ❶ 指で1すくいの量： una ~ de almíbar 指1すくい分のシロップ． ❷ 手あか
~ *de miel* せめてもの慰め
dedal [dedál] 男 ❶《裁縫用の》帽子型指ぬき． ❷ 指サック《=dedil》
dedalera [dedaléra] 女《植物》ジギタリス《=digital》
dédalo [dédalo] 男《文語》❶ 迷路，迷宮《=laberinto》． ❷ 錯綜(さく)，紛糾，混乱： un ~ de equívocos あいまい表現の錯綜
dedazo [dedáθo] 男《メキシコ》❶ 高官が友人・親戚を公職に指名すること． ❷ 手あか
dedeo [dedéo] 男《音楽》[楽器演奏の] 指さばき． ❷ 運指法
dedicación [deðikaθjón] 女《←ラテン語 dedicatio, -onis》❶ [+a に] [仕事などへの] 専念，没頭，献身；従事： Este trabajo me exige muchas horas de ~. 私はこの仕事に長時間を注ぎ込まねばならない． ~ al deporte スポーツへの熱中． ~ al partido 党への献身． ~ exclusiva (plena) フルタイムの勤務． ❷ 捧げること，献納，奉納；[建物の] 献呈碑． ❸ [ある用途での] 使用，振り向け
dedicar [deðikár]《←ラテン語 dedicare》7 他 ❶ [時間・費用・努力などを，+a・para 用途に] 振り向ける，あてる，費やす： Usted debe ~ al menos medio día *al* descanso. あなたはせめて半日は休養にあてるべきだ． El Gobierno *dedica* 16.000 millones de dólares *a* la lucha contra la droga. 政府は麻薬追放運動のために160億ドルをあてている． El libro contenía un capítulo *dedicado* a su vida. その本には彼の人生について書かれた1章が含まれていた． ~ el salón *para* conciertos コンサートホールをコンサートに使う． ❷ [著書などを] 献呈する，献辞を書く： *Dedico* este libro al Sr. Gómez. ゴメス氏に本書を捧げる． ❸ [+a に] 捧げる，奉納する： *Dedicó* su vida *a* la literatura. 彼は文学に一生を捧げた． ~ una iglesia *a* San Pedro 聖ペテロに捧げる教会堂を建てる． ~ sacrificios *a* los dioses 神々に生贄を捧げる
―― ~*se* ❶ [+a に] 従事する，…を職業とする: ¿A qué *te dedicas*? 君の職業は何ですか？ Toda la familia *se dedica a* la agricultura. その家族は全員農業に従事している． ~*se a* la enseñanza 教育にたずさわる． *Se dedicaba* al espionaje in-

dustrial. 彼は産業スパイをしていた. ❷ 専念する: ~*se a cuidar del jardín los domingos* 毎日曜庭仕事をする. ~*se a la ociosidad* ぐうたら生活を決め込む. ❸ 献身する: ~*se a hacer obras de caridad* 慈善事業に献身する

dedicatorio, ria [dedikatórjo, rja] 〖←*dedicar*〗 圏 ❶《文語》献呈のための: *epístola* ~*ria* [書簡体の] 献呈文. ❷《まれ》献納の, 奉納の
——图 献辞: *La foto lleva una* ~*ria por detrás.* 写真の裏に献辞が書いてある

dedición [dediθjón] 囡《古代ローマ》[民族・都市などの] 無条件降伏

dedignar [dediŋnár] 他 蔑視する, 軽視する
——**se** 自分を軽蔑する, 卑下する

dedil [dedíl] 男 指サック

dedillo [dedíʎo] 男 *dedo* の示小語
al ~ 細部まで, ことこまかに; そらんじて; 一字一句正確に: *Este asunto se lo he dicho al* ~. この件は一部始終申し上げました. *conocer al* ~ 精通している

dedo [dédo] 〖←ラテン語 digitus〗 男 ❶ [手・足の] 指: 1) *tomar con la punta de los* ~*s* 指先でつまむ. *contar con (por) los* ~*s* 指で数える《スペインでは指を開いていく》. *juntar los* ~*s* [両手の] 指を組み合わせる. *levantar el* ~ 指を上げる《スペインでは主に挙手ではなく人差し指を一本上げる》. *ponerse el* ~ *en la boca* 黙れ(しいっ)と合図する. *con un* ~ *en los labios* 静かに(しいっ)と合図して. *regla de los tres* ~*s de la mano derecha* (*izquierda*) [フレミングの] 右手(左手)の法則. *pulgar/* ~ *gordo/*《コロンビア》~ *grande* 親指. ~ *índice* 人差指. ~ [*del*] *corazón/* ~ [*en*] *medio/* ~ *cordial/*《ウルグアイ》~ *mayor* 中指. ~ *anular* 薬指. ~ *meñique* (*pequeño*・*auricular*・*chiquito*) 小指. *Es un error de* ~ *nada más.* それは指が滑っただけの誤りだ. 2)《諺》*Dale un* ~ *y se tomará hasta el codo.* 軒を貸して母屋をとられる／人は甘やかすとすぐつけがあがる. *Los* ~*s de la mano no son iguales.* 国も人も様々である／人は身も心も千差万別. ❷ 指1本の幅《=約1.9cm》; slump 指: *En la botella quedan dos* ~*s de vino.* 瓶にはワインが指2本分残っている. *¿Quieres un* ~ *más de pastel?* ケーキをもう少しいかが? *cuatro* ~*s* 4つ指幅《=約7.5cm》. ❸《植物》~ *de santo* セロペギア. ❹《古》長さの単位《=約1.8cm》

a ~ 1) ヒッチハイクで: *Como no tiene dinero, siempre viaja a* ~. 彼は金がないので, いつもヒッチハイクで旅をしている. 2) 指による登録, 正式の手続きなしに, 自由裁量で; コネで: *El sucesor ha sido nombrado a* ~. 後継者が正式の手続きを経ずに任命された. 3) [指先の] 偶然に任せて, 適当に: *Eligió a* ~ *un libro cualquiera.* 彼は偶然目についた本を1冊選んだ

a dos ~*s*《口語》1) [+*de*] ごく近くに: *Fue un safari tan peligroso, que en varias ocasiones estuvieron los participantes a dos* ~*s de la muerte.* 非常に危険な猛獣狩りだったので, 参加者たちは幾度か死の危険にさらされた. *a dos* ~*s del ridículo.* 君は笑い物同然だ. 2) [+*de*+不定詞] もう少しで…するところで, …する寸前に: *Estuvo a dos* ~*s de caerse del tren.* 彼は危うく列車から落ちるところだった

alzar el ~ 1) [誓いの印として] 指を立てる, 誓う. 2) [賛意・介入のために] 指を上げる

antojarse a+人 *los* ~*s huéspedes* =*hacerse a*+人 ~*s huéspedes*

atar bien su ~《口語》[商売などで] 用心深い

chuparse el ~ 1) 指をしゃぶる. 2)《口語》ばか(無邪気)である; そのわりやすい《主に否定文で》: *No me chupo el* ~. 私はもうそんなうぶではない／だまされないよ. *Aunque se chupe el* ~*, lo sabe todo.* 彼は無邪気なふりをしているが何でも知っている

chuparse los ~*s* 非常に美味である: *Te he preparado una plato de ensaladilla que te vas a chupar los* ~*s.* ポテトサラダを作ってあげたよ. おいしくてほっぺたが落ちるよ

cogerse el ~ *con la puerta*《キューバ. 口語》[利益を得るとして] 当てが外れる

cogerse los ~*s*《西. 口語》=*pillarse los* ~*s*

comerse los ~*s* =*chuparse los* ~*s*

con un ~《口語》容易に, 指一本で [倒せる, 勝てるなど]

contarse con los ~*s de la mano* ごく少数である, 非常にわずかである: *Los asistentes se podían contar con los* ~*s de la mano.* 出席者はちらほら見受けられる程度だった

cruzar los ~*s* 1) 指で十字架を作る《中指と人差し指を交差させる.「幸運を」の意》. 2)《口語》うまくいくように祈る

cuando San Juan baje el ~《口語》決して…ない

dar un ~ *de la mano por…* …を熱望する: *Daría un* ~ *de la mano por realizar este plan.* この計画が実現するなら指1本と引換えにしてもいいる

de chuparse los ~*s*《口語》非常に美味な, あごが落ちそうな: *En este restaurante sirven un pescado de chuparse los* ~*s.* このレストランは極上の魚料理を出してくれる

dos ~*s de frente*《口語》最低限の知性(常識)

echar a ~*s*《遊戯》相手の出す指の数を当てる

figurarse a+人 *los* ~*s huéspedes* =*hacerse a*+人 ~*s huéspedes*

hacer ~《口語》ヒッチハイクをする

hacer ~*s*《ピアノなどで》指ならしをする: *El pianista hace* ~*s todas las mañanas.* そのピアニストは毎朝指の訓練をしている

hacerse a+人 *los* ~*s huéspedes* [人が] 非常に疑い深い: *Se le hacen los* ~*s huéspedes, y no hace otra cosa que pensar mal de todo el mundo.* 彼はとても猜疑心が強く, 誰に対してもまず悪意が先に立つ

hecho a ~《アルゼンチン》当事者の都合に合わせて行なわれた: *elecciones hechas a* ~ 政府の都合のいいように操作された選挙

jurar ~ *con* ~ 両手の人差し指を交差させて誓う

llenar la cara de ~*s*《口語》顔を殴打する

mamarse el ~ =*chuparse el* ~

más que comer con los ~*s*《口語》[ひどく好きなこと示して] 目がないと

medir a ~*s* [土地などを] 詳しく調べる, 詳細に点検する

meter a+人 *el* ~ *en la boca*《口語》[主に命令文で] ばかどころか子供の逆である: *¿Y usted creía que José era un tonto? ¡Pues, métele un* ~ *en la boca! ¡Ha obtenido el número uno en las oposiciones a notarías!* ところであなたはホセおばかさんだと思っていたのですか? ところがその反対ですよ! 公証人の国家試験に一番で受かったのですからね!

meter a+人 *los* ~*s* [*en la boca*]《西》…を誘導訊問する, 巧みに口を割らせる

meter a+人 *los* ~ *por los ojos* …にとぼける

meterse el ~ *en la nariz* 鼻をほじる

meterse los ~*s en la nariz* 手持ちぶさたにしている

morderse los ~*s*《口語》[執念深く] 悔しがる: *Es demasiado tarde para morderse los* ~*s.* いくらやしがっても遅すぎる

no chuparse el ~ =*no mamarse el* ~

no mamarse el ~ うぶではない, 抜け目ない

no mover un ~ [*de la mano*]《口語》何もしない, 何も試みない: *No moverá un* ~ *para ayudarnos.* 彼は私たちを助けようとはしないだろう

no quitar el ~ *del renglón*《メキシコ》固執する

no tener dos ~*s de frente* (*de enfrente*)《口語》頭が弱い, 思慮が足りない

para chuparse los ~*s*《口語》=*de chuparse los* ~*s*: *El pollo está para chuparse los* ~*s.* その鶏はとてもおいしい

pillarse los ~*s*《西. 口語》1) [不注意・準備不足などで] 失敗する, 損害をこうむる: *Lo más seguro es que se pille los* ~*s ese holgazán en el plazo de entrega del producto.* 間違いなくあのぐうたら男は製品の納入期限で失敗をやらかすはずだ. 2) [悪事などが] 露見する, ばらされる: *El ministro de Defensa se ha pillado los* ~*s en la compra de aviones de combate por el soborno recibido del fabricante.* 防衛大臣は戦闘機購入に際しメーカーからわいろを受け取った件が明るみに出た

poderse contar con los ~*s de la* (*una*) *mano* ごく少数である: *Los asistentes se podían contar con los* ~*s de la mano.* 出席者は片手の指で数えられるほどだった

poner a+人 *los cinco* ~*s en la cara* …の顔を平手打ちする

poner bien los ~*s* 演奏が上手である

poner ~ *a*+人《メキシコ. 隠語》…を犯人だとする, 責める

poner el ~ *en la llaga* 1) 問題の核心を突く, 原因を突き止める: *El diputado puso el* ~ *en la llaga, cuando analizó los auténticos malos del país.* 議員は国の真の諸悪にメスを入れ, その原因を突き止めた. 2) [+*a*+人 の] 弱い所を突く:

Ay, me *pones el ~ en la llaga*; vamos a cambiar de tema. ああ、痛い所を突かれた。話題を変えよう
ponerse el ~ en la boca 黙り込む、沈黙する
señalar a*+人 *con el ~ 1) …を批判する、指摘する: No quiero que me *señalen con el ~*. 人に後ろ指をさされるのはごめんだ。2) …を指さす【仕草として失礼とされるが、ウインクなどと共に行なうと「気に入った」の意味になる】
ser el ~ malo [人が主語] すべて…のせいである、悪いのは…である
tener malos ~s para organista [人が職・仕事に] 向いていない、不適当である
tener los ~s muy largos 《口語》盗癖がある
tocar con el ~ (los ~s) 《口語》1) 体感する、はっきりと認識する。2) すぐ手の届くところにいる: Le fallaron los piernas cuando ya *tocaba con el ~s* la medalla de oro. あともう一歩で金メダルに手が届くところで、彼の脚が動かなかった
tirar ~ 《ペルー》=**hacer ~**

dedocracia [deðokráθja] 《戯語》❶ 指をさして役職への任命を決めてしまうような独裁、独断による任命(指名)。❷《集名》独断によって任命された者

dedocrático, ca [deðokrátiko, ka] 形 《戯語》指をさして役職への任命を決めてしまうような独裁の

dedolar [deðolár] 28 他《医学》斜めに切開する

deducción [deðu(k)θjón] 女 ❶ 推論、《論理》演繹《法》《⇔ inducción 帰納》。❷ 差引き: Deducciones ~ en la cuota/~ impositiva [二重課税の回避や負担調整などを目的とした] 税額控除。~ por amortización 減価償却引当金。~ por carga familiar 扶養控除

deducible [deðuθíβle] 形 ❶ 推論され得る。❷ 差引かれ得る、控除可能の: gastos ~s 必要経費

deducir [deðuθír] 《←ラテン語 deducere》41 他 ❶ [+de・por 原理・仮定・前提から] 推論する、推定する、演繹する: Podemos ~ *de (por)* lo dicho una conclusión. 以上のことから私たちは一つの結論を導き出すことができる。*De* su mirada *deduje* la respuesta. 彼のまなざしに私は答えを察した。《論理》演繹(する)。❷ [+de から、金額を] 差引く; 控除する: Nos *dedujeron* un quince por ciento del sueldo. 我々は給料から15%引かれた。❸《法律》[権利・根拠を] 提示する、主張する――*~se*《法律》推論される; …ということになる: *De* esto *se deduce* su inocencia. このことから彼が潔白なことが分かる

deductivo, va [deðuktíβo, βa] 形 演繹的な《⇔inductivo》: razonamiento ~ 演繹推理

de facto [de fákto]《←ラテン語》形 副《法律》事実上(の)、現に《⇔de jure 法律上(の)》: Aunque de jure me pertenezca, ~ la casa es suya. 法的にはたとえ私に属しているとしても、事実上その家は彼のものである

defalcar [defalkár] 7 他《まれ》=**desfalcar**

defasaje [defasáxe] 男 位相差《=desfase》

defasar [defasár] 他 位相を変化させる《=desfasar》

defatigante [defatigánte] 形 男 疲労を取り除く; 疲労回復剤

defecación [defekaθjón] 女 ❶《文語》排便;《不可算》大便。❷《化学》[砂糖などからの] 不純物の除去

defecador, ra [defekaðor, ra] 形 [液体の] 浄化用の、濾過用の

defecar [defekár] 《←ラテン語 defaecare < de-+fex, fecis 澱、不純物》7 自《文語》大便をする――他 [不純物を] 除去する、浄化する、濾過する

defección [defe(k)θjón] 女 I《←ラテン語 defectio, -onis》女《文語》[主義・党派などからの] 離反、脱党 II《←英語 defection》女 亡命

defeccionar [defe(k)θjonár] 自《主義・党派などから》離反する、離脱する

defectibilidad [defektiβiliðáð] 女 欠陥(欠点)のあること、不完全性

defectible [defektíβle] 形《←ラテン語 defectibilis》欠陥(欠点)のある、不完全な

defectividad [defektiβiðáð] 女《文法》欠如動詞であること

defectivo, va [defektíβo, βa] 形《文法》verbo ~ 欠如動詞《活用形の一部を欠く動詞: abolir な ど》。❷ 欠陥(欠点)のある

defecto [defékto] 《←ラテン語 defectus < deficere「欠ける」< facere「作る」》男 ❶ 欠陥: Esta casa tiene muchos ~s. この家は欠陥がたくさんある。20% rebajado por tener ~s《表示》傷ものにつき20%引き。~ de fábrica 製造上の欠陥。❷ 欠点、短所: Tiene el ~ de no escuchar a los otros. 彼は他人の意見に耳を貸さないという欠点がある。tener el ~ del alcohol 酒癖が悪い。persona sin ~ 欠点のない人。❸ 障害: ~ genético 遺伝子障害。❹ 不足、欠如: ~ de vitaminas ビタミンの欠乏。❺《印刷》覆 落丁(乱丁)した折り
***en ~ de*+物・人**《文語》…がなければ、…がないので: Traigo esto *en ~ de* otro mejor. ほかにいいのがないのでこれを持ってきました
por ~ 1) [不正確さ・違いが、無視できるほど] わずかな: error *por ~* ごくわずかな誤り。Este valor es injusto *por ~*. この数値はほとんど正しい。2)《情報》デフォルトで
***sacar ~s a*+人 …にけちをつける

defectuosamente [defektwósaménte] 副 欠陥(欠点)のある状態で、不完全に

defectuosidad [defektwosiðá(ð)] 女 欠陥(欠点)のあること、不完全

defectuoso, sa [defektwóso, sa] 形 欠陥のある、欠点のある、不完全な: pieza ~*sa* 欠陥部品

defendedero, ra [defendeðéro, ra] 形 =**defendible**

defendedor, ra [defendeðór, ra] 形 男 =**defensor**

defender [defendér] 《←ラテン語 defendere》24 他 ❶ [+de・contra 危険・害から] 守る、保護する《⇔atacar》: He venido aquí para ~ a las ovejas *contra* las fieras. 私は牛を猛獣から守るためここへ来た。La montaña *defiende del* viento norte al pueblo. 山が村を北風から守っている。Me limito a ~ lo que es mío. 私は自分のものを守るだけにとどめる。❷《攻撃・敵などに対し》防衛する、防御する: Los soldados *defendieron* a la población civil. 兵士たちは民間人を守った。El equipo *defiende* el título de la Copa Nacional. そのチームは国内選手権防衛にかかっている。~ una fortaleza 砦を守る。❸ [意見・提案・主義を] 擁護する、支持する: ~ la libertad 自由を擁護する。[法的に] 弁護する、弁論する: Él fue *defendido* por un abogado famoso. 彼は有名な弁護士の弁護を受けた。❺《サッカーなど》守備する。❻ [博士論文の] 口述試験を受ける; [口述試験で] 答える、反論する。❼ 禁じる、禁止する――*~se* 身を守る; 防御する、自衛する: Los soldados *defendieron* valientemente. 兵士たちは勇敢に防戦した。*~se del* frío 寒さから身を守る。❷《主に婉曲》[健康面・経済面で] どうにかこうにか生きている: ¿Cómo va la vida?—*Nos defendemos.* 暮らしはどう?—まあ何とかやっています。❸《口語》[+en・con について] 何とかやっていける: *Se defiende* bastante bien *en* español. 彼はスペイン語でかなり用を足すことができる。Esa actriz *se defendió* muy bien *en* la entrevista. その女優はインタビューをうまく切り抜けた。❹ 自己弁護する: *~se de* una acusación 非難に対して釈明する

defendible [defendíβle] 形 ❶ 防衛(防御)され得る。❷ 支持(擁護)され得る、弁護の余地のある: proyecto ~ [受け入れられる可能性があり] 反論に対応可能な計画

defendido, da [defendíðo, da] 形 名 弁護される[人]、被告側の、被告人

defenestración [defenestraθjón] 女《歴史》~ de Praga プラハの窓外放出事件 [1419, 1618年]。❷《文語》[突然の・暴力による、職・地位からの] 追放

defenestrar [defenestrár] 他《文語》[突然・暴力で、職・地位から] 追放する。❷ [人を] 窓から放り出す

defensa [defénsa] 《←ラテン語 defensa》女 ❶ 防衛、防御《⇔ataque》: La mejor ~ es un buen ataque. 攻撃は最良の防御である。~ antiaérea 対空防御。~ nacional 国防。~ Pac-Man《経済》逆買収、パックマン・ディフェンス《買収を仕掛けられた企業が逆に相手企業に対して行なう》。~ pasiva 専守防衛。~ personal 護身; 自己防衛。❷ 防御物《軍事》防衛施設、防衛陣地: El río constituía la principal ~ de la ciudad. 川がその町の主要な防衛となっていた。❸ 保護、擁護。❹《法律》被告側、弁護人: La ~ alegó que fue una fuerza mayor. 弁護側は不可抗力であると申し立てた。❺《スポーツ》《集名》ディフェンス陣、後衛。❻ [博士論文の] 口述試験、答弁、反論。❼《医学》[主に 複. 生体の] 防衛機制。❽《船舶》防舷材。❾《地方語》バンパー《=parachoques》
~ propia 自衛: Tuve que hacerlo en ~ *propia*. 私は自衛のためにそうせざるを得なかった
en ~ de... …を擁護して、…を守るために: hablar *en ~ de*...

…を弁護(擁護)する

salir en ~ de+人 …を守る, かばう

── 图《スポーツ》ディフェンダー, バックス, フルバック《⇔delantero》: deshacerse de un ~ ディフェンスをかわす

defendible [defensíble] 形《まれ》=**defendible**
defensión [defensjón] 囡《まれ》防御, 防護《=defensa》
defensivo, va [defensíbo, ba] 形 ❶ 防御の, 防衛の: alianza ~va 防衛同盟. ❷《攻撃に出ず》守りを固める《⇔ofensivo》: actitud ~va 守勢的, 消極的な態度
── 囡 防御, 守勢

ponerse (estar) a la ~va 守勢にまわる(立っている); 消極的な態度をとる, 消極的である

defensor, ra [defensór, ra] 形 ❶ 弁護する, 擁護する. ❷ 守る, 防衛の
── 男 ❶ 守護者, 擁護者: Ha muerto aquel hombre, ~ de muchos oprimidos. 大勢の非抑圧者の擁護者であったあの人が亡くなった. D~ del Pueblo《西》オンブズマン, 国民擁護官. ❷ 弁護士《=abogado》. ❸《スポーツ》1) ディフェンダー《=defensa》. 2) 選手権保持者, タイトル保持者《⇔desafiante》

defensoría [defensoría] 囡《法律》弁護人の職務
defensorio [defensórjo] 囲 弁明《釈明》書, 弁護文
defeño, ña [deféɲo, ɲa] 圆囡《メキシコ》連邦特別区 Distrito Federal の〔人〕

deferencia [deferéɲθja] 囡《←deferir》《文語》[相手への敬意を表しての・過度の穏健による] 応諾, 譲歩; [時にうわべだけの] 尊敬, 敬意; [目下の人への] 愍黙《雅》: No le contradije por ~. 私は彼の立場をおもんばかって反論しなかった. Le colocaron, por ~, en la cabecera de la mesa. 彼らは彼に敬意を表して上席につかせた. Me cedió, por ~, su butaca. 彼は親切にも私に席を譲ってくれた. por pura ~ 相手の立場を尊重するあまり; ひたすら敬意を表したようとして

tener la ~ de+不定詞 敬意を込めて…する; 寛大にも…してくれる: El presidente ha tenido la ~ de aceptar mi invitación. 大統領は私の招待を受けて下さった.

deferente [deferénte]《←ラテン語 deferens, -entis》形 ❶《文語》[敬意を表して]相手の意見に従う; うやうやしい; 愍黙《雅》な. ❷《解剖》conducto ~ 精管

deferir [deferír]《←ラテン語 deferre「譲る, 通知する」》[33] 圓《文語》[敬意を表して, +a の意見に]従う, 任せる; [+con 目下の人と対等の立場で]…してやる
── 他《文語》[権限などの一部を]移譲する

deficiencia [defiθjéɲθja]《←ラテン語 deficientia》囡《主に肉体的・精神的な]欠陥, 欠点; 不足: ~ de salud 健康上のハンディキャップ. ~ mental 知的障害. ~s de las empresas grandes 大企業の欠点. ~ de alimento 食糧不足

deficiente [defiθjénte]《←ラテン語 deficiens, -entis < deficere「欠ける」》形 ❶ 欠陥のある: audición ~ 聴覚障害. alumno ~ 出来の悪い生徒. trabajo ~ 出来のよくない仕事. ❷ [+en が]不十分な: alimentos ~s en hierro 鉄分不足の食物
── 图 知的障害者《≒ ~ mental》
── 男 muy ~ [成績評価の]不可 insuficiente 以下〔を取った人〕

déficit [défiθit]《←ラテン語 deficit < deficere「欠ける」》男《単複同形/圏 ~s》❶ 赤字, 欠損: arrojar (tener) un ~ de un millón de euros 100万ユーロの赤字を出す(抱えている). cubrir el ~ 赤字を埋める. presupuesto en ~ 赤字予算. ~ [de la balanza] comercial 貿易赤字. ~ en cuenta corriente 経常収支赤字. ~ [en la balanza] de pagos 国際収支赤字. ~ fiscal/~ presupuestario/~ público 財政赤字, 税収の欠損(不足). ~ gemelos [貿易赤字と財政赤字の]双子の赤字. ❷ 不足: Este año habrá ~ de arroz. 今年は米不足になるだろう. ~ de recursos 資源不足, 資金不足. ~ de glóbulos rojos 赤血球の不足. ~ deflacionario (inflacionario)《経済》デフレ(インフレ)ギャップ. ~ hídrico 水不足

deficitario, ria [defiθitárjo, rja]《←déficit》形 ❶ 赤字の: La cuenta corriente fue ~ria. 経常収支は赤字だった. presupuesto ~ 赤字予算. ❷《医学》[精神・感覚器官などが]発育不全の. ❸《チリ》[児童が]学習困難な

definible [definíble] 形 定義(規定)され得る, 明確にされ得る
definición [definiθjón]《←ラテン語 definitio, -onis》囡 ❶ 定義; 定義づけ, 規定: dar una ~ a... …に定義を下す. ~ de caso《医学》症例定義. ❷ [辞書などの単語の] 語義. ❸ [教理上の問題などの] 決定: definiciones del Concilio 公会議の決定. ~ política 政治的判断. ❹《光学》精細度, 解像力: televisión de alta ~ ハイビジョン, 高品位テレビ

por ~ [本来の性質・一般的概念からして]当然のことながら: El ser humano es, por ~, imperfecto. 人間は当たり前のことだが, 不完全なものである

definicional [definiθjonál] 形 [語・表現などの] 定義づけの
definido, da [definído, da] 形 ❶ 明瞭な, 明確な: diferencia bien ~da 非常に明らかな相違. ❷《植物》inflorescencia ~da 有限花序. ❸《文法》限定的な
── 男 ❶ 定義づけられたもの. ❷《文法》定冠詞

definidor, ra [definidór, ra] 形 图 定義(規定)する[人], 明確にする[人]
── 男《カトリック》[修道会の] 総会議員: ~ general 総長補佐. ~ provincial 管区長担当者

definir [definír]《←ラテン語 definire》他 ❶ [概念・用語などを] 定義する, 規定する: ¿Cómo definirías una sociedad justa? 公正な社会とはどんなものだと思う? ~ una palabra 言葉〔の意味〕を定義する. ~ el carácter de las personas 人の性格を言い当てる. ❷ 明確にする, 明示する: ~ su posición 立場を明らかにする. ❸《文語》[教義などを] 制定する, 決定する. ❹《美術》仕上げる

── **~se** ❶ 定義される: El hombre puede ~se como una animal que ríe. 人間は笑う動物だと定義することができる. ❷ 自分の考え(態度)を明確にする

definitivamente [definitíbaménte] 副 ❶ 決定的に, 最終的に; 恒久的に: Han cerrado ~ el establecimiento. 彼らはその店を完全にたたんでしまった. ❷ はっきりと, 明確に. ❸ 要するに, 結局《en definitiva》. ❹ 実際, 確かに: D~, creo que tienes razón. 実際, 君の言うとおりだと思う

definitivo, va [definitíbo, ba]《←ラテン語 definitivus》形 ❶ 決定的な, 最終的な: edición ~va 決定版. juicio ~ 最終的判断. respuesta ~va 確答. resultado ~ 最終結果. sentencia ~va 終局判決. ❷ 決定力のある, 決め手となる: Su actitud fue ~va para solucionar el problema. 彼の態度が問題解決の決め手となった

en ~va 結局, 要するに, つまりは: En ~va, no ha dicho nada nuevo. 結局, 彼は何も新しいことは言わなかった. En ~va, que no nos conviene esa proposición. 要するにその提案は私たちにとって好ましくないということだ
sacar+事 **en ~va** …を結論として導き出す

definitorio, ria [definitórjo, rja] 形 弁別的な, 示差的な, 特徴的な: características ~rias 他との違いがわかる特徴, 持ち味
── 男《カトリック》❶ 顧問〔会〕[修道会総長・管区長を補佐し, 修道会を運営, 戒律を決定する]. ❷ 顧問会議室

deflacción [deflak()θjón] 囡 ❶《数学》減次. ❷《地質》乾食, 風食《=deflación》
deflación [deflaθjón]《←英語 deflation》囡 ❶《経済》デフレーション, 通貨収縮《⇔inflación》: impulsar la deseada ~ 期待されたデフレを起こす. ❷《地質》乾食, 風食

deflacionario, ria [deflaθjonárjo, rja] 形 デフレーションの, デフレを誘発する《≒inflacionario》: política ~ria デフレ政策
deflacionista [deflaθjonísta] 形 デフレーション支持の: tendencia ~ デフレ傾向
── 图 デフレ論者, デフレ支持者

deflactación [deflaktaθjón] 囡《経済》デフレート
deflactar [deflaktár] 他《経済》デフレートする[物価指数の変動を取り除いて計算する]
deflactor [deflaktór] 男《経済》[価格変動の影響を修正する]デフレータ: ~ de PIB/~ del Producto Interior Bruto GDPデフレータ[名目GDPを実質GDPに変換する]

deflagración [deflaɣraθjón] 囡 ❶《化学》爆燃. ❷ 爆発, 激しい燃焼: ~ por un escape de gas ガス漏れ爆発

deflagrador, ra [deflaɣraðór, ra] 形 爆燃の, 爆燃を伴う
── 男 爆燃器; [発破などの] 点火装置

deflagrar [deflaɣrár] 圓 ❶《化学》爆燃する. ❷ ぱっと燃え上がる; 爆発する

deflector, ra [deflektór, ra] 形 流れをそらせる
── 男 ❶《技術》そらせ板, デフレクター. ❷ [電子線などの] 整流装置, 調整装置. ❸《西・自動車》三角窓

deflegmar [deflegmár] 他《化学》分縮する, 水分を取り除く
deflexión [defle(k)sjón] 囡 ❶《技術》たわみ.《物理》偏差; [電

deflexo, xa 子線の］偏向. ❷《航空》吹きおろし. ❸《医学》反屈胎勢
deflexo, xa [defleˊkso, xa] 形 下曲の, 下に折れ曲がった
defluir [deflwír] 48 現分 defluyendo] 自《まれ》流れ出る
defoliación [defoljaθjón] 女《植物》［病気・大気汚染・薬剤などによって］葉が落ちる（枯れる）こと
defoliante [defoljánte] 形 男 葉を枯らす; 枯れ葉剤
defoliar [defoljár] 10 他 葉を枯らす, 落葉させる; 枯れ葉剤をまく
deforestación [deforestaθjón] 女 森林伐採, 山林開拓, 森林破壊, 森林減少
deforestador, ra [deforestaðór, ra] 形 名 森林を伐採（破壊）する〔人〕
deforestar [deforestár] 他［＋場所の］樹木を伐採する, 山林を切り開く, 森林を減少させる
deformabilidad [deformaβiliðáð] 女 変形可能性
deformable [deformáβle] 形 ゆがみ得る; 変形可能
deformación [deformaθjón] 女《←ラテン語 deformatio, -onis》女 ❶ 変形〔行為, 結果〕; ゆがみ: Los espejos cóncavos producen una ～ de la imagen. 凹面鏡は鏡像を歪める. ～ del suéter セーターの型くずれ. ～ de la columna vertebral 脊柱のゆがみ. ～ de imagen 画像のゆがみ. ～ de la tabla 板のたわみ. ❷ 歪曲, 堕落, 乱れ: ～ de la realidad 現実をゆがめること. ❸《美術》デフォルマシオン. ❹《金属, 機械》ひずみ, ねじれ, 変形. ❺《地質》変形. ❻《人類学》身体変工（変形）: ～ de los pies femeninos 女性の足のゆがみ, 纏足（てんそく）
～ **profesional** 職業習癖: Soy maestra y mi ～ profesional me hace hablar a todos como si nadie entendiera nada. 私は教師という職業がら誰も何も分かっていないかのように話しています
deformador, ra [deformaðór, ra] 形 変形させる, ゆがめる
deformante [deformánte] 形 変形させる: espejo ～ マジックミラー
deformar [deformár]《←ラテン語 deformare》他 ❶ 変形させる, …の形を変える: El reúma le ha deformado la mano. 彼はリューマチで手の形がいびつになった. ❷［意味・性格など］をゆがめる, 変える: ～ la noticia 情報を歪曲する. ❸《美術》デフォルメする
—— se ゆがむ, いびつになる, 変形する: La tabla se ha deformado a causa de la humedad. 湿気で板がそった
deformativo, va [deformatíβo, βa] 形 変形させる
deformatorio, ria [deformatórjo, rja] 形《文語》変形させる
deforme [deforme]《←ラテン語 deformis < de-（無）+forma「形」》形 ❶ 形の崩れた; 異様な, 奇形の: Tiene las piernas ～s por que tuvo poliomielitis. 彼は小児麻痺のせいで脚が曲がっている. ❷《まれ》dar una imagen ～ de Japón 日本に関するゆがんだイメージを与える
deformidad [deformiðáð] 女 ❶ 奇形, 不具; 形の異常さ, 不格好さ. ❷《まれ》へま, ひどい間違い
defraudación [defrauðaθjón] 女 ❶ 不正, 詐取: ～ fiscal/～ de impuestos 脱税. ❷ 失望, 期待はずれ
defraudador, ra [defrauðaðór, ra] 形 名 ❶ 不正を働く〔人〕. ❷ 脱税者〔＝～ fiscal, ～ de impuestos〕
defraudar [defrauðár]《←ラテン語 defraudare》他 ❶ 失望させる; ［…の期待など］を裏切る: Ella estudia mucho para no ～ a sus padres. 両親の期待を裏切らないように彼女は懸命に勉強する. Me ha defraudado tu falta de solidaridad. 君の団結心のなさに私はがっかりした. ❷ …に不正を働く, 詐取する: ～ varios millones de pesos a Hacienda 数百万ペソ脱税する. ❸ かき乱す, 阻害する; さえぎる, 遮断する
defraudatorio, ria [defrauðatórjo, rja] 形 不正の
defuera [defwéra] 副《まれ》外に, ～へ, 外側に・～へ〔＝fuera〕: Por ～ se veían los prados y los arroyos. 外には牧場と小川が見えていた
defunción [defunθjón] 女《←ラテン語 defunctio, -onis》女《文語》死亡〔＝muerte〕: cerrado por ～ 忌中につき休業. porcentaje de defunciones 死亡率
defuncionar [defunθjonár] 自《戯語》死ぬ〔＝morir〕
DEG 男 略《略記》←Derechos Especiales de Giro［IMFの］特別引出権, SDR
degaullismo [deɣoʎísmo] 男 ＝gaullismo
degaullista [deɣoʎísta] 形 名 ＝gaullista
degeneración [dexeneraθjón] 女《←ラテン語 degeneratio, -onis》女 ❶ 退廃, 衰退, 堕落: ～ moral 精神的堕落. ❷ 悪化: ～ del medio ambiente 環境の悪化. ❸ 変質, 変性: ～ macular《医学》黄斑変性. ❹《生物》退化
degenerado, da [dexeneráðo, da] 形 名 ❶ 堕落した〔人〕; 邪悪な; 有害な; 退化した. ❷ 変質者
degenerante [dexeneránte] 形 ❶ 堕落する, 退廃する. ❷《建築》arco ～ フラットアーチ
degenerar [dexenerár]《←ラテン語 degenerare「自分の出自・出身にそぐわない」< de-+generare < genus「家系」》自 ❶ 衰退する, 退廃する, 堕落する: Madrid no es lo que era; ha degenerado mucho. マドリードに昔の面影はない. ひどく退廃した. Sus hijos han degenerado. 彼の息子たちは身を持ち崩した. ❷ 悪化する〔悪化して, +en に〕: Ten mucho cuidado para que el resfriado no degenere en bronquitis. 風邪をこじらせて気管支炎にならないよう気をつけなさい. La manifestación degeneró en una sangrienta revuelta. デモは流血の惨事となった. ❸《生物》［組織・器官が］退化する. ❹《美術》変形する
degenerativo, va [dexeneratíβo, βa] 形 退化させる, 退行的な: enfermedad ～va 退行性の疾患: ～ del tejido óseo 骨組織が退化する病気
deglución [degluθjón] 女 飲み込むこと, 嚥下（えんげ）: falsa ～《獣医》［異物の］誤嚥
deglutir [deglutír] 他［食べ物などを］飲み込む, 飲み下す, 嚥下する: Seis cápsulas al día en cuanto el paciente pueda ～. 患者が飲み込めるようになり次第, 1日6カプセル
deglutorio, ria [deglutórjo, rja] 形 嚥下の, 飲み込み用の
degollación [deɣoʎaθjón] 女 打ち首, 斬首, 断頭: ～ de los [santos] inocentes〔ヘロデ王の〕幼児虐殺
degollada [deɣoʎáða] 女《カナリア諸島》［山間の］狭い道, 窪み
degolladero [deɣoʎaðéro]《←degollar》男 ❶ 畜殺場. ❷ 断首台, 刑場. ❸［動物の］のど首, 頚. ❹ 襟ぐり〔＝escote〕. ❺［古い劇場で］平土間と特等席を分ける柵
ir al ～ 1) 危険な所に行く. 2)《学生語》試験を受ける
llevar a+人 al ～ …を危険な目にあわせる
Degollado [deɣoʎáðo]《人名》**José Santos ～** ホセ・サントス・デゴリャド［1811〜61, メキシコの軍人・政治家. アユトラ革命 revolución de Ayutla に参加し, 指導者フアレス Juárez のもと, 自由主義派の軍を率いて保守派と戦い銃殺される］
degollado, da [deɣoʎáðo, da] 形《闘牛》［牛が］肉垂がほとんどない
—— 男 ❶《鳥》ムネアカイカル. ❷《服飾》襟ぐり
degollador, ra [deɣoʎaðór, ra] 名 首を切る, 斬首の; 斬首人
—— 男《鳥》モズ〔＝alcaudón〕
degolladura [deɣoʎaðúra] 女 ❶ 喉の傷（傷跡）. ❷《まれ》［婦人服の］襟ぐり. ❸《建築》［手すり子などの］最も細くなったところ. ❹《煉瓦の》目地
degollamiento [deɣoʎamjénto] 男《古語》＝degollación
degollante [deɣoʎánte] 形《まれ》気取った; 愚かな
degollar [deɣoʎár]《←ラテン語 decollare < de-（無）+collum「首」》31 他 ❶［人・動物の］首を切る, 斬首する: ～ a los delincuentes 罪人の首を切る. ❷《西. 口語》［芸術作品などを］駄目にする, 台無しにする; 下手な猿まねをする: El pianista degolló la sonata de Chopin. そのピアニストはショパンのソナタをぶち壊しにした. ❸《口語》［人］が大変感じが悪い: No la soporto. María me degüella. マリアには我慢がならない. むかつく. ❹《闘牛》急所を外す, 下手な殺し方をする. ❺［荒天時に船を救うため帆をナイフで］切り裂く. ❻《まれ》襟ぐりを作る
degollina [deɣoʎína]《←degollar》女《西》❶ 虐殺, 殺戮; 多数の死者. ❷《口語》［試験での］大量落第: Ha habido una ～ en matemática. 数学では大勢落とされた. ❸［文章などの］大量の削除
degollinada [deɣoʎináða] 女 虐殺, 殺戮
degradable [deɣraðáβle] 形《化学》分解され得る, 分解性の
degradación [deɣraðaθjón] 女《←ラテン語 degradatio, -onis》女 ❶ 格下げ, 降格, 役職剥奪, 罷免, 左遷: ～ canónica 聖職位剥奪. ～ militar 軍籍剥奪. ❷ 悪化, 破損: ～ del medio ambiente 環境破壊. ～ del suelo 土壌の劣化. ❸ 堕落, 低俗, 下劣さ: El consumo de la droga llevó a la ～. 麻薬をやって彼は身を持ち崩した. La ～ del hotel es hoy muy evidente. いまやそのホテルの質が落ちたことは明らかだ. ～ moral モラルの低下. ❹《美術》1) 遠近法により次第に形が小さくなること. 2) ～ de color 色調の漸減, ぼかし. ～ de color 光を徐々に弱めること. ❺《物理》［エネルギーの］崩壊, 減損. ❻《化学》［質の］低下, 劣化; ［化合物の］減成. ❼［森林の］劣化

degradador, ra [deɣɾaðaðór, ra] 形 悪化(劣化)させる
―― 男《写真》ビネット(ぼかし)効果用にかけて

degradamiento [deɣɾaðamjénto] 男 =**degradación**

degradante [deɣɾaðánte] 形 品位を汚す, 下劣な: comportamiento 〜 品位を下げるようなふるまい. palabra 〜 品のない言葉

degradar [deɣɾaðár]《←ラテン語 degradare < de-(無)+gradus「学年」》 他 ❶ 降格させる;〔地位・称号を〕剥奪する: Lo degradaron a sargento. 彼は軍曹に降格された. Miguel Hidalgo fue degradado del sacerdote. ミゲル・イダルゴは聖職位を剥奪された. ❷ 悪化させる, 堕落させる, 低俗化させる: Los vicios degradan al ser humano. 悪習は人を駄目にする. ❸《美術》〔色調・光などを〕徐々に弱める, ぼかす. ❹《化学》〔化合物を〕減成する, 分解する. ❺〔森林を〕劣化させる
―― 〜se 再 ❶ 悪化する, 劣化する: El medio ambiente se degrada. 環境が悪化する. ❷ 堕落する: La actual democracia se ha degradado en una oligarquía partitocrática. 今日の民主主義は少数の政党による寡頭支配に堕落した

degradativo, va [deɣɾaðatíβo, βa] 形 悪化の, 劣化の

degradé [deɣɾaðé]《←仏語 dégradé》 形 男〔色・光が〕徐々に薄らぐ〔こと〕, ぼかし, デグレーション〔の〕: verde en 〜 徐々に薄くなる緑色

degras [deɣɾás] 男〔皮革の〕加脂用剤, デグラス

degredo [deɣɾéðo] 男《ベネズエラ》伝染病病院

degresión [deɣɾesjón] 女 減少

degú [deɣú] 男《動物》デグー《アンデス山脈中部の齧歯類の一種》

degüella [deɣwéʎa] 女 ❶ 家畜が禁猟地に入った時に課される罰. ❷《古語》斬首 [=degollación]

degüelle [deɣwéʎe] 男〔ワイン瓶の首にたまった〕澱の除去

degüello [deɣwéʎo]《←degollar》 男 ❶ 斬首, 首切り; 虐殺, 殺戮: someter a 〜 a las reses 牛の首を切る. ❷ =**degüelle**.
❸〔刀剣類の〕最も細い部分
  a 〜 酷薄に, 非情に: tratar a+人 *a 〜* …を虐待する
  entrar a 〜《軍事》〔住民を〕虐殺する
  pasar a 〜〔人の〕首を切る, 斬首する
  tirar a 〜《口語》夢中になって人を傷つけようとする
  tocar a 〜《軍事》突撃ラッパを鳴らす

degustación [deɣustaθjón] 女 味見, 試食, 試飲, テイスティング: menú de 〜 お試しセット. 〜 de vino ワインの利き酒

degustador, ra [deɣustaðór, ra] 形 名 味見する〔人〕

degustar [deɣustár]《←ラテン語 degustare》他 味見する, 試食する, 試飲する: 〜 un nuevo queso チーズの新製品を試食する

degustativo, va [deɣustatíβo, βa] 形 味見の

dehesa [de(e)ésa]《←ラテン語 defensa「守り, 禁止」》 女〔区画が定められた〕牧草地, 放牧場. 〜 boyal 共同共同牧草地. 〜 carneril 羊用牧草地. 〜 potril〔母馬から離された〕2歳の子馬用牧草地

dehesar [de(e)sár] 他 =**adehesar**

dehesero [de(e)séro] 男 牧草地の管理人

dehiscencia [deisθénθja] 女 ❶《植物》裂開. ❷《医学》〔縫合の〕披裂

dehiscente [deisθénte] 形《植物》裂開性の

dehoniano, na [deonjáno, na] 形《カトリック》聖心修道会の〔修道士・修道女〕

deicida [deiθíða]《←ラテン語 Deus「神」+caedere「殺す」》 形 名《宗教》神を殺した〔人〕, イエス・キリストを磔にした〔人〕; 宗教を弾圧する〔人〕

deicidio [deiθíðjo] 男 神殺し, キリストの磔刑

deíctico, ca [deíktiko, ka] 形 男《言語》対象指示的な, 指示的な, 直示的な; 指呼詞

deidad [deiðáð]《←ラテン語 deitas, -atis》 女 ❶ 神性: Arrio negaba la 〜 de Cristo. アリウスはキリストの神性を否定した.
❷〔神話・キリスト教以外の〕神: Neptuno era la 〜 de los mares. ネプチューンは海の神だった

deificación [deifikaθjón] 女 神格化, 神として祭ること, 神聖化

deificante [deifikánte] 形 神格化する

deificar [deifikár]《←ラテン語 deificare < deus「神」+facere「する」》 自《文語》❶ 神格化する, 神として祭る: Los antiguos egipcios deificaron a deferentes animales. 古代エジプト人は様々な動物を神とした. ❷〔神のように〕あがめる, 絶賛する: Creen que no hay nadie mejor que ella y la tienen deifica

da. 彼女ほどの人は他にいないと彼らは信じ, 彼女に心酔している. 〜 un cantante a sus amados 歌い手をアイドルとする
―― 〜se ❶ 神格化してしまう. ❷《宗教》魂が神と合一する

deífico, ca [deífiko, ka] 形《文語》神の: el Corazón D〜 神の御心

deiforme [deifórme] 形《詩語》神のような, 神の姿をした

Dei gratia [dei grátja]《←ラテン語》神の恵み《スペインの昔の貨幣に刻まれていた言葉》

deionización [deioniθaθjón] 女《電気》消イオン, 脱イオン, イオンの除去

deípara [deípara] 形 神の母《聖母マリアの称号》

deísmo [deísmo] 男《宗教》理神論, 自然神論《神を世界の創造者として認めるが, 啓示や奇跡は否定する》

deísta [deísta] 形 名 理神論の; 理神論者, 自然神論の信奉者

deitano, na [deitáno, na] 形 名 デイタニア Deitania 地方の〔人〕《スペイン南東部, 現ムルシア県》

de iure [de júre]《←ラテン語》副《法律》=**de jure**

deíxis [deí(k)sis] 女《単複同形》《言語》指呼, 直示: 〜 anafórica 前方照応直示. 〜 catafórica 後方照応直示

deja [déxa] 女 残った部分《ほぞ穴とほぞ穴の間の突起部など》

dejación [dexaθjón] 女 ❶《法律》〔義務・権利・財産などの〕放棄, 譲渡, 放任: 〜 de bienes 財産放棄. ❷ 自己放棄, 放心.
❸《中米, コロンビア, チリ》不精, 怠惰

dejada[1] [dexáða] 女 ❶《テニス》ドロップショット, ドロップボレー;《ペロタ》ストップボレー. ❷《サッカーなど》〔チームメートがシュートを打ちやすいように〕ボールの勢いを殺すこと, そっとパスすること.
❸〔権利などの〕放棄, 棄権

dejadero, ra [dexaðéro, ra] 形 残すべき

dejadez [dexaðéθ] 女 怠惰, 怠慢, 不注意, だらしなさ, 不精, なげやり

dejado, da[2] [dexáðo, ða] 形 名 ❶〔主に外見が〕だらしない〔人〕, 不精な〔人〕; いい加減な, 怠惰な. ❷ 元気のない, 物憂げな

dejador, ra [dexaðór, ra] 形 名《まれ》残す〔人〕

dejamiento [dexamjénto] 男 ❶ 放棄, 放任. ❷ 怠惰, 不精.
❸ やる気(執着心)のなさ

dejante [dexánte] 前《グアテマラ, コロンビア, チリ》…のほかに; [+que+直説法] …であるにもかかわらず, …である上に

dejar [dexár]《←古語 lexar <ラテン語 lexare「緩める」< laxus「緩い」》他 ❶〔放任, 許容〕することを許す, したいようにさせる(させておく), するがままにさせる(させておく), することを邪魔しないことに反対しない: 1) [+不定詞] i) [不定詞が自動詞. 不定詞の動作主は dejar の直接目的語] ¿Me *dejas* ir al cine? 映画に行かせてくれる? Mi padre no me *deja* salir después de las diez. 父は私が10時以降に外出するのを許してくれない. *Déjeme* pensar un momento. ちょっと考えさせて下さい. El calor no me *deja* dormir. 暑くて私は眠れない. *Dejé* salir el agua. 私は水を出しっぱなしにした. ii) [不定詞が他動詞. 不定詞の動作主は dejar の間接目的語] Le *dejó* ver la televisión. 私は彼にテレビを見させておいた. Vamos a 〜les decir lo que quieran. 彼らの好きに言わせておこう. 2) [+現在分詞] Le he dejado arreglándose para salir. 私は彼が外出の支度をしているのを止めなかった. 3) [+行為の名詞] Por favor, *dejen* paso la ambulancia. お願いします, 先に救急車を通して下さい. 4) [+que+接続法] *Deja que* tu hijo venga con nosotros al concierto. 君の息子さんを私たちと一緒にコンサートに来させなさい. *Deja que* te ayude. 私に手伝わせて下さい. Los ecologistas no *dejan que* se haga una autopista allí. エコロジストたちはそこに高速道路を作らせない. No *dejes que* eso te amargue la vida. そんなことぐらい, 人生の一大事のように受け止めるなよ. ❷ …の状態のままにしておく(させておく); [結果的に] …の状態にする: 1) [+過去分詞] Ha *dejado* dicho que no nos movamos de aquí hasta que vuelve. 彼は自分が戻って来るまでは私たちはここから動かないように言い残した. La *dejé* dormida. 私は彼女が眠っているのをそのままにしておいた. 2) [+形容詞] *Déjalo* tranquilo. 彼をそっとしておきなさい. 3) [+副詞] El ciclista aceleró y *dejó* atrás al resto del pelotón. その自転車選手は速度を上げて残りの一団を引き離した. ❸〔場所を〕放棄する, 去る, 離れる: *Dejó* su pueblo de pequeño. 彼は子供のころに村を出た. Te ha de doler mucho 〜 tu casa. 君にとって家を出ていくのは大変つらいだろう. Anoche *dejé* la oficina a las once. 昨夜は私は11時に会社を出た. ❹〔人を〕見捨てる: *Dejó* a su marido y se fue con otro hom

dejar

bre. 彼女は夫を捨てて別の男と出て行った． ❺ ［続けてきたことを］やめる，捨て: No consigue ～ el tabaco. 彼はたばこがやめられない． Dice que va a ～ la dirección de la sociedad. 彼は社長の職を去ると言っている． No *dejes* los estudios. 学校をやめるんじゃないよ． ❻ ［利益を］生む: El bar *deja* poco dinero y lo van a cerrar. そのバルはほとんどもうからないので閉めることになる． ❼ ［死後・移転後などに，+a+人 に］贈る［ことにする］，譲る: Ha *dejado a* su hijo cien mil euros. 彼は息子に10万ユーロの遺産を残すことにした． Mi abuelo me ha prometido que me *dejará* su reloj. 祖父は死んだら自分の時計をやると約束してくれた． ❽《西》［+a+人 に］自由に使わせる，貸す［→alquilar 類義］: ¿Me *dejas* tu móvil? 君の携帯を使わせてもらえる? Le pedí que me *dejara* dos mil euros. 私は彼に2千ユーロ貸してくれと頼んだ． ❾［元のまま・そのままに］残しておく，置いておく，置き去りにする（そのままにする）: 1) Si no estoy en casa, *deja* tu mensaje en mi contestador. 私が家にいなければ，留守電にメッセージを残しておいてくれ． ¿Dónde *dejo* el paraguas? 傘はどこに置けばいいですか? *Deja* esa naranja en la cesta y coge otra. そのオレンジはかごに置いておいて，別のを取りなさい． No debes ～ los papeles dentro del coche. 書類を車の中に置きっぱなしにするべきではないよ． *Deja* eso y no lo toques. それはそのままにして触ってはいけないよ． 2) ［+a+人 に］La bebida me *dejó* un sabor amargo en la boca. その飲み物は後味が苦かった． 3) ［人を］Dejé al niño al suelo. 私は子供を床に下ろした． ¿Puede *dejar*me en aquella esquina? あの角で下ろしてもらえますか? ¿Qué autobús me *deja* en Kanda? どのバスが神田に止まりますか? ❿ 置き忘れる: He *dejado* la cartera en el taxi. 私はタクシーにブリーフケースを忘れてきた． ⓫ 妨げない: El plástico no *deja* pasar el agua. ビニールは水を通さない． ⓬ 委ねる，任せる: He *dejado* a los niños con mis padres. 私は子供たちを私の両親に預けた． ¿Puedo ～te unos días al perro? 2, 3日犬を君に預けもいい? Siempre le *dejan* a él la organización de los viajes. 旅行の企画はいつも彼に任されている． ¡*Déja*melo! 私に任せなさい/貸してごらん! ⓭ 構わずにおく，自由にしておく，そっとしておく: *Deja* a tu madre, que está durmiendo la siesta. お母さんをそっとしておいてあげて，昼寝中だから． Te *dejo*, que tengo que arreglarme. ちょっと失礼，身支度してきます． ¡*Déja*me! 私を放っておいてくれ! No le *dejan* las preocupaciones. 彼には心配の種が尽きない． ⓮ ［+para に］延期した，延ばす: *Déjalo para* otro día. それは別の日にしなさい． *Deja* tus chistes *para* otro momento. 冗談の時にしろ． ⓯ ［+por と］みなす，評価する: Lo *dejan por* imposible 無理だとあきらめる． ～ *por* loco 変人として避ける． ⓰ ［押さえつけている物・人を］放す: Me saludó con efusividad y no me *dejaba* la mano. 彼は大切な挨拶をして私の手を放さなかった． No puedes ～ patinar, no puedo ～te del brazo. 君はスケートができないから腕を放すわけにいかない． ⓱《テニス，ペロータ》ドロップショットする

¡Deja! 1)［行かって・言ってもらうには及ばないと丁重に断る・制止する］*¡Deja!* Yo llevaré la maleta. 置いておいて! スーツケースは私が持っていきます． *Deja*, llevo suelto. 待って下さい，小銭を持って． Ven a tomar algo.—No, *deja*... No tengo ganas... Comí algo en casa. 何か食べに来ないか—いや，結構…． おなか一杯だ…． 家で済ませました． Muchas gracias, hija. Luego se lo devuelvo.—*Deje* usted. どうもありがとう，お嬢さん． すぐにお返しします．—およびもないです［驚き・関心］おや/さあ［どうかなあ］!: *¡Deja! ¡Es* para no creérselo! まさか! そんなこと信じられないよ!

¡Deja eso! = **¡Déjalo [estar]!**

¡Déjalo [estar]! 何以上言うな!/それについては話をやめておこう!/よしなさい，それぐらいでいいだろう!/心配するな!: *¡Déjalo estar!*, no merece la pena seguir discutiendo. いい加減にしろ! これ以上話し合いを続けても意味ないでしょう． *Déjalo ya*, no le pegues más. もうやめて，それ以上彼をぶたないで

～... dicho《南米》…という伝言（メッセージ）を残す

～ bastante que desear かなり不完全（不十分）である，満足と言うにはほど遠い，かなり出来が悪い: Su trabajo *deja bastante que desear*. 彼の仕事ぶりは必ずしも満足でない

～ caer 1)［うっかり］落とす: Tropecé y *dejé caer* unos libros que tenía. 私はつまずいて，持っていた本を落としてしまった． 2)［口語］口をすべらす，それとなくほのめかす，さりげなく言

う，意図的に言う: *Dejé caer* que era Alberto el que lo hizo. 私はついうっかり，やったのはアルベルトだと言ってしまった． Ha *dejado caer* que va a divorciarse. 彼は離婚することになるとそれとなく打ち明けた

～ estar 大目に見る; 気にしない，なりゆきに任せる; *¡Déjelo estar!* No piense más en aquello. Una desgracia. そのことは忘れるんだ! これ以上考えないように． 災難だったんだ

～ libre 1) したいようにさせる: *Déjame hacer* a mí y no te preocupes. 私のしたいようにさせて，心配いらないから． 2)《仏語 laisser-faire》男 自由放任，無干渉

～ mucho que desear とても不完全（不十分）である，満足と言うにはほど遠い，とても出来が悪い: Su conducta *deja mucho que desear*. 彼のふるまいは全くよくない

～ sin...［+a+人 から］…を奪う: Me *dejaron sin* cigarrillos. 彼らは私にたばこを全部回していった． *dejar* a+人 sin saber qué decir …を唖然とさせる

～lo《口語》恋愛関係で，両者が] 別れる: Pero ¿y con el novio, en qué está? ¿Y qué sé en qué está? Creo que tendrán que ～lo. それにしても彼女は恋人とどうなるのか?—私に分かるわけないだろう． 別れることになるんじゃないの

～ ver 見せてしまう; ほのめかす: Con el gesto ella *deja ver* que no le gusta nada. 彼女は態度でとても嫌だということを示している

Dejémoslo［厄介・不愉快な］話はやめよう: *Dejémoslo*, no quiero discutir por eso. その話はもうやめよう，そのことではもう話し合いたくないよ

hasta ～lo de sobra《口語》極端に，極度の・に: Vamos a beber esta noche *hasta ～lo de sobra*. 今夜は酔いつぶれるまで飲もう

no ～ vivir a+人［人・事が］…をそっとしておかない，…に迷惑（厄介）をかける: *No me deja vivir* llamándome por teléfono muchas veces al día. 彼は日に何度も何度も私に電話をかけてきてひどく困らせる． Este ruido *no me deja vivir*. この騒々しさは困ったものだ

―― 自 [+de+不定詞] ❶ …するのをやめる: 1) *Deja de* gritarme. 私に向かって大声を出さないでくれ． 2) ［継続している動作の中断］Nos iremos cuando *deje de* llover. 雨がやんだら行きます． *Deja de* molestarme, por favor. 邪魔をするのはやめて下さい． 3) ［習慣的行為の放棄］*Dejé de* fumar. 私は禁煙した/たばこをやめた． ❷ …しない，…する機会を逃す: *Dejó de hacer* lo prometido. 彼は約束したことをやらなかった

ni me gusta ni me deja de gustar 関心がない: A mí *ni me gustó ni me dejó de gustar*. それには私はまるで興味がなかった

no ～ de+不定詞 1) 決まって…する，…せずにはおかない: 1) *No dejan de* preguntarme por ti. 彼らは決まって私に君の近況を尋ねる． 2) ［命令・未来形で］必ず…する: *No deje de* pasar por mi casa cuando venga a Kobe. 神戸に来られたら，ぜひ私の家にお立ち寄り下さい． 3) ［皮肉，肯定の語調緩和］なくもない: Eso *no deja de* ser abuso. それはやりすぎのきらいがある

No es que+接続法 **ni deje de**+不定詞 …の…じゃないのって: *No es que* me guste *ni me deje de* gustar, es lo único que tengo por ahora. 好きで好きでもないって． 今のところ一つしか持ってないのだから

por no《メキシコ，ドミニカ，チリ．口語》特に目的もなく，暇つぶしで

―― **～se** ❶ ［身だしなみ・仕事で］だらしなくする，不精をする: Ella empezó a *～se* después de tener su hijo. 彼女は子供ができてから身の回りに気を使わなくなり始めた． Me *he dejado* la semana pasada y ahora tengo mucho trabajo. 私は先週仕事をサボったので，今すごく忙しい． ❷ …を置き忘れる; …し忘れる: *Se dejó* la cartera en un taxi. 彼はタクシーに財布を忘れた． *Te has dejado* la radio encendida. ラジオをつけっぱなしだよ． ❸ ［自身の…を］伸ばしたままにする: *Se dejó* crecer el cabello. 彼は髪を伸ばしっぱなしにした． *Se deja* las uñas largas. 彼は爪が長いままにしている． ❹ ［意図して・意図せずに，+por と］…される［のを許す］，…されるままになる: ［+他動詞の不定詞］El perro *se dejaba* acariciar. 犬は［おとなしく］撫でられていた． *No se deja* engañar. 彼はだまされない． 2) ［再帰動詞の不定詞］*Me dejé* levantar. 私は体が立ち上がってしまった． ❺ ［+不定詞］…するに値する，適している，ふさわしい: La carne está algo cruda, pero *se deja* comer. 肉は少し生焼けだが，しかし食べられる． ¿Está bien ese programa?—*Se deja* ver. その番組は面白い?—まあ見れるよ. ❻ [+知覚動詞の不定詞]…され得る: El sonido de las trompetas *se dejó* oír por todas partes. そこらじゅうでトランペットの音が聞こえた. Ya *se deja* sentir el frío. もう寒くなり始めた. ❼ [+de+名詞・不定詞]…を続けることをしない, やめる: *Déjate de* bromas. 冗談はやめろ/笑い事ではないぞ. *Déjate de* fumar. たばこはやめなさい. ❽ [+a に] 身を任せる: ~*se al* arbitrio de la fortuna 運命の定めるところに身を委ねる. ❾《口語》…を使ってしまう. ❿ 互いに見捨てる, 別れる

~*se caer* 1) [疲労などで] 座り込む, 倒れ込む: Al llegar a su habitación *se dejó caer* en el sillón. 部屋に着くと彼は椅子に座り込んだ. 2) [精神的に] 落ち込む. 3) [うっかり落とす {=~ caer}]. 4)《口語》[予告なしに, +en・por に] ふらっと姿を見せる, ふらりとやって来る: A ver cuándo *te dejas caer por* aquí, que hace mucho que no te vemos. ところでいつこっちへ顔を出してくれるの, ずいぶん会ってないものね. 5) 暗示する

~*se caer con*... 1) …をそれとなく言う, ほのめかす: *Se dejó caer con* una noticia sensacional. 彼はセンセーショナルなニュースをそれとなく流した. 2) [寛大・立派な態度を] 見せる, とる: Es justo que te dejes caer, como hay que ~*se caer con* los amigos cuando los amigos están en un apuro. 友人が苦境に立たされている時には誰もが友人に親身になって尽くしてやらなければならないように, 君もそうするのが当然のことだ

~*se ir* [結果を考えず] 衝動に身を任す: Es una persona tan prudente que no es de los que *se dejen ir*. 彼はとても分別があって, 衝動的に行動するような人ではない. No pudo contener su ira y *se dejó ir*. 彼は怒りを抑えきれず爆発させた

~*se llevar* [+por・de の] 言いなりになる; 影響される: *Se deja llevar por* sus emociones sin pensar en las consecuencias de sus actos. 彼は結果を考えずに感情のままに行動する. ~*se llevar de* la ira 怒りに我を忘れる. El papel *se dejó llevar por* el viento. 紙は風に運ばれた

~*se ver* [+口語] [+por+場所 に, 時々・たまに] 姿を現わす, 現われる, 顔を見せる: El dueño *se deja ver por* el bar. オーナーは時々バルに顔を出す. 2) 見られ得る: Un pez legendario *se dejó ver* en una playa mexicana. メキシコの海岸で伝説の魚が見られた. 3) 目立つ

¡*Déjate* [*estar・de cosas*]! [相手の話・提案などを制止して] やめておけ, よせ!

hasta dejárselo sobrado《口語》=*hasta* ~*lo de sobra*

dejarretar [dexaṛetár] 他《古語》=**desjarretar**

dejativo, va [dexatíβo, ba] 形《文語》怠惰な, なげやりな

déjà vu [deʒaβý]《ㇾ仏語》[←仏語] 既視感, デジャヴュ

deje [déxe] [←*dejar*] 男 ❶ [ある地方の特徴的な] なまり: Tiene un ~ gallego. 彼はガリシアなまりがある. conservar un ~ andaluz アンダルシアなまりを残す. imitar el ~ de los maños アラゴン人の話し方をまねる. ❷ 口調: Lo dijo con un ~ de desgana. 彼は気の進まない口ぶりだった. ❸ 余味 {=*dejo*}

dejillo [dexíʎo] 男 ちょっとした口調 [抑揚]

dejo [déxo] [←*dejar*] 男 ❶ [食物・飲み物の] 後味: La salsa tiene un ~ amargo. そのソースは後味が苦い. ❷ [良くも悪くも, 事後の] 印象, 感じ: Me quedó un ~ triste tras hablar con él. 彼と話した後, 私は悲しい感じがした. ❸ なまり; 口調 {=*deje*}. ❹ [歌の] 抑揚. ❺ [まれ] 不注意, やる気のなさ. ❻《チリ》[+a+人 に] 似ているところ

dejugar [dexuɣár] [8] 他《古語》…から汁を絞り取る

dejuramente [dexúramente] 副《プエルトリコ, ラプラタ》確かに, 本当に

de jure [de júre] [←ラテン語] 副《法律》法律上, 道理上 [⇔*de facto*]; 適法に: La herencia le corresponde ~ y nadie podrá negársela. その遺産は法律上彼に帰属するものであり, 何人といえどもそれを否定することはできない. gobernar ~ 合法的に統治する

— 形 法律上の; 正当な: responsabilidades ~ 法律上の責任

del [del] 前置詞 *de* と定冠詞 *el* の縮約形. →**de**[1]

dél [del] 前置詞 *de* と人称代名詞 *él* の縮約形

delación [delaθjón] [←*delatar*] 女 ❶ 密告, 告発, たれ込み. ❷《法律》[後見人などへの] 任命

delantal [delantál] [←カタルーニャ語 *davantal* < *davant*「前」] 男
❶ 前掛け, エプロン: ponerse un ~ エプロンを掛ける. llevar un ~ エプロンを掛けている. ❷ [闘牛] *de* ~ [パス] で両足をそろえカポーテを牛に近づけた. ❸ [土木] エプロン

delante [delánte] [←古語 *denante* < ラテン語 *inante* < *in-*（中）+*ante*「前に, 以前に」] 副 ❶ [静止した・移動する空間で] 前に, 前の方に, 正面に [⇔*detrás*. →*ante*[1] [類義]: 1) La fábrica está ~. 工場はその前にある. Aquel hombre repartió bofetones a todo el que se puso ~. あの男は目の前にいる人を誰彼なしに手当たり次第に殴りつけた. 2) [前置詞] Se inclinó hacia ~. 彼は前の方へ身をかがめた. Estaba abierta la bata por ~. ガウンが前が開いていた. parte de ~ 前部, 前側. vagón de ~ 前の [方の] 車両. ❷ [順序が] 先に, 先行して: Vaya usted ~, por favor. 私の方は [いらっしゃって下さい]. 先に立って君を案内しよう. Choqué contra el camión que iba ~. 私は前を走っていたトラックに衝突した. ❸ [前部に, 前面に: Este coche lleva el motor ~. この車はエンジンが前にある. El vestido lleva los botones ~. この服はボタンが前側に付いている

~ *de*... 1) …の前に, …の正面に, …の前方に: Él está ~ *de* la puerta. 彼はドアの前にいる. Tiene el mar ~ *de* la ventana. 窓の外には海が広がっている. 2) [順序が] …より先に: Miguel llegó ~ *de* ellos. ミゲルは彼らよりも先に到着した. 3) …の面前で, …のいるところで: Se queda callado ~ *de* la gente. 彼は人前では無口になる. Cuando se encuentra ~ *del* jefe, siente temor. 彼は上司の前に立つと怖じ気づく. Desapareció ~ *de* nosotros. 彼は私たちの前から姿を消した. [語法] *delante de mí*, *delante de nosotros* の代わりに *delante mío*, *delante nuestro* を用いるのは俗語的な《誤用》]

llevarse por ~ 1) 衝突する: El coche *se llevó por* ~ a una pobre anciana. 車は気の毒な老女をはねてしまった. 2) 壊す, 打ち壊す

no ponerse a+人 *nada por* ~ …は一人で好き勝手なことをする, 無鉄砲な行動をする

pasar ~ *a*+人 …の先に出る, 追い越す: Un camión nos *pasó* ~. トラックが我々の車を追い抜いた

pasar por ~ 先に行く, 前に出る: Mucha gente *pasó por* ~ para ver a una cineasta que acababa de llegar. 着いたばかりの映画スターを見るために多くの人が我先にと駆けつけた. En eso los españoles nos *pasan por* ~. この点ではスペイン人は我々より進んでいる

poner por ~ *a*+人 [前途の危険などを] …に警告する

por ~ 1) [順序・時間が] 先に: Tenemos todavía tres días *por* ~. まだ [余裕が] 3日ある. 2) 前方に: Pasé *por* ~ sin darme cuenta. 私は気づかずに前を通った. 3) 面前に: Iré con la verdad *por* ~. 私は常に真実を前に掲げて進むつもりだ

delantera[1] [delantéra] [←*delante*] 女 ❶ 前部, 前列; [劇場などの] 前の方の席: Hay unas buenas localidades en la ~ del anfiteatro por 15 euros. 階段席の前の方に15ユーロのいい席がいくつかある. sentarse en la ~ del autocar 観光バスの最前部に座る. ❷ リード, 先行. ❸ [スポーツ] フォワード陣 (ライン): La ~ de este equipo cuenta con el máximo goleador de la liga. このチームの攻撃陣にはリーグの得点王がいる. ❹《口語》[女性の] 胸, 乳房: Le gusta llevar jerséis ajustados para que se le marque la ~. 彼女は胸が目立つように体にぴったりしたセーターを着るのが好きだ. ❺ [服飾] 前身ごろ. ❻ 猟 [猟師などの] 乗馬用オーバーズボン. ❼ [建築] ファサード. ❽ [本の] 小口

coger (*ganar*) *la* ~ *a*+人 *en*... =*tomar la* ~ *a*+人 *en*...

llevar [*la*] ~ リードする, 先行する: Ese caballo *lleva* mucha ~ al favorito en contra de todo pronóstico. その馬は予想に反して本命に大差をつけている

pillar la ~ *a*+人 *en*... =*tomar la* ~ *a*+人 *en*...

tomar la ~ *a*+人 *en*... …で人の先を越す, 機先を制する: Quiso sentarse en el asiento libre, pero le *tomaron la* ~. 彼は空いた席に座ろうとしたが, 先を越された

delanteril [delanteríl] 形《スポーツ》フォワードの

delantero, ra[2] [delantéro, ra] [←*delante*] 形 ❶ 前にある, 前の, 前部の [⇔*trasero*]: asientos ~*s* 前部座席. fila ~*ra* 前列. patas ~*ras* 前足. ~*ras* ruedas 前輪. ❷《スポーツ》フォワードの, 前衛の. ❸《ラマンチャ》老けて見える

— 男 ❶《スポーツ》フォワードの選手 [⇔*defensa*]: ~ *centro* センターフォワード. ❷ [先行する馬・馬車の] 騎乗者, 御者

— 男 [衣服の] 前部, 前身頃

delatable [delatáble] 形 告発に値する
delatante [delatánte] 形 告発する
delatar [delatár] 《←ラテン語 delatus「被告」》他 ❶ [犯罪・犯人などを, +a・ante に] 告発する, 密告する《⇔encubrir》: El atracador arrepentido *delató* a sus compañeros a la policía. 悔い改めた強盗が仲間を警察に密告した. ❷ 明らかにする, 暴く: La cicatriz que llevas en la cara te *delatará*. 顔の傷で君であることが分かるだろう
—— **~se** …を自ら暴露してしまう, うっかり口を滑らす; 思いが明らかになる: Es inútil que digas que no le quieres; tus ojos *se delatan*. 彼のことが嫌いと言ってもだめだよ. 目を見れば分かるから

delator, ra [delatór, ra] 《←ラテン語 delator, -oris》形 ❶ 告発する, 密告する: carta *~ra* 密告状. ❷ 暴く: ojos *~es* 隠し事のできない目, 口 (気づかせてしまう) 物語る, トル
—— 图 密告者, 告発者: Muchas personas resistentes fueron traicionadas por *~es*. レジスタンスの参加者の多くが密告者の裏切りにあった

delco [délko] 《←商標》男《自動車》ディストリビュータ, エンジンの点火配電器

dele [déle] 《←ラテン語 delere の命令形》男《印刷》《校正の》削除記号, トル

DELE [déle] I 男《西. 略語》←Diploma de Español como Lengua Extranjera 外国語としてのスペイン語検定試験《教育・文化・スポーツ省が, スペイン語を母語としない外国人に対して認定するスペイン語能力試験》
II 男 =**delco**

deleble [deléble] 形 [簡単に] 消され得る: tinta ~ 消えるインク

delección [deleɣk]jón] 女《まれ》=**delectación**

deleción [deleθjón] 女《生物》欠失: ~ *genética* 遺伝子欠損

delectable [delektáble] 形《まれ》=**deleitable**

delectación [delektaθjón] 女《←ラテン語 delectatio, -onis》女《文語》歓喜, 悦楽, 快楽: con ~ 楽しんで, 喜んで. *morosa* 禁じられていること (特に性的な事柄) を想像して得る喜び

delectar [delektár] 他《まれ》=**deleitar**

delegación [deleɣaθjón] 《←ラテン語 delegatio, -onis》女 ❶《行政》地方支所, 支局, 出張所;《西》[会社の] 支店: llevar la declaración de la renta a la ~ de Hacienda 収入証明を大蔵省の出先機関に提出する. ~ *de Sevilla de la Cía...* …社のセビーリャ支店. ❷ 代表者 (代理人・委員) の職. ❸ 代表団; 委員団: ~ *diplomática* 外交団. ~ *deportiva* スポーツ使節団. *D~ del Ministerio de Educación* 教育委員会. ❹ 委任, 委託: actuar por ~ de su padre 父の代理としてふるまう. ❺ [権限などの] 委譲: La ~ de poderes no dio el fruto esperado. 権力委譲も期待したほどの成果を挙げなかった. ❻ 支局長. ❼《メキシコ》警察署 =**comisaría**

delegado, da [deleɣáðo, ða] 《←ラテン語 delegatus》形 图 ❶ 代表 [の], 委任された [人]: Me eligieron ~ de curso. 私は学年代表に選ばれた. *Los representantes rusos mantienen conversaciones con los ~s de Japón.* ロシアの代表団は日本の使節団と交渉を続けている. ~ *apostólico* 教皇使節. ~ *sindical* 組合代表. ❷《商業》代理人, エージェント. ❸《西》1) 地方責任者: ~ *de Hacienda* 地方の財務局長. 2) 州政府に派遣された中央政府の代表《= ~ *del Gobierno*》

delegante [deleɣánte] 形 图 委任する; 委任者

delegar [deleɣár] 《←ラテン語 delegare》③ 他 ❶ [権限を, +en に] 譲渡する, 委任する: El presidente *delegó en* su hijo la representación de la empresa. 社長は会社の代表権を息子に譲った. ~ *deberes (derechos・una función・una responsabilidad)* 義務 (権利・機能・責任) を委ねる. ❷ 代表として送る, 代表に任命する

delegatorio, ria [deleɣatórjo, rja] 形 委任の, 委託の: *documentos ~s* 委任状

deleitabilísimo, ma [deleitabilísimo, ma] 形 deleitable の絶対最上級

deleitable [deleitáble] 形《文語》[事柄が] 楽しい, 心地よい; 美味な: *conversación ~* 楽しい会話

deleitablemente [deleitábleménte] 副 心地よく, 喜んで

deleitación [deleitaθjón] 女 喜び, 悦楽, 快楽: *Los niños miraban con ~ el pastel*. 子供たちはうれしそうにケーキを見ていた

deleitamiento [deleitamjénto] 男 =**deleitación**

deleitante [deleitánte] 形 喜ばせる, 楽しませる: ~ *melodía* 心地よいメロディー

deleitar [deleitár] 《←ラテン語 delectare》他 喜ばせる, 楽しませる: *La buena cocina deleita el paladar*. 美食は舌を喜ばせる. *Me deleita la conversación con ella.* 彼女との会話は私の楽しみだ. ~ *los ojos* 目の保養をする
—— **~se** [+con・de で] …を楽しむ: *Se deleita escuchando música clásica*. 彼はクラシック音楽を堪能する. **~se con** (en) *la lectura* 読書に興じる

deleite [deléite] 男《←deleitar》歓喜, 快楽, 愉快; 快適: *encontrar gran ~ en la lectura* 読書が楽しくて仕方ない. *sentir ~* 喜びを感じる. *comer con ~* おいしそうに食べる. *~s de la carne* 性的快楽

deleitosamente [deleitosaménte] 副 喜んで; 快適に

deleitoso, sa [deleitóso, sa] 形《文語》楽しい, 快適の, 心地よい

delenda est [delénda ést] 《←ラテン語》他 [+名詞] …滅ぶべし

deletéreo, a [deletéreo, a] 形 ❶《文語》有毒な, 致死性の: *gas ~* 有毒ガス. ❷《誤用》軽い, 微妙な《参考》etéreo との混同による》

deletreador, ra [deletreaðór, ra] 形 图 判読する [人]

deletrear [deletreár] 《←de-+letra》他 ❶ [単語の] 綴り字を一つ一つ読み上げる, 音節ごとに発音する: *Soy Sachiko Garrigues. —¿Me lo puede ~?* 私はサチコ・ガリゲスです. —スペルを言っていただけますか? ❷ 解読する, 判読する;《比喩》読む *decir... deletreado* [分かっていない人に噛んで含めるように] 言い聞かせる

deletreo [deletréo] 男 ❶ [単語の] 綴り字を一つずつ読むこと; スペル教育. ❷ 解読, 判読

de levi [de lébi] 《←ラテン語》副《歴史》[異端審問所で, abjurar+] ささいな罪過の・の

deleznable [deleθnáble] 形《←古語 *eslenable* < *lene*<ラテン語 *lenis*「なめらかな」》❶ もろい, 砕けやすい, 壊れやすい: *material ~* 壊れやすい素材. ❷ 滑りやすい, つるつるした: *terreno ~* 滑りやすい地面. ❸ 一時的な, 不安定な, はかない: *La felicidad es un estado ~*. 幸福ははかなくやさしい状態である. *amor ~* はかない愛. *escusas ~s* 見え透いた言い訳. ❹ 軽蔑 (非難) されるべき, 無価値な, つまらない: *Su conducta es vil y ~*. 彼のふるまいは卑しく, 恥ずべきものだ

deleznar [deleθnár] 他《まれ》滑る
—— **~se**《まれ》滑る

délfico, ca [délfiko, ka] 形 ❶《古代ギリシア. 地名》デルフォイ Delfos の [人]. ❷ デルフォイの神託の

delfín [delfín] I 男《←ラテン語 *delphinus*》男 ❶《動物》イルカ: *espectáculo de delfines amaestrados* イルカショー. ~ *blanco* シロイルカ. ~ *común* マイルカ. ~ *de dientes rugosos* シワハイルカ. ~ *de Risso* ハナゴンドウ. ~ *manchado* タイセイヨウマダライルカ. ~ *soplador* ハンドウイルカ.《水泳》バタフライ. ❸《天文》D~ イルカ座. ❹《紋章》イルカの模様: ~ *pasmado* 目と口を閉じたイルカ
II 《←仏語 *Dauphin*》男 ❶《歴史》[フランスの] 王太子. ❷ [政治家などの] 後継者: *El director del banco ha presentado a Juan como su ~*. 頭取はフワンを自分の後継者として紹介した. ❸ [幹部クラスの] 子分

delfina [delfína] 女《歴史》[フランスの] 王太子妃

delfinario [delfinárjo] 男 イルカの飼育プール; イルカのショウ

delfinato [delfináto] 男 後継者であること

delfínidos [delfíniðos] 男複《動物》マイルカ科

delfinio [delfínjo] 男《植物》デルフィニューム

delga [délɣa] 女《電気》[モーターの] コミュテータ, 交換子

delgadamente [delɣaðaménte] 副 ❶ 細めに, 微妙に《= delicadamente》. ❷ 巧みに: *D~ dejó caer profundas críticas a ese comportamiento*. 彼はその行動を鋭く批判する言葉をさりげなく口にした

delgadez [delɣaðéθ] 女 ❶ やせていること, すらり (ほっそり) としていること: ~ *enfermiza* 病的なやせ方. ❷ 薄さ, 細さ

delgadita [delɣaðíta] 女 *estar (verse) en las ~s*《口語》困っている

delgado, da [delɣáðo, ða] 《←ラテン語 *delicatus*》形 ❶ [*ser・estar+*. 人が] やせた, すらりとした《→*flaco*《頻度》⇔*gordo*》: *Una modelo ha de ser alta y ~da*. モデルは背が高くすらりとしていなければならない. *Tras la enfermedad se ha quedado muy ~ y todos los pantalones le están grandes*. 病後, 彼はやせこけて, どのズボンもぶかぶかだ. ❷ [*ser+*. 物が] 薄い, 細い, きゃしゃな《⇔*grueso*》: *Las paredes son tan ~das que se* oye todo lo que dicen los vecinos. 壁が薄いので隣人の話が筒抜けだ. La capa de hielo es muy ~ da. 氷層はとても薄い. alambre ~ 細い針金. edificio ~ スリムなビル. tela ~ da 薄手の生地. ❸ ［音・声が］弱い: voz ~ da 消え入りそうな声. ❹ 鋭い, 繊細, 巧妙な: Con un ~ comentario les hizo saber su parecer. 彼は巧みなコメントで自分の意見を伝えた. ~ da ironía 痛烈な当てこすり. ❺ ［土地が］やせた. ❻ ［水質が］塩分の少ない. ❼ ［ワインが］味に特徴のない

hilar ~ 1) 綿密に検討する; 細心の注意をもって扱う, 細やかな気をつかう: Intenté *hilar* muy ~ al comunicarle la muerte de su marido. 私は彼女の夫が亡くなったことを伝えるのに非常に気をつかった. 2)《チリ, アルゼンチン, ウルグアイ》死にかかっている
── 男 ❶［動物の］わき腹; 腹部肉. ❷《船舶》［船首・船尾の］細くなった部分

delgaducho, cha [delgadútʃo, tʃa] 形《親愛》[estar+] やせっぽち, やせこけた

delhi [delí] 形 名［圏］〜[e]s［地名］［インドの］ニューデリー Nueva Delhi の［人］

deliberación [deliberaθjón] 女 ❶ 審議, 討議, 議決: someter a ~ las reformas 改革を審議する. después de largas *deliberaciones* 長時間にわたる審議の末. ❷ 熟慮, 熟考

deliberadamente [deliberádamente] 副 意図的に, わざと, 故意に; 慎重に

deliberado, da [deliberádo, da] 形 意図的な, 故意の; 決めした: No ha sido un pistón ~. わざと踏んだんじゃないんです. mentira ~ da たくらんだ嘘

deliberante [deliberánte] 形 審議する, 討議する: asamblea (junta・reunión) ~ 審議会

deliberar [deliberár]【←ラテン語 deliberare】自 ❶［+sobre について］審議する, 討議する: El jurado *delibera* hoy *sobre* el caso. 陪審員たちは今日事件について協議する. ❷［決定を下す前に］熟慮する
── 他［話し合った末］決定する;［+不定詞］…することにする: ~ las condiciones del acuerdo 合意条件を話し合う

deliberativo, va [deliberatíbo, ba] 形 審議する, 審議権のある: después de varias sesiones ~ *vas* 審議を繰り返した後で

deliberatorio, ria [deliberatórjo, rja] 形 審議用の

Delibes [delíbes]【人名】**Miguel ~** ミゲル・デリーベス《1920～2010, スペインの作家. 現代社会への批判をにじませながら, 素朴な人々の姿をペーソスあふれる筆致で描いた.『エル・カミーノ』*El camino*,『赤い紙』*La hoja roja*,『マリオとの五時間』*Cinco horas con Mario*》

delicadamente [delikádamente] 副 繊細に, 微妙に, 精巧に, 優雅に, 上品に

delicadez [delikaðéθ] 女 ❶ 気配り［=delicadeza］. ❷ 敏感さ, 気難しさ: Su ~ le impide mantener el sosiego. 彼は神経質でくつろげない. ❸《まれ》［身体の］弱さ;［精神的な］ひ弱さ

delicadeza [delikaðéθa] 女 ❶ 繊細, 上品さ: mecer al bebé con mucha ~ para no despertarlo 赤ちゃんを起こさないようそっと抱く. ❷ 弱さ, もろさ. ❸ 気配り, 心配り, 気づかい: Nunca podré olvidar tantas ~. 数々のご親切は決して忘れない. falta de ~ デリカシーのなさ
tener la ~ de+不定詞 親切にも…する: Tuvo la ~ de acompañarme hasta la puerta. 彼は気をつかって門まで送ってくれた

Delicado [delikáðo]【人名】**Francisco ~** フランシスコ・デリカード《1485?～1535, スペインの作家. ネブリハ Nebrija に師事した聖職者で, 主にイタリアで活躍した.『アンダルシアの伊達女』*Retrato de la Lozana andaluza* は『ラ・セレスティーナ』*La Celestina* を思わせる対話形式の小説で, ピカレスク小説 novela picaresca の先駆けとも言われ, 当時のローマの退廃ぶりが写実的に描かれている》

delicado, da [delikáðo, ða]【←ラテン語 delicatus】形 ❶ 繊細な, 緻密な, 洗練された: encaje ~ 細かなレース. manjar ~ 美味な食べ物. perfume ~ 上品な香り. tono ~ 繊細な（妙なる）音色. Tiene gustos muy ~ s. 彼は大変洗練された趣味を持つ. ❷ 優しい, 気配りする, 思いやりのある: No sería ~ mostrarle desconfianza. 不信感をあらわにするのは相手に対し心づかいが欠けるのではないか. ~ *das* palabras de consuelo 心優しい慰めの言葉. ❸ 敏感な, きゃしゃな: crema para pieles ~ *das* 敏感肌用クリーム. olfato ~ 鋭敏な嗅覚. vajilla ~ *da* 壊れやすい食器. ❹ [estar・ser+. +de が] 弱い, 病気がち

な: Su padre está ~ *del* corazón. 彼の父は心臓が悪い. No ha venido porque se encontraba algo ~. 彼は体調が思わしくなかったので来なかった. Nunca irá de cámping porque es muy ~. 彼は虚弱だから絶対キャンプに行かないだろう. ❺ 優美な, 上品な: rostro ~ 美しい顔立ち. ❻ 気難しい, 難しい, こみ入った: Estamos en una situación ~ *da*. 私たちは微妙な立場に立たされている. sentido ~ 微妙な意味あい. Es un asunto ~. 扱いが難しい問題だ. crisis ~ *da* 深刻な危機. operación ~ *da* 危険な手術. ❼ 気難しい, 短気な, 怒りっぽい; 神経質な: Es muy ~ en el comer. 彼は食事にうるさい（好き嫌いが多い）. Es demasiado ~ para dormir en una tienda de campamento. 彼はとても神経質なのでテントで眠れない. No seas tan ~. そんなに細かいことを気にするな. actriz muy ~ *da* とても扱いにくい女優. niño ~ 腺病質の子; 線の細い子

delicaducho, cha [delikaðútʃo, tʃa] 形 弱々しい, 病気がちの, 病身の: Estos días anda un poco ~ y fatigado. 近ごろ彼は病気がちで憔悴している

delicatessen [delikatésen]【←独語】女 圏 ~s デリカテッセン《料理, 店・売場》

delicia [delíθja]【←ラテン語 deliciae】女 ❶ 歓喜, 愉悦, 悦楽: No hay ~ comparable a la de una charla animada. にぎやかなしゃべりほど楽しいものはない. Aspiré con ~ el olor a tierra mojada. 私は無上の喜びで湿った土のにおいを吸い込んだ. el Jardín de las D~s『快楽の園』《ボッシュ Bosco の絵画》. ❷［時に複］楽しみ［事物, 人］: Este niño es la ~ de toda la familia. この子は家族みなのかわいがりだ. Tiene un jardín que es una ~. 彼の庭園は実にすばらしい. Llovió tanto, que fue una ~. 降りも降ったり, 土砂降りだった. ❸《料理》1) 美味. 2)《様々な料理名》delisiyas: ~s de bonito カツオの切り身と刻んだトマト・玉ネギ・ピーマンのソテー. 3)［主に複］魚肉のコロッケ. ❹《菓子》1) ~ turca トルコぎゅうひ. 2) ロールケーキ

hacer las ~s de+人 …を大いに楽しませる: Un circo *hace las ~s de* los niños. サーカスは子供には楽しみだ

deliciosamente [deliθjósamente] 副 心地よく, すばらしく, 魅惑的に

delicioso, sa [deliθjóso, sa]【←ラテン語 deliciosus】形 ❶ 快い, うっとりさせる: Está haciendo un tiempo ~. 実に快適な天気だ. música ~ *sa* 心地よい音楽. ❷ おいしい, 美味な: preparar un pastel ~ おいしいケーキを作る. ❸ 魅力的な, 感じのよい: Te contaré de él una anécdota ~ *sa*. 彼のほほえましいエピソードを話してあげよう. ~ *sa* sonrisa すてきな笑顔

delictivo, va [deliktíβo, ba]【←ラテン語 delictum】形 犯罪の, 犯罪的な, 違法の: conducta ~ *va* 犯罪行為. Lo que has hecho raya en lo ~. 君がしたことは犯罪に近い

delictual [deliktwál]【←チリ】犯罪の［=criminal］

delictuoso, sa [deliktwóso, sa] 形《まれ》=delictivo

delicuescencia [delikweθénθja] 女 ❶《化学》潮解, 潮解性; 溶解. ❷《文学, 美術》すたれること, 退廃

delicuescente [delikweθénte] 形 ❶《化学》潮解性の; 溶解性の. ❷《文学, 美術》すたれやすい, 移ろいやすい, 退廃的な

delimitación [delimitaθjón] 女 ❶ 境界の設定: ~ de una propiedad 所有地の境界確定. ❷ 範囲の限定: ~ de las responsabilidades 責任範囲

delimitar [delimitár]【~de-+limitar】他 ❶ …の境界を定める: ~ la finca con unas vallas 地所に柵をたてて境界をはっきりさせる. ❷［権限などの］範囲を限定する: ~ un radio de acción 行動範囲を定める. ~ las responsabilidades y las tareas 責任と任務の範囲を決める

delincuencia [delinkwénθja]【←ラテン語 delinquentia】女 ❶ 犯罪行為. [集名] 犯罪: Se dedicó a la ~ desde joven. 彼は若いころから犯罪に手を染めた. ~ juvenil 青少年犯罪. ~ organizada 組織犯罪. ❷《統計》犯罪件数: La ~ aumenta cada año. 犯罪は毎年増加している

delincuencial [delinkwenθjál] 形 犯罪行為の

delincuente [delinkwénte]【←ラテン語 delinquens, -entis < delinquere「罪を犯す」】形［主に常習的に］犯罪を犯す: población ~ 犯罪人口
── 名 犯罪者: habitual ~ 常習犯. ~ juvenil 青少年犯罪者

delineación [delineaθjón] 女 ❶ 図面をひくこと, 製図, 設計. ❷ 輪郭を描くこと. ❸ 概略を述べること

delineador[1] [delineaðór] 男《化粧》ライナー: ~ de labios リッ

delineador, ra

プライナー. ~ de ojos アイライナー

delineador², ra [delineaðór, ra] 形 名 製図の; =**delineante**

delineamento [delineaménto] 男 =**delineación**

delineamiento [delineammjénto] 男 =**delineación**

delineante [delineánte] 共 製図工

delinear [delineár]《←ラテン語 delineare》他 ❶ 製図する: *Delineamos los planos en el taller.* 私たちは事務所で設計図を描く. ❷ 輪郭を描く, 図で表わす: *Llevaba los ojos delineados en negro.* 彼女は黒いアイラインを入れていた. *Aquel traje de punto delineaba muy bien la finura de talle.* あのニットの服はウエストの細さをくっきり表わす. ❸ 概略を述べる: ~ a grandes rasgos 大まかに述べる

── ~**se** 姿を現わす; 輪郭がはっきりする: *A lo lejos se delineaban las torres del castillo.* 遠くに城の塔が見えていた

delinquimiento [delinkimjénto] 男 犯罪, 違反, 過失

delinquir [delinkír]《←ラテン語 delinquere》自 犯罪 delito を犯す: *maneras de evadir impuestos sin ~* 法を犯さずに税を免れる方法

delio, lia [déljo, lja] 形 名《地名》[エーゲ海の] デロス Delos 島の〔人〕

deliquio [delíkjo]《←ラテン語 deliquium「欠如, 不在」》男《文語》 ❶ 恍惚, エクスタシー: ~ *amoroso* 愛の恍惚. ~ *místico* 法悦境〔神秘主義の究極の状態〕. ❷ 気絶, 失神

delirante [delíránte] 形 名 ❶ 譫妄性の, うわごとを言う: *imaginación* ~ とんでもない想像. 興奮している〔人〕; 狂乱の, 有頂天の: *aplausos* ~*s* 拍手喝采. *público* ~ 興奮する観客

delirar [delirár]《←ラテン語 delirare「溝から出る」》自 ❶ 譫妄状態になる, うわごとを言う: *Tenía mucha fiebre y estuvo delirando varios días seguidos.* 彼は高熱で何日も続けて譫妄状態になった. ❷ 支離滅裂なことを言う: *¡Tú deliras!* とんでもない! *Si crees que te voy a hacer ese favor, deliras.* そんな頼みを私が聞くと思ったら大間違いだ. ❸ [+por に] 夢中になる: ~ *por las carreras de coches* カーレースに夢中になる

delirio [delírjo]《←ラテン語 delirium「譫妄(せんもう)」》男 ❶《医学》譫妄: ❷ 狂喜乱舞の興奮状態: *Cuando marcaron el segundo gol, el estadio era el ~.* 2点目が入るとスタジオは興奮のるつぼと化した. ❸ 支離滅裂, 的外れ: *Todas esas cosas que cuenta son puros ~s,* no le hagas caso. 彼は全くとんちんかんなことしか言わないから, 気にしてはいけない. ❹ 妄想: ~ *de la persecución* 被害妄想. ❺ [+por への] 熱狂, 夢中

con ~ ひどく: *Ella quiere a sus hijos con ~.* 彼女は息子を溺愛している. *sentir ~ por…* …に熱狂する

~ [*s*] *de grandeza* 誇大妄想: *No sé de dónde te vienen esos ~s de grandeza.* 一体どこからそんな誇大妄想が出てくるんだ

tener ~ por… …に夢中になる

delirioso, sa [delirjóso, sa] 形《口語》狂気の

delírium tremens [delírjun trémens]《←ラテン語》男《医学》振顫譫妄(しんせんせんもう)

delitescencia [delitesθénθja] 女 ❶《医学》〔症状の〕突然消失; 潜伏. ❷《化学》風解

delito [delíto]《←ラテン語 delictum》男 ❶ 犯罪, 犯行〔→*crimen* 類義〕: *Has incurrido en ~.* 君は罪を犯した. *cometer un ~ de robo* 窃盗の罪を犯す. *lugar del* ~ 犯罪現場. ~ *complejo* 複合犯罪. ~ *común* [政治犯以外の] 普通犯罪. ~ *continuado* 継続犯. ~ *de lesa majestad* 大逆罪. ~ *de mayor (menor) cuantía* 重罪 (軽罪). ~ *de odio* ヘイト・クライム. ~ *de sangre* 傷害罪, 殺人罪. ~ *fiscal* [財政上の義務に違反する] 財政犯; 脱税, 納税違反. ~ *flagrante (infraganti)* 現行犯. ~ *frustrado* 未遂犯罪. ~ *político* 政治犯罪. ~ *posible* 可能犯. ❷ 残念なこと, ひどいこと: *Es un ~ obligar a los niños a hacer tantos deberes.* 子供たちにこんなに宿題を出すなんてひどい

tener ~ 〔事が〕ひどく不当 (不適切) である

della [déλa]《古語》de ella の縮約語

dello [déλo]《古語》de ello の縮約語

delomorfo, fa [delomórfo, fa] 形《生物》定形の

delta [délta] 女《ギリシア文字》デルタ〔Δ, δ〕: *ala en ~* デルタ翼, 三角翼

── 男《地理》デルタ, 三角州: *el ~ del Nilo* ナイル・デルタ

deltaico, ca [deltáiko, ka] 形《まれ》三角州の

deltaplano [deltapláno] 男《スポーツ》ハンググライダー

deltoides [deltóiðes] 形 デルタ型の

── 男〔単複同形〕《解剖》三角筋〔=*músculo* ~〕

deludir [deluðír] 他《まれ》欺く, だます, ごまかす

delusivo, va [delusíβo, βa] 形《まれ》偽りの

delusor, ra [delusór, ra] 形 名《まれ》偽りの〔人〕, 詐欺師

delusorio, ria [delusórjo, rja] 形《まれ》偽りの, 人をだます, 錯覚させる

dem-〔接頭辞〕=**demo-**

demacración [demakraθjón] 女 やせ細り, やつれ

demacrado, da [demakráðo, ða] 形 やせ細った, やつれた: *rostro ~* 憔悴した顔

demacrar [demakrár]《←*de-* (強調)+ラテン語 macrare「やせる」》他〔病気・不快などが〕やせ細らせる

── ~**se** やせ細る, やつれる: *Se demacró por las muchas preocupaciones que le daba el trabajo.* 仕事上の悩みで彼はやつれてしまった

demagogia [demaɣóxja]《←ギリシア語 demagogia》女 ❶ 衆愚政治: *caer en la ~* 衆愚政治に陥る. *medidas de pura ~* 全く人気取りの施策. ~ *hitleriana* ヒットラー風の衆愚政治. ❷ 民衆扇動, デマゴギー

demagógico, ca [demaɣóxiko, ka] 形 ❶ 衆愚政治の. ❷ 民衆扇動の: *discurso ~* 扇動演説

demagogo, ga [demaɣóɣo, ɣa]《←ギリシア語 demagogos < *demos*「民衆」+*ago*「私は導く」》形 名 ❶ 民衆を扇動する; 扇動政治家, デマゴーグ: *política ~ga* 扇動政策. ❷《古代ローマ》平民派 facción popular の指導者

demanda [demánda]《←*demandar*》女 ❶ 要求, 要請: *Lo siento mucho, pero no puedo acceder a su ~.* 残念ながら, お求めには応じられません. ❷《経済》需要〔⇔*oferta*〕; 裏 注文: *Con una buena publicidad aumentará la ~ de este producto.* 宣伝をしっかりすれば, この製品の需要は増えるだろう. *tener mucha ~* 需要が多い. *ley de la oferta y la ~* 需要と供給の法則. *préstamo a la ~* コールローン. ~ *de energía eléctrica* 電力需要; 消費電力. ~ *de pago* [支払い準備の過不足を相互調整するため銀行間市場で取引される] コール〔資金〕. ~ *efectiva* 有効需要. ~ *final* 最終需要. ~ *intermedia* 中間需要. ~ *química de oxígeno* 化学的酸素要求量. ~*s de empleo* 求職. ❸《法律》請求, 提訴〔状〕, 申立て〔書〕, 訴訟: *contestar la ~* 〔被告が〕反訴する. *estimar una ~* 申し立てを認める. *interponer (plantear) una ~* 訴訟を起こす. *poner a+人 una ~ por daños y perjuicios* 損害賠償を ~に請求する. *presentar una ~* 訴状を提出する. ❹《宗教》寄付, 喜捨: ~ *del Santo Grial* 聖杯への喜捨. ❺《文語》企て, 試み: *morir (perecer) en la ~* 志半ばで逝く. ❻《古語》質問〔=*pregunta*〕: ~*s y respuestas* 質疑応答, やりとり

en ~ de… …を求めて, 探して: *Me miró, como en ~ de una explicación.* 彼は説明してほしそうに私を見た. ~ *de mejores condiciones de trabajo* より良い労働条件を求めて

salir a la ~ 1) 擁護する; 反論する. 2) 訴訟の当事者になる

demandadero, ra [demandaðéro, ra] 名〔修道院・監獄などと外部の〕使い走りの人, メッセンジャー

damandado, da [demandáðo, ða] 形 名《法律》[民事の] 被告側の; 被告〔人〕: *parte ~da* 被告側

demandador, ra [demandaðór, ra] 形 ❶《法律》=**demandante**. ❷ 要求する〔人〕

demandante [demandánte] 共 名《法律》原告側の; 原告: *actuar en representación de la parte ~* 原告の代理を務める

demandar [demandár]《←ラテン語 demandare「引き受ける」》他 ❶ 求める, 請求する, 要求する: *Los telespectadores no demandan basura.* 視聴者は俗悪な番組を求めていない. *Es un trabajo que demanda mucha dedicación.* それは大変な献身を要する仕事だ. ~ *asilo a un convento* 修道院へ保護を求める. ~ *justicia* 正義を求める. ❷《法律》[+*ante* に, +*por* の件で] 訴訟を起こす, 訴える: *Los vecinos le demandaron por calumnias ante el juez.* 近所の人たちは彼を名誉毀損で裁判官に訴えた. ~ *ante el tribunal supremo* 最高裁判所に訴える. ~ *en juicio* 裁判に訴える. ~ *por incumplimiento de contrato* 契約不履行で訴える. ~ *a+人 por daños y perjuicios* …を損害賠償で訴える. ❸ 願う, 望む. ❹《古語》質問する: ~ *por su salud* 健康状態を尋ねる. ❺《中南米》必要とする

demaquillador, ra [demakiλaðór, ra] 形 =**desmaquilla-**

dor
demaquillaje [demakiʎáxe] 男 =**desmaquillado**
demaquillar [demakiʎár] 他 =**desmaquillar**
demarcación [demarkaθjón]《←demarcar》女 ❶ 管轄区域, 管区: ~ judicial 裁判の管轄区域. ~ militar 軍管区. ~ territorial 領域. ❷《スポーツ》[各選手の]守備範囲. ❸ 境界の画定; 画定された土地: A veces las montañas constituyen las líneas de ~ que separan unas regiones de las otras. 山脈は時に地域と地域を分ける境界線になる. respetar la ~ de una zona de alto el fuego 休戦地帯の境界を尊重する. ❹《歴史》教皇子午線《1493年教皇アレクサンデル6世が海外におけるスペインとポルトガルの管轄領域を定めた観念的な分割線. その後トルデシーリャス条約 Tratado de Tordesillas (1494年)で分割線がさらに西方へ移された結果, ポルトガルが南米大陸の一部(ブラジル)の領有権を得ることになった. =línea de ~》
demarcador, ra [demarkaðor, ra] 形 境界を画定する; 境界を画定している
demarcar [demarkár]《←de-(強調)+marcar》[7] 他 ❶ …の境界, 境界線を定める: ~ la frontera (los límites) 国境(境界)を画定している. ❷《船舶》方位を測定する[=marcar]
demarco [demárko] 男《古代ギリシャ》市区 demos の長
demarrage [demaráʒ]《←仏語》男 =**demarraje**
demarraje [demaráxe] 男《西.スポーツ》スパート
demarrar [demaɾár] **I**《←仏語 démarrer》自《西.スポーツ》スパートをかける: El corredor demarró y dejó clavado al pelotón. そのランナーはスパートをかけ, 集団から抜け出した
II《-de-+marrar》~**se**《古語》道に迷う, 道から外れる
demás [demás]《←ラテン語 de magis》形《不定形容詞. 性数無変化》[並列の y の後を除き 定冠詞+] そのほかの, それ以外の: 1)《+複数名詞》Todavía no han llegado los ~ invitados. そのほかの招待客はまだ来ていない. He leído el Quijote, Lazarillo de Tormes y [las] ~ obras. 私はドン・キホーテ, ラサリーリョ・デ・トルメスやそのほかの作品を読んだ. 2)《+単数名詞》El ~ personal del ayuntamiento cuenta con un nivel de estudios. 市役所のほかの職員にはある程度の学歴がある. ¿Qué piensan de las corridas de Toros y el ~ maltrato animal? 彼らは闘牛やその他の動物虐待についてどう思っているのだろうか?
── 代《不定代名詞. 性数無変化》❶ [定冠詞複数形+] そのほかの人(物・事): Esta muchacha es diferente de las ~. この子はほかの女の子(姉妹)と変わっている. No me importa en qué dirán de los ~. 私は他人が何を言おうと気にならない. Bajo las miradas de todos los ~ sonríe indiferente. 皆の全員の視線にさらされながら, 彼は平然と笑っている. ❷ [lo+. 抽象的・集合的に] その他のこと: Lo ~ no me importa. ほかのことはどうでもいい. Solo quiero tu amor; lo ~ no me interesa. 君の愛だけほしい. それ以外は興味ない
── *por* ~ 1) あまりに, 過度に: Come *por* ~. 彼は食べすぎだ. 2) [形容詞・副詞を修飾して] película *por* ~ divertida とても愉快な映画. padre *por* ~ severo 厳しすぎる父親. 3) [ser・estar *por* ~ que+接続法] 無駄に: Es *por* ~ que se lo pidas. 彼にそれを頼んでも無駄だよ
por lo ~ それを別にすれば, それを除けば: No es tan inteligente, pero *por lo* ~ es muy bueno. 彼はそれほど頭はよくないが, それを別にすれば, とても善良だ
y ~《口語》…など《=etcétera》: Me dio libros, cuadernos *y* ~. 彼は私にホンやノートなどをくれた. Como hizo calor, llovió *y* ~, me quedé en casa. 暑かったり, 雨が降ったり…, あれやこれやで私は家にいた
demasía [demasía]《←demás》女 ❶ 過度, 過剰, 過多, ゆきすぎ: Se han de corregir sus ~*s* en el beber. 飲みすぎを改めなければならない. Toda ~ es mala. 何でもやりすぎはよくない. ❷ 不遜(½½), 横柄, 無礼, 傲慢な態度: Su ~ durante la reunión fue criticada por todos. 会合での彼の無礼な態度は皆から非難された. manifestarse con ~ 横柄な態度をとる. ❸《口語》悪行, 犯罪行為, 無法行為, 無法: cometer ~*s* 無法なことをする. 乱暴を働く; 極端に走る. ❹《鉱山開》無主地
en ~ 過度に, あまりに: Nos colmaron de atenciones *en* ~. 彼らは色々と私たちに気をつかいすぎた. beber *en* ~ 飲みすぎる
demasiadamente [demasjáðaménte] 副 あまりにも, 必要以上に
demasiado, da [demasjáðo, ða]《←demasía》❶ [主に+名詞] あまりに多くの, 過度の: Aquí hay ~*da* gente. ここは人が多すぎる. El ~ cariño a veces daña al niño. 過度の愛情は時に子供をだめにする. No tengo ~ tiempo. 私は時間が足りない. ❷ [+para には] 余りある: Esa pulsera es ~*da para mí*. その腕輪は私にはもったいない. ❸ [強調] 非常にたくさんの: Él bebe mucha agua y come ~*da* carne. 彼は水をたくさん飲み, 肉をたくさん食べる. ❹ [副詞的に, +形容詞] 度を超して, 過度に: Este bebé toma ~*da* poca leche. この赤ん坊はミルクの飲み方が少なすぎる. ❺《性数無変化で》《若者語》すばらしい, 最高の: Este equipo de música es ~. この音響機器セットはすごい. ❻《古語》軽口の
¡Es ~!*/¡Qué* ~!《西. 口語》すごい, ひどい!
── 副 あまりに多く, 度を越しては: Papá, no bebas ~. パパ, あまり飲まないでね. Te preocupas ~. 君は心配しすぎだ. A mí no me importa ~ el dinero. 私にとってそれほど金は大切でない. ❷ [+形容詞 / 副詞] あまりに…, …すぎる: Es ~ grande. それは大きすぎる. los zapatos ~ estrechos 窮屈すぎる靴. ❸《メキシコ》非常に[=muy]
~ [+形容詞・副詞] [+*como*]+*para*+不定詞・*que*+接続法 あまりに…ので…: El problema era ~ complicado *para que* pudiéramos contestar en una palabra. 問題は一言で答えるには複雑すぎた. Mañana será ~ tarde para hablar de eso. そのことについて話すのは明日では遅すぎる

demasiar [demasjár] [11] ~**se**《まれ》ゆきすぎる, 度を越える, 羽目を外す
demasié [demasjé] 副《西. 口語》すごい, すばらしい: ¡Tío, esta moto es ~! おい, このバイクすごいじゃないか!
demediar [demeðjár] [10] 他《まれ》❶ 半分に分ける. ❷ 半ばに達する, 半分を過ぎる. ❸《まれ》半日使う
── [自]《まれ》[時間・行程などが] 半ばになる, 半分が過ぎる: *Demediaba* el siglo cuando estalló la guerra. 戦争が勃発したのはその世紀の半ばだった

demencia [demenθja]《←ラテン語 dementia》女 ❶ 狂気, 精神錯乱: Su ~ le lleva a creerse perseguido por todo el mundo. 彼は心を病んで皆から追いかけられていると思い込むようになった. ❷《法律》心神喪失. ❸《医学》認知症: ~ precoz (senil) 若年(老年)性認知症. ❹《口語》支離滅裂, めちゃくちゃな言動
demenciado, da [demenθjáðo, ða] 形 名 狂気(精神錯乱)の[人]
demencial [demenθjál] 形 ❶ 精神錯乱の,《法律》心神喪失の,《医学》認知症の: No fue declarado culpable por haber cometido el crimen en estado ~. 心神喪失状態での犯罪だったため彼は有罪判決を受けなかった. ❷《口語》支離滅裂な, めちゃくちゃな: tomar una decisión ~ でたらめな決定をする. Tuvimos un tráfico ~. すごい渋滞だった
dementar [dementár] 他《まれ》❶ 正気を失わせる, 精神を錯乱させる. ❷《古語》言及する
demente [deménte]《←ラテン語 demens, -entis「知性のない」< de-(欠如)+mens, mentis「頭脳」》形《医学》精神の錯乱した[人], 正気を失った[人];《法律》心神喪失の(喪失者): Está ~; hace y dice unas cosas extrañísimas. 彼はどうかしている. 変なことを言ったりしたりしている. tener una conducta ~ 常軌を逸した行動をとる. ❷《医学》認知症の[患者]
demergido, da [demerxíðo, ða] 形《廃語》意気消沈した, 気落ちした
demeritar [demeritár] 他《中南米》[仕事の成果・人の信用などを]失わせる
demérito [demérito]《←ラテン語 demeritus》男 欠点, デメリット, 短所, 欠陥: El gran tamaño de este cuadro más que un mérito es un ~. この絵の大きさはプラスというよりむしろマイナスになる. Esto va en ~ de nuestra compañía. これは当社にとって逆効果になる
demeritorio, ria [demeritórjo, rja] 形 非難に値する, ふさわしくない: recibir un trato ~ 失礼な扱いを受ける
demersal [demersál] 形《生物》海底の, 湖底の: pez ~ 底魚
Deméter [deméter] 女《ギリシャ神話》デメテル[豊穣と大地の女神. ローマ神話の Ceres ケレスに相当]
demi-mondaine [demimondén]《←仏語》女《歴史》[社交界に出入りする]高級娼婦, 身持ちの良くない女たち
demi-monde [demimónd]《←仏語》男《歴史》[主に19世紀末~20世紀初頭のパリの]高級娼婦(身持ちの良くない女)たちの世界
demineralización [demineraliθaθjón] 女 =**desmineraliza-**

De minimis non curat praetor [de mínimis nɔn kúrat praetór]【←ラテン語】法務官は小事に構わず【高い地位にある人は些細なことに構うべきでない】

demisión [demisjón]【《廃語》服従; 意気消沈, 落胆

demiurgia [demjúrxja] 囡 デミウルゴス(創世神) demiurgo の仕業

demiúrgico, ca [demjúrxiko, ka] 形 デミウルゴスの; 創世神

demiurgo [demjúrɣo] 男 デミウルゴス, 世界の形成者;[プラトン哲学で] 創世神【グノーシス派哲学では物質的世界を作り出した悪の元凶と見なされる】

demo [démo]【←demostración】囡《情報》デモソフト, 体験版ソフト

demo-【《接頭辞》【民衆】*democracia* 民主主義, *demografía* 人口学

democracia [demokráθja]【←ラテン語 democratia < ギリシア語 demokratia「民主政体」】❶ 民主主義, デモクラシー; 民主政体, 民主制: En la ~ el poder reside en el pueblo. 民主制では主権は民にある. ~ cristiana キリスト教民主主義. ~ directa 直接民主主義. ~ económica 経済民主主義《国民経済の管理や企業経営に対して労働者の発言権や参加を認める》. ~ industrial 産業民主主義《団体交渉の制度的保証と労働組合の組織強化, さらに労働者の経営参加を含意する》. ~ orgánica《歴史》[フランコの] 有機的民主主義. ~ parlamentaria (presidencial) 議会(大統領) 制民主主義. ~ popular 人民民主主義. ~ representativa 代表民主制, 間接民主主義. ~ y paz 平和と民主主義. ❷ 民主主義国家: Las ~s occidentales enviaron ayuda humanitaria a la zona del conflicto. 西側諸国は紛争地帯に人道援助を行なった.

demócrata [demókrata]【←democracia】形 名 ❶ 民主主義の(主義者): espíritu ~ 民主主義精神. ~ cristiana キリスト教民主主義の. ❷ 民主党の(党員): partido ~ 民主党

democrataсristiano, na [demokratakristjáno, na] = democristiano

democráticamente [demokrátikaménte] 副 民主的に

democrático, ca [demokrátiko, ka] 形 民主主義の, 民主的な: primeras elecciones ~cas después de una larga dictadura 長期の独裁制後初の民主選挙. país ~ 民主主義国家. principios ~s 民主主義の原則. régimen ~ 民主主義体制

democratismo [demokratísmo] 男 民主主義の思想(精神)

democratización [demokratiθaθjón] 囡 ❶ 民主化: ~ de las decisiones políticas 政策決定の民主化. ~ económica 経済の民主化. ❷ 大衆化: ~ de transporte aéreo 航空輸送の大衆化

democratizador, ra [demokratiθaðór, ra] 形 民主化する

democratizar [demokratiθár]【←democracia】他 ❶ 民主化させる: Las instituciones del país se *democratizaron* cuando cayó el régimen dictatorial. 独裁制が崩壊すると国の諸制度が民主化された. ❷ 大衆化させる, 一般化させる: la enseñanza 教育の機会均等を果たす
── se 民主化する, 民主的になる

democristiano, na [demokristjáno, na] 形 名 キリスト教民主同盟 Unión Cristianodemócrata の(党員); キリスト教民主主義の

demodé [demodé]【←仏語】形《口語》流行遅れの: Es una melodía ~, propia de los ochenta. それは1980年代の流行遅れの曲だ

demódex [demódɛ(k)s] 男《動物》ニキビダニ

demodulación [demoduḷaθjón] 囡《電気》復調

demodulador [demoduḷaðór] 男《電気》復調器

demografía [demografía] 囡 ❶ 人口学, 人口統計. ❷ 人口: La ~ europea va a la baja. ヨーロッパの人口は減少傾向にある

demográfico, ca [demográfiko, ka] 形 ❶ 人口学の. ❷ 人口の: concentración ~ca 人口集中. explosión ~ca 人口爆発

demógrafo, fa [demógrafo, fa] 名 人口学者

demoledor, ra [demoleðór, ra] 形 ❶ 破壊する, 解体する: fuerza ~ra 破壊力. dar unos golpes ~res 破壊力のあるパンチを繰り出す. ❷ 痛烈な: crítica ~ra 酷評
── 名 [建物などの] 取り壊し業者, 解体業者

demoler [demolér]【←ラテン語 demoliri「打ち倒す」 < moles「塊, 重い物」】29 他 ❶ [建物などを] 取り壊す, 破壊する: Los bomberos *demolieron* las casas que amenazaban ruina. 消防隊は壊れそうな家を解体した. ❷ [組織・体制などを] 潰す: ~ el sindicato 労働組合を潰す. ❸ だめにする, 台なしにする: Sus palabras *demolieron* todas las fantasías. 彼の言葉はすべての夢を打ち砕いた. ~ su argumentación 議論をぶち壊す. ~ el proyecto 計画を台なしにする

demoliberal [demoliberál] 形 名 民主的自由主義の(主義者)

demoliberalismo [demoliberalísmo] 男 民主的自由主義

demolición [demoliθjón] 囡 ❶ 取り壊し, 解体: sistemática ~ de los templos 神殿の徹底的破壊. ❷ 崩壊, 瓦解: Las luchas internas causaron la ~ del sistema. 内紛が体制の崩壊を招いた

demología [demoloxía] 囡 悪魔学

demológico, ca [demolóxiko, ka] 悪魔学の

demonche [demóntʃe] 男《婉曲》= demonio

demonetización [demonetiθaθjón] 囡 = desmonetización

demoniaco, ca [demoniáko, ka] 形 = demoníaco

demoníaco, ca [demoníáko, ka]【←demonio】形 ❶ 悪魔の: culto ~ 悪魔崇拝. ❷ [人が] 悪魔のような. ❸ 悪魔に取りつかれた

demonio [demónjo]【←ラテン語 daemonium < ギリシア語 daimonion「聖霊, 下級神」】男 ❶ 鬼, 鬼神, 悪霊;《キリスト教. 婉曲》悪魔, 堕天使【=diablo】: estar poseído por el ~ 悪魔に取りつかれている. ~ de la tentación 誘惑の魔717. ~ en figura de mujer es un ~. あの女は悪魔だ.《口語》[悪魔のように] ひどく悪い人, ずるい人; [悪い意味で] 達人, 名人; いたずらっ子, 腕白: Es el mismo (mismísimo) ~./Es más malo que el ~. 彼は非常に腹黒だ/ずる賢い・いたずらをする. ❹《古代》の守護神, 霊: ~ familiar [個人の] 守り神. ~ inspirativo 霊感. ❺《ギリシア神話》ダイモン: ~ de Sócrates ソクラテスの内なる声《口語》❻《口語》[主に 疑問詞+. 強調] 一体, 一体全体: ¿Qué ~(s) quieres decirme? 一体何を言いたいのだ? ¿Quién ~s eres tú? お前は一体何者だ? ¿Cómo ~s se te ocurre tal cosa? 一体何だってそんなことを思いついたんだ? ❼《動物》タスマニアデビル【= diablo de Tasmania】

a [mil] ~s《口語》[強調] ひどく, まずく: La basura amontonada huele *a* ~s. ゴミの山はひどいにおいがする. No sé qué ha pasado hoy en la cocina, que huele *a* ~s y no hay quien se la coma. 一体今日は台所で何があったか知らないが, この料理はひどく食べられたものではない. sonar *a* ~s ひどい音がする

al ~ [con]...《口語》…なんて嫌だ: ¡Al ~ con el ley! 法律なんてうんざりだ!

Al ~ se le ocurre+不定詞《口語》…するなんてとんでもないことだ

como el (un) ~ 激しく, 死に物狂いに, 必死に: Corrí *como un* ~ y nadie pudo alcanzarme. 必死で走ったので誰も私に追いつけなかった

como ~s = como el (un) ~

¿Cómo ~s? [不快] どうしてなんだ?

darse a [todos] **los** ~s 激怒する: Era un hombre tan impaciente, que en seguida *se daba a todos los* ~s cuando veía que le hacían esperar. 彼はとても気短な男で, 待たされているのが分かるとすぐ怒り出すのだった

...de ~s = ...de mil ~s

...de mil ~s《口語》ひどい, ひどく悪い…, さんたんたる…; すごい…, 驚くべき…: Cogí un resfriado *de mil* ~s. 私はひどい風邪をひいた

...de todos los ~s = ...de mil ~s

...del ~ = ...de mil ~s: imaginación *del* ~ すごい想像力

¡D~ con...! …には驚いた(あきれた)!: ¡D~ *con* este chiquillo! 全くこのがきときたら!

¡D~ de...! …のちくしょうめ!: ¡D~ *de* José! Se ha llevado lo mío. ホセの奴め! おれの物を持っていってしまった

¡D~[s]!《口語》[怒り・驚き・不快] ちくしょう/あれっ/へえーっ/ちぇっ!

¡El ~ de...! = **¡D~ de...!**

El ~ que+接続法 …するなんて何と難しいことだ

estudiar con el ~ 悪知恵が働く, わんぱくぶりを発揮する

hecho un ~ = como el (un) ~

llevar[se] a+人 **el** ~/**llevar[se] a**+人 [todos] **los** ~s《口語》…が激怒する: Se enfureció tanto que parecía que

se le *llevaban los* ~*s*. 彼は烈火のごとく怒った
meter a**+人 **el** ~ **en el cuerpo 《口語》…を不安にする, 心配させる
¡Ni qué ~! =¡Qué ~〔s〕!
ponerse como (hecho) un ~ 激怒する; やけくそになる
¡Qué ~〔s〕! 《西. 口語》[怒り] ちくしょうめ, くそっ!
¡Que me lleve el ~ si...! [願望] もし…なら私はどうなってもいい!/[反論] そんなことがあってたまるものか!
revestirse a**+人 **el ~/revestirse a**+人 **todos los ~s …が憤慨する, 激高する
tener el ~ (los ~s) en el cuerpo [子供が] 手に負えないほど元気である, ひどくわんぱくである

demoniólatra [demonjólatra] [名] 悪魔崇拝者
demoniolatría [demonjolatría] [名] 悪魔崇拝
demoniomanía [demonjomanía] [女] =**demonomanía**
demonismo [demonísmo] [男] [原始宗教の] 悪魔礼拝, 悪魔主義
demonización [demoniθaθjón] [女] 悪魔化
demonizar [demoniθár] ⑨ [他] [人・物を] 悪魔化する, 悪魔に取りつかせる
demonofobia [demonofóbja] [女] 鬼神恐怖
demonólatra [demonólatra] [名] 悪魔崇拝者
demonolatría [demonolatría] [女] 悪魔崇拝
demonología [demonoloxía] [女] 悪魔学
demonológico, ca [demonolóxiko, ka] [形] 悪魔学の
demonólogo, ga [demonólogo, ga] [名] 悪魔学研究家
demonomancia [demonománθja] [女] 魔法占い
demonomancía [demonomanθía] [女] =**demonomancia**
demonomanía [demonomanía] [女] 悪魔に取りつかれているという妄想
demontre [demóntre] [間] [怒り・不快] ちくしょう!: ¡*D*~*s* con el abuelo! くそじじいめ! ¡*D*~ de niños, no pueden callarse! 悪がきどもめ, 静かにできないのか!
—— [男] 《婉曲》 =**demonio**: ¿Qué ~*s* quieres hacer ahora? 君は今度は一体何をやらかすつもりだ?
demoño [demóño] [男] 《アストゥリアス》 =**demonio**
demora [demóra] 〘←demorar〙 [女] ❶ 《主に中南米》 遅れ: El vuelo tiene treinta minutos de ~. その便は30分遅れです. Es posible una pequeña ~. 多少の遅れはあり得る. Perdón por la ~. 遅くなってごめん. ❷ 《法律》 遅延, 遅滞: La ~ en el pago de esta deuda te traerá problemas. この借金の返済が遅れると困ったことになるよ. ❸ 《船舶》 方位, 方位角: tomar una ~ ある方角をとる. ❹ 《中南米. 歴史》 先住民が鉱山で強制労働させられた8か月間
demorar [demorár] 〘←ラテン語 demorari〙 [他] 《主に中南米》 遅らせる, 遅延させる, 延期する: Me *han demorado* los atascos del tráfico. 渋滞で遅れてしまいました. ~ la salida hasta que mejore el tiempo 天気が回復するまで出発を延期する
—— [自] ❶ 《主に中南米》 [+en+不定詞 するのに] 時間がかかる: *Demoró en* hacer efecto. 効き目が現われるまで時間がかかった. ❷ 《船舶》 ある方向を取る, 向く
—— **~se** 《主に中南米》 ❶ [予定・通常より] 遅くなる, 遅れる: *Me demoraré* un poco mañana, porque tengo que pasar primero por el dentista. 明日は先に歯医者に寄らなくてはならないので少し遅れます. Perdón por ~*me en* contestar tu carta. 返事が遅れて申し訳ない. ❷ 時間がかかる: ¿Cuánto *te demoras en* llegar hasta allá? そこに着くまでどれくらい時間がかかりますか? ❸ とどまる, 滞在する
demorón, na [demorón, na] [形] [名] 《南米. 口語》 のろま〔な〕
demoroso, sa [demoróso, sa] [形] 《チリ, アルゼンチン. 口語》 [人・乗り物が] ゆっくりした, 遅い; [仕事が] 非常に時間のかかる
demos [démos] [男] 〘単複同形〙 ❶ 《古代ギリシア》 1) 市区. 2) 市民; 人民, 民衆, 大衆. ❷ [古代アッティカの] 領土の境界線
demoscopia [demoskópja] 〘←独語 Demoskopie〙 [女] 世論調査
demoscópico, ca [demoskópiko, ka] [形] 世論調査の: estudio ~ 世論調査
demosofía [demosofía] [女] 《まれ》 ❶ 民衆の知恵. ❷ 民間伝承 〘=folclore〙
demóstenes [demóstenes] 〘←*D*~ (デモステネス)〙 [男] 〘単複同形〙 雄弁家
demostino, na [demostíno, na] [形] デモステネス Demóstenes の〔ような〕 〘雄弁で名高い古代ギリシアの政治家〙
demostrable [demostráble] [形] 証明され得る: Es una teoría difícilmente ~. その理論は証明が困難だ
demostrablemente [demostrábleménte] [副] 証明できるように
demostración [demostraθjón] 〘←demostrar〙 [女] ❶ 証明, 実証, 立証: Le es difícil comprender una ~ matemática. 彼には数学の証明を理解するのが難しい. ~ del teorema 定理の証明. Las lágrimas no son siempre la ~ de dolor. 涙を流しても痛いとは限らない. La ~ de que te envié el paquete es el resguardo del correo. 君に小包を送った証拠がこの郵便受取証だ. Los hechos son la mejor ~ de lo que digo. 僕の説の正しさは事実が一番よく証明してくれる. ❷ [感情・意志などの] 表明, 表出, 現われ; [力の] 誇示: Es una ~ de fidelidad. それは忠誠の証だ. acoger a+人 con *demostraciones* de entusiasmo 熱狂的に…を迎え入れる. hacer una ~ de fuerza física 体力があることを見せる. ❸ [商品などの] 実演; 《スポーツ》 模範演技, デモンストレーション: hacer una ~ de sus habilidades con el balón ボールさばきのうまさを見せる. cinta de ~ デモテープ. ~ atlética 体操の模範演技. ❹ 《軍事》 陽動作戦
demostrador, ra [demostradór, ra] [形] 証明する, 論証的な; 実演する: gesto ~ de rechazo いやだというそぶり
—— [名] ❶ 論証者, 証明者. ❷ 実演販売人, 実地指導員
demostrar [demostrár] 〘←ラテン語 demostrare〙 ㉘ [他] ❶ 証明する, 論証する, 実証する: 1) ~ un teorema 定理を証明する. En su obra hay muchas afirmaciones no *demostradas*. 彼の著書には根拠のない断定がある. Sus respuestas *demuestran* su inteligencia. 彼の答えぶりから頭の良さが分かる. 2) [+不定詞・que+直説法 であることを] *Ha demostrado* ser muy capaz. 彼は大変能力のあるところを証明した. Te voy a ~ *que* tengo razón. 僕が正しいことを見せてあげよう. ❷ 明らかにする, 明示する: *Demostraste* poco interés marchándote de esa manera. 君はそのように立ち去って乗り気でないことを示した. El tenista *demostró* cómo juega un campeón. そのテニスプレーヤーはさすがチャンピオンというプレーをした. ❸ 実際にやって見せる(教える), 実演する: ¿Quiere ~nos cómo funciona la máquina? 機械を動かしてみせてくれませんか? ❹ [感情を] あらわにする, 表に出す: ~ alegría 喜びを表わす. ❺ 《古語》 教える
demostrativamente [demostratíbaménte] [副] 《まれ》 はっきりと, 明らかに
demostrativo, va [demostratíbo, ba] 〘←ラテン語 demostrativus〙 [形] ❶ 証明する, 明らかにする: ejemplo ~ 実例. prueba ~*va* del delito 犯罪の証拠. ❷ 《文法》 指示の: adjetivo (pronombre・adverbio) ~ 指示形容詞(代名詞・副詞). ❸ 《中南米》 感情をすぐ表に出す
—— [男] 《文法》 指示詞
demótico, ca [demótiko, ka] [形] [男] [古代エジプトの] 民衆文字〔の〕
demudación [demudaθjón] [女] [表情などの] 変化
demudamiento [demudamjénto] [男] =**demudación**
demudar [demudár] 〘←ラテン語 demutare〙 [他] ❶ [表情などを] 変えさせる: Tenía el rostro *demudado* por el dolor. 彼は痛さで顔が引きつっていた. ❷ [一般に] 変化させる: La erosión *ha demudado* el perfil de la cordillera. 風化作用で山脈の形が変わってしまった. ~ el color del pelo 髪の色を変える
—— **~se** [+a+人 の表情が] 急に変わる, 血相を変える: *Se* le *demudó* la expresión al verla entrar. 彼女が入ってくるのを見て彼の顔色が変わった
demulcente [demulθénte] [形] [男] 《薬学》 刺激を緩和する, 痛みを和らげる; 緩和薬
demultiplicar [demultiplikár] ⑦ [他] 《技術》 [変速機などで, 回転速度を] 減速する
denante [denánte] [副] =**denantes**
denantes [denántes] [副] ❶ 《廃語》 以前に 〘=antes〙. ❷ 《南米. 口語》 たった今, 少し前に 〘=en ~〙
denario, ria [denárjo, rja] [形] 10の
—— [男] 《古代ローマ》 デナリウス銀貨(金貨)
denatalidad [denatalidá(d)] [女] 《統計》 出生率の低下
dende [dénde] [副] 《古語, 現代では俗語》 ❶ =**de allí**; =**de él**, **de ella**; =**desde allí**. ❷ =**desde**
dendeveras [dendeberas] [副] 《ボリビア. 口語》 本当に 〘=de veras〙
dendriforme [dendrifórme] [形] [構造が] 樹木状の, 樹木型の
dendrita [dendríta] [女] ❶ 《鉱物》 模樹(もじゅ)石, しのぶ石. ❷ 《解剖》 [神経細胞の] 樹状突起. ❸ 《化学》 樹枝状結晶
dendrítico, ca [dendrítiko, ka] [形] 樹木状の, 樹状の

dendrocronología [dendrokronoloxía] 囡 年輪年代学
dendrofobia [dendrofóbja] 囡 樹木恐怖症
dendroide [dendrójde] 形 ⇔arborescente⇔
dendroideo, a [dendrojdéo, a] 形 樹木のような ⇔=arborescente⇔
dendrología [dendroloxía] 囡 樹木学
dendrómetro [dendrómetro] 男 測樹学
dendrotráquea [dendrotrákea] 囡《昆虫》樹木状気管
Deneb [denéb] デネブ《白鳥座の超巨星》
Denébola [denébola] 囡《天文》デネボラ《獅子座の星》
denegación [denegaθjón]《←ラテン語 denegatio, -onis》囡 ❶ 拒絶; ~ sistemática de los aumentos de sueldo 賃上げの断固拒絶. ❷ 《法律》却下: ~ de auxilio 職務不履行. ~ de demanda 訴え（申し立て）の却下. ~ de prueba 証拠不採用
denegar [denegár]《←ラテン語 denegare》[8] [23] ⇔→negar⇔ 他 ❶ 〔依頼を〕拒絶する, 拒否する《⇔conceder》: Le *denegaron* la beca que había solicitado por falsedad en los datos. 資料に虚偽があったため彼の申請した奨学金は認められなかった. ❷ 《法律》却下する, 否認する: ~ la libertad condicional 仮釈放を認めない
—— 自 否定する: ~ con la cabeza かぶりを振る, 首を左右に振る
denegativo, va [denegatíbo, ba] 形 拒絶する; 否認する: hacer gestos ~s con la cabeza 頭を振ってだめだと言う
denegatorio, ria [denegatórjo, rja] 形 拒絶の; 否認の
denegrecer [denegreθér] [39] 他《まれ》=ennegrecer
denegrido, da [denegríðo, ða] 形 黒っぽい, 黒ずんだ
denegrir [denegrír] 他《まれ》黒くする, 黒ずませる
—— ~se 黒くなる, 黒ずむ: *Se denegre* el cielo. 空が暗くなる
denén [denén] 副《古語的》〔否定の強調〕いや, 違う
denervación [denerβaθjón] 囡《医学》神経を麻痺させること, 神経除去
dengoso, sa [dengóso, sa]《←dengue》形 ❶ 気取った, 上品ぶった, もったいぶった. ❷《コロンビア. 口語》腰を振って歩く
dengue [déŋge]《←擬声》形 I 《口語》❶ 気取り, もったいぶり: No me vengas con ~s. 気取ったことを言ってぐだぐだ言わないでくれ. Si te gusta, déjate de ~s y cómprate de una vez. 気に入ったのなら, もったいぶらずにさっさと買ってくれ. Siempre hacía ~s cuando la sacaban a bailar. 踊りに誘われると, 彼女はいつももったいをつけていた. ❷ 気取った人. ❸《医学》デング熱《=fiebre ~》. ❹《中南米》腰を振って歩くこと. ❺《メキシコ》怒りの表情, しかめ面
II 男《チリ. 植物》オシロイバナ
denguear [deŋgeár] 自 気取る, 上品ぶる, もったいぶる: Es muy amiga de ~ y hacer aspavientos. 彼女は気取って大げさな仕草をするのが好きだ
denguero, ra [deŋgéro, ra] 形《口語》気取った, 上品ぶった
denier [denjér]《←仏語》男《糸の太さの単位》デニール
denigración [deniɣraθjón] 囡 悪口, 誹謗, 中傷, 侮辱
denigrador, ra [deniɣraðór, ra] 形 侮辱的な, 名誉毀損の; 侮辱する人, 中傷家
denigrante [deniɣránte] 形《文語》名誉（自尊心）を傷つける, 中傷的な; [+para にとって] 侮辱的な: palabras ~s 非難中傷. recibir un trato ~ プライドを傷つけるような扱いを受ける. libros ~s *para* las mujeres 女性を侮辱する本. Es ~ *para* él que le paguen menos que a los otros. 他の人より給料が少ないのは彼には屈辱だ
denigrar [deniɣrár]《←ラテン語 denigrare》他 …の名誉（信用・人格）を傷つける, 中傷する, けなす, けちをつける, 侮辱する: ~ a los esclavos de palabra y de obra 言葉でも態度でも奴隷を傷つける. Quienes ayer *denigraban* su capacidad intelectual hoy aplauden su talento. 昨日彼の知能をこき下ろしていた人が今日は彼の才能を誉めている
denigrativo, va [deniɣratíbo, ba] 形 中傷する, 人を悪く言う: Criticaron su ~*vas* ofensas hacia los extranjeros. 外国人を中傷する彼の無礼が非難された
denigratorio, ria [deniɣratórjo, rja] 形 中傷的な, 侮辱的な: recibir un trato ~ 侮蔑的な扱いを受ける
denodadamente [denoðaðaménte] 副 ❶ 根気よく, 精力的に. ❷ 決然と: luchar ~ 勇敢に闘う
denodado, da [denoðáðo, ða]《←古語 denodarse「あえてする」》形 ❶ 疲れを知らぬ, 根気の強い, 飽くなき: Me lancé a la aventura con espíritu ~. 私は不屈の精神で冒険に身を投じた. ~ esfuerzo たゆまぬ努力. trabajo ~ de salvamento 懸命の救助作業. ❷ [+名詞] 根性のある, 性根の座った, 勇敢な: ~ combatiente 闘士. ~ defensor de la democracia 民主主義の敢然たる擁護者

denominación [denominaθjón] 囡 ❶ 命名, ネーミング; 名称, 呼称: Los vecinos han propuesto la ~ de la nueva avenida. 住民たちは新しい通りの名前を提案した. ~ de los nuevos productos 新製品の命名（名称）. ~ social 社名. ❷《経済》貨幣単位名, 額面価格;《中南米》紙幣の価値: billete de baja ~ 少額紙幣
~ *de origen* 〔農畜産物の〕原産国（地）表示: Estos productos lácteos no tienen ~ *de origen*. これらの乳製品には原産地表示が付いていない. ~ *de origen* controlada〔y garantizada〕[ワインの] 検定付き〔品質保証〕原産地呼称
denominadamente [denominaðaménte] 副 明確に, はっきりと, 判然と
denominado, da [denomináðo, ða] 形 ❶ …と呼ばれる: el ~ efecto invernadero いわゆる温室効果. ❷ 複素数の
—— 男《数学》複素数
denominador, ra [denominaðór, ra] 形 命名する: acción ~*ra* 命名行為. característica ~*ra* del pájaro その鳥の名前の由来となった特徴
—— 囡 命名者
—— 男《数学》分母《⇔numerador 分子》
común ~ 1)《数学》公分母: mínimo común ~ 最小公分母. 2) 共通点, 共通要素: El *común* ~ de todos los hermanos es su inteligencia. この兄弟全員の共通点は頭の良さだ
~ *común* =común ~
denominal [denominál] 形《言語》名詞から派生した《=denominativo》
denominar [denominár]《←ラテン語 denominare》他《文語》[+目的格補語 と] 命名する, 名づける, …という名で呼ぶ: Los críticos lo *denominaron* modernismo. 批評家たちはそれをモデルニスモと呼んだ. 1985 fue *denominado* Año Internacional de la Juventud. 1985年は国際青少年年と命名された. Es una planta *denominada* así por su forma. その植物は形からそのように名づけられた
—— ~se 自身を…と呼ぶ
denominativo, va [denominatíbo, ba] 形 ❶ 命名の, 名づけの. ❷《言語》名詞から派生した: verbo ~ 名詞派生動詞《例 torear←toro》
—— 男 名詞派生語《名詞から派生した形容詞・動詞・名詞》
denostación [denostaθjón] 囡 =denostada
denostada [denostáða] 囡 侮辱, 罵倒の言葉
denostadamente [denostaðaménte] 副 失礼にも, 侮辱的に
denostador, ra [denostaðór, ra] 形 侮辱的な, 無礼な: rumores ~*es* 名誉を傷つける噂
denostar [denostár]《←古語 donestare＜ラテン語 dehonestare「面目を潰す」》[28] 他《文語》ひどく侮辱する, ののしる, 罵倒する: Comenzaron a ~*lo* despiadadamente y tuve que marcharme para no oírlo. 皆は彼をこっぴどくののしり始めたので, 私はそれが耳に入らないようその場を離れなくてはならなかった
denostosamente [denostosaménte] 副 =denostadamente
denostoso, sa [denostóso, sa] 形 侮辱的な
denostrar [denostrár] [28] 他《まれ》悪口を言う
denotación [denotaθjón]《←ラテン語 denotatio, -onis》囡 ❶《文語》表われ, 明らかなこと: Sus respuestas eran una constante ~ de disgusto. 彼の答えは常に不満を表わしていた. ❷《言語》明示的意味: Ninguna de las palabras del poema está usada con su simple ~. 詩の中の言葉はどれも単純な明示的意味で使われていない. ❸《論理》外延, 外示《⇔connotación》
denotar [denotár]《←ラテン語 denotare》他《文語》〔ものが〕表われ, 示す, 意味する: Esas palabras *denotan* su desdén. それらの言葉は彼が軽蔑していることを表わす. Su parpadeo *denota* nerviosismo. 彼のまばたきは緊張状態を物語っている
denotativo, va [denotatíbo, ba] 形 ❶ 表示的な, 明示的な. ❷《言語》外示的な: valor ~ de una palabra ある語の外示的価値. ❸《論理》外延的な
de novo [de nóbo]《←ラテン語》副《開始》新たに, ゼロから
densamente [densaménte] 副 密集して, 濃く
densidad [densiðáð]《←ラテン語 densitas, -atis》囡 ❶ 密度,

濃度, 濃さ: ～ de población/～ poblacional 人口密度. ～ ósea/～ del hueso 骨密度. ～ relativa]: ～ de mucha ～ 比重が大きい. ❸《物理・統計など》密度: ～ de corriente 電流密度. ～ de probabilidad 確率密度. ～ óptica 光学密度. ❹《情報》記録密度[=～ de grabación]: disquete de doble (alta) ～ 2DD (2HD)のフロッピーディスク. ❺《文語》[人・事物の]重要度

densificar [densifikár] [7] 他 [密度を] 濃くする, 高める
— **se** [密度が] 濃くなる, 濃密になる
densimetría [densimetría] 女 比重測定, 密度測定
densímetro [densímetro] 男 比重計, 密度計
densitometría [densitometría] 女 ❶《写真》濃度測定法, デンシトメトリー. ❷《医学》骨密度測定法 [=～ ósea]
densitómetro [densitómetro] 男 ❶《写真》濃度計, デンシトメーター. ❷《医学》骨密度測定装置
denso, sa [dénso, sa]【←ラテン語 densus】形 ❶ [中身が] 密な, 濃い; 密度の高い, 濃厚な; 比重の大きい: La chimenea despedía un humo ～. 煙突から濃い煙が出ていた. La niebla se ha hecho muy ～ sa. 霧が非常に濃くなってきた. El aceite es menos ～ que el agua. 油は水より比重が小さい. bosque ～ 密林. niebla ～sa 濃霧. noche ～sa 暗夜. nubes ～sas 密雲, 厚い雲. población ～sa 稠密な人口. tráfico ～ 交通量の多さ, 交通渋滞. ❷内容の充実した [その結果, 難解の可能性がある]: La lección fue muy ～sa. 講義は非常に充実していた. libro ～ 内容の濃い本. ～ silencio 深い静寂 (沈黙). ❸《口語》退屈な, うっとおしい. ❹《物理》高密度の;《数学》稠密な

dentabrón [dentabrón] 男《植物》雄シダ [=helecho macho]
dentado, da [dentádo, da]【←ラテン語 dentatus】形 歯のある, ぎざぎざした: filo ～ ぎざぎざのある刃. hoja ～da《植物》鋸歯(きょし)状葉
— 男 ❶《切手の》ミシン目, 目打ち. ❷《木工》鋸状の凹凸による継ぎ合わせ
— 女《チリ》噛み傷
dentadura [dentadúra]【←dentado】女 集名 歯, 歯並び: arreglarse la ～ 歯並びを矯正する. tener una ～ bonita きれいな歯をしている, 歯並びがよい
～ **postiza (artificial)** 義歯; 総入れ歯, 一組の義歯: Lleva ～ postiza. 彼は入れ歯をしている
dentaje [dentáxe] 男 集名《地方語》[動物の] 歯
dental [dentál] I 【←ラテン語 dentalis】形 歯の: hilo (seda) ～ デンタルフロス. limpieza ～ 歯磨き. tratamiento ～ 歯の治療
— 女《音声》歯音 [t, d など. consonante ～]
II 【←ラテン語 dentale】❶《農業》[鋤の刃をはめる横木]. ❷脱穀機の歯
dentalización [dentaliθaθjón] 女 歯音化
dentalizar [dentaliθár] [9] 他《音声》歯音化する
dentamen [dentámen] 男《西. 口語》=**dentadura**
dentar [dentár] [23] 他《まれ》❶歯 [刃] をつける: ～ el filo de la sierra 鋸の歯を立てる. ❷ぎざぎざをつける; ミシン目を入れる
— 自 歯が生える: Esta criatura ha empezado a ～. この子は歯が生え始めている
dentario, ria [dentárjo, rja] 形《文語》歯の [=dental]
dente [dénte] →**al dente**
dentecillo [denteθíʎo] 男 diente の示小語
dentejón [dentexón] 男 [牛を荷車につなぐ] くびき
dentelaria [dentelárja] 女《植物》ルリマツリ [=belesa]
dentellada[1] [denteʎáda]【←dentellar】女 ❶噛むこと: dar ～s a... …を噛む, 噛みつく. ❷噛み傷, 噛み跡: ～s que el perro hizo en la pierna 犬に脚を噛まれた歯形. ❸歯をガチガチ鳴らすこと
a ～**s** 噛んで: destrozar a ～s 噛み砕く. partir a ～s 歯で噛みちぎる
dar (sacudir) ～**s a**+人 …の言ったことに噛みつく, 刺(とげ)のある返事をする
dentellado, da[2] [denteʎádo, da] 形 ❶ 歯のある. ❷ 歯に似た. ❸ 噛み跡のある. ❹《紋章》縁にぎざぎざのある
— 男《紋章》縁のぎざぎざ
dentellar [denteʎár]【←ラテン語 denticulus】自 [震えなどで] 歯をガチガチいわせる: El frío le hacía ～. 寒さで彼は歯がガタガタ鳴った
dentellear [denteʎeár] 他《やさしく, 繰り返し》噛む, しゃぶる: El niño dentellea el chupete. その子はおしゃぶりをちゅぱちゅぱ

dentellón [denteʎón] 男 ❶ [錠前の] かんぬきの切り込み. ❷《建築》1) 歯状飾 [=dentículo]. 2) 待歯(まちば). ❸《地方語》[梶棒の] くびきを固定する部分
dentera [dentéra]【←ラテン語 dens, dentis「歯」】女 ❶ [酸味・不快な音などによる] 歯が浮く (ぞっとする) 感じ: Chupar el limón me da ～. レモンをかじると私は歯が浮く. El chirrido de la tiza sobre la pizarra le da ～. チョークが黒板でキーッと鳴ると彼はゾクっとする. ❷《西》[他人の食べているものなどへの] 羨望. ❸ 熱望, 切望
denteroso, sa [denteróso, sa] 形 歯が浮く感じを引き起こす
dentezuelo [denteθwélo] 男 diente の示小語
denti-《接頭辞》[歯] *dentí*frico 練り歯磨き
denticina [dentiθína] 女《薬学》子供の歯の発生を促す薬
dentición [dentiθjón] 女【←ラテン語 dentitio, -onis】❶《医学》生歯, 歯牙発生期: estar con la ～ 歯が生えつつある. primera ～/～ de leche/～ primaria 第一生歯, 乳歯. segunda ～/～ permanente 第二生歯, 永久歯. ❷《解剖》集名 歯. ❸《動物》歯生状態 [歯の種類・数など]
denticonejuno, na [dentikonexúno, na] 形 [馬が] 歯から年齢を判別できない
denticulación [dentikulaθjón] 女 集名《動物》小歯
denticulado, da [dentikuláðo, ða] 形 歯状の: hoja ～da《植物》鋸歯葉
denticular [dentikulár] 形 歯の形をした, 歯状の
dentículo [dentíkulo] 男 ❶《建築》歯飾, デンティル. ❷《解剖》小歯. ❸《魚》～ dérmico 楯鱗(じゅんりん)
dentífrico, ca [dentífriko, ka]【←ラテン語 dens, dentis「歯」+fricare「こする」】形 歯磨きの: pasta ～ con flúor フッ素入り練り歯磨き
— 男 歯磨き《物》: tubo de ～ チューブ入り練り歯磨き
dentina [dentína] 女《解剖》[歯の] 象牙質
dentirrostro, tra [dentiřóstro, tra] 形 歯嘴類の
— 男 集名《鳥》歯嘴(しし)類
dentista [dentísta]【←ラテン語 dens, dentis】名 歯科医: ir al ～ 歯医者に行く
dentistería [dentistería] 女《コスタリカ, 南米》歯科;《コロンビア, エクアドル》歯科医院
dentística [dentístika] 女《中南米》歯学 [=odontología]
dentivano, na [dentíβano, na] 形 [馬が] 歯が大きく隙間がある
dentolabial [dentolaβjál] 形 =**labiodental**
dentolingual [dentoliŋgwál] 形 舌音の [=dental]
dentón, na [dentón, na] 形 歯の大きな〔人〕, 出っ歯の〔人〕
— 男 ❶《魚》ヨーロッパキダイ. ❷《まれ》大きな歯, 出っ歯
dentrambos, bas [dentrámbos, bas]《古語》de entrambos の縮約語
dentrífico [dentrífiko]【←dentífrico の誤用】男《俗語》歯磨き粉
dentro [déntro]【←古語 entro < ラテン語 intro「中へ」】❶ 中に・で, 内部に〔←⇔fuera〕: Compré una caja para guardar ～ las tarjetas. 私はカードを中にしまうための箱を買った. Pasa ～ un momento para que veas cómo ha quedado la librería. 本棚がどう収まったか, ちょっと中に入ってみて. Mira ahí ～. そこの中を見てごらん. 2) [+de ～] La cazuela se encuentra ～ del armario. シチュー鍋は食器戸棚の中にある. D～ de casa hace menos calor. 家の中の方が暑くない. Lo que está ～ de su corazón se refleja por fuera. 心の中にあるのは外に表われる. 3)[前置詞+] ¿Cómo fue el conflicto visto desde ～? 内側から見た争いはどのようなものでしたか? No venía de ～ de la casa, sino por la parte del jardín. 家の中から来たのではなく, 庭の方からやって来た. Suelta el perro y corre hacia ～ de la casa. 彼は犬を解き放すと家の中へと走りこむ. ❷ 屋内に・で: Prefiero comer ～, fuera hace frío. 中で食事をする方がいい, 外は寒い. Estábamos ～, porque llovía. 雨が降っていたので私たちは家の中にいた. ❸ 心の中に・で, 自身の中に・で: No exterioriza sus sentimientos, se lo guarda todo ～. 彼は自分の中にある気持ちを外に表わさないで, 何もかも胸にしまっておく. Descubrió que ella tenía ～ unas cualidades excepcionales. 彼女が類まれな資質を内に秘めていることを彼は見抜いた. Hay un actor frustrado ～ de él. 気持ちの上で希望を失ってしまった役者がいる. ❹ [+de+時の名詞] 1) [未来の時点] …後に, …が経過した時点で: D～ de diez minutos estaré allí. 10分後にそこへ行きます. Avísame ～ de una hora. 1時間たったら教えて

くれ。D～ de pocos días se convertirá en padre. 彼は近日中に父親になる。 2) [未来の期間]…期間内に;…の期間を通じて: Según la agencia, la firma espera lanzar el producto ～ de este año. 代理店によれば会社は今年中にその製品を発売する予定だ。 A～ del Barroco destacan numerosos autores de teatro. バロック時代を通じて多くの劇作家が輩出している。 ❺ [+de] …に応じて、…に従って: Él pensaba conquistar el país vecino en un futuro próximo, ～ de su plan. 彼は自分の計画に従って遠からず隣国を征服してやろうと考えていた。 ❻《演劇》[ト書きで] 奥に向かって
 a ～《古語的》=**adentro**: Si vas a ～, tráeme la chaqueta. 家の中へ行くのだったら、私の上着を持ってきて
 barrer para (hacia) ～《口語》自分の利益だけを図る
 ～ de nada すぐに: Bajaré ～ de nada. いま降りていきます
 ～ o fuera [決断を促して] どっちか: ¡D～ o fuera! どちらか [態度を] はっきりしろ! Déjate de ambigüedades y decide ～ o fuera. あいまいな態度はやめて、どっちにするか決めろ
 por ～ 1) 内心では: Me siento vacío por ～. 私は心がうつろだ。 llorar por ～ 心の中で泣く。 2) 内側を・に・から: Quiero pintar mi casa por ～. 私は家の内側を塗りたい。 La concha no tiene nada por ～. その貝殻は中に何も入っていない。 Cerraron la puerta con llave por ～. 彼らは内側からドアに鍵をかけた

dentrodera [dentroðéra]女《コロンビア》メイド、女中
dentudo, da [dentúðo, ða]形《軽蔑》出っ歯の〔人〕
—— 《キューバ・魚》アオザメ 〔=**marrajo**〕
dentuza [dentúθa]女《地方語》抜歯鉗子
denudación [denuðaθjón]女 ❶《医学》[器官を覆う] 膜(外被) を剥ぐこと。 ❷《地質》表面浸食、削剥(ৣ)、露出化
denudar [denuðár]他 ❶ […の膜・外被を] 剥ぐ、露出させる: ～ un hueso 骨を露出させる。 ❷《地質》表面浸食する
—— ～se 剥がれる: Los árboles se denudaron. 木々の樹皮が剥がれた
denuedo [denwéðo]〖←denodado〗男《文語》❶ 勇気、勇敢さ、大胆さ: luchar con ～ 勇敢果敢に闘う。 ❷ 努力: Puso gran ～ en acabar bien su obra. 彼は作品を仕上げるのに全力を傾注した
denuesto [denwésto]〖←denostar〗男《文語》[時に 複]口頭・文書での] 侮辱: llenar a+人 de ～s …にかずかずの侮辱を与える: Se mordió los labios para no estallar en ～s. 彼は罵詈雑言を吐かないよう唇を噛んだ
denuncia [denúnθja]〖←denunciar〗女 ❶ 告発、告訴〖行為〗: La mujer presentó ～ (hizo・puso) una ～ en la comisaría. 女性は警察署に訴え出た。 ～ falsa 誣告(ৣ)。 ～ social 社会的告発。 ❷ 告発状: presentar la ～ del robo 盗難届を出す。 ❸ 非難: La inmigración es una ～ de la situación de pobreza en el Tercer Mundo. 移民は第三世界の貧しい現状に対する告発である。 ❹ 破棄通告: ～ de un tratado 条約の破棄通告
denunciable [denunθjáble]形 告発されるべき: delito ～ 告発に値する犯罪
denunciación [denunθjaθjón]女 告発〖=**denuncia**〗
denunciador, ra [denunθjaðór, ra]形 告発する; 通告する: carta ～ra de la situación 事情を告発する手紙
—— 名 告発者、通報者、密告者: ～ anónimo 匿名の告発者
denunciante [denunθjánte]形 名 ❶ 告発する、密告する; 告発者、密告者。 ❷ 告発者
denunciar [denunθjár]〖←ラテン語 denuntiare < de- (強調) +nuntius「特使, 通知する人」〗10他 ❶ [不正・犯罪などを、+a 当局に] 告発する、訴え出る、訴えに出る: La vecina denunció el robo de las joyas a la policía. 隣家の女性は宝石類を盗まれたと警察に訴え出た。 Han denunciado al registrador por un delito de falsificación de documentos. その登記士は文書偽造の罪で訴えられた。 Se salvaron denunciando a sus compañeros. 彼らは仲間を密告することで助かった。 ～ un préstamo 貸付金の返済を求める。 ❷ [公然と] 示す、表わす: El aumento del paro denuncia la falta de política económica. 失業の増大は経済政策不在の表われである。 ❸ [不正・不法であると公に] 言明する、非難する、弾劾(ৣ)する: La prensa denunció varios casos de soborno. 新聞は何件もの汚職を報道した。 ❹《外交》[協定などの] 破棄通告をする: ～ el tratado de libre comercio 自由貿易協定破棄通告をする。 ❺《鉱山》採掘権を申請する

denunciatorio, ria [denunθjatórjo, rja]形 告発の、密告の
denuncio [denúnθjo]男 ❶《鉱山》鉱山発見の通告、採掘権の申請。 ❷《南米》告発〖=**denuncia**〗
de ocultis [de okúltis]〖←ラテン語〗副 隠れて、密かに
deodara [deoðára]男 → **cedro** deodara
Deo favente [déo faβénte]〖←ラテン語〗副 神のご加護で
Deo gracias [déo gráθjas]〖←ラテン語〗副 神に感謝を、ありがたいことに
Deo gratia [déo grátja]〖←ラテン語〗副 神のおかげで〖祈りの時に繰り返される言葉〗
Deo jurante [déo xuránte]〖←ラテン語〗副 神の思し召しがなえば、うまくいけば
deóntico, ca [deóntiko, ka]形 義務に関する: lógica ～ca 義務論理
deontología [deontoloxía]女 義務論; 職業倫理: ～ médica 医師倫理、医道
deontológico, ca [deontolóxiko, ka]形 義務論の; 職業倫理の
deontólogo, ga [deontólogo, ga]名 義務論(職業倫理)の専門家
Deo optimo maximo [déo óptimo máksimo]〖←ラテン語〗副 最良にして最大なる神に
Deo volente [déo bolénte]〖←ラテン語〗副 神のみ心にかなえば、神意にかなえば; 支障なければ
Dep.《略語》← Departamento 部、アパート
D.E.P.《略語》← descanse en paz 死者の霊が安らかに憩わんことを〖墓碑に刻まれる文句〗
de pane lucrando [de páne lukrándo]〖←ラテン語〗形 〖芸術・文学作品などが〗粗悪な、金もうけ主義の: Esta es una novela ～, escrita sin ningún esmero. これは無造作に書かれた拙劣な小説だ
deparador, ra [deparaðór, ra]形 〖機会・動機などを〗与える〔人〕
deparar [deparár]〖←ラテン語 deparare〗他《文語》〖機会・動機などを, +a+人 に〗与える: El viaje nos deparó muchas sorpresas. その旅行は驚きの連続だった。 La vida le deparó una cadena de desdichas. 人生は彼に次々と災難をもたらした。 ¡Dios te la depare buena! 君の幸運を祈るよ!
departamental [departamentál]形 ❶ 部局の、官庁の: aliviar la tensión ～ 部局間の緊張を和らげる。 ❷ 県の
departamentalización [departamentaliθaθjón]女 部門化、部門編成
departamento [departaménto]〖←仏語 departement〗男 ❶ [会社・官公庁などの] 部局、部門、課; [政府の] 省〖=**ministerio**〗: ～ de publicidad (ventas・personal) 広報(営業・人事)部。 D～ de Sanidad 衛生局。 El asunto es competencia del ～ de Justicia. その件は法務省の管轄だ。 ❷ 区画、仕切り; 区切り、区分: ～ para verduras y frutas [冷蔵庫の] 野菜室。 ❸《大学などの》学科: ～ de Derecho Internacional 国際法学科。 ❹ 〖グアテマラ・ホンジュラス・エルサルバドル・ニカラグア・コロンビア・ペルー・パラグアイ・フランスなどの〗県; 〖ボリビア・ウルグアイ〗州; 〖アルゼンチン〗市町村: Perú está dividido en ～s. ペルーはいくつかの県に分かれている。 ❺《軍事》海上管区〖=～ marítimo〗。 ❻《鉄道》車室〖=compartimento〗: ～ de no fumadores 禁煙室。 ～ de primera 一等室。 ❼《地方語》個室。 ❽〖メキシコ, エクアドル, ペルー, チリ, アルゼンチン, ウルグアイ〗アパート、マンション〖=**apartamento**〗: ～ amueblado 家具つきアパート。 ～ en condominio マンションの一区画。 ❾《メキシコ》tienda de ～s デパート
departidor, ra [departiðór, ra]形《文語》談笑する〔人〕、談笑する〔人〕
departir [departír]〖←ラテン語 departire〗自《文語》〖+con と, +de について, 関して〗話し合う、談笑する、歓談する: En el balneario departíamos apaciblemente a la caída de la tarde. 夕暮れ時、私たちは温泉でのんびりと語らった
depasar [depasár]他《地方語》越える
depauperación [depaupeɾaθjón]女 ❶《文語》貧困化、貧窮: La ～ de muchas capas sociales se debe a la crisis económica. 多くの社会層が貧困にあえいでいるのは経済危機のせいだ。 ❷《医学》衰弱: Ha sufrido una ～ general de su estado físico. 彼は体が全体的に衰弱している
depauperador, ra [depaupeɾaðór, ra]形 ❶ 貧困化させる。 ❷ 衰弱させる

depauperante [depaʊperánte] 形 =depauperador
depauperar [depaʊperár]《←de-(強調)→para+ラテン語 pauper, -eris「貧い」》他［主に 過分］❶《文語》貧困化させる.❷《医学》衰弱させる
—— **~se** ❶ 貧しくなる.❷ 衰弱する: Los sindicalistas que estaban en huelga de hambre *se depauperaban* lentamente. ハンスト中の労働組合員たちは徐々に衰弱していった
dependencia [dependénθja] 女 ❶ 依存, 被扶養; 従属《⇔independencia》: Los hijos viven bajo la ~ de los padres. 息子たちは親のすねをかじっている.~ económica 経済的依存(従属)関係.❷《医学》依存(症): ~ de los somníferos 催眠剤依存症.~ del alcohol アルコール依存症.~ del tabaco たばこ中毒.❸［組織の］部, 部門《=departamento》.❹ 支局, 出張所; 支社, 支店.❺［集合］全従業員, 全店員.❻［主に 複］大きい建物の]部屋: Tres grupos componen la planta: los dormitorios, los espacios de estancia y las ~s de servicio. フロアは寝室, リビング, 使用人の部屋の3つのグループで構成されている.❼［主に 複］全体の一部としての］建物, 別館, 離れ家.❽ 関係, 関連, 結びつき: Existen ciertas ~s entre ambos fenómenos. 両現象の間にはある種の関連性がある.❾ 代理業; 代理店.❿《闘牛》［集合的に, 闘牛士以外の］闘牛場スタッフ
depender [dependér]《←ラテン語 dependere < de-（上から下へ）+pendere「吊り下げられる」》自［+de］❶…次第である,…に左右される,…による: 1) La victoria *depende de* tu esfuerzo. 勝利は君の努力いかんだ. La protección del medio ambiente *depende de* todos. 環境保護はすべての人の手にかかっている.¿Vienes esta noche?—Depende. 今晩来るかい？—場合によるよ.La resistencia en un conductor será mayor o menor *dependiendo del* material de que esté hecho. 導体の抵抗の大小はそれがどんな物質でできているかによって決まる.2)［+de que+接続法］Eso *depende de que* tú lo creas o no. それは君が信じるか信じないかにかかっている. Todo *depende de que* él nos ayude. すべては彼が助けてくれるかどうかにかかっている.❷ …の属領である, 支配下にある: Gibraltar *depende de* Gran Bretaña. ジブラルタルはイギリス領である.❸ …に扶養される, 養われる: *Dependemos* todavía *de* nuestros padres. 私たちはまだ親に食べさせてもらっている.❹［薬物］に依存する.❺《文法》従属する.❻《まれ》楽しむ
dependiente[1] [dependjénte] 形［+de に］依存する, 従属する: No quiero ser ~ de nadie. 私は誰の世話にもなりたくない. entidad ~ del Ministerio de Hacienda 財務省の付属機関
dependiente[2]**, ta** [dependjénte, ta]《←dependiente, -entis》名 ❶《西》[販売店の]店員, 売り子, 従業員《飲食店などの店員は《まれ》》: ~ta de unos grandes almacenes 百貨店の女性店員.❷ 被扶養者.❸《まれ》部下;［ヒエラルキーの］下位者
depilación [depilaθjón] 女 脱毛: ~ a la cera ワックス脱毛
depilador, ra [depilaðór, ra] 形 脱毛する, 脱毛用の: crema ~ra 脱毛クリーム
—— 女 脱毛器
depilar [depilár]《←ラテン語 depilare < de-（無）+pilus「毛」》他 ［+a+人/+部位 の］の毛を抜く: ~ las piernas 脚の毛を抜く
—— **~se**［自分の,+部位 の］体毛を抜く, 脱毛する: Ella *se depilan* las cejas con unas pinzas. 彼女はピンセットで眉毛を抜く
depilatorio, ria [depilatórjo, rja] 形 脱毛用の, 脱毛効果のある: crema ~ria 脱毛クリーム
—— 男 脱毛剤
depistaje [depistáxe] 男《まれ》=despistaje
depleción [depleθjón] 女 ❶［物の量の］減少《⇔repleción》: ~ de ozono オゾン層の減少.❷《医学》[体液, 特に血液の]減少, 欠乏.❸《生態》消耗, 枯渇.❹《商業》減耗(額).❺《物理》枯渇: efecto de ~ 枯渇効果
deplorable [deploráβle] 形《文語》❶［状態・外観などが］嘆かわしい, 哀れな, 惨めな: Las calles están en un estado ~ de suciedad. 道路は嘆かわしいくらい汚れている. vivir en unas condiciones ~s 悲惨な生活をおくる.❷ ひどい, けしからぬ, 残念な: espectáculo ~ 目を覆いたくなるような光景
deplorablemente [deploráβleménte] 副 遺憾ながら, 嘆かわしくも; 悲惨に
deplorar [deplorár]《←ラテン語 deplorare》他 ❶ 嘆く: Todos *deploramos* ese desgraciado accidente. 不幸な事故を私

私たちは皆悼みます.❷［自分に責任があるので］残念に思う: *Deploro* lo sucedido. その件は遺憾に存じます
deponente [deponénte] 形 ❶《言語》［ギリシア語・ラテン語で]異態の: verbo ~ 異態動詞《形は受動態だが意味は能動》.❷《法律》証言の, 供述の: persona ~ 供述人
—— 名 宣誓供述人, 宣誓証人
deponer [deponér]《←de-（奪取, 強調）+poner》60 ［過分］depuesto. 命令法単数 depón］他 ❶［態度・感情などを］やめる, 捨てる: *Depón* esa actitud hostil. そんな敵対的な態度はよしなさい.~ las diferencias y discordias 意見の相違や対立はわきに置く.~ las armas 武器を置く(捨てる)《戦うのをやめる》; 降伏する.❷［+de から］解任する, 罷免する; […の地位を］剥奪する: A raíz del escándalo fue *depuesto de* su cargo. 彼はスキャンダルで解任された.~ a un sargento 軍曹の階級を剥奪する.~ a un soberano 君主を廃する; *depuesto* presidente 解任された大統領.❸《法律》宣誓証言する: Pedro *depone* que ha visto lo ocurrido. ペドロは起こったことを見たと証言する
—— 自 ❶《文語》排便する.❷《法律》宣誓証言する.❸《メキシコ, グアテマラ, ホンジュラス, ニカラグア》吐く
depopulador, ra [depopulaðór, ra] 形［田畑・集落を］荒廃させる, 破壊的な: epidemia ~ra 壊滅的な伝染病
deportación [deportaθjón] 女 流刑, 国外追放; 強制送還
deportar [deportár]《←ラテン語 deportare「運ぶ」》他 ❶ 流刑に処す, 国外に追放する: ~ a los insurrectos 反乱者を島流しにする.❷ 強制送還する
—— **~se** ❶《まれ》楽しむ.❷《古語》休む; 滞在する
deporte [depórte]《←古語 deportarse「楽しむ, 休む」＜ラテン語 deportar「移る, 運ぶ」》男 ❶《スポーツ》運動, 競技. チェスなど知的な娯楽がある］: Deberías hacer ~ para estar en forma. 体調管理のために運動をした方がいい. practicar ~ スポーツをする.~ de combate 格闘技.~ de competición 競技(スポーツ).~ de exhibición スポーツショー.~ del remo 漕艇.~ de vela セーリング.~ hípico 乗馬.~ por equipo 団体競技.~ por pareja ペア競技.~s acuáticos ウォータースポーツ.~ de invierno ウインタースポーツ
de ~ スポーツ用の: artículos *de* ~ スポーツ用品. ropa *de* ~ スポーツウェア
~ *blanco* ウインタースポーツ;［特に］スキー, 雪上スポーツ
por ~ 趣味で: En sus ratos libres pinta acuarelas *por* ~. 暇な時に彼は趣味で水彩画を描く. No trabaja para enriquecerse sino *por* ~. 彼は金持ちになるためでなく, 好きで働いている
deportismo [deportísmo] 男 スポーツ愛好; トレーニング
deportista [deportísta]《←deporte》形 ❶ スポーツをする.❷ スポーツ好きな: Mi abuelo es muy ~ y sale a correr un rato todos los días. 祖父は体を動かすのが好きで, 毎日ジョギングをする.❸ 運動神経のよい.❹ スポーティーな: ¡Qué ~ te venido hoy! 今日はまたスポーティーな格好だね!
—— 名 スポーツマン, 運動選手
deportiva[1] [deportíβa] 女 ❶《主に中南米》［主に 複］スポーツシューズ.❷《服飾》スポーツジャケット, ブレザー
deportivamente [deportíβaménte] 副 スポーツマンらしく, 正々堂々と, 潔く
deportividad [deportiβiðá(ð)]《←deportivo》女 スポーツマンシップ, スポーツマン精神: Su ~ dejaba mucho que desear. 彼のスポーツマン精神はスポーツマンとしてどうかと思わせた. El perdedor del campeonato felicitó con ~ al vencedor. 選手権戦の敗者は潔く勝者を祝福した
deportivismo [deportiβísmo] 男 スポーツ愛好
deportivista [deportiβísta] 形 名 ❶《サッカー》デポルティーボ・ラ・コルーニャ Real Club Deportivo de La Coruña の［選手・ファン］.❷ スポーツ愛好の
deportivo, va[2] [deportíβo, βa]《←deporte》形 ❶ スポーツの, スポーツに関する: actividades ~*vas* スポーツ活動. club ~ 運動部, スポーツクラブ. periódico ~ スポーツ新聞.❷ スポーツマンシップにのっとった, 正々堂々たる: espíritu ~ スポーツマン精神.❸ スポーツ好きな.❹ スポーティーな, カジュアルな: chaqueta ~*va* スポーツジャケット, ブレザー(コート). Le gusta vestir ropa ~. 彼はラフな服装が好きだ
—— 男 ❶ スポーツカー《=coche ~》.❷ ［主に 複］スポーツシューズ.❸《ボリビア. 服飾》ジャージー
deportoso, sa [deportóso, sa] 形《廃語》楽しい

deposición [deposiθjón]《←ラテン語 depositio, -onis》囡 ❶《文語》排便; 〖嬰〗便: El médico le preguntó el número de *deposiciones* diarias. 医者は一日に何度便通があるか彼に尋ねた. ❷《文語》解任, 罷免, 退位: El presidente ha decidido la ~ del ministro. 大統領は大臣の罷免を決めた. ~ eclesiástica《キリスト教》永久聖職剝奪〖昔の宗教による罰で, suspensión と degradación の中間〗. ❸《法律》〖法廷での〗証言, 供述: hacer una ~ contra el acusado 被告に不利な証言をする. ❹ 放棄; [態度を] やめること: El director exige la ~ de tu actitud para readmitirte en la escuela. 校長は君が復学するには態度を改めなくてはならないと言っている. ❺《化学》析出

depositada [depositáda] 囡《ボリビア》結婚直前に司祭の家で花嫁修行をする先住民女性

depositador, ra [depositaðór, ra] 形 囝《文語》=**depositante**

depositante [depositánte] 形 囝《文語》❶ 預ける; 預金する; 預金者. ❷ 供託する, 寄託する; 供託者, 寄託者

depositar [depositár]《←depósito》他 [+en に] ❶〖金品を〗預ける, 預金する; 預かりを頼む: Se ruega *depositen* las bolsas *en* la entrada. バッグ類は入り口にお預けください. ~ las acciones *en* el banco 株券を銀行に預ける. ~ sus inmuebles *en* manos de un amigo 不動産の管理を友人に委ねる. ~ un documento ante notario 公証人に文書を託す. ❷《文語》〖信頼・期待・愛情などを〗寄せる, 託す: Me equivoqué al ~ *en* él mi confianza. 私は彼を信用したのが間違いだった. ❸《文語》〖決まった場所に〗置く: Estos insectos *depositan* sus huevos en la tierra. これらの昆虫は地中に卵を産みつける. ~ al herido *en* una camilla けが人を担架に載せる. ~ las cartas *en* el buzón 手紙を投函する. ~ votos *en* la urna 投票する. ~ las monedas *en* la ranura コインを硬貨投入口に入れる. ~ flores *en* una tumba 墓に花を供える. ❹ 〖安全な場所に〗かくまう, 庇護する. ❺ 〖埋葬するまで一時的に遺体を〗安置する. ❻ 沈殿させる, 堆積させる. ❼《まれ》商標登録する. ❽《まれ》囲む, 含む. ❾《中南米》当座預金口座に入金する
—— *se* 沈殿する, 堆積する: Se *deposita* arena en el fondo del río. 川底に砂が堆積する

depositaría [depositaría] 囡 ❶〖会社・役所の〗出納課: ~ general 供託事務所. ❷ 受託販売業者〖=~ comercial〗. ❸ 保管場所

depositario, ria [depositárjo, rja]《←ラテン語 depositarius》形 囝 ❶ 受託する, 保管する; 受託者, 保管者. ❷ 出納係. ❸ 受託(委託)販売業者
hacer a+人 ~ de... …に~を託す: Me hizo ~ de sus secretos. 彼は私を信じて秘密をうち明けた. Le hicimos a él ~ de lo recaudado. 私たちは集金した金を彼に預けた

depósito [depósito]《←ラテン語 depositum》男 ❶ タンク, 槽: ~ de agua 水槽, 貯水池. ~ de gas ガスタンク. ~ de gasolina ガソリンタンク. ❷ 保所所, 貯蔵所, 倉庫: compañía de ~s 倉庫会社. ~ de armas 武器庫. ~ de cadáveres 遺体安置所. ~ de equipaje 〖コロンビア〗手荷物預かり所〖=consigna〗. ~ de objetos perdidos 遺失物保管所. ❸ 保税倉庫〖=~ franco, ~ de aduanas〗. ❹ 預金: hacer un ~ en un banco 銀行に預金する. ~ a plazo fijo 定期預金. ~ a tres meses 3か月定期. ~ a (en) cuenta corriente 当座預金. ~ a la vista 要求払い預金. ~ indistinto 連合預金. ❺ 預かり物, 委託物, 委託物: en ~ 委託の取り立て. 《動物》捕食. ❺《歴史》〖狩猟・採集などによる〗食糧獲得

depredador, ra [depreðaðór, ra] 形 囝 ❶ 強奪する, 略奪する. ❷ 捕食性の; 捕食動物〖=~ ras〗猛禽. ❸ 狩猟採集民

depredar [depreðár] 他 ❶〖戦争などで〗強奪する, 略奪する: Los bárbaros *depredaban* todo cuanto encontraban a su paso. 蛮族は途中で見つけたものを手当たり次第に奪った. ❷《動物》捕食する

depredatorio, ria [depreðatórjo, rja] 形 略奪の

depremio [deprémjo] 男《経済》〖特定の貨幣の〗価値下落

depresión [depresjón]《←ラテン語 depressio, -onis》囡 ❶ 気落ち, ふさぎこみ: pasar una ~ 気が滅入る. sufrir una ~ fuerte ひどく落ち込む. ❷《心理》うつ病: ~ posparto 産褥期うつ病. ❸ 〖地盤の〗沈下, 陥没〖=~ del terreno〗; くぼ地: D~ del Guadalquivir グワダルキビル川低地. En esa ~ se han acumulado las aguas de la lluvia. このくぼ地に雨水がたまっている. ❹《経済》〖失業の増大やデフレ現象を伴う〗不況〖=~ económica〗: En las épocas de ~, el desempleo aumenta y bajan las inversiones. 景気低迷期には失業が増え, 投資が減る. Gran D~〖1929年に始まった〗世界恐慌, 大恐慌; 〖1873年恐慌となる利潤率低下と失業増大の〗大不況. ❺《気象》低気圧〖=~ atmosférica, ~ barométrica〗: ~ ecuatorial (tropical) 熱帯低気圧. ❻《天文》俯角: ~ de horizonte 水平低角. ❼ 〖エンジンの〗圧力低下

depresionar [depresjonár] 他〖エンジンの〗圧力を低下させる

depresionario, ria [depresjonárjo, rja]《気象》低気圧の

depresivo, va [depresíβo, βa]《←depresión》形 囝 ❶ 気落ちした; 《心理》うつ状態の, 抑うつの〖⇔maníaco〗: Desde que

---

depravado, da [depraβáðo, ða] 形 囝 堕落した〔人〕; 変質的な, 変質の

depravador, ra [depraβaðór, ra] 形 堕落させる, 有害な: ambiente ~ y pervertido 退廃しきった雰囲気
—— 囝 堕落させる人

depravar [depraβár]《←ラテン語 depravare < de- (強調)+pravus「悪」》他 堕落させる, 害する
—— *se* 堕落する: Acabará *depravándose* si sigue con esa vida. 彼はそんな生活をしていると最後には身を持ち崩すだろう

depre [dépre] 形 囝《口語》気落ちした〔人〕〖=deprimido〗: Desde que le dejaste está ~. 君に振られてから彼は落ち込んでいる. Estoy ~. 私は憂鬱だ.
—— 囡《口語》気落ち〖=depresión〗: ¡Qué ~ le entró! 彼はすっかり落ち込んでしまった! Me levanté con una ~. 私は起きた時から気分が滅入っている

deprecación [deprekaθjón] 囡《文語》嘆願, 哀願; 嘆願の祈り: La multitud se dirigió a la Virgen con *deprecaciones*. 群衆は聖母に嘆願の祈りを捧げた

deprecante [deprekánte] 形《文語》嘆願する, 哀願する

deprecar [deprekár]《←ラテン語 deprecari「懇願する」< de- (強調)+prex, precis「懇願」》他《文語》〖熱心に・身を屈して〗懇願する, 哀願する, 嘆願する

deprecativo, va [deprekatíβo, βa] 形《文語》嘆願の, 哀願的な: pedir con un tono ~ 哀願するような口調で頼む

deprecatorio, ria [deprekatórjo, rja] 形《文語》嘆願の〔の〕

depreciación [depreθjaθjón] 囡 ❶〖貨幣価値・評価額などの〗下落, 低下, 減価〖⇔apreciación〗: ~ de la moneda 〖変動制の下での〗為替レートの下落. ~ del yen 円安. Con el paso del tiempo se produce la ~ de los coches. 車の価値は時間がたつにつれて下がる. ❷《商業》減価償却, 減耗〖=amortización〗: ~ acelerada 割増し償却. ❸《物理》減価, 減耗. ~ por agotamiento 〖枯渇する埋蔵資源や山林への〗減耗償却. ~ por desuso 〖技術進歩や需要変化などへの不適応による資本の〗陳腐化, 機能的減価. ❸ 平価切り下げ〖=devaluación〗

depreciar [depreθjár]《←ラテン語 depretiare「低く評価する」》他〖貨幣などの〗価値を下げる, 評価額を下げる: El dólar ha sido *depreciado* en un 5%. ドルは5%下がった. La construcción de la fábrica *depreciará* el valor de los pisos de alrededor. 工場が建てられると周辺のマンション価格が下がる
—— *se* 価値(評価額)が下がる: Las acciones *se han depreciado* mucho. 株価はずいぶん下がった

depreciativo, va [depreθjatíβo, βa] 形 減価の

depredación [depreðaθjón] 囡 ❶ 略奪, 強奪. ❷ 横領, 公金費消. ❸ 苛酷な

derecho

sufrió el accidente se ha vuelto ～. 彼は事故に遭ってからうつになっている. carácter ～ 抑うつ性格. fase ～va うつ期. **síndrome** ～ 抑うつ症候群. trastorno ～ mayor 大うつ病性障害. ❷ 気分の落ち込みやすい〔人〕; うつになりやすい〔人〕. ❸ 気落ちさせる, 気を滅入らせる: clima (ambiente) ～ 重苦しい気候(雰囲気)

depresor, ra [depresór, ra]《←depresión》形 ❶ 気を滅入らせる, 意気消沈させる. ❷《解剖》〔筋肉が〕下制する: músculo ～ superciliar 眉毛下制筋
―― 男 ❶ 押し下げるもの. ❷《医学》圧低器: ～ de lengua 圧舌子. ❸《薬学》抑制剤; 血圧降下剤. ❹《解剖》下制筋, 下引筋. ❺《生理》減圧神経〔=nervio ～〕

deprimente [depriménte] 形 意気消沈させる, 気の滅入るような: Sus palabras tuvieron un efecto ～ en todos nosotros. 彼の言葉は私たち全員を落ち込ませた. clima ～ うっとうしい気候. ～ indigencia 極度の貧困

deprimido, da [deprimído, da] 形 ❶〔estar+〕落ち込んだ, 意気消沈した; うつ状態の: Suele estar ～ en primavera. 彼はよく春に落ち込む. sentirse ～ 落ち込む. ❷ 景気の悪い: barrio ～ さびれた地区. ❸《生物》〔体型・器官などが, エイのように〕扁平な

deprimir [deprimír]《←ラテン語 deprimere < premere「締めつける」》他 ❶ 落ち込ませる, 落胆させる, 〔心理〕うつ状態にする: La noticia lo *deprimió* mucho. そのニュースは彼をひどく落ち込ませた. El calor excesivo me *deprime*. ひどい暑さで気が滅入る. ❷ 沈滞させる, 衰退させる, 不況にする: La falta de comunicaciones *ha deprimido* esta zona. 交通網の欠如でこの地域は衰退した. ❸ 下に押す, へこませる: ～ el vientre 腹部を押す. ❹《まれ》下げる
―― *~se* ❶ 気落ちする, 意気消沈する: Elena *se deprime* por cualquier cosa. エレナはちょっとしたことで落ち込む. *Se deprimió* su alegría al ver las malas notas. 彼はひどい成績を見て元気がなくなった. ❷《心理》うつ状態になる: Toma las pastillas solo cuando *se deprime*. うつの時だけ薬を飲みなさい. ❸ へこむ, くぼむ

deprisa [deprísa]《←de+古語 priesa < ラテン語 pressa < premere「押す」》副《de prisa とも表記》❶ 急いで, 至急に: Hazlo ～ 急いでやりなさい. Voy ～. 急いで行きます. ❷ 早足で, スピードを出して: Caminaba ～ por el parque. 彼は急ぎ足で公園を歩いていた. ❸ 時間をかけずに, ざっと, 大ざっぱに
~ y corriendo あわてて, あたふたと, 大急ぎで

deprivación [depriβaθjón] 女《主に医学》=**privación**: ～ androgénica 男性ホルモン欠乏

de profundis [**clamavi**] [de profúndis [klamáβi]]《←ラテン語. 旧約聖書『詩編』》男《悲しみ・絶望などの》深き淵より〔の私の叫び〕〔通常, 死者のための祈りの最初の言葉〕

depuesto, ta [depwésto, ta] deponer の 過分

depuración [depuraθjón] 女 ❶ 浄化: Los riñones realizan la ～ de la sangre. 腎臓は血液を浄化する. ～ del agua 浄水. ❷ 純化. ❸ 洗練. ❹《政治》粛清. ❺《情報》デバッグ

depurado, da [depuráðo, ða] 形 ❶ 洗練された, きめ細かな: gusto (lenguaje) ～ 洗練された趣味(言葉づかい). fruto de una *~da* investigación きめ細かい調査の成果
―― 名 弾劾された公務員

depurador, ra [depuraðór, ra] 形 名 ❶ 浄化する: estación *~ra* de aguas residuales ～*ra* de basuras ごみ処理場. ❷ 粛清〔弾劾〕する〔人〕: comisión *~ra* 公務員弾劾委員会. juez ～ 弾劾裁判官
―― 男 ❶ 浄化器, 浄水器: ～ centrífugo 遠心浄化器. ❷ 浄化剤
―― 女 ❶ 浄化装置: ～*ra* de aire 空気清浄器. ❷ 浄水設備, 浄水場: ～*ra* de aguas residuales 汚水処理場

depurar [depurár]《←ラテン語 depurare < de-〔強調〕+purus「純粋な」》他 ❶ 浄化する, 清める; 精製する, 精錬する: La nueva planta *depura* el agua para toda la ciudad. 新しい施設は市川の水を浄化する. ～ el gas 天然ガス精製. ❷ 洗練する, 純化する: ～ la rudeza 粗野な部分を洗練する. La poesía pule y depura la lengua 国語を純化する. ～ el sentido estético 美的感覚を磨く. ❸《政治》追放する, 粛清する: ～ varios miembros disidentes de la organización 組織から分派を追放する. ～ un partido 党の粛清を行なう. ❹〔政治犯などを〕復権させる, 名誉を回復する. ❺《情報》デバッグする
―― *~se* ❶ きれいになる, 純粋になる: Muchas sustancias *se*

depuran mediante el filtrado. 多くの物質がフィルターを通して浄化される. ❷ 洗練される: A fuerza de leer buenas obras su estilo *se depuró*. 良い本を読むことで彼の文体は洗練された. ❸ 復権する

depurativo, va [depuratíβo, βa] 形 浄化用の; 浄血用の
―― 男/女 ❶ 浄化剤. ❷《医学》浄血剤〔=～ de la sangre〕

depuratorio, ria [depuratórjo, rja] 形 =**depurativo**

deputar [deputár] 他 =**diputar**

deque [déke]《←de+que》副《俗用》❶ ～するとすぐ: *D*～ le vi llegar salí corriendo por la otra puerta. 彼が着いたのを見たとたん, 私は裏口から走って出た. ❷ ～してから, ～した時〔アカデミアは一語としては扱っているが, de que と分けることもある〕

dequeísmo [dekeísmo] 男《文法》que の代わりに誤って de que を用いること〔例〕×Piensa *de que* le responderán. ←○Piensa *que* le responderán 返事を出すつもりだ〕

dequeísta [dekeísta] 形 男女《文法》que の代わりに誤って de que を用いる〔人〕

derbi [dérβi] 男〔複 ～s〕=**derby**

derbuka [derβúka] 女《主に土器製の胴に皮を1枚張った》アラブの太鼓

derbuquista [derβukísta] 男 アラブの太鼓 derbuka の叩き手

derby [dérβi]《←英語》男〔複 ～s〕❶《西. サッカーなど》ダービー戦《同一地域のチーム同士の試合》: el ～ sevillano entre el Betis y el Sevilla ベティス対セビーリャのセビーリャダービー. ❷《競馬》ダービー. ❸《比》日本ダービー

derecha[1] [derétʃa]《←derecho》女 ❶ 右, 右側〔⇔**izquierda**〕: Verás una casa blanca a la ～. 右手に白い家が見えるだろう. Me sentaba a su ～. 私は彼の右側に座っていた. Vivo en el tercero ～. 私は4階の右側に住んでいる. andar por la ～ 右側を歩く. girar a la ～ 右折する. ❷ 右手; dar un puñetazo con la ～ 右手で殴る. ❸《集名》〔政党・思想などの〕守旧派, 保守派, 右派: gente de ～〔s〕右旧派の人々. partidos de ～〔s〕保守系政党. ❹〔舞台の〕上手: aparecer (entrar) por la ～ 上手から登場する. ❺〔間投詞的〕右向け右!〔=¡A la ～!〕. ❻《口語》議論の余地のない事実: Esta (Esa) es la ～. これ(それ)は明確な事実だ. ❼〔闘牛. 古語的〕右手によるパセ〔=derechazo〕

a ～ e izquierda 1) 左右に: preparar dos mesas supletorias *a ～ e izquierda* de la principal メインテーブルの左右に補助テーブルを2つ用意する. 2) 四方八方に: saludar *a ～ e izquierda* そこらじゅうにあいさつして回る

a ～s 1)《西》正しく・正しい, 的確に・な, 適切に・な, まともに・な《主に否定文で》: No hago nada *a ～s* hoy. 私は今日は失敗ばかりしている. 2) 右の方に; 右回りに, 時計回りに

a las ～s ❶ 公正に, まっすぐに

ceder la ～ a+人〔礼儀として〕…の左側に位置する

ceñirse a la ～ 右側車線を走り続ける

quedar la ～ la primera ～ 上位10位以内に入る

derechamente [deretʃaménte] 副《文語》❶ まっすぐに; 立ち寄らず, 最短距離で: ir ～ al aeropuerto 空港に直行する. ❷ 直接に; 前置きなしに: ir ～ al asunto すぐ本題に入る, 単刀直入に言う. ❸ 正しく, しかるべく: funcionar ～ 正しく(正常に)機能する. actuar ～ 行ないが公正である

derechazo [deretʃáθo] 男 ❶《ボクシング》右手のパンチ, ライト: propinar un ～ a su adversario 相手に右のパンチを食らわす. ❷《闘牛》右手によるパセ. ❸《テニス》〔右利き選手の〕フォアハンド・ショット. ❹《サッカー》右足でのキック

derechero, ra [deretʃéro, ra] 形 正しい, まともな
―― 女 まっすぐな道

derechismo [deretʃísmo] 男 右翼の政治理念, 右翼思想

derechista [deretʃísta] 形 男女《政治》右翼の〔人〕, 右派の〔人〕; ～ 右翼思想の: partido ～ 右翼政党

derechito [deretʃíto] 副 まっすぐに: Se marchó ～ a casa. 彼はまっすぐ家に向かった

derechización [deretʃiθaθjón] 女《政治》右傾化, 保守化

derechizar [deretʃiθár] [9] 他《政治》右傾化させる
―― *~se*〔革新政党が〕右傾化する, 保守化する

derecho[1] [derétʃo]《←ラテン語 derectus》男 ❶《集名》法律, 法: conforme a〔1〕～/según ～ 法に準拠して, 法律どおりに. ～ internacional/～ de gentes 国際法. ～ germano〔西ゴート時代のイベリア半島にあった〕ゲルマン法. ～ constitucional 憲法〔学〕. ～ privado (público) 私法(公法). ～ romano ロー

マ法. ❷ 法律学, 法学: estudiar ～ 法律学を学ぶ. doctor en ～ 法学博士. ❸ [+a+不定詞/+de+名詞の] 権利, 請求権; 資格: El hombre tiene ～ a vivir (la felicidad). 人には生きる(幸福を享受する)権利がある. Si no está satisfecho, usted tiene ～ a reclamar. 満足がいかない時はクレームをつける権利があります. perder el ～ 権利を失う; 失格する. ～ a la vida 生存権. ～ a saber/～ a ser (estar) informado 知る権利. ～ al trono 王位継承権. ～ de acceso アクセス権. ～ de paso 通行権. ～ de reproducción 著作権 [=copyright]. ～ de reunión 集会の権利. ～ del más fuerte 強者の権利, 適者生存の法則. ～ divino de los reyes 王権神授説. ～ habiente《法律》権利所有者. ～ personal (real) 人的権利(物権). ～ sobre el activo [企業に資金などを拠出した者が有する] 持分(権), エクイティ. ～s humanos/～s del hombre 人権. ❹ 正当性, 正義: Me apoya el ～. 正義は私の方にある. ❺ [布・紙などの]《⇔revés》: volver la sábana al ～ シーツを表側に向ける. ～ de una tela 布の表. ～ de un calcetín 靴下の外側. ❻《テニス, 卓球》フォアハンド. ❼ [主に 複] 税金, 課金: ～s reales 贈与税. ～ compensatorio 相殺関税. ～ ad valórem 従価税. ～s específicos 従量税. ❽ [複] [法定の] 料金, 手数料, …料: ～s de autor 著作権使用料, 印税. ～ de examen 受験料. ～s de matrícula [大学などの] 授業料; 登記料, 登録料. ～ de notario 公証人手数料. ～s de peaje 通行料. ❾ 道, 小道
al ～ しかるべく, まともに: Haz las cosas al ～. [物事は]きちんとしなさい. Ponte el abrigo al ～. ちゃんとコートを着なさい. Hoy no me sale nada al ～. 今日はすべてがまともにいかない
con ～ 正当に, 当然の権利で: con todo (pleno) ～ 全く正当に, きわめて当然のこととして
¿Con qué ～? 何の権利があって?, どんな権限で?
corresponder ～ a+人 …の権利である: Nos corresponde a ～ pedirlo. それを要求するのは我々の権利だ
dar ～《古語》裁きを下す, 裁く
dar ～ a+不定詞 …する権利を与える: Este billete le da ～ a embarcarse. この切符で乗船できます
de ～ 法的に, 正式に:《⇔de hecho》: Su conducta de entonces es de ～. その時の彼の行動は正当だった
de ～ en ～ まっすぐに; 直接に
de pleno ～ すべての権利を持った, 完全な資格を有する: miembro de pleno ～ 正会員
del ～ =al ～
～ de mesa テーブルチャージ
～s de entrada 入場料; 輸入税
en ～ 正当に
estar en su ～ 正しい, 合法的である: Están en su ～ poniéndose en huelga. 彼らがストライキをするのは正当である
No hay ～ a... 1) …は不当である: No hay ～ a esto. これは不当だ. 2) [+a que+接続法 するなんて] ¡No hay ～ a que yo solo tenga que hacer extras! 私だけ残業なんて, それはないよ!
perder de su ～ 妥協する
por ～ 1) 法にのっとって. 2) 正面から. 3) まともに, 下心なしに [=por lo derecho]
por ～ propio それ自身で, 独自に
ser de ～ que+接続法 …であるのは当然である
usar su ～ 自分の権利を行使する

derecho[2] [derétʃo] 副 ❶ まっすぐに, 曲がらずに [類義] **derecho** と **recto** はほぼ同義]: Siga (Vaya) [todo] ～. [ずっと]まっすぐに行きなさい. ❷ 直接に; 寄り道せずに: ir ～ a su casa まっすぐ家に帰る
～ viejo《南米》はっきりと, 包み隠さずに

derecho[3], **cha**[2] [derétʃo, tʃa]《⇔ラテン語 derectus》形 ❶ 右の《⇔izquierdo》: al lado ～ 右側. mano ～cha 右手. orilla ～cha [川下に向かって] 右岸.[政党・思想などの] 守旧派の, 右翼の, 右派の; 保守的な, 右寄りの. ❷《estar+》まっすぐな, 曲がっていない [類義] **derecho** と **recto** はほぼ同義]. **derecho** y **recto** は正しい. ❸ 直立した, 垂直の: Ponte ～. 背筋を伸ばして. línea ～cha 直線. ❹ 直立した, 垂直の: Ponte ～. 背筋を伸ばして. línea ～cha 直線. ❺ 直接の, 回りくどくない: Fue ～cha a la cuestión principal del asunto. 彼女はいきなり本題に入った. Lo hizo ～. 彼はそれをやった. ❻ 公正な, まじめな: persona ～cha 心のまっすぐな人. ❼《中南米》[estar+] 幸運である, 幸せな

andar ～ 正しく行動する, まじめに行動する, 悪いことをしない, まっとうに暮らす: Anda ～cha. 彼女はまじめにふるまっている
caminar ～ =**andar** ～
cortar por lo ～《チリ》思い切った処置をとる
estar ～s《アルゼンチン, パラグアイ》[2人の間で] 貸し借りなしである
en ～ 正当に, 正しく
por lo ～ まともに, 下心なしに: A la hora de casarse, como les suele pasar a todos los donjuanes, quería hacerlo por lo ～. いざ結婚するとなると, すべての女たちにしてきたように, 彼もまたきちんとした結婚をしたいと願った

derechohabiente [deretʃoaβjénte] 名《法律》正当な所有(後継)者[の]
derechoso, sa [deretʃóso, sa] 形《グアテマラ, ホンジュラス》共同所有者
derecho-valor [derétʃo βalór] 男《証券》[債券現物が無く電子商取引の対象となる] 登録債《⇔título-valor》
derechuelo [deretʃwélo] 男《古語》運針の練習のための初歩的な縫い方
derechura [deretʃúra] 女 ❶ まっすぐなこと. ❷《中南米》幸運
en ～ 1) まっすぐに. 2) 止まらずに, 寄せずに
en ～ de sus narices 勝手に, 都合のよいように
derelicción [dereli(k)θjón] 女《まれ》遺棄, 放棄
derelicto, ta [derelíkto, ta] derelinquir の不規則な過去分詞
—— 男 =**derelicto**
derelinquir [derelinkír] 他《古》《廃語》遺棄, 放棄する
deriva [derβa] 女《⇔derivar》[船・飛行機が] コースから流されること, 偏流; 漂流. ～ continental/～ de [los] continentes 大陸移動[説]. ～ genética 遺伝的浮動
a la ～ 1) 風(流れ)任せで・の, 漂流する: buque a la ～ 漂流船. pesca con redes a la ～ 流し網漁. 2) あてもなく, なりゆき任せの: Ese país va a la ～. その国は方向性を見失っている
derivabrisas [deriβaβrísas] 男《単複同形》《自動車》三角窓
derivación [deriβaθjón] 女《⇔ラテン語 derivatio, -onis》❶ 由来. ❷《言語》派生[語]: ～ progresiva 進行派生 [例] bolsillo ←bolso]. ～ regresiva 溯及《古》[例] legislar←legislador]. ❸ 分岐. ❹ [派生的な] 結果. ❺《数学》1) 導出. 2) 微分 [=diferencial]. ❻《電気》1) 短絡, ショート. 2) 分路, 分流. 3) en ～ 並列の・に [=en paralelo]. ❼《軍事》[砲弾の] 横流
derivado, da [deriβáðo, ða] 形 派生した, 派生的な
—— 男 ❶《言語》派生語: ～ verbal 動詞派生語. ❷ 副産物, 二次製品: ～ del petróleo 石油副産物. ❸《化学》誘導体, 誘導物: ～s de purina プリン誘導体. ❹《薬学》～ sanguíneo/～ de la sangre 血液製剤. ～s del ácido fíbrico フィブラート系薬剤. ～s del ácido nicotínico ニコチン酸系薬剤. ❺《商業》派生商品, デリバティブ: ～ financiero 金融デリバティブ
—— 女《数学》導関数 [=función ～]
derivar [deriβár]《⇔ラテン語 derivare「由来する, それる」< de-+rivus「小川」》自 ❶ [+de から] 由来する, …に起源をもつ: Los prejuicios derivan de la ignorancia. 偏見は無知から生じる. Esta palabra deriva del latín. この言葉はラテン語に由来する. ❷《言語》[接辞の付加で, +de から] 派生する [語源が] …から来る: "Abrazar" deriva de "brazo". abrazar「抱く」は brazo「腕」から派生する. El castellano deriva del latín. カスティーリャ語はラテン語から派生する. ❸ [+hacia 新しい方向] 向かう, 方向が変わる: Sus aficiones ahora derivan hacia las antigüedades. 彼の趣味は今は骨董品に向いている. ❹ [船が] 流される, 漂流する
—— 他 ❶ [方向を] そらす, 向ける: ～ la conversación hacia otro asunto 話題をそらす. ❷ 導く, 分流させる: ～ del canal ramales de riego 用水路から灌漑用の支流を引く. ～ unas conclusiones erróneas 誤った結論を導く. ❸《言語》派生させる. ❹《数学》[関数を] 導く. ❺《電気》分流(分岐)させる. ❻ [医師が患者を専門医に] 回す
—— ～se 由来する, 生じる: La paz se derivó de esa entrevista. その会談から和平が生まれた. ❷《言語》派生する
derivativo, va [deriβatíβo, βa]《⇔ラテン語 derivativus》形《言語》派生の: palabra ～ 派生語
—— 男《薬学》吸い出し; 誘導剤
derivo [deríβo] 男《まれ》起源, 由来
derivómetro [deriβómetro] 男《航空》偏流計

dermal [dermál] 形 皮膚の, 真皮の
dermalgia [dermálxja] 女《医学》神経性の皮膚の痛み
dermáptero, ra [dermá(p)tero, ra] 形 ハサミムシ類の
　──男 複《昆虫》ハサミムシ類
dermatitis [dermatítis] 女《医学》皮膚炎
dermato-《接頭辞》=**dermo-**: *dermato*logía 皮膚科
dermatoesqueleto [dermatoeskeléto] 男《生物》外骨格
dermatófilo, la [dermatófilo, la] 形《動物》寄生虫などが皮膚を好む
dermatófito, ta [dermatófito, ta] 形 男《生物》皮膚糸状菌〔の〕;《医学》皮膚寄生菌
dermatofitosis [dermatofitósis] 女《医学》皮膚糸状菌症
dermatógeno [dermatóxeno] 男《植物》原表皮
dermatoglifo [dermatoglífo] 男《解剖》皮膚隆起線
dermatoheliosis [dermatoeljósis] 女《医学》長時間にわたって太陽光にさらされることによる皮膚疾患
dermatología [dermatoloxía] 女《医学》皮膚科, 皮膚病学
dermatológico, ca [dermatolóxiko, ka] 形 皮膚科の, 皮膚病学の
dermatólogo, ga [dermatólogo, ga] 名 皮膚科医, 皮膚病学者
dermatomicosis [dermatomikósis] 女《医学》真菌性皮膚疾患
dermatomiositis [dermatomjosítis] 女《医学》皮膚筋炎
dermátomo [dermátomo] 男《医学》皮膚採取器, ダーマトーム
dermatopatología [dermatopatoloxía] 女 皮膚病理学
dermatosis [dermatósis] 女《医学》皮膚病: ~ profesional 職業性皮膚疾患
dermatótomo [dermatótomo] 男 =**dermátomo**
dermatótropo, pa [dermatótropo, pa] 形《医学》[ウイルスなどが] 向皮膚性の
dermesto [dermésto] 男《昆虫》オビカツオブシムシ
-dermia《接尾辞》=**-dermo**: taxi*dermia* 剥製術
dérmico, ca [dérmiko, ka] 形《解剖》真皮の; 皮膚の
dermis [dérmis] 女《単複同形》《解剖》真皮; [一般に] 皮膚
-dermis《接尾辞》=**-dermo**: epi*dermis* 表皮
dermitis [dermítis] 女 =**dermatitis**
dermo-《接頭辞》[皮膚] *dermo*protector スキンケアの
-dermo《接尾辞》[皮膚] paqui*dermo* 厚皮動物
dermofarmacéutico, ca [dermofarmaθéutiko, ka] 形 皮膚薬学の
dermofarmacia [dermofarmáθja] 女 皮膚薬学
dermografía [dermografía] 女 =**dermografismo**
dermográfico, ca [dermográfiko, ka] 形 lápiz ~ ダーマト鉛筆
dermografismo [dermografísmo] 男《医学》皮膚描記症
dermohidratante [dermojdratánte] 形 皮膚に潤いを与える, モイスチャー効果の: crema ~《化粧》保湿クリーム
dermoide [dermójde] 形《医学》類皮嚢腫
dermopatía [dermopatía] 女《医学》皮膚病
dermoprotector, ra [dermoprotektór, ra] 形 スキンケアの: gel ~《化粧》スキンケア・ジェル
dermóptero, ra [dermó(p)tero, ra] 形 皮翼類の
　──男 複《動物》皮翼類
dermorreacción [dermor̄ea(k)θjón] 女 [ツベルクリン接種などによる] 皮膚反応
dermotropo, pa [dermotrópo, pa] 形 [ウイルスなどが] 皮膚に集まる, 皮膚から入る, 向皮膚性の
-dero, ra《接尾辞》[動詞+] ❶ [形容詞化. 可能性の] casa*dero* 結婚適齢期の. ❷ [男性名詞化. 主に場所] frega*dero* 流し台. ❸ [女性単数名詞化. 道具] lanza*dera* 杼. ❹ [女性複数名詞化. 能力, 口語] entende*deras* 理解力, posa*deras* 尻
derogable [derogáble] 形 [法律などが] 廃止(廃棄)され得る
derogación [derogaθjón] 女 ❶ [法律・規則などの] 廃止, 破棄. ❷ 減少; 悪化
derogador, ra [derogaðór, ra] 形 廃止する〔人〕
derogar [derogár]《←ラテン語 derogare <de-(除去)+rogar「法律を公布する」》他 ❶ [法律・規則などを] 廃止する, 廃棄する: ~ la pena de muerte 死刑を廃止する. ~ un contrato 解約する
derogatorio, ria [derogatórjo, rja] 形 廃止する: cláusula ~

derrabadura [der̄aβaðúra] 女《動物の》しっぽを切った傷口
derrabar [der̄aβár] 他《動物の》しっぽを切る
derrabe [der̄áβe] 男《地方語. 鉱山》落盤
derrama [der̄áma]《←derramar》女 ❶ [税金・分担金の] 割り当て, 賦課. ❷ [一時的な] 特別税, 特別分担金. ❸《メキシコ》収入
derramadero [der̄amaðéro] 男 ❶《まれ》ごみ捨て場. ❷《コロンビア》[台所の] 流し
derramado, da [der̄amáðo, ða] 形《まれ》浪費家の, 金づかいの荒い
derramador, ra [der̄amaðór, ra] 名 浪費家〔人〕
derramadura [der̄amaðúra] 女《古語》=**derramamiento**
derramamiento [der̄amamjénto] 男 ❶ こぼす(こぼれる)こと, あふれること, 流出: ~ de sangre 流血. ❷ [家族などの] 離散
derramaplaceres [der̄amapláθeres] 名《単複同形》《廃語》興ざめさせる人 [=aguafiestas]
derramar [der̄amár]《←俗ラテン語 diramare「枝を離す」》他 ❶ こぼす, まく; [細粒を] まき散らす: *Derramó* la leche del vaso en la mesa. 彼はコップのミルクをテーブルにこぼしてしまった. ❷ [注意・愛情などを] ふんだんに注ぐ, 十分与える: Mientras vivió entre nosotros, *derramó* su simpatía sin tasa. 私たちの間で暮らしていた間, 彼は限りなく好意を振りまいてくれた. ❸ [税金などを] 割り当てる, 課する, 分担する: ~ el gasto de comunidad entre los vecinos 町内の経費を住民に割り当てて分担する. ❹ 広める, 流布させる. ❺《古語》分離する, 離す
　──**~se** ❶ こぼれる, 流出する; 散らばる: El azúcar *se derramó* por el suelo. 砂糖が床にこぼれた. El café *se derramó* por todos lados. コーヒーがそこら中に飛び散った. *Se ha derramado* mucha sangre. 多くの血が流された. ❷ [+a・en に] 流れ込む; [川が] 注ぐ
derramasolaces [der̄amasoláθes] 名《単複同形》《廃語》興ざめさせる人 [=aguafiestas]
derrame [der̄áme]《←derramar》男 ❶ こぼす(こぼれる)こと, あふれること, 流出, 流出物, 流出液: ~ de petróleo en el golfo 湾への石油の流出. ❷《医学》出血, 溢出(いっけつ): tener (sufrir) un ~ cerebral 脳溢血を起こす. ~ sinovial 滑膜炎 [=synovitis]. ❸ [容器の] オーバーフロー. ❹《建築》[窓・ドアを広く開けるための, 壁の] 隅切り部分. ❺ [水抜きのための土地の] 傾斜. ❻《船舶》風が帆から逃げること
derramo [der̄ámo] 男《建築》隅切(いっ)
derrapaje [der̄apáxe] 男《自動車》ドラフト, 横滑り
derrapar [der̄apár]《←仏語 deraper》自 ❶《自動車》[車・タイヤが] ドラフトする, 横滑りする〖参考〗resbalar スリップする〗. ❷《メキシコ. 口語》[+por+人 に] 社会規範から外れる
　──**~se**《メキシコ, ベネズエラ》社会規範から外れる
derrape [der̄ápe] 男 ❶《自動車》=**derrapaje**. ❷《ベネズエラ. 俗語》破廉恥なこと
derraspado, da [der̄aspáðo, ða] 形 =**desraspado**
derredor [der̄eðór] 男 周囲, まわり
　en ~/al ~《文語》[+de の] まわりに《=alrededor》: Eché un vistazo *en* ~ y no pude ver a nadie. 私はさっとあたりを見まわしたが誰も見えなかった
derrelicción [der̄eli(k)θjón] 女 財産放棄
derrelicto [der̄elíkto] 男《船舶》漂流船, 漂流物
derrelinquir [der̄elinkír] 6 他《廃語》=**derelinquir**
derrenegar [der̄enegár] 8 23 [→**negar**] 自 [+de を] ひどく嫌う, 閉口する: ~ de los atascos de la autopista 高速道路の渋滞をひどく嫌がる
derrengado, da [der̄eŋgáðo, ða] 形 ❶ ねじれた, 曲がった. ❷《口語》[estar+] へとへとの, 疲れきった: El nuevo trabajo lo deja *derrengado*. 彼は慣れない仕事でぐったりする
derrengadura [der̄eŋgaðúra] 女 [背中・腰を] 痛めること, 腰痛
derrengar [der̄eŋgár]《←俗ラテン語 derenicare「腎臓を傷める」<renes「腎臓」》8 23 [→**negar**] 他 ❶ [人・牛馬などの] 背中・腰を] 痛める: El exceso de la carga *derrengó* al burro. 荷が重すぎてロバは背を傷めた. ❷ ゆがめる, ねじる. ❸ ひどく疲れさせる
　──**~se** ❶ [腰・背中を] 傷める: El caballo *se derrengó* al saltar la valla. 馬は柵を跳んだ時に背中を傷めた. ❷ ゆがむ, ねじれる: El mástil *se derrengó* por fuerza del viento. 風の

力でマストがゆがんだ. ❸ 疲労困憊する: Al no estar acostumbrado a la bicicleta, *se derrengó* a los pocos kilómetros. 彼は自転車に慣れていなかったため, ほんの数キロで疲れてしまった

derrengo [dɛr̄éŋgo] [男]《アストゥリアス》投げて木から果実を落とす棒

derreniego [dɛr̄enjégo] [男]《口語》=**reniego**

derretido, da [dɛr̄etíđo, đa] [形] [estar+. +por に] 恋い焦がれている, 惚れている: Tiene a su novio totalmente ～ *por* ella. 彼女は婚約者をすっかり虜にしている

—— [男] コンクリート〖=hormigón〗

derretimiento [dɛr̄etimjénto] [男] ❶ 溶けること, 溶解, 融解: ～ de la nieve 雪解け. ❷ 恋焦がれること, 惚れること

derretir [dɛr̄etír]〖←ラテン語 terere「すり減らす」+reterere「壊す」〗[35] [他] ❶ [熱で] 溶かす, 溶解する: El calor *derrite* el helado. 暑さでアイスクリームが溶ける. ❷《西. 口語》[短期間で] 浪費する: ～ toda la herencia 遺産をすっかり食い潰す. ❸《口語》[金を] くずす

—— **～se** ❶ 溶ける: La nieve *se derrite* con el sol. 雪は太陽で溶ける. ❷《口語》[+por+人 に] 惚(ほ)れる, ぞっこんになる: En cuanto te habla Luisa *te derrites*. ルイサが話しかければすぐ君はめろめろになる. *Se derritió por* Teresa. 彼はテレサに惚れ込んだ. ❸《口語》[+de 強い感情で] 一杯になる: ～*se de* amor divino 信仰に身を焦がす. ❹ いらいらする: *Se derrite* por tener que ir a la fiesta mañana. 彼は明日パーティーに行かなくてはならないのでいらついている. ❺《西. 口語》[あっという間に] 浪費してしまう

derriba [dɛr̄íƀa] [女]《メキシコ, ニカラグア, パナマ, コロンビア》整地

derribado, da [dɛr̄iƀáđo, đa] [形] ❶ 壊れた, 倒れた. ❷ [馬の臀部が通常より] 下がった, 低い. ❸ 卑しい

derribador, ra [dɛr̄iƀađór, ra] [形] [名] 壊す; 破壊者

—— [男] ❶ 伐採者. ❷ 畜殺業者

derribar [dɛr̄iƀár]〖←?riba〗[他] ❶ [建造物を] 取り壊す, 解体する, 壊す〖→derrumbar [類義]〗: *Derribaron* la vieja casa. 彼らは老朽家屋を取り壊した. muro *derribado* de Berlín 崩されたベルリンの壁. ❷ [床に] 倒す, 突き倒す; [地面に] 引き倒す, 切り倒す: El viento *ha derribado* muchos árboles. 風がたくさんの木をなぎ倒した. Mi abuelo mandó ～ el árbol. 祖父がその木を切り倒させた. *Derribó* al campeón al suelo. 彼はチャンピオンをダウンさせた. ～ la silla 椅子をひっくり返す. ❸ 打倒する, 失脚させる: ～ al primer ministro 首相をその座から引きずり下ろす. ～ al actual régimen 現体制を打破する. ～ el gobierno 政府を倒す. ～ la dictadura 独裁政治を打倒する. ❹ 打ちのめす, 屈服させる, 挫折させる. ❺ [鳥を] 撃ち落とす; [飛行機を] 撃墜する: ～ un pájaro de un disparo 一発で鳥を撃ち落とす. ❻ [馬が乗り手を] 振り落とす, 落馬させる. ❼《闘牛》[馬とピカドールを] 倒す

—— **～se** ❶ 取り壊される, 解体される. ❷ 壊れる, 倒れる. ❸《まれ》屈服する

derribista [dɛr̄iƀísta] [名] [建物の] 解体業者

derribo [dɛr̄íƀo]〖←derribar〗[男] ❶ [建物などの] 解体, 取り壊し〔作業〕: material de ～ 再利用可能な廃材. ～ de las edificios ilegales 違法建築物の取り壊し. ❷ [複] [解体による] 廃材, 瓦礫(がれき). ❸ 取り壊し現場, 解体現場. ❹ 倒すこと, 突き倒し; 打倒. ❺ [航空機の] 撃墜

derrick [dɛ́r̄ik]〖←英語〗[男]〖[複] ～s〗❶ デリック〔クレーン〕. ❷ 油井やぐら

derripiador [dɛr̄ipjađór] [男]《チリ》鉱山労働者

derriscar [dɛr̄ískar] [7] [他]《キューバ, プエルトリコ》[高所・崖から] 突き落とす

—— **～se** 身を投げる

derrisco [dɛr̄ísko] [男]《キューバ》峡谷, 崖

derriza [dɛr̄íθa] [女]《エストレマドゥラ》❶ けんか. ❷ 大損害

derrocadero [dɛr̄ɔkađéro] [男] [危険な] 岩場, 断崖, 岩だらけの場所

derrocamiento [dɛr̄ɔkamjénto] [男] ❶ 突き落とすこと. ❷ [政府の] 打倒, 転覆: ～ del tirano 独裁者の打倒. ❸ 倒壊, 破壊: ～ del edificio antiguo 古い建物の倒壊

derrocar [dɛr̄ɔkár]〖←カタルーニャ語 derrocar「岩から投げ落とす」〗[7] [他] ❶ [政府・為政者を] 倒す, 転覆させる, 失脚させる: Los golpistas *derrocaron* el gobierno legalmente constituido. クーデタは合法的に樹立された政府を倒した. ～ la monarquía 王制を打倒する. ～ al presidente 大統領を引きずり降ろす. ❷ 転落させる, 突き落とす: ～ desde lo alto del acantilado 断崖の上から突き落とす. ❸ 倒す; [建物を] 解体する: ～ las murallas 壁を倒す. ～ una manzana de casas 1ブロック分の家屋を解体する

—— **～se** [+por から] 身を投げる

derrochador, ra [dɛr̄ɔtʃađór, ra] [形] [名] 無駄づかいする, 浪費癖の; 浪費家: Hoy estoy ～. 今日はお金を使いたい気分だ

derrochar [dɛr̄ɔtʃár]〖←?前ローマ時代の語 roccia「岩」〗[他] ❶ 無駄づかいする, 浪費する: ～ agua 水を無駄づかいする. ～ su herencia 相続財産を浪費する. ❷《口語》[才能などに] 恵まれている, 豊富にある: ～ buen humor ユーモアのセンスがある. Pepa *derrochaba* buen humor ese día. その日ペパはとても上機嫌だった

—— [自] 無駄づかいする: Estaban acostumbrados a ～. 彼らは金づかいの荒さが身に染みついていた

derroche [dɛr̄ɔ́tʃe]〖←derrochar〗[男] ❶ 浪費, 無駄づかい: Es un ～ de energía dejar las luces encendidas. 電気をつけっぱなしにしておくのはエネルギーの無駄づかいだ. ❷ 豊富, 潤沢: un ～ de entusiasmo あふれんばかりの熱意. un ～ de luces こうこうとした明かり. hacer un ～ de energía en... …に全精力を注ぐ

derrochón, na [dɛr̄ɔtʃɔ́n, na] [形] [名] 無駄づかいする〔人〕

derrostrar [dɛr̄ɔstrár] [自]・**～se**《廃語》自分の顔を傷つける

derrota [dɛr̄ɔ́ta]〖←仏語 déroute「逃げ散ること」〗[女] ❶ 敗北, 敗戦〖⇔victoria〗; 潰走, 総崩れ: aceptar la ～ 敗北を認める. infligir una ～ a+人 …を打ち負かす. sufrir una ～ total 完敗する. ～ de Japón 日本の敗戦. ～ vergonzosa 屈辱的敗北. ❷ 破局, 挫折: ～s de (en) la vida 人生の蹉跌(さてつ). ❸《船舶》針路, 航路: dar la ～ 方向を指示する. fijar la ～ 針路を定める. seguir la ～ 追跡する. ❹ [自動車の] 進路. ❺ 道, 小道: pasar por la ～ 小径を行く

derrotado, da [dɛr̄ɔtáđo, đa] [形] ❶《西》ぼろぼろの服を着た, みすぼらしい身なりの: actor ～ 落ちぶれた役者. ❷ 打ちひしがれた; 疲れ果てた: El fracaso del proyecto la dejó ～*da*. 計画が失敗して彼女はがっくり来た

derrotar [dɛr̄ɔtár]〖←古仏語 desroter「逃げ散る」〗[他] ❶ [敵軍・相手選手などを] 負かす, 打ち勝つ, 破る: Japón *derrotó* a Irán. 日本〔チーム〕はイランを破った. Nos vencieron pero no nos *derrotaron*. 我々は負けたが, ぼろぼろにはされなかった. ～ al ejército invasor 侵入軍を打ち負かす. ～ a la adversidad 逆境に勝つ. ejército *derrotado* 敗軍. ❷ [⋯の健康・幸福などを] 害する; [希望などを] くじく: Su frialdad me *ha derrotado*. 彼女の冷たい仕打ちに私はくじけた. ❸《まれ》[家・家具・服などを] 壊す, だめにする: *Derrotaba* los zapatos porque tenía los pies deformados. 私は足が変形していたのでよく靴をだめにした. ❹《古語》浪費する, 散財する. ❺《地方語》[罪などを] 告白する

—— [自]《闘牛》[牛が] 角を突き上げる

—— **～se** ❶ [精神的に] がっくりくる, 気落ちする: No debes ～*te* por un solo fracaso. たった一度の失敗で気落ちしてはいけない. ❷ 災難でだめになる. ❸《船舶》[船が] 針路から外れる

derrote [dɛr̄ɔ́te] [男]《闘牛》角での突き上げ

derrotero [dɛr̄ɔtéro]〖←derrota〗[男] ❶ [主に [複]] 進路; 方針, 手段: Si sigues por esos ～*s* vas a terminar mal. そんなことばかりしていると最後はよくないよ. Ignoro qué ～*s* lo han llevado hasta allí. どういうなりゆきでそうなったのか私には分からない. cambiar de ～ 方針を変更する. ir (seguir) por ～*s* poco recomendables よくない生き方をする. tomar otros ～*s* 別の道を進む. tomar distintos ～*s* あの手この手を使う. ～ en la vida 人生航路. ❷《船舶》1) 航路, 針路: sin ～ fijo はっきり針路を決めずに. 2) 水路図, 航路図

derrotismo [dɛr̄ɔtísmo]〖←derrotar〗[男]《軽蔑》敗北主義, 悲観論, 負け犬根性: caer en el ～ 悲観的になる

derrotista [dɛr̄ɔtísta] [形] 敗北主義の, 悲観主義の: actitud ～ 負け癖のついた態度. noticia ～ 悲観的なニュース

—— [名] 敗北主義者, 悲観主義者

derrubiar [dɛr̄uƀjár] [10] [他]《地質》[水の流れが] 浸食する

derrubio [dɛr̄úƀjo] [男]《地質》❶ 浸食: ～ de las orillas 両岸の浸食. ❷ 浸食土

derruir [dɛr̄wír]〖←ラテン語 diruere〗[48] [他] [建物を] 破壊する, 取り壊す: ～ una casa antigua 古い家を解体する. casa medio *derruida* 壊れかけた家. ～ su hogar 家庭を崩壊させる

derrumbadero [dɛr̄umbađéro]〖←derrumbar〗[男]《西》❶ [危険な] 断崖, 絶壁, 岩場: precipitarse por un ～ 断崖から身

を投げる. ❷《比喩》崖っぷち, 危機

derrumbamiento [deřumbamjénto] 男 ❶ 倒壊, 崩壊, 取り壊し: El terremoto dio origen al ~ de montañas en muchas partes. 地震のためにあちこちで山崩れが起こった. ~ de tierras 土砂崩れ. ❷ ［政府などの］転覆, 瓦解；［文明の］崩壊, 滅亡: ~ del Imperio Romano ローマ帝国の滅亡. ❸ ［家などからの］転落, 墜落. ❹ ［価格などの］暴落, 下落. ❺ ［鉱業］落盤

derrumbar [deřumbár]《〈俗ラテン語 derupare < de-（上から下へ）+rupes「断崖」》他 ❶ ［建造物を］倒壊させる, 取り壊す［類語］derrumbar は土台からの破壊で, derribar より程度・激しさが上回る］: El tifón derrumbó una casa. 台風で家が倒れた. ~ la vieja fábrica 古い工場を取り壊す. ❷ ［文語］崖などから］突き落とす. ❸ ［希望などを］打ち砕く. ❹ ［精神的に］落ち込ませる: El suspenso lo derrumbó y no quiere seguir estudiando. 彼は落第でがっくりして勉強を続ける気になれない. ❺ ［政府などを］倒す: ~ la dictadura 独裁制を倒す
— ~se ❶ 倒壊する, 壊れる: Por suerte, nos dimos cuenta a tiempo de que las rocas se derrumbaban. 私たちは幸いにも岩が崩れかかっていることに気づいた. Se derrumbaron todas las esperanzas. あらゆる希望が打ち砕かれた. ❷《文語》転落する. ❸ 気落ちする: Después de su muerte, ella se derrumbó. 彼の死後, 彼女は落ち込んでしまった

derrumbe [deřúmbe] 男 ❶［←derrumbar］❶ 倒壊, 取り壊し. ❷ 土砂崩れ, 崖崩れ〖=~ de tierra〗；落盤. ❸《経済》崩壊, 暴落. ❹ 衰退, 衰え: ~ físico 体力の衰え

derrumbo [deřúmbo] 男《まれ》断崖, 岩場

derviche [derbítʃe] 男 ダルヴィーシュ《イスラム神秘主義の修道僧》

des- 《接頭辞》［名詞化・動詞化に］❶［不, 分離］desconfiar 信用しない, deshacer 分解する. ❷［除去, 欠如］desterrar 国外追放にする, desorden 無秩序

desabarrancar [desaβařaŋkár] ［7］他 ❶［崖・沼などから］助け出す. ❷ 窮地から救い出す

desabastecer [desaβasteθér]〘←des-+abastecer〙［39］他 ［…に対して, +de の］供給を断つ: La ciudad quedó desabastecida de verduras. 町は野菜の供給を断たれた

desabastecimiento [desaβasteθimjénto] 男 品不足, 供給停止

desabasto [desaβásto] 男《メキシコ》=**desabastecimiento**

desabejar [desaβexár] 他 ［巣箱から］ミツバチを追い出す

desabollador [desaβoʎaðór] 男 へこみ abolladura をなくす道具

desabollar [desaβoʎár] ［鍋などの］へこみをなくす: ~ el chasis de una moto オートバイの車台のへこみを直す

desabonar [desaβonár] ~se ［催し物の予約切符などを］取り消す, 解約する: ~se de los conciertos de noche 夜のコンサートの切符をキャンセルする

desabono [desaβóno] 男 ❶［予約切符などの］取り消し, 解約. ❷ 信用失墜, 面目をなくすこと: Tus cotilleos me han traído demasiado ~. 君への陰口が聞こえすぎて私は信用できなくなった. hablar en ~ de+〘人〙…の顔に泥を塗るようなことを言う

desabor [desaβór]〘←des-+sabor〙男 ❶ 味のないこと, まずさ: No puedo con el ~ de la comida de los hospitales. 病院の食事のまずさに私は耐えられない. ❷ 味気なさ, 無味乾燥: Prefiero no recordar los ~es de mi estancia en la isla. 島にいたころの砂を嚙むような生活を思い出したくない

desabordar [desaβorðár] ~se《船舶》［接舷した船が］離れる

desaborición [desaβoriθjón] 女《西》面白味のなさ；面白味のない人（もの）

desaborido, da [desaβoríðo, ða] 名《西》❶ 面白味のない〔人〕: empate ~ 面白くもない引き分け. ❷［料理が］味のない: caldo ~ こくのない（まずい）スープ

desabotonar [desaβotonár]〘←des-+abotonar〙他 ❶ …のボタンを外す: Desabotónale el abrigo al niño. その子のオーバーのボタンを外してあげなさい
— 自 花が開く, 咲く
— ~se ❶［自分の服の］ボタンを外す: Me desaboté la chaqueta. 私は上着のボタンを外した. ❷［服が主語］ボタンが外れる

desabridamente [desaβríðamente] 副 味もそっけもなく, 無愛想に, つっけんどんに

desabrido, da [desaβríðo, ða] 形［ser-estar+］❶ ［食べ物が］味のない, まずい: Las primeras cerezas son ~das. 出始めのサクランボはまずい. ❷ 天気不良の, 不順な: El mes de febrero aquí suele ser ~. 当地の2月はたいてい天候が不順だ. La tarde está ~da. 午後は天気が悪い. ❸《西》無愛想な, 意地悪な: Tiene un carácter antipático y ~ como pocos. 彼ほど感じの悪い, 意地悪な人は少ない. Se muestra ~ con sus hijos. 彼は息子たちに優しくない. ❹《アルゼンチン, ウルグアイ》［人が］頑固な, 面白味のない

desabrigado, da [desaβriɣáðo, ða] 形 ❶［場所が］むき出しの, 吹きさらしの. ❷［人が］見捨てられた, 寄る辺ない

desabrigar [desaβriɣár]〘←des-+abrigar〙［8］他 オーバーを脱がせる
— ~se ❶ オーバーを脱ぐ；薄着をする: No te desabrigues en la calle, que hace frío. 外は寒いからオーバーを着ていなさい. ❷ 布団をはぐ: El niño se ha desabrigado mientras dormía. その子は寝ている間に布団から外れてしまった

desabrigo [desaβríɣo] 男 ❶ オーバーを脱ぐ（脱がせる）こと；薄着, 軽装. ❷ 見捨てること, 放棄, 保護のない状態: Se apiadó al ver el ~ del pobre huérfano. 彼はかわいそうな孤児の寄る辺ない姿を見て不憫に思った

desabrimiento [desaβrimjénto] 男 ❶ 味のなさ, まずさ: El ~ de esta fruta se debe a la falta de sol. この果物がまずいのは日照不足のせいだ. ❷ ［文体などの］面白味のなさ, 無味乾燥. ❸ 無愛想, 冷淡, 不機嫌: contestar con ~ つっけんどんに答える. ~ de sus palabras 他人行儀な言葉づかい. ❹ 不快, 不快感: Le dejó un ~ indefinido y mordiente. 彼の心には名状しがたく鋭いいらいら感が残った. ❺ ［天候の］不順: ~ del tiempo en enero 1月の天候不順. ❻《軍事》［銃・弩などの発射後の］反動の強さ

desabrir [desaβrír]〘←desabor〙他 ❶ ［味を］まずくする: El vinagre que añadimos desabrió el guiso. 加えた酢で料理がまずくなった. ❷ 不愉快な気分にさせる, 怒らせる
— ~se ［+con に］腹を立てる

desabrochado [desaβrotʃáðo] 男《金属》溶接のクオリティー試験

desabrochar [desaβrotʃár]〘←des-+abrochar〙他 ❶ ［衣服などの］ホック（ボタン）を外す: Le desabroché el cuello de la camisa. 私は彼のシャツの首のボタンを外してあげた. ❷《まれ》開ける, 開く
— ~se ❶ ［自分の衣服などの］ホック（ボタン）を外す: Ya sé ~me. 僕はもうボタンが外せるよ. ~se la pulsera 腕輪を外す. ❷ ボタンが外れる《主語は衣服》: Se me desabrocharon los pantalones mientras bailaba. 私は踊っている間にズボンのホックが外れてしまった. ❸《まれ》［+con に］秘密（気持ち）を打ち明ける

desacalorar [desakalorár] ~se 涼む, 涼を取る: Me pondré a la sombra para ~me. 私は涼むために日陰に入る

desacarreo [desakařéo] 男《地方語》不快

desacatadamente [desakatáðamente] 副 無礼にも, 不敬にも

desacatado, da [desakatáðo, ða] 形 ❶ 無礼な, 礼儀をわきまえない. ❷《南米. 口語》［人が］奔放な, ブレーキのきかない

desacatador, ra [dasakataðór, ra] 形名 無礼な〔人〕, 不敬な〔人〕

desacatamiento [desakatamjénto] 男 =**dasacato**

desacatar [desakatár]〘←des-+acatar〙他 ❶ ［法律・命令などに］従わない, 背く. ❷ 敬わない, 尊重しない: Lo echaron de la sala por ~ al juez. 裁判官を侮辱したため彼は退廷させられた. ~ a sus padres 両親の言うことを聞かない

desacato [desakáto]〘←desacatar〙男 ❶ ［+a に］従わないこと, 不服従；尊敬しないこと: ~ a su jefe 上役に従わないこと. ~ a la bandera 国旗を敬わないこと. ❷《法律》不敬罪, 侮辱罪: ~ a la autoridad 官憲侮辱罪〖=~ al tribunal, ~ a los tribunales〗

desacedar [desaθeðár] 他 ❶ 酸味を取り除く. ❷ とげとげしさを無くす

desaceitar [desaθeitár] 他 ［羊毛・生地などを］脱脂する, 油っ気を抜く

desaceleración [desaθeleraθjón] 女 減速, ペースダウン: ~ de la economía／~ económica 景気の減速, 経済の失速

desacelerar [desaθelerár] 他 …の速度を落とす, 減速させる: ~ la marcha del automóvil 自動車の速度を落とす

desacerar ── 自 減速する; ペースを落とす: *Desacelera* un poco el coche, que estamos en la zona de curvas. カーブが多いところで, 少しスピードを落としなさい
── ~**se** ゆっくりする: Chico, tranquilo y *desacelérate*, que todavía te quedan muchos exámenes. おい, あせらず, ゆっくりやれよ. まだまだ試験は残っているから

desacerar [desaθerár] 他 [工具などの] 鋼の部分をすり減らす

desacerbar [desaθerbár] 他 [とげとげ・ざらざらを] 和らげる: *Desacerbó* sus relaciones tratándolos como iguales. 彼は同等に扱うことで関係を和らげた

desacertadamente [desaθertáðaménte] 副 誤って, 不適切に

desacertado, da [desaθertáðo, ða] 形 ❶ 不適切な, 見当外れの, 誤った: respuesta ~*da* とんちんかんな答え. estratégia ~*da* 誤った戦略. ❷ 無分別な, 思慮のない; 時宜を得ていない: Estuvo muy ~ en sacar ese tema a relucir. 彼がその話題を突然持ち出したのは配慮が足りなかった

desacertar [desaθertár] 《←des-+acertar》 23 自 《まれ》 [+en を] 誤る, 失敗する: *Desacertó en* todos sus pronósticos. 彼の予測はことごとく外れた. ~ *en* la puntería 狙い(的)を外す

desachirar [desat∫irár] ~**se** 《コロンビア》 [空が] 晴れる

desacidificar [desaθiðifikár] 7 他 酸味を取り除く

desacierto [desaθjérto] 《←desacertar》 男 見当外れ, 誤り, へま: Fue un ~ haberlo invitado a la fiesta. 彼をパーティーに招いたのはまずかった. cometer un ~ en la política exterior 外交政策でへまをやる

desaclimatar [desaklimatár] 他 [人・動植物を] 別の環境に移す, 環境を変える; 風習・習慣をなくさせる

desacobardar [desakoβarðár] 他 勇気づける, その気にさせる, 弱気の虫を無くさせる: La conversación con sus amigos la *desacobardó*. 友達と話をして彼女は元気が出た

desacollarar [desakoʎarár] 他 《アルゼンチン》 一緒にいた動物を引き離す

desacomedido, da [desakomeðíðo, ða] 形 《中南米》 気のきかない; そっけない, 思いやりのない

desacomodadamente [desakomoðáðaménte] 副 居心地悪そうに, 不自由に

desacomodado, da [desakomoðáðo, ða] 形 ❶ 居心地の悪い, 不自由な: Se vio obligada a dormir en una cama ~*da*. 彼女は寝心地の悪いベッドで寝ざるを得なかった. ❷ 金に困った, きゅうきゅうとした. ❸ 《古語的》 [召使いが] 職がない, 失業中の. ❹ 《チリ》乱雑な, だらしない

desacomodamiento [desakomoðamjénto] 男 居心地の悪さ, 不便, 不自由

desacomodar [desakomoðár] 《←des-+acomodar》 他 ❶ 居心地を悪くさせる, 不自由にさせる: Siento tener que ~*te*, pero tengo que limpiar el sillón. くつろいでいるところ申し訳ないけど, 椅子の掃除をしなければならないんだ. ❷ 解雇する, 失業させる: La crisis económica *desacomodó* a un gran número de obreros. 経済危機で大量の失業者が出た. ❸ 《南米》散らす, 乱す
── ~**se** ❶ 失業する, 失職する. ❷ 《南米》[言行が] 混乱する, 支離滅裂なことを言う(する)

desacomodo [desakomóðo] 男 居心地の悪さ, 不便, 不自由: No quiero causarle ningún ~ con mi visita. 私がお邪魔してご迷惑をかけるのはいやです. sufrir ~ 困窮する

desacompañamiento [desakompaɲamjénto] 男 交際を避けること, 敬遠

desacompañar [desakompaɲár] 他 [人を] 避ける, 敬遠する, 交わりを絶つ

desacompasado, da [desakompasáðo, ða] 形 リズム(テンポ)が乱れた: Los bailarines iban ~*s*. 踊り手たちの動きがそろっていなかった. Es una pieza poco melodiosa y ~*da*. その曲はノリが悪い(調子外れだ). tener el corazón ~ 不整脈である

desacompasar [desakompasár] 他 =**descompasar**

desacompletar [desakompletár] 他 《メキシコ》欠落させる; 欠員を生じさせる: Su enfermedad vino a ~ al equipo. 彼の病気によってチームに1人欠員が生じた

desacondicionar [desakondiθjonár] 他 《グアテマラ, チリ》快適さを奪う

desaconsejable [desakonsexáβle] 形 推奨され得ない, 適切でない: Es ~ para su salud tomar sal con una tensión tan alta. 血圧がそんなに高いのに塩分をとるのはあなたの体に良くない

desaconsejado, da [desakonsexáðo, ða] 形 ❶ [人が] 軽率な, 無分別な, 忠告を聞かない: Es una muchacha ~*da* que no atiende lo que le dicen. 彼女は軽率な娘で, 人の言うことに耳を貸さない. ❷ 不適切な, しない方がよい, 勧められない: Durante el embarazo ciertos deportes están ~*s*. 妊娠中は勧められないスポーツもある
── 名 分別(思慮)のない人, 愚か者

desaconsejar [desakonsexár] 《←des-+aconsejar》 他 [+a+人 に]…しないように勧める, 思いとどまらせる, やめるよう説得する;《婉曲》禁じる: Te *desaconsejo* comprar acciones ahora. 今は株を買うべきじゃないよ. a menos que el médico te lo *desaconseje* ドクターストップがかかっていないのであれば

desacoplamiento [desakoplamjénto] 男 ❶ 分離, 切り離し, 片方だけにすること: ~ del cohete ロケットの切り離し. ❷ [つがいの動物の] 引き離し

desacoplar [desakoplár] 他 ❶ [対のものを] 離す, 片方だけにする, 別々にする: ~ una rueda 片側のタイヤを外す. ❷ [機械の] 接続を切る: ~ de la locomotora el tren 機関車から列車を切り離す. ❸ プラグを抜く, 電源を切る

desacople [desakóple] 男 =**desacoplamiento**

desacordadamente [desakorðáðaménte] 副 《文語》調子外れに, ちぐはぐに, 不ぞろいに

desacordado, da [desakorðáðo, ða] 形 ❶ 《文語》ちぐはぐの, 不一致の. ❷ 《音楽》[楽器が] 音程の狂った. ❸ 《美術》[色調が] 調和のとれていない

desacordar [desakorðár] 《←des-+acordar》 28 他 ❶ 調和を乱す: Este mueble *desacuerda* la decoración de la sala. この家具は部屋の装飾と合っていない. ❷ [楽器の] 音程を狂わせる; 音程を外して鳴らす, 音程外れに歌う. ❸ [色調を] 狂わす, 台なしにする. ❹ 合意しない
── 自 《古語》調和していない;[楽器が] 音程が狂う
── ~**se** ❶ [楽器の] 音程が狂う: Algunos instrumentos *se desacuerdan* con la falta de uso. 楽器の中には使わないで音が狂うものがある. ❷ 忘れる, すっかり記憶をなくす: ~*se de* su pasado 過去を忘れる

desacorde [desakórðe] 《←desacordar》 形 ❶ 《音楽》音程の外れた: Sona un violín ~. 調子はずれのバイオリンの音がする. ❷ [+con と] 一致しない, 不調和な: Su indumentaria está ~ *con* la situación. 彼女の服装はその場に合わない. colores ~ 調和のとれていない色. opiniones ~*s* てんでんばらばらな意見

desacorralar [desakoralár] 他 ❶ [家畜を] 囲い場から出す. ❷ 《闘牛》牛を群れから離して闘牛場の中央に出す

desacostumbradamente [desakostumbráðaménte] 副 珍しいことに: *D*~, salió por la puerta de atrás. 彼はいつもと違って裏口から出た

desacostumbrado, da [desakostumbráðo, ða] 形 ❶ 普通でない, 珍しい: Tiene una fuerza ~*da* en la mujer. 彼女は女性にしては珍しく力が強い. con un entusiasmo ~ en él 彼としては珍しく熱心に. práctica ~*da* entre los europeos 西欧人にはなじみのない慣行. ❷ 耳慣れない, 聞き慣れない

desacostumbrar [desakostumbrár] 《←des-+acostumbrar》 他 [+a・de の] 習慣をやめさせる: ~ al niño *a* no dormir siesta 子供に昼寝の習慣をやめさせる. ~ a+人 *del* tabaco …にたばこをやめさせる
── ~**se** ❶ 習慣をやめる: ~*se de* madrugar 早起きしなくなる. ~*se a* comer entre horas 間食する癖をやめる. ❷ [+a に] 慣れない: ~*se al* calor 暑さに慣れない(弱い)

desacotar [desakotár] 他 ❶ 禁猟区の指定を解除する. ❷ 拒絶する, 認めない: *Desacotó* mi intervención en el conflicto. 彼はその争いに私が介入することを拒否した. ❸ 《幼児語》[遊びの] ルールを変える
── 自 [話の本筋から] 離れる, 脱線する

desacotejar [desakotexár] 他 《キューバ》乱雑にする, 無秩序にする

desacoto [desakóto] 男 禁猟区指定の解除

desacralización [desakraliθaθjón] 女 非神聖化

desacralizar [desakraliθár] 9 他 非神聖化する, 権威を失墜させる
── ~**se** 権威が失われる

desacreditado, da [desakreðitáðo, ða] 形 信用をなくした, 評判の悪い: Es una marca ~*da*. そのブランドは評判がかんばしくない

desacreditador, ra [desakreðitaðór, ra] 形 信用を失わせる,

評判を落とす: rumores ～*es* 信用を台なしにするうわさ
desacreditar [desakređitár] 〖←des-+acreditar〗 [他] …の信用を失わせる, 評価を下げる: Este producto *desacreditó* al fabricante. この製品はメーカーの名を傷つけた
—— ～**se** 信用を失う: Él solo *se desacredita* con esas declaraciones absurdas. その愚かな発言で評判を落とすのは彼だけだ
desactivación [desaktiƀaθjón] [女] ❶ 起爆装置の解除. ❷ [放射性物質の] 活動低下, 不活性化. ❸ 活動停止, 停滞: El sistema de alarma provocó la ～ de los aparatos. 警報システムによって装置が停止した
desactivador, ra [desaktiƀađór, ra] [形] [名] 爆弾処理の(処理係): equipo de los ～*s* 爆弾処理班
desactivar [desaktiƀár] 〖←des-+activar〗 [他] ❶ 起爆装置を外す: ～ la bomba de tiempo 時限爆弾の起爆装置を外す. ❷ 放射能を除去する. ❸ 不活性化させる, 活動を低下させる: ～ una reacción química 化学反応を止める. ～ la economía 経済を停滞させる. El gobernador *ha desactivado* el plan de emergencia contra la contaminación. 知事は緊急公害対策案にストップをかけた
—— ～**se** ❶ 起爆装置が解除される. ❷ 不活性化する
desactualizado, da [desaktwaliθáđo, đa] [形] 時代遅れの, 現状に合わない: Este artículo se encuentra ～. この記事は現状に即していない. Estoy ～. 私は新しいことは何も知らない
desacuartelar [desakwartelár] [他] [部隊を] 兵舎から出す
desacuerdo [desakwérđo] 〖←des-+acuerdo〗 [男] ❶ [+con との/+entre の間の] 不一致, 不調和; 意見の相違; 不和, 確執: Los dos testimonios están en ～. 2人の証言に食い違いがある. Lo que dice está de ～ *con* lo que hace. 彼は言行不一致だ. La corbata está de ～ *con* el traje. そのネクタイはスーツと合っていない. Hay ～ *entre* los administradores. 重役たちの間に確執がある. expresar su ～ *con* las medidas 方針を巡って考えが異なることを表明する. su ～ *con* el presidente 大統領との確執. ❷《まれ》[複] 誤り, 過誤. ❸《まれ》忘却
desadaptación [desađa(p)taθjón] [女] ❶ 適合(適応)性の欠如. ❷《アンデス》適応障害
desadaptado, da [desađa(p)táđo, đa] [形] 落ち着かない, なじめない: Se siente ～ en esa oficina. 彼はその職場になじめない
desadaptar [desađa(p)tár] [他] 落ち着かなくさせる
—— ～**se** 落ち着きがなくなる; [環境・雰囲気に] 合わない
desaderezar [desađereθár] [9] [他] だらしなくさせる 〖=desaliñar〗
desadeudar [desađeuđár] [他] 借金(債務)から解放する
desadorar [desađorár] [他] 崇拝しなくなる, 崇拝を否定する
desadormecer [desađormeθér] [39] [他]《まれ》❶ 目を覚まさせる, 眠気を取る. ❷ しびれを取る
—— ～**se**《まれ》❶ 目を覚ます. ❷ しびれがなくなる
desadornar [desađornár] [他]《まれ》飾りを取り外す; 飾り気をなくす
desadorno [desađórno] [男]《まれ》飾り気のなさ, 質素
desaduanar [desađwanár] [他]《チリ》通関手続きをする
desadujar [desađuxár] [他]《船舶》[巻いたロープ類を] ほどく
desadvertidamente [desađƀertíđaménte] [副]《まれ》=**inadvertidamente**
desadvertido, da [desađƀertíđo, đa] [形]《まれ》=**inadvertido**
desadvertir [desađƀertír] [33] [他]《まれ》気づかない, 見落とす, 見過ごす
desafear [desafeár] [他] 美化する, 醜さをなくす
desafección [desafε(k)θjón] 〖←des-+afección〗 [女] ❶ [体制・思想などへの] 反感: Esta comunidad tiene ～ a España. この州はスペインに反感を抱いている. ❷ 冷淡, 悪感情; 恨み, 敵意: Adivinaba la ～ tras los gestos más corteses. 彼は慇懃(いんぎん)さの裏に敵意が潜んでいることを見抜いていた
desafectación [desafektaθjón] [女] 使用目的の変更; 廃止
desafectar [desafektár] [他] 使用目的を変更する; 廃止する: ～ la zona del plan urbanístico その地域を都市計画から外す
desafecto, ta [desafékto, ta] 〖←des-+afecto〗 [形] ❶ [+a 体制・思想などに] 忠実でない, 敵対的な: ～ *al* régimen 反体制的な. ❷ 冷淡な
—— [男] 愛情のなさ, 無関心, 冷淡さ; 悪感情, 嫌悪: tratar a+人 con ～ …を冷たくあしらう, 意地悪をする. tener un ～ por... …への関心が低い. ～ hacia los foráneos よそ者に対する冷たさ
desaferrar [desafer̄ár] [他] ❶《船舶》[船の] 係留索を解く, 錨を上げる. ❷ 離す, 剝がす, 放す: ～ la verja que está oxidada 錆びた鉄柵を外す. Este niño nunca *desaferra* el oso de peluche cuando duerme. この子は寝る時に絶対熊のぬいぐるみを放さない. ❸ [+de 考えなどを] やめさせる: Por fin conseguimos ～le *de* sus ideas. 私たちはようやく彼を固定観念から解放できた
—— ～**se** ❶ 手を放す. ❷ 考え(信条)を変える
desafiador, ra [desafjađór, ra] [形] 挑戦する; 挑戦的な
—— [名] ❶ 挑戦者; 決闘者. ❷ 選手権挑戦者 〖⇔defensor〗
desafiante [desafjánte] [形] 挑戦的な, 挑発的な: Se me acercó ～. 彼はけんか腰で私に近づいてきた. lanzar una mirada ～ ふてぶてしい視線を投げかける. tono ～ 挑戦的な口調. palabras ～*s* 挑発的な言葉
desafiar [desafjár] 〖←des-+a-+fiar〗 [11] [他] ❶ [+a を] …に挑む, 挑戦する; 決闘を申し込む: 1) Lo *desafié* a una carrera. 僕は彼とかけっこをした. ～ a+人 *a* una partida de ajedrez …にチェスの手合わせを挑む. 2) [+a+不定詞・que+接続法] ～ a+人 *a* beber …に飲み比べを挑む. Te *desafío a que* se lo digas. 彼女にそれを言えるのなら言ってみろ. ❷ 立ち向かう, 対決する: El trapecista *desafía* a la muerte en cada actuación. 空中ブランコ乗りは演技ごとに命がけである 〖a は目的語を明示するため〗. ～ las iras de sus padres 両親の怒りに反抗する. ～ los peligros 危険に立ち向かう. ～ el paso del tiempo 風雪に耐える. ～ la ley de la gravedad 万有引力の法則に逆らう
—— ～**se** [互いに] 決闘する: *Se desafiaron* a muerte. 彼らは命をかけて決闘した
desafición [desafiθjón] [女] 愛好心のなさ, 嫌になること; 冷淡さ
desaficionar [desafiθjonár] [他]《まれ》愛情(愛好)を失わせる
—— ～**se** 愛情がなくなる, 好きでなくなる: *Se desaficionó* de la bebida tras muchos esfuerzos. 彼は努力して酒を断った
desafilar [desafilár] [他] 刃を鈍らせる, 刃をだめにする
—— ～**se** 刃が鈍る(丸くなる)
desafinación [desafinaθjón] [女] [楽器・声の] 音程が狂うこと; [音程の] 狂い
desafinadamente [desafináđaménte] [副] ❶ 調子外れに: Canta ～. 彼の歌は音程が合っていない. ❷ 場違いに
desafinamiento [desafinamjénto] [男] =**desafinación**
desafinar [desafinár] 〖←des-+afinar〗 [自]・～**se** ❶ [楽器・声の] 調子が外れる, 音程が狂う: Algunos instrumentos *se desafinan* por la falta de uso. 使っていないと音が外れる楽器もある. ❷《口語》よけいなことを言う, 場違いな発言をする: No le invitan a las reuniones porque *desafina* siempre. いつも場違いなことを言うので彼は集まりに呼ばれない
—— [他] …の音程を狂わせる
desafío [desafío] [男] ❶ 挑戦, 挑発; 決闘の申し込み: aceptar su ～ 挑戦を受けて立つ. carta de ～ 挑戦状, 果たし状. ～*s* por una cuestión de honor 名誉をかけての決闘. ❷ 難題, 課題, 難関: La vacuna contra el sida es un ～ para muchos científicos. 多くの科学者にとってエイズ・ワクチンは難しい課題である. representar un ～ para... …にとって難関になる. ❸ 対立, 矛盾: Sus teorías son un ～ a lo sabido hasta ahora. 彼の説はこれまでの常識に反するものである. ❹ [ブラジルの] 即興で互いに掛け合う歌
desaforadamente [desaforáđaménte] [副] 途方もなく, すさまじく, 限度を超えて: comer ～ むちゃ食いする
desaforado, da [desaforáđo, đa] 〖←desaforar〗 [形] ❶ 途方もない, すさまじい, 法外な: ambición ～*da* とてつもない野望. hacer un ～ esfuerzo por+不定詞 …しようとがむしゃらに努力する. ❷ 奔放な, 抑えようのない: dar gritos ～*s* 絶叫する. ocurrencias ～*das* とっぴな思いつき
desaforar [desaforár] 〖←des-+aforar〗 [28] [他]《まれ》❶ …の特権 fuero を剝奪する; 特別法を犯す. ❷ …の限度を超える
—— ～**se** [どなったりするなど] 冷静さを失う: La embriaguez le llevó a ～*se*. 彼は酔って抑えがきかなくなった
desaforo [desafóro] [男]《キューバ》熱狂
desaforrar [desafor̄ár] [他] …の裏地を外す
desafortunadamente [desafortunáđaménte] [副] 残念ながら, 不幸なことに
desafortunado, da [desafortunáđo, đa] 〖←des-+afortunado〗 [形] [名] ❶ 不運な〔人〕, ついてない〔人〕; 不幸な 〖=desgraciado〗: Ha sido un día ～. 一日ついていなかった. ser ～ en amo-

desafuero

res (en el juego) 恋愛(ギャンブル)運がない. ❷ 場違いな,間の悪い,的外れの: comentario ~ 的外れのコメント. medidas ~das 不適切な処置

desafuero [desafuéro]【←desaforar】男 ❶ 違法行為, 法律違反, 権利侵害. ❷ 乱暴,暴行: cometer todo tipo de ~s ありとあらゆる乱暴狼藉を働く

desagarrar [desaɣařár] 他《口語》放す, 解放する

desageración [desaxeraxjón] 女《口語》=**exageración**

desagerado, da [desaxeráðo, ða] 形 =**exagerado**

desagotar [desaɣotár] 他《ラプラタ》空にする, 排水する

desagraciado, da [desaɣraθjáðo, ða] 形《廃語》見苦しい, 不細工な, 優雅さに欠ける

desagraciar [desaɣraθjár] 10 他《まれ》醜くする

desagradable [desaɣraðáβle] 形 ❶ 不愉快な, 不快な, 嫌な: ruido ~ 不快な音. al tacto 手触りが悪い. ~ de decir 口に出して言うのがはばかれる. hombre de aspecto ~ 外見のよくない男. Me es ~ tener que decir esto. こんなことを言わなければならないのは不本意ですが. ❷ [ser・estar+, +con・para+人に対して] 無愛想な,不機嫌な(人に対する): Es ~ con sus vecinos. 彼は近所の人に対して無愛想だ. Estás muy ~ conmigo. 君はえらく私に対しつっけんどんだ

desagradablemente [desaɣraðáβleménte] 副 ❶ 不愉快なことに,心外にも. ❷ 無愛想に,不機嫌に,気に入らずに

desagradar [desaɣraðár]【←des-+agradar】自 [+a を] 不愉快にさせる; [+a に] 不快に感じられる: 1) Me *desagrada* ese olor. 私はその臭いが嫌いだ. ~ al oído [音が] 耳障りである. 2) [que+接続法 が主語] Le *desagrada que* haya salido yo solo. 彼は私が一人で出かけたので面白くない
 —**se** 不愉快になる, わびる. ❷ [···の] 償いを得る

desagradecer [desaɣraðeθér]【←des-+agradecer】39 他 ···に感謝しない, 恩を感じない; ···に対して恩知らずである: *Desagradeció* la ayuda que le habíamos prestado, criticándonos a nuestras espaldas. 彼は助けてもらったことも忘れて, 陰で私たちの悪口を言っていた

desagradecidamente [desaɣraðeθíðaménte] 副 恩を忘れて, 不義理にも

desagradecido, da [desaɣraðeθíðo, ða] 形 名 ❶ 恩知らずな(人), 感謝の意を示さない(人), 忘恩の: No seas ~ y devuelve el favor. 恩知らずはよくない, 借りは返せ. ¡D~ maldito! 恩知らずが! De ~s está el mundo lleno.《諺》この世の中は恩知らずで一杯だ. ❷ [仕事が] 報われない: La fama y el éxito a veces nos hacen ~s. 名声や成功は時に私たちを不幸にする. tarea ~*da* 日の当たらない仕事

desagradecimiento [desaɣraðeθimjénto] 男 忘恩

desagrado [desaɣráðo]【←desagradar】男 不快, 不機嫌, 不満: causar ~ a+人 ···に不快感を与える, 嫌な思いをさせる. hacer… con ~ いやいや(不承不承)···する. saber una noticia con ~ 不快を表わす. poner cara de ~ 嫌な顔をする

desagraviar [desaɣraβjár]【←des-+agraviar】10 他 ❶ 償う, 埋め合わせをする: Con eso no me siento *desagraviado*. 私はそれで十分に穴埋めされたとは思っていない. *Desagraviarán* a las víctimas del accidente con dinero. 彼らは事故の被害者に金銭で賠償するだろう. ❷ 謝罪する, わびを言う: Para ~me se disculpó públicamente. 彼はおわびに皆の前で謝罪した
 —**se** 弁明する, わびる. ❷ [···の] 償いを得る

desagravio [desaɣráβjo] 男 償い, 賠償, 埋め合わせ; 謝罪: exigir un ~ 賠償を要求する. carta de ~ わび状, 謝罪の手紙
 en ~ [+de の] 償いとして: Me envió unas flores *en* (como) ~. 彼はおわびの印に花を贈ってきた

desagregación [desaɣreɣaθjón] 女 ❶ 分解, 分裂, 崩壊; 分離(去る). ❷《地質》[岩石などの] 風化(作用). ❸《金属》[焙焼などによる] 鉱石の一次処理

desagregar [desaɣreɣár] 8 他 分ける, 分離する, 分裂させる
 —**se** 分かれる, 分裂する. Las hojas del libro *se desagregaron*. 本のページがバラバラになった. ❷ [組織から] 分離独立する

desaguadero [desaɣwaðéro]【←desaguar】男 ❶ 排水路, 排水管: El ~ de la piscina está atascado. プールの排水管が詰まっている. ❷《口語》金食い虫, 浪費の原因

desaguador [desaɣwaðór] 男 排水路, 排水管 [=**desaguadero**]

desaguar [desaɣwár]【←des-+agua】13 他 ❶ 排水する, ···から水を抜く: ~ la bañera バスタブの水を抜く. ~ la marisma para instalar un campo de golf ゴルフ場を作るため沼地の水を抜く. ❷ 浪費する, 無駄づかいする: *Desaguó* todo el dinero que le habían prestado. 彼は借りた金を使い果たした. ❸《まれ》[便・体液を] 排出する. ❹《チリ, 料理》[調理をする前に, 悪い臭い・味を抜くために] 水に浸す
 —自 ❶ [川が, +en 海などに] 流れ込む: El Ebro *desagua* en el Mediterráneo. エブロ川は地中海に注ぐ. ❷《婉曲》小便をする: No aguantaba más y *desaguó* en el mismo portal. 彼は我慢しきれずに, 玄関口でおしっこをした. ❸ [容器が] 空になる, 水が抜ける
 —**se** ❶ [容器が] 空になる, 水が抜ける: El botijo *se desaguó* al hacerse una brecha en la base. 底に穴があいて水入れは空になった. ❷《俗語》嘔吐(?)する: Estaba tan borracho que *se desaguó* al bajar del coche. 彼はすごく酔って車から降りたら吐いた

desaguazar [desaɣwaθár] 9 他 水を抜く, 排水する, 水たまりをなくす

desagüe [desáɣwe]【←desaguar】男 ❶ 排水口, 排水路. ❷ 排水, 放水: conducto de ~ 排水溝. tubo de ~ 排水管

desaguisado, da [desaɣisáðo, ða]【←des-+a-+guisa】形 ❶ 違法な, 不法な. ❷ 理不尽な, 無茶な
 —男 ❶ 違反, 反則; 不正, 不当. ❷ 理不尽, 悪事, いたずら: ¡Que ~ ha organizado el perro en el salón! 何とひどく犬が部屋を荒らしたことか! hacer ~s いたずらをする. ❸ 侮辱, 無礼(な言動). ❹《アルゼンチン》無秩序

desaguiso [desaɣíso] 男《地方語》=**desaguisado**

desaherrojar [desaeřoxár]《まれ》鎖を外す

desahijar [desaixár] 17 他 [家畜の子供を] 親から離す
 —**se**《養蜂》[蜜蜂が] 分封を繰り返す

desahitar [desaitár] 15 ~**se** 消化不良(胃もたれ)が治る

desahogadamente [desaoɣáðaménte] 副 ❶ 裕福に, ゆうゆうと, 余裕しゃくしゃくで. ❷ 奔放に, 気ままに. ❸ 厚かましく, ずうずうしく

desahogado, da [desaoɣáðo, ða] 形 ❶ [estar・ir・vivir+, 主に経済的に] ゆとりのある, 裕福な: Vivimos ~s. 私たちの暮らしは楽だ. llevar una vida ~*da* 余裕のある暮らしをする. familia ~*da* 裕福な家庭. posición ~ *da* 経済的に余裕のある地位. ❷ 厚かましい, ずうずうしい: ¡Vaya ~ que estás hecho: contestar así a tu padre! お前は何て恥知らずなんだ! 父親にそんな口のきき方をするなんて. ❸ [場所・衣服が] ゆったりした, 余裕のある: habitación ~*da* 広々とした部屋. ropa ~*da* ゆったりとした服. ❹ [船が] 順風満帆の
 —名 厚かましい人: El muy ~ se fumó todos mis cigarrillos. 彼は厚かましくも私のたばこを打ち明ける. ❸ 場所を空ける: ~ la estantería 本棚にスペースを作る

desahogar [desaoɣár]【←des-+ahogar】8 他 ❶ [感情を] あらわにする, 表出する: *Desahoga* tus penas conmigo. 君の悩みを僕にうち明けてくれ. ~ toda su furia en… 怒りを···にぶちまける. ❷ 気を楽にさせる, 苦しみから解放する: Las lágrimas *desahogan* el corazón. 泣けば気持ちが楽になる. La *desahogó* saber que él también sufría. 彼も苦しんでいると知って彼女は慰められた. ~ tensiones 緊張をほぐす. ❸ 場所を空ける: ~ la estantería 本棚にスペースを作る
 —**se** ❶ 気が楽になる, 気分を晴らす, くつろぐ: Gritó para ~*se*. 彼は気晴らしに叫んだ. *Se desahogó* dándole patadas a la rueda. 彼はタイヤを蹴ってうっぷんを晴らした. ❷ [経済的に] 楽になる; [債務・借金から] 解放される: Con el nuevo trabajo *nos desahogamos* un poquito. 私たちは今度の仕事で少しは楽になる. ❸ [+con に] 気持ちを打ち明ける, 心を明かす: Debes ~*te* de tus pesares *con* tu marido. 夫には悩みをすべて打ち明けなさい

desahogo [desaóɣo]【←desahogar】男 ❶ [主に経済的な] ゆとり, 安楽: vivir con ~ 安楽な暮らしをする. ~ económico 経済的余裕. ❷ [感情の] 表出, 発散: expresarse con ~ 心のうちを吐露する. ❸《口語》気楽さ: Se sirve de ~ con estrés. それが彼にはストレスの発散になっている. no tener ni un momento de ~ 一息つく暇もない. ❹ [痛み・苦悩などからの] 解放, 軽減: ~ de sus penas 心痛からの解放. ❺ 厚かましさ

desahuciadamente [desauθjáðaménte] 副 希望もなく, 絶望して

desahuciar [desauθjár]【←des-+古語 ahuciar「自信を与える」】8 他

佃 ❶［借家人・借地人を］立ち退かせる. ❷［医者が患者を］見放す, さじを投げる, 不治だと宣告する: Los médicos la habían desahuciado. 医者たちは彼女の回復の見込みはないとしていた. ❸《まれ》希望を失わせる, 断念させる. ❹《チリ》［労働者を］解雇する, 解雇の通告する
—— ~se あきらめる, 断念する

desahucio [desáuθjo] 男 ❶［借家人・借地人に対する］立ち退き, 追い立て. ❷《チリ》解雇通知; 解雇補償

desahumado, da [desaumáðo, ða] 形［酒が］気の抜けた, アルコール分の飛んだ

desahumar [desaumár] 18 佃 煙を排除する

desainadura [desainaðúra] 女《獣医》［馬・ラバの］体内の脂肪が溶ける病気

desainar [desainár] 15 佃 ❶［動物の］脂肪分を取り除く. ❷《鷹狩り》［羽毛の抜け替わる時期に, 鷹に餌を与えず］弱める. ❸《キューバ》弱くする, 痩せる

desairadamente [desairáðaménte] 副 みっともなく, 不細工に; なりふり構わず

desairado, da [desairáðo, ða] 形 ❶ 優雅さに欠けた, みっともない, 野暮な: andares ~s 不格好な歩き方. silencio ~ 気まずい沈黙. ❷ 首尾よくいかない, 失敗した: Mi intervención quedó ~ y fuera de lugar. 私の発言は中途半端で, 場違いだった. pretendiente ~ ふられた男. ❸ 屈辱的な, 見くびられた: Se sintió ~ por tu falta de educación. 君の無作法さに彼は恥ずかしい思いをした

desairar [desairár]《←des-+airar》15 佃 ❶ 軽んじる, 冷遇する, 相手にしない; 侮辱する: Desairó a su marido delante de sus padres. 彼女は自分の両親の前で夫をばかにした. Acepté tu invitación para no ~te. 私は君が気分を害さないように招待を受けた. Ella le desairó devolviéndole el regalo. 彼女はプレゼントを返して彼を鼻であしらった. ❷［手形などの］支払いを拒絶する, 不渡りにする

desaire [desáire]《←desairar》男 ❶ 軽視, 冷遇, 冷たいあしらい: Nos hizo el ~ de no aceptar la invitación. 彼は失礼にも私たちの招待を断った. No lo tome usted a ~. 冷たい仕打ちと思わないで下さい. sufrir un ~ 軽くあしらわれる, はねつけられる. ❷ 野暮ったさ, みっともなさ

desaislar [desaislár] ~se 孤立状態でなくなる

desajustar [desaxustár]《←des-+ajustar》佃 ❶［調整してあるものを］狂わす: Su llegada improvista desajustó mis planes. 彼が思いがけずやって来て私の計画は狂った. ❷［ねじなどを］緩める, 取り外す; [2つの部分を] 分離する, うまく合わなくする. ❸ 台なしにする, 損なう
—— ~se ❶ 調子が狂う. ❷［ねじなどが］緩む; [2つの部分が] うまく合わない: Esta estantería se está desajustando con el peso. この本棚は重さでゆがみつつある. ❸《調停・合意》だめになる, 意見の相違が生じる: Se desajustaron las negociaciones. 話し合いは不調に終わった

desajuste [desaxúste] 男 ❶ 不調, 故障, 狂い, 混乱: ~s horarios 時差ぼけ. ❷ 不均衡, 不一致, 格差: ~ económico 経済的アンバランス. ❸［契約などの］破棄. ❹ 調停の不調, 決裂, 物分かれ

desalabanza [desalabánθa] 女《まれ》非難, ののしり, 悪口

desalabar [desalabár] 佃《まれ》欠点をあげつらう, 非難する, ののしる, 悪態をつく, けなす

desalabear [desalabeár] 佃［木材を］平らにする, 歪みをなくす, 反りを削る

desalabeo [desalabéo] 男［木材を］平らにすること

desalación [desalaθjón] 女 ❶ 塩分除去. ❷［食材などの］塩抜き. ❸［海水の］淡水化

desaladamente [desaláðaménte] 副《文語》あわてて, 急いで, あせって

desalado¹ [desaláðo] 男 塩抜き

desalado², da [desaláðo, ða]《文語》あわてた, 急いだ, あせった: Salió ~ hacia la estación. 彼はあわてて駅の方へ向かった. ir ~ 急ぐ

desalador, ra [desalaðór, ra] 形 塩分を除去する; 淡水化する: planta ~ra 淡水化プラント

desalagar [desalagár] 8 佃［土地を］乾燥させる: ~ un estanque 池の水を抜く

desalar [desalár] I《←des-+salar》佃 ❶《料理》塩抜きする, 塩をとる: ~ el bacalao 干鱈を塩抜きする. ❷［海水を］淡水化する, 真水にする. ❸［原油の］塩分を除去する

II《←des-+ala》佃［鳥などの］翼（羽根）をとる
—— ~se ❶ 急ぐ, あわてる, あせる: Se desaló por llegar a tiempo. 彼は間に合おうとして急いだ. ❷［+por+不定詞 しようと］切望する: Se desalaba por conseguir una buena colocación. 彼はいいところに就職したがっていた. ❸《カナリア諸島》［帽子のつばを］下ろす

desalbardar [desalbarðár] 佃 =desenalbardar

desalcoholización [desalko(o)liθaθjón] 女 アルコール分の分離

desalentadamente [desalentáðaménte] 副 意気消沈して, がっかりして, 落胆して

desalentador, ra [desalentaðór, ra] 形 気力を失わせる, がっかりさせる, 気を萎えさせる: noticia ~ra 気落ちさせる知らせ

desalentar [desalentár]《←des-+alentar》23 佃 ❶ 気落ちさせる, がっかりさせる: El fracaso le ha desalentado. 失敗で彼は意気消沈した. ❷ 息苦しくさせる, 息切れさせる
—— ~se ❶ 気落ちする, 意気消沈する: No debemos ~nos ante la adversidad. 逆境にあってもやる気をなくしてはならない. ❷ 息苦しくなる, 息切れする

desalfombrar [desalfombrár] 佃 じゅうたん alfombra を取り除く

desalforjar [desalforxár] 佃 ❶ 鞍袋 alforja から取り出す. ❷《古語》［馬から］鞍袋を外す
—— ~se ［暑さしのぎに］ボタンを外す, 服を緩める

desalhajar [desalaxár] 佃［部屋から］宝飾品 alhaja や高級家具を取り去る

desaliento [desaljénto]《←desalentar》気落ち, 落胆, 意気消沈: El ~ se apoderó de los jugadores. 選手たちはすっかり落胆した

desalineación [desalineaθjón] 女 列を乱すこと, 列が乱れること

desalinear [desalineár] 佃 …の列を乱す, ふぞろいにする
—— ~se 列が乱れる

desalinización [desaliniθaθjón] 女 塩分除去, 淡水化

desalinizadora [desaliniθaðóra] 女 海水淡水化装置《=potabilizadora》

desalinizar [desaliniθár] 9 佃［海水の］塩分を抜く, 淡水化する

desaliñadamente [desaliñáðaménte] 副 だらしなく, 乱雑に

desaliñado, da [desaliñáðo, ða] 形［身の回りが］だらしない, 乱雑な: tener un aspecto ~ だらしない（みすぼらしい）格好をしている

desaliñar [desaliñár]《←des-+aliñar》佃［身だしなみなどを］だらしなくさせる, 乱雑にさせる: ~ un vestido 服をしわだらけにする
—— ~se だらしない格好をする

desaliño [desaliño]《←desaliñar》男［身の回りの］だらしなさ, だらしない身なり, 乱雑, 無頓着, いい加減さ: ir vestido con ~ だらしない格好をする

desalivar [desalibár]《←saliva》自 唾液が出る, つばを吐く
—— ~se つばを吐き散らす

desalmadamente [desalmáðaménte] 副 情け容赦なく, 残忍に

desalmado, da [desalmáðo, ða] 形 名 ❶ 凶悪な〔人〕, 血も涙もない〔人〕: Unos ~s lo dejaron medio muerto a la puerta de su casa. 残忍な連中が彼を自宅前で半殺しにした. ❷ 良心のない

desalmamiento [desalmamjénto] 男《廃語》❶ 良心の欠如. ❷ 非道さ, 邪悪さ

desalmar [desalmár]《←des-+alma》佃 ❶ 活力を奪う: Han desalmado el proyecto. 彼らはその計画を骨抜きにした. ❷ 落ち着きをなくさせる, 不安にする
—— ~se ❶ 勢いがなくなる: Su talento se desalmó. 彼の才能もかげりが見えた. ❷［+por＋］熱望する, 渇望する: Todos nos desalmamos por un buen futuro. 私たちは皆, 明るい未来を切望している

desalmenado, da [desalmenáðo, ða] 形《築城》のこぎり壁 almenas のない

desalmenar [desalmenár] 佃《築城》のこぎり壁 almenas を取り除く（取り壊す）

desalmidonar [desalmiðonár] 佃［衣服の］糊を落とす

desalojamiento [desaloxamjénto] 男 =desalojo

desalojar [desaloxár]《←des-+alojar》佃 ❶ 立ち退かせる: 1)［+場所 から］La policía desalojó el local. 警察は現場から

desalojo [desalóxo] 男 ❶ 立ち退き, 追い立て, 退去. ❷《中南米》立ち退き通告

desalquilado, da [desalkiládo, ða] 形 賃貸されていない;《文語》住む人のない, 空き家の

desalquilar [desalkilár]《←des-+alquilar》他〔家屋・店舗など の〕賃貸をやめる, 引き払う: En cuanto podamos *desalquilamos el garaje*. できるだけ早くそのガレージを引き払おう
— **~se** 空き家になる, 借り手がなくなる

desalterar [desalterár] 他《まれ》〔気持ちを〕落ち着かせる, 静める

desalumbradamente [desalumbrádamente] 副《まれ》目がくらんで; 血迷って

desalumbrado, da [desalumbráðo, ða] 形 ❶ 目がくらんだ: Los faros del camión la dejaron ~*da*. トラックのライトで彼女は目がくらんだ. ❷ 分別をなくした, 血迷った

desalumbramiento [desalumbramjénto] 男 ❶ 幻惑, 目がくらむこと. ❷ 無分別

desamable [desamáble] 形《まれ》愛されるに値しない, かわいげのない

desamador, ra [desamaðór, ra] 形 名《まれ》愛想を尽かす〔人〕, 嫌う〔人〕

desamar [desamár] 他《まれ》❶ 愛さなくなる, 愛想を尽かす. ❷ 厭う, 嫌う

desamarrar [desamarrár] 他《主に中南米》❶《船舶》1) もやい網を解く, 解纜(らん)する. 2) 錨(いかり)をあげる. ❷ 解く, ほどく: ~ *al perro* 犬の鎖を外してやる, 犬を放す
— **~se** ❶《船舶》もやいが解ける. ❷〔人・動物が〕解き放たれる. ❸ 紐などが〕ほどける

desamartelar [desamartelár] 他 **=desenamorar**

desamasado, da [desamasáðo, ða] 形 ばらばらになった, 分解した

desambientado, da [desambjentáðo, ða] 形《estar+. 人・事物が〕場の雰囲気に合わない, 溶け込めない: Estuvo ~*da durante toda la fiesta*. パーティーの間ずっと彼女は居心地が悪かった. Al cambiarse de escuela se encontró ~. 転校後, 彼はなじめなかった

desambientar [desambjentár] 他 場違いに感じさせる, 違和感を覚えさせる
— **~se** 場違いにする, 場にそぐわない

desambiguación [desambiɣwaθjón] 女 あいまいをなくすこと

desambiguar [desambiɣwár] 13 他 あいまいをなくす: ~ *la frase* あいまい言い回しをなくす

desamigado, da [desamiɣáðo, ða] 形 不和になった, 仲たがいした

desamigar [desamiɣár] 8 他《まれ》敵対させる, 反目させる
— **~se**《まれ》不仲になる

desaminación [desaminaθjón] 女《化学》脱アミノ反応

desamistar [desamistár] — **~se**〔+de と〕不和になる, 仲たがいする

desamoblar [desamoblár] 28 他 **=desamueblar**

desamoldar [desamoldár] 他《まれ》❶〔型 molde による〕形を崩す. ❷ 不格好にする

desamor [desamór]《←des-+amor》男《文語》❶ 愛情(友情)のなさ, 冷淡さ: ~ *a los padres* 両親への冷ややかな態度. ❷ 憎しみ; 愛情がなくなること: A fuerza de discutir, fue creciendo un profundo ~ *entre ellos*. 議論が高じて彼らの間で憎しみが深まっていった

desamorado, da [desamoráðo, ða] 形《文語》冷淡な, 冷ややかな, よそよそしい

desamorar [desamorár] 他〔人から〕愛情を失わせる
— **~se** 愛情を失う: Al ver a su novia con otro hombre, él *se desamoró*. 婚約者が他の男と一緒にいるのを見て, 彼の愛情は冷めた

desamoroso, sa [desamoróso, sa] 形 愛情のない, そっけない, 冷ややかな

desamorrar [desamorrár] 他《口語》❶ 顔を上げさせる, うつむくのをやめさせる. ❷〔黙ったり・怒っている人に〕話をさせる, 前向きにさせる
— **~se** ❶ 顔を上げる, うつむくのをやめる. ❷ 前向きになる

desamortizable [desamortiθáble] 形〔教会の永代財産が〕譲渡・売却可能

desamortización [desamortiθaθjón] 女〔教会の〕永代所有財産の解除, 限嗣(しし)相続の解除, 死手財産の市場解放・売却 18世紀末以降のスペインで永代寄進の教会所有地や町村共有地などを国家が収用し競売にくだした. その目的は中産の自営農民層の育成, 小農民の育成, 国庫収入の確保, 教会への打撃などであったが, 結果として囲い込みによる土地市場の形成と資本主義の展開をもたらした〕

desamortizador, ra [desamortiθaðór, ra] 形 名〔教会の永代財産の〕譲渡する, 売却する; 譲渡者, 売却者

desamortizar [desamortiθár]《←des-+amortizar》9 他〔教会の永代財産を〕譲渡する, 解放する; 売却する: El estado *desamortizó los bienes inmuebles de la iglesia*. 国は教会の不動産を解体した

desamotinar [desamotinár] — **~se** 暴徒の群れから離脱する

desamparadamente [desamparáðamente] 副 見捨てられて, 寄る辺なく

desamparado, da [desamparáðo, ða] 形 名 ❶ 見捨てられた〔人〕, 身寄りのない〔人〕: Se sentía sola y ~*da en la gran ciudad*. 大都会で彼女は孤独で寄る辺のない感じがしていた. *niño* ~ 身寄りのない子. ❷〔場所〕吹きさらしの: ~*da ladera de la montaña* 吹きさらしの山腹. ❸〔場所〕人のいない, 人里離れた

desamparador, ra [desamparaðór, ra] 形 名 見捨てる〔人〕: ~*ras actuaciones del gobierno* 政府の切り捨て政策

desamparar [desamparár]《←des-+amparar》他 ❶ 見捨てる, 見放す: Los servicios sociales los *desampararon* por carecer de presupuesto. 社会福祉事業は予算不足を理由に彼らを切り捨てた. ❷ …を出て行く, 後にする. ❸《法律》〔権利を〕放棄する

desamparo [desampáro] 男 ❶ 見捨てること, 見放すこと. ❷ 孤立無援, 寄る辺なさ: Tras la muerte de sus padres, quedó en el ~ *más absoluto*. 両親の死後, 彼は全く孤立無援の状態になった. *anciano en* ~ 孤独な老人, 身寄りのない老人

desamueblado, da [desamweblaðo, ða] 形 ❶ 家具付きでない. ❷《文語》*cabeza* ~*da* 頭の空っぽな, 物を知らない⇔*cabeza bien amueblada*. ❸《まれ》〔土地が〕起伏のない, 樹木のない

desamueblar [desamweblár] 他〔家・部屋から〕家具を取り払う

desanclaje [desankláxe] 男 留め金を外すこと: ~ *del cinturón de seguridad* シートベルトの留め金を外すこと

desanclar [desanklár]《船舶》錨を上げる, 抜錨する

desancorar [desankorár] 他 **=desanclar**

desanchar [desantʃár] 他《ラマンチャ. 俗語》拡大する, 幅を広げる
— **~se**《ラマンチャ. 俗語》❶ 広がる. ❷ 傲慢になる; もったいをつける

desandar [desandár]《←des-+andar》65 他〔来た道を〕逆戻りする: Al confundirse de senda tuvo que ~ *cerca de medio kilómetro*. 彼は道を間違えて500メートル近く引き返さなくてはならなかった. ~ *el camino/* ~ *lo andado* もと来た道を引き返す; やり直しをする, 振り出しに戻る

desanderado, da [desanderáðo, ða] 形《キューバ》見境なく, 狂ったように

desandrajado, da [desandraxáðo, ða] 形 ぼろを着た, 服がぼろぼろの

desangelado, da [desanxeláðo, ða]《←des-+ángel》形 ❶〔人が〕面白味のない, 愛嬌のない. ❷〔場所が〕快適でない, 居心地の悪い: *hotel limpio pero* ~ 清潔だが居心地の良くないホテル. ❸ 孤独な, うち捨てられた

desangrado, da [desangráðo, ða] 形 大出血した: *morir* ~ 出血多量で死ぬ

desangramiento [desangramjénto] 男 多量の出血

desangrar [desangrár]《←ラテン語 desanguinare》他 ❶〔人・動物から〕血を抜く, 多量に出血させる. ❷《料理》〔肉・魚を〕血抜きする. ❸〔湖・池の〕水を抜く, 干上がらせる. ❹ …から金を搾り取る, 財産を巻き上げる: ~ *a sus padres* 両親のすねをかじる. ~ *un país* 国を疲弊させる

—— ~se ❶ 多量に出血する; 出血多量で死ぬ. ❷ 大金をなくす, 浪費する: Nos estamos desangrando con este negocio. 私たちはその仕事にかなりつぎ込んでいる
desangre [desáŋgre] 男 出血
desanidar [desaniđár] 自 [鳥が] 巣立つ
—— 他 [隠れ場所から] 追い立てる
desanimación [desanimaθjón] 女 ❶ 落胆, 気落ち. ❷ 活気のなさ, さびれていること
desanimadamente [desanimáđamente] 副 しょんぼりと, がっかりして, 悄然(しょうぜん)として
desanimado, da [desanimáđo, đa] 形 ❶ がっかりした, 落胆した. ❷ [場所などが] 活気のない: fiesta ~da 盛り上がらないパーティー
desanimar [desanimár] [←des-+animar] 他 ❶ …の気力を奪う: No me desanimar las dificultades. ❷ 断念させる, 思いとどまらせる: Iba a comprar un coche, pero me desanimaron. 私は車を買おうと思ったが, 気をそがれた
—— ~se 失望する, 気後れする: Me he desanimado con ese frío. この寒さで私はやる気をなくした
desánimo [desánimo] [←desanimar] 男 無気力, 落胆, 失望: Leía sus cartas cuando cundía ~. 私は落ち込んだ時には彼の手紙を読むことにしていた
desanublar [desanuβlár] 《まれ》[顔の] かげりを取る
—— ~se 《まれ》空が晴れ上がる, 雲が切れる
desanudadura [desanuđađúra] 女 《古語》[結び目などを] ほどくこと
desanudar [desanuđár] [←des-+anudar] 他 ❶ […の結び目を] ほどく: Desanude el paquete, por favor. 小包を解いてくれませんか. ~ la corbata ネクタイを緩める (ほどく). ~ la voz [驚いた後などに] また口がきけるようになる. ❷ [難問を] 解決する: Con pocas palabras desanudó el problema. 彼は少し話しただけで問題を解決した. ~ el malentendimiento 誤解をとく
—— ~se [結び目などが] ほどける
desanzuelar [desanθwelár] 他 [釣り上げた魚から] 針を外す
desañudar [desañuđár] 他 《古語》=**desanudar**
desaojar [desaoxár] 他 邪視 aojo を解く
desapacibilidad [desapaθiβiliđáđ] 女 《まれ》不快さ, 感じの悪さ; 天候の悪さ
desapacible [desapaθíβle] [←des-+apacible] 形 ❶ [事物が] 不快な: tono ~ 耳ざわりな口調. discusión ~ とげとげした議論. ❷ [人が] 優しくない, 思いやりのない, 怒りっぽい. ❸ 悪天候の, 天気のよくない: Toda la semana hizo un tiempo ~. 1週間ずっと悪天候だった
desapaciblemente [desapaθíβlemente] 副 不快にも, 感じ悪く
desapadrinar [desapađrinár] 他 《まれ》=**desaprobar**
desapañar [desapañár] 他 《古語》乱す, 崩す; 衣服を脱がせる
desaparcar [desaparkár] 7 他 《西》[車を] 撤去する, どかす
desapareado, da [desapareáđo, đa] 形 [一組だったものが] 別々になった, 片割れだけの: Aquí hay un calcetín ~. 片一方の靴下がここにある
desaparear [desapareár] 他 切り離す; [一対のものを] 別々にする
desaparecer [desapareθér] [←des-+aparecer] 39 自 ❶ [+de から] 見えなくなる, 消える, 姿を消す; [人が] 行方不明になる: Desapareció el sol en el horizonte. 太陽が地平線に消えた. El gato desapareció recientemente. その猫は最近姿が見えなくなる. ~ de la reunión 会議を抜け出す. ❷ [物が] なくなる; 《婉曲》盗まれる: Me han desaparecido unos billetes de la cartera. 私の財布からお札が数枚なくなった. reloj desaparecido 紛失した時計. ❸ 《中米》死ぬ, 滅亡する: animales desaparecidos 絶滅した動物. ❹《文語》死ぬ
—— 他 ❶《まれ》隠す, 消す, 見えなくする. ❷《まれ》[人を不当逮捕・処刑して] 行方不明にさせる. ❸《中米》見失う: ~ al niño 子供が見えなくなる
—— ~se 《南米》なくなる; 見えなくなる
desaparecido, da [desapareθíđo, đa] 形 [災害・戦争などによって] 行方不明の; [人が] 行方不明の; 在軍戦闘中に行方不明になった: Son miles los ~s durante la dictadura. 独裁政権下の行方不明者は多数にのぼる
desaparejar [desaparexár] [←des-+aparejo] 他 ❶《馬術》から] 装具を外す. ❷《船舶》[船の] 艤装(ぎそう)を解く, 索具を外す

desaparición [desapariθjón] 女 ❶ 見えなくなること. ❷ 消滅: ~ de una tribu 種族の滅亡. ❸《婉曲》死亡. ❹ 紛失: ~ de una gran suma de dinero 大金の紛失. ❺ 失踪, 行方不明: Su ~ es inexplicable. 彼がいなくなった訳が分からない. ~ de un financiero ある銀行家の失踪
desaparroquiar [desaparokjár] 10 他 ❶ 教区から引き離す; 教会へ行かなくする. ❷ 客を奪う, 常連客を離す
—— ~se ❶ 教区から離れる; 教会へ行かなくなる. ❷ 常連客をやめる: Mi vecino se desaparroquió de esa tienda. 隣人はその店へ行かなくなった
desapartar [desapartár] 《エストレマドゥラ; 中南米》=**apartar**
desapasionadamente [desapasjonáđamente] 副 冷静に, 情熱に流されず; 公平に: juzgar ~ 冷静沈着に判断する
desapasionado, da [desapasjonáđo, đa] 形 ❶ 冷静な, 沈着な. ❷ [人が] 公平な; [批評・決定などが] 客観的な: Necesitamos una opinión ~da. 偏りのない意見が必要が
desapasionar [desapasjonár] [←des-+apasionar] 他 情熱を削ぐ, 興味を冷めさせる: El tiempo la desapasionó y calmó sus ansiedades. 時間が彼女の熱を冷まし, はやる気持ちを落ち着かせた
—— ~se 熱意を失う, 興味をなくす
desapegar [desapegár] [←des-+apegar] 8 他 =**despegar**
—— ~se ❶ [+de への] こだわり (愛着) をなくす: Con la distancia me he despegado de mis antiguos amigos. 遠く離れて私は旧友と疎遠になった. ❷ 剥がれる, 離れる
desapego [desapégo] 男 冷淡, 無関心, よそよそしさ: Tiene ~ al dinero. 彼は金には恬淡(てんたん)としている. El ~ por su tierra natal le llevó a emigrar. 彼は故郷に執着していなかったので移住した
desapercibidamente [desaperθiβíđamente] 副 ❶ 気づかれずに, 目立たず: aproximarse ~ そっと近づく. ❷ 思いがけず
desapercibido, da [desaperθiβíđo, đa] [←des-+a-+percibir] 形 ❶ 気づかれない, 目立たない: La noticia pasó ~da en los medios internacionales. そのニュースは国際メディアに見落とされた. ❷ 出し抜けの, 準備ができていない: Su llegada nos cogió ~s. 彼は思いがけない時にやって来た. estar ~ de la situación 状況を把握していない
desapercibimiento [desaperθiβimjénto] 男 準備のないこと, 不意
desapestar [desapestár] 他 《まれ》[ペスト患者などを] 消毒する, 殺菌する
desapiadadamente [desapjađáđamente] 副 無慈悲に, 情け容赦なく
desapiadado, da [desapjađáđo, đa] 形 無慈悲な, 冷酷な
desapiolar [desapjolár] 他 《狩猟》[獲物を縛った紐を] 外す, 解く
desaplacible [desaplaθíβle] 形 《まれ》不快な, 好ましくない
desaplicación [desaplikaθjón] 女 不熱心, やる気のなさ
desaplicadamente [desaplikáđamente] 副 怠けて, ぐうたらに
desaplicado, da [desaplikáđo, đa] 形 勤勉でない, 不熱心な, 不まじめな: Es muy ~ y como siga así, suspenderá el curso. 彼はぐうたらで, このままだと落第するだろう
desaplicar [desaplikár] [←des-+aplicar] 7 他 [人を] 勤勉 (熱心) さを失わせる: Las malas compañías le han desaplicado. 悪い仲間のせいで彼は不まじめになった
—— ~se 不熱心になる
desaplomar [desaplomár] 他 《建築》=**desplomar**
desapoderadamente [desapođeráđamente] 副 《まれ》激しく, まっしぐらに
desapoderado, da [desapođeráđo, đa] 形 ❶ [自然現象などが] 猛り狂った, 奔放な. ❷《まれ》[感情などが] 抑えられない, まっしぐらの
desapoderamiento [desapođeramjénto] 男 ❶ 奔放さ. ❷《まれ》剥奪, 没収
desapoderar [desapođerár] 他 [+de を] …から奪う, 取り上げる, 剥奪する, 没収する: Le desapoderaron de sus cosas antes de ingresar en prisión. 彼は入獄前に持ち物をすべて没収された
—— ~se 手放す, 放棄する
desapolillar [desapolillár] 他 [衣服などの] 虫干しをする
—— ~se 《口語》久しぶりに外出する, 外出して息抜きをする:

Después de esta larga convalecencia, me urge ～*me*. この長い療養の後で私は外出が必要だ

desaporcar [desapɔrkár] [7] [他]《農業》土寄せの土を取り除く

desaposentar [desaposentár] [他] ❶［部屋などから］追い出す, 追い払う. ❷ 遠ざける, 捨てる: *Desaposentó* los objetos que le disgustaban. 彼は気に入らないものは捨てた

desaposesionar [desaposesjonár] [他]《廃語》取り上げる, 奪い取る

desapoyar [desapojár] [他] 支えを外す

desapreciar [desapreθjár] [10] [他] 見くびる, さげすむ, 軽視する, 過小評価する

desaprender [desaprendér] [他]《まれ》［習ったことを］忘れる

desaprensar [desaprensár] [他]《まれ》❶［アイロンでできる布地の］光沢を消す. ❷［四肢などへの］圧迫から解放する

D

desaprensión [desaprensjɔ́n] [女]《軽蔑》正義・道徳・他人の権利を気にしないこと: La ～ con la que tratas a la gente te creará enemigos. 君は他人を尊重しないから敵を作るよ

desaprensivo, va [desaprensíƀo, ƀa]〘←des-+aprensivo〙[形]《軽蔑》正義・道徳・他人の権利を気にしない〔人〕〘犯罪者, 泥棒など〙: Un conductor ～ lo atropelló y se fugó. 悪質ドライバーが彼をひき逃げした. Unos ～*s* le robaron todo lo que tenía. 彼は悪いやつらに身ぐるみはがれた

desapretar [desapretár] [23] [他]［ねじ・結び目などを］緩める

―― **～se** ❶ 緩む: *Se* me *han desapretado* los zapatos. 私は靴紐が緩んでしまった. ❷［自分の服を］緩める: Quiero ～*me* el pantalón. 私はズボンを緩めたい

desaprisionar [desaprisjonár] [他] 出獄させる, 放免する

desaprobación [desaproƀaθjɔ́n] [女]《文語》反対, 不賛成, 不承認; 非難: fruncir el ceño en señal de ～ とがめるように眉をひそめる

desaprobador, ra [desaproƀađɔ́r, ra] [形]《文語》不可とする, 不賛成の; 非難する: con un tono ～ 非難めいた口調で. mirada ～*ra* とがめるような目つき

desaprobar [desaproƀár]〘←des-+aprobar〙[28] [他] ❶《文語》反対する, 同意しない, 是認しない: 1) ～ el programa del gobierno 政府の方針に反対する. 2) [+que+接続法] *Desaprueban que* me vaya. 私が帰ることを認めてもらえない. ❷《文語》非難する: *Desapruebo* su conducta. 私は彼の行状を不満に思っている. El director *desaprobó* públicamente a su secretaria. 監督は秘書を公然と非難した. ❸《キューバ, ペルー》落第を宣告する

desaprobatorio, ria [desaproƀatórjo, rja] [形]《文語》反対の, 不同意の; 非難の

desapropiación [desapropjaθjɔ́n] [女] 放棄, 手放すこと

desapropiamiento [desapropjamjénto] [男] =**desapropiación**

desapropiar [desapropjár] [10] [他] 取り上げる, 没収する, 接収する

―― **～se** [+de を] 手放す: *Se desapropió de* sus libros al quedarse ciego. 彼は失明して蔵書を手放した

desapropio [desaprópjo] [男]《まれ》=**desapropiación**

desaprovechado, da [desaproƀetʃáđo, đa] [形] ❶［人が］チャンスを生かせない; 進歩のない, 怠惰な: alumno ～ やればできるのにやらない生徒. ❷ 利益の上がらない; 無駄づかいされた, 浪費された: Esta habitación está muy ～*da*. この部屋はうまく活用されていない

desaprovechamiento [desaproƀetʃamjénto] [男] ❶ 十分に利用されないこと, 不利用, 浪費: ～ del tiempo 時間の無駄. ❷ 進歩のなさ; 怠惰

desaprovechar [desaproƀetʃár]〘←des-+aprovechar〙[他] ❶ 利用し損う: ～ la oportunidad 好機を逃す. ❷ 十分に利用しない, 浪費する, 無駄にする: *Desaprovechó* su tiempo libre. 彼はせっかくの自由時間を十分に活用しなかった. Colocando así los muebles *desaprovechas* mucho espacio. 家具をそのように置くとデッド・スペースがたくさんできるよ

―― [自] 成果が上がらない, 進歩が遅い: ～ en los estudios 学力が低下する

desapuntalar [desapuntalár] [他]《建築》［建物の］支柱を外す

desapuntar [desapuntár] [他] ❶ リストから消す（外す）. ❷ 照準を外す（狂わせる）. ❸ 縫い目をほどく

desarar [desarár] [他]《地方語》ごく浅く耕す〘=aricar〙

desarbolado, da [desarƀoláđo, đa] [形] ❶［土地が］木々のない. ❷［飾りがなく］殺風景な. ❸ 神経質な, 緊張した. ❹ おんぼろの

desarbolar [desarƀolár] [他] ❶《船舶》マストを外す, マストを折る. ❷ 弱める, 不調にする;［計画などを］ぶち壊す. ❸《スポーツ》［防御を］ずたずたにする, 破る: Con la velocidad nuestros delanteros *desarbolaron* la defensa contraria. 我々のフォワードがスピードで相手のディフェンスを切り裂いた

desarbolo [desarƀólo] [男]《船舶》マストを外す（折る）こと; マストのない状態

desare [desáre] [男]《地方語. 農業》ごく浅く耕すこと

desarenar [desarenár] [他] 砂を取り除く

desareno [desaréno] [男] 砂の除去

desarmable [desarmáƀle] [形] 分解され得る: mesa ～ 折り畳みテーブル

desarmado, da [desarmáđo, đa] [形] ❶ 武器を持たない: ir ～ 丸腰である. ❷［quedar・dejar・estar+］反論できない: Su razonamiento nos dejó ～. 私たちは彼の理屈に反論できなかった. Quedó el interlocutor tan ～ que ya no articuló palabra. 対談相手はやり込められて, もう発言しなかった

desarmador [desarmađɔ́r] [男] ❶《まれ》［銃などの］引き金. ❷《メキシコ》1) ドライバー, ねじ回し. 2)《酒》スクリュードライバー

desarmadura [desarmađúra] [女]《まれ》=**desarme**

desarmaduría [desarmađuría] [女]《チリ》廃車処理場

desarmamiento [desarmamjénto] [男]《まれ》=**desarme**

desarmar [desarmár]〘←des-+armar〙[他] ❶ 武器を取り上げる, 武装解除する;［ある国の］軍備を撤廃（縮小）させる: La policía *desarmó* y detuvo a los sospechosos. 警察は容疑者たちから武器を取り上げ, 逮捕した. ❷［機械などを］分解する, 解体する: *Desarmó* el reloj, pero no pudo volver a montarlo. 彼は時計を分解したものの, 組み立て直すことはできなかった. ～ pabellones パビリオンを解体する. ❸［…の敵意・怒りなどを］和らげる, 解く: Le *desarmé* con una sonrisa. 私の微笑で彼は怒る気をなくした. ❹［議論で］反論できなくする, 言い負かす: Con ese argumento, el abogado lo *desarmó* por completo. その論法で弁護士は彼を完全に言い負かした. ❺《船舶》［船の］艤装を外す. ❻《闘牛》［牛が］ムレータを奪う. ❼《フェンシング》相手の剣を取る

―― [自]《サッカー》［チームが］勢いを失う, 崩壊する

―― **～se** ❶ 自ら武装解除する, 武器を捨てる; 軍備撤廃（縮小）する: Después de la guerra muchos países *se desarmaron*. 戦後, 多くの国々が軍備を縮小した. ❷［組み立てたものが］分解される; 崩れる, ばらばらになる: La cama *se desarmó* por no apretar bien los tornillos. ねじをしっかり締めていなかったためベッドが壊れた

desarme [desárme]〘←desarmar〙[男] ❶ 武装解除, 武器の取り上げ; 軍備撤廃, 軍備縮小: ～ nuclear 核軍縮. ～ arancelario (industrial) 関税撤廃. ❷［機械などの］分解, 解体: ～ de un motor エンジンの分解

desarmonía [desarmonía] [女] 不調和, ぎくしゃく: La ～ de los andares de esa pareja resulta graciosa. そのカップルの歩き方がちぐはぐでおかしい

desarmonizar [desarmoniθár] [9] [他] …の調和を乱す

―― [自]・**～se** [+con と] 調和しない: Este mueble nuevo *desarmoniza con* la decoración del salón. この新しい家具は部屋の装飾とマッチしていない

desaromatizar [desaromatiθár] [9] [他] 香りを失わせる

―― **～se** 香りが失せる

desarraigado, da [desar̄ai̯ǥáđo, đa] [形] 根無し草の, 根づいていない: Ha pasado tanto tiempo en el extranjero que se siente totalmente ～. 彼は外国生活が長かったのですっかり根無し草になった気がする

―― [名] 根無し草の人, よそ者; マージナルな人: Las ciudades grandes absorben a muchos ～*s*. 大都市は多くの故郷喪失者を受け入れる

desarraigar [desar̄ai̯ǥár]〘←des-+arraigar〙[8] [他] ❶ 根から引き抜く, 根こそぎにする: ～ un árbol 木を根こそぎにする. ❷ [+de から] 追い払う, 根なし草にする: La guerra y la pobreza *desarraigan* a mucha gente *de* sus casas. 戦争と貧困で多くの人が家から追いたてられた. ❸ 絶滅させる, 根絶する, 撲滅する: ～ la droga *de* la ciudad 町から麻薬を撲滅する. ～ el sentimiento de soledad 孤独感を消し去る. ❹ …に意見を変えさせる

―― **～se** ❶ 根こそぎにされる: Los árboles recién plantados *se desarraigaron* a causa del viento. 植えたばかりの木々は

風で根こそぎになった. ❷ 消える, なくなる. ❸ 出て行く, 根なし草になる: ～*se de* su ciudad natal 故郷の町を出る

desarraigo [desaȓáiɡo] 〖←desarraigar〗 [男] ❶ 根こそぎにすること. ❷ 撲滅, 根絶, 一掃. ❸ 出奔; 故郷喪失, 祖国喪失, 根無し草になること: Los exiliados viven en un estado de ～. 亡命者たちは根無し草の状態で生活している

desarrajar [desaȓaxár] [他] 《コロンビア》 錠を壊して開ける, こじ開ける

desarrancar [desaȓaŋkár] [7] **～se** [+de 集団から] 脱退する, 離脱する

desarranchar [desaȓantʃár] [他] 《船舶》 ごちゃごちゃにする, 無秩序にする

desarrapado, da [desaȓapáđo, đa] [形] [名] =**desharrapado**

desarrebozadamente [desaȓeƀoθáđaménte] [副] 《まれ》 公然と, あからさまに; 率直に

desarrebozar [desaȓeƀoθár] [9] [他] ❶ 頭巾(ベール) rebozo を外す. ❷ 明白にする

—— **～se** ❶ [自分の] 頭巾(ベール)を取る. ❷ 明白になる

desarrebujar [desaȓeƀuxár] [他] 《まれ》 ❶ もつれを解く, 解きほぐす. ❷ [難問などを] 解決する; [分かりにくいことを] 説明する

—— **～se** 服が脱げる

desarregladamente [desaȓeɡláđaménte] [副] 無秩序に, 雑然と

desarreglado, da [desaȓeɡláđo, đa] [形] ❶ 乱れた, 乱雑な: Es ～ en el vestir. 彼は服装がだらしない. llevar una vida ～*da* だらしない生活をおくる. habitación ～*da* 散らかった部屋. ❷ 調子の狂った, 故障した: reloj ～ 狂った時計. ❸ [飲食が] 節度のない. ❹ [胃などが] 調子のよくない

desarreglar [desaȓeɡlár] 〖←des-+arreglar〗 [他] ❶ 乱雑にする: Deja las cosas como están, que vas a ～ todo. そのままにしておいてくれ. さもないとすべてごっちゃになる. ❷ [調子・計画などを] 狂わす: Su llegada *desarregló* nuestro horario. 彼が来たために私たちの予定が狂った

—— **～se** ❶ 乱れる: *Se* te *ha desarreglado* el pelo con el viento. 風で君の髪が乱れた. ❷ 狂う: La excursión *se desarregló* a causa del mal tiempo. 遠足は悪天候のため予定が狂った

desarreglo [desaȓéɡlo] [男] ❶ 乱雑, 乱脈, 無秩序: ～ de horario スケジュールの乱れ. ❷ [生活などの] 不規則. ❸ [機械などの] 不調, 故障. ❹ [胃などの] 不調, 異常: evitar los ～*s* estomacales 胃のむかつきを避ける. ❺ 《南米》 過剰; 浪費

hacer ～ 無駄づかいをする

desarrendar [desaȓendár] [23] [他] ❶ [土地・家屋などの] 賃貸借をやめる. ❷ [馬の] 手綱を外す

desarrevolver [desaȓeƀɔlƀér] [29] [他] 《廃語》 [巻いた物を] ほどく, 解く

desarrimar [desaȓimár] [他] ❶ 引き離す; [くっ付いているものを] 離す: ～ el armario de la pared ロッカーを壁から離す. ❷ 断念させる, 思いとどまらせる

desarrimo [desaȓímo] [男] ❶ 孤立, 寄る辺なさ. ❷ 愛情(執着心)のなさ

desarrollado, da [desaȓoʎáđo, đa] [形] ❶ [国・地域などが] 発展した, 発達した: país ～ 先進国. países menos ～*s* 後発開発途上国. ❷ [子供が] 発育のいい: Es un niño muy ～ para su edad. その子は年齢のわりに発育がいい

desarrollar [desaȓoʎár] 〖←des-+arrollar〗 [他] ❶ 発達させる, 発展させる: El gobierno destinará millonarias ayudas para ～ la agricultura. 政府は農業を発展させるために多額の援助金を振り向ける予定だ. ❷ [産業・製品などを] 開発する: El gas sarín fue *desarrollado* por los alemanes. サリンガスはドイツ人によって開発された. ～ un nuevo producto 新製品を開発する. ❸ 発育させる, 成長させる, 生育させる: ～ las plantas 植物を成長させる. ❹ [知力・体力などを] 伸ばす: ～ la capacidad intelectual 知的能力を伸ばす. ～ la memoria 記憶力を伸ばす. ～ los músculos 筋肉を発達させる. ❺ [能力などを] 発揮する: El tren *desarrolla* una velocidad de 280 kilómetros por hora. その列車は時速280キロを出す. ～ una inteligencia enorme 並外れた知性を発揮する. ❻ [考え・活動などを] 展開する, 敷衍(ふえん)する; 繰り広げる: La idea es interesante; *desarróllela* y preséntemе un proyecto. そのアイデアは面白いから, それを発展させて企画にまとめて出して下さい. ～ una investigación 研究を進める. ～ una teoría 理論を展開する. ～ actividades clandestinas 地下活動を展開する. ❼ [巻いた・畳んだものを] 広げる, 伸ばす: ～ un mapa 地図を広げる. ❽ 《数学, 幾何》 [数式などを] 展開する: ～ una función en serie 関数を級数に展開する. ～ un cubo 立方体を展開する. ❾ 《音楽》 [主題を] 展開する. ❿ 《ペルー. 写真》 現像する

—— **～se** ❶ 発達する, 発展する: *Se ha desarrollado* la industria electrónica. 電子産業が発展した. ❷ 成長する: El niño *se desarrolla* rápidamente. 子供の成長は早い. ❸ [事が] 起きる; 展開する, 推移する: Ante mis ojos *se desarrolló* el choque de coches. 私の目の前で車の衝突事故が起きた. La reunión *se ha desarrollado* como prefijada. 集会は予定どおり催された(進行した). ❹ [考え・活動などが] 展開される: Al mismo tiempo la historia *se desarrolla* en dos países. 物語は2つの国で同時に進む. ❺ [伝染病などが] 流行する. ❻ 《生物》 発生する

desarrollismo [desaȓoʎísmo] [男] 《経済》 [人権・所得分配・環境保全などを軽視・無視した] 成長(発展)至上主義

desarrollista [desaȓoʎísta] [形] [名] 《経済》 成長(発展)至上主義の(主義者)

desarrollo [desaȓóʎo] 〖←desarrollar〗 [男] ❶ 発達, 発展; 開発: país en 〔vías de〕 ～〔開発〕途上国. plan de ～ 開発計画. mal plan de ～ 乱開発. ～ económico 経済発展; 経済開発. ～ hacia adentro (afuera) 国内(海外)市場中心の経済発展. ❷ 発育: edad del ～ 成長期. niño en pleno ～ 発育盛りの子供. ～ físico y mental 身体的知的発達. ～ de recursos humanos 人造り〔協力〕. ❸ 展開, 進展: ～ de una tesis 論旨の展開. ～ de un acontecimiento 事件の進展. ～ de una enfermedad 病気の推移. ❹ 《スポーツ》 [試合の] 展開, 流れ. ❺ 《数学, 幾何》 展開. ❻ 《音楽》 展開〔部〕. ❼ 《生物》 発生. ❽ 《自転車》 ギア比. ❾ 《南米. 写真》 現像

desarropado, da [desaȓɔpáđo, đa] [形] 身寄りのない, 助けてくれる人のない

desarropar [desaȓɔpár] [他] […の毛布を] 剥ぐ; […の服を] 脱がせる, 薄着にする

—— **～se** ❶ [自分の毛布を] 剥ぐ: El bebé *se había desarropado* y la madre lo arropó. 赤ん坊が布団から出たので, 母親が掛けた. ❷ 薄着になる: Hace demasiado frío para ～*se*. 薄着になるには寒すぎる

desarrugadura [desaȓuɡađúra] [女] しわを伸ばす(しわが伸びる)こと

desarrugar [desaȓuɡár] [8] [他] しわを伸ばす(取る): Cuelga la ropa para que se *desarrugue*. しわにならないよう服をハンガーに掛けておきなさい. ～ la frente 愁眉を開く

—— **～se** しわが伸びる(取れる)

desarrumar [desaȓumár] [他] 《船舶》 [荷を] 積み換える; 崩す

desarticulación [desartikulaθjón] [女] ❶ 《医学》 1) 脱臼 〖=dislocación〗. 2) 関節離断術. ❷ 分解, 解体, 瓦解: ～ de la banda terrorista テロ集団の解体. ❸ 《技術》 連結を外す(連結が外れる)こと

desarticulado, da [desartikuláđo, đa] [形] 連結の外れた, ばらばらになった

desarticular [desartikulár] 〖←des-+articular〗 [他] ❶ 関節を外す, 脱臼する: ～ a+人 la mandíbula …のあごの骨を外す. ❷ 《技術》 連結を外す: El fontanero *desarticuló* la tubería. 配管工は導管をばらばらにした. ❸ 分解する; [計画・組織などを] ばらばらにする: El retraso de los víveres *desarticuló* nuestros planes. 食糧の届くのが遅れたため我々の計画は潰れた. ～ la banda de contrabandistas 密輸グループを解散させる

—— **～se** 脱臼する, 関節が外れる 〖=dislocarse〗

desartillar [desartiʎár] [他] [軍艦・要塞の] 大砲を撤去する

desarzonar [desarθonár] [他] 《馬術》 [騎手を] 振り落とす

desasado, da [desasáđo, đa] [形] 取っ手 asa の取れた(壊れた)

desaseadamente [desaseáđaménte] [副] 汚らしく, 乱雑に, 不潔に

desaseado, da [desaseáđo, đa] [形] 身ぎれいでない, 汚らしい, 乱雑な, むさくるしい, 不潔な: Tiene la habitación ～*da* y desordenada. 彼は部屋を汚く, 散らかし放題にしている

desasear [desaseár] 〖←des-+asear〗 [他] 汚くする: *Desaseó* la casa al entrar con las botas llenas de barro. 彼は泥だらけのブーツで入って家を汚した

desasegurar [desaseɡurár] [他] ❶ …の保険を解約する. ❷ [事物を] 確か(安全)でなくする

—— **～se** 保険を解約する

desasentar [desasentár] [23] [他] 《まれ》 取り除く, 除去する

── 自 〖まれ〗不快である
── ~se 〖まれ〗席を立つ

desaseo [desaséo] 男 身ぎれいでないこと, むさくるしいこと, 不潔, 不衛生, 乱雑

desasimiento [desasimjénto] 〖←desasir〗男 ❶ 手放すこと, 放棄. ❷ 物に執着しないこと; 打算(私心)のなさ, 無私: Los santos predican el ~ de la riqueza y de los placeres. 聖人たちは富や快楽からの離脱を説く

desasimilación [desasimilaθjón] 女 〖生理〗異化[作用]

desasimilar [desasimilár] 他 〖生理〗異化する, 分解する

desasimilativo, va [desasimilatíβo, βa] 形 〖生理〗異化の

desasir [desasír] 〖←des-+asir〗43 他 ❶ 〖つかんでいた物を〗放す. ❷ [+de から] 引き剝がす: Un golpe fuerte puede ~ la estantería de la pared. 強く叩くと本棚を壁から剝がすことができる
── ~se ❶ 離れる, 身を離す: El náufrago nunca se desasió del madero. 難破者は丸太から決して手を離さなかった. ❷ 抜け出る: ~se de la pandilla 悪い仲間から抜ける. ~se de malos hábitos 悪い習慣から脱却する. ❸ [+de 持ち物を] 手放す, 処分する: ~se de todas sus posesiones 全財産を処分する

desasistencia [desasisténθja] 女 見捨てる(見放す)こと, 放置: Ese anciano vive solo y en total ~. その老人は一人暮らしで誰からも面倒を見てもらっていない

desasistido, da [desasistíðo, ða] 形 ❶ 見捨てられた, 見放された: Los ancianos están ~s en esta residencia. この施設の老人たちは必要な世話を受けていない. los sectores más ~s de la economía 最も無視された経済部門. ❷ [+de ＝] 欠いた: El intento se vio ~ totalmente de apoyo. その試みは全く支援を得られなかった

desasistir [desasistír] 他 見捨てる, 見放す, 放置する, 面倒を見ない: Lo desasistieron en los momentos más difíciles. 彼は一番困難な時に見捨てられた. ~ a los heridos 負傷者を見殺しにする

desasnar [desasnár] 他 〖口語〗〖粗野・無知な人を〗洗練させ, しつける, 教育する
── ~se あか抜ける, 教養を磨く

desasociable [desasoθjáβle] 形 〖まれ〗=**insociable**

desasociar [desasoθjár] 10 他 〖まれ〗〖結社を〗解散させる
── ~se 〖まれ〗解散する

desasosegadamente [desasoseɣáðamente] 副 不安げに, おびえて

desasosegar [desasoseɣár] 〖←des-+a-+sosegar〗8 23 〖→negar〗他 落ち着きをなくさせる, 気をもませる, 不安にする: Lo desasosiegan los exámenes. 彼は試験のことで不安だ
── ~se 落ち着きをなくなる, 気をもむ: Cuando algo altera su ritmo cotidiano, se desasosiega. 何かで日ごろのリズムが狂うと彼は不安になる

desasosiego [desasosjéɣo] 〖←desasosegar〗男 落ち着きのなさ, 不安, 動揺: Tu tardanza me produce cierto ~. 君が遅いので私は少し心配になる

desastar [desastár] 他 〖牛などの〗角を切り取る

desastillar [desastiʎár] 他 〖アンダルシア; 中南米〗[材木から] 木片 astilla を取る

desastradamente [desastráðamente] 副 だらしなく, 汚らしく

desastrado, da [desastráðo, ða] 形 名 ❶ 〖服装などが〗だらしのない[人], 汚ならしい[人]: Si vas tan ~, no te dejan entrar en ningún lugar. そんな薄汚い格好だと, どこにも入れてもらえないよ. zapatos ~s 汚い靴. postura ~da だらしのない姿勢. vida ~da だらしない(乱れた・無軌道な)生活. ❷ 〖文語〗不運な

desastre [desástre] 〖←ラテン語 dis- (欠如)+astrum「星」〗男 ❶ 大災害, 惨事, 災い: causar (producir) un ~ 大災害を招く. correr al ~ 自ら災いを招く. ~ aéreo 航空機事故災害. ~ del incendio 火災. ~ de la guerra 戦争の惨禍. ❷ 〖口語〗大失敗, 散々な結果, ひどい状態: La boda resultó un ~. 結婚式は散々だった. El partido fue un verdadero ~. それはもうひどい試合だった. ❸ 〖口語〗ひどい人, 欠点の多い人: Es un ~ con las comidas. 彼は食べ物に関して最悪だ〖偏食が激しいなど〗. Ella es un ~ para vestirse bien. 彼女は着こなしが下手だ. ❹ 〖軍事〗惨敗
de ~ ひどい, 惨憺たる

desastrosamente [desastrósamente] 副 みじめに, さんざんに, 壊滅的に, 手ひどく

desastroso, sa [desastróso, sa] 〖←desastre〗形 ❶ 不運な, みじめな, ひどい: Ha sido un año ~ para la economía mundial. 世界経済にとって惨憺たる一年だった. El resultado de la batalla fue ~. 試合の結果はさんざんだった. impresión ~sa ひどい印象. ❷ 災いをもたらす: La falta de lluvias es ~sa para los campos. 雨不足は田畑にとって致命的だ

desatacar [desatakár] 他 ❶ 〖服のボタン・ホック・ベルトなどを〗外す. ❷ 〖銃などの〗詰め物を取り除く

desatadamente [desatáðamente] 副 自由奔放に, 気ままに, 羽目を外して

desatado, da [desatáðo, ða] 形 ❶ [estar+] 気ままな, 自制できない, 放埓(鬱鬱)な: Está tan ~da que sale de copas todas las noches. 彼女は自由気ままで毎晩飲み歩いている. Desde que acabaste los exámenes estás ~. 試験が終わってから君はしない放題だ. ❷ 解けた, ほどけた: El perro está ~. 犬はつながれていない. Llevas los cordones ~s. 君の靴の紐がほどけているよ. ❸ 歯止めがきかない: estar con (tener) los nervios ~s 神経過敏である

desatador, ra [desataðór, ra] 形 名 解き放つ[人]

desatadura [desataðúra] 女 〖まれ〗=**desatamiento**

desatalentado, da [desatalentáðo, ða] 形 〖まれ〗混乱した, 当惑した, 分別をなくした

desatamiento [desatamjénto] 男 〖まれ〗無遠慮, 奔放, 解き放ち

desatancar [desataŋkár] 7 他 [管の] 詰まりを取り除く
── ~se 詰まりがなくなる

desatar [desatár] 〖←des-+atar〗他 ❶ [結んだものを] ほどく, 解く: ~ un paquete 小包をほどく. ~ los cordones de los zapatos 靴紐をほどく. ~ el caballo 馬を放す. ❷ [感情などを] 噴出させる, 解き放つ: ~ la cólera 怒りを爆発させる. El vino desató la lengua. 酒が入って彼は饒舌になった. El viento desató una tormenta de arena. 風が砂嵐を巻き起こした. ❸ 解決する, 解明する: Gracias a tu ayuda pude ~ el problema que me obsesionaba. 君が助けてくれたおかげで私はずっと気になっていた問題を解決することができた. ❹ 溶かす: ~ el hielo 氷を溶かす
── ~se ❶ ほどける; [自分の…を] 解く: Se me han desatado los cordones de los zapatos. 靴紐がほどけた. Se desató los cordones de los zapatos. 彼は靴の紐をほどいた. ❷ 身を解き放つ: Los presos se desataron. 囚人たちは逃げた. ❸ 〖感情などが〗噴出する; [+en を] 自制できなくなる: Se desata el odio. 憎しみが湧いてくる. Se desató en improperios. 彼は言いたい放題の悪口雑言を吐いた. ❹ 〖嵐などが〗突発する: Se desató una tormenta terrible. 急にひどい嵐になった. ❺ 打ち解ける, のびのびとする: Al principio estaba callado, pero pronto se desató. 彼は最初は無口だったがすぐに打ち解けた

desatascador, ra [desataskaðór, ra] 形 詰まりを取る
── 男 [トイレなどの詰まりを取る棒付きの] ラバーカップ

desatascar [desataskár] 〖←des-+atascar〗7 他 ❶ [管などの] 詰まりを取る: ~ el fregadero con un chorro de agua caliente 湯を流してシンクの詰まりを取る. ❷ [泥の中から] 引き出す: ~ el coche hundido en el barro ぬかるみで立ち往生した車を出す. ❸ 困難から救い出す: ~ las negociaciones [難航している] 交渉を軌道に乗せる
── ~se ❶ 詰まりが取れる. ❷ ぬかるみから出る; 窮地を脱する

desatasco [desatásko] 男 詰まりの除去

desataviar [desataβjár] 他 衣装 atavío を脱がせる, 装身具を外す

desatavío [desataβío] 男 〖まれ〗[服装の] 乱れ, だらしなさ

desate [desáte] 〖←desatar〗男 行き過ぎ, 横溢: ~ de la lengua 言いたい放題. ~ de aplausos 割れんばかりの拍手. ~ de vientre 下痢

desatención [desatenθjón] 〖←desatender〗女 ❶ 気づかないこと, 不注意; 放心, なおざり: fingir ~ 気づかないふりをする. ~ benévola [米国の] ビナイン・ネグレクト[政策]. ❷ 無作法, 無礼: Sería una ~ no visitarlo. 彼のところに顔を出さないのは失礼だ

desatender [desatendér] 〖←des-+atender〗24 他 ❶ 〖文語〗…に注意を払わない, 重視しない: Eso te pasa por ~ los consejos de tu padre. 君は父親の言うことを聞かないからそういうこと

になるんだ. Nunca *desatiende* los ruegos de los empleados. 彼は従業員からの要求をけっして無視しない. ❷ [仕事などを] なおざりにする, おろそかにする, 放置する: ~ la tienda 店番をしない. ❸ 世話をしない, 面倒を見ない: Fue acusada de ~ a la pobre anciana. 彼女はかわいそうな老女をほったらかしたことで訴えられた

desatentadamente [desatentáðamente] 副《文語》度を越して, 無鉄砲に, 軽率に
desatentado, da [desatentáðo, ða] 形 名《文語》❶ 無ériaな [人], 無鉄砲な [人]. ❷ 法外な, 極端な
desatentamente [desaténtamente] 副 うっかりして, 不注意に; 無作法に
desatentar [desatentár] 他《まれ》まごつかせる, 迷わせる; [感覚・感触を] 狂わせる
── ~se 混乱する; [感覚が] 狂う
desatento, ta [desaténto, ta] 形 [←des-+atento] ❶ [estar+] 不注意な, ぼんやりした, 注意力散漫な; ずさんな: Estaba ~ en clase. 彼は授業中ぼんやりしていた. Suele estar ~ a las explicaciones. 彼はたいてい人の説明を聞いていない. ❷ [estar・ser+, +con に] 無作法な, 無礼な: Ha estado muy ~ *con nosotros*. 彼は私たちに大変失礼だった. No piense usted que soy ~. 私のことを無作法な人間と思わないで下さい
── 名 無作法な人, 無礼な人
desaterrar [desateřár] 23 他《中南米》~ から瓦礫を片付ける
desatesorar [desatesorár] 他 [ためしたものを] 使ってしまう
desatibar [desatibár] 他《鉱山》[残土・廃石を] 取り除く
desatiento [desatjénto] 男 ❶ 不安, 動揺. ❷《まれ》誤り, 狂気. ❸《廃語》無感覚
desatierre [desatjéře] 男《中南米》瓦礫置き場
desatinadamente [desatináðamente] 副 無分別に, 見境なく; 無謀に; 途方もなく
desatinado, da [desatináðo, ða] 形 ❶ 無分別な, 思慮の足りない: Está ~ y no hace nada como ha de ser. 彼は無思慮で, 何もちゃんとできない. ❷ [言動が] 無謀な, 乱暴な: Esa manera de portarse es ~*da*. そのふるまいは無茶だ
desatinar [desatinár] 他 [←des-+atinar]《まれ》判断力を失わせる
── 自 ❶ 的外れなことをする (言う): No *desatines*. ¿Te has vuelto loco? くだらないことを言うな. 気でも狂ったのか? ❷ 的を外す: *Desatinó* en el lanzamiento de los tres dardos. 彼はダーツを3投したが, 当たらなかった
desatino [desatíno] [←desatinar] 男 ❶ へま, 大失敗; 見当外れ: cometer un ~ 失敗を犯す. el mayor ~ de su vida 彼の人生で最大の過ち. ❷ 的外れ (軽率) な言動, ナンセンスなこと: No dice más que ~*s* y bobadas. 彼は見当外れでくだらないことしか言わない
desatollar [desatoʎár] 他 [車などを] 泥沼から救い出す
desatolondrar [desatolondrár] 他 正気に戻す; 意識を取り戻させる
── ~se 正気に戻る, 我に返る; 意識が戻る
desatontar [desatontár] ~se 正気に戻る, 我に返る
desatorar [desatorár] 他 ❶《船舶》積み換える [=desarrumar]. ❷《鉱山》[坑道の] 廃石・残土を取り除く. ❸ … の詰まりをなくす
desatornillador [desatorniʎaðór] 男《メキシコ, 中米, チリ》= **destornillador**
desatornillar [desatorniʎár] 他 = destornillar
desatracar [desatrakár] 7 他《船舶》[船を] 舫 (もや) いから解く, 岸壁から離す
── 自《船舶》[危険なので船が] 離岸する
desatraer [desatraér] 45 他《まれ》引き離す, 遠ざける
desatraillar [desatraiʎár] 他 [犬を] 引き綱 traílla から離す
desatrampar [desatrampár] 他 [管などを] 掃除する, 詰まりを取る
desatrancar [desatrankár] 7 他 ❶ [戸・窓の] かんぬきを外す. ❷ [管などを] 掃除する, 詰まりを取る
── ~se [戸・窓が] 開いてしまう
desatranco [desatránko] 男 かんぬきを外すこと; 詰まりを取ること
desatranque [desatránke] 男 = desatranco
desatraque [desatráke] 男《船舶》離岸
desatufar [desatufár] ~se ❶ のぼせをとる, 新鮮な空気を吸う: Salió del salón al jardín para ~*se*. 彼は頭をすっきりさせるため

に部屋から庭に出た. ❷ 怒りをおさめる, 頭を冷やす
desaturdir [desaturðír] 他 正気に戻す, 意識を取り戻させる
── ~se 正気に戻る, 我に返る: Al darle el aire, *se desaturdió*. さわやかな風で彼の意識は戻った
desautoridad [desautoriðá(ð)] 女 権威・権限の不在, 信頼・信用の欠如
desautorización [desautoriθaθjón] 女 ❶ 権威の失墜. ❷ 否認, 却下
desautorizadamente [desautoriθáðamente] 副 権限なしに, 信用もなく; 無許可で
desautorizado, da [desautoriθáðo, ða] 形 ❶ 権限 (信用) のない. ❷ 禁止された, 無許可の
desautorizar [desautoriθár] 9 他 [←des-+autorizar] ❶ … の権威を失わせる, 信用を落とす: Este nuevo descubrimiento *ha desautorizado* las teorías anteriores. 今回の発見でこれまでの通説は地に落ちた. ❷ [他の人の発言を] 根拠なしとし, 認めない: El ministro *desautorizó* el rumor. 大臣はそのうわさを否定した. ~ las palabras 発言を取り消す, 前言を撤回する

desavahado, da [desaβ(a)áðo, ða] 形《まれ》霧の晴れた, もやのかかっていない
desavahamiento [desaβ(a)amjénto] 男 冷ます (冷める) こと
desavahar [desaβ(a)ár] 他 ❶ [湯気が出なくなるまで] 冷ます: *Desavahó* la sopa antes de tomarla. 彼はスープを飲む前に冷ました. ❷ [湿気を取るため] 風に当てる, 外気にさらす
── ~se [気持ちを] 発散させる, くつろぐ
desavecindado, da [desaβeθindáðo, ða] 形 [家などが] 人けのない, 住む人のない
desavecindar [desaβeθindár] ~se [+de から] 引っ越す, 転居する
desavenencia [desaβenénθja] 《←des-+avenencia》女 不一致, 不和, 対立: ~s matrimoniales 夫婦の不和. ~ entre compañeros 仲間割れ. ~ de carácter 性格の不一致
desavenido, da [desaβeníðo, ða] 形 [estar+] 対立した, 仲たがいした, 意見の合わない: Está ~ con la familia de su mujer. 彼は妻の実家と仲が悪い
desavenir [desaβenír] [←des-+avenir] 59 他 不和にする, 仲たがいさせる, 対立させる: ~ a dos amigos 2人の友達を仲たがいさせる
── ~se [+con・de と] 仲たがいする, 対立する: *Me desavenía con* mi suegra. 私は姑との折り合いが悪かった
desaventajadamente [desaβentaxáðamente] 副 不利に
desaventajado, da [desaβentaxáðo, ða] 形 不利な, 劣勢の: Los alumnos ~*s* deben esforzarse más. 遅れている生徒はもっと努力しないといけない
desaventura [desaβentúra] 女《廃語》= desventura
desaviar [desaβjár] 11 他 ❶ [+de 必要なものを] 取り上げる, 与えない: Lo *desaviaron de* las herramientas precisas. 彼に必要な道具を与えられなかった. ❷ 道からそらせる, 迷わせる
── ~se ❶ [… に必要なものを] なくす, 不足する. ❷ 道から外れる, 道に迷う
desavío [desaβío] 男 ❶ 不便, 不都合: ¿Te causa ~ dejarme el coche? 車を借りてもいいかな? si no te hace ~ もし君の都合が悪くないなら. tienda del ~ コンビニエンス・ストア. ❷ 道に迷うこと, 逸脱, それること. ❸《アンダルシア》体の不調
desavisado, da [desaβisáðo, ða] 形 名《文語》不注意な [人], 軽率な [人]
desavisar [desaβisár] 他 [前の情報とは] 反対の情報を与える, 取り消し命令を出す
desayar [desajár] 他《アンダルシア》トウモロコシの皮をむく
desayudar [desajuðár] 他 [援助の] 邪魔をする, 足手まといになる
desayunador [desajunaðór] 男《メキシコ》[台所に隣接した] 簡単な食事をとる部屋
desayunar [desajunár] [←des-+ayunar] 自 朝食を取る: Esta mañana *he desayunado* muy temprano. 今朝は早く朝食を取った. Voy *desayunado*. 朝食をすませてから行きます. ~ fuerte たっぷり朝食を取る
── 他 朝食に … を食べる: *Desayuna* siempre fruta, cereales y un yogur. 彼の朝食はいつもフルーツ, シリアルとヨーグルトだ
── ~se ❶《主に中南米》[+con の] 朝食を取る: *Se desayuna con* churros y chocolate. 彼はチュロスとココアの朝食を取る. ❷《主に中南米, 口語》[+de のことを] 初めて聞く, 初耳で

ある: ¿Ahora te desayunas de eso? Pero si es algo antiguo. 今初めて知ったの? けっこう古いニュースだよ. ❸《チリ. 口語》驚く

desayuno [desajúno]《←desayunar》男 ❶ 朝食: El ~ es a las ocho. 朝食は8時です. / ¿Qué toma usted en el ~? 朝食には何を召し上がりますか? / ~ a la inglesa/~ británico/~ inglés 英式の朝食. / ~ continental コンチネンタルスタイルの朝食. / ~ ligero (fuerte) 軽い(しっかりした)朝食. ❷ 朝食会: ~ de trabajo 会議兼朝食会

desayuntamiento [desajuntamjénto] 男《古語》ばらばらにすること

desayuntar [desajuntár]他《古語》ばらばらにする, 分解する

desazogar [desaθoɤár] 8他《化学》水銀を除去する

desazón [desaθón]《←de-+sazón》女 ❶《漠然とした》不快感; 不安感, 悩み, 気がかり: Cuando tengo ~, parece que me falta algo pero no sé lo que es. 気がかりな時は何かが足りない気がするが, それが何か分からない. / Siento mucha ~ cuando suena el teléfono tan tarde. こんな遅い時間に電話が鳴るとすごく不安だ. / causar (crear・producir) ~ 気まずい雰囲気を作る. ❷ チクチク(ムズムズ)する感じ: Siento ~ en todo el cuerpo. 私は体中がむずがゆい. ❸ 気分の悪さ: Se queja de una continua ~ en el estómago. 彼は胃がずっとむかむかするとこぼしている. ❹ 無味, まずさ. ❺《土壌が》耕作に適していないこと. ❻《まれ》嫌悪; 苦悩

desazonado, da [desaθonáðo, ða] 形 ❶ 不快な; 不安な: Parecía muy ~ por la multa que le pusieron por aparcar mal. 彼は駐車違反で罰金を科されて気分を害していたようだ. ❷ 体調が悪い: Desde que está embarazada, pasa casi siempre ~da. 彼女は妊娠して以来ほとんどいつも体調が思わしくない. ❸《農業》《土壌が》耕作に不適な

desazonador, ra [desaθonaðór, ra] 形 不快(不安)にする

desazonante [desaθonánte] 形 不快(不安)にする

desazonar [desaθonár]《←de-+sazonar》他 ❶ 不快にする; 不安にする; 怒らせる: Esta noticia desazona a cualquier persona sensible. そのニュースを聞くと敏感な人は誰でも気分を悪くする. ❷《食べ物の》味をなくす: La humedad desazonó la cecina. 湿気で干し肉がまずくなった
━ ~se ❶ 不快になる, 気分がすぐれない: Después de comer tanto, se desazonó. たらふく食べて彼は気分が悪くなった. ❷ 不安になる, 心配する, 気をもむ; 怒る, いらだつ

desazufrar [desaθufrár]他《化学》硫黄を除去する

desbabar [desbabár]自. ~se よだれを出す(垂らす)
━━ ❶ 《食用カタツムリに》粘液を出させる. ❷《メキシコ, プエルトリコ, ベネズエラ, ペルー》《摘み立てのコーヒー豆・カカオ豆の》漿果から出る粘液を除去する

desbagar [desbaɤár] 8他《亜麻の種のさやから》種を取り出す

desbalagar [desbalaɤár] 8他《アンダルシア; メキシコ》まき散らす

desballestar [desbaʎestár]他《自動車》板ばねを外す
━ ~se 板ばねが壊れる

desbancamiento [desbaŋkamjénto] 男 取って代わること

desbancar [desbaŋkár] 7他 ❶ […に]取って代わる; […の]地位を奪う: Tú eres mi mejor amigo y en eso nadie puede ~te. 君は僕の一番の親友でかけがえのない存在だ. ❷ [友情・愛を]…から横取りする: Al caer enfermo, desbancó a su hermano de los mimos de sus padres. 病気になると, 彼は弟に代って両親から甘やかされた. ❸ [経済]《競争相手を市場から》退出させる. ❹ [ガレー船の]漕ぎ手座を取り除く. ❺《トランプ》親を破産させる; [博打の]胴元を倒す, 賭け金をさらう

desbandada [desbandáða]《←des-+bandada》女 四散, ちりぢりになること: El disparo causó la ~ de los pájaros. 銃声で鳥たちはパッと逃げた. / 《軍事》潰走, 敗走, 総崩れ
en ~/a la ~ ちりぢりに, ばらばらに: Los soldados novatos huyeron a la ~. 新兵たちはちりぢりに逃げた. **salir en ~** 逃げまどう

desbandar [desbandár]《←des-+banda》~se ❶ 四散する, ちりぢりになる: El rebaño se desbandó al oír el disparo del cazador. 狩人の銃声が聞こえると群れはクモの子を散らすように逃げた. ❷ 仲間から離れる; 脱退する, 見捨てる

desbande [desbánde] 男《チリ, アルゼンチン, ウルグアイ》[集会・催しなどの終了時の混乱した]解散, ちりぢりになること

desbarahustar [desbaraustár]他 =**desbarajustar**

desbarahúste [desbaraúste] 男 =**desbarajuste**

desbarajustar [desbaraxustár]《←古語 desbarahustar「槍で叩く」》他 混乱させる, 乱す: Nos desbarajustaron todos los planes. 我々の計画はすっかり狂わされた
━ ~se 混乱する, 乱れる

desbarajuste [desbaraxúste]《←desbarajustar》男 大混乱, 乱雑, 無秩序: Con tanta gente entrando y saliendo, la fiesta fue un ~. 多くの人が出入りしたりしてパーティーは大混乱だった. / ~ financiero 財政の混乱

desbaratadamente [desbaratáðaménte] 副 でたらめに, 支離滅裂に

desbaratado, da [desbaratáðo, ða] 形 ❶ 駄目になった, 損なわれた, 壊れた. ❷ 身を持ち崩した, ふしだらな

desbaratador, ra [desbarataðór, ra] 形 名 駄目にする[人], 壊す[人]: ~ de la fortuna familiar 家の財産を食い潰す人

desbaratamiento [desbaratamjénto] 男 ❶ 破壊, 解体. ❷ 混乱, 無秩序: Su presencia me produjo cierto ~. 彼がいたので私は少しどぎまぎした. ❸ 浪費, 無駄づかい. ❹ 挫折, 頓挫. ❺ でたらめ, 戯言

desbaratar [desbaratár]《←des-+古語 baratar「取り引きする」》他 ❶ 壊す, めちゃくちゃにする: Vas a ~ el radio con tanto golpe. そんなに叩くとラジオを壊してしまうよ. ❷ 妨害する, 混乱させる; 挫折させる, 失敗させる: Desbarataste todos mis proyectos. 君は僕の計画を台なしにした. ❸ 浪費する: Desbarató la herencia en cuanto la recibió. 彼は遺産を受け取ったとたんに使い果たした. ❹ 《敵を》混乱させる, 敗走させる, 壊滅させる, 総崩れにする. ❺《キューバ》[人を棒などで]強く叩く
━━ 自 でたらめを言う《=disparatar》: Se pasó todo el viaje desbaratando. 彼は旅行の間ずっとくだらないことを言っていた
━ ~se ❶ 壊れる, 駄目になる: Se desbarataron sus planes de fuga. 彼の逃亡計画がご破算になった. ❷ 取り乱し, 我を失う, でたらめな言動をする. ❸《メキシコ》[書類が]ごちゃ混ぜになる; [機械が]壊れる

desbarate [desbaráte] 男 ❶ 破壊. ❷ 混乱. ❸ 浪費
al ~ ほとんどただで: Al ~ consiguió la carne y la revendió. 彼はただ同然で肉を手に入れ, 転売した
~ de vientre 下痢

desbarato [desbaráto] 男《まれ》=**desbarate**

desbarbado, da [desbarbáðo, ða] 形《時に軽蔑》あごひげのない
━━ 男《技術》バリ取り, 面取り

desbarbador, ra [desbarbaðór, ra] 形 名 バリ取り(面取り)する[人]
━━ 男 バリ取り工具
━━ 女 バリ取り機

desbarbar [desbarbár]他 ❶ [ひげ根・紙の縁のギザギザなど]ひげ状のものを切り取る;《技術》バリを取る. ❷《口語》[人の]ひげをそる
━ ~se《口語》[自分の]ひげを剃る

desbarbillar [desbarbiʎár]他《農業》[ブドウの]枝根を切り取る

desbardar [desbarðár]他 囲いの上を覆う屋根 barda を取る

desbarnizar [desbarniθár]他 ニスを剥がす

desbarrancar [desbarraŋkár] 7他 ❶ [車を]道路から突き落とす. ❷《中南米》窮地に陥れる. ❸《ニカラグア, コスタリカ, プエルトリコ, ペルー》[人を]移動させる, 転任させる. ❹《ベネズエラ》[敵に]圧勝する
━ ~se ❶ [車が]道路から飛び出す. ❷《中南米》1) 窮地に陥る. 2) 倒壊する; 剥がれる

desbarrar [desbarrár]自 ❶《西, ボリビア》非常識な(くだらない・でたらめな)ことを言う(する). ❷ [犬・馬などが]制御できなくなる. ❸ 滑る. ❹ [棒投げ遊びで]力まかせに棒を飛ばす

desbarre [desbárre]男《西》非常識な言動, たわ言, でたらめ

desbarretar [desbařetár]他 靴の内張り barreta を取る

desbarrigado, da [desbařiɤáðo, ða] 形 腹の出ていない, 腹のへこんだ

desbarrigar [desbařiɤár] 8他《まれ》[人・動物の]腹を傷つける(裂く)

desbarro [desbářo] 男《まれ》=**desbarre**

desbarrumbar [desbařumbár]他《コロンビア》[物を]倒す
━━ ~se《コロンビア》倒れる

desbastado [desbastáðo] 男《金属》粗削り作業

desbastador, ra [desbastaðór, ra] 形 粗削り用の
━━ 男 粗削り用具

―― 囡 粗削り機
desbastadura [desβastaðúra] 囡 粗削り
desbastar [desβastár]《←des-+basto》❶ 粗削りする, 荒仕上げする: ~ la madera 木材を荒仕上げする. ❷［人の］野暮ったさを取る, 洗練される, 磨きをかける: En el colegio lo desbastaron. 彼は学校で洗練された. ❸ 使い減らす, 摩耗させる
―― **se** 洗練される, あか抜ける: Este chico se ha desbastado en la capital. この子は都会へ出かけて抜けた
desbaste [desβáste] 男 ❶ 粗削り, 荒仕上げ: en ~ 荒く仕上げた. ❷ 粗削り済みの材料
desbastecido, da [desβasteθíðo, ða] 形 食糧の欠乏した: La ciudad queda ~da por el cerco enemigo. 町は敵に包囲され, 食糧が不足している
desbautizar [desβautiθár] 9 他 ❶ 命名した名前を取り消す.
―― **se**《口語》人を》激しく怒る
 ❷《口語》いらだつ, いきりたつ: Se desbautiza cuando le quitan la razón. 彼は間違いを指摘されるといらだつ
desbazadero [desβaθaðéro] 男《まれ》滑りやすい場所
desbeber [desβeβér] 自《西. 戯語》おしっこをする, 小便をする
desbecerrar [desβeθeřár] 他［子牛を］母牛から離す; 離乳させる
desbezar [desβeθár] 9 他《地方語》［子牛を］離乳させる
desbinzar [desβinθár] 9 他《ムルシア》［乾燥したトウガラシの］薄皮（種子）を除去する
desblanquecido, da [desβlaŋkeθíðo, ða] 形 =**blanquecino**
desbloquear [desβlokeár]《←des-+bloquear》他 ❶ 封鎖を解除する, 障害を取り除く: ~ la carretera 道路を通れるようにする. ~ la negociación 交渉を再開する. ❷《商業》凍結を解除する: ~ las cuentas de la compañía 会社の口座の凍結を解除する. ❸［技術］［ナットなどを］緩める
―― **se** ❶［閉鎖・断絶などが］解除される, 動き始める: No pude llamarte hasta que no se desbloquearon las líneas. 回線がつながるまで私は君に電話できなかった. ❷［ナットなどが］緩む: La tuerca se desbloqueó después de mucho esfuerzo. 色々努力してネジはようやく緩んだ
desbloqueo [desβlokéo] 男［封鎖・凍結などの］解除, 運転再開: ~ económico 経済封鎖の解除
desbocadamente [desβokáðaménte] 副 下品に; ずうずうしく; 口汚なく
desbocado, da [desβokáðo, ða] 形 ❶［衣服の襟口・袖口が］広がってしまった: Este suéter me queda demasiado ~. このセーターは襟元がぶかぶかだ. ❷［容器・道具の］口の壊れた（欠けた）. ❸ 解放された, 奔放な; 制御できない;［馬が］暴走する: inflación ~da 天井知らずのインフレ. caballo ~ 暴れ馬. ❹ 口の悪い, 言葉づかいの下品な. ❺［大砲の］口径の大きい, 口の広い
desbocamiento [desβokamjénto] 男［馬などの］暴走. ❷ ののしり, 口の悪さ, 下品な言葉づかい
desbocar [desβokár]《←des-+boca》7 他 ❶［衣服の襟口・袖口を］広げてしまう: Vas a ~ el jersey de tanto estirarlo. そんなに引っ張るとセーターの首回りが広くなるよ. ❷［容器・道具の］口を壊す（欠く）
―― 自［川が］注ぐ〔=desembocar〕
―― **se** ❶［馬が］暴走する. ❷［言動が］乱暴（横柄）になる, 口汚くなる: Cuando escuchó aquellos insultos, se bocó enfadado. 侮辱の言葉を聞くと, 彼は怒ってののしった. ❸［襟口・袖口が］広がりすぎてしまう: Se me ha desbocado la chaqueta. ジャケットがぶかぶかになった
desbolado, da [desβoláðo, ða] 形 名《アルゼンチン, ウルグアイ. 口語》ひどくだらしない〔人〕
desboque [desβóke] 男 =**desbocamiento**
desboquillar [desβokiʎár] 他［器具の］口 boquilla を取る（壊す）
desbordable [desβorðáβle] 形 氾濫し得る, あふれ得る
desbordamiento [desβorðamjénto] 男 ❶ 氾濫（ﾐ）: ~ del río Amarillo 黄河の氾濫. ❷［感情などの］横溢（ﾖｳ）, 爆発: La medida provocará ~s sociales. その処置は社会暴動を引き起こすだろう. ❸［出費の］爆発的増加. ❹《情報》オーバーフロー〔= ~ de capacidad〕
desbordante [desβorðánte] 形 ❶ あふれ出す, 抑えきれない: El autobús está ~ de gente. バスは超満員だ. Su risa es ~ y contagiosa. 彼の笑いはあふれるばかりで, つられて笑ってしまう.

estar ~ de entusiasmo やる気まんまんである. ~ de alegría 喜びで一杯の. imaginación ~ とどまるところを知らない想像. ❷ 限度を越えた, いきすぎの: Lo hizo con una facilidad ~. 彼はあまりにも簡単にやってのけた
desbordar [desβorðár]《←des-+borde I》他 ❶［中身が容器から］あふれる;［境界を］越える: Los papeles desbordan la papelera. 紙屑がごみ箱からあふれている. El río desbordó su cauce. 川が氾濫した. ❷［容器が中身を］あふれさせる: El cubo desborda basura. バケツからごみがあふれている. ❸［限界を］越える: Tanta demanda de pedidos ha desbordado a la empresa. 注文が殺到して会社の手に負えない. El exceso de responsabilidades lo desbordó. 彼には責任が重すぎる. Se vio desbordado por acontecimientos. 色々な出来事があって彼は耐えられない. ❹［感情などを］ほとばしらせる, あふれ出させる: Pilar desbordaba entusiasmo siempre que va al teatro. ピラールは芝居に行く時はいつも興奮を隠せない. El niño desborda ánimo. その子は元気一杯だ. ❺《軍事》突破する: Los manifestantes desbordaron los controles policiales. デモ隊は警察の検問所を突破した
―― 自・~ **se** あふれ出る: 1)［容器が, +de 中身が］La papelera desbordaba de papeles. くずかごは紙であふれていた. Cierra el grifo, que se desborda el lavabo. 洗面台があふれるから蛇口を閉めろ. 2)［中身が, +de 容器から］El vino se está desbordando de la copa. ワインがグラスからあふれている. Varios ríos se han desbordado. 何本かの川が氾濫した. ❷［感情が］ほとばしる, あふれ出す: Se desborda la alegría de su corazón. 彼は喜びで胸がはち切れそうだ. Me desbordo con tanto trabajo. 私は仕事が多すぎて耐えられない
desborde [desβórðe] 男《南米》=**desbordamiento**
desbornizar [desβorniθár] 9 他［コルク樫から］最初のコルクを剥（ﾊ）ぐ
desboronar [desβoronár] 他《廃語》=**desmoronar**
desborrado [desβoʀáðo] 男 =**desborraje**
desborradora [desβoʀaðóra] 囡 けば取り女工
desborraje [desβoʀáxe] 男 けば取り
desborrar [desβoʀár] 他 ❶［毛織物から］けばを取る. ❷《ムルシア》［植物の］吸枝を取る
desborregar [desβoʀeɣár] 8 他・~ **se**《地方語》坂で滑って転ぶ
desbotonar [desβotonár] 他《まれ》=**desabotonar**. ❷［フェンシング］フルーレの先止めを外す. ❸《キューバ. 農業》［タバコなどを］摘芯（ﾂ）する
desbragado, da [desβraɣáðo, ða] 形 ❶《口語》おむつ（パンツ）をはいていない. ❷《軽蔑》ぼろを着た〔人〕, 非常に貧しい〔人〕
desbragar [desβraɣár] 8 他《アンダルシア. 農業》［ブドウの木の周囲に］浅い溝を掘る
desbraguetado, da [desβraɣetáðo, ða] 形《俗語》ズボンの前（チャック）が開いている
desbravador [desβraβaðór] 男 じゃじゃ馬を馴らす男, 荒れ馬を手なずける男
desbravar [desβraβár]《←des-+bravo》他 ❶［暴れ馬などを］調教する, 馴らす. ❷［ビールなどの］気を抜けさせる
―― 自・~ **se** ❶［暴れ馬などが］馴れる, 扱いやすくなる: Este caballo se desbravó gracias a la doma. この馬は調教のかいあっておとなしくなった. ❷ 穏やかになる, 鎮まる: Los chicos necesitan hacer deportes para ~se. 男の子はエネルギーを発散するためにスポーツをしなくてはならない. ❸［ビールなどの］気が抜ける: Esta salsa ya se ha desbravado, que no pica como antes. このソースは癖がなくなった. 前ほど辛くない. ❹［水流などが］勢いはなくなる
desbravecer [desβraβeθér] 39 自・~ **se** =**desbravar**
desbrazar [desβraθár] 9 ~ **se** 両腕を激しく振り回す, 両腕を思い切り伸ばす
desbridado, da [desβriðáðo, ða] 形《まれ》放埓な, 抑制できない
desbridamiento [desβriðamjénto] 男 ❶《医学》［小帯の］切開;［壊疽組織の］除去. ❷《まれ》抑制のないこと
desbridar [desβriðár] 他《医学》［小帯 bridas を］切開する;［壊疽組織を］除去する
desbriznar [desβriθnár] 他 ❶ 細かく切り刻む, ばらばらにする: ~ la carne 肉を細切れにする. ❷［サフランの花の］雄蕊（ｼﾍﾞ）を摘み取る. ❸［豆のさやなどの］筋を取る
desbroce [desβróθe] 男 ❶ 落ち葉（雑草）の除去. ❷ 集名［集

め] 落ち葉, 雑草: Sacaron un enorme ~ de la acequia. 彼らは溝から大量の落ち葉をかき出した

desbrozado [desbroθáðo] 男 落ち葉(雑草)の除去: hacer el ~ 落ち葉を掃除する

desbrozador, ra [desbroθaðór, ra] 形 落ち葉(雑草)を取り除く
── 女 草刈り機

desbrozar [desbroθár] 9 他 ❶ …の落ち葉(雑草) broza を切り払う(取り除く). ❷ [不要物・障害を] 取り除く: Desbrozó del escrito unas frases inútiles. 彼はその文から枝葉の部分を削った

desbrozo [desbróθo] 男 =desbroce

desbruar [desbrwár]《←仏語 ébrouer》14 他 [毛織物の] 油分を取り除く

desbrujar [desbruxár] 他 崩す, 崩壊させる

desbruzar [desbruθár] 9 ~se《地方語》=debruzarse

desbuchar [desbutʃár] 他 ❶ [鳥が胃袋の中のものを] 吐く. ❷ [動物の] 脂肪分を取り除く. ❸《鷹狩り》[鷹などの] 胃の中を軽くする

desbulla [desbúʎa] 女 カキの貝殻

desbullador [desbuʎaðór] 男 カキの貝開けナイフ

desbullar [desbuʎár] 他 ❶ カキを貝殻から出す. ❷ [中身を取り出すために] …の殻(包み)を開ける

desburocratizar [desburokratiθár] 9 他 官僚制度を簡素化する(角を取る)

descabal [deskabál] 形 不完全な, 不ぞろいの, 不足の

descabalado, da [deskabaláðo, ða] 形 ❶ 不完全な, 不ぞろいの, 半端な: El volumen está ~. この本は落丁だ. calcetines ~s 左右不ぞろいの靴下. ❷《戯語》[男・女が] ペアの相手のない

descabalamiento [deskabalamjénto] 男 不完全(不ぞろい)になる(する)こと

descabalar [deskabalár] 《←des-+cabal》他 ❶ 不完全(不ぞろい)にする: ~ la baraja トランプをそろわなくする. ❷ [計画などを] 駄目にする: ~ todas las posibilidades あらゆる可能性をなくさせる
── ~se 不ぞろいになる: Al romperse la taza se descabaló el juego de café. カップが割れてコーヒーセットが半端になった

descabalgadura [deskabalɣaðúra] 女《まれ》=descabalgamiento

descabalgamiento [deskabalɣamjénto] 男《まれ》馬から下りること

descabalgar [deskabalɣár] 8 自 馬から下りる; [時に +de 馬から] 下りる: Te ayudaré a ~. 君が馬から下りるのを手伝おう
── 他 ❶ [馬から] 下ろす;《まれ》[馬から] 下ろす. ❷《文語》[+de から] 解任する, 辞任させる. ❸ [砲身を] 下ろす
── ~se ❶ 馬から下りる. ❷《文語》[+de より] 辞任する

descabelladamente [deskabeʎáðaménte] 副 無秩序に, めちゃくちゃに

descabellado, da [deskabeʎáðo, ða] 形 ❶ 無秩序な, めちゃくちゃな; 思慮を欠いた: Me parece ~ ir a trabajar con fiebre. 熱があるのに仕事に行くなんて無茶だと思う. idea ~da とんでもない考え. plan ~ 常規を逸した計画. ❷《まれ》髪の乱れた

descabellamiento [deskabeʎamjénto] 男 めちゃくちゃ, でたらめ

descabellar [deskabeʎár] 他 ❶《闘牛》首の急所を刺して即死させる. ❷《口語》[仕事を] 急いで(雑に)仕上げる. ❸《まれ》[人・動物を] 殺す

descabello [deskabéʎo] 男 ❶《闘牛》首を刺し即死させること. ❷《口語》その場しのぎの雑な仕上げ

descabestrar [deskabestrár] 他 =desencabestrar

descabezadamente [deskabeθáðaménte] 副 =descabelladamente

descabezado, da [deskabeθáðo, ða] 形《まれ》❶ 分別のない, 常軌を逸した. ❷ 忘れっぽい, ぼんやりした
── 男 斬首

descabezamiento [deskabeθamjénto] 男 ❶ 斬首. ❷ 樹木上部の刈り込み

descabezar [deskabeθár]《←des-+cabeza》9 他 ❶ [人・動物の] 頭を切り落とす, 斬首する: En algunos países se descabeza a los delincuentes. 罪人の首を切る国もある. Mi madre siempre compra las sardinas descabezadas. 母はいつも頭を落とした鰯を買う. ❷ [樹木などの] 上部を刈り込む, 先端を取る: Descabezó los maderos para dejarlos a la misma altura. 彼は高さをそろえるため材木の先端を切った. ❸ [組織から] 指導者を失わせる. ❹ [苦難を] 乗り越える: ~ una dificultad 困難に打ち克つ. ❺《ホンジュラス, ニカラグア, コロンビア, メキシコ》[所轄官庁が] 追放する, 罷免する. ❻《プエルトリコ, ボリビア》[蒸留酒に水を加えて] アルコール度数を下げる
── 自《農業》[耕地が他の耕地を] 境を接する
── ~se ❶《口語》頭を悩ます, 腐心する: Se descabezaba sin encontrar ninguna solución. 彼は色々知恵を絞ったが解決策は見つからなかった. ❷《農業》[穀物の穂から] 実がこぼれる

descabritar [deskabritár] 他 [子ヤギを] 母ヤギから離す, 離乳させる

descabullir [deskabuʎír] 21《現分 descabuyendo》~se =escabullirse

descachalandrado, da [deskatʃalandráðo, ða] 形《中南米. 口語》[服装が] だらしない

descachapar [deskatʃapár]《ベネズエラ》[車を] 壊す; [人を] 倒す, 押し潰す

descachar [deskatʃár]《メキシコ》[動物から] 角(ツノ)を取り除く

descacharrado, da [deskatʃaráðo, ða] 形《グアテマラ, ホンジュラス》手入れされていない, 身ぎれいでない

descacharrante [deskatʃaránte]《口語》[事柄が] ひどく滑稽な, 抱腹絶倒の: 1) comedia ~ 抱腹絶倒の喜劇. 2) [皮肉] Es ~ que quiera encima vendernos el favor. その上彼が我々に恩まで売ろうとは面白いじゃないか

descacharrar [deskatʃarár]《口語》=escacharrar

descachazar [deskatʃaθár] 9 他《中南米》グワラポ guarapo の泡を取る

descacilar [deskaθilár] 他《アンダルシア》煉瓦のむらをなくす

descaderado, da [deskaðeráðo, ða] 形 [動物が] 腰を痛めた

descaderar [deskaðerár] 他 …の腰をひどく痛めさせる
── ~se 腰を痛める: Mi vecina se descaderó al caer de la terraza. 近所の人がテラスから落ちて腰を痛めた

descadillador, ra [deskaðiʎaðór, ra] 名 [羊毛から] ごみ・ちり・毛玉などを取り除く人

descadillar [deskaðiʎár] 他 [羊毛から] ごみ・ちり・毛玉などを取り除く

descaecer [deskaeθér] 39 自《まれ》徐々に衰える

descaecimiento [deskaeθimjénto] 男《まれ》[肉体的・精神的な] 衰え

descafeinado, da [deskafeináðo, ða] 形 男 ❶ カフェイン抜きの(コーヒー). ❷《文語》[内容が] 薄くされた, 人畜無害の面白くない記事. reforma ~da 骨抜きにされた改革

descafeinar [deskafeinár] 15 他 ❶ カフェインを抜く. ❷《文語》[内容を] 薄くする, 骨抜きにする

descafilar [deskafilár] 他 [煉瓦・タイルなどの] 形や大きさを調整する; [古い煉瓦・タイルなどに付いた] モルタルを削り落とす

descagarruciar [deskaɣaruθjár] 10 ~se《俗語》大便をもらしてしまう《=escagarruzarse》

descaimiento [deskaimjénto] 男 =decaimiento

descalabazar [deskalabaθár] 9《口語》[無駄に] 頭を悩ます: José se descalabazaba sin lograr resolver el enigma. ホセはあれこれ考えたが, 謎は解けなかった

descalabrado, da [deskalabráðo, ða] 形 [賭け事・商売などで] 痛手を受けた, 損害を被った: Se metió en ese negocio y salió ~. 彼はその事業に首を突っ込んで失敗した

ser uno el ~ y ponerse otro la venda [他人が苦しいのに自分が苦しいふりをする人を皮肉って] 困っているのはこちらの方だよ

descalabradura [deskalabraðúra] 女 頭部の負傷; 頭の傷跡

descalabrar [deskalabrár]《←des-+cabeza》他 ❶ [主に…の頭部に] 傷を負わせる: ~ a pedradas 投石づけでけがをさせる. ~ con un guijarro 石つぶてで負傷させる. ❷ 大損害を与える: La pérdida de las acciones ha descalabrado mi negocio. 株で損をして私の事業は大打撃を受けた
── ~se ❶ [主に頭部に] 傷を負う: Me he descalabrado contra una farola. 私は街灯にぶつかって頭をけがした. Me he descalabrado en el hombro. 私は肩をけがした. ❷ 大損害を受ける

Descalábrame con eso. 《皮肉》[相手の空約束に対し]そんなことができたらね

descalabro [deskaláβro] 男 ❶ 大損害, 大被害: sufrir muchos ~s 様々な辛酸をなめる. ❷ 大敗北: tener un ~ en las elecciones 選挙で惨敗する

descalandrajar [deskalandraxár] 他《まれ》[衣類などを] ずたずたに切り裂く(引き裂く), ぼろぼろにする

descalcador [deskalkaðór] 男《船舶》まいはだ除去具

descalcar [deskalkár] 7 他《船舶》まいはだを取り除く

descalcez [deskalθéθ] 女 ❶《カトリック》[カルメル会・カプチン会などの会則である] 跣足(せん) ❷《まれ》はだしの状態

descalcificación [deskalθifikaθjón] 女 ❶《医学》カルシウム不足; 石灰質の除去. ❷ 脱石灰, 脱灰; 軟水化

descalcificador, ra [deskalθifikaðór, ra] 脱灰の
—— 男 軟水化装置

descalcificar [deskalθifikár] 7 他《骨・水などの》石灰質(カルシウム)を失わせる; 軟水にする
—— ~se 石灰質を失う; [人が] カルシウム不足になる

descalichar [deskalitʃár] ~se《アンダルシア》[壁が] 剥落する

descalificación [deskalifikaθjón] 女 ❶ 信用の失墜: Solo se preocupan de ~ de los rivales. 彼は競争相手を蹴落とすことにしか心を砕いている. ❷《スポーツ》出場資格, 資格の剥奪: ~ del equipo favorito 本命チームの失格(予選落ち)

descalificador, ra [deskalifikaðór, ra] 形 失格させる; 信用を失墜させる

descalificar [deskalifikár]《←des-+calificar》7 他 ❶ 信用を失わせる, 評判を落とせさる: Están empeñando en ~me esos artículos. それらの記事は躍起になって私を貶(けな)そうとしている. ❷《スポーツ》出場資格を取り上げる, 失格させる: Lo descalificaron por empujar a otros corredores en la curva. 彼はカーブで他のランナーを押して失格になった. El atleta se retiró de la prueba al ser *descalificado*. その選手は失格になって競技を終えた

descalificatorio, ria [deskalifikatórjo, rja] 形 =**descalificador**

descalostrado, da [deskalostráðo, ða] 形 [乳児が] 初乳期を過ぎた

descalzador [deskalθaðór] 男 ブーツジャック《V字形の長靴脱ぎ具》

descalzadora [deskalθaðóra] 女《寝室に置く》長靴着脱用の椅子

descalzaperros [deskalθapéros] 男《単複同形》けんか, 騒動, 争い

descalzar [deskalθár]《←ラテン語 discalceare》9 他 ❶ 靴(履き物)を脱がせる, はだしにする: La madre *descalzó* al niño. 母親は子供の靴を脱がせた. ❷ [車輪などの] くさびを取り外す: Al ~ el coche empezó a rodar calle abajo. 車止めを外すと車は坂道を下り始めた. ❸《まれ》…の下を掘る
no merecer ~ *a* +人 …に劣ることはなはだしい
no valer [*ni*] *para* ~ *a*... …より劣る
—— ~se ❶ 靴(履き物)を脱ぐ, はだしになる: Me *descalcé* al entrar en el templo. 私は寺院でくつを脱いだ. ❷ [馬の] 蹄鉄が外れる. ❸ 修道士が跣足派に転じる

descalzo, za [deskálθo, θa]《←descalzar》形 ❶ [estar+] (履き物)を脱いだ, はだしの, 素足の; 靴下だけの: El niño está ~ y medio desnudo. その子は裸足で, ほとんど裸だ. ir ~ 素足で歩く. ❷《皮肉》[estar+] 貧困な, 無一文の: Ella no está tan ~za como parece. 彼女は見かけほど貧しくない. ❸《カトリック》の(⇔calzado 靴履きの): carmelitas ~s 跣足カルメル会
—— 名《カトリック》跣足修道士(修道女)

descamación [deskamaθjón] 女 ❶ うろこを落とすこと. ❷《医学》[表皮の] 剥離, 落屑(しゃ). ❸ [岩石の] 剥離

descamar [deskamár]《←ラテン語 desquamare》他 [魚の] うろこを落とす
—— ~se ❶ [皮膚が] かさぶたになって落ちる: En primavera se le suelen ~ las manos. 春になると彼はよく手の皮が剥離する. ❷ [岩などが] 剥がれ落ちる

descamativo, va [deskamatíβo, βa] 形《医学》剥離の, 落屑の

descambiar [deskambjár]《←des-+cambiar》10 他 ❶《口語》[買ったものを] 返品する: Si no le gusta el color de la camisa, puede usted ~la. シャツの色がお気に召さなければ, 返品して下さって結構です. ❷《口語》交換を取り消す: Hemos vuelto a ~ las chaquetas y cada uno queda con la suya. 私たちはジャケットの交換をやめて, それぞれ自分のを取り戻した. ❸《中南米. 口語》[紙幣を小銭に・小銭を紙幣に] 両替する

descaminadamente [deskamináðaménte] 副 迷って, 間違って

descaminado, da [deskamináðo, ða] 形 間違った; 道に迷った [=desencaminado]: ¡Oye, vas ~! おーい, 君は道を間違っているぞ!

descaminar [deskaminár]《←des-+caminar》他 ❶ 道を誤らせる, 間違った方向に導く. ❷ 堕落させる, 悪の道に引き込む: Las malas compañías te van a ~ y acabarás mal. 悪い仲間は君を悪の道に引き込み, 君は不良になってしまうだろう
—— ~se ❶ 道に迷う, 道を間違える: Mi hermano *se descaminó* durante la excursión. 遠足で弟は道を間違えた. ❷ 堕落する, 正道を踏み外す

descamino [deskamíno] 男 ❶ 道を間違えること, 道に迷うこと. ❷ 正道を踏み外すこと, 邪道に走ること. ❸ 密輸品. ❹ 見当はずれ, 間違い

descamisado, da [deskamisáðo, ða]《←des-+camisa》形 名 ❶ シャツを着ていない, 上半身裸の; シャツをズボン(スカート)の外に出した; [身なりが] だらしない: Niño, no vayas ~ a ver a tu tío. 叔父さんに会いに行くのにだらしない格好をしないで. ❷《軽蔑》非常に貧しい[人], 非常にみすぼらしい[人]; 浮浪者: Acogió a ~s y les dio medios para salir de su situación. 彼は浮浪者たちを集め, その状態を抜け出す手だてを与えた. ❸《複》デスカミサドス《スペイン, 1820年の革命に参加した自由主義者たち》. ❹《アルゼンチン. 軽蔑》ペロン Perón 主義の; [下層階級に属する] ペロン主義者, デスカミサード

descamisar [deskamisár] 他 ❶ [果実・豆の] 殻(皮)を取り除く. ❷ 型から取り出す. ❸《まれ》ワイシャツを脱がせる(シャツの裾をズボンからだらしなく出している. ❹《中南米》破滅させる, 破産させる

descampado, da [deskampáðo, ða]《←des-+campo》形 [土地が] 木(建物)のない
—— 男 [木・建物のない] 空き地, 原っぱ: Los niños jugaban al fútbol en un ~ cercano al colegio. 子供たちは学校のそばの空き地でサッカーをしていた
al ~《南米》戸外で, 野外で
en ~*s* 空き地で, 広々とした(何もない)ところで

descampar [deskampár] 自 =**escampar**

descansadamente [deskansáðaménte] 副 のんびりと, 楽に

descansadero [deskansaðéro] 男 [道の] 休憩場, 休息所

descansado, da [deskansáðo, ða] 形 [ser+] 安楽な, 気楽な, 気持ちよい, 努力の不要な, 穏やかな, 落ち着いた: trabajo ~ 楽な仕事. vida ~*da* のんびりした生活, 安楽な暮らし

descansapiés [deskansapjés] 男《単複同形》[列車などの座席の] フットレスト

descansar [deskansár]《←des-+cansar < cansancio》自 ❶ 休む, 休息する, 休憩をとる《→**reposo** 類義》: 1) Vamos a ~ a la sombra de un árbol. 木陰で一息入れよう. Tómate unas vacaciones y descansa. 休暇を取ってのんびりするといい. ¿Ya estás *descansado*? もう疲れはとれた? 2) [+de 疲れを] 休める: ~ *del* viaje 旅の疲れをいやす. ❷ 横になる; 眠る: Habla bajito, que está *descansando*. 小声で話しなさい, 彼が眠っているから. He *descansado* bien esta noche. ゆうべはよく眠れた. ❸《文語》埋葬されている, 永眠する: Aquí *descansan* los restos de... ここに…[の遺体]は眠っている. ❹ 安心する, ほっとする: Ya que se te pasó la preocupación, puedes ~. 心配事はなくなったのだから安心していい. ❺ [痛みが] 和らぐ. ❻ [屋根などが, +sobre に] 支えられる, 載っている: La bóveda *descansa sobre* cuatro arcos. ドームは4つのアーチで支えられている. ❼ [理論などが, +en に] 基づく, のっとる: La felicidad *descansa en* la libertad. 幸福は自由の上に成り立っている. ❽ [+en 人に] 頼る, 当てにする: El padre *descansa en* sus hijos. その父親は息子を当てにしている. ❾ [田畑が] 休閑(休耕)中である: Dejaremos esta tierra ~ este año. この土地は今年は休ませよう. ❿ 休め descanso の姿勢をとる
—— 他 ❶ [人・体の部位を] 休ませる, 休息させる: ~ los pies 足の疲れをとる. ~ la vista 目を休ませる. ❷ 載せる, 寄りかからせる: *Descansó* su cabeza *sobre* mi hombro. 彼は頭を私の肩にもたせかけた. ❸ [+en に] 任す. ❹ [悩みなどを] 打ち明ける. ❺ [仕事で] 助ける, 手伝う: En el campo, los hijos pron-

to *descansan* a los padres. 畑では子供たちが早くから親を手伝う. ❻ [痛みを] 和らげる
—— ~**se** 《口語》[+en を] 頼りにする, 当てにする; よりどころにする

descansillo [deskansíʎo]《descanso の示小語》男 [階段の途中の] 踊り場

descanso [deskánso]《←descansar》男 ❶ 休み, 休息 [→reposo 類義]; [仕事・上演中の] 休憩: Tendremos un buen ~ al final del curso. 学年末にはたっぷり休養しよう. Un tercio de los trabajadores no se toma un ~ para comer. 労働者の3分の1は昼食休憩をとらない. tomar un rato de ~ 少し休息 (休憩) をとる. trabajar sin ~ 休みなく働く. lunes ~ 《表示》月曜休演. día de ~ 休日;《宗教》安息日; [生理周期の] 安全日. eterno ~《文語》永遠の休息, 永眠. hora de ~ 休み時間. un corto ~. ❷ 慰め, 安らぎ, 頼り, 支え, 台; 頼りになる人, 仕事を任せられる人: ~ de su vejez 老後のよりどころ. ❸《主に南米》[階段の] 踊り場 [=descansillo]. ❹ [間投詞的に] 休め! [=¡~ a discreción!]⇔firme]: ¡En su lugar, ~! その場で休め! ❺《スポーツ》ハーフタイム. ❻ [石けり遊びで] 両足をついていい場所. ❼《チリ》便所, トイレ
ser un ~+不定詞 …は〜で安心である: *Es un* ~ *para mí saber que llegaste bien*. 君が無事着いたのを知って私は一安心である.

descantar [deskantár]他 [+場所 から] 石ころを取り除く

descantarrear [deskantaɾeár]自《まれ》ブーブー鳴く [=gruñir]

descantear [deskanteár]他 [石材・木材などの] 角・縁を取り除く

descanterar [deskanteɾár]他 [パンなどの] 堅い外皮を取る

descantillar [deskantiʎár]他 ❶ […の] …の縁 (角) を傷つける: ~ una taza 茶碗の縁を欠けさせる. ❷ [金額を] 差し引く, 値引きする: *Descantillaron el diez por ciento del precio*. 彼らは価格を1割下げた. ❸ …のうわまえをはねる; [一部を] 横領する
—— ~**se** 縁 (角) が傷つく: *El jarrón se descantilló al caerse*. 水差しは落ちて欠けた

descantillón [deskantiʎón]男《まれ》=**escantillón**

descantonar [deskantonár]他 =**descantillar**

descañar [deskapár]他 [小麦などの] 茎をわる

descañonar [deskapoɲár]他 ❶ [鳥の] 羽軸を取る. ❷ [頬・顎の] ひげを逆剃りする, 深剃りする. ❸《口語》身ぐるみ剥ぐ, 金を巻き上げる
—— ~**se** [自分の] ひげを逆剃りする

descaperuzar [deskapeɾuθár]自他《まれ》頭巾 caperuza を脱がせる

descaperuzo [deskapeɾúθo]男 頭巾を脱ぐ(脱がせる)こと

descapillar [deskapiʎár]他《廃語》礼拝堂 capilla を取り払う

descapirotar [deskapiɾotár]他《鷹狩り》[鷹の] 目隠し capirote を取る

descapitalización [deskapitaliθaxjón]女 ❶ 資本の引き上げ; 資金不足. ❷ 歴史的な遺産・文化財の破壊

descapitalizar [deskapitaliθár]自他 ❶ 資本を引き上げる; 十分な資金を提供しない, 旧経営陣が工場の資金を失わせた: *Los antiguos gestores han descapitalizado la fábrica*. 旧経営陣が工場の資金を失わせた. ❷ 歴史的な遺産・文化財を失わせる: *El saqueo descapitalizó al pueblo egipcio*. 盗掘でエジプト人の遺産が奪われた
—— ~**se** ❶ 資本がなくなる; 資金不足になる. ❷ 歴史的な遺産・文化財が失われる: *Aquella zona se descapitalizó por culpa del turismo masivo*. あの一帯は大規模な観光事業で破壊された

descapotable [deskapotáβle]形 男《自動車》コンバーチブル [の]

descapotar [deskapotár]他 [車の] 幌 capota を折り畳む (取り外す)

descapsulador [deska(p)sulaðór]男 [瓶のキャップシールを剥がす] ソムリエナイフ

descapsular [deska(p)sulár]他 [瓶の] キャップシールを剥がす

descapullar [deskapuʎár]他 ❶ 花芽を摘む. ❷《俗語》亀頭をむき出す
—— 自《ムルシア》花が開く

descaradamente [deskaɾáðaménte]副 厚かましく, ずうずうしく; 露骨に: *Me lo dijo así*, ~. 彼は厚かましくも私にそう言った. *Me mintió* ~. 彼は私に白々しい嘘をついた

descarado, da [deskaɾáðo, ða]形 ❶ 厚かましい, ずうずうしい, 恥知らずな: Es un niño muy ~ con los adultos. 大人に対して生意気な子だ. ❷ 露骨な, はっきりとした: fraude ~ 見え透いた欺瞞. ❸《西. 口語》[副詞的に] 当然, 明らかに; [悪いことについて] ~ que vas a ganar. どう見ても君が勝つよ. Lo hizo adrede, ~. 間違いない, 彼はわざとやったんだ
a la ~**da** =**descaradamente**
—— 名 ずうずうしい人, 恥知らずな人: No contestes así a tu madre, ¡~! 母親にそんな口をきくんじゃありません, この恥知らず!

descaramiento [deskaɾamjénto]男 =**descaro**

descarapelado, da [deskaɾapeláðo, ða]形《メキシコ》塗りが剥げた; 壁紙が剥がれた

descarapelar [deskaɾapelár]他《メキシコ. 口語》剥落させる, ひび入らせる
—— 自. ~**se**《メキシコ》[主に女性たちが] 議論する

descarar [deskaɾár]他《←des-+cara》 ~**se** 厚かましい言動をする, ずうずうしい態度をとる, 無礼なふるまいをする: *Ahora que tiene confianza, se ha descarado* y le dijo todo lo que se le ocurrió. 彼は親しくなると厚かましくなり, 思いついたことを何でも言った. ~**se** a pedir あつかましくも頼む. ~**se** con el jefe 上司にぶしつけな態度をとる

descarbonatar [deskaɾβonatár]他《化学》脱炭酸する, 二酸化炭素を抜く

descarboxilar [deskaɾβo(k)silár]他《化学》カルボキシル基を除去する

descarboxilasa [deskaɾβo(k)silása]女《生化》デカルボキシラーゼ, 脱炭酸酵素

descarburación [deskaɾβuɾaθjón]女《化学, 金属》脱炭, 炭素除去

descarburante [deskaɾβuɾánte]形《化学, 金属》脱炭の, 炭素除去の

descarburar [deskaɾβuɾár]他《化学, 金属》脱炭する, 炭素を除去する

descarcañalar [deskaɾkaɲalár]他 [靴の] かかとの部分 calcañar を踏み潰す

descarga [deskáɾɣa]《←descargar》女 ❶ 荷揚げ, 荷降ろし: hacer la ~ del camión トラックから積み荷を降ろす. ❷ [負担などの] 軽減: ~ de conciencia 良心の呵責を減らすこと. ❸ 射撃, 発射, 発砲; [特に] 一斉射撃 [=~ cerrada]: El tanque recibió la ~ en el costado derecho. 戦車は右側に被弾した. Se oyó una ~ contra los condenados a muerte 死刑囚たちに一斉射撃を浴びせた. ~ de insultos 一斉の悪口. ❹ 放出, 排出; 排出物: ~ de adrenalina アドレナリンの放出. ~ de aparato eléctrico 雷や稲妻. ~ emocional 感情のほとばしり. ~ nasal 鼻汁. ❺《電気》放電, 感電 [=~ eléctrica]: Mientras arreglaba la lámpara, me dio una ~. 私は電球を直していたらビリッと来た. recibir una ~ 感電する. lámpara de ~ 放電灯. lámpara de ~ de vapor 蒸気放電ランプ. ~ atmosférica 空中放電. ~ disruptiva 破裂放電. ~ espontánea 自然放電. ❻《生理》[神経細胞からのエネルギーの] 発射 [=~ nerviosa]. ❼《情報》ダウンロード: ~ de archivos. ❽《建築》1) ~ de agua (de aire) ウォーター(エアー)ガン. 2) 荷重を補強材などに振り向けること: arco de ~ 荷受け迫り持ち, 隠しアーチ. ❾《キューバ》[少人数の前での] 演奏. ❿《ベネズエラ. 口語》続けざまの侮辱

descargada [deskaɾɣáða]女《トランプ》[モンテで] より強い札が出されていないカード

descargadas [deskaɾɣáðas]形 複《紋章》武器の一部が削られた

descargadero [deskaɾɣaðéɾo]男 荷揚げ場, 埠頭; 荷降ろし場, 積み下ろしプラットホーム

descargador, ra [deskaɾɣaðór, ra]名 荷揚げ(荷降ろし)作業員; 沖仲士, 港湾労働者
—— 男 ❶《電気》放電器. ❷ [銃身内部の掃除用の] 梁杖 (さく)

descargadura [deskaɾɣaðúɾa]女 [肉を売る際に] 肉から外した腱 (すじ) 肉

descargar [deskaɾɣár]《←ラテン語 discarricare < dis- (分離) +carrus (荷車)》自他 ❶ 降ろす: 1) […から, +de 積み荷を] ~ un camión *de* naranjas トラックからオレンジを降ろす. 2) [積み荷が目的語] ~ las mercancías 荷揚げする, 陸揚げ

する. ❷ [+de 義務・責任などを] …から免除する: Te *descargo de* la deuda. 君の借金を帳消しにしてやろう. Me *descargaron de* responsabilidades. 私は責任を軽くしてもらった. ～ a un ministro *de* las funciones 大臣の職務を解く. ～ *de* toda culpa 罪を晴らす. ❸ [+de 余分を] …から取り除く: ～ el jamón *de* tocino ハムから脂身を取り除く. ❹ [銃砲を, +sobre・en・contra に] 撃つ, 発射する: ～ la pistola *sobre* el ladrón 泥棒に向けてピストルを発射する. El fusil está *descargado*. 銃には弾が入っていない. ❺ [殴打を] 浴びせる: ～ una sonora bofetada a+人 …にビンタをパチンとお見舞いする. ～ golpes contra la puerta ドアをドンドンと叩く. ❻ [怒りなどを] ぶつける: ～ su ira contra... …に怒りをぶちまける. ～ el mal humor en... …に当たり散らす. ❼ [雲が雨・雪・雹を大量に] 降らす: Aquellas nubes *descargarán* lluvia abundante. あの雲は大雨を降らすだろう. ❽ [エネルギーなどを] 放出する;《電気》放電させる: para no ～ la batería バッテリーが上がらないように. ❾ [仕事を, +en+人 に] やらせる: El director *descarga* todo el trabajo *en* su secretario. 部長は仕事を秘書に丸投げする. ❿《情報》ダウンロードする: Puedes ～ la convocatoria de la beca de la red. その奨学金の募集要項はネットからダウンロードできるよ

—— [自] ❶ [嵐などが] 猛威をふるう: La tormenta *descarga* sobre la ciudad. 嵐が町を襲う. ❷ [船・トラックなどが] 積み荷を降ろす. ❸ 発砲する; 猛打を浴びせる: *¡Descarguen!* 撃て! ❹ [川が, +en に] 注ぐ: El Ebro *descarga en* el Mar Mediterráneo. エブロ川は地中海に注ぐ. ❺ [雲が大量に] 雨(雪・雹)を降らせる. ❻ 放電する

—— **～se** ❶ 放電する: La batería del coche *se ha descargado*. 車のバッテリーが上がってしまった. ❷ [+de 職務を] 辞する, 肩替わりさせる; [+de 責任を] 免れる: *Se descargó de* las acusaciones. 彼は非難の矛先をかわした. ❸ [+de 苦しみなどから] 楽になる. ❹ [+en・contra に対して, 怒りなどを] ぶちまける: *～se* de su cólera *contra* su mujer 妻に当たり散らす. ❺ [湖などが川に] 水を流す

descargo [deskárgo] 〖←descargar〗 [男] ❶ 荷揚げ, 荷降ろし 〖=descarga〗. ❷ 負担の軽減: para el ～ de su conciencia 心の重荷を軽くするために. ❸《法律》1) [被告側の] 答訴, 答弁, 申し開き; 証拠, 証明: pliego de *～s* 自己評定(申告)書. testigo de ～ 弁護側証人. 2) [容疑・告発 cargo に対する] 無罪〔放免〕, 釈放. ❹ [債務の] 弁済〔証書〕, 受取証. ❺《商業》貸方 〖=haber〗; 貸記〔項目〕

***en* ～** 1) 言い訳として; [+de+人 の] 弁明に: Diré *en mi* ～ que no lo hice conscientemente. これは言い訳だが, わざとしたのではないと言いたい. 2) 気休めに

descargue [deskárge] [男]《主にコロンビア》=**descarga**

descariñar [deskariɲár] **～se**《まれ》[人・事物への] 愛情を失う

descariño [deskaríɲo] [男] やる気が鈍ること, 愛情がなくなること

descarnada[1] [deskarnáđa] [女] [象徴としての] 死

descarnadamente [deskarnáđaménte] [副] 率直に, あからさまに, 隠し立てせずに

descarnado, da[2] [deskarnáđo, đa] [形]《文語》❶ 生々しい, 赤裸々な, 露骨な: hacer una solicitud *～da* 単刀直入に要請する. crítica *～da* 露骨な批判. estilo ～ 直截(ちょくせつ)な文体. ❷ [人が] 肉の落ちた, やせた: Tienes un aspecto ～. 君はげっそりやせた. ❸ [骨が] 肉のついていない, 肉を全部取り払った. ❹ [土地・景色が土・植物がなく] 岩がむき出しの

descarnador [deskarnađór] [男] [歯科の] 擦過器

descarnadura [deskarnađúra] [女] やせ細り

descarnar [deskarnár] 〖←des-+carne〗 [他] ❶ [骨・皮から] 肉をそぎ取る. ❷ [固いものを柔らかいものから] 分離する. ❸ やせ細らせる: La enfermedad le *descarnó* la cara. 病気で彼は頬がこけた. ❹ あらわにする, むき出しにする. ❺ 俗事から身を引かせる

—— **～se** ❶ やせ細る: *Se* me *han descarnado* mucho las encías. 私は歯茎の肉がひどく落ちた. ❷ [+por+人 のために] 自分の財産を使う, 身銭を切る: *Se descarnó por* su hermano para que acabase sus estudios. 弟が卒業できるよう彼は財産をつぎ込んだ. ❸ [柔らかいものから固いものが] 剝がれる: La pared *se* está *descarnando*. 壁が剝がれかかっている. ❹ 俗事から身を引く: *Se descarnó* para abrazar la vida religiosa. 彼は宗門に入るため俗事から身を引いた

descaro [deskáro] 〖←descararse〗 [男] 厚かましさ, ずうずうしさ, 厚顔無恥: Tuvo el ～ de venir a mi casa. 彼は厚かましくも私の家まで来た. con ～ ずうずうしく

descarozado, da [deskaroθáđo, đa] [形]《チリ, アルゼンチン, ウルグアイ》[干し果実が] 種を抜いた

descarozar [deskaroθár] [9] [他]《チリ, アルゼンチン, ウルグアイ》[果物の] 芯(種)を取り除く

descarretillar [deskar̄etiʎár] [他]《チリ》あごを脱臼させる

descarriado, da [deskar̄jáđo, đa] [形] ❶ […が] 正しい道から外れた, 邪道に走った: Hoy día la juventud anda *～da*. 近ごろの若者は間違った道を歩んでいる. ❷ 道に迷った; [家畜などが] 群れから離れた: oveja *～da* 迷える羊

descarriamiento [deskar̄jamjénto] [男] =**descarrío**

descarriar [deskar̄jar] 〖←古語 descarrerar+desviar〗 [11] [他] ❶ 道を間違えさせる. ❷ 正道から外れさせる: Las malas compañías le *descarriaron*. 悪い仲間が彼を誤った道に走らせた. ❸ 群れから離す

—— **～se** ❶ 道に迷う, 道を間違える. ❷ 道を踏み外す: *Se descarrió* por culpa de su afición a la bebida. 彼は酒好きがこうじて身を持ち崩した. ❸ [家畜が] 群れからはぐれる

descarrilador [deskar̄ilađór] [男]《自転車》変速器, ギア: ～ delantero (trasero) 前輪(後輪)ギア

descarriladura [deskar̄ilađúra] [女] =**descarrilamiento**

descarrilamiento [deskar̄ilamjénto] [男] ❶《鉄道》脱線. ❷ 道から外れること, 逸脱. ❸《口語》中絶, 流産

descarrilar [deskar̄ilár] [自]《鉄道》脱線する

—— **～se**《チリ, アルゼンチン, ウルグアイ. 口語》道を誤る, 堕落する

descarrío [deskar̄ío] [男] ❶ 道に迷うこと, 道を間違えること; 正道からの逸脱, 堕落. ❷ 群れから引き離す(はぐれる)こと

descartable [deskartáble] [形] 捨てられ得る: No es ～ que+接続法 …する可能性は排除できない

descartar [deskartár] 〖←des-+carta〗 [他] ❶ [可能性・方針などを] 排除する, 捨てる: 1) Quedaba *descartada* la posibilidad de la supervivencia. 生存の可能性はなくなった. Los médicos *descartaron* la operación quirúrgica. 医師団は外科手術を断念した. 2) [+不定詞・que+接続法] No *descartan* recurrir a los tribunales. 彼らは控訴する方針を捨てていない. ❷ [不可能だとして] 拒絶する: El alcalde *descartó* una subida de los precios del taxi. 市長はタクシー料金の値上げを認めなかった. Tu propuesta queda *descartada*. 君の提案は却下された. ❸《トランプ》[不用な札を] 捨てる 〖=～se ❷〗

—— **～se** ❶ [可能性などが] 排除される: *Se descartó que* el incendio fuera accidental. 火事が事故だという可能性はなくなった. ❷《トランプ》[+de 不用な札を] 捨てる: *Me descarto de* estas tres y pido otras. 私はこの3枚を捨てて他のをもらう. ❸《まれ》避ける, 逃げる

descarte [deskárte] [男] ❶ [可能性・方針などの] 排除; 拒絶. ❷《トランプ》[集名] 捨て札. ❸《スポーツ》チーム編成から外された選手. ❹《まれ》逃亡. ❺《アルゼンチン》[商品の] 屑物

descartelización [deskarteliθaθjón] [女]《経済》カルテルの解散

descartelizar [deskarteliθár] [9] [他]《経済》カルテルを解散させる

descasamiento [deskasamjénto] [男] 結婚を無効とする言明; 離婚

descasar [deskasár] 〖←des-+casar〗 [他] ❶ 結婚を無効とする; [同棲者を] 別れさせる; 離婚させる: Los casé hace un año pero ahora tengo que ～los. 私は1年前に彼らを結婚させたが, 今度は別れさせなければならない. ❷ 調和を乱す, 合わなくさせる: Al unir las piezas *descasó* los cuadros de la falda. その身頃を合わせるとスカートのチェックの柄が合わなくなった

—— **～se** ❶ 離婚する: Después de tantos años, *se han descasado*. 彼らは長年連れ添ってきたが別れた. ❷ ばらばらになる: Con el traslado, *se han descasado* todos los calcetines. 引越しで靴下が全部不ぞろいになった

descascar [deskaskár] [7] [他] =**descascarar**

—— **～se** ❶ 殻が割れる(はぜる). ❷ ほらを吹く, 大見得を切る

descascarado [deskaskaráđo] [男] [殻・皮を] 割ること, むくこと

descascarador, ra [deskaskarađór, ra] [形] [男] 殻を割る, 皮をむく; 殻割り器, 皮むき器

descascarar [deskaskarár] [他] ❶ [果実などの殻・皮 cáscara を] 割る, 取る, むく: ～ las nueces クルミの殻を割る. ～ un

huevo duro ゆで卵をむく. ❷《まれ》[表面を]剝ぐ
── ~se ❶ 殻が割れる(はぜる), 剝がれる. ❷《まれ》[表面が]剝がれる, 剝がれ落ちる. ❸《中南米》[壁の]上塗りが剝がれる

descascarillado [deskaskariʎáðo]《男》❶ 皮や包みを剝がすこと. ❷ 剝落, 剝離, 剝げ落ち

descascarillar [deskaskariʎár]《他》❶[穀物などの]殻 cascarilla をはがす, 取る: ~ el arroz 脱穀する. ~ los cacahuetes ピーナッツの殻をむく. ❷ [表面の琺瑯・漆喰・ペンキなどを]剝がす: ~ la pintura de una mesa con las uñas 机の塗装を爪でかき落とす
── ~se 剝落する, 剝離する, 剝げ落ちる

descaspar [deskaspár]《他》…のふけ caspa を取る

descasque [deskáske]《男》[コルクガシなどの]樹皮を剝ぐこと

descastado, da [deskastáðo, ða]《形》《名》❶ [親族・友人に対して] 薄情な[人], 冷たい[人]: Es un ~ y nunca escribe; solo se acuerda de nosotros para pedirnos dinero. 彼は冷たい男で手紙もよこさない. 金をねだる時だけ私たちのことを思い出す. ❷ 恩知らずな[人], いじけた[人], すねた[人]. ❸《中南米》[牛などが] 純血種でない

descastar [deskastár]《他》❶ [特に有害動物の]種を絶やす, 絶滅させる. ❷ [事物を場所から] 失わせる, 消す
── ~se ❶ [種が] 絶滅する. ❷ [血縁者などに対して] 薄情になる, 冷たくなる

descatalogar [deskatalogár] [8]《他》[書籍・レコードの]目録(カタログ)への掲載をやめる, 絶版にする, 廃盤にする

descatolización [deskatoliθaθjón]《女》[カトリックからの]棄教, 非カトリック化

descatolizar [deskatoliθár] [9]《他》カトリック信仰をやめさせる, 非カトリック化する; カトリックの特質を失わせる
── ~se カトリック信仰をやめる; カトリック的特質を失う

descaudalado, da [deskauðaláðo, ða]《形》《名》財産を失った[人], 破産した[人], 没落した[人]

descebar [desθeβár]《他》❶ [銃砲から] 雷管(信管) cebo を外す. ❷ 遠心ポンプ内部の] 水を抜く

descebo [desθéβo]《男》雷管(信管)を外すこと

descegar [desθeɣár] [8] [23]《→negar》《他》《地方語》[管の]詰まりを除去する

descendencia [desθendénθja]《←ラテン語 descendens, -entis》《女》❶《集合》[直系の] 子孫, 子や孫たち; 跡継ぎ: No tiene ~, y nosotros somos sus únicos parientes. 彼には子供がなく, 私たちだけが唯一の親類だ. morir sin ~ 跡継ぎを残さずに死ぬ. ❷ 子孫であること; 家系, 血統: ~ de judíos conversos 改宗ユダヤ人の血筋. ❸《人類学, 生物》出自: doble ~ 二重出自. ~ unilateral 単系出自. ~ patrilineal (matrilineal) 父系(母系)出自

descendente [desθendénte]《形》❶ 下って行く, 下降する《⇔ascendente》: aorta ~《解剖》下向大動脈. curva ~ 下りカーブ; 下降曲線. escala ~《音楽》下降音階. progresión ~ 減少していく, 漸減する: población ~ 減っていく人口. progresión ~《数学》逓減級数. ❸ [順序が] 大から小への, 降順の: en orden ~ 降順に. ❹ tren ~《西》[マドリードの方から向かう] 下り列車

descender [desθendér]《←ラテン語 descendere < dis- (否定) +scandire「上がる」》[24]《自》❶ 下がる, 低下する《⇔ascender. →subir 類義》: 1) [水準・数値・能力などが] El nivel del pantano ha descendido un poco. 池の水位が少し下がった. Los precios han descendido en un cinco por ciento. 物価が5%下がった. El consumo de legumbres ha descendido apreciablemente. 豆類の消費が顕著に下降した. La temperatura viene descendiendo. 気温が下がってきている. Sus facultades intelectuales han descendido mucho. 彼の知的能力はひどく低下した. 2) [人が, +de·en 等級・地位などが] Ha descendido de (en) categoría. 彼は地位が下がった. ~ de tono 調子が落ちる, トーンが落ちる. ~ en la estimación 評価が下がる.《文語》降りる, 降下する: 1) [+de 高所から, +a·hacia に] El avión empezó a ~ de altura. 飛行機が高度を下げ始めた. Un río de lava descendía por la ladera del volcán. 溶岩流が火山の山腹を流れ降りてきた. Descendimos al valle. 私たちは谷に降りていった. ~ de la cima 頂上から下りる. ~ calle abajo 通りを下っていく. ~ por un hueco 穴を降りる. ~ por la escalera 階段を降りる. ~ al primer piso 2階へ降りる. ~ al sótano 地下室へ降りる. 2) [+de 乗り物から] 下車する, 降りる: ~ del barco 下船する. ~ del coche 車から降りる. ~ del tren 列車から降りる. ❸ [物が] 落ちる, 落下する: El agua descendía en torrente. 水が滝のように落ちていた. ❹ [+de の] 出身である; 派生する: ~ de un ilustre linaje 名門の出である. ~ del Asia central 中央アジアを発祥地とする. ❺ [髪などが] 垂れ下がる: Un rizo descendía sobre su frente. 巻き毛が彼女の額に垂れていた. ❻ [+a まで] 至る, 達する, いきつく: ~ a analizar los detalles 細部まで分析する. ❼《音楽》音が下がる
──《他》❶ 降りる, 下る: ~ la escalera 階段を降りる. ❷《まれ》下ろす: ~ una maleta del altillo スーツケースを中二階から下ろす

descender		
直説法現在	命令法	接続法現在
desciendo		descienda
desciendes	desciende	desciendas
desciende		descienda
descendemos		descendamos
descendéis	descended	descendáis
descienden		desciendan

descendiente [desθendjénte]《←descender》《名》[+de の, 子孫を含めて直系の] 子孫, 卑属《⇔ascendiente》; 末裔(ﾊﾞﾂ): morir sin ~s 跡継ぎを残さずに死ぬ. ~ de japoneses 日系人. ~ de Velázquez ベラスケスの末裔. ~ del Inca インカの末裔
──《形》《まれ》[+人] …の子孫の; [+de] …出身の, …の家系の

descendimiento [desθendimjénto]《男》❶ 低下; 下降. ❷ [時に D~] キリスト降架の図・像》《=D~ de la Cruz》

descendista [desθendísta]《名》❶《スキー》滑降の選手. ❷《自転車》下り坂が得意の選手

descensión [desθensjón]《女》❶《まれ》低下, 下降. ❷《古語》=descendencia

descenso [desθénso]《←ラテン語 descensus》《男》❶ 降りること, 下り, 下り, [飛行機の] 降下: ~ de la montaña 下山. ❷ 下り坂, 傾斜, 降り口: Sed prudentes en los ~s. 下りでは慎重に. ❸ 低下, 下落: Ha habido un brusco ~ en los precios del crudo. 原油価格が急落した. ~ del nivel del río 川の水位の低下. ~ de la temperatura 気温の下降. ~ en popularidad 人気の下落. ❹ 降格; 左遷: ~ a la Segunda División《サッカー》2部降格. ❺《スキー》滑降, ダウンヒル: ~ y slalom アルペン複合. ❻ [船などによる] 川下り. ❼ 衰退, 退廃, 衰え. ❽《医学》[器官の] 下降, 下垂

descensor, ra [desθensór, ra]《形》《名》降りる[人]
──《男》《登山》エイト環

descentración [desθentraθjón]《女》中心からずれること

descentrado, da [desθentráðo, da]《形》❶ [estar+, 環境に] 溶け込めていない, なじめない: Aún está ~ en la nueva empresa. 彼はまだ新しい会社に慣れない. ❷ [問題などの] 焦点がずれた: Parece que el problema está ~. その問題は焦点がずれているようだ. ❸《技術》中心からずれた, 偏心した, 偏心の

descentralización [desθentraliθaθjón]《女》地方分権, 分権化; 地方分散, 集中排除

descentralizador, ra [desθentraliθaðór, ra]《形》地方分権化する; 地方分散する: política ~ra 地方分権政策

descentralizar [desθentraliθár]《←des-+centralizar》[9]《他》❶ 地方分権化する. ❷ [機能を] 地方に分散させる, 非集中化する, 集中を排除する: Hay que ~ la industria para evitar que haya regiones menos desarrolladas. 発展から取り残された地方が出ないよう産業を分散させねばならない. ❸ 中心からずらす
──《~se 地方に分散する

descentramiento [desθentramjénto]《男》❶ 中心から外れる(中心をずらす)こと; 偏心. ❷《写真》あおり. ❸ 不均衡, 混乱. ❹ 困惑, いらだち. ❺ [環境に] なじまないこと, 疎外感

descentrar [desθentrár]《←des-+centro》《他》❶ 中心からずらす(外す). ❷ いらいらさせる, 集中力をなくさせる: El dolor de la muela me descentra. 私は歯が痛くて集中できない. ❸ バランスを失わせる
──《~se ❶ 中心から外れる: A causa del choque, el manillar de la bicicleta se descentró. ぶつかって自転車のハンドルがゆがんだ. ❷ [環境に] なじまない, 溶け込めない: Se descentró con el nuevo equipo de trabajo. 彼は今度の作業グループ

に溶け込めなかった. ❸ バランスを失う: La carga *se descentró y volcó el camión*. 積み荷のバランスが崩れトラックは横転した

desceñido, da [desθeɲíđo, đa] 形 [ベルトなどが] 締まっていない, 緩い
desceñidura [desθeɲiđúra] 女 [ベルトなどが] 緩む(緩める)こと, 外れる(外す)こと
desceñir [desθeɲír]《←ラテン語 discingere》20 35《→**teñir**. 現分 desceñendo》他 [ベルトなどを] 緩む, 解く
—— **~se** ❶ 緩む. ❷ [自分のベルトを] 緩める: *Se desceñó el cinturón después de comer*. 彼は食事の後ベルトを緩めた
descepar [desθepár] I《←cepa》他 ❶ [木などを] 根から抜く, 株ごと引き抜く. ❷ 根絶する
II《←cepo》他《船舶》錨の横木を抜く
descepe [desθépe] 男 根から抜くこと
descerar [desθerár] 他《養蜂》[ミツバチの巣から] 空の巣室を取り除く
descercado, da [desθerkáđo, đa] 形 [場所が] 囲い(フェンス・柵)のない
descercador [desθerkađór] 男《軍事》敵に包囲を解かせる人
descercar [desθerkár] 7 他 ❶ [+場所 から] 塀・囲いを取り払う, 城壁を壊す. ❷《軍事》包囲を解かせる
descerco [desθérko] 男 ❶ 包囲を解かせること; [包囲された町などの] 解放, 救出
descerebelación [desθerebelaθjón] 女《医学》小脳除去
descerebelar [desθerebelár] 他《医学》小脳を除去する
descerebración [desθerebraθjón] 女 ❶ [実験のための動物の] 除脳. ❷ [一般に事故などの] 脳機能の喪失による精神的異常
descerebrado, da [desθerebráđo, đa] 形 気の狂った, 判断力のない; ばかげた
descerebrar [desθerebrár] 他 ❶ [実験のために, 動物から] 脳を除去する, 除脳する. ❷ 脳の機能を停止させる, 知的機能を奪う, 思考力をなくさせる
descerezar [desθereθár] 9 他 [コーヒー豆の] 殻(皮)を取り除く
descerrajado, da [desθeraxáđo, đa] 形 《口語》放蕩な, 堕落した
descerrajadura [desθeraxađúra] 女 こじ開けること
descerrajar [desθeraxár] 他 ❶ [扉などの] 錠前をこじ開ける: *~ el cofre*. 箱の錠前を無理やり開ける. ❷《文語》発射する: *~ unos tiros a...* …に数発射つ
descerrar [desθerár] 23 他《まれ》開く[=abrir]
descerrumar [desθerumár] ~**se**《獣医》[馬などが] 足首の関節を外す
descervigamiento [desθerbigamjénto] 男 [動物の] 首筋をひねること
descervigar [desθerbigár] 8 他 [動物の] 首筋をひねる
deschabar [destʃabár] 他《キューバ. 口語》[悪口を言って] …の信用を失わせる
deschapar [destʃapár] 他《エクアドル, ボリビア, ペルー, チリ, アルゼンチン》…の錠前をこじ開ける
descharchar [destʃartʃár] 他《中米》罷免する, 解雇する
deschavar [destʃabár] 他《アルゼンチン, ウルグアイ. 口語》[秘密にしておかなければならないことを] 暴く, 暴露する
—— **~se**《アルゼンチン, ウルグアイ. 口語》露見する
deschavetar [destʃabetár] ~**se**《中南米. 口語》ぼうっとする, 困惑する; あわてる; 気が変になる
deschinador, ra [destʃinađór, ra] 形 図 小石や土を取り除く; 精選機, 石拔き機
deschuponar [destʃuponár] 他《植物》[寄生植物の] 吸根(吸枝)を取り除く
desciegue [desθjége] 男《地方語》[管の] 詰まりの除去
descifrable [desθifráble] 形 [暗号文・文字などが] 解読可能な, 判読され得る: *El mensaje es ~ con la clave*. 暗号表があればこのメッセージは解読できる
descifrado [desθifráđo] 男 ❶ 解読, 判読. ❷《音楽》視演, 視唱[楽譜を見てすぐ演奏する·歌うこと]
descifrador, ra [desθifrađór, ra] 形 図 解読(判読)する[人]
desciframiento [desθiframjénto] 男 解読, 判読, 謎解き
descifrar [desθifrár]《←des-+cifra》他 ❶ [暗号文·読みづらい字·隠れた意味を] 解読する, 判読する, 読み解く: *~ un jeroglífico*. 象形文字を解読する. *Los especialistas han descifrado el manuscrito*. 専門家が手稿を読み取った. ❷ [謎·難

問など不可解なものを] 解く, 解明する: *~ el motivo de su huida*. 彼が逃げた訳を解明する. ❸《まれ》[クロスワードパズルなどを] 解く
descifre [desθífre] 男 解読, 判読
descimbramiento [desθimbramjénto] 男《建築》迫り枠の取り外し
descimbrar [desθimbrár] 他《建築》[アーチの] 迫(*)り枠を取り外す
descimentar [desθimentár] 他 23《建築》基礎·土台を壊す
descincado [desθiŋkáđo] 男《金属》亜鉛の除去
descinchar [desθintʃár] 他 [馬の] 腹帯を外す(緩める)
descinto, ta [desθínto, ta] 形 [服装] 着崩れた
descintrar [desθintrár] 他《建築》[アーチの] 湾曲 cintra をなくす
desclasado, da [desklasáđo, đa] 形 图 ❶ [自分の属する] 社会階級についての意識を失った[人], 階級意識を共有できなくなった[人]. ❷ 階級を偽った[人]; 《軽蔑》階級的裏切り者[の]
desclasamiento [desklasamjénto] 男 脱階級, 階級意識をなくすこと; 階級への裏切り
desclasar [desklasár] ~**se** 社会階級への帰属意識をなくす: *Cuando los proletarios se desclasan*, *suelen ser los más feroces adversarios de sus antiguos compañeros*. プロレタリアが階級を脱すると, かつての仲間の最も手強い敵になるものだ
desclasificar [desklasifikár] 7 他《政治》機密扱いを解除する
desclavador [desklabađór] 男 釘抜き
desclavar [desklabár]《←des-+clavar》他 ❶ 釘を抜く: *~ los clavos de un cajón*. 木箱の釘を抜く. ❷ [釘でとめていたものを] 外す: *~ el marco de la ventana*. 窓枠を外す. ❸ [宝石を] 台から外す: *~ la esmeralda del armazón*. エメラルドを台座から外す
—— **~se** 釘が抜ける(緩くなる)
desclavijar [desklabixár] 他 ピン clavija を抜く
descoagulante [deskoagulánte] 形 溶かす, 融解させる
descoagular [deskoagulár] 他 [凝固物を] 溶かす, 融解させる, 液化する
descobajar [deskobaxár] 他 [ブドウの房から] 軸を取り除く
descobijar [deskobixár] 他《まれ》…の覆いを取る; ふたを外す
—— **~se** [覆いが] 取れる, [ふたが] 外れる
descocadamente [deskokáđaménte] 副《口語》厚かましく, ずうずうしく
descocado, da [deskokáđo, đa] 形 图 ❶《口語》[主に女性が, 服装に関して] 大胆な[人], 破廉恥な[人]: *llevar unos vestidos ~s*. 大胆な服を着る. *comportamiento ~*. 恥知らずなふるまい. ❷《ペルー》判断力や論理のない[人]
—— 男《チリ》[主に 複] 種つきのままの干した桃
descocador [deskokađór] 男《高枝用》剪定ばさみ
descocamiento [deskokamjénto] 男 害虫駆除
descocar [deskokár] I《←des-+coco II》7 他 [樹木から] 害虫を除去する
II《←des-+coca「頭」》7 ~**se**《まれ》ずうずうしくふるまう
descocedura [deskoθeđúra] 女《まれ》消化
descocer [deskoθér] 1 29《→**trocar**》他《まれ》[食べ物を] 消化する
—— **~se** 不愉快になる, 怒る
descoco [deskóko] 男《←descocar II》男《口語》厚かましさ, 厚顔無恥; 破廉恥な服装
descodificación [deskođifikaθjón] 女 [暗号文などの] 解読, 読み解き
descodificador, ra [deskođifikađór, ra] 形 图 解読する[人]
—— 男 デコーダー, 解読器
descodificar [deskođifikár] 7 他 [暗号文などを] 解読する; [符号化した情報を] 復号する; [スクランブルのかかった信号を] デコーダーで画像に戻す: *~ el mensaje*. 情報を解読する
descoger [deskoxér] 3 他 [折り畳んだ·巻いた物を] 広げる, 伸ばす, 開く
descogollar [deskogoʎár] 他 [植物の] 芽かきをする, 摘心をする: *~ las lechugas*. レタスの芽を摘む
doscogotado, da [deskogotáđo, đa] 形 首筋がむき出しになった: *buitre ~ y plomizo*. 首筋を露わにした灰色のハゲタカ
descogotar [deskogotár] 他 ❶ [人の] 首を切って(折って) 殺

す. ❷《狩猟》[鹿の]角を切り落とす

descohesión [deskoesjón] 囡 まとまりの悪さ,団結力のなさ; 一貫性のなさ

descohesionar [deskoesjonár] 他《集団の》団結力をなくす, ばらばらにする

descojonamiento [deskoxonamjénto] 男《西. 卑語》爆笑: Verle aparecer vestido de mujer fue el ～ general. 彼が女装して現れたのを見てみんな爆笑した

descojonante [deskoxonánte] 形《西. 卑語》[事物が] とても楽しい, すごく面白い: película ～ めちゃくちゃ面白い映画

descojonar [deskoxonár] 〜**se**《西. 卑語》[+con のことを] 大笑いする, 笑い転げる [＝～de risa]: Se descojonaron con la caída del camarero. 彼らはウェイターが転んだので大笑いした

descojone [deskoxóne] 男《西. 卑語》＝**descojonamiento**

descolar [deskolár] 他 ❶《獣医》[動物の] 断尾をする, しっぽを切る. ❷ [布地の] 商標がついていない方の端を切り取る

descolchado [deskoltʃáðo] 男《船舶》綱の縒りをほどくこと

descolchar [deskoltʃár] 他《船舶》[綱の] 縒りをほどく

descolgado, da [deskolɣáðo, ða] 形 ❶ [仲間から] 離れた, 孤立した: El ciclista quedó ～ en la subida del pelotón. その自転車選手は上りで集団から引き離された. ❷《アルゼンチン. 口語》[人が] 思いがけない (とっぴな) ことをする
── 降ろすこと, 外すこと

descolgadura [deskolɣaðúra] 囡《まれ》＝**descolgamiento**

descolgamiento [deskolɣamjénto] 男 降ろす (降りる) こと, 外す (外れる) こと; 外れた状態

descolgar [deskolɣár] [←des-+colgar] 8 28 [→**colgar**] 他 ❶ [吊ってあったものを, +de から] 降ろす, 外す: ～ los cuadros 絵を降ろす. ～ las cortinas de las ventanas 窓からカーテンを外す. ❷《電話》受話器を外す: Descuelga el teléfono, que suena. 電話が鳴っているから出なさい. dejar el teléfono descolgado 受話器を外したままにしておく. 電話に出ないでおく. ❸ 吊り降ろす: El helicóptero descolgó medicinas. ヘリコプターが医薬品を吊り降ろした. ❹《競走》[集団から] 飛び出す, 引き離す
── 自《電話》受話器を取る: Lo dejó sonar dos veces antes de ～. 2 度電話が鳴るのを待ってから彼は受話器を取った
── 〜**se** ❶ [吊って・掛けてあったものが] 外れる, 落ちる: Se descolgó el sombrero de la percha. フックにかけていた帽子が落ちた. ❷ [+por・de を] 降りる: Los alpinistas se descolgaron por la montaña. 登山家たちは山を下りた. ❸ 仲間から離れる《競走》集団から脱落する. ❹《口語》[+con/+現在分詞] 突拍子もないことを言う (する): ～se con que... 急に…と言い出す. ～se con una noticia inesperada 突然思いがけないニュースを発表する. A último momento se descolgó diciendo que no podía venir. 彼は最後になって来られないと言い出した. ❺《口語》[+por に] 突然 (思いがけなく) 現れる: ～se por casa sin avisar 知らせもせずぶらっと家に寄る: Se descolgó en la reunión cuando creíamos que ya no vendría. もう来ないと思っていた時に彼は突然会議に現れた. ❻《俗語》[+de 麻薬を] やめる: ～se de la cocaína コカインをやめる. ❼《ラプラタ》[+con に] 驚く

descoligado, da [deskoliɣáðo, ða] 形 [連盟・連合から] 脱退した, 離れた

descollado, da [deskoʎáðo, ða] 形 ❶ 秀でた, 卓越 (傑出) した. ❷ そびえ立つ: A lo lejos se distinguía la ～da torre del campanario. 遠くに鐘楼がそびえていた

descollamiento [deskoʎamjénto] 男 卓越, 傑出

descollante [deskoʎánte] 形 卓越した, 傑出した: jugar un papel ～ すばらしい役割を果たす. personalidad ～ en el mundo del cine 映画界で傑出した人物

descollar [deskoʎár] [←des-+ラテン語 collum「首」] 28 自 ❶ 秀でる, 傑出する: Siempre ha descollado en los deportes. 彼はスポーツではいつも抜きん出ていた. ～ por la inteligencia 知性に秀でる. ～ entre (sobre) otros 他の人より目立つ. ❷ そり立つ: La iglesia descuella sobre los demás edificios. その教会は他の建物よりひときわ高い

descolletar [deskoʎetár] 他《ログローニョ》小麦の穂が出る

descolmar [deskolmár] 他 ❶ [計量カップ・升から盛り上がった分を] かき落とす. ❷ 減らす

descolmillar [deskolmiʎár] 他《まれ》[動物の] 牙()を抜く; [人の] 犬歯を抜く

descolocación [deskolokaθjón] 囡 ❶ 間違った移動. ❷《スポーツ》位置どりの間違い

descolocado, da [deskolokáðo, ða] 形 ❶ [estar+] 失業中の, 失職中の. ❷ [dejar・quedar+] 困った, どうしてよいのか分からない: Me dejó ～ con su pregunta. 彼の質問で私は答えに窮した
── 名 失業者

descolocar [deskolokár] [←des-+colocar] 7 他 ❶ あるべきでない (元と違う) 場所に移す: Por favor, cuando cojas un disco, no lo descoloques. レコードを取り出したら元の位置に戻してください. ❷《スポーツ》ポジショニング (位置どり) を間違わせる: Su regate descolocó a los defensas. 彼のドリブル突破でディフェンスはずらずたにされた
── 〜**se** ❶ 移動する. ❷《スポーツ》ポジショニングを間違う

descolón [deskolón] 男 dar un ～ a+人《メキシコ. 口語》…を軽んじる, 軽視する

descolonización [deskoloniθaθjón] 囡 非植民地化

descolonizar [deskoloniθár] 9 他 非植民地化する, 植民地状態から解放する (脱却させる)

descoloramiento [deskoloramjénto] 男 色落ち, 色あせ

descolorante [deskoloránte] 形 男 色落ち (色あせ) させる; 脱色剤

descolorar [deskolorár] [←ラテン語 discolorare] 他 色落ちさせる, 色あせさせる: El sol descolora todos los vestidos. 日に当たってどの服も色があせる
── 〜**se** 色落ちする, 色があせる: La bufanda se descoloró al lavar con lejía. マフラーを漂白剤で洗濯して色が落ちた

descolorido, da [deskoloríðo, ða] 形 ❶ 変色した, 色あせた: pantalón ～ 色あせたズボン. ❷ 青白い, 青ざめた: tener la cara ～da 顔色が青ざめている

descolorimiento [deskolorimjénto] 男《まれ》＝**descoloramiento**

descolorir [deskolorír] 他《複合時制, 不定詞, 現在分詞, 過去分詞でのみ》《まれ》＝**decolorar**

descombrar [deskombrár] 他 ＝**desescombrar**

descombro [deskómbro] 男 [障害物などの] 除去, 片付け; 清掃

descomedidamente [deskomeðiðaménte] 副 ❶ 横柄に, 無礼に: hablar ～ 横柄な口の利き方をする. ❷ ものすごく, 桁外れに: beber ～ 大酒を食らう

descomedido, da [deskomeðíðo, ða] 形 名 ❶ [+con に対して] 無礼な (人), 横柄な (人), ぶしつけな (人): Este joven es ～ e irrespetuoso con los ancianos. この青年は老人に無礼で敬意を払わない. ❷ 並外れた, 法外な, 過度の: Me parece un enfado ～ por tan poca cosa. ほんのささいなことに怒りすぎだと私は思う. tener un amor ～ por... …を溺愛している. ❸《口語》[人を] あまり助けたがらない

descomedimiento [deskomeðimjénto] 男 無礼, 礼を失すること: ～ hacia los padres 両親を軽んじること

descomedir [deskomeðír] [←des-+comedir] 35 〜**se** ❶ [+con に対して] 礼を失する, 横柄にふるまう, 無礼なことを言う (する): Cuando estaba ebrio, se descomedía con sus mejores amigos. 彼は酔うと仲のいい友達に失礼なことをした. ❷ 度を過ごす, いきすぎる

descomer [deskomér] 自《西. 婉曲》大便をする

descomodidad [deskomoðiðá(ð)] 囡《まれ》不便, 不自由, 窮屈

descompadrar [deskompaðrár] 他《口語》仲違いさせる
── 自 仲違いする, 不仲になる

descompaginar [deskompaxinár] 他 ❶ めちゃくちゃにする, ひっくり返す: Cada vez que limpias me descompaginas los papeles. 掃除するたびに君は私の書類をごちゃごちゃにしてしまう. ～ los planes 計画を台なしにする. ❷《印刷》ページ立てを変更する
── 〜**se** めちゃくちゃになる, ばらばらになる: Se descompagina todo el sistema. 制度全体がばらばらになる

descompás [deskompás] 男 過度, 桁外れ

descompasadamente [deskompasaðaménte] 副 ❶ 過度に, 桁外れに, とんでもなく. ❷ 不釣り合いに, 調子外れに. ❸ ぶしつけに

descompasado, da [deskompasáðo, ða] 形 ❶ 過度の, 桁外れの, とんでもない: Viene por la noche a horas ～das. 彼は夜とんでもない時間にやって来る. de un tamaño ～ 桁違いの

イズの. carga ~*da* 荷物の積み過ぎ. ❷ 不釣り合いな; 調子の狂った, リズム(テンポ)の乱れた: Baílaban ~*das* varias parejas en la pista. フロアでは何組かの男女がまちまちに踊っていた. El violín va ~. バイオリンが狂っている. ❸ ぶしつけな, 失礼な

descompasar [deskompasár] 《←des-+compasar》 他 [+人 の] 調子を狂わせる
— ~**se** ❶ [人が] 調子が狂う: Con sus nervios los jóvenes cantores *se descompasaron*. 若手の歌手たちは緊張して調子を崩してしまった. ❷ 失礼な言動をする, 羽目を外す

descompensación [deskompensaθjón] 女 ❶ 不均衡, アンバランス. ❷ 《医学》代償不全

descompensar [deskompensár] 《←des-+compensar》 他 不均衡にする, バランスを失わせる; 補償できなくさせる
— ~**se** ❶ 不均衡になる, バランスが崩れる: La balanza *se descompensa* con el uso. 使っているうちに秤のバランスが崩れる. ❷ 《医学》代償不全になる

descomponedor, ra [deskomponeðór, ra] 形 名 [無機物に]分解する[生物]

descomponer [deskomponér] 《←des-+componer》 60 《直分》 *descompuesto*. 命令法単数 *descompón* 他 ❶ [+en 成分・要素に] 分解する, バラバラにする: El fontanero tuvo que ~ la cisterna. 水道屋は水槽を分解しなければならなかった. ~ el agua *en* oxígeno e hidrógeno 水を酸素と水素に分解する. ~ una novela *en* capítulos 小説を章分けする. ~ una palabra *en* sílabas 単語を音節に分ける. ❷ 《主に中米》崩す, 散らかす; [機械などを] 故障させる, 調子を狂わす, 壊す: ~ a+人 el peinado …の髪をくしゃくしゃにする. ~ la habitación 部屋の中をめちゃくちゃにする. ~ un reloj 時計を壊す. ~ el proyecto 計画を台なしにする. ~ a un matrimonio 夫婦を仲たがいさせる. ❸ 取り乱させる, 怒らせる; 怖がらせる: El ataque directo a su persona le *descompuso*. 彼は個人攻撃されて平静を失った. ❹ 不快にする, 気分を悪くさせる: Los ajos me *descomponen* el estómago. 私はニンニクを食べると胃がおかしくなる. ❺ 下痢を起こさせる. ❻ 腐らせる, 腐敗させる[=corromper]; 変質させる: El calor *descompone* los alimentos. 暑さで食べ物が腐る
— ~**se** ❶ 分解される: Cuando la sal *se descompone*, obtenemos cloro y sodio. 塩が分解すると, 塩素とナトリウムが得られる. ❷ 乱れる: Llorando se le *descompuso* el maquillaje. 彼女は泣いて化粧がめちゃくちゃになった. ❸ 平静を失う, 取り乱す, 怒る; 怖くなる: *Se le descompuso* el rostro al escucharlo. 彼はそれを聞いて顔色を失った. ❹ [体調・気分などが] 悪くなる. ❺ 腐敗する. ❻ 《闘牛》[牛が] 神経質になる. ❼ 《主に中米》故障する[=averiguarse]; 壊れる: Allá cuando *se* le *descompone* el teléfono no lo arreglan en meses. あちらでは電話が壊れたら何か月も直してくれない よ. ❽ 《南米》[天候が] 悪化する, 不安定になる: Empieza a ~*se* el tiempo. 天気が崩れ始める

descomponible [deskomponíβle] 形 ❶ 分解(解体)され得る. ❷ 腐敗しやすい, 変質し得る

descomposición [deskomposiθjón] 女 ❶ [←descomponer] [成分・要素への] 分解: De la ~ del agua se obtiene hidrógeno y oxígeno. 水の分解から水素と酸素が得られる. ~ *in*completa de materia orgánica 有機質の不完全分解. ~ *en* factores 《数学》因数分解. ~ radiactiva 《物理》放射性崩壊. ❷ 腐敗: El cadáver ya está en ~. 死体はすでに腐りかけている. cadáver en ~ 腐乱死体. ❸ 《主に中米》不調, 故障. ❹ [表情の] ゆがみ, 引きつり. ❺ 《西》下痢 [= ~ de vientre, ~ intestinal]: Ha cogido frío en el vientre y tiene ~. 彼はお腹に風邪が来て下痢をしている. ❻ 衰退, 瓦解, 崩壊: ~ nacional 国家の崩壊

descompostura [deskompostúra] 女 ❶ 厚かましさ, 厚顔無恥. ❷ 不作法, だらしなさ: No hubo por su parte ~*s* de ninguna clase. 彼の側には何ら不作法なふるまいはなかった. ❸ 壊れ, 故障[特に, 主に中米]不快, 下痢. ❹ 《地方語; コロンビア》脱臼: Tuve la ~ de la mano derecha. 私は右手を脱臼した. ❻ 《中米》故障

descompresión [deskompresjón] 女 ❶ 《←compresión》減圧: cámara de ~ 減圧室. ❷ 《生理》[組織内の]減圧. ❸ 《医学》1) 減圧症: ~ cerebral 開頭減圧[法]. 2) 減圧病, ケーソン病

descompresor [deskompresór] 男 ❶ [ディーゼルエンジンなどの] 減圧装置. ❷ 《情報》デコンプ[ツール]

descomprimir [deskomprimír] 他 ❶ 減圧する. ❷ 《情報》[圧縮ファイルを] 解凍する, デコンプする

descompuestamente [deskompwéstaménte] 副 ❶ だらしなく, しどけなく. ❷ 無作法に

descompuesto, ta [deskompwésto, ta] 《←des-+compuesto》 形 ❶ 体調を崩した, 気分が悪い: Parece ~. 彼は具合が悪そうだ. ❷ 下痢をしている. ❸ 取り乱した, 怒った: poner a+人 ~ …をいらいらさせる, 怒らせる. ❹ 乱雑な, 混乱した. ❺ 《中米, プエルトリコ, ペルー, チリ》少し酔った. ❻ 《中米, アルゼンチン, ウルグアイ》故障した

descomulgado, da [deskomulɣáðo, ða] 形 名 邪悪な[人], よこしまな[人]

descomulgar [deskomulɣár] 8 《口語》=**excomulgar**

descomunal [deskomunál] 《←des-+comunal < común》 形 ❶ 巨大な; 異常な, 並外れた: de un tamaño ~ とてつもない大きさの. estatura ~ 並外れた長身. fuerza ~ ばか力. contar una mentira ~ 大嘘をつく. tener un apetito ~ 腹ぺこである. rostro ~ 引きつった表情. echó una bronca ~. 私は彼に大目玉を食らった. ❷ 《口語》すばらしい

descomunalmente [deskomunálménte] 副 ❶ とてつもなく, 異常に, 法外に, 過度に. ❷ 《口語》すばらしく

descomunión [deskomunjón] 女 《口語》=**excomunión**

desconcentración [deskonθentraθjón] 女 ❶ [人口・産業などの] 分散, 地方分権. ❷ 集中力不足, 注意散漫

desconcentrado, da [deskonθentráðo, ða] 形 集中力のない, 注意散漫な

desconcentrar [deskonθentrár] 他 ❶ [人口・産業などを] 地方に分散させる, 地方分権にする. ❷ …の集中力を失わせる
— ~**se** 集中力がなくなる, 気が散る: Con tanto ruido *se desconcentró*. あまりにもうるさくて彼は集中力が切れた

desconceptuación [deskonθe(p)twaθjón] 女 信用を失墜させること, 評判を落とさせること

desconceptuar [deskonθe(p)twár] 14 他 …の信用を失わせる, 評判を落とさせる

desconcertadamente [deskonθertáðaménte] 副 当惑して, 支離滅裂になって

desconcertado, da [deskonθertáðo, ða] 形 ❶ 当惑した, 狼狽(ばい)した: Se quedó un momento ~. 彼は一瞬まごついた. Ella me miró ~*da*. 彼女は当惑した様子で私を見た. ❷ ふしだらな

desconcertador, ra [deskonθertaðór, ra] 形 =**desconcertante**

desconcertadura [deskonθertaðúra] 女 当惑, 狼狽, 混乱

desconcertante [deskonθertánte] 形 当惑させる, とまどわせる: adoptar una ~ actitud 人をまごつかせる態度をとる. respuesta ~ ぎょっとするような答え

desconcertar [deskonθertár] 《←des-+concertar》 23 他 ❶ 当惑させる, とまどわせる, まごつかせる: *Has desconcertado* a todos con tus palabras. 君の発言でみんなをとまどわせてしまった. Lo hice para ~ al adversario. 彼は敵の目をあざむくためにそうした. ❷ [秩序・調和などを] 乱す, 狂わす: El mucho calor *desconcertó* el computador. 猛暑でコンピュータが狂った. ❸ 《まれ》関節を外す
— ~**se** ❶ 当惑する, 狼狽(ばい)する: *Me desconcierto* con tantos letreros. あまりたくさん立札があって私はわけが分からない. ❷ 心を乱す, 立腹する: El juez *se desconcertó* al oír al culpable. 判事は被告の話を聞いてかっとした. ❸ [秩序・調和などが] 乱れる, 狂う: Mi estómago *se ha desconcertado*. 私は胃の調子がおかしくなった. Nuestra amistad *se desconcertó* por una pequeña discusión. 些細な口論で我々の友情は壊れた. ❹ 《まれ》関節が外れる

desconchabar [deskontʃaβár] 《メキシコ, 中米, キューバ, チリ, 口語》他 ❶ 壊す. ❷ 関節を外す
— ~**se** 《メキシコ, 中米, キューバ, チリ, 口語》❶ 壊れる, 故障する. ❷ 関節が外れる, 脱臼する

desconchado [deskontʃáðo] 男 《西》❶ [壁などの漆喰・塗料の] 剝落箇所: El ~ dejaba ver el color de la pintura de antes. 剝げた箇所で前のペンキの色が見えていた. ❷ [陶磁器などの] 釉薬が欠けた部分. ❸ [壁などの漆喰・塗料を] 剝がすこと, 剝落

desconchadura [deskontʃaðúra] 女 《西》剝落箇所, 釉薬が欠けた部分 [=desconchado]

desconchar [deskontʃár] 《←des-+concha》 他 《西》❶ [壁など

の漆喰・塗料を]剝がす. ❷ [陶磁器などの] 釉薬(ﾕｳﾔｸ)を欠けさせる
—— ~se《西》❶ 剝がれる, 剝落する: Se ha desconchado toda la fachada. 正面の壁が全部剝げ落ちてしまった. ❷ 釉薬が欠ける

desconche [deskóntʃe] 男《西》剝落箇所, 釉薬が欠けた部分 《=desconchado》

desconchinflar [deskontʃinflár] 他《メキシコ》故障させる, 壊す
—— ~se《メキシコ》故障する, 壊れる

desconchón [deskontʃón] 男《西》❶ [壁などの漆喰・塗料の] 大きな剝落箇所. ❷ 釉薬の欠け

desconcierto [deskonθjérto] 男《←desconcertar》❶ 混乱, 無秩序; 不調: poner fin al ~ reinante 現在の無秩序に終止符を打つ. ❷ 困惑, 当惑: Mi llegada inesperada los llenó de ~. 私の不意の到着が彼らを困惑させた. ~ en la administración 行政の混乱. ❸ [医学] 脱臼

desconcordia [deskonkórdja] 女 不一致, 不和, 不統一

descondicionar [deskondiθjonár] 他 [心理] 条件反応を除去(消去)する

desconectado, da [deskonektáðo, ða] 形 分離された, 切り離された: Está muy ~ de los amigos de la infancia. 彼は幼なじみと長らく連絡が途絶えている. estar ~ de la realidad 現実と切り離されている

desconectador, ra [deskonektaðór, ra] 男 電源を切るもの; 断路器

desconectar [deskonektár]《←des-+conectar》他 ❶ [電気] スイッチ(電源)を切る, プラグを抜く: Desconectaron el televisor antes de irse. 彼らは出かける前にテレビのスイッチを切った. ❷ [+de から] 切り離す, 連絡(関係)を断たせる: ~ el teclado キーボードを外す. ~ varios tramos de una cañería 配管からいくつかの区間を切り離す
—— ~se ❶ 《電気》スイッチ(電源)が切れる: Se ha desconectado la aspiradora al estirar mucho el cable. コードを強く引っ張ったので掃除機の電源が切れた. La alarma estaba desconectada. 警報装置が作動しなかった. 泥棒たちが壊したのだ. ~se automáticamente 自動的に電源が切れる. ❷ 連絡(関係)を断つ: Me he desconectado de ese grupo. 私はそのグループとはもう付き合っていない. Se desconectó de los problemas de su hermano. 彼は弟の問題から手を引く. ~ del trabajo 仕事を離れる, 仕事のことを忘れる

desconexión [deskone(k)sjón] 女 ❶ 《電気》電源の切断: Es necesaria la ~ total del ordenador cuando no se utiliza. 使っていない時はコンピュータの電源を完全に切っておく必要がある. ❷ 連絡(関係)の断絶, [比喩] 溝, 隔たり: Lo peor de su exposición fue la ~ de sus argumentos. 彼の説明でまずかったのは論旨に一貫性がなかったことだ. ❸ 《情報》ログアウト

desconexo, xa [deskoné(k)so, sa] 形《まれ》連絡(関係)の断絶している

desconfiadamente [deskonfjáðaménte] 副 疑い深く

desconfiado, da [deskonfjáðo, ða] 形 ❶ [ser+] 疑い深い, なかなか信じない, 懐疑的な: Su padre es muy ~ y no la deja salir por la noche. 父親は疑い深く, 彼女を夜外出させない. mostrar una actitud ~da ante... …を疑いの目で見る. ❷ [estar+] 疑っている, 怪しんでいる

desconfianza [deskonfjánθa] 女《←des-+confianza》不信, 疑惑, 疑念; 用心深さ, 油断のなさ: Pepe guardaba cierta ~ en relación con Raúl. ペペはラウルについては多少不信を抱いている. Observaban al recién llegado con ~. 彼らは新参者をけげんな顔で観察した. inspirar ~ a+人 …に疑念を起こさせる

desconfiar [deskonfjár]《←des-+confiar》[11] 自 ❶ [+de を] 信じない, 疑う: 1) Desconfío de mis instintos. 私は自分の直感を信じない. ~ de su capacidad para hacer ese trabajo 彼がその仕事をやれるのか怪しく思う. 2) [+de+不定詞] …できない, …ないと思う: Desconfían de poder recuperar el dinero invertido. 彼らは投資資金を回収できるとは思っていない. 3) [+de que+接続法 ということを] 怪しむ; …ではないと思う: Desconfía de que las ostras estén frescas. 彼女はカキが新鮮かどうか怪しいと思っている. ❷ 用心する, 気をつける: ~ de las imitaciones にせものに気をつける. ¡Desconfíe! 気をつけなさい

desconformar [deskonformár] 自 食い違う, 一致しない
—— ~se [互いに] 一致しない; うまくいかない, 折り合わない

desconforme [deskonfórme] 形《まれ》=disconforme

desconformidad [deskonformiðá(ð)] 女《まれ》=disconformidad

descongelación [deskoŋxelaθjón] 女 ❶ 解凍. ❷ [冷凍庫の] 霜取り. ❸ [資金などの] 凍結解除; [施策などの] 再開

descongelador [deskoŋxelaðór] 男 [冷凍庫などの] 霜取り装置

descongelar [deskoŋxelár]《←des-+congelar》他 ❶ [冷凍食品などの] 解凍する: ~ el lenguado y las judías para la comida 昼食に舌平目とインゲンマメを解凍する. ❷ [冷凍庫・フロントガラスなどの] 霜を取る, 除霜する. ❸ [資金・口座などを] 凍結解除する: ~ créditos 融資の凍結を解除する. ❹ [施策などを] 再開する: ~ las negociaciones 交渉を再開する

descongestión [deskoŋxestjón] 女 ❶ うっ血の除去. ❷ 混雑緩和, 渋滞解消: ~ del tráfico 交通渋滞の緩和

descongestionante [deskoŋxestjonánte] 形 男 [薬学] うっ血を除去する; うっ血除去剤

descongestionar [deskoŋxestjonár]《←des-+congestionar》他 ❶ [体の一部の] うっ血をとる: El humidificador ayuda a ~ las vías respiratorias. 加湿器は気管を楽にするのに役立つ. ❷ 混雑を緩和(解消)する: La nueva carretera ha descongestionado el tráfico. 新しい高速道路ができて交通がスムーズになった
—— ~se ❶ うっ血がなくなる: El pecho se me descongestiona con los vahos de eucalipto. ユーカリの香気で胸がすっとした. ❷ 混雑が緩和(解消)される: El tráfico se descongestiona a las nueve. 9時には車の流れが良くなる

descongestivo, va [deskoŋxestíβo, βa] 形 =descongestionante

descongojar [deskoŋgoxár] 他 苦悩から解放する, 悲嘆をやわらげる, 慰める

desconocedor, ra [deskonoθeðór, ra] 形 [+de を] 知らない: Reconocieron que era ~ del problema. 彼はこの問題に暗いということが分かった

desconocer [deskonoθér]《←des-+conocer》[39] 他 ❶ 知らない, 知っていることを否定する; 面識がない: Desconocía el asunto. 彼はその件は知らなかった. por razones que desconocemos 私たちが知らない理由で. Desconozco a su padre. 私はあなたのお父さんには会ったことがありません. ❷ 見分けられない, 認知できない; [変わっているので] 見間違える, 驚く: Después de tanto tiempo en el exilio desconocía a su propia familia. 彼は長年亡命していたので, 自分の家族が分からなかった. Te desconocí. ¡Qué cambiada estás! 君だと分からなかったよ. 変わったねえ! ❸ 否定する, 認めない, 評価しない: ~ esas afirmaciones そのような発言を認めない. ~ los méritos 功績を評価しない. ❹ 関係を否定する; 勘当する, 縁を切る: Desconozco mi firma en el certificado. その証明書の署名は私のではない. ~ a su hijo 息子を勘当する. ❺ 耳を貸さない: ~ los buenos consejos せっかくの忠告に対し聞く耳を持たない. ❻ 理解できない, 分からない
—— ~se 知られていない: Se desconocen las causas del accidente. 事故原因は不明だ

desconocidamente [deskonoθíðaménte] 副 分からずに, 知らずに

desconocido, da [deskonoθíðo, ða] 形 名 ❶ [+de・人 に] 知られていない, 未知の; 見知らぬ[人], 一面識もない[人]: partir con destino ~ 行く当てもなく出発する. técnicas hasta ahora ~das 今まで知られていなかった技術. No me gusta que hables con ~s. 君がどこの誰とも分からない人と話すのは嫌だ. Su rostro no me es del todo ~. 彼の顔は全く見覚えがないわけではない. persona ~da de (para) todos 皆の知らない人. mundo ~ 未知の世界. ❷ 無名の[人]: Esta obra es de autor totalmente ~. これは全く無名の作家の作品である. ❸ [estar+] ひどく変わってしまった, 見違えるような: La ciudad está ahora ~da. 町はすっかり変わった. Estás ~da con ese peinado. そんな髪型だで君だと分からなかったよ. Veo a Juan completamente ~. フワンは全く別人のようだ

desconocimiento [deskonoθimjénto] 男 ❶ 無知, 知らないこと: Su ~ del asunto es total. 彼はこの件に関しては全く知らない. tener un ~ de (sobre)... …について知らない. ❷ [嫌疑・非難の] 否認; [債務の] 履行拒否. ❸ 忘恩, 恩知らず

desconsentir [deskonsentír] [33] 他 認めない, 容認しない, 許可しない; 同意しない, 応じない

desconsideración [deskɔnsiðeraθjón] 囡 ❶ 配慮のなさ; 無遠慮, 無礼: Su no asistencia la tomaron como una ~. 彼の欠席は失礼な行為と見なされた. Es una ~ tener a la gente esperando en la calle. 外で人を待たせるのは失礼だ. tratar a+人 con ~ …をばかにする, 敬意を払わない. ❷ [可能性・提案に対する] 拒絶

desconsideradamente [deskɔnsiðeráðamén̥te] 副 配慮せずに; 無遠慮に

desconsiderado, da [deskɔnsiðeráðo, ða] 形 他人のことを考えない[人], 思いやりのない[人]; 無遠慮な[人]: Es un ~ con sus compañeros. 彼は仲間に対する思いやりに欠ける

desconsiderar [deskɔnsiðerár] 他 考慮に入れない; 配慮を欠く, 思いやりのない扱いをする

desconsolación [deskɔnsolaθjón] 囡《まれ》苦悩, 悲嘆

desconsoladamente [deskɔnsoláðamén̥te] 副 悲しげに

desconsolado, da [deskɔnsoláðo, ða] 形 ❶ 悲しげな, 沈んだ, 悲嘆に暮れた, 物悲しい: Ella lloraba ~da buscando a su madre. 彼女は母親を探してさめざめと泣いていた. poesía ~da 悲痛な詩. ❷ ふさぎこんだ: tener aspecto de estar ~ 落ち込んだ様子の. ❸ [胃が] 弱い, 衰弱した

desconsolador, ra [deskɔnsolaðór, ra] 形 悲しませる, 痛ましい, 悲惨な

desconsolante [deskɔnsolán̥te] 形 =**desconsolador**

desconsolar [deskɔnsolár] 【←des-+consolar】他 嘆かせる, 悲しませる, 悲嘆に暮れさせる: La muerte del perro lo ha desconsolado profundamente. 犬が死んで彼はひどく落ち込んでいる
—— ~**se** 嘆き悲しむ, 悲嘆に暮れる: Se desconsuela por poca cosa. 彼はちょっとしたことですぐに落ち込む

desconsuelo [deskɔnswélo] 男 ❶ 苦悩, 苦悩, 悲しみ, 悲嘆: calmar su ~ 心痛を和らげる. tener un ~ grande 大いに悲しむ. ❷ 胃弱, 胃が弱っている感じ

descontable [deskɔn̥táble] 形 割引可能な

descontado [deskɔn̥táðo] *dar... por* ~ …を当然のこととみなす: *Di por* ~ *que llegarían en avión*. 彼が飛行機で来るのは当然と私は思っていた
por ~, 確かに: *Por* ~ *que vamos*. 絶対に行くぞ. *Cuenta con nosotros, por* ~. 当然, 私たちも数に入れておいてくれ

descontagiar [deskɔn̥taxjár] 他 殺菌する, 消毒する; 感染源を断つ

descontaminación [deskɔn̥taminaθjón] 囡 汚染の除去, 浄化: ~ atmosférica 大気の浄化. ~ radiactiva 放射能の除去

descontaminador, ra [deskɔn̥taminaðór, ra] 形 男 =**descontaminante**

descontaminante [deskɔn̥taminán̥te] 形 汚染を除去する; 汚染除去剤, 除染剤

descontaminar [deskɔn̥taminár] 【←des-+contaminar】他 [+場所 から] 汚染を除去する, 浄化する: ~ *la zona afectada por el gas tóxico* 有毒ガスで汚染された地域を浄化する

descontar [deskɔn̥tár] 【←des-+contar】 28 他 ❶ [+de 勘定・価格から, 率・額を] 割引きする, 値引きする: 1) *Te descontamos el iva* (el 10% del precio habitual). 消費税分(通常価格の10%)割引します. 2)《比喩》*Descontaremos de lo que dice él.* 彼の言うことは割引きして聞こう. ❷《商業》[期日前に為替・手形を] 割り引く: ~ *una letra que vence dentro de 72 días* 72日後に期限の来る手形を割引く. ❸ [一部分・ある分量を] 差引く, 天引する, 控除する: *Te descuentan el 20% de impuestos*. 君は[給料から]税金を20%天引きされる. ❹ 計算に入れない, 除外する: *Si descontamos los domingos y los sábados faltan solo 15 días*. 土曜日曜を除けば15日しかない. ❺《スポーツ》[審判が, +時間] 時計を止める, 試合時間を延長する. ❻ 当然のこととする, 既定のこととみなす. ❼《メキシコ. 口語》ノックアウトする
—— ~**se** ❶ 実際より少なく言う, 鯖を読む: ~*se años* 年齢について鯖を読む. ❷《地方語》計算を間違える

descontentadizo, za [deskɔn̥ten̥taðíθo, θa] 形 ❶ 愚痴っぽい[人], よくぼやく[人], 不平の多い[人], 不満分子〔的〕. ❷ 気難しい[人], なかなか満足しない[人]

descontentamiento [deskɔn̥ten̥tamjén̥to] 男 ❶ 不仲, 不和, 気まずい仲. ❷《まれ》不平, 不満

descontentar [deskɔn̥ten̥tár] 他 …に不満を抱かせる, 不快を感じさせる: *Los nuevos horarios van a* ~ *a todos*. 新しいスケ

ジュールはみんなの気に入らないだろう
—— ~**se** 不満を感じる, 不快に思う, 不機嫌になる

descontento, ta [deskɔn̥tén̥to, ta] 形 【←des-+contento】 [estar+, +con・de・por に] 満足していない, 不満な: *Estoy* ~ *con el resultado de los exámenes*. 私は試験の結果に満足していない. *Quedó* ~ *con lo que le di*. 彼は私があげたものに不満だった
—— 男 不満な人, 不平分子: *Los* ~*s decretaron la huelga*. 不満な連中がストを宣言した
—— 男 不満, 不服: *Cunde el* ~ *entre la población*. 不満が住民の間に広がった. *manifestar su* ~ 不満の意を表明する

descontextualización [deskɔn̥te(k)stwaliθaθjón] 囡 文脈(状況・背景)から切り離すこと

descontextualizar [deskɔn̥te(k)stwaliθár] 9 他 文脈(状況・背景)から切り離す, 脈絡を無視する: *En el montaje trasladan la acción a una época contemporánea. Aunque el tema esencial de la obra se puede* ~ *sin problema*. 舞台化に当たってストーリーを現代に移しているが, 作品のメインテーマが損なわれることはない

descontinuación [deskɔn̥tinwaθjón] 囡《まれ》断絶, 中断, 一貫性の欠如

descontinuar [deskɔn̥tinwár] 14 他 =**discontinuar**

descontinuidad [deskɔn̥tinwiðá(d)] 囡 断続性, 不連続

descontinuo, nua [deskɔn̥tínwo, nwa] 形 =**discontinuo**

descontón [deskɔn̥tón] 男《メキシコ. 口語》[ノックアウトさせる] 強打

descontrol [deskɔn̥trɔ́l] 【←des-+control】男 混乱, 無秩序; なげやり: *En la oficina hay un* ~ *total*. 会社はめちゃくちゃになっている. *con total* ~ 自由奔放に, 無謀に

descontrolado, da [deskɔn̥troláðo, ða] 形 制御できない: *El ascensor está algo* ~. エレベーターは一部制御不能になっている. *Los niños están* ~*s*. 子供たちは手のつけられない状態だ

descontrolar [deskɔn̥trolár] ~**se** コントロールを失う, 制御不能になる; 自己管理できない: *El barco se descontroló y navegó a la deriva durante horas*. 船は操縦できなくなり, 何時間も漂流した. *No te descontroles*. 自分を見失うな

desconvenible [deskɔmbeníble] 形 ❶ [意見が] 合わない, しっくりしない, 不仲の; [+con と] 合わさない: *matrimonio* ~ 仲の悪い夫婦

desconveniencia [deskɔmbenjénθja] 囡《まれ》❶ 損害, 不利益. ❷ 不都合, 不便, 不適当

desconveniente [deskɔmbenjén̥te] 形《まれ》不都合な, 不便な; 不適当な

desconvenir [deskɔmbenír] 59 自《まれ》❶ 意見が一致しない, 釣り合いが取れない, 調和が取れない. ❷ 不都合である, 不適当である
—— ~**se**《まれ》[互いに] 合致しない

desconversable [deskɔmbersáble] 形 人づきあいの悪い, 人見知りする, 無愛想な

desconvertir [deskɔmbertír] 33 他 変換を取り消す

desconvidar [deskɔmbiðár] 他 招待(約束)を取り消す

desconvocar [deskɔmbokár] 7 他 [召集などを] 取り消す: ~ *la huelga* ストライキを取りやめる. ~ *la reunión anunciada* 予定していた会合を中止する

desconvocatoria [deskɔmbokatórja] 囡 [召集などの] 取り消し, 中止: ~ *de la manifestación* デモの中止

descoordinación [desk[o]ɔrðinaθjón] 囡 連携(協調・チームワーク)の欠如

descoque [deskóke] 男《口語》=**descoco**

descorazar [deskoraθár] 他《南米》=**descorazonar**

descorazonadamente [deskoraθonáðamén̥te] 副 失望して, 意気消沈して

descorazonador, ra [deskoraθonaðór, ra] 形 失望させる; がっかりする結果
—— 男 [果物の] 芯抜き器

descorazonamiento [deskoraθonamjén̥to] 男 失望, 意気消沈: *Se dejó llevar por el* ~ *que le provocó el suspenso*. 彼は落第にがっくりきて立ち直れなかった

descorazonar [deskoraθonár] 【←des-+corazón】他 ❶ …のやる気を失わせる, 失望させる: *El precio del piso descorazona a los posibles compradores*. マンション価格は購買者たちの買う気をくじく. *Las palabras del médico la han descorazonado*. 医者の言葉で彼女は気落ちした. ❷ 心臓を取り出す;

descorbatado, da [リンゴなどの] 芯を取る
── **~se** やる気がなくなる, 失望する: *Se ha descorazonado al ver el trabajo que le espera.* 待ち受ける仕事を見て彼はやる気をなくした

descorbatado, da [deskorbatáðo, ða] 形 ネクタイを締めていない (締めない)

descorchador, ra [deskortʃaðór, ra] 形 コルクを剥ぎ取る
── 男 ❶ 栓抜き《=sacacorchos》. ❷ [コルクガシの] コルク剥ぎ取り職人

descorchar [deskortʃár]《←des-+corcho》他 ❶ [瓶の] コルク栓を抜く: *Descorchan la botella de vino tinto una hora antes de su consumo.* 彼らは飲む1時間前に赤ワインの瓶のコルク栓を抜く. ❷ [コルクガシの] コルクを剥ぎ取る. ❸ [蜜を取り出すため] 蜜蜂の巣を壊す. ❹《口語》[中の物を盗むために] 壊す, こじ開ける

descorche [deskórtʃe] 男 ❶ [コルクガシの] コルクの剥ぎ取り. ❷ コルク栓を抜くこと. ❸ [レストランなどで] 客が飲んだワインの本数に応じて店員が受け取る報奨金

descordar [deskorðár] 28 他 ❶《闘牛》牛の脊髄を刺す《牛を殺さず, 動けなくするだけの, 評価の低い技》. ❷ =**desencordar**;《古語》=**discordar**

descorderar [deskorðerár] 他 [新しい牧群を作るために] 子羊を母羊から引き離す

descoritar [deskoritár] 他《まれ》裸にする, 服を脱がせる
── **~se**《まれ》裸になる, 服を脱ぐ

descornamiento [deskornamjénto] 男 [動物の] 角を切ること

descornar [deskornár]《←des-+ラテン語 cornu「角」》28 他 [動物の] 角(ﾂﾉ)を切る(折る)
── **~se** ❶ [動物の] 角が折れる: *El ciervo se descornó a causa de la caída.* 鹿は転んで角を折った. ❷《西. 口語》懸命に働く, 没頭する: *Como no te descuernes estudiando, no sacarás buenas notas.* 一所懸命勉強しないと, いい成績が出ないよ. ❸《西. 口語》頭を悩ます, 頭を絞る. ❹《西. 口語》頭部をぶつける: *Casi me descuerno anoche con la puerta.* 私は昨夜もう少しでドアにぶつかるところだった

descoronado [deskoronáðo] 男《農業》[ビートからの] 葉の除去

descoronar [deskoronár] 他 ❶《農業》[ビートから] 葉を取り去る. ❷ 王位を剥奪する; [王を] 退位させる. ❸ [倉庫の棚から] 樽を降ろす

descoronte [deskorónte] 男《チリ. 口語》[el+] 途方もなさ, すばらしさ

descorrear [deskor̄eár] 自・**~se** [鹿の] 生えかけの角の先端の皮がむける

descorregir [deskor̄exír] 4 35《→corregir》**~se**《廃語》だらしなくなる, 不格好になる

descorrer [deskor̄ér]《←des-+correr》他 ❶ 開ける《⇔correr》: *~ la cortina* カーテンを開ける. *~ el cerrojo* かんぬきを外す. ❷ [来た道を] 戻る: *Me equivoqué de camino y tuve que ~ unos kilómetros.* 私は道を間違って数キロ戻らなくてはならなかった
── 自 [液体が] したたる
── [液体が] もれ, ベールが剥がされる

descorrimiento [deskor̄imjénto] 男 [液体の] もれ, 流出

descortés [deskortés]《←des-+cortés》形 [ser・estar+] 無作法な, 失礼な, ぶしつけな, 粗野な; 無愛想な: *Fuiste muy ~ al no ofrecerte a llevarla a la estación.* 彼女を駅まで送っていこうとしないなんて君は失礼なことをした. *Hoy ha estado ~ con sus compañeros.* 今日彼は仲間に無愛想だった
── 名 無礼な人, 礼儀知らずな人

descortesía [deskortesía] 女 無作法, 無礼; 無愛想: *Nos trataron con ~.* 私たちは失礼な扱いを受けた. *Esperen aquí cómodamente; no quisiera caer en una ~.* ここでゆっくりして下さい. 失礼に当たることはしたくありませんので

descortésmente [deskortésménte] 副 無作法に, ぶしつけに; 無愛想に

descortezación [deskorteθaxjón] 女 =**descortezamiento**

descortezador, ra [deskorteθaðór, ra] 形 樹皮を剥ぐ; 樹皮剥ぎ機

descortezadura [deskorteθaðúra] 女 [樹皮の] 断片, 剥ぎ跡

descortezamiento [deskorteθamjénto] 男 樹皮を剥ぐこと, 木の皮むき

descortezar [deskorteθár] 9 他 ❶ [樹皮・果物の皮・殻など corteza を] 剥ぐ, むく: *~ el pan* フランスパンの堅い皮を取る. ❷《口語》[人を] あか抜けさせる, 洗練する
── **~se** [樹皮などが] 剥がれる, むける

descortezo [deskorteθo] 男《まれ》樹皮を剥ぐこと

descortinar [deskortinár] 他《砲撃などによって城壁を》破壊する, 崩す

descosedura [deskoseðúra] 女 ほころび《=descosido》

descoser [deskosér]《←des-+coser》他 ❶ [縫い目・編み物を] ほどく, ほころばせる: *~ el pespunte* 返し縫いをほどく. ❷ 開ける: *~ la boca /~ los labios* [沈黙を守っていた人が] 口を開く, 話し始める
── **~se** ❶ ほころびる, ほつれる: *Se me ha descosido la manga.* 私は袖のほころびた. ❷《口語》うっかり秘密をもらす, 口を滑らす. ❸《まれ》放屁(ﾎｳﾋ)する

descosidamente [deskosiðaménte] 副 [主に hablar+] ぺらぺらと; 支離滅裂に, 節度なく

descosido, da [deskosíðo, ða] 形 ❶ [縫い目が] ほころびた, ほどけた, ほつれた: *Llevas el pantalón ~.* 君はズボンがほころびている. ❷ おしゃべりな, 口数の多い. ❸ [話などが] ばらばらな, 支離滅裂な: *Solo logró expresar unas ideas ~das.* 彼はまとまりのない考えを表明できたにすぎなかった
── 男 ❶ [縫い目の] ほころび, ほつれ: *No me di cuenta del ~ de la camisa.* 私はシャツのほころびに気づかなかった. *Esa camisa tiene un ~ en la manga.* そのシャツは袖がほころびている
como un ~ たくさん, ものすごく: *Ella come como una ~da.* 彼女はものすごくたくさん食べる. *beber como un ~* 大酒を飲む. *estudiar como un ~* 猛勉強する

descostar [deskostár] 28 **~se** 分かれる, 離れる《=separarse》

descostillar [deskostiʎár] 他 [脅迫の表現で] 背中をしたたか殴る, どやしつける
── **~se** ❶ 仰向けに倒れる. ❷《ラプラタ》大笑いする

descostrar [deskostrár] 他 外側の固い部分 (かさぶた) costra を取り去る

descotar [deskotár] 他《まれ》=**escotar**

descote [deskóte] 男 ❶《まれ》襟ぐり《=escote》. ❷《コロンビア》深い襟ぐり

descoyuntado, da [deskojuntáðo, ða] 形 [estar+. 体が] 凝る, 痛い: *Ayer fui a la clase de aerobic y estoy ~da.* 私は昨日エアロビのクラスへ行って今日は体の節々が痛い

descoyuntamiento [deskojuntamjénto] 男 ❶《医学》脱臼. ❷ [体の] 凝り, 痛み

descoyuntar [deskojuntár] 他 ❶ 脱臼させる, 関節を外す. ❷ [くっ付いたものを] 外す; ねじ曲げる, 変形させる: *El niño descoyunta los juguetes en cuanto los toca.* その子はおもちゃに触ったとたん壊す. ❸ [説に合わせるために] 事実を曲げる. ❹ [体が] 疲れる, 痛くする: *El largo viaje me ha descoyuntado.* 私は長旅で節々が痛い. ❺《言語》転位させる
── **~se** ❶ 脱臼する: *En la caída se descoyuntó el brazo derecho.* 私は転んで右腕を脱臼した. ❷ [体が] 凝る, 痛くなる

descoyunto [deskojúnto] 男《まれ》=**descoyuntamiento**

descrecencia [deskreθénθja] 女《まれ》=**decrecer**

descrecer [deskreθér] 39 自《まれ》=**decrecer**

descrecimiento [deskreθimjénto] 男《まれ》=**decremento**

descrédito [deskréðito]《←des-+crédito》男 信用 (評判) の下落, 不評, 悪評, 不人気
caer en ~ 名を汚す, 信用を失う: *Su participación lo hizo caer en ~.* それに関与したことが彼の評判を落とした
ir en ~ de... …の信用を失わせる: *Va en ~ de la empresa.* それは会社の信用を傷つける

descreencia [deskr(e)énθja] 女《まれ》=**descreimiento**

descreer [deskr(e)ér]《←ラテン語 descredere》22 他 信じなくなる, 疑うようになる; 信任しない
── 自《宗教》信仰を失う

descreídamente [deskreíðaménte] 副 信じずに, 疑い深く

descreído, da [deskreíðo, ða] 形 名 ❶ 無信仰の 〔人〕, 不信心者. ❷《まれ》疑い深い 〔人〕

descreimiento [deskrejmjénto] 男 無信仰, 不信心

descremado, da [deskremáðo, ða] 形 [牛乳などの] 脂肪分を抜いた, 脱脂した: *leche ~da* スキムミルク. *yogur ~* 低脂肪ヨーグルト
── 男 脂肪分を抜くこと, 脱脂

descremadora [deskremaðóra] 囡 脱脂器

descremar [deskremár] 他 [牛乳などから] 脂肪分をとる, 乳脂を取り除く, 脱脂する

descrestada [deskrestáða] 囡《コロンビア. 口語》だますこと, 詐欺

descrestar [deskrestár] 他 ❶[鶏の]とさかを切り取る. ❷《コロンビア. 口語》だます; 幻滅させる. ❸《チリ. 口語》ひっぱたく
── ~se《チリ. 口語》ひどく傷つく

descriado, da [deskrjáðo, ða] 形《エクアドル. 口語》[子供が] 身体の発達が遅れた

descriar [deskrjár] 自 ~se 駄目になる, 壊れる. ❷《まれ》衰弱する, 健康が悪化する

describible [deskribíβle] 形 =descriptible

describir [deskribír] 他《←ラテン語 describere》《過分 descrito/《ラプラタ》descripto》❶ [状況・特徴などを詳しく] 描写する, 記述する, 説明して述べる: El libro *describe* los problemas sociales. この本は社会問題を描いている. Lo *describió* como si hubiera visto el hecho. 彼はまるで事実を見たかのように詳しく説明した. Se reconoce a la legua el personaje *descrito*. その描かれた人物は誰だかはっきりと分かる. ~ la escena 場面を描写する. ~ una cara 顔の特徴を述べる. ❷《文語》[線・図を] 描く: Los planetas *describen* órbitas elípticas. 惑星は楕円軌道を描く. ~ una curva 曲線を描く

descripción [deskripθjón]《←describir》❶ 描写, 記述, 叙述: hacer una ~ detallada de... …を詳しく説明する. ~ de puesto [職務の特性を分析した] 職務記述書. ❷《法律》財産目録

superar a toda ~ 筆舌に尽くし難い

descripcionismo [deskripθjonísmo] 男《まれ》=descriptivismo

descriptación [deskri[p]taθjón] 囡《まれ》暗号文の解読

descriptar [deskri[p]tár] 他《まれ》[キーを知らずに暗号文を] 解読する

descriptible [deskri[p]tíβle] 形 描写 (記述) され得る, 言い表わされ得る

descriptivismo [deskri[p]tiβísmo] 男 記述主義

descriptivista [deskri[p]tiβísta] 形 記述主義の

descriptivo, va [deskri[p]tíβo, βa]《←ラテン語 descriptivus》形 ❶ 描写する, 説明する: música ~va 標題音楽, 描写音楽. poesía ~va 叙景詩. gramática ~va 記述文法. ❷ 図形的な: geometría ~va 画法幾何学

descripto, ta [deskrí[p]to, ta]《ラプラタ》describir の《過分》

descriptor, ra [deskri[p]tór, ra] 形 記述する [人], 記述者
── 男 [情報] 記述子; 記述語, ディスクリプタ

descrismar [deskrismár] ❶《口語》…の頭を強打する, 頭をかち割る. ❷《宗教》聖油をぬぐい取る
── ~se《口語》頭を打つ: Resbaló con tan mala fortuna que *se descrismó*. 彼は運悪く滑って頭を打った. ❷ 知恵を絞る, 腐心する, 頭を悩ます. ❸ 怒る, 堪忍袋の緒が切れる, かっとなる

descristianar [deskristjanár] 他 =descrismar

descristianización [deskristjaniθaθjón] 囡 非キリスト教化

descristianizar [deskristjaniθár] 9 他 非キリスト教化する

descrito, ta [deskríto, ta] describir の《過分》

descrucificar [deskruθifikár] 7 [人, 特にキリストを] 十字架から降ろす

descruzar [deskruθár] 9 他 [交差しているものを] 解く: *Descruzó* las piernas una y otra vez. 彼は何度も組み直した. ~ los brazos 腕組みを解く

descto.《略》←descuento 割引

descuadernado, da [deskwaðernáðo, ða] 形 ばらばらの, 支離滅裂な: ideas ~*das* まとまりのない考え. planes ~*s* 一貫性のない計画

descuadernar [deskwaðernár] 他《まれ》❶ 混乱させる, めちゃくちゃにする; 壊す: ~ el juicio 判断力を狂わせる, 理性を乱す. ❷ =desencuadernar

descuadrar [deskwaðrár] 自 [勘定が] 決済されない
── ~se 垂直でなくなる, 傾く

descuadre [deskwáðre] 男 未決済

descuadrilar [deskwaðrilár] ~se《アンダルシア; 中南米》[馬などが人の尻で] 背中を痛める

descuadrillado, da [deskwaðriʎáðo, ða] 形《まれ》集団 (チーム・仲間) から外れた

descuadrillar [deskwaðriʎár] ~se《獣医》[馬などが] 股関節が外れる, 跛行する

descuajar [deskwaxár] 他 ❶ 凝固物を溶かす, 溶解させる. ❷ [草木を] 根から引き抜く, 根こぎにする. ❸ [悪習を] 根絶する. ❹ やる気, やる気 (気力) を失わせる
── ~se [凝固物が] 溶ける

descuajaringar [deskwaxaringár]《←des-+cuajar》8 他《口語》分解する, ばらばらにする, 壊す; 台なしにする
── ~se ❶ 疲れ果てる: Estoy *descuajaringado*, pues llevo toda la mañana limpiando los cristales. 私は午前中ずっと窓ふきをしてくたくただ. ❷ ばらばらになる, 壊れる: *Se me acaba de ~ la moto*. 私のバイクが壊れてしまった. ❸ 大笑いする, 笑い転げる [~= ~se de risa]: Yo *me* estaba *descuajaringando* de oírle decir tales sandeces. 彼がそんなばかなことを言うので私はげらげら笑った

descuajaringue [deskwaxaríŋge] 男《口語》ばらばらにする (なる) こと

descuaje [deskwáxe] 男 [植物の] 根こぎ, 引き抜き

descuajeringado, da [deskwaxeriŋgáðo, ða] 形《中南米》❶《口語》身ぎれいでない, だらしない. ❷ [使用・時間の経過で] 物が破損した, がたがたになった. ❸《口語》疲れ果てた

descuajeringar [deskwaxeriŋgár] 8 他《中南米》=descuajaringar

descuajilotado, da [deskwaxilotáðo, ða] 形《中米》青白い, 表情が変わった

descuajo [deskwáxo] 男 =descuaje

descuartizador, ra [deskwartiθaðór, ra] 形 名 ❶ [牛・豚などを] 解体する [人], 食肉処理業者. ❷ 死体を切り刻む [殺人者]

descuartizamiento [deskwartiθamjénto] 男 ❶ [牛・豚などの] 解体. ❷ ばらばらにすること, 四分すること. ❸ ばらばら殺人

descuartizar [deskwartiθár] 9 他 ❶ [牛・豚などを食肉用に] 解体する. ❷ [物を] ばらばらにする. ❸ 死体を切り刻む

descubar [deskuβár] 他 モストを抽出する

descube [deskúβe] 男 [ワイン製造で] 発酵後のモストの抽出

descubierta[1] [deskuβjérta] 囡 ❶《軍事》偵察; 《海軍》夜明け・日没時の] 海上偵察. ❷《料理》オープニング. ❸《船舶》[午前と午後に行われる] 艤装 (ぎそう) 品の点検. ❹《まれ》発見

a la ~ 1) 包み隠さずに, 公然と. 2) 屋外で

descubiertamente [deskuβjértaménte] 副 あからさまに, 公然と, 包み隠さなく

descubierto, ta[2] [deskuβjérto, ta]《←ラテン語 discoopertus. descubrir の《過分》》[estar+] ❶ むき出しの, 覆われていない, [プールなどが] 屋外の: El velódromo está ~. その自転車競技場は屋根がない. galería ~*ta* 屋根のない回廊. terraza ~*ta* ひさしのないテラス. ❷ 無帽の: con la cabeza ~*ta* 帽子をかぶらずに. ❸ [空が] 晴れ上がった. ❹ [人が] 負債を負っている, 借り越している: quedar ~ 返済義務がある, 赤字状態である. ❺《トランプ》カードを伏せない: póker ~ スタッドポーカー. ❻《軍事》無防備の
── 男《商業》[銀行口座の] [当座] 貸越し, [当座] 借越し [~= ~ bancario]: Tengo un ~ de cien mil yenes en el banco. 私は銀行の預金残高が10万円のマイナスになっている

al ~ 1) 屋外で, 野外で: dormir *al* ~ 戸外で寝る. 2) 包み隠さずに, あからさまに: Te contaré todo *al* ~. 何もかも君に包み隠さず話そう. quedar *al* ~ 明らかになる; 知られる. poner (sacar)... *al* ~ …を明らかにする; 暴露する. 3)《商業》[口座が] 借越しの, 預金残高のない: vender (comprar) *al* ~ 《証券》空 (から) 売り (買い) する

en ~《商業》[口座が] 借越しの, 赤字の

en todo lo ~ 全世界に, 至るところで

descubridero [deskuβriðéro] 男 見張り台, 望楼; 見晴台, 展望台

descubridor, ra [deskuβriðór, ra] 形 発見 (発掘・探索) する; 発見の
── 名 ❶ 発見者, 探検家: ~ de la penicilina ペニシリンの発見者. ❷《軍事》偵察隊員, 斥候

descubrimiento [deskuβrimjénto] 男 ❶ 発見: La bióloga refirió con todo detalle sus últimos ~*s*. その生物学者は最近の発見について詳しく語った. ❷ 発見された事物・人・場所. ❸ 発明: ~ de un nuevo medicamento 新薬の開発. ❹ 露見, 露呈; 摘発

descubrir [deskuβrír]《←ラテン語 discooperire》《過分》descu-

bierto] ❶ 発見する, 見つける: *Descubrieron* huellas de que habían pasado caballos. 彼らは馬が通った跡を発見した. Los restos arqueológicos han sido *descubiertos* recientemente. その遺跡は近ごろ発見されたものだ. La policía *descubrió* un piso franco donde guardaban 100 kilos de explosivos. 警察は100キロの爆発物を隠しているアジトを発見した. ～ un microbio 病原菌を発見する. ～ una ley de la naturaleza 自然法則を発見する. ～ a su padre en medio de la multitud 人込みの中から父親を見つける. ～ el Polo Norte 北極に初めて到達する. ❷ 発掘する, スカウトする: ～ el talento de+人 …の才能を見い出す. ❸ 覆いを取る, あらわにする; [像などの]除幕をする: ～ su pecho 胸をはだける. ～ una estatua 銅像の除幕をする. ❹ [秘密・真相などを]明かす, 漏らす, 暴露する: Jamás os *descubriré* mi secreto. 君たちには私の秘密を決して言うまい. Las huellas dactilares *descubrieron* al culpable. 指紋で犯人が分かった. ～ sus intenciones 意図を明かす. ❺ [+que+直説法であると]分かる, 気づく: Ya he cubierto qué quiere para su cumpleaños. 私は彼が誕生日に何をほしがっているか分かった. ❻ 示す, 明らかにする: El coche *descubre* la presencia del presidente. 車のあることは社長がいることを示している. ❼ 遠くに認める, 遠方に望む. ❽ 発明する, 創り出す: ～ un nuevo medicamento 新薬を開発する. ━ ～**se** ❶ 露見する, 明らかになる: *Se ha descubierto* un complot. 陰謀が発覚した. ❷ [帽子などを]脱ぐ《比喩》[+ante+人]脱帽する: ～*se* en señal de respeto 敬意を表して帽子をとる. *¡Me descubro!*/¡Hay que ～*se*! まいった/脱帽だ! *Me descubrí ante* tus conocimientos. 君の知識には感心した. ❸ 姿を見せる, 望める: Desde la cima *se descubría* todo el pueblo. 頂上からは町全体が見えた. ❹ 発見される; 暴露される: Fue en 1492 cuando *se descubrió* América. アメリカが発見されたのは1492年である. *Se descubrió* la intriga. 陰謀が発覚した. ❺ [空が]明るくなる, 晴れる. ❻ [+con~]打ち明ける, 心を明かす: ～*se con* el amigo 友達に打ち明ける. ❼《格闘技》すきを見せる, ガードを下げる: El aspirante *se descubrió* excesivamente y el campeón lo ha dejado K.O. 挑戦者はガードを下げすぎたため, チャンピオンはKO勝ちした.

descuello [deskwéʎo] 男 ❶ 頭一つ出ていること; 突出, 卓越. ❷ 傲慢, 尊大, 横柄.

descuento [deskwénto] [←descontar] 男 ❶ 値引き, 割引; 値引き額, 値引き率: Estos zapatos tienen (llevan) ～. これらの靴は値引きされている. ofrecer a ～ de diez por ciento 10%引きで提供する. muebles con ～s 値引き家具. supermercados con ～ ディスカウントスーパー. ～ comercial [流通機能を評価する] 機能割引, 取引割引. ～ de caja [支払期日より前に決済する買掛に対する] 現金割引. ～ por cantidad [購入数量や金額の多寡に応じて既定の率でなされる] 数量割引. ～ [給料などから] 差し引き, 天引, 控除. ❷《商業》1) [手形の] 割引; 割引額: casa de ～ [イングランド銀行と金融市場を手形割引などによって仲介する] ディスカウント・ハウス. tasa (tipo) de ～ 割引率. tasa de ～ oficial 公定歩合. ～ bancario 銀行割引き. 2) ～ a plazo/～ a término [先物為替相場が直物相場より低い] 先物ディスカウント. ❹《スポーツ》治療などに要した分の延長時間, インジュリータイム, ロスタイム.

hacer [un] ～ 値引きする: Me *hicieron* un ～ importante. 私はかなり値引きしてもらった.

descuerar [deskwerár] 他《まれ》❶ [牛・豚などの] 皮をはぐ. ❷ [人を] 酷評する, こき下ろす; ひどい目にあわせる. ━ ～*se*《エクアドル》服をすべて脱ぐ.

descuernacabras [deskwernakábras] 男《単複同形》強い北風, 寒風.

descuernar [deskwernár] 他《動物の》角を切り落とす《=descornar》.

descuerno [deskwérno] 男《卑語》侮辱, 無礼, 非礼.

descueve [deskwébe] 男《チリ. 口語》[el+] 途方もなさ.

descuidado, da [deskwiđáđo, đa] 形 ❶ [ser+] 怠慢な, 不注意な: Se dejó la luz encendida, porque es muy ～. 彼はひどく不注意なので, 電気をつけっぱなしにした. administración ～*da* 放漫経営. ❷ [身の回りのことに] だらしない, 無頓着な: Tiene un aspecto ～. 彼はだらしない身なりをしている. ❸ [estar+] 気を抜いた, ぼんやりした. ❹ 心配しない, 安心している. ❺ Sorprendió ～s a los dos amantes. 彼は油断している2人の恋人たちの不意を突いた.

━ 名 だらしのない人, むとんちゃくな人; ぼんやりしている人, 油断している人.

descuidar [deskwiđár] [←des-+cuidar] 他 ❶ おろそかにする, 怠る: *Ha descuidado* incluso su higiene personal. 彼は自身の衛生すらおろそかにした. ～ su aspecto 身なりを構わない. ～ a su hijo 子供をほったらかしにする. ～ el jardín 庭の手入れをしない. ～ su trabajo 仕事をおろそかにする(なまける). ❷ …の注意をそらす, 油断させる. ❸ [隠ер] 盗む. ❹《地方語》忘れる. ━ 自 ❶ 心配しない, 気にしない, 安心する《命令文で用いる》: Nadie dirá nada, *descuida*. 誰も何も言わないから安心しろ. *Descuida*, te envío el paquete mañana. 安心したまえ, 明日小包を送るから. ❷《地方語》出産する. ━ ～*se* ❶ おろそかにする, 注意を払わない; [+de~] おろそかにする, …に構わない: ～*se* en el vestir 服装に気を使わない. ～*se de* sus deberes 宿題を忘れる. ❷ 油断する, うっかりする: *Me descuidé* y me olvidé apagar la luz. うっかりして明かりを消すのを忘れた. Si *me descuido*, pierdo el tren. うかうかしていたら私は電車に乗り遅れる. ❸《地方語》[+de+人・事物のことを] 忘れる.

descuidero, ra [deskwiđéro, ra] 形名《隠語》置き引き[の], すり[の].

descuidista [deskwiđísta] 形名《アルゼンチン, ウルグアイ》**=descuidero**.

descuido [deskwíđo] [←descuidar] 男 ❶ 不注意, 怠慢, 手落ち《類義》**descuido** は「普通備えていなければならないレベルの注意の不足」, **inadvertencia** は文字どおり falta de *advertencia*「注意の欠如」]: En carretera un ～ puede ser fatal. 道路ではどんな不注意も致命的になり得る. ～ en apagar el cigarrillo たばこの火の不始末. ～ de salud 不摂生. ❷ [小さな] 過ち, ミス; 言い漏らし, 書き落とし. ❸ いい加減さ, むとんちゃく; 無精, だらしなさ: Su modo de andar demostraba ～. 彼の歩き方でだらしないことが見てとれた.

al ～ [*y con* ～] むとんちゃくに, むぞうさに: una palabra dicha por ella *como al* ～ 彼女の口から不用意に出た一言
con ～ むぞうさに, いい加減に
en un ～ 1) 隙に乗じて, 不意に, 油断しているところを: *En un* ～, José logró arrebatárselo de nuevo y corrió. 隙についてホセはそれを奪い返して逃げた. 2) **=por** ～
por ～ うっかりして, 不注意から
por un ～ 誤って

descuitado, da [deskwitáđo, đa] 形 気楽に生きる, 苦労のない, のんびりした.

descular [deskulár]《俗語》[容器の] 底を抜く, 底を壊す. ━ 自 ～*se*《俗語》底が抜ける: Con el golpe *se desculó* la garrafa. その衝撃で大瓶の底が抜けた.

descumbrado, da [deskumbráđo, đa] 形 平坦な, 起伏のない.

descunchar [deskuntʃár] 自《コロンビア》《賭博で》金をすべて失う.

desdar [desdár] 他 ❶《クランク・取っ手などを》逆に回す, 元に戻す: ～ el agua 蛇口を閉める. ～ la vuelta a la llave 鍵を戻に回す. ❷ [ボタン・ホックを] 外す.

desde [desde] [←ラテン語 de+ex+カスティーリャ語 de] 前 ❶ [起点] ～から [⇔hasta] 1) [動きの動詞と共に, 始動する場所] Vengo andando ～ la parada de tren. 私は電車の駅から歩いて来た. Fui en avión ～ Madrid hasta París. 私はマドリードからパリまで飛行機で行った. Tengo que cambiar de autobús dos veces para ir ～ mi casa hasta la Facultad. 私は家を出て学部まで行くのにバスを2回乗り換えなければならない. 2) [hablar・gritar・ver・oír などの動詞と共に, それらの行為が行われる場所] Habló a los senadores ～ la tribuna. 彼は壇上から上院議員に対して話しかけた. *D*～ la torre de la catedral se puede ver toda la ciudad. 大聖堂の塔からは街中が見渡せる. 3) [起点からの広がり] Soy dueño de todas las tierras de ～ hay ～ la montaña al valle. 山から谷にかけての土地は全部私のものだ. ❷ [時間] 1) [出来事・行為が始まる時点] Vivo en esta ciudad ～ hace tres años. 私は3年前からこの町に住んでいる. La conferencia duró ～ la una hasta las tres. 会議は1時から3時まで続いた.《類義》「…から…まで」を表わす相関語句 **desde... hasta...** は始点と終点を強調させ, 途中経過を意識する: He recorrido España *desde* norte a norte sur. 私はスペインの北から南までずっと巡り歩いてきた. Estuvimos trabajando *hasta* las cinco de la mañana *desde* las diez de la noche. 私たちは夜の10時から朝の5時までずっと働きどおしだった. これに

対して de... a... は単に起点と終点だけを示したり、その間の状態を表わすだけである: Se tarda dos horas de aquí a Madrid. ここからマドリードまでたった2時間だ。Estoy en España del día 8 al 15. 私は8日から15日までスペインにいる) Te amo ~ el momento en que te vi. 私は会った瞬間から君に恋している。~ la mañana hasta la noche 朝から晩まで。 ~ niño 子供の時から。~ diez años antes の10年前から。2)〔+que +直説法／〈文語〉+que+接続法過去〕…してから、…して以来: Vivo en la misma casa ~ que me casé. 私は結婚してからずっと同じ家に住んでいる。❸〔順序・範囲など〕…から始めて、…以上: Tuvimos que volver a empezar ~ cero. 私たちはまたゼロからやり直さなければならなかった。Se venden aquí pisos ~ veinte millones de yenes. ここでは2000万円からのマンションが販売されている。Hay recuerdos de Monte Fuji ~ mil yenes. 1000円から富士山の土産物が色々あります。 ~ el principio hasta el fin 初めから終わりまで。~ el primero hasta el último 最初から最後まで。~ el más rico al más pobre 貧富の別なく〔誰でも〕。❹〔観点〕…から: D~ el punto de vista profesional, ella es una médica muy excelente. 専門的な観点から見て、彼女は非常に優れた医者である。❺〔付加〕Hace todo, ~ cocinar hasta cuidar a su madre. 彼は料理から母親の介護まで何でもやっている。Le molesta todo, ~ escuchar música hasta que alguien fume a su lado. 音楽は鳴るわ、おまけに隣でたばこを吸う人がいるわで、あなたには本当にご迷惑をおかけします

~ luego 1) もちろん〔→claro 類義〕: Supongo que comerás en casa.—Sí, ~ luego. 家でご飯を食べるだろうね。—もちろんさ。Yo, ~ luego, soy partidario de la abolición de la pena capital. 私は、もちろん、死刑廃止に賛成だ。D~ luego〔que〕es un pobre hombre incapaz de decidirse por nada sin ayuda de su madre. 言うまでもない、彼は母親がいなければ何も決められない頼りない男なのだ。2)〔怒り・あきらめ・不愉快・驚き〕全くもう〔ひどい〕: Me prometió venir a las once, i~ luego, apareció a las doce y media! 11時に来ると私に約束しておきながら、ひどい奴だ、12時半にやって来るなんて！ 3)〔まれ〕すぐに。4)〔まれ〕すなわち
~ luego que no もちろんそうではありません
~ luego que sí もちろんそうです
~ que... 〔コロンビア. 口語〕…という条件で; …なのだから
~ ya〔主に中南米. 口語〕1) たった今、今すぐ: Tienes que ponerte en contacto con él ~ ya. 君は今すぐ彼と連絡をとらなければならない。2) たぶん、もちろん

desdecir [desdeθír]〔+de-+decir〕 活用 desdicho. 命令法単数 es desdice) 自 ❶〔+de に〕合わない、似つかわしくない、そぐわない: Tu corbata desdice de tu traje. ネクタイがスーツに合ってないよ。La hermana mayor desdice de las otras. 長女だけ他の姉妹と違っている。❷ 劣る、名に値しない: ~ de su familia 家名に傷をつける
—— 他〔まれ〕否定する、反論する
——~se〔+de 前言〕取り消す、撤回する: Lo prometió pero luego se desdijo. 彼は約束した後で取り消した。El acusado se desdijo de la primera declaración. 被告は最初の供述を撤回した

desdén [desdén]〔←desdeñar〕男 軽蔑、さげすみ、蔑視: El dueño le miró de arriba a abajo con ~. 主人はばかにしたように上から下まで彼を見た。sentir ~ por... …をさげすむ
al ~ さりげなく、わざと無造作に: con un chal echado por los hombros al ~ さりげなくショールを羽織って

desdentado, da [desdentáðo, ða] 形 ❶〔estar+〕歯のない、歯の抜けた。❷〔動物〕貧歯類の
—— 男 〔動物〕貧歯類

desdentar [desdentár] 他〔まれ〕歯を何本も抜く（折る）

desdeñable [desdeɲáβle] 形 ❶ 取るに足りない、重要でない; わずかな: error ~ ささいなミス. cantidad no ~ かなりの量。❷ 軽蔑すべき、見下げはてた

desdeñador, ra [desdeɲaðór, ra] 名 形 軽蔑的な、さげすんだ; 軽蔑する人

desdeñante [desdeɲánte] 形〔まれ〕軽蔑的な、無視する

desdeñar [desdeɲár]〔←ラテン語 didignari「ふさわしくないので拒絶する」< de-+dignus「ふさわしい」〕他 ❶ 軽蔑する、さげすむ、ばかにする: No tienes por qué ~los porque no tienen estudios. 彼らが教育を受けていないからといって軽蔑していいわけでない。❷ 無視する、考慮に入れない: Se puede ~ la diferencia de presión. 圧力差は考えなくてもよい。No hay que ~ esa posibilidad. その可能性は無視できない。❸ 拒否する、断る、受け取らない: ~ a todos los pretendientes 言い寄ってくる男たちをすべてふる
——~se〔+de+不定詞. 軽蔑して・ばかにして〕…しようとしない: Se desdeñaba de comer con sus empleados. 彼は従業員たちと食事を共にしようとしない

desdeño [desdéɲo] 男〔まれ〕=desdén
desdeñosamente [desdeɲosaménte] 副 軽蔑して、ばかにして
desdeñoso, sa [desdeɲóso, sa] 形 ❶ 軽蔑的な、ばかにした: Es muy ~ con la gente que no piensa como él. 彼は自分と考え方の違う人にはさげすんだ態度をとる。❷ 横柄な、傲慢な

desdevanar [desdeβanár] 他〔糸など〕巻いたものをほどく

desdibujado, da [desdiβuxáðo, ða] 形 ❶ ぼやけた、輪郭のはっきりしない: contornos ~s はっきりしない輪郭。❷ 明確でない、ぼかした: Los caracteres de esta novela están ~s. この小説の登場人物はきちんと描かれていない。recuerdo ~ 漠然とした記憶

desdibujar [desdiβuxár]〔←des-+dibujar〕他〔輪郭・記憶・イメージなどを〕ぼかす、あいまいにする: La niebla desdibuja los contornos. 霧が周囲の景色をぼかしている
——~se ぼやける、あいまいになる: Los recuerdos se desdibujan a medida que va pasando el tiempo. 時間がたつにつれ思い出は薄れていく

desdibujo [desdiβúxo] 男 下手な絵

desdicha[1] [desdítʃa]〔←des-+dicha〕女 ❶ 不運、不幸、災難: sufrir ~ 不幸な目にあう。llevar una vida llena de ~s 災難続きの人生をおくる。para mí ~ 私にとって不幸なことに。para colmo de ~s なおその上に、これでもかというように。❷《口語》役立たず、疫病神: Ese chico es una ~: no se le puede encargar nada. その若者は役立たずだから、何も仕事を頼めない
caer ~〔まれ〕不幸なことが起こる
estar hecho una ~ =quedar hecho una ~
llover〔ocurrir〕~s〔まれ〕=caer ~
ponerse hecho una ~ =quedar hecho una ~
por ~ 不運にも、残念ながら
quedar hecho una ~ ぼろぼろになる: El traje quedó hecho una ~ después de la mojadura. スーツは濡れてよれよれになった
tener la ~ de+不定詞 不運なことに…である

desdichadamente [desditʃáðamente] 副 不幸にも、不運なことに

desdichado, da [desditʃáðo, ða]〔←desdicha〕形 名 ❶〔+en に〕不運な〔人〕、不幸な〔人〕; 哀れな〔人〕: Es ~ en su matrimonio. 彼は結婚相手に恵まれなかった。~ en amores 恋愛運のない。¡D~ de mí! ついてない！ ❷ 不幸をもたらす、不吉な: Fue un día ~. ついていない一日だった

desdicho, cha[2] [desdítʃo, tʃa] desdecir の 過分
desdiferenciación [desdiferenθjaθjón] 女〔生物〕脱分化
desdinerar [desdinerár] 他〔まれ〕財政を逼迫させる
——~se ❶〔まれ〕〔国が〕貧しくなる、財政が逼迫する。❷ 過剰投資する

desdoblamiento [desdoβlamjénto] 男 ❶〔折り畳んだ・曲がったものを〕広げること、伸ばすこと、伸展。❷ 分割、分離: ~ de la personalidad〔心理〕分離性性格、二重人格、多重人格。❸ 拡大: ~ del tramo 道路の拡幅。❹〔テキストの〕解説、釈義

desdoblar [desdoβlár]〔←des-+doblar〕他 ❶〔折り畳んだ・曲がったものを〕広げる: ~ un mapa 地図を広げる。~ un alambre 針金を伸ばす。❷ 分割する: La lente desdobla la imagen. レンズで像が二重に見える。~ una cátedra〔en dos〕講座を2つに分ける。~ un cargo 役割を分ける
——~se ❶ 広がる、伸びる。❷ 分かれる: Se desdobla su personalidad. 彼は二重人格になる。❸〔サッカーなど〕左右に展開する

desdoble [desdóβle] 男 ❶ 広げる（広がる）こと、〔サッカーなど〕左右への展開。❷《経済》〔ワラント債〕社債部分とワラント部分の分離

desdolido, da [desdolíðo, ða] 形〔まれ〕思いやりのない、無慈悲な

desdón [desdón] 男〔古語〕魅力のなさ、面白味のなさ
desdonado, da [desdonáðo, ða] 形〔古語〕魅力のない、面白

desdonar 味のない
desdonar [desðonár] 他《古語》[与えた物を] 取り上げる
desdoncellar [desðonθeʎár] 他《まれ》処女(童貞)を失わせる《=desvirgar》
desdorar [desðorár] 他 ❶ …の名声を傷つける,評判を落とす. ❷ 金めっき(金箔)を剥がす
—— **~se** ❶ 名声を失う,評判を落とす. ❷ 金めっき(金箔)が剥がれる
desdormido, da [desðormíðo, ða] 形《古語》うとうとした,寝ぼけた
desdoro [desðóro] [←des-+dorar] 男 不名誉,汚点,疵(き): Su conducta es un ~ para la familia. 彼のふるまいは家族の汚点だ. ir (redundar) en ~ 不名誉になる
desdoroso, sa [desðoróso, sa] 形 名声を傷つける,不名誉な
desdramatizar [desðramatiθár] 他 劇的要素を排除する,劇的感興を弱める,深刻さをなくす: Un poco de humor te vendrá bien, y te ayudará a ~ la situación. 少しユーモアがあった方がいいよ. そうしたら状況の深刻さが薄れるだろう
desduanar [desðwanár] 他《チリ》通関手続きをする
deseable [deseáβle] 形 ❶ 望ましい, 好ましい: 1) costumbre ~ 望ましい習慣. 2) [ser ~ que+接続法] Es ~ que descanse bien. 十分に休息することが望ましい. ❷ 望まれる; 好都合な. ❸ 付き合いたい《主に否定文で》: Me sentía la persona menos (poco) ~. 私は好ましくない人物と見られているようにも感じた
deseablemente [deseáβleménte] 副 望ましいように, 好都合に
deseador, ra [deseaðór, ra] 形 名《まれ》望んでいる(人)
desear [deseár]《←deseo<俗ラテン語 desidium》他 ❶ [獲得・実現したいと] 願う, 切望する, 欲しいと思う [頚義: 1) El niño desea una bicicleta. 子供は自転車を欲しがっている. Lo que más deseaba era comprarse un piso. 彼が何よりも望んでいたのはマンションを買うことだった. 彼は何よりも望んでいたのはマンションを買うことだった. 私は何のご用件ですか? La salsa ha adquirido el espesor deseado. ソースが適度にどろりとした. embarazo no deseado 予定外妊娠. Cuanto más se tiene más se desea. 《諺》人は持てばますます欲しがるものだ. 2)《商店などで》¿Qué desea usted? 何をさしあげましょうか/どのようなご用でしょうか? Deseo una bolsa de deporte. スポーツバッグがありますか?《語法》 丁寧表現: ¿Qué deseaba usted? Deseaba (Desearía) una bolsa de deporte.》 3) [+a+人 のために] Le deseamos mil felicidades a María. マリアさんのご多幸をお祈りしています. Te deseo buen éxito. 成功を祈るよ. Te deseo un gran día. 良い一日を. Le deseo buen viaje. 良いご旅行をお祈りします. 4) [+不定詞] …したい: Siempre he deseado hacer un viaje a Andalucía. 常日頃から私はアンダルシアへ旅行したいと願っていた. Hace tiempo que deseo hablar con usted. 以前からお話ししたいと思っていました. No deseo caminar más. もう歩きたくない. El director desea hablar un momento con usted. 部長がちょっとお話ししたいと申しております.《語法》desear の直説法現在+不定詞 は querer の直説法現在+不定詞 ほど使われない》 5) [+que+接続法] …してほしい, …であることを望む: Deseo que me ayudes. 私を手伝ってくれ. Deseaban que terminara la jornada laboral lo más pronto posible. 彼らは少しでも早くその日の仕事が終わることを望んでいた. Estoy deseando que lleguen las vacaciones. 私は休暇が来るのを待ち望んでいる. Estábamos deseando que le dijeran que sí. あなたがイエスと言ってくれるのを私たちはずっと願っていました.《語法》 直説法過去未来・直説法過去未来完了・接続法過去完了ra 形で婉曲・丁寧・控えめな意味》: Desearía ver a su padre. お父様にお目にかかりたいのですが. Desearía saber el nombre científico. 学名を知りたいのですが. Desearía que me escuchases. 私の言うことに君は耳を傾ければと思う. Habría deseado (Hubiera deseado) que me diese algo más. 私はもっともらいたかったのですが. ❷ …に欲情を抱く, 性的魅力を感じる: Te deseo. 君が欲しい. Piensa que las mujeres lo desean porque es joven y guapo. 彼はその婦人方が自分に性的魅力を感じるのは若くてかっこいいからだと思っている
dejar [mucho·bastante] **que ~** [期待していたのに] (とても, かなり) 劣る, (それほど・かなり) 劣る: Dice es una villa maravillosa, pero a mí me parece que deja mucho que ~. すばらしい別荘だという話だけれど, 私にはとてもそうは思えない

ser de ~ 望ましい: Es de ~ que mejoren nuestras relaciones. 私たちの関係改善が望まれる
desecación [desekaθjón] 女 ❶ 乾燥〈行為, 状態〉; 干上がること, 干拓. ❷ [押し花にするための] 水抜き. 《化学》水分分離, 脱水
desecador, ra [desekaðór, ra] 形 乾燥させる, 乾燥用の; 乾燥性の
—— 男 ❶ 乾燥装置, 乾燥器. ❷ 乾燥剤《=desecante》
desecamiento [desekamjénto] 男 乾燥《=desecación》
desecante [desekánte] 形 乾燥させる, 水分を取る: viento frío y ~ 冷たく乾燥した風
—— 男 乾燥剤
desecar [desekár]《←ラテン語 desiccare < siccus「乾燥した」》他 ❶ 乾燥させる, 水気を取る: ~ el pescado 魚の水分を取る. ~ las plantas medicinales al sol 薬草を日に干す. ❷ 干上がらせる, 干拓する: ~ las marismas 沼地を干拓する. ❸《化学》水分を分離する, 脱水する. ❸ 無感動にする, 心の潤いをなくさせる: Los continuos engaños lo desecaron mucho. 嘘ばかりつかれて彼はすっかり心を閉ざした
—— **~se** 乾く; 干上がる, からからになる
desecativo, va [desekatíβo, βa] 形 乾燥させる, 乾燥用の;《化学》湿気をよく吸収する
desecha [deséʧa] 女《詩の》締めくくりの句
desechable [deseʧáβle] [←desechar] 形 ❶ 使い捨ての: envase ~ 使い捨て容器. jeringuilla ~ 使い捨て注射器. máquina fotográfica ~ 使い捨てカメラ. pañal ~ 紙おむつ. ❷ 却下(拒否)され得る: pensamiento ~ 拒否してよい考え
desechadamente [deseʧáðaménte] 副 下劣にも, 破廉恥にも
desechar [deseʧár]《←ラテン語 disiectare》他 ❶ 排除する: Desecharon los libros que consideraron malos. 彼らは良くないと考えた本を取り除いた. Si has llegado a pensar que soy ateo, desecha esa idea. 私を無神論者とでも思っているのなら, その考えは捨てなさい. ~ un temor 恐怖心を振り払う. ❷ [提案・依頼などを] 拒否する, 拒絶する, 却下する: Desechó la oferta. 彼は申し出を拒んだ. ❸ [服を] 捨てる: ~ los vestidos pasados de moda 流行遅れの服を捨てる. ~ las naranjas podridas 腐ったオレンジを捨てる. ❹ 無視する, 相手にしない: ~ la caricaturización パロディー化を気にしない. ❺《まれ》錠を開ける
desecho [deséʧo] [←desechar] 男 ❶ 〈主に 複〉廃棄物, 廃品, ごみ, くず, スクラップ: ~s industriales (nucleares·radiactivos·hospitalarios) 産業(核·放射性·医療)廃棄物. ~ de hierro くず鉄. ❷ 不良品, 選外品, 二級品. ❸《軽蔑》人間のくず, 役立たず: Es un ~. 彼は使いものにならない. ~ de la sociedad 社会のくず. ❹ 軽蔑, 蔑視. ❺《中南米》近道. ❻《チリ, アルゼンチン, ウルグアイ》過剰: ~s militares 軍の余剰物資
de ~ 使い古しの, スクラップの: hierro de ~ くず鉄. ropa de ~ ぼろ着
~ de tienta [y **cerrado**]《闘牛》不適格と見なされた牛《見習い闘牛士の闘牛 novillada に回される》
desedificación [deseðifikaθjón] 女 悪例, 悪い見本, 反面教師
desedificar [deseðifikár] 自 他 悪い見本を示す: Ese padre con su actitud desedifica a su hijo. その父親は自分で子供に悪い見本を示している
deseducar [deseðukár] 自 他 教育・しつけを失わせる
deseguida [deseɣíða] 副《口語》すぐに《=enseguida》
deseguir [deseɣír] 他《古語》[党派などに] 従う
deselectrización [deselektriθaθjón] 女《電気》放電
deselectrizar [deselektriθár] 他 放電させる
deselladura [deseʎaðúra] 女 開封
desellar [deseʎár] 他 封を切る, 開封する
desembalaje [desembaláxe] 男 荷ほどき
desembalar [desembalár]《←des-+embalar》他 荷ほどきする, パッケージを開ける: ~ una máquina 機械の梱包を解く. ~ el paquete 小包を開く
desembaldosar [desembaldosár] 他 タイル・敷石 baldosa を剥がす
desemballestar [desembaʎestár] 自《鷹狩り》[上昇した鷹が] 舞い下りる準備をする

desembalsar [desembalsár] [他] [せき止めた水を] 放流する, 放水する

desembalse [desembálse] [男] 放流, 放水

desembanastar [desembanastár] [他] ❶ [かご banasta の中身を] 取り出す. ❷ おしゃべりをする, 無駄口をたたく, ぺちゃくちゃしゃべる. ❸ [剣などを鞘から] 抜く
—— **~se** ❶ [動物が檻などから] 逃げ出す. ❷《戯語》[乗り物から] 出る, 降りる

desembarazadamente [desembaraθáđaménte] [副] 自由気ままに, 気楽に, 屈託なく, うちとけて

desembarazado, da [desembaraθáđo, đa] [形] ❶ 障害のない, 邪魔のない; [道路が] 空いている; 見通しのよい: llano libre y ~ 妨げるものがなく見晴らしのよい平原. ❷ 自由気ままな, 気楽な, 心配事のない

desembarazar [desembaraθár] 〖←des-+embarazar〗 [9] [他]《文語》❶ [+de 邪魔な物を] …から取り除く: ~ el camino *de* nieve 道路の除雪をする. ~ *de* trastos una habitación 部屋のがらくたを片付ける. ❷ [場所を] 空にする, 明け渡す
—— **~se** [+de から] 解放される, 自由になる: *~se de* los perseguidores 追っ手から逃れる

desembarazo [desembaráθo] 〖←desembarazar〗 [男]《文語》鷹揚(おうよう), 闊達(かったつ), 堂々とした態度: actuar con aplomo y ~ 冷静かつ堂々とふるまう. afectar gran ~ 自信にあふれたふりをする

desembarcadero [desembarkađéro] 〖←desembarcar〗 [男] 船着場, 波止場, 埠頭(ふとう); 上陸地点

desembarcar [desembarkár] 〖←des-+embarcar〗 [7] [他] ❶ [+de 船・飛行機から] 降ろす, 荷揚げする: ~ mercancías *del* barco 船から荷揚げする. ❷ [人を] 上陸させる
—— [自] [+en に] 上陸する, 下船する; [乗り物から] 降りる: ~ *en* Cádiz カディスで下船する. ~ *del* avión (autobús・tren・barco) 飛行機(バス・電車・船)から降りる

desembarco [desembárko] 〖←desembarco〗 [男] ❶ 陸揚げ, 荷揚げ; 上陸, 下船: prepararse para el ~ 船を下りる準備をする. ❷《軍事》上陸作戦: barcaza (buque) de ~ 上陸用舟艇. ~ en Normandía ノルマンディー上陸作戦. ❸ [階段の] 踊り場

desembargadamente [desembarǥáđaménte] [副] のびのびと, 自由に, 思う存分

desembargar [desembarǥár] [8] [他] ❶《法律》[差押えなどを] 解除する. ❷《まれ》障害を取り除く

desembargo [desembárgo] [男]《法律》差押えの解除

desembarque [desembárke] [男] =**desembarco**

desembarrancar [desembar̄aŋkár] [7] [他] [座礁した船を] 救出する, 離礁させる

desembarrar [desembar̄ár] [他] [+場所 から] 泥(汚れ)を取り除く

desembaular [desembau̯lár] 〖規則変化〗/[16] [他]《まれ》❶ 打ち明ける, 吐露する. ❷ [トランク・箱などから] 取り出す, 中身を出す

desembebecer [desembeƀeθér] [39] **~se**《まれ》我に返る, 感覚が戻る

desembelesar [desembelesár] **~se**《まれ》[陶酔状態から] 現実に戻る, 我に返る

desemblantado, da [desemblantáđo, đa] [形]《まれ》顔色を変えた

desemblantar [desemblantár] **~se**《まれ》顔色を変える〖=demudarse〗

desemblante [desemblánte] [形]《古語》異なる, 似ていない

desemblanza [desemblánθa] [女]《古語》異なる(似ていない)こと

desembocadero [desembokađéro] [男] =**desembocadura**

desembocadura [desembokađúra] 〖←desembocar〗 [女] ❶ 河口; [本流・湖沼への] 流入口: El Miño es navegable desde Tuy hasta la ~. ミニョ川はトゥイから河口まで航行可能である. ❷ [排水管などの] 放水口; [通風管などの] 吹き出し口. ❸ [道路の] 合流点, 出口: El edificio está en la ~ de la calle mayor. 建物は大通りに出るところにある

desembocar [desembokár] 〖←des-+embocar〗 [7] [自] ❶ [川が, +en に] 注ぎ込む: El Amazonas *desemboca en* el Atlántico. アマゾン川は大西洋に注ぐ. El río Jarama *desemboca en* el río Tajo. ハラマ川はタホ川に合流する. ❷ [道などが] 通じる, 合流する: Esta calle *desemboca en* la avenida mayor. この通りは大通りに通じる. La manifestación *desemobocó en* la plaza. デモ隊は広場に行き着いた. ❸ [出来事が] …という結果になる(つながる): Este conflicto puede ~ *en* una guerra. この争いは戦争につながりかねない. razonamientos que no *desembocan en* nada 堂々巡りの議論

desembojadera [desembɔxađéra] [女] 蔟から繭を取り出す女工

desembojadora [desembɔxađóra] [女] =**desembojadera**

desembojar [desembɔxár] [他] 蔟(まぶし) embojo から繭(まゆ)を取り出す

desembolsar [desembɔlsár] 〖←des-+embolsar〗 [他] ❶ [現金で] 支払う, 支出する, 金を使う: ~ una enorme suma para cubrir los gastos del viaje 旅行費用をカバーするため大金を払う. acción totalmente *desembolsada* 全額払込済株. ❷ 袋から取り出す

desembolso [desembɔ́lso] 〖←desembolsar〗 [男] ❶ 支払い, 支出; [分割払いの] 一回の支払い: No estoy en condiciones de hacer ese ~. 私はその支払いをできる状況にない. ~ inicial de diez mil yenes 頭金1万円. ❷ [主に [複]] 支払い金額, 支出額: El ~ asciende a dos millones de yenes. 支払額は200万円にのぼる

desemboque [desembóke] [男]《まれ》河口, 合流点〖=desembocadura〗

desemborrachar [desembɔr̄atʃár] [他]《まれ》酔いをさます
—— **~se**《まれ》酔いがさめる

desemboscar [desembɔskár] [7] **~se** 森(茂み・待ち伏せ場所)から出る

desembotar [desembotár] [他] 頭をはっきりさせる, ボーッとした状態から抜け出させる: ~ el entendimiento 判断力を取り戻す
—— **~se** 頭がすっきりする, 鋭敏になる

desembozado, da [desemboθáđo, đa] [形] 明らかな, 隠し立てしない: venganza *~da* あからさまな仕返し

desembozar [desemboθár] [9] [他] ❶ …の仮面・覆面など embozo を剝ぐ; ベールを取る: ~ a los culpables 犯人たちの顔を見せる. ❷ 明らかにする, 暴露する. ❸ [障害物を] 取り除く; [特に管の] 詰まりを取り除く: ~ el desagüe del fregadero 流しの排水溝の詰まりをとる
—— **~se** [自ら]顔を出す; 仮面などを取る

desembozo [desembóθo] [男] ❶ 仮面などを取ること. ❷ [詰まり・障害物の] 除去

desembragar [desembraǥár] [8] [自] [他]《自動車》クラッチを切る;《技術》[機械の] 接続を外す

desembrague [desembráǥe] [男] クラッチを切ること; [機械の] 接続を外すこと

desembravecer [desembraƀeθér] [39] [他] ❶ [人・動物を] おとなしくさせる, 落ち着かせる. ❷ [動物を] 飼い馴らす
—— **~se** ❶ 落ち着く, おとなしくなる; 馴れる. ❷ [海が] 静まる, 穏やかになる

desembravecimiento [desembraƀeθimjénto] [男] おとなしくさせる(おとなしくなる)こと

desembrazar [desembraθár] [9] [他] ❶ 腕から奪う. ❷ 力一杯投げる

desembriagar [desembrjaǥár] [8] [他] 酔いを覚まさせる
—— **~se** 酔いが覚める

desembridar [desembriđár] [他] 馬勒(ばろく)を外す

desembrocar [desembrokár] [7] [他]《ニカラグア》上方に回す

desembrollar [desembroʎár] [他] ❶ [もつれを] ほぐす, ほどく: ~ una madeja de lana 毛糸玉をほどく. ❷《口語》解決する, 決着をつける; 解明する: ~ el asunto de la herencia 相続問題に片をつける
—— **~se**《口語》決着がつく

desembrozar [desembroθár] [9] [他] =**desbrozar**

desembrujar [desembruxár] [他] 呪縛(魔法)を解く
—— **~se** 呪縛(魔法)が解ける

desembuchar [desembutʃár] 〖←des-+en-+buche〗 [他] ❶《口語》[秘密などを] ばらす, 漏らす; [知っていることを] 吐く: Ya no pudo aguantar y *desembuchó* el secreto. 彼は我慢できず, 秘密を漏らした. ❷ [鳥が] 餌袋(えぶくろ)から吐き出す

desemejable [desemɛxáƀle] [形]《廃語》恐ろしい; 醜悪な

desemejado, da [desemɛxáđo, đa] [形]《古語》恐ろしい; 醜悪な

desemejante [desemɛxánte] [形]《文語》[+de・a と] 似ていな

D

desemejanza い, 異なる, 違う

desemejanza [desemexánθa] 囡《文》相違, 差違, 似ていないこと: abismal ~ entre sus criterios políticos 彼らの政治論の大きな違い

desemejar [desemexár] 圓《文》[+de と] 違う, 似ていない: Tu reloj *desemeja del* mío por completo. 君の時計は私のと全然違う
── 他《文》[外形・性質を] 変える, 別のものにする

desempacar [desempakár] 他 ❶ [包みの] 中身を取り出す; [荷・梱包を] 解く. ❷《主に中南米》[スーツケースを] 荷ほどきする
── **~se** 怒りが静まる, 気持ちが和らぐ

desempachar [desempatʃár] 他 胃もたれ(消化不良)を治す, 胃をすっきりさせる
── **~se** ❶ 胃もたれ(消化不良)が治る, 胃がすっきりする. ❷ 恥ずかしがらなくなる, 打ち解ける

desempacho [desempátʃo] 男 気楽さ, のびやかさ, こだわりのなさ: con ~ のびのびと; 気安く

desempadronar [desempaðronár] 他《まれ》❶ 戸籍から抹消する. ❷《隠語》殺す

desempalagar [desempalaɣár] 他 ❶ 胃もたれをなくさせる. ❷ [水車から] たまっている水を取り除く
── **~se** 胃もたれがなくなる, 胃がすっきりする

desempalmar [desempalmár] 他 接続を外す: ~ los cables de la lámpara vieja 古い電灯のケーブルを外す

desempañador [desempaɲaðór] 男 曇り防止装置, デミスター

desempañar [desempaɲár]《←des-+empañar》他 ❶ [ガラス・鏡の] 曇りを取る, 磨く. ❷ おむつを外す
── **~se** 曇りが取れる: Voy a abrir la ventana para que *se desempañen* los cristales. 窓ガラスの曇りが取れるように窓を開けよう

desempapelar [desempapelár] 他 ❶ …から包装紙を取り除く; 壁紙を剥がす. ❷《口語》[証拠不十分などで裁判官・法廷が] 起訴を却下する

desempaque [desempáke] 男 荷ほどき, 梱包を解くこと

desempaquetar [desempaketár]《←des-+empaquetar》他 中身を取り出す, 包装を解く, 包みを開ける: Estaba tan nerviosa que no podía ~ el regalo. 彼女はとてもどきどきしていてプレゼントを開けることができなかった

desemparejado, da [desemparexáðo, ða] 形 [一対のうち] 片方の欠けた, ばらばらの: Tengo un guante ~. 私の手袋の片方がどこかへいってしまった

desemparejar [desemparexár]《←des-+emparejar》他 [一組の物・人を] ばらばらにする, 別れさせる; 片方をなくす: ~ los calcetines 靴下の右左をばらばらにする
── 圓 ばらばらになる: Los dos corredores *se desemparejaron* en la última vuelta. [並んでいた]2人のランナーはラスト一周で差が開いた

desemparentado, da [desemparentáðo, ða]《←des-+emparentar》形 親戚のいない, 身寄りのない: Está completamente solo y ~ en la vida. 彼は天涯孤独の身である

desemparvar [desemparβár] 他《農》[束にした穀類を] 集めて山積みにする

desempastar [desempastár] 他《歯学》[歯の] 詰め物(充填材)を取り除く

desempastelar [desempastelár] 他《印刷》[組み違えた活字を] 組み直す

desempatar [desempatár]《←des-+empatar》圓 引き分けを回避して勝負をつける: lanzar penaltis para ~ 勝敗を決めるためのペナルティーキックを蹴る
── 他 勝敗を決める: El equipo local consiguió ~ el partido en el último minuto. ホームチームが最後の1分に決勝ゴールを決めた. ~ los votos 決選投票をする

desempate [desempáte] 男 ❶《スポーツ》プレーオフ, タイブレーク. ❷ 決戦, 決勝: tanda de penaltis de ~ 決勝のペナルティー合戦. votación de ~ 決選投票をする

desempavonar [desempaβonár] 他 =**despavonar**

desempedrador, ra [desempeðraðór, ra] 名 敷石を剥がす人

desempedrar [desempeðrár] 他 ❶ 敷石を剥がす: ~ la avenida para asfaltarla アスファルト舗装するため通りの敷石を剥がす. ❷ [ir・pasar など+現在分詞] 走り抜ける, 疾駆する: Pasó *desempedrando* la calle. 彼は通りを走り抜けた. ❸ [同じ場所を] 行ったり来たりする: *Desempiedra* esa calle para ver a su novia. 彼は恋人に会うためその道を行ったり来たりする

desempegar [desempeɣár] 他 [壺などの内側の] タールのコーティングを剥がす

desempeñar [desempeɲár]《←des-+empeñar》他 ❶ [任務・義務を] 遂行する, 果たす: *Desempeña* el puesto de jefe de equipo en la inspección. 彼は視察団の団長をつとめている. ❷《演劇》[役を] 演じる: ~ el papel de Otelo オセロの役を演じる. ❸ [質草・抵当物件を] 請け出す, 請け戻す: ~ el reloj 時計を請け出す. ❹ [...の負債を] 肩代わりする, 免除する. ❺ [人を困難から] 救い出す, 逃れさせる
── **~se** ❶ [+de 債務を] 返済する, 免れる: Sueña con que le toque la lotería y *~se de* sus deudas. 彼は宝くじが当たって借金を返すことを夢見ている. ❷《闘牛》[闘牛士が牛にとどめを] 刺すために馬から下りる. ❸《中南米》[+como として] 申し分なく行動する, 職責を果たす

desempeño [desempéɲo] 男 ❶ [任務の] 遂行, 履行. ❷《演劇》役柄を演じること, 演技. ❸ [質草・抵当物件の] 請け戻し, 買い戻し; [債務の] 弁済

desempeorar [desempeorár] **~se**《まれ》健康を回復する, 体力を向上する

desempercudir [desemperkuðír] 他《キューバ》[衣服を] 洗う, 汚れを落とす

desemperezar [desempereθár] 圓 **~se** やる気を出す, 怠け心を振り切る

desempernar [desempernár] 他 [建築用材を留めている] ボルト perno を外す

desempleado, da [desempleáðo, ða] 形 失業した, 職のない; 失業者

desempleo [despmpléo]《←des-+empleo》男 ❶ 失業: En este país 4 millones están en ~. この国では400万人が失業中である. tasa de ~ 失業率. ~ abierto 完全失業. ~ encubierto/《中南米》~ disfrazado 偽装失業 [外見上は就労しているが生産への貢献は無に等しい]. ❷ 失業手当 [=subsidio de ~]: Voy a cobrar el ~. 私は失業手当を受け取りに行くところだ. ❸ 集合 失業者

desemplumar [desemplumár] 他 =**desplumar**

desempolvadura [desempolβaðúra] 囡 ほこりを払うこと

desempolvar [desempolβár]《←des-+empolvar》他 ❶ …のほこりを払う, ほこりをたたく: ~ los libros 本のほこりを払う. ~ bien el salón 部屋をきれいに掃除する. ❷ [使っていなかったもの・忘れていたものを] 再び使い出す; 思い出す: ~ la antigua máquina de escribir 古いタイプライターを引き出してくる. ~ los conocimientos de matemáticas 算数の知識を動員する. ~ viejos recuerdos 昔の記憶をよみがえらせる
── **~se** [体から] ちり(ほこり)を取り去る

desempolvorar [desempolβorár]《まれ》=**desempolvar**

desemponzoñar [desemponθoɲár] 他 ❶ 解毒する. ❷ …から有毒成分を除去する: ~ las flechas 毒矢の毒を取り除く. ~ la tierra 土地の有毒物を除去する

desempotrar [desempotrár] 他 [壁にはめ込まれたものを] 取り外す

desempozar [desempoθár] 他 [井戸・窪みなどから] 取り出す, 救い出す

desempulgadura [desempulɣaðúra] 囡 弩の弦を外すこと

desempulgar [desempulɣár] 他 ❶ 弩の弦を外す. ❷ [鷹狩り] [獲物を捕えるために鷹などを] 放つ

desempuñar [desempuɲár] 他 握っていた手を放す: La policía manda al atracador que *desempuñe* el arma y se entregue. 警察は武器を捨て投降するよう強盗に命じる. ~ la espada [握っていた] 剣を放す

desemulsionar [desemulsjonár] 他 油と乳剤を分離させる

desenalbardar [desenalβarðár] 他 [馬から] 荷鞍を外す

desenamorar [desenamorár] 他 愛情を失わせる
── **~se** 愛情を失う: *Se desenamoró* con el paso del tiempo. 彼は時間がたつにつれ愛情が冷めた

desenastar [desenastár] 他 [武器・道具などの] 柄・取っ手を取り去る

desencabalgar [desenkaβalɣár] 他 [大砲を] 砲架から外す

desencabestrar [desenkaβestrár] 他 [馬の脚にからまった端綱 cabestro を] 外す, 抜く

desencadenador, ra [deseŋkaðenaðór, ra] 形 [抑制・抑圧していたものを] 解放する
―― 男 原因, 発端

desencadenamiento [deseŋkaðenamjénto] 男 [抑制・抑圧していたものの] 解放: ~ de una cruenta lucha 血なまぐさい争いの勃発

desencadenante [deseŋkaðenánte] 形 [抑制・抑圧していたものを] 解放する
―― 男 [望ましくない事の] きっかけ, 原因; [事件の] 引き金: El tabaco es el ~ del cáncer. たばこは癌の原因である

desencadenar [deseŋkaðenár] 《←des-+encadenar》他 ❶ [抑制・抑圧していたものを] 解放する, 激発させる: La subida de precios *desencadenó* numerosas protestas callejeras. 物価が上がってあちらこちらでデモが起こった. ~ sus sentimientos 感情を爆発させる. ~ una guerra 戦争を始める. ~ una tormenta de aplausos 拍手の嵐を巻き起こす. ~ の鎖を外す; 解き放つ: ~ los perros para buscar a los fugitivos 逃亡者を捜すため犬の鎖を外す. ~ a un preso 捕virus を釈放する
―― ~se ❶ [自然現象が] 突発する, 荒れ狂う: *Se desencadenó* la tempestad. 嵐が猛威をふるった. ❷ [抑制・抑圧していたものが] 激発する: *Se desencadenó* el rencor. 怨念がふつふつと湧いた

desencajado, da [deseŋkaxáðo, ða] 形 [表情が] ゆがんだ, こわばった, 動揺した: Me dio la noticia con el rostro ~. 彼は顔を引きつらせて私にその知らせを伝えた. cara ~da por el miedo 恐怖でこわばった顔

desencajadura [deseŋkaxaðúra] 女 [接合部から] 外れた部分

desencajamiento [deseŋkaxamjénto] 男 =**desencaje**

desencajar [deseŋkaxár] 《←des-+encajar》他 ❶ [接合部などから] 取り外す: ~ la puerta para limpiarla ドアを洗うために外す. ❷ 脱臼させる
―― ~se ❶ [接合が] 外れる, ばらばらになる: *Se le desencajó* la mandíbula. 彼はあごが外れた. ❷ [表情が] ゆがむ, こわばる: En cuanto oyó la noticia, *se desencajó*. 彼はその知らせを聞いたとたん顔色が変わった

desencaje [deseŋkáxe] 男 [接合部からの] 取り外し

desencajonamiento [deseŋkaxonamjénto] 男 [闘牛] [牛を] 檻から出すこと

desencajonar [deseŋkaxonár] 他 ❶ [闘牛] [牛を] 檻から出す. ❷ 引出しから取り出す

desencalabrinar [deseŋkalabrinár] 他 頭をはっきりさせる, ボーッとした状態から抜け出させる
―― ~se 頭がすっきりする, 気分が落ち着く

desencalcar [deseŋkalkár] [7] 他 [圧迫されているものを] 緩める

desencallar [deseŋkaʎár] 《←des-+encallar》他 [座礁した船を] 離礁させる
―― ~se 離礁する: Al subir la marea *se desencalló* el buque. 満潮になると船は離礁した

desencaminado, da [deseŋkamináðo, ða] 形 [estar・ir・andar+] ❶ 間違った: Estás ~ si es esto lo que piensas. それが君の考えだとしたら, 間違っている. No vas muy ~ en la conjetura. 君の推測は当たらずといえども遠からずだ. ❷ 道に迷った: Anduvimos mucho tiempo ~s. 道に迷って私たちは長時間歩いた. ❸ [主に中南米] 正道から外れた, 道を踏み外した

desencaminar [deseŋkaminár] 《←des-+en-+caminar》他 =**descaminar**

desencamisar [deseŋkamisár] 他 [まれ] カバー (ケース) を取り除く

desencanallar [deseŋkanaʎár] 他 [まれ] 更生させる, 悪の道から立ち直らせる

desencantado, da [deseŋkantáðo, ða] 形 [事物が] 興ざめの

desencantamiento [deseŋkantamjénto] 男 [まれ] =**desencanto**

desencantar [deseŋkantár] 《←des-+encantar》他 ❶ 幻滅させる, 失望させる. ❷ …の魔法を解く: El hada *desencantó* a la princesa. 妖精は王女にかけられた魔法を解いた
―― ~se ❶ 幻滅する: Ella *se desencantó* al ver lo que contenía el regalo. 彼女はプレゼントの中身を見てがっかりした. ❷ 魔法が解ける

desencantaración [deseŋkantaraθjón] 女 ❶ くじ引き. ❷ [候補者の] 除外

desencantarar [deseŋkantarár] ❶ くじを引く. ❷ [一部の候補者を] 除外する

desencanto [deseŋkánto] 《←desencantar》男 ❶ 幻滅, 失望: sufrir (recibir・tener un) ~ 幻滅を感じる, がっかりする. estar sumido en el ~ 失望のどん底にいる. ❷ 《まれ》魔法を解く (魔法が解ける) こと

desencapillar [deseŋkapiʎár] 他 [船舶] 索具を取り外す

desencapotar [deseŋkapotár] 《←des-+encapotar》他 ❶ ケープ (外套) を脱がす. ❷ [秘密などを] 明かす, 暴露する. ❸ [馬術] [頭を下げる癖のある馬の] 頭を上げさせる
―― ~se ❶ [空が] 晴れる, 雲がなくなる: Después de la tormenta el cielo *se descapotó*. 嵐の後, 空は晴れ渡った. ❷ 怒りが静まる, 気分が晴れやかになる. ❸ [ケープ・外套を] 脱ぐ

desencaprichar [deseŋkapritʃár] 他 [+de を] 欲しがらないようにさせる, 思いとどまらせる
―― ~se 欲しくなくなる, 思いとどまる: Ella sola *se desencaprichó de*l diamante. 彼女だけがダイヤを要らないと言った

desencarcelar [deseŋkarθelár] 他 出所させる, 釈放する 《=excarcelar》

desencarecer [deseŋkareθér] [39] 他 自 《まれ》値下げする; 値下がりする

desencargar [deseŋkargár] [8] 他 注文 (依頼) を取り消す

desencariñar [deseŋkariɲár] ~se [+de 人・事物への] 愛情 (愛好・愛着) を失う, 好きでなくなる

desencarnar [deseŋkarnár] 他 ❶ [狩猟] [獲物を食べないよう猟犬を] 獲物から引き離す. ❷ …への愛情・関心を失う
―― ~se [心霊術で] 魂が肉体から離れる, 幽体離脱する

desencarpetar [deseŋkarpetár] 他 ❶ [忘れられていた問題に] 再び取り組む. ❷ [ファイルから書類を] 抜き出す, 取り出す

desencartonar [deseŋkartonár] 他 覆いの厚紙を取り払う

desencasar [deseŋkasár] 他 [古語] =**desencajar**

desencasquillar [deseŋkaskiʎár] 他 空の薬莢が詰まった銃砲を直す

desencastillar [deseŋkastiʎár] 他 ❶ 暴露する, 明るみに出す, すっぱ抜く. ❷ [城・要塞から] 籠城者を追い出す
―― ~se 心中を打ち明ける; [秘密を] 明かす

desencentrar [deseŋentrár] 他 [古語] =**descentrar**

desencerrar [deseŋθerrár] [23] 他 ❶ 連れ出す, 外へ出す. ❷ 開ける. ❸ [隠れているものを] 明かす

desenchuecar [desentʃwekár] [7] 他 《中南米. 口語》[曲がって・歪んでいるものを] まっすぐにする

desenchufar [desentʃufár] 《←des-+enchufar》他 《電気》…のプラグを抜く, 電源を切る: ~ la plancha アイロンを切る. ~ la radio ラジオのスイッチを切る
―― ~se ❶ [+de との] 接触を断つ. ❷ 《中南米. 口語》[+de 仕事・勉強などを] 中断する

desencinchar [deseɲintʃár] 他 =**descinchar**

desencintar [deseɲθintár] 他 ❶ リボンを解く. ❷ [歩道の] 縁石を外す

desenclavar [deseŋklaβár] 他 ❶ =**desclavar**. ❷ [人を] 無理やり引き出す, ごぼう抜きにする

desenclavijar [deseŋklaβixár] 他 ❶ [弦楽器の] 糸巻きを取り外す. ❷ [人・物を場所から] 引き離す

desencobrar [deseŋkoβrár] 他 銅めっきを剥がす

desencochar [deseŋkotʃár] 他 《西》[タクシーで] 客を降ろす

desencoche [deseŋkótʃe] 男 《西》[タクシーが] 客を降ろすこと, 下車

desencofrado [deseŋkofráðo] 男 [コンクリートの] 型枠外し

desencofrar [deseŋkofrár] 他 [コンクリートの] 型枠を外す

desencoger [deseŋkoxér] [3] 他 ❶ [縮んだ・しわになった物を] 伸ばす, 広げる
―― ~se うちとける, くつろぐ, 気がね (ものおじ) しなくなる

desencogimiento [deseŋkoximjénto] 男 ❶ 伸ばすこと, 広げること. ❷ のびのびしていること, 気持ちのほぐれ

desencoladura [deseŋkolaðúra] 女 [にかわによる接着の] 剥がし, 剥がれ

desencolar [deseŋkolár] 他 [にかわで接着したものを] 剥がす
―― ~se [にかわで接着したものが] 剥がれる: Esta silla *se desencola* fácilmente. この椅子はすぐ接着部分が壊れる

desencolerizar [deseŋkoleriθár] [9] 他 [怒っている人を] なだめる
―― ~se 怒りが静まる, 怒りを抑える

desenconamiento [deseŋkonamjénto] 男 =**desencono**

desenconar [desenkonár] 他 ❶ …の炎症（うっ血）を抑える. ❷ 怒りを鎮める, なだめる
—— ~se ❶ 炎症が治まる, 腫れが引く. ❷ 自分の怒りを鎮める

desencono [desenkóno] 男 [炎症などの] 鎮静, 緩和

desencontrar [desenkontrár] 28 ~se《チリ, アルゼンチン, ウルグアイ》行きちがう, 会えない

desencordar [desenkordár] 28 他 [弦楽器などの] 弦を外す

desencordelar [desenkordelár] 他 [綱・紐を] ほどく, 解く, 外す

desencorvar [desenkorbár] 他 [曲がっているものを] まっすぐにする, 伸ばす: Estírate y *desencorva* la espalda al andar. まっすぐに背筋を伸ばして歩きなさい

desencovar [desenkobár] 他 ❶ [洞窟から] 取り出す, 持ち出す. ❷ [巣穴から動物を] 追い出す, つり出す

desencrespar [desenkrespár] 他 [縮れている髪などを] まっすぐにする, ストレートにする

desencuadernado [desenkwaḍernáḍo] 男 [まれ] トランプ [の一組] 《=baraja》

desencuadernar [desenkwaḍernár] 《←des-+en-+cuaderno》他 [本・ノートの] 綴じを外す, ばらばらにする: ~ el libro para fotocopiarlo コピーを取るため本をばらばらにする
—— ~se [本・ノートの] ばらばらになる: Los libros encuadernados en rústica *se desencuadernan* fácilmente. 仮綴じの本はすぐにばらばらになる

desencuaderne [desenkwaḍérne] 男《口語》ばらばらにする（なる）こと

desencuentro [desenkwéntro] 男《文語》 [意見などの] 不一致, すれ違い: El ~ entre el Gobierno y el sindicato sigue. 政府と労働組合は平行線のままだ

desencuevar [desenkwebár] 他 [動物を] 洞穴から追い出す

desendemoniar [desendemonjár] 10 他 [人に乗り移った] 悪魔を追い出す

desendeudar [desendeuḍár] 他 負債をなくす, 帳消しにする
—— ~se 借金を完済する, 借りがなくなる

desendiablar [desendjablár] 他 =desendemoniar

desendiosar [desendjosár] 他 [大人物を自認する人の] 思い上がりをいさめる, 高慢の鼻を折る; 正体を暴く: Ese fracaso le ha *desendiosado*. その失敗で彼のおごりは消えた

desenfadadamente [desenfaḍaḍaménte] 副 のびのびと, 気楽に

desenfadaderas [desenfaḍaḍéras] 女 複《西. 口語》 [苦境を切り抜ける] 機転, 才知: tener buenas ~ para salir a flote 機転を利かせて窮地を脱する

desenfadado, da [desenfaḍáḍo, ḍa] 形 ❶ 気楽な, 屈託（気がね）のない, ざっくばらんな: A pesar de sus cargo, es un hombre ~. 地位は高くても彼は気のおけない人だ. reunión ~*da* 肩肘のはらない集まり. ropa ~*da* y deportiva カジュアルでスポーティーな服. ❷ 無遠慮な, 厚かましい, なれなれしい. ❸ [部屋などが] 広々とした

desenfadar [desenfaḍár]《←desenfado》他 …の怒りを鎮める: Una invitación a comer lo *desenfadará*. 食事に招待すれば彼の怒りもおさまるだろう
—— ~se ❶ 怒りを鎮める. ❷ [怒っていた人と] 和解する, 仲直りする

desenfado [desenfáḍo]《←des-+enfado》男 ❶ 気楽さ, 屈託 (気がね) のなさ; 自信: A pesar de su juventud, actúa con ~. 彼は若いのに堂々とふるまう. ❷ 息抜き: rato de ~ 息抜きの時間

desenfaldar [desenfaldár] 他 [たくし上げた] 裾を下ろす

desenfardar [desenfarḍár] 他 梱包を解く, 荷を開けて中身を出す

desenfardelar [desenfarḍelár] 他 =desenfardar

desenfilar [desenfilár] 他 ❶ [敵の砲火から] 遮蔽する: en *desenfilada* [敵の砲火から] 身を隠して. ❷ 一列に並んでいるのをやめる

desenfocado, da [desenfokáḍo, ḍa] 形 ピンぼけの, ピントの合っていない: La foto estaba ~*da*. 写真はピンぼけだった. planteamiento ~ del problema 焦点のずれた問題提起

desenfocar [desenfokár]《←des-+enfocar》[7] 他 ❶ 焦点を外す, ピントをずらす: Vas a ~ la foto. ピントがずれるよ. ❷《比喩》焦点をずらす: Ha *desenfocado* el asunto. 彼は事件の焦点をぼかした. ~ el tema 本題からずらす

—— ~se 焦点が外れる, ピントがぼける: A veces *se desenfocan* los problemas en el calor de la disputa. 議論が白熱して問題がずれることが時々ある

desenfoque [desenfóke] 男 焦点のずれ, ピンぼけ

desenfrailar [desenfrailár] 自 ❶ 還俗する, 修道士 fraile であることをやめる. ❷《口語》締め切り [の抑圧された状態] から逃れる. ❸《口語》 [一時的に] 暇になる, 失業する

desenfrenadamente [desenfrenáḍaménte] 副 勝手気ままに, 自由奔放に, 破目を外して, 放埒に

desenfrenado, da [desenfrenáḍo, ḍa] 形 抑制のない, 激しい, 強烈な; 狂乱の: apetito ~ 止まるところを知らない食欲. ansias ~*das* de éxito 抑えがたい出世欲. lenguaje ~ 激越な言葉. hinchas ~s 熱狂的なファン

desenfrenamiento [desenfrenamjénto] 男 =desenfreno

desenfrenar [desenfrenár]《←des-+en-+frenar》他 [馬の] 馬勒を外す
—— ~se ❶ [感情などが] 抑えられない, 歯止めがきかなくなる, 節度を失う: Cuando *se desenfrena* insulta a todo el mundo. 彼は自分が抑えられなくなると皆をのしりまくる. La subida de los precios *se ha desenfrenado*. 物価の上昇は歯止めがきかなくなった. ❷ 悪行に走る, 放埒になる. ❸ [嵐などが] 猛威をふるう, 吹き荒れる. ❹ [群衆が] 暴徒化する, 暴れ回る

desenfreno [desenfréno] 男 自制心のなさ, 抑えがきかないこと; 放埒, 放縦: bailar con ~ 激しく踊りまくる. ~ del público 民衆の暴徒化. ~ en la bebida 飲み出したら止まらないこと. ~ de vientre 下痢

desenfundar [desenfundár] 他 ❶ [ケース funda から] 取り出す: ~ la pistola ピストルを抜く. ❷ …からカバーを取り除く: ~ los muebles 家具のカバーを外す

desenfurecer [desenfureθér] 39 他 …の怒りを鎮める, なだめる
—— ~se 怒りが治まる

desenfurruñar [desenfuruɲár] 他 …の怒りを鎮める
—— ~se 怒りが治まる

desenganchar [desengantʃár]《←des-+enganchar》❶ [鉤などから] 外す: ~ los caballos [馬車から] 馬を放す. *Desengánchame* el pelo, que se me ha quedado aprisionado en la cremallera. ジッパーに引っかかった髪の毛を外してください. ❷《西. 俗語》[+de 麻薬の使用などを] やめさせる. ❸《中米》=desganchar. ❹《チリ. 自動車》ギアをニュートラルにする
—— ~se ❶ [鉤などから] 外れる. ❷《鉄道》連結を切り離す. ❸《西. 俗語》[+de 麻薬の使用などを] やめる: ~ *de* la cocaína コカインをやらなくなる

desenganche [desengántʃe] 男 鉤などから外すこと; 鉤などが外れること

desengañadamente [desengaɲáḍaménte] 副 ❶ はっきりと, 包み隠さずに. ❷ 不注意に, うかつに. ❸ [まれ] 疑わずに

desengañado, da [desengaɲáḍo, ḍa] 形 幻滅した, 失望した, 希望をなくした: estar ~ de (con) la política 政治に幻滅している

desengañador, ra [desengaɲaḍór, ra] 形《まれ》幻想 (迷い) から目を覚まさせるような; 幻滅的な, がっかりさせる

desengañar [desengaɲár]《←des-+engañar》他 ❶ 幻滅させる, がっかりさせる: No me atrevo ~ al paciente diciéndole la verdad. 私は本当のことを言って患者を失望させる勇気はない. ❷ 迷いから覚めさせる, 間違いに気づかせる: Muchas experiencias me han *desengañado*. 多くのことを経験して私は自分の誤りに気づいた
—— ~se ❶ [+de に] 幻滅する, がっかりする: *Se desengañó* de la política. 彼は政治に失望した. ~*se* de sus ilusiones 夢をなくす. ❷ 迷いから覚める, 間違いに気づく: ¿Te has *desengañado* de que tenía razón ella? 彼女の言うとおりだったこと分かったかい？
Desengáñate. 思い違いをするな, 目を覚ませよ: *Desengáñate*: como mejor se viaja es en avión. 分かってくれよ, 飛行機で行く方がいいんだよ

desengañilar [desengaɲilár] 他 [他人の] 喉をつかんでいる人を引き離す

desengaño [desengáɲo]《←desengañar》男 ❶ 幻滅, 失望, 落胆; 迷いから覚めること, 悟り: Me he llevado un gran ~ con ese jugador. 私はその選手には大いにがっかりした. Es un ~ que no puedas venir a la fiesta. 君がパーティーに来られないのはがっかりだ. sufrir un ~ amoroso 失恋する. ❷ [主に 複] 苦い経験から得た教訓: recibir muchos ~s en la vida 人

生で数々の辛酸をなめる. ❸ 他人の欠点を指摘する時の露骨さ

desengarrafar [deseŋgar̃afár] [他]《廃語》[曲がった指で持っていたものを] 放す

desengarzar [deseŋgarθár] [9] [他] ❶ [つなぎ合わせたものを] ほどく, ばらばらにする: ～ las perlas del collar 真珠のネックレスをばらばらにする. ❷《コロンビア》[鉤などから] 外す〘=desenganchar〙

—— **～se** ばらばらになる

desengastar [deseŋgastár] [他] [宝石を台座から] 外す

desengavetar [deseŋgaƀetár] [他]《グアテマラ》[ずっと前にしまった物を] 取り出す

desengomado [deseŋgomáđo] [男] ゴム質の除去; 糊抜き

desengomar [deseŋgomár] [他] =**desgomar**

desengoznar [deseŋgɔz̧nár] [他] =**desgoznar**

desengranar [deseŋgranár] [他] 連動装置を外す, 歯車のかみ合わせを外す

desengrasante [deseŋgrasánte] [形] [男] 油脂を除去する; 脱脂剤: jabón ～ 油汚れ用石鹸

desengrasar [deseŋgrasár] [他] …の油脂(脂肪分・脂質・油汚れ)を除去する: Este detergente nuevo *desengrasa* muy bien las vajillas. この新しい洗剤は食器の油汚れをよく落とす

—— [自] ❶ [果物・シャーベットなどで, 食べ物の] 脂っこさを中和する, 口直しをする. ❷ 痩せる. ❸《時に皮肉》気分転換に役立つ; 気分転換をする. ❹ 楽な仕事に変わる

desengrase [deseŋgráse] [男] 脂質(油汚れ)の除去

desengrilletar [deseŋgriʎetár] [他]《船舶》錨鎖の繋環 grillete を外す

desengrosar [deseŋgrosár] [28] [他] ❶ 痩せさせる; 細くする, 小さくする. ❷ 効果(影響力)を弱める

—— **～se** ❶ 痩せる; 細くなる, 小さくなる. ❷ 効果がなくなる

desengrudamiento [deseŋgruđamjénto] [男] 糊抜き; 接着剤の除去

desengrudar [deseŋgruđár] [他] 糊抜きする; 接着剤を除去する

—— **～se** 接着力がなくなる

desenguantar [deseŋgwantár] **～se** 手袋を脱ぐ

desenguaracar [deseŋgwarakár] [7] [他]《ニカラグア》広げる〘=desenvolver〙

desenhebrar [deseneƀrár] [他] [針から] 糸を引き抜く

—— **～se** [針の] 糸が抜ける

desenhetrar [desenetrár] [他]《廃語》髪をとかす, 髪のもつれを解く

desenhornar [desenɔrnár] [他] [窯・オーブンから] 取り出す

desenjaezar [deseŋxaeθár] [9] [他] [馬から] 馬具を外す

desenjalmar [deseŋxalmár] [他] [牛・馬から] 荷鞍を外す

desenjaular [deseŋxau̯lár] [他] かご(檻)から出す

desenjaule [deseŋxáu̯le] [男] かご(檻)から出すこと

desenlace [desenláθe] 〘←desenlazar〙 [男] ❶ [小説・映画などの] 結末, 大詰め, 大団円, エンディング: Esa película tiene un ～ feliz. その映画はハッピーエンドになる. introducción, núcleo y ～ 導入, 展開そして結末. ～ totalmente inesperado どんでん返しの結末. ❷ [結び目などを] ほどくこと. ❸ 終結, 終局; 結果: tener un fatal ～ 破局を迎える

desenladrillado [desenlađriʎáđo] [男] 煉瓦の除去

desenladrillar [desenlađriʎár] [他] [敷いてある] 煉瓦を剝がす

desenlazar [desenlaθár] 〘←des-+enlazar〙 [9] [他]《文語》❶ …の結び目をほどく, 解く: ～ la cinta de las trenzas 三つ編み髪のリボンをほどく. Los bailarinas enlazan y *desenlazan* los brazos. 踊り子たちは腕を組んだり, ほどいたりする. ❷ [小説・映画などで] 結末(大詰め)を迎えさせる. ❸ [問題を] 解決する, 解明する

—— **～se** ❶ 結び目がほどける: *Se desenlaza* el nudo de los zapatos. 靴紐がほどける. ❷ [小説・映画などが] 結末(大詰め)を迎える

desenlodar [desenlođár] [他] 泥をぬぐう(洗い落とす)

desenlosar [desenlosár] [他] [敷いてある] タイル(敷き石)を剝がす

desenlutar [desenlutár] [他] 喪を終わらせる, 喪服を脱がせる

—— **～se** 喪が明ける, 喪服を脱ぐ: La abuela *se desenlutó* al cabo de tres años. 祖母は3年後に喪明けとした

desenmallar [dese[m]maʎár] [他] [魚を] 網から外す

desenmarañar [dese[m]maraɲár] 〘←des-+enmarañar〙 [他] ❶ [もつれを] 解く, ほどく: ～ el pelo もつれた髪をとく. ❷ [紛糾した事態を] 解決する: ～ el lío 混乱を収拾する. ～ el conflicto 紛争を解決する

desenmascaradamente [dese[m]maskaráđaménte] [副] 公然と, 隠し立てせずに; あからさまに

desenmascarar [dese[m]maskarár] 〘←des-+enmascarar〙 [他] …の仮面を剝ぐ; [正体を] 暴露する: Tendieron una trampa para ～ al espía. 彼らはスパイをあぶり出すために罠を仕掛けた. ～ al misterioso personaje 謎の人物の仮面を剝ぐ

—— **～se** ❶ [自分の] 仮面を取る. ❷ 正体を現わす; 明らかになる

desenmohecer [dese[m]moeθér] [39] [他] ❶ …の錆(さび)を落とす: lubricante para ～ los goznes de las puertas ドアのちょうつがいの錆取りオイル. ❷ 機能を回復させる: Tengo que ～ mi español porque hace tiempo que no lo hablo. ずいぶん使っていないから私はスペイン語をブラッシュアップしなくてはならない

—— **～se** [人が] 調子が戻る: Le conviene ～*se* poco a poco después de la enfermedad. 病後は少しずつ体調を戻す方がいい

desenmudecer [dese[m]muđeθér] [39] [他]《情報》音量ゼロを解除する

—— [自] ❶ 言語機能を回復する, 話せるようになる. ❷ [沈黙していた人が] 話し始める, 沈黙を破る

desenojar [desenɔxár] [他] …の怒りを鎮める, なだめる

—— **～se** 怒りがおさまる, 機嫌が直る

desenojo [desenóxo] [男] 怒りのおさまり: Tuvo que hacerle un buen regalo para conseguir su ～. 彼をなだめるのにずいぶん贈り物をしなくてはならなかった

desenojoso, sa [desenɔxóso, sa] [形] 怒りを鎮める

desenraizamiento [desenr̃ai̯θamjénto] [男] 引き抜き

desenraizar [desenr̃ai̯θár] [9] [他] [根元から] 引き抜く

desenredar [desenr̃eđár] 〘←des-+enredar〙 [他] ❶ [もつれたものを] 解く, ほどく: ～ las bolas de pelo de un perro 犬の毛玉を取る. ❷ 整理する, 整頓する: ～ la habitación 部屋を片付ける. ❸ [もめごと・紛糾などを] 解決する: Tengo un lío que no consigo ～. 私は解決できない問題を抱えている

—— **～se** ❶ [もつれが] 解ける, ほどける. ❷ [+de 困難などを] 切り抜ける: No conseguí ～*me de* ese asunto. 私はその件を解決できなかった

desenredo [desenr̃éđo] [男] ❶ もつれを解くこと, もつれが解けること. ❷ 整理, 整頓. ❸ [問題の] 解決; [困難からの] 脱出. ❹ 結末〘=desenlace〙

desenrizar [desenr̃iθár] [9] [他] =**desrizar**

desenrollar [desenr̃ɔʎár] [他] [巻いたものを] 広げる: ～ un cartel ポスターを広げる. ～ el cable ケーブルを伸ばす. ～ una persiana ブラインドを下ろす

—— **～se** 巻きが戻る, ほどける

desenroscar [desenr̃ɔskár] 〘←des-+enroscar〙 [7] [他] ❶ [ねじ込んだものを] 抜く: ～ el tapón de una botella 瓶のふたを取る. ～ un tornillo ねじを外す. ❷ [巻いたものを] 伸ばす, 広げる: ～ el alambre 針金を伸ばす

—— **～se** 巻きが戻る, ほどける; [ねじが] 緩む: *Se ha desenroscado* la llave del grifo y está goteando. 蛇口が緩んで水がポタポタ落ちている. La serpiente *se desenroscó*. 蛇がとぐろを解いた. El gato *se desenrosca* antes de levantarse. 猫は起き上がる前に伸びをする

desenrudecer [desenr̃uđeθér] 〘←des-+enrudecer〙 [39] [他] 礼儀作法を教える, 洗練する, あか抜けさせる, しつける

—— **～se** 礼儀作法を身につける, あか抜ける: Ni siquiera en la universidad *se desenrudeció*. 大学に行っても彼は洗練されなかった

desensamblador [desensamblađór] [男]《情報》機械言語を目的言語に翻訳するプログラム, 逆アセンブラ

desensamblar [desensamblár] [他] [組み立てたものを] ばらばらにする: ～ el armario para que quepa por la puerta ドアから入るように戸棚を分解する

desensañar [desensaɲár] [他] …の怒りを鎮める, なだめる

desensartar [desensartár] [他] [数珠つなぎのものを] 糸から外す, ばらばらにする: ～ las cuentas del collar ネックレスの珠をばらばらにする

desensebar [desenseƀár] [他] [家畜の] 脂肪分を減らす

—— [自] 脂っこさを中和する〘=desengrasar〙

desenseñar [desenseɲár] [他] 間違った教育を正す; 教え直す, 再教育する

desensibilización [desensiƀiliθaθjón] [女] ❶《医学》除感作, 脱感作. ❷《写真》減感

desensibilizador [desensiƀiliθađór] [男] ❶《薬学》除(脱・減)感作剤. ❷《写真》減感剤

desensibilizante [desensiƀiliθánte] [形] [男] ❶《薬学》過敏性を除去する; 除(脱・減)感作剤. ❷《写真》[フィルムの] 感度を低下させる; 減感剤

desensibilizar [desensiƀiliθár] [9] [他] ❶《医学》過敏性を除去する(減退させる), 除(脱)感作する. ❷《写真》[フィルムの] 感光度を低下させる

desensillar [desensiʎár] [他] [馬から] 鞍を外す

desensimismar [desensimismár] [他] [ぼうっとしている人を] 正気にさせる, 気づかせる

D

desensoberbecer [desensoƀerƀeθér] [39] [他] 謙虚にさせる, 横柄(尊大)な態度を改めさせる, 高慢の鼻を折る

—— **~se** 謙虚になる

desensortijado, da [desensɔrtixáđo, đa] [形] ❶ [髪の毛が] カール(ウェーブ)の取れた. ❷ 関節の外れた, 脱臼した

desentablar [desentaƀlár] [他] ❶ [板張りの] 板を取り除く(外す). ❷ 順序(構成)を変える. ❸ [契約などを] 無効にする; [友情などを] 壊す

desentablillar [desentaƀliʎár] [他]《医学》[身体の一部から] 副木を取り外す

desentalingar [desentaliŋgár] [8] [他]《船舶》[ケーブル・錨鎖を] 錨環から外す

desentarimar [desentarimár] [他] 床の寄せ木を剝がす

desentechar [desentetʃár] [他]《中米, コロンビア, エクアドル》=**destechar**

desentejar [desentexár] [他]《中米, コロンビア, ベネズエラ, エクアドル》=**destejar**

desentender [desentendér] 〖←des-+entender〗 [24] **~se** ❶ [+de に] 関心がない, 関与しない; 注意を払わない: Pienso ~*me* por completo *de* ese asunto. 私はその件には一切関与しないつもりだ. ❷ 知らないふりをする: Cada vez que su abuelo le pide dinero, él *se desentiende* y cambia de conversación. 祖父がお金をねだるたびに彼は知らんぷりをして話題を変える. La oposición acusó al Gobierno de querer ~*se de*l problema. 問題に頬かむりしようとする政府を野党は非難した

desentendido, da [desentendíđo, đa] [形] ***hacerse el ~*** 知らん顔をする: Cuando le conviene, *se hace la ~da*. 彼女は都合が悪いとしらばくれる. No *te hagas el ~*. しらばくれるな

desentendimiento [desentendimjénto] [男] 知らないそぶり, しらばくれること

desenterrador, ra [desenteřađór, ra] [形] [名] 発掘する; 発掘者

desenterramiento [desenteřamjénto] [男] 発掘, 掘り起こし

desenterramuertos [desenteřamwértɔs] [名] 〖単複同形〗《まれ》死者の悪口を言う人

desenterrar [desenteřár] 〖←des-+enterrar〗 [23] [他] ❶ [地中から] 掘り起こす, 発掘する; [墓などを] 暴く: El perro *desentierra* del jardín el hueso. 犬は庭から骨を掘り出す. ~ un tesoro 宝を掘り出す. ❷ [忘れていたことを] 思い起こす: No me gusta ~ historias pasadas. 過去の話を蒸し返すのは好きじゃない. ~ los muertos《口語》死者のことを悪く言う, 死者を掘り起こす. ~ recuerdos 思い出をよみがえらせる

desentoldar [desentɔldár] [他] 天幕(日よけなど) toldos を取り払う

desentonación [desentonaθjón] [女] =**desentono**

desentonadamente [desentonáđaménte] [副] 調子外れに

desentonamiento [desentonamjénto] [男] =**desentono**

desentonar [desentonár] 〖←des-+entonar〗 [自] ❶ [+con 周囲などと] 調和しない: Tu tristeza *desentona con* la alegría de la fiesta. 君が悲しそうにしているのはパーティーにそぐわしくないよ. Siempre dice algo que *desentona*. 彼はいつも場違いなことを言う. Tu jersey azul *desentona con* la falda verde. 君の青色のセーターは緑色のスカートと合わない. ❷ 調子外れに歌う(演奏する): José tiene una voz potente pero canta de pena porque *desentona*. ホセは声量はあるが, 音程が狂うので歌はひどい

—— **~se** ❶ [+con・contra に対して] 声を荒げる, 無礼(横柄)な態度をとる. ❷ 調子が狂う: *Me desentono* con la llegada de la primavera. 春になると私はいつも体調がおかしくなる

desentono [desentóno] [男] ❶ [声の] 不自然な抑揚. ❷ 声を荒げること. ❸ 無作法, 無礼

desentornillar [desentɔrniʎár] [他] =**destornillar**

desentorpecer [desentɔrpeθér] [39] [他] ❶ 痺れ(凝りなど)を取る: ~ la mano 手の痺れを治す. ~ las piernas 脚のストレッチをする. ❷ 洗練させる, あか抜けさせる. ❸ 動きを滑らかにする: La nueva carretera *desentorpeció* el tráfico. 新しい高速道路ができて車の流れがよくなった. engrasar la máquina para ~la スムーズに動くよう機械に注油する

—— **~se** ❶ 痺れがなくなる: hacer ejercicio para ~*se* 体をほぐすために運動をする. ❷ 洗練する. ❸ 滑らかに動くようになる: Si se evita el papeleo, *se desentorpecerán* los trámites. お役所仕事を避ければ, 手続きは簡単になるだろう

desentrampar [desentrampár] [他] …の借金 trampas を肩代わりする: Su padre lo *desentrampó*. 父親が彼の借金を肩代わりした

—— **~se** 借金を完済する

desentrañamiento [desentraɲamjénto] [男] ❶ 解明, 真相究明. ❷ 譲渡

desentrañar [desentraɲár] [他] ❶ [難問などを] 解明する, 真相を究明する; [意味を] 読み解く: ~ el misterio 謎を解く. ~ el sentido de la frase 語句の意味を解き明かす. ❷ [動物の] 内臓を取り出す, はらわたをえぐる

—— **~se** [愛情の証拠として, +de を] 与える, 譲渡する: ~*se del* anillo 指輪を贈る

desentrenado, da [desentrenáđo, đa] [形] 練習(訓練)不足の, 腕が落ちた

desentrenamiento [desentrenamjénto] [男] 練習(訓練)不足, 腕が落ちること: Sus fallos se deben al ~ que tiene. 彼の失敗はトレーニング不足のせいだ

desentrenar [desentrenár] **~se** 練習(訓練)不足になる, 腕を落とす: Hace mucho que no juego al tenis y *me he desentrenado*. 長いことテニスをしていないから腕が鈍ってしまった

desentreno [desentréno] [男] =**desentrenamiento**

desentronizar [desentroniθár] [9] [他] ❶ 廃位する 〖=destronar〗. ❷ 権威(名声)を奪う

desentubar [desentuƀár] [他] [気管などに入れていた] 管を抜き取る

desentumecer [desentumeθér] 〖←des-+entumecer〗 [39] [他] [筋肉などの] 固さを取る, 柔軟にする; しびれ(かじかみ・凝り)を取る: ~ las piernas 脚をほぐす

—— **~se** [筋肉の] 固さがほぐれる; しびれ(かじかみ・凝り)がなくなる: Vamos a correr un poco para entrar en calor y ~*nos*. ウォームアップをして身体をほぐすために少し走りましょう

desentumecimiento [desentumeθimjénto] [男] [筋肉などの] 固さを取る(固さがほぐれる)こと

desentumir [desentumír] [他]《まれ》=**desentumecer**

desenvainar [desembai̯nár] [他] ❶ [剣などを] 抜く, 鞘から出す: técnicas de ~ y cortar 抜刀術. ❷ [動物が] 爪をむく. ❸《まれ》[隠れていたものを] 露呈させる, 露わにする

desenvelejar [desembelexár] [他]《船舶》[船から] 帆をすべて外す

desenvendar [desembendár] [他]《まれ》=**desvendar**

desenvergar [desembɛrgár] [8] [他]《船舶》[帆を] 帆桁から外す

desenviolar [desembjolár] [他]《宗教》[汚された教会・聖地を] 清める

desenvoltura [desemƀɔltúra] 〖←desenvolver〗 [女] ❶ [動作・態度の] 自在さ, 軽快さ; 平然, 度胸, 自信: Aunque es nuevo en la empresa, se maneja con toda ~. 彼は新入社員だが, てきぱきやっている. Para su edad tiene mucha ~. 彼は年の割に堂々としている. hablar en público con mucha ~ 人前で臆せず話す. ❷ 無遠慮, 厚かましさ, ずうずうしさ

desenvolvedor, ra [desembɔlƀeđór, ra] [形] [名] 詮索好きな〔人〕; 野次馬, 物好き

desenvolver [desembɔlƀér] 〖←des-+envolver〗 [29] 〖[過分] desenvuelto〗 [他] ❶ [包んだ・巻いた物を] 広げる, ほどく, 開ける: ~ el regalo プレゼントを開ける. ~ un caramelo あめの包み紙を取る. ❷ [思想・理論などを] 展開する, 発展させる: ~ el tema propuesto 提起されたテーマを発展させる. ❸ 解明する: ~ el enigma 謎を解明する. ❹ [事業などを] 展開する, 発展させる: ~ el negocio 商売を拡張する

—— **~se** ❶ [包んだ・巻いた物が] ほどける, 開く: Han hecho tan mal el paquete que ya *se ha desenvuelto*. 彼らは荷造

りが下手で、もうほどけてしまった。 ❷ [事が] 発展する、展開する、進む: Los hechos *se desenvolvieron* de forma improvista. 事態は思わぬ方向に発展した。 ❸ [うまく] やっていく、やりくりする; [困難を] 切り抜ける: ¿Qué tal *te desenvuelves* con los nuevos compañeros? 新しい仲間とうまくやってるかい？ ~*se* con soltura en inglés 英語を流暢に話せる

desenvolvimiento [desembolbimjénto] 男 ❶ 発展、展開、進展。 ❷ うまくやっていくこと

desenvueltamente [desembwéltaménte] 副 ❶ しなやかに、のびやかに、自然に; 流暢に、堂々と。 ❷ 大胆に、厚かましく; なれなれしく、あけっかんと

desenvuelto, ta [desembwélto, ta]《desenvolver の 過分》形 ❶ [動作・態度が] 自在な、軽快な; 平然とした、堂々とした: Es una chica ~*ta* y sabe arreglárselas sola. 彼女はてきぱきした子で、一人で何でもやってしまう。 ❷ 厚かましい、ずうずうしい: Yo la veía tan ~*ta*, tan agresiva, que me replegaba. 私は彼女がとてもなれなれしく、攻撃的な女性だと思っていたので、うち解けなかった

desenzarzar [desenθarθár] 9 他 ❶ [けんかしている人を] 引き分ける、割って入る: Hay que ~los porque están bebidos. 彼らは酔っているので、けんかを仲裁する必要がある。 ❷《まれ》[茨に絡まったものを] 取り出す; 《比喩》［悩みを］取り除く
── ~*se* けんかが収まる: No *se desenzarzaron* hasta que llegó la policía. 警察が来るまでけんかは収まらなかった。 ❷《まれ》[茨の茂みから] 抜け出る

desenzolvar [desenθolbár] 他《メキシコ》[清掃のために管の] つまりを開ける

deseo [deséo]《← 俗ラテン語 desidium ＜ラテン語 desidia「怠惰」》男 ❶ 願望、願い、望み: Nos manifestó su ~ de retirarse. 彼は引退の希望を私たちに明らかにした。 Fue su ~ que le enterraran en su pueblo natal. 彼の願いは故郷に埋葬してもらうことだった。 Tengo muchos ~*s* de que llegue la primavera. 私は春の到来を切望する。 ❷ 欲望、欲求; 肉欲、情欲: satisfacer un ~ 欲望を満たす。 ~ de comer 食欲 [=apetito]。 ~*s* de poder 権力欲。 ❸ 欲望の対象、願い事: ¿Cuál es tu ~? 何が欲しいのか (望みなのか)？ ❹ 祝福の言葉、[幸福・健康の] 願い: Con mis mejores ~*s*. [手紙の結語] ご多幸を祈って／ではよろしく。 ❺ 誓願: formular un ~ 誓いを立てる

arder en ~ de... ···を熱望する、渇望する: *Arde en ~se de verte*. 彼はすごく君に会いたがっている

buen ~《古語的》=**buenos ~s**

buenos ~s 善意、誠意

coger a ~ 欲しがる、望む

entrar a+人 el ~ de... =**venir a+人 el ~ de...**

tener ~ de... ···を欲する、望む: *Tengo ~ de* (*tomar*) *una cerveza bien fría*. よく冷えたビールが飲みたい

venir a+人 el ~ de... ···が~を欲するようになる: *Me vino el ~ de lograrlo*. 私は(急に)それが欲しくなった

venir en ~ a+人, venir en ~ de... に生じる: *Me vino en ~ verte*. 私は(急に)君に会いたくなった

deseoso, sa [deseóso, sa] 形 ❶《estar+. +de を》欲している、望んでいる: 1) Están ~*s de* honores. 彼らは名誉を欲している。 2)《+de+不定詞・que+接続法》¿Estás ~ *de* ayudarnos? 君たちは我々を助けたいと思っているのか？ Estamos ~*s de que* llegue la primavera. 私たちは春の到来を待ち望んでいる。 ❷ あこがれている; 物欲しげな

desequido, da [desekíðo, ða] 形《まれ》からからに乾いた

desequilibrado, da [desekilibráðo, ða] 形 名 ❶ [estar+] 釣り合いのとれていない: La barca está ~*da*. 舟の荷が安定が悪い。 *comidas ~das* バランスの悪い食事。 ❷ [精神的に] 不安定な [人]、錯乱した、精神異常者: *personalidad ~da* 精神的に不安定な人格。 Está ~ desde que lo despidieron. 彼は解雇されてから精神に異常を来している。 ❸《電気》不平衡

desequilibrar [desekilibrár]《←des-+equilibrar ＜ equilibrio》他 ❶ ···の平衡（均衡・釣り合い）を失わせる: ~ *un barco* 船のバランスを失わせる。 ~ *las fuerzas* 勢力のバランスを崩す。 ~ *el presupuesto* 予算の均衡を崩す。 *Ese gol desequilibró el partido*. そのゴールが試合の均衡を破った。 ❷ [精神] に不安定にする; 錯乱させる: *Me desequilibra el ambiente urbano*. 都会の環境が私の精神を乱す
── ~*se* ❶ 平衡（均衡・釣り合い）を失う: *Se desequilibró*

y cayó del andamio. 彼はバランスを失って足場から落ちた。 Con estas importaciones *se desequilibra* la balanza de pagos. この輸入で収支のバランスが崩れる。 ❷ [精神的に] 不安定になる; 錯乱する: *Se ha desequilibrado* desde que murió su novia. 婚約者が死んでから彼はおかしくなった

desequilibrio [desekilíbrjo]《←desequilibrar》男 ❶ 不均衡: ~ de las ruedas タイヤのバランスの悪さ。 ~ entre la oferta y la demanda 需要と供給のアンバランス。 ~ fundamental [国際収支の] 基礎的（構造的）不均衡。 ❷《精神的に》不安定; 錯乱: sufrir un serio ~ 深刻な精神異常に陥る

deserción [deserθjón]《←desertar》女 ❶ 脱走、逃亡: *deserciones masivas* 大量脱走。 ❷ 脱退、脱会。 ❸《法律》告訴の取り下げ; 上告の放棄。 ❹《チリ、アルゼンチン、ウルグアイ》~ *escolar* 不登校、義務教育の放棄

deserrado, da [deseráðo, ða] 形 誤りのない、無謬の

deserta [desérta] 女《植物》砂漠植物

desertar [desertár]《←ラテン語 desertare ＜ desertum ＜ deserere「見捨てる」》 自 他 ❶ [+de から] 脱走する、逃亡する: ~ *del ejército* 軍隊から脱走する。 ~ *en pleno campo de batalla* 敵前逃亡する。 ~ *del partido* 脱党する。 ❷ [+de 義務などを] 放棄する。 ❸ [会合などに] 出なくなる: ~ *del teatro* 劇場に足を運ばなくなる。 ❹《法律》[告訴を] 取り下げる; [上告を] 断念する
── 他 [場所から] 離れる、去る

desértico, ca [desértiko, ka]《←desierto》形 ❶ 砂漠の;《地理》砂漠性気候の: *clima ~ca* 砂漠性気候。 *zona ~ca* 砂漠地帯。 ❷ 寂れた、人けのない: *Este barrio está ~ca*. この界隈は寂れている。 ❸ [砂漠のように] 不毛の、荒廃した: *terreno ~* やせた土地。 *paisajes ~* 荒涼とした風景

desertícola [desertíkola] 形 砂漠に住む: *especies animales ~s* 砂漠に生息する動物種

desertificación [desertifikaθjón] 女 =**desertización**

desertificar [desertifikár] 7 他 =**desertizar**

desertización [desertiθaθjón] 女 砂漠化、砂漠の前進: *sufrir un proceso de ~* 砂漠化が進む

desertizar [desertiθár]《←desierto》9 他 ❶ 砂漠化させる; 荒廃させる: *Las lluvias torrenciales arrastran el manto vegetal y desertizan la cuenca*. 豪雨が植物層を流出させ、その流域を砂漠化させる、荒れ地にする。 ❷ [地域を] 無人化する、寂れさせる; 不毛にする、荒れ地にする
── ~*se* ❶ 砂漠化する; 荒廃する: *Debido a la falta de lluvia se desertizó este lugar*. 雨不足でこの地域は砂漠と化した。 ❷ 無人化する、寂れる

desertor, ra [desertór, ra]《←desertar》形 脱走した、逃亡した
── 名 ❶ 脱走兵 [=soldado ~]。 ❷ 脱退者、離脱者; [義務・職務などを] 放棄者、遺棄者

deservicio [deserbíθjo] 男《文語》[義務の] 不履行、職務怠慢

deservidor, ra [deserbiðór, ra] 名《文語》義務を履行しない [人]、職務怠慢の [人]

deservir [deserbír] 35 他《古語》義務を怠る、務めを果たさない

desescalada [deseskaláða] 女 [程度・規模の] 段階的縮小: ~ *del conflicto bélico* 紛争の段階的縮小

desescalar [deseskalár] 他 [程度・規模を] 段階的に縮小する

desescamar [deseskamár] 他 =**descamar**

desescolarización [deseskolariθaθjón] 女 脱学校教育 [伝統的な学校教育から脱して、社会全般から学ぼうとする]

desescombrar [deseskombrár] 他 ···から瓦礫を取り除く、がらくたを片付ける

desescombro [deseskómbro] 男 瓦礫の除去、がらくたの片付け

desescoriar [deseskorjár] 10 他 ❶ [鉱石・ガラスから] 鉱滓を取り除く。 ❷ [高炉・ボイラーなどから] スラグを取り除く

deseslabonar [deseslabonár] 他 =**deslabonar**

desespaldar [desespaldár] 他 ···の背骨を傷つける
── ~*se* [自分の] 背中 [腰] を痛める

desespañolizar [desespaɲoliθár] 9 他 非スペイン化させる、スペイン的なものを取り除く
── ~*se* 非スペイン化する、スペイン的でなくなる

desesperación [desesperaθjón] 女 ❶ 絶望、失望: *hundirse en la ~* 絶望の淵に沈む。 *arrojar a+人 en la ~* ···を絶望に追いやる。 ❷ [主に叙述補語で] 腹立ちの原因、絶望的にさせ

るもの: Tener un hijo como tú es una ~. お前のような息子を持つのはやりきれない. Es una ~ la lentitud de los trámites. 手続きの遅さは絶望的だ(嘆かわしい). ❸ 捨てばち, やけ; 必死の努力

con ~ 1) 絶望的な・に. 2) 必死な・に, 懸命に: Lucha *con* ~. 彼は必死で戦っている

desesperadamente [desesperáđaménte] [副] ❶ 絶望的に, やけになって. ❷ 必死に, 死に物狂いで: Intentó ~ apagar las llamas con la mano. 彼は必死になって手で火を消そうとした

desesperado, da [desesperáđo, đa] [形] ❶ 絶望した; やけになった: No puedo vivir sin ti. Estoy ~. 君がいなければ僕は生きていけない. 絶望だ. quedar (hallarse) ~ 絶望する. ❷ [客観的に見て] 絶望的な, 望みのない: situación ~*da* 絶望的な状況. ❸ 必死の, 死に物狂いの: esfuerzo ~ 必死の努力

a la ~da 1) 最後の手段として, どうしようもなく. 2) 絶望的に, 必死に

como un ~ 猛烈に, むちゃくちゃに: Comió *como una ~da*. 彼女はむちゃくちゃ食べた. Empecé a bajar la escalera *como un* ~. 私は猛烈なスピードで階段を下り始めた

desesperador, ra [desesperađór, ra] [形] =**desesperante**

desesperante [desesperánte] [形] 絶望させる, 絶望的な, どうしようもない; やりきれない, いらいらさせる: Va mejorando con una lentitud ~. 彼の回復は遅々としてはかどらない. Es ~ ver como se mueren de hambre los niños. 子供たちが飢えで死んでいくのを見るのはやりきれない

desesperanzador, ra [desesperanθađór, ra] [形] 絶望的な, 希望を失わせるような

desesperanzar [desesperanθár] 〘←des-+esperanzar〙 [9] [他] ❶ [人を] 絶望させる, 失望させる: Tantos fracasos seguidos nos *han desesperanzado*. 相次ぐ失敗で私たちは希望を失っている. ❷ [+de を] あきらめさせる

—— **~se** 絶望する, 失望する: Los obreros *se han desesperanzado* por la crisis económica. 労働者たちは不況によって希望を失っている

desesperar [desesperár] 〘←des-+esperar〙 [自] ❶ 絶望する, 悲観する: No debe ~. 絶望してはいけない. ❷ [+de+不定詞・que+接続法 することを] あきらめる: *Desespero de* verle otra vez. 私は二度と彼には会えないだろう. *Desespera de que* su padre pueda recuperarse. 彼は父親の回復をあきらめている

—— [他] ❶ いらいらさせる, うんざりさせる: Me *desespera* ver cómo pasa el tiempo. 時のたつのがこう速いと私は嫌になる. ❷ 絶望させる, 失望させる

—— **~se** ❶ [+de に] 絶望する, 失望する; やけになる, 自暴自棄になる: *Se ha desesperado de* la vida. 彼は人生に絶望した. ❷ いらいらする, うんざりする; 気をもむ

desespero [desespéro] [男] 絶望 〘=desesperación〙

desespinar [desespinár] [他] [魚の] 骨を取る

desesposar [desesposár] [他] 手錠を外す

desespumar [desespumár] [他] [自] =**espumar**

desestabilidad [desestabiliđá(đ)] [女] 不安定, 安定性の欠如: ~ del gobierno 政府の不安定さ

desestabilización [desestabiliθaθjón] [女] 不安定化

desestabilizador, ra [desestabiliθađór, ra] [形] 不安定にする: factores ~*es* 不安定化要因

desestabilizar [desetabiliθár] [9] [他] 不安定にする: ~ más la situación económica 経済状況をさらに不安定にする

—— **~se** 不安定になる

desestacionalizado, da [desestaθjonaliθáđo, đa] [形] [男]《経済》季節調整(修正)済み〔の〕

desestalinizar [desestaliniθár] [9] [他]《歴史》非スターリン Stalin 化する

desestancar [desestaŋkár] [7] [他] ❶ [専売・独占規制を] 解除する; [専売商品を] 自由販売にする. ❷ 淀みをなくす, 流れをよくする

desestanco [desestáŋko] [男] [専売・独占規制の] 解除; [専売商品の] 自由販売化: ~ de la sal 塩の非専売化

desestañar [desestaɲár] [他]《金属》錫(すず)めっきを剝がす, 錫成分を除去する

desesterar [desesterár] [他] [場所から] むしろ esteras を取り除く

desestero [desestéro] [男] ❶ むしろを取り除くこと. ❷ むしろを取り除く時期〘特に春〙

desestiba [desestíba] [男]《船舶》船倉の荷を揚げること

desestibar [desestibár] [他]《船舶》[船の] 船倉から荷を揚げる

desestima [desestíma] [女] =**desestimación**

desestimable [desestimáble] [形] 拒絶(軽視)され得る

desestimación [desestimaθjón] [女] ❶《法律》拒絶, 拒否. ❷ 軽視, 過小評価; 蔑み, 侮り

desestimar [desestimár] 〘←des-+estimar〙 [他] ❶《法律》[要求・請求を] 拒絶する: El juez *desestimó* nuestra petición. 裁判官は我々の要求を却下した. ❷《文語》軽視する, 過小評価する: No debes ~ los valores de las obras clásicas. 古典作品の価値を軽視すべきでない. El consejo directivo *desestimó* la propuesta de los nuevos planes. 重役会議では新たな計画の提案はあまり評価されなかった

desestimativo, va [desestimatíbo, ba] [形] =**desestimatorio**

desestimatorio, ria [desestimatórjo, rja] [形] 軽視する, 過小評価する

desestructuración [desestrukturaθjón] [女] 構造破壊, 脱構造化, 組織喪失

desestructurar [desestrukturár] [他] 構造(組織)を破壊する: La dictadura *desestructuró* el movimiento social. 独裁政府は社会運動を潰した

desetiquetar [desetiketár] [他] …のラベルを剝がす

desexcitación [desɛ(k)sθitaθjón] [女]《物理》脱励起

desexilio [desɛ(k)síljo] [男]《南米》亡命(追放)先からの帰国, 祖国への再適応

desfacedor, ra [desfaθeđór, ra] [形] [名]《まれ》=**deshacedor**

~ de entuertos《戯語》悪を正す人

desfacer [desfaθér] [63] 〘[過分] des*fecho*〙 [他]《まれ》=**deshacer**

~ entuertos《戯語》悪を正す

desfachatadamente [desfatʃatáđaménte] [副] 厚かましく, ずうずうしく

desfachatado, da [desfatʃatáđo, đa] [形] 厚かましい, ずうずうしい, 恥知らずな

desfachatez [desfatʃatéθ] 〘←伊語 sfacciatezza〙 [女] ❶ 厚かましさ, ずうずうしさ, 恥知らず: tener la ~ de+不定詞 ずうずうしくも…する. Su ~ no tiene límites. 彼はどこまでも厚かましい. ❷ 恥知らず(無礼)な言動

desfajar [desfaxár] [他] おむつを脱がす; 帯を外す

desfalcador, ra [desfalkađór, ra] [形] [名] 横領する〔人〕

desfalcar [desfalkár] 〘←伊語 defalcare〙 [7] [他] ❶ 横領する, 着服する, 使い込む. ❷ [一部を] 取り去る. ❸ …から地位(寵愛・友情)などを横取りする

desfalco [desfálko] [男] 横領, 着服, 使い込み

desfallecer [desfaʎeθér] 〘←des-+fallecer〙 [39] [自] ❶ [気力・体力が] 衰える; くじける, へこたれる: No *desfallezcas* y vuelve a intentarlo. くじけずにもう一度やってごらん. ❷ 気が遠くなる, 気絶する, 卒倒する: *Desfalleció* a la vista de sangre. 彼は血を見て気を失った. ~ de hambre 空腹で倒れそうになる

—— [他]《まれ》弱める; 衰弱させる

desfallecido, da [desfaʎeθíđo, đa] [形] ❶ 衰弱した: Llegaron a la meta ~*s*. 彼らはへとへとになってゴールインした. ❷ 気を失った, 失神した

desfalleciente [desfaʎeθjénte] [形] ❶ 衰弱していく, 衰えつつある. ❷ 失神しそうな, 気絶しかかった

desfallecimiento [desfaʎeθimjénto] [男] ❶ 衰弱, 衰え; 弱体化. ❷ 失神, 気絶: estar al borde de ~ 今にも気を失いそうである. sufrir un ~ 失神する

desfamar [desfamár] [他] =**difamar**

desfarfollar [desfarfoʎár] [他]《アンダルシア》トウモロコシの葉をむしる

desfasado, da [desfasáđo, đa] [形] ❶ 時代遅れの, 現実とずれた; 場違いな: Tus trajes están algo ~*s*. 君の服は少し時代遅れだ. quedarse ~ 時代遅れになる. discurso ~ que no interese a nadie 誰も関心をもたない場違いな演説. ❷ ずれた: El sonido y la imagen están ~*s* en este video. このビデオは音声と画像がずれている. ❸《物理》位相がずれた

desfasaje [desfasáxe] [男]《地方語》=**desfase**

desfasamiento [desfasamjénto] [男] =**desfase**

desfasar [desfasár] 〘←desfase〙 [他] ❶《物理》位相を変位させる. ❷ [+de から] ずれさせる, ずれを生じさせる

—— **~se** ❶ [その場の雰囲気や状況に] 合わない: Tus ideas ya *se han desfasado* y no sirven para el mundo actual. 君の考えは時代遅れになっていて, 今の世界には通用しない. ❷《口

語》抑えが利かなくなる, 突拍子もないことをする: Con solo dos copitas *y se desfasó* que no veas. たった2杯で彼はすっかり箍が外れた

desfase [desfáse] [←des-+fase] 男 ❶ ずれ, 格差, ギャップ: Hay ~ entre la oferta y la demanda. 需要と供給に差がある. ~ generacional 世代によるずれ, ジェネレーション・ギャップ. ~ horario 時差ぼけ [=jet lag]. ❷《統計》タイムラグ [=cronológico]: ~ ingreso-gasto 所得・支出ラグ. ❸《物理》位相変化, 位相差: ángulo de ~ 位相角

desfatigante [desfatiɣánte]《まれ》疲れを取り除く, 疲労回復の

desfavor [desfaβór] 男《古語》**=disfavor**
en ~《まれ》好意的でなく; 不利に, 逆に

desfavorable [desfaβoráβle] [←des-+favorable < favor] 形 ❶ 不利な, 都合の悪い: El tiempo nos ha sido ~. 天候は我々に不利だった. arbitraje ~ 不利な判定. resultados ~s 思わしくない結果. viento ~ 逆風 [+a ~] 好意的でない, 反対である [意見], 好ましくない: Su opinión es ~ al proyecto. 彼の意見は計画に好意的でない

desfavorablemente [desfaβoráβleménte] 副 不利に, 逆に: Respondió ~ a mi propuesta. 彼女は私の提案を断った

desfavorecedor, ra [desfaβoreθeðór, ra] 形 不利に作用する

desfavorecer [desfaβoreθér] [←des-+favor] 39 他 ❶ …に不利に働く, 損なう: La nueva ley *desfavorece* a las pequeñas empresas. 新法は零細企業には不利に働く. ❷ 似合わない: Te *desfavorece* ese maquillaje. その化粧は君に似合わない. ❸《敵方を支持し》反対する, 反対運動をする

desfavorecido, da [desfaβoreθíðo, ða] 形 ❶ [社会的に] 恵まれない: zona ~*da* 貧困地域. ❷ 醜い, 不細工な: Saliste ~ en esa foto. 写真うつりが悪かったね

desfecho, cha [desfétʃo, tʃa] desfacer の 過分
—— 男《詩法》締めくくりの句 [=deshecha]

desfenestrar [desfenestrár] 他《文語》**=defenestrar**

desferra [desféřa]《古語》不和; [意見の] 不一致

desferrar [desfeřár] 他《古語》[人から] 手錠・足枷を外す

desfibrado [desfiβráðo] 男 繊維質除去; [製紙用木材の] 粉砕

desfibradora [desfiβraðóra] 女 ❶ [サトウキビの] 粉砕器. ❷ [製紙用の] 木材粉砕機

desfibrar [desfiβrár] 他 [植物の] 繊維質を除去する, 繊維質を砕く; [製紙用木材を] 粉砕する

desfibrilación [desfiβrilaθjón] 女《心臓の》細動除去

desfibrilador [desfiβrilaðór] 男《医学》除細動器

desfibrilar [desfiβrilár] 他《心臓の》細動を除去する

desfibrinación [desfiβrinaθjón] 女《医学》[血液の] 脱繊維素

desfiguración [desfiɣuraθjón] 女 ❶ 醜くする(なる)こと. ❷ 歪曲, 改竄（ざん）

desfiguramiento [desfiɣuramjénto] 男 **=desfiguración**

desfigurar [desfiɣurár] [←ラテン語 desfigurare < de- (奪う)+figura「姿」] 他 ❶ 容貌・容姿を醜くする, 傷つける: El accidente *le ha desfigurado* la cara. 事故で彼の顔が変わってしまった. ~ una plaza 広場の景観を損なう. ❷ 歪曲する, 改竄（ざん）する; 変装する: ~ los datos contables 経理資料を改竄する. ~ las cosas a su gusto 物事を好きなように歪曲する. Los ladrones *desfiguraron* el coche. 泥棒たちは車を改造した. ~ la voz 声色を変える. ❸ [形・輪郭などを] 不鮮明にする, ぼんやりにする: La niebla *desfiguraba* el contorno de la isla. 霧で島の輪郭がぼやけていた
—— ~*se* ❶ 変貌する; [容姿が] 醜くなる, 違って見える: Su casa *se pintó de nuevo*, 塗り直されて彼の家の外観はすっかり変わってしまった. ❷ 顔色が変わる: Al verle *se le desfiguró* la cara. 彼を見ると彼女の顔色が変わった

desfiguro [desfiɣúro] 男《メキシコ》奇行, ふざけた言動

desfijar [desfixár] 他《まれ》[固定されていた物を] 取り外す

desfilachar [desfilatʃár] 他《地方語》**=deshilachar**

desfiladero [desfilaðéro] 男 [山間の] 狭い道: pasar por el ~ de uno en uno 細い道を一人ずつ通る

desfilar [desfilár] [←仏語 défiler < file「列」] 自 ❶ 行進する, 列になって歩く, 練り歩く: *Desfilaron* más de diez mil personas durante la manifestación. デモでは1万人以上が行進した. ❷《軍事》分列(縦列)行進する: El regimiento *desfiló* ante el rey. 連隊は国王の前を分列行進した. ❸ [人が] 次々と続く(現われる): Miles de turistas *desfilan* cada año por el templo. 毎年何千人もの観光客がこの寺院を訪れる. ❹ [集団が] 次々に帰る, 帰路につく: Cuando el partido todavía no había acabado, la gente empezó a ~. まだ試合が終わらないうちから人々は帰り始めた. ❺ [ファッションモデルが] ステージを歩く, ウォーキングする

desfile [desfíle] 男 ❶ パレード, 行進: ~ conmemorativo de la victoria 戦勝記念パレード. ~ de carrozas [祭りの] 山車の列. ~ de modelos / ~ de moda ファッションショー. ❷《軍事》分列行進 [=~ militar]; 閲兵式: ~ naval 観艦式

desfinanciar [desfinanθjár] 10 他《南米》資金不足にする

desflaquecer [desflakeθér] 39 他《廃語》**=enflaquecer**

desflaquecimiento [desflakeθimjénto] 男《廃語》**=enflaquecimiento**

desflecar [desflekár] 7 他 ❶《服飾》[布の縁をほぐして] 房のようにする, 房飾りをつける. ❷《文語》ほぐす, 分ける

desflemar [desflemár] 自 痰（たん）を吐く
—— 他《化学》アルコール液から蒸留液を分離する

desflocar [desflokár] 他 **=desflecar**

desfloración [desfloraθjón] 女 処女性を失わせる(失う)こと, 破瓜（か）

desfloramiento [desfloramjénto] 男 **=desfloración**

desflorar [desflorár] [←ラテン語 deflorare] 他 ❶《口語》[女性の] 処女性を奪う. ❷ [いちばん良い部分を] 損なう, 色あせさせる. ❸ [物事を] 表面的に扱う, 掘り下げない; 簡単に言及する: El profesor sólo *desfloró* el tema y no entró en ninguna cuestión de fondo. 教授はそのテーマに軽く触れただけで, 本質的な問題には全く入らなかった

desflorecer [desfloreθér] 39 自《まれ》花がしおれる(枯れる・しぼむ), 落花する

desflorecimiento [desfloreθimjénto] 男 花がしおれること, 落花

desfogar [desfoɣár] [←イタリア語 sfogare < foga「衝動」 <ラテン語 fuga < fugere「逃げる」] 8 他 ❶《感情を, +en・con に》ぶちまける, 吐露する, 発散させる: ~ su mal humor *con (en)* su mujer 妻に八つ当たりする. ~ sus frustraciones rompiendo los libros 本を破いて欲求不満を発散する. ❷ …の火を燃え立たせる: ~ un horno 囲炉裏の火を燃え立たせる. ❸ [生石灰を] 消石灰にする. ❹《コロンビア》[配管から] 水を抜く
—— 自《船舶》嵐 (夕立) などになる
—— ~*se* 感情を爆発させる, 鬱憤を晴らす: Ella *se desfogó* echándose a llorar desconsoladamente. 彼女は思いっきり泣いて気持ちを晴らした

desfogonar [desfoɣonár] 他 [大砲などの] 火門を壊す

desfogue [desfóɣe] 男 ❶ [感情・情熱の] 吐露, 発散. ❷ 排気口, 通気孔. ❸ [消石灰を作るための] 消和. ❹ 火を燃え立たせること. ❺《コロンビア》1) 排気口. 2) [エンジンの] 排気

desfoliar [desfoljár] 10 他 **=defoliar**

desfollonar [desfoʎonár] 他《農業》不要な葉・芽を取り除く, 摘芽(摘心)をする

desfondamiento [desfondamjénto] 男 ❶《スポーツ》体力(気力)を失わせること; スタミナ切れ. ❷ 底を壊す(底が抜ける)こと

desfondar [desfondár] [←des-+fondo] 他 ❶ [器などの] 底を壊す, 底を抜く: Al sentarte de golpe, *desfondaste* la silla. 君は乱暴に座って, 椅子を壊した. ❷《船舶》船底に穴を開ける: Un golpe contra las rocas *desfondó* la barca. 岩に衝突して船底に穴が開いた. ❸《農業》深く耕す, 掘り起こす. ❹《スポーツ》体力(気力)を失わせる: Las subidas continuas les *desfondaron* a los corredores. 登り坂の連続でランナーたちはスタミナがなくなった
—— ~*se* ❶ [器などの] 底が抜ける. ❷《船舶》船底に穴が開く: El barco *se desfondó* en los arrecifes. 船は暗礁に底が抜けた. ❸《スポーツ》体力(気力)がなくなる: Todos los jugadores lucharon hasta ~*se*. 選手は全員スタミナが切れるまで戦った

desfonde [desfónde] 男 ❶ 底を抜く(底が抜ける)こと; 船底に穴が開くこと. ❷《農業》深耕. ❸《スポーツ》スタミナ切れ

desfondo [desfóndo] 男《農業》深耕

desfonologización [desfonoloxiθaθjón] 女《言語》脱音韻化

desforestación [desforestaθjón] 女 **=deforestación**

desforestar [desforestár] 他 **=deforestar**

desformar [desformár] 他 **=deformar**

desforrar [desfor̄ár] 他 裏地(覆い)を取り除く
desfortalecer [desfortaleθér] 39 他 防壁を取り除く, 要塞(堡塁)を取り壊す
desfortificar [desfortifikár] 7 他 防備を撤去する
desforzar [desforθár] 9 28《→forzar》~**se**《まれ》復讐する, あだ討ちをする
desfrenamiento [desfrenamjénto] 男《まれ》=**desenfreno**
desfrenar [desfrenár] 他《まれ》=**desenfrenar**
desfruncir [desfrunθír] 他 ❶［しわ・ひだを］伸ばす: ~ la tela 布地のしわを伸ばす. ~ el ceño 愁眉を開く. ❷［畳んだ物を］広げる, 開く
desfrutar [desfrutár] 他 ❶《魔話》［熟す前に］果実を取る, 摘果する. ❷《まれ》=**disfrutar**
desfrute [desfrúte] 男《魔話》=**disfrute**
desga [désga] 女《ビスカヤ》1本の木から作った練り鉢
desgabilado, da [desgabiláđo, da] 形 頼りない, つかみどころのない, 元気のない
desgaire [desgáire] 男［←カタルーニャ語 a escaire「斜めに」< caire「角度」<ラテン語 quadrum「正方形」］❶ だらしなさ, 無頓着さ: vestir con ~ だらしない身なりをする. ❷ 軽蔑の仕草: Al marcharse nos hizo un ~ con la cara. 彼は帰り際, 私たちに軽蔑の表情を向けた. ❸［動作・歩き方の］粗野, がさつ **al ~**［わざと］無頓着に, ぞんざいに, 無造作に: Todo lo hace al ~ y de cualquier manera. 彼は何でもいい加減にやってしまう. decir al ~ ぶっきらぼうに言う
desgajadura [desgaxađúra] 女［樹皮の一部が幹とくっついたまま］枝が折れること
desgajamiento [desgaxamjénto] 男 =**desgaje**
desgajar [desgaxár]［←des-+gajo］他 ❶［枝を］折る, もぎ取る: El huracán *desgajó* las ramas de los árboles. ハリケーンで木々の枝が折れた. ❷［+de から］むしり取る, 引き抜く: ~ una naranja en2個取る. ~ las hojas de una revista 雑誌のページを破り取る. ❸ 立ち退かせる, 引き離す: La guerra *desgaja* a muchos hombres *de* su ambiente conocido. 戦争によって多くの人が住み慣れた環境から引き離される ——~**se** ❶［枝が］折れる. ❷ ちぎれる, 裂ける: Se han *desgajado* algunas partes importantes del manuscrito. 手稿の重要な部分が脱落した. ❸［意思に反して］出て行く, 離れる: ~*se de* su ciudad natal 生地を離れる. ~*se del* grupo 集団から離脱する. Se van *desgajando* los incidentes en el transcurso de la novela. 小説が進むにつれて(偶発的な)出来事が起こっていく. ❹《コロンビア》豪雨が降る
desgaje [desgáxe] 男 ❶ 折り取る(折れる)こと; ［枝］の雪折れ, 風折れ. ❷ むしり取られたもの. ❸［生地・故郷を］離れること
desgalgadero [desgalgađéro] 男 ❶ 石ころだらけの坂道. ❷ 断崖, 絶壁
desgalgar [desgalgár] 8 他 突き落とす, 転落させる ——~**se** 転落する
desgalichado, da [desgalitʃáđo, đa] 形《口語》［身だしなみなどが］だらしない; 不格好な, 野暮ったい
desgalichadura [desgalitʃađúra] 女 だらしなさ; 野暮ったさ
desgalichamiento [desgalitʃamjénto] 男 =**desgalichadura**
desgalillar [desgaliʎár] ~**se**《中米》=**desgañitarse**
desgana [desgána]［←des-+gana］女 ❶ いや気, やる気のなさ: El ejercicio físico le inspira ~. 彼は運動ときくといや気がさす. obedecer con (a) ~ しぶしぶ従う. ❷ 食欲不振: Lleva dos semanas de una ~ total. 彼はこの2週間全く食欲がない. andar con ~ 食欲不振である
desganado, da [desganáđo, đa] 形［estar+］❶ 食欲のない: Llevo algún tiempo ~. 私はここしばらく食欲がない. ❷ やる気のない, 気の進まない: ~ asentimiento しぶしぶの同意
desganar [desganár] 他 ❶……のやる気を奪う, 意欲をなくさせる: La bronca del jefe me *ha desganado*. 上司に一喝されて私はやる気をなくした ——~**se** ❶ 食欲をなくす: Con la gripe *se ha desganado*. 彼は風邪で食欲が減退した. ❷ やる気をなくす
desganchar [desgantʃár] 他《農業》［枝の切り残しを］切り取る ——~**se**［枝または枝の切り残り基部が］取れる
desgano [desgáno] 男《主に南米》=**desgana**
desgañifar [desgañifár] ~**se** =**desgañitarse**
desgañir [desgañír] 20 ~**se**《古語》=**desgañitarse**

desgañitar [desgañitár] ~**se** ❶ 声を限りに叫ぶ, 声を張り上げる. ❷ 声が嗄れる
desgañotado, da [desgañotáđo, đa] 形《地方語》首(喉)のない
desgarbado, da [desgarbáđo, da] 形［←des-+garbo］❶［身のこなし・動きが］ぶざまな, 野暮ったい: andares ~s 不格好な歩き方. ❷［体つきが］ひょろひょろした
desgarbilado, da [desgarbiláđo, da] 形《地方語》=**desgarbado**
desgarbo [desgárbo] 男 ぶざま, 不格好, 野暮ったさ: El ~ de su movimiento denota cansancio. 彼の動きに切れがないのは疲れを表わしている
desgargantar [desgargantár] ~**se** =**desgañitarse**
desgargolar [desgargolár] 他 ❶《農業》［亜麻・麻などを干してから, 実を落とすために］揺する. ❷《木工》［はめ込み溝から］木片を抜く
desgaritar [desgaritár] 自 道に迷う, 方向が分からなくなる ——~**se** ❶［家畜が］群れから離れる. ❷［論理・話の筋が］正しい方向に進む, 脱線する
desgarradamente [desgar̄áđaménte] 副 厚かましく, ずうずうしく
desgarrado, da [desgar̄áđo, da] 形 名 ❶ 厚かましい(人), ずうずうしい(人), 恥知らずな(人). ❷ 悲痛な, 苦しそうな, 胸を引き裂かれるような: llanto ~ 悲痛な嘆き. voz ~*da* 苦しそうな声. ❸ 放蕩の, 勝手気ままな
desgarrador, ra [desgar̄ađór, ra] 形 悲痛な, 胸を引き裂くような, 断腸の思いをさせる: grito ~ 悲痛な叫び声
desgarradura [desgar̄ađúra] 女 =**desgarrón**
desgarramiento [desgar̄amjénto] 男 ❶ 引き裂き, 破る(破れる)こと. ❷ 裂き傷, かぎ裂き
desgarrante [desgar̄ánte] 形 悲痛な
desgarrar [desgar̄ár][←des-+garra] 他 ❶［紙・布などを］引き裂く, びりびり破る: El clavo me *desgarró* el vestido. 私は釘で服にかぎ裂きを作った. ~ el sobre 封筒を引きちぎる. ❷［精神的に］苦痛を与える, 心をかき乱す: El llanto del niño me *desgarró* el alma. その子の泣き声が私の心を千々に乱した ——~**se** ❶ 裂ける, 破れる: Se le *ha desgarrado* el vestido al engancharse en un clavo. 彼女は釘に引っかけて服が破けた. ❷ 悲痛な思いをする: Se me *desgarra* el alma solo de pensar en mi hija. 私は娘のことを考えるだけで胸を引き裂かれる思いがする. ❸［体を］痛める; ［皮膚に］裂き傷をつける; ［筋肉が］断裂する. ❹［+de から］離れる: ~*se del* equipo チームから離脱する
desgarre [desgár̄e] 男 =**desgarro**
desgarreate [desgar̄eáte] 男《メキシコ. 口語》=**desgarriate**
desgarriate [desgar̄játe] 男《メキシコ. 口語》混乱; 困難. 大騒ぎ
desgarro [desgár̄o]［←desgarrar］男 ❶ かぎ裂き, 裂け目, 破れ目. ❷ 厚かましさ, 図々しさ［特に女性の］を指す. ❸ 嘆き, 悲痛な感情, 悲嘆. ❹《医学》1) 断裂を伴う筋肉の挫傷, 筋肉断裂 (=~ muscular). 2) ~ de Mallory-Weiss マロリーワイス症候群. ❺《古語的》空いばり, 強がり: Los que más ~s muestran, más cobardes resultan. 一番強がっている者が一番臆病である. ❻ 歯に衣着せぬ表現. ❼《中南米》喀痰, 喀血
desgarrón [desgar̄ón] 男 大きな破れ目(かぎ裂き)
desgasificación [desgasifikaθjón] 女［液体中の］ガス抜き, 脱ガス
desgasificador [desgasifikađór] 男 ガス抜き装置, 脱気装置; ［電子管の］ゲッター
desgasificar [desgasifikár] 7 他［液体に溶けている］ガスを抽出(除去)する
desgasolinar [desgasolinár] =**desgasolinizar**
desgasolinizar [desgasoliniθár] 9 他［天然ガスから］液体炭化水素を分離する
desgastador, ra [desgastađór, ra] 形《古語》無駄づかいする, 浪費する
desgastamiento [desgastamjénto] 男 無駄づかい; 大盤ぶるまい
desgastar [desgastár]［←des-+gastar］他 ❶ すり減らす, 摩滅させる, 使い古す; ［岩石を］浸食する, 風化させる; ［金属を］腐食する: ~ los zapatos 靴を履き潰す. El agua *desgasta* la piedra. 水で石が丸くなる. ❷［力などを］弱らせる

—— ~se すり減る, 摩耗する: Este jersey se me ha desgastado por los codos. 私のこのセーターは肘のところがすり切れた. ❷ へばる; [力などが] 弱る, 尽き果てる: El ingenio se le ha desgastado con los años. 年齢を重ねるにつれ彼の才能も枯渇した

desgaste [desgáste]【←desgastar】男 ❶ 摩滅, 摩耗, すり減り, 浸食, 腐食: ~ de los neumáticos タイヤのすり減り. ~ por el uso 使用による摩耗. ❷ [品質などの] 劣化, 低下: ~ abrasivo 経年劣化. ~ de las pilas 電池の消耗. ❸ 衰弱, 弱体化, へばり: sufrir un ~ físico 体力を消耗する. indicios del ~ de la dictadura 独裁政権の弱体化の兆候. guerra de ~《軍事》消耗戦. ❹ 空費, 徒費

desgatar [desgatár] 他《農業》雑草を抜く, 草取りをする
desgavillado, da [desgaβiʎáðo, ða] 形《アンダルシア》元気のない, 衰えた, 衰弱した
desgaznatar [desgaθnatár] ~se =**desgañitarse**
desglaciación [desglaθjaθjón] 女《氷河の》退氷
desglosar [desglosár] 他【←des-+glosar】❶ [+de から/+en に] 分ける, 分類する; [内訳・明細を] 抜き出す: Han desglosado estos gastos del presupuesto general. 彼らはこれらの支出を一般予算から分けた. ~ su explicación en varios apartados 説明をいくつかの項目に分ける. ❷ [文書から] 注釈(注記)を削除する. ❸ [印刷物の一部を] 切り離す. ❹ [フィルムを] 編集する. ❺ [審理を] 分離する
desglose [desglóse] 男 ❶ 分類, 内訳: ~ de una cuenta 勘定の内訳. ❷ [書類の] 抜き出し, 取り出し; 切り離し. ❸ [注釈・注記の] 削除, 消去. ❹ [フィルムの] 編集
desgobernado, da [desgoβernáðo, ða] 形 ❶ [事が] 無秩序な, 乱れた. ❷ [人が] 放縦な
desgobernadura [desgoβernaðúra] 女《古語. 獣医》[馬の] 静脈の緊縛
desgobernar [desgoβernár] 他 ❶ 統治(管理・経営)を誤る: Los problemas económicos están desgobernando el país. 経済問題が国の統治を誤らせている. ❷ [政府を] 転覆する, 混乱させる; [指導部を] 混乱させる. ❸ 脱臼させる.《船舶》舵とりを誤る. ❹《古語. 獣医》[馬の] 静脈を緊縛する
—— ~se ❶ 秩序が乱れる. ❷ [ダンスで] 激しい動きをする
desgobierno [desgoβjérno] 男【←des-+gobierno】❶ 悪政, 行政不在, 管理行き届き: ~ doméstico 内政不在. El ~ de la empresa es evidente. その企業の乱脈経営は明らかだ. ❷ 無秩序. ❸《古語. 獣医》=**desgobernadura**
desgolletar [desgoʎetár] 他【←des+gollete】❶ [瓶などの] 首の部分を割る《コルクが抜けない時など》. ❷ [衣服の] 襟首を緩くする (取り去る)
desgomar [desgomár] 他 [染色効果を高めるため, 絹などの] ゴム質を除去する; [布から] 糊を抜く
desgonzado, da [desgonθáðo, ða] 形《ベネズエラ》疲れ果ててぐったりした
desgonzar [desgonθár] 他 ⑨ =**desgoznar**
desgorrar [desgořár] ~se《まれ》帽子を脱ぐ
desgoznado, da [desgoθnáðo, ða] 形《ベネズエラ》[重労働などの後で] 疲労困憊した
desgoznar [desgoθnár] 他 …のちょうつがいを外す, ちょうつがいから…を外す
—— ~se [扉などが] 外れる
desgracia [desgráθja] 女【←des-+gracia】❶ 不運, 不幸: Me vi perseguido por la ~. 私は不運につきまとわれた. Estoy de (en) ~. 私はついてない/災難続きだ. sufrir una ~ 不幸な目にあう. En la ~ se conoce a los amigos.《諺》困った時の友人が真の友人. ❷ 災難, わざわい, 不幸な出来事: Las ~s nunca vienen solas.《諺》悪いことは重なるものだ/泣き面に蜂. ❸ 恥さらし, 不名誉となる事物: Es la ~ de la familia. 彼は一家の面汚しだ. Eres una ~.《口語》お前は役立たずだ. ❹ 冷遇, 失寵, 不遇. ❺《口語》無愛想; 不手際. ❻《口語》苦手, 下手
acarrearse la propia ~ 自ら不幸を招く
caer en ~ 寵愛を失う, うとまれる
~s personales《文語》[事故・災害の] 犠牲者: No hubo ~s personales en el accidente. その事故で死傷者はなかった
en ~ 1) 寵愛を失った, うとまれた. 2) 不運続きの: Este traje está en ~; cada vez que me lo pongo me lo manchan. この背広はついていない. 私が着るたびに必ず汚される

hacerse sin ~ 無事に終了する
labrarse la propia ~ 自ら不幸の種をまく
para mayor ~ さらに不運なことに, あげくの果てに
por ~ 不幸にも, 不運なことに, 残念ながら, あいにく: Por ~ hubo muchos muertos en el accidente. 残念ながら事故で多くの死者が出た. Por ~, no puedo ayudarte. 残念だが, 君を助けてあげられない
ser una ~ *que*+接続法 …するとは不幸(不運)なことである: Es una ~ que haya caído enfermo ahora que empiezan las vacaciones. 休暇が始まるという時に彼が病気になるとは不運なことだ
tener ~ 不運である, 運がない: Tiene ~ en todo lo que hace. 彼は何をやっても芽が出ない
tener la ~ *de*+不定詞 (*de que*+接続法) 不幸にも…する, …という不幸に見舞われる: Tuvo la ~ de perder a su padre (de que su padre muriera). 彼は不幸にも父親に死なれた

desgraciadamente [desgraθjáðaménte] 副 遺憾ながら, 残念にも, 残念ながら, あいにく: D~, no ha tocado la lotería. 残念ながら宝くじは当たらなかった

desgraciado, da [desgraθjáðo, ða] 形 ❶ [ser+] 不幸な, 不幸せな: Fue ~ en su matrimonio. 彼の結婚生活は不幸だった. Es un hombre ~ que ha fracasado en todo lo que ha emprendido. 彼はついていない男で何をやっても失敗する. suceso ~ 不幸な出来事. ❷ [ser+. 生活に] 哀れな, 貧しい: vida ~da みじめな生活. ❸《軽蔑》魅力のない, つまらない: Su aspecto ~ aleja a las mujeres. 彼は外見が醜いので女性が逃げて行く. mujer ~da 魅力のない女; 不運な女. adorno ~ 醜悪な飾り. ❹ 時機を失した, 的外れの: intervención ~da タイミングの悪い介入. palabras ~das 的外れな言葉
sentirse ~ 自分を憐れむ
—— 名 ❶ 不運な人, 不幸な人; 貧しい人: La hizo una ~da. 彼は彼女を辱めた. ❷《軽蔑》魅力のない人. ❸《軽蔑》くだらない人間, ろくでなし: ¿Qué se ha creído ese ~? あのろくでなしめ, 一体何様のつもりだ?
——間《軽蔑》人でなし!

desgraciar [desgraθjár] 他【←desgracia】⑩《口語》❶ 壊す, 損ねる, だめにする: Has desgraciado el reloj. 君は時計を壊してしまった. Esa arruga desgracia la chaqueta. しわでジャケットが台なしだ. ❷ [人を] ひどく傷つける: El que desgracie a mi hija lo pagará caro. 娘を毒牙にする奴は高くつくぞ. ❸ [計画などを] 失敗させる. ❹ 不快にする, 怒らせる
—— ~se ❶ 壊れる: Parece que se ha desgraciado la lavadora. 洗濯機がだめになったようだ. ❷ [途中で] だめになる, 失敗する, 挫折する, うまくいかない: Uno de los hijos se desgració antes de nacer. 子供の1人は生まれる前に死んだ. ❸ 不仲になる, けんかする. ❹《地方語》放屁する. ❺《南米. 婉曲》おもらしする

desgramar [desgramár] 他《薬草の》ギョウギシバ grama を刈る

desgranado, da [desgranáðo, ða] 形 [歯車などが] 歯のこぼれた

desgranador, ra [desgranaðór, ra] 形 [豆・トウモロコシなどの] 種(実)を取り出す, 脱粒する
—— 女 脱粒機, 種こき機

desgranar [desgranár] 他 ❶ [穂・房から] 種(実)を取り出す: ~ habas さやからソラマメを取り出す. ~ un racimo de uva ブドウの果実を房から離す. ❷ [言葉を] 畳みかける, 並び立てる: ~ insultos 侮辱の言葉を次々と発する. ~ las cuentas del rosario ロザリオの珠をつまぐりながら祈りを唱える
—— ~se ❶ [糸でつないだ物が] ばらばらになる: Se le desgranó el collar. 彼女の首飾りの糸が切れて, ばらばらになった. ❷《チリ, アルゼンチン》分散する, 散らばる

desgrane [desgráne] 男 脱粒, 種こき
desgranzar [desgranθár] 他 ⑨ ❶《農業》もみ殻を取り除く, 穀粒ともみ殻を分ける. ❷《美術》顔料の1回目のすり潰しをする
desgrasar [desgrasár] 他《羊毛などの》油脂を除去する
desgrase [desgráse] 男 油脂除去
desgravable [desgraβáβle] 形 控除対象となる, 控除可能な
desgravación [desgraβaθjón] 女 税の控除, 免税, 減税: ~ a la exportación [輸出促進のための] 輸出リベート, 輸出割戻し. ~ de exportaciones [外国人旅行者が買った商品の] 国内消費税の還付. ~ fiscal por la compra de vivienda 住宅取得控除. ~ para exportaciones industriales 工業製品輸出戻

desgravar [desɣraβár]【←des-+gravar】他［税金から］控除する: Me *desgravaron* los gastos médicos del impuesto sobre la renta. 私は所得税の医療費控除を受けた
—— 自・~se 控除される: Las aportaciones a instituciones benéficas *desgravan* en el impuesto un diez por ciento de lo pagado. 慈善団体への寄付は納税額の10％が控除される

desgreñado, da [desɣreɲáðo, ða] 形 髪が乱れた: tener el pelo ~ 髪の毛をくしゃくしゃにしている

desgreñar [desɣreɲár] 他 …の髪を乱す
—— **~se** ❶ 髪の毛が乱れる, ぼさぼさになる. ❷ ［主に女性が］髪の毛を引っ張り合って］けんかする

desgreño [desɣréɲo] 男 ❶ 髪を乱す(髪が乱れる)こと. ❷ 不注意, 怠慢

desguace [desɣwáθe]【←desguazar】男 ❶ ［船・自動車・家電品などの］解体, スクラップ化. ❷ 解体場;《西》スクラップ工場. ❸ 解体品, スクラップ. ❹《ベネズエラ》絶滅
estar para el ~ 1) もう使い物にならない: Tu pobre coche ya *está para el* ~. 君の哀れな車はポンコツ同然だ. 2) 老衰している

desgualdrajar [desɣwaldraxár] 他《アンダルシア》破損させる
desgualdramillar [desɣwaldramiʎár] 他《地方語》破損させる
desguanzado, da [desɣwanθáðo, ða] 形《メキシコ. 口語》元気をなくした, ぐったりした

desguañangado, da [desɣwaɲaŋɡáðo, ða] 形《プエルトリコ, ベネズエラ, チリ, アルゼンチン》着る物に無頓着な;ふるまいが乱暴な

desguañangar [desɣwaɲaŋɡár] 8 他《中南米. 口語》壊す, 分解する;害する, 損なう
—— **~se**《中米》意気消沈する, 気力をなくす

desguaralado, da [desɣwaraláðo, ða] 形 名《ベネズエラ. 口語》服装や身だしなみに無頓着でだらしない〔人〕

desguarnecer [desɣwarneθér]【←des-+guarnecer】39 他 ❶ ［+de 付属物・飾りを］…から取り去る: 1) ~ una blusa *de* los encajes ブラウスのレースを取る. ~ el escenario 舞台を片付ける. ~ a un caballo 馬具を外す. ❷ ［重要な部品を］~ *de* cuerdas una guitarra ギターの弦を外す. ~ *de* velas un barco 船から帆を外す. ❷ ［場所から］兵を撤退させる, 守備隊を退去させる. ❸ ［比］無防備にする: No quiero que los niños queden *desguarnecidos*. 私は子供たちだけにしたくない. ❹ ［斧・剣などで, 相手の］鎧の一部を叩き落とす

desguarnir [desɣwarnír] 他《船舶》キャプスタンから索具(錨鎖)を外す

desguazar [desɣwaθár]【←伊語 sguazzare】9 他 ❶ ［船・自動車・家電品などを］解体する, スクラップにする. ❷ ［木材を］斧で粗削りする. ❸《中米》ぱらばらにする

desgubernamentalizar [desɣuβernamentaliθár] 9 他 ［放送局などを］民営化する, 政府色を消す

desguince [desɣínθe] 男 ❶ ［製紙用の］ぼろ布裁断機. ❷ =**esguince**

desguindar [desɣindár]《船舶》［帆などを］下ろす
—— **~se**《船舶》［人が高所から］降りる

desguinzar [desɣinθár] 9 他 ［ぼろ布裁断機で］切り裂く

deshabillé [desaβiʎé]【←仏語】男〔～s〕化粧着, ガウン〔=salto de cama〕

deshabitación [desaβitaθjón] 女《まれ》無人, 無住

deshabitado, da [desaβitáðo, ða] 形 無人の, 人の住んでいない;空き家の: De momento la casa está ~*da*. さしあたってこの家には誰もいない. pueblo. ~ 廃村. planeta ~ 無人惑星

deshabitar [desaβitár]【←des+habitar】他 ❶ …から退去する: El ayuntamiento ordenó ~ las chabolas. 市当局はバラックからの退去を命じた. ❷ 無人にする: La emigración a la capital *deshabitó* muchos pueblos comarcanos. 首都への人口流入で近隣の村の多くが無人と化した

deshábito [desáβito] 男 習慣がないこと

deshabituación [desaβitwaθjón] 女 習慣をやめさせる(やめる)こと

deshabituamiento [desaβitwamjénto] 男《まれ》=**deshabituación**

deshabituar [desaβitwár] 14 他 ［+de 習慣を］やめさせる: Cuesta trabajo ~ a los niños *de* que se acuesten tarde. 子供たちに夜ふかしの習慣をやめさせるのは骨が折れる
—— **~se** [+de 習慣を]やめる: ~*se de* la heroína ヘロインをやめる. ~*se del* tabaco たばこをやめる

deshacedor, ra [desaθeðór, ra] 形 名《まれ》壊す〔人〕, 分解する〔人〕: ~ de agravios／~ de entuertos 不正を正す人, 正義漢〔ドン・キホーテを指す〕

deshacer [desaθér]【←des-+hacer】63 ［過分 *deshecho*〕他 ❶ ［形作ったものを］壊す, 崩す, 乱す: *Deshice* la colcha sobre la cama. 私はベッドの上で荷物を解いた. ~ el nudo 結び目をほどく. ~ la cama ［取り替えるために］ベッドのシーツを剥ぐ. ~ la radio ラジオを分解する. ~ un buey 牛をさばく, 解体する. ❷ ［契約などを］破棄する: ~ un noviazgo 婚約を解消する. ❸ 粉々にする, 細かく砕く: ~ en mil pedazos. 木っ端微塵にする. ❹ 破壊する, めちゃくちゃにする: Los bombardeos *deshicieron* la escuela. 爆撃で学校が破壊された. ~ el plan 計画を台なしにする. ~ a+人 la vida …の人生をめちゃくちゃにする. ❺ ［敵を］壊滅させる, 圧勝する: ~ a las tropas invasoras 侵略軍を打ち破る. ❻ 溶解状態のものにする: El calor *deshace* la nieve. 熱で雪が溶ける. ~ el azúcar en agua 砂糖を水に溶かす. ❼《情報》アンドゥする. ❽ ［政党・デモなどで]解散させる. ❾ 不安にする, 困惑させる: El desempleo de larga duración *ha deshecho* a la familia. 長期にわたる失業は家族を不安に陥れた
hacer y ~ 1)［活動などが］行きつ戻りつする. 2)［思いのままに]牛耳る
—— **~se** ❶ 乱れる, 壊れる: *Se deshizo* todo el envoltorio del regalo. プレゼントの包み紙がびりびりに破れた. Todo quedó *deshecho*. すべてめちゃくちゃになった. dejar la silla totalmente *deshecha* 椅子をばらばらに壊してしまう. ~*se* el nudo 結び目が解ける. ~*se* una máquina 機械が壊れる. ❷ [+de を]手放す, 捨てる: ~*se de* unas joyas 宝石を売り払う. ~*se de* un compromiso 約束を反故(%)にする. ❸ [+de+人を]厄介払いする, 追い払う; [+de から]逃れる, 解放される: *Se deshizo de* la chica mandándola a un recado. 彼は邪魔な娘をお使いに行かせた. En la fábrica los robots nos han permitido ~*nos de* los trabajos peligrosos que nadie quería hacer. 工場ではロボットのおかげで私たちは誰もやりたがらない危険な作業をしなくてすむようになった. ❹ [人を]殺し, 始末する. ❺ [不安などに]さいなまれる: *Se deshace de* nervios. 彼はひどくいらいらしている. ❻ 必死にがんばる, 身を粉にして働く; [+por+人 の好意を得ようと]苦心する: *Se deshace por* su empresa. 彼は会社のために献身的に働いている. *Se deshace por* ella. 彼は彼女に気に入られようと必死だ. ❼ [+por+物 を]欲しがる, あこがれる. ❽ [+en+行為など]ひどく…する: Mientras estuvo enferma, su marido *se deshacía en* atenciones hacia ella. 病気の間, 夫は懸命に彼女の面倒をみた. Mientras se iba *se deshacía en* insultos. 彼は立ち去りながら罵声を浴びせていた. ~*se en* alabanzas hacia+人 …をべたほめする. ~*se en* llanto (lágrimas) 泣き崩れる. ❾［自分の体を]損なう, ひどく傷つく: *Se le deshicieron* las narices. 彼は鼻がつぶれた. ❿ 溶ける: El azúcar *se deshizo* en el té. 砂糖が紅茶の中に溶けた. El helado *se te va a* ~. アイスクリームが溶けてしまう. ⓫［視界などが］消える, 見えなくなる: La niebla *se deshizo*. 霧が晴れた. ⓬［人が］衰弱する, くたくたになる

deshacimiento [desaθimjénto] 男《まれ》不安, 気がかり

deshaldo [desáldo] 男《養蜂》巣板の切り離し〔=marceo〕

deshalogenar [desaloxenár] 他《化学》ハロゲンを除去する

deshambrido, da [desambríðo, ða] 形 ひどく飢えた(空腹の)

desharrapado, da [desařapáðo, ða]【←des-+古語 harrapo「ぼろ着」】形 名 ❶ ぼろをまとっている〔人〕, みすぼらしい身なりの〔人〕;浮浪者: andar ~ みすぼらしい格好をしている. ❷ ひどく貧しい〔人〕

desharrapamiento [desařapamjénto] 男 貧窮, 赤貧

deshebillar [deseβiʎár] 他［ベルトの]バックルを外す, 留め金を外す

deshebrar [deseβrár] 他《まれ》❶［布の]繊維(糸)を抜く. ❷［野菜などの]筋を取る. ❸ 細かく砕く, 引きちぎる

deshecha¹ [deséʧa] 女 ❶《詩法》［詩の]締めくくりの句. ❷ 空ぼけ. ❸ 丁重な見送り. ❹［スペイン舞踊で]前のステップを反対の足で逆にするステップ. ❺ 出口, 抜け道
hacer la ~ 意（感）情を隠す

deshechizar [deseʧiθár] 9 他 呪縛から解放する, 魔法を解く

deshecho, cha² [deséʧo, ʧa]【*deshacer* の過分】形［estar+］❶ 疲れ果てた, へとへとの. ❷ 打ちのめされた, 絶望した: Está ~ *por la noticia*. 彼は知らせを聞いてすっかり落ち込んでいる.

Tengo los nervios ~s. 私は神経がずたずたになっている. estar ~ en llanto 泣きくずれている. ❸〖文語〗[雨・嵐・吹雪などが] 激しい, 猛烈な: vendaval ~ 暴風. ❹〖南米〗[身なりなどが] だらしのない
── 男〖中南米〗出口, 抜け道〘=deshecha〙

deshelar [deselár] 23 他[氷・雪を]溶かす, 解凍する; [冷凍庫の]霜取りをする
── ~se 溶ける: Se deshielan los ríos. 川の氷が溶けた

desherbado [deserβáðo] 男 草取り, 草むしり

desherbar [deserβár] 23 他 …の雑草を抜く, 草取りをする: ~ el jardín 庭の草むしりをする

desheredación [desereðaθjón] 女 相続権の剥奪, 廃嫡

desheredado, da [desereðáðo, ða] 形 名 恵まれない[人], 貧しい[人]: ~s de la sociedad 社会の恵まれない人々. ~s de la fortuna 運に見放された人たち

desheredamiento [desereðamjénto] 男 =desheredación

desheredar [desereðár] 他 …から相続権を奪う, 廃嫡する
── [家名を汚して]廃嫡の身となる

desherencia [deserénθja] 女〖古語〗=desheredación

deshermanar [desermanár] 他 半端(不ぞろい・ちぐはぐ)にする
── ~se 兄弟愛を失う, 兄弟としての道義に欠ける

desherradura [deseř̌aðúra] 女〖獣医〗[蹄鉄がないことによる]蹄の負傷

desherrar [deseř̌ár] 23 他 ❶〖まれ〗[人を鎖・手錠・足枷などから]解放する, 束縛を解く. ❷ [馬の]蹄鉄を外す
── ~se ❶ 蹄鉄が外れる. ❷〖まれ〗鎖(束縛)から自由になる

desherrumbramiento [deseř̌umbramjénto] 男 錆落し, 錆取り

desherrumbrar [deseř̌umbrár] 他 …の錆を落とす(取る)
── ~se 錆が落ちる(取れる)

deshidratación [desiðrataθjón] 女 ❶ 脱水, 水分除去; 乾燥. ❷〖医学〗脱水症, 脱水症状

deshidratante [desiðratánte] 形 男 脱水する, 乾燥する; 脱水剤, 乾燥剤

deshidratar [desiðratár] 〖←des-〈無〉+hidratar〗他 ❶ 脱水する, 水分を取り除く: El aire y el sol deshidrata la piel. 空気と日光は皮膚を乾燥させる. ❷〖医学〗脱水状態にする: La dura carrera ha deshidratado a los atletas. 激しいレースで選手たちは脱水状態になった
── ~se ❶ 水分を失う, 乾燥する. ❷〖医学〗脱水状態になる: Los náufragos se deshidrataron. 遭難者たちは脱水状態になった

deshidrogenación [desiðroxenaθjón] 女〖化学〗脱水素化

deshidrogenar [desiðroxenár] 他〖化学〗[化合物から] 水素を除去する

deshidrogenasa [desiðroxenása] 女〖生化〗脱水素酵素, デヒドロゲナーゼ

deshielo [desjélo] 〖←des-+hielo〗男 ❶ 雪解け, 解氷; 解凍: agua de ~ 雪解け水, 氷(氷河)の溶けた水. ~ de las carreteras 道路の凍結解除. ❷ 雪解け期, 初春. ❸ 緊張緩和: Hay signos de ~ entre ambos países. 両国間に雪解けの兆しがある

deshierba [desjérba] 女 =desyerba

deshierbado [desjerβáðo] 男 =desyerba

deshierbar [desjerβár] 他 ❶ [+場所の] 草抜きをする. ❷〖中南米〗草刈りをする

deshierbe [desjérβe] 男〖メキシコ, ホンジュラス, キューバ〗草刈り

deshijar [desixár] 他〖牧畜〗[親から]子を引き離す

deshijuelar [desixwelár] 他 [植物から] 余分な新芽をつみ取る

deshilachado [desilat͡ʃáðo] 男 ほつれ

deshilachadura [desilat͡ʃaðúra] 女 =deshilachado

deshilachar [desilat͡ʃár] 〖←des-+hilacha〗他 ❶ [布を]ほどく, [特に] 端をほどく, 横糸を抜く. ❷〖メキシコ, 中米, 料理〗carne deshilachada 煮込んだ肉
── ~se [布が]ほどける, ほつれる: Se deshilacharon las costuras del vestido. 服の縫い目がほつれた

deshilado, da [desiláðo, ða] 形 ❶ ほつれた. ❷〖まれ〗一貫性を欠く
a la ~da 1) 数珠つなぎになって, 一列に並んで. 2) 空とぼけて, こっそり, 知らぬ顔で
── 男 ❶ [刺繍で] ドロンワーク. ❷ ほつれ

deshiladura [desilaðúra] 女 ほつれ; ほつれた個所

deshilar [desilár] 〖←des-+hilar〗他 ❶ [布を]ほどく, 糸を抜く; [端の横糸をほどいて] 房飾りを作る: ~ el bajo de los vaqueros ジーンズの裾をほどく. ❷ [鶏の胸肉などを] 細切りにする. ❸〖養蜂〗[巣箱を取り替えるため] ミツバチの群れを遮断する
── ~se [布が]ほつれる: Esta tela no está bien tejida y se deshila. この布はしっかり織れてなく, ほつれてくる

deshilo [desílo] 男〖養蜂〗ミツバチの群れの遮断

deshilvanado, da [desilbanáðo, ða] 形〖発言・思想などが〗まとまりのない, 一貫性を欠いた: hacer un discurso ~ 支離滅裂なスピーチをする

deshilvanar [desilbanár] 他 しつけ糸を取る, 仮縫いをほどく: ~ las costuras una vez cosidas いったん縫ってからしつけ糸を取る
── ~se [しつけ糸が] 取れる

deshincadura [desiŋkaðúra] 女 抜く(抜ける)こと

deshincar [desiŋkár] 7 他 [突き刺さったものを] 抜く
── ~se [突き刺さったものが] 抜ける

deshinchadura [desint͡ʃaðúra] 女 しぼませる(しぼむ)こと; [空気・ガスの] 抜き取り

deshinchar [desint͡ʃár] 〖←des-+hinchar〗他 ❶ ふくらんだものをしぼませる; [中の空気・ガスを]抜く: ~ el globo 風船の空気を抜く. ~ una rueda タイヤをパンクさせる. ❷ [怒りなど] あらわにする, 発散する. ~ su ira golpeando la mesa テーブルを叩いて怒りを爆発させる. ❸ …の腫れ(こぶ)をひかせる: Esta pastilla te deshincha un poco la cara. この錠剤を飲めば顔の腫れがすこしひくだろう. ❹ 過小評価する, 少な目に見積もる: Siempre deshincha sus triunfos. 彼は勝っても常に大したことはないと言う
── ~se ❶ しぼむ, へこむ; パンクする: Se le deshinchó una rueda. 彼の車がパンクした. ❷ 腫れがひく. ❸ 意気消沈する, 元気がなくなる; 高慢の鼻を折られる: El equipo local se deshinchará con otro gol. もう1点入ると地元チームはがっくりくるだろう

deshinchazón [desint͡ʃaθón] 女 しぼむこと

deshipnotizar [desipnotiθár] 9 他 催眠術から覚ます, 催眠術を解く

deshipoteca [desipotéka] 女 抵当権抹消, 抵当分完済

deshipotecar [desipotekár] 7 他 抵当分を払い終わる, 抵当権を抹消する

deshoja [desóxa] 女〖地方語〗トウモロコシの穂の皮を取り除く

deshojador, ra [desoxaðór, ra] 形 葉を落とす

deshojadura [desoxaðúra] 女 落葉, 落花

deshojar [desoxár] 〖←des-+hoja〗他 ❶ …の葉を取る(摘む). ❷ 花びらを取る(むしる): Ella empezó a ~ la margarita diciendo: "Me quiere, no me quiere..." 彼女は「私を好き, 私を嫌い…」と言いながらヒナギクの花びらをむしり始めた. ❸ ページを破り取る: Si no cuidas bien, vas a ~ el libro. よく注意しないと本のページが取れてしまうよ
── ~se 葉が落ちる; 花びらが散る, 落花する: En otoño se deshojan los árboles del jardín. 秋には庭の木々が落葉する

deshoje [desóxe] 男 落葉, 落花

deshollejar [desoʎexár] 他 [ブドウ・オリーブなどの] 皮 hollejo をむく

deshollinadera [desoʎinaðéra] 女 天井用の長柄のほうき〘=deshollinador〙

deshollinador, ra [desoʎinaðór, ra] 形 名 ❶ 煙突掃除の[作業員]. ❷ 詮索好きな[人]
── 男 ❶ 煙突掃除用のブラシ. ❷ 天井用の長柄のほうき

deshollinar [desoʎinár] 〖←des-+hollín〗他 ❶ [煙突の] すすを落とす; [壁・天井の] 埃を払う, すす払いをする. ❷〖口語〗詮索する; 穴のあくほど見つめる

deshonestamente [desonéstaménte] 副 不正直に, 不誠実に; 破廉恥にも, みだらに

deshonestar [desonestár] 他〖古語〗信用を失墜させる, 名誉を傷つける
── ~se [品位(威厳・面目)を失う]

deshonestidad [desonestiðáð] 女 ❶ 不正直, 不誠実; 嘘, 詐欺. ❷ 破廉恥な言動, 不品行

deshonesto, ta [desonésto, ta] 〖←des-+honesto〗形 ❶ 不正直な, 誠意のない; [仕事が]いいかげんで; 不正な. ❷ 破廉恥な, みだらな, 不道徳な: proposición ~ta 破廉恥な申し出. ❸〖廃語〗身持ちの悪い

deshonor [desonór] 〖←des-+honor〗男 不名誉; 恥, 恥ずべきこ

と〖=deshonra〗; 恥辱: Prefirió suicidarse a vivir en el ～. 彼は生き恥をさらすより自殺する方を選んだ. No es un ～ trabajar. 働くことは恥ずべきことではない. Aquel escándalo trajo consigo el ～ de la familia. 例のスキャンダルは家名を傷つけることになった

deshonorar [desonorár] [他] ❶ …の名誉を傷つける, 顔に泥を塗る: ～ su familia 家名を汚す. ❷ …の職業(地位)を失わせる, 失脚させる

deshonra [desɔ́nr̄a] 〖←deshonrar〗 [女] 不名誉, 不面目, 名誉失墜; 恥, 恥ずべきこと, 恥さらし, 面汚し: No hagas nada que suponga la ～ de los tuyos. 君の一族の恥になるようなことは一切してはならない. Tu origen humilde no es ninguna ～. 君が貧しい家の出でも何ら恥ずべきことではない. No es una ～ el querer y ejercer el poder. 権力を望み行使するのは恥ではない

tener a ～ 恥と思う: *Tiene a* ～ reconocer sus errores. 自分のミスを認めることを彼は恥だと思っている

deshonrabuenos [desɔnr̄aƀwénɔs] [名] 〖単複同形〗《廃語》 ❶ 中傷者. ❷ 一家の面汚し, 家名を傷つけた人

deshonradamente [desɔnr̄áđaménte] [副] 不名誉なことに, 恥ずかしいことに, 不面目にも

deshonrador, ra [desɔnr̄ađɔ́r, ra] [形] [名] 面目を潰す〔人〕, 恥をかかせる〔人〕

deshonrar [desɔnr̄ár] 〖←ラテン語 dehonorare〗 [他] ❶ …の面目を潰す, 体面を汚す: ～ a la familia con su conducta 自分の行動で家族の体面を汚す. ❷ 侮辱する. ❸ [女性を] 辱める, 処女を奪う

—— **～se** 恥をかく, 自分の顔に泥を塗る

deshonrible [desɔnr̄íƀle] [形] [名] 《まれ》 恥知らずな〔人〕

deshonrosamente [desɔnr̄ɔ́saménte] [副] 恥ずべきことに, 面目ないことに

deshonroso, sa [desɔnr̄ɔ́so, sa] [形] [事が] 恥ずべき, 不名誉な: conducta ～*sa* みっともない行動

deshora [desóra] **I** 〖←des-+hora〗 [女] ***a*** ～〔***s***〕 1) 都合の悪い時に, とんでもない時に; 間の悪い, とんでもない時の: Eres un inoportuno: siempre llegas *a* ～. 君は間の悪い男だ. いつも都合の悪い時に来る. 2) 夜遅く: Los sábados se acuestan *a* ～. 土曜日は人々は夜ふかしをする. 3) 突然, 唐突に

II [女] 《ボリビア》 恋人〖女性〗

deshornar [desɔrnár] [他] [パン・陶器などを] オーブン(かまど・炉)から出す

deshospedamiento [desɔspeđamjénto] [男] [宿・客からの] 宿泊の拒絶

deshospitalizar [desɔspitaliθár] [9] [他] 退院させる

—— **～se** 退院する

deshuesadero [deswesađéro] [男] 《米国, メキシコ》 廃車置き場; 中古品売り場

deshuesado, da [deswesáđo, đa] [形] [果物が] 種(芯)を抜いた; [魚・肉が] 骨を取った

—— [男] 種(芯)抜を抜くこと; 骨を取ること

deshuesador, ra [deswesađɔ́r, ra] [形] [果物などの] 種(芯)を抜く; [魚・肉などの] 骨を取る

—— [女] [果物の] 芯抜き器, 種抜き機

deshuesar [deswesár] 〖←des-+hueso〗 [他] [果物の] 種(芯)を抜く; [魚・肉の] 骨を取る: ～ un melocotón 桃の種を取る. ～ un pollo 鶏の骨を抜く

deshuevar [desweƀár] **～se** 《卑語》 笑い転げる, 大笑いする, ばか笑いする〖=～ de risa〗

deshueve [deswéƀe] [男] 《ペルー》 =**descueve**

deshumanar [desumanár] [他] 《まれ》 =**deshumanizar**

deshumanización [desumaniθaθjɔ́n] [女] 非人間化, 人間性の剝奪(喪失)

deshumanizado, da [desumaniθáđo, đa] [形] 非人間的な, 人間味のない

deshumanizante [desumaniθánte] [形] 人間性を失わせる, 非人間化する

deshumanizar [desumaniθár] 〖←des-+humano〗 [9] [他] [人・事の] 人間性を失わせる, 人間味のないものにする, 非人間化する: Las grandes ciudades *deshumanizan* las relaciones entre vecinos. 大都市は住民同士の関係を非人間的なものにする

—— **～se** 人間性がなくなる, 人間味のないものになる: La universidad *se ha deshumanizado* con la masificación estudiantil. 大学はマスプロ化で人間味がなくなった

deshumano, na [desumáno, na] [形] 《まれ》 =**inhumano**

deshumedecer [desumeđeθér] [39] [他] [場所・物を] 除湿する, 乾燥させる

—— **～se** 乾燥する

deshumidificación [desumiđifikaθjɔ́n] [女] 除湿

deshumidificador, ra [desumiđifikađɔ́r, ra] [形] [男] 除湿する; 除湿機

deshumidificar [desumiđifikár] [7] [他] =**deshumedecer**

desideologización [desiđeolɔxiθaθjɔ́n] [女] 脱イデオロギー化

desideologizar [desiđeolɔxiθár] [9] [他] 脱イデオロギー化する

desiderable [desiđeráƀle] [形] 《文語》 望ましい, 望まれるに値する

desiderata [desiđeráta] 〖←ラテン語〗 [女] [集名] [図書館の本などの] 購入希望リスト, 購入希望書目

desiderativo, va [desiđeratíƀo, ƀa] [形] 願望を表わす: oración ～*va* 《文法》 願望文

desiderátum [desiđerátun] 〖←ラテン語 desideratum〗 [男] 〖[複] desiderata〗 ぜひ欲しいもの, 特に必要と感じるもの; 理想

desidia [desíđja] 〖←ラテン語〗 [女] 無頓着, 意欲(関心・注意)の欠如: Hay que amonestarle por su ～ en el trabajo. 彼のいい加減な仕事ぶりを注意しなければならない. Me entra una ～ terrible. 私はひどく無気力になっている

desidioso, sa [desiđjóso, sa] [形] 無頓着な, いい加減な, 意欲(関心・注意)の欠如した

desierto[1] [desjérto] 〖←ラテン語 desertus < deserere「見捨てる」〗 [男] ❶ 砂漠: Gran *D*～ de Altar アルタル大砂漠. *D*～ de Atacama アタカマ砂漠. *D*～ de Sahara サハラ砂漠. ～ montañoso 山岳砂漠. ❷ 不毛の地, 荒野. ❸ 辺鄙(ぴ)な土地, さびれた場所: El teatro era un ～. 劇場はさびれていた. ❹ 《文語》 [政治家・政党などの] 不遇時代, 雌伏期: atravesar el ～ 不遇時代を過ごす

predicar (***clamar***) ***en*** 〔***el***〕 ～ 空しい説教をする, 馬の耳に念仏である: Hablarle de los peligros del tabaco para la salud es *predicar en el* ～, porque es un fumador empedernido. 彼にたばこが健康に危険であると話したところで無駄な説教だよ, 何しろへビースモーカーだからね

desierto[2]**, ta** [desjérto, ta] [形] ❶ [estar+] 無人の, 人けのない: La calle estaba ～*ta*. 通りには人影がなかった. Viajaba en los vagones ～*s*. 私はがら空きの車両に乗った. isla ～*ta* 無人島. negocio ～ 閑古鳥の鳴く商売. pueblo ～ 寒村. ❷ 《文語》 [コンクールなどで] 候補(該当)者のいない: Este año el premio Nadal quedará ～. 今年のナダール賞は該当者がいないだろう. ❸ [入札で] 応札のない

designación [designaθjɔ́n] [女] 《文語》 ❶ 指名, 任命, 発令; [目的への] 指定: ～ real 国王による任命. ❷ 名称, 呼称: Tiene la ～ original. それには元々の呼び名がある. ❸ 命名

designar [designár] 〖←ラテン語 designare〗 [他] 《文語》 ❶ [+para・como に] 指名する, 任命する: 1) Lo *designaron para* cónsul en Kobe. 彼は神戸領事に任命された. 2) [+para que+接続法 するように] Me *han designado para que* dirija el proyecto. 私がプロジェクトを指揮するように指名された. ❷ [目的に] 指定する: ～ *como* libro de texto 教科書に指定する. ❸ [場所・日時を] …に決める, 選定する: *Designaron* Barcelona *para* la próxima asamblea. 次回の会議はバルセロナで開くことに決定された. ❹ [+con の名で] 呼ぶ, …と名付ける: *Designaron* a Fernando e Isabel *con* el sobrenombre de Reyes Católicos. フェルナンドとイサベルは別名カトリック両王と呼ばれた. ❺ [+por 言葉・記号などで] 表わす, 示す. ❻ [人・ものに] 称号を与える, タイトルを付与する: Fue *designado* el hombre más anciano de la tierra. 彼は世界最高齢と認められた. *Han designado* a Salamanca ciudad del Patrimonio de la Humanidad. サラマンカは世界遺産の町に認定されている

designativo, va [designatíƀo, ƀa] [形] ❶ 任命制の. ❷ 《言語》 名詞から派生した〖=denominativo〗

designio [desígnjo] 〖←ラテン語 designium〗 [男] [実現する] 意図, 計画: Se desconocen los ～*s* del Señor. 神の意図は不可知である. actuar de acuerdo a sus ～*s* 自分の計画どおり行動する

desigual [desigwál] 〖←des-+igual〗 [形] ❶ 等しくない, 同じでない: Había montones de libros ～*es* por su tamaño y temática. サイズもテーマも様々な本が山ほどあった. dos hermanos muy ～*es* 全く似たところのない兄弟. ❷ 不公平な, 不平等な, 不均衡な: La competición fue ～ y se veía claramente quién iba

a ganar. 競争は力の差が歴然で, 誰が勝つか分かっていた. trato ~ 不公平な扱い. lucha ~ 平らでない, でこぼこの, 一様でない: camino ~ でこぼこ道. letra ~ 一様でない(不ぞろいな)字. ❹ 変わりやすい: El tiempo es ~ y tan pronto llueve como hace sol. 天気は変わりやすく, 雨が降ったかと思うとすぐに晴れる. tener un carácter ~ 気まぐれな性格である. con resultados ~es 結果は様々で. ❺《数学》不等の: signo ~ 不等号
salir ~ [事が] うまくいかない, 失敗に終わる

desigualar [desiɣwalár] 他 ふぞろいにする; 均衡を破る, 一方的にする, 不公平にする: ~ a los hermanos en el reparto de la herencia 遺産分配で兄弟間に差をつける. El último tanto *desigualó* el marcador. 最後の得点でスコアの均衡が破られた
—— 自 [まれ] 均衡が破られる
—— ~*se* 抜きん出る, 先行する, 上回る: ~*se* de sus compañeros 仲間を上回る

desigualdad [desiɣwaldá(d)] 女 ❶ 不公平, 不平等, 不均衡; 格差, 相違: ~ de educación, edad y posición social entre los dos 2人の学歴・年齢・身分の違い. notar cierta ~ en el trato 扱いにある程度の差別があると感じる. ~ social 社会的不平等. ❷ 不規則, むら; [天気・気分の] 変わりやすさ. ❸ 凸凹, 起伏, 段差: ~*es* del terreno 土地の起伏. ❹《数学》不等式: signo de ~ 不等号

desigualmente [desiɣwálménte] 副 不ぞろいに, アンバランスに; 不平等に; 一貫性がなく

desilusión [desilusjón]《*des-+ilusión*》女 幻滅, 失望, 期待外れ: No esperaba aquello. ¡Qué tremenda ~! あんなことになるとは. すごくがっかりだ! caer en la más absoluta ~ 救いようのない絶望感にとらわれる. época de ~ さめた(夢のない)時代
tener〈*recibir・sufrir・llevarse*〉*una* ~ 失望する, 幻滅を味わう: *Me llevé una* ~ *con la película.* その映画にはがっかりした

desilusionar [desilusjonár]《*←des-+ilusionar*》他 ❶ がっかりさせる, 幻滅(失望・落胆)させる: Me *desilusionaron* tus palabras. 私は君の言葉にがっかりした. ❷ [夢・迷いから] 目ざめさせる
—— ~*se* ❶ がっかりする, 失望する, 幻滅する: *Se desilusionó al ver que su esfuerzo no servía de nada.* 自分の努力が無に帰すと知って彼は失望した. *Me desilusioné con el nuevo profesor.* 私は新しい先生にがっかりした. ❷ [夢・迷いから] 目ざめる

desimaginar [desimaxinár] 他 記憶から消し去る, 思い出さないようにする

desimanación [desimanaθjón] 女 =**desimantación**
desimanar [desimanár] 他 =**desimantar**
desimantación [desimantaθjón] 女 消磁
desimantar [desimantár] 他 …の磁気を除く, 磁性を消す, 消磁する
—— ~*se* 磁性を失う, 消磁する

desimponer [desimponér] 60 [過分] desimpuesto. 命令法単数 desimpón] 他 [印刷] [組み付けた] 版を外す

desimpregnar [desimpreɣnár] 他 [しみ込んだもの・化学兵器などによる汚染を] 除去する

desimpresionar [desimpresjonár] 他 誤った印象を打ち砕く
—— ~*se* 誤った印象を打ち砕かれる, 誤りに気づく: Al conocer personalmente al actor ella *se desimpresionó* de su belleza. 彼女はその俳優と個人的に知り合いになって彼が美男子でないことが分かった

desincentivación [desinθentibaθjón] 女 意欲をそぐこと, 動機(励み)を失わせること

desincentivar [desinθentibár] 他 意欲をそぐ, 動機(励み・発憤材料)を失わせる: El trabajo monótono *desincentiva* a los empleados. 単調な仕事は従業員のやる気をなくさせる

desincentivo [desinθentibo] 男 意欲をそぐもの; 成長の阻害要因

desinclinar [desinklinár] 他 [+de 習慣・癖・性向などから] 遠ざける
—— ~*se* [+de 習慣・癖・性向などを] やめる, しなくなる: ~*se de* su afán lucrativo 金の亡者であることをやめる

desincorporación [desinkorporaθjón] 女 分離, 分裂, 分散化
desincorporar [desinkorporár] 他 [集団などから] 分離(独立)させる

—— ~*se* 分離する, 独立する
desincronía [desinkroní.a] 女 非同期性
desincronización [desinkroniθaθjón] 女 ❶ 脱同期化. ❷《医学》[脳波などの] リズムが狂うこと
desincronizar [desinkroniθár] 自 非同期化する
desincrustación [desinkrustaθjón] 女 [ボイラーの] 湯垢の除去
desincrustante [desinkrustánte] 形 [ボイラーの] 湯垢を除去する; 湯垢付着を防止する
—— 男 湯垢除去剤, ボイラー洗浄剤
desincrustar [desinkrustár] 他 [ボイラーの] 湯垢を除去(清掃)する
desindexación [desinde(k)saθjón] 女《情報》インデックスの削除
desindexar [inde(k)sár] 他《情報》インデックスを削除する
desindustrialización [desindustrjaliθaθjón] 女 脱工業化
desinencia [desinénθja] 女 ❶《言語》屈折語尾. ❷《生物》語尾 [門・目・科など分類を示す指標]
desinencial [desinenθjál] 形《言語》屈折語尾の
desinente [desinénte] 形《言語》[動詞が] 瞬間性の, 完結的な: verbos ~*s* 瞬間的に完結する動作を表わす動詞 [nacer, lanzar など]

desinfartar [desinfartár]《医学》梗塞(こうそく)を治す
—— ~*se* 梗塞が治る

desinfección [desinfe(k)θjón] 《*←desinfectar*》女 消毒, 殺菌, 滅菌

desinfectación [desinfektaθjón] 女 [まれ] =**desinfección**
desinfectador, ra [desinfektadór, ra] 形 名 消毒する[人]
desinfectante [desinfektánte] 形 消毒(殺菌・滅菌)作用のある: jabón ~ 消毒(殺菌)石鹸. líquido ~ 消毒液
—— 男 消毒薬, 殺菌剤, 滅菌剤

desinfectar [desinfektár]《*←des-+infectar*》他 消毒する, 滅菌する: Le *desinfectó* al niño la herida de la rodilla. 彼はその子の膝の傷を消毒した. ~ en agua hirviendo 煮沸消毒する
—— ~*se* [自分の体を] 消毒する: ~*se la herida con alcohol* 傷口をアルコールで消毒する

desinfectorio [desinfektórjo] 男《チリ》消毒室
desinficionar [desinfiθjonár] 他 =**desinfectar**
desinflación [desinflaθjón] 女《経済》ディスインフレ, インフレ率の低下 [⇔reflación]
desinflado [desinfládo] 男 空気を抜く(空気が抜ける)こと
desinflamación [desinflamaθjón] 女《医学》消炎, 炎症の鎮静
desinflamar [desinflamár] 他《医学》炎症を鎮める
—— ~*se* 腫れが引く, 炎症が治る
desinflar [desinflár]《*←des-+inflar*》他 ❶ しぼませる, 空気を抜く: ~ el globo 風船の空気を抜く. ❷ 縮小させる, 減少させる. ❸ 意欲(自信・誇り)をなくさせる, 失望させる: Los resultados electorales lo *han desinflado*. 選挙の結果は彼を失望させた
—— ~*se* ❶ しぼむ, 空気が抜ける: Debido al reventón la rueda *se desinfló*. パンクしてタイヤがしぼんだ. ❷ 縮小・減少する: *Se desinfla* el rumor sobre él. 彼についてのうわさが消える. ❸ 意欲をなくす, やる気がなくなる: *Se desinfla* en los estudios con cualquier dificultad. 彼はちょっとでも難問にぶつかると勉強する気をなくす

desinfle [desínfle] 男 意欲をなくさせる(なくす)こと
desinformación [desinformaθjón] 女 ❶ 情報操作, 偽情報, 人を惑わせる情報. ❷ 情報不足: No sé nada de eso, mi ~ en este caso es total. 私はそれについて何も知らない, この件についての情報は皆無だ

desinformar [desinformár] 他 ❶ 情報操作する, 偽情報を伝える: Algunos periódicos tendenciosos *desinforman*. 偏向した新聞の中には情報操作するものもある. ❷ [意図的に] 知らせない, 情報不足にする

desinhibición [desinibiθjón] 女 屈託のなさ, 自由闊達
desinhibido, da [desinibído, da] 形 屈託のない, 自由闊達な: niño alegre y ~ 陽気で遠慮のない子供
desinhibir [desinibír] 他《生理, 心理》抑制をなくす
—— ~*se* 自由にふるまう, [心理的に] 抑圧が取れる: *Se ha desinhibido* en cuanto se fueron sus padres. 彼らは両親たちが出て行ったとたんにはめを外した. Cuando toma una copa de más, *se desinhibe*. 彼は少し飲みすぎると遠慮がなくなる

desinquietar [desiŋkjetár] 他《キューバ, ドミニカ》気をもませる, そわそわさせる

desinquieto, ta [desiŋkjéto, ta] 形《キューバ, ドミニカ》心配(そ わそわ)している

desinquietud [desiŋkjetú(d)] 女《キューバ, ドミニカ》心配, 不安

desinsaculación [desinsakulaθjón] 女 [くじ・投票用紙・抽 選の玉などを] 取り出すこと

desinsacular [desinsakulár] 他 ❶ [くじ・投票用紙・抽選の玉 などを] 取り出す, くじを引く. ❷《アラゴン》[くじ・投票]の候補 から排除する

desinsectación [desinsektaθjón] 女 害虫駆除, 殺虫, 薫蒸 殺菌

desinsectador, ra [desinsektaðór, ra] 形 名 =**desinsectante**

desinsectante [desinsektánte] 形 名 害虫を駆除する; 害虫 駆除業者

desinsectar [desinsektár] 他 [+場所 から] 害虫を駆除する

desintegración [desinteɣraθjón] 女 ❶ 解体, 分解, 分裂, 分 散: ～ de la familia 家庭崩壊. ～ de la URSS ソ連の崩壊. ❷ 風化. ❸《物理》[放射性元素の]崩壊, 壊変: ～ alfa アル ファ崩壊. ～ nuclear 原子核崩壊

desintegrador, ra [desinteɣraðór, ra] 形 分解する, 崩壊させ る, ばらばらにする
—— 男 粉砕機

desintegrar [desinteɣrár] 《←des-+integrar》他 分解する, 分裂 させる, ばらばらにする: ～ la roca en varios fragmentos 岩をい くつかの断片に割る
—— **~se ❶** 分裂する, ばらばらになる: El grupo se desintegró a causa de los celos por la chica nueva. 新しく入った女 の子に対する嫉妬心が原因でグループはばらばらになった. ❷ 風 化する. ❸《物理》[放射性元素が] 崩壊する

desinteligencia [desintelixénθja] 女《南米》誤解

desinterés [desinterés] 《←des-+interés》 男 ❶ 無私無欲; 寛 大さ, 気前のよさ; 公平: Lo hace por obligación, pero también con un ～ admirable. 彼は義理だけでなく, 欲得抜きでし ている. ❷ [+por への] 無関心, 興味のなさ: sentir un gran ～ por una asignatura 学科に全く興味をおぼえない

desinteresadamente [desinteresaðaménte] 副 無私無欲で, 欲得抜きで; 分け隔てなく, 公平に

desinteresado, da [desinteresáðo, ða] 形 ❶ 無私無欲の, 私心のない《権力などに執着しない》; 寛大な, 気前のいい; 公平 な: Nos prestó una ayuda ～da sin esperar nada a cambio. 彼は献身的に私たちを援助し, 何も見返りを求めなかった. consejo ～ 私心のない助言. ❷ 無関心な

desinteresar [desinteresár] 《←des-+interesar》 **~se** [+de に] 関心(興味)を持たない: Se desinteresó completamente de la política. 彼は政治への関心をすっかり失った. Pronto se desinteresa de lo que empieza. 彼は三日坊主だ.

desintermediación [desintermeðjaθjón] 女《経済》ディスイン ターミディエーション, 中間業者の排除, 中抜き, 金融非中介化

desintestinar [desintestinár] 他《廃語》腸を取り出す

desintoxicación [desinto(k)sikaθjón] 女 中毒の治療; 解毒

desintoxicar [desinto(k)sikár] 《←des-+intoxicar》 7 他 ❶ [ア ルコール・麻薬などの] 中毒を治療する; 解毒する. ❷ [否定的 要素を] 取り除く, 毒気を抜く: No es fácil ～ a los lectores de las patrañas que les cuenta ese autor. その著者の作り話 から読者の目を覚ますのは容易ではない
—— **~se ❶** 中毒が治る; 有害成分がなくなる: ～se del alcoholismo アルコール依存症が治る. ❷ 気分転換する, 気分転 換をする: Se fue a la sierra para ~se. 彼は気分転換に山へ行った

desintubar [desintubár] 他 =**desentubar**

desinvernar [desimbernár] 《規則変化》《文語》23 他 [軍隊が] 冬営地から出る
—— 他 [軍隊を] 冬営地から出す

desinversión [desimbersjón] 女《経済》[主に 複] 投下資本 の引き上げ, 負の投資, ディスインベスティメント

desinversor, ra [desimbersór, ra] 形 名 ❶ 投下資本を引き 上げる[人]. ❷ 負の投資の

desinvertir [desimbertír] 他《経済》…への投下資本を引き 上げる, 投資をやめる;[資本財の売却などによって] 純投資をマ イナスにする

desionización [desjoniθaθjón] 女《化学》脱イオン, イオンの除 去

desiquiatrizar [desikjatrizár] 9 他 [現象を] 精神病的と見 なすのをやめる

desistencia [desisténθja] 女 =**desistimiento**

desistimiento [desistimjénto] 男 ❶ 放棄, 断念. ❷《法律》 [権利の]; [異議などの] 取り下げ: ～ de la demanda 訴 訟の取り下げ

desistir [desistír] 《←ラテン語 desistere < de-+sistere「置く」》 自 ❶ [+de を] 放棄する, やめる, 断念する: Nada me hará ～ de este propósito. 何があってもこの目標をあきらめない. ～ de comprar un piso マンション購入を断念する. ❷《法律》[権利 行使を] 取り下げる: ～ de una demanda 訴訟を取り下げる

desjarretadera [desxarretaðéra] 女 [牛用の半月形の] ふくら はぎを切るナイフ

desjarretar [desxarretár] 他 ❶ [家畜の後脚の] ふくらはぎ ja-rrete を切る. ❷ …の力を弱くする, 衰弱させる

desjarrete [desxaréte] 男 [家畜の] ふくらはぎの切断

desjugar [desxuɣár] 8 他 [液汁を] 絞る
—— **~se** [液汁が] にじみ出る

desjuiciado, da [desxwiθjáðo, ða] 形 思慮(分別)のない, 無 茶な, 無謀な

desjuntamiento [desxuntamjénto] 他《まれ》分離, 分割; 引き 離し

desjuntar [desxuntár] 他《まれ》分離する, 分割する; 引き離す

deslabonar [deslabonár] 他《まれ》❶ [鎖の環を] 外す, ばら ばらにする. ❷ 分離する, 分けて考える
—— **~se** 《まれ》❶ [鎖などが] 外れる, ばらばらになる. ❷ [+de と] 疎遠(不仲)になる

deslacrar [deslakrár] 他 封蠟を開ける

desladrillar [deslaðriʎár] 他 =**desenladrillar**

deslamar [deslamár] 他《鉱物》細かい物質を除去する

deslanar [deslanár] 他 羊毛を刈り取る

deslastrar [deslastrár] 他 [船などの] バラストを降ろす, 荷重を 減らす

deslatar [deslatár] 他 [家などの] トタン板を外す

deslateralización [deslateraliθaθjón] 女《音声》側音性の喪 失, 非側音化

deslateralizar [deslateraliθár] 9 他《音声》側音でなくする 《音韻変化で側音 l を他の音に変える》
—— **~se** 側音でなくなる, 非側音化する

deslavado, da [deslabáðo, ða] 形 ❶ 色あせた. ❷ つまらない. ❸ 厚かましい, ずうずうしい《=descarado》. ❹《チリ, アルゼンチン, ウルグアイ, 口語》[顔つきが] 魅力的でない
—— 男 洗いざらし, 退色. ❷ すすぎ

deslavadura [deslabaðúra] 女 ❶ 雑に洗うこと, すすぎ. ❷ 色 があせること. ❸ 力の弱まること

deslavar [deslabár] 他 ❶ いい加減に洗う, 軽く洗う: Esa mancha sale con ～ la a la ligera. そのしみは軽くすすぎ洗いするだけ で取れる. ❷ 力をそぐ, 勢いをなくす: ～ la intención política de la pieza teatral 劇作品の政治的意図を薄める. ❸《メキシコ》[河岸を] 崩壊させる, 浸食する
—— **~se** 色あせる, 色落ちする, 洗いざらしになる

deslavazado, da [deslabaθáðo, ða] 形 ❶ [話などが] まとま りのない, 支離滅裂の: Sus explicaciones ～das no han convencido a nadie. 彼のちぐはぐな説明は誰も納得させ得なかっ た. ❷ 元気のない, 衰えた: jugar un partido ～ 覇気のない試 合をする. ❸ [人が] 面白味のない, 退屈な, 特徴のない. ❹ [布・服が] くたびれた, よれよれの

deslavazar [deslabaθár] 9 他 =**deslavar**

deslave [deslábe] 男《中南米》浸食

deslazamiento [deslaθamjénto] 他《まれ》引き離すこと, 分離

deslazar [deslaθár] 9 他《まれ》=**desenlazar**

desleal [desleál] 《←des-+leal》 形 [ser+, +a+con に] 不誠 実な, 信義にもとる; 不実な, 不貞な: Fue ～ a su rey. 彼は国 王に不忠を働いた. Se descubrió como ～ con el partido. 彼 が党を裏切ったことが発覚した. ❷ [やり口が] 汚い, ルール違反 の: competencia ～ 不正な競争

deslealmente [desleálménte] 副 不誠実に, 不正に

deslealtad [deslealtá(d)] 女 ❶ 不誠実, 背信, 不忠; 不貞: Con no avisarme me ha demostrado una gran ～. 彼は私に 報告を怠り誠意がないことを示した. ❷ 不公正

deslechar [desletʃár] 他《ムルシア》蚕からくずを取り除く

deslechugador, ra [desletʃuɣaðór, ra] 形 名 雑草取りをする [人]

deslechugar [desletʃuɡár] [8] [他]《農業》❶ [ブドウ畑から] 雑草を抜く, 草むしりする. ❷ [植物から] 不要な葉や芽を摘みとる; 摘芽(摘心)をする
deslechuguillar [desletʃuɡiʎár] [他] =**deslechugar**
deslegalización [desleɡaliθaθjón] [女] 非合法化; [適法だったものを] 不法とすること
deslegalizar [desleɡaliθár] [9] [他] [合法だったものを] 非合法にする; [適法だったものを] 不法とする
deslegitimar [deslexitimár] [他] 合法性(正当性)を失わせる, 非正当化する
desleidura [desleidúra] [女] =**desleimiento**
desleimiento [desleimjénto] [男] 溶かす(溶ける)こと, 溶解
desleír [desleír]〖←ラテン語 delere〗[36] [他] ❶ [+en 液体に] 溶かす: ~ una cucharada de azúcar *en* agua スプーン1杯の砂糖を水に溶かす. ❷ くどくど話す, 冗漫に話す, 冗長な説明をする. ❸ [内容を] 弱める
—— **~se** 溶ける: Este chocolate en polvo *se deslíe* mal *en* leche fría. このココアは冷たいミルクではよく溶けない
deslendrar [deslendrár] [23] [他] シラミの卵を取る
deslenguado, da [desleŋɡwáđo, đa] [形] [名] 口汚い〔人〕, 言葉づかいの悪い〔人〕; 生意気な〔人〕, 無礼な〔人〕: Cállate, tú, ~. 黙れ, 口の悪い奴め
deslenguamiento [desleŋɡwamjénto] [男] ののしり, 悪口雑言, 悪い言葉づかい; 生意気, 無礼
deslenguar [desleŋɡwár]〖←des-+lengua〗[13] [他] [人・動物の] 舌を抜く(切る)
—— **~se** ののしる, 下品な言葉を吐く; 生意気な口をきく: *Se deslenguó* porque estaba un poco bebido. 彼は少し酒が入って悪い言葉を使った
desliar [desljár]〖←ラテン語 deligare「結ぶ」〗[11] [他] ❶ [包みなどを] ほどく: ~ el paquete 小包をほどく. ❷ [こんがらがったものを] ほどく, 解く: ~ el follón 混乱を解決する. ❸ [発酵中に樽底の] ワインの澱(おり)を分離させる
—— **~se** ほどける, 緩む, 解ける, 外れる
desligado, da [desliɡáđo, đa] [形] ばらばらになった, 分離した
desligadura [desliɡađúra] [女] =**desligamiento**
desligamiento [desliɡamjénto] [男] ❶ ほどくこと, 緩むこと. ❷ 切り離し, 分離. ❸ 免除. ❹ 解決
desligar [desliɡár]〖←des-+ligar〗[8] [他] ❶ [縛られている物・人を] ほどく, 緩める, 解く: *Desligaron* a todos los prisioneros. 彼らは囚人たちを全員解放した. ~ a un caballo 馬を放す. ❷ [+de から] 切り離す, 分けて扱う(考える): ~ el aspecto económico *del* político 経済的側面と政治的側面を別個に考える. ❸ [+de 義務・責任などを] 免除する: Lo *desligó del* compromiso matrimonial. 彼は婚約を解消された. ❹ [問題・紛争などを] 解決する: ~ el maleficio 呪いを解く. ❺《宗教》赦免する, 譴責処分を解く. ❻《音楽》スタッカートで演奏する
—— **~se** ❶ ほどける, 緩む. ❷ 分かれる: *~se de* sus padres 両親から独立する. ❸ 切り離して扱われる: La actual crisis económica no *se* puede ~ *de* la crisis ecológica. 現在の不況は環境危機と切り離しては考えられない. ❹ [+de に] 関与しない: Es un irresponsable y *se desliga de* sus obligaciones cuando quiere. 彼は無責任な男で, 好きな時に義務を逃れる. ❺ [問題・紛争が] 解決される: El negocio *se desligó* tras las conversaciones. 話し合いの後, その件は解決した
deslindador, ra [deslindađór, ra] [名] 境界を画定する人
deslindamiento [deslindamjénto] [男]《まれ》=**deslinde**
deslindar [deslindár]〖←ラテン語 deslimitare〗[他] ❶ 境界線を引く, 境界を決める; 切り離す: ~ un solar 土地の境界を画定する. ~ los campos de acción de ambas organizaciones 両機関の活動範囲を決める. ~ dos ideas 2つの考えを切り離す. ❷ 明確にする; [細部まで] はっきりさせる: ~ los tres temas que trata el autor en este libro この本で著者が扱っている3つのテーマをはっきりさせる. ~ las responsabilidades de cada uno 各人の責任を明確にする
deslinde [deslínde] [男] ❶ 境界の画定, 線引き; 分離. ❷ 定義づけ, 明確化
desliñar [desliɲár] [他]《繊維》[プリントの前に布地から] 糸くずなどを取る
deslío [deslío] [男] ワインの澱(おり)の分離
desliz [deslíθ]〖←deslizar〗[男]〖[複] ~ces〗❶ 失敗, へま, ミス, 失策: En el examen cometió el pequeño ~. 彼は試験で小さな間違いをした. ❷ [特に男女間の道徳的・性的な] 軽はずみ, 浮気;《婉曲》婚姻外の妊娠: Tuvo un ~ durante los primeros años de matrimonio. 彼は新婚時代に浮気をした. ❸ 滑ること, スリップ
deslizable [desliθáble] [形] 滑り得る
deslizadero, ra [desliθađéro, ra] [形] 滑りやすい〖=deslizadizo〗
—— [男] 滑りやすい場所
—— [女]《技術》落とし樋, 滑り溝
deslizadizo, za [desliθađíθo, θa] [形] 滑りやすい, つるつるした
deslizador, ra [desliθađór, ra] [形] 滑る
—— [男] ❶《技術》送り台. ❷《航空》[緊急脱出用の] 滑り台. ❸《メキシコ》ハンググライダー〖=ala delta〗. ❹《ボリビア》リフト〖=telesilla〗
deslizamiento [desliθamjénto] [男] ❶ 滑ること, 滑走; スリップ: ~ de tierra〔s〕地滑り. ❷《情報》スワイプ, フリック
deslizante [desliθánte] [形] 滑りやすい, ツルツルの
deslizar [desliθár]〖←擬声〗[9] [他] ❶《文語》滑らす: *Deslicé* una carta por debajo de la puerta. 私はドアの下から手紙を差し入れた. ~ la mano por los cabellos 髪をなでる. ❷《文語》さりげなく…を置く(言う): Con el mayor disimulo me *deslizó* una papeleta. 彼はこっそりと私にメモを渡した. ~ a+人 un billete de mil yenes en la mano …の手にこっそり千円札を握らす. ❸《文語》うっかり言う(する): ~ una palabra tabú うっかり禁句を言う. ❹《手芸》[編み目を] 飛ばす. ❺《情報》スワイプする, フリックする
—— [自] 滑る, 滑走する〖=~se〗
—— **~se** ❶ [+por を/+sobre の上を] 滑る, 滑走する; スリップする: *Se deslizó por* el suelo. 彼は床で滑った. Los ruedas *se deslizaron sobre* el hielo. タイヤが氷の上でスリップした. bajar *deslizándose por* el declive 斜面を滑り降りる. ❷ こっそり逃げる; 忍び込む: *~se* entre los invitados 招待客の中に紛れ込む. ❸ 滑り落ちる, うっかり落とす: El cigarrillo *se* le *deslizó* entre los dedos. たばこが彼の指の間から滑り落ちた. ❹ 滑るように進む: El barco *se deslizó* suavemente en dirección opuesta. 船はゆっくりと反対方向に滑るように進んで行った. ❺《文語》[水が緩やかに] 流れる; [時間が何事もなく] 経過する: La tarde *se deslizaba* lentamente. 午後はゆっくり過ぎていった. ❻《文語》うっかり間違える, ミスをする; 失言をする: Ten cuidado y no *te deslices* en la fiesta. 気をつけて. パーティーで失礼なことをしないようにね
desloar [desloár] [他] 非難する, 叱責する, とがめる
deslocalizar [deslokaliθár] [9] [他] [企業・商店などが] 移転する
deslomadura [deslomađúra] [女] 腰痛; 疲労困憊
deslomar [deslomár]〖←des-+lomo〗[他] ❶ [主に叩いて, 人・動物の] 腰(背中)を傷つける. ❷ [仕事などが] 疲れ果てさせる, 疲労困憊(こんぱい)させる: Las clases me *desloman*. 私は授業でへとへとになる. ❸《口語》ポカポカ殴る
—— **~se** ❶ 腰・背中を痛める: Las mulas *se deslomaron* a consecuencia del exceso de carga. 荷が重過ぎてラバたちは背中を痛めた. ❷ 疲れ切る, 一所懸命働く: Tengo que *~me* porque pagan muy poco. 私は給料が低いのでとことん働かなくてはならない. *Se deslomó* estudiando, pero no ha aprobado. 彼は一所懸命勉強したが合格しなかった
deslucidamente [desluθíđaménte] [副] 地味に, 目立たずに; 野暮ったく
deslucido, da [desluθíđo, đa] [形] ❶ 色あせた, くすんだ, 薄汚れた: El traje ya está ~. その服はもうくたびれている. ❷ さえない, 地味な, 目立たない, 精彩のない: hacer un papel ~ al lado de otras estrellas 他のスターたちの横でさえない役をする. Estuvo ~ en la exposición del tema. 彼の問題の説明はいまいちだった
deslucimiento [desluθimjénto] [男] ❶ 色あせ, くすみ. ❷ 地味, 目立たないこと, 面白味のなさ; 生気のなさ. ❸ 失敗
deslucir [desluθír]〖←des-+lucir〗[40] [他] ❶ 魅力を失わせる: La lluvia *deslució* la fiesta. 雨でパーティーが台なしになった. ❷ 名声(名誉・権威)を失わせる: Con esas declaraciones está *desluciendo* su trayectoria profesional. その発言で彼の経歴が色あせて見える. ❸ 色あせさせる, 輝きを失わせる, くすませる; [外見・イメージを] 損なう
—— **~se** ❶ 台なしになる, だめになる. ❷ 名声(名誉・権威)を失う: Con la mala interpretación *se deslució* como actor. 彼はまずい芝居で俳優としての名声を失った. ❸ 色あせる, つや

D

がなくなる: *Se deslucieron* sus vestidos con el paso del tiempo. 時と共に彼の服は色あせた

deslumbrador, ra [deslumbrađór, ra] [形] まぶしい; すばらしい 〖=deslumbrante〗: anillo con un brillante enorme y ～ 大きくまばゆいダイヤの指輪. La atractiva modelo estaba anoche ～*ra*. その魅力的なモデルは昨夜輝いていた

deslumbramiento [deslumbramjénto] [男] ❶ 目をくらませる(目がくらむ)こと, 眩惑(げんわく); まぶしいこと: Sufrí un ～ al mirar fijamente al sol. 私は太陽をじっと見つめて目がくらんだ. ❷ 盲目的になること, 困惑

deslumbrante [deslumbránte] [形] ❶ まぶしい, まばゆい; 目もくらむような: Hoy luce un sol ～. 今日はまばゆいほど太陽が輝いている. vestido ～ きらびやかなドレス. ❷ すばらしい, 見事な: Velázquez pinta una serie ～ de retratos de corte. ベラスケスは一連のすばらしい宮廷画を描いた

deslumbrar [deslumbrár] 〖←des-+lumbre〗 [他] ❶ …の目をくらませる, まぶしくさせる: Los faros del camión *deslumbró* al taxista. トラックのライトがタクシー運転手の目をくらませた. ❷ 困惑(混乱)をもたらす. ❸ 驚かせる, 印象づける: Intentaba ～nos haciendo ostentación de todos sus conocimientos. 彼は知識をひけらかして私たちに印象づけようとしていた

—— **～se** ❶ 目がくらむ: *Se deslumbró* al recibir directamente en su cara los rayos del sol. 日光が直接顔に当たって彼は目がくらんだ. ❷ 驚く, 感嘆する: Te dejas ～ por cualquier cosa. 君は何にでも感心する

deslumbre [deslúmbre] [男] =**deslumbramiento**

deslustrador, ra [deslustrađór, ra] [形] つや(光沢)を消す, くすませる

deslustrar [deslustrár] [他] ❶ [ガラス・金属などの] つやを消す, 光沢をなくす, くすませる: El sol *deslustró* el color del vestido. 日光で服の色があせた. zapatos *deslustrados* 磨いていない靴. ❷ 損なう, 傷つける: Una crítica razonada no nos *deslustra* sino nos ayuda a mejorar. 根拠ある批判は私たちを傷つけるどころか, 向上する助けになる

deslustre [deslústre] [男] ❶ 光沢を消すこと, つや消し. ❷ さえないこと; 汚点, 不名誉, 恥辱

deslustroso, sa [deslustróso, sa] [形] 見苦しい, 不格好な, さえない

desmacelar [desmaθelár] **～se** 《まれ》 打ちのめされる, 活気を失う

desmadejado, da [desmađexáđo, đa] [形] 疲れきった, 衰弱した: Después de la hepatitis se sentía agotado y ～. 彼は肝炎を患った後は体力の消耗と衰弱を感じていた. Yo estaba ～ por no haber dormido. 私は寝ていなかったので足がふらついていた

desmadejamiento [desmađexamjénto] [男] 衰弱, 無気力

desmadejar [desmađexár] 〖←des-+madeja〗 [他] 衰弱させる, 無気力にさせる, 消耗させる: Les *desmadejó* el sueño y el cansancio. 眠さと疲れで彼らはぐったりした

—— **～se** ❶ 衰弱する, 体の力が抜けてしまう. ❷ 《まれ》 もつれが解ける

desmadrado, da [desmađráđo, đa] [形] ❶ [動物の子供が] 親に見放された. ❷ [人が] はめを外した, 半狂乱の; [事が] 度の過ぎた, やりすぎの

desmadrar [desmađrár] 〖←desmadre〗 [他] ❶ [離乳させるため動物の子供を] 母親から離す. ❷ 《メキシコ. 口語》 傷つける, 壊す

—— **～se** ❶ 《口語》 はめを外す, 度を過ごす, 悪のりする: Al sentirse protegidos por la multitud *se desmadraron* en gritos e insultos hacia el alcalde. 彼は人ごみに紛れて安心し, 大声で市長を侮辱する言葉を吐いた. ❷ [川が] 氾濫する. ❸ 《コロンビア》 [雌が] 病的な下り物がある

desmadre [desmáđre] 〖←des-+madre〗 [男] 《口語》 ❶ やりすぎ, いきすぎ: La manifestación se convirtió en un ～. デモは大混乱になった. ❷ 無作法: Me parece un ～ presentarnos en su casa a estas horas. こんな時間に彼の家に行くのは失礼だと思う. ❸ はめを外すこと; どんちゃん騒ぎ, めちゃくちゃ

***irse* (*andar*) *de* ～** 《メキシコ. 口語》 [友人たちと] わいわい楽しくやりに出かける

desmadroso, sa [desmađróso, sa] [形] 《メキシコ. 口語》 [人が] 無秩序な, 騒がしい

desmagnetización [desmagnetiθaθjón] [女] 《物理》 消磁

desmagnetizar [desmagnetiθár] [9] [他] 消磁する

desmajolar [desmaxolár] [他] ❶ [ブドウの] 若木を引き抜く. ❷ 靴紐をほどく

desmalazado, da [desmalaθáđo, đa] [形] =**desmazalado**

desmalezar [desmaleθár] [9] [他] 《中南米》 …の雑草を抜く, 除草する

desmallador, ra [desmaʎađór, ra] [形] 網を破る; 靴下を伝線させる

desmalladura [desmaʎađúra] [女] 網を破ること; 靴下の伝線

desmallar [desmaʎár] [他] ❶ [網などを] 破る; [ストッキングなどを] 伝線させる. ❷ =**desenmallar**

—— **～se** [網などが] 破れる; [ストッキングなどが] 伝線する

desmamar [desmamár] [他] 乳離れさせる, 離乳させる

desmamonar [desmamonár] [他] [ブドウなどの] 余分な芽(徒長枝・ひこばえ)を摘み取る

desmamparar [desmamparár] [他] 《廃語》 =**desamparar**

desmán [desmán] **I** 〖←古語 desmanarse「軍隊が散り散りになる」(desmandarse「反抗する」との混同)〗 [男] ❶ いきすぎた言動, やりすぎ: cometer (llevar a cabo) *desmanes* いきすぎたことをする, 度を越す. contener ～ いきすぎを抑える. *desmanes* en la bebida y en el juego 過度の飲酒とギャンブル. ❷ 職権乱用: Durante su gobierno se cometieron muchos *desmanes*. 彼の政権下で数々の職権乱用が行なわれた. ❸ 不幸, 痛ましい出来事

II 〖←仏語 desman〗 [男] 《動物》 ロシアデスマン

desmanar [desmanár] **～se** [動物が] 群れから離れる

desmanchar [desmantʃár] [他] 《まれ》 …から汚れを取る, 染みを抜く

—— [自] 《中南米》 離れる, 逃げ去る

—— **～se** 《中南米》 [動物が群れから] 離れる; [人が仲のいいグループから] 去る, 離れる

desmandado, da [desmandáđo, đa] [形] 反抗的な, 言うことを聞かない: niño rebelde y ～ 反抗的で手に負えない子供

desmandamiento [desmandamjénto] [男] ❶ 無効にすること. ❷ 反抗, 不服従

desmandar [desmandár] 〖←des-+mandar〗 [他] 《法律》 [命令・遺言による贈与などを] 無効にする

—— **～se** ❶ 反抗する, 逆らう, 抑えがきかない: El maestro cuida que sus alumnos no *se desmanden*. 生徒たちが逆らわないように教師は気をつける. El caballo *se* le *desmandó*. 馬が彼の言うことをきかなくなった. ❷ [動物などが] 群れから離れる: Con los tiros algunos búfalos *se desmandaron*. 銃声で何頭かの水牛が群れから離れてしまった

desmande [desmánde] [男] 《まれ》 反抗, 不服従

desmando [desmándo] [男] 《まれ》 =**desmande**

desmanear [desmaneár] [他] [動物の] 足かせを外す

desmangallado, da [desmaŋgaʎáđo, đa] [形] 《カナリア諸島》 野暮ったい, みすぼらしい

desmangado, da [desmaŋgáđo, đa] [形] 取っ手のない, 柄が抜けた

desmangar [desmaŋgár] [8] [他] [道具・器具の] 柄(取っ手)を取り去る

—— **～se** 柄(取っ手)が取れる

desmanillar [desmaniʎár] [他] [バナナを] 房に分ける

desmano [desmáno] 〖←des-+mano〗 ***a* ～** 1) 手の届かないところに. 2) 道から離れて, 不便なところに: Tu casa me pilla muy *a* ～. 君の家は僕のところからずいぶん遠い

desmanotado, da [desmanotáđo, đa] [形] [名] ❶ [手先が] 不器用な[人]; [作られた物が] 不格好な. ❷ 意気地のない[人], 気の弱い[人]

desmantecar [desmantekár] [7] [他] [食べ物から] 脂肪分を取る, 脱脂する

desmantelado, da [desmanteláđo, đa] [形] ❶ [建物が] 家具を取り払った, 荒れ放題の, ほったらかしの: Dejó la casa sucia y ～*da*. 彼は家を掃除せず, ほったらかしにしておいた. ❷ 解体された, 取り壊された. ❸ 《船舶》 マストを外した

desmantelamiento [desmantelamjénto] [男] ❶ 解体, 取り壊し; [家具などを] 取り去ること, 撤去. ❷ 《船舶》 [マスト・索具の] 取り外し

desmantelar [desmantelár] 〖←仏語 démanteler〗 [他] ❶ [建物・設備などを] 取り払う, 撤去する: Hay que ～ la fábrica y entregar el material a los acreedores. 工場の設備を取り払い, 債権者に引き渡さなくてはならない. ❷ [防御施設を] 取り壊す: ～ las bases militares 軍事基地を撤去する. ❸ 解体する,

分解する: ～ el andamiaje 足場を解体する. ❹ [組織などを] 壊す: La policía *ha desmantelado* la red de traficantes. 警察は密売人組織を潰した. ❺《船舶》マストを取り外す, 索具を外す

desmantele [desmantéle] [男]《口語》=**desmantelamiento**

desmaña [desmáɲa] [女] 不器用, 下手

desmañadamente [desmaɲađaménte] [副] 不器用に, 下手に, 不手際に

desmañado, da [desmaɲáđo, đa] [形][名] 不器用な〔人〕, 下手な, どじな〔人〕

desmañanar [desmaɲanár] **～se**《中南米》早起きする

desmañar [desmaɲár] [他]《古語》妨げる, 邪魔する

—— **～se**《メキシコ》[はた迷惑なほど] 早起きする

desmaño [desmáɲo] [男] 無頓着, いい加減, 不精

desmaquillado [desmakiʎáđo] [男] 化粧(メイク)落とし

desmaquillador, ra [desmakiʎađɔ́r, ra] [形] 化粧(メイク)落とし用の: algodones ～*es* メイク落とし用コットン. loción ～*ra* クレンジングローション

—— [男] クレンジングクリーム

desmaquillar [desmakiʎár] [他] …の化粧を落とす

—— **～se** [自分の] 化粧を落とす: *Se desmaquilla* cuidadosamente cada noche. 彼女は毎夜, 入念に化粧を落とす. ～*se* los labios, ojos y mejillas 唇, 目, 頬のメイクを落とす

desmarañar [desmaraɲár] [他]《まれ》=**desenmarañar**

desmarcaje [desmarkáxe] [男] =**desmarque**

desmarcar [desmarkár] 〖←des-+marcar〗 [7] [他] ❶《スポーツ》[味方から] 相手のマークをそらす. ❷ [物から] 印(マーク)を取り除く

—— **～se** ❶《スポーツ》相手のマークを外す: El delantero *se desmarcó* y pudo rematar de cabeza el balón. フォワードはマークをかわし, ヘディングシュートを決めた. ❷ [+de 集団などから] 離れる; [考え方・行動で] 距離を置く: ～*se de* la postura oficial del partido 党の公的態度と一線を画する

desmarojador, ra [desmarɔxađɔ́r, ra] [名] 不要な葉・雑草を取り除く人, 草むしり人

desmarojar [desmarɔxár] [他]《農業》[不要な葉・雑草などを] 取り除く

desmarque [desmárke] [男]《スポーツ》[相手の] マークを外すこと

desmarrido, da [desmaříđo, đa] [形]《廃語》心身共に疲れた, 衰弱した; 気落ちした, 落胆した

desmasificación [desmasifikaθjɔ́n] [女] 少人数化, 脱マス化

desmasificar [desmasifikár] [7] [他] [マスプロ化した大学などを] 少人数化する, 脱マス化する: ～ las consultas médicas 診察を受ける患者数を減らす

desmatar [desmatár] [他] 灌木を根こそぎにする

desmaterialización [desmaterjaliθaθjɔ́n] [女] 非物質化

desmaterializar [desmaterjaliθár] [9] [他] 非物質化する

desmayadamente [desmajáđaménte] [副] 元気なく, 気落ちして

desmayado, da [desmajáđo, đa] [形] ❶ [色が] あせた, くすんだ: tonos ～*s* 抑えた色調. ❷ 気落ちした, 生気のない: tener una voz ～*da* 声に張りがない. ❸ 空腹の

desmayar [desmajár] 〖←古仏語 esmaiier〗 [自] くじける, 気力をなくす, ひるむ: No debes ～ en tu intento, por más dificultades que encuentres. どんな困難に出会っても決してあきらめてはならない. Al acercarse al jefe, *desmayó* y no pidió el aumento. 彼は上司の近くまで行くと, 気後れして賃上げを言い出さなかった

—— [他]《まれ》気を失わせる, 気絶させる

—— **～se** ❶ 気を失う: Cuando ella vio la sangre, *se desmayó*. 彼女は血を見て卒倒した. ❷ [植物などが] 垂れ下がる

desmayo [desmájo] 〖←desmayar〗 [男] ❶ 気絶, 失神, 卒倒, 意識を失うこと: sufrir un ～ 気絶する. ocasionar a+人 ～*s* …を気絶させる. ❷ [体力・気力の] 衰え: tener un ～ en todo el cuerpo 体中がだるい. hablar con ～ 弱々しく話す. Las ramas caen con ～. 枝はだらりと下がっている. ❸《植物》シダレヤナギ〖=sauce llorón〗

sin ～ 一心不乱に, 元気よく, へこたれずに: continuar estudiando *sin* ～ くじけることなく研究を続ける

desmazalado, da [desmaθaláđo, đa] [形] ❶ 衰弱した: Después de tantos días de trabajo, se encuentra algo ～. 何日も仕事が続いて彼は少しへばっている. ❷《まれ》気落ちした, 落胆した, がっかりした

desmechar [desmetʃár] [他]《メキシコ》…の髪の毛をむしる;《ベネズエラ》髪を乱す

desmedidamente [desmeđiđaménte] [副] 途方もなく, とてつもなく

desmedido, da [desmeđíđo, đa] [形] 途方もない, とんでもない, 過度な, 法外な: Es un hombre ～ en todo. 彼は何をしてもやりすぎる. tener un hambre ～*da* ひどく腹を空かせている. ambición ～*da* とてつもない野心

desmedimiento [desmeđimjénto] [男]《まれ》過度, 法外

desmedir [desmeđír] 〖←des-+medir〗 [35] **～se** [+en で] 度を過ごす: *Se desmidió* tanto *en* su broma que los demás se enfadaron. 彼は冗談が過ぎて他の連中が怒ってしまった

desmedra [desméđra] [女] =**desmedro**

desmedrado, da [desmeđráđo, đa] [形] 発育不良の; やつれた: Daba pena ver a aquellos pobres niños ～*s* y raquíticos. あのやせ衰えてひ弱な, かわいそうな子供たちを見ると胸が痛む

desmedrar [desmeđrár] [自]・**～se** ❶ やせ細る, 衰弱する: *Desmedró* mucho y tenía un aspecto frágil. 彼はかなり衰弱して弱々しく見えた. Si no comes más, vas a ～*te* y tendrás que guardar la cama. もっと食べないとやつれて, 寝込むことになるよ. ❷ 悪化する, 衰退する: Su fortuna fue *desmedrándose*. 彼の財産はどんどん減っていった

—— [他] 悪化させる, 損なう

desmedro [desméđro] [男]《口語》衰弱, 憔悴(しょうすい); 悪化; 凋落(ちょうらく)

desmejora [desmɛxóra] [女] =**desmejoramiento**

desmejorado, da [desmɛxoráđo, đa] [形] [主に健康状態が悪化して] 具合の悪そうな: La encontré muy ～*da*. 彼女はずいぶん調子が悪そうだった

desmejoramiento [desmɛxoramjénto] [男] 悪化, 衰退, 衰弱: sufrir un ～ paulatino 次第に悪化する. ～ palpable en el nivel de la vida はっきり分かる生活水準の低下

desmejorar [desmɛxorár] 〖←des-+mejorar〗 [自]・**～se** 健康状態が悪化する, やつれる: Sigue *desmejorando* pero no quiere ir al médico. 彼は具合が悪くなる一方だが, 医者には行きたがらない. Tras la muerte de su hijo ella *se desmejoró* tanto que aparentaba veinte años más. 息子が死んでから彼女はやつれて, 20歳も老けて見えた

—— [他] 悪化させる, 損なう, 傷つける: Tanto maquillaje la *desmejora*. 彼女は厚化粧で美貌が台なしだ. Este suspenso *desmejora* su brillante expediente. この落第で彼の輝かしい経歴に傷が付いた. ～ el rendimiento 収益を悪化させる

desmelancolizar [desmelaŋkoliθár] [9] [他] 元気づける, 沈んだ気分を晴らす

—— **～se** 元気になる, 憂鬱な気分が晴れる

desmelar [desmelár] [23] [他]《養蜂》[ミツバチの巣箱から] 蜜を取る

desmelenado, da [desmelenáđo, đa] [形][名] ❶ 髪の毛が乱れた〔人〕; 髪を振り乱した: El fuerte viento la dejó ～*da*. 強風で彼女の髪が乱れた. ❷ [事物が] おろそかにされた, 乱雑な. ❸ 大胆な, 人目をはばからない. ❹《キューバ. 口語》急いでいる, あわてている

desmelenamiento [desmelenamjénto] [男] ❶ 髪の毛を乱す(髪の毛が乱れる)こと. ❷ いきすぎた言動; 狂乱, 逆上: En la fiesta había un ～ total. パーティーはどんちゃん騒ぎだった

desmelenar [desmelenár] 〖←des-+melena〗 [他] …の髪を乱す: El viento la *desmelenaba* y agitaba sus largos cabellos. 風が彼女の髪を乱し, 長い毛をなびかせていた

—— **～se** ❶ 気を引き締めてかかる; 奮起する, 努力する: Él tardó muchos años en ～*se* y declararle su amor. 彼はがんばって彼女に愛を告白するのに何年もかかった. ❷ くつろぐ, 羽を伸ばす: En la fiesta *se desmelenó* y salió a cantar con los músicos. パーティーで彼は気が大きくなって, 楽隊に混じって歌い出した. ❸ 逆上する, のぼせる: Cada vez que le sacan ese espinoso tema, *se desmelena* y suelta de todo por la boca. その厄介な問題が持ち出されるたびに彼は頭に血がのぼって口から出任せを言う. ❹ 髪が乱れる, 髪を振り乱す

desmelene [desmeléne] [男]《口語》=**desmelenamiento**

desmembración [desmembraθjɔ́n] [女] ❶ [手足の] 切断. ❷ 分裂, 分断, 解体: ～ del imperio 帝国の分裂(分割)

desmembrador, ra [desmembrađɔ́r, ra] [形] ばらばらにする, 分裂させる

D

desmembradura [desmembrađúra] [女]《古語》=**desmembración**

desmembramiento [desmembramjénto] [男]《古語》=**desmembración**

desmembrar [desmembrár]〖←des-+ラテン語 miembrum「四肢」〗[他]〖規則変化〗/23 ❶ …の手足を切断する. ❷ 分裂させる, 分断する: Polonia ha sido *desmembrado* varias veces. ポーランドは何度も分割された. ～ del imperio una parte de sus colonias 植民地の一部を帝国から分離する
—— **～se** 分裂する, 分離する, ばらばらになる: La asociación *se desmembró* por problemas económicos. 協会は経済問題でばらばらになった

desmemoria [desmemórja] [女]《文語》忘却, 失念, 物忘れ

desmemoriado, da [desmemorjáđo, đa] [形][名] ❶ 忘れっぽい〔人〕, 記憶力の悪い〔人〕; ぼんやりした〔人〕: Un ～ como tú necesita una agenda. 君のように忘れっぽい人は手帳が必要だ. ❷ 記憶喪失の: A raíz del accidente estuvo ～ durante un tiempo. 事故のせいで, 彼はしばらく記憶喪失だった. ❸《法律》心神喪失の〔人〕

desmemoriar [desmemorjár]〖←des-+memoria〗10 **～se** ❶ 忘れる, 思い出せない: ～*se* de la cita 会う約束を忘れる. ❷ 記憶を失う

desmenguar [desmeŋgwár] 13 [他] ❶ [抽象的なものを] 小さくする, 縮める, 減らす: Este hombre *desmengua* mi paciencia. こいつには我慢できない. ❷《まれ》縮小する, 小さくする, 少なくする

desmentida [desmentíđa] [女] =**desmentido**

desmentido [desmentíđo] [男] ❶ 否定, 否認: dar un ～ a... …を否定する, …の偽りを立証する. ❷ 前言の取り消し: La prensa publicó el ～ del gobernador. マスコミは知事の前言撤回を報じた

desmentidor, ra [desmentiđór, ra] [形] 否定する; ごまかす, 隠す: La experiencia es la mejor ～*ra* de lo que dice él. 経験は彼の発言が真実でないことを最もよく証明する

desmentir [desmentír]〖←des-+mentir〗33 [他] ❶ [他の人の発言を真実でないと] きっぱり否定する, 反論する: 1) *Desmiente* el rumor de su dimisión. 彼は辞任のうわさを否定している. 2) [+que+接続法] *Han desmentido que* vayan a subir los sueldos este año. 彼らは今年の賃上げを否定した. ❷ [嘘であること・根拠がないことを] 示す: La realidad *desmiente* una idea halagüeña. 現実は楽観論を許さない. Su complexión macizo no *desmiente* su origen vasco. 彼のがっしりした体格は彼がバスクの血を引いていることの証拠だ. ❸ [期待などを] 裏切る, ふさわしくない: Esta novela no *desmiente* al autor. この小説はいかにも著者のものらしい. ❹ だます, ごまかす: Ya no puede ～ su avanzado embarazo. 彼女は妊娠していることをもうごまかせない. La alegría de su rostro *desmiente* el sufrimiento de su corazón. 彼はにっこり笑って心中の苦しみを隠す
—— [自] ❶ 合わない, 一致しない. ❷ [平行に走っているものが] ずれる: Estas cortinas *desmienten* con respecto a la pared. このカーテンは壁に対してずれている
—— **～se** 前言を撤回する(翻す)

desmenuzable [desmenuθáble] [形] もろい, 砕けやすい, 崩れやすい

desmenuzador, ra [desmenuθađór, ra] [形] 細かく砕く
—— [女] [サトウキビ・砂糖大根などの] 粉砕機

desmenuzamiento [desmenuθamjénto] [男] ❶ 細片化, 細かく砕くこと. ❷ 精査, 細かい分析

desmenuzar [desmenuθár]〖←des-+古語 menuzar < menuza「分割」< ラテン語 minutia「かけら, 粒子」〗9 [他] ❶ [主に手で, 道具を使わずに] 小さくちぎる, 細かく砕く, 小片にする: ～ pan entre los dedos 指先でパンをちぎる. ～ en mil piezas el mensaje メッセージを細かい小片にちぎる. ❷ [細部に分けて] 精査する, 細かく調べる: ～ el proyecto antes de aprobarlo 認可する前に計画を細かく検討する. Aunque *desmenuces* el texto, no encontrarás indicios que corroboren esa tesis. どんなにテクストの分析をしても, その説を裏づけるような証拠は見つからないだろう
—— **～se** 細かく砕ける, ちぎれる

desmeollamiento [desmeoʎamjénto] [男]《医学》髄を抜くこと

desmeollar [desmeoʎár] [他]《医学》[骨から] 髄を抜く

desmerecedor, ra [desmereθeđór, ra] [形] ふさわしくない, 値しない: Su falta de ética profesional le hizo ～ del premio. 彼には職業倫理が欠けていたためその賞を受けるのにふさわしくなかった

desmerecer [desmereθér]〖←des-+merecer〗39 [他] ふさわしくない, 値しない: *Desmerece* las atenciones que recibe. 彼は今受けている気配りに値しない. sin ～ la calidad de su estudio 彼の研究の質にふさわしく
—— [自] ❶ 価値をなくす, 質を落とす: Su belleza *desmerece* con el paso del tiempo. 時が経つと彼女の美貌も衰える. Esta tela no *desmerece* al lavarla. この布は洗っても質が落ちない. ❷ [+de より] 劣る, 見劣りがする: ～ en inteligencia *de* su hermano 頭の良さでは兄に負ける. El nuevo entrenador no *desmerece* a su predecesor. 新しいコーチは前任者にひけを取らない

desmerecimiento [desmereθimjénto] [男] 欠点, 短所; 見劣りすること, 遜色(そんしょく): Esperamos que el retraso de nuestra invitación no suponga un ～. 招待状が遅くなりましたが, 悪く取らないで下さい

desmesura [desmesúra]〖←desmesurar〗[女] ❶ 過度, いきすぎ: comer con ～ 節度なく食べる. ❷ 慎みのない言動, 横柄, 無礼: Su ～ hizo avergonzar a todos los presentes. 彼の不謹慎ぶりは出席者全員に恥ずかしい思いをさせた

desmesuradamente [desmesuráđaménte] [副] 過度に, 異常に, 極端に: zapatos ～ grandes ばかでかい靴

desmesurado, da [desmesuráđo, đa] [形] ❶ [程度・大きさなどが] 並外れた, とてつもない: recibir con atenciones ～*das* ばか丁寧に歓迎する. gafas ～*das* 不釣り合いなほど大きな眼鏡. ❷ 横柄な, 無礼な, 不謹慎な: No consiento que me hables con esas ～*das* palabras. 私にそのような失礼な口のきき方をすることは認めない

desmesurar [desmesurár]〖←des-+mesurar〗[他] ❶ 誇張する, 大げさに表わす: No hay que ～ los hechos, pues en realidad no revisten tanta gravedad. 出来事を大げさに言ってはならない. 実際にはそれほど深刻ではないのだから. ～ la importancia 重要性を誇張する. ❷ 散らかす, 乱す
—— **～se** ❶ 過度になる, 大げさになる: *Se* está *desmesurando* la responsabilidad del empleado. その従業員の責任が誇張されている. ❷ いきすぎる, やりすぎる: Primero los halagos fueron oportunos, pero acabó *desmesurándose*. 最初はほめ言葉も適切だったが, 最後はいきすぎてしまった. ❸ 節度を失う; 横柄にふるまう, 無礼を働く

desmigajar [desmiɡaxár] [他] [パンなどを] 小さくちぎる, 細かく砕く: ～ unos trozos de pan para echarlos a los pájaros 鳥にやるためにパンを小さくちぎる
—— **～se** [ぼろぼろと] 小さく砕ける, 粉々になる

desmigar [desmiɡár] 8 [他] =**desmigajar**

desmiguen [desmíɡen] [男]《口語》[el+] 極み, 極致

desmilitarización [desmilitariθaθjón] [女] 非武装化, 非軍事化; [軍隊の] 撤退; 民政移管

desmilitarizar [desmilitariθár]〖←des-+militarizar〗9 [他] 非武装化する; 非軍事化する; [軍政から] 民政に移す: ～ las zonas fronterizas de los dos países 2国間の国境地帯を非武装化する. zona *desmilitarizada* 非武装地帯

desmineralización [desmineraliθaθjón] [女] ❶《医学》鉱物質消失. ❷ [水の] 脱塩, 鉱物質の除去

desmineralizar [desmineraliθár] 9 [他] [水を] 脱塩する
—— **～se**《医学》鉱物質が消失する, ミネラルを失う

desmirriado, da [desmir̄jáđo, đa] [形]《口語》=**esmirriado**

desmitificación [desmitifikaθjón] [女] 非神話化

desmitificador, ra [desmitifikađór, ra] [形] 非神話化する

desmitificar [desmitifikár] 7 [他] [人・事物を] 非神話化する, 神話的要素を取り除く: Este libro *desmitifica* la figura de una cantante. この本はある歌手の神話のベールをはがした

desmitologizar [desmitoloxiθár] 9 [他] 神話化をやめる, 非神話化する

desmocha [desmótʃa] [女] =**desmoche**

desmochadura [desmotʃađúra] [女] =**desmoche**

desmochar [desmotʃár]〖←des-+mochar < mocho〗[他] ❶ …の頂部を取り除く(切り落とす): El huracán *desmochó* la torre de la iglesia. 台風で教会の塔の先端が折れた. ～ a [los cuernos de] una res 牛の角を切り落とす. ❷ [作品の] 一部を削除する: La censura *desmochó* la película y le hizo perder la fuerza. 検閲でその映画はカットされ, パワーがなくなった. ❸ [テーマ・問題を] ざっと扱う, 簡単に触れる

desmoche [desmótʃe] 男 ❶ 頂部の除去(切り落とし). ❷ [作品の]部分的削除, カット. ❸ 大量解雇, 大量落第, 大虐殺

desmocho [desmótʃo] 男 [集名] 取り除かれた(切り取られた)部分『動物の角, 植物の枝先, 作品の削除部分など』

desmogar [desmoɣár] 8 自 [鹿などの]角が生え替わる

desmogue [desmóɣe] 男 角の生え代わり

desmolado, da [desmoláðo, ða] 形 臼歯の抜けた, 奥歯のない

desmolasa [desmolása] 女《生化》デスモラーゼ

desmoldar [desmoldár] 他 型から取り出す

desmoler [desmolér] 29 他 ❶ すり減らす, 少しずつ消耗する. ❷ 腐らせる.《古語》悩ます, 怒らせる, 苦しめる. ❹《廃語》[食物を]消化する

desmonetización [desmonetiθaθjón] 女《通貨・切手》通用廃止, 廃貨; ~ de oro 金の廃貨『金本位制から管理通貨制への移行に伴う』

desmonetizar [desmonetiθár] 9 他 ❶《通貨・切手を》通用廃止にする. ❷ [金属を]貨幣鋳造に使うのをやめる. ❸《ペルー, チリ, アルゼンチン, ウルグアイ》[人・事物の]信用を失わせる; [貨幣の]価値を下げる

desmonopolizar [desmonopoliθár] 9 他《経済》独占を排除する

desmontable [desmontáβle] 形 取り外せる, 分解できる; 組み立て式の: La mesa es ~. このテーブルは取り外せる(組み立て式だ). juguete ~ 分解できるおもちゃ
—— 男 [タイヤの外皮の] 取り外しレバー

desmontado, da [desmontáðo, ða] 形 取り外されていない, 分解されていない

desmontador, ra [desmontaðór, ra] 形 名 取り外す[人], 分解する[人]

desmontadura [desmontaðúra] 女 ❶ 取り外し, 分解. ❷ 草むしり

desmontaje [desmontáxe] 男 ❶ 取り外し, 分解. ❷ [銃などの]安全装置をかけること

desmontar [desmontár] I 《←des-+montar》他 ❶ 取り外す, 分解する, ばらばらにする: ~ una rueda タイヤを取り外す. ~ y limpiar el fusil ライフルを分解して掃除する. ❷ [建物を]取り壊す: Desmontaron la vieja fábrica porque amenazaba ruina. 崩壊の恐れがあったので, 古い工場は解体された. ❸ [銃などの]安全装置をかける; [大砲を]使用不能にする. ❹ [馬などから]下ろす, 降ろす; 突き落とす, 落馬させる: El padre desmontó al hijo del caballo del tiovivo. 父は息子をメリーゴーラウンドの馬から下ろした
—— 自・~se [+de 馬などから] 下りる, 降りる: ~se de la moto オートバイから下りる
II《←des-+monte》他 ❶ [耕作するために山林を] 切り払う, 伐採する. ❷ [土地を]平らにする, ならす

desmonte [desmónte] 男 ❶ 山林の伐採; 整地, 地ならし: ~ de un millón de hectáreas de bosque 100万ヘクタールの森林伐採. ~ de terreno con un bulldozer ブルドーザーによる整地. ❷ [主に 複] 切り開かれた(整地された)土地. ❸ [整地の結果できた] 瓦礫, 残土: transportar los ~s en camiones トラックで残土を運ぶ. ❹ 解体, 取り壊し; ~ y derribo del edificio ビルの解体. ❺ 《まれ》 =**desmontaje**. ❻ 《中南米》 [坑口に積まれた]くず鉱石, ぼた山

desmonterar [desmonterár] ~se [闘牛で] [闘牛士が] 帽子 montera を取る

desmoñar [desmoɲár] 他《口語》...の束ねた髪をほどく
—— ~se [自分の]束ねた髪をほどく, 束ねた髪がほどける

desmoralización [desmoraliθaθjón] 女 ❶《道徳的な》堕落, 退廃, 公序良俗の壊乱. ❷ 意気消沈, 士気の低下: Al darse a conocer la noticia, cundió a ~. その知らせが伝わると, 重苦しい空気が広がった

desmoralizador, ra [desmoraliθaðór, ra] 形 ❶ 退廃的な, 風紀を乱す. ❷ 意気消沈させるような, 気力を萎えさせる: El fracaso en el examen, después de tanto trabajar, fue ~ para él. 一所懸命に勉強したのに試験に不合格だったので彼は意気消沈した

desmoralizante [desmoraliθánte] 形 =**desmoralizador**

desmoralizar [desmoraliθár] 9 他《←des-+moralizar》❶ 道徳心をなくさせる, 風紀を乱す. ❷ 意気消沈させる, 士気をそぐ: Las derrotas desmoralizan a cualquiera. 負けると誰もがっかりする. Las crisis económica desmoraliza a los empresarios. 経済危機が経営者たちを消極的にする
—— ~se ❶ 退廃する, 風紀が乱れる. ❷ 意気消沈する: Al ver los resultados de la votación se desmoralizó. 彼は投票結果を見てがっかりした

desmorecer [desmoreθér] 39 ~se 《まれ》❶ 熱望する, 思い焦がれる. ❷ 息ができないほど笑う; 泣きじゃくる

desmoronadizo, za [desmoronaðíθo, θa] 形 崩れやすい, もろい: Esta pared es tan delgada que parece ~za. この壁はとても薄くて崩れやすすそうだ

desmoronamiento [desmoronamjénto] 男 ❶ 崩壊, 崩落; 風化, 侵食: ~ del imperio 帝国の崩壊. ❷ 落ち込み, 憂鬱
—— ~ desborronar《古語》[小さくちぎる]<前ローマ時代語 boruna「キビのパン」] 崩す, 崩壊させる, 風化させる, 浸食する: El viento y la lluvia desmoronan las rocas. 風と雨は岩を風化させる. ~ la fe 信仰を打ち砕く
—— ~se ❶ 崩れる, 崩壊する: Los aceros altos en carbono se desmoronan al golpearlos al rojo blanco. 炭素を含有量の高い鉄は白熱状態で打撃を加えられるともろい. El Imperio Romanao se desmoronó y acabó fragmentándose. ローマ帝国は崩壊し, 分裂した. ❷ [逆境などで] 落ち込む, 元気がなくなる: Se desmoronó con aquella desgracia y se echó a llorar. 彼はあの不幸で落ち込み, わっと泣き出した. Se ha cansado de luchar contra la enfermedad y se ha desmoronado completamente. 彼は病気との闘いに疲れ, すっかり元気がなくなった

desmostar [desmostár] ~se [ブドウが] 果汁 mosto を失う

desmotadera [desmotaðéra] 女 =**desmotadora**

desmotado [desmotáðo] 男 =**desmote**

desmotador, ra [desmotaðór, ra] 形 名 節を取り除く[人]; 節取り工
—— 女 節取り機

desmotar [desmotár] 他《繊維》[羊毛・織物などから] 節 mota を取り除く

desmote [desmóte] 男《繊維》節取り

desmotivación [desmotiβaθjón] 女 やる気の欠如(喪失): La ~ de los alumnos es una causa importante del fracaso escolar. 生徒のやる気のなさが落ちこぼれの大きな原因である

desmotivar [desmotiβár] 他 ...の動機(やる気)を失わせる: Su primer fracaso lo desmotivó tanto que no volvió a intentarlo. 彼は最初の失敗で意気阻喪し, 二度と試みようとしなかった
—— ~se やる気をなくす: La competencia era tanta que se desmotivó. 競争が激しく, 彼はやる気をなくしてしまった

desmotropía [desmotropía] 女《化学》互変体[=tautomería]

desmovilización [desmoβiliθaθjón] 女 動員解除

desmovilizar [desmoβiliθár] 9 他 ❶ [兵士たち・部隊の] 動員を解く, 解隊する, 除隊させる, 復員する. ❷ 社会的流動性を失わせる

desmugrar [desmuɣrár] 他《縮絨工場で》布地から油脂分を取り除く

desmullir [desmuʎír] 21 他《ふわふわな》詰め物を取り除く; 押し固める

desmultiplicación [desmultiplikaθjón] 女《技術》シフトダウン, 減速

desmultiplicador, ra [desmultiplikaðór, ra] 形 減速させる
—— 男《電気》~ de impulsos 計数回路, スケーラー

desmultiplicar [desmultiplikár] 7 他《技術》シフトダウンする, 減速させる

desmutizar [desmutiθár] 9 他 [唖者に読唇言語・指話を教えて]話せるようにする

desnacionalización [desnaθjonaliθaθjón] 女 非国有化; 民営化

desnacionalizar [desnaθjonaliθár] 9 他 ❶ 非国有化する; [国営企業などを]民営化する: ~ el servicio de transportes por ferrocarril 鉄道輸送機関を民営化する. ❷ 国籍を剥奪する

desnarigado, da [desnariɣáðo, ða] 形 鼻の欠けた(潰れた); 鼻ぺちゃの, 団子鼻の

desnarigar [desnariɣár] 8 他 ...の鼻をそぎ落とす; [殴って]鼻を潰す: Me cerraste la puerta en las narices y casi me desnarigas. 君が目の前でドアを閉めたので, 私はもう少しで鼻がへしゃげるところだった

desnatado, da [desnatáðo, ða] 形 脱脂した: quesos y yogu-

desnatador, ra

res ~s 低脂肪のチーズとヨーグルト
—— 脱脂

desnatador, ra [desnatað̞ór, ra] 形 脱脂する
—— 囡 クリーム分離機, 脱脂機

desnatar [desnatár]『des-+nata』他 ❶ ［ミルクを］脱脂する, クリームを分離する. ❷《金属》鉱滓を取り除く. ❸ 最良のものを選び取る

desnate [desnáte] 男 =desnatado

desnaturalización [desnaturaliθaθjón] 囡 ❶ 変性, 変質; 非自然化: ~ del paisaje 風景の破壊. ❷ 国籍喪失, 国籍剥奪

desnaturalizado, da [desnaturaliθáð̞o, ð̞a] 形 ❶［親子・兄弟間などで］無情な, 非人間的な: Es una madre ~da; no siente ningún cariño por sus hijos y solo piensa en diversiones. 薄情な母親で, 子供に愛情を感じず, 遊ぶことしか考えていない. ❷ 変性した, 変質した: alcohol ~ 変性アルコール. ❸ 人工的な

desnaturalizante [desnaturaliθánte] 形 囡《化学》変性させる; 変性剤

desnaturalizar [desnaturaliθár]『des-+naturalizar』他 ❶ 変性させる, 変質させる. ❷ …の自然（本性）を損なう: ~ la leche con agua 牛乳を水で薄める. ~ el carácter 性格を変える（ゆがめる）. ❸ 国籍（市民権）を剥奪する; 国外に追放する: No se puede ~ a nadie por sus ideas políticas. 政治信条を理由に誰も国外追放することはできない
—— ~se ❶ 変性する, 変質する. ❷ 国籍を失う（捨てる）; 国外退去する. ❸《古語》［貴族が］封臣をやめる, 封土を返上する

desnaturar [desnaturár] 他《古語》国籍（市民権）を剥奪する; 国外に追放する
—— ~se《古語》［貴族が］封臣をやめる

desnecesario, ria [desneθesárjo, rja] 形《廃語》=innecesario

desnegar [desneɣár] 他 [→**negar**] 他《まれ》反論する
—— ~se《まれ》前言を撤回する

desnervar [desnerβár] 他《まれ》=enervar

desnerviar [desnerβjár] 他《まれ》=enervar

desnevado, da [desneβáð̞o, ð̞a] 形《まれ》［場所が］雪解けした

desnevar [desneβár] 他《まれ》雪を解かす
—— 自・~se《まれ》雪が解ける

desnicotinización [desnikotiniθaθjón] 囡 ［たばこの］ニコチン除去

desnicotinizar [desnikotiniθár] 他 ［たばこの］ニコチンを除去する

desnieve [desnjéβe] 男《カンタブリア》雪解け

desnitrificación [desnitrifikaθjón] 囡 =desnitrificación

desnitrificación [desnitrifikaθjón] 囡《化学》脱硝, 脱窒素

desnitrificar [desnitrifikár] 他《化学》脱硝する, 脱窒素する; 低酸化化合物に還元する

desnivel [desniβél] 男 ❶［場所の］高低差, でこぼこ, 段差: hundirse en un ~ 穴に落ちる. subir el ~ 段差を上がる. terreno lleno de ~es でこぼこだらけの土地. ~ entre la cocina y el comedor キッチンとダイニングの段差. ❷ 差, 違い, 格差: El ~ entre los países pobres y ricos crece de año en año. 貧しい国と豊かな国の格差は年々広がるばかりだ. corregir el ~ 格差を是正する. ~ cultural entre las distintas clases sociales 様々な社会階級間の文化ギャップ. ~ económico 経済的格差. ~ de fuerzas 力量の差

desnivelación [desniβelaθjón] 囡 ❶ 高低差をつけること, 高低差がつくこと. ❷ 不均衡, アンバランス: ~ de la balanza de pagos 収支の不均衡

desnivelado, da [desniβeláð̞o, ð̞a] 形 ❶ 高低差のある: El terreno es ~. 地面には段差がある. La mesa está ~da. テーブルは傾いている

desnivelar [desniβelár]『des-+nivelar』他 ❶ …に高低差をつける, 段差をつける. ❷ 不均等にする, 格差をつける: ~ la igualdad 均衡を破る
—— ~se 差がつく: Al poner más peso en un lado que en otro, la balanza se desnivela. 一方の側により重い分銅を載せると秤は傾く. La contienda se ha desnivelado al entrar nuevas potencias en el conflicto. 新しい勢力が参加すると, 争いは一方的になった

desnortar [desnortár] ~se《文語》方向が分からなくなる, 道に迷う

desnorte [desnórte] 男《文語》方向が分からなくなること, 道に迷うこと

desnucamiento [desnukamjénto] 男 首の骨を折ること, 首の骨が折れること

desnucar [desnukár] 7 他 ❶ …の首の骨を折る. ❷ 首に一撃を加えて殺す
—— ~se ❶ 首の骨が折れる: Se desnucó al caer rodando por la escalera. 彼は階段を転げ落ちて首の骨を折った. ❷ 首への一撃で死ぬ

desnuclearización [desnukleariθaθjón] 囡 非核化, 非核武装化, 核兵器の撤去

desnuclearizar [desnukleariθár] 9 他 [+場所 を・から] 非核化する, 核兵器を撤去する: zona desnuclearizada 非核地帯

desnudamente [desnúð̞ámente] 副 ありのままに, 赤裸々に, 単刀直入に

desnudamiento [desnuð̞amjénto] 男 ❶ 服を脱がせる（脱ぐ）こと, 裸にする（なる）こと. ❷ 露出, 暴露

desnudar [desnuð̞ár]『←ラテン語 denudare 「de 葉の」』 ❶ …の服を脱がせる, 裸にする: La madre desnudó al bebé para lavarlo. 母親は赤ん坊を風呂に入れるため, 服を脱がせた. ❷［賭け事で］有り金残らず奪う: Le desnudaron al salir del bingo. 彼はビンゴホールを出る時に身ぐるみがはがされた. ❸ [+de 装飾などを] …から取り去る, むき出しにする: Desnudaron la pared de todos los cuadros que había colgados en ella. 壁にかかっていた絵はすべて取り払われた. ❹ あらわにする, さらけ出す: Él suele ~ sus sentimientos conmigo. 彼はよく自分の感情を私にさらけ出す. ~ su corazón 心中を吐露する. ❺《文語》［剣などを］抜く. ❻《地質》岩石表を露出させる, 表面侵食する
—— ~se ❶ 服を脱ぐ, 裸になる: La modelo se desnudó frente al pintor. モデルは画家の前で裸になった. ❷ [+de 自ら取り除く: Los árboles se desnudaron de hojas. 木々は葉を落とした. Se desnudó de toda su timidez y me contó lo que le había sucedido. 彼は臆病風を振り払って起こったことを私に話した. ~se de prejuicios 偏見を捨て去る. ❸ 自分をさらけ出し, 自身の正体を明かす

desnudez [desnuð̞éθ] 囡 ❶ 裸（の状態）: Nadie se avergonzaba de su ~. 誰も自分が裸であることを恥ずかしく思わなかった. ❷ むき出しの状態;［表現などの］飾り気のなさ: verdad en toda su ~ 赤裸々な真実. ~ de la habitación 部屋の飾り気のなさ
mostrarse en toda su ~ 全裸になる; 赤裸々に自己をさらけ出す

desnudismo [desnuð̞ísmo] 男 裸体主義, ヌーディズム ［=nudismo］

desnudista [desnuð̞ísta] 形 名 裸体主義の（主義者）, ヌーディスト［=nudista］

desnudo, da [desnúð̞o, ð̞a] 『←des-+ラテン語 nudus「裸の」』 形 ［estar+］ ❶ 裸の: Va ~ de cintura para arriba. 彼は上半身裸でいる. Ponte otra ropa, que vas ~da con ese vestido de nada. もう一枚服を着なさい. その服では裸同然だ. bañarse ~ en el mar 裸で海水浴する. pies ~s 裸足. ❷ 飾りのない, むき出しの: paisaje ~ 殺風景な（荒涼とした）景色. paredes ~das de cuadros 絵の掛かっていない壁. ❸ 隠していない, あからさまな: contar sus ideas ~das 自分の考えを赤裸々に話す. verdad ~da ありのままの（赤裸々な）真実. ❹ 赤貧の, 無一文の: Está tan ~ que no tiene dinero ni para comprar un pedazo de pan. 彼はパン一切れ買う金もないほどすっからかんだ. ❺ [+de 特に非物質的なものが] ない, 持っていない: La enfermedad lo dejó ~ de fuerzas. 病気で彼は体力がなくなった. quedarse ~ de amor y de amistad 愛情も友情もなくなる. ~ de violencia 非暴力の. ❻《商業》 fletamento a casco ~ 裸用船［契約］
—— 男《美術》裸体画, 裸像: pintar un ~ 裸体画を描く. foto de ~s griegos 古代ギリシアの裸体像
al ~ 1) 裸の・に. 2) むき出しの・に, ありのままの・に: Esta biografía deja al ~ la vida de la actriz. この伝記は女優の生涯をあからさまにしている. El cable quedó al ~. ケーブルはむき出しになった. contar la verdad al ~ ありのままの真実を述べる

desnutrición [desnutriθjón] 囡 栄養失調, 栄養不良

desnutrido, da [desnutríð̞o, ð̞a] 形 栄養失調の, 栄養不良の:

やせこけた, やせ細った

desnutrir [desnutrír] **~se**《医学》栄養失調(不良)になる

desobedecer [desoƀeđeθér]〘←des-+obedecer〙[39] [他] 背く, 従わない, 逆らう: ~ a su profesor 先生の言うことを聞かない. ~ las órdenes de su superior 上司の命令に逆らう. ~ la ley 法律に違反する

desobediencia [desoƀeđjénθja] [女] ❶ 不服従, 反抗: Lo han despedido por ~ reiterada. 彼は反抗を繰り返したため解雇された. ~ civil (pacífica) 市民的不服従〘政府の要求・命令に対する非暴力の抵抗〙. ❷ [命令・法律・規則に対する] 違反, 反則

desobediente [desoƀeđjénte]〘←des-+obediente〙[形] [名] 反抗的な〔人〕, 不従順な〔人〕, 手に負えない〔人〕: Es un ~; nunca quiere hacer los deberes que le pone el profesor. 彼は反抗的な子で, 先生が出す宿題を決してしようとしない. niño ~ y rebelde わがままで反抗的な子供. si eres ~ 君が言うことを聞かないなら

desobligado, da [desoƀligáđo, đa] [形]《メキシコ》[人が] 無責任な

desobligar [desoƀligár] [8] [他]《古語》❶ 義務から免除する, 放免する. ❷ 不快にする, 怒らせる

—— **~se** ❶《古語》義務を免れる, 自由になる. ❷《パラグアイ》出産する

desobstrucción [desɔ〔ƀ〕stru〔k〕θjɔ́n] [女] 障害物の除去: ~ de un desagüe 排水溝の詰まりを取ること

desobstruir [desɔ〔ƀ〕strwír] [48] [他] 障害物を取り除く: ~ a+人 las arterias …の血管の詰まりを取る. ~ el paso 通れるようにする

desocasionado, da [desokasjonáđo, đa] [形] タイミングの悪い, 時機を逸した, 時宜に適さない

desocupación [desokupaθjɔ́n] [女] ❶ 暇, 余暇: Los mayores se quejan de la ~ de los jóvenes. 大人たちは若者がぶらぶらしているのでこぼしている. ❷ 立ち退き, 明け渡し; 撤退; [占拠者の] 排除: llevar a cabo la ~ de la fábrica 工場からの立ち退きを実行する. ❸《主に中南米》失業〔状態〕: tasa de ~ 失業率

desocupadamente [desokupáđaménte] [副] 自由に, 邪魔なしに

desocupado, da [desokupáđo, đa] [形] [estar+] ❶ 暇な: Ya le echaré un vistazo cuando esté un poco más ~. もう少し暇になったら彼のことも見てやろう. Pasa mucho tiempo ~. 彼はずっとぶらぶらしている. ❷ 失業した: Está ~ y no tiene dinero. 彼は失業中で金がない. ❸ 空いた: asiento ~ 空席. piso ~ 空きマンション

—— [名] ❶ 暇な人: Había un grupo de ~s mirando las obras. 暇人の一群が工事を眺めていた. ❷ 失業者

desocupar [desokupár]〘←des-+ocupar〙[他] ❶ [場所を] 空ける; 立ち退く, 引き払う: Tienen que ~ la biblioteca porque hay una amenaza de bomba. 爆破予告があったので図書館から人を退避させなくてはならない. ~ el piso マンションを引き払う. ❷ [容器を] 空にする: ~ la vasija del vino que contiene 容器に入っていたワインを空にする. ❸《チリ. 口語》[物を] 用いるのをやめる

—— [自] ❶ 失業する, 仕事がなくなる. ❷《口語》排便する. ❸《南米》出産する

—— **~se** ❶ 暇になる, 自由になる; 失業する: *¿Te desocuparás* pronto? すぐ手が空くかい? ❷ 空室になる, 空になる: Un asiento *se desocupó*. 席が一つ空いた. ❸《カリブ, チリ, アルゼンチン, ウルグアイ》出産する

desocupo [desokúpo] [男]《まれ》=**desocupación**

desodorante [desođoránte]〘←des-+ラテン語 odor, -oris「臭い」〙[形] 脱臭(防臭・消臭)の

—— [男] 脱臭(防臭・消臭)剤: ~ ambiental/~ de ambientes [部屋などの] 消臭剤. ~ en barra スティックタイプの消臭芳香剤

desodorar [desođorár] [他] =**desodorizar**

desodorización [desođoriθaθjɔ́n] [女] 脱臭, 消臭

desodorizador, ra [desođoriθađɔ́r, ra] [形] [男] =**desodorante**

desodorizante [desođoriθánte] [形] [男] =**desodorante**

desodorizar [desođoriθár] [9] [他] 脱臭する, 消臭する

desoír [desoír]〘←des-+oír〙[47] [他] [注意・忠告・命令などを] 聞き入れない, 無視する, …に耳を貸さない: *Desoyó* mis consejos. 彼は私の忠告に耳を貸さなかった. Los políticos *desoyeron* la queja de los pescadores. 政治家たちは漁民の不満の声を取り上げなかった. ~ una orden real 王の命令に背く. ~ la voz de su conciencia 良心の声に従わない

desojar [desɔxár]〘←des-+ojo〙[他] [針・鍬などの] 目(穴)を壊す

—— **~se** ❶ 目を凝らす, 目を皿のようにする: *Se desojaba* buscando su agenda. 彼は目を凝らして手帳を探した. ❷ [酷使して] 目を悪くする, 視力を弱める: No sigas leyendo con poca luz, que *te* vas a ~. 暗がりで読んではいけないよ, 目を悪くするから

desolación [desolaθjɔ́n] [女] ❶ 荒廃, 破壊: Le dolía ver la ~ de su pueblo natal. 生まれ故郷の荒廃ぶりを見て彼の心は痛んだ. ❷ 悲嘆, 悲痛: sembrar la ~ 悲しみをもたらす. ❸ 人けのない状態, わびしさ: tierra de una ~ 人っ子一人いない土地

desolado, da [desoláđo, đa] [形] ❶ [場所が] 人けのない, 荒れ果てた, わびしい: Aquel paisaje ~ parecía el fin del mundo. あの荒涼とした光景は世界の終末を思わせた. ❷ 悲痛な, 嘆き悲しむ: Estaba ~*da* por la noticia de la muerte. 死んだと聞いて彼女は悲嘆に暮れていた

desolador, ra [desolađɔ́r, ra] [形] ❶ 荒廃させる, 壊滅的な: tormenta ~*ra* 甚大な被害をもたらす嵐. ❷ 悲惨な, 痛ましい, もの悲しい: Aquellos niños hambrientos ofrecían un espectáculo ~. 飢えた子供たちの姿は悲惨そのものだった

desolar [desolár]〘←ラテン語 desolare「荒廃させる, 無人にする」〙〘規則変化〙/《文語》[28]〘主に不定詞と過去分詞のみ〙[他] ❶ 荒廃させる, 破壊する: El fuego *desoló* la comarca. 火事がこの一帯を焼き尽くした. ❷ 嘆き悲しませる: La muerte de tu hermano nos *ha desolado* a todos. 君のお兄さんが亡くなって私たちは皆悲しんでいる. ❸《まれ》[ゆかを] 上げる

—— **~se** 嘆き悲しむ, 悲嘆に暮れる, 悼む: ~*se* por lo que no tiene remedio どうしようもないことを嘆く

desolazar [desolaθár] [9] [他]《廃語》❶ 不安にする; 苦しませる. ❷ 安心させる, ほっとさせる

desoldar [desɔldár] [28] [他] はんだ付けを剝がす

desolidarizar [desoliđariθár] [9] **~se** [+de との] 連帯をやめる, 関係を絶つ; …から離脱する

desolladamente [desoʎáđaménte] [副]《廃語》厚かましくも, ずうずうしく; 恥知らずにも

desolladero [desoʎađéro] [男] 皮剝ぎ場; 畜殺場

desollado, da [desoʎáđo, đa] [形] [名]《廃語》厚かましい〔人〕, ずうずうしい〔人〕; 恥知らずの〔人〕: con ~ atrevimiento 厚顔無恥に

salir **~** さんざん批判される, ぼろくそに言われる

desollador, ra [desoʎađɔ́r, ra] [形] [名] ❶ 皮を剝ぐ; 皮剝ぎ職人. ❷ [値段が] 法外な; 法外な値段を取る人

—— [男]《鳥》モズ

desolladura [desoʎađúra] [女] ❶ [動物の] 皮剝ぎ. ❷ 擦りむくこと; 擦り傷: Se hizo una ~ en la rodilla al caer. 彼は転んで膝を擦りむいた

desollar [desoʎár]〘←古語 desfollar < 俗ラテン語 exfollare < ラテン語 follis「ふいご, 革袋」〙[28] [他] ❶ [動物の] 皮を剝ぐ: ~ a un conejo ウサギの皮を剝ぐ. ❷ 擦りむかせる. ❸《口語》酷評する, こき下ろす. ❹ [精神的に] 痛めつける, ひどい目にあわせる. ❺ 金をむしり取る, 巻き上げる: Los acreedores lo *desollaron* y se ha quedado sin nada. 債権者に取り立てられ, 彼は一文なしになった

~*la*《口語》眠って酔いを覚ます, 酔って寝る: Mientras los demás seguían la fiesta, *la desolló* hasta la madrugada. 他の人がパーティーを続けている間, 彼は明け方まで酔い潰れていた

—— **~se** 擦りむく: Si no te compras un número mayor de zapatos, *se* te van a ~ los pies. もう一つ大きなサイズを買わないと, 靴ずれができるよ

desollón [desoʎɔ́n] [男] 擦り傷〘=desolladura〙

desonce [desɔ́nθe] [男]《古語》[商品の] 抜き取り

desonzar [desonθár] [9] [他]《古語》❶ [商品の一部を] 抜き取る, 鯖を読む〘←商品1ポンド onza につき1ないし数オンスを抜き取った〙. ❷ 侮辱する, 中傷する

desopilación [desopilaθjɔ́n] [女]《医学》通経

desopilante [desopilánte] [形]《文語》愉快な, 滑稽な, 吹き出したくなるような

desopilar [desopilár] [他] ❶《医学》通経する. ❷ 笑わせる, 笑いころげさせる

desopilativo, va [desopilatíƀo, ƀa] [形] [男]《薬学》通経させる;

通経剤

desopinado, da [desopinádo, da] [形]《古語》信用を落とした, 評判の悪い

desopinar [desopinár] [他] [人の] 信用(評判)を落とす, 中傷する

desopresión [desopresjón] [女] 抑圧(迫害)からの解放

desoprimir [desoprimír] [他] 抑圧(迫害)から解放する

desorbitación [desɔrbitaθjón] [女]《宇宙》軌道を外れること, 軌道からの離脱

desorbitado, da [desɔrbitádo, da] [形] ❶ 並外れた, 途方もない, 法外な: Es una propuesta ~*da*. それは常軌を逸した提案だ. tener unas pretensiones ~*das* 途方もない大望を抱く. con los ojos ~*s* [驚き・不安などで] 目を見開いて, 目をむいて. precio ~ 目の玉が飛び出るような値段. ❷《中南米》正気を失った

desorbitar [desɔrbitár] 〖←des-+órbita〗 [他] ❶ 誇張する, 大げさに言う: No *desorbites* la situación. 大げさに言うな. ❷ 通常の範囲を超える: La boda de la hija *ha desorbitado* los gastos familiares. 娘の結婚式で家計が狂った. ❸ [目の玉を] 飛び出させる. ❹ [軌道を] 外れさせる. ❺《アルゼンチン》発狂させる, 気を狂わせる

—— **~se** ❶ 常軌を逸する, 途方もない規模になる: Los precios *se han desorbitado*. 物価の上昇は天井知らずだ. ❷ [目の玉が] 飛び出る: Los ojos *se* le *desorbitaron* de asombro. 彼は驚いて目をむいた. ❸ [衛星が] 軌道を外れる

desorden [desórden] 〖←des-+orden〗 [男]〖[複] desórdenes〗 ❶ 無秩序, 混乱; 乱雑: Había un gran ~ en la habitación. 部屋は大変散らかっていた. Disculpe el ~. 散らかっていてお許し下さい. Todo ~ social genera violencia. あらゆる社会的混乱が暴力を引き起こす. caer en un gran ~ 大混乱に陥る. ~ de contabilidad 経理の乱脈. ~ en las comidas 不規則な食事. ❷ [複] 騒乱, 暴動〖=*desórdenes* públicos〗: Hubo *desórdenes* en la calle. 街で暴動が起きた. ❸ [主に [複]] ふしだら, 不品行, 自堕落; [複] 不摂生, 放蕩: Cometió *desórdenes* en su juventud. 彼は若い頃むちゃくちゃなことをやった. ❹《医学》[身体の] 不調, 軽い病気: Sufre *desórdenes* estomacales. 彼は胃の調子が悪い. causar *desórdenes* en el metabolismo 代謝不全を引き起こす

en ~ 無秩序な, 乱雑な, 乱れた: El cuarto está muy *en* ~. 部屋はひどく散らかっている. La circulación está *en* ~. 交通は混乱状態だ. con los cabellos *en* ~ 髪を乱して, 乱れ髪で

desordenación [desɔrdenaθjón] [女] =**desorden**

desordenadamente [desɔrdenádaménte] [副] ❶ 無秩序に, 乱雑に, まとまりなく: Salieron ~ de la sala. 彼らは三々五々部屋を出ていった. ❷ ふしだらに, 自堕落に

desordenado, da [desɔrdenádo, da] [形] [名] ❶ だらしのない; ふしだらな〔人〕, 自堕落な〔人〕: vida ~*da* 不節制な生活; 放埒な生活. mujer ~*da* ふしだらな女. ❷ [estar+] 無秩序な, 乱雑な. ❸《チリ》[子供が] しつけの悪い, いたずらっ子の

desordenar [desɔrdenár] [他] 乱す, 乱雑にする; 混乱させる: ~ una biblioteca 図書館をめちゃくちゃにする. ~ los papeles 紙を散らかす; 書類をごちゃごちゃにする. ~ un convoy 輸送隊を混乱させる

—— **~se** ❶ 乱れる, 乱雑になる, 散らかる; 混乱する: *Se desordenaron* las tarjetas. カードがめちゃくちゃになった. habitación *desordenada* 散らかった部屋. ❷ [生活などが] 乱れる, 不節制になる

desorejado, da [desorexádo, da] [形] [名] ❶《卑語》[女性が] 卑しい, 破廉恥な. ❷《中米, コロンビア》ばかな〔人〕. ❸《パナマ, 南米. 口語》音痴の. ❹《キューバ, アルゼンチン, ウルグアイ》無責任な〔人〕, 恥知らずな〔人〕. ❺《コロンビア, チリ, アルゼンチン. 口語》[容器が] 取っ手のない: taza ~*da* 取っ手の取れたティーカップ

desorejamiento [desorexamjénto] [男] 耳を切り取ること

desorejar [desorexár] [他] [人・動物の] 耳を切り取る

desorganización [desɔrganiθaθjón] [女] ❶ 無秩序, 混乱: Aquí reina la ~ y el desorden. ここでは混乱と無秩序がまかり通っている. Había tal ~ que el congreso fue un fracaso. 会議は失敗と言えるほど紛糾した. Llevan una ~ enorme en ese almacén. その倉庫は全く雑然としている. ❷ [組織の] 解体, 分裂

desorganizadamente [desɔrganiθádaménte] [副] 無秩序に, 混乱して, 雑然と

desorganizado, da [desɔrganiθádo, da] [形] 無秩序な, 支離滅裂の; 手際のよくない; だらしない

desorganizador, ra [desɔrganiθadór, ra] [形] [名] 秩序を乱す, 混乱させる; 秩序(組織)の破壊者

desorganizar [desɔrganiθár] 〖←des-+organizar〗 [9] [他] [秩序・組織を] 乱す, 混乱させる, 解体する: ~ los papeles 書類をばらばらにする. ~ todo el archivo ファイルをひっくり返す. No me *desorganices* el plan, ahora que tengo a todos convencidos. 皆を納得させたんだから, いまさら計画をめちゃめちゃにしないでくれ

—— **~se** 乱れる, 無秩序になる: En cuanto falta el jefe, todo *se desorganiza*. ボスがいなくなったとたん, すべてめちゃくちゃになってしまう

desorientación [desorjentaθjón] [女] ❶ 方向を見失わせる(見失う)こと, 道に迷うこと; 方向感覚の喪失: Tras el golpe sufrió unos minutos de ~. 彼はぶつかった後, 数分間, 方向が分からなかった. ❷ 当惑, 混乱: ~ política 政治の混迷

desorientado, da [desorjentádo, da] [形] ❶ 方向を見失った, 道に迷った: Estoy completamente ~. 私は全く方向が分からなくなっている. ❷ 当惑した, 戸惑った: jóvenes ~*s* respecto de su futuro 自分の将来が見えなくなった若者たち. ir ~ en sus estudios 勉強が分からなくなる. ❸ 間違った: Vas ~ en tus sospechas. 疑っているけど, 間違っているよ

desorientador, ra [desorjentadór, ra] [形] [名] ❶ 方向を見失わせる〔人〕, 道を誤らせる〔人〕, 間違った方向に導く〔人〕: Es una ~*ra*; siempre confunde a la gente con sus consejos y opiniones. 彼女は人を間違った方向へ導く人で, その助言や意見はいつも人々を惑わす. ❷ 当惑させる〔人〕; 誤解を生みやすい: Las señales indicativas de este cruce son ~*ras*. この交差点の交通標識はまぎらわしい

desorientar [desorjentár] 〖←des-+orientar〗 [他] ❶ 方向を失わせる, 道に迷わせる, 誤った方向に導く: Aquel letrero mal puesto le *desorientó*. あの間違って置かれた標識のせいで彼は道に迷った. ❷ 惑わす: La explicación del maestro *ha desorientado* a los alumnos, en lugar de aclarar las dudas. 先生の説明は疑問を解明するどころか, 生徒たちを混乱させた

—— **~se** ❶ 方向を誤る, 道に迷う; 方向感覚を喪失する: *Me desorienté* al salir del metro. 私は地下鉄から出て, 方角が分からなくなった. ❷ 混乱する, 戸惑う: *Se desorientó* al ver la extraña actitud que adoptaba con él su amigo. 自分に対する友達の態度がよそよそしいのを見て彼は戸惑った

desorillar [desoriʎár] [他] [紙・布などの] へり(耳)を裁つ

desornamentado, da [desɔrnamentádo, da] [形] 飾りのない, 装飾を取り外した

desortijado, da [desɔrtixádo, da] [形]《獣医》骨が外れた, 脱臼した

desortijar [desɔrtixár] [他]《農業》[芽を出したばかりの・移植したばかりの植物に] 初めて鍬 escardillo を入れる

desosar [desosár] [28] 〖o→hue〗 [他] =**deshuesar**

desosar		
直説法現在	命令法	接続法現在
des**hue**so		des**hue**se
des**hue**sas	des**hue**sa	des**hue**ses
des**hue**sa		des**hue**se
desosamos		desosemos
desosáis	desosad	desoséis
des**hue**san		des**hue**sen

desosegar [desosegár] [8] [23] 〖→**negar**〗 [他]《サラマンカ》不安にする

desotro, tra [desótro, tra] [形]《地方語》al ~ día 翌日に

desovadero [desobadéro] [男] [魚・両生類・昆虫などの] 産卵期; 産卵場所

desovar [desobár] [自] [魚・両生類・昆虫などが] 産卵する

desove [desóbe] [男] [魚・両生類・昆虫などの] 産卵; 産卵期

desovillar [desobiʎár] [他]《まれ》❶ [毛糸などの] 玉を解く; もつれをほどく. ❷ [混乱・難問などを] 解決する: ~ el enigma 謎を解く

—— **~se**《まれ》❶ 解ける, ほどける. ❷ 解決する

desoxidable [desɔ[k]sidáble] [形] ❶ 酸素を除去され得る; 還元され得る. ❷ 錆落としされ得る

desoxidación [desɔ[k]sidaθjón] [女] ❶ =**desoxigenación**. ❷ 錆落とし

desoxidante [desoˈ(k)siðánte] 形 ❶ =**desoxigenante**. 錆を落とす
── 男 ❶ 脱酸素剤. ❷ 錆取り器

desoxidar [desoˈ(k)siðár] 他 ❶《化学》=**desoxigenar**.《金属》錆を落とす(取る). ❸ [以前に習いその後使っていなかった知識・技術を] 再び習う: ~ sus conocimientos de matemáticas [昔習った] 数学の知識を思い出す. ~ su inglés 英語をやり直す

desoxigenación [desoˈ(k)sixenaθjón] 女《化学》脱酸[素], [酸化物の] 還元

desoxigenante [desoˈ(k)sixenánte] 形《化学》[空気・水から] 酸素を分離する; [酸化物を] 還元する
── 男 脱酸素剤, 脱酸剤; 還元剤

desoxigenar [desoˈ(k)sixenár] 他《化学》[化合物から] 酸素を分離する; [酸化物を] 還元する

desoxirribonucleico, ca [desoˈ(k)siříβonukléjko, ka] 形《生化》ácido ~ デオキシリボ核酸, DNA

desoxirribosa [desoˈ(k)siříβósa] 女《生化》デオキシリボース

despabiladeras [despaβilaðéras] 女複 ろうそくの芯切りばさみ
tener buenas ~ 頭が切れる

despabilado, da [despaβiláðo, ða] 形 =**espabilado**

despabilador, ra [despaβilaðór, ra] 形 ろうそくの芯を切る
── 男 ❶ [昔の劇場・教会などの] ろうそくの芯切り係. ❷ =**despabiladeras**

despabiladura [despaβilaðúra] 女 ろうそくの芯の燃え尽きた部分

despabilar [despaβilár] 他 自 =**espabilar**

despabilo [despaβílo] 男《まれ》頭の回転が速い(機転がきく)こと

despachaderas [despatʃaðéras] 女複《西, メキシコ》❶ ぶっきらぼう(無愛想)な返事: contestar con unas agrias ~ つっけんどんに答える. ❷ 手際のよさ, 臨機応変: con ~ てきぱきと

despachado, da [despatʃáðo, ða] 形 ❶ てきぱきした, 有能な. ❷ 厚かましい, ずうずうしい
ir bien ~ de... …を十分に持っている, …に恵まれている
*ir ~《西》*失望する: Si crees que lo vas a convencer, *vas* ~. 君は彼を説得できると思っているなら, 思い違いだよ

despachador, ra [despatʃaðór, ra] 形名《廃語》てきぱきした [人], まめな [人]
── 名《中南米》❶ 店員. ❷ 鉱山の作業員

despachante [despatʃánte] 名《アルゼンチン》[貨物の] 通関手続き代行業者《=~ de aduana》

despachar [despatʃár] [←オック語 despachar <古仏語 despechier] 他 ❶ [仕事・食事などを] すばやく片付ける, さっさと終わらせる: Ya *he despachado* la correspondencia. 私はもう急いで手紙を書き終えた. ❷ [事柄を] 処理する, 片付ける: Quisiera dejar *despachado* este asunto hoy. この件は今日処理してしまいたい. ❸《口語》[食べ物・飲み物を] 平らげる: *Despachamos* un jamón entre nosotros. 私たちでハム1本食べてしまおう. ❹《商品を》売る, 売りさばく: *Despachamos* todo género de mercancía. 私たちは商品をすべて売り切った. ❺ [客の] 相手をする, 応対する: ~ *Despacha* a la señora. 君があのご婦人に応対しなさい. ❻ 発送する, 送る: Desearíamos que nos *despachasen* pronto las mercancías. ただちに品物を発送して下さいますようお願いします. ~ el correo 手紙を出す. ~ un paquete postal 郵便小包を送る. ❼ [公人などが懸案事項について部下・関係者などと] 協議する, 話し合いをもつ: El Presidente *despacha* los asuntos de presupuesto con los ministros. 大統領は予算問題について大臣たちと協議する. ❽《口語》追い払う, 厄介払いする; 解雇する: ~ a un criado 召使いを首にする. ❾《口語》[人・動物を] 殺す: ~ a+人 a tiros …を射殺する. ❿《闘牛》[牛を] 仕留める
── 自 ❶ 迅速に処理する, 急いで済ます. ❷ 客の相手をする: ¿Quién *despacha* en la tienda? この店では誰が客の応対をやっているのですか？ ❸《西》[+con+人と] 話す. ❹《口語》[女性が] 出産する
── ~*se* ❶ 迅速に処理する. ❷ [+de を] 厄介払いする, 処分する: *Se despacharon* del asunto de drogas. 彼らは麻薬を処分した. ❸《西》[思ったことを] すぐ口に出す: ~ a su gusto con+人 …と気楽にしゃべる. ❹ 仕事を終える. ❺《口語》[食べ物・飲み物を] 平らげる, 飲んでしまう: *Se despachó* una botella de litro. 彼は1リットル瓶を空にした

despachero, ra [despatʃéro, ra]《チリ. 口語》[食品雑貨店の] 店主, 店員

despacho [despátʃo] [←**despachar**] 男 ❶ [問題解決などの迅速な] 処理, 処置: ~ aduanero / ~ de aduanas 通関 [手続き]. ❷ [客との] 応対. ❸ 執務室, 事務室, オフィス; 研究室; 集名その家具一式: Pasa a mi ~. 私の部屋に来なさい. Abren su ~ de diez a cinco. 彼らの事務所は10時から5時まで開いている. ~ de dirección 社長(所長・校長)室. mesa de ~ 事務机. ❹《切符などの》売り場, 販売店: ~ de billetes 切符売り場. ~ de pan パン屋. ❺ 外交文書, 公用文書. ❻ [電報・電話などによる] 通知, 連絡. ❼ 発送: ~ de mercancías 商品の発送. ❽《マスコミなどの》最新情報: Es un ~ de nuestro corresponsal en la zona del conflicto. 紛争地帯の本社特派員からの最新ニュースです. ❾《チリ》食品雑貨店
correr los ~*s* 速やかに処理する
tener buen ~ 1) [人が] 滑稽で軽蔑すべき, 仕事が速い, てきぱきと処理する. 2) 売れ行きがよい, 需要が多い

despachurrado, da [despatʃuřáðo, ða] 形 ❶ 困惑した. ❷《稀》[人が] 滑稽で軽蔑すべき

despachurramiento [despatʃuřamjénto] 男 押し潰すこと; ぺちゃんこの状態

despachurrar [despatʃuřár] [←古語 despanchurrar < des-+ pancho] 他 ❶《ぎゅっと》押し潰す, ぺちゃんこにする: Se sentó encima de los pasteles y los *despachurró* todos. 彼はケーキの上に座って全部ぐちゃぐちゃにしてしまった. ~ un mosquito contra la pared 壁に止まっている蚊を叩き潰す. ❷《西. 口語》[語り方が下手なせいなどで話を] つまらなくしてしまう. ❸《相手を》ぎゃふんと言わせる, 反論できなくする: Me *has despachurrado* con tus argumentos. 君の論法に圧倒されてしまった
── ~*se* 潰れる: Los huevos *se han despachurrado* al caer al suelo. 卵は床に落ちて割れてしまった

despachurro [despatʃúřo] 男 =**despachurramiento**

despacio [despáθjo] [←**de**-+**espacio**] 副 ❶ ゆっくり, 時間をかけて《⇔*rápidamente*》: La niebla se levanta ~. 霧はゆっくりと晴れていく. Hable un poco más ~. もう少しゆっくり話して下さい. Vísteme ~ que tengo prisa.《諺》いそげば回れ／急がば回れ. ❷ 静かに: Entra ~ para que no te oiga nadie. 誰にも聞かれないようにそっと入りなさい. ❸ 落ち着いて, あせらずに《=*tranquilamente*》. ❹《口語・チリ》そっと, 軽く. ❺《俗用; 南米》小声で
── 間 ❶ ゆっくり／徐行して! ❷ 落ち着いて／穏やかに!
── 名 ❶ [主に複] 緩慢, 悠長さ: Hablaron con ~*s*. 彼らはだらだらと話した
con ~《地方語》ゆっくりと, 落ち着いて
sin ~《地方語》急いで, 速く

despaciosamente [despaθjósaménte] 副《主に中南米》ゆっくりと, のろのろと, 緩慢に

despacioso, sa [despaθjóso, sa] 形《主に中南米》❶ 遅い, ゆっくりした《=*lento*》: hablar de forma ~*sa* ゆっくりと話す. ❷ 悠長な, 遅々とした

despacito [despaθíto] 《*despacio* の示小語》副 非常にゆっくり, のんびりと: Vino andando muy ~. 彼は非常にゆっくり歩いてきた
Vamos ~. [なだめ・反論・不同意など] そんなこと言わないで／それは違うよ

despagado, da [despaɣáðo, ða] 形名《廃語》敵[の], 仇(かたき)

despagar [despaɣár] [8] 他《廃語》がっかりさせる, 失望させる
── ~*se*《廃語》がっかりする, 失望する

despajador, ra [despaxaðór, ra] 形名《農業》[脱穀後] 穀粒ともみ殻をふるい分ける [人]

despajadura [despaxaðúra] 女 穀粒ともみ殻のふるい分け

despajar [despaxár] 他 ❶《農業》[脱穀後] 穀粒ともみ殻をふるい分ける. ❷《鉱山》土と鉱石をふるい分ける

despajo [despáxo] 男 =**despajadura**

despaldar [despaldár] 他 =**desespaldar**

despaldilladura [despaldiʎaðúra]《獣医》肩の骨折(脱臼)

despaldillar [despaldiʎár] 他《獣医》肩の骨を折る, 肩を脱臼(だっきゅう)させる

despaletillar [despaletiʎár] 他 =**despaldillar**

despalillado [despaliʎáðo] 男 ❶ [タバコの葉の] 葉脈除去. ❷ 干しブドウの柄(ブドウの房の軸)を取ること

despalillador, ra [despaliʎaðór, ra] 名 [タバコの葉の] 葉脈を除去する人

despalillar [despaliʎár] 他 ❶ [タバコの葉の] 葉脈を取り除く. ❷ 干しブドウの柄を取る; ブドウの房の軸を取る. ❸《プエルトリコ》殺す, 殺害する

despalmador [despalmaðór] 男 ❶《船舶》船底の清掃に適した浜. ❷《獣医》蹄削り用の小刀

despalmadura [despalmaðúra] 女《獣医》❶ 蹄削り. ❷《主に 複》蹄の削りかす

despalmar [despalmár] 他 ❶《船舶》船底を清掃する, 船底の付着物を取り除いてタールを塗る. ❷《獣医》馬の蹄(³⁄₄)を削る. ❸《まれ》木材の角を落とす, 面取りをする. ❹《農業》芝草を抜き取る

despalme [despálme] 男 ❶《獣医》蹄削り. ❷ [木を伐採するための] 切り口

despalomado, da [despalomáðo, ða] 形《コロンビア》愚かな, 頭の悪い

despampanación [despampanaθjón] 女《口語》[la+] 極み, 極致

despampanador, ra [despampanaðór, ra] 名 [ブドウの] 徒長枝を剪定する人

despampanadura [despampanaðúra] 女 [ブドウの] 徒長枝の剪定

despampanante [despampanánte] 形《口語》[美人・美男子などが] 人目を引く, ひときわ目立つ

despampanar [despampanár] 他 ❶《農業》1) [ブドウの] 徒長枝(ちょう)を剪定する. 2) 余分な芽を摘み取る. ❷《口語》驚かせる, あっと言わせる: Su propuesta de matrimonio el primer día de conocerse la despampanó. 知り合ったその日にプロポーズされ彼女は面食らった
── 自《口語》[自分の感情・気持ちを] ぞんぶんに話す, 思いつくまま口にする, 言いたい放題を言う
── ~se《口語》[打撲・転倒で] 大けがをする

despampanillar [despampaniʎár] 他 [ブドウの] 徒長枝を剪定する《=despampanar》

despampano [despampáno] 男 =despampanadura

despamplonar [despamplonár] 他《農業》[ブドウの] 新芽を摘む, 間引く
── ~se 手首をくじく (捻挫する)

despamplonear [despamplonár] 他《地方語》追い払う, 追い立てる

despancar [despaŋkár] 自《ペルー, ボリビア》チャラ chala を取り除く

despanchurrar [despantʃurrár] 他《まれ》=despachurrar

despancijar [despanθixár] 他《まれ》=despanzurrar

despanochar [despanotʃár] 他《アンダルシア》トウモロコシの穂をむく

despanojar [despanoxár] 他《地方語》トウモロコシの穂をむく

despanzurramiento [despanθurramjénto] 男 腹を裂くこと

despanzurrar [despanθurrár] 他 ❶ [人・動物の] 腹を引き裂く. ❷《口語》中身をはち切れさせる. ❸《口語》派手に! 壊す: Despanzurró el jarrón con gran estruendo. 彼は大きな音を立てて花瓶を壊した
── ~se《口語》中身がはち切れる; [+contra にぶつかって, 派手に] 壊れる: Se me han despanzurrado las naranjas al caerse al suelo. 私はオレンジを地面に落としてぐちゃぐちゃにしてしまった

despanzurro [despanθúrro] 男《チリ》愚直さ

despapar [despapár] 自《馬術》[馬が] 頭をもたげすぎる, 首を高く起こしすぎる
── 他《馬術》[馬の首を] 立てすぎる

despapaye [despapáje] 男《メキシコ. 口語》楽しみ, 息抜き; 混乱, 騒ぎ

despapucho [despapútʃo] 男《ペルー》でたらめ, 愚かさ

desparafinado [desparafináðo] 男 [原油からの] パラフィンの除去

desparar [desparár] 他《古語》準備したものを》だめにする, ぶち壊す

desparasitar [desparasitár] 他 [動物・場所から] 寄生虫を駆除する, シラミ・ダニなどを除く

desparecer [desparaθér] 39 自 ❶ =desaparecer
── 他《まれ》消す, 見えなくする; 隠す
── ~se ❶ =desaparecer. ❷《古語》似ていない

desparedar [desparəðár] 他 壁(塀)を壊す: Los obreros desparedaron la casa. 労働者たちは家の壁を崩した

desparejado, da [desparexáðo, ða] 形 ❶ [二つ組のうち] 片方の, 半端な: zapato ~ 片方だけの靴. ❷《複》不ぞろいの, ちぐはぐな: Te has puesto los calcetines ~s. 君はばらばらの靴下を履いている. ❸ [ダンスで] 相手のいない, あぶれた

desparejar [desparexár] 他 [二つ組のうち] 片方をなくす, ふぞろい (半端物) にする: Desparejó los pendientes al perder uno. 彼女はイヤリングの片方を落として不ぞろいにした
── ~se 片方だけになる: Siempre se desparejan los guantes. いつも手袋が不ぞろいになる

desparejo, ja [desparéxo, xa] 形 ❶《主に複》対をなさない, 不ぞろいの: El plato y la taza son ~s. ソーサーとカップが合っていない. ❷ 不似合いの, 違う: Hoy su opinión es ~ja a la de ayer. 彼の今日の意見は昨日と違う

desparpajado, da [desparpaxáðo, ða] 形 ❶ 自信たっぷりの, 堂々とした. ❷ 大胆な, 厚かましい

desparpajar [desparpaxár] 他 ばらまく, 散乱させる; めちゃくちゃにする
── 自・~se やたらにしゃべる, でたらめにしゃべりまくる

desparpajo [desparpáxo] 男 ❶ 屈託 (気おくれ) のなさ, 闊達(ｶｯﾀ)さ; 臨機応変の才: hablar con ~ y soltura 立て板に水のごとく話す. ❷ なれなれしさ, 厚かましさ: Lo que más me molestó fue el ~ con que nos contó. 私が一番嫌だったのは彼のなれなれしい話しぶりだった. ❸ 自信, 堂々とした態度. ❹《中米. 口語》無秩序

desparpucho [desparpútʃo] 男《アンダルシア》的外れ (でたらめ) な発言

desparramado, da [desparramáðo, ða] 形 ❶ 広い: caderas ~das 張り出した腰回り. ❷ [都市などが] 不規則に広がった, スプロール化した. ❸ 寝そべった: Está ~ en el sofá. 彼はソファで大の字になっている

desparramador, ra [desparramaðór, ra] 形 名 こぼす (人), 散らかす (人)

desparramamiento [desparramamjénto] 男 ❶ こぼすこと; まき散らすこと, ばらまくこと. ❷ 散乱, 散在. ❸ [うわさなどの] 流布, ひろがり. ❹ 浪費, 散財

desparramar [desparramár] [←混合語 esparcir+derramar] 他 ❶ [+por に, 液体を] こぼす; [書類などを] ばらまく, まき散らす, 散らかす: Desparramó el vino por la mesa. 彼はワインをテーブルにこぼした. Los papeles están desparramados por el piso. 書類が床に散らばっている. No dejes los juguetes desparramados por toda la casa. 家中おもちゃをほったらかしにしないで. ❷ [金・財産を] 浪費する, 乱費する: Todo lo que gana lo desparrama en el juego. 彼は稼いだ金すべてを賭け事に使う. ❸《興味を》多方面に向ける: ~ su atención en muchos asuntos (con tantas chicas) 色々なことに関心を持つ (色々な女の子に気がある). ❹《メキシコ, プエルトリコ, ラプラタ》[ニュースなどを] 広める, 流布させる: Han desparramado la noticia del cambio de director. 監督交代のニュースが流れた. ❺《アルゼンチン》[濃い液体を] 薄める
── ~se ❶ [液体が] こぼれる: La leche se desparramó por el mantel. 牛乳がテーブルクロスにこぼれた. ❷ 散らばる: Las lentejas se han desparramado por la cocina. レンズ豆が台所中に散らばった. ❸ 分散する: Los cazadores se desparramaron por el bosque para cercar al animal. 獲物を取り囲むためハンターたちは森中に散らばった. ❹ 愉快に過ごす, 気晴らしをする: Se desparrama en un montón de actividades. 彼は色々な活動に首を突っ込む

desparrame [desparráme] 男《口語》❶ =desparramamiento. ❷ [楽しい最中に起きた] 混乱

desparramo [desparrámo] 男 ❶《隠語》混乱, 無秩序. ❷《キューバ, チリ, アルゼンチン, ウルグアイ》=desparramamiento. ❸《チリ, アルゼンチン, ウルグアイ》[突然の出来事による] 混乱

desparrancado, da [desparraŋkáðo, ða] 形《廃語》=esparrancado

desparrancar [desparraŋkár] 7 ~se《廃語》=esparrancarse

despartidor, ra [despartiðór, ra] 形 名《廃語》間を空ける (人); 仲裁する (人)

despartimiento [despartimjénto] 男《古語》❶ 間を空けること. ❷ 仲裁

despartir [despartír] 他《廃語》❶ 間を空ける, 分ける. ❷《ナバラ; 中南米》仲裁する; [けんかに] 割って入る

desparvar [desparβár] 他《農業》[地面に広げた穀類を, 吹き

分けるために］寄せ集める

despasar [despasár] [他] ❶［紐・糸などを］引き抜く: ～ el hilo de la aguja 針から糸を抜く. ❷《船舶》［ロープを］滑車から引き抜く

despasmar [despasmár] **～se**《古語》［驚きなどから］立ち直る, しゃきっとする; すっかり目を覚ます

despatarrada [despatar̄áđa] [女]《舞踊》［villano・gallegada などで］脚を思い切り大きく広げる動作

hacer la ～ 病気・負傷のふりをして倒れる: El delantero engañó al árbitro *haciendo la ～*. そのフォワードはけがのふりをして倒れ審判をだました

despatarrar [despatar̄ár]〘←des-+pata〙[他] ❶［脚を］大きく広げる: *Despatarra* las piernas todo lo que puede pero no consigue llegar al suelo. 彼は思い切り両脚を広げても地面に手が届かない. ❷《口語》驚かす, ぎょっとさせる

—— **～se** ❶ 脚を広げる: *Se despatarró* para subirse a la moto. 彼はバイクに乗るため脚を広げた. ❷ 倒れる, 大の字になる: Llegó cansado de la calle y *se despatarró* sobre el sofá. 彼は外から疲れて帰ってきてソファに倒れ込んだ

quedar*〔*se*〕 *despatarrado 1)［倒れて］大の字になる, ばたりと倒れる. 2) ぎょっとする

despatillado [despatiʎáđo] [男]《木工》ほぞ

despatillar [despatiʎár] [他] ❶《木工》ほぞを作る. ❷ …のもみ上げを剃る: El barbero me cortó el pelo y me *despatilló*. 私は理髪店で髪を切り, もみあげを剃ってもらった

—— **～se**［自分で］もみ上げを剃る

despaturrar [despatur̄ár] [他]《チリ. 口語》［人を］取り乱させる, 混乱させる

—— **～se**《チリ. 口語》=**despatarrarse**

despavesaderas [despaƀesađéras] [女] [複] =**despabiladeras**

despavesadura [despaƀesađúra] [女] ろうそくの芯を切ること

despavesar [despaƀesár] [他] ❶［ろうそくの］芯を切る. ❷［残り火の］灰を吹き払う

despavonar [despaƀonár] [他] 酸化被膜 pavón を取り除く

despavoridamente [despaƀoríđaménte] [副] 怯えて, 恐れおののいて

despavorido, da [despaƀoríđo, đa] [形] ひどく恐れている, 怯えきった;［恐れで］茫然自失の: Salió ～ de aquella casa porque creyó ver fantasmas. 彼は幽霊を見たと思い, 恐れおののいてあの家から飛び出した

despavorir [despaƀorír]〘←des-+ラテン語 pavor, -oris〙[自]・**～se**〘欠如動詞: 語尾に i の残る活用形のみ. →**abolir**〙怯(おび)える, 恐れおののく: *Se despavoría* sólo de pensar que podría quedarse sin trabajo. 彼は仕事がなくなるかもしれないと考えただけでびくびくしていた

despeado, da [despeáđo, đa] [形]《主にコロンビア》［人・動物が, 歩きすぎで］足を痛めた; 靴ずれを起こした

despeadura [despeađúra] [女] 足を痛めること; 靴ずれ

despeamiento [despeamjénto] [男] =**despeadura**

despear [despeár] **～se**［人・動物が, 歩きすぎで］足を痛める; 靴ずれを起こす

despechado, da [despetʃáđo, đa] [形] 恨みをもった, ねたんだ: *D～* por la fría acogida, se largó dando un fuerte portazo. 冷たくあしらわれた腹いせに, 彼はドアをバタンと閉めて出て行った

despechar [despetʃár] **I**〘←despecho〙[他]《まれ》恨みを抱かせる

—— **～se**《まれ》❶［+contra・por に］恨みをもつ, 悔しがる. ❷ 絶望する, やけになる

II〘←ラテン語 despectare〙[他]《口語》乳離れさせる

III〘←des+pecho〙[他]《廃語》重税を課す

despecho [despétʃo] **I**〘←ラテン語 despectus「軽視」〙[男] ❶ 恨み, 怨恨, ねたみ: causar ～ 恨みを買う. experimentar (sentir) ～ por... …を恨む. llorar de ～ 悔し泣きする. obrar arrastrado por el ～ 悔しまぎれに行動する. ～ amoroso 恋の恨み. ❷ 絶望, やけ

a ～ de... …の反対にもかかわらず, 意に反して: Haré mi voluntad *a ～ de* lo que diga la gente. 人が何と言おうと私は自分の意志を貫く

a ～ suyo 不本意ながら, 心ならずも

por ～ 悔しまぎれに, 腹いせに; ねたんで: Nos critica *por ～*, porque tenemos éxito donde él fracasó. 自分が失敗したのに私たちは成功したので, 彼はねたみで私たちを批判している

II [男]《口語》乳離れ, 離乳

despechugadura [despetʃugađúra] [女] ❶ 鶏のささ身を切り取ること. ❷《口語》胸をはだけること

despechugar [despetʃugár] [8] [他]［鶏の］ささ身を切り取る

—— **～se**《口語》胸をはだける, 乳房を出す

despectivamente [despɛktíƀaménte] [副] さげすんで, 軽蔑して, 見下して: Nos habla a todos muy ～. 彼は私たち皆を見下したように話す

despectivo, va [despɛktíƀo, ƀa]〘←ラテン語 despectus「軽蔑」〙[形] ❶ 軽蔑的な, さげすんだ: ¿Quién te crees que eres al hablarnos con un tono tan ～? そんな軽蔑したような口調で話すなんて, 自分を何様だと思っているんだ. mirada ～*va* 見下した視線. ❷《言語》軽蔑を示す: sentido ～ 軽蔑的な意味

—— [男]《言語》軽蔑語, 軽蔑辞

despedazador, ra [despeđaθađór, ra] [形] [名] 粉々にする〔人〕, 粉砕する〔人〕

despedazamiento [despeđaθamjénto] [男] 粉々にする(なる)こと, 粉砕

despedazar [despeđaθár]〘←des-+pedazo〙[9] [他] ❶ 粉々にする, 粉砕する, 細かく砕く: El tigre *despedazó* dos corderos. トラが子羊を2頭食いちぎった. ❷［心・名誉などを］傷つける: Me *ha despedazado* el corazón la muerte de su hermano. 彼の兄の死に私は心を痛めている. La crítica lo *ha despedazado*. 批判が彼をずたずたにした

—— **～se** ❶ 粉々に砕ける: El jarrón *se ha despedazado* al caer. 花瓶は落ちて粉々に砕けた. ❷［心が］痛む: *Se* me *despedaza* el alma de ver tanta injusticia. そのような不正義を見て私の心は痛む

despedida[1] [despeđíđa]〘←despedir〙[女] ❶ 別れ〔の言葉・挨拶〕, 別離: La ～ fue breve. 別れの言葉は短かった. ～ y cierre《テレビ》放送終了. ❷ 送別会: hacer a+人 una ～ …の送別会を開く. ～ de soltero 独身最後の夜のパーティー〘女性は ～ de soltera〙. ❸［手紙の］結辞

despedido, da[2] [despeđíđo, đa] [形] 解雇された

despedimiento [despeđimjénto] [男] =**despedida**[1]

despedir [despeđír]〘←古語 espedirse「立ち去る許可を求める」< ラテン語 expetere「要求する」〙[35] [他]〘[現分] despidiendo〙❶ 見送る; …に別れの挨拶をする, さよならを言う: Salió a la puerta a ～me. 彼はドアの所まで私を送ってくれた. hora de ～ 別れの時. ❷ 解雇する, 首にする, 追い出す: *Han despedido* a la mitad de la plantilla. 社員の半数が解雇された. ❸ 投げつける; 発射する, 放出する: Un golpe de mar le *despidió* contra las rocas. 大波で彼は岩にたたきつけられた. Salió *despedido* de su asiento. 彼は椅子から投げ出された. El volcán *despedía* lava. 火山は溶岩を噴き出していた. ～ la flecha 矢を射る. ～ mal olor 悪臭を放つ. ～ calor 熱を出す. ❹［+de から］締め出す, はねつける, 排除する: ～ a+人 *de* la sala …を会場から追い出す. ～ *de* sí los tristes pensamientos 悲しみを忘れる

—— **～se** ❶［+de+人 と］別れる, 別れを告げる: 1) *Se despidió de* su madre. 彼は母に別れの挨拶をした. Aquí *nos despediremos*. ここで別れよう. 2)《比喩》～*se del* trabajo 仕事を辞める. ～*se de* la idea 考えを捨てる. ❷［+de を］ないものと諦める, 断念する. ❸ 解雇される: A José *se* le *despidió* sin motivos. ホセは理由もなく首になった

despedrar [despeđrár] [他] ❶ =**despedregar**. ❷ 敷石を剝がす〘=desempedrar〙

despedregar [despeđregár] [8] [他]［+場所 の］石を取り除く

despegable [despeɡáble] [形] 剝がされ得る

despegadamente [despeɡáđaménte] [副] そっけなく, 冷淡に, 無愛想に

despegado, da [despeɡáđo, đa] [形]［ser+. +con に］そっけない, 無愛想な, 付き合いの悪い: Es muy ～ *con* su familia. 彼は家族に対して冷淡(無関心)だ

despegador, ra [despeɡađór, ra] [形] [名] 剝がす〔人〕

despegadura [despeɡađúra] [女] ❶ 剝がす(剝がれる)こと, 剝離. ❷ 冷淡, そっけなさ

despegamiento [despeɡamjénto] [男] =**desapego**

despegar [despeɡár]〘←des-+pegar〙[8] [他] ❶［+de から］剝がす: ～ los sellos *del* sobre 封筒から切手を剝がす. ～ el esparadrapo 絆創膏を剝がす. ❷［縫い合わせた物を］ほどく;［ボタンを］外す: ～ una manga 袖をほどく

—— [自] ❶ 離陸する: En el aeropuerto *despegan* y aterrizan aviones continuamente. 空港では飛行機がひっきりなしに離着陸している. ❷ 進歩する, 向上する: El niño no acaba de

～ en los estudios. その子はもう一つ勉強が伸びない. El diseño español *despegó* en los años ochenta. スペインのデザインは80年代にブレークした
—— **～se** ❶ 剝がれる; 離れる: Este niño no *se* me *despega* ni un momento. この子は片時も私から離れない. ❷ 自立する; 離れ離れになる: ～*se de* sus padres 親離れする. Cuando me cambié de barrio, *me despegué de* mis amistades. 私は引っ越して友人たちと疎遠になった. ❸《スポーツ》相手を引き離す: El ciclista *se despegó de*l pelotón. その自転車選手は集団を引き離した. ❹ [+con と] 一致しない, 食い違う

despego [despéɣo] [男] =**desapego**

despegue [despéɣe]〖←despegar〗[男] ❶ 離陸: distancia de ～ 離陸距離. pista de ～ 離陸用の滑走路. ～ vertical 垂直離陸. ❷《経済》テイクオフ, 急成長: En los últimos años sobrevino el ～ de la industria informática. 近年, 情報産業の成長が著しい

despeinado, da [despei̯náđo, đa] [形] [髪が] ぼさぼさの, 整髪していない

despeinar [despei̯nár]〖←des-+peinar〗[他] …の髪を乱す: El viento la *despeinó*. 風が彼女の髪を乱した
—— **～se** ❶ 髪が乱れる: Con el viento que hace *te* vas a ～ en un momento. 風で君の髪はすぐ乱れる. ❷《西. 主にスポーツ》努力する〖主に否定で〗: Logró la medalla de oro sin ～*se*. 彼は難なく金メダルを取った

despejadamente [despɛxáđaménte] [副] すっきりと, はっきりと

despejado, da [despɛxáđo, đa] [形] ❶ [天気・空が] 晴れた, 雲一つない: si mañana amanece el día ～ 明日の朝快晴なら. El cielo está ～. 空は晴れ渡っている. ❷ [野原・広場などが] 障害物がない, 遮るものがない: Desde la cumbre divisó una ～*da* llanura. 頂上から広大な平原が見えた. avenida ～*da* 広い並木道. ❸ [部屋が] 広々とした: Ya ha quedado la habitación ～*da*. [荷物などを移して] 部屋が広くなった. ❹ [額が] 広い. ❺ [頭が] はっきりした; 目が覚めた: He dormido bien y me siento ～. 私はよく眠ったのですっきりしている. tener la mente ～*da* 頭がさえている. ❻ [病人が] 熱がない. ❼ [ser+] 頭の回転が速い, 機転がきく, 飲み込みが早い

despejar [despɛxár]〖←ポルトガル語 despejar < 俗ラテン語 pedea < ラテン語 pes, pedis「足」〗[他] ❶ [+場所 から, +de 障害物を] 取り除く, 片付ける; 立ち退かせる: Tienen que ～ la pista *de* vehículos. 彼らは車線から車両を撤去する必要がある. Los bomberos *despejaron* el teatro. 消防士たちは劇場から人を出した. ❷ 解明する, はっきりさせる: Su explicación no *despejó* mis dudas. 彼の説明を聞いても私の疑問は解明されなかった. ～ la difícil situación 困難な状況を解決する. ❸ [場所を] 空ける, 立ち去る: El público *despejó* el salón. 聴衆は会場を後にした. ❹ 目覚めさせる, 眠気を取る: El paseo me *despejó*. 私は散歩してすっきりした. ～ la mente 頭をはっきりさせる. ❺《数学》[解を] 求める: ～ la incógnita de la ecuación 方程式の解を求める. ❻《サッカー》[シュートされたボールを] 払いのける, クリアする: ～ el balón de cabeza ヘディングでクリアする. ❼《アメフト》パントする
—— [自] ❶ 立ち去る: *¡Despejen!* どきなさい/場所を空けなさい! ❷《スポーツ》ボールをクリアする. ❸《気象》晴れる
—— **～se** ❶ [天気・空が] 晴れる〖時に単人称〗: El día *se despeja*. 天気が良くなる. ❷ 目を覚ます; 頭がさえる, 気分を一新する; 酔いがさめる; 不安が解消する; 熱が下がる: Ya *me he despejado* con una ducha y un café. 私はシャワーを浴び, コーヒーを飲んですっきりした. ❸ [疑問が] 解明される, 明らかになる

despeje [despéxe] [男] ❶《サッカー》クリア;《アメフト》パント: El portero evitó el gol con un ～ de puños. キーパーはパンチングでゴールを阻んだ. ❷ 障害物の除去; 退去, 立ち退き. ❸《闘牛》人払い〖闘牛開始前に露払い騎士 alguacilillo が砂場から人を退去させること〗

despejo [despéxo] [男] ❶ 障害物の除去, 排除. ❷ 屈託のなさ. ❸ 明晰さ, 頭のよさ: tener un ～ natural 生まれつき頭がいい. ❹《闘牛》人払い〖=despeje〗

despellejadura [despeʎexađúra] [女] 皮を剝ぐこと

despellejar [despeʎexár] [他] ❶ [動物・人の] 皮を剝ぐ, 皮をむく: ～ el cordero para descuartizarlo 子羊を解体するため皮を剝ぐ. ❷《口語》[第三者を] 酷評する, こきおろす〖=～ vivo〗: *Despelleja* vivo a todo el que envidia. 彼は妬んでいる人をみな酷評する. ❸ 破滅させる, 破産させる, 身ぐるみ剝ぐ. ❹《コロンビア》[ジャガイモの] 皮をむく
—— **～se** ❶ 皮膚がむける: *Se* me *despellejó* la nariz. 私は鼻の皮がむけた. ❷《医学》鱗屑(りんせつ)ができる

despelotar [despelotár] [他] ❶《古語》[鳥が] 相手の鳥の羽根をむしる. ❷《廃語》…の髪をぐしゃぐしゃにする. ❸《アンダルシア》[子供を] 丈夫に育てる
—— **～se**《口語》❶《西》裸になる, 服を脱ぐ. ❷ うち解ける: Es tímido, pero cuando bebe un poco *se despelota*. 彼は恥ずかしがりだが, 少し飲むとうち解ける. ❸ 笑い転げる, 大笑いする〖=～*se* de risa〗: Cuenta unos chistes que *te despelotas*. 彼は君が笑い転げるような小噺をする

despelote [despelóte] [男]《口語》❶《西》裸になること. ❷ 笑い転げること. ❸《エクアドル, チリ, アルゼンチン, ウルグアイ》混乱, 混沌; ゆきすぎ
***ser* (*estar*) *un* ～**《アルゼンチン》[人が] 大変魅力的である

despelucar [despelukár] [7] [他] ❶《まれ》かつらを外す. ❷《メキシコ, アルゼンチン》[賭け事で] 一文なしにする. ❸《パナマ, コロンビア, チリ》髪を乱す
—— **～se**《パナマ, コロンビア, チリ》髪が乱れる

despeluchar [despelutʃár] [他] ❶ [じゅうたんなどの] 毛をむしる; [人の] 髪の毛をむしる. ❷ [賭け事などで] 金を巻き上げる. ❸ …の髪を乱す; [恐怖などで] …の髪の毛を逆立たせる〖=despeluzar〗
—— [自] [動物が] 毛が抜け替わる
—— **～se** [毛皮・じゅうたんなどの] 毛が抜ける: Su osito *se ha despeluchado* al lavarlo. クマのぬいぐるみを洗ったら毛が抜けた

despeluche [despelútʃe] [男] 毛をむしること, 毛が抜けること

despelujar [despeluxár] [他]《口語》❶ …の髪を乱す. ❷ …の毛を無くす(薄くする)
—— **～se** ❶ 髪が乱れる. ❷ 毛が無くなる(薄くなる)

despeluje [despelúxe] [男]《口語》❶ 髪を乱す(髪が乱れる)こと. ❷ 毛を無くす(薄くする)こと; 毛が無くなる(薄くなる)こと

despeluzamiento [despeluθamjénto] [男] ❶ 髪の毛が乱れること, 髪の毛が逆立つこと. ❷ 恐怖で髪の毛が逆立つこと, 身の毛がよだつこと: el ～ del lomo del gato 猫が背中の毛を立てること

despeluzar [despeluθár] [9] [他] ❶ …の髪を乱す. ❷ [恐怖などで] …の髪の毛を逆立たせる: Aquella película *despeluzó* a los niños. その映画は子供たちを震え上がらせた. ❸ 毛を無くす(薄くする). ❹《ニカラグア, キューバ. 口語》[賭け事などで] 金を巻き上げる, 一文なしにする
—— **～se** [恐怖などで] 髪の毛が逆立つ, 身の毛がよだつ

despeluznante [despeluznánte] [形]《まれ》=**espeluznante**

despeluznar [despeluznár] [他] =**despeluzar**

despenador, ra [despenađór, ra] [形]《古語》慰める, つらさを和らげる
—— [名] 不治の難病人を安楽死させる人

despenalización [despenaliθaθjón] [女] 合法化, 非犯罪化; 刑事訴追免責: ～ del aborto 妊娠中絶の合法化

despenalizar [despenaliθár] [9] [他] [人・行為を] 起訴(処罰)の対象から外す, 合法(適法)化する

despenar [despenár] [他] ❶ 慰める, 悲しみ(苦しみ)を和らげる. ❷ [難病人などを] 安楽死させる. ❸《ラプラタ》[苦しまないように] …にとどめを刺す

despendedor, ra [despendeđór, ra] [形] [名]《廃語》浪費家〔の〕, 金づかいの荒い〔人〕

despender [despendér] [他]《廃語》[金・財産を] 浪費する, 無駄づかいする

despendolar [despendolár] **～se**《西. 口語》はめを外す, 狂乱する: En cuanto se van sus padres, *se despendolan* todos en casa. 両親が出かけるとすぐ, 家のみんなははめを外す

despendole [despendóle] [男]《西. 口語》はめを外すこと: armarse el ～ どんちゃん騒ぎをする

despenolar [despenolár] [他]《船舶》帆桁の端を壊す

despensa [despénsa]〖←古語 expensas「費用」< ラテン語 expendere「費やす, 貨幣の重さを量る」〗[女] ❶ 食料貯蔵室, パントリー: Siempre procura tener la ～ llena de comida. 彼は食糧貯蔵庫をいつも一杯にしておくようにしている. ❷ [不可算] 食料品の貯え, 糧食: Tenemos ～ para tres meses. 私たちは3か月分の食糧がある. hacerse con buena ～ たっぷりと食糧を準備する. ❸ 食糧管理係の職. ❹《メキシコ. 鉱山》鉱石が豊富なところ. ❺《アルゼンチン》食料品店

despensería [despensería] [女] 食糧管理係の職

despensero, ra [despenséro, ra] [名] ❶ 食糧管理係: ～ mayor《歴史》食肉監督官. ❷《古語》[信心会・修道院の] 慈善資金配分係

despeñadamente [despeɲáđaménte] [副] 大急ぎで, あわてて

despeñadero[1] [despeɲađéro] 〖←despeñar〗 [男] ❶ 断崖, 絶壁: caer por un ～ 崖から落ちる. ❷ [人が何かをする時の] 危険, 冒険: meterse en un ～ 危険を冒す

despeñadero[2]**, ra** [despeɲađéro, ra] [形] 突き落とすのに適した, 転落しやすい, 険しい

despeñadizo, za [despeɲadíθo, θa] [形] [場所が] 険しい, 滑り落ちそうな

despeñadura [despeɲađúra] [女]《古語》=**despeñamiento**

despeñamiento [despeɲamjénto] [男] 転落, 墜落

despeñar [despeɲár] 〖←des-+peña〗 [他] [崖・高所などから, +a・en に] 突き落とす, 転落させる

—— **～se** ❶ [+por を] 落ちる, 転落する: El agua *se despeña* formando una cascada. 水は滝となって落ちる. *～se al* mar 海へ落ちる. *～se por* el acantilado 崖を落ちる. ❷《比喩》転落する, 悪事に走る: Si te empeñas en hacer ese negocio, puedes *～se*. どうしてもその仕事をするなら君は破滅しかねない

despeño [despéɲo] [男] ❶ 転落, 落下. ❷ 破滅, 破産. ❸ 下痢

despeo [despéo] [男] 足を痛めること, 靴ずれ 〖=despeadura〗

despepitar [despepitár] 〖←des-+pepita〗 [他]《西》❶ [果物の] 種を取る: ～ una naranja オレンジの種を取る. ❷ [鶏の] 舌の腫瘍を取り除く

—— **～se**《西》❶ [怒りなどで] 大声を出す, 叫ぶ: Vas a romperte las cuerdas vocales si sigues *despepitándote* así. そんなにわめき続けていると声帯を痛めるよ. ❷ 大笑いする: Cuando estoy con tu tío, *me despepito*. 君の伯父さんといると私はおかしくてたまらない. ❸《口語》[+por に] 夢中になる, …を欲しくてたまらない: *Se despepita por* figurar en la junta directiva. 彼は重役の仲間入りをしたくてたまらない. *～se por* los dulces 甘い物に目がない

despercudido, da [desperkuđíđo, đa] [形] ❶《中南米. 口語》[その人種のわりに] 肌の色が濃くない, 白い. ❷《チリ》頭の回転が速い

despercudir [desperkuđír] [他] ❶《主に中南米》きれいにする, 汚れを取る. ❷《チリ, アルゼンチン》[ひどく汚れた衣類を] 懸命に洗濯する

—— **～se**《ペルー》頭がはっきりする

desperdiciado, da [desperđiθjáđo, đa] [形] =**desperdiciador**

desperdiciador, ra [desperđiθjađór, ra] [形] 無駄づかいする, 浪費する; 無駄の多い, 不経済な

—— [名] 浪費家

desperdiciar [desperđiθjár] 〖←disperdicio〗 [10] [他] ❶ 無駄づかいする, 空費する: ～ comida 食べ物を無駄にする. ～ el tiempo 無為に過ごす. ～ mucho dinero en comprarse ropa 自分の服を買うのに湯水のように金を使う. ❷ [機会などを] 逸する, 逃す: No debes ～ la ocasión de obtener este producto a un precio tan barato. こんな安い値段でこの商品を手に入れるチャンスを逃してはいけないよ

desperdicio [desperđíθjo] 〖←ラテン語 desperditio, -onis < disperdere「すべて失う」〗 [男] ❶ 無駄づかい, 空費: ～ de tiempo 時間の無駄. ～ de trabajo 骨折り損. ❷ [主に [複]] くず, 廃物: *～s* de comida 残飯. *～s* de papel 紙くず

no tener ～《時に皮肉》1) 捨てるところがない, すべて利用できる: El cerdo *no tiene* ～; todas sus partes se pueden comer. 豚は捨てるところがない. どの部位も食べることができる. 2) 非の打ちどころがない, 完璧である: La reunión *no ha tenido* ～, nos hemos insultado, no hemos llegado a ningún acuerdo y no sabemos si nos volvemos a reunir. 会議は満点だった. ののしり合い, 何も合意されず, 再び集まるのかさえ分からない

sin ～《時に皮肉》いいことばかりで, 完璧に

desperdigado, da [desperđigáđo, đa] [形] 散らばった, 四散した: libros *～s* por el salón 部屋中に散らばった本. La tropa estaba *～da* por el monte. 部隊は山の中に展開していた

desperdigamiento [desperđigamjénto] [男] 四散, 分散, 散乱

desperdigar [desperđigár] 〖←ラテン語 dis-+perdix, -icis「ヤマウズラ」〗 [8] [他] ❶ 散らばらせる, 四散させる, 追い散らす; ばらまく, まき散らす: El tiro *desperdigó* la bandada de pájaros. 銃声で鳥の群れはパッと散った. ～ las ovejas por el valle 羊たちを谷間に放つ. ❷ [活動・エネルギーを] 分散する: *Desperdiga* su actividad en demasiadas cosas. 彼はあまりにも色々なことに手を出しすぎる

—— **～se** ❶ 四散する, 散らばる, ちりぢりになる. ❷ 散漫になる: Tenemos que concentrarnos en unos cuantos objetivos y no *～nos*. 私たちはいくつかの目的に集中するべきで, 散漫になってはいけない

desperecer [despereθér] [39] [自]《古語》死ぬ, 滅びる 〖=perecer〗

—— **～se** [+por を] 欲しがる, 渇望する; あこがれる

desperezar [despereθár] 〖←des-+pereza〗 [9] [他] ❶ [手足を] 伸ばす. ❷ 夢からさめさせる

—— **～se** 手足を伸ばす, 伸びをする: *D～se* ante los demás es de mala educación. 人前で伸びをするのは行儀が悪い

desperezo [desperéθo] [男] 伸びをすること

desperfeccionar [desperfɛ[k]θjonár] [他]《エクアドル, チリ》壊す

desperfecto [desperfékto] 〖←des-+perfecto〗 [男] ❶ [軽微な] 害, 損傷: sufrir algunos *～s* 多少の傷がつく. causar *～s* en ... …に傷をつける. ❷ [小さな] 欠陥, 不備: Lo venden más barato porque tiene *～s*. それは欠陥があるので安く売られている. mercancías con *～s* 欠陥商品

desperfilar [desperfilár] [他] ❶《軍事》[要塞などを, 遠目ではそれと分からないように] 擬装する. ❷《まれ. 美術》輪郭をぼかす

desperfollar [desperfoʎár] [他]《アンダルシア, ムルシア》[トウモロコシの] 穂を剝く

desperfollo [desperfóʎo] [男]《アンダルシア, ムルシア》[トウモロコシの] 穂を剝くこと

desperifollar [desperifoʎár] [他]《ラマンチャ》[トウモロコシの] 穂を剝く

despernada[1] [despernáđa] [女]《舞踊》スプリット 〖跳び上がり両脚を一直線に広げて床に座る〗

despernado, da[2] [despernáđo, đa] [形] 歩き疲れた

despernancar [despernaŋkár] [7] **～se**《中南米》両脚を大きく開く, 股を開く

despernar [despernár] [23] [他] [人・動物の] 両脚を傷つける, 両脚を切断する

—— **～se** 歩き疲れる; 脚を動かし疲れる

desperolado, da [desperoláđo, đa] [形]《ベネズエラ. 口語》だらしのない, 不精な

desperolar [desperolár] **～se**《ベネズエラ. 口語》壊れる

desperrar [despeřár] [他]《西. 口語》一文無しにする

—— **～se**《西. 口語》すっからかんになる, 一文無しになる

desperrugido, da [despeřuxíđo, đa] [形] [名]《ベネズエラ》経済的に破綻した〔人〕

despersonalización [despersonaliθaθjɔ́n] [女] ❶ 没個性化, 非個性化, 非人格化. ❷《医学》人格喪失, 離人症

despersonalizar [despersonaliθár] [9] [他] ❶ [人を] 非個性化(没個性化・非人格化・匿名化)させる. ❷ [事物の] 特徴を失わせる

—— **～se** ❶《医学》人格を失う, 離人症になる. ❷ 特徴を失う

despertador, ra [despertađór, ra] [形] 目覚めさせる: radio ～ 目覚まし付きラジオ

—— [名] 目覚まし係, 起こし役

—— [男] ❶ 目覚まし時計 〖=reloj ～〗: Ha sonado el ～. 目覚ましが鳴った. He puesto el ～ a las siete. 私は目覚まし時計を7時にセットした. ❷ 警報装置. ❸ 刺激物, 目を覚まさせるもの: ～ del apetito 食欲を刺激するもの; 催淫剤. ❹《ウルグアイ》[複] [道路の] スピード防止帯

despertamiento [despertamjénto] [男] 目覚め, 覚醒

despertar [despertár] 〖←俗ラテン語 expertus < ラテン語 experrectus「目覚めた」〗 [23] [他] ❶ [人を] 目覚めさせる, 覚醒させる: 1) *Despiértame* a las seis. 6時に起こして下さい. 2) [+de 迷い・誤りなどから] Aquel engaño lo *despertó de* su inocencia. そのペテンのおかげで彼は自分の無邪気さを思い知らされた. ～ a+人 *del* letargo 無気力状態から…を抜け出させる. ❷ [欲求・記憶などを] 呼び起こす, かき立てる: *Despierta* nuestra curiosidad. それは私たちの好奇心をかき立てる. La foto *despertó* sus recuerdos de juventud. 彼はその写真を見て青春時代

despesar

の記憶がよみがえった. ～ a+人 el hambre …の空腹を呼び覚ます. ～ sospechas 疑惑をかき立てる. ❸［人を］よみがえらせる《=～ a la vida》
～ *a quien duerme* 寝た子を起こす
── 圓 ❶ =～**se**. ❷ 急がせる, 早く終わらせる
── ～**se** ❶ 目を覚ます, 目覚める: *Se despertó* temprano. 彼は早く目が覚めた. ～*se del* sueño 夢から覚める. ～*se de* su engaño 自分の誤りに気づく. ❷ よみがえる《=～*se* a la vida》
── 男 ❶ 目覚め〔の瞬間・様子〕: tener un buen ～ 気持ちよく目覚める. ❷ 始まり

despertar		
直説法現在	命令法	接続法現在
desp**ie**rto		desp**ie**rte
desp**ie**rtas	desp**ie**rta	desp**ie**rtes
desp**ie**rta		desp**ie**rte
despertamos		despertemos
despertáis	despertad	despertéis
desp**ie**rtan		desp**ie**rten

despesar [despesár] 他《古語》売る《=expender》
── 男《廃語》不快; 苦痛, 悲しみ
despesca [despéska] 囡［魚の］網（潮だまり）の中での回遊
despesque [despéske] 囲 =**despesca**
despestañar [despestaɲár] 他 …のまつ毛を抜く
── ～**se** ❶ 目を凝らす, じっと見る. ❷《廃語》懸命に勉強する; 気を使う
despezar [despeθár] 囮 23 《→**empezar**》他 ❶《建築, 技術》［アーチ・機械などを］部分に分ける, 分けて作る. ❷《建築》［構造に合わせて］建材を切る. ❸［連結する管の］端を細くする
despezo [despéθo] 男 ❶《建築, 技術》部分に分けること. ❷ 管の端を細くすること. ❸［木材の］切れ端. ❹［石材の］接合面
despezonar [despeθonár] 他 ❶ 葉柄（花柄）pezón を取る. ❷ もぎ取る, 引きちぎる
── ～**se** ❶ 葉柄（花柄）が取れる. ❷ コッタピン pezonera が壊れる
despezuñar [despeθuɲár] ～**se** ❶ 蹄が割れる. ❷《アンダルシア; ホンジュラス, プエルトリコ, コロンビア, チリ》［うまくいくように］努力する, 懸命になる. ❸《ホンジュラス, プエルトリコ, コロンビア, チリ》大急ぎで歩く; 急いで逃げ出す
despiadadamente [despjaðáðaménte] 副 情け容赦なく, 無慈悲に
despiadado, da [despjaðáðo, ða]《←des-+古語 apiadar》形 冷酷な, 情け容赦のない, 無慈悲な: lanzar un ataque ～ contra... …に情け容赦ない攻撃をかける. resistir la ～*da* crítica 辛辣な批判に耐える
despicar [despikár] 他 7 ❶［他の雌鶏を傷つけないように, 雌鶏の］嘴(⽒)の先端を切り取る;《コロンビア, ベネズエラ, ラプラタ. 闘鶏》［雄鶏の］嘴の先端を切り取る. ❷《まれ》［…の怒りを］鎮める, なだめる
── ～**se** ❶ 復讐する, 恨みを晴らす. ❷《ラプラタ. 闘鶏》嘴の先端を失う
despichar [despitʃár] 他 ❶《廃語》［物が］水分を出す. ❷《アンダルシア》［ブドウの房から］軸を取り除く《=descobajar》. ❸《コロンビア, ベネズエラ, チリ》押しつぶす
── 圓 ❶《口語》死ぬ, くたばる. ❷《チリ》小便をする
despiche [despítʃe] 男《コスタリカ》混乱, 混沌, 無秩序
despideaguas [despiðeáɣwas] 男《単複同形》《建築》水切り《=vierteaguas》
despidiente [despiðjénte] 形《まれ》別れを告げる
── 男《建築》❶ 壁塗りの吊り足場を壁から離しておくための丸太. ❷ ～ de agua 水切り《=vierteaguas》
despido [despíðo]《←despedir》男 ❶ 解雇, 解任: El director ordenó el ～ de veinte trabajadores. 支配人は労働者20人の首切りを命じた. carta de ～ 解雇通知書. ～ colectivo 大量解雇. ～ improcedente 不当解雇. ～ libre 法律上自由に解雇できること. ❷［正当な理由がない場合の］解雇補償金《=indemnización de ～》: Me echaron pero por lo menos cobré un buen ～. 私は首にされたが, せめて退職金だけはたんまりもらった
despiece [despjéθe] 男［牛・豚などの食用の］解体

despiedad [despjeðá(ð)] 囡《まれ》無慈悲
despiertamente [despjértaménte] 副 抜かりなく, 抜け目なく
despierto, ta [despjérto, ta]《←俗ラテン語 expertus < ラテン語 experrectus》形 ❶［estar+］目覚めている: Ya estoy ～. 私はもう目が覚めている. No me esperes ～. 起きて待っていなくていいよ. Pasé la noche ～. 私は徹夜した. ～ hasta que rayaba el día. 私は時々夜が明けるまで寝ずにいることがあった. ❷ 眠くない. ❸［ser+. 主に子供・青年が］利発な, 明晰な; 注意深い: Él es muy ～. 彼はとても利口だ. La chica tiene una mirada muy ～*ta* y atenta. 少女はとても賢そうで優しい目をしている
despiezar [despjeθár] 他 ❶［食用に牛・豚などを］解体する. ❷《建築, 技術》部分に分ける《=despezar》
despiezo [despjéθo] 男 ❶ =**despiece**. ❷《建築, 技術》部分に分けること《=despezo》
despigmentación [despiɣmentaθjón] 囡《医学》色素脱失
despilarar [depilarár] 他《中南米. 鉱山》支柱を取り除く
despilfarrado, da [despilfaráðo, ða] 形 ❶ ぼろをまとった（着た）. ❷ 無駄づかいする, 浪費家の
despilfarrador, ra [despilfaráðor, ra] 形 名 無駄づかいする; 浪費家
despilfarrar [despilfarár]《←古語 despilfarrado < pilfa「ぼろ切れ」< filfa「嘘, 虚報」》他 ❶《常軌を逸して》無駄づかいする, 浪費する: ～ la fortuna en diversiones 財産を遊び事に使う
── 圓・～**se** 散財する
despilfarro [despilfáro] 男 無駄づかい, 浪費, 湯水のような費消: Me parece un ～ que te compres otro coche. 君がもう一台車を買うなんて無駄づかいだと私は思う. hacer un ～ 大盤ぶるまいをする
despimpollar [despimpoʎár] 他《農業》［ブドウの］余分な芽を摘む
despinces [despínθes] 男 複 =**despinzas**
despinochar [despinotʃár] 他［トウモロコシの］皮をむく
despintar [despintár]《←des-+pintar》他 ❶ …の塗装を剥がす, ペンキを落とす: La lluvia *ha despintado* la puerta del portal. 雨で玄関ドアの塗装が剥げた. ❷ 曇らせる, 脚色する: El paso del tiempo *despinta* los malos recuerdos. 時間がたつと悪い思い出も消える. ～ la realidad 事実を歪曲する. ❸《中南米》…から背そらす《主に否定形で》
── 圓 ❶ 色があせる（落ちる）. ❷［+de］1) …に値しない. 2) …と毛色が違う: El menor *despinta del* resto de la familia. 末っ子は他の家族と毛色が違う. 3)［no+］遜色がない: Juan no *despinta* de su casta. フアンは彼の家系にふさわしい
── ～**se** ❶ 塗装が剥げる: *Se me han despintado* las uñas. 私はマニキュアが剥げた. ❷ 色が落ちる: Las maderas *se despintan* con la luz y el calor del sol. 木材は太陽の光と熱で色あせる. ❸《まれ》去る, 分かれる. ❹《中南米》［化粧が］崩れる, にじむ. ❺《チリ》［no+. ～a+人・物］いつも…のそばにいる・ある
no ～**se** *a*+人 …が完全に覚えている: Lo he visto solo una vez, pero *no se me despinta*. 私が彼に会ったのは一度だけだが, 忘れられない
despinte [despínte] 男《チリ》質の悪い鉱石
despinzadera [despinθaðéra] 囡 ❶ 織物のごみなどを取る道具. ❷ 織物のごみ（節玉）を取る女工
despinzado [despinθáðo] 男 織物からごみ（節玉）を取る作業
despinzador, ra [despinθaðór, ra] 形［人が］織物からごみ（節玉）を取る
despinzar [despinθár] 他 9 ［織物から］ごみ（節玉）を取り除く
despinzas [despínθas] 囡 複《単複同形》織物などからごみ（節玉）を取るためのピンセット
despiojador [despjoxaðór] 男 シラミ取りの作業（器具）
despiojar [despjoxár] 他 ❶［他の人・動物の］シラミを取る: El mono *despioja* a su cría. 猿は自分の子のシラミを取っている《実際は塩を取っている》. ❷ 貧困から救い出す
── ～**se**［自分の・互いに］シラミを取る
despioje [despjóxe] 男 シラミ取り
despiole [despjóle] 男《チリ, アルゼンチン, ウルグアイ. 口語》大騒ぎ, 大混乱: armar ～ 大騒ぎする
despipe [despípe] 男《主に南米. 口語》=**despiporre**
despiporrante [despiporánte] 形 大騒ぎする, 騒がしい
despiporre [despipóre] 男 ❶《口語》［el+］極み, 極致. ❷《主に南米. 口語》［el+］どんちゃん騒ぎ, 大混乱;［パーティーなどの］

盛り上がり, 山場; 大変楽しいもの; ひどいもの, どうしようもないもの: La fiesta del casamiento fue el ～. 結婚披露宴はすごく楽しかった. Aquello fue el ～. あれはめちゃくちゃだった. armar un ～ tremendo どんちゃん騒ぎをする

despiporren [despipóřen] 男 =**despiporre**

despique [despíke] 男 復讐, 報復, 恨みを晴らすこと: Por no quisieron asistir a la fiesta. 彼らは仕返しにパーティーに出ようとしなかった

despistado, da [despistáđo, đa] 形 名 ❶ [ser+] 忘れっぽい〔人〕, うっかり者〔の〕: Soy muy ～ para los nombres. 私は人の名前を覚えるのが大の苦手だ. Es muy ～da y se deja el paraguas en cualquier lugar. 彼女はうっかり者であちこちに傘を置き忘れる. ❷ [estar+ir+] うっかりした, ぼんやりした

estar más ～ que un pulpo (una vaca・un chivo) en un garaje 《戯語》ひどく当惑している

No te hagas la ～da. とぼけちゃいけないよ

despistaje [despistáxe] 男 《医学》[病気の] 発見, 検診

despistar [despistár] 【←des-+pista「跡」】 他 ❶ 追跡者を〕まく, かわす: El ladrón consiguió ～ a la policía. 泥棒は警察をうまくまいた. ❷ 道に迷わせる: Los edificios nuevos me *despistaron* y estuve a punto de perderme. 新しいビルがいくつもできていたので私は道がわからなくなり, もう少しで迷子になるところだった. ❸ 混乱させ, 狂わす: Me hizo una serie de preguntas capciosas para ～me. 彼はひっかけの質問をして私を惑わせようとした. Su respuesta me *despistó*. 彼の返事に私は困惑した. ❹ 《医学》〔病気を〕発見する

—— ～**se** ❶ 方向を見失う, 道に迷う: *Me despisté* en aquella encrucijada de calles. 私はあの十字路で道がわからなくなった. ❷ ぼんやりする, うっかりする: *Me he despistado* y creí que la cita era mañana. 私はうっかりしていて会う約束は明日だと思った

despiste [despíste] 【←despistar】男 ❶ うっかり〔ぼんやり〕していること, 放心状態, うわの空: En un ～ de tres segundos se ha recorrido 100 metros sin control. 彼は3秒間ぼんやりしていたら制御できなくなって100メートル進んでしまった. Tengo un poco de ～. 私はちょっとぼんやりしていた. con su habitual ～ いつものうっかり癖で. En un momento de ～ ちょっと油断した瞬間に. ❷ うっかりミス, イージーミス: Ocurrió el accidente por un ～. 事故はうっかりミスで起きた. Tienes muchos ～s hoy. 君は今日うっかりミスが多いぞ. ❸ 《アルゼンチン》[自動車レースで]コースアウト

despitorrado, da [despitořáđo, đa] 形 《闘牛》角の折れた

despizcar [despiθkár] 他 ❶ 《廃語》粉々にする

—— ～**se** ❶ 《まれ》心を込める, 熱中する, 没頭する. ❷ 《廃語》粉々になる

desplacer [desplaθér] 【39】【→**placer**】 他 不快にする, 不機嫌にする, 悲しませる: Me *desplace* tu conducta tan egoísta. 君のあまりに身勝手な行動は不愉快だ

—— 男 不快, 不機嫌, 悲しみ, 心痛

desplaciente [desplaθjénte] 形 《文語》不愉快な, 不快にさせる; 心の痛む

desplanchar [desplantʃár] 他 《まれ》[アイロンがけした衣類など]をしわくちゃにする

—— ～**se** 《まれ》しわくちゃになる

desplantación [desplantaθjón] 女 根こそぎ[=desarraigo]

desplantador, ra [desplantađór, ra] 形 《農業》根こそぎにする; 移植ごて, 小型のシャベル

desplantar [desplantár] 他 ❶《建築》垂直線(鉛直線)からずらす. ❷《古語》根こそぎにする, 根元から引き抜く〔=desarraigar〕

—— ～**se** ❶ 垂直線(鉛直線)からずれる. ❷《舞踊, フェンシング》姿勢が崩れる. ❸《まれ》横柄(無礼)な言動をする

desplante [desplánte] 男 ❶ 《←des-+planta》横柄(無礼)な言動: Me ha hecho el ～ de rechazarme una invitación. 彼は無礼にも私の招待を拒絶した. contestar con un ～ ぶっきらぼうに答える. ❷ 《舞踊, フェンシング》崩れた姿勢. ❸ 《闘牛》両膝を突く등に背中を向けた大胆な行為. ❹ 《闘牛》自信

desplatar [desplatár] 他 〔銀鉱石から〕銀を抽出する

desplate [despláte] 男 銀の抽出, 脱銀

desplatear [desplateár] 他 ❶ 銀めっきを剥がす. ❷ 《メキシコ》…の金を取る

desplayado [desplajáđo] 男 ❶ 《グアテマラ, アルゼンチン, ウルグアイ》〔草木もない〕空き地. ❷《アルゼンチン》干潟

desplayar [desplajár] 自 潮が引く, 干潟になる

—— 他 《古語》=**explayar**

desplaye [despláje] 男 《チリ》干潟; 空き地

desplazado, da [desplaθáđo, đa] 形 名 ❶ 場違いな〔人〕, そぐわない: Me encontraba ～ entre las personas de gran importancia. 私はお偉方の中に混じって居心地が悪かった. ❷ 強制移住者, 追放者, 流民〔=persona ～da〕. ❸《西》cartilla de ～ 一時滞在者用健康保険証

desplazamiento [desplaθamjénto] 男 ❶ 移動, 移転; 入れ替え; 解任, 更迭: El ～ de los viejos por parte de los jóvenes es inevitable. 若者が年寄りに取って代わることは避けられない. ❷ 《文語》通勤, 通学; 旅行, 出張; gastos de ～ 交通費. ❸ 《地質》[断層面に沿った]ずれ, 移動. ❹ 《船舶》排水量

desplazar [desplaθár] 【←des-+plaza】【9】他 ❶ 《文語》移動させる, 位置を変える: *Desplazó* el sillón hacia la ventana. 彼は椅子を窓の方へ動かした. ❷ …に代わる, 入れ替わる: Los procesadores de textos *desplazó* a las máquinas de escribir. ワープロはタイプライターに取って代わった〔a は目的語の明示〕. ❸ 更迭する, 解任する: La *han desplazado* a otra sección. 彼女は異動で別の課に移った. ❹ 《船舶》排水量が…である: El barco *desplaza* unas cuatro mil toneladas. その船の排水量は約4000トンである. ❺《情報》スクロールする

—— ～**se** ❶ 《文語》移動する: Los continentes *se desplazan* muy lentamente. 大陸はたいへんゆっくり移動する. El cuerpo de la raya ondula al ～*se*. エイは体をくねらせて泳ぐ. ❷ 移動する, 引越しする. ❸ 通勤する, 通学する; 出かける: Viviendo en las afueras, tiene que ～*se* hasta el centro para ir a la oficina. 郊外に住んでいるので, 会社に行くのに都心まで出なくてはならない

desplegable [despleɣáble] 形 折り畳みできる: mapa ～ 折り畳み式の地図

—— 男 2つ折りの大型紙面; 折り畳み式のパンフレット(小冊子)

desplegadamente [despleɣáđamente] 副 《古語》公然と, はっきりと

desplegadura [despleɣáđura] 女 広げること, 展開

desplegar [despleɣár]【←des-+plegar】【8】【23】【→**negar**】他 ❶ [折り畳んだものを] 広げる, 開く: *Desplegó* el periódico y echó una ojeada a las noticias más importantes. 彼は新聞を広げ, 重大ニュースに目を通した. ～ el mapa 地図を広げる. ～ las alas 翼を広げる. ❷ [能力などを] 発揮する: *Desplegó* todo su ingenio para convencernos. 彼は私たちを説得するために知恵を絞った. ～ la campaña キャンペーンを展開する. ～ todos sus conocimientos 知識を総動員する. ～ toda su astucia 悪知恵の限りを尽くす. ❸《軍事》展開させる, 散開させる; [兵器を] 配置する: ～ cien aviones de combate en el Golfo Pérsico 戦闘機100機をペルシア湾に展開させる

—— ～**se** ❶ 広がる. ❷《軍事》展開する, 配置につく

despleguetear [desplegeteár] 他 〔ブドウなどの〕巻きひげを摘み取る

despliegue [desplíɣje] 男 ❶ 広げること, 開けること: ～ de las velas 帆。❷ 発揮; 展示, 披露: La feria será un ～ de los últimos adelantos industriales. 見本市は産業の最新の進歩を披露する場となろう. ❸《軍事》[部隊の] 展開, 配置

desplomar [desplomár]【←des-+plomo】他 ❶ 《建物・塀などまっすぐ立っているものを〕傾ける, 倒す: *Desplomaron* la chimenea de la vieja fábrica. 彼らは古い工場の煙突を倒した

—— ～**se** ❶ 傾く, 傾斜する. ❷ 倒れる, 倒壊する, 崩壊する: A consecuencia del terremoto *se han desplomado* muchos edificios. 地震で多くのビルが倒壊した. ❸ [人が] ぐったりと倒れる, 卒倒する: *Se desplomó* de repente en plena calle. 彼は往来の真ん中で突然倒れた. ❹ [非物質的なものが] 崩れる, 消え失せる: Con el paso del tiempo *se van desplomando* muchas tradiciones. 時が経つにつれ多くの伝統が崩れ去っていく. El régimen *se desploma*. 体制が崩れる. *Se desplomaron* todas sus ilusiones. 彼の幻想がすべて消え失せた

desplome [desplóme] 【←desplomar】男 ❶ 傾くこと; 倒壊, 崩壊; 消失, 破産: el ～ del edificio 建物の倒壊. el ～ de la empresa 企業の破産 (消滅). causar ～ de su entusiasmo 熱意を冷めさせる. ❷《建築》張り出し部分. ❸《ペルー. 鉱山》崩れるまで鉱脈を掘り下げる昔の採掘法

desplomo [desplómo] 男《建築》張り出し
desplumadero [desplumaðéro] 男《メキシコ》賭博場
desplumado, da [desplumáðo, ða] 形 金のない, 一文なしの
—— 男《ホンジュラス, 口語》1レンピラ紙幣
desplumador, ra [desplumaðór, ra] 男 名 ❶ 毛をむしる〔人〕. ❷《チリ, 口語》悪口ばかり言う〔人〕
desplumadura [desplumaðúra] 女 ❶ 毛をむしること; 毛の生え変わり. ❷〔金品の〕巻き上げ
desplumar [desplumár] 他 ❶〔鳥などの〕毛をむしる. ❷《口語》金品を巻き上げる, 身ぐるみ剝ぐ. ❸《チリ, 口語》…の陰口を言う
—— ~se ❶〔鳥などの〕羽毛が抜ける, 毛が生え変わる. ❷《アンダルシア》放屁(ほうひ)する
desplume [desplúme] 男 =desplumadura
despoblación [despoβlaθjón] 女 ❶ 人口の減少(流出), 過疎化. ❷ 鉱山農村の過疎化. ❷ 激減, 絶滅: ~ forestal《西》森林伐採, 乱伐
despoblado, da [despoβláðo, ða] 形 ❶ 住民のいなくなった, 過疎の: Durante las vacaciones de verano la ciudad queda prácticamente ~da. 夏休みの間, 町はほとんど人がいなくなる. zona ~da 過疎地帯. ❷〔+de〕〜のない, …がなくなった: ~ de árboles 木の生えていない. frente ~da 禿げ上がった額
—— 男 ❶ 寂れた場所: El delincuente aprovechó el ~ para realizar el crimen. 犯人は人けのない場所を利用して犯行に及んだ. ❷ 廃村, 過疎地; 廃村現象, 過疎化現象
despoblador, ra [despoβlaðór, ra] 形 人口を減らす, 荒廃させる
despoblamiento [despoβlamjénto] 男《古語》=despoblación
despoblar [despoβlár] 〔←des-+poblar〕 28 他 ❶ …の住民を減らす, 荒廃させる: La peste y las guerras despoblaron muchos lugares. 疫病と戦争で多くの土地が無人と化した. ❷〔+de 草木など〕…から, 取り払う: ~ de álamos la avenida 通りのポプラ並木を切り払う
—— ~se 住民が減る(絶える); 人けがなくなる, 無人になる: Las calles se despoblaron mientras se transmitía el partido por la televisión. 試合がテレビ中継されている間, 通りは人っ子一人いなくなった
despoetizar [despoetiθár] 9 他〔事物から〕詩情をなくす, 詩の味わいを消す
despojador, ra [despoxaðór, ra] 形 奪う, 奪い取る, 取り除く
despojar [despoxár] 〔←ラテン語 despoliare < dis-(強調)+spolium「強奪」〕《文語》他 ❶〔+de, を, 人から〕奪う, 強奪する: ~ a+人 de todos sus bienes …から全財産を奪う. Lo despojaron de su cargo y decidió abandonar la empresa. 彼は職を解かれ, その会社を辞めることにした. ❷〔+de 飾り・備品などを〕取り除く, はぎ取る: ~ la casa de muebles 家から家具を取り去る
—— ~se ❶〔+de 服を〕脱ぐ: Se despojó del abrigo al entrar en la sala. 彼は部屋に入る時にオーバーを脱いだ. ❷〔+de を〕手放す, 放棄する: Se despoja de su comida para dársela a algún pobre hambriento. 彼は自分は食べないで, 誰か空腹の貧しい人にあげる. ❸ かなぐり捨てる: ~se de prejuicios 偏見を捨てる. ~se de soberbias y vanidades プライドや見栄をかなぐり捨てる
despojo [despóxo] 男 〔←despojar〕❶ 強奪, 略奪品, 戦利品. ❷〔複〕残り物, 残飯〔=~s de comida〕; くず, 残骸: Me han dejado apenas los ~s. 私にはほとんど残り物さえなかった. ❸〔主に複〕牛・豚・鶏などの〕肉以外の部分〔頭, 臓物, 足など〕. ❹《文語》死体, 遺体〔=~s mortales〕. ❺《文語》時・死とともに消えるもの〔=~ del tiempo, ~ de la muerte〕: La belleza y la juventud son ~s del tiempo. 美しさや若さは時とともに移ろいゆくものだ
despolarización [despolariθaθjón] 女《物理》偏光解消, 偏光度の減少;《電気》減極;《生物》脱分極
despolarizador, ra [despolariθaðór, ra] 形 男《物理》偏光を解消する. ❷《電気》減極を起こす; 減極剤, 消極剤
despolarizar [despolariθár] 9 他 ❶《物理》偏光を解消する. ❷《電気》減極(消極)する
despolimerización [despolimeriθaθjón] 女《化学》解重合
despolimerizar [despolimeriθár] 9 他《化学》解重合する
despolitización [despolitiθaθjón] 女 政治色をなくすこと, 非政治化, 政治的無関心

despolitizar [despolitiθár] 9 他 ❶〔論争などから〕政治色を取り除く. ❷ 政治に無関心にする
—— ~se ❶ 政治色がなくなる. ❷ 政治に無関心になる
despolvar [despolβár] 他《まれ》ほこりを払う〔=desempolvar〕
despolvorear [despolβoreár] 他《まれ》ほこりを払う〔=despolvar〕. ❷〔疑惑・恐怖などを〕振り払う, 払いのける. ❸《コロンビア, チリ》振りかける
despolvoreo [despolβoréo] 男《まれ》ほこりを払うこと
despopularización [despopulariθaθjón] 女 人気がなくなること; 流行がすたれること
despopularizar [despopulariθár] 9 他〔人・事物の〕人気をなくす, 評判を落とす;〔流行を〕すたれさせる: La mecanización ha despopularizado la mayoría de los oficios artesanales. 機械化が進み職人仕事の多くがすたれた
—— ~se 人気がなくなる, 評判が落ちる; すたれる
desporrondingar [desporrondiŋgár] 8 ~se《コロンビア, ベネズエラ, 口語》浪費する, 散財する
desportilladura [desportiʎaðúra] 女 ❶〔欠けた〕破片, かけら. ❷ 縁の欠けた部分
desportillar [desportiʎár] 他〔器などの〕縁を欠く(割る): una porcelana con un golpe ぶつけて陶器の縁を欠いてしまう
—— ~se 縁が欠ける
desposado, da [desposáðo, ða] 形 名《文語》新婚の;〔主に 複〕新婚の夫婦: Los ~s salieron en viajes de novios. 新郎新婦は新婚旅行に出かけた. ❷ 手錠をかけられた
desposando, da [desposándo, da] 名《文語》結婚間近の人, 近々結婚する人
desposar [desposár] 〔←ラテン語 desponsare < dis-(強調)+sponsus「妻, 婚約者」〕他《文語》〔司祭・市長などが〕…の結婚式をとり行なう: El sacerdote que nos desposó bautizará a nuestro hijo. 私たちの結婚式をした司祭が私たちの子供の洗礼をするだろう
—— 自《古語》婚約式をとり行なう
—— ~se ❶《文語》〔互いに/+con と〕結婚する: Se desposarán el sábado. 彼らは土曜日に結婚する. ❷《古語》婚約する
desposeer [despose(e)ér] 〔←des-+poseer〕22 他《文語》〔+de 所有物を〕…から取り上げる, 奪う: Me han desposeído de todo por no pagar mis deudas. 借金を払わなかったので私はすべて取り上げられた
—— ~se〔+de を〕放棄する, 手放す: Se desposeyó de sus bienes e ingresó en un convento. 彼は財産を捨てて, 修道院に入った
desposeído, da [desposeíðo, ða] 形 所有していない;〔所有権のあるものを〕取り上げられた: clase poseedora y clase ~da 持てる階級と持たざる階級
—— 名〔主に 複〕貧しい人, 貧窮者, 生活困窮者
desposeimiento [desposeimjénto] 男 =desposesión
desposesión [desposesjón] 女 取り上げ, 剝奪; 喪失
desposorio [desposórjo] 〔←desposar〕男〔主に 複〕《文語》婚約; 結婚式: No contrajeron matrimonio hasta un año después de los ~s. 彼らは婚約してから1年たって結婚した. ❷《古語》婚約式
despostadero [despostaðéro] 男《南米》〔公共の〕畜殺場
despostador [despostaðór] 男《南米》畜殺業者
despostar [despostár] 他《南米》〔食用に鳥獣を〕解体する
despostillar [despostiʎár] 他《中米》損傷させる, 壊す
déspota [déspota] 〔←ギリシア語 despotes「所有者」〕名 ❶ 専制君主, 独裁者. ❷《比喩》暴君: Su marido es un ~. 彼女の夫は亭主関白だ
—— 男《歴史》〔ビザンチン皇帝・東方教会主教などの称号〕主
—— 形 独裁的な, 専制的な: Esa organización lucha contra los gobiernos ~s. その組織は独裁的な政府と戦う
despóticamente [despótikaménte] 副 独裁的に; 傍若無人に
despótico, ca [despótiko, ka] 形 ❶ 専制的な, 独裁的な: gobierno ~ 独裁政権, 専制政府. ❷ 横暴な, 暴虐な: Con una actitud tan ~ca, tendrás súbditos, pero no amigos. そんな横暴な態度では, 家来はできても友達はできないよ. jefe ~ 横暴な上司
despotismo [despotísmo] 男 ❶ 独裁政治, 専制政治, 独裁制: ~ ilustrado〔18世紀後半の〕啓蒙専制君主. ❷ 横暴な

despotizar [despotiθár] 自《南米》牛耳る

despotricar [despotrikár] [←des-+potro] 7 自《口語》[+contra・de に] 悪口を言う, 悪態をつく, 暴言を吐く, 言いたい放題言う: Deberías ocuparte más de tus asuntos, en vez de *contra (de)* los ajenos. 他人をあげつらうよりも君は自分のことをもっと考えるべきだ

despotrique [despotríke] 男《口語》悪口を言うこと, 悪態をつくこと, 罵倒

despreciable [despreθjáble] 形 ❶ 軽蔑すべき, 軽蔑に値する, 卑しむべき. ❷ [金額などが] 軽視されて当然の; 取るに足りない, 些細な: Medio millón de yenes es una cantidad nada ~. 50万円は大金だ. Es un error ~. それは何でもないミスだ

despreciador, ra [despreθjaðór, ra] 形 軽蔑に満ちた, ばかにしたような, 見下す

despreciar [despreθjár] [←ラテン語 depretiare < de-+pretium「価格」] 10 他 ❶ [人を] 軽蔑する, 蔑視する, 見下す: Los vecinos la odiaban y la *despreciaban*. 隣人たちは彼女を憎み軽蔑していた. ~ a los pobres 貧乏人に冷淡である, 貧乏人をばかにする. ❷ [金額・事を] 軽視する, 見くびる, あなどる: Todas estas críticas fueron *despreciadas*. これらの批判はすべて無視された. ~ una posibilidad 可能性を無視する. ❸ [贈り物・親切などを] 突き返す, 断わる
── ~**se** [+de を] 軽蔑する; さげすむ; ばかにする

despreciativo, va [despreθjatíβo, βa] 形 軽蔑的な気持ちを含んだ, さげすみの: Juan lanzó una mirada ~*va* al orador. フアンは演説者に軽蔑の視線を投げかけた. gesto ~ 人をばかにしたような仕草

desprecintado [despreθintáðo] 男 封印を剥すこと

desprecintar [despreθintár] 他 封印 precinto を剥がす

desprecio [despréθjo] [←despreciar] 男 ❶ 軽蔑, さげすみ: Le hizo un gesto de ~. 彼女は彼に軽蔑の身振りをした. mirar con ~ ばかにしたように見る. sentir ~ por... …を軽蔑する. ❷ 軽視, 無視: Nos hizo el ~ de rechazarnos el regalo. 彼は失礼(傲慢)にも私たちの贈り物を拒否しました

desprender [desprendér] [←des-+prender] 他 [+de から] 剥がす, 外す, 離す: La humedad *desprendió* la pintura de las paredes. 湿気で壁のペンキが剥がれた. ~ una foto del album アルバムから写真を剥がす. ~ unos vagones del tren 列車から数両切り離す. ❷ [におい・ガス・煙などを] 発する, 放つ: Esta leche *desprende* olor desagradable. この牛乳は嫌なにおいがする. ~ chispas 火花を発する. ❸《中南米》[ボタンなどを] 外す
── ~**se** ❶ 剥がれる, 外れる, 離れる: *Se desprenden* trozos de pintura del techo. 天井のペンキが一部剥がれた. ❷ [におい・ガスなどが] 出る. [+de を] 手放す, 断念する: 1) El niño nunca *se desprende* de su osito. その子は決してクマのぬいぐるみを手放さない. 2)《比喩》~*se* de sus escrúpulos (prejuicios・afectos) 不安(偏見・情愛)を振り払う. ❹ [+de から] 推測される, 考えられる: De lo que dijo *se desprende* que no está contento. 彼の言葉から, 彼は満足していないと思われる. Este resultado *se desprende* de las encuestas realizadas. この結果はアンケートから出てきたものだ. ❺《医学》剥離する. ❻《動物》脱皮する

desprendible [desprendíβle] 形 剥がれやすい; 取り外し可能な: fruta con carozo ~ 種離れの良い果物
── 男《中南米》剥ぎ取りページ, 切り取りページ

desprendido, da [desprendíðo, ða] 形 ❶ [ser+] 気前のよい, 無欲な「見返りを期待しないで他人を助ける」: Es muy ~ y deja sus juguetes a todos. その子はとても気前がよく, 自分のおもちゃを皆に貸してあげる. ❷《闘牛》[剣・バンデリーリャの突き刺しが] 必要以上に深くない, 浅めの

desprendimiento [desprendimjénto] 男 ❶ 剥がす(剥がれる)こと: ~ de tierras 地滑り. ❷ 気前のよさ, 無欲. ❸ [におい・ガスなどの] 発散, 発生. ❹《医学》剥離: ~ de matriz 子宮脱出. ~ de retina 網膜剥離. ❺《美術》キリスト降架「=*D*~ de la Cruz」. ❻ [金属] [炉の上部で詰まっていた装填物の] 急激な落下. ❼《動物》脱皮; 剥離

despreocupación [despreokupaθjón] 女 ❶ 無頓着, いいかげんさ: hacer las cosas con gran ~ 物事をいいかげんにする. ❷ 無関心: absoluta ~ por todo lo que no sea su trabajo 自分の仕事以外には一切無関心な態度. ❸ のんびりしていること, のびのびした状態: disfrutar de la ~ propia de las vacaciones 休暇ならではのゆったりとした時間を過ごす

despreocupado, da [despreokupáðo, ða] 形 ❶ 無頓着な[人], 気にしない: Es muy ~ en el vestir. 彼は服装に全く無頓着だ. vivir ~ de cualquier dificultad あらゆる困難を気にせずに生きる. ❷ [主に女性が異性関係に] だらしない, ふしだらな

despreocupar [despreokupár] [←des-+preocupar] ~**se** ❶ [+de について] 気にかけない, 気にかからない: No *me* puedo ~ hasta que el médico me diga algo. 私は医者の意見を聞くまで安心できない. ❷ 関心を払わない, 構わなくなる: *Se despreocupó de* su familia. 彼は家族をほったらかしにした. No des más vueltas al problema y *despreocúpate ya de* ese asunto. その問題をあれこれ考えるのはやめて, 忘れなさい

despresar [despresár] 他《南米》[食用に鳥を] 解体する

desprestigiar [desprestixjár] [←des-+prestigio] 10 他 ❶ [人の] 評判(信用)を落とさせる, 権威を失墜させる: Las luchas internas *desprestigiaron* al partido. 内輪もめで党の権威は失墜した. ❷ 酷評する, けなす, けちをつける: Él intenta ~*me*, porque ve en mí un adversario. 彼は私を敵と見なして私をこき下ろそうとしている
── ~**se** 評判(信用)を落とす, 失信(権威・名声)を失墜する: Ese cantante *se está desprestigiando* él solo por sus últimas actuaciones. その歌手は最近の公演で自ら評判を落としている

desprestigio [desprestíxjo] [←des-+prestigio] 男 権威失墜, 評判(名声・信用)の低下: Este incidente supuso su ~ como profesional. その出来事はプロとしての彼の信用を落とすことになった. caer en ~ 評判を落とす

despresurización [despresuriθaθjón] 女《航空, 宇宙》減圧

despresurizar [despresuriθár] 9 他《航空, 宇宙》減圧する, 機内(宇宙船内)の気圧を下げる

desprevención [despreβenθjón] 女 先見の明のなさ, 備えのなさ; 注意不足, 油断; 予備知識のない状態, 予測していない状態

desprevenidamente [despreβeníðamente] 副 思いがけず, 不意に

desprevenido, da [despreβeníðo, ða] [←des-+prevenido] 形 ❶ 備えのできていない: ~ ante la gota fría 寒気団に対して準備不足の. ❷ 予期せぬ, 不意の, 油断した
coger (agarrar・pillar) a+人 ~ …の不意を突く: La inesperada pregunta me *cogió* ~ y no supe qué contestar. 意外な質問に私は不意を突かれてどう答えてよいか分からなかった

desprivanza [despriβánθa] 女《廃語》寵愛を失うこと(失った状態)

desprivar [despriβár] 他《廃語》寵愛を失わせる
── 自《廃語》寵愛を失う

desprivatización [despriβatiθaθjón] 女 国有化

desprivatizar [despriβatiθár] 9 他 [私有財産・民間企業を] 国有化する: El gobierno *desprivatizó* algunas empresas para evitar el cierre. 政府は廃業を避けるため一部の企業を国営化した

desprofesionalización [desprofesjonaliθaθjón] 女 専門性の喪失

desprogramación [desproγramaθjón] 女 ❶ 信念(信仰)の放棄, 価値観の矯正(変更). ❷《情報》命令の解除, プログラミングの停止

desprogramar [desproγramár] 他 ❶ 信念(信仰)を捨てさせる, 価値観を矯正(変更)する. ❷《情報》命令を解除する, プログラミングを停止する

desproletarización [desproletariθaθjón] 女 プロレタリアらしさの喪失

desproletarizar [desproletariθár] 9 他 プロレタリアらしさを喪失させる

desprolijidad [desprolixiðá(d)] 女《チリ, アルゼンチン, ウルグアイ》[仕事の] 粗さ

desprolijo, ja [desprolíxo, xa] 形《チリ, アルゼンチン, ウルグアイ》[仕事の]; [人が] 粗い; 怠慢な, 不注意な

despropiar [despropjár] 10 他《まれ》=expropiar

desproporción [desproporθjón] 女 不釣り合い, 不均衡, アンバランス: ~ entre la inversión y los beneficios 投資と利潤の不均衡

desproporcionadamente [desproporθjonáðamente] 副 不釣り合いに; 不相応に

desproporcionado, da [desproporθjonáðo, ða] 形 不釣り

合いな; 不相応な: Su reacción fue totalmente ～*da*. 彼女の反応は全く大げさだった. llevar una vida ～*da* a sus ingresos 自分の収入に不相応な生活をする

desproporcionar [despropɔrθjonár] 〖←des-+proporcionar〗 [他] 不釣り合いにする, 均衡を破る, 調和を崩す

—— **～se** 均衡が破れる, バランスが崩れる: Los gastos *se habían desproporcionado* y hubo que recortarlos. 支出が不釣り合いに大きかったので, 削減しなくてはならなかった

despropositado, da [despropositáđo, đa] [形] 場違いな, 的外れの

despropósito [despropósito] 〖←des-+propósito〗 [男] ❶ 場違いな言動, 的外れ, 見当違い: No dice más que ～*s*. 彼は見当違いなことばかり言う. soltar insultos y ～*s* 侮辱とナンセンスな言葉を吐く. ❷《コロンビア. 口語》軽視, 軽蔑

desprotección [desprotɛ[k]θjón] [女] 無保護, 無防備

desproteger [desprotɛxér] [3] [他] [人・事物を] 無保護(無防備)にする, 保護(防備)をおろそかにする: Cuando se va de vacaciones, no conviene ～ la casa. 休暇に出かける時, 家の戸締まりをおろそかにするのはよくない

—— **～se** 無保護(無防備)になる, 保護(防備)がおろそかになる

desprotegido, da [desprotɛxíđo, đa] [形] 保護のない, 無防備な: La defensa dejó ～ su meta. ディフェンス陣はゴール前をがらがらにした

desproveer [desproƀ[e]ér] 〖←des-+proveer〗 [22] 〖[過分] desprovisto〗 [他] [+de 食糧・必要品を] 取り上げる, 奪う: Le *desproveyeron de* alimentos. 彼は食べ物を奪われた

desprovisto, ta [desproƀísto, ta] 〖desproveer の [過分]〗 [形] [+de の] ない, 欠けている, 持っていない: Estamos ～*s de* fruta y leche. 私たちは果物と牛乳を切らしている. película ～*ta de* calidad y emoción 質が悪く感動のない映画. niños ～*s de* cariño 愛情に飢えた子供たち

despueble [despwéƀle] [男]《まれ》人口の減少, 過疎化 〖=despoblación〗

después [despwés] 〖←古語 después < 俗ラテン語 de post〗 [副] ❶ [時間] 1) 後で, すぐ後で, この(その)後で 〖⇔antes〗; 次いで, 引き続いて: Nos veremos ～ en la fiesta. 後ほどパーティーで会いしましょう. Ven antes o ～, según te parezca. 先か後か, どちらでも好きな時に来なさい. Vendré ～. すぐ後で行きます. La policía llegó mucho ～. 警察はずっと後になってやって来た. 〖[語法]「程度」を表わす mucho・poco・bastante は después と共に使えるが muy は使えない〗 Llamé primero y ～ entré. 私はまずノックし, それから中へ入った. Primero salieron los actores secundarios y ～ la actriz principal. 最初に脇役たちが, 続いて主演女優が現れた. ¿Y ～? [相手を促して] で, それから(その次は)? 2) もっと先になって, やがて, 将来: Ahora todo el día está de juerga, ～ vendrán los problemas. 今は一日中浮かれ騒いでいるが, やがてその付けが回って来るだろう. 3) [時間の経過. 時間の名詞+] …後に, …たって: Diez minutos ～ llegaron varios policías. 10分後に数人の警官が到着した. Visitaron a Juan cinco días ～. 彼らは5日たってからフアンを訪れた. 4) [形容詞的に, 定冠詞+時間の名詞+] 次の…, 翌… 〖=siguiente〗: La semana ～ fue terrible. 翌週はひどかった. Los minutos ～ del atentado fueron de gran confusión. テロの数分後には大混乱が起こった. el año ～ 翌年. el día ～ 翌日. ❷ [順序・位置] 次に, 続いて: Me gusta primero leer el libro y ～ ver la pelicula. 私は読書が一番好きで, 二番目に映画を見るのが好きだ. A mitad de la calle hay una iglesia y ～ está mi casa. 通りの中ほどに教会があり, すぐその先に私の家がある. ❸ [空間・場所] 向こうに, 離れたところに: Encontrarás el pueblo dos kilómetros ～. 2キロメートル行ったところにその町はあります. Dos calles ～ gira a la derecha. 2つ向こうの通りを右折しなさい. Según el cartel de la autopista, tres salidas ～ hay un área de descanso. 高速道路の標識によれば3つめの出口のところに休憩エリアがある. ¿La próxima estación es León?—No, León es mucho ～. 次の駅はレオンですか?—いいえ, レオンはずっと先です. ❹ [[+de]+名詞・不定詞・過去分詞/[+de]+que+直説法] 1) [時間] …の後に, …に続いて, …以降: *D*～ *de* la boda, habrá una fiesta. 結婚式の後でパーティーがあることになっている. *D*～ *de* hablar con ella, te llamo y te cuento, ¿vale? 彼女と話をした後で君に電話して話すよ, それでいい? Nací tres años ～ *de* acabada la guerra. 私は戦争が終わって3年後に生まれた. *D*～ *de que* leyó el libro, lo comentamos. 彼が本を読んだ後に, 私たちはその本について解説した. Solo lo entendió ～ *de que* se lo hubiera explicado tres veces. 3回そのことを説明してやって彼は理解した. 〖[語法] 1) después de で導かれる句では después 自体が時間の前後関係を表わすので複合形の動詞よりも単純形を用いることの方が多い. したがって不定詞も過去分詞も同じ時間帯に属する. 2) después de que はもともと después que と después de を組み合わせたものであるが, 今日では双方の間に使用上の差違はない: *D*～ [*de*] *que* te fuiste, llamó tu madre. 君が帰ったすぐ後にお母さんが電話をかけてきたよ〗 2) [順序・順位] …の次に, …に続いて: Llegué ～ *de* ellos. 私は彼らの次に到着した. *D*～ *de* ti, voy yo. 後からついていきます. Los corredores africanos llegaron dos segundos ～ *de* los japoneses. アフリカ人走者たちは日本勢よりも2秒遅れでやって来た. Argentina es, ～ *de* Brasil, es el país más grande de Suramérica. アルゼンチンはブラジルに次いで南米で最も広い国である. Tu apellido va ～ *del* mío en el orden alfabético. 君の姓はアルファベット順では私の次になる. 3) [場所] …の向こう側に, …に続いて: La iglesia está justo ～ *de* la plaza. 教会は広場のちょうど向こう側にある. Yendo en esa dirección, ～ *del* parque hay un hotel. その道を進めば公園の向こう隣にホテルがある. 4) [意識] 二の次で, 後回しにして, …に次いで: *D*～ *de* mi hermano, tú eres en quien más confío. 私の兄は別として, 一番信用しているのは君なんだ. Para él, el trabajo siempre ha estado ～ *de* todo. 彼にとって仕事はいつもどんなことよりも後回しだった. ❺ [de+] Es un libro que cuenta la historia *de* ～ *de* una catástrofe. その本はある大災害後の歴史について語っている. Ya verás cómo los pueblos *de* ～ *de* Mérida son más bonitos. メリダ近辺の村々がどんなにすばらしいかすぐに分かるよ. ❻ [他の前置詞+] El tren no volverá a parar hasta ～ *del* próximo pueblo. この列車は次の町のもう一つ先[の町]まで停まらない

～ *de*... …にもかかわらず: ¡Mira que dimitir!, ¡～ *de* lo que le había costado llegar hasta ahí! 辞めるんだって! あそこまでくるのに苦労したのに! *D*～ *de* lo que me preocupé por él, ahora me lo echa en cara. 彼のことを色々心配してやったのに, 今はそのことに難癖をつけている

～ *de cómo*... …のような後になって: *D*～ *de cómo* ha ido la campaña, ya no tengo miedo a nada. あのようなキャンペーンが行なわれた後は私にはもう何も恐れるものはない

～ *de los despueses* =**～ de todo**

～ [*de*] *que*+接続法現在 [未来の] …した後で, …してから: *D*～ *de que* lea el libro lo comentaremos. 彼がその本を読んでから解説しよう 〖[語法] 過去のことについてでも +接続法過去 のことがある: Todo eso ha sucedido ～ *de que* se marchara a su país. それらすべては彼が帰国してしまってから起きた〗

～ *de todo* 1) つまるところ, 結局: *D*～ *de todo* no entiendo nada. 結局私は何も理解できていない. 2) いずれにしても: *D*～ *de todo* no fue tan buena idea. いずれにしてもそれは大して良い考えではなかった. 3) どうやらこうやら: *D*～ *de todo* llegué a tiempo. 私はどうにか間に合った

～ *que*+名詞 …に続いて, …より遅れて, …より後で・に: Anoche regresó ～ *que* su padre. 昨晩彼は父親より遅く帰宅した. Tú estás en la lista ～ *que* yo. 名簿では君の名前は私より後の方にある 〖[語法] 動詞がないか, あるいは省略さている動詞が容易に想定され得るので después que+名詞 となる: Prefiero morir ～ *que* mi marido. 私は夫より後に死ぬ方がいい〗

—— [男] 以後: ruptura histórica entre el antes y el ～ de la revolución 革命以前と以後の間の歴史的断絶

despuesito [despwesíto] 〖después の示小語〗 [副]《メキシコ, グアテマラ, エクアドル, プエルトリコ. 口語》後で, じきに, すぐに 〖実際には行なわれないことがしばしばある〗: Nos veremos ～. 後で会おう

despulgar [despulgár] [8] [他]《チリ, アルゼンチン, ウルグアイ. 口語》…からノミ・シラミを駆除する

despulpado [despulpáđo] [男] 果肉の取り出し

despulpador [despulpađór] [男] 果肉を取り出す道具

despulpar [despulpár] [他] [果物の] 果肉 pulpa を取り出す

despulsamiento [despulsamjénto] [男] 脈拍の停止; 失神

despulsar [despulsár] [他] …の脈を止める; 失神させる

—— **～se** ❶ 脈拍が止まる; 失神する, 気を失う. ❷ [+por を] 熱望する, 切望する. ❸《古語》興奮する, 叫ぶ

despumación [despumaθjón] [女]《廃語》あく取り, 泡取り

despumar [despumár] [他] あくを取る 〖=espumar〗

despuntador, ra [despuntađór, ra] [形] [名] 先端を折る[人]

—— [男]《メキシコ》鉱石を分離する道具; 鉱石を割るハンマー

despuntadura [despuntaðúra] 囡 先端を折る(先端が折れる)こと

despuntar [despuntár]【←des-+punta】他 ❶ …の先端を折る(取る): Aprieta tanto el lápiz al escribir que lo *despunta* continuamente. 彼はひどく力を入れて書くのでよく鉛筆の芯を折る. ❷ 空になった蜜蜂の巣房を切り取る. ❸《闘牛》[牛の]角の先端を切る. ❹《古語. 船舶》[岬を]回る. ❺《アルゼンチン》[川などを]岸辺を伝ってさかのぼる
―― 自 ❶《植物》芽を出す, つぼみをつける: En primavera empiezan a ～ las plantas. 春には植物が芽吹き始める. ❷ [太陽が] 現われ始める: El día *despunta* a las seis. 日の出は6時だ. al ～ el día/al ～ el alba 夜明けに ❸ [+en ・por の点で, +entre の間で] 傑出する, 才能を見せる: Durante sus días de estudiante *despuntaba* siempre *en* matemáticas. 学生時代彼は数学の才能があるところを見せていた. *Despunta entre* sus compañeros *por* su capacidad de imitación. 彼は仲間の中では物まねのうまさで目立つ
―― ～se 先端が折れる: *Se despuntaron* las tijeras al caer. 落ちて鋏の先が折れた

despunte [despúnte] 男 ❶ 先端を折ること. ❷ 発芽; 現われ始め: ～ del alba 日の出. ❸《チリ, アルゼンチン》1) 枝先の切り取り. 2) 細い薪

desque [déske] 接《古語》…するや否や, …すると同時に

desquebrajar [deskebraxár] 他《まれ》=**resquebrajar**

desquejar [deskexár] 他《農業》[接ぎ木用に若枝から]接ぎ穂を取る

desqueje [deskéxe] 男《農業》接ぎ穂, 挿し穂

desquerer [deskerér] 57 他 好きでなくなる

desquiciado, da [deskiθjáðo, ða] 形 図 常軌を逸した[人]; 取り乱した[人], 錯乱した[人]: Estoy ～ con mucho trabajo. 私は忙しくて気が変になりそうだ. Me tienes ～ de los nervios. 君は私の神経をずたずたにしている. mundo ～ 狂った世界

desquiciador, ra [deskiθjaðór, ra] 形 気を変にさせる[人]

desquiciamiento [deskiθjamjénto] 男 動揺, 取り乱し, 錯乱: Tiene tal ～ que no sabe lo que hace. 彼は非常に動揺して自分が何をしているのか分からない

desquiciante [deskiθjánte] 形 =**desquiciador**

desquiciar [deskiθjár]【←?俗ラテン語 excrepitiare「ドアを外す」】10 他 ❶ [戸などを] 蝶番から外す: Para entrar por el mueble tenemos que ～ la puerta. この家具を入れるにはドアを外さなくてはならない. ❷ 気を変にする, 動揺させる: Me *desquicia* el ruido de los coches. 車の騒音で私は気が変になる. ❸ [問題を] 過大視する[=sacar de quicio]: No *desquicies* el problema, que no nos llevamos tan mal. 問題を大げさにしないでくれ, 我々の仲はそんなに悪くないんだから. ❹ [確かさ・丈夫さを]危うくする, 揺り動かす: El mal tiempo *desquició* nuestro plan para ir de excursión. 悪天候で我々の遠足の計画がめちゃくちゃになった
―― ～se ❶ [ちょうつがいから] 外れる. ❷ 気が変になる, 取り乱し, 錯乱する,: Al oír aquella inesperada noticia se *desquició*. あの意外な知らせを聞いて彼は取り乱した. ❸ [状況が] 手に負えなくなる: La situación *se ha desquiciado* porque todos estamos muy nerviosos. 我々全員が落ち着きをなくして手に負えない状況になった

desquicio [deskíθjo] 男 ❶《まれ》=**desquiciamiento**. ❷《南米》無秩序, 大混乱

desquijaramiento [deskixaramjénto] 男《廃語》あごを外すこと(あごが外れる)こと

desquijarar [deskixarár] 他 …のあごを外す
―― ～se あごが外れる

desquijerar [deskixerár] 他《木工》ほぞを作る

desquilatar [deskilatár] 他 ❶《まれ》価値を下げる. ❷《廃語》[金の] 純度を落とす

desquitar [deskitár]【←des-+quitar】他 ❶ [+de 損害などを] …に埋め合わせする, 償う: El premio me *desquitó del* esfuerzo. 賞をもらって努力が報われた. La subvención del seguro *le ha desquitado del* disgusto del accidente. 彼は保険金で事故の後味の悪さも薄れた. ❷ 差し引く: Me han *desquitado* las horas que he llegado tarde. 私は遅刻した時間分を差し引かれた
―― ～se ❶ [+de の] 埋め合わせをする, 取り戻す: *Se desquitó* de lo perdido. 彼は損した分を取り戻した. ❷ 仕返しする, 雪辱する: Decidió jugarles una mala pasada para ～se de la ofensa infligida. 彼は受けた攻撃の仕返しをするために汚い手を使うことにした

desquite [deskíte] 男 ❶ 埋め合わせ, 償い; 仕返し: tomarse el ～ 償いをする; 報復する. ❷《スポーツ》雪辱戦, リターンマッチ〖=partido de ～〗: Mañana jugamos el ～. 明日はリターンマッチをしよう
en ～ de... …の仕返しに; …の埋め合わせに

desrabar [de(s)raßár] 他 [羊などの] しっぽを切る

desraberar [de(s)raßerár] 他《地方語》[麦束を]床から取り除く

desrabonar [de(s)raßonár] 他《アンダルシア, カナリア諸島》=**desrabar**

desrabotar [de(s)raßotár] 他 =**desrabar**

desraizar [de(s)rajθár] 9 15 [→**enraizar**] 他 根元から引き抜く, 根こそぎする

desramar [de(s)ramár] 他 [木の] 枝を切る, 剪定(꓀)する

desramillar [de(s)ramiʎár] 他 [植物・枝から] 不用な小枝や葉を取り除く

desranchar [de(s)rantʃár] ～se ❶《まれ》[農場から] 立ち退く. ❷《まれ. 軍事》[集団から] 離れる, 分散する

desraspado, da [de(s)raspáðo, ða] →**trigo** *desraspado*
―― 男 [ブドウの房の] 軸の除去

desraspar [de(s)raspár] 他 [醸造前に, 圧搾したブドウの房の] 軸を取り除く

desrastrojar [de(s)rastroxár] 自《農業》刈り株を取り除く

desratización [de(s)ratiθaθjón] 囡 ネズミの駆除

desratizar [de(s)ratiθár] 9 他 [船・倉庫などから] ネズミを駆除する

desrazonable [de(s)raθonáßle] 形《まれ》道理(理屈)に合わない

desrealizar [de(s)realiθár] 9 他 現実感を喪失させる

desreglar [de(s)reglár] 他 =**desarreglar**

desregulación [de(s)regulaθjón] 囡 規制撤廃, 規制緩和〖公企業の民営化, 労働市場の改革・伸縮化など〗

desregular [de(s)regulár] 他 …の規制(制限)を撤廃する, 規制を緩和する

desrelingar [de(s)relingár] 8 他《船舶》[帆から] 縁索 relinga を取り外す

desreputación [de(s)reputaθjón] 囡《廃語》不名誉, 不評, 信用失墜

desrielar [de(s)rjelár] 自 ～se《中米, アンデス. 鉄道》脱線する

desriñonar [de(s)riɲonár] 他 ❶ [人・動物の] 腰(背中)を痛めさせる. ❷《口語》ひどく疲れさせる, へとへとにする
―― ～se ❶ 腰(背中)を痛める. ❷《口語》疲れ果てる, くたくたになる: Se *desriñó* trabajando durante tantas horas. 彼は長時間働いてへとへとになった

desriscar [de(s)riskár] 7 ～se《カナリア諸島, プエルトリコ, チリ》投げ落とす

desrizar [de(s)riθár] 9 他 ❶ 髪型 カールを取る: Ella fue a la peluquería para que le *desrizaran* el pelo. 彼女はストレートヘアにしてもらうため美容院に行った. ❷《船舶》縮帆索を解く, 帆を広げる, 展帆する
―― ～se《髪型》カールが取れる

desroblar [de(s)roßlár] 他 [折り曲げた釘などの頭を] 元に戻す, まっすぐにする

desrodrigar [de(s)roðrigár] 8 他《農業》[植物の] 添え木(支柱)を外す

desruralizar [de(s)ruraliθár] 9 他 [人・事の] 田舎らしさを消す

desta [désta]《古語》de esta の縮約形

destacable [destakáßle] 形 特に目立つ, 際立つ

destacado, da [destakáðo, ða] 形 傑出した, 際立った, 目立った: Fue el actor más ～ de su tiempo. 彼は当代きっての名優だった. jugador más ～ 最優秀選手, MVP. lugar ～ きわめて高い地位

destacador [destakaðór] 男《チリ. 文房具》マーカー〖=rotulador〗

destacamento [destakaménto] 男《軍事》分遣隊, 派遣部隊

destacar [destakár] I 【←伊語 staccare「切り離す」】7 他 ❶ 際立たせる, 強調する: subrayar una frase para ～la 語句に下線を引いて強調する. ～ una necesidad 必要性を強調する. ❷《情報》強調表示する
―― 自 [+por で/+en に] 際立つ〖=～se〗: *Destaca por* su

gran olfato para los negocios. 彼は商機をつかむ勘がずば抜けている
— ~**se** [+por で/+en に]際立つ, 目立つ, 傑出する: José se destaca por sus rojos cabellos. ホセは赤毛のでよく目立つ. La torre se destaca contra el cielo. 空を背景に塔が浮かび上がって見えている. Siempre se destacó en el deporte. 彼はいつもスポーツに秀でていた. En tiempos antiguos se destacaban la humildad, la pureza y la discreción como virtudes de la doncella. かつては謙虚さ, 純潔, 慎みが若い女性の美徳として強調されていた
Ⅱ《←仏語 détacher》⑦《軍事》[部隊の一部を, 特別な任務に]派遣する
— 自·~**se**〔特別な目的で〕赴く, 行く: Me destaqué hasta su casa para convencerlo de que viniera a cenar. 夕食に来るよう彼を説得するために私は彼の家まで出かけた

destachonar [destatʃonár] 他 飾り鋲を抜く
destaconar [destakonár] 他〔靴の〕かかとをすり減らす
destajador [destaxaðór] 男〔鍛造用の〕大槌
destajamiento [destaxamjénto] 男《古語》❶ 減少, 削減, 切り下げ. ❷〔水の〕流れを変えること
destajar [destaxár] 他 ❶〔仕事の〕条件を決める, 契約を結ぶ. ❷《トランプ》[カードを] 切る. ❸《古語》[水の流れなどを] 止める. ❹《メキシコ, エクアドル》[四足獣を] 解体する
destajero, ra [destaxéro, ra] 名 =**destajista**
destajismo [destaxísmo] 男 出来高払いシステム; 請負制度
destajista [destaxísta] 共 出来高払いの労働者; 請負業者
destajo [destáxo] 男《←古語 destajar「〔仕事の条件を〕決める」< des-+俗ラテン語 taleare「切る」》男 出来高払いの仕事; 請負仕事
a ~ 1) 出来高払いで, 請負で: pagar (cobrar) a ~ 出来高に応じて払う〔請求する〕. 2) あわてて, 大急ぎで: hablar a ~ まくしたてる. trabajar a ~ 休む間もなく働く. 3)《チリ, アルゼンチン》ざっと, 大まかに
destallar [destaʎár] 他 不要な若枝(新芽)を取り除く
destalonar [destalonár] 他 ❶〔靴の〕かかとをすり減らす. ❷〔小切手帳など切り取り式の書類帳から〕1 枚を切り取る, ひきちぎる. ❸《獣医》蹄のかかと部分を削る
destantear [destanteár] 他《メキシコ》道に迷わせる, 方向が分からなくさせる; 困惑させる, 逆上させる
destapado, da [destapáðo, ða] 形 ふた(栓)をしていない
— 女《料理》オープンパイ 〖=descubierta〗
destapador [destapaðór] 男《南米》栓抜き 〖=abrebotellas〗
destapadura [destapaðúra] 女 ❶ ふたを取ること, 栓を抜くこと. ❷ 明るみに出ること
destapar [destapár]《←des-+tapar》他 ❶〔容器の〕ふたを取る, 栓を抜く: ~ la olla para que salga el vapor 湯気が出るように鍋のふたを外す. ~ varias botellas de vino ワインを何本もあける. ❷〔覆いを〕外す, むき出しにする. ❸ 明るみに出す, 暴く: El periodista destapó unos casos de corrupción. その記者は汚職事件を何件か暴いた. ❹《中南米》〔下水管などの〕詰まりを直す
— 自〔選挙前に〕次期大統領〔首相〕の名前を公表する
— ~**se** ❶〔体を覆っているものを〕脱ぐ;《口語》〔人前で〕裸になる. ❷〔毛布などを〕自分で剥ぐ: El niño se destapó durante la noche. その子は夜の間に毛布をはいでしまった. ❸ 明るみに出る, 明らかになる: Por fin se destapó el engaño. とうとうごまかしがばれた. ❹《口語》本性をあらわす; 打ち明ける: Ya no pudo disimular y se destapó. 彼はもうごまかすことはできず, 本性を現わした. ❺ [+con で] びっくりさせる, 驚かせる, あっと言わせる: Se destapó con una propina de mil pesos. 彼は千ペソもチップをやって驚かせた. Se nos ha destapado metiéndose fraile. 彼は修道士になって我々をあっと言わせた
destape [destápe] 男 ❶《西》[映画などでの] 扇情的な裸, ヌード: revista de ~ ヌード写真が載った〕男性誌. ❷〔習慣·思想などの〕自由化: ~ español 〔フランコ死後の〕性に関する検閲の緩和. ❸ ふた(栓)をあけること. ❹《メキシコ》〔選挙前の〕次期大統領〔首相〕の名前の公表
destapiado [destapjáðo] 男 塀を取り壊した場所
destapiar [destapjár] 他 …の塀を取り壊す
destapinar [destapinár] 他《サンタンデール》休耕させる, 土地を休ませる
destaponar [destaponár] 他 ❶ …の栓を抜く: ~ un frasco 瓶の栓を抜く. ❷ 詰まりを取り除く: ~ las fosas nasales 鼻の詰まりを取る

destaque [destáke] 男《まれ》際立つこと, 傑出
destara [destára] 女〔風袋から〕風袋を差し引く
destarar [destarár] 他〔総重量から〕風袋を差し引く
destartalado, da [destartaláðo, da]《←? 語源》形 ❶〔場所などが〕調和の取れていない, 周囲と合ってない; 大きすぎる: casa ~da 大きすぎる家. ❷ 壊れかかった, 老朽化した: Tengo un coche ~ pero funciona bien. 私の車はおんぼろだが, ちゃんと走る. ❸ 散らかった, 雑然とした
destartalamiento [destartalamjénto] 男 =**destartalo**
destartalar [destartalár] 他《中南米》壊す; 〔家具などを〕取り払う
destartalo [destartálo] 男 不調和; 老朽; 散らかし
destazador, ra [destaθaðór, ra] 名〔畜殺した肉を〕切り分ける職人
destazar [destaθár] 他 ❶ 細切れにする, ずたずたにする: ~ una res 牛肉を細かく切り分ける. ❷《メキシコ》非難する, 批判する. ❸《コロンビア》4 つに分ける
deste [déste]《古語》de este の縮約形
destechadura [destetʃaðúra] 女 屋根(天井)を剥がすこと
destechar [destetʃár] 他〔建物から〕屋根(天井)を剥がす
destejar [destexár] 他 ❶〔屋根から〕瓦を剥がす. ❷ 無防備にする
destejer [destexér] 他 ❶〔編み物などを〕ほどく. ❷ →**tejer** y destejer
destellante [desteʎánte] 形 きらめく, またたく
destellar [desteʎár] 自《←destello》❶ きらめく, またたく: Destellan las estrellas. 星がまたたいている. Sus ojos destellan de rabia. 彼の目は怒りでギラギラしている
— 他 ❶〔光を〕きらりと放つ. ❷《古語》蒸留する〖=destilar〗
destelleante [desteʎeánte] 形《まれ》=**destellante**
destello [destéʎo] 男《←古語 destellar「滴る」< ラテン語 destillare < stilla「しずく」》❶ きらめき, またたき, 輝き; ~ de un diamante ダイヤモンドのきらめき. ~s del faro 灯台の閃光.❷《文語》〔時折ちらりと見せる特質·表情などの〕わずかな一部分: A veces tiene ~s de inteligencia. 彼は時々才能のひらめきを見せる. Ha perdido la cabeza, pero a veces tiene ~s de lucidez. 彼は頭がおかしくなったが, 時々正常になることがある. No hay un ~ de verdad. 本当のことはこれっぽちもない. ❸《写真》~ fotográfico フラッシュ〖器具. =flash〗
destempladamente [destempláðaménte] 副 とげとげしく, けんか腰で
destemplado, da [destempláðo, ða] 形 ❶〔音·声などが〕調子外れの, 音程の狂った; 耳ざわりな, 不快な: Hay que afinar el piano porque algunas notas están ~das. 狂っている音がいくつかあるのでピアノを調律しなければならない. cantar con una voz ~da y ronca 調子外れのしわがれ声で歌う. ❷〔態度·行動が〕とげとげしい, けんか腰の; いらいらした, 不機嫌な: Oí voces ~das en la habitación y entré a ver qué pasaba. 部屋から荒々しい声が聞こえたので, 私は何事かと中に入った. ❸〔鋼が〕焼きの悪い, なまった. ❹〔天候が〕悪い, 荒れた: Hoy hace un tiempo ~. 今日は悪天候だ. ❺〔熱などで〕体調がすぐれない, 微熱がある, 寒気がする: quedarse ~ al mojarse 体を濡らして体調が悪くなる. ❻〔絵の色調が〕合っていない, ごてごてした, けばけばしい
destemplador, ra [destempladór, ra] 形 調子を狂わす
— 男〔鋼の〕焼きなまし職人
destemplanza [destemplánθa] 女 ❶〔熱などによる〕体調不良, 微熱 〖= ~ en el cuerpo〗. ❷ 天候の不順, 悪天候 〖= ~ del tiempo〗. ❸〔態度·言葉の〕とげとげしさ, いらだち: contestar con ~ 機嫌の悪い口調で答える. ❹ 音程の狂い, 不調和. ❺ 節度のなさ: comer con ~ 食べすぎる
destemplar [destemplár]《←des-+templar》他 ❶〔楽器の〕音程を乱し, 調子を外す. ❷〔調和·秩序を〕乱す, 狂わす: Los nervios destemplaron al equipo. 緊張してチームがちがちになった. ❸〔鋼鉄などを〕焼きなます. ❹《中南米》歯が浮くような感じにさせる
— ~**se** ❶ 調子が狂う. ❷〔発熱·脈拍の乱れなどを伴って〕体調が崩れる: Me destemplo enseguida con el frío. 私は寒いとすぐに調子が悪くなる. ❸〔天候が〕不順になる, 荒れる. ❹ 調和(秩序)が乱れる. ❺〔鋼が〕なまくらになる; 〔刃が〕切れ味をなくす. ❻《メキシコ, グアテマラ, エクアドル, ペルー, チリ》歯が浮くような感じになる

destemple [destémple] 男《口語》❶ 調子が外れること; [楽器の]音程の狂い. ❷ [鋼・武器の]なまること, なまくら

destender [destendér] 24 他《中南米》[ベッドの] シーツを剥ぐ

destensar [destensár] 他 ❶ [張りを] 緩める. ❷ [緊張を] 緩める, ほぐす
── 自《メキシコ, グアテマラ, コロンビア, エクアドル, ペルー, チリ, アルゼンチン》[+con に対し] 不快感を覚える
── ~**se** 緩む, 弛緩する: La guitarra está desafinada porque con este calor *se han destensado* las cuerdas. この暑さで弦が緩んだのでギターは音程が狂っている

destentar [destentár] 23 他 [+de を] 思いとどまらせる: Le *destentaron* de que le traicionara a su amigo. 彼は友への裏切りを断念させられた

desteñir [desteñír] 20 35 他《→teñir》他 ❶ 退色させる, 色をあせさせる, 色落ちさせる, 白っぽくする. ❷ …に色移りさせる
── 自. ~**se** ❶ 色あせる, 色落ちする, 白っぽくなる: Con el sol *se ha desteñido* la tela de este sofá. 日に当たっているソファーの色があせた. ❷ 色移りする: No lave esta chaqueta con otras prendas porque *destiñe*. このジャケットは色移りするので他の服と洗ってはいけない

desternerar [desternerár] 他《プエルトリコ, アルゼンチン, ウルグアイ》[子牛を] 乳離れさせる

desterniliante [desterniliánte] 形《口語》大笑いさせる: película ~ 抱腹絶倒の映画

desternillar [desternillár] ~**se** ❶《口語》[+con に] 大笑いする, 笑いこける [= ~*se de risa*]: Todos *se desternillaron* de risa *con* sus chistes. みんなが彼のジョークに大笑いした. ❷《獣医》軟骨を傷める

desterradero [desterradéro] 男《廃語》僻地, 辺境 [の地]

desterrado, da [desterrádo, da] 形 流刑 (国外追放・島流し) になった; 流刑者, 国外追放者

desterramiento [desterramjénto] 男《古語》= **destierro**

desterrar [desterrár] 《←des-+ラテン語 terra》23 他 ❶ [+a に] 流刑にする; 国外追放にする [= ~ de su país]: ~ *a* una isla 島流しにする. Lo *desterraron* de su país por razones políticas. 彼は政治的理由で国外追放された. ❷ [考え・悲しみなどを] 捨てる, 追い払う: *Destierra* esas ideas de tu mente. そんな考えは頭から捨てなさい. ~ dudas 疑念を振り捨てる. ❸ [習慣などを] 捨てる: ~ la costumbre de fumar en la calle 路上でたばこを吸う習慣を止める. ❹ [根・鉱石の] 土を落とす (払う)
── ~**se** 亡命する: Ante la incomprensión de sus semejantes, *se desterró* a otro país. 彼は同胞の理解を得られず, 他国へ亡命した

desterronador [desterronadór] 男 砕土機

desterronamiento [desterronamjénto] 男 土の塊を砕くこと

desterronar [desterronár] 他 [畑などの] 土の塊を砕く, 土ならしをする

destetadera [destetadéra] 女 [離乳させるため母牛の乳房に付ける] とげつきのおしゃぶり

destetar [destetár] 《←des-+teta》他 ❶ 離乳させる, 乳離れさせる. ❷《戯語》[子供を] 一人前にする, 自立させる
── ~**se** ❶ 離乳する: Los gatos *se destetan* pronto. 猫は早く乳離れする. ❷《戯語》1) 自立する: Al ser mayor de edad *se destetó*. 彼は成人したので独り立ちした. 2) [+con/+現在分詞] …をしながら, 馴染む, 夢中になる/…になじむ: *Se destetó con* la música pop. 彼は幼いころからポップスになじんで育った. *Se destetó viendo* cine. 彼は映画を見て大きくなった. ❸《口語》[女性が] 乳房をさらけ出す, トップレスになる

destete [destéte] 男 離乳, 乳離れ, 離乳期

desteto [destéto] 男《集合》離乳したばかりの子牛の群れ

destiemple [destjémple] 男《コロンビア. 口語》不調

destiempo [destjémpo] 《←des-+tiempo》*a* ❶ 折悪しく, 時機を失して・失した: Procura no hablar *a* ~. 話すのは時機を見計らいなさい

destiento [destjénto] 男《廃語》驚き, 動揺

destierre [destjére] 男 [鉱石などの] 土落し, 洗浄

destierro [destjéro] 《←desterrar》男 ❶ 流刑, 島流し, 国外追放; 亡命: condenar al ~ 流刑に処す. ❷ 流刑地, 追放先: morir en el ~ 客死する. vivir en el ~ 流刑 (亡命) 生活をおくる. ❸《口語》僻地, へんぴな場所: Al final no compramos el piso porque estaba en el ~ y mal comunicado. へんぴで交通の便も悪かったので, 結局私たちはそのマンションを買わなかった

た. ❹ [習慣などの] 放棄: ~ total de las armas 武器の全面放棄

destilable [destiláble] 形 蒸留され得る

destilación [destilaθjón] 《←ラテン語 destillatio, -onis》女 ❶ 蒸留: ~ extractiva 抽出蒸留. ~ fraccionada 分留. ~ seca 乾留. ❷ 滴り; 滲出 (しん); 分泌

destiladera [destiladéra] 女 ❶ 蒸留器, ランビキ [= alambique]. ❷《廃語》巧みな (ずる賢い) 手段. ❸《カナリア諸島; 中南米》濾過用のフィルター, 濾過器

destilado [destiládo] 男 蒸留液

destilador, ra [destiladór, ra] 形 蒸留 [用] の
── 名 蒸留酒製造者, 酒造業, 蒸留技師
── 男 ❶ 蒸留器, ランビキ. ❷ フィルター, 濾過器, 濾過装置

destilar [destilár] 《←ラテン語 destillare < stilla「しずく」》他 ❶ 蒸留する: agua destilada 蒸留水. ~ el petróleo 石油を蒸留する. ❷ 滴らせる, ポタポタ落とす: La llaga *destila* sangre. 傷口から血がポタポタ落ちている. ❸ 濾過 (か) する, 漉 (こ) す. ❹ [感情を] にじみ出す, 発散させる: Su mirada *destilaba* envidia. 彼の目にはねたみの色が表われていた. La carta *destila* bondad. 手紙には優しさがにじみ出ている
── 自 滴る, にじみ出る: El sudor *destilaba* por su frente. 彼の額に汗がにじんでいた. Le *destilaba* la nariz con el catarro. 彼は風邪で鼻水が出ていた

destilatorio, ria [destilatórjo, rja] 形 蒸留用の
── 男 ❶ 蒸留所. ❷ 蒸留器

destilería [destilería] 女 蒸留工場: ~ de petróleo 精油所. ❷ 蒸留酒製造所

destinación [destinaθjón] 女《まれ》❶ 用途, 使用目的 [= destino]. ❷ 任命, 配属

destinar [destinár] 《←ラテン語 destinare「固定する, 押さえる」》他 ❶ [+para・a 用途・職務などに] 割り当てる, 向ける: 1) Todo este piso será *destinado para* la sala de exposición de libros antiguos. この階全体は古書の展示室として使われる予定だ. Ayuntamiento ha *destinado* parte del presupuesto *a* arreglar las calles. 市は予算の一部を道路の補修のあてた. Le han *destinado a* la cátedra de historia. 彼は史学科に配属された. terreno *destinado a* una fábrica 工場用地. 2) [職務を, +a+人 に] Le han *destinado* un cargo de directivo. 彼は管理職に任命された. El general fue *destinado* al protectorado de Marruecos. 将軍はモロッコ保護領に派遣された. ❷ [発送物を人・場所に] 宛てる
── ~**se** 割り当てられる: Una quinta parte de los beneficios *se destinará a* la inversión. 利益の5分の1は投資にあてられる予定だ

destinatario, ria [destinatárjo, rja] 《←destinar》形 名 [郵便などの] 名あて人 [の], 受取人 [の] [⇔remitente]: ~ no encontrado《表示》受取人不明

destino [destíno] 《←destinar》男 ❶ 運命, 宿命: Ramsés II tuvo un ~ extraño. ラムセス2世は奇な運命を背負っていた. Lo quiso así el ~. それが運命だ. Tauro marca ~*s* audaces y también presuntuosidad y altivez. 牡牛座は冒険とうぬぼれと尊大さのシンボルだ. luchar contra el ~ / ir en contra del ~ 運命に逆らう. rebelarse contra su ~ 運命に背く. ❷ 前途, 将来の計画: Su ~ es el sacerdocio. 彼は聖職者になる身だ. ❸ 用途, 使途, 使用目的: Esta silla tiene un ~ múltiple. この椅子は色々な使途がある. ❹ 任務, 職; 任地: Le dieron ~ en París. 彼はパリに配属された. ❺ 目的地, 行き先; 届け先: llegar a su ~ 目的地に着く. ~ turístico 観光地

con ~ [*a*]... 1) …行きの, …に向けて 《→ *a*[1] I ❶》《類義》: De este aeropuerto parten aviones *con* ~ *a* las pricipales ciudades del mundo. この空港から飛行機が世界の主要都市に向けて飛び立っている. tren *con* ~ *a* París パリ行きの列車. 2) [用途] …用の

unir sus ~*s* [複数主語で] 結婚する

destinte [destínte] 男 脱色

destiñar [destiñár] 他《養蜂》蜜蜂の巣の黒ずんだ部分を取り除く

destiño [destíno] 男《養蜂》[蜜蜂の巣の] 黒ずんだ (緑がかった) 部分 [蜜がない]

destiranizado, da [destiraniθádo, da] 形 暴君を排除した, 独裁者を追放した

destitución [destituθjón] 女 免職, 罷免, 更迭, 解任: ~ de

varios altos cargos del régimen anterior 旧体制の高官数人の罷免
destituible [destitwíble] 形 罷免(解任)され得る
destituidor, ra [destitwiðór, ra] 形 名 罷免する(人)
destituir [destitwír] 《←ラテン語 destituere》48 他 ❶ [+de から] 罷免する, 更迭する, 解任する: El entrenador ha sido *destituido* por la espectacular regresión del equipo. チームの状態が著しく悪化したため監督は解任された. ❷《まれ》[人から, +de を] 取り上げる
destitulado, da [destituláðo, ða] 形 肩書きのない, 資格を奪われた
desto [désto]《古語》de esto の縮約形
destocar [destokár] 7 他 …の髪を乱す
── ~se ❶ 髪が乱れる. ❷ 帽子を脱ぐ, ベール(かぶりもの)を取る
destoconar [destokonár] 他《サラマンカ》[+場所 から] 木の切り株を取り除く. ❷《ベネズエラ》[四足獣の] 角を切る
destorcedura [destorθeðúra] 女 撚り(よじれ)を元に戻すこと
destorcer [destorθér] 1 29 他《→**torcer**》❶ …の撚り(よじれ)を元に戻す. ❷《廃語》まっすぐにする
── ~se ❶ 撚り(よじれ)が取れる. ❷《船舶》針路を外れる
destorear [destoreár] 自《闘牛. 軽蔑》しかるべき手順を踏まない闘牛をする
destorgar [destorɣár] 8 他 切り株を抜く
destorlongo [destorlóŋgo] 男《メキシコ》濫費
destornillado, da [destorniʎáðo, ða] 形 気の変な[人], いかれた[人]
destornillador [destorniʎaðór] 男《←destornillar》❶ ドライバー, ねじ回し: apretar los tornillos con un ~ ドライバーでねじを締める. ~ de estrella プラスドライバー. ~ plano マイナスドライバー. ❷《酒》スクリュードライバー
destornillamiento [destorniʎamjénto] 男 ねじを抜くこと
destornillar [destorniʎár]《←des-+tornillo》他 [ねじを] 抜く, 外す: ~ los tornillos para desmontar la mesa テーブルを分解するためにねじを外す
── ~se ❶ ねじが緩む(抜ける). ❷ 気が変になる, おかしくなる. ❸《俗語》大笑いする〖=desternillarse〗
destorpadura [destorpaðúra] 女《廃語》汚すこと
destorpar [destorpár] 他《廃語》汚す, 壊す〖=deturpar〗
destorrentado, da [destoentáðo, ða] 名《中米》浪費家
destorrentar [destoentár] ~se《中南米》正しい道から外れる; 度を越す
destoser [destosér] ~se《地方語》[わざと] 咳払いする
destostuzar [destostuθár] 9 他《チリ. 口語》…の頸柱を折る
destrabar [destrabár]《←des-+trabar》他 ❶ …の足かせを外す: ~ una caballería 馬の足かせを外す. ❷ 離す, 剥がす, 外す, ほどく
── ~se ❶ 解放される, 自由になる. ❷ 離れる, 分かれる
destrabazón [destrabaθón] 男 ❶ 足かせを外すこと. ❷ 離すこと, 剥がすこと
destral [destrál] 男 手斧(ちょうな), 鉈(なた)
destraleja [destraléxa] 女 小型の手斧(鉈)
destralero [destraléro] 男 手斧製造(販売)者
destramar [destramár] 他 ❶ [布の] 横糸を抜く. ❷《古語》陰謀を潰す
destrancar [destraŋkár] 7《チリ. 口語》かんぬきを外す
── 自《チリ. 口語》[便秘中に] 排便を助ける
destrato [destráto] 男《ウルグアイ》無礼, 無作法
destre [déstre]《マジョルカ島》[長さの単位] デストレ〖=4.21メートル〗: ~ superficial 1デストレ平方
destrejar [destrexár] 自《まれ》手際よく行なう
destrenzar [destrenθár] 9 他 三つ編みをほどく
destreza [destréθa]《←ラテン語 dexter, -tra, -trum》女 うまさ, 巧みさ, 器用さ, 技量の高さ, 腕前のよさ: Nos mostró su ~ en la cocina. 彼は私たちに料理の腕のよさを見せた. obrar con ~ 手際よく行なう. tener ~ para la costura 裁縫がうまい. tener ~ con las manos 手先が器用である
destricia [destríθja] 女《古語》困窮, 困難
destrincar [destriŋkár] 7《船舶》[綱] をほどく
── ~se [綱などが] ほどける
destripacuentos [destripakwéntos] 名《単複同形》話の腰を折る人, くちばしを入れる人; [人の話の結論を] 先回りして言う人

destripador, ra [destripaðór, ra] 形 名 ❶ [動物の] 内臓を取り除く, 腹を裂く. ❷ 切り裂き魔[の], ばらばら殺人鬼[の]: Jack el ~〖19世紀末ロンドンの〗切り裂きジャック
destripagasones [destripaɣasónes] 男《単複同形》《ラマンチャ》日雇い農夫, 作男
destripamiento [destripamjénto] 男 ❶ 内臓を取り出すこと; ぺちゃんこにすること. ❷《西. 口語》人の話を先回りすること
destripar [destripár]《←des-+tripa》他 ❶ [動物の] 内臓を取り出す: El toro embistió al caballo y lo *destripó*. 闘牛の牛が馬に突っ込み, 腹を切り裂いた. ❷ 中身を取り出す: ~ el cojín クッションの中身を出す. ~ el juguete おもちゃをばらばらにする. ~ los terrones 土塊を砕く, 耕す. ❸《西. 口語》先回りをする, 話の腰を折る: No me *destripes* el chiste. ジョークの落ちを先に言うな
── ~se《メキシコ. 口語》[勉学・修行を] 中途でやめる, 落第する, 退学する
destripaterrones [destripateónes] 名《単複同形》《軽蔑》日雇い農夫; 無教養な人
destrísimo, ma [destrísimo, ma] 形 diestro の絶対最上級
destriunfar [destrjunfár] 他《トランプ》[相手に] 切り札を出させるよう仕向ける
destrizar [destriθár] 9 他 粉々にする, ずたずたにする
── ~se やせ衰える, 悲しみに打ちひしがれる; 激怒する
destrocar [destrokár] 7 28《→**trocar**》他 交換を取り消す
destrón [destrón] 盲人の手を引く少年〖=lazarillo〗
destronamiento [destronamjénto] 男 廃位, 王位剥奪
destronar [destronár]《←des-+trono》他 ❶ [王を] 廃位させる, 王位を剥奪する. ❷ [地位・権力の座から] 引きずり下ろす, 権威を失墜させる: La nueva estrella *destronó* a la actriz que se hallaba en la cumbre de la fama. 新しいスターは人気の絶頂にあった女優を追い落とした
destroncadora [destroŋkaðóra] 女 伐採機
destroncamiento [destroŋkamjénto] 男 伐採, 木を切り倒すこと
destroncar [destroŋkár]《←des-+tronco》7 他 ❶ [事柄の] 邪魔をする, 妨害する: ~ el discurso con su intervención 割って入って話の腰を折る. ❷ 木を切り倒す. ❸《主に闘牛》ひどく疲れさせる. ❹《廃語》痛手を与える, 損ねる. ❺《中南米》根元から引き抜く
── ~se ひどく疲れる, くたくたになる
destronchar [destrontʃár] 他《古語》表面的に扱う
destronque [destróŋke] 男《メキシコ, チリ》[根元からの] 引き抜き
destroyer [destrojér]《←英語》男《軍 ~s》駆逐艦〖=destructor〗
destrozador, ra [destroθaðór, ra] 形 名 粉々にする(人)
destrozar [destroθár]《←des-+trozo》9 他 ❶ 粉々にする, 砕く, ばらばらにする: La bomba *destrozó* el edificio. 爆弾がビルを破壊した. El cristal del escaparate con una piedra 石でショーウィンドウのガラスを粉々に割る. ❷ 台なしにする, 損なう: El granizo *destrozó* la cosecha. ひょうで作物が痛めつけられた. ~ los zapatos 靴を駄目にする. ~ la paz de la familia 家庭の平和をぶち壊す. ~ la armonía 調和を乱す. ❸《口語》[精神的に] 打ちのめす; [極度に] 疲労させる: Le ha *destrozado* el que no le dieran el premio. 受賞しなかったので彼はがっくりした. ❹ [相手を] 打ちのめす, 壊滅させる: Nuestro equipo *destrozó* a los contrarios. 我々のチームは相手をやっつけた. ❺ 浪費する, 無駄づかいする
── ~se ❶ 粉々になる, ばらばらになる. ❷ 台なしになる, 駄目になる: Por fregar sin guantes, *se me han destrozado* las manos. ゴム手袋をせずに洗い物をするので私は手が荒れてしまった. ❸《口語》[精神的に] 打ちのめされる; へとへとになる, 疲労困憊する: Está psicológicamente *destrozada*. 彼女は精神的にぼろぼろになっている. No te *destroces* trabajando. 仕事をし過ぎて体を壊さないようにね
destrozo [destróθo] 男 ❶ 破壊, 壊滅: La onda explosiva causó un ~ de cristales. 爆風でガラスが吹き飛んだ. ❷ 心の傷, 憔悴(しょうすい)〖=~ moral〗: Aquel desengaño le produjo un enorme ~ moral. あの幻滅で彼の心に大きな穴があいた. ❸ 複 損害, 被害, 損傷: Las guerras producen muchos ~s. 戦争は甚大な被害をもたらす
destrozón, na [destroθón, na] 形 名 ものをよく壊す(駄目にする)〖人〗; [服などを] よく破る〖人〗

destrucción [destruk(θ)jón]《←ラテン語 destructio, -onis》囡 破壊; 倒壊; 破滅, 壊滅: La inundación causó la ~ de casas y cultivos. 洪水によって家々や作物が壊滅した. arma de ~ masiva 大量破壊兵器. ~ del empleo 雇用の喪失

destructibilidad [destruktibiliðá(ð)] 囡 破壊可能性; 壊れやすさ, もろさ

destructible [destruktíβle] 形 破壊され得る; 壊れやすい, もろい

destructivamente [destruktiβaménte] 副 破壊的に, さんざん

destructividad [destruktiβiðá(ð)] 囡 破壊性, 破壊能力

destructivo, va [destruktíβo, βa] 形 破壊力の[ある]; 破壊的な《⇔constructivo》: inspección no ~va 非破壊検査

destructor, ra [destruktór, ra]《←ラテン語 destructor, -oris》形 破壊する, 破壊の: poder ~ 破壊力
—— 图 破壊者
—— 囲 駆逐艦: ~ Aegis イージス艦
—— 囡 破砕機

destructorio, ria [destruktórjo, rja] 形 =destructivo

destrueco [destrwéko] 囲 =destrueque

destrueque [destrwéke] 囲 交換の取り消し

destruible [destrwíβle] 形 =destructible

destruición [destrwiθjón] 囡《廃語》=destrucción

destruir [destrwír]《←ラテン語 destruere「解体する, 壊す」< des-(否定)+struere「建てる」》48 他 ❶ 破壊する, 取り壊す《→romper 類義》, ⇔construir》: El castillo fue destruido por los franceses. 城はフランス軍によって破壊された. El incendio destruyó la casa. 火事で家が焼け落ちた. El cirujano destruyó las células cancerosas con un rayo láser. 外科医はレーザー光線で癌細胞を破壊した. Los documentos fueron destruidos para evitar la revelación de secretos de Estado. 国家機密が明るみに出るのを防ぐため, それらの書類は破棄された. ~ el medio ambiente 環境を破壊する. ❷ [非物質的なものを]壊す: Le destruyeron entre todos. みんなが寄ってたかって彼を破滅させた. ~ un plan 計画をぶち壊しにする. ~ una ilusión 幻想を打破する. ❸ [財産を]食いつぶす, 浪費する. ❹ 殺す
—— ~se ❶ 壊れる, 自壊する. ❷ 破壊される, 壊される. ❸《数学》相殺される

destungar [destungár] 8 ~se《チリ; 口語》首の骨を折る

destupidor [destupiðór] 囲《カナリア諸島; キューバ》詰まり除去具

destupir [destupír] 他《カナリア諸島; キューバ》詰まりを除去する

destusar [destusár] 他《中米》トウモロコシから包を取り除く

destustuzar [destustuθár] 9 ~se《チリ; 口語》=destostuzar

destutanar [destutanár] ~se《中米》一所懸命努力する

desubicación [desuβikaθjón] 囡《南米》方向の見失い; 移動

desubicado, da [desuβikáðo, ða] 形《よそへ行って》居心地が悪い

desubicar [desuβikár] 7 他《南米》方向を見失わせる
—— ~se《南米》方向を見失う; [不適当な所に] 移動する

desubstanciar [desu(β)stanθjár] 10 他 =desustanciar

desucación [desukaθjón] 囡《まれ》絞ること; 絞り出すこと

desucar [desukár] 7 他《化学》絞る; [液体を]絞り出す

desudación [desuðaθjón] 囡 汗をぬぐうこと

desudar [desuðár] 他 [人の] 汗をぬぐう, 汗をふく
—— ~se [自分の]汗をぬぐう, 汗を引かせる

desuellacaras [desweʎakáras] 图《単複同形》❶《まれ》[特にかみそり使いが] 下手な理髪師. ❷《廃語》厚かましい人, 恥知らず

desuello [deswéʎo]《←desollar》囲 ❶ 皮を剥ぐこと, 皮剥ぎ. ❷ 厚かましさ, 厚顔無恥
ser un ~ 暴利である, 詐欺同然である

desuerado [desweráðo] 囲 乳清の分離(除去)

desueradora [desweraðóra] 囡 乳清分離機

desuerar [deswerár] 他 [バターなど乳製品から] 乳清 suero を取り除く

desuero [deswéro] 囲 =desuerado

desueto, ta [deswéto, ta] 形《まれ》=desusado

desuetud [deswetú(ð)] 囡 廃止, 中止

desugar [desuɣár] 8 他《サラマンカ》[食器などを] 洗う

desulfitración [desulfitraθjón] 囡 ワイン(ブドウの絞り汁)に加えた三酸化硫黄の除去

desulfuración [desulfuraθjón] 囡《化学》脱硫

desulfurar [desulfurár] 他《化学》硫黄質を除去する, 脱硫する

desuncir [desunθír] 2 他《牛馬などを》くびきから外す

desunidamente [desuníðaménte] 副 別々に, ばらばらに, 分かれて

desunión [desunjón] 囡 ❶ 分離, 分裂: provocar la ~ de la familia 家族の分裂を招く. ❷ 不和, 不仲, 反目: ~ entre los hermanos 兄弟間の不和

desunir [desunír]《←des-+unir》他 ❶ [+de から] 引き離す, 分離させる, 分裂させる: La muerte desune el alma del cuerpo. 死ぬと魂が肉体から分離する. ❷ 不和にする, 対立させる, 反目させる: ~ a los amigos 仲間割れを起こさせる. ~ a un matrimonio 夫婦を仲たがいさせる, 夫婦仲に水をさす
—— ~se ❶ 離れる, ばらばらになる: Se han desunido varias hojas del libro. この本の数ページが取れた. ❷ 対立する, 不仲になる: A causa de la herencia se desunió la familia. 相続が原因で家族の仲がこじれた

desuñar [desuɲár] 他 ❶ …の爪を剥がす. ❷《農業》古い根を取り除く
—— ~se《まれ》[難しく繊細な手仕事に] 没頭する; [+con 悪い習慣に] 入れ込む

desuñir [desuɲír] 20 他《スペイン西部; ラプラタ》=desuncir

desurbanización [desurβaniθaθjón] 囡 非都市化, 田舎化; [地方への工場移転などによる] 都市集中防止

desurbanizar [desurβaniθár] 9 他 非都市化する; [産業などの] 都市集中を排除する

desurcar [desurkár] 7 他 [畑の] 畝(½)をなくす

desurdir [desurðír] 他 ❶ [布の] 縦糸をほどく. ❷ 陰謀を暴く

desurtido, da [desurtíðo, ða] 形《中南米》品ぞろえの少ない

desusadamente [desusáðaménte] 副

desusado, da [desusáðo, ða] 形 ❶ 廃(¾)れた, 使われていない, 古びた, 古ぼけた: costumbres ~das entre nosotros 私たちの間では廃れた風習. palabras ~das 廃語. tener unas ideas muy ~das 古びた考えを持っている. ❷ 普通でない, 異常な, 珍しい, 変わった: Me habló con una amabilidad ~da en él. 彼にしては珍しく親切に私に話しかけてきた

desusar [desusár] 他 使わなくする, …の使用をやめる
—— ~se 廃れる, 使われなくなる

desuso [desúso]《←des-+uso》囲 ❶ 不使用, 廃れること: La máquina está torpe por el ~. 機械は使っていなかったので動きが鈍い. *dejar... en ~* …を使わなくする, 廃止する. ❷《法律》[法律の] 失効, 廃用
caer en ~ 使われなくなる: Es una expresión *caída en ~*. その表現は今は使われていない

desustanciado, da [desustanθjáðo, ða] 形 内容のない, 面白味のない

desustanciar [desustanθjár] 10 他 …の内容(実質)を取り除く; [本来の性質を] 損なう: ~ un texto 文を骨抜きにする
—— ~se 内容がなくなる

desusual [desuswál] 形《まれ》=desusado

desvahar [desβ(a)ár] 他《農業》枯れ葉(枯れ枝)を取り除く

desvaído, da [desβaíðo, ða]《←ポルトガル語 esvaído》形 ❶ [色が] 薄い, 淡い: blusas de colores ~s 淡い色のブラウス. ❷ [形が] ぼんやりした; [輪郭が] はっきりしない: Los contornos se ven ~s en la foto. 写真では輪郭がぼやけていた. ❸ [人が] 1) 特徴のない, 目立たない, つまらない. 2)《まれ》ひょろりとした. ❹ あいまいな, 個性のない, はっきりしない: discurso ~ まとまりのない演説

desvainadura [desβainaðúra] 囡《まれ》[豆の] さやをむくこと

desvainar [desβainár] 他《まれ》[豆の] さやをむく

desvaír [desβaír] 48 他《欠如動詞: 語尾に i の残る活用形のみ. → **abolir**. 現分 desvayendo》❶ 徐々に弱める; 輝きを失わせる; 色を薄れさせる. ❷《サラマンカ》空にする, 引き払う
—— ~se [音などが] 徐々に弱くなる; [色が] 薄れていく

desvalido, da [desβalíðo, ða]《←des-+ラテン語 validus「強い」》形 图 貧しい[人], 助けのない[人], 無力な[人], 恵まれない[人], 寄るべのない[人], 見捨てられた[人]: ayudar a los ~s 貧しい人々を援助する

desvalijador, ra [desβalixaðór, ra] 图 泥棒, 強盗, 空き巣狙い

desvalijamiento [desβalixamjénto] 囲 奪いつくすこと, 身ぐるみ剥ぐこと

desvalijar [desβalixár]《←des-+valija》他 ❶ 身ぐるみ剥ぐ, 金品をすべて奪う: La última vez que jugaron a la ruleta le *des-*

valijaron. 彼はこの前ルーレットをした時すっからかんにされた. ❷ [家・部屋にあるものを] ごっそり奪う, 略奪する: Mientras estábamos en el cine, nos *desvalijaron* la casa. 私たちは映画を見ている間に空き巣にあって家財をごっそり盗まれた

desvalijo [desbalíxo] 男 =**desvalijamiento**
desvalimiento [desbalimjénto] 男 貧窮, 困窮; 寄るべのなさ
desvalor [desbalór] 男《古語》❶ 臆病, 勇気のなさ. ❷ 全く評価されないこと
desvalorar [desbalorár] 他 ❶ 価値を下げる《=desvalorizar》. ❷《廃語》怖じ気づかせる
desvalorización [desbaloriθaθjón] 女 ❶ 価値の低下(下落). ❷《経済》平価切下げ
desvalorizar [desbaloriθár]《←des-+valorizar》 9 他 ❶ [貨幣などの] 価値を下げる. ❷ [平価を] 切り下げる
── ~**se** 価値が下がる: Las tierras pueden ~*se* en cualquier momento. 地価はいつ下落してもおかしくない
desvaluación [desbalwaθjón] 女《経済》平価切下げ
desván [desbán] 男《←古語 desvanar「空にする」》屋根裏, 天井裏《主に物置として使われる》, 屋根裏部屋, グルニエ: El chico se escondió en el ~. 少年は屋根裏部屋に隠れた. ~ de trastos 屋根裏の物置部屋. ~ gatero (perdido) [見かけだけで] 居住できない屋根裏
desvanecedor, ra [desbaneθeðór, ra] 形 ぼかす
── 男《写真》ぼかし枠
desvanecer [desbaneθér]《←des-(強調)+ラテン語 evanescere「消える」》39 他 ❶ 少しずつ消す: El sol ha *desvanecido* la niebla. 太陽が霧を消した. ❷ ぼかす: La oscuridad *desvanece* los muebles de la habitación. 暗くて部屋の家具がぼんやり見えた. ❸ [考え・感情などを] 消す: ~ la duda 疑いを一掃する. ~ sus ilusiones 幻想を壊す. ❹ [映画, ラジオ, テレビ] [映像・音量を] しだいに暗く(小さく)する, フェードアウトする. ❺《まれ》思い上がりをくじく
── ~**se** ❶ 少しずつ消える: Las nubes *se desvanecen*. 雲が消える. ❷ ぼやける: Las montañas *se desvanecen* en la lejanía. 山々が遠くにかすむ. ❸《考え・感情などが》消える: Su recuerdo *se desvanece* con el tiempo. 彼の思い出も時と共に消えていく. *Se desvanecieron* mis sospechas. 私の疑いもきれいになくなった. ❹ [味・香りが] なくなる, 薄くなる. ❺ 失神する, 気絶する: *Se desvaneció* porque llevaba un día entero sin comer. 彼は丸一日食べていなかったので気を失った. ❻《まれ》うぬぼれる, 思い上がる《=envanecerse》
desvanecidamente [desbaneθíðaménte] 副 うぬぼれて, 得意になって
desvanecido, da [desbaneθíðo, ða] 形《廃語》虚栄心(うぬぼれ)の強い
desvanecimiento [desbaneθimjénto] 男 ❶ 消滅, 消散, 消え失せること. ❷ [色・輪郭の] ぼかし, かすれ. ❸ 気絶, 失神: tener (sufrir) un ~ 気を失う. ❹ [映画, ラジオ, テレビ] [映像・音量が] しだいに暗く(小さく)なること, 溶暗, フェードアウト. ❺《まれ》うぬぼれ
desvaporizadero [desbaporiθaðéro] 男 蒸発させる場所
desvarada [desbaráða] 女《自動車》応急修理
desvaradero [desbaraðéro] 男《口語》仕事(金)が簡単に手に入る所
desvarar [desbarár] 他 ❶《船舶》[座礁した船を] 離礁させる. ❷《自動車》応急修理する. ❸《口語》[金銭上の問題などを] 何とか解決する
── ~**se**《廃語》滑る
desvaretar [desbaretár] 他《アンダルシア》[オリーブの木などから] 吸枝を取り除く
desvarete [desbaréte] 他《アンダルシア》吸枝の除去
desvariadamente [desbarjáðaménte] 副 支離滅裂に, めちゃくちゃに
desvariado, da [desbarjáðo, ða] 形 ❶ 錯乱状態の, うわごとを言う, うなされる. ❷ でたらめな, 支離滅裂な, 脈絡のない. ❸ [枝が] 飛び出た, 徒長枝の
desvariar [desbarjár]《←des-+variar》 11 自 うわごと(支離滅裂なこと・たわごと)を言う: Durante aquel acceso de fiebre no hizo más que ~. 彼は急に熱が出た時, うわごとを言うだけだった
desvarío [desbarío] 男《←desvariar》 ❶ 錯乱状態, 譫妄(ﾃﾞﾙ), ぼけ: Mi abuelo cada vez tiene ~s más frecuentes. 私の祖父はだんだんぼける回数が頻繁になる. ❷《複》うわごと, たわごと,

妄想; 意味のない言葉: Solo son ~s tuyos. 気のせいだよ/君の妄想にすぎない. ❸ 不可解なこと, 異常, とんでもないこと: Es un ~ salir al campo con esta tormenta. この嵐で畑へ出るなんて狂気の沙汰だ
desvasar [desbasár]《アルゼンチン》[馬の] 蹄を切る(整える)
desvastar [desbastár] 他《俗語》=**devastar**
desvastigar [desbastigár] 8 他 剪定(ﾃﾞﾝ)する
desveda [desbéða] 女 解禁; 解禁期間
desvedar [desbeðár] 他 解禁する, 禁止を解く
desvede [desbéðe] 男《地方語》=**desveda**
desvelación [desbelaθjón] 女 =**desvelamiento**
desveladamente [desbeláðaménte] 副 夜を徹して, 眠れずに, 不眠不休で
desvelamiento [desbelamjénto] 男 解明; 暴露
desvelar [desbelár] **I**《←ラテン語 evigilare「目覚めさせる」》他 ❶ 眠らせない, 眠れなくする, 眠気を払う: El café me *desveló*. 私はコーヒーを飲んで眠れなかった. Las preocupaciones nos *desvelan*. 私たちは心配で眠れない
── ~**se** ❶ 眠らない, 眠れない: Me *desvelo* con el ruido de la ciudad. 私は町の騒音で眠れない. Ya me voy a levantar porque estoy *desvelado*. 私は眠れないからもう起きる. ❷ [+por に] 専念する, 専心する, 心配りする: *Se desvela por* su familia. 彼は家族のために献身的に尽くす. *Se desvela por* complacer a sus superiores. 彼は上司たちに気に入られようと心を配る. *Se desvela* para que todo saliera como estaba previsto. 彼は万事予定どおりいくよう心を砕いた
II《←des-+velar》他 [隠されていた・知られていなかったことを] 暴き出す, 明るみに出す: ~ un secreto 秘密を明かす; こつを教える. *Desveló* su propuesta al inicio de la reunión. 彼は会議の冒頭で自分の提案を披露した
── ~**se** 明らかになる, 明るみに出る
desvelizar [desbeliθár] 9 他《グアテマラ, ニカラグア》ベールを取る
desvelo [desbélo] 男《←desvelar I》 ❶ 不眠, 眠らない(眠れない)こと, 徹夜; 睡眠不足: ¡Cuántos ~s he sufrido pensando en ti! 私は君のことを思って何日眠れなかったことか! ❷《複》専念, 専心, 献身; 心配り: Sus ~s no sirvieron de nada. 彼の努力は水泡に帰した. a pesar de sus ~s 八方手を尽くしたが. fruto de tantos ~s 努力の成果
desvenado [desbenáðo] 男《タバコの葉の》葉脈除去
desvenar [desbenár] 他 ❶ [肉の] すじを取る. ❷ [タバコなどの葉の] 葉脈を取る;《メキシコ》[トウガラシの葉の] 葉脈を取る. ❸《鉱山》[鉱脈から] 掘り出す, 採掘する. ❹《馬術》馬銜(ﾊﾐ)を緩める
desvencijamiento [desbenθixamjénto] 男 ガタガタにする(なる)こと
desvencijar [desbenθixár]《←des-+vencejo》他 ❶ [部品の連結などを] ガタガタにする, ぐらつかせる: El viento *desvencija* las ventanas. 風が窓をガタガタ揺さぶる. ❷ へとへとに疲れさせる
── ~**se** ❶ ガタガタになる, ぐらつく: Esta estantería *se ha desvencijado* por el peso de los libros. この本棚は本の重みでがたついている. ❷《廃語》破я́る
desvendar [desbendár] 他 [+部位 の] 包帯を取る
── ~**se** 包帯が取れる
desveno [desbéno] 男《馬具》[馬銜中央の] 舌を出すための緩み
desventaja [desbentáxa] 女《←des-+ventaja》 ❶ 不利, 不都合, 不便, ハンディキャップ: Esta casa es más espaciosa pero tiene la ~ de que no le da el sol. この家の方が広いが, 日当たりが悪いという不都合がある. competir con ~ ハンディを背負って競争する. ❷ 不利な立場: Al no saber idiomas está en ~. 言葉を知らないという点で彼は不利な立場にいる. ❸《スポーツなど》先行されている状況: El equipo lleva una ~ de dos goles. チームは2ゴール差で負けている
desventajosamente [desbentaxósaménte] 副 不利に, 不都合に
desventajoso, sa [desbentaxóso, sa] 形 不利な, 不都合な, 損な: estar en situación ~*sa* 不利な立場にいる
desventar [desbentár] 23 他 換気する, 空気を入れ換える
desventío [desbentío] 男《地方語》断崖, 絶壁
desventrar [desbentrár] 他 [動物の] 内臓を取り出す; 解体する
desventura [desbentúra] 女《←des-+ventura》《文語》不幸, 不

運, 逆境〖=desgracia〗: Tuvo la ～ de perder a sus padres. 彼は不幸にも両親をなくした. Su muerte fue una ～ para su patria. 彼の死は祖国にとって痛手だった. Las ～*s* nunca llegan solas. 不幸は続くものだ. consolar a+人 en la ～ 逆境にある…を慰める. por su ～ 彼にとって不運なことに

desventuradamente [desƀenturáđaménte] [副]《文語》不運なことに, 不幸にも, みじめに, あいにく

desventurado, da [desƀenturáđo, đa]〖←desventura〗[形][名]《文語》❶ 不運な〔人〕, 不幸な〔人〕, 恵まれない〔人〕, ついてない〔人〕: ¡Pobre ～, qué mala suerte tienes! かわいそうに, 全くついてないね! ～*s* que no tienen un techo donde cobijarse 雨露をしのぐ屋根もない恵まれない人たち. ❷ 不幸をもたらす: una tarde ～*da* あるついてない午後. ❸ 内気な, 意気地のない. ❹ みじめな

desvergonzadamente [desƀerɡonθáđaménte] [副] 厚かましく, 恥知らずにも; 生意気に; 無作法に; 横柄に

desvergonzado, da [desƀerɡonθáđo, đa] [形] ❶ 厚かましい〔人〕, 恥知らずの〔人〕; 生意気な〔人〕: Es un niño ～; saca la lengua a todo el mundo. 彼は生意気な子で, 皆をからかう. Es una ～*da*; sale todos los días con un muchacho distinto. 彼女は恥知らずだ. 毎日違う男の子と付き合っている. ❷ 横柄な〔人〕, 傲慢な〔人〕: Contestó en un tono tan ～ que rayaba en la grosería. 彼はほとんど下品と言ってもいいような高飛車な答え方をした

desvergonzar [desƀerɡonθár]〖←des-+vergüenza〗[9][28]〖→**forzar**〗**～se** ❶ 恥知らずな言動をする: *Se desvegonzó* ante sus superiores. 彼は上司の前で恥知らずなことを言った. ❷ [+a+不定詞] 恥を忍んで…する, 厚かましくも…する: Tuve que ～*me a* pedirle lo que me debía. 私は貸しているものを返してくれ, と思い切って言わなくてはならなかった. ❸ [+con に対して] 無礼にふるまう, 失礼な態度を取る

desvergüenza [desƀerɡwénθa]〖←des-+vergüenza〗[女] ❶ 厚かましさ, 恥知らず, 厚顔無恥, 鉄面皮: Se metió el dinero en el bolsillo con la mayor ～. 彼はひどく厚かましいことにその金を自分のポケットに入れた. tener la ～ de+不定詞 ずうずうしく…する. ❷ 恥知らず(生意気)な言動: ¿Has oído las ～*s* que suelta? 彼が口走った汚い言葉を聞いたか?

desvertebrar [desƀerteƀrár] [他] 背骨を折る

desvestir [desƀestír]〖←des-+vestir〗[35][他] ❶ [衣服を] 脱がせる〖=desnudar〗: La madre *desvistió* al niño. 母親は子供を裸にした. ❷ [飾り・覆いを] 取り除く, 剝がす: ～ el altar 祭壇の装飾を取る

—— **～se** 裸になる, 衣服を脱ぐ: *Se desvistió* para meterse en la cama. 彼は寝るために裸になった. Los árboles *se desvisten* de follaje. 木々はすっかり葉を落とす

desvezar [desƀeθár] [9][他] ❶《古語》習慣を止めさせる. ❷《アラゴン》1) [本来の根がもう付いている時] ブドウの母株の新芽を切る. 2) 乳離れさせる

desviación [desƀjaθjón] [女] ❶ [進路・方向などが] それること, 偏り, ずれ, 偏向; 逸脱: ～ de la luz 光の屈折(回折). ～ del comercio《経済》[関税同盟の結成・域内関税撤廃後に生じる, 域外から域内への] 貿易転換〔効果〕. ❷ バイパス, 脇道; 迂回路〖=desvío〗: tomar una ～ 脇道に入る. ❸《医学》1) ～ de la columna vertebral 脊柱の湾曲異常. 2) 溢出(いつしゅつ), 溢血. ❹《数学》偏差: valor de ～ 偏差値. ～ típica (estándar) 標準偏差. ❺《船舶》[羅針盤の] 偏差

desviacionismo [desƀjaθjonísmo] [男]《政治》[政党の路線などからの] 逸脱, 偏向, 反主流派的態度

desviacionista [desƀjaθjonísta] [形][名] 逸脱した, 偏向した; 偏向者, 逸脱者, 反主流派

desviador, ra [desƀjađór, ra] [形] 迂回させる, そらす

—— [男]《西. 自転車》フロントディレイラー〖=～ delantero delantero〗

desviar [desƀjár]〖←ラテン語 deviare〗[11][他] ❶ [+de 進路・方向などから] そらす, 外す: Un meteorito *desvió* el cohete *de* su trayectoria. 隕石のためにロケットは軌道から外れた. Las obras *desviaron* el curso del río. 工事によって川筋が変わった. ～ la conversación 話題をそらす. ～ la mirada 視線をそらす. ❷ [人を, +de から] 遠ざける: Solo su mujer conseguirá ～lo *de* la idea. 妻だけが彼の考えを変えさせることができるだろう. ～ a+人 *de* su vocación …に職業を変えさせる. ❸ 迂回させる, 回り道をさせる

—— **～se** ❶ [+de から] それる; 迂回する; 逸脱する: Tenemos que ～*nos de* la carretera en el kilómetro cincuenta. 私たちは50キロ地点で国道から外れなくてはならない. ～*se del* deber 任務から逸脱する. ～*se del* misticismo 神秘主義を捨てる. ❷ 正道を外れる, 邪道に陥る

desviatorio, ria [desƀjatórjo, rja] [形]《まれ》迂回用の

desviejar [desƀjεxár] [他]《牧畜》年老いた羊を群れから分ける

desvieje [desƀjέxe] [男] 年老いた羊を群れから分けること

desvinculación [desƀiŋkulaθjón] [女] ❶ [義務・責任からの] 解放. ❷ 絶縁, 分離

desvincular [desƀiŋkulár] [他] ❶ [+de 義務・責任から] 解放する, 自由にする: La ruptura del contrato le *desvinculó de* toda responsabilidad. 契約を破棄して彼はすべての責任から解放された. ❷ [+de と] 絶縁させる, 関係を断たせる: tratar de ～ este problema *de* los otros この問題を他の問題と切り離そうとする

—— **～se** [+de と] 絶縁する, 関係を断つ: Hace años que *se desvinculó de* la política. 彼は政治と縁を切って何年にもなる. ～*se de* su familia 家から自由になる

desvío [desƀío]〖←desviar〗[男] ❶ [工事などによる臨時の] 迂回路; 脇道: Cuando llegues al semáforo, coja el ～ a la derecha. 信号まで行ったら右の脇道に入りなさい. ❷ 冷淡, 無関心: Era objeto del ～. 彼はそっけなくされた. Se sintió herido en su orgullo al ver el ～ de que era objeto. 彼は自分が関心の的でないことが分かってプライドを傷つけられた. tratar a+人 con ～ …を冷たくあしらう. ❸ [進路・方針などから] それること〖=desviación〗: El coche sufrió un ～. 車がハンドルを切り損ねた. ❹《西》幹線道路の出口. ❺ [鉱脈の] 分岐点. ❻《主にプエルトリコ, 南米. 鉄道》側線, 待避線

***echar a*+人 *por el* ～**《チリ. 口語》…のことを忘れる, 放っておく

***irse por el* ～**《チリ. 口語》巧みに言い逃れる

desvirar [desƀirár] [他] ❶《製靴》[靴底の] 縁を切り落とす;《製本》[本の] 縁を裁ち落とす. ❷《船舶》[巻き上げ機を] 反対方向に回す

desvirgamiento [desƀirɡamjénto] [男] 処女(童貞)を失わせること

desvirgar [desƀirɡár] [8][他] ❶《文語》処女(童貞)を失わせる(奪う). ❷《口語》初めて使う

desvirgue [desƀírɡe] [男]《口語》=**desvirgamiento**

desvirtuación [desƀirtwaθjón] [女] [本来の価値・良さ・強さなどを] 損ねること; 歪曲

desvirtuar [desƀirtwár]〖←des-+virtud〗[14][他] ❶ [本来の価値・良さ・強さなどを] 損ねる, 台なしにする: La salsa era tan fuerte que *desvirtuó* el sabor de la carne. ソースが勝ちすぎて肉の味が出てなかった. Él *desvirtuó* sus palabras con sus actos. 彼は自分の言ったことを行動で裏切った. ❷ 歪曲する: La traducción *desvirtúa* el sentido del original. この翻訳は原文の意味を曲げている

—— **～se** ❶ [本来の価値が] 損なわれる. ❷ [酒・コーヒーなどが] 気が抜ける, 香りが飛ぶ: Este café *se ha desvirtuado*. このコーヒーは香りが抜けている

desviscerar [desƀisθerár] [他] [人の] 内臓を取り除く

desvitalizar [desƀitaliθár] [9][他] ❶ 生命(活力)を奪う. ❷ [神経を] 麻痺させる: ～ el nervio de la muela 奥歯の神経を麻痺させる

desvitaminizar [desƀitaminiθár] [9][他] ビタミンを失わせる

desvitrificación [desƀitrifikaθjón] [女] ❶ [ガラスの] 失透. ❷《地質》再結晶化

desvitrificar [desƀitrifikár] [7][他] ❶ [ガラスを] 失透させる; 光沢と透明性を奪う. ❷《地質》[溶けたガラス質火山岩を] 再結晶させる

desvivir [desƀiƀír]〖←des-+vivir〗**～se** [+por に] 強い関心を示す; 懸命になる: 1) ～*se por* su familia 家庭を大切にする. ～*se por* los helados アイスクリームに目がない. 2) [+por+不定詞 することに] Siempre *se desvive por* complacer a sus amigos. 彼はいつも仲間を喜ばせようと躍起だ

desvolcanar [desƀolkanár] **～se**《コロンビア》飛び込む

desvolvedor [desƀolƀeđór] [男] スパナ, レンチ

desvolver [desƀolƀér] [29]〖[過分] desvuelto〗[他] ❶ 耕す. ❷ 変形させる, 変貌させる. ❸ [ネジ・ナットなどを]〔回して〕緩める

—— **～se** 変形する, 変貌する

desvuelto, ta [desƀwélto, ta] desvolver の [過分]

desyemar [desjemár] [他] …の芽を摘む

D

desyerba [desjérba] 囡 除草
desyerbador, ra [desjerbaðór, ra] 彫 图 除草する〔人〕
desyerbar [desjerbár] 23 囮 …の雑草を取り除く
desyerbe [desjérbe] 男《メキシコ, ホンジュラス, キューバ》=**desyerba**
desyugar [desjuɣár] 8 囮〔牛を〕くびきから外す〔=desuncir〕
deszafrar [desθafrár] 囮〔採掘した〕鉱石と岩石を分離する, 鉱石を選別する
deszafre [desθáfre] 男 鉱石の選別
deszocar [desθokár] 7 囮 ❶〔使えないほど〕足に大けがを負わせる. ❷《建築》台座 zócalo を取り除く
── **~se** 足に大けがをする
deszulacar [desθulakár] 7 囮 封泥 zulaque を取り除く
deszumar [desθumár] 囮〔野菜・果物から〕ジュースを絞る
detall [detáʎ]〖←仏語 détail〗男 **al ~**《西》小売りの・で: venta al ~ 小売り
detalladamente [detaʎáðaménte] 副 詳細に, つぶさに, つまびらかに: Explícamelo todo ~. すべてを詳しく説明してくれたまえ
detallado, da [detaʎáðo, ða] 彫 詳しい, 細かい: dar una explicación ~da 詳細に説明する. lista ~da 詳細なリスト
detallar [detaʎár]〖←仏語 détailler < 俗ラテン語 de-+taleare「切る」〗囮 ❶ 詳細に述べる（描く), …の細部を説明する: Detalló su viaje por España. 彼はスペイン旅行について事細かに語った. ~ los gastos 支出を事細かにつける. ❷《西, メキシコ, 中米, カリブ》小売りする
detalle [detáʎe]〖←仏語 détail < détailler〗男 ❶ 細部, 細目; 詳細: Desearíamos saber ~s en relación con la preparación del complot. 私たちはその陰謀をどう準備したかについて詳しく知りたいのだが. No sabemos los ~s. 私たちは詳しいことは知らない. Para más ~s, diríjase a recepción. 詳細は受付にお問い合わせ下さい. explicar los ~s 細かい点を説明する. preocuparse de los ~s 細かい点にこだわる. dejar los ~s a un lado 細部についてはわきに置いておく. ❷ 心づかい, 思いやり, 配慮: Ha tenido un ~ invitándonos a cenar. 彼は親切にも私たちを夕食に招待してくれた. No tiene un ~ con su madre. 彼には母親への思いやりなどない. ❸ ちょっとした物, 贈り物: obsequiar con un pequeño ~ ささやかなプレゼントをする. ❹〔小さな〕一部分, 断片. ❺《美術》ディテール, 細部〔描写〕, 部分図. ❻《西, メキシコ, 中米, カリブ》小売り

al ~ 1)《西, メキシコ, 中米, カリブ》小売りの・で: Lo siento, aquí no vendemos al ~. 申し訳ありませんが当店では小売りはいたしません. venta al ~ 小売り販売. 2) 細部にわたって, 事細かに
con ~ 詳細に, 細目にわたって
con todo ~/con todos los ~s〔きわめて〕詳細に,〔ごく〕細目にわたって: El testigo ha referido los acontecimientos con todos los ~s. 目撃者は起こったことについて詳しく語った
dar ~s 詳細に述べる（描く), 細部を明らかにする
en ~ 詳細に, 詳しく, 細かく
no perder [se] ~ [+de について] 細かく観察する, 最大の注意をはらう: No pierdo ~. 私はどんな小さなことでも見逃さない

detallista [detaʎísta] 彫 图 ❶〔細かい点にも〕よく気のつく〔人〕, 完全主義の〔人〕. ❷《美術, 文学》細密に描く〔人〕. ❸《西, メキシコ, 中米, カリブ》小売りの, 小売りをする; 小売商
detalloso, sa [detaʎóso, sa] 彫《南米》見栄っぱりの, うぬぼれの強い
detasa [detása]〖←仏語 détaxe〗囡《鉄道など》運賃超過分の払い戻し
detección [detɛ(k)θjón] 囡 感知, 探知, 検出, 検知: perro entrenado para la ~ de drogas 麻薬探知犬. ~ precoz de un cáncer 癌の早期発見
detectable [detɛktáble] 彫 探知され得る, 探知可能な
detectación [detektaθjón] 囡〔まれ〕=**detección**
detectar [detɛktár]〖←英語 detect〗囮〔観察・機器によって〕感知する, 探知する, 存在を発見する: El análisis de sangre ha detectado un aumento de la glucosa. 血液検査で血糖値が上がっていることが分かった. Los radares han detectado un submarino. レーダーが潜水艦を発見した. He detectado varios errores en el texto. 私はテキストにいくつかの誤りを見つけた. Detectaron restos de una antigua cultura en la zona. その地域から古代文明の遺跡が発見された. ~ una fuga de gas ガス漏れを検知する

detective [detɛktíbe]〖←英語 detective〗图 ❶〔私立〕探偵〔= ~ privado〕: Contrató a un ~ para averiguar el asunto. 彼はその件の調査のため私立探偵を雇った. ~ de la casa〔デパート・ホテル・会社などの〕警備員. ❷ 刑事
detectivesco, ca [detektibésko, ka] 彫 探偵の; 刑事の: novela ~ 推理小説
detector, ra [detektór, ra]〖←英語 detector〗彫 探知する, 検出する: aparato ~ de gases tóxicos 毒ガス感知器. lámpara ~ra 検波真空管
── 男 探知器, 検出器, 検電器, センサー;《無線》検波器. ~ de humo/~ de incendios 煙探知器. ~ de mentiras 嘘発見器. ~ de metales 金属探知器. ~ de minas 地雷探知器. ~ de partículas 粒子検知器. ~ de trazas 痕跡探知器
detención [detenθjón]〖←ラテン語 detentio, -onis〗囡 ❶《法律》逮捕, 留置, 勾留(ﾋﾟｮｳ); [政治犯などの] 監禁: centro de ~ 拘置所. cuarto de ~ 留置場. ~ domiciliaria 自宅監禁. ~ ilegal 不法監禁. ~ pendiente 未決勾留. ~ preventiva 保護拘置. ❷ 阻止, 差止め: ~ de las obras 工事の差止め. ❸ 注意, 慎重: examinar con ~ 注意深く調べる
detenedor, ra [detenedór, ra] 彫 止める, 止まらせる
detener [detenér]〖←ラテン語 detinere〗58〖命令法単数 detén/detén〗囮 ❶ 引き止める, 止める, 停止させる: Un hombre me detuvo en la calle. 一人の男が通りで私を引き止めた. No quiero ~lo. お引き止めするつもりはありません. El conductor detuvo el coche ante un semáforo. ドライバーは信号の前で車を止めた. Está detenido el tráfico. 交通が麻痺状態にある. Nada puede ~ el tiempo. 何物も時間を止めることはできない. ~ el paso 通行を遮断する. ~ la pelota ボールを止める. ❷〔進行などを〕止める, 阻止する: ~ el curso de la enfermedad 病気の進行を食い止める. ~ la hemorragia 出血をとめる. ~ la mirada en... …に視線を止める. ❸《法律》逮捕する; 留置する, 勾留する; 監禁する, 拘束する: Está usted detenido, todo lo que diga puede ser usado en su contra. あなたを逮捕します. これからあなたの言うことはあなたに不利な証拠として採用される可能性があります. ❹ とどめる, 保持する
── **~se** ❶ 立ち止まる, 止まる; [+en に] とどまる; [+a+不定詞] 立ち止まって…する: ¡No te detengas! ぐずぐずせずにさっさと行け! Se detuvo a considerar qué sería mejor para todos. 彼は立ち止まってみんなにとって何が最良かを考えた. ❷ [+en ~] 時間をかける: No te detengas mucho en eso. その点にはあまりこだわるな. ❸ 楽しむ〔=entretenerse〕
detenidamente [deteníðaménte] 副 じっくりと, 念入りに, 綿密に: Olió el vino ~. 彼は念入りにワインのにおいを嗅いだ. estudiar ~ la propuesta 提案を慎重に検討する. mirar ~ じっと見入る. pensar ~ en (sobre)+事 …について熟慮する
detenido, da [deteníðo, ða] 彫 ❶ 逮捕（留置・勾留）された. ❷ 詳細な, 時間をかけた: estudio ~ 綿密な検討. ~ examen 細かい検査
── 图 逮捕者; 留置人: campo de ~s 逮捕者の収容所, 拘置所
detenimiento [detenimjénto] 男 時間をかけること, 慎重, 周到: con ~ 注意深く, 時間をかけて, 詳細に, 徹底的に. examinar sin ~ ざっと（大ざっぱに）調べる
detentación [detentaθjón] 囡《文語》不当な保持
detentador, ra [detentaðór, ra] 图《文語》不当保持者
detentar [detentár]〖←ラテン語 detentare「引き止める」〗囮 ❶《文語》〔権力・称号などを〕不当に保持する: Detentó el poder anulando los resultados de la elección. 彼は選挙結果を無効にして権力の座に居座った. ❷《スポーツ》〔記録を〕保持する: ~ el título タイトルを保持する
detente [deténte] 男《歴史》弾除け祈願の布《イエスの聖心像 Sagrado Corazón と "Detente, bala"「弾よ止まれ」の銘が描かれ, 19世紀カルリスタ戦争でのカルロス王党派と20世紀スペイン内戦でフランコ軍のレケテー Requeté が胸に付けた》
détente [detánt]〖←仏語 détente〗囡《政治》デタント, 緊張緩和
detentor, ra [detentór, ra] 图《廃語》=**detentador**
detergencia [deterxénθja] 囡《化学》洗浄力
detergente [deterxénte]〖←ラテン語 de-+tergere「洗う」〗彫 洗浄する
── 男 ❶ 粉石けん, 洗剤;〔特に〕合成洗剤: poner ~ en la lavadora 洗濯機に洗剤を入れる. ❷《医学, 薬学》洗浄剤, 界面活性剤. ❸《南米》食器用洗剤
deterger [deterxér] 3 囮 ❶《医学》〔傷・潰瘍を〕洗浄する:

utilizar alcohol yodado para ～ la herida 傷口を洗浄するのにヨードチンキを用いる. ❷［洗剤で］洗濯する
deterior [deterjɔ́r] [形]《まれ》劣った
deterioración [deterjoraθjɔ́n] [女] =**deterioro**
deteriorador, ra [deterjorađɔ́r, ra] [形] 悪化させる
deteriorar [deterjorár]〖←ラテン語 deteriorare < deterior, -oris「劣った, 下の」〗[他] ❶ 傷める, 損なう, 悪化させる, 傷つける: La lluvia *ha deteriorado* la pintura de la puerta. 雨でドアのペンキが剝げた. Los conflictos laborales *han deteriorado* nuestras relaciones. 労働争議で我々の関係は悪化した. ～ la calidad 質を低下させる. ❷《技術》損耗(消耗・劣化)させる
—— **～se** ❶ 悪化する, 低下する: Su salud *se ha deteriorado* últimamente. 彼の健康は最近悪化している. Las relaciones entre ambos países *se deterioran*. 両国関係が悪化する. ❷ 傷む, 傷つく;《技術》［機械などが］すり減る, 損耗する, 消耗する, 劣化する: Los coches *se deterioran* al lado del mar. 車は海のそばでは傷む
deteriorización [deterjoriθaθjɔ́n] [女] =**deterioro**
deterioro [deterjóro] [男] ❶ 傷つけること, 損傷を与えること; 傷み, すり減り, 消耗, 劣化: en caso de ～ de las mercancías 商品に傷がある場合には. ❷ 悪化, 低下: Su salud ha sufrido un considerable ～. 彼の健康はかなり悪化した. ～ de la calidad del cine 映画の質の低下. ～ mental 精神の荒廃. ❸《医学》～ cognitivo leve 軽度認知障害
determinable [determinábl̩e] [形] 決定(確定)され得る
determinación [determinaθjɔ́n] [女] ❶ 決定: ～ del precio 価格の決定. ❷ 決意, 決心, 決断: tomar una ～ 決意(決心)する. ❸ 決断力, 勇気: persona de gran ～ 大変決断力のある人. mostrar ～ 断固とした態度を示す. ❹《化学》測定. ❺《文法》限定
determinadamente [determináđaménte] [副] 決然と, 断固として
determinado, da [determináđo, đa] [形] ❶ 決まった: persona en un puesto de trabajo ～ 決まった仕事のある職に就いている人. ❷ 一定の, 特定の: durante un ～ tiempo 一定期間. en un día ～ 特定の日に. ❸ 決然(断固・毅然)とした. ❹《文法》限定的な〖=determinativo〗
determinante [determinánte] [形]［+de を］決定する, 左右する; 原因となる, 重要な: causa ～ *de* la derrota 敗北の決定的な原因
—— [男] ❶ 決定(左右)するもの: El estilo de vida es el mayor ～ *de* nuestra salud. 生活スタイルは私たちの健康を最も大きく左右する. ❷《文法》限定詞〖=determinativo〗. ❸《心理》決定因. ❹《生物》決定子
—— [女]《数学》行列式
determinar [determinár]〖←ラテン語 determinare < de-+terminare「限る, 終える」〗[他] ❶ 決定する, 明確化する, 具体化する: La infancia *determinó* su carácter. 幼年時代が彼の性格を決定づけた. ～ la fecha 日取りを決める. ❷［与えられたデータから］確定する, 特定する; 推定する: ～ el peso específico del oro 金の比重を調べる. ～ la verdadera intención 真意を見極める. ❸［規則などが］規定する, 定める: El reglamento de la escuela lo *determina* así. 校則でそう決められている. ❹［+不定詞 することに］決定する, 決心する: *Determiné* dejar la empresa. 私は会社を辞めることに決めた. *Determinó* marcharse. 彼は立ち去ることに決めた. ❺［+a+人 に, +a+不定詞 することを］決心させる, 決意させる: Sus consejos me *determinaron a* dimitir. 彼の忠告で私は辞職する決心をした. ❻ 引き起こす, 原因となる. ❼ …の境界を定める. ❽《法律》…と判決する, 宣告する. ❾《化学》測定する. ❿《文法》限定する
—— **～se** ❶ 決心する, 決意する: 1)［+a+不定詞 することに］*Se determinó a* partir. 彼は出発することにした. 2)［+por+名詞 に］*Se determinó por* el más alto de los dos. 彼女は2人のうち背の高い方に決めた. ❷ 決定される: *Se determinaron* en favor de la enmienda. 修正案が可決された. ❸ 定められる, 規定される
determinativo, va [determinatíb̩o, b̩a] [形] ❶《文法》［数詞・不定語・指示詞・所有詞などの機能を指して］限定的な, 限定用法の. ❷ 決定する; 断定的な: con tono ～ 断定的な調子で
—— [男]《文法》限定詞
determinio [determínjo] [男]《地方語》=**determinación**
determinismo [determinísmo] [男]《哲学》決定論
determinista [determinísta] [形] [名] 決定論の(論者)
detersión [detersjɔ́n] [女] ❶《文語》洗浄, 浄化. ❷ 氷河の移動による浸食作用
detersivo, va [detersíb̩o, b̩a] [形] [男] =**detersorio**
detersorio, ria [detersórjo, rja] [形] [男] 洗浄用の; 洗剤〖=detergente〗
detestable [detestáb̩le] [形] ❶ 嫌悪(憎悪)すべき, 嫌でたまらない, 忌まわしい: No soportaría quedarme en casa junto con ese hombre ～. あんな嫌な男と一緒に家に残るなんて耐えられない. Eres un egoísta ～. 君は鼻持ちならないエゴイストだ. ❷ 最悪の, 最低の, おぞましい: tener una voz ～ ひどい声をしている, 歌が下手である. gusto ～ ひどいセンス
detestablemente [detestábleménte] [副] ひどく, たまらなく悪く
detestación [detestaθjɔ́n] [女] 嫌悪, 憎悪
detestar [detestár]〖←ラテン語 detestari〗[他] ❶ 嫌悪する, 厭(いと)う〖→odiar [類義]〗: *Detesto* los días de lluvia porque no puedo jugar al tenis. 私は雨の日はテニスができないから嫌いだ. Puritanos *detestan* la vanidad. ピューリタンは虚飾を嫌う. ❷［公然と］…の悪口を言う, ののしる
—— [自]［+de を］嫌悪する
detienebuey [detjeneb̩wéi̯] [男]《植物》ハリモクシュク〖=gatuña〗
detinencia [detinénθja] [女]《まれ》=**detención**
detonación [detonaθjɔ́n] [女] ❶ 爆発: ～ nuclear 核爆発. ❷ 爆音, 爆発音: Antes del incendio del almacén se oyeron dos *detonaciones*. 倉庫が炎上する前に爆発音が2回聞こえた. ❸《化学》爆ごう. ❹《自動車》ノッキング
detonador, ra [detonađɔ́r, ra] [形] [男] 起爆の, 爆発を起こす; 起爆装置, 信管, 雷管
detonante [detonánte] [形] ❶ 爆音を発する. ❷ 爆発性の: mezcla ～ 爆発性混合気体. ❸ 調和しない: mezclar coloridos ～*s* 色調の合わない色を混ぜる
—— [男] ❶ 起爆剤. ❷［衝撃的な出来事の］原因: La subida de los precios del pan fue el ～ de las protestas populares. パンの値上がりが民衆の抗議の引き金となった
detonar [detonár]〖←ラテン語 detonare < tonare〗[自] ❶ 爆発する: hacer ～ una carga 装薬を爆発させる. aire *detonado*《鉱山》坑気, 爆発気. ❷ 爆音を発する, 轟く. ❸ 目立つ; 衝撃を与える. ❹《自動車》ノッキングする
detorsión [detɔrsjɔ́n]〖←ラテン語 detorsus〗[女]［筋肉・神経・靭帯などの］激しいねじれ, 捻挫(ねんざ)
detoxificar [detɔ[k]sifikár] [7] [他]《まれ》有毒成分を除去する, 解毒する
detracción [detra[k]θjɔ́n] [女] ❶ 差し引くこと, 取り除き. ❷《カトリック》中傷
detractar [detraktár] [他]《廃語》中傷する, 誹謗する〖=detraer〗
detractor, ra [detraktɔ́r, ra]〖←ラテン語 detractor, -oris〗[形] 中傷する, 誹謗する: comentario ～ del proyecto 計画を誹謗するコメント
—— [名] 中傷者, 誹謗者: Los envidiosos de su fama son ～*es* de su obra. 彼の人気を妬むものがその作品を中傷している
detraer [detraér]〖←ラテン語 detrahere〗[45] [他] ❶［金額などを, +de から］差し引く, 取り除く: Lo acusan de *haber detraído* una parte *de* la capital del inversor. 彼は投資家の金の一部を横領したかどで告訴されている. ～ las tres últimas cláusulas *de*l documento 文書の最後の3条項を削除する. ❷ そらす, ずらす. ❸《カトリック》中傷する, 誹謗する
detraimiento [detrai̯mjénto] [男]《古語》中傷, 誹謗
detrás [detrás]〖←de-+trans〗[副]〖⇔delante〗❶［位置・場所］後ろに・で, 後方に, 背後に・で, 裏に, 裏側に: Los más altos que se pongan ～. 背の高い人は後ろに立って下さい. La gallina llevaba ～ a los pollitos. 雌鶏はひな鳥たちを従えて歩いていた. El vestido tiene una cremallera ～. そのドレスはファスナーが後ろに付いている. En el coche le gusta sentarse ～. 彼は車の後部に座るのが好きだ. La huerta está ～. 畑は裏手にある. Sal de ahí ～. そこの裏から出なさい. El que venga ～, que arree.《諺》遅い者は急げ. ❷ 続いて: Yo voy primero y tú vienes ～. 私が先に行くから君は後から来たまえ. ❸《主に西》［+de の］後ろに, 裏側に: Se escondieron ～ *de* un árol. 彼らは木の後ろに隠れた. El sol desapareció ～ *de* las montañas. 太陽は山並みの後ろに姿を消した. ¡Escuchar ～ *de* la puerta! 扉の陰で盗み聞きするなんて! Lleva el precio ～ *de* la etiqueta. ラベルの裏側に値段が書かれている. *D*～ *de* mi coche hay una motocicleta. 私の車の後ろにオートバイがある. El

D

perro anda ～ de mí. 犬は私の後ろを歩く.【語法】detrás de+前置詞格人称代名詞 の代わりに detrás+所有形容詞 を用いるのは《主に中南米. 俗用》: Se colocó detrás mío. 彼は私の後ろに立った》❹ [+de+人の] いない所で, 陰で: Delante de ti te alaban, y ～ de ti te critican. 君は君の前ではほめそやしているが, 陰へ回れば君のことを批判している. ❺ [主に ir・andar・estar と共に, +de を] 追い求めて, [熱心に] 追いかけて: Siempre va ～ de las chicas. 彼はいつも女の子を追い回している. Ando de una impresora que no sea muy caro y tenga calidad. 私はそれほど高くなくしかも性能の良いプリンターを探している. ❻ [順序・順位. +de の] 後で・に: D— ～ de mí vas tú, Andrés. 私の後についてきるんだ, アンドレス. Entraré a ver al director ～ de ustedes. 社長にはあなたがたの後でお会いします. ❼ [前置詞+] Recortaron el seto de ～ de la casa. 家の裏の生垣を刈り込んだ. Iba en el asiento de ～ del conductor. 私は運転手の後ろの席に座って行った. El sol salió de ～ de las nubes. 太陽が雲の後ろから現れた. puerta de ～ 後ろのドア. La falda tiene una abertura por ～. そのスカートには後ろにスリットがあり見られないように裏口から入った. Entraron por ～ para que nadie los viera. 彼らは誰にも見られないように裏口から入った.
por ～ 1) 後ろから: Se acercaron a mí *por ～*. 彼らは背後から私に近づいてきた. 2) 当人のいない所で(時に), 密かに, 隠れて: No murmures *por ～*. 陰でぶつぶつ言わないでくれ. Me critican *por ～* pero nunca me lo dicen de frente. 彼らは陰で私を批判するが, 面と向かっては何も言わない

detrasito [detrasíto] 图《中米, コロンビア, チリ》すぐ後ろに
detrición [detriθjón]图《地質》[地層の] 摩滅, 浸食
detrimento [detriménto]【←ラテン語 detrimentum < deterere「こすり落とす」】男 ❶《文語》損失, 損害, 痛手: causar ～ a.... …に被害をもたらす. sin ～ de su dignidad 彼のプライドを傷つけずに
en ～ de... …に害を与えて: La vida sedentaria va *en ～ de* la salud. 閉じこもりっぱなしの生活は健康を損なう
detrítico, ca [detrítiko, ka]形《地質》岩屑の, 砕屑質の, 砕屑からなる: capa ～*ca* 岩屑層
detritívoro, ra [detritíβoro, ra]形《動物》死肉を食べる, 腐食性の; デトリタスを餌とする
detrito [detríto]【←ラテン語 detritus, -us < deterere「こすり落とす」】男 ❶《地質》岩屑, 砕屑. Todos los ～*s* de la fábrica iban a parar al río. 工場の廃棄物はすべて川へ流れていた. ❷《地質》岩屑(がんせつ), 砕屑(さいせつ). ❸《環境》デトリタス. ❹《医学》頽廃(たいはい)物
detritus [detrítus]男《単複同形》=detrito
detumescencia [detumesθénθja]女《医学》腫脹減退, 性的興奮状態の消失
detumescente [detumesθénte]形 腫脹を減退させる
deturpar [deturpár]他 ❶《文語》醜くする, 汚す, 壊す. ❷《中南米》信用を失わせる
deuce [deúθe]【←英語】男《テニス》ジュース
deuda[1] [déuða]【←ラテン語 debita < debitum「借金」< debere「しなければならない」】女 ❶ 借金: Tengo una ～ de diez mil euros. 私は1万ユーロの借金がある. adquirir (contraer) una ～ 借金する. llenarse de ～*s* 借金だらけになる. cargarse de ～*s* 借金を背負い込む. enjugar (liquidar) la ～ 借金を清算する. nadar en ～*s* 借金まみれになっている. pagar las ～*s* a+人 …に借金を返す. perdonar la ～ 借金を免除する. ❷《経済》負債【⇔haber, activo】: La ～ alcanza (asciende・sube) a un millón de euros. 負債は100万ユーロにのぼる. ～ a largo plazo 長期債務. ～ activa/～ efectiva 未払い負債(残高). ～ acumulada 累積債務. ～ consolidada [イギリスの長期・担保付きの] 統合公債. ～ flotante [イギリスの短期・無担保の] 流動公債. ～ externa (exterior) 対外債務, 外債. ～ interna (interior) 国内債務, 内債. ～*s* incobrables 回収不能の債務. ～ privada 民間債務. ～ pública 公的債務, 公債. ～ pública anotada 登録公債 [スペインの場合, 登録公債を Central de Anotaciones en Cuenta が管理, 債券現物はない. 国債や公債の大半がこの形態]. ～ pública de peso muerto 死重公債 [調達された資金が生産的でない軍事支出などに向けられる]. ～ pública productiva 生産的公債. ❸ 恩義, 義理, 負い目: Estoy en ～ (Quedo) en ～ con mis amigos. 私は友人たちに借りがある. Estoy en ～ de una explicación con él. 私は彼に説明する義務がある. ❹《宗教》罪, 過ち: Pedimos al Señor que perdonase nuestras ～*s*. 私たち

は罪を許して下さるよう主に祈った
deudo, da[2] [déuðo, da]图《女》は《まれ》. 主に《複》《文語》親戚, 親族, 近親者
—— 男《文語》血縁関係, 親族関係
deudor, ra [deuðór, ra]形《商業》借方の, 債務のある【⇔acreedor】: países ～*es* 債務国. parte ～*ra* 借方. saldo ～ 借方残高
—— 图 債務者: ser ～ a Hacienda 税金を滞納している. tener ～*es* 債権者である. ～ de Hacienda/～ del fisco 税の滞納者
deus ex machina [déus eks mákina]【←ラテン語】男 ❶《演劇》1) 入り組んだ(大事な)場面に現われて見事に問題を解決する神(人物). 2) [意外な・信じられないような] ハッピーエンド. ❷ 危機的状況を打開する強力な人物
deuteragonista [deuteraɣonísta]图《演劇》準主役, 第二役《主に敵役》; 引き立て役
deuterio [deutérjo]男《化学》重水素, ジューテリウム
deuteromicetes [deuteromiθétes]男《複》《生物》不完全菌類
deuterón [deuterón]男《物理》重陽子
Deuteronomio [deuteronómjo]男《旧約聖書》申命(しんめい)記
deuteropatía [deuteropatía]女《医学》続発症, 後発症
deutón [deutón]男=**deuterón**
deutoneurona [deutoneuróna]男《解剖》二次ニューロン
deutoplasma [deutoplásma]男《生物》副胚質; 黄卵質
deutóxido [deutó(k)siðo]男《化学》=**bióxido**
devalar [deβalár]自《船舶》航路から外れる, 針路からそれる
devaloración [deβaloraθjón]女《まれ》=**devaluación**
devalorar [deβalorár]他《まれ》=**devaluar**
devaluación [deβalwaθjón]女《経済》平価切り下げ: estudiar una nueva ～ del yen 円の新たな切り下げを検討する. ❷ 価値を下げる(価値が下がる)こと: ～ de unos terrenos 地価の値下がり
devaluador, ra [deβalwaðór, ra]形 平価を切り下げる[人]
devaluar [deβalwár]【←de-+valuar】14 他 ❶《経済》平価を切り下げる【⇔revaluar】: El Banco Central *ha devaluado* un diez por ciento la moneda nacional. 中央銀行は通貨を10パーセント切り下げた. ❷ …の価値を下げる
—— ～*se* ❶ [平価が] 下がる. ❷ [価値が] 下がる: Los coches de segunda mano *se devalúan* rápidamente. 中古車はすぐに値下がりする
devaluatorio, ria [deβalwatórjo, rja]形 平価切り下げの
devanadera [deβanaðéra]女 ❶ 糸繰り機; その糸枠; ボビン, リール, スプール. ❷ 舞台の回転装置. ❸ [釣り糸の] 巻き上げ器, リール
estar como unas ～s《口語》気が動転している, 狂っている
devanado [deβanáðo]男 ❶ 巻き取り, 糸繰り[行為]: ～ de los hilos en madejas 糸をかせに巻くこと. ❷《電気》巻き線, コイル
devanador, ra [deβanaðór, ra]图 巻き取る[人], 糸繰りする[職人]
—— 男《主にグアテマラ》糸巻き, ボビン
—— 女《主にコロンビア, ラプラタ》=**devanadera**
devanagari [deβanaɣári]男 デーヴァナーガリー文字《サンスクリット語・ヒンディー語の文字》
devanar [deβanár]他 ❶ [糸・針金などを] 巻き取る, 糸巻きに巻く, 繰る
—— ～*se*《メキシコ, キューバ》[笑って・痛くて・泣いて] 身をよじる
devandicho, cha [deβandítʃo, tʃa]形《古語》=**susodicho**
devaneador, ra [deβaneaðór, ra]形 とりとめのないことを口走る
devanear [deβaneár]自《古語》とりとめのないことを口走る, 意味のないことを言う
devaneo [deβanéo]【←de-+vano】男 ❶《よくない》気晴らし, 娯楽: Déjate de ～*s* y ponte a trabajar en serio. 遊びはやめて, まじめに働きなさい. ❷ 戯れの恋, 浮気, 不倫【=～*s* amorosos】. ❸《医学》錯乱, 譫妄(せんもう)
devantal [deβantál]男《まれ》前掛け, エプロン【=**delantal**】
devastación [deβastaθjón]女 荒廃
devastador, ra [deβastaðór, ra]形 ❶ 荒廃させる, 破壊的な: incendio ～ 壊滅的被害をもたらした火事. ～*ra* destrucción de los templos 神殿群の徹底的破壊. ❷ 圧倒的な, 止めようがない: Sus discos tuvieron un éxito ～. 彼のレコードは空前の

大ヒットとなった

devastar [debastár]【←ラテン語 devastare < de-（強調）+vastare「壊す，荒廃させる」】他 ❶ [地域を] 荒廃させる【建物を倒し田畑を荒らす]: Las fuertes tormentas *devastaron* toda la región. 大嵐がこの地方全体を破壊した. ❷ 破壊する

de vehementi [de be(e)ménti]【←ラテン語】副 形《歴史》[異端審問所で, abjurar+] 重大な罪過で・の

develar [debelár] 他《主に中南米》❶《文語》[秘密などを] 暴く, 明るみに出す. ❷ 除幕する

develizar [debeliθár] 9 他《ニカラグア》ベールを取る; 発見する

devengado, da [debeŋgáđo, đa] 形 未払いの: jornales ~s 未払いの賃金

devengar [debeŋgár]【←古カスティーリャ語 devengar <俗ラテン語 devindicare】8 他 ❶ [労働・サービスなどの正当な対価として] 受け取る [権利を取得する]: Los empleados *devengan* dos pagas extraordinarias. 従業員は、年二回のボーナスを受け取ることができる. ❷ [利子・利益を] 生み出す: Mi cuenta *devenga* unos intereses de unos doscientos dólares al mes. 私の口座は月に約200ドルの利子を生む. interés *devengado* pero no pagado o cobrado 権利発生はしたがまだ受け払い（実現）されない利子

devengo [debéŋgo] 男 ❶ [対価としての] 収入. ❷ 払われるべき額, 未収額; 経過利子: A este señor le corresponde un ~ de diez mil pesos. この方には1万ペソの未払いがある

devenir [debenír]【←仏語】59 自《文語》[+en/+無冠詞名詞に] なる, 生成する: ~ en sustancia 実体化する. ~ hombre 大人になる. ❷《文語》[事件などが] 起こる: *Devendrá* una crisis política. 政治危機が訪れるだろう. ❸《哲学》生成する, 転成する, 転化する
── 男《哲学》生成, 転成, 転化: naturaleza en constante ~ 常に変化する自然. ❷《文語》変転, 変化

deverbal [deberbál] 形《言語》動詞から派生した［語］: sustantivo ~ 動詞派生名詞【例】empuje←empujar】

deverbativo, va [deberbatíbo, ba] 形《言語》= **deverbal**

de verbo ad verbum [de bérbo að bérbun]【←ラテン語】副 一語一語, 文字どおり

deviación [debjaθjón] 女《廃語》= **desviación**

devillina [debiʎína] 女《鉱物》デビリ石

devillita [debiʎíta] 女 = **devillina**

divisa [debísa] 女《歴史》共同相続する兄弟の間で分けられた領地

divisero [debiséro] 男《歴史》divisa を所有する郷士 hidalgo

de visu [de bísu]【←ラテン語】副 会うことによって, 顔見知りで; 自分の目で見て: No se puede hacer juicios ~ y sin conocer a una persona. その人とは顔見知りというだけで言葉を交わしたこともないのに評価を下すなんてできっこない. hablar de una cosa ~ 自分の目で見たことに基づいて話す

de vita et moribus [de bíta et morí bus]【←ラテン語】生活と習慣について《ある人物の素行調査について用いられる言葉》

devoción [deboθjón]【←ラテン語 devotio, -onis】女 ❶ [+por・a への] 奉献, 奉仕, 信仰, 帰依; 崇拝 (tener) ~ *por* la Virgen María 聖母マリアを崇敬している. tener mucha ~ 信仰が篤い. ❷ [信仰に基づいて実践する] 日々のお勤め 《礼拝, 祈祷など]. A mí la única ~ que me gusta es la misa. 私がお勤めの中で唯一好きなのはミサです. Todas las noches cumple con sus *devociones* y reza un padrenuestro. 彼は毎晩勤行をつとめ, 主の祈りを捧げる. ❸ 崇拝, 献身: tener ~ *al* rey 王に忠誠を誓っている. ❹ [+por・人・事物に対する] 傾倒, 心酔; 愛情, 愛着: Tiene ~ *por* sus hijos. 彼女は子供たちを愛している. ❺ [よい] 習慣
con ~ 1) 敬虔に; 一心不乱に. 2) Lo quiere *con* ~. 私は彼を敬愛している.
~ de monjas [修道女のような] 信心深さ, 信仰心の篤さ
estar a la ~ de +人 …に全身全霊を捧げている, 一身を捧げている; …の言いなりである
tener por ~ …を習慣にしている

devocional [deboθjonál] 形 信仰の, 信心の

devocionario [deboθjonárjo] 男《信者の使う》ミサ書, 祈祷書

devolución [deboluθjón]【←ラテン語 devolutio, -onis】女 ❶ 返却, 返す事, 戻す事【例】~ de los libros 本の返却. ~ de Hong Kong a China 香港の中国返還. ❷ 返却品, 返品: No hacemos ~ en los artículos de rebaja. 値下品の返品はできません. ❸ 返済; 返済金. ❹ 払い戻し; 返還金: ~ de IVA [消費税の] 戻し税. ❺《スポーツ》返球. ❻《電話, 情報》~ de llamada コールバック

devolutivo, va [debolutíbo, ba] 形《法律》回付すべき; 帰属的な, 移審的な: efecto ~ 移審的効果

devolutorio, ria [debolutórjo, rja] 形 = **devolutivo**

devolver [debolbér]【←ラテン語 devolvere「転がり落ちる」】29 【過分 devuelto】他 ❶ [+a 持ち主・元の場所に] 返す, 戻す; 返却する, 返済する: Le *devuelvo* las llaves. 鍵をお返しします. Me mandó ~ los libros *a* la estantería. 本を本棚に戻すよう私に命じた. Como Isabel se ha ido, he *devuelto* al remitente una carta que le trajeron. イサベルがいなくなってしまったので, 私は彼女あての手紙を差出人に送り返した. Tanto te quité, tanto te *devolveré*. 私は君から奪っただけのものを君に返そう. ~ el territorio *al* país vecino 隣国に領土を返還する. ❷《商業など》1)［釣り銭を]渡す: Me han *devuelto* tres billetes de mil yenes y varias monedas. 私は千円札3枚といくつかの硬貨を釣りだしてもらった. 2)［借入金を] 返す, 返金する: ¿Cuándo me vas a ~ el dinero prestado? 私から借りた金はいつ返すつもりだ？ El dueño del piso me *devolverá* la fianza cuando le devuelva las llaves. 私が鍵を返した時に, マンションの持ち主は保証金を返してくれるだろう. 3) 返品する: ~ un artículo defectuoso 不良品を返品する. 4)［不渡り小切手などを] 突き返す, 拒絶する: El banco ha *devuelto* la letra. 銀行は手形を拒絶した. ❸ [好意・侮辱などに] お返しをする, 返礼に与える: ¿Cuándo nos van a ~ la visita? あなたがたからいつ我が家をお訪ね下さいますか？ ~ el favor 好意に報いる. ~ el regalo 返礼する. ~ el puñetazo 殴り返す. ~ la palabra 言葉を返す. ❹ [+a+場所・状態に] 戻るようにする, 回復させる: ~ la nación a su antigua paz 国にかつての平和を取り戻させる. ❺《口語》吐き出す, もどす: *Devolvió* toda la cena. 彼女は夕食に食べた物を全部もどした. ❻《スポーツ》[ボールを] 返す, 返球する. ❼《電話》~ la llamada a+人 …に折り返し掛ける, コールバックする
── 自《口語》吐く, 嘔吐(ぉ)する, もどす: Me mareé en el avión y *devolví*. 私は飛行機で酔って, もどしてしまった
~se《中南米》戻る, 帰る: ~ a casa 帰宅する

devón [debón] 男《釣り》回転式の擬似餌

devoniano, na [debonjáno, na] 形 男 = **devónico**

devónico, ca [debóniko, ka] 形《地質》デボン紀（の）

devorador, ra [deboraðór, ra] 形 男 女 ❶ 食欲(ょ)な [人], むさぼり食う [人], がつがつした: tener un hambre ~*ra* 腹がぺこぺこである. Los leones son ~*es* de cebras. ライオンはシマウマを食べる. ❷ [財産などを] 食い潰す, 浪費する: ~*ra* de hombres 男を手玉に取る（食い物にする）女. ❸ 焼き尽くす: fuego ~ 家々を焼き尽くす火事. ❹ さいなむ

devorar [deborár]【←ラテン語 devorare < de-（強調）+vastare「消費する, 食べる」】他 ❶［動物が獲物を] むさぼり食う: Los peces grandes *devoran* los pequeños. 大きな魚は小魚を食べる. ❷［飢えたように] がつがつ食べる, 食べ尽くす: Tiene tanta hambre que *devora* todo cuanto le sirven. 彼は腹ぺこなので, 出されるものは何でも平らげてしまう. ❸ 焼き尽くす, 完全に破壊する: Las llamas *devoran* los manuscritos antiguos. 炎が古い手稿を焼き尽くしている. ❹ [財産などを] 使い果たす, 浪費する: El juego *devoró* toda su hacienda. 彼はギャンブルで全財産を失った. ❺ むさぼるように読む（見る・聞く）: ~ las novelas policíacas 推理小説をむさぼり読む. ~ a+人 *con* la mirada (*con* los ojos・*con* la vista) …を食い入るように見つめる. ❻［願望・熱情・あせりなどが人を] じりじりさせる, さいなむ La *devoraban* los celos. 彼女は嫉妬に身を焦がしていた
── *~se* 仲違いしたままである

devotamente [debótaménte] 副 敬虔に, 信仰深く: rezar ~ 敬虔な祈りを捧げる

devotería [debotería] 女《軽蔑》大仰な信仰

devoto, ta [debóto, ta]【←ラテン語 devotus「奉献された」】形 ❶ [+de に対して] 敬虔(ﾞ)な, 信仰深い, 帰依(ｪ)した: ser ~ *de* San Antonio 聖アントニウスを崇敬している. ~ *del* rezo del rosario ロザリオの祈りをよく唱える. ❷ [+de を] 愛好する, 心酔した: ser ~ *de* la música clásica クラシック音楽を愛好している. ❸ 信仰の対象になっている, 信心を起こす: estampa ~*ta* 宗教版画. imagen ~*ta* 礼拝像. 敬具《手紙の文末に使う》: su más ~ y seguro servidor 差出人; 敬具《手紙の文末に使う》
── 名 ❶ 信者, 帰依者, 献身的な人, 信心深い人. ❷ 熱中

(傾倒)している人, 心酔者, ファン: Todo cantante tiene su pequeño grupo de admiradores y ~s. どの歌手にも熱狂的なファンの小集団がいる
―― 男 信仰の対象: Tomó a San Francisco por ~. 彼は聖フランチェスコを信仰の対象とした

devuelto, ta [deβwélto, ta] devolver の 過分
―― 男《口語》嘔吐物

dexiocardia [de(k)sjokárdja] 女《医学》右心症
dextralidad [de(k)stralidáð] 女《心理》右利き
dextrano [de(k)stráno] 男《生化》デキストラン
dextrina [de(k)strína] 女《生化》デキストリン, 糊精(ミッセイ)
dextro [dé(k)stro] 男 教会周辺の土地《庇護権などの特権が認められていた》
dextrocardia [de(k)strokárdja] 女 =dexiocardia
dextrógiro, ra [de(k)stróxiro, ra] 形《化学, 光学》右旋(オウセン)性の《⇔levógiro》
dextroglucosa [de(k)stroɣlukósa] 女《化学》右旋糖, ブドウ糖《=dextrosa》
dextrorso, sa [de(k)strórso, sa] 形《植物, 貝》右巻きの《⇔sinistrorso》
dextrórsum [de(k)strórsum] 副 右巻きに, 時計回りに《⇔sinistrórsum》
dextrosa [de(k)strósa] 女《化学》右旋糖, D形(右旋性)グルコース
dey [déj] 男《歴史》アルジェリア太守の称号
deyección [deje(k)θjón] 女 ❶《医学》排便, 排泄(ハイセツ); [主に 複] 糞便, 排泄物. ❷ [火山の] 噴出物; 岩屑(ガンセツ)
deyectar [dejektár] 自《まれ》排便する
dezaga [deθáɣa] 副《ムルシア》後ろに, 後方に
dezmable [dezmáβle] 形《歴史》十分の一税のかかる
dezmar [dezmár] 23 他 =diezmar
dezmatorio [dezmatórjo] 男《歴史》十分の一税の収税所
dezmeño, ña [dezméɲo, ɲa] 形 =dezmero
dezmería [dezmería] 女《歴史》[教会などの] 十分の一税の収税圏
dezmero, ra [dezméro, ra] 形 名《歴史》十分の一税の[納税者]
DF. 男《メキシコ. 略記》←Distrito Federal 連邦特別区: México, DF. [郵便の表記で] メキシコシティー
d/f.《略記》←días fecha 日付後
Dgo《略記》←domingo 日曜日
DGT 女《略記》←Dirección General de Turismo 政府観光局
dhimma [dí(m)ma]《←アラビア語》女 ズィンマ《非イスラム教徒に対する生命・財産・信仰の保障》
dhimmi [di(m)mí]《←アラビア語》女 ズィンミー《生命・財産・信仰の保障を与えられた非イスラム教徒》
dho《略記》←dicho 上記の
di- I《←ラテン語 dis-, di-》《接頭辞》❶ [反対・否定] *disentir* 意見が異なる. ❷ [分離・起源] *di*manar 湧き出る. ❸ [広がり・延長] *di*fundir まき散らす
II《←ギリシャ語 dis-「2回」》《接頭辞》[2] *di*morfo 2形性の
día [día]《←ラテン語 dies》男 ❶ 日, 一日: 1) [一日の期間・長さ] Hay siete ~s en una semana. 一週間は7日ある. Tardó veinte ~s en acabarlo. 彼は完成に20日かかった. Unos ~s después volví a verlo. 私は数日後また彼に会った. 2) [暦日, 曜日] ¿Qué ~ parte usted?—El cinco. 何日にご出発ですか?—5日です. El ~ once cae en martes. 11日は火曜日だ. ¿Qué ~ es hoy?—Es lunes. 今日は何曜日ですか?—月曜日です. Murió ese ~. その日彼が死んだ. el ~ primero de marzo 3月1日. 3) [天気について] Hizo un ~ lluvioso (hermoso). その日は雨(晴れ)だった. Hace buen ~. 天気が良い. Hace mal ~./Hace un ~ feo. 天気が悪い. Se nubla el ~. 空が曇る. 4) [運について] Hoy tengo un mal ~ (un ~ malo)./Hoy no es mi ~. 今日はついてない. Al buen ~, métele en casa. 諺 好機は逃すな. 5) [祝日・記念日, 行事のある日] El primero de mayo es el *Día* del Trabajo. 5月1日は労働の日である. No recuerda el ~ de mi cumpleaños. 彼は私の誕生日を覚えていない. ~ de la madre 母の日. ~ de moda [劇場などの, 入場料の高い] 特別料金日. ~ de San Valentín セントバレンタインデー. *Día* del Libro 世界本の日. ~ sin coches [スペインの首都の中心部の] 都心のノーカーデー. ~s azules [スペイン国鉄の] 割引日. ❷ 昼間, 日中《⇔noche》: Ahora es de ~ en España. スペインでは今昼だ.

Ayer llovió durante el ~. 昨日, 昼間は雨だった. Abre (Se abre·Raya·Rompe) el ~. 夜が明ける. Se cerró (Cayó) el ~. 日が暮れた. En verano los ~s son largos. 夏は日が長い. ❸《文語》 雅 人生の(一時期), 生涯: Se fueron sus ~s de gloria para no volver nunca más. 彼の栄光の日々は過ぎ去り, 二度と戻っては来なかった. pasar sus ~s 人生を過ごす. al final de sus ~s 彼の晩年に. Sus ~s están contados./Tiene los ~s contados. 彼は老い先短い(もう長くない・命運が尽きている). ❹ 複 期, 時期, 時代: esos (aquellos) ~s あのころ, その当時. El ~ que le pierdan la razón, se acabó todo. 彼が尊敬されなくなったら, すべて終わりだ. ❺ 誕生日《=cumpleaños》; 霊名の祝日. ❼《口語》生理《=menstruación, ~s críticos》
a ~s 時々《=a veces》; 日によって
a...~s …日後に: *a* ocho ~s 1週間後に
a los pocos ~s《+de の》数日後で
al ~ 1) 一日につき, 一日あたり: tres veces *al* ~ 日に3度. 2) 最新の; 遅れずに, 正確に: Esta revista está muy *al* ~ en cuestiones económicas. この雑誌は最新の経済問題が載っている. Hay que hacer más *al* ~ el organigrama del colegio. 学校の組織をもっと時代に即したものにする必要がある. No están *al* ~ en el pago. その会社は支払いが滞っている. poner la bibliografía *al* ~《情報》ライブラリーを更新する. 3) 日々の, 日常の: la vida española *al* ~ スペイン人の日常生活
al ~ siguiente/al otro ~ その翌日に, 明くる日に
algún ~ [実際に来るか分からないが未来の] ある日, いつか: Me necesitarás *algún* ~. 君はいずれ私を必要とするだろう
antes del ~ 夜明け前に
cada ~ 1) 毎日, 日ごとに《→cada ❶》: Va *cada* ~ a misa. 彼女は毎日ミサに行く. Es verdad que *cada* ~ que pasa te veo más bonita. 本当に君は日増しにきれいになっていくよ. 2) 一日につき
cada ~ más 日ごとにますます…
cada ~ menos 日ごとにますます…でない
coger el ~ [+場所 で] 夜明けりを迎える
como (d)el ~ a la noche/como la noche y el ~ 全く対照的に, 全く異なって: La madre y la hija se parecen *como del* ~ *a la noche*. 母と娘はまるで似ていない
cualquier ~ 《主に皮肉》いつでも, いつか: Ven a verme *cualquier* ~. いつでも(いつか)来て下さい《本当は都合が悪い》. *Cualquier* ~ te toca la lotería. 君にもいつかは宝くじが当たるさ
dar a+人 el ~《西》…に迷惑(面倒)をかける, うんざりさせる
de cada ~ 日々の, 日常の, ふだんの: hacer el trabajo *de cada* ~
de ~ 1) 昼[のうち]に: dormir *de* ~ y trabajar de noche 昼間寝て夜働く. Es *de* ~. 昼(朝)だ. 2) 昼用の: crema hidratante *de* ~ 昼用モイスチャークリーム
de ~ claro 《チリ》白日の下に
de ~ en ~ 1) 日に日に, 次第に: *De* ~ *en* ~ va perdiendo fuerzas. 彼は一日一日と体力が衰えていく. 2) 来る日も来る日も
de ~ y de noche =*~ y noche*
de ~s ずっと以前の・に・から: Su amistad ya viene *de* ~s. 彼らの友情は古くからだ
de un ~ a otro 間もなく, 近いうちに, 今日明日中に: Va a dar a luz *de un* ~ *a otro*. 彼女に近々子供が生まれる
de un ~ para otro いつか, 遅かれ早かれ: El ejército tendrá que retirarse de las zonas ocupadas *de un* ~ *para otro*. その軍部隊は占領地からの撤退を余儀なくされるだろう
del ~ 1) 最新流行の: estilo *del* ~ 今はやりの文体. 2) その日の, 焼きたての: pan *del* ~ 焼きたてのパン. 3) 当日の: noticias *del* ~ 今日のニュース. oficial *del* ~ 当直将校
~ a ~ 1) 毎日; 日々, 続けて; 日ごとに, 日に増しに; 一日単位で. 2)《経済》 mercado del dinero ~ *a* ~ コール市場
en ~ 《古語》=*de ~ en ~*
~ por ~ 1) 毎日. 2) 日に日に: Se le ve mejorar ~ *por* ~. 彼は一日一日と回復しているようだ
~ por medio 《中南米》一日おきに
~ tras ~ =*~ a ~*
~ y noche 昼も夜も, 昼となく夜となく, 日夜; いつも, 常に
~s hombre 延べ人数

el ~ *a* ~ 日常的であること: esfuerzos d*el* ~ *a* ~ 日々の努力
el ~ *de hoy* 現在, 今日では《=hoy en día》
el ~ *de mañana* 将来, いつの日にか: Aún eres joven, pero tienes que pensar en *el* ~ *de mañana*. 君はまだ若いが, 将来のことを考えないといけない
el ~ *menos pensado* 思いがけない時に, 予期しない時に, 出し抜けに: *El* ~ *menos pensado* estallará. それは忘れたころに起こるだろう
el ~ *y la noche*《口語》何もない《=nada》: Le dejaron con *el* ~ *y la noche*. 彼には何も残らなかった
el mejor ~ =*el* ~ *menos pensado*
el mismo ~ 当日, ちょうどその日
el otro ~ 先日, このあいだ: el accidente d*el otro* ~ 先日の事故
en ... ~*s* …日間で: Terminaré el trabajo *en tres* ~*s*. 私は3日で仕事を終わらせるつもりだ
en aquellos ~*s* あのころ, あの当時
en ~*s* =*entrado en* ~
en dos ~*s* 短期間で, 2, 3日で
en el ~ その日に, 当日に, 即日に: La carta llegó *en el* ~. 手紙はその日のうちに着いた
en estos ~*s* =*estos* ~*s*
en los ~*s de*+人 …の生きている間に; …の若いころに: *en los* ~*s de* Isabel II イサベル2世時代に. *en mis* ~*s* estudiantiles 私が学生のころに
en mis ~*s*《文語》決して…ない
en nuestros ~*s* 現在では, 今日では
en pleno ~ 白昼に, 真昼間に
en su ~ 都合のいい時に, しかるべき時に: *En su* ~ *lo* sabrás. 折を見て教えてあげよう
en sus mejores ~*s* 全盛期に
en [todos] los ~*s de mi vida*《文語》決して…ない
en un ~ 一日で
entrado en ~*s* 初老の《=entrado en años》
entre ~ 昼間に
ese [mismo] ~ =*el mismo* ~
estos ~*s* 近ごろ, 最近, ここ数日: el tratado que ultiman *estos* ~*s* ambos gobiernos ここ数日両政府が最後の詰めを行なっている条約
hacerse de ~ 夜が明ける
llevarse el ~ [人が] 一日中かかる
mantenerse al ~ 時勢についていく, 時流に遅れない
medio ~ 半日《参考》 mediodía は「正午, 南」: Tengo *medio* ~ libre. 私は半日暇だ
no pasar [los] ~*s* [+para·por+人 は] 年のわりに若く見える, いつまでも老けない
no tener más que el ~ *y la noche* 一文なしである, 困窮している
ocho ~*s* 1週間: Las obras están suspendidas hace *ocho* ~*s*. 工事は1週間前から中断している
otro ~ 別な日に; [未来の] いつか, 後日, そのうち: Volveré *otro* ~. いつかまた来るよ. *Otro* ~ será. またいつかにしよう
pasar [los] ~*s* 日がたつ, 月日が過ぎる
por ~*s* =*de* ~ *en* ~
quince ~*s* 2週間: Todavía faltan *quince* ~*s* para la cita. 約束の日までまだ2週間ある
salir del ~ [困難・窮地から] 急に解放される, のがれる
ser de ~ 1) 明るがでる, 明日になる. 2) →*de* ~
ser la noche y el ~ 全く対照的である, 全く異なっている
Tal ~ *como hoy*. 明日の風は明日吹け
Tal ~ *hará un año*.《西. 口語》私は全然気に(問題に)しない, どうということはない
tener [ya] ~*s* 1) 大変年をとっている; 大変古い. 2) 色々に変わる
todo el ~ 一日中: Llovió *todo el* ~. 一日中雨だった. Date prisa, no tenemos *todo el* ~. 急げ, 日が暮れてしまうぞ
todos los ~*s* 1) 毎日: Desayunamos *todos los* ~*s* a las siete. 私たちは毎日7時に朝食をとる. Está abierto las 24 horas del día, *todos los* ~*s* del año. そこは年中毎日24時間開いている. 2) no verse (oírse) *todos los* ~*s* [事物が] まれである, 並外れている
tomar el ~ *en*... …で夜を明かす

un buen ~ 1) ある日突然に, ある日思いがけず, とある日に, いつか. 2) [+para に] ちょうどよい日, 好適な日
un ~ 1) [過去・未来の] ある日, ある時, いつか: *Un* ~ me lo contó la abuela. ある日祖母がそのことを話してくれた. Te lo contaré *un* ~. いつか話してあげよう. 2) 一日
Un ~ *es un* ~. 1) その日一日しかない. 2) [言い訳として] 一日限りのことだ, 一日くらいは構わないだろう
un ~ *cualquiera* ごく普通の日, 平凡な一日
un ~ *de estos* 近々, 近日中に: Me dejaré caer en tu casa *un* ~ *de estos*. 私は近々ぶらっと君の家に寄るよ
un ~ *sí y otro no* 一日おきに, 2日ごとに: La señora de la limpieza vendrá *un* ~ *sí y otro no*. 掃除婦は一日おきに来るようだ
un ~ *u otro* いつかは[必ず], いずれは: *Un* ~ *u otro* llamará pidiéndonos perdón. いずれ彼は電話をかけて謝ってくるだろう
un ~ *y otro* 毎日毎日[続けて], 始終
unos ~*s sí, y otros no* 時々, たまに
vivir al ~ その日暮らしをする
yendo ~*s y viniendo* ~*s* その間に年月が流れて, 長い月日が経過して

diabasa [djabása]囡《地質》輝緑岩
diabático, ca [djabátiko, ka]厖《物理》熱交換の
diabetes [djabétes]囡 ❶《医学》糖尿病. ~ mellitus 真性糖尿病. ~ renal 腎性糖尿病. ~ tipo 1 (2) 糖尿病I(II)型. ❷《技術》=diabeto
diabético, ca [djabétiko, ka]厖 图 糖尿病の[患者]: retinopatía ~*ca* 糖尿病網膜症
diabeto [djabéto]圐《サイフォンの原理を応用した》タンタロスのコップ
diabetógeno, na [djabetóxeno, na]厖 糖尿病を引き起こす
diabetología [djabetoloxía]囡 糖尿病学
diabetólogo, ga [djabetólogo, ga]圐囡 糖尿病専門医
diabla[1] [djábla]囡 ❶ 魔女; 悪魔のような女, 悪女《=diablesa》. ❷ 梳毛機, 梳綿機. ❸《演劇》上部照明, 一文字照明. ❹ 二輪馬車. ❺《チリ. 軽蔑》売春婦
a la ~《西. 文語》雑に, おおざっぱに, いい加減に, 適当に
diablada [djabláda]囡《中南米. 口語》ディアブラダ《カーニバルなどでの悪魔の役の踊り手》
diablear [djableár]回《まれ》[子供が] いたずらをする
diablejo [djabléxo]圐《軽蔑》小悪魔
diablería [djablería]囡《集名》《まれ》悪魔
diablesa [djablésa]囡 魔女; 悪魔のような女, 悪女
diablesco, ca [djablésko, ka]厖 悪魔の, 悪魔のような《=diabólico》
diablillo, lla [djablíʎo, ʎa]圐《親愛》❶ 小悪魔, 小鬼. ❷ 悪賢い人. ❸ いたずらっ子
—— 圐 ~ *de Descartes* 浮沈子《=ludión》
diablismo [djablísmo]圐 =diabolismo
diablito [djablíto]圐《古語. キューバ》《キリストの公現日に通りで踊った》仮装した黒人
diablo[1] [djáblo]《ラテン語 diabolus <ギリシャ語 diabolos「ばらばらにするもの, 中傷するもの」》圐 ❶《キリスト教など》悪魔, 魔王《神に背く天使 ángel rebelde のこと. 女性の悪魔・魔女は diablesa》: 1) El ~ tentó a Jesús. 悪魔はイエスを誘惑した. El ~ gobierna en el Infierno. 魔王は地獄を支配している. Así paga el ~ a*l* que le sirve. 悪魔だって恩は忘れないのに. 2)《諺》Cuando el ~ no tiene que hacer, mata moscas con el rabo. 小人閑居して不善をなす. Más sabe el ~ por viejo que por ser ~. 亀の甲より年の功. ❷ 悪賢い人; [主に子供について] いたずら者, 腕白: El ~ de mi hermano siempre me engaña. 私は弟のやつにいつも一杯食わされる. Este niño es el mismo (mismísimo) ~. この子はひどいやんちゃ坊主だ. ❸《口語》[¿疑問詞+~*s*? で怒り] 一体全体, 何とまあ…: ¿Qué ~*s* estás tú haciendo ahí? お前は一体そこで何をしているのだ? ¿Quién ~ te ha dicho esa mentira? 一体誰がそんな嘘を君に言ったのだ? ❹《口語》《感嘆文の強調》何とまあ…! ❺ 怪物, 醜悪な人. ❻《動物》~ *de Tasmania* タスマニアデビル. 《魚》~ *marino* フサカサゴ. ❽《ニカラグア, ボリビア》~*s azules* 振顫譫妄《ﾃﾞｨｰﾃｨｰ》; 禁断症状. ❾《南米》釘抜き. ❿《チリ, アルゼンチン, ウルグアイ》大型の牛車
a ~*s* 嫌な, ひどい: oler (saber) *a* ~*s* ひどいにおい(味)がする
¡Al ~ *[con...]!* […なんて] くそくらえ/いまいましい[…め]!: *¡Al* ~ *con este chico!* この悪がきめ!

andar el ~ suelto《口語》厄介なことが起こりそうである
como ~s《口語》=**como un**
como el (un)《口語》おそろしく,ひどく: Esta caja pesa como un ~. この箱はやけに重い
¡Con mil ~s!〔怒り・嫌悪〕くそったれ!
dar al ~ a...〔人〕を追い払う,厄介払いする
darse a [todos] los ~s《口語》1)激怒する,かっとなる. 2)絶望する
darse al ~ =**darse a [todos] los ~s**
de mil ~s =**del ~**: dolor de mil ~s ひどい痛み
de [todos] los ~s =**del ~**: noche de todos los ~s さんざんな夜
del ~ ひどい,ひどく嫌な: ¡Gato del ~! 嫌な猫だ!
~ cojuelo 1)[民間伝承で]足の不自由な小悪魔,もんちゃくを起こすいたずらな悪魔. 2)面倒を起こす人,いたずら者
~ encarnado 悪魔の化身; 邪悪な人
~ predicador 偽善者
¡D~s!〔驚き・賞賛・不快〕すごい,ほう; 見事だ; 何てことだ!
donde ~ perdió el poncho《ペルー,チリ,アルゼンチン,ウルグアイ.口語》ひどくもの寂しい(人里離れた)場所で
el ~ que+接続法《文語》…はありえない: El ~ que lo entienda (sepa). そんなことは分かるわけがない(誰が知り得るか
entre el ~ y el mar profundo 進退きわまって
estar con ~s azules《南米.口語》[アルコール・麻薬による]禁断症状が出ている
estar dado al ~ 激怒している,逆上している
estar el ~ suelto《口語》=**andar el ~ suelto**
Guárdate del ~. 用心しろよ,気をつけることだ
haber una de todos los ~s 大騒ぎとなる,大騒動である
hablar con el ~《口語》悪魔と通じている,抜け目がない,何でも見破る
irse al ~《口語》[事柄が主語]失敗する
Las carga el ~.《口語》いつ弾が飛んでくるか(危険が降りかかるか)分からない
llevarse el ~《口語》あっという間に消える(だめになる): El dinero se lo llevó el ~. 金はまたたく間でなくなった
lleváraselo a+人 *el ~ (los ~s)* …が怒り狂う,激怒する
mandar... al ~ [腹を立てて] 1)[人を]見捨てる,追い払う. 2)[物を]捨てる
más que el ~ すごく,恐ろしく[多く]: tener *más* problemas *que el ~* 問題がとても多い
no sea (fuera) el ~ que+接続法《口語》もし…するといけないから: Vámonos, *no sea el ~ que* empiece a llover. 雨が降り出すといけないから出かけよう
no tener el ~ por donde desechar《口語》手がつけられないほどひどい,どうしようもない
no valer un ~ [人・物が]全くくだらない,何の価値もない
pobre ~ [不幸な・貧しい]哀れなやつ,かわいそうな人
¡Que te lleve el ~! この罰当たりめ!
¡Qué ~s! じれったい,すごい,つまらない!
tener el ~ (los ~s) en el cuerpo《口語》ひどく悪賢い; いたずら好きである; [子供が]やんちゃである: Parece que *tiene el ~ en el cuerpo.* ひどい腕白ぶりだ
tentar al ~ 悪魔を試す; [悪魔の]誘惑に身をさらす
tirar el ~ de la manta 秘密をばらす
¡Vete al ~! とっとと消えうせろ,くたばれ!
¡Vive el ~!〔怒り〕いやはや!

diablo², bla² [djáblo, bla] 形《チリ.口語》鋭敏な
diablura [djablúra] 女 ❶[たわいのない,特に子供の]いたずら,悪ふざけ. ❷《まれ》離れ業
diabólicamente [djabólikaménte] 副 悪魔のように; 極悪非道に
diabólico, ca [djabóliko, ka]《←ラテン語 diabolicus < ギリシャ語 diabolikos < diabolos》形 ❶ 悪魔の[ような], 魔性の: mujer ~*ca* 魔性の女. ❷ 狡猾な, 極悪な: plan ~ 悪だくみ. ❸ ひどく複雑な,込み入った: problema ~ 大変な難問 ─ 名 悪魔のような人; 悪賢い人
diablín [djablín] 男《料理》砂糖でコーティングした板チョコ〔標語が書かれた紙に包装されている〕
diabolismo [djabolísmo] 男 ❶ 悪魔主義,悪魔崇拝. ❷ 魔性
diabolista [djabolísta] 形 名 悪魔主義の(主義者),悪魔を崇拝する(人)

diábolo [djábolo]《←伊語 diabolo》男 空中独楽(ゴマ)〔2本の棒の先を紐で結び,その紐で独楽を空中に投げ上げたりする〕
diabrosis [djabrósis] 女《医学》主に潰瘍による穿孔
diacatolicón [djakatolikón] 男《古語》センナの葉・ダイオウの根・タマリンドの葉などで作る通じ薬
diacético, ca [djaθétiko, ka]《化学》ácido ~ 二酢酸
diacetilmorfina [djaθetilmorfína] 女《化学》ジアセチルモルヒネ
diacitrón [djaθitrón] 男《まれ》シトロンの皮の砂糖漬け〔=acitrón〕
diaclasa [djaklása] 女《地質》節理
diacodión [djakodjón] 男《古語.薬学》ケシのシロップ〔風邪薬,咳止め,いぶき止め〕
diaconado [djakonádo] 男 =**diaconato**
diaconal [djakonál] 形《カトリック》助祭の
diaconar [djakonár] 自《カトリック》助祭として務める
diaconato [djakonáto] 男《カトリック》助祭職
diaconía [djakonía] 女《←ラテン語 diaconia》《古語.カトリック》❶ 教区のうち一人の助祭が受け持つ区域. ❷ 助祭の住居
diaconisa [djakonísa] 女 ❶《古代キリスト教会の》女性執事,教会に奉仕する女性. ❷《プロテスタント》婦人社会奉仕団員; 婦人伝道師
diácono [djákono]《←ラテン語 diaconus < ギリシャ語 diakonos「召使」》男 ❶《カトリック》助祭〔→**órden** 女〕〔参考〕. ❷《プロテスタント》執事〔病人の見舞い,教会資産の徴収・管理,貧者の世話などに当たる〕
diacrítico, ca [djakrítiko, ka] 形 ❶《言語》弁別的な: signo ~/señal ~*ca* 弁別符号〔*más* と *mas* のように同一文字の発音・意味の違いなどを示す〕. ❷《医学》[症状が]特徴的な
diacronía [djakronía] 女 ❶《言語》通時態, 通時論〔⇔**sincronía**〕. ❷ 通時的発展
diacrónico, ca [djakróniko, ka] 形 ❶ 通時的な, 経時的な: estudio ~ sobre la evolución del ser humano 人類の発展についての経時的研究. ❷《言語》通時態の, 通時論的の: lingüística ~*ca* 通時言語学
diacústica [djakústika] 女 屈折音響学
diada [djáda] 女 [La D~] ディアダ《カタルーニャ州の祝日》
díada [djáda] 女 ❶ 強固に結びついた 2 つの存在(原理). ❷《社会学》2人組, 2者関係. ❸《化学,数学など》ダイアド
diadelfo, fa [djadélfo, fa] 形《植物》二体雄蕊の(ヒゲ)の
diadema [djadéma]《←ラテン語 diadema < ギリシャ語 diadema, -atos < diadeo「私は巻いて締める」》女《服飾》1)[半円形の]女性用宝冠, ティアラ. 2)ヘアバンド, カチューシャ. 2 [権威・栄誉の象徴として] 王冠. ❸ 王位,帝位: ceñir la ~ *imperial* 帝位に就く. ❹[古代の王が王冠として締めた]白帯. ❺《ボクシング》王座
diademado, da [djademádo, da] 形《紋章》王冠のある
diádico, ca [djádiko, ka] 形 2つの存在 *díada* の
diado [djádo] 形 *día* ~ 指定日, 確定日
diadoco, ca [djadóko, ka] 名 =**diádoco**
diádoco, ca [djadóko, ka] 名 ❶[現代ギリシャの王位継承者]皇太子 ─ 男《歴史》ディアドコイ《アレキサンダー大王の後継を争った武将たち》
diafanidad [djafanidá[d]] 女《文語》❶ 透明性, 透明さ. ❷ 明解さ; 裏表のなさ: ~ de sus palabras 発言に裏表がないこと
diafanizar [djafaniθár] 他 透明にする
diáfano, na [djáfano, na]《←ギリシャ語 diaphanes「透明な」》形 ❶ 透明な, 透き通った: cristal ~ 透明なガラス. ❷ 曇りのない, 澄んだ, 汚れのない: Con este día tan ~, no apetece nada quedarse en casa. こんな晴れた日に家にいるなんてもったいない. ❸ 明らかな; 隠し立てのない, 裏表のない: explicación ~*na* 明快な説明. A través de su conducta ~*na* sabrás lo que piensa. 彼の率直な行動を通して彼の考えが分かるだろう. ❹《西.建築》オープンプランの, 自由に使える間取りの, 間仕切りのない
diafanómetro [djafanómetro] 男 徹照検査器
diafásico, ca [djafásiko, ka] 形《言語》通時的な, 表現様式的な
diafisario, ria [djafisárjo, rja] 形《解剖》骨幹の
diáfisis [djáfisis] 女《解剖》骨幹. ❷《植物》先端貫生
diafonía [djafonía] 女 ❶《音楽》ディアフォニー; [古代ギリシャの音楽理論で]不協和音; [中世ヨーロッパの音楽理論で]オルガヌムにおける二声部のポリフォニー. ❷《通信》漏話, クロストーク

漏れ雑音

diaforesis [djaforésis] 女《医学》[特に人為的で多量の]発汗; 発汗療法

diaforético, ca [djaforétiko, ka] 形 男《薬学》発汗を促す; 発汗剤

diafragma [djafrágma] 男 ❶《解剖》横隔膜. ❷《生物》隔膜;《植物》隔壁. ❸ ペッサリー〖=pesario〗. ❹《写真》絞り: ~ iris アイリス, 虹彩絞り. ❺《音響》振動板. ❻《建築など》仕切り板

diafragmar [djafragmár] 他《写真》絞る, 絞り込む

diafragmático, ca [djafragmátiko, ka] 形 ❶《解剖》横隔膜の: contracción ~ca 横隔膜の収縮. hernia ~ca 横隔膜ヘルニア. ❷《写真》絞りの. ❸《建築など》仕切りの, 隔壁の

diaftoresis [djaftorésis] 男《地質》[気圧・気温の低下に伴う]岩石の後退変化

diagénesis [djaxénesis] 女《地質》続成作用

diagenético, ca [djaxenétiko, ka] 形 続成作用の

diagnosis [djaɣnósis] 女〖←diagnóstico²〗《単複同形》❶《医学》診断. ❷診断法. ❸《文語》現状分析, 状況判断. ❹《生物》記相, 標徴

diagnosticable [djaɣnɔstikáβle] 形 診断され得る, 診断可能な

diagnosticar [djaɣnɔstikár] 他 ❶[病気の]診断をする: Le diagnosticaron una hepatitis. 彼は肝炎だと診断された

diagnóstico¹ [djaɣnóstiko] 男 ❶《医学》診断; その結果: Su ~ es de gravedad. 彼の診断では重病だ. dar un ~ 診断を下す. ~ erróneo 誤診. ❷ 現状分析. ~ de la situación 情勢分析. ❸《情報》診断ルーチン

diagnóstico², ca [djaɣnóstiko, ka] 形〖←ギリシア語 diagnostikos「区別が可能にする」〗❶《医学》診断の: prueba ~ca 診断検査. ❷[病気の]特徴(症状)を示す, 特徴的な

diagometría [djaɣometría] 女《電気》伝導度測定

diagonal [djaɣonál] 形〖←ラテン語 diagonalis〗❶ 対角線の. ❷斜めの. ❸ 綾織りの
—— 女 ❶《幾何》対角線〖=línea ~〗: trazar una ~ 対角線を引く. ❷《繊維》綾織り
en ~ 斜めに: Lo leí en ~ solo para hacerme una idea del sentido general. 私は大体の意味をつかむために斜め読みしたけだど

diagonalmente [djaɣonálménte] 副 対角線状に, 斜めに

diágrafo [djáɣrafo] 男 拡大写図器, 分度尺

diagrama [djaɣráma] 男〖←ラテン語・ギリシア語 diagramma「設計図」〗図, 図表, グラフ, 一覧図, 図解, 式; ダイヤ〔グラム〕: hacer un ~ de... ...を図で表わす. ~ arbóreo 枝分かれ図. ~ circular 内燃機関のサイクルを円で図示したもの. ~ de barras 棒グラフ. ~ de flujo《情報》フローチャート. ~ de una frase 文の構造図

diagramación [djaɣramaθjón] 女 ❶ 図(表)で示すこと, 図解. ❷《主に中南米》割付, レイアウト

diagramador, ra [djaɣramaðór, ra] 名《主に中南米》割付(レイアウト)をする人

diagramar [djaɣramár] 他 ❶ 図(表)で示す, 図解する. ❷《主に中南米》[本・雑誌・新聞などの]割付(レイアウト)をする

diagramático, ca [djaɣramátiko, ka] 形 図表の: representación ~ca 図表による表示

diaguita [djaɣíta] 形 名 ディアギタ族〔の〕《アルゼンチン北西部・チリ北部の先住民. 系統不明のカカン語 cacán を話したが, 17世紀に絶滅》

dial [djál] I 男〖←ラテン語 dialis〗形 一日の
—— 男《古語》〖主に 複〗過去の同月同日に起こった事件〖= efemérides〗
II 〖←英語〗男 ❶ [電話・ラジオの]ダイアル: mover el ~ ダイアルを回す. ❷ [重量計・速度計などの]目盛り板

diálaga [djálaɣa] 女《鉱物》異剣石

dialectal [djalektál] 形 方言の, 地方語の: inglés ~ en Sierra Leona シエラ・レオネなまりのある英語. acento ~〔地方〕なまり. fragmentación ~ 方言分化. rasgo ~ 方言の特徴

dialectalismo [djalektalísmo] 男 ❶ 方言特有の語法. ❷ 方言としての特質

dialectalización [djalektaliθaθjón] 女 方言の分化

dialectalizar [djalektaliθár] 自 ~se 方言に分かれる

dialéctica¹ [djaléktika] 女〖←ラテン語 dialectica < ギリシア語 dialektikos「議論に関する」〗❶《哲学》弁証法. ❷ 論法, 弁論術.

❸ 詭弁(ﾍ), こじつけ, へ理屈. ❹《歴史》論理

dialéctico, ca² [djaléktiko, ka] 形 ❶ 弁証法の, 弁証法的な: materialismo ~ 弁証法的唯物論. ❷《歴史》論理の
—— 名 弁証家

dialectización [djalektiθaθjón] 女 =**dialectalización**

dialectizar [djalektiθár] 自 弁証法的にする

dialecto [djalékto]〖←ギリシア語 dialektikos「話し方」〗男 ❶ 方言, 地方語, なまり: Habla el árabe oficial y el ~ marroquí. 彼は正則アラビア語と[アラビア語の]モロッコ方言を話す. ❷ ~ social 社会の方言, 隠語, 業界用語

dialectología [djalektoloxía] 女 方言学, 方言研究

dialectológico, ca [djalektolóxiko, ka] 形 方言学の

dialectólogo, ga [djalektóloɣo, ɣa] 名 方言学者

dialefa [djaléfa] 女《音声》母音分立〖=hiato〗

dialelo [djalélo] 男《哲学》循環論法

dialicarpelar [djalikarpelár] 形《植物》胎座が分離している

dialipétalo, la [djalipétalo, la] 形《植物》花弁が分離している〖⇔gamopétalo〗: flor ~ 離弁花

dialisépalo, la [djalisépalo, la] 形《植物》萼片が分離している〖⇔gamosépalo〗

diálisis [djálisis] 女《単複同形》《化学, 医学》透析: ~ peritoneal 腹膜透析

dialítico, ca [djalítiko, ka] 形 透析の

dializador [djaljaðór] 男《化学, 医学》透析器, 透析装置

dializar [djaljθár] 自 透析する

dialogado, da [djaloɣáðo, ða] 形 対話形式の, せりふに直された

dialogador, ra [djaloɣaðór, ra] 形 名《まれ》対話する; 対話者

dialogal [djaloɣál] 形 =**dialógico**

dialogante [djaloɣánte] 形 名 ❶ [人が]話しやすい, 話し相手になってくれる[人]: tener un carácter abierto y ~ 開けっぴろげで話しやすい性格である. ❷ 対話する[人]: su ~ 彼の対話相手

dialogar [djaloɣár]〖←diálogo〗自 ❶ [+con と]対話する, 話し合う, 対談する; 交渉する: ~ plácidamente a la sombra de un árbol 木陰で快く話し合う. ~ sobre los temas más urgentes もっとも緊急なテーマについて話し合う. Israel dialogaba con los líderes palestinos. イスラエルはパレスチナの指導者たちと交渉していた
—— 他 対話形式で表現する: ~ un tratado de amores 対話形式で恋愛論を書く

dialógico, ca [djalóxiko, ka] 形 対話の, 対話形式の; 会話体の

dialogismo [djaloxísmo] 男《修辞》対話形式, 対話話法

dialogístico, ca [djaloxístiko, ka] 形 =**dialógico**

dialogizar [djaloxiθár] 自 =**dialogar**

diálogo [djáloɣo]〖←ラテン語 dialogus < ギリシア語 dialogos「2人・数人の会話」〗男 ❶《文語的》対話, 会話, 問答: mantener (sostener) un ~ 対話する, 対談する. ~ animado 弾む会話. ~s socráticos ソクラテス式問答. los D~s de Platón プラトンの『対話篇』. ❷ [合意に達するための]話し合い, 意見交換, 会談: ~ entre los sindicatos y patronal 労使会談. ~ Norte-Sur 南北対話. ❸《文学》1) [物語の]会話部分;《映画, 演劇》せりふ: Mientras el anterior ~ y acción [ト書きの]前のせりふと仕草の途中で. 2) 対話体[の文]. 3) 対話形式[の作品]《散文または詩行による. 16世紀にはフアン・デ・バルデス Juan de Valdés の作品のように教育的な性格を帯びていた》. ❹《音楽》ディアローグ, 対話風. ❺《情報》~ hombre-máquina マン・マシン・コミュニケーション, 人間と機械の対話
~ *de (para) besugos*《戯謔》かみ合わない会話
~ *de sordos*《戯謔》相手の意見を聞こうとしない会話

dialoguista [djaloɣísta] 女《映画, テレビ》対話劇作者, せりふ作者

dialtea [djaltéa] 女《薬学》ウスベニタチアオイの根から作る塗り薬

diamagnético, ca [djamaɣnétiko, ka] 形《物理》反磁性の

diamagnetismo [djamaɣnetísmo] 男 反磁性, 反磁性力, 反磁性現象

diamantado, da [djamantáðo, ða] 形 [硬さ・輝きが]ダイヤモンドのような

diamantar [djamantár] 他 ダイヤモンドの輝きを与える

diamante [djamánte]〖←俗ラテン語 diamas, -antis < adams, -antis < ギリシア語 adamas, -antos「鉄, ダイヤモンド」〗❶ ダイヤモンド: pulsera de ~s ダイヤの腕輪. ~ brillante ブリリアントカットの

diamantífero, ra

ダイヤ. ~ rosa ローズカットのダイヤ. ~ tabla テーブルカットのダイヤ. ❷《トランプ》ダイヤ【→carta《参考》】. ❸《技術》ガラス切り. ❹《鉱山》反射鏡付きの坑道用ランプ
~ [en] bruto 1) ダイヤモンド原石. 2) 磨かれていない才能, 荒削りだが優れた素質をもつ人

diamantífero, ra [djamantífero, ra] 形 ダイヤモンドを産出する: mina ~ra ダイヤモンド鉱山. región ~ra ダイヤモンド産出地域. roca ~ra ダイヤモンドを含んだ岩石

diamantino, na [djamantíno, na] 形《文語》❶〔輝きなどが〕ダイヤモンドのような. ❷〔ダイヤモンドのように〕非常に固い. ❸〔性格などが〕堅固な, 堅実な, 毅然(き)とした

diamantista [djamantísta] 名 ダイヤモンド細工師; ダイヤモンド商人

diamela [djaméla] 女《植物》マツリカ【ハーブティーとして利用】

diametral [djametrál] 形 ❶ 直径の: línea ~ 直径. ❷ 全くの, 正反対の: estar en oposición ~ a (con)... と正反対の立場にある. intereses en oposición ~ 真っ向から対立する利害関係

diametralmente [djametrálménte] 副 ❶ 直径の方向に. ❷ 全く, 完全に: Mi concepto de la vida es ~ opuesta al suyo. 私の人生観は彼のとは正反対だ. ~ distinto 似ても似つかない

diámetro [djámetro]【←ラテン語 diametrus < ギリシャ語 diametros】男 直径; [円筒の]内径: Esta rueda tiene un ~ de 2 metros. このタイヤは直径が2メートルある. ~ aparente《天文》視直径. ~ conjugado 共役径. ~ exterior 外径. ~ de giro《自動車》最小回転直径

diamina [djamína] 女《化学》ジアミン

diana [djána]【←ラテン語 diana「起床ラッパ」】女 ❶〔的の中心の〕黒点; 〔ダーツの〕的: Mi disparo dio a dos centímetros de la ~. 私の撃った弾は中心から2センチの所に当たった. ❷《軍事》起床ラッパ: tocar [a] ~ 起床ラッパを鳴らす; 〔一般に〕声をかけて〔物音を立てて〕起こす〔目を覚まさせる〕. ❸《ローマ神話》[D~] ディアナ《月の女神, 狩猟·森·処女性の守護神》. ❹《サッカー》ゴール. ❺〔錬金術で〕銀. ❻《メキシコ. 音楽》〔功績を讃える〕陽気な曲
dar (*acertar*) *en la* ~ 図星である, 正鵠(こく)を射る
hacer ~ 1) 的の中心に当たる: *Hizo* ~ *tres veces seguidas*. 彼は3回連続で真ん中に当てた. 2) 図星である, 正鵠を射る
No me vengas con ~*s*.《口語》言い訳(おせじ)はまっぴらだ

diancre [djáŋkre] 男《地方語》=**diantre**

diandro, dra [djándro, dra] 形《植物》二雄蕊(ずい)の

dianense [djanénse] 形, 名《地名》デニア Denia の〔人〕【アリカンテ県の町】

dianoético, ca [djanoétiko, ka] 形《哲学》推論的な

dianto [djánto] 男《植物》二花の

diantre [djántre]【←擬態】男〔diablo の婉曲表現. 間投詞的に驚き·怒り〕¿Qué ~s es eso? それは一体何だ? ¡D~! de chiquillo! このくそがきが!
—— 間〔驚き·怒り·賞賛〕うえっ, いやはや!
de todos los ~*s* ひどい, ひどく嫌な, さんざんな
qué ~ [*s*]〔強調〕Pero también era verdad, qué ~. しかし, それも真実だった.

diaño [djáno] 男《地方語》=**diantre**

diapalma [djapálma] 女 酸化鉛·ヤシ油·硫酸亜鉛からなる乾燥用軟膏

diapasón [djapasón]【←ラテン語 diapason < ギリシャ語 dia pason [khordon]「すべての弦を通じて」】男 ❶《音楽》1) 音叉(おんさ): *golpear el* ~ 音叉を鳴らす. 2)〔楽器·音叉·音が出る機械などの〕音域, 声域. 3)〔バイオリンなどの〕指板(しいた), フィンガーボード; [オルガンの] ストップ; 〔パイプオルガンの〕ダイアペーソン. 4)《古代ギリシャ》オクターブ. ❷ 声の調子, 口調: *bajar* (*subir*) *el* ~ 声を低く(高く)する

diapausa [djapáusa] 女《昆虫》休眠期

diapédesis [djapédesis] 女《生理》漏出〔性出血〕, 血管外遊出

diapensiáceo, a [djapensjáθeo, a] 形 イワウメ科の
—— 女 [複]《植物》イワウメ科

diapente [djapénte] 男《音楽》5度の音程

diapírico, ca [djapíriko, ka] 形《地質》ダイアピルの

diapiro [djapíro] 男《地質》ダイアピル

diaplejía [djapleχía] 女《医学》四肢すべての麻痺

diaporama [djaporáma] 男 ダイアポラマ《複数のプロジェクターによる音声付きのスライドショー》

diapositiva [djapositíba] 女《写真》スライド, 透明陽画

diaprea [djapréa] 女《果実》プラムの一種【小型の美味】

diapreado, da [djapreádo, da] 形《紋章》唐草模様の

diaquenio [djakénjo] 男《植物》二痩果(そうか)

diaquilón [djakilón] 男《薬学》鉛軟膏

diarca [djárka] 男《歴史》両王の一人

diarero, ra [djaréro, ra] 名《南米》新聞売り子, 新聞配達人

diariamente [djárjaménte] 副 毎日, 日々, 日常的に: *Leo el periódico* ~. 私は新聞を毎日読む

diariero, ra [djarjéro, ra] 名《南米》=**diarero**

diario¹ [djárjo]【←ラテン語 diarium】男 ❶ 日記; 日誌: *llevar un* ~ 日記をつける: *aparato* (*anotar*)... *en un* ~ 日記に記入する. ~ *de a bordo/* ~ *de navegación* 航海日誌. ~ *de operaciones* 戦闘日誌. ~ *de sesiones* 議事録. ❷ 新聞, 日刊 [= *periódico*]: ~ *de la mañana/* ~ *matutino* (*nacional*) 朝刊. ~ *vesperino/* ~ *de la noche* 夕刊. ~ *dominical* 日曜紙. *D*~ *16*《西》ディアリオ16【1976~2001年刊行の日刊全国紙】. ❸ 報道番組, ニュース: ~ *hablado* (*televisado*) ラジオ(テレビ)のニュース〔番組〕. ~ *filmado* ニュース映画. ❹《商業》取引日記帳, 仕訳帳 [= *libro* [*de*] ~]. ❺ 毎日の家計費 [= *gasto* ~]. ❻《歴史》定期刊行物. ❼《チリ》~ *mural* 掲示板
—— 副〔メキシコ, 中米, プエルトリコ, コロンビア, ベネズエラ, ペルー, ボリビア〕毎日 [= *a diario*]

diario², ria [djárjo, rja]【←ラテン語 diarium】形 ❶ 毎日の, 日々の, 一日当たりの: *Trabaja ocho horas* ~*rias*. 彼は毎日8時間働く. *salario* ~ 日給. *sucesos* ~*s* 日々の出来事. ❷ 日常の, ふだんの: *traje* ~ ふだん着. *vida* ~*ria* 日常生活
a ~ 毎日 = *salir a* ~ 毎日外出する
de ~ 普段用の《⇔ *de fiesta*》: *ropa de* ~ 普段着. *salir vestido de* ~ 普段着を着て出かける
para ~ 日常の: *servilletas para* ~ ふだん使いのナプキン

diarismo [djarísmo] 男《中南米》ジャーナリズム [= *periodismo*]

diarista [djarísta] 名 ❶《まれ》日記をつける人, 日記担当者, 日誌長; 〔主に18世紀の〕日記作家. ❷《中南米》ジャーナリスト [= *periodista*]

diarquía [djarkía] 女《政治》二頭(両頭)政治

diarrea [djaréa]【←ラテン語 diarrhoea < ギリシャ語 diarrhoia】女 《医学》下痢: *tener* ~ 下痢する
~ *mental*《口語》〔頭の中の〕混乱: *tener* ~ *mental* 考えがまとまらない
~ *verbal*《口語》たわいないおしゃべり, 饒舌病

diarreico, ca [djaréiko, ka] 形 下痢の, 下痢性の: *heces* ~*cas* 下痢便

diartrosis [djartrósis] 女《単複同形》《解剖》可動関節, 可動結合

diáscopo [djáskopo] 男 スライド映写機, スライドプロジェクター

diascordio [djaskórdjo] 男《薬学》ウォータージャーマンダーからつくる収斂性の薬

diasén [djasén] 男《薬学》センナ sen の葉からつくる下剤

diasistema [djasistéma] 男《言語》〔方言などの〕共通体系

diáspero [djáspero] 男《鉱物》=**diaspro**

diáspora [djáspora]【←ギリシャ語 diaspora「分散」】女 ❶ ディアスポラ《バビロン捕囚 Cautiverio de Babilonia 後, ユダヤ人がパレスチナから離散したこと》; 〔集名〕離散地〔の集落〕. ❷〔一般に大集団の〕離散, 民族離散

diásporo [djáesporo] 男《鉱物》=**diaspro**

diaspro [djáspro] 男《鉱物》ダイアスポラ: ~ *sanguino* 緑玉髄 [= *heliotropo*]

diastasa [djastása] 女《生化》ジアスターゼ

diastásico, ca [djastásiko, ka] 形 ジアスターゼの

diástasis [djástasis] 女《医学》〔縫合〕離開: ~ *de rectos* 腹直筋離開

diastático, ca [djastátiko, ka] 形 ジアスターゼ性の, 糖化性の

diastema [djastéma] 男《動物》歯隙(しげき)

diástilo [djástilo] 形《建築》広柱式の

diástole [djástole] 女 ❶《生理》〔心臓の〕拡張[期]《⇔ *sístole*》. ❷《詩法》音節延長

diastólico, ca [djastóliko, ka] 形 心拡張の: *presión* ~*ca* 最低血圧

diastrático, ca [djastrátiko, ka] 形《言語》通俗的な, 社会層の

diastrofia [djastrófja] 囡《医学》脱臼, 捻挫
diastrofismo [djastrofísmo] 男《地質》地殻変動
diatérmano, na [djatérmano, na] 形《物理》透熱性の
diatermia [djatérmja] 囡《医学》ジアテルミー〔療法〕
diatérmico, ca [djatérmiko, ka] 形 =**diatérmano**
diatesarón [djatesarón] 男《音楽》4度の音程
diatésico, ca [djatésiko, ka] 形《医学》素質の, 体質的な
diátesis [djátesis] 囡《単複同形》❶《医学》[病気に対する] 素質, 体質: ~ cancerosa 癌体質. ❷《まれ. 文法》態 [=voz]
diatomáceo, a [djatomáθeo, a] 形 珪藻類の: tierra ~a 珪藻土
diatomea [djatoméa] 形 珪藻類の
—— 囡 覆《植物》珪藻類: barro de ~s 珪藻土
diatómico, ca [djatómiko, ka] 形《化学》2原子の, 2価の: molécula ~ca 2原子分子
diatomina [djatomína] 囡《生化》ジアトミン
diatomita [djatomíta] 囡《地質》珪藻岩, 珪藻土
diatónicamente [djatónikaménte] 副 全音音階で
diatónico, ca [djatóniko, ka] 形《音楽》全音音階の
diatonismo [djatonísmo] 男 全音階主義, 全音階使用
diatópico, ca [djatópiko, ka] 形《言語》通域的な, 地域的な
diatrema [djatréma] 囡《地質》ダイアトリーム
diatreta [djatréta] 囡《古代ローマ》[彫刻を施した金属製・ガラス製の] コップ, 容器
diatriba [djatríba] 囡 [+contra への] 痛烈な批判, 酷評: lanzar fuertes ~s contra el gobierno 激しく政府を批判する
diatribar [djatribár] 自《まれ》痛烈に批判する
diatropismo [djatropísmo] 男《植物》側面屈性
diávolo [djábolo] 〖←伊語〗男 =**diábolo**
Díaz [díaθ]《人名》**Porfirio** ~ ポルフィリオ・ディアス〖1830〜1915, メキシコの政治家, 大統領 (1877〜80, 1884〜1911). 長期に及ぶ独裁体制を敷き (ポルフィリアート porfiriato), 近代化を進める一方, 激しい社会格差を生み出す. マデロ Madero による革命で政権は崩壊. フランスで客死〗
Díaz del Castillo [díaθ del kastíʎo]《人名》**Bernal** ~ ベルナル・ディアス・デル・カスティリョ〖1496〜1584, スペイン人コンキスタドール. コルテス Cortés によるアステカ王国征服に従軍. 『メキシコ征服記』 Historia verdadera de la conquista de la Nueva España〗
Díaz de Solís [díaθ de solís]《人名》**Juan** ~ フアン・ディアス・デ・ソリス〖1470〜1516, スペイン人航海者. ラ・プラタ川を発見〗
Díaz de Vivar [díaθ de bibár]《人名》**Rodrigo** ~ ロドリゴ・ディアス・デ・ビバル〖1043〜99, エル・シッド El Cid またはシッド・カンペアドル Cid Campeador と呼ばれる. レコンキスタ時代のカスティーリャの騎士〗
Díaz Mirón [díaθ mirón]《人名》**Salvador** ~ サルバドル・ディアス・ミロン〖1853〜1928, メキシコの詩人. バイロンやユゴーの影響を受けて詩作を始め, モデルニスモ modernismo の詩人たちに影響を与えた〗
diazoar [djaθoár] 他《化学》ジアゾ化する
diazoico, ca [djaθóiko, ka] 形《化学》ジアゾニウム塩〔の〕, ジアゾ基を含んだ; ジアゾ化合物
Díaz Ordaz [díaθ orðáθ]《人名》**Gustavo** ~ グスタボ・ディアス・オルダス〖1911〜79, メキシコの政治家, 大統領 (1964〜70). 1968年, 学生を中心とする反政府運動を徹底的に弾圧した (→Tlatelolco)〗
Díaz Soto y Gama [díaθ sóto i gáma]《人名》**Antonio** ~ アントニオ・ディアス・ソト・イ・ガマ〖1880〜1967, メキシコの政治家. メキシコ革命でサパタ Zapata 派に加わる. アヤラ綱領 Plan de Ayala 承認の中心人物〗
dibásico, ca [dibásiko, ka] 形《化学》二塩基の
dibatag [dibatág] 男《動物》ディバタグ
diblástico [diblástiko] 男《生物》二胚葉性
dibranquiado, do [dibraŋkjáðo, ða] 男 男 =**dibranquial**
dibranquial [dibraŋkjál] 形 二鰓類の
—— 男 覆《動物》二鰓類
dibranquio, quia [dibráŋkjo, kja] 形 =**dibranquial**
dibre.《略記》= **dic.**
dibujanta [dibuxánta] 囡《口語》→**dibujante**
dibujante [dibuxánte] 形 [線で] 描く
—— 名《口語》女性形 **dibujanta** もある] ❶ 漫画家. ❷ 素描家; 図案家. ❸ 製図家; デザイナー: ~ de publicidad 広告

デザイナー

dibujar [dibuxár]〖←?古仏語 deboissier「木彫する」〗他 ❶ [線で] 描く, スケッチする [→pintar 類義]: Dibuja un triángulo. 三角形を描きなさい. a lápiz 鉛筆で描く. con tinta china 墨で描く. ❷ 下絵を描く; 製図する. ❸《言葉》描写する, 記述する: ~ la figura de su padre 父親の人物像を描く. ❹ [案・計画を] 構想する, 立案する. ❺《文語》[身ぶり・手ぶりを] する
—— **~se**《文語》❶ [輪郭が] 描かれる, 浮かび上がる: A lo lejos se dibujan las montañas. 遠くに山々の輪郭が見える. ❷ [ぼんやりと・かすかに] 現われる: En su rostro se dibujó una sonrisa. 彼の顔に笑みが浮かんだ
dibujístico, ca [dibuxístiko, ka] 形 デッサンの, イラストの
dibujo [dibúxo]〖←**dibujar**〗男 ❶ 素描[画], 線描, デッサン〖行為, 作品〗: hacer un ~ デッサンをする. academia de ~ 画学校, デッサン学校. papel de ~ 画用紙. ~ a lápiz 鉛筆画. ~ a pluma ペン画. ~ lineal 線画. ~s para recortar e insertar クリップアート. ❷ 図案, イラスト. ❸ [一こまもの] 漫画, 風刺漫画; 覆 動画, 漫画映画, アニメーション〖作品. =~s animados〗. ❹ [機械・部品などの] 製図, 図面 [=~ técnico, ~ industrial]: ~ de arquitectura《建築》設計図. ❺ 模様, 文様, 図柄: Esta tela tiene un ~ sencillo. この布はシンプルな柄だ. tela con ~s geométricos 幾何学模様の布地. sin ~s 無地の. ❻《言葉による》描写. ❼《文語》図形
meterse en **~s**《口語》面倒事 (余計なこと) に首をつっこむ〖主に否定文で〗
picar un **~** 目打ちをする
dic.《略記》←diciembre 12月
dicacidad [dikaθiðá(ð)] 囡《文語》[叱責・非難の] 痛烈さ, 辛辣さ
dicar [dikár] 他《隠語》見る [=mirar]
dicasio [dikásjo] 男《植物》二枝集散花序, 岐散花序
dicasterio [dikastérjo] 男《カトリック》[ローマ教皇庁を含む] 教会共同体
dicaz [dikáθ] 形《まれ》毒舌の, 辛辣な, 口の悪い
dicbre.《略記》= **dic.**
dicción [di(k)θjón]〖←ラテン語 dictio, -onis「演説」< dicere「言う」〗囡 ❶ 言葉づかい, 話し方, 書き方, 措辞; 語法: La ~ escénica difiere de la coloquial. 舞台のことばづかいは普通の会話と違う. tener buena (mala) ~ 言葉づかいがよい (悪い). ❷ 発声法, 発音〔の仕方〕; 朗読法: ~ clara 聞き取りやすい発音. ❸ 言葉, 語句: intercalar dicciones francesas en su castellano dialectal なまりのあるスペイン語にフランス語を織り混ぜる. ❹《言語》話し言葉研究
diccionaresco, ca [di(k)θjonarésko, ka] 形《まれ》辞書の
diccionario [di(k)θjonárjo]〖←**dicción**〗男 辞書, 辞典, 事典: consultar un ~ 辞書を引く. buscar una palabra en el ~ 辞書で単語を探す. mirar... en el ~ …を辞書で見る. ~ de inglés-español 英西辞典. ~ de sinónimos 同義語辞典. ~ de historia 歴[学]事典. ~ del uso del español スペイン語用法辞典. ~ de filosofía 哲学事典. ~ electrónico 電子辞書. ~ enciclopédico 百科事典. ~ histórico 歴史的辞典〖語義, 語形などを時代順に配列した辞典〗
diccionarista [di(k)θjonarísta] 名 辞書編纂者 [=lexicógrafo]
dicente [diθénte] 形 名 =**diciente**
dicentra [diθéntra] 囡《植物》コマクサ
díceres [díθeres] 男 覆《アンダルシア; 中南米》うわさ, 風評
dicetona [diθetóna] 囡《化学》ジケトン
dicha [dítʃa] I 〖←ラテン語 dicta「言われたこと」〗囡 ❶ 幸福, 幸せ; 幸運; 喜び, 慶事: Tuvo la ~ de ver crecer a sus hijos sanos. 彼は子供たちがすくすく育って幸せだった. No le cabe la ~ en el cuerpo. 彼はうれしさを隠し切れない. ¡Qué ~! 何という嬉しい〔幸せな〕ことだ! hombre de ~ 幸運な人. Nunca es tarde si la ~ es buena.《諺》慶事に遅すぎるということはない. ❷ 猟犬が獲物を見つけた時の鳴き声
a **~** *=por* **~**
no ser para **~** [事が] 意外である, ものすごい
por **~** 偶然に, たまたま; 運よく, 幸運にも
tener...por **~** …は冗談ではない, 本気である
II 囡《チリ. 植物》シマトキンソウ属の数種の草
dicharachero, ra [ditʃaratʃéro, ra]〖←**dicharacho**〗形 ❶ 冗談好きな, 機知に富んだ. ❷ 饒舌 (な), おしゃべりな, 話し好きの: No te aburrirás con él porque es muy ~ y simpático.

彼は話し好きで気さくな人だから彼といたら退屈しないよ

dicharacho [ditʃarátʃo]《←dicho》男［時に下品な］冗談, ジョーク; 下ネタ

dichero, ra [ditʃéro, ra] 形《アンダルシア》冗談好きな, 機知に富んだ

dicheya [ditʃéja] 女《チリ. 植物》薬草の一種

dicho[1] [dítʃo]《←decir》❶［戯言・格言的な］言葉, 表現: Es un ~ de Seneca. それはセネカの言葉だ. Como dice el ~: la policía no es tonta. よく言われることだが, 警察もばかではない. ¡Este niño tiene cada ~! この子は実に面白いことを言う. Del ~ al hecho hay mucho (un gran) trecho.《諺》言うは易く, 行なうは難し. ❷ 言われたこと: Fue un ~ malicioso, que molestó a la audiencia. それは悪意ある言葉で, 聴衆の反感を買った. ❸《法律》供述, 証言. ❹ 結婚の誓い: tomarse los ~s［結婚する2人が聖職者や役所の係官の前で］結婚の意思を表明する, 結婚の誓約をする;《古語. カトリック》[教会で挙式するための結婚許可を申請する際に] 神父による婚約者2人に対する口頭試問を行なう. toma de ~ [聖職者や役所の係官の前で行なう] 結婚の意思表明, 結婚の誓約;《古語. カトリック》[教会で挙式するための結婚許可を申請する際に] 神父による婚約者2人に対する口頭試問
~ **de las gentes** うわさ, ゴシップ

dicho[2], **cha** [dítʃo, tʃa] {decir の過分} 形《文語》[+名詞. 無冠詞で] 前述の, 上述の, 前記の, 件（くだん）の, この: El tribunal resuelve sobre ~ asunto. 法廷は当該の件に関し決定を下す. La identidad de ~cha persona es desconocida. 当該人物の身元は分かっていない
~ **de otro modo**/~ **de otra manera** 言い換えると, 別の言い方をすれば, すなわち
~ **sea de paso** ついでに言うと, ついでながら
~ **sea entre nosotros** ここだけの話だが
~ **y hecho**《口語》言うが早いか, 早速, すぐに, すばやく: Me dijo él que se iba de viaje y, ~ y hecho, llamó a un taxi y se fue. 彼は私に旅行に出かけると言い, 早速タクシーを呼ぶと姿を消した
Está bien ~. なかなかうまい表現だ
lo ~ 言われたこと, 述べられたこと, 口に出されたこと: lo ~ en la última reunión 前回の会合で述べられたこと
Lo ~, ~. 言ったことは実行すべきだ (取り消せない)
[o] **mejor** ~ より正確に言えば, むしろ, 言ってみれば: Tiene dos primos, o mejor ~, un primo y una prima. 彼にはいとこが2人, より正確に言えば男のいとこ1人と女のいとこ1人がいる. Ayer fui al cine, mejor ~, me llevaron. 私は昨日映画に行った, というより連れて行かれた
propiamente ~ まさしく, 文字どおり[の], 本来の意味で[の], いわゆる: No es una casa propiamente ~. それは家などと呼べるものではない
sea ~ **entre nosotros** =~ **sea entre nosotros**

dichón, na [ditʃón, na] 形《アルゼンチン》辛辣な

dichosamente [ditʃósaménte] 副 幸運に, 無事に, 何事もなく; 運よく, 幸いにも

dichoso, sa [ditʃóso, sa]《←dicha》形 ❶ [+de・en・con で] 幸運な, 幸福な, うれしい, 満足した: Me siento ~ de poder hacerte este favor. 君の願いをかなえられて良かった. Yo estaba ~ el día de tu boda. 私は彼女の結婚式の日は幸せだった. ❷ [名詞+] 幸運をもたらす: acontecimiento ~ 幸せな出来事. época ~sa よき時代. ❸《口語》[+名詞] わずらわしい, 厄介な, いまいましい: ¡D~ niño, a ver si te estás quieto! うるさい子だね, おとなしくしてなさい! ❹《皮肉》ひどい, ついていない

diciembre [diθjémbre]《←ラテン語 december, -bris < decem「10」》男 12月［→mes 参考］

diciendo [diθjéndo] decir の現分

diciente [diθjénte] 形 名 言う［人］, 述べる［人］

dicigótico, ca [diθiɣótiko, ka] 形《生物》二卵性の［=bivitelino］

dickita [di(k)kíta] 女《鉱物》ディッカイト

diclino, na [diklíno, na] 形《植物》雌雄異花の, 単性の

diclofenac [diklofenák] 男《薬学》~ sódico ジクロフェナクナトリウム

dicloro-difenil-tricloroetano [diklóro difeníl trikloroetáno] 男《化学》ジクロロ・ジフェニル・トリクロロ・エタン, DDT

dicogamia [dikoɣámja] 女《植物》雌雄異熟

dicoreo [dikoréo] 男《詩法》2つの長短格の韻脚

dicótico, ca [dikótiko, ka] 形《心理》左右の耳に異なって聞こえる, 両耳分離の

dicotiledón [dikotileðón] 男 =**dicotiledóneo**

dicotiledóneo, a [dikotileðóneo, a] 形 双子葉の
── 女《植物》双子葉植物

dicotomía [dikotomía] 女 ❶ 2種類 (2群) に分けること, 二分[状態]. ❷《論理, 情報》二分法. ❸《植物》二叉分枝. ❹《天文》半月. ❺［紹介した主治医と専門医の間での, 違法な］謝礼金の山分け

dicotómico, ca [dikotómiko, ka] 形《論理, 情報》二分法の

dicótomo, ma [dikótomo, ma] 形 二分される

dicroico, ca [dikrɔ́iko, ka] 形《物理》二色性の

dicroísmo [dikroísmo] 男《物理》二色性

dicromático, ca [dikromátiko, ka] 形 ❶ 二色の. ❷《動物》二色性の

dicromatismo [dikromatísmo] 男 ❶《動物》二色性. ❷《医学》二色性色覚

dicromato [dikromáto] 男《化学》=**bicromato**

dicromismo [dikromísmo] 男《動物》二色性

dicromo, ma [dikrómo, ma] 形 二色性の

dicrotismo [dikrotísmo] 男《医学》重拍脈, 重複脈

dícroto, ta [díkroto, ta] 形《医学》重拍の, 重拍性の

dictablanda [diktaβlánda] 女《戯語》緩やかな独裁政治

dictado [diktáðo]《←ラテン語 dictatio, -onis》男 ❶ 口述; 書き取り: escribir al ~ 口述筆記する. hacer un ~ 口述筆記をする. examen de ~ 書き取りの試験. ~ musical 音楽聞き取り, 採譜. ❷ [異名としての] 称号: ~ de valeroso 勇者の称号. ❸［良心などの］導き, 命令, 示唆: ~s de la razón 理性の声
al ~ [+de の命令などに] 従って

dictador, ra [diktaðór, ra]《←ラテン語 dictator, -oris》形《まれ》独裁[者]の
── 名 ❶ 独裁者, 専制者. ❷《比喩》暴君, ワンマン
── 男《古代ローマ》臨時執政官, 独裁官

dictadura [diktaðúra]《←ラテン語 dictatura》女 独裁[制・政治・国], 専制: bajo una ~ 独裁下の・で. ~ de un solo partido 一党独裁. ~ militar 軍部独裁

dictáfono [diktáfono]《←商標》男 ディクタフォン, 口述録音機

dictamen [diktámen]《←ラテン語》男《複 dictámenes》❶［経験者・権威者の］意見, 考え, 判断: El ~ de su médico de cabecera contrastó con el del otro. 彼の主治医の診断はもう一人の医者の診断と対照的だった. La comisión emitió un ~ positivo. 委員会は肯定的な判断を示した. dar un ~ 意見を述べる. tomar ~ de… …に意見を求める. ❷ 報告[書]: ~ pericial 鑑定書. ~ facultativo (médico) 診断書

dictaminador, ra [diktaminaðór, ra] 形《まれ》判断する; 診断する

dictaminar [diktaminár]《←dictamen》他 …について判断を下す; [+que+直説法 であるとの] 見解を示す: El forense dictaminó la hora de la muerte. 監察医は死亡時刻を特定した. El juez dictaminó que el acusado no era culpable del robo. 裁判官は被告は窃盗について無罪であるという判決を下した
── 自 [+sobre について] 判断を述べる: Él no opina, dictamina. 彼は意見を述べるのではなく, 断言する

díctamo [díktamo] 男《植物》❶ ハクセン[=~ blanco]. ❷ ~ real トウダイグサ科の一種［果汁は下剤］

dictar [diktár]《←ラテン語 dictare》他 ❶ [+a+人 に] 口述する, 書き取らせる: El jefe dictó una carta a su secretario. 上司は一通の手紙を秘書に口述筆記させた. ~ las preguntas del examen a los alumnos 生徒に試験問題を書き取らせる. ❷《法律・命令などを》発する, 宣する, 言い渡す: ~ una sentencia 判決を言い渡す. ❸ [良心・感情などが] 命じる, 指図する: Frena tus impulsos y haz lo que te dicte la razón. 衝動を抑えて理性の命じることをしなさい.《放送》ニュースを読む. ❹《中南米》…の授業 (講義) をする;《放送》ニュースを読む
── 自 口述筆記をさせる

dictatorial [diktatorjál]《←dictator》形 独裁者の; 独裁的な, 独裁的の: época ~ 独裁期. poder ~ 独裁権力. régimen ~ 独裁体制

dictatorialmente [diktatorjálménte] 副 独裁的に, 傍若無人に, 専横に

dictatorio, ria [diktatórjo, rja] 形 尊大な, 独裁的な

dicterio [diktérjo] 男《文語》[主に 複] 侮辱〔の言葉〕
díctico, ca [díktiko, ka] 形 =**deíctico**
dictióptero, ra [diktjó(p)tero, ra] 形 網翅目の
—— 男《昆虫》網翅目
dictiosoma [diktjosóma] 男《生物》ディクチオソーム, 網状体
dictiotales [diktjotáles] 女 複《植物》アミジグサ目
dictum [diktún] 男《言語》言表事態, 発話内容《⇔modus》
dicumarina [dikumarína] 女《薬学》ダイクマリン, ジクマリン
didacta [didákta] 名《まれ》教師, 教育者
didáctica[1] [didáktika] 女 教授法, 教育法: ~ de la lengua española スペイン語教授法
didacticismo [didaktiθísmo] 男 =**didactismo**
didáctico, ca[2] [didáktiko, ka] 形《←ギリシア語 didaktikos < didasko「私は教える」》教育の; 教育的な: cuentos ~s ためになるお話. juguetes ~ 教育玩具
didáctilo, la [didáktilo, la] 形《動物》二本指の
didactismo [didaktísmo] 男 ❶ 教育者的態度, 教授的精神. ❷［作品の］教訓主義, 教育的傾向, 教訓癖
didascalia [didaskálja] 女《文学》教育
didascálico, ca [didaskáliko, ka] 形［主に詩が］教育的な
didelfo, fa [didélfo, fa] 形《動物》雌の生殖管が二重の, 二子宮の
—— 男 有袋類《=marsupial》
didímeo, a [didímeo, a] 形《詩語》アポロ〔神〕の
didimio [didímjo] 男《古語. 化学》ジジミウム
dídimo, ma [dídimo, ma] 形《解剖, 植物》左右対称の, 双生の
—— 男《まれ》睾丸《=testículo》
didracma [didrákma] 男《古代ギリシア》〔銀貨・重量単位〕ディドラクマ《=2ドラクマ》
diecinueve [djeθinwébe] 形 ❶《基数詞》19〔の〕. ❷ 19番目の
diecinueveavo, va [djeθinwebeábo, ba] 形《分数詞》19分の1〔の〕
dieciochavo, va [djeθjotʃábo, ba] 形 男《分数詞》18分の1〔の〕: libro en ~《印刷》18折り判の本
dieciocheno, na [djeθjotʃéno, na] 形 男 ❶《序数詞》18番目の《=decimoctavo》. ❷《織物》paño ~ 縦糸が1800本の布
—— 男《バレンシア》昔の貨幣《価値は =18 dinerillos》
dieciochero, ra [djeθjotʃéro, ra] 形《チリ. 口語》独立記念日（9月18日）を熱心に祝う
dieciochesco, ca [djeθjotʃésko, ka] 形 18世紀の; 18世紀的な
dieciochismo [djeθjotʃísmo] 男 18世紀的様式（特徴）
dieciochista [djeθjotʃísta] 形 =**dieciochesco**
dieciocho [djeθjótʃo] 男 ❶《基数詞》18〔の〕. ❷ 18番目の. ❸《チリ》独立記念日《1810年9月18日に臨時政府樹立》: ~ chico 9月18日から続く1週間の記念行事
dieciochoavo, va [djeθjotʃoábo, ba] 形 男 =**dieciochavo**
dieciséis [djeθiséjs] 形 男 ❶《基数詞》16〔の〕. ❷ 16番目の
dieciseisavo, va [djeθisejsábo, ba] 形 男 ❶《分数詞》16分の1〔の〕: libro en ~《印刷》16折り判の本. ❷《スポーツなど》複 ベスト32〔による16試合〕《=~s de final》
dieciseiseno, na [djeθisejséno, na] 形《序数詞》16番目の《=decimosexto》
diecisiete [djeθisjéte] 形 男 ❶《基数詞》17〔の〕. ❷ 17番目の
diecisieteavo, va [djeθisjeteábo, ba] 形 男《分数詞》17分の1〔の〕
diédrico, ca [djédriko, ka] 形《幾何》二面形の
diedro [djédro] 形《幾何など》二面の: ángulo ~ 二面角;《航空》上反（ぞり）角
—— 男 二面形, V字形
diefembaquia [djefembákja] 女《植物》ディフェンバキア《サトイモ科の観葉植物》
diégesis [djéxesis] 女《文学》[脚本などの] 物語内容
diego [djégo] 男《植物》オシロイバナ《=dondiego》
Diego [djégo]《人名》 Gerardo ~ ヘラルド・ディエゴ《1896～1987, スペインの詩人. 27年世代 generación del 27 の一人. 卓越した技巧の持ち主で, 古典的要素と前衛的要素の2つを基調とする多彩な詩によって独自の美的世界を創造した》
dieléctrico, ca [djeléktriko, ka] 形《電気》誘電［性］の: constante ~ 誘電率
—— 男 誘電体
diencefálico, ca [djenθefáliko, ka] 形 間脳の

diencéfalo [djenθéfalo] 男《解剖》間脳
dienerita [djeneríta] 女《鉱物》デエネル鉱
dieno [djéno] 男《化学》ジエン
diente [djénte]《←ギリシア語 odus, -ontus》男 ❶ 歯《特に門歯と犬歯》: Al bebé le han salido los ~s. 赤ん坊に歯が生えた. Se me ha caído un ~. 私は歯が抜けた. Le faltaban seis ~s. 彼は歯が6本欠けていた. Báñate, lávate los ~s y aféitate. 入浴し, 歯を磨き, ひげを剃りなさい. ~ de leche／~ de mamón 乳歯. ~ definitivo (caduco) 永久（脱落）歯. ~ incisivo 門歯. ~ canino (columelar) 犬歯. ~ molar 臼歯.〔Ojo por ojo,〕D~ por ~.《諺》[目には目を] 歯には歯を. ❷ [くし, のこぎり・歯車・フォークなどの] 歯. ❸《鳥》歯嘴. ❹《植物》1)［葉の] 鋸歯（きょ）し. 2) ~ de león タンポポ. ~ de muerto レンリソウ. ❺ [ニンニクの] 鱗茎の一片: un ~ de ajo ニンニク1かけ. ❻《建築》1)［増築用の] 突出部. 2) 接ぎ手, ほぞ

a regaña ~s →**regañadientes**
aguzarse los ~s《口語》食事のまえにかまえている
alargar[se] a+人 los ~s …が強い欲求を持つ, 食指が動く: Parece delicioso. Se me han alargado los ~s. おいしそうだ. 食べたくてたまらない. El puesto de presidente le *alarga los ~s.* 彼は社長になりたくてたまらない
apretar los ~s 歯を食いしばる
armado hasta los ~s 完全武装した・して
con todos sus ~s がつがつと, 貪欲に; がぶりと
crujir a+人 los ~s［癖・怒りなどで］…が歯ぎしりする: Le *crujían los ~s* ante su impotencia. 彼は自分の無力を歯ぎしりしてくやしがった
dar ~ con ~［寒さ・恐怖などで] 歯をガチガチいわせる, ガタガタと震える
dar el ~ a...《口語》…を食べる
de ~s afuera／de ~s para fuera 不まじめに, せせら笑いながら
dejarse los ~s へとへとになるまでがんばる
~ de lobo 1) 大釘の一種. 2)［メッキ工の] 研磨器
~ perro 1)《植物》セイヨウカタクリ, ヨーロピアン・ドッグトゥース. 2)《まれ. 裁縫》まつり縫い, 荒縫い. 3)《キューバ》地表に突き出た岩
~s de sierra［装飾に] 鋸歯
echar los ~s 1) 歯が生える: Este niño está *echando los ~s.* この子は歯が生えかけている. 2) 激怒する
enseñar [los] ~s 1) 歯をむく: Gritó algo *enseñando los ~s.* 彼は歯をむき出して何か叫んだ. 2) 敢然と立ち向かう, 抵抗の意志を示す
entre ~s 1)［話し方が] ぼそぼそと, 不明瞭に: Ha dicho algo *entre ~s,* pero no lo he entendido. 彼はぼそぼそ何か言っていたが, 私には何のことか分からなかった. 2)［不満で] ぶつくさと, ぶつぶつと: murmurar *entre ~s* ぶつぶつ不平を言う. mascular *entre ~s* もぐもぐとしゃべる
estar a ~《口語》食べる物がない, 飢えている
estar que echa los ~s 激怒している, かんかんになっている
haber nacido (salido) a+人 los ~s 1)［+場所 に] …が暮らし慣れている, 生まれ育っている. 2)［+現在分詞 に] …が幼い時から慣れている
hincar el ~ 1)《口語》［+a 難事に] 取りかかる: Aun no he *hincado el ~* al problema. 私はまだその問題に手をつけていない. 2)［+en·a を] 我がものにする, 不当に手に入れる: Hincó el ~ en los fondos. 彼はその資金に手をつけた. 3)［+en·a を] 批判する, 酷評する: Han *hincado el ~ en* su jefe. 彼らは上司の悪口を言っていた. 4)［+a 嚙みにくいものに] 必死で食べる, 食いつく
meter el ~《口語》=**hincar el ~**
mostrar [los] ~s =**enseñar [los] ~s**
no entrar a+人 de los ~s adentro …を嫌う, 嫌悪する
no haber para [untar] un ~ =**no llegar a un ~**
no llegar a un ~［食物が] ほんの一口分しかない, 足りない
no tener para un ~ =**no llegar a un ~**
partir los ~s ひどい目にあわす《=partir la boca》
pasar los ~s［冷たい食物が] 歯にしみる
pelar el ~《メキシコ, プエルトリコ, コロンビア, ベネズエラ. 口語》1) 作り笑いをする; 愛想笑いをする. 2) お世辞を言う, へつらう
poner a+人 los ~s largos［物・事柄が] …をうらやましがらせる

***ponerse** a+人 **los** ~**s largos**《口語》1）[不快で] …の歯が浮く: Cuando veo el limón *se me ponen los ~s largos.* 私はレモンを見ると歯がうずく. 2）…が食指を動かす; 欲情をそそられる; うらやましがる: Cuando la veo tan feliz *se me ponen los ~s largos.* あんなに幸福そうな彼女を見ると私はうらやましくなる
***rechinar** a+人 **los** ~*s*《口語》…が歯ぎしりする: Le *rechinan los dientes* cuando duerme. 彼は眠っている時歯ぎしりする
***romper los** ~*s*《脅し文句》殴る, ひどい目にあわす〖=partir la boca〗
***tener** [**buen**] ~《口語》食欲が旺盛である, 何でも食べる
***tener los** ~*s largos* 賄賂(ホ゜)に汚い, 賄賂を取りたがる
***tomar**（**traer**）*a*+人 *entre* ~*s* …を嫌う, 反感を持つ; …の悪口を言う, 悪く言う
── 形《メキシコ. 口語》[人が] 攻撃的な

dientecillo [djenteθíλo] 男《俗用》=**dentecillo**
dientemellado, da [djentimeλádo, da] 形 歯の欠けた
dientudo, da [djentúdo, da] 形《中南米》出っ歯の
diéresis [djéresis]〖←ギリシア語 diairesis「分離」〗女《単複同形》❶《文法》分音符（pingüino のように u の上につける ¨）. ❷《音声, 詩法》二重母音（連続母音）の分立 1）güe [gwe]・güi [gwi]（←gue [ge]・gui [gi]）. 2）詩文で音節数を調整するため: aïre←aire, coöperar←cooperar〗. ❸《医学》切開, 切断〖手術〗

diesel [djésel]〖←独語〗男《単複同形》ディーゼルエンジン〖=motor ~〗; ディーゼル車
diesi [djési] 女《音楽》シャープ, 嬰(エイ)《記号【♯】》
dies irae [djés ír[a]e]〖←ラテン語・伊語〗男《カトリック, 音楽》怒りの日〖死者追悼ミサの冒頭の句〗
diestra[1] [djéstra] 女《文語》右側: sentarse a la ~ del presidente 議長の右側に座る
diestramente [djéstraménte] 副 うまく, 上手に, 器用に, 巧みに
diestrísimo, ma [djestrísimo, ma] 形 diestro の絶対最上級
diestro, tra[2] [djéstro, tra]〖←ラテン語 dexter, -tra, -trum「右側にある」〗形 ❶ 右の, 右側の: a la mano ~*tra* 右側に. ❷ 右利きの〖⇔zurdo〗: Casi todos los jugadores del equipo son ~*s*. チームのほとんどの選手が右利きだ. ❸ [+en・con] 巧みな, 上手な, 熟練した: ~ cirujano 腕の良い外科医. mecánico muy ~ 熟練の整備工. *En razonar* 説得するのがうまい. *en el regate* フェイントが巧みな. ❹《特に商売で》抜け目のない, ずる賢い. ❺《文語》右側にいる（ある）〖⇔siniestro〗
***a** ~**tra y siniestra**《文語》右に左に; 四方八方に
***a** ~ **y siniestro** 1) あちらこちらに; とんでもなく: escandalizar *a* ~ *y siniestro* あちこちでひんしゅくを買う. 2) 手当り次第に: repartir regalos *a* ~ *y siniestro* 誰彼構わずプレゼントを渡す
── 男 右利きの人
── 男女 ❶ 闘牛士, マタドール〖女 la *diestra*〗. ❷ 剣術家. ❸《まれ》手綱

dieta [djéta] I〖←ギリシア語 diaita「生き方, 食餌療法」〗女《集名》❶ 食餌（療法）療法, 規定食, ダイエット, 節食《規範で, それに合った飲食物》: Estoy a ~. 私は節食中だ/食餌療法（ダイエット）をしている. hacer ~ 食餌療法をする. someterse（ponerse）a una ~ rigurosa para perder unos kilos 数キロ落とすため厳しい食事制限する. seguir una ~ vegetal 菜食をする. ~ baja en calorías/~ hipocalórica 低カロリー食. ~ blanda con pocos residuos 流動食. ~ hídrica/~ líquida 水分以外の絶食. ~ láctea 牛乳による食餌療法. ~ para diabéticos 糖尿病患者用食. ❷ 常食, 日常の飲食物: Ese niño tiene una ~ deficiente en vitamina A. その子はビタミンA不足の食事をしている. Sigo una ~ rica en proteínas. 私はたんぱく質を豊富にとる食生活を続けている. [comer una] ~ desequilibrada 偏食[をする]. ~ mediterránea 地中海料理
II〖←中世ラテン語 dieta「日給」←独語 Tag「日」〗女 [La D~] 日本・ドイツ・スウェーデンなどの, 議会, 議会. ❷ 複《公務員の出張などの》手当; [議員の]歳費: cobrar unas ~*s* muy elevadas 高い日当を得る

dietar [djetár]《他》=**adietar**
dietario [djetárjo] 男 ❶ 家計簿, 出納帳, こづかい帳. ❷ 日記, メモ帳
dietético, ca [djetétiko, ka] 形 食餌療法の, ダイエットの; 食餌療法学の

── 男 =**dietista**
── 女 食餌療法学, 栄養学
dietista [djetísta] 男女 食餌療法の専門家, 栄養士
dietología [djetoloxía] 女 食餌療法学〖=dietética〗
diez [djéθ]〖←ラテン語 decem〗形 ❶《基数詞》10[の]. ❷ 10番目の. ❸ [ロザリオの]一連《天使祝詞を10回と主の祈り paternóster を1回唱える》; [10個の小珠 avemaría ごとにある] 大珠. ❹《南米》10センタボ貨
***estar en las** ~ **de últimas**《口語》死にかけている, 墓に片足を突っ込んでいる
***hacer las** ~ **de últimas** 1)[最後に] 自暴自棄になる, 元も子もなくす. 2)《トランプ》勝って賭け金をさらう
Díez Canseco [díeθ kanséko]《人名》*José* ~ ホセ・ディエス・カンセコ《1904-49, ペルーの小説家. 海岸地方に住む庶民の姿をリアリスティックなスタイルで詩情豊かに描いた短編集「ムラート素描」*Estampas mulatas*, ペルーの上流社会で退廃的で自堕落な生活をおくっている人々の登場する小説「公爵」*Duque*》
diezmador, ra [djeθmaðór, ra] 形 10人のうち多くの人を殺す, 壊滅させる
diezmal [djeθmál] 形《歴史》十分の一税の
diezmar [djeθmár]《他》〖←diezmo〗❶《疫病・戦争・災害などが》多くの人を殺す, 壊滅させる: La peste negra *diezmó* a la población. ペストで多くの住民が死んだ. ❷ 10のうち1つを取り出す; [刑罰で] 10人につき1人を殺す. ❸《歴史》十分の一税 diezmo を納める
diezmero, ra [djeθméro, ra] 形 名《歴史》❶ 十分の一税を納める; 十分の一税の納税者. ❷ 十分の一税を取り立てる; 十分の一税の取立人（徴税吏）
diezmesino, na [djeθmesíno, na] 形 10か月の
diezmilésimo, ma [djeθmilésimo, ma] 形《分数詞》1万分の1[の]
diezmilímetro [djeθmilímetro] 男 [長さの単位] 10分の1ミリメートル
diezmillo [djeθmíλo] 男《メキシコ. 料理》腰肉
diezmillonésimo, ma [djeθmiλonésimo, ma] 形 男《分数詞》1千万分の1[の]
diezmilmillonésimo, ma [djeθmilmiλonésimo, ma] 形 男《分数詞》100億分の1[の]
diezmo [djéθmo]〖←ラテン語 diezmus < decem「10」〗男《歴史》十分の一税《収入や収穫物の十分の一を教会や世俗領主に納める》
difamación [difamaθjón] 女 中傷, 誹謗(ヒホ゛ウ); 名誉毀損(キソン): denunciar al periodista por ~ 新聞記者を名誉毀損で訴える
difamador, ra [difamaðór, ra] 形 名 中傷する, 誹謗する; 中傷者, 誹謗者, 名誉毀損者
difamar [difamár]〖←ラテン語 diffamare < dis-（無）+fama「名声」〗《他》❶ 中傷する, 誹謗する: Aquel hombre me *difamó* diciendo que me había robado. あの男は私が盗んだと言って私を誹謗した. ❷ …の名誉を傷つける: ~ *el nombre de la familia* 家名を汚す
difamatorio, ria [difamatórjo, rja] 形 中傷的な; 名誉毀損の: escrito ~ 中傷文書
difamia [difámja]《まれ》=**difamación**
difarear [difareár]《自》《チリ. 口語》つじつまの合わないことを言う（する）
difareo [difaréo] 男《チリ》うわごと
difarreación [difař̞eaθjón] 女《古代ローマ》パン共用式婚姻 confarreación の解消の儀式
difásico, ca [difásiko, ka] 形《電気, 物理》二相の
difenilamina [difenilamína] 女《化学》ジフェニルアミン
difenilhidantoína [difenilidantoína] 女《化学》ジフェニルヒダントイン
diferencia [diferénθja]〖←ラテン語 differentia〗女 ❶ [+entre ~の間の] 相違, 違い; 差: Hay gran ~ *de precio entre el original y una copia.* 本物と模写とでは値段が全然違う. ¿Qué ~ hay *entre* "estado" *y* "país"? 国家と国とはどう違うのですか? ¿Cuál es la ~ *entre católicos y protestantes*? カトリックとプロテスタントの違いは何ですか? ¿Cuántas horas *hay* ~ *entre Madrid y Tokio*? マドリードと東京間の時差は何時間ですか? pagar *la* ~ 差額を支払う. ~ *de carácter* 性格の違い. ~ *de fase*《物理》位相差. ~ *de potencial*《電気》電位差. ~ *por goles*《スポーツ》得失点差. ~ *significativa*《統計》有意差. ❷《数学》差; 差分: La ~ *de restar cuatro de seis es*

dos. 6と4の差は2である. ❸ 区別, 差別: ~ en el trato 扱いの差別. ❹ [主に 複数形で] 不一致; もめごと, 対立: No se tuvieron sus ~s. 2人は意見が食い違った. Me han constituido en árbitro de sus ~s. 私は彼らの対立の仲裁役に指名されている. ❺《音楽.古語的》[主に 複数形で] 変奏[曲]〖=variación〗. ❻《経済》~ cronológica en la liquidación de deudas por comercio internacional リーズ・アンド・ラグズ《国際間の金利差や為替相場の変動を見越して貿易業者などが決済の時期を早めたり遅くしたりする》. ~ inflacionario (deflacionario) インフレ(デフレ)ギャップ. ~s de cambio 為替差損益〖為替相場の変動から生じる会計上の損益〗. ❼《論理》種差〖= específica〗

a ~ de... …と違って, …とは異なり: *A ~ de* Madrid, Salamanca no tiene atascos de tráfico. マドリードと違ってサラマンカは交通渋滞がない
con [*mucha*] *~* [口語] [比較して] はるかに: El distrito más caro es *con ~* Salamanca.〔住居費が〕最も高い地域は図抜けてサラマンカである
~ horaria/ ~ de hora 時差: trastornos por la ~ *horaria* 時差ぼけ
hacer ~[*s*] [+entre の間で] 差別する〖主に 否定文で〗
ir ~ a... ~ a... …とは違う: *Va mucha ~ de* este traje *a* ese. この服とそれでは大違いだ
partir la[*s*] *~*[*s*] 折り合う, 妥協する, 中をとる: Yo creía que debía unos treinta mil yenes a la librería, pero esta decía que cuarenta y cinco. De aquí que decidimos *partir la ~* y quedamos en cargar cada uno con la cantidad de siete mil quinientos yenes. 私は本屋に3万円ほど借りていると思っていたが, 本屋は4万5千円だと言った. そこで差額を折半して双方が7500円負うことにした

diferenciación [diferenθjaȷón] 囡 ❶ 区別; 識別. ❷《製品などの》分化: ~ de productos 製品差別化[政策]. ❸《生物》分化. ❹《数学》微分

diferencial [diferenθjál]〖←diferencia〗 囮《文語》違いの; 相違を表わす: rasgo ~ 違いを示す特徴. ❷ 差別的な: derechos ~es 差別関税. ❸《数学》微分の. ❹《技術》差動の. ❺《地質》erosión ~ 差別侵食
—— 男 ❶《経済》[率・価格の]差, 差額: ~ de inflación [2国間の] 一般物価水準(インフレ率)の差. ❷ 賃金格差. ❸《自動車》差動装置, ディファレンシャル
—— 囡 ❶《数学》微分. ❷《まれ》差動装置

diferenciar [diferenθjár]〖←diferencia〗 [他] [+de と] 区別する, 違いとしてもつ, 特徴づける: Es solo el color lo que *diferencia* las dos casas. 2軒の家の違いは色だけだ. ❷ 見分ける, 識別する, 弁別する: No *diferenció* un bajo *de* un tenor. 彼はバスとテノールを聞き分けられなかった. ❸《数学》微分する
—— 自 ❶ [+entre の間と] 見分ける, 区別する. ❷ [+en ・por の点で] 異なる, 違う: *Diferencian en* los gustos. 彼らは好みが異なる
—— *~se* 異なる, 違う, 区別される: Los hermanos *se diferencian* mucho. その兄弟は似ていない. *Se diferencian en (por)* su modo de mirar. 彼らは見方が異なる. ❷ 目立つ, 引き立つ: Anita siempre quiere *~se* de las demás. アニタはいつもほかの娘と違っていたがる. ❸《生物》分化する

diferendo [diferéndo] 男《南米》[国・組織間などの] 意見の相違; 対立, 反目

diferente [diferénte]〖←ラテン語 differens, -entis〗形 ❶ [+de・と] 違った, 異なった, 別の: Mi opinión es ~ *de* la suya. 私の意見は彼女のと違う. La realidad es muy ~ y nada hermosa. 現実は非常に違っていて決して甘くない. Es una persona ~. 彼は人が変わった. En ese caso, es ~. それなら話は別だ. El concepto de la justicia es ~ para todos. 正義の概念は人によって異なる. ❷《文語》腹[+名詞] 様々な, 色々な, いくつかの: traducido a unos ~s idiomas 数か国語に翻訳された. ❸ 変わった, 普通と違う
—— 副 違って, 別のやり方で: Actúa ~ conmigo. 彼は私には別人のようにふるまう

diferentemente [diferéntemente] 副 違ったように, 別々に, 様々に

diferido, da [diferído, ða] 形 ❶《放送》録画(録音)による. ❷《商業》acción ~*da* 後配株, 劣後株. activo ~ 繰延資産
—— 男 録画(録音)放送, 録画(録音)中継
en ~ 録画(録音)放送で〖⇔en vivo, en directo〗: transmi-

tir (emitir) *en ~* 録画(録音)放送する

diferimiento [diferimjénto] 男 延期

diferir [diferír]〖←ラテン語 diferre〗 ❸❸ 他 延期する, 延ばす: ~ la boda hasta junio 6月まで結婚式を遅らせる. ~ la reunión por unos días 会議を数日延期する
—— 自 ❶《文語》[+de, +en で] 異なる, 違う: Mi coche *difiere de*l tuyo *en* el color. 私の車は君のとは色が違う. Sus opiniones *difieren* entre sí. 彼らの意見はそれぞれ異なっている. ❷ [+de・con と] 同意できない: *Difiero contigo en* que no creo que sea posible. 私はそれが不可能だと考えており, この点で君に同意できない

dificerca [difiθérka] 形《魚》[尾びれが] 上下対称に伸びた, 原正形の; 二叉びれの

difícil [difíθil]〖←ラテン語 difficilis〗形 [ser+] ❶ 困難な, 難しい, 厄介な〖⇔fácil〗: 1) La filosofía me resulta una asignatura ~. 哲学は私には難しい科目だ. examen muy ~ 非常に難しい試験. obra ~ 難工事. problema de ~ solución 難問. 2) [+de+他動詞の不定詞 するのが] Eso es ~ *de* entender. それは理解しにくい. 私には言いにくい. asunto ~ *de* resolver 難事件. ❷ [ser ~ que+接続法] 可能性の小さい, ありそうにない: Es ~ *que* se mejore el día. 天気はよくなりそうもない. Tengo un niño ~. 私には育てにくい子がいる. carácter ~ 気難しい性格. ❸《口語》[顔・形などが] 醜い, 変な, 珍しい: Tiene unos rasgos muy ~*es*. 彼は目鼻立ちが非常に特徴的だ
~ de pelar [事柄が] 難しい; [人が] 説得困難な〖=duro de pelar〗

difícilmente [difíθilménte] 副 ほとんど不可能に近く; やっとのことで, かろうじて: D~ podrá aguantarlo. 彼はとてもそれに耐えられない

dificultad [difikultá(ð)]〖←ラテン語 difficultas, -atis〗囡 ❶ 難しさ: asunto de mucha ~ 難事件. ~ del examen 試験の難しさ. ❷ 支障, 障害; 難局, 難題: El equipo prosiguió la investigación a pesar de las ~*es*. 調査団は困難にもかかわらず調査を続けた. No encuentro ~ en andar ahora. 今は歩くのに不自由はありません. verse en ~*es* 困難に陥る, 困る. vencer (superar) una ~ 困難を克服する. ~*es* de aprendizaje (教育) 学習障害. ~ de la respiración 呼吸困難. ❸ 苦労; Lo consiguió sin ~. 彼は難なくそれを達成した. ❹ 異議, 反対: poner ~*es* a... …に難癖をつける
con ~ 苦労して, やっと: *Con* mucha ~ he montado el reloj. 私はやっとこさ時計を組み立てた. La víctima comenzó a recordar *con ~* lo que había sucedido antes del accidente. 被害者は事故の前の出来事をどうにか思い出し始めた. Anda *con ~*. 彼は足を引きずって歩いている
herir [*en*] *la ~* 困難に出会う, 困る

dificultador, ra [difikultaðór, ra] 形 囡 困難にする[人], 面倒をかける[人], 邪魔だてする[人]; 難しく考える[人]

dificultar [difikultár]〖←ラテン語 difficultare〗他 困難にする, 難しくする; 妨げる, 邪魔する: La profundidad del río *dificultó* las tareas de rescate. その川は深かったので救助作業は難航した. ❷《まれ》難しいと考える: *Dificulto* que logre su propósito. 彼が目的を達成するのは難しいと私は思う
—— 自 難しいと考える: Él *dificultaba* acerca de la cuestión. 彼はその件について難しいと考えていた
—— *~se* 難しくなる

dificultoso, sa [difikultóso, sa] 形 ❶ ひどく困難な, 厄介な: Se oía su ~*sa* respiración. 彼の苦しそうな息づかいが聞こえてきた. problema ~ 面倒な問題. ❷ [顔・形などが] 醜い, 変な. ❸ 面倒をかける, 始末の悪い

difidación [difiðaθjón] 囡 宣戦布告〖の声明書〗

difidencia [difiðénθja] 囡 ❶《文語》不信〖=desconfianza〗. ❷ 信仰の欠如

difidente [difiðénte] 形《文語》信用していない, 疑い深い

difilo, la [difílo, la] 形《まれ 植物》二葉性の

difluencia [diflwénθja] 囡 ❶《技術》分流, 融解, 溶解; 流動性. ❷《地理》支流; [三角州・氷河などの] 分流

difluente [diflwénte] 形 ❶《技術》分流性の, 融解しやすい. ❷《地理》支流の, 分かれて流れる

difluir [diflwír] ❹❽ 自《技術》四方にあふれ出る, 融解する

difracción [difra(k)θjón] 囡《物理》回折

difractar [difraktár] 他《物理》回折させる

difractivo, va [difraktíbo, ba] 形 =**difrangente**
difractor [difraktór] 男《物理》回折格子
difrangente [difranxénte] 形《物理》回折の, 回折させる
difteria [diftérja]《医学》ジフテリア: ~ laríngea 喉頭ジフテリア, 真性クループ. ~ aviar 家禽ジフテリア. ~ del ternero 子牛ジフテリア
diftérico, ca [diftériko, ka] 形 名 ジフテリアの〔患者〕: angina ~ca ジフテリアによる急性咽頭炎
difteritis [diftéritis] 女《医学》ジフテリア性炎症
difteroide [difterójde] 形《医学》類ジフテリアの
difumar [difumár] 他《まれ》=**esfumar**
difuminar [difuminár]《←difumino》 他 ❶《美術》[デッサンなどを]擦筆でぼかす. ❷ ぼやけさせる, かすませる: La lluvia *difuminaba* los contornos de la ciudad. 雨で町の輪郭がぼやけて見えた
—— **~se** ぼやける, かすむ
difumino [difumíno]《←伊語 sfummino》 男《美術》擦筆(ホシ)
difundidor, ra [difundidór, ra] 形 名 広める, 広める
difundir [difundír]《←ラテン語 diffundere》 他 ❶ まき散らす, 拡散させる: La lámpara *difundía* una luz sobre la mesa. ランプが机の上に光を投げかけていた. ❷《うわさ・思想などを》広める, 流布させる, 放送する: ~ la alegría 喜びを広げる. ~ el marxismo entre los trabajadores マルクス主義を労働者に広める. ~ Internet インターネットを普及させる. Los medios de comunicación *han difundido* la noticia. メディアがそのニュースを流した
—— **~se** ❶ 発散する, 拡散する: *Se difundió* el olor del jazmín por toda la casa. 家中にジャスミンの香りが漂った. ❷ 伝播(ミ゙)する, 普及する: La nueva religión *se difundió* rápidamente. その新しい宗教は急速に広まった
difunto, ta [difúnto, ta]《←ラテン語 defunctus < de+functum < fungi「果たす, 完了させる」》《文語》死亡した, 亡くなった, 故人となった: su ~ padre 彼の亡父
—— 名 ❶《文語》故人: visitar a la familia del ~ para darles el pésame 家族を弔問に訪れる. ❷《カトリック》día de [los] D~s 死者の日, 万霊節《11月2日》. toque de ~s 弔いの鐘
~ **de taberna**《口語》酔っ払い
el ~ **es mayor (menor)**《口語》その服は大き(小さ)すぎる
oler a ~《口語》1)[部屋などが] かび臭い, むっとする. 2) 死期が近い
su ~ 亡き夫(妻)
difusamente [difusaménte] 副 散漫に, 冗長に
difusibilidad [difusibiliđá(đ)] 女《液体・気体の》拡散性
difusible [difusíble] 形 拡散しやすい
difusión [difusjón]《←ラテン語 diffusio, -onis》 女 ❶ 拡散, 散乱. ❷ 普及, 流布, 伝播: La televisión sirve para la ~ de la noticia. テレビはニュースが広まるのに役立つ. tener mucha ~ よく普及する. diario de ~ nacional 全国版の新聞. ❸ 放送《=transmisión》
difusionismo [difusjonísmo] 男《人類学, 社会学》伝播論
difusionista [difusjonísta] 形 名《人類学, 社会学》伝播論の(論者)
difusivo, va [difusíbo, ba] 形 拡散する, 拡散傾向のある
difuso, sa [difúso, sa] 形《←ラテン語 di-「広がり, 膨張」+fusus < fundere「まき散らす, 伸ばす」》 ❶ 拡散した: luz ~*sa* 散光. ❷ 広大な, 広々とした: espacio ~ 広い空間. ❸ 散漫な, 冗長な: estilo ~ 散漫な文体. explicación ~*sa* 冗長な説明. ❹ 漠然とした: imagen ~*sa* ぼんやりとしたイメージ. ~*sa* sensación de angustia 漠然とした不安感
difusor, ra [difusór, ra]《←ラテン語 diffusor, -oris》 形 拡散させる, 普及させる: medio ~ de noticias ニュースを伝える媒体, メディア
—— 名 普及者, 伝道者
—— 男 ❶[光・音・気体・液体などの] 拡散装置, ディフューザ. ❷ サトウダイコンの絞り機
—— 女《アルゼンチン, ウルグアイ》ラジオ放送局
digamma [digámma] 女 ディガンマ《古代ギリシア文字. f または v の音を表わした》
digástrico, ca [digástriko, ka] 形 男《解剖》二腹筋〔の〕
digénesis [dixénesis] 女《生物》世代交代
digerible [dixeríble] 形 ❶ 消化しやすい, 消化のよい《=digestible》. ❷ 我慢できる: novela ~ 何とか読める小説
digerir [dixerír]《←ラテン語 digerere < di-+テン語 gerere「運ぶ」》 33 他 ❶[食べ物を] 消化する, 吸収する: No *digiero* bien las comidas grasientas. 私は脂っこい食物はあまり消化できない. ❷[知識などを] 消化・吸収する: Tienes que repasar la lección para acabar de ~la bien. しっかり理解できるようにその章を復習しないといけない. ❸ 熟考する, ずっと考える: Estuve *digiriendo* el problema durante días. 私は何日もその問題のことを考え続けた. ❹[不幸・怒り・不快などを] 耐え忍ぶ, 我慢する《主に否定文で》: No consiguió ~ la muerte de su esposa. 彼は妻の死に耐え切れなかった. Todavía no *ha digerido* su derrota. 彼はいまだに敗北から立ち直れないでいる. ❺《化学》蒸解する, 温侵する
—— 自[食べ物が] 消化される, こなれる
digestibilidad [dixestibiliđá(đ)] 女 消化のよさ; 消化率
digestible [dixestíble] 形 消化しやすい, 消化のよい
digestión [dixestjón]《←ラテン語 digestio, -onis》 女 ❶ 消化: tener una mala ~ 消化不良を起こす. sufrir *digestiones* lentas y pesadas 胃もたれをする. ❷[思想などの] 吸収. ❸《化学》蒸解, 温浸
de mala ~ 1)[人が] ひねくれた, 気難しい. 2)[問題が] 厄介な: negocio *de mala* ~ 難しい取引
digestivo, va [dixestíbo, ba] 形《←digerir》 ❶ 消化の, 消化を助ける, 消化力のある: aparato ~ 消化器官. funciones ~*vas* 消化機能. ❷ 消化を促進する: Los alimentos con fibra son ~*s*. 繊維性の食物は消化を助ける
—— 男《薬学》消化剤. ❷ 食後酒, ディジェスティフ
digesto [dixésto] I《←英語 digest》 男《時に軽蔑》要約, ダイジェスト
II 男 [D~]ユスティニアヌス法典
digestología [dixestoloxía] 女《医学》消化器系学
digestólogo, ga [dixestólogo, ga] 名 消化器科医
digestónico, ca [dixestóniko, ka] 形 消化を助ける(促進する)
—— 男 消化剤
digestor [dixestór] 男 ❶《料理》スープ煮出し器, 蒸し器. ❷《化学》蒸煮(ジ゙ぅ)がま, 蒸解がま;《技術》蒸煮缶
digitación [dixitaθjón] 女 ❶《音楽》運指法.❷《植物, 解剖》指状組織, 指状分裂
digitado, da [dixitáđo, đa] 形 ❶《植物》掌状の: hoja ~*da* 掌状葉. ❷《動物》有指の
digital [dixitál]《←ラテン語 digitalis < digitus「指」》 形 ❶《電気, 情報など》デジタル〔方式〕の, 計量型の《⇔analógico》: cámara ~ デジタルカメラ. comunicaciones ~*es* デジタル通信. grabación ~ デジタル録音. reloj ~ デジタル時計. señal ~ デジタル信号. sonido ~ デジタル・サウンド. ❷ 指の
—— 女 ❶《植物》ジギタリス. ❷《薬学》ジギタリス製剤
digitálico, ca [dixitáliko, ka] 形《植物》ジギタリスの;《薬学》ジギタリス製剤
digitalina [dixitalína] 女《薬学》ジギタリン
digitalismo [dixitalísmo] 男《医学》ジギタリス中毒
digitalización [dixitaliθaθjón] 女 デジタル化; 数値化
digitalizar [dixitaliθár] 9 他《情報》デジタル化する;[データなどを] 数値化する
digitar [dixitár] 他《ラプラタ》でっち上げる, 偽る
digitiforme [dixitifórme] 形 指状の, 指の形をした
digitígrado, da [dixitígrađo, đa] 形《動物》指行(ステ)性の〔動物〕
dígito [díxito]《←ラテン語 digitus「指」》 男 ❶《数学》桁(ム゙)、ディジット;[0から9までの] 数字: número de diez ~*s* 10桁の数. crecer con doble ~ 2桁成長する. ~ binario《情報》ビット, 2進数. ❷《天文》ディジット
digitopuntura [dixitopuntúra] 女 指圧
diglosia [diglósja] 女 ❶《言語》[一方の言語が社会・政治的に低い地位にある] 2言語重用. ❷《医学》複舌〔症〕
dignación [dignaθjón] 女《まれ》追従, おもねり
dignamente [dignaménte] 副 立派に, 堂々と, 品位をもって: morir ~ 尊厳死する
dignar [dignár]《←ラテン語 dignare「ふさわしいと判断する」》 **~se**〔敬語, +不定詞/《文語》+a+不定詞〕…して下さる〔参考〕皮肉を込めて「…してくれる」の意でも用いられる〕: 1) El jefe *se dignó* aceptar mi invitación. 上司が私の招待を受けてくれた. *Dígnate* recibir este regalo. このプレゼントを受け取って下さい.

Dígnese venir a esta oficina. どうか当社にご来訪下さい. 2) [否定では単なる強調] No *se dignó* mirarme. 彼は私を見てくれなかった

dignatario, ria [diɣnatárjo, rja]【←ラテン語 dignitas「威厳」】图 ❶ 高官, 高位の人: reunión de altos ~s de países 各国高官たちの会議. ❷ 高官

dignidad [diɣnidá(d)]【←ラテン語 dignitas, -atis】囡 ❶ 威厳: Tiene ~. 彼は威厳がある. hablar con ~ 威厳に満ちた話し方をする. con gran ~ 堂々と. ❷ 尊厳; 品位, 格格, 誇り: Nuestra revolución elevó la ~ de la patria. 我々の革命は祖国の誇りを高めた. morir con ~ 尊厳死する. perder su ~ 品位を失う. propia ~ 自尊心. ~ humana 人間としての尊厳. ❸ 高位, 顕職: ostentar la ~ de arcediano 助祭長という高位にある. — 图 高官, 顕職者, お偉方

dignificable [diɣnifikáβle] 厖 威厳がつき得る
dignificación [diɣnifikaθjón] 囡 威厳がつくこと
dignificante [diɣnifikánte] 厖 威厳を与える
dignificar [diɣnifikár] [7] 他 …に威厳を与える, 貫祿をつける

digno, na [díɣno, na]【←ラテン語 dignus】厖 ❶ [+de に] 値する, ふさわしい: 1) Su acción es ~ *na de* elogio. 彼の行為は賞賛に値する. Esas no son palabras ~*nas de* ti. 君らしくもない発言だ. Es ~ hijo *de* tal padre. 父の名を辱めぬ息子だ. Todo lo que hizo fue ~ *de* un ser humano honrado. 彼のしたすべては誠実な人間と呼ぶにふさわしいことだった. 2) [+de+不定詞・que+接続法] Es un libro ~ *de* leerse. それは読むに足る本だ. Es ~ *de* ser llamado gran artista. 彼は大芸術家と呼ぶにふさわしい. No soy ~ *de que* me honréis con vuestra amistad. 私は君たちの友情を受けるに値しない. personajes ~s *de* ser imitados 見習うべき人物たち. ❷ 威厳のある, 堂々とした: con actitud ~*na* 毅然とした態度で: persona muy ~*na* 威厳に満ちた人. muerte ~*na* 尊厳死. ❸ 恥ずかしくない, 人並みの, まずまずの【notable より劣る】: El Ayuntamiento les proporcionó una vivienda ~*na*. 市は彼らにまともな住居を提供した. Cobra un sueldo ~. 彼にはそれなりの給料をもらっている. asegurar a todos una ~*na* calidad de vida すべての人々に一応満足すべき質の生活を保障する. resultado ~ どうにか恥ずかしくない(まあまあの)成績

digrafía [diɣrafía] 囡 《会計》複式簿記
dígrafo [díɣrafo]【←ギリシア語 dis「二度」+graphe「書くこと」】圈《言語》二重音字, 二重字, 複文字【2字で1音を表わす: ch, ll, rr; gu, qu】
digrama [diɣráma] 圈 =**dígrafo**
digresión [diɣresjón] 囡【←ラテン語 digressio, -onis < digredi「離れる」】脱線すること, 余談: Me permitirán que haga una pequeña ~. ちょっと余談になりますが

dihíbrido, da [d(i)íβrido, ða] 厖《生物》二因子雑種の, 両性雑種の
dihidrotestosterona [di(i)ðrotestosteróna] 囡《生化》ジヒドロテストステロン
dihueñe [diwéɲe] 圈《チリ. 植物》ナラなどに生えるキノコ【先住民がチチャの一種を作る. 学名 Cyttaria espinosae】
dihueñi [diwéɲi] 圈《チリ. 植物》=**dihueñe**
dije [díxe]【←?語源】圈 ❶ [腕輪・首飾りなどにつける] 小さな飾り, チャーム; ロケット, ペンダントトップ: pulsera con ~s チャームブレスレット. ❷《古語的. 皮肉》大物, 大人物. ❸《まれ》おしゃれした人. ❹《まれ》器用な人, 優秀な人 — 图《アルゼンチン、ウルグアイ. 口語》1) 感じのいい, 親切な: Ella fue harto ~ con los niños. 彼女は子供たちに対しずいぶん優しかった. 2) 顔立ちのいい

dijes [díxes] 圈 覆 強がり, 空いばり; 脅し: No pienso hacer caso a tus ~. 君の脅しなど気にならないつもりだ
dik dik [dík dík] 圈《動物》ディクディク
diktat [diktát]【←独語】圈《主に政治》絶対的命令, 一方的決定, 強権政策
dilaceración [dilaθeraθjón] 囡《文語》肉を引き裂くこと, 肉が裂けること
dilacerante [dilaθeránte] 厖《文語》肉を引き裂く
dilacerar [dilaθerár] 他《文語》❶ [+部位 の] 肉を引き裂く: Las alambradas le *dilaceraron* la espalda. 有刺鉄線が彼の背中を引き裂いた. ❷ [人の名誉・プライドを] ひどく傷つける, ずたずたにする
dilación [dilaθjón]【←ラテン語 dilatio, -onis】囡 延期, 遅延: sufrir una ~ 遅れる. ocasionar varias ~*es* 何度か延期させる. sin ~ 遅れずに, ただちに

dilapidación [dilapiðaθjón] 囡 浪費, 乱費, 無駄づかい
dilapidador, ra [dilapiðaðór, ra] 厖 浪費する, 金づかいの荒い; 浪費家
dilapidar [dilapiðár]【←ラテン語 dilapidare「小石のように放り投げる」】他 浪費する, 無駄づかいする, 見境なく使う: Ha *dilapidado* el dinero en poco tiempo. 彼はあっという間に金を使い果たした. ~ su fortuna 資産を食い潰す
dilatabilidad [dilataβiliðá(d)] 囡 膨張性, 拡張性
dilatable [dilatáβle] 厖 膨張性の, 膨張力のある
dilatación [dilataθjón]【←ラテン語 dilatatio, -onis】囡 ❶ 膨張; 拡大, 拡張;《物理》体膨張〔率〕: La ~ de las vigas agrietó el puente. 梁が膨張して橋にひびが入った. ~ térmica 熱膨張. ❷《医学》拡張〔症〕, 肥大〔症〕: ~ de la pupila 瞳孔の拡大(散大). ~ gástrica 胃拡張. ❸ 延長, 遅れ; 延期. ❹ 落ち着き, 平静
dilatadamente [dilatáðaménte] 副 ❶ 広々と, 果てしなく. ❷ 延々と, 長ったらしく
dilatado, da [dilatáðo, ða] 厖 ❶ 広大な, 広々とした: horizontes ~s 広大な地平線. ❷ 多数の
dilatador, ra [dilataðór, ra] 厖 拡張させる: medicamento ~ de los vasos sanguíneos 血管拡張剤. — 圈 ❶《解剖》拡張筋. ❷《医学》拡張器
dilatar [dilatár]【←ラテン語 dilatare < di-「広がり, 膨張」+latum < ferre「持つ」】他 ❶ 膨張させる, 膨らます【⇔contraer】: El calor *dilata* los cuerpos. 熱は物体を膨張させる. ❷ 広げる, 拡大する, 拡張する: ~ sus dominios 領土を広げる. ❸《文語》長引かせる, 延長する: ~ la sesión 会議を延長する. ❹ 遅らせる, 延期する: ~ la inauguración 開会を遅らせる. ~ la boda 結婚式を延期する. ❺ 広める, 行き渡らせる: ~ la fama 名声を広める. ❻ 喜ばせる, 楽しませる, 満足させる — 自 1) [出産時に子宮口が] 開く. 2)《中南米》遅れる, 遅刻する

― **~se** ❶ 膨張する: Los metales *se dilatan* con el calor. 金属は熱で膨張する. ❷ 広げる, 拡大する: El llano *se dilata* hasta donde alcanza la vista. 見渡す限り平原が広がっている. Los ojos de Pedro *se dilataron* de asombro. ペドロは驚いて目を大きく見開いた. ❸ 長引く, 延びる: Las negociaciones *se dilataron* por meses. 交渉は何か月も長引いた. Se *dilató* la conferencia más de lo previsto. 会議は予定より延びた. ❹《主に中南米》遅れる, 延着する. ❺ [+a+人 の 心が] なごむ, 喜ぶ, 楽しくなる: *Se me dilata* el ánimo al ver estas fotos. これらの写真を見ていると心がなごむ. ❻ 広まる, 行き渡る

dilatativo, va [dilatatíβo, βa] 厖 拡張性の, 膨張性の
dilatometría [dilatometría] 囡《物理》膨張計測
dilatómetro [dilatómetro] 圈《物理》膨張計
dilatorio, ria [dilatórjo, rja]【←ラテン語 dilatorius】厖 ❶ 遅らせる, 手間取らせる. ❷《法律》時間かせぎの — 囡 覆 ぐずぐずすること; 引き延ばし戦術【=tácticas ~rias】: andar con (en) ~rias ぐずぐずする; 時間稼ぎをする
dildo [díldo] 圈《俗語》張り形
dilección [dile(k)θjón]【←ラテン語 dilectio, -onis】囡《文語》愛情, 好意, 親愛の情: sentir ~ por... …に愛情(好意)を抱く
dilecto, ta [dilékto, ta]【←ラテン語 dilectus < diligere「愛する」】厖《文語》愛する, 敬愛する, 親愛なる: mi ~ amigo 私の敬愛する友
dilema [diléma]【←ギリシア語 dilemma < di- (2)+lemma「前提」】圈 ❶ ジレンマ, 板ばさみ; 苦しい選択, 難問: Me pusieron en el ~ de aceptar sus condiciones o marcharme. 私は彼らの条件を受け入れるか, 立ち去るかの苦しい選択を迫られた. estar en un ~ ジレンマに陥っている, 板ばさみになっている. tener un (buen) ~ 難問を抱えている. ❷《哲学》両刀論法
dilemático, ca [dilemátiko, ka] 厖 ❶ ジレンマの, 板ばさみの. ❷《哲学》両刀論法の
dileniáceo, a [dilenjáθeo, a] 厖 ビワモドキ科の — 囡 覆《植物》ビワモドキ科
díler [díler] 圈〔覆 ~s〕《隠語》麻薬のディーラー(卸元)
diletante [diletánte]【←伊語 dilettante】共 ❶ 芸術愛好家〔の〕: ~ de la ópera オペラ愛好家. ❷《軽蔑》ディレッタント, 趣味人
diletantismo [diletantísmo] 圈《軽蔑》道楽, 趣味

diligencia [dilixénθja]《←ラテン語 diligentia》囡 ❶ 迅速さ, 機敏: El pastor va con ~ a buscar la oveja perdida. 羊飼いはいなくなった羊を急いで捜しに出かける. ❷ 勤勉さ, 精励, 熱心: realizar su trabajo con mucha ~. 熱心に(てきぱきと)仕事をする. ❸〔主に 復〕事務上の〕手続き, 処置;〔法律〕訴訟: hacer (evacuar) unas ~s 手続きをする. instruir ~s 訴訟を起こす. primeras ~s del sumario 略式裁判手続き. ~s judiciales 法的手続き. ~s policiales 警察の尋問. ~s previas 査問, 尋問. ~ probatoria 証拠手続き. ❹〔主に 復〕仕事, すべきこと: ir al centro a hacer unas ~s 用事があって町へ出る. ❺〔公文書で, 承認済・保留などの〕記載事項: ~ de compareendo《法律》召喚状, 出頭命令書. ❻乗合馬車, 駅馬車; barco ~〔河川の〕乗合船
hacer las ~s de cristiano キリスト教徒としての任務を果たす《告解をするなど》
hacer sus ~s《口語》すべきことをすべてする; 排便する
hacer una ~《古語的. 婉曲》排便する

diligenciación [dilixenθjaθjón] 男《行政, 法律》=**diligenciamiento**

diligenciamiento [dilixenθjamjénto] 男《行政, 法律》手続き, 処理

diligenciar [dilixenθjár]《←diligencia》10 他《行政, 法律》手続きをとる, 処理する;〔申請書類などに〕記入する: ~ todos los papeles 書類をすべて整える, 書類すべてに必要事項を記入する

diligenciero [dilixenθjéro] 男 代理人, 手続き代行人

diligente [dilixénte]《←ラテン語 diligens, -entis》形 ❶ 迅速な, すばやい, てきぱきした: Se disponía ~ a terminar sus deberes. 彼はさっさと宿題を終わらせようとしていた. ❷ 勤勉な, 熱心な: Es muy ~ en su trabajo. 彼はとても仕事熱心だ

diligentemente [dilixéntemente] 副 迅速に; 熱心に

dille [díλe] 男《チリ. 昆虫》セミ

dillenial [diλenjál] 形 囡 =**dileniáceo**

dilogía [diloxía] 囡〔言葉の〕両義性

dilógico, ca [dilóxiko, ka] 形 両義性の

dilucidación [diluθiðaθjón] 囡 解明: hacer la ~ de... …の説明をする

dilucidador, ra [diluθiðaðór, ra] 形 解明する[人]: intervención ~ra 説明的発言

dilucidar [diluθiðár]《←ラテン語 dilucidare < di-(拡張)+lucidus「輝く, 明るい」》他 解明する, 明らかにする: Es difícil ~ qué pasó por su cabeza en aquel momento. その時彼の頭を何がよぎったか説明するのは難しい. ~ las circunstancias del crimen 犯罪の背景を明らかにする. ~ una proposición 提案の内容説明をする

dilucidario [diluθiðárjo] 男 作品解説書, 作品解説文

dilución [diluθjón]《←disolución》囡 ❶ 溶解; 希釈: agitar el jarabe hasta su perfecta ~ 完全に溶けるまでシロップをかき回す. ❷《化学》稀釈度

dilúculo [dilúkulo] 男《古代ローマ》夜明け, 黎明《6分した夜の最後の部分》

diluente [dilwénte] 形 =**diluyente**

diluidor, ra [diluiðór, ra] 形 溶かす; 希釈する
── 男 希釈器
── 囡 希釈機

diluir [dilwír]《←ラテン語 diluere》48 他 ❶ [+en に] 溶かす, 溶解させる: ~ la pastilla en agua 錠剤を水に溶かす. ❷ 薄める, 希釈する: ~ una parte de zumo en dos de agua ジュースを1対2の割合で水で薄める. ❸〔責任などを +entre に〕分担させる: ~ las responsabilidades *entre* todos 皆で責任を分担する. ❹〔色・光を〕淡くする, 弱くする: Este rojo es demasiado fuerte; hay que ~lo. この赤は濃すぎるから少し淡くしないといけない
── *~se* ❶ 溶ける: El cacao *se diluye* bien *en* leche caliente. ココアは温かいミルクによく溶ける. ❷ 薄まる, 薄くなる: El concentrado de carne ya *se ha diluido* en el caldo. 牛肉エキスはもう薄まってブイヨンになった

diluvial [diluβjál] 形 ❶ 大洪水 diluvio の. ❷《地質》洪積層の; terreno ~ 洪積層
── 男《地質》洪積層, 洪積世

diluviano, na [diluβjáno, na] 形 ノアの大洪水の[ような]: lluvias ~*nas* 豪雨

diluviar [diluβjár]《←ラテン語 diluviare》10 自〔単人称〕豪雨が降る: *Diluvió* de tal manera que se inundaron las calles. 大雨が降って道路が冠水した

diluvio [dilúβjo]《←ラテン語 diluvium「洪水」》男 ❶ 大洪水; 豪雨, 大雨: D~ Universal/D~ de Noé《旧約聖書》ノアの洪水. Nos cayó encima un ~ y nos hemos calado. 大雨に降られて, 私たちはびしょぬれになった. Después de mí, el ~.《諺》[自分の死後について] あとは野となれ山となれ. ❷ 大量: Aquel ~ de preguntas confundió al joven. 山のような質問に若者は気が動転した. ~ de reproches ごうごうたる非難の嵐
ser el ~《口語》大混乱, 大騒ぎ: Su boda *fue el ~*. 彼らの結婚式は大騒ぎとなった

diluyente [diluyénte] 形《←diluir》形 溶かす, 薄める
── 男 希釈液, シンナー: aspirar el ~ シンナーを吸う

dimanación [dimanaθjón] 囡 湧出, 発生: una continua ~ de problemas 次々と問題が起こること

dimanante [dimanánte] 形 湧き出す, 生じる

dimanar [dimanár]《←ラテン語 dimanare》自《文語》❶ [水が, +de から] 湧出(ゆうしゅつ)する, 湧き出す: El agua *dimana* de este manantial. 水はこの泉から湧き出ている. ❷ 生ずる, 生じる, …に由来する: Una radiante alegría *dimanaba* de su rostro. 彼の顔には喜びがあふれていた. Todos los problemas *dimanan* de la mala organización. すべての問題は段取りの悪さに起因している

dime [díme] 男《米国》10セント貨

dimensión [dimensjón]《←ラテン語 dimensio, -onis < di-(拡張)+mensum < metiri「測る」》囡 ❶〔主に 復〕大きさ, 寸法, 規模: Este terreno tiene una ~ de cien metros cuadrados. この土地は100平方メートルの広さだ. Las reducidas *dimensiones* del local impedían que entraran más gente. そこは狭い場所だったのでもう人が入れなくなった. tomar las *dimensiones* de... …のサイズを測る. teatro de grandes *dimensiones* 大規模な劇場. Aún no se pueden calcular las *dimensiones* de la catástrofe. その災害の大きさはまだ計り知れない. ❷《服飾》復 スリーサイズ. ❸《物理》次元: espacio de tres *dimensiones* 三次元空間. cuarta ~ 第四次元. cine en tres *dimensiones* 3D映画. ❹〔物事の〕側面, 様相: ~ espiritual del hombre 人間の精神面

dimensionado, da [dimensjonáðo, ða] 形〔…の〕大きさの: parcelas ~*das* a las necesidades 希望どおりの広さの土地
── 男 算定, 計測

dimensional [dimensjonál] 形 ❶ 大きさの, 寸法の; 規模の. ❷《物理》次元の: analisis ~ 次元解析

dimensionalidad [dimensjonaliðáð] 囡 大きさという側面; 規模性

dimensionar [dimensjonár] 他 ❶《文語》正確な大きさ・価値を算定する: ~ el coste del nuevo horario 新しい勤務時間のコストを試算する. ❷《中南米》重要度を評価する

dímero, ra [dímero, ra] 形 ❶ 2つの部分から成る. ❷《植物》[花などが] 二数性の器官をもつ: flor ~ 二数花. ❸《昆虫》二節の. ❹《化学》二量体の

dimes y diretes [dímes i dirétes] 男 復《口語》議論, 口論; うわさ話: La nueva reforma ha producido muchos ~. 今度の改革は様々な議論を巻き起こした. Siempre andan por ~ cotilleando en la vida de los demás. 彼らは他人の生活に口出ししていつもうわさ話に花を咲かせている

dimétrico, ca [dimétriko, ka] 形《鉱物》正[六]方晶系の

dímetro [dímetro] 男《詩法》二歩格

dimicado [dimikáðo] 男《アルゼンチン. 手芸》[白い布の] カットワーク

dimidiar [dimiðjár] 10 他《まれ》=**demediar**

dimidium [dimiðjún]《←ラテン語》男〔進行中のものの〕半分

diminución [diminuθjón] 囡《廃語》=**disminución**

diminuendo [diminwéndo] 副 男《音楽》ディミヌエンド, 次第に弱く

diminuir [diminuír] 48 他《廃語》=**disminuir**

diminutamente [diminutaménte] 副 ❶ わずかに. ❷ 細かに, 詳しく

diminutivamente [diminutiβaménte] 副《まれ》示小辞によって

diminutivo, va [diminutíβo, ba]《←ラテン語 diminutivus》形 ❶《文法》示小の《⇔aumentativo》: sufijo ~ 示小接尾辞. ❷ 小さくする, 削減する
── 男《文》示小語, 示小辞

diminuto, ta [diminúto, ta]《←ラテン語 diminutus < diminuere

「減る」』形 ❶ 大変小さい: anillo con un 〜 brillante ごく小さなダイヤのついた指輪. bebé con grandes ojos y 〜ta nariz 目が大きく鼻のちっちゃな赤ん坊. ❷ 不完全な, 欠陥のある

dimisión [dimisjón]《←ラテン語 dimissio, -onis》女 辞任, 辞職: presentar (aceptar) su 〜 辞表を提出する(受け取る). carta de 〜 退職届, 辞職願, 辞表. 〜 en pleno 総辞職をした

dimisionario, ria [dimisjonárjo, rja] 形 名《文語》辞任する(した)(人): La ministra 〜ria ha hecho unas explosivas declaraciones a la prensa. 辞任した大臣はマスコミに爆弾発言をした

dimisorias [dimisórjas] 女 複《カトリック》[他教区の司教によって受階することを許す]受品許可状
dar 〜 a+人《口語》突然解任する
llevar 〜《口語》突然解任される

dimitente [dimiténte] 形 名 辞任する[人]

dimitir [dimitír]《←ラテン語 dimittere》自 [+de は] 辞任する, 辞職する, 退く: Tuvo que 〜 ante las presiones de la cámara. 彼は議会の圧力を受けて辞任せざるを得なかった. 〜 *de* su cargo sin dar ninguna explicación いっさい釈明なしに職を辞す. 〜 *en pleno* 総辞職する
—— 他 辞任する: 〜 la presidencia 大統領職を辞す

dimórfico, ca [dimórfiko, ka] 形 =**dimorfo**

dimorfismo [dimorfísmo] 男《生物》二形性: 〜 *sexual* 性的二形. ❷《鉱物》同質二形

dimorfo, fa [dimórfo, fa] 形 ❶《生物》二形性の. ❷《鉱物》同質二形

din [dín] 男《←*dinero*》《口語》[主に *don* と組み合わせて] 銭(ぜに), 金: el 〜 y el don 金と名誉(才能). Poco hará con el don sin el 〜. 能があっても金がなければ大したことはできないだろう

DIN [dín]《←「ドイツ工業規格」の略語》[紙の大きさ] …判: A4 A4判

dina [dína] 女《物理》[力の単位] ダイン

dinacho [dinátʃo]《チリ. 植物》コウモリガサウ《茎は食用》

dinamarqués, sa [dinamarkés, sa] 形 名《国名》デンマーク Dinamarca 〔人・語〕の; デンマーク人 〔=*danés*〕
—— 男 デンマーク語

dinámetro [dinámetro] 男 握力計

dinamia [dinámja] 女《古語》力量の単位〔=1キログラムメートル〕

dinámica[1] [dinámika] 女 ❶ 力学: 〜 *de* la política 政治力学. 〜 *de* grupo[s]/〜 *grupal*《心理》集団力学, グループダイナミクス. ❷《経済》動学: 〜 *comparativa* 比較動学. 〜 *económica* 経済動学

dinámicamente [dinámikaménte] 副 活発に

dinamicidad [dinamiθiðá(ð)] 女 活動的であること, バイタリティーがあること

dinámico, ca[2] [dinámiko, ka]《←ギリシア語 *dynamikos < dynamis*「力」》形 ❶《口語》[人が] 活動的な, 活発な: Mi abuela es muy 〜*ca* y siempre está haciendo algo nuevo. 祖母は非常に活動的で, いつも何か新しいことをしている. *joven* 〜 バイタリティーのある青年. 〜 *de* mercado《商》市場動向. *análisis* 〜 動態分析. *elemento* 〜 主導的な要素. *geología* 〜*ca* 動力地質学. *unidad* 〜*ca* 力の単位. ❸ [芸術作品が] 力強い, 力感がある

dinamismo [dinamísmo]《←ギリシア語 *dynamis*》男 ❶ 活力, バイタリティー, 力強さ, 覇気: Me contagió su 〜. 彼の元気が私にうつった. El 〜 *del* comercio exterior se contrapone a la apatía del mercado interior. 活発な貿易と対照的に国内市場は低迷している. *pérdida* *del* 〜 *económico* 経済活動の不振. ❷《哲学》力本説, 力動説, 動力論. ❸《美術》ダイナミズム

dinamista [dinamísta] 形 名 力動説の〔論者〕

dinamita [dinamíta]《←ギリシア語 *dynamis*》女 ❶ ダイナマイト: *volar un puente con* 〜 橋をダイナマイトで爆破する. ❷《口語》危険な人(事物), 厄介もの: Este chico es pura 〜. この子は本当に問題の種だ

dinamitar [dinamitár] 他 ❶ ダイナマイトで爆破する, ダイナマイトを仕掛ける: 〜 *controladamente el edificio viejo* 古い建物を計画的に爆破する. ❷ 台なしにする, ぶち壊す: 〜 *el plan* 計画をだめにする

dinamitazo [dinamitáθo] 男 ダイナマイトによる爆破

dinamitero, ra [dinamitéro, ra] 形《まれ》破壊的な, 革命的な
—— 名 ❶ ダイナマイト作業者, 爆破要員. ❷ 爆弾テロリスト

dinamización [dinamiθaxjón] 女 ❶ 活発化, 活性化. ❷《薬学》ダイナミゼーション

dinamizar [dinamiθár] 9 他 ❶ 活発にする, 活性化する: 〜 la economía 経済にてこ入れをする. ❷《薬学》[希釈・粉砕によって]効果を増大させる
—— *se* 活発になる, 盛んになる: *Se está dinamizando* el deporte con los últimos triunfos de los deportistas nacionales. 最近の同国選手の勝利でそのスポーツが盛んになりつつある

dinamo [dínamo] 女《主に西》[主に直流の] 発電機, ダイナモ: 〜 *de corriente alterna* 交流発電機

dínamo [dínamo] 女《主に中南米》=**dinamo**

dinamo-《接頭辞》[力・エネルギー] *dinamómetro* 動力計

dinamoeléctrico, ca [dinamoeléktriko, ka] 形《dinamoeléktrika》力学的エネルギーと電気的エネルギーとの変換の: *generador* 〜 直流発電機

dinamogénesis [dinamoxénesis] 女《生理》動力発生

dinamógeno, na [dinamóxeno, na] 形《生理》動力発生の

dinamometamorfismo [dinamometamorfísmo] 男《地質》動力変成作用

dinamometría [dinamometría] 女 動力測定法

dinamométrico, ca [dinamométriko, ka] 形 動力測定の

dinamómetro [dinamómetro] 男 動力計, 力量計; 筋力計

dinar [dinár]《←アラビア語 *dinar* < ラテン語 *denarius*「デナリウス銀貨」》男 ❶ ディナール《イスラム世界における金貨の重量(=4.25グラム)および価値尺度》. ❷ [7世紀ごろからのアラビアの] ディナール金貨

dinárico, ca [dináriko, ka] 形 ❶ [民族誌学で] ディナル人種の. ❷《地理》ディナルアルプス *Alpes Dináricos* の

dinarín [dinarín] 男 ムワッヒド *almohade* 朝の金貨

dinasta [dinásta] 男《中世・近世の》小国の君主

dinastía [dinastía]《←ギリシア語 *dynasteia*「支配, 政府」》女 ❶ 王朝, 王家: La 〜 *de los Austrias* gobernó España. オーストリア朝(ハプスブルク朝)はスペインを統治した. *D*〜 *antonina* [古代ローマの] 五賢帝, アントニヌス朝. *D*〜 *Barcelona* バルセロナ朝〔12〜15世紀初めまでスペイン東部, フランス南部, イタリア南部を支配〕. 〜 *de los Borbones* ブルボン王朝. *D*〜 *de los Capetos* カペー朝〔987〜1328, 中世フランスの王朝. 現在のスペイン・ブルボン家 *Casa de Borbón en España* の祖先〕. *D*〜 *Habsburgo* ハプスブルク朝〔16世紀初め〜17世紀末, オーストリアの小国ハプスブルク家が統治〕. *D*〜 *Jimena* ヒメノ朝〔中世イベリア半島のバスク人王朝〕. *D*〜 *Nazarí* ナスル朝〔13〜15世紀, グラナダを都とするイベリア半島最南西のイスラム王朝〕. *D*〜 *Omeya* ウマイヤ朝. *D*〜 *Trastámara* トラスタマラ朝〔14〜16世紀, カスティーリャ, アラゴン, ナバラ, シチリア, ナポリなどの王国を支配〕. ❷ [ある分野の] 名門, 名家: *una* 〜 *de músicos* 音楽一家

dinástico, ca [dinástiko, ka] 形 ❶ 王朝の, 王家の: *sucesión* 〜*ca* 王位継承. ❷ 王家支持派の

dinastismo [dinastísmo] 男 王家支持

dinde [dínde]《エストレマドゥラ》幼児埋葬

din don [dín dón]《←擬声》間 [鐘などの繰り返し鳴る音] ジャンジャン, ガンガン

dinerada [dineráða] 女 大金〔=*dineral*〕

dineral [dinerál]《←*dinero*》男 ❶ 大金, 巨額の金: *ganar un* 〜 大もうけする. ❷《古語》[貨幣の重さを調べる] 分銅のそろい

dineralada [dineraláða] 女 大金〔=*dineral*〕

dinerario, ria [dinerárjo, rja] 形 金に関する, 金銭の: *problemas* 〜*s* 金銭問題

dinerillo [dineríʎo] 男 ❶《口語》わずかな額の金, 小金(こがね): *Tiene* 〜 *ahorrado*. 彼にはわずかな蓄えがある. ❷《アラゴン, バレンシア》昔の銅貨

dinero [dinéro]《←ラテン語 *denarius*「デナリウス銀貨」》男 ❶ 集合 金(かね), 金銭; 財産, 富: 1) *Para mí cien mil yenes son mucho* 〜. 私にとって10万円は大金だ. *Tiene mucho* 〜, *pero hay algo que nunca podrá comprar.* 彼は大金持ちだが, 決して買えないものがある. *Hoy no tengo* 〜 *para pagar la cena.* 今日私は夕食代を支払う金もない. *Cada año, la publicidad mueve más* 〜. 広告には年々大金が使われるようになっている. *¡Salud,* 〜 *y amor!* 乾杯! *ganar* (*gastar*) 〜 金を稼ぐ(使う). *sin* 〜 金欠で; 金のない, 一文無しの. 〜 *de bolsillo* ポケットマネー. 〜 *suelto* 小銭. 2)《諺, 成句》*El* 〜 *cambia de manos.* 金は天下の回り物. *El* 〜 *se toma siempre, y más, si*

ding dong

se es pobre. 金は常に欲しがられるものだ、貧しければなおさらのことだ. El ~ va y viene, el tiempo solo se va. 金は出たり入ったりするが、時は去って行くのみ. De ~s y bondad quita siempre la mitad./De ~ y calidad la mitad de la mitad. 金の話とほめ言葉は話半分に聞け. D~ llama ~. 金のある所には人も金が集まる. D~, y no consejo. 欲しいのは忠告ではなく金だ. D~s son calidad. すべての価値は金が決める／人の価値は金の多寡による. Los ~s del sacristán, cantando se vienen, cantando se van. 悪銭身につかず. ❷ 通貨, 貨幣: ~ bancario 信用貨幣. ~ cambiado 補助通貨. ~ metálico 硬貨. ~ [de] plástico クレジットカード. ❸ 資金: ~ barato 金融緩和《資金の需要が供給を下回る》. ~ caro (escaso) 金融逼迫《資金の需要が供給を上回る》. ~ caliente ホットマネー《国際間を超短期かつ急激に移動する》. ~ de alto poder ハイパワード・マネー《民間部門の手元にある現金+金融機関の中央銀行預け金. 信用創造の基礎となる》. ~ extranjero 外資. ~ prestado 借入金. ~ público 公的資金. ❹ 金《主に un+》かなりの額の金, 大金: Cobro un ~ mensualmente. 私は毎月かなりの金を受け取る. ❺《歴史》1) 11世紀後半から14世紀の銀貨《カスティーリャ・レオン王アルフォンソ6世時代に通貨制度の基盤となり、13世紀に maravedí の12分の1の価値を有した》. 2)《古代ローマ》デナリウス銀貨（金貨）《=denario》. 3)《ペルー》昔の銀貨

a ~ 現金で: pagar *a* ~ 現金で支払う
a ~ contante (seco) =a ~
adiós mi dinero［失われたり・離れたりすることに対し］残念だ、なごり惜しい
al ~ =a ~
alzarse con el ~ 賭け金をさらう、賭けに勝つ
de ~《口語》金持ちの: ser *de* ~ 金持ちである. hombre *de* ~ 資産家
~ blanco まっとうな金
~ fácil 楽にもうかる金, あぶく銭, バブルマネー
~ negro ブラックマネー
~ sucio《メキシコ》=~ **negro**
echar ~［+en に］大金をかける; 投資する
estar mal con su ~ 金づかいが荒い, 浪費する
estrujar el ~ 人にけちである, けちである
hacer ~《口語》財をなす, 金持ちになる
levantarse con el ~ =*alzarse con el ~*
mal de ~ 金に困って、経済的に困って: estar *mal de ~* 金に困っている
pasar el ~ 金を数え直す, 金を確かめる
por ~ 金のために: casarse *por ~* 金目当てに結婚する. jugar a las cartas *por ~* 金を賭けてトランプをする

ding dong [díŋ dóŋ]《←擬声》囲 男 =**din don**
dingo [díŋɡo] 男《動物》ディンゴ
dingolondango [diŋɡolondáŋɡo]《←擬態》男《まれ》［主に 複］かわいがること, 甘やかし; へつらい
dingui [díŋɡi]《←英語 dinghy》男《船舶》小型ボート
dinitrobenceno [dinitroβenθéno] 男《化学》ジニトロベンゼン
dinitrofenol [dinitrofenól] 男《化学》ジニトロフェノール
dink [díŋk]《←英語》囲［~s]《口語》共働きで子供のいない夫婦
dino [díno] 男《幼児語》=**dinosaurio**
dinodo [dinódo] 男《電気》ダイノード
dinofíceo, a [dinofíθeo, a] 形 渦鞭毛藻綱の
—— 女 複《生物》渦鞭毛藻綱
dinoflagelado, da [dinoflaxeláðo, ða] 形 渦鞭毛藻類の
—— 男 複《生物》渦鞭毛藻類
dinomanía [dinomanía] 女 恐竜好き
dinornis [dinórnis] 男《生物》ジャイアントモア
dinosaurio [dinosáurjo] 男 ❶《古生物》[総称] 恐竜. ❷《軽蔑の》ベテラン, 時代遅れの人
dinosauro [dinosáuro] 男《まれ》恐竜《=dinosaurio》
dinosaurología [dinosauroloxía] 女 恐竜学
dinosaurólogo, ga [dinosaurólogo, ɡa] 男女 恐竜学者
dinoterio [dinotérjo] 男《古生物》ディノテリウム
dintel [dintél]《←古仏語 lintel < 俗ラテン語 limitalis < ラテン語 liminaris < limen, -inis「敷居」》男《建築》まぐさ; 鴨居 (鴨)《中米等》敷居, 入り口
dintelar [dintelár]《建築》まぐさを作る; まぐさ形に作る
dintorno [dintórno]《伊語 d'intorno》男《建築, 美術》輪郭内に描かれた線（構図）

diñar [diɲár]《←ジプシー語》囲《西. 口語》与える《=dar》
~la《西. 口語》死ぬ: Como sigas bebiendo tanto vas a ~la pronto. そんなに飲み続けているとすぐにくたばるぞ
——se《西. 口語》逃げる
diñársela a+人《西. 口語》…をだます, ペテンにかける, 一杯食わす
diñelar [diɲelár] 囲《隠語》与える《=dar》
diocesano, na [djoθesáno, na] 形《カトリック》司教区の; 教区司教（大司教）の: sínodo ~ 教区会議
—— 男 司教区の信者
—— 男 教区司教, 教区大司教
diócesi [djóθesi] 女 =**diócesis**
diócesis [djóθesis] 女《単複同形》❶《カトリック》司教区: D~ romana ローマ司教区. ❷《古代ローマ》州
diodo [djóðo] 男《電気》ダイオード, 二極[真空]管: ~ emisor de luz 発光ダイオード
diodóntido, da [djoðóntiðo, ða] 形 ハリセンボン科の
—— 男 複《魚》ハリセンボン科
Diógenes [djóxenes]《人名》ディオゲネス《古代ギリシア, キュニコス学派 escuela cínica の哲学者. =~ de Sínope, el Cínico》: el tonel de ~ ディオゲネスの樽《虚飾を廃し, 樽を住み処とした》. la linterna de ~ ディオゲネスの角灯《これで真の人間を探そうとしたが, 果たせなかった》
dioico, ca [djóiko, ka]《植物》雌雄異株の
dionea [djonéa]《植物》ハエトリグサ《=atrapamoscas》
dionisia [djonísja] 女《鉱物》血玉髄, 血石
dionisiaco, ca [djonisjáko, ka] 形 =**dionisíaco**
dionisíaco, ca [djonisíako, ka] ❶ 酒神ディオニュソス Dionisos の: fiestas ~*cas* 飲めや歌えの大騒ぎ. ❷《文学》ディオニュソス的な《動的で激情的な. ⇔apolíneo》. ❸《文学》酒好きの
Dionisos [djonísos] 男《ギリシア神話》ディオニュソス《酒と豊饒, 演劇の神》
diópsido [djó[p]siðo] 男《鉱物》透輝石
dioptasa [djo[p]tása] 女《鉱物》翠銅鉱
dioptra [djó[p]tra] 女 ❶《光学》後視準板《=pínula》. ❷《測量》指方規《=alidada》
dioptría [djo[p]tría] 女［レンズの屈折率の単位］ジオプトリ, ジオプター《近視・遠視の程度を表わす》
dióptrico, ca [djó[p]triko, ka] 形 屈折光学［上］の; 屈折の
diorama [djoráma] 男 ジオラマ
diorita [djoríta] 女《鉱物》閃緑(せん)岩
Dios[1] [djós]《←ラテン語 deus》男 ❶《ユダヤ教・キリスト教・イスラム教の一神教の》神, 神様《多神教の神は dios》: 1) ~ ha escuchado mis ruegos. 神様は私の願いを聞いて下さった. ~ es grande. 神は偉大である／神が何とかして下さる／神は見守ってくれない. ~ Padre 父なる神. ~ Hijo 子なる神. ~ Hombre 主イエスキリスト. ~ Espíritu Santo 聖霊なる神. 2)《諺, 成句》A quien ~ se la diere, san Pedro (Antón) se la bendiga. 神の摂理に委ねよう. dar a ~ lo que es de ~ y al César lo que es del César 神のものは神に, 皇帝のものは皇帝に/それぞれ正当な所有者に返さなくてはいけない. De ~ venga el remedio./~ dé el remedio. 神のみが救える／神様しかどうにもできない. De menos nos hizo ~. 可能性は必ずあるものだ. ~ aprieta, pero no ahoga. どんなに辛くとも常に希望はある／天道人を殺さず／~ da a pañuelo a quien no tiene narices (mocos). 猫に小判. ~ los cría y ellos se juntan.《軽蔑》類は友を呼ぶ. ~ te bendiga./~ te lo pague. ありがとうございます. Más puede ~ que el diablo. いずれ善が勝つ. ❷［間投詞. 怒り・失望・不満］ちぇっ, いやはや, ひどい! ❸《口語》［副詞的］誰も…ない《=ni ~》

¡A ~! =**adiós**
a ~ y a dicha (a ventura) 適当に, 行きあたりばったりに, なりゆき任せに
a la buena de ~《口語》1) 行きあたりばったりに, なりゆきで/いい加減に. 2) 何の準備もなく: presentarse a un examen *a la buena de ~* ぶっつけ本番で試験に臨む. 3) むぞうに
a la (lo) de ~ 軽率に, 適当に
a morir ~［すべて失って・手段が尽きて］もはやだめだ
acordarse ~ de~《婉曲》~
¡Alabado sea ~!［賞賛］実にいい, すばらしかった! 2)［あきらめ］仕方ない! 3)［ある場所に入る時の聖職者向き

Dios

どの挨拶] 神のたたえられんことを!
amanecer ~ 夜が明ける, 朝になる
¡Anda [con] ~!《口語》ご機嫌よう, さようなら;［安堵・怒りなどを含んで］あばよ!
armar la de ~ es Cristo《西》大騒動を引き起こす
¡Así ~ me castigue! 本当にそうなんだよ!
¡Bendito sea ~! =**¡Alabado sea ~!**
bien [lo] sabe ~［強調］本当に, 全く
clamar a ~［正義がなく］全くひどい, 不当である, 絶望的である: Esta situación *clama a* ~. この情況は嘆かわしい
como ~《口語》すばらしく, 爽快で, 大変良く, ゆうゆうと: *vivir como* ~ 結構な暮らしをする
como ~ da a+人 a entender《口語》…にとって精一杯, できるだけ
como ~ es mi Padre 神に誓って
como ~ está en los cielos《口語》=**como hay ~**
como ~ lo (la) trajo al mundo 真っ裸の, 全裸の
como ~ manda《口語》しかるべく, 適切に・な: *Haz la cama como* ~ *manda*. ベッドをきちんとしなさい
como ~ quiera［適切で・望みどおりでなくとも］何としてでも
como ~ sea servido もし神様が許すならば, もし神が欲すれば, 事情が許せば
como ~ te (le) da a entender 手助けなしに, 独力で
como hay ~《口語》神に誓って, 間違いなく
con ~《俗用》さようなら〖=adiós〗
costar ~ y [su] ayuda《口語》大仕事である, 大変な苦労である: *Costó* ~ *y ayuda* convencerle de que asistiera a la reunión. 会合に出席するよう彼を説得するのは大変だった
cuando ~ quiera いつか, いずれそのうち: *Iré cuando* ~ *quiera*. いつか行きます
cuya vida guarde ~ muchos años［文書などの末尾で］神のご加護がありますように
dar a ~ a+人 …に臨終の聖体拝領をする
darse a ~ y a los santos 大変悲しむ, 嘆き悲しむ
de ~《口語》たっぷりと, たくさん: *Hace un frío de* ~. ひどく寒い. *Llueve de* ~. どしゃ降りに
de menos nos (lo) hizo ~《口語》［困難な・ありそうないように見えるが］すべて可能な
dejado de la mano de ~ 神に見放された, 悲惨な
dejar ~ de su mano a+人 1)［神が］…を見放す. 2) ~ がでたらめなことをする: ~ *le ha dejado de su mano*. 彼はまずいことをしたものだ. 3) 悲惨な暮らしをする
dejarlo a ~ 神に委ねる; 神の裁きに任せる
delante de ~ y todo el mundo 正々堂々と, 公然と
digan, que ~ dijeron 何などとうわさすればよい, 言いたいこと
~ dirá《口語》［人事を尽くして］天命を待つ, 結果は神が決めてくれるだろう
~ es ~［固執］何が何でも, 絶対に
~ guarde a usted [muchos años]《古語的》［文書などの末尾で］神のご加護がありますように
¡~ le ampare! 1) かわいそうに!［人の力ではどうにもならない］2)《皮肉》哀れなやつめ! 3) 物乞いに対し持ち合わせがない時など］申し訳ないです…
¡~ le (te・…) oiga!《口語》そうであればいいが/…の願いがかないますように!: ¿*Dices que todo marchará bien?* ¡~ *te oiga!* 君は全部うまくいくと言うんだね? 願わくばそうあってほしいものだ!
~ le tenga en su gloria =**que ~ haya**
~ lo oiga, y el pecado sea sordo.［願望］うまくいきますように, 成就しますように
~ lo quiera［不信］どうだかね, そうだといいがね
~ los cría (y ellos se juntan)《諺. 軽蔑, 戯謔》［性格の似た人たちについて］類は友を呼ぶ
~ me entiende［うまく説明できないが］神は分かってくれる
~ me haga bien con…《口語》で満足である, ~ 以上は望まない
~ me (te・…) libre de…《口語》1) ~ がありませんように; *D*~ *nos libre de* su ira. 彼が怒りませんように. 2)［脅し］~ すると大変なことになるぞ
~ me perdone, pero… はっきり言って…/あえて言わせてもらうと…/こう言っては何だが…: ~ *me perdone, pero* es un cabrón. こんなこと言ったら悪いが, あいつの奥さんは浮気してい

¡~ me valga!［不快・驚き］おやおや, 何ともはや!〖=**¡Válgame ~!**〗
~ mediante うまくいけば, 事情が許せば: ~ *mediante* podré ir a España este año. うまくいけば私は今年スペインに行けるだろう
~ mío［驚き・賞賛・苦痛・不平など］おお, ああ: *¿Por qué todo esto*, ~ *mío?* あれっ, どうしてこんなことになるの? *¿Qué va a ser de mí*, ~ *mío?* ああ, 私は一体どうなるのでしょうか?
~ nos coja confesados/~ nos asista/~ nos tenga de su mano 神よ, お助けを/くわばら, くわばら/わあ助けてくれ!
~ proveerá《文語》神のお助けがあるにちがいない
¡~ quiera! 1)［不信］さあ, どうだか! 2)［+que+接続法］どうか…しますように!〖=**ojalá**〗
~ sabe →sabe ~
¡~ santo! =**¡Santo ~!**
~ sobre todo《口語》［疑わしいことに対するあきらめ・信頼］どうだかなあ; 大丈夫
~ te ayude［くしゃみした人に］お大事に
~ te la depare buena《口語》［相手の成功を危惧して］うまくいくといいね, しっかりね, がんばってね
~ te (se) lo pague［手助け・施し・寄付などを受けた時の感謝の言葉］神様のお恵みがあなたにありますように
~ te oiga そうあってほしいものだ
~ ve las trampas 神はお見通しである, 神を欺くことはできない
~ y su madre/~ y su padre《口語》すべての人〖=**todo el mundo**〗
donde ~ es servido どこかで, 神のみぞ知らないところで
el de ~ 神の言葉
en ~ y en conciencia/en ~ y mi alma/en ~ y mi ánima 神にかけて, 神に誓って
estar de ~《口語》［主によくないことについて］天の定めである, 運命である, 避け難い: *Estaba de* ~ *que nunca podría triunfar*. 私が負けるのは必然的だった
estar fuera de ~ でたらめにふるまう, むちゃくちゃをする
feo como pegarle a ~《メキシコ, ウルグアイ. 口語》［人が］ひどく醜い
gozar de ~ 天国に昇る; 亡くなっている, 故人になっている
hablar con ~ 1) お祈りをする, 祈禱する. 2) 高く飛ぶ
hablar ~ a+人 …が霊感を得る, 神の声を聞く
irse con ~ 別れる, 去る
irse mucho ~ 怒って立ち去る, 憤然と去る
la de ~ [es Cristo]《口語》大げんか, 大騒動: [Se] *Armó la de* ~ *es Cristo*. 大げんかが起きた
llamar ~ a de tú ひどく厚かましい, なれなれしすぎる
llamar ~ a+人 (a su seno・a su juicio) …が死ぬ
llamar ~ a+人 por un camino …は適している, 向いている
llevarse ~ a+人《文語》…が死ぬ
llover a ~ dar [agua]《地方語》バケツをひっくり返したような雨が降る
maldita de ~ la cosa 全く…ない, 全然…ない
más+形容詞 que ~［…に…な, むちゃくちゃ…な
Mejor te ayude ~. 確かではないが, 間違っているかもしれないが
mentir más que da por ~ 大嘘をつく
necesitar ~ y [su] ayuda《口語》=**costar ~ y [su] ayuda**
ni ~《口語》誰も…ない, 一人も…ない: *Si se cae el avión, no se salva ni* ~. 飛行機が墜落したら誰も助からない
ni ~ que lo fundó (hizo)《口語》［否定の強調］全く…ない
ni para ~《口語》［否定の強調］全く…: *No se mueve ni para* ~. それは全く動かない
No es ~ viejo.《口語》まだ望みはある
no haber ~ que+接続法《口語》…する者は一人もいない
no llamar ~ a+人 por el (este・eso) camino《口語》…はその道の才能がない: ~ *no le ha llamado por el camino del arte*. 彼は画家に向いていない
no lo quiera ~ =**lo quiera**
¡No quiera ~! =**¡~ quiera!**
no servir a ~ ni al diablo《口語》役立たずである, 無能である, どうにもならない

dios, sa

no tener sobre qué le llueva ~ 《口語》ひどく貧乏である, 赤貧である
ofender a ~ 神〔の教え〕に背く
permita ~ [+que+接続法] 願わくば…, どうか…でありますように: ¡*Permita* ~ *que* acabe el hambre en la tierra! 地球から飢餓がなくなりますように!
plega (*plegue*) ~ どうぞ…でありますように, どうか
poner a ~ *delante de los ojos* 神の前で恥じない, 良心に恥じることなく行動する
poner como ~ *puso al perico* 《メキシコ. 口語》[人について] ひどく悪口を言う
ponerse a bien con ~ 神の許しを得る
por ~ 1) [軽い抗議] これはこれは/後生だから!: No me lo agradezcas tanto, ¡*por* ~! 頼むからそんなに礼を言わないでくれ! 2) [誓言] Juro *por* ~ *que* lo que dice es cierto. 私は彼が言っていることは確かなことだと神かけて誓います
que ~ *goce* =*que* ~ *haya*
que ~ *haya* [故人の名+] 故…, 天国の…
que ~ *le ampare* (*socorre·bendiga*) 神の助けがあらんことを, 神のお恵みを
que ~ *me perdone, pero...* 《口語》=~ *me perdone, pero...*
que ~ *nos coja confesados* =~ *nos coja confesados*
¡*Que* ~ *reparta suerte*! [複数の人に対し] 幸運を!
que ~ *te* (*se*) *lo pague* =~ *te* (*se*) *lo pague*
que ~ *te oiga* =~ *te oiga*
que ~ *tenga en su gloria* =*que* ~ *haya*
que sea lo que ~ *quiera* 《口語》なるようにしかならない, [あきらめ] どうにでもなれ
que venga ~ *y lo vea* [+en +] 全く違う
queda con ~ 《俗用》[立ち去る時の挨拶] さよなら
¡*Quiera* ~! =¡~ *quiera*
recibir a ~ 聖体を拝領する
sabe ~ 1) 誰にも分かるものか [神のみぞ知る]: ¡*Sabe* ~ *si viene o no*! さあ, 彼が来るかどうか…! 2) …は絶対間違いない 〔神様にご存じだ〕: *Sabe* ~ *cómo yo fui el primero*. 誓ってもいい. 間違いなく私が一番になったんだ. *sabe* ~ *qué* 何か. *sabe* ~ *cuándo* いつか. *sabe* ~ *dónde* どこかで・に
¡*Santo* ~! [驚き・不信] ちぇっ!
ser para alabar ~ 《口語》すばらしい, すごい
ser un contra ~ 《口語》不当である, 不正である
si ~ *no lo remedia* 《口語》[よくないことについて] 避けられないことだ
si ~ *quiere* 1) 事情が許せば, 何もなければ: *Mañana, si* ~ *quiere, saldremos para París*. 何もなければ明日, パリに発ちます 2) 神の思し召しにかなえば: *Hasta la vista, si* ~ *quiere*. ご縁があったらまた会いましょう
si ~ *tiene qué* 非常にたくさん
si no quisiera ~ [願望] 願わくば…でありませんように
si quisiera ~ [願望] 願わくば…でありますように
sin encomendarse ni a ~ (*ni*) *al diablo* ずうずうしく, 全く躊躇(ちゅうちょ)せずに; 無思慮に, よく考えもせず
solo ~ *sabe* 神のみぞ知る
tener ~ *a+人 de su mano* …が神に守られている, 庇護されている
tentar a ~ 神を試す; 危険な企てをする: Esas acciones temerarias son *tentar a* ~. それは神をも恐れぬ向こう見ずな行為だ
todo ~ 《西. 口語》みんながみんな, ありとあらゆる人
todo sea por ~ 《口語》[あきらめ] 仕方がない, どうしようもない
tomarse con ~ 神の言葉に耳を傾けない, 行動を改めない
tratar con ~ 一人で祈る, 黙想する
¡*Vale* ~! 《口語》1) 幸いに, 運よく. 2) いずれにせよ, とにかく
¡*Válgame* (*Válgate*) ~! [不快・驚き] おやおや, 何ともはや!
¡*Vaya* [*usted*] *con* ~! 1) [旅立つ人への挨拶] さようなら, ご無事で! 2) [話をさえぎって] うるさい, 黙れ!
¡*Vaya por* ~! [不快・怒り・あきらめなど] けしからん, やれやれ, あー!
venga ~ *y lo vea* 《口語》[不正など] ひどいありさまだ, 我慢ならない
venir ~ *a ver* 《口語》[+a+人に] 思いがけず良いことが起き, 天の救いが現れる

Ve[*te*] *bendito de* ~ [嫌な・厄介な人が出て行く時の挨拶] あばよ
Ve[*te*] *con* ~ 《俗用》[居残る人の挨拶] さようなら, お気をつけて
¡*Vive* ~! 《戯言》[怒り・驚き] おやまあ, いやはや!

dios², sa [djós, ○] 图 ❶ [多神教・神話などの] 神, 女神: ~ Horus [エジプトの] ホルス神. ~*sa del amor* 愛の女神. ~*es familiares* 屋敷神. ~*es romanos* ローマの神々. ❷ [他より優れた] 神のような存在の人, 神と崇められる人
ni ~ 《口語》誰も (一人も) …ない [=ni Dios]
todo ~ 《西. 口語》みんながみんな, ありとあらゆる人 [=todo Dios]

dioscoreáceo, a [djoskoreáθeo, a] 圏 ヤマノイモ科の —— 囡 [複] [植物] ヤマノイモ科
dioscóreo, a [djoskóreo, a] 圏 =**dioscoreáceo**
dioscuros [djoskúros] 男 [複] [ギリシア神話] ディオスクロイ《ゼウスとレダの双子の息子, カストル Cástor とポルクス Pólux. 漁師や航海の守護神》
diosla [djósla] 間《婉曲》=¡**Dios mío**!
diosma [djósma] 囡《アルゼンチン. 植物》ミカン科の一種《園芸用で非常に香りがよい. 学名 Diosma uniflora》
diospiráceo, a [djospiráθeo, a] 圏 カキノキ科の —— 囡 [複] [植物] カキノキ科
diostedé [djostedé] 男《南米. 鳥》オオハシの一種《学名 Ramphastos ariel》
dioxano [djo(k)sáno] 男 [化学] ジオクサン
dióxido [djó(k)siðo] 男 [化学] 二酸化物: ~ *de carbono* 二酸化炭素
dioxina [djo(k)sína] 囡 [化学] ダイオキシン
dipétalo, la [dipétalo, la] 圏 [植物] 二花弁の
diplacusia [diplakúsja] 囡 [医学] 複聴
diplejía [diplexía] 囡 [医学] 両麻痺, 対麻痺
diploblástico, ca [diploblástiko, ka] 圏 [動物] 二胚葉の
diploclamídeo, a [diploklamíðeo, a] 圏 [植物] flor ~ 両花被花
diplococo [diplokóko] 男 [生物] 双球菌
diplodoco [diploðóko] 男 [古生物] ディプロドクス
diplodocus [diploðókus] 男 [単複同形] =**diplodoco**
diploe [diplóe] 男 [解剖] 板間層, 板障
diplofase [diplofáse] 囡 [生物] 複相
diploide [diplóiðe] 圏 [生物] 二倍体の, 複相の
diploma [diplóma] 男《ラテン語 diploma, -atis <ギリシア語 diploma < diplóō「私は二つ折りにする」》❶ 免状, 認定証; [大学・各種学校の] 卒業証書, 修了証書, 学位記: Nos dieron un ~ *por asistir a ese curso*. 私たちはその講習会に参加した修了証書をもらった. *recibir un* ~ 卒業証書を授与される. ❷ 表彰状, 賞状, 感状 《=~ *de honor*》. ❸ [国王などの印と紋章付きの] 証書, 公文書
diplomacia [diplomáθja] 《←diploma》囡 ❶ 外交《特に技術》; 外交官の職: *estudiar* ~ 外交術を学ぶ. *entrar en la* ~ 外交官になる. ~ *secreta* 秘密外交. ❷ [集] 外交団; 外交機関. ❸ 外交的手腕, 駆け引き; 外交辞令: *Un amigo verdadero habla con sinceridad, no con* ~. 本当の友は駆け引きせず, 裏表ない話をする. *Díselo con* ~. 言葉を選んで言いなさい. *actuar con* ~ 如才なくふるまう
diplomado, da [diplomáðo, ða] 圏 图 [+en の] 免状 (資格) を持った [人]: *arquitecto* ~ 建築士. *técnico* ~ *en informática* 情報処理の資格を持つ技術者. ~ *en belleza* 美容師
diplomar [diplomár] 他 …に免状 (資格・卒業証書) を与える —— ~*se* ❶ [+en の] 卒業する: ~*se en una universidad canadiense* カナダの大学を卒業する. ❷ [+en の] 資格を得る: ~*se en enfermería* 看護師の資格を得る
diplomática¹ [diplomátika] 囡 ❶ 外交, 外交術《=diplomacia》. ❷ 公文書学
diplomáticamente [diplomátikaménte] 副 如才なく, 言葉巧みに
diplomático, ca² [diplomátiko, ka] 《←diplomacia》 圏 ❶ 外交 [上] の: *seguir la carrera* ~*ca* 外交官の職に就く. *por la vía* ~*ca* 外交ルートを通じて. *según las convenciones* ~*cas* 外交上の慣例に従って. *cuerpo* ~ 外交団. *relaciones* ~*cas* 外交関係. ❷ 如才ない, 駆け引きに長(た)けた: Lo dijo de una manera tan ~*ca que nadie pudo ofenderse*. 実に巧妙な言い方をしたので誰も怒ることができなかった. Es muy hábil

diplomatista [diplomatísta] 男 公文書学研究者
diplomatura [diplomatúra] 女 学士号『学部在籍3年で取得できる修了証明書』
diplopía [diplopía] 女《医学》複視, 二重視
diplópodo, da [diplópoðo, ða] 形 ヤスデ綱の, 倍脚綱の
—— 男《動物》ヤスデ綱, 倍脚綱
diplosoma [diplosóma] 女《生物》双心子
dipluro [diplúro] 形 コムシ目の
—— 男《昆虫》コムシ目
dipneo, a [dipnéo, a] 形《動物》二歩格, 二重句
dipnoo, a [dipnó(o), a] 形 肺魚亜綱の
—— 男《魚》肺魚亜綱
dipodia [dipóðja] 女《詩法》二歩格, 二重句
dipolar [dipolár] 形《物理》双極性の
dipolo [dipólo] 『←di+polo』男 ❶《物理》双極子: ~ eléctrico (magnético) 電気(磁気)双極子. ❷《生化》双極分子
dipsacáceo, a [di(p)sakáθeo, a] 形《植物》マツムシソウ科の
—— 女《植物》マツムシソウ科
dipsaco [di(p)sáko] 男《植物》オニナベナ
dipsofobia [di(p)sofóbja] 女《医学》飲酒恐怖症
dipsomanía [di(p)somanía] 女《医学》飲酒癖, 渇酒癖, アルコール中毒
dipsomaníaco, ca [di(p)somaníako, ka] 形《医学》飲酒癖の[人]
dipsómano, na [di(p)sómano, na] 形 名 =**dipsomaníaco**
díptero, ra [dí(p)tero, ra] 形 ❶ 双翅目の. ❷《建築》二重周柱式の
—— 男《動物》双翅目
dipterocarpáceo, a [di(p)terokarpáθeo, a] 形 フタバガキ科の
—— 女《植物》フタバガキ科
dipterocárpeo, a [di(p)terokárpeo, a] 形 女 =**dipterocarpáceo**
díptica [dí(p)tika] 女 ❶ 〖初期キリスト教会の〗二枚折り式の追悼者名簿. ❷ 司教名簿
díptico [dí(p)tiko] 男 ❶ 〖祭壇背後などの移動式の〗二枚折りの絵. ❷ 〖宣伝・招待などの〗二枚折りの案内状
diptongación [di(p)toŋgaθjón] 女《音声》二重母音化
diptongar [di(p)toŋgár] 他《音声》二重母音化させる
—— 自 ~**se** 二重母音化する
diptongo [di(p)tóŋgo] 男《音声》二重母音: ~ creciente (decreciente) 上昇(下降)二重母音
diputación [diputaθjón] 〖←古語 diputar「選出する」<ラテン語 deputare「評価する」〗女 ❶ 議員団, 代表委員会. ❷ 議員職: Accedió a la ~ al dimitir el que le precedía en la lista. 名簿で上位にいた議員が辞めて彼が議員になった. ❸ [議員・代表に託される]仕事, 任務. ❹《西》地方議会: ~ foral 〖ビスカヤ, ギプスコア, アラバ〗県議会. 《西》県議会, 県議会議事堂: 《中南米》市役所, 町村役場. ❺《歴史》[アラゴン連合王国 Corona de Aragón における]コルテス Cortes の常設代表部
diputado, da [diputáðo, ða] 〖←古語 diputar「選出する」<ラテン語 deputare「評価する」〗名 ❶《西》下院議員 [=~ a Cortes]: [地方議会の]議員; 代議士: Ha sido elegida ~da por (de) Salamanca. 彼女はサラマンカから下院議員に選出された. ❷ ~ por (de) Barcelona バルセロナ選出の下院議員. ~ provincial 県会議員. ~ socialista 社会党議員. ❷ 代表者, 代議員
diputador, ra [diputaðór, ra] 形 名 選出する[人]
diputar [diputár] 他《文語》❶ 判断する, みなす: Le *diputan* no apto. 彼は不適任と見なされている. ❷ 代表として立てる; 選出する: Me *diputaron* para una delicada misión. 私は厄介な任務を任された
dique [díke] 〖←蘭語 dijk〗男 ❶ 防堤, 土手; 防波堤: construir un ~ para proteger de los barcos 船を波から守るために防波堤を作る. ~ de contención ダム, 堰堤 (砂). 《船舶》ドック, 船渠: entrar en ~ ドック入りする. ~ seco (flotante) 乾(浮き)ドック. ❸ 障壁, 歯止め: poner ~

directo, ta

a la epidemia 疫病を食い止める. ❹《地質》岩脈
en [el] ~ seco 1) [スポーツ選手などが]休養中の, 故障して. 2) 活動不能の: Las negociaciones están *en el ~ seco*. 交渉は滞っている. La oposición le pusieron *en el ~ seco*. 彼は反対派に干されてしまった
poner ~s al mar ぬかに釘である, 禁止できない, 妨げられない
diquelar [dikelár] 〖←ジプシー語〗他《隠語》気づく, 勘づく: No *diquela* nada de nada. あいつは鈍い/何も分かっていない
diquiera [dikjéra] 副《地方語》その時以来
dirceo, a [dirθéo, a] 〖地名〗= **tebano**: el cisne ~ テーベの白鳥 〖前6〜5世紀の叙情詩人ピンダロス Pindaro のこと〗. el héroe ~ テーバイの英雄 〖オイディプスの子ポリュネイケス Polinices のこと〗
dire [díre] 名《口語》長 [=director]
dirección [dire(k)θjón] 〖←ラテン語 directio, -onis < directum < dirigire「向ける」〗女 ❶ 方向, 方角; 進路; 方針: ¿Qué ~ llevó el ladrón? 泥棒はどの方角に逃げたのですか? El viento sopla en ~ norte. 風は北に向かって吹いている. perder la ~ 方角が分からなくなる. tomar una ~ equivocada 方角を誤る. cambiar de ~ 方向を変える. en la ~ de las agujas del reloj 時計回りに. calle de ~ única/calle de una sola ~ 一方通行の通り. ~ prohibida 進入禁止. ❷ 指導, 指揮: tomar la ~ de... …の指揮を取る. llevar la ~ de una empresa ある会社を経営している. bajo la ~ de+人 …の指導(監督)の下に·で. ~ espiritual《宗教》霊的指導. ~ por objetivos《経営》目標管理, MBO. ❸《集名》幹部; 経営陣, 執行部: consultar con la ~ 責任者に相談する. ~ de un partido 党執行部. ❹ 長; director の職(事務室): Lo encontrarás en ~. 彼は社長(校長)室にいるよ. ❺ 住所, あて名: ¿Cuál es su ~? あなたの住所はどこですか? Aquí tiene mi ~. これが私の住所です. cambiar de ~ 住所を変更する. poner mal la ~ en una carta 手紙の住所を書き間違える. ❻《演劇, 映画》演出, 監督;《音楽》指揮. ❼《情報》アドレス: ~ IP IP アドレス. ~ física 物理アドレス. ~ lógica 論理アドレス. ❽ 操縦[性], ハンドル操作;《自動車》かじ取り装置: ~ asistida パワーステアリング. ❾《コロンビア, ボリビア. 自動車, 自転車, オートバイ》ハンドル
~ **general** [省庁の]局, 庁; D~ General de Turismo [政府]観光局
~ **provincial** [省庁の]地方局; D~ Provincial de Tráfico en Santander 運輸省サンタンデール局
en ~ a... …の方向へ, …に向かって: Salió *en ~ a* su casa. 彼は自宅に向かった. La pelota rodaba *en ~ al* río. ボールが川の方へ転がった
en todas direcciones あらゆる方向に, 四方八方に: mirar *en todas direcciones* 四方に目を配る
direccional [dire(k)θjonál] 形 ❶ 方向の. ❷ 指導的な, 指向的な;《通信》指向性の: micrófono ~ 指向性マイク
—— 女 ❶《航空》針路表示器. ❷《メキシコ, ドミニカ, アンデス, アルゼンチン. 自動車》方向指示器
directa [dirékta] 女《自動車》[ギアの]トップ: meter la ~ トップに入れる
directamente [diréktaménte] 副 直接に, じかに: Yo le ayudaba *directa* o indirectamente. 私は彼を直接, 間接に援助していた. dirigirse ~ a+人 直接…に話をする. volver ~ a casa まっすぐ帰宅する
directiva[1] [direktíβa] 女 ❶ 重役会, 役員会, 理事会; [政党の]執行部: La ~ del club decidió castigar a los jugadores. クラブの理事会は選手たちの処罰を決定した. ❷ [主に複]指針, ガイドライン: de acuerdo a las ~s 指針どおりに. ❸ [EUの]指令. ❹ 規定, 規定
directivo, va[2] [direktíβo, βa] 〖←director〗形 ❶ 指導的な, 指揮をとる; 指導力を重視する. ❷ 経営の; 経営者[側]の. ❸ 方向の
—— 名 [上級の]管理職, 幹部, 役員
directo, ta[2] [dirékto, ta] 〖←ラテン語 directus < dirigere「向ける」〗形 ❶ 一直線の, まっすぐな: 1) La ruta hasta el aeropuerto es un camino ~. 空港までのルートは直線道路だ. senda ~a まっすぐ続く小道. 2) [副詞的] Los ladrones fueron ~s a la caja fuerte. 泥棒たちはまっすぐ金庫へ向かった. El disparo fue ~ al corazón. 弾は心臓を直撃した. Este camino nos lleva ~ hasta la estación. この道は駅までまっすぐ続いている. ❷ 直行の, 直通の: Este tren va ~ a Granada. これはグラナダへの直通列車だ. línea ~ta 直通電話. vuelo ~ hasta Ma-

drid マドリードへの直行便. ❸ 直接の: Quiero tener una conversación ~ta con el alcalde. 市長と直接話し合いたい. acción ~ta《政治》直接行動. golpe ~ 直撃. luz ~ta del sol 直射日光. método ~ [外国語の] 直接教授法. negociaciones ~tas 直接交渉. venta ~ta 直販, 直売. ❹ 率直な, 露骨な: Otro chico fue mucho más ~: «Ana, eres un bombón». もう一人はもっと直接的だった.「アナ, 君は美人だ」. expresión demasiado ~ta あまりにも露骨な表現. pregunta ~ta ダイレクトな質問. ❺《文法》[目的語が] 直接の; [話法が] 直接の
—— 男 ❶ [中間の駅に止まらない] 直行列車 [=tren ~]. ❷《ボクシング》ストレート. ❸《放送》生放送. ❹《文法》直接目的語
en ~ 生放送で, 生中継で [⇔en diferido]: Transmitieron el partido en ~. 試合は生中継された. CD de un concierto en ~ ライブコンサートの CD. grabación en ~ ライブ録音

director, ra [diréktór, ra]《←ラテン語 director, -oris》形《女性形 **directriz** もある》❶ 指導的な: órgano ~ 指導的機関. ❷《幾何》vector ~ 方向ベクトル
—— 名 ❶ [組織・機関の] 長; 校長, 局長, 部長, 理事, 取締役, 重役: ~ [general] de una empresa 社長. ~ de un hospital 病院長. ~ de fábrica 工場長. ~ de personal 人事部長. ~ general 総支配人; 局長. ~ de proyecto プロジェクトマネージャー. ❷《映画, 放送》監督, ディレクター;《音楽》指揮者: ~ artístico 美術監督. ~ de escena 舞台監督. ~ de orquesta オーケストラ指揮者. ~ de producción プロデューサー. ~ de teatro 演出家. ❸《スポーツ》~ técnico ヘッドコーチ. ❹《教育》~ de tesis 論文の指導教官. ❺《宗教》~ espiritual 霊的指導者

directoral [direktorál] 形《まれ》=**directorial**

directorial [direktorjál] 形 長 director の: atribuciones ~es 部長権限. clase ~ 管理職クラス. sillón ~ 部長の椅子

directorio [direktórjo]《←ラテン語 directorius》男 ❶ 指示, 指針; 規定: ~ de negocios 営業方針. ❷ 手引[書], 便覧. ❸ 名簿, 住所録; 一覧表. ❹ 役員会, 重役会, 理事会; 執行委員会. ❺《歴史》政府: D~ de 5 miembros 五執政官政府, 総裁政府〖1795〜99年, フランス〗. D~ militar《西》プリモ・デ・リベラ Primo de Rivera の軍事政府〖1923〜25年〗. D~ civil プリモ・デ・リベラの文官政府〖1925〜30年〗. ❻《情報》ディレクトリー; ~ raíz ルートディレクトリー. ❼《メキシコ》電話帳 [= ~ telefónico, ~ de teléfonos]
—— 形 [様式が] 総裁政府時代の; 総裁政府様式の

directriz [direktríθ] 形《←ces》→**director**: dos ideas directrices 2つの指導的な思想
—— 女 ❶《幾何》準線 [=línea ~]. ❷《複》指針, 基準, ガイドライン: seguir las directrices marcadas 示された方針に従う. directrices del nuevo partido 新党の綱領. directrices para tratar el sida エイズ治療のガイドライン

dirham [dirxán] 男《複》~s ❶ [モロッコ, アラブ首長国連邦の貨幣単位] ディルハム. ❷ [中世イスラム教国の] ディルハム銀貨

dirhem [dirxén] 男《複》~s [中世イスラム教国の] ディレム銀貨

dirigencia [dirixénθja] 女《南米》[政党・組合の] 執行部

dirigente [dirixénte]《←dirigir》形 ❶ [政党・企業などを] 指導する, 支配する: clase ~ 支配階級. equipo ~ 指導部. personaje ~ del gobierno 政府要人. ❷ 方向の
—— 名 指導者, 幹部: Los ~s se reunirán en un país neutral. 代表者たちは中立国に集まる予定だ. ~ de un sindicato 組合幹部

dirigible [dirixíble] 形 ❶ 操縦され得る: coche de juguete ~ 運転できるおもちゃの車. ❷ 従順な
—— 男 飛行船 [= globo ~]

dirigir [dirixír]《←ラテン語 dirigere < di- (広がり)+regere「治める」》他 ❶ [視線・努力などを, +a・hacia の方へ] 向ける: 1) Dirigió el telescopio hacia la Luna. 彼は望遠鏡を月に向けた. Esos productos son dirigidos a un público juvenil. それらの製品は若者向けだ. 2) [+a+不定詞] El alcalde dirige todas sus energías a aligerar el atasco. 市長は渋滞の緩和に全精力を傾けている. ❷ [手紙を, +a+人・場所に] 宛てる: Dirijo el paquete a mis padres. 私は両親に小包を送る. La carta va dirigida al clero regular. その書簡は修道会聖職者に宛てられている. ❸ [人を] 向かわせる, 進ませる, 導く, 案内する: ¿Por qué no vas tú delante y me diriges? 先に立って案内してくれないか? Al salir del pueblo, el guía nos dirigió a un monasterio. 町を出るとき, ガイドは私たちをある修道院へ案内した. El tutor me dirigía la tesis. 教官は私の論文指導をしてくれていた. ❹ 経営する, 運営する, 取り仕切る: Ha dirigido diversas publicaciones semanales. 彼はいくつかの週刊誌の編集長を務めてきた. Sus delanteros tiene gran habilidad para ~ el juego. そのフォワード陣は優れたゲーム支配力を持っている. ~ la discusión 討論の司会をする. ~ una empresa 企業を経営する. ~ un equipo チームを率いる. ~ las operaciones 作戦を指揮する. ❺《演劇》演出する, 監督する: Dirige y produce sus propias películas. 彼は自作の映画の監督兼プロデューサーだ. ❻《音楽》指揮する: ~ una orquesta オーケストラを指揮する. ❼ 操縦する: A los cinco minutos del despegue, el piloto dirigía la avioneta al Sur. 離陸後5分でパイロットは小型機を南に向けた. ~ la nave a un puerto 船を港に向ける
—— **se** 1) [場所・方向へ] 向く, 向かう, 目指す: La brújula se dirige al norte. 磁針は北を向く. El público se dirigió hacia la salida. 観客は出口の方に進んだ. ❷ [+a+人に] 話しかける, 手紙を出す: ¿Se dirige usted a mí? 私にご用ですか? El Primer Ministro se dirigió a toda la nación por televisión con motivo del Año Nuevo. 首相は年頭に当たり全国民にテレビで訴えかけた. Me dirijo a usted para solicitarle un favor. お願いしたいことがありまして手紙をさしあげます. ❸ 向けられている: Esa película se dirige a los adultos. その映画は成人向けだ. Sus esfuerzos van dirigidos a ganar el campeonato. 彼の努力は選手権獲得に向けられている

dirigir	
直説法現在	接続法現在
dirijo	dirija
diriges	dirijas
dirige	dirija
dirigimos	dirijamos
dirigís	dirijáis
dirigen	dirijan

dirigismo [dirixísmo] 男 [政府などによる] 規制, 統制経済〔体制〕

dirigista [dirixísta] 形 名 [政府などによる] 規制を推進する〔人〕; 統制経済の; 統制経済(経済規制)推進者

dirimente [diriménte] 形 →**impedimento** dirimente

dirimible [dirimíble] 形 [契約などが] 無効にされ得る, 破棄され得る

dirimir [dirimír]《←ラテン語 dirimere》他 ❶ [不一致・争いなどに] 決着をつける: ~ nuestras diferencias 我々の相違点をクリアーする. ~ la cuestión 問題にけりをつける. ~ la contienda いさかいを治める. ❷ [契約などを] 無効にする, 破棄する: ~ el matrimonio 婚姻を解消する

dirrupción [dirrupθjón] 女《植物》[植物の] 異常

dis- I《←ラテン語 dis-》《接頭辞》[否定・反対・分離] disgusto 不快, discontinuo 不連続の
II《←ギリシア語 dys-》《接頭辞》[欠陥・不良・困難] disfasia 不全失語症, dislalia 発音不全

disacárido [disakárido] 男《化学》二糖類

disámara [disámara] 女《植物》二翼二種子

disán [disán] 男《ウルグアイ》洗剤液

disanto [disánto] 男 ~día santo 男 宗教上の祝日, 祭日

disarmonía [disarmonía] 女 ❶《医学》失調, 不調和. ❷ 調和の欠如

disarmónico, ca [disarmóniko, ka] 形 不調和の;《音楽》不協和の, 調子外れの

disartria [disártrja] 女《医学》発話困難症

disbulia [disbúlja] 女《医学》意志障害, 意志弱行

discal [diskál] 形《解剖》椎[?]間板の

discalculia [diskalkúlja] 女《医学》計算障害

discantado, da [diskantádo, ða] 形《ペルー》misa ~da 音楽を伴うミサ

discantar [diskantár] 他 ❶《音楽》ディスカントゥス discanto を歌う, 奏でる. ❷《まれ》[詩を] 作って朗読する. ❸《まれ》詳しく論評する, 蘊蓄(?)を傾ける

discante [diskánte] 男《音楽》ディスカントゥス〖初期の多声音楽で, 定旋律の上に歌う対位旋律〗

discantista [diskantísta] 男《音楽》ディスカントゥスの作曲〔演

disconformidad

奏)家

discanto [diskánto] 男《音楽》❶ トレブルギター《高音の小型ギター》．❷《廃語》[主に弦楽器による] 演奏会

discantor [diskantór] 男 =**discantista**

discantus [diskántus] 男 =**discanto**

discapacidad [diskapaθiðáð] 囡 [肉体的・精神的な] 障害, ハンディキャップ

discapacitado, da [diskapaθitáðo, ða] 形 身障者(の), ハンディキャップを背負った[人]: ~ físico (mental) 身体(精神)障害者

discar [diskár] 自他《キューバ, ペルー, ボリビア, ラプラタ. 電話》ダイアルする

discente [disθénte] 形 名《文語》学生(の), 教育を受けている[人]《⇔docente》: cuerpo ~ 集名 学生

disceptación [disθe(p)taθjón] 囡《まれ》議論, 論じ

disceptar [disθe(p)tár] 自《まれ》[問題について] 論じる, 議論する

discernible [disθerníβle] 形 識別可能な, 見分けのつく

discernidor, ra [disθerniðór, ra] 形 名 識別する[人]

discerniente [disθernjénte] 形 識別する

discernimiento [disθernimjénto] 男 ❶ 識別, 見分け: el ~ del bien y del mal 善悪の判断. ❷ 識別能力, 識見, 見識, 判断力: El joven todavía no tiene suficiente ~. その青年はまだ十分な判断力がない. ❸《法律》[後見人などの] 指名, 任命

discernir [disθerír] 他《←ラテン語 discernere < dis-（分離）+cernere「区別する」》 25 囲 ❶ [+de から/+entre の間を] 識別する, 見分ける: ~ las buenas novelas de las mediocres 良い小説とつまらない小説を見分ける. ~ al amigo sincero entre los hipócritas 偽善者の中から真の友を見分ける. ❷《法律》[裁判官が] 後見人に指名する. ❸《文語》[賞・役職などを] 授与する: ~ la primera medalla a... …に1位のメダルを与える

discinesia [disθinésja] 囡《医学》ジスキネジア, 不随意運動

disciplina [disθiplína]《←ラテン語 disciplina「教育」》囡 ❶ 規律, 風紀; 訓練, しつけ: No tiene ~ en su trabajo. 彼の仕事ぶりはだらしがない. imponer (observar) la ~ 規則を押しつける(守る). seguir la ~ 規律に従う. educar con mucha ~ 厳しくしつける. estudiante con mucha ~ 厳格に風紀を守る学生. relajación de la ~ 風紀の乱れ. ~ de partido/~ de voto 党規. ~ militar 軍規. ❷ 学科, 学問分野: La lingüística es una ~ moderna. 言語学は近代的な学問分野である. ~s básicas [大学の] 基礎課程. ❸《スポーツ》種目: ganar en la ~ de descenso ダウンヒルの種目で勝つ. ❹ [主に 複] 悔悛に使う] 短い鞭, 鞭打ちの罰: dar a+人 buenos azotes con las ~s 悔悛用の鞭でびしばしたたく

disciplinable [disθiplináβle] 形《まれ》しつけの可能な

disciplinadamente [disθiplináðamente] 副 規律正しく, 整然と

disciplinado, da [disθiplináðo, ða] 形 ❶ 規律正しい: vida ~da 折り目正しい生活. ❷《植物》[カーネーションなどの花に] 斑(ふ)の入った

disciplinal [disθiplinál] 形 規律の, 風紀の: directrices ~es 風紀律

disciplinante [disθiplinánte] 形 規律を守る
──男《聖週間に, 自らの体を鞭打つ》苦行者

disciplinar [disθiplinár] I《←disciplina》他 ❶ …に規律を課す; 訓練する, しつける: En este colegio disciplinan bien a los alumnos. この学校は生徒のしつけが良い. ❷ [+en 科目を] 教える. ❸ [修行のため・罰則として] 鞭打つ
──~se ❶ 規律に従う, しつけを守る; 自律する. ❷ 自らに鞭打つ: El viejo fraile se disciplina cada noche. その老修道士は毎夜自らに鞭打つ
II《←ラテン語 disciplinaris》形 [教会の] 規律の: faltas ~es 規律違反

disciplinario, ria [disθiplinárjo, rja]《←disciplina》形 ❶ 規律上の. ❷ 懲戒の; 懲罰の: castigo ~ 懲罰. comité ~ 懲戒委員会. destitución ~ria 懲戒免職. medida ~ria 懲戒処分. batallón (cuerpo) ~ 懲罰兵の部隊

disciplinazo [disθiplináθo] 男 [短い鞭 disciplinas による] 鞭打ち

discipulado [disθipuláðo] 男 ❶ 集名 弟子, 生徒. ❷ 弟子の身分; 修行期間. ❸ 修練, 修行; 訓練, しつけ

discipular [disθipulár] 形 弟子の, 生徒の

discípulo, la [disθípulo, la]《←ラテン語 discipulus「生徒」< discere「学ぶ」》名 ❶ 生徒, 弟子, 門弟: Somos ~s del mismo colegio. 私たちは同窓生です. Jesús se dirigió a la gente y a sus ~s. イエスは民衆と弟子たちに語りかけた. ~ de piano ピアノの弟子. ❷ 信奉者: ~s de Kant カント派

disc-jockey [disjókej]《←英語》男 [単複同形/履 ~s] ディスクジョッキー, DJ

disclímax [disklíma(k)s] 男《生物》妨害極相

discman [dískman]《←商標》男 携帯用CDプレーヤー

disco [dísko] 男《←ラテン語 discus <ギリシア語 diskos》❶ 円盤, 平たい円形の物: ~ de freno《自動車》ブレーキディスク. ~ volador (volante) 空飛ぶ円盤. ❷ レコード, CD: poner un ~ レコードをかける. escuchar un ~ レコードを聴く. máquina de ~s ジュークボックス. ~ compacto (digital) コンパクトディスク, CD; CDプレーヤー. ~ de vídeo digital/~ compacto de vídeo/~ digital versátil デジタルビデオディスク, DVD. ~ láser レーザーディスク. ~ de larga duración LPレコード. ~ sencillo シングル盤. ~ de oro ゴールドディスク. ~ de platino プラチナディスク. ❸ [電話・金庫の] ダイアル: teléfono de ~ ダイアル式電話. ❹ 信号灯《信号機の各色》; 交通標識: pararse ante el ~ rojo 赤信号の前で止まる. saltarse el ~ rojo del semáforo 赤信号を無視する. pasar con el ~ cerrado (abierto) 赤(青)信号で進む. ~ verde 青信号. ~ de limitación de velocidad 速度制限標識. ~ de señales《鉄道》信号板. ❺《情報》ディスク: ~ de arranque 起動ディスク, ブートディスク. ~ de cabeza fija 固定ヘッドディスク. ~ del sistema システムディスク. ~ duro (rígido・fijo) ハードディスク. ~ flexible (floppy) フロッピーディスク. ~ óptico 光ディスク. ~ magnético 磁気ディスク. ~ removable (intercambiable) リムーバブルディスク. ~ virtual 仮想ディスク. ❻《解剖》円板, 盤. ❼《植物》1) 花盤. 2) ~ germinativo 胚盤. ❽《天文》視表面: ~ lunar 月面. ~ galáctico 銀河核. ❾《スポーツ》1) lanzar el ~ 円盤を投げる. 2) 円盤投げ. ❿《口語》しつこく繰り返されるもの: Me suelta el mismo ~. 彼はいつも同じ話を持ち出す. Cambia de ~ porque siempre me cuentas lo mismo. いつも同じ話だから話題を変えてくれ

no cambiar de ~ いつも同じことを繰り返す

parecer (ser) un ~ rayado [壊れたレコードのように] 同じ話を何度も繰り返す

II《discoteca の省略記》男 ❶ ディスコ. ❷ ディスコミュージック《~ música》

discobar [diskoβár] 男 =**discopub**

discóbolo, la [diskóβolo, la] 名 円盤投げの選手

discófilo, la [diskófilo, la] 形 名 レコード愛好家(の), レコード収集家(の)

discografía [diskografía] 囡 ❶ レコード目録(年譜), ディスコグラフィー. ❷ レコード製作技術. ❸ レコード全集: Tiene en casa toda la ~ de Julio Iglesias. 彼は家にフリオ・イグレシアスのレコード全集がある. ~ flamenca フラメンコ音楽のレコード集

discográfico, ca [diskográfiko, ka] 形 ❶ レコード目録の; レコードの. ❷ レコード製作の: contrato ~ レコード製作契約
──囡《西》レコードレーベル, レコード会社

discoidal [diskojðál] 形 円盤形の, 円板状の

discoideo, a [diskojðéo, a] 形 =**discoidal**

díscolo, la [dískolo, la]《←ラテン語 dyscolus <ギリシア語 dyskolos「不機嫌な」》形 名 従順でない[人], 反抗的な: Los adolescentes suelen ser ~s. 青年は言うことを聞かないのが常だ. pacificar a las tribus ~las 反抗的な部族を平定する

discoloro, ra [diskolóro, ra]《植物》hoja ~ra 表裏で色が異なる葉

discomicete [diskomiθéte] 形 盤菌網の
──男 複《植物》盤菌類

disconforme [diskomfórme]《←dis- I+conforme》形 [estar+. +con・a と] ❶ 合致しない: mostrarse ~ con la decisión de la junta 会議の決定に反対の態度を示す. ❷ 適合しない: reforma ~ a la realidad 現実にそぐわない改革. ~ a la edad 年齢にふさわしくない
──名 反対者, 不満分子

disconformidad [diskomformiðáð] 囡 ❶ [+con との/+entre の間の] 不一致, 不調和: Se produce una ~ entre lo que dices y lo que haces. 君の言行不一致が生じる. ~ de sus caracteres 性格の不一致. ❷ [意見などの] 相違. ❸ 不平, 不満: Quiero expresar mi ~ con la resolución. その決

定に不満の意を表明したい

disconformismo [diskonformísmo] 男《まれ》=**inconformismo**

discontinuación [diskontinwaθjón] 女 中断, 断絶, 不連続

discontinuar [diskontinwár] 14 他 中断する, 断絶する

discontinuidad [diskontinwiðáð] 女 ❶ 不連続性, 断続性: ~ narrativa 物語の不連続性. ❷ 一貫性の無さ, 支離滅裂: ~ del sistema educativo 教育制度の一貫性の欠如. ❸《地質》不連続面: ~ de Mohorovicic モホロビチッチ不連続面, モホ面

discontinuo, nua [diskontínwo, nwa] 形 ❶ 不連続の, 断続的な: función ~*nua*《数学》不連続関数. línea ~*nua* 破線. sonido ~ とぎれとぎれに聞こえる音. ❷《言語》可算の〖=contable〗
—— 男《集合》不連続なもの

disconveniencia [diskombenjénθja] 女《まれ》=**desconveniencia**

disconveniente [diskombenjénte] 形《まれ》=**desconveniente**

disconvenir [diskombenír] 59 自《まれ》=**desconvenir**

discopub [diskopáb]《←英語》男 ディスコパブ

discordancia [diskorðánθja] 女 ❶ 不一致; 不調和: Entre ellos todavía hay muchas ~s. 彼らの間にはまだ多くの食い違いがある. Está en ~ con lo que dijo antes. 彼は前言と食い違っている. ~ de pareceres 意見の不一致. ❷《音楽》不協和.《文法》[時制の]不照応

discordante [diskorðánte] 形 一致しない; 調和しない, 場違いな: llamar la atención dando el toque ~ まわりと違う色づかいをして注意を引く. genio ~ people と折り合いにくい性格. matrimonio ~ 仲の悪い夫婦.《音楽》不協和の, 耳ざわりな

discordar [diskorðár]《←ラテン語 discordare < dis- 分離·否定)+cordare < cor, cordis「心」》28 自 ❶《互いに/+de·con と, +en が》一致しない; 調和しない: Mis opiniones siempre *discuerdan con* las del resto de mis compañeros. いつも私の意見は残りの仲間の意見と合わない. ❷《音楽》音(調子)が合わない: El trombón está *discordando*. トロンボーン[の音]が合わない. ❸ 反目する: Siempre *discordaba del* maestro. 彼は教師と常にぶつかっていた. Siempre *discordaban en* las pequeñas cosas. 彼らはいつも細かいことで対立していた

discorde [diskórðe] 形《文語》不一致の, 調和しない: Su opinión es ~ con la de los demás. 彼の意見は他の人たちと違っている. ❷《音楽》不協和の, 調子の外れた

discordia [diskórðja] 女《ラテン語》不和, 争い, もめごと, 反目, 意見の不一致: apaciguar (apagar) la ~ 争いをおさめる. arder en ~s ごたごたでもめる. atizar (avivar) la ~ 争いをあおる. resolver las ~s intestinas 内輪もめを解決する. sembrar la ~ entre los amigos 友達の間に不和の種をまく

discoteca [diskotéka] 女 ❶ ディスコ〖テーク〗: ir a bailar a la ~ ディスコへ踊りに行く. ❷ レコードライブラリー, レコードコレクション. ❸ レコードキャビネット, レコード収納庫

discoteque [diskotéke] 女《古語的》ディスコ〖=discoteca〗

discotequero, ra [diskotekéro, ra] 形 名《口語》❶ ディスコの; música ~*ra* ディスコミュージック. ❷ ディスコ好きな〖人〗

discrasia [diskrásja] 女《医学, 植物》カヘキシー; 黄化〖=caquexia〗

discrasita [diskrasíta] 女《鉱物》安銀鉱

discreción [diskreθjón]《←ラテン語 discretio, -onis》女 ❶ 秘密を守ること: con ~ absoluta 極秘扱いで. ❷〖立ち入ったことを言わないなどの〗慎み深さ, 慎重さ; 分別: obrar con ~ 慎み深くふるまう. ❸ 機知, 才気
 a ~ 1) 好きなだけ, 自在に: beber *a* ~ 好きなだけ飲む. vino *a* ~ ワイン飲み放題. 2) [+de に] 任せて, 自由に: Dejo los detalles *a* su ~. 細かいことはあなたに任せます. ¡Fuego *a* ~! 各個に撃て!
 darse (*entregarse·rendirse·quedar*) *a* ~ 無条件降伏する
 jugar discreciones 遊ぶ, 暇つぶしをする

discrecional [diskreθjonál]《←discreción》形 任意の, 自由裁量の: de servicio ~ 貸し切りの. facultades ~*es* 自由裁量権. política fiscal ~ 自由裁量的財政政策. parada ~〖乗降客のある時だけ停車する〗随時停車所

discrecionalidad [diskreθjonaliðáð] 女 任意性, 自由裁量

discrecionalmente [diskreθjonálménte] 副 任意に, 自由裁量で

量で

discrepancia [diskrepánθja]《←ラテン語 discrepare》女 ❶ 相違, 不一致: limar las ~s entre los líderes 指導者間の意見の相違を調整する. ~ de los dos textos 2つのテキスト間の食い違い. ~ religiosa 宗教上の違い. ~s en el matrimonio 夫婦間の性格不一致. ❷ 不同意, 不賛成, 立場の違い: manifestar su ~ con la resolución その解決策に賛同できないと表明する

discrepante [diskrepánte] 形 名 一致しない, 意見を異にする〖人〗

discrepar [diskrepár]《←ラテン語 discrepare「調和しない」< dis- (対立)+crepare「きしむ」》自 ❶ [+de と, +en で] 意見が相違する: *Discrepa de* su marido *en* la manera de pasar las vacaciones. 彼女は休暇の過ごし方について夫と意見が異なる. ❷ 異なる: Esta revista *discrepa de* esa *en* el tratamiento del tema. この雑誌の問題の扱い方はそれとは違う

discretamente [diskrétaménte] 副 控え目に, 慎み深く

discretear [diskreteár] 自《文語》ひそひそ話をする, こっそり耳打ちする. ❷《軽蔑》慎み深そうにふるまう, 慎重さを装う

discreteo [diskretéo] 男 ひそひそ話, 耳打ち

discreto, ta [diskréto, ta]《←ラテン語 discretus < discernere「見分ける」》形 ❶ 秘密を守れる, 口の堅い: Es un hombre ~, no contará nada. 彼は口が堅くて何もしゃべらないでしょう. ❷《文語》控え目な, 慎み深い; 慎重な, 用心深い: Es muy ~ en sus palabras. 彼は慎重な話し方をする. palabras ~*tas* 慎みのある言葉. razones ~*tas* もっともな理由. ❸《金銭的》ほどほどの: ganancias ~*tas* ほどほどの利益. sueldo ~ ささやかな収入. ❹《色·服装が》地味な, おとなしい. ❺《場所が》人が少ない, 離れた. ❻《数学, 言語, 情報》不連続な, 離散的な, 個別の: cantidad ~*ta* 分離量, 離散量
 —— 名 ❶ 口の堅い人. ❷《文語》控えめな人; 慎み深い人; 思慮深い人

discretorio [diskretórjo] 男《宗教》[修道会の] 顧問会; 顧問会議室

discrimen [diskrímen] 男 ❶《廃語》相違, 多様性. ❷《廃語》さし迫る危険. ❸《中米, コロンビア, エクアドル, ペルー》差別

discriminación [diskriminaθjón]《←ラテン語 discriminatio, -onis》女 ❶ 差別: sin ~ 分け隔てなく. ~ positiva 積極的差別是正措置, アファーマティブアクション. ~ racial/~ por motivos raciales 人種差別. ~ sexual 男女差別, 性差別. ❷《商業》価格差別〖= ~ de precios〗. ❸ 区別, 識別: hacer ~ de colores 色を識別する

discriminador, ra [diskriminaðór, ra] 形 名 差別する〖人〗: ~*ra* elite cultural 差別的知識人
—— 男《電気》[周波数·位相などの] 弁別器, 弁別装置

discriminante [diskriminánte] 形 差別的な
—— 男《数学》判別式

discriminar [diskriminár]《←ラテン語 discriminare》他 ❶ 差別する: Nos *discriminaron* porque éramos extranjeros. 我々は外国人だったので差別された. ❷ [+de から/+entre の間で] 識別する, 区別する: ~ los sonidos 音を識別する. ~ lo bueno *de* lo malo 善悪を判断する. ~ *entre* lo propio y lo ajeno 自分のものと他人のものを区別する

discriminativo, va [diskriminatíbo, ba] 形 =**discriminatorio**

discriminatorio, ria [diskriminatórjo, rja] 形 ❶ 差別的な: trato ~ 差別待遇. ❷ 識別するための, 区別を示す

discromatopsia [diskromatɔ́(p)sja] 女《医学》色弱, 部分色盲

discromía [diskromía] 女《医学》皮膚の色素異常

discuento [diskwénto] 男《サラマンカ》知らせ, 報告; 説明

disculpa [diskúlpa]《←disculpar》女 ❶ 言い訳, 弁解: Me dio (ofreció) ~s por haber llegado tarde. 彼は遅刻のことに言い訳をした. No tiene ~. 彼には弁解の余地はない. Es un error que no tiene (admite) ~. その過ちは弁解の余地がない. Acepté su ~ porque lo hizo sin mala intención. 悪気でやったわけではないので私は彼の謝罪を受け入れた. ❷〖過失などに対する〗容赦: pedir ~s por la tardanza 遅れたことに赦しを乞う

disculpable [diskulpáble] 形 許され得る, 無理もない, 申し訳の立つ: error ~ 仕方のない誤り

disculpablemente [diskulpábleménte] 副 しかたなく, 無理からぬことに

disculpar [diskulpár]《←dis- 1+culpa》他 ❶ 許す, 容赦する: 1)

[+de・por について, 人を] *Discúlpa*me *por mi tardanza* (*por haber faltado a mi palabra*). 遅れた（約束を破った）ことを許してくれ. ¿*Me disculpas?* 先に失礼しても（寝ても）いい? Ahora, si me *disculpan*, tengo que atender otros compromisos. さて, よろしければ他に約束がありますので. 2)［事柄を］*Disculpe* mis palabras. 言い過ぎをお許し下さい. 3)［+que+接続法］*Disculpa que* no te haya traído un regalo. お土産を持って来なくて申し訳ない. ❷［事情を］言い訳になる: Su inexperiencia no *disculpa* el fracaso. 経験不足だからといって彼の失敗の言い訳にはならない. ❸［+con+人 に対して］…の言い訳をする: *Discúlpa*me como puedas *con* la dueña de la casa. 大家さんに何とか僕を許してもらってくれ
── ~se ❶［+por・de について］詫（わ）びる, 謝る; 言い訳をする: Se *disculpó por* haber llegado tarde. 彼は遅刻の言い訳をした. ❷［+de+不定詞］…できないと言い逃れする; 言い訳して…しないとする: Se *disculpó de* asistir a la fiesta. 彼はパーティーに出られないと言い逃れをした. ❸［+con+人 に］謝る: Se *disculpó con* su esposa. 彼は妻に謝った

discurrir [diskuřír]《←ラテン語 discurrere》自 ❶［水などがゆっくりと］流れる: El manantial *discurre* entre rocas. 湧き水が岩の間を伝う. El recorrido del río *discurre* por fértiles vegas. その川は豊かな沃野を潤して流れる. ❷［+por を］移動する: La gente *discurre por* el paseo. 人々が遊歩道をそぞろ歩く. ❸［時間などが］経過する; 進行する, 推移する: La tarde *discurrió* lentamente. 午後はゆっくり過ぎていった. El acto *discurrió* con completa normalidad. 儀式は何事もなく進行した. ❹［+en・sobre について, 答を見出すために］考える, 熟考する［→pensar 類義］; 論じる: Solía ~ *sobre* la finalidad de la vida. 彼は人生の目的についてよく考えたものだ
~ *poco* 賢くない, 上手でない
── 他 考えつく, 考え出す: Siempre anda *discurriendo* un medio para salir sin ser visto. 彼はいつも誰にも見つからずに抜け出す方法を思案している

discursante [diskursánte] 形 名 熱弁家［の］, 長広舌をふるう〔人〕
discursar [diskursár] 自《まれ》…について論じる
discurseador, ra [diskurseaðór, ra] 形 名《軽蔑, 皮肉》演説好きな〔人〕
discurseante [diskurseánte] 形 名《軽蔑, 皮肉》=**discurseador**
discursear [diskurseár] 自《軽蔑, 皮肉》［主に無内容な］演説をぶつ, 長話をする: Es muy aficionado a ~. 彼は一席ぶつのが好きだ
discursible [diskursíble] 形 演説できる, 論ずることができる
discursista [diskursísta] 形 名 演説好きな〔人〕, 議論好きな〔人〕
discursito [diskursíto] 男 *discurso* の示小語
discursivo, va [diskursíbo, ba] 形 ❶ 思索的な, 思索にふける: De temperamento ~, se sume a menudo en profundas meditaciones que lo aislan de lo que le rodean. 彼は沈思黙考するタイプで, しばしば深く考え込んで周囲の世界から孤立してしまう. ❷ 論証的な, 推論的な: proceso ~ 推論の過程
discurso [diskúrso]《←ラテン語 discursus < discurrere》男 ❶ 演説, スピーチ, 講演: pronunciar un ~ de agradecimiento 謝辞を述べる. escuchar con atención el ~ del presidente 大統領の演説を傾聴する. ~ de aceptación 指名受諾演説. ~ de apertura 開会の辞. ~ de bienvenida 歓迎の挨拶. ~ de odio ヘイトスピーチ. ~ electoral 選挙演説. ❷ 推論, 論証: por medio de un ~ lógico 論理的に推論して. ❸ 論考, 小論文: escribir un ~ について小論文を書く. *D~ sobre el Método de Descartes* デカルトの「方法論序説」. ❹《言語》1) 談話《継起する文の連鎖からなる, 文より上位のすべての言語》: analisis del ~ 談話分析. 2) ディスコール, 言説《ある集団・社会に特有な言語表現》: ~ marxista マルクス主義的言説. ❺《文語》［時間の］流れ, 経過, 推移: en el ~ de tres horas 3時間の間に. en el ~ del tiempo 時が経つにつれて

discusión [diskusjón]《←ラテン語 discussio, -onis < discutere》女 ❶ 議論, 討論: A propósito de la situación económica ha habido una fuerte ~ en el Congreso. 経済状勢をめぐって国会で激しい議論が行われた. No admite ~. それは問答無用だ. Su respuesta era taxativa y no admitía ~. 彼の返事はきっぱりとして, 議論の余地がなかった. vencer en una ~ 議論に勝

つ. ~ del presupuesto 予算審議. ❷ 口論, 口げんか
sin ~ 疑いもなく, 確かに・な
discusivo, va [diskusíβo, ba]形《医学》溶解する, 消散する
discutible [diskutíβle] 形 議論すべき, 議論の余地のある, 疑わしい; 好ましくない: Esa solución es muy ~, ofrece muchas dudas. その解決策は大いに議論すべき余地があり, 疑問だらけだ. actitud ~ 問題のある態度
discutidor, ra [diskutiðór, ra] 形 名 論争好きな〔人〕, 理屈っぽい〔人〕, 理屈をこねる
discutir [diskutír]《←ラテン語 discutere「散らす, 解決する」》他 ❶ 議論する, 討論する: El Parlamento *discutirá* la política antiterrorista. 国会ではテロリスト対策が討議される予定だ. ❷［+a+人 に対して］…に異議を唱える, 疑いをさしはさむ: Siempre me *discutes* lo que digo yo. 君はいつも私の言うことに逆らう. ~ las órdenes 命令に異を立てる
── 自［+de・sobre について］議論する, 討論する: *Discutieron sobre* sus creencias religiosas. 彼らは自分たちの信仰について議論した. ~ *de* política 政治議論をする. ❷［互いに／+con と, +por が原因で］言い争う, 口論する: *Discute* hasta *con* su padre. 彼は父親とでも言い争いをする. Los dos *discutieron por* un perro. 2人は犬のせいで口げんかした
── ~se 異論が出される: La pureza de su sangre noble no se puede ~. 彼の高貴な血筋の純正さは紛れもない
disecable [disekáβle] 形 剝製にされ得る
disecación [disekaθjón] 女 =**disección**
disecado [disekáðo] 男 剝製にすること
disecador, ra [disekaðór, ra] 男 名 剝製にする; 剝製師
disecar [disekár]《←ラテン語 dissecare》[7] 他 ❶ 剝製にする: cabeza *disecada* de un ciervo シカの頭の剝製. ❷ 押し花にする, 押し葉にする: Ella mete una rosa entre las hojas de un libro y la *diseca*. 彼女はバラを本の間にはさんで押し花にする. ❸ 解剖する: ~ una rana カエルを解剖する. ❹《医学》切る, 切開する. ❺［物事を］慎重に分析する
disección [dise(k)θjón]《←ラテン語 dissectio, -onis》女 ❶ 解剖: sala de ~ 解剖室. ~ de un cadáver 遺体の解剖. ❷ 詳細な分析: someter a ~ /hacer la ~ 詳細に分析する. rigurosa ~ de la novela 小説の細部にわたる分析. ❸ 剝製《行為》. ❹ 押し花(押し葉)にすること. ❺《医学》解離: ~ aórtica 大動脈解離
diseccionar [dise(k)θjonár] 他 ❶ 解剖する: ~ un cadáver 死体を解剖する. ❷ 詳細に分析する: ~ la sociedad actual de arriba abajo 現代社会を上から下まで細かく分析する
disecea [diseθéa] 女《医学》難聴
director, ra [disektór, ra] 名 解剖医, 解剖者
diseminación [diseminaθjón] 女 ❶ 散布; 拡散: ~ de las semillas 播種(はしゅ). ~ de la población 住民の離散. ❷［思想・文化などの］伝播
diseminado, da [diseminádo, da] 形 ❶ 散らばった, 拡散した: casas ~s entre los cultivos 畑の間に点在する家々. dejar ~s los juguetes por el suelo 床一面におもちゃを散らかすままにしておく. ❷《医学》播種性の, 散在性の
diseminador, ra [diseminaðór, ra] 名 まき散らす
diseminar [diseminár]《←ラテン語 disseminare「まき散らす」< dis-（分離・強調）+seminare「種をまく」》他 ❶［種などを］まき散らす, ばらまく: ~ las semillas sobre la tierra 土地に種をまく. ~ a los soldados por todo el territorio 領土全域に兵士を配置させる. ❷［思想・うわさなどを］広める, 普及させる: ~ la fe 信仰を広める
── ~se 散らばる, 散在する: Desde la colina vimos ~se las casas hasta donde alcanzaba la vista. 丘から目の届く限り家々が散在しているのが見えた. La familia se *diseminó* por todo el país. 家族は国中にばらばらになった
disemínulo [diseminúlo]《植物》散布体
disensión [disensjón]《←ラテン語 dissensio, -onis < dis-（反対）+sensum < sentire「感じる」》女 ❶［意見の］相違: El partido está agitado por profundas *disensiones*. 党は深刻な意見対立に揺れている. expresar su ~ sobre… について反対意見を表明する. ❷ 不和, 紛争, 軋轢(あつれき): Esperemos que todo salga bien y sin que haya *disensiones*. 万事うまく進んで, 対立が起こらないことを期待します. *disensiones* entre los hermanos por la herencia 遺産をめぐる兄弟間の争い
disenso [disénso] 男 ❶《文語》=**disentimiento**. ❷《法律》mutuo ~［契約・義務などの］双方の合意による破棄（無効確

認)

disentería [disentería] [女]《医学》赤痢: ～ amebiana アメーバ赤痢. ～ bacilar 細菌性赤痢

disentérico, ca [disentériko, ka] [形] 赤痢の: bacilo ～ 赤痢菌

disentimiento [disentimjénto] [男] [意見などの] 相違; 不和: Nuestro profundo ～ hace que no nos entendamos. 私たちの根深い対立が相互の理解をはばんでいる

disentir [disentír] 〖←ラテン語 dissentire〗 [33] [自] [+de·con と, +en の点で] 意見(考え)が異なる: *Disentimos de* usted *en* todo cuanto ha dicho. 私たちはあなたがおっしゃったことということごとく意見が違います. *Disentían en* las ideas fundamentales y no pudieron llegar a un acuerdo. 彼らの考えは基本的な部分で一致しておらず, 合意に達することができなかった

diseñador, ra [diseɲađór, ra] [名] 製図家, 設計家; デザイナー: ～ de moda〔s〕ファッションデザイナー. ～ de muebles 家具デザイナー. ～ gráfico グラフィックデザイナー. ～ industrial 機械設計家, 工業デザイナー

diseñar [diseɲár] 〖←伊語 disegnare「描く」〗 [他] ❶ 製図する, 設計する; デザインする, 図案を作る; スケッチする, 素描する: Este aparato fue *diseñado* para soportar altas temperaturas. この器具は高温に耐えるよう設計された. ～ un mueble 家具を設計する, 家具のデザインを描く. ❷ …のあらましを説明する: Nos *diseñó* rápidamente la gravedad de la situación. 彼は状況の深刻さを手短に説明してくれた. ❸ 考案する, 考え出す: ～ una plancha portátil 携帯用アイロンを考案する

diseño [diséɲo] 〖←伊語 disegno〗 [男] ❶ 製図, 設計, デザイン, デッサン; 設計図, デザイン画: construcciones de ～ funcional 機能的なデザインの建造物. estudio del ～ básico 本格調査, 基本設計調査. ～ asistido por ordenador 計算機援用設計, CAD. ～ de moda ファッション(モード)デザイン. ～ de un edificio ビルの設計〔図〕. ～ biológico 生物学的デザイン. ～ gráfico グラフィックデザイン. ～ industrial 工業デザイン. ～ universal ユニバーサルデザイン. ❷ [言葉による] 簡単な説明, アウトライン: Nos hizo un rápido ～ de la situación económica del país. 彼はこの国の経済状況をざっと教えてくれた

de ～ 1) デザイナーズブランドの: ropa *de* ～ デザイナーズブランドの服. 2) droga *de* ～ 合成麻薬. 3) velocidad relativa *de* ～《航空》指示対気速度

disépalo, la [disépalo, la] [形]《植物》二萼片(がくへん)の

disepimento [disepiménto] [男]《植物》隔膜, 隔壁; 子房中隔

disertación [disertaθjón] 〖←ラテン語 dissertatio, -onis〗 [女] 論述, 講義, 講演: escuchar la ～ sobre últimos hallazgos arqueológicos 最近の考古学上の発見に関する講演を聞く

disertador, ra [disertađór, ra] [形] [名] 好んで論述する〔人〕; 持論をひけらかしたがる〔人〕

disertante [disertánte] [形] [名] 論述する〔人〕, 講演する〔人〕

disertar [disertár] 〖←ラテン語 dissertare〗 [自] [+sobre·de について] 論じる, 論述する, 講義する, 講演する: El conferenciante *disertó sobre* temas de actualidad. 講演者は現代の諸問題について話した. ～ *de* antropología 人類学について論じる

diserto, ta [diserto, ta] [形] 雄弁な, 弁舌さわやかな: Es una persona ～*ta* que convence al que la escucha. 彼は口が達者で聞く人を納得させる

disestesia [disestésja] [女]《医学》感覚異常, 異常感覚, 異常錯感覚

disfagia [disfáxja] [女]《医学》嚥下(えんげ)障害

disfamar [disfamár] [他]《廃語》=**difamar**

disfasia [disfásja] [女]《医学》不全失語症

disfavor [disfabór] 〖←dis- I+favor〗 [男] [主に権力者からの] 失寵, 勘気, 不興: ～ real 王の勘気. ganar el ～ de la comunidad 世間の不評を買う. Me hizo el ～ de no invitarme a la fiesta. 冷たいことに彼は私をパーティーに呼んでくれなかった

en ～ 不利となる

disfemia [disfémja] [女]《医学》吃音〖=tartamudez〗

disfemismo [disfemísmo] [男]《文法》偽悪語法〖不快な表現をそうでない語の代わりに用いる. ⇔eufemismo〗

disfonía [disfonía] [女]《医学》発音障害, 発声困難

disforia [disfórja] [女]《医学》不快, 違和感

disformar [disformár] [他]《まれ》=**deformar**

disforme [disfórme] [形] 奇形の〖=deforme〗; 醜い

disformidad [disformiđá(đ)] [女] =**deformidad**

disforzar [disforθár] [9] [28] 〖→**forzar**〗 **～se**《ペルー》おどける

disfraz [disfráθ] 〖←disfrazar〗 [男] 〖[複] ～*ces*〗 ❶ 変装, 仮装; その衣装: pasar la frontera con un ～ de mujer 女装をして国境を越える. llevar un ～ de oso 熊のぬいぐるみを着ている. baile de *disfraces* 仮装舞踏会. ❷ 見せかけ: ponerse el ～ de buena persona 善人を装う. llevar el ～ de la modestia 謙虚さを装っている. bajo el ～ de... …と見せかけて; …を口実にして. sin ～ 包み隠さずに. ❸ 場違い(不釣合い)なもの(こと): Ese sofá es un ～ en esta habitación. そのソファはこの部屋には場違いだ

disfrazadamente [disfraθáđaménte] [副] 装って, 見せかけて

disfrazar [disfraθár] 〖←?語源〗 [9] [他] ❶ [+de·con に] 変装させる: La *disfrazaron de* payaso para la fiesta. 彼女はパーティー用にピエロの格好をさせられた. crucero *disfrazado* 仮装巡洋艦. ❷ [感情·欲望などを] 隠す: *Disfrazó* su timidez contando chistes. 彼は冗談を言って恐怖心をごまかした. ～ el sabor del pescado con una salsa ソースで魚の味を隠す. ～ sus malas intenciones con buenas palabras うまいことを言って下心を隠す

—— **～se** 変装する, 仮装する: Los ladrones *se disfrazaron de* guardias de seguridad. 泥棒たちはガードマンに変装した. ～*se con* un traje *de* vampiro 吸血鬼の格好をする

disfrutar [disfrutár] 〖←俗ラテン語 exfructare〗 [自] ❶ [+de·con を] 享受する; 楽しむ: Lola *disfrutaba* en su casa *de* una existencia regalada y feliz. ロラは家で恵まれた幸せな生活を過ごしていた. ～ *de* la vida 人生を楽しむ, 生を謳歌する. ～ *de* un privilegio 特権を享受する. ～ *de* una buena mesa 美食を味わう. ～ *con* una película 映画を楽しむ. ❷ [+de の支援·後ろ盾を] 得られる, 受ける: ～ *de* la protección del ministro 大臣の後押しがある. ❸ [+de に] 恵まれる: ～ *de* buena salud 健康に恵まれる. ～ *de* buenos amigos よい友達に恵まれている

—— [他] ❶ 享受する: ～ los beneficios 利益を得る. ❷ 愉快に過ごす, 楽しむ: ～ la música 音楽を楽しむ. ～ horrores スリルを楽しむ. ～ la vida 生を謳歌する

disfrute [disfrúte] [男] ❶ 享受; 楽しむこと, 享楽: Para mí, esquí es un ～. 私にとってスキーは楽しみだ. ～ de la vida 生の謳歌. ❷《まれ》利益, 便益

disfuerzos [disfwérθos] [男] [複]《ペルー. 口語》おどけ

disfumar [disfumár] [他]《まれ》=**esfumar**

disfumino [disfumíno] [男]《まれ》=**esfumino**

disfunción [disfunθjón] [女] ❶《医学》機能不全〔障害·異常〕: ～ eréctil 勃起不全. ～ orgánica múltiple 多臓器不全. ❷ 故障

disfuncional [disfunθjonál] [形]《医学》機能不全の〖比喩的にも〗: organización ～ del Estado 国家機構の機能不全

disgeusia [disxéusja] [女]《医学》味覚障害

disgrafia [disgráfja] [女]《医学》書字障害, 書痙(しょけい)

disgráfico, ca [disgráfiko, ka] [形] 書字障害の

disgregación [disgregaθjón] [女] ❶ 分離, 分散化: ～ de la pandilla 一味の解散. ❷《地質》風解

disgregador, ra [disgregađór, ra] [形] 分離(分散)させる

disgregante [disgregánte] [形] 分離(分散)させる

disgregar [disgregár] 〖←ラテン語 disgregare「群れを散らす」〗 [8] [他] ❶ 分離させる, 分散させる: La policía *disgregó* los huelguistas. 警察がスト参加者を解散させた. ～ la extensa finca en pequeñas parcelas 大農園を小さな地所に解体する. ❷《地質》風化させる, 風解させる

—— **～se** ❶ 分離する, 分散する: *Se disgregó* el imperio. 帝国は崩解(分裂)した. *Se* va a ～ el conjunto musical. そのバンドは解散する. ❷ 風化する, 風解する

disgregativo, va [disgregatíbo, ba] [形] 分離性の

disgresión [disgresjón] [女] =**digresión**

disgustadamente [disgustáđaménte] [副] 不機嫌に, 不快そうに; 気まずそうに, 失望した様子で

disgustar [disgustár] 〖←dis- I+gustar〗 [他] ❶ [主に3人称で用いられ, 間接目的語が意味上の主語になる. +a+人 の] 気に入らない, 嫌いである, 不愉快である: 1) [+con·por·de で] Me *disgusta* el invierno *por* la lluvia. 冬は雨が降るので嫌だ. 2) [que+接続法 が主語] Me *disgusta que* se haya ido ya. 彼が先に行ってしまって私は不愉快だ. ❷ …を怒らせる; 悲しませる: Nos *disgustaste con* tu actitud. 我々は君の態度が気にくわなかった

—— **～se** ❶ 不愉快な思いをする, 怒る: 1) Los comerciantes están *disgustados por* los constantes apagones. 商人たちは頻繁な停電に怒っている. 2) [+con に対し] *Se ha disgustado con* su hermano. 彼は弟に腹を立てた. ❷ [互いに] けんかする, 対立する: *Se disgustaron por* una tontería. 彼らはつまらないことで仲違いした

disgusto [disɣústo] 《←disgustar》 男 ❶ 不愉快, 不快, 腹立たしさ, 不満: Siento ～ por su conducta. 私は彼のふるまいが不快だ. ocasionar un ～ a+人 …に不快感を起こさせる, むっとさせる. ❷ 嫌気, 気乗りしないこと: trabajar con ～ いやいや働く. ❸ [障害などによる] 苦悩, 不安: tener un ～ con… …で悩む, 心配する. dar a+人 un gran ～ …を大変心配させる; 大変困った状況に置く. ❹ [味の] まずさ. ❺ いざこざ, 対立, けんか: tener un ～ con+人 por… …のことで～と対立 (けんか)する. *a* ～ 1) 不快に感じて, 嫌な: Parece estar *a* ～ entre nosotros. 彼は私たちといて居心地が悪いようだ. 2) いやいやながら, 意に反して: Hizo su tarea *a* ～. 彼はいやいや仕事をした. *matar a*+人 *a* ～*s* …の手を焼かせる: Me vais a *matar a* ～*s*. 私は君たちには困ってしまう

disgustoso, sa [disɣustóso, sa] 形 《まれ》❶ 味のない, まずい. ❷ 腹立たしい

disidencia [disiðénθja] 《←disidir》 女 ❶ 離反, 脱退: ～ del partido 離党. ❷ [意見などの大きな] 相違, 不一致: Hay una ～ manifiesta entre ellos. 彼らの間には明らかな相違点がある. En las dictaduras no se admite la ～. 独裁体制で異論は認められない

disidente [disiðénte] 《←ラテン語 dissidens, -entis》 形 ❶ [宗派・政党などから] 離反する, 脱退する. ❷ 反逆する, 反体制派の: escritor ～ 反体制派作家. movimiento ～ 反体制運動. tropa ～ 反乱軍. ❸ 意見を異にする, 異論のある. 名 ❶ 離反者, 脱退者. ❷ 反逆者, 反体制派. ❸ 意見を異にする人

disidir [disiðír] 《←ラテン語 dissidere「食い違う」》 自 [+de から] 離反する, 脱退する; 異論を唱える, 意見を異にする: Muchas personas *disidieron de*l partido. 多くの人がその党から離れた

disilábico, ca [disilábiko, ka] 形 =**bisílabo**

disílabo, ba [disílabo, βa] 形 =**bisílabo**

disímbolo, la [disímbolo, la] 形 《メキシコ》[事柄が] 異なる

disimetría [disimetría] 女 非対称, 不均整

disimétrico, ca [disimétriko, ka] 形 非対称の

disímil [disímil] 形 《←ラテン語 dissimilis》《文語》似ていない, 異なる

disimilación [disimilaθjón] 女 《音声》異化《近接する同一あるいは類似の2音間の差違を強調するため, 一方の音が別の音に変わること. 例 ラテン語の *robure* →スペイン語の *roble*》

disimilar [disimilár] 他 《音声》異化させる

disimilativo, va [disimilatíβo, βa] 形 =**disimilatorio**

disimilatorio, ria [disimilatórjo, rja] 形 《音声》異化の

disimilitud [disimilitú(ð)] 女 《文語》相違, 不同: ～ de los caracteres 性格の不一致

disimulable [disimuláble] 形 ❶ 隠され得る, ごまかせる. ❷ 見逃され得る, 許容できる

disimulación [disimulaθjón] 女 《まれ》❶ 隠すこと; 隠蔽, 偽装. ❷ 知らぬふり, とぼけ

disimuladamente [disimuláðaménte] 副 こっそりと, ひそかに; ごまかして

disimulado, da [disimuláðo, ða] 《←ラテン語 dissimulatus》 形 名 隠す傾向のある[人], 偽り隠す[人], とぼける[人]
a lo ～/*a la* ～*da* こっそりと, 密かに
hacerse el ～ 《口語》気づかない (知らない・聞かなかった) ふりをする

disimulador, ra [disimulaðór, ra] 形 名 偽り隠す, ごまかす; 偽善者, 猫かぶり

disimular [disimulár] 《←ラテン語 dissimulare》 他 ❶ [主に感情・考え・過ちを] 隠す; 偽る, ごまかす: No puedo ～ mi alegría. 私はうれしくてたまらない. los años 年齢を隠す. ～ su falta 失敗をごまかす. una mancha 汚れを隠す. ～ la cocaína en el equipaje コカインを荷物の中に隠す. ❷ 見て見ぬふりをする, 見逃す, 大目に見る: ～ los robos de su empleado 使用人の盗みに気づかないふりをする. ❸ 偽装する, カムフラージュする.
—— 自 知らないふりをする, とぼける

disimulo [disimúlo] 《←disimular》 男 感情を知っているばかり]

---

disinergia [disinérxja] 女 《医学》ジスキネジア, ジスキネジー, 異常運動症

disipable [disipáble] 形 一掃され得る, 消散しやすい

disipación [disipaθjón] 女 ❶ 一掃, 消散: ～ de la niebla 霧が晴れること. ～ de dudas 疑問の解消. ❷ 浪費, むだ使い: ～ de una fortuna 財産の食い潰し. ❸ 放蕩(ほうとう), 放埒(ほうらつ), ふしだら: vivir en la más absoluta ～ 放蕩三昧(ざんまい)の生活をおくる. ❹ 《物理》[エネルギーの] 散逸

disipadamente [disipáðaménte] 副 放埒に, ふしだらに

disipado, da [disipáðo, ða] 形 名 放埒な[人], 放蕩者[の]: vida ～*da* 放蕩生活

disipador, ra [disipaðór, ra] 形 名 浪費家[の].
—— 男 《土木》消能器, 減勢工 [= ～ de energía]

disipar [disipár] 《←ラテン語 dissipare》他 ❶ [徐々に煙・雲などを] 散らす, 四散させる: El sol *disipa* la niebla. 太陽が出て霧が晴れる. El viento *ha disipado* la contaminación de la ciudad. 町の汚染された空気が風で吹き飛ばされた. ❷ [感情などを] 一掃する: ～ la desconfianza 不信感を払いのける. ❸ 浪費する, 無駄づかいする: ～ su hacienda 財産を食い潰す. ❹ 《まれ》気晴らしさせる, 楽しませる
—— ～*se* 消えてなくなる, 消散する: Mis dudas *se disiparon*. 私の疑念は消え去った

disjunto, ta [dixxúnto, ta] 形 《数学》[2つの集合が] 交わりを持たない, 互いに素である

diskette [diskéte] 男 形 =**disquete**

dislacerar [dislaθerár] 他 =**dilacerar**

dislalia [dislálja] 女 《医学》構音障害, 発音不全

dislálico, ca [dislálico, ka] 形 名 《医学》構音障害の[人]

dislate [disláte] 《←古語 dislatar「銃砲を撃つ」》 男 ばかげた言動, でたらめ: Tu examen está lleno de ～*s*. 君の試験はでたらめばかりだ. cometer un ～ 大失態をやらかす

dislexia [dislé(k)sja] 女 《心理学》ディスレクシア, 失読症, 読字障害

disléxico, ca [dislé(k)siko, ka] 形 名 失読症の[患者]

dislipidemia [dislipiðémja] 女 《医学》脂質異常[症]

dislocación [dislokaθjón] 女 ❶ 《医学》脱臼: sufrir una ～ del hombro 肩を脱臼する. ～ de la cadera 股関節脱臼. ❷ 転置, 転位; 《文ः》[表現力を増すための] 転換. ❸ 《地質》断層. ❹ 分解, 解体: ～ del imperio 帝国の崩壊. ～ del orden 秩序の崩壊. ❺ [本来の場所から] 取り出すこと, 取り外すこと

dislocadura [dislokaðúra] 女 =**dislocación**

dislocar [dislokár] 《←ラテン語 dislocare < dis-（分離）+locare「場所」》 他 ❶ ～の関節を外す, 脱臼させる: La caída le *disloc*ó el tobillo. 彼は転んで足首を脱臼した. ❷ [本来の場所から] 取り出す, 取り外す. ❸ [意味・事実を] 曲げる, ゆがめる: Ella *disloca* los hechos; no fue así como ocurrió. 彼女は事実を歪曲している. 実際はそうではなかった. ❹ 《西. 口語》[人を] 夢中にさせる, 熱狂させる: Es un cantante que la *disloca*. それは彼女がぞっこんの歌手だ. Está *dislocado* de alegría. 彼は喜びで気も狂わんばかりだ. ❺ 分解する: ～ la maquinaria de un reloj 時計を分解する.
—— ～*se* 脱臼する, 関節が外れる: *Se me ha dislocado* la muñeca. 私は手首を脱臼した. ❷ 変わる: Todo *se ha dislocado* desde que vino aquella mujer. あの女が来てからすべて変わってしまった

disloque [dislóke] 男 《口語》混乱, 無秩序: Esta casa es un ～. この家はひどく散らかりようだ
ser el ～ 《口語》最高 (最悪) である: Al final de la comida ya *fue el* ～. 食事が終わるころにはもうひどかった

dismembración [dismembraθjón] 女 《まれ》=**desmembración**

dismenesia [dismenésja] 女 《医学》記憶障害

dismenorrea [dismenořéa] 女 《医学》月経困難症

dismetría [dismetría] 女 《医学》運動障害, 測定障害

disminución [disminuθjón] 女 ❶ 減少, 軽減: ～ del consumo de tabaco たばこ消費量の減少. ❷ 減退, 低下: ～ de nacimientos 出生率の低下. ❸ 《音楽》[主題・音型の] 縮小, ディミニューション
ir en ～ 次第に減少 (減退・低下) していく

disminuido, da [disminwíðo, ða] 形 [精神的・肉体的に] 障害のある[人]: ～ físico 身体障害者. ～ sensorial 視覚・聴

覚障害者
disminuir [disminwír]【←ラテン語 diminuere ＜ dis-（強調）+minuere「減らす」】48他 減らす, 減少させる: ～ el sueldo 賃金を引下げる
── 自 減る, 減少する: 1)〔程度・数量が〕*Han disminuido* los crímenes. 犯罪が減った. *Ha disminuido* el frío. 寒さが緩んだ. En la zona urbana *disminuye* el límite de velocidad. 都市部では制限速度が低くなる. *Disminuía* significativamente el nivel de glucemia. 血糖値が著しく下がった. 2)〔人・事物が主語. +en・de が〕*He disminuido de* peso. 私は体重が減った. El dolor de la pierna *ha disminuido en* intensidad. 足の痛みが和らいだ. El agua del embalse *ha disminuido de* volumen. 貯水池の水量が減った

dismnesia [dismnésja] 女《医学》記憶障害
disnea [disnéa] 女《医学》呼吸困難
disneico, ca [disnéjko, ka] 形《医学》呼吸困難の〔患者〕
Disneylandia [disnejlándja]【←英語】女 ディズニーランド
disociable [disoθjáble] 形 分離可能な
disociación [disoθjaθjón] 女 ❶ 分離: ～ de los dos problemas 2つの問題を分けて考えること. ❷《医学》〔意識・人格の〕解離, 分離. ❸《化学》解離: ～ electrolítica 電気分解
disociador, ra [disoθjaðór, ra] 形 分離させる; 解離させる
disociar [disoθjár]【←ラテン語 dissociare ＜ dis-（分離・否定）+sociare ＜ socios「同盟者」】10他 ❶〔+de から/+en に〕分離させる, 切り離す: ～ la realidad *de* los deseos 現実と願望を切り離す. ❷《化学》解離させる: ～ la sal *en* iones de cloro y de sodio 塩を塩素イオンとナトリウムに分ける
── *~se* ❶ 分かれる. ❷ …との関係を断つ, 交際をやめる. ❸《化学》解離する, 電離する
disociativo, va [disoθjatíßo, ßa] 形 分離的の; 解離の
disolubilidad [disoluβiliðá(ð)] 女 ❶《化学》溶性, 溶解性. ❷ 解消(解散)の可能性. ❸〔問題が〕解決可能性
disoluble [disolúβle] 形 ❶ 溶ける, 溶解性の. ❷ 解消され得る; 解散できる
disolución [disoluθjón]【←ラテン語 dissolutio, -onis】女 ❶《化学》〔液体中での〕溶解; 溶液〔=disolución〕: ～ de la sal en agua 塩の水への溶解. calor de ～ 溶解熱. ～ normal 規定液. ❷ 崩解, 解体; 解散: ～ de una sociedad 会社の倒産. ～ de las cortes/～ de las cámaras 国会の解散. ❸《文語》〔風俗の〕退廃, 風紀の乱れ; 放埒: ～ de la vida cortesana 宮廷生活の放埒
disolutivo, va [disolutíßo, ßa] 形 ❶ 溶解性の, 溶解できる. ❷ 解消させる; 崩解させる
disoluto, ta [disolúto, ta]【←ラテン語 dissolutus ＜ dissolvere】形《文語》放縦な, 放埒(ほうらつ)な, 自堕落な: Lleva una vida *~ta*. 彼は放埒な生活をおくっている
── 名《文語》放蕩者
disolvencia [disolβénθja] 女《映画》ディゾルブ
disolvente [disolβénte] 形 ❶ 溶かす, 溶解させる; 溶解の. ❷ 風紀を乱す, 退廃的な
── 男 溶剤, シンナー
disolver [disolβér]【←ラテン語 dissolvere ＜ dis-（強調）+solvere「ほどく, 溶かす」】29他〔過分 disuelto〕❶〔+en に〕溶解させる, 溶かす: ～ el azúcar *en* el café 砂糖をコーヒーに溶かす. ❷〔契約などを〕解消させる: ～ un matrimonio 婚姻を解消する. ❸〔集会・団体などを〕解散させる: La manifestación fue *disuelta* por la policía. デモは警察により解散された. ～ el parlamento 議会を解散する. ❹ 崩壊させる, 瓦解させる;《文語》消滅させる: La ira *disuelve* las amistades. 憤りが友情を打ち壊す. La muerte *disuelve* todas las cosas. 死によりすべては無になる. ❺《まれ》解決する, 解く
── *~se* ❶ 溶解する, 溶ける. ❷ 解消する. ❸〔集会・団体などが〕解散する: Los manifestantes *se disolvieron* en la plaza. デモ隊は広場で解散した

disón [disón] 男《音楽》不協和音〔=disonancia〕
disonancia [disonánθja] 女 ❶《音楽》不協和音, 調子外れの音〔⇔consonancia〕. ❷ 不一致, 不釣り合い: criticar la ～ entre las palabras con las obras 言行不一致を批判する. estar en ～ con... …と矛盾している. hacer ～ con... …と釣り合わない. ～ de ideas 考えの相違
disonante [disonánte] 形 ❶《音楽》不協和音の, 調子外れの: Te ha salido una nota ～. 音が外れていたよ. ❷〔+con・de

と〕一致しない, 調和しない: Lo que dices hoy es ～ *con* lo que dijiste ayer. 君が今日言っていることは昨日言ったことと矛盾している
disonar [disonár]【←ラテン語 dissonare ＜ dis-（悪）+ sonare ＜ sonus「音」】28自 ❶《音楽》不協和音になる, 耳ざわりな〔調子外れの〕音を出す: Una voz ronca y desafinada *disonaba* en el coro. しわがれて音程の狂った声がコーラスを乱していた. ❷〔+con・de と〕一致しない, 調和しない: Esta lámpara *disuena con* los muebles. このランプは家具と調和していない. ❸ 奇妙〔不自然〕に思える, 場違いである: Su gesto innoble *disuena* en su honradez habitual. 彼女の2つの仕草はいつもの貞淑さにふさわしくない
dísono, na [dísono, na] 形 =disonante
disorexia [disoré(k)sja] 女《医学》食欲不振
disortografía [disortografía] 女《医学》失読症, 書字障害
disosmia [disósmja] 女《医学》嗅覚異常, 嗅覚不全
dispar [dispár]【←ラテン語 dispar, -aris】形 ❶ 等しくない, 違う, かけ離れた: Sus propuestas son muy *~es* y no se parecen en nada. 彼らの2つの提案はかけ離れていて, 全く似たところがない. ❷ 不均等な
disparada[1] [dispaRáða] 女《メキシコ, ニカラグア, アルゼンチン, ウルグアイ》疾走; 遁走
a la ~《ペルー, チリ, アルゼンチン, ウルグアイ. 口語》全速力で, あわてて
de una ~《アルゼンチン. 口語》すばやく, 即座に
pegar la ~《アルゼンチン. 口語》急いで行く
salir ~ a+不定詞 さっと〔すばやく〕…する
disparadamente [dispaRáðaménte] 副《まれ》大急ぎで
disparadero [dispaRaðéro] 男《軍事》発射装置, 引き金〔= disparador〕
poner a+人 *en el ~*《口語》…を挑発する, けしかける
disparado, da[2] [dispaRáðo, ða] 大急ぎの: ir ～ 大急ぎで行く. salir ～ あわてて出かける
── 副《メキシコ》大急ぎで, すばやく
disparador, ra [dispaRaðór, ra] 形 名 発射する〔人〕, 撃つ〔人〕;《軍事》射手, 砲手
── 男 ❶《軍事》発射装置, 引き金. ❷《写真》シャッター〔ボタン〕: apretar el ～ シャッターを押す. ～ automático セルフタイマー
disparar [dispaRár]【←ラテン語 disparare】他 ❶〔銃・銃弾などを〕発射する, 撃つ〕; 矢を射る: Los indios *disparaban* flechas. 先住民たちは矢を射ていた. ～ una escopeta 猟銃を撃つ. ～ un tiro 1発撃つ. ～ cohetes 花火を打ち上げる. ～ el castillo de fuegos artificiales 仕掛け花火に点火する. ❷ 強く投げる〔蹴る〕;《スポーツ》シュートする. ❸《口語》過度に上昇〔増加〕させる. ❹《メキシコ. 口語》おごる
── 自 ❶〔+a・contra・sobre に向けて〕発射する: 銃を撃つ, 射撃する: ～ *a* un jabalí イノシシを撃つ. ～ *contra* el enemigo 敵を撃つ. ❷ 強く投げる〔蹴る〕;《スポーツ》シュートする: ～ *a* puerta ゴールにキックする. ❸《写真》シャッターを切る. ❹《口語》[+sobre を]質問攻めにする, 問いつめる. ❺《まれ》乱暴なことを言う; 暴れ出す; はめを外す. ❻《メキシコ. 口語》おごる; 浪費する. ❼《南米》遁走する, すたこら逃げる
── *~se* ❶〔銃が〕暴発する: *Se le disparó* el fusil. 彼の銃が暴発した. ❷〔弾が〕発射される, 発砲される. ❸〔装置などが〕作動する: El flash *se dispara* automático cuando hay poca luz. 光量が足りなければ自動的にストロボが光る. *Se dispara* la alarma. 警報装置が働く. ❹ 過度に上昇〔増加〕する, 暴騰する: *Se disparan* los precios. 物価がひどく上がる. ❺《まれ》《口語》～*se* hacia la escuela あわてて学校へ行く. ❻ 突然動き〔走り〕出す, 暴走する. ❼ はめを外す; 激怒する; 乱暴なことを言う; 暴れ出す
salir disparado 飛び出して行く, あわてて出かける
disparatadamente [dispaRatáðaménte] 副 めちゃくちゃに, でたらめに
disparatado, da [dispaRatáðo, ða] 形 ❶ 常軌を逸した, でたらめな, ばかげた: idear un proyecto ～ ばかげた計画を考えつく. ❷ 法外な, 途方もない: precio ～ 法外な値段
disparatador, ra [dispaRataðór, ra] 形 名 常軌を逸したことを言う〔人〕
disparatar [dispaRatár]【←ラテン語 disparatus ＜ disparare「分ける」】自 常軌を逸したことを言う〔する〕: Algunas personas *disparatan* bajo los efectos de la anestesia. 麻酔の影響でおか

しなことを言う人がいる
disparate [disparáte]《←古語 desbarate「混乱」》男 ❶ 常軌を逸した言動, でたらめ, 無茶なこと: No digas más ～s. これ以上ばかなことを言うな. Su examen es un ～ del principio al fin. 彼の試験は最初から最後までででたらめだ. cometer (hacer) el ～ de conducir bebido 飲酒運転というばかなことをする. ❷《口語》やりすぎ, いきすぎ: Su mujer aplica un ～ en vestirse y acicalarse. 彼の奥さんは着飾ることにとんでもない大金を使う. ❸ 悪態; 卑語: Se enfadó y me dijo todos los ～s que le vinieron a la boca. 彼は腹立ちまぎれに思いつく限りの悪態をついた
¡Qué ～!《口語》とんでもない/ばかばかしい!
ser un ～ que+接続法 …するとはとんでもない
un ～《口語》大いに; 過度に: Te gusta un ～. 彼は君をひどく気に入っている
disparatero, ra [disparatéro, ra] 形 名《中南米》言行がでたらめな〔人〕
disparatorio [disparatórjo] 男 ばかな話, でたらめ〔だらけの話〕: Su intervención fue un risible ～. 彼の発言はお笑い草だった
disparejo, ja [disparéxo, xa] 形《主に》《中米》ちぐはぐな《=dispar》: Me puse calcetines ～s. 私は左右違う靴下を履いた
dispareunia [dispareúnja] 女《医学》性交疼痛《鉛》症
disparidad [dispariðá(d)] 女《←dispar》《文語》[+de の] 不一致, 不均衡, ばらつき, ふぞろい: Hay una gran ～ entre los países ricos y los pobres. 豊かな国と貧しい国の間には大きな不均衡がある. ～ de cultos《カトリック》宗教（宗派）の違い《結婚が認められない理由となることがある》. ～ de opiniones 意見のばらつき
disparo [dispáro]《←disparar》男 ❶ 発射, 射撃, 銃撃: ～ intimidatorio 威嚇射撃. ❷ 発射音, 銃声: Se oyó un ～. 銃声が聞こえた. ❸《サッカー》《強烈な》シュート: detener el ～ シュートを止める
dispendio [dispéndjo]《←ラテン語 dispendium < dis-（強調）+pendere「支払う, 重さがある」》男 ❶ 無駄づかい, 浪費: hacer un ～ en... …で無駄づかいする. ❷[時間・エネルギーなどの] 大量消費: El ～ del tiempo lo pagarás más adelante. 時間を使いすぎると後でこたえるぞ
dispendiosamente [dispendjósaménte] 副 ふんだんに, 惜しみなく
dispendioso, sa [dispendjóso, sa] 形《文語》❶ 高価な, 金のかかる: lujo ～ 金のかかるぜいたく. ❷ 無駄づかいする, 浪費家の: Es muy ～ y siempre tiene problemas económicos. 彼は大変な浪費家で, いつも金の問題を抱えている
dispensa [dispénsa]《←ラテン語 dispensar》女 ❶ 免除, 除外; 免除証明書: pedir ～ de examen 試験免除を求める. ～ de edad 年齢による適用免除, 年齢制限の免除. ～ de escolaridad 通学免除.《カトリック》[教会からの] 特別免除, 特免: ～ matrimonial 近親結婚の特別許可. ❸《地方語》=despensa
dispensable [dispensáble] 形 ❶［薬などが］販売され得る. ❷ 免除（容赦）され得る: obligación ～ 免除できる義務. error ～ 許せる誤り. ❸《宗教》特別免除され得る, 特免可能な
dispensación [dispensaθjón] 女 ❶［薬などの］販売, 調剤. ❷ 免除, 容赦;《宗教》特別免除, 特免. ❸［軽微な罪の］赦免, 放免
dispensador, ra [dispensaðór, ra] 形 名 ❶ 与える〔人〕: La Virgen María es la ～ra de todas las gracias. 聖母マリアはすべての恩恵を与えて下さる方だ. ❷ 義務を免除する〔人〕. ── 男 販売機: ～ automático de papel higiénico トイレットペーパーの自動販売機
dispensar [dispensár]《←ラテン語 dispensare「分配する, 授ける」》他 ❶［名誉・恩恵などを］与える, 授ける: Le dispensaron un cálido recibimiento. 彼は温かい歓迎を受けた. ～ a+人 cariñosas elogios …に心のこもった賛辞を与える. ～ atención 注意を払う. ～ cuidados 世話を焼く. ～ grandes honores a+人 …に大変な敬意を与える. ～ interés 関心を向ける. ～ una fría acogida 冷遇する. ❷［過ちなどを］許す, 容赦する, 許容する: Dispénseme por haberle molestado. ご迷惑をおかけして申し訳ありません. ～ la ignorancia 無知を許す. [+de]〔…を〕除する: Me dispensaron de pagar la multa. 私は罰金を免除された. Le dispensaron de ejercicios gimnásticos. 彼は体操をしなくてよいとされた. ❹［薬などを］販売する, 調剤

する. ❺自 許す: Dispense, por favor. すみません
dispensaría [dispensaría] 女《ペルー, チリ》無料診療所
dispensarial [dispensarjál] 形 無料診療所の
dispensario [dispensárjo] 男 ❶［主に貧者のための］無料診療所. ❷《コロンビア》貧しい人に衣食を供給する慈善施設
dispepsia [dispé(p)sja] 女《医学》[慢性的な] 消化不良, ディスペプシア
dispéptico, ca [dispé(p)tiko, ka] 形 名《医学》消化不良の〔患者〕
dispermo, ma [dispérmo, ma] 形《植物》二種子の, 種の2つある
dispersador, ra [dispersaðór, ra] 形 男 分散させる; 分散器, 分散装置
dispersante [dispersánte] 形 男 分散性の; 分散剤
dispersar [dispersár]《←ラテン語 dispergere「ばらまく」》他 ❶ まき散らす, ばらまく, 散乱させる: Dispersó todos los papeles hasta que encontró la carta. 彼はその手紙を見つけるまでそこの書類をまき散らした. ❷ 解散させる, 追い散らす: ～ la manifestación デモ隊を追い払う. ❸［注意力などを］分散させる, 散漫にする: Dispersa sus esfuerzos en demasiadas actividades. 彼は色々なことに手を出しすぎる. ～ la atención 気を散らす. ～ sus miedos 恐怖心を吹き飛ばす. ❹《軍事》1) 壊走させる, 敗走させる. 2) 散開させる. ❺《物理, 化学》分散させる
── ～se ❶ 散らばる, 分散する, 四散する: El grupo de curiosos se dispersó. 野次馬の群れは散り散りになった. ❷《主に中南米》気が散る: No te disperses en tantos trabajos y céntrate en uno solo. 色々な仕事に首を突っ込まないで, 一つに集中しなさい. ❸《軍事》1) 潰走する, 敗走する. 2) 散開する. ❹《物理, 化学》分散する
dispersativo, va [dispersatíbo, ba] 形《化学》分散性の
dispersión [dispersjón]《←ラテン語 dispersio, -onis》女 ❶ 散乱, 散逸; 分散: ～ de semillas por aire 種子が風によってばらばらに運ばれること. ～ de sus actividades 色々な活動をすること. ❷《軍事》1) 潰走, 敗走. 2) 散開, 分散配置. ❸《軍事》弾射散布. ❹《光学》分光;《物理, 化学》= magnética 磁気擾乱.《中南米》放心, 不注意
dispersivo, va [dispersíbo, ba] 形 分散しやすい, 分散的な
disperso, sa [dispérso, sa] 形 ❶ 散らばった, ばらばらな: papeles ～s en el suelo 床に散らばった紙片. ropas ～sas en la habitación 部屋に脱ぎ散らかされた服. Ha recogido en un solo volumen todos sus artículos, hasta ahora ～s en diferentes revistas. 彼はこれまで色々な雑誌にばらばらになっていた論文のすべてを一冊にまとめた. ❷ 気が散りやすい: tener un temperamento ～ 気が散りやすい性格である. niño de atención ～sa 注意力の散漫な子供. ❸《軍事》散開した: en orden ～ 散開隊形で; 各自ばらばらに. ❹《化学》分散した
dispersoide [dispersóide] 男《化学》分散質
dispersor, ra [dispersór, ra] 形 分散させる, 散らばらす
displacer [displaθér] 39 他《まれ》=**desplacer**
displasia [displásja] 女《医学》形成異常, 異形成
displásico, ca [displásiko, ka] 形《医学》形成異常の
displástico, ca [displástiko, ka] 形 =**displásico**
display [displéj]《←英語》男《複 ～s》❶《情報》ディスプレー, 表示装置. ❷《広告》カートンディスプレー
displicencia [displiθénθja] 女［事・人への, 不快・軽蔑を含んだ］冷淡, 無関心; やる気のなさ, 気乗りの薄さ: Me recibió con ～, sin ningún asomo de simpatía. 彼はしぶしぶ私を出迎え, これっぽっちも親しみをのぞかせなかった
displicente [displiθénte] 形《←ラテン語 displicens, -entis》❶ 不快感を与える: tono ～ 耳ざわりな口調. ❷[+con に] よそよそしい, 無愛想な, 冷淡な; 乗り気でない, 気乗り薄な: Estuvo ～ con nosotros. 彼は私たちに素っ気なかった. Se mostró ～ con (hacia) el plan. 彼は計画に気乗りしない様子だった. gesto ～ 嫌そうな顔
dispondeo [dispondéo] 男《詩法》2つの長長格（4つの長音節）の韻脚
disponedor, ra [disponeðór, ra] 形 名 整える〔人〕, 配備する〔人〕
disponer [disponér]《←ラテン語 disponere》60 他《活用》dispuesto. 命令法単数 dispón 他《文語》❶ 並べる, 配置する: Dispusimos las sillas en círculo. 私たちは椅子を丸く並べた. Dispón los

libros en orden alfabético. 本をアルファベット順に並べなさい. El maestro *dispuso* a los alumnos de dos en dos. 先生は生徒を2人ずつの組にした. ~ los cubiertos sobre la mesa テーブルセットをする. ~ las piezas de ajedrez チェスの駒を並べる. ❷ [+para のために] 整える, 準備する, 用意する: *Dispuse* la casa *para* una fiesta. 私はパーティーのために家の片付けをした. No *dispuso* nada *para* cuando se muriese. 彼は死んだ時の準備を何もしなかった. Ya lo tengo todo *dispuesto para* salir de viaje por dos meses. 私は2か月旅行に出かけるための準備を全部整えてある. ❸ 命じる, 命令する: 1) La policía *dispuso* la vigilancia en esta zona. 警察はこの地区の監視を命じた. 2) [+不定詞・que+接続法 するように] El agente *dispuso que* no saliera nadie. 係官は誰も外に出ないよう命じた. ❹ 規定する, 定める: La ley *dispone* los recursos a favor de los prestadoras. 法律は貸し手保護の手段を規定している. El decreto municipal *dispone* cerrar todas las puertas del parque a las once de la noche. 市条例では夜11時に公園の入り口を全部閉めるように定めている. El reglamento del colegio *dispone que* los alumnos deban llevar uniforme para asistir a la clase. 生徒は制服を着用して授業を受けるよう校則で定められている. ~ la línea de actuación 行動規範を定める —— 自 [+de を] ❶ 自由に使う, 所有している: No *dispongo de* dinero suficiente para eso. 私はそのための十分な金がない. *Dispongo de* ocho días para contestar. 私は回答まで1週間の余裕がある. Puedo ~ *de* mi tiempo sin reservas. 私は時間的に完全にフリーだ. *Disponga de* mí para cuando guste. 私に何なりとお申しつけ下さい. ❷ [法律] 処分する, 譲渡する: Pueden ~ libremente *de* sus bienes. 彼らは自分の財産を自由に処分することができる
—— ~se ❶ [文語] [+a・para+不定詞] 1) …しようとする, …する用意をする: En ese momento *se disponía a* cenar. その時彼はちょうど夕食を始めるところだった. 2) …する覚悟をする: *Se dispuso a* cumplir con su deber. 彼は義務を果たす決心をした. ❷ 配置される: Las motos *se disponían para* la salida. バイクはスタート地点に並んでいた. Las baterías *se han dispuesto* a lo largo de la frontera. 砲兵隊が国境沿いに配置された

disponibilidad [disponibiliðáð] 囡 ❶ 自由に使用〔処分〕できること, ~ de agua potable 飲料水の確保. ~ de las plazas hoteleras ホテルの部屋の利用可能性. ❷ [人の] いつでも働ける状態: Se nos exige ~ las veinticuatro horas del día. 我々は24時間待機していなければならない. ❸ 複 手持ち資金, 使える金額: Nuestras ~*es* no nos permiten servir ese pedido. 我々の資金ではその注文にこたえることができない. ❹《経済》~*es* líquidas 通貨供給〔量〕, マネーサプライ

disponible [disponíβle] 形 ❶ 自由に使え, 使用され得る, 求めに応じられる: No estoy ~ para nadie. 私は誰とも関わり合っている暇がない. habitación ~ 空き部屋. tiempo ~ 都合のつく時間. ❷ 処分できる, 可処分の, 流動の; artículo*s* ~*s* 在庫品. capital ~ 流動資本. ingreso ~ 可処分所得. ❸《役人・軍人が》待職中の, 待命中の. ❹《統計》no ~ [データ] 入手〔利用〕不能

disposición [disposiθjón] 囡《←ラテン語 disositio, -onis < dis-(強調)+positum < ponere「置く」》❶ 配置, 配列 [行為, 結果], 並べ方: Para la ~ de los comensales se solicitó ayuda al consulado. 彼は食卓の席の配置のために領事館の助けを求めた. estar en ~ de batalla 戦闘配備についている. ~ de los muebles 家具の配置. ~ de la presión atmosférica 気圧配置. ❷[家の] 間取り; [部屋の] レイアウト. ❸ 精神状態, 気分 [=~ de ánimo]; 健康状態: encontrarse (hallarse) en buena ~ 機嫌がよい. ❹ [+a+不定詞] 意志, 意向; 傾向: Están en ~ a mejorar las condiciones. 彼らは条件をよくする用意がある. ❺ 自由に使えること, 自由裁量: Pongo mi coche a su ~. どうぞ私の車を自由にお使い下さい. Estoy en todo a su ~. 何なりとご用命を承ります. pasar a ~ judicial 司直の手に委ねられる. poner a ~ de los tribunales 法の裁きに委ねる. tener libre ~ de+物 …を自由に処分できる. ❻ 素質, 適性, 才能: tener una gran ~ para los deportes 大変運動神経が発達している. ❼ [法律] 規定, 条項: cumplir con las *disposiciones* legales 法規を守る. última ~ 遺言. ❽ [主に 複] 処置, 方策: tomar una ~ 処置を講じる, 対策を立てる. tomar las *disposiciones* para… …に備える
en ~ 用意〔準備〕のできた

dispositivamente [dispositíβamén̆te] 副 強制的に, 命令的に

dispositivo¹ [dispositíβo] 《←*disponer*》男 ❶ 装置, 仕掛け: Instalaron un ~ que hacía sonar la alarma si alguien intentaba forzar la puerta. 彼らは誰かがドアをこじ開けようとすれば警報が鳴る装置を取り付けた. ~ electrónico 電子装置. ❷ [時に 複] [派遣] 部隊: preparar un ~ especial de seguimiento 特別追跡部隊を結成する
~ *de seguridad* 1) 安全装置. 2) 安全措置: La policía montó un ~ *de seguridad*. 警察は安全対策をとった

dispositivo², va [dispositíβo, βa] 形 配置する, 準備する; 命令する, 規定する: parte ~ de una sentencia 判決文の定める

disprosio [dispósjo] 男《元素》ジスプロシウム

dispuesto, ta [dispwésto, ta]《←ラテン語 dispositus. *disponer*の過分》形 ❶ [estar+ . +a・para+不定詞] 1) 用意のできた, 準備の整った: Está ~*ta para* salir. 彼女は出かける支度ができている. estar ~ en su sitio 位置についている. 2) 用意がある, 覚悟ができた, …してもいいと思っている: Estoy ~ *a* negociar. 私は交渉する用意がある. No estoy ~ *a* consentirlo. 私はそれに同意するつもりはない. No estoy ~*ta a* renunciar a ti por nada ni por nadie. 私は何があってもあなたをあきらめない. ❷ 素質 [才能] のある; 賢い: chica muy ~*ta* 才能豊かな少女
bien ~ 1) 機嫌のよい; 体調のよい. 2) [+para に] 都合のよい, ちょうどよい: Es una persona *bien* ~*ta para* el trabajo. 彼はその仕事にちょうどいい人だ
lo ~ 規定されたこと, 決定事項; 条項の内容
mal ~ 1) 機嫌のよい; 体調の悪い. 2) 都合の悪い, 適さない
ser bien ~ 姿形が美しい, 風采がよい

disputa [dispúta]《←*disputar*》囡 ❶ 口論, 言い争い; 論争. ❷ 競争
en ~ 論争の種の, 係争中の: zona *en* ~ 問題の地域
sin ~ 異論のあり得ない, 余地なく

disputable [dispútáβle] 形 議論の余地のある, 問題 (異論) のある: argumento ~ 疑わしい論拠. punto ~ 問題点

disputación [disputaθjón] 囡《歴史》[大学での] 公開の論争〔議論〕

disputador, ra [disputaðóɾ, ra] 形 名 論争〔議論〕する [人], 論争好きな [人]

disputar [disputáɾ]《←ラテン語 disputare < dis-(強調)+putare「判断する」》他 ❶ [+a+人 と] 争う, 競う: Le *disputamos* el derecho a la herencia. 私たちは彼と相続争いをしている. El partido fue muy *disputado*. 激しい試合だった. ~ *al* campeón el título チャンピオンとタイトルをかけて争う. ~ la liga リーグ戦を争う. ~ la posesión del mando 支配権を争う. ~ el último partido de la temporada シーズン最終戦を戦う. ❷ 議論する, 論争する: *Disputan* una cuestión que no tiene una sola respuesta. 彼らは答えが一つではない問題を議論している
—— 自 ❶ [+de・sobre について] 議論する, 論争する, 口論する: ~ *sobre* la nueva política económica 新しい経済政策について論争する. ~ *de* literatura 文学論を戦わす. El matrimonio *disputaba* a menudo por los motivos más nimios. 彼らは時々全くささいな理由で夫婦げんかをした. ❷ [+por+物] 争う, 競う: ~ *por* la copa 優勝杯を争う. ~ *por* la herencia 遺産争いをする
—— ~se ❶ …を争う, 競う: *Se disputan* el premio seis participantes. 6人の参加者が賞を争う. ❷ 争われる: *Se disputa* un triangular. 3か国対抗戦が行なわれる

disquería [diskeɾía] 囡《南米》レコード店

disquero [diskéro] 男《まれ》ディスクジョッキー〔=*pinchadiscos*〕

disquete [diskéte]《←英語 diskette》男《情報》フロッピーディスク

disquetera [disketéra] 囡《情報》フロッピーディスクドライブ

disquinesia [diskinésja] 囡《医学》ジスキネジー, 異常運動症

disquisición [diskisiθjón] 囡《←ラテン語 disquisitio, -onis < dis-(強調)+quaesitum < quaerere「捜す」》❶ 論文, 研究報告: erudita ~ 博覧強記の論文. ❷ [主に 複] 余談, 本題からそれた話: Déjate de *disquisiciones* y vamos al grano. 余談はさておき, 本題に入ろう. entrar en *disquisiciones* 話がそれる. perderse en *disquisiciones* 余談ばかりで話が分からなくなる
disquisiciones filosóficas《皮肉》哲学的なご高説

disquisitivo, va [diskisitíbo, ba] 形 論文の, 研究報告の
disrupción [di(s)ṟupθjón] 女 ❶《電気》絶縁破壊: ~ de un circuito 回路遮断. ❷《技術》崩壊, 破裂
disruptivo, va [di(s)ṟu(p)tíbo, ba] 形《電気》《放電が》絶縁破壊による, 破壊放電の
disruptor [di(s)ṟu(p)tór] 男《電気》遮断器, 安全器
distal [distál] 形《解剖》遠位の, 末端の《⇔proximal》
distanasia [distanásja] 女《医学》延命治療
distancia [distánθja]《←ラテン語 distantia》女 ❶ 距離: 1) De tu casa a la mía hay una ~ de unos cien metros. 君の家と私の家とは約100メートルの距離がある. mantener la ~ de seguridad 車間距離を保つ. 2)《航空など》avión de ~s medias (de larga ~) 中(長)距離機. ~ entre asientos シートピッチ. 3)《幾何》距離: la ~ de Hausdorff ハウスドルフ距離. ❷ [時間の] 隔たり: Una ~ de diez años separa las dos guerras. その2つの戦争の間には10年の隔たりがある. ❸ [顕著な] 違い, 差異: Existe una enorme ~ entre un estadista y un político. 国政を動かす人と単なる政治家とでは大違いだ. ❹ [関係の] 隔たり, 疎遠
 a ~ 距離を置いて·置いて, 遠くに: Le sigue un policía *a* poca ~. 彼のすぐ後を刑事が尾行している. controlar *a* ~ 遠隔操作する, リモートコントロールする. enseñanza *a* ~ 通信教育. universidad *a* ~ 通信制大学
 a la ~ =*a* ~
 a respetable (*respetuosa*) ~ [人を敬遠して] 適当に離れて, 距離を保って
 acortar [*las*] ~*s* [意見の相違をなくして·乗り越えて] 歩み寄る, 接近する
 cada cierta ~ 時々, たびたび
 en la ~ 遠くに: Vimos *en la* ~ el humo. 遠くに煙が見えた. En la ~ no te olvido. 遠くにいても君のことは忘れない
 guardar [*las*] ~*s* [身分上の一線を画して] 距離を保つ, なれなれしくさせない
 mantener [*las*] ~*s* =*guardar* [*las*] ~*s*
 mantenerse a ~ 距離を保ち続ける; 敬遠する: En la oficina todos *se mantienen a* ~ de ella intencionadamente. 事務所では皆が彼女を意識的に避けている
 marcar las (*sus*) ~*s* [+con+人·事物 との] 違いを明らかにする
 salvando las ~*s* それほどでもないが
distanciación [distanθjaθjón] 女 ❸《まれ》=distanciamiento
distanciamiento [distanθjamjénto] 男 ❶ 引き離すこと; 離れること. ❷ 疎遠, 仲違い
distanciar [distanθjár] [←distancia] 10 他 ❶ [+de から] 引き離す, 離れさせる. ❷ [+人·事·と] 疎遠にする, 間を置く: El excesivo trabajo los *han distanciado*. 仕事の忙しさが原因で彼らの関係が冷えた. ❸ [競技などで] 大きくリードする, 大差をつける
 ~*se* ❶ 距離を置く, 離れる: Consiguió ~*se del* otro corredor. 彼は相手のランナーを引き離すことができた. ❷ 疎遠になる: Se relacionaron estrechamente durante unos años, pero luego *se distanciaron*. 彼らは数年間緊密なつきあいがあったが, その後疎遠になった
distante [distánte]《←ラテン語 distans, -antis》形 ❶ [estar+. +de から] 遠く離れている, 隔たった: 1) Ese bar no está muy ~ *de* mi hotel. そのバルは私のホテルからそう遠くない. 2) [+距離を表わす補語] un aeropuerto ~ 60 kilómetros de la ciudad 町から60キロ離れた飛行場. ❷ [時間的に] 遠い, はるかな. ❸ [ser·estar+. +de から] 冷ややかな, よそよそしい: Hace meses que su relación es ~. 数か月前から彼らの関係は冷たくなっている. mostrarse ~ con+人 …によそよそしくする. mirada ~ 冷たい視線. ❹ 異なる, 別の《=diferente》
distantemente [distántemente] 副 離れて, 遠くに
distar [distár]《←ラテン語 distare < dis- (分離) +stare「へんぴな」》自 ❶ [距離·時間が] 離れている: La fábrica *dista* dos kilómetros *del* pueblo. 工場は村から2キロ離れている. Solo *distan* dos años entre su subida al trono y su ejecución. 彼が王位について処刑されるまでが2年しかなかった. ❷ [顕著に] 異なる, かけ離れている: Su alegría *dista* mucho *de* ser sincera. 彼の喜びはとても本物と思えない
distena [disténa] 女《鉱物》藍晶石
distender [distendér]《←ラテン語 distendere < dis- (強調) +tendere「伸ばす」》24 他 ❶ 緩める, 弛緩させる: *Distendió* el arco y lanzó la flecha. 彼は弓を持ち矢を飛ばした. ~ las cuerdas de la guitarra ギターの弦を緩める. ❷ [緊張を] 緩める: ~ el ambiente 雰囲気をなごませる. ~ el enconado debate 白熱した議論を鎮める. ~ las relaciones entre los países enemigos 敵対している国々の関係を緩和する. sonrisa *distendida* 穏やかな微笑. ❸《医学》[筋肉組織などを] 急激に引き伸ばす: Una mala pisada *distendió* los ligamentos de la pierna izquierda. 彼は踏み違えて左足の靭帯を伸ばした
 ~*se* ❶ 緩む, 弛緩する: *Se han distendido* las relaciones entre los dos países. 両国の〔緊張した〕関係が緩和した. ❷ 和(らぐ). ❸《医学》[筋などが] 伸びる, 筋を違える: Los músculos del cuello *se han distendido* tras el esfuerzo. 無理に曲げて首の筋を違えた
distendido, da [distendíðo, ða] 形 [雰囲気などが] 緩んだ, 穏やかな: charla ~*da* なごやかな会話
distensible [distensíble] 形《医学》筋違えを起こし得る
distensión [distensjón]《←ラテン語 distensio, -onis》女 ❶ 緩むこと, 弛緩: ~ de una cuerda 綱の緩み. ❷《政治》緊張緩和, デタント《=~ *de la tirantez*》: momentánea ~ de la situación diplomática 外交関係の一時的な緊張緩和. ~ de la guerra 休戦. ❸《医学》筋違え: La torcedura me produjo una ~ de ligamentos. 私はひねって筋を違えた. ❹《音声》弛緩《⇔*tensión*》
distensivo, va [distensíbo, ba] 形 弛緩の;《政治》緊張緩和の
distenso, sa [disténso, sa] 形 緩んだ, 弛緩した
distermia [distérmja] 女 体温異常; [器官の] 温度異常
dístico, ca [dístiko, ka] 形《植物》対生の, 二列生の
 — 男《詩法》二行連句
distimia [distímja] 女《医学》気分変調 [性],気質]
distímico, ca [distímiko, ka] 形 気分変調性障害の [患者]
distinción [distinθjón]《←ラテン語 distinctio, -onis》女 ❶ 区別, 識別: hacer ~ entre el bien y el mal 善悪の区別をする. ❷ 違い, 差. ~ de los modos de vivir 生活様式の違い. ❸ 気品, 品位, 上品さ: tener ~ 気品がある. de mucha ~ 大変品位のある. ❹ 敬意; 礼遇, 厚遇: tratar a+人 con gran ~ …を丁重にもてなす. ❺ 栄誉, 特典; 表彰
 a ~ *de*… …とは違って
 hacer distinciones 差別をする, 特別扱いをする
 sin ~ 区別なく, 分けへだてなく, 無差別に: *sin* ~ *de* edad ni sexo 老若男女の区別なく
distincoso, sa [distinkóso, sa] 形《ペルー》気難しい, 偏執的な
dístilo, la [dístilo, la] 形《建築》[ポーチの] 二本柱の
distingo [distíŋgo]《詩》[時に軽蔑》[主に 複]. 学術的な議論などの細かい] 区別, 留保: No se puede hacer ~*s* entre terroristas buenos y malos. 良いテロリストと悪いテロリストの区別などできるわけがない
distinguible [distiŋgíble] 形 区別され得る; 見分けられる: En días claros la costa es ~ desde aquí. 晴れた日にはここから海岸が見える
distinguido, da [distiŋgíðo, ða] 形 ❶ 上品な, 気品のある; 著名な, 卓越した: familia ~*da* 上流家庭. ~*da* señorita 令嬢. asiento ~ 貴賓席. ❷《手紙》[+名詞·人名] 拝啓; 敬具: D~ amigo: Recibí su carta de fecha… 拝啓 …日付けの貴信拝受しました. D~*da* Señora López: Por la presente… 拝啓, ロペス夫人様: 本状にて…. Con el testimonio de mi consideración más ~*da*, le saludo muy atentamente, … 本状にてご挨拶申し上げます, 敬具
distinguir [distiŋgír]《←ラテン語 distinguere「分ける, 区別する」》⑤ 他 ❶ [+de から] 区別する, 別物とみなす: Hay que ~ la obstinación de la tenacidad. 頑固と頑張を区別する必要がある. ❷ [特徴で] 区別となる, 特徴づける: Los colores de las camisetas *distinguen* a los jugadores. シャツの色で選手を見分けられる. La risa *distingue* al hombre. 笑いが人間の特徴である. ❸ 見分ける, 聞き分ける, 識別する: No *distinguí* a lo lejos su figura. 遠くで彼の姿が分からなかった. ❹ [人を] ひいきする, 特別扱いする: El profesor la *distingue* con su trato. 先生は彼女をひいきしている. ❺ [+con 栄誉·賞などを] …に与える: Me *distingue con* su amistad. 私は彼の友人となる栄に浴している. Le *distinguieron con* la laureada de san Fernando. 彼は聖フェルディナンド勲章を授与された
 saber ~ …に目がきく, 鑑識眼をもつ, 通である
 — 自 ❶ [+entre の間の] 違いを見分ける, 区別をつける: No *distingo entre* ellos. 私は彼らの見分けがつかない. ❷ 権威を

distintamente

高める
—— **~se** ❶ [+por・en で/+como として] 抜きん出る, 際立つ; [遠くに] はっきりと見える, 目立つ: *Se distingue* entre todos *por* su sabiduría. 彼は皆の中でも博識で抜きん出ている. *Se distinguió por* sus descubrimientos en astronómica. 彼は天文学における発見で世に出た. *Se ha distinguido como* físico. 彼は物理学者として際立っている. ❷ 異なる; 識別される, 区別される; 特徴づけられる: Los dos cachorros *se distinguen por* una mancha en el ojo. 2匹の子犬は眼の斑点が違う

distinguir	
直説法現在	接続法現在
distingo	distinga
distingues	distingas
distingue	distinga
distinguimos	distingamos
distinguís	distingáis
distinguen	distingan

distintamente [distíntaménte] 副 ❶ 異なって; 様々に, 色々に. ❷ はっきりと, 明瞭に: pronunciar ~ はっきりと発音する

distintivo, va [distintíbo, ba] 形 ❶ 他と区別する, 特徴的な, 特有の: marca ~*va* 識別記号, 目印. ❷《言語》示差的な, 弁別的: rasgo ~ 示差的特徴, 弁別素性
—— 男 ❶ 記章, 標章, バッジ: El ~ que llevan en el pecho es el escudo del equipo. 彼らが胸に付けている印はチームのワッペンだ. ~ de la orden 階級章. ~ de minusválido 身障者のステッカー. ❷ 特徴. ❸ 象徴, シンボル

distinto, ta [distínto, ta] [←ラテン語 distinctus < distinguere「区別する」] 形 ❶ [+de・a と] 異なる, 違った, 別の: Esta cámara es ~*ta* de la mía. このカメラは私のとは違う. Eso ya es ~. それは話が違う. Sus hijos son algo ~s. 彼の子供たちは少し変わっている. Eso es ~. それは別の問題だ. ❷《文語》[+名詞] 色々な, 様々な; いくつかの: Hay ~*s* tipos de personas. 様々なタイプの人がいる. Hay ~*tas* opiniones sobre este asunto. この件に関してはいくつかの意見がある. en ~ lugares de Japón 日本各地で. ❸《文語》明瞭な, はっきりとした〖=claro〗: tener unas facciones muy ~*tas* 目鼻立ちがはっきりしている

pensar de ~ modo [2人が] 意見を異にする, 違った考え方をする: No discutamos más, que *pensamos de ~ modo*. もう議論はやめよう, 私たちの意見は違うのだから
—— 副 異なって, 違った風に: Su guitarra y la mía suenan ~. 彼のギターと私のギターは音色が違う

distocia [distóθja] 女《医学》難産
distócico, ca [distóθiko, ka] 形《医学》難産の
dístomo, ma [dístomo, ma] 形《動物》二つの口をもつ
—— 男《動物》ジストマ 〖=duela〗
distonía [distonía] 女《医学》失調症, ジストニー
distónico, ca [distóniko, ka] 形 失調症の
distopía [distopía] 女 ディストピア, アンチユートピア〖⇔utopía〗
distorsión [distorsjón] 女 [←ラテン語 distorsio, -onise < dis-（強調）+torsum < torquere「曲げる」] ❶〖事実などの〗歪曲: ~ de la historia 歴史の歪曲. ~ de las palabras 曲解. ~ [映像・音などの] ゆがみ, ひずみ: ~ del espacio-tiempo 時空のゆがみ. ❸《医学》捻挫（ねんざ）〖=torcedura〗: ~ del tobillo 足首の捻挫. ❹ [体の一部の] ねじれ, ひねり
distorsionante [distorsjonánte] 形 歪曲する
distorsionar [distorsjonár] 他 ❶ 歪曲する: No *distorsionen* mis palabras ni digan que he hecho lo que no he dicho. 私の言葉を曲解しないで下さい. そして私が言っていないことを言ったと言わないで下さい. ❷ ゆがめる, ねじる: ~ el sonido 音をゆずませる. ❸ 捻挫（ねんざ）させる
—— **~se** 体をよじる; 捻挫する〖=torcerse〗: *Me distorsioné* la rodilla jugando al tenis. 私はテニスをしていて膝をひねった
distracción [distra(k)θjón] 女 [←ラテン語 distractio, -onis] ❶ 気分転換, 息抜き, 気晴らし: Tuve una ~ y me dejé el paraguas. 私はうっかり傘を忘れてきた. ❷ 不注意, 注意散漫: La ~ del conductor provocó el accidente. 運転者の不注意が事故を引き起こした. ❸ 気晴らし, 娯楽: Mi ~ favorita es ir a la pesca. 私の道楽は釣りだ. ❹《医学》延長. ❺ osteogénica 仮骨延長

por ~ 1) うっかりして. 2) 気ままに: cantar *por ~* 鼻歌をう

たう

distraer [distraér] [←ラテン語 distrahere < dis-（分離）+trahere「引っぱる, 持つ」] 45 他 ❶ [+de から] …の気（注意・関心）をそらす: El ruido me *distrajo del* estudio. 私は騒音が気になって勉強に身が入らなかった. ❷ [心配・苦痛などから] …の気を紛らわせる. ❸ 気晴らしをさせる, リラックスさせる, 楽しませる: La música me *distrae*. 音楽は私の心をなごませる. ❹《口語》横領する, 盗む: Está acusado de ~ el bolso *de* esta señora. 彼はこの婦人からバッグを盗んだかどで訴えられている. ❺ [人を] 惑わす, 悪に引き込む
—— 自 楽しい: La lectura *distrae* mucho. 読書はとても楽しい
—— **~se** ❶ [+con・en で] 気晴らしをする, 楽しむ, リラックスする; 暇つぶしをする: La abuela *se distrae* mucho con su nieto. 祖母は孫といてとても楽しい. ~*se con* la lectura 読書して楽しむ. ❷ [心配・苦痛から] 気を紛らわす: *Se distrajo de* una preocupación viendo televisión. 彼はテレビを見て心配事から気を紛らした. ❸ 放心する, ぼんやりする. ❹ 注意が散漫になる, 気が散る: *Me distraje* un momento y se me quemó la comida. 私はちょっとよそ見をして料理を焦がしてしまった. *Se distrae* con facilidad. 彼は気が散りやすい
distraídamente [distraídaménte] 副 上の空で, ぼんやりして, 不注意で, うかつにも
distraído, da [distraído, da] [←distraer] 形 ❶ 面白い, 娯楽的な: aventura ~*da* 愉快な冒険. película (novela) ~*da* 娯楽映画（小説）. ❷ [estar+] 放心した, うわの空の; [ser+] 注意力散漫な: Yo estaba ~. 私はぼんやりしていた. ❸ [estar+] 楽しませる, 楽しい: En la fiesta estuve muy ~. パーティーはとても楽しかった. ❹《中南米》だらしない, むさ苦しい. ❺《エクアドル》ゲリラ
—— 名 ぼんやりしている人; そこつ者
hacerse el ~ 聞こえないふりをする, 知らんぷりをする
distress [distrés] [←英語] 男《医学》困難; 有害ストレス: ~ respiratorio 呼吸困難
distribución [distribuθjón] 女 [←ラテン語 distributio, -onis] ❶ 分配, 配布, 配給; 配分, 割り当て: El problema radica en la mala ~ *de* la riqueza. 富の分配がきちんと行われていないことに問題がある. Nueva *D*~〖米国の〗ニューディール. ❷〖商品の〗流通: mecanismo de ~ 流通機構. ~ de películas 映画の配給. ~ física 物流. ❸ [部屋の] 配列, 配置: ~ de las habitaciones 間取り. ❹ 分布 [状態]: ~ complementaria《言語》相補分布. ~ de frecuencias《統計》度数分布. ~ normal 正規分布. ❺《技術》1) 配気, 配水, 配電. 2) [内燃機関の] 弁装置: eje de ~ カムシャフト

tomar+事 por ~ …をやたらと繰り返す, しつこく続ける
distribucionalismo [distribuθjonalísmo] 男《言語》分布主義, 分布理論
distribucionalista [distribuθjonalísta] 形 名《言語》分布主義の[人], 分布理論の, 分布理論の論者
distribuidor, ra [distribwiðór, ra] 形 分配する, 配布の, 配給の; 流通の: red ~*ra* 供給網, 販売網
—— 名 ❶ 配布者, 配達人. ❷ ディーラー, 仕入れ業者: su ~ habitual 貴社の出入り業者. ~ exclusivo 一手販売者
—— 男 ❶ 分配機, 販売機 [~ automático]. ❷ [エンジン・印刷機の] ディストリビューター. ❸ [家の各部屋へ通じる] 廊下. ❹《ベネズエラ, ボリビア, アルゼンチン, 交通》ロータリー
—— 女《映画》配給会社. ❷《農業》肥料の散布器
distribuir [distribwír] [←ラテン語 distribuere] 48 他 ❶ [+a に/+entre の間で] 配る, 分配する, 配給する, 分け与える: *Distribuyeron* los víveres entre los refugiados. 彼らは避難民に食糧を配給した. ~ los cargos *a* sus alumnos 生徒たちに役目を割り当てる. ~ el agua 給水する. ~ las mesas 席を割り当てる. ❷ 配達する, 配達する: ~ la correspondencia 郵便物を配達する. ❸ [+en・por に] 配列する, 配置する: ~ los libros *por* las estanterías 本を棚に区分けする. ❹《商品》流通ルートにのせる, 販売する. ❺《印刷》解版する
—— **~se** 分配される. ❷ 分布する, 分散する: ~*se* en zonas 各地域に分散している
distributividad [distributibiðá(d)] 女《数学》分配法則
distributivo, va [distributíbo, ba] 形 [←ラテン語 distributivus] ❶ 配分する, 配分の: conjunción ~*va*《文法》配分の接続詞 〖例 ahora... ahora...; unos... otros... など〗. justicia ~*va*《法

律》配分的正義; 公平な罰. ❷《数学》分配的な: propiedad ~va 分配法則
── 囡《文法》配分の等位節〚=oración ~va. 例 No sé qué haremos: *unos quieren salir y otros no*. ある者は出かけたいと言い、たある者は出かけたくないと言うので、どうしたらいいか私には分からない〛
distribuyente [distribujénte] 图 =**distribuidor**
distrital [distritál] 形《ベネズエラ》地区 distrito の
distrito [distríto] 〚←ラテン語 destructus「内容」< distringere「切る」〛男〚行政・司法などの目的で区分された〛地区, 管区: sistema de ~s multiescaños 中選挙区制. ~ escolar 学区. D~ Federal《メキシコ》連邦特別区, 連邦直轄地〚メキシコシティ・Ciudad de México のこと〛. ~ judicial 裁判区. D~ Nacional《ドミニカ》首都圏. ~ postal 郵便区. ~ rojo 赤線地区. ~ universitario 大学地区
distrofia [distrófja] 囡《医学》ジストロフィー: ~ muscular 筋ジストロフィー
distrófico, ca [distrófiko, ka] 形 图 ❶ ジストロフィーの〚患者〛. ❷《地質》〚湖沼の〛腐食栄養の〚⇔eutorófico〛
disturbar [disturbár] 他《まれ》混乱させる, 妨害する; 迷惑をかける
disturbio [distúrbjo] 〚←ラテン語 dis-（強調）+turbare「混乱させる」〛男 ❶〚主に 複〛騒乱, 撹乱, 暴動: motivar ~s 騒動を起こす. aplacar los ~s 騒乱を沈静化する. el orden público tras anti disturbios 学生による反乱, 学園紛争. ❷《航空》~ aerodinámico 後流. ❸《気象》〚大気〛擾乱. ❹《医学》体の不調〚=trastorno〛. ❺《放送》受信障害
disuadir [diswaðír] 〚←ラテン語 dissuadere < dis-（否定, 反対）+suadere「理解させる」〛他 ❶ [+de ＋] 思いとどまらせる, 断念させる: 1) ~ a+人 *del* proyecto …に計画を断念させる. 2) [+de+不定詞・que＋接続法 するのを] Lo *disuadí de estudiar* Filosofía. 私は彼に哲学の勉強を思いとどませた. ~ Vamos a ~la *de que* vaya de vacaciones a la selva. 彼女が休暇でジャングルへ行くというのをあきらめさせよう. ❷《文語》避ける, 断念する
── ~**se** 断念する
disuasión [diswasjón] 囡 ❶ 思いとどまらせること: No ejerzo sobre ella ningún poder de ~. 私には彼女を抑える力が全くない. ❷《軍事》抑止力; ~ nuclear 核抑止力
disuasivo, va [diswasíβo, βa] 形 =**disuasorio**
disuasor, ra [diswasór, ra] 形 =**disuasorio**
disuasorio, ria [diswasórjo, rja] 形 思いとどまらせる: sistema antirrobo muy ~ 強力な盗難防止システム. poder ~ 説得力, 抑止力
disuelto, ta [diswélto, ta] disolver の 過分
disuria [disúrja] 囡《医学》排尿障害
disúrico, ca [disúriko, ka] 形《医学》排尿障害の
disyunción [disjunθjón] 〚←ラテン語 disjunctio, -onis〛囡《文法》〚通常は連続している語が, 挿入語句がその間に入ることによる〛分離. ❷《論理》選言命題. ❸ 分離, 分裂
disyunta[1] [disjúnta] 囡《古記. 音楽》跳躍進行
disyuntiva[1] [disjuntíβa] 囡〚←disyuntivo〛❶ 二者択一: encontrarse (estar・ponerse) en (ante) la ~ de ir o quedarse 行くか残るか二者択一を迫られる. No tengo otra ~. 他に選択肢がない
disyuntivamente [disjuntíβaménte] 副 ❶ 二者択一的に. ❷ 別々に; それぞれ独自に
disyuntivo, va[2] [disjuntíβo, βa] 〚←ラテン語 disjunctivus〛形《文法》分離の, 離接の: conjunción ~va 離接の接続詞〚o... o..., bien... bien... など〛. ❷《論理》選言的な: proposición ~va 選言命題. ❸ 分離する, 分ける
disyunto[1] [disjúnto] 形 分離した, 分離されたもの
disyunto, ta[2] [disjúnto, ta] 〚古語〛離れた, 別々の, 遠い
disyuntor [disjuntór] 男《電気》遮断器, ブレーカー
dita [díta] 囡 ❶《魔語》担保, 保証人. ❷《アンダルシア》〚日歩の〛高利貸し〚行為〛. ❸《メキシコ, 中米, チリ》借金. ❹《プエルトリコ》ココナッツの2枚目の樹皮製の器
dita [dítá] 囡《植物》ホワイトチーズウッド, エンピツノキ
dataína [dataína] 囡《薬学, 生化》ジタイン
diteísmo [diteísmo] 男《宗教》〚善悪の〛二神論, 二神教
diteísta [diteísta] 男《宗教》二神論の〚論者〛, 二神教の〚信者〛
ditero, ra [ditéro, ra] 形《アンダルシア》〚日歩の〛高利貸し
ditirámbico, ca [ditirámbiko, ka] 形 ❶ 酒神バッカスの讃

歌の. ❷ 絶賛の, ひどく熱狂的な
ditirambo [ditirámbo] 男 ❶《古代ギリシア・ローマ》酒神バッカス Baco への讃歌. ❷《文語》熱狂的な詩（詩文）. ❸ 絶賛, 大げさな賞賛, べたぼめ
ditisco [dítísko] 男《昆虫》ゲンゴロウモドキ
dítono [dítono] 男《音楽》二全音, 長三度
DIU [djú] 男《略語》←dispositivo intrauterino 避妊リング
diuca [djúka] 囡《チリ, アルゼンチン. 鳥》アトリの一種〚スズメに似ているが鳴き声はよい. 学名 Fringilla diuca〛
~ *como* ~《チリ》ずぶぬれの
──《アルゼンチン. 口語》先生のお気に入りの生徒
diucón [djukón] 男《チリ. 鳥》アカメタイランチョウ
diuresis [djurésis] 囡《医学》利尿
diurético, ca [djurétiko, ka] 形《薬学》利尿の; 利尿剤
diurno, na [djúrno, na] 〚←ラテン語 diurnus < dies「日」〛形 ❶ 昼間の, 日中の〚⇔nocturno〛: El tiempo de luz ~*na* es más largo en verano que en invierno. 昼間の時間は冬より夏の方が長い. curso ~ 昼間講座. luz ~*na* 自然光. ❷《動物》昼行性の. ❸《植物》昼間に花を開く. ❹《天文》一日の: movimiento ~ 日周運動
diurnidad [djurnidá(d)] 囡 長時間, 長期間
diuturno, na [djutúrno, na] 形《まれ》永続的な, 長持ちする
diva[1] [díβa] 囡 ❶《文語》女神. ❷《音楽》プリマドンナ; [女性の] 花形歌手〚→divo〛
divagación [diβaɣaθjón] 囡 ❶ [話の] 脱線, 本題からの逸脱: Con tanta ~ ha perdido el hilo de lo que estaba diciendo. 彼は話があまりにも脱線してるので言っていたのか, 本題が分らなくなった. ❷ 雑談, 雑文, 雑感: Perdió el tiempo con *divagaciones* inútiles. 彼は無駄話をして時間を浪費した. ❸〚川の流れの〛変化. ❹ 複 さすらい, 放浪
divagador, ra [diβaɣaðór, ra] 形 ❶ [話に] 脱線する, 本筋から外れる; 余談の多い人
divagar [diβaɣár] 〚←ラテン語 divagari < di-（強調）+vagari「さまよい歩く」〛⓼ 自 ❶ [話に] 本筋を外れる, 脱線する: El testigo no debe ~. 証人は余計なことを言ってはならない. A este profesor le gusta ~ en clase. その先生は授業中に雑談をするのが好きだ. ❷ 雑文を書く, 書き散らす. ❸ 放浪する, さまよう, ふらふら歩く〚=vagar〛: ~ en la ciudad sin rumbo fijo 当てもなく町をさまよう
divagatorio, ria [diβaɣatórjo, rja] 形 [話の] 脱線の
divalente [diβalénte] 形《化学》2価の
diván [diβán] 男 〚←アラビア語 diwan〛❶ [背もたれ・肘掛けのない] 長椅子, 寝椅子: tenderse en el ~ del psiquiatra 精神科医の寝椅子で横になる. ~-cama 〚まれ〛ソファベッド. ❷《歴史》[オスマン帝国の] 枢密院, 御前会議; その会議が開かれる広間. ❸〚アラビア語・ペルシャ語・トルコ語の〛詩集
díver [díβer] 形《西. 口語》=**divertido**
divergencia [diβerxénθja] 囡 〚←ラテン語 divergens, -entis〛❶ 分岐, 分散; 逸脱: ~ de lo normal 常軌を逸していること. ❷ 相違, 食い違い: Hay serias ~*s* que nos impiden continuar trabajando juntos. 私たちが一緒に働き続けることができないほど深刻な対立がある. ~*s* en sus puntos de vista 視点の相違. ❸《幾何, 物理》発散〚⇔convergencia〛. ❹《生物》~ adaptativa 適応放散
divergente [diβerxénte] 形 ❶ 分岐する, 分散する: línea ~ 発散線. ❷ 食い違う, 相違する: gustos ~s まちまちな趣味
diverger [diβerxér] ③ 自《まれ》=**divergir**
divergir [diβerxír] 〚←ラテン語 divergere < di-（分離）+vergere「傾く」〛④ 自 ❶ 分岐する, 分かれる: De la plaza *divergen* varias calles de manera radial. 広場から数本の道路が放射状に分岐している. ❷〚意見・趣味などが, +en で〛異なる: En todo *divergen* y en nada están de acuerdo. 彼らはどの点でも違っていて, その点でも一致しない. ~ de las ideas de sus compañeros 仲間の考えと違う
diversamente [diβersáménte] 副 多様に, それぞれ別個に
diversidad [diβersidá(d)] 囡 〚←ラテン語 diversitas, -atis〛❶ 多様性, 多種であること; 集名 多様; 種類: ofrecer una gran ~ de platos 色々バラエティーに富んだ料理を出す. ~ biológica 生物学的多様性. ❷ 相違, 食い違い: ~ de caracteres 性格の不一致
diversificación [diβersifikaθjón] 囡 ❶ 多様化, 多角化: ~ de los riesgos 危険分散. ~ de productos 製品多角化. ~

lingüística 言語の多様化. ❷ [集合] 多様(雑多)なもの

diversificar [dibersifikár]【←ラテン語 diversificare】[7] 他 ❶ 多様化させる,変化をつける: ~ sus productos 生産を多角化する
—— **~se** 多様化する,多角化する: *Se diversifican* las especies. 種が多様化する

diversiforme [dibersifórme] 形 様々な形の,多形の

diversión [dibersjón]【←ラテン語 diversio, -onis】囡 ❶ 娯楽,気晴らし,遊び(活動) lugar de ~ 盛り場,歓楽街. ~ de salón 室内ゲーム. ~ sana 健全な娯楽. ❷ 楽しさ,面白さ. ❸《軍事》陽動,牽制: maniobra de ~ 陽動作戦

diversivo, va [dibersíbo, ba] 形 ❶《軍事》陽動の,牽制する;陽動作戦. ❷《古語.医学》誘導する《体液・分泌液を他の部分に導く》;誘導剤. ❸ 娯楽の,息抜きの,気晴らしの

diverso, sa [dibérso, sa]【←ラテン語 diversus】形 ❶《文語》多様な,変化に富んだ: Ese autor tuvo un estilo muy ~. その作家は非常に多彩な文体を持っていた. ❷ [複] 色々な,多種の,各種の;いくつかの: en ~*sas* oportunidades 様々な機会に. artículos ~*s* 雑貨. ~*s* colores 様々な色. ❸《文語》[+a・de と] 異なる,異質な
—— 男 [複]《商業》雑費,雑口

diversorio [dibersórjo] 男《廃語》宿,旅籠(はたご)

diverticular [dibertikulár] 形《解剖》憩室の

diverticulectomía [dibertikulektomía] 囡《医学》憩室切除術

diverticulitis [dibertikulítis] 囡《医学》憩室炎

divertículo [dibertíkulo] 男《解剖》憩室

diverticulosis [dibertikulósis] 囡《医学》憩室症

divertido, da [dibertíðo, ða] 形 ❶ 楽しい,楽しむ,愉快な: Él es muy ~, siempre me lo paso bien con él. 彼はとても愉快だ. 彼と一緒だといつも楽しい. Fue una noche —*da*. 楽しい一夜だった. película —*da* 面白い映画. chico ~ ひょうきんな少年. ❷《皮肉》[estar+] 退屈な; 迷惑な: ¡Qué ~! ¿Ahora me dices que no puedes beber? おかしいな! いま飲めないと言ったじゃないか. ❸《中南米》ほろ酔い機嫌の
andar (estar) *mal* ~ 悪習に染まる

divertimento [dibertiménto] 男 ❶《音楽》嬉遊曲, ディベルティメント. ❷《まれ》=**divertimiento**

divertimiento [dibertimjénto] 男 ❶《文語》娯楽,気晴らし《行為,事柄. =diversión》. ❷ [瞬間的に] 注意をそらすこと

divertir [dibertír]【←ラテン語 divertere < di- (分離)+vertere「回す, 戻す」】[33] 他 ❶ 楽しませる, 気を晴らす: Esa novela me *divirtió* mucho. その小説は大変面白かった. ❷《軍事》牽制する
—— **~se** [+不定詞/+con・en で] 楽しむ,楽しく過ごす《⇔aburrirse》: *Me divierto* jugando al fútbol. 私はサッカーをして楽しんでいる. *Se divirtió* con las bromas de sus amigos. 彼は友人たちの冗談を面白がった. *Se divertía* en peinar los rizos de la muñeca. 彼女は人形の巻き毛を梳かして楽しんでいた. ¡Que *te diviertas*! 楽しんでおいでね!

Divide et vinces [díbiðe et bínθes]【←ラテン語】敵を分散させ各個撃破せよ,分割して統治せよ

dividendo [dibiðéndo]【←ラテン語 dividendus】男 ❶《数学》被除数《⇔divisor》. ❷《経済》配当金: repartir ~ 配当金を出す. sin ~ 配当落ちの. ~ a cuenta 中間配当[金]. ~ activo 株主の持分に応じて支払う配当. acumulado 未払い(のままの)配当金. ~ definitivo 最終配当. ~ en acciones 株式[による]配当. ~ en efectivo 現金による配当. ~ pasivo 約定した分割払い出資金の払込み. ~ provisional 予定配当率. ~ por acción 一株当たり利益, EPS. 2) ~ nacional [国民所得を分配の側面から捉えた] 国民分配分. ❸《チリ》割り前

divididero, ra [dibiðíðero, ra] 形 分けられるべき,分配すべき

dividir [dibiðír]【←ラテン語 dividere】[他] ❶ [+en の部分/+entre の間で] 分割する,分ける,割る: Vamos a ~ el pastel *en* ocho partes. ケーキを8つに分けよう. *Dividió* sus bienes *entre* sus tres hijos. 彼は財産を息子3人に分けた. ~ acciones《商業》[高価になりすぎた] 株式を分割する. *Divide* y vencerás.《諺》[敵を]分断せよ.そうすれば勝つことができる/困難な仕事でも少しずつ分けて取り組めばできる【→Divide et vinces】. ❷《数学》[+entre・por で] 割り算する: *Dividan* 50 *entre* (*por*) 3. 50を3で割りなさい. ❸ 分離する,隔てる: Los Pirineos *dividen* España de Francia. ピレネー山脈はスペインとフランスを隔てている. El camino *divide* el campo. 道は野原を横切っている. ❹ 分類する,区分する: ~ a los hombres *en* cinco razas 人類を5つの種族に分類する. ~ el trabajo 仕事を分担する,分業する. ❺ 分裂させる,二分する,不和にする: La guerra *dividió* el país. 戦争は国を二分した
—— 自 割り算をする: Todavía no sabe ~. 彼はまだ割り算ができない
—— **~se** 分かれる,分岐する: El canal *se divide en* tres ramales. 運河は3本の支流に分かれる. ❷ 分割される,分裂する

dividivi [bibiðíbi] 男《中米,コロンビア,ベネズエラ.植物》ジビジビ《マメ科の木. 実は皮のなめしに使われる. 学名 Caesalpinia coriaria》

dividuo, dua [dibíðwo, ðwa] 形《法律》分けられる,分割され得る

divierta [dibjérta] 囡《エルサルバドル.口語》娯楽,気晴らし

divieso [dibjéso] 男 ❶《医学》せつ,ねぶと. ❷《まれ. 主に軽蔑》取るに足りない人,くだらない人

divinal [dibinál] 形《主に詩語》神の,神のような《=divino》

divinamente [dibinaménte] 副 ❶ 神のように,神々しく; 神の恵みのように. ❷《口語》見事に,完璧に: La abuela está ~. 祖母はぴんぴんしている

divinatorio, ria [dibinatórjo, rja] 形《まれ》占いの, 未来を予見する

divinidad [dibiniðá(ð)]【←ラテン語 divinitas, -atis】囡 ❶ 神格,神性《=deidad》. ❷ [キリスト教から見て異教の] 神: ~*es* grecolatinas ギリシア・ローマの神々. ❸《口語》この上なく美しい(すばらしい)もの(人): Me han regalado un cuadro que es una ~. 私は実にすばらしい絵をプレゼントしてもらった

divinización [dibiniθaθjón] 囡 ❶ 神格化,神聖視: ~ de los emperadores 皇帝の神格化. ❷ 崇拝,賞賛,賛美

divinizar [dibiniθár] [9] 他 ❶ 神格化する;[物・人を,神聖なものとして] あがめる,神として祭る: Los antiguos *divinizaban* las fuerzas de la naturaleza. 古代人は自然の諸力を神としてあがめた. ❷ [人を神のように] 崇拝する,賞賛する: Siente hacia una persona una absurda devoción y casi lo *diviniza*. 彼はある人物に対してばかげた敬愛を抱き,あがめんばかりだ

divino, na [dibíno, na]【←ラテン語 divinus】形 ❶ 神の; 神聖な,神々しい,神のような,崇高な: abandonarse a la voluntad ~*na* 神のご意志に身を任せる. amor ~ 天(あま)なる喜び《賛美歌》. furia ~*na* 神の怒り. gracia ~*na* 神のお恵み. promesa ~*na* 神との約束. seres ~*s* 神のような存在. servicio ~ 神への務め. ❷《口語》[この上なく] すばらしい,美しい: ¡Qué vestido tan ~! すてきな服ですね! mujer ~*na* 絶世の美女
a lo ~ 世俗的なテーマ・題材を扱いながら宗教的な意味合いをもたせた《16世紀のスペイン詩に多い神秘的な雰囲気を作り上げる手法》
lo ~ *y lo humano*《口語》すべて,ありとあらゆるもの
pasarlo ~ すばらしい時間を過ごす

divisa[1] [dibísa] 囡【←divisar】 ❶ 記章,バッジ; 印; 表徴,シンボル: Se ostentan muchas ~*s* en las bocamangas, hombreras, cuello y gorra. 多くのバッジが袖口,肩口,襟元と帽子に飾られている. ❷《経済》[主に海外の] 外貨,外国通貨: ingreso de ~*s* 外貨収入. mercado de ~*s* 外国為替市場,外貨市場. reservas de ~*s* 外貨準備(高). ~ a plazo 先物為替《将来の為替リスク回避を目的とする》. ~ al contado 直物為替,現物為替. ~ débil ソフトカレンシー,軟貨. ~ fuerte ハードカレンシー,硬貨. ❸ 標題,スローガン,モットー; 生活信条. ❹《紋章》1) 銘,モットー《紋章下部に配される巻物風の飾り枠に加える金言・座右の銘・主義など》: En el escudo de España aparece la ~ "Plus ultra". スペインの紋章には「もっと向こうへ」というモットーが記されている. 2) 全体の3分の1幅のフェスファジァ. ❺《闘牛》[出身の牧場を示す牛の首につける] 色リボン. ❻《美術》[題銘つきの] 装飾図,浮き彫り. ❼《セゴビア; ウルグァイ》境界標の列

II 囡《古語. 法律》[直近の親族以外からの] 遺産

divisable [dibisáble] 形 遠くに見ることのできる

divisadero [dibisaðéro] 男《メキシコ》展望台

divisar [dibisár]【←ラテン語 divisus < dividere「分ける, 見分ける」】他 ❶ 遠くに…が(ぼんやりと)見える,望見する: Desde lo alto de la torre se pudo ~ a los enemigos. 塔の上から遠くに敵を確認できた. ❷《紋章》[他と区別するため, 紋章に] 記章を付け加える. ❸《武器》[家紋を付ける
—— **~se** 遠くに見える: Aquellas nubes que *se divisan* a

lo lejos presagian tormentas. 遠くに見えるあの雲は嵐の前触れだ

divisibilidad [diƀisiƀiliđá(đ)] [女] 可分性;《数学》整除性

divisible [diƀisíƀle] [形] [+por で] 分割できる, 可分の;《数学》割り切れる

división [diƀisjɔ́n] 〖←ラテン語 divisio, -onis〗 [女] ❶ 分割, 区分: ～ de poderes 三権分立. ～ del trabajo 分業. ❷ 分裂: ～ celular 細胞分裂. ❸ 対立, 不和: ～ de opiniones 意見の対立;《闘牛》[主催者の判定における] 対立. ❹ 区画; 仕切り, 境界線: poner una ～ de biombos ついたてで仕切りをする. ～ administrativa (territorial) 行政区分. ❺ 部門, 分野; 局, 部, 課: ～ de ventas 販売部門; 営業部. ～ de comercio exterior 貿易部. ❻《動物》部門;《植物》門. ❼《数学》割り算, 除法: hacer una ～ 割り算をする. signo de la ～ 除法記号. ❽《軍事》師団: ～ acorazada (blindada) 機甲師団. ～ motorizada 機動部隊. *D*～ Azul 青い旅団〖第2次大戦中, フランコがドイツに協力してロシア戦線に派遣した〗. *D*～ infernal 地獄師団〖ベネズエラの独立戦争でボベス Boves が率いた王党派部隊. 捕虜を虐殺したことでこのように呼ばれた〗. ❾《スポーツ》クラス, 等級: ascender a primera ～ 1部リーグに上がる. ～ de honor《西》[1部より上の] 選抜リーグ. ❿ [一部のミッションスクールで] 学級. ⓫《文法》連節符, ハイフン〖=guión〗

de primera ～ 一流の

divisional [diƀisjonál] [形] 分割の, 区分の

divisionario, ria [diƀisjonárjo, rja] [形] [名] ❶《軍事》師団の; 師団兵. ❷ 分割の, 区分の

divisionismo [diƀisjonísmo] [男] ❶《美術》分割描法. ❷ [政党・労働組合などの] 分派主義

divisionista [diƀisjonísta] [形] [名] ❶ 分割描法の〔画家〕. ❷ 分派主義の(主義者)

divisivo, va [diƀisíƀo, ƀa] [形]《まれ》分割用の

divismo [diƀísmo] 〖←divo〗 [男] ❶ スター志望; スター然とした態度; スターシステム. ❷ 傲慢な態度, 身勝手さ: Aquí no se aceptan ～*s*. ここでは身勝手は通用しない. ❸ 神々しさ

diviso, sa[2] [diƀíso, sa]《まれ》dividir の不規則な [過分]

divisor, ra [diƀisɔ́r, ra] [形] ❶ 除数の, 約数の. ❷ 分ける, 分割する; 区別する

―― [男]《数学》除数, 約数〖=número ～〗: [máximo] común ～ [最大]公約数

―― [女] 切断機, カッティングマシーン〖=máquina ～*ra*〗

divisorio, ria [diƀisórjo, rja] [形] 分ける, 分割する; 分離する: línea ～*ria* 境界線, 分割線;《幾何》図形内線分;《音楽》小節線. pared ～*ria* 仕切り壁. punto ～ 分岐点;《幾何》内分点

―― [女] ❶ 境界線. ❷ 分水嶺〖=línea ～*ria* de las aguas〗

divo, va[2] [díƀo, ƀa] 〖←ラテン語 divus「神の」〗 [形] [名] ❶ [主にオペラの] スター〔の〕. ❷ スター然とした〔人〕, お高くとまった〔人〕. ❸《古代ローマ》[神格化された人について] 神なる, 神のごとき: ～ Augusto 神君アウグストゥス

divorciado, da [diƀɔrθjáđo, đa] [形] [名] ❶ 離婚した; 離婚者: ¿Es ella ～*da*? 彼女は離婚経験者ですか? ❷ [estar+. +de から] 遊離した, かけ離れた: estar ～ *de* la realidad 現実とかけ離れている. ideas ～*das del* cristianismo キリスト教にそぐわない考え

divorcialidad [diƀɔrθjaliđá(đ)] [女]《統計》離婚率

divorciar [diƀɔrθjár] 〖←divorcio〗 [10] [他] ❶ [裁判所が] 離婚させる, 婚姻を解消させる: El juez los *divorció* y ya no viven juntos. 裁判官が離婚させたので彼らはもう同居していない. ❷ [+de から] 分離する, 分けて考える: ～ el trabajo *del* placer 仕事と喜びを別物と考える

―― **～se** ❶ [互いに/+de と] 離婚する: *Se divorciaron* después de quince años de matrimonio. 彼らは結婚15年目で離婚した. Acaba de ～*se de* su marido. 彼女は夫と離婚したばかりだ. ❷ 離れる, 合致しない: Sus hechos a veces *se divorcian de* sus palabras. 彼の行動は時々言っていることと合わない. ❸《まれ》[子供が] 親の籍を離れる

divorcio [diƀɔ́rθjo] 〖←ラテン語 divortium〗 [男] ❶ 離婚, 婚姻の解消: conceder el ～ 離婚を認める. ～ por mutuo consentimiento 協議離婚. ❷ 離婚相談所. ❸ 不一致; 分離, 分裂: ～ de opiniones 意見の不一致. ～ entre la teoría y la práctica 理論と実践の不一致. ❹《まれ》子供が親の籍を離れること. ❺《コロンビア》婦人刑務所

divorcismo [diƀɔrθísmo] [男] 離婚法賛成論

divorcista [diƀɔrθísta] [形] ❶ 離婚の: ley ～ 離婚法. ❷ 離婚法導入に賛成の. ❸ 離婚問題専門の: abogado ～ 離婚問題専門の弁護士

divulgable [diƀulɡáƀle] [形] 流布(普及)され得る; 公表され得る

divulgación [diƀulɡaθjɔ́n] [女] ❶ 流布, 普及, 伝播(でんぱ): alcanzar una gran ～ 大変普及する, よく知られる; よく売れる. revista de ～ científica 大衆向け科学雑誌. ～ agrícola 農業知識の普及〔事業〕. ❷ 公表, 開示; [秘密の] 暴露, 漏洩(ろうえい): evitar la ～ del secretos de Estado 国家機密の漏洩を防ぐ. petición de ～ de información 情報開示請求

divulgador, ra [diƀulɡađɔ́r, ra] [形] [名] ❶ 流布(普及)させる〔人〕: capacidad ～*ra* de la radio ラジオの伝達力. ❷ [秘密などを] 公表する; 暴露(漏洩)する〔人〕

divulgar [diƀulɡár] 〖←ラテン語 divulgare < di- (拡張)+vulgare「大衆の間に広める」〗 [8] [他] ❶ 流布させる, 普及させる: Los medios de comunicación tratan de ～ las noticias lo más rápidamente posible. マスコミはニュースをできるだけ早く伝えようとする. ❷ 公表する, 開示する; [秘密などを] 暴露する: ～ la información 情報を開示(公開)する

―― **～se** ❶ 流布する, 普及する: En este artículo *se divulgan* los últimos avances científicos. この記事では科学の最新の到達点が伝えられている. ❷ 公表される, 開示される, 明かされる; [秘密などが] 暴露される

divulgativo, va [diƀulɡatíƀo, ƀa] [形] =**divulgador**

divulgatorio, ria [diƀulɡatórjo, rja] [形] =**divulgador**

divulsión [diƀulsjɔ́n] [女]《医学》❶ [組織の] 強制離断, 強制裂開. ❷ [手術による] 強制拡張

Dixi [díksi] 〖←ラテン語「私は言った」〗 以上〔終わり〕〖演説などの最後の言葉〗

dixie [díksi] 〖←英語〗 [男]《音楽》ディキシーランドジャズ

dixieland [díksilan] [男]《音楽》=**dixie**

dixit [dí(k)sit] 〖←英語〗《戯語》[引用した文の著者は] 言った

diyámbico, ca [dijámbiko, ka] [形]《詩法》二短長(弱強)格脚韻の

diyambo [dijámbo] [男]《詩法》二短長(弱強)格の脚韻

diz [díθ] ～ ***que...*** …だそうだ〖=se dice que...〗

dizigótico, ca [diθiɡótiko, ka] [形]《生物》二卵性の〖=bivitelino〗

dizque [díθke] 〖←dice que〗 [男] [主に [複]] うわさ, 風評

―― [副]《中南米. 口語》❶ 見たところ, 明らかに; おそらく. ❷ いわば

d. J.C.《略語》=**dC**

dl.《略語》←decilitro デシリットル

Dls.《略語》←dólares ドル

DNI [男]《西. 略語》←Documento Nacional de Identidad [政府発行の] 身分証明書

DNS [女]《略語》←Delegación Nacional de Sindicatos [国際労連の] 各国支部

do [dó] **I** 〖←伊語〗 [男] 〖[複] dos〗《音楽》ド, ハ音: Dame el *do*. ドの音を出しなさい. *do* de pecho [テノール音域の] 最も高いド, ハイC

dar el do de pecho 血のにじむような努力をする, 全力を尽くす

II 〖←前置詞 de+接続詞 o〗 [副]《まれ》[場所の関係副詞] …であるところの〖=donde〗; そこから〖=de donde〗

do quiera =**dondequiera**

dó [dó] [副]《まれ》[場所の疑問副詞] どこに, いずこに〖=dónde〗

do.《略語》←domingo 日曜日

D.O.《略語》←Denominación de Origen [ワインの] 原産地証明

dóberman [dóƀerman] 〖←英語 doberman〗 [名] 〖[複] ～s〗《犬》ドーベルマン

dobla [dóƀla] [女] ❶ [中世カスティーリャの] ドブラ金貨: ～ de la Banda [15世紀に鋳造された] バンダ教団の紋章入り金貨. ❷ 倍増し: jugar a la ～ 倍賭けする, 前の賭け金の倍を賭ける. ❸《地方語》荷車にくびきをつなぐ部品. ❹《メキシコ, チリ》鉱山から鉱石を採掘することで認められる一日あたりの利益; 出資していないのに得られる利益

de ～/a la ～《地方語》料金の2倍を支払って

doblada[1] [doƀláđa] [女] ❶《ムルシア. 魚》サドルドシーブリーム〖=oblada〗. ❷《キューバ》[複] 晩鐘

dobladamente [doƀláđaménte] [副] ❶ 二重に, 2倍に. ❷《まれ》偽って, 下心があって

dobladilla [doƀlađíʎa] [女] ❶《トランプ》[昔の] 掛け金を2倍にし

dobladillar

ていくゲーム. ❷《ログローニョ》丸いパン
a la ～ 倍々に

dobladillar [doblaðiʎár] 他《裁縫》縁を折り返して縫う, 縁縫いをする

dobladillo [doblaðíʎo]《←doblar》男 ❶《裁縫》[折り返して縫った]へり, ヘム; [ズボンの折り返した]裾: subir el ～ (coger) el ～ a los pantalones ズボンの裾をあげる. ❷《靴下などを作る》強い糸

doblado, da[2] [dobláðo, ða] ❶ [人が] ひどく疲れた (傷ついた). ❷ [体格が] ずんぐりした, 背が低くがっしりした. ❸ [土地が] でこぼこの. ❹ 裏表のある, 二心のある. ❺《建築》arco ～ 重なアーチ

metérsela *～da* [+a+人を] 騙す

── 男 ❶ 折り畳み, 折り曲げ. ❷ [布地の] ダブル幅. ❸ [悪臭によるトイレ掃除人の] 気絶. ❹《エストレマドゥラ, アンダルシア》背もたれのない長椅子. ❺《アンダルシア》屋根裏部屋

doblador, ra [doblaðór, ra] 名 ❶ 鐘撞き係. ❷《映画, テレビ》吹き替え役, 声優. ❸《ムルシア》絹職人
── 男 ❶《闘牛》[囲い場で] 牛を砂場への入口に導く雇い人. ❷《グアテマラ》チャラ《=chala》

dobladura [dobladúra] 女 ❶ 折り目: planchar las ～s de una camisa ワイシャツの折り目にアイロンをかける. ❷ 折り畳んだ部分. ❸《軍事》予備の馬, 替え馬. ❹《建築》[重ねアーチの]重ねた部分

doblaje [dobláxe]《←doblar》男《映画, テレビ》吹き替え, アテレコ《行為, 作品》

doblamiento [doblamjénto] 男《まれ》折ること, 折り畳み

doblar [doblár]《←ラテン語 duplare < duplus「2倍の」》他 ❶ 折る, 折り畳む, 折り曲げる: Pon tu pantalón *doblado*. ズボンをたたみなさい. ～ la carta en cuatro para meterla en el sobre 手紙を4つに折って封筒に入れる. ～ una cañería 管を曲げる. ～ las piernas por las rodillas 膝を曲げる. No ～.《表示》折り曲げ禁止. ❷ [角などを] 曲がる: ～ la calle 通りの角を曲がる. ～ el cabo [船が] 岬を回る. ❸ [年齢が] ･･･の2倍ある: Te *dobla* en edad (Te *dobla* la edad) y podría ser tu padre. 彼は年が君の倍で, 君の父親でもおかしくない. ❹ 2倍にする, 二重にする《=duplicar》: Me *han doblado* el trabajo y no doy abasto. 私は仕事を倍にされて手が足りない. ❺《映画, テレビ》吹き替えをする, スタントをする: ¿Prefieres las películas subtituladas a las que han sido *dobladas*? 吹き替えの映画より字幕付きの方が好きですか? Los especialistas *doblan* a los protagonistas en las escenas más peligrosas. 危険なシーンではスタントマンが主役の代役をする. ❻ [考え･態度を] 変えさせる, 屈服させる. ❼《口語》[人を] ひどく殴る; [肉体的･精神的･経済的に] ダメージを与える: Cállate la boca o te voy a ～. 黙らないと叩きのめすぞ. La quiebra de la empresa los *ha doblado* a todos. 会社の破産で皆は打ちひしがれた. ❽《競走》一周リードする: ～ al rezagado 遅れた選手を一周抜く. ❾《ビリヤード》[球を] 自分の球に当てて反対側の端まで飛ばす. ❿《チェス》相手の駒を取ってポーンを斜め前の升に移動させる. ⓫《メキシコ》撃ち倒す

～la(*s*)《口語》死ぬ

── 自 ❶ 曲がる: El coche *dobló* a la izquierda en el cruce. 車は四つ角を左折した. La carretera *dobla* aquí hacia el este. 道はここで東に折れる. ❷ [+por のために, 弔鐘が] 鳴る: Las campanas están *doblando* por alguien. だれかのために弔鐘が鳴っている. ❸ [司祭が祝祭日に] 二度のミサを行なう. ❹ [俳優が] 二役を演じる. ❺ 賭け金を倍にする. ❻《ドミノ》ダブ《ぞろ目》を出す. ❼《闘牛》1) [闘牛士に眩惑されて牛が] 急に向きを変える. 2) [牛が致命傷を負って] 倒れる. ❽《メキシコ, ボリビア》[昼間とは別に] 夜も働く

── *se* ❶ 折れる, 曲がる: Las espigas *se han doblado* con el fuerte viento. 強風で麦の穂が折れた. ❷ 身をかがめる, 体を前に曲げる: *～se* de risa 笑いこける. ❸ [圧力などに] 屈する, 負ける: No te *dobles* ante los contratiempos y trata de superarlos. 災難に屈せず, 乗り越えて下さい. ❹ [地面が] 凹凸になる

doble [dóble]《←ラテン語 duplus》形 ❶ [ser+, +名詞/名詞+] 2倍の: Su ganancia es ～ de (que) la mía. 彼の収入は私の2倍だ. Esta ciudad tiene ～ número de habitantes que esa. この町の人口はその2倍多い. Esta cinta es ～ de ancha que esa. このリボンが幅の2倍ある. ❷ 二重の; 2枚重ねの: espía ～/agente ～ 二重スパイ. flor ～ 八重の花. 重弁花.

～ contabilidad 二重帳簿. ～ contabilización 二重計算. ～ imposición (tributación) 二重課税. ～ ventana 二重窓. ❸ [布･紙に] 厚手の, しっかりした. ❹ [人柄が] 裏表のある, 二心ある, 偽善的な: No se fía un hombre ～. 裏表のある人は信用されない. ❺ 二人用の: silla ～ 二人掛けの椅子. [カトリック]《祝日･祭式の》復쀬の
── 共 ❶ うり二つの人, そっくりの人, 分身; にせ者: Eres ～ de tu madre. 君はお母さんにそっくりだ. Me han dicho que tengo un ～. 私にそっくりの人がいるそうだ. ❷《映画》吹き替えの人, 代役; スタントマン《=especialista》
── 男 ❶ 2倍, 倍: El ～ de tres son seis. 3の2倍は6である. ¿Cuál es el ～ de cincuenta? 50の2倍はいくつですか? Sus ingresos son el ～ de los míos. 彼の収入は私の2倍だ. Lo venden por más del ～ de lo que cuesta producirlo. 生産費の2倍以上の値段でそれは売られている. ❷ [ホテルなどで] ツインの部屋. ❸ [CDなどの] 2枚組, 2枚組. ❹ ダブル《ビール･ウイスキー･コーヒーなどの通常量の倍量, その容器》: un ～ de whisky/un whiski ～ ウイスキーのダブル1杯. café ～ コーヒーのダブル. ❺《服飾》ひだ《=pliegue》, 折り返し《=doblez》. ❻ 鐘の音; [特に]弔鐘: Oigo el ～. 鐘の音が聞こえる. ❼ 複製, コピー: me un ～ de esta llave. この鍵の複製を作って下さい. ❽《競馬など》連勝式. ❾ [主に複] 1)《テニス》ダブルス《⇔simple》: jugar el ～ ダブルスの試合をする. el ～ masculino ダブルスの試合. ～s masculinos (caballeros) 男子ダブルス. ～s femeninos (damas) 女子ダブルス. ～s mixtos 混合ダブルス. 2)《バスケットボール》ダブルドリブル. 3)《野球》2塁打. 4)《ボーリング》ダブル. ❿《ブリッジ》～ de castigo ペナルティーダブル. ⓫《商業》[株式の] 逆日歩, 逆ざや; 引き渡し延期《金》. ⓬ ～ de cárcel 刑務所手錠. ⓭《古代エジプト》霊魂

al ～ 2倍に: jugar al ～ 倍賭けする

apostar ～ *contra sencillo* きっと…に違いない

～ *o nada* 負ければ借りが2倍になり勝てばなくなる賭け

el ～ *de*+形容詞 …の2倍…: Este es el ～ *de* grande que ese. これはそれより2倍大きい

el ～ *que...* …の2倍: Hoy he leído *el* ～ *de* páginas *que* ayer. 今日は私は昨日の倍のページを読んだ

── 女《ドミノ》ダブル, ぞろ目

pagarla ～ [前に処罰を逃れたために] 今度は一層重く罰せられる, ダブルでつけを払う

── 副 ❶ [時に el+] 倍に; より一層: Hay que trabajar *el* ～. なお一層働かなければならない. ❷ 二重に, ダブって: ver ～ 物が二重に見える

doblegable [doblegáble] 形 ❶ 従順な, 言いなりになる: Es un chico ～ a mis caprichos. その男の子は私の気まぐれを何でも聞いてくれる. ❷ 折畳み式の; 曲げやすい

doblegadizo, za [doblegaðíðo, θa] 形 ❶ 簡単に言うことを聞く, 言いなりやすい. ❷ 曲がりやすい: ～ tallo de los juncos 曲がりやすい葦の茎

doblegamiento [doblegamjénto] 男《文語》❶ 屈服, 服従. ❷ 折る(折れる)こと

doblegar [doblegár]《←ラテン語 duplicare「折り曲げる」》[8] 他《文語》❶ 屈服させる, 打ち負かす: ～ su voluntad 言うことを聞かせる. ～ su orgullo プライドをくじく. ❷ 折る, 曲げる: ～ el hierro a martillazos 槌で叩いて鉄を曲げる. ❸ [剣を] 振りかざす, 振り回す

── *se* ❶ 従う, 服従する: ～*se* a la opinión de la mayoría 多数意見に従う. no ～*se ante* nadie (por nada) 誰にも(何にも)屈服しない. ❷ 折れる, 曲がる: Las vigas *se doblegan* bajo el peso. 梁が重みでたわんでいる

doblemente [dóblemēnte] 副 ❶ 二重に, 二倍の意味で: Estoy ～ contento. 私は二重にうれしい. ❷ 偽善的に, 下心をもって: comportarse ～ 裏表のある行動をとる. ❸ より一層, 何倍も

doblero [dobléro] 男 ❶《古語》[18世紀の]モロッコの貨幣;【一般に】お金. ❷《アラゴン, グアダラハラ, バレンシア, グラナダ; キューバ》四角い木片. ❸《アラゴン》円錐形のプチパン

doblescudo [dobleskúðo] 男《植物》アブラナ科の雑草《学名 Biscutella auriculata》

doblete [dobléte] 形 [布地などが] やや厚手の: tafetán ～ やや厚手のタフタ
── 男 ❶ [2枚のガラスを張り合わせた]模造宝石. ❷《ビリヤード》空(くう)クッション. ❸《言語》二重語《同じ語源から派生した2つの語. 例 casa と causa》. ❹《スポーツ》2連勝. ❺《演劇》

一人二役. ❻《物理》二重役
hacer ~ 1) 2連勝する. 2) 一人二役を演じる
doblez [doblé0]《←doble》男《複 ~ces》折り目, 折り返し: Ahora haz otro ~ diagonalmente. 今度は斜めに折り目をつけなさい. planchar los *dobleces* 折り目にアイロンをかける ── 囡《時に 男》《文語》二心, 陰ひなた: persona sin *dobleces* 裏表のない人. con ~ 二心をもって
doblilla [doblíʎa]《*dobla* の示小語》囡［昔のスペインの］金貨《=20～21.25レアル》
doblista [doblísta] 名《テニス》ダブルスの選手
doblón [doblón] 男 ❶［昔のスペインの］ドブロン金貨《~ = de oro》: ~ de a ciento 100ドブラ金貨. ~ de a cuatro 4ドブラ金貨. ~ de a ocho 1オンス金貨. ~ calesero (sencillo)［架空の貨幣単位］=60レアル. ❷ チリの古い金貨《=10ペソ》. ❸《料理》~ de vaca ぶつ切りにした牛の胃の煮込み. ❹《闘牛》牛を急に方向転換させるようなパセ. ❺《地方語. 植物》キンセンカ
doblonada [doblonáða] 囡《古語》大金
doc.《略語》←docena ダース
doca [dóka]《チリ》マツバギク属のつる植物《果実は食用. 少し下剤効果がある. 学名 Mesembrianthemum chilense》
doce [dóθe]《←ラテン語 duodecim < duo「2」+decem「10」》 形 男 ❶《基数詞》12［の］. ❷ 12番目《=duodécimo》: Alfonso XII アルフォンソ12世. ❸《歴史》[los+] ~ EEC加盟12か国《1986～92年》── [las+] 12時: Son las ~ del día (de la noche) en punto. ちょうど昼(夜)の12時です
echarlo todo a ~ 怒りをぶちまける; 歯に衣着せずに批判する; 世間を騒がせる
doceañero, ra [doθeaɲéro, ra] 名《まれ》12歳前後の[人]
doceañista [doθeaɲísta] 形《歴史》12年憲法派［の］《1812年のカディス憲法の支持者. 自由主義の3年 Trienio Liberal (1820～23年) における, 穏健派反動に対する呼称》
doceavo, va [doθeáβo, βa] 形 男 ❶ 12分の1[の]. ❷《文語》12番目の[=duodécimo]
docemesino [doθemesíno] 形 一年を12か月とする
docena¹ [doθéna]《←doce》囡 ❶《集合》ダース, 12個一組: Los caramelos se vendían a cinco euros la ~. キャンデーは1ダース5ユーロで売られていた. una ~ de huevos 卵1ダース. media ~ 半ダース, いくつか, 数個. Ella no ha cumplido todavía la primera ~ de años. 彼女はまだ12歳にもなっていない. ❷《口語》《複》[+de] たくさんの…: *D~s de* personas quedaron sin hogar tras incendio. 火事の後, 多くの人が家を失った. ❸《音楽》12度音程
a ~s《口語》たくさん, 何十となく
~ de[l] fraile《口語》13個, 1ダース買ったら1個のおまけ
entrar pocos en ~《口語》[人などが] ごくわずかである, 大変まれである: Hombres cabales *entran pocos en* ~. 完璧な人はめれにしかいない
por ~ [s]《口語》何十となく. 2) 1ダースずつ: contar los huevos *por ~s* 卵をダースで数える
docenal [doθenál] 形 ダース売りの, ダース単位で売られる
docenario, ria [doθenárjo, rja] 形 12の単位《構成要素》から成る
docencia [doθénθja]《←docente》囡 教育《活動》: Ejercía ~ en diversos centros de enseñanza. 彼はいくつかの学校で教えていた
doceno, na² [doθéno, na] 形 ❶ 12番目の[=duodécimo]. ❷［ラシャなどが］縦糸1200本で織られた
docente [doθénte]《←ラテン語 docens, -entis < docere「教える」》 形 教育の, 教育に関する: actividad ~ 教育活動. centro ~ 教育施設. cuerpo ~ 教授陣, 教員スタッフ. personal ~ 教員, 教育担当スタッフ ── 名 教師, 教育者: huelga de ~s de enseñanza secundaria 中学校教師たちのスト
doceta [doθéta] 形 名 キリスト仮現説を信奉する[人]
docético, ca [doθétiko, ka] 形 キリスト仮現説的な
docetismo [doθetísmo] 男《神学》キリスト仮現説
docetista [doθetísta] 形 名 キリスト仮現説の
docible [doθíβle] 形《古語》=**dócil**
docientos, tas [doθjéntos, tas] 形《廃語》=**doscientos**
dócil [dóθil]《←ラテン語 docilis「容易に学ぶ」》 形 ❶ 従順な, 御しやすい, 素直な: Es un perro ~ y manso. それはおとなしくよく

言うことを聞く犬だ. De niño era muy desobediente, pero ahora está ~. 彼は子供のころは頑かん坊だったが, 今は素直になった. ❷［毛髪が］素直な, 扱いやすい; [金属などが] 加工しやすい
docilidad [doθiliðá[ð]] 囡 ❶ 従順さ, 素直さ: Aparenta ~ pero hace lo que quiere. 彼は見た目は素直だが, 好きなことをやっている. ❷ 加工しやすさ
docilitar [doθilitár] 他 ❶［人に］言うことを聞かせる, 従わせる. ❷［金属などを］加工しやすくする, 扱いやすくする
dócilmente [dóθilménte] 副 従順に, 素直に, おとなしく
docimasia [doθimásja] 囡 ❶ 鉱物分析術. ❷《医学》[死産児の]肺検査《嬰児殺しの疑いがある時にする》
docimástico, ca [doθimástiko, ka] 形 鉱物分析の
── 囡 =docimasia
dock [dók]《←英語》男《複 ~s》 ❶［港湾倉庫に囲まれた］埠頭《港》, 波止場. ❷《船舶》ドック, 船渠《港》. ❸［一般に］商品倉庫
dócker [dókεr]《←英語 docker》男 沖仲仕, 港湾労働者《=estibador》
docmio [dókmjo] 形《詩法》[古典詩で] 一行5音節の
docmto《略語》←documento 書類
doctamente [dóktaménte] 副 学者らしく, 学識豊かに; 学者ぶって, 衒学的に
doctitud [doktitú[ð]] 囡《廃語》学者ぶり, 学識の豊かさ
docto, ta [dókto, ta]《←ラテン語 doctus「教えられた」< docere「教える」》 形 ❶《普通の文語》[人に] ~ している[人], 造詣《~》の深い[人]: Es un ~ *en* la materia y te resolverá cualquier duda. 彼はその問題に精通しているから, あらゆる疑問を解いてくれるだろう. la *~ta* casa スペイン王立学士院《=Real Academia Española》 マドリード文芸協会《=Academia de Madrid》. *~ta* publicación 学問的な出版物. ❷ 博学な[人], 博識な[人], 学者, 有識者
doctor, ra [doktór, ra]《←ラテン語 doctor, -oris < docere「教える」》 名 ❶ 博士: ~ en letras (en ciencias) 文(理)学博士. ~ en derecho 法学博士. ~ honoris causa 名誉博士. ❷《口語》[医者の意味に関係なく] 医師~ = médico; [医師への呼びかけで] 先生: El ~ me ha mandado un jarabe para la tos. 医者は私に咳止めシロップを処方してくれた. D~, ¿qué me pasa? 先生, 私はどこが悪いのですか. ❸《カトリック》教会博士《= de la Iglesia》: ~ angélico 天使博士《トマス・アクィナス Tomás Aquino のこと》. ~ seráfico 熾天使博士《聖ボナベントゥーラ San Bonaventura のこと》. ~ universal 百科博士《アルベルトゥス・マグヌス Albertus Magnus のこと》. ~ de Ávila アビラの女博士《サンタ・テレサ Santa Teresa のこと》. ❹《ユダヤ教, イスラム教》~ de la ley 律法博士. ❺《口語》医者(医師)の妻. ❻ 学問を鼻にかける女
doctorado [doktoráðo]《←doctorar》男 ❶ [+de・por+大学, +en+専門] 博士号, 学位: conferir el ~ 博士号を与える. obtener el ~ *por* la Universidad de México メキシコ大学から博士号を取得する. ❷ 博士課程《=curso de ~》: Mi hijo ya es licenciado y ahora está haciendo el ~. 私の息子は学士で(学部を卒業し), 今は大学院(博士課程)で学んでいる. ❸《まれ. 時に蔑意》深い知識
doctoral [doktorál] 形 博士の; 博士号の: dirigir la tesis ~ 博士論文を指導する. defender la tesis ~ 博士論文の審査で陳述する. ❷《皮肉》もったいぶった, 大げさな: hablar con un tono ~ 学者ぶった話し方をする
doctoralmente [doktorálménte] 副 もったいぶって, 衒学的に, 学者風に
doctoramiento [doktoramjénto] 男 博士号の授与(取得)
doctorando, da [doktorándo, da] 名 博士号取得希望者, 学位申請者; 博士課程在学者
doctorar [doktorár] 他 [+de・por+大学, +en+専門]～に博士号を授与する: El tribunal lo *doctoró* con la máxima calificación. 審査委員会は最高の成績で彼に博士号を与えた
~se ~ 博士号を取得する, 博士号を修める: *Se doctoró en* historia *por* la Universidad Compultense. 彼はマドリード大学で歴史学の博士号を獲得した. ❷《闘牛》正マタドールに昇格する
doctrina [doktrína]《←ラテン語》囡 ❶《宗教》1)［特定の宗派の］教義, 教理: ~ budista 仏教の教え. ~ evangélica 福音主義の教理. 2)《キリスト教》教理問答集, 公教要理: ~ cristiana キリスト教の教義《『ドクトリナ・キリシタン』として16世紀末

日本でも出版された. =catecismo). 3)《古語的. キリスト教》信仰教育《=catequesis》. ❷ 学説; 主義, 主張: ~ común 通説. ~ de la demanda efectiva〔ケインズの〕有効需要の原理. ~ de los costes comparativos〔D. リカードの〕比較生産費の原理. ~〔de〕Monroe モンロー主義. ~ liberal リベラル派の主張. ~ platónica プラトン学説.❸ 学説, 知識; discurso cargado de ~ 学識豊かな講演.❹《古語的》法解釈, 法の見解《=~ legal, ~ de la ley》.❺《歴史》ドクトリナ《スペイン領アメリカで先住民のキリスト教化を主な目的として建設された集落》.❻《中南米》1) 聖職叙任によって与えられた司祭の教区. 2) 最近改宗した先住民の村《教区ではない》
 niño de la ~ 孤児院に入れられた孤児
doctrinable [doktrináβle]形 教義などを教え込まれ得る
doctrinador, ra [doktrinaðór, ra]形名 教えを説く〔人〕
doctrinal [doktrinál]形 教義の, 教理上の: interpretación ~ 教義解釈. ❷ 学説の, 学術的の
 —— 男 公教要理の書, 教義解説書
doctrinar [doktrinár]他《まれ》=**adoctrinar**
doctrinario, ria [doktrinárjo, rja]形名 ❶ 教条主義の(主義者), 教化的な〔人〕; 理論派〔の〕: ~ del marxismo 教条的マルクス主義者. ❷ 空論的な〔人〕; 偏狭な, 融通のきかない
doctrinarismo [doktrinarísmo]男 教条主義《=dogmatismo》; 空理空論. ❷《歴史》純理派《フランス王政復古期の中道派》
doctrinero [doktrinéro]男《歴史》❶《主に宣教師に付いた》公教要理の教師. ❷《中南米》先住民に教義を説いた〔教区〕司祭
doctrino [doktríno]男《古語》〔学校に預けられる〕孤児
 parecer un ~ 恥ずかしがりやである
doctus cum libro [dóktus kum líβro]男《←ラテン語》〔自分で考えないで〕他人の著作の中にアイデアを求める人
docudrama [kokuðráma]男《放送》ドキュメンタリードラマ
documentación [dokumentaθjón]《←ラテン語 documentatio, -onis》女 ❶〔集名〕身分証明書《=~ personal》: D~, por favor. 身分証を拝見します. ❷《集名であることもある》書類: ~ del barco 船積み書類一式. ~ del coche 自動車登録証. ❸〔集名〕〔ある事柄に関する〕情報; 参考資料: Nos falta ~ sobre la época. その時代について情報がない. ❹ 資料による裏付け, 考証
documentado, da [dokumentáðo, ða]形名 ❶ 証明書(必要な書類)を持った〔人〕: En este país es necesario ir siempre ~. この国では常に身分証明書を携帯していなければならない. Espero no cometer ninguna infracción porque no voy ~. 私は運転免許証不携帯だから違反は絶対にしたくない. ❷ 考証(証拠)で裏付けられた: película bien ~ da《時代》考証のしっかりした映画. trabajo muy ~ 裏付けのしっかりした研究〔論文〕. ❸ 情報を把握している〔人〕, よく通じた: Los intérpretes estaban muy bien ~ sobre el tema. 通訳たちはそのテーマについてよく知識を仕込んでいた
documentador, ra [dokumentaðór, ra]形名 考証する; 考証家
documental [dokumentál]形 ❶《←documento》❶ 記録〔資料〕に基づく, ドキュメンタリーの: historia ~ de México 史料で見るメキシコの歴史. pruebas ~es 証拠資料. ❷ 文書の: falsificación ~ 文書偽造
 —— 男 情報番組; 記録映画, ドキュメンタリー: ~ sobre la Guerra Civil 内戦のドキュメンタリーフィルム
documentalismo [dokumentalísmo]男 ❶ 文書・資料の整理術. ❷〔ジャンルとしての〕ドキュメンタリー〔映画〕
documentalista [dokumentalísta]共 ❶〔特定のテーマに関する〕文書・資料の整理係. ❷ ドキュメンタリー作家, ドキュメンタリー映画の監督
documentalmente [dokumentálménte]副 証拠(資料)に基づいて, 文書(資料)を添付して
documentar [dokumentár]他 ❶ 資料で裏付ける, 証拠を提供する, 考証する: El nuevo descubrimiento *documenta* la existencia de una civilización anterior. その新発見は仮説を証明する前に古い文明が存在したことを裏付けている. ❷ ~ las hipótesis 仮説を裏付けて証明する. ❸ …に情報(情報)を提供する: ~ su solicitud 願書に証明書類を添付する
 —— ~*se* 資料を集める, 下調べをする: Debes ~*te* bien antes de escribir una novela histórica. 歴史小説を書く前にしっかり勉強しなくてはならない

documentario, ria [dokumentárjo, rja]形 =**documental**
documento [dokumento]《←ラテン語 documentum「教育, 例」<docere「教える」》男 ❶〔証明用などの〕文書, 書類: No olvides traer tus ~s para cursar la solicitud. 請願を出すための書類を必ず持って来て下さい. ~ Nacional de Identidad《西, ペルー, アルゼンチンなど》〔政府発行の〕身分証明書. ~ público (privado)公 (私) 文書. ~ único aduanero〔EUの〕一通関申告書〔類〕. ~s diplomáticos 外交文書. ❷〔歴史的〕資料, 文献: La película es un ~ vivo sobre la vida de la época. この映画は当時の生活の生き生きとした記録である. colección de ~s inéditos 未刊資料集. ❸ ~ de antecedentes 関係資料文書. ❹《商業》1) 証券; 手形: ~ de crédito 債務証書, 証券. ~s comerciales コマーシャル・ペーパー, CP. ~s negociables 有価証券. ~ negociable no endosado 単名手形《手形上債務の負担者が唯一人》. 2) ~ de transporte combinado 複合運送証券《運送手段が2種類以上の複合運送人が発行し, 貨物の受取証と権利証券の性格をかねもつ》. ~s del embarque 船積み書類. ❺《法律》証拠書類
documentología [dokumentoloxía]女 文献学
dodeca-《接頭辞》[12]*dodeca*edro 12面体
dodecaedro [doðekaéðro]男《幾何》12面体
dodecafonía [doðekafonía]女 =**dodecafonismo**
dodecafónico, ca [doðekafóniko, ka]形《音楽》12音〔音楽〕の
dodecafonismo [doðekafonísmo]男《音楽》12音音楽〔技法〕
dodecagonal [doðekaɣonál]形 12角形の
dodecágono [doðekáɣono]男《幾何》12角形
dodecasílabo, ba [doðekasílaβo, βa]形男 12音節の〔詩句〕
dodo [dóðo]男《鳥》ドードー《絶滅種. 飛べない鳥》
dodotis [doðótis]男《商標》紙おむつ
dogado [doɣáðo]男《歴史》元首 dux の地位(権威)
dogal [doɣál]男 ❶《馬具》首輪, 端綱. ❷〔絞首刑の時〕首にかける縄, 絞首縄
 dar ~ *a*+人〔を精神的に〕苦しませる
 estar con el ~ *al cuello* 窮地に立たされている, 絶体絶命のピンチである
 poner ~ *a un* ~ *al cuello* …を窮地に追い込む
dogaresa [doɣarésa]女〔ルネサンス期ヴェネチアやジェノヴァの〕元首 dux 夫人
dogma [dóɣma]《←ラテン語 dogma < ギリシア語 dogma「決定」< dokei「ように見える」》男 ❶〔教会が絶対的真実とする〕教義, 教理: ~ de la Santísima Trinidad 聖なる三位一体の教理. ~ católico カトリックの教義. ❷《軽蔑》〔世俗同形〕教条, 学説, 定説, 信条, 独断的な主張: La lucha de clases es uno de los ~s del marxismo. 階級闘争はマルクス主義の定説の一つである
dogmática[1] [doɣmátika]女 ❶ 教義学, 教理学; 教義神学. ❷〔集名〕ドグマ
dogmáticamente [doɣmátikaménte]副 教条的に; 断定的に, 押しつけがましく
dogmático, ca[2] [doɣmátiko, ka]《←ラテン語 dogmaticus》形 ❶ 教義の; 教条, 定説の: sector ~ de un partido 党の理論部門. ❷ 独断的な, 横柄な: Es un hombre ~: no me gusta la gente tan categórica e inflexible en opiniones. 彼はあまりにも独断的な男だ. 私はあれほど決めつけて, 意見を曲げない人は嫌いだ. ❸ 教条的
 —— 教条主義者; 独断論者; 教義論者
dogmatismo [doɣmatísmo]《←ラテン語 dogmatismus》男 ❶ 独断〔的な態度〕; 教条主義. ❷ 独断論《⇔escepticismo》. ❸〔集名〕《商業》ドグマ
dogmatista [doɣmatísta]共《カトリック》教会が認めていない考えを支持し教義として教える人
dogmatizador, ra [doɣmatiθaðór, ra]形名 =**dogmatizante**
dogmatizante [doɣmatiθánte]形名 ❶〔にせの〕教義を立てる〔人〕. ❷ 独断的な〔人〕, 決めつける〔人〕
dogmatizar [doɣmatiθár]自 ❶〔特ににせの〕教義を教える(主張する). ❷《軽蔑》自説を独断〔断定〕的に説く: No *dogmatices* cuando hablas, porque tú también te equivocas. 一人よがりの話をするな, 君も間違うことがあるのだから

dogo[1] [dógo] [男] 〖[女] dogaresa〗 =**dux**

dogo[2], **ga** [dógo, ga] 〖←英語 dog〗 [名] 《犬》 ブルドッグ: ～ alemán グレートデーン

dogón, na [dogón, na] [形] [名] ［アフリカ, マリの］ ドゴン族〔の〕

dogre [dógre] 〖←蘭語 dogger〗 [男] ［北海 Mar del Norte で使われた］ ケッチ queche に似た漁船

do-it-yourself [dú it yɔrsélf] 〖←英語〗 [男] 素人仕事, 日曜大工

dojo [dóʝo] 〖←日本語〗 [男] 道場

dola [dóla] [女] 《幼児語》 =**pídola**

doladera [dolađéra] [女] ［樽職人などが使う］ 手斧(ちょうな)

dolado, da [doláđo, đa] [形] 《廃語》 完成された, 仕上げられた

dolador, ra [dolađór, ra] [名] ［木材・石材を］ 平らにする人, 削る人

doladura [dolađúra] [女] ［樽作りで出る］ 木屑

dolaje [doláxe] [男] 樽に染み込んだワイン

dolama [doláma] [女] ❶ =**dolame**. ❷ 《まれ》 ［軽い］ 持病, 病気

dolame [doláme] [男] 《獣医》 馬の持病

dolar [dolár] [28] [他] ［手斧・つるはしで木材・石材を］ 荒仕上げする

dólar [dólar] 〖←英語 dollar〗 [男] ［米国・カナダ・オーストラリア・ニュージーランドなどの通貨単位］ ドル: pagar en ～ ドルで支払う. zona del ～ ドル地域. ～ norteamericano 米ドル. ～ de Canadá/～ canadiense カナダドル

montarse en el ～ 《西. 口語》 大金を得る: estar *montado en el* ～ 金をどっさり持っている

dolarización [dolariθaθjón] [女] 《経済》 ドラリゼーション, ドル化 〖自国通貨に代えて米国ドルを使用すること〗

dolarizar [dolariθár] [9] 《経済》 ドル化する

dolby [dólbi] 〖←商標〗 [男] 《音響》 ドルビー〔方式〕

dolce far niente [dóltʃe far njénte] 〖←伊語〗 [男] 楽しき無為

dolce vita [dóltʃe bíta] 〖←伊語〗 [女] 甘い生活, 怠惰で放縦な生活

dolencia [dolénθja] 〖←ラテン語 dolentia < dolere「痛む」〗 [女] 病気, 体調不良: padecer una ～ crónica 慢性病を患う. ～ ya antigua 宿痾(しゅくあ), 持病

doler [dolér] 〖←ラテン語 dolere〗 [29] [自] 〖[語法] 間接目的人称代名詞が必須: *Le duele* la cabeza a Dolores. ドローレスは頭が痛い (×*Duele* la cabeza a Dolores.)〗 ❶ ［痛む個所が主語］ 痛い, 苦痛を与える: Me *duele* el pie derecho. 私は右足が痛い. La inyección no te *dolerá*. 注射は痛くないよ. ❷ ［事柄が主語］ つらい思いをさせる, 心痛を与える, 心苦しくさせる: 1) Sus insultos nos *han dolido* mucho. 彼の侮辱に私たちはひどく傷ついた. No le *duele* nada la deuda. 彼は借金など全然苦にしていない. A quien le *duele*, le *duele*. 《諺》 人の痛みはその人にしか分からないものだ. 2) ［不定詞・que+接続法 が主語］ Me *duele* tener que decirle eso. 彼にそれを言わなければならないのは心苦しい. Me *duele que* me lo diga una persona mayor. 大人の方にそう言われると心が痛みます

ahí le duele 《口語》 そこが彼の弱みだ/そこが問題だ

—— **～se** ❶ ［+de+名詞・que+接続法 に］ 心を痛める, 悲しむ, 同情する: *Se dolía de* la desgracia ajena. 彼は他人の不幸に心を痛めていた. ❷ 不快に思う, 嘆く: *Se duele de que* no le hayas llamado. 君から電話がなかったので彼は気分を害している. ❸ 後悔する, 悔やむ: *Se duele de* sus pecados. 彼は罪を悔やんでいる. ❹ ［+de の］ 痛みを訴える

doler

直説法現在	命令法	接続法現在
d**ue**lo		d**ue**la
d**ue**les	d**ue**le	d**ue**las
d**ue**le		d**ue**la
dolemos		dolamos
doléis	doled	doláis
d**ue**len		d**ue**lan

dolerofanita [dolerofaníta] [女] 《鉱物》 ドレロファナイト

dolicocefalia [dolikoθefálja] [女] ❶ 《人類学》 長頭. ❷ 《医学》 長頭症

dolicocefálico, ca [dolikoθefáliko, ka] [形] 《人類学》 長頭の 〖=dolicocéfalo〗

dolicocéfalo, la [dolikoθéfalo, la] [形] [名] ❶ 《人類学》 長頭の〔人〕. ❷ 《医学》 長頭症の〔患者〕

dolicocolon [dolikokólɔn] [男] 《医学》 結腸過長症

dolido, da [dolíđo, đa] [形] ❶ 気分を害している; 心を痛めている, 悲嘆に暮れている: Estoy ～ de tu actitud. 君の態度に私はつらい思いをしている. ❷ 痛みを表わす

doliente [doljénte] [形] 《文語》 ❶ 悲痛な, 悲嘆に暮れる, 悲しんでいる: familia ～ 遺族. ❷ 病んでいる, 病に苦しむ

—— [名] ❶ ［葬式における］ 遺族. ❷ 病人, 患者

doliiforme [doli〔i〕fɔ́rme] [形] 樽形の

dolina [dolína] [女] 《地質》 ドリーネ 〖=torca〗

dolio [dóljo] [男] 《古代ローマ》 大型の壺

dóllimo [dóʎimo] [男] 《チリ》 淡水産の小型の二枚貝 〖学名 Unio chilensis〗

dolmán [dɔlmán] [男] ［主に軽騎兵 húsar の］ 飾りひもボタン alamar と革の折り返し付きの軍服

dolmen [dɔ́lmen] 〖←仏語〗 [男] 〖[複] dɔ́lmenes〗 《考古》 ドルメン, 巨石墳

dolménico, ca [dɔlméniko, ka] [形] ドルメンの: cultura ～*ca* 巨石文化

dolo [dólo] [男] 《法律》 ❶ ［犯罪の］ 故意. ❷ ［契約の］ 詐欺, 欺瞞, ごまかし 〖=～ malo〗

dolobre [dolóbre] [男] ［石工用の］ 小型のつるはし

dolomía [dolomía] [女] 《鉱物》 苦灰石, 白雲石

dolomita [dolomíta] [女] 《鉱物》 ドロマイト; =**dolomía**

dolomítico, ca [dolomítiko, ka] [形] 苦灰石の, ドロマイトの

dolondón [dolɔndɔ́n] [男] ［家畜の首の鈴の音］ カランカラン

dólope [dólope] [形] [名] 《歴史, 地名》 ［古代テッサリアの］ ドロピア Dolops の〔人〕

dolor [dolɔ́r] 〖←ラテン語 dolor, -oris < dolere〗 [男] ❶ 苦痛, 痛み: Tengo ～ de cabeza. 私は頭が痛い. sentir un fuerte ～ en la pierna 脚にひどい痛みを感じる. ～ de espalda/～*es* en la espalda 背中の痛み; 肩のこり; 腰痛. ～ de estómago 胃痛. ～ de muelas 歯痛. ～ de tripas 腹痛; 嫌悪, 不快, 怒り. ～*es* del parto 陣痛. ～*es* musculares 筋肉痛. ❷ ［精神的な］ 苦しみ, 苦悩, 悲痛: Le causó mucho ～ la muerte de su hijo. 彼は息子の死を嘆き悲しんだ. ～ de corazón 自責の念, 後悔. ¡Qué ～! かわいそうに!

dar a+人 *～es de cabeza* 1) 頭が痛む: Me *dan* ～*es de cabeza*. 私は頭が痛い. 2) 頭痛の種になる, 心配させる

devanarse de ～ 《中米》 苦しみもだえる

～ de viudo/*～ de viuda* 打ち身, 一時的な強い痛み

estar con ～es 陣痛が起きている

dolora [dolóra] [女] 《詩法》 ドローラ 〖哲学的テーマの短詩. Ramón de Campoamor が命名〗

dolorido, da [doloríđo, đa] [形] ❶ ［体の部位が, 少し］ 痛い, 苦しい, ずきずき(ひりひり)する. ❷ 沈痛な, 哀れを誘う

—— [女] 《ペルー》 ［埋葬時に雇われて泣く］ 泣き女

dolorimetría [dolorimetría] [女] 《医学》 痛覚測定

dolorimiento [dolorimjénto] [男] ［肉体的・精神的な］ うずき, 痛み

dolorosamente [dolorósaménte] [副] 痛々しく, 痛そうに, 苦しそうに

doloroso, sa [doloróso, sa] 〖←ラテン語 dolorosus〗 [形] ❶ 痛い: El parto es muy duro y ～. 出産はひどくつらくて痛い. ❷ ［名詞+/+名詞］ 痛ましい, 悲しませる, 悲惨な: accidente ～ 痛ましい事故. decisión ～*sa* 心苦しい決断. queja ～*sa* 悲痛な訴え

—— [女] ❶ 《西. 戯語, 皮肉》 ［主にレストランの］ 勘定書, 伝票. ❷ キリストの死を嘆き悲しむ聖母像 〖=Virgen *D*～*sa*〗

dolosamente [dolósaménte] [副] 《法律》 詐欺的に; 偽って

doloso, sa [dolóso, sa] 〖←dolo〗 [形] 《法律》 詐欺の, 詐欺的な; 虚偽の, ごまかしの

Dom [dɔm] [男] ［カルトジオ会・ベネディクト会などの修道士につける敬称］ …師

dom. 《略語》 ←domingo 日曜日

D.O.M 《略語》 ←Deo optimo maximo ［碑文で］ 最良にして最大なる神に

doma [dóma] 〖←domar〗 [女] ❶ ［野生動物などを］ 馴らすこと: ～ de la bravía じゃじゃ馬馴らし. ❷ 馬場馬術, ドレサージュ. ❸ 抑制, コントロール: ～ de las pasiones 感情の抑制

domable [domáble] [形] 調教され得る, 飼い馴らせる, 仕込める

domador, ra [domađɔ́r, ra] 〖←ラテン語 domator, -oris〗 [名] ［サーカスなどの］ 調教師: El tigre se revolvió contra el ～. トラが

domadura

調教師に逆らった. ~ de fieras 猛獣使い
domadura [domaðúra] 囡 =**doma**
domar [domár]《←ラテン語 domare》他 ❶ [野生動物などを] 馴(な)らす, 調教する: ~ un caballo salvaje 荒馬を馴らす. ❷ [人を] しつける Le costó trabajo ~ al más pequeño de sus hijos. 彼は末っ子のしつけに苦労した. ~ elementos disidentes 不穏分子を手なずける (鎮圧する). ❸《文語》[感情などを] 抑制する, コントロールする: ~ las pasiones 情熱を抑える. ❹ [物に] なじませる: A ver si *domo* esas botas. そのブーツを履きこなせるかな. ~ unos zapatos nuevos 新品の靴を履き慣らす
dombenitense [dombeniténse] 形 图《地名》ドン・ベニト Don Benito の [人]《バダホス県の町》
dombo [dómbo] 男《建築》丸屋根, ドーム
Domènech i Montaner [dúmenek i muntané]《人名》**Lluís** ~ リュイス・ドメネク・イ・ムンタネー《1850~1923, カタルーニャ出身の建築家. カタルーニャモダニスム Modernismo catalán に多大な影響を与えた. バルセロナのサン・パウ病院 Hospital de Sant Pau やカタルーニャ音楽堂 Palacio de la Música Catalana》
domeñable [domeɲáble] 形《文語》❶ 調教され得る, しつけられる. ❷ 抑制され得る
domeñar [domeɲár]《←俗ラテン語 dominiare < ラテン語 dominium 「支配」》他《文語》❶ 屈服させる, 抑制する: ~ la voluntad 意志をコントロールする. ❷ 手なずける, 飼い馴らす: ~ al joven rebelde 反抗的な青年をおとなしくさせる
domesticable [domestikáble] 形 ❶ 飼い馴らされ得る, 家畜化できる. ❷ 調教され得る, 仕込める
domesticación [domestikaθjón] 囡 ❶ 飼い馴らし, 馴致(じゅんち): ~ de animales salvajes 野獣の馴致. ❷ 調教, 訓練, しつけ. ❸ [野生動物の] 家畜化; [野生植物の] 栽培化
domésticamente [doméstikaménte] 副 家庭的に, 儀式ばらずに, 内々で
domesticar [domestikár]《←doméstico》7 他 ❶ [野生動物を] 飼い馴らす, 家畜にする: Antes de ~ el caballo, el hombre *domesticó* el asno. 人は馬を家畜化する前にロバを家畜化した. ❷ 調教する, 訓練する, しつける: *Domesticó* a un pájaro para que bailase al son de un violín. 彼はバイオリンの音に合わせて踊るよう小鳥を仕込んだ. ❸ [人を] 服従させる, 手なずける; 人当たりをよくする: Mi suegra dice que yo *he domesticado* a su hijo. 姑は私が彼女の息子を手なずけたと言う
── ~**se** ❶ 家畜になる. ❷ 角が取れる, 人づきあいがよくなる: Últimamente *se ha domesticado* bastante. 彼は最近ずいぶん丸くなった
domesticidad [domestiθiðáð] 囡 ❶ 家畜状態, 飼い馴らされている状態: El gorrión no puede vivir en ~. スズメは人に飼われていては生きていけない. ❷《文語》家庭環境
doméstico, ca [doméstiko, ka]《←ラテン語 domesticus「家の」< domus「家」》形 ❶ 家の, 家庭の: para uso ~ 自家用の. economía ~**ca** 家計. tareas ~**cas** 家事. vídeo ~ ホームビデオ. violencia ~**ca** 家庭内暴力. ❷ 自国の, 国内の: aerolíneas ~**cas** 国内線. mercado ~ 国内市場. ❸ [動物が] 飼い馴らされた (⇔silvestre): ave ~**ca** 家禽
── 图 ❶ 家事使用人, 家政婦. ❷《自転車》アシスト役の選手
domestiquez [domestikéθ] 囡《まれ》[動物の, 生来の・しつけられた] おとなしさ
domestiqueza [domestikéθa] 囡《まれ》=**domestiquez**
domiciliación [domiθiljaθjón] 囡《西》❶ 自動振り込み, 自動口座振り替え《= ~ de pagos》: Hago la ~ de los recibos de luz en mi cuenta. 私は電気料金を口座から自動引き落としにする. ~ de la nómina 給料の自動振り込み. ❷ [振り込み・引き落としなどの] 金融機関の指定: ~ bancaria 銀行口座の指定. ~ bancaria de pagos [手形などの] 支払 (取扱) 銀行の指定. ❸ [課税通知などの宛先となる, 会社の] 登録事務所 (《= ~ social de la empresa》)
domiciliar [domiθiljár]《←domicilio》10 他《西》[+en に・から] 自動的に振り込む (引き落とす): ~ la nómina en el banco 給料を銀行の自動振り込みにする. ~ los recibos de agua 水道料金の支払いを自動引き落としにする. ❷ 住まわせる, 居住させる, 定住させる
── ~**se**《文語》[+en に] 居を定める, 住みつく: ~*se en* Barcelona バルセロナに移り住む
domiciliario, ria [domiθiljárjo, rja] 形 ❶ 住居の, 住所の:

datos ~**s** 住所録のデータ. ❷ 住居での, 自宅での
── 图 居住者, 住人
domicilio [domiθíljo]《←ラテン語 domicilium < domus「家」》男《文語》住所, 住居; 居住地: El paquete fue enviado a mi ~. 小包は私の家に送られた. abandonar ~ familiar 親元を離れる. no tener ~ fijo 住所不定である. sin ~ fijo 住所不定の. cambio de ~ 住所変更. ~ conyugal 夫婦の住居. ~ legal 法定住所. ~ particular 自宅住所, 私邸. ~ social 会社の住所
a ~ 1) 自宅で, 自宅に: ayudas *a* ~《西》在宅介護. cobro *a* ~ 自宅集金. entrega *a* ~ 宅配. obrero *a* ~ 家内労働者. pizza *a* ~ 宅配ピザ. reparto de periódicos *a* ~ 新聞の宅配. servicio *a* ~ 宅配, 配達. vendedor *a* ~ 訪問販売員, セールスマン. ventas *a* ~ 訪問販売. 2)《スポーツ》アウェーで, 相手チームの本拠地で: El próximo domingo nuestro equipo viaja a Vigo, a jugar *a* ~. 次の日曜日我がチームは敵地での試合のためビゴへ行く. victoria *a* ~ 敵地 (アウェーゲーム) での勝利
dominación [dominaθjón]《←ラテン語 dominatio, -onis》囡 支配, 統治: La ~ árabe duró en España siete siglos. スペインにおけるアラブの支配は7世紀続いた. bajo la ~ romana ローマの統治下で. ❷《軍事》[見晴らしのよく] 高地, 高台. ❸《キリスト教》[主に 覆] 主天使 (→ángel 参考)
dominado [domináðo] 男《古代ローマ》[ディオクレティアヌス Diocleciano 帝以降の] 専制君主制, ドミナートゥス
dominador, ra [dominaðór, ra] 形《女性形 **dominatriz** もあるが《まれ》》支配した [人]; 権柄ずくの [人], 横暴な [人]
dominancia [dominánθja] 囡《遺伝の》優性;《生態》優占度, 優位
dominante [dominánte] 形 ❶ 支配的な, 主要な, 優勢な: En este cuadro el color ~ es el azul. この絵では青色が基調だ. En los años veinte la tendencia ~ en el peinado fue el pelo corto. 1920年代のヘアスタイルの主流はショートカットだった. consideración ~ 世間一般の考え. idioma ~ 支配言語. tendencia ~ 主流, 主潮. ❷ あたりを見下ろす: punto ~ de la sierra 山脈の最高峰. ❸ 高圧的な, 横柄な, 権柄ずくの: padre ~ 横柄な父親. ❹《生物》優性の
── 图 支配する人; 横柄な人, 権柄ずくの人
❷《音楽》属音, 音階の第5音
dominar [dominár]《←ラテン語 dominare < dominus「主」》他 ❶ 支配する; 統治する, 征服する: Los rojos *dominan* el sindicato. その組合は左翼主義者が牛耳っている. Su sueño era ~ el mundo. 彼の夢は世界制覇だった. Le *domina* la envidia. 彼の心は嫉妬で一杯だ. ~ un balón ボールを自在にあやつる. ~ un caballo 馬を乗りこなす. ~ el mar 制海権を握る. ~ a su marido 夫を尻に敷いている. ❷ 抑制する, 鎮める: El fuego quedó *dominado*. 火事は鎮火した. ~ la cólera 怒りを抑える. ~ la risa 笑いをこらえる. ~ el ruido 音を小さくする. ❸ 修得する, 精通する: ~ tres idiomas 3か国語をマスターする (使いこなす). ❹ 見下ろす; …にそびえている: Desde ese puerto *dominábamos* todo el pueblo. その峠から村中が見下ろせた. La torre *domina* toda la ciudad. 塔が町を見下ろしている. ❺ [特徴が] 目立つ: Una innata elegancia *dominaba* sus gestos. 生まれつきの優雅さが彼女の仕草にはあった
── 自 ❶ [+en で] 支配する, 実権を握る, トップである: *Domino en* casa. 私が家で一番偉いのだ. ❷ 優勢である: En la primera parte *dominó* más el Barcelona. 前半はバルセロナが優勢だった. ❸ 特徴的である: El rojo *domina en* ese vestido. そのドレスは赤が基調だ. Lo que *domina en* su carácter es su sinceridad. 彼の性格で顕著なのは誠実さだ. ❹ [+sobre に] 高くそびえる: Una estatua *domina sobre* la plaza. 銅像が広場にそびえている
── ~**se** 自分を抑える, 自制する, 我慢する: Tienes que ~**te** más. 君はもっと自制しなくてはいけない. Ella se estremeció, pero *se dominó*. 彼女は震え上がったが, しかしこらえた
dominativo, va [dominatíβo, βa] 形《まれ》=**dominante**
dominatriz [dominatríθ] 形 囡《まれ》→**dominador**
dómine [dómine] 男 ❶《軽蔑, 皮肉》教師; 時代遅れの教師, 教授法が古い教師. ❷《軽蔑》先生ぶった人, 知ったかぶりをする人. ❸《古語》ラテン語教師
domingada [domiŋgáða] 囡《まれ》日曜日に行われるパーティー (娯楽)
domingas [domíŋgas] 囡 覆《西. 戯語》[女性の] 乳房, おっぱ

domingo [domíŋgo]《←ラテン語 dominicus [dies]「主の[日]」< dominus「主」》男 ❶ 日曜日 [→semana 参考]: Los ~s se dedican al descanso y, entre los católicos, al culto divino. 日曜日は休息にあてられ, カトリックでは教会の礼拝にあてられる. ❷《口語》祝日: traje de ~ 晴れ着. ❸《キリスト教》安息日, 主日 [→fiesta ❷]: observar los ~s 安息日を守る. D~ de Carnaval 謝肉祭の主日. D~ de Cuasimodo =**Cuasimodo**. D~ de Lázaro/D~ de Pasión 受難の主日. D~ de Piñata 四旬節の最初の日曜日. D~ de Ramos 枝の主日〖復活祭直前, 聖週間の第1日目. ヤシ科の葉が祝別される〗. D~ de Resurrección/D~ de Pascua 復活祭の主日. ❹《地名》isla de Santo D~ サント・ドミンゴ島, エスパニョーラ島, イスパニョーラ島〖カリブ海の島. 西側3分の1はハイチ, 残りはドミニカ共和国. コロンブスは発見後, 島を La Española と名付けた〗
hacer ~《西》[平日に] 仕事を休む
salir con un ~ siete ばかなことを言う
Domingo [domíŋgo]《ドノール歌手・指揮者・芸術監督》
dominguejo [domiŋgéxo] 男 =**dominguillo**. ❷《中南米. 軽蔑》取るに足らない人. ❸《南米. 古語》かかし
dominguero, ra [domiŋgéro, ra]《←domingo》形 ❶ 日曜日に使われる (行われる). ❷《中南米》[衣服が] よそ行きの: traje ~ 晴れ着
—— 名《軽蔑》❶ [日曜・休日の] 行楽客: La playa está llena de ~s. 浜辺は行楽客で一杯だ. ❷ サンデードライバー〖=conductor ~〗
dominguillo [domiŋgíʎo] 男《軽蔑》❶《ドミンゴの示小語》❷《軽蔑》主体性のない人, 言われるがままの人. ❸ 起き上がりこぼし. ❹《廃語. 闘牛》人形の兵士〖牛を興奮させるのに使われた〗
llevar (manejar·traer) a+人 como un ~《俗語》…をあしらう, 意のままにする, あごで使う
Dominica [dominíka] 女 ❶《国名》ドミニカ国〖正式名称 Commonwealth de ~〗. ❷《地名》isla ~ ドミニカ島
domínica [domínika] 女《カトリック》日曜日, 主日; 日曜祈禱書
dominical [dominikál]《←ラテン語 dominicalis》形 ❶ 日曜日の,《カトリック》主日の, 主イエス・キリストの: masivas salidas ~es 日曜日の大勢の人出. ley de descanso ~ [歴史] 日曜日に労働・娯楽・商売などを規制した, 清教徒的《安息法. escuela ~ 日曜学校. ❷《法律》所有権の, 支配権の. ❸《歴史》年貢の
—— 男《主に西》[新聞の] 日曜版〖=hoja ~, suplemento ~〗. ❷《歴史》封臣が領主に支払う税金
dominicanismo [dominikanísmo] 男 ❶ ドミニカ共和国起源のスペイン語・表現; ドミニカ共和国に特徴的な語彙・表現. ❷ ドミニカ共和国への愛国心
dominicano, na [dominikáno, na] 形 名 ❶《地名》サント・ドミンゴ島 isla de Santo Domingo の.《国名》ドミニカ共和国 República Dominicana の (人)〖ドミニカ共和国はサント・ドミンゴ島の東部にあり, 首都はサント・ドミンゴ Santo Domingo. ドミニカ国 Dominica とは別である〗. ❸ =**dominico**: orden ~na ドミニコ会
dominico, ca [dominíko, ka] 形 名《カトリック》ドミニコ会 orden de Santo Domingo の (修道士・修道女)
—— 男《中米》小型のバナナ
dominio [domínjo]《←ラテン語 dominium < dominus「主」》男 ❶ 支配, 統治; 支配権: ejercer el ~ sobre... …に支配権を行う. ~ de... …を掌握している. estar bajo el ~ de... …の支配 (統治) 下にある. ~ del aire 制空権. ~ del mar 制海権. ~ de sí mismo 自制, 克己. ❷《文語》[主に 圏] 領土, 領地; 勢力範囲, 版図: En los ~s de Felipe II no se ponía el sol. フェリペ2世の領土では日の沈むことがなかった. Sus ~s se extendían por toda la tierra. 彼の領土は全世界に広がっていた. ❸ [科学・芸術などの] 分野, 領域: entrar en los ~s de las bellas letras 文学の道に進む. ❹ 修得, 会得, 精通: ~ del inglés 英語の修得. ❺ 英連邦自治領の旧称. ❻《法律, 政治》所有権, 所有: Estas tierras son del ~ del Sr. López. この土地はロペス氏が所有している. ~ directo 直接所有権. ~ público 公有地, 公共の. ❼《法律. 政治》所有権, 所有: ❼《情報》ドメイン
ser de [l] ~ público (común) 周知のことである, 公然になっている

tener un ~ de... …に精通 (熟達) している
dominista [dominísta] 名 ドミノをする人
dominó [dominó]《←ラテン語 domino「私は勝つ」< dominare》男 ❶《ゲーム》ドミノ: jugar al ~ ドミノをする. teoría del ~ ドミノ理論. efecto ~ ドミノ倒し; 連鎖反応. ❷ 集名 [ドミノの] 札, 牌(ﾊｲ). ❸ [仮装舞踏会用の] 頭巾付き長ガウン. ❹《隠語》コンドーム〖=ficha de ~〗
hacer ~ ドミノで上がる (勝つ)
dómino [dómino] 男 =**dominó**
dominus vobiscum [dóminus bobískum]《←ラテン語》主なんじらと共にあれ〖ミサで司祭が信者たちに向かって言う言葉〗
domo [dómo]《←古典 dome》男《建築》ドーム [の外側], 丸屋根: ~ volcánico 溶岩ドーム
domótico, ca [domótiko, ka] 形 [住まいなどが] 電子・情報機器の備わった
dompedro [dompéðro] 男 ❶《植物》オシロイバナ〖=dondiego〗. ❷《口語》便器, おまる
don[1] [don]《←ラテン語 dom[inus]「主」》男〖男性の洗礼名の前につける尊称. 女性は **doña**. 略語 D.〗❶ …殿, …様, …さん〖かつては名誉ある人に付けられたが現在は一般に使われる〗: Don Pedro, ¿dónde está su despacho? ペドロさん, あなたのオフィスですか? Don Quijote ドン・キホーテ. ❷《軽蔑, 皮肉》[+名詞・形容詞] Es *don* perfecto, cree que nunca se equivoca. 彼はミスター・パーフェクトで, 自分は間違えることなどないと思っている. ~ dificultades トラブルメーカー. ~ ladrón 泥棒さん. ~ tacaño けちん坊. ❸《西. 手紙》[Sr.+, 一般的に使われる宛先人への敬称] Sr. D. José Marrón ホセ・マロン様. ❹ [dón] 1)《コロンビア, チリ, アルゼンチン, ウルグアイ》[名前を知らない・忘れた人への丁寧な呼びかけ] あなた, だんな: Don, ¿me podría decir dónde queda la parada? もしもし, バス停はどこか教えてくれませんか? 2)《コロンビア, チリ》雇い主, 主人. 3)《コロンビア, アルゼンチン》[友人への呼びかけ] 君
Mal suena el ~ sin din.《諺》肩書き (身分) よりも金が大切
ser ~ alguien ひとかどの人物である
ser ~ [un] ~ nadie 取るに足らない人物である, いてもいなくてもよい, 金も力もない

don[2] [dón] I《←ラテン語 donum < dare「与える」》男《文語》❶ 天賦の才能, 天性, 資質: Tiene ~ para el comercio. 彼は商才がある. tener ~ de palabra 口が達者である. tener ~ de la inoportunidad いつもタイミングが悪い. ~ de lenguas 語学の才能. ~ de mando リーダーとしての資質, 指導力. ❷ [天の] 恵み, 授かりもの; 贈り物
~ de errar 間違い癖, うっかり癖
~ de gentes 人あしらいのうまさ, 人を引きつける魅力: Tiene ~ de gentes. 彼は人あしらいがうまい/人好きがする. Su ~ de gentes hace que tenga muchos amigos. 彼は人づきあいが上手なので友達が多い
~ pedido おあつらえ向きの性格
II《←伊語》男 [マフィアの] ドン, 親分, 領袖(ﾘｮｳｼｭｳ)
dona [dóna] 女 ❶《地方語》[婚礼の際に新郎から新婦に贈れる] 贈り物;《メキシコ》嫁入り道具;《チリ, アルゼンチン》[遺産などの] 贈与. ❷《メキシコ, 中米. 菓子》ドーナツ〖=donut〗
donación [donaθjón]《←ラテン語 donatio, -onis》女 ❶ 寄贈, 贈与, 寄進; 遺贈: hacer ~ de todos sus bienes a+人 …に全財産を贈与る. elemento de ~ [国際協力での] グラントエレメント. ~ de libros 本の寄贈. D~ de Constantino《歴史》コンスタンティヌスの寄進状 (偽書). ❷《法律》~ entre vivos/~ inter vivos 生前贈与. ~ esponsalicia 結婚贈与. ~ por causa de la muerte 死後贈与. ❷ 寄付金, 寄贈金; 寄贈品, 贈り物. ❸ [臓器などの] 提供: ~ de sangre 献血
donadío [donaðío] 男《古語》❶ 贈与, 寄贈品, 贈り物. ❷ [国王から下賜された] 農園, 農場
donado, da [donáðo, ða]《←ラテン語 donatus》名《カトリック》❶ 助修士, 助修道女. ❷ [誓願を立てず, 托鉢修道会で] 労働奉仕する人. ❸ 修道院に隠棲する俗人
donador, ra [donaðór, ra] 形 名 ❶ [臓器などを] 提供する; 提供者, ドナー. ❷《古語》寄贈する; 寄贈者
donaire [donáire]《←ラテン語 donarium < donare「与える」》男《文語》❶ 優雅さ; 品格, 落ち着き: moverse con mucho ~ 物腰が優雅である. andar con ~ como una modelo モデルのようにあでやかに歩く. ❷ 機知, 才気, しゃれ, 冗談: Su prosa está

llena de chascarrillos y ~s. 彼の散文には小話としゃれがたっぷりとよく入る. tener muchos ~s 機知に富む. figura del ~ [古典演劇の] 道化役者

donairoso, sa [donairóso, sa] 形 《文語》❶ 優雅な. ❷ 機知に富んだ, ウィットあふれる

donante [donánte] 形 寄贈する; 提供する: país ~ 供与国 ── 名 ❶ 寄贈者, 寄付する人《⇔donatario》. ❷ 《臓器・血液などの》提供者, ドナー《⇔receptor》: registro de ~s de médula ósea 骨髄ドナー登録. ~ de riñones 腎臓提供者. ~ de sangre 献血者. ~ universal 万能供血者.

donar [donár] 他《←ラテン語 donare < donum「天恵」< dare「与える」》[+a] 寄贈する, 贈与する; 提供する: su magnífica colección de cuadros al ayuntamiento すばらしい絵画コレクションを市役所に寄贈した. *Dono sangre cada dos meses*. 私は2か月ごとに献血している

donatario, ria [donatárjo, rja] 名 受贈者, 寄贈を受ける人《⇔donante》

donatismo [donatísmo] 男 《キリスト教》ドナトゥス Donato 派の思想《5世紀の異端》

donatista [donatísta] 形 名《キリスト教》ドナトゥス派の[の]

donativo [donatíβo] 男《←ラテン語 donativum》《慈善・文化事業のための》寄付, 寄贈; dar un importante ~ para la lucha contra el cáncer 癌撲滅のため高額の寄付をする

doncel [donθél] 男《←カタルニア語 donzell「貴族の若者」< 俗ラテン語 domnicillus < dominus「領主」》❶《文語》童貞の青年; 若者, 青年. ❷《古語》[まだ正式に騎士に叙せられていない] 貴族の若者, 貴公子. ❸《古語》[主に国王の] 小姓. ❹《アラゴン, ムルシア, 植物》ニガヨモギ ── 形《まれ》[ワインなどの] 甘口の, 未発酵の

doncella [donθéʎa] 名《←ラテン語 domnicilla < domina「夫人」》形 名 ❶ 処女[の], 乙女, 生娘 [=mujer ~]; 若い女性, お嬢さん. ❷《古語》侍女; メード, 小間使 [台所仕事はしない]. ❸《魚》レインボーラス. ❹《果実》manzana verde ~ [果肉が固く・甘く・ジューシーな] 青リンゴ. ❺《コロンビア, ベネズエラ》ひょう疽

doncellería [donθeʎería] 名《口語》=doncellez

doncellez [donθeʎéθ] 名 ❶ 処女[童貞] であること, 処女性: perder su ~ 処女[童貞] を失う. ❷《解剖》処女膜

doncellil [donθeʎíl] 形《廃語》処女の

doncello [donθéʎo] 男《ボリビア》童貞の[成人男性]

doncellona [donθeʎóna] 形《まれ》年配で独身の[女性]

doncellueca [donθeʎwéka] 形《まれ》やや年配の処女, 婚期を逸しかけた女性

donde [dónde] 《←ラテン語 de-+unde》副《場所の関係副詞》❶ …する所[に]: 1) Un terrorista va a volar el edificio ~ estás. 君のいるビルをテロリストが爆破しようとしている. Paso la mayoría de los días en mi oficina, ~ se está caliente. 私はほとんど毎日オフィスで過ごす, そこは暖かいからだ. 2) [前置詞+] El pueblo a ~ me dirigía había sido mi primer hogar, viví ahí 15 años. 私の向かっていた村は私の故郷で, そこに15年住んだ. [a donde と adonde の違い →**adonde**] Subimos a una torre de ~ se veía el mar. 私たちはそこから海の見える塔に登った. Por ~ pasan lo destrozan todo. 彼らが通るところはすべてめちゃくちゃに壊される. 3) [+不定詞] Es importante tener un buen sitio ~ dormir. いい寝場所があることが大切だ. Los jóvenes no tienen nada en ~ trabajar. 若者たちは働ける場所が全くない. 4) [先行詞が主節に現われていない] Fui a ~ estaban mis padres. 私は両親がいる場所に行った. Me señaló por ~ subir. 彼は私に登り口を教えてくれた. Tienes que buscar ~ vivir. 君は住む場所を捜さなければならない. ❷ [接続詞的] …する所へ・に: 1) La bolsa está ~ te dije. バッグは私が言った場所にある. Vamos ~ tú quieras. 君の好きな所へ行こう. 2) [諺, 成句] D~ fueres, haz como (lo que) vieres. 郷に入っては郷に従え. D~ las dan las toman. そっちがその手で来るなら, こっちにも考えがある. 3) [allí~, 強調] *Allí* ~ no hay riesgo no puede haber orgullo en el logro. 危険がなければ達成感も持ち得ない. 4)《主に中南米, 口語》[+接続法, 仮定]…ならば: Es mi hijo; ~ le toques un pelo, te rajo. あれは私の息子だ. 指一本でも触れたら, お前を引き裂いてやる. 5) [接続法+] +同一接続法動詞, 譲歩] Vayas ~ ~ vayas siempre es cuesta arriba. 君のどの道を行こうとそれは常に上り坂だ. *vayas* ~ *vayas* 君がどこに行こうと, estén ~ estén 彼らがどこにいようと. ❸ [強調用法] *Allí* es ~ vivo. 私は住んでいるのはそこです. De aquí fue de ~ desaparecieron. 彼らが消えたのはここからだ. ❹《俗用; 中南米》…のいる所で, …の家に: 1) Los parientes ~ estaban no sabían nada. 家にいた親類は何も知らなかった. 2) [前置詞的] Es allí, ~ la iglesia. それは教会の横で, 教会のところに行こうとしていた. Iremos ~ el juez. 判事のところに行く. Abrió el misal por ~ la cinta verde. 彼は祈禱書の緑色のリボンがはさんであるところを開いた. ❺《チリ, アルゼンチン, ウルグアイ》…するからには [=puesto que]; なぜなら [=porque]

ahí (aquí) ~ ver 1) ああ(こう)見えても: *Ahí* ~ *lo ves*, come más que tú y yo juntos. 彼はああ見えても私と君を合わせたよりたくさん食べるのだよ. 2)《強調》"*Aquí* ~ *lo ves*, este sillón es comodísimo" me dijo Juan.「実に驚いたことに, この椅子は非常に座り心地がいいんだ」フアンは私に言った.

de ~ したがって, そこから考えると: Dijo muchas tonterías, *de* ~ deduje que estaba beodo. 彼はばかなことばかり言った. そうしてみると彼は酔っていたんだ

~ los haya《口語》[強意] 例外的な, めったにないような

~ no《まれ》さもなければ, でないと: Págueme, ~ *no*, le denuncio. 払って下さい, さもないと訴えますよ

~ quiera =dondequiera

~ sea どこでもいいから: Quiero un trabajo ~ *sea*. 私は[どこでもいいから] とにかく仕事が欲しい

por ~ = de ~: Todo está como estaba antes, *por* ~ se supone que no ha cambiado nada. 全部が昔のままだ. そこからすると, 何も変わっていないと推測できる

dónde [dónde] 《←ラテン語 de-+unde》副《場所の疑問副詞》❶ どこ[に・で]?: 1) ¿D~ está el baño? トイレはどこですか? ¿D~ está mi hija? 私の娘はどこにいますか? ¿D~ viven ustedes? あなたがたはどこにお住まいですか? ¿Sabes ~ estamos? ここがどこだか分かるかい? ¿D~ dices que es el concierto? コンサートがどこであると言ったの? Se refugió yo sé dónde. 彼は私のその知っているあるところへ身を隠した. 2) [前置詞+] ¿A ~ van los muertos? 死者たちはどこに行くのだろうか? [a dónde は普通は adónde と表記する] ¿De ~ eres tú? 君はどこの生まれですか? ¿Hacia ~ vais? 君たちはどちらの方へ行くの? ¿Por ~ empezamos? [授業で] 今日はどこからですか? 3) [+不定詞] No sabía ~ comprar el billete. 私はどこでチケットを買ったらいいか分からなかった. Dime por ~ entrar. 私にどこから入ったらいいか教えて下さい. ❷ どこへ? [=adónde] ¿D~ vas? どこへ行くの? No sé ~ voy ni de dónde vengo. 私はどこに行くのかも, どこから来たのかも知らない, どうしたらいいの, なぜ? 3)《中南米》まさか…が?: ¿D~ va a oírlo Pedro, si es sordo? ペドロは耳が不自由なのだから聞こえるはずがないだろう

¿De ~?《口語》なぜ?《主に否定のニュアンスで》: ¿Ella más lista que yo? ¿De ~? 彼女が私より利口だって? なぜ[そんなこと が言えるんだ]?

dé ~ diere ところ構わず, 見境なく: No es bueno tirar basuras *dé* ~ *diere*. ところ構わずゴミを捨てるのはよくない

¿D~ va? [2人・2つの事物について] それは別物だ

¿D~ va Vicente?, donde va la gente. みんなと同じことをする/平凡人

¿D~ vamos? 1) [提案されたことに反対して] それはいけない: ¿Dejemos veinte euros de propina? ¿D~ *vas*? Con cinco es suficiente. チップとして20ユーロ置いておくか? ─とんでもない, 5ユーロで十分だ. 2)《強調》付和雷同はよくない

¿D~ vas (va …) con…! …は場違いである; [持っているものなどが] 有り余っている, 不必要である: ¿D~ *va* esa mujer *con tantos gatos*? その女性はあんなにたくさんの猫を飼ってどうするのか?

¿D~ vas (vamos …) a ir que más valgas (valgamos …)? 《諺》どこに行っても同じである, 場所・状況の違いに関係ない

en ~ どこに, どこで? [=dónde]: Quisiera saber *en* ~ lo dejaste. 君がそれをどこに置いたのか知りたい

no haber (tener) por ~ coger (dejar) a+人《口語》…は全くひどい/良いところがまるでない

no sé ~/no se sabe ~ どこかで, どこかに

por ~ [一体全体] どうして, なぜ?: ¿*Por* ~ se habrá enterado? 一体どうして彼は知ったのだろうか?

dondequiera [dondekjéra] 《←donde+querer》副《西では主に古語的》[譲歩] どこにでも: 1) Ponlo ~, pero a la vista. どこでもいいけど, 見える所に置いてね. 2) [現実のこと, +que+直説法]

dormancia

D～ que va es estimado. 彼はどこへ行っても尊敬される. 3)［仮定的. +que+接続法］どこに…しても: *D～ que* esté ella, allí está él como su sombra. 彼女がどこにいても彼が影のように付き添っている

dondiego [dondjéɣo]《←don¹+Diego》男《植物》❶ オシロイバナ《＝～ de noche》. ❷ ～ de día セイヨウヒルガオ, サンシキアサガオ

donfrón [donfrón] 男《古語》未精製の麻布

dong [dóŋ] 男《週 ～s》ベトナムの貨幣単位》 ドン

dóngola [dóŋgola] ←**curtido** de dóngola

donguindo [doŋgíndo] 男 →**pera** de donguindo

donillero [doniʎéro] 男 いかさま賭博の引き込み役（さくら）

donjuán [doŋxwán]《←Don Juan (Tirso de Molina の戯曲の主人公 Don Juan Tenorio)》男 ❶《植物》オシロイバナ《＝～ de noche, dondiego》. ❷ ドン・フアン, 女たらし, プレーボーイ: Ese ～ es todo amabilidad con las mujeres. その女たらしは女性には実に親切だ

Don Juan →**Juan**

donjuanesco, ca [doŋxwanésko, ka] 形 ドン・フアン的な, 女たらしの, プレーボーイの

donjuanismo [doŋxwanísmo] 男 ドン・フアン的性格（行動・態度）

donnadie [donnádje] 名《軽蔑》価値のない人, 取るに足りない人, はしにも棒にもかからない人

donosamente [donósaménte] 副 優雅に; ウィットたっぷりに

donosía [donosía] 女 =**donosura**

donosidad [donosiðá(d)] 女 =**donosura**

donosilla [donosíʎa] 女《サラマンカ. 動物》イイズナ《＝comadreja》

donosiña [donosíɲa] 女《地方語. 動物》イイズナ《＝comadreja》

Donoso [donóso]《人名》**José** ～ ホセ・ドノソ《1924‒96, チリの小説家. ブルジョワ社会の退廃ぶりを痛烈な皮肉を込めて描いた『戴冠式』*Coronación*, 人間の狂気と妄想の世界を余すところなく描き出した『夜のみだらな鳥』*El obsceno pájaro de la noche*. 短編集『三つのブルジョワ物語』*Tres novelitas burguesas*, エッセイ『ラテンアメリカ文学のブーム』*Historia personal del «boom»*, 長編小説『別荘』*Casa de campo*》

donoso, sa [donóso, sa]《←donaire》形《文語》❶ 優雅な, 品のよい・言動が］しゃれた, 機知に富んだ: ¡*D～ sa* ocurrencia!《皮肉》なかなか面白い考えだ! ❸［文体などが］軽妙な

Donoso Cortés [donóso kortés]《人名》**Juan** ～ フアン・ドノソ・コルテス《1809‒53, スペインの政治家・思想家. イサベル2世の治世において穏健的自由主義の立場をとる. カトリシズムの擁護者》

donosura [donosúra] 女《文語》❶ 優雅さ, 優美, 粋《2》. ❷ 機知, ウィット: contar unos chistes con ～ y gracia 面白おかしく小話をする. ❸［文体の］軽妙さ

donquero [doŋkéro] 男 小型クレーン donqui の操作員

donqui [dóŋki]《←英語 donkey engine》男［港で使う］小型クレーン

Don Quijote →**quijote**

donquijotesco, ca [doŋkixotésko, ka] 形 =**quijotesco**

dontancredismo [dontaŋkreðísmo] 男 =**tancredismo**

donus [donús] 男《単複同形》=**donut**

donut [donú(t)]《←英語》男《週 ～s》《菓子》ドーナツ『リング状でなく, 中にクリームやジャムなどが入っている』

dónut [dónut] 男 =**donut**

doña¹ [dóɲa]《←ラテン語 domina「夫人」< dominus「主」》女 ❶［既婚女性の洗礼名の前につける尊称. →don¹. 略記 Da.］～ Juana la Loca 狂女ドニャ・フアナ《狂王フアナ1世 Juana I de Castilla la Loca のこと》. ❷《軽蔑, 皮肉》［＋名詞・形容詞］Era la ～ caprichos. 彼女は気まぐれ屋さんだった. ～ Melindres 甘ったれ屋

doña² [dóɲa] 女 ❶《中南米》婦人《＝señora》. ❷《コロンビア, チリ, アルゼンチン, ウルグアイ》［名前を知らない・忘れた既婚女性への丁寧な呼びかけ］あなた, 奥さん

II 《←ラテン語 dona「恵み」》《古語》［婚礼の際に互いに贈られる］贈り物

doñear [doɲeár]《←doña¹》自《まれ》［男が女性に］女性たちの間を歩いてご機嫌をうかがう（おしゃべりをする）

doñegal [doɲeɣál] 形 →**higo** doñegal

doñigal [doɲiɣál] 形 →**higo** doñigal

dopa [dópa] 女《生化, 薬学》ドーパ

dopaje [dopáxe] 男《スポーツ》薬物の使用（投与）, ドーピング: pasar el control de ～ 薬物検査にパスする

dopamina [dopamína] 女《生化》ドーパミン

dopante [dopánte] 形［化学物質が］興奮（覚醒）作用のある

dopar [dopár]《←英語 dope》他 …に興奮剤を与える, 薬物を使用する

—— **se** 薬物を使用する, ドーピングする

doping [dópiŋ]《←英語》男 =**dopaje**

doppler [dópler] 男《医学》心エコー; ドプラ法

doquier [dokjér] *por* ～《文語》どこでも: La autoridad es escarnecida *por* ～. 権威はどこでもあざけりの的になる

doquiera [dokjéra] =**dondequiera**

por ～《文語》どこでも《＝por doquier》

-dor, ra［接尾辞］［動詞+. 名詞化］❶［行為者］labrador 農夫. ❷［道具］［女性形 -dora は一般に大型のもの］encendedor ライター, lavadora 洗濯機. ❸［場所］obrador 仕事場

dorada¹ [doráða] 女 ❶《魚》ヘダイの一種《学名 Sparus aurata》. ❷《天文》旗魚（かじき）座《=dorado》

doradillo, lla [doraðíʎo, ʎa] 形《コスタリカ, アルゼンチン, ウルグアイ》［馬が］輝く黄金色の

—— 男［象眼用の］真鍮の細い針金

—— 女 ❶《魚》ヘダイの一種《＝terach xxx》. ❷《植物》ラスティバック《シダの一種. 学名 Ceterach officinarum》. ❸《鳥》ハクセキレイ

dorado, da² [doráðo, ða]《←dorar》形 ❶ 黄金色の, 金色の: Esta sortija es ～*da* pero no es de oro. この指輪は金色だが, 金ではない. playa de arenas ～*das* 金砂の海岸. ❷ 金めっきの, 金箔をかぶせた, 金粉をまぶした: gafas de aro ～ 金縁の眼鏡. ❸ 輝かしい, すばらしい, 全盛の: Nunca olvidaré los años ～s de mi juventud. 私は輝かしい青春時代を決して忘れない. época ～*da* del cine 映画の黄金時代. ❹《料理》揚げた, 炒めた. ❺《ギリシア神話》edad ～*da* 黄金の時代《＝edad de oro》. ❻《キューバ, チリ》［馬が］輝く黄金色の

—— 男 ❶ 金めっき, 金箔張り. ❷［El *D*～］エル・ドラド, 黄金郷《チブチャ chibcha 人の王が体につまわるアからあり, 16世紀スペイン人がコロンビアのボゴタ近辺に存在すると信じ, 数々の遠征を企てた伝説上の土地. 正式名称は el hombre dorado》. ❸《週》［ドアノブなど］金色の金具, 金めっき製品. ❹《魚》1) シイラ. 2)《ラプラタ》ドラード《釣りで有名な食用の川魚》. ❺《天文》[*D*～] 旗魚（かじき）座

dorador, ra [doraðór, ra] 名 金箔職人; 金めっき工

doradura [doraðúra] 女 金箔押し; 金めっき

doral [dorál] 男《鳥》ヒタキの一種《学名 Pyulloscopus trochilus》

dorar [dorár]《←ラテン語 deaurare < de-+aurum「金」》他 ❶ …に金箔を張る, 金泥を塗る, 金めっきする; 金色に塗る（染める）; 黄金色にする: ～ el pabellón con láminas de oro 小亭に金箔を張る. El sol ha comenzado a ～ el valle verde. 太陽が緑の谷を黄金色に染め始めた. ❷ 見栄え（体裁）をよくする, 美化する: Por mucho que *dores* la noticia, se llevará un gran disgusto. 君がその知らせをいくら取り繕っても, 彼はすごく嫌な気持ちになるだろう. ❸《料理》軽く焦げ目をつける, きつね色に焼く（揚げる・炒める）. ❹［焼き色をつけるために］卵黄を塗る: ～ las cebollas en la sartén タマネギをキツネ色になるまでフライパンで炒める

—— ～*se* ❶ 黄金色になる: Las hojas de los árboles *se han dorado* a la caída del sol. 日が沈むと木々の葉が黄金色に染まった. ❷ 日焼けする; こんがり焼ける: ～*se* bajo los rayos del sol 陽光の下でこんがり焼ける

dórico, ca [dóriko, ka] 形 男 ❶《建築》ドーリス（ドーリア）式（の）. ❷ =**dorio**. ❸《古代ギリシア語》ドーリス方言（の）

dorífera [dorífera] 女［昔の］飾りひもボタン alamar と皮の折り返しの付いた軍服

dorífora [dorífora] 女《昆虫》コロラドハムシ

doriforo [dorifóro] 男《歴史》槍兵

dorio, ria [dórjo, rja] 形 男《古代ギリシアの》ドーリス人（の）

dormán [dormán] 男 =**dolmán**

dormancia [dormánθja] 女《生物》休眠

dormición [dormiθjón] 囡 ❶《カトリック》聖母マリアの被昇天（永眠・最後の眠り）. ❷《古風》睡眠

dormida[1] [dormíða]《←dormir》囡 ❶《口語》うたた寝, 仮眠, まどろみ: Con una ~ de un par de horas estaré como nuevo. 1, 2時間眠ればすっきりするだろう. echar una ~ 一眠りする. ❷ 旅して夜を過ごすこと, 1泊すること: Tenemos dos ~s más antes de acabar nuestro viaje. 私たちはあと2泊で旅を終える. ❸［動物の］巣, ねぐら. ❹［蚕の］休眠. ❺《南米》宿泊場所, 宿屋. ❻《ボリビア》寝室

dormidero, ra [dormiðéro, ra] 形《まれ》眠りを誘う, 眠くなるような
—— 男［主に家畜の］ねぐら, 畜舎;［野生の鳥の］巣
—— 囡 ❶［主にカリブ, 植物, 実］ケシ［=adormidera］. ❷《口語》囲 寝つきのよさ: Tiene buenas ~ras. 彼は寝つきがいい

dormido, da[2] [dormíðo, ða] 形［事物が］静かな, 活気のない: calle ~da 眠っているような街

dormidor, ra [dormiðór, ra] 形 囡 よく眠る〔人〕

dormilón, na [dormilón, na]《←dormir》形 囡 ❶《口語》よく眠る［人］, 寝つきのよい［人］; 寝坊［の］. ❷《文語》眠りの: con voz *dormilona* 眠そうな声で
—— 男《中南米. 鳥》カワグロイワタイランチョウ
—— 囡 ❶《西》寝椅子, カウチ. ❷《西》［主に複］ダイヤモンドや真珠付きの］ピアス. ❸［メキシコ, 中米, キューバ, ドミニカ. 植物］オジギソウ［=vergonzosa］. ❹《ベネズエラ》ネグリジェ

dormir [dormír]《←ラテン語 dormire》34 圄 ❶ 眠る, 寝る: Últimamente *duerme* mal. 最近彼はよく眠れない. He *dormido* bien. 私はよく眠れた. El niño está *durmiendo*. 子供は眠っている. Está *dormido*. 彼は寝ついている. Ya se quedó *dormido*. 彼はもう寝ついた. Vete a ~. 寝に行きなさい. ¡A ~! 寝なさい. Me vestí tan *dormido* que me puse la camiseta al revés. 私は寝ぼけて服を着たのでシャツを裏返しに着た. ~ demasiado 寝坊をする, 寝過ごす. Quien *duerme* cena.《諺》眠ることは食べることの代わりになる.《自宅以外で》夜を過ごす, 宿泊する: *Durmió* en Barcelona. 彼はバルセロナで泊まった. ~ en el tren 車中泊をする. casa de ~ 素泊まりの旅館. ❷ 何もしない. うっかりする: Si sigues *durmiendo*, te quitarán el puesto. ぼやぼやしていると地位を取り上げられるぞ. ❸［自宅以外で］夜を過ごす, 宿泊する:［感情などが］鎮まる: Sus pasiones han *dormido*. 彼の感情はおさまった. ❺［+sobre について］熟考する, ゆっくり考える. ❻［婉曲］互いに［+con+人 と］性交する, 寝る, 同衾［の］する. ❼《文語》［事物が］動かない, 活動しない: Dejé ~ el asunto. 私は事態を放っておいた. ❽［独楽などが］その場を動かず回る

a duerme y vela =medio dormido
echarse a ~ 1) 眠り込む. 2) 怠ける, ぼんやりする
medio dormido 寝ぼけた, うとうとした, 居眠りして: conducir *medio dormido* 居眠り運転する
ser de mal ~ 不眠症である

—— ⃞ ❶ 眠らせる, 寝かせる: ~ a un niño en los brazos 子供をだっこして寝かしつける. ~ un asunto 問題を放っておく. ❷［+同族目的的］~ la siesta 昼寝をする. ❸ …に麻酔をかける. ❹ 退屈させる, 眠気を催させる: Esa película ~ a cualquiera. その映画は誰でも退屈して寝てしまう. ❺《中米. 戯語》誘惑する, たぶらかす

~ *la*［酔っぱらって］眠り込む

——~se ❶ 眠り込む, 寝つく, 寝入る［開始, 過程］: Esperando tu llegada me *dormí*. 私は君が来るのを待ちながら寝てしまった. Se *durmió* apenas apoyó la cabeza sobre la almohada. 彼は横になるやいや寝入ってしまった. Me *duermo* enseguida por las noches. 私は夜すぐ眠りにつく. ❷［退屈で］居眠りする: Hasta en clase se *duerme*. 彼は授業中でも居眠りする. Como se *dormía* le dije que fuera a la cama. 彼が居眠りしていたので, 私はベッドに行くよう言った. ❸［一人称代名詞 の体の一部が］しびれる, 一時的に麻痺する: *Se me ha dormido* el pie. 私は足がしびれてしまった. ❹ 何もしないで［決定・決心するのに］ぐずぐずする, 時間がかかりすぎる. ❺ 穏やかになる. *Se durmió* el mar. 海が凪いだ. ❻《船》1）［船が］傾く, 転覆寸前になる. 2)［羅針盤が］効かなくなる. ❼《中米》［塀などが］傾く

dormir	
現在分詞	過去分詞
d*u*rmiendo	dormido

直説法現在	直説法点過去	命令法
d*u*ermo	dormí	
d*u*ermes	dormiste	d*u*erme
d*u*erme	d*u*rmió	
dormimos	dormimos	
dormís	dormisteis	
d*u*ermen	d*u*rmieron	dormid
接続法現在	接続法過去	
d*u*erma	d*u*rmiera, -se	
d*u*ermas	d*u*rmieras, -ses	
d*u*erma	d*u*rmiera, -se	
durmamos	d*u*rmiéramos, -semos	
d*u*rmáis	d*u*rmierais, -seis	
d*u*erman	d*u*rmieran, -sen	

dormirlas [dormírlas] 男［単複同形］《遊戯》隠れんぼ

dormitación [dormitaθjón] 囡 まどろみ, うとうとすること, 居眠り

dormitante [dormitánte] 形 まどろむ, うとうとする, 居眠りする

dormitar [dormitár]《←ラテン語 dormitare》圄 居眠りする, うとうとする, うたた寝する: Me gusta ~ ante la televisión. 私はテレビを見ながらうとうとするのが好きだ

dormitivo, va [dormitíβo, βa] 形 男《薬学》催眠性の; 睡眠薬, 催眠薬

dormitorio [dormitórjo]《←ラテン語 dormitorium》男 ❶ 寝室, ベッドルーム: Cada casa dispone de salón-comedor-cocina, dos ~s y un baño. 各戸は2LDKで浴室トイレ付きである. ❷［集名］寝室用家具類. ❸［学校などの］寮, 寄宿舎

dormivela [dormiβéla] 囡《口語》=**duermevela**

dorna [dórna] 囡《船舶》［ガリシア沿岸の］台形の帆の漁船

dornajo [dornáxo] 男［豚などの小型の］丸い飼い葉桶; 小さな丸桶

dornillero, ra [dorniʎéro, ra] 囡 木の椀を作る（売る）人

dornillo [dorniʎo] 男 ❶=**dornajo**. ❷ 木の椀. ❸［部屋に置く, 木製の］痰つぼ, 尿瓶

dorondón [dorondón] 男《アラゴン》冷たい濃霧

dorónico [dorónico] 男《植物》ドロニクム

doronsilla [doronsíʎa] 囡《サラマンカ. 動物》イズナ［=comadreja］

dorsal [dorsál]《←dorso》形 ❶ 背中の, 背部の; 裏の: aleta ~ 背びれ. ❷《音声》舌背［音］の
—— 囡《スポーツ》［背番号をつけた］選手: Ganó la carrera la ~ numero 5. 背番号5の女性選手がレースに勝った
—— 男 ❶《スポーツ》ゼッケン; 背番号;［背番号をつけた］選手: con el ~ 44 ゼッケン44を付けた. ❷《解剖》背筋: gran ~/ ancho/~ mayor 広背筋. ~ largo 長背筋
—— 囡 ❶ 山脈［=cordillera］. ~ de los Andes アンデス山脈. ~ centro-oceánica［中央］海嶺. ~ oceánica 海底山脈. ❷《音声》舌背音［=sonido ~］; 舌子音［=consonante ~, 例 tʃ など］. ❸《気象》［気圧の］尾根［=~ barométrica］

dorsalgia [dorsálxja] 囡《医学》背痛, 背中の痛み

dorsiano, na [dorsjáno, na] 形《人名》エウへニオ・ドルス Eugenio D'Ors の《1882～1954, カタルーニャの作家》

dorsiventral [dorsiβentrál] 形 ❶《生物》単面相称の. ❷《植物》［花冠などが］左右相称の, 左右同形の

dorso [dórso]《←ラテン語 dorsum「背中」》男 ❶ 背中［=espalda］: Tienes el ~ muy bronceado. 君の背中はよく日焼けしている. ❷［頁・紙・葉など薄いものの］背面, 裏: Pon en el ~ la fecha en que fue tomada la foto. その写真を撮った日付を裏側に書きなさい. al ~ del sobre 封筒の裏側に. ~ de la mano 手の甲.［参考］足の甲は普通 empeine］

dorsolumbar [dorsolumbár] 形《解剖》背と腰の

dorsopalatal [dorsopalatál] 形《音声》舌背と口蓋の

dos [dós]《←ラテン語 duos》形 男 ❶《基数詞》2; 2つの: Solo estamos los ~. 私たちは2人きりだ. ❷ 2番目の

a cada ~ ***por tres*** =cada ~ por tres
a ~《スポーツ》2対2の, ジュースの
cada ~ ***por tres*** 《口語》ほとんどいつも, 三日にあげず: Ella sale de casa *cada* ~ *por tres*. 彼女はいつも外出ばかりしている
coger el ~《口語》=tomar el ~
como ~ ***y*** ~ ***son cuatro*** 《口語》明白に, 当然, 間違いなく,

Es tan cierto *como* ~ *y* ~ *son cuatro* que saca las oposiciones. 彼が採用試験に合格するのは明々白々だ
dar el ~《口語》別れの挨拶をする
de ~ **en** ~ 2つ(2人)ずつ: *contar de* ~ *en* ~ 2つずつ数える、1つおきに数える《2, 4, 6...; 1, 3, 5...》
decir a+人 *cuántas son tres y ~/decir a+人 las cosas* ~ *por tres* …にずけずけと文句を言う、叱りとばす
decir ~ por tres 力説する、強調する
~ ***cuartos***《西.口語》わずかな金《=cuatro cuartos》
en un ~ por tres《口語》あっという間に、すばやく
tomar el ~《口語》あわただしく立ち去る、一目散に逃げる

dosaje [dosáxe]《男》《南米》ドーピングテスト
dosalbo, ba [dosálbo, ba]《形》[馬が]両足が白い
dosañal [dosanál]《形》《古語》2年の; 2年間の
dosañero, ra [dosanéro, ra]《形》=**dosañal**
doscientos, tas [dosθjéntos, tas]《形》《基数詞》200(の); ~ *un pájaros* 201羽の鳥. ~ *tas una hojas* 201枚. ❷ 200番目の
dosel [dosél]《←dorso》《男》❶《祭壇・説教台・玉座・ベッドなどの》天蓋. ❷ 扉の前のカーテン(タピストリー)
doselera [doseléra]《女》天蓋の縁飾り
doselete [doseléte]《男》《彫像などの頭上の》張り出し
dosificable [dosifikáble]《形》調剤され得る
dosificación [dosifikaθjón]《女》❶《薬の》調合; 投薬. ❷ 配分, 配合, 加減
dosificador, ra [dosifikaðór, ra]《形》《名》調剤する[人]; 調剤用の
—《男》薬量計; [X線の]線量計
dosificar [dosifikár]《←ギリシア語 dosis+ラテン語 facere》《他》❶ [薬を]調合する, 調剤する; 投薬する. ❷ [分量を]加減する, 調整する: ~ *el humor y el suspense* ユーモアとサスペンスのバランスを取る. *Tienes que* ~ *el esfuerzo para llegar al final*. ゴールまでに力の配分をしなくてはならない
dosillo [dosílo]《男》《トランプ》オンブルに似た2人でするゲーム
dosimetría [dosimetría]《女》❶ 薬量測定(決定)法. ❷《放射線の》測定
dosimétrico, ca [dosimétriko, ka]《形》❶ 薬量測定法の. ❷ 線量測定の
dosímetro [dosímetro]《男》❶ 薬量計; [水薬の]計量計. ❷《放射線の》線量計
dosis [dósis]《←ギリシア語 dosis「与えること」》《女》《単複同形》❶ [薬の一回分の]服用量, 投与量: *Le inyectaron la* ~ *de insulina indicada por el médico*. 彼は医者が指示した量のインシュリンを注射してもらった. *administrar una* ~ *de morfina* モルヒネを1回分調合する. *obrar en* ~ *pequeños* 少量の服用(投与)で効く. *poner a+人 una* ~ *de calmante* 人に鎮静剤を与える. ~ *letal (mortal)* 致死量. ❷ [一定の]分量, 程度: *Consumen* ~ *elevadas de alcohol*. 大量の酒が消費される. *Lo recuerda con grandes* ~ *de nostalgia*. 彼は大いに懐かしんでそれを思い出した. *Ya has tenido tu* ~ *diaria de televisión*. 君の一日のテレビを見る時間はもう終わった. *No lo aguanto ni en pequeña* ~. 私はそれを少しも我慢できない. ❸ [放射線の]線量, ドーズ: ~ *absorbida* 吸収線量. ~ *máxima permisible* 最大許容線量. ❹《科学》含有量
dosología [dosoloxía]《女》=**posología**
dossier [dosjé(r)]《←仏語》《集名》《陳》~ [e]s [特定の問題・人物に関する]一件書類, 身上調査書: ~ *actualizado sobre el problema* 問題に関する最新レポート. ~ *de los que han solicitado el puesto* 職に応募した人たちの書類
dotación [dotaθjón]《女》❶《文語》基金, 交付金; 収入, 歳入: *La* ~ *del premio era de cinco millones de yenes*. 賞金は500万円だった. ~ *de la familia real* 王室歳費. ~ *de recursos*《経済》資源配分. ~ *de la beca* 奨学金の交付. ❷《集名》人員, 要員: ~ *de cirujanos* 外科医のスタッフ. ~ *de un hotel* ホテルの人員. ~ *del parque de bomberos* 消防団員. ❸《集名》[軍艦などの]乗組員, 乗組定員. ❹ [嫁入りの]持参金, 婚資
dotacional [dotaθjonál]《形》❶ 基金の, 交付金の. ❷ 人員の
dotado, da [dotáðo, ða]《形》❶ [+para の] 天賦の才をもった, 才能のある: *Es un niño bien* ~. その子は神童だ. *estar* ~ *para la pintura* 絵の才能がある. *persona* ~ *da de gran habilidad artística* 芸術的才能に恵まれた人. ❷ [+con・de の]

備えた, 付与された; [賞金などが]付いた: *nuevo hospital* ~ *de los últimos adelantos tecnológicos* 最新技術の粋を集めた新病院. *torneo* ~ *con cien millones de yenes en premios* 賞金総額1億円のトーナメント
dotador, ra [dotaðór, ra]《形》《名》授ける, 与える; 寄贈者, 寄付者
dotal [dotál]《形》[嫁入りの]持参金の, 婚資の: *carta* ~ 持参金(持参財産)証書
dotante [dotánte]《形》《名》=**dotador**
dotar [dotár]《←ラテン語 dotare》《他》❶《文語》[+con・de の 施設・設備・予算などを]与える, 備える: ~ *el laboratorio con ordenadores modernos* 研究所に新型のコンピュータを配備する. ~ *el premio con un millón de dólares* 賞金100万ドルを授与する. ❷ [+con・en+金額 を]持参金として与える: ~ *a su hija con varias fincas* 娘に持参金としていくつかの土地を持たせる. ❸《文語》[素質・能力に], [+con・de の]: *La Naturaleza la ha dotado de una hermosa voz*. 自然の女神は彼女に美しい声を授けた. *La comisión ha sido dotada de plenos poderes*. 委員会は全権を与えられている
dote [dóte]《←ラテン語 dos, dotis「持参金」》《女》❶ [主に 複] 素質, 才能, 天分: *tener* ~*s de mando* 人の上に立つ才能を持つ, リーダーシップがある. *tener unas excelentes* ~*s para la música* 優れた音楽の才能がある. ❷《時に 複》[嫁入りの] 持参金, 婚資: *casarse con una mujer por su* ~ 持参金目当てで女性と結婚する. *llevar a+人 en* ~ *cien mil euros* …の所に持参金として10万ユーロ持って行く. *mujer con una buena* ~ 大変な持参金付きの女. *carta de* ~ 持参金(持参財産)証書. ❸ [修道院に入る女性の] 持参金
—《男》《トランプ》[プレーヤーが持つ] 得点数
do ut des [dó ut dés]《←ラテン語》[双務契約の条件] 私はあなたが与えるために与える
dovela [doβéla]《女》《建築》❶ [アーチの]迫石(せりいし). ❷ [アーチ・丸天井の]迫石(せりいし)の内輪
dovelaje [doβeláxe]《集名》迫石
dovelar [doβelár]《他》[石を]迫石の形に加工する
doxología [do[k]soloxía]《女》《カトリック》頌栄, 栄唱《神, 特に三位一体を讃える賛美歌・定式文句》
doxológico, ca [do[k]soloxíko, ka]《形》《カトリック》頌栄の, 栄唱の
dozavado, da [doθaβáðo, ða]《形》12面の
—《男》*libro en* ~《印刷》12折り本, 四六版の本
dozavo, va [doθáβo, ba]《形》=**doceavo**: *libro en* ~《印刷》12折り本
D/P《略記》←*documento contra pago* DP手形
dpdo《略記》←duplicado 複本
dpto.《略記》←departamento 省, 部, 学科
Dr., Dra.《略記》←Doctor, Doctora 博士
draba [drába]《女》《植物》アコウグンバイ
dracaena [drakaéna]《女》《植物》ドラセナ
dracena [draθéna]《女》=**dracaena**
dracma [drákma]《←ラテン語 drachma < ギリシア語 drachme》《男》❶ [現代ギリシアの通貨単位]ドラクマ. ❷《古代ギリシア・ローマ》ドラクマ銀貨. ❸《薬学》ドラム《=8分の1オンス, =3.594ミリグラム》
draconiano, na [drakonjáno, na]《形》❶ ドラコン Dracón のような《紀元前7世紀のアテネの法学者》. ❷ [法律・施策が]厳しい, 過酷な: *medidas* ~*nas* 厳正な措置
DRAE [dráe]《略記》←Diccionario de la Real Academia Española スペイン王立言語アカデミー辞典
draft [dráft]《←英語》《男》❶ 下絵, 下書き《=boceto》. ❷《スポーツ》ドラフト
draga [drága]《←英語 drag》《女》❶ 浚渫(しゅんせつ)機; 浚渫船: ~ *de cuchara* バケット付き浚渫クレーン; ~ *de rosario* バケットをたくさんつけた浚渫機(船). ~ *succión* 吸引式の浚渫船. ❷《軍事》掃海艇. ❸《漁業》底引き網
dragado [draγáðo]《男》❶ 浚渫, 泥さらい: ~ *del canal* 運河の浚渫. ❷《軍事》[地雷・不発弾の]処理
dragador, ra [draγaðór, ra]《形》浚渫する: *máquina* ~*ra* 浚渫機
—《男》浚渫船
dragalina [draγalína]《女》《土木》ドラグライン
dragaminas [draγamínas]《男》《単複同形》《軍事》掃海艇
dragante [draγánte]《男》《紋章》口を開けた竜の図案

dragar [dragár] 〖←draga〗 [8] [他] ❶ 浚渫(しゅんせつ)する; ［海底・川底を］さらう: ～ el lago en busca del cuerpo 遺体捜索で湖底をさらう. ❷《軍事》掃海する

drago [drágo] [男]《植物》リュウケツジュ(竜血樹)

Drago [drágo]《人名》**Luis María ～** ルイス・マリア・ドラゴ 〖1859～1921, アルゼンチンの政治家. 1902年米国に対し, 債権国による債務取り立ての武力行使に反対した(ドラゴ・ドクトリン Doctrina Drago)〗

dragomán [dragomán] [男]［アラビア・トルコ・イランなどの］通訳, ガイド; 翻訳家

dragón [dragón] 〖←ラテン語 draco, -onis < ギリシア語 drakon, -ontos〗 [男] ❶ 竜, ドラゴン〖特に悪魔の表象として〗. ❷《動物》トビトカゲ〖=～ volador〗. ❸《魚》1) トゲミシマ. 2) ウィーディ・シードラゴン〖=～ marino〗. ❹《植物》1) キンギョソウ(金魚草)〖=boca de ～〗. 2) árbol ～ ドラセナ, リュウケツジュ(竜血樹). ❺ 反射炉の口(喉). ❻《天文》［el *D*～］竜座〖=cabeza del *D*～〗. ❼《獣医》［馬などの目にできる］白い斑点. ❽《古語》竜騎兵. ❾《船舶》［ヨットの］ドラゴン級. ❿《ムルシア》大型の凧(たこ)

dragona [dragóna] [女] ❶ 雌の竜. ❷《軍事》肩章の一種. ❸《メキシコ, チリ》剣の飾り紐. ❹《メキシコ. 服飾》フード付きの男性用ケープ

dragoncillo [dragɔnθíʎo] 〖dragón の示小語〗 [男] ❶《植物》1) タラゴン〖香草の一種〗. 2) [複] キンギョソウ. ❷《古語》竜騎銃

dragonear [dragoneár] [自]《中南米》❶ 無資格で営業する: ～ de médico もぐりで医者をする. ❷ うぬぼれる
―― [他]《南米》［女性に］言い寄る

dragonete [dragonéte] [男] =**dragante**

dragonites [dragonítes] [女]〖単複同形〗［伝説で］竜の頭にあると信じられていた宝石

dragontea [dragontéa] [女]《植物》❶ ドラクンクルス属の一種〖=～ menor. 学名 Dracunculus canariensis〗. ❷ アリサラム属の一種〖学名 Arisarum vulgare〗

dragontino, na [dragɔntíno, na] [形] 竜の, ドラゴンの

drag queen [drág kwín] 〖←英語〗 [女] ドラッグ・クイーン, 女装家〖派手な女装好きのゲイ〗

drague [dráge] [男]《中南米》=**draque**

draisiana [draisjána] [女] 足で地面を蹴って進む初期の自転車

drakar [drakár] 〖←スウェーデン語〗 [男]〖[複] ～s〗《歴史》バイキング船

dralón [dralón] 〖←商標〗 [男] ドラロン〖乾式アクリル繊維〗

drama [dráma] 〖←ラテン語 drama < ギリシア語 drama「行為」< drao「私は行動する, 行なう」〗 [男] ❶ 演劇, 芝居; 戯曲, 脚本;《演劇》ドラマ〖悲劇の中に喜劇を織り交ぜたもの〗: ～ decimonónico 19世紀の演劇. ～ lírico 歌劇, オペラ. ～ litúrgico 典礼劇〖福音書の話をもとにした中世の宗教戯曲〗. ❷ 悲しい事件, 痛ましい出来事: Un fallecimiento es un ～ íntimo y familiar. 人の死はごく身近な悲しい出来事である
hacer un ～ 1) ［+a+人 に対し］騒ぎ立てる, ヒステリックにふるまう: No me *hagas un* ～ delante de los invitados. お客さんの前でギャーギャー騒ぎ立てないでくれ. 2) ［+de を］深刻に考えすぎる, 大げさに考える: *Hizo un* ～ *de* su pelea con el novio. 彼女は恋人とのけんかを大仰に考えた

dramática[1] [dramátika] [女] ❶ 劇作法, 演出法. ❷［ジャンルとしての］戯曲, 演劇

dramáticamente [dramátikaménte] [副] 劇的に, 劇のように, 感動的に, 印象的に

dramaticidad [dramatiθiđá(đ)] [男] 劇的(ドラマチック)なこと

dramático, ca[2] [dramátiko, ka] 〖←ギリシア語 dramatikos〗 [形] ❶ 演劇の, 戯曲の: arte ～ 演劇〔術〕. comedia ～*ca*《テレビなど》コメディードラマ. género ～ 演劇〔部門〕. lenguaje ～ 芝居の言葉づかい, せりふ. poema ～ 劇詩. ❷ 劇的な, 感動的な: vivir unos momentos ～*s* 感動的な時を経験する. dirigir un ～ llamamiento a... …に胸を打つような呼びかけをする. ❸ 悲劇的な, 危機的な, 深刻な: enfrentarse a una ～*ca* situación económica 深刻な経済状況に直面する. ❹ 芝居じみた, 芝居がかった
―― [名] ❶ 劇作家, 戯曲家〖=escritor ～〗. ❷ 舞台俳優

dramatismo [dramatísmo] [男] 劇的(演劇的)性質, ドラマ性; 悲劇性: Lo relató con tal ～ que parecía real. 彼は真に迫った表情でそれを語った
echar ～ a...《口語》…を大げさにする: Le *echó* ～ *a* su dolencia. 彼はすごく痛そうにしてみせた

dramatis personae [drámatis persóne] 〖←ラテン語〗 [女] [複]［芝居の］登場人物
―― [男] 配役表, 登場人物一覧表

dramatizable [dramatiθáble] [形] 劇化され得る, ドラマにされ得る

dramatización [dramatiθaθjón] [女] ❶ 劇化, ドラマ化. ❷ 誇張, 誇大化, 脚色

dramatizar [dramatiθár] 〖←ギリシア語 dramatizo〗 [9] [他] ❶ 劇に仕立てる, 劇化する, 脚色する: ～ la novela 小説を劇にする. ❷ 大げさにする: Siempre *dramatiza* sus problemas para que le hagamos caso. 彼は自分の悩みをいつも大げさに言って私たちの気を引こうとする
―― [自] 大げさに話す(考える): No *dramatices*, que no fue para tanto. オーバーに言うなよ, そんな大したことではなかったのだから

dramaturgia [dramatúrxja] [女] ❶ 劇作法, 演出法, ドラマツルギー. ❷ [集名] 戯曲, 劇作品: ～ de Lope de Vega ロペ・デ・ベガの劇作品

dramatúrgico, ca [dramatúrxiko, ka] [形] 劇作法の, 演出法の

dramaturgo, ga [dramatúrgo, ga] [名] 劇作家, 脚本家

dramón [dramón] 〖←drama〗 [男]《軽蔑》❶ 大げさな芝居, 三文芝居. ❷［日常の］悲惨な出来事, 惨澹たる状況: Mi vida es un ～. 私の人生は悲劇の連続だ

drapeado [drapeáđo] [男]《服飾》❶ ドレーピング; 優美なひだ. ❷ 立体裁断

drapear [drapeár] 〖←仏語 draper〗 [他]《服飾》❶［布地に］優美なひだをつける, ドレープをつける. ❷ 立体裁断する

draque [dráke] [男]《中南米》ナツメグ入りの甘いアルコール飲料

drásticamente [drástikaménte] [副] 徹底的に: Redujeron ～ los gastos. 彼らは思い切った支出削減をした.

drástico, ca [drástiko, ka] 〖←ギリシア語 drastikos「活発な」< drao「私は行動する」〗 [形] ❶ 思い切った, 徹底的な: tomar medidas ～*cas* 思い切った(ドラスティックな)策を取る. ❷［下剤が］作用の強力な
―― [男]《薬学》作用の激しい下剤, 峻(しゅん)下剤

drávida [dráƀiđa] [形] [名]［インドの］ドラビダ人〔の〕

dravidiano, na [draƀiđjáno, na] [形] =**dravídico**

dravídico, ca [draƀíđiko, ka] [形] ドラビダ人の; ドラビダ語族の

dravita [draƀíta] [女]《鉱物》ドラバイト, 褐電気石

drawback [dróbak] 〖←英語〗 [男]《経済》［輸出の］戻し税

drea [dréa] [女]《口語》投石〖=pedrea〗

drear [dreár] [他]《口語》投石する〖=apedrear〗

drecera [dreθéra] [女]《まれ》［まっすぐな］列

dren [drén] [男]《土木》［土地改良などの］排水路

drenaje [drenáxe] 〖←仏語 drainage〗 [男] ❶ 排水: buen ～ del estadio スタジアムの水はけの良さ. ❷ 排水管〖=tubo de ～〗; [集名] 排水設備. ❸《医学》排膿, ドレナージ; その手術道具〖管, ガーゼなど〗. ❹《メキシコ》［家・地域の］下水設備

drenar [drenár] 〖←仏語 drainer〗 [他] ❶［土地を］排水する, 水はけをよくする. ❷《医学》排膿する

drepanocitosis [drepanoθitósis] [女]《医学》鎌状赤血球症

dresina [dresína] [女]《鉄道》軌道検査車

dría [dría] [女] =**dríade**

dríada [dríađa] [女] =**dríade**

dríade [dríađe] [女]《ギリシア神話》ドリュアス, 森の妖精

dribbler [dríƀlɛr] [男]《スポーツ》ドリブラー, ドリブルが得意な選手

driblar [driƀlár] 〖←dribling〗 [自] [他] ❶《スポーツ》［ボールを］ドリブルする; ［相手を］ドリブルでかわす. ❷［一般に］回避する, 避ける

dribling [dríƀliŋ] 〖←英語〗 [男]〖[複] ～s〗《スポーツ》ドリブル

drifting [dríftiŋ] 〖←英語〗 [男]《自動車》ドリフト走行

dril [dríl] 〖←英語 drilling〗 [男] ❶《繊維》あや織り木綿, 雲斉(うんさい). ❷《動物》ドリル, ドリルヒヒ

drimirriáceo, a [drimir̃jáθeo, a] [形] [女]《植物》ショウガ科〔の〕〖=cingiberáceo〗

driomio [drjómjo] [男]《動物》ヤマネの一種〖学名 Dryomis nitedula〗

dripping [drípiŋ] 〖←英語〗 [男]《美術》ドリップ・ペインティング

drive [dráib] 〖←英語〗 [男] ❶《テニス》ドライブ: dar un ～ ドライブをかける. ❷《ゴルフ》ドライバー; ドライバーショット. ❸《自動車》ドライブ

driver [dráiƀer] 〖←英語〗 [男] ❶《ゴルフ》ドライバー. ❷《情報》ドライバー

driza [dríθa]《女》《船舶》ハリヤード
drizar [driθár]《9》《廃語. 船舶》[帆桁を]上げる
droga [dróɣa]《←古仏語 drogue》《女》❶ 麻薬: La ～ la perdió. 麻薬で彼女は身を持ち崩した. El trabajo es una ～ para él sin la que no sabría vivir. 仕事は彼にとってそれなしでは生きていけない麻薬. ～ blanda 弱い麻薬〖マリファナなど〗. ～ dura 強い麻薬〖コカイン, ヘロインなど〗. ～ de diseño デザイナードラッグ, 合成麻薬. ～ del amor〖幻覚剤の〗エクスタシー〖=éxtasis〗. ❷《文語》麻薬. 薬剤; 薬剤. ～ de la felicidad 幸福剤. ❸《まれ》ごまかし, 嘘; 嫌なこと, 不快なこと. ❹〖メキシコ, 南米. 口語〗[返すつもりのない]借金, 借り. ❺〖コロンビア, エクアドル, アルゼンチン〗大嘘, 策略
drogadicción [droɣadik(k)θjón]《女》麻薬中毒
drogadicto, ta [droɣaðíkto, ta]《形》《名》麻薬中毒の(中毒者)
drogado, da [droɣáðo, ða]《形》《名》麻薬を常用する; 麻薬常用者
　　――《男》麻薬の使用
drogar [droɣár]《←droga》《8》《他》麻薬を使わせる, 麻酔薬を与える: Tenía tantos dolores que lo *drogaban* constantemente. 彼はすごく痛かったので麻酔を常用させられた
　　――～se ❶ 麻薬をのむ(自分で注射する), 麻酔薬を使う; 麻薬にふける. ❷《西. 口語》支離滅裂なことを言う
drogata [droɣáta]《名》《西. 隠語》麻薬中毒者の〖=drogadicto〗
　　――《女》《西. 隠語》麻薬中毒者の隠語(符丁)
drogmán [droɣmán]《男》通訳, ガイド
drogodependencia [droɣoðependénθja]《女》《文語》麻薬常習, 麻薬依存症
drogodependiente [droɣoðependjénte]《形》《名》《文語》麻薬依存症の(患者)
drogomanía [droɣomanía]《女》《まれ》=**drogadicción**
drogómano, na [droɣómano, na]《形》《名》〖ベネズエラ〗麻薬中毒の(中毒者)
drogota [droɣóta]《名》《女》=**drogata**
droguería [droɣería]《女》❶《西》[掃除・大工用具などの]雑貨店. ❷《西》[ペンキ・洗剤など]化学製品・薬剤の製造(販売); 《集合》化学製品, 薬剤. ❸《中米》薬局, ドラッグストア〖=farmacia〗. ❹〖ラプラタ〗化学薬品の問屋
droguero, ra [droɣéro, ra]《名》❶《西》[掃除・大工用具など]雑貨の製造(販売)業者. ❷《中南米. 軽蔑》[借金をして返さない]いかさま師
droguete [droɣéte]《←仏語 droguet》《男》《繊維》浮き綾織り
droguista [droɣísta]《形》《名》❶《西》雑貨の製造(販売)業者〖=droguero〗. ❷ 麻薬の売人; ペテン師〖の〗, いかさま師〖の〗. ❸《中南米》薬屋
dromedario [dromeðárjo]《男》《動物》ヒトコブラクダ
dromeo [droméo]《男》《まれ》エミュー〖=emú〗
-dromo《接尾辞》《競走路》hipó*dromo* 競馬場
drop [dróp]《←英語》《男》《圏》~s〖ラグビー〗ドロップキック
dropacismo [dropaθísmo]《男》脱毛クリーム
dropar [dropár]《←英語 drop》《他》《ゴルフ》ドロップする
drope [drópe]《男》《まれ》ろくでなし, くだらない男
drosáceo, a [drosáθeo, a]《形》《名》=**droseráceo**
drósera [drósera]《女》《植物》モウセンゴケ
droseráceo, a [droseráθeo, a]《形》モウセンゴケ科の
　　――《女》《圏》《植物》モウセンゴケ科
drosófila [drosófila]《女》《昆虫》ショウジョウバエ
drosómetro [drosómetro]《男》《気象》露量計
drugstore [drástor]《←英語》《男》バーやレストランもある専門店街(ショッピングモール)《深夜も営業する》
druida [drwíða]《男》《ドルイド教の》司祭, ドルイド僧
druidesa [drwiðésa]《女》《古代ケルトの》巫女, 女占い師《多くの場合ドルイド教司祭の妻》
druídico, ca [drwíðiko, ka]《形》ドルイド教の
druidismo [drwiðísmo]《男》ドルイド教
drupa [drúpa]《女》《植物》石果, 核果
drupáceo, a [drupáθeo, a]《形》《植物》石果性の, 核果性の
drusa¹ [drúsa]《女》《地質》晶洞石〖ジ〗
drusa², **sa²** [drúso, sa]《形》《名》《イスラム教》ドルーズ派〖の〗
drusiforme [drusifórme]《形》晶洞を作る, 晶洞のある
druso, sa² [drúso, sa]《名》《イスラム教》ドルーズ派〖の〗
dseta [dséta]《女》《ギリシア文字》ジタ《Z, ζ》
dto《略語》←descuento 値引き, 割引: hasta 70% de ～ para tu acompañante 同伴者には最大70%割引
Dtor《略語》←director 支配人, 社長

dua [dwá]《←ポルトガル語 adua》《女》❶《廃語》城砦建築での労役. ❷《廃語》鉱山労働者の組割り. ❸《サラマンカ》=**dula**
DUA《略語》=Documento Único Aduanero 単一通関申告書
dual [dwál]《←ラテン語 dualis》《形》❶ 2つの, 二重の, 二元的な, 2つの要素から成る: El hombre es un ser ～ compuesto de alma y cuerpo. 人間は魂と肉体で構成される二元的存在である. control ～ 二重管理; 二者共同統治. emisión ～ de la película 映画の音声多重放送. ❷《文法》双数の〖=número〗
dualidad [dwaliðá(ð)]《←ラテン語 dualitas, -atis》《女》❶ 二重性, 二元性, 二面性: En esta novela está muy marcada la ～ de lo material y de lo espiritual. この小説では精神と物質の二面性が強調されている. ～ de la economía 経済の二重構造. ❷《化学, 鉱物》同質二像. ❸《物理》波動・粒子の二重性. ❹《論理, 数学》双対性. ❺〖チリ〗同数得票選出
dualismo [dwalísmo]《男》❶ 二重性, 二元性, 二面性. ❷《哲学》二元論: ～ del bien y del mal 善悪二元論. ❸《経済》二重構造. ❹《歴史》二国一元首, 二重帝国. ❺《社会学》双分性
dualista [dwalísta]《形》《名》《哲学》二元論の(論者)
dualístico, ca [dwalístiko, ka]《形》二元性の, 二元論の
dualizar [dwaliθár]《9》《他》《まれ》二分する
duarte [dwárte]《←Juan Pablo Duarte》《男》《口語》〖ドミニカの貨幣単位〗ドミニカペソ〖=peso dominicano〗
Duarte [dwárte]《人名》**Juan Pablo** ～ フアン・パブロ・ドゥアルテ《1813～76, ドミニカ共和国建国の指導者. 1822年以来のハイチ Haití による支配に終止符を打つ(1844年)》
duatleta [dwatléta]《名》デュアスロンの選手
duatlón [dwatlón]《男》《スポーツ》デュアスロン《自転車とランニング》
duba [dúba]《女》土塀
dubio [dúbjo]《男》《法律》[宗教裁判で]疑惑, 疑点
dubitable [dubitáble]《形》《文語》疑わしい, 疑問の余地ある〖=dudable〗
dubitación [dubitaθjón]《女》❶《文語》疑い, 疑問, 疑惑. ❷《修辞》疑惑法
dubitar [dubitár]《自》《まれ》疑う
dubitativamente [dubitatíbaménte]《副》懐疑的に, 疑いをもって, 不審そうに
dubitativo, va [dubitatíbo, ba]《←ラテン語 dubitativus》《形》❶ 疑いの, 疑問を示す; 決しかねている: Miraba ～*va* los dos trajes, sin saber cuál elegir. 彼女はどちらを選ぶべきか分からず, 決めかねた様子で二着を見ていた. en un tono ～ いぶかしげな口調で. ❷《文法》疑いを表わす, 疑惑の: adverbio ～ 疑惑の副詞《quizá, tal vez など》. oración ～*va* 疑問文
dublé [dublé]《男》金張りの, 金めっきの
dubles [dúbles]《男》〖縄跳びの〗二重(三重)跳び: saltar ～ 二重跳びをする
dublinense [dublinénse]《形》《名》=**dublinés**
dublinés, sa [dublinés, sa]《形》《名》《地名》〖アイルランドの〗ダブリン Dublín の〖人〗
ducado [dukáðo]《←伊語 ducato》《男》❶ 公爵の位階; 公爵領, 公国: D～ de Parma パルマ公国. gran ～ 大公国. ❷ ドゥカ金貨《12世紀にシチリアで造られ, 15世紀後半アラゴン王国を経てカスティーリャでも流通した. = ～ de oro》: ～ de plata 11 ドゥカドに相当する銀貨
ducal [dukál]《←古仏語 duc》《形》公爵の: corona ～《紋章》公爵冠. manto ～《紋章》公爵ガウン
duce [dútʃe]《←伊語》《男》〖ムッソリーニの称号〗ドゥーチェ, 首領
ducentésimo, ma [duθentésimo, ma]《形》《男》❶ 200分の1〖の〗. ❷ 200番目の
ducha¹ [dútʃa] **I**《←仏語 douche < 伊語 doccia「送水管」< ラテン語 doctio「配管」< ducere「導く」》《女》❶ シャワー《湯, 水》: tomar (darse) una ～ bien caliente 熱いシャワーを浴びる. ❷ シャワー設備; シャワー室: instalar una ～ en el camarote キャビンにシャワーを取り付ける. habitación con ～ シャワー付きの部屋. ～ de teléfono 受話器形のシャワー蛇口. 《医学》洗浄, 注水: ～ escocesa〖温水と冷水が交互の〗スコッチ圧注法. ～ vaginal 膣洗浄

～ de agua fría / ～ fría〖熱意・喜びを消すような〗よくない知らせ(出来事): venir (caer) como una ～ *fría* 冷や水を浴びせられたようである. dar una ～ *de agua fría* a un proyecto 計画に水をさす

duchar

recibir una ~《口語》にわか雨にあう
II 《←ラテン語 ducta》囡 ❶《農業》畝, 畝溝. ❷[布地を織る際にできる]縞, 筋
duchar [dutʃár]《←ducha》他 ❶ シャワーを浴びせる: ~ a los niños antes de ir a la cama 寝る前に子供たちにシャワーを浴びせる. ❷《口語》[人に]水を浴びせる, ずぶぬれにする: Aquel coche me *duchó* cuando pasó por el charco. あの車が水たまりを通って私に水をかけた. ❸《医学》洗浄する, 注水する
── *~se* シャワーを浴びる: Solo se *ducha* una vez por semana. 彼は週に一度しかシャワーを浴びない. *~se con agua fría* 冷たい水でシャワーを浴びる
dúchi [dútʃi]《キューバ》木製の粗末な椅子
ducho, cha[2] [dútʃo, tʃa]《←ラテン語 ductus》形 [ser·estar+. +en に] 精通している, 熟達した: En ese tema yo no ando muy ~. その件に関して私は明るくない. ser ~ *en* tretas 策謀にたけている
duco [dúko]《←商標》男 [吹き付け塗料用の]ラッカー: pintura al ~ 吹き付け塗装
dúctil [dúktil]《←ラテン語 ductilis「他人に影響されやすい」》形 ❶《金属》可延性の; 曲げやすい, しなやかな. ❷[人が] 従順な, 柔軟で, 付和雷同型の, 頼りない: tener un carácter ~ 素直な性格である
ductilidad [duktilidá(đ)] 囡 ❶《金属》可延性. ❷ 従順さ, 素直さ: ~ política 政治的に融通がきくこと
ductivo, va [duktíβo, ba] 形《古語》[…に]導く
ducto [dúkto] 男 ❶《メキシコ》ガス(石油)パイプライン. ❷《コロンビア》換気用ダクト. ❸《ウルグアイ》ごみのホッパー
ductor, triz [duktór, tríθ] 名《まれ》指導者, 先導者
── 男《医学》探針, 消息子
duda [dúđa] 囡《←dudar》❶ [時に 複] 疑い, 疑惑, 疑念, 懐疑: 1) Es un hecho que no admite ~. それは疑いようのない事実だ. Ante la ~, no actuar. 自信がないなら行動するな. Me asaltó la ~ de si él había dicho la verdad. 彼は真実を述べたのか, 私は疑問に襲われた. Quién más sabe, mayores ~*s* tiene.《諺》知識が増えるほど疑問も大きくなる. exponer sus ~*s* sobre... ...について疑問を述べる. sin la menor ~ 全く疑うことなく, 一点の疑いもなく. ~ filosófica 判断保留. 2) [+de que+接続法 (否定文中は直説法も)] Existe la ~ *de que* pueda haber entrado agua en el motor. エンジンに水が入った可能性が疑われる. ❷ 疑問点, 不明な個所: Pregúntale todas tus ~*s*. 分からないことは何でも私に尋ねなさい. ¿Han entendido todo o todavía tienen alguna ~? 全部理解できましたか? それともまだ分からないところがありますか? No sé si estoy embarazada. 疑問があります, 私は妊娠しているか分からないのです. Tengo mis ~*s* acerca de su valor. 私はその価値について疑問がある. Tengo la ~ de si he cerrado la ventana o no. 私は窓を閉めたかどうか確かでない. surgir una ~ con respecto a... ...に関して疑問が生じる. ❸ [信仰上の] 懐疑: tener ~*s* 懐疑的になる

en caso de ~ 疑わしい場合は, 疑問があれば
estar en [la] ~ 疑いがある, 迷っている: *Estoy en* ~ [de] si he apagado la luz o no. 私は電気を消したかどうか確かでない. *La necesidad de proteger el medio ambiente no está en* ~. 環境保護が必要なことは疑いない. *Ahora estoy en la* ~ *sobre si será apendicitis o no.* 盲腸炎かどうか私は今決めかねている
fuera de [toda] ~ 疑う余地なく, きわめて明白に
La ~ *ofende.*《口語》分からない: ¿Vienes tú también?—*La* ~ *ofende*. 君も来るかい?—分からない
no caber [ninguna·la menor] ~ [少しも]疑う余地がない: *No cabe ninguna* ~ de que me ha traicionado. 彼が私を裏切ったことは少しも疑う余地がない. *No me cabe la menor* ~ de ello. それについて私は少しも疑わない
no dejar lugar a ~*s* 疑う余地を残さない, 疑う余地がない: *Lo que dijo no deja lugar a* ~*s*. 彼の言ったことに疑いの余地はない
no haber [ninguna·la menor] ~ =**no caber** [ninguna·la menor] ~
para desvanecer (*disipar*) *toda* ~ 疑いをすべて払拭するために
poner... en ~ ...を疑う, 疑問視する: Nadie está *poniendo en* ~ su sabiduría. 彼の知恵を疑う者はいない
por las ~*s*《中南米》念のため, 万一のため: Llévate el paraguas *por las* ~*s*. 念のため傘を持って行きなさい
por si las ~*s*《口語》ひょっとして [=por si acaso]
¡Qué ~ *cabe!* 疑う余地はない!
*sacar a+*人 *de la* ~ (*de* ~*s*) ...の疑念を晴らす: No me *saca de* ~*s*. [説明されても]よく分からない
salir de ~*s* 疑問が晴れる, 疑念が解消する: Se lo pregunté directamente para *salir de* ~*s*. 私は疑問をすっきりさせるために彼に直接尋ねた
sin ~ 1) 確かに, きっと, 間違いなく: Te diré *sin* ~. 必ず話してやるよ. ¿Vienes aquí mañana?—*Sin* ~. 明日来るかい?—もちろん. 2) おそらく, たぶん [=tal vez]: *Sin* ~ creerías que lo había dicho yo. おそらく君は僕が言ったと思っているだろうね
sin ~ *alguna* =*sin* ~
sin lugar a ~ [*s*] 疑う余地なく
dudable [duđáβle] 形 疑わしい, 疑問のある
dudar [duđár]《←ラテン語 dubitare < dubius「ためらう」< duo「2」》自 ❶ 疑う, 信じない, 怪しむ [⇔creer]: 1) [+de を] *Dudo de* la fidelidad de mi esposa. 私は妻の貞節を疑っている. Se ha cometido un robo y *dudan del* portero del apartamento. 盗難事件が起きてアパートの管理人が疑われている. Yo todavía sigo *dudando de* que esas masas de hierro vuelen por el aire. 私は今なおそんな鉄の塊が空を飛ぶことが信じられない. 2) [+sobre について] Empieza a ~ *sobre* todas las cosas. 彼はあらゆることについて疑い始めている. ❷ ためらう, 迷う, 躊躇する): 1) [+entre の間で] *Dudaba entre* ser cineasta o pintor. 彼は映画監督になるか画家になるか迷っていた. *Dudo entre* ir por Miami e ir directamente. 私はマイアミ経由で行くか直接行くか迷っている. 2) [+en+不定詞 するのを] No *dudes en* pedirme ayuda. 遠慮なく私に助けを求めなさい
── 他 ❷ 疑う, 信じられない: 1) Yo sé latín.—Lo *dudo*. 私はラテン語ができる.—それは怪しい. Te quiero, no lo *dudes*. 君を愛している, 本当だ. ❷ だって君が恋人を愛しているのは私も知っている. 確かにそうだけど... ¿Quién lo *duda*? 誰がそれを疑うだろうか [疑う者はいない]. Creo que él *duda* lo que me pasó. 彼は私の身に起きたことを信じていないのだろう. Apoyé sin ~ su propuesta. 私は迷うことなく彼の提案を支持した. 2) [+不定詞] *Dudo poder* hacerlo. 私はそれをできるか疑わしく思う. 3) [+que+接続法 (否定文中は直説法も)] ...とは思えない, ...ではではないかと思う: *Dudo que* llegue hoy. 彼が今日来るとは思えない. *Dudo que* haya dicho la verdad. 彼が本当のことを言ったとは思えない. No *dudo que* tenga sus ideas. 彼が自分の思想を持っていると疑わない. No *dudo que* viene (vendrá) a la fiesta. 彼はパーティーに来る (来るだろう) と私は信じている. ❸ [+si かどうか] 確信がない: 1) [+直説法] *Dudan si* existe o no existe el infierno. 彼らは地獄があるのか確信を持てない. *Dudo si* le preguntado la misma cosa dos veces. 私は同じことを二度尋ねたかも知れない. *Dudaba si* había echado la carta. 彼は手紙を投函したか自信がなかった. 2) [+不定詞] *Dudo si* irme o quedarme. 私は去るか残るか迷っている. *Dudó si* comprarse ese libro de segunda mano.* その古本を買うかどうか彼は迷った. ❸《古語》恐れる, 怖がる

a no ~ [*lo*]《文語》疑う余地のないほど, 確かに
dudosamente [duđósamẽnte] 副 [+形容詞を疑問視] 疑わしく, 不確かに: método ~ eficaz 効果の疑わしい方法
dudoso, sa [duđóso, sa]《←duda》形 ❶ [ser+] 疑わしい, 疑問の余地のある, 不明な: 1) El resultado es ~. 結果は疑わしい. conducta ~*sa* 不審な行動. 2) [ser ~ que+接続法] Es ~ *que* acepte el trabajo. 彼がその仕事を引き受けるか疑わしい. ❷ [estar+] 確信がない; ためらう, 迷っている: Estoy ~ de su oferta. 私は彼の申し出に迷っている. Él está ~, no sabe qué hacer. 彼はどうしてよいか分からず, 迷っている. ❸ [+名詞/名詞+] 怪しげな, うさんくさい: Es un individuo de ~*sa* reputación. 彼は評判のかんばしくない男だ. mujer ~*sa* いかがわしい女性. ❹ ありそうにない: Parece ~ *que* la investigación vaya a continuar avanzando. 研究が続けていけるか不明だ

duela [dwéla] 囡 ❶[樽の] 側板. ❷《生物》ジストマ: ~ del hígado (del pulmón) 肝(肺)ジストマ. ❸《メキシコ》寄せ木張りの床
duelaje [dweláxe] 男 =**dolaje**
duelista [dwelísta] 男 決闘者; 決闘好きな男

duelístico, ca [dwelístiko, ka] 形 決闘の
duelo [dwélo] I 《←ラテン語 dolus「痛み」》男 ❶ 喪, 服喪: estar de ～ 喪に服している. presidir el ～ 喪主を務める. casa de ～ 喪中の家. días de ～ 喪に服す日々. Los ～s con pan son buenos (menos). 《諺》生活の心配がなければ苦悩もそれほど軽くなる《「パンがあれば心労も少なる」》. ❷ 喪の悲しみ, 哀悼, お悔やみ: hacer mucho ～ por la muerte 死を大いに悼む. ❸ 《西》[集合] 会葬者, 葬送者, 葬列. ❹ 《西．料理》～s y quebrantos 豚のバラ肉または脳みそと卵の炒め物《かつて小斎でも許される料理として土曜日に食べられた》
～ *sobre* ～ 悲しみにつぐ悲しみ
hacer ～ 悲しむ, 哀れむ
sin ～ 《西》けちけちせずに, ふんだんに
tener ～ *a*+人 …に同情する
II 《←俗ラテン語 duellum「戦争」》男 ❶ 決闘, 果たし合い: retar en (a un) ～ *a*+人 …に決闘を挑む. batirse en ～ 決闘する. ～ a muerte 死闘. ～ a pistola ピストルによる決闘. ❷ [ライバル間の] 対立, 闘い: ～ futbolístico サッカーの二強同士の試合. mantener un apasionado ～ verbal 激しい言葉のやり取りをする. ❸ 《古語》名誉心, 面目, 対面
duenario [dwenárjo] 男 《宗教》二日続きで行われる勤行
duende [dwénde] 《←古語 duen de (casa)》男 ❶ [家・部屋に住みついた, いたずら好きの] 妖精, 小鬼. ❷ [童話などに登場する, 時に人を助け, 時にいたずらする] 小びと. ❸ いたずらっ子. ❹ 《アンダルシア》[擬] [塀の上に置く, 泥棒よけの] アザミ. ❺ [不思議な] 魅力, 魔力: Ese cantaor tiene ～. そのフラメンコ歌手には妖しい魅力がある. Granada es una ciudad con ～. グラナダは不思議な魅力のある町だ
andar como ～ = *parecer un* ～
～ *de imprenta* 誤植を生じさせる魔物
parecer un ～ 神出鬼没である, 突然現われてはすぐ消える
tener ～ 心配事がある, 気がかりである
duendesco, ca [dwendésko, ka] 形 妖精の, 小人の
duendo, da [dwéndo, da] 形 《廃語》飼い馴らされた, 人馴れした: paloma ～*da* 飼いバト
dueña[1] [dwéna] 《←*dueño*》女 ❶ 《古語》[女主人あるいはその娘に付き添う] 年配の女性, 中年婦人, ばあや. ❷ 《古語》奥様, 奥方, 既婚女性: *D*～ Dolorida ドロリーダ夫人《『ドン・キホーテ』に登場する自分の悩みの話しかしない女性》. ❸ 《地方語》小間使い. ❹ 《チリ》～*ña de casa* 主婦
～ *de honor* [宮殿の] 侍女, 女官《*dama* に次ぐ位》
poner a+人 *como* (*cual*) [*no*] *digan* ～*s* 悪口を言う, こき下ろす
dueñesco, ca [dweŋésko, ka] 形 《軽蔑》女主人の, ばあやの
dueño, ña[2] [dwéno, ɲa] 《←ラテン語 dominus》名 ❶ 持ち主, 所有者; 飼い主: La tienda ha cambiado de ～. この店はオーナーが変わった. Él es el ～ del coche. 彼がその車の持ち主だ. El perro conoce a su ～. 犬は自分の主人が分かる. ❷ [召使いなどから見た] 主人, 雇い主. ❸ 中心人物
～ *de casa* 1) 家主. 2) 《中南米》家長; [パーティーの] ホスト; ホームチーム
～ *dulce* 愛される人
～ *y señor* 全くの所有(支配)者: En un primer cuarto de hora fue ～ *y señor* del partido. 彼は最初の15分で完全に試合をコントロールした
hacerse [*el*] ～ *de...* …を掌握する: Se hizo el ～ de la situación. 彼はその場を掌握した
poner... cual (*como*) [*no*] *digan* ～*s* 《文語》…の悪口を言う
ser ～ *de sí mismo* 自制心を失わない, 克己心がある: Si conseguimos que alguien *sea* ～ *de sí mismo* habremos ganado. 誰かが自分を抑えることができたら, 私たちは勝っていただろう
ser ～ *de sus actos* 自分の行為を自覚し責任を持つ
ser [*muy*] ～ 《口語》[+*de*+不定詞 することが] 自由に…でき る: Cada quien *es muy* ～ *de* hacer lo que le venga en gana, siempre que no moleste a los demás. 他の人に迷惑をかけない限り人は誰でも自分の好きなことができる. ¿Me permite usted que abra la ventana?—*Es* usted *muy* ～. 窓を開けてもかまいません か—どうぞ
duermevela [dwermeβéla] 《←*dormir*+*vela*》男/女 [しばしば中断される] 浅い眠り, うたた寝, まどろみ: pasar la noche en ～ 寝つけず一晩中うとうとする

duerna [dwérna] 女 ❶ [パン生地の] 練り鉢 《=*artesa*》. ❷ [飼い葉桶などに使われる] 中空の幹
duerno [dwérno] 男 《製本》ダブルシート《1葉 pliego を真ん中で内側に折り込み4ページとする》
duetista [dwetísta] 名 デュエット歌手
dueto [dwéto] 《←伊語 duetto》男 《音楽》デュエット, 二重唱(奏)〔曲〕《=*dúo*》
dufrenita [dufreníta] 女 《鉱物》デュフレン石, デュフレナイト
dugo [dúɣo] 男 《中米》援助, サービス
de ～ 無料で, ただで
echar (*correr*) *buenos* (*malos*) ～*s* [物が] 役に立つ (立たない)
dugón [duɣón] 男 =*dugongo*
dugóng [duɣóŋ] 男 =*dugongo*
dugongo [duɣóŋɡo] 男 《動物》ジュゴン
dugú [duɣú] 男 ドゥグ《祖先の霊を呼び寄せるガリフナ garifuna の儀式》
duho [dúo] 男 《中南米》議席
duiquer [dwikér] 男 《動物》ダイカー
dujo [dúxo] 男 《カンタブリア》[ミツバチの] 巣箱
dula [dúla] 女 ❶ 灌漑水を順番で受け取る田畑の区画, 灌漑の順番. ❷ 村人の家畜に順番で草を食べさせる田畑の区画; その家畜の頭数
dular [dulár] 男 灌漑の順番の
dulcamara [dulkamára] 女 《植物》ビタースイート, ツルナス
dulce [dúlθe] 《←ラテン語 dulcis》形 ❶ 甘い《⇔*amargo*》; 塩分(苦み・酸味)のない: Esta bebida es ～. この飲み物は甘い. ～ sabor a miel 蜜の甘い味. ❷ [ワインが] 甘口の《⇔*seco*》. ❸ 心地よい, 甘美な, 穏やかな, 温和な: ¡Cuán ～ es fiar en Dios!神を信じることは何と心安まることか! pintar de colores ～s la habitación de los niños 子供部屋を優しい色で塗る. murmullo ～ del violín バイオリンの甘い調べ. música ～ ムード音楽. sonrisa ～ 人を和ませる微笑み. voz ～ 甘い声. ～ recuerdos de aquella época あの頃の懐かしい思い出. Ahora es un momento ～ en su carrera deportiva. 今が彼が運動選手として乗りに乗っている時期だ. ❹ [人・性格が] 優しい, 気立てのよい: hombre muy ～ y atento 心優しく気配りのできる人. ❺ [金属が] 加工しやすい, 軟性の
la ～ *espera* 《中南米》妊娠
—— 男 ❶ [主に複] お菓子, 甘い物: comer ～*s* 菓子を食べる. ～*s de repostería* プチケーキ. ～ *de leche* 《ラプラタ》ドゥルセデレチェ 《凝乳と砂糖を煮つめた菓子》. A nadie le amarga un ～. 《諺》幸運を断わる者はいない. ❷ [果物の] 砂糖煮, コンポート 《=～ *de almíbar*》: peras en ～ 梨のコンポート. ～ *de membrillo* マルメロのコンポート. ～ *seco* [砂糖漬けした] ドライフルーツ. ❸ 《中米》砂糖つきのパン. ❹ 《ラプラタ》ジャム, 果物の砂糖漬け
de ～ 《口語》1) すばらしい, 魅力的な; すばらしく. 2) すごく気の優しい: Este chico está *de* ～. この子はすごく優しい
en ～ 砂糖漬けの: melocotón *en* ～ シロップ漬けの桃. jamón *en* ～ 白ワインで蒸し煮したハム
tirarse al ～ 《チリ，口語》恋仲になろうとする
—— 副 ❶ 甘く: Canta tan ～ que oyéndola se sienten todos en el cielo. 彼女の歌声は甘く, 聞く者は天国にいるような気分になる. ❷ 愛想よく, 親切に
dulceacuícola [dulθeakwíkola] 形 《生物》淡水に生息する
dulceamargo, ga [dulθeamárɣo, ɣa] 形 《文語》甘くてにがい
dulcedumbre [dulθeðúmbre] 女 甘さ, 甘味
dulcémele [dulθémele] 男 《音楽》ダルシマー, プサルテリウム
dulcemelos [dulθémelos] 男 =*dulcémele*
dulcemente [dúlθeménte] 副 優しく, ソフトに, 穏やかに; 快く
dulcera[1] [dulθéra] 女 ❶ [砂糖漬けを入れるガラス製の] 菓子入れ, 菓子皿. ❷ 《中米》ジャムの瓶
dulcería [dulθería] 女 菓子屋, ケーキ屋
dulcero, ra[2] [dulθéro, ra] 形 ❶ 《口語》甘い物好きの〔人〕, 甘党の〔人〕《=*goloso*》. ❷ 菓子職人, 菓子店員
dulciacuícola [dulθjakwíkola] 形 《生物》=*dulceacuícola*
dulciamargo, ga [dulθjamárɣo, ɣa] 形 《文語》=*dulceamargo*
dulcificación [dulθifikaθjón] 女 ❶ 甘くすること, 甘味づけの. ❷ 和らげること, 温和になること
dulcificante [dulθifikánte] 形 ❶ 甘くする. ❷ 和らげる, 鎮静させる

dulcificar [dulθifikár] 〖←ラテン語 dulcificare〗 [7] [他] ❶ 甘くする, 甘い味にする: ～ el café コーヒーを甘くする. ❷ 優しくする, 穏やかにする, 和らげる, 快くする: Tu visita *dulcifica* la monotonía de la tarde. 君が遊びに来てくれて退屈な午後が救われた. ～ el carácter 性格を丸くする, 角を取る. ～ las penas 苦悩を軽くする. ～ su trato con los niños 子供に優しく接するようにする
—— **～se** より優しく(なごやかに・快く)なる, 穏やかになる, 和らぐ

dulcimer [dulθimér] [男]《音楽》ダルシマー

dulcinea [dulθinéa] 〖←Dulcinea ドルシネア(ドン・キホーテの思い姫)〗 [女] ❶ いとしい人, 意中の女性. ❷《まれ》夢, 願望

D

dulcísono, na [dulθísono, na] [形]《詩語》甘い響きの, 優しい音色の: ～*s* tintineos del cascabel 鈴の心地よい音色

dulero [duléro] [男] dula の番人, 牧童

dulía [dulía] [女]《神学》聖人天使崇敬

dulimán [dulimán] [男]《服飾》ドルマン〖トルコ人の長衣〗

dulleta [duʎéta] [女]《古語. 服飾》[冬期室内で着る] ガウン

dulzaina[1] [dulθáina] [女] ❶《音楽》1) ドゥルサイナ〖クラリネットに似た古い木管楽器〗. 2)《エルサルバドル, コロンビア》ハーモニカ. ❷《まれ. 軽蔑》甘い物, 甘い菓子

dulzainero, ra [dulθainéro, ra] [名] ドゥルサイナ奏者

dulzaino, na[2] [dulθáino, na] [形]《軽蔑》甘ったるい, 甘すぎる

dulzamara [dulθamára] [女]《植物》=**dulcamara**

dulzarrón, na [dulθar̃ón, na] [形]《軽蔑》[不快なほど] 甘すぎる, 甘ったるい

dulzón, na [dulθón, na] [形]《軽蔑》❶ しつこい甘さの, 甘ったるい: cóctel demasiado ～ y empalagoso 甘すぎてしつこいカクテル. ❷ すごく甘美な: música *dulzona* y pegadiza あまりに甘美でべとつくような音楽

dulzor [dulθór] 〖←dulce〗 [男] ❶ 甘さ, 甘味: ～ de la miel 蜜の甘さ. ❷ 優しさ, 温和さ〖=dulzura〗

dulzorar [dulθorár] [他]《まれ》甘くする, 甘い味にする

dulzura [dulθúra] 〖←dulce〗 [女] ❶ [性格などの] 優しさ, 温和さ: Me gusta la suavidad y la ～ del clima mediterráneo. 私は地中海気候の温暖で快適なところが好きだ. ～ de la mirada 温かいまなざし. ❷ [主に [複]] 甘い言葉: Se pasó la tarde diciendo ～*s* a su gato. 彼は猫に甘い言葉をかけながら午後を過ごした. ❸ 甘さ, 甘味〖=dulzor〗. ❹ 甘美さ: ～ del primer beso ファーストキスの甘い味

dulzurar [dulθurár] [他]《化学》塩分を除去する

duma [dúma] [女] ドゥーマ, 第四国会〖帝政末期のロシアの下院〗

-dumbre《接尾辞》[女性名詞化] ❶ [特徴, 特性] mansedumbre おとなしさ, certi*dumbre* 確信. ❷ [動詞派生] podre*dumbre* 腐敗

dumdum [dumdún] [男]《軍事》ダムダム弾

dumidor [dumiđór] [男]《アストゥリアス》果実を叩き落とす人

dumio [dúmjo] 〖←英語 dummy〗 [男] [図書館で, 取り出した本の代わりに置く] 代本板

dumir [dumír] [他]《アストゥリアス》長い棒で果実を叩き落とす

dumontita [dumɔntíta] [女]《鉱物》デュモン石

dúmper [dámpɛr] 〖←英語 dumper〗 [男] ダンプカー〖=volquete〗

dumping [dámpiŋ] 〖←英語〗 [男]《経済》ダンピング: ser acusado de ～ ダンピングで訴えられる

duna [dúna] 〖←蘭語 duin〗 [女] [時に [複]] 砂丘: ～*s* del Sahara サハラ砂丘

dunar [dunár] [形] 砂丘の

dundera [dundéra] [女]《中米, コロンビア. 口語》愚かさ

dundo, da [dúndo, da] [形] ❶《中米, コロンビア. 口語》愚かな. ❷《ニカラグア. 口語》少し気の変な

dunita [duníta] [女]《鉱物》ダナイト

dúo [dúo] 〖←伊語 duo〗 [男]《音楽》二重奏(唱)曲, デュエット; 二人組, デュオ: formar un ～ デュオを結成する. Es un ～ de humoristas. それはお笑いのコンビだ.
***a* ～** 1) デュエットで: cantar *a* ～ 二重唱をする, デュエットで歌う. 2) 2人で: levantar la piedra *a* ～ 2人がかりで石を持ち上げる

duodécima[1] [dwođéθima] [女]《詩法》12行詩

duodecimal [dwođeθimál] [形] ❶ 12分の1の, 12等分した. ❷ 十二進法の

duodécimo, ma[2] [dwođéθimo, ma] [形] [男] ❶ 12番目の. ❷ 12分の1[の]〖=doceavo〗
—— [副] 12番目に

duodécuplo, pla [dwođékuplo, pla] [形] [男] 12倍[の]

duodenal [dwođenál] [形]《解剖》十二指腸の

duodenario, ria [dwođenárjo, rja] [形]《宗教》[勤行が] 12日間続く, 12日行の

duodenitis [dwođenítis] [女]《医学》十二指腸炎

duodeno, na [dwođéno, na] [形] =**duodécimo**
—— [男]《解剖》十二指腸

duodenotomía [dwođenotomía] [女]《医学》十二指腸切開

duomesino, na [dwomesíno, na] [形] 2か月の, 2か月間の

duopolio [dwopóljo] [男]《経済》複占〖⇔monopolio〗; [2社による] 売手複占〖⇔duopsonio〗; 2大強国による市場独占(覇権)

duopsonio [dwɔ[p]sónjo] [男]《経済》買手複占, 需要複占〖⇔duopolio〗

dup《略語》=**dupl**

dupion [dúpjɔn] 〖←英語〗 [男]《繊維》玉糸; 玉糸の布

dupl《略語》←duplicado 複本

dupla[1] [dúpla] [女] ❶《古語》[学校・寮で特定の日に出す] 特別給食. ❷《チリ》ペア〖=pareja〗

dupleta [dupléta] [女]《南米. 競馬》連勝式

dúplex [dúplɛ[k]s] 〖←ラテン語 duplex, -icis〗 [男]〖単複同形〗 ❶《建築》メゾネット. ❷《通信》同時送受方式, 二元(多元)放送. ❸《金属》鋳包(いぐるみ)材; 複式冶金法
—— [形] 二重の, 複式の, 二層の: cama ～《プエルトリコ, ボリビア》2段ベッド.

dúplica [dúplika] [女]《法律》[被告側の] 第二の訴答

duplicación [duplikaθjón] [女] ❶ 複写, 複製, 二重に作成すること: hacer una ～ del original オリジナルをコピーする. ❷ 倍加, 倍増, 二重: ～ de sus tareas 自分の仕事が倍になること

duplicadamente [duplikáđaménte] [副] 二重に

duplicado, da [duplikáđo, đa] [形] ❶ 複写の, 副の, 写しの; 正副2通の. ❷ [同一番号内の区別] …の2〖=bis〗: Calle Posito 35 ～ ポシート通り35番の2
—— [男] ❶ 副本, 控え, 写し: Quedan el original y un ～ del acta. 議事録の原本と副本が残っている. Necesito un ～ del recibo de teléfono. 私は電話料金の領収書の写しが欲しい. Usted puede quedarse con el ～ de este documento. この書類の写しはお手元に残して構いません. ❷ 複製: ～ de la llave 合鍵
***por* ～** 正副2通で: Las solicitudes se presentarán *por* ～ en la oficina. 願書は正副2通を事務所に提出すること

duplicador, ra [duplikađór, ra] [形] [名] 複写する[人], 写しをとる[人]
—— [男] 複写機, コピー機

duplicar [duplikár] 〖←ラテン語 duplicare「2倍にする」〗 [7] [他] ❶ 2倍にする, 二重にする: ～ las inversiones 投資を倍にする. ❷ 複写(複製)を作る: ～ la llave 合鍵を作る. ❸《法律》[被告が原告に] 抗弁する
—— **～se** 2倍になる: El producto interior *se ha duplicado* en los últimos cinco años. 国内生産は過去5年で倍増した

duplicativo, va [duplikatíƀo, ƀa] [形] 二重にする, 2倍にする

duplicatura [duplikatúra] [女]《まれ》=**dobladura**

dúplice [dúpliθe] [形] ❶《文語》=**doble**. ❷《古語》[修道院が] 男女共生の

duplicidad [dupliθiđá[đ]] [女] ❶ 二重性, 2倍[であること]: ～ de significado 2通りの意味. ❷ [態度が] 裏表のあること, 二枚舌: ～ de las palabras 言葉の裏と表. ir a las negociaciones con sinceridad y sin ～ 駆け引きなしで話し合いに入る

duplo, pla[2] [dúplo, pla] 〖←duplicar〗 [形]《まれ》2倍の: número ～ 2倍の数
—— [男] 2倍: El ～ de 4 es 8. 4の2倍は8

duque [dúke] 〖←古仏語 duc〗 [男] ❶ 公爵〖[女] duquesa. →nobleza [参考]〗: *D*～ de Alba アルバ公爵. ❷ [複] 公爵夫妻. ❸ [公国の] 君主: el ～ de Luxenburgo ルクセンブルク大公. ❹ gran ～ 大公; [帝政ロシアの] 皇子. ❺《歴史》地方長官; 将軍. ❻ [女性用マントの] 頭部の折り返し. ❼《鳥》gran ～ ワシミミズク〖=búho real〗. ❽《船舶》[集名] ～ de alba 船着き場の杭, もやい柱

duquesa [dukésa] 〖←duque〗 [女] ❶ 公爵夫人, 女公爵. ❷ [公国の] 君主夫人, 公妃. ❸ gran ～ 大公妃, 女大公; [帝政ロシアの] 皇女

duquesita [dukesíta] [女]《料理》中にチョコレートを詰めたパスタ

dura[1] [dúra] [女]《まれ》=**duración**

-dura《接尾辞》[動詞の女性名詞化] 1)〔行為・結果〕pica*dura* 刺すこと, 刺された跡. 2)〔道具・手段〕cerra*dura* 錠前

durabilidad [durabiliđá(đ)]《女》❶ 持続力, 継続性: ～ del gobierno 政権の持続可能性. ❷ 耐久性

durable [duráble]《形》持続(耐久)性のある, 長もちする《=duradero》

duración [duraθjón]《←durar》《女》❶ 持続時間, 継続期間, 存続期間: desempleados de larga ～ 長期にわたる失業者. corta (poca) ～ de estancia 短期滞在. ～ de una película 映画の上映時間. ❷ 耐久性, 寿命: prueba de ～ 耐久試験. ～ media de la vida 平均寿命. ～ de un coche 車の寿命〔耐久性〕

duradero, ra [duradéro, ra]《形》❶ 長もちする, 耐久力のある: bienes de consumo ～*s* 耐久消費財. zapatos ～*s* 長もちする靴. ❷ 長く続く, 持続性のある: amistades ～*ras* 久しい友情. fe ～*ra* 変わらぬ信仰. pareja ～*ra* 長く続くカップル. paz ～*ra* 恒久平和

dural [durál]《男》=duraluminio
—— 《解剖》硬膜の

duralex [duralé(k)s]《←商標》《男》《単複同形》デュラレックス《耐熱ガラス容器》

Dura lex, sed lex [dúra léks séd léks]《←ラテン語》法律は厳しいが法律である

duraluminio [duralumínjo]《←商標》《男》《金属》ジュラルミン

duramadre [duramáđre]《女》《解剖》=duramáter

duramáter [duramáter]《女》=duramadre

duramen [durámen]《男》《植物》赤身, 心材

duramente [durámén̪te]《副》❶ 厳しく; 冷酷に, 残酷に: castigar ～ 厳しく罰する. La vida le trató ～. 人生は彼に冷酷だった. ❷ 懸命に, 熱心に: trabajar ～ 懸命に働く

Durán [durán]《人名》**Diego** ～ ディエゴ・ドゥラン《1537〜88, スペイン出身の聖職者. ヌエバ・エスパーニャに渡り, 布教活動のかたわら, 先スペイン期のアステカ社会を研究.『ヌエバ・エスパーニャ誌』*Historia de las Indias de Nueva España*》

duranas [duránas]《女》《複》《ペルー》尖った針

durandarte [durandárte]《男》《古語的》《貨幣》=duro

duranqués, sa [duraŋgés, sa]《形》《名》《地名》ドゥランゴ Durango の〔人〕《メキシコ北西部の州・州都》

durante [durán̪te]《←durar》《前》❶ …の間ずっと: Ella estuvo llorando ～ unos veinte minutos. 彼女は約20分間泣き続けた. Lo cuidé ～ tres años. 私は3年間彼の面倒をみた. Ella estuvo mirando el jardín ～ mucho rato. 彼女は長時間ずっと庭を見ていた. ❷〔期間中〕…の間に: 1) Los dos se conocieron ～ un viaje. 2人は旅行中に知り合った. *D*～ la guerra muchos de los preciosos patrimonios culturales fueron destrozados. 戦争中に多くの貴重な文化遺産が破壊された. 2)《口語的》[+de] destruido ～ *de* la II Guerra Mundial 第二次世界大戦中に破壊された. ～ de la noche 夜間に. ～ las vacaciones 休暇中に

durañón, na [durapón, na]《名》《キューバ. 軽蔑》けちな〔人〕, けちん坊〔の〕

durar [durár]《←ラテン語 durare》《他》[+時間の名詞] ❶〔事柄・状態〕が続く, 継続する, 持続する: ¿Cuánto *dura* la película? 映画はどの位の長さですか? Un partido de fútbol *dura* 90 minutos. サッカーの試合は90分だ. Mi estancia en Madrid *duró* cinco años. 私のマドリード滞在は5年に及んだ. ❷〔物〕耐久性がある: Esta pila *dura* dos años. この電池の寿命は2年だ. ❸〔人が〕持ちこたえる, 我慢する: El enfermo no *durará* un día más. 病人はもう1日ともたない. No *durará* en el cargo ni dos meses. 彼はその職に2か月とはいなだろう
—— 《自》❶〔事柄・状態〕が続く: Cuando regresé a casa, todavía *duraba* su llanto. 私が帰宅した時, 彼女はまだ泣き続けていた. Mi alegría no *duró* mucho. 私の喜びは長くはなかった. Mi reconocimiento *durará* mientras viva. ご恩は一生忘れません. ❷〔物〕長持ちする: Estos zapatos me *duraron* mucho. この靴はよくもった. ❸〔人が〕持ちこたえる, 我慢する. ❹《コロンビア》遅れる《=tardar》
—— ～se《ベネズエラ》遅れる, 時間がかかる

durativo, va [duratíβo, ba]《形》❶《文法》継続的の. ❷《文語》持続する

duraznense [duraθnénse]《形》《名》《地名》ドゥラスノ Durazno の〔人〕《ウルグアイ中央部の県・県都》

duraznero [duraθnéro]《男》《植物》❶《西》ドゥラスノ《学名 Pru-

---

nus persica》. ❷《中南米》モモ《=melocotón》

duraznilla [duraθníʎa]《女》《果実》=durazno

duraznillo [duraθníʎo]《男》《植物》❶ ハルタデ(春蓼). ❷《南米》ルリヤナギ《解熱剤になる》

durazno [duráθno]《男》《植物, 果実》❶ ドゥラスノ《実が小型のモモ. ❷《中南米》《総称》モモ《=melocotón》

durdo [dúrdo]《男》《魚》ベラ科の一種《=maragota》
—— 《女》《アンダルシア》[鳥類などの] 嗉囊《=molleja》

durex [duré(k)s]《←商標》《女》《中南米》セロテープ《=cinta》

dureza [duréθa]《←ラテン語 duritia》《女》❶ 硬さ, 硬度: ～ de un mineral 鉱物の硬度. ～ de agua 硬水であること. ❷ 厳しさ, つらさ: Ha soportado la ～ de climas extremos. 彼は極端な気候の厳しさに耐え抜いた. enfrentarse con ～ 厳しく対決する. responder con ～ 厳しく対応する. ～ de la vida 生活の厳しさ. ～ del examen 試験の厳しさ. ❸ 困難, 障害: ～ de oído 難聴. ～ de vientre 便秘. ❹ 厳格, 非情, 冷酷. ❺ 荒削り, 無骨. ❻ [手足にできる] たこ, まめ

duricia [duríθja]《女》《まれ》[手足にできる] たこ《=dureza》

duriense [durjénse]《形》《文語》ドゥエロ Duero 川の

durilla [duríʎa]《女》《アンダルシア》砂嚢《=molleja》

durillo [duríʎo]《男》❶《植物》1) トキワガマズミ《学名 Viburnum tinus》. 2) ミズキ《=cornejo》. ❷ [昔のスペインの] 金貨《=doblilla》

durina [duríŋa]《女》《獣医》媾疫 (こうえき)

durmiente [durmjén̪te]《dormir の現分》《形》《名》眠っている〔人〕: La Bella *D*～〔del Bosque〕『眠れる森の美女』. aguas ～*s* del lago 湖の静かな水. sociedad ～ 休眠会社
—— 《男》❶《建築》受木, ころばし寝太. ❷《メキシコ, グアテマラ, エルサルバドル, キューバ, アルゼンチン, ウルグアイ》《線路の》枕木

duro, ra[2] [dúro, ra]《←ラテン語 durus》《形》❶ [ser・estar+] 堅い, 硬い〔⇔blando, tierno〕: Este sofá es muy ～. このソファはとても硬い. Es un árbol de madera muy *dura*. その木は木質がとても堅い. almohada *dura* 硬い枕. carne *dura* 硬い肉. colchón ～ 硬いマットレス. ❷ 厳しい, 耐え難い: batalla *dura* 激しい戦闘. clima ～ 厳しい気候. competencia *dura* 厳しい競争. ❸ 体力の必要な, 骨の折れる: Su trabajo es más ～ que el mío. 彼の仕事は私の仕事よりきつい. ejercicio ～ 激しい練習. ❹ 困難な; 過酷な, つらい: Es muy ～ vivir solo. 一人で生きていくのはつらい試練. prueba ～ 難しい試験. *dura* realidad 厳しい現実. ❺〔態度・批判・性格・表情などが〕厳格な, きつい; 無情な, 冷酷な: Dicen que es demasiado ～. 彼は厳しすぎるといわれている. ser ～ con+人 (人)につらくあたる. hacer una *dura* crítica a (hacia) …を厳しく批判する. en un tono ～ 厳しい調子で. palabras *duras* きつい〔厳しい〕言葉. ～ de corazón 心の冷たい. ❻ 強腰の, 妥協しない: línea *dura* 曲げられない方針. ❼〔人が〕耐える, 我慢強い: hombre ～ 我慢強い人. ❽〔物が〕耐える, 強い; 堅牢な: caja *dura* 頑丈な箱. ❾ コントラストの強い; 刺激的な, どぎつい: porno ～ ハードポルノ. ❿ ごつごつした, いかつい: facciones ～*ras* いかつい顔. ⓫〔文体が〕硬い, ぎこちない. ⓬ [水が] 硬水の. ⓭《俗語》[陰茎が] 勃起した. ⓮《鉱物》muy ～ ガラスが切れる. ⓯ [音が] 不快な, 耳ざわりな. ⓰《物理》[線・放射線が] 波長の短い. ⓱《メキシコ, ウルグアイ》酔っぱらっている. ⓲《メキシコ, 口語》[estar+] ありそうもない. ⓳《ペルー》けちな, 吝嗇 (りんしょく) な

a (*de*) ～《まれ》厳しく, 難しく

～ *de caer* =～ *de pelar*

～ *de corazón* 冷酷な, 無情な, 心の冷たい, 冷淡な

～ *de roer* =～ *de pelar* [事柄が] 難しい; [人が] 説得が困難な

estar a las duras y las maduras《口語》物事のよい面も悪い面も受け入れる, 苦楽を合わせて経験する

***hacerse a*+人** [事柄が] …にとって耐え難くなる, 信じ難くなる

ir las duras con (por) las maduras =estar a las duras y las maduras

ponerse a*+人 *dura 《俗語》…が勃起する

ponerse ～ 堅くなる; 厳しく(困難)になる

quedarse ～ 《アルゼンチン, ウルグアイ. 口語》啞然とする

tomar las duras con (por) las maduras =estar a las duras y las maduras

—— 《副》❶ 乱暴に, 強く: pegar ～ ひどく殴る. ❷《主に中南米》一所懸命に, 精一杯: estudiar ～ 一所懸命勉強する. ❸

durómetro

《主に中南米》たくさん, ひどく: Llueve 〜. ひどい雨だ
¡D〜!《西》[けしかけて, +con を] やっつけろ!
〜 que te pego《口語》しつこく繰り返して
〜 y feo《エクアドル. 口語》必死になって, へとへとになって
〜 y parejo / 〜 y tupido《メキシコ, コロンビア, ペルー, チリ, アルゼンチン, ウルグアイ. 口語》力強くそして粘り強く
largar 〜《アルゼンチン. 口語》あっさり捨てる; きっぱりと断わる
—— 男 ❶《西》[旧貨幣単位] ドゥーロ《←peso duro の略. =5ペセタ》; 5ペセタ硬貨, 5ペセタ紙幣: 〜 amadeo アマデオ1世の5ペセタ銀貨. 〜 sevillano アルフォンソ13世時代の偽5ペセタ銀貨. Nunca falta quién dé un 〜 para un apuro.《諺》困った時は必ず誰かが助けてくれる. ❷《西. 口語》少額の金: no tener un 〜 一文なしである. sin pagar un 〜 一銭も払わずに. ❸《映画》ハードボイルドの俳優. ❹《隠語》複 靴. ❺《隠語》鞭. ❻《古語的》20歳
hacerse el 〜《口語》弱みを見せないようにする, 強がる
lo que faltaba para el 〜《口語》泣き面に蜂で, ふんだりけったりなことには
que le den dos 〜s《西. 口語》[拒絶・軽視] どうということはない

durómetro [durómetro] 男《金属》金属硬度計
duty free [djúti frí]《←英語》男《単複同形》免税店
duunvir [du(u)mbír] 男 =**duunviro**
duunviral [du(u)mbirál] 形《古代ローマ》二頭政治の
duunvirato [du(u)mbiráto] 男《古代ローマ》二頭政治〔体制〕; 二頭政治時代
duunviro [du(u)mbíro] 男《古代ローマ》二頭政治の一頭
duvetina [dubetína] 女《繊維》[表面がビロードのような] 薄い毛織物
dux [dú(k)s] 男《単複同形》《歴史》[ヴェネツィア, ジェノヴァ共和国の] 元首, ドージェ
duz [dúθ] 形《アンダルシア》甘い《=dulce》: caña 〜 サトウキビ. palo 〜 カンゾウ(甘草)

E

e¹ [e]《←ラテン語 et》接《接続詞 y が i・hi- で始まる語の前に来る時。→**y²**》Perdió mujer e hijos en el accidente. 彼は事故で妻と子供たちを亡くした. Me encanta leer e ir al cine. 私は読書と映画を見に行くのが好きだ. miedo irrazonable e irresistible いわれのない抗しがたい恐怖. España, Portugal e Italia スペイン, ポルトガルとイタリア

e² [é] 男 略 es アルファベットの第5字; その名称

-e 接尾辞 ❶［動詞の名詞化. 動作・結果］coste 費用, desembarque 荷揚げ. ❷［地名形容詞化］árabe アラビアの, etíope エチオピアの. ❸［集合名詞の個別化］cofrade 信心会の会員

E. 略 ←este 東

ea [éa]《←ラテン語 eia》間《西》❶［決意］He dicho que no, ¡ea! だめと言ったらだめだ！ ¡Ea!, no voy a darte más explicaciones. いいかね, もうこれ以上説明しないよ. ❷［激励］さあ, 仕事だ！ ¡Ea, a trabajar! さあ, 仕事だ！ ❸［繰り返し, 赤ん坊をあやす］よし, よし！ ❹［言われたことへの支持］そう, そのとおり. ❺《地方語》[大仰な同意] まったくだ

eagle [íḡel]《←英語》男《ゴルフ》イーグル: hacer un 〜 イーグルをとる(出す)

-ear 接尾辞［動詞化］❶［頻繁に, 繰り返し］vocear やたらに叫ぶ. ❷ =**-ar**: agujerear 穴を開ける

easonense [easonénse] 形《文語》サン・セバスティアン San Sebastián の［人］{=donostiarra}

ebanista [ebanísta]《←ébano》家具職人, 指物師

ebanistería [ebanistería] 女 指物師の仕事場, 家具工場; 家具作りの技術. 集名 指物, 家具調度類

ébano [ébano]《←ラテン語 ebenus < ギリシア語 ebenos》男 ❶《植物》コクタン(黒檀). ❷《古語》黒人奴隷

ebenáceo, a [ebenáθeo, a] 形 カキノキ科の
—— 《植物》カキノキ科

ebenales [ebenáles] 女 複《植物》双子葉植物

ebionita [ebjoníta] 男《キリスト教》エビオン派〔の〕《紀元1世紀パレスチナで発生, イエスを神でなくメシアとし, マタイの福音書のみを信じた》

eblaíta [ebláita] 形 lengua 〜 エブラ語

ébola [ébola] 男《医学》エボラウイルス {=virus de 〜}: fiebre hemorrágica del 〜 エボラ出血熱

ebonita [eboníta] 女《化学》エボナイト

eborario, ria [eborárjo, rja] 形 男 象牙の; 象牙細工職人
—— 女 象牙細工[技術]

ebrancado, da [ebraŋkáðo, ða] 形《紋章》枝を払った木の

ebriedad [ebrjeðáð] 女《文語》❶ 酔〔=embriaguez〕: estado de 〜 酩酊状態. ❷ 陶酔, 忘我; 錯乱

ebrio, bria [ébrjo, brja]《←ラテン語 ebrius》《文語》[estar+] ❶ 酩酊［の］状態の, 酔っ払った《酒を飲み過ぎて肉体的･精神的能力に変調を来たしている. ⇔sobrio》: El motorista conducía 〜. そのドライバーは酔っ払い運転をしていた. conductor 〜 酒酔いドライバー. ❷ [+de で] 陶酔した, 錯乱した: ponerse 〜 de ira 怒りに我を忘れる. estar 〜 de triunfo 勝利の美酒に酔っている
—— 名 酔っ払い, 酔いどれ

ebrioso, sa [ebrjóso, sa] 形 酔いやすい[人], すぐに酔う[人]

ebulición [ebuliθjón] 女 =**ebullición**

ebullente [eβuʎénte] 形《まれ》沸騰している; 熱狂している

ebullición [eβuʎiθjón]《←ラテン語 ebullitio, -onis》女 ❶ 沸騰: entrar en 〜 沸騰する. [llegar al] punto de 〜 沸点[に達する]. ❷ 熱狂, 興奮, 騒然: El mercado de valores está en plena 〜. 証券市場は沸き返っている. pasar un momento de gran 〜 熱狂のひとときを過ごす

ebullómetro [eβuʎómetro] 男 沸点測定装置

ebulloscopia [eβuʎoskópja] 女 =**ebullómetro**

ébulo [éβulo] 男《植物》ドワーフエルダー, ニワトコ {=yezgo}

eburnación [eβurnaθjón] 女《医学》象牙質化

ebúrneo, a [ebúrneo, a]《←ラテン語 eburneus》形《文語》❶ 象牙の: figura 〜a 象牙製の人形. ❷ 象牙のような: tez 〜a 真白い肌

eburno [ebúrno] 男《古語》象牙

ebusiano, na [ebusjáno, na] 形《歴史, 地名》エブシア Ebusia の《イビサ Ibiza の古名》

ebusitano, na [ebusitáno, na] 形 =**ebusiano**

ecapacle [ekapákle] 男《メキシコ. 植物》ハブソウ(波布草)

ecarté [ekarté] 男《古語. トランプ》エカルテ

eccehomo [e(k)θeómo]《←ラテン語 ecce homo「この人を見よ」》男 ❶ いばらの冠を頂いたキリスト像《受難の一場面. キリストを捕えたピラト Pilato が群衆に向かって ecce homo と叫んだ》. ❷ [傷だらけで] 哀れな姿の人: Al caer quedó como (hecho) un 〜. 彼は転んで哀れな姿になった

eccema [e(k)θéma]《←仏語 eczéma < ギリシア語 ekzema》男《医学》湿疹: causar 〜s 湿疹を引き起こす

eccematización [e(k)θematiθaθjón] 女 湿疹化

eccematoso, sa [e(k)θematóso, sa] 形《医学》湿疹の, 湿疹性の

ecclesia [eklésja] 女《古代アテネ》民会

ecdémico, ca [ekdémiko, ka] 形《医学》[疾病が] 外来性の

ecdisis [ekdísis] 女《単複同形》《動物》脱皮

ecdisoma [ekdisóma] 女《生化》エクジソン

ecdótico, ca [ekdótiko, ka] 形《古文書》[の] 本文批評[の], テキスト批評[の]

-ececico 《示小接尾辞》piececico 小さな足

-ecer 接尾辞［名詞・形容詞の動詞化］enriquecer 富ませる, entontecer ばかにする

ecesis [eθésis] 女《植物》土着

-ecezuelo 《示小接尾辞》piecezuelo 小さな足

ECG 男 略 ←**electrocardiograma** 心電図

echacantos [etʃakántos] 男《単複同形》《まれ》役立たず, 能なし

echacorvear [etʃakorbeár] 自《口語》ポン引きをする, ポン引きを稼業とする

echacorvería [etʃakorbería] 女《口語》ポン引き, ポン引き稼業

echacuervos [etʃakwérbos] 男《単複同形》《口語》❶ 売春の仲介者, ポン引き. ❷《口語》ペテン師, 大嘘つき. ❸《古語》十字軍を宣伝して歩く人. ❹《古語》大寧免除の代わりに献金を集める人 {=bulero}

echada¹ [etʃáða] 女 ❶ 投げること; 注ぐこと: La 〜 de la piedra produjo varias ondas en la superficie del agua. 石を投げ込むと水面に波紋が広がった. ❷《競走》体一つの差, 一馬身の差, 一艇身の差: dar varias 〜s de ventaja 何馬身かのハンディを与える. ❸《メキシコ, アルゼンチン》虚勢, からいばり. ❹《コロンビア》解雇

echadera [etʃaðéra] 女《ソリア》[パンを窯から出し入れする] 長柄の木べら

echadero [etʃaðéro] 男 休息所, 仮眠所

echadillo, lla [etʃaðíʎo, ʎa] 形 名 捨て子[の], 孤児[の]

echadizo, za [etʃaðíθo, θa] 形 ❶ うち捨てられた, くずの. ❷《まれ》スパイ[の], 密偵[の]. ❸《まれ》捨て子[の]. ❹《まれ》こっそり流布された
—— 男 廃棄物の山

echado, da² [etʃáðo, ða] 形 ❶ 横たわった: estar 〜 en el sofá ソファで横になっている. ❷《ニカラグア, コスタリカ》怠惰な, 無気力な

ser 〜 para atrás《口語》自分勝手である, 自己中心的である, 自分のことばかり考えている

ser muy 〜 para adelante《口語》度胸がある, 押しが強い, 積極的である
—— 男 複《鉱山》鉱脈の傾斜

echador, ra [etʃaðór, ra] 形 名 ❶ 投げる[人], 捨てる[人]. ❷ 〜 de cartas トランプ占い師. ❸《メキシコ, キューバ, ベネズエラ. 口語》強がりの[人]
—— 男《西》[給仕 camarero の指示に従って] コーヒーとミルクを注ぐボーイ

echadura [etʃaðúra] 女 ❶［雌鳥が］卵を抱くこと, 抱卵(略).

echalota

❷ [集名] [雌鳥が一度に] 抱く卵. ❸ [複] もみ殻 《=ahechaduras》

echalota [etʃalóta] [女] [植物] =**chalote**

echamiento [etʃamjénto] [男] ❶ 投げること, 投げ捨て. ❷ 《古語》赤ん坊を捨て子とすること

echapellas [etʃapéʎas] [男] [単複同形] [羊毛の洗浄作業で] 毛玉を取る人

echaperros [etʃapérros] [男] [単複同形] [大聖堂の] 会堂番 《=perrero》

echar [etʃár] 《←ラテン語 jactare「投げる」》 [他] ❶ [物を, +a・en に] 1) 投げる 《→tirar》[類義]: *Écha*me la pelota. 私にボールを投げて. Aquí está prohibido ~ basura. ここにごみを投げ捨てることは禁じられている. 2) 入れる 《→meter》[類義]: *Echan* montones de publicidad *en* el buzón todos los días. 毎日大量の広告ビラがポストに投げ込まれる. 3) そそぐ, 振りかける: *Echó* leche *en* la taza de café. 彼はコーヒーカップにミルクをそそいだ. ~ *agua a* las plantas 植物に水をやる. ~ pimienta コショウをかける. 4) 覆いかぶせる: Hay que ~ otra manta *en* la cama. ベッドにもう一枚毛布をかけるべきだ. [人・物を, 横にする]: Voy a ~ al bebé *en* la cama. 赤ん坊をベッドに寝かそう. *Echó* la cabeza atrás. 彼は頭をのけぞらせた. ~ la botella 瓶を寝かせておく. ❷ [人・動物を, +de から] 追い出す: Le *han echado* de clase. 彼は教室から追い出された. Me *han echado del* trabajo. 私は解雇された. Te *echaré a* la calle. お前を通りに放り出してやる. ~ *a* los perros 犬を追い払う. ❸ [煙・臭いなどを] 発する, 放つ, 出す, 香りを放つ: *Echaba* sangre *por* la boca. 彼は口から血を流していた. ❹ [口語] [言葉などを] 発する: ~ un discurso 演説をぶつ. ~ maldiciones 悪態をつく. ❺ [芽・根などを] [花・実を] つける; [歯・ひげを] 生やす: Este espino comienza a ~ frutos. このサンザシは実をつけ始めている. El niño ya *ha echado* su primer diente. その子はもう1本目の歯が生えた. ❻ [道具などを] 使う, かける: ~ el bisturí メスを振るう. ~ *a* la cadena チェーンをかける. ~ la llave 鍵をかける. ❼ [継ぎを] 当てる. ❽ [口語] [数量を] 推定する, 見当をつける: ¿Cuántos metros le *echas a* esta ola? この波は [高さが] 何メートルあると思う? *Echaba por* bajo 少なく見積もった. ❾ [口語] 賭ける, 賭け金として出す: Esta semana *he echado* diez euros *a* la quiniela. 今週私はサッカーくじに10ユーロ投資した. ❿ [刑罰・仕事などを] 課する, 負わせる; [問題に] 直面させる: Le *echaron* un año de prisión. 彼は禁固1年に処せられた. Hoy nos *han echado* mucha tarea *en* el colegio. 今日私たちに学校で宿題がたくさん出た. Me *han echado* tres problemas. 私は3つの問題を抱えた. ~ una multa 罰金を課す. ⓫ [口語] [時間・金を, +en に] 費やす, 用いる: *Eché* tres horas *en* llegar *a* Madrid. 私はマドリードに到着するのに3時間かかった. ⓬ [行為の名前を下す] 行なう, …する: ¿*Echamos* un partido de fútbol? サッカーを一試合しようか? ¿Quieres ~ una partida de ajedrez? チェスを一ゲームしようか? ~ un sueño 一眠りする. ~ un trago 1杯飲む. ⓭ 吐く 《=vomitar》. ⓮ 発表する, 公表する. ⓯ 解釈する, …と受け取る. ⓰ [トランプ] 1) ~ un as エースを出す (捨てる). ~ el cinco de oros 金貨の5を切る. 2) ~ cartas カードを配る. ⓱ [馬・馬車・衣服を] 進める, 動かす, おろす. ⓲ [俗語] [雄を, +a 雌に] かける, 交尾させる. ⓳ 《西. テレビ・映画など. 俗用》[主に3人称複数形で, 番組・映画などを] 放送する, 上映する, 上演する: ¿Qué *echan* hoy en la tele? 今日はどんなテレビ番組があるだろうか? *Echan* "La lengua de las mariposas" *en* ese cine. その映画館で『蝶の舌』をやっている. ⓴ 《俗用》[雌が子供を] 産む. ㉑ 《俗用》[申請などを] 提出する, 入れる. ㉒ 《エルサルバドル, プエルトリコ, ベネズエラ》[配偶者に対し] 不貞を働く

~... *a*+不定詞 《コロンビアなど》…を…させる: El técnico *echó a* andar su máquina. 技師は機械を始動させた

~*la* 時間を費やす

~*la de...* =echárselas de...

échale 《口語》[言い終えたことの強調] そういうことだ

⓵ [+ある方向へ] 進む, 進んでいく, 向かう, 進む, 道を行く: 1) [+前置詞] *Decidí* ~ por (hacia) la izquierda. 私は左折することにした. ~ detrás *de...* …のあとを追う. 2) [+場所の名詞+arriba・abajo]: *Echó* calle *arriba* detrás del ladrón. 警官は通りを向こうへ泥棒を追って行った. ~ monte *abajo* 山を下る. ❷ [+a+移動・感情動作を表わす動詞の不定詞] …し始める: *Echó a* andar buscando un taxi. 彼はタクシーを探して歩き出した. Iba a ~ *a* correr cuando lo detuvo una voz *a* sus espaldas. 彼が走り出そうとした時, 背後から声がしたので立ち止まった. ❸ [口語] 賭け事をする: ~ *a* la lotería 宝くじを買う

a echa levanta 浮き沈みを繰り返しながら, 一進一退しながら

~ *abajo* [建物などを] 壊す; [計画などを] 台なしにする: *Echaron abajo* el edificio. ビルは取り壊された. Las análisis posteriores *han echado abajo* esa valoración inicial. その後の分析で当初の評価は覆された

~ *de comer* (*beber*) [+a 動物に] …にえさを与える: Les *echó de comer* (*beber*) *a* los perros. 彼は犬たちにえさ(水)をやった

~ *de ver* 《西》…に気づく: *Eché de ver* dos surcos que un carruaje había dejado sobre el barro. 私は荷車が泥の上に残した2本の溝に気づいた

ir echando 《キューバ》立ち去る

——*se* ❶ [+a・en に] とび込む; 身を投げる: *Se echó al* agua. 彼は水にとび込んだ. El niño *se echó en* mis brazos. 子供は私の腕にとび込んできた. ~*se al* (*en el*) río 川にとび込む. ❷ [+sobre に] とびかかる, 駆け寄る; 上からのしかかる. ❸ 横になる, 寝そべる; 一眠りする: Ella *se echó sobre* la cama *a* llorar. 彼女はベッドに身を投げて泣いた. ~*se sobre* la hierba 草の上に寝そべる. ❹ [+hacia …の方へ, 自分の体を] ねじる, 倒す; 動く, 寄る: Mi padre *se echó hacia* delante, pero no se cayó. 私の父は前につんのめったが, 倒れなかった. ❺ [自分の体に衣服などを] かける: *Se echó* la chaqueta sobre (por) los hombros. 彼は上着をはおった. ~*se* una manta 毛布をかぶる. ❻ [自分の身体に] 振りかける: *Se echó* colonia y desodorante. 彼はオーデコロンと消臭剤を自分に振りかけた. ❼ [+a+名詞 を] 開始する, 始める: *Se ha echado a* la buena vida *en* la isla. 彼は島でまっとうな生活を始めた. ❽ [+a+感情動作・移動などを表わす動詞の不定詞] …し始める: La criatura está *a* punto de ~*se a* llorar. 赤ん坊は今にも泣き出しそうだ. ~*se a reír* 笑い出す. ❾ [友人などを] もつようになる: Mi hermano *se ha echado* novia de nuevo. 私の兄にまた彼女ができた. ~*se un amigo* 友達ができる. ❿ [+a 悪癖・悪習に] ふける (染まる) ようになる: Este hombre enviudó y *se echó a* la bebida. この男は妻を亡くして酒にふけり始めた. ⓫ [+a に] 身を落とす, 落ちぶれる. ⓬ [時間・金額を] 費やす, 使う. ⓭ [+行為の名詞を] する, 行なう: ~*se una* siesta 昼寝をする. ⓮ [風が] 凪(なぎ)ぐ. ⓯ [鳥が] 卵を抱く. ⓰ 《メキシコ》[口語] [飲み物を] 飲み込む. ⓱ 壊す. ⓲ [+a 主に処女に] 性交する. ⓳ 《エルサルバドル, プエルトリコ, ベネズエラ》=**echársela**. ⓴ 《コロンビア. 口語》遅れる. ㉑ 《ベネズエラ》虚勢をはる

echársela 《エルサルバドル, プエルトリコ, ベネズエラ》浮気をする

echárselas 《チリ. 口語》立ち去る

echárselas con... …と張り合う, 競う

echárselas de... 《西. 口語》…を気取る, …にうぬぼれる: *Se las echa de* culto. 彼は教養人を気取っている

Échese y no se derrame. 《諺》無駄づかいするな

echarpe [etʃárpe] 《←仏語 écharpe》[男] 《服飾》ショール 《=chal》

echavino [etʃaβíno] [名] 《地方語》毛の刈り込み係に飲み物を渡す人

echazón [etʃaθón] [男] ❶ 投げること. ❷ 《船舶》投げ荷

Echegaray [etʃeɣarái] 《人名》*José* ~ ホセ・エチェガライ 《1832〜1916, スペインの劇作家・数学者・政治家. 19世紀後半の演劇界における中心的存在だったが, 非現実的な展開や過剰な演出などメロドラマ的と評された作風の作品の登場とともに人気を落とした. 『恐ろしき媒』. ノーベル文学賞受賞》

Echeverría [etʃeβeɾía] 《人名》*Esteban* ~ エステバン・エチェベリア 《1805〜51, アルゼンチンの詩人・小説家. アルゼンチンへのロマン主義の導入者. 物語詩『エルビラ, あるいはラプラタの恋人』*Elvira o la novia del Plata*, ロサス *Rosas* 政権下における暴力を批判した寓意的な中編小説『畜殺場』*El matadero*》

echón, na [etʃón, na] [形] 《中米》思い上がりの, 高慢な
—— [女] 《南米》刈り取り用の鎌

echonería [etʃoneɾía] [女] 《ベネズエラ》高慢, 虚栄, 思い上がり

-ecico 《示小接尾辞》son*ecico* 小さな音

ecijano, na [eθixáno, na] [形] 《名》エシーハ *Ecija* の [人] 《セビーリャ県の町》

-ecillo 《示小接尾辞》pan*ecillo* ロールパン

-ecito 《示小接尾辞》viej*ecito* 老人

eclair [ekláir] →**cierre** eclair

eclampsia [eklám(p)sja] [女] 《医学》子癇(かん); [子供の] 急癇, ひきつけ

eclámptico, ca [eklámptiko, ka] 形 子癇の; けいれんの
—— 女 子癇にかかった女性

eclecticismo [eklektiθísmo] 男 ❶ 折衷主義. ❷ [考え方などの] 幅広さ, 折衷的態度: Su ~ le hace aunar distintas tendencias. 彼は融通無碍で清濁併せ呑む. actuar con ~ 中間を志向する, 事なかれ主義をとる

ecléctico, ca [ekléktiko, ka]《ギリシア語 eklektikos < eklego「私は選ぶ」》形 ❶ 折衷主義の(主義者). ❷ [考え方などが] 幅の広い, 折衷的な: adoptar una actitud ~ca どっちつかずの態度をとる. gusto ~ 幅広い趣味. música ~ca que une varios estilos 様々なスタイルを寄せ集めた音楽

eclesial [eklesjál] 形《カトリック》❶ [信者も含めた] 教会の: comunidad ~ キリスト教共同体, 教団. ❷《キリスト教》聖職者の

Eclesiastés [eklesjastés] 男《旧約聖書》伝道の書

eclesiásticamente [eklesjástikaménte] 副 ❶ 聖職者らしく, 聖職者として. ❷ 教会の権威によって

eclesiástico, ca [eklesjástiko, ka]《←ラテン語 ecclesiasticus < ギリシア語 ekklesiastikos》形《キリスト教》聖職者の; 教会の: año ~ 教会暦, 典礼暦. beneficio ~ 聖職禄. bienes ~s 教会財産. brazo ~ [旧身分制議会の] 聖職者代表. día ~ 日課, 教会暦日《教会の活動や礼拝のプログラムを一日単位で規定したもの. 教会の活動は夜, 就寝前の祈りから始まる》. juez ~ 宗教裁判官
—— 男《キリスト教》聖職者, 司祭. ❷《旧約聖書》1)《カトリック》集会の書《=Libro del E~》. 2)《プロテスタント》シラ書《外典》

eclesiastizar [eklesjastiθár] 9 他 ❶ [人・ものを] 聖職者らしくする. ❷ [世俗財産を] 教会のものにする

eclesiología [eklesjoloxía] 女《カトリック》教会論

eclesiológico, ca [eklesjolóxiko, ka] 形 教会論の

eclesiólogo, ga [eklesjólogo, ga] 名 教会論の専門家

eclímetro [eklímetro] 男 傾斜計, クリノメーター

eclipsable [ekli(p)sáble] 形《天体が》食を受け得る

eclipsante [ekli(p)sánte] 形《天体が》食する

eclipsar [ekli(p)sár]《←eclipse》他 ❶ [天体が] 食する: La luna eclipsa totalmente (parcialmente) el Sol. 皆既(部分)日食が起きる. ❷ …の輝きを奪う, 影を薄くさせる, 見劣りさせる: Ella tiene tanto encanto que eclipsa a cuantos estén con ella. 彼女はすごく魅力的で一緒にいる人は皆かすんでしまう
—— ~se ❶ [天体が] 食になる, 欠ける. ❷ 輝きを失う: Su belleza no se eclipsa con el paso de los años. 年がたっても彼女の美しさは衰えを知らない. Se ha eclipsado después de su primer disco. 彼は最初にレコードを1枚出した後, 鳴かず飛ばずだ. ❸ [+de から] 姿を消す, 立ち去る: Eclípsate en este momento. 今だ, 抜け出る

eclipse [eklí(p)se]《←ラテン語 eclipsis < ギリシア語 ekleipsis < ekleipo「私は放棄する」》男 ❶《天文》食: ~ de sol/~ solar 日食. ~ de luna/~ lunar 月食. ~ total (parcial) 皆既(部分)食. ~ anular 金環食. ❷ 衰退, かげり: La electricidad supuso el ~ del carbón. 電気が石炭を衰退させた. ❸《俗》姿をくらますこと, 雲隠れ: ¿A qué se debe su ~ político? 彼が政界から身を引いたのはなぜか

eclipsis [eklí(p)sis] 女《廃語》=elipsis

eclíptico, ca [eklí(p)tiko, ka] 形《天文》❶ 食の. ❷ 黄道の: coordenadas ~cas 黄道座標
—— 女《天文》[主に E~] 黄道

eclisa [eklísa] 女《鉄道》継目板: ~ cantonera/~ de ángulo 山形継目板

eclógico, ca [eklóxiko, ka]《←égloga》形 牧歌の, 田園詩の

eclogita [eklɔxíta] 女《鉱物》りょう輝岩, エクロジャイト

eclosión [eklosjón]《←仏語 éclosion》女 ❶《生物》孵化(ふか), 羽化; [花の] 開花; [種の] 発芽. ❷《文語》出現, 誕生, 勃興: ~ de la primavera 春の訪れ. ~ del romanticismo en España スペインにおけるロマンティシズムの誕生

eclosionar [eklosjonár] 自 孵化する, 羽化する

eclosivo, va [eklosíβo, ba] 形 孵化の, 羽化の; 開花の

eco [éko] I《←ラテン語 echo < ギリシア語 ekho「音」》男 ❶ こだま, 反響, 残響: Se oye un ~. こだまが聞こえる. Respondía el ~. こだまが返ってきた. ❷《物理, 音楽》エコー. ❸ 社会的反響, 波紋, 影響: En su novela hay ~s del surrealismo. 彼女の小説にはシュールレアリズムの影響が見られる. despertar (encontrar) un ~ 反響を呼ぶ. ❹ [時に 複]かすかな音: Hasta aquí llega el ~ de la ambulancia. 救急車のサイレンがここまで届く. ❺ なごり, 痕跡: Me persigue el ~ de su voz. 彼の声が私の耳に残っている. ❻ うわさ, 風説, 評判: Llegó aquí algún ~ de lo ocurrido. 事件のことはここまで風の便りが届いている. ~ del escándalo político 政界スキャンダルのうわさ. ~s de sociedad [新聞・雑誌の] 社交界欄, ゴシップ記事. ❼ [他人の] 真似, 模倣; [人の意見の] 受け売り; 模倣者, 真似をする人: Es mero ~ de su famoso maestro. 彼は有名な先生の受け売りをしているだけだ. ❽《詩法》尻取り韻, 反響韻. ❾《ギリシア神話》[Eco] エコー《森の精で, ナルキッソス Narciso に恋をし, 死後声だけが残った》

hacer ~ [+de に] 反響を呼ぶ: La moda alemana no ha hecho ~ en este país. ドイツのファッションはこの国で反響を呼んだことがない

hacerse ~ de... …に呼応する, 反応を示す: Solo un periódico se hizo ~ de sus palabras. 一紙だけが彼の発言を取り上げた. Todos los medios del país se hicieron ~ del suceso. 国中のメディアが競ってその出来事を報道した.

tener ~ 反響がある: Su boda tuvo mucho ~ en ciertos ambientes. 彼らの結婚はいくつかの階層で大きな反響を呼んだ
II《医学》=**ecografía**: hacerse una ~ エコーをとってもらう
III 間《アルゼンチン, ウルグアイ》[捜し物の場所・解決法] そこだ, それだ!

eco- I《←ギリシア語 oikos》《接頭辞》❶ [家, 家庭] economía 経済. ❷ [生活環境, 自然環境] ecología エコロジー
II《←ギリシア語 echo》《接頭辞》[こだま, 反響] ecografía 超音波検査法

ecocardiografía [ekokarđjografía] 女《医学》超音波心臓検査, 心エコー検査

ecocardiógrafo [ekokarđjógrafo] 男《医学》超音波心臓検査計

ecocardiograma [ekokarđjográma] 男《医学》心エコー図

ecocida [ekoθíða] 形《まれ》生態(環境)を破壊する

ecocidio [ekoθíðjo] 男《まれ》生態破壊, 環境破壊

ecodesarrollo [ekođesařóʎo] 男 エコデベロップメント, 環境と経済の調和を保った開発

ecodoppler [ekoðɔplér] 男《医学》ドップラーエコー, 心臓超音波検査

ecoencefalografía [ekoenθefalografía] 女《医学》超音波脳検査, 脳エコー検査

ecoetiqueta [ekoetikéta] 女 環境保護ラベル, エコマーク

ECOFIN [ekofín] 男 EU経済相・財務相理事会, エコフィン

ecofobia [ekofóβja] 女 家庭恐怖症

ecogenicidad [ekɔxeniθiðá(ð)] 女《医学》~ cortical 皮質性反射

ecografía [ekografía] 女《医学》超音波検査法, エコー: hacer una ~ エコーをとる

ecográfico, ca [ekográfiko, ka] 形《医学》超音波検査の, エコーの

ecografista [ekografísta] 名 超音波検査法(エコー)の専門医

ecógrafo [ekógrafo] 男《医学》超音波検査器

ecoico, ca [ekójko, ka] 形 ❶ こだまの. ❷《詩法》尻取り韻の. ❸ 擬声語の《=onomatopéyico》

ecoimpuesto [ekoimpwésto] 男 環境税《=ecotasa》

ecoindustria [ekoindústrja] 女 エコ産業, 自然環境に配慮している産業

ecolalia [ekolálja] 女《医学》反響言語

école [ékole] 間《メキシコ》そこだ, それだ!《=eco》

ecolecuá [ekolekwá] 間《アルゼンチン, ウルグアイ》そこだ, それだ!《=eco》

ecolocación [ekolokaθjón] 女 ❶《動物》反響定位, エコーロケーション; 《技術》反響位置決定法

ecología [ekoloxía] 女《←eco+ギリシア語 logos》❶ 生態学, エコロジー. ❷ 自然環境, 生態環境. ❸ =**ecologismo**

ecológico, ca [ekolóxiko, ka] 形《←ecología》❶ 生態学の; 生態系の: desastre ~ 環境破壊. equilibrio ~ 生態系の均衡. sistema ~ 生態系. ❷ 環境保護の, 環境に配慮した: con fines ~s 環境保護を目的として. alimentos ~s 有機食品. cultivo ~ 有機栽培. detergente ~ 環境にやさしい洗剤. impuesto ~ 環境税. movimiento ~ エコロジー運動. ordenador ~ 環境配慮型パソコン. papel ~ 再生紙. turismo ~ エコツーリズム《=ecoturismo》

ecologismo [ekolɔxísmo] 男 環境保護主義, エコロジズム
ecologista [ekolɔxísta] 形 名 環境保護主義の(主義者), エコロジスト[の]: organización ~ 環境保護団体
ecologístico, ca [ekolɔxístiko, ka] 形 環境保護主義の
ecologizar [ekolɔxiθár] 他 ~se 環境に配慮する, エコ化する
ecólogo, ga [ekólogo, ga] 名 生態学者
ecomarketing [ekomárketiŋ] 名 自然環境に配慮したマーケティング
ecomuseo [ekomuséo] 男 エコミュージアム, 生活環境博物館
economato [ekonomáto] 男 ❶ [企業が従業員用に設ける] 廉売店, 組合店. ❷ 教会財産管財人 ecónomo の管轄区
econometra [ekonómetra] 名 計量経済学者
econometría [ekonometría] 女 計量経済学
econométrico, ca [ekonométriko, ka] 形 計量経済学の
econometrista [ekonometrísta] 名 = **económetra**
economía [ekonomía] [←ラテン語 oeconomia < ギリシア語 oikonomia「家政」] 女 ❶ 経済 [状態, 制度]: Esa industria tiene la ~ destrozada. その産業は壊滅的な経営状態にある. reactivar la ~ 経済を再活性化する. nueva ~ [情報産業主体の]新経済. ~ latinoamericana ラテンアメリカ経済. ~ abierta (cerrada) 開放(封鎖)経済. ~ capitalista 資本主義経済. ~ de mercado 市場経済. ~ de producción en masa (en gran escala) 規模の経済. ~ dirigida 統制経済. ~ doméstica (familiar) 家計 [消費財を需要し, 労働サービスを供給する]. ~ mixta 混合経済. ~ sumergida (oculta) 闇の経済, 地下経済 [スペインでは国内総生産の推定1〜2%に相当する]. ❷ 経済学: estudiar ~ 経済学を学ぶ. ~ de la empresa 経営学. ~ [del lado] de la oferta サプライサイド・エコノミクス. ~ marxista (keynesiano) マルクス(ケインズ)経済学. ~ política [政治]経済学. ❸ [時に 複] 節約, 倹約: hacer ~s 倹約する. introducir ~ en el presupuesto 予算を節約する. dejar de fumar por ~ 倹約のためにたばこをやめる. vivir con ~ つましく暮らす, 生活を切り詰める. ~ de gasolina (de tiempo) ガソリン(時間)の節約. ❹ 貯金: Pienso comprarme una radio con mis ~s. 私は貯金でラジオを買うつもりだ. hacer ~s para comprar un coche 車を買うために貯金する. gastar todas sus ~s 貯金を使い果たす. ❺ 経済大国. ❻ [自然界などの]理法, 秩序: ~ animal (vegetal) 動物(植物)の営み

hacer ~s del chocolate del loro 《西. 口語》けちな(しみったれた)節約をする

económica[1] [ekonómika] 女 経済学 [=economía]: Facultad de *E*~s 経済学部
económicamente [ekonómikaménte] 副 ❶ 経済的に; 経済学的には: los ~ débiles (fuertes) [婉曲]経済的弱者(強者), 貧乏人(金持ち). ❷ 節約して, つましく: vivir ~ 素に暮らす. En este restaurante se come ~. このレストランは安く食べられる
economicidad [ekonomiθiðá(d)] 女 経済性, 経済効率
economicismo [ekonomiθísmo] 男 経済重視主義 [人間の活動で経済の役割に重きを置く]
economicista [ekonomiθísta] 形 名 経済重視主義の[人]
económico, ca[2] [ekonómiko, ka] [←ギリシア語 oikonomikos] 形 ❶ 経済の, 経済上の: ayuda ~*ca* 経済援助. ciencia ~*ca* de familia 家政学. Facultad de Ciencias *E*~s 経済学部. problema ~ 経済問題; お金の問題. relaciones ~*cas* 経済関係. ❷ 節約になる, 安い: Resulta más ~ ir a pie. 歩いて行く方が安上がりだ. El viaje no ha salido muy ~. 旅行は安上がりだった. nuevo producto muy ~ 非常に低価格の新製品. hotel ~ 安いホテル. mano de obra ~*ca* 安い労働力. precios ~*s* お得な価格. tarifa ~ エコノミー料金. velocidad ~*ca* 経済速度. ❸ 質素な: traje ~ みすぼらしいスーツ. ❹ [倹約家の, つましい: Tenemos que ser más ~*s*. 私たちはもっと節約しなければならない
economismo [ekonomísmo] 男 = **economicismo**
economista [ekonomísta] 名 経済学者, エコノミスト
economización [ekonomiθaθjón] 女 節約, 倹約
economizador, ra [ekonomiθaðór, ra] 形 節約する, 経済効率を良くする
── 名 節約家, 倹約家
── 男 節約装置, エコノマイザー
economizar [ekonomiθár] [←*economía*] 動 自 ❶ 節約する, 倹約する, 切り詰める: Si el sueldo no te llega, tienes que aprender a ~ en la compra diaria. 給料が十分でないなら, 日々の買い物で節約しなくてはならない. ❷ 貯金する, 金を貯める: ~ para las vacaciones バカンスのために金を蓄える
── 他 省く, 有効利用する: ~ petróleo 石油を節約して使う. no ~ esfuerzos (trabajos) 努力(労力)を惜しまない
ecónomo, ma [ekónomo, ma] 形 名 ❶《カトリック》1) 代理の(聖職者): cura ~ 代理司祭. 2) 教会財産管理人. ❷《法律》成年後見人
ecopacifismo [ekopaθifísmo] 男 環境保護と平和主義
ecopacifista [ekopaθifísta] 形 環境保護と平和主義の[人]
ecopraxia [ekoprá(k)sja] 女《医学》反響動作症
ecopunto [ekopúnto] 男 石油・石炭・天然ガス・風力などエネルギー源の環境汚染度
ecosistema [ekosistéma] 男《生物》生態系: equilibrio del ~ 生態系のバランス
ecosonda [ekosónda] 女 音響測深器
ecospecie [ekospéθje] 女《生物》生態種
ecotado, da [ekotáðo, ða] [←仏語 écoté] 形《紋章》枝を落とした幹の模様の
ecotasa [ekotása] 女 環境税, エコタックス
ecotipo [ekotípo] 男《生物》生態型
ecotono [ekotóno] 男《生物》移行帯, 推移帯
ecotoxicidad [ekoto(k)siθiðá(d)] 女 生態毒性
ecotóxico, ca [ekotó(k)siko, ka] 形 生態毒性の
ecotoxicología [ekoto(k)sikoloxía] 女 環境毒物学
ecoturismo [ekoturísmo] 男 エコツーリズム
ecovirus [ekobírus] 男《医学》エコーウィルス
ecozona [ekoθóna] 女《地理》生物地理区
ectasia [ektásja] 女《医学》拡張[症]
éctasis [éktasis] 女《詩法》エクタシス [普通短い音節を延ばすこと]
ectima [ektíma] 男/女《医学》膿瘡(のうそう)
ecto- [接頭辞]「外部」*ectodermo* 外胚葉
ectodérmico, ca [ektoðérmiko, ka] 形 外胚葉の
ectodermo [ektoðérmo] 男《生物》外胚葉
ectomorfia [ektomórfja] 女《心理》外胚葉型
ectomorfo, fa [ektomórfo, fa] 形《心理》外胚葉型の[人]
ectópago [ektópago] 男《医学》シャム双生児[の]
ectoparásito, ta [ektoparásito, ta] 形 男《生物》外部寄生虫の, 外部寄生生の [⇔endoparásito]
ectopia [ektópja] 女《医学》[器官の] 転位[症]
ectópico [ektópiko] 形 →**embarazo** ectópico
ectoplasma [ektoplásma] 男 [←ecto+plasma] 男 ❶ [霊媒の肉体から発する]心霊体, エクトプラズム. ❷《生物》外質, 皮質原形質
ectoplasmático, ca [ektoplasmátiko, ka] 形 エクトプラズムの
ectoplasmia [ektoplásmja] 女 エクトプラズムの放出
ectoprocto [ektoprókto] 男《生物》外肛動物
ectotermia [ektotérmja] 女《動物》変温動物
ectotermo, ma [ektotérmo, ma] 形《動物》外温性の
ectótrofo, fa [ektótrofo, fa] 形《植物》[菌根が]外生の
ectropión [ektropjón] 男《医学》[眼瞼・口唇などの]外反[症]
ecu [éku] 男《歴史》エキュ, 欧州通貨単位 [EC・EUの共通通貨]
ecuable [ekwáβle] 形《医学》[体の動きが]一様な
ecuación [ekwaθjón] [←ラテン語 aequatio, -onis < aequare「等しくする」] 女 ❶《数学》等式, 方程式: poner una ~ 方程式を立てる. sistema de *ecuaciones* 連立方程式. ~ (integral) 微分(積分)方程式. ~ en diferencias 差分(定差)方程式. ❷《化学, 物理》 química 化学方程式. *Ecuaciones* de Euler (Friedmann) オイラー(フリードマン)方程式. ❸《天文》誤差, 均差: ~ del tiempo 時差[率]. ~ anual 年周差. ❹《心理》~ personal [観察の誤差を修正する]個人差, 個人方程式. ❺ 要因, 因子. ❻《文服》同一, 同等
ecuacional [ekwaθjonál] 形《数学, 化学》方程式の
ecuador [ekwaðór] [←ラテン語 aequator, -oris「等しくする」] 男 ❶ [時に *E*~] 赤道: La temperatura sube a medida que nos acercamos al ~. 赤道に近づくにつれて気温は上がる. pasar el ~ 赤道を越える. bajo el ~ 赤道直下で. ~ magnético 磁気赤道. ❷ [期間の]中間点. ❸《天文》天の赤道 [=~ celeste]. ❹《国名》[*E*~] エクアドル [赤道直下にある共和国.

首都はキト Quito』

ecualización [ekwaliθaθjón] 囡 ❶《電気》[信号の] 等化. ❷《まれ》均等化; 比較

ecualizador [ekwaliθaðór] 男《電気》イコライザー, 等化器

ecualizar [ekwaliθár] [9] 他《電気》[信号を] 等化する

ecuánime [ekwánime] 《←ラテン語 aequanimis》形 ❶ 公正な, 公平な, 偏らない: juez ～ 公正な裁判官. opinión ～ y sincera 偏りも偽りもない意見. ❷ 冷静な, 沈着な, 落ち着いた: temperamento ～ 冷静な気質

ecuanimidad [ekwanimiðá(d)] 《←ラテン語 aequanimitas, -atis》囡 ❶ 公正さ, 不偏不党: confiar en la ～ del tribunal 裁判所の公平さを信じる. ❷ 冷静さ, 沈着, 落ち着き

ecuatoguineano, na [ekwatoɣineáno, na]形《国名》赤道ギニア Guinea Ecuatorial の(人)

ecuatorial [ekwatorjál] 《←古語 ecuator「赤道」》形 赤道の; 赤道地帯の: Andes ～es 熱帯アンデス. clima ～ 赤道気候. línea ～ 赤道. países ～es 赤道直下の国々. vegetación ～ 赤道地帯の植生
—— 男《天文》赤道儀

ecuatorianismo [ekwatorjanísmo] 男 エクアドル特有の言葉や言い回し

ecuatoriano, na [ekwatorjáno, na] 形 囲《国名》エクアドル Ecuador (人)の; エクアドル人

ecuestre [ekwéstre] 《←ラテン語 equester, -tris < equus》形 ❶ [乗馬用の] 馬の; 馬術の, 乗馬の: club ～ 乗馬クラブ, 馬術部. ejercicio ～ 乗馬訓練. ❷《美術》騎馬の, 騎士の. ❸《歴史》1) 騎士の: clase ～ 騎士階級. orden ～ 騎士団; 騎士身分. 2) pueblo ～ 騎馬民族

ecúmene [ekúmene] 囡《文語》[地球上の] 居住地域, 人間が居住する世界
—— 男《文語》[地球上の] 全人口

ecumenicidad [ekumeniθiðáð] 囡 普遍性, 全世界性

ecuménico, ka [ekuméniko, ka]《←ラテン語 oecumenicus < ギリシア語 oikumenikos < oikumene「住まれた土地」》形 ❶ 普遍的な, 全世界的な. ❷《キリスト教》[教派を超えた] 世界教会主義の

ecumenismo [ekumenísmo] 男《キリスト教》世界教会主義, 教会一致運動

ecumenista [ekumenísta] 形 囲 世界教会主義の(人): movimiento ～ 世界教会主義運動

ecúmeno [ekúmeno] 男《文語》=ecúmene

ecuóreo, a [ekwóreo, a] 形《詩語》海の, 海原の

ecuyere [ekujér] 《←仏語 écuyère》囡 [サーカスの] 女曲馬師

eczema [ekθéma] 男 =eccema

eczematoso, sa [ekθematóso, sa] 形 =eccematoso

-eda《接尾辞》[名詞+. 集合名詞化] alam*eda* ポプラ並木, arbol*eda* 木立ち

edad [eðá(d)] 《←ラテン語 aetas, -atis》囡 ❶ 年齢, …歳: 1) ¿Qué ～ tiene usted?—Tengo 58 años. おいくつですか?—58歳です. ¿A (Con) qué ～ se casó?—Se casó a los (con) 26 años. 彼は何歳で結婚したのですか?—26歳で結婚しました. Ha llegado a la ～ de ochenta años. 彼は80歳になった. Parece joven para su ～. 彼は年齢のわりに若く見える. a la ～ de 20 años/a los 20 años de ～ 20歳の時に. de mediana ～ 中年の. grupo de ～ 年齢層《参考》jóvenes 15歳まで, adultos 15～65歳, viejos 65歳以上. Mayor en ～, saber y gobierno. 亀の甲より年の劫. 2) [年齢区分] ～ tierna 幼少年期. ～ del pavo/《メキシコ》～ de la punzada/《ウルグアイ》～ de la bobera [大人になりかけの] 少年期, 思春期, 青春時代. ～ adulta 成年期. ～ viril [30～50歳の] 壮年期. ～ madura 壮年後期, 熟年期. ～ avanzada 老年期. 3) [事物の] 年齢: La democracia del país apenas tiene ～. その国の民主主義はまだ若い. Esta catedral tiene una ～ de 300 años. この大聖堂は300年の歳月を誇っている. ～ de la Luna《天文》月齢. ～ de un árbol 樹齢. ❷ [歴史区分] 時代: 1)《考古》E～ de (la) Piedra 石器時代. E～ de los Metales 金属器時代. E～ de(l) Cobre (Bronce·Hierro) 銅器(青銅器·鉄器)時代. 2)《歴史》La E～ Antigua se inicia con la aparición de la escritura y llega hasta la caída del Imperio Romano. 古代は文字の出現と共に始まりローマ帝国の崩壊まで続く. Literatura de E～ Media 中世文学. E～ Moderna 近世. E～ Contemporánea 現代. ❸《ギリシア神話》～ de oro (plata·bronce·los héroes·hierro) 金(白銀·青銅·英雄·鉄)の時代『クロノス Crono が神々を支配した金の時代は人間は働かな

くても産物に恵まれ悪のない至福の時代だったが, ゼウス Zeus がクロノスに取って代わると白銀の時代が始まり, 人間はゼウスの怒りによって滅ぼされ青銅の時代となる. その後, 神話の英雄が活躍する英雄の時代, 鉄の時代と移るにつれ人間は堕落し, 世の中に悪が絶えなくなる』. ❹ la ～ de Cristo [宝くじの] 33の数. ❺《まれ》時間《=tiempo》: paso de la ～ 時の経過

a ～ temprana [通常より] 若い年齢で(の): casarse *a ～ temprana* 若くして結婚する. lectura *a ～ temprana* 幼児期の読書

a su ～ …の年齢では: Yo ya trabajaba *a su ～*. 彼の年齢の時には私はもう働いていた. *A tu ～* los hombres jamás piensan en la muerte. 君の年齢では人間は決して死について考えない

bajar la ～ de... …の年齢を引き下げる

dar ～ =echar ～

de cierta ～ 少し年配の

de ～ かなりの年齢の, 高齢の: Mi madre ya es *de ～*. 私の母はもう老人だ

echar ～ [+a+人 の] 年齢を予想する: ¿Qué ～ le *echas a* ese hombre? あの男は何歳だと思う?

～ crítica 1) 更年期: En la ～ *crítica* las mujeres son más susceptibles a varias enfermedades crónicas. 更年期に入ると女性は様々な慢性病にかかりやすくなる. 2) 思春期《= ～ del pavo》. 3) 人生の転機

～ de oro 1) [一般に] 黄金期, 最盛期. 2) [キケロ Cicerón·ウェルギリウス Virgilio たちによる] 古典ラテン文学の黄金時代. 3)《ギリシア神話》金の時代《→❸》

en ～ 結婚適齢期の: jóvenes *en ～* 結婚適齢期の若者たち

entrado en ～ 初老の《=entrado en años》

entrar en ～ 年をとる

estar en ～ de+不定詞 …するのに適した年齢である: Sus hijos ya *están en ～ de* trabajar. 彼の息子たちはもう働ける年齢だ

estar en la (su) más tierna ～《口語》幼い, 子供である

subir la ～ de... …の年齢を引き上げる: El gobierno no piensa *subir la ～ de* jubilación. 政府は退職年齢を引き上げるつもりがない

tercera ～《婉曲》定年を過ぎた年代, 老齢; 《集名》老齢層の人々: centro de (para) *tercera ～* 老人ホーム

-edad《接尾辞》[形容詞+. 名詞化. 性状] seri*edad* まじめさ

edáfico, ca [eðáfiko, ka]形《地質》[植物にとっての] 土壌の

edafogénesis [eðafoxénesis] 囡 土壌生成(過程)

edafología [eðafoloxía] 囡 土壌学

edafológico, ca [eðafolóxiko, ka] 形 土壌学の

edafólogo, ga [eðafóloɣo, ɣa] 囲 土壌学者

-edal《接尾辞》[豊富な場所] robl*edal* オーク林

edam [eðán] 男《料理》エダムチーズ《=queso de bola》

edda [éða] 囡《主に E～》エッダ《北欧の神話·詩歌集》

edecán [eðekán] 《←仏語 aide de camp》男 ❶《軍事》副官. ❷《皮肉》助手, 補佐役
——《メキシコ, エルサルバドル, アルゼンチン, ウルグアイ》[公式行事などの] 同伴者

edelweiss [eðelbáis] 《←独語》男《植物》エーデルワイス

edema [eðéma] 《←ギリシア語 oidema, -atos》男《医学》水腫, 浮腫: ～ cerebral 脳浮腫. ～ pulmonar 肺水腫

edematoso, sa [eðematóso, sa] 形 ❶ 水腫(性)の, 浮腫の: hinchazón ～sa 水腫. ❷ 水腫のできた; 水腫の患者

edén [eðén] 《←ヘブライ語 eden「すばらしい菜園」》男 ❶《旧約聖書》[主に E～] エデン(の園), エデンの楽園: Adán y Eva fueron expulsados del E～. アダムとイブはエデンの園から追放された. ❷《比喩》楽園, 天国《=paraíso》: Este lugar es un auténtico E～. ここはまさにこの世の楽園だ

edénico, ca [eðéniko, ka] 形 ❶ エデン Edén の. ❷ エデンの園のような: vida ～*ca* 快美な生活

edentado, da [eðentáðo, ða] 形 貧歯目の
—— 男《動物》貧歯目

-edero《接尾辞》[er+動詞+] 1) [形容詞化. 可能] hac*edero* …しやすい. 2) [名詞化. 場所] com*edero* まぐさ桶

edetano, na [eðetáno, na] 形 囲《歴史, 地名》エデタニア Edetania (の人)《古代ローマ時代のスペインのトゥリア川からサラゴサに至る地方》

edible [eðíble] 形《中米》食べられる《=comestible》

edición [eðiθjón] 《←ラテン語 editio, -onis「出産, 出版」< edere「出

産する,出版する」』囡 ❶ 出版, 刊行, 発行: La obra está preparada para su ～. この出版の準備が整っている. La ～ de sus obras completas durará varios años. 彼の全集の刊行には数年を要する. ～ electrónica 電子出版〔行為〕; 電子版〔テキスト〕. ～ de la mañana 朝刊. ～ semanal 週刊. ～ de sellos 切手の発行. ❷ 圏 出版社: Ediciones Larousse ラルース社. ❸〔刊行物の〕版: primera (segunda) ～ 初版(第2版). ～ última ～ 最新版. ～ 最新ニュース.《新聞》最終版. al cerrar la ～〔表示〕最新ニュース.《新聞》最終版. ～ revisada 改訂版. ～ suplementaria (aumentada) 増補版. ～ corregida y aumentada 改訂増補版. ～ de bolsillo ポケット版. ～ diamante コンパクト版. ～ príncipe (princeps・príncipes・principal)〔古書として価値のある〕初版本. ～ viva 現行版. ～ aérea〔雑誌などの〕空輸版. ～ económica 廉価版. ～ extraordinaria 豪華版; 特集. ❹ 图〔の〕製作, 編集: en ～ de+人 …編の. ❺〔レコード・CDなどの〕製作, 制作, 発売. ❻〔催し物・競技会などの〕…回: Mañana tendrá lugar la décima ～ de la exposición. 明日, 第10回展覧会が開かれる. ❼《情報》編集: ～ de texto テキストエディション. ～ en pantalla オンライン編集
ser la segunda ～ de... 1) …と瓜二つである, よく似ている. 2) …の焼き直し（二番煎じ）である

edicto [eðíkto]《←ラテン語 edictum < edicere「宣言する」》男 ❶ 布告, 公示: ～ del ayuntamiento 市役所の布告. ❷〔裁判所の〕公告: publicar un ～ en los periódicos 新聞紙上に公告を掲載する. ❸《歴史》勅令, 王令; 高札: E～ de Milán (Nantes) ミラノ（ナント）の勅令. ～ imperial 詔勅

edícula [eðíkula] 囡 =edículo
edículo [eðíkulo] 男 ❶《文語》小建築物. ❷《宗教》〔聖櫃・聖遺物箱として使われる〕小廟
edificabilidad [eðifikabiliðáð] 囡 建設可能性; 建設可能な面積
edificable [eðifikáβle] 形〔土地が〕建設可能の
edificación [eðifikaθjón]《←ラテン語 edificatio, -onis》囡 ❶ 築, 建設, 建立: La ～ del estadio tuvo un sobrecoste no esperado. スタジアムの建設には思いがけない超過コストが出た. ❷〔時に《集合》建造物, 建物: Detrás de esas edificaciones hay un campo deportivo. それらの建物群の向こうに運動場がある. ❸ 啓発, 教化
edificador, ra [eðifikaðór, ra] 形 图 ❶ 建設する, 建築する; 建設者, 建築業者. ❷ =edificante
―― 囡 建設会社
edificante [eðifikánte] 形 啓発的な, ためになる: Su libro ha tenido sobre ella una influencia ～. 彼の本は彼女を啓発した. discurso ～ 啓発的な演説. ejemplo ～ 有益なお手本
edificar [eðifikár]《←ラテン語 aedificare < aedes「家」+facere「作る」》他 ❶〔大規模に〕建設する, 建造する: En este terreno van a ～ el nuevo aeropuerto. この土地に新空港が建設される. zona edificada 既成の市街地. ❷〔態度などで〕模範になる, よい見本を示す: ～ con su conducta a los demás 他の人たちに行動で模範を示す. ❸〔会社を〕設立する: Este hombre edificó un gran imperio económico de la nada. この男は無一文から一大経済帝国を作り上げた
edificativo, va [eðifikatíβo, βa] 形 =edificante
edificatorio, ria [eðifikatórjo, rja] 形 建設の, 建築の
edificio [eðifíθjo]《←ラテン語 aedificium》男 ❶〔大きな耐久性のある〕建物, ビルディング: Vive en un ～ de lujo. 彼はデラックスなマンションに住んでいる. construir un ～ ビルを建てる. ～ inteligente インテリジェントビル. ～ público 公共建築物. ❷《比喩》構造〔物〕: ～ volcánico《地質》火山体
～ social 1) 社屋: ～ social de un banco 銀行の社屋. 2) 社会構造
edil, la [eðíl, la]《←ラテン語 aedilis》图 ❶ 市庁幹部. ❷ 市議会議員 [=concejal]
―― 男《古代ローマ》按察（あぜち）官, アエディリス: ～ curul 上級按察官. ❷ ～ plebeyo 平民
edilicio, cia [eðilíθjo, θja] 形 ❶ 市庁幹部の; 市議会議員の. ❷《キューバ, ドミニカ, コロンビア, ボリビア, ラプラタ》建物の, 建築の
edilidad [eðiliðáð] 囡 ❶ 市庁幹部の職; 市議会議員の職（任期）. ❷ 市議会, 市議会議員
edipiano, na [eðipjáno, na] 形 =edípico
edípico, ca [eðípiko, ka] 形《ギリシア神話》オイディプス Edipo の.《心理》エディプスコンプレックスの
Edipo [eðípo] 男《ギリシア神話》オイディプス《そうと知

らずに父を殺し, 母を妻とした》』
editable [eðitáβle] 形 ❶ 出版され得る. ❷ 編集可能
editaje [eðitáxe] 男 =edición
editar [eðitár]《←仏語 éditer》他 ❶〔書籍・新聞・レコードなどを〕出版する, 発行する, 発売する: Esta casa edita una revista. この会社はある雑誌を発行している. ～ tres mil ejemplares 三千部出す. ❷ 編集する;〔テキストを〕校訂する. ❸《情報》編集する
editing [éðitin]《←英語》男 編集作業
édito, ta [éðito, ta] 形《まれ》出版された; 編集された
editor, ra [eðitór, ra]《←ラテン語 editor, -oris》形 出版の. ――图 ❶ 発行者; 編集者, 校訂刊行者. ❷ =responsable〔新聞の〕発行責任者;〔ゴーストライターを使う〕名目上の著者. ～ de textos clásicos 古典の校訂（刊行）者
――男《情報》エディター: ～ de textos テキストエディット, テキストエディター
―― 囡 出版社 [=casa ～ra]
editorial [eðitorjál] 形 出版の; 出版業の
―― 男〔新聞・雑誌の〕社説, 論説
―― 囡 出版社 [=casa ～]
editorialista [eðitorjalísta] 图 論説委員, 論説記者
editorializar [eðitorjaliθár] 自〔新聞・雑誌に〕社説（論説）を執筆する
-edo〔接尾辞〕〔樹木・灌木+〕林, 群生地》robledo カシの林
Edo.《略語》←Estado 州
edometría [eðometría]《建築》建物基礎下の圧力測定
edómetro [eðómetro]《建築》圧力測定器
edomita [eðomíta] 形《旧約聖書》エドムの; エドム人(の)《死海南方の小王国》
-edor〔接尾辞〕[er動詞+] ❶〔品質形容詞化〕bebedor 酒飲みの. ❷〔名詞化. 場所〕comedor 食堂
edrar [eðrár]《古》《農業》中耕する [=binar]
edredón [eðreðón]《←仏語 édredon <スウェーデン語 eiderdum》男 ❶《西, メキシコ》〔羽毛・羽の〕掛け布団: ～ nórdico 羽毛布団. ❷ ケワタガモの綿毛
-edro〔接尾辞〕男〔面〕poliedro 多面体
educable [eðukáβle] 形 教育を受けられる; しつけの可能な
educación [eðukaθjón]《←ラテン語 educatio, -onis》囡 ❶ 教育《類義》educación は主に人格・能力・人間形成のための教育, enseñanza は学校での教育》; 教育課程: Ministerio de E～ y Ciencia《西》文部科学省. ～ primaria 初等教育《スペインでは6～12歳》. ～ secundaria (obligatoria) 中等教育《スペインでは12～16歳》. ～ intelectual 知育. ～ moral 道徳教育, 徳育. ～ sexual 性教育. ～ especial 養護教育, 身障児教育. ❷ しつけ, 行儀作法: Tiene muy buena ～. 彼は大変しつけがいい. ¡Pórtate con ～! お行儀よくしなさい! no tener ～ しつけ（マナー）が悪い. falta de ～ しつけの悪さ. mala ～ 不作法. ❸ 訓練;〔動物の〕調教: ～ canina 犬の訓練
educacional [eðukaθjonál] 形 教育の: ámbito ～ 教育環境. función ～ de los padres 両親の教育機能. programa ～ para adultos 成人教育プログラム
educacionalmente [eðukaθjonálménte] 副 教育的に; 教育的観点から
educacionista [eðukaθjonísta] 形 教育の; 教育学の: doctrina ～ 教育理論
educadamente [eðukáðáménte] 副 礼儀正しく, 行儀よく
educado, da [eðukáðo, ða] 形 行儀のよい, しつけのよい: Eran muy simpáticos y ～s. 彼らはとても感じのよく, 行儀がよかった
bien ～ 礼儀正しい, 行儀のよい; 十分な教育を受けた
mal ～ 粗野な, 行儀の悪い, 礼儀を知らない; 十分な教育を受けていない: Es una niña mal ～da y consentida. 彼女はしつけの悪い甘やかされた子
educador, ra [eðukaðór, ra] 形 图 教育する;《文語》[主に小学校の] 教育者, 教師
educando, da [eðukándo, da] 图《文語》[主に小学校の] 生徒
educar [eðukár]《←ラテン語 educare < ducere「導く」》他 ❶ 教育する, 教える: Quiere ～ a su hija en un colegio privado. 彼は娘に私立学校で教育を受けさせたい. deberes de los padres a ～ a los hijos 両親が子供に教育を受けさせる義務. ❷ 訓育する, しつける: Educó a sus hijos en su religión. 彼は自分の子供たちに宗教教育をした. ～ al niño en el respeto a

los mayores 子供に目上の人を尊敬するよう教える. ❸ [機能などを] 訓練する: ~ la voz ボイストレーニングをする. ~ el oído 聴覚を養う. ~ los músculos 筋肉を鍛える. ~ el gusto artístico 芸術感覚を磨く. ~ su andar 美しい歩き方ができるようにする. ❹ [動物を] 調教する: ~ al perro a no hacer sus necesidades en casa 家の中で大小便をしない犬を育てる
── ~se ❶ [学校などで] 教育を受ける: *Me he educado en este colegio.* 私はこの小学校で勉強した. ~*se con los jesuitas* イエズス会士から教育を受ける. ❷ しつけられる. ❸ 人生勉強をする

educativo, va [edukatíβo, βa] [←educar] 形 ❶ 教育の: política ~*va* 教育政策. ❷ 教育に役立つ, 教育的な: *Los rompecabezas son juegos* ~*s.* パズルは教育的な遊びである. película ~*va* 教育映画

educción [edu(k)θjón] 女《文語》❶ 引き出すこと, 抽出. ❷ 推論, 推論; 演繹

educir [eduθír] 41 他《文語》❶ 引き出す, 抽出する. ❷ 推論する, 推論する; 演繹する(他)

edulcoración [edulkoraθjón] 女 甘くすること, 甘味づけ

edulcorante [edulkoránte] 形 甘くする, 甘味をつける
── 男 ❶ 甘味料: ~ *artificial* 人工甘味料. ❷ [薬などの] 糖衣

edulcorar [edulkorár] 他 [まずい・にがいものに] 甘味をつける
── ~se 甘くなる

-eduría《接尾辞》[er動詞+. 名詞化. 場所] expend*eduría* 売り場

Edwards [édwardθ] [人名] **Jorge** ~ ホルヘ・エドワーズ『1931~, チリの小説家. 短編集『仮面』*Las máscaras*, 外交官としてキューバに赴任していた時の体験に基づいた小説『ペルソナ・ノン・グラータ』*Persona non grata* など洗練された文体で数多くの作品を書いている. セルバンテス賞受賞』

EEE《略語》←Espacio Económico Europeo 欧州経済領域

EE.UU.《略語》←Estados Unidos [de América] アメリカ合衆国, USA: *Congreso de los* ~ アメリカ合衆国議会. *economía en* ~ アメリカ経済

efabilidad [efaβiliðáð] 女 ❶ 言い表わせること. ❷ 表現力

efable [efáβle] 形 言い表わせる, 言葉で表現できる

efe [éfe] 女《諺》文字 f の名称
tener las tres ~*s* [女性が] 醜くて嘘つきで詮索好きである [←*fea, falsa, fisgona*]

efebía [efeβía] 形《文語》青年期, 思春期

efébico, ca [efeβiko, ka] 形《文語》青年の, 若者の; 思春期の

efebo [efeβo] 男《文語》❶ [主に古代ギリシアの] 若者; [特に] 美少年. ❷ 女性的な顔立ちの若者. ❸ 売春をする若い男性

efectismo [efektísmo] 男《美術, 文学》扇情主義, センセーショナリズム

efectista [efektísta] 形 [手段・方法が] 効果を狙った; [美術・文学作品が] 受けを狙った, 奇抜な: *pintura* ~ 技巧に走りすぎた絵
── 共 奇をてらう人

efectivamente [efektíβaménte] 副 ❶ [確言して] 実際[のところ], 実際に, 本当に. ❷ 案のじょう, 事実: *E*~ *era posible.* 実際, それは可能だった. ❸ [相手の発言を論理的に正しいと認めて] そのとおり, 確かに: Y ~ *lo es.* 確かにそうだ

efectividad [efektíβiðáð] 女 効果, 有効性: *Las medidas prohibitivas no tienen* ~. 禁止処置は効果がない. *garantizar la* ~ *de este método* この方式の有効性を保証する

efectivo, va [efektíβo, βa] [←ラテン語 *effectivus*] 形 ❶ 効果のある, 実効性のある: *Es más* ~ *evitar el sol.* 日光を避けた方が効果的である. *No hay tratamiento* ~. 有効な治療法がない. *medio* ~ 効果的な手段. ❷ 実際の, 現実の: *El poder* ~ *no está en manos del gobierno.* 実際の権力は政府の手にはない. *circunstancias* ~*vas* 実際の状況. *triunfo* ~ 実質的な勝利. ❸ 現職の
hacer ~ 実行する, 実現する: *hacer* ~*va su presencia* [約束どおり] 出席する. 2) [小切手などを] 現金化する
hacerse ~ 実行される, 実現する: *Su dimisión, anunciada hoy, se hará* ~*va la semana próxima.* 彼の辞任は今日発表されたが, 実行されるのは来週となる
── 男 ❶ 現金 [=*dinero* [*en*] ~]: *pagar en* ~ 現金で支払う. *reunir todo el dinero en* ~ 現金をかき集める. ~ *en caja* 現金手持ち高. ❷《軍など》形 兵員, 定員: *Han partici-*

pado en la extinción del incendio ~*s policiales.* 消火活動には警察官も参加した. *reducir los* ~*s norteamericanos en Japón* 在日米軍を削減する. ❸ [腹]従業員[総数]

efecto [efékto]《←ラテン語 *effectus* < e-(強調)+*factum* < *facere* 「する」》男 ❶ [主に良い] 効果, 効き目: 1) *El nuevo tratamiento ha producido el* ~ *en los enfermos.* 新たな治療法は病人たちに効果があった. *Empecé a notar los* ~*s de la anestesia.* 私は麻酔の効果に気づき始めた. *Él conducía bajo los* ~*s del alcohol.* 彼は酔っぱらい運転をした. *producir* (*tener*) *el* ~ *contrario* 逆効果をもたらす. *con* ~ *medicinal* 薬用効果のある. *sin* ~ *alguno* 全く効果なく, 何の効果もない. ~ *dañino por los fármacos* 薬害. ~ 2000《情報》2000年問題. ~ *memoria*《電気》記憶効果. ~ *útil*《技術》効率, 出力. 2)《映画》~*s especiales* 特殊効果, SFX. ~*s sonoros* 音響効果. 3)《物理》~ *Coriolis* コリオリの力. ~ *Doppler* ドップラー効果. ~ *túnel* トンネル効果. 4)《経済》~ *cascada* [税負担などの] 累加(カスケード)効果 [スペインでは付加価値税IVA導入(1986年)以前に, 取引高税ITEは製造・卸売・小売の各段階で繰り返し賦課された]. ~ *de demostración* デモンストレーション効果. ~ *de expulsión*/~ *de exclusión* クラウディングアウト効果. ~ *de riqueza* 資産効果, 富効果. ~ *de propulsión* (*de arrastre*) 前方(後方)連関効果. ~ *desbordamiento* (*derramamiento*) 漏出効果, 拡散効果, スピルオーバー効果. ~-*palanca*/~-*impulso* レバレッジ効果. ❷ 結果 [⇔*causa*]: *Sin causa, sin* ~. 原因のない結果. ❸ 印象, 感銘: *Sus palabras me hicieron un gran* ~. 彼の言葉に私は強い感銘を受けた. *Tu actitud les ha causado un* ~ *sorprendente a mis padres.* 君の態度は私の両親をびっくりさせた. ❹ 効力, 効果: *Es una ley con* ~ *desde 1998.* その法律は1998年から施行されている. *con* ~ [*s*] *de...* …日付けで有効な. ❺《文語》目的, 趣旨: *A este* ~ *se convocó la reunión.* この目的で会議は招集された. *a* ~*s fiscales* 財政目的で. *a* ~*s de contrato* 契約の趣旨として. ❻《腹》商品. ~*s de escritorio* 文房具. ~*s navales*《船舶》船具. ❼《腹》財産. ~*s mobiliarios* 動産. ~*s de consumo* 消費財. ❽《腹》所持品, 身の回り品 [=~*s personales*]. ❾《商業》1) 手形. ~ *comercial* 貿易手形. ~*s a pagar* 支払い手形. ~*s a cobrar*/~*s a recibir* 受取り手形. ~*s bancarios* 銀行手形. ~*s descontados* 割引手形. ~*s mercantiles* コマーシャルペーパー, CP. ~*s comerciales en eurodivisas* ユーロ・コマーシャルペーパー, ユーロCP. 2) 有価証券: ~*s públicos* 国債. ❿ [古銭学で] ~ *postal* 郵便切手. ⓫《スポーツ》スピン: *dar* (*imprimir*) ~ *a la pelota* ボールにスピンをかける. ~ *de retroceso* (*de avance*) バック(トップ)スピンのかかった

a dicho ~ =*a tal* ~

a ~ *de*+不定詞 …する目的で: *a* ~*s de conseguir una rebaja de su condena* 彼の減刑を実現するために

a tal ~ そのために, わざわざ: *A tal* ~, *convocaron un referéndum.* そのために国民投票が行なわれた

a todos los ~*s* どの点から見ても, 事実上

al ~ 1) [特に] その目的で: *comisión designada al* ~ そのために設立された委員会. 2) この~の点に関し [=*al respecto*]

al ~ *de*+不定詞 =*a* ~ *de*+不定詞

causar ~ =*surtir* ~

de [*mucho*] ~ [映画などが] 興行的な, 人目を引く

en ~ [主に文頭または単独で] 1) [特に] 実際, 事実: *En* ~, *pagó su deuda.* 彼は, 事実, 借金を払った. 2) [相手の発言を論理的に正しいと認めて] なるほど, 確かに: *En* ~, *así es.* 確かにそのとおりだ

hacer a+人 *el* ~ *de...* …の印象を…に与える

hacer ~ 効果を現わす: *El calmante no le ha hecho ningún* ~. 鎮静剤は全く彼に効かなかった

llevar... a ~ …を実施する, 実行する: *Llevaron a* ~ *sus amenazas.* 彼らは脅迫を行なった

llevarse a ~ 実施される, 実行される: *La reunión se llevará a* ~ *en Tokio.* 会議は東京で行なわれる予定だ

para los ~*s* 実際には, 現実には

poner... en ~《まれ》=*llevar... a* ~

por ~ 結果として: *La reforma económica tuvo por* ~ *el aumento de los ingresos.* 経済改革は結果として収入の増加をもたらした

por ~ *de...* …の結果により, …のために: *Me movía por* ~ *del viento.* 私は風に運ばれていた. *Está alegre por* ~ *del*

alcohol. 彼は一杯機嫌だ
ser de buen (mal) ~ ［事柄が］良い（悪い）印象を与える: *Es de mal ~ llegar tarde a una reunión.* 会議に遅れるのは悪い印象を与える
sin ~ ni valor ［法律上］無効な
surtir ~ 期待どおりの効果をあげる: *El remedio surtió ~ antes de tiempo.* その対策は思ったより早く実効を現わした. *Ya no reñimos al niño, porque las broncas no le surten ningún ~.* もう子供を叱るのはやめた, 叱っても全く効果がないから
tener ~ 1) **=surtir ~**. 2)［地方語］起こる

efector, ra [efektór, ra]囲《生理》効果器［の］, 奏動体［の］
efectuación [efektwaθjón]囡 実施, 実行, 実現, 遂行
efectual [efektwál]形《まれ》**=efectivo**
efectuar [efektwár]《←effectuare》14 他《文語》実施する, 実行する, 行なう: *encuesta efectuada a escolares* 小学生に対して実施されたアンケート調査. *~ una detención* 逮捕する
—— **~se** 実施される, 実行される: *Todo el transporte se efectuaba por la noche.* 輸送はすべて夜行われていた
efedra [eféðra]囡《植物, 薬学》エフェドラ, マオウ（麻黄）
efedráceo, a [efeðráθeo, a]形 マオウ科の
—— 囡複《植物》マオウ科
efedrina [efeðrína]囡《薬学》エフェドリン
efélide [efélide]囡《医学》［日射しでできる一過性の］そばかす
efémera [efémera]囡《昆虫》カゲロウ
—— 形 *fiebre ~* すぐ治まる熱病
efeméride [eféméride]囡［暦・新聞などに記載される］過去の同じ日に起こった出来事［の祝賀行事］
efemérides [efemériðes]囡複《単複同形》❶［暦・新聞などの］過去の同じ日に起こった出来事の欄（一覧表）. ❷ 日々の記録, 日誌. ❸《天文》天体暦, 天体位置推算表
eferméridos [eféméridos]男複《昆虫》モンカゲロウ科
efémero [efémero]男《植物》ニオイアヤメ
efemeróptero, ra [efemeró(p)tero, ra]カゲロウ目の
—— 男複《動物》カゲロウ目
efendi [eféndi]男［トルコで官僚・大臣・高僧・学者の名前の後に用いる敬称］先生, 閣下
eferencia [eferénθja]囡《生理, 解剖》［血管の］輸出（導出・出力）性の;［神経の］遠心性
eferente [eferénte]形《生理, 解剖》［血管の］輸出（導出・出力）性の;［神経の］遠心性の（⇔**aferente**）: *vasos ~s* 輸出管. *nervios ~s* 遠心性神経
efervescencia [eferbesθénθja]囡《←effervescere 「沸騰し始める」》❶ 泡立ち, 発泡, 泡起（ ）: *cerveza que carece de ~* 泡立ちの悪いビール. ❷ 高揚; 騒乱: *La discución está en plena ~.* 議論は白熱している. *calmar la ~ de la gente* 群衆の不穏な動きを静める. *~ política* 政治の混迷
efervescente [eferbesθénte]形《←effervescens, -entis < effervescere》❶ 泡立性の, 泡起性の; 泡立っている: *bebida ~* 発泡性飲料. *pastillas ~s* 発泡性の錠剤. ❷ 高揚している; 激しやすい: *pasiones ~s* 激情. *carácter ~* 頭に血がのぼりやすい性格
efesino, na [efesíno, na]形 名 **→efesio**
efesio, sia [eféjso, sja]名《歴史, 地名》［小アジアの古代都市］エフェソス Efeso の［人］
efeta [éfeta]男《古代アテネの》裁判官
efetá [efetá]間 頑固者め, 意地っぱりめ
efetonina [efetonína]囡《薬学》エフェトニン
efialtes [efjáltes]男 悪夢
eficacia [efikáθja]囡《←efficacia < e-（強調）+facere「する」》囡 ❶ 効果, 効力, 有効性: *El antídoto actuó con ~.* その解毒剤は効果があった. *perder ~* 効力を失う. *~ de la publicidad* 宣伝効果. *~ del medicamento* 薬の効き目. *~ de aumentar la ~* 能率を上げる. ❷ 有能さ, 能力, 実力: *persona de gran ~* 大変有能な人
eficaz [efikáθ]形《←efficax, -acis》形《複 ~ces》❶［+contra に対して］効果の, 効果的, 効力のある: *Esta pastilla es ~ contra el dolor de cabeza.* この錠剤は頭痛によく効く. *con su ~ ayuda* 彼の適切な助力で. *uno de los medios más eficaces* もっとも効果的な手段の一つ. *método ~* 有効な方法. ❷ 有能な《=**eficiente**》: *persona ~* 役に立つ人. *secretaria ~* 有能な秘書. ❸《電気》*fuerza ~* 有効力. *valor ~* 実効値

eficazmente [efikáθménte]副 効率よく, 能率的に, 効果的に; てきぱきと
eficiencia [efiθjénθja]囡《←ラテン語 efficientia》囡 ❶ 有効性. ❷ 能率, 効率: *~ del trabajo* 労働効率. *~ económica* 経済効率. ❸ 能力: *secretaria de admirable ~* すばらしく有能な秘書
eficiente [efiθjénte]形 ❶［主に人が］能率のよい, 有能な: *secretario ~* 有能な秘書. *~ organizador* 有能な組織者. *máquina ~* 効率のよい機械. ❷ 効果的な《=**eficaz**》: *uso ~ de sus recursos* 資源の有効利用. ❸《哲学》*causa ~* 動力因
eficientemente [efiθjéntménte]副 能率よく, てきぱきと; 効果的に
efigiado, da [efixjáðo, ða]形《まれ》肖像となった
efigiar [efixjár]10 他 肖像で表わす
efigie [efíxje]囡《←effigies < effingere「表現する」》囡《文語》❶ 肖像: *denario con la ~ del emperador Augusto* アウグストゥス帝の肖像のあるデナリウス銀貨. *quemar a+人 en ~*［デモ隊などが］…の人形を焼く. ❷［+de 観念・性質などの］現われ, 権化, 化身: *Es la ~ de la pureza.* 彼は純真そのものだ
efímera[1] [efímera]囡《昆虫》カゲロウ《=**efémera**》
efimeral [efimerál]囡《古語》**=efímero**
efimeridad [efimeriðá(ð)]囡《まれ》はかなさ, 移ろいやすさ
efímero, ra[2] [efímero, ra]《←ギリシア語 ephemeris「日々の」< ephemoros「1日しか効かない」》形 ❶ つかの間の, はかない: *La vida es ~ra y huidiza.* 人生ははかなく, 移ろいやすい. *alegría ~ra* つかの間の喜び. *~ reinado* 短命に終わった治世. ❷ 一日だけの: *flor ~ra* 一日で花しぼむ. *insecto ~* 一日しか生きない昆虫.［文章的］一時的興味を引くだけの
efira [efíra]囡《生物》エフィラ（幼生）
efloraciones [efloraθjónes]囡複 白華《=**eflorescencia**》
eflorecer [eflo reθér] 39 ~se 《化学》風解する
eflorescencia [floresθénθja]囡 ❶《化学》1) 風解. 2) コンクリートなどの表面にできる 白華（ ）; 白華現象. ❷《医学》発疹
eflorescente [floresθénte]形《化学》風解性の; 白華に覆われた
eflorescer [floresθér] 39 ~se《化学》風解する
efluente [eflwénte]男 工場排水, 廃液; 放射性の排液（排ガス）
efluir [eflwír] 48 自［液体・ガスが］流出する
efluvio [eflúβjo]《←effluvium「発散」》男《文語》❶［時に 複］発散される・空気中に漂う, 主に良い におい, 香気: *El ~ de su perfume resultaba muy agradable.* 彼女の香水のにおいはとてもよかった. *Tiene ~s de borrachera.* 彼は酒のにおいをさせている. ❷［もの・人が醸し出す］雰囲気;［感情などの］表出, 発散: *Le rodea un ~ de simpatía.* 彼はどこか親しみやすいところがある. *~s de la primavera* 春の気配. ❸《電気》［導体を取り巻く］空中放電
efluxión [eflu(k)sjón]囡《古語》❶［生気の］発散. ❷《医学》［妊娠初期の］流出物
efod [efó(ð)]男《歴史》エポデ《ユダヤ教の祭司が着けたエプロンのような法衣》
éforo [éforo]男《歴史》エフォロイ《スパルタで市民から選ばれる監督官》
efracción [efra(k)θjón]囡《←仏語 effraction》囡《まれ》骨折《=**fractura**》
efraimita [efraimíta]名《旧約聖書》［古代イスラエルの］エフライム Efraín 族
efrateo, a [efratéo, a]形《旧約聖書》エフラタ Efrata の［人］《ベツレヘム Belén の旧称》
efugio [efúxjo]男《古語》［難事からの］逃げ道; 口実, 逃げ口上
efulgencia [efulxénθja]囡《古語》輝き
efundir [efundír] 他《まれ》❶［液体を］こぼす, 流出させる. ❷《古語》話す, 言う
efusión [efusjón]囡《←ラテン語 effusio, -onis「こぼすこと」》囡 ❶［液体の］流出: *~ de sangre* 出血, 流血. ❷［喜び・愛情などの］ほとばしり, 吐露; 感動: *con ~* 感激して, 熱烈に. ❸《医学》［血液・漿液などの］滲出
efusivamente [efusiβaménte]副 心から, 感情を強く表に出して; 大仰に: *Me saludó muy ~.* 彼は熱烈な挨拶をしてくれた. *Te recomiendo ~ que visites Sevilla.* 私は心から君にセビー

リャに行くことを勧めるよ

efusividad [efusibiðá(d)] 囡 喜び・愛情などを強く表に出すこと, 感情の高まり: con ~ =**efusivamente**

efusivo, va [efusíβo, ba] [←efusión] 形 ❶ [喜び・愛情などを] 強く感じる(表に出す): María es muy ~va. マリアは感激屋だ. pronunciar un ~ discurso de bienvenida 熱烈な歓迎の挨拶をする. mis más ~vas gracias 私の心からのお礼. ❷《地質》噴出性の: roca ~va 噴出岩, 火成岩

efuso, sa [efúso, sa] efundir の不規則な 過分

efvo. 《略語》←efectivo 現行の, 現金

e.g. 《略語》←exempli gratis たとえば

egabrense [eɣaβrénse] 形 名《地名》カブラ Cabra の[人]【コルドバ県の町】

egagrópila [eɣaɣrópila] 囡《動物》胃毛球

Egaña [eɣáɲa]《人名》**Juan** ~ フアン・エガニャ【1769～1836, チリの法学者. チリ独立運動に加わり1823年憲法を起草】

egarense [eɣarénse] 形 名《地名》エガラ Egara の[人]【バルセロナ県タラサ Tarrasa の旧称】

EGB 囡《西. 古語. 略語》←enseñanza general básica 初等教育, 小中学校【6歳～14歳】

egeflino [exeflíno] 男《魚》コダラ【食用】

egeo, a [exéo, a] 形《地名》エーゲ海 Mar Egeo の: civilización ~a エーゲ海文明

Egeria [exérja] 囡《ローマ神話》エゲリア【泉のニンフ】

egida [exíða] 囡 =**égida**

égida [éxiða] 囡 ❶《ギリシア神話》アイギス【ゼウスがアテナイに授けた楯】. ❷《文語》保護, 後援: bajo la ~ de+人 …の庇護(援助)の下に

gílope [exílope] 囡《植物》オニカラスムギ, エンバクの野生種

egipan [exipán]《ギリシア神話》アイギパン【上半身は人間, 下半身は山羊の姿をした牧神】

egipciaco, ca [exipθjáko, ka] 形 ❶《まれ》=**egipcio**. ❷《古語》[傷口用の塗り薬が] 蜂蜜・緑青・酢で作られた

egipcíaco, ca [exipθíako, ka] 形 名 《まれ》=**egipciaco**

egipciano, na [exipθjáno, na] 形 名《まれ》=**egipcio**

egipcio, cia [exipθjo, θja] 形 名《地名》Egipto [人]の; エジプト人: civilización ~cia エジプト文明. letra ~cia 《印刷》[書体]スラブ・セリフ, エジプシャン
── 男《歴史》エジプト語

egiptano, na [exi(p)táno, na] 形 名 =**egipcio**

egiptología [exi(p)toloxía] 囡〔古代〕エジプト学

egiptológico, ca [exi(p)tolóxiko, ka] 形〔古代〕エジプト学の

egiptólogo, ga [exi(p)tólogo, ga] 名〔古代〕エジプト学者

égira [éxira] 囡 =**hégira**

Egisto [exísto] 男《ギリシア神話. 人名》アイギストス【愛人クリュタイムネストラの夫アガメムノンを殺したが, その息子オレステスに殺された】

eglantina [eɣlantína] 囡《植物》ローズヒップ【学名 Rosa rubiginosa】

eglefino [eɣlefíno] 男《魚》ハドック, モンツキダラ

égloga [éɣloɣa] 囡〔対話形式の〕牧歌, 田園詩

eglógico, ca [eɣlóxiko, ka] 形 田園詩 égloga の; 牧歌的な

ego [éɣo] [←ラテン語] 男 自我, エゴ. ❷ うぬぼれ, 自分に対する過大評価: tener mucho ~ うぬぼれが強い

-ego, ga《接尾辞》→**-iego**

egocéntrico, ca [eɣoθéntriko, ka] [←ラテン語 ego+カスティーリャ語 centrismo] 形 自己中心的な[人], 利己的な[人]

egocentrismo [eɣoθentrísmo] 男《心理》自己中心主義〔的傾向〕

egocentrista [eɣoθentrísta] 形 名 =**egocéntrico**

egócero [eɣóθero] 男《動物》セーブルアンテロープ

egofonía [eɣofonía] 囡《医学》ヤギ声

egoísmo [eɣoísmo] [←仏語 égoïsme < ラテン語 ego] 男 利己主義, エゴイズム

egoísta [eɣoísta] [←egoísmo] 形 名 利己主義の; エゴイスト: No seas tan ~ y piensa en los demás. 自分勝手はやめて, 他の人のことをも考えろ

egoístamente [eɣoístaménte] 副 利己的に, 自分本位に

egoistón, na [eɣoistón, na] 形 非常に利己的な[人]

ególatra [eɣólatra] 名 自己崇拝する人

ególatría [eɣolatría] 囡 自己崇拝, 自画自賛

ególatrico, ca [eɣolátriko, ka] 形 自己崇拝の: actitud ~ 自画自賛の態度

Ego sum qui sum [éɣo sum ki sum]【←ラテン語. 旧約聖書『出エジプト記』】私はあるがままの私だ【神がモーゼに言った言葉で「私は至高の存在である」の意】

egótico, ca [eɣótiko, ka] 形《心理》利己主義の[人]

egotismo [eɣotísmo] [←英語 egotism] 男 ❶ 自分自身のことばかり話したがる傾向. ❷《心理》[心の奥底での] 自己中心主義

egotista [eɣotísta] 形 名 ❶ 自分自身のことばかり話したがる[人]. ❷《心理》自己中心主義の[人]

egregiamente [eɣrexjaménte] 副《文語》よく知られて

egregio, gia [eɣréxjo, xja] [←ラテン語 egregius 「群れで飛び抜けている」] 形《文語》❶[人が, よい意味で] 著名な; 高貴な: personaje ~ 名士. los ~s visitantes お客様がた. ❷[事が] 傑出した, 優れた

egresado, da [eɣresáðo, da] 名 卒業生

egresar [eɣresár] 自 ❶《まれ》出る. ❷《中南米》[主に高校・大学を] 卒業する
── 他《まれ》支出する. ❷《南米》[預金から金を] 下ろす, 引き出す, 出金する

egreso [eɣréso] 男 ❶《まれ》支出, 支払い [⇔ingreso]. ❷《中南米》卒業. ❸《南米》[預金からの] 引き下ろし, 出金

Eguren [eɣurén]《人名》**José María** ~ ホセ・マリア・エグレン【1874～1942, ペルーの詩人. ランボーやヴェルレーヌの影響を受けつつ, 詩語に音楽的な階律をもたせた独自の言語で創作を行なった】

eh [é] [←擬態] 間 ❶ [呼びかけ] ¡Eh, Pedro, espera! おいペドロ, 待てよ! ❷ [質問] ¿Eh, qué dices? え, 何言ってるんだい? ❸ [警告] Esto no se hace, ¿eh? こんなことをしてはいけないよ, 分かるね? ❹ [同意を求めて] Hace frío, ¿eh? 寒いね

eibarrés, sa [eiβarrés, sa] 形 名《地名》エイバル Éibar の[人]【ギプスコア県の町】

eíder [eíðer] 男《鳥》ホンケワタガモ

eidético, ca [eiðétiko, ka] 形《心理》直観的, 直観像の: imagen ~ca 直観像. ❷《哲学》[現象学で] 形相的な: reducción ~ca 形相的還元
── 囡 映像記憶, 直観視記憶 [=memoria ~ca]

eidetismo [eiðetísmo] 男《心理》直観像素質

eidóforo [eiðóforo] [←一商標] 男《一商標》アイドフォル【映写サイズを自由に選べるビデオプロジェクター】

einstenio [einstenjo] 男《元素》アインスタイニウム

eirá [eirá] 囡《アルゼンチン, パラグアイ. 動物》ジャガランディ【ピューマに似ている】

eisoptrofobia [eiso(p)trofóβja] 囡 鏡を見ることに対する恐怖, 鏡恐怖症

ej.《略語》←ejemplar[印刷物] …部; ejemplo 例

ejarbe [exárβe] 男 ❶《ナバラ, リオハ, アラゴン, バレンシア》用水路の水量の単位 [=teja]. ❷《ナバラ》[降雨による] 川の増水

eje [éxe] [←ラテン語 axis] 男 ❶ [中央で二分する] 中心線: ~ de la carretera 高速道路の中央線. ❷ [回転体の] 軸: 1) girar sobre el ~ 軸を中心に回転する. ~ de la Tierra 地軸. 2)《技術》シャフト, 軸; ~ de las ruedas 車軸, 心棒. ~ de un cilindro シリンダーの軸. ~ trasero (delantero) 後輪(前輪)軸. ❸《数学》軸: ~ de abscisas (de ordenadas) 横(縦)軸. ~ de las equis (las íes) X(Y)軸. ~ de coordenadas 座標軸. ~ de simetría 対称軸. ❹ [推論などの] 基本軸: Este concepto es el ~ del discurso del dramaturgo japonés. この概念が日本演劇に関する論者の基本軸である. ❺ 中心人物; 主要問題: Mis hijos son el ~ de mi vida. 私の生活は子供を中心に回っている. Con su simpatía se convirtió en el ~ de la reunión. 持ち前の親しみやすさで彼女はパーティの中心になった. ~ de las conversaciones diplomáticas 外交交渉の中心問題. ❻ [el *Eje*. 第2次大戦の] 枢軸国 [=países del *Eje*]. ❼《植物》軸. ❽《メキシコ》~ vial 主要な幹線道路

partir (dividir) por el ~ *a*+人《口語》…に大損害を与え, ひどい迷惑をかける: Con sus nuevas propuestas nos partió por el ~. 彼の新しい提案で私たちは大変困った

ejeano, na [exeáno, na] 形 名《地名》エヘア・デ・ロス・カバリェロス Ejea de los Caballeros の[人]【サラゴサ県の村】

eject [eʝék] [←英語] 男 [CDなどの] イジェクトボタン(キー・機構)

ejecución [exeku(θ)jón] [←ラテン語 executio, -onis] 囡 ❶ 実行, 遂行, 実施: poner... en ~ …を実行に移す, 実施する. ❷ 死刑執行, 処刑: ~ pública 公開処刑. ❸ 演奏: tener buena ~ 上手な演奏ぶりである. ❹《法律》執行; 差し押さえ: ~ for-

ejecutable [exekutáble] 形 執行され得る
ejecutante [exekutánte] 名 ❶ [差し押さえの] 執行者, 執行人. ❷ 演奏者《= ~ de música》. ❸ 行なう人, 実行者: ~ de danza 踊り手, ダンサー
ejecutar [exekutár] 《←ラテン語 exsequi「最後まで従う」< e- (強調) +secutum < sequi「従う」》他 ❶ [職務・任務を] 実行する, 遂行する: El alcalde *ejecutó* el plan de asfaltado. 市長はアスファルト舗装計画を実行した. ❷ [技術・熟練を要する行為を] 行なう: *Ha ejecutado* limpiamente un triple salto mortal. 彼は見事に3回転宙返りをやってのけた. ~ una delicada operación 難しい手術を行なう. ~ un tiro libre フリーキックをする. ❸ 処刑する, 死刑を執行する: Fue *ejecutado* hace un par de meses. 彼は2か月前に処刑された. ❹ [音楽] [曲を] 演奏する: La orquesta *ejecutaba* la hipoteca de la sinfonía No.5. オーケストラは交響曲第5番の第4楽章を演奏していた. ~ al piano una sonata ピアノでソナタをひく. ❺ [法律] 1) [判決・命令・措置などを] 執行する, 実施する. 2) 差し押さえる: Le *han ejecutado* la hipoteca. 彼は担保物件を差し押さえられた. ❻ [情報] [命令・プログラムを] 実行させる, 実行する: La computadora *ejecutó* el programa. コンピュータはプログラムを実行した
—— **se** 実行される; 処刑される: Se dictó la sentencia y *se ejecutó* al día siguiente. 判決が言い渡され, 翌日死刑が執行された
ejecutiva¹ [exekutíba] 名 理事会, 執行部, 実行委員会《=junta ~》
ejecutivamente [exekutíbaménte] 副 ❶ 迅速に, すみやかに. ❷ [法律] 差し押さえをして
ejecutividad [exekutibiðá(ð)] 名 [法律] 即座の (迅速な) 執行の必要性
ejecutivo, va² [exekutíbo, ba] 《←ejecutar》形 ❶ 実行の, 実施の: comité ~/comisión ~va 実行 (執行) 委員会. ❷ 行政の, 行政上の: orden ~va [大統領などによる] 執行命令. ❸ [法律] [ただちに・迅速に] 執行されるべき: acción ~va 強制執行. ❹ oficial ~ [海軍] 副長, [陸軍] 副隊長
—— 形 行政機関《=poder ~》
—— 名 ❶ 重役, 役員, 幹部職員: ~ de ventas 販売担当重役. ❷ 行政官
ejecutor, ra [exekutór, ra] 形 実行する;《法律》執行する
—— 名 ❶ 実行者, 遂行者;《法律》執行者: ~ de órdenes 命令執行人. ❷ 死刑執行人《= ~ de la justicia》
ejecutoria¹ [exekutórja] 《←ejecutar》名 ❶ 偉業, 殊勲, 功績, 手柄: brillante ~ intelectual 輝かしい学術的業績. ❷《法律》確定判決《=sentencia ~》. ❸ 貴族証明書《= ~ de nobleza, carta ~ de hidalguía》
ejecutoría [exekutoría] 名《法律》執行者の職 (地位)
ejecutorial [exekutorjál] 形《法律》[令状などが] 確定判決を記した
ejecutoriar [exekutorjár] 11 他 ❶《法律》確定判決を下す. ❷ [確かさを] 確認する, 太鼓判を押す
ejecutoriedad [exekutorjeðá(ð)] 名《法律》[判決などの] 確定性
ejecutorio, ria² [exekutórjo, rja] 形《法律》[判決などが] 確定した; 執行を命じる
ejem [exén] 間 [皮肉・疑念を表わす軽い咳払い] えへん, おほん
ejemplar [exemplár] **I** 《←ラテン語 exemplaris, -e》形 ❶ 模範的な, 手本となる: conducta ~ 模範的な行為, 品行方正. vida ~ 模範的生活. ❷ [実例となる] castigo (correctivo) ~ 見せしめのための罰. ❸ 実例となる: caso ~ 事例
II 《←ラテン語 exemplar < exemplaris, -e》名 ❶ [本・新聞などの] …部, …冊: Se han agotado todos los ~es de su novela. 彼の小説は全冊売り切れた. tirar diez mil ~es 1万部印刷する. ~ gratuito [無料の] 試供版. ❷ [その種の] 典型: Es un ~ de raza asiática. 彼は典型的なアジア人種だ. ❸ 標本: magnífico ~ de esmeralda エメラルドの見事な標本. ❹《まれ》原型, 見本
¡Menudo ~! 何てひどい奴だ!
sin ~ かつてない, 前例のない, 空前絶後の
III 《←ejemplo》《まれ》例示する, 例証する《=ejemplificar》
ejemplaridad [exemplariðá(ð)] 名 模範性; 見せしめになること: La ~ del maestro vale más que sus palabras. 教師は口で言うより模範を示した方がよい

ejemplario [exemplárjo] 男 [集合] 模範; 例
ejemplarizador, ra [exemplariθaðór, ra] 形《主に南米》模範的な, 手本となる; 前例となる
ejemplarizante [exemplariθánte] 形 模範な (手本・良い例) となる
ejemplarizar [exemplariθár] 9 他 ❶ [人が] …に模範を示す. ❷ …の良い例となる; 例として示す
ejemplarmente [exemplárménte] 副 模範的に, 範を垂れて
ejemplificación [exemplifikaθjón] 名 ❶ 例証, 例示《行為》. ❷ 例《=ejemplo》
ejemplificador, ra [exemplifikaðór, ra] 形 =**ejemplarizador**
ejemplificar [exemplifikár] 7 他 ❶ 例をあげて証明 (説明) する, 例証する: ~ la teoría expuesta 発表した理論を例証する. ❷ …の例を示す, 例示する
ejemplo [exémplo] 《←ラテン語 exemplum「例, 模範」< eximere「取り出す, 引き出す」< emere「つかむ」》男 ❶ 模範, 手本《人, 事物》: Su error debe servirnos de ~ a todos. 彼の失敗は私たちみんなに教訓になるに違いない. Su irresponsabilidad sirve de mal ~ para todos. 彼の無責任さはみんなの反面教師として役立つ. Fue un ~ de rectitud y honestidad. 彼は公正と正直の手本となる人物だった. vivo ~ 生きた見本. ~ que (a) seguir 見習うべき模範. de lo que no se debe hacer 真似すべきでない見本. ❷ 例, 実例, 事例: El maestro siempre pone ~s de lo que dice. 先生はいつも実例を挙げる. frase de ~ 例文. ~ de ensayo 身近な例. ~ de ensayo テストケース. ❸ 典型, 見本: Es un ~ de familia. それはいかにも家族らしい家族だ. Juan es todo un ~ de buena conducta. フアンは品行方正が服を着て歩いているようなものだ. Es el vivo ~ del egoísmo. 彼は利己主義の権化だ. ❹ 見せしめ
a ~ *de...* …にならって
dar ~ [+a+人] 手本を示す: *dar* buen (mal) ~ よい (悪い) 手本となる. *Da* ~ de probidad. 彼は誠実そのものだ
poner... por ~ …を例にあげる
por ~ 例えば: Quiero visitar unas ciudades antiguas; *por* ~ Toledo, Granada. 私は古都, 例えばトレドやグラナダを訪れたい
seguir el ~ *de...* …の例にならう
sin ~ 例のない, 前例のない, 前代未聞の; まれなことに
tomar... como (por) ~ …を例とする
tomar ~ 見習う
ejercer [exerθér] 《←ラテン語 exercere「教育する, 訓練する」< arcere「閉じ込める, 含む」》1 他 ❶ …に従事する, 営む: *Ejerció* la presidencia del país. 彼はその国の大統領を務めた. ~ la abogacía 弁護士を営む. ~ la docencia 教職に従事する. ~ la prostitución 売春を行なう, 春を売る《~, +sobre+引》; 影響力がある, 力がある: Los amigos *ejercen* una buena influencia *sobre* él. 友人たちが彼にいい影響を与えている. ❸ [権利・権力を] 行使する: ~ el derecho de veto 拒否権を行使する
—— 自 [+de 職業に] 従事する, 就(?)く: *Ejerce de* médico. 彼は医者をしている. Con este título, puedes ~ *de* abogado. この免許で君は弁護士を開業できる. Estudió la carrera de periodismo, pero no *ejerce*. 彼はジャーナリズムを専攻したが, 実際には仕事に就いていない
ejercicio [exerθíθjo]《←ラテン語 exercitoum < exercere「教育する, 訓練する」》男 ❶ 練習, 訓練, 実習: Hago ~s de piano todos los días. 私は毎日ピアノの練習をする. ~ acrobático [航空] アクロバティック飛行. ~ de la voluntad 意志の強化. ~s diarios 日課. ❷ [身体の] 運動《= ~ físico》; [体操競技などの] 演技: Conviene hacer ~ para no engordar. 太らないためには運動をするとよい. falta de ~ 運動不足. ~s respiratorios 呼吸訓練. ~s abdominales 腹筋の運動. ❸ [カトリック] 1) 勤行, 修行. 2) [複] 霊操《= ~s espirituales》. ❹《軍事》[複] 演習, 教練《=~s militares》: participar en los ~s de la OTAN NATOの演習に参加する. ~ de tiro 射撃訓練. ❺ 練習問題《→cuestión[類義]》: hacer los ~s de un texto 教科書の練習問題をする. ❻ [採用試験を構成する] 試問, 審査: Me suspendieron en el segundo ~. 私は2次試験で落ちた. ~ escrito 筆記試験. ~ oral 口答試験. ❼ 実技試験. ❽ [職業の] 従事: ~ de la medicina 医療業務を行なうこと. ❾ [権利などの] 行使: ~ del derecho a la huelga ストライキ権の行使. ~ del poder 権力の行使. ❿ 決算年度, 事業

年度〖=～ contable〗: presupuesto del presente ～ 今年度予算. el ～ anterior 前年度. ～ de 2015 2015年度決算. ～ fiscal 会計年度, 税制年度. ～ presupuestario 予算年度. ❿《商業》fecha de ～〖オプション〗最終行使期日〖スペインでは毎月第3木曜日〗. precio en ～ 1) 現役の: Ya no está en ～. 彼はもう現役ではない. 2) 開業中の: abogado en ～ 開業している弁護士

ejerciente [exerθjénte] 形 =**ejercitante**

ejercitación [exerθitaθjón] 女 ❶〖医師・弁護士などの〗開業, 営業. ❷〖権利・権限・影響力などの〗行使: ～ de la paciencia 我慢する. ❸ 訓練, 練習: ～ de los músculos abdominales 腹筋の訓練

ejercitante [exerθitánte] 形 訓練中の, 練習中の, 修行中の ── 名〖カトリック〗修行僧

ejercitar [exerθitár]《←ラテン語 exercitare「しばしば訓練する」》他 ❶〖権力・能力を〗行使する, 発揮する: Desde que nace, el niño *ejercita* la facultad de conocer. 生まれた時から子供はものを認識する能力を発揮する. ～ sus derechos 権利を行使する. ～ la caridad 慈善行為をする. ❷ 従事する〖=ejercer〗: ～ la cirugía 外科医を営む. ～ la pintura 絵をかく. ❸ 訓練する; 〖+en の〗練習を…にさせる: ～ a+a *en* un salto de longitud …に走り幅跳びのトレーニングをさせる. ～ los dedos 指を鍛える. ～ los músculos de los brazos 腕の筋肉を鍛える ── ～se 練習する: ～*se en* natación 水泳のトレーニングをする

ejército [exérθito]《←ラテン語 exercitus「軍事訓練を受けた人々」< exercere「教育する, 訓練する」》男 ❶〖集名〗軍隊, 軍, 軍勢; 〖特に〗陸軍〖=E～ de Tierra〗: El ～ apoyó al gobierno. 軍は政府を支持した. comandante del ～ 軍司令官. ～ alemán ドイツ軍. E～ del Aire 空軍. ～ enemigo 敵軍. ～ nacional 政府軍; 〖スペイン内戦でフランコ派の〗国民戦線軍. ～ popular 人民軍. ～ regular 正規軍. ～ industrial de reserva〖経済〗産業予備軍. ❷ 大勢, 大群: un ～ de hormigas アリの大軍. un ～ de niños 大勢の子供ら. ❸〖隠語〗刑務所

ejidal [exiðál] 形〖メキシコ〗エヒード ejido の: comisariado ～ エヒードの運営委員会

ejidatario, ria [exiðatárjo, rja] 名〖メキシコ〗エヒダタリオ〖親子代々エヒード ejido の継承可能な土地利用権を所有する人〗

ejidense [exiðénse] 形 名〖地名〗エル・エヒド El Ejido の〖人〗〖アルメリア県の町〗

ejido [exíðo]《←ラテン語 exitus < exire「立ち去る」》男 ❶〖村の〗共有地, 入会 (　　) 地. ❷《メキシコ》エヒード【1】植民地期にメキシコで編成された先住民共同体に所属する農牧共用地. 法律上は譲渡不能だったため, 【2】メキシコ革命後, 農地改革で制定された土地利用権をもつ農民組織およびその土地

ejión [exjón] 男〖建築〗〖屋根の骨組み・足場などの〗母屋桁 (　　), 棟木

-ejo, ja〖軽蔑接尾辞〗regal*ejo* つまらない贈り物, caball*ejo* 駄馬

ejote [exóte] 男 ❶《メキシコ, グアテマラ, ホンジュラス. 植物》サヤインゲン. ❷《グアテマラ》大きく不ぞろいな縫い目

ejú [exú] 男 ヤシ繊維〖湿度に強く, 綱の原料〗

ekanita [ekaníta] 女〖鉱物〗エカナイト

ekeko [ekéko] 男〖インカ神話〗エケッコ〖禿頭で肥満体の姿で幸運をもたらす守護神〗

ekuele [ekwéle] 男〖赤道ギニアの通貨単位〗エクウェレ

el [el]《←ラテン語 ille「あの」》冠〖定冠詞男性単数形. 語形〗女性単数形 **la**, 男性複数形 **los**, 女性複数形 **las**. アクセントのある ha- で始まる女性単数名詞の直前では は **el** となる: *el* agua 水, *el* hambre 空腹. 〖ただし以下の場合は la のまま. アクセントのない a-: *la* abeja 蜂. 女性接尾辞. 名詞の前に他要素が介在する時: *la* afilada hacha 研ぎ澄まされた斧. 文字の名称は: *la* A「A」の文字, *la* hache「H」の文字. 男性との区別: *la* árabe アラブ人女性. 示小語: *la* agüita ハーブティー. *la* Ana de aquellos días 当時のアナ〗. 前置詞 a・de の縮約→**a¹, de¹**〗

I〖+普通名詞〗❶〖話し手・書き手と聞き手・読み手の双方が了解している特定の物, 既知・周知のもの〗その, 例の: 1) 先生が入ってきたとたん, 会話が途切れた. No sé en cuál. 〖その〗先生が入ってきたとたん, 会話が途切れた. No sé *el* nombre de *la* flor. 私はその花の名前を知らない. En *los* países se observa un

consumo excesivo de recursos. それらの国では資源の過剰な消費が見られる. Deme una de *las* revistas. 〖その〗雑誌を1冊下さい.〖対照〗無冠詞: *Mamá* está enferma. ママは病気だ〖固有名詞化〗. Vendrán *padre e hijo*. 父と子が来るだろう〖一対〗. Estará *en casa*. 彼は自宅にいるだろう〖熟語化〗. ¿Cómo está, *maestro*? 先生, お元気ですか?〖呼びかけ〗〖日常生活における, 分かりきった・決まりきった対象〗Se me paró *el* reloj. 時計が止まった. ¿Y dónde están *los* abuelos? 祖父母たちはどこだ? Cierre *la* puerta, por favor. ドアを閉めて下さい. Tráeme *las* zapatillas. スリッパを持って来て. Hemos estado viendo *la* televisión. 私たちはテレビを見ていた. 〖身体の部位〗Levantó *la* mano. 彼は手を上げた. 〖対照〗Me rompí *un* pie. 私は〖片方の〗足を折った. ❷〖修飾語句による限定・特定化〗Fuimos a ver *el* terreno que compramos. 私たちは買った土地を見に行った. ¿Puedes decirme *la* causa de tu tardanza? 遅れた理由を私に言いえる. *Las* ruedas del coche levantaban una estela de polvo. 車のタイヤがほこりを舞い上げた. *Los* empleados de la tienda son muy simpáticos. その店の従業員たちは大変愛想がよい. 〖同格でも定冠詞の省略が多い: Madrid, 〖*la*〗capital de España, es una ciudad interesante. スペインの首都, マドリードは興味深い都市である〗❸〖唯一物〗1) *La* Tierra gira alrededor *del* Sol. 地球は太陽のまわりを回る. 〖対照〗Hace *sol*. 日が出ている. eclipse de *sol* 日食〗2)〖換称. +大文字で始まる名詞〗*El* Omnipotente 全能の神. *El* Redentor 贖 (　　) い主. ❹〖+抽象名詞〗No ha cesado *el* peligro. 危険は去っていない. Ponía *el* amor sobre todas las cosas. 彼は愛を最上位に置いた. No dice *la* verdad. 彼は本当のことを言っていない. *La* juventud no puede ocultarse. 若さを隠すことはできない. ¿Cómo eliminar la pobreza en el mundo? 地球上の貧困を廃絶するにはどうすべきか?〖対照〗*Pobreza* no es vileza. 貧乏は卑しさと違う〗❺〖総称・一般化〗…というもの: 1) *El* hombre es mortal. 人間は死すべきものである. *Los* niños son inocentes. 子供は無邪気だ. Me gusta *la* cerveza. 私はビールが好きだ. *El* tiempo es precioso. 時間は大切だ. 〖語法〗可算名詞の場合, 単数形は種類・類型を抽象的にとらえ, 「…というもの」を表わす: *El* perro es un animal fiel. 犬というものは忠実な動物である. 2) 複数形は包括的に「すべての…」を表わす: *Los* perros son fieles. 〖すべての〗犬は忠実である〗❻〖集合の全体, 全員〗*La* población acude a las urnas para elegir presidente. 住民たちは大統領選のために投票所へ行く. Se lo voy a decir a *los* alumnos. 生徒たちにそのことを言おう. ❼〖空, 海, 野, 山, 海原, 大地, 世界〗*El* cielo está nublado. 空は曇っている. Me gusta más *la* playa que *la* montaña. 私は山よりも海の方が好きだ. Un viaje al espacio es la aventura más grande que puedo imaginar. 宇宙旅行は想像できる最大の冒険だ. 〖対照〗En el horizonte parecían una cosa *cielo y tierra*. 地平線では天と地が一つになったようだった〗❽〖自然現象〗*La* lluvia cae desde Granada. グラナダに雨が降る. Bailaré contigo hasta el amanecer. 夜明けまで君と踊ろう. El puente fue destruido por *el* viento. 橋は風で壊れた. 〖対照〗Hace *viento*. 風が吹いている. Hay escarcha. 霜が降りている〗❾〖四季, 朝昼晩, 年号・日付・曜日〗〖語法〗無冠詞〗Se acerca *el* invierno. 冬が近づく. En 〖*la*〗primavera florecen las flores. 春には花が咲く. Eran las seis de *la* mañana. 朝の6時だった. Ya estamos en *el* año 2016. もう2016年だ. Nací el 〖*día*〗 15 de enero *del* 〖*año*〗 1990. 私は1990年1月15日に生まれた. Tenemos que salir *el* martes. 私たちは火曜日に出かけなければならない. *Los* domingos van a misa. 彼らは毎日曜日ミサに行く. 〖対照〗Siempre salgo de *mañana*. 私はいつも朝出かける. Nació en 2001. 彼は2001年生まれだ. Estamos a cuatro de noviembre. 今日は11月4日だ. Hoy es *viernes*. 今日は金曜日だ〗❿ 男〖年齢, 年月+abos〗Cumplió 〖*los*〗 19 años. 彼は19歳になった. Mi madre todavía canta a *los* 85 años. 母は85歳でまだ歌っている. Murió a *los* 77. 彼は77歳で亡くなった. 〖対照〗無冠詞: Mi padre tiene 59 *años*. 私の父は59歳だ. una mujer de 34 *años* 34歳の女性〗⓫〖女性形で, 時刻〗Es *la* una. 1時だ. Son *las* dos. 2時だ. Llegué a la oficina a las ocho. 私は8時にオフィスに着いた. Partiré entre las nueve y las diez. 私は9時から10時の間に出発しよう. 〖対照〗=Partiré de *nueve a diez*. ⓬〖方位・方角〗Venezuela está *al* este de Colombia. ベネズエラはコロンビアの東にある. El ovni fue visto en *el* norte de Chile. チ

リ北部ではUFOが目撃された.『対照』Las nubes se desplazan de *oeste* a *este*. 雲が西から東に移動する』⓭『食事』*La comida está lista*. 食事の用意ができた. En *el* desayuno tomo churros. 私は朝食にチューロを食べる. ⓮『衣服』Es mejor que te pongas *la* chaqueta. 上着を着た方がいいよ. Me quito *la* gorra. 私は帽子を脱ぐ.『対照』Salió en *pijama*. 彼はパジャマ姿で現れた. Siempre lleva *corbata*. 彼はいつもネクタイを締めている』⓯『ゲーム, スポーツ』Las vecinas jugaban a *las* cartas todos los días. 近所の女たちは毎日トランプをしていた. A mí me gusta *el* baloncesto. 私はバスケットボールが好きだ. ⓰『男性形で, 言語』*El* español se deriva *del* latín. スペイン語はラテン語から派生した.『語法』hablar・aprender・estudiar・enseñar・comprender・saber・escribir・leer・oír などの直接目的語となる場合および前置詞 en・de の補語となる場合は無冠詞が多い: Hablan *español*. 彼らはスペイン語を話す. Escribió en *japonés*. 日本語で書きなさい. Es profesor de *inglés*. 彼は英語の先生だ』⓱『科目名』Empecé a estudiar *la* química. 私は化学の勉強を始めた.『語法』大文字で書かれた場合, 固有名詞扱いとなり無冠詞になる: Empecé a estudiar *Química*. 私は化学の勉強を始めた』⓲『公的機関』*El* acto inaugural fue celebrado en *el* ayuntamiento. 開会式は市役所で行なわれた. *el* ejército 陸軍. *el* Parlamento 議会. *la* Universidad 大学.『対照』ただし, 無冠詞の場合もある: Corrieron al primer puesto de [*la*] policía. 彼らは最寄りの交番に急を知らせた. Corrieron a *Policía*. 彼らは警察に急を知らせた』⓳『交通機関』Voy a coger *el* metro. 私は地下鉄に乗るつもりだ. Viene *el* autobús. バスが来る. Estoy esperando *el* tren. 私は列車を待っている.『対照』Prefiero viajar en *autobús*. 私はバスで行く方がいい. Estoy esperando un *taxi*. 私はタクシーを待っている』⓴『楽器』¿Sabe usted tocar *la* guitarra? ギターを弾けますか?『対照』Quiero comprar *una* guitarra. 私はギターを買いたい』㉑『序数詞』Estábamos sentados en los asientos de *la* primera fila. 私たちは最前列の席に座っていた. En *el* capítulo quinto se presenta un análisis. 第5章では分析が紹介される. Llegó a la meta *la* tercera. 彼女は3着でゴールインした.『対照』*coche* de *primera vez* 初めて. *coche* de *segunda mano* 中古車』2)『序数詞の代用としての基数詞』*El* siglo veintiuno es el siglo del cambio. 21世紀は変革の世紀である. En los años 80 cuando se intensifica esta tendencia. この傾向が強まるのは1980年代である. *el* uno de abril 4月1日. ㉒『+単位を示す名詞. 1の代用』…につき: Se venden patatas a 2 euros *el* kilo. ジャガイモが1キロ2ユーロで売られている. ¿A cómo va *el* kilo de naranjas? オレンジ1キロでいくらですか? Bebe alcohol dos o tres veces a *la* semana. 彼は週に2回か3回飲酒する.『対照』Circulaba a 100 kilómetros por *hora*. 彼は時速100キロで車を運転していた.

II [+固有名詞] **❶** [+人名] 『語法』人名は原則として無冠詞: Conozco muy bien a *María*. 私はマリアをとてもよく知っている) 1)『限定される場合』*El* Luis que yo conocí fue de los que no distinguen soles ni lunas. 私が初めて知り合った時のルイスは太陽と月の区別もできないような人だった. 2) i)『男性形+姓』…家(の人々): El el 1701 se instaló la dinastía de *los* Borbones en España. 1701年スペインにおけるブルボン王朝が確立した. *los* Thibault『チボー家の人々』ii)『同じ姓・名をもつ人たち』En este pueblo abundan *los* Garcías. この町にはガルシアという『姓の』人がたくさんいる. Las Pilares suelen preferir que llamen Pili. ピラールという『名の』女性たちはピリと呼ばれる方を好む. iii)『兄弟・姉妹』*los* Machados マチャド兄弟. 3)『…の著作・作品: *el* García Lorca ガルシア・ロルカの作品. *los* Greco グレコの諸作品. 4)『作品名』En 1981 *el* Guernica regresó a España. 1981年『ゲルニカ』がスペインに戻ってきた. *el* Quijote 『ドン・キホーテ』. 5)『敬称・称号・職名・肩書き』"¿Ahí está *el* señor Florismarte?" replicó el cura.『フロリスマルテ氏がそこにいるのだ?』と司祭は問い返した. *El* teléfono sonó insistentemente en la casa de *los* señores Sánchez. サンチェス氏夫妻の家の電話がしつこく鳴った. *El* rey Alfonso II falleció sin dejar descendencia. 国王アルフォンソ2世は子供を残さずに死んだ. No saben quién es *el* profesor Gómez. 彼らはゴメス先生が誰だか知らない. *El* coronel Vaquero resultó gravemente herido por la artillería. バケロ大佐は砲撃で重傷を負った.『語法』無冠詞: 1) 呼びかけ: Buenos días, *profesor* Gómez. こんにちは, ゴメス先生. 2) don・doña, san・santo・santa, fray, sor や外国語の敬称(monsieur・madame・sir・

lord・mr・miss など): Don Ramón fue el primero en marcharse. ラモンさんが最初に立ち去った. *estudio* sobre *Santa Teresa* 聖テレジア に関する研究. Un fuerte aplauso a *mister Chips*. チップス氏に盛大な拍手を. 3) 同用用法: Hubo un atentado para asesinar a Fidel Castro, *primer ministro* de Cuba de entonces. 当時のキューバの首相, フィデル・カストロを殺害する企てがあった』6)『女性作家, 女優』la Pardo Bazán パルド・バサン. 7)『イタリア人の芸術家』el Dante ダンテ. *el* Petrarca ペトラルカ. *el* Tasso タッソー. 8)[+人姓・名] i)『俗用で軽蔑, 親愛』*El* Pérez está desconectado. ペレスのやつは連絡がつかない. Hace días que no veo a *la* Lola. 何日か前からロラちゃんを見かけない. ii)『法律』Y declaró *el* [dicho] Díaz que había visto a *la* María. そして『当該の』ディアスはマリアを見たと陳述した. iii)《チリ》Se presentó *la* Patricia Gómez a la asamblea. パトリシア・ゴメスさんが会議に出席した. **❷** [+地名]『語法』地名は原則として無冠詞: *Galicia* es una región muy lluviosa. ガリシアは大変雨の多い地方である. *Lima* es la capital de Perú. リマはペルーの首都である』1)『限定される場合』En *el* Madrid de los años treinta se casó con Rosario Armesto. 1930年代のマドリードで彼はロサリオ・アルメストと結婚した. 2)『普通名詞起源』Hemos ido *al* Retiro. 私たちはレティロ公園へ行ってきた. *El* Prado プラド美術館. 3)『定冠詞が付く地名』*La* Mancha ラ・マンチャ, *El* Rosellón ルセリョン, *La* Rioja ラ・リオハ, *Las* Hurdes ラス・ウルデス; *La* Coruña ラ・コルーニャ, *La* Habana ハバナ, *La* Meca メッカ, *La* Paz ラパス, *Los* Ángeles ロサンゼルス』『動詞は単数形: Me gusta Los Ángeles. 私はロサンゼルスが好きだ. **❸** [+国名] Este evento ha sido organizado con la finalidad de lograr un mayor intercambio entre [*el*] Japón y [*el*] Perú. このイベントは日本とペルーの交流拡大を目的として企画された.『語法』エル・サルバドル *El Salvador* を除き, ほとんどの国は無冠詞: *España* se encontraba en el centro de la crisis financiera de Europa. スペインはヨーロッパの財政危機の中心にある. 冠詞付く国名でも無冠詞で使われることの方が多い: [*el*] Ecuador エクアドル, [*la*] República Argentina アルゼンチン共和国, [*los*] Estados Unidos [de América] アメリカ合衆国, [*la*] India インド, [*los*] Países Bajos オランダ』❹『川 río・島 isla などはその性数と一致した定冠詞をとる』*El* [*río*] Amazonas transporta más agua que *el* Misisipi y *el* Nilo juntos. アマゾン川はミシシッピ川とナイル川を合わせたよりも流量が多い. Es la mejor playa de *las* [*Islas*] Canarias. そこはカナリア諸島で一番美しい海岸だ. Intentó atravesar *el* [*Océano*] Atlántico en canoa y a remo. 彼はカヌーを漕いで大西洋を横断しようとした. *Los* [*montes*] Andes son ricos en flora y fauna con muchas especies únicas en el mundo. アンデス山脈は動植物が豊富で, 世界でここだけの希少種が多い. **❺** [+船名] … *río*: *El Pilar* ピラール号『ヘミングウェイ Hemingway の愛艇』. naufragio del *Titanic* タイタニック号の難破

III [+形容詞・副詞・動詞・接続詞・節など] **❶** [名詞化] 1) [+所有形容詞. 所有代名詞になる] Quiere divertirse y estar con los suyos. 彼は家族と楽しみ共に過ごすのが望みだ. 2) [+形容詞] *El* bueno no siempre se escapa de la calumnia. 善人といえども悪口から逃れられない. 3) [+副詞] Entre *el* ayer y *el* mañana lo que importa es *el* hoy. 過去と未来の間で大切なのは現在だ. *el* sí de las niñas 娘たちの『はい』という返事. 4) [+動詞] *El* caminar es bueno para la salud. 歩くのは健康に良い. Aquí se puede descansar tomando algo en una cafetería, observando *el* ir y venir de la gente. ここでは喫茶店で何か飲んだり, 人々の行き来を眺めながら休むことができる. 5) [+節] *El* que tú lo hayas dicho no es suficiente. 君がそれを言っただけでは不十分だ. 6) [+疑問詞] No le importa *el* qué dirán. 彼は人のうわさなど平気だ. **❷** [+品質形容詞+de+人. 質の強調] *El* tonto de mi marido se ha llevado mis llaves. 愚か者の夫は私の鍵を持って行ってしまった. **❸** [名詞の省略] 1) [前の名詞に照応] Me he comprado el coche caro, *el* barato no me gustaba. 私は高い方の車を買った. 安い方は気に入らなかった. Toledo fue lugar donde convivieron la cultura cristiana y *la* musulmana y se fundieron y mezclaron. トレドはキリスト教文化とイスラム文化が共存し融合し混在した場所だった. 2) [+que・de. 人] i) *El que* quiera hablar, que hable. 発言したい人は発言しなさい. *Los que* pintaron el muro se han escapado. 壁に落書きをした連中は逃げてしまった. Cuando *los de* abajo se mueven, *los de* arriba se tambalean. 下層が

人々が動く時、上層の人々は揺れる. *los de* a pie 徒歩の人たち. *los de* aquí ここの人々. *los de* ciudad 都会の人々. ii) [+de+楽器] ~の演奏者: Pepe es *el de* la trompeta. ペペはトランペット吹きだ. ❹ [形容詞の最上級] Es *el* más audaz. 彼が一番大胆だ. Mi madre es *la* más bella de todas. みんなの中で私の母が一番美しい. Este es *el* mejor de los dos. 2つのうちでこの方がいい. ❺ [人名+*el*+形容詞. 通称・あだ名] Alejandro *el* Grande アレキサンダー大王. Alfonso X *el* Sabio 賢王アルフォンソ10世. Isabel *la* Católica カトリック女王イサベル. Juana *la* Loca フアナ狂女王. Juan *el* Gordo 太っちょのフアン

él [él]《←ラテン語 ille》代《人称代名詞3人称単数男性形》❶ 彼、その人、あの男: 1) [主語・主格補語] *Él* aún era joven. 彼はまだ若かった. No es *él*. それは彼じゃない. Fue *él* quien apareció. 現れたのは彼だった. *Él* continuaba durmiendo. 彼は眠り続けていた. *Él* también era hombre. 彼もまた男だった.《語法》主語の *él* は対比・強調でなければ省略されるのが普通. [*Él*] Es mexicano. 彼はメキシコ人だ. Yo me voy, pero *él* se queda. 私は行くが、彼は残る) 2) [前置詞格] Para *él* eso es difícil. 彼にはそれは難しい. entre *él* y yo 彼と私の間で. 3) [a+現代名詞と重複させて目的語を明示] Se lo dije a *él*. 私はそれを彼に言った. 4) [擬人化] A lo lejos se veía el volcán, *él* vigilaba cada rincón de la isla. 遠くに火山が見えていたが、その火山はあたかも島の隅々までを見守っていた.《語法》これは *él* はまれに動物を指す: Me ha mordido el perro.—Claro, *él* no te conocía. その犬に噛まれたんだ.—そりゃ、そいつは君を知らなかったからだ》 ❷ [男性名詞をうけて. 主に前置詞格で] それ: Este libro se escribe muy bien, y con *él* aprenderás mucho. この本は非常によく書かれている、これを読めば君は多くのことを学ぶだろう. ❸《まれ》神《=Dios》

por él 彼としては
ser más él [*mismo*] [服装・髪型などが] より彼らしくなる
¡Sus y] *A él!* それ、彼にかかれ!

ELA/STV《略語. 歴史》バスク労働者の連帯《スペイン内戦前に創設された労働組合》

elaborable [elaoráble] 形 製造(加工・精製)し得る体

elaboración [elaoraθjón]《←ラテン語 elabolatio, -onis》女 ❶ 製造、加工、精製: de ~ casera 自家製の. ~ de la heroína ヘロインの製造. ❷ 立案、作成; 推敲、練り上げ: ~ de un plan 計画の立案. ~ de los presupuestos 予算の作成. ~ de la tesis 論文の推敲. ❸《動植物による》生成

elaborado, da [elaoráđo, đa] 形 ❶ [*estar*+] 入念な、手の込んだ、凝った: plan muy ~ 良く練られた計画. discurso ~ 凝った演説. ❷ [製品が] 加工された

elaborador, ra [elaorađór, ra] 形 名 加工する; 加工業者

elaborar [elaorár]《←ラテン語 elaborare < e- (強調)+labor, -oris「労働」》他 ❶ [原料から] 製造する、加工する、精製する: Estos pasteles han sido *elaborados* con ingredientes de primera calidad. これらのケーキは最高品質の材料から作られている. alimento *elaborado* 加工食品. ❷ [案・計画などを] 立てる、入念に考える、の構想を練る: Se va a ~ un plan de racionalización. 合理化計画が立案されるだろう. ~ la venganza 復讐の計画を立てる. ❸ [文書・書類を] 作成する、編集する; [文章を] 推敲する、練り上げる: ~ proyectos de ley 法案を起草する. ~ una lista リストを作成する. ❹ [動植物が] 生成する、作り出す: Las abejas *elaboran* miel. 蜜蜂は蜜を作る

elación [elaθjón] 女 ❶《文語》意気揚々. ❷ 誇張. ❸《まれ》横柄、尊大、傲慢

elaiometría [elaiometría] 女 =**eleometría**

elaiómetro [elajómetro] 男 =**eleómetro**

elaiotecnia [elajoték̞nja] 女 =**elayotecnia**

elamita [elamíta] 形 名《歴史, 国名》[古代オリエントの] エラム Elam の(人): imperio ~ エラム帝国. lengua ~ エラム語

elan [elán]《←仏語 élan》男《文語》気力、情熱: ~ vital 生命の飛躍

eland [éland]《←英語》男《複》~s《動物》エランド、ジャイアントエランド

elanio [elánjo] 男《鳥》カタグロトビ《=~ azul》

elápido, da [elápiđo, đa] 形 コブラ科の
—— 男《複》《動物》コブラ科

elasmobranquio, quia [elasmobránkjo, kja] 形 軟骨魚類の
—— 男《魚》軟骨魚類

elasmosaurio [elasmosáurjo] 男《古生物》エラスモサウルス、首長竜

elástica[1] [elástika] 女《服飾》❶《西》[ユニフォーム・下着の] シャツ. ❷《ベネズエラ》《複》サスペンダー

elasticidad [elastiθiđá(đ)] 女《物理》❶ 弾性、弾力性: módulo de ~《物理》弾性率. ❷ 柔軟性、しなやかさ: saltar con la ~ de una pantera 豹のようにしなやかにジャンプする. ~ de los músculos 筋肉のしなやかさ. ❸《繊維》伸縮性: tejidos de gran ~ よく伸び縮みする生地. ❹《経済》~ de la demanda con respecto a la renta (al precio) 需要の所得(価格)弾力性. ❺ 順応性、適応性: ~ del horario スケジュールの柔軟性. ~ de la norma 規則の融通性. ~ de la conciencia 無節操、道徳上の乱れ. ❻ 柔軟体操: hacer ~ 体をほぐす

elasticímetro [elastiθímetro] 男《物理》弾力計、弾性率計

elástico[1] [elástiko] 男 ❶ ゴムひも、ゴムバンド: sujetarse el pelo con un ~ 輪ゴムで髪を束ねる. ❷《服飾》1) ゴム編み、リブ; 伸縮性のある布地: ~ de las calcetines 靴下のゴム. 2)《複》サスペンダー

elástico[2]**, ca**[2] [elástiko, ka]《←ギリシア語 elastos》形 ❶ 弾力性のある、しなやかな: cuerpo ~ 弾性体. fibra ~*ca* 伸縮性のある繊維. límite ~ 弾性限界. ❷ [肉体・精神などが] 柔軟な; 融通のきく: Está de acuerdo con todos porque sus opiniones son ~*cas*. 彼は意見が固まっておらず付和雷同する. El itinerario es ~. 日程はいろいろ動かせる. horario ~ フレックスタイム. reglamento ~ 融通のきく規則. temperamento ~ くったくのない気質. ❸ あいまいな、議論の余地のある: Lo que dices es muy ~. 君の発言は色々な意味にとれる

elastina [elastína] 女《生化》エラスチン、弾力素

elastómero, ra [elastómero, ra] 形 弾力性のある
—— 男《化学》エラストマー

elastorrexis [elastoŕé(k)sis] 女《医学》弾性線維破壊

elastosis [elastósis] 女《医学》弾性線維症

elatérido, da [elatériđo, đa] 形 コメツキムシ科の
—— 男《昆虫》コメツキムシ科

elaterio [elatérjo] 男《植物》テッポウウリ

elativo, va [elatíβo, βa] 形《言語》絶対最上級の; 出格〔の〕

elato, ta [eláto, ta] 形 うぬぼれの強い、高慢な

elayometría [elajometría] 女 =**eleometría**

elayómetro [elajómetro] 男 =**eleómetro**

elayotecnia [elajoték̞nja] 女 植物油の精製・保存・分析法

elayotécnico, ca [elajoték̞niko, ka] 形 植物油の精製・保存・分析法の

elbaíta [elbaíta] 女《鉱物》エルバイト、リチア電気石

Elcano [elkáno]《人名》**Sebastián de** ~ セバスティアン・デ・エルカノ《1476~1526, スペイン人航海者. マゼラン Magallanes の遠征に加わり、マゼラン死後、史上初の世界周航を達成》

elche [éltʃe] 男《歴史》[モーロ人の] 改宗者; [キリスト教からの] 背教者

eldense [eldénse] 形 名《地名》エルダ Elda の(人)《アリカンテ県の町》

Eldorado [eldoráđo] =**El Dorado**
El Dorado →**dorado**

ele [éle] 女 ❶ 文字 l の名称. ❷ L字型: casa en ~ L字型の家
—— 間 ❶《賛同》そうだ、そのとおりだ: ¡*Ele*! así me gusta. そう、それでいいんだ! ❷《応援》がんばれ、いいぞ、それいけ!

elé [elé] 間《マドリード; エクアドル. 俗語》[物を渡す時など] ほら、はい!

eleagnáceo, a [eleaganáθeo, a] 形 グミ科の
—— 女《植物》グミ科

eleata [eleáta] 形《哲学》エレア学派の《=*eleático*》

eleático, ca [eleátiko, ka] 形 名 ❶《歴史, 地名》[古代イタリアの都市] エレア Elea の(人). ❷《哲学》エレア学派の《紀元前6世紀》

eleatismo [eleatísmo] 男《哲学》エレア学派の説

eléboro [eléβoro] 男《植物》ヘレボルス、クリスマスローズ《=~ *negro*》: ~ blanco バイケイソウ. ~ fétido ヘレボルス・フェチダス《学名 Helleborus foetidus》. ~ verde ヴィリディス《学名 Helleborus viridis》

elección [elek(θ)jón]《←ラテン語 electio, -onis》女 ❶ 選択、選ぶこと: ~ de carrera 職業の選択. ~ del color 色の選び方. ❷ [主に《複》. +a を選ぶ] 選挙、選出: Se han celebrado las *elecciones* generales *a* la Cámara de Representantes. 下

院総選挙が行なわれた. presentarse a las *elecciones* de alcalde 市長選挙に立候補する. ganar las *elecciones* 選挙に勝つ. ～ directa (indirecta) 直接(間接)選挙 〖=sufragio directo (indirecto)〗. *elecciones* primarias (internas) [政党内の比例順位などを決める] 予備選. ❸ 選べること, 任意, 好み: No tuve ～. 私に選択の余地はなかった/どうしようもなかった. No hay ～. 選択の余地はない/仕方がない. a ～ de... …の好みに合わせて, …の好みで

eleccionario, ria [ele(k)θjonárjo, rja] [形]《中南米》選挙の

electividad [elεktiƀiđá(đ)] [女] 公選〔制〕

electivo, va [elεktíƀo, ƀa] 〖←ラテン語 electivus < eligere「選ぶ」〗 [形] ❶ [地位・職が] 選挙によって選ばれる: cargo ～ 公選の役職. ❷ 選挙の. ❸ 選択の; 選択による, 任意の: asignatura ～*va* 選択科目. ❹《生物》選択的な: tóxico ～ 選択毒

electo, ta [elékto, ta] 〖←ラテン語 electus < eligere「選ぶ」〗 [形] [名] ❶ [役職名+] 当選した〔人〕〖当選したばかりでまだ正式に就任していない〗: el presidente ～ 今回の選挙で選ばれた大統領. ❷《中南米; 西では誤用》選ばれた 〖=elegido〗: Esta autora ha sido ～*ta* la mejor novelista del año. この作家が今年の最優秀小説家に選ばれた

salir (resultar) **～** 選出される, 当選する

elector, ra [elεktɔ́r, ra] 〖←ラテン語 elector, -oris < eligere〗 [形] 選ぶ; 投票権を持った, 有権者の: público ～ 選挙民

—— [名] 選挙人, 有権者: Cada ～ tiene derecho a un solo voto. 各有権者は一票のみ投票権をもつ. Los ～*es* se abstuvieron masivamente. 大量の棄権者が出た

—— [男]《歴史》[神聖ローマ帝国の] 選帝侯, 選挙侯 〖=príncipe ～〗

electorado [elεktoráđo] 〖←elector〗 [男] ❶ [集名] 選挙民, 有権者: ～ conservador 保守有権者層. ～ flotante 浮動有権者. ❷《歴史》選帝侯領, 選挙侯国: el *E*～ de Maguncia マインツ選帝侯領

electoral [elεktorál] 〖←elector〗 [形] ❶ 選挙の: distrito ～ 選挙区. ley ～ 選挙法. sistema ～ 選挙制度. ❷ 選挙人の, 有権者の

electoralismo [elεktoralísmo] [男]《軽蔑》選挙至上主義, 当選第一主義

electoralista [elεktoralísta] [形]《軽蔑》選挙至上主義の〔人〕; 選挙受けを狙った

electorero, ra [elεktoréro, ra] [形] [名]《軽蔑》[公正でない] 選挙戦術の; 選挙参謀

Electra [eléktra] [女]《ギリシア神話》エレクトラ 〖アガメムノンの娘. 母を殺し父の敵を討った〗

electrete [elεktréte] [男]《電気》エレクトレット

eléctrica[1] [eléktrika] [女] 電力会社

eléctricamente [eléktrikaménte] [副] 電気で, 電力で; 電気的に

electricidad [elεktriθiđá(đ)] 〖←eléctrico〗 [女] ❶ [不可算] 電気, 電力; 電流: En casa no tenemos ～. 私たちの家には電気が引かれていない. ahorrar ～ 節電する. alimentar la ～ 電力を供給する. cortar la ～ 電気を切る. producción de ～ 発電. ～ animal 動物電気, 生物発電. ～ atmosférica 空中電気. ～ positiva (negativa) 陽(陰)電気. ❷ 電気学. ❸《口語》緊張, 緊迫感, 神経性ストレス, 興奮: Había ～ en el ambiente. 緊迫した雰囲気があった. Los jugadores cometían muchas faltas a causa de la ～. 選手たちは緊張して多くのミスをした

electricista [elεktriθísta] 〖←eléctrico〗 [名] [電気設備の設置・修理をする] 電気屋, 電気技術者, 電気係

—— [形] ingeniero ～ 電気技師. operario ～ 電気工. perito ～ 電気の専門家

eléctrico, ca[2] [eléktriko, ka] 〖←ギリシア語 elektron「琥珀」(琥珀で電気現象が観察された)〗 [形] ❶ 電気の; 電動の: producción ～*ca* 発電. coche (vehículo) ～ 電気自動車. plancha ～*ca* 電気アイロン. ❷ 電気を発生する. ❸ [色, 特に青が] 強烈な, 輝く

—— [名] =**electricista**

electrificación [elεktrifikaθjɔ́n] [女] 電化, 電気を引くこと: obras del alcantarillado y ～ 下水道・電気敷設工事. ～ del ferrocarril 鉄道の電化

electrificar [elεktrifikár] [7] [他] 電化する, 電気を引く: ～ la línea férrea 鉄道を電化する. ～ la cocina 台所を電化する. ～ todas las aldeas すべての村に電気を引く

electriz [elεktríθ] [女]《歴史》選挙侯の夫人

electrizable [elεktriθáƀle] [形] 帯電性の, 電気を帯びやすい: cuerpo ～ 帯電体

electrización [elεktriθaθjɔ́n] [女] ❶ 電気を帯びさせること, 帯電. ❷ 興奮, 感動: Se nota en el ambiente la ～ de público. 観客の興奮が伝わってくる

electrizador, ra [elεktriθađɔ́r, ra] [形] [名] ❶ 帯電させる. ❷ 興奮させる〔人〕

electrizante [elεktriθánte] [形] ❶ 帯電させる. ❷ 感動的な, 興奮させる: espectáculo ～ 熱狂させるショー

electrizar [elεktriθár] 〖←eléctrico〗 [9] [他] ❶ …に電気を通す, 帯電させる, 電気を帯びさせる: Puedes ～ un bolígrafo frotándolo con un paño de lana. ウール地でこするとボールペンに電気を帯びさせることができる. ❷ 興奮させる, 熱狂させる, 感動させる: Sus palabras *electrizó* al auditorio. 彼の言葉は聴衆を沸かせた

—— **～se** ❶ 電気を帯びる: Al tocar ese cable con la mano húmeda, *se electriza*. 濡れた手でそのケーブルに触ると感電する. ❷ 興奮する, 熱狂する, 感動する

electro [eléktro] [男] ❶《口語》心電図 〖electrocardiograma の省略語〗. ❷ 琥珀 〖=ámbar〗. ❸《金属》琥珀金, エレクトラム

electro- 《接頭辞》[電気] *electro*magnético 電磁気の

electroacupuntura [elεktroakupuntúra] [女]《医学》電気鍼療法

electroacústico, ca [elεktroakústiko, ka] [形] [女]《物理》電気音響学〔の〕

electroafinidad [elεktroafiniđá(đ)] [女]《物理》電子親和力

electroanálisis [elεktroanálisis] [男]《化学》電解分析, 電気分析

electrobasógrafo [elεktroƀasóɡrafo] [男] 電気歩行計

electrobiogénesis [elεktroƀjɔxénesis] [女] 生物発電, 動物電気

electrobiología [elεktroƀjolɔxía] [女] 生物電気学

electrobiológico, ca [elεktroƀjolɔ́xiko, ka] [形] 生物電気学の

electrocapilaridad [elεktrokapilariđá(đ)] [女] 電気毛管現象

electrocardiografía [elεktrokarđjoɡrafía] [女] 心電図検査法

electrocardiográfico, ca [elεktrokarđjoɡráfiko, ka] [形] 心電図検査法の

electrocardiógrafo [elεktrokarđjóɡrafo] [男]《医学》心電計

electrocardiograma [elεktrokarđjoɡráma] [男]《医学》心電図

electrocauterio [elεktrokau̯térjo] [男]《医学》電気焼灼(しょうしゃく)器

electrocerámica [elεktroθerámika] [女] エレクトロセラミック

electrochoque [elεktrotʃóke] 〖←electro-+choque〗 [男] 電気ショック〔療法〕: arma de ～ スタンガン

electrocinética [elεktroθinétika] [女]《物理》動電学

electrocirugía [elεktroθiruxía] [女]《医学》電気外科

electrocoagulación [elεktrokoaɡulaθjɔ́n] [女]《医学》電気凝固法

electroconvector [elεktrokɔmbεktɔ́r] [男] ファンヒーター

electroconvulsivo, va [elεktrokɔmbulsíƀo, ƀa] [形] 電気痙攣の

electroconvulsoterapia [elεktrokɔmbulsoterápja] [女]《医学》電気ショック療法

electrocromo [elεktrokrómo] [男]《電気》エレクトロクロミック〖装置〗

electrocución [elεktrokuθjɔ́n] [女] ❶ 感電死. ❷ 電気椅子による死刑

electrocutar [elεktrokutár] 〖←英語 electrocute〗 [他] ❶ 感電死させる. ❷ 電気椅子で死刑にする

—— **～se** 感電死する

electrodeposición [elεktrođeposiθjɔ́n] [女]《化学》電着

electrodiagnóstico [elεktrođjaɡnɔ́stiko] [男]《医学》電気診断法

electrodiálisis [elεktrođjálisis] [女] 〖単複同形〗《化学》電気透析

electrodinámico, ca [elεktrođinámiko, ka] [形] [女] 電気力学〔の〕

electrodinamismo [elεktrođinamísmo] [男] =**electrodinámica**

electrodinamómetro [elεktrođinamómetro] [男] 電流力計

electrodisolución [elektrođisoluθjón] 囡《化学》電溶
electrodo [elektróđo] 男 電極
　meter un ~《キューバ》[急いでするように] 発破をかける
electrodoméstico, ca [elektrođoméstiko, ka]［←electro-+doméstico］形 家庭電化製品〔の〕: aparatos ~s 家庭用電気器具. industria ~ca 家電産業. tienda de ~s 電気店
electroencefalografía [elektroenθefalografía] 囡《医学》脳波記録(検査)〔法〕
electroencefalográfico, ca [elektroenθefalográfiko, ka] 形 脳波記録の
electroencefalografista [elektroenθefalografísta] 图 脳波検査技師
electroencefalógrafo [elektroenθefalógrafo] 男 脳波記録計
electroencefalograma [elektroenθefalográma] 男《医学》脳電図, 脳波図
electroerosión [elektroerosjón] 囡《金属》電気侵食法
electroescultura [elektroeskultúra] 囡 電気刺激による体型補整
electroestático, ca [elektroestátiko, ka] 形 =**electrostático**
electroestricción [elektroestri(k)θjón] 囡 =**electrostricción**
electrofilia [elektrofílja] 囡《物理, 化学》求電子性
electrófilo [elektrófilo] 男《物理, 化学》求電子物質
electrofisiología [elektrofisjoloxía] 囡《生理》電気生理学
electrofisiológico, ca [elektrofisjolóxiko, ka] 形 電気生理学の(的な)
electrofónico, ca [elektrofóniko, ka]［←electro-+fónico］形 電気発声の, 電子楽器の
electrófono [elektrófono] 男 ❶ 電子楽器. ❷《古典的》レコードプレーヤー, カセットプレーヤー
electroforesis [elektroforésis] 囡《化学》電気泳動
electroforético, ca [elektroforétiko, ka] 形 電気泳動の
electroformación [elektroformaθjón] 囡《冶金》電気鋳造, 電鋳法
electróforo [elektróforo] 男《電気》起電盤, 電気盆
electrógeno, na [elektróxeno, na] 形 発電する: grupo ~ 発電装置
　── 男 発電機
electrografía [elektrografía] 囡 写真伝送装置; 電送写真
electroimán [elektroimán]［←electro-+imán］男 電磁石
electrólisis [elektrólisis] 囡〔単複同形〕❶《化学》電気分解, 電解. ❷《医学》電気分解療法
electrolítico, ca [elektrolítiko, ka] 形 電気分解の, 電解質の
electrolito [elektrolíto] 男 =**electrólito**
electrólito [elektrólito] 男《化学》電解質, 電解液
electrolización [elektroliθaθjón] 囡 電気分解
electrolizador, ra [elektroliθađór, ra] 形 電気分解する; 電解質の
electrolizar [elektroliθár] 9 他 電気分解する, 電解処理する
electrología [elektroloxía] 囡《物理, 医学》電気学
electroluminiscencia [elektroluminisθénθja] 囡《物理》エレクトロルミネセンス, 電界発光
electromagnético, ca [elektromaɣnétiko, ka]［←electro-+magnético］形 電磁気の, 電磁石の: campo ~ 電磁場. onda ~ca 電磁波
electromagnetismo [elektromaɣnetísmo] 男 電磁気学
electromagneto [elektromaɣnéto] 男 電磁石
electromecánico, ca [elektromekániko, ka] 形［機械器具が］電気で動く, 電気機械の
　── 图 電気機械技師
　── 囡 電気機械工学《=mecanismo ~》
electromedicina [elektromeđiθína] 囡 電気医療機器
electromédico, ca [elektroméđiko, ka] 形 電気医療機器の
electrometalurgia [elektrometalúrxja] 囡 電気冶金〔学〕
electrometalúrgico, ca [elektrometalúrxiko, ka] 形 電気冶金〔学〕の
electrometría [elektrometría] 囡 電位測定
electrométrico, ca [elektrométriko, ka] 形 電位測定の
electrómetro [elektrómetro] 男 電位計
electromiografía [elektromjografía] 囡 筋電図検査
electromiógrafo [elektromjógrafo] 男《医学》筋電計

electromiograma [elektromjográma] 男《医学》筋電図
electromontaje [elektromontáxe] 男 自動組立て
electromotor, ra [elektromotór, ra]《女性形 **electromotriz** もある》電気を起こす, 起電の
　── 男 電動機, 電気モーター
elctromotriz [elektromotríθ] 形 →**elecromotor**: fuerza ~ 起電力
electrón [elektrón] 男《←ギリシア語 elektron「琥珀」》《物理》電子, エレクトロン
electronarcosis [elektronarkósis] 囡《医学》電気麻酔〔法〕
electronegatividad [elektroneɣatibiđá(đ)] 囡《物理》電気陰性度
electronegativo, va [elektroneɣatíbo, ba] 形《物理》負に帯電した, 陰性の: elemento ~ 陰性元素
electroneurografía [elektroneurografía] 囡《医学》抹消神経の伝導障害に対する電気診断法
electrónico, ca [elektróniko, ka]［←electrón］形 電子の; 電子工学の: haz ~ 電子ビーム. industria ~ca エレクトロニクス産業. música ~ca 電子音楽. piano ~ 電子ピアノ, エレクトーン. tubo ~ 電子管
　── 图 電子工学の専門家
　── 囡 電子工学, エレクトロニクス《=ingeniería ~ca》
electronistagmografía [elektronistaɣmografía] 囡《医学》電気眼振記録
electronizar [elektroniθár] 9 他〔まれ〕電子装置で動かす
electronuclear [elektronukleár] 形 原子力発電の
electronvoltio [elektrombóltjo]［←electron+voltio］男《物理》[原子核エネルギーの単位] 電子ボルト, エレクトロンボルト
electroóptico, ca [elektr(o)óptiko, ka] 形 男 囡 電気光学〔の〕
electroósmosis [elektr(o)ósmosis] 囡 電気浸透
electropositivo, va [elektropositíbo, ba] 形《物理》正に帯電した, 陽性の: elemento ~ 陽性元素
electropulido [elektropulíđo] 男《金属》電気研磨
electropuntura [elektropuntúra] 囡《医学》電気穿刺法
electroquímica, ca [elektrokímika, ka] 形 囡 電気化学〔の〕
electrorradiología [elektrorrađjoloxía] 囡 電気とエックス線を診断・治療に応用する部門
electroscopio [elektroskópjo] 男 検電器
electroshock [elektrosók-tʃók] 男 =**electrochoque**
electroshockterapia [elektrosókterápja] 囡《医学》電気ショック療法
electrosiderurgia [elektrosiđerúrxja] 囡 電気製鉄
electrosincrotrón [elektrosiŋkrotrón] 男 電子シンクロトロン
electrosoldadura [elektrosoldađúra]［←electro-+soldadura］囡 電気溶接
electrosoldar [elektrosoldár] 28 他《金属》電気溶接する
electrostático, ca [elektrostátiko, ka]［←ギリシア語 elektron+statikos］形 ❶ 静電気の. ❷ 静電気学〔の〕
electrostricción [elektrostri(k)θjón] 囡 電気ひずみ, 電歪(でんわい)
electrotecnia [elektrotéknja] 囡 電気工学
electrotécnico, ca [elektrotékniko, ka] 形 囡 電気工学の〔技術者〕
electroterapia [elektroterápja] 囡《医学》電気療法
electroterápico, ca [elektroterápiko, ka] 形《医学》電気療法の; 電気療法士
electrotermia [elektrotérmja] 囡 電熱工学
electrotérmico, ca [elektrotérmiko, ka] 形 電熱による, 電熱の
electrotipia [elektrotípja] 囡《印刷》電気製版
electrotípico, ca [elektrotípiko, ka] 形 電気製版の
electrotipo [elektrotípo] 男《印刷》電気版
electrotren [elektrótren] 男《西. 鉄道》電車特急《=Ter》
electrotrén [elektrotrén] 男 =**electrotren**
electrotropismo [elektrotropísmo] 男《生物》電気屈性
electrovalencia [elektrobalénθja] 囡《物理》イオン原子価
electroválvula [elektrobálbula] 囡《技術》電気的駆動弁, 電磁弁; 電磁弁
electroventilador [elektrobentilađór] 男［消防の］排煙車
electrovoltio [elektrobóltjo] 男《物理》電子ボルト
electuario [elektwárjo] 男《薬学》舐(ねぶ)り剤
elefancía [elefanθía] 囡 =**elefantiasis**

elefancíaco, ca [elefanθíako, ka] 形 名 象皮病の〔患者〕
elefante, ta [elefánte, ta] 【←ラテン語 elephas, -antis < ギリシア語 elephas, -antos】名 ❶《動物》1) ゾウ(象): ~ africano (asiático) アフリカ(インド)象. 2) ~ marino ゾウアザラシ. ~ marino meridional (septentrional) ミナミ(キタ)ゾウアザラシ. ❷《口語》ひどく太って動きの鈍い人. ❸《服飾》de pata de ~ ベルボトムの
— **~ blanco**《主に中南米》〔維持費・手間ばかりかかって〕役に立たないもの, 無用の長物
elefantiásico, ca [elefantjásiko, ka] 形 名 =**elefancíaco**
elefantiasis [elefantjásis] 女《医学》象皮病. ❷《文語》巨大化
elefántidos [elefántiðos] 形 複《動物》ゾウ科
elefantino, na [elefantíno, na] 形 ゾウの
elegancia [eleγánθja]【←ラテン語 elegantia】女 優雅, 優美; 気品, 上品; かっこよさ, スマートさ: Tiene ~ en su belleza. 彼女の美しさには気品がある. vestirse con ~ 優雅に着こなす. perder con ~ 潔く負ける. ~ espiritual 精神的な気高さ
elegante [eleγánte]【←ラテン語 elegans, -antis「趣味の良い」】形 ❶ 優雅な, 優美な; 気品のある, 上品な, 格調の高い; おしゃれな, かっこいい, スマートな: No tienes que ponerte tan ~ para ir a la compra. 買い物に行くのにそんなおめかししなくていい. Él estuvo muy ~ al chuparse los dedos en la mesa. テーブルで指をしゃぶるのはかっこう悪かった. barrio muy ~ 瀟洒(しゃれ)な住宅街. estilo cuidado y ~ 細やかで格調の高い(洗練された)文体. vestido ~ しゃれた(品のよい)ドレス. ❷〔行ないが〕慎みのある;〔やり方が〕見事な, 気のきいた: dar una respuesta ~ しゃれた返事をする. ~ dicción すばらしい朗読. ❸ ぜいたくな, 豪華な
— 名 いつも美しく着飾っている人, おしゃれな人
elegantemente [eleγántemente] 副 優雅に, 上品に; おしゃれに
elegantizar [eleγantiθár] 9 他 優雅(上品)にする, あか抜けさせる; きれいな服を着せる
elegantoso, sa [eleγantóso, sa] 形《中南米. 俗語》優雅な; あか抜けた, あか抜けた
elegía [elexía]【←ラテン語 elegia < ギリシア語 elegeia < elegos「泣くこと」】女 哀歌, 悲歌, 挽歌, エレジー
elegiaco, ca [elexjáko, ka] 形 =**elegíaco**
elegíaco, ca [elexíako, ka]【←ギリシア語 elegeiakos】形 ❶ 哀歌の, 悲歌の: estilo ~ 哀歌調の文体. ❷ 哀調を帯びた: tono ~ 哀愁に満ちた(涙をそそる)調子
elegibilidad [elexiβiliðáð] 女 被選挙資格: limitación a la ~ 被選挙資格の制限
elegible [elexíβle] 形 名 被選挙資格のある〔人〕: Son ~s los ciudadanos que sepan leer y escribir y reúnan los requisitos establecidos por la Constitución y la ley. 読み書きができ, かつ憲法と法の定める要件を満たしている国民は被選挙権をもつ
elegido, da [elexíðo, ða] 形 ❶ 精選された. ❷〔選挙で〕当選した: el Presidente ~ 大統領当選者
— 名《口語》エリート
—〔神の〕選民《ユダヤ民族のこと. =pueblo ~》: idea de ser el pueblo ~ 選民思想
elegir [elexír]【←ラテン語 eligere < e-〔起源〕+legere「選ぶ」】4 35 〔~**corregir**.〕 他 eligiendo ❶〔選択する〕《類義》**elegir** と **escoger** はほぼ同義で「たくさんの中から選び出す」だが, escoger は「たくさんの可能性の中から,〔自分に〕都合のいいものを選び取る」というニュアンスが強く出され, elegir はたとえ自分に都合のいい方を選ぶにしても,「自分のため, なにかのため, 誰に見られても恥ずかしくない都合のいいものを選ぶ」という建前的なニュアンスを含む. **seleccionar** も同様に「たくさんの中から選び出す」だが,「たくさんの中から特に優れたものを選び出す」ニュアンスが強い. 1) *Elige* unos zapatos para la fiesta. パーティー用の靴を選びなさい. No *elige* bien a sus amigos. 彼は友人の選び方が下手だ. Este montón de sandías está ya muy *elegido*. スイカの山はもう相当選(^^^)り取られた後だ. El gusto por el trabajo *elegido* y la perseverancia llevan al éxito. 選んだ仕事が好きなことと忍耐強さが成功へ導く. ~ una corbata por el color 色でネクタイを選ぶ. ~ un buen vino 良質〔特選のワイン. 2) 〔+entre・de から〕~ *entre* distintas posibilidades いくつかの可能性の中から選ぶ. ❷〔選挙などによって〕選出する, 任命する: 1) *Entre* 8 hermosas candidatas *eligieron* a la señorita López. 8人の美しい候補者の中からロペス嬢が選ばれた. candidato *elegido* 当選者. 2)〔+目的格補語 に〕Le *eligieron* primer ministro. 彼は首相に選ばれた. Esta autora ha sido *elegida* la mejor novelista del año. この作家が今年の最優秀小説家に選ばれた. 3)〔+como として〕Sus compañeros le *eligieron como* representante. 仲間たちは彼を代表に選んだ. 4)〔+por+手段 で〕*Eligieron* al delegado *por* votación. 投票で委員が選出された
— 選ぶ, 一つに決める: *Elige* ya, no tenemos todo el día. さっさと選べ. 日が暮れてしまうぞ
a ~ 選択自由な: cerveza y tapa *a ~*《表示》ビールとお好きなおつまみ
dar (a) ~ 選ばせる: Nos *dan* [*a*] ~ entre la paz o la guerra. 私たちは戦争か平和か選択する立場に置かれている
salir (resultar) elegido 選出される, 当選する
élego, ga [éleγo, γa] 形《まれ》=**elegíaco**
elementa[1] [eleméntá] 女 ❶〔→**elemento**〕. ❷《口語》売春婦
elementado, da [elementáðo, ða] 形《コロンビア, チリ》放心した, うっとりした
elemental [elementál]【←**elemento**】形 ❶ 基本の, 基礎の: ¿Puedes enseñarme nociones ~es? 基本的な考え方を教えてくれませんか? conocimientos ~es 基礎知識. datos ~es 基礎データ. principio ~ 基本原理. ❷ 初歩的な, 初級の; 分かりきった: hacer una pregunta ~ 初歩的な質問をする. curso de español ~ 初級スペイン語の入門〔課程〕. problema ~ やさしい問題. ❸《化学》元素の, 純粋で化合していない: análisis ~ 元素分析. azufre ~ 純粋硫黄. ❹《物理》〔粒子が〕原子より小さい
elementalidad [elementaliðáð] 女 基本〔基礎〕的であること
elementalizar [elementaliθár] 9 他 基本とする
elementalmente [elementálmente] 副 基本的に, 本来, まず第一に
elementar [elementár] ~*se*《チリ》放心する, うっとりする
elemento [eleménto]【←ラテン語 elementum「基礎知識」】男 ❶〔全体を構成するそれぞれの〕要素, 成分; 部品, パーツ: Redes neuronales un ~ importante de las tecnologías de Inteligencia Artificial. ニューロン網は人工知能テクノロジーの重要な一要素である. mueble por ~s ユニット家具. ~ constitutivo (formativo) 構成要素, 形成要素. ~s básicos 基本諸要素. ~s comunes 共通成分. ❷ 要因, 因子: Estos ~s determinan el clima. これらの要因が気候を決定する. ~ decisivo 決定因子. ❸《化学》元素〔=~ químico〕: tabla de ~s 元素表. ❹〔団体・グループを構成する, 良く・悪く評価された〕人: 1) Será un buen ~ del equipo. 彼はチームのいいメンバーになるだろう. 2)《西. 軽蔑》分子, ひどいやつ〔女 **elementa**〕: ~ de cuidado 要注意分子. ~ revolucionario 革命分子. ❺ 複《科学・芸術の》初歩, 基本原理: ~s de la química orgánica 有機化学の初歩. ❻〔主に 複〕必要なもの, 基本手段: Tiene pocos ~s de vida. 彼は生活のゆとりがあまりない. ❼〔哲学〕古代人が考えた自然界を構成する4つの基本要素, 四大〔 ~〕《土 tierra, 水 agua, 空気 aire, 火 fuego》. ❽ 自然の力;〔特に〕大気の力, 風雨: luchar contra los ~s 風雨と闘う. ❾〔生物に適した〕環境, 活動領域: Si sacas a la planta de su ~ puede morir. 植物をその居所から移すと枯れてしまうかもしれない. ❿《電気》素子. ⓫《物理》~ combustible 核燃料集合体. ⓬《数学》~ neutro (identidad) 中立元. ⓭《経済》~s estabilizadores internos 自動安定化装置, ビルトイン・スタビライザー. ⓮〔ドミニカ, プエルトリコ〕とっぴな人, 変人. ⓯〔プエルトリコ, チリ〕愚か者, バカ. ⓰〔ベネズエラ, アルゼンチン, パラグアイ〕人, ある人: Vino a visitarme un ~. 誰かが私を訪ねて来た
~s de juicio 根拠, 論拠, 証拠: Tengo ~s *de juicio* para hablar así. 私は根拠があってそう言っているのだ
estar en su ~《口語》〔人が〕自分の好きな場所(得意な領分)にいる: En Sevilla *estoy en mi ~*. セビーリャにいると私はのびのびできる
~ líquido《文語》水; 海
elemí [elemí] 男 エレミ〔樹脂〕
elenco [elénko] 男 ❶《西》一覧表, カタログ: ~ de personalidades 紳士録. ~ de libros 書籍カタログ. ❷《演劇, 映画》集名 配役, 総出演者, ~ de ar-

tistas. 今夜のゲストはすばらしいアーティストの方々です. ❸《口語》《集合》[一緒に働く・組織を構成する]一群の人: Nuestra universidad cuenta con un magnífico ～ de profesores. 本学はすぐれた教授陣を誇っている

eleo, a [eléo, a] 形《古代ギリシアの》エリド Élide 方言［の］
eleocarpáceo, a [eleokarpáθeo, a] 形 ホルトノキ科の
━━ 女《植物》ホルトノキ科
eleometría [eleometría] 女 油比重測定
eleómetro [eleómetro] 男 油比重計
eleotecnia [eleotéknja] 女 =elayotecnia
elepé [elepé] 男《←英語 LP》《複～s》LPレコード
elequeme [elekéme] 男 ❶《中米, 植物》サンゴシトウ《=búcare》; ナガハデイコ. ❷《コスタリカ》ブルセラ科の植物の樹液
eleto, ta [eléto, ta] 形《古語》驚いた, びっくりした
eleusino, na [eleusíno, na] 形《地名》《ギリシアの都市》エレウシス Eleusis の〔人〕
eleuterozoos [eleuteroθóos] 男 複《動物》遊在亜門, 有棘人綱
elevable [elebáble] 形 持ち上げられ得る
elevación [elebaθjón] 《←ラテン語 elevatio, -onis》女 ❶《文語》持ち上げること, 高くする(なる)こと, 上昇: ～ de agua 揚水. ～ de la temperatura 温度の上昇. ～ del nivel del mar 海面の上昇. ❷ 高騰, 上昇: ～ de precios 物価の上昇. ❸ 高所, 高台: situado en una pequeña ～ del terreno 小高いところにある. ❹［文体・思想などの］高尚さ, 高邁さ. ❺［精神的な］高まり: ～ moral 精神的高揚. ❻ 向上, レベルアップ: ～ de la calidad de la enseñanza 教育水準の向上. ❼《カトリック》[la E～. 聖体の]奉挙. ❽《建築》立面図
━━ por ～ 空中に放物線を描いて
elevadamente [elebáðaménte] 副 高く, 高々と
elevado, da [elebáðo, ða] 形 ❶ 高い《=alto》: 1)［場所が］lugar ～ 高所, 高台. ～da montaña 高い山. ～s picos andinos アンデスの高峰. 2)［地位・程度・価格などが通常より］de precio ～ 高価な. nivel tecnológico muy ～ 非常に高い技術水準. porcentaje muy ～ 非常な高率. sueldo ～ 高給. ～da posición 高位.《精神・思想が》高尚な, 高邁な: almas ～das 気高い精神. ～s pensamientos 高邁な思想. ❸《数学》累乗した: Nueve ～ al cuadrado es ochenta y uno. 9の2乗は81である. dos ～ a tres 2の3乗
━━ 男《キューバ》高架鉄道; 高架道路
elevador, ra [elebaðór, ra] 形 持ち上げる; 上昇させる: bomba ～ra de agua 揚水ポンプ. medicamento ～ de la presión sanguínea 血圧を上げる薬, 昇圧剤
━━ 男 ❶［穀類・荷物用の］リフト, 昇降機: ～ de granos 揚穀機. ❷ ～ de la gasolina ガソリンポンプ. ❸《電気》～ de voltaje 昇圧機. ❹《主に中南米》エレベーター《=ascensor》: bajar por el ～ エレベーターで降りる. puerta del ～ エレベーターのドア
━━ 女［穀類・荷物用の］リフト, 昇降機《=elevador》
elevadorista [elebaðorísta] 名《中南米》エレベーターボーイ(ガール)《=ascensorista》
elevalunas [elebalúnas] 男《単複同形》《西. 自動車》パワーウインドー
elevamiento [elebamjénto] 男 =elevación
elevar [elebár]《←ラテン語 elevare》他 ❶《技術, 文語》上げる, 高める《=levantar》: 1)［物を］Elevan los materiales con una polea hasta el tercer piso. 彼らは滑車を使って4階まで資材を持ち上げる. Sorprendido, elevó ligeramente las cejas. 彼は驚いて眉を少し上げた. 2)［価格・水準・質などを］Las graves sequías elevaron el precio de los alimentos. ひどい旱魃によって食料品価格が上昇した. ～ el nivel de la vida 生活水準を向上させる. ～ la cultura del pueblo 国民の文化レベルを高める. 3)［高さを］Cada propietario puede ～ la pared medianera. 各所有者は境界壁を高くすることができる. ～ la casa un piso más 家を1階建て増しする. ～ cometas 凧を高く揚げる. ～ la voz 大声を出す: Fue elevado al pontificado. 彼は枢機卿にされた. Esas obras le elevaron a la fama mundial. それらの作品によって彼は世界的名声を得た. ❸ 建てる, 建立する: ～ un monumento 記念碑を建てる. ❹［+a+人］に, 嘆願・苦情などを］提出する, 上申する: ～ una protesta a las autoridades 当局に抗議する. ❺ 元気づける, 発奮させる. ❻《数学》累乗する: Si elevas 2 al cubo, el resultado es 8. 2を3乗すると8に

な る. ～ al cuadrado 2乗する. ❼《電気》ブーストする. ❽《チリ. 口語》叱る
━━ ～se ❶［事物が］上がる, 登る: Los globos aerostáticos se elevan cuando se calienta el aire en su interior. 内部の空気が熱せられると気球は上昇する. Los precios se han elevado mucho. 物価がひどく上昇した. ❷［数値が, +a・hasta に］達する: El número de víctimas se han elevado a 20.000. 犠牲者数は2万人に達した. El pino se eleva hasta diez metros. その松の木は10メートルにも達する. ❸《文語》[塔・山・木などが]そびえ立つ, そびえる: En lo alto de la montaña se eleva el castillo. 山の高みに城がそびえている. ❹ 昇進する, 出世する. ❺［高所へ］昇る. ❻［精神的に］高揚する, 高まる. ❼ うぬぼれる, 思い上がる. ❽ 夢中になる, 我を忘れる
elfina [elfína] 女《北欧神話》女エルフ, エルフの妻
elfo [élfo] 男《←英語 elf》《北欧神話》エルフ《小妖精》: ～ oscuro ダークエルフ
Elhuyar [elujár]《人名》Fausto de ～ ファウスト・デ・エルヤル《1755～1833, スペインの化学者・鉱山技師. タングステンを発見》
Elí [elí] 男《旧約聖書》エリ《古代イスラエルの大司祭》
Elías [elías] 男《旧約聖書》エリヤ《古代ヘブライの預言者・大聖職者》
elícito, ta [elíθito, ra] 形《哲学》[行為が]意思から直接実現される
elidir [eliðír] 他 ❶《文法》［母音字・音節などを］省略する《例 del——de el. Vistalegre (地名)←Vista Alegre》. ❷ 弱める, 省く
elijable [elixáble] 形 煎じられ得る
elijación [elixaθjón] 女 煎じること
elijan [elíxan] 男《トランプ》[モンテ・バカラなどのゲームで]手の一種
elijar [elixár] 他《薬学》煎(せん)じる
eliminable [elimináble] 形 排除され得る
eliminación [elimina θjón] 女 ❶ 除去, 排除: ～ del dolor 苦痛の除去. ～ de la pobreza 貧困をなくすこと. ～ de residuos 廃棄物の除去. ❷《数学》消去法: elegir por ～ 消去法で選ぶ. ～ progresiva 失格制(勝ち抜き式)の競技会
eliminador, ra [eliminaðór, ra] 形 名 排除(除去)する［人］
━━ 男 排除器
eliminar [eliminár]《←ラテン語 eliminare < e-《剝離》+limen「敷居」》他 ❶［+de から］取り除く, 除去する, 排除する: Este medicamento elimina el colesterol de las arterias. この薬は動脈からコレステロールを取り除く. Debemos ～ la corrupción. 私たちは汚職をなくさなければならない. ～ la pobreza 貧困をなくす. ～ la posibilidad de...…の可能性を排除する. ～ una sospecha 疑念を打ち消す. ❷［人を集団から］排除する, 追い出す: Le han eliminado del partido. 彼は党を除名された. ❸［人を］失格させる, 不合格にする, 不採用にする: Los eliminaron en la segunda prueba. 彼らは二次試験で落ちた. ❹［リストなどから］消す, 削除する: La policía lo eliminó de la lista de sospechosos. 警察は彼を容疑者リストから消した. ❺《婉曲》殺す《=matar》: Eliminaron al testigo. 証人が消された. ❻《数学》[未知数を]消去する. ❼［生体が］排泄する, 排出する
━━ ～se ❶ 消える, なくなる: Se ha eliminado el lunar en la cara. 顔のほくろが消えた. ❷《メキシコ》立ち去る
eliminatorio, ria [eliminatórjo, rja]《←eliminar》形 予選の, 予備選考の, 勝ち抜きの: criterio ～ 予選通過規準. prueba ～ria 予備試験; 予選
━━ 女 予選: jugar una ～ria 予選を戦う. pasar la primera ～ria 一次予選を通過する. participar en las ～rias del campeonato mundial 世界選手権の予選に出場する
elipse [elí(p)se]《←ラテン語 ellipsis < ギリシア語 elleipsis「不十分」》女《幾何》楕円($_{\text{だ}}$), 長円
elipsis [elí(p)sis]《←ラテン語 ellipsis < ギリシア語 elleipsis》女《単複同形》❶《文法》[文要素の一部の]省略《例 Trae los zapatos del niño y los [zapatos] míos también.》: ～ del sujeto 主語の省略. ❷《文学, 映画》時間的跳躍
elipsógrafo [eli(p)sógrafo] 男 楕円コンパス
elipsoidal [eli(p)soiðál] 形 楕円面の, 楕円体の: cúpula ～ 楕円ドーム
elipsoide [eli(p)sóiðe] 男《幾何》楕円面, 楕円体: ～ de revo-

lución 回転楕円体

elípticamente [elí(p)tikaménte] 副 ❶ 楕円状に. ❷ 省略して

elíptico, ca [elí(p)tiko, ka] 形 ❶ 楕円形の: órbita ～ca 楕円軌道. ❷《文法》省略の: sujeto ～ 省略された主語

eliseo, a [elíseo, a] 形 名 ❶《ギリシア神話》エリュシオンの.《まれ》天国の, この上なく幸福な. ❸《地名》ルセーナ Lucena の〔人〕《コルドバ県の町》
—— ♀《ギリシア神話》[E～] エリュシオン, 天国, 極楽

elisio, a [elísjo, a] 形 =eliseo

elisión [elisjón] 〔←elidir〕女《文法》省略

elite [elíte]《←仏語 élite》❷〖集名〗《しばしば軽蔑》エリート, 選良: toda la ～ del país 全国からの選りすぐり. deportista de ～ 一流選手. ～ cultural 文化人, 知識人. ～ intelectual 知的エリート. ～ social エリート階層, 名士

élite [élite] 女《文語》=elite

elitismo [elitísmo] 男 エリート主義; 選民思想

elitista [elitísta] 形 名 エリート主義の(主義者): deporte ～ エリートのスポーツ. precio ～ エリートにしか買えない値段

élitro [élitro] 男《昆虫》〔甲虫類の〕翅鞘(ししょう), 鞘(さや)ばね

elitroide [elitróide] 男《昆虫》〔直翅類の〕前翅

elitroideo, a [elitrojdéo, a]《昆虫》鞘ばねに似た

elixir [eli(k)sír]〔←俗ラテン語 elixir < アラビア語 el-iksir「賢者の石」〕男 ❶《西》口内洗浄剤. ❷《薬学》エリキシル剤《甘味のある液剤》; 薬用酒. ❸ 練金薬液, エリクサ. ❹ 霊薬, 妙薬: ～ de la eterna juventud 不老長寿の薬

elíxir [elí(k)sir] 男 =elixir

Elizondo [eliθóndo]《人名》Salvador ～ サルバドル・エリソンド 《1932～2006, メキシコの小説家.『ファラベウフ』 Farabeuf o la crónica de un instante は実験的手法を駆使してエロティシズムとサディズムに彩られた, とらえがたいあいまいさを湛えている》

ella〔←ラテン語 illa〕代《人称代名詞3人称単数女性形. →él》❶ 彼女, その人, あの女: 1)〔主語・主格補語〕[E～] Es cantante. 彼女は歌手だ. Es ～ quien me llama. 私を呼んでいるのは彼女だ. E～ no ha querido escucharme. 彼女は私の言うことに耳を傾けようとしなかった. E～ quería ser libre. 彼女は自由になりたかった. Nada más irte tú, llegó ～. 君が帰るとすぐ彼女がやって来た. 2)〔前置詞格〕No sé nada acerca de ～. 私は彼女について何も知らない. No quiero hablar con ～. 私は彼女とは口をききたくない. A veces pensaba que moriría sin ～. 時おり彼は彼女がいなければ自分は死んでしまうだろうと考えた. 3)〔a+. 目的代名詞と重複させる目的格を明示〕Le duele la cabeza a ～. 彼女は頭が痛い. ❷〔女性名詞を受けて. 主に前置詞格で〕それ: La plaza es muy divertida, siempre hay feria en ～. その広場はとても楽しい. いつもそこで市をやっている. Todo el mundo sabe lo que es el agua, pero pocos lo saben todo sobre ～. 水が何であるかは誰もが知っているが, 水についてすべてを知っている人はわずかだ. ❸《まれ》聖母マリア
aquí (allí) fue (será) ～ 問題はここ(そこ)だった(だろう)
entonces fue (será) ～ 問題はその時だった(だろう)
ser más ～[*misma*]〔服装・髪型などが〕より彼女らしくなる

ellas [éʎas]〔←ラテン語 illas〕代《人称代名詞3人称複数女性形. →él, ellos》❶ 彼女ら, その女たち:[E～] Han salido para Navarra. 彼女らはナバラに出発した. E～ me sonríen y se burlan de mi torpeza. 彼女らは私にほほえみ, 私の不器用さを冷やかす. Percibía como ～ se acercaban. 彼は彼女らが近づいてくるのを感じていた. ❷〔女性複数名詞を受けて. 主に前置詞格で〕それら: Esquiva las piedras para no tropezar con ～ y caer. 彼はそれにつまずいて転ばないように石ころを避ける
de～, de～ ある女たちは…, また別の女たちは…

elle [éʎe] 女 旧アルファベットの一字 ll の名称

ello [éʎo]〔←ラテン語 illud〕代《人称代名詞3人称中性形. 3人称単数のみ. 口語では指示代名詞 eso が多く使われる》そのこと, それ: 1)〔主語・主格補語〕[E～] Dijeron que le ayudarían, pero no confiaba en ～. 彼らから助けてやると言われたが, 彼はそれを当てにしていなかった. Nunca he pensado en ～ de esa manera. 私はそのことをそんな風に考えたことは一度もない. Había oído hablar de ～, pero nunca lo hizo caso. それについて話を聞いてはいたが, 彼は無視した. Por ～ no le perdono. それだから私は彼を許さない.〖語法〗ello は目的語としては使用できない: Dijo eso.

彼はそう言った (×Dijo *ello*). 主語でも強調構文では使用できない: Eso es lo que ocurrió en Nueva York. それこそがニューヨークで起きたことだ (×*Ello* es lo que ocurrió en Nueva York)]
el《心理》イド
– dirá《口語》いずれ(いまに)分かるだろう
E～ es que+直説法 実は…である: *E～ es que nos conocemos desde hace mucho*. 実は私たちはずっと前から知り合いなのだ
～, yo《心理》自我
estar en ～ 了解している; 関心を持っている: No te preocupes por la petición; *estoy en ～*. 申請の件は心配するな. 分かっているから
mirar[*se*] *en ～* 考慮してみる

ellos [éʎos]〔←ラテン語 illos〕代《人称代名詞3人称複数男性形. →él》❶ 彼ら, 彼(ら)と彼女[ら]:[E～] No llegaron a tiempo. 彼らは間に合わなかった. ¿Qué entienden ～ de la vida? 彼らに人生の何が分かるというのか? Nosotros seguimos nuestro curso y ～ el suyo. 我々は我々の道を進み, 彼らは彼らの道を進む. Para ～ algo había cambiado. 彼らにしてみれば何かが変わっていた. ❷〔男性複数名詞を受けて. 主に前置詞格で〕それら: Los días van pasando y con ～ la posibilidad de cambiarlos. 月日は過ぎゆき, それと共に日々を変える可能性も過ぎゆく
de～, de～ ある男たちは…, また別の男たちは…
¡(*Sus y*) *A ～!* やっちらかかれ!

elocución [elokuθjón]〔←e+locución〕女 ❶ 話し方, 話術, 演説法; 発声法: Tiene una ～ clara y precisa. 彼の話し方は明確だ. tener una ～ fácil 弁舌がさわやかである. ❷〔語の〕選択配列法; 文体, 表現法

elocuencia [elokwénθja]〔←ラテン語 eloquium < eloqui「言う, 発音する」〕女 ❶ 雄弁, 能弁, 弁舌の才: Su ～ hace que sea una vendedora excelente. 彼女は話がうまいので, すばらしい売り手になる. demostrar su ～ 弁舌をふるう. don de la ～ 弁舌の才. ❷〔言葉によらない〕表現力, 説得力: Estas cifras son de una gran ～. この数字が雄弁に物語っている《何よりの証拠だ》. No hay ～ superior a la del ejemplo. 分からせるには例を挙げるのが一番だ. ～ de una imagen イメージの訴求力

elocuente [elokwénte]〔←ラテン語 eloqui〕形 雄弁な, 説得力のある; 表現力に富んだ: Su ～ mirada dice lo que no se atreve a expresar con palabras. 彼女の表情豊かな目があえて言葉にしなかったことを物語っている. ～ orador 弁舌巧みな演説者. dato ～ 自ずから明白な事実. silencio ～ 多くを物語る沈黙

elocuentemente [elokwéntemɛ́nte] 副 雄弁に

elocutivo, va [elokutíβo, βa] 形 発声の, 弁舌の: corrección ～va 発声の正しさ

elodea [elodéa] 女《植物》カナダモ

elogiable [eloxjáβle] 形 賞賛に値する: Su colaboración desinteresada es ～. 私欲をはさまぬ協力は立派だ. esfuerzo ～ 見上げた努力

elogiador, ra [eloxjaðor, ra] 形 名 賞賛する〔人〕, ほめたたえる〔人〕

elogiar [eloxjár]〔←ラテン語 elogiare〕10 他 ほめたたえる, 賞賛する: *Elogiaron tanto su obra que el propio autor quedó sorprendido*. 作品を絶賛されて作者自身驚いた

elogio [elóxjo]〔←ラテン語 eloguium「墓碑銘, 賞辞」< ギリシア語 eulogia「賞賛」〕男 賞賛, 賛美, 礼賛; 賛辞: Todos le hicieron ～s por el gran trabajo. 皆彼の偉業を賞賛した. dirigir a+人 un ～ ～をほめる. recibir muchos ～s de... …から絶賛を博する. merecer el ～ 賞賛に値する
deshacerse en ～s con... …をべたぼめする: La prensa británica *se deshace en ～s con* su nuevo héroe nacional. イギリスの新聞は新たな国民的英雄をべたぼめしている

elogioso, sa [eloxjóso, sa] 形 賞賛の: palabras ～sas 賛辞, ほめ言葉

elongación [eloŋgaθjón] 女 ❶《医学》〔筋・腱などの〕伸び. ❷《技術》破断するまでの〕伸び. ❸《天文》離隔, 離角

elongar [eloŋgár] 8 他《医学》伸長する

elotada [elotáða] 女《メキシコ》❶ エロテ elote で作るおやつ. ❷〖集名〗エロテ

elote [elóte]〔←ナワトル語 élotl〕男 エロテ《《メキシコ, 中米》干していないトウモロコシの穂軸《ゆでたり焼いて食べる》;《メキシコ》トウモロコシ粒》: flan de ～ トウモロコシのプディング

elotear [eloteár] 他《メキシコ》トウモロコシの穂軸を収穫する / 自《メキシコ》[トウモロコシの穂軸が] 出始める

El Salvador →**salvador**

elucidación [eluθiðaθjón]女《文語》解明

elucidar [eluθiðár] 他《文語》[問題・謎を] 解明する: ~ el sentido de sus palabras 彼の言葉の意味を解き明かす

elucidario [eluθiðárjo]男 奥義書, 義解(ぎ)

elución [eluθjón]女《化学》溶出, 溶離

eluctable [eluktáβle]形《戦いで》打ち負かせる: enfrentarse a un oponente ~ 勝てる相手と対戦する

elucubración [elukuβraθjón]《←ラテン語 elucubratio, -onis》女❶[時に 複]《しばしば軽蔑》とりとめもない考え: Debes centrarte en la cuestión y dejarte de elucubraciones. 君は本題に集中して余計な考えはやめるべきだ. ❷ 熟考. ❸ 研鑽(けん), 刻苦勉励

elucubrador, ra [elukuβraðór, ra]形 =**elucubrante**

elucubrante [elukuβránte]形《苦心して》研究する, 考える

elucubrar [elukuβrár]《←ラテン語 elucubrare「徹夜で働く」》他/自❶ とりとめもなく考える: Deja de ~ cosas imposibles y abre los ojos a la realidad. できないことを考えるのはやめて現実に目を向けなさい. ❷ 熟考する, 思い巡らす. ❸ [長時間かけて] 研究する; [苦労して作品などを] 作り上げる

eludible [eluðíβle]形 免れられ得る, 回避され得る

eludir [eluðír]《←ラテン語 eludere「ゲームのように避ける」< e- (強調) +ludere「遊び」》他❶ [口実などを使って問題・困難などを] 巧みに避ける, 免れる: Eludió hábilmente las respuestas que no le apetecía dar. 彼は答えたくない事柄については巧みに質問をはぐらかした. No pude ~ la invitación. 私は招待を断りきれなかった. ~ la acción de la justicia 法の手をかいくぐる. ~ los peligros 危険を回避する. ~ el servicio militar 兵役を逃れる. ~ hablar del tema その話題に触れないようにする. ❷[人を] 避ける: ~ a los periodistas 新聞記者の目を逃れる. ❸ [提案などを] 拒否する, 受け容れない

elusión [elusjón]女 回避, 免れること: Le acusaron de irresponsable en la ~ de sus responsabilidades. 責任逃れをして彼は無責任だと非難された. ~ del impuesto / fiscal [合法的な] 税金逃れ, 節税

elusivo, va [elusíβo, βa]形《←eludir》言い抜けの, はぐらかしの, 逃げ口上の: dar una respuesta ~ あいまいな答えをする. ~vas palabras はっきりしない物言い

eluvial [eluβjál]形《地質》残積層の; 洗脱の, 溶脱の

eluvión [eluβjón]男《地質》風化残留物

elvense [elβénse]形 名 [地名] [ポルトガル東部の町] エルバス Elvas の〔人〕

elzevir [elθeβír]男 =**elzevirio**

elzeviriano, na [elθeβirjáno, na]形《印刷》エルゼビル Elzevier 活字の

elzevirio [elθeβírjo]男 [16~17世紀オランダの] エルゼビル Elzevier 版の書物

em-〖接頭辞〗→**en-**

emaciación [emaθjaθjón]女《医学》[病気による] やせ衰え, やつれ, 羸痩(るいそう), 憔悴(しょうすい)

emaciado, da [emaθjáðo, ða]形《医学》病気で》やせ衰えた, やつれた, 憔悴た

email [iméjl/imél]《←英語》男 [複 ~s] Eメール: ¿Tienes un ~? 君にメールは来たる? comunicarse por ~ メールでやりとりする. enviar por ~ メールで送る. mandar el ~ メールを送る. recibir el ~ メールを受け取る. amigo por ~ メール友達. ~ basura ジャンクメール, スパム

emanación [emanaθjón]《←ラテン語 emanatio, -onis》女❶ 発散, 放射, 流出: intensa ~ de gas ひどいガス漏れ. emanaciones radiactivas 放射能漏れ. ❷ 発散物, におい

emanador, ra [emanaðór, ra]形 発散させる

emanante [emanánte]形 発散する, 流出する

emanantismo [emanantísmo]男 =**emanatismo**

emanantista [emanantísta]形 =**emanatista**

emanar [emanár]《←ラテン語 emanare < ex- (から)+manare「発する」》自《文語》❶ [+de] 原因がある, 起因する, 由来する; [感情などが] 生じる: Los instintos humanos emanan de su propia naturaleza animal. 人間の直観はその人の動物的本能から生まれる. ❷ [+de から] 発散する, 放たれる: Este olor emana de aquel montón de basura. このにおいはあのゴミの山から出ている

── 他 [におい・感じなどを] 出す, 発散させる: Las rosas emanan un agradable perfume. バラはふくよかな香りを発する. Toda su persona emana simpatía. 彼から親しみやすさがあふれ出ている

emanatismo [emanatísmo]男《哲学》流出説, 流出論〖すべてのものは神から生まれ出たとする汎神論〗

emanatista [emanatísta]形《哲学》流出説の; 流出論者

emancipación [emanθipaθjón]女《←ラテン語 emancipatio, -onis》女 [奴隷・束縛などからの] 解放: ~ de América《歴史》ラテンアメリカの解放〖19世紀, スペイン・ポルトガルの植民地からの独立〗. ~ de esclavos 奴隷解放. ~ de la mujer 女性解放. ~ del menor de edad 未成年者の独立, 親権の解除

emancipado, ra [emanθipáðo, ða]形 解放された, 自由にする: idea ~ra 解放思想. movimiento ~ 解放運動

── 男 解放奴隷

emancipar [emanθipár]《←ラテン語 emancipare < ex- (外)+manus「手, 権力」+capere「つかむ」》他 [+de 親権・保護・隷属などから] 解放する, 自由にする: Su nuevo trabajo le emancipó de la carencia económica. 新しい仕事のおかげで彼は経済的困窮から脱出した. ~ a+人 de la esclavitud …を奴隷の身から解放する

── **~se** 自由になる: No puede ~se de sus padres porque todavía no es mayor de edad. 彼はまだ成人していないので親から独立できない

emarginado, da [emarxináðo, ða]形 ❶ 縁に切れ目がある; 家畜の耳などを切り込んで印を付けた. ❷《植物》[花弁・葉が] 凹型の, 先端が切れ込んだ

emasculación [emaskulaθjón]女 ❶《文語》去勢. ❷《植物》除雄

emasculador [emaskulaðór]男 ペンチに似た去勢用具

emascular [emaskulár]他 ❶《文語》去勢する〖=castrar〗. ❷《植物》除雄する, 花の雄蕊を除去する

embabiamiento [embaβjamjénto]〖←estar en Babia〗男《俗語》上の空, ぼんやり, 放心状態

embabucar [embaβukár]〖7〗他《古語》=**embaucar**

embachar [embatʃár]他[毛を刈るため羊を] 囲いに入れる

embadurnador, ra [embaðurnaðór, ra]形 名 ❶ 塗りたくる. ❷《軽蔑》下手な絵を描く; へぼ絵描き

embadurnamiento [embaðurnamjénto]男 塗りたくること; 《軽蔑》下手な絵を描くこと

embadurnar [embaðurnár]〖←古語 embardunar < bardo「泥」〗他 ❶ペンキ・のべたべたした物に…を塗りたくる, 塗る: La puerta con las manos manchadas de barro 泥まみれの手でドアを汚す. ~ el pan con mantequilla パンにバターを塗る. ❷《軽蔑》下手な絵を描く

── **~se** [+de・con に] まみれる: ~se con barro 泥だらけになる

embaición [embajθjón]女《廃語》=**embaimiento**

embaidor, ra [embajðór, ra]名《文語》だます〔人〕, 嘘つきの〔人〕

embaimiento [embajmjénto]男《古語》だますこと, 詐欺, ぺてん

embaír [embaír]〖欠如動詞: 語尾に i の残る活用形のみ. →**abolir**〗他《古語》❶ だます, たぶらかす. ❷ 辱める; 虐待する

── **~se**《サラマンカ, エストレマドゥラ》楽しむ, 遊んで暇をつぶす

embajada [embaxáða]《←オック語 ambaissada「依頼」< ambaissar「依頼を果たす」<俗ラテン語 ambactiare < ガリア語 ambactos「召使」》❶ 大使館: ir a la ~ para solicitar el visado ビザを申請しに大使館へ行く. ~ de Japón en Madrid マドリードの日本大使館. ❷ 大使の職務 (資格): desempeñar la ~ 大使を務める. ❸ 〖集合〗大使館職員: reducir la ~ 大使館員数を削減する. ❹ 大使の伝えるメッセージ: recibir la ~ del presidente 大統領の親書を受け取る. ❺《口語》厄介な要求 (伝言), 無理難題: ¿Ahora que ya estaba todo decidido me sales tú con esa ~? 全部決まってしまってからそんな横やりを入れてくるのか? No me vengas con ~s! 面倒な注文はやめてくれ

embajador, ra [embaxaðór, ra]《←embajada》名 ❶ 大使: ~ de España en Japón 駐日スペイン大使. ~ de Japón ante la ONU 日本の国連大使. ~ extraordinario 特派大使. ~ itinerante (volante) 移動大使. ~ de (la buena amistad) de la UNICEF ユニセフ親善大使. ❷ 使節: ~ especial 特使. ~ de deporte スポーツ大使

── 女 大使夫人

embalado, da [embaládo, đa] 形《南米》熱狂した
embalador, ra [embalađór, ra] 名 荷造り人, 包装係; 梱包業者
embaladura [embalađúra] 女《南米》=embalaje
embalaje [embaláxe]《←embalar I》男 ❶ 包装, 梱包(ᔌ)《行為》; 荷造り: Yo haré el ~. 私が梱包(荷造り)します. ~ de cartón ボール箱包装. ❷ 梱包材料《箱, 紙など》. ❸ 梱包費: pagar 5 dólares por el ~ 梱包料に5ドルを支払う. ❹《コロンビア. スポーツ》ラストスパート. ❺《ウルグアイ. 口語》1）速度. 2）熱意
embalar [embalár] I《←en- I+bala 包み》他 包装する, 梱包する; 荷造りする: ~ los libros en caja 本を箱詰めにする
── 自 水面・船底を叩いて魚を網に追い込む
II《仏語 emballer》他 [モーターなどを] 過度に回転させる: En cuanto ve una recta *embala* el coche. 彼は直線を見たとたんに車のスピードを上げる
── 自 逃げる, 逃走する
── ~se ❶ 猛スピードを出す: *Se embaló* conduciendo y lo multaron por exceso de velocidad. 彼は猛スピードで運転し速度違反で罰金を取られた. El atleta *se embaló* en los últimos metros. その選手は最後の数メートルでスパートをかけた. ❷ 急いで言う, 早くする: Cuando hablo en público, *me embalo*. 私は人前で話す時, 早口になる. ❸ 興奮する, のぼせ上がる: *Se embaló* en la discusión y soltó todo lo que había callado durante años. 彼は議論で舞い上がって, 長年言わずにおいたことをすべてぶちまけた
embaldosado [embaldosáđo] 男 ❶ 敷石（タイル）を敷くこと. ❷ 石畳; タイル張りの床（壁）
embaldosadura [embaldosađúra] 女 敷石（タイル）を敷くこと《=embaldosado》
embaldosamiento [embaldosamjénto] 男 敷石（タイル）を敷くこと
embaldosar [embaldosár]《←en- I+baldosar》他 [+場所を] 敷石で舗装する; タイルを張る: ~ el patio con mármol 中庭を大理石で敷きつめる. ~ el cuarto de baño 浴室にタイルを張る
embale [embále] 男《アルゼンチン, ウルグアイ. 口語》熱意
emballenado [embaʎenáđo] 男《古語的》[コルセットなどの] 鯨のひげ製の芯
emballenar [embaʎenár] 他《古語的》[コルセットなどに] 鯨のひげ製の芯(ᔌ)を入れる
emballestado, da [embaʎestáđo, đa] 形 男《獣医》[馬の] 前脚の球節が前方に曲がった; その病気
emballestadura [embaʎestađúra] 女《メキシコ. 獣医》[馬の] 前脚の球節が前方に曲がる病気
emballestar [embaʎestár] ~se ❶ 弩 ballesta を射る態勢を取る. ❷《メキシコ. 獣医》[馬が] 前脚の球節が前方に曲がる
embalo [embálo] 男 ❶ [水面・船底を叩いて魚を網へ追い込む] 追い込み漁. ❷ 追い込み漁の道具
embalsadero [embalsađéro] 男 [雨・洪水でできる] 湿地, 沼地
embalsado [embalsáđo] 男 不可算《アルゼンチン》[小川・潟湖などを厚く覆う] 水草
embalsamador, ra [embalsamađór, ra] 形 男 ❶ 芳香をつける. ❷ 死体に防腐処置を施す[人], エンバーマー
embalsamamiento [embalsamamjénto] 男 ❶ 芳香をつけること. ❷ [死体の] 防腐処置, エンバーミング
embalsamar [embalsamár]《←en- I+bálsamo》他 ❶ [死体に] 防腐処置を施す. ❷《文語》芳香で満たす: Las rosas *embalsaman* el ambiente. バラの香りが漂っている
── ~se 自身を芳香で満たす: *Se embalsama* con unos perfumes tan fuertes que nos marean. 彼女は私たちがくらくらするほど強い香水をつけている
embalsamiento [embalsamjénto] 男 せき止め, 貯水《=embalse》
embalsar [embalsár] I《←en- I+balsa》他 [水を] せき止める, 貯める: ~ el agua del deshielo 雪解け水を貯める
── ~se [水などが] 溜まる: La lluvia caída *se ha embalsado* en los arrozales. 降った雨が水田に溜まった
II 他《船舶》索 balso で吊り上げる
embalse [embálse]《←embalsar》男 ❶ 貯水池, ダム湖. ❷ せき止め, 貯水
embalumar [embalumár] 他 [かさばる・厄介なものを] 背負わせる

── ~se [厄介な仕事・問題を] あまりにも多くしょい込む
embanastar [embanastár] 他 ❶ かご banasta に入れる: ~ las peras ナシをかごに入れる. ❷ [多くの人を, +en 狭い場所に] 押し込む
── ~se ぎゅうぎゅう詰めになる: La gente *se embanastaba* para ver a sus ídolos. 人々はアイドルを一目見ようと押し寄せた
embancar [embankár] 7 ~se ❶《船舶》座礁する. ❷《南米》[川・湖が] 土砂で埋まる, 浅くなる
embancadura [embankađúra] 女 [川の] 障害物
embanderar [embanderár] 他 [場所を] 旗で飾り付ける
embanquetar [embanketár]《メキシコ》[道に] 歩道を設ける
embarazada[1] [embaraθáđa]《←embarazar》形 女 妊娠している: estar ~ de ocho meses 妊娠9か月である〈日本では1か月=28日と計算するためずれが生じる〉. estar ~ de su segundo hijo (de un español) 第二子（あるスペイン人の子供）を身ごもっている. quedarse ~ 妊娠する
embarazadamente [embaraθáđaménte] 副 困惑して, どぎまぎして
embarazado, da[2] [embaraθáđo, đa] 形 困惑した, どぎまぎした: sentirse ~ delante de sus suegros 舅夫婦の前できまりが悪い
embarazador, ra [embaraθađór, ra] 形 ❶ 困惑させる: situación ~ra 困った状況. ❷ 邪魔をする, 妨げになる
embarazar [embaraθár]《ポルトガル語 embaraçar < baraço「きずな, 紐」》9 他 ❶ 妊娠させる. ❷ 邪魔する, 妨げる; 困らせる, 当惑させる: ropas que no *embaracen* los movimientos 動きにくくない服. Las continuas llamadas telefónicas *embarazan* mi trabajo. しょっちゅう電話がかかってきて私は仕事ができない
── ~se ❶ 妊娠する: Le gustaría ~se y tener familia pronto. 彼女はすぐに子供ができればと思っている. ❷ 困惑する: ~se por el trato muy acogedor 手厚いもてなしに恐縮する
embarazo [embaráθo]《←embarazar》男 ❶ 妊娠; 妊娠期間: estar en las 8 semanas de ~ 妊娠8週目である. llevar muy bien el ~ 妊娠経過は順調である. hacerse una prueba de ~ 自分で妊娠検査をする. equipo (kit) de prueba de ~ 妊娠検査薬. extrauterino (ectópico) 子宮外妊娠. ~ falso 想像妊娠. ❷《文語》困惑, 当惑: sentir (sufrir) ~ どぎまぎする, ろうばいする. hablar con nerviosismo y ~ あがって口ごもり, つっかえつっかえ話す. ❸ 障害, 迷惑: Nos causó un gran ~. 彼は私たちに大変な迷惑をかけた. ~ para el desarrollo de nuestro proyecto 我々の計画進行の妨げ. ❹ 窮地, 苦境: encontrarse en un ~ 窮地に立たされている. ❺《医学》~ gastronómico 胃腸障害
embarazosamente [embaraθósaménte] 副 困惑して, どぎまぎして
embarazoso, sa [embaraθóso, sa]《←embarazo》形 ❶ 困惑させる, 面倒な, わずらわしい: Se hizo un silencio ~. 気まずい沈黙が流れた. pregunta ~sa 人を面食らわせる（困惑させるような）質問. escena ~sa じっと見ておれない光景. situación ~sa 気まずい状況. ❷ 邪魔をする, 障害となる: prenda ~sa 窮屈な服
embarbar [embarbár] 他《闘牛》[牛の] 角をつかんで押さえつける
embarbascar [embarbaskár] 7 他 =envarbascar
── ~se ❶ [鋤などが] 根に絡まる. ❷ [話す時に] 舌がもつれる, 口ごもる. ❸ もつれる, 紛糾する
embarbecer [embarbeθér] 39 自 あごひげが生える
embarbillado [embarbiʎáđo] 男《木工》だぼはぎ, さねはぎ
embarbillar [embarbiʎár] 他《木工》だぼはぎ（さねはぎ）にする
embarcación [embarkaθjón] 女《←embarcar》❶ 小型船; 船の建造. ❷ [小型船] menor《港内・積載用の》ボート
embarcadero [embarkađéro] 男《←embarcar》❶ 桟橋, 埠頭. ❷《航空》積込み機, ローダー
embarcador, ra [embarkađór, ra] 男 沖仲仕
── 形《ベネズエラ. 口語》信頼できない
embarcar [embarkár]《←en- I+barca》7 他 ❶ [船・飛行機・列車に] 乗せる; 積み込む, 出荷する: ~ los pasajeros 旅客を乗船（搭乗）させる. ~ las máquinas en la bodega de un carguero 機械類を貨物船の船倉に積み込む. ❷ [+en 危険な事業などに] 引き入れる. ❸《南米》だます
── 自 乗り込む, 乗船する, 搭乗する: *Embarcamos* en Bar-

celona para un crucero a las Islas Baleares. バレアレス諸島クルーズはバルセロナで乗船します. Aviso a los pasajeros del vuelo 1234 de la compañía XYZ con destino Madrid. *Embarquen* por la puerta J-45. XYZ航空マドリード行き1234便をご利用のお客様はJ45搭乗口よりご搭乗下さい

—— **~se** ❶［+en に］乗り込む, 乗船する, 搭乗する: *~se en* un yate ヨットに乗る. *~se en* el tren para Córdoba コルドバ行きの列車に乗る. ❷［+en 危険な事業などに］乗り出す, 着手する, 関わり合う: *Me he embarcado en* la compra de un caballo de carrera. 私は競走馬の購入に手を出した. *Se han embarcado en* un prometedor negocio. 彼らは見込み十分な商売を始めた. *~se en* la política 政界に乗り出す

dejar embarcado a+人《ベネズエラ》…を置き去りにする

embarcinar [embarθinár] [他]《キューバ》［刺繍で］オープンワークをする

embarco [embárko] [男] 乗船, 搭乗; 積み込み〘=embarque〙

embardar [embarđár] [他] =**bardar**

—— **~se**《地方語》茂みに隠れる

embargable [embarɡáble] [形]《法律》差し押さえられ得る: bienes *~s* 差し押さえ可能物件

embargador, ra [embarɡađór, ra] [形] [名]《まれ》差し押さえる〔人〕

embargar [embarɡár]〘←俗ラテン語 imbarricare〙[8] [他] ❶《法律》差し押さえる: Le *embargaron* los muebles por no pagar la deuda. 借金を払わないため彼は家具を差し押さえられた. ❷［活動などを］不可能にする, 妨げる: Su enfermedad *embargó* todos sus planes. 彼は病気ですべての計画ができなくなった. ❸［+人. 感情が］極まる;［感情・痛みなどが人を］身動きできなくする: Le *embarga* el miedo. 恐怖で彼は身動きできない. ❹［事物が人を］喜ばせる: El regalo le *embargó* a Pedro. プレゼントをもらってペドロは喜んだ. ❺［事物が人の心などを］奪う, 夢中にする: El juego *embarga* toda la atención del niño. 子供はゲームに夢中になっている. Su recuerdo *embarga* mi alma. 私の心は彼女の思い出で一杯だ. ~ la mayor parte de su tiempo 時間の大半を奪う

embargo [embárɡo]〘←embargar〙[男] ❶ 差し押さえ; 押収. ❷《政治》［武器などの］輸出禁止, 運搬禁止, 封鎖: ~ comercial 貿易障壁を設けること, 禁輸. ~ económico 経済封鎖. ❸ 出版禁止. ❹《医学》消化不良

***sin* ~** 1) とはいえ, しかしながら; それにもかかわらず: Tenía motivos para enfadarse; *sin* ~, no se enfadó. 彼は怒って当然だったが, 怒らなかった. Estudió y no aprobó, *sin* ~. 彼は勉強したが, それでも合格しなかった. 2)《文語》［+de que+直説法］…であるにもかかわらず

***y sin* ~** がしかし, けれども: Me abandonó *y sin* ~ la quiero. 私は彼女に捨てられたが, しかし彼女を愛している. Estudió *y sin* ~ no aprobó. 彼は勉強したが, しかし合格しなかった

embargue [embárɡe] [男]《まれ》=**embargo**

embarnecer [embarneθér] [39] [自]《古語》太る

embarnecimiento [embarneθimjénto] [男]《古語》太ること, 肥満

embarnizadura [embarniθađúra] [女]《まれ》ニス塗り

embarnizar [embarniθár] [9] [他]《まれ》=**barnizar**

embarque [embárke]〘←embarcar〙[男] ❶ 積み込み, 船積み, 出荷: equipaje preparado para el ~ 積み込み準備のできた荷物. ~ parcial《商業》分割船積み. ❷ 乗船, 乗車, 搭乗: puerta de ~ 搭乗ゲート, 搭乗口. tarjeta de ~ 搭乗券. ❸ [集名] 乗客; 積み荷. ❹《隠語》売春の料金を払わないこと

***ser un* ~**《ベネズエラ. 口語》［人が］信用できない

embarrada[1] [embar̄áđa] [女] ❶《メキシコ》［型などに］脂(バター)を塗ること. ❷《プエルトリコ, コロンビア, チリ, アルゼンチン, ウルグアイ. 口語》重大なうっかりミス

~ de mano《メキシコ. 口語》リベート, わいろ

embarradilla [embar̄ađíʎa] [女]《メキシコ》❶《菓子》小型のエンパナーダ. ❷《口語》リベート, わいろ

embarrado[1] [embar̄áđo] [男]［塀・壁の］土塗り, 壁塗り

embarrado[2]**, da**[2] [embar̄áđo, đa] [形]《メキシコ. 口語》［衣服が］ぴっちりした

embarrador, ra [embar̄ađór, ra] [形] [名] ❶ 泥で汚す〔人〕. ❷［人を］混乱させる

embarradura [embar̄ađúra] [女] 泥で汚す(汚れる)こと, 泥だらけにする(なる)こと

embarrancamiento [embar̄aŋkamjénto] [男] 座礁

embarrancar [embar̄aŋkár]〘←en- I+barranco〙[7] [自]・**~se** ❶［船が］座礁する;［車がぬかるみなどに］はまり込む, 動きがとれなくなる. ❷ 行き詰まる: Nuestro proyecto *embarrancó* por falta de capital. 私たちの計画は資金不足で暗礁に乗り上げた

—— [他] ❶ 座礁させる: La poca profundidad *embarranca* al buque. 浅いため船が座礁する. ❷ 行き詰まらせる

embarrar [embar̄ár] **I**〘←en- I+barro〙[他] ❶ 泥だらけにする, 泥で汚す; 泥を塗る: La lluvia y el mal camino *embarraron* el coche. 雨と悪路で車は泥だらけになった. ❷《中南米》1)［犯罪・重大な過失を］犯す. 2) 中傷する. ❸《メキシコ, 中米. 口語》［悪事に］巻き込む

~la《南米. 口語》［物事を］複雑にする

—— **~se** ❶ 泥だらけになる, 泥で汚れる: Los niños *se embarraron* de pies a cabeza. 子供たちは全身泥だらけになった. ❷《地方語》［網が］砂地・泥にひっかかる

II〘←en- I+barra〙[他] てこを入れる, てこで動かす

—— **~se**《狩猟》［シャコが］梢に逃げ込む

embarre [embár̄ɛ] [男]《地方語》網が砂地・泥にひっかかること

embarriado [embar̄jáđo] [男]［郵便物の］分類, 仕分け

embarrialar [embar̄jalár] **~se** ❶《中南米》泥で汚れる. ❷《中米》［ぬかるみに］はまり込む

embarriar [embar̄jár] [10] [他]［郵便物を宛先で］分類する, 仕分けする

embarrilador [embar̄ilađór] [男] 樽詰め職人

embarrilar [embar̄ilár] [他] ❶ 樽(たる)に詰める, 樽詰めにする. ❷《キューバ》［人を］殺す

embarrizar [embar̄iθár] [9] [他] 泥で汚す, 泥だらけにする

—— **~se** 泥で汚れる, 泥だらけになる

embarrotar [embar̄ɔtár] [他] =**abattotar**

embarrutar [embar̄utár] **~se**《コロンビア. 口語》煤だらけになる

embarullador, ra [embaruʎađór, ra] [形] ごちゃ混ぜにする; まごつかせる: explicación *~ra* 誤解を生む説明

embarullamiento [embaruʎamjénto] [男] ごちゃ混ぜ; まごつき

embarullar [embaruʎár]〘←en- I+barullo〙[他] ❶ ごちゃ混ぜにする, 混乱させる: ~ el archivo ファイルをひっくり返す. ~ las cuentas 帳簿をいい加減につける. ~ el relato 話を支離滅裂にする. ❷《口語》［人を］まごつかせる: Me *embarullas* mandándome tantas cosas a la vez. 一度にたくさんのことを命じられて私はわけが分からない

—— **~se** ❶ ぞんざいにする, いい加減にする. ❷ わけが分からなくなる, こんがらがる; 支離滅裂なことを言う

embasamiento [embasamjénto]〘←伊語 imbasamento〙[男]《建築》［長く連続した］土台, 基礎

embastar [embastár] [他] ❶《服飾》仮縫いする, しつけをする;［ふとん地を］縫い合わせる, とじつける. ❷［布を］刺繍枠に取り付ける. ❸［馬に］荷鞍をつける

embaste [embáste] [男] 仮縫い, しつけ

embastecer [embasteθér] [39] [自]《まれ》太る〘=engordar〙

—— [他]《まれ》［人を］がさつにする, 粗野にする;［物を］粗くする

—— **~se**《まれ》粗くなる

embasurar [embasurár] [他]《農業》堆肥をまく

embatada [embatáđa] [女]［船の進行方向を変えるような］波(風)の打ちつけ

embate [embáte]〘←古語 embatirse「襲いかかる」< en- I+batir〙[男] ❶ 荒波; 強風, 突風: El acantilado recibe el ~ de las olas. 断崖に波が打ちつける. *~s* de la tempestad 大時化(しけ). *~s* de la vida 人生の荒波. ❷ 激しい攻撃: resistir los *~s* del enemigo 敵の猛攻撃に耐える. ❸［感情の］激発, ほとばしり: No sabe resistirse cuando le llega un ~ de celo. 彼は嫉妬に襲われると自分を抑えることができない. refrenar sus *~s* de cólera 怒りの爆発を抑える

embaucador, ra [embau̯kađór, ra] [形] ❶ 人を欺く, だます, まやかしの: palabras *~ras* 甘言. ❷ 口先のうまい: charlatanes *~es* 言葉巧みな香具師(やし)

—— [名] 詐欺師, 嘘つき, ぺてん師, いかさま師

embaucamiento [embau̯kamjénto] [男] ❶ 詐欺, いかさま. ❷ たぶらかし, 甘言で釣ること, 丸め込むこと

embaucar [embau̯kár]〘←古語 embabucar〙[7] [他] 口車に乗せる, 甘言で釣る, だます, たぶらかす: No te dejes ~ por ese charlatán. そのいかさま野郎にだまされるなよ

embaular [embau̯lár]〘規則変化〙/[16] [他] ❶ トランク baúl に詰める. ❷《西. 戯語》［食べ物を腹に］詰め込む, むさぼる: ~ la

E

cena 夕食をがつがつ食べる. ~ un filete en un instante あっという間にステーキを平らげる. ❸ [人・物を] すし詰めにする, ぎゅうぎゅう詰めにする: ~ a diez personas en un cuarto 一部屋に10人詰め込む

embausamiento [embausamjénto] 男 呆然, 放心, 上の空

embayar [embajár] 他《エクアドル. 口語》怒らせる
── ~se《エクアドル. 口語》怒る

embazador [embaθaðór] 男《まれ》[布などを黄褐色に染める] 染め物屋

embazadura [embaθaðúra] 女《まれ》❶ 放心状態, 驚愕, 仰天. ❷ [布などを黄褐色に染める] 染色

embazar [embaθár] 他《まれ》❶ 呆然とさせる; 驚かせる, 怖じ気づかせる. ❷ [泥などが] 引き止める, 動かなくさせる. ❸ [布などを] 黄褐色に染める
── ~se ❶ [トランプで] 頭が勝つことをとる. ❷《まれ》呆然とする, きょとんとする. ❸《まれ》[泥などで] 動けなくなる

embebecer [embebeθér] 39 他 魅了する, うっとりさせる
── ~se うっとりする, 陶然となる

embebecidamente [embebeθíðaménte] 副 うっとりして, 陶然として

embebecimiento [embebeθimjénto] 男 魅了, うっとりさせる(する)こと, 恍惚

embebedor, ra [embebeðór, ra] 形 吸い取る, 吸収する

embeber [embebér] 《←ラテン語 imbibere < in-+bibere「飲む」》 他 ❶ [液体を] 吸い取る, 吸収する: *Embebí* la tinta con tisú. 私はティッシュでインクを吸い取った. ❷ [+en・de を] …に浸み込ませる: ~ un algodón *en (de)* agua 脱脂綿に水を浸ませる. ❸《服飾》…の寸法をつめる: ~ el vuelo de una falda [ギャザーをとったりして] スカートの幅をつめる. ❹ [+en に] はめ込む, 組み入れる, 取り込む
── 自 [布が] 縮む: La lana *embebe* al lavarse. ウールは洗うと縮む
── ~se ❶ [+en・de が] しみ込む: La tierra *se embebió de* agua. 土は水を一杯に含んだ. ❷ [+de 学説などを] 完全に理解する. ❸ [+con・en に] 心を奪われる, のめり込む: *Se embebe en* el ordenador y se le pasan las horas sin darse cuenta. 彼はコンピュータに夢中で, 気づかないうちに時間が経っている. ~ *se en* la lectura 読書に没頭する. ❹ [布が] 縮む. ❺《闘牛》[とどめを受ける時, 牛が] 頭をもたげて突っ立っている

embebimiento [embebimjénto] 男《まれ》吸収; しみ込むこと

embecadura [embekaðúra] 女《建築》三角小間 [=enjuta]

embejucar [embexukár] 7 他《カリブ》つる bejuco で覆う. ❷《コロンビア》まごつかせる, 当惑させる
── ~se ❶《コロンビア, ベネズエラ》つるがからむ. ❷《コロンビア》怒る

embelecador, ra [embelekaðór, ra] 形 男 甘言でだます [人], 口車に乗せる [人]

embelecamiento [embelekamjénto] 男 甘言でだますこと: caer en los ~s de un niña 孫の言葉をついつい信じてしまう. víctima del ~ 口車に乗せられた人

embelecar [embelekár] 7 他《←アラビア語 baliq「呆然とさせる」》[甘言などで] 他 ~ a su abuelo para sacarle dinero うまいことを言って祖父から小遣いをもらう

embeleco [embeléko] 男 ❶ 甘言, 口車; 詐欺, ペテン: ganar simpatía con ~s 言葉巧みに取り入る. ❷《口語》つまらない人, 気にさわる人 (物), 厄介な物. ❸《地方語》容量4〜5リットルの水入れ. ❹《チリ. 口語》まずい菓子 (食品); 取るに足りないこと

embeleñar [embeleɲár] 他 ❶ ヒヨス beleño で眠らせる. ❷ =**embelesar**

embelequería [embelekería] 女 甘言, 口車 [=**embeleco**];《中南米》詐欺, ペテン

embelequero, ra [embelekéro, ra] 形 男 ❶ 甘言でだます人. ❷《メキシコ, プエルトリコ, チリ》価値のない (つまらない) ことにばかり関わる人

embelesamiento [embelesamjénto] 男 =**embeleso**

embelesar [embelesár]《←en-+belesa》他 魅了する, させる: sonrisa que *embelesa* 人を引き付ける微笑. ~ con su charla おしゃべりで魅了する
── ~se [+con・en に] 夢中になる, うっとりする: *Se embelesa* oyendo hablar a su novia. 彼は恋人の話にうっとり聞き入る

embeleso [embeléso] 男 ❶《文語》魅了: producir ~ en público 人々を魅了する. ❷ 魅了するもの. ❸《キューバ. 植物》ルリマツリ [=**belesa**]

embelga [embélga] 女 ❶《アストゥリアス, レオン》[一度に灌漑する] 畑. ❷《カナリア諸島》一片の土地

embellaquecer [embeʎakeθér] 39 ~se ごろつき bellaco になる

embellecedor, ra [embeʎeθeðór, ra] 形 化粧用の: crema ~ra del cutis 美顔クリーム
── 男 ❶ [車などの] 装飾品, アクセサリー; [特に] ハブキャップ [=**tapacubos**]. ❷ [家具・窓・扉などの] 木工飾り. ❸ 化粧品: ~ facial para quitar las arrugas しわ取り用美顔化粧品

embellecer [embeʎeθér]《←en-+bello》39 他 ❶ 美しくする: utilizar figuras retóricas para ~ el estilo 文体を美しくするためレトリックを使う. ❷ 美化する, 実際より良く思う (描く・言う)
── 自 美しくなる: Unas mujeres *se embellecen* con la edad. 年齢を重ねると美しくなる女性もいる

embellecimiento [embeʎeθimjénto] 男 美しくすること, 飾り立てること: ~ de la calle 街の美化 (飾り付け)

embeodar [embeoðár] 他《まれ》酔わせる
── ~se《まれ》酔っ払う

embermejecer [embermexeθér] 39 他 ❶ 朱色 bermejo にする. ❷ [人の顔を] 赤らめさせる, 赤面させる
── 自 朱色になる
── ~se ❶ 朱色になる. ❷ [顔が] 赤くなる, 赤面する

embermejar [embermexár] 他 =**embermejecer**

embernía [embernía] 女《地方語》[牛乳を入れ夜気に当て生クリームを作る] 磁器の鉢

embero [embéro] 男《植物》アメリカンウォルナット

emberrenchinar [emberrentʃinár] ~se《口語》=**emberrincharse**

emberrinchar [emberrintʃár] ~se《口語》[主に子供が] かんしゃくを起こす, 泣き散らす, 駄々をこねる

emberriondada [emberrjondáða] 女《コロンビア》激怒

embestida [embestíða] 女 ❶ 突進, 猛進; 攻撃, 襲撃. ❷ [話しかけるための] 引き止め

embestidor, ra [embestiðór, ra] 形 男 突進する [人]; 襲いかかる [人]

embestidura [embestiðúra] 女 突進; 襲撃 [=**embestida**]

embestir [embestír]《←伊語 investire < ラテン語 investire「覆う, 囲む」》35 他 ❶ …に襲いかかる: El toro *embistió* al picador. 牛がピカドールに突きかかっていった. ❷ [車が] 衝突する. ❸《口語》[人に金などを] せがむ, しつこく要求する. ❹《古語》[攻城兵器などを用いて] 攻撃する
── 自 [+contra に] 激しく衝突する: El oleaje *embiste contra* las rocas. 波が岩にぶつかる

embetunar [embetunár] 他 ❶ 靴墨を塗る: ~ los zapatos para sacarles brillos ピカピカにするため靴に墨を塗る. ❷ タールを塗る, アスファルト舗装する. ❸《南米》汚す

embicadura [embikaðúra] 女《船舶》[用意を表すため] 帆桁の1本を斜めにすること

embicar [embikár] 7 他 ❶《船舶》1) 船首を風上に向ける. 2) [用意を表わして] 帆桁の1本を斜めにする. 3)《チリ, アルゼンチン》船首を岸へ向ける. ❷《メキシコ, キューバ》[酒を] 飲む. ❸《キューバ》穴に入れる

embichar [embitʃár] 他《メキシコ, アルゼンチン》[呪術で人を] 寄生虫などの病気にかからせる
── ~se《メキシコ, アルゼンチン, ウルグアイ》[動物の傷口に] がわく; [植物に] 虫がつく

embigotado, da [embigotáðo, ða] 形 口ひげ bigote を生やした

embijado, da [embixáðo, ða] 形 ❶《メキシコ》ふぞろいな, 雑多なもので構成された. ❷ ベニシア bija を塗った

embijar [embixár] 他 ❶ 朱色に染める, 朱色に塗る. ❷《ホンジュラス, ニカラグア》汚す, 塗りたくる

embije [embíxe] 男 朱染め

embióptero, ra [embjó(p)tero, ra] 形 シロアリモドキ目の, 紡脚目の
── 男 複《昆虫》シロアリモドキ目, 紡脚目

embizcar [embizkár] 7 他《まれ》斜視にする
── 自・~se《まれ》斜視になる, やぶにらみになる

embizmar [embiẓmár] 他《まれ》膏薬 bizma を貼る
emblandecer [emblandeθér] 39 他〖物を〗柔らかくする《= ablandar》
── ~**se** ❶ 柔らかくなる. ❷〖態度が〗軟化する. ❸ 感動する; 同情する, 共感する
emblanquear [emblaŋkeár] 他《古語》= blanquear
emblanquecer [emblaŋkeθér]《←en- I+blanquecer》39 他 白くする《= blanquear》: La nieve ha emblanquecido toda la ciudad. 雪で町は銀世界になった
── ~**se** 白くなる: Su cabello se ha emblanquecido en poco tiempo. 彼はわずかの間に白髪になった
emblanquecimiento [emblaŋkeθimjénto] 男 白くなること, 漂白
emblema [embléma]《←ラテン語 emblema <ギリシア語 emblema < emballo「私は投げる, 挿入する」》❶ 紋章〖図柄を銘で説明したものが多い〗: En el papel de la carta aparece el ~ de la familia. その便箋には家の紋章が浮き出ている. ❷ 記章, 標章, バッジ: La cruz gamada es el ~ del nazismo. 鉤十字はナチスの記章である. ❸ 象徴, 表象: La corona de laurel es el ~ de los vencedores. 月桂冠は勝者の象徴である. ❹《美術》〖教訓などを表わす標語入りの〗寓意画
emblemáticamente [emblematikaménte] 副 象徴的に
emblemático, ca [emblemátiko, ka]《←emblema》形 ❶ 紋章の. ❷ 象徴の, 象徴的な: La paloma blanca es la figura ~ca de la paz. 白い鳩は平和の象徴である
── 女《美術》寓意画のジャンル
emblematizar [emblematiθár] 9 他 …の象徴とする
embobamiento [embobamjénto] 男 陶酔, 驚嘆
embobar [embobár]《←en- I+bobo》他 陶酔させる; 驚嘆させる: Sus aventuras embobaron a chicos y mayores. 彼の冒険話に大人も子供も夢中になった
── ~**se**《+con ...》うっとりする: Se embobaban los niños con los dibujos animados. 子供たちはアニメに見入った
embobecer [embobeθér] 39 他《まれ》うっとりさせる
embobecimiento [embobeθimjénto] 男《まれ》陶酔
embobinado [embobináðo] 男 = **bobinado**
embobinar [embobinár] = **bobinar**
embocadero [embokaðéro] 男 細い水路の入り口
estar al ~ de...《口語》もう少しで...できることである: Estuvo al ~ de sacarse las oposiciones. 彼はもう少しで採用試験に通るところだった
embocado, da [embokáðo, ða] 形 ❶〖ワインの味が〗中辛の《= abocado》. ❷〖馬が〗おとなしい
embocadura [embokaðúra]《←embocar》女 ❶ 〖運河・港・通りなどの〗入り口, 河口: La isla se halla situada en la ~ del río. その島は河口にある. ❷〖狭いところから〗入ること: ~ de la bola en el hoyo 18 18番ホールでのカップイン. ❸《演劇》舞台前縁部, プロセニアム・アーチ. ❹《音楽》〖管楽器の〗吹口. ❺《馬具》〖くつわの〗はみ. ❻《潜水》マウスピース. ❼〖ワインの〗口当たり《= boca》. ❽ 才能, 技量. ❾《ニカラグア, コロンビア》素質
tener buena ~ 1)〖馬が〗はみ受けがよい. 2)〖楽器の〗吹き方が上手である
tomar la ~ 1)〖楽器を〗軽く吹き始める. 2)〖入門期の〗最初の困難を乗り越える
embocar [embokár]《←en- I+boca》7 他 ❶《バスケットボール》〖ボールを〗ゴールに入れる;《ゴルフ》ホールに入れる. ❷〖入り口・狭い所に〗入る: El tren emboca el túnel a toda velocidad. 列車は全速力でトンネルに入る. ~ una calleja 小道に入る. ~ una calle hacia la salida 通りを出口の方に進む. ❸ 口 (穴) に入れる: Este niño emboca todo lo que ve. この子は目にしたものを何でも口に入れる.〖楽器などを〗口にあてる. ❺ がつがつ食べる. ❻〖本当でないことを〗信じ込ませる: Le embocaron que tenía una enfermedad incurable. 人々は彼が不治の病にかかっていると思い込ませた. ❼〖不快なことを人に〗言う;〖嫌なものを人に〗吐き出す: Le embocó un sermón. ~ a + 人 el humo del cigarrillo たばこの煙を…に吹きかける. ❽《アルゼンチン, ウルグアイ. 口語》言い当てる
❸《ゴルフ》〖ボールが〗ホールに入る. ❹《カンタブリア. ボーリング》〖ボールが〗短いピン emboque の後ろを通る, 短いピンを倒す
── ~**se** ❶ 貪る, がつがつ食べる. ❷ 狭い所を通る: Se embocó por la ventanilla para poder salir del vehículo. 彼は窓

から車を抜け出した. ❸ うのみにする, 信じ込む
embochicar [embotʃikár] 7 他《チリ. 口語》〖ほつれないように, 布の〗端を縫う
embochinchar [embotʃintʃár] 他《南米. 口語》けんか騒ぎを引き起こす, 騒ぎ立てる
embocinado, da [emboθináðo, ða] 形 ラッパ状の, ラッパ形の
── 女《コロンビア》完全に達成した目標
embodegar [emboðegár] 8 他〖ワイン・オリーブ油などを〗倉に貯蔵する
emboinado, da [emboináðo, ða] 形 ベレー帽 boina をかぶった
embojar [emboxár]〖蚕棚に〗蔟を入れる
embojo [embóxo] 男〖蚕棚に入れる, boja などの枝の〗蔟 (ぞく); 蔟を入れること
embojotar [emboxotár]《ベネズエラ. 口語》❶ 包む, 荷造りする. ❷ だます, たぶらかす
── ~**se**《ベネズエラ. 口語》毛布などで身を包む
embolada[1] [emboláða] 女 ピストン運動, ピストンの行程
embolado[1] [emboláðo]《←embolar》男 ❶《西. 口語》厄介事, もめごと, 困難な立場: Se metió en un ~ del que no sabe salir. 彼はにっちもさっちもいかなくなった. ❷ 嘘, ごまかし, ぺてん. ❸《演劇》端役, 重要でない役, ちょい役. ❹ 損な役, 割りの合わない仕事. ❺《闘牛》防護用に〗角に木の球を付けた牛
embolado[2]**, da** [emboláðo, ða]《アルゼンチン, ウルグアイ. 口語》うんざりした, 困った
embolador, ra [emboladór, ra] 名《コロンビア》靴磨き
embolar [embolár]《←en- I+bola》他 ❶《西. 闘牛》1)〖防護用に牛の角に〗木の球を付ける. 2)〖牛の角に〗油をしみ込ませた布を巻く〖火をつけて夜の牛追い祭り toro embolado をする〗. ❷ 仕上げ塗りをする. ❸《ニカラグア》〖靴を〗磨く
── ~**se**《ニカラグア》酔っぱらう. ❷《アルゼンチン, ウルグアイ》1) 飽きる, うんざりする. 2) 困る, 迷惑する
embolatar [embolatár]《パナマ, コロンビア. 口語》1) 嘘・空約束で〗だます. 2) 紛糾させる, もつれさせる. ❷《コロンビア. 口語》〖事を〗遅らせる
── ~**se**《パナマ. 口語》〖お祭り騒ぎなどに〗夢中になる. ❷《コロンビア. 口語》1)〖難事の解決に〗取り組む. 2) 道に迷う. 3)〖思いがけない状況に〗動揺する
embole [embóle] 男《ラプラタ. 俗語》不快 (退屈) にする事物; 不快, 退屈
embolectomía [embolektomía] 女《医学》塞栓摘出術
embolia [embólja] 女《医学》塞栓 (そく) 症: ~ cerebral 脳卒中, 脳塞栓
embolicar [embolikár] 7 他《アラゴン, ムルシア》混乱させる;〖ごまかすため〗もつれさせる
embólico, ca [embóliko, ka] 形《医学》塞栓症の
embolinar [embolinár]《チリ. 口語》〖人を〗混乱させる
── ~**se** 頭が混乱する
embolismador, ra [embolismaðór, ra] 形 名 陰口を言う〖人〗
embolismal [embolismál] 形 año ~ うるう年
embolismar [embolismár] 他 陰口を言う, 当てこすりを言う
embolismático, ca [embolismátiko, ka] 形《文語》〖言葉が〗分かりにくい
embolísmico, ca [embolísmiko, ka] 形〖太陰暦で〗うるう月のある, 13か月の
embolismo [embolísmo] 男 ❶〖太陰暦で〗うるう月・うるう日の挿入. ❷《文語》混乱, 乱れ, 困難. ❸《口語》嘘, 偽り. ❹《医学》= **embolia**
embolita [embolíta] 女《鉱物》エンボライト
émbolo [émbolo]《←ラテン語 embolus < ギリシア語 embolos》男 ❶《技術》ピストン; プランジャー: bomba de ~ ピストン (プランジャー) ポンプ. ❷《医学》塞栓
embolsado [embolsáðo] 男 袋 (財布) に入れること
embolsar [embolsár]《←en- I+bolsa》他 ❶〖金を〗受け取る: ~ una buena suma かなりの金額を稼ぐ. ❷ 袋に入れる: Embolsó la ropa de invierno y le puso bolas antipolilla. 彼は冬服をしまい, 虫除けを入れた. ❸ 財布に入れる
── ~**se** ❶ 金をもうける, 稼ぐ: Se ha embolsado una fortuna en aquel negocio. 彼はその商売で一財産築いた. ❷《メキシコ, 南米. 口語》不当に手に入れる, 盗む
embolsicar [embolsikár] 7 ~**se**《チリ. 口語》着服する
embolsillar [embolsiʎár] 他《まれ》ポケットに入れる
embolso [embólso] 男 ❶ 金を受け取ること, 収入, 入金. ❷

embón 袋に入れること

embón [embón] 男《船舶》[船幅を広げ安定性を増すために] 船体を覆う板

embonada [embonáda] 女《船舶》船体を板で覆うこと

embonar [embonár] 他 ❶ 改良する, 改善する. ❷《料理》[フライにするために] ころもを付ける. ❸《船舶》[船幅を増すために船体を] 板で覆う. ❹《メキシコ, キューバ》はめる ── 自《メキシコ, キューバ, エクアドル》ぴったりである, 適合する. ❷《キューバ, チリ. 農業》施肥する

embono [embóno] 男《船舶》[船体の] 板の覆い

emboñigar [emboɲigár] 8 他 牛糞で汚す, 牛糞を塗る

emboque [embóke] 男 ❶ [狭い所を] 通り抜けること, くぐり抜けること; [穴・ゴールに] 入ること. ❷ ごまかし, 偽り. ❸《カンタブリア, ボウリング》他の9本より短いピン; ボールがその短いピンの後ろを通ること (その短いピンを通す). ❹《チリ》けん玉

emboquillado [embokiʎáðo] 男 吸い口付きの葉巻き; 吸い口を付ける

emboquillar [embokiʎár] 《←en-I+boquilla < boca》他 ❶ [葉巻きに] 吸い口を付ける; [たばこに] フィルターを付ける. ❷ [坑道・トンネルなどに] 入り口をつける. ❸《チリ》1) モルタルで接合する. 2)《スポーツ》ロブを上げる

emboriado, da [emborjáðo, ða] 形 霧がたちこめた, 霧のかかった

embornal [embornál] 男 =imbornal

embornar [embornár] 他《電気》端子 borne に接続する

emborrachacabras [emboratʃakábras] 女《植物》セイヨウドクウツギ

emborrachador, ra [emboratʃaðór, ra] 形 酔わせる〔人〕

emborrachamiento [emboratʃamjénto] 男 酔うこと, 酩酊 〔=embriaguez〕

emborrachar [emboratʃár] 《←en-I+borracho》他 ❶ 酔わせる, 酩酊にする: Un licor muy fuerte nos *emborrachó* a todos. 強いリキュールが私たち皆を酔わせた. ❷ ぼうっとさせる: Los aplausos *emborrachan* al artista. 拍手で演奏家は陶然となった. ❸《菓子》酒・シロップに浸す. ❹ [燃料を] 入れすぎる ── ~*se* ❶ 酔う, 酩酊する: ~*se* con solo una copa たった一杯で酔う. ❷ ぼうっとする: ~*se* de tanto conducir 長時間のドライブで頭がふらふらする. ~*se* de éxito 成功に酔う. ❸ [水・湿気で色が] にじむ, 混ざり合う

emborrar [emborár] 他 ❶ 毛くずを詰める. ❷ [2度目の, 羊の] 毛すきをする. ❸ がつがつ食べる, 貪る

emborrascar [emboraskár] 《←en-I+borrasca》7 他《まれ》いらだたせる, 激高させる ── ~*se* ❶《西》[天候が] 荒れ模様になる: Esta noche *se emborrascará* el tiempo. 今夜は荒れ模様になるでしょう. ❷ いらだつ, 激高する. ❸ [仕事が] だめになる, 失敗する. ❹《中南米》[鉱脈が] 尽きる

emborrazamiento [emboraθamjénto] 男《料理》鳥肉に豚の脂身をのせること

emborrazar [emboraθár] 《←カタルーニャ語 borrassa》9 他《料理》[焼く時, 鳥肉に] 豚の脂身 albardilla をのせる

emborregado, da [emboreɣáðo, ða] 形 [空が] 雲に覆われた, 曇り空の

emborricar [emborikár] 7 ~*se*《口語》❶ 呆然となる. ❷ ぞっこん惚れ込む, 恋に夢中になる

emborrillar [emboriʎár]《地方語》丸石を敷く

emborrizar [emboriθár] 9 他 ❶ [羊にとっての最初の] 毛すきをする. ❷《アンダルシア》[菓子に] 砂糖 (シロップ) をまぶす

emborronador, ra [emboronaðór, ra] 名 紙にインクの染みをつける〔人〕

emborronamiento [emboronamjénto] 男 紙にインクの染みをつける (染みがつく) こと; 書き散らし

emborronar [emboronár] 《←en-I+borrón》他 ❶ [紙に] インクの染みをつける. ❷ [急いで・推敲せずに] 文章を書く, 書き散らす: ~ cuartillas 原稿を書き散らす. ~ unas pocas líneas ほんの数行書き殴る. ❸ 落書きする, いたずら書きする ── ~*se* [紙に] インクの染みがつく, インクがにじむ: Se me cayó la tinta y *se me emborronó* el documento. インクが垂れて私は書類を汚してしまった

emborrullar [emboruʎár] ~*se*《口語》大声で言い争う (口げんかをする)

emborucar [emborukár] 7 ~*se*《メキシコ》混同する, 取り違える

emboscada [emboskáða] 《←enboscar》女 ❶《軍事》伏兵, 待ち伏せ: tender una ~ 伏兵を配置する. caer en una ~ 待ち伏せにあう. ❷《比喩》罠: preparar una ~ 罠を仕掛ける

emboscado [emboskáðo] 男 逃亡兵

emboscadura [emboskaðúra] 女 ❶ 待ち伏せ. ❷ 待ち伏せする場所

emboscar [emboskár] 《←伊語 imboscare》7 他《まれ》待ち伏せさせる ── ~*se* ❶ 待ち伏せる; [茂みなどに] 隠れる: Los guerrilleros *se emboscaron* en el recodo del camino. ゲリラは道の曲がり角で待ち伏せた. ❷ [組織などに] 潜入する. ❸《軽蔑》楽な仕事に逃れる: *Se emboscó* en el taller para no trabajar en el campo. 彼は農作業をしないよう工場で働いた

embosquecer [emboskeθér] 39 自 [土地が] 森になる, 森に変わる

embostar [embostár] 他 ❶ [畑に] 糞の堆肥を施す. ❷《ベネズエラ, ラプラタ》馬糞と土を混ぜた物で壁を塗り替える. ❸《ベネズエラ》服に石鹸を付けたまましばらくおく

embotado, da [embotáðo, ða]《チリ》[牛が] 足先の黒い

embotador, ra [embotaðór, ra] 形 ❶《感覚などを》鈍らせる. ❷《まれ》[刃を] なまらせる

embotadura [embotaðúra] 女 [刃が] なまること, 切れ味が悪くなること

embotamiento [embotamjénto] 男《感覚などの》弱まり, 衰え〔行為, 状態〕

embotar [embotár] I 《←en-I+boto》他 ❶ [感覚などを] 鈍らせる, 弱らせる; [体の動きを] 重くする: La enfermedad *embota* su olfato. 病気で彼の鼻がきかない. La bebida le *embotó* el entendimiento. 彼は酒を飲んで頭が回らなくなった. ❷ [刃物などの] 先を丸くする, 刃をなまらせる: ~ la espada 剣の切れ味を鈍らせる ── ~*se* ❶ [感覚などが] 鈍くなる; 動きが悪くなる: Su entusiasmo *se ha embotado* en la indiferencia de los otros. 彼の熱意も周囲の冷たい反応で萎えた. ❷ [体の一部が] むくむ, 腫れる: *Se le embotaron* los pies. 彼の足が腫れた. ❸ [刃物が] なまくらになる, 切れ味が悪くなる
II 《←en-I+bote》[たばこなどを] 缶に詰める
III 他《メキシコ, ドミニカ, プエルトリコ, コロンビア, ベネズエラ. 闘鶏》雄鶏の蹴爪を革の筒 bota で覆う

embotellado, da [emboteʎáðo, ða] 形《演説・授業などが》前もってよく準備された, 丸暗記された, 即興でない: llevar (traer) ~ 暗記している
── 男 瓶詰め〔作業〕: planta de ~ 瓶詰め工場

embotellador, ra [emboteʎaðór, ra] 形 瓶詰めする: proceso ~ 瓶詰め工程
── 名 瓶詰め工
── 女 ❶ 瓶詰め機械. ❷ 瓶詰め工場

embotellaje [emboteʎáxe] 男 瓶詰め作業

embotellamiento [emboteʎamjénto] 男 ❶ 渋滞, 混雑; 渋滞個所: Se producen grandes ~*s*. 大渋滞が発生する. quedar retrasado por un ~ 渋滞で遅れる. evitar ~*s* 渋滞を避ける. ❷ 瓶詰め, 瓶詰め込み. ❸《口語》丸暗記した講演: soltar un ~ sobre... …について一席ぶつ

embotellar [emboteʎár] 《←en-I+botella》他 ❶ [ワインなどを] 瓶に詰める: agua *embotellada* 瓶入りの水. ❷ [交通などを] 渋滞させる: A las horas puntas los coches *embotellan* la autopista. ラッシュ時には車で高速道路が渋滞する. ~ la circulación en el cruce 十字路で渋滞を起こす. ❸ [敵艦隊を] 封鎖する, 海上封鎖する. ❹ [人を] すきまなく詰める; 窮地に追い込む: ~ a muchas personas en un coche 1台の車に多くの人を詰め込む. ❺ [仕事などを] 妨げる, 邪魔する, 滞らせる. ❻《口語》丸暗記する, 詰め込む: ~ los artículos del código civil 民法の条項を丸暗記する
── ~*se* [交通などが] 渋滞する: La carretera *se ha embotellado* a causa del accidente. 事故で道路が渋滞した

emboticar [embotikár] 他 ❶《古語》保存する. ❷《クエンカ, チリ》薬を調合する; 薬づけにする
── ~*se*《クエンカ, チリ》薬を過剰に摂る, 薬づけになる

embotijar [embotixár]《湿気除けに》床下に壺の破片を敷く. ❷《まれ》壺 (水差し) に入れる
── ~*se*《まれ》❶ 怒る, 腹を立てる. ❷ [体の一部が] むくむ, 腫れる

embovedado, da [embobeðáðo, ða] 形 丸天井の形をした

—— [男] ❶ [時に [集名]] 丸天井. ❷ 丸天井の建設. ❸《チリ》張り天井, 天井

embovedar [emboƀeđár] [他] ❶ 丸天井で覆う, ドーム式の天井を作る. ❷ 丸天井の部屋に入れる

embozada [emboθáđa] [女]《アンダルシア, カナリア諸島》両手ですくえる量

embozadamente [emboθáđaménte] [副] こっそりと, ひそかに

embozado [emboθáđo] [男]《キューバ》バナナなど果実の揚げ菓子

embozalar [emboθalár] [他] ❶ [犬・馬などに] 口輪をはめる. ❷《アルゼンチン》[行き過ぎを] たしなめる, 抑える

embozar [emboθár] 〖←en- I+bozo〗 [9] [他] ❶ [顔の下部などを] 覆う, 隠す: ～ su rostro hasta los ojos 目の所まで顔を隠す. ～ su cara con un pañuelo ハンカチで顔を隠す. ❷ ごまかして隠す, 秘密にする: ～ sus intenciones 本音を隠す. ～ a+人 la verdad …に対して真実を覆い隠す. ❸《西》[管などを] 詰まらせる: Las hojas arrastradas por la lluvia *embozaron* los desagües. 雨水に運ばれた落ち葉が排水溝を詰まらせた

—— **～se** ❶ 顔を隠す: ～*se* en su abrigo オーバーで顔を隠す, オーバーに顔を埋める. ❷《西》[管などが] 詰まる

embozo [embóθo] 〖←embozar〗 [男] ❶ [上掛けシーツの] 折り返し: Se tapó con el ～ hasta los ojos. 彼は目元までシーツで覆った. ❷ [コートなどの] 立て襟; [ケープなどの縁の] 裏打ち. ❸《古語的》[フードなど] 顔を隠す衣類. ❹《まれ》隠蔽

quitarse el ～ 本音を明かす

sin ～s 隠し立てせずに

embracilado, da [embraθiláđo, đa] [形]《アンダルシア》[赤ん坊が] 抱き癖のついた

embracilar [embraθilár] [自] [他]《サラマンカ, アンダルシア》腕の中に抱く

—— **～se**《サラマンカ, アンダルシア》[+con と] 腕を組む

embragar [embragár] **I** 〖←仏語 embrayer〗 [8] [自] [他]《技術》クラッチをつなぐ

II 〖←en- I+braga〗 [8] [他] [荷物などを] 紐で縛る

embrague [embráge] 〖←embragar I〗 [男]《技術》❶ クラッチ〔装置〕. ❷ クラッチペダル 〖=pedal de ～〗. ❸ クラッチの接続: automóvil con ～ automático オートマチック車. quitar el ～ クラッチを切る

embraguetar [embragetár] **～se**《闘牛》[闘牛士が牛に] ぴたりと身を寄せる

embravecer [embraƀeθér] 〖←en- I+bravo〗 [39] [他]《文語》❶ [人・動物を] 怒らせる, 狂暴(勇猛・獰猛)にする, 荒々しくする. ❷ [海・風を] 荒れさせる: El viento *embravece* el mar. 風で海が荒れる

—— **～se** ❶ [+con・contra に対して] 狂暴になる. ❷ [海が] 荒れ狂う

embravecimiento [embraƀeθimjénto] [男] 怒ること, 激怒; 荒れること: ～ del mar 海の荒れ

embrazadura [embraθađúra] [女] ❶ 盾の取っ手に腕を通すこと. ❷ [盾の] 取っ手

embrazar [embraθár] [9] [他] ❶ [盾の] 取っ手に腕を通す; [盾を] 構える. ❷ 腕で押さえる

embreadura [embreađúra] [女] タール(ピッチ)の塗装

embrear [embreár] 〖←en- I+brear〗 [他] …にタール(ピッチ)を塗る: ～ los costados de la barca 船側にピッチを塗る

embregar [embregár] [8] **～se** けんかする, 口論する

embreñar [embreɲár] **～se** やぶの中に入る, やぶをかき分けて行く

embretar [embretár] [他]《南米》[家畜を] 囲いに入れる

embriagador, ra [embrjagađór, ra] [形]《文語》❶ [主に香水が] 陶然とさせる, 魅了する: perfume ～ 人を酔わせる香水. sonrisa ～*ra* 魅力的な微笑み. ❷ 酔わせる

embriagante [embrjagánte] [形]《文語》酔わせる

embriagar [embrjagár] 〖←古語 embriago「酩酊」< 俗ラテン語 ebriacus < ラテン語 ebrius「酩酊」〗 [8] [他]《文語》❶ 酔わせる: Este licor *embriaga* solo con oler. この酒は匂いだけで酔わせる. ❷ 陶然とさせる, うっとりさせる: La velocidad la *embriaga*. 彼女はスピードに酔いしれる

—— **～se** ❶ [+con で] 酔っぱらう, 酩酊する: ～*se con* un par de cerveza ビール2杯で酔う. ❷ [+de・con に] 陶酔する, 有頂天になる: ～*se de* felicidad 幸福に酔いしれる. ～*se de* júbilo うれしくてたまらない. ～*se con* los aplausos 拍手で舞い上がる

embriague [embrjáge] [男]《中南米. 自動車》クラッチ 〖=embrague〗

embriaguez [embrjagéθ] 〖←embriagar〗 [女] ❶ 酔い, 酩酊: conducir en estado de ～ 飲酒運転する. ❷ 陶酔, 有頂天, 狂喜, 恍惚: producir la ～ 有頂天にさせる. ～ del éxito 成功した喜び

embribar [embriƀár] [他]《サラマンカ》食事に招く

embridar [embriđár] [他] ❶《馬術》1) [馬に] 馬勒(ばろく)をつける. 2) 首がよく振れるようにする. ❷ [感情などを] 抑える, 抑制する. ❸ [パイプに] フランジを取り付ける

embriófito, ta [embrjófito, ta] [形] 有胚植物の

—— [女] [複]《植物》有胚植物

embriogénesis [embrjɔxénesis] [女] 〖単複同形〗《生物》胚発生, 胚形成

embriogenia [embrjɔxénja] [女] =**embriogénesis**

embriogénico, ca [embrjɔxéniko, ka] [形]《生物》胚発生の

embriología [embrjolɔxía] [女]《生物》発生学;《医学》胎生学

embriológico, ca [embrjolɔ́xiko, ka] [形] 発生学の

embriólogo, ga [embrjólogo, ga] [名] 発生学者

embrión [embrjɔ́n] 〖←ギリシア語 embryon〗 [男] ❶《生物》胚(はい). ❷ [妊娠8週までの] 胎児. ❸ 萌芽, 兆し, 初期段階: ～ de una idea 思い付き, 着想

en ～ 萌芽の, 初期の, 未発達の: proyecto *en* ～ まだ練れていない計画

embrionario, ria [embrjonárjo, rja] [形] ❶《生物》胚(はい)の; 胎児の. ❷ 萌芽状態の: tendencia ～*ria* 芽生えかけの潮流

embriopatía [embrjopatía] [女]《医学》胎芽病

embriotomía [embjotomía] [女]《医学》切胎術

embrisar [embrisár] [他]《ラマンチャ》[こくを与えるためワインに] ブドウの搾りかすを加える

embroca [embróka] [女]《薬学》湿布

embrocación [embrokaθjɔ́n] [女] ❶《薬学》=**embroca**. ❷《医学》塗布, 塗擦

embrocado, da [embrokáđo, đa] [形]《口語》酔っ払った

embrocar [embrokár] [7] [他] ❶ [容器から容器へ] 中身を移す: ～ el vino del tonel a botellas 樽のワインを瓶に移す. ❷ [糸を] 糸巻きに巻き取る. ❸ [靴底に] 釘を打つ. ❹《闘牛》[牛が闘牛士を] 両角で引っかける. ❺《サラマンカ》[物を] 取り落とす. ❻《メキシコ, ホンジュラス, ニカラグア》[器物を] 伏せる

—— **～se** ❶《メキシコ》[スカートなどを] 頭からかぶって着る. ❷《グアテマラ》[結果的に] 損害をこうむる

embrochalar [embrotʃalár] [他]《建築》[梁を] 小梁 brochal などで継ぎ合わせる

embrolla [embróʎa] [女]《口語》=**embrollo**

embrolladamente [embroʎáđaménte] [副] 混乱して; 紛糾して

embrollador, ra [embroʎađór, ra] [形] [名] 混乱させる〔人〕; 紛糾させる〔人〕: ～*ra* explicacíon わけの分からない説明

embrollar [embroʎár] 〖←仏語 embrouiller〗 [他] ❶ 混乱させる; 紛糾させる: ～ un asunto 問題をややこしくする, 事件をもつれさせる. ❷ [糸などを] もつれさせる; [書類などを] ごちゃごちゃにする: ～ sus apuntes ノートをばらばらにする. ❸ [人を, +en に] 巻き込む. ❹《チリ, アルゼンチン, ウルグアイ》だまして自分のものにする

—— **～se** ❶ 混乱する; 紛糾する. ❷ 頭の中が混乱する

embrollista [embroʎísta] [形] [名]《チリ》=**embrollón**

embrollo [embróʎo] 〖←embrollar〗 [男] ❶ 混乱, 錯綜, 混迷; 紛糾, ごたごた: meterse en un ～ 厄介な立場に置かれる. salir del ～ 難局を乗り切る. ～ político 政治的なもつれ. ❷ もつれ, 絡まり: Se hace un ～ de hilos. 糸が絡まってしまう. ❸《口語》でっちあげ, 嘘: armar un ～ でっち上げる. venir con ～ 言い訳する. ❹ 不正行為, 手管: hacer un ～ 汚職する

embrollón, na [embroʎɔ́n, na] [形] [名] トラブルメーカー〔の〕, もめごとを起こす〔人〕

embrolloso, sa [embroʎóso, sa] [形] 混乱させる; もめさせる

embromado, da [embromáđo, đa] [形]《南米》❶ 病気の, 健康がすぐれない. ❷ [状況が] 微妙な

embromador, ra [embromađór, ra] [形] [名] からかい(冗談)好きな〔人〕

embromar [embromár] 〖←en- I+broma〗 [他] ❶ [ちょっと] からかう, 冗談を言う; [悪気でなく] だます, かつぐ: *Embromó* a su esposa haciéndole creer que le había tocado el premio. 彼は賞が当たったと嘘を言って妻をからかった. ❷《中南米. 口語》1) 困らせる, うるさがらせる. 2) [人に物質的・精神的な] 害を与える. ❸《チリ. 口語》時間をとらせる

E

embromón, na [embromón, na] [形] [名] からかい(冗談)好きな〔人〕
embroncar [embrɔŋkár] [7] **～se**《アルゼンチン, ウルグアイ. 口語》怒る, 腹を立てる
embroque [embróke] [男]《闘牛》牛が闘牛士を両角で引っかけること
embroquelar [embrokelár] **～se** 楯で身を守る〖=abroquelarse〗
embroquetar [embroketár] [他]［焼くために, 鳥の脚を］串に刺す
embrujador, ra [embruxađór, ra] [形] 魔法をかける: mirada *～ra* 魅惑的な視線
embrujamiento [embruxamjénto] [男] ❶ 魔法にかけること; 魔法にかかった状態: ejercer ～ sobre... …に魔法をかける. ❷ 魅惑
embrujar [embruxár]〖←en- I+brujo〗[他] ❶ 魔法をかける: ～ al príncipe 王子に魔法をかける. casa *embrujada* お化け屋敷, 幽霊の出る家. ❷ 魅惑する, うっとりさせる: ～ con su sonrisa 微笑みでうっとりさせる
embrujo [embrúxo]〖←embrujar〗[男] ❶ =**embrujamiento**. ❷ 魅力, 魔力: ～ de la Alhambra アルハンブラ宮殿の魅力. ～ de sus palabras 彼の言葉の魔力. ❸ 呪文, 呪い
embrumar [embrumár] [他]《まれ》霧で覆う
embrutecedor, ra [embruteθeđór, ra] [形] 粗暴にする: miseria *～ra* 人をすさませる貧しさ
embrutecer [embruteθér]〖←ラテン語 in-+brutescere < brutus〗[39] [他] ❶［人を］粗暴にする, 野獣化する: La larga duración de la jornada laboral *embrutece* a los obreros. 長時間労働は労働者を非人間化する. ❷［思考を］鈍らせる, 麻痺させる
—— **～se** ❶ 粗暴になる: *～se* en la guerra 戦争で心がすさむ. ❷ 思考が鈍る
embrutecimiento [embruteθimjénto] [男] 粗暴にする(なる)こと
embuchacar [embutʃakár] [7] [他]《エルサルバドル》刑務所に入れる
embuchada [embutʃáđa] [女]《ムルシア》ヤマウズラの鳴き声
embuchado [embutʃáđo]〖←embuchar〗[男] ❶《西. 料理》ソーセージ, 腸詰め. ❷《演劇》アドリブ〔のギャグ〕: meter *～s* アドリブを入れる. ❸ ごまかし, だまし; ［表向きとは異なる厄介な］裏: Nos quieren pasar el ～ del reajuste del sueldo en la reunión de hoy. 彼らは今日の会議で給与改定をごまかして通そうとしている. ❹［隠した］感情, 表わさない怒り. ❺《賭博》［場に］より少額の貨幣の中にこっそり混ぜて出す金. ❻ 毒入りの食べ物. ❼《古語》不正投票
embuchador, ra [embutʃađór, ra] [形] [名] 詰める〔人〕, 挿入する〔人〕;《製本》［出版物に］チラシ・小冊子をはさみ込む〔人〕
embuchar [embutʃár]〖←en- I+buche〗[他] ❶《料理》腸詰めにする: ～ los chorizos チョリソの肉詰めをする. ❷［家禽に］餌を強制的に与える: ～ el pavo 七面鳥に餌を詰め込む. ❸《軽蔑》［よく噛まずに］がつがつ食べる, 腹に詰め込む: ～ la comida sin masticarla 噛まずに食べ物をむさぼる. ❹《製本》［出版物に］チラシ・小冊子をはさみ込む. ❺《地方語》袋に入れる, しまう. ❻《キューバ. 口語》［人に］食べ物を与え過ぎる
—— **～se** ❶ がつがつ食べる. ❷《キューバ. 口語》1)［魚が］釣り針をのみ込む. 2)［自分のために］取っておく. ❸《南米》自分を抑える, 我慢する. ❹《コロンビア》腹一杯飲む. ❺《チリ. 口語》［金などを］自分のものにする
embudador, ra [embuđađór, ra] [名]［じょうごで液体を入れる時に］じょうごを支える人
embudar [embuđár] [他] ❶ じょうごを差し込む. ❷ だます, おとしいれる: ～ a la gente con sus timos 口先で人々をだます. ❸《狩猟》［獲物を狭い所へ］追い込む
embudista [embuđísta] [形] [名] だます〔人〕, 嘘つきの〔人〕
embudo [embúđo] [男]〖←ラテン語 imbutum「水に入った」〗[男] ❶ じょうご, 漏斗(ろうと): poner un ～ en la botella じょうごを瓶に差し込む. ❷《地理》クレーター; ［じょうご状の］窪地. ❸ ボトルネック, 隘路(あいろ), 進行を妨げる人(場所). ❹ だまし, 嘘, ごまかし
embufandado, da [embufandáđo, đa] [形] マフラーをした
embullador, ra [embuʎađór, ra] [形] [名] 騒々しい遊びに引き込む〔人〕
embullar [embuʎár] [他] ❶ 騒々しい遊びに引き込む. ❷《コロンビア》興奮させる, 活気づける, はやし立てる
—— [自] ❶《コスタリカ, コロンビア》騒ぎを起こす. ❷《コロンビア》嘘をつく
embullo [embúʎo] [男]《キューバ, プエルトリコ. 口語》興奮, 意識の高揚
embuñegar [embuɲegár] [8] [他]《アラゴン》もつれさせる, 紛糾させる
emburrar [emburár] [他]《メキシコ》積み重ねる
—— **～se**《地方語》腹を立てる, 怒る
emburriar [emburjár] [10] [他]《アストゥリアス, カンタブリア, レオン, パレンシア, ブルゴス, サモラ》突き飛ばす
emburujar [emburuxár] [他] ❶ だま burujo を作る. ❷［ひっくるめて］一かたまりにする. ❸《アンティリャス. 口語》紛糾させる, 混乱させる
—— **～se**《メキシコ, プエルトリコ, コロンビア, ベネズエラ》身を包む, 厚着する
emburujo [emburúxo] [男]《メキシコ, プエルトリコ, コロンビア, ベネズエラ》策略
embuste [embúste]〖←embustero〗[男] ❶ 大嘘, 見え透いた嘘, わざとらしい嘘: contar (colar・decir・forjar・tramar) *～s* 大嘘をつく. ❷［主に [複]］安物の装飾品
embustear [embusteár] [自] しょっちゅう大嘘をつく
embustería [embustería] [女] 奸計, 手の込んだ嘘
embustero, ra [embustéro, ra]〖←?古仏語 empousteur「ペテン師」〗[形] [名] ❶ 大嘘つき〔の〕: No seas tan ～. 嘘つきはいけないよ. ❷《中米》尊大な, 傲慢な. ❸《グアテマラ》上品ぶった, 気取った. ❹《チリ, アルゼンチン, ウルグアイ》綴りを正しく書けない〔人〕
embutar [embutár] [他] 押す〖=empujar〗
embuten [embutén] ***de ～***《俗用》大変良く〖=muy bien〗
embutición [embutiθjón] [女]《金属》プレス加工; ［金属の］打ち抜き
embutidera [embutiđéra] [女]［鍋職人が釘の頭をつぶす時に使う］片面に凹みのある鉄片
embutido [embutíđo]〖←embutir〗[男] ❶《料理》［総称］ソーセージ, 腸詰め. ❷ 詰め込むこと. ❸ はめ込み細工, 象眼. ❹《金属》成型, プレス. ❺《繊維》1) タフタの一種. 2)《中南米》細長いレース〖=entredós〗
embutidor, ra [embutiđór, ra] [名] 腸詰め製造業者
—— [女] 腸詰め機
embutir [embutír]〖←古語 embotir < 俗ラテン語 buttis「革袋, 樽」〗[他] ❶《料理》［肉を］腸詰めにする, 腸詰めを作る. ❷［+en に, …を/+de を, …に］詰め込む, ぎゅっと詰める: ～ la lana *en* el colchón/～ *de* lana el colchón クッションに綿を詰める. ～ unas noticias *en* una crónica 一つの記事にいくつものニュースを詰め込む. ❸［装飾的に］はめ込む, 象眼する: ～ un mueble con marfil y nácar 家具に象牙と真珠母貝を象眼する. ～ una viga *en* la pared 壁に梁をはめ込む. ❹《技術》1)［金属板を］成型する, プレスする. 2)［釘・ネジの頭が出ないよう］打ち込む. ❺ 要約する〖=resumir〗: ～ el libro *en* cuatro páginas その本を4ページにまとめる. ❻《軽蔑》貪(むさぼ)る, がつがつ食べる: *Embutió* toda la comida que pudo encontrar. 彼は手当たり次第に食べ物を貪った. ❼《印刷》［挿し絵・頭文字などを作品に］挿入する. ❽《俗語》嘘をつく. ❾ 信じ込ませる, うのみにさせる
—— [自]《南米. 口語》むさぼり食う
—— **～se** ❶《軽蔑》…を貪る: *Se embutió* todo el pastel que quedaba. 彼は残っていたケーキを平らげてしまった. ❷《南米. 口語》1) 手早く処理する. 2)［+de を］腹一杯(がつがつ)食べる
eme [éme] [女] ❶ 文字 m の名称. ❷《西. 婉曲》1) 出来損ない, くず. 2) 糞(ふん)〖←mierda. 主に以下の熟語で〗
importar a+人 ***una ～***《西. 婉曲》…にはどうでもいい
mandar a+人 ***a la ～***《西. 婉曲》…を追い払う
¡Vete a la ～!《西. 婉曲》くそったれめ, くたばっちまえ!
¡Y una ～!《西. 婉曲》ちくしょう!
emelga [emélga] [女] =**amelga**
emenagógico, ca [emenagóxiko, ka] [形] 通経の〖=emenagogo〗
emenagogo, ga [emenagógo, ga] [形] [男]《薬学》通経の; 月経促進剤, 通経薬
emental [ementál] [男] エメンタールチーズ〖=emmenthal〗
emergencia [emerxénθja]〖←emerger〗[女] ❶ 突発事, 緊急事態: en caso de ～ 緊急(非常)の場合は. por si surge una ～ 緊急事態に備えて. aterrizaje de ～ 緊急着陸. puerta de ～

非常扉, 非常口. situación de ~ 非常事態. ❷ 浮上, 出現: ~ del submarino 潜水艦の浮上. No debe asustarnos de la ~ de nuevas teorías. 我々は新理論の出現に驚くべきでない. ❸《キューバ. 自動車》ハンドブレーキ

emergente [emerxénte] 形 ❶ 新生の, 頭角を現わす, 台頭する: fuerza ~ 新興勢力. país ~ 新興国. ❷ 浮かび出る, 現われ出る: agua ~ de las rocas 岩の間から湧き出る水. ❸《物理》射出の: rayo ~ 射出光線. ❹《哲学》創発的な. ❺ año ~ ある日から翌年同日までの1年. ❻ 突発的な, 不意の, 緊急の

emerger [emerxér] 《←ラテン語 emergere》③ 自 ❶ [水面に]現われる, 浮き出る: *Emerge* un submarino. 潜水艦が浮上する. ❷ 頭角を現わす, 台頭する: De esa generación *emergió* un importante grupo de compositores. その世代は一群の作曲家を輩出した. ❸ ~ de la pobreza 貧乏から抜け出す

emergido, da [emerxíðo, ða]《植物》植物〔の一部〕が水面に現われている

emeritense [emeriténse] 形 名《地名》メリダ Mérida の[人]《エストレマドゥラ州の州都》

emérito, ta [eméɾito, ta]《←ラテン語 emeritus < emerēri「退役する」》形 名 ❶ [退職後も]名誉待遇の[人]: investigador ~ 名誉研究員. ❷《古代ローマ》退役した; 退役兵士
—— 男《古代ローマ》退役兵士

emersión [emersjón]《←ラテン語 emersio, -onis》女 ❶《天文》[食の後の天体の]出現. ❷《物理》浮上〔⇔sumersión〕. ❸《地質》海面からの陸地の]隆起

emesis [emésis] 女《単複同形》《医学》嘔吐

emético, ca [emétiko, ka] 形 名 ❶《薬学》嘔吐を起こす; 吐剤; 吐酒石. ❷《化学》酒石酸アンチモニルカリウム

emetina [emetína] 女《薬学》エメチン

emétrope [emétrope] 形《医学》[眼が]正視の

emetropía [emetropía] 女《医学》正視, 正視眼

-emia [接尾辞]《血》an*emia* 貧血, hiper*emia* 充血

emídido, da [emíðiðo, ða] 形 ヌマガメ科の
—— 男[複]《動物》ヌマガメ科

emigración [emiɣɾaθjón]《←emigrar》女〔⇔inmigración〕❶ [他国・他の土地への]移住, 出稼ぎ; 亡命: ~ obligatoria 強制移住. ❷《集名》移民, 出稼ぎ者: ~ japonesa en Brasil ブラジルの日系移民. ❸ golondrina《主にメキシコ》渡り鳥[出稼ぎの期型移民《外国で季節労働に従事したのち帰国する》]. ❹《動物》の]移動; [鳥の]渡り; [魚の]回遊. ❺ [資金などの]流出, 逃避

emigrado, da [emiɣɾáðo, ða] 形 移住した
—— 名 移民, 移住者; [特に]亡命者

emigrante [emiɣɾánte] 形 名 ❶ 移住する[人], 移民; [特に]出稼ぎ者. ❷ [動物が]移動する; [鳥が]渡りの; [魚が]回遊の: ave ~ 渡り鳥

emigrar [emiɣɾáɾ]《←ラテン語 emigrare》① 自 ❶ [+a 他国・他の土地に]移住する, 出稼ぎに行く〔⇔inmigrar〕: [su E~, vuestra E~. 枢機卿など高位聖職者への尊称》《卑下》, 台下. ❸ 高地, 丘, 高台. ❹《解剖》隆起. ❺ 卓越, 傑出
~ gris 影の実力者, 黒幕

eminencial [eminenθjál] 卓越した, 傑出した

eminente [eminénte]《←ラテン語 eminens, -entis < eminere「際立つ」》❶ [+en] 傑出した, 卓越した: El periodista fue ~ en todas las secciones: como escritor, como director. その新聞記者はあらゆる大変秀でていた, 書き手としても管理者としても. político ~ 卓越した政治家. ❷ [場所が]高い, 高台の

eminentemente [eminéntemènte] 副 とりわけ, 優れて, 際立って

eminentísimo, ma [eminentísimo, ma] 形 [枢機卿など高位聖職者への尊称] 猊下: el ~ señor cardenal de Toledo トレド枢機卿猊下

emir [emíɾ]《←アラビア語 amir「かしら, あるじ」< amar「命令する」》男 ❶ [イスラム教国の]アミール, 首長, 太守, エミル《スルタン sultán の下の位で, 総督・司令官・王族の意. カリフ califa 制の下で軍事権と行政権を行使》. ❷ マホメットの子孫への尊称

emirato [emiɾáto] 男 ❶ アミール emir の領土, 首長国: E~s Árabes Unidos アラブ首長国連邦. ❷ アミールの地位: E~ Independiente《歴史》独立アミール《756～929年, イベリア半島のウマイヤ omeya 家が名乗った地位》. ❸ アミールの統治期間

emisario, ria [emisáɾjo, ɾja] 名 [書簡を持った・交渉する]特使, 使者, 密使
—— 男《古語的》❶ 排水路, 放水路. ❷ [湖から発する]川

emisión [emisjón]《←ラテン語 emissio, -onis < emittere「送り出す」》女 ❶ 放出, 発出; 排出: Los rayos X se producen por la ~ de electrones. X線は電子の放出によって生まれる. ~ de energía エネルギーの放出. ~ de voz 発声. ~ sanguínea 放血, 瀉血. *emisiones* de dióxido de carbono 二酸化炭素の排出. ❷ [切手・証券などの]発行: banco de ~ 発券銀行. ~ asegurada en firme [株式の]買取引受. ~ autorizada 定款で認められた[授権資本の]発行. ~ de bonos del Estado 国債の発行. ❸ 放送[行為]; [時に《集名》]番組: Han interrumpido la ~ para dar una noticia de última hora. 最新ニュースのため番組が中断された. ~ de tarde 午後の放送(番組). ~ deportiva スポーツ放送(番組). ~ por (vía) satélite 衛星放送

emisor, ra [emisóɾ, ɾa]《←emitir》形 ❶ 発する, 放出する; 送信する, 放送する. ❷ [切手・証券などを]発行する: banco ~ 発券銀行
—— 名 ❶ 送信人, 送信者. ❷ 発行人, 発行者. ❸《言語》[メッセージの]発信者, 話し手〔⇔receptor〕
—— 男《放送》[=aparato ~]: ~ receptor トランシーバー. ❷《放送》キー局
—— 女 放送局[施設, 組織. =estación ~ra]: ~ra de radio ラジオ局. ~ra de televisión テレビ局

emitir [emitíɾ]《←ラテン語 emittere》⑥ 他 ❶ [光・音・熱・気体・臭いなどを]発する, 放出する, 放射する; 排出する: El barco *ha emitido* señales de socorro. 船は救難信号を発した. Mi computadora *emitió* un ruido extraño. 私のコンピュータは奇妙な音を出した. ~ rayos (calor) 光線(熱)を発する. ~ un sollozo すすり泣きの声をあげる. sin ~ sonido alguno 何の音も立てずに. ❷ 放送する: Esta noche *emitirán* un programa informativo especial sobre el atentado. 今夜テロに関する特別報道番組が放送される予定だ. ~ el concierto コンサートを放送する. ❸ 発行する: ~ billetes (sellos) 紙幣(切手)を発行する. ❹ [小切手などを]振り出す. ❺ [意見・判断などを]表明する: El jurado *emitió* su veredicto. 陪審員が評決を出した. ~ un dictamen 見解を述べる
—— 自 放送する; 放送される: ~ en onda corta 短波で放送する

emmental [ementál] 男 =emmenthal

emmenthal [ementál] 男《料理》エンメンタールチーズ

EMN 女《略語》←empresa multinacional 多国籍企業

emoción [emoθjón]《←仏語 émotion < émouvoir「感動させる」ラテン語 movere》女 ❶ [理性に対して, 快い喜怒哀楽の]感動, 情緒, 情感: Ella no manifestó ninguna ~. 彼女は何の感情も示さなかった. exteriorizar sus *emociones* 感情を表に出す. regirse por *emociones* 感情に左右される. tratar de dominar la ~ 感情を抑えようとする. ❷ 感激, 感激; スリル: La canasta del empate renovó la ~ del partido. 同点ゴールが決まって試合の熱気がよみがえった. ¡Qué ~!《文語. 時に皮肉》すごい! llorar de ~ 感動の涙を流す. sentir ~ 感動を覚える, 感激する

emocionable [emoθjonáble] 形 感情的な, 情緒的な, 涙もろい

emocionador, ra [emoθjonaðóɾ, ɾa]《まれ》感動的な[=emocionante]

emocional [emoθjonál]《←emoción》形 ❶ 感情の, 情緒の: ¿Cómo manejar los estados ~es? 気持ちをどう処理したらいいのか? estabilidad ~ 精神的安定. trastorno ~ 情緒障害.

emocionalidad

❷ 感情的な, 情にもろい: persona ~ 感じやすい人, 涙もろい人
emocionalidad [emoθjonaliðá(ð)] 女 情緒性
emocionalismo [emoθjonalísmo] 男 感情に走ること, 感情表出癖, 情緒本位
emocionante [emoθjonánte] 形 ❶ 感動的な: Fue un momento ~. それは感動的な瞬間だった. encuentro ~ 感動的な出会い. ❷ 興奮させる, スリリングな, 刺激的な: novela ~ わくわくさせる小説
emocionar [emoθjonár] 〖←emoción〗 他 ❶ [喜怒哀楽で] …の心を動揺させる, 感動を与える, 感激させる: 1) Su película *emocionó* a una multitud. 彼の映画は多くの人を感動させた. 2) 《口語》[否定文で] No me *emociona* ese libro. その本はあまり感心しない. ❷ 興奮させる, ぞくぞくさせる
── ~**se** ❶ [+con・por に] 心が動揺する, 感動する, 感激する: Me *emocioné* mucho al ver que en el país hay muchos niños que no pueden ir a la escuela. その国に学校へ行けない子供たちが大勢いるのを見て私は大変心を痛めた. ~*se con la música* 音楽に感動する. ~*se de júbilo* 大喜びする. ~*se hasta las lágrimas* 涙を流すほど感激する. ❷ 興奮する, 熱狂する, わくわくする, スリルを味わう
emoliente [emoljénte] 形 男《薬学》皮膚を軟化させる, 腫れをひかせる; 皮膚軟化剤, 緩和剤
emolir [emolír] 他〖欠如動詞: 語尾に i の残る活用形のみ. →**abolir**〗《廃語》軟化させる, 緩和する
emolumento [emoluménto]〖←ラテン語 emolumentum「製粉業者の収入」〗男 [主に 複]. 公証人・医者などへの) 謝礼, 料金: El abogado nos reclamó los altos ~s. 弁護士は高額の謝礼を我々に要求した
emoticón [emotikón] 男《情報》顔文字
emotividad [emotiβiðáð] 女 ❶ [事物の] 心を揺り動かす力: Esta película tiene una gran ~. この映画は感動的だ. ❷ 感受性, 涙もろさ: No pudo controlar su ~ y se le saltaron las lágrimas. 彼は気持ちを抑えることができず, 涙があふれ出た
emotivismo [emotiβísmo] 男 感情に走ること〖=emocionalismo〗
emotivo, va [emotíβo, βa] 〖←emoción〗 形 ❶ [事物が] 感動的な, 心を揺り動かす: Le tributaron un ~ recibimiento. 彼は熱烈な歓迎を受けた. pronunciar unas ~*vas* palabras 感動的な話をする. encuentro ~ 感動的な出会い. ❷ [人が] 感情的な, 多感な, 感受性の強い: Es muy ~*va* y siempre llora con las películas tristes. 彼女は涙もろくて, 悲しい映画ではいつも泣く. Desde que murió su madre está muy ~. お母さんが亡くなってから彼は涙もろくなっている. niño ~ 感じやすい子供. ❸ 感情の, 情緒の: estado ~ 精神状態
empacado [empakáðo] 男 梱包, 包装
empacador, ra [empakaðór, ra] 形 名 梱包する[人]
── 女 包装機械, 梱包機. ❷《メキシコ》缶詰会社
empacamiento [empakamjénto] 男《中南米》荷造り
empacar [empakár] I 〖←I+paca〗 7 他 ❶ 梱包する, 包装する. ❷《中南米》荷物をスーツケースに詰める. ❸《メキシコ》がつがつ食べる
II 〖«alpaca»〗7 ~**se** ❶ 強情を張る: ~*se* en+不定詞 …すると言って聞かない. ❷ こだわる; [+con に] 欲しがる. ❸ 困惑する, 当惑する. ❹《中南米. 口語》1) [馬などが] 動こうとしない. 2) [食べ物を] 丸飲みする. 3) [本を] むさぼり読む
empachadamente [empatʃaðaménte] 副 ぎこちなく
empachado, da [empatʃáðo, ða] 形 ❶ ぎこちない, 不器用な, へまな. ❷《獣医》重弁(第三)胃梗塞の
empachar [empatʃár]〖←仏語 empécher < 俗ラテン語 impedicare「妨げる」〗他 ❶ 飽きさせる, 胃にもたれさせる, 消化不良を起こさせる: Comer todo el día me *empachó*. 私は一日中食べていて胃もたれがした. ❷ 飽きさせる, げんなり(うんざり)させる: Sus bromas nos *empachan*. 彼の冗談に私たちはうんざりしている. ❸ おどおどさせる, 困らせる: Me *empacha* hablar con el jefe. 私は上司と話すのは苦手だ. ❹ ごまかす, 隠す. ❺ 妨げる, 邪魔する
── ~**se** ❶ [+con・de で] 食べ飽きる, 胃にもたれる: Me *empaché de golosinas*. 私は甘いもので胸焼けした. ❷ [+de+不定詞 など] 恥ずかしい: Mi empacho de tener que decirte que… こんなこと言うのは気が引けるけれど…. ❸ 飽き飽きする, うんざりする
empachera [empatʃéra] 女《アンダルシア》胃もたれ; うんざり, 辟易

empacho [empátʃo]〖←empachar〗男 ❶ 胃もたれ, 消化不良; 飽き: coger (sufrir) un ~ de pasteles ケーキを食べ過ぎる. tener ~ de televisión テレビを見飽きる. ❷ 気おくれ, 困惑, 気恥ずかしさ: No tuvo ~ en decir lo que piensa. 彼は臆面もなく自分の考えを開陳した. Expone sus quejas sin ningún ~. 彼は何ら臆することなく文句を言う
empachoso, sa [empatʃóso, sa] 形 ❶ [食品が] 胃にもたれる, 消化に悪い. ❷ うんざりさせる, しつこい. ❸ 気おくれさせる. ❹ はにかみ屋の, 恥ずかしがり屋の
empacón, na [empakón, na] 形《中南米. 口語》1) [馬などが] 動こうとしないことがよくある. 2) [人が] 怒りっぽい, わがまま. ❷《アルゼンチン》[人が] 頑固な
empadrar [empaðrár] 他《メキシコ》交尾させる
── ~**se** [子が] 過度に親に甘える, 父親っ子である
empadronador, ra [empaðronaðór, ra] 名 住民名簿係, 人口調査係
empadronamiento [empaðronamjénto] 男 ❶ 住民登録; 人口調査, 国勢調査. ❷ 住民台帳, 住民名簿
empadronar [empaðronár]〖←en- I+padrón〗他 [人を] 住民登録する, 人口調査をする
── ~**se** [+en+場所に] 住民登録をする: *Se empadronó en Valencia.* 彼はバレンシア市民である
empajada [empaxáða] 女 ❶ ふすまと混ぜた, 馬の飼料の) わら. ❷《カナリア諸島》1) [チャンスを] とことん利用すること. 2) 飽食, 食傷
empajar [empaxár] 他 ❶ …にわらをかぶせる, わらを詰める, むしろで覆う. ❷《ニカラグア, コロンビア, エクアドル, チリ》[屋根を] わらでふく. ❸《チリ. 口語》[日干し煉瓦を作るために] 泥にわらを混ぜる
── ~**se** ❶《プエルトリコ, ベネズエラ. 口語》[人・家畜が] 満腹する. ❷《チリ. 口語》[穀物が] 実が入らない〖わらばかりできる〗
empaje [empáxe] 男《コロンビア》わらぶき屋根
empajolar [empaxolár] 他《消毒のために, ワイン樽を》[わらを束ね] pajuela でいぶす
empalador, ra [empalaðór, ra] 名 棒で突き刺す[人], 串刺しにする[人]
empalagada [empalagáða] 女《メキシコ》[食べ物の] 甘ったるさ, しつこさ
empalagamiento [empalagamjénto] 男 =empalago
empalagar [empalagár]〖←en-+piélago+-ar〗8 他 ❶ [食べ物が] 甘すぎてもたれる; しつこい: Esta tarta me *empalaga*. このケーキにはげんなりさせられる. ❷ [単調さ・わざとらしさ・押しつけがましさで] うんざりさせる: Tantos elogios desmedidos me *empalagan*. 私はほめられすぎて嫌気がさす. ❸《アンダルシア》[坑道を] 水であふれさせる; [管を] 汚れで詰まらせる
── ~**se** [+de・con で] 食傷する, うんざりする
empalago [empalágo]〖←empalagar〗男 ❶ [食べ物の] 甘ったるさ, しつこさ: El pastel me produce ~. このデザートは甘くて私は胸焼けする. ❷ [単調さ・押しつけがましさなどによる] うんざり感, 嫌気
empalagoso, sa [empalagóso, sa]〖←empalagar〗形 名 ❶ [食べ物が] 甘ったるい; しつこい. ❷《軽蔑》[単調さ・わざとらしさなどで] うんざりさせる[人], 押しつけがましい[人]: Su ~*sa* sonrisa esconde cierta ironía. 彼女の甘い微笑の裏にはある種の皮肉が隠れていた
empalamiento [empalamjénto] 男 串刺し; 串刺しの刑
empalar [empalár] I 〖←en+palo〗他 ❶ [人・動物を, 尻の穴から] 棒で突き刺す, 串刺しにする: En la Edad Media *empalaban* a los condenados a muerte. 中世では死刑囚は串刺しにされていた. ❷ [棒・材木で] …の骨組みを作る
── ~**se** ❶《ペルー, チリ》固執する. ❷《チリ》こわばる, 麻痺する
II 〖←en+pala〗他 [ボールを] ラケット pala で打つ
empale [empále] 男 ボールをラケットで打つこと
empaliar [empaljár] 10/11 他《バレンシア》[教会・バルコニーなどを] 垂れ幕で飾る
empalicar [empalikár] 7 他《チリ. 口語》甘言でだます
empalidecer [empaliðeθér] 39 自 ❶ 青ざめる〖=palidecer〗: Al sentirse descubierto *empalideció*. 見つかったと思って彼は青ざめた. ❷ 色あせる, 見劣りする: Todas las estrellas *empalidecen* cuando sale la luna. 月が出るとどの星も見劣りする
── 他 ❶ 青ざめさせる. ❷ [周囲を] 色あせて見せる, 見劣り

させる: Su intervención *empalideció* tu discurso. 彼が口をはさんで君の話もかすんでしまった

empalillar [empaliʎár]〚←-en- I+palo〛他〖まれ〗つまようじ palillo で刺す

empalizada [empaliθáða]〚←-en- I+palo〛女 ❶〖防御・囲い用の〗柵. ❷〖植物〗parénquima en ～ 柵状柔組織

empalizamiento [empaliθamjénto]男 柵で囲み, 防御陣を巡らすこと

empalizar [empaliθár] 9 他 柵で囲み, 防御陣を巡らす

empalletado [empaʎetáðo] 男《船舶》[防弾用に船側に取り付ける]マット

empalmador, ra [empalmaðór, ra] 形 名 接続する〔人〕
—— 男 ジョインター, スプライサー

empalmadura [empalmaðúra] 女 =empalme

empalmar [empalmár]〚←empalmao < en- I+カタルーニャ語 paloma「もやい綱」〛他 ❶ 〖+con と〗つなげる, 接続する: Ya han *empalmado* las líneas telefónicas. 電話線はもう接続されている. ～ dos cables 2本のケーブルをつなげる. ～ una fiesta con la otra 休み石運休中の日も休日化する. ～ las vacaciones con el primer fin de semana de septiembre 休暇と9月最初の週末をつなげて休む. ～ una idea con otra 連想する. ❷〖管などを〗延長する: ～ la tubería con dos metros 管を2メートル延長する. ❸〖考え・計画などを〗関連づける, 結び付ける: Esto *empalma* con lo que dijo antes. これは前に彼が言ったことと結びつく. ❹〖+ボールに〗合わせる: ～ de cabeza el saque de córner コーナーキックにヘディングで合わせる. ❺《西. 俗語》〖男性を〗性的に興奮させる

～*la* 話に夢中になる: Mejor será que nos sentamos porque las dos señoras la han *empalmado*. 女性2人は話し込んでいるから私たちは座った方がいいでしょう

—— 自 ❶ つながる: Este camino *empalma* con la carretera principal. この道は主要道路につながる. ～ en otoño *empalma* una boda con otra. ここでは秋に結婚式ラッシュになる. ❷〖乗り物が〗接続する: Este tren *empalma* en Burgos con otro que va hasta Bilbao. この列車はブルゴスでビルバオ行きの列車と接続している. ❸《サッカーなど》〖パスを〗直接ゴールする. ❹《西. 卑語》〖人・動物が〗勃起する. ❺《チリ》〖+para へ〗向かう: El taxi *empalmó* para el centro. タクシーは町の中心部に向かう

—— ～se《西. 隠語》1)〖ナイフを〗手の中に隠し持つ. 2) 銃を抜く. ❷《西. 卑語》〖人・動物が〗勃起する. ❸《口語》〖動物同士が〗交尾する

empalme [empálme]〚←empalmar〛男 ❶ 接続: cinta de ～ スプライシングテープ. ❷ つなぎ目, 接合部: El escape está en el ～. 継ぎ目のところで漏れている. ❸〖交通機関の〗接続: Para venir aquí tienes que hacer dos ～s; uno de tren y otro de autobús. ここへ来るには2度乗り換えないといけない. 一回は電車で, もう一回はバスだ. estación de ～ 接続駅, 乗り換え駅. ❹〖建物〗〖突き合わせ〗接手, 仕口. ❺ ～ por soldadura 木材の中に別の木材をはめ込むこと. ～ dentado 鋸歯(ಔ)状継ぎ目. ～ a media madera そぎ継ぎの継ぎ目. ❺〖船舶〗〖船体の〗継ぎ目〚=costura〛

empalmillar [empalmiʎár] 他〖靴に〗底敷き palmillas を入れる

empalomado [empalomáðo] 男 荒石積みの堰(ಔ)

empalomadura [empalomaðúra] 女《船舶》帆の縁綱と帆を結ぶ強い縛り方

empalomar [empalomár] 他《船舶》〖帆を〗帆桁にかがる: hilo de ～ 麻の細ひも

empampar [empampár] ～se《南米》〖大平原 pampa で〗道に迷う

empampirolado, da [empampiroláðo, ða] 形《口語》うぬぼれた, 自慢する, 鼻にかける

empanación [empanaθjón] 女 =impanación

empanada[1] [empanáða]〚←empanar〛女 1)〖料理〗エンパナーダ〖肉・魚などをパイ皮で包み, オーブンで焼いた・油で揚げたもの. スペインでは主に四角で, 中南米では半月形が〛: ～ gallega ツナ・イワシのエンパナーダ. 2)《エルサルバドル, ベネズエラ》=**empanadilla**. ❷ ごまかし, 欺瞞, 隠蔽: Debajo de toda la ～ estaba el desfalco que querían disimular. このベールの下には彼らが隠そうとしている横領があった

～ *mental*《西. 口語》頭の中の混乱: Tengo una ～ *mental* después de tanto estudiar. 私はすごく勉強して頭の中が混乱している

empanadilla [empanaðíʎa]〚←empanada[1] の示小語〛女《西. 料理》〛〖小型で半月形の, 主に揚げた〛エンパナーダ

empanado, da[2] [empanáðo, ða] 形 窓のない〔部屋〕《風通し・日当たりが悪い》

empanar [empanár]〚←-en- I+pan〛他 ❶《料理》…にパン粉をつける; パイ皮で包む. ❷《農業》畑に小麦の種をまく
—— ～se《農業》❶〖過剰な播種で〗作物が駄目になる. ❷《サラマンカ》〖小麦が〗実る. ❸《リオハ》〖豆類が〗実る

empandar [empandár] 他 たわませる, 曲げる
—— ～se たわむ, 曲がる: Se *empandó* la viga por el peso de la tejada. 屋根の重みで梁がたわんだ

empandillar [empandiʎár]〚←-pandilla〛他 ❶《トランプ》〖いかさまで〗カードを重ね持つ. ❷〖だまそうとして〗気をそらす, 目をくらます

empandorgar [empandorgár] 8 他《コロンビア》〖事を〗複雑化する

empanelar [empanelár] 他 羽目板で覆う

empanetado [empanetáðo] 男《集名》《船舶》〖小型船の甲板の一部の〗引き上げ可能な板

empanizar [empaniθár] 9 他《メキシコ》パン粉をつける《=empanar》

empantallar [empantaʎár] 他 ❶ スクリーン pantalla で覆う. ❷《まれ》〖目などを〗覆う

empantanamiento [empantanamjénto] 男 水没; 停滞, 行き詰まり

empantanar [empantanár]〚←-en- I+pantano〛他 ❶〖土地を〗水浸しにする, 水没させる: Las fuertes lluvias *empantanaron* las huertas. 大雨で畑が水没した. ❷〖人を〗泥沼に陥れる. ❸〖計画などを〗停滞させる: ～ el trabajo 仕事を停滞させる. ～ la firma del contrato 契約の署名をストップさせる. ❹《口語》散らかす: Este niño no hace más que ～ lo todo. この子はごちゃごちゃにすることしか知らない
—— ～se ❶ 水浸しになる: Se *empantanó* la carretera. 道路が冠水した. ❷ 泥沼にはまる. ❸ 滞る, はかどらない, 行き詰まる: Las negociaciones están *empantanadas* al no ceder ninguna de las partes. どちらも後に引かないため交渉は行き詰まっている

empantasmado, da [empantasmáðo, ða]〚←pantasma〛形《ログローニョ》呆気に取られた, 驚いた; 優柔不断の, 煮え切らない

empanzar [empanθár] 9 他《動物の》腹を傷つける

empañado, da [empanáðo, ða] 形 湯気などで曇った: Después de ducharme los vidrios quedan ～s. 私がシャワーを浴びるとガラスが曇る. ❷〖声・光などが〗不明瞭な, ぼんやりした: con la voz ～*da*〖por la emoción〗〖感動〗で声を詰まらせて, 曇り涙声で

empañadura [empanaðúra] 女 おむつ

empañamiento [empanamjénto] 男 曇ること; 不明瞭, 不鮮明

empañar [empanár]〚←-en- I+paño〛他 ❶〖ガラスなどを〗曇らせ, 輝きを失わせる: El vapor *empañó* los cristales. 湯気で窓ガラスが曇った. ❷〖評判などを〗傷つける: Esta derrota *empañará* su limpia historia militar. この敗戦で彼の輝かしい戦績に傷がつくだろう. ～ su prestigio 名声に泥を塗る. ❸〖赤ん坊に〗おむつを当てる
—— ～**se** ❶ 曇る, 輝きを失う: Me *empaña* las gafas. 私の眼鏡が曇る. ❷ 目をうるませる; 涙声になる, 声が詰まる

empañetar [empanetár] 他《中米, プエルトリコ, コロンビア, エクアドル》《口語》〖壁に〗しっくい〖モルタル・プラスター〗を塗る

empañolado, da [empanoláðo, ða] 形 ハンカチを持った, スカーフを巻いた

empapada [empapáða] 女《メキシコ, ホンジュラス》=**empapamiento**

empapador, ra [empapaðór, ra] 形 しみ込ませる; 浸す
—— 男《古風的》おむつ

empapamiento [empapamjénto] 男 ❶ しみ込ませること; 浸すこと. ❷ ずぶぬれにする〔なる〕こと

empapante [empapánte] 形 男 ❶ しみ込ませる〔もの〕, 浸す〔もの〕. ❷《まれ》〖ワインと共に供される〗tapa

empapar [empapár]〚←-en- I+papa「おかゆ」〛他 ❶〖+de・con 液体を〗…にしみ込ませる; 〖+en に〗たっぷり浸す: Me gusta ～ el pan en la salsa de carne. 私はパンを肉汁につけるのが好きです. ～ la gasa de〔en〕alcohol ガーゼにアルコールをしませる〖ガーゼをアルコールに浸す〗. ～ la esponja con agua スポンジに水を吸わせる. ❷ ずぶぬれにする: El sudor *empapaba* su frente. 彼

の額は汗まみれだった。❸ 拭き取る、ぬぐう: ~ el agua del suelo con un trapo 床の水を雑巾で拭く。❹ 吸収する: La tierra empapa la lluvia. 地面は雨を吸収する。❺《闘牛》[牛を、ムレータなどに] 集中させる
── ~se 濡れる、ずぶ濡れになる: La ropa tendida se empapó en la lluvia. 洗濯物が雨で濡れた。Él está empapado de (en) sudor. 彼は汗びっしょりだ。❷ [+de·con を] 吸収する: El papel secante se empapó de tinta. 吸取り紙がインクを吸い取った。❸ [+en に] 吸収される: La tinta se empapó en el papel secante. インクは吸取り紙に吸収された。❹《口語》[+de·en に] 詳しい、理解する: Se empapa de las últimas tendencias. 彼は最新のトレンドに詳しい。¿Te has empapado bien de la lección de hoy? 今日の授業はよくのみこめたかい。❺《まれ》[+de·en に] 没頭する、心酔する: ~se de obras revolucionarias 革命文学に没頭する。~se en marxismo マルクス主義にかぶれる。❻ [+de を] たらふく食べる
para que se empape [意外・反対・不快など] 何ということだ: Llegué tarde y el jefe no me dijo nada, ¡*para que te empapes!* 私は遅刻したのに、何とまあ! 上司は一言も言わないんだ

empapayado, da [empapajáđo, đa]《キューバ》恋をしている

empapelado [empapeláđo] 男 ❶ 壁紙貼り: hacer el ~ de toda la casa 家中の壁紙貼りをする。❷《貼られた》壁紙: El ~ del comedor ha ido amarilleando. 食堂の壁紙は黄ばんでいた。❸《メキシコ、キューバ. 料理》魚の紙包み焼き

empapelador, ra [empapeláđor, ra] 壁紙貼り職人、表具師

empapelamiento [empapelamjénto] 男 壁紙貼り

empapelar [empapelár]《~en-I+papel》他 ❶ [部屋・壁に] 壁紙を貼る。❷ [紙で] 包む。❸《西. 口語》法廷に引きずり出す、起訴する; 行政審判する

empapele [empapéle] 男《西. 隠語》行政審判

empapirotar [empapirotár]《まれ》着飾らせる
── ~se 着飾る

empapuciar [empapuθjár] 10《西》=**empapuzar**

empapujar [empapuxár]《口語・地方語》=**empapuzar**

empapuzar [empapuθár] 9《西》《口語》[人・動物に] 過度に食べさせる。❷《軽蔑》=**empapar**
──《西. 口語》[+de を] 食べる

empaque [empáke] 男 ❶ [人・物の] 堂々とした様子、威厳のある外見; 人品、風采、押し出し: Camina con el gesto altivo y el ~ de un príncipe. 彼はいばって、どこかの王子のような貫禄で歩く。❷ きまじめさ、堅苦しさ、重々しさ: Actúa con un ~ que llega al ridículo. 彼はこっけいなほどもったいぶっている。❸《主に中南米》包装、梱包、荷造り《=empaquetado》: lista de ~ パッケージリスト。❹《中南米. 口語》間接接合。❺《メキシコ》防水布。❻《コスタリカ、コロンビア》密封用の材料。❼《プエルトリコ、ペルー、チリ》厚かましさ

empaquetado, da [empaketáđo, đa] 形《チリ. 口語》上着とネクタイをつけた; 取り澄ました
── 男 梱包、包装、荷造り《行為》

empaquetador, ra [empaketáđor, ra] 形 梱包の、包装用の
── 名 梱包業者、包装係
── 女 梱包機

empaquetadura [empaketađúra] 女 ❶ [配管の継ぎ目の] パッキング、詰め物; ガスケット。❷ 梱包、包装《=empaquetado》

empaquetamiento [empaketamjénto] 男 梱包、包装《=empaquetado》

empaquetar [empaketár]《~en- I+paquete》他 ❶ 梱包する、包装する、[+en に] 詰める: ~ los libros 本を梱包する。~ la ropa en una caja 服を箱に詰める。❷ [狭い場所に、人を] 詰め込む: a toda la familia en un coche de cinco plazas 5人乗りの車に家族全員を押し込む。❸《口語》《主に軍隊で》罰する。❹《主に軽蔑》飾り立てる、ごてごてと飾る。❺《戯談》[人を] 送り届ける。❻《アルゼンチン. 口語》だます、だまし取る
── ~se 飾り付ける、着飾る、めかし込む

emparafinar [emparafinár] ~se《チリ. 口語》ぐでんぐでんに酔っぱらう

emparamar [emparamár] 他《コロンビア、ベネズエラ》凍えさせる; [雨・湿気で] 濡らす
── ~se《コロンビア、ベネズエラ》凍える; 濡れる

emparamentar [emparamentár] 他 [馬に] 飾り布でおおう;

[壁を] タペストリーで飾る

emparar [emparár] 他《ペルー》空中で取る

emparchar [empartʃár] 他 ❶ 膏薬を貼る。❷ 継ぎはぎだらけにする: ~ los neumáticos de la bicicleta 自転車のタイヤに継ぎを貼る

empardar [empardár] 他《ラプラタ. トランプなど》引き分けにする
── ~se《ラプラタ》引き分ける
ser lo que no se emparda《ラプラタ》比類ない

empardecer [empardeθér] 39 ~se《地方語》褐色になる

emparedado, da [emparedáđo, đa] 形 ❶ 収監、幽閉された[人]。❷ 閉じこもった、隠遁した、隠遁者、世捨て人
── 男 サンドイッチ《=sandwich》: ~ de queso de dos pisos ダブルチーズサンドイッチ

emparedamiento [emparedamjénto] 男 ❶ 収監、幽閉、隠棲、隠遁。❷ 監獄、隠棲地

emparedar [emparedár]《~en-I+pared》他 ❶ 監禁する、幽閉する、閉じこめる。❷ 壁に埋め込む; 壁で隠す。❸ はさみ込む
── ~se 閉じこもる、隠遁する: ~se en un convento 修道院にこもる

emparejado, da [emparexáđo, đa] 形《羊が》子羊と一緒にいる

emparejamiento [emparexamjénto] 男 ❶ 対(ペア・組)にする(なる)こと; sorteo de los ~s 組み合わせ抽選。❷ 高さをそろえること、平らにすること。❸《農業》地ならし

emparejar [emparexár]《~en- I+pareja》他 ❶ [+con と] 対(つい)にする、ペアにする: ~ ases《トランプ》エースのペアを作る。~ a su hija con un joven adinerado 娘を金持ちの青年と結婚させる。❷ 同じ高さにする。❸ [両開きの扉・窓を] 締め切らずに合わせただけにする。❹《農業》[土地を] ならす
── ~se ❶ 対になる: Hay unos calcetines que no emparejan. 左右異なる靴下がある。[Se] Han emparejado inmediatamente. 彼らはすぐカップルになった。Los asistentes a la fiesta se emparejaron para el baile. パーティーの出席者は踊るためペアを組んだ。❷ [+con に] 追いつく: 1) Apreté el paso para ~ [me] con Juan. 私はフアンに追いつくため歩を早めた。2) [+en で] Se emparejó con su rival en los estudios. 彼はライバルと勉強で肩を並べた。❸ 似合う: Este árbol empareja con la casa. この木は家としっくりきている。❹《メキシコ》[違法・不道徳な方法で] 金を得る

emparentado, da [emparentáđo, đa] 形《estar·+con》❶ 親類の、血縁の、縁続きの: Estoy ~ con la duquesa. 私は公爵夫人と縁続きだ。estar bien ~ 有力者を血縁に持つ; いいコネである。❷ 関連のある、同類の、《言語》同族の

emparentamiento [emparentamjénto] 男 姻戚関係(縁続き)になること

emparentar [emparentár]《~en-I+pariente》23 自 [+con と] ❶ 姻戚関係になる、縁続きになる: ~ con la nobleza 貴族と縁続きになる。❷ 類似性がある; 関連のある: Esta lengua emparenta con el latín. この言語はラテン語と同族である
── 類似点を見いだす、関連づける: ~ el cambio climático con el impacto medioambiental de la industria 気候の変化と工業の環境への影響を関連づける

emparrado [emparráđo] 男 ❶《集合》棚; [ブドウなどの] あずま屋、パーゴラ; 四目棚。❷《口語》側頭部の髪の毛をかき上げて頭頂部のはげを隠す髪型

emparrandar [emparrandár] ~se《コロンビア. 口語》浮かれ騒ぎに出かける

emparrar [emparrár] 他《ブドウ・バラなどのつるを》棚に這わせる; 棚を仕立てる: ~ un patio 中庭につる棚を作る
── ~se《植物のつるが》棚に沿って伸びる

emparrillado [emparriʎáđo] 男《集合》《建築》《軟弱地盤で土台を強化する、木材・鋼鉄などの》格子枠組み、いかだ基礎

emparrillar [emparriʎár] 他 ❶《料理》網で焼く、バーベキューする。❷《建築》《軟弱地盤に》いかだ基礎を築く

emparvar [emparbár] 他《脱穀するために麦などを》束にして並べる

empastado, da [empastáđo, đa] 形 ❶ 濃い《=pastoso》。❷《チリ、アルゼンチン、ウルグアイ》1) [土地が] 牧草の種をまいた。2)《獣医》鼓腸症になった
── 男 ペースト状のものを塗ること

empastador, ra [empastáđor, ra] 名 ❶ ペースト状のものを塗る。❷ 絵の具を厚塗りする[画家]。❸《中南米》製本業者、製本工

―― 男 糊刷毛(⁽ﾉﾘﾊﾞｹ⁾); 絵筆

empastadura [empastaðúra] 女《チリ》[本の]装丁, 製本

empastar [empastár]《←en- I+pasta》 他 ❶《虫歯》アマルガム(セメント)を詰める: Me *empastaron* la muela que estaba picada. 私は虫歯になった奥歯を詰めてもらった. ❷《化粧品・絵の具などを》…に厚塗りする, 糊状のものを塗る, 糊貼りする: Después de ~ las paredes tenemos que esperar a que se seque el yeso. 壁を塗った後は漆喰が乾くまで待たなくてはならない. ~ la grieta 隙間に詰め物をする. ❹《美術》[絵の具を]パレットで混ぜる. ❺《音楽》[合唱・オーケストラで声・音を]そろえる. ❻《製本》[革・布などで]装丁する. ❼《メキシコ, グアテマラ, ニカラグア, チリ, アルゼンチン》牧草の種をまく, 牧草地に変える

―― 自《音楽》[合唱・オーケストラで]声・音がそろっている

―― **~se**《チリ, アルゼンチン. 獣医》鼓腸症になる. ❷《チリ. 口語》[畑が]雑草に覆われる

empaste [empáste]《←*empastar*》男 ❶[歯に]詰め物をすること, 虫歯の充填. ❷[歯の]詰め物, 充填材: Se me ha caído el ~ de la muela. 私は奥歯の詰め物が取れてしまった. ❸《音楽》[合唱・オーケストラで]声・音がそろっていること. ❹《美術》調和のとれた配色. ❸《アルゼンチン, ウルグアイ. 獣医》鼓腸[症]

empastelamiento [empastelamjénto] 男《印刷》[活字の]ごちゃ混ぜ

empastelar [empastelár] 他 ❶[不正に・裏取り引きで問題を]解決する: ~ el negocio de forma ilegal 非合法的に取引を片づける. ❷《印刷》[活字を]ごちゃ混ぜにする; [活字の書体を]混ぜこぜにする

―― **~se**《印刷》[活字が]狂う; [活字の書体などが]混ぜこぜになる

empastizar [empastiθár] [9] **~se** [土地が]牧草に覆われる

empatadera [empataðéra] 女《まれ. トランプなど》[邪魔が入ったり決断できないことによる]停滞, 中断

empatar [empatár]《←ラテン語 pacta「協定」》自 ❶[スポーツ・選挙で]同点(同数)になる, 引き分ける: Los equipos *empataron* a cero goles. 両チームは無得点で引き分けた. Los candidatos a la alcaldía *empataron* en las elecciones. 市長候補は選挙で同数得票になった. ❷《メキシコ, 中米》つながる. ❸《コロンビア, チリ. 口語》時間をむだ使いする

―― 他 ❶ 引き分けにする: *Empataron* el partido en el último minuto. 彼らは土壇場で引き分けに持ち込んだ. Así esos *empatados*. これでおあいこだ. ~ la votación 同数の票を得る. ❷[貴族証明などを]中断する. ❸《メキシコ, 中米》つなぎ合わせる. ❹《カリブ》うるさがらせる, 悩ます. ❺《チリ, アルゼンチン, ウルグアイ》[時間を]むだ使いする

empate [empáte]《←*empatar*》男 ❶ 同点, 引き分け: El partido terminó con ~ a cero. 試合はノーゴール・ドローだった. buscar el ~ el gol [1] ~ 同点ゴールを狙う. ❷《競馬》同着. ❸《南米》接続, 結合. ❹《ベネズエラ. 口語》恋愛関係; 恋人

empatía [empatía]《←独語 Einfühlung》女《心理》感情移入, 共感: Ella se puso a llorar por ~ con el personaje de la película. 彼女は映画の登場人物に感情移入して泣き出した

empático, ca [empátiko, ka] 形 感情移入の, 共感の

empatillar [empatiʎár] 他《釣り針》釣り糸につける

empato [empáto] 男《コロンビア》時間のむだ使い

empatonar [empatonár] **~se**《地方語》からまる; こんがらがる

empatronar [empatronár] 他[度量衡の精度を]検査保証する

empatucar [empatukár] [7] 他《ベネズエラ. 口語》…に塗りたくる

empavar [empabár] 他《ベネズエラ. 口語》悪運をもたらす

―― **~se** ❶《ベネズエラ. 口語》ついていない. ❷《ペルー》不機嫌になる

empavesado, da [empabesáðo, ða] 形《古語》大盾で防御の

―― 男 ❶《集名》満艦飾の飾り旗. ❷《古語》盾兵, 大盾を持った兵士

―― 女《船舶》1) 満艦飾. 2)《船員用のハンモックを守るための》防水布. ❸《古語》[部隊の]大盾を並べて構える防御

empavesar [empabesár] 他 ❶《船舶》満艦飾を施す. ❷[建造物をシート・幕などで]覆う: ~ el monumento a Colón コロンブス記念碑を幕で覆う. ❸《古語》大盾 *pavés* で防御を固める

empavonado [empabonáðo] 男《金属》鋼鉄表面の青色酸化皮膜形成《=*pavonado*》

empavonar [empabonár] 他 ❶[鋼鉄表面に]青色酸化皮膜を形成させる《=*pavonar*》. ❷《プエルトリコ, コロンビア》…にグリースを塗る. ❸《チリ》[ガラスを]つや消しにする

empavorecedor, ra [empaboreθeðór, ra] 形 ぞっとさせる, 怖がらせる

empavorecer [empaboreθér] [39] 他 ぞっとさせる, 怖がらせる

―― 自. **~se** ぞっとする, 怖がる

empecatado, da [empekatáðo, ða]《←ラテン語 in-(中)+peccatum「罪」》形《文語》❶ 意地の悪い, ひねくれた; 手に負えない: Ese ~ niño nos trae locos con sus gamberradas. その悪がきの乱暴で私たちは頭が変になりそうだ. ❷ 不快な, 嫌な: Esta ~*da* corbata me va a ahogar. このいまいましいネクタイで息が詰まりそうだ

empecatar [empekatár] **~se**《文語》[主に悪い意味で, +*en* に]固執する

empecedero, ra [empeθeðéro, ra] 形 有害な, 邪魔になる

empecer [empeθér]《←古語 *empedecer* < *impedire*「妨げる」》[39] 自《文語》[主に否定文で, 3人称のみ]障害になる, 妨げる: Eso no *empece* para que yo siga creyendo lo que dijo. だからといって私が彼の言ったことを信じてもおかしくはない

―― 他《古語》[人・ものに]害をもたらす, 損失を与える

empecible [empeθíble] 形 有害な, 邪魔になる《=*empecedero*》; 妨げとなるかも知れぬ

empeciente [empeθjénte] 形 有害な, 邪魔になる

empecimiento [empeθimjénto] 男 邪魔すること, 妨げること; 邪魔, 妨げ

empecinado, da [empeθináðo, ða] 形[*estar*+]頑固な, 強情な, しつこい: Está ~ en ir al cine. 彼はどうしても映画を見に行くと言って聞かない. seguir ~ con salir de casa どうしても家を出ると言い続ける. el E~ マルティン・ディアス Martín Díaz の通称《1775～1825, 対仏独立戦争の英雄》

empecinamiento [empeθinamjénto] 男 固執: No me explico por qué tiene ese ~ por cambiarse de casa. なぜ彼がそんなに引越ししたがるのか私には分からない

empecinar [empeθinár]《←en- I+*pecina* < *pez* II「泥土」》他[船・綱などに]松やにを塗る

―― **~se** [+*en* に]固執する: Se *empecinó en* no salir de casa mientras no recibiera la llamada. 彼は電話をもらうまでは出かけないと言い張った. ~*se en* una idea 一つの考えに固執する

empedar [empeðár] **~se**《メキシコ, ラプラタ. 口語》酔っぱらう

empedernecer [empeðerneθér] [39] 他. **~se**《まれ》=*empedernir*

empedernido, da [empeðerníðo, ða]《←en- I+ラテン語 *petrinus*「石のような」》形 ❶[悪習などに]凝り固まった, 常習的な: criminal ~ 常習犯. jugador ~ 賭博常習者. mentiroso ~ 根っからの嘘つき. trasnochador ~ 夜型の人. ❷ 非情な, 冷酷な

empedernir [empeðerní r] [35] 他《まれ》硬化させる

―― **~se** ❶ 硬化する. ❷ 非情(冷酷)になる

empedradillo [empeðraðíʎo] 男《地方語. 料理》豆ご飯

empedrado[1] [empeðráðo] 男 ❶ 石畳: El ~ de la calle está en mal estado. この道の敷石でこぼこだ. ❷ 敷石による舗装工事, 舗石作業. ❸《料理》豆ご飯

empedrado[2], **da** [empeðráðo, ða] 形 ❶《空の》うろこ雲の: Cielo ~, suelo mojado.《諺》うろこ雲は雨の前兆. ❷[馬の毛色が]まだらの, ぶち模様の

empedrador [empeðraðór] 男 舗石工

empedramiento [empeðramjénto] 男 舗石作業

empedrar [empeðrár]《←en- I+ラテン語 *petra*「石」》[23] 他[+*de・con* 敷石・舗石で]舗装する: ~ la calle *de* adoquines 敷石で道路を舗装する. ~ una calle *con* piedras del río 川原の石で舗装する. calle *empedrada* 石畳の道. ❷ 覆う, 一杯にする, 満たす: ~ *con* citas el artículo 引用だらけの記事を書く. ~ un libro *de* erratas 誤植だらけの本を書く

empedrat [empeðrát]《料理》[バレンシア地方の]タラ・米・白インゲンなどのサラダ

empedregar [empeðregár] [8] 他《まれ》[+場所で]石で覆う

empega [empéga] 女 ❶ 羊に付けたピッチの印. ❷ 塗布用のピッチ

empegado [empegáðo] 男[ピッチを塗った]防水布

empegadura [empegaðúra] 女 ピッチ(松やに)の塗布

empegar [empegár] 他 ❶ [樽・かめ・皮袋などに] ピッチ(松やに)を塗る. ❷ [羊に] ピッチで印を付ける
empegó [empegó] 男 羊にピッチで印を付けること
empegostado, da [empegostádo, da] 形《ベネズエラ. 口語》ベトベトした
empegotar [empegotár] 他《キューバ. 口語》ベトベトしたもので汚す
empeguntar [empeguntár] 他 [羊に] ピッチで印を付ける〖=empegar〗
empeine [empéine] I 〖←ラテン語 pectem, -inis「馬のひづめ」〗男 ❶ [足・靴の] 甲: Me aprieta el ～ del zapato. 靴の甲の部分が窮屈だ. botar la pelota con el ～ 足の甲でボールをバウンドさせる. tener el ～ muy alto 甲高である. ❷《廃語》[馬の] ひづめ
II 〖←ラテン語 pecten, -inis「くし」〗男 [人の] 下腹部
III 〖←俗ラテン語 -iginis < ラテン語 impetigo〗男 ❶《医学》膿痂疹. ❷《植物》ゼニゴケ(銭苔) 〖=hepática de las fuentes〗. ❸《古語》綿花
empeinoso, sa [empeiŋóso, sa] 形 膿痂疹にかかった
empelar [empelár] 自 ❶ 毛(羽毛)が抜け替わる; 毛(羽根)が生える. ❷ [馬が] 毛並みが似ている. ❸《サラマンカ》 [灌木地を切り払って] 焼き畑にする
empelazgar [empelazɣár] 自 ～se《口語》けんかする: La ignorancia les llevó a ～se por una cuestión trivial. 無知ゆえ彼らはささいなことでけんかした
empelechar [empeletʃár] 他 ❶ [大理石板に] 合わせる. ❷ [壁・柱に] 大理石を張る
empella [empéʎa] 女 ❶ [靴の] 甲. ❷《メキシコ, コロンビア, チリ》豚のラード
empellar [empeʎár] 他《まれ》体で押す, 体当たりを食らわす
empellejar [empeʎexár] 他 …に革 pellejo を張る
empeller [empeʎér] 他《まれ》= empellar
empellicar [empeʎikár] 他《古語》[子羊などに] 他の死んだ子羊などの毛皮をかぶせる〖死んだ子羊などの母親が間違えて乳を飲ませるように〗
empellón [empeʎón] 〖←empellar〗男 体当たり, 突きとばし: De un solo ～ lo desplazó unos metros. 彼はたった一押しで彼を数メートル動かした. dar un ～ a la puerta ドアに体当たりする
a empellones 乱暴に, 手荒く; 体当たりで: Lo sacaron del bar *a empellones*. 彼はバルから力ずくで放り出された. tratar *a empellones* a sus subordinados 部下をあごで使う
empelotado, da [empelotádo, da] 形《メキシコ. 口語》[estar+] ほれ込んでいる. ❷《チリ, アルゼンチン, ウルグアイ》裸の. ❸《ペルー. 口語》人を悩ます, 嫌な
empelotar [empelotár] 他 ～se ❶《口語》裸になる. ❷《口語》[けんかなどのせいで] 頭が混乱する, うろたえる. ❸《メキシコ, キューバ》気に入る; [+con+人 に] ほれ込む
empeloto, ta [empelóto, ta] 形《コロンビア. 口語》真っ裸の
empeltar [empeltár] 他《ムルシア》接ぎ木する
empeltre [empéltre] 男 ❶ 芽接ぎ. ❷《アラゴン》接ぎ木したオリーブの木〖小ぶりだが, 良質の実ができる〗
empelucado, da [empelukádo, da] 形《チリ》かつら peluca をつけた
empenachado, da [empenatʃádo, da] 形 冠羽の形をした
empenachar [empenatʃár] 他 …に羽根飾り penacho を付ける: ～ su sombrero 帽子に羽根を付ける
empendolar [empendolár] 他《古語》[矢・投げ槍に] 羽根を付ける
empenta [empénta] 女 ❶《古語》支え, 支柱. ❷《アラゴン》押すこと, 体当たり
empentar [empentár] 他 ❶《鉱山》[坑道・側壁同士を] しっかりと連結する. ❷《アラゴン, クエンカ, アンダルシア》押す, 体当たりする
empentón [empentón] 男《ナバラ, アラゴン》押すこと, 体当たり
empeña [empéɲa] 女 ❶ [靴の] 甲〖=empella〗. ❷ [肝臓の] 葉〖=ala〗
empeñadamente [empeɲáðamente] 副 激しく, 譲らずに
empeñado, da [empeɲáðo, da] 形 ❶ [争い・議論などが] 激しい, 相譲らない. ❷ [人が] 頑固な, 妥協しない
empeñar [empeɲár] 〖←en-1+古語 peños〖←ラテン語 pignus, -oris〗〗他 ❶ 担保(抵当・質)に入れる: Ella empeñó todas sus joyas. 彼女は宝石を全部質に入れた. ❷ 約束する. ❸ [+en に, 時間などを] 費やす: Empeñó diez años de su vida *en* la investigación de este asunto. 彼は人生の10年をこの事件の調査にかけた. ～ su mayor esfuerzo *en*... …に最大限の努力をする. ❹ 仲介(保証)人に立てる. ❺ 強いる, 強制する, 余儀なくさせる
—— ～se ❶ [+con に] 借金する: Se ha empeñado con todos sus parientes. 彼は親戚中から借金をした. ❷ [+不定詞・que+接続法 することに] 固執する, 言い張る: Se empeña *en* irse al extranjero. 彼は外国へ行くと言ってきかない. *si te empeñas* どうしても言うなら. ❸ [+en+不定詞 するように] 努力する: Aunque no corre prisa, *se ha empeñado en* terminar el trabajo hoy. 彼は急ぎはしないが, 今日仕事を終わりようとがんばった. ❹ [+en 戦闘などを] 開始する: *Se han empeñado en* una disputa sobre fútbol. 彼らはサッカー論議を始めた. ❺ [+por のために] 仲介する. ❻《船舶》[船が浅瀬に近づきすぎて] 危険にさらされる
empeñero, ra [empeɲéro, ra] 名《メキシコ》質屋
empeño [empéɲo] 〖←empeñar〗男 ❶ 努力, 粘り強さ, 根気: Ponga más ～ en pasar el examen. 私は試験に通るようもっと努力する. ❷ [+en・por への] 切望, 熱心, 執心: 1) tener mucho ～ *por* aprender 勉強熱心である. 2) [+en que+接続法] Tengo ～ *en que* nos veamos hoy. どうしても今日会いたいんだ. ❸ 企て, 熱意の対象: Está dispuesto a morir en el ～, si es preciso. 必要とあらば, 彼は志半ばで死ぬ覚悟ができている. Su ～ es acabar la carrera. 彼の目的は卒業することである. ❹ 質入れ, 担保に入れること: casa de ～[s] 質店. papeleta de ～ 質札. ～ de las joyas 宝石の質入れ. ❺ [主に 複] コネ, つて: tener muchos ～s 後ろ盾がたくさんある. ❻《闘牛》[昔, 騎馬闘牛士が服を破られて] 馬を下りること. ❼ 名誉・良心にかけてしなければならないこと. ❽《まれ》援助, 推薦. ❾《アンダルシア; メキシコ》質店
con ～ 粘り強く, 根気よく, 一所懸命に, 熱心に
de ～ 大変価値のある
en ～ 質に入っている: dejar *en* ～ la cubertería de plata 銀の食器類を抵当に入れる
empeñosamente [empeɲósaménte] 副《アンダルシア; 中南米》粘り強く; きっぱりと, 断固として
empeñoso, sa [empeɲóso, sa] 形《アンダルシア; 中南米》❶ 粘り強い, 努力家の. ❷ きっぱりとした, 決然とした
empeorable [empeoráble] 形 悪化し得る
empeoramiento [empeoramjénto] 男 悪化: Estoy preocupado por el ～ de su estado físico. 私は彼の健康状態の悪化を心配している. Se prevé un ～ del tiempo. 天気は下り坂との予報が出た
empeorar [empeorár] 〖←en+peor〗他 悪化させる《⇔mejorar》: Con tus palabras estás *empeorando* la situación. 君の発言で事態は悪くなっている. ～ la situación económica 経済状況を悪化させる
—— 自 ～se 悪くなる, 悪化する: Su salud empeora día a día. 彼の健康状態は日に日に悪くなっている
empequeñecer [empekeɲeθér] 〖←en-1+pequeño〗39 他 ❶ 小さくする. ❷ [重要性・価値などを] 減らす, 見劣りさせる: *Empequeñece* los éxitos de los demás para que resalten los suyos. 彼は自分の成功を引き立たせるため人の成功を矮小化する. Con su actitud quiso ～ la gravedad de la situación. 彼は自分のふるまいで重苦しい雰囲気を和ませようとした. Este rascacielos *empequeñece* otros edificios. この高層ビルは他のビルを小さく見せる
—— 自 ～se ❶ 小さくなる: El jersey *se empequeñeció* al lavarlo con agua caliente. セーターをお湯で洗ったら縮んで小さくなった. ❷ [重要性・価値などが] 減じる: Su mérito *se empequeñece* si se compara con el de su hermano. 兄の業績と比べると彼のそれは見劣りがする. ❸ 自信をなくす: El actor sintió *su se empequeñecía* al oír los abucheos. その役者は野次を聞いて身が縮む思いがした
empequeñecimiento [empekeɲeθimjénto] 男 小さくする(なる)こと; 見劣り, 矮小化: una sensación molesta de rubor, de ～ y humillación 赤面し, 身が縮み, 屈辱を感じる嫌な感じ
emperador [emperaðór] 〖←ラテン語 imperator, -oris < imperare「命令する」〗男 ❶ 皇帝, 帝王, 天皇〖女は **emperatriz**〗: Carlos V fue rey de España y ～ de Alemania. カルロス5世はスペイン国王でありドイツ皇帝であった. el ～ Meiji 明治天皇. ～ del Sacro Imperio Romano Germánico 神聖ローマ皇帝. ❷《魚》1) メカジキ〖主に料理用語. =pez espada〗. 2) アマシラ

【食用】

emperadora [emperaðóra] 囡 ❶《口語》[特に芸術の分野で]際立った女性: la 〜 del cante 優れた女性歌手。❷《口語》[女性への好意的な呼称] きみ: E〜, te voy a invitar a un restaurante maravilloso. ねえ君、すばらしいレストランに招待するよ。❸《古語》=emperatriz

emperatriz [emperatríθ]《←ラテン語 imperatrix, -icis < imperare》囡 女帝; 皇后: la 〜 Catalina II 女帝エカテリーナ2世

emperchado[1] [empertʃáðo] 男〔生木を組んだ〕柵

emperchado[2]**, da** [empertʃáðo, ða] 形《キューバ》[人が] 優雅に着こなした

emperchar [empertʃár] 他〔服をハンガーなどに〕掛ける
—— 〜**se**〔獲物が〕罠にかかる

empercudir [emperkudír] 他 ❶〔汚れが衣服などに〕しみ込む。❷《キューバ》[服を] あまりひどく汚す

emperdigar [emperðiɣár] 8 他 =**perdigar**

emperejilar [empereksilár]《←en- I+perejil》他《西. 主に軽蔑》❶〔ごてごてと・美々しく〕着飾らせる。❷《まれ》飾る
—— 〜**se**《西. 主に軽蔑》めかし込む、着飾る: Ella se está emperejilando para ir al baile. 彼女はダンスパーティーへ行くためにおめかし中だ

emperezar [empereθár]《←en- I+pereza》9 ❶ 怠け者にする、不精にする。❷〔すべきことを〕遅らせる: Voy emperezando hacer esa visita. 私はその訪問を延ばし延ばしにしている
—— 自・〜**se** 怠ける、だらだら過ごす、不精になる: Se empereza y pasa todo el día tumbado a la bartola. 彼はぼけっとして、日がな一日ごろごろして過ごす

empergaminar [emperɣaminár] 他〔本を〕羊皮紙で覆う、羊皮紙で装丁する

empericar [emperikár] 7 〜**se** ❶《メキシコ》[+en に] 登る; 〔鳥が〕とまる。❷《エクアドル》酔っぱらう

empericosar [emperikosár] 他《地方語》[高所に] 上がる、登る

emperifollamiento [emperifoʎamjénto] 男《軽蔑》着飾ること、おしゃれ

emperifollar [emperifoʎár] 他《軽蔑》[ごてごてと・美々しく] 着飾らせる
—— 〜**se**《軽蔑》めかし込む、着飾る

empernado [empernáðo] 男《建築, 技術》ボルト締め; ボルトによる組立て

empernar [empernár] 他《建築, 技術》ボルト perno で締める

empero [empéro]《←en- I+pero》接《文語》❶〔文中・文尾で. 文尾では主に制限〕とはいえ、にもかかわらず〔=sin embargo〕: Yo, 〜, sigo creyendo en ella. 私は、それでも、彼女のことを信じ続ける。Tiene algunas ventajas, 〜. さりながら、彼にも若干の長所がある。❷〔対立〕しかし、しかしながら〔=pero〕

emperolar [emperolár] 〜**se**《ベネズエラ. 口語》ドレスアップする

emperrada [emperráða] 囡《トランプ》オンブル〔=tresillo〕

emperramiento [emperramjénto] 男 固執, こだわり: tener 〜 con... 〜にこだわる

emperrar [emperrár]《←en- I+perro》〜**se**《口語》❶ [+en・con に] 固執する、こだわる: 1) Se emperró en seguir conduciendo. 彼は運転し続けると言い張った。2) [+en que+接続法] Ese niño se emperra en que le compre un juguete. その子はおもちゃを買ってくれとだだをこねている。❷ 腹を立てる、怒る

empersianado, da [empersjanáðo, ða] 形 ブラインドのかかった

empertigar [empertiɣár] 8 他《チリ》くびきを荷車のかじ棒に縛り付ける

empesador [empesaðór] 男《織物》[縦糸を整えるための] イグサの根の束

empesgar [empesɣár] 8 他 圧搾する, 圧縮する

empesgue [empésɣe] 男 ❶ 圧搾, 圧縮。❷ オリーブ油の圧搾機; そのレバー

empestillar [empestiʎár] 〜**se**《地方語》❶ 固執する。❷ [+a+人 に] …を納得させる、理解させる

empetacar [empetakár] 7 他《ベネズエラ. 口語》妊娠させる

empetatar [empetatár] 他《中南米》[床などを] 敷物 petate で覆う

empetráceo, a [empetráθeo, a] 形 ガンコウラン科の
—— 囡 複《植物》ガンコウラン科

empetro [empétro] 男《植物》クリタモ〔=hinojo marino〕

empezar [empeθár]《←en- I+pieza》9 23 他 ❶ 始まる〔→co-

menzar 類義. ⇔acabar〕: En España la escuela empieza en septiembre. スペインでは学校は9月から始まる El programa empieza a las diez. その番組は10時から始まる。África empieza en los Pirineos.《軽蔑》アフリカはピレネー山脈から始まる。❷ [+a+不定詞] …し始める: Lolita empezó a llorar. ロリータは泣き出した。Empezaron a llegar los invitados. 招待客たちが到着し始めた。Empezó a llover. 雨が降り始めた。❸ [+por・con から] 始まる, 始める: 1) La palabra empieza por 'o'. その言葉は o で始まる。Toda carta debe 〜 con la fecha. 手紙はすべて日付から始まらなければならない。No sabe por dónde 〜. 彼は何から手をつけてよいのか分からない。Empecemos por el principio. 最初から始めよう。2) [+por+不定詞] することから: Si quieres cambiar al mundo, empieza por cambiarte a ti mismo. 世の中を変えるつもりなら、まず君自身から変えなさい。❹ [+a 打撃で] 突然始める: 〜 a golpes con... 突然…を殴る。❺《口語》[直接話法で会話部分を導く] …と言い出す: El mecánico me pidió que explicara lo ocurrido; entonces empecé: "Bueno, yo venía manejando y empezó un ruido...." 修理工が何が起きたか説明するように私に言った、それで私は話し始めた。「ええと、私が運転していると音がし出して…」

empezando [+por+人・事物] …を始めとして: Todos en casa, empezando por Madre, andábamos intranquilos. 母を始め、家にいた全員は不安だった

empieza y no acaba [話が長いことの強調] 話し始めたら止まらない

no tener (ni) para 《口語》少なすぎて話にならない; 弱すぎて相手にならない

para 〜 まず最初に; 始めるにあたって: 1) Para 〜, lo más importante es saber utilizar el diccionario y para ello hay que conocerlos bien, saber qué nos ofrecen. まず一番重要なのは辞書の使い方を知ることである。そしてそのためには辞書をよく知り、それが何を与えてくれるのかを知ることが必要である。2) [レストランで] ¿Para 〜? 前菜は何になさいますか?

Por algo se empieza. [十分でないが] 最初はこんなものだ／千里の道も一歩から: Solo tenemos dos o tres clientes, pero por algo se empieza. 私たちにはまだ2, 3人の顧客しかいないが、そのうち軌道に乗るだろう

ya empezamos《口語》[継続・繰り返しに対する不快] またか[嫌になる]: Ya empezamos con los ruidos de las motos. またバイクの騒音だ
—— 他 ❶ 始める, 開始する: 1) Pronto empezaron su trabajo. 彼らはすぐ仕事に取りかかった。Los obreros han empezado la nueva casa. 作業員たちは新しい家を建て始めた。〜 un negocio 営業を始める。〜 el desayuno con un café コーヒーで朝食を始める。2) [目的語の省略] Puedes 〜 cuando quieras. いつでも始めてくれ。❷ [缶・瓶・袋入りの食品などを] 食べ[飲み]始める, 使い始める: 〜 una botella de whisky ウイスキーの口を開ける。〜 la bolsa de caramelos キャンデーの袋を開ける。manzana empezada 食べかけのリンゴ

venirse a+人 〜 …の身に起こる: ¡Vaya problema que se nos viene 〜! 何という問題が我々の身にふりかかることか!

empezar	
直説法現在	直説法点過去
empiezo	empecé
empiezas	empezaste
empieza	empezó
empezamos	empezamos
empezáis	empezasteis
empiezan	empezaron
命令法	接続法現在
	empiece
empieza	empieces
	empiece
	empecemos
empezad	empecéis
	empiecen

empicar [empikár] 7 〜**se**《地方語》[+por・en に] のめり込む, 夢中になる, 病みつきになる

empichar [empitʃár] 〜**se**《ベネズエラ. 口語》[食べ物が] 腐る

empicorotar [empikorotár] 他《まれ》[高所に] 上がる, 登る

empicotadura [empikotaðúra] 囡《古語》吊るし首にすること
empicotar [empikotár] 他《古語》❶ 吊るし首にする, さらし台にかける. ❷ さらし者にする, 物笑いの種にする
empiece [empjéθe] 【←empezar】男《口語》開始, 最初《=comienzo》: Nos perdimos el ~ de la película por llegar tarde. 私たちは遅れて来て映画の最初の部分を見逃した
empiedro [empjéðro] 男《ラ・マンチャ》[風車の粉挽き・搾油用の] 石臼
empiema [empjéma] 男《医学》蓄膿症; 膿胸
empiernar [empjernár] ~se《ベネズエラ. 口語》性交する
empiezo [empjéθo] 男《グアテマラ, コロンビア, エクアドル, アルゼンチン》=empiece
empigüelar [empigwelár] 他 ❶ [吊るすために] 殺した動物の両足を縛る. ❷ [人を] 捕まえる
empijamado, da [empixamáðo, ða] 形 パジャマを着た
empilador, ra [empilaðór, ra] 名 積み重ねる〔人〕
empilar [empilár] 他 積み重ねる《=apilar》
empilchar [empiltʃár] ~se《アルゼンチン, ウルグアイ. 口語》上等な服を着る, ドレスアップする
empilonar [empilonár] 他《中南米》積み重ねる, 積み上げる
empiltrar [empiltrár] ~se《俗語》❶ 寝る, ベッドにもぐりこむ; [+con ~] 寝る, 性交する. ❷ [性交するために] …をベッドに連れ込む
empiluchar [empilutʃár] 他《チリ. 口語》裸にする
empinación [empinaθjón] 囡 ❶ 立てること; 高く掲げること. ❷ つま先立ち
empinado, da [empináðo, ða] 形 ❶ [道・地面が] 急勾配の, 急な, 険しい: El principio de esta calle es ~. この通りの入り口は急勾配になっている. subir una cuesta ~da 急坂を登る. ❷ 高所にある; そびえ立つ. ❸ 社会的地位の高い. ❹ 鼻柱の強い, 高慢な
 ── 囡 立てる(立つ)こと
irse a la ~da [馬などが] 後脚で立ち, さお立ちになる
empinadura [empinaðúra] 囡=empinamiento
empinamiento [empinamjénto] 男 ❶ 立てること. ❷ つま先立ち; [馬などの] 棒立ち
empinante [empináte] 形《紋章》[動物が] 後脚で立っている
empinar [empinár] 【←en-I+pino「立った, 頂点, 垂直に」】他 ❶ [倒れた・傾いたものを] 立てる, 起こす: ~ la cabeza en actitud provocativa 挑むように頭をもたげる. ❷ [容器などを] 傾ける. ❸ [人・物を] 高く掲げる, 持ち上げる: *Empinó* al niño para que vea el desfile. パレードが見えるよう彼は子供を高く抱き上げた. Para beber a chorro, tienes que ~ el porrón. 流し飲みをするにはポロンを高く掲げないといけないよ. ❹《隠語》勃起させる
~la《口語》大酒を飲む
 ── 自《口語》酒を飲む
 ── ~se ❶ つま先立つ; [馬などが] 後脚で立つ: La niña *se empina* para asomarse a la ventana. 窓から顔を出すため女の子はつま先立つ. ❷ そびえ立つ; [道が] 険しくなる: La iglesia del pueblo *se empinaba* sobre los tejados. 村の教会は家々の屋根よりも高くそびえていた. ❸ 傾く: No te apoyes en la mesa, que *se empina*. テーブルにもたれるな, 傾くから. ❹《隠語》勃起する. ❺《メキシコ. 口語》飲んでしまう; 飲み込む
empingorotado, da [empingorotáðo, ða] 形《軽蔑, 戯言》❶ 出世した, 成り上がりの. ❷ 高慢な, 高飛車な, 横柄な, 尊大な
empingorotar [empingorotár] 【←pingorote】他 ❶ [人を] 出世させる, 高い地位につける. ❷《まれ》高く掲げる, 持ち上げる
 ── ~se ❶ 出世する, 成り上がる. ❷ [出世して] 思い上がる. ❸《軽蔑》めかし込む, 着飾る
empino [empíno] 男《建築》穹窿の最上部
empiñatado, da [empiɲatáðo, ða] 形《コロンビア》[+con+人・事物を] 好きな
empiñonado [empiɲonáðo] 男 松の実と砂糖の菓子《=piñonate》
empiojar [empjoxár] ~se《メキシコ. 口語》[人・動物が] シラミだらけになる
empiolar [empjolár] 他 ❶ [人を] 捕まえる. ❷《古語》足枷をはめる
empipada [empipáða] 囡《プエルトリコ, エクアドル, チリ》満腹
empipar [empipár] ~se《プエルトリコ, エクアドル, ペルー, チリ》=apiparse
empipotar [empipotár] ~se《ラ・マンチャ》酔う, 酔っ払う

empíreo, a [empíreo, a]【←ラテン語 empyrius < ギリシャ語 empyrios < en-(中に)+pyr, pyros「火」】形 最高天の, 天上界の: las moradas ~as 天上界. las ~as alturas 天国
 ── 男《文語》[主にE~] 最高天, 天上界, 天国〔5層ある天界の最上層で, 神々が住むとされた〕: Según la Biblia, los demonios son ángeles expulsados por Dios del *E*~. 聖書によると, 悪魔は神によって天国を追放された天使である. ¡Oh Dios, tú que estás en el *E*~! 天にまします神よ! ❷《詩語》天空, 蒼穹(ᴀ); 楽園
empireuma [empiréuma] 男 [密閉容器で焼いた有機物の放つ] 焦臭
empireumático, ca [empireumátiko, ka] 形 焦臭の
empiria [empírja] 囡《哲学》[純粋科学・理論科学に対して] 経験
empíricamente [empírikaménte] 副 経験に基づいて, 経験的に
empírico, ca [empíriko, ka]【←ラテン語 empiricus < ギリシャ語 empeirikos < en-I+peira「証拠, 経験」】形 ❶ 経験的な, 経験に基づく: [seguir un] método ~ 経験則[に頼る]. datos ~s 経験に基づくデータ. ❷《哲学》経験論の, 経験主義の: filósofo ~ 経験論の哲学者. ❸《化学》fórmula ~ca 実験式
 ── 名 ❶《哲学》経験論者, 経験主義者. ❷《ベネズエラ》祈祷師
empiriocriticismo [empirjokritiθísmo] 男《哲学》経験批判論
empirismo [empirísmo] 男 ❶《哲学》経験論, 経験主義. ❷ 経験的方法;《時に軽蔑》日常茶飯事
empirista [empirísta] 名 経験論の, 経験主義の(主義者)
empitonar [empitonár] 他《闘牛》[牛が闘牛士に] 角(ʔ)に引っかける, 角で突く: Al sentir el estoque, el toro se revolvió y *empitonó* al torero. 剣で刺されたのを感じた牛は振り返って闘牛士を角で突いた
empizarrado [empiθarráðo] 男《建築》スレートぶき
empizarrar [empiθarrár] 他 [屋根を] スレートでふく: cubierta *empizarrada* スレートぶきの屋根
emplantillar [emplantikár] 他 ❶《アンダルシア》塞ぐ, 詰まらせる. ❷《ペルー, チリ》1) [瓦礫を] 基礎工事の溝に詰める. 2) [靴に] 底敷きを入れる
emplastadura [emplastaðúra] 囡 膏薬を貼ること
emplastamiento [emplastamjénto] 男=emplastadura
emplastar [emplastár] 他 ❶ …に膏薬を貼る. ❷ [べとべとしたもので] 汚す. ❸ [人に] 化粧する: El peluquero *emplastó* a la novia el día de la boda. 美容師は結婚式の日に花嫁の化粧をした. ❹ 邪魔をする, 妨害する
 ── ~se ❶ [べとべとしたもので] 汚れる. ❷ 化粧する
emplaste [empláste] 男 ❶《美術》下塗り用の漆喰. ❷《メキシコ》寄せ集め
emplastecer [emplasteθér] 39 他《美術》漆喰を下塗りする
emplastecido [emplasteθíðo] 男《美術》漆喰の下塗り
emplastero, ra [emplastéro, ra] 名《地方語》膏薬を貼って治療する人
emplástico, ca [emplástiko, ka] 形 ❶ [膏薬のように] べとべとした, 粘り気のある. ❷《薬学》膿を出させる
emplasto [emplásto]【←ラテン語 emplastrum < ギリシャ語 emplastron】男 ❶《薬学》膏薬: poner a+人 ~s en... …の…に膏薬を貼る. ❷《軽蔑》[料理などで] べとべとしたもの: ¡Esta sopa fría es un ~! この冷めたスープは飲めたものじゃない. ❸《軽蔑》一時しのぎ, おざなり: Hizo tal ~ en la conexión que cuando enchufó saltaron los fusibles. 接続をいい加減にしたので端にヒューズが飛んだ. ❹《軽蔑》病弱な人. ❺《中南米. 口語》継ぎ当て
estar hecho un ~ 体が弱い, 病弱である; 体じゅう膏薬だらけである
emplástrico, ca [emplástriko, ka] 形=emplástico
emplazador, ra [emplaθaðór, ra] 名 召喚者
emplazamiento [emplaθamjénto] I 【←emplazar I】男《法律》召喚, 出頭: El ~ en el juzgado número dos a las cinco de la tarde del lunes ocho. 8日月曜日午後5時に第2法廷に出頭です. carta de ~ 召喚状
 II 【←emplazar II】 ❶ [都市・建築物・家具などの] 配備, 配置: Países Bajos aceptaron el ~ de misiles de crucero. オランダは巡航ミサイルの[自国への] 配備を認めた. ❷ [都市・建築物・家具などの] 位置, 場所: El ~ del hotel ofrece todas las

ventajas. そのホテルは立地が良い. ～ arqueológico 遺跡. ❸《軍事》[ミサイル・レーダーなどの] 施設

emplazar [emplaθár] **I**〖←en- I+plazo〗[9] [他] ❶《文語》[会うために] 呼び出す, 出向かせる: El presentador *emplazó* al invitado a continuar su conversación en un próximo programa. 司会者は次回の番組で話の続きをするようゲストを招いた. ❷《法律》召喚する, 出頭を命じる: Fue *emplazado* a comparecer ante el juez en el plazo de ocho días. 彼は1週間以内に裁判所に出頭するよう命じられた. ❸《狩猟》[猟師が山を] 探る, 調べる

II〖←en- I+plaza〗[9] [他] ❶[建築物・家具などを] 配備する, 配置する: Los antiguos *emplazaron* los castillos en lugares altos. 古代人は城を高い場所に置いた. ❷《考古》位置を特定する

―― **～se** [集落などが] …にある

emplea [empléa] [女]《古語》購入するのに現金が用いられる商品

empleado, da [empleáđo, đa]〖←emplear〗[名] ❶ 従業員, 職員, 社員〖→trabajador [類義]〗; 被雇用者: empresa de doscientos ～*s* 従業員200名の企業. ～ bancario/～ de banco 銀行員. ～ de aduanas 税関職員. ～ de estación 駅員. ～ de gasolinera ガソリンスタンドの従業員. ～ público 公務員〖=funcionario〗. ～ del Estado 国家公務員. ❷ 召使い, 使用人〖=～ de hogar〗

―― [女]《メキシコ, パナマ, キューバ, ペルー, チリ, アルゼンチン, ウルグアイ》家政婦, メード〖=～*da* doméstica, ～*da* de servicio〗: ～*da* con cama《ウルグアイ》住み込みの家政婦

empleador, ra [empleađór, ra] [形] 雇用する

―― [名]《主に中南米》雇用者, 雇い主

emplear [empleár]〖←古仏語 empleiier < ラテン語 implicare「占める」〗[他] ❶ [+para のために/+en に] 使う, 用いる〖[類義] **emplear** は主に使う対象を消耗するが, **usar** は消耗しない〗: Empleamos cien gramos de azúcar *en* la confección de pasteles. 私たちはケーキを作るのに砂糖を100グラム使う. Puedes ～ cualquier zumo de fruta. どの果汁を使ってもいいよ. ～ una herramienta 工具を使う. ～ malas artes *para* ganar un partido 試合に勝つために汚い手を使う. palabra bien *empleada* 適切な言葉. ❷ [時間・金を] かける, 消費する: *Empleo* los fines de semana *para* estudiar. 私は週末は勉強に使う. *Emplea* bien el tiempo. 彼は時間の使い方が上手だ. ～ mucho tiempo *en* la búsqueda 捜すのに長時間をかける. tiempo mal *empleado* むだに費やした時間. ❸ [+como・de として] 雇う, 雇い入れる; 従業員にする: *Emplea* a su sobrina *como* secretaria. 彼は姪を秘書として使っている. ❹ [人を, +para に] 働かせる, 使う. ❺ 就職させる, 働き口を見つけてやる

dar... por bien empleado [良くないことに]〔自己〕満足する, 良しとする, 是認する

estar bien empleado a+人 [論評・不平に対して] …にとって自業自得である, 当然の報いである: ¡Le *está bien empleado*! 彼はいい気味だ!

―― **～se** ❶ 使われる: En estas ciudades *se emplea* gas natural. これらの町では天然ガスが使われている. En la antigua Grecia *se empleaban* los relojes de agua. 古代ギリシアでは水時計が使われた. ❷《文語》[+de・como の] 仕事につく, 就職する, 雇われる: *Se ha empleado de* chófer. 彼はお抱え運転手として雇われた. ❸ [+en に] 力を尽くす, 努力する. ❹《闘牛》[牛が] 激しく突進する. ❺《中南米》職を得る

emplebeyecer [empleƀejeθér] [39] [他] 低俗化させる

empleita [empléi̯ta] [女] =**pleita**

empleitero, ra [emplei̯téro, ra] [名] 組み紐細工の職人(販売者)

emplenta [emplénta] [女]《建築》[型枠の大きさによって決まる] 一回に作られる土壁の部分

empleo [empléo]〖←emplear〗[男] ❶ 職, 勤め口, 仕事〖→profesión [類義]〗: Tal vez obtenga un buen ～. たぶん彼はいい勤め口を見つけるだろう. buscar un ～ 職を捜す. conseguir ～ 職を得る. perder su ～ 職を失う, 失業する. tener un buen ～ いい職についている. jóvenes sin ～ 失業中の若者たち. ❷ 雇用, 雇うこと: contrato de ～ 雇用契約. creación de〔nuevos〕～*s* 雇用の創出. ❸ 使用〖行為〗: Hace buen ～ del dinero. 彼は金の使い方が上手だ. ～ de las armas 武器の使用. ～ de las palabras 語の用い方. ❹《軍事》階級: promover al ～ de general 将軍に昇進させる

empleomanía [empleomanía] [女]《古語的. 戯語》公務員志望熱

emplomado [emplomáđo] [男] ❶ [集名] 屋根ぶき用の鉛板; [窓ガラスの] 鉛枠. ❷ [屋根の] 鉛板ぶき

emplomador, ra [emplomađór, ra] [名] 鉛板職人

emplomadura [emplomađúra] [女] ❶ 鉛張り〖行為, 結果〗. ❷ [張られた] 鉛片. ❸《アルゼンチン, ウルグアイ》アマルガム

emplomar [emplomár] [他] ❶ [主に装飾のために] 鉛で覆う; [屋根を] 鉛でふく; [窓に] 鉛枠をつける: ～ los cristales 窓ガラスを鉛枠で固定する. ❷ 鉛で封印する. ❸《アルゼンチン, ウルグアイ》[虫歯に] アマルガム(セメント)を詰める

emplumamiento [emplumamjénto] [男] 羽根での飾り付け; 矢羽根を付けること

emplumar [emplumár]〖←en- I+pluma〗[他] ❶ [主に飾りとして, 人・物に] 羽根を付ける: ～ un sombrero 帽子に羽根飾りを付ける. ～ una saeta 矢羽根を付ける. ❷《西. 口語》罰する, 制裁を加える; 捕まえる: Lo *emplumaron* por un atraco a mano armada. 彼は武装強盗の罪で罰せられた. ❸《古語》[罰として, 人の体に粘着性のあるものを塗り] 羽根をまぶす. ❹《グアテマラ, キューバ》だます. ❺《ベネズエラ, エクアドル》[人を] 懲罰施設に送る

que* (*así*) *a*+人 *emplumen《口語》[軽蔑・無関心] …なんてどうとでもなれ

―― [自] ❶ [鳥に] 羽根が生える. ❷《プエルトリコ, エクアドル, コロンビア, チリ》逃げる

emplumecer [emplumeθér] [39] [自] [鳥に] 羽根が生える

empobrecedor, ra [empoƀreθeđór, ra] [形]《主に比喩》貧しくする: La falta de interés por aprender cosas nuevas es ～ para el espíritu. 新しいことを学ぶ意欲がないのは精神を貧困にする

empobrecer [empoƀreθér]〖←en- I+pobre〗[39] [他] ❶ 貧しくする; 粗末なものにする, 虚弱にする: La guerra *empobreció* al campesinado. 戦争で農民は貧しくなった. La falta de libertad *empobrece* la cultura del país. 自由がなくなると, その国の文化はすたれる. ❷ [土地などを] やせさせる, 不毛にする

―― **～se** ❶ 貧しくなる, 貧乏になる. ❷ [土地などが] やせる, 不毛になる

―― [男]《経済》～ al vecino 近隣窮乏化〔政策〕

empobrecimiento [empoƀreθimjénto] [男] 貧困化, 窮乏化

empochar [empotʃár] **～se**《地方語》腐りかける

empochecer [empotʃeθér] [39] [他]《まれ》腐りかけさせる

―― **～se** 腐りかける

empodrecer [empođreθér] [39] [自]・**～se** 腐る, 朽ちる

empollación [empoʎaθjɔ́n] [女]《西. 口語》❶ 猛勉強. ❷ 精通, 熟知

empollado, da [empoʎáđo, đa] [形]《西. 口語》[estar+. +en に] 精通している, よく知っている: Está ～ *en* la historia del país. 彼はこの国の歴史に詳しい

empolladura [empoʎađúra] [女] ❶ [卵を] 抱くこと, 抱卵. ❷ ミツバチの幼虫

empollar [empoʎár]〖←en- I+pollo〗[他] ❶《西. 口語》[主に試験直前に] 猛勉強する, 丸暗記する: ～ matemáticas 一夜漬けで数学の勉強をする. ❷ [親鳥が卵を] 抱く

―― [自] ❶《西. 口語》猛勉強する: Tengo que ～ para el examen del lunes. 私は月曜日の試験に向けて猛勉強しなくてはならない. ❷ [ミツバチが] 卵から孵化する

―― **～se** ❶《西. 口語》…を猛勉強する, 丸暗記する: Traté de ～*se* la enciclopedia entera. 私は百科事典一冊丸暗記しようとした. ❷ [卵が] 孵化する. ❸《サラマンカ》水ぶくれができる〖=ampollarse〗

empollinar [empoʎinár] [自]・**～se**《地方語》[少年・少女が] 育つ, 大きくなる

empollón, na [empoʎɔ́n, na]〖←empollar〗[形] [名]《西. 軽蔑》ガリ勉をする〔人〕, ガリ勉家

empoltronecer [empɔltroneθér] [39] **～se**《まれ》=**apoltronarse**

empolvado, da [empɔlƀáđo, đa] [形]《メキシコ》[人が] 技術的に時代遅れの

empolvar [empɔlƀár]〖←en- I+polvo〗[他] ❶《化粧》おしろいをはたく. ❷ ほこりだらけにする: El paso de tantos camiones *empolva* los cristales. トラックがたくさん通るので窓ガラスがほこりまみれになる

―― **～se** ❶ [自分に] おしろい(パウダー)をつける: *Se empol-*

E

empolvorizar [empolβoriθár] 他 =**empolvar**
emponchado, da [empontʃáðo, ða] 形 名 ❶《中南米》ポンチョを着た[人]。❷《アンデス、アルゼンチン、ウルグアイ》容疑者[の]。❸《アルゼンチン．口語》厚着した
emponchar [empontʃár] ~**se**《主に中南米》ポンチョを着る
emponzoñado, da [empoṉθoɲáðo, ða] 形 毒入りの
emponzoñador, ra [empoṉθoɲaðór, ra] 形 名 ❶ 毒を盛る[人]、毒殺者。❷ 有害な、害を及ぼす
emponzoñamiento [empoṉθoɲamjénto] 男 ❶ 毒を盛ること、毒殺。❷ 服毒自殺
emponzoñar [empoṉθoɲár]《←en-I+ponzoña》他 ❶ …に毒を盛る(入れる)：~ la bebida con cianuro シアン化物を飲み物に入れる。❷ 毒殺する：La bruja *emponzoñó* a la princesa haciéndole comer una manzana. 魔女は王女にリンゴを食べさせ毒殺した。❸［関係・状況などを］悪化させる、害を及ぼす：Los residuos de las industrias *emponzoñan* el medio ambiente. 産業廃棄物が環境を汚染する。~ la amistad 友情にひびを入れる。~ la directiva mediante soborno わいろで幹部を腐敗させる
── ~**se** ❶ 服毒自殺する。❷ 有害になる：El agua de la fuente *se ha emponzoñado*. 泉の水は汚染された
empopada [empopáða] 女《船舶》追い風を受けての航行
empopar [empopár] 自 ❶《船舶》船尾が深く沈む。❷ =~**se**
── 他《船舶》［風・潮流に］船尾を向ける
── ~**se**《船舶》［風・潮流の方に］船尾を向ける：El velero *se empopó* a la corriente. ヨットは流れに乗った
emporcar [emporkár]《←en-I+ラテン語 porcus「豚」》[7] [28]《↑**trocar**》他 汚す、汚くする：~ toda la cocina キッチン中を汚す
── ~**se** ❶ 汚れる。❷［自分の体を］汚す：*Se emporcó* los pies al pisar el barro. 彼は泥を踏んで足が汚れた
emporio [empórjo]《←ラテン語 emporium < ギリシア語 emporion「市場」》男 ❶［豊かな］商業都市、貿易の中心地。❷ 文化(芸術)の中心地：Atenas fue el ~ cultural de la Antigüedad. アテネは古代の文化的中心地だった。❸ 産業部門(の企業群)：dirigir un ~ petrolífero 石油業界をリードする。❹《中南米》高級な］百貨店
emporitano, na [emporitáno, na] 形 名《歴史、地名》エンポリオン Emporion の[人]《ギリシア時代の町．現在，カタルーニャ州のアンプリアス Ampurias》
emporium [empórjun] 男《歴史》[外国に設けられた] 商館
emporrar [emporrár] ~**se**《西．俗語》❶ マリファナ porro でラリる。❷ 勃起する
empotar [empotár] ~**se**《チリ．口語》[+con+人 に] ほれ込む
empotrador [empotraðór] 男《登山》ナッツ
empotramiento [empotramjénto] 男 はめ込み、作り付け、ビルトイン
empotrar [empotrár]《←potro》他 ❶［+en 壁・床などに］はめこむ、作り付ける：armario *empotrado* 作り付けのたんす．lámpara *empotrada* en el techo 天井埋め込み型の電球。❷［衝突して］へこませる、ぶつける。❸《養蜂》[蜂の巣を] 分封用の穴 potro に入れる
── ~**se**［衝突によって］めり込む、ぶつかる：Un camión *se empotró* contra viviendas. トラックが住宅に突っ込んだ
empotre [empótre] 男《地方語》[酒蔵の壺を置く] 石(コンクリート)製の台
empotrerar [empotrerár] 他《中南米》[馬を] 牧場に入れる
empozar [empoθár] [9] 他 ❶ 井戸に入れる、井戸に投げ込む：~ un cubo バケツを井戸に投げ込む。❷［麻・亜麻を柔らかくするため］水槽に浸す
── 自 水になる、池になる
── ~**se** ❶《口語》[手続きが] 滞る、放置される：Tu expediente de separación *se ha empozado*. 君の離婚請求は棚上げされた。❷《南米》水たまりができる
empradizar [empraðiθár] [9] 他［土地を］牧場に変える
emprendedor, ra [emprendeðór, ra]《←emprender》形 名 ❶ 果敢な、積極的な[人]、進取の気性に富んだ[人]：Es un joven muy ~ y llegará lejos en la vida. 彼はやる気のある若者で、出世するだろう。~ra actitud 前向きな姿勢。❷ 起業家、アントレプレナー、事業家
emprender [emprendér]《←ラテン語 en-I+prender》他［主に難

事に］取りかかる、着手する、企てる：*Emprendieron* la ascención a la cumbre. 彼らは頂上への登りに取りかかった。~ un viaje al país muy lejano はるか遠い国へ旅立つ。~ la salida (el regreso・la marcha) 出発する。~ el regreso 戻る。~ un negocio 商売を始める
~*la* 1) [+a+手段 で、+con+人 に] 襲いかかる、攻撃する：Ella *la emprendió a* bofetada *con* el guardia. 彼女はガードマンに平手打ちを食らわせた。Sacó la pistola y *la emprendió a* tiros. 彼はピストルを取り出しぶっ放した。2) 敵対する、逆らう：Estaba de mal humor y *la emprendió con*migo. 彼女は不機嫌で私に当たり散らした。3) [+para+場所 へ] 向かう、…に向かって出発する
emprendimiento [emprendimjénto] 男 取りかかること、着手
empreñador, ra [empreɲaðór, ra] 形《地方語》不快な、嫌な気分にさせる：~*ra* presencia 不快な存在
empreñar [empreɲár]《←ラテン語 impraegnāre》他 ❶ 満たす、ふくらます。❷ 妊娠させる。❸《地方語》うんざりさせる、不快にさせる
── 自 妊娠する
── ~**se** ❶ 妊娠する、はらむ。❷《地方語》うんざりする、不快になる
empresa [emprésa]《←emprender》女 ❶ 企業、会社：1) El informe revela que un total de 40 ~s familiares que forman parte de ese grupo son de las primeras 100 firmas del país. 報告によると、その国の最大手100社のうち40社がそのグループに所属する企業だということだ。~ de transporte 運送会社。~ de trabajo temporal 人材派遣会社．gran (mediana・pequeña) ~ 大(中・小)企業．pequeñas y medianas ~s 中小企業。~ particular (privada) 民間企業．~ pública 公共企業体、公営企業。~ mixta [政府と民間の共同出資による] 公私合同企業、第三セクター；[旧ソ連などの市場経済への移行過程で見られる] 公私混合企業。2)《労働》~ con todos sus trabajadores sindicados クローズドショップ。~ con trabajadores sindicados o no オープンショップ。~ que contrata trabajadores que, transcurrido cierto tiempo, han de sindicarse ユニオンショップ。❷ 経営陣：La ~ lamenta que ~接続法 経営陣は…を遺憾に(申し訳なく)思います。❸ 企て、事業：intentar una difícil ~ 難事業を企てる。~s de la India《歴史》インディアス事業《新大陸先住民のキリスト教化を目的としたが、内実は先住民の富を収奪、搾取することにも重点があった》。❹ 標語、モットー；《文語》［盾などの］紋様、銘句
empresariado [empresarjáðo] 男 《集合》企業家、経営者、雇用者、事業者。❷ 企業連合
empresarial [empresarjál]《←empresa》形 ❶ 企業の、経営の：actividad ~ 企業活動．sector ~ 民間企業、私企業部門。❷ 企業家の、経営者の：capacidad ~ 経営能力．espíritu ~ 企業家精神
── 男 複 実務研修《=estudios ~*es*》
── 女 複 経営学《=ciencias ~*es*》
empresarialmente [empresarjálménte] 副 経営上、企業的見地から
empresario, ria [empresárjo, rja]《←empresa》名 ❶ 企業家、企業主、事業者、経営者、雇用主：¿Cómo se pasó de ama de casa a ~*ria*? 彼女はどのようにして主婦から経営者になったのか？❷［芝居などの］興業主、興行元
emprestar [emprestár] 他《まれ》❶ 貸す《=prestar》。❷ 借りる
empréstito [emprésto]《←emprestar「貸す」《伊語 emprestito の影響》》男 ❶ 公債《=~ público》；国債；社債：Esta empresa recurre al ~ como medio para abordar su plan de inversiones. この企業は投資計画推進に社債を利用している。~s del Estado 政府公債。❷ ローン、貸し付け、融資、借款；貸付金：hacer un ~ 貸し付ける
empresto, ta [emprésto, ta]《古語》emprestar の不規則な過分
empretecer [empreteθér] [39] 他《エクアドル》黒くする
── ~**se**《エクアドル》黒くなる
emprima [emprima] 女《まれ》初物(ﾊﾂﾓﾉ)《=primicia》
emprimado [emprimáðo]《羊毛の》二度梳き
emprimar [emprimár] 他 ❶《繊維》[羊毛を] 二度梳(ｽ)きする。❷《口語》[未経験・無知につけこんで] だます、たかる：Le *emprimaron* haciéndole pagar todas las rondas. 彼はだまされて飲み代を全部払わされた。❸ 下塗りする《=imprimar》

empringar [empriŋgár] 他《地方語》脂(油)で汚す〖=pringar〗

emproar [emproár] 自《まれ》向ける

empuchar [emputʃár] 他〖糸を日光に当てて漂白する前に〗灰汁(ॐ)に漬ける

empuercar [empwerkár] 他《コロンビア,アルゼンチン》=emporcar

empuesta [empwésta] *de* ~《鷹狩り》鳥が通り過ぎた後で

empujada [empuxáða] 女《グアテマラ,ベネズエラ,アルゼンチン,ウルグアイ》=empujón

empujador, ra [empuxaðór, ra] 形 名 押す〔人〕
—— 男 〖内燃機関の〗押し棒

empujar [empuxár]〖←?俗ラテン語 impulsare〗他 ❶ 押す,押しやる《⇔tirar》; 突く: Se me acerca *empujando* a la gente. 彼は人を押し分けながら私に接近する. ~ a+人 fuera de la casa …を家の外に押し出す. ~ una cama contra la pared ベッドを壁際に押しやる. ~ con el codo ひじでつつく(押しのける). ~ una bicicleta 自転車を押す. ~ la silla de ruedas 車椅子を押す. ~ la puerta ドアを押す. E~〖ドアの表示〗押す. 〖+a+不定詞・que+接続法 するように〗圧力をかける,強要する,かり立てる: Precisamente ella fue la que me animó y *empujó a* hacer mi trabajo. 私を励まし仕事をするように強く勧めたのは他でもない彼女だった. La necesidad le *ha empujado a* robar. 彼は食べるのに困って盗みを働いた. Mis padres *me empujan a que* me case con él. 両親は彼と結婚するよう私にやかましく言う. ❸〖地位から〗追い出す,解任する: Le *empujaron de* la presidencia. 彼は社長の椅子を追われた
—— 自 ❶ 伸びる,成長する,発展する,向上する: Los jóvenes vienen *empujando* en la selección de tenis. テニスの選抜チームで若者たちが成長している. ❷ がんばる,努力する. ❸《隠語》〖男が〗姦淫する

empuje [empúxe]〖←empujar〗男 ❶ 押すこと; 押し力,圧力: 1) dar un ~ a las paredes 壁にかかる天井の重み. 2)《比喩》dar un ~ a las exportaciones 輸出を押し上げる. ❷ 気力,行動力,決断力; 影響力,後押し,コネ: con mucho ~ 威勢よく. persona de ~ 行動力のある人; 有力者. ❸《物理,航空》推力. ~ hidrostático 流体静力学的推力. ~ inverso 逆推力〔装置〕. ❹《スポーツ》プッシング

empujón [empuxón]〖←ラテン語 impulsio, -onis〗男 ❶ 強く〕押すこと; 突き: dar un ~ a+人 人を突きとばす. ❷〖急速な〗推進,進捗: dar un ~ a un proyecto 計画を押し進める
a empujones 1) 人を押しのけて,荒々しく: Se abrió paso *a empujones* entre la gente. 彼は人を押しのけて進路を切り開いた. Le echamos a la calle *a empujones*. 私たちは彼を無理やり通りに押し出した. 2) とぎれとぎれに,中断しながら: Se está haciendo la obra *a empujones*. 工事は手間取っている
de un ~ 一気に

empulgadera [empulgaðéra] 女 弓筈〖=empulguera〗

empulgadura [empulgaðúra] 女 弓筈に矢をつがえること

empulgar [empulgár] 8 他〖弩(ॐ)に〗矢をつがえる

empulguera [empulɣéra] 女 ❶ 〖弩の〗弓筈(ॐ). ❷《鷹狩り》タカ・ハヤブサなどに足緒をつけておく止め具. ❸ 覆 複数 親指締め《昔の拷問道具》
apretar las ~s a+人 …を追いつめる,締めつける

empuntar [empuntár] 他 ❶ 先をとがらす,先端を出す. ❷《まれ》〖=empitonar〗. ❸《サラマンカ》解雇する,追い出す. ❹《サラマンカ,コロンビア,エクアドル》導く,道を示す,進ませる,向かわせる. ❺《エルサルバドル》〖邪魔者を〗追い出す
~*las*《コロンビア》雲隠れする,姿を消す
—— 自《エクアドル,コロンビア》立ち去る
~*se* ❶ 進む,向かう. ❷《ベネズエラ》固執する

empuñador, ra [empuɲaðór, ra] 形 名 つかむ,握る

empuñadura [empuɲaðúra]〖←empuñar〗女 ❶ 〖杖・傘・オールなどの〗柄(?),握り,取っ手,グリップ; 〖剣などの〗つか: asir el arma por la ~ 武器の柄をつかむ. ❷〖昔話・挨拶などの出だしの〗決まり文句,定型文 Érase que se era/Érase una vez que ~
hasta la ~ 〖議論などで〗急所を突いて,とどめに

empuñar [empuɲár]〖←en-I+puño〗他 ❶〖武器・杖などの柄・つかを〗つかむ,握る; 振りかざす: El domador *empuñó* el látigo. 調教師は鞭をつかんだ. ~ un arma blanca 剣(槍)を握る. ❷〖地位に〗就く: *Empuñó* aquel puesto durante veinte años. 彼はその地位を20年間握っていた. ❷《チリ》 ~ la mano こぶしを握る

empuñidura [empuɲiðúra] 女《船舶》耳索(ॐ), イヤリング

empurar [empurár] 他《隠語》罰する,制裁する: El sargento *empuró* al soldado por ir mal afeitado. きちんとひげを剃っていなかったので軍曹はその兵士を罰した

empurpurado, da [empurpuráðo, ða] 形 赤紫色の服を着た; 赤紫色の

empurpurar [empurpurár] 他《文語》赤紫色に染める
—— ~*se* 赤くなる

empurrar [empuřár] ~*se* ❶《中米》〖子供が〗かんしゃくを起こす. ❷《パラグアイ》性交する

emputar [emputár]《メキシコ, エクアドル, ボリビア. 俗語》怒らせる
—— ~*se*《メキシコ, エクアドル, ボリビア. 俗語》怒る: Se *emputó* porque le gastamos una broma pesada. 僕たちが悪ふざけをしたので彼は怒った

empute [empúte] 男《メキシコ, エクアドル, ボリビア. 俗語》怒り: cogerse un ~ 腹を立てる. sentir un gran ~ ひどく頭に来る

emputecedor, ra [emputeθeðór, ra] 形《卑語》娼婦にする

emputecer [emputeθér] 39 他《卑語》❶ うんざりさせる: El profesor lleva todo el año *emputeciéndo*nos. 僕たちはあの先生には1年間聞かされている. ❷ 娼婦にする
—— ~*se* ❶ 売春をする,娼婦になる. ❷ 悪化する,衰退する: El mercado laboral *se ha emputecido*. 労働市場はひどい状況になった

emputecimiento [emputeθimjénto] 男《卑語》❶ 娼婦になること. ❷ 悪化,衰退,だめになること

emú [emú] 男〖覆 ~es〗《鳥》エミュ

emulación [emulaθjón]〖←emular〗女 ❶《文語》ライバル意識,競争心: estimular la ~ entre los alumnos 生徒たちの競争心をあおる. no sentir ~ 張り合う気がしない. ❷《情報》エミュレーション

emulador, ra [emulaðór, ra] 形 名 ❶《文語》同じことをする〔人〕, 真似る〔人〕. ❷《文語》競争の. ❸《情報》エミュレーションの
—— 男《情報》エミュレータ; エミュレーションプログラム

emular [emulár]〖←ラテン語 aemulari〗他 ❶《文語》〖張り合って, +a+人 と〗同じことをする, 見習う; 〖+事 を〗同じくらい上手にする, 競う: intentar ~ a su padre 父親に張り合おうとする. ~ las proezas de su predecesor 前任者の功績に肩を並べる. ❷《情報》エミュレートする
—— ~*se*《文語》〖+con と〗張り合う: Intentaba ~*se con el* ilustre poeta. 彼は大詩人に負けまいとしてきた

emulativo, va [emulatíβo, βa] 形 張り合う, 競う

emulgente [emulxénte] 形《解剖》arteria (vena) ~ 腎動脈(静脈)

émulo, la [émulo, la]〖←ラテン語 aemulus〗形 名《文語》〖+de に〗負けまいとする〔人〕, 負けず嫌いの〔人〕; いい所を見習う〔人〕, 模倣者, 亜流: Sin tener características del dictador, hacía de ~ suyo. 彼は独裁者のいわば亜流だった. ~ en sabiduría 知識にかけての好敵手

emulsificador [emulsifikaðór] 男《生化》乳化機

emulsina [emulsína] 女《生化》エムルシン

emulsión [emulsjón] 女 ❶《化学》乳濁液, 乳状液. ❷《写真》感光乳剤〖= ~ fotográfica〗. ❸《薬学》乳液, 乳剤

emulsionador, ra [emulsjonaðór, ra] 形 乳化する
—— 男 乳化器
—— 女 乳化機

emulsionante [emulsjonánte] 形《化学》乳化する; 乳化剤, 乳剤

emulsionar [emulsjonár] 他 ❶ 乳化する, 乳状にする. ❷《写真》感光乳剤を塗る. ❸《文語》混合する

emulsivo, va [emulsíβo, βa] 形 ❶ 乳化性の, 乳化促進の. ❷《化学》乳剤の

emulsoide [emulsóiðe] 男《化学》乳濁質

emulsor, ra [emulsór, ra] 形《化学》乳化する; 乳化器

emunción [emunθjón] 女《薬学, 生理》排出, 排泄

emuntorio, ria [emuntórjo, rja] 形 男《生理》排出器官〔の〕, 排出の

en [en]〖←ラテン語 in〗前〖広い範囲・狭い場所とその内部〗❶ 〖空間〗1)〖内部〗…の中に・で, …に, …で: Si hay héroes *en* el mundo, tú eres uno de ellos. この世に英雄がいるとしたら, 君はその一人だ. *En* Madrid compré unos zapatos muy bonitos. マドリードで私はすばらしい靴を買った. Ahora mi padre está *en* casa. 今父は家にいる. La cartera está *en* el cajón. 財布は引き出しの中にある. 2) ［移動・感覚の動詞と共に］…の中に: Metí la chaqueta *en* el ropero. 私は上着を洋服ダンスに入れた. Se metió *en* el agua. 彼は水に浸かった. Un ladrón entró *en* la casa de mi vecino. 泥棒が私の近所の家に入った. Veo el miedo *en* sus ojos. 私は彼の目の中に恐怖を見た. Sintió pesadez *en* la cabeza. 彼は頭が重かった. 3) ［表面］…の上に, …の上部へ【↔*encima*】[類義] Hay un montón de libros *en* la mesa. 机の上には本の山ができている. Cuelgan *en* la pared dos tapices. 壁には2枚のタピスリーが掛かっている. Se ve una mancha *en* el techo. 天井にしみが見える. Siéntese *en* el sofá. ソファにお掛け下さい. Hay que evitar dormir *en* la tierra descubierta. 直接地面の上に寝るのは避けなければならない. La cazuela está *en* el fuego. 土鍋が火に掛かっている. 4) ［立体空間の中］…の中に: He notado las partículas de polvo que flotan *en* el aire. 私はほこりの粒子が空中に浮かんでいるのに気づいた. *En* el acuario hay peces tropicales. 水槽には熱帯魚がいる. 5) ［体の部位］…に, …に対して: Se puso una tirita *en* la mano. 彼は手に絆創膏を貼った. Ella me dio un sonoro beso *en* la mejilla. 彼女は私の頬にブチュッとキスをした. 6) ［地点］…のところで: La vi *en* la puerta del banco. 私は銀行の入口で彼女に会った. Le adelanté *en* el kilómetro cuarenta. 私は40キロ地点で彼を追い抜いた. 7) ［内部］…の中を: Miró *en* la habitación de los niños, pero no los vio. 彼女は子供部屋の中を見たが, 彼らはいなかった. 8) ［方向］…の中へ: El tren está entrando *en* la estación. 列車が駅に入ってくる.

❷ ［時間］ 1) ［+年・季節・月・日など］…に: Mi abuelo nació *en* el siglo XIX. 私の祖父は19世紀に産まれた. *En* [el] 1085 Alfonso VI conquistó Toledo. アルフォンソ6世は1085年にトレドを征服した. *En* verano hace mucho calor. 夏はとても暑い. *En* septiembre empieza la escuela. 9月に学校が始まる. *En* los días claros se pueden ver las montañas de Sierra Nevada. 晴れた日にはシエラ・ネバダの山々を見ることができる. *En* aquellos tiempos siempre era fiesta. あのころは毎日がお祭りだった. *En* su juventud, viajó mucho. 彼は若いころたくさん旅をした. *En* el momento menos pensado va a decirnos que se marcha. 思いもかけない時に彼は帰ると言い出すだろう. [語法] 1) 年号は *en* [*el*] 872 [*el*] 872年に, *en* [*el*] 2015 [2015年に] のように冠詞をつけてもよいが, 上2桁を省略した場合は冠詞をつける: *en el* 98 [1998年に]. 2) 時の名詞は冠詞・指示形容詞・不定冠詞などを伴うと, なしで, そのまま副詞的に使われることが多い: El 11 *de* marzo sucedió un fuerte terremoto. 3月11日強い地震が起きた. Mi madre está de cumpleaños *esta semana*. 私の母は今週誕生日だ. El mes próximo, ¿por qué no vamos a algunas playas? 来月どこか海に行かないか? El otro día entré *en* ese museo por primera vez. 先日私は初めてその美術館に入った. 2) ［現在・過去・未来］…の時に, …において: ¿Qué piensas hacer *en* el futuro? 君は将来どうするつもりか? *en* el pasado 過去に. *en* el presente 現在に. 3) ［所要時間・必要な期間］…かかって, …で, …後に: El AVE te lleva a Sevilla *en* dos horas y media. 高速鉄道なら2時間半でセビーリャに着くよ. Lo estudiaré *en* los próximos días. ここ数日のうちにそれを調べておこう. Se vistió *en* cinco minutos. 彼は5分で服を着た. Pintó la verja *en* un par de horas. 彼は2時間かけて柵にペンキを塗った. Ella corre los 100 metros *en* 11.10. 彼女は100メートルを11秒10で走る. Roma no se hizo *en* un día. [諺] ローマは一日にして成らず. [類義] 未来のことを言う場合, *en* と *dentro de* のどちらも使われる. 1) *en* よりも *dentro de* の「…後に」の方が期限の時点をより厳密に表わすことができる: Te llamaré *en* ocho días. 1週間のうちに君に電話するよ. Te llamaré *dentro de* ocho días. 1週間たったら君に電話するよ. 2) *en* と異なり *dentro de* は未来のことにしか使わない. 3) *en* は「始まりの時間と終わりの時間」にあいまいさが残るので, 特に発話時との関係を明確にするためには *en*+時間の単位+*más* とすることがある: ¿Y cuándo vuelves? — *En* quince días *más*. もう戻るの? — 今から2週間くらいで? 4) ［継続期間］…の間: *En* las dos horas que lleva aquí no ha dicho una palabra. ここに来た2時間彼は一言もしゃべらなかった. El dolor puede pasar *en* unos días, *en* semanas, *en* meses, depende de cada cual. 痛みは人によって数日, 数週間, あるいは何か月も続くかもしれない. No lo he visto *en* toda la tarde. 私は午後中ずっと彼を見ていない. *En* la mañana hago ejercicios de esquí. 私は午前中スキーの練習をする. Mi padre tomó dos decisiones que habrían de influir *en* el resto de mi vida. 父は私の残りの人生に影響するかもしれない2つの決定をした. 5) 《中南米》=*por*: *en* la mañana 午前中に. *en* la noche 夜に. ❸ ［機会・状況］…において, …で: ¿Qué debo hacer *en* este caso? この場合はどうすべきか? La prueba del ADN ha servido para exculpar *en* muchos casos. DNA鑑定は多くの場合無実を証明するのに役立った. *En* la segunda ocasión, perderá sus beneficios. 2度目は利益を失うだろう. ❹ ［様態］[語法] +無冠詞名詞. ただし特定化されれば +定冠詞: Iremos *en* el coche de mi hermano. 兄の車で行こう! 1) ［一時的な］状態, 配置］…[の状態］で, …中の: Ella contestó *en* voz quebrada. 彼女は震え声で返事した. Todo estaba *en* orden. 準備は整っていた. La autopista *en* construcción unirá las dos ciudades. 建設中の高速道路は2つの都市を結ぶことになるだろう. Las personas *en* lista de espera podrán embarcar inmediatamente. キャンセル待ちリストにのっている人は今すぐ搭乗できます. hacer el edificio *en* L L字型にする. 2) ［着用］…を着て: Se apareció *en* traje de peregrino. 彼は巡礼姿で現れた. En la playa comimos *en* bañador. 私たちは浜辺で水着で食事した. 3) ［手段・方法］…で: No sé todavía si me marcharé *en* tren o *en* avión. 私は鉄道で行くか飛行機にするかまだ分からない. Ese libro está *en* francés. その本はフランス語で書かれている. El nombre del autor debe ir *en* redondo, y el título, *en* cursiva. 著者名はロマン体で, 書名はイタリック体で記すこと. 4) ［形式・フォーマット］: La película está rodada *en* 16 milímetros. 映画は16ミリで撮影されている. ❺ ［原因・理由・動機］La conozco *en* su taconeo al andar. 歩いている靴の音で彼女だと分かる. Se te nota el catarro *en* la voz. 私は君の声で風邪を引いているなと分かる. ❻ ［形容詞・名詞+］［物質・材料・素材］…に関して, …で: Las frutas son ricas *en* vitamina C. 果物はビタミンCが豊富だ. Yo huice encuadernar el libro *en* piel. 私はその本を革で装丁してもらった. zona abundante *en* recursos minerales 鉱物資源の豊富な地域. 2) ［分野・領域］…において, …における, …で: Es muy cariñosa *en* el trato. 彼女は他人に対して非常に優しい. Tiene amplia experiencia *en* diplomacia. 彼女は外交経験が豊富だ. Logró el oro *en* barra fija. 彼女は鉄棒で金メダルを取った. ❼ ［価格］ 1) …の値段で: Compré este cuadro *en* mil euros. 私はこの絵を1000ユーロで買った. Las manzanas están *en* 2 euros/kilo. リンゴはキロ2ユーロだ. 2) …の価格相当の: Fue detenido por el hurto de ropa valorada *en* dos mil euros. 彼は2千ユーロ相当の衣類を盗んだかどで逮捕された. La banda robó un millón de euro *en* joyas. 一味は100万ユーロ相当の宝石を盗んだ. Debían pagar su impuesto *en* trabajo. 彼らは税金を労働で納めなければならなかった. ❽ ［割合の増分・減少］…だけ: Los precios aumentaron *en* un tres por ciento. 物価は3%上昇した. Disminuirán la ayuda monetaria *en* un dos por ciento. 資金援助は2%減少するだろう. ❾ ［判断の基準］…に関して, …で: ¿Cuál es la tercera ciudad de España *en* número de habitantes? 人口でスペイン第3位の都市はどこですか? Es una persona prudente *en* su manera de hablar. 彼は話し方からすて慎重な方だ. El rival nos ha superado *en* todo. 相手はすべてにおいて私たちより優っていた. ❿ ［変化とその結果］…に: El prestidigitador cambió la flor *en* una paloma. 手品師は花を鳩に変えた. Pintamos el cuarto *en* azul. 私たちは部屋を青色に塗った. Se convirtió *en* otra persona. 彼は別人になりました. cortar una manzana *en* dos リンゴを2つに切る. ⓫ ［+名詞・形容詞. 慣用句を作る］*en* cambio それに引き換え, その代わり. *en* efecto 実際. *en* suma つまり, 要するに. *en* vez de... …の代わりに, …どころか. *en* por general 一般的に【=*generalmente*】. ⓬ ［+不定詞］ 1) ［過去の事柄・経験などの伝達］…して, …することに, …をすることに関して: Acertó *en* marcharse. 彼が帰ったのは正解だった. Mis padres tienen razón *en* no dejarme ver la tele. 両親が私にテレビを見せないはもっともだ. No entiendo por qué insistes *en* querer ir. どうして行きたくてと言い張るのか分からない. Vaciló *en* darme todo el dinero. 彼女は金を全部私に渡すのをためらった. No eres el único *en* pensar así. そう考えるのは君だけではない. 2) ［所要時間］…するのに: He tardado una hora *en* repararlo. 彼はそれを修理するのに1時間かかった. No tardará mucho *en* volver. 彼はもう直ぐ戻って来るだろう. ¿Cuánto has tardado *en* llegar? 来るの

にどれくらいの時間がかかったの? 3) [ser+定冠詞+序数+en+不定詞] …番目に…する: Magallanes fue el primero *en* dar la vuelta al mundo. 最初に世界一周をしたのはマゼランである. ⓭《西. 口語》[+現在分詞] 1) …するのと同時に, …するとすぐ; …の時から: *En* llegando, llámame. 着いたらすぐ電話してくれ. *En* apareciendo el jefe, se callan todos. 上司が姿を見せるとみんな黙る. 2) もし…なら, …という条件で: Las damas, *en* pasando de las seis u ocho arrobas, no deben ponerse pantalones. ご婦人方は体重が6ないし8アロバを超えたらパンタロンは控えた方がよい. *En* tomando tú el autocar, te acompañaré. 君がその長距離バスで行くのなら, 僕も一緒に行こう

en- 《接頭辞》〘b・p の前で em-〙 **I** 〘←ラテン語 in-〙 ❶ [中に置く] *en*volver 包む, *em*barcar 船に積む. ❷ [+名詞・形容詞. 他動詞化. …にする, …ならしめる] *en*riquecer 富ませる. ❸ [+動詞. 強意] *en*cubrir 隠す, *en*cerrar 閉じ込める
II 〘←ギリシア語 en-〙 [学術用語で, 内部] *en*céfalo 脳, *en*demia 風土病

en. 《略語》←enero 1月

-ena[1] 《接尾辞》[基数詞+. 集合数詞] doc*ena* ダース, cent*ena* 100個組

enaceitar [enaθei̯tár] [他] 油を塗る, 油を引く; 油を差す: ~ el queso de cabra para conservarlo mejor 保存をよくするため山羊乳チーズに油を塗る
—— **~se** 油だらけになる, 油で汚れる; [物が] 古くなる, 腐ったようになる

enacerar [enaθerár] [他] ❶ 鋼[のよう]にする. ❷ 硬くする, 強くする: ~ sus múslos 鋼のような筋肉に鍛える

enaciado, da [enaθjáđo, đa] [形]《古語》❶ 移り気な. ❷ 背教の, 変節した. ❸ [レコンキスタ時代に通訳・スパイをしたキリスト教徒を指して] モーロ人とつながった
—— [男] [スペイン, キリスト教王国の] 友情・利害関係からモーロ人と親交のある家臣

enaciyar [enaθijár] [他]《古語》[羊毛を] 硫酸塩で処理する

enagostar [enagostár] [他] =**angostar**

enagua [enágwa] 〘←古語 en naguas < タイノ語 nagua「スカート」〙 [女]《服飾》❶ [主に [複]] ペチコート, アンダースカート; スリップ, シュミーズ: Asoman las ~*s* por debajo de la falda. スカートの下からスリップが見えている. ❷《中米》スカート〘=falda〙

enaguachar [enagwatʃár] [他] ❶ [スープなどに] 水を入れすぎる; 水浸しにする. ❷ [飲みすぎ・果物の食べすぎで] 胃をだぶつかせる
—— **~se** [飲み過ぎ・果物の食べ過ぎで] 胃がだぶつく

enaguar [enagwár] [13] [他] 水を入れすぎる〘=enaguachar〙

enaguazar [enagwaθár] [9] [他] 水浸しにする〘=encharcar〙
—— **~se** 水浸しになる

enagüetas [enagwétas] [女] [複] [スペイン南部, アルプハラス Alpujarras 地方で男性がはく] ひだ付きの半ズボン zaragüelles の一種

enagüillas [enagwíʎas] 〘enaguas の示小語〙 [女] [複] ❶ [十字架上のキリストが着けている] 腰布. ❷ [ギリシアの男性の] ファスタネーラ; [スコットランドの男性の] 短スカート. ❸ こたつ mesa camilla の掛け布

enajenable [enaxenáble] [形] 譲渡され得る, 譲渡可能な

enajenación [enaxenaθjɔ́n] 〘←enajenar〙 [女] ❶《文語》[売却・委譲による財産・権利の] 譲渡, 移転: ~ del inmueble 不動産の譲渡. ❷《婉曲》精神異常, 精神錯乱, 心神喪失, 発狂〘=~ mental〙: sufrir una ~ transitoria 一時的に精神異常をきたす. ❸ 恍惚, 陶酔, 放心: La música clásica produce en él una ~ próxima al éxtasis. クラシックを聞くと彼は恍惚にも似た陶酔を覚える

enajenado, da [enaxenáđo, đa] [形] ❶《婉曲》[estar+] 精神に異常を来たした, 気がふれた〘=loco〙. ❷ 放心状態の, 我を忘れた: Quedé ~ de alegría. 私はうれしさに酔いしれた
—— [名]《婉曲》精神異常者: clínica de ~*s* 精神病院

enajenador, ra [enaxenađɔ́r, ra] [形] [名] ❶ うっとりさせる[人], 夢中にさせる[人]. ❷ 譲渡する; 譲渡者

enajenamiento [enaxenamjénto] [男] =**enajenación**

enajenante [enaxenánte] [形] 譲渡する

enajenar [enaxenár] 〘←ラテン語 in- (中)+alienare < alienus < alius「他の」〙 [他] ❶《文語》[財産・権利などを] 譲渡する: Enajenaron todos los terrenos de la herencia de los padres. 彼らは両親から受け継いだ土地をすべて手放した. bienes *enajenados* 譲渡財産. ❷ 我を忘れさせる, 理性をなくさせる, 逆上させる: La ira lo *enajenó* y no pudo controlarse. 怒りが爆発して彼は自分を抑えることができなかった. Ver tanto desorden *enajena* a mi mamá. こんなに散らかっているのを見ると私の母は怒り狂う. ❸ うっとりさせる, 夢中にさせる: Ella tiene una belleza que *enajena*. 彼女は人を虜にする美貌を持っている. La música los *enajena*. 音楽が彼らの心を捉える. ❹ [人心を] 離反させる; [同情などを] 失わせる: Su mal carácter le *enajena* la simpatía de la gente. 彼は性格が悪いため人々の共感を失っている. Sus errores continuados le están *enajenando* los votos de las clases medias. 失策続きで中間層票が彼から離れつつある
—— **~se** ❶ [+de を] 手放す, 失う: ~*se de* su colección コレクションを手放す. ❷ [+de と] 疎遠になる: Es un solitario; *se enajena de* toda relación humana. 彼は一匹狼であらゆる人間関係を断っている. ❸ [+con に] 有頂天になる, 酔いしれる, 夢中になる: ~*se con* el teatro 演劇に夢中になる

enálage [enálaxe] [女]《文法》[品詞・時制などの] 代替法, 転用語法〘[例] El río corre *rápido*. (形容詞 rápido の副詞への転用)/Mañana se *celebra* aquí una reunión muy importante. (動詞の現在形で未来形に転用)〙

enalapril [enalapríl] [男]《薬学》エナラプリル

enalbar [enalƀár] [他] [鉄を炉で] 白熱させる

enalbardar [enalƀarđár] [他] ❶ [馬に] 荷鞍 albarda を置く. ❷《西. 料理》1) [肉汁を逃がさないように鶏肉・魚などを] 豚の脂身で巻く. 2) [揚げ物の] 衣をつける

enalmagrado, da [enalmagráđo, đa] [形] ならず者(ろくでなし)の烙印を押された

enalmagrar [enalmagrár] [他] ❶ 代赭(たいしゃ)を塗る. ❷ [人に] 烙印(らくいん)を押す, 面目を失わせる

enaltecedor, ra [enalteθeđɔ́r, ra] [形] [名]《文語》[+de を] 賞賛する[人], 賛美する[人]: poesía ~*ra de* la patria 祖国を讃える詩

enaltecer [enalteθér] 〘←en- I+alto〙 [39] [他]《文語》❶ 賞賛する, 称揚する, 賛美する; お世辞を言う: El jefe *enalteció* a todos sus empleados. 上司は部下たちをほめたたえた. ❷ [人の] 品位を高める; 名誉となる, 面目を施す: Su altruista gesto le *enalteció*. 利他的な行為によって彼は名声を高めた. ❸ 高揚させる: Sus ironías *enaltecen* mi espíritu de lucha. 彼の皮肉が私の闘争心を高めた
—— **~se** ❶ 自分をほめる, 自画自賛する. ❷ 高い評価を受ける. ❸ 高揚する: Los ánimos *se enaltecieron* cuando vieron tan cerca la victoria. 勝利がすぐそこに見えて士気が高まった

enaltecido, da [enalteθíđo, đa] [形] 賞賛の, 賛美の

enaltecimiento [enalteθimjénto] [男] ❶ 賞賛, 称揚, 賛美. ❷ 名声(評判)を高めること. ❸ 高揚: ~ de pasiones 情熱をたぎらせること

enamarillecer [enamariʎeθér] [39] [自]・**~se** 黄色くなる〘=amarillecer〙

enamoradamente [enamoráđaménte] [副] 惚れて, 愛して, 恋して

enamoradizo, za [enamorađíθo, θa] 〘←enamorar〙 [形] [ser+] 惚れっぽい, 多情な, 気の多い: Eres un ser muy ~. 君はひどく惚れっぽい人だ. Es tan ~ que siempre está pensando en chicas. 彼は惚れっぽく, いつも女の子のことを考えている
—— [名] 惚れっぽい人, 気の多い人

enamorado, da [enamoráđo, đa] [形] ❶ [estar+. +de に] 恋をしている, 愛している, 惚れた: ¿Estás más ~*da de* él que *de* mí? 君は僕よりも彼の方が好きなのか? Me dijo que estaba ~ por primera vez en su vida. 彼は生まれて初めて恋をしていると私に言った. ❷ 恋を表わす(意味する): mirada ~*da* 好きだという視線. ❸ [ser・estar+] 熱中した, 夢中の, 愛好する. ❸《チリ, アルゼンチン, ウルグアイ》[ser+] 惚れっぽい〘=enamoradizo〙
—— [名] ❶ 恋する人, 恋人: Laura es su ~*da*. ラウラは彼の恋人だ. día de los ~*s* 恋人たちの日〘2月14日〙. ❷ 愛好者, 熱中している人: ~ *del* esquí スキー好きの人

enamorador, ra [enamorađɔ́r, ra] [形] 惚れさせる, 魅力のある; [異性に] もてる
—— [男] 女好きのする男

enamoramiento [enamoramjénto] [男] 恋すること, 恋慕

enamorar [enamorár] 〘←en- I+amor〙 [他] ❶ …に恋心を起こさせる, 惚(ほ)れさせる, …の心をとらえる: La *enamoró* su voz dulce. 彼の甘い声に彼女は恋心をそそられた. ❷ [女性に] 言

E

い寄る, 求愛する, 口説く. ❸［事物が, 人を］引きつける, …の気に入る: Me *enamora* ese baile. 私はそのダンスが大好きだ
—— **~se** ❶［+de に］恋をする, 惚れ込む, 夢中になる: Cuando yo tenía dieciséis años, *me enamoré* locamente *de* un hombre de cuarenta. 16歳だった時, 私は40歳の男を熱愛するようになった. ❷ 熱中する, 非常に気に入る: *Te enamorarás de* ese coche nada más lo veas. 君はその車を見たらすぐ気に入るだろう

enamoricar [enamorikár] [7] **~se**《軽蔑》=**enamoriscarse**

enamoriscar [enamoriskár] [7] **~se**《軽蔑》［+de を］少し好きになる, 好きになりかける, 淡い恋心を抱く

enana[1] [enána] [女]《天文》~ blanca (roja) 白色(赤色)矮星

enancar [enaŋkár] [7] **~se**《中南米》❶ 馬の尻に乗る. ❷［呼ばれないのに］押しかける

enanchar [enantʃár] [他]《口語》=**ensanchar**

enanez [enanéθ] [女]《軽蔑》非常に背が低いこと

enangostar [enaŋgɔstár] [他] =**angostar**
—— **~se** 狭くなる: El camino *se enangosta* poco a poco. 道幅は少しずつ狭くなっている

enanismo [enanísmo] [男]《医学》小びと症, 矮性〖⇔gigantismo〗

enano, na[2] [enáno, na]〖←ラテン語 nanus < ギリシア語 nanos〗[形][名] ❶《医学》小びと〔症〕の, 矮性(わいせい)の; 小びと〔症患者〕. ❷《西. 親愛》［子供などに対する愛称］チビちゃん. ❸《軽蔑》とても小さい, 極小の: árboles *~s* 盆栽〖=bonsai〗
como un ~/como ~s《西. 口語》非常に, 大変: disfrutar *como un* ~ 心ゆくまで楽しむ. trabajar *como un* ~ 身を粉にして働く

enante [enánte] [女]《植物》ドクゼリ(毒芹)

enantema [enantéma] [男]《医学》粘膜疹

enantes [enántes] [副]《アンデス. 口語》少し前に

enantiomerismo [enantjomerísmo] [男]《化学》鏡像異性

enantiomorfo, fa [enantjomɔ́rfo, fa] [形][男]《化学》鏡像異性体の; 光学的対象体

enantiosis [enantjósis] [女] ❶《哲学》対立〖ピタゴラスが諸物の根源と考えた10の対立; 善と悪, 一と多など〗. ❷《修辞》対句, 反語的表現. ❸《医学》逆症療法

enantiotropía [enantjotropía] [女]《化学》互変, エナンチオトロピー

enarbolado [enarƀoláđo] [男] [集名]《建築》［塔・ドームの］枠組み, 木組み

enarbolamiento [enarƀolamjénto] [男] 高く掲げること

enarbolar [enarƀolár]〖←en- I+arbolar〗[他] ❶［旗などを］高く掲げる: Los manifestantes *enarbolaron* una bandera gigante. デモ隊は巨大な旗を掲げていた. ~ la bandera de la rebelión 反旗を翻す. ❷［棒などを］振り上げる: ~ el bastón contra el ladrón 泥棒にステッキを振り上げる. ❸［思想などを］振りかざす, 盾に取る; 言い訳(言いがかり)にする: ~ el ideario marxista マルクス主義を振りかざす
—— **~se** ❶［馬が］後ろ脚で立つ. ❷ 激怒する: Al oír aquellas mentiras *se enarboló*. あの嘘を聞いて彼は激昂した

enarcar [enarkár]〖←en- I+arco〗[7] [他] ❶ 弓なりに曲げる, アーチ状にする. ❷［樽・桶に］たがをはめる. ❸［驚き・不快・疑いなどで眉を］つり上げる: ~ las cejas en señal de asombro 驚いて眉をつり上げる
—— **~se** ❶ 弓なりになる, たわむ: Las estanterías *se enarcaban* con el peso. 本棚は重さでたわんでいた. ❷ おびえる, すくむ. ❸《中米》［馬が］後脚で立つ

enardecedor, ra [enarđeθeđɔ́r, ra] [形] 奮い立たせる; 激しくする

enardecer [enarđeθér]〖←ラテン語 inardescere〗[39] [他] ❶《文語》［感情を］奮い立たせる, 熱狂させる: Sus palabras *enardecieron* al público. 彼の言葉が聴衆を熱狂させた. ❷《口語》性的に興奮させる. ❸［争いなどを］激しくさせる: Los recientes acontecimientos *enardecen* el debate. 最近の出来事が議論を白熱させている
—— **~se** ❶《文語》奮い立つ, 熱狂する. ❷ 炎症を起こす: *Se* me *enardeció* la rodilla. 私の膝が〔炎症で〕腫れ上がった. ❸《口語》性的に興奮する. ❹［争いなどが］激しくなる: Los ánimos *se enardecieron* cuando empezaron a insultarse. 彼らはののしりあいが始まると気力がみなぎった

enardecimiento [enarđeθimjénto] [男] ❶《文語》熱狂させる(する)こと. ❷《口語》性的興奮. ❸ 炎症

enarenación [enarenaθjɔ́n] [女]《建築》［壁などに塗る］砂と石灰の混合物

enarenado [enarenáđo] [男] 砂をまく(敷く)こと; 砂地の畑

enarenamiento [enarenamjénto] [男] 砂まき

enarenar [enarenár]〖←en- I+arena〗[他] ❶［表面に］砂をまく(敷く), 砂で覆う: *Enarenamos* las aceras para que no se resbalase la gente. 人が滑らないよう私たちは歩道に砂をまいた. ❷《鉱山》［銀鉱石に］砂を混ぜる
—— **~se**《船舶》座礁する, 浅瀬に乗り上げる

enargita [enarxíta] [女]《鉱物》硫砒銅鉱

enarmonar [enarmonár] [他] 立たせる, 起こす
—— **~se**［馬が］後ろ脚で立ち上がる

enarmonía [enarmonía] [女]《音楽》エンハーモニック, 異名同音

enarmónico, ca [enarmóniko, ka] [形]《音楽》半音以下の音程の, エンハーモニックの

enartar [enartár] [他]《古語》魅了する, 魔法にかける; だます

enartrosis [enartrósis] [女]《解剖》球窩(きゅうか)関節

enasar [enasár] [他]［カップなどに］取っ手を付ける

enastado, da [enastáđo, đa] [形] 角(つの)のある

enastar [enastár]〖←en- I+asta〗[他]［武器・道具に］柄(え)を取り付ける, 取っ手を付ける: ~ un cuchillo ナイフに柄を付ける

enastilar [enastilár] [他]［斧・鍬などに］柄(え)を付ける

encabalgamiento [eŋkaƀalgamjénto] [男] ❶《詩法》句またがり〖詩の一行の意味・構文が次行にまたがって続くこと〗. ❷《軍事》砲架. ❸［桁・梁などの］支えの木組み

encabalgante [eŋkaƀalgánte] [形] ❶《詩法》句またがりする. ❷ またがる

encabalgar [eŋkaƀalgár] [8] [自] ❶［瓦などが］一部が重なっている. ❷《古語》馬に乗る〖=cabalgar〗
—— [他] ❶《詩法》句またがりにする. ❷［人に］馬を与える. ❸ 重ねて置く, 載せる
—— **~se** 上に重なる, 載る

encaballado [eŋkaƀaʎáđo] [男]《印刷》［活字・行間などの］版の乱れ

encaballar [eŋkaƀaʎár] [他] ❶［瓦などを一部］重ね合わせる. ❷［グラフィックアートなどで, 活字の］線をダブらせる
—— [自]［瓦などが］一部が重なっている
—— **~se** ❶ 上に重なる, 載る. ❷［グラフィックアートなどで, 活字の］線がダブる

encabar [eŋkaƀár] [他]［刃物などに］柄(え)を付ける

encabellecer [eŋkaƀeʎeθér] [39] **~se** 髪が伸びる

encabestradura [eŋkaƀestrađúra] [女]《獣医》端綱 cabestro が擦れてできる傷

encabestrar [eŋkaƀestrár] [他] ❶［馬に］端綱(はづな)をかける. ❷《闘牛》［闘牛の牛を］誘導用の去勢牛の後について行かせる. ❸ 支配する, 牛耳る
—— **~se**［馬の前脚が］端綱に絡まる

encabezado [eŋkaƀeθáđo] [男] ❶ ワインのアルコール度を高めること. ❷ =**encabezamiento**. ❸《メキシコ, グアテマラ, コロンビア, アルゼンチン》［新聞などの］見出し

encabezamiento [eŋkaƀeθamjénto] [男] ❶［手紙・遺言などの］書き出し, 定型文; 前文, 序文, 頭書: En el ~ de la carta figuraba el destinatario: "Profesor Don José García". その手紙の出だしには「ホセ・ガルシア先生」と宛名が書かれていた. ❷［新聞記事の］見出し;［ページ・章などの］表題, 小見出し. ❸《歴史》1）課税台帳, 徴税人名簿〖売上税 alcabala などの地方税をすべての戸主で分担した〗. 2）［課税台帳への］記載, 登録; 租税分担率〔の決定〕. 3）定額納入制度〖都市ごとに決まった額の売上税を納入した〗

encabezar [eŋkaƀeθár]〖←en- I+cabeza〗[9] [他] ❶［リストなどの］最初にある: El Sr. Pérez *encabeza* su partido. ペレス氏が党の選挙候補者名簿の第1位にある. ~ la clasificación［順位が］1位になる. ❷ 前置きとする; 見出し(表題)をつける: 1) Un proverbio *encabeza* el artículo. 諺が記事の最初に置かれる. Estos versos *encabezan* su novela. これらの詩が彼の小説の書き出しとなっている. 2)［人が主語. +con を］~ su libro *con* una cita de Cervantes セルバンテスからの引用で本を始める. ~ la carta *con* la fecha y el lugar 手紙の最初に日付と地名を書く. ❸ 先頭に立つ: Una pancarta grande *encabeza* la manifestación. 大きなプラカードがデモ隊を先導する. ~ un gran gentío 大群集の先頭に立つ. ~ la carrera レースを引っ張る. ❹ 率いる, 指揮する: *Encabezó* la expedición militar un general. 一人の将軍が遠征隊を率いた. ❺［ワインを

encabezonar [eŋkabeθonár] ~**se** 《まれ》[+con に] 固執する, 凝り固まる

encabillado, da [eŋkabiʎáðo, ða] 形 《キューバ》しょっちゅう性的に興奮している

encabillar [eŋkabiʎár] 他 《船舶》索止め栓 cabilla で止める

encabrahigar [eŋkabraiɣár] [8] [17] 他 [→cabrahigar] 他 =**cabrahigar**

encabriar [eŋkabriár] [10] 他 《建築》垂木 (たるき) を組む

encabrillar [eŋkabriʎár] 他 《風が海を》波立たせる

encabritar [eŋkabritár] 《‹en-I+cabrito》他 ❶ 動悸(興奮)を引き起こす. ❷《まれ》《馬などを》後脚で立たせる, 機首(船首)を上げさせる; 《車体の》前部を浮かせる. ❸《まれ》怒らせる
—— ~**se** ❶ 《馬などが》後脚で立つ: El caballo *se encabritó* tirando al jinete. 馬は棹立ちになって騎手を振り落とした. ❷ 機首(船首)を上げる; 《車体の》前部が浮く: La proa del barco *se encabritó* sobre las olas. 船首が波上高く持ち上がった. ❸《口語》怒る, 腹を立てる. 彼のバイクはウイリーした. ❹ 動揺する, 混乱する: Se le *encabritó* el corazón al escuchar el disparo. 彼は銃声を聞いて心臓がどきどきした

encabronar [eŋkabronár] 他 《西, メキシコ. 卑語》❶ 怒らせる. ❷ 壊す, だめにする: ~ la fiesta パーティーをぶち壊しにする
—— ~**se** 《西, メキシコ. 卑語》❶ 激怒する, 頭にくる: Mi mujer está *encabronada* conmigo. 妻は私のことですごく腹を立てている. ❷ 壊れる, だめになる

encabuyar [eŋkabujár] 他 《キューバ, プエルトリコ, コロンビア, ベネズエラ》リュウゼツランで包む(覆う)

encachado¹ [eŋkatʃáðo] 男 ❶ [鉄道線路などの] 砂利敷き. ❷ [隙間が空いて土のぞく] 石畳, タイル敷き. ❸ [セメントで固めた] 川床. ❹ [砂利・バラストなどを踏み固めた] 道路の基礎部分

encachado², **da** [eŋkatʃáðo, ða] 形 《チリ. 口語》感じのいい, 楽しい; [人が] 魅力的な; [物が] きれいな

encachar [eŋkatʃár] 他 ❶ …に砂利を敷く; [川床・水路を] セメントで固める. ❷ [ナイフなどに] 柄 cacha をつける; [銃に] 銃床を取り付ける. ❸《チリ. 口語》1) [けんかなどで] 身構えさせる. 2) 《牛が突進するために》頭を下げる. ❹ 外観を美しくする
—— ~**se** 《ベネズエラ, チリ》意地を張る, 固執する. ❷ 《チリ》1) 抵抗する. 2) 《口語》[けんかなどで] 身構える. 3) 《口語》おかしくする

encachimbado, da [eŋkatʃimbáðo, ða] 形 《ニカラグア. 口語》激怒している

encachorrar [eŋkatʃoɾár] ~**se** 《コロンビア. 口語》怒りの発作を起こす

encadar [eŋkaðár] ~**se** 《ナバラ, アラゴン》❶ [動物が] 巣穴 cado に隠れる. ❷ 怖がる, しり込みする

encadenación [eŋkaðenaθjón] 女 =**encadenamiento**

encadenado, da [eŋkaðenáðo, ða] 形 《詩法》連鎖韻の: terceto ~ 連鎖韻の3行連句. ❷ 連鎖した, 数珠つなぎになった
—— 男 ❶ 《映画》オーバーラップ, ディゾルブ [=fundido ~]. ❷《建築》支えの木組み. ❸《鉱山》連続した支柱

encadenador, ra [eŋkaðenaðór, ra] 形 《まれ》鎖でつなぐ

encadenadura [eŋkaðenaðúra] 女 《まれ》=**encadenamiento**

encadenamiento [eŋkaðenamjénto] 男 ❶ つながり, 連鎖: No acabo de entender tu ~ de ideas. 君の考えの脈絡が私にはよく分からない. ❷ 鎖でつなぐこと, 束縛, 監禁: ordenar el ~ de los prisioneros 囚人たちの監禁を命じる. liberar al perro de su ~ 犬の鎖を外してやる. ❸《言語》連鎖, 連続

encadenar [eŋkaðenár] 《‹en-I+cadena》他 ❶ [+a に] 鎖でつなぐ: ~ la moto *a* una farola オートバイをチェーンで街灯につなぐ. ❷ [囚人に] 枷 (かせ) をはめる. ❸ 束縛する, 拘束する: Este trabajo le *encadena* a la ciudad. この仕事のため彼は町から離れられない. Te *encadenan* los prejuicios. 君は先入観に捕われている. ❹ [観念などを] 関連づける, 結びつける: El detective *encadenó* las sospechas hacia el hombre. 探偵は疑い

をその男に結びつけた. ❺《船舶》投錨する
—— 自 《映画》溶明(溶暗)する, フェードイン(アウト)する; [+a] 次第に消えて…になる
—— ~**se** ❶ 鎖で自分の体を縛る. ❷ 束縛される, 拘束される. ❸ 結びつく, 関連する: Las desgracias *se encadenan* entre sí. 不幸が次々と不幸を呼ぶ

encainada [eŋkajnáða] 女 《地方語》霧〖現象〗
encajable [eŋkaxáble] 形 はまり得る, ぴったりと合う
encajadas [eŋkaxáðas] 女複《紋章》[図形が] 鋸歯をなす
encajado [eŋkaxáðo] 形 はめる(はまる)の
encajador, ra [eŋkaxaðór, ra] 名 ❶ [物理的・精神的な] 打撃によく耐える[人], くじけない[人];《ボクシング》打たれ強い〔人〕. ❷ 象眼細工職人
—— 男 象眼用具

encajadura [eŋkaxaðúra] 女 はめ込み, 接合; その受け口
encajamiento [eŋkaxamjénto] 男 はめ込み, 接合

encajar [eŋkaxár] 《‹en-I+caja》他 ❶ [+a・en に] はめる, はめ込む, 差し込む: ~ el anillo *al* dedo 指輪をはめる. ~ la llave *en* la cerradura 鍵を錠前に差し込む. ❷ 接合する, ぴったり合わせる: La tapa no está bien *encajada*. ふたがぴったりしまっていない. ❸《口語》投げつける; [一撃を] 食らわす: ~ *un* buen golpe al adversario 相手にいいパンチを見舞う. ❹ [嫌なことを] 聞かせる: Nos *encajó* un discurso de una hora. 私たちは1時間も演説を聞かされた. ~ *a*+人 un sermón (una indirecta・un insulto) …に説教を垂れる(当てこすりを言う・罵言を浴びせる). ❺ [嫌なことを] 与える, 押し付ける: Me ha *encajado* sus dos perros porque se iba de vacaciones. 彼は休暇で出かけるので私に犬を2匹押し付けた. ❻ [合わない服を] 与える: Su madre le *encajó* el abrigo a pesar del calor que hacía. 暑かったのにお母さんは彼にオーバーを持たせた. ❼ [困難・逆境を] 乗り越える, 耐え忍ぶ, 甘受する: El madre supo ~ con entereza la noticia de su muerte. 母親は彼の死の知らせを聞いても気丈にがんばった. Los jugadores *encajaron* el desengaño 失望から立ち直る. ~ el desengaño 失望から立ち直る. ❽《ボクシング》[パンチを] 耐える: El boxeador *encajaba* los golpes sin inmutarse. そのボクサーは顔色一つ変えずにパンチを受けていた. ❾《スポーツ》[敗戦を] 喫する; [点を] 入れられる: El equipo *encajó* una amplia derrota. そのチームは大敗を喫した. ❿《まれ》箱に入れる
—— 自 ❶ ぴったり合う; [+con・en と・に] はまる, 合う: 1) El armario está hecho a medida y *encaja* en el hueco. この戸棚は注文で作らせたので隙間なくぴったり合う. Aquí *encaja* el refrán. この場合その諺がぴったりだ. Sus chistes no *encajan* en esta reunión. 彼のジョークはこの集まりには場違いだ. 2) [非論理的表現] Este sombrero no me *encaja* en la cabeza. この帽子は私の頭には入らない. ❷ 一致する, 適合する: Lo que dice él no *encaja con* lo que dijo ayer. 彼の発言は昨日の発言と食い違っている. ❸《環境適応》適応する: La nueva alumna *encajó* bien en la clase. 転校生はうまくクラスになじんだ. ❹ [胎児が] 骨盤に降りる
—— ~**se** ❶ [衣類を] 着る: Se hacía tarde y *se encajó* lo primero que encontró. 彼は最初に目についたものを羽織った. ❷ [狭い場所に] はまる, 動かなくなる, 閉じ込められる: Una rueda *se encajó* en la cuneta. タイヤが側溝にはまった. ❸《メキシコ》利用する

encaje [eŋkáxe] 《‹encajar》男 ❶《手芸》レース〖布〗: hacer ~ レースを編む. medias de ~ レースのストッキング. ~ a la aguja ニードルポイントレース. ~ al ganchillo ヘアピンレース. ~ de Alenzón アランソンレース. ~ de blonda 絹レース. ~ de bolillos ボビンレース. ~ de guipur ギピュール. ~ de redecilla 編目地レース. ❷《経済》1) ~ matálico 〖兑換制度の下で保有される〗金準備, 兑換準備. 2) ~ bancario 銀行預金の支払準備〖=現金+中央銀行預け金〗. 3) キャッシュ・ポジション, 現金持ち高. ❸ はめ込み, 接合: ~ de las piezas de un rompecabezas ジグソーパズルのピースのはめ込み. ❹《木工》ほぞ, ほぞ口. ❺《製本》~ de pliegos 入紙. ❻《紋章》鋸歯. ❼《メキシコ》利用

~**s de la cara** 顔立ち: Los ~s de la cara es de su padre, pero los ojos son iguales a los de la madre. 彼の顔立ちは父親の方だが, 目は母親そっくりだ

hacer un ~ *de bolillos* きめ細かい仕事をする

encajerar [eŋkaxerár] ~**se**《船舶》索が滑車に引っかかる

encajería [eŋkaxería] 囡 [時に 集名]《手芸》レース
encajero, ra [eŋkaxéro, ra] 图 レース編み職人
—— 形 [まれ]レースの
encajetillar [eŋkaxetiʎár] 他 [巻きたばこ・刻みたばこを] 箱に入れる, 箱詰めにする
encajonado, da [eŋkaxonádo, da] 形 [場所が] 狭く深い: valle 〜 深い谷
—— 男 ❶《土木》[水利工事用の] 囲堰 (いせき). ❷《建築》土塀
encajonamiento [eŋkaxonamjénto] 男 ❶ 箱詰め, 梱包 (こんぽう). ❷ [川幅が] 狭まること, 狭い場所を流れること
encajonar [eŋkaxonár] 《←en- I+cajón》他 ❶ 箱に入れる, 箱詰めにする: 〜 todos los libros para hacer la mudanza 引越しするため本をすべて箱に入れる. ❷ [+en 狭い所に] 押しこめる, 置く: Nos encajonaron a los cuatro en el asiento trasero. 私たち4人は後部座席に詰め込まれた. 〜 el coche en un aparcamiento pequeñísimo すごく狭い駐車場に車を入れる. ❸ [人を] 逆境に立たせる: Le encajonaron con sus preguntas. 彼は皆から質問攻めされた. ❹《闘牛》[移動のために] 牛を檻に入れる. ❺《土木》囲堰で囲む; 木枠で基礎を作る. ❻《建築》[控え壁で] 塀を強化する
—— 〜se ❶ [狭い所に] 入り込む. ❷ [川幅が] 狭くなる: El río se encajona en un profundo cañón. 川は深い峡谷を流れる
encajoso, sa [eŋkaxóso, sa] 形《メキシコ. 口語》[人が] 物乞いをする; ずうずうしい
encalabernar [eŋkalaβernár] 〜se《キューバ. 口語》頑固に自分の見方を変えない
encalabozar [eŋkalaβoθár] 9 他 地下牢 calabozo に入れる
encalabrinamiento [eŋkalaβrinamjénto] 男 興奮; 怒らせる (怒る) こと
encalabrinar [eŋkalaβrinár] 《←en- I+古語 calabrina 「ひどい悪臭」》他 ❶ 興奮させる; 怒らせる, いらいらさせる: Esa falta de respeto les encalabrinó [los nervios]. その傍若無人の態度が彼らの神経を逆なでした. ❷ 性的に興奮させる. ❸ はかない望みを抱かせる: Juan siempre encalabrina a sus hijos con promesas pero nunca las cumple. フアンはいつも色々な約束をして子供に期待させておいて, それを守る気がない. ❹ [香りなどが] 酔わせる, 感覚を麻痺させる: El olor de éter le encalabrinó. エーテルのにおいで彼はぼおっとなった. ❺《キューバ. 口語》不機嫌にする
—— 〜se ❶ 怒る, いらいらする. ❷《口語》[+con に] 夢中になる, のぼせ上がる: 〜se con [comprar] un yate ヨット [を買うこと] に執心する. ❸ [+con・de に] 惚 (ほ)れる, ぞっこんになる: Se encalabrinó de una chica a la que apenas conocía. 彼は知り合って間もない女の子に惚れ込んだ. ❹《キューバ. 口語》機嫌を損ねる, 不機嫌になる
encalada [eŋkaláda] 囡 馬具の金具
encalado, da [eŋkaládo, da] 形 石灰を塗ること: remozar el 〜 壁を白く塗り替える. 〜 de los troncos de los frutales [害虫除けのため] 果樹の幹に石灰を塗ること. ❷ [土壌への] 石灰の散布
encalador, ra [eŋkaládor, ra] 形 图 石灰を塗る [人]
—— 男 [革なめしで] 革を石灰液に浸す桶
encaladura [eŋkaládúra] 囡 =encalado
encalambrar [eŋkalambrár] 〜se《プエルトリコ, コロンビア, チリ》[寒さで] 無感覚になる, かじかむ
encalamiento [eŋkalamjénto] 男 [まれ] =encalado
encalamocar [eŋkalamokár] 7 他《コロンビア, ベネズエラ》ぼけさせる, もうろくさせる
—— 〜se《コロンビア, ベネズエラ》ぼける, もうろくする
encalamucar [eŋkalamukár] 7 他《コロンビア, ベネズエラ》=encalamocar
encalar [eŋkalár] I 《←en+cal》❶ 石灰で白く塗る; [壁に] しっくいを塗る. ❷ [革なめしなどで] 革石灰液に浸す, 石灰をまぶす. ❸ [土壌に] 石灰処理をする, 石灰をまく
II《←en+calar》他 ❶ [狭い場所に] 押し込む. ❷ [ボールなどを] 取りにくい所に投げる
encalatar [eŋkalatár] 〜se《ペルー. 口語》裸になる
encalcar [eŋkalkár] 7 他《レオン, サモラ, サラマンカ》押しつける, 圧迫する
encaletar [eŋkaletár] 他《南米》[密輸品などを] 隠す
encalillar [eŋkaliʎár] 〜se《チリ. 口語》❶ 借金だらけになる. ❷ [+con+人 に] 恩義を感じる
encallada [eŋkaʎáda] 囡 =encalladura
encalladero [eŋkaʎaδéro] 男《船舶》[座礁しやすい] 浅瀬, 暗礁
encalladura [eŋkaʎadúra] 囡 座礁
encallamiento [eŋkaʎamjénto] 男 =encalladura
encallar [eŋkaʎár] I《←en- I+ラテン語 callis「路地」》自. 〜se ❶《船舶》座礁する: Encalló el barco en la arena. 船が砂浜に乗り上げた. ❷ [事が] 行き詰まる: El proyecto encalló debido a la crisis económica. 計画は経済危機で暗礁に乗り上げた
II《←ラテン語 incallare「固くなる」》〜se《料理》[調理を中断したため豆などが] 固くなる
encallecer [eŋkaʎeθér]《←en- I+callo》39 他 ❶ …の皮膚にこ callo を作る, 皮膚を固くする: El arado encallece las manos del campesino. 鋤で農夫の手は固くなる. ❷ [悪天候・苦労などに] 抵抗力をつける, 慣れさせる. ❸ [苦情などに] 感じなくさせる, 鈍感にさせる. ❹ [感情に] 流されなくさせる. 〜 su corazón 心を閉ざす
—— たこができる《=se》
—— 〜se ❶ たこができる: Se me han encallecido las manos de tanto trabajo. 私はよく働いて手にたこができた. ❷ [気候などの厳しさに対して] 抵抗力がつき, 強靭になる; [悪習などに] 抵抗感がなくなる, 慣れる; 無感動になる, 感性が鈍くなる. [感情に] 流されない, 同情しない: Durante la guerra tuvo que 〜se para poder soportar tantas atrocidades. 戦争中彼は数多くの残虐行為に耐えられるよう感覚を殺さねばならなかった. ❸ [料理] 固くなる《=encallarse》
encallejonar [eŋkaʎexonár] 他《家畜などを, 狭い通路を通って》狭い場所に] 入れる, 追い込む
encalillar [eŋkaliʎár] 〜se《チリ. 口語》借金をする
encalmado, da [eŋkalmádo, da] 形 静かな, 穏やかな
—— 囡 凪, 無風状態
encalmadura [eŋkalmadúra] 囡《獣医》[馬などの] 夏ばて, 暑気あたり
encalmar [eŋkalmár]《←en- I+calmar》他 ❶ [人を] 落ち着かせる, 静める: Si duele la cabeza, lo mejor es acercarse al río para verlo pasar, que ello encalma. 頭が痛い時は川へ行って流れを見ることだ. それで落ち着くから
—— 自《=se》
—— 〜se ❶ 落ち着く, 静まる: Se encalmó mucho con los cariñosas palabras. 彼はその優しい言葉でずいぶん気持ちが落ち着いた. ❷ [天候が] 静まる; [海が] 凪 (なぎ) ぐ. ❸ [商売が] 不活発になる, 薄商いになる. ❹《獣医》[暑さ・過労で馬が] へばる
encalo [eŋkálo] 男《アンダルシア》[壁などを] 石灰で白く塗ること
encalomar [eŋkalomár]《隠語》❶ 隠す. ❷ 快適にする. ❸ [厄介事などを] 押しつける, 背負わせる
—— 〜se ❶ 隠れる. ❷ 快適になる
  encalomársela [+a+人 に] 悪戯 (いたずら) をする
encalomo [eŋkalómo] 男《隠語》隠れること
encalostrar [eŋkalostrár] 〜se [新生児が初乳を飲んで] 病気になる
encalvecer [eŋkalβeθér] 自 はげる, はげ頭になる: Encalveció muy joven y parece mayor de lo que realmente es. 彼は若くしてはげたので, 実際よりふけて見える
encalzar [eŋkalθár] 他《古語》追いかける, 追いつく
encamación [eŋkamaθjón] 囡《鉱山》[坑道に] 細い支柱を敷くこと
encamada [eŋkamáda] 囡《アルゼンチン, ウルグアイ. 口語》性交
encamado [eŋkamádo] 男《農業》[風・実の重みで] 穂が倒れること
encamar [eŋkamár]《←en- I+cama》❶ [床に] 敷く; 横たえる, 寝かせる: 〜 la alfombra じゅうたんを敷く. La he encamado porque se encuentra fatigada. 疲れきっているので私は彼女を寝かせた. ❷《鉱山》坑道に支柱 (枝葉) を敷く. ❸《メキシコ, 中米》入院させる, 病床につかせる. ❹《メキシコ》[子供を] 寝かしつける;《カリブ》[動物を] ねぐらに入れる. ❺《エクアドル》[偽の理由で] 励ます, 元気づける
—— 〜se ❶ 病床に倒れる, 病床につく: Con esa fiebre, cualquier médico te mandará 〜te. それだけ熱があればどんな医者でも寝ているよう君に言うだろう. anciano encamado 寝たきり老人. ❷ [動物が寝ぐらで] 横になる. ❸《狩猟》[獲物が] 身を隠す. ❹《農業》[穀物の] 穂が倒れる. ❺ 横たわる, 横になる

る: Nos encamamos temprano porque el tren sale a las siete. 列車は7時に出るので我々は早く寝た。❻《アンデス、アルゼンチン、ウルグアイ. 口語》[+con と]寝る、性交する

encamarar [eŋkamarár]《←-cámara》⦿[収穫物などを]穀倉に保管する: ~ las naranjas aun cuando están verdes まだ熟さないうちにオレンジを倉庫に貯蔵する

encambijar [eŋkambixár]⦿[水を]いったん給水槽に貯めてから給水する

encambrar [eŋkambrár]⦿❶ =encamarar. ❷《地方語》[材木を]空気の通るすき間を空けて積む

encambronar [eŋkambronár]⦿❶[地所に]ニシシギ cambrón の垣を巡らせる。❷ 鉄で補強する

encamburar [eŋkamburár] ~se《ベネズエラ. 口語》公職を手に入れる

encame [eŋkáme]男 ❶ 寝場所、寝床。❷ 寝かせること; 病床につくこと

encaminado, da [eŋkamináðo, ða]形 ❶[+a を]目的とした、目ざす: medidas ~s a reducir el número de accidentes 事故件数を減らすための手段。medida ~da+不定詞 …するための手段。❷[estar·ir+. +bien·mal]適切・不適切である: No lo llegó a resolver pero iba bien ~. 解決には至らなかったが、方向は間違っていなかった。No vas bien ~ en tus suposiciones. 君の想像は当たっていない

encaminadura [eŋkaminaðúra]女 =encaminamiento

encaminamiento [eŋkaminamjénto]男 方向づけ、進路指導、手引き

encaminar [eŋkaminár]《←en-1+caminar》⦿❶ 道を指し示す、道を教える; [+a·hacia へ]導く、向かわせる: El guía nos encaminó hacia el monasterio. ガイドは私たちを修道院に連れて行った。❷[努力・行為・注意などを]向ける: ¿A dónde encaminas tus pasos? どちらへ向かうのか? consejos para ~ correctamente su estudio 研究を正しい方向に導くための助言。~ todas sus esfuerzos a la búsqueda de los sobrevivientes 生存者の探索に全精力を傾ける。~ todas sus ilusiones hacia el proyecto 計画実現に夢をかける。❸[教育・進路を]指導する: ~ a su hijo la pintura 息子に絵の勉強をさせる

—— ~se ❶ …に向かう: Se encaminó hacia el sur. 彼は南へ向かった。~se a su casa 家へ向かう。❷[+a+不定詞 すること]を目指す: La investigación se encamina a encontrar una vacuna. 研究の目的はワクチンを発見することにある

encamisada [eŋkamisáða]女 ❶《古語》[敵と見分けがつくように白いシャツを着た]夜襲。❷《古語》[夜、松明を持って行なう]仮面パーティー。❸《地方語》シャツを着せること。❹《ホンジュラス 口語》牛の腹に取り付けた花火に火をつけて走らせること

encamisado [eŋkamisáðo]男《技術》被覆加工

encamisar [eŋkamisár]⦿❶[人に]シャツを着せる。❷ 覆いをかぶせる。❸ 変装させる、ごまかす: ~ los hechos para evitar el castigo 処罰を避けるため事実を隠す。❹《技術》被覆加工する

—— ~se ❶ シャツを着る。❷《古語》[敵と見分けがつくように白いシャツを着て]夜襲する

encamonado, da [eŋkamonáðo, ða]形《建築》篋(細板)の骨組みでできた: bóveda ~da 見せかけの丸天井

encamotar [eŋkamotár] ~se《コスタリカ、エクアドル、ペルー、チリ、ラプラタ. 口語》[+con に]恋する、ほれ込む

encampanado, da [eŋkampanáðo, ða]形 ❶ 鐘の形の《=acampanado》. ❷ 銃腔が奥へ行くほど狭くなった。❸ 尊大な、横柄な

dejar a+人《メキシコ、カリブ、アンデス. 口語》…を2階に上げてはしごを外す

encampanar [eŋkampanár]⦿❶ 持ち上げる、高くする。❷《メキシコ、カリブ、アンデス. 口語》1)2階に上げてはしごを外す、だれかを窮地に置き去りにする、見殺しにする。❸《メキシコ》興奮させる; 元気づける、激励する。❹《カリブ、アンデス》出世させる。❺《カリブ》[人を]送る

—— ~se ❶ 尊大になる、横柄になる。❷《闘牛》[牛が止まり闘牛士に挑むように]頭を上げる。❸《中南米》出世する。❹《メキシコ、コロンビア》恋になる。❺《メキシコ》ごたごたに巻き込まれる。❻《カリブ》[遠くへ]進み入る、入り込む。❼《アンデス》[事を]複雑にする

encanalar [eŋkanalár]《←en-1+canal》⦿❶[水などを]水路へ導く: ~ el agua del río para poder regar las huertas 畑に灌

漑できるよう川の水を導く。❷ 運河(水路)をつける

encanalizar [eŋkanaliθár]⦿ =encanalar

encanallado, da [eŋkanaʎáðo, ða]形 げすな、下賤な

encanallamiento [eŋkanaʎamjénto]男 堕落、下品になること; 不良化; 卑劣化

encanallar [eŋkanaʎár]⦿[下賤な人 canalla と交って]品位を落とす

—— ~se 堕落する; 悪党になる: Se encanalló cuando se aficionó a la bebida. 彼は酒の味を覚えてから身を持ち崩した

encanamento [eŋkanaménto]男《古語. 建築》一連の持ち送りによる水平の装飾

encanar [eŋkanár]⦿《コロンビア、チリ、アルゼンチン、ウルグアイ. 口語》投獄する

—— ~se ❶[泣き・笑いすぎて]体が固まってしまう、息が詰まる: La niña rompió a llorar con tal fuerza que se encanó. 女の子は突然激しく泣き出し、引きつけを起こした。❷ 呆然とする。❸《アラゴン、アンダルシア》おしゃべりする、話し込む。❹《クエンカ》[ボールなどが]手の届かない所に行ってしまう。❺《コロンビア、チリ、アルゼンチン、ウルグアイ. 口語》刑務所に入る

encanastar [eŋkanastár]⦿❶ 籠 canasta に入れる。❷《アルゼンチン》投獄する

encancerar [eŋkanθerár] ~se =cancerarse

encandecer [eŋkandeθér]⦿《まれ》白熱させる、真っ赤に燃やす

—— ~se《まれ》白熱する、真っ赤に燃える

encandelar [eŋkandelár]⦿《農業》花房が垂れる、尾状花序をつける

encandelillar [eŋkandeliʎár]⦿❶《ホンジュラス、南米》眩惑する《=encandilar》. ❷《南米》裁ち目にかがりをつける《=sobrehilar》

encandiladera [eŋkandiláðera]《口語》=encandiladora

encandilado, da [eŋkandiláðo, ða]形 ❶《口語》直立した、突っ立った。❷ sombrero ~ 前の角が高くなっている三角帽子

encandilador, ra [eŋkandilaðór, ra]形 ❶ 幻惑する、魅了する: El proyecto es lo suficientemente ~ para tomarlo en cuenta. その計画は十分魅力的で、考慮に値する

—— 女 売春宿の女主人

encandilamiento [eŋkandilamjénto]男 眩惑; あこがれ、うっとりすること: tener un ~ con... …にあこがれる

encandilante [eŋkandilánte]形 ❶ 好きにならせる、心をとらえる。❷ 目をくらませる、まぶしくさせる

encandilar [eŋkandilár]《←en-1+candela》⦿❶《主に比喩》[+con で]眩惑する、惑わす: Me encandiló con sus historias, pero todo era inventado. 彼は色々な話で私を丸めこんだが、すべて作り話だった。❷[欲望などを]かきたてる、刺激する。❸ 好きにならせる、心をとらえる: Sus tiernas miradas me encandilan. 彼女の優しいまなざしに心を奪われる。❹ うっとりさせる: Encandiló a los niños con aquel número de magia. 彼は例の手品で子供たちを魅了した。❺ 目をくらませる、まぶしくさせる: Encandilado por la luz, entreabrió los ojos. 彼はまぶしくて目を半開きにした。❻[火を]かきたてる: ~ la lumbre echando leña al fuego 火に薪をくべて炎を大きくする

—— ~se ❶ うっとりする; [驚きなどで]目を見開く: Los niños miraban encandilados el escaparate de la juguetería. 子供たちはおもちゃ屋のショーケースをうっとりと見ていた。~se oyendo las aventuras del viaje 旅の冒険談に聞きほれる。❷ 目がくらむ、まぶしく感じる: ~se con la ráfaga de la linterna 懐中電灯の光を当てられて目がくらむ。❸ 惚れる、好きになる。❹[酔って・欲望で]目が血走る: ~se por beber demasiado licor 酒を飲みすぎて目がぎらぎらする。❺[火が]勢いよく燃える。❻《プエルトリコ》1)腹を立てる、怒る。2)おびえる

encanecer [eŋkaneθér]《←ラテン語 incanescere「白くなる」》⦿·~se ❶ 白髪になる: Se le encaneció el pelo. 彼は白髪になった。❷ 老け込む: Está muy encanecido para la edad que tiene. 彼は年のわりには老けている。❸ カビが生える

—— ⦿ 白髪にする: Los años le han encanecido y aferrado a la realidad. 年をとって彼は白髪になり、現実的になった

encanecimiento [eŋkaneθimjénto]男 白髪になること

encanijado, da [eŋkanixáðo, ða]形 病弱な《=canijo》

encanijamiento [eŋkanixamjénto]男 衰弱、やせ衰え

encanijar [eŋkanixár]《←en-1+canijo》⦿ 衰弱させる: La falta de una alimentación adecuada encanija a la población infantil tercermundista. 栄養不良で第三世界の子供は衰弱している

encanillar

    —— **~se** やつれる、やせ衰える
encanillar [eŋkaniʎár]《[糸を]》[糸を]糸巻き(ボビン)に巻く
encantación [eŋkantaθjón]《女》《廃語》**=encantamiento**
encantado, da [eŋkantádo, da]《←encantar》《形》❶ [estar+. +con·de で] 満足した、大喜びの: Estoy ~ *con* la vida de aquí. 私はここの生活に満足している. Ella estaba ~ de verlo tan contento. 彼が喜んでいるのを見て彼女は大満足だった. Lo haré ~. 喜んでそういたしましょう. ❷ [女性が言う場合は ~*da*] 1) [E~、初対面の挨拶] 初めまして [=E~ de conocerle]: Tanto gusto en haberle conocido.—E~. お目にかかれて光栄です.—初めまして. 2) [勧誘などへの丁寧な応答] Yo ~. 承知しました/分かりました. ❸《西》放心した、ぼけっとした ❹ [建物が] 人けのない; 幽霊の出る(出そうな): mansión (casa) ~*da* お化け屋敷

encantador, ra [eŋkantadór, ra]《←ラテン語 incantator, -oris < incantare》《形》❶ 魅惑的な、すてきな、優しい、親切な: El paisaje era ~. 風景がすばらしかった. Suena el timbre. Debe ser tu ~*ra* prometida. ベルが鳴った. お前のすてきな婚約者が来たに違いない. ¡Qué ~ *ra* eres! 君は何て優しいのだろう! chico ~ すてきな男の子. muchacha ~*ra* チャーミングな娘. ❷ 魔法をかける、魔法を使う
    —— 魔法使い、魔術師: ~ de serpientes ヘビ使い
encantamento [eŋkantaménto]《男》**=encantamiento**
encantamiento [eŋkantamjénto]《←ラテン語 incantamentum < incantare》《男》❶ 魔法にかける(かかる)こと; 魔力、魔術: Se rompe el ~. 魔法が解ける. desaparecer como por arte de ~ まるで魔法のように(突然)消える. ❷ うっとりすること、魅惑、魅了. ❸ 呆然

encantar [eŋkantár]《←ラテン語 incantare「魔法をかける」》《自》❶ 大喜びさせる、非常に気に入る: 1) [事物が主語] A toda la familia le *encanta* la comida española. その家族全員スペイン料理が非常に気に入っている. Me *encanta* Barcelona. 私はバルセロナが大好きだ. Me *encanta* la literatura de Sábato. 私はサバトの文学が大好きだ. 2) [不定詞が主語] …したい: Me *encanta* leer e ir al cine. 私は読書と映画を見に行くのが好きだ. Le *encanta* salir de compras. 彼女は買い物に出かけるのが大好きだ. Me *encantaría* poderlo leer de nuevo. もう一度それを読めればいいのにと思っています. 3) [que+接続法が主語] …であるようにと: Nos *encantaría que* se encontrase la solución. 解決法が見つかればうれしいのだが
    ——《他》❶ 魅惑する、魅了する: Me *encanta* este paisaje. 私はこの景色にうっとりする. ❷ …al vulgo con sus palabras 言葉で大衆を虜にする ❷ …に魔法をかける、魔法にかける: El mago *encantó* a la princesa. 魔法使いが王女に魔法をかけた
    —— **~se** 陶然とする; 我を忘れる、ぼうっとする

encantarar [eŋkantarár]《他》[壺 cántaro・投票箱・抽選の回転ドラムなどに] 入れる: ~ las bolas para el sorteo 抽選のため球を入れる

encante [eŋkánte]《男》❶ [主に 複]安売り店、バーゲン会場: Lo compré a buen precio en los ~*s* de la ciudad. 私は町の安売り店でそれを安く買った. ❷ (まれ) 競売、競り売り

encanto [eŋkánto]《←encantar》《男》❶ 魅力、魅惑、すばらしさ: El ~ de esa muchacha está en su dulzura. その女性の魅力はその優しさにある. Tu amiga es un ~. 君の友達は魅力的だ. Es un ~ de chica. 彼女は魅力的な女の子だ. crear ambientes con mucho ~ 実にいいムードを作る. el ~ del paisaje 景色のすばらしさ. el ~ de una sonrisa すてきな微笑み. [特に女性の] 肉体的魅力、器量: Este vestido resalta sus ~*s*. この服は彼女の肉体的魅力を際立たせている. lucir sus ~*s* 魅力を振りまく. ❷ 魔法(にかける・かかること)、魔力: Desapareció como por ~. 彼は魔法のように消えた. salir de su ~ 魔法から覚める. ❹ [愛情を込めた呼びかけ、主に女性言葉] 可愛、あなた: No te vayas todavía, ~. まだ行かないでおくれ. ❺《ベネズエラ.口語》幽霊
    como por ~ 突然、思いがけず

encantorio [eŋkantórjo]《男》《口語》**=encantamiento**
encantusar [eŋkantusár]《他》《口語》**=engatusar**
encanutar [eŋkanutár]《他》❶ 筒 canuto 状にする. ❷ 管(筒)に入れる. ❸《たばこ》フィルターを付ける
    —— **~se** 筒状になる: Se *encanutaron* estos papeles al estar doblados tanto tiempo. 長い間折り曲げられていたので、これらの紙は筒状に丸まってしまった

encañada [eŋkaɲáda]《女》[浅い] 谷、谷間

encañado [eŋkaɲádo] I 《←caño》《男》導管、水道管、下水管
  II 《←caña》《男》❶ [主に植物を支える・からませる、葦製の] 格子垣、トレリス. ❷ [植物の支えとして] 葦で添え木をすること
encañador, ra [eŋkaɲadór, ra]《名》❶ [絹糸の] 糸巻き職人. ❷《地方語》呪医、祈禱師
encañadura [eŋkaɲadúra]《女》❶ 藁布団などに詰める]ライ麦の穂と茎. ❷《古語》導管 [=encañado]
encañamar [eŋkaɲamár]《他》《美術》[タブローの継ぎ目に] 麻の繊維を貼る
encañar [eŋkaɲár] I 《←caño》《他》❶ [導管で]水を引く; [水を]パイプで送る. ❷ 排水する
  II 《←caña》《他》❶ [植物の支えとして]葦で添え木をする. ❷ **=encanillar**
    ——《自》**~se**《農業》[穀物などの茎が]堅く中空になる. ❷《キューバ.口語》サトウキビの蒸留酒で酔っぱらう
encañizada [eŋkaɲiθáda]《女》❶ [葦で作った、魚を捕える] やな. ❷《西》格子垣 [=encañado]
encañizar [eŋkaɲiθár]《9》《西》❶ [蚕棚に]葦のすのこを置く. ❷《建築》よしずを張る
encaño [eŋkáɲo]《男》導管 [=encañado]
encañonado, da [eŋkaɲonádo, da]《形》[細長いところを風・煙などが]吹き抜ける
    —— ひだつけ、折り目づけ
encañonar [eŋkaɲonár]《←en-I+cañón》《他》❶ 銃口を向ける、狙う: Los atracadores *encañonaron* al cajero con sus pistolas. 強盗たちはレジ係にピストルの銃口を向けた. ~ al hombre con el índice 人差し指で男を指し示す. ❷ [水を]管で引く、管に通す: cavar surcos para ~ el agua de las lluvias 雨水を通すため溝を掘る. ❸ [アイロンなどで]ひだ飾り(プリーツ)をつける. ❹ [糸を]ボビンに巻き付ける. ❺《製本》[折った紙を]差し込み、折り込む
    ——《自》[初めて・生えかわって、鳥に]羽が生える
    —— **~se**《水》[狭い場所を]流れる: El camino *se encañona* entre los dos muros. 道は2つの塀の間を通っている
encapacetado, da [eŋkapaθetádo, da]《形》かぶとをかぶった: un regimiento de soldados ~*s* ヘルメットをかぶった兵士の一団
encapachadura [eŋkapatʃadúra]《女》[搾るため] オリーブを詰めた袋 capacho を積み重ねたもの
encapachar [eŋkapatʃár]《他》❶ [搾るためオリーブを袋 capacho に] 詰める: ~ la aceituna para exprimirla 搾るためオリーブを袋に詰める. ❷《アンダルシア》[ブドウのツルで]覆いを作る. ❸《ベネズエラ》マラカスにショクヨウカンナ capacho の種を詰める
encapado, da [eŋkapádo, da]《形》《鉱山》[鉱脈が] 露出していない
encapar [eŋkapár]《他》ケープ(マント) capa を着せる
    —— **~se** ❶ ケープ(マント)をかぶる: *Se encapó* al salir para que no le reconocieran. 彼は人に気づかれないよう出掛けにマントをはおった. ❷《アラゴン》地面が固くなって植物が成長できなくなる
encaparazonar [eŋkaparaθonár]《他》覆いをかける
encapazar [eŋkapaθár]《9》**=encapachar**
encaperuzar [eŋkaperuθár]《9》《他》頭巾(フード) caperuza をかぶらせる
    —— **~se** 頭巾(フード)をかぶる: Cuando empezó a llover nos *encaperuzamos* para no mojarnos la cabeza. 雨が降り始めて、我々は頭が濡れないようフードをかぶった
encapilladura [eŋkapiʎadúra]《女》❶《鷹狩り》[タカの] 目隠し [用の頭巾]. ❷《船舶》1) [マストの]索具、操帆装置. 2) [ロープの]固定. ❸《鉱山》[坑道の]拡張
encapillar [eŋkapiʎár]《←en-I+capillo》《他》❶《鷹狩り》[タカに] 目隠しをする: ~ el halcón para que no se excite 興奮しないようタカに目隠しをする. ❷《鉱山》[坑道を]広げる. ❸《船舶》[端に結び目を作り、ロープを]固定する
    —— **~se** ❶《船舶》1) [甲板に]波をかぶる. 2) [物が]折り重なる. ❷《口語》[服を頭から]かぶる: ~*se* un jersey セーターを着る
encapirotar [eŋkapirotár]《他》《鷹狩り》[タカに] 目隠しをする、ずきんをかぶらせる
encapotadura [eŋkapotadúra]《女》しかめ面
encapotamiento [eŋkapotamjénto]《男》❶ しかめ面、眉間に皺を寄せること. ❷ 曇ること、曇天: El ~ del cielo es señal de que pronto lloverá. 空が曇るのはすぐに雨が降る印だ

encapotar [eŋkapotár] 〖←en- I+capote〗 [他] マントを着せる
—— **～se** ❶ マントを着る. ❷ 曇る; ［空が］雨雲で覆われる: Si el cielo *se encapota* un poco más, tendremos lluvia. もう少し曇れば一雨来るだろう. ❸ 顔をしかめる, しかめ面をする: *Se encapotó* al saber el resultado desfavorable. 彼は思わしくない結果を知り, 顔を曇らせた. ❹ ［馬が］頭を下げすぎる, 鼻面を胸につける. ❺《カナリア諸島; キューバ, プエルトリコ》悲しくなる

encaprichamiento [eŋkapritʃamjénto] [男] ❶ 執心, 固執, 夢中. ❷ 気まぐれ

encaprichar [eŋkapritʃár] 〖←en- I+capricho〗 **～se** ❶ ［+con・en・de に］固執する, 欲しがる: *Se ha encaprichado del* último modelo del ordenador. 彼は最新モデルのパソコンが欲しくてたまらなくなっている. *～se con* comprar aquel perro あの犬を是が非でも買いたい. ❷ ［+de・con に］浮気心を抱く, のぼせあがる: *Se encaprichó de* esa chica, pero pronto se cansó de ella. 彼はその子に恋心を抱いたが, すぐに飽きた

encapsulación [eŋka〔p〕sulaθjón] [女] ❶ カプセル詰め. ❷《医学》被膜で覆われること

encapsular [eŋka〔p〕sulár] [他] カプセルに詰める

encapuchado, da [eŋkaputʃáđo, đa] [形] [名] ❶ ［特に聖週間の, 先の尖った］頭巾 capucha をかぶった〔人〕: En las procesiones de Semana Santa desfilan muchos *～s*. 聖週間の行列では頭巾をかぶった多くの人が行進する. ❷ 目出し帽をかぶった〔人〕: Me atracaron dos *～s*. 私は2人の目出し帽をかぶった男に襲われた

encapuchar [eŋkaputʃár] [他] 頭巾をかぶせる, 頭巾で覆う
—— **～se** 頭巾をかぶる

encapullado, da [eŋkapuʎáđo, đa] [形] つぼみの状態の

encapuzar [eŋkapuθár] [9] [他] 喪服 capuz で覆う

encaracolado, da [eŋkarakoláđo, đa] [形] らせん状の
—— [男]《建築》らせん状装飾

encaracolar [eŋkarakolár] [他]《アンダルシア》巻き毛にする
—— **～se**《アンダルシア》［馬が］後ろ脚で立つ

encarado, da [eŋkaráđo, đa] [形] ❶ ［bien・mal+］顔が美しい・醜い, 顔つきの良い・悪い: Es un joven apuesto y bien ～. 彼はスマートな美男子だ. Hoy parece que está mal ～ y de no muy buen humor. 彼は今日は顔色も機嫌もあまりよくなさそうだ. ❷ ［estar+］ぴったり合う, 相似形の

encaramadura [eŋkaramađúra] [女] ❶《まれ》高い所に上げる(上がる)こと. ❷《古語》高み, 高所

encaramamiento [eŋkaramamjénto] [男] ［高い所に］上げる(上がる)こと; ［人を］高位につけること

encaramar [eŋkaramár] 〖←?語源〗 [他] ❶ ［高い・危険な所に］上げる: ～ la pecera en lo alto del armario para que no la alcance el gato 猫が届かないように金魚鉢を戸棚の上に上げる. ❷ 高い地位につける, 昇進させる: Sus estudios y buena formación le *encaramaron* rápidamente al puesto del director. 学歴のおかげで彼はすぐに取締役に抜擢された. ❸ 賞賛する, 称揚する: Para conseguir un favor, *encarama* a quien sea. 彼は取り立ててもらうためなら誰にでもごまをする
—— **～se** ❶ 上がる, 登る: *Se encaramó* al árbol para coger unas ciruelas. 彼はプラムの実をとるため木に登った. ❷ 昇進する

encarambanar [eŋkarambanár] **～se**《地方語》つららのように冷たくなる, かじかむ

encaramiento [eŋkaramjénto] [男] 向き合うこと; 対立; 直面

encarar [eŋkarár] 〖←en- I+cara〗 [他] ❶ 向き合わせる, 対面させる: Los *encararon* durante el interrogatorio. 彼らは尋問の際に対面させられた. ❷ ［問題・難局に］立ち向かう, 対決する, 挑む: ～ las dificultades 困難に挑む. ～ su desgracia con valentía 勇気をもって逆境に立ち向かう. ❸ ［色々な側面・意見・問題を］対比させる, 突き合わせる, 対置する: ～ los pros y los contras del proyecto その計画の利害得失を対照する. ❹ ［部品などを］つき合わせる: ～ las mangas para ver si están igual de largas 長さが同じか両袖を合わせてみる. ❺ ［銃口などを］向ける; ［銃などの］狙いをつける, 照準を合わせる
—— [自] ［+con と］面と向かう, 対決する
—— **～se** ❶ ［+con と］向き合う. ❷ 直面する; ［臆せずに］立ち向かう, 対決する: ～ *con* la realidad 現実を直視する. ❸ 面と向かって言う: *～se con* el jefe para pedirle aumento de salario 上司に面と向かって昇給してくれと言う

encaratular [eŋkaratulár] **～se** 仮面 carátula をかぶる

encarcavinar [eŋkarkaƀinár] [他] ❶ ［人を］溝に落とす. ❷ ［悪臭で］むっとさせる. ❸ 息詰まらせる, 息苦しくさせる

encarcelación [eŋkarθelaθjón] [女] =**encarcelamiento**

encarcelador, ra [eŋkarθelađór, ra] [形] 投獄する, 収監する

encarcelamiento [eŋkarθelamjénto] [男] 投獄, 収監: sufrir pena de ～ 禁固刑を受ける

encarcelar [eŋkarθelár] 〖←en- I+cárcel〗 [他] ❶ 投獄する, 収監する: Hace dos meses que le *encarcelaron*. 彼は投獄されて2か月になる. ❷《建築》［木材・鉄材を漆喰・セメントで］固定する, 取り付ける. ❸《木工》［にかわを塗ったばかりの木材を, よく接着するように］押しつける

encare [eŋkáre] [男]《まれ》❶ 向き合うこと; 対立. ❷ 銃床の頬に当てる側

encarecedor, ra [eŋkareθeđór, ra] [形] [名] ほめそやす〔人〕

encarecer [eŋkareθér] 〖←ラテン語 incarescere〗 [39] [他] ❶ 値上げする, 価格を上げる: La sequía *encarecerá* el precio de las hortalizas. 干ばつで野菜は高騰するだろう. ❷ 賞賛する, ほめそやす; ［重要性・関心について］大げさに言う: ～ la habilidad del torero その闘牛士の腕前を絶賛する. ～ los encantos de París パリの魅力を熱く語る. ❸《文語》［+que+接続法 するように, +a+人 に］しつこくせがむ, 強く要望する: Me *encareció que* cuidara de sus hijos cuando él muriera. 死んだら息子たちを頼むと私は彼に要請された
—— [自]・**～se** 値上がりする: Es alarmante cómo *ha encarecido* la vivienda. 家賃の値上がりぶりは気がかりだ

encarecidamente [eŋkareθíđaménte] [副] 熱心に, ひたすら: Le rogué ～ que me ayudara. 助けてほしいと私は彼に懸命に頼んだ. elogiar ～ 絶賛する

encarecido, da [eŋkareθíđo, đa] [形] 熱心な, 熱意を込めた

encarecimiento [eŋkareθimjénto] [男]《文語》❶ 値上がり: ～ de la vida 生活費の高騰. ❷ 賞賛; 強調: hacer ～ de... …をほめあげる. ❸ ［要請する時の］熱意: Me lo pidió con ～. 彼はしきりに頼んできた

encargado, da [eŋkarɡáđo, đa] [形] ［estar+. +de の］担当の: sección *～da de* adquisición de... …の購入を担当する課. viceprimer ministro ～ *de* la economía 経済担当副首相
—— [名] ❶ 担当者, 責任者, 係員: Es el ～ *de* obra. 彼が現場監督だ. Fue el ～ *de* presidir el jurado. 彼が陪審員長を務めた. ～ *de* la comida 食事係, 賄い係. ～ *de* la limpieza 清掃係. ～ *de* vestuario《演劇》衣裳係. ❷《外交》～ *de* negocios 代理公使. ❸《教育》～ *de* curso ［小中高校などの］クラスの担任教師;《古語的》［大学の］非常勤講師. ❹ 代理人

encargante [eŋkarɡánte] [形] ❶ 注文する. ❷ 指示する, 命じる

encargar [eŋkarɡár] 〖←en- I+cargar〗 [8] [他] ❶ ［世話・管理を］委託する, 委ねる, 任せる, 担当させる: 1) ［+a+人 に］Van a ～ el anuncio a una agencia de publicidad. 彼らはそのCMをある広告代理店に依頼する予定だ. 2) ［+de を］La *han encargado de* la sección de ventas. 彼女は営業部を任された. ～ *a*+人 *del* teléfono …に電話番を頼む. ❷ ［+que+接続法 するように］依頼する, 頼む, 手配する: Le *he encargado que* me traduzca la carta. 私は手紙を翻訳してくれるよう彼に頼んだ. Me *encargó que* la buscara. 彼女を捜してくるよう私は彼に言いつかった. ❸ 注文する; 取り寄せてもらう: *Hemos encargado al* mozo tres jamones. 私たちはボーイにハムを3皿注文した. ～ un libro *a* la librería 書店に本を注文する. ❹《メキシコ, キューバ, コロンビア, ベネズエラ, アルゼンチン, ウルグアイ. 婉曲》～ un hijo ［女性が］子供をもうける, 妊娠する
—— [自]《メキシコ. 婉曲》妊娠する
—— **～se** ❶ ［+de を］引き受ける, 承諾する, 面倒を見る: 1) Ella *se encarga de* todo. 彼女がすべてを引き受ける. *De* la música *se encarga* Juan. 音楽はフアンが担当だ. *～se de* una sucursal 支店を任される, 支店長になる. 2) ［+不定詞・que+接続法］Este mecánico *se encarga de* regular la velocidad de la máquina. この工員は機械の速度調整を受け持っている. Los tribunales *se encargan de* castigar a los que no respetan las leyes. 裁判所は法を守らない人を罰する役割をになっている. El parasimpático *se encarga de que* todo cuerpo vuelva a la normalidad. 副交感神経は体全体が通常に戻るようにするのが役目である. ❷ ［自分のために］…を注文する: *～se* un traje 服をあつらえる

encargatoria [eŋkarɡatórja] [女]《チリ》～ de reo 裁判〔にかけること〕

encargo [eŋkárɡo] 〖←encargar〗 [男] ❶ 依頼; 頼まれたこと, 用件: Tengo unos *～s* que hacer. 私は用事をいくつか頼まれてい

E

encargue

る. cumplir su ～ 使命を果たす. ❷ 注文: Me hicieron un ～ de diez kilos de patatas. 私は10キロの注文を受けた. ❸ 任務, 職務, 仕事. ❹《メキシコ, アルゼンチン, ウルグアイ. 婉曲》妊娠: estar de ～ 妊娠中である
como [*hecho*] *de* (*por*) ～ あつらえ向きの, まるで注文したかのように: Esta chaqueta me viene *como hecha de* ～. この上着は私にちょうどぴったりだ
de ～ 注文して: muebles *de* ～ オーダーメードの家具
sobre ～《文語》注文による
traer de ～《メキシコ. 口語》迷惑をかける; からかう

encargue [eŋkárɣe] 男《ラプラタ. 口語》estar de ～ 妊娠中である

encariñamiento [eŋkariɲamjénto] 男 いとおしくなること, 好きになること

encariñar [eŋkariɲár]《←en-I+cariño》他 …の愛情を呼びさまし, いとおしくさせる: Es un perro cachorro que *encariña* a todos los que lo ven. この子犬を見たら誰もほうっておけなくなる
—— ～*se* [+con+事物·人 と] いとおしくなる, 好きになる: La niña *se encariñó con* el osito de peluche. 少女は熊のぬいぐるみが気に入った

encarna [eŋkárna] 女《狩猟》死んだ獲物の内臓を餌として猟犬に与えること

encarnaceno, na [eŋkarnaθéno, na] 形 名《地名》エンカルナシオン Encarnación の〔人〕《パラグアイ南東部, イタプア県の県都》

encarnación [eŋkarnaθjón]《←ラテン語 incarnatio, -onis》女 ❶《キリスト教》受肉, 托身: la *E* ～ del Verbo み言葉の受肉. 化身, 権化: Era la ～ del ideal anhelado. それはあこがれていた理想の体現だった. Es la ～ del mal. 彼は悪の権化だ. ❸《美術》肌の色

encarnadino, na [eŋkarnaðíno, na] 形 くすんだ赤色の

encarnado, da [eŋkarnáðo, ða] ❶ 肉色の, 赤い: labios ～s 赤い唇. ojos ～s 赤い目. ❷《強調》本人の: Era Luis XIII ～ 彼はルイ13世その人だった.《美術》❸《美術》肉色, 赤色.《美術》肌色

encarnadura [eŋkarnaðúra] 女 ❶《医学》1) 傷の治り具合: tener buena (mala) ～ 傷の治りが早い（遅い）. 2) 病気の回復具合. ❷《まれ》印象, 効果.《まれ》[武器による] 傷, 刀傷

encarnamiento [eŋkarnamjénto] 男《医学》癒合

encarnar [eŋkarnár]《←ラテン語 incarnare < in- (中)+caro, carnis「肉」》他 ❶《キリスト教》+en に〕受肉させる, 化身させる, 人の姿をとらせる: el Verbo *encarnado* 人となったみ言葉《イエスのこと》. diablo (demonio) *encarnado* 悪魔の化身. ❷ 体現する, 具現する: Esta persona *encarna* la injusticia. この人は不正の権化である. ～ *en* un personaje la ambición ある人物像に野望を具現する. ❸ [俳優が役を] 演じる: Madonna *encarna* a Eva Perón. マドンナがエバ·ペロンを演じる. Mastroianni *encarna* a un director de cine. マストロヤンニが映画監督に扮(ふん)する. ❹ [彫像に] 肌色を塗る
—— 自 [傷口が] 癒合する: Esta llaga no consigue ～. この潰瘍はまだ治っていない. [武器が] 身に食い込む
—— ～*se* ❶《キリスト教》受肉する, 化身する: Dios *se encarnó* en Jesucristo. 神はイエスキリストに受肉した. ❷ 体現される, 具現される: El demonio *se ha encarnado* en varias formas. 悪魔は様々な姿になって現れた. ❸ [足の爪が] 肉に食い込む: Tiene una uña *encarnada*. 彼は足の爪が肉に食い込んでいる/陥入爪.《キューバ. 口語》[欠点·誤りなどを指摘するために, +en+人と] ずっと見張る

encarnativo, va [eŋkarnatíβo, βa] 形《医学, 薬学》癒合を促進する

encarne [eŋkárne] 男《狩猟》猟犬に最初に与える獲物の肉

encarnecer [eŋkarneθér] 自 太る, 肉がつく

encarnizadamente [eŋkarniθáðaménte] 副 むごたらしく, 残忍に, 血も涙もなく

encarnizado, da [eŋkarniθáðo, ða] 形 ❶ 残忍な, むごい, 血なまぐさい: La ～*da* batalla no tuvo vencedores. その熾烈な戦いに勝者はなかった. lucha ～*da* 死闘, 激闘. discusión ～*da* 口角泡を飛ばす議論. ～ enemigo 不倶戴天の敵. ❷《まれ》充血した, 血走った

encarnizamiento [eŋkarniθamjénto] 男 ❶ 痛めつけて喜ぶような·残虐に対する] 残忍さ, 残虐性: No pude resistir la es-

cena del ～ de los niños con el pobre gato. かわいそうな猫を子供たちに虐待されているのを私は正視できなかった. ❷ ～ terapéutico [回復の見込みのない] 延命治療. ❸ 激高, 激怒

encarnizar [eŋkarniθár]《←en-I+carniza》❾ 他 ❶《狩猟》獰猛にするため, 犬に] 獣肉を与える. ❷《まれ》[人を] 激高させる
—— ～*se* ❶ [戦いなどが] 激しくなる: La pelea *se fue encarnizando* poco a poco. 争いは次第に激しさを増していった. ❷ [獣が, +con 獲物を] むさぼり食う, 激しく襲う: El león *se encarnizó con* la gacela. ライオンはガゼルに襲いかかった. ❸ [敵対する2つの勢力が] 激突する. ❹ [批評·非難などで, +con に対して] 厳しい態度をとる. ❺《まれ》激高する, 激怒する

encaro [eŋkáro] 男 ❶ 銃床の頬に当てる部分. ❷ 凝視, じっと見つめること. ❸ 狙いを定めること; 照準. ❹ 銃身の短い猟銃

encarpetar [eŋkarpetár] 他 ❶ [書類を] ファイルする, ファイルにしまう. ❷ [訴えなどを] 握りつぶす. ❸《ニカラグア, エクアドル, ペルー, チリ, アルゼンチン》[書類などを] 棚上げにする

encarrerar [eŋkar̄erár] ～*se*《メキシコ》❶ 全速力を出す. ❷ 正しい道を歩む

encarriladera [eŋkar̄iladéra] 女《鉄道》脱線した車両を軌道に戻す道具

encarrilamiento [eŋkar̄ilamjénto] 男 ❶ 線路 (軌道) に乗せること. ❷ 指導, 方向づけ

encarrilar [eŋkar̄ilár]《←en-I+carril》❶ 線路 (レール) に乗せる; [乗り物の軌道を] 修正する: Despues de derrapar, *encarrilé* de nuevo el coche. スリップした後私は車を軌道修正した. ❷ [人·物事を正しい方向へ] 導く, 指導する: ～ a su hijo en sus estudios 子供の勉強を見てやる. ❸ ～ sus negocios 商売を軌道にのせる
—— 自 [+por の方へ] 進む; うまく進展する: El problema *se ha ido encarrilando* poco a poco. 問題は徐々にいいように進んでいった
—— ～*se* [ロープが] 滑車から外れる《その結果, 絡まる》

encarroñar [eŋkar̄oɲár] 他 腐らせる, 腐敗させる
—— ～*se* 腐る

encarrujado, da [eŋkar̄uxáðo, ða] 形 ❶ 細かいしわが寄った. ❷《メキシコ》[土地が] 凸凹のある
—— 男《古語》[絹織物の] フリル, 細かいひだ

encarrujar [eŋkar̄uxár] ～*se* [糸·髪の毛·蔓などが小さく] よじれる, 縮れる

encartación [eŋkartaθjón] 女 ❶ 納税台帳への] 登録, 記載. ❷《歴史》[部族·土地の領主への] 臣従, 隷属; 臣従した部族 (土地). ❸《歴史》[周辺地域にも及ぶ] 特権を与えられた領地

encartado, da [eŋkartáðo, ða] 形 名 ❶《法律》1) 被告〔の〕. 2)《古語》不在被告人〔の〕. ❷《地名》エンカルタシオネス Encartaciones の〔人〕《ビスカヤ県東端の地方》

encartamiento [eŋkartamjénto] 男 ❶《法律》1) 起訴. 2)《古語》不在被告人への判決通知. ❸ [納税台帳への] 登録, 記載 ❹=encartación

encartar [eŋkartár]《←en-I+carta》他 ❶《法律》1) 起訴する《主に 過分》(「被告」として): Los presuntos culpables fueron *encartados* por tráfico de drogas. 容疑者は麻薬売買で起訴された. 2)《古語》[不在被告人を裁判所に] 召喚する. ❷ [納税台帳に] 登録する; [納税者として] 記載する. ❸《印刷》[投げ込み·別刷りを] 入れる: En este número van *encartadas* las secciones IV y V como fascículos independientes. 今月号には別冊付録として第4部と第5部が付いている. ❹《トランプ》[要求された組札を] 出す. ❺《まれ》[人を, +entre に] 含める, 入れる. ❻《コロンビア. 口語》[+con 嫌なことを] …に押しつける
—— 自《地方語》[言ったり·したりする] いい機会である; ふさわしい, 当てはまる: Cuando *encarte*, te lo contaré todo. 機が熟せばすべて君に話すから
—— ～*se* ❶《トランプ》[他の人と] 同じ組札を集める. ❷ [言ったり·行なったりする] いい機会である: si *se encarta* 機会があれば, 適当な時期に. ❸ [+con に] 当惑する, 頭を痛める. ❹《コロンビア. 口語》[+con 嫌なことを] 背負い込む

encarte [eŋkárte] 男 ❶《トランプ》1) 要求された組札を出すこと; 他の人と同じ組札を集めること. 2)《一回の勝負が終わった後の》札の順位. ❷ [本·雑誌などの] 別冊, 別刷り, 折り込み: La revista trae un ～ sobre las elecciones. 雑誌には選挙関係の別冊がついている. ❸《コロンビア. 口語》迷惑

encartelar [eŋkartelár] 他 …にポスターを貼る
encartonado [eŋkartonáðo] 男《製本》厚紙装丁
encartonador, ra [eŋkartonaðór, ra] 形 名 厚紙で装丁する〔工員〕
—— 女 厚紙製本機
encartonar [eŋkartonár] 他 ❶ ボール紙で包装する: ~ la cristalería para protegerla de los golpes 衝撃から守るためガラス製品をボール紙で包む. ❷《製本》厚紙で装丁する, 厚表紙をつける
encartuchar [eŋkartutʃár] 他 ❶〔弾薬を〕薬莢に詰める. ❷《プエルトリコ, コロンビア, エクアドル, チリ》円錐形に巻く. ❸《チリ. 口語》〔金を〕ポケットにしまう
encasamento [eŋkasaménto] 男 =encasamiento
encasamiento [eŋkasamjénto] 男《建築》〔壁・丸天井などの〕帯状または剖形の装飾
encasar [eŋkasár] 他《医学》〔脱臼した骨を〕元に戻す, 整骨する
encascabelar [eŋkaskaβelár] 他 …に鈴cascabelを付ける
encascar [eŋkaskár] 自〔釣り道具に〕樹皮で着色する
encascotar [eŋkaskotár] 他 ❶〔穴などを〕瓦礫cascoteでふさぐ. ❷《建築》モルタルに瓦礫を混ぜる
encasillable [eŋkasiʎáβle] 形 分類され得る, 分類可能な
encasillado [eŋkasiʎáðo] 男 ❶ 整理棚. ❷〔与党の〕候補者リスト
encasillador, ra [eŋkasiʎaðór, ra] 形 名 分類する〔人〕
encasillamiento [eŋkasiʎamjénto] 男 決めつけ, 固定的な分類
encasillar [eŋkasiʎár]《←en-I+casilla》他 ❶〔+en に〕分類する, 格付けする; 固定化する, 決めつける: Le han encasillado en el papel de malo. 彼は悪役だと決めつけられている. ❷〔書類などを〕整理棚に入れる, 分類整理する: ~ las cartas 手紙を区分ける. ~ los documentos 文書を整理する. ❸《政治》〔政府が与党の〕候補者を選挙区に割り振る
—— ~se《政治・思想》に同調する, 与(<ruby>くみ<rt></rt></ruby>)する, 傾倒する
encasquetar [eŋkasketár]《←en-I+casquete》他 ❶〔帽子などを〕深くかぶらせる. ❷《口語》〔考え・意見を〕押しつける, 吹き込む: ¿Quién te *ha encasquetado* esa idea tan absurda? 誰が君にそんなばかげた考えを吹き込んだんだ? ❸《口語》〔厄介・不快なことを〕押しつける: Nos *encasquetó* una larga y aburrida perorata. 私たちはつまらぬ長話を延々と聞かされた. ❹《口語》〔厄介なことを〕押しつける: El jefe siempre me *encasqueta* lo más difícil de la oficina. 上司にいつも私に一番難しい仕事を押しつける. ❺《演劇》〔俳優に〕同じような役ばかりを割り振る. ❻《口語》殴る, 叩く: ~ una bofetada びんたを食らわせる
—— ~se ❶〔帽子などを〕目深にかぶる: Se encasquetó la gorra y salió de casa corriendo. 彼は帽子を目深にかぶり, 走って家を出て行った. ❷《口語》〔考えが〕こびりつく, 思い込む: Se le ha encasquetado [la idea de] irse del pueblo. 彼は村を出て行くという考えに取りつかれている. ❸《アンダルシア》勝手に入り込む
encasquillador [eŋkaskiʎaðór] 男《中南米》装蹄師
encasquillar [eŋkaskiʎár] 他 ❶ 口金(はめ輪)をはめる. ❷《中南米》〔馬などに〕蹄鉄を打つ, 装蹄する〔=herrar〕
—— ~se ❶ 銃身に弾丸が詰まる, 不発に終わる. ❷《キューバ. 口語》おじけづく
encastado, da [eŋkastáðo, ða] 形《闘牛》〔その血統の〕代表的な, 典型的な
encastar [eŋkastár] 他 ❶〔交配して〕家畜の品種を改良する. ❷《まれ》=encastrar
—— 自 繁殖する
encaste [eŋkáste] 男 ❶ 家畜の品種改良. ❷《まれ》=encastre
encastillado, da [eŋkastiʎáðo, ða] 形 ❶〔事が〕執拗な. ❷ 高慢な, 尊大な
encastillador, ra [eŋkastiʎaðór, ra] 形 城を築く
encastillamiento [eŋkastiʎamjénto] 男 ❶ 固執, 頑迷. ❷ 築城; 籠城, 立てこもり
encastillar [eŋkastiʎár]《←en-I+castillo》他 ❶〔+場所 に〕城を築く. ❷ 積み重ねる: ~ los ladrillos 煉瓦を積む. ❸《建築》足場を組む. ❹〔ミツバチが〕女王蜂用の巣室を作る
—— ~se ❶ 籠城(<ruby>ろうじょう<rt></rt></ruby>)する, 立てこもる: ~se en un risco 岩山に立てこもる. ❷〔+en に〕固執する: ~se en su negativa どうしてもだめだと言って聞かない. ~se en ideas fijas 固定観念で凝り固まる

encastrar [eŋkastrár]《←ラテン語 incastrare》他 ❶〔+en に〕ぴったりはめ込む: ~ el frigorífico *en* el hueco de la cocina キッチンのすき間にはめ込む. ❷〔歯車などを〕かみ合わせる
encastre [eŋkástre] 男 ぴったりはめ込むこと
encasullar [eŋkasuʎár]《ムルシア》〔植物に〕肥料をやる
—— ~se《ムルシア, 俗語》結婚する
encatastrar [eŋkatastrár]《地方語》土地台帳に登録する
encatiar [eŋkatjár] 自 ~se《動物が》横になる, 休む; うずくまる
encatrado, da [eŋkatráðo, ða] 形《チリ, アルゼンチン. 口語》簡易ベッド catre で寝ている〔横になっている〕
—— 男 ❶《キューバ, チリ》〔足付きの〕壇. ❷《チリ, アルゼンチン 集名》〔果樹などの棚の〕支柱
encatrar [eŋkatrár] ~se《チリ, 口語》…と寝に行く
encatrinar [eŋkatrinár] ~se《メキシコ》ドレスアップする, 上品に装う
encatusar [eŋkatusár] =engatusar
encauchado, da [eŋkautʃáðo, ða] 形《コロンビア, ベネズエラ, エクアドル》ゴムで防水加工した〔ポンチョ〕
encauchar [eŋkautʃár] 他《中南米》ゴムでコーティングする, ゴムを引く
encausado, da [eŋkausáðo, ða] 形 訴訟を起こされた〔人〕
encausamiento [eŋkausamjénto] 男 起訴, 告訴
encausar [eŋkausár]《←en-I+causa》他 起訴する, 告訴する: Le *encausaron* por participar en un fraude. 彼は詐欺に加担したかどで告訴された
encauste [eŋkáuste] 男 =encausto
encáustico, ca [eŋkáustiko, ka] 形 蠟画の
—— 男 ❶ つや出しワックス. ❷ 蠟画〔=encáustica〕
—— 女《美術》❶ 蠟画. ❷ 蠟画法
encausto [eŋkáusto] 男 ❶《美術》蠟画法: al ~ 蠟画法の・で. pintura al ~ 蠟画. ❷《古代ローマ》〔皇帝が署名に使う〕赤いインク
encauzador, ra [eŋkauθaðór, ra] 形 名 誘導する〔人〕
encauzamiento [eŋkauθamjénto] 男 ❶ 誘導, 方向づけ: ~ de las almas 魂の善導. ~ de sus hijos por el camino recto de la vida 息子たちを人生の正しい方向に導くこと. ❷ 水路をつけること
encauzar [eŋkauθár]《←en-I+cauce》他 ❶〔+hacia の方へ〕導く, 誘導する: El director *encauza* la discusión. 部長が議論の方向付けをする. ~ su vida tras su salida de la cárcel 出所後の人生設計をする. ~ las ayudas *hacia* las zonas menos favorecidas 恵まれない地域に援助を誘導する. ❷〔流れを〕水路で導く; 〔水路を〕開く, つける: ~ las aguas del río para regar los campos 田畑を灌漑するため川の水を導く. ~ el río para evitar nuevos desbordamientos 新たな洪水を防ぐため川に水路を設ける
—— ~se 順調に機能する, スムーズに進む: Sus negocios *se han encauzado* bastante bien. 彼のビジネスはうまく軌道に乗った
encavar [eŋkaβár] 他《古語》穴を掘る
—— ~se ❶〔鳥・ウサギなどが〕穴に隠れる. ❷《まれ》〔人が〕家に入る
encebadamiento [enθeβaðamjénto] 男《獣医》〔馬が食後に水を飲みすぎて起こす〕鼓腸症の一種
encebadar [enθeβaðár]〔馬に〕大麦を与えすぎる
—— ~se《獣医》〔馬が〕鼓腸症 encebadamiento を起こす
encebollado, da [enθeβoʎáðo, ða] 形《料理》タマネギをたくさん使った〔煮込み〕: ~ de ternera 子牛肉とタマネギの煮込み. ❷《エクアドル》ゆでたツナ・タマネギ・ユッカ・トマトのシチュー
encebollar [enθeβoʎár] 他《料理》〔煮込みに〕タマネギをたくさん入れる
encefalalgia [enθefalálxja] 女《医学》頭痛
encefálico, ca [enθefáliko, ka] 形《解剖》脳の, 脳性の: masa ~ca 脳髄
encefalina [enθefalína] 女《生化》エンケファリン
encefalítico, ca [enθefalítiko, ka] 形《医学》脳炎の
encefalitis [enθefalítis] 女《医学》脳炎. endémica 地方性脳炎. ~ japonesa 日本脳炎. ~ letárgica 嗜眠性脳炎
encéfalo [enθéfalo]《←ギリシア語 enkephalon < en-(中に)+kephale「頭」》男《解剖》脳, 脳髄〔《口語》seso〕
encefalocele [enθefaloθéle] 女《医学》脳ヘルニア

encefalografía [enθefalografía] 女《医学》脳造影(法)
encefalograma [enθefalográma] 男《医学》脳造影図: ～ plano フラットな脳波〖脳死状態であることを示す〗
encefalomielitis [enθefalomjelítis] 女《医学》脳脊髄炎: ～ miálgica 筋痛性脳脊髄炎
encefalopatía [enθefalopatía] 女《医学》脳障害, 脳症: ～ espongiforme 海綿状脳症
encefalorraquídeo, a [enθefalor̄akíðeo, a] 形《解剖》脳髄の
enceguecedor, ra [enθeɣeθeðór, ra] 形《中南米》目のくらむ
enceguecer [enθeɣeθér] 39 他《主に中南米》❶ [光で]目をくらませる: Las luces de un coche me *enceguecieron*. 車のライトで私は目がくらんだ. ❷ 判断力(理性)を失わせる, 動転させる; 怒りに我を忘れさせる
── 自, ～se《主に中南米》❶ 目がくらむ. ❷ 判断力(理性)を失う, 動転する; 怒りに我を忘れる: Ella *se encegueció* con sus problemas amorosos. 彼の浮気で彼女は善悪の見境がつかなくなった. ～ de rabia 怒りで理性を失う
enceguecido, da [enθeɣeθíðo, ða] 形《主に中南米》目の見えない
encelado, da [enθeláðo, ða] 形《アラゴン》ほれ込んだ, ぞっこん
encelajar [enθelaxár] ～se [単人称] 空に瑞雲 celaje がかかる
encelamiento [enθelamjénto] 男 嫉妬させる(する)こと
encelar [enθelár] I [←celo] 嫉妬させる: Su mujer lo *encela* porque coquetea con todos. 奥さんが誰にでも色っぽくふるまうので彼はやきもちをやいている
── ～se ❶ [+de に] 嫉妬する, やきもちをやく: *Se encela* de su hermanito. 彼は弟に嫉妬する. ❷ [動物が] さかりがつく, 発情期になる
II [←ラテン語 in-+celare] 他《まれ》隠す
enceldamiento [enθeldamjénto] 男 独房に入れる(入る)こと
enceldar [enθeldár] 他 独房に入れる
── ～se 独房に入る
encella [enθéʎa] 女 チーズ(凝乳)を作る型
encellar [enθeʎár] 他 チーズ(凝乳)の型に入れる
encelofanar [enθelofanár] 他 =celofanar
encementar [enθementár] 他 セメントで覆う(舗装する)
encenagado, da [enθenaɣáðo, ða] 形 泥だらけの, 泥まみれの
encenagamiento [enθenaɣamjénto] 男 泥だらけになること
encenagar [enθenaɣár] [←en- I+ラテン語 caenum「泥土, 泥」] 8
── ～se ❶ 泥まみれになる, ぬかる: *Se me ha encenagado* la bicicleta. 私の自転車は泥だらけになった. El jardín está *encenagado*. 庭はぬかるんでいる. ❷ ぬかるみにはまる, 泥に足を取られる: Las ruedas del coche *se encenagaron* y no pudimos continuar camino. 車のタイヤは泥にはまって私たちは進めなくなった. ❸ [+en] 堕落する, 快楽にふける: Este hombre está *encenagado en* el juego. この男は賭け事に溺れている
encencerrado, da [enθenθer̄áðo, ða] 形 鈴(カウベル) cencerro を付けた
encendaja [enθendáxa] 女 [時に 複] 焚(た)きつけ[枯葉, 小枝など]
encendedor, ra [enθendeðór, ra] 形 火をつける, 点火用の
── 男 ❶ ライター〖=mechero〗: ～ de cigarrillos たばこ用ライター. ～ de gas ガスライター. ❷ [コンロなどの]点火器, 点火装置: ～ de cocina/～ del gas ガス点火具. ❸ [歴史][街灯の]点灯夫
encender [enθendér] [←ラテン語 incendere「焼く, 燃やす」← in-(中)+candere「焼ける」] 24 他 ❶ 火をつける, 点火する〖⇔apagar〗: Intenté ～ la vela. 私はろうそくを灯そうとした. Tuvo que ～ una cerilla para verme. 彼は私を見るためにマッチをすらなければならなかった. ～ el cigarrillo 火をつける. ❷ ～ el gas ガスに着火する. ～ la estufa ストーブをつける. ❸ [明かりを]点灯する; [電気器具などの]スイッチを入れる; [エンジンを]スタートさせる: *Encendió* la luz de adentro del coche. 彼は室内灯をつけた. La luz del comedor estaba *encendida*. 食堂の明かりがついていた. Tienes la televisión *encendida*. 君はテレビをつけたままだ. ～ el ordenador コンピュータの電源を入れる. ❸ 引き起こす, 始める: ～ la guerra 戦争を引き起こす. ❹ [欲望・情熱などを]燃え上がらせる; 性的に興奮させる: ～ la cólera de+人 …の怒りをかき立てる. ❺ 熱くする, ほてらせる: La pimienta *enciende* la lengua. コショウは舌にひりひりする. El guiso me *encendía* la boca. シチューで

[辛くて]口がひりひりした. ❻ [色を]鮮やかにする. ❼ [猟犬に]獣肉を食わせる
── 自 火がつく, 着火する: Este mechero no *enciende*. このライターはつかない
── ～se ❶ 火(明かり)がつく, 点火する; 点火される: *Se encendió* la luz de la Navidad. クリスマスの明かりが点灯された. ❷ 興奮する; 顔を赤らめる; 性的に興奮する: ～se de cólera 怒りで真っ赤になる. ❸ [戦争などが]起こる, 始まる. ❹ [色が]鮮やかになる
encendidamente [enθendídaménte] 副 激しく, 熱狂的に, 熱烈に, 懸命に, 情熱的に; かっとなって
encendido, da [enθendíðo, ða] 形 ❶ 激しい, 高揚した: hacer una ～*da* defensa de... …を必死に擁護する. lucha ～*da* 激闘. palabras ～*das* 激しい言葉. ❷ 性的に興奮した. ❸ [色, 特に赤色が]鮮やかな, 真っ赤な; 鮮やかな白
── 男 ❶ 点火, 着火, 発火: ～ espontáneo 自然着火. 点灯; [電気器具などの]スイッチを入れること: presionar el botón de ～ 起動スイッチを押す. tecla de ～ (情報)スタートボタン. ❸ [エンジンの]点火装置: avería en el ～ 点火装置の故障. bobina de ～ イグニッションコイル. ～ electrónico 電子点火
encendimiento [enθendimjénto] 男 ❶ 燃焼. ❷ [感情などの]激しさ, 熱情. ～ de las pasiones 激情. ～ de la sangre 血が騒ぐこと. ❸ 性的興奮, 欲情
encenizar [enθeniθár] 9 他 …に灰をかぶせる
encentador, ra [enθentaðór, ra] 形 使い始める
encentadura [enθentaðúra] 女 [まれ]使い始め, 始まり
encentamiento [enθentamjénto] 男 [まれ] =encentadura
encentar [enθentár] 23 他 ❶ 始める, 手をつける; 使い始める: ～ un jamón ハムを切る. ❷ [体を]傷める, 膿ませる; [手足の一部を]切る
── ～se [体の一部が]すれる, 床ずれ(靴ずれ)ができる
encentrar [enθentrár] 他 =centrar
encepador [enθepaðór] 男 銃床を取り付ける人
encepadura [enθepaðúra] 女《木工》横木で固定すること
encepar [enθepár] 自《植物が》根を張る
── 他 ❶ [人に]枷(かせ) cepo をはめる. ❷《木工》[木材を]横木で固定する. ❸ [銃身に]銃床を取り付ける. ❹ [船舶][錨に]横木を取り付ける
── ～se ❶《植物》深く根を張る. ❷《船舶》[錨索が]錨の横木に絡まる
encepe [enθépe] 男 植物が根を張ること, 根付き
encerado, da [enθeráðo, ða] 形 蝋色の: Tenía el rostro de color ～ a causa de la enfermedad. 病気のせいで彼の顔は血の気がなかった
── 男 ❶《西》黒板〖=pizarra〗. ❷ ワックスがけ: Está acabado el ～ del suelo. 床のワックスがけは終わっている. ❸ [床・家具に塗られた]ワックスの層. ❹ オイルクロス, 防水クロス. ❺ [窓に張る]すきま風を防ぐ布(紙). ❻ 蠟を塗った膏薬
encerador, ra [enθeraðór, ra] 男 女 ワックスをかける[人]
── 女 床磨き機, ワックスがけ機
enceramiento [enθeramjénto] 男 ワックスがけ
encerar [enθerár] [←ラテン語 incerare] 他 ❶ ワックスをかける, 蠟を塗る: ～ el suelo 床をワックスで磨く. ❷ [ろうそくの]蠟で汚す. ❸ [左官が]石灰を濃くする
── ～se 穂が黄金色に色づく
encercamiento [enθerkamjénto] 男《古語》取り巻くこと, 包囲
encercar [enθerkár] 7 他《古語》=cercar
encernadar [enθernaðár] 他 灰 cernada をまぶす
encerotar [enθerotár] 他 [製靴用の糸などに]ワックス cerote を塗る
encerradero [enθer̄aðéro] 男 ❶ [剪毛・避寒など用の, 家畜の]囲い場. ❷《闘牛》牛の囲い場〖=toril〗
encerrador, ra [enθer̄aðór, ra] 形 男 閉じこめる[人]
── 男 [畜殺場へ]牛などを追い込む作業員
encerradura [enθer̄aðúra] 女 =encerramiento
encerramiento [enθer̄amjénto] 男 ❶ 閉じ込め; 監禁, 幽閉: sensación de ～ 閉塞感
encerrar [enθer̄ár] [←en- I+cerrar] 23 他 ❶ [+en に]閉じこめる, 監禁する, 幽閉する: Por miedo a que desapareciera, le *encerraban* en casa. いなくなることを恐れて彼らは彼を家に閉じこめた. ～ a+人 *en* una clínica …を病院に監禁する. Estás para que te *encierren*. 君は頭がおかしい. ❷ [物を]しまい込

む, 隠す: ~ los documentos en lugar secreto 書類を秘密の場所にしまう. ❸ [内容として] 持つ, 秘めている; 伴う, 内包する: Ese libro encierra mucha sabiduría. その本には知識が詰まっている. Esta pregunta encierra una trampa. この質問には罠が隠されている. ❹ [字句を, +entre かっこなどで] 囲む, くくる: ~ una frase entre paréntesis 句をかっこで囲む. ❺ 《ゲーム》[相手の駒を] 動けなくする, はさむ. ❻ 《牛が闘牛士を》追いつめる. ❼ 《古語, 隠語》…の家まで跡をつける, ねぐらを突き止める
── ~se ❶ 閉じこもる, 引きこもる: Me encerré en el estudio. 私は書斎に閉じこもった. María se encerró en la habitación sin dejar de llorar. マリアは泣き止まずに部屋に閉じこもった. ❷ [抗議行動などで] 立てこもる: Es preciso que nos encerremos bajo llave. 我々は鍵をかけて立てこもる必要がある. ❸ 隠遁する; 出家する. ❹ [自説などに] 固執する, こだわる: Se encerró en un mutismo arisco. 彼は無愛想に黙ってしまった. ~se en sí mismo 自分の殻に閉じこもる. ~se en su mundo 自分の世界に閉じこもる
sentirse encerrado 閉塞感を感じる

encerrizar [enθeriθár] [9] 《アストゥリアス》❶ けんかをふっかける; いらいらさせる. ❷ 発奮させる, 励ます
── ~se [+en に] 固執する, こだわる
encerrona [enθeróna] [←encerrar] 囡 ❶ 罠, 策略: preparar (tender) a+人 una ~ …を罠にかける. ❷ [抗議の] 座り込み. ❸ 《闘牛》[若牛による] 非公開の闘牛. ❹ 《ドミノ》手元に牌をたくさん残しながらの終局
encespedar [enθespedár] 囮 芝生で覆う, 芝を植える
encestado, da [enθestáðo, ða] 圏 男 かご状の模様[の]
encestador, ra [enθestaðór, ra] 圏 名 《バスケットボール》シュートする[人], ポイントゲッター[の]
encestar [enθestár] [←en- I+cesta] 他 ❶ かごに入れる: ~ la fruta para transportarla 運ぶため果物をかごに入れる. ❷ 《バスケットボール》シュートをする: ~ un triple 3点シュートを入れる. ❸ [+en に] うまく投げ入れる
── 自 《バスケットボール》シュートを決める
enceste [enθéste] 男 《バスケットボール》シュート, 得点
encetadura [enθetaðúra] 囡 切り始めること; [物事の] 開始, 始まり
encetar [enθetár] [←ラテン語 inceptāre] 他 ❶ [物事を] 始める. ❷ [食べ物を最初に] 切る [=encentar]
enchalecar [entʃalekár] [7] 他 《南米》…に拘束衣を着せる
enchamicar [entʃamikár] 他 《コロンビア, エクアドル》チョウセンアサガオを媚薬として与える
enchancletar [entʃaŋkletár] 他 ❶ [人に] スリッパを履かせる. ❷ [靴の後ろを踏んで] 履く
── ~se ❶ スリッパを履く. ❷ 靴の後ろを踏んで履く, 靴をつっかける
enchapado [entʃapáðo] 男 薄板張り, 化粧板張り
enchapador, ra [entʃapaðór, ra] 圏 男 化粧板張りの[職人]
enchapar [entʃapár] 他 化粧板を張る
enchape [entʃápe] 男 《アンデス》化粧板張り
enchapinado, da [entʃapináðo, ða] 圏 《建築》穹窿の上に建てた
enchaquetado, da [entʃaketáðo, ða] 圏 上着を着た
encharcada [entʃarkáða] 囡 《まれ》水たまり, ぬかるみ
encharcamiento [entʃarkamjénto] 男 ❶ 浸水, 水びたし: ~ del terreno del juego グランドコンディションの不良. ❷ 《医学》 浸潤: ~ de los pulmones 肺浸潤
encharcar [entʃarkár] [←en- I+charco] [7] 他 ❶ 水びたしにする, 浸水させる: Las intensas lluvias han encharcado los caminos. 豪雨で道路は水びたしになった. ❷ [水分の取りすぎで胃を] チャプチャプにする: La gaseosa me encharcó el estómago. 私は炭酸水を飲み過ぎてお腹がチャポチャポいっている. ❸ 《医学》浸潤(しんじゅん)する
── ~se ❶ 水びたしになる. ❷ [胃が] チャプチャプになる. ❸ 《医学》浸潤を起こす: Se le encharcaron los pulmones. 彼の肺は浸潤を起こした. ❹ [+en に] ふける: Se fue encharcando cada vez más en sus negocios. 彼はどんどん仕事にのめり込んでいった
encharolar [entʃarolár] 他 エナメル革を磨く
enchascar [entʃaskár] [7] 他 《地方語》穀物を広げる
enchastrar [entʃastrár] 他 《ラプラタ. 口語》汚す
enchastre [entʃástre] 男 《ラプラタ. 口語》汚れ

enchavetar [entʃabetár] 他 《船舶》[ボルトなどを] コッターピンで固定する
enchegar [entʃegár] [8] 他 《地方語》[器具を] 動かす
enchichar [entʃitʃár] ~se 《コロンビア》❶ チチャ chicha で酔っ払う. ❷ かんしゃくを起こす
enchilada [entʃiláða] 囡 ❶ 《トランプ》[オンブル tresillo の] 賭け金. ❷ 《メキシコ, 中米. 料理》エンチラーダ [トルティーヤに肉などを入れチリソース chile をかけたもの]
enchilado [entʃiláðo] 男 《メキシコ, キューバ》チリソースのシチュー
enchilar [entʃilár] [←en- I+chile] 他 ❶ 《メキシコ, 中米》チリソースで味つけする. ❷ 《メキシコ, ニカラグア》いらだたせる
enchilorar [entʃilorár] 他 《パナマ》逮捕する, 収監する
enchiloso, sa [entʃilóso, sa] 圏 《メキシコ》ピリッと辛い
enchinar [entʃinár] 他 《地方語》小石で覆う(飾る). ❷ 《メキシコ》[髪に] パーマをかける
── ~se 《メキシコ》~se el cuerpo (la piel) 鳥肌が立つ
enchinarrar [entʃinarár] 他 石を敷き詰める
enchinchar [entʃintʃár] 他 《メキシコ, グアテマラ. 口語》うんざりさせる
── ~se 《中南米. 口語》腹を立てる
enchinchorrar [entʃintʃorár] ~se 《ベネズエラ. 口語》ハンモックで寝る
enchipar [entʃipár] 他 《コロンビア》くるむ, 巻く. ❷ 《ペルー, ボリビア》袋に入れる
enchiquelar [entʃikelár] 他 《地方語》投獄する
enchiqueramiento [entʃikeramjénto] 男 ❶ 《闘牛》牛を囲いに入れること. ❷ 《西. 口語》投獄
enchiquerar [entʃikerár] 他 ❶ 《闘牛》[牛を] 囲い toril に入れる. ❷ 《西. 口語》刑務所に入れる, 投獄する
enchironar [entʃironár] 他 《西. 口語》刑務所に入れる
enchispar [entʃispár] ~se 《主に中南米》ほろ酔い機嫌になる
enchisterado, da [entʃisteráðo, ða] 圏 シルクハットをかぶった
enchivar [entʃibár] ~se ❶ 《プエルトリコ, コロンビア, エクアドル. 口語》かんしゃくを起こす. ❷ 《ドミニカ. 口語》[車が] 動かなくなる. ❸ 《アンデス. 口語》[子供が] 消化不良になる
enchorrilar [entʃoriár] 他 《ラマンチャ》一列に並べる
enchuchao, cha [entʃutʃáo, tʃútʃa] 圏 《パナマ》迷惑に思う, 腹を立てる
enchuecar [entʃwekár] [7] 他 《メキシコ, チリ. 口語》曲げる, たわめる
── ~se 《メキシコ, チリ. 口語》曲がる, たわむ
enchufable [entʃufáble] 圏 《電気》接続可能な
enchufado, da [entʃufáðo, ða] 圏 名 《軽蔑》コネのある[人], コネで採用された[人]; お気に入り[の]: Está ~. 彼にはコネがある. Es un ~ del jefe. 彼は上司のお気に入りだ
enchufar [entʃufár] [←握拳] 他 ❶ 《電気》接続する: ~ la plancha アイロンのコンセント(スイッチ)を入れる. ❷ [管を, +en と] つなぐ: ~ la manguera a otra ホースをもう1本のホースにつなぐ. ❸ 《口語》[光・水などを] 当てる; [ある方向に] 向ける: Le he enchufado la manguera a la cara. 私は彼の顔にホースを向けた. ❹ 《軽蔑》コネで採用する(受賞させる): Ha enchufado a su hijo en un puesto muy bueno. 彼はコネで息子をいい地位につけさせた. ❺ 《木工》[出っ張った部分を] 合わせる
── 自 [管などが] つながる: La manga de riego no enchufa. 散水ホースがつながらない
── ~se コネでいい仕事を得る
enchufe [entʃúfe] [←enchufar] 男 ❶ 《電気》コンセント, ジャック, ソケット [= ~ hembra, ~ de base, caja de ~]; プラグ [= ~ macho, clavija]. ❷ [管などの] 接続部分, スリーブ: conectar el ~ de la lavadora al grifo 洗濯機のホースを蛇口につなぐ. ❸ 《主に西. 口語》[時に 複] コネ, 縁故, 影響力; 裏工作: Le han aprobado porque tiene ~ con el profesor. 教授のコネがあったので彼は合格した. tener un buen ~ よいコネがある. por ~ コネで, コネをきかせて. tener buen ~ con ~ とよい仕事, 楽な仕事
enchufismo [entʃufísmo] 男 《西. 軽蔑》コネを使うこと; 裏工作: recurrir al ~ コネに頼る
enchufista [entʃufísta] 圏 《西. 軽蔑》よくコネを利用する人; 黒幕, フィクサー
── 圏 《まれ》コネの; 裏工作の
enchufle [entʃúfle] 男 《プエルトリコ, ドミニカ》コンセント, プラグ [=enchufe]

enchulamiento [entʃulamjénto] 男 ごろつき(ひも)になること
enchular [entʃulár] ~**se**《西.口語》❶ ごろつき(よたもの)になる。
❷ [男が女の] ひもになる; [女が男に] 貢ぐ; [女が男をひもに] する
enchuletar [entʃuletár]《木工》[木材の穴に] 詰め物をする
enchumbar [entʃumbár] 他《カリブ》[人を] ずぶぬれにする
enchutar [entʃutár] 他《中南米》入れる,はめる
enchute [entʃúte] 男《ホンジュラス》九柱戯 [=boliche]
-encia《接尾辞》❶ [-ente で終わる形容詞+. 女性名詞化. 性状] dem*encia* 狂気. ❷ [er・ir 動詞+. 女性名詞化] 1) [動作・結果] asist*encia* 出席. 2) [役職] presid*encia* 大統領職
encía [enθía]《←ラテン語 gingiva》女 [解剖] [主に 複] 歯茎, 歯肉: A veces me sangran las ~s. 私は時々歯茎から血が出る
encíclica [enθíklika]《←ギリシア語 enkyklios》女《カトリック》回勅《教皇が全司教宛に出す教書》
enciclopedia [enθiklopédja]《←ギリシア語 en- I+kyklos paideia 「包括的な教育」》女 ❶ 百科事典. ❷ 博学, 博識: Este hombre es una verdadera ~ viviente. この男は本当の生き字引だ. ❸《歴史》百科全書派
enciclopédico, ca [enθiklopédiko, ka] 形 ❶ 百科事典的な: diccionario ~ 百科事典. ❷ 博学, 博識の: tener un saber ~ 該博な知識をもつ. cultura ~ca 幅広い教養
enciclopedismo [enθiklopedísmo] 男《18世紀フランスの》百科全書主義
enciclopedista [enθiklopedísta] 形 男女 ❶ 百科事典の [執筆者・編集者]. ❷ 百科全書派[の]
encielar [enθjelár] 他《チリ》…に屋根(覆い)をつける
encierra [enθjéřa] 女《チリ》❶ [畜殺場への] 家畜の追い込み. ❷ 冬季用の牧場
encierro [enθjéřo]《←encerrar》男 ❶ 引きこもり; 隠遁, 隠居; 籠城: vivir en un perpetuo ~ 隠遁生活をおくる. Los trabajadores en huelga realizaron ~ en el interior de la fábrica. スト中の労働者は工場内に閉じこもった. ❷ 監禁, 幽閉. ❸ 引きこもる (閉じこめる) 場所: Este despacho es su ~ preferido para concentrarse. この事務室は彼が集中したい時にお気に入りの隠れ家だ. ❹ [連絡のとれないような離れた場所にある] 狭い独房. ❺《闘牛》1) 囲い [=toril]; 牛を囲いに入れること. 2) 牛追い《狭い道を通って牛を闘牛場まで追い込む催し. 特にパンプローナのサンフェルミン祭 sanfermines での牛追いが有名》
encima [enθíma]《←en- I+cima》副 ❶《その上に》1) [接して・重ねて] Lleva un jersey ~. 彼は上にセーターを着ている. Los que vivían ~ se han marchado. 階上の住人が引っ越した. 2) [離れて] 上方に, 頭上に: Tenéis el sol justo ~. 君たちの真上に太陽がある. Me cagó un pájaro ~. 上空の鳥が私に糞を落とした. ❷ [+de で] 《語義 **sobre, encima de**, **en** はいずれも「…の上に」の意味で使われるが, en が一般的である. ただし sobre と encima de は表面から離れていても使えるのに対し, en は表面に接している場合にしか用いられない. 「平面上」を強調する場合は sobre を用いる: No camines *sobre* la mesa. テーブルの上なんか歩くもんじゃありません. en と sobre は「平面上」だけでなく「垂直面上」も指す: Cuelga este cuadro *en* (*sobre*) la pared. この絵を壁に掛けなさい. 話者が「高さ」を意識した時は sobre のみを用いる: Las botas de esquiar están en una caja, *encima de*l armario. スキー靴は箱の中, 戸棚の上. sobre と encima de は違って内部は指せない. また抽象的な意味では *sobre* が主》: 1) [接して] Deja la taza ~ de la mesa. カップをテーブルの上に置きなさい. La tarta tiene avellanas por ~. そのケーキは上にヘーゼルナッツが載っている. Me colocaron el sensor ~ de la pared. 私はセンサーを壁に取り付けた. 2) [離れて] Vemos las gaviotas volar ~ de nosotros. 私たちはカモメが頭上を飛ぶのを見た. 3) 上位に: Siempre está ~ de sus empleados. 彼はいつも雇い人たちの上に立っている. Respetamos la vida humana ~ de todo. 私たちは何よりも人命を大切にする.《語法》「+de+前置詞格代名詞」の代わりに「+所有形容詞完全形」を用いるのは《誤用》: ○ ~ de mí/× ~ mío 私の上に. ❸ [+de+不定詞・que+直説法] 《…である上に》1) E~ de ser guapo es gracioso. 彼はハンサムな上に, 面白い. E~ de que me hacen trabajar más de 10 horas al día, no me pagan bien. 彼らが私に1日10時間以上働かせるうえに給料もよくない. ❹ [+de que+直説法. 譲歩] 《…であるのに》: E~ de que no come, engorda. 彼は食べなくても太る. ❺ 身に付けて, 所持して: Nos habíamos echado ~ pesados abrigos, bufandas y gorros de piel. 私た

ちは厚いオーバーに, マフラーをして毛皮の帽子をかぶった. Se puso un delantal ~ del vestido. 彼女はドレスの上にエプロンをした. No tengo dinero ~. 私は金の持ち合わせがない. ❺ [距離的に] すぐ近くに; [時間的に, 主に困った状況で] さし迫って: El día del pago estaba ~. 支払期日が迫っていた. ❻ 追加して, その上, さらに: Me dio diez euros y ~ uno. 彼は10ユーロくれて, さらに1ユーロくれた. ¿Qué esperas, que ~ te lo agradezca? 君に感謝する以上に何を期待しているの? ❼ [口語] それなのに, それどころか: No he comido nada y ~ tengo que pagar yo. 何も食べてないのに私が金を払わねばならない. Es caro y ~ de mala calidad. それは高価でおまけに品質がよくない. ❽ [口語] [単独で非難して] いいかげんにしろ: He cogido prestado tu jersey, pero es de muy mal gusto.—¡E~! 君のセーター借りたけど, とても趣味が悪いね.—いいかげんにしろ! ❾ [口語] [単独で感謝して] それほどまでしてもらってありがとう: ¿Has gastado todo lo que te dí? Toma, te doy más.—¡E~! 前にあげた分はもう使い切ったの? ほら, またあげる.—重ね重ねすみません!
caer ~ [負担・重圧などが] のしかかる: ¡Menudo trabajo te *ha caído* ~! 君は厄介な仕事に当たってしまったね!
de ~ [積まれた物などの] 一番上にある: El plato *de* ~ está roto. 一番上の皿は割れている. Tomas la carta *de* ~. 上にあるカードを取りなさい
de ~ *de*... …の上から: Me quité el insecto *de* ~ *de* mis pantalones. 私はズボンから虫を払いのけた. El ordenador se cayó *de* ~ *de* la mesa. パソコンが机から落ちた
echarse ~ 1) [事件・時期などが, +a・de+人に] 突然近づく, 急速に接近する: La noche se les *echó* ~. 彼らに夜が迫ってきた. 2) 厳しく叱る: *Se me echó* ~ toda la familia. 家族全員に叱られた. 3) 襲いかかる: De pronto se enfureció y *se me echó* ~. 突然彼は怒り狂って私に襲いかかった. 4) 崩れ落ちる, 崩壊する: Las paredes se le *echaban* ~. 彼の上に壁が崩れ落ちてきた. *echarse* el+人 ~ el mundo …にとって世界が破滅する. 5) 《主にメキシコ》 [責任などを] 引き受ける: Nunca *se echan* ~ la responsabilidad de tomar las decisiones. 彼らは決して決定の責任をとらない. 6)《メキシコ》[人を] 遠ざける, 敵対する
~ *de todo* 何よりも, 何があっても: Iré a tu boda ~ *de todo*. 君の結婚式には万難を排して出席するよ
~ *que*+直説法 …である上に
estar ~ *de*... 1) [+事]…に精を出す: *estar* ~ *de*l trabajo 精一杯働く. 2) [+人] …に目をつけている, 監視している: El jefe siempre *está* ~ *de* los trabajadores para que cumplan su horario. 上司は従業員に時間を守って働かせようといつも監視している
hacerse ~ [*sus necesidades*] 《口語》=hacérselo ~
hacérselo ~ 《口語》粗相 (おもらし) をする: *Me lo hice* todo *encima* ensuciando mis pantalones y el asiento. 私はおしっこをもらしてズボンと椅子を汚してしまった
llevar... ~ 1) …を所持している: No *llevo* el pasaporte ~. 私はパスポートを持っていない. 2) …を背負っている: El caballo *llevaba* a dos personas ~. 馬は2人の人を乗せていた. 3) …を引き受けている: *Lleva* ~ el peso de sus crímenes. 彼は犯した罪の重荷を背負っている
orinarse ~《口語》=hacérselo ~
pasar[*se*] *por* ~ 1) [+de 障害などを] 乗り越える: No puede *pasar por* ~ de la ley. 彼は法律を無視することはできない. *pasar por* ~ de diferencias de lenguas 言語の相違を乗り越える. 2) 無視する, 意を押し通す: Rosa fue a hablar personalmente con la jefa de la guardería y *se pasó por* ~ todos los trámites oficialmente establecidos. ロサは直接保育所長に交渉しに行って, あらゆる所定の公的手続きを無視した. 3) [地位などを奪うために] 押しのける, 踏みつける: Pablo *pasó por* ~ a varios directores antiguos y consiguió el puesto de presidente de la empresa. パブロは何人かの古参の重役を飛び越えて, 社長のポストを手に入れた
poner... *por* ~ …を上位に置く: *Pone* el negocio *por* ~ de todo. 彼は商売第一に考えている
por ~ ざっと; 上っ面だけ: Costará unos dos mil euros, calculando *por* ~. それは概算して(ざっと見積もって)2000ユーロかかるだろう. leer un libro *por* ~ 本を斜め読みする. limpiar la habitación muy *por* ~ 部屋をざっと掃除する. mi-

rar... *por* ～ …にざっと目を通す; 軽視する, 表面的にしか調べない

por ～ *de...* 1) …の上に・を: Limpié *por* ～ *de* los armarios. 私は家具の上を掃除した. Las aves vuelan *por* ～ *del* mar. 鳥たちは海の上を飛んでいる. 2) …より上・上位で: Ese equipo está *por* ～ *de* los demás. そのチームは他のチームよりはるかに優れている. con un porcentaje muy *por* ～ *del* promedio 平均よりずっと高い割合で. 3) …より優先して: El bien común debe estar *por* ～ *de* los intereses personales. 共通の利益は個人的な利害より優先されるべきだ. 4) …の限界を越えて: El nivel de presión estaba *por* ～ *de* los límites que un hombre pudiera soportar. 圧力レベルは人間が耐えられる限界を越えていた. *Por* ～ *de* los 10 años, los niños tienen que pagar la entrada. 10歳以上の子供は入場料を払わなくてはならない. 5) …を克服して, …にもかかわらず: Tenemos que luchar *por* ～ *de* las adversidades. 私たちは闘って逆境を乗り越えなければならない. Iré al lugar damnificado *por* ～ *de* cualquier prohibición. どのような禁止があっても私は被災地に行くつもりだ

por ～ *de todas las cosas* =*por* ～ *de todo*

por ～ *de todo* 何よりも, とりわけ, 最優先して: La veré *por* ～ *de todo*. 私は何としても彼女に会うつもりだ. Quería a su hijo *por* ～ *de todo*. 彼は何よりも自分の息子をかわいがっていた

quitarse de ～ 〔人・事から〕逃れる, 免れる, 厄介払いする: No sé cómo *quitarme de* ～ este trabajo. 私はどうしたらこの仕事から逃れられるのか分からない. Menudo peso *se me ha quitado de* ～. 私はやっと肩の荷が下りた

sacarse de ～ =*quitarse de* ～: Por lo menos *te sacas* la duda *de* ～. 少なくとも君の疑念は晴れる

sacudirse de ～〔厄介事などを〕振り払う

tener ～〔人〕を背負っている. 2)〔距離的に〕すぐ近くにある: No pude evitar chocar con el camión; cuando me di cuenta ya lo *tenía* ～. 私はトラックとの衝突を避けられなかった. 気づいた時にはもう目の前に迫っていた. El corredor ya *tiene* ～ al pelotón de cabeza. そのランナーは先頭集団に追いつこうとしている. 3)〔時間的に, 主に困った状況で〕さし迫っている: Ya *tenemos* ～ los exámenes. 私たちはもうすぐ試験期間に入る. *Tenemos* ～ una tormenta. 嵐が来る

venirse a+人 ～ …の身に起こる: ¡Vaya problema que *se* nos *viene* ～! 何という問題が我々の身にふりかかることか!

encimado, da [enθimáðo, ða] 形 高い, 高いところにある

encimar [enθimár] 他 ❶ 高いところに置く ❷〔トランプ〕〔オンブル tresillo で〕賭け金を追加する. ❸〔メキシコ, ラプラタ〕積み重ねる. ❹〔コロンビア〕〔規定より〕多く与える, サービスする. ❺〔チリ〕頂点に達する: Al poco, al ～ una cuesta, se ve el mar. 少しして坂を登り切ると海が見えた

—— *se* 〔他より〕上になる, 高くなる. ❷ 襲いかかる. ❸〔メキシコ〕スケジュールが重なる

encimero, ra [enθiméro, ra]〔←*encima*〕形 上にある〔置く〕
—— 女 ❶ アッパー（上掛け）シーツ〔=*sábana* ～ *ra*〕. ❷〔西料理〕〔トップ〕キャビネット型レンジ. ❷〕調理台〔の上板〕, カウンター: ～ *ra* de mármol 大理石のカウンター. ❸ 体などの〕カバー

encimismo [enθimísmo] 男〔闘牛〕闘牛をあまりにも牛の顔の近くで行なうこと

encimista [enθimísta] 形〔闘牛〕闘牛をあまりにも牛の顔の近くで行なう

encimoso, sa [enθimóso, sa] 形〔メキシコ〕人を悩ます, 嫌な

encina [enθína] 女〔植物〕コナラ属の一種 Quercus ilex). ❷ ～ *marina*/～ *de mar* ヒバマタ〔=*corbela*〕

Encina [enθína]〔人名〕**Juan del** ～ フアン・デル・エンシーナ〔1468?～1529?, スペインの劇作家兼詩人. スペイン演劇の祖とされる. 中世的な宗教劇 drama religioso に写実性などの革新をもたらし, イタリア演劇の作風を取り入れて創作を続けた. 詩や牧人劇 pastoral などを収めた作品集『カンシオネーロ』*Cancionero*〕

encinal [enθinál] 男 =*encinar*
—— 形〔まれ〕encina の〔林の〕

encinar [enθinár] 男 コナラ属の一種 encina の林

encinchar [enθintʃár] 他 =*cinchar*

encinilla [enθiníʎa] 女〔植物〕シソ科ニガクサ属の一種〔学名 Camedrioteucrium chamaedrys〕

encino [enθíno] 男〔地方語〕=*encina*

encinta [enθínta]〔←ラテン語 incincta「緩めた」< in- (否定)+cincta < cingere「締める」〕形〔estar+〕妊娠中: Está ～ de ocho meses. 彼女は妊娠9か月だ〔日本との数え方の相違 →*embarazada*〕. dejar ～ 妊娠させる. mujer ～ 妊婦

encintado [enθintáðo] 男 ❶〔歩道・プラットホームなどの〕縁石, へり石〔=*bordillo*〕. ❷ リボンでの飾り付け

encintar [enθintár] Ⅰ〔←en-I+*cinta*〕他 ❶〔物を〕リボンで飾る: ～ la sala con guirnaldas de colores 部屋を色とりどりのリースで飾る. ❷〔歩道などに〕縁石を敷く. ❸〔船舶〕〔船に〕腰外板をつける

Ⅱ〔←*encinta*〕他〔中南米〕妊娠させる
—— *se*〔中南米〕妊娠する

enciñar [enθiɲár] 他〔ログローニョ〕汚す, 染みを付ける

enciscar [enθiskár] 7 他 ❶〔地方語〕…の間に不和の種をまく, 問題を複雑にする. ❷〔ログローニョ〕汚す
—— *se*〔地方語〕争いに介入する

encismar [enθismár] 他 分裂させる, 不和の種をまく: ～ al pueblo con cotilleos うわさ話を広げて村を分裂させる

enciso [enθíso] 男〔産後の羊用の〕牧草地

encizañador, ra [enθiθaɲaðór, ra] 形 名 仲間割れさせる〔人〕, 敵意をあおる〔人〕

encizañar [enθiθaɲár] 他 …の間に不和の種をまく, 仲間割れさせる, 敵意をあおる

enclaustrado [eŋklaustráðo] 形 ひきこもり

enclaustramiento [eŋklaustramjénto] 男 ❶ 修道院に入れる〔入る〕こと. ❷ 隠遁, 引退〔ホテルなどへの〕缶詰: Necesita un período de ～ para terminar el libro. 本を完成するにはしばらく缶詰になる必要がある

enclaustrar [eŋklaustrár]〔←en-I+*claustro*〕他 ❶ 修道院に入れる. ❷ 閉じこめる. ❸ 隠す: ～ todos sus libros bajo llave 鍵をかけて自分の蔵書を保管する
—— *se* 閉じこもる, 引きこもる, 隠棲する, 身を隠す; 缶詰状態になる: Cuando le preocupa algo, *se enclaustra* en sí misma. 心配事があると, 彼女は自分の殻に閉じこむ

enclavación [eŋklaβaθjón] 女 釘打ち, 釘での固定

enclavado, da [eŋklaβáðo, ða] 形〔estar+, +en に〕位置する; はめ込まれた: Barcelona está *da en* la costa mediterránea. バルセロナは地中海沿岸にある. hueso ～ *en* la base del cráneo 頭蓋基部にある骨

enclavadura [eŋklaβaðúra] 女 ❶〔獣医〕釘傷〔=*clavadura*〕. ❷〔木工〕ほぞ穴, 切り込み

enclavamiento [eŋklaβamjénto] 男 ❶ 釘打ち, 釘での固定. ❷〔医学〕1) 嵌入（かんにゅう）: ～ del feto 胎児嵌頓（かんとん）. 2) ボルトでの固定. ❸〔技術〕連動. ❹ 釘を打たれた場所

enclavar [eŋklaβár]〔←en-I+*clavo*〕他 ❶〔釘を〕打つ, 〔釘などで〕固定する: ～ las patas de la mesa テーブルの脚を釘で固定する. ～ el freno de mano ハンドブレーキを引く. ❷ 突き通す, 貫く: ～ a+人 el brazo con un cuchillo …の腕をナイフで刺す. ❸〔口語〕だます. ❹〔獣医〕〔蹄鉄の釘が〕馬の蹄部を傷つける. ❺〔場所〕に位置づける: ～ la capital en las orillas del río 首都を川岸に置く
—— *se* 位置する, …にある: El museo *se enclava* en una de las zonas más concurridas de la ciudad. その博物館は町でもっとも人通りの多い地域にある

enclave [eŋkláβe]〔←*enclavar*〕男 ❶ 飛び地, 飛び領土: Llivia es un ～ español en Francia. リビアはフランス内のスペイン領である. ❷〔民族・政治・思想などが周囲から孤立した〕異質な集団. ❸〔地質〕周囲とは異なる言語地域. ❹〔地質〕混入した異質な物質〔地層〕〔鉱脈など〕. ❺〔医学〕通常とは異なる位置にある組織

enclavijar [eŋklaβixár] 他 ❶〔楽器に〕糸巻きをつける. ❷ はめ込む, しっかり組み合わせる: ～ las fotos en el marco 写真を額縁にはめる. ～ las manos 両手をしっかり組む

enclenque [eŋkléŋke]〔←?語源〕形 名 病弱な〔人〕, やせこけた〔人〕

enclisis [eŋklísis] 女〔文法〕前接

enclítico, ca [eŋklítiko, ka] 形 男〔言語〕前接的な; 前接語〔*dígame* の の のように先行する語と結合する. ⇔*proclítico*〕

enclocar [eŋklokár] 7 28〔→*trocar*〕自・～ *se*〔鶏・鴨などが〕卵を抱く

encloquecer [eŋklokeθér] 39 自 =*enclocar*

-enco, ca〔接尾辞〕❶〔地名〕ibicenco イビサの. ❷〔類似,

関係》azul*enco* 青みがかった;《時に軽蔑》zop*enco* 愚かな

encobar [eŋkobár]《自》~**se**《鳥が》卵を抱く

encobertado, da [eŋkoβertáðo, ða]《形》《古語的》毛布を掛けた

encobijar [eŋkoβixár]《他》《地方語》=**cobijar**

encobrado, da [eŋkoβráðo, ða]《形》❶ 銅の混ざった.❷ 銅色の

encobrar [eŋkoβrár] I《←*cobre*》》銅めっきを施す;銅板を張る II《←*cobro*》《他》❶《廃語》安全な場所にしまう.❷《チリ》[罠にかかった動物をさらに動くなくするために]投げ縄で固定する

encochado, da [eŋkotʃáðo, ða]《形》よく車に乗る,車を常用する

encochar [eŋkotʃár]《西》《タクシーが客を》乗せる,拾う

encoche [eŋkótʃe]《形》《副》車に乗った・乗って,車で《=en coche》

encochimbado, da [eŋkotʃimbáðo, ða]《形》《ホンジュラス》激怒した

encochinar [eŋkotʃinár]《他》《チリ.口語》汚す
—— **~se**《地方語》[+en に]固執する.❷《チリ.口語》汚れる

encoclar [eŋkoklár]《自》=**enclocar**

encocorar [eŋkokorár]《←*en-* I+*cócora*》《他》《口語》怒らせる,いらいらさせる:Me *encocora* verle todo el día sin hacer nada. 彼が日がな一日ぶらぶらしているのを見ると私はむかつく
—— **~se** 腹を立てる,いらだつ;うんざりする:No te *encocores* por cualquier cosa. ちょっとしたことで腹を立てるな

encodillar [eŋkoðiʎár]《自》**~se**《狩猟》《ウサギ・フェレットなどが》巣穴の曲がり角のところで身を隠す

encofrado [eŋkofráðo]《男》❶《建築》《コンクリートの》型枠:~ deslizante スライディングフォーム. ~ metálico 鋼製型枠. ~ móvil トラベリングフォーム. ~ sumergido 水中型枠. ~ por vacío バキューム型枠.❷ [トンネル・井戸などの]土留めの]締切り.❸《鉱山》土留めした坑道

encofrador, ra [eŋkofraðór, ra]《名》型枠工

encofrar [eŋkofrár]《他》❶ 型枠を組み立てる.❷ 締切りを設ける.❸《まれ》櫃にしまう

encoger [eŋkoxér]《←*en-* I+*coger*》《他》❶ 縮める,短くする,小さくする:La humedad *ha encogido* la cuerda. 紐は湿って縮んだ. ~ el músculo 筋肉を収縮させる.❷ [体の一部を]縮める,すくめる:*Encoge* las piernas para dejar pasar a los demás. 人が通れるように足を引っ込めなさい.❸ [事物が]気力を失わせる,萎縮させる:Aquella oscuridad *encogió* el corazón del niño. その暗闇で子供はおびえた
—— 《自》小さくなる,縮む:Esta tela *encoge* al lavarla. その布は洗濯すると縮む
—— **~se** 小さくなる,縮む:Enseguida el anillo *se encogió* y fue imposible quitármelo. すぐに指輪は小さくなって,私は外せなくなった.❷ 身を縮める,縮こまる:Se *encogió* de frío esperando en la esquina. 彼は街角で待っていて寒くて身が縮んだ. Caminaba muy *encogida*. 彼女は背中を丸めて歩いていた.❸ 気力を失う,意気が萎える:No te *encojas* y contéstele. おどおどしないで,彼に答えなさい

encogidamente [eŋkoxíðamé̃nte]《副》おどおどして,萎縮して,おびえて;恥ずかしがって

encogido, da [eŋkoxíðo, ða]《形》❶ 萎縮した,おどおどした:Estuvo ~ toda la noche. 彼は一晩中びくびくしていた.❷ 恥ずかしがりの,臆病の,うじうじした:Es muy ~ y no le gusta asistir a actos sociales. 内気で人前に出るのが好きではない
—— 《男》《長さが》小さくなること,縮むこと

encogimiento [eŋkoximjé̃nto]《男》❶ 縮み,収縮:~ del vestido 衣服の縮み. ~ de hombros 肩をすくめること. En gimnasia hacemos ~s y estiramientos. 体操では筋肉を伸ばしたり縮めたりする.❷ 萎縮,臆病.❸ 内気: mostrar ~ y vergüenza 照れて恥ずかしそうにする

encogollar [eŋkoɣoʎár]《自》**~se**《狩猟》《獲物が》木のてっぺんに登って逃げる

encogorzar [eŋkoɣorθár]《自》《口語》酔わせる
—— **~se**《口語》酔う

encohetar [eŋkoetár]《他》《牛などを》爆竹で追い回す
—— **~se**《コスタリカ》激怒する

encojar [eŋkoxár]《他》…の片足を不自由にする
—— **~se** ❶ 片足が不自由になる.❷ 病気になる.❸ 仮病を使う

—— **encolado, da** [eŋkoláðo, ða]《形》《メキシコ, チリ》きざな, おしゃれな;思い上がった
—— 《男》❶ 貼り付け,糊づけ.❷ [ゼラチンを用いての]ワインの]濁りの除去

encolador, ra [eŋkolaðór, ra]《名》糊づけ職人
—— 《女》《織物》縦糸の糊づけ機.❷《映画》[フィルムをつなぐ]スプライサー

encoladura [eŋkolaðúra]《女》❶ 貼り付け,糊づけ.❷《美術》[テンペラ画の下地の]にかわ塗り.❸ [ワインの]濁りの除去,清澄化

encolamiento [eŋkolamjé̃nto] [糊・にかわによる]貼り付け,糊づけ

encolar [eŋkolár]《←*en-* I+*cola*》《他》❶ [糊・にかわで]貼り付ける,糊付けする:~ los papeles con cola にかわで部品を貼り合わせる.❷《美術》[テンペラ画の下地の]熱くしたにかわを塗る.❸《織物》《縦糸に》糊をつける.❹ ワインの濁りを取る.❺《口語》取るのが難しい所に投げる: No tires mi gorra; a ver si la *encolas*. 私の帽子を投げるな,取れなかったらどうする.❻ [繊維・パルプに]接着剤を混ぜる
—— **~se** [ボールなどが] 取るのが難しい所に行く: El balón *se encoló* en la terraza del segundo piso. ボールは3階のテラスに飛んで行ってしまった

encolerizar [eŋkoleriθár]《←*en-* I+*cólera*》《自》《他》憤慨させる,激怒させる《=**enfadar**》《参考》
—— **~se** 憤慨する,激怒する: *Se encoleriza* cuando alguien le desordena sus papeles. 誰かが書類をいじくり回されると彼は怒る

encomendable [eŋkomendáble]《形》委託され得る

encomendación [eŋkomendaθjón]《女》=**comendación**

encomendado [eŋkomendáðo]《男》《歴史》騎士分団長の部下の士官

encomendamiento [eŋkomendamjé̃nto]《男》《古語》委託

encomendar [eŋkomendár]《←*en-* I+古語 *comendar* < ラテン語 *commendare*「信頼する, 推奨する」》《他》❶ [任務・仕事などを,+a+人 に]任せる,委託する,委任する: 1) Le *encomendé* el asunto *a* mi abogado. 私はその件を弁護士に任せた. ~ la tarea de+不定詞 …する仕事を託する. 2) [+不定詞・que+接続法 するように] *Me encomendó* entregar la carta. 彼は私に手紙を渡すよう頼んだ.❷ [人を]預かる, …の世話を頼む: ~ los niños a la vecina 子供を隣人に預ける.❸《歴史》[エンコミエンダ *encomienda* に]先住民を委託する.❹《古語》推奨する,賞賛する
—— **~se** [+a に] 保護を依頼する,頼る,すがる: ~*se a* Dios 神の加護を求める

encomendería [eŋkomendería]《女》《ペルー》食料品店

encomendero, ra [eŋkomendéro, ra]《名》❶《まれ》担当者, 責任者, 係員《=**encargado**》.❷《キューバ》肉を都市に供給する業者.❸《ペルー》食料品店主
—— 《男》《歴史》エンコメンデーロ《エンコミエンダ *encomienda* を委託された人. 多くがコンキスタドール. 実質的に奴隷制と変わらず, 先住民人口激減の原因の一つ》

encomenzar [eŋkomenθár]《自》《他》《→**comenzar**》《卑語》おっ始める

encomiable [eŋkomjáble]《形》激賞され得る,激賞されるべき,絶賛に値する

encomiador, ra [eŋkomjaðór, ra]《形》《名》激賞する[人]

encomiar [eŋkomjár]《←*encomio*》《他》《文語》激賞する,べたぼめする: ~ la labor benéfica 慈善活動を激賞する

encomiasta [eŋkomjásta]《←ギリシア語 *enkomiastes*》《名》賞賛者, ほめる人《=**panegirista**》

encomiástico, ca [eŋkomjástiko, ka]《形》《文語》絶賛の: acabar su discurso con una frase ~ 讃辞でスピーチを締めくくる

encomienda [eŋkomjénda]《←*encomendar*》《女》❶ 委託, 委任: No hizo mi ~. 彼は私の頼んだことをしてくれなかった. cumplir con una ~ 託されたことを果たす.❷ 依頼地. 2) エンコミエンダ《16世紀初頭, スペイン王室が新大陸のスペイン人に, 先住民の保護とキリスト教化の義務と引き替えに, 一定期間, 一定数の先住民の労働力を与えて, 彼らから税を徴収する権利を委託した制度》. 3) 大修道院長・騎士分団長の地位. 4) [いくつかの宗教騎士団 *órden de caballería* で騎士が享受する] 依託領, 管轄区付きの住居・修道院.❸《古語》1) 保護, 賞賛. 2)《軍事》命令.❹《中南米》郵便小包《~ pos-

tal]. ❺《中米》路上の果物店
encomio [eŋkómjo]【←ギリシア語 enkomion】男《文語》激賞, 絶賛: Su esfuerzo merece todo nuestro ~. 彼の努力は私たちがどんなにほめても ほめ足りない. digno de ~ 絶賛に値する
encomioso, sa [eŋkomjóso, sa] 形《グアテマラ, チリ》絶賛の
encompadrar [eŋkompaðrár] 自《口語》❶ 代父と実父の間柄になる. ❷ 仲間同士になる, 親密になる
encompinchar [eŋkompintʃár] ~se《ベネズエラ. 口語》共謀する
enconadamente [eŋkonáðaménte] 副《文語》激しく, 熱烈に
enconado, da [eŋkonáðo, ða] 形《文語》［争い・議論などが］激しい: tener una discusión ~da sobre... …について口角泡を飛ばして議論する. ~ enfrentamiento 激しい対立
enconadura [eŋkonaðúra] 女 炎症, 化膿
enconamiento [eŋkonamjénto] 男 ❶《文語》強い反感, 敵意〖=encono〗. ❷ 炎症, 化膿
enconar [eŋkonár]【←ラテン語 inquinare】他 ❶《文語》［争い・議論などを］悪化させる, 激怒させる: Esa decisión enconó la discusión aún más. その決定で議論がより激しくなった. ❷ ［敵意・憎悪を］悪化させる, 激怒させる: ~ los ánimos 心をとげとげしくさせる. Aquel castigo enconó a los alumnos. その罰で生徒の反感を買った. ❸ ［傷を］悪化させる, 炎症を起こさせる: El polvo enconó la herida. ほこりで傷がひどくなった
──~se ❶ ［争い・議論などが］激しくなる: La situación se fue enconando con el paso del tiempo. 時間がたつにつれ状況は悪化していった. ❷ ［+con・en に］狂暴性を発揮する, …を虐待する; ［敵意・憎悪が］悪化する, 激怒する: ~se en sus enemigos 敵に対し狂暴になる. ~se en acusar a+人 …を激しく非難する. Lo que más me enconaba era.... 私が最も腹立たしかったのは…. ❸ ［傷が］悪化する, 炎症を起こす: La herida se le enconó por falta de higiene. 衛生状態が悪かったので傷口は炎症を起こした
enconchar [eŋkontʃár] ~se《メキシコ, コロンビア》自分に閉じこもる. ❷《ベネズエラ》隠れる
enconfitar [eŋkonfitár] 他《古》=confitar
enconía [eŋkonía] 女《古語》=encono
encono [eŋkóno]【←enconar】男 ❶ 強い反感, 敵意, 恨み, 憎しみ: Me tiene un ~ terrible. 彼は私にすごい恨みを抱いている. dar claras muestras de su ~ hacia... …に対する恨みをむき出しにする. ❷ ［争いなどの］激しさ. ❸《コロンビア, チリ》炎症〖=inflamación〗
enconoso, sa [eŋkonóso, sa] 形 ❶ ［事が］恨みを抱かせる: Me dirigió unas palabras ~s. 彼は私の恨みを買うような言葉を投げかけてきた. ❷ ［人が］恨みっぽい, 妬みやすい. ❸ 炎症を起こしやすい, 化膿しやすい. ❹《メキシコ》有毒な
encontradizo, za [eŋkontraðíθo, θa]【←encontrar】形 hacerse el ~ 偶然出会ったようなふりをする: Procuré hacerme el ~ con ella. 私は彼女とばったり出会ったふりをしようとした
encontradamente [eŋkontráðaménte] 副 正反対に; 逆方向に; 向かい合って
encontrado, da [eŋkontráðo, ða]【←encontrar】形 ❶ 主に 複 正反対の, 対立する; 逆方向の, 向かい合った. ❷ 正面の: Tienen opiniones ~das. 彼らは意見が全く違う. en dirección ~da a mi coche 私の車と逆方向に
encontrar [eŋkontrár]【←ラテン語 in- (中)+contra「向かって」】28 他 ❶ ［探していた人・事物を］見つける, 発見する: Buscó por todos los sitios pero no encontraba las llaves de casa. 彼は隅々まで捜したが家の鍵は見つからなかった. Encontré el balón que perdí. 私は失くしたボールを見つけた. Luis estaba desesperado porque no encontraba agua. ルイスは水が見つからず絶望していた. Encontraron una maleta con 800.000 dólares. 80万ドル入りのスーツケースが発見された. ❷ ［未知の事実・解決策などを］探り出す, 調べ出す: Ya he encontrado la forma de abrir los archivos. 私はもうファイルの開け方が分かった. ❸ ［偶然に］見つける, 出会う: Encontré a mi padre en el autobús. 私は父とバスで一緒になった. En una amplia plaza, encontró a muchos vendedores ofreciendo sus mercancías. 大きな広場で彼は大勢の商人が品物を売っているのを見かけた. No ha encontrado ninguna dificultad en mantener la condición física. 彼は体調を維持する上で何の困難にもぶつからなかった. ❹ ［+目的格補語 であると］1) ［状態］分かる, 気づく: Encontré la puerta cerrada. 見るとドアは閉まっていた. Encontré muy enferma a tu madre. 君のお母さんは重病に

た. La encontré pálida. 私の感じでは彼女は青ざめているように思われた. Encontré más cómodo andar por la acera. 歩道を歩く方が楽だと私は分かった. ¿No encuentras raro que no llame? 君は彼から電話がないのは変だと思わないか? 2) ［性質などを］認める, 判断する: No encuentro interesante la idea que propones. 私は君が提案する計画は面白いとは思わない. 3) 評価する, みなす: ¿Cómo encuentras a tu pueblo? 君の村をどう思う? ❺ ［+目的語+現在分詞 …しているのだ］分かる, 気づく: Encontré a su madre llorando. 彼女の母親が泣いているのに私は気づいた. ❻ ［+que+直説法 であると］分かる, 判断する〖否定文では +que+接続法〗: Encuentro que el libro español es muy caro. そのスペインでは本は非常に高いと私は思う. No encuentro que sea un lugar apropiado para ti. そこは君にふさわしい場所だとは私は思わない
──~se 〖+estar〗: 1) ［ある場所で］いる, ある, 位置する: Su padre se encuentra ahora en una cárcel. 彼の父親は今刑務所に入っている. Encontrándome en Barcelona la semana pasada, la visité. 私は先週バルセロナにいたので, 彼女を訪ねた. El Pirámide del Sol se encuentra en Teotihuacan. 太陽のピラミッドがテオティワカンにある. 2) ［…の状態に］ある; ［+bien・mal］健康である・ない: La economía se encuentra en una situación desesperada. 経済は絶望的な状況にある. Yo me encontraba a gusto en Salamanca. 私にとってサラマンカは住み心地がよかった. ¿Cómo se encuentra usted? ご気分はいかがですか? Cada día me encuentro mejor. 私は日ごとに体調がよくなってきている. ❷ ［+a・con に/互いに］1) ［偶然］出会う, 見つける; 居合わせる: Me encontré a tus padres en la calle. 私は通りで君の両親に出会った. Los jugadores se encontraron con un entrenador. 選手たちは一人の監督に出会った. A unos kilómetros, nos encontramos con un pueblecito. 数キロメートル行くと私たちは小さな村を見つけた. 2) 落ち合う, 待ち合わせる: Quedábamos en que nos encontraríamos en una cafetería. 私たちは喫茶店で会うことになっていた. ❸ ［+con と/互いに］接触する, 衝突する: Sin buscarse las manos se encontraron. 偶然手が触れ合った. Nos encontramos con muchas dudas con respecto a la gramática. 私たちは文法に関して多くの疑問にぶつかる. ❹ ［意見などが, +con と/互いに］対立する: En este problema se encuentra con su mujer. この問題について彼は奥さんと意見が違う. Los dictámenes de ambas partes se encuentran. 両者の主張は対立している. ❺ ［+con+名詞・que+直説法］…であることに気づく〖否定文では +que+接続法〗: Al comienzo del curso nos encontramos con una renovación parcial de las aulas. 新学期に私たちが登校すると, 教室が部分的に改装されていた. Al abrir los ojos, me encontré con que no había nadie. 私が目を開けると誰もいなくなっていた. De seguir así, el pueblo no podrá ~se con que la paz del país esté asegurada. これが続けば国民は国の平和が保たれた状態を経験できなくなるかもしれない. ❻ 見つかる, 存在する: En aquella época los trenes iban abarrotados, no se encontraba nada para comer en las estaciones. 当時列車はすし詰めで, 駅には何も食べるものがなかった. ❼ ［両者が］一致する; 交差する: Por fin se encontraron sus intereses. ついに彼らの利害が一致した. En este vértice se encuentran las dos rectas. 2直線はこの頂点で交わる

~se a sí mismo 自己を見つめる, 自分の能力を知る

encontrar		
直説法現在	命令法	接続法現在
encuentro		encuentre
encuentras	encuentra	encuentres
encuentra		encuentre
encontramos		encontremos
encontráis	encontrad	encontréis
encuentran		encuentren

encontrón [eŋkontrón] 男《南米. 口語》=encontronazo
encontronazo [eŋkontronáθo] 男 ❶ 衝突. ❷ 口論, 口げんか: tener un ~ con... …と口げんかする
encoñar [eŋkoɲár] ~se《西. 俗語》［男性が, +con 女性に対し］性的欲望に駆られる: Se ha encoñado con una cantante. 彼はある女性歌手の性的とりこになった
encopado, da [eŋkopáðo, ða] 形《チリ. 口語》酔っぱらった

encopar [eŋkopár] 自《サンタンデール》[トウモロコシが] 穂が出る
encopetado, da [eŋkopetáðo, ða] 形《軽蔑》❶ 身分の高い, 上流階級の, 名門の: Me encontraba a disgusto en tan ~ cóctel. お高くとまったカクテルパーティーで私は居心地が悪かった. ❷ 着飾った, めかし込んだ. ❸《まれ》うぬぼれた, 思い上がった, お高くとまっている
── 男《建築》小屋束(づか)
encopetar [eŋkopetár] [《←en-I+copete》他《まれ》❶《軽蔑》出世させる. ❷ 高く上げる; …の最上部を形成する
── **~se** ❶《まれ, 軽蔑》うぬぼれる, 思い上がる, 鼻高々になる. ❷《まれ》高く上がる. ❸《コロンビア》ほろ酔い機嫌になる
encopresis [eŋkoprésis] 女《医学》遺糞
encorachar [eŋkoratʃár] 他《古語》[運搬用に] 革袋 coracha に入れる (詰める)
encorajar [eŋkoraxár] 他《まれ》勇気づける, 奮い立たせる
── **~se**《まれ》腹を立てる, 激怒する
encorajinar [eŋkoraxinár]《←en-I+corajina》他《主にメキシコ. 口語》激怒させる: Me encorajina que te hayas ido sin avisarme. 君が勝手に行ってしまったので僕は腹を立てている
── **~se** ❶《主にメキシコ. 口語》怒り狂う: Se encorajinó con el resto del equipo. 彼はチームの連中に当たり散らした. ❷《チリ. 口語》[取引が] 壊れる
encorambrado, da [eŋkorambráðo, ða] 形《軽蔑》畜殺された牛・豚などが] 皮を剝がれていない
encoramiento [eŋkoramjénto] 男 革張り [行為]
encorar [eŋkorár] 28 他 ❶ 革で覆う, 革を張る, 革張りにする. ❷ 革袋に入れる. ❸ [傷口・潰瘍を] 癒着させる
── 自; **~se** [傷口・潰瘍が] ふさがる, 癒着する
encorazado, da [eŋkoraθáðo, ða] 形 ❶ 革張りの. ❷ 胴鎧 coraza で身を固めた
encorbatado, da [eŋkorbatáðo, ða] 形《口語》[きちんと] ネクタイをした
encorbatar [eŋkorbatár] 他《まれ》ネクタイを締めさせる
── **~se**《まれ》ネクタイを締める
encorchado [eŋkortʃáðo] 男 コルク栓をすること
encorchador, ra [eŋkortʃaðór, ra] 形 コルク栓をする
── 女 瓶にコルク栓をする機械
encorchadura [eŋkortʃaðúra] 女《集名》《漁業》漁網に付けるコルクの浮き具
encorchar [eŋkortʃár] 他 ❶ [瓶に] コルク栓をする. ❷《漁業》[漁網に] コルクの浮き具を付ける. ❸《養蜂》[ミツバチの群れを] 巣箱に誘う
encorchetar [eŋkortʃetár] 他 ❶ [服に] ホック corchete を付ける. ❷ ホックをかける. ❸《建築》[石材を] かすがいで固定する
encordado [eŋkorðáðo] 男 ❶ 弦を張ること; ラケットにガットを張ること. ❷《チリ, アルゼンチン, ウルグアイ》[楽器の] 弦; [ラケットの] ガター
encordadura [eŋkorðaðúra] 女《集名》[一つの楽器の] 弦, ストリングス: afinar la ~ 調弦する
encordamiento [eŋkorðamjénto] 男《登山》アンザイレン
encordar [eŋkorðár]《←en-I+ラテン語 chorda「綱」》28 他 ❶ [楽器に] 弦を張る; [ラケットに] ガットを張る. ❷ 紐をかける: ~ el paquete de los libros 本の包みに紐をかける. ❸《製本》[背を] 糸で綴じる
── 自《レオン, サラマンカ》弔鐘を鳴らす
── **~se**《登山》[体を] ザイルで結び合う, アンザイレンする
encordelado [eŋkorðeláðo] 男《闘牛》[長槍 garrocha の穂先と柄をつなぐ] 糊付けされた紐の部分
encordelar [eŋkorðelár] 他 紐 cordel で縛る, 紐を巻き付ける
encordonado, da [eŋkorðonáðo, ða] 形《まれ》飾り紐 cordones で飾った
encordonar [eŋkorðonár] 他《まれ》紐 cordón で縛る; 飾り紐で飾る
encorecer [eŋkoreθér] 39 他 [傷口・潰瘍を] 癒着させる
── 自 [傷口・潰瘍が] ふさがる, 癒着する
encoriación [eŋkorjaθjón] 女 [傷口・潰瘍の] 癒合, 癒着
encornado, da [eŋkornáðo, ða] 形《闘牛》[牛が, +bien/mal] 立派・貧弱な角(2)の
encornadura [eŋkornaðúra] 女《闘牛》[牛の] 角の生え具合. ❷《集名》[一対の] 角〔=cornamenta〕
encornar [eŋkornár] 28 他 ❶ 角で捕える, 角で傷つける. ❷《俗語》妻が浮気する
encornudar [eŋkornuðár] 他 [夫を・妻が夫が] 裏切る, 不

貞を働く: Encornudaba a su mujer con la vecina. 彼は隣の奥さんと浮気をしていた
── 自 [動物が] 角を生やす, 角が生える
encorozar [eŋkoroθár] 9 他 ❶《古語》[罰として] 帽子をかぶせる. ❷《チリ》[壁の穴を モルタルで] ふさぐ
encorralar [eŋkoralár] 他《家畜を》囲い場 corral に入れる: Al caer la tarde, el pastor encorrala las ovejas. 日が暮れると羊飼いは羊を囲いに追い込む
encorrear [eŋkoreár] 他 革紐 correa で縛る
encorrer [eŋkorér] 他《アラゴン》追う, 追跡する
encorselar [eŋkorselár] 他《中南米. 服飾》コルセットで締め付ける
encorsetado, da [eŋkorsetáðo, ða] 形 ❶ コルセットをした, コルセットで締めた. ❷ 堅苦しい, 気詰まりな: A nadie cae bien porque es muy ~. 彼は堅苦しいので皆から煙たがられている. ❸ 視野が狭い: tener unas ideas ~s 考えが型にはまりすぎている
encorsetamiento [eŋkorsetamjénto] 男 コルセットの装着
encorsetar [eŋkorsetár]《←en-I+corsé》他 ❶《服飾》[…の体を] コルセットで締め付ける. ❷ [思想などを] 制約する, 抑圧する: La cerrazón del partido encorseta tus propias ideas. 党の頑迷さが君自身の考えをも拘束している
── **~se** ❶ [自分の体に] コルセットをつける. ❷ 自分を抑圧する
encortar [eŋkortár] 他《地方語》[遠い牧草地にいた家畜を] 囲いに入れる
encortinar [eŋkortinár] 他 [窓などに] カーテンを取り付ける
encorujar [eŋkoruxár] 他 体を丸める, 縮こまる: Se encorujó en la cama porque le dolía el estómago. 胃が痛くて彼はベッドで身を縮めた
encorvada[1] [eŋkorbáða] 女《植物》オウゴンハギ
hacer la ~ 仮病を使う
encorvada, da[2] [eŋkorbáðo, ða] 形 曲がった
encorvadura [eŋkorbaðúra] 女 ❶ 湾曲. ❷ 体を丸くすること; 前かがみ, 猫背
encorvamiento [eŋkorbamjénto] 男 =encorvadura
encorvar [eŋkorbár]《←en-I+corvar》他 曲げる, 湾曲させる: Los libros han encorvado la madera de la estantería. 本棚の板が曲がった
── **~se** ❶ 湾曲する, 曲がる; [枝などが] 反る, しなう: Con el calor se encorvó el cartel. 熱でポスターが丸まった. ❷ [背・腰が] 曲がる; 背中を丸める, かがむ: Es tan alto que va encorvado. 彼は背が高いので猫背気味である. ❸ [+a・por を] ひいきする, 応援する: Nos encorvamos por el equipo local. 私たちは地元チームを応援する. ❹《馬術》[馬が騎手を振り落とそうと] 頭を下げる
encostado, da [eŋkostáðo, ða] 形《地方語》❶ 海岸に近い. ❷ 坂 (斜面) にある
encostalar [eŋkostalár] 他《コロンビア》袋 (大袋) に入れる
encostar [eŋkostár] 28 **~se**《船舶》[船が] 海岸に向かって近づく
encostillado [eŋkostiʎáðo] 男《集名》《鉱山》坑木, 坑道の補強材
encostradura [eŋkostraðúra] 女 ❶《建築》1) [大理石などの] 化粧張り. 2) [壁などへの] しっくい塗り〔=encaladura〕. ❷《まれ》かさぶた〔=costra〕
encostrar [eŋkostrár] 他 ❶ 堅い外皮 costra で覆う. ❷ [ケーキなどに] 糖衣をかける
── **~se** 堅い外皮 (かさぶた) ができる: Se encostró la herida rápidamente. その傷はすぐにかさぶたができた
encovado, da [eŋkobáðo, ða] 形 隠れた; [洞窟に] 身を潜めた
encovadura [eŋkobaðúra] 女 隠れること; [洞窟に] 身を潜めること
encovar [eŋkobár] 28/《規則変化》他 ❶ [洞窟 cueva に] 入れる, 隠す. ❷ [洞窟に] 追い込む. ❸ 内包する, 含む: Este libro encueva la verdadera historia. この本には実話が潜んでいる
── **~se** 身を潜める, 隠れる: El ladrón se encovó para huir de la policía. 泥棒は警察から逃れるため身を隠した
encrasar [eŋkrasár] 他 ❶ [液体を] 濃くする, とろみをつける. ❷ [土地に] 肥料を施す, 施肥する
── **~se** [液体が] 濃くなる, とろみがつく: El aceite se en-

crasó a causa del frío. 寒さのせいで油が固まった
encrespado, da [eŋkrespáðo, ða] 形 ❶ [髪が] 縮れた, カールした: cabello 〜 縮れ毛. ❷ [海が] 荒れた, 波立った, 時化(しけ)ている: mar 〜 荒海. ❸ いらついた: Sus ánimos estaban muy 〜s. 彼は気分がずいぶんいらだっていた
encrespador, ra [eŋkrespaðór, ra] 形 カールする, 縮れさせる
── 男 カール用アイロン
encrespadura [eŋkrespaðúra] 女 [髪を] カールすること
encrespamiento [eŋkrespamjénto] 男 ❶ 波だち; [海の] 荒れ: El barco se movía mucho por el 〜 de las aguas del estrecho. 海峡が荒れて船はすごく揺れていた. ❷ いらだち, いらいら; 激怒: Su 〜 le hizo pronunciar aquellas palabras. いらだって彼はあのような発言をした. ❸ [議論などの] もつれ, 紛糾: 〜 de la negociación 交渉のもつれ. ❹ [髪の] 縮れ, カール. ❺ 毛を逆立てること; [髪の毛を] 逆立てること
encrespar [eŋkrespár] 〚←ラテン語 incrispare〛他 ❶ [髪を] カールする, 縮れ毛にする 〚=rizar〛. ❷ [動物が] 毛(羽根)を逆立てる: El gato encrespó el pelo para impresionar al perro. 犬を怖がらせようと猫は毛を逆立てた. ❸ [水面を] ひどく波立たせる: El fuerte temporal encrespó las olas. 嵐でひどく波立った. ❹ いらいらさせる; 怒らせる: Sus bromas encresparon los ánimos de los vecinos. 彼の冗談で住民たちは気分が害された. 〜 las relaciones de los dos 2人の関係に波風を立てる
── 〜se ❶ [髪が] カールする, 縮れる: Con la humedad se me encrespa el pelo. 湿気で私の毛が縮れる. ❷ [動物が] 毛(羽根)を逆立てる; [毛・羽根が] 逆立つ. ❸ ひどく波立つ: Se encresparon las aguas. 海は荒れていた. ❹ いらだつ; 激怒する. ❺ [問題などが] こみ入る, ややこしくなる: Las negociaciones se encresparon. 交渉は暗礁に乗り上げた
encrestado, da [eŋkrestáðo, ða] 形 横柄な, 尊大な, 高慢な
encrestar [eŋkrestár] 〜se ❶ [鳥が] 冠羽を立てる. ❷ [人が] 横柄な態度をとる
encreyente [eŋkrejénte] 形 〘古語〙信じる: hacer 〜 a+人 〚とうてい信じられないようなことを〛…に信じ込ませる
encrinitas [eŋkrinítas] 女 〘古語〙ウミユリ crinoideo の化石
encriptado [eŋkri(p)táðo] 男 〘情報〙暗号化, 符号化
encrisnejado, da [eŋkrisnexáðo, ða] 形 [髪を] 三つ編みにした, お下げ髪の
encristalar [eŋkristalár] 他 ❶ [窓・扉に] ガラスをはめる. ❷ ガラス張りにする
encronizar [eŋkroniθár] 自 〜se 慢性化する
encrucijada [eŋkruθixáða] 〚←en-I+cruz〛女 ❶ 交差点, 十字路, 四つ角: Al llegar a la 〜, torció a la derecha. 四つ角に着くと, 彼は右に曲がった. 〜 de razas y de religiones 民族と宗教の十字路. 〜 de la vida 人生の岐路. ❷ [人を陥れる] 罠, 窮地: Conseguí salir de la 〜 que me prepararon. 私は仕掛けられた罠から脱出できた. poner a+人 en la 〜 人をピンチに陥れる
encrudecer [eŋkruðeθér] 39 他 ❶ 生焼け(生煮え)にする. ❷ 怒らせる, いらつかせる: Le encrudeció tu actitud. 君の態度に彼はいらついた
── 〜se ❶ 生焼け(生煮え)になる. ❷ 怒る
encrudelecer [eŋkruðeleθér] 39 他 〘古語〙=encruelecer
encruelecer [eŋkrweleθér] 39 他 残忍にする
── 〜se 残酷になる
encuadernable [eŋkwaðernáβle] 形 製本され得る
encuadernación [eŋkwaðernaθjón] 女 ❶ 製本, 装丁: 〜 en cuero/〜 en piel 革装. 〜 en tela 布装. 〜 de media piel 背革装. 〜 poco resistente すぐにばらける装丁. ❷ 製本所
encuadernador, ra [eŋkwaðernaðór, ra] 名 製本工, 製本業者
── 男 [紙を綴じる] クリップ
encuadernar [eŋkwaðernár] 〚←en-I+cuaderno〛他 製本する, 装丁する: Solo me falta 〜 la tesis. 私は後に論文を製本するだけだ. 〜 en tela 布装にする
encuadramiento [eŋkwaðramjénto] 男 ❶ 集団(部類)に入れること: 〜 de jugadores en un equipo 選手をチームに配属すること. ❷ 〘写真, 映画〙構図, フレーミング. ❸ 〘軍事〙配属, 編入
encuadrar [eŋkwaðrár] I 〚←en-I+cuadro〛他 ❶ [人・事物を, +en 集団・部類などに] 入れる: Podemos 〜 la obra de Clarín en el realismo. クラリンの作品はリアリズムに含められる. 〜 al político en el sector más conservador del partido その政治家を党の最保守派に分類する. ❷ 〘写真, 映画〙[被写体を] 枠におさめる, 構図を決める; 〘テレビ〙画像を調節する. ❸ 枠をはめる; [絵などを] 額縁に入れる: 〜 la foto en un portarretratos 写真を写真立てに入れる. ❹ …の背景となる: Aquel paisaje encuadraba bien nuestro encuentro. その景色は私たちの出会いの場にぴったりだった. ❺ 〘軍事〙配属する, 配備する
── 〜se ❶ [+en 背景・枠組みに] はまる, はめこまれる: Se encuadra en la España del siglo XIX. そこ[背景]は19世紀のスペインである. ❷ 一員となる, 入会する, 加盟する: Se encuadró en el partido socialista. 彼は社会党に入った
II 〚←cuadra〛他 〘サラマンカ〙[家畜を] 囲い場に入れる
encuadre [eŋkwáðre] 〚←encuadrar I〛男 〘写真, 映画〙被写体を捕えること; 構図, フレーミング: Si no os juntáis no cabéis todos en el 〜. もっとくっつかないと全員が収まらないよ. conseguir un buen 〜 いい構図が決まる. mover el 〜 構図を捜す. ❷ 〘テレビ〙[垂直・水平の] 画像調整〚装置〛. ❸ 枠にはめること, 分類
encuartar [eŋkwartár] 他 ❶ [木材・石材の] 規格超過分を計算する. ❷ 〘主に中南米〙[登坂・悪路脱出のため馬車に補助として馬を] つなぐ
── 〜se 〘メキシコ〙❶ [馬などに] 端綱をかける. ❷ [厄介事に] 巻き込まれる
encuarte [eŋkwárte] 男 ❶ [木材・石材の] 規格超過分の代金. ❷ 〘主に中南米〙[登坂・悪路脱出のため馬車につける] 補助の馬
encuartelar [eŋkwartelár] 他 ❶ 〘メキシコ〙[部隊を] 兵営に待機させる 〚=acuartelar〛. ❷ 〘コロンビア〙宿営させる
encuartero [eŋkwartéro] 男 補助の馬 encuarte の世話係
encubar [eŋkuβár] 他 ❶ [ワインなどを] 樽 cuba に詰める. ❷ 〘鉱山〙坑道をその中で丸く補強する. ❸ 〘古語〙殺人などの犯罪者を鶏・犬などと共に樽に詰め水中に放り投げる. ❹ 〘地方語〙[四足獣の雌を] 妊娠させる
encubertar [eŋkuβertár] 23 他 〚←cubierta〛 ❶ [特に絹の] 布で覆う. ❷ [馬に] 喪中の印の黒い布を巻く; 革と鉄製の防具をつける
── 〜se 〘軍事〙防具を身につける
encubierta[1] [eŋkuβjérta] 〚←encubrir〛女 欺瞞
encubiertamente [eŋkuβjertaménte] 副 こっそりと, ひそかに, 秘密裏に: E〜 le preparamos una fiesta de cumpleaños. 私たちは彼の誕生日のびっくりパーティーの準備をした
encubierto, ta[2] [eŋkuβjérto, ta] encubrir の 過分
encubridizo, za [eŋkuβriðíθo, θa] 形 容易に隠せる
encubridor, ra [eŋkuβriðór, ra] 名 形 ❶ [犯罪・犯人を] 隠蔽する[人], かくまう[人]. ❷ 売春斡旋者, ポン引き 〚=alcahuete〛
encubrimiento [eŋkuβrimjénto] 男 ❶ 隠蔽; [事実の] 秘匿: El 〜 de la verdad no beneficia a nadie. 真実の隠蔽は誰のためにもならない. ❷ [犯人の] 隠匿; 故買; [犯罪の] 幇助: estar acusado de 〜 del terrorista テロリスト隠匿で訴えられる
encubrir [eŋkuβrír] 〚←en-I+cubrir〛〘過分 encubierto〛他 ❶ 隠す, 秘密にする: Su sonrisa encubrió malas intenciones. 彼女の微笑の裏には悪意が隠されていた. 〜 su amor por... …への愛を隠す. 〜 su rostro con las manos 手で顔を隠す. 〜 un objeto robado 盗品を隠匿する. acciones encubiertas 秘密作戦, 隠密行動. actividades encubiertas 舞台裏での活動. agente encubierto 秘密(おとり)捜査官. comunistas declarados y encubiertos 公然および非公然の共産党員. cliente encubierta 客を装った秘密調査員. crítica encubierta 隠然たる批判. matrimonio encubierto 偽装結婚. pacto encubierto 秘密の合意. hablar con palabras encubiertas 隠語を使って話す. ❷ [主に犯行・他人の失敗などを] 隠蔽する, かばう. ❸ かくまう 〚⇔delatar〛: 〜 a un asesino 殺人犯をかくまう
encuclillar [eŋkukliʎár] 〜se 〘メキシコ〙しゃがむ
encuentro [eŋkwéntro] 〚←encontrar〛男 ❶ [+con との] 出会い, 出会うこと, 遭遇; 待ち合わせ: 〜 inesperado con un amigo de la infancia 友達との思いがけない出会い. ❷ 〘文語〙会見, 会談, 顔合わせ: Tuve un 〜 con el ministro. 私は大臣と会見した. El 〜 se mantiene suspendido. 会談は中断されたままだ. ❸ 〘文語〙集会. ❹ 発見, 見つけもの: tener un 〜 afortunado 幸運な発見をする. ❺ [車の] 接触, 衝突. ❻ 意

見の衝突, 口論. ❼《軍事》遭遇戦. ❽《スポーツ》試合, 対戦: ～ de ida ファーストレグ. ～ de vuelta 第2レグ. ❾《鳥》羽の付け根. ❿《動物》背峰
ir al ～ *de*+人 …を迎えに行く
llevarse a+人 *de* ～《メキシコ, カリブ》…を破滅させる
llevarse todo de ～《カリブ》[人の迷惑を考えず]勝手気ままにふるまう
lugar de ～ =*punto de* ～
punto de ～ 出会いの場, 待ち合わせ場所: Nos veremos en el *punto de* ～ de la estación. 駅の待ち合わせコーナーに集合しよう
salir al ～ *de*+人 1) …を迎えに出る: Voy a *salir a su* ～. 私は彼を出迎えよう. 2) …に対抗する; 迎え撃つ. 3) …に先んじる, 先手を打つ
venir al ～ *de*+人 …を迎えに来る

encuerado, da [eŋkweráðo, ða]形《アンダルシア, エストレマドゥラ; メキシコ, キューバ, ドミニカ, コロンビア, ペルー, チリ》裸の
encuerar [eŋkwerár] 他 ❶《主に中南米》裸にする. ❷ 革服を着せる
── ～se ❶《主に中南米》裸になる. ❷ 革服を着る
encueratriz [eŋkweratríθ]女《メキシコ》ストリッパー
encuesta [eŋkwésta]女《←仏語 enquête》アンケート, 意識調査, 世論調査: Los resultados de la ～ han sido los que se esperaban. アンケート結果は予想どおりだった. *hacer una* ～ アンケートをとる, 調査を行う. ＊ preelectorales 選挙前の世論調査. ❷ アンケート用紙, 調査表: rellenar la ～ アンケート用紙に記入する. ❸ 調査: ～ *de población activa* 労働力[標本]調査《国民の就業（従業者+休業者）状態と非就業（失業者+非労働力人口）状態を明らかにする》. ～ *sobre medios de vida*[生活保護申請者に対する]資力調査, ミーンズテスト. ❹《警察の》捜査, 取り調べ
encuestador, ra [eŋkwestaðór, ra]名 アンケート調査員
encuestar [eŋkwestár]他［人に］アンケートをする, アンケートをとる
encuetar [eŋkwetár] ～se《メキシコ, ウルグアイ. 口語》酔っぱらう
encuevar [eŋkweβár]他 =**encovar**
encuitar [eŋkwitár] ～se 嘆き苦しむ, 悲嘆に暮れる
enculamiento [eŋkulamjénto]男《西. 隠語》肛門性交
encular [eŋkulár]他 …に肛門性交をする
── ～se ❶《メキシコ. 口語》ほれ込む. ❷《アルゼンチン. 口語》怒る, 不機嫌になる
enculatar [eŋkulatár]《←culata》他《養蜂》[別の新しい巣箱を作るため]最初の巣板の上にかごをかぶせる
enculebrado, da [eŋkuleβráðo, ða]形《コロンビア》借金だらけの
enculturación [eŋkulturaθjón]女《社会学》文化化
encumbradamente [eŋkumbráðaménte]副 いばって, 尊大に
encumbrado, da [eŋkumbráðo, ða]形 ❶ 高い, 高い場所の, ある. ❷ 地位の高い, 上流階級の
encumbramiento [eŋkumbramjénto]男 ❶[地位などの]上昇, 出世. ❷ 高い地位, 上流. ❸ 賞賛, 賛美
encumbrar [eŋkumbrár]他《←en-I+cumbre》他 ❶[地位などを]上げる, 出世させる: Una herencia le *encumbró*. 遺産のおかげで彼の社会的地位は上がった. Ese productor *encumbró al joven actor*. そのプロデューサーは若者の俳優を抜擢した. ❷ 賞賛する, ほめる. ❸ 高く上げる.《チリ》[凧を]揚げる
── ～se ❶ 出世する: Se *encumbró* sobre sus colegas con mucha rapidez. 彼はすぐに同僚たちよりも出世した. ❷ 思い上がる, 高慢になる: La actriz se *encumbró* por la fama que en poco tiempo consiguió. その女優はまたたく間に名声を得て思い上がった. ❸ そびえる: Los rascacielos *se encumbran* hasta perderse en la niebla. 高層ビル群は霧で見えなくなるほど高くそびえている. ❹ 非常に高く上昇する. ❺［+sobre を］はるかに上回る
encunar [eŋkunár]他 ❶ [子供を]揺りかごに入れる. ❷《闘牛》[牛が, 闘牛士を]角で引っかける
encurdar [eŋkurðár] ～se《口語》酔っぱらう, 泥酔する
encureñar [eŋkureɲár] 他《古語》《砲》[砲身を]砲架に据える
encurrujado, da [eŋkuruxáðo, ða]形《プエルトリコ》ちぢこまった
encurtido [eŋkurtíðo]男《料理》[主に 複] 野菜などの酢漬け, ピクルス
encurtir [eŋkurtír]他《料理》[野菜などを]酢漬けにする: pepi-nillos *encurtidos* キュウリのピクルス

ende [énde]《←ラテン語 inde「そこから」》副《古語》そこ[から], ここ[から]
por ～《文語》それ故, したがって: Él estaba fuera; *por* ～, no puede ser el asesino. 彼は外出していた. それ故, 彼が殺人犯ではあり得ない

endeble [endéβle]《←俗ラテン語 indebilis＜ラテン語 in-（中）+debilis「弱い」》形 ❶ 虚弱な, ひ弱な: constitución ～ 虚弱な体質. ❷ 弱い, 脆弱(な), もろい: mesa de patas ～s 脚の弱いテーブル. *argumento* ～ 脆弱な論拠
endeblez [endeβléθ]女 虚弱; 脆弱さ: ～ *de su excusa* 彼の言い訳のあやふやさ
endeblucho, cha [endeβlútʃo, tʃa]形《口語》虚弱な, ひ弱な 〖=endeble〗
endeca-《接頭辞》[11] *endeca*sílabo 11音節の
endécada [endékaða]女 11年間
endecágono, na [endekáɣono, na]形 男《幾何》11角形(の)
endecasilábico, ca [endekasiláβiko, ka]形《詩法》11音節の詩行の
endecasílabo, ba [endekasílaβo, ba]形 男《詩法》11音節の[詩行]《韻律の特徴によって *endeca*sílabo *dactílico* や *endeca*sílabo *sáfico* などに細分される. 主にイタリア詩が手本となってスペインに移入され, 古くはサンティリャナ侯爵 Marqués de Santillana などが手がけたが, 16世紀中ごろになって, ボスカン Juan Boscán Almogáver やガルシラソ・デ・ラ・ベガ Garcilaso de la Vega によって本格的に導入され, 彼らの詩作品により普及, 人気を博した》
endecha [endétʃa]女 ❶ 葬送歌, 哀歌. ❷《詩法》各行6または7音節から成る4行詩: *romance* ～ 7音節詩句のロマンセ. ～ *endecasílaba (real)* 7音節の3行と11音節で2行目と類音韻を踏む1行から成る4行詩
endechadera [endetʃaðéra]女《古語》泣き女〖=plañidera〗
endechar [endetʃár]他《まれ》[死者を称えて]哀歌を歌う, 哀歌を捧げる
── ～se《まれ》嘆き悲しむ, 悲嘆にくれる
endechero, ra [endetʃéro, ra]形《まれ》悲しい, 痛ましい
endehesar [ende(e)sár]他《家畜》牧草地 dehesa に入れる
endeja [endéxa]女《建築》待歯〖=adaraja〗
endejas [endéxas]女《単複同形》《建築》待歯〖=adaraja〗
endemia [endémja]女《←en-II+ギリシア語 demos「民衆」》《医学》風土病, 地方病
endémico, ca [endémiko, ka]形《←endemia》❶［病気が］風土性の, 風土病の: *enfermedad* ～*ca*/*mal* ～ 風土病. ❷[良くない事が, ある地方・社会に]永続的な, 慢性的な: El terrorismo es un mal ～ *en España*. テロはスペインで慢性的な害悪だ. *déficit* ～ 慢性的な赤字. ❸[動植物が]一地方に特有の, 固有種の: *ave* ～*ca de Japón* 日本固有種の鳥
endemismo [endemísmo]男《生態学》一地方の特有性, 固有; 固有種: ～*s japoneses* 日本固有種
endemita [endemíta]形 =**endémico**
endemoniadamente [endemonjáðaménte]副 ひどく, おそろしく, ものすごく
endemoniado, da [endemonjáðo, ða]形 名 ❶ 悪魔に取りつかれた[人], 悪魔つきの: Creía que estaba ～. 彼は自分が悪魔に取りつかれて憑かれていると思った. ❷《口語》極悪の, 極悪人, 意地悪な[人]: Tiene una mente ～*da y no hay quien le aguante*. 彼は性格が悪く, 誰一人として我慢できない. *genio* ～ 鼻もちならない性格. ❸《口語》いたずらな, わんぱくな: Estos ～*s no me dejan dormir con sus gritos*. このガキどもが大声を出すので私は眠れない. ❹《口語》[強調して]ひどい, すごい; すごく嫌な, 最悪の: Un olor ～ *salía del armario*. ひどい悪臭がロッカーから漂っていた. *peso* ～ ものすごく重さ. *velocidad* ～*da* とんでもないスピード. ❺［+名詞］いまいましい, 憎らしい: ¡Cómo me molestan estos ～*s zapatos*! この靴ときたら本当にいまいましい
endemoniar [endemonjár]《←en-I+demonio》10 他 ❶[人に]悪魔を取りつかせる. ❷ 怒らせる, いらだたせる
── ～se 怒る, いらだつ
endenantes [endenántes]副《中南米. 俗用》少し以前に: *E*～ *llegó mi madre*. 少し前に母がやって来た
endentado, da [endentáðo, ða]形《紋章》鋸歯形の
endentar [endentár] 23 他《技術》❶ [歯車などを]かみ合わせる. ❷: ～ *la cadena de la bicicleta* 自転車のチェーンをはめる.

歯(ぎざぎざ)をつける

endentecer [endenteθér] [39] [自] [子供が] 歯が生え始める

endeñar [endeɲár] **〜se** [傷が] 化膿する

endeño [endéɲo] [男]《ガリシア. 漁業》[アサリなどを採る] 熊手

enderechar [enderetʃár] [他] =**enderezar**

enderezadamente [endereθáđaménte] [副] まっすぐに

enderezado, da [endereθáđo, đa] [形] ❶ ふさわしい, 適切な. ❷ …のための, …を促す: lucha política 〜*da* a la nueva elección 次の選挙を視野に入れた政治闘争

enderezador, ra [endereθađór, ra] [形] [名] ただす, 矯正する; 矯正者

enderezamiento [endereθamjénto] [男] ❶ まっすぐにすること, 立てること, ぴんと伸ばすこと: 〜 del poste de la luz 電柱を立てること. ejercicio para 〜 de la espalda 背筋を伸ばすための運動. ❷ ただすこと, 矯正

enderezar [endereθár] 〖←en- I+古語 derezar < 俗ラテン語 directiare < ラテン語 directum < dirigere「向ける」〗 [9] [他] ❶ [曲がっているものを] 伸ばす, まっすぐにする: 〜 el alambre para que llegue hasta la pared 壁まで届くように鉄条網をぴんと張る. 〜 la espalda 背筋を伸ばす. ❷ [傾いたものを] 立てる, 起こす: 〜 el cuadro que está torcido 傾いている絵をまっすぐに直す. ❸ [うまくいっていないものを] 立て直す; 修正する, 矯正する: Intentaron 〜 sus maltrechas relaciones matrimoniales. 彼らはぼろぼろになった夫婦関係を立て直そうとした. 〜 la marcha de la empresa 会社経営を立て直す. 〜 a sus hijos 息子たちをしつける. ❹ [+hacia・a の方へ] 向ける: 〜 la manguera *hacia* el coche ホースを車の方に向ける. 〜 sus pasos *a*... …に歩を向ける. 〜 sus esfuerzos *a* una paz duradera 恒久平和に努力を傾ける. ❺ [手紙・書き物を] 宛てる, 捧げる

—— **〜se** ❶ [曲がった・傾いたものが] まっすぐになる: Este alambre *se endereza* fácilmente. この針金は簡単にまっすぐになる. ❷ 立ち直る: La economía *se* va *enderezando* poco a poco. 経済は徐々に立ち直りつつある. ❸ [人が] 直立する, 背筋を伸ばす: *Enderézate* y no te vayas tan encogido. そんな猫背にならずに背筋を伸ばしなさい. ❹ [+a・hacia の方を] 向かう, 目ざす: 〜*se a* la meta ゴールをめざす. 〜*se hacia* la puerta 戸口の方に進む

endergónico, ca [endɛrɡóniko, ka] [形]《物理》エネルギー吸収性の: reacción 〜*ca* 吸エルゴン反応

enderrotar [endeȓɔtár] [他]《船舶》[船を] 正しい方向に向ける

endespués [endespwés] [副]《俗語》のちに, 後で 〖=después〗

endeudamiento [endeu̯đamjénto] [男] 借入れ, 債務 〖状態〗: sanear el 〜 municipal 市の赤字財政を立て直す. capacidad de 〜 借入れ能力

endeudar [endeu̯đár] 〖←en- I+deuda〗 [他] 借金をさせる

—— **〜se** ❶ 借金をする: *Se endeudó* para comprarse una casa. 彼は家を買うのに借金をした. país *endeudado* 債務国. ❷ [+con+人 に] 恩義がある, 借りを作る: *Me endeudé con* él cuando me salvó la vida. 彼は私の命の恩人だ

endevotado, da [endeƀotáđo, đa] [形] ❶ とても信心深い, 敬虔な. ❷ ほれ込んだ, べったりの

endiablada [endjaƀláđa] [女]《古語》悪魔祭り 〖カーニバルで悪魔の姿で楽器をうち鳴らす〗; その集団

endiabladamente [endjaƀláđaménte] [副] ひどく, ものすごく

endiablado, da [endjaƀláđo, đa] [形] ❶ 邪悪な, 極悪の, 意地悪な: risa 〜*da* 意地の悪い笑い. ❷ [子供が] いたずらな, 手に負えない. ❸《口語》いまいましい, 腹立たしい, 嫌な, ひどい: sabor 〜 ひどい味. tener letra 〜*da* 悪筆である. ❹ [問題などが] ひどく難しい; [+名詞] ひどく厄介な: este 〜 jeroglífico このわけの分からない象形文字. ❺ 悪魔に取りつかれた

endiablar [endjaƀlár] 〖←en- I+diablo〗 [他] [人に] 悪魔を取りつかせる

—— **〜se** 激怒する, かっとなる: Aguanto mucho pero, cuando *me endiablo*, pierdo el control. 私は我慢強いが, かっとなると見境がつかなくなる

endíadis [endíađis] [女]〖単複同形〗《修辞》二詞一意

endibia [endíƀja] [女]《植物》キクヂシャ, エンダイブ

endilgador, ra [endilɡađór, ra] [形] [名] 嫌なことを押しつける〔人〕

endilgar [endilɡár] 〖←?語源〗 [8] [他]《口語》❶ [嫌なこと・厄介な問題などを, +a+人 に] 押しつける: Nos *endilgaron* un vídeo de tres horas de su último viaje. 私たちは彼らの最近の旅行のビデオを3時間も見せられた. 〜 *a*+人 las tareas más desagradables …に一番嫌な仕事を回す. ❷《軽蔑》やっつけ仕事をする, 手短にすませる: En dos minutos *endilgó* un artículo para el periódico. 彼は2分で新聞記事を書き上げた. ❸ [根拠なく否定的な] 評価を下す: Le *endilgaron* una fama de sinvergüenza y se ha quedado con ella. 彼は恥知らずのレッテルを貼られ, それが定評になってしまった. ❹ 道を教える

Endimión [endimjɔ́n] [男]《ギリシア神話》エンデュミオン 〖月の女神 Selene に愛された羊飼いの美少年. ゼウスから永遠の若さを与えられた〗

endino, na [endíno, na] [形] [名]《俗用》面倒を起こす〔人〕; 性悪な〔人〕, よこしまな〔人〕

endiñar [endiɲár] 〖←ジプシー語〗 [他]《西. 口語》❶ [殴打を] 加える; 叩く: Le *endiñé* un puñetazo. 私は彼に一発お見舞いした. ❷ [嫌なものを] 押しつける: Mi hermano me *endiñó* a sus chiquillos el fin de semana. 週末, 兄は私に子供たちを預けていった. ❸ 入れる: 〜 las monedas al parquímetro パーキングメーターにコインを入れる

endieciochado, da [endjeθjotʃáđo, đa] [形]《チリ. 口語》9月18日の独立記念日で陽気になっている; 酔っぱらった

endiosamiento [endjosamjénto] [男] ❶ 思い上がり, 傲慢. ❷ 茫然自失, 恍惚

endiosar [endjosár] 〖←en- I+Dios〗 [他] ❶ 神格化する, 神として崇める; 神に祭り上げる: 〜 la naturaleza 自然を神格化する. Más que admirarlos, *endiosa* a sus ídolos deportivos. 彼は敬服するというより, スター選手を神様のように崇めている. ❷《軽蔑》傲慢にする

—— **〜se** ❶《軽蔑》思い上がる, 傲慢になる: *Se ha endiosado* y se cree superior a los demás. 彼は思い上がって自分が他の人より優れていると思っている. Está *endiosado*. 彼は天狗になっている. ❷ あっけにとられる, 驚く. ❸ [+en に] 夢中になる

endiquelar [endikelár] [他]《地方語》気づく, 見る

enditar [enditár] **〜se**《チリ. 口語》借金を背負う

endivia [endíƀja] [女] =**endibia**

endo [éndo] [男] 裏書き 〖=endoso〗

endo-《接頭辞》[中の, 内側の] 〖⇔exo-〗: *endo*carpio 内果皮

endoabdominal [endoaƀđominál] [形]《解剖》腹内の

endoblado, da [endoƀláđo, đa] [形]《地方語》[子羊が] 2頭の雌羊の乳を飲んだ

endoblar [endoƀlár] [他]《地方語》[2頭の雌羊に1頭の] 子羊を育てさせる

endoblasto [endoƀlásto] [男]《動物》内胚葉

endoble [endóƀle] [男] [鉱山労働者・精錬工の] 二交代勤務

endocardio [endokárđjo] [男]《解剖》心内膜

endocarditis [endokarđítis] [女]《医学》心内膜炎

endocarpio [endokárpjo] [男]《植物》内果皮

endocarpo [endokárpo] [男]《植物》=**endocarpio**

endocéntrico, ca [endoθéntriko, ka] [形]《言語》内心的な, 求心性の 〖⇔exocéntrico〗

endocervicitis [endoθɛrƀiθítis] [女]《医学》子宮頸部粘膜炎症

endocinematografía [endoθinematoɡrafía] [女]《医学》体内撮影[技術]

endocitosis [endoθitósis] [女]《生物》エンドサイトーシス

endocondral [endokɔndrál] [形]《解剖》軟骨内の

endocraneal [endokraneál] [形]《解剖》頭蓋内の, 硬膜の

endocráneo, a [endokráneo, a] [形] =**endocraneal**

endocrino, na [endokríno, na] [形]《生理》内分泌の, ホルモンの 〖⇔exocrino〗: glándula 〜*na* 内分泌腺

—— [名]《口語》=**endocrinólogo**

endocrinología [endokrinolɔxía] [女] 内分泌学

endocrinológico, ca [endokrinolɔ́xiko, ka] [形] 内分泌学の

endocrinólogo, ga [endokrinóloɡo, ɡa] [名] 内分泌学者

endocrinopatía [endokrinopatía] [女]《医学》内分泌障害

endodérmico, ca [endođɛ́rmiko, ka] [形]《動物》内胚葉の; 《植物》内皮の

endodermis [endođɛ́rmis] [女]〖単複同形〗=**endodermo**

endodermo [endođɛ́rmo] [男]《動物》内胚葉; 《植物》内皮

endodoncia [endođɔ́nθja] [女]《医学》歯内治療学

endoenergético, ca [endoenɛrxétiko, ka] [形]《化学》吸エネルギー性の, 吸熱性の 〖⇔exoenergético〗: reacción 〜*ca* 吸熱反応

endoérgico, ca [endoɛ́rxiko, ka] [形] =**endoenergético**

E

endoesqueleto [endoeskeléto] 男《解剖》内骨格
endofásico, ca [endofásiko, ka] 形《言語》内言語の
endófito, ta [endófito, ta] 形 男《植物》内生植物の, 内部寄生の
endogamia [endogámja] 女 ❶ 族内婚, 同族結婚《⇔exogamia》. ❷《生物》同系交配;《植物》同株他花受粉. ❸《教育》[教授選考の] 学内公募
endogámico, ca [endogámiko, ka] 形 族内婚の;《生物》同系交配の
endogénesis [endoxénesis] 女《生物》内生
endógeno, na [endóxeno, na] 形《医学, 地質など》内因性の, 内生の《⇔exógeno》: La problemática educativa de nuestro país está vinculada a dos tipos de factores: los ~s y los exógenos. 我が国の教育問題には内的要因と外的要因とがある. órgano ~ 内生組織. roca ~*na* 内成岩
endolaríngeo, a [endolarínxeo, a] 形《解剖》喉頭内の
endolinfa [endolínfa] 女《解剖》内リンパ
endolinfático, ca [endolinfátiko, ka] 形《解剖》内リンパの
endometrial [endometrjál] 形 子宮内膜の
endometrio [endométrjo] 男《解剖》子宮内膜
endometriosis [endometrjósis] 女《医学》子宮内膜症
endometritis [endometrítis] 女《医学》子宮内膜炎
endometrosis [endometrósis] 女 =**endometriosis**
endomingar [endomingár]《←en- I+domingo》自 晴れ着を着る: La *endomingaron* para la fiesta. 彼女はパーティー用に晴れ着を着せてもらった
—— ~*se* 晴れ着を着る: Suele ir muy *endomingada* a la cena. 彼女はすごく着飾って晩餐会へ行くことにしている
endomisio [endomísjo] 男《解剖》筋内膜
endomorfia [endomórfja] 女《心理》内胚葉型
endomorfismo [endomorfísmo] 男 ❶《地質》混成, エンドモルフィズム内変. ❷《幾何》自己準同形
endomorfo, fa [endomórfo, fa] 形《心理》内胚葉型の〔人〕
endonar [endonár] 他《廃語》=**donar**
endonasal [endonasál] 形《医学》鼻内の
endoparásito, ta [endoparásito, ta] 形 男《生物》内部に寄生する;内部寄生者《⇔ectoparásito》
endopatía [endopatía] 女《心理》=**empatía**
endoplasma [endoplásma] 男《生物》内部原形質;〔細胞質の〕内質
endoplasmático, ca [endoplasmátiko, ka] 形《生物》内部原形質の, 内質の
endoprocto [endoprókto] 形《動物》内肛動物の〔の〕
endopterigoto [endo(p)terigóto] 形《昆虫》内翅類の〔昆虫〕
endorfina [endorfína] 女《生化》エンドルフィン: beta-~ βエンドルフィン
endorreico, ca [endoréiko, ka] 形《地理》内部流域の《海への出口のない河川流域》: laguna ~*ca* 海に注ぐ川のない潟
endorreísmo [endoréismo] 男《地理》内陸流域性《⇔exorreísmo》
endorsar [endorsár] 他 =**endosar**
endorso [endórso] 男 =**endoso**
endosable [endosáble] 形《商業》裏書き可能な
endosante [endosánte] 形《商業》裏書きする〔人〕
endosar [endosár]《←仏語 endosser》他 ❶《商業》[小切手・手形・船荷証券など指図式の有価証券を譲渡するために] 裏書きする. ❷《口語》[重荷などを] 背負わせる: Siempre me *endosan* lo que nadie quiere hacer. 私は皆が嫌がることをいつも押しつけられる. ❸《まれ》[服を] 着る. ❹《まれ》引き受ける, 承諾する
endosatario, ria [endosatárjo, rja] 名《商業》被裏書人
endoscopia [endoskópja] 女《医学》内視鏡検査
endoscópico, ca [endoskópiko, ka] 形 内視鏡検査の
endoscopio [endoskópjo] 男《医学》内視鏡
endoscopista [endoskopísta] 名 内視鏡検査の専門家
endoselar [endoselár] 他《まれ》天蓋 dosel をつける
endosfera [endosféra] 女《地質》[地球の] 内核
endosmómetro [endosmómetro] 男 内浸透圧測定器, 浸透計
endósmosis [endósmosis] 女 ❶《物理, 生理》内方浸透《⇔exosmosis》. ❷《まれ》浸入, 流入
endosmótico, ca [endosmótiko, ka] 形《物理, 生理》内方浸透の

endoso [endóso] 男《←endosar》《商業》裏書《→aval 類義》; 裏書譲渡: ~ en blanco 白地式裏書. ~ completo 記名裏書
endospermo [endospérmo] 男《植物》内乳, 内胚乳
endosqueleto [endoskeléto] 男 =**endoesqueleto**
endostio [endóstjo] 男《解剖》骨内膜
endotecio [endotéθjo] 男《植物》内皮
endotelial [endoteljál] 形《解剖》内皮の
endotelio [endotéljo] 男《解剖》[心臓・血管などの] 内皮
endotelioma [endoteljóma] 男《医学》内皮腫
endotérmico, ca [endotérmiko, ka] 形《物理, 化学》吸熱の, 吸熱を伴う, 吸熱による《⇔exotérmico》
endotermo, ma [endotérmo, ma] 形《動物》内温動物の
endotóxico, ca [endotó(k)siko, ka] 形《生化》内毒素の
endotoxina [endoto(k)sína] 女《生化》内毒素, エンドトキシン
endotraqueal [endotrakeál] 形《医学》気管内の
endótrofo, fa [endótrofo, fa] 形《生物》内生の: micorrizas ~ 内生菌根
endovenoso, sa [endobenóso, sa] 形《医学》静脈内の《=intravenoso》: inyección ~*sa* 静脈注射
endowment [endóument]《←英語》男 [住宅ローンなどの] 長期貸し付け
endriago [endrjágo] 男 [古代伝説の英雄が乗る] 半分人間の怪獣
endrina[1] [endrína] 女 リンボクの実《pacharán というリキュールを作る》
endrinal [endrinál] 男 リンボクの林
endrinera [endrinéra] 女《植物》リンボク《=endrino》
endrino, na[2] [endríno, na] 形 青みがかった黒色の
—— 男《植物》リンボク
endrogar [endrogár] 自 =*se* ❶《メキシコ, ペルー, チリ》借金だらけになる. ❷《プエルトリコ, ドミニカ》麻薬におぼれる
endulce [endúlθe] 男 オリーブの苦み抜き
endulcorante [endulkoránte] 男《南米》=**endulzante**
endulzadura [endulθadúra] 女 甘みをつけること, 甘くなること
endulzante [endulθánte] 形 甘くする
—— 男 甘味料
endulzar [endulθár]《←en- I+dulce》他 ❶ …に甘みをつける: ~ el café con sacarina サッカリンでコーヒーを甘くする. ❷ [苦しみなどを] 和らげる, 穏やかにする: Los hijos nos *endulzarán* nuestra vejez. 子供たちが私たちの老後に慰めを与えてくれるだろう. ❸《美術》色調を弱める, 輪郭をぼやけさせる
—— ~*se* ❶ 甘くなる: Metió la fruta en almíbar para que *se endulzara*. 甘くなるよう彼は果物を蜜に漬けた. ❷ 穏やかになる, 和らぐ: Su carácter *se ha endulzado* con los años. 彼の性格も年と共に丸くなった
endurador, ra [endurador, ra] 形 けちな〔人〕, 倹約家〔の〕
endurar [endurár] 他 ❶ 固くする《=endurecer》. ❷ 耐える, 我慢する. ❸《廃語》後回しにする, 延期する. ❹《廃語》倹約する
—— ~*se* 固まる
endurecedor, ra [endureθedór, ra] 形 男 固くする; 硬化剤
endurecer [endureθér]《←en- I+duro+ecer》39 他 ❶ 固くする: El aire *ha endurecido* el queso. 外気にさらしてチーズが固くなった. ~ el cemento セメントを凝固させる. ❷ [体などを] 強くする, 鍛える: El trabajo *endureció* su cuerpo. 労働で彼の体は鍛えられた. ~ los músculos 筋肉を鍛える. ❸ [心を] 無感覚にする, 無慈悲にする: Las condiciones difíciles de vida *endurecieron* su corazón. 困難な生活が彼の心を固く閉ざした. ❹ 厳しくする: ~ la ley 法を厳しくする. ~ la actitud 態度を硬化させる. ~ la política monetaria 通貨政策を引き締める
—— ~*se* ❶ 固くなる: El pan *se ha endurecido* por estar fuera de la bolsa. 袋から出しておいたのでパンが固くなった. Es un material que *se endurece* progresivamente. この素材は時間が経つと固まる. ❷ 強くなる: El cuerpo *se endurece* con el ejercicio físico. 運動をすると体が鍛えられる. ❸ 厳しくなる: La profesora *se ha endurecido* y suspenderá a muchos estudiantes. 先生は厳しくなったから多数の学生を落とすだろう
endurecidamente [endureθídaménte] 副 厳しく, 厳格に
endurecimiento [endureθimjénto] 男 ❶ 固くなる(固まる)こと. ❷ 鍛錬, 強化. ❸ 厳しくなる(する)こと, 硬化

enduro [endúro] 男《オートバイなど》耐久レース
ene [éne] 女 文字 n の名称
～ de palos《俗語》絞首台
―― 形《単複同形》[未知の・明言できない数を表わして] ある…:. Supongamos que hay ～ objetos. X個のものがあるとしよう. Compraría ～ acciones. 私らはある株数買うでしょう
ENE.《略記》←estenordeste 東北東
ene.《略記》←enero 1月
enea [enéa] 女《植物》ガマ: silla de ～ ガマの葉を編んだものを張った椅子
enea-［接頭辞］[9] *eneasílabo* 9音節の
eneaedro [eneaédro] 男 9面体
eneágono, na [eneágono, na] 形 男《幾何》9角形[の]
eneal [eneál] 男 ガマの原
Eneas [enéas] 男《ギリシア神話》アイネアス, アイネイアス《トロイア戦争のトロイア側の英雄》
eneasílabo, ba [eneasílabo, ba] 形《詩法》9音節の〔詩行〕《古くはバエナ詩歌集 Cancionero de Baena などにその例を見ることができる. 民衆性が強く, 詩歌よりも俗語に多く用いられたが, 新古典主義やロマン主義の潮流の中で詩型として注目され, イリアルテ Tomás de Iriarte やエスプロンセダ José de Espronceda などが詩作に取り入れ, さらに19世紀末から20世紀初期にはルベン・ダリーオ Rubén Darío がこの型による優れた作品を残した》
enebral [enebrál] 男 セイヨウネズ林
enebrina [enebrína] 女 セイヨウネズの実
enebro [enébro] 男《植物》❶ セイヨウネズ, ビャクシン（柏槙）. ❷ ～ de la miera／～ mayor ケードネズ
enechado, da [enetʃáðo, ða] 男 捨て子の, 孤児の
enejar [enexár] 他 ❶［車に］軸をつける, 軸をはめる. ❷ 軸を置く
eneldo [enéldo] 男《植物》イノンド, ヒメウイキョウ;《香辛料》ディル
enema [enéma] **I**《←ギリシア語 enema「注入」》男 ❶《医学》浣腸剤; 浣腸器; 浣腸. ❷ 肛門に注入する媚薬
II《←ラテン語 enhaemon》男 《古語》傷口に塗る乾燥(収斂)剤
enemiga[1] [enemíγa] 女《文語》敵意, 敵対心; 憎悪
tener ～ a + 人 …に敵意（悪感情）を抱く: Me tiene ～. 彼は私に反感を持っている
enemigamente [enemíγaménte] 副 敵意をもって, 敵意をむき出しにして
enemigar [enemiγár] 8 他《古語》❶ 敵対させる, 反目させる. ❷ 憎む
enemigo, ga[2] [enemíγo, γa]《←ラテン語 inimicus < in-（奪取）+ amicus》名 ❶ 形《⇔amigo》; 競争相手, 対戦相手: 1) Es mi ～. 彼は私の敵だ. Con tales bravatas solo te ganarás ～s. そんないばっていると敵を作るだけだよ. Su jefe lo trataba como si fuera su ～. 上司は彼を目の敵にしていた. hacerse ～ …の敵になる. hacerse ～s 敵同士になる; 仲たがいする. ～ declarado 公然たる敵. ～ infiltrado (interior) 内なる敵. ～ mortal (jurado・encarnizado) 不倶戴天の敵. ～ natural 天敵. ～ político 政敵. ～ público 社会の敵. 2)《成句》A ～ que huye, puente de plata. 寝た子を起こすな/去る者は追わず. Lo mejor es [el peor] ～ de lo bueno. 角を矯(た)めて牛を殺す/過ぎたるは及ばざるがごとし/欲ばりすぎると元も子もなくす. No hay ～ pequeño. 油断大敵/つまらぬ敵でも見くびるな. ❷ [+de の] 反対者;…が嫌いな人: Mi madre es una acérrima ～ga del tabaco. 母はタバコを毛嫌いしている
el ～［**malo**］《キリスト教》悪魔
―― 形《絶対最上級 inimicísimo》❶ 敵の, 敵対的な: país ～ 敵国. tropas ～gas 敵軍. ❷ [+de の] 反対の; 嫌いな: actitud ～ de todo progreso 進歩を妨げる行為. Soy ～ de los viajes organizados; prefiero viajar solo. 私は団体旅行が嫌いだ, 一人旅の方がいい
―― 男集合 敵軍, 敵方: El ～ invadió la zona. 敵軍がその地域に侵入した. rechazar al ～ 敵を退ける. pasarse al ～ 敵方に移る, 寝返る
enemil [enemíl] 形《単複同形》《口語》多数の: Te lo dije ～ veces. 何度も言ったじゃないか
enemistad [enemistá(d)]《←俗ラテン語 inimicitas < ラテン語 inimicitia》女 ❶ 敵意, 反感; 憎悪: Entre ellos ha crecido una gran ～. 彼らの間に強い敵意が生じた. Hay que ver las ～es que te has ganado por eso. それで君がどれだけ敵を作ったか考えてごらん. ❷ 敵対関係; 敵対すること《⇔amistad》
enemistar [enemistár]《←enemistad》 他 敵対させる: El reparto de la herencia enemistó a los herederos. 遺産の配分をめぐって相続人たちは仲違いした
―― ～**se**《互いに/+con と》敵対する, 仲違いする: Ella se enemistó con su amiga de toda la vida. 彼女は大の親友とけんかした
éneo, a [éneo, a] 形《文語》銅の, 青銅の
eneolítico, ca [eneolítiko, ka] 形《考古》金石併用時代の《新石器時代から青銅器時代への過渡期》
―― 男《主に E～》金石併用時代
ener.《略記》←enero 1月
energético, ca [enerxétiko, ka]《←energía》形 ❶ エネルギーの: consumo ～ エネルギー消費. política ～ca エネルギー政策. recursos ～s エネルギー資源. ❷ エネルギーを生む: El azúcar es un alimento muy ～. 砂糖はたくさんエネルギー源になる食品である. ❸ 精力的な, エネルギッシュな: Es un hombre ～ con una enorme fuerza de voluntad. 彼は強い意志を持った精力的な男だ
―― 女《物理》エネルギー論
energetismo [enerxetísmo] 男 =**energismo**
energía [enerxía]《←ラテン語 energia < ギリシア語 energeia》女 不可算 ❶《物理》エネルギー, 動力: generar ～ エネルギーを発生させる. ～ atómica (eléctrica・solar) 原子力（電気・太陽）エネルギー. ～ de Helmholtz［ヘルムホルツ］の自由エネルギー. ❷ [肉体的・精神的な] 活力, 力強さ; 気力, 意志の強さ: Es un hombre de ～. 彼は精力的な人だ. El duro trabajo le ha restado ～s. 酷使される現場仕事で根力をすり減らしている. No tiene ～ para seguir trabajando a ese ritmo. 彼にはそのテンポで働き続けるだけの力はない. Habló con una ～ que dejó a los demás sorprendidos. 彼は他の人が呆気にとられるほど勢い強く語った. reponer ～ エネルギーを取り戻す. tomar ～ エネルギーを貯える. con ～ 力強く, 力一杯; 断固として
enérgicamente [enérxikaménte] 副 精力的に, 力強く; 断固として: Rechazaron ～ la propuesta. 彼らはその提案をきっぱり拒絶した
enérgico, ca [enérxiko, ka]《←energía》形 ❶ 精力的な, 元気のよい, 力強い: asentar a + 人 un ～ golpe en la cabeza …の頭をガツンと殴る. carácter ～ 活発（積極的）な性格. esfuerzo ～ たゆみない努力. hombre ～ 精力的な人, 決断力のある人. palabras ～cas 力強い言葉. ❷ 断固たる, 断固とした: decisión ～ca 断固たる決意. ～ desmentido きっぱりした否定. ❸ 効果的な, よく効く, 強力な: tener una acción ～ca 強く作用する. ácido ～ 強力な酸. medicina ～ca 効き目の強い薬
enérgida [enérxiða] 女《生物》エネルギド
energismo [enerxísmo] 男 エネルギズム, 活動主義
energizar [enerxiθár] 9 他 ❶《物理》電流を流す;［電磁石・コイルなどを］作動させる. ❷ 電化する, 電力を供給する: Han energizado el último pueblo de la comarca. その地域の最後の村に電気が送り届けられた. ❸《コロンビア》発奮させる, 活力を与える
―― 自・～**se**《コロンビア》生き生きと（激しく）行動する
energuménico, ca [enerγuméniko, ka] 形 ❶ すぐにカッとなる, 怒りっぽい. ❷ 並はずれた
energumenismo [enerγumenísmo] 男 すぐにカッとなること, 怒りっぽいこと
energúmeno, na [enerγúmeno, na]《←ラテン語 energumenus < ギリシア語 energumenos「取りつかれた」》名 ❶ すぐにカッとなる人, 怒りっぽい人; すぐどなる人: Salió del despacho hecho un ～. 彼はかんかんになって会社を飛び出した. ❷《まれ》頭の狂った人; 悪魔に取りつかれた人
enero [enéro]《←俗ラテン語 ienuarius < ラテン語 ianuarius》男 1月《～mes 参考》
enervación [enerβaθjón]《←ラテン語 enervatio, -onis》女 ❶ 気力・体力の衰弱（阻喪）. ❷ [男性の] 女性化, めめしさ. ❸《医学》無気力, 神経衰弱
enervador, ra [enerβaðór, ra] 形 =**enervante**
enervamiento [enerβamjénto] 男 =**enervación**
enervante [enerβánte] 形 ❶ 気力を失わせる, 意気消沈させる: Su nueva obra me resultó ～ por su mediocridad. 彼の新作は月並みで, 私はがっかりした. ❷ いらだたしい

enervar [enɛrƀár]〖←ラテン語 enervare < e- (奪取)+nervus「神経, 筋肉, 力」〗[他] ❶ [人から] 気力・体力を奪う, 弱める, 衰弱させる: El exceso de calor lo *enervó* en extremo. 暑すぎて彼は体力を極度に消耗した. ❷ いらつかせる: Su falta de puntualidad me *enerva*. 彼が時間にルーズなので私は頭に来る. ❸《法律》論拠を弱める
—— **~se** ❶ いらいらする: *Me enervaba* con su charlatanería sin sentido. 彼らの意味のないおしゃべりで私はいらだった. ❷ 弱くなる, 衰弱する. ❸《法律》[論拠が] 薄弱になる

enervatorio, ria [enɛrƀatórjo, rja] [形]《法律》論拠を弱めさせる

enerve [enérƀe] [形]《廃語》衰弱した, 弱々しい; めめしい

enésimo, ma [enésimo, ma]〖←ene〗[形] ❶《数学》n番目の, n倍の, n次の: función del grado ～ n次関数. elevar a la ～*ma* potencia n乗する. raíz ～*ma* n乗根. ❷《口語》[不快感を伴い, 回数が] 大変多くの: Por ～*ma* vez te digo que no. 何度も言うけどだめだ. Es la ～*ma* oportunidad que te doy. 君に何回チャンスをあげたかな

enfadadizo, za [enfađađíθo, θa]〖←enfado〗[形]《主に西》怒りっぽい: temperamento ～ 怒りっぽい気質

enfadar [enfađár]〖←ガリシア・ポルトガル語 enfadarse < fado「不運」〗[他]《主に西》怒らせる, 立腹させる, 気を悪くさせる: *Has enfadado* a papá. お前はパパを怒らせてしまった. No la *enfades*. 彼女を怒らすな. 〖[参考] 怒りの程度: **molestar**, **fastidiar** < **enojar**, **enfadar** < **irritar** < **encolerizar** < **enfurecer** < **exasperar** < **sacar de quicio**〗
—— **~se** ❶ [+con・contra に対して, +por が原因で] 怒る, 腹を立てる: Eres encantadora cuando *te enfadas*, Andrea. アンドレア, 君は怒っている時が魅力的だ. Cuando *se enfada con* su hermana no quiere verla. 彼は姉に腹を立てている時は会いたがらない. *Se enfadó* mucho *con*migo *por* mi falta de puntualidad. 彼は私が時間にルーズなことに大変怒った. ¿Todavía estás *enfadada*? まだ怒っているのかい? No parecía *enfadado con*migo. 彼は私に対して腹を立てているようには見えなかった. ❷ [互いに] 言い争う, けんかする: *Os habéis enfadado*, ¿verdad? 君たち, けんかしているんだってね

enfado [enfáđo]〖←enfadar〗[男] ❶《主に西》怒り, 腹立ち〖感情, 行為〗: Su ～ creció aún más. 彼の腹立ちはいっそう大きくなった. Comprendo su ～. 彼の立腹は理解できる. poner cara de ～ むっとした顔をする. causar a+人 ～ …を怒らせる, むっとさせる. con gran ～ 大変怒って, 激怒して. ❷《まれ》嫌気(不快感)を引き起こすもの. ❸《まれ》努力, 骨折り

enfadosamente [enfađósaménte] [副] つまらなさそうに, いやいや

enfadoso, sa [enfađóso, sa]〖←enfado〗[形] ❶ 嫌な, 腹立たしい: tarea ～*sa* 不愉快な任務. ～ tira y afloja いらだたしい駆け引き. ❷《まれ》怒りっぽい, すぐ腹を立てる. ❸《まれ》[状況が] 骨の折れる, 厄介な

enfaenado, da [enfaenáđo, đa] [形] [estar+] 忙しい, 忙殺された; 仕事に没頭した: Está tan ～ que ni me oye. 彼は仕事に夢中で私の声さえ聞こえていない

enfajar [enfaxár]〖←en- I+fajar < faja〗[他] ❶ [人に] 帯を締めさせる; [物に] 帯をかける. ❷《文語》囲む, 取り巻く: El río *enfaja* a la ciudad. 川がその町を取り巻いている
—— **~se** 帯を締める: *～se* la cintura 腰にベルトをする

enfajillar [enfaxiʎár] [他]《メキシコ, コスタリカ》[印刷物に] 帯封をかける

enfaldado [enfaldáđo] [形] [男性, 特に男の子が] 母親・女性にべったりの

enfaldador [enfaldađór] [男] スカートの大型のピン留め

enfaldar [enfaldár] [他] ❶ [スカートの裾を] 上げる. ❷ [樹幹が育つよう, 木の下方の枝を] はらう
—— **~se** [スカートの裾を] 上げる: *～se* la saya para cruzar el río 川を渡るためスカートの裾をたくし上げる

enfaldo [enfáldo] [男] ❶ 山すそ. ❷ 裾を上げたスカート. ❸ [つまんで作った] スカートのくぼみ: Llevaba en el ～ las flores que había recogido. 彼女は摘んだ花をスカートのくぼみに入れて運んだものだ

enfangar [enfaŋgár]〖←en- I+fango〗[8] [他] 泥だらけにする, 泥で汚す
—— **~se** ❶ 泥まみれになる: *Nos enfangamos* mientras buscábamos setas. 私たちはキノコ狩りをして泥まみれになった. ❷ [悪事に] 手を染める: *～se* en el tráfico de drogas 麻薬取引に手を出す. ❸ [快楽などに] ふける: *Se enfangó* emborrachándose a diario. 彼は毎日酒浸りの生活をおくった

enfardado [enfarđáđo] [男] 梱包

enfardador, ra [enfarđađór, ra] [形] [名] 梱包する; 梱包係
—— [女] 梱包機

enfardar [enfarđár] [他] 梱包する, 荷造りをする

enfardelado [enfarđeláđo] [男] =**enfardado**

enfardelador, ra [enfarđelađór, ra] [名] [特に船荷の] 梱包係

enfardeladura [enfarđelađúra] [女] 梱包, 荷造り

enfardelar [enfarđelár] [他] =**enfardar**

énfasis [énfasis]〖←ラテン語 emphasis < ギリシア語 emphasis「説明」〗[男]〖単複同形〗❶ 強調; 力点, 重点: poner (hacer) especial ～ en... …を特に強調する. dar ～ a... …に力点を置く. ❷ [過度の] 誇張, 仰々しさ, 大げさなこと: hablar con ～ 大げさな話し方をする. sin ～ 誇張せず, ありのままに. ❸《言語》強調. ❹《修辞》誇張法

enfáticamente [enfátikaménte] [副] 大げさに, 誇張して

enfático, ca [enfátiko, ka]〖←ギリシア語 emphatikos〗[形] ❶《文法》強調の, 強意の. ❷ 誇張した, 仰々しい: hablar en un tono ～ para convencer a+人 …を説得するために大げさな口調で話す. Nos recibió con un ～ saludo. 私たちは彼からご大層な出迎えの挨拶を受けた. Es una persona cursi y de modales ～*s*. 彼はきざでもったいぶった人物だ

enfatización [enfatiθaθjón] [女] 強調

enfatizar [enfatiθár]〖←enfático〗[9] [他] ❶ 強調する, 力説する: ～ la necesidad de la colaboración 協力の必要性を力説する. ❷ 誇張する: La gente tiende a ～ sus problemas. 人は自分の問題を大げさに言いがちだ

enfatunado, da [enfatunáđo, đa] [形] 高慢な

enfatunamiento [enfatunamjénto] [男] 思い上がり

enfebrecer [enfeƀreθér] [39] [他] 発熱させる; 熱狂させる, 興奮させる
—— **~se** 熱が高くなる; 熱狂する, 興奮する

enfebrecido, da [enfeƀreθíđo, đa] [形] 激しい, 興奮した

enfebrecimiento [enfeƀreθimjénto] [男] 発熱; 熱狂, 興奮

enfeltramiento [enfeltramjénto] [男] フェルトのようになること

enfeltrar [enfɛltrár] [23] **~se** [布・服が] フェルトのようになる

enfermable [enfɛrmáƀle] [形] 病気にかかり得る

enfermante [enfɛrmánte] [形] ❶ 病気にさせる. ❷《南米》ひどく腹立たしい

enfermar [enfɛrmár]〖←ラテン語 infirmari〗[自] [人・動植物が] 病気にかかる: 1) Tenía miedo de que mi marido *enfermara* y perdiera su trabajo. 夫が病気になり職を失うのではないかと私はずっと心配だった. *Enfermó* de tanto trabajar. 彼は過労で病気になった. 2) [+de+部位 の] ～ *del* pecho 胸を患う
—— [他] ❶ [+de・《まれ》+con の] 病気にさせる, 病気の原因となる. ❷《口語》ひどく不快にする, うんざりさせる: Las mentiras me *enferman*. 嘘はうんざりだ
—— **~se** ❶《地方語; 中南米》病気にかかる: Ella *se enfermó* y que sigue enferma. 彼女は病気にかかり, まだ病気中だ. Yo no quiero volver a ～*me*. 私は二度と病気になりたくない. ❷《グアテマラ》妊娠する. ❸《南米. 婉曲》月経になる

enfermedad [enfermeđá(đ)]〖←ラテン語 infirmitas, -atis〗[女] 病気, 疾患: 1) Tiene una ～ de riñón. 彼は腎臓を患っている. Aparece la ～. 病気が発症する. causar la ～ 病気の原因になる, 病気を引き起こす. ～ laboral (profesional・ocupacional) 職業病. ～ nerviosa 神経症. ～ social 社会病. 2)《医学》～ azul チアノーゼ, 紫藍症, 青色病. ～ de Basedow バセドー氏病. ～ de Behcet ベーチェット病. ～ de Crohn クローン病. ～ de Creutzfeldt-Jakob/～ de Creutzfeldt-Jacob クロイツフェルト-ヤコブ病. ～ de Hansen ハンセン氏病〖=lepra〗. ～ de Ménière メニエール病. ～ de Parkinson パーキンソン病. ～ sagrada てんかん〖=epilepsia〗. ～*es* de la civilización/～*es* del estilo de vida 生活習慣病. 3)《獣医》～ de Tyzzer ティザー病. 4)《比喩》～ del amor 恋の病. ～ de la sociedad actual 現代社会の病弊

enfermería [enfermería]〖←enfermero〗[女] ❶ [学校・工場などの] 医務室: Lo llevaron a la ～. 彼は医務室に運び込まれた. ❷ 看護学: escuela de *E*～ 看護学校. estudiante de segundo de *E*～ 看護学専攻の2年生. ❸ 看護〖職業, 職務〗. ❹ [集名] 病人

enfermero, ra [enfɛrméro, ra]〖←enfermo〗[名] ❶ 看護師: ～ (en) jefe 看護師長, 婦長. ～ ambulante 訪問看護師, 巡回看護師. ～ domiciliario 訪問看護師, 地区保健師. ❷ 看護

する人

enfermizamente [enfεrmíθaménte] [副] 病的に

enfermizo, za [enfεrmíθo, θa] 〖←enfermo〗 [形] ❶ 病弱な, 虚弱な: niño ～ 病気がちな子供. temperamento ～ 蒲柳(ほりゅう)の質. ❷ [精神的に] 病的な: pasión ～*za* 病的な情熱. ❸ [食物・場所などが] 病気を引き起こす, 不健康な, 有害な. ❹《まれ》[外見が] 病人のような; 弱々しい: rayos ～*s* del sol 弱々しい陽光

enfermo, ma [enférmo, ma] 〖←ラテン語 infirmus < in- (否定) +firmus「しっかりした」〗 [形] [estar+. +de が] 病気の, 病気にかかった 〖⇔sano〗: Está muy ～. 彼は重病だ. Estaba ～ *de*l corazón. 彼は心臓が悪かった

caer ～ 病気になる: Cristina *cayó* muy ～*ma*. クリスティーナは重い病気にかかった. *caer* ～ *de*l hígado 肝臓を悪くする

poner ～***a***+人《口語》…をうんざりさせる

ponerse ～ =**caer** ～: *Se había puesto* muy ～*ma* con el susto de la desaparición de su sobrina. 彼女は姪が失踪したショックで重い病気に倒れた

—— [名] 病人, 患者: El ～ deliraba de fiebre. 患者は高熱のためにうわごとを言っていた. Se murieron los ～*s*. 病人たちは死亡した. ～ *de*l corazón 心臓病の患者. ～ *de* aprensión ヒポコンデリー患者

enfermoso, sa [enfεrmóso, sa] [形]《メキシコ, 中米, コロンビア, ベネズエラ, エクアドル》=**enfermizo**

enfermucho, cha [enfεrmútʃo, tʃa] [形]《口語》病気がちな, 病弱な

enfervorecer [enfεrƀoreθér] [39] [他]《古語》=**enfervorizar**

enfervorizador, ra [enfεrƀoriθađór, ra] [形] 鼓舞する, 活気づける

enfervorizar [enfεrƀoriθár] 〖←en- I+fervor〗 [9] [他] [主に大衆の] 情熱を呼びさます, 鼓舞する, 激励する: El discurso del general *enfervorizó* a la tropa. 将軍の演説は部隊の士気を高めた

—— **～se** [主に大衆が] 興奮する, 活気づく: El público *se enfervorizó* cuando salió su ídolo al escenario. アイドルが舞台に登場すると観衆は熱狂した

enfeudación [enfeu̯đaθjón] [女]《歴史》❶ 封地の授与; その証書. ❷ 服従, 従属

enfeudar [enfeu̯đár] [他]《歴史》[領地を] 封土 feudo として与える

enfielar [enfjelár] [他] [秤を] 調整する

enfieltrado [enfjeltráđo] [男]《手芸》フェルティング

enfierecer [enfjereθér] [39] **～se**《まれ》激怒する

enfiestar [enfjestár] **～se**《メキシコ, ホンデュラス, ニカラグア, コロンビア, ベネズエラ, チリ》楽しむ, 羽をのばす

enfigar [enfiɡár] [8] **～se**《地方語. 俗語》夢中になる

enfilación [enfilaθjón] [女]《技術》連続した線, 連続, 列

enfilado, da [enfiláđo, đa] [形]《紋章》[指輪・王冠などが] 数珠つなぎになった

tener ～ ***a***+人《西》…を目の敵にする, つらく当たる

—— [男] 数珠つなぎ

—— [女]《軍事》縦射

enfilamiento [enfilamjénto] [男] まっすぐ進むこと; 数珠つなぎ

enfilar [enfilár] 〖←仏語 enfiler〗 [他] ❶ [+場所 を, +hacia の方に] 進む, まっすぐ行く: El coche *enfiló* el camino del hospital. 車は病院へ向かった. El viento *enfilaba* la carretera. 風が道路を吹き抜けていった. ❷ …に向ける, 狙う: ～ el coche por la calle ancha 車を広い通りに向ける. ～ una mirada fría a... …に冷たい視線を送る. ～ el arco al blanco 弓で的を狙う. ～ sus protestas contra la actual gobierno 批判を現政府に向ける. ❸《口語》[人を] 毛嫌いする, 反感を持つ; 反対の立場に立つ: El jefe me *ha enfilado*. 私は上司に目をつけられている. ❹《軍事》縦射する. ❺ 数珠つなぎにする: hacer un collar *enfilando* las cuentas ガラス玉をつないでネックレスを作る. ❻ 一列に並べる

—— [自] [+a・hacia に向かって] まっすぐに行く, 進む: *Enfilamos hacia* donde estábamos. 私たちは元の場所へ向かった. ～ por la carretera principal 幹線道路を行く

enfisema [enfiséma] [男]《医学》気腫: ～ pulmonar 肺気腫

enfisematoso, sa [enfisematóso, sa] [形] [名] ❶《医学》気腫の, 気腫性の. ❷ 気腫にかかった; 気腫患者

enfistolar [enfistolár] **～se**《医学》[傷が] ろうになる, ろう孔が生じる

enfiteusis [enfitéu̯sis] [女]〖単複同形〗《法律》[不動産の] 永代(長期)賃貸借契約

enfiteuta [enfitéu̯ta] [名]《法律》永代(長期)賃借人

enfitéutico, ca [enfitéu̯tiko, ka] [形]《法律》永代(長期)賃貸借の: censo (contrato) ～ 永代借地契約

enflacar [enflakár] [7] [自] やせる 〖=enflaquecer〗

enflaquecer [enflakeθér] 〖←en- I+flaco〗 [39] [他] ❶ やせさせる, やつれさせる: Tanto estudiar la *ha enflaquecido*. 勉強しすぎで彼女はやせた. ❷ [気力などを] 衰えさせる, 失わせる: Estos fracasos no nos *enflaquecerán* los ánimos. 今回の失敗でも我々のやる気はくじけない

—— [自] やせる: Desde que empecé el régimen, *he enflaquecido* bastante. ダイエットを始めて私はずいぶんスリムになった

—— **～se** ❶ やせる, やつれる. ❷ [気力などが] 衰える: Su voluntad *se* fue *enflaqueciendo* con el paso del tiempo. 彼の意欲は時がたつにつれ衰えていった

enflaquecimiento [enflakeθimjénto] [男] ❶ やせること, 減量: ～ repentino 急な減量. ❷ [気力などの] 衰退

enflatar [enflatár] **～se**《メキシコ》いらいらする, かんしゃくを起こす

enflautado, da [enflau̯táđo, đa] [形] 大げさな, 仰々しい

—— [女]《ホンデュラス》失言

enflautador, ra [enflau̯tađór, ra] [形] ❶ うわさ好きな, 陰口をたたく. ❷ だます

enflautar [enflau̯tár] [他] ❶ ふくらませる. ❷ 陰口をたたく. ❸ だます, 幻想を抱かせる. ❹《メキシコ, コロンビア. 口語》[不快なことを, +a+人 に] 押しつける

enflechado, da [enfletʃáđo, đa] [形] [弓が] 矢をつがえた

enflorar [enflorár] [他]《まれ》花で飾る

enflorecer [enfloreθér] [39] [自] 花が咲く 〖=florecer〗

—— [他]《古語》花で飾る

enflusar [enflusár] **～se**《ベネズエラ. 口語》背広を着る

enfocar [enfokár] 〖←en- I+foco〗 [7] [他] ❶ [レンズなどの] 焦点を合わせる: *Enfoca* bien la imagen, que se ve borrosa. ぼやけているからピントをきちんと合わせなさい. ～ un telescopio 望遠鏡のピントを合わせる. ❷ 光を当てる; [光学機器などを] 向ける: El vigilante nos *enfocó* con la linterna. 警備員は懐中電灯で我々を照らした. *Enfoqué* su rostro en primer plano. 私は彼の顔をアップで撮った. ❸ [光・光学機器などが] …に当たる, 向けられる: Las lámparas lo *enfocaban*. 彼にライトが当たっていた. La cámara *enfocó* a la actriz. カメラは女優を捕えた. ❹ [ある観点から] 検討する, 考察する, 分析する: ～ la cuestión desde otro punto de vista 別の観点から問題を考察する

enfollonar [enfoʎonár] [他]《口語》[問題を] 複雑にする; [人を] 巻き込む

—— [自]《口語》騒ぎ(もめごと)を起こす

enfondar [enfondár] [他]《料理》抜き型の内側にペーストを塗る

enfoque [enfóke] 〖←enfocar〗 [男] ❶ ピント合わせ: ～ automático オートフォーカス. lograr bellos ～*s* de primer plano アップできれいに焦点を合わせる. ❷ [+de への] 視点, 観点, アプローチ: dar un ～ adecuado al problema 問題に適切なアプローチをする. variar el ～ *de*... 視点を変えて…を考える

enfortecer [enfɔrteθér] [39] [他] 強くする 〖=fortalecer〗

enfosado [enfosáđo] [男]《獣医》鼓腸症 〖=encebadamiento〗

enfoscado [enfɔskáđo] [男]《建築》❶ [壁などの] モルタル塗り. ❷ モルタルの層

enfoscar [enfɔskár] 〖←ラテン語 infuscare「暗くする」〗 [7] [他] ❶《建築》[壁などに] モルタルを塗る; [モルタルで] 壁の穴をふさぐ. ❷《まれ》不機嫌にする

—— **～se** ❶ [嵐の予兆で, 空が] 雲に覆われる, 曇る: A media tarde *se enfoscó* el cielo y empezó a llover. 夕方, 空が曇って雨が降り始めた. ❷ 不機嫌になる, しかめ面をする. ❸ [+en に] 没頭する, かかりきりになる

enfotar [enfotár] **～se** ❶《アストゥリアス. 古語》過度の自信を持つ. ❷《アンダルシア. 古語》怒る, 激怒する

enfrailar [enfrai̯lár] [他] 修道士 fraile にする

—— [自]・**～se** 修道士になる

enfranje [enfráŋxe] [男]《チリ》=**enfranque**

enfranque [enfráŋke] [男] [靴底の] 土踏まず〔の部分〕

enfranquecer [enfraŋkeθér] [39] [他] 自由にする, 解放する

enfrascamiento [enfraskamjénto] [男] 没頭, 熱中

enfrascar [enfraskár] **I** 〖←伊語 infrascarsi〗 [7] [他] 没頭させる

—— **～se** ❶ [+en に] 没頭する, 夢中になる: Cuando *se en-*

E

enfrenador, ra

frasca en los estudios, no oye nada. 彼は勉強に集中すると、何も耳に入らなくなる。❷ 藪に入る。❸ 汚れる: ~ *se de barro* 泥だらけになる

II [←en-I+frasco] [7] 佗 小瓶に入れる: ~ *los tomates para hacer conservas* 保存するためトマトを瓶詰めにする

enfrenador, ra [enfrenaðór, ra] 名 ❶ 馬に馬勒をつける人。❷ 調教師

enfrenamiento [enfrenamjénto] 男 ❶ 馬に馬勒をつけること。❷ 調教

enfrenar [enfrenár] 佗 ❶ [馬に] 馬勒(ばろく)をつける。❷ [馬を] 調教する; [+bien. 馬の] 姿勢を正す。❸ 制御する、抑える: ~ *las pasiones* 感情を抑える。~ *a los adversarios* 敵〔の動き〕を抑える
— ~*se* 自らを制御する: *Se enfrenó* para no empezar una pelea. 彼はけんかにならないよう自分を抑えた

enfrentamiento [enfrentamjénto] 男 対決、挑戦; 対立: *Hubo graves* ~*s* entre los dos partidos. 両党間で激しい口論があった。~ *armado* 武力衝突。~ *militar* 軍事衝突

enfrentar [enfrentár] [←en-I+frente] 佗 ❶ [問題・危険などに] 立ち向かう: ~ *la realidad* 現実に立ち向かう。~ *el futuro con optimismo* 将来を楽観視する。❷ [+con に] 挑ませる、対立させる: *El combate enfrentará al campeón con el retador más fuerte*. この試合でチャンピオンは最強の挑戦者と対戦する。*Ese asunto ha enfrentado a los dos amigos*. その件が友達である2人を敵対させることになった。~ *a dos perros* 2匹の犬を戦わせる。❸ [+con と] 向かい合わせにする: ~ *un espejo con otro* 2枚の鏡を向かい合わせにする
— ~*se* ❶ [+con と] 対立する、敵対する、衝突する: *Se ha enfrentado con todos los compañeros*. 彼は同僚全員を敵に回した。❷ [+a. con と] 対戦する: *Nuestro equipo se enfrenta con la selección mexicana*. 我がチームはメキシコ代表と対戦する。❸ [+a. con に] 直面する、遭遇する: ~*se a su enfermedad* 自分の病気と闘う。~*se a duras críticas* 激しい批判にさらされる。*Ella se puso de pie y se me enfrentó*, mirándome a los ojos. 彼女は立ち上がると私の正面に来て目をじっと見た

enfrente [enfrénte] 〖←en-I+frente〗 副 ❶ 正面に、向かい側に: 1) *E~ había un gran espejo*. 正面に大きな鏡があった。*E~ tenemos Correos*. 私たちの正面に郵便局がある。*Él vive justo ~*. 彼は真向かいに住んでいた。*Allí ~ encontrará usted el hotel*. そのホテルはあの向かい側にあります。2) [前置詞+] *Está aparcado en la calle de ~*. それは前の通りに駐車してある。*El niño caminó hasta ~ y volvió*. その子は向かいまで歩いて行って戻って来た。*casa de ~* 向かいの家。*página de ~* 反対側のページ。❷ 反対して: *Incluso su madre se le puso ~*. 彼の母親までも彼に反対した。❸ 対立して、相手として: *tener ~* [+a チーム・人と] 対戦する
~ de... 1) …の正面に・の、…の向かい側に・の: *Un coche se detuvo ~ de mí*. 一台の車が私の正面に止まった。*El cine está en ~ del supermercado*. 映画館はスーパーの向かいにある。*Se sentó en la silla ~ de la mesa*. 彼はテーブルの前の椅子に座った。*Está sentado ~ de mí en la mesa*. 彼はテーブルで私の正面に座っている。2) 反対して: *Todo el pueblo está ~ del proyecto*. 町中がその計画に反対している
uno ~ de otro 互いに向かい合って

enfriadera [enfrjaðéra] 女 [飲み物の] 冷却器

enfriadero [enfrjaðéro] 男 冷蔵室、冷却場

enfriador, ra [enfrjaðór, ra] 形 冷却する、冷やす
— 男 冷却器; =**enfriadero**
— 女 冷却機

enfriamiento [enfrjamjénto] 男 ❶ 冷却、さめること: 1) ~ *del motor* エンジンの冷却。~ *del ambiente* 冷房。~ *radiante* (気象) 放射冷却。❷ [比喩] 悪化: ~ *de las relaciones de los dos países* 2国間の関係悪化。~ *de la economía* 経済の冷え込み。❷ 軽い風邪、鼻風邪: *coger (pillar) un ~* 風邪を引く。*Debo de tener un ~*. 私は軽い風邪だな

enfriar [enfrjár] 〖←ラテン語 infrigidare < in-(強調)+frigidus「寒さ」〗 11 佗 ❶ 冷やす、さます〔⇔calentar〕: ~ *el vino blanco* 白ワインを冷やす。*Hay que ~ el motor*. エンジンを冷やさないといけない。2) [比喩] *La distancia ha enfriado* nuestra relación. 離れ離れになって私たちの仲も冷めてしまった。*El gol del contrario enfrió al equipo*. 相手のゴールでチームは意気消沈

した。~ *su dolor* 痛みを和らげる。~ *la economía* 経済を沈静化させる。❷《メキシコ、ペルー. 口語》殺す
— 自 ❶ 冷える、さめる: *La nevera no enfría*. その冷蔵庫は冷えない。❷ 冷静になる
— ~*se* ❶ 冷える、さめる: 1) *Si tardas en venir, se te enfriará la sopa*. 早く来ないとスープが冷めるよ。*Con el viento me he enfriado*. 風に当たって私は体が冷えた。2)《比喩》*Se han enfriado las relaciones entre ellos*. 彼らの関係は冷却した。*Todo el odio que sentía se ha enfriado*. 私が抱いていた憎しみはすっかりさめた。*El equipo se enfrió* en el segundo tiempo. そのチームは後半になって動きが止まった。❷ 風邪ぎみになる、風邪を引きかける: *Me empapé con la lluvia y me he enfriado*. 私は雨で濡れて風邪を引いた。❸《スポーツ》クールダウンする。❹《ペルー. 口語》死ぬ

enfrijolada [enfrixoláða] 女《メキシコ. 料理》インゲンマメのペースト *frijoles* を塗ったトルティーヤ

enfrío [enfrío] 男〈まれ〉=**enfriamiento**

enfrontar [enfrontár] 佗〈まれ〉=**enfrentar**
— ~*se* 対立する

enfrontilar [enfrontilár] 佗〈まれ〉《アンダルシア》くびき綱と牛の額の間にあてものを入れる
— ~*se*《アンダルシア》牛同士が闘う

enfroscar [enfroskár] [7] 佗 佗 =**enfrascarse**

enfrutecer [enfruteθér] 39 佗《地方語》実をつけている

enfullar [enfuʎár] 佗《トランプ》いかさま(いんちき)をする

enfullinar [enfuʎinár] ~*se*《メキシコ、チリ》[人に] 腹を立てる

enfuchar [enfutʃár] ~*se*《キューバ、プエルトリコ》[人に] 腹を立てる

enfundado [enfundáðo] 男 ケースにしまうこと; カバーをかけること

enfundador, ra [enfundaðór, ra] 形 ケースにしまう; カバーをかける
— 女 包装機

enfundadura [enfundaðúra] 女 =**enfundado**

enfundar [enfundár] 佗 ❶ ケース *funda* にしまう: *Plegó su paraguas y lo enfundó*. 彼は傘を畳んで傘袋にしまった。~ *el arma* 武器をしまう。~ *su pistola* ピストルをホルスターに納める。❷ カバーをかける: ~ *el cojín* クッションにカバーを掛ける。❸ 一杯にする、満たす
— ~*se* [衣類を] 着る、身につける: ~*se los guantes* 手袋をする

enfuñar [enfuɲár] ~*se*《アンダルシア; カリブ》怒る

enfurción [enfurθjón] 女《歴史》=**infurción**

enfurecer [enfureθér] 〖←en-I+furia〗 39 佗 ❶ 激怒させる、逆上させる [→enfadar] 〖参考〗: *Enfurece a su mujer con su actitud machista*. 彼の亭主関白ぶりに奥さんは怒っている。*¿Es cierto que el color rojo enfurece a los toros?* 闘牛が赤い色に興奮するというのは本当だろうか？ ❷〈まれ〉思い上がらせる〖=ensoberbecer〗
— ~*se* ❶ [+con・contra に、+de・por が原因で] 激怒する、逆上する: *Se enfureció conmigo* (de ver la injusticia). 彼は私のことで(不正を見て)ひどく腹を立てた。~*se con los atascos del tráfico* 交通渋滞でいらいらする。~*se por todo* 何にでも当たり散らす。❷ [天候などが] 荒れる: *El mar se enfurecó*. 海が荒れた

enfurecidamente [enfureθíðamente] 副 激怒して、逆上して

enfurecimiento [enfureθimjénto] 男 ❶ 激怒、逆上。❷ 荒天、時化(しけ)

enfurrunchar [enfuruntʃár] 佗《地方語》怒らせる
— ~*se*《地方語》怒る

enfurruñamiento [enfuruɲamjénto] 男《口語》憤慨

enfurruñar [enfuruɲár] 〖←古仏語 enfrogner〗 ~*se* ❶《口語》[怒って] ぷりぷりする: *El niño se enfurruñó* porque su madre no le dejó comer el pastel. 母親がケーキを食べさせてくれないのでその子はむくれた。❷ [空が] 雲で覆われる

enfurruño [enfuruɲo] 男《口語》=**enfurruñamiento**

enfurruscar [enfuruskár] [7] ~*se*《アラバ、アラゴン; チリ》[怒って] ぷりぷりする

enfurtido [enfurtíðo] 男《繊維》縮絨

enfurtir [enfurtír] 佗《繊維》[毛織物を] 縮絨(しゅくじゅう)する。❷ [髪の毛を] 固める、ごわごわにする
— ~*se* [髪の毛が] 固まる、ごわごわになる

engabanado, da [eŋgabanáðo, da] 形 外套 *gabán* を着た

engabardinado, da [eŋgabardináðo, ða] 形 レインコート ga-bardina を着た

engace [eŋgáθe] 男 ❶ =**engarce**. ❷ 関わり、つながり

engafar [eŋgafár] 他 ❶ [鉤で] 止める、引っかける. ❷ [銃の] 安全装置をかける. ❸ [弓に弦を] 張る
── ~**se** [エストレマドゥラ] ノミだらけになる

engaitador, ra [eŋgaitaðór, ra] 形 [まれ] だましの、言葉巧みな

engaitar [eŋgaitár] 他 口車に乗せる、一杯食わせる、だます

engalabernar [eŋgalabernár] 他 [コロンビア] 組み立てる

engalanado [eŋgalanáðo] 男 [船舶] 満艦飾

engalanamiento [eŋgalanamjénto] 男 飾り立てること

engalanar [eŋgalanár] 他 [←en- I+gala] 他 [+con で] 飾り立てる: ~ los balcones *con* banderas バルコニーを旗で飾る
── ~**se** 着飾る: *Se engalanó con* su mejor traje para ir al concierto. 彼はコンサートへ行くのに一張羅でめかし込んだ

engalba [eŋgálba] 女 [製陶] 白粘土 [=**engobe**]

engaletar [eŋgaletár] 自 [ボリビア. 口語] 隠れる

engalgar [eŋgalgár] I [←galgo] [8] 他 ❶ [狩猟] [ウサギを] 猟犬に追わせる. ❷ [地方語] [人を] 追いかける
II ❶ [船舶] ❶ ブレーキ棒をかける. ❷ [船舶] [船を安定させるため、錨にさらに] 小錨をつける

engallado, da [eŋgaʎáðo, ða] 形 ❶ 高慢な、尊大な、横柄な. ❷ 直立した、まっすぐの

engallador [eŋgaʎaðór] 男 =**engalle**

engalladura [eŋgaʎaðúra] 女 =**galladura**

engallar [eŋgaʎár] [←en- I+gallo] 他 [止め手綱 engalle を引き、馬の] 頭を起こす
── ~**se** ❶ [+con に] 尊大 (横柄) な態度をとる、いばる: *Se engalló conmigo porque me llevó la contraria.* 私が反対したので彼は高飛車に出た. ❷ [馬が] 頭を起こす. ❸ [人が] 直立する

engalle [eŋgáʎe] 男 [馬車馬の] 止め手綱

engalletar [eŋgaʎetár] ~**se** [ベネズエラ. 口語] 交通渋滞になる

enganchada[1] [eŋgantʃáða] 女 ❶ [口語] [予期せず始まり、つかみあいのけんかになるような] 口論、激しい議論. ❷ [鉤などに] 引っかける (引っかかる) こと

enganchada[2] [eŋgantʃáðo, ða] 男 形 [西] [+a 麻薬などに] 中毒の; 中毒者: estar ~ *a las anfetaminas* アンフェタミン中毒になっている. ~ *al televisor* テレビ中毒の

enganchador, ra [eŋgantʃaðór, ra] 形 名 [鉤などで] 引っかける [人]

enganchamiento [eŋgantʃamjénto] 男 =**enganche**

enganchar [eŋgantʃár] [←en- I+gancho] 他 ❶ [鉤などに] 掛ける (引っかける): ~ *un pez con el anzuelo* 魚を釣り針に引っかける. ~ *el cable en un clavo* ケーブルを釘に掛ける. ❷ [馬などを、+a 馬車などに] つなぐ: ~ *los caballos a la carreta* 馬たちを荷車につなぐ. ~ *un remolque a un vehículo* トレーラーを牽引車につなぐ. ~ *dos vagones* 2台の貨車をつなぐ. ❸ [口語] つかむ、つかまえる: *La policía lo enganchó robando en la joyería.* 警察は彼を宝石店強奪で逮捕した. *Me enganchó la pierna con su bastón.* 彼は私の脚を杖で引っかけた. ~ *un buen catarro* ひどい風邪を引く. ❹ [口語] [甘言・嘘などで、人を] 引っ張り込む、誘い込む; [異性を] 引っ掛ける: *Me engancharon para que ayudara en los preparativos.* 私は準備の手伝いをさせられた. *Lo enganchó con su mirada triste.* 彼女は悲しそうな目つきで彼を引きつけた. ❺ [闘牛] [角で] 突き上げる. ❻ [軍事] 募兵する. ❼ [麻薬などが] 中毒にする、癖にする: *Los programas de sucesos enganchan.* ニュースショーは癖になる
── ❶ ❶ [+en に] 引っかかる: *El pelo enganchó en un corchete.* 髪の毛がフックに引っかかった. ❷ [麻薬が] 中毒になる: *La heroína engancha rápido.* ヘロインはすぐ中毒になる. ❸ [中米] 上がる
── ~**se** ❶ [+en に] 引っかかる; [服を] 引っかける: *El vestido se enganchó en un clavo.* 服が釘に引っかかった. *Me he enganchado las medias.* 私はストッキングを引っかけた. ❷ [西] [+a 麻薬などに] 溺れる、中毒になる: ~*se a la cocaína* コカイン中毒になる. *Está enganchado al videojuego.* 彼はテレビゲームにはまっている. ❸ [軍事] 志願する: ~*se a (en) la marina* 海軍に入る. ❹ [メキシコ] 加入する

enganche [eŋgántʃe] [←enganchar] 男 ❶ 掛けること、引っかける (つなぐ) こと; 連結: asegurar el ~ *del coche a la grúa* 車とクレーンの連結を確実にする. ❷ 鉤、フック;《鉄道》連結器; 《自動車》牽引用フック: *Se me ha roto el ~ de la pulsera.* ブレスレットの留め金具が壊れた. ❸ [電話などの] 接続. ❹ [軍事] 募兵; 志願. ❺ [口語] 熱狂的な愛好心: tener ~ *con el fútbol* サッカーにはまっている. ❻ [アンダルシア] けんか、不仲. ❼ [メキシコ] 前払い金. ❽ [ラプラタ] かぎ裂き: hacerse un ~ *en el pantalón* ズボンにかぎ裂きができる

enganchón [eŋgantʃón] [←enganche] 男 かぎ裂き: *Me hice un ~ en la americana.* 私は上着にかぎ裂きを作ってしまった

engandujo [eŋgandúxo] 男 [古語] ひだ飾り [=**gandujado**]

engangrenar [eŋgaŋgrenár] ~**se** =**gangrenarse**

engañabobos [eŋgaɲabóβos] [←engaña+bobo] 男 [単複同形] ❶ [軽蔑] いんちき商品; いんちき、ぺてん: *Esa propaganda es una ~.* このコマーシャルはいんちきだ. ❷ [エストレマドゥラ、アンダルシア. 鳥] ヨタカ [=**chotacabras**]
── 名 [まれ. 軽蔑] [いんちきな商品を売りつける] てき屋; 口先のうまい人、詐欺師

engañadizo, za [eŋgaɲaðíθo, θa] 形 ❶ [ものが人を] 容易にだます: *La profundidad del río es muy ~za.* この川の深さはくせ者だ. ❷ [人が] だまされやすい

engañador, ra [eŋgaɲaðór, ra] 形 ❶ だます、ごまかす; [人を] 迷わす、誤らせる; ぺてん師、詐欺師. ❷ 言葉巧みな、へつらう

engañamundo [eŋgaɲamúndo] 男 詐欺師、ぺてん師 [=**engañador**]

engañamundos [eŋgaɲamúndos] 男 [単複同形] 詐欺師、ぺてん師 [=**engañador**]

engañanecios [eŋgaɲanéθjos] 男 [単複同形] てき屋; 口先のうまい人

engañapastor [eŋgaɲapastór] 男 [地方語. 鳥] ヨタカ [=**chotacabras**]

engañapastores [eŋgaɲapastóres] 男 [単複同形] [地方語. 鳥] ヨタカ [=**chotacabras**]

engañapichanga [eŋgaɲapitʃáŋga] 女 [ラプラタ. 口語] =**engañifa**

engañar [eŋgaɲár] [←ラテン語 ingannare < in- (中)+gannare「からかう」] 他 ❶ [人を] だます、欺く: *He engañado a todos.* 私はみんなをだました. *Me engañó diciéndome que me iba a regalar un coche.* 彼は車をくれると言って私をだました. *Me engañaron en la cuenta.* 私は勘定をごまかされた. *La muchacha se dejó ~ por un joven atractivo.* その娘は魅力的な男にだまされた. ¡No me *engañes*! 冗談だろう?/嘘ばっかり! *Este niño engaña a sus padres.* この子は親の期待を裏切っている. ~ *a+un con un billete falso* …に偽札をつかます. ❷ 誤らせる: ~ *a la vista* 目の錯覚を起こさせる. ❸ [夫・妻が、+con と] 浮気をする、不貞を働く: *La mujer le engaña con el joven.* 彼の妻は若い男と浮気をしている. ❹ [空腹・眠気を] 紛らわせる: ~ *el hambre/~ el estómago* 空腹を紛らわせる. ❺ [時間を] つぶす、過ごす. ❻ [食べ物・飲み物が] 食欲をそそる、美味に見せる
── 自 欺く: *Pero las apariencias engañan y él lo sabe.* しかし見かけによらないものであり、彼はそれを知っている
── ~**se** ❶ 自分をだます: ~*se a sí mismo con una ilusión* 幻想を抱いて自分をごまかす. ❷ 誤る: *Te has engañado, no es tan favorable la situación.* 君は間違っている. 情況はそれほど甘くない. ❸ [+con+人 を] 誤解する

engañifa [eŋgaɲífa] [←engañar] 女 [西] 見かけ倒しのもの、食わせもの

engañifla [eŋgaɲífla] 女 [アンダルシア; チリ] =**engañifa**

engañito [eŋgaɲíto] 男 [チリ. 口語] ちょっとした贈り物

engaño [eŋgáɲo] [←engañar] 男 ❶ 欺瞞(ぎ)、ごまかし、ぺてん: *Sus promesas son un ~.* 彼の約束はごまかしだ. *Ese libro es un ~.* その本は期待外れだ. enterarse del ~ ごまかしに気づく. ❷ 誤り、思い違い: despertar del ~ → 幻想から目覚める. vivir en perpetuo ~ 幻想に生きる. ❸ 浮気. ❹ [闘牛] ムレータ [=**muleta**], カパ [=**capa**]. ❺ 《スポーツ》フェイント: hacer un ~ フェイントをかける

deshacer un ~ 思い違いをさとす、錯覚を正す

En proponer no hay ~. 《南米》立案だけなら問題はない/意見を一応聞こう

llamarse a ~ 自分がだまされたと嘆く: *No espero la felicidad más que de mí misma, así no me llamo a ~.* 私は自分自身の幸せしか期待しない、だからだまされたと嘆くことはない

engañosamente [eŋgaɲósaménte] 副 偽って、ごまかして

engañoso, sa [eŋɡaɲóso, sa]《←engaño》形 ❶ 偽りの, 人を欺く; 惑わせる: palabras ~*sas* あてにならない言葉, から約束, 甘言. publicidades ~*sas* 人を欺く宣伝.《地方語》嘘つきの

engarabatar [eŋɡarabatár] 他 ❶ [鉤 garabato で] 引っかける. ❷ 鉤状にする
—— ~**se** 鉤状になる, 曲がる

engarabitar [eŋɡarabitár] 他 ❶ 鉤状に曲げる.《地方語》興奮させる
—— 自・~**se** [+a・en に] よじ登る: ~*se a los tejados* 屋根に登る. ❷ [寒さで指が] かじかむ: *Se me engarabitan los dedos con el frío que hace.* この寒さで手がかじかむ

engaratusar [eŋɡaratusár]《メキシコ, グアテマラ, ニカラグア, コロンビア》=**engatusar**

engarbado, da [eŋɡarbáðo, ða] 形 [伐採された木が他の木に] 倒れかかった

engarbar [eŋɡarbár] —— ~**se** [鳥が木などの] てっぺんに登る: *La gallina se engarbó por el tejido.* 鶏は屋根に登った

engarbullar [eŋɡarbuʎár] 他《口語》ごちゃ混ぜにする, 混同する

engarce [eŋɡárθe]《←engarzar》男 ❶ 鎖状につなげること, 数珠つなぎ; [ビーズなどを] 針金(糸)に通すこと: ~ *de un topacio en la diadema* トパーズをティアラに付けること. ❷ [宝石を通す] ストリング, チェーン; [宝石を乗せる] 台: *El piedra es un rubí y* ~ *es de plata.* 石はルビーでチェーンは銀である. ❸ 関連, つながり

engarfiar [eŋɡarfjár] 10 他 ❶ [鉤 garfio に] 引っかける. ❷ [手・指などを] 鉤のように曲げる
—— ~**se**《エクアドル. 口語》しがみつく

engargantadura [eŋɡarɡantaðúra] 女 =**engargante**

engargantar [eŋɡarɡantár] 他 ❶ 喉に詰め込む. ❷《アンダルシア》[鋤が木の根などに] 深く刺さる
—— 自 ❶ [歯車が] かみ合う. ❷《馬術》足を鐙に深く入れる
—— ~**se**《馬術》足を鐙に深く入れる

engargante [eŋɡarɡánte] 男 [歯車の] かみ合い, かみ合わせ

engargolado, da [eŋɡarɡoláðo, ða] 形《木工》溝 gárgol のある
—— 男 ❶ [敷居などの] 溝; [引き戸の] レール. ❷《木工》ほぞ継ぎ, 印籠継ぎ

engargolar [eŋɡarɡolár] 他《木工》ほぞ継ぎをする

engaritar [eŋɡaritár] 他 ❶ [城などに] 望楼 garita をつける. ❷《まれ》言葉巧みにだます

engarmar [eŋɡarmár] ~**se**《地方語》[漁網・釣り糸が海底などに] 引っかかる, からまる

engarnio [eŋɡárnjo] 男《口語》役立たず, おいぼれ; ポンコツ

engarrafador, ra [eŋɡarafaðór, ra] 形 強くつかむ

engarrafar [eŋɡarafár] 他《口語》強くつかむ

engarrar [eŋɡarár] 他 =**agarrar**
—— ~**se**《地方語》[2人・2匹の動物が] けんかする

engarriar [eŋɡarjár] 10 自・~**se** よじ登る

engarro [eŋɡáro]《口語》つかむこと

engarrotar [eŋɡarotár] 他《サラマンカ, アルゼンチン》かじかませる
—— ~**se**《サラマンカ, アルゼンチン》かじかむ

engarzador, ra [eŋɡarθaðór, ra] 形 名 鎖状につなげる[人]

engarzadura [eŋɡarθaðúra] 女 =**engarce**

engarzar [eŋɡarθár]《←en-+アラビア語 garzah「縫い目」+-ar》9 他 ❶ 鎖状につなげる, 数珠つなぎにする; [針金などを] …に通す: ~ *las perlas duras para hacer un collar* 真珠をつなぎネックレスにする. ❷ =**engastar**: ~ *una esmeralda en una sortija* 指輪にエメラルドをはめ込む. ❸ 結びつける, つなぎ合わせる, 関連づける: ~ *unas palabras con otras* 言葉をつなぎ合わせる. *Sus nervios no le permitieron* ~ *las palabras.* 彼はあがってしまって口がうまく動かなかった. ❹ [髪の毛を] カールする
—— ~**se** ❶ つながる. ❷《コロンビア》引っかかる

engasar [eŋɡasár] 他 ガーゼで覆う

engasgar [eŋɡasɡár] 8 ~**se** 喉に詰まらせる, 喉につかえる: ~*se con una espina de pescado* 魚の骨が喉につかえる

engaso [eŋɡáso] 男 ブドウの房の軸

engastador, ra [eŋɡastaðór, ra] 形 名 ❶ はめ込む[人]. ❷ 宝石加工職人

engastadura [eŋɡastaðúra] 女 =**engaste**

engastar [eŋɡastár]《←俗ラテン語 incastrare》他 [宝石などを, +en に/…に, +con 宝石などに] はめ込む, ちりばめる: ~ *un rubí en oro* ルビーを金の台座にはめ込む. ~ *una diadema con brillantes* ティアラにダイヤをはめ込む

engaste [eŋɡáste] 男 ❶ はめ込み. ❷ [宝石の台座の] 爪; 台座. ❸ マベパール, ボタン真珠

engatado, da [eŋɡatáðo, ða] 形《まれ》盗み癖のついた

engatar [eŋɡatár] 他《まれ》言葉巧みにだます, いい気にさせて丸め込む

engatillado, da [eŋɡatiʎáðo, ða] 形 ❶ [牛・馬の] 首ががっしりした
—— 男 ❶《建築》[木材の] かすがいでの固定. ❷ 板金の端を叩き曲げてつなぎ合わせること

engatillar [eŋɡatiʎár] 他 ❶《西. サッカー》[ボールを] 強く蹴る. ❷《西》~ *el pulgar* [OKのしるしに] 親指を突き出す. ❸ [板金の端を叩き曲げて] つなぎ合わせる. ❹《建築》1) かすがいで固定する. 2) [梁のほぞに木材を] はめ込む. ❺《美術》[タブローを] 留め具で補強する
—— ~**se** [銃などが] うまく発射しない, 引き金が動かない

engatusador, ra [eŋɡatusaðór, ra] 形 名 口車に乗せる[人], 口のうまい[人]

engatusamiento [eŋɡatusamjénto] 男《まれ》口車に乗せること

engatusar [eŋɡatusár]《←engaratusar「甘言でだます」》他 ❶ 口車に乗せる: *Engatusó a su abuela para que le comprara una bicicleta.* 彼はうまいことを言って祖母に自転車を買ってもらった. ❷ [女性を] 甘言でだます(誘惑する)

engavetar [eŋɡaßetár] 他《南米. 口語》[事柄を] 凍結する

engaviar [eŋɡaßjár] 10 他 ❶ 上げる, 持ち上げる. ❷《バレンシア》檻に入れる
—— ~**se** 上がる

engavillado [eŋɡaßiʎáðo] 男 =**agavillado**

engavillador, ra [eŋɡaßiʎaðór, ra] 形 名 =**agavillador**

engavillar [eŋɡaßiʎár] 他 =**agavillar**

engayolado, da [eŋɡajoláðo, ða] 形《アルゼンチン. 口語》刑務所に入っている

engazar [eŋɡaθár] 9 他 ❶《織物》織った後で染める, 後染めする. ❷《船舶》[滑車に] 綱(索)を通す. ❸《廃語》=**engarzar**

engelamiento [eŋxelamjénto] 男《気象》飛行機雲の形成

engelante [eŋxelánte] 形《気象》飛行機雲

engendrable [eŋxendráble] 形《まれ》生じ得る, 発生し得る

engendrador, ra [eŋxendraðór, ra] 形 名 生じさせる[人]
—— 男 *Aquel malentendido fue el* ~ *de su enemistad.* その誤解が彼らが敵対するきっかけだった

engendramiento [eŋxendramjénto] 男 ❶ 生じさせること. ❷ 生起, 発生: ~ *de la deuda externa* 対外債務の発生

engendrar [eŋxendrár]《←ラテン語 ingenerare「生む, 作り出す」<genus, -eris「起源, 生誕」》他 ❶ [人・動物が子を] 生む, なす, 作る: *Engendró diez hijos pero solo sobrevivieron ocho.* 彼女は子供を10人産んだが, 8人だけ生き延びた. *Los padres engendran no solo el cuerpo sino también el espíritu.* 両親は身体だけでなく, 精神も生み出す. ❷ 引き起こす, 発生させる; 生む: *Esas experiencias engendran traumas y resentimientos.* そのような経験はトラウマと恨みを生む. *Ese episodio engendró la duda en él.* その出来事が彼への疑いを生み立てた
—— ~**se** 生み出される, 発生する: *El odio se engendró en el corazón.* 心の中に憎しみが芽生えた

engendro [eŋxéndro]《←engendrar》男 ❶ 奇形の生物, 奇形児. ❷《軽蔑》駄作, 人, 劣悪な作品, 駄作, 失敗作: *Su última novela es un* ~. 彼の小説の最新作は駄作だ. ❸ 胎児 [=feto]

engentado, da [eŋxentáðo, ða] 形《メキシコ》呆然とした, 当惑した

engeridor, ra [eŋxeriðór, ra] 形 接ぎ木の
—— 男 接ぎ木用ナイフ

engerir [eŋxerír] 33 他《廃語》=**ingerir**
—— ~**se** ❶《中南米》落ါちる, 悲しむ. ❷《コロンビア》ちぢこまる

engero [eŋxéro] 男《アンダルシア》犂の長い棒

engestado, da [eŋxestáðo, ða] 形《まれ》=**agestado**

engibar [eŋxibár]《←giba》他 背中を曲げさせる
—— ~**se** [背中が] 曲がる, 猫背になる

englandado, da [eŋɡlandáðo, ða] 形《紋章》[roble・encina が] どんぐりを付けた

englantado, da [eŋɡlántaðo, ða] 形 =**englandado**

englantina [eŋglantína] 囡 [カタルーニャの] 創作詩コンクール juegos florales で最優秀作品に贈られる花 {=~ de oro}
englobador, ra [eŋglobaðór, ra] 形 =**englobante**
englobamiento [eŋglobamjénto] 男 包含; まとめること
englobante [eŋglobánte] 形 含む; まとめる
englobar [eŋglobár] [←en- I+globo] 他 ❶ 含む, 包含する: Santiago engloba un tercio de la población chilena. サンティアゴ市がチリの人口の3分の1を抱えている. ❷ [+en に] まとめる, 一括する: ~ varias hipotesis en una teoría いくつかの仮説を一つの理論にまとめる. ❸《生物》[血球に] 取り囲む. ❹《隠語》[麻薬に] 影響を及ぼす
engloriar [eŋglorjár] 10 他《まれ》栄光を与える
── ~**se** [+en・con で] 大いに楽しむ
englutir [eŋglutír] 他 [古] 飲み込む
engobe [eŋgóbe] 男《製陶》[上塗り用の] 白粘土
engocetar [eŋgoθetár] [←gocete] 他 槍の柄に革鞘もしくは鉄製の rodete をつける
engodo [eŋgóðo] 男《キューバ》釣りの餌
engolado, da [eŋgoláðo, ða] [←en- I+gola] 形 ❶ [口調などが] 気取った, わざとらしい, 大げさな: Sus discursos ~s pretenden dar a lo que dice una importancia que no tiene. 彼は大げさなスピーチをしてつまらない話にもったいをつける. ❷ 傲慢な, 横柄な, 尊大な. ❸ [声・発音などが] 喉の奥で響く. ❹ [鎧が] 喉出ているの. ❺ [紋章] [帯などの両端を] 動物にくわえられた. ❻《メキシコ》容貌の整った, おしゃれな
engolamiento [eŋgolamjénto] 男 [言行の] 気取り, わざとらしさ: Me molesta su ~ al hablar. 私は彼の気取った話し方が嫌だ
engolar [eŋgolár] 他 [声を] 喉の奥で響かせる
engolfar [eŋgolfár] [←en- I+golfo] 他 [船舶を] [船を] 湾内に入れる
── 自 [船が] 沖へ出る
── ~**se** ❶ [+en に] 熱中する, 没頭する: Los niños se han engolfado en la televisión. 子供たちはテレビに釘付けになった. ❷ 不良 (ごろつき) になる
engolillado, da [eŋgoliáðo, ða] [←-gola] 形《口語》守旧派の, 保守的な, 懐古趣味の
engollamiento [eŋgoʎamjénto] 男 思い上がり, うぬぼれ
engolletar [eŋgoʎetár] ~**se** 思い上がる, うぬぼれる
engolipar [eŋgolipár] ~**se** ❶ [+de を] たらふく食べる, 腹に詰め込む. ❷《地方語》喉を詰まらせる, むせる
engolondrinar [eŋgolondrinár] 他 [人を] うぬぼれさせる
── ~**se** ❶ うぬぼれる. ❷ [+de を] 好きになり始める
engolosinador, ra [eŋgolosinaðór, ra] 形 気を引く, そそる
engolosinamiento [eŋgolosinamjénto] 男 気に入ること; そそられること, 誘惑
engolosinar [eŋgolosinár] [←en- I+golosina] 他 [事物が] …の気を引く: No le gusta su trabajo pero le engolosina el sueldo alto. 彼は自分の仕事が好きではないが, 高給に引かれている
── ~**se** [+con+事物 を] 好きになる: Se engolosinó con el cine desde niño. 彼は幼いころから映画が好きだった
engomado, da [eŋgomáðo, ða] 形 ❶ ねばねばした. ❷《パナマ》二日酔いの. ❸《チリ》おしゃれな, きざな
── 男 糊つけ, ゴム引き
engomador, ra [eŋgomaðór, ra] 形 图 ゴム糊を塗る[人]; ゴム糊で貼付する[人]; 布にゴム引きする[人]
engomadura [eŋgomaðúra] 囡 ❶ ゴム糊を塗ること; ゴム糊での貼付; ゴム引き. ❷《養蜂》[蜂が蠟の前に作る] 巣の最初の被膜
engomar [eŋgomár] 他 …にゴム糊を塗る; [ゴム糊で] 貼付する; [布に] ゴム引きする: sobre engomado 糊付き封筒
engominar [eŋgominár] ~**se** [髪を] ディップで固める
engonzar [eŋgonθár] 9 他 ちょうつがいで止める
engoñipar [eŋgoɲipár] ~**se**《地方語》喉が詰まる
engorar [eŋgorár] 他 空ける, 空にする
── ~**se** 空く, 空になる
engorda [eŋgórða] 囡《メキシコ, チリ》=**engorde**
engordaderas [eŋgorðaðéras] 囡 覆《医学》乳児の頭部湿疹, 乳痂 (にゅうか)
engordadero [eŋgorðaðéro] 男 ❶ [豚の] 肥育場. ❷ 肥育期間. ❸ 肥育用の飼料
engordador, ra [eŋgorðaðór, ra] 形 图 肥育する[人]; 太る原

因になる
engordar [eŋgorðár] [←en- I+gordo] 他 ❶ 太らせる, 肥育する: ~ los cerdos para venderlos a mejor precio 高い値で売れるように豚を肥育する. Estos menús engordan a cualquier. この献立なら誰でも太る. ❷《口語》[統計の数字などを] ふくらませる, 増やす: El periodista engordó una noticia de escasa importancia. 記者はニュースを針小棒大に伝えた. Aquel negocio engordó su cuenta. あの商売で彼の収入は増えた. ❸《まれ》喜ばせる, 満足させる
── 自・~**se**《⇔adelgazar》: [Se] Ha engordado dos quilos durante las vacaciones. 休暇の間に彼は2キロ太った. ❷ [時に軽蔑] 金持ちになる, もうける: Está engordando con sus estafas. 彼は人をだまして金もうけをしている. ❸ [食べ物が人を] 太らせる. ❹ 大きな態度をとる, 態度が大きくなる. ❺《船舶》波が高くなる
engorde [eŋgórðe] 男 [家畜の] 肥育
engordecer [eŋgorðeθér] 39 他 太らせる, 肥育する
engorgoritar [eŋgorgoritár]《サラマンカ》❶ だます, 口車に乗せる. ❷ 言い寄る, くどく
── ~**se**《サラマンカ》ほれる, 好きになる
engorra [eŋgóra] 囡 ❶《古語》[矢じりの] 返し, 逆棘 (さかとげ). ❷《廃語》つっかえること. ❸《エストレマドゥラ》覆《羊飼いが使う》ゲートルの一種
engorrar [eŋgorár] 他 ❶《サラマンカ, アラゴン》止める, 立ち止まらせる. ❷《ベネズエラ》不快にする
── ~**se** ❶ 引っかかってしまう. ❷ [とげなどが] 肉に食い込む. ❸《エストレマドゥラ》だらだらする, 休む
engorrinar [eŋgoriɲár] 他 汚す
engorro [eŋgóro] [←古語 engorrar「遅らせる, 迷惑をかける」] 男《軽蔑》厄介 (迷惑) の原因: Es un ~ ir de compras cuando llueve. 雨の中, 買い物に行くのは面倒だ
engorronar [eŋgoronár] 他 砂利を敷く, 砂利で舗装する
engorroso, sa [eŋgoróso, sa] [←engorro] 形 厄介な, 迷惑な: problema ~ 面倒な問題. situación ~sa 厄介な状況
engoznar [eŋgoθnár] 他 …にちょうつがいを取り付ける
engrama [eŋgráma] 囡《心理》記憶痕跡, エングラム
engrampadora [eŋgrampaðóra]《中南米》ホッチキス
engrampar [eŋgrampár] 他《中南米》ホッチキスでとめる
engranaje [eŋgranáxe] [←engranar] 男 ❶ 集合 歯車 [装置・機構], ギア: ~ caja de ~ ギアボックス. ~ del reloj 時計の歯車 [装置]. ~ cónico 傘歯車. ~ de distribución タイミング・ギア. ~ de inversión de marcha 逆進歯車. ~ de tornillo sin fin ウォーム歯車. ~ diferencial 差動歯車. ~ epicicloide 外歯サイクロイド歯車. ~ helicoidal はすば歯車. ~ 部品. ❷ かみ合わせ, 連動. ❸ 構造, 仕組み: El ~ del partido político se puso en marcha para las nuevas elecciones. 次の選挙に向けて政党の機構が動き始めた. ~ de la dictadura 独裁制のメカニズム. ❹ 関連, 連鎖
estar preso en el ~ 深みにはまっている, 抜け出せない
engranar [eŋgranár] [←仏語 engrener] 他 ❶ [歯車・部品を, +con と] かみ合わせる: ~ una rueda con otra 歯車と歯車をかみ合わせる. ❷《自動車》ギヤを入れる. ❸ 関連する, 連係させる: ~ las causas y los efectos de la crisis 危機の原因と結果を結びつける
── 自・~**se** ❶ [歯車が] かみ合う. ❷ 関連する, 結びつく. ❸《アルゼンチン, ウルグアイ. 口語》[皮肉・いやみなどに] 腹を立てる
engrandar [eŋgrandár]《まれ》=**agrandar**
engrandecer [eŋgrandeθér] [←ラテン語 ingrandescere] 39 他 ❶ [主に非物質的な意味で] 大きくする, 広げる: La leyenda engrandeció la figura del emperador Carlomagno hasta convertirlo en mito. 伝説はシャルルマーニュ大帝の人物像をふくらませ, ついに神話化した. Algunos espejos engrandecen lo que se refleja en ellos. 映ったものを大きく見せる鏡がある. ~ una empresa 会社を大きくする. ~ la fama 名声を高める. ~ el mérito 長所を伸ばす. ❷ 偉大にする, 高貴にする: La lectura engrandece el espíritu. 読書は精神を高める. ❸ 賞賛する: ~ su recuerdo con un acto público 公的行事をして彼を追悼する. ❹ 昇進させる: ~ a los jóvenes 若い人たちを取り立てる
── ~**se** ❶ 大きくなる, 広がる: El Imperio Romano se engrandeció en poco tiempo. ローマ帝国は短期間で大きくなった. ❷ 偉大になる. ❸ 昇進する, 出世する: ~se dentro del equipo チーム内での地位が高まる

engrandecimiento [eŋgrandeθimjénto] 男 ❶ 拡大, 増大. ❷ 昇進, 出世; [名誉などの] 高まり. ❸ 誇張

engrane [eŋgráne] 男《メキシコ》歯車 [=engranaje]

engranerar [eŋgranerár] 他 [穀物を] 貯蔵する

engranujar [eŋgranuxár] 〜se ❶ 吹き出物だらけになる, にきびが一杯できる. ❷ 不良になる

engrapado [eŋgrapáðo] 男《メキシコ》ホッチキス (かすがい) でとめること

engrapadora [eŋgrapaðóra] 女《主に中南米》ホッチキス [=grapadora]

engrapar [eŋgrapár] 他《主に中南米》ホッチキスでとめる [=grapar]

engrasación [eŋgrasaxjón] 女 =engrasado

engrasado [eŋgrasáðo] 男 注油, グリースアップ

engrasador, ra [eŋgrasaðór, ra] 形 名 油をさす [人], 注油する
── 男 ❶ グリースカップ. ❷ グリースガン [〜 a presión]

engrasar [eŋgrasár]《←en- I+grasa》他 ❶ [機械・皮革などに] 油をさす, グリースを塗る: 〜 la bisagra ちょうつがいに油をさす. 〜 un motor エンジンに注油する. 〜 un sartén フライパンに油を引く. ❷ 油で汚す. ❸《口語》おべっかを使う: *Engrasaré a mi jefe para que me aumente el sueldo.* 給料を上げてもらうため上司にごまをすってみよう. ❹《口語》袖の下を渡す, わいろを贈る: 〜 al funcionario con un apartamento en la costa リゾートマンションを公務員にわいろとして贈る. ❺《農業》施肥する, 肥料を施す
── 〜se ❶ 油で汚れる; 自分の…を油で汚す: *Me engrasé los pantalones por arreglar la cadena de la bicicleta.* 私は自転車のチェーンを直していてズボンを汚した. ❷《メキシコ》鉛中毒になる

engrase [eŋgráse] 男 ❶ グリースを塗ること, 注油, グリースアップ: lavado y 〜 de vehículos 洗車と注油. ❷ 潤滑剤, 潤滑油

engráulido, da [eŋgráuliðo, ða] 形 イワシ科の
── 男 複《魚》イワシ科

engravado [eŋgraβáðo] 男 砂利を敷くこと

engravar [eŋgraβár] 他 砂利 grava を敷く

engravecer [eŋgraβeθér] 39 他 [物を] 重くする
── 〜se 重くなる

engravillar [eŋgraβiʎár] 他 小砂利を敷く

engredar [eŋgreðár] 他 フラー土 greda を塗る

engreído, da [eŋgreíðo, ða] 形 うぬぼれの強い [人], 思い上がった [人]

engreimiento [eŋgreimjénto] 男 うぬぼれ, 思い上がり, 慢心

engreír [eŋgreír] 《←古カスティーリャ語 engreerse》36 他 ❶ 思い上がらせる. ❷《アンダルシア; 中南米》好きにならせる. ❸《ペルー》甘やかす
── 〜se ❶ [+con・de・por で] うぬぼれる, 思い上がる: *Se engríe por su habilidad.* 彼は腕前に慢心している. ❷《アンダルシア; 中南米》好きになる

engreñado, da [eŋgreɲáðo, ða] 形 =desgreñado

engrescar [eŋgreskár] 《←en- I+gresca》7 他 ❶ …にけんかをふっかける; けんかに巻き込む: *La pelea de los niños engrescó a toda la familia en una disputa interminable.* 子供たちのけんかが原因で家族全員が延々と言い争いを続けた. ❷ [遊びなどに] 誘う
── 〜se ❶ けんかを始める, 対立する: *Se engrescaron en una discusión por una tontería.* 彼らはつまらないことで口論した. ❷《地方語》興奮する

engrifar [eŋgrifár] 他《まれ》[髪の毛を] カールさせる, 逆立てる
── 〜se ❶ [馬が] 竿立ちになる. ❷《俗語》麻薬で気分が高揚した, ハイになる. ❸《まれ》[髪の毛を] カールする, 逆立つ. ❹《メキシコ, チリ, 口語》怒る, 不機嫌になる

engrillado, da [eŋgriʎáðo, ða] 形《チリ, 口語》刑務所に入っている

engrillar [eŋgriʎár] 他 ❶ かせ grillos をはめる. ❷ 拘束する, 束縛する
── 〜se ❶ [ジャガイモが] 芽を出す. ❷《プエルトリコ, ベネズエラ》[馬が] 頭を下げる

engrilletar [eŋgriʎetár] 他《船舶》[2本の鎖を] 繋環 grillete でつなぐ

engringar [eŋgriŋgár] 8 〜se《中南米, 口語》米国人 (外国人) gringo の風習を取り入れる

engripar [eŋgripár] 〜se《南米, 口語》インフルエンザにかかる; 風邪をひく

engrosamiento [eŋgrosamjénto] 男 ❶ 厚さ (大きさ) が増えること, 肥大化. ❷ [数量の] 増加

engrosar [eŋgrosár] 《←ラテン語 in- (中) +grossus「太さ」》28 他 ❶ 太くする, 厚くする. ❷ 増やす, 増大させる: *Treinta mil nuevos desempleados engrosan las listas del paro.* 3万人の新たな失業者が失業者リストをふくらませる. 〜 nuestra fila 我々の仲間を増やす. ❸《農業》施肥する
── 自 ❶ 太くなる, 厚くなる: *Con tanto deporte ha engrosado mucho.* 彼は大いに運動してとてもがっしりした. *La bola de nieve, al rodar por las pendientes, va engrosando.* 雪の玉は坂道を転がって大きくなる. ❷ 増える, 増大する: *La manifestación iba engrosando a su paso por las calles.* デモ隊は街を通過するごとにふくらんでいった

engrosecer [eŋgroseθér] 39 他《古語》=engrosar

engrudador, ra [eŋgruðaðór, ra] 名 糊つけ職人
── 男 糊つけ器

engrudamiento [eŋgruðamjénto] 男 糊つけ

engrudar [eŋgruðár] 他 糊をつける, 糊を塗る
── 〜se 糊状になる

engrudización [eŋgruðiθaxjón] 女《化学》糊化

engrudizar [eŋgruðiθár] 9 他《化学》糊化 (か) する

engrudo [eŋgrúðo] 《←ラテン語 in- (中) +glus, -utis < gluten》男 [小麦粉から作る] 糊 (のり)

engruesar [eŋgrwesár] 自 =engrosar

engrumecer [eŋgrumeθér] 39 他《料理》[小麦粉などが] だま grumo になる: *Cuida que no se te engrumezca la bechamel.* ベシャメルソースにだまができないよう気をつけなさい

engrupido, da [eŋgrupíðo, ða] 形《アルゼンチン, ウルグアイ, 口語》高慢な

engrupir [eŋgrupír] 他《南米, 口語》だます, かつぐ
── 〜se《エクアドル, 口語》熱中する

enguacar [eŋgwakár] 7 他《キューバ, 口語》金を隠す

enguachinar [eŋgwatʃinár] 他 ❶ …に水をたくさん入れる (混ぜる), 水で薄める. ❷ 薄まる

enguadar [eŋgwaðár] 他《キューバ》甘言でだます

engualdrapar [eŋgwaldrapár] 他 [馬に] 馬衣 gualdrapa をつける

engualichar [eŋgwalitʃár] 他《チリ, アルゼンチン, ウルグアイ, 口語》…に呪いの言葉を吐く

enguandocar [eŋgwandokár] 7 他《コロンビア》刑務所に入れる

enguandujar [eŋgwanduxár] 他《コロンビア》[+場所 を] ごてごてと飾る

enguantar [eŋgwantár] 他 手袋をはめさせる
── 〜se 手袋をはめる

enguapecer [eŋgwapeθér] 39 他 美しくする
── 〜se 美しくなる

enguaralar [eŋgwaralár] 他《コロンビア, ベネズエラ》縄で縛る
── 〜se《コロンビア》❶ 状況を取り違える. ❷ 酔っぱらう

enguarapar [eŋgwarapár] 〜se《中南米》=aguararse

enguarrar [eŋgwar̄ár] 他《西, 口語》汚す, 染みをつける
── 〜se 汚れる

enguatada [eŋgwatáða] 女《キューバ, 服飾》[毛織物・木綿製の] 長袖の腰まであげの服

enguatar [eŋgwatár] 他《西》[衣服などに] 綿を入れる: 〜 los cojines クッションに綿を詰める

enguayabado, da [eŋgwajaβáðo, ða] 形《コロンビア, ベネズエラ, 口語》[estar+] ❶ …がなくて (いなくて) 寂しい. ❷ 二日酔いである

enguedejado, da [eŋgeðexáðo, ða] 形 ❶ 髪の毛が長く, 長く伸ばした. ❷ [人が] 髪の毛を気にしすぎる

enguera [eŋgéra] 女《古語》❶ 馬の賃貸料. ❷ [雌馬の妊娠による] 稼ぎの減少分

enguerar [eŋgerár] 他 ❶《ナバラ, アラゴン》初めて使う. ❷《古》❶ 面倒をかける, わずらわせる. ❸《サラマンカ》1) [人に] 厄介な仕事をさせる. 2) ける

engüerar [eŋgwerár] 他 ❶ 空 (から) にする, 空ける. ❷《エストレマドゥラ》[親鳥が卵を] 孵 (かえ) す

enguerrillar [eŋger̄iʎár] 〜se《ベネズエラ, 口語》けんかする

enguijarrado [eŋgixar̄áðo] 男 砂利による舗装

enguijarrar [eŋgixarár] 他 砂利 guijarro を敷く, 砂利で舗装する
enguilar [eŋgilár] 他 [雄犬が雌犬に] 交尾する;《俗語》[人が] 性交する
—— ~se [犬が] 交尾する
enguillotar [eŋgiʎotár] ~se 没頭する, 我を忘れる
engüinchar [eŋgwintʃár] 他《チリ》[ポンチョなどを] リボンで飾る
enguirnaldar [eŋgirnaldár] 他 花(葉)飾り guirnalda で飾る
enguitarrar [eŋgitarár] ~se《ベネズエラ》礼装する
enguizgar [eŋgizgár] 8 他《まれ》[けんかを] けしかける
engullidor, ra [eŋguʎiðór, ra] 形 名 むさぼり食う[人]
engullir [eŋguʎír]《←ラテン語 in-(中)+gula「喉」》21 他 自 [よく噛まずに] むさぼり食う, 丸飲みする: En cinco minutos *engulló* toda la comida. 彼は5分で昼食をかき込んだ. El pelícano *engulla* su presa con rapidez. ペリカンはあっと言う間に獲物を飲み込む
engurra [eŋgúra] 女 しわ [=arruga]
engurrar [eŋgurár] 他 しわを作る, しわを寄せる
engurria [eŋgúrja] 女《古語》しわ [=arruga]
engurriar [eŋgurjár] 10 他《古語》しわを寄せる [=arrugar]
engurrio [eŋgúrjo] 男 悲しみ, 憂鬱
engurrir [eŋgurír] ~se《エストレマドゥラ》❶ かじかむ. ❷ しわになる, 縮む
engurruminar [eŋguruminár] 他 しわを作る, しわを寄せる
engurrumir [eŋgurumír] 他 しわを作る, しわを寄せる
—— ~se しわになる
engurruñar [eŋguruɲár] 他 ❶ しわを作る, しわを寄せる. ❷《西》委縮させる
—— ❶ しわになる. ❷《西》1) 委縮する, 怖じ気づく. 2)《口語》陰気になる, 元気がなくなる, 悲しむ, 落ち込む
engurruñido, da [eŋguruɲíðo, ða] 形《アンダルシア》しわが寄った, 縮れた
engurruñir [eŋguruɲír] 20 他 =engurruñar
engusgar [eŋgusgár] 8 ~se《寒さで》かじかむ, こごえる
enhacinar [enaθinár] 他《古語》=hacinar
enharinar [enarinár]《←en-I+harina》他《料理》…に小麦粉をまぶす: ~ el pescado para freírlo 揚げるために魚に衣をつける. ❷ 小麦粉だらけにする
—— ~se 小麦粉で汚れる
enhastiar [enastjár] 11 他 うんざりさせる, 嫌な気持ちにさせる
enhastillar [enastiʎár] 他《矢を》矢筒に入れる
enhastioso, sa [enastjóso, sa] 形《古語》腹立たしい, 不愉快な
enhatijar [enatixár] 他《養蜂》[場所を移すために] 蜂の巣に覆いを掛ける
enhebillar [eneβiʎár] 他《ベルトを》バックル hebilla でとめる
enhebrador, ra [eneβraðór, ra] 形 名 針に糸を通す[人]
—— 男 糸通し[道具]
enhebrar [eneβrár]《←en-I+hebra》他 ❶《針に》糸を通す. ❷《糸・針金などを通して, 数珠玉などを》つなぎ合わせる: ~ las perlas del collar ネックレスの真珠をつなぐ. ❸《口語》立て続けにしゃべる;《嘘を》次々にでっちあげる: ~ una historia tras otra あれこれごたくを並べる
enhechizar [enetʃiθár] 9 他《まれ》=hechizar
enhenar [enenár] 他 干し草 heno で覆う
enherbolar [enerβolár] 他《槍・矢などに》毒を塗る
enhestadura [enestaðúra] 女 立てること, 起こすこと
enhestamiento [enestamjénto] 男 =enhestadura
enhestar [enestár]《←enhiesto》他 ❶《過分 enhiesto が》《文語》立てる, 起こす, まっすぐにする: ~ el poste que ha sido derrumbado 倒れた電柱を起こす. ❷《古語》徴兵する
enhiesto, ta [enjésto, ta]《←ラテン語 infestus「敵意のある, 尊大な」, enhestar の 過分》《文語》[estar+] 立てた, 起こした: Llevaba la cabeza ~*ta*. 彼は頭を上げていた/胸を張っていた. La torre se levantaba ~*ta*. 塔がそびえていた. Los guerreros avanzaban con las lanzas ~*tas*. 戦士たちは槍を高く掲げて進んで行った
enhilar [enilár]《←en-I+hilo》他 ❶《考え・話などを》まとめる, 順序立てる: Antes de empezar a hablar intentó ~ su conferencia. 彼は話し出す前にスピーチ内容を整理しようとした. ❷《問題を》整理する: *Enhiló* la discusión de sus amigos hasta que se reconciliaron. 彼は友人たちの議論をまとめてついに和解させた. ❸ 並べる. ❹《針に》糸を通す [=enhebrar]
—— 自 [ある場所・目的へ] 向かう
enhollinar [enoʎinár] ~se すす hollín だらけになる
enhorabuena [enoraβwéna]《←en hora buena》女 [努力の成果に] お祝いの言葉, 祝辞: dar a+人 la ~ por la beca …に奨学金授与のお祝いを言う. recibir muchas ~s たくさん祝辞をもらう
—— 間 おめでとう, よかったですね!《→¡Felicidades! 類義》: Me enteré de tu éxito en el examen. ¡E~! 試験に受かったって, おめでとう!
—— 副 ❶ 折よく: ¡Ya se ha ido ~! やれやれ帰ってくれた. ❷《まれ》[命令文で, 怒り・不快感を伴った許可] ¡Vete ~! しょうがない, 行け! ¡Que se vaya ~! あいつなどどこへなりと行ってしまえ!
~ que... = ありがたい
estar de ~ 大変幸せである
enhoramala [enoramála] 副《まれ》❶ [命令文で, 怒り・不快感] Vete, ~. さっさと行っちまえ. ❷ 不愉快に, タイミング悪く
enhorcar [enorkár] 7 他 ❶《ニンニク・タマネギなどを》数珠つなぎにする. ❷《レオン》干し草・わらを フォークですくう
enhornar [enornár] 他《製陶, 料理》《焼くために》窯(天火)に入れる
enhornero, ra [enornéro, ra] 名《地方語. 製陶》窯の所有者
enhorquetar [enorketár] ~se《キューバ, プエルトリコ, ラプラタ》馬乗りになる
enhotar [enotár] 他《古語》[犬を] けしかける
enhuecar [enwekár] 7 他 =ahuecar
enhuerar [enwerár] 他 空にする; [中身を] 空ける
—— ~se ❶ 空になる. ❷《人が》空虚になる
enhuesar [enwesár] ~se《コロンビア》❶ 難しい(不快)なことに入り込む. ❷ 売れない在庫を抱え込む
enhuevar [enweβár] 他《まれ. 料理》溶き卵をつける
enhuinchar [enwintʃár] 他《チリ》=engüinchar
enigma [enígma]《←ラテン語 aenigma < ギリシア語 ainigma, -atos「間違った句, あいまいな句」< ainissomai「私は解らせる」< ainos「寓話」》男 ❶ 判じ物: proponer (descifrar) un ~ 謎を出す(解く). ❷ 不可解なこと: El origen de la vida sigue siendo un ~. 生命の起源はまだ謎のままだ. ❸ 謎めいた人: Desde siempre tu abuela fue un ~ para sus compañeros. 彼は同僚にとってずっとわけの分からない人だった. ❹《文学》謎かけ歌
enigmáticamente [enigmátikaménte] 副 謎めいて, 不可解なことに
enigmático, ca [enigmátiko, ka]《←ラテン語 aenigmaticus》形 謎の; 謎めいた, 不可解な: En sus labios iba dibujándose una sonrisa ~*ca*. 彼女の唇に口元に謎の微笑を浮かべていた. ~*ca* desaparición de la estudiante 女子学生の謎の失踪. mujer ~*ca* 謎の女性. palabras ~*cas* 謎めいた言葉
enigmatista [enigmatísta] 名 謎めいたことを言う人
enigmatizar [enigmatiθár] 他 謎めいたことを言う
enigmística [enigmístika] 女 [集合] ある場所・時代にまつわる] 謎, 不思議
enilismo [enilísmo] 男 ワイン中毒, ワインによるアルコール中毒
enjabegar [eŋxaβegár] 8 ~se《船舶》海底でケーブル(索)が絡まる
enjabonado, da [eŋxaβonáðo, ða] 形《キューバ》[馬などが] 白い地に黒っぽい毛
—— 男 石けんで洗うこと, 石けんをつけること
enjabonadura [eŋxaβonaðúra] 女 石けんで洗うこと, 石けんをつけること [=enjabonado]
enjabonar [eŋxaβonár]《←en-I+jabonar》他 ❶ 石けんで洗う, 石けんをつける [=jabonar]: La madre *enjabona* las manos al niño. 母親は子供の手を石けんで洗う. ❷《口語》…にへつらう: No hace falta que *enjabones* al jefe. 上司にごまをする必要はない
—— ~se [自分の体を] 石けんで洗う, 石けんをつける: *Se enjabonó* para afeitarse. 彼はひげをそるために石けんをつけた
enjaezar [eŋxaeθár] 9 他《馬に》飾りの馬具をつける
enjaguadura [eŋxagwaðúra] 女《まれ》=enjuagadura
enjaguar [eŋxagwár] 13 他 =enjuagar
enjagüe [eŋxágwe] 男《中南米, 口語》すすぎ [=enjuague]
enjalbegado [eŋxalβegáðo] 男 白塗り;《戯語》化粧
enjalbegador, ra [eŋxalβegaðór, ra] 形 名 壁の白塗りをする

〔人〕
enjalbegadura [eŋxalƀeɡađúra] [女] =**enjalbegado**
enjalbegar [eŋxalƀeɡár] 〖←俗ラテン語 exalbare, exalbicare「白くする」〗 [8] [他] ❶ [石灰で壁などを] 白く上塗りする, 白塗りをする: En Andalucía es una tradición ～ las paredes exteriores de las casas. アンダルシアでは伝統的に家の外壁を白く塗る. ❷《戯語》化粧する, おしろいを塗る
—— **～se**《戯語》[自分に] 化粧する: Pasó varias horas *enjalbegándose* para salir a cenar. 彼女は夕食に出かけるのに化粧に何時間もかけている
enjalbegue [eŋxalƀéɡe] [男] =**enjalbegado**
enjalbiego [eŋxalƀjéɡo] [男] =**enjalbegado**
enjalbiegue [eŋxalƀjéɡe] [男] =**enjalbegado**
enjalma [eŋxálma] [女] 荷鞍
enjalmar [eŋxalmár] [他] [馬などに] 荷鞍をつける
—— [自] 荷鞍を作る
enjalmero, ra [eŋxalméro, ra] [名] 荷鞍の製造(販売)者
enjambradera [eŋxambrađéra] [女]《養蜂》❶ 羽音で分封を促すミツバチ. ❷ 女王蜂. ❸ 女王蜂の房
enjambrar [eŋxambrár] [他]《養蜂》❶ [分封ミツバチを] 巣に集める. ❷ 分封させる
—— [自] ❶《養蜂》分封する. ❷ 繁殖する, 数が増える
enjambrazón [eŋxambraθón] [女]《養蜂》❶ [分封ミツバチを] 巣に集めること. ❷ 分封, 巣分かれ
enjambre [eŋxámbre] 〖←ラテン語 examen, -inis〗 [男] ❶《養蜂》[分封ミツバチの] 群れ. ❷《軽蔑》[一般に] 群れ, 集団: un ～ de fotógrafos カメラマンの一群. ❸《天文》流星群
enjaquimar [eŋxakimár] [他] ❶ [馬に] 面繋(おもがい) jáquima をつける. ❷《サラマンカ. 口語》整える; 何とかする
enjarciar [eŋxarθjár] [10] [他]《船舶》[船に] 索具 jarcia を装備する, 艤装する
enjardar [eŋxarđár] [他]《アンダルシア》穀物を大袋に入れる
enjardinar [eŋxarđinár] [他] ❶ [樹木を] 剪定する, 手入れする. ❷ [空き地を] 庭園にする. ❸《鷹狩り》[鷹を] 牧草地(緑の多い場所)に置く
enjaretado [eŋxaretáđo] [男] ❶《船舶》[船の昇降口・ボートの底などの] 格子蓋, 格子板. ❷ 格子
enjaretar [eŋxaretár] 〖←en- I+jareta〗 [他] ❶《皮肉》早口でしゃべりまくる; やっつけ仕事をする: ～ un vestido en una hora 1時間で服を仕上げる. Aunque le cogieron de improviso, pudo ～ un pequeño discurso. 突然の指名だったが, 彼は簡単なスピーチをすることができた. ❷《口語》[厄介事などを他人に] 押しつける: Me *enjaretó* todo su equipaje. 私は彼の荷物を全部持たされた. ❸《服飾》[折り返し jareta に] 紐(リボン)を通す. ❹《まれ》はめる
enjarje [eŋxárxe] [男]《建築》待歯〖=adaraja〗
enjarrar [eŋxar̄ár] **～se**《まれ》酔っぱらう
enjaulada [eŋxau̯láđa] [女]《植物》ゴマノハグサ科の一種〖学名 Melampyrum cristalum〗
enjaulamiento [eŋxau̯lamjénto] [男] 檻に入れること;《口語》投獄
enjaular [eŋxau̯lár] 〖←en- I+jaula〗 [他] ❶ 檻に入れる: Una perdiz *enjaulada* sirve de reclamo. 1羽のヤマウズラを籠に入れておとりにする. ～ a un tigre トラを檻に入れる. ❷《口語》投獄する
—— **～se** 家にこもる
enjebar [eŋxeƀár] [他] ❶ [染める前に, 布を] 漂白する. ❷ [壁を] しっくいで白く塗る
enjebe [eŋxéƀe] [男] ❶ 漂白. ❷ [布を漂白する] 灰汁. ❸ 明礬(みょうばん)〖=jebe〗
enjeco [eŋxéko] [男]《古語》❶ 疑い; 困難, 紛糾. ❷ わずらわしさ
enjergado, da [eŋxɛrɡáđo, đa] [形]《古語》喪に服している; [喪服として] 厚手の粗製毛織物 jerga を着ている
enjergar [eŋxɛrɡár] [8] [他] [仕事などを] 始める, 指揮する
enjerir [eŋxerír] [33] [他] ❶ 接ぎ木する;《医学》移植する〖=injertar〗. ❷ [中に] 入れる. ❸ [語句・注などを] 挿入する
enjero [eŋxéro] [男]《アンダルシア》[くびきに結ばれる] 犂の長い棒
enjertación [eŋxɛrtaθjón] [女] 接ぎ木〖行為〗
enjertal [eŋxɛrtál] [男] 接ぎ木した果樹畑
enjertar [eŋxɛrtár] [他] =**injertar**
enjerto [eŋxérto] [男] ❶ 接ぎ木された木. ❷ 混合, 混成
enjetar [eŋxetár] **～se**《メキシコ, アルゼンチン, ウルグアイ. 口語》不機嫌になる
enjicar [eŋxikár] [7] [他]《キューバ》ハンモックに紐を結ぶ
enjordanar [eŋxɔrđanár] [他]《まれ》若返らせる
enjorguinar [eŋxɔrɡinár] **～se** 魔法使い(呪術師) jorguín になる
enjoyado, da [eŋxojáđo, đa] [形]《古語》宝石をたくさん身につけて(所有して)いる
enjoyar [eŋxojár] 〖←en- I+joya〗 [他] ❶ [人を] 宝石で飾る. ❷ 飾りつける, 美しくする. ❸ [宝飾品に] 宝石をはめ込む
—— **～se** [自身を] 宝石で飾る, 宝石を身につける
enjoyelado, da [eŋxojeláđo, đa] [形] ❶ [金・銀が] 宝飾品に加工された. ❷ 小さな宝石 joyel で飾り立てた
enjoyelador, ra [eŋxojelađór, ra] [女] 宝石細工職人
enjuagadientes [eŋxwaɡađjéntes] [男]〖単複同形〗口腔洗浄液
enjuagadura [eŋxwaɡađúra] [女] ❶ 水洗い, すすぎ. ❷ うがい. ❸ うがい液
enjuagar [eŋxwaɡár] 〖←古語 enxaguar ＜俗ラテン語 exaquare〗 [8] [他] 水洗いする, すすぐ: *Enjuaga* bien los vasos, que tienen jabón. 石けんがついているからコップをよくすすぎ洗いしなさい. ～ el suelo con bayeta 床を雑巾がけする
—— **～se** ❶ うがいする: ～*se* los dientes [歯磨きして] 口をすすぐ. ❷ [自分の体を] すすぐ: ～*se* el pelo 髪をすすぐ(リンスする)
enjuagatorio [eŋxwaɡatórjo] [男] ❶ 水洗い, すすぎ. ❷ すすぎ水; うがい薬
enjuague [eŋxwáɡe] 〖←enjuagar〗 [男] ❶ 水洗い, すすぎ. ❷ すすぎ水; うがい薬: ～ bucal マウスウォッシュ, 口内洗浄液. ❸ うがい用のコップ. ❹《軽蔑》[主に [複]] 結託, ぐる, 裏取引, 不正取引, 不正操作: Hizo muchos ～*s* para conseguir ese puesto. 彼はその地位を手に入れるため色々汚い手を使った. ❺《中南米》ヘアリンス, ヘアコンディショナー
enjugador, ra [eŋxuɡađór, ra] [形] [名] 乾かす〔人〕
—— [男] ❶ 水切り〖容器〗. ❷ 洗濯物を載せて乾燥させる camilla の一種
enjugar [eŋxuɡár] 〖←ラテン語 exsucare ＜ ex- (無)+succus「汁」〗 [8] [他] ❶《文語》[水けを] ふき取る, 拭く; 乾かす: ～ los vasos コップを拭く. ～ el agua caída en el suelo con una fregona 床にこぼれた水をモップで拭く. ～ la ropa 服を乾かす. ❷ [汗・涙などを] ぬぐう: Él le *enjugó* las lágrimas y le pidió que no llorara. 彼は彼女の涙を拭いて泣かないでくれと頼んだ. ❸ さっと洗う. ❹ [赤字などを] 解消する: ～ su deuda 借金を返済する
—— **～se**《文語》❶ [自分の汗・涙などを] ぬぐう: ～*se* el sudor de la frente 額の汗をぬぐう. ～*se* las lágrimas 涙を拭く. ❷ [自分の体を] 拭く: ～*se* el pelo 髪の毛を拭く. ❸ [自分の体を] さっと洗う: *Enjúgate* las manos antes de comer. 食事の前に手を洗いなさい. ❹ やせる: *Se ha enjugado* mucho a causa de la enfermedad. 彼は病気のせいでずいぶんやせた
enjuiciable [eŋxwiθjáƀle] [形] 起訴(告訴)に値する
enjuiciador, ra [eŋxwiθjađór, ra] [形] [名] ❶ 検討する〔人〕, 判断する〔人〕. ❷《法律》訴追する〔人〕; 審理する〔人〕
enjuiciamiento [eŋxwiθjamjénto] [男] ❶ 検討, 判断. ❷《法律》1) 予審に付すこと; 訴追. 2) 審理; 裁判
enjuiciar [eŋxwiθjár] 〖←en- I+juicio〗 [10] [他] ❶ 検討する, 判断する: No podemos ～ los hechos tan a la ligera. 出来事をそう簡単に判断できない. ❷《法律》1) …の訴訟を予審に付す, 訴追する: ～ a un empresario por estafa 事業主を詐欺で起訴する. ～ a todos los detenidos 逮捕者全員を裁判にかける. 2) 審理する
enjulio [eŋxúljo] [男]《繊維》[織機の縦糸を巻く・織物を巻き取る] 巻き棒, ビーム
enjullo [eŋxúʎo] [男] =**enjulio**
enjumar [eŋxumár] [他]《口語》酔わせる
—— **～se**《口語》酔う
enjuncar [eŋxuŋkár] 〖←junco〗 [7] [他] ❶ い草で覆う. ❷《船舶》[帆を] い草のロープで縛る; ガスケットを外してロープで縛る
enjunciar [eŋxunθjár] [10] [他]《アラゴン》[祭礼のため] 通りをスゲで覆う
enjundia [eŋxúndja] 〖←ラテン語 axungia「豚脂」〗 [女] ❶《文語》実質, 内容: Lope de Vega escribió obras de mucha ～. ロペ・デ・ベガは内容の濃い作品を書いた. analizar la ～ del asunto 問題の本質を分析する. ❷《文語》気力; [性格の] 強

さ: hombre de poca ～ 迫力のない人. ❸［雌鶏などの卵巣のまわりの］脂肪, 脂身

enjundioso, sa [eŋxundjóso, sa] 形 ❶ 内容のある, 中身の濃い, 充実した: discurso ～ 聞きごたえのある演説. ❷ 元気な, 活力のある. ❸［金額が］かなりの. ❹ 脂肪分の多い

enjunque [eŋxúŋke] 男《船舶》底荷, バラスト; 底荷を置くこと, バラストを積むこと

enjurar [eŋxurár] 他《古語》法律を犯す

enjuta[1] [eŋxúta] 女《建築》❶ スパンドル, 三角小間. ❷ ペンデンティブ〖=pechina〗

enjutar [eŋxutár] 他 ❶ 乾かす, 干す, 水気を切る. ❷《建築》［スパンドル・ペンデンティブ enjuta の隙間を］埋める

enjutez [eŋxutéθ] 女《文語》乾燥, 水気のないこと

enjuto, ta[2] [eŋxúto, ta]〖←ラテン語 axsuctus < exsugere「吸う」〗形 ❶［人が］やせた, 肉づきの悪い〖=～ de carne〗: ～ rostro やつれた顔. ❷［土地が］水のない(少ない). ❸ 口数の少ない, 目立たない

—— 男 ❶ 複 薪, たきつけ. ❷ タパス〖=tapa〗

enlabiador, ra [enlaƀjađór, ra] 形 名 甘い言葉でだます〔人〕, 口車に乗せる〔人〕

enlabiar [enlaƀjár] **I**〖←en- I+labia〗⑩ 他 甘い言葉でだます, 口車に乗せる

II〖←en- I+labio〗⑩ 他 唇をつける(近づける)

enlabio [enláƀjo] 男《まれ》甘言, 口車

enlace [enláθe]〖←enlazar〗男 ❶ つなぐこと, 接続, 結合;［情報などの］連絡: Los dinosaurios son el ～ entre el mundo mítico perdido y el hombre de hoy. 恐竜は失われた神話の世界と現代の人間を結びつける. ～ entre dos mundos culturales distintos 2つの異文化世界の橋渡し. comité de ～ 連絡委員会. ❷ つながり, 関係, 関連. ❸［交通機関の］接続: estación de ～ 接続駅. vía de ～ 連絡通路. ～ entre el tren y el autobús 電車とバスの接続. ❹《文語》婚礼, 結婚〔式〕〖=～ matrimonial〗. ❺《化学》結合: ～ covalente 共有結合. ～ iónico イオン結合. ～ químico 化学結合. ❻《通信, 情報》リンク: 1) ～ de datos データリンク. 2)［ネットワークで, +a との］Hay ～*s a* más de 200 páginas relacionadas con el viaje. 旅行に関連した200以上のページにリンクが張られている. ～ *a* sitios relacionados 関連サイトへのリンク. ❼《文法》連結詞〖接続詞と小辞〗. ❽《音声》1) 連音〖語末の子音と次の語の語頭の母音が組み合って, 1つの音節のように発音されること: *el español* [elespaɲól], vamo*s a* caminar [bámosa kaminár]〗. 2) ～ consonántico 子音の統合〖同一の子音が語末と次の語の語頭にある時1つの子音のように発音されること: *el lápiz* [elápiθ], la*s s*etas [lasétas]〗. ～ vocálico 母音の統合〖=sinalefa〗

—— 名 ❶ 連絡係;［秘密の］連絡員, リエゾン: oficial de ～ 連絡将校. ❷《西》［企業内の］組合代表〖=～ sindical〗

enlaciar [enlaθjár] ⑩ 他 しおれさせる: El sol *ha enlaciado* y marchitado las plantas. 日照りで植物がしおれ, しなびてしまった

—— **～se** しおれる

enladrillado [enlađriʎáđo] 男 煉瓦敷き

enladrillador [enlađriʎađór] 男 床の煉瓦敷き職人

enladrilladura [enlađriʎađúra] 女 =**enladrillado**

enladrillar [enlađriʎár] 他 …に煉瓦を敷く, 煉瓦で舗装する

enlagunar [enlaɡunár] 他［土地を］潟に変える, 水浸しにする

—— **～se** ❶ 潟になる, 水浸しになる. ❷《コロンビア. 口語》何をしようとしていたか忘れてしまう, 頭が真っ白になる

enlajado [enlaxáđo] 男《ベネズエラ》平石を敷いた床

enlamar [enlamár] 他［畑などを］泥沼にする

—— **～se** 泥沼になる

enlaminar [enlaminár] **～se**《アラゴン》［食べ物が］欲しくなる, 食べたくなる

enlanado, da [enlanáđo, đa] 形 ウールで覆われた, 羊毛が中に詰まった

enlanchar [enlantʃár] 他《サラマンカ》タイルを張る

enlardar [enlarđár] 他《料理》ラード(脂)を塗る〖=lardear〗

enlatado [enlatáđo] 男 ❶ 缶詰にすること: planta de ～ 缶詰め工場. ❷《西. 放送》録画(録音)番組. ❸《中南米. 軽蔑》低俗なテレビ番組

enlatador, ra [enlatađór, ra] 形 名 缶詰にする〔人〕

—— 女 缶詰め機

enlatar [enlatár]〖←en- I+lata〗他 ❶ 缶詰にする: verduras *enlatadas* 缶詰の野菜. ❷《西. 放送》番組を録画(録音)する: música *enlatada*《軽蔑》［ライブ・生演奏に対して］録音した音楽. ❸《アンダルシア; ホンジュラス, アルゼンチン》細長い板で屋根をふく(囲いを作る)

enlazable [enlaθáƀle] 形 つながれ得る

enlazador, ra [enlaθađór, ra] 形 名 つなぐ〔人〕

enlazadura [enlaθađúra] 女《まれ》=**enlace**

enlazamiento [enlaθamjénto] 男《まれ》=**enlace**

enlazar [enlaθár]〖←ラテン語 inlaqueare < laqueus「紐」〗⑨ 他 ❶［+a に/+con と］つなぐ; 関連づける: El cordón umbilical *enlaza* al embrión *con* la placenta. へその緒は胎児を胎盤に結びつけている. ～ los brazos a+人 *al* cuello …の首に腕を巻きつける, 首っ玉にしがみつく. ～ una autopista *con* otra 高速道路同士をつなげる. ～ la computadora *al* internet コンピュータをインターネットに接続する. ❷［リボン・蝶結びで］結ぶ, 束ねる. ❸［動物を］投げ縄で捕える. ❹［…の体に］腕を回す: José la *enlazó* por la cintura. ホセは彼女の腰を抱いた. ❺《メキシコ. 文語》結婚する

—— 自 ❶ つながっている, 連絡している: El vestíbulo *enlaza con* el pasillo. 玄関から廊下へと続いている. ❷［交通機関・駅が］接続する, 乗り換えできる: Este tren *enlaza con* el rápido. この列車は急行と接続する. ❸ 関連する, 関係する

—— **～se** ❶ 結び合わされる: Mis labios *se enlazan con* los tuyos. 私の唇があなたの唇と結び合わされる. Su mano *se enlazó* más estrechamente *con* la mía. 彼の手はさらにしっかりと私の手と結ばれた. ❷ 姻戚(いんせき)関係になる, 結婚する. ❸ つながりがある, 関連する. ❹ 接続される

enlechar [enletʃár] 他《建築》しっくいを塗る

enlegajar [enleɡaxár] 他［書類を］束ねる;［書類の束に, 書類を］加える

enlegamar [enleɡamár] 他 泥だらけにする

enlejiar [enlɛxjár] ⑪ 他 ❶［衣類などを］漂白剤に浸す. ❷《化学》［水に］アルカリ成分を加える

enlentecer [enlenteθér] ㊴ 他 遅らせる, 遅くする

enlentecimiento [enlenteθimjénto] 男 遅らせること, 遅くすること

enlenzar [enlenθár] ⑨ 他《美術》［木彫などの割れ目に］麻布片を詰める

enlerdar [enlɛrđár] 他 遅らせる, 鈍らせる

enlevitado, da [enleƀitáđo, đa] 形 フロックコートを着た

enligar [enliɡár] ⑧ 他《まれ》鳥もちを塗る

—— **～se**《まれ》［鳥が］鳥もちにかかる

enlistado [enlistáđo] 男《メキシコ》表, リスト

enlistar [enlistár] 他《メキシコ》表にする

—— **～se**《中南米》兵役に志願する

enlistonado [enlistonáđo] 男《建築》木舞(こまい)

enlistonar [enlistonár] 他 =**listonar**

enlizar [enliθár] ⑨ 他［織機に］綜絖 lizo をつけ加える

enllano [enʎáno] 男《地方語》平原, 平地

enllantar [enʎantár] 他［車輪に］リムをはめる

enllavar [enʎaƀár] 他《コスタリカ, コロンビア》［ドアに］鍵をかける

enllentecer [enʎenteθér] ㊴ 他 柔らかくする

—— **～se** 柔らかくなる

enllocar [enʎokár] ⑦ ㉘〖→**trocar**〗自 =**enclocar**

enlobreguecer [enloƀreɡeθér] ㊴ 他 暗くする

—— **～se** 暗くなる: Al correr la cortina *se enlobregució* el cuarto. カーテンを引くと部屋は暗くなった

enlodadura [enlođađúra] 女 =**enlodamiento**

enlodamiento [enlođamjénto] 男 泥で汚すこと, 泥まみれ

enlodar [enlođár] 他 ❶ 泥で汚す: ～ sus manos 手を泥だらけにする. Las inundaciones *enlodaron* el pueblo. 洪水で村は泥だらけになった. ❷［名誉を］傷つける;［名声に］泥を塗る: Las murmuraciones *enlodan* su buen nombre. うわさで彼の名前に傷がつく. ❸［壁に］泥を塗る. ❹《鉱山》［発破孔に水が入らないように］粘土を詰める

—— **～se** ❶ 泥で汚れる: Las ruedas del coche *se enlodaron*. 車のタイヤが泥で汚れた. ❷［自分の名誉を］傷つける: ～*se* con sucios negocios 汚い仕事で評判を落とす

enlodazar [enlođaθár] ⑨ 他 =**enlodar**

enlomado [enlomáđo] 男《製本》背固め

enlomar [enlomár] 他《製本》背を固める

—— **～se**《馬術》［馬が跳躍の準備として］背を曲げる

enloquecedor, ra [enlokeθeđór, ra] 形 気を狂わせるような: El ritmo de trabajo en la oficina es tan intenso que resulta

～. その会社の仕事のリズムはすさまじく気が狂わんばかりだ. ruido ～ de las motos オートバイのひどい騒音

enloquecer [enlokeθér] 〚←en- I+loco〛 [39] [他] ❶ 発狂させる; 正気(理性)を失わせる, 逆上させる: Tantas preocupaciones acabarán por ～te. そんなに心配ばかりしていると気が変になってしまうよ. Sus manías me *enloquecen*. 彼の物好きにはあきれてしまう. ～ a los hombres con su coquetería 媚態で男を狂わす. ❷《口語》…が大好きである: Los helados de vainilla *enloquece* al niño. この子はバニラアイスに目がない

—— [自] ❶ 発狂する; [+por·de に] 逆上する: Don Quijote *enloqueció* leyendo libros de caballería. ドン・キホーテは騎士道小説を読んで気が変になった. ～ *de* celo 嫉妬で気が狂わんばかりになる. ❷《農業》[植物が] 実をつけなくなる

—— **～se** 発狂する, 正気を失う: *Se enloquece* de gusto cada vez que piensa en las vacaciones. 彼は休暇のことを考えるたびにうっとりしている

E

enloquecido, da [enlokeθíđo, đa] [形] 気が狂ったような: El niño está ～ con la idea de ir al zoo. その子は動物園に行くと思っただけで興奮している

enloquecimiento [enlokeθimjénto] [男] 発狂, 狂乱; 逆上, 興奮: Su aparición provocó el ～ de sus fans. 彼が登場するとファンは熱狂した

enlosado [enlosáđo] [男] タイル張りの床, 板石舗道

enlosador [enlosađór] [男] タイル張り職人

enlosar [enlosár] [他] [+場所 に] タイルを張る, 板石で舗装する

enlosetado [enlosetáđo] [男] 小さな敷石張りの床

enlosetar [enlosetár] [他] 小さな敷石 loseta を張る

enloxar [enlɔ(k)sár] [他]《地方語》[水を] 汚す, 濁す

enlozanar [enloθanár] **～se** 若さを得る, はつらつとする

enlozar [enloθár] [9] [他]《中南米》ほうろう引きにする

enlucido [enluθíđo] [男] しっくい(プラスター)を塗ること

enlucidor, ra [enluθiđór, ra] [名] しっくい塗り職人

enlucimiento [enluθimjénto] [男] =**enlucido**

enlucir [enluθír] [40] [他] ❶《建築》[壁などに仕上げの] しっくい(プラスター)を塗る. ❷ [武器·食器などを] 磨く

enlustrecer [enlustreθér] [39] [他] 磨く, ピカピカにする

enlutar [enlutár] 〚←en- I+luto〛 [他] ❶ …に喪服を着せる, 喪に服させる. ❷ 弔意を表わす: ～ la bandera con un crespón negro 黒の喪章を旗につけて弔意を表わす. ❸ 悲しみに沈める, 悲嘆に暮れさせる: *Enlutó* a su madre con su comportamiento despreciable. 見下げ果てたことをして彼は母を悲しませた. ❹ 暗くする: *Enlutó* el cuarto al correr las cortinas. 彼はカーテンを引いて部屋を暗くした

—— **～se** 喪服を着る, 喪に服す: *Se enlutó* dos años por la muerte de su marido. 夫の死を悼んで彼女は2年間, 喪に服した

enlutecer [enluteθér] [39] [他]《まれ》=**enlutar**

enmadejar [e(m)mađexár] [他]《チリ》糸を繰る

enmaderación [e(m)mađeraθjɔ́n] [女] ❶《鉱山》土留め〚=entibación〛. ❷ =**enmaderamiento**

enmaderado [e(m)mađeráđo] [男] ❶ [集名] 材木, 用材〚=maderaje〛. ❷ 木組み〚=enmaderamiento〛

enmaderamiento [e(m)mađeramjénto] [男] ❶ 木組み, 木枠. ❷ フローリングボード, 床張り材

enmaderar [e(m)mađerár] [他] ❶ [+場所 に] 壁板(パネル)を張る; 床板を張る, フローリングする. ❷ [建物の] 木造部分を作る

enmadrar [e(m)mađrár] 〚←en- I+madre〛 **～se** [男の子が] 母親にべたべたする(なつきすぎる): Cuanto más lo mimes, más *se enmadrará*. かわいがればかわいがるほどその子は母親べったりになるだろう

enmagrecer [e(m)magreθér] [39] [他] やせさせる

—— [自]·**～se** やせる

enmalecer [e(m)maleθér] [39] [他] ❶ 害する, 悪くする, 損ねる

—— **～se** ❶ 悪くなる. ❷ [土地が] 雑草だらけになる

enmalezar [e(m)maleθár] [9] **～se** =**enmalecerse**

enmallado, da [e(m)maʎáđo, đa] [形] 網の目状の

enmallar [e(m)maʎár] **～se**《漁業》[魚が] 網の目にひっかかる

enmalle [e(m)máʎe] [男]《漁業》刺し網〚=red de ～〛: ～ de deriva 流し刺し網

enmandilar [e(m)mandilár] [他]《地方語》[繁殖を防ぐために] 種羊の生殖器を布で覆う

enmangar [e(m)maŋgár] [8] [他] 取っ手 mango を付ける

enmaniguar [e(m)maniɡwár] [13] **～se**《キューバ, プエルトリコ》❶ [土地が] ジャングルに変わる. ❷ [人が] 農村生活に慣れる

enmantar [e(m)mantár] [他] 毛布 manta を掛ける

—— **～se** 毛布をかぶる

enmantecar [e(m)mantekár] [7] [他]《南米》…にバターを塗る

enmantillado, da [e(m)mantiʎáđo, đa] [形] マンティーリャ mantilla をつけた

enmarañador, ra [e(m)maraɲađór, ra] [形] [名] もつれさせる〔人〕; 紛糾させる〔人〕

enmarañamiento [e(m)maraɲamjénto] [男] もつれ, こんがらかり; 紛糾, 錯綜

enmarañar [e(m)maraɲár] 〚←en- I+maraña〛 [他] ❶ [糸などを] もつれさせる, 絡ませる: *Hemos enmarañado* el cable. 私たちはコードを絡ませてしまった. ❷ 混乱させる, 紛糾させる: Su presencia *enmarañó* todavía más el asunto. 彼がいたために問題はかえって錯綜した. ～ la situación 状況を複雑にする

—— **～se** ❶ もつれる, 絡まる, こんがらかる: Las cuerdas *se enmarañan* solas. 紐は勝手にもつれる. ❷ 混乱する, 紛糾する: *Se ha enmarañado* el proceso. 審理が混乱した. El argumento de la película *se enmaraña* mucho. 映画の筋が非常に分かりにくくなる. ❸ [空が] 雲に覆われる: Por la noche *se enmarañó* y se puso a llover. 夜には曇って雨が降り出した. ❹ [人が, +en に] 巻き込まれる

enmarar [e(m)marár] **～se**《船舶》[船が] 沖に出る

enmarcación [e(m)markaθjɔ́n] [女] 額縁をつけること, 額縁に入れること

enmarcador, ra [e(m)markađór, ra] [形] [名] 額縁をつける〔人〕

enmarcaje [e(m)markáxe] [男] =**enmarcación**

enmarcamiento [e(m)markamjénto] [男] ❶ =**enmarcación**. ❷ 位置づけること; 位置づけられること

enmarcar [e(m)markár] 〚←en- I+marco〛 [7] [他] ❶ …に額縁をつける: *He enmarcado* mi diploma de enfermero. 私は看護師免状を額縁に入れた. ❷ [+en·dentro de の中に] 位置づける: *Enmarcan* su obra *dentro de* las corrientes vanguardistas. 彼の作品は前衛派の中に位置づけられる. *Enmarcaron* su gestión *dentro del* respecto a la Constitución. 彼らは活動を憲法の枠内に限定した. ❸ …に好適な背景となる: La música *enmarca* perfectamente aquella secuencia de la película. その音楽は映画のあの場面にぴったりだ. Este hotel *enmarcará* a la perfección nuestro congreso. このホテルは我々の会議を開催するのに理想的だ

—— **～se** 入る, 位置づけられる: Su obra *se enmarca en* el impresionismo. 彼の作品は印象派に属する. El acuerdo pesquero *se enmarca en* el clima de buenas relaciones de ambos países. この漁業協定は両国の友好ムードを表わしている

enmarchitar [e(m)martʃitár] [他]《廃語》=**marchitar**

enmaridar [e(m)mariđár] [他]《まれ》結婚させる

—— [自]·**～se**《まれ》[女性が] 結婚する

enmarillecer [e(m)mariʎeθér] [39] **～se** 黄色くなる; [色が] あせる: El trigo *se ha enmarillecido* con los calores estivales. 小麦は夏の暑さで色があせた

enmaromar [e(m)maromár] [他] [牛などを] 太綱 maroma で縛る

enmascarado, da [e(m)maskaráđo, đa] [形] [名] 仮面をかぶった〔人〕: bandido (luchador) ～ 覆面強盗(レスラー). depresión ～*da* 仮面鬱病

enmascarador, ra [e(m)maskarađór, ra] [形] [名] 覆い隠す〔人〕

—— [男] 覆い隠すもの

enmascaramiento [e(m)maskaramjénto] [男] ❶ 仮面をかぶること. ❷ 仮装, 変装;《軍事》迷彩, 偽装, カムフラージュ. ❸ 隠すこと: ～ de la verdad 真実の隠蔽

enmascarar [e(m)maskarár] 〚←en- I+máscara〛 [他] ❶ [顔を] 仮面で覆う, 覆面をする: Los asistentes al baile *enmascaraban* sus rostros. パーティーの出席者たちは仮面をかぶっていた. ❷ 覆い隠す: *Enmascaró* su ambición del poder diciendo que todo lo hacía por el bien del país. すべて国のためにしていると言いつつ, 彼は権力への野望を隠した. ❸《情報》マスクする

—— **～se** ❶《文語》仮面をかぶる, 覆面をする: ～*se* para no ser descubierto 見つからないよう覆面をする. ❷ [+de に] 仮装する, 変装する

enmasillar [e(m)masiʎár] [他] ❶ [割れ目などを] パテ masilla で充填する, パテを塗る, コーキングする. ❷ [ガラスを窓枠に] パ

テで固定する
enmatar [e(m)matár] ~**se ❶**《狩猟》[動物が] 茂み mata に隠れる. ❷《アラブ, サラマンカ》茂みにからまる
enmelado, da [e(m)meláđo, đa]《形》蜜色の
── 男 蜜をかけた揚げ菓子 fruta de sartén の一種
enmelar [e(m)melár] 23 他 ❶ …に蜜 miel を塗る(混ぜる): ~ los buñuelos ブニュエロに蜜を塗る. ❷ 楽しくする, 和らげる: Los nietos le *enmelaban* la vida con su alegría. 彼は孫たちに囲まれて楽しく過ごしていた
── 自《ミツバチが》蜜を作る
enmelenado, da [e(m)melenáđo, đa]《形》髪をまとめずに長く伸ばした
enmendable [e(m)mendáble]《形》❶ 訂正され得る. ❷ 補償され得る
enmendación [e(m)mendaθjón]《女》《廃語》訂正, 修正
enmendador, ra [e(m)mendađór, ra]《形》=**enmendante**
enmendadura [e(m)mendađúra]《女》《まれ》訂正, 修正
enmendante [e(m)mendánte]《形》《名》訂正する[人]
enmendar [e(m)mendár]《←ラテン語 emendare < menda「失敗」》23 他 ❶ [誤り・欠点を] 直す, 訂正する: ~ errores ミスを正す, 失敗の穴埋めをする. ~ las faltas del texto 文中の誤りを訂正する. ~ el defecto del alcohol 酒癖の悪いのを改める. ❷《法案》修正する. ❸ 賠償する, 補償する, 償う: *Enmendaron* al anciano por el atropello. 彼らははねた老人に賠償した. ~ el daño 損害を賠償する. ❹《法律》《裁判所が, 前判決を》変更する. ❺《農業》[土地を] 改良する. ❻《船舶》[針路・停泊地などを] 変更する
── ~**se ❶** [+de 自分の欠点を] 直す, 行ないを改める: Ese hombre era un criminal pero *se ha enmendado*. あの男は罪を犯したが今は改心している. ~ *se de* su mala costumbre 悪習を直す. ❷ [自分の服装などを] 正す: *Se enmendó* la corbata y volvió a entregarse a sus tareas. 彼はネクタイを直して再び仕事に没頭した
enmendatura [e(m)mendatúra]《女》《中南米》訂正
enmerdar [e(m)merđár] 23 他《俗語》汚す, 汚くする
── ~**se** 汚れる
enmicado [e(m)mikáđo]《男》《メキシコ》[書類の] プラスチックカバー
enmicar [e(m)mikár] 7 他《メキシコ》[書類に] プラスチックのカバーをする, ラミネート加工する
enmienda [e(m)mjénda]《←enmendar》《女》❶ 訂正, 修正: hacer unas ~s en un texto 文章にいくつか訂正を加える. hacer propósito de ~ 行ないを改めようと決意する. ❷ 修正案: La oposición va a presentar ~s al proyecto del ley. 野党は法案に修正案を提出する. ~ a la totalidad 法案否決動議. ❸ 賠償, 補償. ❹《法律》訂正事項: Va sin ~. 訂正はない. sin ~ ni raspadura [文書の末尾で] 訂正・削除事項なし. ❺ 覆 土壌改良用の肥料
no tener ~ 改心の見込みがない
enmerdar [e(m)mjerđár] 他《俗語》=**enmerdar**
enmitonado, da [e(m)mitonáđo, đa]《形》《まれ》ミット mitón をつけた
enmococer [e(m)moθeθér] 39 自《古語》若返る
enmohecer [e(m)moeθér]《←en-1+moho》39 他 ❶ かびさせる: La humedad y el calor *han enmohecido* el pan. 湿気と暑さでパンがかびた. ❷ 錆びつかせる, 錆びさせる. ❸ 鈍く[下手に]させる
── 自 [才能が] 衰える, 腕がなまる
── ~**se ❶** かびが生える: *Se enmohecía* el techo. 天井にかびが生えた. ❷ 錆びつく: Está *enmohecida* la bicicleta que no has tocado desde hace mucho tiempo. 君が長い間使っていない自転車が錆びている. ❸ [使用・練習しないため] 下手になる; [腕が] 鈍る: Al no hacer deporte los músculos *se enmohecen*. 運動をしないと筋肉がやわになる
enmohecimiento [e(m)moeθimjénto]《男》❶ かびが生えること. ❷ 錆びつくこと. ❸ [才能・技能の] 衰え, 鈍り
enmollecer [e(m)moλeθér] 39 他 柔らかくする
── ~**se ❶** 柔らかくなる. ❷ [怒りなどが] おさまる; [気持ちが] 和らぐ
enmonar [e(m)monár] ~**se**《ペルー, チリ》酔っぱらう
enmondar [e(m)mondár] 他 繊維 糸くずなどを取る《=**desliñar**》
enmontar [e(m)montár] ~**se ❶**《中南米》[畑が] 雑草に覆われる. ❷《コロンビア》1) [動物が] 野生化する. 2) ゲリラに加わる

enmonterado, da [e(m)monteráđo, đa]《形》《名》布製の帽子 montera をかぶった[人]
enmontunar [e(m)montunár] ~**se**《ベネズエラ》田舎じみる
enmoquetado [e(m)moketáđo]《男》《西》じゅうたんを敷き込んだ床
enmoquetar [e(m)moketár] 他《西》[+場所に] じゅうたんmoqueta を敷き込む
enmordazar [e(m)morđaθár] 9 他《廃語》=**amordazar**
enmorrillado, da [e(m)moriλáđo, đa]《形》《闘牛》[牛が] 首のひどく太い
enmostar [e(m)mostár] 他 モスト mosto で汚す
── ~**se** モストで汚れる
enmudecer [e(m)muđeθér]《←ラテン語 inmutescere < in-(強調)+mutus「話せない」》39 他 ❶ 黙らせる: Mi culpa me *enmudece*. 後ろめたさで私は口をつぐむ. Su argumentación consiguió ~ a su oponente. 彼の主張が相手を黙らせた. ❷《情報》音量をゼロにする, 無音にする
── 自 ❶ [話すべき時に] 黙る: *Enmudecía* a pesar de las acusaciones. 彼は非難されても黙っていた. ❷ 口がきけなくなる: *Enmudeció* de la impresión. 彼は感銘して言葉を失った. ❸ 唖者になる: *Enmudeció* cuando era niño. 彼は子供の時に唖者になった
enmudecimiento [e(m)muđeθimjénto]《男》無言, 沈黙; 口がきけなくなること: Su ~ es de origen psicológico. 彼が話せなくなったのは心理的なものだ
enmugrar [e(m)mugrár]《メキシコ, コロンビア, チリ. 口語》汚す
── ~**se**《メキシコ, コロンビア, チリ. 口語》汚れる
enmugrecer [e(m)mugreθér] 39 他 垢だらけにする; 汚す
── ~**se** 垢だらけになる; 汚れる
enmustiar [e(m)mustjár] 10 他《まれ》[花・葉を] しおれさせる
── ~**se**《まれ》しおれる
ennatado, da [ennatáđo, đa]《形》[土地が] 地味を回復した
enneblinado, da [enneblináđo, đa] もやのかかった[ような]
enneciar [enneθjár] 10 ~**se**《まれ》愚かになる
ennegrecer [ennegreθér]《←en-1+negro+-ecer》39 他 ❶ 黒くする, 黒く染める: El horrín *ha ennegrecido* la pared. すすで壁が黒ずんだ. ❷ 暗くする: Torrentes de flechas *ennegrecían* el cielo. おびただしい矢が飛び空が暗くなった. ❸《まれ》陰気にする; 不吉にする
── ~**se ❶** 黒くなる, 黒ずむ: *Se han ennegrecido* los cristales. ガラスが黒ずんだ. ❷ [空が] 暗くなる: El horizonte *se ennegreció* a causa de la tormenta. 嵐で地平線が暗くなった. ❸《まれ》陰気になる. ❹《まれ》不吉になる, 暗転する: Su futuro *se ennegrecía* tras el escándalo. そのスキャンダル以後, 彼の将来は真っ暗だった
ennegrecimiento [ennegreθimjénto]《男》黒くする(なる)こと: Es la contaminación la que produce el ~ de la fachada. ファサードを黒ずませているのは大気汚染だ
ennoblecedor, ra [ennobleθeđór, ra]《形》高貴にする
ennoblecer [ennobleθér]《←en-1+negro+-ecer》39 他 ❶ …に爵位を授ける, 貴族に叙する. ❷ [人・事物に] 気品(品格)を与える: La bondad *ennoblece* al hombre. 善なる心は人間を気高くする. Su actitud humanitaria le *ennoblece*. 人道的な態度が彼の株を高める. Sus palabras me *ennoblecen* inmerecidamente. 過分なおほめの言葉をいただきました. ❸ 飾り立てる, 引き立てる: La visita anual del rey *ennoblece* la ciudad. 国王が毎年訪れることでその町の格が上がる
── ~**se ❶** 貴族になる, 爵位を得る: *Se ennobleció* cuando le otorgaron aquel título nobiliario. 彼は爵位を得て, 貴族になった. ❷ 品格が出る: Las personas se envilecen o *se ennoblecen* según las circunstancias de la vida. 人は生活環境によって品位を落としたり, 高めたりする. ❸ [場所が] 飾られる: El paseo *se ennobleció* con hermosas esculturas. 遊歩道は美しい彫刻で飾られた
ennoblecimiento [ennobleθimjénto]《男》❶ 爵位, 爵位授与, 貴族になること. ❷ 品位を高めること, 格格が出ること
ennotar [ennotár] ~**se**《ベネズエラ. 隠語》困惑する
ennoviar [ennobjár] 10 ~**se**《口語》[+con と/互いに] 恋人同士になる
ennubarrado, da [ennubařáđo, đa]《形》大きな雲 nubarrón で一杯の

ennudecer [ennuðeθér] 39 自 [木・接ぎ木の] 成長が止まる, 生育しない
-eno, na² 《接尾辞》❶《地名形容詞化》chileno チリの. ❷ [品質形容詞化] moreno 浅黒い. ❸ [序数詞] noveno 第9の. ❹ [炭化水素] acetileno アセチレン
enodio [enóðjo] 男 3〜5歳の雄鹿
enodrido, da [enoðríðo, ða] 形 内気な, 気の弱い 《=apocado》
enófilo, la [enófilo, la] 形 《文語》ワイン好きな
enofobia [enofóbja] 女 ワインが嫌いな
enoftalmia [enoftálmja] 女 《医学》眼球陥入
enoftálmico, ca [enoftálmiko, ka] 形 《医学》眼球陥入の
enoftalmos [enoftálmos] = **enoftalmia**
enografía [enografía] 女 ワインの研究, ワイン概説
enojada [enoxáða] 女 《メキシコ. 口語》darse una 〜 怒る
enojadizo, za [enoxaðíθo, θa] 形 《主に中南米》怒りっぽい, 気が短い
enojar [enoxár] 《←古オック語 enojar < ラテン語 inodiare》他 《主に中南米》怒らせる, 感情を傷つける《→enfadar 参考》; いらいらさせる, 不快にする: 1) Me *enojó* por su actitud insolente. 彼の横柄な態度に私は腹を立てた. 2) [que+接続法 が主語] Le *enoja* que sus hijos lleguen tarde a casa. 彼は子供たちの帰りが遅いのでいらいらしている
—— 〜se [+con・contra+人 に対して] 腹を立てる, 気を悪くする; いらだつ
enojo [enóxo] 男 《←enojar》《主に中南米》怒り, 腹立ち《=ira》, 不快, 心痛: sentir profundo 〜 深い怒りを覚える. causar 〜 a+人 …を怒らせる, 嫌気を起こさせる. con 〜 怒って
enojón, na [enoxón, na] 形 《中南米. 口語》怒りっぽい
enojosamente [enoxósaménte] 副 いらいらして, 怒って
enojoso, sa [enoxóso, sa] 形 《主に中南米》❶ 不快な, いらだたせる: Los trámites burocráticos siempre resultan 〜s. お役所仕事にはいつもいらいらさせられる. ❷ 厄介な, わずらわしい
enología [enoloxía] 女 ワイン醸造技術
enológico, ca [enolóxiko, ka] 形 ワイン醸造の
enólogo, ga [enólogo, ga] 名 ワイン醸造学者, ワイン醸造の専門家
enomancia [enománθja] 女 ワイン占い
enometría [enometría] 女 ワインのアルコール度数測定
enómetro [enómetro] 男 ワインのアルコール度数測定器
enorgullecedor, ra [enorguʎeθeðór, ra] 形 自慢(誇り)に思わせる
enorgullecer [enorguʎeθér] 《←en- I+orgullo》39 他 自慢させる, 誇りとなる: Me *enorgullece* ver tu éxito. 君の成功で私は鼻が高い
—— 〜se 高慢になる; [+de・por を] 誇る, 自慢する: 〜*se de sus obras* 自分の作品を自慢する
enorgullecimiento [enorguʎeθimjénto] 男 高慢, 思い上がり
enorme [enórme] 《←ラテン語 enormis》形 ❶ 巨大な, 並外れて大きい: edificio 〜 巨大なビル. 〜s gastos 莫大な費用. ❷ とんでもない, すさまじい: 〜 insulto ひどい侮辱. ❸ 《口語》[人が才能的に] すばらしい, とてもいい: 〜 pintor 大画家. ❹ 邪悪な, 破廉恥な
enormemente [enórmeménte] 副 すごく, ひどく, 大いに, 非常に
enormidad [enormiðá(ð)] 《←ラテン語 enormitas, -atis》女 ❶ 巨大さ, 膨大さ: 〜 de un buque 船の巨大さ. 〜 de dinero 莫大な金. ❷ 論外なこと; 常軌を逸した言動; ひどい間違い: libro lleno de 〜es 間違いだらけの本. ❸ 極悪[非道], 言語道断の悪さ
una 〜《口語》とても, 非常に: Me gustó *una* 〜. それは大変気に入った
enormizar [enormiθár] 9 他 《まれ》巨大にする
enosis [enósis] 女 《政治》キプロスのギリシア復帰運動
enoteca [enotéka] 女 ワインの貯蔵(コレクション)
enotecnia [enoténja] 女 ワイン醸造法, ワイン販売理論
enotécnico, ca [enotékniko, ka] 形 ワイン醸造法の, ワイン販売理論の
enoteráceo, a [enoteráθeo, a] 形 アカバナ科の
—— 名 《植物》アカバナ科
enqué [eŋké] 男 《コロンビア, ベネズエラ, エクアドル, アルゼンチン. 俗語》容器, 入れ物
enquenado, da [eŋkenáðo, ða] 形 《ボリビア》恋をしている
enquesado, da [eŋkesáðo, ða] 形 《ベネズエラ. 口語》性的に飢えた

enquiciar [eŋkiθjár] 10 他 ❶ [扉板などを] 側柱に取り付ける. ❷ 秩序をもたせる, 正常化させる. ❸ 《エクアドル》よじず張りにする
—— 〜se 秩序を回復する, 正常化する; 《比喩》軌道に乗る
enquillotrar [eŋkiʎotrár] 他 《地方語》うぬぼれさせる, 思い上がらせる
—— 〜se 《地方語》❶ うぬぼれる, 思い上がる. ❷ ほれる, 恋に落ちる
-énquima 《接尾辞》[組織] parénquima 柔組織
enquiridión [eŋkiriðjón] 男 便覧, マニュアル, 手引き書
enquisa [eŋkísa] 女 《まれ》調査
enquistado, da [eŋkistáðo, ða] 形 ❶ 嚢状の, 包嚢に似た. ❷ 詰め込まれた, はめ込まれた. ❸ 《生物》包嚢形成期にある
enquistamiento [eŋkistamjénto] 男 嚢胞形成; 被嚢(のう)
enquistar [eŋkistár] 〜se ❶ 《医学》嚢胞(のう)ができる; 《生物》包嚢に包まれる. ❷ [問題などが社会に] 固定化する, 慢性化する
enrabar [enraβár] 他 ❶ [荷作業のため荷車を] 後部から寄せる. ❷ [荷車の物を] 縄で固定する. ❸ 《ウルグアイ》[馬・ロバなどの] 尻尾を縛り付ける
enrabiar [enrabjár] 10 他 激怒させる《hacer 〜 の方が一般的》
—— 〜se 激怒する
enrabietar [enrabjetár] 他 怒らせる, 癇癪(かん)を起こさせる
—— 〜se [かんかんに] 怒る, 癇癪を起こす; [主に子供が] 泣きわめく
enrabiscar [enrabiskár] 9 〜se 激怒する
enrachado, da [enratʃáðo, ða] 形 幸運続きの
enracimar [enraθimár] 〜se = **arracimarse**
enrafar [enrafár] 他 《ムルシア》[用水路に] 水門を作る
enraigonar [enraigonár] 他 《ムルシア. 養蚕》蚕(かいこ)に蚕の登り枝をつける
enraizamiento [enraiθamjénto] 男 根付く(根付いている)こと, 定着
enraizar [enraiθár] 《←en- I+raíz》9 15 自 [+en に] 根づく, 根を下ろす: Esta planta *enraíza* pronto. この植物はすぐに根づく
—— 〜se ❶ [習慣・思想などが] 根づく: El odio al padre *se enraizó en* su alma. 父親に対する憎しみが彼の心に根を下ろした. ❷ 定住する, 落ち着く: La familia *se enraizó en* este lugar hace un siglo. 一家は1世紀前にここに住み着いた

enraizar	
直説法現在	直説法点過去
enraízo	enraicé
enraízas	enraizaste
enraíza	enraizó
enraizamos	enraizamos
enraizáis	enraizasteis
enraízan	enraizaron
命令法	接続法現在
	enraíce
enraíce	enraíces
	enraíce
	enraicemos
enraizad	enraicéis
	enraícen

enralecer [enraleθér] 39 自 薄くなる, 希薄になる, まばらになる
enramada [enramáða] 女 ❶ [一本の木全体の] 枝. ❷ 木の枝で作った飾り; 木の枝で作った庇
enramado [enramáðo] 男 《集合.船舶》フレーム, 肋材
enramar [enramár] 他 ❶ 枝で飾る(覆う). ❷ 《船舶》フレームを組む
—— 自 [木が] 枝を張る(伸ばす)
—— 〜se ❶ 枝の間に隠れる. ❷ 《地方語》[目が] 赤くなる
enramblar [enramblár] [布地を] 伸し枠 rambla にかける
enrame [enráme] 男 ❶ 枝による飾り(覆い). ❷ 《船舶》フレーム組み. ❸ [木が] 枝を張った様子
enranciamiento [enranθjamjénto] 男 酸敗
enranciar [enranθjár] 《←en- I+rancio》10 他 [油脂・ワインなどを] 酸敗させる
—— 〜se [食物が古くなって] 嫌な味(臭い)がする, 酸敗する;

古くさくなる: La manteca *se enranció*. バターは嫌な臭いがした

enrarecer [enřařeθéř]《←ラテン語 in-（中）+rarescere < rarus「まれな」》39 他 ❶［気体を］汚染する；［気体中の酸素を］希薄化する: ~ la atmósfera en una ciudad 都市の大気を汚染する. ❷［人間関係を］疎遠にする
── 自 減少する
── **~se** ❶［気体が］希薄になる: *Se enrarece* el aire. 空気が薄くなる. ❷ 減少する、乏しくなる: *Últimamente se ha enrarecido* el uno del sombrero. 最近は帽子をかぶる人がまれになった. ❸［人間関係が］疎遠になる、冷え込む

enrarecimiento [enřařeθimjénto] 男 ❶ 希薄化；減少. ❷ 疎遠

enrasado, da [enřasáðo, ða] 形 ❶［畑が］平らな. ❷［空・天候が］晴れた、雲のない
── 男［丸天井の三角小間をふさぐ］石材、煉瓦

enrasamiento [enřasamjénto] 男 高さをそろえること〖=enrase〗

enrasar [enřasáɾ] 他 …の高さをそろえる、平坦にする
── 自《物理》共通準位に到達する

enrase [enřáse] 男 ❶ 高さをそろえること、平坦にすること. ❷《物理》共通準位、水平

enrasillar [enřasiʎáɾ] 他［床の枠組に］煉瓦（タイル）を敷きつめる

enratonado, da [enřatonáðo, ða] 形《ベネズエラ》二日酔いの；［麻薬などを使用して］ふらふらした

enratonar [enřatonáɾ] **~se =ratonarse**

enrayado [enřajáðo] 男《建築》垂木（たるき）

enrayar [enřajáɾ] 他 ❶［車輪に］輻（や）を取り付ける. ❷［減速のためハブに］輻（スポーク）を締めつける
── **~se** 車輪にからまる

enrazado, da [enřaθáðo, ða] 形 純血種の、血統のよい

enrazar [enřaθáɾ] 9 自《コロンビア》混血する

enreciar [enřeθjáɾ] 10 自 太る、頑健になる

enrectar [enřektáɾ] 他《コロンビア》［曲がっているものを］まっすぐにする、伸ばす

enreda [enřéða] 名《口語》面倒を起こす人；ゴシップ屋

enredadera [enřeðaðéřa] 女 つる(性)植物〖特にヒルガオ科. =planta ~〗: ~ de Virginia アメリカヅタ、バージニアクリーパー

enredador, ra [enřeðaðóř, řa] 形 名 面倒を起こす(人)；《口語》ゴシップ屋(の)

enredamiento [enřeðamjénto] 男《廃語》=enredo

enredar [enřeðáɾ]《←en-1+red》他 ❶［糸などを］絡ませる、もつれさせる: ~ la cinta テープをもつれさせる. ❷［+en 面倒事などに］巻き込む: Le *enredaron en* un asunto de drogas. 彼は麻薬事件に巻き込まれた. ❸［だます、欺くために］混乱させる、煙に巻く: Me han *enredado* para que les venda la finca. 彼らは地所を売らせようと私の頭を混乱させた. ❹ 時間をとらせる；［楽しくて］時がたつのを忘れさせる: He perdido el tren porque me ha *enredado* un policía. 一人の警官が邪魔をして私は列車に乗り遅れた. ❺［事態を］複雑にする、紛糾させる: Su muerte *enredó* más el asunto. 彼の死によって事件が一層ややこしくなり、いがみ合うようにけしかける；［人に言葉を］絡める. ❻［網で］捕える《狩猟》網を張る
── 自 ❶［子供などが］じっとしていない、動き回る. ❷［何かを探して］かき回す. ❸《軽蔑》［むやみに、+con と］いじる、もてあそぶ: *Enredaba* con el despertador y lo rompió. 彼は目覚し時計をいじくり回していて壊してしまった. ❹ 陰でこそこそする、悪事をたくらむ
── **~se** ❶ からまる、巻きつく: *Se le enredó* a Juana el pelo *en* la persiana. フアナの髪がブラインドにひっかかった. ❷ まごつく、うろたえる. ❸［面倒に］巻き込まれる. ❹ 紛糾する；口論(けんか)を始める. ❺《軽蔑》［+con と］肉体関係を持つ、浮気する. ❻《まれ》[+a を] 始める

enredica [enřeðíka] 名《地方語》=enredador

enredijo [enřeðíxo] 男《コスタリカ》小鳥の初鳴き

enredista [enřeðísta] 名《コロンビア、ペルー、チリ》ゴシップ好きな人

enredo [enřéðo] 男 ❶［糸などの］もつれ、からまり: tener un ~ en el pelo 髪の毛がもつれている. ❷［考えなどの］混乱. ❸ 紛糾、トラブル: ¡Menudo ~! ひどいトラブルだ! ❹ うしろ暗い仕事、いかがわしい商売；悪だくみ；嘘. ❺ いたずら、悪さ. ❻《軽蔑》愛人関係、浮気. ❼［小説・劇の］筋立て、プロ

ット. ❽《口語》彼 役に立たない物、がらくた *de ~* [劇などが] 筋のこんがらかった、波乱万丈の

enredón, na [enřeðón, na] 形 面倒を起こす〖=enredador〗

enredoso, sa [enřeðóso, sa] 形 ❶ 複雑な、厄介な. ❷《メキシコ、チリ》ゴシップ好きな；問題を起こす

enrehojar [enřeoxáɾ] 他［白くするために蝋を］練り上げる

enrejado, da [enřexáðo, ða] 形 格子のはまった: ventana *~da* 格子窓
── 男〖集名〗❶［一つの建物・その一部の］格子；柵: cerrar su jardín con un ~ 庭のまわりに柵をめぐらす. ❷ すだれ；目隠し格子；［つる植物を這わせるように］格子状に編んだ垣根. ❸［基礎工事用の］地形（じぎょう）捨て枠. ❹ レース編み
trazar un ~ sobre... …の上に格子状に描く

enrejadura [enřexaðúřa] 女［牛・馬が足に受けた］鋤（すき）傷

enrejalar [enřexaláɾ] 他［煉瓦・板などで］格子を組む

enrejar [enřexáɾ] 他 ❶ 格子をはめる；柵で囲む. ❷［煉瓦・板などで］格子を組む. ❸《口語》牢に入れる. ❹ 鋤（すき）に刃をつける. ❺［牛・馬の足を］鋤の刃で傷つける. ❻《メキシコ》［衣類を］繕う；かがる. ❼《グアテマラ、ホンジュラス、キューバ、コロンビア、ベネズエラ》［動物を］荒縄でつなぐ

enrejillado [enřexiʎáðo] 男 格子；格子状のもの

enrejillar [enřexiʎáɾ] 他 格子をはめる

enresmar [enřesmáɾ] 他［紙を］連 resma 単位にまとめる

enrevesado, da [enřeβesáðo, ða] 形 ❶［問題・説明・性格などが］入り組んだ、複雑な、難解な: itinerario (asunto) ~ 複雑な行程(事件). ❷［言動が］錯綜した

enriado [enřjáðo] 男 **=enriamiento**

enriador, ra [enřjaðóɾ, ɾa] 名［麻などを］水につける人

enriamiento [enřjamjénto] 男［繊維を取るために麻などを］浸水、水につけること

enriar [enřjáɾ] 11 他［繊維を取るために麻などを］浸水する、水につける

enrielar [enřjeláɾ] 他 ❶［金属をカーテンレールなどに］横棒にする. ❷［金属を］横棒鋳型に流し入れる. ❸《中南米》レールを敷く. ❹《メキシコ、チリ》［車両を］レールに乗せる. ❺《チリ》［物事を］正しく方向づける

enriendar [enřjendáɾ] 他《アルゼンチン》［馬に］手綱をつける

enrigidecer [enřixiðeθéɾ] 39 他 堅くする、硬直させる
── **~se** 堅くなる、硬直する

enriostrar [enřjostráɾ] 他《建築》**=riostrar**

enripiado [enřipjáðo] 男［穴・すき間に］漆喰くずを詰めること

enripiar [enřipjáɾ] 10 他［穴・すき間に］漆喰（しっくい）くずを詰める

enrique [enříke] 男［15世紀カスティーリャ王国の］エンリケ金貨

Enrique [enříke]《人名》**~ II el de las Mercedes** 恩寵王エンリケ2世〖1333?~79, カスティーリャ王. 異母弟のペドロ1世に対して反乱を起こし、トラスタマラ朝 Dinastía Trastámara を創始した〗
~ III el Doliente 病身王エンリケ3世〖1379~1406, カスティーリャ王で、エンリケ2世の孫. ランカスター公女カタリーナ Catalina de Lancaster との結婚により、トラスタマラ朝の正当性の問題を解決〗
~ IV el Impotente 不能王エンリケ4世〖1424~74, カスティーリャ王. その死後、王位継承をめぐる争いは内乱にまで発展した〗

enriquecedor, ra [enřikeθeðóɾ, ɾa] 形［主に非物質的に］豊かにする: experiencia *~ra* 実り豊かな経験

enriquecer [enřikeθéɾ]《←en-1+rico》39 他 ❶ 金持ちにする: ~ a la clase media 中産階級を富ませる. ❷ 豊かにする: ~ el vocabulario ボキャブラリーを増やす. ~ el campo 畑を肥沃にする. ~ su espíritu 精神を豊かにする. ❸ 濃縮する. ❹ 飾る: Pinturas famosas *enriquecen* el salón. 名画が広間を飾っている
── 自［+de・en に］富む: *Enriquece de* ciencia. 彼は学問がある. ~ *en* vulgaridad 語義が増す
── **~se** 金持ちになる、富む；充実する: La nación *se ha enriquecido en* estos cinco años con el turismo. その国はこの5年間で観光によって豊かになった

enriquecimiento [enřikeθimjénto] 男 ❶ 金持ちにする(なる)こと；豊富化、充実化. ❷ 鉱床資源の豊富化. ❸《法律》~ torticero 不法行為による富の所有

enriqueño, ña [enřikéɲo, ɲa] 形［大盤ぶるまいが］エンリケ2世 Enrique II 風の

enriscado, da [enřiskáðo, ða] 形 岩だらけの、ごつごつした；険しい: camino ~ al borde de un precipicio 断崖に沿った険し

い道

enriscamiento [enr̄iskamjénto] [男] 岩山の中に身をおく(避難する)こと

enriscar [enr̄iskár] [7] [他]《比喩》上げる, 持ち上げる

—— **～se** 岩山に避難する

enristrar [enr̄istrár] **I**〖←en- I+ristra〗[他]［ニンニク・タマネギなどを］数珠つなぎにする

II〖←en- I+ristre〗[他] ❶《古語》［槍を］槍止めに当てて構える;［攻撃するために］小脇にかかえる: El caballero *enristó* la lanza. 騎士は槍を構えた. ❷ 探し当てる, 言い当てる

enristre [enr̄ístre] [男] ❶［ニンニク・タマネギなどの］数珠つなぎ. ❷ 槍を構えること

enrizamiento [enr̄iθamjénto] [男]［髪を］カールにすること; 巻き毛

enrizar [enr̄iθár] [9] [他] ❶［髪を］カールする〖=rizar〗. ❷《古語》けしかける, 心をあおる

enrobinar [enr̄oƀinár] [他]《アラゴン, ラマンチャ, ムルシア》錆びつかせる

—— **～se**《アラゴン, ラマンチャ, ムルシア》錆びつく

enrocar [enr̄okár] 〖←en- I+roque ＜ アラビア語 ruhh「塔」〗[7] [28]〖→**trocar**〗[他] [自]・**～se**《チェス》キャスリングする: No puedes ～ el rey porque ya lo has movido. 君はもうキングを動かしたから, キャスリングはできない

—— [他]［糸玉を］糸巻き棒に巻き取る

—— **～se**［漁具が］海底の岩に引っかかる

enrodar [enr̄ođár] [28] [他] 回転車輪(車責め)の刑にかける

enrodelado, da [enr̄ođeláđo, đa] [形] 円盾 rodela で武装した

enrodrigar [enr̄ođrigár] [8] [他] =**rodrigar**

enrodrigonar [enr̄ođrigonár] [他] =**rodrigar**

enrojar [enr̄oxár] [他]《まれ》❶ 赤くする. ❷［炉・窯を］熱する

enrojecer [enr̄oxeθér] 〖←en- I+rojo〗[39] [他] ❶ 赤面させる. ❷［体の一部を］赤くする: La picadura me *enrojeció* la mano. 私は虫に刺されて手が赤くなった. ❸［火・熱が］赤くする: Un incendio *enrojeció* el cielo. 火事で空が赤く染まった. ❹ 赤色に染める: ～ sus uñas con esmalte エナメルで爪を赤く塗る

—— [自]・**～se**［羞恥心・怒りなどで, 顔が］赤くなる: Su rostro *enrojeció*. 彼女は顔を赤らめた. *Se* le *ha enrojecido* la cara por efecto de la fiebre. 彼は熱のせいで顔が上気していた

enrojecimiento [enr̄oxeθimjénto] [男] 赤くする(なる)こと

enrolamiento [enr̄olamjénto] [男]［主に水兵の］徴募, 入隊

enrolar [enr̄olár] 〖←en- I+rol〗[他] 船員名簿に載せる, 船員として雇う;［主に水兵を］徴募する;［+en 艦船に］乗り組ませる

—— **～se**［兵役で, +en に］入隊する;［組織に］加入する: Estaba *enrolado en* montoneros. 彼は騎馬ゲリラ部隊に入っていた. *～se en* la marina 海軍に入る

enrollado, da [enr̄oʎáđo, đa] [形]［estar+］❶《口語》没頭した, のめり込んだ: Está muy ～ con el fúbol. 彼はサッカーにはまっている. ❷《西. 口語》［人が組織・環境などに］すぐに溶け込む, 積極的に参加する. ❸《口語》肉体関係にある: Ellos están *～s*. 2人はできている

—— [男] ❶ 巻き取り〖=enrollamiento〗. ❷《建築》［柱頭の］渦巻き装飾, ボリュート

enrollacables [enr̄oʎakáƀles] [形] [男] ロープを巻き取る〔装置〕

enrollado [enr̄oʎáđo] [形] 巻き取り, 巻き上げ

enrollador, ra [enr̄oʎađór, ra] [形] 巻く, 巻き込む

enrollamiento [enr̄oʎamjénto] [男] ❶［円筒形に］巻くこと, 巻き取り, 巻き上げ. ❷《情報》～ de palabras ワードラップ

enrollante [enr̄oʎánte] [形]《俗語》うっとりさせる, 目を楽しませる

enrollar [enr̄oʎár] 〖←en- I+rollo〗[他] ❶［円筒形に］巻く, 丸める: ～ el hilo 糸を巻く. ～ un saco de dormir 寝袋を巻く. ❷《西. 口語》［+en 事業などに］巻き込む. ❸ 丸石を敷きつめる

—— [自]《西. 口語》…の気に入る Es un libro que *enrollaba* mucho a Isabel. それはイサベルがとても気に入っていた本だ

—— **～se** ❶《西. 口語》長々と話す(書く): Siempre *se enrolla* por teléfono. 彼はいつも長電話をする. ❷《西. 口語》［+con 知らない人・社会環境に］とけ込む, すぐになじむ. ❸《西. 口語》［+con+人 を］厚遇する. ❹《西. 口語》［+con と, かりそめの］恋愛(性的)関係になる, 情交する. ❺《西. 口語》反文化(カウンターカルチャー)運動に参加する. ❻《西. 口語》巻き込まれる; 夢中になる: *Se ha enrollado en* el ordenador personal. 彼はパソコンにのめり込んでしまった. ❼《情報》スクロールする. ❽《ベネズエラ. 隠語》緊張する, 神経質になる

～se bien (mal)《西. 口語》表現が上手(下手)である; 人づきあいが上手(下手)である

no te enrolles, Charles Boyer 黙りたまえ

enrolle [enr̄óʎe] [男]《西. 口語》❶ 強い関心, 没頭, のめり込み. ❷ 長話, 長いおしゃべり

enromar [enr̄omár] [他]［刃先などを］鈍らせる, 角を丸くする

enrona [enr̄óna] [女]《ナバラ, アラゴン》瓦礫, 石くず〖=enruna〗

enronar [enr̄onár] [他]《アラゴン》［敷地などに］石くずを敷く, 瓦礫で覆う〖=enrunar〗

enronchar [enr̄ontʃár] [他]《メキシコ》❶ 満腹にする; うんざりさせる. ❷［人・動物を］赤い腫れものだらけにする

enronquecer [enr̄oŋkeθér] 〖←en- I+ronco〗[39] [他]［声を］かすれさせる, しわがれ声にする

—— [自]・**～se** しわがれ声になる: *He enronquecido* de tanto gritar. 私は叫びすぎて声がかれた

enronquecido, da [enr̄oŋkeθíđo, đa] [形] しわがれ声の

enronquecimiento [enr̄oŋkeθimjénto] [男] しわがれ, 声のかすれ

enroñar [enr̄oɲár] [他] ❶ 垢だらけにする. ❷ 錆だらけにする, 錆つかせる

—— **～se** 錆つく

enroque [enr̄óke] 〖←enrocar〗[男]《チェス》キャスリング: hacer un ～ largo (corto) 大(小)入陣する

enroscadamente [enr̄oskáđaménte] [副] 螺旋状に, 渦巻き状に

enroscadura [enr̄oskađúra] [女] =**enroscamiento**

enroscamiento [enr̄oskamjénto] [男] 螺旋(渦巻き)状にすること

enroscar [enr̄oskár] 〖←en- I+rosca〗[7] [他] ❶ 螺旋(渦巻き)状にする: ～ la pasta パン生地をホーン形にする. ❷ ～ un tornillo (una tuerca) ねじ(ナット)を締める

—— **～se**［蛇が］とぐろを巻く

enrostrar [enr̄ostrár] [他]《中南米》［+a+人 に］面と向かって言う(非難する)

enrubiador, ra [enr̄uƀjađór, ra] [形] 金髪にする

enrubiar [enr̄uƀjár] [10] [他] 金髪に染める; 黄金色にする

enrubio [enr̄úƀjo] [男] ❶ 金髪に染めること. ❷ 金髪用染毛剤

enrudecer [enr̄uđeθér] [39] [他]［人を］粗野(がさつ)にする; 愚鈍にする

—— **～se** がさつになる; 愚鈍になる

enruga [enr̄úga] [女] =**arruga**

enrugar [enr̄ugár] [8] [他] しわを作る, しわくちゃにする〖=arrugar〗

enruinecer [enr̄wineθér] [39] [自] 卑しくなる, さもしくなる

enrular [enr̄ulár] [他]《南米》［髪を］カールさせる

enrumbar [enr̄umbár] [自]《ペルー》［+por の］方向に進む

enruna [enr̄úna] [女] [不可算] ❶《ナバラ, アラゴン》瓦礫, 石くず. ❷《バレンシア, アルバセテ, ムルシア》へどろ, スラッジ

enrunar [enr̄unár] [他] ❶《ソリア, アルバセテ》泥(泥水)で汚す. ❷《アラゴン》［敷地などに］石くずを敷く, 瓦礫で覆う. ❸《ムルシア》［用水路を］汚泥でふさぐ(満たす)

enrutador [enrutađór] [男]《情報》ルーター〖=router〗

ensabanada[1] [ensaƀanáđa] [女] =**encamisada**

ensabanado, da[2] [ensaƀanáđo, đa] [形] [男]《闘牛》体は白く頭と足が黒い〔牛〕

—— [男] 下塗りされたしっくい

ensabanar [ensaƀanár] [他] ❶ シーツで覆う, シーツをかける. ❷［壁を］しっくいで下塗りする

—— **～se**《ベネズエラ》反乱を起こす

ensacado [ensakáđo] [男] 袋詰め

ensacador, ra [ensakađór, ra] [形] [名] 袋に詰める〔人〕

—— [女] 袋詰め機

ensacar [ensakár] [7] [他] 袋に入れる(詰める)

ensaimada [ensai̯máđa] [女] 渦巻(ホーン)形の菓子パン

ensalada [ensaláđa] 〖←en- I+sal〗[女] ❶《料理》サラダ: hacer ～ de tomate トマトのサラダを作る. en ～ 冷やしてドレッシングであえた. ～ de fruta〔s〕マセドニア. ～ rusa［ゆで卵・ツナなどを加えた］ポテトサラダ. ❷ ごたまぜ, でたらめ; ごちゃごちゃな配色. ❸《詩法》韻律を随意に変えた抒情詩;《古語》他の詩の詩行を挿入した詩作品. ❹《古語. 音楽》色々な言語を交ぜた愉快な歌. ❺《地方語》サラダに適した野菜. ❻《キューバ》レモン水・ハッカ・パイナップルの清涼飲料

～ de tiros/～ de balas 激しい銃撃戦

ensaladera [ensalađéra] [女] ❶ サラダボール. ❷《テニス. 隠語》サラダボールに似た優勝カップ
ensaladilla [ensalađíʎa]〘ensalada の示小語〙[女] ❶《料理》1)《西》ポテトサラダ〘=～ rusa, ensalada rusa〙. 2)《主に中米》サラダ. ❷ [集名] 一口大の各種の菓子; 種々の小さな物; 装身具にはめ込まれた種々の色の宝石
ensalivar [ensaliƀár] [他] 唾液で濡らす: ～ un sello 切手をなめる
ensalmador, ra [ensalmađór, ra] [名]《古語》[接骨などの迷信的な治療をする] 祈禱師, 接骨医
ensalmar [ensalmár] [他]《古語》❶ [接骨などの] 迷信的な治療をする. ❷ hilo de ～ 麻の細ひも
ensalmo [ensálmo] [男]《古語》[接骨などの] 迷信的な治療, 祈禱
〔***como***〕***por*** **～**《西》目にもとまらぬ早さで; あっという間に
ensalobrar [ensaloƀrár] **～se** [水が] しょっぱくなる, にがくなる
ensalzador, ra [ensalθađór, ra] [形] 賛美する, 称揚する: palabras *～ras* 賛美の言葉
ensalzamiento [ensalθamjénto] [男] 賛美, 称揚
ensalzar [ensalθár]〘←俗ラテン語 exaltiare < ラテン語 exaltare〙[9] [他] ❶ 賛美する, 称揚する: ～ los méritos de+人 …の功績をたたえる. ❷ [人・事に] 大きな価値(名誉)を与える: ～ a+人 a la cumbre de la fama …を名声の頂点へ押し上げる. ❸《まれ》上げる
ensambenitar [ensambenitár] [他] 贖罪服 sambenito を着せる
ensamblado [ensambláđo] [男] 組立て〘=ensamblaje〙; 組立て細工品, 組立て工作物
ensamblador, ra [ensamblađór, ra] [名] 組立て工
—— [男]《情報》アセンブリ言語, アセンブラー〘=lenguaje ～〙
ensambladura [ensamblađúra] [女] 組立て〘=ensamblaje〙
ensamblaje [ensambláxe] [男] ❶ 組立て; 組合わせ: coches en ～ 組立て中の自動車. factoría de ～ 組立て工場. ❷ 接合用の部品. ❸《情報》アセンブリ. ❹《ナバラ》[木口寸法が] 12cm×5cm の材木
ensamblar [ensamblár] **I**〘←古仏語 ensembler〙[他] 組立てる; 組合わせる: ～ las patas y el asiento de una silla 椅子の座部に脚をつける. ～ las piezas de un rompecabezas ジグソーパズルのピースを組み合わせる
II〘←英語 assemble〙[他]《情報》アセンブルする
ensamble [ensámble] [男] 組立て〘=ensamblaje〙;《木工》組み, 継ぎ
ensancha [ensántʃa] [女] ❶ 拡張, 拡大. ❷《アンダルシア》パン種, イースト
dar ～s 1) [交渉・取引が] 小休止する, 一服する. 2) [行為・行動を] 気ままにやり過ぎる
ensanchado, da [ensantʃáđo, đa] [形] [他の部分に比べて] 大きい
ensanchador, ra [ensantʃađór, ra] [形] 拡張する, 拡大する
—— [男] [手袋などの] 伸張用器具
ensanchamiento [ensantʃamjénto] [男] ❶ 広げる(広がる)こと, 拡幅, 拡大: hacer un ～ en la carretera nacional 国道を拡幅する. ～ del mercado 市場の拡大. ❷ 拡張された部分, 拡幅部
ensanchar [ensantʃár]〘←俗ラテン語 examplare < ラテン語 amplus「広い」〙[他] ❶ 広げる, 拡幅する: *Han ensanchado* la carretera. 道幅が広げられた. ～ un hueco 穴を大きくする. ❷ 拡大する, 拡張する: ～ una casa 増築する. ❸《地方語》[パン種が生地を] ふくらます
—— [自] 広がる〘=～se〙
—— **～se** ❶ 広がる, 大きくなる: Este jersey *se ha ensanchado*. このセーターは伸びてしまった. La calle *se ensancha* al llegar a la plaza. 広場に来ると道幅が広くなる. El mercado futbolístico *se ensancha* cada vez más. サッカー市場はますます拡大する. pupilas *ensanchadas* 大きく開いた瞳. ❷ 広々と見える, 広く横たわる: Delante de sus ojos *se ensanchaba* un paisaje sin edificios. 彼の目の前には建物のない景色が広がっていた. ❸ 思い上がる, うぬぼれる. ❹ [人が] 間を空けて座る
ensanche [ensántʃe]〘←ensanchar〙[男] ❶ 拡張, 拡大〘=ensanchamiento〙: obras de ～ de la carretera 道路の拡幅工事. ❷ [都市の外側の] 新開発地区: zona de ～《西》新興住宅街, 団地. *～s* urbanas [19～20世紀の建築家たちによる] 都市拡張計画. ❸《裁縫》縫いしろ. ❹ 拡張された部分, 拡幅部. ❺《地方語》[農場の] 家の周囲の土地. ❻《地方語》パン種を保存するために取り分けた生地
ensandecer [ensandeθér] [39] [自] 愚かになる, 気が変になる
ensangostar [ensaŋgostár] [他]《廃語》=**angostar**
ensangrentamiento [ensaŋgrentamjénto] [男] 血まみれにする(なる)こと;《比喩》流血
ensangrentar [ensaŋgrentár]〘←en- I+sangre〙[23] [他] ❶ 血まみれにする, 血に染める; 血で汚す. ❷《比喩》流血を引き起こす: Las luchas *ensangretaron* el país. その闘いが国に流血を引き起こした
—— **～se** ❶ 血まみれになる: *Se ensangrentaron* sus trajes. 彼らの服は血まみれだった. ❷ =**ensañarse**. ❸ [口論で] いきりたつ, いきまく
ensañado, da [ensaɲáđo, đa] [形] ❶ 残忍な. ❷《古語》勇敢な
ensañamiento [ensaɲamjénto] [男] ❶ 激昂. ❷ 痛めつけること, いたぶり. ❸《法律》加重情状
ensañar [ensaɲár]〘←俗ラテン語 insaniare < ラテン語 insania「怒り狂い」〙[他] 怒らせる, 激昂させる
—— **～se** [+con・contra 罪のない・無抵抗の相手を] 痛めつける: *～se con* los vencidos 敗走する敵軍を執拗に攻撃する
ensarmentar [ensarmentár] [他] 取り木をする〘=amugronar〙
ensarnecer [ensarneθér] [39] [自] 疥癬(かいせん)だらけになる
ensartado [ensartáđo] [男] 糸・針金などを通すこと
ensartar [ensartár]〘←en- I+sarta〙[他] ❶ [糸・針金などを] …に通す: ～ perlas en un collar 真珠をつないでネックレスにする. ❷ [剣などを, +en に] 突き刺す. ❸ まくしたてる, しゃべりまくる: ～ mentiras 嘘を並べ立てる. ❹《中南米》[針の穴に] 糸を通す. ❺《メキシコ, ニカラグア, ペルー, チリ, ウルグアイ》罠(ペテン)にかける
—— **～se** ❶《中南米. 口語》[争いなどに] 巻き込まれる. ❷《メキシコ, ニカラグア, ペルー, チリ, ウルグアイ》だまされる, 罠にかかる
ensayado, da [ensajáđo, đa] [形] 練習を積んだ
ensayador, ra [ensajađór, ra] [名] [貴金属の] 鑑定人, 分析試験者
ensayalar [ensajalár] **～se** 粗ラシャ sajal をまとう
ensayar [ensajár]〘←ensayo〙[他] ❶ [繰り返し] 練習する;《演劇, 音楽》稽古する, リハーサルする: Fue él quien no quiso ～ el baile conmigo. 私と踊りのリハーサルをしたがらなかったのは彼だった. ～ una canción 歌のリハーサルをする. ❷ [性能・品質の] 試験をする; 試用する: ～ el micrófono y los amplificadores マイクとアンプのテストをする. ～ la dureza 硬度を試験(検査)する. ～ una vacuna ワクチンの効果を試す. ❸ 試みる, 試す: ～ cómo hacer una tortilla トルティーリャを試しに作ってみる. ❹《鉱物》[鉱石を] 試金する. ❺《まれ》練習(稽古)させる. ❻《古語》企てる, しようと努める
—— [自] ❶ 練習する; リハーサルする: ～ con el balón ボールを使って練習する. ～ con el coro コーラスの練習をする. ❷《ラグビー》トライする. ❸《まれ》[+a+不定詞] やってみる: ～ *a* saltar con pértiga 棒高飛びをやってみる. ❹《廃語》似合う, 合う
—— **～se** ❶ 稽古を積む, 練習する. ❷《まれ》[+a+不定詞] やってみる
ensaye [ensáje] [男] ❶ 金属の分析試験. ❷ [法定含有量をチェックする] 試金
ensayismo [ensajísmo]〘←ensayo〙[男] [集名]《文学》[ジャンルとしての] エッセー, 随筆, 随筆文学
ensayista [ensajísta] [名] 随筆家, エッセイスト
ensayístico, ca [ensajístiko, ka] [形] 随筆〔文学〕の
—— [女] 随筆文学〘=ensayismo〙
ensayo [ensájo]〘←ラテン語 exagium「計量」〙[男] ❶ 練習;《演劇, 音楽》稽古, リハーサル: ～ general 衣装をつけた舞台稽古, ドレスリハーサル. ❷ エッセー, 随筆; 試論: ～ literario 文学エッセー. ❸ [性能・品質の] 試験, テスト; 試用: vuelo de ～ テスト飛行. ～ clínico 臨床試験, 治験. ～ de monedas 貨幣の品質検査. ～ de resistencia 耐久性テスト. ～ nuclear 核実験. ❹ 試み, 試し: a título (modo) de ～ 試しに, 試験的に. por ～ y error 試行錯誤しながら. ❺《ラグビー》トライ: línea de ～ ゴールライン
-ense《接尾辞》[地名形容詞化] costarric*ense* コスタリカの, vascu*ense* バスクの
ensebar [enseƀár] [他] …に獣脂 sebo を塗る
enseguida [ensegíđa]〘←en+seguida〙[副]〘en seguida とも表記する〙❶ すぐに, ただちに: Volveré ～. すぐに戻ってきます.

enselvado, da

$E\sim$ llegará la ambulancia. すぐに救急車が来るだろう. Pero $\sim$ Paco rompió con ellos. しかしパコはすぐに彼らと絶交した. Llovió un poco y paró $\sim$. 雨がちょっと降って,すぐやんだ. ❷ [場所を示して] すぐ後ろに,その向こうに: Primero se ve una torre y $\sim$ aparece la catedral. 最初に塔が見え,そのすぐ後ろに大聖堂が姿を見せる

$\sim$ **de...** →en **seguida** de+不定詞 (que+直説法・接続法)

enselvado, da [enselbáðo, ða] 形 密林 selva に覆われた
enselvar [enselbár] 他 [兵を] 茂みに隠す
—— $\sim$**se** 茂みに隠れる

ensemble [ansámble] 《←仏語》男《まれ》合唱団, 合奏団, アンサンブル

ensenada[1] [ensenáða] 《←ensenar < en- I+seno》女 ❶ 入り江, 浦. ❷《アルゼンチン》小牧場; [家畜の] 囲い場

Ensenada [ensenáda] 《人名》**Marqués de la** $\sim$ エンセナダ侯爵《本名 Zenón Somodevilla Bengoechea. 1702～81, フェリペ5世とフェルナンド6世時代の重商主義を代表する啓蒙的な政治家》

ensenado, da[2] [ensenáðo, ða] 形 曲がりくねった, 深く入り組んだ

ensenar [ensenár] 他 ❶ 懐に隠す(入れる). ❷ [船を] 入り江に入れる
—— $\sim$**se** [船が] 入り江に入る

enseña [enséŋa] 《←ラテン語 insignia < insignis「印で識別できる」= signa「印, 旗」》女《文語》旗《=bandera》; 記章, 旗印

enseñable [enseŋáble] 形 教えやすい, 容易に教えられ得る

enseñado, da [enseŋáðo, ða] 形 ❶ よくしつけられた: Es un niño bien $\sim$. しつけのいい子だ. ❷《古語》博学な

enseñador, ra [enseŋaðór, ra] 形 名 教える[人], 伝授する[人]

enseñamiento [enseŋamjénto] 男 =**enseñanza**

enseñante [enseŋánte] 形 教える, 示す
—— 名《文語》[広い意味で] 教師, 教育者: calidad de los $\sim$s 教育者の質. sindicato de $\sim$s 教員組合

enseñanza [enseŋánθa] 《←enseñar》女 ❶ [学校での] 教育《→educación 類義》: 1) [教育の自由を保障する. recibir una buena $\sim$ 立派(十分)な教育を受ける. nivel de $\sim$ 教育水準. 2) 教育課程; 教育形態(方法): $\sim$ infantil 幼児教育. $\sim$ obligatoria 義務教育. $\sim$ básica / $\sim$ primaria/primera $\sim$ 初等教育. $\sim$ media / $\sim$ secundaria/segunda $\sim$ 中等教育. $\sim$ superior / $\sim$ terciaria 高等教育. $\sim$ técnica 技術教育. $\sim$ religiosa 宗教教育. $\sim$ programada プログラム学習. $\sim$ del español スペイン語教育, 国語教育. $\sim$ en español スペイン語による教育. $\sim$ en catalán カタルーニャ語による教育. 3) 教育で得た知識: Su $\sim$ es muy deficiente. 彼はほとんど教育がない. ❷[時に 複] 教訓, 教え; 教訓となること: Sus $\sim$s me fueron de gran ayuda. 彼の教えは大変役に立った. servir de $\sim$ 教訓となる. ❸ 教授法, 教授術

enseñar [enseŋár] 《←俗ラテン語 insignare「印をつける」< signa「印」》他 ❶ [学科・知識・技術などを] 教える, 教授する: 1) *Enseñé* la gramática a María. 私はマリアに文法を教えた. El maestro nos *enseñó* matemáticas muy bien. 先生はとても上手に数学を教えてくれた. bien (mal) *enseñado* 礼儀正しい(礼儀知らずの), しつけのよい(悪い). 2) [+a+不定詞 のやり方を] *Enseñé* a mis hijos a nadar. 私は息子たちに泳ぎを教えた. Sus hermanos la han enseñado a montar en bicicleta. 兄たちが彼女に自転車の乗り方を教えた. $\sim$ a leer (cantar) 字(歌)を教える. $\sim$ a tener buenos modales 行儀作法を教える. ❷ 示す, 見せる: 1) Te *enseñaré* la ciudad. 町を案内してあげよう. *Enséña*me tu álbum. アルバムを見せてよ. $\sim$ el camino 道を教える. $\sim$ el cuerpo 肉体をさらけ出す. 2) [意図せずに] Al reír *enseña* un diente roto. 彼は笑うと歯の欠けたのが見える. ❸ 教示する, 教訓となる: 1) Su experiencia me *enseñó* cómo se debe vivir. 彼の経験から私は人の生きるべき道を教わった. 2) [+que+直説法 ということを] La vida le *había enseñado* que la cosa no era tan fácil. 人生は物事がそれほどたやすくないことを彼に教えていた
—— 自 教える: Los profesores *enseñan* a sus alumnos. 教師は生徒を教える. Ahora en las escuelas os *enseñan* de todo. 今の学校では君たちに何でも教える
—— $\sim$**se** ❶《俗用》学ぶ, 習う《=aprender》. ❷《メキシコ. 口語》[+a+不定詞 するのを] 学ぶ

enseñoramiento [enseŋoramjénto] 男《まれ》領有, 支配
enseñoreamiento [enseŋoreamjénto] 男《まれ》=**enseñoramiento**
enseñorear [enseŋoreár] 《←en- I+señorear》$\sim$**se** [+de を] 我が物にする, …の持ち主(主人)になる; 支配する: Se *enseñoreó del* condado. 彼は伯爵の領主となった

enserar [enserár] 他 [保護のため] 大かご sera に入れる

enseres [enséres] 《←[estar] en ser「存在の中に(ある)」》男 複 家財道具, 家具什器《=$\sim$ domésticos》; [仕事などの] 道具, 七つ道具: El terremoto destruyó todos mis $\sim$. 地震で家財道具がすべて壊れた

enseriar [enserjár] 他 ❶《アンダルシア; 中南米》真顔(真剣)にならせる
—— $\sim$**se**《アンダルシア; 中南米》真顔になる, 真剣になる

ENSIDESA 女《略語》←Empresa Nacional de Siderurgia, Sociedad Anónima スペイン製鉄会社

ensiforme [ensifórme] 形《植物》[葉が] 剣状の

ensilado [ensiláðo] 男《農業》❶ サイレージ: $\sim$ de patatas ジャガイモのサイレージ. ❷ サイロへの収納

ensilador, ra [ensilaðór, ra] 形 サイロに収納する
—— 女 サイロ収納機

ensilaje [ensiláxe] 男 =**ensilado**

ensilar [ensilár] 他 ❶ [穀物・飼料を] サイロに収納する. ❷《古語》大食する

ensillada[1] [ensiʎáða] 女 [山の尾根の] 鞍部(あんぶ), コル

ensillado, da[2] [ensiʎáðo, ða] 形 [馬の] 背がくぼんだ《口語》では人についても》

ensilladura [ensiʎaðúra] 女《まれ》❶ 鞍をつけること. ❷ [鞍を置く] 馬の背(のくぼみ). ❸ 腰部脊柱のカーブ

ensillar [ensiʎár] 他 [馬に] 鞍を備える

ensimismación [ensimismaθjón] 男《まれ》=**ensimismamiento**

ensimismado, da [ensimismáðo, ða] 形 物思いにふけった

ensimismamiento [ensimismamjénto] 男 没頭, 没入

ensimismar [ensimismár] 《←en sí mismo》他 没頭させる
—— $\sim$**se** ❶ [+en に] 没頭する, 没入する: *Se ensimismaba en* los recuerdos. 彼は思い出にふけっていた. ❷《コロンビア, エクアドル, ペルー, チリ》思い上がる, 増長する

ensobear [ensobeár] 他 [くびきを] 荷車の轅(ながえ)に革紐 sobeo で縛りつける

ensoberbecer [ensoberbeθér] 《←en- I+soberbia+-ecer》39 他《まれ》傲慢にする, 思い上がらせる
—— $\sim$**se** ❶ 傲慢になる; [+con・de を] 自慢する: *Se ensoberbecía con* su belleza. 彼女は美しさを鼻にかけていた. ❷《文語》[海が] 荒れる, 高波をうつ

ensoberbecimiento [ensoberbeθimjénto] 男 傲慢, 思い上がり

ensobinar [ensobinár] $\sim$**se** ❶《アラゴン》[馬・豚が] 仰向けにひっくり返る《立てなくなる》. ❷《ムルシア》うずくまる《=acurrucarse》

ensobrado [ensobráðo] 男 封筒に入れること, 封入

ensobrador, ra [ensobraðór, ra] 男 封筒に入れる
—— 女 封入機

ensobramiento [ensobramjénto] 男 =**ensobrado**

ensobrar [ensobrár] 他 ❶ [手紙・印刷物を] 封筒に入れる, 封入する. ❷ [高級官僚に月給を] 封筒に入れて渡す

ensobretar [ensobretár] 他《メキシコ》=**ensobrar**

ensogar [ensogár] 8 他 ❶ 縄で縛る. ❷ [瓶などを] 縄で覆う

ensolerar [ensolerár] 他《養蜂》[巣箱に] 根太 solera を取りつける

ensolver [ensolbér] 29《過分》ensuelto 他 ❶ [ある物にその一部として] 含める. ❷《言語》[語中音を消失させ] 短縮する. ❸《音楽》切分する. ❹《医学》[腫などを] 散らす, 消散させる

ensombrar [ensombrár] 他《まれ》=**ensombrecer**

ensombrecedor, ra [ensombreθeðór, ra] 形 暗くする

ensombrecer [ensombreθér] 《←en- I+sombra+-ecer》39 他 ❶ 暗くする, 影にする: El árbol *ensombrece* este rincón. 木の陰になってこの隅が暗い. ❷《比喩》暗いものにする, 影を落とす: La viudez *ensombreció* su vida. 夫に先立たれて彼女の人生は暗くなった. $\sim$ el rostro 顔を曇らせる. ❸《美術》[絵に] 陰影をつける
—— $\sim$**se** ❶ 暗くなる, 曇る. ❷ 悲しむ, 暗い気持ちになる

ensombrecimiento [ensombreθimjénto] 男 暗くする(なる)こ

ensombrerado, da [ensombreráðo, ða] 形 帽子をかぶった, 着帽した

ensoñación [ensoɲaθjón] 女 夢見ること, 夢想
ni por ~《地方語》まさか〔夢にも思わないことだ〕

ensoñador, ra [ensoɲaðór, ra] 形 夢みがちな[人], 夢想家〔の〕

ensoñar [ensoɲár]【←en- I+soñar】28 他 夢想する: ~ el futuro 未来を夢みる

ensoñiscar [ensoɲiskár] 7 他 眠らせる
── ~se うとうとする

ensopada [ensopáða] 女《メキシコ, キューバ, ベネズエラ》ずぶ濡れになる(する)こと

ensopado [ensopáðo] 男 ずぶ濡れにすること

ensopar [ensopár] 他 浸す: ~ el pan en vino パンをワインに浸す. ②《口語》すっかり濡らす, ずぶ濡れにする
── ~se《口語》ずぶ濡れになる

ensordecedor, ra [ensorðeθeðór, ra] 形 耳を聾するような: ruido ~ ひどい騒音

ensordecer [ensorðeθér]【←en- I+sordo】39 他 ①…の耳を聞こえなくする; 耳を聾(ろう)する: Me *ensordece* esta música. この音楽は耳にガンガンする. ②[音を]弱める. ③[言語][有声子音を]無声化する
── 自 ① 耳が聞こえなくなる(遠くなる). ② 黙りこむ, 耳を貸さない

ensordecimiento [ensorðeθimjénto] 男 ① 耳が聞こえなくなる(遠くなる)こと. ② 消音, 弱音化. ③[言語][有声子音の]無声化

ensordinar [ensorðinár] 他 [音を]弱める

ensortijado, da [ensortixáðo, ða] 形 巻き毛の

ensortijamiento [ensortixamjénto] 男 ① 髪をカールすること. ② 巻き毛

ensortijar [ensortixár] 他 ① [髪を]カールする《=rizar》. ②[家畜に]鼻輪をつける
── ~se《口語》指輪をいくつもはめる

ensotanado, da [ensotanáðo, ða] 形 スータン sotana を着た

ensotar [ensotár] ~se《まれ》茂み soto に入り込む(隠れる)

enstatita [enstatíta] 女《鉱物》頑火(がんか)輝石

ensuciador, ra [ensuθjaðór, ra] 名 汚す[人]

ensuciamiento [ensuθjamjénto] 男 汚すこと, 汚れること

ensuciar [ensuθjár]【←en- I+sucio】10 他 ① [ひどく]汚す《→manchar》: ~ su pañuelo con lodo ハンカチを泥で汚す. ②《文語》[名誉・名声を]けがす, 傷つける
── 自 =~se ③
── ~se ① [ひどく]汚れる: ~se de barro 体が泥だらけになる. ②《口語》悪事に手を出す, 自分の手を汚す《=~se las manos》; [収賄・悪事に手を出すなどして]面目をけがす, 面目を失う: El teniente *se ensució* por dinero del acusado. 警部補は被告から賄賂を受けて失脚した. ③《婉曲》大便をもらしてしまう: El niño [*se*] *ha ensuciado* en los calzones. その子はうんちをもらしてパンツを汚してしまった

ensueño [enswéɲo]《←ラテン語 insomnium<ギリシア語 enypnion》男 ① 夢《=sueño》. ② 夢想, 願望: vivir de ~*s* 夢に生きる
de ~ 夢のような, すばらしい: Es una casa *de* ~. それは夢のような家だ
¡Ni por ~! とんでもない!

ensugar [ensugár] 8 他 =enjugar

ensullo [ensúʎo] 男 =enjulio

entabacado [entabakáðo] 男《アンダルシア》屋根裏[部屋]

entabacar [entabakár] 7 ~se たばこを吸い過ぎる

entablación [entablaθjón] 女 ①[木工]板を張ること. ②[教会の由緒などを]銘板に記すこと

entablado [entabláðo] 男 風向きが一定になること

entablado [entabláðo] 男 ① [集合][枠組の中の]枠板, 張り板. ② 板張り(フローリング)の床

entabladura [entablaðúra] 女 板を張ること

entablamento [entablaménto] 男 [建築]エンタブラチュア《古典建築で柱の上部全体》

entablamiento [entablamjénto] 男 =entablamento

entablar [entablár]【←en- I+tabla】他 ① 始める, 着手する: *Entabló* una relación muy estrecha con sus compañeros de trabajo. 彼は職場の仲間たちと強いきずなを培った. ~ batalla 戦闘を開始する. ~ la reforma 改革に着手する. ~ negoci-aciones 交渉にとりかかる. ~ amistad con+人 …と友情を結ぶ. ~ un pleito 訴訟を起こす. ②《チェス》駒を並べる. ③…に板を張る. ④[医学]副木で固定する. ④[教会の由緒などを]銘板に記す. ⑤《アルゼンチン》[家畜に]小さな群れで進むことに慣れさせる
── 自《アンダルシア; 中南米》同点になる, 引き分ける
── ~se ① 始まる. ②[馬が左右一方の側に]もたれる. ③《船舶》[風が]一定方向に落着く. ④《中南米》引き分ける《=empatar》

entable [entáble] 男 ①《チェス》駒の配置, 駒組み. ② 板を張ること, 板で囲うこと

entablerar [entablerár] ~se《闘牛》[牛が]囲い板に体をもたせかける

entablillado [entabliʎáðo] 男 ① [集合]小さな板 tablilla. ②[床・壁の]板張り. ③《医学》副木による固定

entablilladura [entabliʎaðúra] 女《医学》副木, 当て木

entablillamiento [entabliʎamjénto] 男 副木による固定

entablillar [entabliʎár] 他《医学》[手・足を]副木(ふくぼく)で固定する

entablonar [entablonár] 他《まれ》厚板 tablón で覆うこと

entaconado, da [entakonáðo, ða] 形 かかと tacón のある

entado, da [entáðo, ða] 形《紋章》[盾の一部や図形が]割接(わりつぎ)された

entalamadura [entalamaðúra] 女 [荷車の]網代(あじろ)幌

entalamar [entalamár] 他 幌をつける

entalegado [entalegáðo] 男《アラゴン》① サックレースの走者. ②[複]サックレース《下半身をずだ袋に入れ, 跳んで進む》

entalegar [entalegár] 他 ① ずだ袋 talego に入れる. ②《西. 戯語》投獄する. ③ 貯金する, 倹約する. ④《アラゴン》[ずだ袋 entalegados で走者を]ずだ袋に入れる

entalingar [entalingár] 8 他《船舶》[錨索の端を]錨環(びょうかん)に固定する

entalla [entáʎa] 女 =entalladura

entallable [entaʎáble] 形 サイズを合わせられる

entallado, da [entaʎáðo, ða] 形 [服が]体のサイズに合った, 体にぴったりした; [人が]体にぴったりした服を着ている
── 男 服が体のサイズに合う(体にぴったり合う)こと

entallador, ra [entaʎaðór, ra] 名 彫刻師, 彫金師

entalladura [entaʎaðúra] 女 ① 彫工, 切り込み. ② [樹脂を採るための]切り目

entallamiento [entaʎamjénto] 男 =entalladura

entallar [entaʎár] I 【←entallar I】男 ① [像を]彫る, 刻む《=esculpir》. ②[木材に]切り込みを入れる; [樹脂を採るために木に]切り目を入れる
II 【←en- I+talle】他 [服を]体のサイズに合わせる, 体にぴったりさせる: He dicho a la modista que me *entalle* un poco el vestido. ドレスを少しゆったりさせてねと私はデザイナーに言った
── 自・~se [服が]体のサイズに合う, フィットする, 体にぴったりする: Esa falda *se le entalla* demasiado. 彼女のそのスカートは体の線が出すぎる

entalle [entáʎe] I 【←entallar I】男 ① [印章用などに]彫り込まれた硬い石[宝石]. ②《古語》彫り込み彫刻
II 【←entallar II】男 服を体のサイズに合わせること, フィッティング

entallecer [entaʎeθér] 39 自・~se《植物》分蘖(ぶんげつ)する, 枝(株)分かれする; 新芽を出す

entallo [entáʎo] 男 =entalle

entalonar [entalonár] 自 [オリーブ・オレンジなど常緑樹が]新芽を出す

entalpía [entalpía] 女《物理》エンタルピー

entamar [entamár] 他 けば tamo だらけにする

entambar [entambár] 他《メキシコ. 隠語》牢に入れる, 捕える

entancar [entaŋkár] 7 他 =entambar

entandar [entandár] 他《ムルシア》[灌漑水利用者間で]散水時間を配分する

entapar [entapár] 他 ①《エストレマドゥラ》[管に]栓をする, ふさぐ. ②《チリ》製本する, 装丁する

entapetado, da [entapetáðo, ða] 形 テーブルセンター(カバー) tapete のかかった

entapizada [entapiθáða] 女 じゅうたん, 敷物: ~*s* de rosas y mosquetas バラとイバラの柄のじゅうたん

entapizado [entapiθáðo] 男 ① タピスリーを掛けること. ② 壁掛け用の織物

entapizar [entapiθár] 9 他 =tapizar

entaponar [entaponár] 他 栓をする；ふさぐ
── **~se** 詰まる
entapujar [entapuxár] 他 ❶ 覆う．❷ 取り繕う，ごまかす
── **~se** 身を隠す
entarascar [entraskár] 7 他《軽蔑》[人を]ごてごて飾り立てる
── **~se** [自身を]ごてごてと飾る
entarimado [entarimáđo] 男 寄せ木張りの
── 男 床張り，寄せ木張り[の床]，フローリング
entarimador [entarimađór] 男 寄せ木張り職人
entarimar [entarimár] 他 床板を張る，寄せ木張りにする
entarquinamiento [entarkinamjénto] 男 泥による施肥；泥土の堆積による干拓
entarquinar [entarkinár] 他《まれ》❶ 泥で汚す，泥だらけにする．❷《農地に》泥土 tarquín で施肥する；《沼地を》泥土を堆積させて干拓する
entarugado [entarugáđo] 男 木煉瓦舗装
entarugar [entarugár] 8 他《レオン，チリ》木煉瓦 tarugos で舗装する
éntasis [éntasis]《←ラテン語・ギリシア語 entasis》女《単複同形》《建築》エンタシス
ente [énte]《←ラテン語 ens, entis < ギリシア語 on, ontos》男 ❶《哲学》存在．── de razón 思考の産物，論理的存在．❷《行政》[主に公的な]団体，機関 [=entidad]．❸《西》[el E~] スペイン国営テレビ放送《解体され，現在は RTVE》．❹《軽蔑》奇妙な人，変わり者
-ente《接尾辞》[er・ir 動詞+]1)《品質形容詞化》refer*ente* 関連した．2)《名詞化，行為者》delincu*ente* 犯罪者
entecado, da [entekáđo, đa] 形《ブルゴス》=enteco．❷《アルゼンチン，ウルグアイ》《家畜》激しい下痢 enteque を起こしている
entecar [entekár] 7 他 **~se** ❶《レオン，チリ》強情を張る，固執する．❷《ブルゴス》病弱になる，やせ細る
entechar [entet∫ár] 他《ニカラグア》[建物の]屋根をふく，新しい屋根をつける
enteco, ca [entéko, ka] 形《文語》[人間・動物が]虚弱の，病気がちな，やせこけた
entejar [entexár] 他 屋根を瓦でふく
entelado [enteláđo] 男 布で覆う（補強する）こと
entelar [entelár] 他 ❶ 布で覆う，布で補強する．❷《レオン》鼓腸を起こさせる
── **~se**《レオン》鼓腸を起こす
entelarañado, da [entelarañáđo, đa] 形《まれ》クモの巣だらけの
entelequia [entelékja] 女 ❶《哲学》エンテレケイア．❷《皮肉》妄想；[非現実の]理想的な人（状況）
enteléquico, ca [entelékiko, ka] 形 ❶《哲学》エンテレケイアの．❷《皮肉》妄想の
entelerido, da [enteleríđo, đa] 形 ❶ [寒さ・怖れなどで]体が動かない，立ちすくんだ．❷《アンダルシア，メキシコ，ホンジュラス，コスタリカ，ベネズエラ》やせこけた，病気がちの，虚弱な
entena [enténa] 女 ❶《船舶》[三角帆の]斜桁，スパンカーヤード．❷ 長い丸太
entenado, da [entenáđo, đa] 男 女 義理の子[の]
entenallas [entená∆as] 女《複》《技術》手万力，ハンドバイス
entendederas [entendeđéras]《←entender》女《複》《口語》理解力，物わかり [=entendimiento]：Es duro de ~. 彼は頭が鈍い．Tiene buenas ~ este chico. この子は頭がよい．corto de ~ 頭の弱い．chico de pocas ~ 物わかりの悪い子
entendedor, ra [entendeđór, ra] 形 名 理解する[人]，分かっている[人]
A buen ~ (con pocas palabras basta) あなた（皆さん）にはちゃ分かりのように
entender [entendér]《←ラテン語 intendere「心を何かに向ける」》24 他 ❶ 理解する，分かる [類義] 主に **entender** は相手の言葉であることを，**comprender** は内容を理解する：Entendió bien mis explicaciones. 彼は私の説明をよく理解した．*Entendí* la lección. 私は授業の（内容）が分かった．No *entiendo* muy bien lo que dice en este documental. このドキュメンタリーは何を言っているのかはあまりよく分からない．Tú ya me *entiendes*. 私が何を言いたいのか君はもう分かったろう．No te *entiendo*. 私には君が理解できない／君が何を言っているのか分からない．*Entiendo* el español, pero no lo hablo. 私はスペイン語は[聞いて・読んで]分かるが，話せない．❷《文語的》判断

する；了解する，察する：1)[+que+直説法 であるとき] El día que te fuiste *entendí que* no te volvería a ver. 君が去った日，私は再び会うことはないだろうと悟った．*Entiendo que* sería mejor no decir nada. 私は何も言わない方がいいと思う．*Entiendo que* quieres que yo sea feliz. 君が私に幸福になってほしいと思っていることは分かります．2)[否定文では +que+接続法] No puedo ~ *que* los niños de primaria no tengan que estudiar inglés. 小学生が英語を勉強する必要はないという意見は私には理解できない．3)[話者にとっては事実な時は否定文でも +que+直説法] No *entiende que* me está molestando a mí. 彼は自分が私に迷惑をかけていることに気づいていない．4)[+que+接続法 正当・もっともであると] *Entiendo que* con la enfermedad hayas perdido la razón. 君が病気のせいで理性を失ったのも無理はない．5)[主に間接疑問文で，正当・もっともである] No *entendemos* por qué actúa así. 私たちはなぜ彼があんな行動をとるのか私たちには合点がいかない．No *entiendo* cómo le gusta esa chica. 彼がなぜあんな娘が好きなのか私には分からない．❸《はっきりと》*Entendí* claramente las palabras que dice el coro. 合唱団の言っている言葉が私ははっきり聞き取れた．❹[+不定詞] …するつもりである：*Entiendo* venir la semana próxima. 彼は来週来るつもりだ．
── 自 ❶ 理解する，分かる：Ya *entiendo* bien. 私はやっと，よく分かった．A Lola no le *entiendo* cuando habla. ロラの話し方は，何を言っているのか分からない．[Lola は間接目的語．対照 A Lola no la *entiendo*. 私はロラの考えが理解できない（Lola は直接目的語，entender は他動詞）]．❷[+de] 精通している，詳しい：*Entiende* mucho *de* mecánica. 彼は機械に大変強い．*De* política *entiendo* muy poco. 私は政治のことはほとんど分からない．Tal vez ella no *entienda de* fútbol. たぶん彼女はサッカーのことが分からない．❸《法律》[+en・de e] 扱う：El juez *que entiende en* el asunto 事件を担当する裁判官．❹《俗語》同性愛者である：Es un bar de gente que *entiende*. そのバルは同性愛者が集まるところだ
── **~se** ❶ 理解し合う：Él y yo *nos entendemos* bien. 彼と私は互いに十分理解する．Somos europeos, pero no *nos entendemos*. 私たちはヨーロッパ人だが，お互いに理解し合ってはいない．❷[+con+人 と] 仲がよい，うまくやる：Se *entiende* [bien] *con* su novio. 彼女は恋人とうまくいっている．*Entiéndete con* el comprador, que te dan muy bien los negocios. その買い手はいい取り引きをしてくれるから仲良くしておきなさい．❸《口語》情を通じる，愛人関係にある：*Se entiende con* el marido de su mejor amiga. 彼女は親友の夫と不倫している．❹ 交渉する，打ち合わせる．❺[+en で意が]一致する：Al final consiguieron *~se en* el precio. 最終的に価格の折り合いがついた．❻《まれ》*Se entiende que* Carlos lo reemplazará. カルロスが私の代わりをつとめることになっている．❼ 自分を理解する：El ser humano no *se entiende* a sí mismo. 人は自分自身を理解することはない．❽ 理解される：Ha demostrado que la estructura institucional de Europa no *se entiende* bien. ヨーロッパの制度の構造はよく理解されていないことを彼は明らかにした．❾[+con に] 精通している，詳しい，扱い方を知っている：*~se con* la informática 情報処理の専門家である．❿ 理解する：No hay quien *se entienda con* esas explicaciones. そんな説明では誰にも分かってもらえない．⓫[+con と] 関連する，の口語》*Esto no se entiende con* lo que dice. これは彼の言っていることと矛盾する．Esta conducta no *se entiende con*tigo. このようなふるまいは君らしくない．⓬《文語的》[+por と] みなされる：¿Qué *se entiende por* trabajo infantil? 幼児労働とどう考えられているのか？
── 男 判断，意見：Según su ~, es el punto más importante del problema. 彼の意見によれば，それが問題の最重要点だということだ
a mi ~ 私が思うには，私の理解では
bien entendido [事物が]本物の；正しい
bien entendido que+直説法 …という条件で：Fijaremos este precio, *bien entendido que* será adelantado el pago. 前払いという条件で，この値段にしよう
¿Cómo se entiende?《怒り》それは一体どういうことですか？
dar a ~ ほのめかす，示唆する：El embajador nos *dio a ~* que existen armas nucleares. 大使は核兵器が存在していることを私たちにほのめかした．El estado de sus ropas *daba a ~* que había dormido vestido. 彼の衣服の状態は彼が服を着たまま眠ってしまったことをうかがわせた

***darse a* ～** =**hacerse ～**: Como no conoce el idioma, *se da a* ～ por señas. 彼はその国の言葉が話せないので, 仕草で分からせようとする

～ *mal* 誤解する: Me *has entendido mal.* 君は私を誤解している. palabras *mal entendidas* 誤解された言葉

entendérselas 1) [+con+事 を] うまく処理する, 解決する: No te preocupes, ya *me las entenderé* yo *con* el nuevo coche. 心配ないよ. 私もそのうちこの新車に慣れるから. 2) [+con+人 と] 話をつける, 釈明する: Ya *me las entiendo con* los vecinos estos días. 私は近ごろは近所の人たちとうまくやっている

entendido 《口語》[聞き手・話し手の性と無関係に男性形] 1) 了解/承知しました/分かった: ¿De acuerdo, María?—Sí, *entendido*. いいかい, マリア?—ええ, いいわ. 2) [念押し] 分かる?/分かったね?: Hoy no pienso salir, *¿entendido?* 今日は出かけないよ, 分かったね?

entiéndelo [反論・説得など] 分かって下さい: *Entiéndelo*... Todo termino. Déjame solo. 分かってくれ… すべて終わったんだ. 私を放っておいてくれ

entiéndeme 《口語》[説明して, 相手の理解を求めて] 分かって下さい: Bueno, *entiéndeme*, lo he dicho en sentido metafórico. いいですか, 分かって下さいね, 私はそれを比喩的な意味で言ったのですよ

¿Entiendes? 《口語》1) [説明して, 相手の理解を求めて] 分かったかい?/ね, いいかい? 2) [念押し] 分かる?/分かったね?

***hacerse* ～** 自分の言っていること(考え)を分からせる, 理解してもらう, 意思を通じさせる: Su español no es perfecto pero *se hace* ～. 彼のスペイン語はうまくないが通じる

mal entendido 1) [事物が] にせ物の; 間違った. 2) 誤解: Hubo *mal entendido* por ambas partes. どちらにも誤解があった

¿Me entiendes? 《口語》=**¿Entiendes?**

no darse por entendido 聞こえなかったふりをする, 知らんぷりする

para ～nos/para que me entiendas 理解を容易にするために, 誤解を避けるために

¿Qué se entiende? =**¿Cómo se entiende?**

...se entiende つまり正確に言って…

tener entendido [確かではないが] 知っている, 聞き及んでいる; 理解(了解)している: ¿Qué tal el tiempo? *Tengo entendido* que estáis sufriendo una ola de calor. 天気はどうだい? そちらは熱波に襲われているそうだが. *Tengo entendido* que ese asunto ya está solucionado. その件はすでに解決済みであると私は了解している. según *tengo entendido* 私の理解によれば, 聞くところによると, 私が思うには

ya me entiendes もう分かっただろうが/説明は不用だろうが

***yo me entiendo* [*y bailo solo*]** 私には分かっている: No se preocupen, *yo me entiendo*. ご心配なく. 分かっていますから

entender

直説法現在	命令法	接続法現在
ent**ie**ndo		ent**ie**nda
ent**ie**ndes	ent**ie**nde	ent**ie**ndas
ent**ie**nde		ent**ie**nda
entendemos		entendamos
entendéis	entended	entendáis
ent**ie**nden		ent**ie**ndan

entendible [entendíble] [形] 理解され得る

entendidamente [entendíđaménte] [副] ❶ 利口に, 聡明に. ❷ 巧みに, 器用に

entendido, da [entendíđo, đa] [形] [ser+] ❶ [事情を] 理解した, 飲み込んだ: dirigir una mirada ～*da* 了解の眼差しを向ける. ❷ [+en に] 精通した, 詳しい: Hay personas ～*das en* estos temas. これらの問題に精通した人たちがいる. Es muy ～ *en* álgebra. 彼は代数に強い

—— [名] 精通した人, 専門家: Según los ～*s*, la obra es muy buena. 専門家によれば, その作品は大変優れているという. el whisky de los ～*s* 通の〔勧める〕ウイスキー

entendimiento [entendimjénto] [男] ❶ 判断, 理解; 判断力, 理解力: Según el racionalismo moderno, el ～ posee ideas que no proceden de los sentidos. 近代理性論によれば理解の中には感覚によらない概念もあるという. obrar con ～ 正気で行動する. sobrepasar ～ 理解を超える. falta de ～ 理解不足, 無理解. ～ común 共通理解. ～ recto 正しい判断力. ❷ [主に否定文で] 知能, 能力; 分別: No tiene ～. 彼はばかだ. Es persona de mucho ～. 彼はとても頭がいい. ❸ 協調 〖=buen ～〗; 合意: llegar a un ～ 合意に達する. ～ entre la izquierda y el centro 左翼と中道との合意. ～ internacional 国際協調. ❹《まれ》意味

entenebrecer [enteneƀreθér] [39] [他] 暗くする〖比喩的にも〗

—— **～se** 暗くなる: Su carácter *se entenebrecía*. 彼の性格は暗くなっていった

entenebrecimiento [enteneƀreθimjénto] [男] 暗くする(なる)こと

entente [enténte] 〖←仏語〗[女] [主に国家・企業間の] 協定, 協商: ～ cordial 和親協商

entente cordiales [enténte kɔrđjáles] 〖←ラテン語〗[女] 二国間の良好な関係, 友好的取り決め, 和親協定

enteógeno [enteɔ́xeno] [男] 植物性顕神薬, エンテオゲン〖先住民の信仰で, 神がかりの幻覚を起こさせる〗

enteolina [enteolína] [女] キバナモクセイソウから採れる黄色染料

enteque [entéke] [男]《アルゼンチン, ウルグアイ》[微生物による家畜の] 激しい下痢

enter [éntɛr] 〖←英語〗[男]《情報》エンターキー, 改行キー〖=retorno〗: Dále al ～. エンターキーを押しなさい

enteradillo, lla [enteradíʎo, ʎa] [形] [名]《西. 軽蔑》物知りぶった〔人〕

enterado, da [enteráđo, đa] [形] [名] ❶ [estar+. +de の] 情報に明るい(通じた): Está muy ～ *de* la economía europea. 彼はヨーロッパ経済に詳しい. Parece que estás bastante ～ en esto. 君はこの問題にかなり明るそうだね. ❷《西. 主に軽蔑》[ser+] 学識のある〔人〕: Se las da de ～. 彼は物知りぶっている. ❸《チリ. 口語》思い上がった, 横柄な, いばった

—— [名] 情報通; 博学な人

—— [男] [文書の末尾への] 了承済み〔の記載〕: firmar el ～ 「了承済み」と書いてサインする

enteral [enterál] [形] 腸の〖=entérico〗

enteralgia [enterálxja] [女]《医学》腸〔神経〕痛

enteramente [entéraménte] [副] すっかり, 完全に: Todavía no nos hemos recuperado ～. まだ私たちはすっかり回復していない. producto ～ nacional 純国産品

enterar [enterár] 〖←entero〗[他] ❶ [+de を] …に知らせる, 教える: Juan me *enteró de* su estado de enfermedad. フアンは自分の症状を知らせてくれた. Me *enteraron* cuando ya era tarde. 手遅れになってから私は知らされた. ❷《メキシコ, ホンジュラス, コスタリカ, コロンビア, チリ》借金を返す, 完済する; …に支払う. ❸《チリ, アルゼンチン》完全なものにする〖=completar〗

—— [自]《チリ》月日がたつのに任せる

—— **～se** ❶ [情報によって, +de+名詞・+de que+直説法 を] 知る, 分かる: Para mañana todo el mundo *se habrá enterado*. 明日までにはみんなに知れ渡っているだろう. *Se enteró del* accidente por televisión. 彼は事故のことをテレビで知った. No me *he enterado de que* el presidente pensara (pensaba) en dimitir. 大統領が辞職を検討中であることを私は知らなかった. El ministro estaba *enterado de* todo. 大臣はすべてを知っていた. ❷ [出来事に] 気づく〖主に否定文で〗: Robaron en la casa vecina y no *nos enteramos*. 隣の家が泥棒に入られたが, 私たちは気がつかなかった. Nadie *se enteró de* lo nuestro. 誰も私たちのことに気づかなかった. ❸ [言われたことに] 留意する: *Entérate* bien *de* esto. このことをよく覚えておけ(調べてみろ). ❹《主に西. 口語》理解する〖=entender〗: Hoy no *me entero de* nada. 今日は全然頭に入らない

darse por enterado [事実を] 了承していることを示す〖主に否定文で無関心を示したりしらばくれる〗: No *se da por enterado*. 彼は全く耳を貸さない. *Dése por enterado*. 二度と言わせないで下さい

Entérate. [念押し] 分かったな

para que te enteres/¿te enteras? 《口語》[相手に不愉快なことの念押し] 言っておくぞ/分かったな: Yo he aprobado y tú no, *para que te enteres*. 見てみろ, 私は合格したが, 君はだめだった. Si lo vuelves a hacer te voy a castigar, *¿te enteras?* 二度としたらお仕置きだよ, 分かったかい?

***te vas a* ～ [*de quién soy yo*]** 《口語》[脅し文句で] 思い知らせてやる

entercar [entɛrkár] [7] **～se** 強情を張る, しつこくする

enterciar [enterθjár] 10 他《メキシコ, キューバ》[葉タバコを] 梱包する

enterectomía [enterektomía] 女《医学》腸切除〔術〕

entereza [enteréθa]〖←entero〗❶[困難に立ち向かう・決心を曲げない] 意志の堅さ: Asumió los riesgos con ~. 彼はリスクを毅然として受け入れた. llevar la viudez con gran ~ 堅くやもめを守り通す. tener ~ 意志を強くもつ. ~ ante la adversidad 逆境に対する強さ. ❷ 完全さ

entérico, ca [entériko, ka] 形 ❶《解剖》腸の: fiebre ~ca 腸チフス, 腸熱. ❷《薬学》腸溶性の

enterísimo, ma [enterísimo, ma] 形《植物》hoja ~ma 全縁(ぜんえん)葉

enteritis [enterítis] 女《医学》腸炎

enterito [enteríto]《ラプラタ》[赤ん坊の] ロンパース; ワンピースの水着; シャツドレス

enterizo, za [enteríθo, θa] 〖←entero〗形 ❶ 一つの部品で構成された, 継ぎ目なしの: columna ~za 一本柱. ❷ [米飯などが] まだ芯がある; [果実が] まだ熟していない. ❸ 意志の堅い, 壮健な
—— 男《ボリビア》つなぎ服

enternecedor, ra [enterneθeðór, ra] 形 優しい気持ちにする, ほろりとさせる

enternecer [enterneθér]〖←ラテン語 in-(内)+tenerescere < tener, -era, -erum「柔らかい」〗39 他 ❶ 優しい気持ちにする, ほろりとさせる: Su historia enterneció a los oyentes. 彼の話に聴衆は感動した. ❷〖まれ〗[物を] 柔らかくする
—— ~se ほろりとなる, 感動する

enternecidamente [enterneθíðaménte] 副 優しく, いとおしく思って

enternecimiento [enterneθimjénto] 男 感動

entero, ra [entéro, ra]〖←ラテン語 integer, -egra, -egrum「手つかずの, 全部の」〗形 ❶ 全部の, 全部そろった, 全体の: El equipo no está ~, falta un delantero. チームは全員そろってない. フォワードが1人いない. Cantando la cigarra pasó el verano ~. セミが鳴いているうちに一夏が終わった. leer un libro ~ 一冊の本を読み切る. pasarse una noche ~ra cuidando a su abuelo 祖父を世話して一晩中過ごす. recorrer España ~ra スペインを歩き回る. viajar por el mundo ~ 世界中を旅行する. un día ~ 丸一日. una hora ~ra 丸一時間. una página ~ra 一ページ全体. retrato de cuerpo ~ 全身の肖像画. ❷ 損われていない, 無傷の: La cristalería llegó ~ra. ガラス器は無傷のまま届いた. ❸ 廉潔な: juez muy ~ 公正無比な裁判官. ❹ 意志の堅い, 不屈の, 気丈な: carácter ~ 一徹な性格. ❺ [estar+] 1) [人が] 壮健な, しっかりした. 2) [米飯などが] まだ芯がある. 3) [果実が] まだ熟していない. ❻《数学》整数の. ❼《植物》hoja ~ra 全縁葉. ❽《闘牛》[とどめの一突き estocada で] 剣が牛に深く刺さったままの. ❾《動物が》去勢でない. ❿《中南米, キューバ》[よく似た
—— 男《数学》整数. ❷ [相場の単位] ポイント: Las acciones perdieron dos ~s. 株価は2ポイント下落した. ❸ 郵便ステーショナリー〖=~ postal〗. ❹《メキシコ, コスタリカ, コロンビア, チリ》払い込み〔金〕, 納付〔金〕; 借金の返済. ❺《アンデス》宝くじ券. ❻《チリ, 商業》差引残高

partir por ~《口語》独り占めする, 持ち逃げする
por ~ すべて, 完全に: Ha cambiado por ~. 彼はすっかり変わった

enteroanastomosis [enteroanastomósis] 女《医学》腸吻合〔術〕

enterobacteria [enterobaktérja] 女《医学》腸内細菌

enterocinasa [enteroθinása] 女 =**enteroquinasa**

enterocolitis [enterokolítis] 女《医学》全腸炎

enteropatía [enteropatía] 女《医学》腸病, 腸症

enteroptosis [entero(p)tósis] 女《医学》腸下垂〔症〕

enteroquinasa [enterokinása] 女《生物》腸活素, エンテロキナーゼ

enterostomía [enterostomía] 女《医学》腸フィステル形成, 腸造瘻(ぞうろう)術

enterotomía [enterotomía] 女《医学》腸管切断術, 腸切開術

enterótomo [enterótomo] 男《医学》エンテロトーム, 腸切開用鉗子

enterotoxina [enterotó(k)sína] 女《医学》エンテロトキシン

enterovirus [enterobírus] 男《医学》エンテロ・ウイルス

enterradero [enteřaðéro] 男《南米》隠れ家, セーフハウス

enterrado [enteřáðo] 男 埋めること

enterrador, ra [enteřaðór, ra] 形 名〖まれ〗埋葬する; 墓掘り人
—— 男 ❶《昆虫》モンシデムシ. ❷《闘牛》マタドールが牛にとどめを刺すのを手伝う闘牛士

enterramiento [enteřamjénto] 男 ❶ 埋葬, 埋葬式: lugar de ~ 埋葬地. ❷ 墓〖墓地, 墓穴, 墓碑. →tumba〗〖類義〗: cementerio ~ s anónimos 無縁墓地

enterrar [enteřár]〖←en- I+ラテン語 terra〗23 他 ❶ [地中に] 埋める, 埋めて隠す: Los enterré bajo un cerezo. 私はそれらを桜の木の下に埋めた. Enterré mi rostro en la almohada. 私は顔を枕に埋めた. ~ un tesoro 財宝を埋める. 埋葬する: 1) ¿Preferiría ser enterrado o incinerado? 埋葬をご希望ですか, それとも火葬を希望ですか? Era su deseo que lo enterraran sin ceremonias. 彼の望みはせずに埋葬してもらうのが彼の願いだった. a+人 en un cementerio …を墓地に葬る. 2) 埋葬式に参列する. ❸《文語》隠匿する: ~ las pruebas 証拠を隠滅する. ❹《文語》忘れ去る: ~ su odio 憎しみを忘れる. ❺《口語》…よりも長生きする, 生きながらえる: Este me enterrará. こいつは私より長生きするだろう. ❻《闘牛》[とどめの剣を, 牛に] 深く完全に突き刺す. ❼《中南米》[剣などを, +en に] 突き刺す. ❽《チリ》死者のためのミサを行なう
—— ~se 引きこもる: ~se en un pueblo de montaña 山の中の村に隠棲する

enterratorio [enteřatórjo] 男《南米》昔の先住民の墓地

enterrollo [enteřóʎo] 男《地方語》わら製の胸繋(むながい)

entesamiento [entesamjénto] 男 ぴんと張ること, 引き締め; 強化

entesar [entesár] 23 他 ❶ [索などを] ぴんと張る, 引き締める. ❷ [物事の] 強さを増す, 強化tする

entestado, da [entestáðo, ða] 形 かたくなな, 意固地な

entestar [entestár] 他 ❶ [2つの材木などの] 頭部を結合する. ❷ ぴったり寄せる, はめ込む
—— 自 接している, 隣接する

entestecer [entesteθér] 39 他 引き締める, 固くする
—— ~se 引き締まる, 固くなる

entibación [entibaθjón] 女《鉱山》土留め, 止止め; その坑木

entibado [entibáðo] 男 =**entibación**

entibador, ra [entibaðór, ra] 形 土留めする
—— 男 [坑内の] 土留め作業員

entibar [entibár] 他 ❶《鉱山》[木材・金属枠などで, 坑道を] 支柱をする, 土留めする〖=止止めする〗. ❷《アラゴン》[落水用に・水面の高さを上げるために] 川 (運河) をせき止める
—— 自 頑丈なものに] 重みがかかる, 支えられる

entibiar [entibjár] 10 他 ❶ ぬるくする, 少し暖(温)かくする: ~ un café コーヒーをさます. ❷《愛情など》さます
—— ~se ❶ ぬるくなる. ❷ さめる: Se han entibiado las relaciones entre los dos países. 両国の関係は冷たくなった

entibo [entíbo] 男 ❶《鉱山》土留め用木材. ❷《建築》支柱; [丸天井の] 迫り壁. ❸《比喩》基礎, 根拠. ❹《アラゴン》せき止められた水

entidad [entiðá(ð)]〖←-ente〗女 ❶《文語》機関, 団体: ~ privada 民間機関. ~ financiera 金融機関. ~ local 地方自治体. ~ gestora de deuda pública 登録公債・電子記帳式小売専門業者. E~es Oficiales de Crédito《歴史》公的信用機関〖スペインの政府金融機関 Banco Hipotecario de España, Banco de Crédito Local, Banco de Crédito Industrial, Banco de Crédito Agrícola の総称〗. ❷ 価値, 重要性: problema de gran ~ 重大な問題. asuntos de poca ~ つまらない用件. ❸《哲学》本質; [抽象的な] 実体; [客観的な] 存在物: encontrar su ~ 自分の本質を見つけ出す. El alma es una ~. 精神とは抽象実体である. Una ola, una corriente de aire, son ~es. 波や風は存在物である

entierrar [entjeřár] 他《メキシコ》[物を] 土 (ほこり) だらけにする

entierro [entjéřo]〖←enterrar〗男 ❶ 埋葬, 葬儀, 葬式: Mañana es el ~. 明日は埋葬式です. No le daba la gana ir al ~ de su abuela. 彼女は祖母の葬式に行くのに気乗りがしない. asistir al ~ de su amigo 友人の葬儀に参列する. Santo E~《カトリック》聖金曜日の行列. ~ de la sardina イワシの埋葬〖灰の水曜日の祭り〗. ❷ 葬列〖=comitiva funebre〗. ❸ 墓〖=tumba, sepultura〗

~ *de tercera*《口語》退屈な (活気のない) 集まり

entiesar [entjesár] 他 =**atiesar**
entificación [entifikaθjón] 女 《哲学》存在化
entigrecer [entiɡreθér] 自 ~**se** 激怒する, 憤激する
entimbalado, da [entimbaláđo, đa] 形 《キューバ. 口語》いらだった, 機嫌の悪い
entimema [entiméma] 男 《論理》省略三段論法
entimemático, ca [entimemátiko, ka] 形 省略三段論法の
entina [entína] 女 《ラマンチャ. 植物》ホワイトマグヌート
entinajar [entinaxár] 他 かめ tinaja に入れる
entinar [entinár] 他 たらい tina に入れる
entintado [entintáđo] 男 インクを塗ること; 《印刷》インク付け
entintador, ra [entintađór, ra] 形 インクを塗る: rodillo ~ インククローラー
entintar [entintár] 他 ❶ インクで汚す. ❷ インクを塗る; 染める; 《印刷》インク付けをする
entitativo, va [entitatíβo, βa] 形 《哲学》実体的な, 抽象的な実体の, 本体的な
entizna [entíƟna] 女 《地方語》黒く汚すこと, すすけさせること
entiznar [entiƟnár] 他 《地方語》黒く汚す, すすけさせる《=tiznar》
entlo. 《西. 略語》=**entresuelo** 中2階
-ento, ta 《接尾辞》[名詞+. 品質形容詞化] amarillento 黄色っぽい
entoallar [entoaʎár] 他 [人を] タオルでくるむ
entodavía [entođaβía] 副 《誤用》=**todavía**
entoladora [entolađóra] 女 チュールの柄編み縫い子
entolar [entolár] 他 [チュールの柄編みを] 別のチュールに移す
entoldado [entoldáđo] 男 ❶ 《集合》天幕, 日よけ. ❷ 天幕(日よけ)を張ること. ❸ 天幕(日よけ)を張った所
entoldamiento [entoldamjénto] 男 ❶ 天幕(日よけ)を張ること. ❷ 曇ること
entoldar [entoldár] 他 ❶ ～に天幕(日よけ) toldo を張る: ~ el patio 中庭に天幕を張る. ❷ [壁を] タペストリー tapices などで覆う. ❸ [雲が空を] 覆う
—— ~**se** ❶ 曇る: Se entoldó el cielo de repente. 突然空が曇った. ❷ うぬぼれる, 得意になる
entoloma [entolóma] 男 《植物》イッポンシメジの一種《学名 Entoloma lividum》
entomatada [entomatáđa] 女 《メキシコ. 料理》鶏肉などを包んだタコスにトマトソースをかけたもの
entomatar [entomatár] 他 《まれ. 料理》トマトソースであえる
entomizar [entomiƟár] 他 ❶ [しっくいのつきをよくするため屋根・壁の下地を] アフリカハネガヤの縄で縛る
—— ~**se** 《隠語》勃起する
entomófago, ga [entomófaɣo, ɣa] 形 食虫性の: planta ~ga 食虫植物
entomofauna [entomofáuna] 女 《動物》昆虫相
entomofilia [entomofílja] 女 《植物》虫媒
entomófilo, la [entomófilo, la] 名 《植物》虫媒の: flor ~la 虫媒花. ❷ 昆虫好きな[人]
entomofobia [entomofóβja] 女 昆虫恐怖症
entomógamo, ma [entomóɣamo, ma] 形 虫媒の 《=entomófilo》
entomología [entomoloxía] 女 昆虫学
entomológico, ca [entomolóxiko, ka] 形 昆虫学の
entomólogo, ga [entomóloɣo, ɣa] 名 昆虫学者
entomostráceo, a [entomɔstráƟeo, a] 形 切甲類の
—— 男 《動物》切甲類
entonación [entonaƟjón] 女 《←entonar》❶ 《音声》[声の] 抑揚, イントネーション; 語調: ~ ascendente (descendente) 上昇(下降)調. ~ normal 基準イントネーション. ❷ 歌うこと; 《音楽》発声, 調音
entonadamente [entonáđaménte] 副 《音楽》抑揚をつけて
entonadera [entonađéra] 女 《オルガンの》ふいごを動かすレバー
entonado, da [entonáđo, đa] 形 ❶ 《口語》音程の合っている: No puede cantar ~. 彼は音痴だ. ❷ 《口語》《estar+. 酔って》ご機嫌の. ❸ 思い上がった, うぬぼれた. ❹ 社会的地位が高い; 学者ぶった. ❺ 《中南米》虚栄心の強い, 傲慢な
entonador, ra [entonađór, ra] 名 《オルガンの送風手》
entonamiento [entonamjénto] 男 =**entonación**
entonar [entonár] 《←en-I+tono》他 ❶ 正しい音程で歌う, 音程が合っている. ❷ 歌う: ~ un aria アリアを歌う. ❸ [調音の始めに] 歌い出す, 音頭をとる. ❹ 抑揚(節)をつける: ~ una canción con voz fuerte 強い音色で歌に節をつける. ❺ 活力を与える, 元気づける: Un café te entonará. コーヒーを飲めばしゃきっとするよ. ❻ [オルガンの] ふいごを動かす. ❼ 《美術》色調を合わせる. ❽ 《文脈》ほめたたえる
—— 自 ❶ 声の調子を《とる》: No entona bien. 彼は音が外れている. ❷ [+con と] 調和する: Las cortinas no entonan con la alfombra. カーテンがじゅうたんの色と合わない
—— ~**se** ❶ 少し酒を飲む, 酔っぱらい気分になる. ❷ 活力(元気)を取り戻す. ❸ 高慢になる, 思い上がる
entonatorio [entonatórjo] 男 聖歌楽譜帳《=libro ~》
entonces [entónƟes] 《←俗ラテン語 intunce < in-(中)+tunc》副 ❶ その時; そのころ, 当時: 1) Le llamé y ~ se echó a correr. 私は彼を呼んだ. すると[その時]彼は急に走りだした. Ya veremos (se verá) ~. その時はその時だ. 2) [前置詞+] La conozco desde ~. 私は当時から彼女を知っている. Esta expresión es de ~. この表現はその時のものだ. 3) [形容詞的] その時の, 当時の: Debemos mucho al ~ director. 私たちは当時の支配人に大変世話になっている. ❷ [接続詞的] それでは, それなら, じゃ: ¿No está en casa? E~ le llamaré más tarde. ご不在ですか. それでは後ほどお電話します. E~, hasta mañana. ではまた明日
en aquel ~ =*por* ~
~ *+直説法 cuando...* …するとすぐ…: *E*~ amaneció *cuando* se pusieron a trabajar. 夜が明けるとすぐ彼らは働き始めた
hasta ~ [別れの挨拶] ではまたその時まで
por aquel ~ =*por* ~
por aquellos ~ 《俗用》=*por* ~
por ~ あの時; 当時: *Por* ~ tenías tres años. 君はあのころ(その当時)3歳だった
ser ~ *cuando...* [強調] …するのはその時である: *Fue* ~ *cuando* conocí a tu madre. 私が君のお母さんと知り合ったのはその時だった
¡Pues ~*!* 何をいまさら/それなら仕方がない!《=¡Pues ~!》: ¿No le dijiste que se fuera? ¡E~! 君は彼に出て行けと言ったんじゃないか. それじゃ仕方ないよ!
entonelar [entonelár] 他 樽に詰める(注ぎ込む)
entongar [entoŋɡár] 他 ❶ 《地方語》積み上げる, 積み重ねる. ❷ 《コロンビア》呆然とさせる; 気を狂わせる
entono [entóno] 男 ❶ 調音. ❷ 傲慢, うぬぼれ
entontar [entontár] 他 《中南米》=**atontar**, **entontecer**
entontecer [entonteƟér] 《←en-I+tonto》自 他 愚かにする; [思考能力を] 鈍らせる
—— ~**se** 愚かになる: Te vas a ~ pasándote los días con los videojuegos. 毎日テレビゲームばかりしているとばかになるよ
entontecimiento [entonteƟimjénto] 男 愚かにする(なる)こと, 白痴化
entoñar [entoɲár] 他 《バリャドリード, サモラ, サラマンカ》埋める
entoquillado, da [entokiʎáđo, đa] 形 ショール toquilla をかけた
entorchado [entortʃáđo] 男 《←ラテン語 intorquere「ねじる」》❶ 《服飾》[軍服の] 金(銀)モール; [将校などの袖口の] 金紗(飾り). ❷ 《音楽》[低音部の] 太い弦. ❸ 称号, 賞
entorchar [entortʃár] 他 ❶ 縄・糸を, 金糸・メタリックヤーンで縒(よ)る, 上巻きする. ❷ [ろうそくを束ねて縒って] たいまつにする. ❸ 《まれ》称号(賞)で飾る
entorilar [entorilár] 他 《闘牛》[牛を] 囲い toril に入れる
entornar [entornár] 《←en-I+tornar》他 ❶ [扉・窓などを] 細めに開く, 半ば閉じる: ~ los ojos 薄目をあける; 目を軽く閉じる. ❷ 傾ける, 斜めにする
—— 自 傾く
entornillar [entorniʎár] 他 ねじで止める, ねじ込む; ねじ状にする
entorno [entórno] 男 《←?contorno < 伊語 contorno < contornare 「囲む」》❶ 社会・家族などの」環境, 周囲: ~ familiar 家庭環境. ❷ 《情報》環境: trabajar con el ~ Windows ウィンドウズ環境で作動する. ❸ 《数学》[位相空間の] 部分集合
entorpecedor, ra [entorpeƟeđór, ra] 形 [理解・動きを] 鈍らせる; 邪魔する, 困難にする
entorpecer [entorpeƟér] 《←古語 torpecer < ラテン語 torpescere》自 他 ❶ 困難にする, 妨げる: ~ el camino 道を妨げる. ~ las negociaciones 交渉を停滞させる. ❷ [理解力・反応を] 鈍らせる: ~ la mente 頭をぼうっとさせる. El frío me entorpece los dedos. 私は指がかじかんでいる
—— ~**se** [理解力・反応が] 鈍る
entorpecimiento [entorpeƟimjénto] 男 ❶ 邪魔[なもの]. ❷

交通渋滞. ❸ 鈍化

entortadura [entoɾtaðúɾa] 囡 ねじ曲げ
entortar [entoɾtáɾ] 28 他 ❶ ねじ曲げる. ❷ 片目にする
entortijar [entoɾtixáɾ] [←古語] =ensortijar
entosigar [entosiɣáɾ] 8 他 毒を盛る
entotumado, da [entotumáðo, ða] 形 《コロンビア》呆然とした
entourage [entúɾaʒ] [←仏語] 男 [集名] 側近団, 付き人たち, 取り巻き連中
entozoario [entoθoáɾjo] 男 体内寄生者 [=endoparásito]
entrabar [entɾaβáɾ] 他 《アンダルシア, コロンビア, ペルー, チリ》…に干渉する, 邪魔する
entrada[1] [entɾáða] 【←entrar】囡 〖⇔salida〗❶ 入り口, 玄関: El edificio tiene dos ～s. その建物には入り口が2つある. Te espero a la ～ del parque. 公園の入り口で待ってるよ. ～ principal 表門, 正面玄関. ～ de aire 空気取り口. ❷ 入場券 [=billete de ～]: ¿Cuánto cuesta la ～? 入場料はいくらですか？ La ～ es libre (gratuita). 入場は無料です. pagar una ～ 入場料を払う. sacar una ～ 入場券を買う. ～ general [劇場の] 普通席券. ❸ [集名] 入場者, 観客数: Anoche hubo poca ～./Anoche fue floja la ～. 昨夜は入りが悪かった. ❹ [+en+a に] 入ること, 入場, 進入 [+a は主に《中南米》に]: Prohibida la ～. 《表示》立入禁止, 入場お断わり. ～ en un puerto 入港. ～ de capital 資本の流入. 2) 《軍事》入城, 侵攻: ～ en una ciudad del ejército 部隊の市内入城. ❺ 入会, 加盟; 入学, 入社: ～ en la Academia アカデミアへの入会. ～ en el gobierno 入閣. ❻ 頭金, 内金: sin ～ 頭金なしの. ～ del piso マンション購入の頭金. ❼ 《料理》前菜, オードブル: Nos pusieron unas embutidos como ～. 前菜として腸詰めが供された. ❽ [辞書の] 見出語: El diccionario tiene 50000 ～s. その辞書は見出語数5万である. dar ～ a un vocablo ある語を見出語に載せる. ❾ 開始, 始まり; [季節・年などの] 初め; [小説などの] 初めの部分: El discurso está en su ～. 演説は始まったばかりだ. Por lo general la ～ de una telenovela va acompañada de música. テレノベラのオープニングは一般に音楽付きで始まる. La ～ de la primavera 春の初めに. ❿ 受け, 歓迎: tener buena ～ en… で歓迎される, 喜んで迎えられる. ⓫ 《サッカー》タックル: hacer una ～ a+人 …をタックルする. ⓬ 《野球, クリケット》回, イニング. ⓭ 《商業》1) [主に 複. 帳簿への] 入金, 収入; 借記 [項目に]: asentar una ～ 入金を1件記帳する. primeras ～s-primeras salidas 先入先出法. últimas ～s-primeras salidas 後入先出法. ～s por carga 運賃収入. ～s y salidas 収支. ⓮ 輸入 [=importación]. ⓯ 《演劇》登場 [=～ en escena]. ⓰ [主に 複. 額の両端の] ぎわ, 頭髪が後退した部分: Tiene un poco de ～s. 彼ははえぎわが少し後退している. tener [muchas] ～s 額が[ひどく]禿げ上がっている. ⓱ 《情報》1) 入力, インプット: señal de ～ 入力信号. ～ de datos de voz 音声入力. 2) ～ en el sistema/～ de identificación [利用者を登録させる] ログイン. ⓲ 《トランプ》1) 切り札を決めること. 2) 手. ⓳ 《歴史》軍事遠征 [ポルトガル領ブラジルから主に先住民奴隷や黄金の獲得を目的に派遣されアルゼンチン北部やパラグアイのイエズス会布教集落 misión を襲った]. ⓴ 《メキシコ, キューバ》襲いかかること, 強襲 [=arremetida]. 2) 鞭 (棒) で叩くこと. ㉑ 《チリ, アルゼンチン, ウルグアイ》[個人・一家の] 収入

dar ～ a+人 1) 〜に (入会 (入場) を…に許す: No me dieron ～ en el grupo. 私はグループに入れてもらえなかった. 2) きっかけを与える: El director dio ～ a los violines. 指揮者がバイオリンに出の合図をした. 3) 《メキシコ》…の戯れの恋を受け入れる
de ～ まず, 手初めに: Te diré, de ～, que no tengo dinero ahora. まず言っておくけど, 今金は持ってないよ
de primera ～ いきなり, 最初に
～ **libre** 入場無料
media ～ 1) 半分の入り. 2) 入場料半額: Las personas mayores de sesenta años solo pagan la media ～. 60歳以上の人は料金半額でよい
tener ～ (**libre**) **en**… …に自由に出入りできる: Tengo ～ libre en su casa. 私は彼の家に自由に出入りできる
entradilla [entɾaðíʎa] 《西》[タイトルと本文の間に置かれる] 内容の要約, リード
entrado, da[2] [entɾáðo, ða] 形 ❶ [時間の経過で] 初めごろの, 終わりごろの: Está ya ～da la mañana. もう朝も遅い時間だ. hasta muy ～da la noche 夜ふけまで. un poco ～da la no-

che 宵の口に. 《メキシコ. 口語》任せ切った. ❸ 《チリ. 口語》招待されていないのに押しかける; おせっかいな
entradón [entɾaðón] 男 ❶ 《口語》非常に多数の入場者. ❷ 《サッカーなど》非常に激しいタックル
entrador, ra [entɾaðóɾ, ɾa] 形 ❶ 《中南米. 口語》果敢な, 恐れ知らずの. ❷ 《中南米. 口語》惚れっぽい. ❸ 《コスタリカ, アルゼンチン, ウルグアイ》人当たりが良くすぐに皆に好かれる. ❹ 《ペルー, チリ》出しゃばりで無遠慮な
—— 男 家畜を畜殺場に運ぶ人
entramado [entɾamáðo] 【←en-1+tramo】男 ❶ 《建築》骨組み, 木骨(紋); 真壁(誌)造り, 枠組壁工法. ❷ [事実・状況・考えなどの] 全体, 枠組み, 構成: ～ jurídico 法的枠組み
entramar [entɾamáɾ] 他 ❶ 《建造物の》骨組 (骨木) をつくる; 木ずりを打ちつける: ～ un techo 天井の骨組みをつくる. ❷ 《アラバ, コロンビア, ナバラ》もめごと) を起こす. ❸ 《ログロニョ》[オリーブなどが] 芽を出す, 発芽する
entrambos, bas [entɾámbos, bas] 【←entre+ambos】形 代 複 《文語》双方(の), 両者(の), 両方(の)の
entramojar [entɾamoxáɾ] 他 《コロンビア》[犬を] 綱 (革紐) でつなぐ
entrampamiento [entɾampamjénto] 男 借金を負わせる (背負う) こと
entrampar [entɾampáɾ] 他 ❶ 借金を負わせる. ❷ [動物を] 罠にかける. ❸ だます. ❹ 紛糾させる, こじらせる
—— ～**se** 借金を背負う; [主に経済的に] 苦境に陥る
entrampillar [entɾampiʎáɾ] 他 ❶ [人を] つかまえる, 捕える; 逃げ場のない状態に追い込む. ❷ 《闘牛》[体をかわそうとする闘牛士を牛が] 引っかける
entrante [entɾánte] 【←entrar】形 ❶ [時期が] 次の, 次期の: para el domingo ～ 今度の日曜日までに. el alcalde ～ 次期市長 [⇔el alcalde saliente 前市長]. ❷ 入る. ❸ 《幾何》凹形の [⇔saliente]: ángulo ～ 凹角
—— 男 ❶ 入るもの, 入り込んだもの: ～ en la pared 壁のくぼみ, 壁龕(紋). ❷ 《料理》前菜, オードブル [=entrada]. ❸ 入り江
entraña [entɾáɲa] 【←ラテン語 interanea「中にある物」】囡 [主に 複] ❶ 内臓, 臓物. ❷ 奥底, 内奥: vivir en las ～s de una selva 密林の奥深くで生活する. en las ～s de la Tierra 地中深く. ❸ 核心, 本質: ir a la ～ de un asunto 事の本質に迫る. ❹ [内奥の] 性質, 心根, 根性: Es un hombre de buenas (malas) ～s. 彼は心根の優しい (腹黒い) 男だ. ❺ 《ラプラタ. 料理》牛の横隔膜の肉

arrancarse a+人 **las** ～**s** …の心が引き裂かれる
dar hasta las ～**s** 気合いを入れる
de sus ～ 愛する: ¡Hijo de mis ～s! いとしい我が子よ！
echar [hasta] las ～**s** 激しく吐く
llevar un hijo en las ～**s** お腹に子供がいる
no tener ～**s** 血も涙もない, 薄情である
sacar las ～**s** a+人 …を殺す, ひどい目に遭わせる; 有り金全部使わせる
sin ～**s** 血も涙もなく, 冷酷な
entrañable [entɾaɲáβle] 形 ❶ 愛情のこもった, 親しい: mirada ～ 優しいまなざし. amigo ～ 親友. ❷ いとしい: recuerdo ～ 甘い思い出
entrañablemente [entɾaɲáβleménte] 副 慈愛深く, 愛情をこめて
entrañado, da [entɾaɲáðo, ða] 形 《まれ》深い; 奥深い
entrañar [entɾaɲáɾ] 他 【←entraña】 ❶ [危険・問題点などを] 含む: ～ un peligro 危険性をはらんでいる. ❷ 奥深く入れる: Entrañó el tesoro en la cueva. 彼は宝物を洞窟の奥深くに隠した
—— ～**se** [+con と] 親交を結ぶ; [愛情によって] 深く結びつく
entrapada[1] [entɾapáða] 囡 緋毛氈(紋)
entrapada, da[2] [entɾapáðo, ða] 形 [ワインが] 不純物の残った
entrapajar [entɾapaxáɾ] 他 ❶ 《軽蔑》[体の一部を] ぼろで包む. ❷ 《アルゼンチン》[小枝・わらを投げ入れて] 流れをせき止める
—— ～**se** [頭髪・布などが] ぼろまみれになる, 汚れる
entrapar [entɾapáɾ] 他 ❶ 《農業》[肥料として粕もとに] ぼろを埋める. ❷ 《廃語》[頭に] 髪粉をつける; [頭を] 脂と髪粉だらけにする. ❸ 《廃語》曇らせる, 濁す
—— ～**se** ❶ [頭髪・布などが] ほこりまみれになる, 汚れる. ❷ [刃が] なまくらになる; [ペンの書き味が] 鈍る

entrapazar [entrapaθár] ⑨ [自] =**trapacear**

entrar [entrár] 〖←ラテン語 intrare〗 [自] ❶ [+en・a に] 入る, 入っていく〖+a は主に《中南米》または《比喩》. ⇔salir〗: 1) Alguien *ha entrado en* mi habitación por la ventana. 誰かが窓から私の部屋に入った. Me prohibió ~ *a* la casa. 私は家に入ることを禁じられた. Hacemos cola para ~ *al* cine. 私たちは映画館に入るのに列を作った. Las tropas de Alfonso VI *entraron en* Toledo el 25 de mayo del año 1085. 1085年5月25日アルフォンソ6世の部隊がトレドに入った. He comido tanto que ya no me *entra* el postre. 私はたくさん食べたのでもうデザートは入らない. 2)《比喩》*Hemos entrado en* una etapa trascendental. 私たちは極めて重大な段階に入った. No *entro en* el aspecto político de las cosas. 私は事態の政治的側面には立ち入らない. Tu visita no *entraba en* mis planes. 君が来るのは私には予定外だった. 3) [衣服などが] 入り切る, はまる, 収まる: El anillo no me *entra en* el dedo. 指輪が私の指にはまらない. Estos zapatos no me *entran*. この靴は私には履けない. El clavo no *entra en* la pared. 釘が壁に刺さらない. 4) [乗り物に] 乗れる: *En* este autobús *entran* 40 personas. このバスは40人乗れる. ❷ [組織などに] 加入する, 入会する: *Entró* de dependiente *en* una librería. 彼は本屋の店員になった. ~ en la universidad 大学に入る. ~ *en* el ejército 入隊する, 軍人になる. ❸ [事件などに] 関与する, 関わる: *Han entrado en* una conspiración. 彼らはある陰謀に加わっていた. ~ *en* una conversación 会話に加わる. ~ *en* política 政治に携わる. ❹ [要素・範疇などに] 含まれる, 入っている: La consumición no *entra en* el precio de la entrada. 飲み物は入場料に含まれない. *Entran en* la lista de espera. 彼らはキャンセル待ちリストに入っている. Un 52,4% de los pequeños *entran en* la categoría de normopeso. 子供の52.4%が正常体重の範疇に含まれる. *En* un kilo *entraron* siete naranjas. オレンジ7個で1キロになった. ❺ [+en 話題に] 立ち入る, 言及する: 1) [+名詞] En esta conferencia prefiero no ~ *en* demasiados detalles. この講演ではあまり細部には触れないことにしたい. 2) [+en que+直説法 (否定文では +接続法)] ¿Vas a ~ *en que* los votos afirmativos no han alcanzado el 50%? 君は賛成票が過半数に達しなかった問題にも立ち入るつもりか? No *entro en que* eso sea bueno o malo. 私はそれがいいか悪いかについては論じない. ❻ [+en 時期・事態に] 達する, なる: Mi hijo *ha entrado en* la adolescencia. 私の息子は思春期に入った. En el hemisferio sur, la primavera *entra* en diciembre. 南半球では12月に春になる. ❼ [時期・状態などが] 始まる: 1) El verano *entra* el 24 de junio. 6月24日からは夏である. *Entrada* (Bien *entrada*) la noche salimos a la calle. 夜に(夜大変遅く)なってから私たちは街に出かけた. el mes que *entra* 来月. ❽ [+en 習慣などに] 染まる, 取り入れる: Tuve la oportunidad de ~ *en* las tradiciones japonesas. 私は日本の伝統に浸る機会があった. ❾ [感情・感覚が, +a+人 に] 生じる: Me *entran* ganas de llorar al (de) ver esa escena. その光景を見ると私は泣き出したくなる. Me *ha entrado* la duda. 私は疑問が生じてきた. Me *entra* frío. 私は寒くなった. ❿ [+en 感情・感覚を] 感じ始める: ~ *en* cólera 怒り出す. ~ *en* deseo 欲しくなる. ~ *en* recelo 心配になる. ⓫ [+a+不定詞] …し始める: Este sistema *entró a* operar a partir del primero de octubre. このシステムは10月1日から動き始めた.〖[対照] +a+不定詞 が目的を表わす場合がある: *Entró* en el banco *a* cambiar dinero. 彼は両替するために銀行に入った〗 ⓬《口語》[食べ物・飲み物が] おいしい; 食べられる, 飲める: ¡Cómo *entra* este vino! このワインは実にうまい! ⓭《口語》[人・事物が, +a+人 にとって] 感じのいい, 好感の持てる〖主に否定文で〗: Ese tío no me *entra*. あいつは気にくわない. ⓮《口語》[知識などが, +a+人 によって] 吸収(消化・理解)される, 信じられる〖主に否定文で〗: Las matemáticas no me *entran*. 私は数学が分からない. No me *entra a* mí que eso sea delito. それが罪だなんて私には納得できない. ⓯ 出入りを許されている, 出入りできる: Ese en mi casa no *entra*. あいつは私の家に出入りさせていない. ⓰《演劇》登場する〖=~ en escena. ⇔irse〗: *Entra* por la derecha. 上手より登場. ⓱《音楽》[楽譜に従って演奏・歌が] 始まる, 加わる. ⓲《情報》[+en に] アクセスする: ~ *en* el sistema システムに入る. ⓳《スポーツ》乱暴に攻撃する. ⓴《闘牛》1) [牛が闘牛士の挑発に] 立ち向かう, 向かっていく: El novillo *entraba* al engaño. その若牛はムレータにつられて向かって行こうとした. 2) ~ a matar [闘牛士が剣 estoque を刺しに] 牛に近づく. ㉑《自動車》[ギアが] 入る: No me *entra* la segunda. セカンドに入らない. ㉒《トランプ》賭けに加わる, 賭ける: Esta vez no *entro*. 今度は賭けない. ㉓《船舶》[先行する船に] 追いつきつつある. ㉔ [川・水路が] そそぐ, 流れ込む. ㉕《隠語》[男が] 姦淫する

~ dentro de sí/~ en sí mismo 自省する: *Entró en sí mismo* para encontrar una solución a su problema. 彼は自身の問題に答えを見つけようと内省した

ni (***no***) ***~ ni salir en***+事 [人が] …に無関係である, 関与しない: Yo *en* ese asunto *ni entro ni salgo*. 私はその件には関わりがない

—— [他] ❶ 入れる: *Entró* el coche *en* el garaje dando marcha atrás. 彼はバックで車をガレージに入れた. Lo *entraron* en la ambulancia. 彼は救急車に乗せられた. ~ ropa tendida 洗濯物を取り込む. ❷ [都市・城などに] 侵入する, 侵攻する: Los moros *entraron* y destruyeron la tierra. モーロ人は土地に侵入し破壊した. ❸ [牛などが] 突きかかる. ❹ [弱みなどに] 付け込む: No veo por donde ~le. 彼には付け入るすきが見つからない. ❺《情報》入力する, インプットする: Tengo que ~ datos *en* el ordenador. 私はデータをコンピュータに入力しなければならない. *Entró* mal la clave de la cuenta bancaria. 彼は銀行口座のパスワードを入力ミスした. ❻《サッカーなど》タックルする; 乱暴に攻撃する: El árbitro le sacó una tarjeta amarilla por ~le a un defensa. 彼はディフェンスの選手に体当たりしたので審判はイエローカードを出した. ❼《俗用》[布を] 縫い込む, 寸法を詰める: ~ una falda スカートの寸法を詰める

—— **~se** 入り込む, もぐり込む: *Se* nos *ha entrado* la felicidad por las puertas. 我が家に幸せが訪れた

entrazado, da [entraθáđo, đa] [形] [名]《チリ, アルゼンチン. 口語》[外見が] だらしない〔人〕〖=mal ~〗

entre [entre] 〖←ラテン語 inter〗 [前] 〖[語法] 1) +複数名詞・集合名詞・等位接続詞で結ばれた名詞. 2) 再帰前置詞格をとる場合を除き +人称代名詞 は主格: ~ *tú* y *yo*〗 ❶ …の間に, …の中で〖二者間だけでなく三者以上の多数の関係にも用いる〗: 1) [空間] i) Se escondió ~ los arbustos. 彼は灌木の間に身をひそめた. Se sentó ~ el público. 彼は大勢の人々に混じって座った. León está ~ Oviedo y Zamora. レオンはオビエドとサモーラの間にある. *E*~ las nubes comenzaba a esconderse el sol. 雲の間に太陽が隠れ始めた. Fray Bartolomé de las Casas vivió ~ los indígenas. バルトロメ・デ・ラス・カサス師は先住民に混じって暮らした. buscar ~ las basuras ゴミの中を捜す. sentarse ~ ella y yo 彼女と私の間に座る. ii) [前置詞 de・por+. 分離を表わす動詞と共に] Por ~ olivares se marchan los niños. オリーブ畑の間を子供たちが遠ざかっていく. Surgió una luz de ~ los árboles. 木々の間から一条の光がさした. caerse a+人 de ~ las manos …の手〔の間〕から落ちる. 2) [時間] Cenamos ~ las nueve y las diez de la noche. 私たちは夜9時から10時の間に夕食をとる. Iré a casa ~ el veinticinco y treinta de septiembre. 私は9月25日から30日の間に帰宅する. La oficina está abierta ~ semana. 事務所はウィークデーは開いております. 3) [範囲] Aquí hay niños ~ 8 meses y 6 años. ここには8か月から6歳までの幼児がいる. Le cuento ~ mis amigos. 私は彼を自分の友人に入れている. Es el más rápido ~ todos. 彼はみんなの中で一番速い. Su novela está ~ las más vendidas. 彼の小説は最もよく売れたものの一つにあげられる. *E*~ mis posesiones cuento con dos fincas en Andalucía. 私の財産にはアンダルシアの2つの地所も含まれている. *E*~ el mobiliario hay dos sillones. 家具の中には肘掛け椅子が2つある. 4) [中間] Está ~ la vida y la muerte. 彼は生死の境をさまよっている. Su cabello es color ~ rubio y castaño. 彼の髪の色はブロンドと栗色の中間だ. Su actitud es ~ tímida y desafiante. 彼の態度は臆病とも言えるし, 反抗的とも言える. 5) [関係] La relación ~ Juan y Pilar era buena. フアンとピラールの関係は良好だった. conferencia ~ Japón y Estados Unidos 日米会談. 6) [比較] i) …の間で: No hay diferencia de sueldo ~ tú y yo. 君と私の給料に差はない. ii) …の上に: Recuerda, ~ otras cosas, que me debes dinero. 何よりも僕に借金があるということを覚えておいてくれよ. 7) [相互] Los dos se acusan ~ sí. 2人は非難し合っている. amor ~ los padres 両親の間の愛情. pelea ~ los vecinos 隣人同士のけんか. 8) [状況・状態] Salió ~ las protestas de las víctimas. 彼は被害者たちの抗議の中を去った. Ella está ~ amigos. 彼女は友達に取り囲まれている. 9) [混交・遮蔽] Encontré las llaves ~ la ropa sucia. 私は汚れた洗濯物の間から鍵を見つけた. Se escondió ~ las cortinas. 彼はカーテンの陰に隠れた. ❷ [概量・概数]. ~+数+y+数] …から…: El nivel del mar ha subido ~ 10 y 25 centímetros el último siglo. この1世紀で海の水位が10から25センチ上昇した. No sé exactamente cuánto cuesta, pero creo que ~ doscientos y doscientos cincuenta euros. いくらするのかはっきりとは分からないのですが, 200から250ユーロくらいだと思います. ❸ [選択] 1) …の中から: La muchacha escogió [de] ~ sus escasas pertenencias el vestido más elegante. 少女は自分のわずかな服の中から一番上品なものを選んだ. ¿Por qué ~ todos los lugares del mundo tenía que haber ido allí? どうして彼はよりによってそんなところへ行かなければならなかったのか? 2) [+y·o] …か…か: Es una lucha ~ la vida y la muerte. それは生きるか死ぬかの戦いだ. Ella vacilaba ~ decírselo y callar. 彼女は彼に言うか言わないかためらっていた. Estoy ~ el verde y el azul. 私は緑色にするか青色にするか決めかねている. 3) [選択・疑惑の動詞と共に]. +不定詞+que+接続法] …するか…するか: Debes elegir ~ ir a la montaña o quedarte con los abuelos. 君は山に行くかおじいさんたちと一緒に残るか選ばなくてはならない. Es como dar a elegir a una persona ~ que la maten o le quiten toda la fortuna. それはまるで命を取られるのと全財産を取られるのと, どちらがいいかと人に選ばせるようなものだ. ❹ [分配・分割] …に…の間で: Reparte los dulces ~ los niños. 菓子を子供たちに分けてあげなさい. Repartieron el premio ~ los asistentes. 参加者の間で賞金を分け合った. ❺ [区別] …と…の・を: Es muy importante saber la diferencia ~ el bien y el mal. 善悪の違いを知ることは非常に重要だ. ❻ [協力] …と力を合わせて, …がかりで: Lo hicieron ~ todos. 彼らはみんなしてそれをやってのけた. Limpiaron la sala ~ ocho personas. 彼らは8人がかりで会場を掃除した. Terminamos el ejercicio ~ mi amigo y yo. 友達と私とで練習問題をやり終えた. Llenan el pantano ~ los dos ríos. 2つの川で貯水池を一杯にしている. poker ~ dos 2人でするポーカー. [語法] 単に「行動を共にする」の場合は: ×E~ tú y yo vamos a Madrid. / ○Tú y yo vamos a Madrid. 君と私はマドリードに行く. ❼ [合計] …を合わせて: E~ hombres y mujeres habrá más de 50 personas. 男女合わせて50人以上いるだろう. E~ viaje y alojamiento no gastamos 100 euros. 私たちは旅費と宿泊費とで100ユーロ使った. ❽ […の心の中で] [代名詞は再帰前置詞格に] Dije ~ mí: ¿Cómo puede ser tan guapa? 彼はどうしたらあれほど美しくなれるのだろう? と彼女は言った. Pensaba ~ sí que no iba a rendirse jamás. 彼は決して降参しないぞと心の中で思った. ❾ [種々の原因・状況] …やら…やらで, …やらで: E~ la lluvia y el frío me hielan las manos. 雨が降るやら寒いやらで私は手がかじかんでいる. E~ que era tarde y hacía mucho frío, decidimos no salir. 日も暮れたし, ひどく寒くなってきたので私たちは出かけないことに決めた. E~ que es feo y que no le sirve para nada no consigue encontrar novia. 彼は醜男だし役立たずだから恋人が見つからない. [語法] que 節で強調することがあるが, 等位文であることを必要とする] ❿ [割り算で] Doce ~ cuatro igual a tres. 12割る4は3. Tienes que dividirlo ~ dos. 君はそれを2で割らなければならない. ⓫ 《誤用とされるが実際には多用》[+que+直説法・接続法] …の間に [=mientras]: Salió ~ que todos dormían. 彼はみんなが寝ている間に出て行った. E~ que vas y vuelves, se pasan por lo menos dos horas. 君が行って戻ってくるのに少なくとも2時間はかかる

~ **esto y lo otro** あれやこれやで

~ **más**. 《主に中南米》…すればするほど [=cuanto más…]: E~ más fuerte sea la tormenta, más brillará el sol después de ella. 嵐が激しければ激しいほど, 嵐が去った後の太陽は輝かしい

~ **nosotros** (**vosotros・ellos**) 私たち (君たち・彼ら) だけで内密に: La noticia de su promoción ha de quedar ~ ellos. 彼の昇進は彼らだけの話にしてもらいたい. Aquí, ~ nosotros, yo seré la próxima directora general. ここだけの話だが, 次の総局長は私がなる予定です

~ **tanto** [=entretanto]: E~ tanto venían las cervezas. そのうちにビールが運ばれてきた

~ **tanto que**+直説法 …する間に: E~ tanto que voy, ocúpate en la lectura. 私が出かけている間, 本を読んでいたまえ

~+名詞 y +同一名詞 [反復・連続] …を繰り返しながら, しな

がら: Respondió el forastero, ~ vaso y vaso, que venía de muy lejos. よそ者は杯を重ねながら, ずっと遠いところから来たんだと答えた

hablar ~ sí つぶやく; 心の中で考える

entre- [接頭辞] ❶ [中間, 混交] *entrecejo* 眉間, *entreacto* 幕間, *entresuelo* 中二階, *entrecano* 白髪交じりの. ❷ [ほとんど, 少し] *entrever* かいま見る, *entreabierto* 半開きの

entreabierto, ta [entreaβjérto, ta] entreabrir の [過分]

entreabrir [entreaβrír] [←*entre-*+*abrir*] 他 [過分] *entreabierto*] [扉・窓などを] 少し開ける: La puerta estaba *entreabierta*. ドアは半開きだった. ~ los ojos 薄目を開ける

entreacto [entreákto] [《*entre*+*acto*》] 男 ❶ [劇などの] 幕間 (まくあい); 幕間に行われる踊り: en el ~ 幕間に. ❷ [行事などの] 休憩時間. ❸ 短い葉巻たばこ

entrealma [entreálma] 女 《地方語・料理》豚の下腹部の脂身 tocino [=*tocino de* ~]

entreancho, cha [entreántʃo, tʃa] 形 [布地などが] 中幅の

entrearco [entreárko] 男 《建築》迫持 (せりもち) とむこうの隅 [の間]

entreayudar [entreajuðár] ~**se** 《まれ》助け合う, 相互援助する

entrebarrera [entreβaréra] 女 《闘牛》[主に 複] フェンスと観客席の間の通路

entrebatir [entreβatír] ~**se** 《まれ》互いに闘う

entrecalle [entrekáʎe] 女 ❶ 2つの割り形の間の溝. ❷ [教会の] 飾り壁の割り線間の溝

entrecanal [entrekanál] 女 《建築》柱の縦溝の間の山

entrecano, na [entrekáno, na] 形 [←*entre*+*cano*] [髪・髭が] 半白の, 白髪まじりの; [人が] ごましお頭の

entrecasa [entrekása] *de* (*para*) ~ 《アルゼンチン, ウルグアイ. 口語》普段着の [=*de trapillo*]: traje *de* ~ 普段着

entrecasco [entrekásko] 男 =**entrecorteza**

entrecava [entrekáβa] 女 《農業》浅い掘り起こし

entrecavar [entrekaβár] 他 《農業》[土を] 浅く掘り起こす

entrecejo [entreθéxo] 男 [←ラテン語 *inter*「間に」+*cilium*「眉」] 眉間 (みけん)

fruncir (*arrugar*) *el* ~ 眉間にしわを寄せる; [不満などで] 眉をひそめる

entrecerca [entreθérka] 女 柵と柵 (塀と塀) の間にはさまれた土地

entrecerrar [entreθerár] [←*entre-*+*cerrar*] [23] 他 [ドア・窓などを] 半開きにする; [まぶたを] 半分閉じる: con los ojos *entrecerrados* 薄目を開けて

entrechocar [entretʃokár] [←*entre-*+*chocar*] [7] 他 ぶつけ合う: ~ las espadas 剣を打ち合わせる. ~ los dientes 歯をガチガチ言わせる

—— ~**se** [主に繰り返し] ぶつかり合う

entrecinta [entreθínta] 女 《建築》二重梁, つなぎ小梁

entreclaro, ra [entrekláro, ra] 形 ほの明るい, 薄明るい

entrecó [entrekó] 男 =**entrecot**

entrecogedura [entrekoxeðúra] 女 わしづかみ

entrecoger [entrekoxér] [3] 他 ❶ [逃げられないように] わしづかみする, しっかり捕まえる. ❷ [理詰め・脅しなどで] 追い詰める, 有無を言わせない

entrecomar [entrekomár] 他 [語句を] コンマの中に入れる

entrecomillado [entrekomiʎáðo] 男 ❶ 引用符で囲まれた語句. ❷ 引用符をつけること

entrecomillar [entrekomiʎár] 他 引用符 *comilla* で囲む

entrecoro [entrekóro] 男 [教会の] 内陣 [主祭壇と合唱隊席の間]

entrecortado, da [entrekortáðo, ða] 形 [音・声が] とぎれとぎれの: Podía oír sus quejidos ~ s a través de la puerta. ドアごしに彼のうめき声がとぎれとぎれに聞こえた. con la voz =*da* [*por la emoción*] 感動に声を詰まらせながら, 少し涙声で

entrecortadura [entrekortaðúra] 女 中途半端な切断

entrecortar [entrekortár] 他 [←*entre-*+*cortar*] ❶ 中途半端に切る. ❷ とぎれとぎれにする

—— ~**se** [音・声が] とぎれとぎれになる (話す)

entrecorteza [entrekortéθa] 女 分裂部 [針葉樹木材の瑕疵]

entrecot [entrekó(t)] 男 [←仏語 *entrecôte*] ❶ 《食》— [e]s] 《料理》❶ あばら肉, リブロース. ❷ 《中米》ステーキ [=*filete*]

entrecote [entrekóte] 男 =**entrecot**

entrecriar [entrekrjár] [11] **～se**《植物》混生する

entrecruce [entrekrúθe] [男] 交錯, 交差; 交差する点

entrecruzado [entrekruθáđo] [男]《美術》交錯した線による装飾

entrecruzamiento [entrekruθamjénto] [男] ❶ 交錯, 交差. ❷《動物》異種交配

entrecruzar [entrekruθár] [9] [他] ❶ 交錯させる, 交差させる. ❷《動物》異種交配させる

—— **～se** 交錯する, 交差する

entrecubierta [entrekuƀjérta] [女]《船舶》[主に [複]. 上・下甲板の間の] 中甲板

entrecuesto [entrekwésto] [男] ❶《まれ》[四足動物の] 背骨;《料理》ヒレ〔肉〕. ❷《サラマンカ》邪魔, 障害

entredecir [entređeθír] [64] [他] ❶《カトリック》[司祭に] 聖務停止制裁を課する. ❷《まれ》ささやく, つぶやく. ❸《古語》村八分にする

entredicho [entređítʃo]〖←ラテン語 interdictus < interdicere〗[男] ❶《カトリック》[司祭の] 聖務停止制裁. ❷ [名誉・信用・可能性などについての] 疑い, 不信. ❸ [言動の] 禁止. ❹《ペルー, チリ, アルゼンチン, ウルグアイ》口論; 意見の違い, 物別れ. ❺《ボリビア》警鐘

estar en ～ [信用などが] 疑われている

poner en ～ 1) 祭儀の挙行を禁止する. 2) [信用などを] 疑う, 問題にする

entredoble [entređóƀle] [形]《繊維》中位の厚さの

entredormir [entređormír] [34] **～se**《まれ》居眠りをする

entredós [entređós]〖←仏語 entre-deux〗[男]〖[複] ～doses〗❶《手芸》[切り替え部分に縫い込む] 細長いレース. ❷ [窓と窓の間に置く] 小たんす. ❸《印刷》10ポイント活字

entrefilete [entrefiléte]〖←仏語〗[男] [新聞の] 囲み記事, 小記事; [文中に] 目立つ活字で挿入された語句

entrefino, na [entrefíno, na] [形] ❶ 中品質の, 中位の厚さ(太さ)の. ❷ [シェリー酒の品質が] 少し辛口 fino の. ❸ [羊が] メリノ種と毛が粗く硬い品種 churro との混交の

entreforro [entrefór̄o] [男]《まれ》芯地〖=entretela〗

entrefuerte [entrefwérte] [形]《中南米》[たばこが] 中位の強さの

entrega [entréga]〖←entregar〗[女] ❶ 渡すこと; 引渡し; 授与: hacer la ～ de un paquete 小包を渡す. exigir la ～ de un rescate 身代金の支払いを要求する. ～ de llaves inmediata《表示》即時入居可. ～ a domicilio 配達, 宅配. ～ de poderes 権力の譲渡. ～ de premios 賞品の授与. ～ de un diploma 修了書の授与. ❷ 献身: con gran ～ 大変献身的に. ❸ [連載・受け渡しなどの] 一回分; 分冊, 分納: novela por ～*s* 連載小説. primera ～ 初回分, 第1回分冊. ❹《建築》[作り付けの椅子の] 壁に組み込まれた部分. ❺《技術》送り出し: ～ del papel 給紙. ❻《スポーツ》[ボールの] パス. ❼ 明け渡し; 降伏, 投降

entregado, da [entregáđo, đa] [形] ❶ 夢中になっている, 陶酔している: público ～ 陶酔している観客. ❷《建築》[部材が壁などに] 埋め込まれた: columna ～*da* 付け柱, 半柱. ❸《南米》あきらめた

—— [女]《商業》～*da* derechos pagados〔仕向地〕持込渡し・関税込み条件, DDP〖輸入国の指定場所で輸入通関済みの貨物を買主に提供する〗. ～*da* derechos no pagados〔仕向地〕持込渡し・関税抜き条件, DDU. ～*da* en frontera 国境〔持込〕渡し条件, DAF(デリバード・アット・フロンティア)〖輸入国の指定国境で輸出通関済みの貨物を買主に提供する〗. ～*da* en muelle 埠頭〔持込〕渡し条件, DEQ〖指定仕向港の埠頭で貨物を引き渡す〗. ～*da* sobre buque 本船持込渡し条件, DES〖指定仕向港で本船上から貨物を引き渡す〗

entregador, ra [entregađór, ra] [形] [名] ❶ 引き渡す〔人〕, 手渡す〔人〕. ❷《アルゼンチン, ウルグアイ》たれ込み屋, 密告者; 内部から手引きする人

—— [男] 移動牧羊業者組合 mesta 内の紛争処理委任判事〖=alcalde〔mayor〕～〗

entregamiento [entregamjénto] [男] 引渡し, 配達〖=entrega〗

entregar [entregár]〖←ラテン語 integrare「本来の状態に戻す」〗[8] [他] [+a に] ❶ 渡す, 手渡す: *Entregó* el ramo de flores *a* Eva. 彼はエバに花束を渡した. Le *entregué* el dinero al hombre joven. 私はその若者に金を渡した. ❷ 引き渡す; 明け渡す: ～ un criminal *a* la policía 犯人を警察に引き渡す. ～ una casa *a*+人 …に家を引き渡す(明け渡す). ～ un proyecto de ley *a*l parlamento 議会に法案を提出する. ❸ 授与する: ～ el diploma *a*+人 …に卒業証書を授与する. ❹ 捧げる, 与える: ～ su corazón (su juventud) *a*... 心(青春)を…に捧げる. ❺《技術》送り出す. ❻《建築》はめ込む, 差し込む

～la《隠語》死ぬ

～las《チリ. 口語》死ぬ

—— **～se** ❶ [+a に] 没頭する, 専心する: *Me entregué a* mi profesión y trabajo. 私は職業と仕事に専念した. ～*se a*l estudio 学問に励む. ❷ 降伏する, 投降する: El ejército decidió ～*se*. 軍は降伏することに決定した. ❸ 自首する: ～*se a* la policía 警察に自首する. ❹ 身(心)を任せる, 尽くす, 献身的である. ❺ [女性が] 体を許す. ❻ [悪習に] ふける: ～*se a* la bebida 酒に溺れる. ❼ [+de を] 引き受ける, 預かる: *Me entrego de* las llaves. 私は鍵を預かる. ❽《建築》支えられる

entregerir [entrɛxerír] [33] [他]《廃語》混ぜる, 混合する

entrego [entrégo] [男]《まれ》=**entrega**

entreguerras [entregér̄as] ***de*** ～ 相次ぐ戦争間の; [特に第1次・第2次の] 両大戦間の: período de ～ 戦間期

entreguismo [entregísmo] [男]《口語》[交渉・戦いにおける] 弱腰;《軽蔑》戦う前から勝利をあきらめている態度

entreguista [entregísta] [形] [名]《メキシコ, チリ, アルゼンチン, ウルグアイ. 口語》国益(会社などの利害)に反した行動をする〔人〕, 裏切り者〔の〕

entrehierro [entrejér̄ɔ] [男]《技術》磁気回路のギャップ, 電極間のギャップ

entrejuntar [entrɛxuntár] [他] ❶《建築》[羽目板などを枠に] 取り付ける, 組立てる. ❷《チリ》細めに開ける

entrelargo, ga [entrelárgo, ga] [形]《地方語》やや縦長の

entrelazado [entrelaθáđo] [男] 絡み合わせる(絡み合う)こと; 絡み編み模様, 組紐模様

entrelazamiento [entrelaθamjénto] [男] 絡み合わせること, 交錯させること

entrelazar [entrelaθár] [9] [他] [糸などを] 絡み合わせる, 交錯させる: ～ las manos 手を組む

—— **～se** 絡み合う

entrelazo [entreláθo] [男]《まれ》絡み編み模様〖=entrelazado〗

entrelínea [entrelínea] [女] 行間の書き込み; 行間

entrelinear [entrelineár] [他] 行間に書き入れる

entreliño [entrelíɲo] [男] [ブドウ・オリーブ畑の] 果樹の列と列の間のスペース

entrelistado, da [entrelistáđo, đa] [形] 色違いの縞模様の, 縞の間に花模様などをあしらった

entrelubricán [entreluƀrikán] [男]《まれ》日暮れ, たそがれ

entrelucir [entreluθír] [40] [自] かいま見える, 透けて見える

entrematar [entrematár] **I** [他] 茂みに隠す

II ～se [同志・仲間内で] 殺し合う

entremediar [entremeđjár] [10] [他] [他のものの] 間に置く, 挿入する

entremedias [entreméđjas]〖←entre-+medio〗[副] [空間的・時間的に, +de の] 間に: La paja llegaba hasta el techo y apenas dejaba un pasillo estrecho ～ *de* los dos montones. わらが天井まで積まれていて, 2つの山の間に細い通路がようやく残っていた. *E*～ *de* los dos partidos harán un descanso de 10 minutos. 2試合の間には10分の休憩があるだろう

entremedio, dia [entreméđjo, đja] [形] 中間の〖=intermedio〗

—— [副] =**entremedias**

entremés [entremés]〖←カタルーニャ語 entremès〗[男]〖[複] ～meses〗❶《料理》[主に [複]] 前菜, オードブル. ❷《演劇》幕間(まくあい)狂言〖一幕物の寸劇. 黄金世紀における演劇の隆盛と共に, 歌舞を含めた余興的な出し物として多幕物の第1幕と第2幕の幕間に演じられた. キニョネス・デ・ベナベンテ Luis Quiñones de Benavente の作品がその典型とされ, セルバンテスも戯曲集『新作戯曲八種と幕間狂言八種』*Ocho comedias y ocho entremeses* の中で手がけている. 風俗喜劇としての側面を持ち, その系譜は後のサイネーテ sainete などに継承された〗

entremesear [entremeseár] [他] ❶ [幕間の笑劇で役を] 演じる. ❷ [会話・講演などを] 面白おかしくする

entremesera [entremeséra] [形] 前菜を供するための大皿

entremesil [entremesíl] [形] 幕間の笑劇の

entremesista [entremesísta] [名] 幕間笑劇の作家(役者)

entremeter [entremetér]〖←ラテン語 intermittere〗[他] [+con と, +en・entre に] 混ぜる, はさむ; [はみ出た部分を] 折り込む, 押し込む

—— **～se** [頼まれないのに・権利もないのに] 介入する, 差し出

E

口をきく; 入り込む, 割り込む
entremetido, da [entremetíđo, đa] 形 名 差し出がましい[人], おせっかいな[人]〖=entrometido〗
entremetimiento [entremetimjénto] 男 ❶ 混ぜること. ❷ おせっかい
entremezcladura [entremeθklađúra] 女 混合, 混入
entremezclar [entremeθklár] 他 混ぜる〖=mezclar〗: El daiquiri se prepara entremezclando zumo de limón con ron y azúcar. ダイキリはレモンジュースにラムと砂糖を混ぜて作る── ~se 混ざる
entremiche [entremítʃe] 男《船舶》[船体の]縦梁, 縦梁窪み
entremijo [entremíxo] 男《サラマンカ, アンダルシア》=expremijo
entremiso [entremíso] 男 =expremijo
entrenador, ra [entrenađór, ra] 男 ❶《スポーツ》監督, コーチ, トレーナー: ~ del Real Madrid レアル・マドリードの監督. ~ de la selección 代表チームの監督. ~ de natación 水泳のコーチ. ❷《自転車》《オートバイに乗った》レースの先導者── 男《技術》シミュレーター: ~ de pilotaje [パイロット育成用の]地上操縦訓練装置
entrenamiento [entrenamjénto] 男《スポーツなど》トレーニング, 練習; 訓練: estar falto de ~ トレーニング不足である. partido de ~ 練習試合. terreno de ~ 練習場. vuelo de ~ 訓練飛行
entrenar [entrenár] 〖←仏語 entraîner〗他 訓練する, 鍛える: ~ a un atleta 陸上選手をコーチする. ~ su memoria 記憶力を鍛える── 自 トレーニングする── ~se 自分を訓練する: ~se en el fútbol サッカーの練習をする
entrenas [entrénas] 女 複《エストレマドゥラ》婚約プレゼント
entrencar [entreŋkár] 〖7〗他《養蜂》[ミツバチの巣箱に]桟を通す
entrenervio [entrenérbjo] 男《製本》[主に 複. 本の背の]綴じ糸と綴じ糸の間
entreno [entréno] 男《スポーツ》=entrenamiento
entrenudo [entrenúđo] 男《植物》節間
entrenzar [entrenθár] 〖9〗他 三つ編みにする
entreoír [entreoír] 〖47〗他 かすかに[ぼんやり]聞こえる: Entreoí una frase. 私は一言小耳にはさんだ
entreordinario, ria [entreorđinárjo, rja] 形 まずまずの, そこそこの
entreoscuro, ra [entreoskúro, ra] 形 ほの暗い, 薄暗い
entrepalmadura [entrepalmađúra] 女《獣医》踏叉腐爛〖ㄅㄢˋ〗
entrepanes [entrepánes] 男 複《まれ》[耕作中の畑の間の]休耕地
entrepañado, da [entrepaɲáđo, đa] 形《建築》柱間に[窓間に]造作された
entrepaño [entrepáɲo] 男 ❶《建築》柱間の壁, 窓間の壁. ❷ 棚板; [扉・窓の]鏡板
entreparecer [entrepareθér] 〖39〗~se《まれ》ほのかに[ぼんやり]見える, 透けて見える
entrepaso [entrepáso] 男《馬術》側対歩, 軽駆け
entrepechado, da [entrepetʃáđo, đa] 形《レオン》やせ細った, 虚弱な, 病気がちな
entrepecho [entrepétʃo] 男《エストレマドゥラ, アンダルシア》職人用の皮革製などの]前掛け
entrepechuga [entrepetʃúɣa] 女《鶏の》胸部叉骨肉
entrepeines [entrepéines] 男 複《織機》の筬〖ㄑㄧㄥˋ〗にかかった毛くず
entrepelado, da [entrepeláđo, đa] 形 ❶《馬が》黒と白の駁毛〖ㄅㄛˊ〗の. ❷《アルゼンチン》《馬の毛が》黒・白・赤の3色が混じった
entrepelar [entrepelár] 自・~se [馬が] まだら色の毛をしている
entrepernar [entrepernár] 他 他人の脚の間に自分の脚を入れる
entrepierna [entrepjérna] 〖←entre+pierna〗女 ❶ 股,《服飾》[時に 複]クロッチ. ❷《俗語. 婉曲》外部性器. ❸《チリ. 口語》[主に 複]ビキニ型の水泳パンツ── pasarse por la ~《口語》軽視する, 軽んじる
entrepiso [entrepíso] 男 ❶ [建物の]中間階,《中南米》中二階. ❷《鉱山》上下坑道間の空間
entrepitear [entrepiteár] 自《ベネズエラ. 口語》しゃべる, 鼻を突

っ込む
entrépito, ta [entrépito, ta] 形 名《ベネズエラ. 口語》でしゃばりな[人]
entreplanta [entreplánta] 女 [店舗などの]中2階
entreponer [entreponér] 〖60〗他《廃語》=interponer
entrepretado, da [entrepretáđo, đa] 形《獣医》[馬が]胸部に傷を負った, 前膊〖ㄅㄛˊ〗を負傷した
entrepuente [entrepwénte] 男 [主に 複]=entrecubierta
entrepunzadura [entrepunθađúra] 女 [腫物の]疼き
entrepunzar [entrepunθár] 〖9〗自 疼〖ㄊㄥˊ〗く, ずきずき痛む
entrera [entréra] 女《コロンビア》家政婦, 女中
entrerraído, da [entreraíđo, đa] 形 半ば[所々]すり切れた
entrerrenglonadura [entrereŋɡlonađúra] 女 行間の書き込み
entrerrenglonar [entrereŋɡlonár] 他 行間に書き込む
entrerriano, na [entrerjáno, na] 形《地名》エントレ・リオス Entre Ríos の[人]〖アルゼンチン中部の州〗
entrés [entrés] 男《トランプ》モンテ monte の手
entresaca [entresáka] 女 ❶ 間伐. ❷ [髪の毛の]梳〖ㄙㄨ〗きカット. ❸ 選別
entresacado [entresakáđo] 男 ブドウの房の選別作業
entresacadura [entresakađúra] 女 =entresaca
entresacar [entresakár] 〖←entre-+sacar〗〖7〗他 ❶ [+de から]より分ける: ~ unas frases de un libro 本から文章を抜き出す. ❷ [木の]間伐をする. ❸ [多すぎる髪の毛を]梳〖ㄙㄨ〗きカットする
entresaque [entresáke] 男 =entresaca
entresemana [entresemána] 副 女 ウィークデー[に]〖=entre semana〗
entresijo [entresíxo] 〖←trasijar<ラテン語 trans-+ilia「腹」〗男 ❶《解剖》腸間膜. ❷ [主に 複]内奥, 秘密; 困難: Esta casa tiene muchos ~s. この家は隠れ場所が多い(入り組んでいる). Es una persona con mucho ~. 彼はよく分からない人物だ
entresoma [entresóma] 女《エストレマドゥラ》家禽類に与える糠〖ㄎㄤ〗
entresoñar [entresoɲár] 〖28〗他 夢見る, 夢想する
entresuelo [entreswélo] 男 ❶《西》❶ 中二階〖住居・部屋〗. ❷ [劇場の]二階正面席. ❸ [路面より1m以上高く, 地下室のある]一階
entresueño [entreswéɲo] 男 ❶ 寝ぼけている状態, うとうとしている状態. ❷ 居眠り, うたた寝
entresurco [entresúrko] 男 畝〖ㄩˇ〗と畝の間
entretalla [entretáʎa] 女 中彫り; 浅浮き彫り
entretalladura [entretaʎađúra] 女 =entretalla
entretallar [entretaʎár] 他 ❶ 中彫り細工をする, 浅浮き彫り細工をする. ❷ [布地に]透かし模様を施す. ❸ 彫る, 刻む, 彫刻する. ❹ 道をさえぎる, 押し止める; [物事の]進行を阻む── ~se ❶ ぴったりはまる, 絡まる. ❷《サラマンカ》袋小路に入る, [狭い所に入り込んで]出られなくなる
entretanto [entretánto] 〖←entre-+tanto〗副[時間]その間に: Esperaba el tren y ~ leyó una revista. 彼は列車を待っていて, その間に雑誌を1冊読んでしまった── 男 合い間, 間の時間: en el ~《まれ》そうするうちに
entretecho [entretétʃo] 男《プエルトリコ, ボリビア, チリ, ラプラタ》最上階, ロフト;《建築》屋根裏[部屋]
entretejedor, ra [entretexeđór, ra] 形 織り混ぜる, 織り込む; 編み込む
entretejedura [entretexeđúra] 女 交織織物, 交織手芸品
entretejer [entretexér] 〖←entre-+tejer〗他 ❶ 織る: ~ una colcha ベッドカバーを織る; からみ合わせる: ~ en una tela con hilos dorados 布に金糸を織り込む. ❷ [+con・de を]…に加える, 挿入する: ~ su discurso con alabanzas al director 議長への賛辞を演説に混じえる
entretejimiento [entretexemjénto] 男 交織, 織り込み
entretela [entretéla] 〖←entre-+tela〗女 ❶《服飾》芯地〖ㄉㄧˋ〗. ❷ 複 心の奥底, 真情: Es el hijo de sus ~s. 彼は両親の大切な息子だ.《印刷》つや出し, 面仕上げ
entretelar [entretelár] 他 ❶《服飾》…に芯地を入れる. ❷《印刷》つや出しする, 面仕上げする
entretelones [entretelónes] 男 複《南米》[事件などの]内奥
entretención [entretenθjón] 女《南米. 口語》楽しみ, 娯楽
entretenedor, ra [entreteneđór, ra] 形 名 楽しませる[人], エンターテイナー
entretener [entretenér] 〖←entre-+tener〗〖58〗〖命令法単数 entre-

tén] 他 [ある時間について] ❶ [+現在分詞/+en・con で] 楽しませる，気晴らしをさせる: *Entretuvo* a su visita contándole chistes. 彼は冗談を言ってお客を楽しませた. ❷ …の注意をそらす: Le *entretienen* sus compañeras todas las tardes, sin dejarle estudiar. 毎晩仲間たちが邪魔しにやって来て，彼は勉強できなくなる. ❸ 我慢できるものにする: *Entretiene* sus largas horas de soledad haciendo punto. 彼女は編み物をして何とか長い孤独な時間を過ごしている. ❹ [処理などを] 遅らせる，引き延ばす: Están *entreteniendo* la concesión de su permiso. なかなか許可が下りない. ❺ 維持する，続ける: ～ el fuego 火を絶やさない. ～ una ilusión 幻想を抱き続ける. ❻ [口実・偽りの約束で] 待たせる: Me ha tenido *entretenido* todo este tiempo, y al final nada. 私はこの時間ずっと私を待たされて，結局何もなかった. ❼ [人を] 引き止める，…の時間を奪う: Me *entretuvo* y perdí el tren. 彼が引き止めたので，私は電車に乗れなかった.
―― 自 [ある時間] 楽しむ，気晴らしをする
―― ～*se* ❶ 楽しむ，気晴らしをする: Algo hay que hacer para ～*se*. 気晴らしのために何かしなければならない. Se *entretenía* hablando por teléfono con sus amistades. 彼は友達と電話で話して楽しんでいた. Se *entretiene* con rompecabezas en hospital. 彼は病院でパズルをして気晴らしをしている. ❷ ぐずぐずする: No te *entretengas* y come pronto. 遊んでないで早く食べなさい. ❸ 長居する，長い時間を過ごす: Me *entretuve* en la calle. 私は街で時間を食ってしまった. ❹ こだわる: ～*se* en minucias ささいなことにこだわる

entretenido, da [entretenído, da] 形 ❶ [ser+] 楽しい，面白い，肩のこらない: Es un personaje muy ～. 彼は非常に面白い人物だ. Tenemos ganas de ver programas en español ～*s*. 私たちはスペイン語の娯楽番組を見たい. película ～*da* 面白い映画. ❷ [estar+, 人が] 忙しい. ❸ 《西》時間のかかる，根気のいる，注意力の必要な: Los trabajos de carpintería son muy ～. 大工仕事は大変骨が折れる
―― 女 《西. 古語》囲われている愛人，妾(蜀); 売春婦. ❷《ベネズエラ》1) 同棲している女性. 2)《口語》娯楽《=entretenimiento》
dar a + 人 (*con*) *la* ～*da* …に対してのらりくらりと引き延ばす，ぐずぐずと言い訳する

entretenimiento [entretenimjénto] 男 ❶ 娯楽，気晴らし: Faltan actividades deportivas para fomentar el sano ～ de la juventud. 青少年の健全な娯楽を育成するスポーツ活動が不足している. cine de ～ 娯楽映画. programas de ～*s* 娯楽番組. ❷ 気晴らしになるもの: Hacer deporte es mi mayor ～. スポーツをするのが私の一番の楽しみだ. ❸ [機械・機能などの] 維持《=mantenimiento》

entretiempo [entretjémpo] 男 間(あいだ)の季節《春と秋》: abrigo de ～ スプリングコート. ropa de ～ 合服

entreuntar [entreuntár] 他 薄く塗る

entrevenar [entrebenár] ～*se* [体液・アルコール分などが] 血管から入る

entrevenir [entrebeník] 59 自《廃語》=**intervenir**

entreventana [entrebentána] 女《建築》窓間(まど)壁《窓と窓の間の壁》

entrever [entrebér] 《←仏語 entrevoir》50 [→**prever**] 他 ❶ まる見る，ちらりと見る: *Entreví* el cielo por entre los árboles. 木の間隠れに空が見えた. ❷ [漠然と] 予想する，見抜く: En *treveo* lo que pretendes hacer. 君が何をするつもりか何となく分かる. ～ una salida al problema 問題解決の糸口が見える
dejar ～ ほのめかす，暗示する

entreverado, da [entreberádo, da] 形 ❶ [estar+] 混ざり合った，ちりばめられた. ❷ [豚の] 三枚肉の. ❸《口語》ごちゃごちゃした. ❹《ベネズエラ. 口語》雑種の
―― 男《ベネズエラ. 料理》[塩と酢で味付けした] 子ヒツジ肉・子ヤギ肉のロースト

entreverar [entreberár] 他 混ぜる，混合する
―― ～*se* ❶《アルゼンチン》[人・動物・物が] 入り混じる，入り乱れる. ❷《アルゼンチン，ウルグアイ. 口語》[+con と] 口論になる，けんかする; 恋愛関係になる. 2) 《騎兵同士が》白兵戦をする

entrevero [entrebéro] 男 ❶《チリ，アルゼンチン，ウルグアイ. 口語》[人・動物・物の] 混交，混乱. ❷《アルゼンチン，ウルグアイ. 口語》恋愛関係，色恋沙汰

entrevía [entrebía] 女《鉄道》軌間，ゲージ

entrevigar [entrebigár] 8 他《建築》梁と梁の間を埋める(ふさぐ)

entrevisión [entrebisjón] 女 かいま見ること; 漠然とした予想

entrevista[1] [entrebísta] 《←仏語 entrevue》女 ❶《文語》会談: celebrar una ～ sobre la paz 和平会談を開く. ❷《文語》インタビュー: hacer una ～ al ministro 大臣にインタビューする. ❸ [採用試験の] 面接 [=～ de trabajo]: La compañía les hace las ～*s* a los universitarios. 会社は学生たちの面接試験を行なう

entrevistado, da [entrebistádo, da] 形 名 [記者の] インタビューを受ける〔人〕，会見する〔人〕

entrevistador, ra [entrebistadór, ra] 名 ❶ インタビュアー，聞き手，訪問記者. ❷ 面接官

entrevistar [entrebistár] 《←entrevista》他 ❶ [+a+人 と] 会見する，…にインタビューする. ❷ 面接する: Los universitarios son *entrevistados* en (por) las compañías. 学生たちは会社の面接試験を受ける
―― ～*se* [+con と] 会談する; 会見する，…にインタビューする: El periodista se *entrevistó con* el ministro. 新聞記者が大臣にインタビューした

entrevisto, ta[2] [entrebísto, ta] entrever の 過分

entrevuelta [entrebwélta] 女 歪んだ畝の矯正畝(ぜ)

entrillar [entrikár] ～*se*《エストレマドゥラ》無理やり押さえつける

entripado, da [entripádo, da] 形 ❶ 腹の: dolor ～ 腹痛. ❷ [死んだ動物が] 内臓が取り除かれていない
―― 男 ❶ [胸に秘めた] 憤懣(ふんまん)，怒り，恨み，嫌悪感. ❷《口語》胃もたれ，腹痛
―― 女《メキシコ，ドミニカ，プエルトリコ》ずぶ濡れ

entripar [entripár] 他 ❶ 腹 (内臓) に入れる. ❷《中南米》怒らせる，不快にする

entristecedor, ra [entristeθedór, ra] 形 悲しませる，陰気にさせる

entristecer [entristeθér] 《←en- I+triste》39 他 ❶ 悲しませる: El recuerdo de tiempos pasados le *entristece*. 彼は昔のことを思い出すと悲しくなる. Me ha *entristecido* mucho que se marche del pueblo. 彼が村を出て行って私は大変悲しい. ❷ 陰気にする: La lluvia *entristecía* el paisaje. 雨は景色をもの悲しくする
―― ～*se* [+de・con・por を] 悲しむ，物憂く思う: Se *entristecía con* las despedidas de su madre. 彼は母と別れるのが悲しかった

entristecimiento [entristeθimjénto] 男 悲しみ，物憂さ，わびしさ

entrizar [entriθár] 9 他 ❶《狩猟》[獲物を] 囲い場に追い込む. ❷《サモラ，サラマンカ》狭い所に詰め込む(押し込む)

entrojar [entroxár] 他 穀物庫 troje に保存する(蓄える)

entrometer [entrometér] 《←ラテン語 intromettere》～*se* [+en・entre に] 干渉する，出しゃばる，介入する，口出しする: Los vecinos se *entrometen* en lo ajeno. 近所の人が他人のことに首を突っ込む. ～*se entre* marido y mujer 夫婦のことにおせっかいをやく

entrometido, da [entrometído, da] 形 名 差し出がましい〔人〕，干渉する〔人〕，おせっかいな〔人〕

entrometimiento [entrometimjénto] 男 干渉，口出し

entrompar [entrompár] ～*se* ❶《口語》酔っ払う. ❷《南米》不機嫌な顔をする

entrón, na [entrón, na] 形 ❶《メキシコ》1)《口語》勇敢な; 元気のいい. 2) [女性が] 媚びを売る，なまめかしい. ❷《コロンビア. 口語》出しゃばりの，おせっかいな

entronar [entronár] 他 =**entronizar**

entroncamiento [entroŋkamjénto] 男 ❶ つながり，関連. ❷ 姻戚関係. ❸《交通》接続

entroncar [entroŋkár] 《←en- I+tronco》7 自 ❶ [+con と，家族・血統と] 縁続きである，姻戚関係にある. ❷ 関連している. ❸《主に中南米. 交通》接続する
―― 他 [+con 貴族などの] 親戚関係を証明する; [婚姻により] 血縁を生じさせる. ❷《アンダルシア; メキシコ》[同じ毛並みの馬などを] 二頭の対にする

entronerar [entronerár] 他《ビリヤード》[玉を] ポケットに入れる
―― ～*se* [玉が] ポケットに入る

entronización [entroniθaθjón] 女 ❶ 即位. ❷ 称揚

entronizador, ra [entroniθadór, ra] 形 名 ❶ 即位させる〔人〕; 称揚する〔人〕. ❷ 即位の

entronizamiento [entroniθamjénto] 男 =**entronización**
entronizar [entroniθár] 【←en- I+trono】 9 他 ❶ 即位させる, 王位に就かせる. ❷ 称揚する, ほめたたえる; 高い地位につける ── ~**se**《軽蔑》得意になる; 思い上がる, 傲慢になる
entronque [entrónke] 【←entroncar】男 ❶ 血縁関係, 姻戚関係. ❷《中南米. 交通》接続: estación de ~ 接続駅
entropía [entropía] 【←ギリシア語 entropia「回転」】女 ❶《物理, 情報》エントロピー. ❷《文語》無秩序, 悪化: ley de la ~ creciente エントロピー増大の法則
entrópico, ca [entrópiko, ka] 形 ❶《物理, 情報》エントロピーの. ❷《文語》無秩序な, 悪化した
entropillado [entropiʎáðo] 男《アルゼンチン》[雌馬と一緒に歩く]種馬
entropillar [entropiʎár] 他《ラプラタ》[馬を] 群れに慣れさせる
entropión [entropjón] 男《医学》眼瞼(がん)内反
entruchada [entrutʃáða] 女 ❶ 口語》共同謀議(談合)されたこと.
entruchado [entrutʃáðo] 男 ❶《口語》共同謀議(談合)されたこと[=entruchada]. ❷ 策略, 罠. ❸《アンダルシア. 口語》恨み, 憤慨
entruchar [entrutʃár] 他 口車に乗せる, 甘言で釣る
entruchón, na [entrutʃón, na] 形 策士(の), 策謀家(の)
entruejo [entrwéxo] 男 =**antruejo**
entrujar [entruxár] 他 ❶ [オリーブなどを] 倉庫 truja に保存する(蓄える). ❷ [金を] 貯め込む
entrullar [entruʎár] 他《俗語》投獄する
entubación [entuβaθjón] 女 管の取り付け;《医学》挿管
entubado [entuβáðo] 男 =**entubación**
entubamiento [entuβamjénto] 男 =**entubación**
entubar [entuβár] 他 ❶ …に管を取り付ける, 配管する;《医学》挿管する. ❷《隠語》逮捕する, 処罰する
entuchar [entutʃár] 他《メキシコ. 口語》[女性が恋人に] 性的魅力で引き止める
entuertar [entwertár] 自《文語》悪に陥る
entuerto [entwérto] 男【←ラテン語 intortus < in- (強調)+tortus「ねじれた」】❶ 不正, 不当, 侮辱, 無礼: deshacer ~s (戯語)《ドン・キホーテのように》悪を正す. ❷《医学》後陣痛, 後腹(さん)〔=dolores de ~s〕
entufado, da [entufáðo, ða] 形《コロンビア. 口語》怒っている, 機嫌の悪い
entullecer [entuʎeθér] 39 他 [物事の動きを] 止める, 妨げる ── 自. ~**se** 不随になる, 麻痺する[=tullirse]
entullir [entuʎír] 21 他《地方語》麻痺で一杯になる
entumecer [entumeθér] 【←ラテン語 intumescere「腫れる」】39 他 ❶ [筋肉・関節などの] 動きを悪くする;[一時的に] 麻痺させる, 感覚を失わせる: El frío me *entumece* las manos. 私は寒くて手がかじかんでいる ── ~**se** ❶ [筋肉・関節などが] よく動かなくなる; 麻痺する, しびれる: Se me *entumecen* los músculos de las piernas. 私は脚の筋肉が張っている. ❷ [川が] 増水する; [海が] 波立つ. ❸《コロンビア》縮む
entumecimiento [entumeθimjénto] 男 [筋肉などが] よく動かなくなること; 麻痺, しびれ
entumido, da [entumíðo, ða] 形 ❶ [四肢・筋肉が] つった, しびれた, 麻痺した. ❷《コロンビア》恥ずかしがり屋の, 臆病な; 腹を立てた. ❸《チリ》がやせている
entumir [entumír] ~**se** ❶ しびれる, 麻痺する[=entumecerse]. ❷《コロンビア》おじけづく
entunicar [entunikár] 7 他 ❶ チュニカを着せる, チュニカで覆う. ❷ [フレスコ画を描く前に, 壁に] 石灰と粗砂で二度塗りする
entupir [entupír] 他 ❶ [管を] 詰まらせる. ❷ 濃密にする
enturbantado, da [enturbantáðo, ða] 形 ターバン turbante を巻いた
enturbiamiento [enturβjamjénto] 男 濁らせる(濁る)こと, 混濁
enturbiar [enturβjár] 【←en- I+turbio】10 他 ❶ 濁らせる: *Enturbió* el agua del estanque al agitar el lodo del fondo. 彼は底の泥をかき混ぜて池の水を濁らせた. ❷ [機能を] 乱す, 動揺させる: ~ la mente 精神的に鈍らす. ~ la alegría 喜びに水を差す ── ~**se** 濁る; 乱れる: Las aguas se *enturbiaron*. 水が濁った

entusiasmar [entusjasmár] 【←entusiasmo】他 ❶ 熱狂させる, 興奮させる: El nacimiento de su hijo la ha *entusiasmado*. 息子の誕生に彼女は歓喜した. ❷ …の気に入る[=gustar mucho]: Me *entusiasman* los helados. 私はアイスクリームに目がない ── ~**se** [+con・por に] 熱狂する, 興奮する, 夢中になる, 熱中する: Los viajeros se *entusiasman con* el Prado. 観光客たちはプラド美術館に大喜びする. ❷ 張り切る: Parece *entusiasmado con* la idea de ir a esquiar. 彼はスキーに行こうと張り切っているらしい
entusiasmo [entusjásmo] 男【←ギリシア語 enthusiasmos < enthusiazo < enthusia「神の霊感」】❶ 熱狂, 興奮, 歓喜; 熱意, 熱心さ: Sentí un gran ~ por el proyecto. 私はその計画に大変興奮した. despertar ~ entre los asistentes 出席者たちを熱狂させる. mostrar ~ 熱意を示す. perder el ~ 熱が冷める. con ~ 熱狂的に; 熱心に. ❷ [芸術家の感じる] 高揚; [預言者などの] 神がかり
entusiasta [entusjásta] 形 名 ❶ [人が] 熱心な, 熱烈なファン: Es un seguidor ~ de ese partido. 彼はその政党の熱狂的な支持者だ. ~ de béisbol 野球狂. ❷ [行為・事柄が] 熱狂的な[=entusiástico]: elogio ~ 熱烈な賛辞
entusiástico, ca [entusjástiko, ka] 形 [行為が] 熱狂的な: recibimiento ~ 熱烈な歓迎
entutorar [entutorár] 他《植木などに》支柱をする
enucleación [enukleaθjón] 女《医学》[腫瘍・眼球などの] 摘出
enuclear [enukleár] 他《医学》[腫瘍・眼球などを] 摘出する
énula [énula] 女《植物》オオグルマ[=~ campana, helenio]
enumeración [enumeraθjón] 女【←ラテン語 enumeratio, -onis】❶ 数え上げ, 列挙; [列挙した] リスト, 目録. ❷《論理》枚挙. ❸《修辞》列挙法: ~ caótica まとまりのない列挙法
enumerar [enumerár] 【←ラテン語 enumerare】他 数え上げる, 列挙する: No merece la pena ~ todos los detalles. 細かい点まですべて述べるには及ばない
enumerativo, va [enumeratíβo, βa] 形 ❶ 列挙する: lista ~va 列挙表. ❷《文法》並立の〔2つ以上の節・句からなる連結文・配分の文など〕
enunciación [enunθjaθjón] 女【←ラテン語 enuntiatio, -onis】❶ 言明, 陳述, 表明. ❷《言語》発話行為
enunciado [enunθjáðo] 男 ❶《言語》発話[された結果], 言表. ❷《数学》与件. ❸ 言明, 陳述. ❹ 言葉づかい, 言い回し
enunciar [enunθjár] 【←ラテン語 enuntiare】10 他 [考え・理論などを明確に] 述べる, 表明する: ~ la teoría marxista マルクス主義の理論を説く. ~ un problema《数学》問題[のありか]を示す
enunciativo, va [enunθjatíβo, βa] 形 ❶ 言明の. ❷《文法》oración ~va 平叙文
enuresis [enurésis] 女《医学》遺尿(症): ~ nocturna 夜尿症
enurético, ca [enurétiko, ka] 形《医学》遺尿症の
envagueer [embaɣeθér] 39 他 …の輪郭をぼかす(かすませる)
envainador, ra [embajnaðór, ra] 形 名 ❶ 剣を鞘に収める[人]. ❷《植物》hoja ~ra 鞘葉(しょうよう)
envainar [embajnár] 他 ❶ [剣を] 鞘に収める. ❷ [鞘状に] 包み込む. ❸《コロンビア, ベネズエラ》不快にする ── ~**se** ❶《口語》[相手の理屈・優位に] 前言を撤回する, 黙る. ❷《コロンビア, ベネズエラ》悶着を起こす
envalentonamiento [embalentonamjénto] 男 大胆にさせること, 勇気づけ; 勇気を奮うこと
envalentonar [embalentonár] 【←en- I+valentón】他 ❶ 大胆(強気)にさせる. ❷ 勇気を奮い起こさせる, 励ます ── ~**se** 勇気を奮う, 強気の態度に出る: Ante la negativa de su padre, se *envalentonó* y amenazó con salir de casa. 父親が反対すると, 彼は強気に家を出ると脅した
envalijar [embalixár] 他 スーツケース valija に詰める
envanecedor, ra [embaneθeðór, ra] 形 うぬぼれさせる, 慢心させる
envanecer [embaneθér] 【←en- I+vano+-ecer】39 他 ❶ 思い上がらせる, 慢心させる. ❷ 自慢させる ── ~**se** ❶ 思い上がる, 慢心する. ❷ [+de を] 自慢する, 得意になる: Se *envanece de* tener hijas bonitas. 彼は美しい娘たちを持って鼻が高い. ❸《チリ》[植物が乾燥・腐敗して] 実が中空である

envanecimiento [embaneθimjénto] 男 思い上がり,慢心

envarado, da [embaráđo, đa] 形 ❶ 高慢な〔人〕,尊大な〔人〕,横柄な〔人〕

envaramiento [embaramjénto] 男 こわばり,しびれ

envarar [embarár]《←en- l+vara》他［手足などを］こわばらせる,硬直させる: El frío me *envara* el cuerpo. 寒さで体がうまく動かない
—— ～**se** ❶ こわばる,硬直する,しびれる. ❷《口語》偉ぶる,尊大になる

envarbascar [embarbaskár] [7] 他［魚を痺れさせるために］ビロードモウズイカ verbasco などの毒を水に投入する

envaronar [embaronár] 自《まれ》たくましく育つ

envasado, da [embasáđo, đa] 形［食べ物が］容器入りで売られている
—— 男 容器に入れること,缶詰め,瓶詰め,樽詰め: fecha de ～ 製造年月日. ～ al vacío 真空パック

envasador, ra [embasađór, ra] 形 名 缶(瓶・樽)詰めにする〔人〕
—— 男 大型のじょうご

envasar [embasár]《←en- l+vaso》他 ❶［液体・固形食物などを］運搬・保存のために容器に入れる: ～ el aceite en latas 油を缶に詰める. ❷［人の体に剣などを］差し込む. ❸《まれ》がぶ飲みする,大量に飲む

envase [embáse] 男 ❶ 容器に入れること: operación de ～ 箱詰め作業. ❷［運搬・保存用の］容器: leche en ～ de cartón 紙パック入りの牛乳. ～ burbuja (blíster) 透明材による包装

envasijar [embasixár] 他《プエルトリコ,ボリビア,チリ》容器に入れる《=envasar》

envedijar [embeđixár] ～**se** ❶［髪・毛糸などが］もつれる. ❷《口語》つかみ合い〔殴り合い〕する

envegar [embegár] [8] ～**se**《チリ》［自動車が］ぬかるみ(湿地)にはまる

envejecer [embexeθér]《←en- l+vejez》[39] 他 ❶［人・物を］老化させる,老けさせる; 老けて見せる: El paso del tiempo *envejeció* la casa. 時が経過して家は古びた. Este peinado la *envejece*. このヘアスタイルだと彼女は老けて見える. ❷［ワインなどを］熟成させる,寝かせる. ❸［地域人口を］高齢化させる. ❹［木材などを］古く見せる;［ジーンズなどを］着古したように見せる
—— 自,～**se** ❶ 年をとる,老化する; 古くなる,老朽化する; 老けて見える: Ha *envejecido* mucho en un mes. 彼は1か月でずいぶん老けた. ❷ 熟成する: Este vino *envejece* bien. このワインはよく熟成している. ❸［地域人口が］高齢化する. ❹ 長くとどまる: Quiere ～ en el cargo. 彼はその職を長く続けたがっている

envejecido, da [embexeθíđo, đa] 形 ❶ 年をとった,老けた; 老朽化した. ❷ 古くからの,古めかしい. ❸《まれ》老練な,手慣れた

envejecimiento [embexeθimjénto] 男 ❶ 老化,老齢化,高齢化: aceleración del ～ 老化促進. ～ prematuro 早老化. ❷ 老朽化. ❸ 熟成. ❹《物,金属》時効

envelado, da [embeláđo, đa] 形《女性が》ベールをかぶった

envelar [embelár] 他 ❶ ベールで覆う. ❷《アンデス. 口語》［動物が耳を］立てる
—— 自《チリ. 口語》逃げる
　　envelárselas《チリ》逃げる

envenenado, da [embenenáđo, đa] 形［estar+］悪意のある,人を傷つけるような,意地の悪い

envenenador, ra [embenenađór, ra] 形 名 有毒な,毒のある; 毒殺者,毒を盛る人

envenenamiento [embenenamjénto] 男 毒殺,毒を盛ること;《医学》中毒

envenenar [embenenár]《←en- l+veneno》他 ❶ …に毒を盛る,毒殺する. ❷ 毒を混ぜる,毒を塗る: ～ una sopa スープに毒を入れる. ❸ 中毒を起こさせる. ❹ 害をする,害する;［人間関係を］悪化させる: ～ la amistad 友情を損なう. ❺ 悪意に解釈する,悪く評する
—— ～**se** ❶ 毒をあおる,服毒自殺する: Se *envenenó* con arsénico. 彼はヒ素を飲んで自殺した. ❷ 毒殺される. ❸［+con で］中毒する

enverado [emberáđo] 形 vino ～ 完熟していないブドウで作ったワイン

enverar [emberár] 自［ブドウなどが］熟し始める,色づく

enverdecer [emberđeθér] [39] 自 緑色になる;［植物が］青々と

蘇る
—— 他 緑色にする

enverdinar [emberđinár] 自《サラマンカ》緑色になる,緑がかる,青々と蘇る

enveredar [embeređár] 他《まれ》❶ 向かわせる. ❷ 正道に戻す

envergadura [embergađúra]《←enverga》女 ❶《鳥,航空》翼幅;《船舶》帆幅. ❷［人の］両腕を広げた幅;《ボクシング》リーチ. ❸ 重要性; 規模: asunto de mucha ～ 非常に重大な用件. proyecto de gran ～ 大がかりな計画

envergar [embergár]《←en- l+verga》[8] 他《船舶》［帆を］帆桁に結びつける

envergue [embérge] 男《船舶》帆を帆桁に結ぶ索; 帆を帆桁に結びつけること

enverjado [emberxáđo] 男《集名》柵,鉄柵

enverjar [emberxár] 他 柵で囲む

envero [embéro] 男［ブドウなどが］熟し始めた時の色; そのブドウ

envés [embés]《ラテン語》男《単複同形/複 enveses》❶［布・板などの］裏,裏側,裏面《=revés》. ❷ 葉裏《⇨haz》. ❸［物事の］裏面,裏側: El ～ de la historia es muy complicado. 歴史の裏側は大変複雑だ. ❹《まれ》背中《=espalda》

envesado, da [embesáđo, đa] 形［コルドバ革など］裏を表に出した,裏返しの: cuero ～ 裏皮

envestir [embestír] [35] 他 ❶ =**investir**. ❷《古語》上張りする,かぶせる《=revestir》

enviada[1] [embjáđa] 女 ❶ 送ること,派遣《=envío》. ❷［漁獲物を港に運ぶ］魚運搬船

enviadizo, za [embjađíθo, θa] 形 送られる,しばしば送られる

enviado, da[2] [embjáđo, đa] 形 ❶《政治》外交使節像: enviar un ～ extraordinario 特命大使を派遣する. ❷《新聞,放送》通信員,記者
　　～ *especial* 1) 特使: ～ *especial* de la ONU 国連特使. ～ *especial* con plenos poderes 全権特使. 2) 特派員

enviajado, da [embjaxáđo, đa] 形《建築》斜めの,傾斜した: arco ～ 斜拱

enviar [embjár]《←一俗ラテン語 inviare》[11] 他 ❶［物を, +a+人・場所に］送る,発送する《=mandar》: Ella me *envió* una carta. 彼女は私に手紙をくれた. No *envíe* dinero por correo. 郵便で金を送ってはいけない. ❷［人を］派遣する: ～ una expedición *a* una isla 島に調査隊を送る. ～ tropas 派兵する. ❸《口語》［人を, +a+不定詞 するために］行かせる,言いつける: Solo soy una mensajera. Me *han enviado a* buscarte. 私はただの使いです. あなたを捜すように命じられて来たのです. *Envió* a su hijo *a* buscar el periódico. 彼は息子に言って新聞を取りにやった. ❹ 投げる,放つ: ～ una pelota ボールを投げる(打つ). ❺《古語》追放する,流刑にする
　　～ *a paseo*/～ *a pasear*［人を］追い払う,追い出す

enviar		
直説法現在	命令法	接続法現在
envío		envíe
envías	envía	envíes
envía		envíe
enviamos		enviemos
enviáis	enviad	enviéis
envían		envíen

enviciamiento [embiθjamjénto] 男 悪習に染まらせること;［悪習への］耽溺《雅》,堕落

enviciar [embiθjár]《←en- l+viciar》[10] 他 ❶［+con で］…に悪い癖をつける,悪習に染まらせる,堕落させる: ～ a su hijo *con* las golosinas お菓子ばかり与えて子供をだめにする. ～ a+人 a jugar a las cartas …をトランプ遊びに誘い込む. ❷ ひどく好きにならせる
—— 自［植物が］葉ばかりつけて実が少ない
—— ～**se** ❶［+con・en 良くないことに］夢中になる,［快楽などに］ふける,溺れる《雅》: ～*se con (en)* el juego 賭博にふける. Se *ha enviciado* y bebe demasiado. 彼は酒におぼれて飲みすぎてしまう. ❷［物が長期間条件の悪い場所にあって］変形する,ゆがむ

envidada [embiđáđa] 女 賭け金のつり上げ

envidador, ra [embiđađór, ra] 形 名 賭け金をつり上げる〔人〕

envidar [embiđár]《←ラテン語 invitare「招待する」》自 他《西》❶

《賭博》[相手に対して] 賭け金をつり上げる: ～ de (en) falso [相手が下りるように] はったりをかける. ❷《古語》招待する; [相手が辞退することを期待して] 形だけ誘う(招く)

envidia [embíđja] 〖←ラテン語 invidia < invidere「反感の目で見る」〗[女] 羨望, ねたみ 〖[類義] 男女関係では **celo**〗: Tengo (Siento) ～ de su vida holgada. 私は彼の安楽な暮らしがうらやましい. Le daba ～ ver salir a todos. みんなが出かけるのを見て彼はうらやましがった. ¡Qué ～! うらやましいなあ! Si la ～ tiña fuera, ¡qué tiñosos hubiera!《諺》ねたみは醜いものだ

***comer*〔*se*〕 a+人 *la* ～** …が羨望に身をさいなまれる

***comerse de* ～** 羨望に身をさいなまれる

envidiable [embiđjáble] [形] うらやむに値する: situación ～ うらやましい境遇

envidiar [embiđjár] 〖←envidia〗[10] [他] うらやむ, ねたむ; 嫉妬する 〖[類義] 男女関係では **tener celos de**〗: ～ a los ricos 金持ちをうらやむ. ～ el éxito de los demás 他人の成功をねたむ

***no tener nada* (*mucho·gran cosa*) *que* ～/*tener poco que* ～** 劣らない, いささかも見劣りしない: Su salud *no tiene nada que* ～. あなたの健康は申し分ありません

envidioso, sa [embiđjóso, sa] 〖←ラテン語 invidiosus〗[形] [名] うらやましがる〔人〕: Es muy ～*sa*, que desea todo lo que tienen sus amigas. 彼女はとてもうらやましがりやで友人の持っているものは何でも欲しがる

envido [embíđo] [男]《トランプ》[mus で] 賭け金の2ポイント上乗せ

enviejar [embjɛxár] [他]《サラマンカ》=**envejecer**

envigado [embiɡáđo] [男] [集名] 梁(はり), 桁(けた)

envigar [embiɡár] [8] [自] [他]《建築》梁(桁)を渡す

envigorizar [embiɡoriθár] [9] [他] 力(活力)を与える, 元気づける 〖=vigorizar〗

envilecedor, ra [embileθeđór, ra] [形] 品位を落とす, 価値を下げる

envilecer [embileθér] 〖←en- I+vileza〗[39] [他] ❶ 卑しくする, 品位を落とさせる, 堕落させる. ❷ 価値を下げる: ～ la moneda 貨幣価値を下げる

—— [自]·**～se** 自分の品位を落とす, 卑しくなる; 価値が下がる: La lisonja suele ～. へつらいは多くの場合, 自分を卑しめるものだ. Las palabras *se envilecen* con el uso. 言葉は使っているうちに卑俗化する

envilecimiento [embileθimjénto] [男] 品位の下落, 堕落

envinado, da [embináđo, đa] [形]《メキシコ. 口語》[ワインを飲み過ぎて] 酔っぱらった

envinagrar [embinaɡrár] [他] …に酢をかける, 酢漬けにする

envinar [embinár] [他] ❶ [瓶·樽を] ワインの熟成·貯蔵用に用いる. ❷ ワインに浸す. ❸《メキシコ》[デザートに] ワインなどを入れる

—— **～se**《メキシコ. 口語》[ワインで] 酔っぱらう

envío [embío] 〖←enviar〗[男] ❶ 送ること, 発送, 送付: ～ contra reembolso 代金引換便. ～ de dinero 送金. ～ de fotos 写真の送付. ～ de paquete 小包の発送. ～ del fax ファクスの送付. ～ por correo 郵送. ❷ 発送品; 郵便物, 小包: No he recibido tu ～. 君の送ったものは届いていない. ❸ 派遣: ～ de una delegación 代表団の派遣. ～ de personal 人材派遣. ～ de tropas 派兵. ❹ [複] [EU域内における加盟諸国間の商品の] 移出 〖⇔llegadas 移入〗

envión [embjɔ́n] [男] =**empujón**

envirar [embirár] [他]《養蜂》[ミツバチの巣箱のコルク板を] 木釘で留める

envirotado, da [embirotáđo, đa] [形] うぬぼれの強い, 思い上がった

enviscamiento [embiskamjénto] [男] ❶ 鳥もちを塗ること; [鳥·昆虫が] 鳥もちで捕まること. ❷ [犬などを] けしかけること; [人を] いらいらさせること

enviscar [embiskár] [7] [他] ❶ [棒などに] 鳥もちを塗る. ❷ [犬などを] けしかける; [人を] 仲たがいさせる; いらだたせる

—— **～se** [鳥·昆虫が] 鳥もちにくっつく

envite [embíte] 〖←カタルーニャ語 envit < カスティーリャ語 envidar <ラテン語 invitare「招待する」〗[男] ❶《トランプ》賭け金の上乗せ, ビッド. ❷ 招待, 申し出: aceptar un ～ 招待を受ける. ❸ [動作を促すための] 一押し. ❹《比喩》攻撃

***acortar* (*ahorrar*) *～s a*+人** …の話を手短にさせる

***al primer* ～** 最初から; だしぬけに, いきなり

enviudar [embjuđár] [自] やもめ viudo·viuda になる, 配偶者を亡くす: Ella *enviudó* muy joven. 彼女は若くして夫を亡くした(未亡人になった)

enviverar [embiƀerár] [他] 苗床 vivero に植える

envolatar [embolatár] [他]《メキシコ》[巧みに] 信じ込ませる, だます

envoltijo [embɔltíxo] [男] ❶《軽蔑》ぐしゃぐしゃの包み. ❷《エクアドル》包み, 束 〖=envoltorio〗

envoltorio [embɔltórjo] 〖←envolver〗[男] ❶ 包み, 束: poner los libros en un ～ 本を1つに束ねる. ❷ 包む物, 包み紙. ❸ [異種羊毛の混在による] 毛織物の瑕疵(かし)

envoltura [embɔltúra] 〖←envolver〗[女] ❶ 包む物, 包み紙: poner una ～ a un regalo プレゼントを包装する. ❷ 外皮. ❸ 包装 〖行為〗. ❹ 外見. ❺ [集名] 産着(うぶぎ), おくるみ

envolvedero [embɔlƀeđéro] [男]《廃語》包装紙, 包装材 〖=envolvedor〗

envolvedor, ra [embɔlƀeđór, ra] [形] [名] 覆う, 包む; 包装係

—— [男] ❶ 包装紙, 包装材. ❷ [赤ん坊の] おむつ替え用の台

envolvente [embɔlƀénte] [形] ❶ 包む; 囲む: sonido ～ サラウンド音. voz ～ 包み込むような声. ❷《軍事》包囲する: movimiento ～ 包囲作戦. ❸《服飾》ゆったりとした. ❹ [人が] 愛情で包み込むような, 包容力のある

—— [女] ❶《軍事》包囲. ❷《幾何》包絡線 〖=línea ～〗

envolver [embɔlƀér] 〖←ラテン語 involvere〗[29] 〖[過分] env*uelto*〗[他] ❶ [+con で/+en に] 包む, くるむ, 包装する: ¿Me *envuelve* el muñeco *con* papel de regalo? 人形をラッピングしてくれますか? ～ a un enfermo *con* una manta 病人を毛布でくるむ. Me *envolvió con* sus brazos. 彼は両腕で私を抱き締めた. ❷ 覆う, 覆い包む: La niebla *envuelve* la ciudad. 霧が町をすっぽりと覆う. puerto *envuelto en* brumas suaves 薄い霧に包まれた港. ❸ 含む, 含める: Sus amables palabras *envolvían* una amenaza. 彼の優しい言葉の中には脅しが含まれていた. ❹《軍事》包囲する: ～ una tropa enemiga 敵の部隊を包囲する. ❺ 言いくるめる, 籠絡(ろうらく)する: ～ a+人 *con* buenas razones もっともらしい論法で…を丸め込む. ❻ [事件などに] 巻き込む: Nos *envolvió en* sus artimañas. 彼は私たちを罠にはめた. ～ a+人 *en* un negocio clandestino …を闇商売に引き込む. ❼ [糸などを] 巻く 〖=enrollar〗

—— **～se** ❶ 身を包む, くるまる: La chica *se envolvió en* su abrigo. 少女はオーバーにくるまった. Salió de la bañera *envuelto en* una toalla. 彼はタオルにくるまって風呂から出た. ❷ 巻き込まれる: ～*se en* una pelea けんかの巻き添えになる. ❸《軍事》[互いに] 入り乱れる, 乱戦(混戦)になる. ❹ [男女が] 同棲する

envolvimiento [embɔlƀimjénto] [男] ❶ 包む(くるむ)こと. ❷ [事件などに] 巻き込むこと. ❸ [動物が泥浴びする] ぬた場

envuelto, ta [embwélto, ta] 〖←ラテン語 involutus〗envolver の [過分]

—— [男]《料理》1) ～*s* de col ロールキャベツ. 2)《中米》トルティーリャで肉などを包んだもの

—— [女] ❶ 包む物, 包み紙 〖=envoltura〗. ❷ [飛行船の] 球皮, 浮力ガス嚢

enxebre [enʃébre] 〖←ガリシア語〗[形] 混ぜ物のない, 生(き)の; 本物の, 生粋の

enyerbado, da [enjɛrƀáđo, đa] [形]《メキシコ. 口語》❶ [人·動物が] 毒を盛られた. ❷ [だまされて] 激怒した

enyerbar [enjɛrƀár] [他] ❶《メキシコ. 口語》[人·動物に] 毒を盛る; [人に魔法をかけるために] まずい飲み物を飲ませる. ❷《アルゼンチン, ウルグアイ. 口語》[マテ茶の容器に] 葉を足す

—— **～se** ❶ [土地が] 雑草で覆われる. ❷《メキシコ. 口語》[だまされて] 激怒する. ❸《キューバ》破産する; [事業が] 失敗する; [商談などが] 決裂する

enyesado [enjesáđo] [男] ❶ しっくいを塗ること; ギプス〔で固定すること〕. ❷ [ワイン醸造工程での] 石膏添加

enyesadura [enjesađúra] [女] しっくいを塗ること; ギプスで固定すること

enyesar [enjesár] 〖←en- I+yeso〗[他] ❶ [壁などに] しっくいを塗る. ❷ [手·足に] ギプスをはめる: Le *han enyesado* el brazo. 彼は腕にギプスをはめられた. ❸ [ワインに] 石膏を添加する

enyescar [enjeskár] [7] [他]《まれ》ライターで火をつける

enyesque [enjéske] [男]《カナリア諸島》アペリチフ

enyoyar [enjojár] [他]《エルサルバドル. 口語》[利益を得る目的で] …の信頼を得る; …と仲良くしようとする

enyucar [enjukár] [7] [他]《ペルー. 口語》❶ [巧みに] 信じ込ませ

E

る, だます. ❷ 責任(債務)を負わせる
enyugar [enjuɡár] 〚S〛 他 ❶ [牛·馬などに]くびき yugo をつける. ❷ [鐘に]横木をつける
enyuntar [enjuntár] 他 ❶ [牛馬を]くびきにつなぐ. ❷《中南米》一緒にする, 合わせる
enza [énθa] 女《ムルシア》おとり, 好餌; [人を]引きつける力, 魅力; 愛着, 愛好
enzainar [enθajnár] ~se ❶ [悪意·恨みをこめて]横目で見始める. ❷ 不実になる, 信義に背く
enzalamar [enθalamár] 他 ❶《口語》[犬·人を]けしかける, そそのかす; 仲たがいさせる. ❷《アンダルシア》甘やかす, 甘やかしてだめにする
enzamarrado, da [enθamařáðo, ða] 形 毛皮のチョッキ zamarra を着た
enzarzado, da [enθařθáðo, ða] 形 複雑な, 錯綜した
enzarzar [enθařθár] I 〚S〛 他 ❶《~en 1+zarzo》[+en] 仲たがいさせる, けんかさせる：~ a los amigos *en* una pelea 友人同士をけんかさせる. ❷ [+en 厄介な·面白いことに]巻き込む. ❸ ── いばらで覆う
── ~se ❶ けんか(口論)を始める. ❷ [+en 厄介なことに]手を出す, 巻き込まれる. ❸ いばらに絡まる
II《~en-1+zarzo》〚S〛 他《養蚕》すのこを敷く
enzima [enθíma] 男《生物》酵素：~ digestiva 消化酵素
enzimático, ca [enθimátiko, ka] 形 酵素の
enzimología [enθimoloxía] 女 酵素学
enzimólogo, ga [enθimóloɣo, ɣa] 名 酵素学者
enzimopatía [enθimopatía] 女《医学》酵素病
enzimoterapia [enθimoterápja] 女 酵素療法
enzolvar [enθolβár] 他《メキシコ》[管を]ふさぐ, 詰まらせる
enzonzado, da [enθonθáðo, ða] 形《コロンビア》[人が] 愚かになった
enzootia [enθ(o)ótja] 女《獣医》風土病, 地方病
enzoótico, ca [enθ(o)ótiko, ka] 形 男《獣医》風土病(の), 地方病(の)
enzoquetar [enθoketár] 他 [木組みに] 木片(くさび)を打ち込む(差し込む)
enzorrar [enθořár] 他《プエルトリコ》[人を] 悩ます, わずらわせる, 迷惑をかける
── ~se《プエルトリコ》退屈する; いらだつ
enzunchar [enθuntʃár] 他 [補強用の] 金環(帯鋼)をはめる
enzurdecer [enθurðeθér] 39 自 左利きになる
enzurizar [enθuriθár] 〚S〛 他《まれ》❶ けしかける, そそのかす. ❷ 仲たがいさせる, 不和の種をまく
enzurronar [enθuřonár] 他 ❶ 革袋 zurrón に入れる. ❷ [物を] 中に入れる, 包み込む
── ~se《パレンシア, サラマンカ, アラゴン》[穀物が早魃などで実を結ばない. ❷《口語》[人が]ふくれる, すねる
eñe [éɲe] 女 文字 ñ の名称
-eño, ña《接尾辞》❶ [地名形容詞化]: madril*eño* マドリードの, panam*eño* パナマの. ❷ [関係, 所有]：abril*eño* 4月の. ❸ [原料; 性質] marfil*eño* 象牙製の; aguil*eño* ワシのような
-eo[1]《接尾辞》[-ear 動詞の名詞化. 行為, 結果] mar*eo* 乗り物酔い, pas*eo* 散歩
-eo[2], **a**《接尾辞》[性質, 所属] arbór*eo* 樹木の, espontán*eo* 自然発生的な
EOC 女 覆《西. 略語》←Entidades Oficiales de Crédito 公的信用機関
eocénico, ca [eoθéniko, ka] 形 始新世の《=eoceno》
eoceno, na [eoθéno, na] 形 男《地質》始新世(の)
EOI 女《西. 略語》←Escuela Oficial de Idiomas 国立語学学校
eo ipso [éo í(p)so] 副《ラテン語》《文語》それ自体で
eólico, ca [eóliko, ka] I《←ラテン語 aeolicus》形 ❶ 風の, 風(風力)による: central ~*ca* 風力発電所. energía ~*ca* 風力エネルギー. erosión ~*ca* 風化, 風食. motor ~ エアモーター. ❷ 《ギリシア神話》風神アイオロス Eolo の
II《←古語 Eolia》❶ 名 =eolio II
eolio, lia [eóljo, lja] I 形 =**eólico**
II 形《歴史, 地名》[小アジアにあったギリシアの植民地] アイオリス Eolia の(人)
── 男 アイオリス方言
eolito [eolíto] 男《考古》原石器, エオリス
Eolo [éolo] 男《ギリシア神話》風神アイオロス
eón [eón] 男 ❶ 測り知れない長い年月, 永劫. ❷《地質, 天文》10億年. ❸《宗教》[グノーシス説の] アイオン, 神から流出した霊体, 真実在
eonismo [eonísmo] 男《文語》服装倒錯, 異性の服装をすること
eonista [eonísta] 名《文語》服装倒錯の人
Eos [éos] 女《ギリシア神話》エオス《曙の女神. ローマ神話の Aurora に相当》
eosina [eosína] 女《生化》エオシン
eosinofilia [eosinofílja] 女《医学》好酸球増加(症)
eosinofílico, la [eosinofílo, la] 形《解剖》好エオシン性の; 好酸球《=leucocito ~》
epa [épa] 〚←擬態〛 間 ❶ [注意の喚起] ほらっ(気をつけて)! ❷ 《メキシコ, ホンジュラス, ベネズエラ, ペルー》[挨拶] やあ!《=hola》❸ 《コロンビア, ペルー》[祭りの掛け声] それ!
EPA 女《略語》←encuesta de población activa 労働力調査
epacridáceo, a [epakriðáθeo, a] 形 エパクリス科の
── 女《植物》エパクリス科
epacta [epákta] 女 ❶《天文》閏余《°A》. ❷《カトリック》聖務案内《=añalejo》
epactilla [epaktíʎa] 女《カトリック》聖務案内《=añalejo》
epagómenos [epaɣómenos] 男《歴史》[エジプト·ギリシアの暦で太陽年と太陰年の差を調整するための] 閏日
epanadiplosis [epanaðiplósis] 女《単複同形》《修辞》首尾同語
epanáfora [epanáfora] 女《修辞》=**anáfora**
epanalepsis [epanalé(p)sis] 女《単複同形》《修辞》❶ 隔語句反復. ❷ =**epanadiplosis**
epanástrofe [epanástrofe] 女《修辞》連鎖《=concatenación》; 反復《=conduplicación》
epanortosis [epanortósis] 女《単複同形》《修辞》換語
epatante [epatánte] 形《戯語》仰天させる, 驚嘆すべき
epatar [epatár]《←仏語》《戯語》驚嘆させる, あっと言わせる
epazote [epaθóte] 男《メキシコ. 植物》アリタソウ《葉·花を煎じて茶にしたり調味料として用いる》
E.P.D.《略語》←en paz descanse. =**q.e.p.d.**
epeira [epéjra] 女《動物》オニグモ
epeiroforesis [epejroforésis] 女《単複同形》《地質》大陸移動, 大陸漂移
epéndimo [epéndimo] 男《解剖》[脳室の] 上衣
epéntesis [epéntesis] 女《単複同形》《言語》[発音上の] 語中音添加(挿入)《例 crónica→coronica》
epentético, ca [epentétiko, ka] 形《言語》語中音添加(挿入)の
eperlano [eperláno] 男《魚》キュウリウオ
epi-《接頭辞》[上, 表面] *epi*dérmico 表皮の
epiblasto [epiblásto] 男《生物》胚盤葉上層, 外胚葉
epibranquial [epibraŋkjál] 形《動物》上鰓(じょうさい)の
épica[1] [épika] 女 叙事詩《=poesía ~》
epicáliz [epikáliθ] 男《植物》萼(がく)状総苞(そうほう)
epicamente [épikaménte] 副 叙事的に, 叙事詩的に
epicanto [epikánto] 男《医学》内眼角贅皮(ぜいひ)
epicardio [epikárðjo] 男《解剖》心外膜
epicarpio [epikárpjo] 男《植物》外果皮
epicarpo [epikárpo] 男 =**epicarpio**
epicedio [epiθéðjo] 男《古語》[死者の前で詠唱した] 弔いの歌, 挽歌; 哀歌
epiceno [epiθéno] 形 男 ❶《文法》通性の; 通性名詞《1つの語形で雌雄両方を表わす. 例 el milano, la gorila》. ❷《まれ》あいまいな, 誤った
epicentral [epiθentrál] 形《地質》震央の
epicentro [epiθéntro] 男 ❶《地質》震央: profundidad del ~ 震源の深さ. ❷《文語》中心
epiceyo [epiθéjo] 男《古語》=**epicedio**
epicíclico, ca [epiθíkliko, ka] 形《天文》周転円の: movimiento ~ 周転円運動
epiciclo [epiθíklo] 男 ❶《幾何》周転円. ❷《天文》[天動説の] 周転円
epicicloidal [epiθiklojðál] 形 外(転)サイクロイドの
epicicloide [epiθiklójðe] 女《幾何》外(転)サイクロイド, 外擺線(がいはいせん)
epicidad [epiθiðá(ð)] 女《まれ》叙事詩性; 壮大さ
epiclesis [epiklésis] 女《カトリック》エピクレシス《聖霊降下を求める祈り》
épico, ca[2] [épiko, ka]《←ラテン語 epicus < ギリシア語 epikos <

epos「言葉, 詩句」】形 ❶ 叙事詩(体)の, 叙事詩的な. ❷ 英雄的な; 壮大な, 並外れた: sucesos ～s 壮大な出来事 ── 名 叙事詩人

epicondilitis [epikondilítis] 女《医学》上腕炎
epicondilo [epikondílo] 男《解剖》上腕(骨)
epicontinental [epikontinentál] 形《地理》mar ～ 縁海
epicotíleo [epikotíleo] 男《植物》上胚軸
epicraneal [epikraneál] 形《解剖》頭蓋上にある
epicrisis [epikrísis] 女《医学》[病歴の]批評的研究
epicureísmo [epikureísmo] 男 快楽主義, 享楽主義;《哲学》エピクロス Epicuro 主義
epicúreo, a [epikúreo, a]【←ラテン語 epicureus】形 名 快楽主義の(主義者);《哲学》エピクロス派の(人)
epicuri de grege porcum [epikúri de gréɡe pórkum]【←ラテン語】エピクロスの動物群の中の豚《ホラティウス Horatius は自分のことをこう呼んだが, 本心ではストア学派の厳格な言葉を嘲笑している》
epidemia [epidémja]【←ギリシア語 epidemia < epi-(上)+demos「民衆」】女［悪質な伝染病の］流行; 流行病, 悪疫《比喩的にも》: Había una ～ de gripe. インフルエンザがはやった. ～ del crimen organizado 組織犯罪の横行
epidemial [epidemjál] 形《廃語》=**epidémico**
epidemicidad [epidemiθidá(d)] 女［病気の］流行性, 疫病性
epidémico, ca [epidémiko, ka]【←epidemia】形［病気が］流行性の, 伝染性の: enfermedad ～ca 流行病
epidemiología [epidemjoloxía] 女 疫学, 流行病学, 伝染病学: ～ descriptiva 記述疫学, 疫学特性. ～ analítica 分析疫学
epidemiológico, ca [epidemjolóxiko, ka] 形 疫学の
epidemiólogo, ga [epidemjóloɡo, ɡa] 名 疫学者, 伝染病学者
epidérmico, ca [epidérmiko, ka] 形 表皮の
epidermis [epidérmis] 女《単複同形》《解剖, 植物》表皮, 上皮; 皮膚
　tener la ～ fina [sensible]《口語》神経過敏である, 気難しい, 怒りっぽい
epidermización [epidermiθaθjón] 女《医学》上皮再生
epidermólisis [epidermólisis] 女《医学》先天性表皮水疱症
epidiagénesis [epidjaxénesis] 女《地質》晩期続成作用, エピダイアジェネシス
epidiascopio [epidjaskópjo] 男《光学》エピジアスコープ
epidiáscopo [epidjáskopo] 男 =**epidiascopio**
epidíctico, ca [epidíktiko, ka] 形《文学》誇示の, 虚飾の
epididimitis [epididimítis] 女《医学》精巣上体炎, 副睾丸炎
epidídimo [epidídimo] 男《解剖》精巣上体, 副睾丸
epidota [epidóta] 女《鉱物》緑簾(れん)石; 図 緑簾石グループ
epidotita [epidotíta] 女《鉱物》エピドタイト
epidural [epidurál] 形《解剖》硬膜外の;《医学》硬膜外麻酔(の): bloqueo ～ 硬膜外ブロック
epifanía [epifanía] 女《カトリック》[主に E～]公現祭, 主のご公現の祝日《幼子イエスが東方の三博士の礼拝を受けた記念日. 1月6日》
epifenómeno [epifenómeno] 男 付帯現象;《医学》付帯徴候;《心理》随伴現象
epifilia [epifílja] 女《哲学, 医学》随伴現象, 付帯徴候
epifisario, ria [epifisárjo, rja] 形《解剖》松果体の; 骨端の
epífisis [epífisis] 女《単複同形》《解剖》松果体; 骨端
epífito, ta [epífito, ta] 形《植物》着生植物(の)
epifito, ta [epífito, ta] 形 名 =**epifito**
epifonema [epifonéma] 男《修辞》[最後を感嘆文で締めくくる]感嘆的結語
epífora [epífora] 女《医学》流涙症
epifragma [epifráɡma] 男《動物》[カタツムリなどの]冬蓋
epigastralgia [epiɡastrálxja] 女《医学》心窩部痛(つう)
epigástrico, ca [epiɡástriko, ka] 形 上腹部の, みぞおちの
epigastrio [epiɡástrjo] 男 上腹部, みぞおち
epigénesis [epixénesis] 女《単複同形》《生物》後成[説]
epigenético, ca [epixenétiko, ka] 形 後成の, 後成的な
epigeo, a [epixéo, a] 形《植物》地上性の, 地上性の
epigino, na [epixíno, na] 形《植物》子房下位の
epiglosis [epiɡlósis] 女《単複同形》❶《膜翅類昆虫の》上咽頭. ❷《古語》=**epiglotis**

epiglotis [epiɡlótis] 女《単複同形》《解剖》喉頭蓋, のどぶた
epigonal [epiɡonál] 形 亜流の
epigónico, ka [epiɡóniko, ka] 形 =**epigonal**
epigonismo [epiɡonísmo] 男 模倣, 亜流
epígono [epíɡono]【←ギリシア語 epigonos < epi-(その後)+gonos < gignomai「私は生まれる, 生じる」】男［流派・スタイルの］踏襲者; 模倣者, 亜流, エピゴーネン
epígrafe [epíɡrafe]【←ギリシア語 epegraphe < epigrapho「私は描く, 書く」】男 ❶［章の］表題;[新聞の]見出し. ❷［本や章の始めの］題辞, 銘句;[建物などに刻まれた]碑銘
epigrafía [epiɡrafía] 女 碑銘学, 金石文学
epigráfico, ca [epiɡráfiko, ka] 形 碑銘の, 題辞の; 碑銘研究の
epigrafista [epiɡrafísta] 名 碑銘学者, 金石文研究者
epigrama [epiɡráma]【←ラテン語 epigramma < ギリシア語 epigramma < epigrapho「私は書く」】男 ❶ 風刺詩, エピグラム. ❷ 警句, 辛辣な言葉. ❸ 碑銘, 碑文. ❹《料理》[子羊などの]薄切り肉のカツレツ
epigramatario, ria [epiɡramatárjo, rja] 形 名 =**epigramático**
── 男 風刺詩集; 警句集
epigramático, ca [epiɡramátiko, ka] 形 風刺詩の; 風刺的な, 警句の, 警句的な
── 名 風刺詩人; 警句家
epigramatismo [epiɡramatísmo] 男 風刺詩(警句)の多用傾向
epigramatista [epiɡramatísta] 名 =**epigramático**
epigramista [epiɡramísta] 名 =**epigramático**
epilense [epilénse] 形 名［地名］エピラ Épila の(人)《サラゴサ県の村》
epilepsia [epilé(p)sja]【←ラテン語 epilepsia < ギリシア語 epilepsia「突然の中断」】女《医学》てんかん: crisis de ～ てんかんの発作. ～ sensible a la luz/～ fotosensible 光過敏性てんかん
epiléptico, ca [epilé(p)tiko, ka] 形 ❶ てんかんの[患者]: convulsión ～ca てんかん性痙攣. ❷《まれ》無秩序な, 乱暴な
epileptiforme [epilɛ(p)tifórme] 形《医学》てんかん様の
epileptoide [epilɛ(p)tójde] 形 名《医学》類てんかんの[患者], てんかんに似た
epilobio [epilóbjo] 男《植物》エピロビウム《アカバナ属の一種》
epilogación [epiloɡaθjón] 女 =**epílogo**
epilogal [epiloɡál] 形 要約された, 概要の
epilogar [epiloɡár] 他 要約する, 概括する; 締めくくる, 終わらせる
epilogismo [epiloxísmo] 男 ❶《天文》演算. ❷《論理》帰納的推論
epílogo [epíloɡo]【←ラテン語 epilogus < ギリシア語 epilogos < epi「上に」+logos「話」】男 ❶［小説などの］終章, エピローグ《⇔prólogo》; 結論, まとめ, 締めくくり: hacer un ～ en su conferencia 講演の結び(まとめ)の言葉を述べる. ❷［事件の］終局, 終末: tener un trágico ～ 悲劇的な結末を迎える. ❸ 要約, 梗概(こうがい)
epímone [epímone] 女《修辞》反復語法
epinefrina [epinefrína] 女《生化》エピネフリン
epineuro [epinéuro] 男《解剖》神経鞘, 神経上膜
epinicio [epiníθjo] 男 勝利の賛歌, 凱歌, 祝勝歌
epipaleolítico, ca [epipaleolítiko, ka] 形 男 =**mesolítico**
epiparásito [epiparásito] 男《生物》=**ectoparásito**
epipelágico, ca [epipeláxiko, ka] 形 表海水層の《深さ約200メートルまで》
epiplón [epiplón] 男《解剖》大網膜, 網膜
epiquerema [epikeréma] 男《論理》帯証式《大前提・小前提の一方か双方がその証明を伴う三段論法》
epiqueya [epikéja] 女《法律》状況に応じた法解釈
epirogénesis [epiroxénesis] 女《単複同形》《地質》造陸運動
epirogénico, ca [epiroxéniko, ka] 形《地質》造陸運動の
epirota [epiróta] 形 名［歴史, 地名］古代ギリシア北西部の地域, エピロスの(人)
epirótico, ca [epirótiko, ka] 形 =**epirota**
episcopado [episkopádo]【←ラテン語 episcopatus】男《キリスト教》司教・監督・主教 obispo の位(職・任期);［集合］司教団
episcopal [episkopál]【←ラテン語 episcopalis】形 司教・監督・主教の[典礼定式書]
episcopaliano, na [episkopaljáno, na] 形 名 司教会議主教

論の(論者)
episcopalismo [episkopalísmo] 男 司教会議主権論, 司教団首位説
episcopio [episkópjo] 男 ❶《光学》反射投映機. ❷《まれ》司教官邸
episcopologio [episkopolóxjo] 男《キリスト教》[教会の] 歴代司教名簿
episiotomía [episjotomía] 女《医学》会陰(%)切開
episódicamente [episóđikaménte] 副 挿話風に; 偶発的に
episódico, ca [episóđiko, ka]《←episodio》❶ 挿話的な: novela ~ca エピソードをつなぎ合わせた小説. ❷ 一時的な, 時たまの; 状況による; 副次的な: Es una victoria ~ca entre tantas derrotas. それは数多い敗北の中の一勝利にすぎない
episodio [episóđjo]《←ギリシア語 epeisodion < epi- (上)+eisodos「入口, 介入」》男 ❶ [全体の流れの中での] 一事件; [つかのまの・ささいな] 出来事: un ~ de la última etapa de la guerra 戦争末期のある出来事. ❷ [小説の中などの] 挿話, エピソード; 話の脱線. ❸《放送》[続き物の] 一回分: serie en doce ~s 12回連続もの. ❹《口語》[思いがけない・厄介な] 事件, 出来事: ~ de violencia 暴力事件. ❺《医学》[再発性疾患の] 症状の発現
espispástico, ca [espispástiko, ka] 形《薬学》発泡性の, 皮膚刺激性の; 発疱薬, 引赤薬
epispermo [espispérmo] 男《植物》[胞子の] 外珠皮
epistates [epistátes] 男《古代アテネ》プーリー bulé の議長
epistaxis [epistá(k)sis] 女《医学》鼻出血, 鼻衄
episteme [epistéme] 男《哲学》認識
epistémico, ca [epistémiko, ka] 形《哲学》認識の
epistemología [epistemoloxía] 女《哲学》認識論; 科学哲学
epistemológico, ca [epistemolóxiko, ka] 形 認識論の
epístola [epístola]《←ラテン語 epistula < ギリシア語 epistole「伝言」< epi-(上)+stello「私は送る」》女 ❶《文語》書簡, 書状, 手紙; 《文学》書簡体詩: ~ dedicatoria 献呈の献辞. ❷《新約聖書》使徒書簡;《カトリック》[ミサでの] その朗読. ❸ 副助祭職 *de la* ~《カトリック》[教会で信者側から見て] 右側の
epistolar [epistolár] 形 書簡の, 手紙の: novela ~ 書簡体の小説. Mantuvimos una divertida relación ~. 私たちは楽しく文通を続ける間柄だった
epistolario [epistolárjo] 男 ❶ 書簡集. ❷ 使徒書簡集
epistolarmente [epistolármente] 副 書簡で, 手紙で: Se han relacionado ~ durante un tiempo. 彼らはしばらくの間, 手紙のやりとりをしていた
epistolero [epistoléro] 男 ❶《荘厳ミサで》使徒書簡を朗読する聖職者. ❷《古語》=**subdiácono**
epistolio [epistóljo] 男 =**epistolario**
epistolografía [epistolografía] 女《韻文・散文の》書簡体文学
epistológrafo, fa [epistológrafo, fa] 名 書簡体文学者, 書簡体詩人
epístrofe [epístrofe] 女《修辞》結句反復
epitáfico, ca [epitáfiko, ka] 形 墓碑銘の
epitafio [epitáfjo]《←ラテン語 epitaphium < ギリシア語 epitaphios「墓の上に立てられる」< epi- (上)+taphos「墓」》男 墓碑銘, エピタフ, 墓誌, 碑文
epitalámico, ca [epitalámiko, ka] 形 祝婚歌の
epitalamio [epitalámjo] 男《文学》祝婚歌
epítasis [epítasis] 女《単複同形》《古代ギリシア, 演劇》展開部, エピタシス
epitaxia [epitá(k)θja] 女《物理》エピタクシー
epitelial [epiteljál] 形《解剖》上皮の: tejido ~ 上皮組織. células ~es 上皮細胞
epitelio [epitéljo] 男《解剖, 生物》上皮
epitelioma [epiteljóma] 男《医学》上皮腫
epitelitis [epitelítis] 女《医学》上皮炎
epítema [epítema] 女《医学》温湿布, 冷湿布
epítesis [epítesis] 女《単複同形》❶ 語尾音添加《例 feliz→felice]》. ❷ 補綴治療
epíteto [epíteto] 男 ❶《文法》[性質・属性を表わす] 形容語句, 形容辞; [しばしば名詞の前に置かれる] 特徴形容詞《例 la *blanca* nieve, *dulce* melodía]》. ❷ [侮辱的な・賞賛の] 形容. ❸《文》特殊化形容詞
epítima [epítima] 女 ❶《医学》=**epítema**. ❷ 慰安, 慰め, 安堵

epitimar [epitimár] 他 湿布を貼る
epítimo [epítimo] 男《植物》ネナシカズラ属の一種《学名 Cuscuta epithymum]》
epitomadamente [epitomáđaménte] 副 要領よくまとめて, 要約して
epitomador, ra [epitomađór, ra] 形 名《まれ》要約する[人], 抜粋する[人]
epitomar [epitomár] 他《まれ》[作品を] 要約する, 梗概を作る
epítome [epítome]《←ギリシア語 epitome》男 ❶ 長大な文芸作品などの] 要約, 梗概(%). ❷《修辞》[文頭語を繰り返す] 要約的結辞
epitomizador, ra [epitomiθađór, ra] 形 名《まれ》=**epitomador**
epitomizar [epitomiθár] 他《まれ》=**epitomar**
epítrito [epítrito] 男 [1短音節と3長音節からなるギリシア語・ラテン語詩の] 4音節詩韻脚
epitróclea [epitróklea] 女《解剖》上腕骨下端部の内側上顆
epítrope [epítrope] 女《修辞》❶ 譲歩文彩《差し当たり相手の言い分を認めるもの言い]》. ❷ 許諾文彩《第三者の裁定に任せるふりをするもの言い]》
epizoario [epiθoárjo] 男 =外皮(体表)寄生動物
epizona [epiθóna] 女《地質》[変成作用の] エピ帯
epizootia [epiθo(o)tja] 女 ❶ 動物間流行病, 獣疫. ❷《チリ, 獣医》口蹄(疫)疫
epizoótico, ca [epiθ(o)ótiko, ka] 形 動物間流行病(性)の
epizootiología [epiθ(o)otjoloxía] 女 動物疫学(流行病学), 獣疫学
época [épokal]《←ギリシア語 epokhe「停止」》女 ❶ 時代, 年代: La devolución de Okinawa marca una ~ en la historia de Japón. 沖縄返還は日本の歴史に一時代を画するものである. en cualquier ~ いつの時代にも. nuestra ~ 現代. ~ de las invasiones/~ de las grandes migraciones 民族移動時代《3～7世紀, ヨーロッパ]》. ~ isabelina イサベル時代《1833-68, スペイン]》. ~ de la Restauración 王政復古時代《1875-1902, スペイン]》. ~ del ordenador コンピュータ時代. ❷ 時期, 期間: Fue la ~ más feliz de su vida. それは彼の一生で最も幸福な時期だった. su ~ de universidad 彼の大学生時代. en esta ~ 今; この季節に. en aquella ~ あのころは. en ~ lluviosa/en ~ de lluvias 雨期に. bella ~ ベル・エポック《=belle époque]》. ~ de la guerra 戦争の時代. ~ de la siembra 種蒔きの季節. ~ de la recolección 収穫期. ~ verde (rosa)[ピカソの]青(ピンク)の時代. ❸《地質》世(%)
a ~s 時々
de ~ 時代ものの, 古い時代の: Acudieron vestidos con trajes *de* ~. 彼らは昔の衣装を着て行った. coche *de* ~ ビンテージカー. mueble *de* ~ 時代ものの家具. película *de* ~ 《映画》時代劇
de los (las) que hacen ~《口語》[事件などが] ものすごい, とんでもない
en otra ~ かつては, 以前は
en su ~ 彼の若い(活躍していた)ころは
formar ~ =**hacer** ~
hacer ~ 一時代を画する, 一世を風靡(%)する
ser de su ~ 時流に遅れない, 当世風である
epocal [epokál] 形《文語》昔の, 古代の
epoda [epóđa] 女 =**epodo**
epodo [epóđo]《詩法》❶ エポード《古代ギリシア抒情詩の第3段(終結節); 長短の行が交互する古代抒情詩形]》. ❷《詩節・連の》最終行
epónimo, ma [epónimo, ma] 形 祖名(%)の《国・都市・民族・時代の名の起源となった人や神. 例 América (国名)←Américo [Vespucio] (人名)]》: Cristóbal Colón es ~ de Colombia. クリストバル・コロンブスはコロンビアの名祖である
epopeya [epopéja]《←ギリシア語 epopoiia]》女 ❶ 叙事詩: "La Ilíada" y "La Odisea" son las dos grandes ~s griegas. 『イリアス』と『オデュッセイア』はギリシアの2大叙事詩である. ❷ [苦難を乗り越えた] 英雄的な行為, 偉業; 波瀾万丈の旅, 艱難(%)辛苦: Cruzar los Andes fue una ~ terrible. アンデス越えは非常な難事だった
epopéyico, ca [epopéjiko, ka] 形《文語》❶ 英雄的な. ❷ 壮大な, 並外れた
epos [épos]《←ギリシア語》男《文語》詩, 韻文
epoxi [epó(k)si] 男《化学》エポキシ[樹脂]

epoxídico, ca [epo(k)síðiko, ka] 形《化学》resina ~ エポキシ樹脂
epóxido [epó(k)siðo] 男《化学》エポキシド
épsilon [é(p)silon] 女《ギリシア文字》エプシロン〖E, ε〗
epsomita [e(p)somíta] 女《化学》エプソム塩, シャリ塩
épulis [épulis] 男《医学》歯肉腫
epulón [epulón] 男 美食家, 食道楽の人
equi-〖接頭辞〗〖均等〗equilibrio 均衡, equivalente 等しい
equiángulo, la [ekjángulo, la] 形《幾何》等角の
equidad [ekiðá(d)]〖←ラテン語 aequitas, -atis < aequus「等しい」〗女 ❶ 公平, 公正: juzgar con ~ 公平な判決を下す. distribuir con ~ 公平に分配する. ❷［価格・契約条件などの］妥当性, 衡平性. ❸〖古頭〗〖気持ちの〗落ち着き, 平静
equidiferencia [ekiðiférénθja] 女《数学》〖等比数列における〗差異等比
equidistancia [ekiðistánθja] 女 等距離
equidistante [ekiðistánte] 形 等距離の; [+de から] 等距離にある
equidistar [ekiðistár] [←equi-+distar] 自 等距離にある; [+de から] 等距離にある: El ecuador equidista de los polos. 赤道は北極と南極から等距離にある
equidna [ekíðna] 男《動物》ハリモグラ
équido, da [ékiðo, ða] 形《動物》ウマ科の
—— 男 複 《動物》ウマ科
equiforme [ekifórme] 形 同形の
equilátero, ra [ekilátero, ra] 形《幾何》等辺の: polígono ~ 正多角形
équili [ékili] 男〖口語〗=**equilicuá**
equilibrado, da [ekiliβráðo, ða] 形 ❶ 釣合いのとれた, 均衡した: dieta ~da バランスのとれた食事. lucha ~da 接戦. presupuesto ~ 均衡予算, 健全財政. ❷［人が］平静な, 情緒の安定した, 分別のある
equilibrador, ra [ekiliβraðór, ra] 形 釣り合いをとる, 均衡を保つ
—— 男 ❶《電気》〖集名〗電圧平衡器. ❷《技術》釣り合いおもり; 平衡力
equilibrar [ekiliβrár] 〖←equilibrio〗 他 [+con と] 釣り合わせる, 均衡させる: ~ la carga en un barco 船の積み荷のバランスをとる. ~ los gastos con los ingresos 収入に見合った支出をする. ~ el presupuesto 予算の均衡を図る
—— ~se 釣り合い（バランス）がとれる
equilibre [ekilíβre] 形 〖古〗釣り合いのとれた, 均衡した
equilibrio [ekilíβrjo] 〖←伊語 equilibrio < ラテン語 aequilibrium < aequus「等しい」+libra「天秤」〗 男 ❶ 平衡, 釣り合い: 1) mantener (perder) ~ バランスを保つ（失う）. poner... en ~. romper el ~ 均衡を破る. sentido del ~ 平衡感覚. ~ de fuerzas 勢力の均衡, バランス・オブ・パワー. ~ europeo〖歴史〗ヨーロッパの均衡〖18世紀の国際関係に適用されたシステム〗. ~ químico 化学平衡. 2)《物理》~ estable (inestable) 安定（不安定）平衡. ~ indiferente 中立平衡. 3)《経済》~ de la balanza de pagos internacionales 国際収支の均衡. ~ entre la oferta y la demanda 需給のバランス. ~ estacionario 定常的均衡〖嗜好・資本ストック・技術などの与件が一定の下で, 各経済主体が適応過程を経た後に出現すると想定される〗. ~ general 一般均衡〖相互に依存しているすべての市場で同時的に成立する〗. ~ parcial 部分均衡〖一つの市場の内部で, 他の市場の事情が同じなら成立する〗. ❷ 調和, 均整. ❸ 平静さ, 落ち着き, 精神的安定: juzgar con ~ 冷静に判断する. ❹〖バランスをとるための〗策略, 妥協策: hacer ~s 妥協策をとる
equilibrismo [ekiliβrísmo] 男 曲芸, 軽業: hacer ~ en el trapecio 空中ブランコの曲芸をする
equilibrista [ekiliβrísta] 形 名 ❶ 曲芸師〖のような〗, 綱渡りの芸人. ❷〖チリ, 軽蔑〗八方美人〖の政治家〗
equilicuá [ekilikwá]〖間〗〖捜していた場所・解決法などを指して〗ついに見つけた, あった!
equilicual [ekilikwál] 副〖地方語〗同じく, 同様に
equimolecular [ekimolekulár] 形《化学》等分子の
equimosis [ekimósis] 女〖単複同形〗《医学》斑状出血;［打撲などによる〗青あざ
equinado, da [ekináðo, ða] 形《植物》とげのある
equino[1] [ekíno] 男 ❶《生物》ウニ〖=erizo de mar〗. ❷《建築》

エキヌス〖ドーリス式柱頭のまんじゅう形; その削り形〗
equino[2]**, na** [ekíno, na] 形 馬の, ウマ科の
—— 男 ❶《動物》複 馬科. ❷〖アルゼンチン〗牛馬
equinoccial [ekino(k)θjál] 形 ❶ 昼夜平分の: día ~ 春分（秋）の日. línea ~ 昼夜平分線〖赤道〗. punto ~ 昼夜平分点〖春分点と秋分点〗. ❷《植物》定時に開花する
equinoccio [ekinó(k)θjo]〖←ラテン語 aequinoctium < aequus「等しい」+nox, noctis「夜」〗男 ❶ 昼夜平分時: día de ~ 春分（秋分）の日. ~ de primavera/~ vernal 春分点. ~ de otoño 秋分点. ❷〖まれ〗赤道
pasar el ~〖地方語〗苦しむ
equinococia [ekinokóθja] 女 =**equinococosis**
equinococo [ekinokóko] 男《動物》エキノコックス, 包条虫
equinococosis [ekinokokósis] 女《医学》エキノコックス症, 包虫症
equinodermo, ma [ekinoðérmo, ma] 形 棘皮動物門の
—— 男 複《動物》棘皮(きょくひ)動物門
—— 男 複 棘皮動物門
equinoideo, a [ekinojðéo, a] 形 ウニ綱の
—— 男 複《動物》ウニ綱
equipación [ekipaθjón] 女 ❶ 用意すること, 設備を整えること. ❷《サッカー》〖チームの〗ユニフォーム一式
equipaje [ekipáxe]〖←equipar〗 男〖集名〗 ❶［旅行用の〗荷物, 手荷物, 携帯品〖= ~ de mano〗: poner el ~ en una maleta 荷物をスーツケースに入れる. viajar ligero de ~ 少ない手荷物で旅行する. viajar con mucho ~ 大荷物を持って旅行する. subir a bordo con ~ de mano 手荷物をもって搭乗する. ❷《口語》知識, 経験〖=bagaje〗. ❸《船舶》乗組員, クルー〖=tripulación〗
hacer el ~ 荷づくりする: Aún no he hecho el ~. 私はまだ旅支度をしていない
equipal [ekipál] 男《メキシコ》［革張りの・シュロで編んだ］田舎風の椅子
equipamiento [ekipamjénto] 男 ❶ 装備を施すこと, 設備の据え付け. ❷〖集名〗装備, 装具; 設備: ~ estándar 標準装備. ~ militar 軍需品. ~ personal 個人装備. ~ sanitario 衛生設備. ~ social [一国の生産活動を側面から支援する]社会［的間接〗資本
equipar [ekipár]〖←仏語 équiper < スカンジナビア語 skipa < skip「船」〗他 ❶ [+con・de 必要な装備を] …に施す, 提供する, 備え付ける; 装備する, 備え付け, 設備を施す: Este nuevo ordenador está equipado con un potente procesador. この新しいコンピュータは強力なプロセッサーを搭載している. ~ el ejército con (de) armamento moderno 軍隊に近代的な装備を施す. ~ a su hijo para una excursión 子供に遠足の支度をさせる. auto equipado con airbag para el pasajero delantero 前部座席にエアバッグを装備した自動車. bien (mal) equipado 設備のよい（悪い）. equipado con un carnet de prensa 記者証を携帯した. ❷《船舶》1) ~ un barco 船を艤装する. buque equipado con misiles ミサイル搭載艦. 2)［航海に必要な物資を］積み込む
—— ~se［必要な〗装備（設備）を整える, 装備を身につける: ~se con (de) lo indispensable 必要なものを備える. ~se para la escalada 登攀装備を用意する
equiparable [ekiparáβle] 形 [+a・con と] 比較され得る, 比肩し得る
equiparación [ekiparaθjón] 女 比較, 同等視
equiparar [ekiparár]〖←ラテン語〗他 [等しいものと考えて, +con・a と] 比較する: Equiparó su belleza con la de los ángeles. 彼女は自分の美しさを天使のそれと比べてみた. Lo equipararon a un cobarde. 彼は臆病者扱いされた
equiparidad [ekipariðá(d)] 女《チリ》平等
equipartición [ekipartiθjón] 女 teorema de ~ 〖エネルギーの〗等配分の法則
equipier [ekipjér] 男 複〜s《スポーツ》チームのメンバー
equipo [ekípo]〖←equipar〗 男 ❶ チーム〖類風 **equipo** は一般的に「チーム」で出場選手のみ. **plantilla** は「プロスポーツのチームで控えの選手も含めたチーム」〗: ~ de béisbol 野球チーム. ~ de salvamento 救助隊. ~ médico 医療班; 医療設備. ~ nacional ナショナルチーム, 国の代表チーム. ❷《スポーツ》〖種目〗団体〖⇔individual〗. ❸《航空》編隊. ❹ 装備, 備品, 設備, キット: El centro de salud carece de ~ de rayos X. この保健施設はレントゲンの設備がない. llevarse un buen ~ 十分な装備を整えている. costo de ~ 設備費. ~ de alpinismo

登山用具一式. ～ de computadores コンピュータ設備一式. ～ de filmación 撮影機材, 撮影設備. ～ de novia 嫁入り道具, 花嫁衣装一式. ～ de un barco 艤装. ～ de una casa 家の設備. ～ de vuelo 航空機材. ～ eléctrico 電気設備. ❺ セットになったもの: comprar un ～ de esquiar completo スキーのフルセットを買う. ❻ システムコンポ〘=～ de música〙. ❼《情報》ハードウエア〘⇔software〙

caer〔se〕con todo el ～《西》[人が] 完全に失敗する

en ～ チームを組んで〔の〕, 集団で〔の〕: trabajo *en* ～ チームワーク. vuelo *en* ～ 編隊飛行

entregar el ～《メキシコ》[人が] 死ぬ

～ ***quirúrgico*** [手術設備一式を備えた] 緊急医療センター

equipolado [ekipoláđo] [形]《紋章》9分割の市松模様の

equipolencia [ekipolénθja] [女] ❶《数学, 物理》等価値, 等値. ❷ 力(効力)の均等. ❸ [効果・結果・意味の] 等価値. ❹《論理》[概念・命題の] 等値

equipolente [ekipolénte] [形] ❶《数学, 物理》等価値の. ❷ 力(効力)の等しい. ❸ [効果・結果・意味が] 等価値の. ❹《論理》[概念・命題が] 等値の: "Todo hombre es mortal" es ～ a ningún hombre es inmortal.「人は死すべきものなり」は「何びとも不滅ではない」と等価である

equiponderancia [ekipɔnderánθja] [女]《まれ》重量が等しいこと

equiponderar [ekipɔnderár] [自]《まれ》重量が同じである

—— [他]《まれ》同重量にする

equipotencial [ekipotenθjál] [形]《物理》等位の, 等ポテンシャルの

equipotente [ekipoténte] [形] ❶《数学》[集合について] 要素が等しい. ❷ 等しい効力を持つ, 等力の

equis [ékis]〘←擬声〙[女]〘単複同形〙❶ 文字 x の名称: en 〔forma de〕～ エックス形の. ❷ [形容詞的] 1) [数量が] 未知の, 不定の: un número ～ de personas ある人数. 2) [映画が] ポルノの. ❸《コロンビア, ペルー. 動物》マルティニクランスヘッド〘毒蛇〙

hecho una ～ 酔っぱらった, 千鳥足の

llámalo ～ [名称への無関心] 何と呼ぼうと

—— [男]《隠語》[幻覚剤] エクスタシー〘=extasis〙; その錠剤

equisetáceo, a [ekisetáθeo, a] [形] トクサ科の

—— [女] [複]《植物》トクサ科

equisetal [ekisetál] [形] トクサ目の

—— [女] [複]《植物》トクサ目

equisetíneo, a [ekisetíneo, a] [形] トクサ綱の

—— [女] [複]《植物》トクサ綱

equiseto [ekiséto] [男]《植物》トクサ

equisonancia [ekisonánθja] [女] 音(音響)の同等性

equitación [ekitaθjɔ́n]〘←ラテン語 equitatio, -onis < equus「馬」〙[女] 馬術, 乗馬: practicar 〔la〕～ 乗馬をする. enseñar ～ a+人 …に乗馬を教える

equitador, ra [ekitađór, ra] [名]《中南米》乗馬の名手

equitativamente [ekitatíƀaménte] [副] 公平に, 公正に

equitativo, va [ekitatíƀo, ƀa]〘←ラテン語 aequitas, -atis〙[形] 公平な, 公正な: persona ～*va* 公平な人. juicio ～ 公平な判決. hacer un reparto ～ 公平に分配する

équite [ékite]〘←ラテン語 eques, equitis〙[男]《古代ローマ》騎士〘貴族 patricios と平民 plebeyo の中間の階級〙

equiúrido, da [ekjúriđo, đa] [形] ユムシ綱の

—— [男] [複]《動物》ユムシ綱

equivalencia [ekiƀalénθja]〘←equivaler〙[女] ❶ 同等, 等価;《数学》同値, 等積: principio de ～《物理》等価原理. relación de ～ 同値関係. ❷ 同等の人・もの: Déme usted la ～ en dólares. 相当する金額をドルで支払って下さい. ❸ 同義関係, 同義: Es difícil encontrar ～ en otro idioma. 他言語では同等な表現を見出すのが難しい

equivalente [ekiƀalénte]〘←equivaler〙[形] ❶ [+a と] 同等の, 等価の: déficit financiero ～ *al* 4,4% del PIB 国内総生産の4.4%に相当する財政赤字. dinero ～ *a* lo que gana durante un año 彼の年間収入に相当する金額. potencia ～ *a* tres kilogramos de TNT TNT火薬3キログラムに相当する威力. ❷《数学》同値の;《幾何》等積の: fracción ～ 同値な分数

—— [男] ❶ [+de・a と] 同等(等価)のもの, 同等品; 相当額: ～ *de* diez jornales 日給10日分に当たる額. ❷ [他国語での] 相当する語(表現), 類義語: Esta palabra no tienen ～ en español. この言葉に相当するスペイン語はない. ❸《物理, 化学》当量: ～ gramo グラム当量. ～ químico 化学当量

equivaler [ekiƀalér]〘←equi-+valer〙[61]〘命令法単数 equival/equivale〙[自] ❶ [+a と] 等しい, 同等である, 相当する; 等価である: Un kilómetro *equivale a* mil metros. 1キロメートルは1000メートルに等しい. Un peso *equivale a* cien centavos. 1ペソは100センターボに相当する. ❷ 同じことを意味する, 同義である: Firmar *equivale a* legitimar. 署名することは真正と認めるに相当する. Separarse de los hijos no *equivale a* abandonarlos. 子離れすることは子供を見捨てることと同じでない. Su negativa *equivalía a* un insulto. 彼の拒絶は侮辱も同然だった. Eso *equivale a* decir que no quiere ir. つまり彼は行きたくないということだ

equivocación [ekiƀokaθjɔ́n]〘←equivocar〙[女] 間違い, 誤り, 過ち, ミス, 失敗〘行為, 事柄. →error [類義]〙: Cometió la ～ de fugarse. 彼は逃亡という過ちを犯した. libro lleno de *equivocaciones* 間違いだらけの本

por ～ 間違って, ミスで

equivocadamente [ekiƀokáđaménte] [副] 間違って, 誤って

equivocado, da [ekiƀokáđo, đa] [形] ❶ [事が] 誤りの: El número estaba ～. 数字が間違っていた. tomar una ruta ～*da* 間違ったルートを行く. respuesta ～*da* 誤答. ❷ [人・事物が] 不適切な, 不適当な

equívocamente [ekíƀokaménte] [副] あいまいに, 紛らわしく

equivocar [ekiƀokár]〘←equivoco〙[7] [他] ❶ 間違える, 誤る; [+con と] 取り違える: ～ la fecha 日付けを間違える. ～ su profesión 職業の選択を誤る. *Equivoqué* mi libro *con* el suyo. 私は彼の本を自分のと間違えた. ❷ [人を] 間違えさせる, 誤らせる: Estas instrucciones *equivocan* a cualquiera. この指示の仕方では誰でも間違ってしまう

—— ～**se** ❶ 間違える: 1) Los futurólogos *se equivocaron* demasiado en los últimos años. 未来学者たちは最近間違いを起こしすぎた. Estás *equivocado*. 君は間違っている. *Me equivoqué* pensando que era un hombre honrado. 彼は正直な男だと思ったのは私の間違いだった. El profesor *se equivocó* al decir mi nombre. 先生は私の名前を間違えて言った. *Te equivocas* si me tomas por tonto. 私をばかだと思ったら大間違いだぞ. 2) [+de・en を] *Me equivoqué de* hora y llegué tarde a clase. 私は時間を間違えて授業に遅刻した. *Te equivocas en* ponerte así. 君がそんな態度をとるのは間違いだぞ. ～*se de* calle 通りを間違える. ～*se en* el cálculo 計算間違いをする. ❷ [+con と] よく似ている, 間違われるほどである: *Me equivoco con* el padre. 私は父とそっくりだ

Si no me equivoco.../O mucho me equivoco o... 間違っていなければ…, 確か…

equivocidad [ekiƀoθiđá〔đ〕] [女] あいまい性, あいまいさ, 多義性; 疑わしいこと, 怪しいこと

equívoco, ca [ekíƀoko, ka]〘←ラテン語 aequivocus < aequus「等しい」+vox, vocis「声」〙[形] ❶ あいまいな, 両義的な, 紛らわしい: frase ～*ca* 意味のあいまいな文章. ❷ 疑わしい, 怪しい: conducta ～*ca* 怪しげなふるまい. mujer ～*ca* いかがわしい女

—— [男] ❶ 誤解, 思い違い; 間違い: En esto no hay ～*s* posibles. この点では誤解の恐れはない. Hubo un ～ entre los dos. 2人の間に誤解があった. ❷ 両義語. ❸《修辞》2つの意味にとれる表現, 多義的な表現. ❹ あいまいさ

equivoquista [ekiƀokísta] [名] あいまいな言葉(表現)を使う人, いい加減なことを言う人

-er《接尾辞》-ero の語尾消失形: mercad*er* 商人

era [éra] **I**〘←ラテン語 aera, -ae「数, 数字」〙[女] [時に *Era*] ❶ 紀元: ～ cristiana/～ de Cristo/～ común/～ vulgar キリスト紀元, 西暦. ～ española/～ de César/～ juriana シーザー紀元〘西暦より38年前〙. ❷ 時代, 時期: 1) Vivimos en la ～ electrónica. 私たちはエレクトロニクスの時代に生きている. ～ de Meiji 明治時代. *Era* de los descubrimientos 大発見時代〘日本でいう大航海時代のこと〙. ～ victoriana ビクトリア時代〘1837～1901, 英国〙. 2)《キリスト教》～ apostólica 使徒時代. ～ de padres apostólicos 使徒教父時代. ❸《地質》…代: ～ paleozoica (mesozoica・cenozoica) 古生(中生・新生)代

II〘←ラテン語 area「空き地」〙[女] ❶《農業》脱穀場; [小さな] 畑, 菜園. ❷ 砕鉱場. ❸ 左官の作業場. ❹《ボリビア》チチャを発酵させる容器

-era《接尾辞》❶ [木, 植物] higu*era* イチジク, mor*era* クワ. ❷ [存在する・保存される場所] chop*era* ポプラの木立ち, lech*era*

E

牛乳缶. ❸ [集合名詞] cabell*era* 頭髪. ❹ [身体の状態・障害] borrach*era* 酔い, sord*era* 耳の不自由なこと

eraje [eráxe] 男《アラゴン》バージンハニー《巣板から自然に流れ出る蜂蜜》

eral, la [erál, la] 名 [1歳以上2歳未満の] 若牛

erar [erár] 他《畑・菜園を》開墾する, 耕す

erario [erárjo] 男 国庫, 財政《=~ público》

erasmiano, na [erasmjáno, na] 形 名《人名》[16世紀オランダの人文学者] エラスムス Erasmo の; エラスムス主義の(主義者)《=erasmista》

erasmismo [erasmísmo] 男 エラスムス Erasmo の説(主張), エラスムス主義

erasmista [erasmísta] 形 名 エラスムス Erasmo の, エラスムス主義の(主義者)

ERASMUS [erásmus] 男/女《EUの大学間の学生交流や単位互換などを促進する》エラスムス計画

Erato [eráto] 女《ギリシア神話》エラトー《抒情詩・恋愛詩を司る女神 Musa》

érbedo [érbeðo] 男《アストゥリアス. 植物》イチゴノキ《=madroño》

erbio [érbjo] 男《元素》エルビウム

ercer [erθér] 1 他《サンタンデール》持ち上げる, 起こす, 立てる

Ercilla y Zúñiga [erθíλa i θúnjga] **Alonso de ~** アロンソ・デ・エルシリャ・イ・スニガ《1533～94, チリ征服に参加したスペイン生まれの詩人・軍人. 叙事詩『ラ・アラウカーナ』*La Araucana*》

ere [ére] 女《まれ》文字 r の名称《=erre》

erebo [erébo] 男 ❶《文語》冥府, 黄泉, 地獄. ❷《ギリシア神話》[E~] エレボス《冥府の底の暗黒世界》

erección [ere(k)θjón] 女《←ラテン語 erectio, -onis < erigere》❶ 建立; 設立, 制定. ❷《生理》勃起: ~ nocturna 朝立ち

eréctil [eréktil]《←ラテン語 erectio, -onis》《生理》勃起性の, 勃起性の

erectilidad [erektiliðá(ð)] 女 勃起性, 起立性

erecto, ta [erékto, ta]《←ラテン語 erectus < erectio, -onis》形 ❶ 直立した, 硬直した. ❷《植物》直角[方向]の, 垂直の

erector, ra [erektór, ra] 形 ❶《生理》勃起させる. ❷ 建てる; 建設者, 創設者

eremita [eremíta]《←ラテン語 eremita < ギリシア語 eremites < eremos「人の孤独な」》男 隠者, 隠遁士《=ermitaño》: hacer vida de ~ 隠遁生活を送る, 一人暮らしする

eremítico, ca [eremítiko, ka] 形 隠者の: vida ~*ca* 隠遁生活

eremitorio [eremitórjo] 男 隠者〔たち〕の住むところ, 隠者の庵(いおり)

erepsina [ere(p)sína] 女《生化》エレプシン

eretismo [eretísmo] 男《医学》[器官などの] 過敏症

erétrico, ca [erétriko, ka] 形《歴史, 地名》[古代ギリシア, エビア島の町] エレトリア Eretria の

erg [érg]《←ラテン語》男 圏 ❶《地理》エルグ, 砂砂漠《サハラ砂漠で砂丘が波状に続く広大な無人の部分. ⇔hamada》. ❷《物理》=ergio

erga omnes [érga ómnes]《←ラテン語》《法律》全員に関わる

ergasiofobia [ergasjofóbja] 女 仕事恐怖症

ergástula [ergástula] 女《古代ローマ》奴隷牢獄

ergástulo [ergástulo] 男《まれ》=**ergástula**

ergio [érxjo] 男《物理》[仕事の単位] エルグ

ergo[1] [érgo]《←ラテン語》接 それ故に, だからこそ

ergo[2] [érgo] 男《軽蔑》三段論法

ergocalciferol [ergokalθiferól] 男《生化》エルゴカルシフェロール

ergofobia [ergofóbja] 女 仕事嫌い, 仕事恐怖症

ergogénico, ca [ergoxéniko, ka] 形 [薬物などが] 運動能力を向上させる

ergógrafo [ergógrafo] 男《医学》エルゴグラフ, 作業記録器

ergología [ergoloxía] 女 エルゴロジー, 働態学

ergometría [ergometría] 女《医学》エルゴメトリー, 作業測定

ergométrico, ca [ergométriko, ka] 形 エルゴメトリーの, エルゴメーターの

ergómetro [ergómetro] 男《医学》エルゴメーター, 作業計

ergonomía [ergonomía] 女 [人間の身体的・心理的特性に適合した機械・器具類を創出しようとする] 人間工学, エルゴノミクス

ergonómico, ca [ergonómiko, ka] 形 人間工学的な

ergonomista [ergonomísta] 名 人間工学の研究者

ergónomo, ma [ergónomo, ma] 名 人間工学の研究者

ergosterina [ergosterína] 女《生化》エルゴステリン

ergosterol [ergosteról] 男《生化》エルゴステロール, 麦角(ばっかく)菌

ergotamina [ergotamína] 女《生化》エルゴタミン

ergoterapia [ergoterápja] 女 運動療法, 作業療法

ergotina [ergotína] 女《薬学》エルゴチン, 麦角流動エキス

ergotismo [ergotísmo] 男 ❶《医学》麦角中毒. ❷《文語》三段論法の濫用

ergotista [ergotísta] 形 名《文語》三段論法を濫用する[人]

ergotizante [ergotiθánte] 形《文語》=**ergotista**

ergotizar [ergotiθár] 9 自《文語》三段論法を濫用する, 詭弁を弄する

ergotoxina [ergoto(k)sína] 女《生化》エルゴトキシン

erguén [ergén] 男《植物》アルガンツリー《学名 Argania spinosa》

erguido, da [ergíðo, ða] 形 まっすぐに立った, 直立した

erguimiento [ergimjénto] 男 まっすぐに立てること, 直立; そびえ立つこと

erguir [ergír]《←ラテン語 erigere「立てる」< regere「導く」》37 他《文語》[頭などを] まっすぐに立てる: El caballo *irguió* las orejas. 馬は耳を立てた

━━**se** ❶ まっすぐに立つ, 背筋を伸ばす. ❷ [建物などが] そびえ立つ: Se *yerguen* las torres de la catedral. 大聖堂の塔が高くそびえている. ❸ 思い上がる, いばる, うぬぼれる

ería [ería] 女 ❶《アストゥリアス》区分所有の広大な耕地. ❷《アンダルシア》未開墾地, 荒れ地

-ería [接尾辞] ❶ [形容詞+. 名詞化. 性状] tont*ería* 愚かさ. ❷ [名詞+] 1)[商店] zapat*ería* 靴屋. 2) [集合名詞化] caball*ería* 乗用動物

erial [erjál]《←era II》形 ❶ 未開墾地の, 荒れた. ❷《比喩》不毛の ━━ 男 ❶ 未開墾地, 荒れ地. ❷《サラマンカ》[雄の] 子牛

eriazo, za [erjáðo, θa] 形 男 =**erial**

ericáceo, a [erikáθeo, a] 形《植物》ツツジ科の

ericales [erikáles] 男 複《植物》ツツジ目

Erice [eríθe]《人名》**Víctor ~** ビクトル・エリセ《1940～, スペインの映画監督. 内戦直後のスペインを舞台にした『ミツバチのささやき』*El espíritu de la colmena*》

ericillo [eriθíλo] 男《動物》マメウニ《学名 Echinocymus pusillus》

érico [ériko] 男《植物》❶ コンフリー《ムラサキ科》. ❷ ウツボグサ《シソ科》

Erídano [eríðano] 男《天文》エリダヌス座

erigeron [erixéron] 男《植物》ムカシヨモギ

erigidecer [erixiðeθér] 39 他 硬くする, 硬直させる ━━ 自 硬くなる, 硬直する

erigir [erixír]《←ラテン語 erigere「立てる」》4 他《文語》❶ 建立する: ~ un monumento 記念碑を建てる. ❷ 設立する, 制定する: ~ una sociedad 協会を設立する. ❸ [+en に] 昇格させる; 任命する: ~ la legación *en* embajada 公使館を大使館に昇格させる. ~ a+人 [*en*] árbitro de la polémica …を論争の審判役に立てる

━━**se** [+en もって] 自ら任じる, …の地位に自ら就く: Con ese golpe de Estado se *erigió en* el Presidente. そのクーデターによって彼は大統領の地位に就いた

Erín [erín] 女《詩語》エリン《アイルランドの別称》

erina [erína] 女《医学》鉗子(かんし)

eringe [erínxe] 女《植物》ヒゴタイサイコ属の一種《=cardo corredor》

eringio [erínxjo] 男《植物》❶ ヒゴタイサイコ属の一種《=cardo corredor》. ❷ **~ marítimo** ヒゴタイサイコ属の一種《学名 Eryngium maritimum》

Erinia [erínja] 女《ギリシア神話》エリニュス, エリーニュス《3人の復讐の女神》

erinosis [erinósis] 女《農学》フシダニの一種によるブドウの病気

erío, a [erío, a] 形 男 =**erial**

eriómetro [erjómetro] 男《光学》エリオメーター

erísimo [erísimo] 男《植物》カキネガラシ

erisipela [erisipéla] 女《医学》丹毒

erisipelar [erisipelár] 他 丹毒を起こさせる ━━**se** 丹毒にかかる

erisipelatoso, sa [erisipelatóso, sa] 形 丹毒の, 丹毒性の

erístico, ca [erístiko, ka] 形 ❶ 議論の, 論争の. ❷ [ソクラテ

ス哲学の〕メガラ学派の
—— 囡 論争術

eritema [eritéma] 男《医学》紅斑(ﾊﾝ), 発赤(ﾎｯｾｷ): ~ solar 日光紅斑

eritematoso, sa [eritematóso, sa] 形《医学》紅斑の

eritreo, a [eritréo, a] 形 囝《国名》[アフリカ北東部の]エリトリア Eritrea の(人). ❷《主に詩語》紅海の

eritrina [eritrína] 囡《鉱物》コバルト華;《化学》エリトリン

eritrocito [eritroθíto] 男《医学》赤血球

eritrofobia [eritrofóβja] 囡《医学》赤色恐怖症, 赤面恐怖

eritromicina [eritromiθína] 囡《薬学》エリスロマイシン

eritronio [eritrónjo] 男《古語的》バナジウム〔=vanadio〕

eritropoyetina [eritropojetína] 囡《生理》赤血球生成促進因子, エリスロポエチン

eritrosina [eritrosína] 囡《化学》エリトロシン

eritroxiláceo, a [eritro(k)siláθeo, a] 形《植物》コカノキ科の
—— 囡《植物》コカノキ科

eritroxíleo, a [eritro(k)síleo, a] 形 囝 = eritroxiláceo

erizado, da [eriθáðo, da] 形〔estar+〕❶ 逆立った; とげのある, こわばった: pelo ~ ごわごわの髪. ❷〔+de 障害・困難で〕一杯の: proyecto ~ de dificultades 難題山積の計画

erizamiento [eriθamjénto] 男 逆立てる(逆立つ)こと

erizar [eriθár] ⟨9⟩ 他 ❶〔毛・羽などを〕逆立てる. ❷ 困難にする, ややこしくする
—— ~se ❶ 逆立つ: Se le erizó el pelo de miedo. 彼は恐怖で髪を逆立てた. ❷ おびえる; どぎまぎする. ❸《中南米》鳥肌が立つ

erizo[1] [eríθo] 男《←ラテン語 ericius》❶《動物》ハリネズミの一種〖学名 Erinaceus europaeus〗. ❷《生物》~ de mar / ~ marino ウニ. ❸《魚》ハリセンボン〖=pez ~〗. ❹〔栗の〕イガ. ❺《植物》スパイニー・ブルーム〖学名 Calycotome spinosa〗. ❻ 気難しい人, 無愛想な人. ❼《軍事》ヘッジホッグ. ❽《建築》忍び返し
al ~, Dios le hizo《諺》すべて神が造りしもの, その性格に作ったそれぞれに

erizo[2], **za** [eríθo, θa] 形 囝 気難しい〔人〕, 無愛想な〔人〕. ❷《メキシコ. 口語》1) 一文なしの. 2) 麻薬中毒の

erizón [eriθón] 男 ❶《植物》エニシダの一種〖学名 Echinospartum horridum〗. ❷《美術》エリソン〖18世紀の女性のハリネズミ様の髪型〗

erke [érke] 男《音楽》エルケ〖ボリビアやアルゼンチン北部の2~6メートルの角笛〗

erkencho [erkéntʃo] 男《音楽》エルケンチョ〖ボリビアやアルゼンチン北部の角笛〗

ermita [ermíta] 囡《←ラテン語 eremita < ギリシア語 eremites < eremos「無人の, 孤独な」》〔人里離れた〕庵院, 礼拝堂, 小教会: E~ de El Rocío エル・ロシオ礼拝堂

ermitaño, ña [ermitáɲo, ɲa] 《←ermita》囝 ❶ 隠者, 世捨て人: La vida del ~ supone un retiro forzoso. 隠者の暮らしをするには俗世間との交わりを力づくで断ち切らねばならない. ❷ 僧院ermita の堂守
—— 囝 隠修道士の
—— 囝 ❷《動物》ヤドカリ〖=cangrejo ~〗. ❸ エルミターニョ語〖フィリピン, マニラの地方語. 現在では死語〗

ermitorio [ermitórjo] 男《まれ》= eremitorio

-ero[1]《接尾辞》〔名詞+. 名詞化〕❶〔行為者〕cocinero 料理人. ❷〔容器〕azucarero 砂糖壺. ❸〔植物, 木〕membrillero マルメロ

-ero[2], **ra**《接尾辞》〔名詞+. 品質形容詞化〕faldero スカートの, traicionero 不実な

erogación [eroɣaθjón] 囡 ❶ 資産の〕分配, 配分. ❷《メキシコ, ボリビア, アルゼンチン》支払い, 支出. ❸《チリ》寄贈, 寄付

erogar [eroɣár] ⟨8⟩ 他 ❶《文語》〔財産を〕分配する, 配分する. ❷《メキシコ, ボリビア, チリ》〔借金を〕返す, 払う. ❸《チリ》寄贈する, 寄付する

erogatorio [eroɣatórjo] 男《廃語》〔樽・水槽などの〕配水管

erógeno, na [eróxeno, na] 形 性欲を刺激する; 性的刺激に敏感な: zona ~na 性感帯

eros [érɔs]《←ギリシア語》男〔単複同形〕❶ 性愛. ❷《心理》生の本能, エロス〖↔ tánatos〗. ❸〔E~〕1)《ギリシア神話》エロス〖恋愛の神〗. 2)《天文》エロス〖小惑星〗

erosión [erosjón] 囡《←ラテン語 erosio, -onis < erodere「腐食させる」》❶《地質》浸食〔作用〕; 摩耗, 損耗: ~ eólica 風化〔作用〕.

❷ 権威(影響力)の低下: El partido del gobierno ha sufrido mucha ~. 与党はひどく力を失った. ❸ 擦り傷, 擦りむき;《医学》糜爛(ﾋﾞﾗﾝ), ただれ. ❹〔銃砲の〕砲腔劣化. ❺《経済》~ monetaria [インフレによる] 貨幣の購買力低下

erosionable [erosjonáβle] 形 浸食され得る

erosionar [erosjonár] 他 ❶ 浸食する. ❷〔才能・長所などを〕すり減らす
—— ~se〔才能・長所などが〕すり減る, 損なわれる

erosivo, va [erosíβo, ba] 形 ❶《地質》浸食性の. ❷《医学》糜爛性の

erostratismo [erɔstratísmo] 男 売名偏執狂〖←紀元前356年, ヘラストラトス Erostrato は大きな悪事で後世に名を残そうと神殿に放火した〗

erotema [erotéma]《修辞》修辞疑問, 反語的問いかけ

erótico, ca [erótiko, ka]《←ラテン語 eroticus < ギリシア語 erotikos < eros, -otos「愛」》形 ❶ 扇情的な, 官能的な, エロティックな: fotos ~cas エロ写真. teléfono ~/línea ~ca テレフォンセックス. ❷〔芸術作品について〕恋愛の, 性愛の: literatura ~ca 恋愛文学
—— 囝 ❶ 恋愛詩. ❷ 心を魅きつけるもの: ~ca del poder 権力の誘惑. ❸ エロチシズム〖= erotismo〗

erotismo [erotísmo]《← erótico》男 ❶ エロチシズム, 好色, 色情. ❷〔芸術における〕性愛の称揚

erotización [erotiθaθjón] 囡 官能的にすること, 扇情, 性的刺激

erotizar [erotiθár] ⟨9⟩ 他 官能的にする, 性的にする

erotógeno, na [erotóxeno, na] = erógeno

erotología [erotoloxía] 囡 性愛研究

erotólogo, ga [erotóloɣo, ɣa] 囝 性愛研究家

erotomanía [erotomanía] 囡《医学》色情狂, 病的性欲亢進, 異常性欲

erotómano, na [erotómano, na] 形 囝 色情狂の〔人〕

erque [érke] 男《音楽》= erke

erquencho [erkéntʃo] 男《音楽》= erkencho

errabundaxe [eraβundáxe] 男《まれ》放浪生活

errabundear [eraβundeár] 自《まれ》放浪する

errabundo, da [eraβúndo, da]《←ラテン語 errabundus < errare》形 囝 放浪の〔人〕; 一定しない: imaginación ~da とりとめのない空想

erradamente [eráðaménte] 副 誤って, 間違って

erradicación [eraðikaθjón] 囡〔主に伝染病の〕根絶

erradicar [eraðikár]《←ラテン語 ex-〔から〕+radicari「根を張る」》⟨7⟩ 他《文語》根こそぎにする, 根絶する, 撲滅する: ~ el tráfico de droga 麻薬取引を根絶する

erradizo, za [eráðíθo, θa] 形《まれ》放浪する, さまよう

errado, da [eráðo, da] 形 ❶《主に中南米》〔estar+〕間違っている, 正しくない: La dirección está ~da. 住所が間違っている. ❷〔射撃などで〕的を外した
—— 囝《ビリヤード》ショットで的球を外すエラー

erraj [eráx] 男 オリーブの種から作った粉炭

errancia [eránθja] 囡 放浪, さすらい

errante [eránte]《←ラテン語 errans, -antis < errare》形 放浪する, さすらう: judío ~ さまよえるユダヤ人. pueblo ~ 流浪の民. vida ~ 放浪生活

errar [erár]《←ラテン語 errare「放浪する, 間違える」》⟨26⟩ 自《文語》❶〔+en を〕~ en la elección de su profesión 職業の選択を誤る. ❷〔+por を〕放浪する, さまよう: ~ por las calles 町をさまよく. Su imaginación erraba por el país lejano. 彼は遠くの国に思いを巡らせていた. ❸〔思考などが〕脇道にそれる
~ y porfiar《諺》頑固者は間違っても言い張る
—— 他 ❶ 誤る. ❷〔的を〕外す: Ha errado el tiro. 彼は的を外した. ~ la pregunta 問い間違いの質問をする. ❸ 義務を怠る, 過失を犯す: Los vasallos erraron a su señor. 家臣たちは領主に対する義務を怠った

Errare humanum est [eráre umánum ést]《←ラテン語》人間は過ちを犯すものだ

errata [eráta]《←ラテン語 errata < erratum「誤り」< errare「間違える」》囡《印刷》誤植, ミスプリント; 誤字: tener ~s de imprenta 誤植がある

erraticidad [eratiθiðá(ð)] 囡 ❶ 常軌を逸していること, 奇抜さ. ❷ 放浪性. ❸《医学》〔痛みなどの〕迷走性

errático, ca [erátiko, ka] 形 ❶ 常軌を逸した, とっぴな. ❷ 放

浪性の, 一所不住の. ❸《医学》[痛みなどが] 迷走性の. ❹《地warp》bloque (canto) ～迷子石

errátil [eRátil] 形 不確かな, 変動する, 変わりやすい: opinión ～不安定な意見

erre [éRe] 女 ❶ 文字 r の名称. ❷《古語》文字 rr の名称 ～ *que* ～《口語》頑固に, しつこく: Juana siguió ～ *que* ～ en contra de mi propuesta. フアナは私の提案に執拗に反対した

erreca [eRéka] 男《地方語》小川

-érrimo, ma [接尾辞] [ラテン語起源の教養語の絶対最上級. -érrimo が付くのは最後の音節に r を含む形容詞に限られる] aspérrimo きわめて粗い

errona [eRóna] 女《チリ》[賭け事などで] 決定的な失敗を犯す

erróneamente [eRóneamente] 副 誤って, 間違って

erróneo, a [eRóneo, a]《ラテン語 erroneus》形《文語》誤った, 間違った: La consideración es ～*a*. そのような考えるのは間違っている. cálculo ～ 計算間違い, 見込み違い, 誤算. concepto ～ 思い違い, 誤解. decisión ～*a* 間違った決定. construcción ～*a* ふさわしくない建物. idea ～*a* 間違った考え. teoría ～*a* 誤った理論

error [eRór]《ラテン語 error, -oris》男 ❶ 誤り, 間違い, 誤謬 (ごびゅう). **equivocación** は **error** よりも穏やかな表現]; 過失, 失策, 失敗: Fue un ～ 誤り. それは私の間違いだった. Estás en un (el) ～. 君は間違っている. cometer (incurrir) en un ～ 誤りを犯す. caer en un ～ 誤りに陥る. inducir a+人 a ～ …を誤らせる; 誤解を招く. libro lleno de ～*es* 間違いだらけの本. gran ～ 大間違い. ～ de cálculo 計算間違い. ～ de imprenta/～ de impresión/～ tipográfico 誤植, ミスプリント. ～ judicial 冤罪, 誤審. ～ médico 医療事故, 医療過誤. ～ absoluto 絶対誤差. ～ relativo 相対誤差. ❹《商業》～ por defecto 員量不足. ～ por exceso 員量過剰. salvo ～ u omisión《契約書で》誤記脱漏はこの限りにあらず. ❺《情報》エラー, バグ ～ **material** (**mecánico**) 書き誤り, 誤記 *por* ～ 誤って, 間違って

ERT《西. 略語》←Explosivos Río Tinto リオ・ティント爆薬会社

ertzaina [eRtsáina] 名 [バスクの] 自治警察官
──《古語的》[バスクの] 自治警察 [=Ertzaintza]

Ertzaintza [eRtsáintsa] 女 [バスクの] 自治警察
──名 [バスクの] 自治警察官 [=ertzaina]

Ertzantza [eRtsántsa] 女 [バスクの] 自治警察 [=Ertzaintza]

erubescencia [eRubesθénθja] 女 赤面, 羞恥

erubescente [eRubesθénte] 形 赤らむ, 赤面する: doncel ～ 恥じらいの貴公子

eruciforme [eRuθifórme] 形 [幼虫が] イモムシの形の

eructación [eRuktaθjón] 女 =**eructo**

eructar [eRuktár]《←ラテン語 eructare》自 げっぷをする, おくびを出す: *Eructó* tras la comida. 彼は食事の後げっぷした

eructo [eRúkto]《←eructar》男 げっぷ, おくび

erudición [eRudiθjón]《←ラテン語 eruditio, -onis < e- (剥離)+rudis「粗野なる」》女 ❶ 学識, 学殖: de gran ～ 学識豊かな. ❷ 考証学的研究 (知識)

eruditamente [eRudítaménte] 副 学識豊かに, 博識をもって, 蘊蓄 (うんちく) を傾けて

eruditismo [eRudítísmo] 男《まれ》学識の豊かさ, 博識

erudito, ta [eRudíto, ta]《←ラテン語 eruditus < erudire「粗野なるす, 教える」》形 名 ❶ 学識豊かな [人], 碩学 (せきがく) の [人]: obra ～*ta* [資料を網羅した] 著作. ❷ [資料ばかり集めて独創性のない] 学者. ❸ [+en に] 造詣の深い [人]. ～ *a la violeta*《文語》えせ学者, 半可通

eruginoso, sa [eRuxinóso, sa] 形《まれ》=**ruginoso**

erupción [eRupθjón]《←ラテン語 eruptio, -onis < e- (起源)+ruptum < rumpere「噴く」》女 ❶ 噴出: ～ de petróleo 石油の噴出. ❷《地質》噴火 [=～ volcánica]: A pesar de ser un volcán con varias fumarolas activas, no ha tenido *erupciones* recientemente. 噴気孔がいくつかある火山だが, 最近は噴火が起きていない. entrar en ～ 噴火する. ～ freática 水蒸気爆発. ❸《医学》発疹, 吹き出物 [=～ cutánea]. ❹《天文》solar 太陽爆発

erupcionar [eRupθjonár] 自《メキシコ, コロンビア》[火山が] 噴火する

eruptivo, va [eru(p)tíbo, ba] 形 ❶ 噴火の: roca ～*va* 火山岩, 火成岩. ❷《医学》発疹を伴う, 発疹性の

erutación [eRutaθjón] 女《廃語》=**eructo**

erutar [eRutár] 自《廃語》=**eructar**

ervato [eRbáto] 男《植物》カワラボウフウ属の一種 [学名 Peucedanum officinale]

ervilla [eRbíʎa] 女《植物》カラスノエンドウ, ヤハズエンドウ [=arveja]

es-《接頭辞》❶ [外] *escapar* 逃げる. ❷ [除去] *escampar* 雨が上がる

-és, sa [接尾辞] [地名形容詞化] *japonés* 日本の・日本人・日本語, *francés* フランスの・フランス人・フランス語

esa[1] [ésa]《古語的. 特殊「当地」》貴地: Me ha gustado estar en *esa*. 貴地での滞在は気に入りました

esaborición [esaboriθjón] 女《地方語》=**desaborición**

esaborío, a [esaborío, a] 形《地方語》=**desaborido**

Esaú [esaú]《旧約聖書》エサウ [イサクとリベカの長子. 弟のヤコブに相続権を売った]

esbarar [esbarár] 自《廃語》滑る, 滑り落ちる

esbardo [esbárðo] 男《アストゥリアス》子熊

esbarizar [esbariθár] 自《アストゥリアス, アラゴン》滑る, 滑り落ちる [=resbalar]

esbart [esbár(t)] 男 カタルーニャの民俗舞踊団

esbatimentar [esbatimentár] 他《美術》…に陰影をつける
──自 影を落とす

esbatimento [esbatiménto] 男《美術》陰影, 影

esbeltecer [esbelteθér] 39 他 すらりとさせる
──*se* ほっそりとなる

esbeltez [esbeltéθ] 女 すらりとしていること

esbelteza [esbeltéθa] 女《古語》=**esbeltez**

esbelto, ta [esbélto, ta]《←イタリア語 suelto》形 すらりとした, ほっそりした: muchacha ～*ta* すらりとした娘. manos ～*tas* ほっそりした手

esberrecar [esbeReкár] 7 自《アラゴン》[ヤギが] 哀しそうに鳴く

esbinzar [esbinθár] 9 他《クエンカ》[サフランの] 雄しべを摘み取る

esbirro [esbíRo]《←イタリア語 sbirro》男 ❶ 用心棒; 子分. ❷《歴史》捕吏; [監獄などの] 下級役人

esblencar [esbleŋkár] 7 他 [サフランの] 雄しべを摘み取る

esborregar [esboReɣár] 8 自 ～*se*《サンタンデール, レオン》地滑りが起きる, 地滑りで崩落する

esbozar [esboθár]《←esbozo》9 他 ❶ …を素描する, スケッチする; …の下絵を描く, 大体の輪郭を描く: ～ un vestido ドレスのラフスケッチをする. ❷ [構想などの] 概略を述べる: ～ un plan 大体の計画を示す. ～ una tesis 論文の草稿を書く. ❸ [主に表情を] それとなく表わす; …のそぶりを見せる: ～ una sonrisa そっと微笑を浮かべる. ❹《文語》不明確にする, 不完全にする

esbozo [esbóθo]《←イタリア語 sbozzo》男 ❶ 素描, スケッチ; 下絵, 下書き. ❷ [計画などの] 素案, 概略, 概要, エスキス, アウトライン: Esto es sólo un ～. これは草案にすぎない. ❸ かすかな表情 (身振り): ～ de una sonrisa かすかな微笑. ～ de brindis 乾杯にすえ. ❹ 萌芽: ～ de amistad 友情の芽. ❺《生物》初期組織 (器官)

esbrencar [esbreŋkár] 7 他 [サフランの] 雄しべを摘み取る

escaba [eskába] 女《アラゴン》亜麻布のくず

escabechada [eskabetʃáða] 女《地方語. 料理》マリネ

escabechado, da[2] [eskabetʃáðo, ða] 形《まれ》白髪を染めた, 化粧品を塗りたくった
──男《料理》マリネ

escabechar [eskabetʃár]《←escabeche》他 ❶《料理》マリネする, 漬ける. ❷《西. 口語》[主に刃物で] 殺す, めった斬りにする. ❸《西. 口語》…に落第点を与える. ❹《まれ》[白髪を] 染める

escabeche [eskabétʃe]《←アラビア語 iskebey》男 ❶《料理》マリネ, エスカベーシュ, エスカベチェ; その漬け汁: arenque en ～/～ de arenque ニシンのマリネ. ❷《西》[白髪用の] 染髪液

escabechina [eskabetʃína] 女《←escabeche》《西. 口語》❶ [無防備な人々の] 大虐殺. ❷ 大量の落第者: Hubo una ～ en el último exámen. この前の試験では大勢が落第した. ❸

大々的な破壊, 壊滅. ❹ やっつけ仕事, 出来損ない

escabel [eskaƀél] 〘←伊語 scabellum〙 [男] ❶ 足のせスツール, オットマン, 足台. ❷ [ひじ掛けも背もたれもない] 低い腰掛け, ベンチ. ❸《まれ》出世の踏み台, 出世に利用される人

escabezar [eskaƀeθár] [9] [他]《地方語》=**descabezar**

escabiar [eskaƀjár] [10] [自]《アルゼンチン》酒を飲む

escabicida [eskaƀiθíđa] [男]《薬学》抗疥癬薬

escabillo [eskaƀíʎo] [男]《地方語》=**escardillo**

escabinado [eskaƀinádo] [男]《法律》判事と地域住民で構成される法廷

escabino [eskaƀíno] [男]《法律》escabinado の構成員

escabio [eskáƀjo] [男]《アルゼンチン》飲酒

escabiosa[1] [eskaƀjósa] [女]《植物》❶ スカビオサ, セイヨウマツムシソウ: ～ común スカビオス・フィールド〘学名 Knautia arvensis〙. ～ de bosque マツムシソウ科の一種〘学名 Knautia sylvatica〙. ～ mordida スカビオス・マウンテンデビル〘学名 Scabiosa succisa〙. ❷《キューバ》クローバーの一種〘学名 Dalea sericea〙

escabiosis [eskaƀjósis] [女] [人・動物・植物の] 疥癬(かいせん)

escabioso, sa[2] [eskaƀjóso, sa] [形] 疥癬の

escábrido, da [eskáƀriđo, đa] [形] ❶ 短くこわい毛で覆われた. ❷ 手触りの粗い, ごわごわした

escabro [eskáƀro] [男] ❶ ヒツジの疥癬. ❷ 樹皮がかさぶた状になる病気

escabrosamente [eskaƀrósaménte] [副] ❶ 険しく. ❷ きわどく; てこずって

escabrosear [eskaƀroseár] **～se** ❶ [土地が] 険しくなる. ❷ 厄介なことになる

escabrosidad [eskaƀrosiđá(đ)] [女] ❶ [土地の] 険しさ. ❷ [事態の] 困難さ. ❸ 猥褻さ

escabroso, sa [eskaƀróso, sa] 〘←ラテン語 scabrosus「不均等な, 粗い」< scaber, -bra, -brum〙 [形] ❶ [土地が] 起伏の激しい, 険しい: camino ～ y peligrosísimo 険しく危険極まりない道. ❷ 厄介な, 障害の多い: negocio ～ 難しい商売. tema ～ 扱いづらいテーマ. ❸ 猥褻(わいせつ)な, みだらな, 下品な: escena *～sa* きわどいシーン. filme ～ 猥褻な映画

escabuchar [eskaƀutʃár] [他] ❶《バレンシア, ログロニョ》除草する; [除草のために] 浅く鍬を入れる. ❷《サラマンカ》[実を取り出すために] 栗のいがを踏み割る

escabuche [eskaƀútʃe] [男] 除草用の小鍬

escabullar [eskaƀuʎár] [他]《サラマンカ》[ドングリの] 殻斗(かくと)を剝がす

―― **～se**《カリブ》=**escabullirse**

escabullimiento [eskaƀuʎimjénto] [男] 滑り落ちること; [手から] すり抜けること

escabullir [eskaƀuʎír] 〘←俗ラテン語 excapulare < ラテン語 ex-(外)+capulare「投げ縄で捕らえる」〙 [21] 〘[現分] escabu*ll*endo〙 **～se** ❶ [手から] 滑り落ちる: *Se* me *escabulló* la pastilla de jabón. 私は石けんを落としてしまった. ❷ [誰にも気づかれずに, +de から] のがれる; [+entre に] まぎれ込む: Consiguió *～se de* la fiesta antes de que le hicieran cantar. 彼は歌わされる前にうまくパーティーを抜け出した. *～se entre* la multitud 人ごみにまぎれる

escacado, da [eskakáđo, đa] [形]《紋章》格子縞の〘=escaqueado〙

escachalandrado, da [eskatʃalandráđo, đa] [形]《中米, コロンビア》だらしない, 不潔な; 無精な

escachar [eskatʃár] [他]《俗用》押しつぶす; 砕き割る, ばらばらに壊す

escacharrar [eskatʃar̄ár] 〘←es-+cacharro〙 [他]《口語》[電気器具・機械などを] 壊す: *Escacharró* el auto al chocar contra la pared. 彼は壁に車をぶつけて壊した. ～ una fuente 大皿を割ってしまう. La lluvia *escacharró* nuestro plan. 雨で私たちの計画は台なしになった

―― **～se** ❶《口語》壊れる. ❷ 大笑いする

escachiflar [eskatʃiflár] [他]《口語》壊す, 台なしにする, 使えなくする

escachifollar [eskatʃifoʎár] [他] ❶《西. 口語》台なしにする, 使えなくする, 壊す. ❷ 押しつぶす

―― **～se**《西. 口語》台なしになる, 使えなくなる, 壊れる

escachizar [eskatʃiθár] [9] [他]《地方語》=**escachar**

escacho [eskátʃo] [男]《地方語. 魚》パイパーガーナード〘=rubio〙

escachuflar [eskatʃuflár] [他]《口語》使えなくする, 壊す

escacinar [eskaθinár] [他]《地方語》[髪を] とかす

escaderado, da [eskađeráđo, đa] [形] =**descaderado**

escaderar [eskađerár] [他] =**descaderar**

escaecer [eskaeθér] [39] [自]《サラマンカ, セゴビア, アルバセテ》やつれる, 憔悴(しょうすい)する

escafandra [eskafándra] 〘←仏語 scaphandre〙 [女] ❶ 潜水服, 潜水具: ～ autónoma アクアラング. buceo con (sin) ～ autónoma スキューバ(スキン)ダイビング. ❷ 宇宙服〘=～ espacial〙

escafandrismo [eskafandrísmo] [男] [潜水具を用いる] 潜水, スキューバダイビング

escafandrista [eskafandrísta] [名] [潜水具を用いた] ダイバー, 潜水夫

escafandro [eskafándro] [男] =**escafandra**

escafilar [eskafilár] [他] [煉瓦・石張りの] 凹凸をならす; [古煉瓦に付いた] モルタルを削り落とす

escafocefalia [eskafoθefálja] [女]《医学》舟状頭蓋奇形, 舟状頭症

escafoides [eskafɔ̃i̯đes] [男] 〘単複同形〙《解剖》舟状(しゅうじょう)骨〘=hueso ～〙

escafópodo, da [eskafópođo, đa] [形] 掘足類の

―― [男] [複]《動物》掘足類

escagarruciar [eskagar̄uθjár] [10] **～se**《西. 俗語》=**escagarruzarse**

escagarruzar [eskagar̄uθár] [9] **～se**《西. 俗語》大便をもらしてしまう

escajo [eskáxo] [男] ❶ 休耕中の荒地. ❷《サンタンデール. 植物》ハリエニシダ〘=aulaga〙

escajocote [eskaxokóte] [男]《中米. 植物》太い木の一種〘締まった材質で, サクランボ大の酸っぱい実をつける〙

escala [eskála] 〘←ラテン語 scala「段」〙 [女] ❶ 段階, 体系: ～ Baumé [比重の単位] ボーメ度. ～ (de) Beaufort ビューフォート風力階級. ～ de colores 表色系. ～ de Mercalli (Richter) メルカリ(リヒター)震度階. ～ móvil salarial 賃金のスライド制. ～ Scoville [トウガラシの辛さの単位] スコヴィル値. ～ de valores 価値体系. ❷ [段階になった] 一覧表, リスト: ～ de intereses 利率表. ～ de tarifas 関税率表. ❸ 目盛り; 測定器: ～ de termómetro 温度計の目盛り. ～ de Mohs モースの硬度計. ❹ 規模: de pequeña ～ 小規模の. a ～ internacional (mundial) 世界的な規模で. economías de ～ 規模の経済. ❺ 縮尺; [地図の] 縮尺目盛り: mapa a la ～ de uno por cincuenta mil 5万分の1の地図. a ～ natural 実物大の. ❻ 寄港; 寄港地: hacer ～ en... …に寄港(着陸)する. vuelo sin ～《航空》直行便, ノンストップフライト. ～ técnica 機械整備のための着陸(寄港). ～ franca 自由港. ❼ はしご〘=escalera de mano〙;《航空》タラップ〘=escalerilla〙;《船舶》舷梯, タラップ〘=～ real〙: apoyar una ～ contra una pared 壁にはしごをかける. subir (bajar) una ～ はしごを登る(降りる); タラップを上がる(下りる). ～ de cuerda 縄ばしご. ～ de viento/～ de gato《船舶》縄ばしご. ～ telescópica (extensible) 可伸はしご. ❽《音楽》音階〘=～ musical〙: practicar la ～ musical 音階練習をする. ～ mayor (menor) 長(短)音階. ～ diatónica (cromática) 全(半)音階. ～ natural 自然音階. ❾《軍事》[階級・年次別などの] 兵員名簿: ～ de reserva 予備役軍人名簿. ❿ ～ de peces 魚梯(ぎょてい), 魚道. ⓫《情報》～ de grises グレースケール

a (en) gran ～ 大規模な・に: producir *a gran* ～ 大量生産する. producción *en gran* ～ 大量生産

escalable [eskaláƀle] [形] 登られ得る

escalaborne [eskalaƀɔ́rne] [男] 銃床用の木材

escalabradura [eskalaƀrađúra] [女]《口語》=**descalabradura**

escalabrar [eskalaƀrár] [他]《口語》=**descalabrar**

escalada[1] [eskaláđa] 〘←escalar〙 [女] ❶ 登攀(とうはん): ～ en roca/～ en paredes/～ de (con) pico ロッククライミング. ～ artificial 人工登攀. ～ libre フリークライム. ❷ [紛争などの] 急激な拡大, エスカレーション. ❸ [価格の] 高騰. ❹ [急速な] 昇進, 出世. ❺《自転車》山登り, ヒルクライム. ❻ 家宅侵入. ❼《経済》～ de las tarifas [国内製造業を保護するため, 原材料には低く製品には高い税率を適用する] 傾斜関税, タリフ・エスカレーション

escalado[1] [eskaláđo] [男] 段階分け, 区分

escalado[2], **da**[2] [eskaláđo, đa] [形] [塩漬け・燻製のために, 魚な

E

escalador, ra [eskalaðór, ra] 形 ❶ よじ登る, 登攀の; 登攀者; 登山家, ロッククライマー. ❷《自転車》山岳スペシャリスト
── 男《漁業》水揚げ作業員

escalafón [eskalafón]《←?語源》男 ❶《行政》[勤続年数・能力などによる] 序列; 序列分け: subir en el ～ 出世の階段をのぼる. ❷ ランキング, 順位: ocupar el primer lugar en el ～ mundial 世界ランキング1位を占める

escalafonal [eskalafonál] 形《行政》序列の; 序列分けの
escalafonar [eskalafonár] 他《行政》序列分けする
escalaméra [eskalaméra] 女《船舶》オール受け
escalamiento [eskalamjénto] 男 **=escalada**¹
escálamo [eskálamo] 男《船舶》櫂座ピン
Escalante [eskalánte]《人名》**Juan de ～** フアン・デ・エスカランテ《?～1519, スペイン人コンキスタドール. コルテス Cortés のアステカ王国征服に司令官として参加し, 戦死》

escalar [eskalár]《←escala》他 ❶ よじ登る, 登攀する: ～ una muralla 城壁をよじ登る. ～ el pico 岩壁を登る. ❷《序列を》登る: Esa canción ha escalado puestos en la lista. その歌はランクアップした. ❸ [はしごを登って] …に入る, 上がる; [ドアなどをこじ開けて] 侵入する, 押し入る: ～ un edificio ビルに侵入する. ❹ 《髪を》段をつくる(段を作る): ～ la melena 髪を段(レイヤード)カットにする. ❺《水門を》開く. ❻《まれ》《強さ・量などを》増やす
── 自 ❶ 登る; 《自転車》坂をのぼる. ❷ 昇進する, 出世する. ❸ [紛争などが] エスカレートする. ❹ [+en に] 寄港する. ❺《まれ》《強さ・量などが》増す
── 形 男《物理, 数学》スカラー(の)

escalaria [eskalárja] 女《貝》ヨーロッパイトカケ
escalariforme [eskalarifórme] 形《植物》階紋状の
escalatorres [eskalatóres] 名《時に軽蔑》高い建物の壁をよじ登る人
escalda [eskálda] 女 **=escaldo**
escaldado, da [eskaldáðo, ða] 形 ❶ [estar+] ひどい目に遭った, こりた: Salí ～ de aquel negocio. 私はあの取引でこりごりした. ❷ [痛い目にあって, +ante に] 疑い深い. ❸ [女が] とうが立って身持ちの悪い, すれっからしの
── 男《料理》湯通し
── 男《サモラ, 料理》ジャガイモとキャベツ berza のシチュー

escaldador, ra [eskaldaðór, ra]《料理》湯通しする; 湯通し機

escaldadura [eskaldaðúra] 女 ❶《料理》湯通し. ❷ [熱湯・蒸気による] やけど

escaldar [eskaldár]《←俗ラテン語 excaldare < ex-+caldus「熱い」》他 ❶《料理》湯通しする, 湯がく: ～ un tomate トマトを湯通しする. ave escaldada [毛をむしりやすくするために] 湯づけにした鳥. ❷ [熱湯・蒸気などで] やけどさせる; 皮膚をひりひりさせる. ❸ 懲らしめる
── ～se ❶ [熱湯・蒸気などで] やけどする: ～se la lengua 舌をやけどする. ❷ おむつかぶれになる; [股のつけねが] ひりひりする, 股ずれがする

escaldillas [eskaldíʎas] 女 複 エスカルディリャス《カセレスの典型的デザート》

escaldo [eskáldo] 男《古代スカンジナビアの》吟唱詩人, 英雄詩やサガ saga の作者

escaldón [eskaldón] 男《カナリア諸島. 料理》トウモロコシのひき割り・豚肉・ニンニク・ピーマンなどの煮込み

escaldufar [eskaldufár] 他《ムルシア》[多すぎるスープを] 鍋からすくい取る

escaleno, na [eskaléno, na] 形《幾何》❶ [三角形が] 不等辺の: triángulo ～ 不等辺三角形. ❷ [円錐が] 斜軸の: cono ～ 斜円錐体
── 男《解剖》斜角筋

escalenoedro [eskalenoéðro] 男《鉱物》偏三角面体

escalentía [eskalentía] 形《地方語》[クリが] 早生で木についたままイガが割れる

escalentamiento [eskalentamjénto] 男 ❶ [動物の] 脚の炎症. ❷《エクアドル》皮膚のかぶれ

escalera [eskaléra]《←ラテン語 scalaria「階段」》女 ❶ 階段: 1) subir (bajar) la ～ 階段を上がる(下りる). caer ～ abajo 階段をころげ落ちる. ～ [de] caracol/～ espiral らせん階段. ～ de emergencia/～ de salvamento/～ de incendios 非常階段. ～ de servicio [使用人が使う] 裏階段. ～ mecánica (automática)/《中南米》～ eléctrica/《キューバ》～ rodante エスカレーター. ～ de mano はしご. ～ de cuerda 縄ばしご. ～ de tijera きゃたつ. 3) [馬車の] 繰り出しステップ, 踏み段. ❷ [髪の] 虎刈り. ❸ マンション《各階の個々のマンションは piso》: Los bomberos llamaron puerta por puerta a los vecinos de la ～. 消防士たちはマンションの一軒一軒のドアをたたいた. ❹《トランプ》ストレート: ～ de color ストレートフラッシュ. ～ real ロイヤルフラッシュ. ❺《ナバラ, ログロニョ, アラゴン》ステップ, 段 [**=escalón**]

de ～ arriba [召使いが] 下働きでない, 上級職の
gente de ～[s] abajo 集名 召使い; 下層階級

escaleriforme [eskalerifórme] 形 階段状の
escalerilla [eskaleríʎa]《escalera の示小語》女 ❶ 小階段: en ～ 段状になった. ❷《航空》タラップ; 《船舶》道板, タラップ. ❸《トランプ》同じ組札の3枚続き. ❹《獣医》[馬の] 口開け金具. ❺《アラゴン》馬の荷鞍に取りつけた] 荷台板

escalerón [eskalerón] 男 ❶ 柱ばしご. ❷《カンタブリア, アラゴン》ステップ, 段

escaleta [eskaléta] 女 [荷車などの] 押し上げ万力
escalextric [eskalé(k)strik] 男 **=scalextric**
escalfado, da [eskalfáðo, ða] 形 ❶ 塗った時のしっくいの状態が悪くて, 壁に ぶつぶつ(気泡)ができた

escalfador [eskalfaðór] 男 ❶ [料理を温めるための] 3本足の卓上こんろ. ❷《左官》[ペンキを落とすための] バーナー. ❸《古語》[ひげ剃り用の] 湯沸かし器

escalfar [eskalfár]《←古語 calfar「熱い」》他 ❶《料理》落とし卵(ポーチドエッグ)にする. ❷ [表面に気泡ができるほどパンを] 焼きすぎる. ❸《メキシコ》目減りさせる

escalfarote [eskalfaróte] 男 防寒ブーツ
escalfeta [eskalféta] 女《古語》[たばこに火をつけるための] 小型火桶

escalibada [eskalibáða] 女《カタルーニャ. 料理》エスカリバダ《ナス・トマト・玉ネギ・ピーマンを刻んで炒めオリーブオイルに漬けたもの》

escalibar [eskalibár] 他 ❶ [火をかき立てるために残り火を] 掘り返す. ❷《アラゴン》1) 開墾する, 耕す. 2)《比喩》煽(あお)る, 火に油を注ぐ

escalinata [eskalináta]《←ラテン語 scalinata》女 [高価な素材で作られた, 建物の外や玄関ホールの] 幅の広い石段, 外付き階段: ～ de la Plaza de España en Roma ローマのスペイン広場前の階段

escalio [eskáljo] 男 休耕中の荒地
escalmo [eskálmo] 男 ❶《船舶》**=escálamo**. ❷ [機械部品にかませる木製の] 大型のくさび

escalo [eskálo] 男 はしごを使った侵入; 家宅侵入: robo con ～ 押し込み強盗

escalofriado, da [eskalofrjáðo, ða] 形 悪寒に襲われた; おののいた, わなないている

escalofriante [eskalofrjánte]《←escalofrío》形 ぞっとするような: escena ～ 身の毛のよだつような光景

escalofriar [eskalofrjár] [11] 他 悪寒を起こさせる; ぞっとさせる
── ～se 悪寒に襲われる, ぞくぞくする; ぞっとする: Me escalofrié al ver la escena del accidente. 私はその事故の光景を見てぞっとした

escalofrío [eskalofrío]《←es-+calor+frío》男 [主に 複] 悪寒 [による震え]; [急激な気温の低下による] 震え [=寒気(さむけ)など による] 戦慄(せんりつ): Le cogieron ～s. 彼は寒気がした/ぞっとした

escalón [eskalón]《←escala》男 ❶ [階段の] 段: escalera con escalones desgastados 段のすり減った階段. ¡Cuidado con el ～! 段差に注意! cortar el pelo en ～ 虎刈りにする. ❷ 段状の土地, 段丘. ❸ [地位の] 段, 等級; [昇進・もくろみなどの] 足掛かり, ステップ: Solo le falta un ～ para ser directivo de la empresa. 彼は重役の椅子までもう一歩だ. ❹《軍事》梯団

escalona [eskalóna] 女《植物》エシャロット《=chalote》
escalonado, da [eskalonáðo, ða] 形 ❶ 段を置いた: huelgas ～das 波状スト. ❷ 階段状の, 段階的な: terreno ～ 段丘. aprendizaje ～ 段階別学習. disminución ～da 段階的な縮小. llevar el pelo ～ 髪が虎刈りになっている

escalonamiento [eskalonamjénto] 男 ❶ 間隔を置くこと. ❷ 段階的配置(編成)

escalonar [eskalonár]《←escalón》他 ❶ 間隔を置いて並べる(行なう): ～ soldados 兵士を間隔を置いて配置する. ～ los

escalonero, ra [eskalonéro, ra] 形 《地名》エスカロナ Escalonaの〔人〕《トレド県の村》

escaloña [eskalóɲa] 女 《植物》エシャロット《=cebolla ~, chalote》

escaloña [eskalóɲa] 女 《植物》エシャロット《=chalote》

escalope [eskalópe] 男 《チリ》=escalope

escalopar [eskalopár] 他 《料理》薄切りする、スライスする

escalope [eskalópe] 《←仏語》男 《料理》〔子牛肉の〕薄切り、エスカロープ；《特に》ビーフカツ

escalpar [eskalpár] 他 《まれ》〔毛髪を〕引き抜く

escalpelo [eskalpélo] 男 《主に解剖用の》メス

escalplo [eskálplo] 男 皮なめし職人の使うナイフ

escaluña [eskalúɲa] 女 《植物》エシャロット《=chalote》

escalla [eskáʎa] 女 《植物》ヒトツブコムギ《=trigo carraón》

escama [eskáma] 《←ラテン語 squama》女 ❶〔魚などの〕うろこ: limpiar el pescado de ~s y tripas 魚のうろこと内臓を取り去る. Cayó de los ojos algo como ~s./Le cayeron de los ojos como unas ~s.《新約聖書》目からうろこだった. ❷《医学》鱗屑（りん）: piel en ~s うろこ状の皮膚. ❸《動物》羽. ❹《昆虫》〔蝶・蛾の〕鱗粉. ❺ ~ de jabón 鱗片石けん. ❻〔鎧の〕小札（ざね）. ❼ 不信，疑惑: Le salieron ~s. 彼の心に不信感が芽生えた

escamado, da [eskamádo, da] 形 ❶ うろこのある，うろこ状の. ❷《メキシコ，アルゼンチン》飽き飽きした，うんざりした
—— 男 ❶《集合》うろこ. ❷ うろこ状の細工物
—— 女 ❶ うろこ形の刺繍. ❷《メキシコ. 口語》びっくり仰天；非常な恐怖

escamadura [eskamaðúra] 女 《廃語》うろこの除去

escamante [eskamánte] 形 疑念（不信感）を抱かせる

escamar [eskamár] 他 ❶ …のうろこを取る: ~ la sardina イワシのうろこを落とす. ❷ 疑念（不信感）を抱かせる. ❸ うろこ状に細工（装飾）する
—— ~se ❶ 疑念（不信感）を抱く: Me escamé al ver que regresaba la hija tan tarde. 私は娘の帰りがあまりに遅かったので不審に思った. ❷《メキシコ. 口語》びっくり仰天する；ひどく恐れる

escambrón [eskambrón] 男 《地方語》〔総称〕エニシダ・ハマナツメ・ククロなどの灌木

escamel [eskamél] 男 刀鍛冶の金床

escamiforme [eskamifórme] 形 うろこ状の，うろこのような

escamocha [eskamótʃa] 女 《メキシコ》❶《料理》フルーツサラダ. ❷ 食べ残し，残飯《=escamocho》

escamochar [eskamotʃár] 他 ❶ 浪費する，無駄づかいする. ❷《地方語》〔枝などの〕上部を切る. ❸《アンダルシア》〔アーティチョーク・レタスなどの〕食べられない葉を取り除く

escamoche [eskamótʃe] 男 《サラマンカ》薪を切ること

escamochear [eskamotʃeár] 自 《アラゴン. 養蜂》2度目の分封をする

escamocho [eskamótʃo] 男 ❶ 食べ残し，飲み残し. ❷《アラゴン. 養蜂》2度目の分封；分封ミツバチの小さな群れ. ❸《アラバ，アラゴン，アンダルシア》ひ弱な人，やせこけた人. ❹《アラゴン》不当な言い訳，口実. ❺《アンダルシア》〔ふるった後の〕穀粒のかす

escamol [eskamól] 男 《メキシコ. 料理》〔主に イダルゴ州の名物で料理に用いる〕アリの卵；エスカモーレ《そのアリの卵の煮込み》

escamón, na [eskamón, na] 形 名 《口語》疑い深い〔人〕
—— 男 《地方語. 魚》ハゼの一種《学名 Gobius niger》

escamonda [eskamónda] 女 =escamondo

escamondadura [eskamondaðúra] 女 〔剪定される〕無用の枝

escamondar [eskamondár] 他 ❶ 剪定（せんてい）する. ❷ …の有害なものを取り除く

escamondo [eskamóndo] 男 枝おろし，剪定

escamonea [eskamonéa] 女 ❶《植物》1) サンシキヒルガオ. 2) ~ falsa (valenciana) マチン《=matacán》. ❷ スカモニア樹脂《下剤》

escamoneado, da [eskamoneáðo, da] 形 スカモニア〔樹脂〕の特性をもつ

escamonear [eskamoneár] ~se 《口語》疑う，警戒する，不信感を持つ

escamoso, sa [eskamóso, sa] 形 ❶ うろこのある，うろこ〔状の〕物に覆われた. ❷ 有鱗目の. ❸《コロンビア. 口語》怒った；〔人が〕傷つきやすい
—— 男 複 《動物》有鱗目

escamotar [eskamotár] 他 =escamotear

escamoteable [eskamoteáβle] 形 格納式の，引き込み式の

escamoteador, ra [eskamoteaðór, ra] 形 名 消す，隠す；手品師，奇術師

escamotear [eskamoteár]《←仏語 escamoter》他 ❶〔手品などで〕消す，隠す: El ilusionista les escamoteaba a los niños las palomas. 手品師は子供たちの前から鳩を消した. ❷〔まんまと〕盗む: Le han escamoteado la cartera. 彼は財布をすられた. ❸〔不当なやり方で〕消す. ❹〔義務・困難などを〕こっそり回避する，ごまかす: ~ la verdad 真実を避けて通る. ~ un penalti clarísimo 明らかな反則を見逃す. ❺ 時間をかけることを惜しむ. ❻〔機械装置の出っ張っている部分を〕引っ込める，格納する

escamoteo [eskamotéo] 男 ❶〔手品などで〕消すこと. ❷ くすねること，ごまかし. ❸《航空》車輪の格納

escampado, da [eskampáðo, da] 形 更地の，空き地の
—— 女 ❶ 雨の晴れ間. ❷〔樹木のない広々とした〕空き地

escampar [eskampár]《←es-+campar < campo》自〔単人称〕雨がやむ: Esperemos que escampe. 雨がやむのを待ちましょう. ❷ 気勢がそがれる，拍子抜けする. ❸《コロンビア》雨宿りする
¡Ya escampa! 《皮肉》嵐の前の静けさだ!
—— 他 《まれ》取り払う；〔場所を〕片付ける

escampavía [eskampaβía] 女 《船舶》❶〔主に帆船の〕哨戒艇. ❷ 沿岸警備艇，巡視艇；密輸監視艇

escampilla [eskampíʎa] 女 《アラゴン，アリカンテ. 遊戯》棒打ち《=tala》

escampo [eskámpo] 男 雨が止むこと

escamudo, da [eskamúðo, da] 形 =escamoso

escamujar [eskamuxár] 他 〔オリーブの木などを〕剪定する

escamujo [eskamúxo] 男 オリーブの剪定された枝；オリーブの剪定

escancia [eskánθja] 女 〔ワインを〕注ぐこと

escanciador, ra [eskanθjaðór, ra] 形 名 〔ワインなどの〕酌をする〔人〕，ワイン係のウェイター
—— 男 ワインを注ぐ道具

escanciano [eskanθjáno] 男 《廃語》酌をする召使い

escanciar [eskanθjár]《←ゴート語 skankjan〔飲むものを与える〕》❶ 他 《文語. 時に戯語》〔グラスにワインを〕注ぐ；〔果実酒を泡立つように〕高い所から注ぐ: ~ el vino con gran elegancia ワインを大変優雅に注ぐ
—— 自 〔まれ〕ワイン（酒）を飲む

escanda [eskánda] 女 《植物》パンコムギ，スペルト小麦: ~ menor ヒトツブコムギ

escandalada [eskandaláða] 女 《中米》=escandalera

escandalar [eskandalár] 男 《船舶》〔ガレー船の〕羅針盤室

escandalera [eskandaléra] 女 《口語》大騒動，らんちき騒ぎ《=escándalo》

escandalizador, ra [eskandaliθaðór, ra] 形 名 ひんしゅくを買う〔人〕，破廉恥な〔人〕

escandalizar [eskandaliθár]《←ラテン語 scandalizare <ギリシア語 skandalizo》❶ 他 〔人の〕ひんしゅくを買う，眉をひそめさせる，ショックを与える: Su mala conducta escandaliza a todos. 彼の不品行は皆のひんしゅくを買っている
—— 自 世間のひんしゅくを買う
—— ~se ❶〔+de・por に〕眉をひそめる；ショックを受ける: Se escandalizaba de esa película. 彼はその映画に眉をひそめた〔ショックを受けた〕. ❷ 憤慨する；憤慨したふりをする

escandalizativo, va [eskandaliθatíβo, βa] 形 物議をかもしかねない，ひんしゅくを買いかねない

escandallar [eskandaʎár] 他 ❶ …の価格を査定する. ❷《商業》コスト・ブレイクダウンする《商品の価格決定のために費目ごとの原価計算をする》. ❸《船舶》測鉛で海底を探る. ❹ 抜き取り検査をする

escandallo [eskandáʎo] 男 ❶《商業》コスト・ブレイクダウンによる価格決定；その価格をつけたラベル（マーク）. ❷《船舶》〔海底の地質を調べる〕測鉛の先端部. ❸〔製品などの〕抜き取り検査. ❹《エストレマドゥラ》〔家畜の〕中牽価格販売

escándalo [eskándalo] 男 《←ラテン語 scandalum <ギリシア語

escandalosa

skandalon『つまづかせる罠・妨害物』〕❶ 大騒ぎ: armar un ~ 大声をあげて騒ぐ. ❷《軽蔑》ひんしゅく,悪評,物議; スキャンダル,醜聞; 汚職: dar (causar・montar) un ~ 世間の悪評を買う, スキャンダルをまき起こす. Se paseaba desnuda por la calle, con gran ~ de los transeúntes. 彼女は裸で通りを歩いて,通行人のひんしゅくを買った. ~ financiero 財政汚職. ❸《軽蔑》言語道断なこと: ¡Es un ~! もってのほかだ/けしからんことだ! ❹ 驚嘆,呆然 *de* ~ 1) 法外な,過度の: precios *de* ~ びっくりするような値段,法外な価格. 2) 驚嘆すべき: final *de* ~ すばらしいフィナーレ

escandalosa[1] [eskandalósa] 囡《船舶》ガフトップスル

escandalosamente [eskandalosaménte] 副 大騒ぎして,ろうばいして; 破廉恥に,言語道断にも

escandaloso, sa [eskandalóso, sa]〔←*escándalo*〕形 ❶ 破廉恥な(人),けしからぬ,言語道断な: acto ~ 破廉恥行為. noticia *~sa* スキャンダラスなニュース. ❷ 法外な,過度の: precio ~ 法外な価格. ❸ 大騒ぎを引き起こす(人),騒々しい(人): niño ~ 手に負えない子. risa *~sa* けたたましい笑い *echar la* *~sa*《西.口語》[論議で] 口汚くののしる,暴言を吐く

escandelar [eskandelár] 男《船舶》= *escandalar*

escandia [eskándja] 囡《植物》イギリスコムギ

escandinavo, va [eskandinábo, ba] 形名 ❶《地名》スカンジナビア Escandinavia の(人): Península ~*va* スカンジナビア半島. ❷ ノルド語の《印欧語族ゲルマン語派に属する北欧諸語》

escandio [eskándjo] 男《元素》スカンジウム

escandir [eskandír] 他《詩法》[詩の]韻律を調べる; 音脚に分ける

escaneado [eskaneáðo] 男 ❶ CTスキャン; エックス線によるチェック. ❷《情報》スキャナーによる読み取り; 画像の取り込み

escanear [eskaneár] 他 ❶ [体を] CTスキャンする,[荷物などを] エックス線でチェックする.《情報》スキャナーで読み取る,[画像を] 取り込む

escáner [eskáner]〔←英語 scan「調べる」〕男（圈 ~es）《医学》CTスキャナー;《情報》スキャナー;《印刷》カラースキャナー,電子分解装置. ❷ スキャナーを用いた[精密]検査

escanillo [eskaníλo] 男《地方語》ベビーベッド

escanograma [eskanoɣráma] 男《医学》スキャノグラム

escansión [eskansjón] 囡 ❶《詩法》韻律分析. ❷《医学》[言語障害の] 断綴(さてつ)言語

escantillar [eskantiʎár] 他 ❶《建築》[固定線から] 寸法を測る,線引きする. ❷《ナバラ,アラゴン,アンダルシア》縁を欠く,角を落とす

escantillón [eskantiʎón] 男 ❶ [木材・石などの細工用の] 線引き定規,型板. ❷ [木材の] 小口寸法

escaña [eskáɲa] 囡《植物》ハンゴンギ〖~ mayor, escanda〗: ~ menor ヒトツブコムギ〖= escanda menor〗

escañar [eskaɲár] 他《アラゴン》喉が詰まる,息苦しくなる

escañero [eskaɲéro] 男《議場の下働きの》議員席係

escañil [eskaɲíl] 男《レオン》背もたれ付きの小ベンチ

escaño [eskáɲo]〔←ラテン語 scamnum「ベンチ」〕男 ❶ 議席: ganar un ~ 議席を獲得する. renunciar al ~ 議員を辞職する. sistema de un ~ por distrito 小選挙区制. ❷ [背のある]ベンチ

escapada[1] [eskapáða]〔←*escapar*〕囡 ❶ サボり; [息抜きの]遠出,小旅行: ir al cine en una ~ エスケープして映画を見に行く. De vez en cuando hace (da) una ~ a la costa. 彼は息抜きに海岸へ行く. ❷ = *huida*. ❸《自転車など》逃げ *en una* ~ 1) あっという間に,素早く. 2) [命令口調で]さっさと. 3) 暇を盗んで

escapadizo, za [eskapaðíθo, θa] 形《まれ》すぐ逃げる

escapado, da[2] [eskapáðo, ða] 形 ❶《競走》先行逃げ切り型の. ❷ [通常・予想よりも]速い ── 副《口語》速く

escapamiento [eskapamjénto] 男《廃語》= *escapada*[1]

escapar [eskapár]〔←俗ラテン語 excappare「頭を抜け出す」<ラテン語 ex-（外）+cappa「マント」〕自 ❶ [+de から] のがれる,逃げる,免れる: *Escapó* de la policía. 彼は警察の手を逃れた. ¡Que no *escape*! 逃がすな! ~ de la cárcel 刑務所から逃亡する. ~ de la muerte 死を免れる. ~ de la gripe 流感にかからないですむ. ~ a la calle [仕事などをサボって] 町へ息抜きに出かける. ❷ [+a の] 手の届かない所にある,及ばない所にある: Esa lógica *escapa a* mi comprensión. その論理は私の理解を越えている. Este caso *escapa a* mi responsabilidad. このケースは私の責任ではない. No era posible ~ a la realidad. 現実から逃避することは不可能だった. ❸《競走》1) 逃げ切る,振り切る. 2) フライングをする

dejar ~ 1) 取り逃がす: Dejó ~ el pájaro. 彼は小鳥を逃がしてしまった. 2) [笑い・ため息などを] 漏らす

~ *a correr*/~ *a volar* 急に走り出す,飛び出す

~ *bien (mal)* うまくいく(失敗する)

── 他《まれ》[馬を] 疾走させる. ❷ [+de 危険・仕事などから] のがれさせる,免れさせる

── *~se* ❶ 逃走する,脱走する; 抜け出す,中座する: Yo me *escapaba* de la recluta y de las revoluciones. 私は徴兵や革命から逃げていた. Se me *escapó* de casa ayer. 私はきのう家出した. ~*se* de una fiesta パーティーを抜け出す. ❷ [+a+人 から] 逃れる,消え去る: *Se escapó a* la policía. 彼は警察の手を逃れた. *Se le escapó* [de las manos] el título de campeón. 彼はチャンピオンになるチャンスを逸した. ❸ [+a+人 の] 口から漏れる; 思わずやってしまう: *Se me escapa* un grito (un suspiro). 私は思わず叫んでしまった(ため息を漏らす). *Se le escapó* su nombre (la risa・la mano). 彼は思わずその名前を言って(笑って・殴って)しまった. ❹ [乗物に] 乗り遅れる: *Se me acaba de* ~ el autobús. 私はたった今バスに乗り遅れた. ❺ [+a の] 及ばない所にある,制御できない: Esto *se escapa a* mi jurisdicción. 水が管から漏れた. ❻ [+a+人 から] 落ちる: El plato *se le escapó de* las manos. 彼は手が滑って皿を落とした. *Se me ha escapado* un punto del jersey. 私はセーターの編み目を一目発見した. ❼ [+a+人 が] 見落とす,気づかずに過ごす; 忘れる: *Se me escapó* lo que me quiso decir con ese gesto. 私は彼がその身ぶりをして何を言いたかったのか察し損ねた. ❽ [タンク・管から気体・液体が] 漏れる: El agua *se escapaba de* la tubería. 水が管から漏れた. ❾ [+de 害・悪などを] 免れる,逃れる: ~*se de* la gripe 流感にかからずにすむ. ❿《競走》逃げ切る,振り切る

escaparate [eskaparáte]〔←オランダ語 schaprade「家具」〕男 ❶《主に西》ショーウィンドー,ショーケース: Pasó un rato largo mirando el ~. 彼はショーウィンドーを長い間見ていた. detenerse ante *los* ~*s* ウィンドーショッピングをする. ir (salir) a ver *~s* ウィンドーショッピングに行く. artículo *de* ~ ショーウィンドーの中の商品. 2) 販売促進に役立つもの(の手段). ❷《比喩》見せびらかし. ❸《古語》ガラス張りの飾り戸棚. ❹《キューバ,ベネズエラ》引き出しのついた[洋服だんす. ❺《プエルトリコ,コロンビア》食器戸棚,サイドボード

estar en el ~ [人が] 注目の的(話題)になっている

escaparatismo [eskaparatísmo] 男《西》ショーウィンドー装飾[技術]

escaparatista [eskaparatísta] 名《西》ショーウィンドー装飾家,ディスプレー係

escapatoria [eskapatórja]〔←*escapar*〕囡 ❶ 逃げること,逃亡,逃避,脱走〖= *fuga*〗: dar a+人 ~ …を逃がす. ❷ 逃げ道,脱出路; [法律などの] 抜け穴: Ya no hay ~, pensé con resignación. もう逃げられないと,私はあきらめて考えた. ❸ 逃げ口上,言い逃れ,口実: No tuvo ~ ninguna de su asesinato. 彼にはその殺人について何も言い訳できなかった. ❹ サボり; [息抜きの]遠出,小旅行〖= *escapada*[1]〗

escape [eskápe]〔←*escapar*〕男 ❶ [気体・液体の] 漏れ,漏出〖(誤ぽ)〗: Hay un ~ de gas en alguna parte. どこかでガス漏れしている. ❷ [難しい・緊張した状況からの] のがれること,息抜き: El paseo es el mejor ~ del aburrimiento. 散歩は退屈のための最良の方法だ. buscar un ~ 逃げ場を探す. ❸ [エンジンの] 排気管〖= tubo *de* ~〗; [一般に] 排気〔装置〕; 排気ガス. ❹《技術》= 排気ガス. ❺《情報》エスケープ[キー]〖[eskéip]とも発音〗. ❻ 脱出,逃亡〖= *fuga*〗. ❼《チリ》肛門

a ~ 大急ぎで,全速力で; 今すぐに: Ven *a* ~. すぐ来い. Salió *a* ~ de su casa para no llegar tarde. 彼は遅刻しないように家を飛び出した

no haber ~《口語》どうにもならない,どうしようもない: Ya no hay ~. もうどうにもならない

escapero, ra [eskapéro, ra] 名《ボリビア,チリ》こそ泥,空き巣狙い

escapismo [eskapísmo] 男 現実逃避癖

escapista [eskapísta] 形 名 現実逃避の, 現実逃避癖のある〔人〕

escapo [eskápo] 男 ❶《植物》花茎. ❷《建築》柱身; 螺旋階段の支柱

escapolitas [eskapolítas] 女 複《鉱物》柱石, スカポライト

escápula [eskápula] 女《解剖》肩甲骨〔=omóplato〕

escapular [eskapulár] 形《解剖》肩の, 肩甲骨の: cintura ~ 肩〔甲〕帯
—— 他《船舶》[砂洲・暗礁を] 回避する, 迂回する
—— 自《船舶》[舫い綱を] 解ける, 外れる

escapulario [eskapulárjo] 男《カトリック》❶ スカプラリオ《修道士の肩衣; 修道女などが肩から前後に垂らす布》. ❷《カルメル会で》聖母に捧げる7回の祈り

escaque [eskáke] 男 ❶ チェス盤の升目〔=casilla〕;《まれ》複 チェス. ❷《紋章》小さな正方形

escaqueado, da [eskakeáđo, đa] 形 碁盤目状の, 格子柄の, 市松模様の

escaquear [eskakeár] ~se《西. 口語》[+de 仕事・義務などから] こっそり逃げる; [面倒・問題などを] 避ける: ~ de clase 授業をサボる

escaqueo [eskakéo] 男《西. 口語》こっそりサボること

escara [eskára] 女《医学》かさぶた, 痂皮（ひ）

escarabajas [eskarabáxas] 女 複《サラマンカ》火おこし用の小柴

escarabajear [eskarabaxeár] 自 ❶ うようよする, ごったがえす. ❷ いたずら書きをする; なぐり書きする, 走り書きする. ❸ [体の一部が] むずむずする, ちくちくする. ❹《独楽が》頭を振って回る
—— 他《事柄が》気をもませる, 心配させる, 悩ます

escarabajeo [eskarabaxéo] 男 ❶ 気をもむこと; 心痛. ❷ いたずら書き; なぐり書き

escarabajo [eskarabáxo] 男《←俗ラテン語 scarafajus <ラテン語 scarabaeus》❶《昆虫》甲虫; [特に] コガネムシ. ~ de la patata/~ de Colorado《西》コロラドハムシ. ~ del reloj de la muerte シバンムシ（死番虫）. ~ enterrador (sepulturero) シデムシ. ~ pelotero (sagrado) クソムシ. ~ sanjuanero コフキコガネ. ❷ 小柄で不格好な人. ❸《自動車. 口語》ビートル《フォルクスワーゲン社製の小型車》. ❹《織物の》横糸まげ. ❺《軍事》砲身内部の傷. ❻ 複 ミミズののくったような字, 悪筆

escarabajuelo [eskarabaxwélo] 男《昆虫》ヴァインビートル《ブドウにつく甲虫》

escarabeiforme [eskarabejfórme] 形《昆虫》[甲虫の幼虫が] 太いC形の体の

escarabeido, da [eskarabéjđo, đa] 形 コガネムシ科の
—— 男 複《昆虫》コガネムシ科

escarabeo [eskarabéo] 男《宝飾》スカラベ, スカラブ《古代エジプトで護符・装身具とした甲虫の形の石》

escaraguaita [eskaraɣwájta] 女《築城》[城壁の角から張り出した] 望楼

escaramucear [eskaramuθeár] 自 小競り合いをする〔=escaramuzar〕

escaramujo [eskaramúxo] 男 ❶《植物, 果実》ノバラ. ❷《船舶, 貝》[船底に付く] エボシガイ

escaramuza [eskaramúθa] 女《←伊語 scaramuzza「戦闘」》❶ [小規模な] 局地戦; 小競り合い. ❷《軍事》騎兵同士の戦い, 騎兵戦. ❸《アメフト》zona de ~ スクリメージライン

escaramuzador, ra [eskaramuθađór, ra] 名 小競り合いをする人

escaramuzar [eskaramuθár] 自 自 ❶ 小競り合いをする. ❷ [騎兵同士の戦いで, 馬が] 右往左往する

escarapela [eskarapéla] 女《←古語 escarapelarse「ひっかき合う」》❶ [帽子・襟などに付ける丸や花型の] リボン飾り, 花形帽章. ❷ [主に女同士で] 勝ち札とは異なる組ばかりの札3枚の手. [トレシージョ tresillo で]. ❸《トランプ》❹《菓子》練り粉を揚げてラム酒で香りをつけ粉砂糖をふりかけたもの

escarapelar [eskarapelár] 他《コロンビア》いじくり回す
—— 自 ~se ❶ [主に女同士で] けんかする, ののしり合いをする. ❷《コスタリカ, コロンビア, ベネズエラ》上塗りが剥がれる, ひびが入る. ❸《ペルー》鳥肌が立つ

escarapote [eskarapóte] 男《地方語》=**escarapote**

escarapote [eskarapóte] 男《地方語, 魚》カサゴ《特に》フカカサゴ

escarbadero [eskarbađéro] 男《イノシシ・オオカミなどが習性的に》ひっかく場所

escarbadientes [eskarbađjéntes] 男《単複同形》❶ つまようじ〔=mondadientes〕. ❷《植物》アンミスナガ〔=biznaga〕

escarbador, ra [eskarbađór, ra] 形 ひっかく; ほじくる
—— 男《古語》ほじくる道具

escarbadura [eskarbađúra] 女 ひっかくこと; ほじくること

escarbaorejas [eskarbaoréxas] 男《単複同形》《廃語》耳かき〔=mondaorejas〕

escarbar [eskarbár] 他《←ラテン語 scarifare「ひっかく, 浅く掘る」》自 ~se [+en 地面などを] ひっかく, 掘り返す: El toro escarba [en] la arena. 牛が闘牛場の砂をかく. ❷《暖炉などの火を》かき立てる. ❸ 詮索する: ~ en vida ajena 他人の生活をかぎ回る. ❹ [指で] ほじくる; [爪楊枝で] 歯をほじくる; [耳かきで] 耳をほじくる. ❺ [傷口などを] 指で繰り返し触る

escarbatear [eskarbateár] 他《キューバ. 口語》[動物が餌を捜して地面を] 掘り返す, ほじくる
—— ~se《キューバ. 口語》[人・動物が自分の体を] ほじくる

escarbillos [eskarbíʎos] 男 複 消し炭, 炭がら

escarbo [eskárbo] 男 地面をひっかくこと; ほじくること

escarcear [eskarθeár] 自《サラマンカ》[他のジャガイモが育つように] 畑から大きいジャガイモだけをとる
—— 自 ❶《まれ》[水が] 渦を巻く. ❷《ベネズエラ, チリ, アルゼンチン, ウルグアイ》[馬が] 頭を上下させる

escarcela [eskarθéla] 女《古語》❶ [腰に下げる] 革袋; 巾着;《猟師の使う》網袋. ❷ [鎧の] 草摺（くさずり）. ❸《女性の髪を飾る》かぶりもの

escarceo [eskarθéo] 男《←?語源》❶ 複 ちょっと手を出すこと, かじってみること: En mis ~s por el mundo de la política... 私がちょっと政治の世界をのぞいてみた所によると…. ❷ [ちょっとした] 恋愛遊戯, 浮気〔=~s amorosos〕. ❸《馬術》複 巻き乗り. ❹ さざなみ, 小波. ❺ [本題から離れた] 思い巡らし, 脱線

escarcha [eskártʃa] 女《←バスク語 ezkartxa》霜〔類義 **escarcha** は物（つまり氷）. 現象は **helada**〕: Se ha formado ~. 霜が降りた. Hay ~. 霜が降りている

escarchado, da [eskartʃáđo, đa] 形 霜で覆われた
—— 男 ❶《菓子》果実に糖衣を着せること. ❷《まれ》金（銀）箔刺繍
—— 女《植物》アイスプラント

escarchar [eskartʃár] 自《←escarcha》自《単人称》霜が降りる: Ha escarchado esta mañana. 今朝は霜が降りた. Está escarchando. 霜が降りている. Escarcharon los vidrios de las ventanas. 窓ガラスに霜が凍り付いた
—— 他 ❶ [果実に霜が降りたように] 糖衣をかける: albaricoque *escarchado* アンズあめ. ❷ [蒸留酒の瓶の中にアニスの小枝を入れ, その回りに] 糖分を結晶させる. ❸ [霜が降りたようにタルカムパウダーなどを] ふりかける. ❹《陶芸》[白い粘土を水に] 希釈する

escarchazo [eskartʃáθo] 男《口語》霜柱

escarche [eskártʃe] 男 金（銀）箔刺繍〔=escarchado〕

escarcho [eskártʃo] 男《魚》ホウボウの一種〔=rubio〕

escarcina [eskarθína] 女《三日月刀のような》反り身の小刀

escarcinazo [eskarθináθo] 男 escarcina による一撃

escarda [eskárđa] 女 ❶ 除草〔の時期〕. ❷ 除草鍬

escardadera [eskarđađéra] 女 除草鍬, 除草鋤

escardador, ra [eskarđađór, ra] 名 除草作業員, 草取り人
—— 男 除草器〔=escardillo〕
—— 女 除草機

escardadura [eskarđađúra] 女 除草, 草取り

escardar [eskarđár] 他《←es-＋ラテン語 cardus》❶ …から雑草を取り除く: ~ un jardín 庭の草取りをする. ❷ [善いものから] 悪いものを区別する, 善悪をわきまえる: ~ palabrotas de su vocabulario 悪い言葉を使わないようにする. ❸《アンダルシア》剪定（せんてい）する

escarde [eskárđe] 男 除草

escardilla [eskarđíʎa] 女 ❶ 除草鍬. ❷《アンダルシア》刃が細く柄が短い小型の鍬

escardillar [eskarđiʎár] 他 [鍬を使って] 除草する

escardillo [eskarđíʎo] 男 ❶ [小型の鍬形の] 除草器. ❷ [主に子供を楽しませるために, 鏡などで] 反射させた光. ❸《地方語》アザミの種子の冠毛. ❹《地方語》家畜の耳に付けた角形の印

lo ha dicho el ～ 白状しなさい、もう分かってるんだから
escarear [eskareár] ～*se*《サラマンカ》あかぎれになる、ひびが切れる
escariado [eskarjáðo]《男》《技術》[金属にあけた穴の]リーマ仕上げ
escariador, ra [eskarjaðór, ra]《形》拡孔する
── 《男》拡孔器, ぐり穴錐, リーマー
escariar [eskarjár] 10《他》《技術》[金属にあけた穴を]拡孔する, リーマ仕上げする
escarificación [eskarifikaθjón]《女》《医学》❶ 痂皮形成. ❷ 表皮切開, 乱切〔法〕
escarificado [eskarifikáðo]《男》《土木》土かき
escarificador [eskarifikaðór]《男》❶《農業, 土木》カルチベータ―. ❷《医学》乱切刀, 表皮切開用のメス
escarificadora [eskarifikaðóra]《女》《農業》中耕機
escarificar [eskarifikár] 7《他》❶《土木, 農業》土かきをする. ❷《医学》1) 乱切する. 2) =**escarizar**
escarioso, sa [eskarjóso, sa]《形》《植物》[包葉などが]薄膜状の, 膜質の
escarizar [eskariθár] 9《他》《医学》[潰瘍の]痂皮を取り除く
escarlador [eskarlaðór]《男》櫛の歯の研磨用小刀
escarlata [eskarláta]《形》《←アラビア語 siquillat < iskirlata》[=*rojo* ～]色[の], スカーレット ── 《女》❶《医学》猩紅(しょうこう)熱 [=**escarlatina**]. ❷《古語》緋色の布切《王侯貴族・高位の聖職者などの衣服に権威の象徴として用いられた》. ❸《エストレマドゥラ. 植物》ルリハコベ
escarlatina [eskarlatína]《女》❶《医学》猩紅(しょうこう)熱. ❷《繊維》[ベーズに似た] 緋色の毛織物
escarlatinoso, sa [eskarlatinóso, sa]《形》猩紅熱の
escarmenador [eskarmenaðór]《男》=**carmenador**
escarmenar [eskarmenár]《他》❶《絹糸・羊毛などを》すく, とかす [=**carmenar**]. ❷《まれ》[悪用しかねない金などを取り上げて]懲らしめる. ❸《まれ》少しずつだまし取る. ❹《鉱業》選鉱する
escarmentado, da [eskarmentáðo, ða]《形》《名》懲りた[人], 思い知らされた[人]
escarmentar [eskarmentár]《←*escarmiento*》23《他》厳しく叱る(罰する); 懲りさせる
── 《自》懲りる: Se ha casado siete veces, pero no *escarmienta*. 彼は7回も結婚したが、まだ懲りていない. ～ con la desgracia ajena 他人の不幸を見て自省する
escarmiento [eskarmjénto]《←古語 *escarmentir* < *escarnir*》《男》❶ 厳罰, 懲らしめ, 戒め: dar a+人 un buen ～ 人を厳しく罰する. servir de ～ a+人 …への戒めとなる. ～ del cielo 天罰. ❷ 懲りること, 自戒: tener un buen ～ こりごりする
escarnecedor, ra [eskarneθeðór, ra]《形》《名》嘲弄(愚弄)する[人]
escarnecer [eskarneθér]《←古語 *escarnir* < ゲルマン語 skernjan》39《他》《文語》嘲弄する, 愚弄する: *Escarneció* a sus oponentes en el debate. 彼は討論会で相手側をあざけった
escarnecidamente [eskarneθíðaménte]《副》愚弄して, 嘲笑して
escarnecimiento [eskarneθimjénto]《男》=**escarnio**
escarnio [eskárnjo]《男》❶ 嘲弄, 愚弄. ❷ 侮辱, 恥辱 *de* ～《古語》冗談の
escaro [eskáro]《男》《魚》パロットフィッシュ《古代ローマ人が珍重した》
escarola [eskaróla]《女》❶《植物》1) ヒロハキクヂシャ, エンダイブ《サラダ用》. 2) トゲヂシャ [=**lechuga** ～]. ❷《服飾》ひだ襟
escarolado, da [eskaroláðo, ða]《形》《服飾》ひだ襟の ── 《男》ひだつけ [=**encañonado**]
escarolar [eskarolár]《他》[エンダイブの葉のように] 縮れさせる ── ～*se* 縮れる
escarótico, ca [eskaróteko, ka]《形》《薬学》=**caterético**
escarpa [eskárpa]《←イタリア語 *scarpa*》《女》❶ 急斜面, 断崖. ❷《築城》[堀の]傾斜した内壁. ❸《メキシコ》歩道
escarpado, da [eskarpáðo, ða]《形》急傾斜の, 切り立った: montaña ～*da* 険しい山. terreno ～ 傾斜の急な土地 ── 《男》/《女》急斜面, 断崖
escarpadura [eskarpaðúra]《女》急斜面, 急勾配
escarpar [eskarpár] I《←*escarpa*》《他》[土地を] 急斜面にする II《←ゲルマン語 skrapan》《他》[きさげ *escarpelo* などで] 研磨する
escarpe [eskárpe]《男》❶ 急斜面. ❷《鎧の》鉄靴. ❸《築城》スカーフジョイント, スカーフ継手

escarpelo [eskarpélo]《男》❶《技術》きさげ, スクレーパー. =**escalpelo**
escarpia [eskárpja]《←?語源》《女》《技術》[引っ掛け・吊り下げ用の] 頭が鉤状の釘, フック; 犬釘, スパイク
escarpiador [eskarpjaðór]《男》[管を壁に固定する] ふたまた釘, つぼ釘
escarpidor [eskarpiðór]《男》《まれ》目の粗い櫛
escarpín [eskarpín]《←イタリア語 *scarpino*》《男》《服飾》❶ [靴下の上にはく防寒用の] 毛糸の靴下 (ハイソックス);《ラマンチャ》絹毛糸の靴下. ❷《古語》[婦人靴の] パンプス, 紐なしの軽い靴. ❸《南米》[まだ歩けない赤ん坊に履かせる, 足首までの] 毛糸で編んだ履き物
escarpión [eskarpjón] *en* ～ 鉤状で, L字形で
escarramán [eskařamán]《古語》無頼漢エスカラマン *Escarramán* を題材とする17世紀の舞踊・音楽
escarramanado, da [eskařamanáðo, ða]《形》《まれ》[エスカラマン *Escarramán* のような] 無頼な, ごろつき風の
escarramar [eskařamár]《他》《レオン, アンダルシア》ばらまく, まき散らす, 振りまく
── ～*se*《レオン, アンダルシア》散らばる, 分散する
escarranchar [eskařantʃár] ～*se*《口語》[人が] 大股を広げる, 股を開く
escarriar [eskařjár] 11《他》《地方語》=**descarriar**
escartivana [eskartibána]《女》《製本》=**cartivana**
escarza [eskárθa]《女》《獣医》[小石や異物が入って生じる] ひづめの挫傷
escarzano [eskarθáno]《形》《建築》→**arco** escarzano
escarzar [eskarθár] 9《他》❶ [棒を綱で] 弓形に曲げる. ❷ [他のジャガイモが育つように] 畑から大きいジャガイモだけをとる. ❸《養蜂》[ミツバチの巣箱から] ハチの入りの悪い(汚れた) 巣枠を外す. ❹《アラゴン》1) [巣箱から] 蜜をかすめ取る. 2) [巣から] 卵をかすめ取る. 3) 枯れた樹皮を剥がす
escarzo [eskárθo]《男》❶《養蜂》1) 巣屑のついた(汚れた) 巣枠. 2) 巣枠を外す作業; その時期. ❷ 絹くず. ❸《植物》ツリガネタケ [=*hongo yesquero*]
escás [eskás]《←バスク語》《男》《スポーツ》[フロントンの] フェアライン
escasamente [eskásaménte]《副》❶ わずかしか…ない, やっとかろうじて: De todo esto conozco ～. こういうことについて私はほとんど知らない. Trabaja ～ cuatro horas al día. 彼はわずか一日4時間しか働かない. ❷ わずかに, きわめて少なく: habitación ～ amueblada 家具がごくわずかの部屋. región ～ poblada 人口希薄地域
escasear [eskaseár]《←*escaso*》《自》乏しい, 不足する, 少なくなる: *Escaseaban* alimentos. 食糧が不足していた. Empezaron a ～ las cosas. 物資が不足し始めていた. Lo que nos está *escaseando* es la voluntad. 私たちに今足りないのは意欲だ. Las sandías *escasean* en septiembre. スイカは9月にはあまり出回らなくなる
── 《他》❶ けちる, 差し控える [=*escatimar*]: ～ el pan パンをけちる. ～ las visitas 訪問を渋る. ❷ [+*de* の] 負担を少なくする, 軽減する. ❸《石材・木材を》斜めに切る
escasero, ra [eskaséro, ra]《形》出し惜しみする[人], けちけちする[人]; 切り詰める[人], 節約する[人]
escasez [eskaséθ]《女》《複 ～*ces*》❶ 不足, 欠乏: ～ *de agua* 水不足. ～ *de la mano de obra* 人手不足. ～ *de recursos naturales* 天然資源の乏しさ. ～ *de tiempo* 時間不足. ❷ [時に 複] 貧困, 窮乏: vivir con (en la) ～ 細々と暮らす. ❸《経済》稀少性: valor de ～ 稀少価値. ❹ 少量, わずかであること
escaso, sa [eskáso, sa]《←俗ラテン語 excarsus < excarpsus「選ばれた」< ラテン語 excerpere「多数から選び出す」< ex- (から) +carpere「つかむ」》《形》❶《主に ser+, +名詞》わずかな, 乏しい, 微量の [⇔*abundante*]: El rendimiento de este negocio será ～. この取引はあまりもうけにならないだろう. El entrenador declara que las posibilidades de triunfo son ～*sas*. 監督は優勝の可能性がほとんどないと表明した. La función acabó con ～ éxito. 公演はあまりふるわないまま終わった. a ～*sa* distancia わずかな距離の所に, すぐ近くに. región ～ 《人口》まばらな地域. ～*sas* lluvias 雨があまり降らない地域. ～*sa* luz 弱い光. ❷ (estar+, +*de* の) 不足して, 足りない: Estamos ～*s de víveres*. 私たちは食糧が足りない. Andamos ～*s de dinero*. 私たちはお金に困っている. ～ *de*

inteligencia 知性に欠ける. mi ~*sa* comprensión 私の乏しい理解力. ❸［数詞+名詞+］…足らずの，…ぎりぎりの，たったの…. He terminado la tarea en una hora ~*sa*. 彼は1時間足らずで仕事を終えた. Durmió tres horas ~*sas*. 彼はわずか3時間寝ただけだ. dos metros ~*s* de cuerda 2メートルそこそこの綱. ❹ 倹約家の，つましい: じちな，吝嗇（ﾘﾝｼｮｸ）な
Más gasta el ~ que el franco.《諺》安物買いの銭失い

escatimar [eskatimár]《←ラテン語 aestimare+ゴート語 skattjan「鑑定する」》他 …にけちけちする，出し惜しむ: ~ gastos (esfuerzos) 金(力)を出し惜しむ. no ~ elogios con+人 …に対して賛辞を惜しまない

escatimoso, sa [eskatimóso, sa] 形《まれ》悪意のある，狡猾な，じちな，けちな

escatofagia [eskatofáxja] 女 食糞習性，食糞習性

escatófago, ga [eskatófago, ga] 形《動物》食糞性の，糞便を食う

escatófilo, la [eskatófilo, la] 形《昆虫》幼虫が糞便内で生育する

escatol [eskatól] 男《生化》スカトール

escatología [eskatoloxía] I《←ギリシア語 eskhatos「最後の」+logos「理法」》女《宗教》終末論《最後の審判や死後の世界を論じる》
II《←ギリシア語 skor, skatos「排泄物」+logos「理法」》女 糞便学，糞尿趣味，スカトロジー

escatológico, ca [eskatolóxiko, ka] I 形 終末論の
II 形 ❶ 糞尿にまつわる，糞尿趣味の. ❷ 卑猥な，下卑た

escaupil [eskaupíl] 男《メキシコ先住民が矢から身を護るため着用した》綿入れ胴着

escaut [eskáut] 形 名《中南米》ボーイスカウト

escavanar [eskabanár] 他 =escavar

escavar [eskabár] 他《除草などのために地面を》浅く掘る

escavillar [eskabiʎár] 他《ラ・マンチャ，アンダルシア》=escavar

escavillo [eskabíʎo] 男《ムルシア，ラ・マンチャ，アンダルシア》小鍬，手鍬

escay [eskáj] 男 =skay

escayola [eskajóla]《←イタリア語 scagliuola < scaglia「うろこ」》女 ❶《彫刻・ギプス用の》石膏. ❷《西》石膏像. ❸《西．医学》ギプス: poner una ~ a+人 en el brazo …の腕をギプスで固定する. ❹ 化粧しっくい，スタッコ

escayolado [eskajoláðo] 男《西》ギプスで固定すること

escayolamiento [eskajolamjénto] 男《西》=escayolado

escayolar [eskajolár]《←escayola》他《西》❶《手・足に》ギプスをはめる，ギプスで固定する: Está con la pierna *escayolada*. 彼は脚にギプスをはめている. ❷《外装を》スタッコ仕上げする

escayolista [eskajolísta] 形《西》《しっくいを用いる》室内装飾家，石膏像作家

escena [esθéna] 女《←ラテン語 scaena < ギリシア語 skene「掘っ建て小屋，店」》❶ 舞台: aparecer en ~/salir a ~ 登場する. salir de ~ 退場する. llamada a ~ カーテンコール. llamar a ~ カーテンコールを求める. poner a ~/llevar... a ~ …を上演する，舞台にかける. director de ~ 演出家，舞台監督. La ~ sola, un instante. 〔ト書きで〕舞台，一瞬空になる. ❷ 演劇，《集名》戯曲: ~ española スペイン演劇. ❸ …場，〔特定の〕場面，シーン: Rodaron varias ~*s* en exteriores. いくつかのシーンは屋外で撮影された. ~ segunda del acto tercero 第3幕第2場. ~ de amor ラブシーン. ~ de cama ベッドシーン. ❹〔一般に〕情景，光景: ~ conmovedora 感動的な場面. ~ terrorífica 恐ろしい光景. ❺〔事件の〕現場: ~ del accidente 事故現場. ~ del crimen 犯行現場. ❻ …界，活動の舞台: dejar la ~ política 政界を去る. ❼ 大騒ぎ，けんか; 大げさな身ぶり，芝居がかったふるまい: hacer (dar) una ~ 大騒ぎをする，派手な立ち回りをする
desaparecer de ~ 1)〔途中で〕いなくなる; 死ぬ. 2) 舞台を去る，引退する
entrar en ~ 1) 登場する. 2) 介入する
volver a la ~ カムバックする，返り咲く

escenario [esθenárjo]《←escena》男 ❶ 舞台，ステージ《=escena》: pisar un ~ 舞台を踏む. salir al ~ 舞台に登場する. estar en el ~ 舞台に立っている; 俳優である. El cantante tuvo un regreso apoteósico a los ~. あの歌手の芸能界復帰は熱狂的に歓迎された. ~ giratorio 回り舞台. ❷《映画》撮影現場. ❸〔事件の〕現場: ~ de un accidente 事故現場. ❹《集名》〔周囲の〕状況，雰囲気. ❺ シナリオ，脚本

〔=guión〕. ❻〔経済などの〕予測: ~ de futuro 将来のシナリオ

escénico, ca [esθéniko, ka] 形 舞台の，演劇の: arte ~ 演技; 舞台芸術. efectos ~*s* 舞台効果. miedo ~ 場おくれ，舞台負け. música ~*ca* 舞台音楽. recursos ~*s* 演劇の才能. ~, 情景，情景の美しさ

escenificable [esθenifikáβle] 形 舞台化〔劇化〕され得る，上演され得る

escenificación [esθenifikaθjón] 女 ❶ 脚色，舞台化，劇化. ❷ 上演

escenificar [esθenifikár] 7 他 ❶ 脚色する，舞台化する，劇化する. ❷ 上演する

escenografía [esθenografía]《←escena+-grafía》女 ❶ 舞台美術;《集名》舞台装置. ❷《美術》遠近画法

escenográficamente [esθenográfikaménte] 副 舞台美術的に，舞台芸術として

escenográfico, ca [esθenográfiko, ka] 形 ❶ 舞台美術の，舞台装置の. ❷ 遠近画法の

escenografismo [esθenografísmo] 男《まれ》舞台装置風建築

escenógrafo, fa [esθenógrafo, fa] 名 ❶ 舞台美術家. ❷《映画，テレビ》美術監督

escenopegia [esθenopéxja] 女《ユダヤ教》幕屋祭

escepticismo [esθe(p)tiθísmo] 男 ❶《哲学》懐疑論，懐疑主義《⇔dogmatismo》. ❷ 疑惑，不信，懐疑的態度

escéptico, ca [esθé(p)tiko, ka]《←ギリシア語 skeptikos < skeptomai「私は考える，観察する」》形 名 ❶〔+ante に対して〕懐疑的な〔人〕，疑い深い〔人〕: Me quedo ~ *ante* tus afirmaciones. 私は君の断定に対して懐疑的だ. ❷《哲学》懐疑論の; 懐疑主義者の: espíritu ~ 懐疑精神

eschangar [estʃaŋgár] 8 他《アビラ，エストレマドゥラ》ずたずた（ばらばら）にする，台無しにする

escialítico [esθjalítiko] 形《手術用の》無影灯

escíbalo [esθíβalo] 男《地方語》〔ヤギなどの丸い形の〕糞

esciena [esθjéna] 女《魚》ニベ科の一種《学名 Sciaena cirrosa》

esciénidos [esθjéniðos] 男複《魚》ニベ科

esciente [esθjénte] 形 物知りの，通暁した

escifistoma [esθifistóma] 女《動物》鉢虫綱のポリープ

escifozoos [esθifoθó(o)s] 男複《動物》鉢虫綱

escila [esθíla] 女《植物》カイソウ（海葱）. ❷《ギリシア神話》〔E~〕スキュラ《近づく船を襲う海の怪物》
entre E~ y Caribdis 進退きわまって; 前門の虎，後門の狼

esciliorrínidos [esθiljorríniðos] 男複《魚》トラザメ科

escíncido, da [esθínθiðo, ða] 形 トカゲ科の，スキンク科の
—— 男複 トカゲ科，スキンク科

escinco [esθíŋko] 男《動物》トカゲ，スキンク

escindible [esθindíβle] 形 分裂し得る，《物理》核分裂性の

escindir [esθindír]《←ラテン語 scindere「引き裂く，割れ目を入れる」》他 ❶ 分割する. ❷〔精神的に〕切り離す. ❸《物理》核分裂を起こさせる
—— ~*se*〔+en に〕分裂する: El partido *se escindió en* tres facciones. 党は3派に分裂した

escintígrafo [esθintígrafo] 男《医学》シンチグラフィ，シンチグラム造影〔法〕

escintilador [esθintilaðór] 男《物理》シンチレーター

escintilar [esθintilár] 自 キラキラ光る，きらめく

escintilómetro [esθintilómetro] 男《物理》シンチレーター計数管

esciorlita [esθjorlíta] 女《鉱物》黒電気石，ショール

esciotera [esθjotéra] 女《天文》〔太陽光の影による〕時刻指針

escirro [esθírro] 男《医学》硬性癌

escirroso, sa [esθirróso, sa] 形 硬性癌の，スキルス型の: carcinoma ~ スキルス癌

escisión [esθisjón]《←ラテン語 scissio, -onis < scindere》女 ❶ 分裂.《医学》切除.《生物》細胞分裂《=~ celular》;《物理》核分裂《=~ nuclear》. ❷ 分派，党派

escisionismo [esθisjonísmo] 男《政治》分裂主義

escisionista [esθisjonísta] 形《政治》分裂主義の

escita [esθíta] 形 名《歴史，地名》スキタイ Escitia の（人）
—— 男 スキタイ語

escítico, ca [esθítiko, ka] 形《歴史》スキタイの《=escita》

esciúrido, da [esθjúriðo, ða] 形 リス科の

―― [男] [複]《動物》リス科
esclafar [esklafár] [他]《アラゴン, クエンカ, ムルシア》砕く, 潰す
esclarea [esklaréa] [女]《植物》オニサルビア, クラリセージ
esclarecedor, ra [esklareθeđór, ra] [形] 解明する
esclarecer [esklareθér]〖←ラテン語 ex- (外)+clarescere〗[39] [他] ❶ 解明する, はっきりさせる: ～ un caso 事件を解明する. ～ la causa de un delito 犯罪の原因を明らかにする. ❷《文語》…の名声(威信)を高める. ❸《まれ》明るくする, 照らす
―― [自] [単人称] 夜が明ける(白む)〖=alborear〗
esclarecidamente [esklareθiđaménte] [副]《文語》傑出して, 卓越して, 誉れ高く
esclarecido, da [esklareθíđo, đa] [形]《文語》[+名詞] 著名な, 令名高い, 誉れ高い
esclarecimiento [esklareθimjénto] [男] 解明
esclava[1] [eskláƀa]〖←esclavo〗[女] [継ぎ目・装飾のない, 主にネームプレート付きの] バングル, スレーブ・ブレスレット
esclavatura [esklaƀatúra] [女] [集名]《中南米. 古語》[一農園の所有する] 奴隷
esclavina [esklaƀína]〖←ギリシア語 sklavinos〗[女]《服飾》[巡礼などが着た] ケープ; [フード付きの] 短いマント
esclavismo [esklaƀísmo] [男] 奴隷制
esclavista [esklaƀísta] [形] [名] 奴隷制支持者〔の〕
esclavitud [esklaƀitú〔đ〕] [女] ❶ 奴隷の身分; 奴隷制度; 隷属, 屈従. ❷ [修行・法会のための] 信徒団, 講
esclavizar [esklaƀiθár]〖←esclavo〗[9] [他] 奴隷にする; 隷属させる; 酷使する: La tienen *esclavizada*. 彼女はまるで奴隷扱いされている
esclavo, va[2] [eskláƀo, ƀa]〖←ビザンチンギリシア語 sklavos < sklavinos〗[形] [名] ❶ 奴隷〔状態の〕: trabajo ～ 奴隷労働. negro ～ 黒人奴隷. ～*va* blanca 白人の女奴隷. ❷ [+de に] 拘束された〔人〕, とりこになった〔人〕: Es ～ *de* sus deberes. 彼は義務に縛られている(忠実すぎる). Es ～*va de* su casa. 彼女は家事に追い回されている. Soy tu ferviente ～. 僕は君の恋の奴隷だ. trabajar como ～*s* 奴隷のように働く. ～ *de*l dinero 金の亡者. ～ *de* su ambición 野心に取りつかれた人. ❸ [修行・法会のための] 講の信徒
esclavón, na [esklaƀón, na] [形] [名]《地名》[クロアチアの] スラボニア Esclavonia の〔人〕
esclavonio, nia [esklaƀónjo, nja] [形] [名] =**esclavón**
esclera [eskléra] [女]《解剖》強膜〖=esclerótica〗
escleral [esklerál] [形]《解剖》強膜の
esclereido [esklerėįđo] [男]《植物》厚膜細胞
esclerénquima [esklerénkima] [男]《植物》厚膜組織
esclerenquimatoso, sa [esklereŋkimatóso, sa] [形] 厚膜組織の
escleritis [esklerítis] [女]《医学》強膜炎
escleroblasto [eskleroƀlásto] [男]《動物》骨芽体
esclerocio [esklerόθjo] [男]《植物》菌核; 皮体
escleroderma [esklerođérma] [女]《植物》ニセショウロ: ～ parda ザラツキカワラタケ
esclerodermia [esklerođérmja] [女]《医学》強皮症, 硬皮症
esclerofilia [esklerofílja] [女]《植物》硬葉形成
esclerófilo, la [esklerófilo, la] [形]《植物》硬葉の
escleroideo, a [esklerɔįđéo, a] [形]《植物》硬質の, 硬組織の
esclerómetro [esklerómetro] [男]《鉱物》硬度計, 試硬器
escleroproteína [eskleroproteína] [女]《生化》硬蛋白質
esclerosante [esklerosánte] [形]《医学》硬化症を起こさせる
esclerosar [esklerosár] [他]《まれ》硬化症を起こさせる, 硬化させる
―― **～se**《医学》硬化症にかかる, 硬化する; 硬直化する
escleroscopio [esklerɔskópjo] [男]《金属》スクレロスコープ, 硬度計
esclerósico, ca [esklerósiko, ka] [形]《医学》硬化症にかかった
esclerosis [esklerósis] [女] ❶《医学》硬化症: ～ arterial 動脈硬化症. ～ lateral amiotrófica 筋萎縮性側索硬化症. ～ múltiple/～ en placas 多発性硬化症. ❷《文語》[思想・組織などの] 硬直化
escleroso, sa [eskleróso, sa] [形]《植物》硬化した
esclerosponja [esklerɔspóŋxa] [形] 硬骨海綿綱の
―― [女] [複]《動物》硬骨海綿綱
esclerótica[1] [esklerótika] [女]《解剖》[眼の] 鞏膜(きょうまく)
esclerótico, ca[2] [esklerótiko, ka] [形]《医学》硬化症の; 硬化症にかかった
esclerotitis [esklerotítis] [女]《医学》鞏膜(きょうまく)炎
esclerotizar [esklerotiθár] [9] [他]《医学》硬化症を起こさせる
esclusa [esklúsa]〖←ラテン語 exclusa〗[女] [運河などの] 閘門(こうもん), 水門; 防潮門
esclusada [esklusáđa] [女] ❶ 閘門(水門)による締め切り. ❷ 閘門(水門)の満水量; [船舶の運河通行時に必要な] 閘室水量; [水門から一度に放水される] 放水量
esclusero [eskluséro] [男] 水門操作係
-esco《接尾辞. 時に軽蔑》[名詞+. 品質形容詞化] novel*esco* 小説の, quijot*esco* ドン・キホーテ的な
escoa [eskóa] [女]《船舶》[木造船の] 肋材の最大湾曲点
escoba [eskóƀa]〖←ラテン語 scopa < scopae「切れ端」〗[女] ❶ ほうき: reunir basuras con una ～ ほうきでごみを掃き集める. ～ metálica レーキ. coche ～《西. 競走》リタイア選手収容車. ❷《サッカー》スイーパー〖=defensa ～〗. ❸《植物》1) エニシダ. 2) ～ amarga ゴマギク, ニセブタクサ. ～ de cabezuela ヤグルマアザミ. 3) ～ amargosa《ホンジュラス》リンドウ科シマセンブリ属の一種〖=canchalagua〗. ～ babosa《コロンビア, ホンジュラス》アオイ科の一種〖学名 Triumpheta josefina〗. ～ negra《コスタリカ, ニカラグア》ムラサキ科の小灌木〖学名 Cordia cana, Cordia microcephala〗. ❹《トランプ》～ de quince 15点を集めるゲーム. ❺《舞踊》baile de la ～ ほうきを相手にする踊り. ❻《チリ. 口語》[la+] 混沌, 災難
***no vender* 〔*ni*〕 *una* ～**《口語》完全に失敗する
escobada [eskoƀáđa] [女] ほうきでの一掃き, さっと掃くこと: dar una ～ ほうきでさっと掃く
escobadera [eskoƀađéra] [女]《廃語》[ほうきを使う] 掃除女
escobajear [eskoƀaxeár] [他]《ラマンチャ》軽く(さっと)掃く
escobajo [eskoƀáxo] **I**〖←ラテン語 scopus〗[男] [房から実を取った後の] ブドウの軸
II〖←escoba〗[男] 使い古したほうき
escobar [eskoƀár] **I** [男] エニシダ林
II [他] ❶ [ほうきで] 掃く. ❷《農業》[ほうきで小麦から] もみ殻を掃き分ける
Escobar [eskoƀár]《人名》**Patricio ～** パトリシオ・エスコバル〖1843～1912, パラグアイの軍人, 大統領(1886～90)〗
escobazar [eskoƀaθár] [9] [他] [水などを] ほうきで撒く, ほうきで濡らす
escobazo [eskoƀáθo] [男] ❶ ほうきによる一撃. ❷《チリ, アルゼンチン》ほうきでさっと掃くこと
***echar a ～s* (*a ～ limpio*) *a*+人** …を追い出す, たたき出す
Escobedo [eskoƀéđo]《人名》**Mariano ～** マリアノ・エスコベド〖1826～1902, メキシコの軍人・自由主義派の政治家. 1846年の米墨戦争やレフォルマ戦争で活躍〗
escobén [eskoƀén] [男]《船舶》錨鎖(びょうさ)孔
escobero, ra [eskoƀéro, ra] [名] ほうき職人(商人)
―― [男] 掃除用具入れ〖=armario ～〗
―― [女]《地方語. 植物》レダマ〖=retama〗
escobeta [eskoƀéta] [女] ❶ [服用の] ブラシ. ❷《メキシコ》1) [背の高い牧草 zacatón の根で作った, 家事に使う短く頑丈な] 小ぼうき. 2) [年をとった七面鳥の喉にある] 剛毛の房
escobetear [eskoƀeteár] [他] ❶《リオハ》ブラシをかける. ❷《メキシコ》掃く
escobijo [eskoƀíxo] [男]《地方語. 植物》ヤグルマアザミ〖=cabezuela〗
escobilla [eskoƀíʎa] **I**〖escoba の示小語〗[女] ❶ [柄の短い] 小ぼうき, ブラシ: ～ de baño トイレ用ブラシ. ～ de dientes《ペルー, チリ》歯ブラシ. ❷ [打楽器の] ブラシ. ❸《電気》[モーターなどの] ブラシ. ❹《植物》ヨモギ, ヤグルマギク, アザミ, マツムシソウ: ～ morisca セイヨウマツムシソウ. ～ parda リュウキュウヨモギ. ❺《自動車》ワイパーのゴム片. ❻ [絹を梳くための] 野生アザミの穂
II〖←ラテン語 scopilia〗[女] [金銀細工工房の] 掃き屑
escobillado, da [eskoƀiʎáđo, đa] [形]《主に闘牛》角の先端がいくつにも分かれた
―― [男]《中南米》=**escobilleo**
escobillar [eskoƀiʎár] [他] ❶《主に闘牛》[角の] 先端をいくつにも分かれさせる. ❷ [小ぼうきのように] ばらばらに砕く. ❸ 小ぼうきで掃く; ブラシをかける
―― [自]《中南米》[民俗舞踊で] すばやくすり足をする
―― **～se** ❶《闘牛》[牛の角が] 折れる. ❷《チリ》歯を磨く
escobilleo [eskoƀiʎéo] [男]《中南米》[民俗舞踊での] すばやいすり足

escobillero [eskoβiʎéro] 男〔トイレ用ブラシとその〕収納容器
escobillón [eskoβiʎón] 男 ❶ デッキブラシ. ❷ 銃口(砲口)掃除具. ❸《医学》[検査用の] 綿棒
escobina [eskoβína] 女 維くず; [金属の] やすりくず
escobio [eskóβjo] 男 ❶《アストゥリアス, カンタブリア, レオン》山中の細い峠, 狭い浅瀬. ❷《アストゥリアス》切り立った高所; 大きな岩, 険しい岩山
escobo [eskóβo] 男〔エニシダなどの〕密生した茂み
escobón [eskoβón] 男〔escoba の示大辞〕❶〔すす払い用などの〕長い柄のほうき. ❷〔片手で使う〕短いほうき. ❸〔ホワイトマグワート ontina の枝で作った〕柄のないほうき, 手ぼうき. ❹《植物》1) エニシダ. 2) Adenocarpus 属; Cytissus 属; Microlonchus 属
escocar [eskokár] 他《アラバ》[小型の鍬 zarcillo で土の塊を] 砕く
escocedura [eskoθeðúra] 女 ひりひりすること;〔汗・下着などで〕かぶれ
escocer [eskoθér]《←ラテン語 excoquere < ex-（語調緩和）+coquere「焼く」》自《cocer》❶ [傷口・眼を] ひりひりさせる: El jabón *escuece* en los ojos. 石けんが眼にはいりひりひりする. ❷ [+a+人にとって, que+接続法 が主語] いらだしい, 不快である: Le *ha escocido que* no le invitaran. 彼は招待されなかったので面白くなかった
— 他〔まれ〕[体の一部を] 腫れさせる, 炎症を起こさせる
— *se* ❶ [+a+人] にとって, 股間部などが, 汗・衣服による摩擦などで] ひりひりする, うずく: *Se le escocieron* los pies de tanto caminar. 彼は歩きすぎて足がひりひりした. ❷ いらだたしく思う; *Se escocía* cuando le corregían delante de sus compañeros. 彼は仲間の前で叱られて, いたたまれない気持ちだった
escocés, sa [eskoθés, sa] 形《地名》スコットランド(Escocia)の(人): güisquí ~ スコッチウイスキー. falda ~*sa* キルト〔スカート〕. ❷《服飾》タータン〔チェック〕の
— 男 ❶《織維》タータン. ❷ スコットランド語. ❸《酒》スコッチ〔ウイスキー〕
escocia [eskóθja] 女 ❶《建築》[円柱の土台部分の] 削り形. ❷《魚》→**bacalao** de Escocia
escocimiento [eskoθimjénto] 男 =**escozor**
escoda [eskóða] 女 [石工用の] 両尖頭ハンマー
escodadero [eskoðaðéro] 男《狩猟》鹿が角を研ぐ場所
escodar [eskoðár] 他 ❶ 両尖頭ハンマーで刻む. ❷《狩猟》[鹿などが成長する角を] 研ぐ
escofia [eskófja] 女《廃語》=**cofia**
escofiar [eskofjár] 他《廃語》[看護婦などに] 白い小さなかぶりもの cofia を付けさせる
— ~*se*《廃語》[看護婦などが] 白い小さなかぶりものを付ける
escofieta [eskofjéta] 女 ❶《古語》[女性用の] 薄絹の髪覆い. ❷《廃語》[看護婦などの] 白い小さなかぶりもの. ❸《キューバ》[幼児用の] 縁なし帽子
escofina [eskofína] 女 荒目やすり, 鬼目やすり
escofinar [eskofinár] 他 荒目やすりをかける
escofión [eskofjón] 男《古語》[女性用の] ヘアネット
escoftálmidos [eskoftálmiðos] 男複《魚》スプタルムス科
escogedor, ra [eskoxeðór, ra] 形 選ぶ〔人〕, 選別する〔人〕
escoger [eskoxér]《←ラテン語 ex-（外）+colligere「拾う」》他 [+de+〔de〕entre から] 選ぶ, 選び出す〔→**elegir** 類義〕: *Escoge* una fruta de la cesta. かごの中から果物を1つ選びなさい. Juan no siempre *escoge* bien a sus amigos. フアンは必ずしも友人の選び方がうまくない. Para ir de vacaciones *escoge* Italia. 彼はバカンスに行くのにイタリアを選ぶ. Esta tienda tiene donde ~. この店は色々選べる／よい品物がそろっている. ~ al más valiente 最も勇敢な者を選ぶ. ~ el momento exacto ちょうどよいタイミングを選ぶ. ~ palabras 言葉を選ぶ
— 自 選ぶ; 選別する, えり分ける: *Escoge* entre los dos. 2つのうちから選びなさい. Voy a ~ *entre* tú y él. 君か彼かどちらを選ぶことにしよう. Es difícil ~ 〔*de*〕*entre* tantas cosas buenas. こんなにたくさんあって選ぶのが難しい. No sabe ~. 彼には選択眼がない
escogida[1] [eskoxíða] 女 ❶《グアテマラ, キューバ, ペルー》選ぶこと, 選別. ❷《キューバ》1) [葉巻き用の] タバコの葉の選別. 2) [最高品質の] 最終選別. 3) タバコの葉の選別場
escogidamente [eskoxíðaménte] 副 ❶ 精選して, よりすぐって. ❷ 適切に, 完璧に

escogido, da[2] [eskoxíðo, ða] 形 ❶ よりすぐった, えり抜きの; 上質の, 極上の: un puñado de seres ~ 一握りのエリート. mercancías ~*das* 優良品. obras ~*das* 選集. tropas ~*das* 精鋭部隊. ❷《メキシコ. 口語》使い古した
— 男 選ぶこと, 選別
escogimiento [eskoximjénto] 男 選択, 選別; 選抜
escogorciar [eskoɣorθjár] 10 他《口語》壊す, だめにする
— ~*se* 壊れる, だめになる
escolán [eskolán] 男 =**escolano**
escolanía [eskolanía]《←escolano》女 [教会付属の] 少年聖歌隊
escolano [eskoláno]《←ラテン語 schola「学校」》男 ❶ 聖歌隊の少年, 少年聖歌隊員. ❷《ナバラ》生徒, 学童. ❸《アラゴン》[教会の] 香部屋係
escolapio, pia [eskolápjo, pja] 形 男《カトリック》エスコラピアス(ピアリスト) Escuelas Pías 修道会の〔修道士・修道女〕; エスコラピアス修道会の学校の生徒
escolante [eskolánte] 名《地方語》[主に小学校の] 生徒, 学童
escolar [eskolár] I《←ラテン語 scholaris < scola「学校」》形 学校〔教育〕の: centro ~ 学校. edad ~ 就学年齢. nuevo curso ~ 新学年. violencia ~ 校内暴力
— 名 [主に小学校の] 生徒, 学童〔→**estudiante** 類義〕
II《←ラテン語 excolare》自 ~*se* しみ通る, 滲む
escolarca [eskolárka] 男《哲学》[主に古代の] 学派の長
escolarcado [eskolarkáðo] 男《哲学》escolarca の職・権威
escolaridad [eskolariðáð]《←escolar》女 就学期間: ~ obligatoria 義務教育期間. certificado de ~ 卒業証明書. libro de ~〔各生徒の初等・中等教育の〕学業成績簿
escolariego, ga [eskolarjéɣo, ɣa] 形 生徒特有の
escolarización [eskolariθaθjón] 女 ❶ 就学〔率〕. ❷ 学校教育の整備〔普及〕
escolarizar [eskolariθár]《←escolar》9 他 ❶ [人を] 就学させる. ❷ [地域に] 学校教育〔施設〕を整備する
escolástica[1] [eskolástika]《←ラテン語 scholastica》女 スコラ学, スコラ哲学〔=filosofía ~〕
escolasticado [eskolastikáðo] 男 修道会神学校
escolásticamente [eskolástikaménte] 副 スコラ学流に
escolasticismo [eskolastiθísmo] 男 ❶ スコラ哲学〔の形式主義〕. ❷ 排他的伝統主義, 学風固執
escolástico, ca[2] [eskolástiko, ka]《←ラテン語 scholasticus < ギリシア語 skholastikos》形 名 ❶ スコラ学〔派〕の; スコラ哲学者. ❷〔学説・手法などが〕堅苦しい, 形式主義的な, 排他的な
escoleta [eskoléta] 男《メキシコ》❶〔アマチュア音楽家の〕楽団. ❷ 練習, リハーサル
escólex [eskóle(k)s] 男〔単複同形〕《昆虫》頭節
escoliador, ra [eskoljaðór, ra] =**escoliasta**
escoliar [eskoljár] 他 注釈をつける
escoliasta [eskoljásta] 名 注釈者, 注解者
escolimado, da [eskolimáðo, ða]〔まれ〕[人が] ひ弱な, 病気がちの
escolimoso, sa [eskolimóso, sa]〔まれ〕不平の多い, 怒りっぽい; 辛抱できない
escolín [eskolín] 男《地方語》[小学校の] 生徒, 学童
escolingar [eskoliŋgár] 8 他《地方語》ぶら下げる, 垂れ下がる
escolio [eskóljo] 男 注釈, 評注, 傍注〔=nota〕
escoliosis [eskoljósis] 女《医学》[脊柱の] 側湾〔症〕
escolítido, da [eskolítiðo, ða] 形 キクイムシ科の
— 男 複《昆虫》キクイムシ科
escollar [eskoʎár] I《←escollo》❶〔船舶〕暗礁にぶつかる. ❷《チリ, アルゼンチン》[計画が思わぬことで] 失敗する
II ~*se*《廃語》抜かれ出る, 秀でる〔=descollar〕
escollera [eskoʎéra]《←escollo》女 ❶〔テトラポッドなどによる海岸の〕波よけ. ❷ dique de ~ ロックフィルダム
escollo [eskóʎo]《←伊語 scoglio》男 ❶ 暗礁, 岩礁. ❷ 障害: El plan encontró muchos ~s. その計画は多くの暗礁にぶつかった
escolopendra [eskolopéndra] 女 ❶《動物》オオムカデ; ウミムシ. ❷《植物》コタニワタリ
escolta [eskólta]《←伊語 scorta「同伴」< scorgere「導く」》女 ❶ 護衛, 護送: dar ~ a... …を護衛〔護送〕する; …のお供をする, エスコートする. ❷ 集名 お供, 随員; 護衛隊, 護送隊: salir sin

～お供(護衛)なしに出かける. ～ de un convoy 輸送船団の護衛艦隊. ～ de honor/《まれ》～ de honores 儀仗隊
―― [名] ❶ お供の人, 護衛. ❷《バスケットボール》ガード

escoltar [eskɔltár]〘←伊語 scortare〙[他] ❶ 護衛する, 護送する: ～ a un ministro (un preso) 大臣を護衛する(囚人を護送する). ❷ お供をする

escomar [eskomár] [他]《リオハ》[ライ麦を] 叩いて脱穀する

escomberesócido, da [eskɔmberesóθiđo, đa] [形] サンマ科の
―― [男] [複]《魚》サンマ科

escomberomórido, da [eskɔmberomóriđo, đa] [形] サワラ属の
―― [男] [複]《魚》サワラ属

escombra [eskɔ́mbra] [女] ❶ [瓦礫・がらくたなどの] 除去, 片付け. ❷《ナバラ, アラゴン》瓦礫, がらくた, くず

escombrar [eskɔmbrár]〘←escombro I〙[他] ❶ [残骸・瓦礫などを] 取り除く; [ごみを] 片付ける. ❷ [ブドウの房から] 小さい・やせ細った粒を取り除く. ❸《ムルシア》ピーマンからへたを取り除く

escombrera[1] [eskɔmbréra]〘←escombro I〙[女] ❶ [不可算] 瓦礫の山. ❷ 瓦礫の捨て場所

escombrero, ra[2] [eskɔmbréro, ra] [形] [名]《アルゼンチン. 口語》[困難さなどを] 強調する〔人〕, 大げさな〔人〕

escómbrido, da [eskɔ́mbriđo, đa] [形] サバ科の
―― [男] [複]《魚》サバ科

escombriforme [eskɔmbrifɔ́rme] [形] サバ亜目の
―― [男] [複]《魚》サバ亜目

escombro [eskɔ́mbro] **I**〘←俗ラテン語 excomborare ＜ ケルト語 comboros「堆積」〙[男] ❶ [不可算] [主に [複]] 1) [建物などの] 残骸, 瓦礫(がれき): La excavadora reducirá la casa a ～*s*. その家は掘削機で取り壊されるだろう. 2)《鉱山》鉱滓(こうし), ボタ. 3) 石くず. 4)《気象》砕け氷〘直径2m以下の浮氷〙. ❷《西》[安く売られる] くずブドウ. ❸ ピーマンのへた
armar (hacer) un ～《アルゼンチン. 口語》[心配・反対の意思などを] 大げさに表現する
II〘←ラテン語 scomber, -bri〙[男]《魚》サバ〘=caballa〙

escomencipio [eskomenθípjo] [男]《地方語》始め, 最初, 端緒

escomendrijo [eskomendríxo] [男]《軽蔑》痩せ衰えた子, 発育不良児

escomenzar [eskomenθár] [9] [23]〘→**comenzar**〙[他]《地方語》=**comenzar**

escomer [eskomér] ～**se** すり減る, 摩耗する

escón [eskɔ́n] [男]《南米. 料理》スコーン

esconce [eskɔ́nθe] [男]《まれ》角, 隅

escondecorrea [eskɔndekor̄éa] [男]《ラマンチャ. 遊戯》ベルト隠し

escondecucas [eskɔndekúkas] [男]〘単複同形〙《アラゴン. 遊戯》隠れんぼ〘=escondite〙

escondedero [eskɔndeđéro] [男] [適した] 隠し場所, 隠れ場所

esconder [eskɔndér]〘←古語 asconder ＜ ラテン語 abscondere〙[他] ❶ [主に物を, +en に] 隠す, 隠匿(いんとく)する〘→ocultar [類義]〙: 1) ¿Dónde *escondiste* las joyas? お前は宝石をどこに隠したのか? Luis pensó que yo tenía dinero *escondido*. ルイスは私が金を隠し持っていると考えた. ～ el dinero *en* un cajón 金を引き出しに隠す. La montaña *esconde* el mar de nuestra vista. 山にさえぎられて海が見えない. tesoro *escondido* 秘宝. 2) [+a+人 から] Le *escondí* el chocolate *a* Miguel. 私はミゲルのチョコレートを隠した. ❷ 内に含む, 秘める: Estas palabras *esconden* una profunda verdad. これらの言葉は深い真理を秘めている. ❸ 言わないでおく: Los padres adoptivos *esconden al* niño su origen. 養父母は子供に出自を隠している
―― ～**se** ❶ [+de+人 から] 身を隠す, 隠れる: *Se escondió* detrás de una cortina. 彼はカーテンの後ろに隠れた. El sol *se escondió* en los cerros. 太陽が丘に隠れた. Le esperé *escondido*. 私は彼を待ち伏せした. vivir *escondido* 目立たないように暮らす. ❷ 潜(ひそ)む, 隠される: En el fondo del mar *se esconden* riquezas sin fin. 海底には無尽蔵の富が秘められている
―― [男]《地方語》隠れんぼ〘=escondite〙

esconderite [eskɔnderíte] [男]《地方語》隠し場所, 隠れ場所; 隠れんぼ

escondidamente [eskɔndíđaménte] [副] 隠れて, こっそりと

escondidas [eskɔndíđas]〘←esconder〙[女] [複]《中南米. 遊戯》隠れんぼ〘=escondite〙: jugar a〔las〕～ 隠れんぼをする
a ～ [+de+人 に] 隠れて, こっそりと, 秘かに: Tengo que ver a mi novio *a* ～. 私はこっそりと恋人に会わなければならない. fumar *a* ～ *de* sus padres 親に隠れてたばこを吸う

escondidillas [eskɔndiđíʎas] [女] [複]《メキシコ. 遊戯》隠れんぼ〘=escondite〙
a ～ こっそりと, 秘かに

escondidizo, za [eskɔndiđíθo, θa] [形] [恐れ・内気などで] すぐ隠れてしまう, 引っ込みがちの

escondido, da [eskɔndíđo, đa] [形] ❶ 隠れた, 一見しただけでは分からない, 秘密の: divinidad ～*da* 隠れた神性. ❷ [場所が] 辺鄙(へんぴ)な, 人里離れた〘=apartado〙
―― [男] ❶ エスコンディド〘アルゼンチン北部のガウチョ風の民俗舞踊〙. ❷《古語》隠し場所, 隠れ家. ❸《中南米》[主に [複]] 隠れんぼ〘=escondite〙
en ～ こっそりと, 秘かに

escondijo [eskɔndíxo] [男]《コロンビア》=**escondrijo**

escondimiento [eskɔndimjénto] [男] 隠蔽, 隠匿

escondite [eskɔndíte]〘←esconder〙[男] ❶《遊戯》隠れんぼ: jugar al ～ 隠れんぼをする. ～ inglés だるまさんが転んだ. ❷ 隠し場所, 隠れ場所: Conocía el ～ de su hermano. 私は弟の隠れ場所を知っていた. ～ de las llaves 鍵の隠し場所
de ～《地方語》隠れて, こっそりと〘=a escondidas〙

escondrijo [eskɔndríxo]〘←古語 esconderijo ＜ esconder〙[男] 隠し場所, 隠れ場所, 隠れ家: En vano buscó por todos los ～*s* de la casa. 彼は家中の隠れ場所をすべて捜したが無駄だった

esconzar [eskɔnθár] [9] [他]《まれ》[部屋などに] 角・隅 esconce を設ける

escoñar [eskoɲár] [他]《西. 卑語》[へまをして機械・器具を] 壊す; 台なしにする
―― ～**se**《西. 卑語》❶ 事故に遭う; 負傷する. ❷ [機械・器具が] 壊れる. ❸ [計画などが] 失敗する, だめになる

escopa [eskópa] [女] [蜂の足の] 花粉籠

escopeta [eskopéta]〘←古伊語 scoppietta ＜ ラテン語 stloppus「爆発」〙[女] ❶ 猟銃, 散弾銃〘=～ de caza〙: ～ de aire〔comprimido〕/～ de viento 空気銃. ～ recortada 銃身を短く切り落としたショットガン. ～ negra 猟師. ❷ [猟銃で狩りをする] 猟師. ❸《隠語》陰茎
¡Aquí te quiero, ～! [危険な場面のナレーション] さあ一体どうなりますか!
como la ～ cargada 敵対的に, 攻撃的に
como una ～ すばやく

escopetado, da [eskopetáđo, đa] [形]《西. 口語》=**escopeteado**

escopetar [eskopetár] [他] ❶ 突然言う. ❷ [猟銃で動物を] 撃つ. ❸《廃語》[金鉱山から] 土を掘り出す

escopetazo [eskopetáθo]〘←escopeta〙[男] ❶ 銃撃; 銃声; 弾痕, 弾傷. ❷ 突然の悪い知らせ(出来事): Su muerte ha sido un ～ para todos. 彼の死はみんなにとって衝撃だった

escopeteado, da [eskopeteáđo, đa] [形]《西. 口語》[副詞的に] すばやく, 大急ぎで: Fue ～ a la estación. 彼は駅に向かって飛び出していった

escopetear [eskopeteár]〘←escopeta〙[他] …に猟銃を撃ちまくる(連発する): ～ una liebre ウサギに銃弾を浴びせる
―― ～**se**《口語》[お世辞・侮辱を] 浴びせ合う, やり合う

escopeteo [eskopetéo] [男] ❶ 猟銃の連発. ❷ [お世辞・侮辱の] 浴びせ合い, やり合い

escopetería [eskopetería] [女] ❶ 猟銃で武装した一団. ❷ 一斉射撃

escopetero [eskopetéro]〘←escopeta〙[男] ❶《昆虫》ホソクビゴミムシ. ❷ [猟を職業とする] 猟師; [狩りで] 猟銃を持つ猟師. ❸ 猟銃製造(販売)業者. ❹ 散弾銃兵. ❺《歴史》[スペイン内戦での] 民兵. ❻《地方語》女好きな男

escopetilla [eskopetíʎa] [女] 小型の猟銃

escopetón [eskopetɔ́n] [男]《時に軽蔑》大型の猟銃

escopladura [eskoplađúra] [女] [細のみによる木材の] 刻み目, 彫り目; 段付け

escopleador, ra [eskopleađɔ́r, ra] [形] 細のみで木材を彫る(刻む)
―― [女] 角のみ盤

escopleadura [eskopleađúra] [女] [細のみ・えぼしたがねによる] 刻み目, 彫り目

escoplear [eskopleár] [他] [細のみで木材を] 彫る, 刻む

escoplo [eskóplo]【←古語 escopro < ラテン語 scalprum】男 ❶《技術》細のみ; えぼしがね: ~ de cantería 石工用のたがね. ❷《医学》骨のみ, 骨たがね

escopofílico, ca [eskopofíliko, ka] 形 のぞき魔の;《心理》窃視症の

escopófilo, la [eskopófilo, la] 男女《心理》窃視症の〔人〕

escopolamina [eskopolamína] 女《生化》スコポラミン

escoptofilia [esko(p)tofílja] 女《心理》窃視(た)症

escora [eskóra]【←古仏語 escore】女《船舶》❶ 船腹線, 満載喫水線, レベルライン; 〔船の〕傾斜〔度〕. ❷〔建造・修理中の船を支える〕支柱

escorar [eskorár]【←escora】自 ❶《船舶》〔船が〕傾く. ❷ 潮位が最も引く
── 他 ❶《船舶》1)〔船を〕支柱で支える. 2)〔船を〕傾けさせる. ❷《レオン, キューバ》〔一般に〕支柱で支える
── ~se《サッカーなど》〔サイドラインから〕際に位置する. ❷《ホンジュラス, キューバ》〔保護を求めて〕移動する, 向かう

escorbútico, ca [eskorbútiko, ka] 形 壊血病の, 壊血病にかかった

escorbuto [eskorbúto]【←仏語 scorbut < 蘭語 schorbut「白癬」】男《医学》壊血病

escorchapín [eskortʃapín] 男《古語》輸送船〖帆船〗

escorchar [eskortʃár] 他 ❶ 皮を剥ぐ;
── 自《ボリビア, アルゼンチン, ウルグアイ》不快にする, うるさい

escordio [eskórdjo] 男《植物》シソ科の薬用植物〖学名 Teucrium scordium〗

escoria [eskórja] 女【←ラテン語 scoria】❶《技術》スラグ, 鉱滓(%);石炭殻; ボタ山. ❷《軽蔑》くず, かす《比喩的にも》: Es la ~ del barrio. 彼は街のくずだ. ❸《地質》火山岩滓

escoriáceo, a [eskorjáθeo, a] 形《技術》滓の, ぼろぼろの

escoriación [eskorjaθjón] 女 擦りむき, 擦過傷〖=excoriación〗

escorial [eskorjál] 男 ❶ 鉱滓廃棄場. ❷ 鉱滓の山, ボタ山

escoriar [eskorjár] 他 擦りむく〖=excoriar〗

escorificación [eskorifikaθjón] 女 スラグにすること

escorificar [eskorifikár] 他 スラグにする

escoriforme [eskorifórme] 形《地質》火山岩滓のような

escornar [eskornár] 他《動物の》角を切る〔折る〕〖=descornar〗
── ~se《西. 口語》つらく困難な仕事をする, 長時間働く

escorodonia [eskorođónja] 女《植物》ウッドセージ

escorpa [eskórpa] 女 =escorpena

escorpena [eskorpéna] 女《地方語. 魚》カサゴの一種〖学名 Scorpaena porcus, Scorpaena scrofa〗

escorpénidos [eskorpénidos] 男複《魚》フサカサゴ科

escorpina [eskorpína] 女《魚》ブラック・スコーピオンフィッシュ〖=rascacio〗

escorpio [eskórpjo] 男《占星》〔主に E ~〕さそり座, 天蠍(次)宮〖→zodíaco 参考〗

escorpioide [eskorpjóiđe] 女《植物》ツリシャクジョウ〖=alacranera〗

escorpioideo, a [eskorpjoiđéo] 形《植物》サソリの尾のように巻いた: cima ~a サソリの尾状花序

escorpión [eskorpjón]【←ラテン語 scorpio, -onis < ギリシャ語 skorpios】男 ❶《動物》サソリ, 蠍 サソリ目: ~ mediterráneo 黄色のサソリ《スペインで最も一般的. 学名 Buthus occitanus》. ❷《占星》= escorpio. ❸《天文》さそり座. ❹《魚》トゲミシマ, ハチミシマ. ❺《古語. 軍事》サソリの尾形の投石器. ❻《古語》〔拷問用の〕さそり鞭. ❼《昆虫》~ de agua/~ acuático タイコウチの一種〖学名 Nepa cinerea〗

escorredero [eskoređéro] 男《アラゴン》排水路

escorredor [eskoređór] 男《ムルシア》❶ 排水路. ❷〔用水路の〕水門

escorrentar [eskořentár] 他《地方語》〔人を〕追い払う; 走らせる

escorrentía [eskořentía] 女 ❶〔降水の〕海への流出; それによる浸食: superficie de ~ 流域. ❷〔堰・河川などからの〕溢水の流れ. ❸《まれ》下痢

escorrozo [eskořóθo] 男 ❶《口語》面白がること, 楽しみ. ❷《まれ》めちゃくちゃ〔台なし〕にすること. ❸《古語》不快感, 立腹. ❹《サラマンカ》気取ること

escorzado [eskorθáđo] 男 =escorzo

escorzar [eskorθár] 他 遠近短縮法で描く

escorzo [eskórθo]【←伊語 scorciare「短くする」】男《美術》遠近短縮法〔による表現・姿勢〕: en ~ 遠近短縮法で

escorzón [eskorθón] 男 =escuerzo

escorzonera [eskorθonéra] 女《植物》スコルツォネラ, キクゴボウ

escosa [eskósa] 形《アストゥリアス》〔家畜の雌が〕泌乳(おゅう)の止まった, 乳が出なくなった
── 女《アストゥリアス》〔乾いた河床を残し, 水たまりで釣りをするために〕川の水を分流させること

escosar [eskosár] 自《~se》《アストゥリアス》〔家畜の雌が〕泌乳(おゅう)が止まる

escoscar [eskoskár] 7 他 ❶ 頭垢(か)を取る. ❷《アラゴン》〔果実の〕皮をむく;〔クルミ・アーモンドなどの〕殻を割る
── ~se〔ちくちく・むずむずするので〕体を動かす

escota¹ [eskóta] 女 ❶《船舶》帆脚索, シート. ❷《建築. まれ》削り形〖=escocia〗. ❸《ナバラ》=escoda

escotado, da [eskotáđo, đa] 形《植物》hoja ~da 二裂葉
── 男 襟ぐり〖=escote〗

escotadura [eskotađúra] 女 ❶《服飾》襟ぐり. ❷〔鎧の〕腋の下の切れ込み. ❸《技術》切れ込み. ❹《演劇》迫り穴

escotar [eskotár] I 他【←?cota II】❶《服飾》…の襟ぐりを大きくする: vestido muy escotado 襟ぐりの深い〔大きい〕ドレス. Iba muy escotada. 彼女は襟ぐりの大きく開いた服を着ていた. ❷〔必要なサイズに〕切り込む, 切り整える. ❸〔川・沼などを〕排水する
II【←escote II】他 …の割り前を払う

escote [eskóte] I【←escotar】男 ❶《服飾》〔主に大きく開いた〕襟ぐり: ~ barco (bote) ボートネック. ~ en pico/~ en punta/~ en V Vネック. ~ redondo 丸首; Uネック. sin ~ 襟ぐりのない. ❷〔襟もとからのぞく〕胸もと, 胸の谷間, デコルテ: En su ~ lucía un collar de diamantes. 彼女の胸もとにはダイヤの首飾りが輝いていた. ❸ レースの襟飾り
II【←古仏語 escot < ゲルマン語 skot「分担金」】男 割り前, 自分の支払い分
a ~ 金を出し合って: comprar *a* ~ 皆で金を出し合って買う. pagar *a* ~ 割り勘にする

escotero, ra [eskotéro, ra] 形 ❶《船舶》単独航行の. ❷ 足手まといなしに行く〔人〕, 身軽で行く〔人〕. ❸《コロンビア》子供のいない
── 男《船舶》〔舷側の〕帆脚索孔

escotilla [eskotíʎa] 女【←?語源】女《船舶, 航空》ハッチ, 昇降口: ~ de bodega 船倉用ハッチ

escotillón [eskotiʎón] 男 ❶〔床の〕揚げ戸,《演劇》迫(%)り. ❷《闘牛》〔人だけが通れる〕柵 barrera の出入り口
aparecer (desaparecer) [como] por ~《口語》不意に現れる〔姿を消す〕

escotín [eskotín] 男《船舶》横帆の帆脚索

escotismo [eskotísmo] 男 スコトゥス Escoto 説〖Juan Duns Escoto. 13〜14世紀, スコットランドのスコラ哲学の神学者〗

escotista [eskotísta] 形 名 スコトゥス説を支持する〔人〕

escoto, ta² [eskóto, ta] 形《地名》スコットランド高地地方の, スコットランド高地人

escotofobia [eskotofóbja] 女 暗所恐怖症

escotoma [eskotóma] 女《医学》〔網膜上の〕暗点

escoutismo [eskutísmo] 男 =escultismo

escoyo [eskójo] 男《サラマンカ》ブドウの房の軸

escozor [eskoθór] 男【←escocer】❶〔やけどのような〕苦痛, うずき: Rocé con una ortiga y sentía ~ en las piernas. 脚がイラクサでこすれてひりひりした. ❷ いらだたしさ, 腹立たしさ

escrachar [eskratʃár] 他【←英語 scratch】《アルゼンチン, ウルグアイ. 口語》❶〔人を〕殴り倒す. ❷〔全体を傷つけるほど〕悪しざまに言う. ❸ 穴があくほど見つめる
── ~se《ラプラタ. 口語》衝突する, 粉々になる

escrache [eskrátʃe] 男《アルゼンチン》〔政治家・官僚・軍人などの職権乱用に対して, 住居前などで市民が行なう〕威嚇行動

escracho [eskrátʃo] 男《アルゼンチン, ウルグアイ. 軽蔑》醜い人, 顔つきの不快な人

escriba [eskríba] 男《歴史》❶〔古代の〕書記, 写字生. ❷〔古代ユダヤの〕律法学士

escribanía [eskribanía] 女【←escribano】❶〔インク・吸取紙などをセットした〕ペン立て. ❷《古語; 南米》公証人事務所; 公証人の職

escribanil [eskribaníl] 形《まれ》書記の

escribano, na [eskribáno, na]【←俗ラテン語 scriba, -anis < scribere】名 ❶［昔の裁判所の］記録係. ❷［古代の］書記, 写字生. ❸《古語, 南米》公証人〖=～ público, notario〗: ante ～ público 公証人の面前で
── 男 ❶《鳥》［ホオジロ属の各種］～ cerillo キアオジ. ～ cirlus ノドグロアオジ. ～ hortelano ズアオホオジロ. ～ montesino ヒゲホオジロ. ～ palustre オオジュリン. ❷《昆虫》～ de (l) agua ミズスマシ. ❸《地方語. 魚》アジ〖=jurel〗.

escribido, da [eskribído, da] → **leído** y escribido

escribidor, ra [eskribiðór, ra] 名《軽蔑》三文文士, へぼ作家

escribiente [eskribjénte]【←ラテン語 scribens, -entis】名 筆耕者; 写字生

escribir [eskribír]【←ラテン語 scribere】他《過分 escrito》❶［文字・文を］書く, 綴る: 1) No sabe ～ esta palabra. 彼はこの単語を書けない(綴りを知らない). Sus poemas estaban escritos en romance. 彼の詩はロマンス語で書かれていた. dejar escrito un testamento 遺言を書き残す. examen escrito 筆記試験. 2)［+que と］書いて知らせる, 手紙で知らせる;［文書・著作で］…と述べる: Me ha escrito que saldrá mañana. 彼は明日発つと書いて寄こした. 3) 書き入れる, 記入する: En primer lugar, escriba sus datos (apellidos, nombre, edad, etc) en la parte superior. まず初めに, あなたのデータ(姓名, 年齢など)を上部に記入しなさい. 4)《情報》書き込む: Te escribiré un correo electrónico. メールを出すよ. ～ con ordenador personal パソコンで書く. ～ en el ordenador コンピュータに打ち込む. ❷［著作を］著す, 書く: Escribió la novela con mucha rapidez. 彼はその小説を大変なスピードで書いた. ～ un libro 本を書く. obras escritas 著作物. ❸［曲を］書く, 作曲する: Escribe música desde muy joven. 彼は若い頃から作曲している

estar escrito［事柄が］神の定めた運命である, もう変えられない〖主に線以下で〗 *Estaba* ～ *que os encontrarais.* 君たちが出会うことは運命によって決められていた

lo que no está en los escritos［口語］大変な・に, 非常な・に

No hay nada escrito sobre eso.［不同意］初めからそうと決まっているものはない

── 自 ❶ 文字を書く: No sabe leer ni ～. 彼は読み書きができない. ❷ 著述する, 著述する, 文章を書く, 執筆する: Escribe en algunos periódicos. 彼はいくつかの新聞に寄稿している. ganarse la vida escribiendo ペンで生計を立てる. ❸［+a に］手紙を出す, 手紙を書く: Escribe a su mujer cada semana. 彼は毎週妻に手紙を書く. Yo no tengo quien me escriba. 私には手紙をくれる人がいない. ～ a la nueva dirección 新住所あてに手紙を出す. ❹［ペン・鉛筆などが］書ける: Este bolígrafo no escribe. このボールペンは書けない

── **～ se** ❶ 綴られる, …という綴りである: ¿Cómo *se escribe* su apellido? 彼の名字はどう綴るのですか? ❷［互いに／+con と］文通する, 互いに手紙のやりとりをする: Nos escribimos en español. 私たちはスペイン語で文通している. ❸ 申し込む. ❹［軍隊・修道会などに］入る, 加入する, 入会する

no ～ se 形容のしようがない, 表現できないほどである: *No se escribe* lo rico que es. 彼がどれほど金持ちかは言い表せないほどだ

escrín [eskrín] 男《プエルトリコ》網戸

escriña [eskrípa] 女《地方語》かご〖=escriño〗

escriñero, ra [eskripéro, ra] 名 かご製造者

escriño [eskrípo] 男 ❶［もみ殻を入れる］かご. ❷ 小型の宝石箱. ❸《サモラ, サラマンカ》ドングリの殻斗

escripia [eskrípja] 女 魚籠

escriptóreo, a [eskri(p)tóreo, a] 形《文語》=**escriptorio**

escriptorio, ria [eskri(p)tórjo, rja] 形《文語》文字の, 執筆の ── 男《修道院などの》写字室

escrismar [eskrismár] 他《口語》=**descrismar**

escrita[1] [eskríta] 女《魚》カスベ

escritilla [eskritíʎa] 女〖主に 複〗ヒツジの睾丸

escrito [eskríto] 男 ❶ 書いたもの; 文書, 書類. ❷ 著作, 作品: ～s de Ortega y Gasset オルテガ・イ・ガセーの著作

por ～, *por escrito*: Manifesté mi desacuerdo *por* ～. 私は書面で反対の意を表明した. *por* ～, *por* ～ *es* 文書にする, tomar... *por* ～ …を書きとめる, 書き残す

escrito[2], **ta**[2] [eskríto, ta]【←ラテン語 scriptum < scribere「書く」. escribir の 過分》形 ❶ 文書(書面)にした: derecho ～ 成文法.

derecho no ～ 慣習法. ❷《植物, 果実》melón ～ マスクメロン

escritor, ra [eskritór, ra]【←ラテン語 scriptor, -oris】名 作家, 著述家〖=autor〗[類義]: Borges es un gran ～ argentino. ボルヘスはアルゼンチンの偉大な作家である. Es uno de los libros más vendidos de la ～ra Isabel Allende. それは作家イサベル・アジェンデのベストセラーの一つです

escritorio [eskritórjo]【←ラテン語 scriptorium】男 ❶［事務・学習用の］机, デスク: guardar la correspondencia en el ～ 手紙類を机にしまう. ❷《情報》デスクトップ. ❸［主に象眼付きの］宝石たんす, ジュエリーキャビネット. ❹《カンタブリア, トレド》繊維取引所. ❺《中南米》事務所, オフィス

de (*para*) ～ 書くための: artículos *de* ～ 文房具

escritura [eskritúra]【←ラテン語 scriptura】女 ❶［表現方法として］文字, 文字法: El maya no conoció la ～. マヤ人は文字を持たなかった. invención de la ～ 文字の発明. ～ ideográfica (fonética) 表意(表音)文字. ～ griega ギリシャ文字. ❷《文語》書き方, 書法; 筆跡: Tiene mala ～. 彼は字が下手だ. no cometer ni un solo error en su ～ 文章に一つの誤りも犯さない. ❸ 字体: Ese tipo de ～ es difícil de leer. その書体は読みにくい. ～ gótica ゴシック字体. ❹［公的な］書類, 文書; 証書: En la ～ de venta no figuraba el valor de la finca. その売買契約書には地所の価格は記載されていなかった. ～ antiquísima 古文書. ～ de constitución (～ social) 法人団体設立［許可］書. ～ de propiedad 不動産権利証書. ～ pública 公正証書. ❺［主に E ～ s］聖書〖=Sagrada[s] E[s]〗: interpretación de la ～ 聖書の解釈. ❻《情報》記録, 書き込み. ❼ 書くこと: hacer ejercicios de lectura y de ～ 読み書きの練習をする. ❽ 著述: Concluyó la ～ de su primera novela. 彼は最初の小説の執筆を完了した. ❾《美術, 映画》画風, 作風

escrituración [eskrituraθjón] 女 文書による正式化, 公正証書の作成

escritural [eskriturál] 形 文字の, 執筆の

escriturar [eskriturár]【←escritura】他 ❶《法律》文書で正式化する, …の公正証書を作る: ～ la casa a su nombre 自分の名前で家を登記する. ❷［俳優などと］出演契約を結ぶ

escriturario, ria [eskriturárjo, rja] 形 公文書によって確認される, 公正証書による
── 名 聖書研究家〖=escriturista〗

escriturismo [eskriturísmo] 男 聖書研究

escriturista [eskriturísta] 名 聖書研究家, 聖書学者

escriturístico, ca [eskriturístiko, ka] 形 聖書研究の

Escrivá de Balaguer [eskribá de balagér]《人名》**Josemaría** → ホセマリア・エスクリバー・デ・バラゲール《1902～75, スペイン出身の聖職者. オプス・デイ Opus Dei を創設. 2002年に列聖》

escrófula [eskrófula] 女《医学》腺病質; 瘰癧(るいれき)

escrofularia [eskrofulárja] 女《植物》ゴマノハグサ: ～ acuática ゴマノハグサ科の一種〖学名 Scrophularia aquatica〗. ～ canina (perruna・menor) ゴマノハグサ科の一種〖学名 Scrophularia canina〗

escrofulariáceo, a [eskrofularjáθeo, a] 形 ゴマノハグサ科の
── 女《植物》ゴマノハグサ科

escrofulismo [eskrofulísmo] 男《医学》腺病質

escrofulosis [eskrofulósis] 女 =**escrofulismo**

escrofuloso, sa [eskrofulóso, sa] 形 名 ❶ 腺病の〔人〕, 腺病質の. ❷ 瘰癧(るいれき)の〔患者〕

escrotal [eskrotál] 形 陰嚢の

escroto [eskróto] 男《解剖》陰嚢(いんのう)

escrupulear [eskrupuleár] 自《口語》=**escrupulizar**

escrupulillo [eskrupulíʎo] 男 鈴の中の玉

escrupulizar [eskrupuliθár] 自《まれ》[+en に] くよくよする, 気にする

escrúpulo [eskrúpulo]【←ラテン語 scrupulus < scrupus「石」】男 ❶ 良心のとがめ〖=～s de conciencia〗; ためらい: no tener ～ en 不定詞 …するのに良心がとがめない, 臆面無なく(平気で)…する. ❷ 細心の注意: con ～ 綿密に, 細心の注意を払って. ❸［主に 複］不潔な飲食物に対する〕嫌悪感, 不快感: Me da ～ beber en el vaso de otro. 他人のコップで飲むのは汚い感じがする. Tengo ～ en comer pescados crudos. 生の魚を食べるのには抵抗がある. ❹《西》靴に入った小石. ❺《天文》分. ❻《古語. 薬学》〖薬量の単位〗=1.198グラム

～ de monja《俗語》取るに足りない心配

sin ~*s* 良心のかけらもない; はばかるところなく, 臆面もなく: comerciante *sin* ~*s* 悪徳商人

escrupulosamente [eskrupulosáménte] 副 ❶ 細心の注意をはらって, きちょうめんに. ❷ 良心的に, きまじめに

escrupulosidad [eskrupulosiđáđ] 女 細心さ, 綿密さ; きちょうめんさ, きまじめさ

escrupuloso, sa [eskrulpúso, sa]《←ラテン語 scrupulosus》形 ❶ [+en に] 細心の注意をはらう, 綿密な; きちょうめんな; 清潔好きの: Es ~ *sa en* el trabajo. 彼女は仕事にきちょうめんだ. Es ~ *a la hora*. 彼は時間をきちんと守る. ❷ こうさい, 気難しい: ~ *en* la comida 食べ物〔の衛生面〕にうるさい. ❸ 良心的な, きまじめな. ❹ 正確な [=exacto]
── 名 きちょうめんな人, 心配性の人

escrutador, ra [eskrutađór, ra] 形 注意深く調べる〔観察する〕, 詮索する: mirada ~*ra* 探るような目つき
── 男 投票集計人, 開票立会い人

escrutar [eskrutár]《←俗ラテン語 scrutiniare < ラテン語 scrutinium》他 ❶〔票を〕集計する, 開票する: al (con el) ...% de los votos escrutados/escrutado el ...% de los votos 開票率...%で. ❷《文語》注意深く観察する, 詮索する: *Escrutaba* la foto. 彼は写真をじっと見つめた. ~ *a*+人 con la mirada ... をじろじろ見る

escrutinio [eskrutínjo]《←ラテン語 scrutinium》男 ❶ 票の集計, 開票. ❷ 綿密な調査, 精査

escrutinizar [eskrutiniθár] 自他 =**escrutar**

escrutiñador, ra [eskrutiɲađór, ra] 形 名《まれ》精査する〔人〕, 検閲者, 審査人

escrutiñar [eskrutiɲár] 他《まれ》=**escrutar**

escuadra [eskwáđra]《←ラテン語 exquadrare < quadrum「正方形」》女 ❶〔直角二等辺の〕三角定規, かね尺: ~ de agrimensor〔測量〕直角儀. falsa ~/~ falsa/~ móvil 角度定規, ベベル. ❷《海軍》艦隊. 集合〔一国の〕全艦船: ~ norteamericana 米国艦隊. ❸《陸軍》[伍長の率いる] 班, 分隊, 伍長〔分隊長〕の位. ❹《技術》アングル鉄 [L字形の留め金], 山形鋼. ❺《サッカーなど》[ゴールマウスの] 上部のコーナー. ❻《古》スポーツカー.❼《中南米》〔銃身の短い〕自動小銃《メキシコ》ピストル, リボルバー. ❽《天文》定規座
a ~/*en* ~ 直角に: calles trazadas *a* ~ 碁盤目状の街路
fuera de ~ 斜角に

escuadrador, ra [eskwađrađór, ra] 形 正方形にする, 四角に切る
── 女 角切り機

escuadrar [eskwađrár] 他 正方形にする, 四角にする, 四角に切る

escuadreo [eskwađréo] 男 平方積〔表面積〕を求めること

escuadría [eskwađría] 女 直角に切断すること: madera de ~ 角材. ❷〔角材の〕小口寸法

escuadrilla [eskwađríʎa]《escuadra の示小語》女《軍事》飛行隊, 小艦隊, 船隊

escuadrista [eskwađrísta] 男《軍事》班員, 分隊員

escuadro [eskwáđro] 男《魚》カスベ [=**escrita**]

escuadrón [eskwađrón]《escuadra の示大語》男 ❶《軍事》1) 飛行中隊, 大規模な飛行隊. 2)《古語》中隊. 3) 歩兵と騎兵で構成された部隊. ❷ ~ de la muerte〔極右の〕準軍事組織; 暗殺隊. ❸《アストゥリアス》犂(ྀ)

escuadronar [eskwađronár] 他《軍事》中隊を編成する

escuadronista [eskwađronísta] 男《軍事. 廃語》騎兵戦術官

escualidez [eskwaliđéθ] 女 ❶ やせ細っていること. ❷ 汚らしさ

escuálido, da [eskwáliđo, đa] 形 男 ❶ [estar+] やせ細った, やせこけた. ❷ 発育不全の. ❸《魚》ツノザメ科の
── 男 覆《魚》ツノザメ科

escualiforme [eskwalifórme] 形 ツノザメ目の

escualo [eskwálo] 男《魚》総称 ツノザメ; 覆 ツノザメ属

escualor [eskwalór] 男《まれ》=**escualidez**

escuamaria [eskwamárja] 女《植物》コンロンソウ

escuamiforme [eskwamifórme] 形 うろこ状の

escucador, ra [eskukađór, ra] 形《地方語》クルミの殻を取り除く〔人〕

escucar [eskukár] 7 他《地方語》クルミの殻を取り除く

escucha [eskútʃa]《←**escuchar**》女 ❶ 聴取, 聞くこと: ~ de las emisiones en español スペイン語放送の聴取. ~ permanente 24時間電話サービス. ❷ 盗聴, 傍受: ~ telefónica/

~*s* telefónicas 電話の盗聴〔器〕. ❸ [女主人の] 小間使い. ❹ [女子修道院で] 訪問者に会う修道女に付き添う修道女
a la ~ 聞いて; 聞き耳を立てて: Rogamos a nuestros oyentes que permanezcan *a la* ~.〔ラジオ〕チャンネルはこのままでお聞き下さい. Estoy *a la* ~ de nuevos datos. 私は新しいデータを待っている. seguir *a la* ~ 聞き続ける, 聴取状態を続ける
estar de ~ 立ち聞きする, 盗み聞きする
── 男 ❶ 聞く人. ❷《放送》モニター. ❸《中南米》聞き手 [=oyente]
── 男《軍事》[夜間の] 歩哨, 哨戒〔人〕: alternarse en la ~ 交代で歩哨に立つ

escuchadera [eskutʃađéra] 女《廃語》[女子修道院で] 訪問者に会う修道女に付き添う修道女 [=**escucha**]

escuchador, ra [eskutʃađór, ra] 形 聴く, 耳を傾ける

escuchar [eskutʃár]《←古語 ascuchar <ラテン語 auscultare》他 ❶ 聞く, 聴く, 傾聴する《類語》**escuchar** は注意して聞く, **oír** は聞こえてくる》: Los jóvenes *escuchaban* la radio (la música). 若者たちはラジオ〔音楽〕を聞いていた. ¡Escuchen con atención! みなさん, よく聞いて下さい. Como te dormiste no *escuchaste* la noticia. 君は寝てしまったからニュースを聞かなかったのだ. ~ a un orador 講演者の話を聞く. ❷ [+que+直説法 と] 聞き及ぶ: *Escucho que* había un concurso de poesía. 詩のコンクールがあったと聞いています. ❸ …に耳を貸す, 言うことを聞く; [忠告などを] 聞き入れる: Le advertí, pero no me *escuchó*. 彼に注意したが, 私の言うことを聞き入れなかった. La policía no quiso ~me. 警察は私の言うことを聞こうとしなかった. ~ un aviso 警告を聞き入れる. ❹ 盗聴する, 傍受する: ~ el teléfono de los vecinos 隣家の電話を盗聴する. ❺《中南米》聞こえる [=oír]
── 自 ❶ 聞く: No estaba *escuchando* en la clase. 彼は授業を聞いていなかった. Para te asure: Oí, pero no lo escucharé. Escucha detrás de la puerta. 彼はドアの後ろで聞き耳を立てている
── ~*se* ❶ 聞こえる, 聞かれる: La voz no *se escucha* bien, necesito un micrófono. 声がよく聞こえない, マイクが必要だ. ❷ 自分の話に酔いながら話す: Disfruta *escuchándose*. 彼は自分の話に酔いながら悦に入っている

escuchimizado, da [eskutʃimiθáđo, đa]《←?語源》形《西》[estar+] 発育不全の, 虚弱な: Es una chica ~*da*. その少女はひ弱がりにやせている

escuchito [eskutʃíto] 男《カンタブリア, レオン》=**escucho**

escucho [eskútʃo] 男《カンタブリア, レオン》耳もとでこっそり言われたこと

escuchón, na [eskutʃón, na] 形 名《まれ, 軽蔑》ぶしつけに聞き耳を立てる〔人〕, 立ち聞きする〔人〕, 詮索好きな〔人〕

escudar [eskuđár]《←**escudo**》他 ❶ [盾で] 守る. ❷ [脅迫・危険から] 守る, かばう
── ~*se* ❶ [+en·con] 盾にする: huir *escudado en* el cuerpo del rehén 人質を盾にして逃げる. ❷ 口実にする, 使う: *Se escuda en* sus trabajos para no ir de viaje. 彼は旅行に行かないように仕事を口実にしている. *Se escudó en* razones de salud para justificar su ausencia. 彼は欠席したのを健康上の理由からだと言った

escudella [eskuđéʎa] 女《カタルーニャ. 料理》エスクデージャ《米またはパスタを肉・野菜のコンソメで煮込んだスープ》

escuderaje [eskuđeráxe] 男《歴史》従者の仕事〔任務〕

escuderar [eskuđerár] 他《歴史》=**escuderear**

escuderear [eskuđereár] 他《歴史》[従者として] 仕える, 付き従う

escudería [eskuđería]《←**escudero**》女 ❶ [レーサーとメカニックの] レーシングチーム: ~ Ferrari フェラーリチーム. ❷《歴史》従者の職務

escuderil [eskuđeríl] 形《歴史》従者の, 盾持ちの

escuderilmente [eskuđerílménte] 副《歴史》従者のように, 従者らしく

escudero, ra [eskuđéro, ra]《←ラテン語 scutarius》形《歴史》従者の
── 男 ❶《歴史》従者, 家来; 騎士見習い, 盾持ち《←主人の盾 escudo を持ち運んだ》: Sancho Panza fue ~ fiel de don Quijote. サンチョ・パンサはドン・キホーテの忠実な従者だった. ❷ 侍臣〔の貴族〕; 貴婦人の付き人; 貴人の血縁者. ❸ 盾製造者. ❹《狩猟》[年上のイノシシに付き従う] 若いイノシシ

escuderón [eskuđerón] 男《軽蔑》もったいぶる男, はったり屋,

escudete [eskuðéte] ❶ 小さい盾形のもの. ❷ 飾り座金〖=escudo〗. ❸《植物》1)〔白色の〕スイレン(睡蓮)〖=〜blanco, 〜 de río, 〜 de Europa〗. 2) 〜 amarillo コウホネ. ❹《裁縫》〔補強のための〕襠〖=〜injerto de−〜〗. 2)《西》〔雨滴によってオリーブの実にできる〕水玉模様のしみ

escudilla [eskuðíʎa]〖←ラテン語 scutella〗囡 ❶〔田舎で使われる底の深い半球形の〕スープ皿, ボウル, 椀. ❷《ガリシア, 廃語》穀粒の小さな単位

escudillador, ra [eskuðiʎaðór, ra] 形 名〔スープを〕皿によそう〔人〕

escudillar [eskuðiʎár] 他 ❶〔スープを〕皿によそう. ❷〔出し汁 caldo を〕スープ鍋に入れる. ❸ 我が物顔に使う〔扱う〕, 独り占めする. ❹《ナバラ, アラゴン》〔知っていることを〕ぺらぺらとしゃべる, 秘密を守らない

escudillero [eskuðiʎéro] 男《アラバ, ログロニョ》〔煉瓦造りの〕食器棚

escudillo [eskuðíʎo] 男《歴史》20レアル金貨

escudo [eskúðo]〖←ラテン語 scutum〗男 ❶ 盾(たて): 1)〜 antidisturbios 暴動鎮圧用(機動隊)の盾. 2)《比喩》〜 de occidente contra el Islam イスラムに対する西方世界の防御線. 〜 humano〔爆撃などに対する〕人間の盾. ❷ 盾形の紋章, ワッペン〖=〜 de armas〗. ❸〔カーボベルデの貨幣単位〕エスクード. ❹《歴史》エスクード金貨(銀貨)〖スペイン国の紋章などを刻印. カルロス1世時代〜フェルナンド7世時代〗. ❺〔鍵穴の周囲の〕飾り座金, 盾形鍵穴隠し. ❻《地理》盾状地〖=〜 continental〗: E〜 guayanés ギアナ高地〔主にベネズエラにある, テーブルマウンテン mesa が多く点在する地域〕. ❼《砲の》盾. ❽《船舶》1)〔ボートの〕より板. 2)〔船尾の〕船名を示す盾形部分. ❾《裁縫》〔補強のための〕襠. ❿《昆虫》盾板(じゅんばん). ⓫ イノシシの肩甲骨. ⓬《天文》盾座

escudón [eskuðón] 男《闘牛》〔入場行進用カポーテの〕首まわりの飾り

escudriñable [eskuðriɲáble] 形 精査され得る

escudriñador, ra [eskuðriɲaðór, ra] 形 名 詮索好きな〔人〕

escudriñamiento [eskuðriɲamjénto] 男 精査; 詮索

escudriñar [eskuðriɲár]〖←古語 escrudiñar < 俗ラテン語 scrutiniare < ラテン語 scrutinium〗他 ❶ 細かく調べる: 〜 todos los rincones de una casa 家の隅々まで調べる. ❷〔ある地点に〕視線を走らせる: 〜 el horizonte 地平線に目を走らせる

escuela [eskwéla]〖←ラテン語 schola < ギリシア語 skhole〗囡 ❶ 学校; 〔特に〕小学校〖=〜 primaria, 〜 de primera enseñanza〗; 校舎: A mí me gustaba la 〜. 私は学校が好きだった. No sirve lo aprendido en la 〜. 学校で学んだことは役に立たない. Ayer mi hijo no fue a la 〜. 昨日息子は学校を休んだ. Hoy no hay 〜. 今日学校は休みだ. 〜 de ballet バレエ学校. 〜 de bellas artes 美術学校. 〜 de equitación 乗馬学校. 〜 de verano サマースクール. 〜 militar 陸軍士官学校. 〜 naval 海軍兵学校. 〜 superior de comercio 商科大学. 〜 técnica 専門技術学校. 〜 vocacional 職業学校. ❷ 教育, 訓練, 教授法, 教授法: tener buena (mala) 〜 良い指導を得る(受けない), 先生に恵まれる(恵まれない). 〜 de la vida la vida 人生という学校. 〜 moderna 近代教育. ❸ 学派, 流派: 〜 austríaca《経済》オーストリア学派. 〜 de Lausana《経済》ローザンヌ学派. 〜 de Salamanca サラマンカ学派《1)《哲学》トマス・アクィナス Tomás de Aquino の神学に立脚した後期スコラ学. 2)《経済》16〜17世紀にアメリカから大量に流入した貴金属という貨幣量と物価上昇の関係を明らかにした. 〜 de Traductores de Toledo トレド翻訳学派〖12〜13世紀初頭スペイン・トレドで, アラビア語の学術書を主にラテン語に翻訳し, 大航海時代のルネサンスを生み出す素地となった〗. 〜 histórica del Derecho ドイツ歴史学派. 〜 impresionista《美術》印象派. E〜 Sevillana《文学》セビーリャ派〖16世紀後半〜17世紀中頃のスペイン抒情詩の流れ. 響きの高い華麗な表現で色彩効果や感覚的価値を重んじる. エラ・エレラ, リオハ派に代表される〗. ❹《集合》門下生: Pertenecíó a la 〜 de Menéndez Pidal. 彼はメネンデス・ピダルの門下に属していた. ❺《カトリック》E〜s Pías エスコラピオス修道会《貧困児教育を目的とする修道会》. ❻《闘牛》牛との闘い方のスタイル. ❼《メキシコ》研究施設. ❽《チリ》学部〖=facultad〗

alta 〜 馬場馬術, 高等馬術

crear 〜 =**hacer** 〜

de la vieja 〜 古い伝統を守る, 旧式な

hacer 〜 一派を成す, 弟子(信奉者)を持つ

las 〜*s*《古語》1) 大学. 2) スコラ哲学

escuelante [eskwelánte] 名《中南米》生徒, 児童

escuelero, ra [eskweléro, ra] 名《中南米》〔学校の〕先生

escuerzo [eskwérθo] 男 ❶《動物》ヒキガエル〖=sapo〗. ❷《西. 口語》やせた人: Ella es un 〜. 彼女はガリガリにやせている

escuetamente [eskwétaménte] 副 簡潔に, あっさりと; 飾り気なく

escueto, ta [eskwéto, ta]〖←?語源〗形 ❶〔表現・説明が〕簡潔な, 飾り気のない: La respuesta del ministro se redujo a una 〜*ta* carta. 大臣からの回答は一通のあっさりとした書簡ですまされてしまった. imagen 〜*ta* あっさりとした絵. mensaje 〜 簡単なメッセージ. la verdad 〜*ta* 赤裸々な真実. ❷ あけっぴろげな, のびのびした. ❸《メキシコ》閑散とした

escuezno [eskwéθno]《アラゴン》〔未熟な〕クルミの果肉

escuimpacle [eskwimpákle] 男《植物》キク科の薬草〖学名 Senecio canicida〗

escuincle, cla [eskwíŋkle, kla] 名《メキシコ》❶《口語》子供. ❷《アステカ神話》イツクイントリ《神犬》. ❸ 野良犬

escuintleco, ca [eskwintléko, ka] 形《地名》エスクイントラ Escuintla の〔人〕《グアテマラ南部の州・州都》

Esculapio [eskulápjo] 男《ギリシア神話》アスクレピオス《医術の神》

esculca [eskúlka] 囡《廃語》間諜, 斥候

esculcar [eskulkár] 他《廃語》❶ 探る, しらみつぶしに調べる. ❷《アンダルシア; メキシコ, ニカラグア, コロンビア》〔中身・持ち物などを〕検査する, ボディーチェックする; 家宅捜索する. ❸《エストレマドゥラ》シラミ(ノミ)を取る

esculco [eskúlko] 男《コロンビア》捜索; 持ち物検査, ボディーチェック; 家宅捜索

esculina [eskulína] 囡《生化》エスクリン

escullador [eskuʎaðór] 男〔搾油所で〕溜まった油をすくい出すブリキ缶

escullar [eskuʎár] 他《地方語》❶〔スープなどを〕皿によそう. ❷ 空にする〖=escurrir〗

—— 自《カンタブリア, ブルゴス, パレンシア》〔液体が〕したたり落ちる

escullir [eskuʎír] 21 他《地方語》空にする〖=escurrir〗

—— 自《ムルシア》滑る, 転倒する

—— 〜**se** 入り抜ける, 通り抜ける; 滑り落ちる

escullón [eskuʎón] 男《ムルシア》滑ること, 転倒

esculpidor, ra [eskulpiðór, ra] 名《古語》彫刻師

esculpir [eskulpír]〖←ラテン語 sculpere < scalpere「搔く」〗他 ❶ 〔+en に〕彫刻する; 〔+a に〕彫る: 〜 *en* mármol una estatua 大理石の像を彫る. 〜 *a* cincel のみで彫る. ❷ 浮き彫りする; 透かし彫りする

esculque [eskúlke] 男《メキシコ》捜索; 持ち物検査, ボディーチェック

escultismo [eskultísmo] 男 ボーイ(ガール)スカウト〔運動〕

escultista [eskultísta] 名 ボーイ(ガール)スカウト運動の〔参加者〕

escultopictórico, ca [eskultopiktóriko, ka] 形《美術》絵画と彫刻の合体の

escultopintura [eskultopintúra] 囡《美術》絵画と彫刻の合体

escultor, ra [eskultór, ra]〖←ラテン語 sculptor, -oris〗名 彫刻家

escultórico, ca [eskultóriko, ka] 形 彫刻の〖=escultural〗: arte 〜*ca* 彫刻芸術

escultura [eskultúra]〖←ラテン語 sculptura < sculptum < sculpere「彫る」〗囡 ❶ 彫刻《行為, 作品》: 〜 de Miguel Ángel ミケランジェロの彫像. 〜 en madera (en piedra) 木(石)彫. 〜 griega ギリシア彫刻. ❷《医学》歯科技工. ❸《動物, 植物》紋様

escultural [eskulturál] 形 ❶ 彫刻の: materia 〜 彫刻材料. ❷ 彫像のような, ギリシア彫刻を思わせる: cuerpo 〜 均整のとれた体

esculturar [eskulturár] 他 彫刻する

escuna [eskúna] 囡《船舶》スクーナー〖=goleta〗

escupetina [eskupetína] 囡 =**escupitina**

escupida[1] [eskupíða]《ラプラタ, 口語》痰(たん), 唾(つば)

como 〜《ラプラタ. 口語》大急ぎで

escupidera [eskupiðéra] 囡 ❶ 痰壺. ❷《エストレマドゥラ, アンダルシア; プエルトリコ, ベネズエラ, エクアドル, チリ, アルゼンチン, ウルグアイ. 婉曲》溲瓶(しびん)

pedir la ～《中南米》1) おじけづく, 怖がる. 2) 負けたと感じる

escupidero [eskupiðéro] 男 ❶ 痰(唾)を吐く所. ❷ 唾棄すべき状況

escupido[1] [eskupíðo] 男 痰, 唾〖=esputo〗; 痰(唾)を吐くこと

escupido[2], **da**[2] [eskupíðo, ða] 形 《西. 口語, 軽蔑》［先祖に〗瓜二つの, 生き写しの

escupidor, ra [eskupiðór, ra] 形 名 しょっちゅう唾を吐く(人)
── 男 ❶《アンダルシア, プエルトリコ, チリ》痰壺. ❷《コロンビア》[エスパルト製の] 丸いござ

escupiña [eskupíɲa] 女 ❶ 痰, 唾〖=esputo〗. ❷［発熱による]唇のただれ

escupiña [eskupíɲa] 女 ❶《貝》カブトノシコル〖=～ grabada〗

escupir [eskupír] 《←ラテン語 exconspuere < ex-(外)+con (共に) +spuere「吐く」》自 ❶ 唾を吐く, 痰(ﾀﾝ)を吐く: Al verme *escupió* a mis pies. 彼は私を見ると足もとに唾を吐きかけた. ❷［+a+人］軽蔑する, 愚弄する
── 他 ❶ 吐く: ～ un chicle ガムを吐き出す. ～ sangre 血を吐く. ❷ 噴き出す; 滲み出させる: El volcán *escupe* lava. 火山が溶岩を噴き出す. La ametralladora *escupía* balas. 機関銃が弾を発射していた. ～ humedad 湿気を出す. ❸ 白状する. ❹ 唾棄(ﾀﾞｷ)する, 受けつけない, はね返す. ❺［皮膚が疱疹などを]吹き出す

escupitajo [eskupitáxo] 男 ❶《口語》痰, 唾〖=esputo〗. ❷《西. 軽蔑》瓜二つの人, 生き写しの人

escupitín [eskupitín] 男《チリ》痰壺〖=escupidera〗

escupitina [eskupitína] 女《口語》痰, 唾〖=esputo〗

escupitinajo [eskupitináxo] 男《口語》痰, 唾〖=esputo〗

escupo [eskúpo] 男《チリ》痰

escurana [eskurána] 女《アンダルシア, コロンビア, チリ》暗闇

escurar [eskurár] 他［毛織物を縮絨前に]精練する

escureta [eskuréta] 女《バレンシア》[毛布の起毛用を取り除く]歯の長い櫛

escurialense [eskurjalénse] 形 ❶《地名》エル・エスコリアル El Escorial の(人)〖マドリード近郊の町〗. ❷ エル・エスコリアル修道院 monasterio de San Lorenzo de El Escorial の

escuro, ra [eskúro, ra] 形《俗用》=**oscuro**

escurra [eskúra] 女《古語》おどけ者

escurrajas [eskuráxas] 女 複 =**escurriduras**

escurreplatos [eskureplátos] 男《←escurrir+plato》男《単複同形》[食器の] 水切りかご

escurrevasos [eskureβásos] 男《単複同形》コップ用の水切りかご

escurreverduras [eskureβerðúras] 男《単複同形》野菜の水切りかご

escurribanda [eskuriβánda] 女《口語》❶ 腹下し, 下痢. ❷ 体液の分泌. ❸ 一斉遁走, わっと逃げ出すこと. ❹ 殴り合い, めった打ち

escurridera [eskuriðéra] 女［主に野菜の] 水切りかご; 水切りをする場所

escurridero [eskuriðéro] 男［食器の] 水切りかご; 水切りをする場所

escurridizo, za [eskuriðíθo, θa] 形《←escurrir》❶ 滑りやすい; するりと逃げ出す者: suelo ～ つるつるした床. pez ～ つかまえにくい魚. ❷ とらえがたい, とらえどころのない: actitud ～za のらりくらりとした態度. hombre ～ のらりくらりした男. problema ～ とらえどころのない問題

escurrido, da [eskuríðo, ða]《←escurrir》形 ❶［人が]腰回りの細い, ほっそりした: Es ～*da* de pecho. 彼女は胸がぺちゃんこだ. ❷ タイトスカートをはいた. ❸ peso ～ 正味重量〖=peso neto〗. ❹《植物》hoja ～*da* 舌状葉. ❺《メキシコ, プエルトリコ》恥じ入った
── 男 ❶ 水を切ること; [洗濯物の] 脱水. ❷ 滑ること, 転倒; すり抜け

escurridor [eskuriðór] 男 ❶［野菜・食器の] 水切りかご. ❷［洗濯機の] 脱水機

escurridora [eskuriðóra] 女 =**escurridor**

escurridumbres [eskuriðúmbres] 女 複《まれ》=**escurriduras**

escurriduras [eskuriðúras] 女 複 ❶［瓶などの] 最後の数滴. ❷《口語》[あまり価値のない] 残り物

escurril [eskuríl] 形 品のない, 露骨な, 悪趣味の

escurrilidad [eskuriliðáð] 女《古語》品のなさ, 露骨さ, 悪趣味

escurrimbres [eskurímbres] 女 複《まれ》最後の数滴〖=**escurriduras**〗

escurrimiento [eskurimjénto] 男 ❶ 水を切ること, 脱水. ❷ 滑ること, 転倒; すり抜け. ❸《技術》超低速移動

escurrir [eskurír] 《←ラテン語 excurrere < ex-(外)+currere「流れる」》他 ❶ …の水を切る, 脱水する: ～ una toalla タオルを絞る. ～ las verduras 野菜の水を切る. ❷［容器・中身を]明ける, 空(ｶﾗ)にする: ～ el vino de una bota 酒袋のワインを空っぽにする. ❸［+por encima de の上に］滑らす, [+en の中に] 滑り込ませる
── 自 したたり落ちる: El sudor *escurría* de su rostro. 汗が彼の顔から流れ落ちていた. Esta ropa *escurre*［mucha agua］todavía. この服はまだ水がポタポタ落ちる
── ～*se* ❶ 滑る: *Se escurren* los pies *en* el hielo. 氷の上では足が滑る. ❷［+de から/+entre の間を] 滑り落ちる, すり抜ける; 抜け出す: El pez *se escurrió* de mis manos. 魚は私の手からするりと逃げた. ～*se entre* la gente 群衆の間をすり抜ける. ❸ したたり落ちる. ❹《口語》やり過ぎる, 度を越す; 口を滑らす

escurrizón [eskuriθón] 男《まれ》滑ること, 転倒

escusa [eskúsa] 女 ❶ =**escusabaraja**. ❷ 地方の風習による特典. ❸《地方》[農園主が使用人に与える] 牧畜権; その対象となる家畜. ❹《法律》抗弁; 無罪放免

escusabaraja [eskusaβaráxa] 女 蓋付きの籐かご

escusado, da [eskusáðo, ða] 形［場所が] 人目につかない, 秘密の, 専用の
── 男《婉曲》[公共の場所にある] トイレ, 便所

escusalí [eskusalí] 男《複 ～es》=**excusalí**

escusón [eskusón] 男 ❶［盾の模様のある] 貨幣の裏面. ❷《紋章》[大盾に重なった] 小盾. ❸《アンダルシア》[マントの] 飾り鉤ホック

escutelaria [eskutelárja] 女《植物》スカルキャップ〖学名 Scutellaria latelifloria〗

escutelo [eskutélo] 男《動物》角鱗, 鎧甲;《昆虫》小盾板

escúter [eskúter] 男《←英語 scooter》❶《西》スクーター. ❷《パナマ》[地面を蹴って進む] スクーター

escutiforme [eskutifórme] 形［葉などが] 盾形の

escutismo [eskutísmo] 男 =**escultismo**

Esdras [ésðras] 男《旧約聖書》エスドラス書, エズラ記

esdrujulismo [esðruxulísmo] 男《音声》終わりから3音目の音節にアクセントがあること

esdrujulizar [esðruxuliθár] 自 ❶《音声》[単語の] 終わりから3音目の音節にアクセントを置く. ❷《皮肉》[教養のあるところを見せるために] アクセントが終わりから3音目の語を好んで使う

esdrújulo, la [esðrúxulo, la] 形 男《音声》終わりから3音目の音節にアクセントのある(語)〖例 águila, oráculo〗

ese[1] [ése] 女 ❶ 文字 s の名称: en forma de ～ S字形の. ❷ 鎖のS字形金鉤.❸《弦楽器》の響孔
andar（*ir*）*haciendo* ～*s*《俗語》1)［酔って] 千鳥足で歩く. 2) ジグザグ運転をする
hacer ～*s* 1) S字形を描く. 2) 千鳥足で歩く; ジグザグに進む

ese[2], **sa**[2] [ése, sa] 《←ラテン語 ipse, ipsa》形《指示形容詞》〖単 eses, esas〗❶ [普通は+名詞] その, あの: 1) [話し手からそれほど遠くない人・事物を指示] Prefiero ～ bolso a éste. 私はこれよりこのバッグの方がいい. ¿Qué hace ～ tipo ahí? その男はそこで何をしているのか? Me dije: "¿De quién son *esos* zapatos?" 「あの靴は誰のだろう?」と私はひとりごとを言った〖聞き手不可也〗. ¡Qué simpático es ～ señor que vive arriba! 階上に住むあの人は本当に親切ですね!〖発話の場からは見えない対象をさすことも可〗2)［聞き手の近く, または聞き手からそれほど遠くない人・事物を指示] Pon *esas* carpetas donde estaban. それらのフォルダーを元の場所に戻しなさい. No me pongas *esa* cara, mi buen amigo. ねえ君, そんな顔をしないでおくれ. 3) [既述・既知の対象] Sabrán lo que significa *esa* palabra. 彼らはその言葉の意味がわかっているだろう. Pero *esa* mañana era distinta. しかし, その朝は違っていた. Salgo a las diez; a *esa* hora vendrá a buscarme. 私は10時に出かける. その時ους彼が迎えに来てくれるから. ❷［推定・連想］1) よくある, 典型的の, ありふれた: Era uno de *esos* cafés situados en las calles céntricas de la capital. そこは首都の中心街によくあるカフェの一つだった. 2) [関係詞で限定される内容の先取り] Es de *esa* especie de personas que nunca están contentas.

彼は決して満足することのないあの手の人々の一人だ. 3) 例の, あの: Este verano haremos ～ viaje a España que tanto llevas deseando. この夏は君が待望の例のスペイン旅行をしよう. ❸《主に軽蔑, 皮肉》[定冠詞+名詞+] ¿Qué se habrá creído el niño ～? その子ったら何を思いこんでしまったのだろう? ¡Qué pesada la niña *esa*! 何てその女の子は小うるさいのだろう! El hombre ～ no me inspira confianza. そんな男は信用できない. La carretera *esa* es muy peligrosa. その幹線道路はとても危険だ. ❹ [+不定語・数詞] *esos* otros trabajos 別のその種の仕事〖×otros *esos* trabajos〗. *esas* primeras páginas その数ページ. ❺《軽蔑》[+固有名詞] ¿Qué se cree ～ Juan? そのファンとやらは自分を何様だと思い込んでいるのか?

―― [代] [中称の指示代名詞]〖[語形] 指示形容詞と区別する必要ある場合は強勢符号を付ける: ése, ésa; ésos, ésas〗それ, あれ: 1) [人・事物の指示] *Esa* es la mujer del presidente. あの人が社長の奥さんだ. Dijeron que *ésa* mañana vendrá. 彼らはその女性が明日来るだろうと言った.〖[語法] 1) この場合は Dijeron que *esa* mañana vendrá. (彼らは彼がその朝来るだろうと言った) との区別のため, アクセント記号が必要. 2) 人の指示は時に《軽蔑》: ¿Quién es ～? そいつは誰なんだ?〗El tornillo que busco es ～. 私が捜しているねじはそれだ. 2) [既述・既知] *Ese* es su secreto. それは彼の秘密だ. *Ese* es el dilema. それがジレンマだ. ¿Qué hacer?, *esa* era la cuestión. 何をすべきか, それが問題だった. ¿Crees que *esa* es la solución? それが解決法だと思いますか? 3)《まれ》[後述] Creo que el problema era ～, que era demasiado joven. 問題はこういうこと, つまり彼はあまりに若かったということだったと思う

¡A ～! そいつだ, つかまえろ!

¿Ahora me viene con esas? 今さらそんなこと言ったって!

Conque esas tenemos. [驚き・怒り] これはあきれた

en una de esas 思いがけない時に, 不意に

Esa es otra.《口語》それはまた別の問題だ

ir en esa《キューバ. 口語》[参加を許されなかった取引などへの] 参加をもくろむ

ni por esas《西. 口語》絶対に…ない: *Ni por esas* pudo salir de allí. どうしても彼はそこから出られなかった

No me vengas con esas.《口語》そんな話はごめんだ

salir con esas《口語》場違いなことを言い出す: ¿Ahora *sales con esas*? ¡Deja de decir tonterías! 君は今になってそんなことを言い出すのか? ばかなことを言うな!

esecilla [eseθíʎa] [女] S字形の鉤

esencia [esénθja]〖←ラテン語 essentia〗[女] ❶ 本質, 真髄: ～ de la democracia 民主主義の本質. ～ de la cultura japonesa 日本文化の精髄. ～ de la gramática española スペイン語文法の要点. Ese señor es la ～ de la rectitud. その人は実直そのものだ. ❷《料理, 化学》エッセンス, エキス: ～ de limón レモンエキス. ❸ 香水, 香料

en ～ 1) 要点だけ, かいつまんで. 2) 本質的に. 3) 内心では

por ～ 本質的に, もともと: Ese pueblo es *por* ～ apasionado. その民族はもともと情熱的だ

quinta ～ =**quintaesencia**

esencial [esenθjál]〖←ラテン語 essentialis〗[形] ❶ [+en に] 本質的な〖⇔accidental〗: La razón es ～ *en* el hombre. 理性は人間の本性である. ❷ 肝心の; [+para・a に] 不可欠の, 絶対必要な: 1) La salud es ～ *para* la felicidad. 健康は幸福に欠かせない. líneas ～*es* 基本方針. parte ～ de una conferencia 講演の要点. 2) [lo ～ es que+接続法] *Lo* ～ *es que* digas la verdad. 重要なのは君が真実を話すことだ. ❸ エキスの: aceite ～ エッセンシャルオイル, 精油

esencialidad [esenθjaliđá(đ)] [女] 本質性, 本性; 根本的重要性, 不可欠性

esencialismo [esenθjalísmo] [男]《哲学》実在論, 本質主義

esencialista [esenθjalísta] [形] [名]《哲学》実在論の(論者), 本質主義の

esencializar [esenθjaliθár] [9] [他]《文語》…の本質を示す

esencialmente [esenθjálménte] [副] 本質的に, もともと

esenciar [esenθjár] [10] **～se**《廃語》本質的に合一する

esenciero [esenθjéro] [男] 香水瓶

esénico, ca [eséniko, ka] [形]《歴史, ユダヤ教》エッセネ派の

esenio, nia [esénjo, nja] [形] [名]《歴史, ユダヤ教》エッセネ派〔の〕

esenismo [esenísmo] [男]《歴史, ユダヤ教》エッセネ派の教義

eserina [eserína] [女]《生化》エゼリン

esfacelar [esfaθelár] **～se**《医学》[組織が] 壊疽にかかる

esfacelo [esfaθélo] [男]《医学》壊疽(えそ), 壊死組織

esfagnales [esfaɠnáles] [女] [複]《植物》ミズゴケ目

esfagno [esfáɠno] [男]《植物》ミズゴケ

esfalerita [esfaleríta] [女]《鉱物》閃(せん)亜鉛鉱

esfarriar [esfar̄jár] [10] [自]《地方語》非常識な言動をする

esfena [esféna] [女]《鉱物》チタン石, くさび石

esfenisciforme [esfenisθifɔ́rme] [形] ペンギン目の

―― [男] [複]《鳥》ペンギン目

esfenodonte [esfenođɔ́nte] [男]《動物》ムカシトカゲ

esfenofilales [esfenofiláles] [女] [複]《植物》[シダ植物の] スフェノフィルム目

esfenoidal [esfenɔi̯đál] [形]《解剖》蝶形骨の

esfenoides [esfenɔ̂i̯đes] [男]〖単複同形〗《解剖》蝶形骨〖=hueso ～〗

esfenoiditis [esfenɔi̯đítis] [女]《医学》蝶形骨洞炎

esfera [esféra]〖←ラテン語 sphaera < ギリシア語 sphaira「ボール」〗[女] ❶ 球体, 球面: ～ celeste 空;《天文》天球. ～ armilar [古代の] アーミラリー天球儀. ❷《文語》地球〖=～ terrestre〗. ❸ 範囲, 領域: ～ de actividad 活動範囲. ～ de influencia 勢力範囲. ～ profesional 専門分野. ❹ 階層: altas ～*s* del mundo político 政界の上層部. ❺ [時計などの] 文字盤

esferal [esferál] [形] 球形の〖=esférico〗

esfericidad [esferiθiđá(đ)] [女]《幾何》球形〔であること〕

esférico, ca [esfériko, ka]〖←ラテン語 sphaericus〗[形]《幾何》球形の: ángulo ～ 球面角. cuerpo ～ 球体. espejo ～ 球面鏡. triángulo ～ 球面三角形

―― [男]《文語》ボール〖=balón〗

esfero [esféro]〖esferográfico の省略語〗[男]《エクアドル》ボールペン

esferográfica [esferoɠráfika] [女]《コロンビア, エクアドル》=**esferográfico**

esferográfico [esferoɠráfiko] [男]《コロンビア, エクアドル》ボールペン〖=boli〗

esferoidal [esferɔi̯đál] [形] 回転楕円面の, 回転楕円体の

esferoide [esferɔ̂i̯đe] [男]《幾何》回転楕円面, 回転楕円体, 長球, 偏球

esferómetro [esferómetro] [男]《物理》球面計

esferulito [esferulíto] [男]《地質》球顆(きゅうか), スフェルライト

esfigmocardiografía [esfiɠmokarđjoɠrafía] [女]《医学》心脈波計

esfigmografía [esfiɠmoɠrafía] [女]《医学》脈波記録法

esfigmógrafo [esfiɠmóɠrafo] [男]《医学》脈波計

esfigmograma [esfiɠmoɠráma] [男]《医学》脈波曲線; 脈波記録図

esfigmomanometría [esfiɠmomanometría] [女] 血圧測定

esfigmomanómetro [esfiɠmomanómetro] [男]《医学》血圧計

esfigmómetro [esfiɠmómetro] [男]《医学》血圧計; 脈拍計

esfiladre [esfiláđre] [男]《地方語》アルパルガタス alpargata を縛るリボン

esfinge [esfíŋxe]〖←ラテン語 sphinx, -ingis < ギリシア語 sphinx, -ingos < sphingo「強く締める」〗[女] ❶《ギリシア・ローマ神話, 考古》スフィンクス: el enigma de la ～ スフィンクスの謎. ❷ [考え・気持ちなどを表わさない] 謎めいた人, 不可解な人物. ❸《昆虫》スズメガ

esfíngico, ca [esfíŋxiko, ka] [形] スフィンクス

esfíngido, da [esfíŋxiđo, đa] [形] スズメガ科の

―― [男] [複]《昆虫》スズメガ科

esfínter [esfínter] [男]《解剖》括約筋: ～ anal 肛門括約筋

esfogar [esfoɠár] [8] [他] [石灰を] 消和する〖=apagar〗

―― [自]《地方語》感情を爆発させる, 鬱憤を晴らす

esfogue [esfóɠe] [男]《地方語》感情の爆発, 鬱憤晴らし

esfolar [esfolár] [他]《アストゥリアス, サラマンカ》皮を剝ぐ〖=desollar〗

esforrocinar [esfɔr̄oθinár] [他] [ブドウの] 無駄なつるを取り除く

esforrocino [esfɔr̄oθíno] [男] [ブドウの] 無駄なつる

esforzadamente [esfɔrθađaménte] [副] がんばって, 骨折って, 懸命に

esforzado, da [esfɔrθáđo, đa] [形] ❶ 努力の; 努力の見える: trabajo ～ y riesgoso しんどくて危険な仕事. ❷ [仕事などで] がんばり屋の. ❸《文語》[名詞+/+名詞] 勇敢な, 勇ましい: hombre ～ 勇敢な男

esforzador, ra [esfɔrθađór, ra] [形] [名] がんばる〔人〕, 一所懸命の〔人〕

esforzar [esfɔrθár] 〘←es-+forzar < fuerte〙 [9] [28] 〘→**forzar**〙 [他] ❶ …に力を込める, 無理にする: Laura *esfuerza* una sonrisa. ラウラは作り笑いをする. ～ la voz 声を張り上げる. ～ la vista 目をこらす; 目を酷使する. ❷ [人・チームなどを] 元気づける, 励ます. ❸ [機械を] 酷使する, 無理やり動かす

—— **～se** [+en・por・para に] 努力する, 努める, 精一杯力を出す, がんばる: *Se esfuerza en* el trabajo. 彼は一所懸命働いている. *Me esforzaba en* no pensar en ella. 私は何とか彼女のことを考えないようにした. Juan *se esforzaba por* oír algo. フアンは何か物音を聞こうと耳をこらしていた

esfoyar [esfojár] [他] 《アストゥリアス》 トウモロコシの穂軸から葉を取り除き一つなぎにする

esfoyaza [esfojáθa] [女] [集名] 《アストゥリアス》 [一軒の家で] トウモロコシの穂軸から葉を取り除き一つなぎにする人々

esfuerzo [esfwérθo] 〘←esforzar〙 [男] ❶ [+para・por・en のための] 努力, がんばり: Ella hacía un ～ tremendo *por* contener las lágrimas. 彼女は涙を抑えようと必死にがんばっていた. Hizo un gran ～ *para* ser la primera. 彼女は大いにがんばって1位になった. He hecho muchos ～*s por* pagar la casa. 私は家賃を払おうとして一所懸命働いた. dirigir sus ～*s* a+事・不定詞 …に努力を傾ける. hacer ～*s* 色々努力する. obtener con poco ～ 楽に手に入れる. sin ～ 労せずに. ❷ 力を出す(入れる)こと: Del ～, la herida se abrió. 無理に動いたせいで傷口が開いた. cantar con gran ～ 声を張り上げて歌う. ❸ 《技術》 応力; 《物理》 加える力, 作動力: ～ de torsión ねじり応力. ❹ 《生理》 [器官・機能の] 努力

no ahorrar (***economizar・escusar・perdonar***) ～ 努力を惜しまない

esfumación [esfumaθjɔ́n] [女] ぼかし, 色調を和らげること; 見えなくなること

esfumado [esfumáđo] [男] 《美術》 擦筆(さっぴつ)画法, スフマート

esfumar [esfumár] 〘←伊語 sfummare〙 [他] 《美術》 [デッサンなどを] 擦筆(さっぴつ)でぼかす(明暗の色調を出す), スフマートで描く

—— **～se** ❶ [徐々に] 見えなくなる: La tropa *se esfumó* en el horizonte. 部隊は地平線に姿を消した. ❷ 《口語》 [人が] 急に姿をくらます, 突然いなくなる

esfuminar [esfuminár] [他] 《美術》 =**esfumar**

esfumino [esfumíno] 〘←伊語 sfummino〙 [男] 《美術》 擦筆

esgalichado, da [esgalitʃáđo, đa] [形] 《俗用》 不格好な, 野暮ったい

esgalla [esgáʎa] ***a*** ～ 《地方語》 =**esgarra**

esgarra [esgára] ***a*** ～ 《地方語》 たくさん; 全力で

esgarramantas [esgaramántas] [形] [名] 《地方語》 ぼろを着た; ひどく貧しい

esgarrar [esgarár] [他] [自] 痰を切る

esgarro [esgáro] [男] 痰, 唾

esgobio [esgóbjo] [男] 《地方語》 =**escobio**

esgonzar [esgɔnθár] [9] [他] =**desgoznar**

esgrafiado [esgrafjáđo] [男] 《製陶など》 掻取り仕上げ, スグラフィート; その作品

esgrafiar [esgrafjár] [10] [他] 《製陶など》 掻取り仕上げをする, スグラフィートで描く

esgrima [esgríma] 〘←オック語 escrima〙 [女] フェンシング, 剣術: practicar la ～ フェンシングをする. profesor (maestro) de ～ フェンシング教師

esgrimidor, ra [esgrimiđɔ́r, ra] [名] フェンシングの選手, 剣士

esgrimidura [esgrimiđúra] [女] [剣・理論などを] 振り回すこと, 使用

esgrimir [esgrimír] 〘←フランク語 skermjam「防御する」〙 [他] ❶ [剣などを] 扱う, 使う: ～ su hacha contra+人 …に対して斧を振り回す. ～ la espada con habilidad 剣さばきが巧みである. ❷ [非物質的なものを] 攻撃のために用いる: ～+事 contra+人 …の…の点をつく. ～ un argumento 論法を展開する

esgrimista [esgrimísta] [名] 《中南米》 =**esgrimidor**

esgrimístico, ca [esgrimístiko, ka] [形] 《まれ》 フェンシングの

esguardamillar [esgwarđamiʎár] [他] 《口語》 めちゃめちゃにする, ばらばらにする

esguazable [esgwaθáble] [形] 歩いて(馬で)渡れる

esguazar [esgwaθár] [9] [他] [浅い河を] 歩いて(馬で)渡る

esguazo [esgwáθo] [男] [徒歩・馬での] 渡河; [河の] 浅瀬

esgucio [esgúθjo] [男] 《建築》 小えぐり, カベット 〘断面が四半円形の凹面刳形〙

esgueva [esgeƀa] [女] 《サラマンカ》 下水道, 排水溝

esguila [esgíla] [女] 《アストゥリアス》 ❶ 小エビ. ❷ リス 〘=ardilla〙

esguilar [esgilár] [自] 《アストゥリアス》 よじ登る

—— **～se** 《地方語》 滑る, 足を滑らす

esguilero [esgiléro] [男] 《アストゥリアス》 小エビ網

esguín [esgín] [男] [海へ出る前の] サケの稚魚

esguince [esgínθe] 〘←俗ラテン語 exquintiare「5つに引きちぎる」〙 [男] ❶ [体を無理に] ねじること; 《医学》 腱の捻挫傷: Se hizo un ～ en el tobillo. 彼は足首を捻挫した. ❷ [攻撃などから身を守ろうとして] とっさに体をかわすこと. ❸ 不快・軽蔑の表情(仕草), 渋面

esguízaro, ra [esgíθaro, ra] [形] [名] スイスの(人) 〘=suizo〙

pobre ～ よるべない極貧の人

—— [男] 《古語》 スイス人の長槍兵

-ésimo 《接尾辞》 [序数] mil*ésimo* 千番目の

eskay [eskái̯] [男] =**skay**

esker [eskér] [男] 《地質》 エスカー, 長い堤防状の氷河地形

eskipear [eskipeár] **～se** 《米国》 [+de 授業を] サボる

eslabón [eslaƀɔ́n] 〘←古語 esclavón「奴隷」〙 [男] ❶ [鎖の] 環; [連鎖の] 一環: Es el ～ que nos faltaba para completar la historia. これで話がつながった. ～ perdido 《生物》 失われた環, ミッシングリンク. ❷ 火打ち金(がね). ❸ [肉屋の] 研ぎ鋼. ❹ 《船舶》 鎖結び. ❺ [馬の] 管骨(かんこつ)瘤. ❻ 黒サソリ

eslabonador, ra [eslaƀonađɔ́r, ra] [形] 連結する, つなぐ

eslabonamiento [eslaƀonamjénto] [男] 連結, つながり: ～*s* interindustriales/～ entre industrias 産業連関

eslabonar [eslaƀonár] [他] 連結させる: ～ una cadena 鎖をつなぐ. ～ los hechos para reconstruir un proceso 事実をつなぎ合わせて経過を再構成する

—— **～se** つながる, 連関する

eslálom [eslálɔn] [男] =**slalom**

eslalon [eslálɔn] [男] =**slalom**

eslavismo [eslaƀísmo] [男] ❶ 汎(はん)スラブ主義. ❷ スラブ文化の愛好; スラブ文化研究. ❸ スラブ語特有の語・言い回し

eslavista [eslaƀísta] [名] スラブ語(文学)研究者

eslavizar [eslaƀiθár] [9] [他] スラブ化する

eslavo, va [eslábo, ƀa] [形] [名] スラブ〔人・語〕の; スラブ人: lenguas ～*vas* スラブ諸語

—— [男] ❶ スラブ語: antiguo ～/～ eclesiástico 古代教会スラブ語. ❷ [複] スラブ民族

eslavófilo, la [eslaƀófilo, la] [形] [名] スラブ人びいきの〔人〕, スラブ好きの〔人〕

eslavón, na [eslaƀɔ́n, na] [形] 《地名》 [クロアチア東部の] スラヴォニア Eslavonia 地方の

eslinga [eslíŋga] [女] 《船舶など》 吊り索

eslip [eslíp] 〘←英語 slip〙 [男] 〘[複] ～s〙 《服飾》 ブリーフ; 水泳パンツ

eslizón [esliθɔ́n] [男] 《動物》 カラカネトカゲ

eslogan [eslógan] 〘←英語 slogan〙 [男] 〘[複] ～s/eslóganes〙 スローガン, 標語, モットー: lanzar un ～ スローガンを掲げる. corear *eslóganes* スローガンを唱える. ～ comunista 共産党のスローガン. ～ publicitario 広告のコピー

eslomar [eslomár] [他] 《俗用》 =**deslomar**

eslora [eslóra] [女] 《船舶》 ❶ 船の長さ 〘⇔manga〙: ～ total 全長. ～ en flotación 喫水線の長さ. ❷ 部分的縦梁(じゅうりょう), カーリング

eslovaco, ca [esloƀáko, ka] [形] [名] 《国名》 スロバキア Eslovaquia の(人)

—— [男] スロバキア語

esloveno, na [esloƀéno, na] [形] [名] 《国名》 スロベニア Eslovenia の(人)

—— [男] スロベニア語

esmachar [esmatʃár] 〘←英語 smash〙 [自] 《テニス》 スマッシュする; 《バレーボール》 アタックする; 《バスケットボール》 シュートする

esmachatar [esmatʃatár] **～se** 《ベネズエラ. 口語》 大急ぎで行く(立ち去る)

esmaltado [esmaltáđo] [男] ほうろう引き; 七宝加工; 釉薬かけ

esmaltador, ra [esmaltađɔ́r, ra] [形] [名] ほうろう(エナメル)を引く; ほうろう引き職人, エナメル工

—— [女] ほうろう(エナメル)加工機

esmaltar [esmaltár] 〘←esmalte〙 [他] ❶ ほうろう引きする, エナメルを塗る; 七宝を施す; 《製陶》 釉薬をかける; 《化粧》 マニキュアを塗る: vidrio *esmaltado* ほうろう引きガラス. cerámica *esmaltada* 釉をかけた陶器. ❷ 色とりどりに飾る: Las flores *esmaltan* la pradera. 牧場には色とりどりの花が咲いている

E

esmalte [esmálte]【←ゲルマン語 smalt】❶ ほうろう, エナメル; ほうろう引き. ❷ 七宝《工芸品》: pintura al ~ 七宝絵. ❸《製陶》釉薬. ❹《解剖》[歯の]ほうろう質, エナメル質. ❺《化粧》ネイルエナメル《~ de uñas, ~ para uñas》. ❻ 花藤紫色, スマルト. ❼ 光沢, 輝き. ❽《紋章》色, 色合い

esmaltín [esmaltín]【男】藤紫色, スマルト《=esmalte》

esmaltina [esmaltína]【女】《鉱物》スマルト鉱, 砒コバルト鉱

esméctico, ca [esméktiko, ka]【形】《鉱物》洗浄性の, 浄化用の

esmegma [esmégma]【男】《生理》恥垢

esmeradamente [esmeráðaménte]【副】入念に, 丹念に, 丹精して

esmerado, da [esmeráðo, ða]【形】❶ 入念になされた, 丹念な, きめ細かい: trabajo ~ 入念な仕事. pronunciación ~da [明瞭すぎるほどの]丁寧な発音. ❷ [人が]念入りな

esmerador [esmeraðór]【男】研磨工

esmeralda [esmerálda]【女】❶《鉱物》エメラルド: ~ oriental 鋼玉, コランダム. ❷《キューバ》ウナギに似た魚《学名 Gobioides barreto》. ❸《コロンビア. 鳥》ハチドリの一種 ── 【形】❷ エメラルドグリーンの, 鮮緑色[の]《=verde ~》

esmeraldado, da [esmeraldáðo, ða]【形】《まれ》=**esmeraldino**

esmeraldeño, ña [esmeraldéɲo, ɲa]【形】《地名》エスメラルダス Esmeraldas の[人]《エクアドル北部の県・県都》

esmeraldero, ra [esmeraldéro, ra]【形】エメラルドの ── 【名】《コロンビア》エメラルドの採掘[取引]業者

esmeraldífero, ra [esmeraldífero, ra]【形】《鉱物》エメラルドを含有する

esmeraldino, na [esmeraldíno, na]【形】[色などが]エメラルドに似た

esmerar [esmerár]【←俗ラテン語 exmerare < ex-+merus「純粋な」】【他】《まれ》細心[入念]に…する ── **~se**【再】+en ~に入念にする: La madre *se esmeró en la limpieza*. 母親は入念に掃除した. *Se esmera muchísimo cuando trabaja*. 彼はとても丁寧な仕事をする. ❷ 首尾よくやる, 鮮やかにやる

esmerejón [esmerexón]【男】❶《鳥》コチョウゲンボウ. ❷《口語》小口径の砲の一種

esmeril [esmeríl] **I**【男】❶《鉱物》エミリー, 金剛砂. ❷ 紙やすり《=papel de ~》; 布やすり《=tela de ~》. ❸ すりガラス: mampara de ~ 曇りガラスのついたて. ❹《パナマ, ボリビア, チリ. 口語》研ぎ師
II【←古仏語】【男】《口語》[falconete より少し大型の]小型砲の一種

esmerilado, da [esmeriláðo, ða]【形】すりガラスの ── 【男】[金剛砂などでの]研磨, つや消し

esmerilador, ra [esmeriladór, ra]【形】研磨する ── 【女】研磨機

esmerilar [esmerilár]【他】[金剛砂・紙やすりなどで]研磨する; 光沢を消す

esmerilazo [esmeriláθo]【男】小型砲 esmeril の発射

esmero [esméro]【←esmerar】【男】細心さ, 入念さ: *cocinar con gran ~* 念を入れて丁寧に調理する

esmilacáceo, a [esmilakáθeo, a]【形】サルトリイバラ科の ── 【女】《複》《植物》サルトリイバラ科

esmiláceo, a [esmiláθeo, a]【形】《まれ》=**esmilacáceo**

esmirnio [esmírnjo]【男】《植物》アレクサンダース《=apio caballar》

esmirriado, da [esmirrjáða]【形】《←?語源》《名》《口語》発育の悪い[人], やせこけた[人], 虚弱な[人]

esmogar [esmogár]【8】【他】《ラ・マンチャ》[主にしぶしぶ]金を渡す

esmola [esmóla]【女】《サラマンカ》農場労働者におやつ merienda として与えられるパン

esmoladera [esmoladéra]【女】研磨具

esmolador [esmoladór]【男】《ウエスカ》研ぎ師

esmolar [esmolár]【他】《ウエスカ》研ぐ, とがらす

esmoñigar [esmoɲigár]【8】**~se**《地方語》[馬が]大便をする

esmoquin [esmókin]【←英語 smoking (jacket)】【男】《複》esmóquines》《服飾》タキシード[の上着]: de ~ タキシードで

esmorecer [esmoreθér]【39】【自】**~se**《アンダルシア, カナリア諸島, キューバ, コスタリカ, ベネズエラ》❶ 気が遠くなる, 失神する. ❷ 凍える. ❸ 怒りがこみ上げる

esmoroñón [esmoroɲón]【男】《地方語》ひっかき傷, すり傷

esmorrar [esmorrár]【他】《地方語》鼻をひどく殴る

esmuir [esmwír]【48】【他】❶《アラゴン, アンダルシア》[オリーブの実を採るために]枝を]しごく; [枝やオリーブの実を]むしり取る, しごき落とす. ❷《アンダルシア, ムルシア》[オリーブの実を落とすために]棒で叩く

esmuñir [esmuɲír]【20】《現分 esmuñendo》【他】《ムルシア》❶ [オリーブの実を採るために枝を]しごく. ❷ [トウモロコシの穂軸から]葉を間引く

esnaip [esnáip]【男】《船舶》スナイプ

esnifada [esnifáða]【女】《隠語》[麻薬を]鼻から吸うこと; 鼻から吸う量, ひと嗅ぎ

esnifador, ra [esnifaðór, ra]【名】《隠語》麻薬を鼻から吸う[人]

esnifar [esnifár]【←英語 sniff】【他】《卑語》[麻薬を]鼻から吸う: *La protagonista se pasa toda la película esnifando rayas de coca*. その映画の女性主人公は始終, 筋状に盛ったコカインの粉末を鼻から吸っていた

esnife [esnife]【男】《隠語》麻薬を鼻から吸うこと

esnob [esnób]【←英語 snob < ラテン語 s{ine} nob{ilitate}「高貴さのない」】【形】【名】《複 ~s》《軽蔑》スノッブの, 上品ぶった《俗物》

esnobismo [esnobísmo]【男】スノビズム, 俗物根性

esnobista [esnobísta]【形】【名】俗物根性の[持ち主], きざな[人]

esno. pco.《略語. 南米》=escribano público 公証人

esnórquel [esnórkel]【男】《潜水艦・ダイビングの》シュノーケル

esnucar [esnukár]【7】【他】首の骨を折る《=desnucar》

eso [éso]【←ラテン語 ipsum】【中称の指示代名詞中性形】【代】それ, あれ: 1)[話し手からそれほど遠くない物を指示] Al verlo, me dije: "¿Eh, qué es ~?" 私はそれを見て「おや, あれは何だろう?」とひとりごとを言った《聞き手の中でも可》. 2) [聞き手の近く, または聞き手からそれほど遠くない物を指示] ¿Qué es ~ [que tienes en tu mano]? ──Es una memoria USB. [君が手に持っている]それは何ですか? ──USBメモリーです. *Pásame que hay sobre la mesa*. テーブルの上にあるそれを取って下さい. *No es necesario tomar más. Eso era suficiente*. これ以上食べる必要はありません, あれで十分でした. ❷ [今話された事柄, 遠くない過去に話された事柄, 一般的な事柄] そのこと, そういうこと, あのこと: *¿Es verdad ~ que me han contado?* 今の話は本当なのか? *Eso lo dijiste ayer*. それは君が昨日言ったことだ. *Quería venir, pero ~ era imposible*. 私は来たかったのだが, それができなかった. *¿Por qué sucede ~?* どうしてそんなことが起きるのか? *De ~ ha pasado mucho tiempo*. そのことがあってから長い時が過ぎた. *Bueno, bueno, dejemos ~*. まあ, あのことの話はやめましょう. *Pero ~ es el matrimonio*. しかし それが夫婦というものだ. *¿Cómo va ~?* ──*Muy bien*. 調子はどうですか? ──上々です. *Vale, pues ~*. じゃあ, そういうことにしよう. ❸ [場所] そこ. ❹ [主に繰り返して, 間投詞的に承認・賛成] そのとおり: *¡Fuera al árbitro!* ──*¡Eso, ~, fuera!* レフェリーひっこめ! ──そうだ, そうだ. ひっこめ!

a ~ de... …時ごろ: *Nos veremos a ~ de las diez*. 10時ごろ会おう

A ~ voy (iba). 私が言いたかったのはそこだ; [忘れているのではないかと言われて]これからその話をしようとしていたのだ

aun con ~ そうであっても: *Aun con ~ terminé el trabajo a tiempo*. それでも私は時間どおりに仕事を終えた

¿Cómo es ~?《不審・驚き・不快》一体どうして/何事だ/おかしいじゃないか?: *¿Cómo es ~? ¿Hay que morir para vivir?* おかしいじゃないか? 生きるために死ななければならないとは?

¿Cómo puede ser ~? まさか, どうしてそんなことがありえようか!

con ~ 〔結局〕それにもかかわらず, そうであっても

con ~ y [con] todo《俗用》=con ~

de ~ nada/de ~ ni hablar《俗用》決して…ない

en ~ その時: Estaba cruzando la calle, *y en ~ apareció un camión a 120 km/h*. 彼は通りを渡っていた. するとその時トラックが時速120キロでやって来た

en ~ está 原因はそこだ/彼はちょうどそれをしているところだ

Eso creo. 私もそう思う

~ de...《時に軽蔑, 驚き, 不満》[主に相手の発言を受けて]その…ということ, 例の…ということ: 1) [+名詞] *¿Qué es ~ de Pachamama?* そのパチャママというのは何? *Eso de la imagen hay que mantenerlo hasta el final*. そのイメージというものは最後まで保ち続けなければならない. 2) [+不定詞] *Eso de resignarse es para perdedores*. そのあきらめるというのは敗北主

義者の言うことだ. ¿Qué es ~ *de* llegar tan tarde? こんなに遅刻したのはどうしてことだ? 3) [+que+直説法·接続法] Empezó diciendo ~ *de que* los estudiantes podían hacer libremente lo que quisieran. 彼は「学生はしたいことを自由にしてもいい」の旨の意見を述べ始めた. ¿Acaso parece mentira ~ *de que* las mariposas tengan lengua? 蝶に舌があるという説が嘘だとでも思っているのか? ¿Qué es ~ *de que* yo tenga que arrastrar tu maleta? 私が君のスーツケースを運ばなければならないって, それはどういうこと?
Eso digo yo. 1) 全く同感だ. 2) [質問に対して] それこそ私が知りたいことだ
Eso es.《口語》[肯定·同意] そのとおり, そうだとも: ¿Las fichas están en esta caja?—*Eso es.* カードはこの箱の中?—そのとおり. ¡Claro! ¡*Eso es!* もちろん, そうだとも!
Eso espero. そのことといいが
Eso mismo.《口語》=**Eso es.**: ¿Piensas trabajar para costearte los estudios?—¡*Eso mismo!* 学費を稼ぐために働くつもりなのか?—そのとおりだ! Bébete de un trago esa copa...—¡~ *mismo!* その酒を一気に空けてしまえ... いいぞ
Eso no. とんでもない, それはだめだ: ¿Puedo usar este ordenador?—¡*Eso no!* このコンピュータを使ってもいい?—とんでもない!
Eso no te lo crees ni tú.《口語》[言われたことに対する強い否定] とんでもない, ありえない
Eso sí.《口語》もちろん: ¿Puedo comprar una muñeca?—¡*Eso sí!* 人形を買っていい?—もちろん! 2) [対比] そうだけれど, 確かに, でも: Nunca me decías nada; me mirabas, ~ *sí.* 君はいつも何も僕に言わなかった. でも, 見つめていたよ. Mi casa es vieja, ~ *sí.* 私の家は古いが
Eso sí que+直説法 確かに…である: *Eso sí que* es grave. それは確かに重大だ. *Eso sí que* no lo había escuchado nunca. そんなことは本当に聞いたこともない
Eso sí que no. それは絶対に違う(だめだ)
ni (aun) con ~ =**aun con ~**: *Ni aun con* ~ estoy libre de toda culpa. それでも私に責任は全くない
No es ~. そうではない
No es por ~. それが理由ではない
no por ~ そうだからといって…ない: *No por* ~ digo que no se deba leer los clásicos. だからといって私は古典を読むべきではないとは言っていない
... o ~《口語》[言われたことに対する不信] …か何か: El tiempo lo cura todo *o* ~ me dijeron. 時がすべてを癒すとか何とか私は言われた
para ~[反語で幻滅·落胆] ¿*Para* ~ me lo pides? そんなことのために私に頼むのか. *Para* ~ no me ha molestado en venir. そんなことならわざわざ来るのではなかった. ¡*Para* ~ mi continuo esfuerzo! 私のたゆまぬ努力はそんなことのためだったのか! Podías quedarte en tu casa, porque *para* ~ no había hecho falta que vinieras. 君は家に残っていてよかったんだ, この程度のことで来るほどのことはなかったんだから
por ~ それゆえに, だから, 従って: Estoy muy cansado, y *por* ~ me voy a la cama. 私はひどく疲れている. だからベッドに行く
por ~ mismo (cabalmente·justamente·precisamente) それだからこそ: Era pobre y *por* ~ *mismo* su ascenso tiene más mérito. 彼は貧しかった. だからより一層彼の出世は立派なのだ
¡Qué es ~![驚き·不快] 何だ, それは!: ¿*Qué es* ~! ¿Quieres ponerme en ridículo? どういうことだ! 私を笑いものにしようというのか?
... y [para·todo] ~《口語》[列挙·付加して] …など: Me hacían quedar esa noche para tomar algo, unas copas *y* ~. 私はその晩引き止められて, 何か食べ, そして飲むなどした
¿Y ~?《口語》[さらなる説明を求めて] それから?: Hoy volveré tarde.—¿*Y* ~? 今日は帰りが遅くなるよ.—それはどういうこと?
y ~ por (porque)...[強調] それは: Tienes fans *y* ~ *porque* creen que estás muy bueno. 君には彼があなたを大とてもいい人だと思っているからだ
y ~ que+直説法《口語》…であるにもかかわらず: No nos dejaron entrar *y* ~ que llovía a mares. 大雨が降っていたのに私たちを中に入れてもらえなかった. Tengo el pelo horrible, *y* ~ *que* fui ayer al salón de belleza. 私はひどいヘアスタイルで, 昨日美容院に行ったのだが. 2) とはいえ…であるが

Los milagros no existen, *y* ~ *que* yo creo en Dios. 奇跡など存在しない. とはいえ私は神の存在を信じてはいる
¿Y ~ qué? それがどうしたというのだ?: Necesitaban una persona preparada. Yo soy muy joven.—¿*Y* ~ *qué?* 有能な人材をお探しでしたね. 私は若いですよ.—それが何か?
y ~ sí...《口語》それは…だからだ: Trabajará poco, *y* ~ *si* la mimas. 彼女はあまり働かないだろう. それというのも君が彼女を甘やかすからだ

ESO [éso]《西. 略記》←Enseñanza Secundaria Obligatoria [12歳から16歳までの] 中等義務教育: estudiante de ~ 中学生. 2º de ~ 中学2年
esofagectomía [esofaxektomía] 囡《医学》食道摘出術
esofágico, ca [esofáxiko, ka] 彫 食道の
esofagitis [esofaxítis] 囡《単複同形》《医学》[逆流性] 食道炎
esófago [esófaγo] 男《解剖》食道
esofagoscopia [esofaγoskópja] 囡《医学》食道鏡検査[法]
esofagoscopio [esofaγoskópjo] 男《医学》食道鏡
esópico, ca [esópiko, ka] 彫《人名》イソップの, Esopo の, アイソポスの《古代ギリシアの寓話作家》
esos →**ese**²
esotérico, ca [esotériko, ka]《←ギリシア語 esoterikos「親密な」》彫 ❶ 深遠な; [初心者などに] 難解な: poesía ~*ca* 難解な詩. lenguaje ~ 難解な言語. ❷ 秘伝の, 秘められた, 奥義の. ❸《宗教》秘教の《⇔exotérico》
esoterismo [esoterísmo] 男 ❶ 難解さ. ❷ 秘教主義
esoterista [esoterísta] 囲《口語》秘教主義者[の]
esotro, tra [esótro, tra] 彫代 [ese otro の縮約形] その他の[もの], もう一方の[もの]
esp《古語. 略記》《←España+peseta》ペセタ
espabiladeras [espaβilaðéras] 囡 複 =**despabiladeras**
espabilado, da [espaβiláðo, ða] 彫 [estar+] ❶ 目がさえている; 眠れない, 眠気を感じない. ❷ 頭の回転が速い, 頭がよい, 頭が冴えている. ❸《しばしば皮肉》抜け目ない, 世慣れた, 利にさとい
espabilador, ra [espaβilaðór, ra] 彫 ❶ ろうそくの芯を切る. ❷ 目をさませる
espabilar [espaβilár] 他 ❶ [明るさが増すように, ろうそくの] 芯pabilo を切る. ❷ …の目を覚まさせる, …の頭をはっきりさせる. ❸ 迅速に処理する, さっさと終わらせる: Espabiló su bebida y se marchó. 彼は自分の分をさっさと飲んで帰った. ~ la tarea 仕事を手早くすませる. ~ los informes 報告書を急いで書き上げる. ❹《西. 口語》(理解力) をつけさせる; 洗練させる, 大人にする. ❺《西. 口語》盗む, 奪う; 殺す
—— 圓 ❶ 知力 (理解力) がつく: No *espabila* en matemáticas. 彼は数学が分かっていない. ❷ 世慣れる. ❸《西》[主に命令形で] 急ぐ: ¡*Espabila!* 急げ, さっさとやれ!
~ se ❶ 目が覚める, 頭がはっきりする, しゃきっとする: Después de saltar de la cama me di una ducha para ~*me* completamente. 私は起き上がると, 完全に目をさますためにシャワーを浴びた. ❷ 目がさえている, 眠れない. ❸《西》急ぐ: Si no *te espabilas*, llegarás el último. 急がないとビリになるぞ. ❹ あか抜ける: *Se ha espabilado* mucho desde que llegó a la ciudad. ya no tiene aquel aire de pueblerino. 彼女は都会へ出てからずいぶんあか抜けた. もう昔の田舎娘の風情はない
espachurramiento [espatʃuřamjénto] 男 =**despachurramiento**
espachurrar [espatʃuřár] 他 =**despachurrar**
espaciado, da [espaθjáðo, ða] 彫 間隔があく(あいている)
—— 男 ❶ 間隔をあけること. ❷ [印刷][植字·組み版の] 空白部分: dejar el ~ de 0,5cm [行間·語間を] 0.5センチあける
espaciador, ra [espaθjaðór, ra] 彫 [印刷][行間·語間を] あける
—— 男《情報》[キーボードの] スペースバー
espacial [espaθjál]《←espacio》彫 ❶ 宇宙の: centro ~ 宇宙センター. encuentro (cita) ~ 宇宙船のランデブー. estación ~ 宇宙ステーション. paseo ~ 宇宙遊泳. viaje ~ 宇宙旅行. vuelo ~ 宇宙飛行. ❷ 空間の: distribución ~ 空間の配置
espacialidad [espaθjaliðáð] 囡《文語》空間性
espacialismo [espaθjalísmo] 男《美術》空間主義
espacialista [espaθjalísta] 囲《美術》空間主義者
espacializar [espaθjaliθár] 他《哲学》空間性を与える
espacialmente [espaθjalménte] 副 空間的に; 空間(場所)的側面では

espaciamiento [espaθjamjénto] 男 間隔をあけること

espaciar [espaθjár] 《←ラテン語 spatiari》⑩ 自 ❶ [空間・時間の] 間隔をあける (広げる): ~ regularmente las sillas 椅子の間隔を規則正しくあける. ~ los pagos 間をおいて支払う. ❷ ばらまく, まき散らす. ❸《印刷》~ los renglones 行間をあける. ~ las palabras 語間をあける. ―― **~se ❶** 長々としゃべる, 敷衍(ﾌｴﾝ)する. ❷ 気晴らしをする, 心がくつろぐ

espacio [espáθjo] 《←ラテン語 spatium「走るコース」》男 ❶ 空間; 1) ~ aéreo 空域; 領空. ~ de tres dimensiones 三次元空間. ~-tiempo 時空. E ~ Económico Europeo 欧州経済領域, EEA〖EUとEFTA (スイスを除く) の間1994年に発足. 人・物・資本・金の域内自由移動および研究・開発・情報・教育・環境における協力を目指す〗. ~ público パブリックスペース. ~s abiertos オープンスペース. ~s verdes 緑地帯, グリーンスペース. 2)《幾何》~ de Hausdorff ハウスドルフ空間. 3) [el+] 宇宙[空間]: Pasará a la historia como la primera mujer en el ~. 彼女は最初の女性宇宙飛行士として歴史に名を残すだろう. viaje por el ~《古語》宇宙旅行. ~ exterior (sideral) 大気圏外空間. ~ profundo 深宇宙. ❷ 空き, 場所: Ya no hay ~. もう余白がない. Llénense los ~s en blanco con las respuestas. 空欄に答を書き入れなさい. Este armario ocupa demasiado ~. このたんすは場所をとりすぎる. dejar ~ 余地 (余白) を残す. ❸ 間隔: poner ~ entre dos mesas 2つのテーブルの間隔を広げる. ❹《印刷》行間, 語間; 行間 (語間) 用の金属片: Se deja un ~ antes y después del signo "igual". 等号の前後は1スペース空ける. escribir a un ~ 行をあけないでタイプする. ❺《音楽》[五線の] 線間. ❻ [間隔としての] 時間; 間(ｶﾝ): Por (En el) ~ de dos horas han ocurrido muchos accidentes. 2時間の間に事故が何件も起きた. ❼《放送》番組時間: La audiencia pide a los programadores más ~s educativos. 視聴者は番組編成者に対してもっと教育番組を放送するように求めている. ~ publicitario コマーシャルの時間. ❽《情報》スペース: ~ en disco ディスクの空き容量. ❾ 緩慢, のろさ

doble ~《印刷》ダブルスペース: escribir a *doble* ~ 1行あけてタイプする

~ interior 1) [意識経験の領域外にある] 精神世界. 2)《美術》内的空間. 3)《宇宙》大気圏

~ muerto 1) 空所; デッドスペース. 2)《生理, 解剖》 *muerto* fisiológico 死腔. 3)《軍事》死角

por ~ de... …の間 [=durante]

un ~ 短時間

espaciosamente [espaθjósaménte] 副 ゆっくりと; ゆったりと

espaciosidad [espaθjosiðá(d)] 女 広がり; 容量

espacioso, sa [espaθjóso, sa]《←ラテン語 spatiosus》形 ❶ 広々とした: habitación *~sa* 広い (ゆったりした) 部屋. ❷ ゆっくりした, のんびりした

espaciotemporal [espaθjotemporál] 形 時空 [世界] の

espada [espáða]《《←ラテン語 spatha < ギリシャ語 spathe「織機のへら」》女 ❶ 剣;《類義》*espada* は刃がまっすぐで, *sable* は少し湾曲している. ただし日本刀は *espada* japonesa》: 1) cruzar la ~ con+人 …と剣を交える. ceñir ~ 剣を帯びる; 軍人である. desnudar la ~ 剣を抜く; 戦いの用意をする. empuñar la ~ 剣を手に取る; 戦う. rendir la ~ [降伏の印に] 剣を差し出す. ~ negra / ~ de esgrima 試合用の剣《⇔ blanca》. ~ de Bernardo 鈍刀; 役立たず. ~ de Damocles《ギリシア神話》ダモクレスの剣. ~ de dos filos 両刃(もろは). 2)《フェンシング》エペ. 3)《闘牛》切っ先が少し湾曲している長剣. ❷《西式トランプ》1) スペード [のカード]. 2) [la+] スペードのエース. ❸《魚》メカジキ [=*pez* ~]. ❹《隠語》不法な合い鍵; ピッキング [=ganzúa]. ❺《隠語》陰茎. ❻ 幾何》矢 [=sagita]
―― 男《闘牛》マタドール [=matador]: primer ~ 代表的な闘牛士; [その道で] 傑出した人, 第一人者. media ~ マタドールの助手
―― 女 剣客, 名剣士 [=espadachín]

ceñir la ~ a+人 …を騎士にする

con las ~ en alto 1) 剣を高くかかげて, 戦闘態勢で. 2) 戦争状態が終わらずに

desceñirse la ~ 剣を外す; 軍を退役する

entre la ~ y la pared 進退きわまり

presentar la ~ 1)《軍事》[国王・軍旗に対し] 剣で敬礼する. 2)《フェンシング》[試合の始めに] 剣を互いに相手にまっすぐ向ける

primer ~ / primera ~ 第一人者

salir con su media ~ [会話に] 割り込む, くちばしを入れる

ser buen ~ / ser buena ~ 論客である

espadachín [espaðatʃín]《←伊語 spadaccino》男 ❶ 剣客, 剣の名手. ❷ けんか好きな男, 暴れ者

espadador, ra [espaðaðór, ra] 名 [棒で] 麻打ちをする人

espadaña [espaðáɲa]《←espada》女 ❶ [1枚の壁の] 小鐘楼. ❷《植物》1) ガマ (蒲). 2) ~ amarilla (fina) キショウブ. ~ fétida (hedionda) ミナリアヤメ

espadañada [espaðaɲáða] 女 ❶ 喀血(ｶｯｹﾂ), 喀痰(ｶｸﾀﾝ). ❷ 大量, 豊富

espadañal [espaðaɲál] 男 ガマ (蒲) の原

espadañar [espaðaɲár] 他 [鳥が] 尾羽を開く

espadar [espaðár] 他 [麻打ち棒 *espadilla* で麻を] 打ちさばく

espadarte [espaðárte] 男《地方語. 魚》メカジキ [=*pez espada*]. ❷《まれ. 動物》シャチ [=orca]

espadazo [espaðáθo] 男 剣の一撃

espadeiro [espaðéjro] 女 ポンテベドラ県産のワイン; その原料のブドウの品種

espadería [espaðería] 女 ❶ 刀鍛冶場; 刀剣店. ❷ 刀剣製造業. ❸《集名》剣

espadero [espaðéro] 男 刀剣製造 (販売) 者, 刀鍛冶(ｶｼﾞ)

espádice [espáðiθe] 男《植物》交接軸, 肉穂(ｽｲ)《植物》

espadicifloras [espaðiθiflóras] 女《植物》ヤシ亜綱

espadiciforme [espaðiθifórme] 形《植物》肉穂花序状の

espadilla [espaðíʎa] 女 ❶《西式トランプ》スペードのエース. ❷ 麻打ち棒. ❸ サンティアゴ騎士団 Orden de Santiago の赤い記章. ❹《古語》かんざし. ❺《船舶》1) [小型船の] 大きなオールの形の舵. 2) [舵が破損した時の] 予備の舵

espadillado [espaðiʎáðo] 男 麻打ち, 砕麻

espadillar [espaðiʎár] 他 =espadar

espadillazo [espaðiʎáθo] 男《西式トランプ》[スペードのエース以外ばかりで誰もスペードのエースを切らざるを得ない] 宝の持ち腐れの手

espadín [espaðín] 男 ❶ 礼装用短剣. ❷《魚》スプラット, スプラットイワシ. ❸《隠語》マスターキー

espadista [espaðísta] 名《西. 隠語》盗作した合い鍵を使う泥棒; ピッキング泥棒

espadón [espaðón] I [*espada* の示大語] 男 ❶ [中世から17世紀まで存在した, 両手で振り回す] 大剣. ❷《西. 軽蔑》1) [19世紀に政治に介入した] 軍のお偉方, 将官. 2) [会社などの] トップ, 重要人物, 有力者. ❸《地方語. 西式トランプ》スペードのエース

II《←ギリシア語 spadon》男 宦官(ｶﾝｶﾞﾝ)

espadrapo [espaðrápo] 男《廃語》=esparadrapo

espagírico, ca [espaxíriko, ka] 形 ❶ 冶金(ﾔｷﾝ) の. ❷《古語》鉱物薬の; 鉱物薬を信奉する, 鉱物薬剤師の
―― 女 冶金術

espagueti [espaɣéti]《←伊語 spaghetti》男《圏 ~s》《料理》[主に] スパゲッティ: preparar unos ~s carbonara スパゲッティ・カルボナーラを作る

espahí [espaí]《←仏語 spahi》男《圏 ~es》《歴史》❶ オスマントルコの騎兵. ❷ [フランス軍の] アルジェリア騎兵

espalación [espalaθjón] 女《物理》破砕

espalar [espalár] 他 自《地方語》[スコップ *pala* で雪などを] かきのける, 雪かきをする

espalda [espálda] 女《←ラテン語 spatula「肩甲骨」》❶ [時に 複. 人・衣服の] 背中, 肩の背中側 [肩から腰上部まで. →hombro 類義]: Me duele la ~. 私は腰 (背中) が痛い / 肩がこっている. Es ancho de ~s. 彼は肩幅が広い. Camina con la ~ derecha (encorvada). 彼は背筋を伸ばして (背中を丸めて) 歩く. mancha en la ~ de la chaqueta 上着の背中についた汚れ. E ~s vueltas, memorias muertas.《中南米. 諺》去る者は日々に疎し. ❷《動物》胴体の上部: colocar la silla sobre la ~ del caballo 馬の背に鞍を置く. ❸ 背後, 裏側: disparar a+人 por la ~ …を背後から撃つ.《水泳》背泳: nadar de ~ [s] 背泳ぎする. 200 metros ~ 200メートル背泳. ❺《レスリング》puesta de ~s フォール. ❻《料理》besugo a la ~ 鯛の開きの串焼き. ❼《アンデス》運命

a ~s de+人 …のいない所で, 内緒で: hablar a ~s de+人 …の陰口を言う. 2) …の背後に

a la ~ de... / a ~s de... 1) …の後ろで. 2) …の責任に

a las ~s 1) 背負って: Lleva a un herido a las ~s. 彼は

傷者を背負っている. con el bulto *a las* ~s 荷物を背中にしょって. 2) 背後に: El jardín está *a las* ~s *de la casa*. 庭は家の裏にある. con el sol *a las* ~s 太陽を背にして
a las ~s *de...* =a la ~ de...
caer[*se*] *de* ~s 1) あお向けに倒れる. 2)《口語》びっくり仰天する
cargado de ~s 猫背の, 腰の曲がった
cubrir las ~s *a*+人 =guardar las ~s a+人
cubrirse las ~s =guardarse las ~s
dar de ~s あお向けに倒れる: Tropezó con una piedra y fue *a dar de* ~s a la tierra. 彼は石につまずいて地面にあお向けに倒れた
dar las[*s*] ~[*s*] [+a+人・事 に] 背を向ける, 支持しない; [困っている時に] 知らんぷりする: Nunca *da la* ~ a los amigos cuando le necesitan. 彼は友人から助けを求められて断わることなど決してしない
de ~s 1) あお向けに. 2) 後ろ向きに: Solo le vi al ladrón *de* ~s. 私は泥棒の後ろ姿を見ただけだった. andar *de* ~s 後ろ向きに歩く. 3) 背後から; 背後に: atacar *de* ~s 背後から攻撃する. correr *de* ~s 背走する. 4) [+a に] 背を向けて: *de* ~s al sol 太陽を背にして
donde la ~ *pierde su* [*honesto*] *nombre*《戯語》尻
echar la ~ =tirar de ~
echar sobre las ~s *de*+人 [非物質的なものを] …に与える
echarse+事 *a la*[*s*] ~[*s*] [問題などを] 気にかけない, 心配しない
echarse+事 *sobre la*[*s*] ~[*s*] …を引き受ける
~ *contra* ~ 背中でもたれ合って
~ *mojada*《メキシコ》[リオ・グランデを渡って] 米国に不法入国するメキシコ人
guardar las ~s *a*+人 …を護衛する, 護衛として…に同行する
guardarse las ~s 身を守るために予防措置をとる
herir por la ~ いきなり切りつける
medir las ~s *a*+人《西. 口語》…を殴る
poner+人 *de* ~s *al suelo* …を床に押しつける;《レスリング》フォールする
por la ~ 裏切って: Los hijos le acometieron *por la* ~. 息子たちが彼を裏切った
sobre las[*s*] ~s *de*+人 …の責任で; …の負担で
tener buena ~《南米》幸運をもたらす
tener buenas ~s 1) [嘲笑などに対して] 辛抱強い, 平然としている. 2) 十分に警護されている
tener las ~s *cubiertas* (*guardadas*) 守られている; よい後ろだてがいる
tener las ~s [*muy*] *anchas* [嘲笑などに対して] 辛抱強い, 平然としている《=tener buenas ~s》
tener más cara que ~《口語》いけずうずうしくふるまう
tirar de las[*s*] ~[*s*] 1) びっくり仰天させる: La noticia me *tiró de* ~s. その知らせに私はびっくりした. 2) 並外れている: Es una mujer que *tira de* ~s. 彼女はびっくりするような美人だ
tornar la[*s*] ~[*s*] =dar la[s] ~[s]
tumbar de ~s =tirar de ~
volver la ~ [+a+人・事 に] 背を向ける, 支持しない; [困っている時に] 知らんぷりする: Desde aquel enojoso incidente me *ha vuelto la* ~. あのいまいましい事件以来, 彼は私を無視している
volver las ~s =volver la ~
volverse de ~s 後ろ向きになる

espaldar [espaldár] 男 ❶ [←espalda] [四足獣の] 背中;《料理》背肉. ❷ [カメの] 背甲. ❸ 鎧の背. ❹ 椅子の背もたれ; [ベッドの] 背板. ❺ [ブドウ・ツタなどを這わせる] 格子垣; en ~ [果樹などが] 垣根仕立ての [⇨] [壁に掛ける] タペストリー. ❼《体操》 肋木 [=espalderas].

espaldarazo [espaldaráθo] 男 ❶ [←espaldar] [職業的な能力・活動的による功績への] 認知: El veredicto de la crítica cinematográfica le dio un buen ~ al película. 映画評論家たちはその映画に好評価を与えた. dar el ~ a+人 …に太鼓判を押し, 適格であると認める. ❷ [職業的・社会的な] 援助, 後見. ❸《歴史》騎士叙任式での] 剣(手)による肩への軽打

espaldarcete [espaldarθéte] 男 [鎧の] 肩甲
espaldarón [espaldarón] 男 [鎧の] 背甲
espaldear [espaldeár] 他《船舶》[波が] 船尾を強く打つ

espaldero [espaldéro] 男《船舶》[ガレー船の漕ぎ拍子を取る] 最後尾の漕手, 整調手
espaldera¹ [espaldéra] 女 ❶ 格子垣 [=espaldar]. ❷《農業》果樹を支える柵(垣); その果樹の列. ❸《体操》 肋木(㎖)
espaldero, ra² [espaldéro, ra] 名《コロンビア》[人を守ってくれる] 守り神
—— 男 ❶《ベネズエラ》護衛, ボディーガード. ❷《チリ》[服の]背
espaldilla [espaldíʎa] 女 ❶ [主に動物の] 肩甲骨. ❷《料理》肩肉. ❸《服飾》[婦人・幼児用胴着の] 後ろ身ごろ
espaldillera [espaldiʎéra] 女 肩甲骨を固定する包帯
espaldino, na [espaldíno, na] 形《まれ》肩甲骨の
—— 女《闘牛》牛に背後を通らせるパセ
espaldista [espaldísta] 名《スポーツ》背泳選手
espaldetendido, da [espaldetendído, da] 形《口語》仰向けに横たわった
espaldón¹ [espaldón] 男 ❶《木工》柄(㎖). ❷ 堤防, 土手. ❸《軍事》[発射の反動による大砲の後退を止める] 障害物, 盛り土
espaldón², **na** [espaldón, na] 形《口語》肩幅の広い
espaldonar [espaldonár] ~se《軍事》天然の要害を背に [敵の砲火から] 身を護る
espaldudo, da [espaldúðo, ða] 形 肩幅の広い
espalera [espaléra] 女 格子垣 [=espaldar]
espalmador [espalmaðór] 男 =despalmador
espalmadura [espalmaðúra] 女 [馬などの] 蹄のくず
espalmar [espalmár] 他 ❶ =despalmar. ❷《地方語》[リンゴ酒が] 透明になる
espalmo [espálmo] 男《船舶》[フナクイムシを防ぐため船底に塗る] 獣脂とタールを混ぜたもの
espalto [espálto] 男《美術》グラッシ [した色], グラッシ用透明絵の具
espampanar [espampanár] 他《地方語》印刷する [=estampar]
espamplonar [espamplonár] 他《地方語》[金などを] 使い果たす
espamplonear [espamploneár] 他《地方語》=despamplonear
espanglish [espángliʃ] 男 =spanglish
espantable [espantáble] 形 [しばしば強調] 怖がらせる, おびえさせる
espantablemente [espantáblemente] 副 恐れおののいて, おびえて
espantada [espantáða] 女 ❶ [馬などの] 突然の駆け出し. ❷《俗語》[恐怖心による, 計画などの] 突然の放棄
pegar una ~ 突然逃げ出す (しりごみする)
espantadera [espantaðéra] 女《ログニョ》産着
espantadizo, za [espantaðíθo, θa] 形 怖がりの, おびえやすい
espantador, ra [espantaðór, ra] 形 ❶《まれ》怖がらせる, 驚かせる. ❷《グアテマラ, コロンビア, アルゼンチン》[馬が] おびえやすい, 怖がりの
espantagustos [espantagústos] 男《単複同形》[性格が悪くて] 興ざめさせる人, 座を白けさせる人
espantajo [espantáxo] 男《←espantar》❶ 案山子(かかし) [=espantapájaros]. ❷《軽蔑, 親愛》だらしない (滑稽な) 服装の人. ❸《軽蔑》[外見が] いわれのない恐怖を与えるもの (人)
espantalobos [espantalóbos] 男《単複同形》《植物》ボウコウマメ
—— 女《昆虫》昼行性の蛾 [学名 Iolana iolas]
espantamoscas [espantamóskas] 男《単複同形》[柄の先に束ねた草や細長い紙を付けた] ハエ払い
espantanublados [espantanubláðos] 男《単複同形》❶ [流れ者の] 雨乞い行者. ❷ [話・計画などの] 腰を折る人, 邪魔者
espantanublos [espantanúblos] 男《単複同形》《ラマンチャ. 軽蔑》奇形の人, 醜悪な人
espantapájaros [espantapáxaros] 男《←espantar+pájaro》男《単複同形》❶ 案山子(かかし). ❷《軽蔑》だらしない (風変わりな) 服装の人
espantar [espantár] 《←俗ラテン語 expaventare < expavere「恐れる」》❶ 怖がらせる, おびえさせる, びっくりさせる: El fantasma la *espantó*. 彼女は亡霊におびえた. ❷ [おどかして] 追い払う,

追い出す: ～ los gorriones スズメを追い払う. ❸［恐れなどを］払いのける: ～ el sueño bebiendo 酒で眠気を払う
―― [自]《南米. 口語》幽霊が出る
―― **～se** ❶［+de・por・con に］おびえる, 怖がる: El caballo *se espanta por* el estruendo. 馬は大きな音におびえる. ❷ 驚嘆する

espantasuegras [espantaswéǥras] [男]〘単複同形〙《地方語》=**matasuegras**

espantavillanos [espantaƀiʎános] [男]〘単複同形〙《まれ》［値うちのほとんどない・見かけ倒しの］安ピカ物

espantazorras [espantaθór̃as] [女]〘単複同形〙ボウコウマメ〘=espantalobos〙

espante [espánte] [男]［畜産市での］家畜の暴走騒ぎ

espanto [espánto]〘←espantar〙[男] ❶［突然の激しい］恐怖〘→miedo [類義]〙;［脅迫による］おびえ: Ese terremoto produjo gran ～ entre la población. その地震で住民はパニック状態になった. Sentimos ～ por la guerra nuclear. 私たちは核戦争の恐怖におびえている. ❷《口語》迷惑, 不快. ❸《メキシコ》幽霊, お化け. ❹《エクアドル, チリ》［子供が］全身ぐったりする病気. ❺《アルゼンチン, ウルグアイ》1) こびと, 小妖精. 2) 不快な(醜い)人(事物・状況)
de ～《口語》1) 激しい, ひどい, ものすごい: frío *de* ～ 猛烈な寒さ. 2)［女性が］大変美しい, とても魅力的な
estar curado de ～〔*s*〕［さんざん同じ目にあったので］少々のことには驚かなくなっている, 修羅場をくぐってきている
ser un ～ ひどい, ものすごい, 驚異的である

espantón [espantón] [男]《地方語》［馬などの］突然の駆け出し〘=espantada〙

espantosamente [espantósaménte] [副] 恐ろしく, ぞっとするほど, すさまじく

espantosidad [espantosiđá〔đ〕] [女]《メキシコ》醜い人(物)

espantoso, sa [espantóso, sa]〘←espanto〙[形] ❶ 恐ろしい, 怖い: accidente ～ 恐ろしい事故. ❷ すさまじい, ものすごい: hambre ～*sa* ひどい空腹. ruido ～ すさまじい騒音. ❸ 非常に醜い, 大変不快な

espanzurrar [espanθur̃ár] [他]《俗用》=**despanzurrar**

España [espáɲa]〘←ラテン語 Hispania〙❶《国名》スペイン, イスパニヤ〘正式名称 Reino de ～ スペイン王国〙: la ～ de〔charanga y〕pandereta/la ～ de mantilla y peinata《西. 軽蔑》［フラメンコや闘牛などのイメージによる］皮相(絵葉書)的スペイン観. las ～*s*［各地方をまとめて］スペイン. ❷ Nueva ～《歴史. 地名》ヌエバ・エスパーニャ〘スペイン支配下の1530年代にメキシコシティーを首都として設置された副王領 virreinato. 現在のメキシコを中心に米国南部, 中米, カリブ海域の島々とフィリピン諸島を含む〙

español, la [espaɲól, la] [形] [名] ❶《国名》スペイン España〔人・語〕の; スペイン人. ❷《古語》中南米生まれの人と生粋のスペイン人との混血の〔人〕
―― [男] スペイン語: El ～, el francés y el italiano son lenguas romances. スペイン語, フランス語, イタリア語はロマンス語である. ～ medieval 中世スペイン語〘10～15世紀〙
―― [女]《地名》［La *E*～*la*］エスパニョーラ島〘サント・ドミンゴ島 isla de Santo Domingo のこと. →domingo ❹〙

españolado, da [espaɲoláđo, đa]〘←español〙[形]［外国人の服装・習慣などが］スペイン人のような, スペイン的な
―― [女] ❶《軽蔑》上っつらだけスペインらしさを誇張したもの: Este tipo de flamenco es una ～*da* para los turistas. この種のフラメンコは観光客向けの安っぽいスペイン紹介でしかない. ❷《軽蔑》［低予算で作られた］薄っぺらな民俗的スペイン映画. ❸ スペイン人特有の言動

españolar [espaɲolár] [他] =**españolizar**

españolear [espaɲoleár]〘←español〙[自]《主に軽蔑》スペイン〔人〕をひどく賛美する, 極端にスペインの宣伝をする

españolería [espaɲolería] [女] ❶《軽蔑》上っつらだけスペインらしさを誇張したもの〘=españolada〙. ❷ スペイン人らしさ, スペイン人気質. ❸ スペイン好き

españoleta [espaɲoléta] [女] ❶ エスパニョレタ〘16世紀イタリアで流行したスペイン起源のダンス〙. ❷［両開き窓・扉の］イスパニア錠

españolía [espaɲolía] [女] =**españolismo**

españolidad [espaɲoliđá〔đ〕] [女] スペイン人であること; スペイン人気質

españolismo [espaɲolísmo] [男] ❶ スペイン好き, スペイン趣味; スペイン語(文化)研究. ❷ スペインのスペイン語における独特の単語(言い回し). ❸［他言語における］スペイン語からの借用語, スペイン語特有の言い回し. ❹ スペイン人気質. ❺ スペインの民族主義

españolista [espaɲolísta] [形] [名] ❶ スペイン好きの〔人〕; スペイン人気質の〔人〕. ❷［伝統と政治的結束を支持する］スペイン民族主義の〔人〕. ❸《サッカー》エスパニョール・クラブ Club Español の〔ファン〕

españolización [espaɲoliθaθjón] [女] スペイン化〔すること〕

españolizar [espaɲoliθár]〘←español〙[9] [他] ❶ スペイン化する, スペイン風にする. ❷［外来語の発音・綴りなどを］スペイン語化する
―― **～se** スペイン化する, スペイン風になる

esparadrapo [esparađrápo]〘←古伊語 sparadrappo〙[男] 絆創膏(ばんそうこう), ガーゼ付き絆創膏

esparajismo [esparaxísmo] [男]《レオン, アルバセテ》芝居がかった(大げさな)言葉(身ぶり)

esparatrapo [esparatrápo] [男]《俗用》=**esparadrapo**

esparaván [esparaƀán] [男] ❶《鳥》ハイタカ〘=gavilán〙. ❷《獣医》［馬の］飛節内腫

esparavanero, ra [esparaƀanéro, ra] [形]《地方語》芝居がかった, 大げさな

esparavel [esparaƀél] [男] ❶ 投網(とあみ)〘網〙. ❷［左官の］こて板

esparceta [esparθéta] [女]《植物》イガマメ

esparciata [esparθjáta] [形] [名] スパルタの〔人〕〘=espartano〙

esparcidamente [esparθíđaménte] [副] まばらに, 点々と; 別々に, 分かれて

esparcido, da [esparθíđo, đa] [形] ❶ 散らばった, 点在した;［普通より］離れた. ❷《文語》［人が］陽気な, 面白い, 気さくな. ❸《植物》［花序が］蝸牛状の

esparcidor, ra [esparθiđór, ra] [形] 散布する
―― [男] 散布器: ～ de abono 肥料散布器
―― [女] 散布機

esparcilla [esparθíʎa] [女]《植物》ノハラツメクサ: ～ encarnada ウスベニツメクサ

esparcimiento [esparθimjénto] [男] ❶ 気晴らし, 娯楽, リクリエーション: zona de ～ リゾート地. ～ en las zonas rurales 田舎での気分転換(息抜き). ❷ 散布; 散乱, 散在: ～ de insecticida 殺虫剤の散布. ～ de propaganda ビラまき. ～ de semillas 種まき. ❸［うわさなどを］ばらまくこと

esparcir [esparθír]〘←ラテン語 spargere〙[2] [他] ❶［+por に］まき散らす, ばらまく: El viento *esparció* los papeles. 風で書類が散らばった. ～ las semillas 種をまく. ❷ 分散させる; 拡大させる: ～ aceite solar sobre su cuerpo 体にサンオイルを塗る. ❸［ニュースなどを］流布させる: ～ un rumor うわさを広める. ❹ 楽しませる: ～ el ánimo 気を紛らわせる, 気分転換する
―― **～se** ❶ 散乱する: Las basuras *se esparcieron por* toda la calle. ごみが道路一面に散らばった. ❷ 分散する; 拡大する: *Se ha esparcido* la mancha. 汚れが広がった. ❸［+con で］楽しむ, 気晴らしする, リラックスする: ～*se con* paseos 散歩で息抜きする

espardec [esparđék] [男]《船舶》上甲板

espardel [esparđél] [男]《船舶》［救命具などを置く］船首の突き出し部分

espardeña [esparđéɲa] [女]《地方語》❶ =**esparteña**. ❷《動物》ナマコ〘=cohombro de mar〙

esparganiáceo, a [esparǥanjáθeo, a] [形] ミクリ科の
―― [女] [複]《植物》ミクリ科

esparganio [esparǥánjo] [男]《植物》ミクリ

espárido, da [espáriđo, đa] [形] タイ科の
―― [男] [複]《魚》タイ科

esparpucho [esparpútʃo] [男]《地方語》愚かさ

esparrabar [espar̃aƀár] [他]《隠語》押し入る, 侵入する

esparragado [espar̃aǥáđo] [男]《料理》アスパラガスの煮込み

esparragador, ra [espar̃aǥađór, ra] [名] アスパラガス栽培者

esparragal [espar̃aǥál] [男] アスパラガス畑

esparragamiento [espar̃aǥamjénto] [男] アスパラガスの収穫(栽培)

esparragar [espar̃aǥár] [8] [自] アスパラガスの収穫(栽培)をする

espárrago [espár̃aǥo]〘←ラテン語 asparagus「芽」〙[男] ❶《料理》アスパラガス〔の幼茎〕〘=punta de ～〙;《植物》アスパラガス〘=esparraguera〙: ～ blanco ホワイトアスパラ. ～ verde グリー

ンアスパラ. ~ triguero 野生種のアスパラガス. ❷《植物》ハマウツボ《= ~ de lobo, orobanca》. ❸《技術》植込みボルト. ❹《隠語》手の指. ❺[テントの]支柱，ポール. ❻棒はしご. ❼呼び鈴の引き手
Anda a freír ~s.《口語》=**Vete a freír ~s.**
enviar a freír ~s《口語》=**mandar a freír ~s.**
mandar a freír ~s《口語》[人・事柄を]きっぱり拒絶する，すげなくはねつける
Vete a freír ~s.《口語》とっとと出て行け

esparragón [esparagón] 男 [tercianela より丈夫な]絹製の組紐

esparraguero, ra [esparagéro, ra] 名 アスパラガス栽培（販売）者
—— 女 ❶《植物》アスパラガス. ❷ アスパラガス畑. ❸ アスパラガス専用の大皿

esparraguina [esparagína] 女《鉱物》アスパラガス・ストーン

esparramar [esparamár] 他《俗用》=**desparramar**

esparrancado, da [esparaŋkáđo, đa] 形 ❶ 脚を大きく開いている. ❷ [本来一緒にあるものが]引き離された，分離された. ❸《植物》[枝が]主枝から大角度で分かれた

esparrancar [esparaŋkár] 自 ~**se**《口語》脚を大きく開く

esparrín [esparín] 男《ボクシング》スパーリングパートナー

espartal [espartál] 男 =**espartizal**

espartano, na [espartáno, na] 名 ❶《古代ギリシア. 地名》スパルタ Esparta の〔人〕. ❷ 厳しい，厳格な: educación ~*na* スパルタ式教育

espartaquismo [espartakísmo] 男 [←Espartaco スパルタクス（古代ローマの奴隷反乱の指導者）]《歴史》[ドイツの急進的社会主義運動の]スパルタクス団 Liga Espartaquista の政治運動

espartaquista [espartakísta] 名《歴史》[ドイツの]スパルタクス団の〔団員〕: Liga *E* ~ スパルタクス団

espartar [espartár] 他《アラゴン，アンダルシア》[容器を]こもかぶりにする

esparteína [esparteína] 女《薬学》スパルテイン

esparteña [espartéɲa] 女 [底がアフリカハネガヤの]サンダル

espartería [espartería] 女 ❶ アフリカハネガヤ工芸品職人の職. ❷ アフリカハネガヤ工芸品の製造業（販売店）

Espartero [espartéro] 《人名》Baldomero ~ バルドメロ・エスパルテロ〖1793～1879，スペインの軍人・政治家. イサベル2世の幼少期に摂政を務めたが，その独裁的政治手法と政情不安により失脚. 1854年に政権復帰し，進歩派による自由主義的改革を遂行〗

espartero, ra [espartéro, ra] 形 アフリカハネガヤの
—— 名 アフリカハネガヤ工芸品の製造（販売）業者

espartiata [espartjáta] 男《古代ギリシア》スパルタ Esparta 市民

espartilla [espartíʎa] 女 [馬用の]たわし

espartillo [espartíʎo] 男 ❶《アルバセテ》サフランの球根の幼根. ❷《キューバ. 植物》ブラック・ヘイ〖学名 Spirobolus indicus〗

espartizal [espartiθál] 男 アフリカハネガヤの群生地

esparto [espárto] 男 ❶《植物》アフリカハネガヤ，エスパルト; その葉. ❷《地方語》サフランの青葉

espartoso, sa [espartóso, sa] 形 アフリカハネガヤのような

esparvar [esparβár] 他 =**emparvar**

esparver [esparβér] 男《鳥》ハイタカ〖=gavilán〗

esparza [espárθa] 女《詩法》[中世の]短詩

espasmo [espásmo] 男 [←ラテン語 spasmus < ギリシア語 spasmos]《医学》痙攣(けいれん), ひきつけ: sufrir un ~ 痙攣を起こす. ~ muscular 筋肉の痙攣

espasmódico, ca [espasmóđiko, ka] 形 痙攣の

espasmofilia [espasmofílja] 女《医学》痙攣体質

espasmofílico, ca [espasmofíliko, ka] 形 痙攣体質の〔人〕

espasmolítico, ca [espasmolítiko, ka] 形 ❶《薬学》鎮痙性の; 鎮痙剤

espasticidad [espastiθiđáđ] 女《医学》痙攣性

espástico, ca [espástiko, ka] 形《医学》痙攣性の

espata [espáta] 女《植物》仏炎苞(ほう), 苞, 包葉

espatadanza [espatađánθa] 女 [バスク・ナバラの]剣舞

espatadanzari [espatađáɲθari] 男 剣舞 espatadanza の踊り手

espatarrada [espatarážđa] 女《まれ》=**despatarrada**

espatarrar [espatarár] ~**se**《俗用》=**despatarrarse**

espático, ca [espátiko, ka] 形《鉱物》葉片状の, スパー状の

espato [espáto] 男《鉱物》スパー: ~ calizo 方解石. ~ de Islandia 氷州石. ~ flúor/《まれ》~ vítreo 蛍石. ~ pesado 重晶石〖=baritina〗

espátula [espátula] 女 [←俗ラテン語 spatula] ❶ へら[状の器具]. ❷《料理》スパチュラ, ゴムべら. ❸《美術》ペインティングナイフ, パットナイフ. ❹《鳥》ヘラサギ

espatulado, da [espatuláđo, đa] 形 へら状の

espatulomancia [espatulománθja] 女《古語》[動物の主に肩甲骨による]卜占(ぼくせん)

espatulomancía [espatulomanθía] 女《古語》=**espatulomancia**

espaviento [espaβjénto] 男 =**aspaviento**

espavorido, da [espaβoríđo, đa] 形《古語》=**despavorido**

espay [espáj] 男 アルジェリア騎兵〖=espahí〗

especería [espeθería] 女《廃語》=**especiería**

especia [espéθja] 女 [←ラテン語 species「外見」] ❶《主に複》香辛料, スパイス: comida que sabe mucho a ~s スパイスのきいた料理. islas de las *E*~s《歴史》香料諸島〖モルッカ Islas Molucas のこと〗. ruta de las ~s《歴史》香料の道〖インドへの航路〗. ❷《古語》[ワインととる]デザート

especiación [espeθjaθjón] 女《生物》分化

especial [espeθjál] 形 [←ラテン語 specialis] ❶ 特別の, 特殊な〖⇨general〗: Esta tela es ~ para cortinas. この生地はカーテン用だ. mostrar una ~ preocupación por... ...に特別な懸念を示す. como favor ~ 格別の配慮で. caso ~ 特例. don ~ 特別な才能. equipo ~ 特別チーム; 特殊装置. permiso ~ 特別許可. ❷ 独特の, 風変わりな: carácter muy ~ 変わった性格. ❸《婉曲》[子供が]知的障害のある; [教育が]知的障害児を対象とする: clase (unidad) de educación ~ 特殊学級
—— 男 ❶ 特別列車〖=tren ~〗. ❷《雑誌の》特別号〖=número ~〗. ❸ 特別番組〖=programa ~〗. ❹ [店の]おすすめ料理, 特別料理〖=plato ~ de la casa〗. ❺《チリ》ホットドッグ;《アルゼンチン》サンドイッチ
en ~ 特に, 特別に, ことに, とりわけ〖=en particular〗: Me gusta *en* ~ el café de Jamaica. 私は特にジャマイカ・コーヒーが好きだ

especialidad [espeθjaliđáđ] 女 [←ラテン語 specialitas, -atis] ❶ 得意なもの, 特技, おはこ: La paella es mi ~. パエーリャが私の得意料理だ. Su ~ es meter la pata. 彼はいらぬ口出しをする. ❷ 特産品, 名物: Aquí podemos comer cualquier ~ de los pescados a la brasa. ここでは名物の焼き魚料理を食べることができる. ~ de la casa [店の]おすすめ料理. ❸ 専門[分野], 専攻: ¿Cuál es tu ~? 君の専門（専攻）は何ですか? La arqueología es su ~. 考古学が彼の専門だ. revista de la ~ 専門雑誌. ❹ *en* Lengua Extranjera 外国語専攻. ~ profesional 職種. ❺《薬学》特効薬〖=específico, ~ farmacéutica〗. ❺ 特殊性, 特性
con ~ 特別に, 特に

especialista [espeθjalísta] 形 専門の, 専門家の: obrero ~ 専門職人, 技能労働者
—— 名 ❶ [+de・en の]専門家, スペシャリスト: ~ *en* biología marina 海洋生物学の専門家. ~ *en* historia medieval 中世史の専門家. ❷ 専門医〖=médico ~〗: Es ~ *en* neurología. 彼は神経科の専門医だ. ~ *de*[l] corazón 心臓病の専門医. ❸ [+en を]得意とする人: Es ~ *en* alterar los nervios de cualquiera.《戯謔》彼はいかなる人でも怒らせる名人だ. ~ *en* medio fondo 中距離走者である. ❹《西. 映画》スタントマン

especialización [espeθjaliθaθjón] 女 ❶ 専門化〔すること〕; 専門にすること. ❷ [大学の]専門課程; curso de ~ 専門コース, 専門教育課程. ❸ 技術教育. ❹ 限定〔する・されること〕

especializado, da [espeθjaliθáđo, đa] 形 [+en の]専門の; 専門知識のある, 専門的な, 高度な: No hace falta ningún tipo de conocimiento ~. いかなる種類の専門知識も必要としない. abogado ~ *en* derecho civil 民事専門の弁護士. personal ~ *en* ordenadores コンピュータ専門スタッフ. revista ~*da* 専門雑誌. trabajador ~ 熟練労働者

especializar [espeθjaliθár] 自 ❶ 専門化する; [使用・目的を]限定する. ❷ ...に技術教育をする
—— ~**se** [+en を]専門にする, 専攻する: Quiero ~*se en* electrónica. 私は電子工学を専攻したい. ❷ 限定される

especialmente [espeθjálmente] 副 特に, 特別に: Me gusta

el cine, ～ las películas de acción. 私は映画では特にアクション映画が好きだ. ¿Te gusta Brahms?—No, ～. ブラームスは好き?—いいえ, 特には. El problema afecta ～ a los jóvenes de entre 18 y 29 años. この問題は特に18歳から29歳の若者に影響を及ぼす

especiar [espeθjár] [10] [他]《料理》スパイスを加える, スパイスで味つけする

especie [espéθje]〘←ラテン語 species「外観」〙[女] ❶ 種類, タイプ: Son de la misma ～. それらは同じ種類に属する. No me gustan las personas de esa ～./No me gusta esa ～ de personas. 私はそういうタイプの人は好かない. ganados de toda ～ あらゆる種類の家畜. ❷《生物》種(しゅ): mejorar la ～ 品種を改良する. 200 ～*s* de ave 200種の鳥. origen de las ～*s* 種の起源. ～ en peligro de extinción 絶滅危惧種. ～ rara 希少種. ～ humana 人類. ❸《文語》[問題になっている] 事柄, 情報; うわさ, ニュース: difundir una falsa ～ 偽情報を流す. ～ increíble 信じがたいうわさ. ❹《化学》元素, 単体〘=～ química〙. ❺《鉱物》鉱物種. ❻《カトリック》[複] [聖体のパンとぶどう酒の] 形色(けいしょく)〘=～*s* sacramentales〙. ❼《論理》種〔概念〕〘⇔género〙. ❽《文語》外見. ❾《文語》香料〘=especia〙

bajo ～ de... …を装って: Se acercó a ella *bajo ～ de* amistad. 彼は親しいふりをして彼女に近づいた

en ～ 現物で, 品物で: pagar *en* ～ 現物で支払う

en ～s =**en ～**

¡E～ de...!《西》[侮辱] …なやつだ!

una ～ de+無冠詞名詞 1) …の一種: El charango es *una ～ de* bandurria. チャランゴはバンドゥリアの一種である. 2) 一種の…, …のようなもの: El "hishaku" es *una ～ de* cucharón. ひしゃくはお玉のようなものである. *una ～ de* autobiografía 一種の自伝. *una ～ de* pacto 一種の協定

especiería [espeθjería] [女] ❶ 香辛料店. ❷ [集名] 香辛料. ❸ 香辛料の取引(貿易)

especiero, ra [espeθjéro, ra] [形] 香辛料の
—— [名] 香辛料商人
—— [男]《まれ》各種の香辛料を入れておく小戸棚(容器)

especificación [espeθifikaθjɔ́n] [女] ❶ 明示, 明記. ❷ 明細書; 仕様〔書〕, スペック: ～ de puesto de trabajo [職務内容・資格要件などを記した] 職務明細書. ❸《法律》[特許出願の際の] 発明明細書

especificadamente [espeθifikáđaménte] [副] 詳細に記述(明示)して

específicamente [espeθífikaménte] [副] 特に, とりわけ; 明確に

especificar [espeθifikár]〘←específico〙[7] [他] ❶ 明示する, 明記する, 具体的に書く: ～ la hora y el lugar 時間と場所を明記する. ❷《商業》明細〔書〕に記す

especificativo, va [espeθifikatíƀo, ƀa] [形] ❶《文法》[形容詞が] 名詞の意味範囲を限定する; [関係節が] 先行詞の意味範囲を制限する: adjetivo ～ 特殊化形容詞. oración relativa ～*va* 制限関係節. ❷ 明示する; 特定化する

especificidad [espeθifiθiđá〔đ〕] [女] 特異性; 特効性

específico, ca [espeθífiko, ka]〘←ラテン語 specificus〙[形] ❶ [人・物に] 特有の, 固有の: carácter ～ 特性. peso ～/gravidad ～*ca* 比重. ❷ 特定の: sin objeto ～ 特定の目的もなく. ❸《医学》[症状などが] 特異性の;《薬学》[+para・de 病気に] 特効性のある
—— [男] 特効薬: ～ *para* la artritis 関節炎の特効薬

especifismo [espeθifísmo] [男]《まれ》=**especificidad**

espécimen [espéθimen]〘←ラテン語 specimen〙[男]〘[複] especímenes〙❶ 代表例, 典型: buen ～ de... …の好例. ❷ 標本: examinar un ～ de orina 尿のサンプルを検査する. ❸ [本の] 内容見本

especiosamente [espeθjósaménte] [副] もっともらしく, まことしやかに

especioso, sa [espeθjóso, sa] [形] ❶《文語》もっともらしい, まことしやかな: razonamiento ～ もっともらしい理屈. ❷《まれ》見事な, 完璧な

especiota [espeθjóta] [女]《口語》とてつもない話(申し出), 大風呂敷の話

espectacular [espɛktakulár]〘←espectáculo〙[形] ❶ 人目を引く, 見ものの, 壮観な: accidente ～ 派手な事故. éxito ～ 華々しい成功. ❷ 著しい, 顕著な. ❸ 興行の

espectacularidad [espɛktakulariđá〔đ〕] [女] ❶ 華々しさ, 壮観. ❷ 興行性

espectacularmente [espɛktakulárménte] [副] 華々しく, 派手に; めざましく

espectáculo [espɛktákulo]〘←ラテン語 spectaculum < spectare「熟視する, 見る」〙[男] ❶ 見せ物, ショー; [演劇・音楽・スポーツなどの] 興行: Es un ～ que se ha representado por veinte ciudades de España. それはスペインの20の都市で上演された出し物だ. página de ～*s* 催し物案内欄〔のページ〕. ❷ [人目を引く] 光景: ofrecer un ～ lamentable 悲惨な光景を呈する. ～ grandioso 壮観. ❸ film de ～ スペクタクル映画

dar un ～ 1) 興行をする. 2)《口語》醜態を演じる, 見せ物になる

¡Qué ～! 何というありさまだ!

espectador, ra [espɛktađɔ́r, ra]〘←ラテン語 spectator, -oris〙[形] [名] ❶ 観客〔の〕, 見物人: Diez mil ～*es* llenaron el estadio para escuchar a los tres tenores del mundo. 1万人の聴衆が世界の三大テノールを聴くためにスタジアムを埋めた. ❷ 傍観者的な; 傍観者: mirar como ～ 傍観する

ser ～ de+事 …を目にする, 目撃する

espectral [espɛktrál]〘←espectro〙[形] ❶ 幽霊のような; 非現実的な: silencio ～ 無気味な静けさ. ❷《物理》スペクトルの: análisis ～ 分光(スペクトル)分析

espectralizar [espɛktraliθár] [9] [他]《文語》非現実的にする

espectro [espɛ́ktro]〘←ラテン語 spectrum「像」〙[男] ❶ 幽霊, 亡霊, 妖怪〘→fantasma [類義]〙; やせこけた人, 体力の衰えた人: ver ～*s* 幽霊を見る. quedarse como un ～ 幽霊のようにやせ細る. ❷《物理》スペクトル, スペクトラム: ～ de absorción (de emisión) 吸収(放出)スペクトル. ～ de frecuencia 周波数スペクトル. ～ de masas 質量スペクトル. ～ luminoso 光のスペクトル. ～ solar 太陽スペクトル. ❸ [全体を構成する要素・傾向・種類などの] 多様性: alianza de vasto ～ 広範囲な同盟. ～ político 政界諸派, 各政党; [政治の] 色々な分野. ❹《気象》～ de Brocken ブロッケン現象. ❺《医学》スペクトル, スペクトラム: antibiótico de amplio ～ 広域スペクトルをもつ抗生物質. ❻《音声》〔サウンド〕スペクトログラム〘=～ acústico〙. ❼ [戦争・飢餓などの] 脅威, 不吉な影

espectrofobia [espɛktrofóƀja] [女] 幽霊恐怖症

espectrofotometría [espɛktrofotometría] [女] 分光測光法

espectrofotométrico, ca [espɛktrofotométriko, ka] [形] 分光測光法の, 分光光度計の

espectrofotómetro [espɛktrofotómetro] [男] 分光光度計

espectrografía [espɛktroǥrafía] [女] ❶ 分光写真術. ❷ =**espectroscopia**

espectrográfico, ca [espɛktroǥráfiko, ko] [形] 分光学的な

espectrógrafo [espɛktróǥrafo] [男] ❶ 分光写真機, スペクトログラフ. ❷ サウンドスペクトログラフ

espectrograma [espɛktroǥráma] [男] ❶ 分光写真. ❷〔サウンド〕スペクトログラム

espectroheliógrafo [espɛktroeljóǥrafo] [男] 単光太陽写真機, スペクトロヘリオグラフ

espectrohelioscopio [espɛktroeljɔskópjo] [男] 単光太陽鏡, スペクトロヘリオスコープ

espectrolita [espɛktrolíta] [女]《鉱物》スペクトロライト

espectrometría [espɛktrometría] [女] 分光測定法

espectrométrico, ca [espɛktrométriko, ka] [形] 分光測定法の, 分光計の

espectrómetro [espɛktrómetro] [男] 分光計, スペクトロメーター

espectroscopia [espɛktrɔskópja] [女] 分光学, 分光器の使用

espectroscópico, ca [espɛktrɔskópiko, ka] [形] 分光器の

espectroscopio [espɛktrɔskópjo] [男] 分光器

espectroscopista [espɛktrɔskopísta] [名] 分光学(分光器の使用)の専門家

especulable [espekuláƀle] [形] 憶測可能な

especulación [espekulaθjɔ́n]〘←ラテン語 speculatio, -onis〙[女] ❶ [現在と将来の価格差から利益を得ようとする, +en への] 投機, 思惑買い: meterse en *especulaciones* 投機に手を出す. ～ *en* terrenos/～ del suelo 土地投機. ❷ 根拠の乏しい推測, 憶測; 空論: Eso no es más que una ～; no hay ninguna prueba. それは推測に過ぎない. つまり何の証拠もないのだ. ❸ 思索, 思弁: ～ filosófica 哲学的思索

especulador, ra [espekulađɔ́r, ra] [形] [名] 投機的な; 投機家, 相場師

especular [espekulár] I〘←ラテン語 speculari < specula「監視

所)』❶ [+en に] 投機する: ~ en terrenos 土地投機をする. ~ en la bolsa 株に手を出す. ❷ [+con で] 利益を得る: *Especula con* su puesto. 彼は自分の地位を利用して不当に金を得ている. ❸ [根拠のない] 憶測をする. ❹ [+sobre について] 思索する
── 他《まれ》❶ 思索する, 考察する. ❷ 吟味する, 見定める. ❸ 投機する
II 《←ラテン語 speculum「鏡」》形 鏡の: imagen ~ 鏡像. escritura ~ 鏡文字. ❷ 鏡のような. ❸《鉱物》表面がキラキラ光る

especularita [espekularíta] 女《鉱物》鏡鉄鉱
especularmente [espekulárménte] 副《文語》鏡のように
especulativamente [espekulatíbamente] 副 ❶ 純理的に, 思弁的に. ❷ 投機的に
especulativo, va [espekulatíβo, βa]《←ラテン語 speculativus》形 ❶ [人が] 思索的な《⇔práctico》; 瞑想型の: filosofía ~va 思弁(純理)哲学. ❷ 根拠のない思考に基づいた, 憶測の. ❸ 投機的な. ❹ [思惑・過度の猜疑心などから] 活気のない, 消極的な
── 女 思弁力, 知性
espéculo [espékulo]《←ラテン語 speculum「鏡」》男 ❶《医学》スペクラ, 検鏡. ❷ [E~]エスペクロ《1255~60年アルフォンソ10世が編纂した未完の法典. アルフォンソ10世はその編纂を中断し『七部法典』Las siete Partidas を編纂した》
espejado, da [espexáðo, ða] 形 [鏡のように] ピカピカ光沢のある, キラキラ見ゆい; 光を反射する
espejar [espexár] 自・~se ❶ [鏡のように, +en に] 映る. ❷《古語》鏡を見る
── 他《まれ》 反射する《=reflejar》. ❷ =despejar
espejear [espexeár] 自・~se ❶《文語》鏡のように輝く: Las hojas *espejeaban* al sol. 葉が日光でキラキラ光っていた. ❷ 映る《=reflejarse》
── 他 反射する《=reflejar》
espejeño, ña [espexéɲo, ɲa] 形 名《地名》エスペホ Espejo の《人》《コルドバ県の村》
espejeo [espexéo] 男 =espejismo
espejería [espexería] 女 鏡店
espejero, ra [espexéro, ra] 名 鏡職人; 鏡商人
espejismo [espexísmo]《←espejo》男 ❶ 蜃気楼《-ɣjɔ》: Vieron un ~ que figuraba altísimos árboles desmochados. 彼らはてっぺんの切れた高い木々の形の蜃気楼を見た. ❷ 幻影: ~ del pasado 過去の幻影
espejo [espéxo]《←ラテン語 speculum「鏡」< specere「見る」》男 ❶ 鏡: Me miro al (en el) ~. 私は自分を鏡に映して見る. Me miré la cara en el ~. 私は自分の顔を鏡で見た. retocarse el maquillaje ante el ~ 鏡の前でメイクを直す. luna de tres ~s 三面鏡. ~ de cuerpo entero~ ~ de vestir 姿見. ~ de mano 手鏡. ~ retrovisor バックミラー. ~ ustorio [太陽炉の] 反射鏡, 集光鏡. escritura en ~ 鏡文字. ❷ [鏡のように忠実に] 映し出す物, 反映: La cara es el ~ del alma. 顔は心の鏡である. La novela es el ~ de una sociedad. 小説は社会を忠実に反映する. ❸ 模範: ~ de virtud 美徳のかがみ. ❹《船舶》船尾肋板《=~ de popa》. ❺《植物》~ de Venus オオミゾカシ. ❻《鉱物》~ de los Incas 黒曜石《=obsidiana》. ❼《地質》~ de falla [断層の] 鏡肌. ❽《建築》卵形彫り込み装飾. ❾ 馬の胸の渦巻き毛
como un ~ 非常に清潔な
mirarse en + 人 *como en un* ~ …にとても愛着をもっている, 目の中に入れても痛くないほどかわいがる; …を手本にする
mirarse en ese ~ それを手本にして自戒する
espejuela [espexwéla] 女《馬》半月状のえら
espejuelo [espexwélo] 男 ❶《文語》[客などを引き寄せる] おとり, 甘い罠《=ヒバリをおびき寄せる鏡》. ❷ 透明石膏《=yeso~》; 滑石《-ɣlj》の薄片. ❸《植物》ハマナツメ. ❹ [シロップ漬けの] シトロン(カボチャ)の缶詰. ❺《獣医》1) [馬の脚の内側にできる] 附蝉《-vjȵ》. 2) 胎児の皮膚硬結. ❻ [年輪に沿って縦に切った材木表面の] 光沢. ❼《古語》眼鏡; 眼鏡のレンズ

espeleología [espeleoloxía] 女 洞窟学, 洞窟探険, ケービング
espeleológico, ca [espeleolóxiko, ka] 形 洞窟学の; ケービングの
espeleólogo, ga [espeleólogo, ga] 名 洞窟学者《探険家》
espelotar [espelotár] · ~se《俗語》裸になる
espelta [espélta] 女 スペルト小麦《=escanda》
espélteo, a [espélteo, a] 形 スペルト小麦の

espelucar [espelukár] 7 他《中南米》髪を乱す
── ~se《中南米》身の毛がよだつ
espelunca [espelúŋka] 女《文語》洞窟
espeluzar [espeluθár] 9 他 =despeluzar
espeluznamiento [espeluθnamjénto] 男 =despeluzamiento
espeluznante [espeluθnánte] 形 身の毛のよだつような
espeluznar [espeluθnár]《←es-+pelo》他《恐怖で髪の毛を》逆立てる; ひどく怖がらせる: Me *espeluznaba* la oscuridad. 私は暗闇が恐ろしかった
── ~se ぞっとする, 震え上がる
espeluzno [espelúθno] 男《まれ》戦慄《=repeluzno》
espeque [espéke] 男 てこ棒; [壁の] つっかい棒
espera [espéra] 《←esperar》形 ❶ 待ち; 待ち時間: La ~ fue larga. 待ち時間は長かった. tener una ~ de dos horas 待ち時間が2時間ある. ❷ 忍耐強さ, 辛抱: tener ~ 忍耐強い. no tener ~ 辛抱しきれなくなる. ❸《狩猟》待ち伏せ場所. ❹《法律》執行猶予
a la ~《狩猟》待ち伏せして
a la ~ *de*... */en* ~ *de*... …を待って, 待機して: Estamos *a la* ~ *de* su visita. ご来訪をお待ちしています. E*n* ~ *de* su respuesta《手紙》ご返事を待ちつつ. estar *a la* ~ *de* órdenes de... …の指示を待っている
esperadero [esperaðéro] 男《狩猟》待ち伏せ場所
esperador, ra [esperaðór, ra] 名 待つ[人]
esperante [esperánte] 形 名 期待する[人]; 待つ[人]
esperantista [esperantísta] 形 名 エスペラント語の[使用者・支持者]
esperanto [esperánto] 男 エスペラント語
esperanza [esperánθa]《←esperar》形 ❶ [しばしば 複] 希望, 望み, 期待《感情》: 1) Ella no defraudó nuestras ~s. 彼女は私たちの期待を裏切らなかった. Ahora he perdido toda ~. 今や私はあらゆる希望を失った. No hay ~. 絶望的だ. concebir (abrigar・acariciar) una ~ 希望を抱く. 2) [+de+不定詞/+de que+直説法・接続法] Necesitamos recuperar la ~ *de* vivir en paz. 私たちは平和に暮らす望みを取り戻すことが必要だ. El médico nos dio ~s *de que* se salvaría ella. 彼女は助かるだろうと医者は言っていた. Tengo pocas ~s *de que* llegue a tiempo. 彼が時間どおり来ることはあるまい. 3) [+en の] ~ en la juventud 青年たちにかける希望. ❷ 希望のよりどころ《人, 事物》: Él era mi ~. 彼が私の希望だった. El transplante de corazón es su última ~. 心臓移植が彼の最後の希望だ. Ha fallado mi última ~. 私は頼みの綱が切れた. ❸《カトリック》望徳《対神徳 virtud teologal の一つ》. ❹《数学》期待値
alimentarse de ~s 一縷《いちる》の望みをつなぐ
~ *de vida*《統計》平均余命: ~ *de vida* al nacer 平均寿命, 出生児平均余命
estar en estado de [*buena*] ~ 妊娠中である
largo como ~ *de pobre*《アルゼンチン, ウルグアイ》=**más largo que** ~ *de pobre*
llenar de ~ 期待を与える, 十分な希望を与える
más largo que ~ *de pobre*《アルゼンチン, ウルグアイ》非常に長い, 長ったらしい
tener cifradas ~s *en*... …に望みをかけている
vivir de ~s =**alimentarse de** ~s
esperanzado, da [esperanθáðo, ða] 形 希望を持った, 期待した: "Quizás el próximo día"—pensó ~*da*. たぶん明くる日は, と私は期待を持って考えた
esperanzador, ra [esperanθaðór, ra] 形 結果・見通しなどが期待のもてる, 有望な: propuesta ~*ra* 期待のもてる提案
esperanzano, na [esperanθáno, na] 形 名《地名》ラ・エスペランサ La Esperanza の[人]《ホンジュラス, インティブカ県の郡都》
esperanzar [esperanθár] 9 他 …に希望(期待)を抱かせる: Los análisis clínicos me *han esperanzado*. 臨床検査は私に希望を抱かせた
── ~se 希望を抱く, 期待する: El Perú *se esperanza* mucho en él. ペルーは彼に強い期待を寄せている
esperar [esperár]《←ラテン語 sperare「待つ, 希望を持つ」》他 ❶ 期待する, 希望する: 1) [+名詞] *Esperaba* un golpe de suerte. 彼は思いがけない幸運を期待していた. No hay que ~ mucho de las próximas negociaciones. 今後の会談に多くを期

待してはならない. *Esperamos* su éxito. ご成功を期待しています. 2)［+不定詞］…したい，…すると思う《→*querer* 類義》: *Espero* llegar a tiempo. 私は間に合うと思う/間に合いたい. *Espero* no defraudar a nadie. 私は誰の期待も裏切りたくない. 3)［+*que*+接続法・直説法（確実性が高い場合は直説法)］*Espero que* me pague la extra. ボーナスが出るのを私に期待している. *Espero que* sirva para algo. それが何かに役立つことを私は期待している. *Espero que* sea así. そうであって欲しい. *Espero que* le haya gustado el regalo. プレゼントが彼の気に入ったならいいのだが. *Espero que* me perdonas la tardanza. 遅くなったが君が許してくれるだろう. ¿Quedarán entradas?—*Espero que* sí (no). 切符は残っているだろうか?—残っているといいが（残っているとは思わない). 4)［+*de* から］La gente *espera* algo *de* ti. 人々は君に何かを期待している. No *esperaba* menos *de* él. 私は彼には［ほとんど］何も期待していなかった. ❷ 予期する, 予想する. No *esperaba* que viniera tanta gente. 私はこれほど多くの人が来るとは思わなかった. Todo se desarrolla tal como *esperábamos*. すべて私たちの予想どおりに進展している. ❸ 待つ: 1)［人・乗り物・連絡などが来るのを］Don Carlos le *espera* a usted desde ayer. 昨日からドン・カルロスがあなたを待っています/ドン・カルロスから呼び出しがかかっています. No me *esperes* despierto. 私を待たないで寝てくれ. Estoy *esperando* a mi príncipe azul. 私は白馬に乗った王子様を待っている. Los pasajeros *esperan* el tren. 旅客たちは列車を待っている. *Espero* tu llamada. 君の電話を待ってるよ. Todo el país estaba *esperando* la noticia. 国じゅうがその知らせを待っていた. ¿*Esperas* visita? 誰か訪ねて来るの? 2)［時・時機などを］El día que *esperabas*, llegó. 君の待ち望んでいた日がやって来た. Se celebró la tan *esperada* fiesta. 待ちに待った祭りが挙行された. Los niños no pueden ~ la noche de los Reyes. 子供たちはキリストの公現日の夜が待ちきれない. 3)［+*que*+接続法・直説法（確実性が高い場合は直説法)］*Espera* un poco *que* me reponga, porque he subido por las escaleras y me falta aire. 私は階段を上がってきて息切れしているので, 少し休ませてくれ. Las personas que estaban en la fila *esperaban que* les entregarán un obsequio. 人々はプレゼントが渡されるのを並んで待っていた. ❹ 出迎える, 迎える: La fuimos a ~ a la estación. 私たちは彼女を駅に迎えに行った. ❺ ［事態・出来事が］待ち構える, 起こると予想される: Os *espera* un futuro prometedor. 明るい未来が君たちを待っている. Nos *espera* un mal invierno. 今年の冬は寒さが厳しそうだ. ❻ ［主語は女性または夫婦］妊娠している, 出産予定である: Está *esperando* un niño. 彼女はもうすぐ出産の予定だ. *Esperan* el primer hijo para abril. 彼らの第一子は4月に生まれる予定だ.
── 自 ❶ 待つ; 待ち合わせる: 1) *Esperaré* aquí. ここで待ちます. *Espera* ahí, ahora mismo voy. そこで待ってくれよ. Perdóneme por haberle hecho ~. お待たせしてすみません. A un bebé hambriento nadie le hace ~. お腹の空いた赤ん坊を待たせることは誰にもできない. La respuesta no se hizo ~. 返事は待つまでもなかった. 2)［動作を止める］*Espera* un momento, esta no es mi chaqueta! ちょっと待って, これは私の上着ではない! 3)［+*a*+不定詞 するのを］He esperado un tiempo *a* actualizar a la versión modificada. 版のバージョンアップするのをしばらく見合わせた. 4)［+*a*・*hasta que*+接続法］*Espera a* (*hasta*) *que* te llamen. 君に電話がかかるまで待っていてくれ. ❷ 期待をかける: 1) El que (Quien) *espera* desespera.《諺》待つ身は長い/焦りは禁物. 2)［+*en* に］*Espero en* Dios que no nos veamos en esos trances. 私たちがそんな窮地にはまり込まないように私は神頼みしている. ❸ 妊娠している: ¿Para cuándo *espera*? 彼女の出産予定日はいつですか?

── ～*se* ❶《口語》《強調》待つ: *Espérate*, que voy contigo. 待って, 一緒に行くから. No vamos a ~ *a que* haya menos frío. 寒さが緩むまで待つまい. 2)《口語》《強調》予想する, 予期する; 想像する: 1) !Me lo *esperaba*! 私はこれを待っていた! Esto es lo que *se esperaban*. これこそが彼らが予期していたことだ. 2)［+不定詞・*que*+接続法］No *me había esperado* ver a José tan pronto. こんなに早くホセに会えるとは私は予期していなかった. Nadie *se esperaba que* fuera un éxito de ese tamaño. それほどの大ヒットになるとは誰も思っていなかった. ❸ 予期される, 予定される: *Se esperan* lluvias para el fin de semana. 週末には雨が予想される. *Se espera que* el tiempo va a mejorar por la tarde. 午後には天気が回復すると思われる. *Se espera que* asistan más de cinco mil personas. 5千人以上の参加が見込まれる. Este hotel no fue tan bueno como *se esperaba*. このホテルは思っていたほどよくなかった. como *podía* ~*se* 当然予想されたように

de aquí te espero《西. 口語》とてつもない, 驚くほどの: Hace un frío *de aquí te espero*. ものすごい寒さだ

Espera y verás. なりゆきを見守れ/静観しろ

~ *desesperando* 見込みがないのに望みを持つ, はかない希望をもつ

~ *sentado*《皮肉》1) かないそうもない望みを抱く: Puedes ~ *sentado*. それははかない望みだ. *Espérame sentado*. 期待しないでくれたまえ. 2) 待ちぼうけを食う

la que te espera 君を待ち構えているもの《良くないこと》: ¡Ya verás *la que te espera* cuando llegues a casa! 家に帰ったらきっと叱られるぞ

quedar esperando《チリ》妊娠する

ser de ~［*se*］予期される, 起こるべくして起こる: 1) Nos trató con la dulzura que *era de* ~*se*. 彼女は予想どおりの優しさで私たちをもてなした. 2)［+*que*+接続法］*Era de* ~ *que* sucediera tarde o temprano. それは遅かれ早かれ起こるはずだった. Según el pronóstico del tiempo *era de* ~ *que* fuera a llover. 天気予報によれば雨になるはずだった

esperezarse [espereθár] 再《俗語》=**desperezarse**

esperezo [espereθo] 男 手足を伸ばすこと, 伸びをすること

espergura [espergúra] 他《リオハ》ブドウの芽摘み

espergurar [espergurár] 他《リオハ》［よい芽だけを残してブドウの］芽を摘む

esperiego, ga [esperjégo, ga] 形 =**asperiego**

esperma [espérma] 男/女 ＜ラテン語 sperma＜ギリシア語 sperma「種」❶ 精液. ❷ 鯨蠟 [espermáti]《生理》精液. ❸ 鯨蠟 [espermáti]《=～ *de ballena*》. ❸［燃えているろうそくの］溶けた蠟. ❹《カリブ, コロンビア》ろうそく《=*vela*》

espermaceti [espermaθéti] 男 鯨脳, 鯨蠟

espermáfito, ta [espermáfito, ta] 形 男《生物》顕花植物［の］《=*fanerógamo*》

espermarquia [espermárkja] 女《医学》精通

espermateca [espermatéka] 女《動物》受精嚢

espermaticida [espermatiθíða] 形 男 =**espermicida**

espermático, ca [espermátiko, ka] 形 精子の, 精液の: *conducto* ~《解剖》輸精管

espermátida [espermátiða] 女《生物》精子細胞

espermatocito [espermatoθíto] 男《生物》精母細胞

espermatófito, ta [espermatófito, ta] 形 男《生物》顕花植物［の］《=*fanerógamo*》

espermatogénesis [espermatoxénesis] 女《生物》精子形成, 精子発生

espermatógeno, na [espermatóxeno, na] 形《生物》精子形成の

espermatogonia [espermatogónja] 女《生物》精原細胞, 精子細胞

espermatorrea [espermatořéa] 女《医学》精液漏

espermatozoario [espermatoθoárjo] 男 =**espermatozoide**

espermatozoide [espermatoθóiðe] 男《生物》精子, 動的雄性配偶子

espermatozoo [espermatoθóo] 男《生物》精子, 精虫

espermicida [espermiθíða] 形 男 殺精子の; 殺精子剤

espermio [espérmjo] 男 =**espermatozoide**

espermiología [espermjoloxía] 女《生物》精液学

espernancar [espernakár] 他/再《地方語》=**espernancarse**

espernada [espernáða] 女 ［チェーンの端の］フック付きの環

espernancar [espernakár] 他/再《レオン; 中南米》両脚を大きく開く, 大の字になる

esperón [esperón] 男《船舶》［船首の］衝角《舵》

esperonte [esperónte] 男《廃語, 築城》［幕壁の］突き出し部

esperpéntico, ca [esperpéntiko, ka] 形《=*esperpento*》 ❶ 異様な: *decorados* ~*s* へんてこな装飾品. ❷《演劇》エスペルペントの

esperpentismo [esperpentísmo] 男 異様さ

esperpentizar [esperpentiθár] 自/他 異様にする

esperpento [esperpénto] 男《←?語源》❶《軽蔑》異様な人（の）; ばかげたこと. ❷《演劇》エスペルペント《作家バリェ・インクラ

ン Valle-Inclán の, 現実をグロテスクなまでにデフォルメするジャンル】

esperriaca [esperǰáka] 囡《アンダルシア》ブドウの最後の搾り汁【最低品質のワインに使われる】

espesador, ra [espesaðór, ra] 形 男 濃くする; 増結剤

espesamiento [espesamjénto] 男 濃くする(なる)こと

espesante [espesánte] 形 男 =espesador

espesar [espesár] I《←ラテン語 spissare》他 ❶ [液体を] 濃くする;《料理》とろみをつける: ~ la sopa con harina 小麦粉でスープにとろみをつける. revolver hasta ~ 濃くなるまでかき混ぜる. ❷ [織り目・編み目を] 詰ませる: ~ el punto de un jersey セーターをきつく編む. ❸ 密にする, 茂らせる
── 自・~se ❶ 濃くなる. ❷ [土地・山林が] 木が生い茂っている, 密生地になる
II《←espeso》男《まれ》[木々の] 密生地

espesartita [espesartíta] 囡《鉱物》スペッサルト岩

espesativo, va [espesatíβo, βa] 形 濃縮効果のある

espeso, sa [espéso, sa]《←ラテン語 spissus「きつい, 詰まった」》形 ❶ [主に液体が] 濃い, 濃厚な: aire ~ y estancado 重苦しく淀んだ空気. café ~ 濃い濃厚のコーヒー. hedor ~ ひどい悪臭. humo ~ 濃い煙. jarabe ~ 濃縮シロップ. niebla ~sa 深い霧, 濃霧. salsa ~sa どろりとしたソース. El silencio se hizo ~. 沈黙が重たくなった. ❷《主に南米》[木・草・毛の] 密生した, 繁茂した: bosque ~ 生い茂った森, 密林. ~sa barba 濃いひげ. ❸ [壁などが] 厚い《=grueso》, 頑丈な: cortina ~sa 厚いカーテン. muro ~ 頑丈な塀. ~sa alfombra 厚いじゅうたん. ❹《口語》[作品が] 重厚な, 難解な. ❺ [人が] 汚い, よごれた. ❻《口語》[estar+, +名詞/名詞イ] のろい, 鈍い: La circulación está muy ~sa. 交通が渋滞している. ❼《文語》粗野な, 洗練されていない. ❽《メキシコ, アルゼンチン, ウルグアイ. 口語》不快な, 我慢できない. ❾《ベネズエラ, ペルー, アルゼンチン, ウルグアイ. 口語》[人が] しつこい, うるさい. ❿《ウルグアイ. 口語》ひどく汚い

espesor [espesór]《←espeso》男 ❶ 厚さ, 厚み《=grosor》; 深さ: ¿Qué ~ tiene el casco? ヘルメットはどれぐらいの厚さですか? El tablero de esta mesa tiene mucho ~. このテーブルの板は大変厚みがある. Iba aumentando el ~ de la nieve que caía. 降る雪はどんどん積もっていった. tener el ~ de un metro 厚さが1メートルある. cinco centímetros de largo, tres de ancho y dos de ~ 長さ5センチ, 幅3センチ, 厚さ2センチ. ❷ 濃さ, 濃度: ~ de su barba 彼のひげの濃さ. ~ de la atmósfera 大気の濃度

espesura [espesúra]《←espeso》囡 ❶ [木・草の] 茂み, 密集, 繁茂: adelantarse en la ~ 茂みに入り込む. ❷ 厚さ, 厚み; 濃さ, 濃度: nube de gran ~ 厚い雲. ❸ [織り目・編み目の] 詰まり. ❹ 複雑, 難解. ❺ 濃い髪

espetaperro [espetapéro] a ~ [s]《口語》不意に, 突然; 大急ぎで, あわてて《=a espeta perros》

espetar [espetár]《←ゴート語 spitus》他 ❶《料理》[肉などを] 焼き串に刺す; 串刺しにする. ❷ [驚き・不快なとを生じさせるとを] 出し抜けに言う, 不意に言い出す: Me espetó la mala noticia en cuanto me vio. 彼は私に会ったたん悪い知らせをぶつけてきた
── ~se ❶ しゃっちょこばる, お高くとまる. ❷ [+en+場所に] 適応する, 腰を落ち着ける. ❸《ガリシア, アストゥリアス, アンダルシア》[場違いな所に] 割り込む, 出しゃばる. ❹《グアテマラ, ホンジュラス》する; 確立する

espetera [espetéra]《←espeto》囡 ❶ [肉・台所用具を掛ける] フックの付いた板, キッチンボード; 集合 その台所用具〔全体〕. ❷《西. 口語》《女性の》豊満な胸, 巨乳

espeto [espéto] 男《古語》焼き串; 串焼き〔焼かれた物〕: ~ de sardinas イワシの串焼き

espetón [espetón] 男 ❶《料理》1) 焼き串: asar al ~ 串焼きにする. 2)《アンダルシア》集合 魚の串焼き. ❷ 細長い〔鉄の〕棒; それによる一撃. ❸ 火かき棒. ❹ 大型のピン. ❺《魚》ヨーロッパバラクーダ; ガーフィッシュ, ベロネ. ❻《サモラ, サラマンカ. カトリック》[口に代わりに使われる] 標裸

espía [espía] I《←ゴート語 spaíha》圀 スパイ, 諜諜(ﾁｮｳｶﾞｲ); 回し者: 1) hacer de ~ スパイ活動をする. ~ industrial 産業スパイ. 2) [形容詞的] avión ~ 《複 aviones ~ [s]》 諜諜機. barco ~ 工作船. satélite ~ スパイ衛星
II《←espiar II》囡 ❶ [柱・杭などの] 支え綱. ❷《船舶》曳航, 曳航索, 引き綱

espiado, da [espjáðo, ða] 形 [柱・杭などが] 支え綱 espía で固定された

espiantar [espjantár] 自・~se《アルゼンチン》大急ぎで逃げる（遠ざかる）, トンズラする

espiante [espjánte] 男《アルゼンチン》逃げること, 遁走, トンズラ

espiar [espjár] I《←ゴート語 spaíhon「見張る」》〔11〕他 ❶ [人・事物を] 秘かに観察する, 見張る; スパイする: Se pasa el día espiándome tras las cortinas. 彼は一日中カーテンの陰から私のことをのぞいている. ~ las conversaciones 会話をこっそり聞く. ❷《まれ》[期待・心配して] 注意深く待つ
── 自 スパイ活動をする
II《←ポルトガル語 espiar》〔11〕自《船舶》曳航する

espibia [espíβja] 囡《獣医》馬の斜頸《口語》

espicanardi [espikanárði] 囡 =espicanardo

espicanardo [espikanárðo] 男《植物》スパイクナード, カンショウコウ; ジャタマン

espich [espítʃ] 男《口語》スピーチ《=espiche》

espicha [espítʃa] 囡《地方語》リンゴ酒の樽を開けること; その祝い

espichar [espitʃár]《←espiche「尖った武器」》自 ❶《口語》死ぬ, くたばる. ❷《メキシコ, キューバ》やせる. ❸《アルゼンチン》[水筒などが徐々に] からになる
── 他 ❶《西. 口語》[鋭利な物で] 刺す. ❷《カナリア諸島》野菜を植える, トウモロコシの種をまく. ❸《南米》[ボタンなどを] 押す; [チューブなどを] 絞る. ❹《チリ》いやいや渡す
~la [s]《口語》死ぬ, くたばる: Si sigues bebiendo así, la espicharás cualquier día. そんな飲み方をしていると, そのうち死ぬぞ
── ~se ❶《メキシコ, キューバ, ベネズエラ. 口語》1) やせ衰える, やつれる. 2) あがる, 臆する. ❷《コロンビア. 口語》からになる. ❸《ベネズエラ. 口語》[馬が] 疲れ果てる

espiche [espítʃe] I《←?語源》男 ❶《船舶》[穴などにはめる] 細い杭. ❷ 先の尖った武器〔道具〕; 焼き串. ❸《エストレマドゥラ》素焼きの水差し
II《←英語 speech》男 スピーチ; [長くて退屈な] 話, 演説

espicho [espítʃo] 男《カナリア諸島》種まき用具

espichón [espitʃón] 男 ❶ 先の尖ったもの. ❷ 刺し傷

espiciforme [espiθifórme] 形 穂状の

espícula [espíkula] 囡 ❶《動物》[海綿などの] 骨片, 針骨. ❷ 針状体; 植物 小穂《草》

espídico, ca [espíðiko, ka] 形 ❶ わざとらしくそわそわ（いらいら）した. ❷《隠語》麻薬の影響で陶酔状態にある

espidómetro [espiðómetro] 男《中南米》速度計

espiga [espíɣa]《←ラテン語 spica》囡 ❶ 穂; 植物 穂状花序. ❷《技術》1) ほぞ: a caja y ~ ほぞ継ぎで. 2) 木釘, 無頭釘. ❸ [剣などの] 中子(ﾅｶｺﾞ), 刀心. ❹ [接ぎ木用の] 若枝《=púa》. ❺《服飾》杉綾(ｽｷﾞｱﾔ)模様, ヘリンボーン. ❻ 信管《=poleta》. ❼《船舶》檣頭. ❽ 鐘の舌. ❾《植物》~ de agua オヒルムシロ. ❿《天文》スピカ《乙女座の α 星》. ⓫《地方語》[刈ったばかりの] 切り株. ⓬《サラマンカ, エストレマドゥラ》結婚祝い《金》

espigadera [espiɣaðéra] 囡 =espigadora

espigadero [espiɣaðéro] 男《地方語》❶ 刈り株畑. ❷ 家畜が刈り株を食べる時期

espigadilla [espiɣaðíʎa] 囡 野生の大麦

espigado, da [espiɣáðo, ða] 形 ❶ [一年生植物が] 伸びきった; [若木が] 高く伸びた. ❷ [十代の子供が] やせて背の高い, ひょろっとした. ❸《文語》1) 穂の形をした. 2) [主に穀物の] 穂の

espigador, ra [espiɣaðór, ra] 名 落ち穂拾いをする人
── 囡《技術》ほぞ取り盤

espigajo [espiɣáxo] 男 集合《アラゴン》落ち穂, 束ねた穂

espigar [espiɣár]《←espiga》〔7〕他 ❶ …から落ち穂を拾う: ~ los trigales 小麦畑の落ち穂を拾う. ❷ [資料などをあちこちから] 拾い集める, 収集する. ❸《技術》…にほぞを作る. ❹《エストレマドゥラ》結婚祝の現金を贈る
── 自 ❶ 落ち穂拾いをする. ❷ 穂が出る. ❸ 背が伸びる
── ~se ❶ [十代の子供が] 背が伸びる, ひょろっとする: ¡Cómo te has espigado este año! 君は今年大きくなったなあ! ❷ [野菜などが] とうが立つ

espigazo [espiɣáθo] 男《ラマンチャ》穂による眼球の傷

espigo [espíɣo] 男 ❶ [工具の] 中子(ﾅｶｺﾞ). ❷《レオン》こまの軸

espigón [espiɣón] 男 ❶ 突堤, 防波堤, 波よけ. ❷《建築》らせ

ん階段の中心軸. ❸ [尖った] 先端; 刃先. ❹ ざらざらした穂, とげのある穂; トウモロコシ (ヒエ・キビ) の穂. ❺ [尖った形の] 低い禿山. ❻ [植物] ハマビシ. ❼ ~ de ajo ニンニクの粒. ❽《南米》空港ターミナル

espiguear [espigeár] 自《ラマンチャ; メキシコ》[馬が] 尻尾を上下に激しく振る

espigüela [espiɣwéla] 囡《ログニョニョ》あてこすり, 皮肉

espigueo [espiɣéo] 男 落ち穂拾い; その時期

espiguilla [espiɣíʎa] 囡 ❶《服飾》~ 模様, ヘリンボーン. ❷ [植物] 1) 小穂. 2) ポプラの花. 3) スズメノカタビラ

espín [espín] **I**《←ラテン語 spina》男 ❶ → **puerco** espín. ❷《歴史, 軍事》[四方に槍を突き出した] 方陣
II《←英語 spin》男《物理》[素粒子などの] スピン

espina [espína] 囡《←ラテン語 spina》❶ とげ, いばら: Se me clavó una ~ en el dedo. 私の指にとげが刺さった. camino de ~s いばらの道. ❷ [魚の] 骨: Este pescado tiene muchas ~s. この魚は骨が多い. ❸ 気がかりなこと, ひっかかり; 心の傷: Tenemos clavada esa ~ en el corazón. そこが私たちのひっかかっている点だ. problema lleno de ~s 非常に厄介な問題. ❹ [解剖] 1) 脊柱 [= ~ dorsal, columna vertebral]: ~ bífida 脊椎披裂. 2) 骨端, 関節端. ❺ [地理] ~ dorsal 脊梁山脈. ❻《服飾》~ de pescado/~ de pez 杉綾模様. ❼ [植物] ~ blanca オオヒレアザミ, セイヨウサンザシ. ~ santa トゲマナツメ, キリストノイバラ. ❽ [荷車の車輪の] 輪木 (). ❾《古代ローマ》[円形競技場の] 中央仕切り壁帯
dar mala ~ a+人《口語》[事・人が]…に疑念を抱かせる, 不安にさせる
estar en ~s [*de santa Lucía*]《口語》用心 (心配) している
sacarse la (*una*) ~ 1) [試合などで] 巻き返す. 2) 気分がせいせいする
—— 名《チリ》うれしがらせを言う人

Espina 固 《人名》**Concha** ~ コンチャ・エスピナ 《1877–1955, スペインの女性作家. 写実主義 realismo artístico の手法と, 情感をこめた感傷的な文体を特徴とし, 女性心理を描写した作品が多い》

espinaca [espináka]《←アラビア語 ispinah》囡《植物》ホウレンソウ

espinada [espináða]《方言》囡 = **espinadura**

espinadura [espinaðúra] 囡 とげで刺すこと, とげが刺さること

espinal [espinál] 形 脊柱の; 髄の
—— 男 サンザシの茂み [= espinar]

espinapez [espinapéθ] 男 ❶《建築》矢筈 () 模様, 矢筈張り. ❷ 難事, 障害

espináquer [espináker] 男《船舶》スピンネーカー, スピーネーカー

espinar [espinár] 男 ❶ サンザシの茂み. ❷ いばらの道, 難題, 難事
—— 他 ❶ とげで刺す (傷つける). ❷ とげのある言葉で傷つける. ❸ [若木を保護するために] いばらを巻きつける. ❹《歴史, 軍事》[部隊に] 方陣 espín を組ませる
—— ~se とげが刺さる

espinardo [espinárðo] 男《植物》オカヒジキ [= barrilla]

espinariego, ga [espinarjéɣo, ɣa] 形《地名》エル・エスピナル El Espinar の〔人〕《セゴビア県の町》

espinazo [espináθo] 男 ❶《解剖》脊柱 [= columna vertebral]. ❷《料理》背肉. ❸ [ドーム・アーチなどの] くさび石, かなめ石
agachar el ~《口語》= **doblar el** ~
doblar el ~《口語》屈従する
romperse el ~ 1) 首の骨を折る. 2) 懸命に働く

espinel [espinél] 男《漁業》延縄 () の一種

Espinel [espinél]《人名》**Vicente** ~ ビセンテ・エスピネル 《1550–1624, スペインの作家・詩人・音楽家. 8音節10行詩を生み出し, その詩形は彼の名をとって espinela と名付けられた. 小説は従来の厭世的なピカレスク小説 novela picaresca とは異なって自伝的な冒険譚とも言われる. またギターに初めて第5弦を加え, スペインギターの父とも言われる》

espinela [espinéla] 囡 ❶《詩法》8音節10行詩 [→ **Espinel**] = décima]. ❷《鉱物》スピネル, 尖晶 () 石

espíneo, a [espíneo, a] 形 とげの, とげで覆われた

espinera [espinéra] 囡《植物》〔セイヨウ〕サンザシ [= espino]

espinescente [espinesθénte] 形《植物》とげ状の, とげ状に変わる

espineta [espinéta] 囡《音楽》スピネット《16～17世紀に多用された小型のチェンバロ》

espingarda [espingárða] 囡 ❶《古語》エスピンガルダ銃《アラビア人の使った銃身の長い火打ち石銃》. ❷《口語》のっぽ, ひょろっとした人

espingardada [espingarðáða] 囡《古語》エスピンガルダ銃の発砲; エスピンガルダ銃による傷

espingardería [espingarðería] 囡 ❶《集名》《古語》エスピンガルダ銃. ❷ エスピンガルダ銃隊

espingardero [espingarðéro] 男《古語》エスピンガルダ銃兵

espinilla [espiníʎa] 囡《espina の示小語》❶《解剖》脛骨 (); 向こうずね: dar un puntapié a+人 en la ~ …の向こうずねを蹴る. ❷ 吹出物, にきび

espinillera [espiniʎéra] 囡《スポーツ》レガース; [鎧の] 脛 () 当て

espinillo [espiníʎo] 男《アルゼンチン. 植物》マメ科の木 《学名 Chloroleucon tenuiflorum》

espinita [espiníta] 囡《チリ》うれしがらせを言う人

espino [espíno] 男 ❶《植物》〔セイヨウ〕サンザシ: ~ albar, ~ blanco, ~ majoleto〕. ~ amarillo スナジグミ, シーベリー, ヒッポファエ. ~ cerval (hediondo) クロツバラ, 下剤効果のあるクロウメモドキ. ~ de canguro アルマタアカシア. ~ de fuego トウサンザシ. ~ negro クロウメモドキ 《ホンジュラス》キンゴウカン [= aromo]. 3)《キューバ》アカネ科の灌木《学名 Machaonia cymosa》. 4)《アルゼンチン》ミモザの一種《学名 Acacia cavenia》. ❷ 有刺鉄線, 鉄条網 [= ~ artificial, alambre de ~]
pasar por los ~s *de Santa Lucía*《諺》いばらの道をゆく

espinocelular [espinoθelulár] 形 有棘 () 細胞の, 扁平上皮細胞の: carcinoma ~ 扁平上皮〔細胞〕癌, 有棘細胞腺癌

espinochar [espinotʃár] 他 [トウモロコシの穂の] 皮をむく

espinón [espinón] 男 大きなとげ

Espinosa [espinósa]《人名》**Pedro de** ~ ペドロ・デ・エスピノーサ《1578–1650, スペインの詩人. 華麗かつ装飾的な詩風》

espinosiego, ga [espinosjéɣo, ɣa] 形《地名》エスピノーサ・デ・ロス・モンテロス Espinosa de los Monteros の〔人〕《ブルゴス県の町》

espinosismo [espinosísmo] 男 スピノザ Spinoza 哲学

espinosista [espinosísta] 形 スピノザ哲学を支持する; スピノザ哲学論者

espinoso, sa [espinóso, sa]《← espino》形 ❶ とげのある (多い); [魚に] 小骨の多い. ❷ [事柄が] 面倒な, 複雑な: camino ~ いばらの道. tema ~ 厄介なテーマ
—— 男《魚》イトヨ

espintariscopio [espintariskópjo] 男《物理》スピンサリスコープ

espinterómetro [espinterómetro] 男《電気》誘電鋼性の測定器

espinudo, da [espinúðo, ða] 形 ❶《ニカラグア, コスタリカ, チリ, ウルグアイ》とげの多い. ❷《チリ. 口語》気難しい

espínula [espínula] 囡 小さなとげ; [魚の] 小骨

espinzar [espinθár] 9 他《クエンカ》[サフランの] 雌しべの柱頭を摘む

espiocha [espjótʃa]《←仏語 pioche》囡 つるはし

espión [espjón]《←仏語 espion》男《まれ》スパイ [= **espía**]

espionaje [espjonáxe]《←仏語 espionage < espion》男 スパイ活動 (行為); スパイ組織: ~ industrial 産業スパイ

espionitis [espjonítis] 囡《戯語》スパイ妄想

espíquer [espíker]《←英語 speaker》男 ❶《英国の》下院議長. ❷ アナウンサー; 司会者, 解説者

espira [espíra] 囡 ❶《螺旋などの》一巻き. ❷《幾何》螺旋 [= espiral]. ❷《電気コイルの》渦巻き. ❸《建築》[柱などの台座の] 頂部剖り型. ❹ [巻貝の] 螺塔

espiración [espiraθjón] 囡 ❶ 息を吐くこと, 呼気 [⇔ inspiración]. ❷ [臭いの] 放出

espiráculo [espirákulo] 男《昆虫など》呼吸孔, 気孔, 気門

espirador, ra [espiraðór, ra] 形 呼気の, 息を吐く: músculo ~ 呼息筋

espiral [espirál]《←ラテン語 spira < ギリシャ語 speira》形 螺旋 () の, 渦巻状の
—— 男 螺旋形のもの
—— 囡 ❶ 螺旋 [状のもの]: hacer ~es 螺旋を描く. cuaderno de ~[es] スパイラル [螺旋綴じ] ノート. en ~ 螺旋形の

の. ❷ [時計の] ひげぜんまい. ❸ 避妊リング. ❹ [悪性的] 螺旋状進行過程: 1) ~ armamentista エスカレートする軍拡競争. 2) 《経済》~ deflacionaria デフレスパイラル. ~ inflacionaria 物価と賃金の相互上昇による悪性インフレ. ❺ 《幾何》渦巻線 [=línea ~]: ~ logarítmica 対数螺旋. ❻ 《南米》1) 蚊取り線香. 2) カドリール [=cuadrilla]

espiralado, da [espiraládo, ða] 形 螺旋状の, 渦巻状の
espiraliforme [espiralifírme] 形 螺旋形の
espirante [espiránte] 形 《音声》気[息]音の
espirar [espirár] 自 《←ラテン語 spirare》❶ 息を吐き出す《⇔aspirar》. ❷ 《詩園》[風が] そよそよ吹く. ❸ 《まれ》勢いを盛り返す
—— 他 ❶ [息を] 吐く; [臭いを] 放つ. ❷ 《神学》聖霊(精気)を吹き込む; [父と子が相互の愛で]聖霊を創り出す
espirativo, va [espiratíβo, βa] 形 《神学》霊感を与える
espiratorio, ria [espiratórjo, rja] 形 呼気の, 呼吸の
espirema [espiréma] 男 《生物》核糸
espirilado, da [espiriláðo, ða] 形 =espiralado
espirilo [espirílo] 男 《生物》スピリルム; [一般に] 螺旋菌
espiritado, da [espiritáðo, ða] 形 《西. 口語》[人が] やせ細った, ガリガリの; [物が] 薄い, 細い, 弱い
espiritar [espiritár] 他 ❶ [悪霊などを人に] とりつかせる《=endemoniar》. ❷ 《口語》興奮させる, 動揺させる, いらいらさせる. ❸ 《キューバ. 口語》[人を] 追い出す
espiritismo [espiritísmo] 男 《集合》交霊術. ❷ 交霊信仰『霊媒による死者との交霊を信じること』
espiritista [espiritísta] 形 名 交霊術の; 交霊術者
espiritosamente [espiritósaménte] 副《まれ》生き生きと, きびきびと, 活発に
espiritoso, sa [espiritóso, sa] 形 ❶ =espirituoso. ❷ 《まれ》生き生きした, きびきびした, 活発な
espiritrompa [espiritrómpa] 女 《昆虫》[チョウ・ガなどの] 口吻(ふん)
espíritu [espíritu]《←ラテン語 spiritus「吹くこと, 空気」》男 ❶ 精神, 心『頹義 alma は宗教的に肉体(cuerpo・carne)と対比され, 人間を形成する二大要素の一つと考えられている（alma+cuerpo=hombre）. つまり精神の本質である. espíritu も cuerpo と対比されるが宗教的な色彩がなく, 心のありかたを意味する: Alma sana en cuerpo sano. 健全な精神は健全な肉体に宿る. Soy viejo de cuerpo y de espíritu. 私は肉体的にも精神的にも年老いている』: Tiene un ~ noble. 彼は気高い精神を持っている. abrir el ~ 精神を啓発する. entender el ~ de un texto 文章の心を読み取る. el mundo del ~ y el de la materia 精神世界と物質世界. [formación del] ~ nacional 愛国心の涵養. ~ burgués ブルジョア精神. ~ de cuerpo 団体精神; 団結力. ~ de equipo チーム精神. ~ de la época/~ del tiempo 時代精神. ~ del derecho romano ローマ法の精神. ~ democrático 民主主義の精神. ~ humano 人間精神. ❷ 精神の持ち主: ~ fuerte [既存の思想, 特に宗教に対して自立した思考ができる人]. ~ generoso 寛大な人. ~ selecto 選民. ❸ 《文語》[時に 複] 意欲, 意気, 気骨, 勇気; 心がけ, 意欲: tener ~ vivo 意欲旺盛である. 元気はつらつとしている. pobre de ~ 気の弱い, おずおずした. de mucho ~ 意気盛んな. persona de ~ 意欲的な人. su ~ aventurero 彼の冒険心. ~ de empresa [利潤を求めて事業を興し遂行する] 企業家精神. ~ de rebeldía 反抗心. ~ de trabajo 労働意欲. ❹ [神の息吹としての] 精気, 精霊; [人間の] 霊魂, 亡霊, 幽霊: ❶) Descanse en paz su ~. 彼の魂よ, 安らかに眠れ. evocar el ~ 霊魂を呼び寄せる. ~ del aire 空気の精. ~ bueno 良い霊. ~ maligno/~ inmundo/~ del mal 悪魔. E~ Santo 《キリスト教》聖霊. ~s celestiales 天使. ~s de los antepasados 先祖の霊. ~s vitales 生気. 2) 《カトリック》[神から特別な人に与えられる] 能力, 賜物. 3) [主に 複] 悪霊 [=malos ~s]. 4) 《ゲルマン神話》~s elementales 四大元素 [地の精霊 gnomo, 風の精霊 silfo, 水の精霊 ondina, 火の精霊 salamandra]. ❺ 《化学》アルコール: ~ de vino 酒精, エチルアルコール. ~ de sal 塩酸. ❻ 『ギリシア語の』気音符: ~ áspero (suave) 剛(柔)気音符. ❼ 才気, エスプリ
entregar (dar·despedir) el ~《婉曲》=exhalar el ~
~ de [la] contradicción 1) あまのじゃく, へそ曲がり; 相手と反対の主張をしたがる性格: Eres él ~ de la contradicción. 君はあまのじゃくだ. 2) 反抗心

exhalar el ~《婉曲》息を引き取る, 死ぬ
levantar el ~ a+人 1) …を励ます, 鼓舞する, 元気づける. 2) 元気になる: Salir con gente le hará levantar el ~. 連中と出かけたら彼は元気になるだろう
quedarse en el ~ [人が] やせ細る, 骨と皮になる
ser el ~ de la golosina《口語》やせこけている, 骨と皮である
espirituado, da [espiritwáðo, ða] 形 ❶ 《地方語》=espiritado. ❷ 《チリ. 口語》神経質になっている
espiritual [espiritwál]《←ラテン語 spiritualis》形 ❶ 精神的な, 心の: en el plano ~ 精神面で. apoyo ~ 精神的支援. inquietud ~ 精神的不安. patria ~ 心の故郷. salud ~ 心の健康. unión ~ 精神的一体化. ❷ 霊的な, 精霊の: entes ~es 霊的存在. fotografía ~ 心霊写真. fuerza ~ 超自然力. ❸ 信仰の; 教会の: vida ~ 信仰生活. poder ~ 教権, 教会権力. ❹ 精神主義的な. ❺ 《まれ》才気のある
—— 男 [人・もの] 精神的(霊的)になる: ~ negro, negro ~
espiritualidad [espiritwaliðá(ð)]《←espiritual》女 ❶ 精神性: pintura de gran ~ 精神性の高い絵. ❷ 霊性: ~ del alma 魂の霊性. ❸ 宗教性 [=~ religiosa]. ❹ 信仰生活
espiritualismo [espiritwalísmo] 男 ❶ 《哲学》唯心論《⇔materialismo》. ❷ 精神主義
espiritualista [espiritwalísta] 形 名 ❶ 《哲学》唯心論の(論者); filósofo ~ 唯心論哲学者. ❷ 精神主義の(主義者)
espiritualización [espiritwaliθaθjón] 女 ❶ 精神化. ❷ 霊化
espiritualizador, ra [espiritwaliθaðór, ra] 形 精神化する, 霊化する
espiritualizar [espiritwaliθár] 9 他 ❶ 精神化する, 精神的な意味を与える: Para este gran sabio francés la cuestión no consiste en ~ la materia, sino en materializar «el alma». このフランスの大哲学者にとって問題は物質を精神化することではなく, 「精神」を物質化することであった. ❷ 霊化する
—— ~se [人・ものが] 精神的(霊的)になる: Encontraba su cara como espiritualizada. 私は彼が崇高な顔つきになったように見えた
espiritualmente [espiritwálménte] 副 ❶ 精神的に, 気持ちの上で: Estaba física y ~ destrozada. 彼は肉体的にも精神的にもずたずたになっていた. ❷ 精神を込めて
espirituoso, sa [espiritwóso, sa] 形 ❶ アルコール度の高い: bebida ~sa 蒸留酒, スピリッツ. ❷ 生き生きした, きびきびした, 活発な
espiritusanto [espiritusánto] 男 《植物》白い花のラン『学名 Peristeria alata』
espirógrafo [espirógrafo] 男 《動物》ラセンケヤリ
espirografía [espirografía] 女 《医学》スパイログラフィー
espiroidal [espirojðál] 形 螺旋形の
espiroideo, a [espirojðéo, a] 形 =espiroidal
espirometría [espirometría] 女 《医学》肺気量測定法, 呼吸機能検査, スパイロメトリー
espirométrico, ca [espirométriko, ka] 形 《医学》肺気量測定の
espirómetro [espirómetro] 男 《医学》肺活量計
espiroqueta [espiroκéta] 女 《生物》スピロヘータ
espiroquetales [espiroketáles] 男 複 《生物》スピロヘータ目
espirriaque [espirjáke] 男 《地方語》ブドウを搾った最後の液
espita [espíta]《←ゴート語 spitus》女 ❶ [酒樽などの] 飲み口; [その] 栓, コック. ❷ 《俗語》大酒飲み, 酔っ払い. ❸ 掌尺《=palmo》
abrir la ~ [制限を解いて] ふんだんに与える
cerrar la ~ 1) 制限する. 2) 経済援助を打ち切る
espitar [espitár] 他 [樽などに] 栓をつける
—— ~se 《ベネズエラ. 口語》急いで立ち去る
espito [espíto] 男 《製紙業で紙を吊るして乾燥させる》丁字形ハンガー
espitoso, sa [espitóso, sa] 形 《西. 隠語》[麻薬の影響で] 浮かれた, 陶酔している
esplácnico, ca [esplákniko, ka] 形 《解剖》内臓の
esplacnología [esplaknoloxía] 女 内臓学
esplegar [esplegár] 男 ラベンダー畑
espleguero, ra [espleγéro, ra] 形 ラベンダーの
esplendente [espleṇdénte] 形 《文語》きらめく, 光り輝く
esplender [espleṇdér] 自 《文語》きらめく, 光り輝く
espléndidamente [spléṇdiðaménte] 副 ❶ すばらしく; 豪華

esplendidez [esplendiðéθ] 囡 ❶ 華麗さ, 豪華さ. ❷ 気前のよさ

espléndido, da [espléndiðo, ða] 《←ラテン語 splendidus「光り輝く」》形 ❶ 華麗な, すばらしい; 豪華な: fiesta ~da 華やかなパーティー. mujer ~da 輝くばかりに美しい女性. paisaje ~ 絶景. casa ~da 豪邸. ❷ [見栄・ぜいたくで] 非常に気前のよい: ser ~ con sus empleados 雇い人に対してとても気前がいい

esplendor [esplendór] 《←ラテン語 splendor, -oris》男 ❶ すばらしさ, 見事さ; 華麗さ: con gran ~ 壮麗に. ❷ 誉れ, 高潔. ❸ 最盛期, 絶頂. ❹《文語》燦然(さん)とした輝き

esplendorosamente [esplendorósaménte] 副 ❶ きらめいて, 光り輝いて, まばゆいばかりに. ❷ 壮麗に, 豪華けんらんに

esplendoroso, sa [esplendoróso, sa] 形 ❶ 輝く, きらめく, まばゆい. ❷ 壮麗な, 豪華けんらんたる

esplenectomía [esplenektomía] 囡《医学》脾臓摘出[術]

esplénico, ca [espléniko, ka] 形《解剖》脾臓(ひぞう)の: arteria ~ca 脾動脈
　——男 **=esplenio**

esplenio [esplénjo] 男《解剖》板状筋

esplenitis [esplenítis] 囡《医学》脾炎

esplenografía [esplenografía] 囡《医学》脾造影法

esplenomegalia [esplenomeɣálja] 囡《医学》脾腫, 巨脾[症]

espliegar [espljegár] 男 ラベンダー畑

espliego [espljéɣo] 男《植物》ラベンダー; その種: agua de ~ ラベンダー香水

esplín [esplín] 男《古語》憂鬱, 厭世的気分

esplique [esplíke] 男 鳥刺竿

espodumena [espoðuména] 囡《鉱物》リシア輝石

espolada [espoláða] 囡 = **espolazo**
　~ **de vino** ワインの一口（一飲み）

espolazo [espoláθo] 男 [馬に] 拍車をかけること

espoleadura [espoleaðúra] 囡 [馬に] 拍車傷

espolear [espoleár] 《←espuela》他 ❶ [馬に] 拍車をかける. ❷ 刺激する, そそのかす: Los padres me *espolean* a proseguir mis estudios. 両親は私に学業を続けるようにはっぱをかける

espoleo [espoléo] 男 拍車をかけること; 刺激すること

espoleta [espoléta] I 《←伊語 spoletta》囡《軍事》信管: quitar la ~ 信管を外す. ~ de percusión 着発信管
　II 《←espuela》囡 [鳥の胸の] 叉骨(さこつ); 暢思(ちょうし)骨

espoliación [espoljaθjón] 囡 = **expoliación**

espoliador, ra [espoljaðór, ra] 形 名 = **expoliador**

espoliar [espoljár] 他 = **expoliar**: Los amotinados *espoliaron* el palacio. 暴徒は王宮を略奪した

espolín [espolín] I 《←espuela》男 ❶ [長靴に固定されている] 拍車. ❷《植物》フェザーグラス, ナガホネズザヤ
　II 《←ゲルマン語 spola》男 ❶ [綾子に花柄を織り込むための] 杼(ひ). ❷ 花柄の緞子(どんす)

espolinado [espolináðo] 男 綾子の花柄; 花柄織り [の技術]

espolinar [espolinár] 他 [緞子に] 花柄を織り込む; 花柄用の杼で織る

espolio [espóljo] 男 ❶《歴史》[死後に教会のものとなる] 聖職者の財産. ❷ 略奪, 強奪 [=expolio]. ❸《地方語》混乱, 大失敗

espolique [espolíke] 男 ❶ 馬の口取り, 馬丁. ❷ [馬跳びの馬に対して跳ぶ人がする] 踵蹴り. ❸《アンダルシア》手先, 上役の鞄持ち

espolista [espolísta] 男 ❶ [司教空席時の] 聖職者財産の賃貸 (賃借)人. ❷《廃語》馬の口取り [=espolique]

espolón [espolón] 《←espuela》男 ❶ [鶏・獣の] 蹴爪(けづめ); [馬の] 蹴爪突起. ❷ [橋脚の] 水切り. ❸ 堤防, 防波堤. ❹ [崖などの] 擁壁; [擁壁上の] 歩道, 遊歩道. ❺ [船舶] [船首の] 水切り; 衝角(しょうかく). ❻ [山脈などの] 突出部, 支脈. ❼《植物》[花冠基部の] 距(きょ). ❽《医学》踵骨骨端症 [=~ calcáneo]. ❾ 踵(かかと)のしもやけ. ❿《チリ》銛 [=arpón]
　tener espolones/tener más espolones que un gallo《口語》老獪(ろうかい)である

espolonada [espolonáða] 囡 突然の騎兵の攻撃

espolonazo [espolonáθo] 男 ❶ [鶏の] 蹴爪による一撃. ❷ [船の] 衝角での体当たり. ❸ = **espolazo**

espolonear [espoloneár] 他《まれ》= **espolear**

espolsar [espolsár] 他《アラゴン, ムルシア》[埃・ちりを] 払う, はたく

espolvoreador, ra [espolboreaðór, ra] 形 名 振りかける [人]

espolvoreamiento [espolboreamjénto] 男 振りかけること

espolvorear [espolboreár] 《←es-+ラテン語 pulvera》他 ❶ [粉などを, +sobre に/…に, +con・de で] 振りかける, まぶす: ~ queso rallado *sobre* la pasta パスタに粉チーズをかける. ~ una tarta *con* azúcar ケーキに砂糖をまぶす. ❷ …から埃(ほこり)を払う. ❸《アンダルシア, 口語》[秘密を] 言いふらす
　——**se** 自分の体から埃を払う

espolvoreo [espolboréo] 男 振りかけること

espolvorizar [espolboriθár] 自 他《まれ》[粉などを] 振りかける

espondaico, ca [espondáiko, ka] 形《詩法》長長格の, 長長格からなる

espondeo [espondéo] 男《詩法》[古典詩の] 長長格

espóndil [espóndil] 男 = **espóndilo**

espondilitis [espondilítis] 囡《医学》脊椎炎

espóndilo [espóndilo] 男《解剖》椎骨(ついこつ), 脊椎(せきつい) [=vertebra]

espondilólisis [espondilólisis] 囡《医学》脊椎分離症

espondilolistesis [espondilolistésis] 囡《医学》脊椎すべり症

espondilosis [espondilósis] 囡《医学》脊椎症

espongiario, ria [esponxjárjo, rja] 形 海綿動物門の
　——男 海綿動物門 [=poriferos]

espongiforme [esponxifórme] 形 → **encefalopatía** espongiforme

espongina [esponxína] 囡 = **esponjina**

esponja [espónxa] 《←ラテン語・ギリシア語 spongia》囡 ❶ スポンジ, 海綿; スポンジ状のもの: lavarse con ~ スポンジで体を洗う. ~ de baño バススポンジ. ~ de tocador 化粧用のスポンジ. ~ vegetal/~ de Luffa へちま. colchón de ~ ふかふかのマット. ❷《動物》海綿動物. ❸《口語》大酒飲み, 酒豪: Mi abuelo es una ~. 私の祖父は大酒飲みだ. ❹ たかりや, 居候. ❺《ラプラタ》タオル地
　arrojar la ~ = *tirar la* ~
　beber como una ~《口語》大酒を飲む, 鯨飲(げいいん)する
　echar la ~ = *tirar la* ~
　pasar una (la) ~ [+por・sobre を] 水に流す, 蒸し返さない, 無かったことにする: *Pasemos la* ~ *por todo aquello*. すべて忘れよう
　tirar la ~ 1)《ボクシング》タオルを投げる. 2)《チリ, アルゼンチン, ウルグアイ》[任務などが危険・困難と見て] 投げ出す, 勝ち目がないと認める
　——形《キューバ, 口語》[人・動物が] 伝染病にかかりやすい
　——名《メキシコ, チリ, アルゼンチン, ウルグアイ, 口語》酔っぱらい

esponjado, da [esponxáðo, ða] 形 ❶ ふんわりした. ❷《口語》思い上がった, 得意げな
　——男 ❶《建築》スポンジを使った洗浄 [塗装]. ❷ 泡立てた卵白に砂糖・レモンジュースを混ぜた物 [飲み水に加える]. ❸《アストゥリアス》焼いたカルメラ状の菓子

esponjadura [esponxaðúra] 囡 ❶ スポンジ状にすること, ふんわりさせること. ❷ [鋳鉄の欠陥] 鋳巣(いす)

esponjamiento [esponxamjénto] 男 ❶ スポンジ状にする [なる] こと. ❷《アルゼンチン, 廃語》思い上がり, 得意がること

esponjar [esponxár] 《←esponja》他 スポンジ状にする, ふっくらさせる: La lluvia *esponjó* la tierra. 雨で地面はたっぷり水を吸った
　——**se** ❶ [パン生地などが] ふくらむ; [髪・タオルなどが] ふっくらする. ❷ 思い上がる, 得意がる: *Se esponja* cuando le hablan de su obra. 彼は自分の作品のことを言われると鼻高々になる. ❸ 良好な健康・経済状態で現れる, 福々しくなる

esponjero, ra [esponxéro, ra] 形 スポンジの, 海綿の
　——名 [洗面台などの] スポンジ置き, スポンジ入れ

esponjina [esponxína] 囡《動物》スポンジン

esponjosidad [esponxosiðáð] 囡 海綿質, スポンジ状, ふんわりしていること

esponjoso, sa [esponxóso, sa] 《←esponja》形 ❶ 海綿 [状] の, スポンジ状の; 多孔質の: hierro ~ 海綿鉄. tejido ~ 海綿状組織. tierra ~sa じめじめした (水を含んだ) 地面. ❷ ふわふわの, 柔らかい [⇔compacto]: almohada ~sa ふかふかのクッション. pastel ~ ふんわりとしたケーキ. ❸ 福々しい

esponsales [esponsáles]《←ラテン語 sponsalis》男《文語》婚約; 婚約式: Los ~ se celebraron en la iglesia. 婚約式は教会でとり行なわれた. contraer ~ 婚約する

esponsalicio, cia [esponsalíθjo, θja] [形]《文語》婚約〔式〕の
espónsor [espɔ́nsɔr] [男] =**sponsor**
esponsorización [espɔnsoriθaθjɔ́n] [女] 後援
esponsorizar [espɔnsoriθár]〖←英語 sponsor〗[9] [他]［スポーツチーム・イベントなどを］後援する, スポンサーになる
espontáneamente [espɔntáneaménte] [副] 自然発生的に; 自発的に
espontanear [espɔntaneár] **~se**［+con に］愛(本当の気持ち)を打ち明ける; 自白する
espontaneidad [espɔntaneįđá〔đ〕]〖←espontáneo〗[女] ❶ 自然発生; 自発性. ❷ 自然さ, 素直さ: A pesar de ser famoso se comporta con una gran ~. 彼は有名人だが, すごく自然にふるまっている. ❸《文学》［表現における］作為のなさ
espontaneísmo [espɔntaneísmo] [男] 大衆自発革命主義
espontaneísta [espɔntaneísta] [形] [名] 大衆自発革命主義の(主義者)
espontáneo, a [espɔntáneo, a]〖←ラテン語 spontaneus < sponte「自発的に」〗[形] ❶ 自然発生的な: combustión *~a* 自然発火. ❷ 自発的な, 任意の: ayuda *~a* 自発的な援助. esfuerzos *~s* 自助努力. gesto ~ 自然な動作. ❸ 率直な, 飾らない: chico muy ~ とても素直な子. ❹［植物が］自生の
—— [名]［闘牛などの］飛び入り
espóntex [espɔ́ntɛ〔k〕s]〖←商標〗[女] スポンジ製の雑巾
espontón [espɔntɔ́n] [男]《古語》［歩兵隊将校の使う］半矛(はんほこ)
espontonada [espɔntonáđa] [女]《古語》半矛による敬礼; 半矛の一撃
espora [espóra] [女]《植物》胞子
esporádicamente [esporáđikaménte] [副] 散発的に
esporádico, ca [esporáđiko, ka]〖←ギリシア語 sporadikos < speiro「私は種をまく」〗[形] ❶ 時々起こる, 散発的な: Hubo combates *~s*. 戦闘が散発的に行なわれた. deportista ~ 時々運動する人. visitas *~cas* 不定期の訪問. ❷《天文》meteoro ~ 散在流星. ❸《医学》散発性の
esporangio [esporáŋxjo] [男]《植物》胞子嚢(のう)
esporicida [esporiθíđa] [男] 殺胞子剤
esporidio [esporíđjo] [男]《植物》小生子
esporífero, ra [esporífero, ra] [形]《植物》胞子を生じる
esporificar [esporifikár] [7] [他]《植物》胞子を生じさせる
esporinita [esporiníta] [女]《地質》スポリニット
esporo [espóro] [男] =**espora**
esporoblasto [esporoblásto] [男]《植物》スポロブラスト
esporocito [esporoθíto] [男]《植物》胞子母細胞
esporocarpio [esporokárpjo] [男] =**esporocarpo**
esporocarpo [esporokárpo] [男]《植物》胞子嚢果
esporofila [esporofíla] [女] =**esporofilo**
esporofilo [esporofílo] [男]《植物》芽胞葉, 胞子葉
esporofito, ta [esporofíto, ta] [形] [女] 胞子植物〔の〕
—— [男]《植物》胞子体, 造胞体
esporogénesis [esporɔxénesis] [男]《植物》芽胞繁殖, 胞子形成, 胞子生殖
esporogonio [esporoɡónjo] [男]《植物》［苔の］スポロゴン
esporozoario, ria [esporoθoárjo, rja] [形] [男]《生物》=**esporozoo**
esporozoito [esporoθɔ́įto] [男]《生物》スポロゾイト
esporozoo [esporoθó〔o〕] [形] 胞子虫類の
—— [男] [複]《動物》胞子虫類
esportada [espɔrtáđa] [女]《西》かご espuerta 一杯分の量
esportear [espɔrteár] [他]《西》かご espuerta に入れて運ぶ: ~ arena 砂をかごで運ぶ
esportilla [espɔrtíʎa] [女] ❶《西》小型のかご espuerta. ❷《まれ》財布. ❸《マラガ》［アフリカハネガヤ・ヤシの葉製の］うちわ
esportillar [espɔrtiʎár] [他]《俗語》=**desportillar**
esportillero [espɔrtiʎéro] [男] ❶［かご espuerta を使った］街のポーター. ❷［資材をかごで運ぶ］人足, 人夫
esportillo [espɔrtíʎo] [男]［アフリカハネガヤ・ヤシの葉を編んだ］かご
esportón [espɔrtɔ́n]〖espuerta の示大語〗[男] 大かご
a esportones《口語》ふんだんに, どっさりと
esportonada [espɔrtonáđa] [女] ❶ 大かご esportón 一杯分の量. ❷ ふんだん, どっさり
esporulación [esporulaθjɔ́n] [女]《植物》胞子形成
esposa[1] [espósa]〖←esposo〗[女] ❶ [複] 手錠: poner (colocar) a+人 las *~s* …に手錠をかける. quitar *~s* 手錠を外す. ❷ ~ de Cristo イエス・キリストの浄配〖教会のこと〗. ~ del Señor 修道女〖=monja〗. ❸《中南米》司教指輪
esposado, da [esposáđo, đa] [形] [名] 新婚の〔人〕
esposamiento [esposamjénto] [男] 手錠をかけること
esposar [esposár]〖←esposo〗[他] …に手錠をかける: La policía detuvo al ladrón y lo *esposó*. 警察は泥棒をつかまえ手錠をかけた. Me *esposaron* por atrás y me arrastraron hasta el coche. 私は後ろ手に手錠をかけられ, 車まで引っ張られていった
esposo, sa[2] [espóso, sa]〖←ラテン語 sponsus「婚約者」< spondere「誓約する」〗[名] ❶《文語》夫, 妻〖[類義] **esposo·esposa** と **marido·mujer** はほぼ同様に用いられるが, 自分の夫・妻は中南米では主に mi esposo・mi esposa. スペインでは普通 mi marido・mi mujer で mi esposa はやや気取った感じを与える〗: Vivo con mi hermana y su ~. 私は姉夫婦と一緒に暮らしている. Su ~ murió en la guerra. 彼女の夫は戦死した. el ~ ideal 理想の夫. segundo ~ 再婚の夫
—— [男] [複] 夫婦: los *~s* Centeno センテノ夫妻
espot [espɔ́t] [男]《放送》スポット広告〖=spot〗
espray [espráį] [男] =**spray**
esprea [espréa] [女]《メキシコ. 自動車》燃料噴射ノズル
esprín [esprín] [男] =**sprint**
esprint [esprínt] [男] =**sprint**
esprintar [esprintár] [自] =**sprintar**
esprínter [esprínter] [名] =**sprinter**
esprit [esprí]〖←仏語〗[男] エスプリ, 機知
Espronceda [esprɔnθéđa]《人名》**José de ~** ホセ・デ・エスプロンセダ〖1808~42, スペインの詩人. 奔放な想像力と形式にとらわれない大胆な表現で, 自由への渇望や人生への幻滅をうたい, その情熱的な詩はロマン主義の典型とされる〗
esprúe [esprúe] [女]《医学》吸収不良症
espuela [espwéla]〖←ゴート語 spaura〗[女] ❶ 拍車: picar con las *~s* a su caballo/picar *~s* 馬に拍車をかける. ❷ かり立てるもの, 刺激: poner〔las〕*~s* a+人 …をかり立てる, 刺激する. ❸［酒席での］最後の一杯. ❹《植物》~ de caballero ラークスパー, チドリソウ. ~ de galán キンレンカ, ナスタチューム. ❺《アンダルシア, カナリア諸島; 中南米》［鶏の］蹴爪(けづめ)
calzar ~ 騎士である
calzarse la ~ 騎士に叙せられる, 騎士となる
sentir la ~ 心が傷つく, 気を悪くする
espuelear [espweleár] [他]《中南米》=**espolear**
espuelero, ra [espweléro, ra] [形]《キューバ, プエルトリコ. 闘鶏》［鶏が］蹴爪を立てるのがうまい
espuenda [espwénda] [女]《ナバラ, アラゴン》土手, 堤; 斜面, 傾斜地
espuerta [espwérta] [女]《西》［左官などが材料などを入れる］かご
a ~s《西》豊富に, おびただしく: hacer el dinero *a ~s* 大金をもうける
espulgabuey [espulɡaƀwéį] [男]《地方語. 鳥》ヌマサギ, カンムリサギ〖=garcilla〗
espulgadero [espulɡađéro] [男]［物乞いたちの］ノミ(シラミ)取り場
espulgador, ra [espulɡađɔ́r, ra] [形] [名] ノミ(シラミ)を取る〔人〕
espulgar [espulɡár]〖←es-+pulga〗[8] [他] ❶ …のノミ(シラミ)を取る: ~ a un perro 犬のノミを取る. ❷《まれ》子細(綿密)に調べる, 重箱の隅をつつく
—— **~se** 自分の体からノミ(シラミ)を取る
espulgo [espúlɡo] [男] ノミ(シラミ)取り〖行為〗
espuma [espúma]〖←ラテン語 spuma〗[女] ❶ [集名]［表面に浮いた］泡: hacer ~ 泡立つ. ~ de la sal 波打ちぎわの泡. ❷《料理》1) あく: quitar la ~ del caldo スープのあくを取る. 2)《西》ムース. ❸《化粧など》フォーム, ムース: ~ de afeitar シェービングフォーム. ~ seca カーペットクリーナー. ❹《鉱物》~ de mar 海泡石. ~ de nitro 硝石. ❺《口語》フォームラバー〖=~ de goma, ~ de caucho〗: colchón de ~ マットレス. ❻《口語》粋, 精華. ❼《繊維》ストレッチナイロン. ❽《化学》［気体・液体の］コロイド状懸濁物. ❾《キューバ》粉石けん
crecer (subir) como〔la〕~ 急に大きくなる; たちまち出世(繁栄)する
espumadera [espumađéra]〖←espumar〗[女]《料理》あく取り用の網じゃくし
espumadero [espumađéro] [男]《ペルー》=**espumadera**
espumador, ra [espumađɔ́r, ra] [名]《料理》あくを取る人

E

espumaje

—— 男 ❶《地方語; グアテマラ, チリ》=**espumadera**. ❷《ボリビア, チリ, アルゼンチン》濾し器《=**colador**》
—— 女《昆虫》アワフキムシ
espumaje [espumáxe] 男《まれ》大量の泡
espumajear [espumaxeár] 自《西》口から泡を吹く; つばを吐く
espumajo [espumáxo] 男《西》=**espumarajo**
espumajoso, sa [espumaxóso, sa] 形 泡だらけの, 泡状の
espumante [espumánte] 形 ❶ 泡を出す, 泡を立てる. ❷《まれ》vino ~ 発泡ワイン
—— 男《技術》泡立て剤
espumar [espumár]《←espuma》他 …の泡(あく)を取り除く: ~ el caldo スープのあくをすくう
—— 自 ❶ 泡を出す, 泡立つ: La olla *espumaba*. 鍋は泡立っていた. ❷ 急に増大する
espumarajo [espumaráxo]《←espuma》男《西. 軽蔑》[大量の]つば, 泡: echar ~s de rabia 怒ってつばを吐く
echar (arrojar) ~s por la boca 激怒している
espumeante [espumeánte] 形 泡を出す, 泡立つ, 泡を吹く: vino ~ 発泡ワイン
espumear [espumeár] 自 泡を出す, 泡立つ
—— 他 …の泡(あく)を取る
espúmeo, a [espúmeo, a] 形《魔語》=**espumoso**
espumero [espuméro] 男 塩浜, 塩田
espumilla [espumíʎa] 女 ❶《古語. 繊維》薄地のクレポン. ❷《グアテマラ, ホンジュラス, ニカラグア, エクアドル. 料理》メレング. ❸《エクアドル》メレング菓子
espumillón [espumiʎón] 男 ❶ [クリスマス飾りの] モール. ❷ 絹の紐飾り
espumógeno, na [espumóxeno, na] 形《技術》泡立てる
espumosidad [espumosiðá(d)] 女 発泡性; 泡状, 泡立ち
espumoso, sa [espumóso, sa]《←ラテン語 spumeus》形 泡立つ, 発泡性の; 泡状の: jabón ~ 泡立ちのよい石けん. leche ~sa ミルクフォーム. estireno ~ 発泡スチロール
—— 男 発泡ワイン《=vino ~》
espundia [espúndja] 女 ❶《獣医》[馬の] 悪性黒色腫. ❷《南米》象皮病《=elefancía》
espúreo, a [espúreo, a] 形《誤用》=**espurio**
espurgabuey [espurɣaβwéi] 男《鳥》ヌマサギ《=garcilla》
espurio, ria [espúrjo, rja]《←ラテン語 spurius》形 ❶《文語》[書類の] 本物(真正)でない, 偽の, 虚偽の. ❷ [人が] 私生の: hijo ~ 私生児, 非嫡出子
espurrear [espurẽár] 他 [口から] 吐く, 吹く: 1) ~ saliva つばを吐く. 2) [+con・de, に] Soltó la carcajada y *espurreó de leche*. 彼は大笑いして牛乳を吹いてしまった
espurriar [espurjár] [11] 他 =**espurrear**: El bebé *espurrió mi vestido con leche*. 赤ん坊がミルクを吐いてわたしの服を汚してしまった
espurrido, da [espurĩ́ðo, ða] 形《地方語》長く引き延ばした《=resquebrajar》
esputación [esputaθjón] 女 痰を吐く(切る)こと
esputar [esputár] 自 痰を吐く, 痰を出す
esputo [espúto]《←ラテン語 sputum < spuere「痰を吐く」》男 痰(たん): ~s sanguíneos 血痰
esquebrajar [eskeβraxár] 他 ひびを入れる, 亀裂を生じさせる《=resquebrajar》
esquejar [eskexár] 他《農業》挿し木する
esqueje [eskéxe] 男《農業》[挿し木用の] 挿し穂
esquela [eskéla] 女《←ラテン語 scheda「紙片」》❶《西》死亡通知, 死亡広告《=~ mortuoria, ~ de defunción》: publicar una ~ en los periódicos 新聞に死亡広告を出す. ❷《まれ》[主に三角形に折った] 簡単な手紙(招待状・通知状). ❸《中南米》手紙;《南米》便箋
esqueletado, da [eskeletáðo, ða] 形《まれ》やせ細った, 憔悴した
esqueletal [eskeletál] 形《解剖》骨格の
esquelético, ca [eskelétiko, ka]《←esqueleto》形 ❶ やせ細った. ❷ 骨格の; 骸骨の: músculo ~ 骨格筋
esqueletización [eskeletiθaθjón] 女《文語》やせ衰えさせること
esqueletizar [eskeletiθár] [9] 他《文語》やせ衰えさせる
esqueleto [eskeléto]《←ギリシア語 skeletos < skello「私が乾かす」》男 ❶《解剖》[不可算] 骨格: El ~ del hombre es muy semejante al del mono. 人間の骨格はサルの骨格によく似ている. ❷ 骸骨: La muerte suele representarse con un ~ que lleva una guadaña. 死は長柄の鎌を持った骸骨で表わされることが多い. ❸《口語》やせ細った人: estar hecho un ~/parecer un ~ 骨と皮ばかりにやせている. ❹ [建物などの] 骨組み; [小説・演説などの] 概要. ❺ [中が仕切られた] ビールケース. ❻《メキシコ, 中米, コロンビア》書式, 書き込み用紙. ❼《チリ》[文学作品・演説などの] 草稿
en ~ 不完全な, 未完成な
mover (menear) el ~《口語》踊る; [スポーツなどで] 激しく動く
tumbar el ~《俗語》横になる, 寝る
esqueletógeno, na [eskeletóxeno, na] 形《解剖》骨格を形成する
esquema [eskéma]《←ラテン語 schema「幾何学模様」< ギリシア語 skhema「形, 習慣」》男 ❶ [概略的] 図, 図式: hacer un ~ del edificio 建物の大ざっぱな設計図を描く. en ~ 図解して. ❷ [計画などの] 概要, アウトライン; 草稿: ~ general 全体の概要. ~ de la conferencia 講演の草稿. ❸ 枠組み: Aceptar la redondez de la Tierra suponía romper con los ~s tradicionales. 地球が丸いことを認めるのは伝統的な〔思想的〕枠組みを破壊することを意味していた. ~ de integración 統合スキーム. ❹《哲学》先験的図式
romper a+人 los ~s …の先入観を打ち壊す
romperse a+人 los ~s …が途方に暮れる, 困惑する
esquemáticamente [eskemátikaménte] 副 ❶ 図解して, 図式で. ❷ 概略的に, 大まかに
esquemático, ca [eskemátiko, ka]《←ラテン語 schematicus》形 ❶ 図解した, 図式的な: corte ~ 断面図. diagrama ~ 模式図. ❷ 概略の, 大まかな
esquematismo [eskematísmo] 男 ❶《哲学》図式論. ❷《軽蔑》図式的なこと
esquematización [eskematiθaθjón] 女 ❶ 図表化, 図示, 図解. ❷ 単純化, 概略化. ❸ 図式化
esquematizar [eskematiθár]《←esquema》[9] 他 ❶ [概略的な] 図で示す, 図解する. ❷ 簡略化する, 単純化する: ~ el argumento de la novela 小説の筋を概略する. ❸ 図式化する
esquena [eskéna] 女 ❶《まれ》背骨. ❷《アルゼンチン》[人の] 背中
esquenanto [eskenánto] 男《植物》キャメルグラス
esquero [eskéro] 男 [腰に吊るした] 火口(ほくち)や小銭などを入れる革袋
esquerro, rra [eskér̃o, r̃a] 形《まれ》左利きの《=zurdo》
esquí [eskí]《←ノルウェー語 ski「薪」》男《複》~s/《まれ》~es スキー《行為, 道具》: hacer ~ スキーをする. calzarse (ponerse) los ~ スキーをはく. botas de ~ スキー靴. campo (estación) de ~ スキー場. pista de ~ ゲレンデ. ~s carving カービングスキー. ~ de fondo クロスカントリー. ~ de travesía/~ de montaña 山スキー, スキー登山. ~ nórdico (alpino・artístico) ノルディック(アルペン・フリースタイル). ~ acrobático エアリアル. ~ acuático (náutico) 水上スキー
esquiable [eskjáβle] 形 [場所が] スキーで滑走可能な
esquiador, ra [eskjaðór, ra] 男女 スキーヤー, スキーヤー
esquiar [eskjár]《←esquí》[11] 自 スキーをする: No hay suficiente nieve para ~. スキーをするのに十分な雪がない. ir a ~ スキーに行く
esquibob [eskiβób] 男 スキーボブ, スノーバイク
esquiciar [eskiθjár] [10]《まれ》素描し始める, 下絵を描き始める
esquicio [eskíθjo]《←伊語 schizzo》男 デッサン, 素描, スケッチ
esquifada [eskifáða] 形《建築》bóveda ~ 交差穹窿, 交差穹窿(きゅうりゅう)
—— 女 小艇(ボート)の積荷(積載量)
esquifar [eskifár] 他《船》乗組員をのせる; 用具を装備する
esquifazón [eskifaθón] 女《集名》櫓と漕手要員
esquife [eskífe] 男《船舶》1) [大型船に付属した] 小艇, ボート. 2) スキフ《1人乗りの競技用カヌー》. ❷《建築》筒形穹窿(きゅうりゅう), 半円筒ヴォールト
esquifido, da [eskifíðo, ða] 形《地方語》足りない, まれな
esquijama [eskixáma] 男《冬用の》ニットパジャマ
esquila [eskíla] 女 ❶《←ゴート語 skilla》❶《家畜の首につける小型の》鈴, カウベル. ❷《修道院の》召集用の小型の鐘. ❸《昆虫》ミズスマシ. ❹《植物》海葱(かいそう)《=albarrana》. ❺《地方語》小エビ, クルマエビ《= de agua》
II《←esquilar》女 剪毛(せんもう)
Esquilache [eskilátʃe]《人名》**marqués de** ~ エスキラーチェ

侯爵〖1700?～85, イタリア出身の政治家. 本名 Leopoldo di Gregorio. カルロス3世治世初期の事務大臣兼財務大臣. 1766年反エスキラーチェ暴動 Motín de Esquilache により失脚〗

esquiladero [eskilaðéro] 男 剪毛場
esquilado [eskiláðo] 男 剪毛
esquilador, ra [eskilaðór, ra] 名 毛を刈る〔人〕
 ponerse como el chico del ～ 食べ飽きる
 ── 女 剪毛機
esquilahuevos [eskilawéβos] 名《単複同形》《ラマンチャ》がめつい人
esquilar [eskilár]《←古アラゴン語 esquirar < ゴート語 skairan》他 ❶ [動物の毛を] 刈り込む, 剪毛(ﾅ)する. ❷《戯語》[髪の毛を短く] 刈る. ❸《地方語》[木・棒などを] よじ登る
esquileo [eskiléo] 男 ❶ 剪毛; 毛の季節(場所). ❷《地方語》よじ登ること
esquilero [eskiléro] 男《地方語》[小エビをすくう] 手網
esquilimoso, sa [eskilimóso, sa] 形《まれ》極端に上品ぶった, 気取った
esquilmación [eskilmaθjón] 女 植物が地中の養分を奪うこと
esquilmador, ra [eskilmaðór, ra] 形 名 ❶ 地中の養分を奪う. ❷ 枯渇させる〔人〕; 搾り取る〔人〕
esquilmante [eskilmánte] 形 地中の養分を奪う
esquilmar [eskilmár]《←古語 esquimar「木の枝を取り去る」< quima「枝」》他 ❶ [植物が地中の養分を奪う. ❷ [資源などを] 枯渇させる; [金を] 搾り取る, むしり取る. ❸ [果実・野菜などを] 収穫する, 拾い取ること
esquilme [eskílme] 男 ❶ 植物が地中の養分を奪うこと. ❷ 枯渇させること; 搾り取ること
esquilmo [eskílmo] 男 ❶ [土地・家畜からの] 収穫物, 産物. ❷《ガリシア》うまやの床を覆う落ち葉や枯れ枝. ❸《アンダルシア》オリーブの生り始めの実.《メキシコ》[耕作・畜産の] 2次的な利益. ❺《チリ》ブドウの軸
esquilo [eskílo] 男 ❶《サンタンデール. 動物》リス. ❷《アラゴン, リオハ》剪毛(ﾅ)
esquilón [eskilón] 男 ❶ 大型のカウベル(振り鈴・呼び鈴). ❷《エストレマドゥラ》ブウのごく小さな房
esquimal [eskimál] 形 名 エスキモー〔の〕: *perro ～* エスキモー犬
 ── 男 エスキモー語
esquimotaje [eskimotáxe] 男《カヌー》エスキモーロール
esquina [eskína]《←ゲルマン語 skino「縁」》女 ❶ 角(ｶﾄﾞ)の《頚義》 *esquina* は外側から見た角, *rincón* は内側から見た隅」: 1) Enganchó su camisa en la ～ del escritorio. 彼は机の角にシャツを引っかけた. enjugarse las lágrimas con una ～ del pañuelo ハンカチの端で涙をぬぐう. un mapa ya usado que tiene las ～s of dobladas 使い古されて角が折れている地図. 2) [曲がり]角, 街角 Llegó hasta la ～ y se detuvo. 彼は街角まで来て立ち止まった. Al doblar (volver・torcer) la ～, me encontré con mi amigo. 私は角を曲がったところで, 友人に出会った. En la ～ hay una farmacia de la ～. 角の薬局に入った. En la ～ hay una cafetería. 角に喫茶店がある. calle Serrano, ～ Goya セラーノ通りとゴヤ通りの交差する角. casa de la ～ 角の家. ❷《サッカー》コーナー: sacar de ～ コーナーキックをする. ❸《ボクシング》コーナー: ～ roja (azul) 赤(青)コーナー. ～ neutral ニュートラルコーナー. ❹《遊戯》*las cuatro ～s* 陣取り遊び. ❺《古語》[敵に投げ落とす] 石塊. ❻《中南米》1) 食料雑貨店《主に通りの角にある》. 2) [la+] 売春
 darse contra (por) las ～s 行き詰まる, 壁にぶつかる
 de ～ [部屋が] 2面に面した, 角の; [家具が] コーナー用の
 doblar la ～ 1) 角を曲がる. 2)《チリ, アルゼンチン, ウルグアイ》[人が] 死ぬ
 en cada (cualquier) ～《口語》隅々にまで, どこにでも; しばしば
 ～ a... …通りの角に
 estar en ～ [互いに/+con+人 と] 仲が悪い, 不和になっている, 仲違いしている
 formar ～ =*hacer ～*
 hacer ～ 1) [建物が] 街角に位置する, 角に立つ: La tienda *hace ～* con la calle Mayor. 店はマヨール通りの角にある. 2) [道路が] 交差する, 交わる
esquinado, da [eskináðo, ða] 形 ❶ 角にある, 角に置かれた: escritorio ～ 角の事務机. habitación ～*da* 角部屋. ❷ cara ～*da* 角ばった顔. ❸ 気難しい, 非社交的な: poner-se ～ 気難しくなる. ❹ 敵意のある, 反感を持った
esquinadura [eskinaðúra] 女 ❶ 角ばっていること, 角のあること. ❷ 気難しいこと, とげとげしいこと
esquinal [eskinál] 男《建物の, 特に切石でできた》角(ｶﾄﾞ)
esquinancia [eskinánθja] 女《まれ. 医学》アンギナ〔=angina〕
esquinante [eskinánte] 男 =esquenanto
esquinanto [eskinánto] 男 =esquenanto
esquinar [eskinár]〔←esquina〕他 ❶ 《の角に位置する, 角に置く: La tienda *esquina* la calle de Alcalá. 店はアルカラ通りの角にある. ～ el sillón 椅子を角に置く. ❷ [木材を] 角ばらせる, 角を出す. ❸ 片隅に追いやる, 脇に押しやる. ❹ [互いに/+con と] 不和にする, 仲たがいさせる: Aquel suceso le *esquinó* con todos sus amigos. その事件で彼は友人みんなと仲たがいした. Ha *esquinado* a su hijo. 彼は息子を怒らせてしまった
 ── 自 ❶ [+con の] 角にある: El establecimiento *esquina con* la calle principal. 施設は大通りの角にある. ❷ [道が] 交差する, 交わる
 ～se ❶ 不和になる, 気まずくなる: Se *esquinó con* sus compañeras. 彼女は仲間たちと仲たがいした. ❷…に怒る
esquinazo [eskináθo]《esquina の示大語》男 ❶ [建物の] 角. ❷《チリ》セレナーデ〔=serenata〕
 dar [el] ～ a+人 1)…に待ちぼうけを食わせる, …との約束をすっぽかす: Habíamos quedado a las tres y me *ha dado ～*. 3時の約束だったのに, 私は彼にすっぽかされてしまった. 2) [追跡者を] まく, …の追跡をかわす. 3)…を置いてきぼりにする. 4)…と会うのを避ける. 5)《南米》…をだます
esquinco [eskínko] 男《動物》カラカルトカゲ〔=eslizón〕
esquinela [eskinéla] 女《甲冑》すね当て
esquinencia [eskinénθja] 女《医学》アンギナ〔=angina〕
esquinero, ra [eskinéro, ra] 形 角になる, 角にある
 ── 男 ❶《カナリア諸島; メキシコ, カリブ》コーナー用の家具
 ── 女 ❶《口語》街娼. ❷《地方語》コーナー用の家具, コーナーキャビネット
esquinita [eskiníta]《esquina の示小語》女 las cuatro ～s《遊戯》陣取り遊び〔=las cuatro esquinas〕
esquinzador [eskinθaðór] 男 [製紙工場の] ぼろ布寸断機
esquinzar [eskinθár] 他 [製紙用ぼろ布を] 寸断する
esquiraza [eskiráθa] 女《船舶》[横帆の] 輸送船
esquirla [eskírla] 女《←仏語 esquille》❶ [骨・木・ガラス・石などの] 破片, かけら: Saltaron las ～ *s* del cristal. ガラスの破片が飛んだ. ❷ [骨折などによる] 骨片
esquirlado, da [eskirláðo, ða] 形《医学》骨棘(ｷｮｸ)ができた
esquirol, la [eskiról, la] 名 ❶《西, メキシコ. 軽蔑》スト破り〔人〕. ❷《アラゴン. 動物》リス
esquisto [eskísto] 男《鉱物》頁岩(ｶﾞﾝ), 片岩: gas de ～ シェールガス. ～ *bituminoso* 瀝青頁岩. ～ *petrolífero* オイルシェール
esquistosidad [eskistosiðá(ð)] 女《地質》片理
esquistoso, sa [eskistóso, sa] 形 頁岩の, 片岩の, 片岩質(状)の
esquistosomiasis [eskistosomjásis] 女《医学》住血吸虫症
esquitar [eskitár] 他《廃語》[債務を] 免除する
esquite [eskíte] 男《メキシコ, 中米》〔主に複〕ポップコーン
esquiva¹ [eskíβa] 女《闘牛》避けること, よけること
esquivar [eskiβár]《←ゲルマン語 skiuhan「怖がる」》他 ❶《巧みに》避ける, よける: ～ un coche 車をよける. ～ un golpe パンチをかわす. ～ los castigos 罰を逃れる. Trata de ～ mi encuentro. 彼は私と会うのを避けている
 ── *～se*《まれ》❶ 避ける. ❷ 引き下がる, 手を引く; 立ち去る
esquivez [eskiβéθ] 女《文語》❶ 無愛想, つれなさ. ❷ 恥ずかしがり, 引っ込み思案, 内気
esquiveza [eskiβéθa] 女《廃語》=esquivez
esquividad [eskiβiðá(ð)] 女《まれ》そっけなさ, 無愛想
esquivo, va² [eskíβo, βa]《←esquivar》形《文語》❶ [応対などを] 避ける, 逃げる; そっけない, 無愛想な: mirada ～*va* そらすような視線. Se muestra ～*va* ante las manifestaciones de afecto. 彼女は相手の好意を無視する態度をとった. ❷ 恥ずかしがりの, 内気な
esquizado, da [eskiθáðo, ða] 形 [大理石が] 斑紋のある, まだらの

esquizocarpio [eskiθokárpjo] [男]《植物》分離果, 分裂果
esquizocarpo [eskiθokárpo] [男] =**esquizocarpio**
esquizofíceo, a [eskiθofíθeo, a] [形] 藍藻類の
—— [女] [複]《植物》藍藻類
esquizofito, ta [eskiθofíto, ta] [形] 分裂植物の
—— [女] [複] 分裂植物
esquizofrenia [eskiθofrénja] [女]《医学》統合失調症,〔精神〕分裂病
esquizofrénico, ca [eskiθofréniko, ka] [形] [名] 統合失調症の〔患者〕, 分裂病の〔患者〕
esquizofrenización [eskiθofreniθaθjón] [女]《医学》統合失調
esquizogénesis [eskiθɔxénesis] [女]〖単複同形〗《生物》分裂生殖
esquizoide [eskiθói̯đe] [形] [名] 分裂病質の〔患者〕
esquizomanía [eskiθomanía] [女]《医学》類分裂病
esquizomicete [eskiθomiθéte] [形] 分裂菌綱の
—— [男] [複]《生物》分裂菌綱
esquizomiceto [eskiθomiθéto] [男]《生物》分裂菌
esquizomicófitos [eskiθomikófitɔs] [男] [複]《植物》裂殖菌植物門
esquizotímico, ca [eskiθotímiko, ka] [形]《医学》分裂気質の
esrilanqués, sa [e〔s〕r̄ilaŋkés, sa] [形] [名]《国名》スリランカ Sri Lanka の(人)
esta[1] [ésta] [女] ❶《手紙》1)《古語的》当地〖⇔esa 貴地〗: Permaneceré en ～ unas semanas. 私は2週間ほど当地に滞在します. 2) 本状: Por ～ le comunico que... 本状にて…であることをお知らせします. ❷《口語》[複]〔言われたことに対する軽蔑・非難〕そんなこと
estabilidad [estabiliđá〔đ〕]〖←ラテン語 stabilitas, -atis〗[女] ❶ 安定性; 釣り合い, 平衡: tener gran (poca) ～ 安定性がよい(悪い). ～ a gran velocidad 高速安定性. ～ en la bolsa 相場の安定. ～ política 政治的安定. ❷ 平静さ; 着実, 堅忍不抜: guardar (perder) su ～ 平静さを保つ(失う). ❸ 永続〔性〕, 持続〔性〕. ❹《船舶, 物理》復原力, 復原性. ❺《気象》〔対流などの大気擾乱 disturbio に対する〕安定〔度〕
estabilísimo, ma [estabilísimo, ma] [形] estable の絶対最上級
estabilización [estabiliθaθjón] [女] 安定化; 平衡化: Plan de *E*～〔経済〕安定化計画〖1959年スペイン, 奇跡の高度成長 milagro económico español をもたらした〗. planos de ～《航空》安定板. ～ de la moneda 通貨の安定化
estabilizador, ra [estabiliθadór, ra] [形] 安定させる
—— [男] ❶〔車などの〕安定装置, スタビライザー;《航空》安定板: ～ horizontal (vertical) 水平(垂直)安定板. ❷《化学》負触媒, 安定剤. ❸《経済》～ automático incorporado 自動安定化装置, ビルトイン・スタビライザー〖政策を待たずに景気変動を平準化する. 累進課税など〗
estabilizante [estabiliθánte] [形] [男]《化学》安定させる; 安定剤
estabilizar [estabiliθár]〖←estable〗[9] [他] ❶ 安定させる: ～ la economía 経済を安定させる. ～ la población 人口の変動を抑える. ❷〔為替レートを〕固定する
—— **～se** 安定する; 正常化する, 落ち着く: No *se* le *ha estabilizado* todavía la fiebre. まだ彼は平熱に戻っていない
estable [estáble]〖←ラテン語 stabilis < stare〗[形] しっかりした, 安定した; 持続性のある: edificio ～ 頑丈な建物. empleo ～ 安定した職業. gobierno ～ 安定した政府. posición ～ 安定した地位
establear [estableár] [他]〔牛を〕牛舎になじませる
—— **～se**〔牛が〕牛舎になじむ
establecedor, ra [estableθeđór, ra] [形] 設立の, 規定する
—— [名] 設立者, 創設者, 創立者
establecer [estableθér]〖←ラテン語 stabiliscere < stabilire〗[39] [他] ❶〔施設・機関などを〕設立する, 創設する, 開設する: El Reino Unido *estableció* un protectorado en la India. イギリスはインドに保護領を設立した. ～ un control 検問所を設置する. ～ una colonia 入植地を開く. ～ una escuela 学校を設立する. ～ una sucursal 支店を開く. ～ una tienda 店をオープンする. ❷〔制度・関係・習慣などを〕設ける, 確立する: ～ el sistema monetario 貨幣制度を確立する. ～ un precedente 先例を作る. ～ un régimen disciplinario 懲罰制度を設ける. ～ una ley 法律を制定する. ～ comunicación con... …と連絡する. ～ contacto 接触する, 問い合わせる. ～ relaciones con... …と関係を結ぶ. criterios previamente *establecidos* あらかじめ定められた基準. hecho *establecido* 既定の事実. ❸〔計画・書類などを〕作成する, 準備する: ～ un plan 計画を立てる. ～ un plano 図面を作製する. ～ investigaciones 調査を始める. ❹〔法律・規則が〕定める, 規定する, 命じる: La ley *establece* la mayoría de edad a los dieciocho años. 法律により成年は18歳と規定されている. La Constitución *establece* la igualdad de todos los españoles ante la ley. 憲法は法の下でのすべてのスペイン人の平等を定めている. conforme a lo *establecido* en el artículo 10 第10条の規定するところにより. ❺ 確証する, 明らかにする: La recta razón *establece* dónde está el término medio de las cosas. 筋を通して考えれば物事の中庸がどこにあるかが分かる. ～ las diferencias 違いを明らかにする. ❻ 定着させる: ～ la paz 平和を確立する. ❼〔新記録などを〕樹立する: ～ el récord mundial 世界新記録を打ち立てる. ❽ 設営する, 建てる
—— **～se** ❶〔+en に〕定住する, 居を定める, 定着する: *Se han establecido en* Barcelona. 彼らはバルセロナに居を定めた. extranjeros *establecidos en* el país 国内に居住する外国人. ❷〔事業を始めて〕自立する, 独立する, 店を持つ: *Se estableció en* un pequeño local. 彼は小さな店を持って独立した. ❸ 開業する: *Se estableció* como veterinario. 彼は獣医を開業した. ❹〔法律・規則で〕定められている: como *se establece* en la Constitución 憲法で定められているとおりに
dejar establecido+事 …を既定のものとする, 制定する, 定める
establecimiento [estableθimjénto]〖←establecer〗[男] ❶ 設立, 設置, 創業. ❷《文語》施設, 機関: ～ académico 学術機関. ～ agrícola 農業施設, 農園. ～ bancario 金融機関. ～ benéfico 慈善施設. ～ comercial 商業施設, 店舗. ～ docente (educativo・educacional) 教育機関, 教育施設. ～ fabril 工場. ～ hotelero 宿泊施設. ～ penal 刑務所. ～ permanente〔支店・工場などの〕恒久的施設〖それを有する非居住者には国内源泉の全所得が課税対象となる〗. ～ religioso 宗教施設. ～ tabacalero たばこ販売店. ～*s* nacionales de enseñanza superior 国立高等教育施設. ～*s* públicos バル・レストラン・カジノなど. ❸ 制定, 確定. ❹〔計画などの〕作成. ❺〔新記録の〕樹立. ❻ 定住;《まれ》定住地: el ～ de los romanos en la Península ローマ人のイベリア半島への定住. ❼《まれ》開拓地, 植民地: Los griegos fundaron un ～ en Ampurias. ギリシア人はアンプリアスに植民地を建設した. ❽《まれ》エスタブリッシュメント〖=establishment〗
establemente [estábleménte] [副] しっかりと, 安定して; じっくりと
establero [establéro] [男] 厩舎番, 家畜小屋の世話係
establishment [estábliʃmen]〖←英語〗[男] エスタブリッシュメント, 既成の権力組織, 支配者層, 体制〔派〕
establo [estáblo]〖←ラテン語 stablum < stare「いる」〗[男] ❶ 厩(うまや), 厩舎(きゅうしゃ); 牧舎, 家畜小屋. ❷ 汚い(乱雑な)場所
estabón [estabón] [男] ❶〔実を収穫後の〕ソラマメの実無し茎. ❷《アルバセテ》〔葉や実を取った後の〕裸茎
estabulación [estabulaθjón] [女]〔家畜の〕屋内飼育, 牧舎での飼育
estabular [estabulár] [他] 厩舎(牧舎)で飼育する, 牧舎に入れる
estaca [estáka]〖←ゴート語 stakka〗[女] ❶ 杭(くい): clavar (poner) una ～ en... …に杭を打つ. ❷ 棍棒. ❸《農業》挿し木: Se reproduce por ～. 挿し木で増える. ❹ 長釘, 大釘. ❺〔鹿の, 4歳まで1年ごとに生え増える〕枝分かれした角. ❻《中南米》1) 鉱山採掘権. 2)〔鶏の〕蹴爪(けづめ). ❼《ベネズエラ》あてこすり, 皮肉
estacada [estakáđa]〖←estaca〗[女] ❶〔杭を打ち並べた〕柵(さく); 矢来(やらい);〔敵船からの上陸を阻止する〕防御柵. ❷ 決闘場;〔柵で囲った〕競技場. ❸《地方語》〔40年以下の〕若いオリーブ畑
dejar a+人 ***en la ～*** …を窮地に置き去りにする, 見殺しにする
quedar〔se〕 en la ～ 立ち往生する; 言い負かされる
estacado [estakáđo] [男] 柵で囲った場所(競技場)
estacadura [estakađúra] [女] [集名]〔馬車の車体固定用の〕長釘
estacal [estakál] [男]《地方語》若いオリーブ
estacar [estakár] [7] [他] ❶〔動物を〕杭につなぐ. ❷ 杭で境界を区切る. ❸《築城》砦柵(さいさく)を巡らす. ❹《中南米》〔皮を〕杭で固定して広げる

—— ~se ❶ 棒立ちになる，動かなくなる．❷《コスタリカ，コロンビア》木片が刺さる

estacazo [estakáθo]《←estaca》男 ❶ 棍棒による殴打．❷《口語》厳しい批判(叱責): dar a+人 un buen ~ …を厳しく叱る

estacha [estátʃa] 女 ❶《船舶》[係留などに使う]太綱．❷ [捕鯨の銛に付ける]ロープ

estaciógrafo [estaθjóɣrafo] 男《船舶》[地文航法の]船位測定器

estación [estaθjón]《←ラテン語 statio, -onis「滞在〔場所〕」 < stare「存在する」》 女 ❶ 季節，時季: en la ~ actual 今の季節(時期)に．fuera de ~ 季節はずれの．las cuatro *estaciones* [del año] 四季．~ de las lluvias 雨季．~ seca 乾季．[❸❸] primavera 春，verano 夏，otoño 秋，invierno 冬《春以外は男》．スペインでは暦の上で春は春分から夏至まで，夏は夏至から秋分まで，秋は秋分から冬至まで，冬は冬至から春分までとされている: Ya está cerca la *primavera*. もう春が近い．Por fin ha llegado (entrado) la *primavera*. やっと春になった．Estamos en *invierno*. 今は冬だ．En *primavera* cantan los pájaros. 春には小鳥がさえずる．En *otoño* las hojas caen. 秋には葉が落ちる．Este año la *primavera* está retrasando mucho. 今年は春の訪れが遅い．La pasada *primavera* ha sido muy lluviosa. 今年の春は雨が多かった．Se casarán en el *verano* del año que viene. 彼らは来年の夏結婚する．La *primavera* es la estación del amor. 春は恋の季節だ．Tenemos una *primavera* marcada con todo tipo de manifestaciones reivindicativas. この春は様々な権利要求のデモが行われている．ropa de *otoño-invierno* 秋冬もの衣料．❷ [活動・行事などに適した]時期，シーズン: ~ de caza 狩猟シーズン．~ de las setas キノコの季節．~ turística 観光シーズン．❸《駅》 ~ ferroviaria, ~ (del tren): 1) Tomó el metro y se dirigió a la ~ de Metro Oeste. 彼は再び地下鉄に乗り，メトロ・オエステ駅に向かった．El tren salió con retraso de la ~. 列車は遅れて駅を発車した．~ central (principal) [都市の]中央駅．~ de clasificación/~ de apartado 操車場．~ de mercancías 貨物駅．2) 乗り場，発着場: ~ de autobuses バスターミナル．~ marítima 船着場．3) [路面電車の]車庫．❹ [通信・観測・研究などの]施設，基地: ~ agronómica 農業試験所．~ de enfermería ナースステーション．~ de radar レーダー基地．~ de servicio [自動車]サービスステーション，ガソリンスタンド．~ de telecomunicaciones 電信電話局．~ espacial internacional 国際宇宙ステーション．~ meteorológica 気象台，観測所．~ polar 極地(北極)観測基地．~ repetidora 中継局．~ telegráfica 電報局．❺ 放送局 [= ~ emisora]: Hay varias *estaciones* que se escuchan mal. よく聞こえない局がいくつかある．~ de radio ラジオ放送局．~ de televisión テレビ局．❻ 観光地，保養地: ~ de esquí de Sierra Nevada シエラネバダスキー場．~ termal (climática) 温泉場．~ veraniega 避暑地．❼ 滞在，逗留; 滞在場所，立ち寄る所．❽《生物》分布区域，生息地．❾《天文, 占星》留．❿ [三角測量の]測点．⓫《カトリック》1) [十字架の道行きの]留 (ᜑ̇)，お旅所 [= ~ del Vía Crucis]. 2) 休憩祭壇での祈祷．3)《歴史》[指定された教会への]巡礼．⓬《情報》~ de trabajo ワークステーション．⓭ 駐屯軍．⓮《俗語》バル，居酒屋．⓯《まれ》状態，現状．⓰《古代ローマ》[一日の区分で]午前6時から午後6時まで

 andar [*las*] *estaciones* 教会を巡拝する
 hacer ~ 休憩する，滞在する，立ち寄る
 hacer (*recorrer・rezar*) *las estaciones* はしご酒をする
 vestir con la ~ 季節に合わせて装う

estacional [estaθjonál]《←ラテン語 stationaliss》形 ❶ 季節的な，季節に特有の: ajuste ~《経済》季節調整．calenturas ~*es* 季節特有の暑さ．empleo ~ 季節雇用．obrero ~ 季節労働者．revista ~ 季刊誌．viento ~ 季節風．❷《カトリック, 歴史》[教会が]巡礼，station の行なわれる．❸《天文》[惑星が]留の [= estacionario]

estacionalidad [estaθjonalidá(d)] 女 季節性，季節感

estacionalmente [estaθjonálménte] 副 ajustado ~《経済》季節調整済みの

estacionamiento [estaθjonamjénto] 男 ❶ 駐車: Prohibido el ~. 駐車禁止．mal ~ 違法駐車．luz de ~ 駐車灯．reloj de ~ パーキングメーター．❷《主に中南米》駐車場 [= aparcamiento]: Tardó mucho en encontrar un ~. 彼は駐車場を見

つけるのに手間取った．❸ 停滞．❹ [軍隊の]駐屯

estacionar [estaθjonár]《←estación》他 ❶ [車を]駐(ᜑ̇)める [= aparcar]: ~ su coche en la vía pública 公道に駐車する．❷ 配置する
—— ~se ❶《主に中南米》駐車する．❷《文語》[場所に]とどまる．❸ 停滞する; 重病のままである: En las últimas horas *se ha estacionado* la fiebre. この数時間，熱は上がっていない

estacionario, ria [estaθjonárjo, rja]《←estacionar》形 ❶ 停滞した，移動しない; 不活発な: El mercado continúa en estado ~. 市場は依然閑散としている．mar ~ 凪(ᜋ̇)の海．❷《物理》onda ~*ria* 定在波，定常波．❸《天文》1) 軌道 ~*ria* 静止軌道．2) [惑星が]留(ᜋ̇)の，静止した
—— 男《古語》❶《大学公認の》貸本店．❷ サラマンカ大学図書館の司書

estacionero, ra [estaθjonéro, ra] 名 ガソリンスタンドの従業員

estacón [estakón] 男 大杭，つっかい棒杭

estacte [estákte] 女 ミルラ精油

estada [estáda]《←estar》女《まれ》滞在，逗留 [= estadía]

estadal [estadál] 男 ❶《古語的》[長さの単位]エスタダル《= 4 varas, = 3.334 メートル》: ~ cuadrado [農地面積の単位]平方エスタダル《= 11.1756平方メートル》．❷ [首にかける]聖別されたリボン．❸ 等身大のろうそく

estadero [estadéro] 男《歴史》課税地測定官

estadía [estadía]《←estada》女 ❶ モデルがポーズをとる時間．❷ [一定期間の]滞在，逗留; ~ ilegal 不法滞在．❸《船舶》超過停泊，滞船料．❹ 寒冷期の〔天候が続く期間〕

estadidad [estadidá(d)] 女 連邦国，連邦国家であること

estadificar [estadifikár] 自 他《医学》[悪性腫瘍を]病期分類する

estadígrafo, fa [estadíɣrafo, fa] 名 統計学者 [= estadístico]

estadillo [estadíʎo] 男 [データの]書き込み表; 統計によるまとめ

estadio [estádjo]《←ラテン語 stadium < ギリシア語 stadion》男 ❶ スタジアム，競技場: ~ de fútbol サッカー場．~ olímpico オリンピックスタジアム．❷《文語》[発展などの]段階，局面: ~ oral《心理》口唇期．❸《医学》[間欠熱の]期: ~ de frío 無熱期．~ de calor 高熱期．~ de sudor 発汗期．❹《昆虫》[成長・脱皮の]期，齢．❺《古代ギリシア・ローマ》[長さの単位]スタディオン

estadiómetro [estadjómetro] 男《測量》スタジアメーター，視距儀

estadista [estadísta]《←estado》名 ❶ [国政を動かす指導的な]政治家，国家の指導者．❷ 国家元首．❸ 統計学者 [= estadístico]

estadística[1] [estadístika]《←estadístico》女 ❶ 統計; 統計表: hacer las ~*s* de... …の統計をとる．programa de ordenador para hacer ~ 表作成用のパソコンソフト．~ económica 経済統計．~ sobre vida/~ demográfica 人口動態統計．❷ 統計学;《数学》統計的確率論: ~ descriptiva 記述統計学．~ inductiva 推計統計学

estadísticamente [estadístikaménte] 副 統計〔学〕的に

estadístico, ca[2] [estadístiko, ka] 形 統計〔学〕の，統計〔学〕上の，統計に基づく: análisis ~ 統計分析．estudio ~ 統計的研究．mecánica ~*ca* 統計力学
—— 名 統計学者

estadium [estadjún] 男《複 ~s》スタジアム [= estadio]

estadizo, za [estadíθo, θa] 形 ❶ 長い間動かない; [水・空気が]よどんだ，停滞した．❷ [食べ物が]古くなった，傷みかけた

estado [estádo]《←ラテン語 status》男 ❶ 状態，状況，様子，具合: 1) [心身の] Cada día que pasa, se agrava su ~. 一日ごとに彼の容態は悪化している．en ~ grave 重態の．~ de salud de los pacientes 患者の健康状態．~ de ánimo 精神状態，気分．~ ~ mental 心的状態．2) [事物の] El coche está en buen (mal) ~. 車の調子は良好だ(よくない)．averiguar el ~ de la cuestión 問題の進展状況を確かめる．conservar los alimentos en perfecto ~ 食品を完全な状態に保つ．devolver la mercancía a su ~ original 商品を元の状態に戻す．~ de cosas 情勢，事態．~ de emergencia 緊急事態．3)《物理, 化学》[en] ~ sólido (líquido・gaseoso) 固体 (液体・気体) 状態の．❷ 身分，地位: ~ civil 戸籍上の身分《独身 soltero，既婚 casado，寡男 viudo の別》．cambio de ~ 独身・既婚・寡男の別の変化; 状態の変化．tercer ~/~ llano (general・común)《歴史》[貴族・聖職者に対して]

estadounidense 938

第三身分, 平民. cuarto ~ プロレタリアート. ~ militar (eclesiástico) 軍職(聖職)［18世紀フランスの］三部会. ❸［しばしば E~］国家［→nación 類義］: 1) asunto de ~ 国事; 重要問題. ministro de E~ 国務大臣. Departamento (secretario) de E~［米国の］国務省(長官). los 15 E~s miembros de la Unión Europea EU加盟15か国. E~ español スペイン国. 2) 政府. 3) 国土. 4) 政体. E~ de derecho 法治国家. E~ liberal 自由国家. E~ republicano (monárquico) 共和(君主)政体. E~ autoritario 独裁国家. E~ totalitario 全体主義国家. ❹［米国・メキシコなど合衆国の］州: E~ de Texas テキサス州. E~ Libre Asociado 自由連合州『プエルトリコのこと』. E~s Unidos Mexicanos メキシコ合衆国. ❺［状況を記した］報告書, リスト: ~ de los gastos 支出報告書. ~ de personal 従業員名簿. ~ de reconciliación 調整報告, 調整表. ❻《商業》計算書『~ de cuenta』: ~ de ingresos y gastos/~ de pérdidas y ganancias 損益計算書. ~ de situación/~ financiero/《商》~ contable 貸借対照表. ~ de trabajo 精算表, 運用表, ワークシート. ~ s contables (financieros) 財務諸表. ❼《電気》~ sólido ソリッドステート. ❽《情報》~ al momento de arranque/~ predefinido de operación 初期設定, 初期値. ❾《歴史》《貴族などの支配する》領地: E~s Pontificios 教皇領. ❿［長さ・深さの単位］=約7 pies『一人間の身長』;［面積の単位］=約49 pies

dar ~ 1) 結婚させる. 2) 聖職につかせる

de ~ ［首相クラスの］政治家の

en ~ ［婉曲］妊娠中の: Era evidente que estaba *en* ~. 彼女が妊娠中だったことは明らかだった. ceder los asientos a las mujeres *en* ~ 妊婦に席を譲る. quedarse *en* ~ 妊娠する

en ~ *de...* …の状態で: No está *en* ~ *de* trabajar. 彼は働け状態ではない. estar *en* ~ *de* funcionamiento 動作中である, 運転中である. *en* ~ *de* embriaguez 酩酊状態で

~ *de cosas* 情況, 事態: En España existe ahora mismo un ~ *de cosas* muy prejuicioso. スペインには現在偏見の目で見られている情況が存在する

~ *de excepción* 非常事態, 戒厳状態: declarar el ~ *de excepción* 非常事態を宣言する

~ *de sitio* 戒厳令: bajo el ~ *de sitio* 戒厳令下の・で

~ *físico* 1)《物理》状態. 2) 体の調子

E~ *Mayor*《軍事》参謀本部: *E*~ *Mayor* Central (General) 統合参謀本部. jefe de *E*~ *Mayor* 参謀総長

~ *nación* 国民国家: creación del ~ *nación* en América Latina ラテンアメリカにおける国民国家の創設

［*los*］*E*~*s Unidos* (*de América*) アメリカ合衆国: *E*~*s Unidos* es un país grande. アメリカは大国である

mudar ~ =*tomar* ~

tomar ~ 1) 結婚する. 2) 聖職につく, 司祭になる

tomar ~ *público*《南米. 口語》公にする, 公開される

estadounidense [estaðouniðénse]《形》《名》《メキシコ》アメリカ合衆国 Estados Unidos de América の, 米国の; 米国人(の): automóvil ~ アメリカ車. empresa ~ アメリカ企業. Hay varios ~s heridos en el ataque. 攻撃で数人のアメリカ人が負傷している

estadual [estaðwál]《形》《中米》連邦国家の

estadunidense [estaðuniðénse]《形》《名》《メキシコ》=**estadounidense**

estafa [estáfa]《←伊語 staffa「あぶみ」》《女》❶ 詐取, 詐欺, ぺてん: cometer una ~ 詐欺を働く. ❷《馬具》あぶみ

estafador, ra [estafaðór, ra]《名》詐欺師, ぺてん師

estafar [estafár]《←伊語 staffare「あぶみから足を抜く」》《他》❶［+a から］だまし取る, 詐取する: Le *estafaron* diez millones de yenes. 彼は1千万円だまし取られた. ❷［+en で］だます: El comerciante nos *estafa en* el peso. その商人は目方をごまかしている

estafermo [estafέrmo]《←伊語 stà fermo「しっかりしている」》❶《西. 軽蔑》ぼんやり立っている人, ぽかんとした人; ぶざまな人. ❷《古語》《騎士が稽古する》槍の的の回転する人形

estafeta [estaféta]《←伊語 staffetta》《女》❶ 郵便局(の支局)『= ~ de correos』. ❷ 外交郵便袋『= ~ diplomática』. ❸《古語》中継ぎ郵便夫, 飛脚, 急使

estafetero, ra [estafetéro, ra]《名》郵便局員;《古語》中継ぎ郵便局長

estafetil [estafetíl]《形》郵便局の;《古語》中継ぎ郵便(夫)の

estafiate [estafjáte]《男》《植物》ホワイトセージ, シルバーキング・ワームウッド『薬草. 学名 Artemisia mexicana』

estafilínido, da [estafilínido, ða]《動》ハネカクシ科の ── 《男》《昆虫》ハネカクシ科

estafilino, na [estafilíno, na]《形》口蓋垂の, のどびこの ── 《男》《昆虫》ハネカクシ

estafilitis [estafilítis]《女》《医学》口蓋垂炎

estafilococia [estafilokóθja]《女》《医学》ブドウ球菌感染

estafilocócico, ca [estafilokóθiko, ka]《形》《医学》ブドウ球菌の

estafilococo [estafilokóko]《男》《医学》ブドウ(状)球菌: ~ *aureus* (áureo · dorado) 黄色ブドウ球菌. ~ *aureus* resistente a la meticilina メチシリン耐性黄色ブドウ球菌, MRSA

estafiloma [estafilóma]《男》《医学》ブドウ(膜)腫

estafisagria [estafiságrja]《女》《植物》スタフィサグリア

estagflación [estaɣflaθjón]《女》《経済》スタグフレーション

estagirita [estaxiríta]《形》《名》《歴史. 地名》古代マケドニアの都市] スタゲイロス Estagira の(人)

estagnícola [estaɣníkola]《形》《動植物が》湿地(淀んだ水中)に住む(生える)

estajanovismo [estaxanoβísmo]《←Stajanov (旧ソ連の労働者)》《歴史. 経済》スタハノフ Stajanov 運動『能率給による生産性向上』

estajanovista [estaxanoβísta]《形》《名》《歴史. 経済》❶ スタハノフ運動の(支持者). ❷ 能率よく働く

estajar [estaxár]《他》❶《俗用》=**destajar**. ❷《古語》近道を行く

estaje [estáxe]《男》《中米》賃仕事, 請負仕事

estajero [estaxéro]《男》《俗用》=**destajista**

estajista [estaxísta]《名》《俗用》=**destajista**

estajo [estáxo]《男》❶《俗用》=**destajo**. ❷《古語》近道

estala [estála]《女》❶ 厩舎, 馬小屋. ❷ 寄港地『=escala』

estalache [estalátʃe]《男》《地方語》小さなみすぼらしい建物

estalación [estalaθjón]《女》職階;［特に聖職者の］階級

estalactita [estalaktíta]《女》《地質》鍾乳石

estalactítico, ca [estalaktítiko, ka]《形》鍾乳石の, 鍾乳石のような

estalagmita [estalaɣmíta]《女》《地質》石筍

estalagmítico, ca [estalaɣmítiko, ka]《形》石筍の

estalagnato [estalaɣnáto]《男》《地質》石灰華柱, 石柱

estalaje [estaláxe]《男》❶ 滞在, 逗留; 逗留場所. ❷ 家財道具. ❸《キューバ. 口語》[人の] みすぼらしい外見

estaliniano, na [estalinjáno, na]《形》《人名》スターリン Stalin の

estalinismo [estalinísmo]《男》《政治》スターリン Stalin 主義

estalinista [estalinísta]《形》《名》スターリン主義の(主義者)

estalinización [estaliniθaθjón]《女》スターリン主義化

estalinizar [estaliniθár]《自》《他》スターリン主義化させる ── *se* スターリン主義化する

estallante [estaʎánte]《形》《文語》[主に強調] 爆発(炸裂)する

estallar [estaʎár]《←古語 astellar「粉々になる」 < astilla「木屑」》 《自》❶ 爆発する, 破裂する, 炸裂する: La bomba que *estalló* causó varios heridos. 爆弾が破裂し, 数名の傷者が出た. En centro comercial *estalló* el explosivo. 商店街で爆発が起きた. ~ en el aire 空中爆発をする. ❷[物が激しく] 割れ, 壊れる: La ventana *estalló* en cientos de pedazos. 窓が割れて粉々になった. Las olas *estallaban* contra las rocas. 波が岩に打ちつけていた. ❸［突然］鳴り響く, 響き渡る: *Estalló* una ovación. どっと拍手喝采が鳴り響いた. hacer ~ el látigo 鞭をピシッと鳴らす. ❹［戦争・嵐・危機など］突然起こる, 突発する: *Estalló* la guerra. 戦争が勃発した. El conflicto *estalló* tras un incidente fronterizo. 国境の衝突後, 紛争が勃発した. La tensión iba creciendo y estaba a punto de ~. 緊張が増大していき爆発寸前の状態だった. Seguramente pronto *estallaría* la tormenta. きっとまもなく嵐が来る. ❺［感情が抑えきれずに］爆発する: 1) Estaba indignísimo y al fin *estalló*. 彼はひどく腹を立てて, ついに怒りを爆発させた. 2)［+de］El público *estalló de* alegría. 観客は大喜びした. ~ *de* indignación 怒りをむき出しにする. ~ *de* risa 大笑いする. 3)［+en］急に…に入る: *Estalló en* sollozos. 彼は急に泣き出した. ❻［タイヤが］パンクする. ❼［服などが］裂ける, はじける

── 《他》❶ 爆発させる, 破裂させる. ❷ 割る

—— **~se** [服などが] 裂ける, はじける: *Se le estalló la cremallera.* 彼のファスナーがはじけてしまった

estallido [estaʎído] 《←*estallar*》男 ❶ 爆発, 破裂: El globo ha dado un ~. 風船が破裂した. Gran *E*~《天文》ビッグバン. ❷ 爆発音, 割れる音; 響き渡ること: ~ de aplausos 割れるような拍手. ~ de una bomba 爆弾の炸裂音. ~ del látigo 鞭の響き. ❸ [戦争などの] 突発, 勃発, 発生: Cuando murió el presidente, el mundo dio un ~. 大統領が死ぬと, 社会に大混乱が起きた. con el ~ de la tormenta 嵐の襲来によって. ~ de la crisis económica 経済危機の発生. ~ de la revolución 革命の勃発. ❹ [感情の] 激発: tener un ~ de cólera 怒りを爆発させる

dar el ~ 《口語》精神的重圧・疲労で] 死ぬ

estallo [estáʎo] 男《地方語》爆発, 破裂; 勃発

estambrar [estambrár] 他 [長繊維羊毛に] 撚(ょ)りをかけて粗紡糸にする

estambre [estámbre] 《←ラテン語 stamen, -inis》男 ❶《繊維》長繊維羊毛; 梳毛(そもう)糸, [整経工程の] 経糸, 梳毛織物. ❷《植物》雄蕊(ゅぅずぃ), おしべ《⇔*pistilo*》. ❸《メキシコ》[編み物用の] 毛糸

estamental [estamentál] 形 身分の, 階層の; 身分[差別]的な

estamentalismo [estamentalísmo] 男《政治》身分制組織

estamentar [estamentár] 他 身分によって構成する

estamento [estaménto]《←カタルーニャ語 estament》男 ❶ 身分, 階層: En el Antiguo Régimen había tres ~s: nobleza, clero y estado llano. 旧体制では貴族・聖職者・平民という3つの身分があった. sociedad dividida en ~s 身分[制]社会. ❷《歴史》アラゴン議会の4身分《聖職者, 貴族, 騎士, 大学人》. ❸《歴史》[19世紀, 議会の共同立法部 cuerpos colegisladores を構成した] 代表団: ~ de los próceres 貴人代表団. ~ de los procuradores 都市代表団

estameña [estaméɲa] 女 [主に僧服用の], 長繊維羊毛で作った] 粗布, サージ

estameñete [estameɲéte] 男 [*estameña* より薄手の] 粗布

estaminal [estaminál] 形《植物》雄蕊(ょずぃ)の, おしべの

estamíneo, a [estamíneo, a] 形 ❶《植物》梳毛(そもう)糸の, 梳毛織物の. ❷《植物》雄蕊の, おしべの

estaminífero, ra [estaminífero, ra] 形 [花が] 雄蕊だけを有する; [植物が] 雄花の

estaminodio [estaminódjo] 男《植物》仮雄蕊

estampa [estámpa] 《←*estampar*》女 ❶ [本の] 挿し絵, イラスト; [主に宗教的な] 版画: libro de ~s 版画集. ~ de la Virgen 聖母マリアの画像. ~s de la vida cotidiana 日常生活の挿画. ❷ 外見, 姿, 様子: mujer de fina ~ ほっそりした女. toro de magnífica ~ 堂々たる体格の牛. ❸ 生き写し, うり二つ; 典型, 代表例: Es la viva ~ de su madre. 彼女は母親に生き写しだ. Es la ~ de la pobreza. 彼は貧乏の典型だ. Esta obra es una ~ de la vida caballeresca. この作品は騎士の生活を生き生きと描いている. ❹《技術》押し型, 打ち型. ❺《古語》[=*imprenta*] 印刷機. ❻《古語》足跡 [=*huella*]

dar a la ~ 印刷する, 出版する

maldecir la ~ *de*+人 …の悪口を言う

maldita sea su ~《口語》[悪口]¡*Maldita sea tu* ~! ちくしょう, お前なんか!

estampación [estampaθjón] 女 印刷, プリント, 捺染(なっせん); 型押し, 打ち抜き

estampado, da [estampáðo, ða] 形 プリント地の, 印刷された: falda ~*da* プリント地のスカート

—— 男 ❶ 印刷, プリント: ~ en seco 空押し. ❷ プリント地 [=*tela* ~*da*]

estampador, ra [estampaðór, ra] 形 印刷する, プリントする

—— 名 刷り師; 捺染工

—— 女 スタンピング機, 打ち抜き機

estampanar [estampanár] 他《地方語》[跡を] つける [=*estampar*]

estampar [estampár] 《←仏語 estamper「押しつぶす」<フランク語 stampon「すりつぶす」》他 ❶ 印刷する, プリントする; 型押しする, 打ち抜き加工する: 1) ~ *tejidos* 布地にプリントする. ~ *una plancha de metal* 金属板に押し型をつける. 2)[…と, +*en*・*sobre* に] ~ *una foto sobre la camiseta* T シャツに写真をプリントする. ~ *la noticia en primera página* ニュースを第1面に載せる. ❷ [名前・署名を] 記す, 押印する: ~ *su firma al pie de un documento* 書類の末尾にサインする. ❸ [痕跡をつけ

る]: ~ *su pisada en la arena* 砂に足跡を残す. ❹ [心に] 刻みつける: ~ *la dulzura en el ánimo de*+人 …の心に優しさを植えつける. ❺ [+*contra* に] 投げつける: ~ *un libro contra la puerta* 本をドアにたたきつける. ❻ [殴打などを] 加える: ~ *a*+人 *un puñetazo en la mejilla* …の頬を殴る. ~ *un beso en la frente* …の額にキスする

—— **~se**《口語》[+*contra* と] 激しく衝突する: *Me estampé contra un poste eléctrico.* 私は電柱に激突した

estampería [estampería] 女 版画印刷所, 版画店; 版画販売業

estampero, ra [estampéro, ra] 名 版画家; 版画販売業者

estampía [estampía] 《←*estampar*》*de* ~《西》急に, 不意に; あわてて, 急いで: salir *de* ~ 急いで出かける

estampida [estampíða] 《←古仏語 estampie》女 ❶ [家畜などが] 突然(一斉に・先を争って) 逃げ出すこと, 暴走: salir *de* (*en*) ~ どっと逃げ出す. [=*estampido*] ❷ 爆発音 [=*estampido*]

estampido [estampíðo] 男 爆発音; 砲声, 銃声: Sonó un ~. 爆発音がした

dar un ~ 爆発する; 破局を迎える

estampilla [estampíʎa] 女 ❶ スタンプ, 検印, 証印; 印鑑. ❷《中南米》郵便切手 [=*sello postal*]; 収入印紙

estampillado [estampiʎáðo] 男 検印を押すこと, 押印

estampillador, ra [estampiʎaðór, ra] 形 検印を押す[人]

—— 女《中南米》郵便料金支払い機

estampillar [estampiʎár] 他 ❶《西》…に検印(証印)を押す: ~ *documentos* 書類に押印する. ~ *libros* 図書館所蔵印を押す. ❷《中南米》郵便印(収入印紙)を貼る

estampita [estampíta] 女《西》[札束と見せかける] 札束詐欺 [=*timo de la* ~]

estanca[1] [estáŋka] 女《地方語》湖沼 [=*laguna*]

estancación [estaŋkaθjón] 女 =*estancamiento*

estancado, da [estaŋkáðo, ða] 形 専売制の

estancamiento [estaŋkamjénto] 男 ❶ [水の] せきとめ, 抑制; よどみ. ❷ [問題などの] 行き詰まり, 停滞: ~ *con inflación* スタグフレーション [=*estanflación*]. ~ *del crecimiento económico* 経済成長の行き詰まり

estancar [estaŋkár] 《←俗ラテン語 extancare < ケルト語 ektanko「押さえつける, 固定する」》[7] 他 ❶ …の流れを止める, 停滞させる: ~ *un río* 川をせきとめる. ~ *la sangre* 止血する. *agua estancada* よどんだ水, 凪いだ海面. ~ *la compraventa de terrenos* 土地の売買を抑制する. ❷ [国などの, …の売買を] 独占する, 専売にする: ~ *tabaco* たばこを専売にする. *productos (efectos) estancados* 専売品

—— **~se** ❶ よどむ: *Se ha estancado* el agua. 水が流れなかった(たまってしまった). ❷ [+*en* が] 停滞する: *Me he estancado en* mis estudios. 私の研究は行き詰まった. *La producción de vino se estancó* por efecto de la crisis. ワインの生産は不況の影響で低下した

estancia [estánθja] **I**《←*estar*》女 ❶《文語》寝室・台所・浴室に対して] 居間: Quiero un gran espacio de ~. リビング用の広いスペースがほしい. ❷《西, メキシコ》滞在, 逗留: Su ~ en Cádiz fue muy breve. 彼のカディス滞在はごく短期間だった. ~ *en régimen familiar* ホームステイ. ~ *ilegal* 不法滞在. ❸ 入院日数, 一日当たり入院費. ❹《古. 中南米》[農地面積の単位] =780ヘクタール. ❺《キューバ, ドミニカ, ベネズエラ》[都市近郊の] 農園付きの別荘. ❻《ペルー, チリ, アルゼンチン, ウルグアイ》大農場, 大牧場 [=*hacienda*]

II 女《ルネサンス期の歌の》連, 節

estancial [estanθjál] 形《西, メキシコ》滞在の, 逗留の

estanciero, ra [estanθjéro, ra] 名《チリ, アルゼンチン, ウルグアイ》大農場主, 大牧場主

—— 女《ドミニカ, アルゼンチン, ウルグアイ》ワゴン車

estanco[1] [estáŋko] 男 ❶ [切手などを扱うほか専売品も売る] たばこ店. ❷《歴史》専売: mercancía *en* ~ 専売品. ❸ 古文書保管所. ❹《まれ》貯蔵所. ❺《エクアドル》蒸留酒販売所, 酒店

estanco[2]**, ca** [estáŋko, ka] 《←*estancar*》形 ❶ [液体・気体などが] 漏れない, 密閉された; 隔絶された;《船舶》水密の: *compartimiento* ~ 水密区画[室]. ❷《比喩》完全な区分[隔絶]

estándar [estándar] 《←英語 standard》形《単複同形》❶ 標準の, 規格にかなった: *de tipo* ~ スタンダードタイプの, 標準型の. *inglés* ~ 標準英語. *medidas* ~ 標準寸法. *producto* ~ 標準品, 普及品. ❷ 型どおりの, 標準的な: llevar una vida ~ 普

通の生活をする
── ～] **1** 規格; 水準: ～ de calidad de aguas 水質基準. ～ de vida 生活水準. **2**《音楽》～ de jazz スタンダードジャズ

estandardización [estandarðiθaθjón] 囡 =**estandarización**

estandardizar [estandarðiθár] 他 =**estandarizar**

estandarización [estandariθaθjón] 囡 規格化, 標準化; 画一化

estandarizar [estandariθár] 他 標準化する, 規格を統一する; 画一化する

estandarte [estandárte]《←古仏語 estandart ＜ゲルマン語 standan「立っている」＜フランク語 stand [hard]「気を付け」》囮 **1** 軍旗, 隊旗; 団体旗. **2**《植物》蝶形花冠の 旗弁(きべん).

estandorio [estandórjo] 囮 《荷車》荷台側板つっかい棒

estanflación [estanflaθjón] 囡《←英語 stagflation》《経済》スタグフレーション

estangurria [estaŋgúrja] 囡 **1**《医学》有痛排尿困難, 尿淋瀝 (りんれき). **2** 導尿管, カテーテル

estánnico, ca [estánniko, ka] 囮《化学》第2スズの

estannífero, ra [estannífero, ra] 囮《鉱物, 金属》スズを含んだ; スズの

estannita [estannita] 囡《鉱物》硫錫鉱(りゅうしゃくこう), 黄錫(こうしゃく)鉱

estannoso, sa [estannóso, sa] 囮《化学》第1スズの

estanque [estáŋke]《←estancar》 囮 **1**《人工の》池, 貯水池, ため池: Hay un ～ en el jardín. 庭には池がある. **2**《チリ》《水洗トイレの》水槽. **3** ガソリンタンク, 燃料タンク

estanqueidad [estaŋkejdá(d)] 囡 =**estanquidad**

estanquero, ra [estaŋkéro, ra] **I**《←estanco》囮 **1**《西》たばこ屋 estanco の店主. **2**《エクアドル》酒屋の店主. **II**《←estanque》囮 貯水池 (ため池) の管理人

estanquidad [estaŋkiðá(d)] 囡 水密性, 気密性

estanquillero, ra [estaŋkiʎéro, ra] 囮《西》専売品の販売員

estanquillo [estaŋkíʎo]《estanco の示小語》囮 **1**《メキシコ》たばこ・酒なども売る, 主に公営の》食品雑貨店. **2**《エクアドル》居酒屋

estantal [estantál] 囮《建築》控え壁, 扶壁(ふへき), バットレス

estantalar [estantalár] 他 控え壁 estantal で補強する《支える》

estante [estánte]《←ラテン語 stans, stantis ＜ stare》囮 **1** 棚, 棚板, 《＝～ para libros》: colocar los libros en ～s 本を本棚に並べる. **2**《機械の台を支える》直立支柱. **3**《中南米》《高床式の家の》支柱

── 囮 **1**《家畜, 特に羊が》定地牧放の;《人が》その牧畜主の. **2** 一所定住の, 定着した

estantería [estantería]《←estante》囡 **1**《集合》《何段もある》棚: En la ～ tengo los muñecos de peluche. 私はぬいぐるみを棚の上に飾っている. **2** 本棚, 書棚

estantigua [estantíɣwa] 囡 **1**《西》《軽蔑》のっぽで《服装が》野暮ったい人. **2** 幽霊, 亡霊

estantillo [estantíʎo] 囮《コロンビア》杭

estantío, a [estantío, a] 囮 **1**《流れが》淀んだ. **2** だらけた, 気の抜けた

estanza [estánθa] 囡 **1** 連, 節《＝estancia》. **2**《古語》部屋. **3**《古語》保存, 永続

estañado [estaɲáðo] 囮 錫めっき; 錫はんだ付け

estañador [estaɲaðór] 囮 錫めっき職人; 錫はんだ工

estañadura [estaɲaðúra] 囡 =**estañado**

estañar [estaɲár] 他 錫めっきする; 錫はんだ付けする

estañero [estaɲéro] 囮 錫細工職人, 錫細工商

estaño [estáɲo] 囮《元素》スズ《錫》

estañón [estaɲón] 囮《コスタリカ》ドラム缶《＝bidón》

estapedectomía [estapeðektomía] 囡《医学》あぶみ骨切除術

estaqueadero [estakeaðéro] 囮《アルゼンチン, ウルグアイ》《杭で固定し引っ張る》皮の乾燥場

estaqueador [estakeaðór] 囮《アルゼンチン, ウルグアイ》《杭で固定し引っ張る》皮の乾燥作業員

estaquear [estakeár] 他 **1** 杭で殴る. **2** 杭で囲う. **3**《アルゼンチン, ウルグアイ》1)《皮を》杭で固定し引っ張り乾燥する. 2)《人の》各手足を4本の杭に縛り付けて拷問する

estaqueo [estakéo] 囮《アルゼンチン, ウルグアイ》《杭で固定し引っ張る》皮の乾燥; 手足を4本の杭に縛り付けて拷問

estaquero [estakéro] 囮 **1**《荷車側面の横棒などの》棒の受け穴. **2**《狩猟》1歳の子鹿

estaquilla [estakíʎa]《estaca の示小語》囡 **1**《農業》接ぎ木用の》枝, 茎. 2)《地方語》ブドウの接ぎ木. **2**《製靴》かかと釘, ペグ. **3**《テントの》杭, ペグ; 頭なしの短い釘. **4**《チリ》荷車の側板を支える杭

estaquillado [estakiʎáðo] 囮《農業》接ぎ木〖行為〗

estaquillador [estakiʎaðór] 囮 **1**《闘牛》ムレータの棒. **2**《製靴》かかと錐(きり)

estaquillar [estakiʎár] 他 **1**《釘 estaquilla・杭 estaca で》固定する. **2** 挿し木をする

estar [estár]《←ラテン語 stare「立っている, しっかりしている」》66 自《主に状態・所在を表わす》 **I** [＋形容詞・副詞] **1**《当面の状態・状況. 繋辞動詞》…である, …になっている: 1) i) [＋形容詞] Está enfermo. 彼は病気だ. Él no es nervioso, pero *está*. 彼は神経質ではないが, 今はピリピリしている. Se negará, *estoy* segura. 彼は断るでしょう, きっと. ii) [＋副詞] Juan *está* bien. フアンは元気だ. ¡Ya *está* bien! もういい/たくさんだ! Pilar *está* perfectamente. ピラールは非常に元気だ. ¿Por qué *estás* tan de prisa? どうしてそんなに急いでいるの? 2)《変化の結果生じた状態》Mi hijo *está* muy alto. 息子はずいぶん背が高くなった.《対照》Mi hijo *es* muy alto. 息子はとても背が高い》El teatro *estaba* lleno. 劇場は満員だった. El agua *estaba* muy fría. 水はとても冷たかった. 3)《西》《衣服が, ＋a＋人にとって》El abrigo te *está* corto. そのコートは君には短すぎる. 4)《適合性. ＋a》Ese vestido te *está* muy bien. そのドレスはとても君に似合っている. **2** 《既知・特定の人・物の所在・存在》いる, ある《→haber **1**《類義》, ser II **3**《類義》》: [＋en＋名] *Está* en la oficina a las cuatro. 彼は4時にはオフィスにいる. ¿Cuánto tiempo estuviste en Barcelona? バルセロナにはどのくらいの間いたのですか? Madrid *está* casi en el centro de España. マドリードはスペインのほぼ中央にある. Las fotos *están* en el disco duro. 写真はハードディスクに入っている. *Estoy* a la puerta. 私はドアのところにいる. 2)《人が主語, 複合形で》行ったことがある: ¿Has *estado* en Perú alguna vez?—No, no he *estado* ninguna vez. ペルーへ行ったことがありますか—いいえ, 一度も行ったことがありません. 3)《事柄・問題の位置》La clave *está* en la comprensión y *en* la amistad. 鍵は理解と友情である. El tema *está* en los tribunales. テーマは法廷だ. El récord anterior *estaba* en 2 horas 15 minutos. 前回の記録は2時間15分だった. 4)《時点・地点》¿En qué mes *estamos*? 今何月ですか? *Estábamos* a mediados de marzo. 3月半ばだった. *Estuvo* a punto de echar todo a perder. 彼はもう少しですべてを台無しにするところだった. El hospital más cercano *está* a ocho kilómetros. 一番近い病院は8キロ先にある. 5) [＋副詞] La comida *está* allí. 食事はそこで行われる.《対照》La comida *es* allí. 食事はそこで行われる》Ella corre hacia donde Miguel *está*. 彼女はミゲルのいる方へ走っている. ¿Dónde *está* tu coche? 君の車はどこにおいてあるの? 6) [＋形容詞] El hotel *está* céntrico y cerca de todas las atracciones turísticas. ホテルは中心部にあってあらゆる観光スポットに近い. La niebla *está* baja en la valle. 霧は谷間の低いところにある. El fin del mundo *está* próximo. 世界の終末が近づいている. 7)《存在》La vida no *está* para comprenderla, *está* para vivirla. 人生は理解するためでなく, 生きるためにある. La fiesta *está* a unos minutos. パーティーは数分後だ

II [＋過去分詞] 1) [＋自動詞・再帰動詞の過去分詞. 動作の結果生じた状態] …になっている, …している: La puerta *está* cerrada. 入り口は閉まっている. *Está* casado con una inglesa. 彼はイギリス人女性と結婚している. *Estaba* arrepentido de no haberlo dicho. 私はそれを言わなかったことを悔いていた. ¿Ya *estás* comido? もう昼食を済ませたか? 2) [＋他動詞の過去分詞. 受け身] …されている: La casa *está* construida con ladrillos rojos. その家は赤煉瓦で建てられている. Come cuanto quieras, ya *está* pagado. 好きなだけ食べたまえ, 金は払ってある. *Estuvo* hospitalizado durante una semana. 彼は1週間入院していた. El martes por la mañana, *estaba* todo preparado para entrar en la ciudad. 火曜日午前, 町に侵攻するための全準備が整っていた

III [＋現在分詞. 進行形] …しつつある: 1) *Está* lloviendo a mares. 土砂降りの雨が降っている. Mira, *está* llorando. ねえ, 彼女は泣いているよ. ¿Todavía *estás* comiendo? まだ食べているのか? Nadie vio lo que *estaban* haciendo. 何が行なわれていたかも見ていなかった. *Estuve* andando una hora. 私は1時間歩いていた.《語法》時間が限定されているので点過去》2) [＋完結的な意味の動詞の現在分詞 では近接未来] …しそうな

estarcido

状態である: *Estoy* acabando de hacer los deberes. 私は宿題を終えかけている. Quien *está* ahogándose no duda de las aguas profundas. おぼれかけている者は水が深いと思い込む. Mi padre se *estaba* muriendo. 父は死にかけていた. 3)［受け身の進行形］Un grupo radical *está* siendo investigado por la policía. 急進派グループが警察の捜査を受けている

IV［口語］［補語なしで］❶ 在宅(出席)している, その場にいる: Hola, ¿*Está* Jorge? こんにちは. ホルヘは在宅ですか? ¿*Está* la señora? 奥さんはいらっしゃいますか? Abrí la puerta, pero él ya no *estaba*. ドアを開けたが, 彼はいなかった. ¿*Estamos* todos? みんなそろっていますか? ¿José?—*Está*.［点呼］ホセ?—はい. ❷ 滞在する, 住む: No quiero ~ ni un solo día más. 一日だって私は滞在を延ばしたくない. Sólo *estaré* unos días. 私は数日間滞在するだけです. ❸ 準備ができている, 整っている; 仕上がっている: Se aliña con un poco de aceite y sal y ya *está*. 油と塩であえます. それで出来上がりだ. La mudanza ya no es coger una maleta y ya *está*. 引っ越しはスーツケースを持って準備完了, というわけにはいかない. Ya *está*. さあできた/これでよし. La comida *estará* a las tres en punto. 昼食は3時ちょうどに出来ているだろう

V［+前置詞］❶［+a］1) …の準備ができている, …の用意がある: *Estoy a* lo que salga (venga). 私はどんな事態になろうと受ける入る用意がある. *Estamos a* todo［lo que diga usted］.［おっしゃることは］何でもいたします. 2)［+日付・曜日］…月…日である, …曜日である: ¿A cuántos *estamos*? 今日は何日ですか? *Estamos a* 9 de diciembre. 今日は12月9日だ. *Estamos a* domingo. 今日は日曜日だ. 3)［+価格・温度など］…である: Hoy el dólar ha subido y *está a* 100,35 yenes. 今日ドルが値上がりして, 100円35銭になっている. La sala *está a* 25 grados. 会場(の温度)は25度だ. 4)［口語］［+al+不定詞］…しようとしている, 今にも…する: Acaba de llamarme hace poco, *estará al* llegar. 今しがた彼から電話があったので, もうすぐ着くだろう. El ministro *estaba al* caer. 大臣は失脚寸前だった. *Están al* caer las cinco. 5時になろうとしている. 5)［法律］［+a+事］…に従う. ❷［+con］1)［+人　と］同居する, 一緒にいる: Ella *estuvo* seis años *con* Felix. 彼女は6年間フェリクスと一緒だった. 2) 賛成である, 同意見である: *Estoy con* vosotros en que mejor ir avanzando. 私は前進する方がいいという君たちの意見に賛成だ. 3)［+事物　を］持っている: El cielo *está con* nubes y claros. 空は少し曇がちだ. *Estamos con* la nevera casi vacía. 私たちの冷蔵庫はほとんど空だ. *Estoy con* muchas ganas de empezar. 私は始めたくてしょうがない. ❸［+de］1)［状況・継続］…している, …の身である: *Estaban de* viaje. 彼らは旅行中だった. En unos días *estará de* vuelta. 彼は数日後には戻っているだろう. Hoy *estuvimos de* suerte. 私たちは今日ついていた. 2)［+職業. 一時的に］…として働く, …の仕事をする: Es actriz, pero *está de* camarera en una cafetería. 彼女は(本職は)役者だが, (今は)喫茶店でウェイトレスをしている. *Estuve de* profesor en este colegio cuando era joven. 私は若い時学校でここで先生をしていたことがある. 3) …を着ている: *Están de* uniforme. 彼らは制服を着用している. ❹［+en］1)［継続］…している, …中である: Su empresa *está en* crisis. 彼の会社は危機に瀕している. *Estás en* un error. 君は間違っている. *Estamos en* transición. 私たちは過渡期にいる. Todo parecía ~ *en* regla. すべては正常であるように思われた. 2) …にある〔→I ❷〕. 3)［+不定詞］…する意図である. *Estoy en* ir mañana. 私は明日行くつもりだ. 4)［+que+直説法］…と考える. *Estoy en que* no vendrá. 彼は来ないと私は思う. 5) 理解(了解)している: *Estoy en* lo que me dices. 君の言っていることはわかっている. 6)［俗用］［+金額］…になる: El euro *está en* 1,36 dólares. 1ユーロは1.36ドルする. 7) …による, …次第である: *En* el dinero no *está* la felicidad. 幸福はお金によるものではない. 8)〔まれ〕［+a+人・事物　にとって］重要がかかる. ❺［+para］1)［+不定詞. 直前の状態・予定］…するところである, まだ…していない, …しそうである; …することになっている: *Está para* llover. 雨が降りそうだ. El castillo *estaba para* rendirse. その城は降伏寸前だった. *Estábamos para* salir cuando sonó el teléfono. 私たちが出かけようとしていたところに電話がかかってきた. La pared *está para* pintar. 壁はペンキを塗る予定だ. Estos abrigos raídos ya *están para* darlos al trapero. もうこのすりきれたのオーバーはくず屋に出すのがいい. 2)［+不定詞・名詞］…する用意ができている: Él *estaba para* salir de un momento a otro. 彼はいつでも出かける用意ができていた. No *estoy para* bromas. 私は冗談なんか言う気分にない. 3)［+複数名詞・不定詞・que+接続法. 主に否定文で不可能・不都合］…できない, …しかねる, …する立場でない, …の余裕などない, …どころではない: No *estamos para* gastos. 私たちは無駄づかいなどできない. Bueno *estoy yo para que* me vengas con esa petición de dinero. 金の無心に来られても私は何ともしかねる. 4)［適合］…に向いて(適して)いる: *Para beber está* el vino. 飲むためにワインはある. *Está para* todo. 彼は何でもできる. ❻［+por］1)［+不定詞］i)［事物が主語(不定詞の直接目的語でもある)］まだ…していない, これから…される: La casa *está por* limpiar. 家はまだ掃除がすんでいない. Eso *está por* decir. それはまだ言っていない. El resultado, claro, *está por* ver. 結果はもちろんまだ分からない. Y no es eso lo peor, que *está* aún *por* explicar. それが最悪なのではない. 最悪なことはまだ説明していない. Eso es un fenómeno que *está por* estudiar. それが検討の対象となっている現象だ. ii)［人が主語］…しようと思う: Yo *estaba por* creer en vosotros. 私は君たちを信じてもいいという気持ちになっていた. 2)［口語］［+名詞］…の味方である, …を支持する, …に魅力を感じている: Siempre he *estado por* la libertad de expresión. 私は一貫して表現の自由を支持してきた. *Estoy por* el color azul. 私は青色が好きだ. 3)〔西〕［+名詞］…に注意を払う: Yo *estaba por* lo que había sucedido. 私は何が起こったのか気にしていた. 4)《中南米》まさに…しようとしている. ❼［+sin］…されないままでいる, …がないままである: *Está sin* resolver. それはまだ未解決だ. Mi moto *está sin* fuerza. 私のバイクはパワーが出ない. *Está sin* empleo. 彼は失業中だ. ❽［+sobre］…を見張る, 監督する: *Está sobre* los obreros. 彼は作業員たちの仕事ぶりを監視している. ❾［+tras［de］］…を求める, 追いかける: Un pirata *está tras* el tesoro perdido. 一人の海賊が失われた宝を捜し求めている

VI［+接続詞］❶［+que+直説法］1)［状況への到達］…のありさまだ, まるで…だ: *Está que* se duerme. 彼はもう眠くてしかたがない. Llevo cinco horas caminando; *estoy que* no puedo más. 私は5時間歩き続けてきた, もうこれ以上歩けない. 2)［状態の強調・誇張］i)［人の状態］*Estoy que* me resbalo en el suelo mojado. 私は濡れた床で滑りそうだ. La chica *está que* se muere de envidia. 少女はすごくうらやましがっている. ii)［事物の状態］La cuestión *está que* llora. 問題は紛糾している. El cielo *está que* parece que llora. 空がまるで泣き出しそうだ. ❷［+como. 比喩・資格］La batería *está como* muerta. バッテリーが死んだようだ. *Está como* jefe de esta investigación. 彼はこの調査の責任者だ

a lo que estamos《口語》本題に戻りなさい

¿Está usted? よろしいですか/分かりましたか?

¿Estamos? いいですね/そうしようね/分かったね?: He dicho que no sales, ¿*estamos*? 君は出かけないのだ, 分かったね?

—— ~*se* ❶［一時的にある場所に］じっとしている, 動かずにいる: *Estáte* en casa hasta que yo llegue. 私が来るまで家にじっとしていなさい. ❷ 留まる, 滞在する: ¡Qué bien *se estaba* en el campo los días de verano! 夏の日々を田舎で過ごすのは何とすばらしいことだったか! *Se estuvo* toda la tarde con su novia. 彼は午後ずっと恋人と一緒だった

estar a (en) lo que se está《口語》そうなるのを待つ

estar		
直説法現在	直説法点過去	命令法
est**oy**	est**uve**	
est**ás**	est**uviste**	est**á**
est**á**	est**uvo**	
est**amos**	est**uvimos**	
est**áis**	est**uvisteis**	est**ad**
est**án**	est**uvieron**	
接続法現在	接続法過去	
est**é**	est**uviera, -se**	
est**és**	est**uvieras, -ses**	
est**é**	est**uviera, -se**	
est**emos**	est**uviéramos, -semos**	
est**éis**	est**uvierais, -seis**	
est**én**	est**uvieran, -sen**	

—— 男《まれ》居間〔=cuarto de estar〕

estarcido［estarθíðo］男［型紙による］転写; 転写で刷り出した

模様

estarcir [estarθír] [2] [他] [図案を] 型紙(ステンシル)で転写する

estaribel [estariƀél] [男]《隠語》刑務所

estarlet [estarlét] [女] 若手(駆け出し)の女優

estarna [estárna] [女]《鳥》ヨーロッパヤマウズラ

estárter [estárter] [男] =**starter**

estasis [estásis] [女]/[男]《医学》血行停止, 鬱血

éstasis [éstasis] [女]/[男] =**estasis**

estatal [estatál]〖←ラテン語 status〗[形] ❶ 国家の, 国家による: política económica ～ y regional 国および地方の経済政策. control ～ 国家統制. órganos ～*es* 国家機関. ❷ 国営の, 国有の: banco ～ 国有銀行. empresa ～ 国営企業, 公社. televisión ～ 国営テレビ. universidad ～ 国立大学

estatalidad [estataliđá(đ)] [女] 国営性, 国事性

estatalismo [estatalísmo] [男]《政治》国家至上主義

estatalista [estatalísta] [形] [名]《政治》国家至上主義の(主義者)

E

estatalización [estataliθaθjón] [女] 国営化, 国有化

estatalizador, ra [estataliθađór, ra] [形] 国営(国有)化する

estatalizar [estataliθár] [9] [他] 国営化する, 国有化する

estatamperio [estatampérjo] [男]《物理》[CGS静電単位系の電流単位] スタットアンペア

estatculombio [estatkulómbjo] [男]《物理》[CGS静電単位系の電荷の単位] スタットクーロン

estater [estatér] [男]《古代ギリシア》ステーター銀貨〖=4ドラクマ〗; ステーター金貨〖=20ドラクマ〗

estatfaradio [estatfaráđjo] [男]《物理》[CGS静電単位系の電気容量の単位] スタットファラド

estathenrio [estaténr̄jo] [男]《物理》[CGS静電単位系のインダクタンスの単位] スタットヘンリー

estática[1] [estátika] [女] ❶ 静力学. ❷《経済》静学: ～ comparativa 比較静学. ～ económica 経済静学

estáticamente [estátikaménte] [副] 静的に

estaticismo [estatiθísmo] [男]《まれ》静止〔状態〕〖=estatismo〗

estático, ca[2] [estátiko, ka]〖←ギリシア語 statikos「均衡」< histemi「私は置く」〗[形] ❶ 静的な, 静態の〖⇔dinámico〗; 静止した: El lago mantiene su superficie ～*ca*. 湖面は静まりかえっている. electricidad ～*ca* 静電気. ❷ [恐怖・感動などで] 身動きできない. ❸ 静力学の

estatificación [estatifikaθjón] [女] 国有化, 国営化

estatificar [estatifikár] [7] [他] 国家管理の下に置く, 国営化する; 国の介入を招く

estatismo [estatísmo] [男] ❶《文語》静止〔状態〕. ❷《軽蔑》国家〔管理〕主義

estatista [estatísta] [形] [名]《軽蔑》国家〔管理〕主義の(主義者)

estativo [estatíƀo] [男] [電子顕微鏡などの] 固定具〖=soporte ～〗

estatizar [estatiθár] [9] [他]《ホンジュラス, キューバ, チリ, アルゼンチン, ウルグアイ》=**estatalizar**

estatocisto [estatoθísto] [男]《動物》[無脊椎動物の] 平衡胞

estatoconia [estatokónja] [女]《動物》[内耳の平衡斑の表面を覆う] 平衡砂

estatohmio [estatómjo] [男]《物理》[CGS静電単位系の電気抵抗の単位] スタットオーム

estatolatría [estatolatría] [女]《文語》国家崇拝

estatolátrico, ca [estatolátriko, ka] [形]《文語》国家崇拝の

estatolito [estatolíto] [男]《動物》[無脊椎動物の] 平衡石, 耳石

estator [estatór] [男]《電気》固定子, ステーター

estátor [estátor] [男] =**estator**

estatorreactor [estator̄eaktór] [男]《航空》ラムジェットエンジン

estatoscopio [estatoskópjo] [男]《航空》昇降計; 微気圧計

estatua [estátwa]〖←ラテン語 statua < stare「立っている, しっかりしている」〗[女] ❶ 彫像, 立像: elevar una ～ en honor de+人 …の像を立てる. *E*～ de la Libertad 自由の女神像. ～ de bronce 銅像. ～ ecuestre 騎馬像. ～ orante 祈っている姿の像. ～ sedente 座像. ～ yacente [墓石などの] 寝ている姿の像. ❷ 無表情な人, 感情を表わさない人

～ de sal [形を変えられて] 動けなくなった人

quedarse como (hecho) una ～ [恐怖・感動などで] 体がすくんでしまう

estatuar [estatwár] [14] [他] 彫像で飾る

estatuario, ria [estatwárjo, rja] [形] ❶ 彫像の, 塑像の; 彫像のような: belleza ～*ria* 彫像のような〔均整のとれた〕美しさ. ❷ 彫像に適した: mármol ～ 彫像用大理石. ❸《まれ》=**estatutario**

—— [名] 彫像家, 塑像家

—— [男]《闘牛》闘牛士が全く動かないまま行なうパセ〖=pase ～〗

—— [女] ❶ 彫像術〖=arte ～〗. ❷ [集名] 彫像

estatúder [estatúđer] [男]《歴史》[ネーデルラント共和国 república de Países Bajos 各州の] 総督

estatuderato [estatuđeráto] [男]《歴史》総督 estatúder の職(権威)

estatuilla [estatwíʎa] [女] 小像

estatuir [estatwír] [48] [他]《文語》❶ [法律などを] 制定する; [法令で] 規定する. ❷ [理論・事実などを] 証明する, 立証する, 明らかにする

estatura [estatúra]〖←ラテン語 statura < stare「立っている, しっかりしている」〗[女] ❶ 身長: Tiene un metro setenta de ～. 彼の身長は1メートル70センチだ. Es alto (bajo) de ～. 彼は背が高い(低い). por orden de ～ 背の順に. ❷ 心の成長度, 道徳的な高さ, 偉大さ: mujer de gran ～ moral 人格高潔な女性

estatus [estátus] [男] =**status**

estatutario, ria [estatutárjo, rja] [形] 法規の; 法で定められた

estatutista [estatutísta] [形]《西》地方自治基本法 estatuto de autonomía を支持する

estatuto [estatúto]〖←ラテン語 statutum < statuere「確立する」〗[男] ❶ 法規, 成文法; [主に [複]. 団体・会社などの] 規約, 定款: 1) previsto por los ～*s*《法律》[個人や法人の] 権限内の. ～ personal (real) 対人(対物)法. ～*s* del sindicato 組合規約. ～ formal 議定書. *E*～ de los Trabajadores《西》労働者憲章〖労働基準法に相当する〗. 2)《歴史》～*s* de limpieza de sangre 血の純潔規定〖スペインで公職に就く場合, 両親が先祖代々のキリスト教徒であることを条件とすることを定めた諸法規. スペインに在住するユダヤ人やイスラム教徒が秘密裏に信仰を守り反社会的勢力となることを警戒したため. 15世紀中ごろ～19世紀中ごろまで実施された〗. *E*～ Real 勅令〖1834年マリア・クリスティーナ María Cristina が出した〗. ❷《西》地方自治基本法〖各州の憲法に相当する. =～ de autonomía〗. ❸《まれ》=**status**

estaurolita [estau̯rolíta] [女]《鉱物》十字石

estauroscopio [estau̯roskópjo] [男]《物理》十字鏡

estay [estái̯]〖←古仏語〗[男]《船舶》支索, ステー: ～ mayor 大檣支索. ～ de galope 檣頭支索

este[1] [éste]〖←英語 east〗[男] ❶ [方位. しばしば *E*～] 東, 東方〖⇔oeste〗: 1) El Sol sale por el *E*～. 太陽は東から昇る. A las cinco de la mañana vieron clarear por el *E*～. 午前5時東の空が白むのが見えた. ir hacia el ～ 東に向かって行く. 2) [同格で, 名詞+] costa ～ de España スペインの東海岸. la fachada *E*～ 東正面. ❷ 東部: Japón está en el ～ de Asia. 日本はアジアの東部にある. Nació en Ujda, ～ de Marruecos. 彼はモロッコ東部のウジダで生まれた. ❸ 東風〖=viento (del) ～〗: Un ～ suave movía las olas. 東からの微風で波立っていた. ❹《歴史. 政治》[el *E*～] 東側; 東欧: países del *E*～ 東側諸国. Europa del *E*～ 東ヨーロッパ. ❺ 東洋, アジア

este[2], **ta**[2] [éste, ta]〖←ラテン語 iste, ista〗[形]〖[複] estos, estas〗[近称の指示形容詞] ❶ [普通は +名詞] この: 1) [話し手から空間的に近い人・事物を指示] Me gusta ～ libro. 私はこの本が好きだ. No sé quién es *esta* chica. 私はこの女の子が誰なのか知らない. ¡*Este* Miguel es un desastre! このミゲルはどうしようもない! 2) [場面で特定できる人・物] *Esta* escena es la parte más emocionante de la película. ここが映画の中で最もスリリングなシーンだ. Sea bienvenido a *esta* casa. 当家にようこそいらっしゃいました. *E*～ Picasso vale cientos de millones. このピカソの絵は何億円もする. Cuando leas *esta* carta, ya no estaré contigo. 君がこの手紙を読む時はもう私は君から去ってしまっているだろう. 3) [既述・既知] *E*～ trabajo es maravilloso. この仕事はすばらしい. en *estos* casos このような場合は. ～ país 我が国; この国, 前述の国. 4) [後述] Los viejos me hablan de *estas* cosas: de política, de sus propios recuerdos de juventud... 老人たちは私に次のようなことについて話す: 政治について, 自分の若いころの思い出について…. 5)《軽蔑》[名詞+] ¿Quién es la mujer *esta*? この女は誰かね? Lavadora *esta* funciona fatal, es un cacharro. この洗濯機ときたら動きが全く

悪い, ポンコツだ. 6)［+冠詞・所有形容詞+名詞. 強調］No deje de venir a quedarse en esta su casa. 必ずいらっしゃって下さい［自分の家のように］おくつろぎ下さい. 7)［疑問詞+名詞+. 感嘆］¡Qué chicos estos! この子たちったら！ ❷［+時の名詞. 発話時, その直前・直後］今の: Carlos ha esperado con ansiedad ~ instante. カルロスはこの瞬間をやきもきしながら待ち続けた. No he dormido bien esta noche. 私は昨晩はよく眠れなかった. Esta noche los veré. 私は今晩彼らに会う予定だ. E~ sábado fui a ver la película en 3D. 私はこの前の土曜日3D映画を見に行った. E~ jueves iremos a un nuevo restaurante. 今度の木曜日私たちは新しいレストランに行くつもりだ. Ha llovido mucho ~ verano. 今年の夏は雨がよく降った. Estos días andas un poco deprimido. 最近, 君は少し落ち込んでいる.［語法］強勢をもつ a-・ha- で始まる女性名詞の前で este を用いるのは《誤用》: ○esta ave, esta alma］.
── 代［近称の指示代名詞］［語形］指示形容詞と区別する必要がある場合は強勢符号を付け, éste, ésta; éstos, éstas とする］ ❶ これ: 1)［指示］E~ es mi coche. これが私の車だ. Me mostró una foto y dijo orgullosamente, "esta es mi hija". 彼は私に一枚の写真を見せて, 自慢そうに「これが私の娘だ」と言った. No es un hombre resolutivo en los momentos clave como ~. 彼はこんな重大な時に決断できる人物ではない. ¡Qué muchacho ~! この子ったら, 何という子でしょ！ 2)［既述・既知］Fui al cine con Teresa, y cené con esta. 私はテレサと映画に行って, 彼女と夕食を共にした. Si de apostar se trata, esta sería la apuesta mayor. 賭けると言えば, これこそが最大の賭けだろう. Tardes como esta no se dan en invierno. こんな午後は冬には見られない. E~ es tu deber. これが君の義務だ. 3)［後述］Mi respuesta es esta: Soy tu viejo amigo y discípulo. 私の返事はこうだ: 私は君の古い友人であり弟子だ. ❷ 後者《⇔aquel》: Querían una cámara y un ordenador, pero ~ no lo consiguieron. 彼らはカメラとコンピュータが欲しかったが, 後者は手に入らなかった. Marcos lo había heredado de su padre, y ~ a su vez también lo había heredado de su padre. マルコスはそれを父から相続したが, 父もまた彼の父親からそれを相続した. ❸［人を紹介する時の］この: E~ es el señor Perales. こちらはペラレスさんです. ❹《口語》［その場にいる］この人: Su padre no llegó a conocerla a esta. この子の父親は［亡くなって］この子を知らないままだった. ❺《軽蔑》［人を指して］この子ったら: Lo cierto es que ~ no tiene razón. こいつが間違っているのは確かだ
como estas《俗用》=**por estas**
en estas《口語》この時, するとすぐ《=en esto》
en estas y en estotras/en estas y estas/en estas y las otras そうこうするうちに, この間に
en una de estas いずれそのうち, いつか《危険・悪いことが起きる》
esta y nunca これが最後である, これっきりである
... este... 《主に中南米》［話に詰まったり, 考えたりする時の間を取るつなぎ言葉］ええと……《⇔esto》
~ que lo es 《俗用. 古風的. 手紙》［署名の直前に置く］よってくだんの如し
por estas 《俗用》［指で十字架の印を作り cruzar los dedos ながら, 挿入的に］幸運を

estearato [estearáto] 男《化学》ステアリン酸塩, ステアリンエステル

esteárico, ca [esteáriko, ka] 形《化学》ステアリンの: ácido ~ ステアリン酸

estearina [estearína] 女《化学》ステアリン;［ろうそく製造用の］硬脂ステアリン酸

esteatita [esteatíta] 女《鉱物》凍石, 石けん石;《電気》ステアタイト

esteatoma [esteatóma] 男《医学》脂肪腫

esteatopigia [esteatopíxja] 女《医学》脂肪腎［症］

esteatópigo, ga [esteatópigo, ga] 形 脂肪腎症の［患者］

esteatorrea [esteatoréa] 女《医学》脂肪便

esteba [estéba] 女 ❶《植物》ドジョウツナギ. ❷［船上で羊毛袋を押さえる］荷締め竿

Estébanez Calderón [estébaneθ kalderón]《人名》**Serafín** ~ セラフィン・エステバネス・カルデロン〔1799～1867, スペインの作家. ギリシア語・アラビア語にも通じ, El Solitario などの筆名で純正な表現と擬古的な文体を駆使して詩や散文を残した. アンダルシアを中心に人々の風俗・習慣を描き出した『アンダルシア情景』Escenas andaluzas］

estebar [estebár] 他［毛織物を］釜に入れて染色の下準備をする

esteche [estétʃe] 男《←英語 stage》舞台

estefanota [estefanóta] 女《カリブ. 植物》=**estefanote**

estefanote [estefanóte] 男《カリブ. 植物》シタキソウ

estegomía [estegomía] 女《昆虫》ネッタイシマカ《黄熱病の病原菌を媒介する》

estegosáurido, da [estegosáurido, da] 形 ステゴサウルス科の ── 男 履《古生物》ステゴサウルス科

estegosaurio [estegosáurjo] 男《古生物》ステゴサウルス

estela [estéla] 女 ❶《←ラテン語 aestuaria「海の荒れ」》 ❶ 航跡, 伴流; 飛行機雲《= ~ de condensación, ~ de humo》: Una camioneta levanta una ~ de polvo. 軽トラックがほこりを舞い上げる. ~ de cometa 彗星の尾. ❷《航空》プロペラ後流;《自動車》スリップストリーム. ❸ 余韻: La guerra ha dejado una ~ de desconcierto. 戦争は混乱の跡を残した. ❹《植物》ハゴロモグサ
II《←ギリシア語 stele》女《古い》石碑, 墓石

estelar [estelár] 形《←ラテン語 stella》❶ 星の, 天体の: magnitud ~ 星の等級. ❷ 重要な; 優秀な; 花形の, スターの: figura ~ 花形スター. horario ~《放送》ゴールデンタイム. reparto ~ スターの出し. 豪華な配役, オールスターキャスト
── 男《花形同士の》出会い, 対戦

estelaria [estelárja] 女《植物》ハゴロモグサ

estelífero, ra [estelífero, ra]《詩語》星をちりばめた, 満天の星の: cielo ~《満天の》星空

esteliforme [estelifórme] 形 星形の, 放射状の

estelión [esteljón] 男 ❶《動物》ヤモリ. ❷ 蟇石《ヒキガエルの頭に生じると信じられた石. 解毒剤として用いられた》

estelionato [esteljonáto] 男《法律》抵当権（担保）隠蔽詐欺, 詐欺的売買

estellés, sa [estekés, sa] 形 名《地名》エステリャ Estella の［人］《ナバラ県の町》

estelo [estélo] 男 円柱, 柱

estelón [estelón] 男《廃語》墓石《=estelión》

estema [estéma] 男《文の》構造系図;［写本の］系図, 系統図

estemenara [estemenára] 女《船舶》肋枠をつなげる部品

estemple [estémple] 男《鉱山》坑木, 支柱《=ademe》

estenazas [estenáθas] 男《アラゴン》火箸

esténcil [esténθil] 男《南米》=**stencil**

estenocardia [estenokárdja] 女 狭心症《=angina de pecho》

estenografía [estenografía] 女《古語》速記［術］《=taquigrafía》

estenografiar [estenografjár] 11 他 速記する

estenográficamente [estenográfikaménte] 副 速記によって

estenográfico, ca [estenográfiko, ka] 形《まれ》速記［術］の

estenógrafo, fa [estenógrafo, fa] 名《まれ》速記者

estenograma [estenográma] 男 速記文

estenohalino, na [estenoalíno, na] 形《生態》［水棲物が］狭塩性の《⇔eurihalino》

estenope [estenópe] 男《光学》ピンホールディスク

estenordeste [estenordéste] 男 東北東［の風］

estenoreste [estenoréste] 男 =**estenordeste**

estenosante [estenosánte] 形《医学》狭窄を引き起こす

estenosar [estenosár] 他《医学》狭窄を引き起こす
── **~se** 狭窄症になる

estenosis [estenósis] 女《医学》狭窄［症］

estenotermo, ma [estenotérmo, ma] 形《生態》狭温性の

estenotipia [estenotípja] 女 速記タイプライター; 速記タイプ術

estenotipista [estenotipísta] 形 名 速記タイプ術の; 速記タイピスト

estensión [estensjón] 女 =**extensión**

estentor [estentór] 男《動物》ラッパムシ

esténtor [estentór] 男《口語》大音声の男

estentoreidad [estentoreiðád] 女 大声であること

estentóreo, a [estentóreo, a] 大声の: voz ~a 割れるような大声, 大音声. risa ~a 大笑い

esteño, ña [estéɲo, ɲa] 形 名《地名》シウダー・デル・エステ Ciudad del Este の［人］《パラグアイ, Alto Paraná 県の県都》

estepa [estépa] I 女《←露語 step》《地理》ステップ, 温帯草原［地帯］
II《←俗ラテン語 stippa》女《植物》ハンニチバナ, ロックローズ: ~

blanca ゴジアオイ〖学名 Cistus albidus〗. ～ negra ハンニチバナ科の一種〖学名 Cistus monspeliensis, Cistus salvifolius〗

estepar [estepár] 男 ハンニチバナの茂み

estepario, ria [estepárjo, rja] 形《地理》ステップの: vegetación ～ria ステップ植物

estepeño, ña [estepéɲo, ɲa] 名〖地名〗エステパ Estepa の〖人〗〖セビーリャ県の町〗

estepero, ra [estepéro, ra] 形 ハンニチバナ(ロックローズ)の茂る
—— 名 ハンニチバナ売り
—— 男〖屋内の, 薪としての〗ハンニチバナ置き場

estepilla [estepíʎa] 女〖地方語. 植物〗❶ ゴジアオイ〖=estepa blanca〗. ❷ ジギタリスの一種〖学名 Digitalis obscura〗

esteponero, ra [esteponéro, ra] 形 名〖地名〗エステポナ Estepona の〖人〗〖マラガ県の町〗

estequiometría [estekjometría] 女 化学量論, ストイキオメトリー

Ester [estér]〖旧約聖書〗エステル記〖Libro de ～〗

éster [éster] 男《化学》エステル

estera [estéra]〖←ラテン語 storea〗女 ❶〖アフリカハネガヤ esparto などから作った〗むしろ, ござ: ～ de baño バスマット. ❷《南米》枯れたアシ類〖掘っ建て小屋の屋根や壁などとして使われる〗
cargado de ～s〖口語〗耐えに耐えて

esteral [esterál] 男〖アルゼンチン, ウルグアイ〗沼沢地, 湿地

esterar [esterár] 他 …にござ(敷物)を敷く
—— 自〖口語〗〖時期が早く〗冬物を着る

esterasa [esterása] 女《生化》エステラーゼ

estercolado [esterkoláðo] 男 =estercoladura

estercoladura [esterkoladúra] 女 施肥

estercolamiento [esterkolamjénto] 男 =estercoladura

estercolar [esterkolár]〖←ラテン語 stercus, -oris〗他〖土地に〗堆肥をまく, 施肥する
—— 自〖動物が〗糞をする
—— 男 堆肥の集積場

estercolear [esterkoleár] 他〖地方語〗=estercolar

estercolera [esterkoléra] 女〖地方語〗=estercolero

estercolero [esterkoléro]〖←estercolar〗男 ❶ 堆肥の集積場. ❷〖軽蔑〗汚らしい場所, 腐敗堕落した所: Este barrio es un ～. この地域は堕落している. ❸ 厩肥(ゅぅ)清掃係

estercolizo, za [esterkolíθo, θa] 形〖動物の〗糞便のような

estercóreo, a [esterkóreo, a] 形〖動物の〗糞便の

estercuelo [esterkwélo] 男 施肥, 堆肥をまくこと

esterculiáceo, a [esterkuljáθeo, a] 形 アオギリ科の
—— 女《植物》アオギリ科

estereo-〖接頭辞〗〖立体, 凹凸〗*estereografía* 立体画法, *estereoscopio* ステレオスコープ

estéreo [estéreo] I〖estereofónico の省略形〗形 男〖単複同形〗❶ ステレオ[の], 立体音響: cinta [en] ～ ステレオテープ. emisión en ～ ステレオ放送. técnica ～ ステレオ技術. ❷《主に中南米》ステレオ装置(〖パナマ, チリ〗携帯用小型カセットレコーダー, パーソナルステレオ)
II 男《植物》～ purpúreo ムラサキウロコタケ〖銀葉病の病原〗

estereóbato [estereóbato] 男《建築》土台, 台座, ステレオベート

estereocomparador [estereokomparaðór] 男 立体視式測距装置

estereodinámica [estereoðinámika] 女《物理》立体動力学

estereofonía [estereofonía] 女 ステレオ, 立体音響[術]

estereofónico, ca [estereofóniko, ka] 形 ステレオの: disco ～ ステレオレコード

estereofotografía [estereofotografía] 女 立体写真術

estereofotogrametría [estereofotogrametría] 女 立体写真製図(測量)法

estereognosia [estereoɣnósja] 女 立体認知〖形や固さによって物体を認知する能力〗

estereografía [estereografía] 女 立体(実体)画法

estereográfico, ca [estereográfiko, ka] 形 立体(実体)画法の: proyección ～*ca*〖地理〗平射図法, ステレオ投影法

estereógrafo, fa [estereógrafo, fa] 名 立体画法家

estereograma [estereográma] 男〖平面に投影された物体を立体的に表わす〗実体画, 実体図表

estereoisomería [estereojsomería] 女《化学》立体異性

estereología [estereoloxía] 女 立体解析学

estereometría [estereometría] 女《幾何》体積測定, 求積法

estereométrico, ca [estereométriko, ka] 形 体積測定の, 求積法の

estereomicroscopio [estereomikroskópjo] 男 実体顕微鏡

estereoquímico, ca [estereokímiko, ka] 形 女《化学》立体化学[の]

estereorradián [estereor̄aðján] 男〖立体角の単位〗ステラジアン

estereorradiante [estereor̄aðjánte] 男 =estereorradián

estereoscopia [estereoskópja] 女《物理》実体鏡学; 立体知覚

estereoscópico, ca [estereoskópiko, ka] 形 実体鏡学の, 立体鏡の; 立体的に見える

estereoscopio [estereoskópjo] 男 ステレオスコープ, 実体鏡, 立体鏡

estereóscopo [estereóskopo] 男 =estereoscopio

estereostática [estereostátika] 女 立体静力学

estereotaxia [estereotá(k)sja] 女《医学》定位脳手術

estereotáxico, ca [estereotá(k)siko, ka] 形 定位脳手術の

estereotipa [estereotípa] 女〖廃語〗=estereotipia

estereotipado, da [estereotipáðo, ða] 形 紋切り型の, 型にはまった, 月並みな, お決まりの, ステレオタイプの, ワンパターンの: frase ～*da* 常套句, 決まり文句

estereotipador, ra [estereotipaðór, ra] 名 ❶ 紋切り型の人, 型にはまった言動をする人. ❷ ステロ版印刷工

estereotipar [estereotipár] 他 ❶ 紋切り型にする, 型にはめる, ステレオタイプ化する. ❷ ステロ版にする, ステロ版で印刷する

estereotipia [estereotípja] 女 ❶ ステロ版(鉛版)印刷[術]; ステロ版印刷機(印刷所). ❷《医学》常同[症]

estereotípico, ca [estereotípiko, ka] 形 ステロ版(鉛版)印刷の

estereotipo [estereotípo] 男 ❶ ステレオタイプ, 陳腐なもの. ❷ 常套(じょぅ)句, 決まり文句. ❸《印刷》ステロ版, 鉛版

estereotomía [estereotomía] 女《建築》切石(きり)法, 規矩(きく)法

estereotómico, ca [estereotómiko, ka] 形 切石法の, 規矩法の

estereovisión [estereoβisjón] 女 立体視

esterería [esterería] 女〖ござ・マットなどの〗敷物販売店, 敷物製造所

esterero, ra [esteréro, ra] 名〖ござ・マットなどの〗敷物製造者, 敷物販売施工業者

estérico, ca [estériko, ka] 形《化学》❶ エステルの. ❷〖原子・分子の〗幾何図形的外形(配列)の

esterificación [esterifikaθjón] 女《化学》エステル化

esterificar [esterifikár] 7 他《化学》エステル化する

estéril [estéril]〖←ラテン語 sterilis〗形 ❶ 不毛の, 実の成らない〖⇔fértil〗: 1) tierra ～ 不毛な土地. 2)〖比喩〗autor ～ 創造力の乏しい作家; 書けない作家. discusión ～ 実りのない論争. esfuerzo ～ 無駄な努力, 徒労. ❷ 不妊[症]の; 断種した. ❸ 殺菌した, 消毒した: gasa ～ ガーゼ
—— 男〖鉱山〗〖鉱脈中の〗下層土の不用な部分

esterilet [esterilét] 男 避妊リング〖=DIU〗

esterilete [esterléte] 男 =esterilet

esterilidad [esteriliðá(ð)]〖←ラテン語 sterilitas, -atis〗女 ❶ 不毛[性]. ❷ 不妊[症]. ❸ 殺菌[状態]

esterilizable [esteriliθáβle] 形 殺菌(消毒)可能な

esterilización [esteriliθaθjón] 女 ❶ 殺菌, 消毒. ❷ 不妊手術, 断種. ❸ 不毛にすること. ❹《経済》～ del oro 金不胎化[政策]

esterilizador, ra [esteriliθaðór, ra] 形 ❶ 殺菌する. ❷ 不妊にする
—— 男 殺菌装置, 滅菌器

esterilizar [esteriliθár]〖←estéril〗9 他 ❶ 殺菌する, 消毒する: ～ los instrumentos por ebullición 器具を煮沸消毒する. leche *esterilizada* 殺菌牛乳. ❷ …に不妊手術をする, 断種する. ❸ 不毛にする

esterilla [esteríʎa]〖*estera* の示小語〗女 ❶〖玄関・浴室などの〗小さなマット; ビーチマット: ～ de baño バスマット. ～ eléctrica 足温器. ❷〖クロスステッチ用の〗刺繍布. ❸ 金銀糸の組み紐; わらの編み紐. ❹《コスタリカ, エクアドル, アルゼンチン, ウルグアイ》〖椅子の〗籐編みの部分. ❺《ボリビア》網戸

estérilmente [estérilménte] 副 徒労に, 実りのないやり方で

esterina [esterína] 女《化学》=estearina

esterlín [esterlín] 男《繊維》バックラム

esterlina [esterlína]《←英語 sterling》女 英ポンド《=libra ～》: área (zona) de la ～ スターリング地域, ポンド圏

esternal [esternál] 形《解剖》胸骨の

esternocleidohioideo [esternokleiðoioiðéo] 男《解剖》胸骨舌骨筋

esternocleidomastoideo [esternokleiðomastoiðéo] 男《解剖》胸鎖乳突筋

esternohioideo [esternoioiðéo] 男《解剖》=**esternocleidohioideo**

esternomastoideo [esternomastoiðéo] 男《解剖》胸乳突筋

esternón [esternón] 男 ❶《解剖》胸骨. ❷［節足動物の］腹板

esternotiroideo [esternotiroiðéo] 男《解剖》胸骨甲状筋

estero [estéro] I 男《←ラテン語 aestuarium「干潟」》❶《地理》［大きな］河口, 三角江. ❷《地方語》塩田《=salina》. ❸《コロンビア, ベネズエラ》水たまり, 池. ❹《チリ》小川. ❺《アルゼンチン》沼沢地, 湿地
II《←esterar》男 ❶［床に］マットを敷くこと. ❷ 冬物を着る時期

esteroidal [esteroiðál] 形《薬学》droga anti-inflamatoria no ～ 非ステロイド抗炎症剤

esteroide [esteróiðe] 男《生化》ステロイド: ～ anabólico (anabolizante) アナボリックステロイド. ～ sexual 性ホルモン

esteroideo, a [esteroiðéo, a] 形《生化》ステロイド［性］の

esterol [esteról] 男《生化》ステロール

esterón [esterón] 男 ❶ 大きななしろ estera

esterotáxico, ca [esterotá(k)siko, ka] 形 =**estereotáxico**

esterquero [esterkéro] 男 堆肥の集積場

estertor [estertór] 男《←ラテン語 stertere「いびきをかく」》❶［臨終時などの］喉鳴り, 喘鳴（ぜん）: Cuando llegamos estaba ya en sus últimos ～es. 私たちが着いた時には彼はもう臨終の床にあった.《医学》ラ音, 水泡音, ラッセル

estertóreo, a [estertóreo, a] 形 喘鳴の

estertoroso, sa [estertoróso, sa] 形 喘鳴のような, ぜいぜいした息をする

-estesia《接尾辞》感覚 hiperestesia 知覚過敏

estesiómetro [estesjómetro] 男 触覚計, エステジオメーター

estesudeste [estesuðéste] 男 東南東［の風］

estesureste [estesuréste] 男 =**estesudeste**

esteta [estéta] 共《←ギリシャ語 aisthetes》耽美（たんび）主義者; 美学者; 美的感覚に優れた人, 審美眼のある人
男 同性愛の男; 女のような男

Este [éste] Miguel de ～ ミゲル・デ・エステテ《1495～1572, スペイン人コンキスタドール・年代記作者で, インカ帝国の征服に参加. 自己の体験を『ペルー記』*Noticia del Perú* にまとめる》

estética[1] [estétika] 女 ❶ 美学; 美的価値観, 美意識. ❷［外見の］美しさ: Esa ciudad carece de ～. その都市は美観に欠ける. ❸ 美容整形: Ella se hizo la ～ en la nariz. 彼女は鼻を整形した

estéticamente [estétikaménte] 副 美学的観点から, 審美的に, 美観的に; 耽美的に

esteticien [estetiθjén] 共《複 ～s》エステティシャン《=esteticista》

esteticismo [estetiθísmo] 男《美術, 文学》耽美主義, 唯美主義

esteticista [estetiθísta] 形 共 ❶ 耽美（唯美）主義の（主義者）. ❷ 全身美容師, エステティシャン

estético, ca[2] [estétiko, ka]《←ギリシャ語 aisthetikos < aisthanomai「私は感じる」》形 ❶ 美学の. ❷ 美に関する; 審美的な, 耽美的な: placer ～ 美的快感. sentido ～ 美的感覚, 審美眼. ❸ 美しい; 美容の: cirugía ～*ca* 美容外科, 美容整形. gimnasia ～*ca* 美容体操
—— 共 美学者; 審美家, 唯美主義者

estetismo [estetísmo] 男《美術》耽美（たんび）主義, 唯美主義

estetista [estetísta] 共 エステティシャン《=esteticista》

estetoscopia [estetoskópja] 女《医学》❶ 聴診［法］. ❷《集名》聴診による徴候

estetoscopio [estetoskópjo] 男《医学》聴診器: poner (apoyar) a+人 el ～ en el pecho …の胸に聴診器を当てる

esteva [estéβa] 女［犂（すき）の］柄（え）

estevado, da [esteβáðo, ða] 形 がに股の［人］

estevón [esteβón] 男 =**esteva**

estezado [esteθáðo] 男《古》［衣服用の］鹿などの皮

estezar [esteθár] 他《古》［皮を］乾式なめしする

esthéticienne [estetiθjén]《←仏語》女 女性エステティシャン《=esteticista》

estiaje [estjáxe]《←ラテン語 étiage》男［河川の］最低位; 渇水期

estiba [estíβa] 女 ❶《船舶》1) 積み付け. 2)《船倉の》積載貨物, バラスト. ❷［弾薬を装填する］込矢（こみや）. ❸［羊毛の］荷締め場. ❹《ムルシア》［馬の背に置く］運搬かご

estibación [estiβaθjón] 女《船舶》積み付け《=estiba》

estibador, ra [estiβaðór, ra] 共 沖仲仕, 荷積み作業人, ステベ

estibaje [estiβáxe] 男《船舶》積み付け《=estiba》

estibar [estiβár] 他《船舶》［重量が均等になるように］積み込む, 積み付けする;［荷を］積み降ろしをする. ❷［嵩を最小限にするため］締め付けて詰め込む

estibia [estíβja] 女《獣医》=**espibia**

estibiarsénico [estiβjarséniko] 男《鉱物》安砒鉱

estibina [estiβína] 女《鉱物》輝安鉱

estibio [estíβjo] 男《古》アンチモン《=antimonio》

esticomitia [estikomítja] 女《古代ギリシャ, 演劇》隔行対話

estierco [estjérko] 男 =**estiércol**

estiércol [estjérkol] 男《←ラテン語 stercus, -oris》不可算 ❶ 堆肥（たいひ）, 厩肥（きゅうひ）: echar una capa de ～ en el jardín 庭に堆肥の層を敷く. ❷《動物の》糞（ふん）

estigio, gia [estíxjo, xja] 形《ギリシャ神話》ステュクス Estigia 川の《異界を7巻きする三途の川》. ❷《詩語》地獄の, 冥界の

estigma [estíɣma]《←ラテン語 stigma「焼き印」＜ギリシャ語 stigma「刺した跡」＜stizo「私は刺す」》男 ❶［主に 複］体に残った跡（印）, 傷跡, 痕跡. ❷［奴隷・罪人に押した］焼き印; 烙印, 汚名. ❸《医学》1)［病気特有の］しつこい症状. 2) 出血斑, 紅斑. ❹《カトリック》複 聖痕. ❺《植物》［めしべの］柱頭. ❻《動物》気門（板）, 気孔

estigmático, ca [estiɣmátiko, ka] 形 ❶ 傷跡の. ❷《医学》出血斑の, 紅斑の. ❸《カトリック》聖痕の. ❹《植物》柱頭の;《動物》気門の

estigmatismo [estiɣmatísmo] 男 ❶《医学》正視. ❷《光学》無非点収差

estigmatizador, ra [estiɣmatiθaðór, ra] 形 名 烙印を押す［人］, 汚名を着せる［人］

estigmatizar [estiɣmatiθár] 他 ❶ …に烙印を押す, 汚名を着せる. ❷《カトリック》聖痕を生じさせる

estilar [estilár] I 他《←estilo》❶ 慣れさせる. ❷《まれ》［文書を］書式に従って作成する
—— ～*se* ❶ 一般的である, 通常である; 流行する: Ya no *se estila* llevar el sombrero de paja. 麦わら帽子をかぶるのはもうはやらない. ❷ …を習慣として用いる
II《←ラテン語 stillare》他 自《サラマンカ, アンダルシア; 中南米》蒸留する, 滴らせる, 滴る

estilema [estiléma] 男 文体論的な特徴（形式）

estilete [estiléte]《←仏語 stylet》男 ❶ 細身の短剣. ❷《医学》［傷口の］消息子, スタイレット. ❸《昆虫》［尖った］口器. ❹［日時計の］指時針. ❺《古語》[estilo より短い] 鉄筆, 尖筆

estiliano, na [estiljáno, na] 形 名 エステリ Estelí の［人］《ニカラグア北部の県・県都》

estilicidio [estiliθíðjo] 男《廃語》蒸留過程の滴下; 湧き水の滴下

estiliforme [estilifórme] 形 尖筆の形の

estilismo [estilísmo] 男 ❶ スタイリスト（デザイナー・舞台美術家）の職. ❷《主に軽蔑》様式偏重, 文体主義, 形式主義

estilista [estilísta]《←estilo》共 ❶ スタイリスト; デザイナー; ヘアアーチスト; 舞台美術家. ❷ 名文家, 文章家. ❸《コロンビア》美容師, 理容師

estilístico, ca [estilístiko, ka]《←estilista》形 ❶ 文体の: diversidad ～*ca* 文体の多様性. rasgos ～*s* 文体上の特徴. ❷ 文体論の: análisis ～ 文体論的分析
—— 女 文体論

estilita [estilíta] 形 名《古語》［柱の上で苦行する］柱頭行者［の］

estilización [estiliθaθjón] 女 ❶ 図案化: ～ zoomórfica 動物をかたどった図案化. ❷ 様式化, 定型化

estilizar [estiliθár]《←estilo》9 他 ❶ [美化・洗練して意匠的

estilo [estílo]【←ラテン語 stilus「書く物の先端」<ギリシャ語 stylos「柱、杭」】男 ❶［作家・画家などを特徴づける］文体、画風、独自のスタイル: El pintor iba creando un ～ propio y reconocible. その画家は一目で彼のものと分かる独自の作風を生み出しつつあった。Es un cuadro bonito, pero sin ～. 美しい絵だが、個性がない。escribir en un ～ sencillo 平易な文体で書く。elaborar el ～ 文体を練る。～ de Cervantes セルバンテスの文体。❷［国・時代などを特徴づける］様式: El catedral de Burgos es de ～ gótico. ブルゴスの大聖堂はゴシック様式である。～ arquitectónico 建築様式。～ barroco バロック様式。❸ やり方、あり方; 習慣: Su ～ de vestir es muy elegante. 彼女の着こなしはとても上品だ。adoptar un ～ de vida 健全な生活習慣を身につける。nuevo ～ de vida 新しい生き方、新生活様式。viejo ～ de hacer política 古い政治のやり方。～ de trabajo 勤労習慣、労働スタイル。❹ 流行、モード、スタイル; タイプ、型: No me gustaba el ～ hippy. 私はヒッピースタイルは嫌いだった。el último ～ 最新流行［型］。decorados con ～ moderno 現代風の装飾品。～ de peinado 髪型。❺ 優雅さ、スマートさ: Tiene gran ～ vistiendo. 彼の着こなしは非常にセンスがいい。❻《水泳》泳法: ～ libre 自由形。～ mariposa バタフライ。～ pecho (braza) 平泳ぎ。200 metros ～s individuales 200メートル個人メドレー。4 × 100 metros ～s relevos 400メートルメドレーリレー。❼《文法》話法: ～ directo (indirecto) 直接（間接）話法。～ indirecto libre 自由間接話法。❽《印刷》corrección (corrector) de ～ 文体チェック（チェッカー）。libro (manual) de ～ スタイルガイド。❾ 暦法: viejo ～ 旧暦。❿ エスティロ『アルゼンチン・ウルグアイの民俗音楽・舞踊』。⓫《植物》花柱。⓬《歴史》[蝋板に文字を書く]鉄筆、尖筆。⓭［日時計の］指時針

al ～… …風の・に、…流の・に、…式の・に: ir vestido al ～ de su país 民族衣装を着ている。democracia al ～ suizo スイス型民主主義

con ～ スマートに、かっこよく: Se viste con ～. 彼は着こなしがいい。Ella decoró la casa con mucho ～. 彼女は自宅にとても趣味のいいインテリアを施した

de buen ～ 優雅な

de ～ かっこいい: casa de mucho ～ 大変かっこいい家

de ～… …風の、…の: cuadro de ～［de］Picasso ピカソ風の絵。～ de japonés 和風の、日本式の。casa de ～ colonial コロニアル様式の家

de mal ～ 優雅でない

del ～ de… …のような: Me gusta leer libros del ～ de la "Ilíada". 私は『イリアス』のような種類の本が好きだ

～ [de]… =de ～ [de]…: hotel ～ español スペイン風［建築］のホテル。～ "Luis XVI" ルイ16世風の椅子

por el ～ 1) 似たような、ほぼ同じ・同じく: ¿La has llamado por teléfono o algo por el ～? 電話か何かで彼女と連絡を取ったのですか? Creo que dijo eso o algo por el ～. 彼はそれらしきことを言ったように思う。Me ha costado mil euros, ¿y a ti?—A mí por el ～. 私は1000ユーロかかった。君は?—私もその位だ

…y por el ～ …など

estilóbato [estilóbato]男《建築》基壇、土台床、スタイロベート
estilogloso [estiloglóso]男《解剖》茎突(ミョゥ)舌筋
estilográfico, ca [estilográfiko, ka]形 万年筆で記された
—— 男 シャープペンシル〘=lápiz ～〙
—— 女《主に西》万年筆〘=pluma ～ca, 《中南米》plumafuente〙
estilógrafo [estilógrafo]男《コロンビア、エクアドル》万年筆
estilohioideo [estilojidéo]男《解剖》茎突(ミョゥ)舌骨筋
estiloides [estilóides]形［単複同形］尖筆状の
—— 女《解剖》アポフィーゼ、骨突起

estiloso, sa [estilóso, sa]形《主に南米. 口語》粋な、スマートな
estima [estíma]【←estimar】女 ❶ 尊重、尊敬、敬意、高い評価: mostrar poco ～ por... ほとんど…を評価しない。tener... en gran (mucha) ～ …を大変高く評価している。❷《船舶》船位推算、推測船位
estimabilidad [estimabiliðá(ð)]女 評価（尊敬）に値すること
estimabilísimo, ma [estimabilísimo, ma]形 estimable の絶対最上級
estimable [estimáble]【←ラテン語 aestimabilis】形 ❶《時に軽蔑》評価に値する、すぐれた、尊敬すべき: Fue muy ～ su ayuda. 彼の援助はとてもありがたかった。No obtienen resultados ～s. 彼らはかんばしい成果を得ていない。❷ かなりの、相当な: cantidad ～ かなりの金額。grado ～ かなりの程度。❸ 評価され得る、見積り可能な
estimación [estimaθjón]【←ラテン語 aestimatio, -onis】女 ❶ 評価［行為、内容］: Tiene gran ～ por ti. 彼は君のことを大変評価している。digno de ～ 評価に値する。❷ 見積り; 評価額: hacer la ～ de una obra 工事の見積りをする。～ presupuestaria 予算の見積り。❸《統計》推定;［標本の観測値から得られる母数の］推定値: según las estimaciones de la ONU 国連の推計によれば。❹《法律》～ de una demanda 請求権認可。❺ 尊敬、敬意。❻《古語》動物の本能
estimado, da [estimáðo, ða]形 親愛な、尊敬する: 1)《手紙》E～ señor:/E～ amigo: 拝啓。Mi ～ amigo Pepe: 親愛なるペペ。Mi ～da mamá: 親愛なる母上様。2) E～s amigos:［読者・視聴者・聴衆の］皆様
estimador, ra [estimaðór, ra]形 名 高く評価する［人］
—— 男《統計》[推定値を求めるための適切な（標本の観測値に適合する）関数] 推定量
estimar [estimár]他 ❶［価値・重要性がある、人・事物を］評価する、尊重する: 1) Lo estimo mucho. 私は彼を非常に尊敬している。Estiman el esfuerzo realizado por el señor López. 彼らはロペス氏の努力を高く評価している。Estimamos su colaboración a lo largo de estos años. この数年間にわたるご協力をありがたく思っております。2) [+en] Estima en poco a los demás. 彼は他人を軽く見る。Estima en mucho el dinamismo de la época actual. 彼は現代の活力を高く評価している。Mucha gente no estima nuestro trabajo en nada. 私たちの仕事を全く評価しない人たちが大勢いる。❷ 好意を持つ、愛する; 大切に思う: Ella te estima, pero solo como amigo. 彼女は君のことが好きだが、あくまで友達としてだ。Estimaba mucho los pendientes de su abuela. 彼女は祖母のイヤリングを大事にしていた。❸《文語》…と思う、考える、判断する、みなす: 1) [+目的格補語] Lo estimo ciertamente difícil. 確かにそれは難しいと思います。No estimo necesario que se tomen esas medidas. そうした対策が講じられることが必要だとは私は思わない。2) [+como であると] Estiman como oportuna la respuesta de gobierno. 彼らは政府の回答を適切だと考えている。La estiman como profesora competente. 彼女は有能な先生だと考えている。3) [+que+直説法] Estima que nada ha cambiado aquí. ここでは何も変わっていないと彼は考えている。Estimo que esas afirmaciones son una falacia. それらの見解はごまかしだと私は思う。Estima que la industria crecería 2,5% este año. 今年の工業成長率は2.5%だろうと彼は考えた。❹ [+en に] 見積る、推定する; 概算する: El municipio estima las pérdidas del seísmo en cientos de millones de yenes. 市当局は地震の被害を数億円と推定している。ventas estimadas en US$ 5 millones anuales 年間500万ドルの推定売り上げ。precio estimado 評価額。valor estimado 推定値、見積り価格。❺《統計》[母集団から抽出した標本の観測値によって] 推定する。❻《行政》[申請を] 認める。❼《古語的》[主に 現 } 感謝する
—— ～se 自己評価する: Si se estima no hará tal cosa. 彼に自尊心があったらそんなことはしないだろう。No es fácil amar a quien se estima demasiado. うぬぼれが強すぎる人を愛するのは容易でない。❷ 考えられる、判断される: 1) [+主格補語] Se estimó razonable disponer, con carácter de excepción, una nueva fecha. 例外的に新たな期日に変更するのが妥当だと考えられた。2) [+que+直説法] Se estima que a bordo hay un total de 2.000 personas. 合計2千人が乗船していると思われる。❸ [+en に] 見積もられる、概算される: Su fortuna personal se estima en 100 millones de dólares. 彼の個人資産は1億ドルと推定される。❹ 尊敬し合う

estimativo, va [estimatíƀo, ƀa] 形 ❶[計算・数字が] 概算の、おおよその. ❷評価の；評価に役立つ: datos ~s 判定材料
—— 男《コロンビア》概算
—— 女 ❶判断力, 思慮〖=juicio ~〗. ❷動物的本能. ❸評価〖行為. =estimación〗. ❹価値理論

estimator, ria [estimatórjo, rja] 形 ❶見積りの, 概算の. ❷《法律》価格査定する, 価格鑑定の

estimulación [estimulaθjón] 女 刺激, 興奮させること；鼓舞, 激励

estimulador, ra [estimulaðór, ra] 形 =estimulante
—— 男《医学》刺激器

estimulante [estimulánte] 形 興奮(発奮)させる, 刺激的な: música ~ 鼓舞するような音楽
—— 男 刺激剤, 興奮剤；刺激物

estimular [estimulár] 〖←ラテン語 stimulare「刺す」〗他 ❶[+a に向けて／+a+不定詞・que+接続法 するように] 発奮させる, 刺激する；[機能を] 増進させる: Podemos usar este libro para ~ a que los estudiantes piensen más. 生徒たちにもっと考えさせるようにするためにこの本を使うことができます. ~ a+人 al estudio …を勉強にかり立てる, 勉強するように励ます. ~ el apetito 食欲を刺激する. ~ las inversiones 投資を刺激する
—— ~se 興奮剤(麻薬)を摂取する
—— 形 刺激性のある

estimulativo, va [estimulatíƀo, ƀa] 形《まれ》刺激する, 刺激性のある

estimulina [estimulína] 女《生化》スティミュリン

estímulo [estímulo] 〖←ラテン語 stimulus「針, 拷問, 刺激」〗男 ❶刺激(鼓舞)するもの；刺激効果, インセンティブ: El salario es un ~ que incita al trabajo. 賃金は労働意欲をかき立てる刺激剤である

estinco [estíŋko] 男《動物》サンドフィッシュスキンク

estío [estío] 〖←ラテン語 aestivum [tempus] 「夏の[時・季節]」 < aestas「夏」〗男《文語》夏〖=verano〗: en el ~ 夏に

estiomenar [estjomenár] 他《医学》潰瘍を生じさせる

estiómeno [estjómeno] 男《医学》潰瘍

estipe [estípe] 男《植物》基部, [ヤシの木などの先端が] 葉冠の茎

estipendial [estipendjál] 形 報酬の；祭式謝礼金の

estipendiar [estipendjár] 10 他《まれ》報酬(給金)を払う

estipendiario, ria [estipendjárjo, rja] 形《古語》租税の
—— 名《まれ》報酬(給金)を受け取る人

estipendio [estipéndjo] 〖←ラテン語 stipendium〗男 ❶《文語》報酬, 給与. ❷《カトリック》祭式の謝礼金

estípite [estípite] 男 ❶《建築》逆ピラミッド型の柱形. ❷《植物》[ヤシなどの] 葉冠の幹

estipticar [esti(p)tikár] 7 他《医学》[器官の組織を] 収斂(しゅうれん)させる

estipticidad [esti(p)tiθiðá(ð)] 女 収斂性

estíptico, ca [estí(p)tiko, ka] 形 ❶《医学》収斂性の, 止血性の. ❷便秘症の. ❸けちな. ❹[味が] 渋い

estiptiquez [esti(p)tikéθ] 女《中南米》便秘

estípula [estípula] 女《植物》托葉(たくよう)

estipulación [estipulaθjón] 女 〖←ラテン語 stipulatio, -onis〗 ❶ 約款(やっかん), 契約条項. ❷契約を結ぶこと

estipulado, da [estipuláðo, ða] 形《植物》托葉(たくよう)のある

estipulante [estipulánte] 形 規定する, 定める

estipular [estipulár] 〖←ラテン語 stipulari「口約束する」〗 ❶《契約の中で》定める, 規定する: Estipular que la compra debe hacerse al contado. 現金取引でなければならないと規定されている. ❷《口頭で》契約する

estique [estíke] 男《先端が鋸歯状の》彫刻のみ

estira [estíra] 女《皮なめし用の》ナイフ

estiracáceo, a [estirakáθeo, a] 形《植物》エゴノキ科の
—— 女《植物》エゴノキ科

estirachaquetas [estiratʃakétas] 名《単複同形》《ラ・マンチャ. 口語》おべっか使い, お追従者

estirada¹ [estiráða] 女 ❶伸ばすこと. ❷《サッカーなど》[ボールを止める・捕るための] ジャンプ, ストレッチ, 体を一杯に伸ばしたキャッチ(クリアー)

estiradamente [estiráðamente] 副 かろうじて, やっと；無理やり, 強引に: Mariano ~ tiene para comer. マリアノは食べるのがやっとだ

estirado, da² [estiráðo, ða] ❶《軽蔑》高慢, 思い上がった. ❷着飾った, 盛装した. ❸けちな, しみったれた
—— 男 ❶伸ばすこと, 引っ張ること；《技術》延伸, 引き延ばし. ❷[しわ取りなどの] 美容整形

estirador, ra [estiraðór, ra] 名 引き伸ばす[人]
—— 男 引き伸ばし器

estiragarrote [estiragařóte] 男《ラ・マンチャ. 遊戯》[相対して座り, 一本の棒を握り合い, 突っ張り合った足の裏をテコにして] 相手を引き寄せるゲーム

estirajar [estiraxár] 他 =estirar

estirajón [estiraxón] 男 =estirón

estiralevitas [estiraleƀítas] 名《単複同形》《ラ・マンチャ》おべっか使い, お追従者

estiramiento [estiramjénto] 男 ❶《体操》ストレッチング〖=ejercicio de ~〗: hacer ~s ストレッチをする. ❷しわ取り整形〖=~ de la piel〗. ❸《軽蔑》高慢, 思い上がり. ❹伸ばすこと, 引っ張ること. ❺《チリ》社会規範の過度の遵守

estirar [estirár] 〖←es-+tirar〗他 ❶[緩んだものを] 伸ばす, ぴんと張らせる: Ella estiró las medias antes de ponérselas. 彼女は履く前に靴下をまっすぐに伸ばした. No pudo evitar el impulso de ~ la mano para tocarlo. 彼はそれにふれてみようと手を伸ばす衝動を抑えられなかった. Mi abuelo se sentaba con las piernas estiradas y cruzadas delante de él. 祖父は彼の前に脚を出して組んでいた. con los brazos estirados 腕を伸ばして. ~ el cable コードを伸ばす. ~ una goma elástica ゴムを伸ばす. ❷[衣服の] しわを伸ばす；[軽く] アイロンをかける: Estira un poco la falda, que está arrugada. しわが寄っているから, スカートに少しアイロンをかけなさい. ❸[金を] 倹約して[ちびちびと], やりくりする: Habrá que ~ el sueldo. 給料を倹約して使わなければならないだろう. presupuesto muy estirado ぎりぎりの予算. ❹引き延ばす, 長引かせる: ~ el tema 話題を長々と引き延ばす. ❺[内容を] ふくらます. ❻《中南米》殺す. ❼《メキシコ, チリ, アルゼンチン, パラグアイ, ウルグアイ》引く, 引っ張る. ❽《アンデス》[罪人を] 鞭打つ. ❾《ペルー》だます

estira y afloja《俗用；メキシコ》硬軟の巧みな使い分け〖=tira y afloja〗
—— 自 ❶伸びる, 長くなる. ❷[急に] 身長が大きくなる, 成長する. ❸《俗用》[+de を] 引っ張る, 引き寄せる, 引く: ~ de un lado de un mantel テーブルクロスの片側を引っ張る. ❹《中南米》死ぬ
—— ~se ❶伸びをする, 手足を伸ばす: Se estiró bostezando. 彼はあくびをしながら腕を伸ばした. ~se un gato 猫が伸びをする. ❷[ゴム・セーターなどが] 伸びる: La goma se estira con facilidad. ゴムは伸びやすい. ❸[急に] 身長が伸びる, 体が大きくなる. ❹寝そべる, 長々と横になる: Se estiró sobre el banco. 彼はベンチに寝そべった. Estirado en la cama, se había preguntado muchas veces el sentido de la vida. 彼はベッドの上で大の字に寝そべって, しばしば人生の意味を自問した. ❺《口語》気前のいいところを見せる. ❼[時間が] 延びる, 長くなる

estirazar [estiraθár] 9 他《口語》=estirar

estireno [estiréno] 男《化学》スチレン, スチロール

estirol [estiról] 男 =estireno

estirón [estirón] 男 ❶《←estirar》[特に思春期に] 身長が急に伸びること. ❷《俗用》突然引っ張ること, 一息に引くこと
dar un ~ 1) 急に背が伸びる(成長する): Durante el invierno la pequeña había dado un gran ~. 冬の間に少女は急に背が伸びて大きくなっていた. 2) ぐいと引っ張る
pegar un ~ 急に背が伸びる

estirpe [estírpe] 〖←ラテン語 stirps, stirpis「木の幹の基部」〗女 ❶[主に高貴な・直系の] 血統, 家系: ser de rancia ~ 古い家系の出である. ❷《法律》[集名] 同族, 子孫. ❸《植物》[集名] [遺伝子・系統学上の] 子孫

estítico, ca [estítiko, ka] 形 =estíptico

estitiquez [estitikéθ] 女《主に中南米》=estiptiquez

estivación [estiƀaθjón] 女《動物》夏眠

estivada [estiƀáða] 女 開墾地

estival [estiƀál] I 〖←ラテン語 aestivalis〗形《文語》夏の: vacaciones ~es 夏休み
II 〖←伊語 stivale〗男《古語》[婦人用の] ショートブーツ

estivianual [estiƀjanwál] 形《植物》[一年生植物が] 夏型の

estivo, va [estíƀo, ƀa] 形《詩語》夏の

esto¹ [esto] 間 [言いよどみや間を取るつなぎの言葉] えーと…

esto² [éstó]《←ラテン語 istud》代 [近称の指示代名詞中性形] ❶ これ: 1)〔物〕¿Qué es ~?—Es una pluma óptica. [名称が分からなくて] これは何ですか?—光学ペンです. ¿Cuánto es ~? [名称には無関心で,単に指示して] これはいくらですか? 2)〔既述・既知の事柄〕*E*~ es difícil. これは難しい. ¿Qué opinión tienes de ~? このことをどう考える? *E*~ es el destino. これが運命だ. ¡*E*~ es demasiado! これはあんまりだ! *E*~ sí que es raro. これは確かに珍しい. 3)〔後続〕El problema es ~: Un milagro es, por definición, una interrupción en el orden normal de cosas. 問題はこうだ,つまり奇跡とは,当然のことながら,物事の通常の順序の中断だということだ. 4)〔いくつかのものをまとめて〕*E*~ es todo [lo que tienes que saber]. 〔君の知るべきことは〕これで全部だ. ❷〔場所〕ここ: ¿Qué es ~?—Es Plaza Mayor. ここはどこですか?—マヨール広場です. *E*~ es Kyoto. ここが京都です. ❸〔戯語〕この人

en ~ この時, するとすぐ: Estaba estudiando y *en* ~ sonó el timbre. 私は勉強していた, するとその時ベルが鳴った

estando en ~ =*en* ~

~ de... [+名詞・不定詞・*que*+接続法. 既知の内容を省略して] この…ということ: Es curioso, ~ *del* tiempo. この時間というのは不思議なものだ. *E*~ *de* tener que venir a las seis no me gusta. 6時に来なければならないというのはいただけない. *E*~ *de que* uno viva cerca del trabajo me trae muchas ventajas. 職場の近くに住むということは私には利点が多い

~ es つまり, すなわち, 言いかえれば: El precio neto, ~ *es* libre de impuestos, es cinco euros. それは正味価格, すなわち税抜きで5ユーロだ

~, lo otro y (o) lo de más allá あれやこれや, 色々なこと: Hablando así de ~, *lo otro y lo de más allá*, no tendríamos tiempo para ir al grano. このようにあれこれとしゃべっていたら, 肝心の話をする時間がなくなってしまうだろう

hablar de ~ *y aquello* あれこれと話す

ni ~ *de...* 少しも…ない: No tiene *ni* ~ *de* sentido común. 彼には常識というものが少しもない

por ~ [既述の・これから述べる理由] このために

que si ~, *que si lo otro, que si lo de más allá* あれやこれや, 色々なこと

todo ~ このようなこと, こういったこと; 上記(以上)のこと: ¿Qué hacer ante *todo* ~? これに対してどうすべきなのか?

estocada [estokáða] 囡 ❶ [剣 estoque での] 突き; 刺し傷. Le di una ~ en el pecho. 私は彼の胸を剣で突き刺した. ❷《フェンシング》突き [⇔*corte* 切り]. ❸〔闘牛〕とどめの一突き: ~ *desprendida/media* ~ 途中までの突き刺し. ~ *tendida* [とどめとならず] 横からの突き刺し

~ de cornada《比喩. 口語》返り刺

media ~《まれ》軽い酔い

estocafís [estokafís] 男 [塩引きしない] 棒鱈(だら)

estocaje [estokáxe] 男 倉入れ [=*almacenamiento*]

estocar [estokár] 7 他 倉入れにする [=*almacenar*]

estocástico, ca [estokástiko, ka]《←ギリシア語 stochastikos》形 ❶ 偶然の, 運任せの. ❷ 確率論の; 推計(統計)学の: *variable* ~*ca* 確率変. *música* ~*ca* 推計学的音楽, 確率音楽

—— 男 ❶ 確率論; 推計(統計)学, 推計学 [=*estadística inductiva*]

estock [estók] 男 在庫, ストック [=*stock*]

estocolmense [estokolménse] 形 名〔地名〕[ストックホルム Estocolmo の(人)]

estocolmés, sa [estokolmés, sa] 形 名 =*estocolmense*

estoconazo [estokonáθo] 男〔闘牛〕完璧(正確)なとどめの一突き

estofa [estófa]《←古仏語 estofe》囡 ❶《軽蔑》[人の, 悪い] 質, 種類: *gente de baja (mala)* ~ いかがわしい人種. ❷《古語》緞子(どんす), 錦

estofado¹ [estofáðo] I [←*estofar* I] 男〔料理〕シチュー, ごまぜ煮: ~ *de carne con patatas y zanahorias* 肉・ジャガイモ・ニンジンのシチュー

II [←*estofar* II] 男 ❶〔服飾〕エンブロイダリーキルト, 刺繍キルト. ❷〔美術〕金箔の凸凹状テンペラ画

estofado², da [estofáðo, ða] 形 こざっぱりした; めかしこんだ, 着飾った; 端正な

estofador, ra [estofaðór, ra] 名 ❶ 刺繍キルト職人. ❷ 金出しつや加工師

estofar [estofár] I《←古語 estufar <俗ラテン語 estuphare <ギリシア語 typhos「蒸気」》他 とろ火で煮る; シチューにする: *carne estofada* ビーフシチュー

II [←古仏語 estofe] 他 ❶〔服飾〕刺繍キルトにする. ❷〔美術〕[つや出しのため金箔の上を覆った材料を] 削り落とす; [金箔をかける前に] 木彫に白い色を塗る; [金地の上に] テンペラ絵の具で描く

estofo [estófo] 男《まれ. 服飾》エンブロイダリーキルト, 刺繍キルト; その製作

estoicamente [estóikaménte] 副 禁欲的に, 平然と, じっと耐えて, 動ぜず

estoicidad [estoiθiðá(ð)] 囡《まれ》克己心 [=*estoicismo*]

estoicismo [estóiθísmo] 男 ストア哲学; 禁欲主義; 克己心

estoico, ca [estóiko, ka]《←ラテン語 stoicus <ギリシア語 stoikos < stoa「柱廊」(アテネの人が集まる場所)》形 ❶ ストア哲学(学派)の; 禁欲的な. ❷ ものに動じない, 平然とした: Aceptó la noticia de su enfermedad incurable con ~*ca* resignación. 彼は自分の不治の病と知らされても諦めて冷静に受け止めた

—— 名 ストア哲学者; 禁欲主義者

estola [estóla]《←ラテン語 stola < ギリシア語 stole「衣服」》囡〔服飾〕❶ 肩掛け, ストール: *llevar una* ~ *de visón* ミンクストールを掛けている. ❷ [聖職者が肩から掛ける] ストラ, 襟垂帯. ❸《古代ギリシア・ローマ》チュニックの一種

estolidez [estoliðéθ] 囡〔文語〕愚鈍, 思考能力が全くないこと

estólido, da [estóliðo, ða] 形 名〔文語〕愚鈍な[人], 思考能力が全くない[人], 愚か者[の], 愚鈍

estolón [estolón]《estola の示大語》男 ❶〔植物〕匍匐(ほ)枝, 走出枝. ❷〔服飾〕[助祭が四旬節に用いる] 広幅ストラ

estoma [estóma] 男〔植物〕気孔

estomacal [estomakál]《←ラテン語 stomachus》形 ❶ 胃の: *jugos* ~ *es* 胃液. ❷ 胃によい, 食欲を増進させる

—— 男〔薬学〕健胃剤, 消化剤

estomagante [estomagánte] 形《西. 口語》感じの悪い, うんざりさせる

estomagar [estomagár] 8 他 ❶《西. 口語》うんざりさせる, いらだたせる. ❷ 胃にもたれさせる, 消化不良を起こさせる

—— 他《西. 口語》感じが悪くなる, 不快感を抱かせる

estómago [estómago]《←ラテン語 stomachus <ギリシア語 stomakhos》男 ❶ 胃: *Tengo dolor de* ~. 私は胃(胃)が痛い. *tener el* ~ *cargado* 胃が重い, 胃もたれがする. *tener el* ~ *vacío (lleno)* 空腹(満腹)である. *tener el* ~ *sano (delicado)* 胃が丈夫である(弱い). *acostar a un bebé sobre su* ~ 赤ん坊を腹ばいに寝かせる. *enfermedad del* ~ 胃病. ❷ [不快なことに対する] 辛抱, 忍耐: *tener [buen・mucho]* ~ [非常に] 我慢強い

atravesarse en el ~《メキシコ》強い反感を覚える

echar... al ~《口語》…を食べる

echarse... al ~《口語》…を腹一杯詰め込む

encogerse a+人 el ~ [恐怖で] …は胃が締めつけられる

hacer buen (mal) ~ 腹をすえる (不機嫌にする)

hacer ~ *a...* 不愉快なものを〕我慢する

hacerse ~ *a...* …に慣れる

ladrar a+人 el ~《口語》…は腹ぺこである: *Me ladra el* ~. 私は空腹で腹が鳴っている

levantar el ~ *a+人* …の胃をむかつかせる

quedar a+人 en el ~ …の心の中にしまっておかれる, 言わずにおかれる

revolver el ~ *a+人*《口語》1) …を腹立たしくさせる, はらわたが煮えくり返る思いをさせる. 2) 吐き気を催させる: *El viaje en autobús me ha revuelto el* ~. バスに揺られたせいで私は車酔いしてしまった

sentarse en el ~《メキシコ》=*atravesarse en el* ~

tener el ~ *en los talones/tener el* ~ *en los pies/tener el* ~ *pegado al espinazo* 腹ぺこである

tener el ~ *revoltoso* 吐き気がする: *Tengo el* ~ *revoltoso*. 私は胃がむかむかする

tener sentado (asentado) en el ~ *a+人*《口語》…に反感を抱く, 腹にすえかねる

tener un ~ *de piedra* 胃が頑丈である

estomaguero [estomagéro] 男 小児用腹帯

estomaquico, ca [estomákiko, ka] 形 胃の

estomat-〔接頭辞〕=*estomato-*

estomatical [estomatikál] 形《まれ》=*estomacal*

estomático, ca [estomátiko, ka] 形 ❶〔植物〕気孔の. ❷

[人間の] 口の
estomaticón [estomatikón] 男 [みぞおちに貼る] 健胃膏薬
estomatitis [estomatítis] 女《医学》口内炎
estomato-《接頭辞》[口] *estomat*ología 口腔外科
estomatología [estomatoloxía] 女《医学》口腔(ミ)外科, 口内病学
estomatológico, ca [estomatolóxiko, ka] 形 口腔外科の, 口内病学の
estomatólogo, ga [estomatóloɣo, ɣa] 名 口腔外科医
estomatópodo, da [estomatópoðo, ða] 形 口脚目の
—— 男 複《動物》口脚目
estoniano, na [estonjáno, na] 名 =estonio
estonio, nia [estónjo, nja] 形 名《国名》エストニア Estonia の [人]
—— 男 エストニア語
estopa [estópa] 女 ❶ トウ〔麻・亜麻などのくず繊維〕; [それで作った] 粗布. ❷ [船舶] [パッキンなどに使う] 槇皮(ﾏｷﾊﾞ). ❸ [かんながけの後材木に残る] そげ, ささくれ
dar（*repartir･arrear･sacudir*）*~* [西. 口語] めった打ちする
ser fino como la ~ [皮肉] 大変お上品である
estopada [estopáða] 女《船舶》[パッキン用の] 麻くずの小片
estopazo [estopáθo] 男《地方語》丈夫な麻布
estopeño, ña [estopéɲo, ɲa] 形 麻くず(槇皮)の, 麻くず(槇皮)製の
estoperol [estoperól] 男 ❶《船舶》1) 頭が大きく丸い鋲(釘). 2) ロープ芯. ❷《中南米》[金・銀メッキされた] 大型の飾り釘. ❸《コロンビア》[道路標識の] キャッツアイ. ❹《チリ. スポーツ》スパイク
estoperón [estoperón] 男《ラマンチャ》がさつな女
estopilla [estopíʎa] 女 ❶ 麻(亜麻)の上質のくず繊維; その繊維を紡いだ糸; その布地. ❷ [キャンブリックに似た] 薄手の亜麻布. ❸ 綿の粗布
estopillero, ra [estopiʎéro, ra] 名《地名》カラタユー Calatayud の [人] 《サラゴサ県の町》
estopín [estopín] 男 [大砲の] 起爆筒; [発射体の] 真鍮雷管
estopón [estopón] 男 麻(亜麻)の粗くず繊維; その布地
estopor [estopór] 男《船舶》錨止め装置
estoposo, sa [estopóso, sa] 形 麻(亜麻)のくず繊維の [ような]
estoque [estóke] 男《←古仏語 estoc「剣先」》 ❶ [先で突く, 細身の] 剣〔特に闘牛士がとどめを刺すのに使う. および仕込み杖用〕; mozo de ~ [s] 《闘牛》マタドールの世話係の少年. ❷《植物》グラジオラス [=gladiolo]. ❸《アラバ》 [家畜追い立て用の] 突き棒の鉄キャップ. ❹《アンダルシア. 口語》ひょろ長い人
estoqueador, ra [estokeaðór, ra] 名《闘牛》マタドール
estoquear [estokeár] 他《主に闘牛》剣 estoque で突く(刺す)
estoqueo [estokéo] 男 [剣 estoque による] めった突き(刺し)
estoquillo [estokíʎo] 男《チリ. 植物》タマガヤツリ
estor [estór]《←仏語 store》 男 [巻き上げ式の] カーテン, ブラインド
estora [estóra] 女 [積荷の落下防止のため荷車の脇に敷く] むしろ
estoraque [estoráke] 男《植物》エゴノキ; [その樹脂] 安息香
estorbador, ra [estorβaðór, ra] 形 [人・物が] 邪魔な, 迷惑な
estorbar [estorβár]《←ラテン語 disturbare》他 ❶ 妨げる, 邪魔する; 場所をふさぐ: No me *estorbes* que estoy estudiando. 私は勉強しているのだから邪魔しないでくれ. Este mueble nos *estorba* para pasar. この家具は私たちの通行の邪魔だ. ❷ 困らせる, 迷惑をかける
—— 自 邪魔(迷惑)である: Estos libros están *estorbando* aquí. これらの本はここに置いたら邪魔だ. Siempre estás *estorbando*. 君はいつも邪魔だ
estorbo [estórβo]《←estorbar》男 ❶ 障害, 妨害, 邪魔: No hay ~ para que se haga. 実施する上で障害はない. Estos adornos no son sino un ~. これらの飾りは不必要だ. Él no constituye un ~ para mí. 彼は私の邪魔にはならない. ❷ 迷惑
estorboso, sa [estorβóso, sa] 形 名 ❶ 邪魔な [人], 障害となる [人]. ❷ [リオハ, アラゴン] [天気が畑仕事を妨げる] あいにくの

estorneja [estornéxa] 女《地方語》❶ =estornija. ❷ 桟 [=tarabilla]

estornija [estorníxa] 女 ❶ [車輪が外れないようハブに取り付ける] 座金. ❷ 棒打ち遊び [棒で木片を打って躍り上がらせ, さらに打って遠くへ飛ばす遊び]
estornino [estorníno] 男 ❶ [鳥] ムクドリ; [特に] ホシムクドリ 〔= ~ pinto〕: ~ negro ムジホシムクドリ. ~ rosado バライロムクドリ. ❷ [魚] マサバ. ❸《アンダルシア》オリーブ収穫の日雇い労働者
estornudadera [estornuðaðéra] 女《植物》アルニカ
estornudar [estornuðár]《←ラテン語 sternutare》自 くしゃみをする
estornudo [estornúðo]《←ラテン語 sternumentum < sternutare》男 くしゃみ: Sus ~s lo obligaron a abandonar el concierto. 彼はくしゃみをしてコンサートから出ざるを得なかった
estornudógeno, na [estornuðóxeno, na] 形《薬学》くしゃみを起こさせる
estornutatorio, ria [estornutatórjo, rja] 形 男《薬学》くしゃみを起こさせる; 粗い誘咳剤
estortillar [estortiʎár] 他《プエルトリコ》[人を] 殴る, 傷つける
estoser [estosér] ~se《地方語》空咳をする
estotro, tra [estótro, tra] 形 代《古語》このもう一つの [もの]
estovaína [estoβaína] 女《薬学》ストバイン [局所麻酔薬]
estovar [estoβár] 他《料理》とろ火で蒸し焼き(ソテー)する
estozolar [estoθolár] 他《ログローニョ, アラゴン》[動物の] 首の骨を折る, 首の関節を外す, 首を打って殺す
—— ~se 自分の首の骨を折る(折って死ぬ), 自分の首の関節を外す
estrábico, ca [estráβiko, ka] 形 名《医学》斜視の [人]
estrabismo [estraβísmo] 男《医学》斜視
estrabología [estraβoloxía] 女《医学》斜視研究
estrabotomía [estraβotomía] 女《医学》斜視切開 [術]
estracilla [estraθíʎa] 女 ❶ papel de ~ [papel de estraza より少し薄く丈夫な] 茶色の包装紙. ❷ 細い布切れ
estrada [estráða] 女 ❶《まれ》[人が踏み歩いてきた] 道. ❷《ビスカヤ》[塀・生垣に挟まれた] 道. ❸《サラマンカ》[棚用の] 吊り板. ❹《ボリビア》ゴム採取の担当本数 [=150本]
Estrada [estráða] 人名 **José** ~ ホセ・エストラーダ〔1877～1936, スペインの法律家・政治家. 王政を支持. 第二共和制 Segunda República 下で人民戦線政府と対立し, スペイン内戦中に処刑される〕
Estrada Cabrera [estráða kaβréra] 人名 **Manuel** ~ マヌエル・エストラダ・カブレラ〔1857～1923, グアテマラの政治家, 大統領(1898～1920). 長期独裁政権を築く〕
estradense [estraðénse] 形《地名》ラ・エストラダ La Estrada の [人] 《ポンテベドラ県の村》
estradiol [estraðjól] 男《生化》エストラジオール
estradiota [estraðjóta] 女《古語》[アルバニア人騎馬傭兵の] 両端穂(ﾎ)の長槍
estradiote [estraðjóte] 男《古語》アルバニア人騎馬傭兵
estrado [estráðo]《←ラテン語 stratum < sternere「床に敷く」》 ❶ [儀式用の] 壇; 演壇, 教壇: subir al ~ 壇上にのぼる. ❷ [法廷の] 裁判官席, 複 法廷. ❸ 裁判所の公告掲示場. ❹ [パン工房の] パン生地仕上げ. ❺《古語》[貴婦人たちがクッションに座って客を迎えた場所] 謁見の間; その家具調度
estrafalariamente [estrafalárjaménte] 副《口語》とっぴょうしもなく, 風変わりに
estrafalario, ria [estrafalárjo, rja]《←伊語 strafalario》形 名 [服装・考え・行動などが] 風変わりな [人], 変わり者 [の]
estragadamente [estraɣaðaménte] 副 乱雑に, めちゃくちゃに
estragador, ra [estraɣaðór, ra] 形 損なう, 害をなす, 堕落させる
estragal [estraɣál] 男《アストゥリアス, カンタブリア》玄関
estragamiento [estraɣamjénto] 男 傷める(傷む)こと
estragar [estraɣár]《←俗ラテン語 stragare < strages「廃墟」》他 ❶ 傷める, 損なう, 害をなす: Los picantes me han *estragado* el paladar. 香辛料で口の中がひりひりする. La inundación ha *estragado* las cosechas. 洪水で収穫に被害が出た. ❷ [飲みすぎ・食べすぎで] 胃を荒らす. ❸ [精神的に] 腐敗させる, 堕落させる. ❹《地方語》刃こぼれさせる
—— ~se ❶ 傷む, 損なわれる. ❷ [精神的に] 腐敗する, 堕落する
estrago [estráɣo]《←ラテン語 strages》男 ❶ [主に 複]. 戦争・天変地異・疫病などによる] 害; 破壊, 荒廃: El bombardeo causó grandes ~s entre la población. 爆撃で住民に大きな被害

が出た. ～s de los años 時とともに朽ち果てること. ❷ 堕落, 退廃: La droga causa ～s. 麻薬は人を破壊する
hacer ～s 1) [+entre の間で] 大成功を収める: Las figuritas de Lladró *hacen ～s entre* los turistas. リヤドロ人形は観光客の間で人気が高い. 2) 害を与える

estragón [estragón] [男]《植物, 香辛料》エストラゴン, タラゴン
estrambólico, ca [estrambóliko, ka] [形]《キューバ》奇妙な服を着た; 風変わりなふるまいをする
estrambote [estrambóte]〘←?語源〙[男]《詩法》[ソネットなどに付ける] 追加句, 足し句
estrambóticamente [estrambótikaménte] [副]《口語》常軌を逸して, 型破りに
estrambótico, ca [estrambótiko, ka]〘←estrambote〙[形]《口語》常軌を逸した, とっぴな, 風変わりな: ropajes ～s とっぴな服装
estramónica [estramónika] [女] =**estramonio**
estramonio [estramónjo] [男]《植物》シロバナヨウシュチョウセンアサガオ
estrangol [estraŋgól] [男]《獣医》[はみ・端綱による] 馬の舌の絞扼(こうやく)
estrangul [estraŋgúl] [男] [吹奏楽器の] リード, 吹管
estrangulación [estraŋgulaθjón] [女] ❶ 絞殺, 窒息. ❷《格闘技》締め技. ❸《医学》絞扼: ～ intestinal/～ de intestino 腸絞扼
estrangulado, da [estraŋguláđo, đa] [形]《文語》[感動・不安で] 胸が詰まった
estrangulador, ra [estraŋgulađór, ra] [形] [名] 窒息させる, 絞め殺す; 絞殺者
—— [男]《自動車》チョーク〘=～ de〔l〕aire〙
estrangulamiento [estraŋgulamjénto] [男] ❶ 絞殺, 窒息. ❷ [進行上の] ネック, ボトルネック; [原料不足などによる生産活動の] 行き詰まり. ❸ [管・通路の] 狭まり
estrangular [estraŋgulár]〘←ラテン語 strangulare〙[他] ❶ 絞殺する, 扼殺する: Lo *estrangularon* con una corbata. 彼はネクタイで絞め殺された. ❷ [血管などを] 締めつける; 狭くする: ～ la vena con las pinzas 鉗子で血管の流れを止める. ❸ [計画の実行などを] はばむ; [原料不足などによって生産活動を] 行き詰まらせる. ❹《医学》絞扼(こうやく)する. ❺《自動車》チョークをひく
—— **～se** ❶ 窒息する. ❷《医学》絞扼される
estranguria [estraŋgúrja] [女]《医学》有痛排尿困難〘=estangurria〙
estrapada [estrapáđa] [女]《古語. 船舶》マストの上から甲板ぎりぎりまで落とす刑罰; その刑具
estrapalucio [estrapalúθjo] [男]《地方語》大きな音を立てて割れること〘=estropicio〙
estraperlear [estraperleár] [自]《西》[+con の] 闇取引をする
estraperlismo [estraperlísmo] [男]《西. 古語的》闇取引
estraperlista [estraperlísta] [名]《西》闇商人
estraperlo [estrapérlo]〘←Straus y Perlo (有名な経済的不正行為を働いたスペイン人たち)〙[男]《西. 古語的》❶ 闇(やみ)取引, 闇市; 闇物資: vender de ～ 闇市に流す. precio de ～ 闇値. ❷ hijo de ～ 私生児
estrapontín [estrapontín] [男]《まれ》=**traspuntín**
estrás [estrás] [男] [模造宝石製造用の] 鉛ガラス, 人造宝石
estrasburgués, sa [estrasburgés, sa] [形] [名]《地名》[フランスの] ストラスブール Estrasburgo の〔人〕
estrata [estráta] [女]《チリ》地層〘=estrato〙
estratagema [estrataxéma]〘←ラテン語 strategema < ギリシア語 strategema, -atos〙[女] ❶ 策略, 術策. ❷《軍事》戦略, 計略
estratega [estratéga] [名] ❶ 戦略家, 軍略家. ❷《古代ギリシア》将軍〘=estratego〙
estrategia [estratéxja]〘←ギリシア語 strategia「将軍の長所」< strategos「将軍」〙[女] ❶《軍事》戦略, 軍略〘時に戦術 táctica に対して〙: ～ nuclear 核戦略. ❷ 作戦, 駆け引き: ～ de mercado マーケット戦略. ～ de empujón プッシュ戦略〘メーカーが流通業者に向けて販売促進活動を行なう〙. ～ de tirón プル戦略〘メーカーが顧客に広告などを通じて直接働きかける〙. ～ electoral 選挙戦術. ❸《数学》ストラテジー. ❹《コロンビア》策略, 奸計
estratégicamente [estratéxikaménte] [副] 戦略的に, 策略をめぐらせて
estratégico, ca [estratéxiko, ka]〘←estrategia〙[形] ❶ 戦略的な, 戦略上の: armas ～*cas* 戦略兵器. bombardero ～ 戦略爆撃機. materias ～*cas* 戦略物資. objetivo ～ 戦略目標. punto ～ 戦略上の重要地点. retirada ～*ca* 戦略的退却. ❷ 戦略家の
estratego [estratégo] [男] ❶《文語》戦略家〘=estratega〙. ❷《古代ギリシア》将軍
estratificación [estratifikaθjón] [女] ❶《地質》成層, 層理. ❷ 階層分化; 層をなしていること: ～ social 社会的階層分化; 社会階層
estratificado, da [estratifikáđo, đa] [形] 層状の
estratificar [estratifikár] [7] [他] ❶ 層に重ねる, 層状にする. ❷ 階層分化させる
—— **～se** 層をなす, 層状になる
estratiforme [estratifórme] [形] 層状の, 層をなす;《地質》成層〔性〕の
estratigrafía [estratigrafía] [女] ❶《地質》層位学, 地層学; 断層. ❷《医学》〔X線〕断層撮影〔法〕
estratigráfico, ca [estratigráfiko, ka] [形]《地質》層位(地層)学的な, 層位(地層)学の; 断層の
estratígrafo, fa [estratígrafo, fa] [名] 層位学者, 地層学者
estrato [estráto]〘←ラテン語 stratum「寝床」〙[男] ❶《地質》層, 地層. ❷《社会学》階層: ～ de asalariados サラリーマン層. ～ social bajo 下層社会. ❸《生物》[植生などの] 層; [組織などの] 薄層. ❹《気象》層雲. ❺《文語》水準, レベル
estratocracia [estratokráθja] [女] 軍人政治, 軍政
estratocristalino, na [estratokristalíno, na] [形]《鉱物》層状結晶の
estratocúmulo [estratokúmulo] [男]《気象》層積雲
estratoexprés [estratoɛ〔k〕sprés] [男]《まれ》成層圏を飛ぶ高速旅客機
estratofortaleza [estratofortaléθa] [女]《軍事》空飛ぶ要塞, 高々度爆撃機, ストラトフォートレス
estratonimbo [estratonímbo] [男]《気象》=**nimboestrato**
estratopausa [estratopáusa] [女]《気象》成層圏界面
estratosfera [estratosféra] [女]《気象》成層圏
estratosférico, ca [estratosfériko, ka] [形] 成層圏の, 成層圏で持続可能な: capa de ozono ～ 成層圏のオゾン層
estratovisión [estratobisjón] [女] 成層圏テレビ放送〘航空機中継方式〙
estratovolcán [estratobolkán] [男] 成層火山
estrave [estrábe] [男]《船舶》船首材
estraza [estráθa] [女] ❶ papel de ～ [包装・段ボールなどに使う, 厚手の] 粗末な紙. ❷ ぼろ切れ
estrebedilla [estrebeđíʎa] [女] オリーブ畑用の鋤(すき)
estrechamente [estrétʃaménte] [副] ❶ 密接に, 緊密に; 親密に: estar ～ relacionado con... …と密接に関連している. quererse ～ 深く愛し合う. ～ unidos 固く結ばれた. ❷ 厳格に, 厳密に: cumplir ～ con su deber 義務を厳守する. ❸ 固く, しっかりと: Se abrazaron ～. 彼らはしっかりと抱き合った. ❹ [経済的に] 細々と, 質素に, 余裕なく: vivir ～ つましく暮らす. ❺ 近接して
estrechamiento [estretʃamjénto] [男] ❶ 狭める(狭まる)こと, 締め付け: ～ de manos 握手. ❷ 緊密化, 親密化: ～ de las relaciones entre Japón y España 日西関係の緊密化. ～ de las buenas relaciones 友好関係の強化. ❸ 狭まっている部分, くびれ. ❹《医学》狭窄(きょうさく)
estrechar [estretʃár]〘←estrecho〙[他] ❶ 狭める, 狭くする: ～ un vestido ドレスを〔細く〕詰める. ～ las filas 隊列を詰める. ～ el cerco a... …の包囲を狭める. ❷ 緊密にする, 親密にする: La desgracia *estrechó* más a la familia. 不幸によって家族の結束は一層強まった. ～ los lazos de amistad 友情の絆を固める. ❸ 抱き締める, 握り締める: *Estrechó* a su hijo〔entre los brazos〕. 彼は息子を抱き締めた. ❹ 強要する, 追い詰める: El detective, con sus preguntas capciosas, *estrechó* al presunto culpable a confesar su delito. 刑事は誘導尋問で容疑者を自白に追い込んだ
—— **～se** ❶ [道などが] 狭まる: El camino *se estrecha* al llegar al pueblo. 道は村に入ると狭くなる. ～*se* el cerco 包囲が狭まる. ❷ [関係が] 緊密になる. ❸ 抱き合う. ❹ 握手する: *Se estrecharon* la mano para saludarse. 彼らは握手して挨拶を交わした. ❺ [席を] 詰める: Si *nos estrechamos*, cabrá otro. 詰めればもう1人座れます. ❻《闘牛》[闘牛士が牛に] 近づく, 距離を詰める. ❼《口語》[+en 出費を] 切り詰める, 倹約する

estrechez [estretʃéθ] [女]〘[複] ～ces〙❶ 狭さ, 細さ; 窮屈さ: ～ de un pasillo 廊下の狭さ. ～ de las calles 街路の細さ. ❷ [心の] 狭量, 了見の狭さ〘=～ de espíritu, ～ de conciencia〙. ❸ 困難, 窮地; [主に [複]] 困窮: Juan se halla en gran ～. フアンは大変困っている/窮地にある. vivir con gran ～/pasar *estrecheces* 貧しい暮らしをする, 生活に困る. ❹ 不足, 払底: ～ monetaria《経済》[資金調達が困難な] 金融逼迫. ❺《医学》狭窄〔症〕. ❻ 厳格さ, 厳しさ. ❼ 切迫

estrecho, cha [estrétʃo, tʃa]〘←ラテン語 strictus < stringere「狭める」〙[形] ❶ [幅が] 狭い, 細い〘⇔ancho〙: Avanzó por el largo y ～ pasillo. 彼は長く狭い通路を進んだ. Es ～*cha* de caderas. 彼女は腰が細い. camino ～ 狭い道. frente ～ 狭い額. ❷ 窮屈な, 狭隘な: Ibamos muy ～*s* en el autobús. 私たちはぎゅうぎゅう詰めのバスで行った. En este sillón se está muy ～. この椅子はとても窮屈だ. habitación muy ～*cha* 狭苦しい部屋. ❸ [服・靴などが] 体にぴったりした, きつい: Este pijama me está muy ～. このパジャマは私にはきつい. Los zapatos me van ～*s*. その靴は私にはきつい. falda ～*cha* タイトスカート. ❹ 密接な, 緊密な; 親密な: Existe una ～*cha* relación. 密接な関係が存在する. amistad ～*cha*/～*cha* amistad 固い友情. ❺ 厳格な; 偏狭な, 狭量な: de espíritu ～/de mentalidad ～*cha* 心の狭い. cumplimiento ～ 厳守. marcajes ～*s*《スポーツなど》厳しいマーク. moral ～*cha* 厳格な道徳. vigilancia ～*cha* 厳しい監視. ❻《軽蔑》[性道徳面などで] 保守的な, 性的衝動を抑圧している: hacerse la ～*cha* [女性が] 性交したくないふりをする. ❼《俗用》処女の. ❽ けちな, 欲ばりな

—— [男] ❶ 海峡〘→canal [類義]〙: ～ de Gibraltar ジブラルタル海峡〘ヨーロッパ・スペインとアフリカ・モロッコを隔て, 大西洋と地中海とを結ぶ〙. ～ de Magallanes マゼラン海峡〘南アメリカ大陸南端とフエゴ島 Tierra del Fuego とを隔て, 大西洋と太平洋とを結ぶ. 1520年マゼラン Magallanes によって発見された〙. ～ de Kanmon 関門海峡. ❷ 困窮

al ～ 無理やり, 否応なしに

～ ***de medios*** 手段のない

pasar los ～***s***《口語》困難をいくつも乗り越える

poner a+人 ***en*** ～ ***de***+不定詞 …に無理やり…させる

venir a+人 ～《口語》…にとってうまくやっていくのが難しい

estrechón [estretʃɔ́n] [男]《船舶》[帆の] はためき

estrechura [estretʃúra] [女] =**estrechez**

estregadera [estregadéra] [女] ❶ 剛毛製のブラシ, たわし. ❷ [玄関床の] 靴ふき, ドアマット

estregadero [estregadéro] [男] ❶ [動物の] 水浴場. ❷ 洗濯場

estregador, ra [estregadɔ́r, ra] [形] [名] こする〔人〕, こすり用の

estregadura [estregadúra] [女] =**estregamiento**

estregamiento [estregamjénto] [男] こする(磨く)こと; こすり跡

estregar [estregár]〘←俗ラテン語 stricare〙[8] [23]〘→**negar**〙[他] こする, 磨く〘=restregar〙

—— ～**se** 自分の体をこする: ～*se* las manos 手をこすり合わせる

estregón [estregɔ́n] [男] 強く(ごしごしと)こすること; 強くこすった跡

estrella [estréʎa]〘←ラテン語 stella〙[女] ❶ 星;《天文》恒星〘=～ fija. ⇔planeta〙: 1) cielo lleno de ～*s* 星空, 満天の星. ～ matutina/～ del alba 明けの明星. ～ vespertina 宵の明星. ～ fugaz 流れ星. ～ de Belén《新約聖書》ベツレヘムの星. ～ de guía 案内星. 2)《天文》～ de Venus 金星. ～ enana〔blanca・roja〕〔白色・赤色〕矮星. ～ fija (errante)《古語》恒星(惑星). ～ doble 二重星. ～〔super〕gigante〔超〕巨星. ～ Polar/*E*～ del Norte 北極星. ～ temporaria 新星〘=nova〙. ～ variable 変光星. ❷《占星》[よい] 運勢, 星回り: nacer con〔buena〕～/nacen con ～*s*/tener una ～/tener buena ～ よい星の下に生まれる, 運がよい. nacer con mala ～/tener mala ～ 悪い星の下に生まれる, 運が悪い. Unos nacen con ～*s* y otros estrellados.《諺》生まれつき運のいい人もいれば悪い人もいる〘あきらめが肝心だ〙. ❸ スター, 花形: Jim era una ～ de rock. ジムはロックスターだった. ～ de cine 映画スター. ～ del tenis テニスの花形. ～ en ascenso 新人スター, 新星. ❹ 星印, 星形: 1) ～ de David ダビデの星. hotel de tres ～*s* 3つ星のホテル〘スペインではマークは星ではなく太陽〙. 2)《印刷》アステリスク. 3)《軍事》星章. 4) [馬の額の] 白斑. ❺《生物》～ de mar ヒトデ. ❻《植物》～ alpina/～ de los Alpes =**edelweiss**. ～ de agua 水草の一種〘学名 Callitriche stagnalis〙. ～ de arroyos ウラギク. ～ de Navidad ポインセチア. ～ de tierra ヤブレツチグリ. ～ federal《南米》ハゲイトウ. ❼《アンダルシア》星形の凧(たこ). ❽《ボリビア. 玩具》風車〘=molinillo〙

—— [形]〘単複同形〙スターの, 花形の: atracción ～ 客寄せパンダ, 目玉. jugador ～ del equipo チームのスター選手. producto ～ 人気商品, 主力商品. solista ～ 人気ソリスト

apagar una ～ 星回りを悪くする

campar con su ～ よい星回りに生まれる

en ～ 放射状の: red *en* ～《情報》スター型ネットワーク

levantarse con 〔***las***〕 ～***s*** 夜明け前に起きる, 非常に早起きする

poner sobre (***por***) ***las*** ～***s*** ほめちぎる

querer contar las ～***s*** 不可能なことを願う

ver las ～***s***《口語》[頭をぶつけて] 目から火が出る

estrellada[1] [estreʎáda] [女] ❶《植物》アワユキハコベ. ❷《中南米》激突

estrelladera [estreʎadéra] [女]《まれ. 料理》フライ返し

estrelladero [estreʎadéro] [男] ❶《料理》[卵菓子用の] 仕切り付きのフライパン. ❷《まれ》ぶつかり合う地点, 合流点

estrellado, da[2] [estreʎádo, da] [形] ❶ 星をちりばめたような: cielo ～ 星空. ❷ 星形の: polígono ～《幾何》星形多角形. ❸ 星印のある. ❹ [馬が] 額に白斑のある

estrellador, ra [estreʎadɔ́r, ra] [形]《まれ》粉々に打ち砕く〔人〕

estrellamar [estreʎamár] [女] ❶《植物》セリバオオバコ. ❷《動物》ヒトデ〘=estrella de mar〙

estrellar [estreʎár] **I**〘←古語 astellar「粉々にする」〙[他] ❶《口語》[+contra・en に] 投げつける, 粉々に打ち砕く: ～ un plato *contra* la pared (el suelo) 皿を壁に投げつける(床にたたきつける). ❷《料理》[卵をフライパンに] 割り入れる. ❸ [空に] 星をちりばめる

—— ～**se** ❶ 激突する; つぶれる: El coche *se estrelló contra* una farola. 車が街灯にぶつかった. Las olas *se estrellaron contra* la roca. 波が岩にあたって砕けた. ❷ [飛行機が, +en に] 墜落する: Un helicóptero *se ha estrellado en* la jungla. ヘリコプターがジャングルに墜落した. ❸ [計画などが障害にぶつかって] 失敗する, 挫折する. ❹ [+con] あからさまに反対(衝突)する. ❺ [空に] 星がちりばめられる, 満天の星になる

II〘←estrella〙[形] 星の, 恒星の

estrellato [estreʎáto]〘←estrella〙[男]《映画など》スターの地位, スターダム: ascender al ～ スターの座にのぼる

estrellera [estreʎéra] [女]《船舶》複滑車巻き上げ機

estrellería [estreʎería] [女]《まれ》占星術, 星占い〘=astrología〙

estrellero, ra [estreʎéro, ra] [形]《まれ》[馬が] 頭をよくもたげる

—— [男]《古語》占星術師, 星占い師〘=astrólogo〙

estrello [estréʎo] [男]《エストレマドゥラ》雨漏り, 雨漏りの染み, 雨漏りの箇所

estrellón, na [estreʎɔ́n, na] [名] スター, 花形〘=estrella〙

—— [男] ❶ 星形の花火. ❷ [祭壇などの高所につける] 星印. ❸《アラゴン; ホンジュラス, ドミニカ, ボリビア, ウルグアイ》[車同士の] 衝突

estrelluela [estreʎwéla]〘estrella の示小語〙[女] [拍車の] 歯輪

estremecedor, ra [estremeθedɔ́r, ra] [形] ❶ 揺り動かす; 動揺させる. ❷ びっくりさせる, ぞっとするような: grito ～ ぞっとする叫び声. relato ～ 身の毛のよだつ話. sucedidos ～*es* ぞっとするような出来事

estremecer [estremeθér]〘←ラテン語 ex-+tremere「震える」〙[39] [他] ❶ 揺り動かす, 振り動かす, 揺する: La explosión *estremeció* las casas. 爆発で家々が揺れた. Los tambores *estremecen* el cielo y la tierra. 太鼓の音が天地を揺るがす. La crisis económica *estremece* los cimientos de la sociedad. 経済危機で社会の土台が揺らぐ. ❷ [寒さなどで] 震えさせる: El frío *estremecía* su cuerpo. 彼は寒くてぶるぶる震えていた. ❸ 震撼させる, 戦慄させる: El asesinato *estremeció* la ciudad entera. その殺人は全市を震え上がらせた. Me *estremece* pensar en el accidente. その事故のことを考えると私はぞっとする

—— ～**se** ❶ 揺れ動く: Los alambres *se estremecen*. 電線が揺れている. ❷ 揺らぐ: *Se estremecieron* sus creencias. 彼の信念は揺らいだ. ❸ [寒さなどで] 震える, 身震いする: *Se estremece* de ira. 彼は怒りに震えている. ～*se* por la fiebre 高熱で震える. ❹ 戦慄する, 震え上がる: Ella *se estremeció* por la voz. 彼女はその声に震え上がった

estremecimiento [estremeθimjénto] 男 ❶ 震えること, 動揺. ❷ 揺れ, 振動. ❸ おののき, 震撼, 戦慄: Al leer la carta, Manuel sintió un ～. 手紙を読んでマヌエルはぞっとした. Al oírlo me corrió un ～ de frío por las espaldas. それを聞いて私は背筋に寒気を感じた. Un ～ sacudió todo mi cuerpo. 私の体中を戦慄が走った

estremezo [estreméθo] 男《アラゴン》=**estremecimiento**

estremezón [estremeθón] 男 ❶《エストレマドゥラ》悪寒, 身震い. ❷《コロンビア》=**estremecimiento**

estrena [estréna] 女 ❶ 祝儀, 引き出物. ❷《まれ》使い始め《＝estreno》

estrenar [estrenár]《←古語 estrena < ラテン語 strena「厳粛な目的の贈り物」》他 ❶ 初めて使う: Estrené el vestido que me había comprado hace un mes. 私は1か月前に買ってもらったドレスに袖を通した. Nunca ～ los zapatos deportivos el día de la competición. 決して競技会の日に新しいスポーツシューズを下ろしてはいけない. ～ un piso 新居に住み始める. ❷ 初演する; 封切る: Han estrenado su última película. 彼の最新作が封切られた
—— ～**se**〔職業などの〕第一歩を踏み出す, デビューする, 初登場する: ～se como médico 医者として出発する

estrenista [estrenísta]〈男女〉初物を欠かさず買いに行く〔人〕

estreno [estréno]《←estrenar》男 ❶ 使い始め: Esta falda es de ～. このスカートは下ろしたてだ. ～ general ジェネラル・リリース. ❷ 初演; 封切り: cine de ～ 封切り館, ロードショー館. noche de ～ 初日〔の舞台〕. riguroso ～〔mundial〕世界初演. ❸ デビュー, 初登場: La actriz hizo un ～ prometedor. その女優は幸先のよいデビューを飾った. ❹《カリブ》頭金. ❺《ベネズエラ》贈り物, お返し

estrenque [estréŋke] 男 =**estrinque**

estrenuidad [estrenwiðáð] 女《まれ》強いこと, 敏捷さ, 勇敢なこと

estrenuo, nua [estrénwo, nwa] 形《まれ》強い, 敏捷な, 勇敢な

estreñido, da [estreɲíðo, ða] 形 ❶〔人が〕便秘の: Estoy ～. 私は便秘している. ❷〔口語〕まじめすぎる, 感じの悪い

estreñimiento [estreɲimjénto] 男《医学》便秘

estreñir [estreɲír] 20 35〔→**teñir**, 現分 estreñendo〕他 便秘させる

estrepada [estrepáða] 女《船舶》❶〔一斉にする〕一漕ぎ. ❷〔ロープを一斉に〕引っ張ること. ❸〔船の〕急発進

estrépito [estrépito]《←ラテン語 strepitus < strepere「大きな音を立てる」》男 ❶ 大音響, 大きな音: Se cayeron todos los platos al suelo con gran ～. 大きな音を立てて皿全部が床に落ちた. ～ del tren 列車の轟音. ❷ 仰々しさ, 派手さ, 華やかさ

estrepitosamente [estrepitosaménte] 副 ❶ けたたましく, ガラガラと音を立てて. ❷ 仰々しく, 派手に

estrepitoso, sa [estrepitóso, sa]《←estrépito》形 ❶ 大きな音を立てる, けたたましい: caída ～ sa de agua 水のごうごうたる落下. ❷ 反響を呼ぶ; 仰々しい, 派手な: victoria ～ sa 華々しい勝利. tener un ～ fracaso 派手な失敗をやらかす

estreptobacilo [estre(p)toβaθílo] 男《医学》連鎖桿菌

estreptococia [estre(p)tokóθja] 女《医学》連鎖球菌感染症

estreptocócico, ca [estre(p)tokóθiko, ka] 形 連鎖球菌〔感染〕の

estreptococo [estre(p)tokóko] 男《生物》連鎖球菌: ～ del grupo A A群連鎖球菌

estreptomicina [estre(p)tomiθína] 女《薬学》ストレプトマイシン

estreptoquinasa [estre(p)tokinása] 女《生化》ストレプトキナーゼ

estreptotricina [estre(p)totriθína] 女《薬学》ストレプトスリシン

estrés [estrés]〔←英語 stress〕男 複 estreses ❶ ストレス, 緊張: sufrir (tener) ～ ストレスを感じる. producir ～ a+人 …にストレスを起こさせる. ❷《生物》ストレス: La falta de lluvia produce en la vegetación ～ hídrico. 雨が降らないと植物に水ストレスが起きる

estresante [estresánte] 形 ストレスを生む: trabajo ～ ストレスの多い仕事

estresar [estresár] 他 自 ストレスを感じさせる: Este trabajo estresa mucho. この仕事はストレスが多い
—— ～**se** ストレスを感じる

estresor, ra [estresór, ra] 形 男 ストレスを生む; ストレッサー, 有害因子

estría [estría] 女 ❶《建築》〔柱などの〕縦溝飾り. ❷ 妊娠線〔＝～s del embarazo〕. ❸《鉱物》条線. ❹《技術》スプライン. ❺〔複〕〔銃身の〕腔線

estriación [estjaθjón] 女 ❶《動物》〔横紋筋で〕筋原線維;〔心筋・随意収縮筋の〕横紋(おうもん); 節足動物の横すじ. ❷ 筋(すじ)(溝)をつけること

estriado, da [estrjáðo, ða] 形 男 筋(溝)のある: músculo estriado《解剖》横紋筋
—— 男 筋(溝)をつけること

estriar [estrjár] 11 他 …に筋(溝)をつける
—— ～**se** ❶ 筋(溝)がつく. ❷ 妊娠線がつく

estribación [estriβaθjón] 女 ❶《地理》〔主に 複. 山脈の〕支脈, 尾根: ascender a las estribaciones de los Pirineos ピレネー山脈の支脈を上る. ❷ 付近, 近所; …頃: acercarse a las estribaciones del pueblo 村の付近に近づく. hasta las estribaciones de las elecciones 総選挙の頃まで

estribadero [estriβaðéro] 男 支え, 支柱

estribador [estriβaðór] 男 あぶみ作り職人

estribar [estriβár]《←estribo》自 ❶〔+en …〕重みがかかる, 支えられる, 載っている: hacer ～ un edificio en unos buenos cimientos しっかりした土台の上にビルを建てる. ❷ 基づく, よりどころとする, 依拠する: La dificultad estriba en la falta de dinero. 困難は資金不足から来ている. ❸《ラプラタ》足をあぶみにかける
—— ～**se**〔騎手が落馬の時〕あぶみに引っかかる

estribera [estriβéra] 女 ❶《馬具》1)あぶみ〔＝estribo〕. 2)《アンダルシア》鞍敷き毛布. 3)《ラプラタ》あぶみ革. ❷《サラマンカ, アラゴン》脚絆, 脚絆のバンド. ❸《アストゥリアス》織機のペダル

estribería [estriβería] 女 あぶみ工房, あぶみ保管所

estriberón [estriβerón] 男 ❶ 踏み石, 飛び石. ❷《軍事》仮設行軍路

estribillo [estriβíʎo]《estribo の示小語》男 ❶ 口癖; 常套句, 決まり文句: Se ha convertido en mi ～《vale》. 「よしきた」というのが私の口癖になってしまった. ❷《詩法》反復句, リフレイン, 折り返し句〔同一の詩句あるいはその一部を複数の詩連で繰り返す詩法. 基調となるライトモチーフを提示するなど詩的効果を生むほか, ビリャンシーコ villancico やセヘル zéjel といった詩型の形式的な特徴にもなっている〕

estribitos [estriβítos] 男〔複〕❶《南米》❶ 甘言. ❷ 気取り. ❸ 今にも泣きそうな顔

estribo [estríβo]〔←語源〕男 ❶《馬具, 登山》あぶみ: Puso el pie en el ～ y subió al caballo. 彼は足をあぶみにかけ, 馬に乗った. hacer ～ con las manos 手をあぶみ代わりにする. ❷〔車・列車の〕踏み台, ステップ. ❸《建築》扶壁, 控え壁; あぶり台;〔アーチの〕迫持(せりもち)台. ❹《解剖》〔耳の〕あぶみ骨. ❺《地理》〔山脈の短い〕支脈. ❻《比喩》支え, 土台. ❼ mozo de ～ 騎手の付き添い. ❽《コロンビア, ボリビア》ペダル

andar sobre los ～s =*estar sobre los ～s*
el del ～ 1)《メキシコ, ベネズエラ, アルゼンチン, ウルグアイ. 口語》〔店などを去る前の〕最後の一杯(一口). 2)《ベネズエラ. 口語》忍耐の限度
estar con el (un) pie en el ～ ちょうど出かけるところである
estar sobre los ～s 慎重に行動する
la da ～ =*el da ～*
perder los ～s 1)〔怒りで〕我を忘れる, いらいらする. 2)たわごとを言う. 3)〔思わず〕あぶみを踏み外す

estribor [estriβór]〔←古西語 estribord〕男《船舶》右舷〔≪babor≫: virar a ～ 面舵を取る. ¡A ～ todo! 面舵いっぱい!

estribote [estriβóte] 男《詩法》単一脚韻の3行に反復句の同音韻が繰り返される1行が続く詩形

estricción [estri(k)θjón] 女 収縮, 縮み

estricnina [estriknína] 女《化学》ストリキニーネ

estricote [estrikóte] *al ～*《まれ》てんてこ舞いで, 雑然と
——《ベネズエラ. 口語》〔社会規範に反するような〕だらしない生活, 放蕩生活

estrictamente [estríktaménte] 副 厳密に, 厳正に, 厳格に: ～ hablando 厳密に言えば

estricto, ta [estríkto, ta]〔←ラテン語 strictus < stringere「狭める, 圧縮する」〕形 ❶ 厳密な, 厳正な: en el sentido ～ de la palabra 言葉の厳密な意味において. de ～ta necesidad 必要最小限の. aplicación ～ta de la ley 法の厳正な適用. Es la ～ta verdad. それは厳然たる真実だ. ❷ [+con+人 に] 厳しい, 厳格な

estridencia [estriðénθja] 囡 ❶ かん高さ, かん高い音; けばけばしさ. ❷ [考え・言葉などの] 過激さ, ゆきすぎ
estridente [estriðénte] 〖←ラテン語 stridens, -ntis < stridere「キーキーいう」〗形 ❶ [声・音などが] キンキン響く, 鋭い, 耳障りな: voz ～ かん高い声. ❷ 度を越した; [強烈に] 神経に触るような; [色が] けばけばしい: Este cuadro es una combinación de colores ～s. この絵は強烈な色の組み合わせだ. ❸《まれ》[人が] 騒がしい, 騒ぎを起こす
estridentismo [estriðentísmo] 男《文学》[主に E～] エストリデンティスモ《1921年メキシコで始まった前衛詩運動》
estridir [estriðír] 自《まれ》=**estridular**
estridor [estriðór] 男《まれ》きしみ, かん高い音
estridular [estriðulár] 自《まれ》きしむ, かん高い音をたてる, キーキーいう
estrige [estríxe] 囡《鳥》フクロウ〖=lechuza〗
estrígido, da [estríxiðo, ða] 形 フクロウ科の
—— 囡《鳥》フクロウ科
estrigiforme [estrixifórme] 形 フクロウ目の
—— 囡《鳥》フクロウ目
estrígilo [estríxilo] 男《古語》[入浴での] 垢すり具
estrilo [estrílo] 男《アルゼンチン》立腹, 怒り
estrinque [estrínke] 男 ❶ [アフリカハネガヤを編んだ] 太綱, ロープ. ❷ [ぬかるみなどにはまり込んだ荷車を引き出す] 鉄鎖
estripar [estripár] 他《地方語》引き裂く, 裂く
estriptis [estri(p)tís] 男 =**striptease**
estriquin [estríkin] 男《まれ》=**streaking**
estro [éstro] 男 ❶《文語》[詩人などの] 霊感, インスピレーション. ❷《動》[雌の] 発情[期]. ❸《昆虫》ウマバエ
estrobilación [estroβilaθjón] 囡《動物》横分体形成
estróbilo [estróβilo] 男 ❶《植物》球果; 裸子植物. ❷《動物》横分体
estrobo [estróβo] 男 ❶《船舶》索輪, 端環. ❷《メキシコ. 写真》ストロボ《器具. =flash》
estroboscopia [estroβoskópja] 囡《光学》ストロボスコープ観測法
estroboscópico, ca [estroβoskópiko, ka] 形 ストロボスコープの
estroboscopio [estroβoskópjo] 男《光学》ストロボスコープ
estrofa [estrófa] 〖←ラテン語 stropha < ギリシャ語 strophe〗囡《詩法》❶ 連, 詩節. ❷ ストロペ《古代ギリシア劇のコロス coro で歌われた第1歌章》
estrofantina [estrofantína] 囡《化学》ストロファンチン
estrofanto [estrofánto] 男《植物》ストロファンツス《キョウチクトウ科. 学名 Strophanthus gratus》
estrófico, ca [estrófiko, ka] 形《詩法》連の, 詩節の; 詩節に分けられた
estrogénico, ca [estroxéniko, ka] 形《生化》エストロゲンの
estrógeno, na [estróxeno, na] 形《生化》発情を促す; 卵胞ホルモンの —— 男 エストロゲン, 女性ホルモン
estrolar [estrolár] 他《アルゼンチン. 口語》叩きつける
—— ～se 《アルゼンチン. 口語》[人が物に] 激突する
estroma [estróma] 男《解剖》[器官の] 基質; [腫瘍の] 間質
estromatolito [estromatolíto] 男《地質》ストロマトライト
estromboliano, na [estromboljáno, na] 形《地理》[火山の噴火様式が] ストロンボリ式の
estrona [estróna] 囡《生化》エストロン
estronciana [estronθjána] 囡《化学》ストロンチア, 酸化ストロンチウム
estroncianita [estronθjaníta] 囡《鉱物》ストロンチアン石
estróncico, ca [estrónθiko, ka] 形 ストロンチウムの
estroncio [estrónθjo] 男《元素》ストロンチウム
estropajear [estropaxeár] 他《左官》[上塗りした壁を] たわしで滑らかに仕上げる
estropajeo [estopaxéo] 男《左官》たわしで滑らかに仕上げること
estropajero [estopaxéro] 男 たわし《スポンジ》入れ
estropajo [estopáxo] 〖←ラテン語 stuppa〗男 ❶ [食器洗い用などに] たわし, スポンジ: fregar los platos con ～ スポンジで食器を洗う. ～ metálico 金属たわし. ❷《植物》ヘチマ. ❸ [喉の] ひどい渇き. ❹ くだらない人 (もの), 役に立たない人 (もの)
poner a+人 como un ～ …を情け容赦なく批判する, けちょんけちょんにやっつける
tratar a+人 como un ～ …を冷たくあしらう, ひどい扱いをする
estropajosamente [estropaxósamente] 副 口こもりながら, 舌足らずな話し方で
estropajoso, sa [estropaxóso, sa] 〖←estropajo〗形《軽蔑》❶ [言葉が] 聞きとりにくい, 口ごもった: lengua ～sa 口ごもり, 舌足らずな話し方. ❷《まれ》ぼろをまとった, 薄汚い. ❸ [肉などが] 噛みにくい, すじの多い
estropalicio [estropalíθjo] 男《地方語》騒ぎ, 騒音
estropeamiento [estropeamjénto] 男 破壊, 故障
estropear [estropeár] 〖←伊語 stroppiare < 俗ラテン語 disturpiare < dis-+turpis「奇形の」〗他 ❶ 壊す〖→romper 類義〗: El choque estropeó mi cámara. 衝撃で私のカメラは壊れた. ❷ [外見などを] 損なう; 台なしにする: Los años la han estropeado mucho. 彼女は年と共にひどく容姿が衰えた. La lluvia nos ha estropeado la excursión. 雨で私たちの遠足はさんざんだった. ～ la vista 視界の邪魔をする, 見えなくする. ❸ [手・足を切って] 不具にする. ❹《左官》[モルタルなどを] 練り直す, 混ぜる
—— ～se ❶ 壊れる, 損なわれる: Se estropeó la nevera. 冷蔵庫が壊れた. Tenemos la tele estropeada. 我が家のテレビは壊れている. ❷ [食べ物が] 腐る. ❸ [手・足を切って] 不具になる
estropeo [estropéo] 男《まれ》損なうこと, 台なしにすること; [容貌などの] 衰え
estropiciar [estropiθjár] 他《戯語》=**estropear**
estropicio [estropíθjo] 〖←estropear〗男 ❶ [食器などが大きな音を立てて] 割れること; 大きな音, 騒音, 破壊: hacer ～s [ガチャンガチャンと] うるさい音を立てる. ❷ [派手だが実害のない・結果は取るに足りない] 騒動, 引っかき回し
estroquear [estrokeár] 自 他《野球》三振する
estrozar [estroθár] 《9》他《地方語》=**destrozar**
estrucar [estrukár] 《7》他《古》=**estroquear**
estruciforme [estruθifórme] 形 ダチョウ目の
—— 男《複》《鳥》ダチョウ目
estructura [estruktúra] 〖←ラテン語 structura < struere「建てる」〗囡 構造, 組織, 機構: En ese país, se ha producido un gran cambio en la ～ social. その国では社会構造に大きな変化が起こった. ～ de un edificio ビルの骨組み. ～ de un poema 詩の構成. ～ administrativa 行政機構. ～ atómica 原子構造. ～ celular 細胞の組成. ～ financiera 財務構造, 財務構成《貸借対照表の貸方全体つまり資本調達の内容を示す》. ～ industrial 産業構造. superficial (profunda)《言語》表層 (深層) 構造
estructuración [estrukturaθjón] 囡 構造化, 構成すること
estructurado, da [estrukturáðo, ða] 形 体系のある
estructurador, ra [estrukturaðór, ra] 形 構造化する
estructural [estrukturál] 〖←estructura〗形 構造的な, 構造上の: análisis ～《言語》構造分析. desempleo ～ 構造的失業. lingüística ～ 構造言語学. reforma[s] ～[es] 構造改革
estructuralismo [estrukturalísmo] 男 構造主義
estructuralista [estrukturalísta] 形 名 構造主義の (主義者)
estructurante [estrukturánte] 形 構造化する
estructurar [estrukturár] 他 構造化する; 組織化する
—— ～se 構成される
estructurista [estrukturísta] 名《建築》構造専門家
estruendo [estrwéndo] 〖←古語 atruendo < ambuendo (estrépito の影響)〗男 ❶ 大きな音; 騒音: armar un gran ～ 大音響を立てる. despertarse con el ～ del griterío ガヤガヤという大声で目がさめる. ～ de la explosión 爆発音. ❷ 大騒ぎ, 混乱. ❸ 豪華, 仰々しさ
estruendosamente [estrwendosaménte] 副 大音響を立てて, 騒々しく
estruendoso, sa [estrwendóso, sa] 形 騒がしい, 騒々しい: aplausos ～s 割れるような拍手
estrujador, ra [estruxaðór, ra] 形 絞り出しの
—— 囡 レモン絞り器
estrujadura [estruxaðúra] 囡 =**estrujamiento**
estrujamiento [estruxamjénto] 男 絞ること, 押しつぶすこと, 圧搾
estrujar [estruxár] 〖←俗ラテン語 extorculare < torculum「圧搾機, 踏み桶」〗他 ❶ 絞る, 圧搾する: ～ un limón レモンを絞る. ❷ 押しつぶす: ～ un papel 紙をクシャクシャにする. ❸《口語》[人を] 抱き締める: ～ a+人 contra su pecho …を胸に抱き締める.

estrujón

❹《口語》[財産・努力などを] …から絞り取る: ～ al pueblo con los impuestos 国民から税金を絞り取る
── ～**se** ❶ ～se la cabeza 頭を絞る, よく考える. ❷ 押し合う: La gente se estrujaba en la acera. 歩道には人々がひしめいていた. ❸《チリ. 口語》大failedだ.

estrujón [estruxón] 男 ❶ 絞ること, 圧搾: ～ de manos 握手. ❷ 押し合い. ❸[ブドウの搾りかすから薄いワインをとる]搾り作業. ❹《アンダルシア》初回のオリーブ圧搾.

estruma [estrúma] 男《医学》甲状腺腫

estrumitis [estrumítis] 女《医学》甲状腺炎

estuación [estwaθjón] 女《まれ》上げ潮

estuante [estwánte] 形《まれ》灼熱した, 白熱した

estuario [estwárjo] 男《←ラテン語 aestuarium < aestus「潮」》[大きな]河口, 三角江: Me encuentro en el ～ del río Ishikari. 私は石狩川の河口にいる

estucado, da [estukáðo, ða] 形 papel ～ コート紙, 塗工紙
── 男 化粧しっくい[仕上げ]

estucador, ra [estukaðór, ra] 名 化粧しっくいの細工師

estucar [estukár] 他 化粧しっくい estuco を塗る; スタッコ装飾を施す
── ～**se**《南米. 口語》メイキャップする

estuchado [estutʃáðo] 男 箱詰め

estuchador, ra [estutʃaðór, ra] 形・名 箱詰めの[作業員]

estuchar [estutʃár] 他 箱 estuche に入れる

estuche [estútʃe]《←オック語 estug <俗ラテン語 studiare「保護する」< studium「献身」》男 ❶[保護用の], ケース 類義 **estuche** は主に小型で固い, **caja** は大型で固い, **funda** は柔らかいケース]: ～ para gafas 眼鏡ケース. ～ de los compases 製図用具入れ. ～ de lápices 筆箱. ～ de violín バイオリンケース. 集合[estuche に入れる]道具類: un ～ de aseo 化粧用品1ケース

~ **del rey**《古語》国王づきの外科医
ser un ～《口語》[人が色々なことに]器用である, 重宝な人である

estuchería [estutʃería] 女 ❶ 箱[製造]業. ❷ 集合 箱

estuchista [estutʃísta] 名 箱製造業者

estuco [estúko]《←伊語 stucco》男《建築》❶ 化粧しっくい. ❷ スタッコ装飾の模様
parecer (ser) un (de) ～ 心を動かされない, 冷然とした

estucurú [estukurú] 男《ホンジュラス, コスタリカ. 鳥》スピックスコノハズク

estudiado, da [estuðjáðo, ða] 形 ❶ [+名詞/名詞+] わざとらしい, 故意の: reponder con ～da frialdad 不自然な冷静さで. con una ～da sonrisa 作り笑いをして. actitud ～da きざな態度. gesto ～ 取り繕った表情. indiferencia ～da 不自然なよそよそしさ. ❷ 入念に検討された, 計算された: precio ～ 底値. vehículo bien ～ うまくデザインされた車

estudiador, ra [estuðjaðór, ra] 形《口語》勉強熱心な, 勤勉な

estudianta [estuðjánta] 女 女子学生, 女子生徒[→estudiante]

estudiantado [estuðjantáðo]《←estudiante》男 集合 学生, 生徒たち; [一学校・一地域の]全学生, 全生徒: un ～ de dos mil 2000人の生徒. ❷《カトリック》有期誓願期[修練期 noviciado の次の段階]

estudiante [estuðjánte]《←estudiar》名 女 **estudianta** もある] 学生, 生徒 類義 主に高校・大学の「学生, 生徒」は **estudiante**, 小学校の「児童, 生徒」は **escolar**, 学校・教師から見た「学生, 生徒」は **alumno**: Soy ～ de la Universidad Complutense de Madrid. 私はマドリード大学の学生だ. Soy ～ de Derecho. 私は法学部の学生だ. Es un ～ ejemplar. 彼は模範的な学生だ. carné de ～ 学生証. ～ universitario 大学生

estudiantil [estuðjantíl]《←estudiante》形 学生の: atletismo ～ 学生陸上競技. huelga ～ 学生ストライキ. líder ～ 学生指導者. movimiento ～ 学生運動. protestas ～*es* 学生の抗議. reunión ～ 学生集会. vida ～ 学生生活

estudiantino, na [estuðjantíno, na]《口語》学生の:
a la ～na《口語》学生の流儀で
── 男 ❶ トゥナ《=tuna》. ❷ 昔の学生に扮したカーニバルの仮装行列

estudiantón, na [estuðjantón, na] 名《西. 軽蔑》よく勉強するが頭の悪い学生; いつまでも卒業できない学生

estudiantuelo, la [estuðjantwélo, la] 名《軽蔑》学生

estudiar [estuðjár]《←estudio》⑩ 他 ❶ 勉強する, 学ぶ, 学習する[→aprender 類義]: Estudio alemán. 私はドイツ語を勉強している. Estudia Pedagogía. 彼は教育学を学んでいる. ～ Química 化学を勉強する. ❷ 練習する: ～ piano ピアノの練習をする, ピアノを習う. ❸ 研究する, 探求する: Estudian la migración de las aves. 彼らは渡り鳥の研究をしている. ～ el camino más corto 一番の近道を探す. ～ una solución 解決法を考える. ～ los datos 資料を調べる. ❹ 検討する, 調査する, 討議する: 1) Hay que ～ las causas del accidente. 事故の原因を調べなければならない. ～ la posibilidad de... …の可能性を検討する. ～ un proyecto de ley 法案を審議する. 2) [+不定詞] El Gobierno *estudia* nombrarle presidente del ente. 政府は彼を公的機関の総裁に任命することを検討である. ～ no renovar el pacto 協定を更新しない方向で検討する. ❺[ある期間]学校で, 大学で学ぶ: Tiene 26 años y *estudia* 3.º de Sociología por la UNED. 彼は26歳で, 通信制大学で社会学の3年生である. ❻ 読んで教え, 読み上げる: Mi hermano me *estudia* las lecciones. 兄が私に教科書を読んでくれる. ❼《美術》模写する, 写生する: ～ un torso トルソを模写する. ❽《古語》[動静に]注意を払う. ❾《中南米》[+教育機関] 学ぶ: *Estudié* kínder en Santiago. 私は幼稚園時代はサンティアゴで過ごした
── 自 勉強する, 学ぶ; 教育を受ける: *Estudiando* se aprende. 人は勉強することによって覚える. *Estudia* mucho. 彼はよく勉強する(勉強家だ). ～ en Cambridge. 彼はケンブリッジで学んだ. Estos chicos no *estudian* ni trabajan. この子たちは勉強もしてないし, 働いてもいない. ～ con maestro 先生について学ぶ. ～ en una universidad 大学で学ぶ. ～ para médico 医者になるための勉強をする. ～ sobre el agujero de ozono オゾンホールについて研究する

estudio [estúðjo]《←ラテン語 studium》男 ❶ 勉強, 学習, 勉学: Este niño no tiene paciencia para el ～. この子は勉強する根気がない. sala (hora) de ～ 自習室(時間). ～ del latín ラテン語の勉強. ❷ 練習: ～ del violín バイオリンの練習. ❸ 研究: 1) ～ de las mariposas チョウの研究. 2) 研究書, 論文: publicar un ～ sobre la inmigración 移民に関する研究書を出版する. según un ～ del doctor Nicolás García ニコラス・ガルシア博士の論文によれば. ❹ 調査: realizar un ～ en el campo 現地調査をする. ～ de mercado マーケットリサーチ, 市場調査. ～ de movimientos 動作研究[作業に含まれる不必要・不適当な動作を排除するため]. ～ de realización/～ de factibilidad フィージビリティスタディ, 企業化調査. ～ del tiempo 時間研究[工場内の作業の無駄を省き, 作業の標準時間を割り出すため]. ❺ 複 学校教育, 学業, 学問[活動, 学んだこと]: Cursa ～s de medicina en Tokio. 彼は東京で医学を学んでいる. Se costeó los ～s trabajando. 彼は働いて学費を得た. Es un señor de muchos ～s. 彼は大変学識がある. completar los ～s ～ 学業を終える. continuar [con] ～s/seguir ～ y ～s 学業を続ける. terminar sus ～s 卒業する. ～s mayores 高等教育; 大学の神学・法学・医学部で行われていた教育・研究. ❻ 研究室; 書斎, 勉強部屋. ❼[画家などの]アトリエ, 仕事場. ❽[主にアルゼンチン, ウルグアイ]弁護士事務所. ❾《放送, 映画など》スタジオ《施設の全体は 複》: ～ de grabación 録音スタジオ. ～ de Hollywood ハリウッドの撮影所. ～ fotográfico 写真スタジオ. ～s de televisión テレビスタジオ. ❿ ワンルームマンション: Ha alquilado un ～ en el centro. 彼は都心にワンルームマンションを借りた. Tiene un pequeño ～ en Madrid. 彼はマドリードに小さなワンルームマンションを持っている. ⓫《音楽》練習曲, エチュード: Ha compuesto un ～ para piano. 彼はピアノのための練習曲を作曲した. ⓬《美術》習作. ⓭《演劇》エチュード. ⓮ 検討, 討議: ～ del proyecto de ley 法案の審議. ⓯ 手際, 熟達. ⓰《歴史》[主に人文科学の]高等教育機関: ～ general 大学

dar ～s a 人 …の学費を出してやる
en ～ [事が]検討中の・で, 研究中の・で: Está *en* ～ un recorte del precio del gas natural. 天然ガスの値下げが検討されている. Es un tema que tengo *en* ～. その問題は私が研究中だ
hacer ～ de... …に丹精を込める, 熱心にする
tener ～s 大学を出ている, 学問がある

estudiosamente [estuðjósaménte] 副 勤勉に, 研究熱心に

estudiosidad [estuðjosiðáð] 女 研究熱心, 学問好き

estudioso, sa [estuðjóso, sa]《←ラテン語 studiosus》形 勉強好

きな; 研究熱心な, 学究的な: Es menos ～ que tú. 彼は君ほど勉強熱心ではない. niño muy ～ 非常に勉強熱心な子
—— [名] 専門家, 研究者, 学者: ～ de Física nuclear 原子物理学者. ～ de las lenguas 言語学者. ～ de la literatura italiana イタリア文学者

estufa [estúfa] 〖←俗ラテン語 extuphare「熱湯に浸す」〗 [女] ❶ ストーブ: calentar las manos en la ～ ストーブで手を温める. ～ eléctrica 電気ストーブ. ～ a leña《アルゼンチン, ウルグアイ》マントルピース. ❷ サウナ風呂, 発汗室: Esta sala es una ～. この会場は蒸し風呂のような暑さだ. ❸ 温室〖=invernáculo〗. ❹ 保温器, 乾燥器. ❺ ～ de desinfección 熱殺菌器. ❻《西, メキシコ》レンジ, こんろ
criar en ～ 過保護に(乳母日傘で)育てる

estufador [estufađór] [男] シチュー鍋

estufaje [estufáxe] [男]《まれ. 料理》蒸し

estufar [estufár] [他] ❶ [estufa で] 乾燥させる, 熱する. ❷《アルゼンチン, ウルグアイ. 口語》不快にする
—— ～**se**《アルゼンチン, ウルグアイ. 口語》いらだつ

estufero, ra [estuféro, ra] [名] =**estufista**

estufilla [estufíʎa] [女] ❶ 足温器. ❷ 小型の香炉 braserillo. ❸《服飾》[毛皮の] マフ

estufista [estufísta] [名] ストーブ製造(販売)業者

estultamente [estúltaménte] [副] 愚鈍に, 間抜けにも

estulticia [estultíθja] [女]《文語》愚鈍, 間抜け

estulto, ta [estúlto, ta] [形] [名]《文語》愚かな[人], 間抜けな

estuosidad [estwosiđá(đ)] [女]《まれ》灼熱, 焦熱

estuoso, sa [estwóso, sa] [形]《詩語》灼熱の, 焦熱の

estupa [estúpa] [女] ❶《仏教》仏舎利(ぶっしゃり)塔, ストゥーパ. ❷《隠語》麻薬取締局
—— [名]《隠語》麻薬取締官

estupefacción [estupefa(k)θjón] 〖←ラテン語 stupefactio, -onis < stupefacere「仰天させる」< stupere「驚く」+facere「する」〗 [女] 茫然自失, 驚愕: producir a+人 ～/causar en+人 ～ …を茫然とさせる

estupefaciente [estupefaθjénte] [形] 麻酔(麻薬)効果のある
—— [男]《薬学》麻酔剤〖=narcótico〗; 麻薬

estupefactivo, va [estupefaktíƀo, ƀa] [形]《まれ》呆然(愕然)とさせる

estupefacto, ta [estupefákto, ta] 〖←ラテン語 stupefactus < stupefacere〗 [形] [estar+] びっくり仰天した, 茫然自失した: Se quedó ～ al ver la escena. 彼はその光景を見て愕然とした

estupendamente [estupéndaménte] [副] すばらしく: 1) Lo pasamos ～. すごく楽しかった. 2) [estar+] Luis está ～. ルイスは絶好調だ

estupendez [estupendéθ] [女]《口語》すばらしさ; すばらしいもの

estupendo, da [estupéndo, da] 〖←ラテン語 stupendus < stupere「驚く」〗 [形] すばらしい: El color en Goya es ～. ゴヤの色彩はすばらしい. Hoy estás ～*da*. 君は今日すてきだね. Pensé: “Vivir es ～.” 私は「生きることはすばらしい」と考えた. ¡[Eso es] *E*～! [それは]すてきだ! tarta ～*da* おいしいケーキ. profesor ～ とてもいい先生. viaje ～ 楽しい旅行
—— [副] すばらしく: Mi chica y yo lo pasamos ～. 私と娘はすごく楽しかった

estúpidamente [estúpiđaménte] [副] 愚鈍に, 間抜けにも

estupidez [estupiđéθ] [女] 〖[複] ～*ces*〗 ❶ 愚かさ, 愚劣さ: Es pura ～. それは全く愚かだ. ❷ ばかげた言動, 愚行: ¿Quieres dejar de decir *estupideces*? ばかなことを言うのはよさないか. cometer una ～ ばかなことをする

estupidización [estupiđiθaθjón] [女] 愚鈍化

estupidizar [estupiđiθár] [9] [他] 愚鈍にする
—— ～**se** 愚鈍になる

estúpido, da [estúpiđo, đa] 〖←ラテン語 stupidus < stupere「呆然としている」〗 [形] ❶ [名詞+/+名詞] ばかな, 愚かな, 間抜けな〖理解が遅い〗: No es tan ～ como yo creía. 彼は思っていたほどばかではない. No seas ～. ばかな真似をするな. semblante ～ 間抜け面. ❷ ばかげた: No sé cómo has llegado a esa ～*da* conclusión. どうして君がそんなばかげた結論に至ったのか私には分からない. chiste ～ 面白くもない冗談. ❸ うぬぼれている, 虚栄心の強い. ❹ とんちんかんな, 要領を得ない. ❺ 仰天した, 呆気にとられた. ❻ [間投詞的に, 怒り・侮辱] 間抜けめ!
Corramos un ～velo. こんな[ばかばかしい]話はやめよう
—— [名] ❶ ばか, 愚か者, 間抜け. ❷ うぬぼれている人, 虚栄心の強い人

estupor [estupór] 〖←ラテン語 stupor, -oris〗 [男] ❶ 仰天, 茫然自失: lleno de ～ びっくり仰天した・して. ❷《医学》麻痺; 昏迷

estuporoso, sa [estuporóso, sa] [形]《まれ》[病人が] 昏迷状態にある

estuprador, ra [estupređór, ra] [名]《法律》[未成年者への] 性的暴行者

estuprar [estuprár] [他]《法律》[未成年者に] 性的暴行をする

estupro [estúpro] 〖←ラテン語 stuprum〗 [男] ❶《法律》[12～18歳の未成年者に対する] 性的暴行, 強制猥褻(わいせつ). ❷《文語》強姦

estuque [estúke] [男]《まれ》=**estuco**

estuquería [estukería] [女] 化粧しっくい(スタッコ)技法; その作品

estuquista [estukísta] [名] 化粧しっくいの細工師

esturado, da [esturáđo, đa] [形]《地方語》いらだった, 怒った

esturar [esturár] [他]《まれ》焦げつかせる, 軽く焦がす

esturdir [esturđír] [他]《まれ》気を転倒させる, ぼうっとさせる

esturgar [esturǥár] [8] [他] [陶器を] 研磨仕上げする

esturión [esturjón] [男]《魚》チョウザメ; [特に] バルトチョウザメ, 大西洋チョウザメ

esturrear [esturr̄eár] [他]《地方語》❶ [動物を驚かせて] 追い払う, 追い散らす. ❷ ばらまく, まき散らす

ésula [ésula] [女]《植物》❶ チャボタイゲキ〖=～ redonda〗. ❷ トウダイグサ属の一種〖=～ simple. 学名 Euphorbia falcata〗

esvarar [esƀarár] [自]・～**se**《まれ》滑る, 滑り落ちる

esvarón [esƀarón] [男]《まれ》滑る(滑り落ちる)こと, スリップ

esvástica [esƀástika] 〖←サンスクリット語 svástika〗 [女] かぎ十字〖=gamada〗

esviado, da [esƀjáđo, đa] [形]《建築》傾いた, ゆがんだ

esviaje [esƀjáxe] [男]《建築》[壁面などの] 傾き, ゆがみ

esvolver [esƀolƀér] [29] [他]《地方語》裏返す

eta [éta] [女]《ギリシア文字》エータ〖Η, η〗

ETA [éta] [女]《略語》←Euskadi Ta Askatasuna バスク祖国と自由〖1959年創設, バスク地方の分離独立を求める武装ナショナリズム組織. テロ事件を繰り返したが, 2011年に無期限停戦を表明〗

etalaje [etaláxe] 〖←仏語 étalage〗 [男] 高炉の朝顔

et alia [et álja] 〖←ラテン語〗 [副] …およびその他

et alii [et áli(i)] 〖←ラテン語〗 [副] …およびその他

etamín [etamín] 〖←仏語 etamine〗 [男]《繊維》エタミン〖粗目の細糸平織りの毛・絹・綿織物〗

etamina [etamína] [女] =**etamín**

etanal [etanál] [男]《化学》エタナール

etano [etáno] [男]《化学》エタン

etanoico, ca [etanói̯ko, ka] [形]《化学》ácido ～ エタン酸

etanol [etanól] [男]《化学》エタノール〖=alcohol etílico〗

etanolamina [etanolamína] [女]《化学》エタノールアミン

etapa [etápa] 〖←仏語 étape「食糧倉庫, 目的地までの距離」< 独語 stapel「倉庫」〗 [女] ❶ 段階; 期間, 時期: ～*s* de una civilización 文明の諸段階. la primera ～ 第1段階; 第1期. ～ de preparativos 準備段階. cohete de tres ～*s* 3段式ロケット. ❷ [一日・一回の] 旅程, 行程: cubrir la ～ de un día 一日分の旅程をこなす. hacer la travesía en tres ～*s* 3日で横断する. hacer ～*s* de 100 kilómetros diarios 日に100キロ進む. ❸《自転車など》一走行区間, ステージ: ganar la ～ ステージ優勝する. ～ de montaña 山岳ステージ. ～ reina [最も難しい] 最重要ステージ. ❹ 宿営地; [宿営・行軍中の] 糧食. ❺《電気》位相, フェーズ. ❻《医学》[癌の臨床進行期分類] ステージ: Los médicos le detectaron cáncer en el hígado en cuarta ～. 医師たちは彼の第4ステージに入っている肝臓癌を発見した
por ～s 段階を追って, 徐々に
quemar* [*las*] *～s 非常に(あまりにも)急速に進行する: Hicieron el viaje *quemando* ～*s*. 彼らはかけ足で旅行した

etarra [etár̄a] [形] [名] ETAの[構成員]

etc. [etθétera]《略語》←etcétera: comprar cebollas, patatas, *etc.* タマネギ, ジャガイモなどを買う

etcétera [etθétera] 〖←ラテン語 et「そして」+cetera「その他, 足りないもの」〗 [男] 等々, など〖普通は etc. と略す〗: añadir un ～ a la lista リストに色々なものを付け加える
..., [y] un largo ～ [まだたくさんあって] …など, など, など

-ete, ta《示小接尾辞》clav*ete* 小釘, camion*eta* 小型トラック

eténico, ca [eténiko, ka] [形]《化学》エチレンの

eteno [eténo] [男] =**etileno**

éter [éter] 男 ❶《化学, 物理》エーテル: ～ de petróleo 石油エーテル. ～ etílico エチルエーテル. ❷《詩語》空, 天空

etéreo, a [etéreo, a] 形 ❶《化学, 物理》エーテルの. ❷《詩語》軽やかな; 精妙な; 天空の, 天上の: sueño ～ すばらしい夢. bóveda ～a 蒼穹

eterificación [eterifikaθjón] 女《化学》エーテル化

eterio [etérjo] 男《植物》集合果, イチゴ状果

eterismo [eterísmo] 男 エーテル麻酔; エーテル中毒

eterización [eteriθaθjón] 女 エーテル麻酔, エーテル化

eterizar [eteriθár] 9 他 ❶《医学》エーテル麻酔をかける. ❷《化学》エーテルと化合させる

eternal [eternál] 形《文語》=eterno

eternamente [etérnaménte] 副 ❶ 永遠に, 永久に: La tierra gira ～. 地球は永久に回り続ける. Él la seguirá buscando ～. 彼は彼女を永遠に捜し続けるだろう. permanecer ～ joven いつまでも若いままでいる. ❷《口語》際限なく, 果てしなく: fumar ～ ひっきりなしにたばこを吸う

eternidad [eterniðáð]『←ラテン語 aeternitas, -atis』女 ❶ 永遠, 永久, 永遠性: Todo no puede durar hasta la ～. 何事も永久に続くことはあり得ない. por la ～ 未来永劫に. ～ del alma 魂の不滅性.《宗教》来世: ansiar la ～ 来世を願う. ❸《口語》非常に長い時間, ひどく長い間: Aquellas esperas me parecían una ～. その待ち時間は永遠かと思われた. Tardó una ～ en salir. 出かけるまで果てしなく時間がかかった. durar una ～ 永遠に続く. una ～ de silencio 永遠の沈黙. una ～ de tiempo 非常に長い間

eternit [eterníṭ]『←商標』男《南米》[屋根用の] 波板

eternizable [eterniθáble] 形 永久性を付与すべき, 永遠に伝えるべき

eternizar [eterniθár]『←eterno』9 他 ❶ 長引かせる, 永続させる: ～ la despedida 長々と別れの挨拶をする. ❷ 不朽(永遠不滅)のものにする: ～ el nombre 名前を永遠に伝える
── **~se** ❶ [+en の] 長引く, いつまでも続ける; いつまでもいる: El relato se eternizaba. 物語は果てしなく続いた. Se eterniza al teléfono. 彼はいつまでも電話し続ける. Se eternizó en su arreglo. 彼女は長々と時間をかけて身だしなみを整えた. ❷ 永遠不滅のものになる, 不朽のものになる

eterno, na [etérno, na]『←ラテン語 aeternus < aeviternus < aevum「継続, 時間」』形 ❶ [ser+] 永遠の, 永久の, 不朽の〔⇔temporal〕: Se considera que Dios es ～. 神は永遠の存在であると考えられている. desear felicidad ～na 永久の幸せを願う. resucitar a una vida ～na 永遠の命によみがえらせる. amor ～ 永遠に変わらぬ愛. obra ～na 不朽の名作. sabiduría ～na 神の諭し. sueño ～ 永遠の眠り. verdad ～na 永遠不変の真実. ～na belleza 永遠の美. ❷《口語》長く続く, 果てしない; 尽きない: 1) El viaje se me hizo ～. 旅は永遠かのように私には思われた. La espera es ～na. 待つ身は永い. zapatos ～s 長持ちする靴. 2) [+名詞] 相変わらずの, しばしば繰り返す: Siempre está con sus ～nas quejas. 彼はいつも愚痴ばかりこぼしている. el ～ problema: La prostitución いつの時代も変わらない問題: 売春. ～na discusión 尽きない議論. ～na riña 果てしのないけんか
── El E～〔父である〕神〔=Padre E～〕

eteromanía [eteromanía] 女《医学》エーテル中毒症

eterómano, na [eterómano, na] 形 名 エーテル中毒の(中毒者), エーテル常用の(常用者)

etesio [etésjo] 形 viento ～ エテジアン〔地中海東部で毎夏40日間ほど吹く北西風〕

ethos [étos]『←ギリシア語』男《哲学》エトス

ética[1] [étika]『←ギリシア語 ethika』女 倫理学; 倫理, 道徳: Comité de É～〔臓器移植などの〕倫理委員会. ～ de los negocios 商道徳. ～ empresarial/～ de la empresa 企業倫理. ～ profesional 職業倫理. La ～ protestante y el espíritu de capitalismo『プロテスタンティズムの倫理と資本主義の精神』

eticidad [etiθiðáð] 女 倫理性, 道徳性

eticismo [etiθísmo] 男 倫理主義, 道徳主義

ético, ca[2] [étiko, ka] I『←ラテン語 ethicus < ギリシア語 ethikos < ethos』形 ❶ 倫理学の; 倫理, 道徳に関する. ❷ 倫理にかなった
── 名 実践倫理学者(著述家)
II 形 名 =hético

etil [etíl] 男《化学》=etilo

etilamina [etilamína] 女《化学》エチルアミン

etilar [etilár] 他《ガソリンなどに》エチルを加える

etilbenceno [etilbenθéno] 男《化学》エチルベンゼン

etilenglicol [etilenglikól] 男《化学》エチレングリコール

etilénico, ca [etiléniko, ka] 形《化学》エチレンの

etileno [etiléno] 男《化学》エチレン

etílico, ca [etíliko, ka] 形 ❶《化学》エチルの. ❷ [中毒・酩酊が] アルコールによる: conducir en estado ～ 酒酔い運転をする. ❸ [人が] アルコール中毒の
── 男《口語》〔酒の〕エチルアルコール

etilismo [etilísmo] 男 アルコール中毒〔=alcoholismo〕

etilo [etílo] 男《化学》エチル〔基〕

etilómetro [etilómetro] 男 アルコールチェッカー, 血液アルコール検知器

étimo [étimo] 男《言語》語源

etimología [etimoloxía] 女『←ラテン語 etymologia < ギリシア語 etymologia < etymos「真実」+logos「言葉」』❶ 語源: ～ de la palabra derecho "derecho"という単語の語源. ～ popular 民衆語源説. ❷ 語源学. ❸ E～s『語源論』『聖イシドルス San Isidoro de Sevilla 著の教育書. 教育に関する言葉を語源から説明したことに由来する書名』

etimológicamente [etimolóxikaménte] 副 語源〔学〕的に, 語源学によれば

etimológico, ca [etimolóxiko, ka] 形 語源〔学〕の: diccionario ～ 語源辞典

etimologismo [etimoloxísmo] 男《化学》語源主義

etimologista [etimoloxísta] 名 語源学者, 語源研究家

etimologizante [etimoloxiθánte] 形 ❶ 語源学の, 語源研究の. ❷ 語源学者〔研究家〕

etimologizar [etimoloxiθár] 9 他 語源を調べる, 語源をたどる

etimólogo, ga [etimólogo, ga] 名 語源学者, 語源研究家

Et in Arcadia ego [et in arkáðja égo]『←ラテン語』私(死神)はアルカディアにおいてさえも存在している『幸福がごく短かったことを嘆く言葉』

etino [etíno] 男《化学》アセチレン〔=acetileno〕

etiolación [etjolaθjón] 女《植物》徒長, 黄化(おう)

etiología [etjoloxía] 女 ❶ 原因論: ～ social de las guerras 戦争の社会的原因. ❷《医学》病因学

etiológico, ca [etjolóxiko, ka] 形 ❶ 原因論の. ❷《医学》病因学の

etiopatogenia [etjopatoxénja] 女《医学》原因病理論

etiopatogénico, ca [etjopatoxéniko, ka] 形《医学》原因病理論の

etiope [etjópe] 形 名《国名》エチオピア Etiopía の〔人〕
── 男 人工硫化第二水銀〔朱の原料〕

etíope [etíope] 形 名 =etiope

etiópico, ca [etjópiko, ka] 形 名 男 エチオピアの; エチオピア語〔の〕

etiopio, pia [etjópio, pja] 形 名《まれ》エチオピアの(人)

etiqueta [etikéta]『←仏語 étiquette』女 ❶ ラベル, 名札; 値札〔=～ de precio〕; 荷札: Este traje no lleva ～ de precio. この服には値札が付いていない. ～ de origen 原産地標示ラベル. ❷ [評価・断定の] レッテル: dar a+la ～ de conservador …に保守派のレッテルを貼る. ❸ [宮廷・公式の場での] 儀礼; 礼儀作法, エチケット: con gran (mucha) ～ 威儀を正して, うやうやしく. sin ～ 堅苦しいことは抜きにして. ❹《情報》タグ, フラグ, ハッシュタグ
de ～ 1) しかるべき服装を必要とする, 正式な: Os recomiendo que os vistáis de ～ en la ceremonia. 君たちはその式典では正装した方がいいよ. vestir de ～《表示》正装のこと. baile de ～ 大舞踏会. 2) 儀式的な, 形だけの: visita de ～ 儀礼の訪問
〔de〕 ～ negra《戯語》上質の
estar de ～ よそよそしい

etiquetado [etiketáðo] 男《製品・生産物の》ラベル貼り

etiquetador, ra [etiketaðór, ra] 名 ラベル貼りの〔人〕
── 女 ラベル貼り機

etiquetaje [etiketáxe] 男 =etiquetado

etiquetar [etiketár]『←etiqueta』他 ❶ …にラベル(荷札)を貼る: ～ un paquete 小包に荷札をつける. ❷ [人を, +de に] 分類する, 断定する: Lo han etiquetado de izquierdista. 彼は左翼のレッテルを貼られた

etiquetería [etiketería] 女《集名》ラベル, 名札; 値札

etiquetero, ra [etiketéro, ra] 形 儀式ばった, 堅苦しい; もったいぶった

etiquez [etikéθ] 囡 肺結核
etista [etísta] 囲 《まれ》ETAの〔構成員〕〖=etarra〗
etites [etítes] 囡 《鉱物》イーグルストーン, ワシの安産石
etmoidal [etmoiðál] 囮 《解剖》篩骨の
etmoides [etmóiðes] 囮《単複同形》《解剖》篩骨(ぎょ)〖=hueso ~〗
ETN 囡《略語》←empresa transnacional 多国籍企業
etnarca [etnárka] 囲《古代ローマなど》〔地方の〕行政長官
étneo, a [étneo, a] 囮《イタリア》エトナ山の
etnia [étnja] 囡〔言語・文化などから見た〕民族, 人種集団
etnicidad [etniθiðá(ð)] 囡 民族性
étnico, ca [étniko, ka] 囮〖←ギリシア語 ethnikos < ethnos「民族」〗❶ 民族の; エスニック〔調〕の: característica ~ca 民族性. grupo ~ エスニック・グループ, 民族集団. ❷《文法》地名(国名)を示す. ❸《まれ》〔キリスト教からみて〕異教の
etno-〈接頭辞〉「民族, 人種」 *etno*grafía 民族誌学
etnobotánico, ca [etnoβotániko, ka] 囮 囲 伝統民族植物学〔の〕
etnocéntrico, ca [etnoθéntriko, ka] 囮 自民族中心主義の
etnocentrismo [etnoθentrísmo] 囲 自民族中心主義
etnocentrista [etnoθentrísta] 囮 自民族中心主義の
etnocida [etnoθíða] 囮 囲 文化破壊の(破壊者)
etnocidio [etnoθíðjo] 囲〔文化的同化政策としての特定民族集団の〕文化の破壊
etnografía [etnoɣrafía] 囡 民族誌学
etnográfico, ca [etnoɣráfiko, ka] 囮 民族誌学の
etnógrafo, fa [etnóɣrafo, fa] 囲 民族誌学者
etnolingüista [etnolingwísta] 囲 民族言語学者
etnolingüístico, ca [etnolingwístiko, ka] 囮 民族言語学〔の〕
etnología [etnoloxía] 囡 民族学
etnológico, ca [etnolóxiko, ka] 囮 民族学の
etnólogo, ga [etnóloɣo, ɣa] 囲 民族学者
etnomusicología [etnomusikoloxía] 囡 民族音楽学
etnomusicólogo, ga [etnomusikóloɣo, ɣa] 囲 民族音楽研究者
etnónimo [etnónimo] 囲《言語》部族名, 種族名, 民族名
etnos [étnos] 囲《単複同形》民族集団
etodolac [etoðolá(k)] 囲《薬学》エトドラク
etolio, lia [etóljo, lja] 囮 囲《歴史, 地名》〔ギリシア西部の〕エトリア Etolia の〔人〕
—— 囲 エトリア方言
etolo, la [etólo, la] 囮 囲 =etolio
etología [etoloxía] 囡 動物行動学, 行動生物学
etológico, ca [etolóxiko, ka] 囮 動物行動学の, 行動生物学の
etologista [etoloxísta] 囲 =etólogo
etólogo, ga [etóloɣo, ɣa] 囲 動物行動学者, 行動生物学者
etopeya [etopéja] 囡《修辞》人物形容描写
-etorio〈接尾辞〉[er・ir動詞+. 品質形容詞化] sup*letorio* 補いの
etoxil [eto(k)síl] 囲《化学》エトキシル基
etoxilación [eto(k)silaθjón] 囡《化学》エトキシル化
etrusco, ca [etrúsko, ka] 囮 囲《地名》エトルリア Etruria の〔人〕
—— 囲 エトルリア語
etruscología [etruskoloxía] 囡 エトルリア語・文化研究
ETS 囡 複《略語》←enfermedades de transmisión sexual 性病
ETT 囡《略語》←empresa de trabajo temporal 人材派遣会社
etusa [etúsa] 囡《植物》ドクゼリ
E.U.A.《略語》=EE.UU.
euascomicetes [ewaskomiθétes] 囲《生物》真正子嚢菌綱
eubacteriales [euβakterjáles] 囡《生物》真正細菌類
eubeo, a [euβéo, a] 囮 囲《エーゲ海の》エウボイア Eubea 島の〔人〕
euboico, ca [euβóiko, ka] 囮 =eubeo
eubolia [euβólja] 囡〔話す時の〕思慮分別
eucairita [eukairíta] 囡《鉱物》エウカイル鉱, セレン銅銀鉱
eucaliptal [eukali(p)tál] 囲 ユーカリ林
eucaliptar [eukali(p)tár] 囲 =eucaliptal
eucalipto [eukalí(p)to] 囲《植物》ユーカリノキ, ユーカリ; ユーカリ油
eucaliptol [eukali(p)tól] 囲《化学》オイカリプトール
eucaliptus [eukalí(p)tus] 囲 =eucalipto
eucarionte [eukarjónte] 囲《生物》=eucariota
eucariota [eukarjóta] 囮《生物》真核生物の
eucariótico, ca [eukarjótiko, ka] 囮 真核生物の
eucaristía [eukaristía] 囡 ❶《カトリック》聖体, 聖体拝領; ミサ. ❷《プロテスタント》聖餐; 聖餐式
eucarístico, ca [eukarístiko, ka] 囮 ❶ 聖体の, 聖餐の: congreso ~ 聖体大会. ❷〔散文・韻文の作品が〕感謝を捧げる
euclideo, a [eukliðéo, a] 囮 =euclidiano
euclidiano, a [eukliðjáno, a] 囮《人名》ユークリッド Euclides の: geometría [no] ~ [na] 〔非〕ユークリッド幾何学
eucológico, ca [eukolóxiko, ka] 囮 主日(祝日)祈祷書の
eucologio [eukolóxjo] 囲《カトリック》主日(祝日)祈祷書
eucrasia [eukrásja] 囡《医学》〔年齢・性別に見あった〕身体健全
eucrático, ca [eukrátiko, ka] 囮《医学》身体健全な
eucriptita [eukri(p)títa] 囡《鉱物》ユークリプタイト
eudaimonismo [eudaimonísmo] 囲 =eudemonismo
eudemonismo [euðemonísmo] 囲《哲学》幸福主義, 幸福説
eudemonista [euðemonísta] 囮 幸福主義の, 幸福説の
eudiometría [euðjometría] 囡 ユージオメトリー
eudiómetro [euðjómetro] 囲 ユージオメーター, 水電量計
eufemismo [eufemísmo] 囲〖←ラテン語 euphemismus <ギリシア語 euphemismos < eu「良い」+pheme「話し方」〗《修辞》婉曲語法, 遠回しな表現〖例 No es joven.—Es vieja. ⇔disfemismo〗
eufemista [eufemísta] 囮 囲 婉曲語法を用いる〔人〕
eufemístico, ca [eufemístiko, ka] 囮 婉曲語法の; 婉曲な, 遠回しな
eufonía [eufonía] 囡 ❶《言語》好音調, 音調のよさ, 音便〖⇔cacofonía〗. ❷《音楽》ユーフォニー
eufónico, ca [eufóniko, ka] 囮 音調のよい, 音声上の, 快音調の
eufonio [eufónjo] 囲《音楽》ユーフォニアム, ユーフォニューム
euforbia [eufórβja] 囡《植物》トウダイグサ
euforbiáceo, a [euforβjáθeo, a] トウダイグサ科の
—— 囲 複《植物》トウダイグサ科
euforbio [eufórβjo] 囲《植物》ハッカクキリン; その乳液
euforia [eufórja]〖←ギリシア語 euphoria〗囡 ❶ 幸福感, 陶酔. ❷《生理》多幸感;《医学》多幸症. ❸《経済》1) 好景気〖=auge〗. 2) ~ económica〔経済実態を反映しない過剰投機と巨大利益に酔いしれた〕花見酒の経済. ❹《まれ》忍耐力
eufórico, ca [eufóriko, ka] 囮 ❶ 幸福感の; 幸福感に満ちた, 陶酔状態の. ❷ 多幸症の
euforizante [euforiθánte] 囲《薬学》多幸化薬, 強壮薬, 陶酔薬
eufrasia [eufrásja] 囡《植物》コゴメグサ(小米草), アイブライト, ユーフレイジア
Eufrosine [eufrosíne] 囡《ギリシア神話》エウプロシュネー〖美の三女神 Gracias の中の, 喜びの女神〗
eufuismo [eufwísmo] 囲《文学》ユーフュイズム, 美辞麗句, 誇飾体
eugenesia [euxenésja] 囡《医学》優生学
eugenésico, ca [euxenésiko, ka] 囮 優生学の, 優生学的な
eugénico, ca [euxéniko, ka] 囮 =eugenésico
—— 囡 =eugenesia
eugenismo [euxenísmo] 囲 =eugenesia
eugeosinclinal [euxeosinklinál] 囲《地質》優地向斜
euglena [eugléna] 囡《植物》ユーグレナ, ミドリムシ
euglenófito, ta [euglenófito, ta] 囮 ミドリムシ植物の, ユーグレナ〔ミドリムシ〕目の
—— 囲 複《植物》ユーグレナ目, ミドリムシ目
eulitina [eulitína] 囡《鉱物》珪酸鉛石
eulogia [eulóxja] 囡《東方正教会など》エウロギア, 祝福されたパン
Euménides [euméniðes] 囡 複《ギリシア神話》エウメニデス, エウメニスたち〖慈悲深い女神たち. 復讐の女神 Erinias の別名〗
eumicetos [eumiθétos] 囲 複《植物》真菌類
eunomía [eunomía] 囡〖←ギリシア神話の季節と秩序の女神たち Horae の一神〗《古語》秩序
eunuco [eunúko] 囲 ❶〔東洋の後宮に仕えた〕宦官(かんがん). ❷ めめしい男, 意気地なし

eunucoide [eunukóiđe] 形 名 類宦官症の〔患者〕
eunucoidismo [eunukoiđísmo] 男《医学》類宦官症
eupatorio [eupatórjo] 男《植物》❶ ヘンプアグリモニー《=～ de los árabes》. ❷ ～ de los griegos キンミズヒキ《=agrimonia》
eupátrida [eupátriđa] 形 名 [古代アテネの] 世襲貴族〔の〕
euepsia [eupé(p)sja]《医学》消化良好, 正常消化
eupéptico, ca [eupé(p)tiko, ka] 形《薬学》消化を助ける; 消化促進剤
euploidía [euploiđía] 女《生物》正倍数性
Eurasia [eurásja] 女《地名》ユーラシア〔大陸〕
eurasiático, ca [eurasjátiko, ka] 形 =**euroasiático**
eurásico, ca [eurásiko, ka] 形 ユーラシア〔大陸〕の《=euroasiático》
eureka [euréka]《←ギリシア語 eureka「私は見つけた」》間 [名案・解答を得て] わかった, これだ!
—— 男/女 [E～] 欧州先端技術共同体構想, ユーレカ計画
Eurico [éuriko]《人名》エウリック《420?～84, 西ゴート王. アリウス Arrio 派キリスト教を信仰.『エウリック法典』*Código de Eurico*》
eurífago, ga [eurífago, ga] 形《生態》[動物が] 広食性の
eurihalino, na [eurjalíno, na] 形《生態》[水棲物が] 広塩性の《=estenohalino》
euritermo, ma [euritérmo, ma] 形《生態》[生物が] 広温性の
euritmia [eurítmja] 女 ❶《文》律動感, 律動的運動, 調和のとれた動き. ❷《医学》整調リズム
eurítmico, ca [eurítmiko, ka] 形《文》律動的な, 快いリズムを持った, リトミックな
euro [éuro]《←ギリシア語 Euros》男 ❶ ユーロ《EUの統一通貨》: Cobra de sueldo dos mil ～s al mes. 彼は月給2千ユーロだ《ユーロと分かる場合は省略されることがある》. ❷《文》[ヨーロッパに吹く] 東風
euro-《接頭辞》❶ [ヨーロッパ] *eurocentrismo* ヨーロッパ中心主義. ❷ [EU] *eurodiputado* 欧州議会議員
euroasiático, ca [euroasjátiko, ka] 形 ❶《地名》ユーラシア〔大陸〕Eurasia の, ヨーロッパとアジアの. ❷ ヨーロッパ人とアジア人《特にインドとインドシナの人》との混血の〔人〕
eurobono [eurobóno] 男《経済》ユーロ債
Eurocámara [eurokámara] 女 欧州議会
eurocéntrico, ca [euroθéntriko, ka] 形 ヨーロッパ中心主義の
eurocentrismo [euroθentrísmo] 男 ヨーロッパ中心主義
eurocheque [eurotʃéke] 男 ユーロチェック《ヨーロッパ諸国で通用するクレジットカード》
eurociudadano, na [euroθjuđađáno, na] 名 [一つの社会と見なされる] EU〔の〕市民
Euroclear [eurokleár] 男 ユーロクリア《ユーロ市場における集中決済機構》
eurocomunismo [eurokomunísmo] 男 西欧型共産主義, ユーロコミュニズム《1970年代後半イタリア・フランス・スペインなどの共産党が提唱》
eurocomunista [eurokomunísta] 形 名 西欧型共産主義の〔主義者〕
eurocomunitario, ria [eurokomunitárjo, rja] 形 EUの, 欧州連合の
euroconector [eurokonektór] 男《西》ヨーロッパ方式のコンセントとプラグ
eurocracia [eurokráθja] 女 EUの官僚政治《官僚主義・お役所仕事》
eurócrata [eurókrata] 名 EUの官僚
euroderecha [eurođerétʃa] 女 集名 西欧右翼
eurodiputado, da [eurođiputáđo, đa] 名 欧州議会議員
eurodivisa [eurođibísa] 女《経済》[主に 複] ユーロカレンシー《欧州の銀行による自国通貨建て預金》
eurodólar [eurođólar] 男《経済》[主に 複] ユーロダラー
euroelecciones [euroele(k)θjónes] 女 欧州議会議員選挙
euroescepticismo [euroesθe(p)tiθísmo] 男 EUに対する懐疑主義
euroescéptico, ca [euroesθé(p)tiko, ka] 形 名 EUに対する懐疑的な〔主義者〕
Eurofestival [eurofestibál] 男 [ユーロビジョン Eurovisión 主催の音楽祭] ユーロフェスティバル
euroizquierda [euroiθkjérđa] 女 集名 西欧左翼

euromediterráneo, a [euromeđiteráneo, a] 形 地中海のヨーロッパ岸の
euromercado [euromerkáđo] 男《経済》ユーロ市場
euromisil [euromisíl] 男 ヨーロッパ《NATO諸国》に配置された戦略ミサイル
euromoneda [euromonéđa] 女 =**eurodivisa**
eurojust [eurɔxúst] 男 欧州司法機構, ユーロジャスト
Europa [európa]《←ギリシア神話で Europa エウロペ《フェニキア王の娘》》《地名》❶ ヨーロッパ: países de ～ Central y Oriental 中欧・東欧諸国
europagarés [europagarés] 男 複《経済》ユーロ・コマーシャルペーパー, ユーロCP《主にロンドン市場で, 通常はドル建てで発行される. ～ de empresa》
europapel [europapél] 男 ～ comercial =**europagarés**
europarlamentario, ria [europarlamentárjo, rja] 名 =**eurodiputado**
europeamente [europeáménte] 副 ヨーロッパらしく, ヨーロッパ風に《=a la europea》
europeidad [europeiđá(đ)] 女 ❶ ヨーロッパらしさ. ❷ ヨーロッパの統合
europeísmo [europeísmo] 男 ヨーロッパ〔統合〕主義
europeísta [europeísta] 形 名 ❶ ヨーロッパ〔統合〕主義の〔人〕. ❷ ヨーロッパびいき《かぶれ》の〔人〕
europeización [europeiθaθjón] 女 ヨーロッパ化, 欧風化
europeizador, ra [europeiθađór, ra] 形 名 欧風化する〔人〕
europeizante [europeiθánte] 形 名 ヨーロッパ統合主義の〔人〕, ヨーロッパ化する
europeizar [europeiθár] 動 15《→enraizar》他 ヨーロッパ化する, 欧風化する
europeo, a [európeo, a] 形 名 ヨーロッパ Europa〔人〕の; ヨーロッパ人: países ～s ヨーロッパ諸国
europesimismo [europesimísmo] 男 EUに対する悲観主義
europio [európjo] 男《元素》ユウロピウム
eurosiberiano, na [eurosiberjáno, na] 形《植物, 地理》ユーロシベリア区系区の
eurosocialismo [eurosoθjalísmo] 男 西欧型社会主義
eurosocialista [eurosoθjalísta] 形 西欧型社会主義の
Eurostat [euróstát] 男 EU加盟諸国の経済社会統計, ユーロスタット
eurotial [eutotjál] 形 ユーロチウム目の
—— 女 複《植物》ユーロチウム目
eurotúnel [eurotúnel] 男《英仏海峡の》ユーロトンネル
eurotur [eurotúr] 男 ユーロツアー《ヨーロッパ《特にEU諸国》を巡る観光旅行》
euroventanilla [eurobentaníʎa] 女《西》[EUとの取引を希望する] 中小企業援助窓口
Eurovision [eurobisjón] 男 ユーロビジョン《西ヨーロッパテレビ放送網》
eurovisivo, va [eurobisíbo, ba] 形 ユーロフェスティバル Eurofestival の; ユーロフェスティバルに参加する〔歌手〕
eurozona [euroθóna] 女 ユーロ圏
eurritmia [eurítmja] 女 律動的運動, 調和のとれた動き;《医学》整調リズム
euscaldún, na [euskaldún, na] 形 名 =**euskaldún**
euscaldunización [euskaluniθaθjón] 女 =**euskaldunización**
euscaldunizar [euskaluniθár] 動 15 他 =**euskaldunizar**
euscaro, ra [euskáro, ra] 形 名《バスク語の》《=euskera》
Euskadi [euskáđi]《バスク語》《地名》バスク: ～ norte 北バスク《フランス領》
euskaldún, na [euskaldún, na] 形 名 バスク語を話す〔人〕, バスク人の
euskaldunización [euskalduniθaθjón] 女 [言語・文化の] バスク化, バスク語・文化の普及
euskaldunizar [euskalduniθár] 動 15 他 [言語・文化を] バスク化する
euskera [euskéra] 形 男 バスク語〔の〕
euskérico, ca [euskériko, ca] 形 バスク語の
euskero [euskéro] 男《まれ》バスク語《=euskera》
euskerólogo, ga [euskerólogo, ga] 名《まれ》バスク語研究者
eusquera [euskéra] 形 男 =**euskera**
eusquérico, ca [euskériko, ca] 形 =**euskérico**
eusquero [euskéro] 男《まれ》バスク語《=euskera》

eusquerólogo, ga [eusker̄ólogo, ɡa] 名《まれ》=**euskerólogo**

éustilo [éustilo] 男《建築》正柱式

eutanasia [eutanásja]《←ギリシア語 euthanasia < eu「善」+thanatos「死」》女 安楽死, 尊厳死: ~ activa (pasiva) 積極的(消極的)安楽死

eutanásico, ca [eutanásiko, ka] 形 安楽死の, 尊厳死の

eutéctico, ca [eutéktiko, ka] 形《化学》共晶の, 共融の

eutectoide [eutektóide] 形《化学》共析: acero ~ 共析鋼

euterio, ria [eutérjo, rja] 形 真獣類の
—— 男 複《動物》真獣類

Euterpe [eutérpe] 女《ギリシア神話》エウテルペ《音楽・抒情詩を司る女神》

eutexia [euté(k)sja]《化学》共融

eutimia [eutímja] 女《文語》精神の平穏

eutiquianismo [eutikjanísmo] 男《神学》エウテュケス Eutiques 主義《キリスト単性論の一つ》

eutiquiano, na [eutikjáno, na] 形 名《神学》エウテュケス派〔の〕

eutiquismo [eutikísmo] 男 =**eutiquianismo**

eutocia [eutóθja]《医学》正常分娩, 安産

eutócico, ca [eutóθiko, ka] 形 正常分娩の

eutrapelia [eutrapélja] 女《文語》➊ 享楽に対する節度, 中庸. ➋ 罪のない冗談. ➌ 軽い娯楽, 楽しみごと

eutrapélico, ca [eutrapéliko, ka] 形《文語》節度のある, 羽目を外さない

eutrofia [eutrófja] 女《生態》〔湖沼・河川の〕富栄養

eutroficación [eutrofikaθjón] 女 =**eutrofización**

eutrófico, ca [eutrófiko, ka] 形《生態》富栄養の

eutrofización [eutrofiθaθjón] 女《生態》富栄養化

eutrofizar [eutrofiθár] 他 富栄養化させる

eutropelia [eutropélja] 女 =**eutrapelia**

Euzkadi [euzkádi] 女 =**Euskadi**

eva [éba] ➊《旧約聖書》[Eva] エバ, イブ: hijas de Eva 女性たち. en traje de Eva [女性が] 全裸で・の. ➋《隠語》合成麻薬

evacuación [ebakwaθjón]《←ラテン語 evacuatio, -onis》女 ➊ 疎開, 避難; 立ち退き, 引揚げ. ➋《軍事》撤退, 撤兵. ➌《法律》実行, 処理. ➍《婉曲》排便; 排尿

evacuado, da [ebakwáðo, ða] 形 名 立ち退いた[人], 避難民

evacuador [ebakwaðór] 男 [ダムなどの] 排水装置

evacuante [ebakwánte] 形 排出する; 排便する

evacuar [ebakwár]《←ラテン語 evacuare》⓬/⓭ 他 ➊ 立ち退かせる, 避難させる; 救出する: ~ los habitantes de un pueblo 村民を立ち退かせる. Han sido evacuado 16 españoles. 16人のスペイン人が救出された. ➋ [+場所を] 出ていく, 立ち退く: La tropa evacuó ese territorio. 部隊はその地域から撤退した. ➌《文語》[書類などを] 書き上げる; [用件などを] 遂行する, 片付ける: ~ un informe 報告書を書き上げる. ~ una cita 会見する. ➍ [体から膿・体液などを] 排出する
—— 自《婉曲》排便する, 通じがある《=~ el vientre》

evacuativo, va [ebakwatíbo, ba] 形 空(から)にする, 排出する; 排便促進の
—— 男 排便促進剤

evacuatorio, ria [ebakwatórjo, rja] 形 排便促進の
—— 男 公衆便所

evadido, da [ebadíðo, ða] 形《まれ》《服飾》端が広がった《=evasé》

evadir [ebaðír]《←ラテン語 evadere「現れる」》他 ➊ [危険などから] 逃れる, 避ける: Evadió el encontrarse conmigo. 彼は私と会うのを避けた. ~ al enemigo 敵を避ける. ~ responsabilidades 責任を回避する. ➋ [不法に税金を] 逃れる, 脱税する; [金を] 不法に国外に持ち出す
—— ~**se** ➊ [+de から] 脱走する, 逃れる: ~se de la cárcel 脱獄する. ~se de la realidad 現実から逃避する

evagación [ebaɡaθjón] 女 放心, 雑念

evaginación [ebaxinaθjón] 男《医学》膨出(ぼうしゅつ)

evaluación [ebalwaθjón] 女 見積り, 評価; 採点 1) La ~ del aspirante fue negativa. 志願者に対する評価は悪かった. ~ de impacto ambiental 環境アセスメント. ~ de proyectos 開発プロジェクト評価. ~ y aprobación [del proyecto] [案件の]審査・決定. 2)《教育》~ continua 継続評価. ~ escolar 期末試験. 3) ~ comparativa《情報》ベンチマークテスト

evaluador, ra [ebalwaðór, ra] 形 名 評価(採点)する[人]

evaluar [ebalwár]《←仏語 évaluer》⓮ 他 ➊ [+en+金額に] 鑑定する, 見積る, 評価する: ~ una finca en cien mil euros 土地を10万ユーロと評価する. ~ los datos データを評価する. ➋ [試験などで] 採点する

evaluativo, va [ebalwatíbo, ba] 形 見積りの, 評価の

evanescencia [ebanesθénθja] 女《文語》すぐに消えていくこと, はかないこと

evanescente [ebanesθénte] 形《文語》すぐに消えていく, はかない; かすかな, 淡い

evanescer [ebanesθér] ⓵《欠如動詞: ce・ci のある活用形のみ》他《文語》消散させる, かすませる, ぼかす
—— ~**se** 消散する, かすむ

evangeliario [ebaŋxeljárjo] 男《カトリック》[ミサ用の] 福音書抄録集

evangélicamente [ebaŋxélikaménte] 副 福音の教えにしたがって; 謙虚に

evangélico, ca [ebaŋxéliko, ka]《←ラテン語 evangelicus》形 ➊《宗教》福音[伝道]の, 福音にかなった. ➋《キリスト教》福音主義の, プロテスタントの: iglesia luterana ~ca ルター派福音教会
—— 名 福音主義者; 新教徒, プロテスタント

evangelio [ebaŋxéljo]《←ラテン語 evangelium <ギリシア語 evangelion「よい知らせ」< eu「善」+angelos「知らせ」》男 ➊《キリスト教》1) [時に E~] 福音《キリストの教え》; [ミサで朗読される] 福音文; 複《新約聖書の》福音書: predicar el ~ 福音を説く. jurar sobre los ~s 聖書に手を置いて誓う. E~ [hebreo] de Mateo マタイ伝. E~ según San Juan ヨハネによる福音書. ~s sinópticos 共観福音書. ~s apócrifos 外典福音書. ➋《口語》[主義・信念の] 教義; 絶対的真理: Cuando habla parece el ~. 彼は金科玉条のように奉って話す. ➌《古語》複 [子供が腰に下げる] 福音抄本

del ~《カトリック》[教会で] 信者席から見て左側の

evangelismo [ebaŋxelísmo] 男《宗教》福音にかなっていること

evangelista [ebaŋxelísta] 男 ➊ 福音史家《福音書を書いたマタイ Mateo, マルコ Marcos, ルカ Lucas, ヨハネ Juan の4人》. ➋ [ミサでの] 福音誦読者. ➌《メキシコ》代書屋
—— 形 名《キリスト教》福音主義の(主義者)

evangelistero [ebaŋxelistéro] 男《古語. カトリック》福音誦読僧

evangelización [ebaŋxeliθaθjón] 女 ➊ 福音伝道. ➋《カトリック》[秘跡を授けることより] 福音伝道の優先

evangelizador, ra [ebaŋxeliθaðór, ra] 形 名 福音伝道的な, 福音伝道者

evangelizante [ebaŋxeliθánte] 形 福音伝道する

evangelizar [ebaŋxeliθár]《←evangelio》⓽ 他 …に福音を伝え, キリスト教を伝道する: San Francisco Javier evangelizó el Japón. 聖フランシスコ・ザビエルは日本に福音を伝えた

evaporable [ebaporáble] 形 蒸発可能な, 蒸発しやすい

evaporación [ebaporaθjón] 女 蒸発, 蒸散

evaporador, ra [ebaporaðór, ra] 形 蒸発させる
—— 男 蒸発装置

evaporar [ebaporár]《←ラテン語 evaporare》他 蒸発させる: ~ el agua 水分を蒸発させる. Ha evaporado la herencia en un mes. 彼は遺産を1か月で全部使ってしまった
—— ~**se** ➊ 蒸発する: Se evapora el sudor. 汗が蒸発する. ➋ 消える, 消滅する: Se ha evaporado el aroma. 香りが抜けてしまった. ➌ [人が] 突然いなくなる, 逃走する: Se evaporó y nunca más supimos de él. 彼は姿をくらまして行方知れずだ

evaporatorio, ria [ebaporatórjo, rja] 形 男《薬学》蒸発(発散)させる; 発散剤

evaporimetría [ebaporimetría] 女 蒸発[量]計測

evaporímetro [ebaporímetro] 男 蒸発計

evaporita [ebaporíta] 女《地質》蒸発[残留]岩

evaporización [ebaporiθaθjón] 女 蒸発, 気化

evaporizar [ebaporiθár] ⓽ 他 =**vaporizar**

evapotranspiración [ebapotranspiraθjón] 女《気象》蒸散, 蒸発散量

evasé [ebasé]《←仏語》形《服飾》端が広がった: falda ~ フレアスカート

evasée [ebasé] 形 =**evasé**

evasión [ebasjón]《←ラテン語 evasio, -onis》女 ➊ 逃走, 逃避: ~

de presos 捕虜の脱走. ~ de capital〔財産や金融資産を保全するための〕資本流出. ~〔ilegal〕de impuestos/~ fiscal〔不法な〕税金逃れ, 脱税. ~ legal del impuesto 租税回避〔行為〕, 節税. ❷ 逃げ〔口上〕《=evasiva》. ❸ 気晴らし: encontrar una ~ en la lectura 読書に気晴らしを見出す. película de ~ 娯楽映画

evasionismo [ebasjonísmo] 男 現実逃避
evasionista [ebasjonísta] 形 名 現実逃避の; 現実逃避する〔人〕
evasiva[1] [ebasíba]《←evadir》女 逃げ〔口上〕, はぐらかし, 言い抜け: dar ~s 逃げを打つ, 逃げ口上を言う. responder con una ~ あいまいな返事をする
evasivamente [ebasibaménte] 副 逃げ腰で
evasivo, va[2] [ebasíbo, ba] 形 逃げる; 言い逃れの: tomar una actitud ~va あいまいな態度をとる, 逃げ腰になる
evasor, ra [ebasór, ra] 形 名 逃亡する, 逃避する; 逃亡者
evección [ebe(k)θjón] 女〔天文〕出差
evento [ebénto]《←ラテン語 eventus》男《文語》❶〔思いがけない〕出来事, 事件: con motivo de este ~ この出来事をきっかけに. ❷ 催し, イベント: información de ~s イベント情報. ~ artístico アートイベント. ❸《スポーツ》大会, スポーツイベント《= ~ deportivo》
a todo（*cualquier*）~《まれ》いずれにしろ, とにかく
eventración [ebentraθjón] 女〔医学〕内臓脱出〔症〕
eventual [ebentwál]《←evento》形 ❶ 偶然の, 偶発的な: en el caso ~ de que surjan complicaciones 面倒なことが起こりかねない状況で. circunstancia ~ 不確定な状況. ❷〔仕事・労働者などが〕臨時の, その時々の: ingreso ~ 臨時収入. profesor ~ 臨時講師. trabajo ~ 臨時の仕事, アルバイト
—— 名 臨時労働者《=trabajador ~》
eventualidad [ebentwalidád] 女 ❶ 予期せぬ出来事, 不測の事態: Surgió una ~ que retrasó el proyecto. 予期しないことが起きて計画が遅れた. ❷〔起こり得る〕可能性, 予測される事態: 1) por cualquier ~ 万が一, ひょっとして. 2)〔+de que+接続法〕En la ~ de que nevara copiosamente han tomado precauciones. 大雪に備えて警戒態勢がとられた
eventualmente [ebentwalménte] 副 ❶ 偶然に, たまたま, 思いがけず. ❷ たぶん, おそらく
eversión [ebersjón] 女 ❶《まれ》破壊, 荒廃. ❷《医学》瞼の〕反転, 外転;〔器官の〕外翻, 外返し
evertir [ebertír] 33《規則変化》他《医学》外にめくり返す;〔瞼のどを〕反転〔外転〕させる
evicción [ebi(k)θjón] 女〔法律〕追い立て, 立ちのき
evidencia [ebiðénθja]《←ラテン語 evidentia》女 ❶ 明白さ; 明白なこと: rendirse ante la ~ 明白な事実に屈する. ❷ 証拠〔= prueba〕: No existe ~ alguna de eso. それに関しては何ら証拠が存在しない. ~ científica 科学的証拠
dejar a+人 en ~ …にきまりの悪い思いをさせる, 恥をかかせる
estar en ~ =*ponerse en ~*
poner en ~ 1) 明らかにする, 証明する. 2) 恥をかかせる; さらけ出す: Le *pusieron en ~* delante de su novia. 彼は恋人の前で赤恥をかかされた
ponerse en ~ きまりの悪い思いをする
quedar en ~ =*ponerse en ~*
evidenciar [ebiðenθjár]《←evidencia》10 他 証明する, 証拠立てる, 明らかにする: Ese escritor *evidencia* un ingenio inimitable. その作家は独特の才能を証明した. ~ que+直説法 …であることを証明する〔明らかにする〕
—— *~se* 明らかである, 明白である
evidente [ebiðénte]《←ラテン語 evidens, -entis》形〔名詞+/+名詞〕❶ 明らかな, はっきりした: 1) Su culpabilidad es ~. 彼が有罪であることははっきりしている. con el propósito ~ de... …を明らかに意図して. hecho ~ 明らかな事実. prueba ~ 明白な証拠. 2)〔ser ~ que+直説法（否定文では +接続法）〕Es ~ *que* tienes razón. 君が正しいのは明白だ. Es ~ *que* no soy yo. 私でないことは明白だ. Era ~ *que* Miguel adoraba a su novia. ミゲルが恋人を熱愛していたことは明らかだった. No es ~ *que* él lo haya dicho. 彼がそう言ったのかどうかはっきりしていない. ❷ 見られ得る《=visible》
—— 副〔同意・肯定〕もちろん, そのとおり, 当然だ: ¿Crees que va a ganar?—E~. 彼が勝つとも思うか?—もちろん
evidentemente [ebiðenteménte] 副 ❶ 明らかに, 明白に, はっきりと: Ello, ~, no es mera coincidencia. 明らかにそれは偶然ではない. Su padre estaba ~ preocupado por algo. 彼女の父には明らかに何か心配事があった. ❷ もちろん: E~, hemos aprendido inglés. もちろん私たちは英語を習った
evisceración [ebisθeraθjón] 女 ❶ 内臓の取り出し, わた抜き. ❷《医学》内臓摘出
eviscerar [ebisθerár] 他 ❶〔主に動物の〕内臓の取り出し, わた抜きする. ❷《医学》内臓を摘出する
evitable [ebitáble] 形 避けられ得る, 回避され得る: ¿Era ~ esta muerte? この死は避けることができたのだろうか?
evitación [ebitaθjón] 女 ❶ 回避, 避けること. ❷ 防止, 予防
en ~ de... …を避ける〔防ぐ〕ために: *en ~ de* mayores males 事態の悪化を防ぐために
evitar [ebitár]《←ラテン語 evitare》他 ❶ 避ける, 回避する: 1)〔人・物を〕¿Por qué me está *evitando*? どうして私を避けているの? Él se levantó el cuello de su abrigo para ~ el frío. 彼は寒さを防ぐためにオーバーの襟を立てた. No pudo ~ un grito. 彼は叫び声を抑えることができなかった. ~ el peligro 危険を避ける. ~ el sol 日光を避ける. ~ la guerra 戦争を回避する. ~ las tentaciones 誘惑を避ける. 2)〔+不定詞・que+接続法〕Los días de lluvia *evita* salir. 彼は雨の日は外出を控える. *Evito* hablar con él. 私は彼と話さないようにしている. Hizo todo lo posible para ~ *que* lo regañaran. 彼は小言を言われないようにできるだけのことをした. ❷ 防ぐ, 防止する《=prevenir》: Nuestra intervención *evitó* la sangre. 我々の介入が流血を防いだ. ~ el accidente 事故を防ぐ. ~ el contagio 感染を防ぐ. ~ la guerra 戦争を回避する. ❸ 省く, しないですむ: Por esta ruta *evitas* tener que pasar por el centro. このルートなら都心を通らなくてすむ. Esto me *evita* tener que hablar. これで私はしゃべらなくてよい. Este recogedor con mango largo *evita* tener que agacharse. このちりとりは柄が長いのでかがまなくてよい. ~ molestias 面倒を省く
—— *~se* ❶ …しないですむようにする: *Se ha evitado* comprar un coche nuevo arreglando el viejo. 彼は古い車を直して, 新しく買わないですませた. ❷ 避けられる, 回避される: *Se evitan* incendios. 火事は防げる. Desgraciadamente, no podría evitarse. 残念だが, それは避けられないだろう. ❸ 互いに避ける, 関わらないようにする: Los tres *se evitaban* los unos a los otros. 3人はお互いに避け合っていた
eviternidad [ebiterniðád] 女 始まりはあるが終わりのないこと
eviterno, na [ebitérno, na] 形 始まりはあるが終わりのない: gloria ~na 不滅の栄光
evo [ébo] 男《詩語》❶ 永遠の歳月, 測り知れない長い年月. ❷《神学》永遠〔性〕, 永劫. ❸〔時間の単位〕イーオン《=10億年》
evocable [ebokáble] 形 思い起こされ得る, 喚起できる
evocación [ebokaθjón]《←ラテン語 evocatio, -onis》女 ❶ 想起, 喚起: Le ponía sentimental la ~ de recuerdos de su infancia. 彼は少年時代を想起して感傷的になった. ❷ 召喚魔術
evocador, ra [ebokaðór, ra] 形 想起させる, 喚起する: imagen ~*ra* 喚起力のあるイメージ
evocar [ebokár]《←ラテン語 evocare < ex-〔から〕+vocare〔呼ぶ〕》7 他《文語》1) 思い起こす: Con nostalgia los adultos *evocaron* su niñez. 大人たちは郷愁と共に子供のころのことを思い浮かべた. 2)〔+a・en+人 に〕想起させる, 連想させる: Su presencia *evocaba* en mí el recuerdo de su madre. 彼女の姿を見て私に彼の母親の思い出がよみがえった. Esta melodía me *evoca* la primavera. このメロディーを聞くと私は春を連想する. ❷〔呪文で死者の霊を〕呼び出す, 呼び起こす
—— *~se* 思い起こす
evocativo, va [ebokatíbo, ba] 形 =*evocador*
evocatorio, ria [ebokatórjo, rja] 形 想起の, 喚起の
evohé [eboé] 間《古代ギリシア》バッカス神に歓呼する〔呼びかける〕巫女の叫び声
evolución [eboluθjón]《←仏語 évolution <ラテン語 evolutio, -onis〔巻いたものを広げること〕》女 ❶ 進展, 発展, 発達《⇔involución》. ~ científica 科学の進歩. ~ económica 経済発展. ❷〔思想・状況などの〕推移, 変遷: La ~ de su pintura culminó en el cubismo. 彼の画風は変化し, キュービスムに行き着いた. La situación ha seguido una ~ favorable. 事態は有利に展開した. Ha experimentado una ~ en los últimos años. 彼はここ数年で〔考え方が〕変わった. ~ de las ideas 思想の変遷. ~ demográfica 人口の推移. ❸《生物》進化: teoría de

la ～ 進化論. ❹《哲学》進化論的仮説. ❺《医学》[病気の]進行, 経過. ❻《軍事など》[主に 複] 機動, 移動. ❼ 複 動き回る動作, 旋回運動: observar las *evoluciones* de leones ライオンの動きを観察する

evolucionante [eβoluθjánte] 形 進展(進歩・発展)する

evolucionar [eβoluθjonár]《←evolución》自 ❶ 進化する, 発展する: La técnica *ha evolucionado* a pasos agigantados. 技術は飛躍的に進歩した. El curso de la enfermedad *evoluciona* satisfactoriamente. 病状は好転している. ❷ 動き回る, 変化していく. ❸《軍事》移動する, 展開する

evolucionismo [eβoluθjonísmo]《←evolución》男《生物, 哲学》進化論

evolucionista [eβoluθjonísta] 形 名 進化論の; 進化論者

evolutivo, va [eβolutíβo, βa]《←ラテン語 evolutio, -onis》形 ❶ 進化の: proceso ～ 進化の過程. ❷ 変化する, 発展する. ❸ 旋回運動の: movimientos ～s de las mariposas チョウが飛び回る動き

evolvente [eβolβénte] 形《幾何》伸開線

evónimo [eβónimo] 男《植物》ニシキギ

evzono [eββóno] 男《ギリシア軍の》精鋭歩兵部隊員

ewé [ewé] 男 名《ガーナ・トーゴ・ベニンなどの》エウェ族(の) 男 エウェ語

ex [éks]《←ラテン語》形 [+役職名など] 前(元・旧)…: 語現 接頭辞として一語になる場合やハイフンでつながる場合もある: *ex*-ministro 前(元)大臣, *ex*-alumno 卒業生]: Es su *ex* esposo. 彼は彼女の前夫だ. *ex* presidente 前(元)大統領, 前(元)社長. *ex* comunista 元共産党員
—— 名 [単複同形]《口語》[ex の後の語の省略] Hoy he visto a tu *ex*. 今日, 君の前の彼女(奥さん)に会ったよ

ex-《接頭》❶ [外・除去] *ex*portar 輸出する. ❷→**ex**

exa-《接頭》100京 (!)

exabrupto [ε(k)saβrú(p)to] 男《怒りを表わす》唐突な(思いがけない)言動

ex abrupto [eks aβrú(p)to]《←ラテン語》副 いきなり, やぶから棒に, 準備なしに

exacampeón, na [ε(k)sakampeón, na] 名 =**hexacampeón**

exacción [ε(k)sa(k)θjón] 女《←ラテン語 exactio, -onis》❶《法律》[税・公共料金などの] 徴収: ～ de tributos 徴税. ❷ 不当な取り立て, 強制徴収

exacerbación [ε(k)saθerβaθjón] 女 ❶《感情などの》激化; いらだち, 激怒. ❷《医学》病勢の悪化, 病勢増悪

exacerbado, da [ε(k)saθerβáðo, ða] 形《感情などが》激化した

exacerbamiento [ε(k)saθerβamjénto] 男 =**exacerbación**

exacerbante [ε(k)saθerβánte] 形 激化させる; 悪化させる

exacerbar [ε(k)saθerβár]《←ラテン語 exacerbare》他《文語》❶《感情》を激化させる, 激怒させる: ～ el odio 憎しみをかき立てる. ❷《医学》《病状・痛み》を悪化させる, 亢進(%)させる
—— ～**se** ❶ 激怒する. ❷《医学》《病状・痛みが》悪化する, 亢進する

exactamente [ε(k)sáktaménte] 副 ❶ 正確に, 正しく: hace ～ 20 años ちょうど20年前に. ❷ 厳密に. ❸ きっちり, ぴったり: Es ～ lo que yo quiero. 私がほしいものがまさにそれだ. Era ～ el mismo lugar en que me había encontrado con él. そこは私が彼と会ったのと全く同じ場所だった. ～ así まさにそのように. ❹ [文を修飾] 話者の判断: 厳密に言って, 正確に言えば. ❺ [間投詞的] 相手の言を正しいと判断して] 全くそのとおりだ!: ¿Eres italiano?—*E*～, nací en Roma. イタリア人かい?—まさしく, ローマ生まれさ
[o] *más* ～ より正確に言えば

exactitud [ε(k)saktitú(ð)] 女 ❶ 正確さ. ❷ 厳密さ, 忠実さ. ❸ 精度
con ～ 1) 正確に: No recuerdo *con* ～ cuando ocurrió. それがいつ起きたのかは正確に覚えていない. pintar una casa *con* gran ～ きわめて正確に家を写生する. 2) 厳密に; cumplir *con* ～ las órdenes *con* ～ las órdenes 命令を厳密に履行する

exacto, ta [ε(k)sákto, ta]《←ラテン語 exactus》形 ❶ [estar+ ser+] 正確な, 正しい: ¿Sabe la fecha ～*ta* de su fallecimiento? 彼が亡くなった正確な日付を知っていますか? Nadie sabe la cifra ～*ta*. 誰も正確な数字を知らない. La cuenta está ～*ta*. 勘定は合っている. Tus cálculos no están muy ～*s*. 君の計算はあまり正確でない. Este reloj es ～. この時計は正確だ. ❷

en sus promesas 約束を確実に守る. datos ～s 正確なデータ. edad ～*ta* 正確な年齢. hora ～*ta* 正確な時刻. medida ～*ta* 正確な寸法. precio ～ 正確な価格. respuesta ～*ta* 正しい答え. ❷ 厳密な, 精密な, 寸分違わぬ: Seis años ～s habían transcurrido. ちょうど6年間が経過していた. La pared media tres metros ～s de altura. 壁の高さはきっかり3メートルだった. términos ～s 厳密な用語. ～ cumplimiento 厳密な履行. ❸ [写し・翻訳が] 忠実な: copia ～*ta* 正確な写し. ❹ きちょうめんな. ❺ ぴったりの, 最適な: No daba con la palabra ～*ta*. 私はぴったりの言葉が見つからなかった. ❻《数学》余り(端数)のない. ❼《口語》同一の: Voy al súper con el dinero ～ para el gasto. 私は使うのと同じ額の金を持ってスーパーに行く

para ser ～[*s*] 正確に言うと, 厳密に言えば: Nos hemos visto antes. Dos veces *para ser* más ～. 私たちは前に会ったことがある. もっと正確に言えば2度だ. Fue un lunes, 5 de julio de 1956, *para ser* ～*s*, cuando nos llegó la más maravillosa noticia. その朗報が私たちに届いたのは月曜日, 正確に言うと1956年の7月5日だった
—— 間 [相手の発言を正しいと判断して] そのとおり, 全くそうです!: ¿Es este el botón de encendido?—*E*～. これは点火ボタンですか?—そのとおり

exactor [ε(k)saktór] 男 収税吏, 収税人

ex aequo [eks aékwo]《←ラテン語》副 同順位に: Los dos han obtenido el primer premio ～. 2人は1等賞を分け合った

exageración [ε(k)saxeraθjón] 女《←ラテン語 exaggeratio, -onis》❶ 誇張《行為, 結果》;《口語》大げさな表現: No es [una] ～ decir que esta es una obra maestra. これは傑作であるといっても過言ではない. Sin ～ podríamos decir que... 掛け値なしに～と言えるだろう. Esto no es una ～. これは誇張ではない. caer en *exageraciones* 誇張しすぎる. hablar con ～ 大げさに話す. sin *exageraciones* 誇張なしに. *exageraciones* retóricas 修辞的誇張. ❷ 過度, 過剰: Esa actitud es una ～ y, además, una incomodidad. その態度はゆきすぎだし, その上, 迷惑だ

exageradamente [ε(k)saxeráðaménte] 副 ❶ 誇張して, 大げさに. ❷ 過度に; 非常に, とても

exagerado, da [ε(k)saxeráðo, ða] 形 ❶ [人が] 大げさな: ¡Qué ～ eres! オーバーだね! No parece ～ pensar que hoy en México se juega el futuro de América Latina. 今やラテンアメリカの未来はメキシコにかかっていると考えても誇張とは思われない. ademanes ～s 大仰な仕草. palabras ～*das* 大げさな言葉. ❷ 過度の, ゆきすぎた: El precio es muy ～. 価格があまりに高すぎる. cariño ～ 過度の愛情. crecimiento ～ ゆきすぎた増加. déficit ～ 法外な赤字. gasto ～ 法外な支出. publicidad ～*da* 大げさな広告. reactividad ～*da* 過剰な反応. ～ formalismo ゆきすぎた形式主義
No es ～ *decir que*+直説法 …と言っても過言ではない
—— 名 大げさに考える人, 大げさな人: Es un ～. 彼は大げさな奴だ

exagerador, ra [ε(k)saxeraðór, ra] 形 名《まれ》誇張する[人], 大げさな[人], 仰々しい[人]

exagerante [ε(k)saxeránte] 形 大げさな, 仰々しい

exagerar [ε(k)saxerár]《←ラテン語 exaggerare「積み重ねる, 蓄積する」< ex- [強調] +agger「山積み, 盛土」》他 ❶ 誇張する, 大げさに言う: La prensa *exageró* la noticia. 新聞はニュースを誇張した. ～ la importancia 重要性を誇張する. ～ lo ocurrido 事件を大げさに言う. ❷ 過大視する: ～ el problema 問題を大げさに考える. ❸ やりすぎる, 極端にする, 度を越す: *Exageras* tu disciplina. 君の締めつけはゆきすぎだ
—— 自 ❶ 大げさに話す, 誇大に言う: ¡No *exageres*! 大げさなことを言うな! Los artistas siempre *exageran*. 芸術家は常に誇張する. ❷ [+con・en の] 度を越す: No se debe ～ con los baños de sol. 日光浴のしすぎはよくない. ～ en el deporte スポーツをやりすぎる

exagerativamente [ε(k)saxeratíβaménte] 副 誇張して, 大げさに

exagerativo, va [ε(k)saxeratíβo, βa] 形 大げさな, 仰々しい

exagonal [ε(k)sagonál] 形 =**hexagonal**

exágono [ε(k)ságono] 男 =**hexágono**

exaltación [ε(k)saltaθjón] 女《←ラテン語 exaltatio, -onis》❶ [精神・感情の] 高揚: ～ de la moral 士気の高揚. ❷ 興奮, 熱狂: En su ～ no quiso callarse. 彼は興奮して話すのをやめな

exaltadamente かった. con ～ 興奮して, 熱狂的に. ❸《文語》賞賛, 賛美, 称揚: ～ de la virtud 徳の称揚. llegar a su ～ 栄光に到達する. ❹ 昇任, 登位: ～ al trono 即位

exaltadamente [ε(k)saltáðaménte] 副 興奮して, 熱狂的に

exaltado, da [ε(k)saltáðo, ða] 形 ❶ 興奮した; 興奮しやすい, 熱狂的な: Es un anarquista ～. 彼は熱狂的なアナキストだ. hablar ～ 興奮して話す. carácter ～ 激しやすい性格. ❷《まれ》過度の, 法外な
── 名 ❶ 熱狂的な人. ❷《歴史》熱狂派《自由主義の3年 Trienio Liberal (1820～23年) において, 最も過激的な自由主義者に対する呼称. 20年派 veinteañista とも言う. 後に進歩派 progresista と呼ばれる》

exaltador, ra [ε(k)saltaðór, ra] 形 賛美する[人], 称揚する〔人〕

exaltamiento [ε(k)saltamjénto] 男《まれ》=**exaltación**

exaltante [ε(k)saltánte] 形 高揚させる; 興奮させる, 刺激的な

exaltar [ε(k)saltár]《←ラテン語 exaltare < ex- (強調)+altus「高い」》他 ❶《文語》ほめたたえる, 賛美する: El poema *exalta* la heroica resistencia de la ciudad. その詩は町の英雄的な抵抗を称揚している. ❷ 高揚させる; 興奮させる: ～ la moral 士気を高める. ❸ 昇任(登位)させる: ～ a+人 al grado de general … を将軍の位につける. ❹《生理》[活動・機能を]高める
── ～se ❶ 激高する, 興奮する, 熱狂する: Se iba *exaltando* a medida que hablaba. 彼は話しているうちに感情が高まっていった. ❷《生理》[活動・機能が] 高まる

exaltativo, va [ε(k)saltatíβo, βa] 形 高揚の; 興奮の

examen [ε(k)sámen]《←ラテン語 examen, -inis》男 ⦅複 *exámenes*⦆ ❶［学校などでの］試験, テスト, 考査: Mañana tengo un ～ de filosofía. 明日私は哲学のテストがある. Ha pasado el ～ de inglés. 彼は英語の試験に合格した. ¿Qué temas va a pedir para el ～ ese profesor? その先生は何を試験に出すだろう？. Ha hecho un ～ regular. 彼はテストのできがあまり良くなかった. presentarse a un ～ 試験を受ける. dar (hacer・poner・tomar) un ～ 試験を行なう; 試験を受ける. sistema de *exámenes* 試験制度. ～ de admisión/～ de ingreso［en la universidad］[大学の]入学試験. ～ de estado《古語》学士認定試験. ～ de graduación 卒業試験. ～ final 最終試験, 期末試験. ❷ 検査: ～ de calidad 品質検査. ❸ 検診, 診察《=～ clínico》. ～ de sangre 血液検査. ～ radiográfico レントゲン検査. ❹ 検討, 調査: El asunto está en ～. その件は検討中だ. hacer un ～ detenido じっくりと検討する. someter un proyecto a ～ 計画を検討する. ❺《哲学, 宗教》libre ～ 自由検証. ～ de conciencia 自省, 内省;［告解の前の］良心の究明. ❻《法律》尋問, 審理

examinador, ra [ε(k)saminaðór, ra] 形［学校などでの］試験の; mirada ～*ra* 試験するような目つき
── 名 ❶［口頭試問などの］試験官. ❷ 検査官: médico ～ policial 監察医. ❸ 審査官. ❹《カトリック》審問官《=～ sinodal》

examinando, da [ε(k)saminándo, da]《←ラテン語 examinandus》名 受験者: El examinador y el ～ se miraron. 試験官と受験者が顔を見合わせた

examinante [ε(k)saminánte] 形 試験(検査・調査)する
── 名 試験官; 検査員, 調査員

examinar [ε(k)saminár]《←ラテン語 examinare》他 ❶ 検討する; 調査する, 検証する: Vamos a ～ el hecho con objetividad. 事実を客観的に検討しよう. ～ datos 資料を調べる. ～ un documento 書類を調べる. ❷ 検査する, 点検する, チェックする: *Examinaron* el cadáver. 死体が検察された. ～ el contenido 内容物を検査する. ～ el motor エンジンを点検する. ～ a+人 de pies a cabeza … を頭のてっぺんから足の先まで眺め回す. ❸［患者・患部を］診察する: El doctor me *examina* el estómago, el hígado y la circulación. 医者が私の胃, 肝臓, 循環器を診察する. Creo que tendré que ser *examinado* por un médico. 私は医者に診てもらわなければならないと思っている. ❹［+de ～について, 人を］試験する, 試問する: ～ a sus alumnos de gramática 生徒たちに文法の試験をする
── ～se ❶ 試験を受ける, 受験する: ¿Cuántas veces te has *examinado* tú？ 君は何度受験しましたか？ ～*se de* latín ラテン語の試験を受ける. ～*se de* la selectividad 大学入学資格試験を受ける. ❷ 互いに点検する. ❸ 自分を点検する; 自省する, 反省する: La universidad *se examina* a sí misma. 大学は自己点検を受ける

exangüe [ε(k)sáŋgwe] 形《文語》[estar+] ❶ 疲れ切った, 衰弱した. ❷ 血の気の失せた. ❸ 息を引き取った, 死んだ

exanguinotransfusión [ε(k)saŋginotransfusjón] 女《医学》[他の人からの]直接輸血

exanimación [ε(k)sanimaθjón] 女 生命機能の停止

exánime [ε(k)sánime]《←ラテン語 exanimus < ex- (欠如)+animus「精神」》形《文語》❶ 息を引き取った, 生の兆候のない; 意識を失った, 気絶した. ❷ [estar+] 疲れ切った, 衰弱した, くたくた[へとへと]

exano [ε(k)sáno] 男《化学》=**hexano**

ex ante [eks ánte]《←ラテン語》形《経済》[期首に計画された] 事前的な《⇔ex post》; 事前予測の

exantema [ε(k)santéma] 男《医学》発疹(しん)

exantemático, ca [ε(k)santemátiko, ka] 形 発疹性の

exaración [ε(k)saraθjón] 女《地質》氷食作用

exarca [ε(k)sárka] 男 ❶《ギリシア正教》総主教代理. ❷《歴史》[ビザンチン帝国の] 総督

exarcado [ε(k)sarkáðo] 男 ❶《ギリシア正教》総主教代理の職(地位). ❷《ビザンチン帝国の》総督の治世時代, 総督の行政区

exarco [ε(k)sárko] 男 =**exarca**

exarico [ε(k)saríko] 男《歴史》❶［中世, イスラム教徒の］世襲農奴. ❷［イスラム教徒の］分益小作人

exasperación [ε(k)sasperaθjón]《←ラテン語 exasperatio, -onis》女 激高

exasperadamente [ε(k)sasperáðaménte] 副 極度に《=extremadamente》

exasperado, da [ε(k)sasperáðo, ða] 形 極度な《=extremado》

exasperante [ε(k)sasperánte] 形 ひどく腹立たしい

exasperar [ε(k)sasperár]《←ラテン語 exasperare < ex- (強調)+asperare「ざらざらした」》他 ひどく怒らせる《→enfadar 参考》
── ～se ひどく怒る, 激高する: Me *exasperaba* con su actitud irresponsable. 私は彼の無責任な態度に大変腹を立てていた

Exc. (略語) ← Excelencia 閣下

excandecencia [ε(k)skandeθénθja] 女 憤怒, 激怒

excandecer [ε(k)skandeθér] 39 他 かっとさせる, 激怒させる
── ～se かっとなる, 激怒する

excarcelable [ε(k)skarθeláβle] 形 釈放(放免)可能な

excarcelación [ε(k)skarθelaθjón] 女 釈放, 放免

excarcelar [ε(k)skarθelár] 他［囚人などを］釈放する, 放免する

excardinación [ε(k)skarðinaθjón] 女《キリスト教》教区移転

excardinar [ε(k)skarðinár] 他《キリスト教》[+人 の] 教区を移転させる
── ～se 教区を移転させる

ex cátedra [eks kátedra] 副 =**ex cathedra**

ex cathedra [eks kátedra]《←ラテン語》❶ 教皇から, カトリック教会の最高権威から. ❷《軽蔑》権威的に, 教条的に; 有無を言わさず: hablar ～ 権威をもって話す

excautivo, va [ε(k)skautíβo, βa] 形 元捕虜[の], 囚われていた[人]

excava [ε(k)skáβa] 女《農業》穴掘り, 開削

excavación [ε(k)skaβaθjón] 女 ❶ 掘削; 発掘. ❷ [掘ってきた] 穴, 洞穴

excavador, ra [ε(k)skaβaðór, ra] 名 掘削する[人], 発掘者
── 女 掘削機, パワーシャベル《=máquina ～*ra*》

excavar [ε(k)skaβár]《←ラテン語 excavare》他 ❶ 掘る, 掘削する: ～ un túnel トンネルを掘る. ～ una roca 岩に穴をあける. ～ la tierra 地面を掘る. ❷《農業》1) 根切りする. 2)［植物の周囲の］土を掘る, 穴を掘る: ～ un huerto 畑を掘り返す. ❸ ［遺跡を］発掘する
── 自 穴を掘る

excedencia [ε(k)sθeðénθja]《←exeder》女 ❶《西》[主に公務員の] 休職, 有給休暇: He decidido pedir la ～. 私は休職を願い出ることに決めた. funcionario en ～ 休職中の公務員. ～ por maternidad 出産休暇. ～ primada 希望退職. ～ voluntaria 無給休暇. ❷《西》休職中の給料, 過剰

excedentario, ria [ε(k)sθeðentárjo, rja] 形《経済》過剰の: stock ～ 過剰在庫

excedente [ε(k)sθeðénte]《←exceder》形 ❶ 超過した, 過

剰の: dinero ～ 余剰金. trabajadores ～s 余剰労働者. ❷《西》休職中の[公務員]
── 男 ❶《主に経済》超過, 過剰, 余剰[量]: ～s agrícolas 余剰農産物. ～ de peso 超過重量. ～ del consumidor 消費者余剰《ある財の消費による満足の金銭的評価と実際に支払う代価との差》. ～ de producción 過剰生産物. ～ del productor 生産者余剰《ある財の販売による収益とその生産に要した費用との差》. quemar el ～ de energías 熱量440度の余剰を燃焼させる. ❷ 黒字《=superávit》: ～ comercial 貿易黒字. ❸《西》[徴兵割当数を超過した] 兵役免除者《～ de cupo》

exceder [ɛ(k)sθeðér]《←ラテン語 excedere》自 ❶ [比較して, +a・de を, +en で | +に] 上回る: Ella *excede* a todas *en* belleza. 彼女は美貌では誰にも負けない. Su hija *excede en* edad al mío. 彼の娘の方が私の息子より年齢が上だ. Los gastos *excedieron* a los ingresos *en* cien euros. 支出が収入を100ユーロ上回った. Esta chaqueta *excede* de la talla. この上着はサイズが大きすぎる. ❷ [権限・能力などを] 越える: La realidad *excedió a* la imaginación. 現実は想像以上だった. ❸ 余る, 余剰として残る: Venderán a bajo precio los productos que *exceden*. 彼らは余った製品を安く売るだろう
── 他 [数値・限度などを] 越える: Cada persona debía llevar un bulto que no *excediera* los 20 kilogramos. 各人は20キロ以下の荷物を携帯しなければならなかった. *Excede* el ámbito del intelecto humano. それは人間の理解力を越えている. Dar aquel permiso *excede* su competencia. その許可を与えるのは彼らの権限外である. ～ el límite de 3.000 dólares 3000ドルの限度を越す. ～ las previsiones 予想を越える. ～ los límites 限界を越える
── ～se 自 ❶ [限度・基準などを] 越える, 超過する: No *se excedía en* el consumo de alcohol, excitantes o tabaco. アルコール, 刺激物あるいはたばこを摂取しすぎてはならない. No *se excedía* haciendo ejercicio físico. 運動をするにしてもやりすぎはいけない. Te has *excedido*. それはやりすぎだぞ. *～se en* el presupuesto 予算をオーバーする. *～se en* sus atribuciones 越権行為をする, 権力を乱用する. *～se en* sus facultades 自分の能力以上のことをする. ❷ [+con に] 非常に親切にする. *～se a sí mismo* 1) 実力以上の力を出す. 2) 悪乗りする, はめを外す

excelencia [ɛ(k)sθelénxa]《←ラテン語 excellentia》女 ❶《主に Su E～》..大臣・大使・司教などへの敬称》閣下, 猊下(ﾟﾞ): Su E～ el Gobernador 知事閣下. Vuestra E～《呼びかけ》閣下, 猊下. ❷ [人・事物の] すばらしさ, 優秀さ, 見事さ: cantar las *～s* de su tierra 故郷のすばらしさをうたう. alumno de ～ 優等生. ～ de los científicos 科学者たちの優秀さ
por ～ [名詞+] とりわけ, すぐれて: La ciudad mora *por* ～ es Granada. グラナダはとりわけアラブ的な町である. El esquí es el deporte invernal *por* ～. スキーはすぐれて冬のスポーツである. La pasta es la comida italiana *por* ～. パスタは代表的なイタリア料理である
tener ～ 1)［人が］特権を有する. 2)《戯語》[人・事物が] 非常な尊敬に値する

excelente [ɛ(k)sθelénte]《←ラテン語 excellens, -entis < excellere「上回る」》形 ❶ [ser・estar+, 名詞+/+名詞. 非常に] すばらしい, 優れた, 優秀な, 秀逸な: Su salud es ～. 彼の健康は申し分ない. Es ～ en matemáticas. 彼は数学がよくできる. Este vino está ～. このワインは最高だ. Hoy hace un día ～. 今日は実にいい天気だ. Estaba siempre de un humor ～. 彼はいつも上機嫌だった. Él es un ～ ejemplo para mí. 彼は私にとってすばらしいお手本だ. Les tengo una ～ noticia. 彼らに優秀な外科医だ. carne ～ 上等の肉. ～ vino blanco francés フランス産の上等な白ワイン. ❷ とても善良な: Es una persona ～. 彼はとてもいい人だ
── 男 ～ de granada カトリック両王により鋳造されたスペイン金貨《ドブラ金貨 dobla に相当》

excelentemente [ɛ(k)sθelénteménte] 副 すばらしく, 見事に; 特に優れて

excelentísimo, ma [ɛ(k)sθelentísimo, ma] 形 ❶ [大臣・知事・学長などへの敬称]《略記 Excmo., Excma.》 ❷《まれ》excelente の絶対最上級

excelsamente [ɛ(k)sθelsáménte] 副《文語》傑出して, 卓越して; 高潔に

excelsitud [ɛ(k)sɛlsitúd] 女《文語》傑出, 卓越

excelso, sa [ɛ(k)sélso, sa]《←ラテン語 excelsus》形《文語》❶ 傑出した, 卓越した: ～ escritor すぐれた著作家. ❷ [木などが] 高い

excentración [ɛ(k)sθentraθjón] 女《技術》中心[点の]移動

excéntricamente [ɛ(k)sθéntrikaménte] 副 常軌を逸して, 突拍子もなく

excentricidad [ɛ(k)sθentriθidá(d)] 女 ❶ 奇抜さ;《主に 複》奇行, 奇癖. ❷ [幾何など] 偏心[率], 離心[率]: ～ de la órbita de un planeta 惑星軌道の離心率

excentricismo [ɛ(k)sθentriθísmo] 男 奇抜性, 常軌を逸していること

excéntrico, ca [ɛ(k)sθéntriko, ka]《←ex-+céntrico < centro》形 ❶ 奇抜な, 風変わりな: conductas ～*cas* 奇行. idea ～*ca* とっぴな考え. sombrero ～ 奇抜な帽子. ❷ [幾何など] 中心の外れた
── 名 ❶ 奇人, 変人. ❷《サーカスの》ピエロ, お笑い芸人
── 女《技術》偏心器, 偏心輪(ﾟ)

excepción [ɛ(k)sθepθjón]《←ラテン語 exceptio, -onis》女 ❶ 例外, 異例なこと: Ese país no is la ～ a la regla. その国も規則の例外ではない. ～ de las *excepciones* 例外中の例外. La ～ confirma la regla.《諺》規則あっての例外である. ❷ まれな例, 特例, 異例なこと: Él es una ～ en Sevilla por su pelo rubio. 彼は金髪だが, それはセビーリャでは例外的だ. Su caso no es una ～. 彼のケースは例外ではない. ❸《法律》抗弁: ～ dilatoria 訴訟延期の抗弁
a ～ de… …を除いて, 例外として: No tenemos acceso a medios de comunicación, *a ～ de* la radio. 私たちはラジオを除いて報道機関を利用できない. *a ～ del* jueves 木曜日以外は
con ～ de… a ～ de…
de ～ 1) 非常によい, すばらしい: pasar unas vacaciones *de ～* すばらしい休暇を過ごす. poseedor de unas cuerdas vocales *de ～* すばらしい声帯の持ち主. 2) 特別の, 特別に: medida *de ～* 特別措置. trato *de ～* 特別待遇
hacer [una] ～ (a)… …を例外とする, 特別扱いとする
sin ～ 例外なく; 例外のない: No hay regla *sin* ～. 例外のない規則はない

excepcional [ɛ(k)sθepθjonál] 形 ❶ [名詞+/+名詞] 例外となる, 例外的な, 異例の: Eso es ～. それは例外だ. No tiene nada de ～. 特に例外的なことではない. en circunstancias ～*es* 例外的な状況においては. ascenso ～ 異例の昇進. caso ～ 特別な場合, 例外的なケース. trato ～ 特別待遇. ❷ 並外れた, 希有な(ﾟ): Tiene una inteligencia ～. 彼は並外れた知能を持っている. ～ belleza 希有の美貌

excepcionalidad [ɛ(k)sθepθjonaliðá(d)] 女 例外性, 異例性

excepcionalmente [ɛ(k)sθepθjonálménte] 副 ❶ 例外的に. ❷ けた外れに, 傑出して

excepcionar [ɛ(k)sθepθjonár] 他 ❶《法律》妨訴抗弁する. ❷《まれ》=exceptuar

exceptis excipiendis [ɛkséptis ɛkθipjéndis]《←ラテン語》副 例外は別として

exceptivo, va [ɛ(k)sθe(p)tíβo, ba] 形 例外的な

excepto [ɛ(k)sθé(p)to]《←ラテン語 exceptus「引き抜かれた」< excipere < ex-+capere「つかむ」》前 …を除いて, …を別にすれば, …以外は《冠詞+人称代名詞は前置詞格でなく主格》: Todos, ～ Juan, vinieron. フアン以外は全員来た. Prohibida la entrada ～ a personal autorizado. 許可された職員か立ち入り禁止. Y nadie ～ yo, se da cuenta. しかも私以外は誰も気づいていない. Todos ganaron algo, ～ tú. 君を除いてみな何か獲得した. Ha residido siempre en Madrid, ～ un año en París y Roma. 1年間パリとローマにいたのを別にすれば彼はずっとマドリードに居住した. todos los países ～ España スペインを除くすべての国々
～ cuando…［+直説法. 仮定的ならば, +接続法］…である時を除いて: El correo llegaba una vez a la semana, ～ *cuando* el cartero debía entregar un telegrama. 配達員が電報を配達しなければならない時以外は, 郵便は週に1度来ていた
～ que…［+直説法］…であることを除いては: Es buena persona, ～ *que* pierde los nervios. 彼はかっとなることを除けばいい人だ. Ella hablaba español mejor, ～ *que* pronunciaba mal las elles. エリェ(ll)の発音が下手なのを除けば彼女の方がスペイン語がうまかった. 2)［仮定的. +接続法］…でなければ: Vamos a la Sierra, ～ *que* haya una tormenta. 雷雨でなければ私たちは山へ行きます
～ si… 1)［+直説法］…である場合を除いて. 2)［仮定的, +接

exceptuable [ɛ(k)sθe(p)twáble] 形 除外(免除)され得る
exceptuación [ɛ(k)sθe(p)twaθjón] 女《廃語》=**excepción**
exceptuar [ɛ(k)sθe(p)twár]《←excepto》14 他［+de から］除く，除外する，例外扱いする: La ley podrá limitar o ~ el ejercicio de este derecho. 法律はこの権利の行使を制限または対象外とすることができるものとする. *Exceptuando* el día de la muerte de su madre, nunca llegó tarde al trabajo. 母の死んだ日を除き，彼は職場に遅刻したことは一度もなかった. ~ a+人 *de* un castigo …を処罰の対象から外す
—— **~se** 除外される，除かれる
excerpta [ɛ(k)sθérpta] 女《まれ》❶ 叢書. ❷ 抜粋，要約
excerta [ɛ(k)sθérta] 女 =**excerpta**
excesivamente [ɛ(k)sθesiβaménte] 副 過度に: El profesor ha prolongado la clase ~. 教師は講義を延長しすぎた
excesivo, va [ɛ(k)sθesíβo, βa]《←exceso》形 過度の，ゆきすぎの; 過剰の: Las posibilidades no son ~*vas*. 可能性はあまり高くない. Todo lo ~ hace daño. 過ぎたるは及ばざるがごとし. no dar ~*va* importancia a... …をあまり重視しない. día de ~ calor 異常に暑い日. cariño ~ かわいがりすぎ. familiaridad ~*va* なれなれしさ. gordura ~*va* 太りすぎ
exceso [ɛ(k)sθéso]《←ラテン語 excessus》男 ❶［+de の］過多，過剰，超過，超過分，余分: En México hubo un ~ *de* manzana. メキシコではリンゴが余っていた. pagar un ~ *de* equipaje 超過手荷物を払う. ~ *de* gasto 支出超過. ~ *de* grasa 脂肪過多. ~ *de* peso 超過重量. ~ *de* sal 塩分過剰. ~ *de* trabajo 過労，オーバーワーク. ~ *de* velocidad スピードオーバー，スピード違反. ❷［+en での］過度の行為，ゆきすぎ; 不節制; 暴力行為，残虐行為: ¿Reconoce que se cometieron ~*s* durante el gobierno militar? 軍政権時代にゆきすぎがあったことを彼は認めているのか？ hacer ~*s* *en* la comida 食べすぎる. hacer ~*s* *en* el negocio 商売でむちゃをする. los ~*s* *en* la comida y la bebida 暴飲暴食
caer en ~ 度を越す
con ~ =**en** ~
en ~ 過度に・の，度を越して・越した《=excesivamente》: Bebe *en* ~. 彼は酒を飲みすぎる／深酒する. Creo que hemos producido *en* ~. 我々は生産過剰だったと思う. Las lisonjas *en* ~ hacen daño. 過度のおべっかは弊害を生む
pecar por ~ 度を越す，やりすぎる
por ~ =**en** ~
por [el] ~ *de...* …の過剰によって，…が多すぎるために: confundir *por* ~ *de* información 情報が多すぎて混乱する. *por* ~ *del* ruido ひどい騒音が原因で
y otros ~*s*［列挙の最後に］等々，などなど
exchequer [ɛkst∫ékér] 男 →**canciller** del exchequer
excimer [ɛ(k)sθímér] 男《化学》エキシマー
excipiente [ɛ(k)sθipjénte] 男《薬学》賦形(ふけい)剤，補形薬
excisión [ɛ(k)sθisjón] 女《医学》摘出，切除，生検切除［術］
exciso, sa [ɛ(k)sθíso, sa] 形《陶芸》手づくねの
excitabilidad [ɛ(k)sθitaβilidá(d)] 女 興奮のしやすさ: Al hacer ejercicio, aumenta la ~ nerviosa. 運動すると神経が興奮しやすくなる
excitable [ɛ(k)sθitáβle]《←ラテン語 excitabilis》❶ 興奮しやすい，激しやすい: carácter ~ 興奮しやすい性格. ❷ 興奮することのできる
excitación [ɛ(k)sθitaθjón]《←ラテン語 excitatio, -onis》女 ❶ 興奮［すること］; 興奮状態: Pedro temblaba de ~. ペドロは興奮して震えていた. La taberna bullía de ~. 居酒屋は興奮で沸き立っていた. ~ sexual 性的興奮. ❷ 扇動. ❸《物理》1）励起. 2）励磁，励振《=~ magnética》
excitador, ra [ɛ(k)sθitaðór, ra]《女性形 **excitatriz** もあり》形 刺激的な，興奮させる ❶ 名《物理》励磁の，励起する; bobina ~*ra*《電気》励磁コイル
—— 男《電気》放電器
—— 男 女《電気》励磁機，励振機
excitante [ɛ(k)sθitánte] 形［名詞/+名詞］興奮させる，刺激する，わくわくさせる; 挑発的な: Esta sustancia es ~. この物質は刺激性である. Con esa ropa estás más ~. その服を着た方が君はより刺激的だ. El público lo recibe con un ~ aplauso. 観衆は熱狂的な拍手で彼を迎える. vivir una vida ~ 刺激的な生活をおくる. bebida ~ 刺激的な飲み物. ❷《生理》興奮性の，刺激性の
—— 男《生理, 薬学》興奮剤，刺激剤，刺激物
excitar [ɛ(k)sθitár]《←ラテン語 excitare < ex-（強調）+ciere「かり立てる」》他 ❶ 興奮させる，刺激する: Me *excita* la idea. その考えに私は刺激される. ~ a+人 la imaginación …の想像力をかき立てる. ~ el apetito 食欲をそそる. ~ los nervios 神経を高ぶらせる. ❷ 性的に興奮させる，欲情をそそる. ❸［+a に］駆り立てる，扇動する: ~ al pueblo *a* la guerra 国民を戦争へと駆り立てる. ~ a+人 *a* la venganza …を復讐に駆り立てる. ❹《電気》励磁する
—— **~se** ❶ 興奮する: *Se excitó* viendo el partido. 彼は試合を見ていて興奮した. *Se excitaba* cuando se le llevaban la contraria. 彼は逆らうと興奮するのだった. ❷ 性的に興奮する
excitativo, va [ɛ(k)sθitatíβo, βa] 形《まれ》刺激（興奮）の; 刺激剤
excitatriz [ɛ(k)sθitatríθ] 女 →**excitador**
—— 女《電気》自己励起型発電機
exclamación [ɛ(k)sklamaθjón] 女 ❶ 感嘆の声（言葉・仕草）; 叫び声: lanzar (soltar) una ~ de sorpresa 驚きの叫びをあげる. ❷《文法》感嘆符《=signos de ~. signo de abrir ~（¡），signo de cerrar ~（!）》
exclamar [ɛ(k)sklamár]《←ラテン語 exclamare < ex-（強調）+clamare「叫ぶ」》自 他［思わず喜び・怒りなどの］声を上げる，叫ぶ; ~ de admiración 感嘆の叫びをあげる. *Exclamó* "¡Viva!". 彼は「万歳!」と叫んだ
—— **~se**《地方語》［抗議・不平で］激しい口調で話す
exclamativo, va [ɛ(k)sklamatíβo, βa] 形《←exclamar》感嘆の: 1) grito ~ 感嘆の叫び. 2)《文法》oración ~*va* 感嘆文
exclamatorio, ria [ɛ(k)sklamatórjo, rja] 形《まれ》=**exclamativo**
exclaustración [ɛ(k)sklaustraθjón] 女《宗教》還俗
exclaustrado, da [ɛ(k)sklaustráðo, ða] 名 還俗修道士（修道女）
exclaustrar [ɛ(k)sklaustrár]《←ex-（外）+claustro》《宗教》還俗(げんぞく)させる
—— **~se** 還俗する
excluible [ɛ(k)sklwíβle] 形 除外（排除）され得る
excluidor, ra [ɛ(k)sklwiðór, ra] 形《まれ》除外（排除）する
excluir [ɛ(k)sklwír]《←ラテン語 excludere「閉め出す」< ex-（外）+claudere「閉める」》48 他［+de から］追放する，排斥する: Lo *excluyeron* del equipo. 彼はチームから除名された. ~ a+人 *de* la herencia …を遺産相続から除く. ❷［可能性などを］排除する: No he conseguido ~ toda subjetividad. 私は主観性をすべて排除することはできなかった
—— **~se** 相いれない，排除し合う: Sus temperamentos *se excluyen*. 彼らの性格は全く合わない
exclusión [ɛ(k)sklusjón] 女 ❶ 追放，排斥; 除名，除籍: ~ social 社会的疎外. ❷ 除外，排除: con ~ de... …を除外して. sin ~ 例外なく. zona de ~ 立入禁止区域. ❸《医学》除去［手術］
exclusiva[1] [ɛ(k)sklusíβa]《←excluir》女 ❶ 独占権，専有権. ~ del reportaje 独占報道権. ❷ 独占記事，スクープ，特ダネ. *en* ~ 独占的に: tener *en* ~ la venta de... …の販売権を独占している
exclusivamente [ɛ(k)sklusiβaménte] 副 ❶ もっぱら，ひたすら，ただ…だけ: Lola ya no era una mujer: era ~ una madre. ロラはもう女ではなく，ただひたすら母親であった. ❷ 排他的に，独占的に
exclusive [ɛ(k)sklusíβe]《←ラテン語 exclusive「除外して」》副 …を除いて，…を含めずに: Cierran hasta el nueve de julio ~. 7月8日まで閉店，~ 9日より前まで閉店. El período de vacaciones abarca del 20 al 30 de marzo, ambos ~. 休暇は3月21日から29日までだ
exclusividad [ɛ(k)sklusiβiðá(d)] 女 ❶ 排他性，偏狭さ. ❷ 独占権，専有権
en ~ 独占的に《=en exclusiva》
exclusivismo [ɛ(k)sklusiβísmo] 男 排他主義
exclusivista [ɛ(k)sklusiβísta] 形 排他主義の（主義者）
exclusivizar [ɛ(k)sklusiβiθár] 9 他《まれ》排除する; 独占する
exclusivo, va[2] [ɛ(k)sklusíβo, βa]《←ラテン語 exclusis < excludere「追放する」》❶［+de を］排除する: situación ~*va de*

toda posibilidad de arreglo 妥協の可能性が全くない状況. ❷ 排他的な. ❸ 独占的な, 専有的な: entrevista ～*va* 独占会見. deseo de posesión ～*va* 独占欲. tienda ～*va*/～*va* tienda 独占販売店. ❹ 唯一の, ただそれだけの: perseguir un fin ～ ただ一つの目標を追求する. ❺ 客(会員)を厳選する, 上流相手の: restaurante ～ 高級レストラン

excluso, sa [ɛ(k)sklúso, sa]《まれ》excluir の不規則な [過分]

excluyente [ɛ(k)sklujénte] [形] 除外(排斥)する, 排他的な

Excmo., ma.《略語》←Excelentísimo 閣下: El ～ Sr. Ministro de Estado 大臣閣下

excogitación [ɛ(k)skɔxitaθjɔ́n] [女]《文語》[推論・熟慮の末の] 案出, 考案

excogitable [ɛ(k)skɔxitáble] [形]《まれ》考え出され得る

excogitar [ɛ(k)skɔxitár] [他]《文語》[推論・熟慮の末に] 案出する, 考え出す; 悟る

excogitativo, va [ɛ(k)skɔxitatíbo, ba] [形]《文語》熟考の, 案出の

excombatiente [ɛ(k)skɔmbatjénte] [名] ❶ [スペイン内戦などの] 元戦士, 退役軍人. ❷ [政治運動の] 元活動家

excomulgado, da [ɛ(k)skomulgáđo, đa] [形] [名] ❶《カトリック》破門された[人]. ❷ 追放(除名)された[人]. ❸《口語》いたずらな, 手に負えない; ろくでなし, わる

excomulgador, ra [ɛ(k)skomulgađɔ́r, ra] [形] [名]《カトリック》破門宣告する; 破門宣告者

excomulgar [ɛ(k)skomulgár]〖←ラテン語 excommunicare < ex-(外)+communicare「告げる」〗[8] [他] ❶《カトリック》破門する. ❷《戯語》追放する, 村八分にする

excomunión [ɛ(k)skomunjɔ́n]〖←ex- (外)+comunión〗[女] ❶《カトリック》破門; 破門状: Roma levantó la ～ a Lutero. バチカンはルターの破門を解除した. ～ mayor [教会から全面的に追放される] 正式破門, 大破門. ～ menor [ミサへの参列を禁止される] 小破門. ❷ 追放, 除名

ex consensu [ɛks kɔnsénsu]〖←ラテン語〗[副] [相手の] 同意を得て, 許しを得て, ごめんをこうむって

excoriación [ɛ(k)skorjaθjɔ́n] [女]《医学》擦過傷, すり傷, 表皮剝離〖=～ dérmica〗

excoriar [ɛ(k)skorjár] [10] [他]《医学》[部位を] すりむく, すり傷を与える

—— ～**se** すりむく

excrecencia [ɛ(k)skreθénθja] [女] ❶ [動植物の] 異常な突起(増殖)物, いぼ, こぶ: tener ～ いぼ(こぶ)がある. ❷ 無用の長物

excreción [ɛ(k)skreθjɔ́n] [女] ❶《生理》排泄; 分泌. ❷ 排泄物〖=excremento〗

excremental [ɛ(k)skrementál] [形] 糞便の, 排泄物の

excrementar [ɛ(k)skrementár] [自] [他] 排泄する

excrementicio, cia [ɛ(k)skrementíθjo, θja] [形] 糞便の, 排泄物の

excremento [ɛ(k)skreménto]〖←ラテン語 excrementum < excernere「分ける, 下剤をかける」〗[男] [不可算] [主に [複]] 糞便, 大便; 排泄物: ～*s* de perro 犬の糞

excrementoso, sa [ɛ(k)skrementóso, sa] [形] [食物が] 滋養が少なく排泄物となる; 排泄物の

excrescencia [ɛ(k)skresθénθja] [女] =**excrecencia**

excreta[1] [ɛ(k)skréta] [女]《生理》[主に [複]] 排泄物

excretar [ɛ(k)skretár] [自] [他]《生理》排泄する; 排出する, 分泌する

excreto, ta[2] [ɛ(k)skréto, ta] [形] 排泄(排出)される

excretor, ra [ɛ(k)skretɔ́r, ra] [形]《生理》排泄用の; 排泄の: aparato ～ 排泄器官

excretorio, ria [ɛ(k)skretórjo, rja] [形]《生理》=**excretor**

exculpación [ɛ(k)skulpaθjɔ́n] [女]《法律》❶ 免罪, 釈放, 放免. ❷ 無実の証明; 弁明, 釈明

exculpador, ra [ɛ(k)skulpađɔ́r, ra] [形]《まれ》=**exculpatorio**

exculpar [ɛ(k)skulpár]〖←ex-+culpar〗[他] [+de について] 無罪にする, 罪を免れさせる; …の無実を証明する: La eximente de legítima defensa le *exculpó de*l delito de homicidio. 正当防衛の情状で彼は殺人罪を免れた

—— ～**se** 容疑が晴れる, 罪を免れる

exculpatorio, ria [ɛ(k)skulpatórjo, rja] [形] 弁明(釈明)する

excursión [ɛ(k)skursjɔ́n]〖←ラテン語 excursio, -onis < ex- (外)+cursio「走ること, 歩くこと」〗[女] ❶ 遠足; [調査・見学などの] 小旅行, ツアー: ir de ～ 遠足(ハイキング)に行く. hacer una ～ a una fábrica 工場見学をする. ❷ ぶらぶら歩き回ること. ❸《天文》惑星と黄道の角距離. ❹《医学》[眼球・胸の] 可動域

excursionismo [ɛ(k)skursjonísmo] [男] [恒常的に] 小旅行をすること: club de ～ ハイキングクラブ

excursionista [ɛ(k)skursjonísta] [形] [名] ハイカー[の], ハイキングの; 見学者, 見物客: peña ～ ハイキング同好会

excurso [ɛ(k)skúrso] [男] 本題から離れること, 余談〖=digresión〗

excusa [ɛ(k)skúsa] **I**〖←excusar〗[女] 言い訳, 弁解; 口実; [複] わび[の言葉], 遺憾の意: Su error no tiene ～. 彼の過ちは弁解の余地がない. No tengo palabra de ～. 何とも申し訳ありません. ¡Nada de ～*s*! 弁解は無用だ. Eludió el ejercicio con la ～ de que estaba muy cerca el examen. 彼は試験が迫っていることを口実に練習をサボった. presentar (ofrecer sus) ～*s* a+人 por+事 …に…のわびをする. buscar una ～ 口実(言い訳)を考える. carta de ～ わび状

II [女] =**escusa**

excusabaraja [ɛ(k)skusabaráxa] [女] =**escusabaraja**

excusable [ɛ(k)skusáble]〖←ラテン語 excusabilis〗[形] ❶ 許され得る, 大目に見られる, 言い訳の立つ, 弁解され得る: error ～ 無理もない誤り. ❷ 避けられ得る, 回避され得る

excusación [ɛ(k)skusaθjɔ́n] [女]《まれ》=**excusa I**

excusadamente [ɛ(k)skusáđaménte] [副] 不必要に, 無駄に, わざわざ, そうするまでもないのに

excusado, da [ɛ(k)skusáđo, đa] [形] ❶ 余計な, 無駄な: pensar en lo ～ 余計なことを考える. ❷ 免れた, 許された, 大目に見られた: estar ～ de+事 …を免除されている. ❸ [特権として] 税を免除された. ❹《歴史》十分の一税を受け取る〖=diezmero〗. ❺ [場所が] 専用の, 共用部分と分けられた

***E～ es decir que*+直説法** …は言うまでもない

—— [男] ❶《婉曲》お手洗い, トイレ〖=retrete〗: Voy al ～. トイレに行って来ます. ❷《メキシコ, エルサルバドル, ペルー, チリ, アルゼンチン, ウルグアイ》便器

excusador, ra [ɛ(k)skusađɔ́r, ra] [形] ❶ 大目に見る. ❷ [+de から] 免除する

—— [男] [職務などの] 身代わり

excusalí [ɛ(k)skusalí] [男]〖[複] ～es〗《服飾》小さなエプロン

excusar [ɛ(k)skusár]〖←ラテン語 excusare < ex- (否定)+accusa「職務, 過程」〗[他] ❶ 許す, 大目に見る: Los *excusaron* por jóvenes. 彼らは若いからということで許された. ❷ [+de を] …から免除する: La tremenda gripe me *excusó de* participar en el partido. ひどい風邪のおかげで私は試合に出ないですんだ. ❸ [+不定詞] …する必要がない, …するには及ばない, …しないですむ: *Excuso* ir porque va mi jefe. 上司が行くので私は行かなくていい. *Excuso* decirte lo mucho que me ha dolido el desplante. その横柄な言葉がどれほど私にこたえたか言うまでもあるまい. ❹ [不快なことを] 回避する: De este modo *excusamos* complicaciones. 私たちはこうして厄介事を避けている

—— ～**se** [+de・por の] 言い訳をする, 弁解する; わびる: No sé cómo ～*me* [*de* las faltas]. [その失敗を]何とおわびしたらいいか分かりません. *Se excusó* ante el maestro *por* haber llegado tarde. 彼は先生に遅刻の弁解をした(遅刻したことを謝った). Quien (El que) *se excusa*, se acusa.《諺》弁解するのはやましい証拠だ

excusatorio, ria [ɛ(k)skusatórjo, rja] [形] 大目に見る

excusión [ɛ(k)skusjɔ́n] [女]《法律》財産差し押さえ

excuso [ɛ(k)skúso] [男]《まれ》容赦, 勘弁; 言い訳, 弁解

a ～《まれ》こっそりと

ex dividendo [ɛks dibiđéndo]〖←ラテン語〗《株式》配当落ち: precio ～ 配当落ち価格

exea [ɛ(k)séa] [男]《廃語》偵察兵, 斥候

execrable [ɛ(k)sekráble]〖←ラテン語 execrabilis〗[形]《文語》忌まわしい, 嫌悪すべき, 呪わしい

execración [ɛ(k)sekraθjɔ́n] [女] ❶ 嫌悪, 憎悪; 悪態, 呪いの言葉. ❷ 神聖の喪失. ❸《修辞》呪詛(じゅ)的文彩

execrador, ra [ɛ(k)sekrađɔ́r, ra] [形] [名] 忌み嫌う[人], 憎悪する[人]

execrando, da [ɛ(k)sekrándo, da] [形]《まれ》忌まわしい, 嫌悪すべき

execrar [ɛ(k)sekrár]〖←ラテン語 execrari〗[他]《文語》非難する, 呪う, 憎悪する, 嫌悪する: ～ a un traidor 裏切り者を非難する(憎む)

E

execrativo, va [ε(k)sekratíbo, ba] 形 嫌悪の, 憎悪の

execratorio, ria [ε(k)sekratórjo, rja] 形 ❶ 呪いのための. ❷ juramento ～ 自分自身に対する非難

exedra [ε(k)séðra] 女《建築》エクセドラ

exegesis [ε(k)sexésis] 女《文語》=**exégesis**

exégesis [ε(k)séxesis] 女《単複同形》《文語》注解, 解釈; [特に] 聖書釈義

exegeta [ε(k)sexéta] 名《文語》=**exégeta**

exégeta [ε(k)séxeta] 名《文語》注釈学者; 聖書釈義学者

exegético, ca [ε(k)sexétiko, ka] 形《文語》注解の, 解釈の; 聖書釈義の

empli gratia [ekxémpli grátja]《←ラテン語》たとえば

exención [ε(k)senθjón]《←ラテン語 exemptio, -onis》女 免除: tener ～ de impuestos 税金を免除されている. certificado de ～ del servicio militar 兵役免除証明書

exencionar [ε(k)senθjonár] 他 免除する; [義務・負担から] 自由にする

exentamente [ε(k)séntaménte] 副 ❶ 自由に, 思いのままに. ❷ 単刀直入に, ずばりと

exentar [ε(k)sentár] 他《まれ》免除する; [義務・負担から] 自由にする
—— **se**《まれ》免除される

exento, ta [ε(k)sénto, ta]《←ラテン語 exemptus < eximere「引き出す」》形《文語》[estar+] ❶ [+de で] 免除された: Está ～ del servicio militar. 彼は兵役を免除されている. ～ de alquileres 地代(家賃・使用料)のなしの・で. ～ de impuestos/～ de impuesto 免税の. ❷ [危険・面倒などの] ない: vivir ～ de preocupaciones 何の心配事もなく暮らす. ❸ [場所・建物が] 吹きさらしの. ❹ 司法権の及ばない. ❺《建築》独立した, 支柱なしで立っている: columna ～ta 独立した柱

exequátur [ε(k)sekwátur]《←ラテン語 exsequatur》男《単複同形》❶ [政府が外国領事などに与える] 認可状; [外国判決への] 国内での執行承認. ❷ [教皇勅書などへの] 国家認可

exequial [ε(k)sekjál] 形《文語》葬儀の

exequias [ε(k)sékjas] 女 複《文語》葬儀

exequible [ε(k)sekíble] 形 達成(実現)し得る

exéresis [ε(k)séresis] 女《医学》[器官・部位の] 摘出

exergo [ε(k)sérgo] 男《貨幣・メダルの》刻銘部

exergónico, ca [ε(k)sergóniko, ka] 形《化学》エネルギーを放出する: reacción ～ca 発エルゴン反応

exfoliable [ε(k)sfoljáble] 形 剥離(剥脱)し得る

exfoliación [ε(k)sfoljaθjón] 女 剥離, 剥落, 剥脱;《医学》表皮剥離

exfoliador, ra [ε(k)sfoljaðór, ra] 形《中南米》はぎとり式の
—— 男《ペルー, ボリビア》はぎとり式のノート, 便箋

exfoliante [ε(k)sfoljánte] 形 ❶ 薄く剥がす. ❷《化粧》スクラブ〔の〕〔垢をとり皮膚をきれいにする〕

exfoliar [ε(k)sfoljár] 10 他 薄く剥がす
—— **se** 剥離する

exfoliativo, va [ε(k)sfoljatíbo, ba] 形《医学》剥離(剥脱)性の

exhalación [ε(k)salaθjón] 女 ❶ 発散; 蒸発. ❷《文語》ため息を吐くこと; 不平をもらすこと. ❸ 電気火花; 稲妻: pasar como una ～ 稲妻のように(電光石火の)速りで過ぎる. ❹ 流れ星〔=estrella fugaz〕

exhalador, ra [ε(k)salaðór, ra] 形 発散する; 蒸発させる

exhalante [ε(k)salánte] 形《動物》出水[用]の, 放出[用]の

exhalar [ε(k)salár]《←ラテン語 exhalare < ex-(外)+halare「吹く」》他 ❶ [香り・蒸気などを] 発散する, 発する: Las rosas exhalan el mejor de los aromas. バラはえもいわれぬ香りを放つ. ❷ [ため息などを] 吐き出す: ～ una queja 不平をもらす
—— **se** ❶ 大急ぎで行く(走る). ❷ 切望する, もどかしがる

exhaustivamente [ε(k)saustibaménte] 副 余すところなく, 網羅的に

exhaustividad [ε(k)saustibiðá(d)] 女 徹底性, 網羅性

exhaustivo, va [ε(k)saustíbo, ba] 形《←英語 exhaustive》余すところのない, 網羅的な: análisis ～ 徹底的な分析

exhausto, ta [ε(k)sáusto, ta]《←ラテン語 exhaustus < exhaurire「尽きる」》形 ❶ [+de で] 枯渇した, 使い果たした: Esta fuente está ～ta. この泉は涸れている. ～ de recursos 資源の枯渇した. ❷ 疲れ切った, 衰弱し切った: Estoy ～. 私はへとへとだ

exhaustor [ε(k)saustór] 男 排気口, 排気装置

exheredación [ε(k)sereðaθjón] 女《まれ》=**desheredar**

exheredar [ε(k)sereðár]《まれ》=**desheredar**

exhibición [ε(k)sibiθjón]《←ラテン語 exhibitio, -onis》女 ❶ 公開, 展示, 陳列; 展示物: estar en ～ 展示(出展)中である. ❷ 展示会, 展覧会: ～ de obras de Goya ゴヤ展. ❸ 見せ物, ショー: ～ de trajes de baño 水着のファッションショー. ～ de películas 映画会. ❹ 見せびらかし, 誇示: hacer una ～ de conocimientos 知識をひけらかす. ～ de fuerza 力の誇示. ～ de piel 肌の露出. ❺《スポーツ》エキシビジョン, 模範試合〔=partido de ～〕; 公開競技: ～ de judo 柔道の模範試合

exhibicionismo [ε(k)sibiθjonísmo] 男 ❶ [私的感情などの] 露出趣味; 誇示癖, 自己宣伝癖. ❷《医学》[性器の] 露出症, 露出趣味

exhibicionista [ε(k)sibiθjonísta] 形 名 ❶ 露出趣味の[人]. ❷《医学》露出症の[患者]

exhibir [ε(k)sibír]《←ラテン語 exhibere》他 ❶ 展示する, 人目にさらす: Hoy exhiben esa película. 今日その映画が公開される. ～ sus pechos 胸を露出する. ～ una enfermedad 病気を公表する. ～ una colección filatélica 切手コレクションを展示する. ❷ 見せびらかす, 誇示する: ～ sus condecoraciones 勲章を見せびらかす. ～ pancartas プラカードを見せつける. ～ el don 才能をひけらかす. ❸《法律》[証拠物件として] 提出する. ❹《メキシコ》[現金で] 支払う
—— **se** ❶ 人目に現れる: No se ha exhibido al aire libre. 彼は屋外に姿を見せていない. 自分の性器(裸体)を見せる: Ella se exhibe generosamente. 彼女は惜しげもなく裸体を見せる. ❷ 展示される, 公開される; 公表される: Se exhiben ochenta obras de artistas como Picasso, Miró, Matisse, Degas, Monet. 画家ピカソ, ミロ, マティス, ドガ, モネの作品80点が出展される. Se exhibirán títulos recientes del cine catalán. カタルーニャ映画の最新作が公開予定である. La cinta nunca se exhibió en público. そのテープは一度も公表されなかった. ❸ 人目を引く, 目立つ

exhortación [ε(k)sortaθjón]《←ラテン語 exhortatio, -onis》女 ❶ 勧告, 奨励; 勧告(奨励)の言葉. ❷ 堅苦しくない短い説教

exhortador, ra [ε(k)sortaðór, ra] 形 名 勧告する[人], 奨励する[人]

exhortar [ε(k)sortár]《←ラテン語 exhortari < ex-(強調)+hortari「活気を与える」》他《権威をもって, +a+不定詞・que+接続法 する ように》…に説き勧める, 勧告する, 奨励する: Me exhortaba a que dejara de fumar. 彼はたばこをやめるよう私に勧めた

exhortativo, va [ε(k)sortatíbo, ba] 形 ❶ 勧告の, 奨励の. ❷ 激励の: discurso ～ 激励演説. ❸ 訓戒の

exhortatorio, ria [ε(k)sortatórjo, rja] 形 勧告の, 奨励の〔=exhortativo〕

exhorto [ε(k)sórto] 男《法律》司法共助の依頼, 裁判事務嘱託

exhosto [ε(k)sósto] 男《コロンビア》排気管

exhumación [ε(k)sumaθjón] 女 発掘, 掘り起こし

exhumador, ra [ε(k)sumaðór, ra] 形 名 [死体を] 掘り出す[人]; [遺跡などを] 掘り起こす[人]

exhumar [ε(k)sumár]《←ラテン語 exhumare < ex-+humus「土」》他 ❶ [死体を] 掘り出す; [遺跡などを] 掘り起こす. ❷《文語》[忘れていたことを] 思い出す, よみがえらせる

exigencia [ε(k)sixénθja]《←ラテン語 exigentia》女 [主に ❶] [強い] 要求; 欲求: satisfacer las ～s de los ciudadanos 市民の要求を満たす. responder a las ～s de la sociedad 社会の要求にこたえる. ❷ 必要性, 必要条件: por ～s de la situación 状況の必要性によって. ❸ 無理な希望, わがまま: tener ～s 多くを要求する, 気難しい
pasar por las ～s 要求を満たす

exigente [ε(k)sixénte]《←ラテン語 exigens, -entis》形 [+con と /+en で] 要求の多い, 気難しい, 口やかましい: Él es ～ con los demás. 彼は他人に厳しい. Hoy está muy ～. 彼は今日はとても厳しい. profesor ～ 厳しい教師. ～ con la calidad 品質にうるさい. ～ en el trabajo 仕事にやかましい
—— 名 要求の多い人, 気難しい人

exigibilidad [ε(k)sixibilidá(d)] 女 要求され得ること, 請求可能性

exigible [ε(k)sixíble] 形 ❶ 要求(請求)され得る; 要求(請求)されるべき. ❷ 支払い期限の来た

exigidero, ra [ε(k)sixiðéro, ra] 形《廃語》=**exigible**

exigir [ε(k)sixír]《←ラテン語 exigere》4 他 ❶《権利として強く》要求する, 求める: Me exigieron el pago de la habitación por adelantado. 私は宿泊料の前払いを求められた. Exige respeto, pero nadie le hace caso. 彼は尊敬を要求するが、誰も意に介さない。 Preso de rabia, comenzó a gritar *exigiendo* un abogado. 彼は激怒して、弁護士を呼べとわめき始めた。 no ～ nada a cambio 何の見返りも求めない。 ～ silencio 静粛を求める；箝口(%)令を敷く。 2) [+不定詞・que+接続法 することを] ¿Usted me *exige* romper con ella? 彼は彼女と別れろと私に言うのですか？ *Exijo que* ustedes me den una explicación. 私はあなたがたが私に説明することを要求する。 *Exigieron* a la policía *que* investigara el caso. 彼らは事件を捜査するよう警察に要求した。 ❷ [物事が] 必要とする：1) La realidad *exige* una respuesta urgente. 現実は緊急の対応を求めている。 2) [+de+人 に対し] Este trabajo *exige de* mí *que* sea puntual. この仕事は時間に正確なことを私に要求する。 ❸《古義的》[+a+人 に対し、税を] 課する。 ❹《ベネズエラ》頼む [=demandar]

── 国 要求が厳しい、口やかましい: Mi novia me *exige* mucho. 私の恋人はとても口やかましい

── ～*se* 要求される、求められる: En este trabajo *se exige* seriedad. この仕事には真剣さが求められる。 Entre los requisitos *se exige* ser mayor de 25 años. 条件には25歳以上でなければならないと書かれている

exigir	
直説法現在	接続法現在
exijo	exija
exiges	exijas
exige	exija
exigimos	exijamos
exigís	exijáis
exigen	exijan

exiguamente [ɛ(k)sígwaménte] 副 不十分に、わずかに
exigüidad [ɛ(k)sigwidá(d)] 《←ラテン語 exigüitas, -atis》女 僅少、少なさ、不足、乏しさ
exiguo, gua [ɛ(k)sígwo, gwa] 《←ラテン語 exiguus》形《文語》不十分な、わずかな: ración ～*gua* わずかな配給
exilado, da [ɛ(k)siládo, ða] 形 =exiliado
exilar [ɛ(k)silár] 他 =exiliar
exiliado, da [ɛ(k)siljádo, ða] 形 名 [主に政治的・経済的理由で] 亡命した；亡命者: acoger los ～*s* políticos 政治亡命者たちを受け入れる
exiliar [ɛ(k)siljár] 《←ラテン語 exsilire < ex- (外)+salire「跳ぶ、去る」》⑩ [主に政治的・経済的理由で] 国外追放にする、流刑にする

── ～*se* [主に政治的・経済的理由で] 亡命する: Goya *se exilió* a Burdeos. ゴヤはボルドーに亡命した
exilio [ɛ(k)síljo] 《←ラテン語 exsilium》男 ❶《文語》国外追放 [= ～ forzoso, ～ forzado]；流刑 [=destierro]；亡命: estar en el ～ 追放(亡命)の身である。 vivir en el ～ 亡命生活をおくる。 gobierno en el ～ 亡命政権。 ❷ 流刑地；亡命地: morir en el ～ 亡命先で死ぬ
eximente [ɛ(k)siménte] 《←eximir》形《法律》刑事責任を免れる、酌量すべき

── 女 [刑] を免除すべき] 情状 [=circumstancia ～]: ～ de legítima defensa 正当防衛という情状
eximio, mia [ɛ(k)símjo, mja] 《←ラテン語 eximius》形《文語》[主に芸術家について] 優れた、傑出した、卓越した: pintor ～ 有名な画家
eximir [ɛ(k)simír] 《←ラテン語 eximere「取り出す」》他 [+de 責務などを] …から免除する、解放する、自由にする: Una dama quería conseguir de Napoleón que *eximiese* a su hijo del servicio militar. ある婦人がナポレオンに自分の息子を兵役免除してもらおうと望んだ

── ～*se* …を免れる: Tú, con tu astucia, *te eximías* de cualquier sospecha. お前はずる賢く、いかなる疑いも免れていた
exina [ɛ(k)sína] 女《植物》[花粉粒・胞子の] 外膜
exinanición [ɛ(k)sinaniθjón] 女 ❶《カトリック》[キリストの] 屈辱、❷《まれ》疲労困憊、衰弱
exinanido, da [ɛ(k)sinaníðo, ða] 形《まれ》疲労困憊した、衰弱した
exinita [ɛ(k)siníta] 女《石炭組織の》エクジニット
exinscrito, ta [ɛ(k)sinskríto, ta] 形《幾何》傍接する
existencia [ɛ(k)sisténθja] 《←ラテン語 existentia》女 ❶ 存在、実在: ¿Cree usted en la ～ de los extraterrestres? あなたは宇宙人の存在を信じますか？ La ～ de un complot es innegable. 陰謀の存在することは否定できない。 probar la ～ de Dios 神の存在を証明する。 razón de ～ 私の存在理由。 la ～ y la esencia 実在と本質。 ❷ 生涯、人生；生活: a lo largo de su ～ 彼の一生を通じて。 por primera vez en su ～ 生まれて初めて。 las horas más felices de mi ～ 我が人生の至福の時。 ❸ 存続、存在期間、存在の実績: cinco años de ～ 5年の歴史。 ❹《商業》1) [主に複で集合] 在庫品、ストック: Vendió todas las ～*s* antes del 24 de diciembre. 彼は12月24日以前に在庫品を売り切った。 No quedan ～*s* de libros. 本の在庫がない。 en ～ 在庫になっている。 liquidación de ～*s* 在庫一掃セール。 ～*s* inmovilizadas デッドストック、不良在庫。 ～*s* reguladoras 緩衝在庫。 2) ～ de caja 手持ち現金。 ❺《哲学》実存

existencial [ɛ(k)sistenθjál] 形 ❶《哲学》存在の、実存[主義]の: filosofía ～ 実存哲学。 ❷ 人生の；生活の: angustia ～ 存在の苦悩
existencialismo [ɛ(k)sistenθjalísmo] 男 実存主義: Sartre y su ～ サルトルと彼の実存主義
existencialista [ɛ(k)sistenθjalísta] 形 名 実存主義の；実存主義者: escritores ～*s* como Sartre y Camus サルトルやカミュのような実存主義作家たち。 literatura ～ 実存主義文学
existente [ɛ(k)sisténte] 形 ❶ 実在の、現存する；既存の。 ❷ 在庫の、手持ちの
existimación [ɛ(k)sistimaθjón] 女《まれ》見なすこと、判断
existimar [ɛ(k)sistimár] 他《まれ》見なす、判断する
existimativo, va [ɛ(k)sistimatíβo, βa] 形《まれ》推定の [=putativo]
existir [ɛ(k)sistír] 《←ラテン語 exsistere》自 ❶ 存在する、実在する: ¿Piensa usted que *existe* Dios? 神は存在すると思いますか？ Pero *existe* una excepción. しかし一つ例外がある。 Para ellos el pasado no *existe* y el futuro es invisible. 彼らにとって過去は存在せず、未来は見えない。 Lo que tú llamas sombra es la luz que no ves. 影は実在しない。影と呼ばれるのは見えない光である。 ❷ 生きる、生存する: Mientras yo *exista*, eso no ocurrirá. 私が生きている限り、そんなことは起きないだろう。 El paciente dejó de ～ en este hospital. 患者はこの病院で亡くなった。 En resumen, estoy harto de ～. つまり、私は生きていくのにうんざりしている。 ❸ ある、所蔵されている: En esta biblioteca *existen* libros muy antiguos. この図書館には非常に古い本がある

exitano, na [ɛ(k)sitáno, na] 形 名 =sexitano
exitazo [ɛ(k)sitáθo] 男 大成功；大当たり
éxito [éksito] 《←ラテン語 exitus < exire「出る」》男 ❶ 成功、好結果、上首尾: Les deseo mucho ～ a ustedes. あなた方の大いなるご成功をお祈りします。 Su debut fue todo un ～. 彼女のデビューは大成功だった。 mal ～ 不成功、不出来。 ～ en el colegio 小学校の成績がいいこと。 ❷ ヒット作品: La novela fue un ～. その小説は当たった。 La película tuvo un gran ～ en Alemania. その映画はドイツで大ヒットした。 lista de ～*s* ヒットチャート。 ❸《まれ》結末、結果

de ～ 成功した、人気を博する；もてる: canción *de* ～ masivo 大ヒット曲。 escritor *de* ～ 人気作家。 libros *de* gran ～ de ventas 大ベストセラーの本。 obra *de* ～ 成功作。 Es una chica *de* mucho ～. その娘はよくもてる

sin ～ 無駄に、徒労で: Buscó *sin* ～ el pulsador del timbre. 彼は呼び鈴のボタンを探したが見つからなかった

tener [*buen*] ～ [人・事が] 成功する、首尾よくいく: Ha tenido ～ en sus negocios. 彼は商売で成功した。 La obra *tuvo* gran ～ de público y crítico. その作品は観客と批評家たちに非常に受けが良かった

tener ～ *con los hombres* (*las mujeres*) 男(女)にもてる: ¿Tiene ～ *con las mujeres*? あなたは女性にもてますか？ 彼は女にもてる

exitoso, sa [ɛ(k)sitóso, sa] 《←éxito》形《主に中南米》成功した、上首尾の: Es uno de los musicales más ～*s* de los últimos años. それは近年の大ヒットミュージカルだ。 ～*sa* temporada 好調な時機、成功を収めた時代
éxitus [éksitus] 男《医学》死 [=muerte]
ex libris [eks líbris] 《←ラテン語》男 [単複同形] 蔵書票、蔵書印: E～ Gómez ゴメス蔵書
exlibrismo [ekslibrísmo] 男 蔵書票の研究(収集)
exlibrista [ekslibrísta] 名 蔵書票の研究家(収集家)
Exmo., ma.《略語》=Excmo.

ex nihilo [εks n(i)íĺo]《←ラテン語》副 無から
ex novo [eks nóbo]《←ラテン語》副 土台から［新しく］
exo-《接頭辞》［外部, 産出］《endo-》*exós*mosis 外方浸透
exobiología [ε(k)soβjoloxía] 女 宇宙生物学
exobiológico, ga [ε(k)soβjolóχiko, ga] 形 宇宙生物学の
exocardia [ε(k)sokárðja] 女《医学》心臓位置異常
exocarpo [ε(k)sokárpo] 男《植物》外果皮《=epicarpio》
exocéntrico, ca [ε(k)soθéntriko, ka] 形《言語》外心的な《⇔endocéntrico》
exocitosis [ε(k)soθitósis] 女《単複同形》《生化》エキソサイトーシス, 開口分泌, 吐細胞現象
exocrino, na [ε(k)sokríno, na] 形《解剖》外分泌腺の《⇔endocrino》; 外分泌を行なう
exodermis [ε(k)soðérmis] 女《単複同形》=exodermo
exodermo [ε(k)soðérmo] 男《植物》外皮, 外被
éxodo [é(k)soðo] 男《←ギリシア語 exodos「出ること」》 ❶《文語》集団の脱出 (移動), 移住: ～ del campo a la ciudad 農村から都市への人口移動. ～ de profesionales 頭脳流出. ❷《旧約聖書》[É～] 出エジプト記
exoenergético, ca [ε(k)soenerxétiko, ka] 形《物理, 化学》エネルギーを放出する, 発熱の, 放熱性の《⇔endoenergético》
exoérgico, ca [ε(k)soérxiko, ka] 形 **=exoenergético**
exoesqueleto [ε(k)soeskeléto] 男《動物》外骨格
ex officio [eks ofíθjo]《←ラテン語》副 形 職権上［の］, 職権により, 地位による
exoftalmia [ε(k)softálmja] 女《医学》眼球突出［症］
exoftalmía [ε(k)softalmía] 女 **=exoftalmia**
exoftálmico, ca [ε(k)softálmiko, ka] 形《医学》眼球突出［症］の
exoftalmos [ε(k)softálmos] 男《医学》**=exoftalmia**
exogamia [ε(k)soɣámja] 女 異族結婚, 族外婚《⇔endogamia》;《生物》異系交配
exogámico, ca [ε(k)soɣámiko, ka] 形 族外婚の; 異系交配の
exógamo, ma [ε(k)sóɣamo, ma] 形 族外婚を行なう; 族外婚で生まれた
exogástrula [ε(k)soɣástrula] 女《生物》外原腸胚
exógeno, na [ε(k)sóxeno, na] 形 ❶ 外因性の, 外生の《⇔endógeno》: variable ～*na* 外生変数. ❷《地質》外成の: roca ～*na* 外成岩
exondar [ε(k)sondár] 他《まれ》水から引き出す
exoneración [ε(k)soneraθjón] 女 ❶ [地位などの] 剝奪, 罷免. ❷ [義務などの] 免除: ～ de base［税金の］基礎控除
exonerar [ε(k)sonerár]《←ラテン語 exonerare < ex-（剝奪）+onus, -eris「重さ」》他《文語》❶ [+de 地位などを]…から剝奪する; 解任する: Le *exoneraron* de su cartera. 彼は大臣を罷免された. ❷ [義務などから] 免除する, 軽減する: El indulto le *exoneró* de la condena. 恩赦で彼は刑を免れた (減刑された)
exonerativo, va [ε(k)soneratíβo, βa] 形 [義務などを] 免除する, 軽減する
exónfalo [ε(k)sónfalo] 男《医学》臍(さい)ヘルニア
exónimo [ε(k)sónimo] 男《言語》外国語地名, 外国人による地名の異名
exoparásito, ta [ε(k)soparásito, ta] 形 男 **=ectoparásito**
exopodito [ε(k)sopóðito] 男 [甲殻類の] 外枝, 外肢
exopterigoto, ta [ε(k)so(p)teriɣóto, ta] 形 外翅上目の
—— 男 複《昆虫》外翅上目
exorable [ε(k)soráβle] 形《まれ》[人の頼みごとに] 甘い
exorar [ε(k)sorár] 他《文語》しきりに請う, ひたすら懇願する, せがむ, ねだる
exorbitación [ε(k)sorβitaθjón] 女 法外なものにすること
exorbitado, da [ε(k)sorβitáðo, da] 形 法外な
exorbitancia [ε(k)sorβitánθja] 女 法外さ, 過度, 途方もなさ
exorbitante [ε(k)sorβitánte] 形《←ラテン語 exorbitans, -antis < exorbitare「道から外れる」< ex-（外）+orbis「円」》［要求・価格などが］法外な, 途方もない: precio ～ 目の玉の飛び出るような値段
exorbitantemente [ε(k)sorβitánteménte] 副 法外に, 途方もなく, とてつもなく, 過大に
exorbitar [ε(k)sorβitár] 法外なものにする
—— ～**se** 法外なものになる
exorcismo [ε(k)sorθísmo]《←ラテン語 exorcismus < ギリシア語 exorkismos < horkos「誓い」》男 ❶ 悪魔ばらい［の儀式・祈り］.

❷ 厄よけ, 魔よけ
exorcista [ε(k)sorθísta] 名 悪魔ばらいの祈禱師;《カトリック》祓魔師(ふつま)《→orden》女 ❷《参考》
exorcistado [ε(k)sorθistáðo] 男《カトリック》下級聖品第三段《悪魔ばらいや人に聖水をかけて清めたりする聖職位》
exorcización [ε(k)sorθiθaθjón] 女 悪魔ばらい, 厄よけ
exorcizante [ε(k)sorθiθánte] 形 悪魔ばらいの; 厄よけの
exorcizar [ε(k)sorθiθár] 9 他 ❶ [悪魔を] はらう;…のために悪魔ばらいをする. ❷ 厄よけをする
exordio [ε(k)sórðjo] 男《文語》序文, 序論;［演説などの］前置き, 導入部
exornación [ε(k)sornaθjón] 女《文語》潤色, 文飾［行為］
exornar [ε(k)sornár] 他《文語》❶ [主に言葉を] 飾る, 文飾を施す. ❷…に飾り付けをする, 美しくする《=adornar》
exorno [ε(k)sórno] 男《文語》潤色, 文飾
exorreico, ca [ε(k)soréiko, ka] 形《地理》外洋流域の
exorreísmo [ε(k)soreísmo] 男《地理》外洋流域《⇔endorreísmo》
exosfera [ε(k)sosféra] 女《気象》逸出圏, 外気圏
exosmosis [ε(k)sosmósis] 女 **=exósmosis**
exósmosis [ε(k)sósmosis] 女《物理, 生理》外方浸透《⇔endósmosis》
exospora [ε(k)sospóra] 女《植物》外生胞子
exosqueleto [ε(k)soskeléto] 男 **=exoesqueleto**
exostosis [ε(k)sostósis] 女《医学》外骨腫, 外骨［腫］症
exóstosis [ε(k)sóstosis] 女 **=exostosis**
exotecio [ε(k)sotéθjo] 男《植物》表皮
exotérico, ca [ε(k)sotériko, ka] 形 ❶［理論などが］一般向きの, 通俗的な. ❷《宗教》顕教の《⇔esotérico》
exotérmico, ca [ε(k)sotérmiko, ka] 形《物理, 化学》発熱の《⇔endotérmico》
exótica[1] [ε(k)sótika] 女《メキシコ》［キャバレーの］ダンサー
exoticidad [ε(k)sotiθiðá(ð)] 女 **=exotismo**
exótico, ca[2] [ε(k)sótiko, ka]《←ラテン語 exoticus < ギリシア語 exotikos「外から, 外の」》形 ❶［遠い］外国［産］の; 異国風の: plantas ～*cas* 外来植物. facciones ～*cas* エキゾチックな顔つき. ❷ 珍しい, 風変わりな: música ～*ca* 一風変わった音楽
exotiquez [ε(k)sotikéθ] 女 **=exotismo**
exotismo [ε(k)sotísmo] 男 ❶ 異国情緒. ❷［芸術作品の］異国趣味. ❸ 外来語法
exotista [ε(k)sotísta] 名 異国情緒を好む, 奇習好みの
exotoxina [ε(k)sto(k)sína] 女《生化》［菌体］外毒素
Exp.《略記》←exportación 輸出; exprés 急行列車
expandible [ε(k)spandíβle] 形 広がり得る, 拡大され得る, 発展性のある
expandir [ε(k)spandír]《←ラテン語 expandere < ex-（強調）+pandere「伸ばす」》他 広げる: Esa marca de prestigio *ha expandido* su imperio. その有名ブランドは自分の帝国を広げた. ～ su conocimiento 知見を広げる. teclado *expandido*《情報》拡張キーボード
—— ～**se** 広がる: La mancha de aceite *se expandió* sobre el pavimento. 油が舗道に広がった
expansibilidad [ε(k)spansiβiliðá(ð)] 女《物理》膨張性, 膨張力
expansible [ε(k)spansíβle] 形《物理》膨張しやすい
expansión [ε(k)spansjón]《←ラテン語 expansio, -onis》女 ❶ 拡大;［思想などの］普及, 伝播: política de ～ 領土拡張政策. ～ económica 経済発展. ❷［感情の］発露, 吐露; 気晴らし: ～ del ocio 苦悩の表出. ir al cine para tener unas horas de ～ 何時間か気晴らしをするために映画を見に行く. ❸《物理》膨張: ～ del gas 気体の膨張. ～ del universo 宇宙の膨張. ❹《経済》～ cuantitativa 量的緩和. ❺《数学》展開. ❻《情報》拡張
expansionar [ε(k)spansjonár]《←expansión》～**se** ❶ [+con +人に] 胸中をあかす, 心情を吐露する: ～*se con* su amigo 友人に心をうちあける. ❷ [+con で] 気晴らしをする. ❸ [気体・液体が] 広がる, 膨張する
expansionismo [ε(k)spansjonísmo] 男〔領土〕拡張政策 (主義)
expansionista [ε(k)spansjonísta] 形 名〔領土〕拡張政策 (主義) の; 拡張主義者
expansividad [ε(k)spansiβiðá(ð)] 女《物理》膨張性
expansivo, va [ε(k)spansíβo, βa]《←expansión》形 ❶《物理》

膨張性の: poder ~ 膨張力. ❷ 開放的な, 社交的な: carácter ~ 開放的な性格

expatriación [ε(k)spatrjaθjón] 囡 国外追放; 亡命; 国外移住, 移民

expatriado, da [ε(k)spatrjáðo, ða] 厖 图 祖国を離れた; 亡命の, 亡命者; 国外移住者

expatriar [ε(k)spatrjár] ⑪/〈まれ〉⑩ 他〈まれ〉国外へ追放する
── ~**se** 国外へ移住する; 亡命する

expectable [ε(k)spektáble] 厖〈古語〉尊敬すべき, 立派な

expectación [ε(k)spektaθjón]《←ラテン語 exspectatio, -onis < spectare「見る」》囡 ❶ 期待, 待望, 関心; 待つこと: Estoy en ~ de buenas noticias. 私はいい知らせを待ち望んでいる. contra la ~ 期待(予想)に反して. ❷ 聖母の祭り〔12月18日. ~ del parto〕. ❸《医学》期待療法, 対症療法, 自然療法. ❹《行政》待機: hallarse en ~ de destino 任命待機中である

expectante [ε(k)spektánte]《←ラテン語 exspectans, -antis》厖 ❶ 期待している, 今か今かと待つ: Quedábamos ~s del resultado de las elecciones. 私たちは選挙結果をかたずをのんで待っていた. ❷《文語》妊娠した: madre ~ 臨月の婦人. ❸《なりゆきを見守る: en actitud ~ なりゆき任せの. medicina ~ 自然療法. ❹《法律》〔将来〕見込まれる

expectativa [ε(k)spektatíβa]《←ラテン語 exspectatum》囡〔+de〕を〔と〕待つこと, 期待;〈複〉見通し, 見込み: 1) Está en ~ de destino. 彼は運の向くのを待っている. Hemos tenido que rectificar nuestras ~s de ventas por la crisis económica. 私たちは不況のために販売予想を修正しなければならなかった. ~ de vida 平均余命. ~ de vida al nacer 平均寿命. ~s inflacionarias《経済》インフレ期待. 2)〔+de que+接続法〕No tiene ~s de que le den el premio. 彼の受賞は望み薄だ
a la ~〔何もせずに〕待って: Está a la ~ de que le toque la lotería. 彼は宝くじが当たるのをただ待っている
── 見込みある職務 ~s〔国王が授ける〕見込み奉職勅書;〔教皇が授ける〕見込み奉職教書

expectativo, va² [ε(k)spektatíβo, βa] 厖 =**expectante**

expectoración [ε(k)spektoraθjón] 囡 痰を吐くこと;《医学》喀痰

expectorante [ε(k)spektoránte] 厖 男《薬学》痰の排出を促す; 去痰剤

expectorar [ε(k)spektorár]《←ex-+ラテン語 pectus, -oris「胸」》他〔痰・つばを〕吐く: Sigo tosiendo, pero apenas expectoro. 私はあいかわらず咳は出るが, 痰はほとんど出ない

expedición [ε(k)speðiθjón]《←ラテン語 expeditio, -onis < expedire「放す, 放出する」》囡 ❶ 遠征, 探検, 遠征隊, 探検隊: ~ a la Antártida 南極探険. ~ de Napoleón a Egipto ナポレオンのエジプト遠征. ~ de reconocimiento 偵察〔隊〕. ~ de salvamento 救助〔隊〕. ~ científica 研究調査隊, 観測隊. ❷《文語》発送, 送付;〔集合〕発送品: mandar una ~ por vía aérea 航空便で発送する. ❸ 交付, 発行. ❹〔ローマ教皇庁の〕教書, 書簡. ❺〈まれ〉迅速さ, 手早さ

expedicionario, ria [ε(k)speðiθjonárjo, rja] 厖 遠征の, 探検の: cuerpo ~ 遠征隊; 派遣軍
── 图 遠征隊員, 探検隊員

expedicionero [ε(k)speðiθjonéro] 男〔ローマ教皇庁の〕書簡係

expedidor, ra [ε(k)speðiðór, ra] 厖 图《文語》発送の, 発信する; 発送人, 差出人

expediental [ε(k)speðjentál] 厖 一件書類の

expedientar [ε(k)speðjentár] 他 ❶ 懲戒処分にする. ❷ 行政審判を行なう

expediente [ε(k)speðjénte]《←ラテン語 expediens, -entis < expedire「解きほぐす, 流出させる」》男〔集合〕〔主に行政・司法での〕一件書類, 関係文書, 調書; Ve a buscar el ~ de expropiación forzosa. 強制収用関係の書類を捜してきて下さい.《法律》行政審判〔=~ administrativo〕: formar ~ a+人 …に対して行政審判を行なう. ❷ 成績; 履歴, 経歴: ~ académico 学業成績; 学歴. ~ profesional 勤務成績, 勤務歴. ❸ 一時しのぎ, 窮余の策: Le abrieron un ~ en la empresa. 彼は社内だけで処理された. recurrir a un ~ 便法をとる. ❹〔集合〕手続き, 処理. ❺〔問題を処理する〕迅速さ, 手際よさ: hombre de ~ てきぱきした男. No tiene ~. 彼は無能だ. ❼〔司法の介入しない〕示談. ❽ 懲戒処分. ❾《西》~ de crisis〔法律上解雇に先立って行なうべき〕経営困難の表明. ~ de regulación de empleo 雇用調整計画

cubrir el ~〔必要最小限の〕義理を果たす, お茶をにごす
instruir ~ a+人《法律》…を予審に付する, 訴訟手続きを取る

expedienteo [ε(k)speðjentéo] 男《廃語》繁文縟礼(はんぶんじょくれい), 形式的な審査, 官僚的な煩雑な手続き; 行政審判手続き

expedir [ε(k)speðír]《←ラテン語 expedire < ex-(否定)+pes, pedis「足」=「ぎこちなさを取り除く」》㉟ 他 ❶《文語》発送する, 送る: El paquete ha sido expedido por correo a Burgos. 小包はブルゴスに郵送された. ❷〔証明書などを〕交付する, 発行する;〔判決などを〕宣告する: La empresa expidió el recibo correspondiente a la compra. 会社は買った品物に相当する額の領収書を発行した. ~ a+人 un pasaporte …にパスポートを交付する. ~ a+人 el título de doctor …に博士号を与える. ~ el decreto 政令を布告する
── ~**se**《チリ, アルゼンチン, ウルグアイ》どうにかやっていく, うまくやる.《ラプラタ》意思表示する, 意見を言う

expeditamente [ε(k)speðitaménte] 副 迅速に, すばやく, てきぱきと

expeditar [ε(k)speðitár] 他〔事件などを〕すみやかに処理する, 手早く片付ける

expeditivo, va [ε(k)speðitíβo, βa] 厖 速くて能率的な, 迅速な, てきぱきした: medidas ~vas para evitar la quiebra 手っとり早く破産を防ぐ手段. empleado muy ~ 非常にきびきびした従業員

expedito, ta [ε(k)speðíto, ta]《←ラテン語 expeditus「自由な, 足かせのない」》厖 ❶《文語》[estar+. 主に道に]自由に通行できる, 通行にさしつかえない: La vía se quedó ~ta.〔交通規制が解除されて〕通行できるようになった. ❷《文語》〔人が〕迅速な, 機敏な: secretaria ~ta てきぱきした秘書. ❸《中南米》容易な
── 副 障害なく: hablar ~ すらすら話す

expelente [ε(k)spelénte] 厖 放出する, 吹き出す, 吐き出す

expeler [ε(k)spelér]《←ラテン語 expellere < ex-(外)+pellere「投げる」》他《文語》〔激しく〕排出する, 噴出する: Expele sudor por todo el cuerpo. 彼の全身から汗が吹き出ている. ~ el humo 煙を吐く

expendedor, ra [ε(k)spendeðór, ra]《文語》❶ 小売りの, 販売する: máquina ~ra de tabaco たばこの自動販売機. ❷ 費消する, 使い果たす
── 图 売り子: ~ de lotería 宝くじ売り. ~ de moneda falsa 偽金使い
── 男《文語》自動販売機〔=~ automático〕

expendeduría [ε(k)spendeðuría] 囡《西. 文語》〔たばこなどの〕販売店; 切符売り場

expender [ε(k)spendér]《←ラテン語 expendere「費やす」》他《文語》❶ 小売りする: ~ billetes 切符を発売する. ❷《西》偽金を使う. ❸ 費消する, 使い果たす〔=gastar〕

expendición [ε(k)spendiθjón] 囡 小売り, 販売

expendio [ε(k)spéndjo] 男 ❶〈まれ〉費消. ❷《メキシコ, コロンビア, アルゼンチン, ウルグアイ》販売店

expensar [ε(k)spensár] 他《メキシコ, チリ》…の費用を払う, 経費を負担する《特に訴訟費用》

expensas [ε(k)spénsas]《←ラテン語 expensus < expendere「費やす」》囡〈複〉❶《法律》訴訟費用. ❷《アルゼンチン》共益費
a ~ de... …の費用で, 負担で: Fui a la universidad a ~ de mi tío. 私は叔父に大学へ行かせてもらった. No podemos vivir solo a mis ~. 私の稼ぎだけでは私たちは生活できない

experiencia [ε(k)sperjénθja]《←ラテン語 experientia < experiri「試す, 経験する」》囡 ❶ 経験, 体験: Tiene mucha (una gran) ~ como actriz. 彼女は女優としての経験が長い. Es una buena ~ para él. それは彼にはよい経験だ. Lo sé por ~. 私はそれを経験で知っている. acumular ~s 経験を積む. falta de ~ en un trabajo 仕事における経験不足. ~ cercana a la muerte 臨死体験. ~s infantiles 幼児体験. ~ personal 個人的体験. ❷ 実験, 実地試験, 試み〔=experimento〕: hacer la ~ de... …を試す, 試験してみる, 実験する. ❸ 性的経験: primera ~ 初体験

tener ~ de (en)... …の経験がある: Tengo ~ en ventas de artículos de todo tipo. 私は色々なものの販売経験がある. Ella no tenía ~ alguna en esos quehaceres. 彼女はそのような仕事に全く経験がなかった. No tengo ~ de la guerra. 私は戦争体験がない

experiencial [ε(k)sperjenθjál] 厖〔各人の〕経験の, 体験の, 経験(体験)による: aprendizaje ~ 体験的学習. conocimien-

to ～ 体験的知識
experienciar [ɛ〔k〕sperjenθjár] [10] [他] 経験する〖=exmerimentar〗
experimentable [ɛ〔k〕sperimentáble] [形] 経験(実験)され得る
experimentación [ɛ〔k〕sperimentaθjɔ́n] [女] 実験〖行為, 方法〗; 実験法: realizar una ～ 実験を行なう. etapa (fase) de ～ 実験段階. período de ～ 実験期間. ～ clínica 臨床試験. ～ humana 人体実験. ～ con animales/～ animal/～ con seres vivos 動物実験
experimentado, da [ɛ〔k〕sperimentáđo, đa] [形] [名詞+/+名詞. +en に] 経験を積んだ, 熟達した: Son hombres ～*s* y algo han notado. 彼らは経験豊かな人だから何か気づいている. actor ～ ベテラン俳優. guía ～ 経験豊富なガイド
experimentador, ra [ɛ〔k〕sperimentađɔ́r, ra] [形] [名] 実験する; 実験者
experimental [ɛ〔k〕sperimentál] 〖←experimento〗 [形] 実験に基づく, 実験的な, 試験的な: Este producto aún está en fase ～. この製品はまだ試用段階にある. analizar datos ～*es* 実験データを分析する. de manera ～ 実験的に, 試験的に. ciencia ～ 実験科学. novela ～ 実験小説. obra ～ 実験的な作品. vuelo ～ 試験飛行
experimentalismo [ɛ〔k〕sperimentalísmo] [男] 実験主義
experimentalista [ɛ〔k〕sperimentalísta] [形] [名] 実験主義の(主義者)
experimentalmente [ɛ〔k〕sperimentálménte] [副] ❶ 実験的に, 試験的に. ❷ 経験から, 経験的に
experimentar [ɛ〔k〕sperimentár] 〖←experimento〗 [他] ❶ 実験する, 試す, 試行する〖=probar〗: Ella *experimentó* diversos modos de andar. 彼女は色々な歩き方をしてみた. ～ un fármaco 薬剤を試す. ❷ 体験する, 経験する, 身をもって知る; [感情などを] 感じる: Sin comprender por qué, *experimenté* una extraña tristeza. なぜか分からないが私は奇妙な寂しさを覚えた. Fue una excitación jamás *experimentada*. それはそれまで感じたことのない興奮だった. ～ el gozo de libertad 自由の喜びを身をもって知る. ～ la fatiga 疲労を感じる. ～ una gran satisfacción 大満足を感じる. ❸ [損害・変化などを] 受ける: Las ventas *experimentaron* una regresión en el invierno pasado. この冬は売り上げが落ちた. El precio de la gasolina *experimentará* una subida. ガソリン価格が上昇するだろう. ～ cambios 変化する, 変更を受ける. ～ una derrota 敗北を喫する
—— [自] [+con で] 実験する, 試す
experimento [ɛ〔k〕speriménto] 〖←ラテン語 experimentum < experiri「試す, 経験する」〗 [男] ❶ 実験〖[類義] **experimento** は研究用の実験, **prueba** は性能テスト〗: Mendel hizo importantes ～*s* genéticos con guisantes. メンデルはエンドウマメを使って重要な遺伝学の実験を行なった. Se realizó ～ tras ～, y todos dieron el mismo resultado. 実験が重ねられたが, すべて同じ結果が出た. material de ～ 実験材料. ～ de química 化学実験. ❷ 試験, 試み: Fue un ～. それは一つの実験だった
expertamente [ɛ〔k〕spértaménte] [副] 巧みに, 手慣れて, 手際よく
expertización [ɛ〔k〕spértiθaθjɔ́n] [女] 専門家による調査, 鑑定
expertizaje [ɛ〔k〕spértiθáxe] [男] =**expertización**
expertizar [ɛ〔k〕spértiθár] [9] [他] [専門家が] 調査する, 鑑定する
experto, ta [ɛ〔k〕spérto, ta] 〖←ラテン語 expertus < experiri「試す, 経験する」〗 [形] ❶ [ser+. +en に] 精通した, 熟達した: abogado ～ *en* separaciones matrimoniales 離婚問題専門の弁護士. ❷ 熟達した, 老練な: Es un ～ peluquero. 彼はベテランの美容師だ. ❸《情報》sistema ～ エキスパートシステム
—— [名] ❶ 専門家: Esta hipótesis está avalada en opiniones de ～*s*. この仮説は専門家の意見に裏付けられている. acudir a un ～ en derecho 法律の専門家に相談に行く. consultar a un ～ *en* la materia その道の専門家に意見を聞く. ❷ 熟練者, エキスパート; 鑑定人: ～ en antigüedades 古美術鑑定家
expiable [ɛ〔k〕spjáble] [形] [罪・過失などが] 償われ得る, あがなわれ得る, 浄められ得る
expiación [ɛ〔k〕spjaθjɔ́n] 〖←ラテン語 expiatio, -onis〗 [女] 罪の償い, 罪滅ぼし, 贖罪(しょくざい): Día de la *E*～《ユダヤ教》贖罪の日
expiador, ra [ɛ〔k〕spjađɔ́r, ra] [形] [名] 罪を償う〔人〕
expiar [ɛ〔k〕spjár] 〖←ラテン語 expiare「信仰を取り戻す」< ex- (強調)+pius「信心深い」〗 [11] [他] ❶ [罪を] 償う, あがなう: 1) [ざんげなどによって] ～ sus pecados 贖罪する. 2) [刑に服して] Aquí *expían* su delito los criminales políticos. ここでは政治犯が服役している. ❷ [汚されたものを] 清める. ❸ [悪事の] 報いを受ける: Ahora *expía* sus pecados de juventud. 彼は若いころの報いを今受けている
expiativo, va [ɛ〔k〕spjatíbo, ba] [形] 贖罪のための
expiatorio, ria [ɛ〔k〕spjatórjo, rja] 〖←ラテン語 expiatorius〗 [形] 贖罪の, 罪滅ぼしの: víctima ～*ria* 贖罪のいけにえ
expilar [ɛ〔k〕spilár] [他] 奪う, 盗む
expillo [ɛ〔k〕spíʎo] [男]《植物》シカギク〖=matricaria〗
expiración [ɛ〔k〕spiraθjɔ́n] 〖←ラテン語 expiratio, -onis〗 [女] 期限切れ, 満期〖=～ del plazo〗
expirar [ɛ〔k〕spirár] 〖←ラテン語 exspirare「発散する」〗 [自] ❶《婉曲》息を引き取る, 死ぬ: Pasó a ocupar el trono cuando su padre *expiró*. 彼は父親が死ぬと王位についた. ❷《法律》[期限が] 切れる: El plazo de presentar recurso *expira* dentro de poco. 控訴期限がまもなく切れる
explanación [ɛ〔k〕splanaθjɔ́n] [女] ❶ 地ならし. ❷ 説明, 解説
explanada [ɛ〔k〕splanáđa] 〖←伊語 splanata〗 [女] ❶ 平地, 平坦地. ❷《軍事》砲架用舗装地. ❸《築城》銃眼周辺の足場; 城塞前の斜堤
explanador, ra [ɛ〔k〕splanađɔ́r, ra] [形] 平らにする; 地ならしする
—— [女]《土木》モーターグレーダ, 地ならし機
explanar [ɛ〔k〕splanár] 〖←ラテン語 explanare〗 [他] ❶ 平らにする; 地ならしする: ～ el monte 山を崩す. ❷《文語》[平易に] 説明する: ～ un proyecto 計画を説明する
explantar [ɛ〔k〕splantár] [他]《医学》外植する, 外移植する
explayado, da [ɛ〔k〕splajáđo, đa] [形] →**águila** explayada
explayar [ɛ〔k〕splajár] 〖←ラテン語 ex-+playa (波が引いて浜辺が急に広がる)〗 [他]《まれ》広げる: ～ la mirada 遠くを見る, 視野を広げる
—— **～se** ❶ [話題が過度に] 広がる. ❷ 展開する, 広がる: El horizonte *se explayaba* ante mi mirada. 私の前に地平線が広がっていた. ❸ 長話をする: *Se explayaba* en numerosos detalles. 彼は細々とした話を延々とした. ❹ 気が晴れる: Su mente *se explayó* al mirar el mar. 海を見ると彼の心は晴れ晴れとした. Se fue de pesca con sus amigos para ～*se*. 彼は気晴らしに友人たちと釣りに出かけた. ❺ [+con に] 心を開く, 心中を打ち明ける: *Me explayé con* él hablando de la situación. 私は状況について彼とうち解けた話をした
expletivo, va [ɛ〔k〕spletíbo, ba] [形]《文法》虚辞の, 冗語の: palabra ～*va* 助辞, 虚辞〖pues, y así, es que, mira, ¿verdad? など〗
explicable [ɛ〔k〕splikáble] [形] ❶ 説明され得る, 説明のつく; 弁明できる: Esto es ～, pero no tiene demasiado interés. これは説明がつくが, 大して興味のあることではない. El accidente es difícilmente ～. その事故はどうも納得がいかない. ❷ もっともな: Su dimisión es perfectamente ～. 彼の辞任はしごくもっともなことだ
explicación [ɛ〔k〕splikaθjɔ́n] 〖←ラテン語 explicatio, -onis〗 [女] ❶ 説明, 解説: Empezó a dar *explicaciones* sobre cómo ha sido el accidente. 彼は事故がどんな様子だったのか説明し始めた. No tiene ～ posible que el Presidente del gobierno esté desaparecido en estas circunstancias. この状況で首相がいなくなるなんて訳が分からない. No hay otra ～. それ以外に説明がつかない. ofrecer una ～ lógica 筋の通った説明をする. sin ～ alguna 何の説明もなしに. ❷ [主に [複]] 釈明, 言い訳: ¿Qué *explicaciones* le vas a dar por tu comportamiento de ayer? 昨日のふるまいについて君は彼にどう釈明するつもりだ? pedir una ～ 釈明を求める. requerir ～ 釈明を要求する. ❸ 講義, 授業. ❹《哲学》[自然科学の対象に対する] 説明〖⇔comprensión〗
explicaderas [ɛ〔k〕splikađéras] [女] [複]《西. 口語》[各人各様の] 説明の仕方; 言い訳: tener buenas ～ 説明の仕方がうまい; 言い逃れが巧みである
explicador, ra [ɛ〔k〕splikađɔ́r, ra] [形] [名] 説明する, 解説する; 解説者
explicar [ɛ〔k〕splikár] 〖←ラテン語 explicare < ex- (否定)+plicare「折り畳む」〗 [7] [他] ❶ 説明する, 解説する: 1) Voy a intentar de *explicárselo* clarísimamente. きわめて明瞭に彼にそれを説明するよう努めましょう. ¿Puedes *explicárnoslo* de modo que

lo entendamos? 私たちに分かるようにそれを説明してくれないか. Les *explicaré* lo que ha sucedido. 何が起こったか説明しましょう. ~ el sentido de una palabra 単語の意味を説明する. ~ su plan 計画を述べる. 2) [+que+直説法 であると] Los militares *han explicado que* aquella noche nadie vio nada. 軍人たちはその夜、誰も何も見なかったと説明した. ❷ 釈明する, 弁明する: ~ su presencia en el lugar del crimen 犯行現場にいた訳を説明する. ❸ [意図などを] 知らせる, 打ち明ける: Le *explicó* por le queria. 彼は愛していると打ち明けた. ❹ 教える, 手ほどきする; 講義する: ~ cómo tener éxito 成功の秘訣を教える. ~ cómo tomar las riendas 手綱の握り方を手ほどきする. ~ historia universal en una universidad 大学で世界史を教える. ❺ 明らかにする, 解明する: Eso *explica* muchas cosas. それによって多くの事柄が解明される

── ~se ❶ [自分の考えなどを] 相手に理解させる, 分かってもらう: Trató de ~*se* en su inglés básico. 彼は初歩的な英語で自分の考えを理解してもらおうと試みた. Estoy muy confuso y no consigo ~*me*. 私は困惑してうまく説明できない. ❷ 理解する, 納得がいく: Después de leer esta carta, quizá *te expliques* muchas cosas. この手紙を読めば、君にはたぶん色々なことが納得できるだろう. La grandeza de la catedral *se explica* por le tesoro que guarda en su interior. その大聖堂の壮麗さは内部にどんな宝物が収められているのを知ると納得がいく. Nadie *se explica* todavía qué le ha ocurrido a Juan. フアンに何事が起きたのかまだ誰も分かっていない. Ya *me explico*. それで分かった. No *me lo explico*. [不当などで] どう考えても納得できないよ. ❸ 説明される, 説明がつく: Sigue sin ~*se* la dimisión del presidente. 大統領の辞任はまだ説明されないままがある. Así *se explica* que+接続法 …ということはそれで説明がつく. ❹ 《口語》 [費用として] 支払う. ❺ 釈明する, 弁明する

¿Me explico? [私の言っていることが] 分かりますか?: No sé si *me explico*.—Se explica perfectamente. 私の言いたいことが分かるだろうか.─十分理解できます

explicativo, va [ε(k)splikatíβo, ba] 《←explicar》形 ❶ 説明する, 説明的な, 説明用の: folleto ~ 説明パンフレット. nota ~*va* 説明書, 注意書き. texto ~ 説明文. ❷ 《文法》oración relativa ~*va* 説明的関係節

explicatorio, ria [ε(k)splikatórjo, rja] 形 =**explicativo**

éxplicit [έ(k)kliθit] 男 エクスプリキット, 完, 終《中世の写本・初期刊本などで巻末・章末に記された言葉. ⇔íncipit》

explicitación [ε(k)spliθitaθjón] 女 明示, 明記

explícitamente [ε(k)splíθitamente] 副 明白に, 明瞭に

explicitar [ε(k)spliθitár] 他《文語》明確(明瞭)にする, 明文化する, 明示する

explícito, ta [ε(k)splíθito, ta] 《←ラテン語 explicitus < explicare》形 ❶ 明確に述べられた, はっきりした 《⇔implícito》: No fue muy ~ al decirme eso, por lo tanto no pude captar bien la onda. 彼が私にそのことを言った時はっきりした言い方でなかったので, 私にどうも気がつかなかった. Esto no está ~ en el contrato. これは契約書に明記されていない. declaración ~*ta* はっきりした言明. ❷ 《数学》función ~*ta* 陽関数

explicitud [ε(k)spliθitúð] 女 明白性, 明瞭性

explicotear [ε(k)splikoteár] 《←ラテン語 explicar》他 《西》 ❶ 《軽蔑》おおざっぱに(ざっと)説明する. ❷ 《親愛》はっきりと説明する

── ~se 《西》 ❶ あからさまに表現する. ❷ あれこれ説明をする: El niño *se explicoteó* muy bien para su edad. その子は年の割にははっきりと説明した

explicoteo [ε(k)splikotéo] 男 《西》あれこれ説明すること; たどたどしい(せっかちな)説明

explorable [ε(k)sploráβle] 形 探査可能な, 検査可能な

exploración [ε(k)sploraθjón] 《←ラテン語 exploratio, -onis》女 ❶ 探検, 踏査; [資源などの] 探査; [学問的に] 探究: ~ de cuevas 洞窟探検. ~ submarina 海底探査. ~ petrolífera 油田のボーリング探査. ❷《医学》[精密]検査. ❸《光学》走査, スキャン: línea de ~ 走査線. ❹《軍事》偵察, 斥候

explorador, ra [ε(k)sploraðór, ra] 《←ラテン語 explorator, -oris》形 探険の, 探査の. ❷ 走査する: haz ~ [レーダーなどの] 走査光線. ❸ 偵察の: avión ~ 偵察機

── 名 ❶ 探検家; 探究者. ❷ 《古語的》 ボーイ(ガール)スカウト 《団員》; 偵察兵, 斥候

── 男 ❶《医学》ゾンデ, 消息子. ❷《光学》走査板

explorar [ε(k)splorár]《←ラテン語 explorare》他 ❶ 探検する, 踏査する: ~ las selvas ジャングルを探険する. ❷ [資源などを] 調査する, 探査する: ~ las minas [鉱床を] 試掘する. ~ la situación económica 経済状態を調べる. ❸《医学》精密検査する, 診察する: ~ el estómago con gastroscopio 胃カメラで調べる. ❹《光学》走査する. ❺《軍事》偵察する

explorativo, va [ε(k)sploratíβo, ba] 形 探険の; 探査の

exploratorio, ria [ε(k)sploratórjo, rja] 形 調査の, 探りの: análisis ~ de datos 探索的データ解析. conversaciones ~*rias* 問診. excavación ~*ria* 試掘

── 男《医学》ゾンデ; ゾンデによる検査

explosar [ε(k)splosár] 自他《チリ》=**explosionar**

explosímetro [ε(k)splosímetro] 男 爆発力計

explosión [ε(k)splosjón]《←ラテン語 explosio, -onis》女 ❶ 爆発, 炸裂, 破裂: La caldera hizo ~. ボイラーが破裂した. ~ atómica (nuclear) 核爆発. teoría de la Gran E~ ビッグバン理論. ❷ 爆発音: ~ sónica 《航空》ソニックブーム, 衝撃波音. ❸ 突然の現われ, 突発; [感情の] 激発: ~ de violencia 暴力行為の突発. ~ de cólera 怒りの爆発. ~ de risa 爆笑. ❹ 急増, 激増: ~ de natalidad ベビーブーム. ~ demográfica 人口の爆発的な増加. ❺《音声》[閉鎖音の] 破裂, 外破

explosionar [ε(k)splosjonár] 他《軍事, 鉱山》爆発させる, 破裂させる

── 自 爆発する, 破裂する

explosividad [ε(k)splosiβiðáð] 女 爆発性

explosivo, va [ε(k)splosíβo, ba]《←explosión》形 ❶ 爆発[性]の: materiales ~s 爆発物. onda ~*va* 衝撃波, 爆風. ❷ 爆発的な: fuerza ~*va* 瞬発力 《⇔fuerza resistente》. ❸ [話題などが] 議論を呼ぶ, あっと言わせる: La revista semanal pública ~*vas* revelaciones sobre la vida privada de una actriz. 週刊誌はある女優の私生活について衝撃的な暴露記事を載せている. declaración ~*va* 爆弾宣言. ❹《音声》破裂音の; 外破音の

── 男 爆薬, 火薬, 爆発物

──《音声》内破音; 外破音《閉鎖を伴わむの解放が行なわれる閉鎖音. 例 acto el t. ⇔implosivo》. ❷ 音節核の母音の前《音節の頭にある子音《例 pata の p》

explosor [ε(k)splosór] 男 発破装置

explotabilidad [ε(k)splotaβiliðáð] 女 開発可能性, 採算性

explotable [ε(k)splotáβle] 形 開発可能な, 採算がとれる

explotación [ε(k)splotaθjón] 女 ❶ 開発, 開拓; 採掘; 集合 その設備. ~ de los recursos naturales 天然資源の開発. ~ agrícola 農業開拓[地]. ~ petrolífera 石油採掘[場]. ~ documental [諜報活動の] 文書開拓. ❷ 営業, 経営: coste de ~ 営業費用 《=売上原価+販売費+一般管理費》; 営業費 《=販売費+一般管理費》. ingreso (beneficio・producto) de ~ 営業収益. ingresos (productos) ajenos a la ~ 営業外収益. ~ familiar 家族経営. ❸ 搾取: ~ de los obreros 労働者に対する搾取. Ella vive de la ~ de su cuerpo. 彼女は自分の体を売って生活している. ❹ 利用, 活用; 悪用: ~ de una patente 特許の活用. ~ mutua de derechos de patentes クロス・ライセンシング《特許権者など地位を保持しながら特許実施権を与え合う》

explotador, ra [ε(k)splotaðór, ra] 形 名 ❶ 搾取する[人]: clase social ~*ra* 搾取階級. ❷ 経営する; 経営者. ❸ 開発(開拓・採掘)する; 開拓者

explotar [ε(k)splotár] 《←仏語 exploiter「利益を得る」 < exploit「利点, 利益」 < ラテン語 explicitum 「広げられたもの」》自 ❶ 爆発する: Una bomba de relojería *explotó* en la calle. 通りで時限爆弾が破裂した. Ha *explotado* la rueda. タイヤがパンクした. ❷ [突然] 怒り出す

── 他 ❶ 開拓する, 開発する: Aunque yo *explotaba* las fincas seguía viviendo en Madrid. 私は地所を開発していたが, それでもマドリードに住み続けた. ~ los bosques 森林を開発する. ❷ 採掘する: ~ carbón 石炭を採掘する. ❸ 経営する, 営業する: ~ un hotel ホテルを経営する. ❹ 搾取する, 食い物にする: El jefe *explota* a los trabajadores. ボスが労働者たちを搾取している. clase social *explotada* 被搾取階級. ❺ 利用する, 活用する; 悪用する: ~ las debilidades de+人 …の弱みにつけ込む

exployado, da [ε(k)splojáðo, ða] 形 《紋章》águila ~*da* 翼を広げた双頭の鷲

expo [έ(k)spo] 〘exposición の省略語〙 [女] 博覧会, 万国博
expoliación [ε(k)spoljaθjɔ́n] 〘←ラテン語 exspoliatio, -onis〙 [女] 略奪, 強奪
expoliador, ra [ε(k)spoljađɔ́r, ra] [形] [名] 略奪する, 略奪を助長する; 略奪者
expoliar [ε(k)spoljár] 〘←ラテン語 exspoliare〙 ⑩ [他] 《文語》略奪する, 強奪する: 1) […から, +de を] Las tropas *expoliaron* a los habitantes *de* cuanto de valor poseían. 軍隊は住民から金目のものを略奪した. 2) […を, +a+人 から] Le *expoliaron* sus terrenos. 彼は土地を奪われた
expolición [ε(k)spoliθjɔ́n] [女] 《修辞》[異なった表現による同一概念の] 異形反復
expolio [ε(k)spóljo] 〘←ラテン語 exspolium〙 [男] ❶ 《文語》1) 略奪, 強奪. 2) 略奪品, 分捕り品: ～*s* de la guerra 戦利品. ❷ 《西. 口語》[armar・montar・formar・organizar などと] けんか, 口論, 騒ぎ: Me montó un ～ por no haberle llamado. 私が彼を呼ばなかったので一悶着あった. ❸ 《歴史》[死後に教会のものとなる] 聖職者の財産 〘=espolio〙
exponencial [ε(k)sponenθjál] [形] ❶ 《数学》指数の: función ～ 指数関数. ❷ 指数関数的な: aumento ～ 指数関数的な増加, 爆発的増加
exponencialmente [ε(k)sponenθjálménte] [副] 指数関数的に, 急激に
exponente [ε(k)sponénte] 〘←exponer〙 [形] [名] ❶ 表明する〔人〕: manifestación ～ del descontento con la reforma 改革に対する不満を表明するデモ. ❷ [典型として] 代表する〔人〕: Es uno de los máximos ～*s* de la fotografía de vanguardia. 彼は前衛写真家を最も代表する一人である
—— [男] ❶ 代表するもの, 典型的な例: El bar es el ～ de una sociedad abierta. バルは開かれた社会を代表する. El tabaco cubano es ～ de calidad. キューバのたばこは最高の品質である. ❷ 《数学》冪(べき)指数, 指数. ❸ 《言語》具現形. ❹ [判断の] 根拠, 証明
exponer [ε(k)sponér] 〘←ラテン語 exponere < ex-(外)+ponere「置く」〙 ⑥⓪ 〘[過分] exp*uesto*〙 [他] ❶ 展示する, 陳列する: El Museu Picasso *expone* 250 grabados del pintor. ピカソ美術館は彼の版画250点を展示している. Esa estatua no está *expuesta* porque la están restaurando. その彫像は修復中で, 展示されていない. ～ la cristalería en la vitrina ショーウインドーにガラス器を陳列する. objetos *expuestos* en el museo 美術館の展示品. ❷ [+a・ante 光などに] さらす, 当てる: ～ su cuerpo *a*l sol (*a* la vista de la gente) 日光浴する(体を人目にさらす). lugar *expuesto a*l viento 吹きさらしの場所. ❸ 危険にさらす: ～ su vida 命を危険にさらす. ～ su reputación 評判を落とす危険を冒す. ❹ 解説する, 説明する, 明らかにする; 開陳する, 表明する: Ella me *expone* detalladamente su plan. 彼女は自分の計画を詳しく私に説明する. *Exponía* sus ideas y propósitos con la mayor sencillez. 彼は自分の考えと意図をごく平易に説明した. Yo *expuse* mi punto de vista. 私は自分の見解を表明した. ～ su opinión sobre... …についての意見を出す. ～ su posición 自分の立場を明らかにする. ～ sus razones 言い分を述べる. ideas *expuestas* por el ministro 大臣の表明した考え. ❺ [講演会などで] あいさつする, 話す. ❻ 《カトリック》[信者に聖体を] 顕示する. ❼ [乳児を教会の前などに] 遺棄する, 捨てる: ～ un niño en la calle 通りに捨て子をする. ❽ [秘密を] 暴露する, 暴く. ❾ 《写真》露光する, 露出する
—— [自] ❶ [画家などが] 出品する, 個展を開く: Esta es la sala donde el Dalí adolescente *expuso* por primera vez. ここは青年ダリが初めて個展を開いたホールだ. Hace mucho que este pintor no *expone*. この画家は長い間出展していない. ❷ 《カトリック》聖体を顕示する
—— **～se** ❶ 身をさらす, 浴びる: *Se expuso* demasiado *a*l sol. 彼は日光浴をしすぎた. *Se expuso a*l viento. 彼は吹きさらしにいる. Estuvo muchas horas *expuesta a* la radiactividad. 彼は長時間放射能を浴びた. ❷ [+a の] 危険を冒す: 1) Deberías tener más precaución; *te expones a* bastantes riesgos. 君はかなりの危険に身をさらしているから, もっと用心した方がいい. *Me expongo a* un fracaso. 失敗は覚悟の上だ. ～*se a* malas interpretaciones 誤解にさらされる. ～*se a* las críticas del público 読者の批判を受ける. 2) [+a que+接続法] Pensó que estaba *expuesto a que* le dijeran que no. 彼は断わられるおそれがあると考えた. ❸ 表明される; 明らかにされる. ❹ 展示される, 陳列される: Su espléndida colección *se exponía* en la National Gallery de Londres. 彼のすばらしいコレクションはロンドンのナショナル・ギャラリーで展示されていた
exportable [ε(k)spɔrtáƀle] [形] 輸出され得る, 輸出向きの
exportación [ε(k)spɔrtaθjɔ́n] 〘←ラテン語 exportatio, -onis〙 [女] ❶ 輸出 〘⇔importación〙: ～ de automóviles a Europa ヨーロッパへの自動車輸出. ～ de tecnología 技術輸出. ❷ [複] 輸出品; 輸出量: Han aumentado las *exportaciones* a Latinoamérica. 中南米への輸出が増えた. exceso de las *exportaciones* sobre las importaciones 輸出超過
exportador, ra [ε(k)spɔrtađɔ́r, ra] [形] 輸出の: compañía ～*ra* de perlas 真珠輸出会社. países ～*es* (no ～*es*) de petróleo 石油輸出国(非産油国)
—— [名] 輸出業者
exportar [ε(k)spɔrtár] 〘←ラテン語 exportare「利益を得る」< ex-(外)+portare「運ぶ」〙 [他] ❶ 輸出する 〘⇔importar〙: España exporta productos hortales a Europa. スペインは野菜をヨーロッパに輸出する. ～ las nuevas ideas 新思想を国外に広める. ❷ 《情報》エクスポートする 〘他のソフトへのデータ転送〙
exposición [ε(k)sposiθjɔ́n] 〘←ラテン語 expositio, -onis < exponere〙 [女] ❶ 展覧会, 展示会: Pintó un cuadro para la ～. 彼は展覧会に出すために絵を描いた. estar en ～ 展示中である. hacer una ～ 個展を開く. ir a una ～ de fotografía 写真展を見に行く. ～ de El Greco エル・グレコ展. ～ de pintura 絵画展. ～ industrial 産業博覧会. *E*～ Internacional de Muestras 国際見本市. *E*～ Universal 万国博覧会. ～ y ventas 展示即売会. ❷ 展示, 陳列; [集名] 展示品: sala (salón) de *exposiciones*/sala (salón) de ～ 展示室, 展示会場. ❸ [光などに] 当てること, さらすこと: Se recomienda evitar la ～ al sol. 日光に当たらないようにするのが望ましい. ～ de la herida al aire 傷口を空気にさらすこと. ～ a los rayos X 《医学》放射線被曝. ❹ 《写真》露出; 露出時間 〘=tiempo de ～〙. ❺ 危険〔に身をさらすこと〕: Hay ～ en asomarse a la ventanilla. 窓から顔を出すと危ない. ❻ 論述; 解説, 説明: hacer una ～ detallada de un proyecto 計画について詳しく説明する. ❼ [講演会などでの] あいさつ, 講演; 講義. ❽ 《演劇》導入部. ❾ 《音楽》[主題の] 提示部. ❿ 《カトリック》聖体の顕示 〘=～ del Santísimo〙. ⓫ [乳児の] 遺棄, 捨て子
***de* ～** すごい, すばらしい
exposímetro [ε(k)sposímetro] [男] 《写真》露出計
expositivo, va [ε(k)spositíƀo, ƀa] [形] ❶ 説明的な, 解説風の: en lenguaje ～ 説明調で. ❷ 展示の, 展示用の: vitrina ～*va* 陳列ケース
expósito, ta [ε(k)spósito, ta] 〘←ラテン語 expositus < exponere〙 [形] [名] [施設に収容された] 捨て子〔の〕 〘=niño ～〙: casa de ～*s* 児童養護施設, 孤児院
expositor, ra [ε(k)spositɔ́r, ra] 〘←ラテン語 expositor, -oris〙 [形] 展示する
—— [名] ❶ [展示会などの] 出品者, 展示者: Hemos crecido en número de público y de ～*es*. 観客数も出品者数も増加した. ❷ [聖書・法律書などの] 説明者, 解説者. ❸ 《口語》講演者, 発表者: En la reunión participarán 60 ～*es* del país y del extranjero. 内外の60名の発表者が会議に参加する予定だ. ❹ 《コロンビア》講演者, 講師
—— [男] [回転式の] 陳列棚, 展示台
ex post [εks pɔ́st] 〘←ラテン語〙 [形] [期末に実現された] 事後的な 〘⇔ex ante〙
expremijo [ε(k)spremíxo] [男] チーズを置いて熟成させる台 〘乳漿の流れる溝が切られている〙
exprés [ε(k)sprés] 〘←英語 express〙 [形] 〘単複同形〙 enviar un paquete por correo ～ 速達で小包を送る
—— [男] ❶ エスプレッソコーヒー 〘=café ～〙. ❷ 急行列車 〘=tren ～〙. ❸ 《表示》速達
expresable [ε(k)spresáƀle] [形] 表現され得る
expresamente [ε(k)sprésaménte] [副] ❶ 明らかに, 明確に, はっきりと: salvo los casos ～ determinados por la ley 法律で明示的に定められた場合を除いて. ❷ わざわざ; 故意に, わざと: Lo compré ～ para ti en una famosa bodega de Madrid. 私はわざわざ君のためにマドリードの有名な酒店でそれを買ったんだ. Llegaron ～ desde el vecino país. 彼らはわざわざ隣国からやって来た
expresar [ε(k)spresár] 〘←expreso〙 [他] ❶ [言葉・言語で] 表現する, 言い表わす: Todos *expresan* libremente opiniones y

sentimientos. みんなが自由に意見と気持ちを述べていた. No tengo palabras para ～ lo agradecido que me siento. 私がどれほど感謝しているかを表わす言葉がない. ～ los sentimientos con palabras 感情を言葉で表現する. ～ de palabra 口にする. ～ sus emociones de manera honesta 自分の気持ちを正直に表わす. ❷ [形・外観・記号などで] 表わす, 意味する: Su rostro *expresaba* satisfacción. 彼の顔は満足を表わしていた. ❸ [外に・公に] 示す, 表出する: Nuestras palabras no pueden ～ todo lo que siente nuestro corazón. 私たちの口は心が感じることすべてを表現できるわけではない. ❹ [芸術的に] 表現する, 描く: Los personajes de su obra *expresan* profunda humanidad. 彼の作品の登場人物は深い人間性を表わしている. ❺ [当局などが] 発表する, 明らかにする
—— ～*se* ❶ 自分〔の考え〕を表現する, 思うことを述べる: Yo era demasiado joven y no sabía ～*me*. 私は若すぎて自分の言いたいことを言えなかった. *Exprésese* claramente. はっきり考えを述べなさい. *Me expresé* mal sobre los pobres. 貧しい人たちについて私の言い方は適切でなかった. ～*se* de palabra (por señas) 言葉(身ぶり)で表現する. forma (manera) de ～*se* 自己表現の仕方. ❷ [数字・データなどが] 示される: El número *se expresa*. 数字は示されていない. como *se expresa* más adelante もっと先で述べるように. ❸ 《医学》発現

expresión [ε(k)spresjón] 《←expresar》囡 ❶ 表現, 表われ《行為, 結果》; しるし: La risa es una ～ de alegría. 笑いは喜びの表現である. Su filosofía es la ～ del espíritu de la época. 彼の哲学は時代精神の表われである. medio de ～ 表現手段. ～ de cariño 愛情表現. ❷ 言い回し, 語句: Perdone la ～. 失礼なことを言ってすみません. buscar la ～ justa ぴったりの表現を捜す. ～ muy corriente 非常にありふれた表現. ❸ 表情, 顔つき, 感情の表出: Su rostro cambió de ～. 彼の顔は表情が変わった. En su ～ había alegría. 彼は喜びの色を浮かべていた. Sus ojos tienen una ～ enojada. 彼の目には怒りの色が表われている. ❹ 《複》よろしく〔との伝言〕: ¡[Dele] Muchas *expresiones* [de mi parte] a su señora! 奥様にくれぐれもよろしくお伝え下さい. ❺ 《数学》式: ～ algebraica 代数式. ～ matemática 数式. ❻ 《言語》表現《言語の形態面. ⇔contenido》. ❼ 《医学》発現: ～ génica 遺伝子発現. ～ periódica 周期的発現
reducir... a la (*su*) *mínima* ～ 1) …を極端に簡素化する, 切り詰める: El decorado queda *reducido a la mínima* ～. 装飾はごく簡素なものになった. 2) 《数学》約する, 約分する
valga la ～ たとえて言えば《=valga la comparación》

expresionismo [ε(k)spresjonísmo] 男 《美術など》表現主義: película del ～ alemán ドイツ表現主義の映画. ～ abstracto 抽象的表現主義

expresionista [ε(k)spresjonísta] 形 名 表現主義の〔芸術家〕, 表現主義派〔の〕: pintura ～ del Van Gogh ヴァン・ゴッホの表現主義絵画. poeta ～ 表現主義派の詩人

expresivamente [ε(k)spresiβáménte] 副 表現豊かに, 情感をこめて, 心から

expresividad [ε(k)spresiβiðá(ð)] 囡 ❶ 表現力(表情)の豊かさ: Su cara perdía toda la ～. 彼女の顔はすっかり表情を失っていた. Toda ～ de su rostro estaba en los ojos. 彼の表現力は目にあった. ❷ 表現性

expresivismo [ε(k)spresiβísmo] 男 表現力

expresivo, va [ε(k)spresíβo, βa] 《←expresar》形 ❶ 表現に富んだ, 意味深長な; 表情豊かな: Sus gestos ～*s* hablan por sí mismo. 彼の表情豊かな仕草が自ら物語っている. echar una ～*va* mirada a+A ～に意味ありげな目つきをする. ❷ 愛情のこもった, 情愛を込めた: Tenía unos ojos muy ～*s* y tiernos. 彼女は非常に愛情のこもった優しい目をしていた. dar las más ～*vas* gracias a+A ～に心から感謝の意を表する. ❸ 特徴的な, 特有の. ❹ 表現の: 1) 可能性の《*vas* 表現能力》. 2) 《言語》function ～*va* 表現機能
—— 男 《まれ》ハーモニューム《=armonio》

expreso, sa [ε(k)spréso, sa] 《←expresar < exprimere "出す"》形 ❶ [言葉によって] はっきりされた, 明示された: por orden ～*sa* 明確な指示により. salvo ～*sa* autorización 明示的な認可がない限り. condición ～*sa* 明記された条件, 明示された(省略されない)主語. ❷ [列車が] 急行の; [配送の]

急送の. ❸ café ～ エスプレッソコーヒー《=exprés》
—— 男 ❶ [主に長距離の] 急行列車《=tren ～》; 急行バス: Tomaré el ～ del mediodía. 正午の急行に乗るつもりです. Sacó billete de no fumadores en el ～ de las siete y media. 彼は7時半の急行の禁煙席の切符を買った. 《主に南米》速達: Lo envió por ～. 彼はそれを速達で送った. tarifa de ～ 速達料金. ❷ 特使. ❸ 《カリブ》長距離バス
—— 副 わざわざ, 故意に《=expresamente》: hacer ～ わざとする

exprimelimones [ε(k)sprimelimónes] 男 《単複同形》レモン絞り器, 果汁絞り器

exprimenaranjas [ε(k)sprimenaránxas] 男 《単複同形》果汁絞り器

exprimidera [ε(k)sprimiðéra] 囡 =**exprimidor**

exprimidero [ε(k)sprimiðéro] 男 =**exprimidor**

exprimidor [ε(k)sprimiðór] 男 [果汁・洗濯物の] 絞り器, 絞り機

exprimir [ε(k)sprimír] 《←ラテン語 exprimere < ex-〔外〕+premere "締めつける"》他 ❶ [を] 絞る: ～ una naranja オレンジを絞る. ❷ [人を] 搾取する: Los obreros somos *exprimidos* por los capitalistas. 我々労働者は資本家に搾取されている. ❸ 徹底的に利用する. ❹ 《廃》陳述する, 表明する

exprofesamente [eksproféesaménte] 副 《文語》=**ex profeso**

ex profeso [eks proféso] 《ラテン語》副 わざと, 故意に, 意図的に

expropiable [ε(k)spropjáβle] 形 収用可能な

expropiación [ε(k)spropjaθjón] 囡 ❶ 収用, 接収: ～ forzosa 強制収用. ❷ [主に複] 収用(接収)されたもの

expropiador, ra [ε(k)spropjaðór, ra] 形 収用する, 徴発する; 収用者, 徴発者

expropiante [ε(k)spropjánte] 形 名 =**expropiador**

expropiar [ε(k)spropjár] 《←ex-+propio》10 他 [公共の目的で, +a から] 収用する, 接収する, 徴発する; 収奪する: El Gobierno *expropió* el terreno *a* su propietario. 政府は所有者から土地を収用した

expropiatorio, ria [ε(k)spropjatórjo, rja] 形 収用の, 接収の

expuesto, ta [ε(k)spwésto, ta] 《←ラテン語 expositum. exponer の過分》形 [ser+] 危険な: Es una planta muy ～ *ta* a los animales herbívoros. サボテンは草食動物にとって大変危険な植物である. Es muy ～ pasarse por aquí las noches. 夜ここを通るのは物騒だ

expugnable [ε(k)spugnáβle] 形 奪取され得る, 攻略可能な

expugnación [ε(k)spugnaθjón] 囡 奪取, 攻略, 武力占拠

expugnador, ra [ε(k)spugnaðór, ra] 形 名 [武力で場所を] 奪取する, 攻略する; 奪取者, 征服者

expugnar [ε(k)spugnár] 他 《軍事》陥落させる, 奪取する, 攻略する

expulsar [ε(k)spulsár] 《←ラテン語 expulsare》他 ❶ [+de から] 追い出す, 追放する, 放逐する: El rey *expulsó* a los invasores *de* su país. 国王は侵略者を国から追い出した. Fue *expulsado del* grupo por reñir con su compañero. 彼は仲間と言い争ったためにグループから追放された. ～ a+A *de* la universidad …を大学から退学処分にする. ❷ 排出する, 吐き出す: Los mineros de Bolivia mastican las bolas de coca durante horas y *expulsan* un jugo. ボリビアの鉱夫たちはコカの塊を何時間も嚙み, 汁を吐き出す. ❸ 《サッカーなど》退場させる, レッドカードを出す: El árbitro *expulsó* al jugador por sus continuas provocaciones. その選手はたびたび挑発したので, 審判は退場を命じられた

expulsión [ε(k)spulsjón] 《←ラテン語 expulsio, -onis》囡 ❶ 追放, 放逐, 強制退去《⇔admisión》: decreto de ～ contra los judíos ユダヤ人追放令《1492年スペイン》. E～ de los moriscos イスラム教徒追放令《アルプハラスの反乱 Rebelión de las Alpujarras を契機に1609年発令される》. E～ de los jesuitas イエズス会士追放《1767年スペイン》. ❷ 排出. ❸ 《サッカーなど》退場. ❹ 《フェンシング》相手の剣を払い落とす技. ❺ 《医学》分娩

expulsivo, va [ε(k)spulsíβo, βa] 形 追い出す; 排出性の: fase ～*va* 《医学》娩出期
—— 男 《医学》娩出

expulso, sa [ε(k)spúlso, sa] 《expeler・expulsar の不規則な過分》形 名 追放(放逐)された〔人〕

expulsor, ra [ɛ(k)spulsɔ́r, ra] [形] [男] 排出(放出)させる;《技術》エジェクター

expurgación [ɛ(k)spurɡaθjɔ́n] [女] =**expurgo**

expurgador, ra [ɛ(k)spurɡađɔ́r, ra] [形] [名] 浄化する〔人〕; 削除する〔人〕

expurgar [ɛ(k)spurɡár]〖←ラテン語 expurgare < ex-(強調)+purgare「浄化する」〗[8] [他] ❶ 清める, 浄化する〖=purgar〗. ❷ [+de 不穏当な部分を] …から削除する; 禁書にする: edición *expurgada* 削除修正版

expurgatorio, ria [ɛ(k)spurɡatórjo, rja] [形] ❶ 検閲削除される. ❷ 浄化する, 粛正する

expurgo [ɛ(k)spúrɡo] [男] ❶ 浄化. ❷ 検閲削除, 禁書処分

exquisitamente [ɛ(k)skisítaménte] [副] 絶妙に, この上なくすばらしく, 実に見事に

exquisitez [ɛ(k)skisitéθ] [女]〖[複] ~ces〗❶ 優雅, 洗練. ❷ 美味〔な食べ物〕, おいしさ, 芳醇: *exquisiteces* del mundo 世界の美味. ❸ ここちよさ, 絶妙, すばらしさ

E

exquisito, ta [ɛ(k)skisíto, ta]〖←ラテン語 exquisitus < exquirere「選ぶ」< ex-(強調)+quaerere「捜す」〗[形] ❶ 上品な, 洗練された: artista de ~*ta* sensibilidad 洗練された感性の芸術家. decoración ~*ta* 洗練された装飾. gente ~ 上品な人々. modales ~*s* 上品な物腰. ❷ おいしい, 美味な: cena ~*ta* en el mejor restaurante de la ciudad 町一番のレストランでのおいしい夕食. plato ~ おいしい料理. ~ manjar ごちそう. ❸ ここちよい, 甘美な, 絶妙な, すばらしい: ~*tas* interpretaciones de Mozart モーツァルトの〔作品の〕見事な演奏. regalo ~ すてきな贈り物

exsanguinotransfusión [ɛ(k)saŋɡinotransfusjɔ́n] [女]《医学》全血輸血

ext.《略語》←exterior 外の, 外部の; 外国の

extasiador, ra [e(k)stasjađɔ́r, ra] [形] 恍惚状態にする, うっとりさせる

extasiar [e(k)stasjár]〖←éxtasis〗[11] [他] 恍惚状態にする, うっとりさせる

—— **~se** 恍惚状態になる, うっとりする: Los hombres *se extasiaban* viendo a las chicas hermosas. 男たちは美少女を眺めてうっとりしていた

éxtasis [é(k)stasis]〖←ギリシア語 ekstasis < existamai「私は迂回する」〗[男]〖[単複同形]〗❶ 恍惚(こうこつ), 有頂天, 忘我; エクスタシー: Los espectadores caían en ~ con la música. 観客は音楽にうっとりとなった. ❷《宗教》法悦. ❸《俗語》エクスタシー〖強力な幻覚剤〗. ❹《俗用》=**estasis**

extático, ca [e(k)státiko, ka] [形] 恍惚状態の, 忘我の, うっとりした

extemporal [ɛ(k)stemporál] [形] =**extemporáneo**

extemporáneamente [ɛ(k)stemporáneaménte] [副] 季節外れに; 時機を逸して, 折り悪しく

extemporaneidad [ɛ(k)stemporanɛi̯đá(đ)] [女] 季節外れ, 時期外れ; 間の悪さ

extemporáneo, a [ɛ(k)stemporáneo, a] [形] ❶ 時期外れの: frío ~ 季節外れの寒さ. ❷ 間の悪い; 不適切な: respuesta ~*a* 不適切な答え

extender [ɛ(k)stendér]〖←ラテン語 extendere〗[24] [他] ❶ [+sobre・en・por に] 伸ばす, 広げる: 1) [畳んだ物・塊などを] La gaviota *extendió* las alas. カモメが羽を広げた. ~ la capa de barniz ニスを薄く塗る. ~ la mantequilla con un cuchillo ナイフでバターを薄く伸ばす. ~ un pañuelo *sobre* el césped 芝生の上にハンカチを広げる. ~ una masa パン生地を伸ばす. 2) [手足を] Puedes tocar el monitor si *extiendes* el brazo. 腕を伸ばせばモニターに触れるよ. Emilia *extendió* las manos hacia él. エミリアは両手を彼の方にさしのべた. ❷ 広く行き渡らせる, 普及させる: ~ la fe cristiana *por* todo el mundo キリスト教を世界中に広める. ~ el castigo a todos 全員に罰を与える. rumor muy *extendido* 広く伝わっているうわさ. ❸ 広くする, 拡大する; [···の適用範囲・期間を] 拡張する: ~ los territorios 領土を広げる. ❹《文語》[書類などを] 発行する: Voy a ~le un visado de tres meses de duración. 彼に3か月有効のビザを交付しよう. ❺ [小切手を] 振り出す, 切る

—— **~se** ❶ 広がる, 伸びる: 1) La tinta empezó a ~*se por* toda la página. インクがページ全体に広がり始めた. El tumor está *extendido*. 腫瘍が広がっている. 2) [地形などが] La valle *se extendía* ante sus pies. 彼の足元に谷が広がっていた. Las quintas *se* han ido *extendiendo* fuera de la ciudad a lo largo del río. 別荘群は川に沿って町の郊外に広がっていった. ❷ [+a・hasta にまで] 普及する, 流布する, 広まる: El espionaje de ese país *se extendió a* toda Latinoamérica. その国の諜報活動は中南米すべてに及んでいた. Un rumor *se extendió por* toda la ciudad. うわさが町中に広まった. La plaga *se extendió* rápidamente. 疫病は急速に広がった. ❸ [時間が] 続く, 及ぶ: El programa *se extiende a* lo largo de toda la noche. 番組は一晩中続く. ❹ [範囲・合計が] 及ぶ, 達する: Su control *se extiende a* los más nimios detalles. 彼の管理はごく細部にまで及んでいる. ❺ 長々と述べる(書く): No *me* quiero ~. 私は長々と発言したくない. ❻ 散乱する, 散らばる: Los papeles *se han extendido por* el suelo. 書類が床に散らばった. ❼ 長々と横になる〖=tenderse〗: ~*se en* la hierba 草の上で大の字になる

extendidamente [ɛ(k)stendíđaménte] [副] =**extensamente**

extendido, da [ɛ(k)stendíđo, đa] [形] 広い: Es una de las reclamaciones más ~*das* entre los usuarios de internet. それはインターネット利用者から出るクレームの中で最も多いものの一つだ.

—— [男] 伸ばすこと, 広げること

—— [女]《地方語. 料理》揚げた薄切りパン〖=torta ~*da*〗

extensamente [ɛ(k)sténsaménte] [副] 広範囲に, 広く; 〔広汎かつ〕詳しく, こと細かに

extensibilidad [ɛ(k)stensiƀiliđá(đ)] [女] 伸張性, 伸展性

extensible [ɛ(k)stensíƀle]〖←extender〗[形] 広げられ得る, 伸ばされ得る; 伸張性のある: 1) mesa ~ 伸長式テーブル. silla ~ 折り畳み椅子. 2) [+a に] período ~ *a* tres meses 3か月期間延長可能. Estas críticas son ~*s al* resto del equipo. この批判はチームの残りメンバーについても当てはまる

—— [男] ストレッチコード〖=cable ~〗

extensión [ɛ(k)stensjɔ́n]〖←ラテン語 extensus < extendere〗[女] ❶ 広がり; 広々とした場所, 広大な空間: Es un jardín con grandes *extensiones* de césped. そこは広々とした芝生のある庭園だ. ❷ 面積, 広さ: Ocupa una ~ de 150 hectáreas. そこは面積が150ヘクタールある. ❸ 伸張, 拡大, 拡張, 広げること; 拡張部分, 延長部分. ❹ [小説・原稿などの] 長さ: ~ de entre 5 y 15 cuartillas mecanografiadas a doble espacio ダブルスペースのタイプ印字で原稿用紙5〜15枚の長さ. ❺ 延長, 更新: ~ de visado ビザの延長. ❻《電話》内線: ¿Me puede poner con la ~ 791? 内線791番をお願いします. ❼《論理》外延〖⇔comprensión, intensión〗. ❽《言語》[意味の] 拡張. ❾《情報》拡張子: ~ de archivo ファイル拡張子. ❿《幾何》延長; 広がり. ⓫ [書類などの] 発行, 振り出し: ~ de una letra 手形の振り出し

en toda la ~ de la palabra あらゆる意味で: Es un verdadero dandy *en toda la ~ de la palabra*. 彼はあらゆる意味で本当のダンディーだ

por ~ 広義には, 広く

extensional [ɛ(k)stensjonál] [形]《論理》外延の

extensivamente [ɛ(k)stensíƀaménte] [副] [気持ち・行為を他に向けて] さらに, その上

extensivo, va [ɛ(k)stensíƀo, ƀa]〖←extender〗[形] ❶《文語》[ser+. +a に] 及ぶ, 適用される: Esta ley es ~*va a* todos los centros sanitarios. この法律はすべての医療機関に適用される. No olvides hacer ~*va* la invitación *a* tu señora esposa. 君の奥さんも招待されていることをお忘れなく. ❷《農業》粗放の〖⇔intensivo〗: cultivo ~/agricultura ~*va* 粗放農業. ❸《論理》外延の〖⇔intensivo〗

extenso, sa [ɛ(k)sténso, sa]〖←ラテン語 extensus〗[形] ❶ 広々とした, 広大な: ~ patio 広々とした中庭. ❷ 長々とした, 長大な: discurso ~ 長々とした演説. ~ reportaje 長編レポート. ~ catálogo 分厚いカタログ. ❸ 広がった, 広範な: La corrupción es mucho más ~*sa* y grave de lo que podíamos suponer. 汚職は想像していたよりもずっと広範囲で深刻だ. tener un conocimiento ~ de... …について広範な知識を持っている. ❹《幾何》広がりのある

en ~ =***por ~***

in ~ →**in extenso**

por ~ 〔広汎かつ〕詳しく, こと細かに

extensísimo, ma [ɛ(k)stensísimo, ma] [形] extenso の絶対最上級: ~*ma* llanura 非常に広大な平原. playas ~*mas* どこまでも続く浜辺

extensómetro [ɛ(k)stensómetro] [男]《技術》伸び計, 歪みゲージ

extensor, ra [ε(k)stensór, ra] 【←extender】形 伸張性のある, 伸びる

―― 男 ❶《スポーツ》エキスパンダー. ❷《解剖》伸筋〖=músculo ～〗

extenuación [ε(k)stenwaθjón] 【←ラテン語 extenuatio, -onis】女 ❶ 疲労困憊; 憔悴. ❷《修辞》緩叙法, 曲言法〖=lítote〗

extenuador, ra [ε(k)stenwaðór, ra] 形 =**extenuante**

extenuante [ε(k)stenwánte] 形 疲労困憊させる; 憔悴させる

extenuar [ε(k)stenwár] 【←ラテン語 ex- 〈強調〉+tenuis「細い, 減じた」】14 他 疲労困憊〔させ〕する, へとへとに疲れさせる; 憔悴(以為)させる: La larga caminata me han extenuado. えんえんと歩いて私はくたくたになった

―― ～se 疲労困憊する; 憔悴する, やつれる: Cada mañana salía llena de esperanzas y por las tardes volvía extenuada. 私は毎朝期待に満ちあふれて出かけ, 毎晩疲れ果てて戻ってきたのでした

extenuativo, va [ε(k)stenwatíβo, βa] 形 疲弊させる; 憔悴させる

exterior [ε(k)sterjór] 【←ラテン語 exterior, -oris】 ❶ 外部の, 外側の〔⇔interior. →interior 類義〕: sufrir una influencia ～ 外部からの影響を受ける. aspecto ～ 外見, 外観. deporte ～ 屋外スポーツ. mundo ～ 外部の世界, 外界. ❷ 外面的な, 外面だけの: Su amabilidad es solo ～. 彼の親切はうわべだけだ(彼は本当は親切ではない). ❸《主に南米》国外の, 外国の, 対外的な〔=extranjero〕: mercados ～es 海外市場. política ～ 対外政策. ❹〔部屋などが〕通りに面した: sala ～ 通りに面した部屋. puerta ～ 通じるドア. ❺《幾何》外部の

―― 男 ❶ 外部, 戸外: Salgo al ～. 私は戸外に出る. salir al ～ de la ciudad 市外に出る. divulgar una información en el ～ 情報を外部に漏らす. ❷ 外面, 外側, 外観: Todos quieren mejorar el ～. みんな外見をよく見せたがる. El ～ es feo. 外観は醜い. ❸〔el+〕国外, 外国: ¿Cuántas veces por año viaja al ～? あなたは年に何回外国旅行をしますか? noticias del ～ 海外ニュース.《映画》複 野外シーン, ロケーション: rodar en ～es ロケする. ❺《スポーツ》ウィング

exterioridad [ε(k)sterjoriðá(d)] 女 ❶《文語》外見, 外観, 外面. ❷《文語》見かけ, うわべ; 〔主に 複〕虚飾. ❸《哲学》外在性

exteriorista [ε(k)sterjorísta] 形 外観を強調する

exteriorización [ε(k)sterjoriθaθjón] 女 ❶ 態度(表情)に出すこと; 表面化, 外面化, 明示化: ～ exacta de la realidad 事実の忠実な表面化. ❷ 外在化: ～ en escritura 文章への外在化

exteriorizante [ε(k)sterjoriθánte] 形 表面化させる, 表に出す

exteriorizar [ε(k)sterjoriθár] 【←exterio】 9 他 ❶〔感情など を〕表に現わす, 態度(表情)に出す: El paciente exteriorizó su deseo de salir del hospital. 患者は退院の希望を明らかにした. ～ su desagrado 不満を表に出す. ～ sus sentimientos 感情をあらわにする. ❷《哲学》外在化する

―― ～se ❶ 表に現れる, 表面化する, 外面化する

exteriormente [ε(k)sterjórménte] 副 ❶ 外部は, 外側は: atractivo tanto interior como ～ 内面的にも外面的にも魅力的な. ❷ 外見は, うわべは: E～ fue el mismo. 外観は同じだった. E～ estaba inmóvil y mudo. 見たところ彼はじっと黙っていた

exterminable [ε(k)stermináβle] 形 撲滅され得る, 絶滅の可能性のある

exterminación [ε(k)sterminaθjón] 女 根絶, 絶滅, 撲滅, 壊滅, 皆殺し

exterminador, ra [ε(k)sterminaðór, ra] 形 絶滅させる, 壊滅させる, 皆殺しにする: ángel ～《旧約聖書》滅びの天使

exterminar [ε(k)sterminár] 【←ラテン語 exterminare < ex- 〈強調〉+terminare「終える」】他 ❶ 根絶する, 壊滅させる; 駆除する: Los nazis se propusieron ～ a la población judía. ナチはユダヤ人を絶滅させるつもりだった. ～ la ciudad 町を徹底的に破壊する. ～ las cucarachas ゴキブリを駆除する. ❷《廃語》国外追放する

exterminio [ε(k)stermínjo] 【←ラテン語 exterminium】男 根絶, 絶滅, 壊滅: campo de ～〔ナチの〕絶滅収容所

externado [ε(k)sternáðo] 【←externo】男 ❶ 通学生であること. ❷ 〔集合〕通学生. ❸〔寄宿学校に対して〕通学生だけの学校

externalidad [ε(k)sternaliðá(d)] 【←economía externa】女《経済》外部性〖生産者や消費者の経済活動が他者に有利/不利の影響を与える場合, 外部経済/不経済〔効果〕があると言う〗

externamente [ε(k)sternaménte] 副 ❶ 外面的に, 外見は: E～ son iguales. 外面的にはそれらは同じだ. ❷ 外部で, 外側から

externar [ε(k)sternár]《メキシコ》示す, 見せる

externidad [ε(k)sterniðá(d)] 女〖まれ〗=**exterioridad**

externo, na [ε(k)stérno, na] 【←ラテン語 externus】 ❶ 外側の, 外部の〔→interior 類義. ⇔interno〕; 外見の, うわべだけの; 外面の, 外的な: ataque ～ 外部からの攻撃. belleza ～na 外面の美. causa ～na 外因. herida ～na 外傷. influencia ～na 外部の影響. medicamento de uso ～ 外用薬. muestra ～na de dolor 苦悩の表出. pared ～na 外壁. parte ～na de una casa 家の外面. signos ～s 外に現れる兆候. ❷ 外国の, 対外の; 国際市場での: relaciones ～nas 対外関係. valor ～ de la moneda 通貨の対外価値. ❸ 通学生の〔家政婦などが〕通いの: chica ～na 通いの家政婦. ❹〔労働者が〕社外の, 派遣された. ❺《薬学》外用の: medicamento de uso ～ 外用薬. ❻《情報》外部の, 外付けの: disco duro ～ 外付けハードディスク

―― 名 ❶〔寄宿生に対して〕通学生〖=alumno ～〗. ❷ 通いの家事使用人(家政婦): Mi madre tenía una ～na para cuidar de nosotros. 母は私たちの世話をしてくれる通いのお手伝いさんに来てもらっていた. ❸ 社外工, 派遣労働者

exteroceptivo, va [ε(k)steroθe(p)tíβo, βa]《生理》外受容の

exteroceptor [ε(k)steroθe(p)tór] 男《生理》外受容器

extinción [ε(k)stinθjón] 【←ラテン語 exstinctio, -onis】女 ❶ 消火: ～ de incendios forestales 森林火災の消火. ❷〔種・民族の〕消滅, 絶滅: Águila imperial está en peligro de ～. カタジロワシは絶滅の危機にある. ❸《法律》〔契約などの〕消滅, 失効. ❹《物理》消光

extinguible [ε(k)stiŋgíβle] 形 消され得る; 消滅し得る

extinguidor [ε(k)stiŋgiðór] 男《中南米》消火器〖=extintor〗

extinguir [ε(k)stiŋgír] 【←ラテン語 exstinguere「消す」】5 他 ❶〔火・明かりを〕消す: Los bomberos han extinguido el incendio. 消防士たちは火事を消し止めた. ❷ 少しずつ消滅させる(終わらせる), 徐々に失わせる: ～ el entusiasmo 熱意を消す. ❸〔種を〕絶滅させる. ❹〔暴力・不正などを〕なくす, 根絶させる

a ～〔国家公務員の職が〕欠員不補充の

―― ～se ❶〔火・明かり・音などが〕消える: La llama se extinguió por sí sola. 炎はひとりでに消えた. El día se extingue. 日が落ちる. ❷〔情熱・愛が〕消える: Se ha extinguido su amor. 彼の愛はさめてしまった. ❸〔種が〕絶滅する. ❹ 根絶する. ❺《法律》失効する

extintivo, va [ε(k)stintíβo, βa] 形 ❶ 消滅させる〔力のある〕. ❷《法律》失効させる, 無効にする

extinto, ta [ε(k)stínto, ta] 【←ラテン語 exstinctus】形 ❶《文語》〔種・民族が〕絶滅した. ❷《文語》〔火などが〕消えた: sentimiento ～ さめた感情. ❸《主にメキシコ. 婉曲》亡くなった, 故人の

―― 名《主にメキシコ. 婉曲》亡くなった人, 故人, 死者

extintor, ra [ε(k)stintór, ra] 形 消火用の: manguera ～ra 消火ホース

―― 男 消火器〖=～ de incendios〗

extirpable [ε(k)stirpáβle] 形 摘出(根絶)され得る

extirpación [ε(k)stirpaθjón] 【←ラテン語 exstirpatio, -onis】女 ❶ 摘出, 摘除. ❷ 根こぎ. ❸ 根絶, 絶滅

extirpador, ra [ε(k)stirpaðór, ra] 形 摘出する; 根こぎにする; 根絶する

―― 男 除草機

extirpar [ε(k)stirpár] 【←ラテン語 exstirpare < ex- 〈外〉+stirps, -pis「血統, 根っこ」】他 ❶ 摘出する: ～ un tumor 腫瘍を摘出する. ❷ 根こぎにする: ～ las malas hierbas 雑草を引き抜く. ❸ 根絶する: ～ los abusos de la autoridad 職権濫用をなくす

extornar [ε(k)stornár]《商業》両替替仕訳する, 反対仕訳する

extorno [ε(k)stórno] 男 ❶《商業》両振替仕訳, 反対仕訳. ❷ 保険料の割戻し

extorsión [ε(k)storsjón] 【←ラテン語 exstorsio, -onis < extorquere「力ずくで引き出す」】女 ❶ ゆすり, たかり, 強要: hacer ～ a 人 …から金をゆすり取る. ❷ 強盗, 強奪〖=usurpación〗. ❸ 迷惑, 厄介, 困惑: causar ～ a los vecinos 近所に迷惑をかける

extorsionador, ra [ε(k)stɔrsjonaðór, ra] 形 名 =**extorsionista**

extorsionar [ε(k)stɔrsjonár] 他 ❶ ゆする, たかる. ❷ 混乱させる, 困惑させる: ~ el plan 計画の邪魔をする

extorsionista [ε(k)stɔrsjonísta] 形 名 ゆすり屋(の), たかり屋(の)

extorsivo, va [ε(k)stɔrsíβo, ba] 形 ゆすりの

extra [é(k)stra] 【←ラテン語 extra「の外に, 除いて」】《形《時に単複同形》❶ 普通より質のよい; 特別の: gasolina ~ エキストラガソリン. de tamaño ~ 特大サイズの. ❷ 臨時の: tren ~ 臨時列車. ❸《メキシコ》tiempo ~ 時間外労働, 残業
—— 名《時に単複同形》《映画》エキストラ
—— 男《時に単複同形》❶ 臨時増刊, 号外. ❷ 特別なこと; [メニューに載っていない] 特別料理. ❸ 臨時出費
—— 女《時に単複同形》《西》ボーナス, 賞与《=paga ~》: Con la ~ de verano pienso viajar por Dinamarca. 私は夏のボーナスでデンマーク旅行するつもりだ

extra- 《接頭辞》《範囲外》extraoficial 非公式の, extraterrestre 地球外の

extracción [ε(k)stra(k)θjón] 【←ラテン語 stractio, -onis】女 ❶ 引き抜くこと, 摘出: ~ dental 抜歯. ~ de la bala 弾丸の摘出. ❷ 採取, 採掘; 抽出: ~ del carbón 石炭の採掘. ❸ 素姓, 出身《=~ social》: de baja ~ 下層階級の出の. ❹《数学》根を求めること. ❺《西. 情報》フェッチ

extracelular [ε(k)straθelulár] 形《生物》細胞外の: líquido ~ 細胞外液

extracomunitario, ria [ε(k)strakomunitárjo, rja] 形 EC域外の

extracontable [ε(k)strakontáβle] 形《商業》帳簿と無関係の: beneficios ~s 簿外利益. pasivos ~s 簿外負債

extracorpóreo, a [ε(k)strakɔrpóreo, a] 形《医学など》体外の, 生体の外の: circulación ~a 体外循環. cirugía ~a 体外手術

extracorriente [ε(k)strakɔrrjénte] 女《物理》自己誘導電流

extractador, ra [ε(k)straktaðór, ra] 形 名 抜粋する[人], 要約する[人]

extractar [ε(k)straktár] 【←extracto】他 [文章の一部を] 抜粋する, 要約する: ~ el contenido en unas líneas 内容を数行にまとめる

extractivo, va [ε(k)straktíβo, ba] 形 引抜きの; 採取の, 抽出の: industria ~va [自然界から鉱産物などを得る] 抽出産業, 採掘産業

extracto [ε(k)strákto] 【←ラテン語 stractum < extrahere < ex- 外+trahere 抜く」】男 ❶ 抜粋, 要約: ~ de cuenta [銀行の] 計算書. ❷ 抽出物, エキス; エッセンス: ~ de consomé コンソメエキス. ~ de tomate トマトペースト, トマトピューレ, ~ tebaico/~ de opio 阿片エキス, テバイン, ~ de Saturno 鉛白, 白鉛. ❸《法律》審理の抄録, 公文書の抄本

extractor, ra [ε(k)straktór, ra] 形 ❶ 採取する: empresa ~ra de carbón 石炭採掘会社. ❷ 抽出する: dispositivo ~ 抽出器
—— 名 抜粋者
—— 男 排気装置, 換気扇《=~ de humos, ~ de aire》

extracurricular [ε(k)strakurrikulár] 形 教科課程外の, 課外の: actividades ~es 課外活動

extradición [ε(k)straðiθjón] 【←ラテン語 ex-+traditio】女 [外国政府への逃亡犯罪人の] 引渡し, 本国送還: El gobierno japonés pide la ~ del delincuente detenido por el Brasil. 日本政府はブラジルが拘束している犯人の送還を要請している. petición de ~ 引渡し要請

extradir [ε(k)straðír] =**extraditar**

extraditar [ε(k)straðitár] 他 [犯罪者を裁判権のある国に] 引き渡す

extradós [ε(k)straðós] 男 ❶《建築》[アーチなどの] 外輪(弧), 背面. ❷《航空》[翼の] 上面

extradural [ε(k)straðurál] 形《医学》硬膜外の

extraeconómico, ca [ε(k)straekonómiko, ka] 形 経済に無関係な: factor ~ 非経済的要因

extraembrionario, ria [ε(k)straembrjonárjo, rja] 形《生物》胚体外の: mesodermo ~ 胚外内胚葉

extraer [ε(k)straér] 【←ラテン語 extrahere < ex- 外+trahere「抜く」】45 他 ❶ [+de から] 引き抜く, 取り出す: Le extrajeron una muela. 彼は歯を1本抜かれた. ~ una bala 弾丸を摘出する. ~ sangre 採血する. ~ el zumo de una fruta 果汁を搾る. ~ fondos 資金を吸収する. ~ una foto de la cartera 財布から写真を取り出す. ~ conclusiones erróneas de las apariencias 外見から誤った結論を引き出す. ❷ 採取する, 採掘する: ~ petróleo del Mediterráneo 地中海から石油を採掘する. ❸《化学》抽出する. ❹《数学》~ raíces cuadradas 平方根を求める. ❺《アラゴン. 法律》[公文書の] 謄本(抄本)をとる

extraescolar [ε(k)straeskolár] 形 校外の, 学校の外での, 課外の: actividades ~es 校外活動, 課外活動

extraeuropeo, a [ε(k)straeuropéo, a] 形 ヨーロッパ外の: Son enormes los cambios que se han producido en el mundo ~. ヨーロッパ外の世界で起きた変化は巨大だった

extrafino, na [ε(k)strafíno, na] 形 ❶ [品質が] 極上の. ❷ きわめて薄い

extragaláctico, ca [ε(k)straɣaláktiko, ka] 形《天文》銀河外の

extrahotelero, ra [ε(k)straoteléro, ra] 形 ホテルと同様の: establecimiento ~ 宿泊施設

extrahumano, na [ε(k)straumáno, na] 形 人間と無関係な; 人間離れした, 人間技とは思えない

extraíble [ε(k)straíβle] 形 引き抜かれ得る, 取り出され得る, 摘出(採掘・抽出)可能な

extrajudicial [ε(k)straxuðiθjál] 形 法廷の権限外の, 裁判[権]外の: acuerdo (solución) ~ 示談

extrajudicialmente [ε(k)straxuðiθjálménte] 副 法廷外で, 示談によって

extrajurídico, ca [ε(k)straxuríðiko, ka] 形 =**extralegal**

extralaboral [ε(k)stralaβorál] 形 労働の[法律と]無関係な

extralegal [ε(k)straleɣál] 形 法規制を受けない, 法的支配の及ばない, 超法規的な: economía ~ 違法経済

extraligero, ra [ε(k)stralixéro, ra] 形 超軽量の

extralimitación [ε(k)stralimitaθjón] 女 権利の乱用, 越権; 限度の超過

extralimitar [ε(k)stralimitár] 【←extra-+limitar】~**se** ❶ 権利を乱用する. ❷ [+en の] 限度を越える, やりすぎる: ~se en sus atribuciones 権限以上のことをする. ~se en sus palabras 言いすぎる

extralingüístico, ca [ε(k)straliŋɡwístiko, ka] 形 言語外の世界

extraliterario, ria [ε(k)straliterárjo, rja] 形 [事柄が] 文学と無縁な

extramarital [ε(k)stramaritál] 形 =**extramatrimonial**

extramatrimonial [ε(k)stramatrimonjál] 形 婚外の: tener relaciones ~es con+人 …と不倫する

extramundano, na [ε(k)stramundáno, na] 形 地上の世界と無縁の

extramuros [ε(k)stramúros] 【←ラテン語 extra muros「城壁の外で」】副 ❶ 郊外で・に, 市外で・に, 町外れで・に. ❷ 枠外で・に; 組織(機構)外で・に: Los terroristas vivían ~ de la España. テロリストたちはスペインの埒外で生きていた
—— 形《単複同形》郊外の, 市外の, 町外れの: cementerio ~ 町外れの墓地
—— 男形[市壁の外の] 郊外, 町外れ

extramusical [ε(k)stramusikál] 形 音楽性のない, 非音楽的な

extranatural [ε(k)stranaturál] 形 非自然界の

extranjería [ε(k)straŋxería] 女 外国人であること; 外国人の身分(法的地位): ley de ~《西》外国人登録法

extranjerismo [ε(k)straŋxerísmo] 男 ❶《言語》外国語法, 外来語. ❷ 外国崇拝, 外国好み, 外国かぶれ

extranjerización [ε(k)straŋxeriθaθjón] 女 外国風にする(なる)こと

extranjerizante [ε(k)straŋxeriθánte] 形 外国風をとり入れる

extranjerizar [ε(k)straŋxeriθár] 9 他 外国風にする, 外国のようにする
—— ~**se** 外国風になる, 外国化する

extranjero, ra [ε(k)straŋxéro, ra] 【←古仏語 estrangier < ラテン語 extraneus「奇妙な」】形 外国の, 外国人の, 外来の: Trabajan aquí más de 100 empleados. Un 30% son ~. ここでは100人以上雇われていて, その30%が外国人だ. coche ~ 外車. costumbre ~ra 外国の習慣
—— 名 外国人, 異邦人: casarse con una ~ra 外国人女性

と結婚する
── 男 [el+] 外国, 国外, 外地 《=país ~》: La gente ha sufrido guerras civiles en sus países y han buscado refugio en el ~. 人々は自国で内戦に見舞われ, 外国に避難先を求めた. viajar por el ~ 外国を旅行する. ir a estudiar al ~ 外国へ留学する

extranjía [ε(k)straṇxía] 女 《口語》 =extranjería
de ~ 《口語》 1) 外国の《=extranjero》. 2) 奇妙な, 思いもよらない

extranjis [ε(k)stráṇxis] 《←古仏語 estrangier》 *de* ~ 1) 《西. 口語》秘密に, こっそりと: entrar *de* ~ en un país 密入国する. 2)《まれ》=de extranjía

extraña[1] [ε(k)stráṇa] 女 《植物》アスター, エゾギク

extrañación [ε(k)straṇaθjón] 女 =extrañamiento

extrañado, da [ε(k)straṇáđo, đa] 形 奇妙に感じている, 不思議な

extrañador, ra [ε(k)straṇađór, ra] 形 《文語》離す, 遠ざける

extrañamente [ε(k)stráṇaménte] 副 妙なぐあいに, 変に

extrañamiento [ε(k)straṇamjénto] 男 ❶ 奇異に感じる(感じさせる)こと; 驚き, 不審: sensación de ~ 奇異感, 違和感. ❷ 《文語》離す(遠ざける)こと, 別離. ❸ 《文語》国外追放, 流刑《=destierro》

extrañar [ε(k)straṇár] 《←extraño》 他 ❶ [+a+人 にとって] 奇異(不思議・驚き)である: 1) Me *extraña* verte aquí. ここで君に会うとは妙だ. No me *extraña*. 別に驚かないよ. 2) [que+接続法 が主語] No me *extraña* que ponga esa cara. 彼女がそんな顔をするのは当然だ. Si así fuera no me *extraña* que se marchara. もしそうなら, 彼が帰ってしまったのも不思議でない. ¿Te *extraña* que hagamos las preguntas? 私たちが質問をするのがおかしいですか? ❷ 《南米》郷愁を感じる
no es de ~ 1) 不思議でない, おかしくない: Esto *no era de* ~. これは不思議ではなかった. 2) [que+接続法 が主語] Con tanta suciedad *no es de* ~ *que* las cucarachas estén invadiendo toda la ciudad. あれほどの汚さではゴキブリが町中にはびこるのも不思議ではない
── 他 ❶ [新しいもの・慣れていないものに] 違和感(不便)を感じる, なじめない: *Extraño* la cama y no puedo dormir. 私はベッドが変わってよく眠れない. ❷《主に中南米》懐かしく思い出す, 懐かしむ; [...がない・いないと] 寂しく思う: ¿Qué *extrañas* de la Argentina, Juan? フアン, 君はアルゼンチンの何が懐かしいですか? *Extrañaba* su país. 彼は故国を懐かしがっていた. ~ *a su madre* 母親を恋しがる. ❸《法律》国外追放にする, 流刑にする. ❹[人を] 遠ざける, 疎遠にする. ❺ とがめる, 叱る. ❻《古語》かわす, 避ける
~se ❶ [+de~] 奇妙(不思議)に思う, いぶかる; 驚く: 1) No se *extrañaron* de lo que vieron. 彼らは自分たちが見たことを不思議に思わなかった. Me *extrañé* de tu comportamiento. 君のふるまいに私はびっくりした. 2) [+de que+接続法] Me *extrañé* de que no te presentaras. 君が顔を見せないのはおかしいと私は思った. ❷ [+de 友人などと] 疎遠になる, 別れる. ❸ 拒絶する, 断わる

extrañez [ε(k)straṇéθ] 女《まれ》=extrañeza

extrañeza [ε(k)straṇéθa] 女 ❶ 奇妙さ, 不思議; 奇妙なこと: Seguramente no sabía nada porque hizo un gesto de ~. 彼は不思議だという仕草をしたので, きっと何も知らなかったのだ. ❷ El niño me miró con ~. 男の子はけげんそうに私を見た. ❸ 《まれ》不仲, 疎遠

extraño, ña[2] [ε(k)stráṇo, ṇa] 《←ラテン語 extraneus < extra「外へ」》形 ❶ 奇妙な, 風変わりな, 普通でない: 1) La vida es algo ~*ña*. 人生とは不思議なものだ. Una ~*ña* emoción se apoderó de mí. 私は奇妙な感覚の虜になった. Es ~. それは変だ. mirar con ~*ña* expresión 不思議そうな表情で見る. cuerpo ~《医学》異物. ruido ~ 怪しい物音. ~*ña* conducta 奇妙な行動. 2) [ser ~+不定詞・que+接続法] No es ~ *que* no haya venido contigo. 彼が君と一緒に来なかったのは不思議ではない. ❷ よそ者の, 外部の人間の; [態度が] よそよそしい: No deberías decir cosas íntimas ante personas ~*ñas*. よその人に内輪のことを言うべきでない. ❸ [+a+事と] 関係のない, 無縁の; ...に慣れていない, 不案内の: Permaneció ~ *a los* problemas que surgieron. 彼は持ち上がった問題に首を突っ込まなかった
── 名 ❶ [集団・その土地に属さない] よそ者, 部外者, 知らない人. ❷ [その土地に] 不案内な人, 初めての人: Soy una

~*ña* aquí. 私はここの土地に不案内です. ❸ 変わり者
── 男 《西. 口語》予期しない(不意の)動作: La pelota hizo un ~. ボールは思いがけない方向に曲がった
hacer un ~ [馬が] 不意に驚く

extraoficial [ε(k)straofiθjál] 《←extra-+oficial》 形 非公式の, 非公認の, 私的な: noticia obtenida de fuentes ~*es* 非公式な筋から得た情報

extraoficialmente [ε(k)straofiθjálménte] 副 非公式に, 私的に

extraordinaria[1] [ε(k)straorđinárja] 女《西》ボーナス, 賞与

extraordinariamente [ε(k)straorđinárjaménte] 副 ❶ 並外れて, 途方もなく, 異常に: Es muy alta y ~ delgada. 彼女はとても背が高く異常に痩せていた. ❷ すばらしい: pasarlo ~ とても楽しく過ごす

extraordinario, ria[2] [ε(k)straorđinárjo, rja] 《←ラテン語 extraordinarius》形 ❶ 並外れた, 途方もない; 非常にすばらしい: Tenía un talento ~. 彼は非凡な才能を持っていた. El calor ~ provocó incendios de bosques. 異常な暑さが森林火災を引き起こした. Tuve un profesor ~. 私はすばらしい先生に教わった. éxito ~ すばらしい成功. hecho ~ 異常な出来事. memoria ~*ria* 並外れた記憶力. ❷ 臨時の, 特別の: Él no hizo nada ~. 彼は特別なことをしなかった. asamblea ~*ria* 臨時総会. gastos ~s 臨時支出. ingreso ~ 臨時収入. número ~ 臨時号, 特別号. permiso ~ 特別許可. premio ~ 特賞. tren ~ 臨時列車. ❸ 時間外の, 契約外の
── 男 ❶ 途方もなく(並外れて)すばらしいこと: hacer un ~ 驚くべきことをやってのける; いつもと違ったことをする. ❷ [普段の食事に添える] ごちそう, 特別料理. ❸ [新聞・雑誌の] 特別版, 号外, 臨時増刊号 《=edición ~*ria*》: lanzar un ~ 号外(増刊号)を出す. ❹ 速達, 至急便. ❺ 臨時支出, 特別な出費

extraparlamentario, ria [ε(k)straparlamentárjo, rja] 形《政治》院外団の, 院外の

extrapeninsular [ε(k)straperinsulár] 形 イベリア半島の外の

extrapiramidal [ε(k)straprirmiđál] 形《解剖》錐体路の

extraplano, na [ε(k)strapláno, na] 形 超薄型の: televisor ~ 薄型テレビ

extrapolable [ε(k)strapoláble] 形 拡大適用され得る

extrapolación [ε(k)strapolaθjón] 女 ❶ 拡大適用. ❷ 推定, 推論. ❸《数学》外挿法

extrapolar [ε(k)strapolár] 《←?extra-+ギリシア語 polos「軸」》他 ❶ [法律・理論などを, +a に] 拡大適用する: Podemos tomar estos datos como referencia y ~*los a* Japón. これらのデータを参考にして日本にも当てはめることができる. ❷ [既知の同様な事実から] 類推する, 推論する. ❸《数学》外挿する, 補外する

extraprocesal [ε(k)straproθesál] 形 裁判手続きによらない, 超法規的な: razones ~*es* 超法規的な理由

extraprovincial [ε(k)straprobinθjál] 形 県外の

extrarradio [ε(k)strarrádjo] 男 町外れ; 貧民街, スラム

extrarregional [ε(k)strařexjonál] 形 域外の《⇔intrarregional》

extrasalarial [ε(k)strasalarjál] 形 給与以外の

extrasensorial [ε(k)strasensorjál] 形 [知覚が] 五感以外の, 超感覚の: percepción ~ 超感覚的知覚. ESP. poder ~ 超感覚的な力

extrasístole [ε(k)strasístole] 女《医学》[心臓の] 期外収縮

extrasolar [ε(k)strasolár] 形 太陽系外の: planeta ~ 太陽系外惑星

extratémpora [ε(k)stratémpora] 女《カトリック》[上級聖品の] 叙任時期規定の免除; 聖職者の特別叙任

extraterrenal [ε(k)straterreñál] 形 =extraterreno

extraterreno, na [ε(k)strateřéno, na] 形 地球外の, 地球大気圏外の

extraterrestre [ε(k)strateřéstre] 形 名 地球外の(生物)《⇔terrícola》; 宇宙人: No puede ser que hayan aparecido ~*s* en esta ciudad. この町に宇宙人が現れただなんて考えられない

extraterritorial [ε(k)strateřitorjál] 形《法律》治外法権[上]の

extraterritorialidad [ε(k)strateřitorjaliđá(đ)] 女 治外法権

extratipo [ε(k)stratípo] 男 闇金利, 不法金利

extrauterino, na [ε(k)strauteríno, na] 形 子宮外の(起こる)

extravagancia [ε(k)strabaγánθja] 女 常軌を逸したこと, とっぴさ; 非常識な言行: decir ~ とっぴ(むちゃ)なことを言う. ~

en el vestir 服装の奇抜さ

extravagante [ε(k)straβaɣánte]【《俗ラテン語 extravagans, -antis < extravagari < ラテン語 vagari「誤る, さまよう」》】图 常軌を逸した[人], とっぴ; 法外な: Dalí se dejó crecer un ~ bigote. ダリは奇妙なひげを生やした
—— 囡 圈《カトリック》典礼教典に入れられている教皇令

extravasación [ε(k)straβasaθjón] 囡 溢出, 溢血

extravasar [ε(k)straβasár] 他 ~**se**《医学》溢出(ﾃﾞﾙ)する, 溢血する

extravascular [ε(k)straβaskulár] 圈《解剖》血管外の

extravehicular [ε(k)straβeikulár]［宇宙船の］船外の: actividad ~ 船外活動

extravenar [ε(k)straβenár] 他 ❶《静脈から》出血させる. ❷［正常な場所から］外す, そらす

extraversión [ε(k)straβersjón] 囡《心理》外向性

extravertido, da [ε(k)straβertíðo, ða] 圈 图《心理》外向性の, 外向的な[人]《⇔introvertido》: carácter ~ 外向的な性格

extraviado, da [ε(k)straβjáðo, ða] 圈 ❶ 人通り(交通量)の少ない. ❷ 不身持ちな, ふしだらな. ❸ ojos ~s 狂ったような目, 焦点の定まらない目, うつろな目

extraviar [ε(k)straβjár]《←extra-+ラテン語 via「道」》 他 ❶《文語》［道に］迷わせる: Este señal bien puede ~nos. この標識は道を迷わせかねない. ❷ 紛失する, なくす, 置き忘れる: He extraviado mi bolso. 私のハンドバッグがどこかへいってしまった. objetos extraviados 遺失物. ❸［人心を］惑わす; 道を踏み外させる, 悪の道に誘う. ❹《まれ》［視線を］そらす
—— ~**se** ❶ 道に迷う, はぐれる: Me extravié en la montaña. 私は山で道に迷った. perro extraviado 迷い犬. ❷［会話で］脇にそれる. ❸ なくなる, 紛失する: Se han extraviado muchos libros. たくさんの本が紛失した. ❹ 正道を踏み外す, 悪に染まる. ❺ 見当違いをする, 的外れなことをする(言う): María se extravía en sus opiniones. マリアの意見は見当外れだ

extravío [ε(k)straβío] 團 ❶ 紛失. ❷［主に 圈］正道を踏み外すこと, 過ち: ~s de juventud 若気の過ち. ❸ 厄介事, 面倒

extrazonal [ε(k)straθonál] 圈 域外の: comercio ~ 域外貿易

extrema¹ [ε(k)stréma] 囡《西. 口語》=**extremaunción**

extremadamente [ε(k)stremáðaménte] 剾 極度に, 極端に; 並外れて, ものすごく

extremadas [ε(k)stremáðas] 囡 圈《牧畜》チーズ作りの時期

extremado, da [ε(k)stremáðo, ða] 圈 ❶ 極度な, 極端な: clima ~ 異常気象. de ~da calidad 最上品質の. ❷［+de］この上ない, 最高の: ~da creación musical 最高の音楽作品. ❸［人が］とても用心深い, 慎重な. ❹《気象》大陸性気候の

extremadora [ε(k)stremaðóra] 囡《地方語》[家庭・事務所などの] 女性清掃員

Extremadura [ε(k)stremaðúra] 囡《地名》エストレマドゥラ《スペイン中西部の州》

extremamente [ε(k)strémaménte] 剾 =**extremadamente**

extremar [ε(k)stremár]《←extremo》他 ❶《文語》極端にする: Han extremado la severidad. 彼らは厳しくしすぎた. ~ las medidas de seguridad 治安措置を徹底する. ❷《牧畜》[子羊・子牛を] 雌親から引き離す. ❸《ナバラ, アラゴン》大掃除をする
—— 自《牧畜》［家畜が越冬のため］エストレマドゥラ Extremadura に移る
—— ~**se** [+en に] 全力を尽くす, 丹精こめる

extremaunción [ε(k)stremaunθjón] 囡《カトリック》終油の秘跡《→sacramento》

extremeñidad [ε(k)stremeɲiðá(ð)] 團 =**extremeñismo**

extremeñismo [ε(k)stremeɲísmo] 團 エストレマドゥラへの愛好, エストレマドゥラらしさ

extremeño, ña [ε(k)stremého, ɲa] 圈 图 ❶《地名》エストレマドゥラ Extremadura の[人]. ❷ [一地方の] 最端の地の[人]
—— 團 エストレマドゥラ方言

extremidad [ε(k)stremiðá(ð)]《←ラテン語 extremitas, -atis》囡 ❶ 端, 先端, 末端: El sensor está situado en la ~ de la sonda. センサーは探査機の先端にある. ~ de los dedos 指先. ~ meridional del continente africano アフリカ大陸の南端. ~ opuesta 反対側. la última ~ 死に際, 末期. ❷ 圈《人の》四肢, 手足: Perdió sus dos ~es en un accidente. 彼は事故で手足を2本なくした. cuatro ~es 四肢. ~es inferiores (superiores) 下肢(上肢). ❸［動物の］頭, 足, 尾. ❹ 極度, 極

端, 極み; 終極, 終わり

extremismo [ε(k)stremísmo]《←extremo》團 過激主義, 極端論: Se dolía de los ~s, llamaba a la moderación. 彼は過激な主張に心を痛め, 節度を呼びかけていた. ~ nacionalista 民族主義過激派

extremista [ε(k)stremísta] 圈 图 過激論者[の], 極端論者の(論者): Gandhi fue asesinado por un ~ hindú. ガンジーはヒンズー教過激派に暗殺された. grupo ~ 過激派集団

extremo, ma [ε(k)strémo, ma]《←ラテン語 extremus》圈 ❶［主に+名詞］極度の, 極端の, 究極の: Admiran su ~ma sencillez en el vestir. 人々は彼の服装が非常に質素なるのを賞賛している. con ~ rigor あまりにも厳格に. frío ~ 厳寒. la más ~ma pobreza 極貧. ❷［意見・手段などが］極端の, ゆきすぎた: tomar medidas ~mas 過激な手段をとる. ~ma derecha (izquierda)《政治》極右(極左). opinión ~ma 極論. ❸ 非常に遠くにある. ❹［場所の, 先端の, 末端の: colocarse en la parte ~ma 端の部分にある. punto ~ de una península 半島の突端. ❺ 最後の, 最終的な: en caso ~ 最後の手段として. recurso ~ 最終手段
—— 图《サッカー, ラグビー》ウィング: ~ cerrado タイトエンド. ~ defensivo ディフェンスエンド. ~ derecho (izquierdo) ライト(レフト)ウィング《←la extremo derecha (izquierda)》
—— 團 ❶ 端, 先端: Al otro ~ del pasillo, existe una puerta corrediza. 廊下の突き当たりに引き戸がある. Le gusta sentarse en el ~ de la mesa. 彼はテーブルの端に座るのが好きだ. Vivían en el ~ del pueblo. 彼らは村外れに住んでいた. en el ~ de la cocina 台所の隅に. en el ~ sur del continente americano アメリカ大陸の南端に. ~ de la cola 行列の最後尾. ~ de la cuerda ロープの端. ❷ 極端, 限度, 限界; 頂点: Su estupidez llegue hasta el ~ de inferir lo blanco de lo negro. 彼の愚かさは極度に達していて, 黒と白とを考えるほどだった. Los ~s se tocan. 両極端は相通じる. pasar (ir) de un ~ a otro 極端から極端へと走る. ❸ 圈《感情の》強い《大げさな》表現: Nos recibieron con muchos ~s. 私たちは手厚い歓迎を受けた. ❹《文語》論点, 問題点: En ese ~ no estoy de acuerdo. その点では私は賛成でない. explicar todo sin olvidar ningún ~ 一つ残らずすべてポイントをおさえて説明する.《数学》1)［比例式の］外項《⇔medio》. 2)［集合の］~ inferior (ínfimo) 最大下界, 下限. ~ superior (supremo) 最小上界, 上限. ❻《古語的》［主に 圈. 季節移動する家畜の］冬季の目的地

a tal ~ *que*+直説法 =**hasta tal** ~ **que**+直説法
con ~ =**en** ~
de ~ *a* ~ 始めから終わりまで; 端から端まで: revisar *de* ~ *a* ~ すみずみまで点検する. viajar *de* ~ *a* ~ すみずみまで旅行して回る
en ~《文語》［悪い意味で］ひどく, 極度に: Será *en* ~ difícil. それはきわめて困難だろう. El amor me volvía irritable *en* ~. 恋心のために私はひどくいらだっていた. una mañana *en* ~ calurosa ある極端に暑い朝
en último ~ 万策尽きて, 窮余の一策で, どうにもならなくなれば: *En último* ~ siempre podemos ir al hospital. いざとなれば私たちはいつでも病院へ行ける
hasta tal ~ *que*+直説法 …ほどとても…である
llegar al ~ *de...* 1)…の限界に達する: Ha llegado al ~ de mi paciencia. それは私の忍耐の限界だった. 2) [+不定詞]…するまでになる, …するほど極端に走る: Lola llegó al ~ de evitar estar con él. ロラは彼と一緒にいるのを避けるまでになった
llevar a+人 *al* ~ *de*+不定詞 …に…させるまでに至る
por ~ =**en** ~

extremooriental [ε(k)stremo[o]rjentál] 圈 图 極東 Extremo Oriente の[人]

extremosamente [ε(k)stremósaménte] 剾 過度に, 極端に

extremosidad [ε(k)stremosiðá(ð)] 囡 ❶ 愛情表現が大げさなこと, ベタベタすること. ❷ 極端さ, 過度さ

extremoso, sa [ε(k)stremóso, sa] 圈 ❶ [ser・estar+. 愛情表現が] 大げさな, ベタベタした: Anda, no sea ~. ねえ, しつこくしないで. ❷［名詞/+名詞］極端な, 過度の: clima ~ 厳しい気候

extrínsecamente [ε(k)strínsekaménte] 剾 外因的に; 非固有的に

extrínseco, ca [ε(k)strínseko, ka]《←ラテン語 extrinsecus》圈

❶ 外的な, 外部からの〖⇔intrínseco〗: causa ～ca 外因. circunstancias ～cas 外的状況. ❷ 非固有的な, 非本質的な
extrofia [ɛ(k)strɔ́fja] 囡《医学》外展, 外反: ～ vesical 膀胱外反症
extrospección [ɛ(k)strɔspe(k)θjón] 囡《心理》外界観察《⇔introspección》
extroversión [ɛ(k)strɔbɛrsjón] 囡 ❶ =**extraversión**. ❷《解剖》外展, 外反
extroverso, sa [ɛ(k)strɔbɛ́rso, sa] 形《まれ》=**extravertido**
extrovertido, da [ɛ(k)strɔbɛrtíðo, ða] 形《まれ》=**extravertido**
extruido [ɛ(k)strwíðo] 男 =**extrusión**
extruir [ɛ(k)strwír] 48 他 =**extrudir**
extrudir [ɛ(k)struðír] 他《技術》[金属・プラスチックなどを] 型から押出し成形(加工)する
extrusión [ɛ(k)strusjón] 囡 ❶《技術》押出し成形. ❷《地質》[マグマの地表への] 噴出, 流出
extrusivo, va [ɛ(k)strusíβo, βa] 形 ❶ 押出し成形の. ❷《地質》roca ～va 噴出岩
extrusor, ra [ɛ(k)strusór, ra] 形 名 押出し成形の〔業者〕 ── 男 押出し成形機
exuberancia [ɛ(k)suβeránθja] 囡 豊かさ, 豊富; 豊すぎること: ～ económica (material) 経済的(物質的)な豊かさ
exuberante [ɛ(k)suβeránte] 形《←ラテン語 exuberans, -antis》豊かな, 豊富な, 豊満な; 豊すぎる: alegría ～ あふれるばかりの喜び. bosque ～ 生い茂った森. mujer ～ 豊満な女
exúbero, ra [ɛ(k)súβero, ra] 形《まれ》=**exuberante**
exudación [ɛ(k)suðaðjón] 囡 ❶ しみ出ること; しみ出たもの. ❷《医学》滲出
exudado [ɛ(k)suðáðo] 男《医学》滲出物, 滲出液
exudante [ɛ(k)suðánte] 形 しみ出させる
exudar [ɛ(k)suðár] 他《←ラテン語 exudare》❶ しみ出させる, にじみ出させる: El muro *exuda* humedad. 壁から水気がしみ出ている. ❷《医学》滲出させる ── 自 ❶ しみ出る, にじみ出る. ❷《医学》滲出する
exudativo, va [ɛ(k)suðatíβo, βa] 形《医学》滲出性の: pleuritis ～*va* 滲出性胸膜炎
exulceración [ɛ(k)sulθeraθjón] 囡《医学》潰瘍化
exulcerar [ɛ(k)sulθerár] 他《医学》潰瘍化させる, 浅い潰瘍を起こさせる ── 再 潰瘍化する
exultación [ɛ(k)sultaθjón]《←ラテン語 exultatio, -onis》囡 歓喜, 狂喜

exultante [ɛ(k)sultánte] 形 大喜びの, 大喜びしている, 有頂天の
exultar [ɛ(k)sultár]《←ラテン語 exultare》自 大喜びする, 歓喜する, 有頂天になる
exutorio [ɛ(k)sutórjo] 男 ❶《医学》[膿などを出すために切開した] 創口. ❷《技術》排出口
exvoto [ɛ(k)sβóto] 男《キリスト教》奉納物〖願をかけて治った体の各部を表わす蝋細工. ex voto とも表記する〗
eyaculación [ejakulaθjón] 囡《生理》❶ [体液の] 射出, 射精: ～ precoz 早漏. ❷ 射出されたもの
eyaculador, ra [ejakulaðór, ra] 形 名 射精する〔人〕
eyacular [ejakulár]《←ラテン語 eyaculari》他 自《生理》[体液を] 射出する, 射精する
eyaculatorio, ria [ejakulatórjo, rja] 形《生理》射出の, 射精の
eyección [eje(k)θjón]《←ラテン語 ejectio, -onis》囡 ❶ 排出, 噴出. ❷《航空》パイロットの射出
eyectable [eje(k)táβle] 形 排出(射出)され得る: asiento ～《航空》射出座席, 緊急脱出装置
eyectar [eje(k)tár] 他 排出する, 射出する ── ～se 射出座席で脱出する
eyectivo, va [eje(k)tíβo, βa] 形《音声》[無声子音が] 声門閉鎖を伴う; 放出音
eyector [eje(k)tór]《←ラテン語 ejectus》男 ❶ 排出(射出)装置, エジェクター: ～ de aire 排気装置. ❷ [銃から空薬莢をはじき出す] 蹴子(ひ゜) 〖=～ de tiro〗
eyeliner [ejelíner]《←英語》男《化粧》アイライナー
-ez《接尾辞》❶ →-**eza**. ❷ [父系姓] Sánch*ez*, Pér*ez*, Gonzál*ez*
-eza《接尾辞》[形容詞+. 名詞化. 性状] bell*eza* 美しさ〖3音節以上の語では語尾消失して -ez になることがある: brillant*ez* 輝き〗
Ezequiel [eθekjél] 男 ❶《人名》エゼキエル〖紀元前6世紀ユダ王国末期の預言者〗. ❷《旧約聖書》エゼキエル書
-ezno《示小接尾辞》[動物の子] lob*ezno* オオカミの子
ezpatadanza [ɛzpataðánθa] 囡《男性が踊る》バスク地方の民俗舞踊
ezpuenda [ɛzpwénda] 囡《ナバラ》土手, 堤防
ezquerdear [ɛzkɛrðeár] 自 [切石の列や壁が] 左にくねる(旋回する)
-ezuelo, la《示小接尾辞》[小] port*ezuela* 小さな扉

F

f¹ [éfe] 女 ❶ アルファベットの第6字. ❷《音楽》ヘ音《=fa》
f²《略》←femenino 女性名詞, 女性形
F《略》←febrero 2月; Fahrenheit 華氏温度
f/《略》←fecha 日付
fa [fá] 男《単複同形》❶《音楽》ファ, ヘ音: clave de *fa* ヘ音記号. ❷《ペルー》ダンス; お祭り騒ぎ
── 女《エクアドル》酔っ払うこと, 泥酔
FAB《略》←franco a bordo 本船甲板渡し価格
faba [fába] 女《圃》~s/fabes《❶《ガリシア, アストゥリアス, アラゴン. 植物, 実》ソラマメ《=haba》. ❷《アストゥリアス》インゲンマメ, その実
── 形《ラ・マンチャ. 俗語》ばか[な], 見栄っぱり[の]
fabáceo, a [faβáθeo, a] 形《植物》マメ科の
── 女《圃》《植物》マメ科
fabada [faβáða] 女《料理》ファバダ《アストゥリアス地方のインゲンマメと豚肉・ソーセージなどの煮込み》
fabianismo [faβjanísmo] 男 フェビアン主義
fabiano, na [faβjáno, na] 形 sociedad ~*na*[英国の]フェビアン協会
Fabio [fáβjo] 男《文学》《対話や書簡形式で, 語りかけられる》架空の友人
fabiola [faβjóla] 女 ❶《料理》《バゲットよりやつのある》柔らかい棒パン. ❷《昆虫》ヒメシジミチョウの一種《学名 Agrodiaetus escheri》
fabismo [faβísmo] 男 ソラマメによる中毒
fabla [fáβla] 女 ❶《文学》擬古文. ❷《古語》1)《まれ》言語; 話し方《=habla》. 2)寓話《詩》《=fábula》. 3)共謀, 陰謀
fable [fáβle] 形《まれ》言葉で表わされ得る
fablistán, na [faβlistán, na] 形 名《まれ》おしゃべりな[人]
fabordón [faβorðón] 男《音楽》フォブルドン《グレゴリオ聖歌特有の対位法》
fábrica [fáβrika]《ラテン語 fabrica「職人の仕事場」》女 ❶ 工場: trabajar en una ~ 工場で働く. ~ de aceite 製油所. ~ de automóviles 自動車工場. ~ de electricidad 発電所. ~ de paños 織物工場. ~ siderúrgica 製鋼所. ~s reales《歴史》王立工場《フランスを手本に武器・造船・造幣・たばこなどの工場制手工業のために創設されたが, やがナポレオン戦争(1808~14)で衰退した》. ❷ 製造: tener un defecto de ~ 製造上の欠陥がある. ❸ 石[煉瓦]の建造物: construcción de ~ 石造建築. muro de ~ 石壁, 煉瓦塀. ❹《文語》構築物, 建造物 ~ gigantesca 巨大建造物. ❺ 捏造(%), でっちあげ: ~ de embustes 嘘のでっちあげ. ❻ [教会維持のための] 献納金, 教会財産. ❼《メキシコ, コロンビア》サトウキビの蒸留酒製造所
de ~/a[l] pie de ~/en ~《商業》工場渡しの: a precio *de* ~ 工場渡し価格で, 工場出荷価格で, 製造原価で
fabricación [faβrikaθjón] 女 ❶ 製造, 製作; 生産: bomba de ~ casera 手製の爆弾. reloj de ~ suiza スイス製の時計. de ~ nacional 国産の, 自国製の. ~ de automóviles 自動車の製造
fabricado [faβrikáðo] 男 ❶ [主に 複]製品. ❷ 製造《=fabricación》
── 男 製造機
fabricador, ra [faβrikaðór, ra] 形 製造する
fabricante [faβrikánte] 形 製造する
── 名 製造業者, メーカー: ~ de calzados 製靴業者. ~ de electrodomésticos 家電メーカー. ~ de equipos originales/~ del equipo original 相手先ブランドによる製造, OEM
fabricar [faβrikár]《ラテン語 fabricare》7 他 ❶ 製造する: *Fabricamos mantas de diferentes calidades.* 当社は様々な品質の毛布を生産している. *fabricado* en Japón 日本製の. ❷ [加工・変形して]作り出す, 細工する: ~ la plata 銀に細工する. *Las abejas fabrican* miel y cera. 蜜蜂は蜜と蠟を作り出す. ❸《比喩》作り上げる: ~ una fortuna 財を成す. ~ una mentira 嘘をでっち上げる. ❹《まれ》建造する: ~ un dique 堤防を築く
fabril [faβríl] 形 製造の: industria ~ 製造業

fabriquero [faβrikéro] 男 ❶ 教会財産の管理者. ❷ 炭焼き. ❸ 製造者《=fabricante》. ❹《メキシコ》[製糖工場の]蒸留係
fabuco [faβúko] 男《アストゥリアス》ブナの実
fábula [fáβula]《ラテン語 fabula》女 ❶ 寓話: F~s de Esopo イソップ寓話. ❷ 寓話詩《=apólogo》: ~s de Samaniego e Iriarte サマニエゴとイリアルテの寓話詩《18世紀, スペイン》. ❸ うわさ, ゴシップ: Fulano es la ~ del pueblo. 誰それは村の噂の的だ. ❹ 作り話: Su historia es una ~. 彼の話はでっち上げだ. No te creas nada de eso; solo es una ~. そんなことは何も信じるな, 作り話にすぎない. ❺ 神話, 伝説: ~ de Psiquis y Cupido プシュケとキューピッドの神話. ❻ [物語の] 筋, プロット. ❼ ~ milesia ミレトス小説《淫猥な恋愛・冒険小説》
de ~《西. 口語》すごい, すばらしい: Tiene un coche *de* ~. 彼はすごい車を持っている. Nos lo pasamos *de* ~ en la fiesta. そのパーティーはすばらしく楽しかった
fabulación [faβulaθjón] 女 ❶ 作り話をすること. ❷《心理》空話症, 虚談症: No se puede creer lo que dice, porque tiene tendencia a la ~. 彼の話は信じられない, 何しろ彼には空話症的な性格があるのだから
fabulador, ra [faβulaðór, ra] 名 ❶ 作り話の上手な人. ❷ 寓話作者《=fabulista》
fabular [faβulár] 自 ❶ 作り話をする
── 他《想像力で架空のことを》作り上げる
fabulario [faβulárjo] 男 寓話集, 物語集
fabulesco, ca [faβulésko, ka] 形 寓話的な, 寓話特有の
fabulista [faβulísta] 名 寓話作家
fabulístico, ca [faβulístiko, ka] 形 寓話の; 寓話《ジャンル》
fabulizar [faβuliθár] 9 他《まれ》=**fabular**
fabulosamente [faβulosaménte] 副 偽って, 見せかけで
fabulosidad [faβulosiðá(ð)] 女 途方もないこと, 想像を絶すること; 空想性
fabuloso, sa [faβulóso, sa]《ラテン語 fabulosus》形 ❶ 空想の, 空想的な: país ~ 架空の国. ❷ 途方もない, 驚くべき すばらしい: impuestos ~*s* 法外な税金. inteligencia ~*sa* 驚異的な知能. tesoro ~ 莫大な財宝. ~*sa* ignorancia 途方もない無知. ❸ はるか昔の: tiempos ~*s* 大昔
pasárselo ~ 楽しく過ごす: *Ella se lo está pasando* ~. 彼女はとても楽しくやっている
FAC《略》←franco al costado 船側渡し価格
Fac.《略》←factura インボイス, 送り状
faca [fáka] 女《←ポルトガル語 faca》ファカ, カトラス《大型ナイフ, 片刃の剣》
facazo [fakáθo] 男 ファカ《カトラス》による傷
facción [fa(k)θjón]《ラテン語 factio, -onis「やり方, 同業組合」》女 ❶ 派閥, 党派: lucha entre *facciones* 派閥争い. ~ conservadora 保守派. ~ revolucionaria 革命派. ❷ [暴徒・叛徒の]集団, 徒党. ❸ 顔だち, 容貌(懇), 目鼻だち: tener (ser de) *facciones* nobles 高貴な顔だちをしている. ❹《軍》見張り, 哨戒: estar de ~ 見張り[歩哨]に立つ
faccional [fa(k)θjonál] 形《派閥の: lucha ~ 派閥争い
faccionalismo [fa(k)θjonalísmo] 男 派閥主義
faccionario, ria [fa(k)θjonárjo, rja] 形 [ある派閥・党派の] 支持する
faccioso, sa [fa(k)θjóso, sa]《ラテン語 factiosus》形 名 ❶《軽蔑》治安を乱す[人]; 武装蜂起した, 武装叛徒: Los ~*s* tomaron el Parlamento. 反乱者たちは議会を占拠した. acto ~ 反逆行為. banda ~*sa* 暴徒, 叛徒. ❷ 派閥の[一員], 党派の
facecia [faθéθja] 女《廃語》ジョーク, しゃれ, 気のきいた話
facedor, ra [faθeðór, ra]《古語》名=**hacedor**
facer [faθér] 他《古語》=**hacer**
facera [faθéra] 女《まれ》[街路の] 家並み
facería [faθería] 女《ナバラ》2つ以上の村が利用する牧草地
faceta¹ [faθéta]《←仏語 facette < face <ラテン語 facies「顔」》
❶ [事柄・人の]一面, 側面, 様, 相: Es una persona apasionada en todas ~*s* de la vida. 彼は生活のあらゆる面で情

熱的である. una ~ desconocida 知られざる一面. ❷ [多面体の] 小面; [宝石の] 切り子面, ファセット: ~s de una esmeralda エメラルドの切り子面. ❸ [節足動物の複眼の] 個眼 [面]

facetada [faθetáða] 囡《メキシコ》おやじギャグ
facetar [faθetár] 他 いくつかの側面を与える
faceto, ta² [faθéto, ta] 形《メキシコ》[当人は面白いと思っている が]面白くもない冗談を言う; これ見よがしの態度をとる
facha¹ [fátʃa] 《←伊語 faccia < ラテン語 facies「顔」》囡 ❶《口語》外観, 様相, 容姿《人の顔・服装・態度など総合的な印象》: Le ha gustado la ~ de esa muchacha. 彼はその娘の見た目が気に入った. ¿Vas a salir con esa ~? そんな格好で出かけるつもりか? Tiene buena ~ ese caballo. その馬は見栄えがよい. ❷《口語》不格好な人・物, 醜悪な人・物: Con ese traje estás hecho una ~. 君がその服を着ると変ちくりんだ. Ser (resultar) una ~ ぶざまな（ひどい）格好になる. ❸[地方語] 1)《軽蔑》自慢, うぬぼれ [＝jactancia]. 2) [燃やすための] わらの束. ❹《メキシコ》楽しむための服 (仮面). ❺《南米》＝**fachenda**
~ **a** ~ 面と向かって
ponerse en ~ 1)《船舶》ライツーする, 船首を風上に向けて停船する. 2)《口語》態勢を整える
── 図《西, 南米. 軽蔑》ファシスト [＝fascista]
fachada¹ [fatʃáða] 《←伊語 facciata》囡 ❶ [建物の] 外面, [特に] 正面, ファサード《~ principal》: Desde aquí se ve la ~ de la iglesia. ここから教会の正面が見える. ❷《口語》うわべ, 外見: En este país no hay inspectores para controlar los buques; todo es pura ~. この国には船舶を調べる監督官がない, すべてうわべだけだ. ❸[地理] ── litoral (marítima) 沿海地方. ❹《まれ》[本の] 扉
con ~ **a...** ～に面した
hacer ~ **con...** …に面している
fachado, da² [fatʃáðo, ða] 形《まれ》[bien・mal＋] 外見（顔立ち・風采）のよい・悪い
fachar [fatʃár] 他《キューバ》盗む
fachear [fatʃeár] [fatʃeár] 他《まれ》[家の] 玄関を整備する
── 自 [船が] 正面向きになる(なっている), 停船する
fachenda [fatʃénda] 囡《軽蔑》うぬぼれ, 見栄
── 图《軽蔑》見栄っぱりの人, もったいぶった人, 気取り屋
fachendear [fatʃendeár] 自《軽蔑》これみよがしにする, 見栄をはる, もったいぶる
fachendista [fatʃendísta] 形 图《軽蔑》＝**fachendoso**
fachendón, na [fatʃendón, na] 形 图《軽蔑》＝**fachendoso**
fachendoso, sa [fatʃendóso, sa] 形《軽蔑》見栄っぱりの〔人〕, 気取り屋〔の〕
fachento, ta [fatʃénto, ta] 形《メキシコ. 口語》だらしのない, 無頓着な; 見栄っぱりの, 通ぶった
facherío [fatʃerío] 男《集名》《軽蔑》ファシスト fascista たち
fachero [fatʃéro] 形《南米》美男の
fachinal [fatʃinál] 男《アルゼンチン》[植物に覆われた] 沼地, 湿地
fachismo [fatʃísmo] 男《古語的》＝**fascismo**
fachista [fatʃísta] 形 图《古語的》＝**fascista**
facho, cha² [fátʃo, tʃa] 形 图《チリ, アルゼンチン, ウルグアイ. 軽蔑》ファシスト〔の〕 [＝fascista]
fachón [fatʃón] 男《エストレマドゥラ》大きな炎と輝き
fachoso, sa [fatʃóso, sa] 形 ❶ 不格好な〔人〕, 不細工な〔人〕, 見っともない〔人〕. ❷《メキシコ, エクアドル, チリ》気取った. ❸《メキシコ. 口語》趣味の悪い（場にそぐわない）服を着た
fachudo, da [fatʃúðo, ða] 形《主にメキシコ》不格好な, 不細工な [＝fachoso]
facial [faθjál] 《←ラテン語 facialis < facies「顔」》形 ❶ 顔面の: ángulo ~《人間学》顔面角. nervio ~《解剖》顔面神経. neuralgia ~ 顔面神経痛. técnica ~ 美顔術. ❷《廃語》直観的な
── 男 [切手などの] 額面価格 [＝valor ~]
facialmente [faθjálménte] 副《廃語》直観的に
facies [fáθjes] 囡《単複同形》❶《文語》外観, 相. ❷《医学》顔貌（㉙）: ~ hipocrática ヒポクラテスの顔貌《一般に》死期の迫った病人の顔貌. ❸《地質》層相
fácil [fáθil] 《←ラテン語 facilis》形 ❶ 容易な, 簡単な, やさしい 《⇔difícil》: 1) [ser＋. 行なうのが] La tarea no es tan ~ como parece. その仕事は見かけほど簡単ではない. Será más ~ si lo haces tú. 君がそれをやればもっと簡単だろう. 2) [名詞

＋/＋名詞. 扱い・利用・入手が] Es una cosa ~. 簡単なことだ / お安い御用だ. dinero ~ 簡単に手に入る金, あぶく銭. trabajo ~ 簡単な仕事. de ~ manejo 操作の簡単な. de ~ uso 使いやすい. de ~ mantenimiento メンテナンスの楽な. 3) [ser ~＋不定詞] Es ~ abusar de los débiles. 弱者を利用することはたやすい. Criticar es ~. 批判するのはたやすい. 4) [ser ~ que＋接続法] Era ~ que consiguiera yo el permiso. 私が許可書を手に入れるのは簡単だった. ❷ [＋de＋不定詞] …しやすい, たやすく～する: Estas máquinas son muy ~es de usar. この機械は非常に使いやすい. No son ~es de encontrar. それらを見つけるのは簡単ではない. El número no es ~ de recordar. その数字は覚えにくい. ❸ 安楽な, 安易な: Era ~ amigo de los placeres y de la vida. 彼は快楽と安逸な生活を好んでいた. elegir un camino ~ 安易な道を選ぶ. ❹ おとなしい, 素直な, 従順な: carácter ~ 素直な性格. niño ~ 手のかからない子. ❺《軽蔑》[女性に] ふしだらな, 尻軽な: buscar mujeres ~es すぐ誘いに乗る女性を捜す. ❻ [芸術家が創造活動に] 器用な, 巧みな: versificador ~ 器用な詩作家. ❼ [感情の] 表に出やすい
es ~ 1) それはありそうな（ありうる）ことだ. 2) [＋que＋接続法] Es ~ que venga hoy. 彼は今日来るかもしれない. No es ~ que pase inadvertido. それが気づかれずにすむはずはない
── 副 ❶ 容易に, 簡単に, たやすく《＝fácilmente》: Lo que ~ viene, ~ se va. 楽して得たものは容易に失う. ❷ [＋数詞] 優に: Deben haber pagado ~ un millón de yenes. 彼らは少なくとも100万円は払ったに違いない

facilidad [faθiliðá(ð)] 《←ラテン語 facilitas, -atis》囡 ❶ 容易さ, 簡単さ, たやすさ: Llora con ~, pero nunca pide ayuda. 彼はすぐに泣くが, 決して助けを求めない. Camino con bastante ~ utilizando los bastones. 杖を使えば私はかなり楽に歩ける. ~ de uso 使いやすさ. ~ del examen テストのたやすさ. ❷ [自在にする] 能力, 素質, 才能: Siempre ha tenido ~ con los números. 彼はこれまでずっと数字に強かった. Mi hija tiene ~ para dibujar. 私の娘は絵の才能がある. mostrar gran ~ para la música 音楽にすぐれた才能を見せる. ❸ 軽率: Has perdonado a los culpables con ~. 君は罪にある人を簡単に許してきた. ❹ 圏 [主に ofrecer・obtener・dar などと共に] 便宜: Me dieron toda clase de ~es. 私はあらゆる種類の便宜の提供を受けた. Proporcionamos ~es de reserva de entradas para diferentes tipos de espectáculos. 私どもは各種観劇観戦の予約サービスを行なっています. dar ~es al cliente 客に便宜をはかる. ~es de crédito 信用の供与. ~es de financiación 資金供与. ❺ [便利な] 設備, 施設: Hacemos uso de estas ~es de alojamiento. 私たちはこの宿泊施設を利用する. ~ para minusválidos 障害者用設備. ❻ 好機, チャンス: Ahora tengo ~ para cambiar de casa. 今が引っ越しするのにいい時期だ. ❼《中米》交通機関
~**es de pago** 分割払い

facilillo, lla [faθilíʎo, ʎa] [fácil の示小語] 形《皮肉》容易ならぬ, 厄介な
facilitación [faθilitaθjón] 囡 ❶ 容易にすること, 簡易化. ❷ 供与, 提供
facilitador, ra [faθilitaðór, ra] 形 图 容易にする〔人〕; 便宜をはかる〔人〕
facilitar [faθilitár] 《←fácil》他 ❶ 容易にする, 楽にする, 助ける: Eso facilita las cosas. それで事態が好転する. El resumen facilita la comprensión. 要約は理解を容易にする. El ordenador me facilita el trabajo. 私はコンピュータで仕事が楽になる. ~ la digestión 消化を助ける. ❷《文語》[＋a ＋人] に供与する, 提供する, …の便宜を与える: Proveedor de acceso facilita el servicio de conexión a Internet. プロバイダーはインターネットへの接続サービスを提供する. Ahora disfruta de un coche facilitado por la empresa. 彼は今では会社から車を支給されている. Ellos te facilitarán todo lo que necesitas. 彼らが君の入用なものすべてを都合をしてくれるだろう. ❸《南米》[実際に] 容易だと判断して, 甘く見る, 見くびる
~**se** [＋a＋人 にとって] 容易である
facilitón, na [faθilitón, na] 形 图 物事を甘く見る〔者〕; お調子者〔の〕, 調子のいい〔やつ〕
fácilmente [fáθilménte] 副 容易に, 簡単に, たやすく: No se olvidará ~. それは簡単には忘れられないだろう. A mí no se me engaña tan ~. 私はそんなにたやすくだまされない. El portón se abrió ~. 門は簡単に開いた

facilón, na [faθilón, na] 形《軽蔑》非常に容易な
facilonería [faθilonería] 女《軽蔑》非常に容易なこと
facilongo, ga [faθilóngo, ga] 形《南米. 口語》非常に容易な, 朝飯前の
facineroso, sa [faθineróso, sa] 【←ラテン語 facinorosus < facinus, -oris「犯罪」】 形 名 ❶《主に窃盗の》常習犯〔の〕, ならず者, 悪人, 無法者
facioplastia [faθjoplástja] 女《医学》顔面形成外科
facistol [faθistól] 男 ❶《教会の》聖書台; [聖歌の]譜面台. ❷《古語》司教の床几【=faldistorio】
―― 形 名《カリブ》うぬぼれ屋〔の〕
facochero [fakotʃéro] 男《動物》イボイノシシ
facolito [fakolíto] 男《地質》ファコライト
facomalacia [fakomalá θja] 女《医学》水晶体軟化
facomatosis [fakomatósis] 女《医学》母斑症
facómetro [fakómetro] 男《医学》水晶体·屈折力測定器
facón [fakón] 男 ❶《ベネズエラ》[山刀 machete に似た]広刃の短刀. ❷《ボリビア, チリ, アルゼンチン, ウルグアイ》[ガウチョの使う広刃の]短剣
  pelar el ~ 剣のさやを払う; 宣戦する
facóquero [fakókero] 男《動物》イボイノシシ
facosclerosis [fakosklerósis] 女《医学》水晶体硬化
facoscopio [fakoskópjo] 男《医学》水晶体鏡
facsímil [faksímil] 【←ラテン語 fac < facere「作る」+simile「似た」】男 ❶《署名·印刷物·絵画などの》複写, 模写, 複製. ❷ 写真電送, ファクシミリ; servicios de ~ ファックスサービス
facsimilar [faksimilár] 形《出版物などが》複写による, 復刻版の
―― 他《まれ》複写する
facsímile [faksímile] 男 =**facsímil**
―― 形 =**facsimilar**
factibilidad [faktibilidá[d]] 女 実行(実現)可能性: estudio de ~ フィジビリティースタディー, 実行可能性(採算性·企業化可否)調査
factible [faktíble] 【←ラテン語 factibilis < factum < facere「作る」】形 実行(実現)され得る: solución ~ 実行可能な解決策
facticidad [faktiθidá[d]] 女《文語》人工(人為的·作為的)であること
facticio, cia [faktíθjo, θja] 【文語】形 ❶ 人工の, 人造の, 人為の, 作り物の: flores ~cias 造花. ❷ 作為的な, 不自然な: título ~ わざとらしい題
fáctico, ca [fáktiko, ka] 【←ラテン語 factum, -i < facere「作る」】 形 事実の, 事実に基づいた: poderes ~s 事実上の権力機関《国の政治に影響力をもつ銀行業界·軍·教会など》
factitivo, va [faktitíβo, βa] 形《文法》作為の, 使役の: verbo ~ 使役動詞
facto → *de facto*
factor [faktór] 【←ラテン語 factor, -oris < factum < facere「する」】男 ❶ 要因, 要素, ファクター: ~ alcista (bajista) [相場の]強(弱)材料. ~ de producción [土地·労働力·資本などの]生産資源. ~ externo 外的要因. ~ humano 人的要因. ❷《数学》因数, 約数: ~ común 共通因数. ~ primo 素因数. ❸《物理》係数, 率: ~ de multiplicación [核分裂過程中の中性子数の]増倍率. ~ Rh (Rhesus) Rh 因子. ❹《生理》遺伝因子: ~ Rh (Rhesus) Rh 因子. ❺《心理》適性. ❻ 代理業者, エージェント. ❼《まれ》作者. ❽《古語》1)《陸軍で》兵站(たん)司令官付き将校. 2)《農園の》管理人, [工事現場の]親方. 3)《インディアス Las Indias における》王室徴税官
 ❾《西. 鉄道》荷物取扱系
factoraje [faktoráxe] 男 ❶《商業》[依頼企業の売掛け債権を買取り自己の危険負担で回収する]債権買取業, ファクタリング. ❷《古語》代理業務; 代理業者の営業所
factoría [faktoría] 女 ❶ 工場【=fábrica】; コンビナート. ❷《船舶》捕鯨母船【=barco ~ buque ~】. ❸《在外商館; 交易場. ❹《古語》代理業務; 代理業者の営業所
factorial [faktorjál] 【←factor】形《数学》因数の: descomposición ~ 因数分解. ❷《生理》因子の: análisis ~ 因子分析〔法〕
―― 男《数学》階乗
factoring [fáktorin] 【←英語】男《複 ~s》《経済》売掛け債権買取, ファクタリング
factorización [faktoriθaθjón] 女《数学》因数分解
factorizar [faktoriθár] 9 他《数学》因数分解する

factótum [faktótun] 男《まれ》女《複 ~s》❶ [代理をつとめる]腹心, 右腕. ❷《口語》[家庭·会社などの]何でも屋, 雑事係. ❸《口語》執事, 召使い頭
factual [faktwál] 形《文語》事実の, 事実に基づいた: comprobación ~ 事実確認
factura [faktúra] 【←ラテン語 factura「製作」】女 ❶ 請求書, 勘定書: enviar la ~ del pedido servido 納入した注文品の請求書を送る. ❷《商業》インボイス, 送り状《商品名·品質·数量·単価·合計金額などを記載. 売主が買主に契約条件の履行を明証する義務的書類で通関の際にも必要》: extender una ~ インボイスを作成する. ~ comercial [商業]送り状. ~ consular 領事送り状. ~ pro forma [見積りや輸入ライセンス取得のための]仮送り状, 見積もり送り状, プロフォーマインボイス. ❸《文語》1)[美術品などの]出来上がり具合い: estatua de bella ~ 美しい出来ばえの彫像. 2)様式: de ~ clásica 古典様式の. ❹ 代償: Tendrás que pagar ~ por esto. 君にこのつけを払わねばならないだろう. ❺《ベネズエラ. 口語》刑務所, 拘置所.
 ❻《ラプラタ》《総称》菓子パン
  pasar [*la*] *~ a*+人 1) ...に請求書を送る. 2)《比喩》つけを回す: Sus excesos le están *pasando* ~. 彼は不摂生のつけが回ってきている
facturación [fakturaθjón] 女 ❶《商業》インボイスの作成. ❷《交通》1) 荷物をチェックで送ること, 託送手荷物にすること. 2) [空港の]チェックイン. ❸ 売上高: Esa empresa tiene una ~ anual de 10 millones de euros. その企業は1千万ユーロの年間売り上げがある. ~ global 総売上げ
facturador, ra [fakturaðór, ra] 形 請求書作成の
―― 女 請求書作成機【=máquina ~*ra*】
facturar [fakturár] 【←factura】他 ❶《料金などを》請求する: Le *facturamos* los libros, pero no los gastos de envío. 本代は請求しますが, 送料は無料です. ❷《商業》...のインボイスを作成する, 送り状に書き込む. ❸《交通》1)《目的地まで, 荷物を》チックキで預ける《送る》, 託送手荷物〔貨物〕にする. 2) [空港で]チェックインする: ~ la maleta スーツケースをチェックインする.
 ❹ [+金額]売上高が...になる: En 2009 *hemos facturado* 5000 millones de yenes. 2009年に当社は売上高50億円だった
facturista [fakturísta] 男 請求書作成者
facul [fakúl] 【facultad の省略語】女 学部
fácula [fákula] 女《天文》《太陽面の》白斑(はん), ファキュラ
facultad [fakultá[d]] 【←ラテン語 facultas, -atis】女 ❶《時に複》肉体的·精神的》能力, 機能; 技能, 知能: Los animales no tienen ~ de hablar. 動物には話す能力がない. Estoy perdiendo ~*es*. 私は頭がぼけてきている. ~*es* intelectuales 知的能力. ~*es* físicas 身体能力. ~ de pensar 思考能力. ❷ [+de·para の] 権限, 権利; 資格: El Gobierno tiene la ~ *de* nombrar y remover libremente a sus agentes. 政府には自由に任命し解任する権限がある. ¿Qué ~*es* se requiere *para* ser torero? 闘牛士になるためにはどんな資格が必要ですか? dar ~*es* para enseñar 教授資格を与える. banco con ~ de emitir moneda 通貨発行の権限を持つ銀行. ❸ [主に *F*~]. 大学の]学部: 1) [機関·建物][estudiar en] *F*~ de Derecho 法学部で学ぶ. 2) [学部を構成する]教授団, 教授陣: ~ mayor 神学部·法学部·医学部. 2) [学部を構成する]教授団, 教授陣. ❸《古語的》医学部【=*F*~ de Medicina】. ❹《医学》機能: perder la ~ de andar 歩行機能を失う. ❺《宗教》権能
facultar [fakultár] 【←facultad】他《文語》[+para+不定詞など]許可を...に与える, 資格を認める: Portaba una carta que lo *facultaba para* visitar oficialmente una división del ejército. 彼はある部隊を公式訪問することを許可する書状を持っていた. ❷《法律·法令が権限を》与える, 可能にする
facultativamente [fakultatíβaménte] 副 ❶ [特定分野の]原則と規定に従って. ❷ 任意に, 随意に
facultativo, va [fakultatíβo, βa] 【←facultad】形 ❶ 任意の, 随意の《⇔obligatorio》: Su uso es ~ y no obligatorio. その使用は任意で, 義務的ではない. asignatura ~*va* 選択課目. asistencia ~*va* para: carrera ~*va* 専門課程. término ~ 専門語. título ~ 学部学の資格. ❸ [公務員]専門的の, 技術職の: personal ~ 専門職員. ❸《文語》医師の, 医療の: atención ~*va* 治療. cuerpo ~ 医師団. parte ~*va* 病状報告〔書〕
―― 名 ❶《西. 行政, 文語》[法的資格のある]医師: Mi padre quería que yo me hiciera ~. 父は私を医者にさせたがっていた.

❷ 専門職(技術職)の公務員
facundia [fakúndja]《←ラテン語》囡《文語》能弁, 多弁, 饒舌(ぜつ): tener 〜 口が達者である. 〜 teatral 役者のような能弁さ
facundo, da [fakúndo, da] 形《文語》多弁な, 能弁な
fada [fáða] 囡 ❶《古語》妖精, 魔女. ❷《ガリシア》小型の生食用リンゴ camuesa の一種
fadiga [faðíga] 囡《アラゴン. 古語》買い戻し権
fading [fáðiŋ]《←英語》男 ❶《通信》フェーディング. ❷《自動車》使いすぎてブレーキが利かなくなる現象
fadista [faðísta] 名 ファド fado の歌手
fado [fáðo]《←?ラテン語 fatum「運命」》男 ❶ ファド《ポルトガルの民謡》. ❷《古語》宿命, 運命〔=hado〕
faena [faéna]《←古カタルーニャ語 faena「すべきこと」》囡 ❶ [肉体的な] 労働, 作業: No puedo entretenerme porque tengo mucha 〜. 私は仕事が多くて楽しめない. gorro de 〜 作業帽. 〜s agrícolas 農作業. 〜s domésticas 家事. ❷ 頭脳労働: 〜 de investigación 研究の仕事. ❸ 卑劣な手口〔=mala 〜〕: hacer una 〜 a+人 …に対して汚い手を使う. ¡Vaya (Qué) 〜! 何て汚いやり口だ. ❹《闘牛》[各場・特に最後の死の場での] マタドールの技: 〜 de aliño 牛を死の場に向けて覚悟させる技. ❺《グアテマラ》農園での時間外労働. ❻《チリ》労働者の班; 仕事場
meterse en 〜 仕事に没頭し始める
rematar la 〜 満足のいく形でことを終える, 立派にやりとげる
faenado [faenáðo] 男 ❶《古》漁. ❷《主にラプラタ》畜殺
faenadora [faenaðóra] 囡《主にラプラタ》〜 de reses 畜殺所〔=matadero〕
faenaje [faenáxe] 男《海での》漁
faenar [faenár]《←faena》 自 ❶ [漁船で海に出て] 漁をする. ❷《西》畑仕事をする
── 他 ❶《チリ》1)［果実・豆を］洗って皮むきする. 2)《婉曲》[人を] 傷つける. ❷《主にラプラタ》畜殺する: 〜 un pollo 鶏を絞める
faenero, ra [faenéro, ra] 形 海で操業する
── 名《地方語; チリ》農業労働者
faenón [faenón] 男 大仕事
faetón [faetón] 男 ❶ 4人乗りの旧式オープンカー; 軽四輪馬車. ❷《ギリシア神話》[F〜] ファエトン《太陽神の子. 父の馬車を御し地球を焦がしそうになり, ゼウスの雷電に撃たれて死んだ》
fafarachero, ra [fafaratʃéro, ra] 形《中南米》うぬぼれ屋の, 強がりの
fagáceo, a [faɣáθeo, a] 形 ブナ科の
── 囡 複《植物》ブナ科
fagal [faɣál] 男 ブナ目の
── 男 複《植物》ブナ目
fagedénico, ca [faxeðéniko, ka] 形《医学》[潰瘍が] 侵食性の
fagedenismo [faxeðenísmo] 男《医学》生殖器の潰瘍の拡大傾向
-fagia《接尾辞》[食べること] antropo*fagia* 食人
fago-《接頭辞》[食べる] *fago*citosis 食菌作用
-fago, ga《接尾辞》[形容詞・名詞化. 食べる] filó*fago* 草食性の
fagocitación [faɣoθitaθjón] 囡《生物》食菌
fagocitar [faɣoθitár] 他 ❶《生物》食菌する: Los glóbulos blancos *fagocitan* las bacterias. 白血球はバクテリアを食べる. ❷《比喩》呑み込む; 無力にする, 無効にする
fagocitario, ria [faɣoθitárjo, rja] 形《生物》食細胞の; 食菌作用の
fagocítico, ca [faɣoθítiko, ka] 形 =**fagocitario**
fagocito [faɣoθíto] 男《生物》[白血球などの] 食細胞
fagocitosis [faɣoθitósis] 囡《生物》食作用, ファゴサイトーシス
fagot [faɣót]《←古仏語》男 〜es/〔まれ〕〜s《音楽》ファゴット, バスーン
── 名 ファゴット(バスーン)奏者
fagotista [faɣotísta] 名 ファゴット(バスーン)奏者
Fahrenheit [fárenxajt] 形 華氏(温度)の: La temperatura fue 110 grados 〜. 温度は華氏110度だった
FAI [fáj] 囡《歴史. 略語》←Federación Anarquista Ibérica イベリア・アナーキスト連合
faifa [fájfa] 囡《ホンジュラス》[喫煙用の] パイプ

faina [fájna] 形《キューバ. 軽蔑》無礼な[人]; 知性のない[人]
fainá [fajná] 囡《アルゼンチン, ウルグアイ. 料理》[エジプトマメの粉で作った] トルティージャ
fainada [fajnáda] 囡《キューバ》下品な言葉, 不作法
faique [fájke] 男《植物》❶《ペルー》相思樹, アラビアゴムノキ. ❷《エクアドル》アカシアの一種《学名 Acacia tortuosa》
fair play [fér plej]《←英語》男《主に比喩》フェアプレイ
faisán [fajsán] 男《鳥》キジ(雄): 〜 diamantino《学名 Chrysolophus amberstiae》. 〜 dorado キンケイ. 〜 plateado ハッカン. 〜 vulgar コウライキジ.《アンダルシア. 植物》ゴジアオイの原に育つ褐色の食用キノコ
faisana [fajsána] 囡 雌キジ
faisandé [fajsandé/fesandé]《←仏語》形 [肉が] いたみかけた
faisanería [fajsanería] 囡 キジの飼育場
faisanero, ra [fajsanéro, ra] 名 キジの飼育者, キジ売り
── 男 キジの飼育場
faja [fáxa]《←ラテン語 fascia》囡 ❶《服飾》1) ガードル: ponerse 〜 ガードルをつける. 〜 braga パンティガードル. 〜 pantalón ロングガードル. 2) 帯: ceñirse la 〜 帯を締める. 〜 abdominal; 〜 de embarazo 妊婦帯. 3) サッシュベルト; カマーバンド. 4)［軍人などの］綬, 懸章. 5)《ホンジュラス》ベルト. ❷［書物などの］帯; 郵便物の帯封: poner la 〜 a un periódico 新聞に帯封をする. ❸ 帯状に伸びた[細長い]土地, 地帯〔=〜 de terreno〕: 〜 costera 沿岸地帯. 〜 desértica 砂漠地帯. 〜 intermedia 中央分離帯. ❹《紋章》フェス, 横帯. ❺《建築》帯状面, ファシア;［窓などの］平らな抱き. ❻《船舶》〜 de rizos リーフバンド. ❼《アラゴン》細長い畑. ❽《メキシコ》[本の背に貼る] ラベル
fajado, da [faxáðo, ða] 形 ❶ [人が] 打打された. ❷《紋章》横帯で分割された. ❸《アンダルシア; ラプラタ》[動物が] 縞模様の毛色をした
── 男 ❶《鉱山・井戸の》坑木
── 男 ❷《カナリア諸島; 中南米. 口語》攻撃, 殴打.《コロンビア. 口語》すばらしい行為. ❸《ベネズエラ》当て外れ, 失望
fajador, ra [faxaðór, ra] 形《口語》けんか早い
── 男《ボクシング》打たれ強いボクサー
fajadura [faxaðúra] 囡 ❶ =**fajamiento**. ❷《船舶》[綱を保護する] タール塗りの帆布地
fajamiento [faxamjénto] 男 帯をすること, 帯をかけること
fajar [faxár]《←faja》他 ❶ [人・物に] 帯をかける, 縛る. ❷《スポーツ》打撃を加える: El campeón *fajó* al aspirante sin piedad. チャンピオンは容赦なく挑戦者を攻撃した. ❸《中南米》[棒・鈍器で] 殴る. ❹《メキシコ》愛撫する, なで回す. ❺《カリブ》…から金をせしめる, 借金を頼む. ❻《キューバ. 口語》求愛する, 好きになる. ❼《アルゼンチン, ウルグアイ》ぼる, 高額の請求をする
── *se*《地方語》❶ [+a+不定詞・名詞に] 熱中する. ❷《中南米. 口語》殴り合いのけんかをする. ❸《メキシコ》愛撫し合う. ❹《カリブ》[+con 仕事・勉強に] 打ち込む
fajardo [faxárðo] 男《料理》ミートパイ
fajatina [faxatína] 囡《キューバ》=**fajazo**
fajazo [faxáθo] 男《カリブ》襲撃, 強盗《行為》
fajazón [faxaθón] 男《アルゼンチン》激しい対立, 大げんか
faje [fáxe] 男《メキシコ. 口語》抱擁, 愛撫, ペッティング
fajeado, da [faxeáðo, ða] 形 帯状になった
fajero [faxéro]《←faja》男 ❶ 産着. ❷ 帯(ベルト)を売る人
fajín [faxín]《faja の示小語》男［軍人・聖職者などが腹に巻く・胸に斜めに掛ける, 記章としての］絹の飾り帯
fajina [faxína] I《←fajo》囡 ❶ [脱穀場に積まれた穀物の] 束. ❷ 小割りにした薪. ❸《軍隊》食事ラッパ《元は食事ラッパ》. ❹《築城》[塹壕の側壁などに用いる] 粗朶, 束柴(たば). ❺《サラマンカ》農園, 菜園. ❻《アンダルシア》だらけていること, 怠惰. ❼《メキシコ》午前の畑仕事を終えてとる] 昼食
II 囡 ❶ [肉体的な] 労働. ❷《キューバ》残業, 時間外労働. ❸《南米》[急ぎの] 肉体労働. ❹《アルゼンチン》uniforme de 〜 兵士の日常の制服. ropa de 〜 作業服
con uniforme de 〜《口語》疲れた様子で
meter 〜《口語》とんちんかんなことをしゃべりまくる
fajinada [faxináða] 囡 ❶《築城》集合 粗朶, 束柴を使った工事
fajinitis [faxinítis] 囡《戯語》将軍になりたいという強迫的願望
fajitas [faxítas] 囡 複《メキシコ. 料理》ファヒータス[肉などと細切り野菜の炒め物]: 〜 de pollo 鶏肉のファヒータス
fajo [fáxo]《←アラゴン語 faxo < ラテン語 fascis「束」》男 ❶［薄い・

細長い物の]束: ~ de billetes 札束. ~ de leña 薪の束. ❷ 厖《産省(〃)》《ギリシスコア》薪の重量単位;〈ナバラ〉板材料のさの単位. ❹《中南米》一杯の焼酎. ❺《メキシコ》1)「刀身での」一撃. 2) 男性用ベルト
echarse un ~《メキシコ.口語》[ちびちびと]蒸留酒を飲む

fajol [faxól] 男《植物》ソバ《=alforfón》
fajón [faxón] 男《建築》〈窓・扉などの〉しっくい枠
fakir [fakír] 男 =faquir
fala [fála] 女《ムルシア》〈穀草の束をくくる〉カヤ
falacia [faláθja]《←falaz》女《文語》❶ 偽り, ごまかし: Sus argumentos son una ~. 彼の議論はごまかしだ. con ~ ごまかして. ~ patética 感傷的虚偽, 無生物の感情表現. ❷ 詭弁 (ペ∧).
falal [falál] 厖 スッポンタケ目の
──男複《植物》スッポンタケ目
falampo [falámpo] 男《地方語》雪片
falandero, ra [falandéro, ra] 厖名《地方語》母親にべったりの[子]
falange [faláŋxe]《←ラテン語 phalanx, -angis＜ギリシア語 phalanx》女 ❶《解剖》指骨, 趾骨: primera ~ 基節骨, 第一指骨. segunda ~ 中節骨, 第二指骨. tercera ~ 末節骨, 第三指骨. ❷《まれ》同志の集団, 結社. ❸ 大軍団, 密集部隊. ❹《古代ギリシア》ファランクス《重装歩兵による方陣》. ❺《歴史》[F~] ファランへ党《1933年プリモ・デ・リベラ Primo de Rivera により結成されたスペインのファシズム政党. フランコ Franco 政権下で唯一の公認政党とされ, 独裁体制を支えた. =F~ Española》
falangero [falaŋxéro] 男《動物》クスクス, ユビムスガ
falangeta [falaŋxéta] 女《解剖》〈指の〉末節骨, 第三指骨
falangia [faláŋxja] 女《動物》メクラグモ
falangiano, na [falaŋxjáno, na] 厖《解剖》指骨の, 趾骨の: articulación ~na 指関節
falángico, ca [faláŋxiko, ka] 厖 結社の, 組織集団の; 大軍団の
falángido, da [faláŋxiðo, ða] 厖 クモ目の
──男複《動物》クモ目
falangina [falaŋxína] 女《解剖》〈指の〉中節骨, 第二指骨
falangio [faláŋxjo] 男 ❶《昆虫》ザトウムシ, メクラグモ. ❷《植物》白ユリ
falangismo [falaŋxísmo] 男 ファランヘ主義
falangista [falaŋxísta] 厖名 ファランヘ党 Falange の〔党員〕
falangizar [falaŋxiθár] 9 他 ファランヘ党(党員)にする
falansteriano, na [falansterjáno, na] 厖名 ファランステールの; フーリエ主義の〔主義者〕
falansterio [falanstérjo]《←仏語 phalanstère》男 ❶ 協働生活体, ファランステール《空想社会主義者フーリエ Fourier の提唱した生活共同体; その居住する建物》. ❷〔団体のための〕宿泊所
falárica [falárika] 女《主に古代ローマ》投げ槍
falaris [faláris] 女《鳥》オバン〈大鴨〉
falarope [falaróp] 男《鳥》ヒレアシシギ: ~ picogrueso ハイイロヒレアシシギ. ~ picofino アカエリヒレアシシギ. ~ de Wilson アメリカヒレアシシギ
falasha [faláʃa] 厖名 ファラーシャ族〔の〕《エチオピア系ユダヤ人》
falaz [faláθ]《←ラテン語 fallax, -acis》厖〔複 ~ces〕《文語》もっともらしい, 見せかけの, 偽りの: razonamientos *falaces* もっともらしい論証, 詭弁. sueños *falaces* まやかしの夢物語
falazmente [faláθménte] 副《文語》もっともらしく, 偽って, 欺瞞(ぎまん)的に
falbalá [falbalá]《←仏語》男《服飾》❶〔カザックの後ろ側の裾の〕垂れ布. ❷ 裾飾り, フリル
falca [fálka]《←アラビア語 falga「くさび」》女 ❶〔材木の〕反(ぞり), ゆがみ. ❷《船舶》防浪板. ❸《アラゴン, ムルシア》〔車輪がたつきを止める〕かい物. ❹《メキシコ, コロンビア, ベネズエラ》〔ケーブルで引く平底で大型の〕渡し船. ❺《コロンビア, ベネズエラ》平鍋の補助として置かれる輪. ❻《ベネズエラ》箱の縁. ❼《ボリビア》《小型の》蒸留器
falcado, da [falkáðo, ða] 厖 ❶ 鎌の形をした, 半月形の. ❷《古代ローマ》carro ~ 車軸に鎌を付けた戦車
──男複《アラゴン》〔一度に刈り取った〕一つかみの穀草
falcar [falkár] 7 他 ❶ 鎌で刈る〔切る〕. ❷《アラゴン, ムルシア》かい物で固定する
falcario [falkárjo] 男《古代ローマ》鎌で武装したローマ軍兵士
falcata [falkáta] 女《考古》〔イベロ族が使用した, 柄から刀身を

一体の〕鉄製の湾曲刀
falce [fálθe] 女《地方語》円形鎌, 湾曲した刃物
falcidia [falθíðja] 女《法律》遺産の4分の1《相続税がかからない. =cuarta ~》
falciforme [falθifórme] 厖 鎌の形の
falcinelo [falθinélo] 男《鳥》ブロンズトキ
falcirrostro, tra [falθirróstro, tra] 厖《動物》鎌状のくちばしを持つ
falcón [falkón] 男 ❶〔15〜17世紀の〕軽砲. ❷《古語》タカ《=halcón》
falcondoita [falkondóita] 女《鉱物》ファルコンドイト, ニッケル含有海泡石
falconense [falkonénse] 厖名《地名》ファルコン Falcón の〔人〕《ベネズエラ北西部の州》
falconete [falkonéte] 男〔15〜17世紀スペインの〕小型散弾砲
falconiano, na [falkonjáno, na] 厖 =falconense
falcónido, da [falkóniðo, ða] 厖 ハヤブサ科の
──女複《鳥》ハヤブサ科
falconiforme [falkonifórme] 厖 ワシタカ目の
──男複《鳥》ワシタカ目

falda [fálda]《←ゲルマン語 falda「ひだ, 乳房」》女 ❶《服飾》1) スカート: ponerse (llevar) la ~ スカートをはく(はいている). ~ de capa/~ acampanada フレアースカート. ~ [de] tubo タイトスカート. ~ lápiz ペンシルスカート. ~ larga ロングスカート. ~ pantalón キュロットスカート. 2)[主に複]裾(ポ): ~s de la sotana 僧服の裾. 3)[帽子の]つば. ❷《古語》[ベッドの周囲・天蓋の縁などの]垂れ幕, 飾りカーテン; [床まで届く]丸テーブルの掛け布. ❸[時に複]山腹, 麓(ポ): Llegué a la ~ del monte. 私は山腹に達した. ❹[座ったときの]腿(メ)の前面部分の表面《=regazo》: Se echó a llorar en la ~ de su madre. 彼女は母親の膝でわっと泣き出した. ❺《料理》〔牛の〕ばら肉. ~ de ternera 子牛の腹部の肉, フランケ. ❻《口語》[複]女性たち: ser aficionado a las ~s/andar siempre entre ~s 女好きの. asunto de ~s 女性問題, 色恋沙汰. ❼〔特に母親の子供に対する〕過保護: apegarse a las ~s de la madre 母親にべったりである. ❽《印刷》[折り丁工程後の]紙の余剩部分. ❾[最も多く実がなる]オリーブの枝

estar pegado a las ~s《+de+女性の》言いなりである, 意地がない
faldamenta [faldaménta] 女 =faldamento
faldamento [faldaménto] 男 ❶[ロングドレスの]裾. ❷《口語》長くて野暮ったいスカート
faldar [faldár] 男 ❶《鎧の》草摺(ポホ). ❷《クエンカ》エプロン
faldear [faldeár] 他〔山の〕麓(ポ)を行く: El tren *faldea* la montaña. 列車は山麓を走る
faldegar [faldegár] 他《地方語》=enjarlbegar
faldegón, na [faldegón, na] 厖《地方語》[壁などを]石灰で白く上塗りする人
faldellín [faldeʎín] 男《服飾》❶ 長いスカートの上に重ねて着る短いスカート;[ペチコートの上にはく・コートの下に下着のようにはく]ラシャ地の短いスカート. ❷《中南米》[洗礼式用の]ベビー服
faldeo [faldéo] 男 ❶ 山麓を行くこと;《鉄道》山麓運行. ❷《キューバ, アンデス》[平原のある]山腹, 山腹
faldero, ra [faldéro, ra]《←falda》厖 ❶[男が]女好きの. ❷ niño ~ お母さん子, 甘えん坊
faldeta [faldéta] 女 ❶《演劇》[舞台上のものを必要な場面が来るまで隠しておく]覆い布, 幕. ❷《地方語》1) 短いスカート. 2) こたつ mesa camilla の掛け布
faldicorto, ta [faldikórto, ta] 厖 短いスカートの
faldillas [faldíʎas]《falda の示小語》女複 ❶[燕尾服などの]裾, 腰から下の部分. ❷ こたつ mesa camilla の掛け布
faldinegro, gra [faldinégro, gra] 厖〔牛の〕上部が赤く腹の下部が黒色の
faldistorio [faldistórjo] 男《儀式で用いる》司教の床几(ホネヘ)
faldón [faldón] 男《falda の示大語》❶《服飾》[衣服・カーテンなどの]裾, 垂れ: Va con los *faldones* de la camisa al aire. 彼はワイシャツの裾が出ている. *faldones* de la levita フロックコートの尾. ❷《洗礼式用の》ベビー服. ❸《自動車》泥よけフラップ. ❹《建築》切妻. ❺《馬具》泥除け. ❻《暖炉の》横壁とマントルピース. ❼[重石に使われる]すり減った挽き臼. ❽《新聞》紙面の下部

agarrarse (asirse) a los faldones de+人 …の保護を求

める

faldriquera [faldrikéra] 女 =**faltriquera**
faldudo, da [faldúdo, đa] 形 ❶ 裾広がりの. ❷《コロンビア》[土地が]傾斜の強い
faldulario [faldulárjo] 男 裾をひどく長く引きずるスカート(服)
faldumenta [falduménta] 女《まれ》スカート[=falda]; 裾[=faldamento]
falecio [faléθjo] 男《詩法》古典作詩法による詩[=verso ~]
falena [faléna] 女《昆虫》シャクガ
falencia [falénθja] 女 ❶ [断言する際の]間違い, 誤り. ❷《チリ, アルゼンチン, ウルグアイ》欠陥, 不足. ❸《アルゼンチン. 行政》破産
falerno [falérno] 男《古代ローマ》ファレルノワイン《現在のCampana 地方産. 詩人たちが最上の美酒と讃えた》
faleuco [faléuko] 男 =**falecio**
falibilidad [falibilidáđ] 女 誤りに陥りやすいこと: ~ de los juicios humanos 人の判断の間違いやすさ
falible [falíble]《←ラテン語 fallibilis》形 ❶ 誤りに陥りやすい, 誤りを免れない: Toda persona es ~. 人は誰でも間違えるものだ. ❷ 失敗するかもしれない, 当てにならない.《⇔infalible》
fálico, ca [fáliko, ka] 形《文語》❶ 陰茎の; 男根崇拝の: culto ~ 男根崇拝. estadio ~《心理》男根期. ❷ 男性を象徴する
falimiento [falimjénto] 男 欺瞞(ぎ), 虚偽, 嘘
falisca [falíska] 女《地方語》粉雪
falisco [falísko] 男 ❶《詩法》ファリスク詩《3つの長短短格と1つの長長格からなるラテン詩》. ❷《言語》ファリスキ語《ラテン語の源の一つ》
falismo [falísmo] 男 男根崇拝
falla[1] [fáʎa] I 女《←俗ラテン語 falla「欠陥」< fallere「騙す, 無い」》 ❶ [織物などの]傷, むら: camisa con ~ 傷物のワイシャツ. ❷ [義務の]不履行.《中南米》1) 裁決[=fallo]. 2) [人・物の]欠点; [機械の]故障, 欠陥. 3)《口語》残念, 心痛. ❹《コロンビア》[授業への]欠席
sin ~ 必ず[=sin falta]
II 女 ❶《地質》遷移点, 断層: ~ activa 活断層. ~ transformante / ~ de transformación トランスフォーム断層. ❷《鉱山》断層, 亀裂
III 《←仏語 faille》女《服飾》❶ [女性が装飾や防寒用に夜かぶった]フード, 頭巾. ❷《メキシコ》[幼児用の]ボンネット, 縁なし帽子
IV《←バレンシア語 falla < ラテン語 facula < fax「たいまつ」》女《西》ファリャ《バレンシア州サン・ホセの火祭りで, 最終日3月19日の聖ヨセフの日に燃やされる巨大な張り子人形》; 《園》バレンシア《サン・ホセ》の火祭り《3月15~19日, 春の到来を祝う祭り》: =Las F~s de Valencia》
Falla [fáʎa]《姓》**Manuel de** ~ マヌエル・デ・ファリャ《1876 ~1946, スペインを代表する国民楽派 nacionalismo musical の作曲家. 組曲『三角帽子』El sombrero de tres picos,『恋は魔術師』El amor brujo》
fallado, da [faʎáđo, đa] 形 ❶《地質》断層によって分断された. ❷《南米》欠陥のある
—— 女 ❶ 挫折, 失敗; [機械などの]機能停止. ❷《トランプ》手に組札がないこと
fallador, ra [faʎáđor, ra] 名 ❶《トランプ》要求された組札を出せない人. ❷《古語》発見者[=hallador]
fallanca [faʎáŋka] 女《戸口・窓の》水切り
fallar [faʎár] I《←ラテン語 afflare「嗅ぐ, 詮索する, 見つける」》他 ❶ [裁判所・審査員などが]裁定する, 裁決する, 判断を下す: ~ una sentencia 判決を下す. ~ un premio literario 文学賞〔の受賞者〕を決定する. ❷《古語》=**hallar**
—— 自 裁定する: Fallaron a su favor (en su contra). 彼に有利〔不利〕な裁定が下された
~~se 裁決〔決定〕される: Mañana se falla el premio de poesía. 明日, 詩のコンクールの賞が発表される
II 《←falla I》他 ❶ …に失敗する, しくじる: ~ un examen 試験に落ちる. ~ un disparo 撃ち損なう. el golpe 狙いを外す, ミスショットをする.《狩猟》[獲物を]撃ち損なう. ❸《トランプ》[組札がなくて仕方なく]切り札を出す
—— 自 ❶ 失敗する, 挫折する: Si fallas esta vez, no tendrás otra oportunidad. 君は今度失敗したら, 二度とチャンスがないだろう. Han fallado las flores sin llegar a dar fruto. 花は実に付かずに散ってしまった. ❷ [期待・予想が]外れる: Han fallado los pronósticos. 予想が外れた. ❸ 壊れる, 誤作動する:

する, 機能しない: Una construcción tan vieja podía ~ en cualquier momento. そんな古い建物はいつ崩壊してもおかしくなかった. La cuerda falló. 綱が切れた. Fallaron los frenos. ブレーキがきかなかった. Me fallaron los piernas. 私は脚が動かなかった / 脚に力が入らなかった. Es como si me fallaran las fuerzas de repente. 君はまるで急に力が出なくなったみたいだ. No falla y es muy barato. それは信頼性が高く, また安価だ. Falló la corriente eléctrica. 停電した. ❹ 折れる, 崩れる: Falló la rama en que sostenía y cayó a tierra. つかまっていた枝が折れて彼は地面に落ちた. ❺ [+a+人 を]裏切る: No soporto que la gente me falle cuando confío en ella. 私は信頼していた人に裏切られるのを我慢がならない. ❻《トランプ》[組札がなくて仕方なく]切り札を出す
no falla いつもながら: No falla: cuando estreno zapatos, se pone a llover. 私が新しい靴をおろすと雨が降る. 決まってそうだ
sin ~ 欠かさず, 絶対確実に: Viene cada semana sin ~. 彼は毎週欠かさずやって来る
falleba [faʎéba]《←アラビア語 halleba》女[ドア・窓の]掛け金, クレモン錠
fallecedero, ra [faʎeθeđéro, ra] 形 ❶ 死に得る, 終わり得る: mundo ~ 終わりあるこの世
fallecer [faʎeθér] I《←ラテン語 fallere「欠ける, 死ぬ」》39 自 ❶ [新聞など公式の表現で]亡くなる, 逝去する: Falleció de un infarto cardíaco a la edad de cincuenta años. 彼は心筋梗塞で50歳で逝去した. ❷ [物事が]終わる, 尽きる. ❸《古語》[+de ~] 欠く, 必要とする. ❹《古語》失敗する, 誤る
fallecido, da [faʎeθíđo, đa] 名 故人
falleciente [faʎeθjénte] 形 死にゆく
fallecimiento [faʎeθimjénto] 男 死亡, 逝去
fallero, ra [faʎéro, ra] 形 ❶《西》ファリャ Fallas の. ❷《チリ》義務を果たさない, 約束をよく破る
—— 名《西》ファリャの人形を作る人. ❷ ファリャに参加する人: F~《F~ra》mayor ファリャの王〔女王〕
fallido, da [faʎíđo, đa]《←古語 fallir「騙す, 誤る」< ラテン語 fallere「騙す, 気づかない」》形 ❶ 失敗の,〔徒労に〕終わった, 期待外れの: Hice esfuerzos ~s para salvarle la vida. 私は彼女の命を救おうとしたが, 空しい努力だった. amor ~ 失恋. intentona ~da 失敗した企て. ~da experiencia 挫折, 失敗の経験. ~ intento 挫折した試み. ~ golpe de estado 失敗したクーデター. ❷《商業》回収不能の, 不渡りの; 破産した: Una gran cantidad está ~da. 大金がこげついている. letra de cambio ~da 不渡り手形
—— 名 破産者, 倒産者
—— 男 ❶ 回収不能金[=cantidad ~da]; 貸倒れ金[=crédito ~]. ❷ 破産
fallir [faʎír] 21 自 ❶ 欠ける, 尽きる. ❷ 期待外れとなる;[言質・約束に]背く. ❸ しくじる, 誤る. ❹《ベネズエラ》破産する
fallo[1]《←fallar I》男 ❶ 《←ラテン語》[裁判所・審査員などの]裁定, 判決; 評決: El tribunal dio a conocer su ~. 裁判所は裁定を公表した. El juez pronunció el ~. 判事が判決文を読んだ. El ~ del jurado será inapelable. 陪審員の評決は上訴できない. emitir〔pronunciar〕un ~ 判決を下す. ~ condenatorio 有罪判決. ~ de la Suprema Corte de Justicia 最高裁判所の判決. ~ de un concurso músico 音楽コンクールの審査結果. ~ del premio 賞の審査発表
II《←fallar II》男 ❶《西》失敗, ミス, しくじり, 仕損じ; 期待外れ: Los ~s de color de la foto pueden deberse a un revelado defectuoso. 写真の色がよくないのは現像に失敗したからだ. El primer gol se debió a un ~ del portero. 最初のゴールはゴールキーパーのミスが原因だった. Es un negocio que no tiene ~. 申し分のない取引だ. No podemos permitirnos el menor ~. 我々はどんな失敗も許されない. En este no veo ningún ~ por mi parte. この点で私の側に何の落ち度もありません. ~ del mercado《経済》市場の失敗〔欠落〕《価格メカニズムが機能しない公共財や外部〔経済〕性の存在によって, 市場の資源配分機能がうまく働かない》. F~ humano 人的ミス. ❷《西》[機械・器具などの]欠点, 欠陥, 故障, 機能不全: Esto desemboca en descuidos, baja productividad y ~s en el sistema. これは不注意, 生産性の低下, そしてシステムの欠陥へとつながる. pasar por alto un ~ 欠陥を見落とす. ~ del motor エンジンの欠陥. ~ en el sistema de frenado ブレーキ系統の故障. ~ mecánico 機械的欠陥. En su estado, otro

~ respiratorio podría ser fatal. 彼の状態からすると、今度呼吸器に問題が起きると命を落とす可能性がある。 ~ cardíaco《俗用》心臓病、心臓麻痺。❸《情報》バグ: Debe haber algún ~ en el sistema. 何かシステムにバグがあるはずだ。❹《トランプ》手に組札がないこと: Tengo ~ a corazones. 私はハートを持っていない

fallo², lla² [fáʎo, ʎa] 形 ❶《トランプ》手に組札がない: Estoy ~ a oros. 私には金貨のカードがない。❷《ベネズエラ》[食べ物が] わずかしか供されない
quedar ~ 1)《ベネズエラ》[食べ物がわずかしか供されないので] 食後も空腹である。2)《チリ》穂に実が付いていない; 愚かな、ばかな

fallón, na [faʎón, na] 形 ❶ たいてい (しばしば) 失敗する。❷《エクアドル》いい加減な、不まじめな

falluca [faʎúka] 女《メキシコ, 口語》闇市場; 密輸品
falluquear [faʎukeár] 自《メキシコ, 口語》密輸品を売る

falluto, ta [faʎúto, ta] 形 ❶《まれ》偽善家の [人]。❷《ムルシア》空しい、空虚な。❸《プエルトリコ》臆病な。❹《ラプラタ, 口語》役人向けの、不誠実な、二枚舌の。❺《アルゼンチン, 軽蔑》約束を守らない [人]

FALN《略記》← *Fuerzas Armadas de Liberación Nacional* 国民解放軍《1962年ベネズエラで, ベタンクール Betancourt 政権の弾圧に対抗して左翼系諸組織が結成したゲリラ》

falo [fálo]《←ラテン語 *phallus* <ギリシャ語 *phallos*》男 ❶《文語》男根、陰茎 [=*pene*]: escultura en forma de ~ 男根像の彫刻。❷《植物》~ hediondo (*impúdico*) スッポンタケ

falocracia [falokráθja] 女 ❶《文語》男尊女卑、マチスモ。❷《皮肉》[公的な場での] 男性優位

falócrata [falókrata] 形 女《文語》男尊女卑の [人]、男性優位主義の [人]

falocrático, ca [falokrátiko, ka] 形《軽蔑》男尊女卑の

faloidina [faloiðína] 女《生化》ファロイジン

falondres [falóndres] *de* ~《キューバ, ベネズエラ》突然、にわかに

falopa [falópa] 形《南米, 口語》偽造の
—— 女《ラプラタ, 口語》❶ 興奮剤, 幻覚誘発剤。❷ 安物のイミテーション

falopero, ra [falopéro, ra] 形 名《ラプラタ, 口語》覚醒剤 (幻覚誘発剤) を使用する [人]

Falopio [falópjo] 女《解剖》卵管、らっぱ管

faloria [falórja] 女 ❶《アラゴン, ムルシア, 俗語》作り話、嘘; わざとらしいお世辞。❷《ラマンチャ》[俗] ごまかし、欺瞞 (ホ...)

falsa¹ [fálsa] 女 ❶《音楽》[半音げみの結果で] 不協和音。❷《ナバラ, ログローニョ, アラゴン》[張り天井と屋根の間の] 納戸。❸《アラゴン, ラマンチャ; メキシコ》=*falsilla*。❹《アラゴン, ムルシア》屋根裏部屋

falsaarmadura [fals(a)armaðúra] 女 =*contraarmadura*

falsabilidad [falsaβiliðáð] 女 ❶《哲学》反証可能性, 反証可能原則。❷ [ある学説・定理が] 誤りだと証明できること

falsable [falsáβle] 形 [学説などが, 事実・経験によって] 否定され得る

falsabraga [falsaβráɣa] 女《築城》副壁

falsación [falsaθjón] 女 [ある学説・定理に対する] 論駁 (ボ...), 反証

falsada [falsáða] 女《猛禽の》急降下 [=*calada*]

falsamente [fálsaménte] 副 偽って、騙して、不実に

falsar [falsár] 他 学説 (定理) を否定する

falsario, ria [falsárjo, rja]《←ラテン語 *falsarius*》形 ❶ 嘘つきの [人]、偽善的な [人]。❷ 偽りの。❸ 偽造する、贋造する; 偽造者

falsarregla [falsar̄éɣla] 女 ❶ 角度定規。❷《アンダルシア; ベネズエラ》=*falsilla*

falseador, ra [falseaðór, ra] 形 偽る、歪曲する、嘘つきの

falseamiento [falseamjénto] 男 歪曲、捏造、偽造、贋造; 偽造品

falsear [falseár]《←ラテン》他 ❶ [事実を] 偽る、歪曲 (...) する、改竄 (...) する、捏造する: ¿No *habrás falseado* los datos? 君はデータを改竄していないだろうな？ ~ el pensamiento del autor 作者の考えを曲解する。~ una declaración 虚偽の陳述を行なう。~ la realidad 事実を偽る。~ una ley 法律を曲げる。❷ 偽造する [=*falsificar*]: ~ la moneda 貨幣を偽造する (作る)。❸ [鍵を] 貫く。❹《建築》[木材・石を] ずれて斜めに切る
—— 自《まれ》❶ [物が] 弱くなる、耐久性を失う: La viga *falseó* y se hundió el techo. 梁が弱くなって天井が落ちた。

《音楽》[弦の] 調子が狂う。❸ [馬の背を傷つけないように] 大きめの鞍をつける。❹ [馬が] 足を踏み外す、よろける、つまずく
—*se* 歪曲される: *Se ha falseado* la verdad histórica. 歴史的事実が歪曲された

falsedad [falseðá(ð)]《←ラテン語 *falsitas*, *-atis*》女 ❶ 虚偽、偽り: ¿Cómo tienes agallas para decir tamaña ~? よくもそんなでたらめなことを言えるね。La película está llena de ~*es* históricas. その映画には歴史上の誤りが一杯ある。decir ~*es* 偽りを言う。demostrar la ~ de un mito 神話の偽りを証明する。verdad o ~ 真偽。❷《法律》文書偽造、虚偽の陳述: ~ en documento público 公文書における虚偽の記述。~ *personal* 氏名詐称。❸《哲学》真実の否定
atacar de ~《法律》否認する

falseo [falséo] 男 ❶ 偽り、捏造、歪曲。❷《建築》[木材・石を] 斜めに切ること; その斜めに切られた面 (切り口)

falseta [falséta] 女《歌謡の伴奏でメロディーに挿入する》ギターのアルペジオ、トレモロ

falsete [falséte]《←*falso*》男 ❶《音楽》1) 裏声、ファルセット: cantar en ~ 裏声で歌う。2) =*falseta*。❷《古語》[部屋と部屋の間の] 小さな片開きの扉。❸《樽の》コルク栓

falsía [falsía] 女《軽蔑》[主に 複] ❶ 虚偽、偽り: En la vida clerical no hay más que ~ o ignorancia. 聖職者の生活には虚偽、あるいは無知しかない。❷ 不実、二心

falsificación [falsifikaθjón] 女 ❶ 偽造、変造: ~ de documento público 公文書偽造。~ de pasaportes パスポートの偽造。~ monetaria 通貨変造。❷ 偽造品、変造品: En seguida comprobaron que se trataba de una ~. すぐに彼らは偽造品であることを確かめた。❸ 歪曲、ゆがめること; 捏造 (ネッ): ~ de pruebas 証拠捏造

falsificador, ra [falsifikaðór, ra] 形 名 偽造者 [の]: ~ de cheques 小切手の偽造者

falsificar [falsifikár]《←ラテン語 *falsificare* < *falsus*「偽りの」+ *facere*「する」》他 偽造する、変造する: ~ un certificado médico 健康診断書を偽造する。~ cheques 小切手を偽造する。~ documentos oficiales 公文書を偽造する。~ la firma 署名を偽る。~ moneda 貨幣を偽造する。~ una obra de arte 美術品を偽造する。~ el vino ワインに混ぜ物をする

falsilla [falsíʎa]《←*falso*》女 下敷き罫紙 (ゲ...)

falsín [falsín] 男《ベネズエラ》[ヒョウタンの茎で作る鋭い音の] 横笛

falsío [falsío] 男《ムルシア, 料理》肉・パン・ニンニク・香辛料で作る詰め物

falso, sa² [fálso, sa]《←ラテン語 *falsus < fallere*「騙す」》形 ❶ 偽の、虚偽の、嘘の《⇔*verdadero*》: 1) Desgraciadamente la noticia es ~*sa*. 残念ながらその知らせは虚偽だ。Todo eso es ~. それは全部嘘だ。A menudo lo verdadero suena como ~, y lo ~ como verdadero. 本当のことが嘘に思われ、嘘が本当のことと思われることがしばしばある。médico ~ 偽医者。rumor ~ あらぬうわさ、デマ。~*sa* alarma 間違い (いたずら) の警報。~*sa* amenaza de bomba 爆弾を仕掛けたという偽の脅迫。~ testimonio 偽証。2) [ser ~ que+接続法] Es ~ *que* haya nacido en Acapulco. 彼がアカプルコで生まれたというのは嘘だ。❷ 偽造の、贋造の、贋造の: Este Miró es ~. このミロの [絵] は偽物だ。bigote ~ 付けひげ。billete ~ 偽札。diamante ~ 模造ダイヤ。diente ~ 義歯。fondo ~ 二重底。nombre ~ 偽名。pasaporte ~ 偽造パスポート。perla ~*sa* 模造真珠。puerta ~*sa* 秘密のドア、隠し扉。~ *sa* membrana 偽膜。~ piel de cocodrilo 偽のワニ皮。~*s* dientes de oro 金の入れ歯。❸ 当てにならない、根拠のない、見せかけの: ~*sa* alegría ぬか喜び。~*sa* esperanza 空頼み。~*sa* modestia 見せかけの慎ましさ。~*sa* reputación 虚名。~*sa* sonrisa 作り笑い。❹ 不実の、裏切りの: ~ amigo 不誠実な友人。❺《俗語》適切でない、誤った、誤って: hacer una ~*sa* maniobra 操作を誤る。hacer un ~ movimiento 無理な体の動きをする。❻ 弱い、もろい。❼《音楽》調子の狂った: nota ~*sa* 調子外れの音。❽《建築》[+名詞, 丸天井などが] 持送り式の: ~ arco 持送りアーチ。~ ventana めくら窓。❾ [馬が] 癖のある、足癖の悪い。❿《地方語》臆病な、怠惰な、ずぼらな
de ~ =*en* ~
en ~ 1) 偽って、嘘をついて: declarar *en* ~ 偽証する。jurar *en* ~ 偽誓する。2) [動作が] 誤って: Pisó *en* ~ y se cayó. 彼は足を踏み外して転んだ。3) うわべだけ; 抜本的解決に至ら

ずに: La herida se cerró en 〜. 傷は表面だけふさがった. Este edificio está hecho en 〜. この建物は土台がしっかりしていない
más 〜 que Judas 偽善者の, 猫かぶりの
sobre 〜 =en 〜
── 图《まれ》嘘つき, 不誠実な人, ずるい人: Es un 〜 en el que no hay que confiar. 彼は嘘つきで, 信用してはいけない
── 男❶《服飾》補強布, 裏地. ❷《メキシコ, 中米》偽証
falta¹ [fálta] I 图《まれ》fallita <俗ラテン語 fallita <ラテン語 fallere「ない, 騙す」》 ❶ [+de の] 欠如, 不足: Hay 〜 de personal. 人員が不足している. Tenemos 〜 de tiempo. 私たちは時間がない. La 〜 de medios económicos les impidieron realizar el viaje. 資金不足のため彼らの旅行は実現しなかった. 〜 de agua 水不足. 〜 de alimento 食糧不足. 〜 de apetito 食欲不振. 〜 de comunicación コミュニケーションの不足. 〜 de experiencia 経験不足. 〜 de higiene 不潔, 不衛生. 〜 de información 情報不足. 〜 de oxígeno 酸素の欠乏. 〜 de pago 不払い. 〜 de práctica 練習不足. 〜 de preparación 準備不足. ❷ 不在, 欠席, 欠勤: Su 〜 pasó inadvertida. あなたがいないことは気づかれなかった. Ayer había dos 〜s. 昨日は欠席(欠勤)が2人いた. Ya ha tenido cuatro 〜s este mes. 彼は今月もう4回も休んだ. ❸ 欠点, 欠陥: Nadie le encuentra 〜s. 誰も彼には欠点を見つけられない. Es una mujer sin 〜. 彼女は欠点のない女性だ. ❹ 誤り, 間違い: Tuvo dos 〜s en la traducción. 彼は2か所訳を間違えた. cometer una 〜/incurrir en 〜 間違いをする; 過ち (違反・反則) を犯す. carta llena de 〜s de ortografías スペルの誤りだらけの手紙. 〜 de imprenta ミスプリント. ❺ 過ち, 過失, 罪: Debes perdonar sus 〜s. 君は彼の過ちを許してあげるべきだ. Se consideraba una grave 〜 no asistir a la reunión. その会に出席しないことは重大な過ちと考えられていた. ❻《法律》違反: A la tercera 〜 te quitan el carnet de conducir. 3度目の違反で君は免許証を取り上げられる. ❼《スポーツ》1) フォルト, ファウル (cometer) una 〜 1回ファウルをする. doble 〜《テニス, バスケットボール》ダブルフォルト. 〜 de pie [ラインから足が出る] ファウル. 〜 máxima 反則. 2) フリーキック, フリースロー: sacar una 〜 フリーキックをする. tirar (lanzar) una 〜 フリースローをする. ❽《商業》〜 de aceptación 引受け拒絶. 〜 de pago 支払い拒絶. ❾《医学》無月経: Está embarazada de tres 〜s. 彼女は妊娠3か月である. tener dos 〜s 2か月生理がない
a 〜 de... 1) [+人・事物] …がないので [=por 〜 de...]; …がなければ: a 〜 de mejor solución 他によい解決法がないので. 2) [estar+] あと…だけでない: El vestido está a 〜 de pegar los botones. ドレスはあとボタンを付けるだけだ. 3) [+時間] …前に: a 〜 de un minuto para el final del partido 試合終了の1分前に
caer en 〜 誤りを犯す; 義務を果たさない
coger en 〜 a+人 …の過ちの現場をおさえる
echar en 〜 [+事物・人] …がないことに気づく, …がなくて寂しく思う: Ella no echó en 〜 el collar. 彼女はネックレスがないことに気づかなかった. Echan en 〜 el sol. 彼らは太陽を恋しがっている. Nadie me echaría en 〜. 私がいなくなっても誰も困らない
hacer 〜 必要である, 足りない: 1) Hacen 〜 200 euros. 200 ユーロ必要だ. Lo primero que hace 〜 es imaginación. 何よりも必要なのは想像力だ. Me hacen 〜 unos meses para terminarlo. 私はそれを終えるのに数か月かかる. 2) [+不定詞・que+接続法] …しなければならない, …であるにちがいない: Hace 〜 recortar el déficit. 赤字を削減しなければならない. Hace 〜 estar loco para gastar ese dinero. その金を使ってしまうなんて頭がどうかしているに決まっている. Hace 〜 que le ayudemos. 私たちは彼を援助しなければならない. 3)《まれ》…がないのを寂しく思う
hacer tanta 〜 como los perros en misa 全く不必要である, 邪魔である
ni 〜 [que hace 〜][軽蔑的な応答] 大したことではない: No entiendo una palabra.—Ni 〜 que hace. 一言も分からない. —どうでもいいことだよ
no hacer 〜 [+不定詞・que+接続法] …しなくてもよい, …する必要はない, …するには及ばない: No hace 〜 saber más. それ以上知る必要はない. No hace 〜 ser un técnico en informática para trabajar con un PC. パソコンで仕事するのに情報処理の専門家である必要はない. No hace 〜 que prepa-

res la maleta. 旅行の支度をするには及ばない
notar la 〜 de... …がいないのを残念に (寂しく) 思う: He notado tu 〜 en la fiesta. パーティーに君がいなくて私は寂しかった
pillar en 〜 a+人 =**coger en 〜** a+人
poner 〜 a+人 …を欠席 (欠勤) 扱いにする: Le pusieron 〜 en la lista. 彼は欠席 (欠勤) 扱いにされた
poner 〜s a... =**sacar 〜s a...**
por 〜 de... …がないので, …が不足して: No puedo hacerlo por 〜 de tiempo. 私は時間が足りなくてそれをすることができない. producir anemia por 〜 de hierro 鉄分の不足で貧血を起こす. por 〜 de propuesto 予算不足のために
sacar 〜s a... …のあら探しをする, 難癖をつける
sin 〜 必ず, 間違いなく: Acudo sin 〜 a la cita. 必ず約束の日時に行きます. La lleva a su madre sin 〜 a misa. 彼は必ず母親をミサに連れて行く. Pase usted por mi casa sin 〜. 必ず私の家に寄ってください
II 图《チリ》行商人 [=falte]
faltante [faltánte] 形 图《まれ》欠席 (欠勤) する〔人〕
faltar [faltár]《←falta》 自 ❶ [人・事物が主語, あるべきものが〕 ない, 欠けている, 不足している: En esta fábrica sobra maquinaria y falta personal. この工場では機械が余っていて, 人手が不足している. Faltaba de su casa desde hacía dos semanas. 彼は2週間前から家にいなかった. ¿Quién falta?—Falta Miguel. 誰がいない?—ミゲルがいません. En mi bolso faltan las llaves. 私のハンドバッグの中に鍵がない. Faltan los libros que dejé allí. そこに置いておいた本がない. 警官が足りない. Aquí faltan dos sillas. ここに椅子が2脚足りない. No falta nada. 足りないものはない. ¡No faltaría! 私は決してしない! No falta quien opina que... …と考える人もいる. No falta ninguno de los elementos esenciales. 本質的な要素はすべてそろっている. 2) [+a+人・事物 に] Me falta un lápiz. 私の鉛筆が1本ない. Te falta algo. 君には何かが欠けている. Le falta un brazo. 彼は片腕だ. A ella solo le falta decidirse. 彼女にとって後は決心するだけである. Me falta dinero. 私は金が必要だ. Nos falta tiempo para repararlo. 私たちはそれを修理する時間が足りない. A los matrimonios de hoy les falta tolerancia. 現今の夫婦には忍耐心が不足している. A la salsa le falta sal. ソースに塩が足りない. ❷ [+para+名詞・不定詞・que+接続法 まで, 時間・距離が] まだ残っている: ¿Cuánto falta para tus exámenes?—たった1週間です. 試験まで後どれくらいありますか?—たった1週間です. Falta poco para Navidad. もうすぐクリスマスだ. Faltaban unos minutos para las dos de la tarde. 午後2時数分前だった. Falta poco para las dos. 間もなく2時だ. Faltan cinco minutos para que comience el programa. 番組開始5分前だ. Faltan 20 kilómetros para Madrid. マドリードまでまだ20キロだ. [+por+不定詞] まだ…されていない, …するのがまだ残っている: Falta todavía bastante por hacer. しなければならないことがまだたくさんある. ¿Qué falta por hacer? まだ何をしなければなりませんか? Hay tantas cosas que te faltan por ver. 君がまだ見ていないものがたくさんある. ❹ [+a 〜に] 欠席, 欠勤する: Hoy han faltado muchos alumnos. 今日は生徒がたくさん欠席した. No he faltado ni una sola vez a las reuniones. 私は集まりに出なかったことは一度ない. 〜 a la oficina 欠勤する. ❺ [+de に] いない, 不在である; いなくなる: Buscan a dos niños que faltan de su casa desde hace tres días. 彼らは3日前からいなくなった2人の子供を捜している. ❻《婉曲》死ぬ: Ya hace un año que falta. 彼が亡くなってからもう1年だ. ❼ [+a 約束・信頼などに] 背く, 破る: Tú sabes que él no falta a su palabra. 君は彼がいうとおり約束を破らないことを知っている. Le faltó al respeto a su profesor. 彼は先生に敬意を払わなかった. 〜 a la cita 会う約束をすっぽかす. 〜 a la confianza 信頼を裏切る. 〜 a la verdad 嘘をつく. 〜 a su promesa 約束を破る. 〜 al honor 名誉を傷つける. ❽《口語》[+a+人 に対して] 敬意を払わない: No faltes a tu padre. お父さんに失礼しないで. No he querido 〜le. 私は彼を侮辱するつもりはなかった. ¡Sin 〜!, ¿eh? いいか, 礼儀をわきまえろ! ❾ [+en で] 間違いを犯す; 怠る: Si he faltado en algo, ha sido involuntariamente. もし私が何か間違えたとしたら, 故意でなかったからだ. 〜 a su obligación 義務を果たさない. 〜 en los modales 行儀が悪い. 〜 en los pagos 支払いを怠る. ❿ [道具が] 欠陥がある: Faltó la amarra. 係留索が緩んだ. ⓫ [妻・夫が] 不貞を働く. ⓬《ま

faltativo, va

れ］絶える，なくなる: ~ el aliento 息が絶える．~ el pan パンがなくなる．⑬《地方ір》[+de+事物 を] 欠く
¿Falta mucho? 先はまだ長い?: ¿Te *falta mucho?* 長くかかりますか?
Falta mucho todavía. 時間はまだたくさんある
falta nada para+不定詞・*que*+接続法 もう少しで…するところである
falta poco para+不定詞・*que*+接続法 もう少しで…するところである，…寸前である: Tenía mareos y le *faltaba poco para* vomitar. 彼はめまいがして，もう少しで嘔吐するところだった． *Faltó poco para que* lo pillara una camión. 彼はあやうくトラックにひかれるところだった． *Falta poco para que* termine el partido. 間もなく試合終了だ
falta por saber (ver)… …は疑わしい，疑問だ: Él ha dicho que sí; *falta por saber* qué dirá su mujer. 彼はうんといったが，奥さんがどう言うかは分からない． *Falta por saber* si esa finca de que habla es suya. 彼の言うその別荘が本人のものか知れたものではない
falta saber (ver)… =*falta por saber (ver)*…
¡Faltaba (Faltaría) más! =¡No faltaba (faltaría) más!
¡Faltaría (Faltaría) plus! 《戯語》=¡No faltaba (faltaría) plus!
lo que faltaba 1) さらに悪いことには，最悪なことに: *Lo que faltaba*, la producción lleva un mes parada. さらに悪いことに，生産が1か月止まっている． *¡Lo que me faltaba!* 私は泣っ面に蜂だ! 2) とんでもない
lo que me faltaba por oír (ver) 《口語》聞く(見る)のもばかばかしい
no falta más [*sino*] *que*+接続法 …とはとんでもない，…したらどうしよう: *No falta más que* nos digan que somos la tercera clase. 私たちが三流と言われるなんてもっての外だ． *No faltaría más sino que*, yendo en metro, nos sobreviniera un terremoto. 地下鉄に乗っている時に地震が来たりしたらどうなることだろう
¡No faltaba (faltaría) más! 《口語》1) [承諾] もちろんどうぞ，いいですとも!: ¿Puedo sentarme aquí?—*¡No faltaba más!* ここに座っていいですか?—どうぞ，どうぞ! ¿Quieres corregir los errores de esta carta que escribí en español?—*¡No faltaba más!* 私がスペイン語で書いたこの手紙の間違いを直してくれないか?—いいですとも． 2) [相手の申し出・感謝に対する丁寧な返答] いえ，どういたしまして: Vaya usted delante, por favor.—*¡No faltaba más!*, usted primero. どうぞお先に．—いいえ，あなたこそお先に． Le agradezco mucho su colaboración.—*¡No faltaba más!* ご協力ありがとうございます．—どういたしまして． 3) [にべもない拒絶・否定] とんでもない，まっぴらだ!: Ya no puedes salir más con ella.—*No faltaba más.* これ以上彼女と付き合ってはいけない．—それはひどい
¡No faltaba más que eso! 1) それはあんまりだ! 2) とんでもない!
¡No faltaba (faltaría) plus! 《戯語》[拒絶・否定] とんでもない，まっぴらだ!
no ~ ni sobrar 過不足ない: La bailarina se mantiene tan estupendamente de peso que *no le falta ni sobra* medio kilo durante estos dos años. そのダンサーは体重管理が万全で，この2年間は500グラムの過不足がない
por si faltaba algo その上，おまけに; さらに悪いことには
¡Solo faltaba (falta) eso! =¡No faltaba más!
Solo [*le*] *faltaba (faltaría)*… …とは最悪だ，だなんて処置なしだ: Con esta nevada, *solo faltaba* que se nos hubiera estropeado el coche con el marido a un kilómetro del pueblo. こんな雪なのに町から1キロの所で車が故障してしまうなんて最悪だ
Y que no falte. [嫌なこと・つらいことでも] 続ける必要がある
faltativo, va [faltatíßo, ßa] 形《キューバ》無礼な，不敬な
faltazo [faltáθo] 男《アルゼンチン，ウルグアイ，口語》*pegar el ~* [授業・仕事を] すっぽかす
falte [fálte] 男《チリ》[小間物などの] 行商人
faltedo [falteðá]〘d〙《コロンビア》うぬぼれ
faltista [faltísta] 名《中南米》=faltón
falto, ta² [fálto, ta]〘←faltar〙形 ❶ [estar+, +de que] 欠けた，不足した: Nos sentimos ~s de energía y vitalidad. 私たちは気力と活力が足りないと感じた． Estaba ~ de recursos.

彼は資金不足だった． dirigentes ~s de moral モラルの欠如した指導者たち． ❷ ~ de escrúpulos 遠慮のない，厚かましい． ~ de juicio 判断力の欠けた． ❷ わずかの，ぎりぎりの． ❸《地方語，アルゼンチン》ばかな[人]，愚かな[人]． ❹《コロンビア》うぬぼれの強い，見栄っぱりの
faltón, na [faltón, na]〘←faltar〙形 ❶《口語》敬意を払わない，無礼な． ❷《口語》しばしば義務を怠る，よく約束を破る． ❸《アルゼンチン》[人が] 単純な
faltoso, sa [faltóso, sa]形 ❶《まれ》気のふれた，正気を失った． ❷《古語》困窮した． ❸《中南米》礼儀知らずの，不遜な． ❹《コロンビア》けんか早い． ❺《ペルー》[チチャ chicha が] 甘くない
faltrero, ra [faltréro, ra] 名《まれ》泥棒，すり
faltriquera [faltrikéra] 〘faltriquera < falda〙女 ❶《服飾》ポシェット; [スカートやエプロンの] 内ポケット． ❷《古語》[劇場の左右の] 1階後部座席 [=cubillo]
no aflojar la ~ 財布のひもを緩めない
rascarse la ~ 《まれ》[主にいやいや] 金を出す
falúa [falúa]〘←?アラビア語 faluwa〙女《船舶》小型艇, ランチ
falucho [falúʧo] 男 ❶《船舶》フェラッカ船《地中海の沿岸航行用の小型三角帆船》． ❷《プエルトリコ，アルゼンチン》小型の凧（た）． ❸《ボリビア，アルゼンチン》三つ葉型のイヤリング． ❹《アルゼンチン》[外交官・軍人などが公式の場でかぶる] 二角帽子
fama [fáma]〘←ラテン語 fama「世論」〙女 名声, 高名: 1) En América, no solo encontró la ~ sino también el amor. アメリカで彼は名声だけでなく恋愛も成就させた． adquirir (conquistar・conseguir・ganar) buena ~ 名声を博す． alcanzar ~ mundial 世界的な名声を博す． 2)《諺》Cobra (Cría) buena ~ y échate a dormir. いったん名を得ると努力しなくてもその名声を維持できる． Unos tienen (cobran) la ~ y otros cardan la lana. 自分の苦労が他人の成果になってしまうことがよくある／名声を得た人がすべてそれに値するとは限らない． ❷ 評判，風評，世評: La ~ había llegado a sus oídos. 風評は彼の耳にも届いていた． Su ~ corrió por el mundo. 彼の評判は世界中に広まった． cobrar ~ de inteligente 頭がいいという評判を得る． echarse mala ~ 悪評を受ける． gozar de gran ~ 非常に有名である，定評がある． gozar de mala ~ 評判が悪い，悪評を受けている． tener (llevar) buena (mala) ~ 評判がよい(悪い)． abogado de buena (mala) ~ 評判のよい(悪い)弁護士． ❸《コロンビア》精肉店
dar ~ a… 有名にする，…の名を高める: La novela le *ha dado ~* internacional. その小説で彼は国際的に有名になった
de ~ 名高い，有名な: actriz *de ~* 有名な女優． economista *de ~* europea ヨーロッパで名の知られた経済学者． playa *de ~* mundial 世界的に有名な海岸
lanzar… a la ~ = La primera película les *lanzó a la ~.* 第一作で彼らは有名になった
ser ~ que+直説法 …といううわさである: *Es ~ que* el séquito pasa por esta calle. 一行はこの道を通るそうだ
tener ~ de… …といううわさである: *Tenía ~ de* mujeriego. 彼は漁色家だといううわさだった． Siempre *ha tenido ~ de* hombre atractivo. 常に彼は魅力的な男性という評判だった
tener mucha ~ 大変評判がよい: *No* los vinos de aquí *tenían mucha ~*. ここのワインは以前はあまり評判がよくなかった
Fama volat [fáma volát]〘←ラテン語〙名声は飛ぶ《情報の広がりの速さを表わす表現》
famélico, ca [fameliko, ka]〘←ラテン語 famelicus〙形《文語》❶ [estar+] 空腹の，飢えた，飢餓に苦しむ． ❷ [飢えのために] やせこけた
familia [famílja]〘←ラテン語〙女 ❶ 家族，家庭《特に夫婦とその子供たち》; 妻子，世帯: Ahora mi ~ vive en Mallorca. 私の家族は今マヨルカに住んでいる． La ~ se trasladó a la ciudad de Yokohama. 一家は横浜市に引っ越した． Su ~ se opuso a que se casara con esa chica. 彼女の娘と結婚することに家族が反対した． Está solo en el mundo, no tiene ~. 彼は天涯孤独で，家族がいない． ¿Cuántos son ustedes en (de) ~?—Somos seis [en ~・*de* ~]． ご家族は何人ですか?—6人[家族]です． Mi ~ la forman mi padre, mi madre, mi abuela, mis dos hermanas. 私の家族は，父，母，祖母，姉妹2人の構成である． Recuerdos a su ~. ご家族の皆さんによろしく． formar una ~ 家庭を作る，所帯を持つ． abandonar a su ~ 家族を捨てる． foto de ~ 家族写真． libro de ~ 家族手帳《結婚の

時に支給され, 子供の出生などを記録する〗. la ～ López ロペス一家. ～ extensa 拡張家族, 複合家族. ～ nuclear (conyugal) 核家族. ～ numerosa《文語》大家族;《西》4人以上の子供のいる家族〖公的扶助がある〗. ～ rota 離散家族. ❷ 親族, 一族; 家系, 家柄: celebrar unas Navidades con su ～ al completo 家族全員そろってクリスマスを祝う. deshonrar a su ～ 家名を落とす. ser de buena ～ 良家の出である. gran ～ [権力を持つ] 大一族, 大家. ～ noble 貴族. ❸《口語》子供, 息子: Aún no tienen ～. 彼らにはまだ子供がない. tener mucha ～/cargar〔se〕 de ～ 子だくさんである. ❹《文語》集団, グループ: gran ～ humana 人類. ～ de los aficionados 愛好家のグループ. ～ espiritual 思想グループ. ❺《言語》1) 語族: ～ románica/～ de lenguas románicas ロマンス語族. 2) ～ de palabras/～ léxica/～ etimológica [同じ語根を持つ] 語群. ❻《生物》科: El gato pertenece a la ～ de los félidos. ネコはネコ科に属する. ～ compuesta キク科. ～ de las pináceas マツ科. ❼《印刷》フォントファミリー. ❽《歴史》[集名] 農奴. ❾ 修道士会. ❿《チリ》蜜蜂の群れ

en ～ 1) 家族〔水入らず〕で; 親しい者だけで, 内輪で: Celebramos la Nochevieja *en* ～. 私たちは大晦日の夜を家族水入らずで祝った. 2)《皮肉》少人数で: resolver *en* ～ 内々で解決する

Usted es* 〔*como*〕 *de la ～. くつろいで下さい/どうぞ, お楽になさって下さい

venir de ～ 血統から来ている, 血筋である

familiar [familjár]〖←ラテン語 familiaris〗[形] ❶ 家族の, 家庭の: Pensión completa y trato ～.《広告》三食付き, 家族的待遇. ambiente ～ 家庭的な雰囲気. casa ～ 家族の住居, 民家. circunstancias ～*es* 家族の状況. educación ～ 家庭教育. empresa ～ 同族経営. foto ～ 家族写真. lazos ～*es* 家族のきずな. negocio ～ 家業, 自分の家の商売. rasgo ～ 一家の〔遺伝的な〕特徴. relaciones ～*es* 家族の関係. situación ～ 家族状況. vida ～ 家庭生活. ❷ 家族を愛する, 家庭的な: Es un hombre muy ～. その男はとても家族思いだ. ❸ 打ち解けた, 親しげな, くだけた: Es demasiado ～ con su jefe. 彼は上司に対してなれなれしすぎる. tono ～ くだけた調子. ❹ [言葉・文体が] 口語の, 日常の, 平常の: expresión ～ 日常的(口語的)な表現. lenguaje ～ くだけた言葉, 口語〔体〕. ❺ [+a+人にとって] 身近な; 慣れた, 熟知した, 習熟した: Su cara me era ～. その顔は私にとっておなじみであった. Ya me era ～ el Fausto de Goethe. 私はゲーテの『ファウスト』はすでに熟知していた. ejemplo ～ 手近な例. paisaje ～ 見慣れた景色. problema ～ 身近な問題. ❻ ファミリーサイズの: botella ～ ファミリーボトル

hacerse ～ 親しむ, 習熟する

tener un parecido ～ よく似ている

—— [名] 親戚〖=pariente〗; 親族の人: ¿Cuándo debo dar los regalos a mis ～*es*, en Nochebuena o en reyes? 親戚にいつプレゼントを贈るべきか, 大晦日それともキリストの公現日か? rodeado de ～*es* y amigos 親族と友人に囲まれて. ❷ 仲間, 友. ❸ 下男, 女中, 使用人

—— [男] ❶《西. 自動車》ファミリーカー〖=coche ～〗. ❷《キリスト教》[司教の] 用人. ❸《歴史》[異端審問所 Inquisición の] 聖職者 ministro, 取締官. ❹ 守り神〖=demonio ～〗

familiaridad [familjariđá〔đ〕]〖←ラテン語 familiaritas, -atis〗[女] ❶ 親しさ, 親交. ❷《軽蔑》[複] なれなれしい態度: Evite excesivas ～*es* con gente que acaba de conocer. 知り合ったばかりの人に対してなれなれしすぎる態度は避けなさい. ❸ 習熟, なじみ: La ～ suple el conocimiento. 慣れが知識の足りないところを補う

con ～ 親しげに; なれなれしく: Me habló *con* mucha ～. 彼は大変親しげに私に話しかけた

tomar ～es con+人 …になれなれしくふるまう

familiarista [familjarísta] [形]《まれ》家族の

familiarizar [familjariθár]〖←familiar〗⑨ [他] [+con に] 慣れさせる, 親しませる: Esto te *familiarizará con* las costumbres del país. これで君はこの国の習慣に慣れるだろう. ～ al alumno *con* la filosofía 生徒を哲学に親しませる. ～ *con* el tenis テニスに慣れさせる

—— **～se** ❶ 慣れる, なじむ: No consigo ～*me con* mi entorno. 私は自分の環境になじむことができない. Lo importante es, al aprender la lengua, ～*se con* el entorno de ese país. 言葉を覚える時重要なのはその国の環境になじむことである. ～*se con* el manejo del coche 車の運転に慣れる. ～*se con* el peligro 危険に慣れる. ❷ [人と] 親しくなる, うちとける, なつく: ～*se con* los nuevos compañeros 新しい仲間と親しくなる

familiarmente [familjárménte] [副] 親しく, 気安く; 身内の間で

familiatura [familjatúra] [女] ❶《歴史》異端審問所の聖職者 familiar の職. ❷ 司教の近習の職, 司教付きの聖職者の職. ❸ 学校の用務員の職. ❹ [修道会が信徒に与えた] 特典

familión [familjón]〖familia の示大語〗[男] 大家族

familisterio [familistérjo] [男] [フーリエ主義における] 数家族単位で共同生活をする場所

famosamente [famósaménte] [副] ❶ すばらしく, 見事に, とてもうまく. ❷ 見事なやり方で

famoso, sa [famóso, sa]〖←ラテン語 famosus〗[形] ❶ [ser+. +por で] 有名な, 名高い〖[類義] **famoso** は良い場合も悪い場合も, **célebre** は良い場合, **notable** は主に良い場合, **notorio** は主に悪い場合, **ilustre** は一段高い人間性に関するニュアンスがあり敬意を伴った「高名な」〗: Su madre era una ～*sa* escritora. 彼女の母は著名な作家だった. Era ～ en Italia, pero en Francia nadie lo conocía. 彼はイタリアでは有名だったが, フランスでは誰も知らなかった. Este lago fue ～ *por* su abundancia de peces. この湖は魚が多いことで有名だった. Podrás escribir un libro y hacerte ～. 君は本を書いて有名になれるだろう. ladrón ～ 有名な泥棒. marca ～*sa* 有名な銘柄. ～ torero 名高い闘牛士. el ～ Palacio de Versalles 有名なヴェルサイユ宮殿. ❷《皮肉》[+名詞] 話題の: Siempre nos hace reír con sus ～*sas* ocurrencias. 彼のお得意の冗談にはいつも笑わされる. ❸《口語》すばらしい, 最高の. ❹《口語》とっぴな, 風変わりな: chiste ～ 奇抜な冗談. ❺《古語》明らかな, 明白な

—— [名] 有名人, 著名人

famular [famulár] [形] 召使いの, 召使い的な: tono ～ 召使いの口調

famulato [famuláto] [男]《まれ》❶ 召使いの職(仕事). ❷ [集名] [一つの家の] 召使いたち, 使用人たち

famulicio [famulíθjo] [男] =**famulato**

fámulo, la [fámulo, la]〖←ラテン語 famulus〗[名]《戯語》下男, 女中, 召使い

—— [男] [修道院などの] 下僕

fan [fán]〖←英語〗[名]〖[複] ～s〗[スポーツ選手・歌手などの] ファン; 愛好家, 信奉者

fana [fána] [女] ❶《船舶》槙皮(まいはだ)の玉. ❷《地方語》断崖, 絶壁

fanal [fanál]〖←伊語 fanale〗[男] ❶ [港の] 標識灯; [司令船であることを示す] 舷灯; [機関車の] 灯火. ❷ [ランプの] 火屋(ほや). ❸ [装飾品のほこりよけの] 釣り鐘形のガラスケース, ベルジャー. ❹《メキシコ. 自動車》ライト, 前照灯

fanáticamente [fanátikaménte] [副] 熱狂して; 狂信的に

fanático, ca [fanátiko, ka]〖←ラテン語 fanaticus〗[形] 熱狂的な; 狂信的な: Es un lector ～ de la Biblia. 彼は聖書を熱狂的に読む

—— [名] 狂信者; [+de の] 熱烈な愛好者, フリーク: ～ *de* la música 音楽の熱烈な愛好家

fanatismo [fanatísmo]〖←仏語 fanatisme〗[男] 熱狂; 狂信〔的行為〕

fanatizador, ra [fanatiθađór, ra] [形] [名] 熱狂させる〔人〕; 狂信的にする〔人〕

fanatizar [fanatiθár] ⑨ [他] 熱狂させる; 狂信的にする

fancine [fanθíne] [女]《西》=**fanzine**

fandanga [fandáŋga] [女]《ベネズエラ》[スカートの] 大きいポケット

fandango [fandáŋgo]〖←?ポルトガル語 fado〗[男] ❶ ファンダンゴ〖ギター・カスタネットを伴った4分の3拍子で動きの激しいアンダルシアの伝統的な踊り・歌〗. ❷《口語》大騒ぎ, 大混乱. ❸《中南米》どんちゃん騒ぎ

***armar* (*buscar*) ～**《メキシコ, アルゼンチン. 口語》一騒動起こす

irse de ～《メキシコ. 口語》[特に計画も立てず] 遊びに行く

meterse en un ～《中米, カリブ》騒動に巻き込まれる

fandanguear [fandaŋgeár] [自]《中南米》どんちゃん騒ぎをする, 騒ぎを起こす

fandangueo [fandaŋgéo] [男]《アンダルシア》どんちゃん騒ぎ

fandanguero, ra [fandaŋgéro, ra] [形] [名] ❶ ファンダンゴを踊るのが好きな〔人〕. ❷ ダンスやパーティー好きな〔人〕

fandanguillo [fandaŋgíʎo] [男] ❶ ファンダンギーリョ〖ファンダンゴに似た8分の3拍子の踊り・歌〗. ❷《プエルトリコ》ファンダンゴに似た踊り

F

fandulario [fandulárjo]〖男〗=**faldulario**

fané [fané]《←仏語》〖形〗《口語》[estar+]❶疲れ切った,元気のない,よれよれの.❷色あせた,輝きを失った

faneca [fanéka]〖女〗《魚》❶コマイ型のタラの一種〖食用. =~ común. 学名 Trisopterus luscus〗.❷~ brava スズキの一種〖食用. 学名 Trachinus araneus〗. ~ plateada シルバリーコッド

fanega [fanéga]《←アラビア語 faniqa》〖女〗《西》❶[穀類・豆類の容量単位]ファネガ〖地方によっては=22.55リットル,55.5リットル〗: media ~ 半ファネガの計量容器.❷土地面積の単位〖= ~ de tierra. 約64アール〗: ~ de puño/~ de sembradura 1ファネガの小麦をまく面積

fanegada [fanegáða]〖女〗《西》土地面積の単位〖=fanega〗
a ~s《口語》ふんだんに,たっぷり

faneguero, ra [fanegéro, ra]〖形〗《地方語》容量1ファネガの
── 〖名〗《アストゥリアス》地代として大量の穀物を取り立てる人

fanerocristalino, na [fanerokristalíno, na]〖形〗《火成岩》顕晶質の

fanerogamia [fanerogámja]〖女〗《植物》顕花植物学;その研究

fanerógamo, ma [fanerógamo, ma]〖形〗《植物》顕花の,顕花植物の
── 〖女〗〖複〗顕花植物

fanerozoico [fanerotsóiko]〖男〗《地質》顕生代

fanfa [fánfa]〖名〗ブラスバンド[の]

fanfarrear [fanfařeár]〖自〗=**fanfarronear**

fanfarria [fanfářja]〖女〗《←fanfarrón》❶[祭り・式典などで演奏する]ブラスバンド.❷《音楽》ファンファーレ.❸《口語》虚勢,見栄,からいばり
── 〖名〗《アラゴン,ムルシア》虚勢を張る人,からいばりする人

fanfarrioso, sa [fanfařjóso, sa]〖形〗《地方語》虚勢を張る;見かけ倒しの

fanfarrón, na [fanfařón, na]《←擬声》〖形〗〖名〗《軽蔑》❶虚勢を張る[人],からいばりする[人];ほら吹き.❷[物事が]見かけ倒しの.❸ trigo ~ 籾が多く粉がわずかしか取れない小麦〖アンダルシアに多い〗.❹《地方語》[人が]強くたくましい
── 〖名〗《ムルシア》ロルカ特有の焼き菓子

fanfarronada [fanfařonáða]〖女〗大言壮語,ほら

fanfarronear [fanfařoneár]《←fanfarrón》〖自〗虚勢を張る,からいばりする;ほらを吹く

fanfarronería [fanfařoneɾía]〖女〗虚勢;大言壮語

fanfarronesca [fanfařonéska]〖女〗《まれ》虚勢

fanfurriña [fanfuříɲa]〖女〗《まれ》[一時の]癇癪(しゃく),むっと[ぷりぷり]すること

fang [fáŋ]〖形〗〖名〗〖複〗~s/単複同形〗[赤道ギニアの]ファング族[の]
── 〖男〗ファング語

fanga [fáŋga]〖女〗《エストレマドゥラ》オリーブの計量単位

fangal [faŋgál]〖男〗ぬかるみ,ぬかるんだ所: El coche se atascó en un ~. 車はぬかるみで立ち往生した

fangar [faŋgár]〖男〗=**fangal**
── 〖他〗《エストレマドゥラ》…に心血を注ぐ,真剣に行なう

fanglomerado [faŋglomeráðo]〖男〗《乾燥地帯の扇状地の》沖積層,河成堆積物

fango [fáŋgo]《←カタルーニャ語 fang》〖男〗《不可算》《主に道路の》泥,ぬかるみ: 1) Las calles están intransitables por el ~. 道はぬかるんでいて通れない. colada de ~ 泥流.2)《比喩》La quiebra de su empresa lo cubrió de ~. 会社の倒産で彼は泥まみれになった. arrastrar el nombre de+人 por el ~ …の顔に泥を塗る. salir del ~ 泥沼のような〖堕落した〗生活から抜け出す

fangosidad [faŋgosiðáð]〖女〗泥だらけなこと

fangoso, sa [faŋgóso, sa]《←fango》泥だらけの,ぬかるんだ: camino ~ どろんこ道

fangote [faŋgóte]〖男〗《アルゼンチン,ウルグアイ. 口語》大量の物;[特に]多額の金,大金

fangoterapia [faŋgoteɾápja]〖女〗泥エステ,クレイセラピー

fano [fáno]〖男〗《キリスト教以外の》礼拝の場所

fanón [fanón]〖男〗《教皇がミサで用いる》上肩衣

fantaseador, ra [fantaseaðóɾ, ra]〖形〗〖名〗空想にふける[人],夢想する[人]: tendencia ~ra 夢想家的傾向

fantasear [fantaseáɾ]《←fantasía》〖自〗❶[+sobre] 空想にふける,夢想する: Siempre fantaseaba sobre su futuro. 彼はいつも自分の未来について夢想していた.❷[+de であると] うぬぼれる,気取る: ~ de rico 金持ち気取りである

── 〖他〗[空想的なことを] 夢みる: La niña *fantasea* milagros. その子は奇跡を夢みている

fantaseo [fantaséo]〖男〗《中南米》空想すること

fantasía [fantasía]《←ラテン語 phantasia < ギリシア語 phantasia「出現,見せ物,像」< phantazo / phaino「私は現れる」》〖女〗❶空想,想像性: poema pobre de ~ 想像性の乏しい詩. ~ desbordada とてつもない想像力.3)〖圏〗《軽蔑》空想の産物: ¡Déjate ya de ~s! 夢みたいな話はもうやめろ! Su relato es pura ~. 彼の話は全くの空想だ.❷[記憶に焼き付いている] 幻影,影像.❸《服飾》[形容詞的] 奇抜な,派手な[=de ~].❹《音楽》1) 幻想曲.2)《口語》ファンシー〖18世紀までの自由な構成で時に対位法を用い,19世紀に即興的性格のエピソードを並置するに至った器楽曲〗.❺《口語》うぬぼれ,気取り.❻《船舶》punto de ~ 推定航行点.❼《比喩》くっつき合った真珠の珠.❽ファンタジア〖アラブの馬術競技〗.❾《ガリシア》気むずかしさ,気ままさ,むら気

de ~ 1)《服飾》奇抜な,派手な: vestido *de ~* 奇抜なドレス. tienda de artículos *de ~* ファンシーショップ.2)[宝石が] 模造の: pendientes *de ~* 模造宝石のイヤリング.3)《中南米》baile *de ~* 仮装舞踏会

fantasioso, sa [fantasjóso, sa]《←fantasía》❶空想に流される,想像力旺盛な.❷非現実的な,絵空事な: proyecto ~ 現実離れした計画.❸《中南米》うぬぼれの,からいばりする

fantasista [fantasísta]〖名〗空想家,想像力のある人

fantasma [fantásma]《←ラテン語・ギリシア語 phantasma「出現」》〖男〗❶幽霊,化けもの〖類語〗**fantasma** は「亡霊,幽霊」,**espectro** は「妖怪,物の怪」など恐ろしい外観の化け物》: Por el castillo vaga su ~. その城には彼の幽霊が出る. como si viera un ~ まるで幽霊を見るかのように. cuento de ~s 怪談.❷幻(まぼろし),幻影.❸《光学》ゴースト;多重像
andar como un ~《口語》ぼんやり〖ふらふら〗している
aparecer como un ~ 不意にすうっと現れる
── 〖形〗〖名〗❶実在しない,幽霊のような: avión ~ ステルス機. buque ~ 〖複〗buques ~[s] 幽霊船. empresa [compañía] ~ トンネル会社,幽霊会社. gol ~ [得点にならない] 幻のゴール. venta ~ 架空売上げ.❷廃墟になった,無人の: pueblo ~ ゴーストタウン.❸《西. 軽蔑》見栄っぱりな[人],虚栄心の強い

fantasmada [fantasmáða]《←fantasma》〖女〗《西. 口語》はったり;虚言: Esas historias de sus amores no son más que ~s, no te las creas. 彼の色恋沙汰ははったりに過ぎない. 信じるんじゃないよ

fantasmagoría [fantasmagoría]《←仏語 fantasmagorie》〖女〗❶幻影,幻像: La gloria literaria es un espejismo, una ~ momentánea. 文学での栄光は蜃気楼,一時の幻影だ.❷[芸術・文学における] 超自然的手法の乱用.❸《古語》[絵が動いて見える] 幻灯機〖映画の原型〗

fantasmagórico, ca [fantasmagóriko, ka]〖形〗幻影の,幻像の

fantasmagorizar [fantasmagoriθáɾ]〖他〗幻影化する

fantasmal [fantasmál]〖形〗幽霊の[ような];幻の,幻影の,非現実的な: dolor ~《医学》幻想痛

fantasmático, ca [fantasmátiko, ka]〖形〗《心理》空想の産物の

fantasmear [fantasmeáɾ]〖自〗《西. 口語》はったりをきかせる

fantasmón, na [fantasmón, na]〖形〗〖名〗《軽蔑》気取った[人],うぬぼれの強い[人]
── 〖名〗[人を驚かすために] 幽霊・お化けの格好をして夜出かける人

fantásticamente [fantástikaménte]〖副〗❶現実離れして.❷《比喩》幻想的に: París embrujado, ~ dormido 魔法がかけられ幻想的に眠るパリ.❸すばらしく,見事に

fantasticar [fantastikáɾ]〖自〗《まれ》空想する,幻影を生む

fantástico, ca [fantástiko, ka]《←ラテン語 phantasticus < ギリシア語 phantastikos》〖形〗❶空想上の,架空の;現実離れした,そうでない;幻想的な: animal ~ 想像上の動物. literatura ~*ca* 幻想文学.❷《口語》すばらしい,驚くほどの: obra ~*ca* すばらしい作品. Tiene una memoria ~*ca*. 彼は驚くべき記憶力の持ち主だ.❸うぬぼれた,思い上がった
pasarlo ~ とても楽しく過ごす
── 〖副〗《南米. 口語》すばらしく

fantochada [fantotʃáda] 囡《西. 軽蔑》はったり, 虚勢; でたらめな言動

fantoche [fantótʃe]《←仏語 fantoche < 伊語 fantoccio「人形」》男 ❶ 操り人形《=títere》;《比喩》でくの坊, 傀儡(ﾊﾞ): Esa dictadura guarda apariencias democráticas con un ～ civil por delante. あの独裁政権は民主主義の体裁を保っている. ❷《軽蔑》異様な格好をした人物; 奇妙な行動をする人物. ❸《軽蔑》取るに足らない人物: No le hagas caso, ese es un ～. 相手にするな. あれはくだらない奴だ

fantochear [fantotʃeár] 自《中南米. 口語》ほらを吹く

fantoscopio [fantɔskópjo] 男《古語》絵を回転させる〕幻灯機

fanzine [fanθíne] 男〔少部数の〕ファンのための定期情報誌

fañado, da [fapádo, da] 形《動物が》1歳の

fañar [fapár] 他〔所属を示すため動物に〕耳印をつける

fañoso, sa [fapóso, sa] 形《カナリア諸島; カリブ》鼻にかかった発音で話す, 鼻声の

FAO [fáo] 囡《略語》❶《←英語》国連食糧農業機関. ❷ ←fabricación asistida por ordenador コンピュータ支援の自動化製造システム

faquí [fakí] 男《擬》～es =alfaquí

faquín [fakín]《←仏語 faquin》男《古語》荷物運び, ポーター; お使いさん

faquir [fakír]《←アラビア語 faqir》男 ❶〔東洋, 特にインドの〕托鉢(ﾊﾞ)の苦行僧. ❷《イスラム教》行者. ❸〔砕けたガラスの上を歩いたり, 炎の中をくぐるなどの〕サーカスの芸人

faquirismo [fakirísmo] 男《非イスラム教の》行者〔苦行者〕の生活様式, 行

fara[1] [fára] 囡《動物》ナメラ属の一種〖アフリカ産, 体長約1メートルの蛇〗

farabute [farabúte] 形《ラプラタ》強がりの

farad [fará(d)] 男《擬》～s =faradio

faraday [faradái] 男〔電気分解に用いられる電気量の単位〕ファラデー

farádico, ca [farádiko, ka] 形《電気》誘導(感応)電流の

faradio [farádjo] 男〔電気容量の単位〕ファラッド

faradizar [faradiθár] 他 感応電流を使って治療する

faralá [faralá] 男《擬》～laes《西》❶〔セビジャーナス sevillanas の衣装などの〕すそ飾り, フリル. ❷〔衣装の〕ごてごてした〔趣味の悪い〕飾り

faralado [faraládo] 男《ベネズエラ》すそ飾り, ひだ飾り

farallo [faráʎo] 男《サラマンカ》パンくず

farallón [faraʎón] 男 ❶〔海・海岸に突き出た〕尖尾岩. ❷〔鉱脈の〕露出部, 露頭. ❸《中南米》レリーフ, 浮き彫り

faramalla [faramáʎa] 囡 ❶《軽蔑》見掛け倒し, わざとらしい会話. ❷《メキシコ, チリ. 口語》人目を引くための大騒ぎ, 茶番

faramallear [faramaʎeár] 自《メキシコ, チリ》見栄を張る, 自慢する, からいばりする

faramallero, ra [faramaʎéro, ra] 形名 ❶ おしゃべりな〔人〕, 口先のうまい〔人〕. ❷《メキシコ, チリ》〔人目を引くために〕芝居がかったことをする〔人〕, 大騒ぎする〔人〕. ❸《チリ》服の趣味が悪い〔人〕

faramallón, na [faramaʎón, na] 形名 おしゃべりな〔人〕, 口先のうまい〔人〕《=faramallero》

farandola [farandóla] 囡 ❶《舞踊, 音楽》ファランドール〖軽快な8分の6拍子で一列に長く連なって踊る〗. ❷《地方語》すそ飾り, フリル《=faralá》

farándula [farándula]《←オック語 farandoulo》囡 ❶ 俳優業; 芸能界, 演劇界: dirigentes políticos y personajes de la ～ 政界の指導者たちと著名な芸能人たち. ❷《古語》旅芸人〔道化芝居〕の一座. ❸《まれ》〔騙したり混乱させるための〕ややこしいおしゃべり

farandulear [faranduleár] 自 =farolear. ❷《ベネズエラ. 口語》自慢する, 目立つ

farandulería [farandulería] 囡《まれ》〔騙したり混乱させるための〕ややこしいおしゃべり

farandulero, ra [farandulero, ra] 形名 ❶ 芸能界の;《古語》旅芸人, 喜劇役者. ❷〔騙したり混乱させるために〕長々とややこしい話し方をする〔人〕, ペテン的な話をする〔人〕. ❸《ベネズエラ》社交界で目立つ人

farandúlico, ca [farandúliko, ka] 形名 ❶ 芸能界の. ❷《古語》旅芸人一座の

faraón, na [faraón, na]《←ギリシャ語 Pharao》男 ❶ ファラオ《古代エジプトの王の称号》. ❷《文語》ジプシー. ❸《アンダルシア》1) 第一人者, 王者: faraona del baile flamenco フラメンコの女王. 2)《フラメンコ》踊り手をはやす掛け声
―― 男《トランプ》ファラオン《モンテに似たゲーム》

faraónico, ca [faraóniko, ka] 形 ❶ ファラオの. ❷ 豪奢な, 贅(ｿﾞ)を尽くした

faratute [faratúte] 男《地方語》失神, 気絶

faraute [faráute] 男 ❶《文語》使者, 伝令. ❷《文語》〔事件の〕最重要人物; 仕切りたがり人, 騒々しく出しゃばりな人. ❸《演劇》前口上役. ❹《歴史》貴族・騎士の〕式部・紋章官. ❺《古語》通詞, 通弁

FARC [fárk] 男 複《略語》←Fuerzas Armadas Revolucionarias Colombianas コロンビア革命軍

farda [fárda] 囡 ❶《歴史》キリスト教国でイスラム教徒・ユダヤ教徒が納めた貢租. ❷《木工》ほぞ穴. ❸〔衣類の〕包み
pagar [la]《敬意・畏れ・下心から》ご機嫌をとる

fardacha [fardátʃa] 囡《ムルシア》❶ ボロをまとった女. ❷《口語》悪女

fardacho [fardátʃo] 男 トカゲ《=lagarto》

fardado, da [fardádo, da] 形 おしゃれな服を着た《=bien ～》
―― 囡 自慢, 気取り, ひけらかし

fardaje [fardáxe] 男 集名〔衣類の〕包み

fardar [fardár]《←仏語 farder》自 ❶《西. 口語》❶〔珍しかったり新しかったりして〕かっこいい, 人目を引く: ¿Crees que farda esta blusa? このブラウスかっこいいと思う?《+de・con 所有物などを》自慢する: Farda de coche deportivo. 彼はスポーツカーに乗って見せびらかしている
―― 他〔衣類を〕あてがう

farde [fárde] 男《西. 口語》かっこいい言動, 人目を引く言動

fardel [fardél]《←ラテン語 farticelum < fartum「一杯の」》男 ❶〔羊飼い・徒歩旅行者などの〕布袋, ずだ袋;〔衣類などの〕包み. ❷ だらしない格好の人. ❸《料理》豚・牛などの臓物入りパイ

fardela [fardéla] 囡《地方語》❶ 袋; ポケット. ❷《鳥》=pardela

fardelejo [fardeléxo] 男《ログローニョ. 菓子》ファルデレホ〖アーモンドの練り粉やジャムを詰めて揚げたパイ〗

fardería [fardería] 囡 集名〔衣類の〕包み, 梱包(ﾊﾟ), 荷

fardista [fardísta] 名《隠語》〔コート掛け・物干しからの〕衣類泥棒

fardo [fárdo]《←fardel》男 ❶〔運搬用に縛った衣類などの〕大きな包み. ❷ 大荷物;《比喩》重荷: Quería librarse del ～ de su pasado. 彼は自分の過去の重荷から解放されたいと思っていた. ❸《ランチョ》籐製の小さなかご
cargar con el ～《メキシコ, アルゼンチン, ウルグアイ. 口語》〔時間と献身が必要な厄介な仕事を〕引き受ける, 責任を持つ
echar el ～《アルゼンチン, ウルグアイ. 口語》〔厄介な仕事の〕責任を押しつける
～ de vanidad 虚栄心のかたまり

fardón, na [fardón, na] 形名《西. 口語》❶ 自慢したがる〔人〕, ひけらかす〔人〕. ❷〔物事が〕かっこいい, 目立つ

farellón [fareʎón] 男 =farallón

farero, ra [faréro, ra] 名 灯台守, 灯台職員

farfalá [farfalá] 男《擬》～laes =faralá

farfallear [farfaʎeár] 自 どもる, 口ごもる

farfallón, na [farfaʎón, na] 形名《口語》やることが雑な〔人〕; ぞんざいな, やっつけ仕事の

farfalloso, sa [farfaʎóso, sa] 形《アラゴン》どもる, ろれつが回らない

farfante [farfánte] 形名《口語》=farfantón

farfantón, na [farfantón, na] 形名《まれ》いばる〔人〕; ほらを吹く〔人〕, 虚勢を張る〔人〕; けんか早い〔人〕

farfantonada [farfantonáda] 囡《まれ》いばった態度〔言動〕; 大風呂敷, 虚勢

farfantonería [farfantonería] 囡《まれ》=farfantonada

fárfara [fárfara] 囡 ❶《植物》フキタンポポ《咳止めに使われる》. ❷ 卵殻膜
en ～ 1)〔卵が〕まだ殻のない. 2) 未完成の; 芽を出したばかりの, 駆け出しの

farfolla [farfóʎa] 囡 ❶ トウモロコシの皮. ❷《軽蔑》見かけ倒しの物, 空虚なもの
―― 名《軽蔑》うわべだけの人物

fárfula [fárfula] 男《ログローニョ》卵殻膜

farfulla [farfúʎa] 囡 ❶ 早口で不明瞭に話すこと. ❷《中南米》

farfulladamente

=**farfolla**. ❸《プエルトリコ, エクアドル, ペルー, チリ》=**fanfarronería**
── 形 名 早口で不明瞭に話す〔人〕
farfulladamente [farfuʎaðaménte] 副 早口でもぐもぐと
farfullador, ra [farfuʎaðór, ra] 形 名 早口で不明瞭に話す〔人〕, やっつけ仕事をする〔人〕
farfullar [farfuʎár]《←擬態》他 ❶ 早口で不明瞭に話す. ❷ あわてて雑にする
farfullero, ra [farfuʎéro, ra] 形 名 ❶ 早口で不明瞭に話す〔人〕, やっつけ仕事をする〔人〕. ❷《カナリア諸島》いかさまをする〔人〕, 汚い手を使う〔人〕; 悶着を起こす〔人〕. ❸《プエルトリコ, ドミニカ, ペルー》虚勢, 大言壮語〔=**fanfarrón**〕
fargallón, na [farɣaʎón, na] 形 名 ❶ せっかちでぞんざいな〔人〕. ❷〔身なりが〕だらしない〔人〕, むさ苦しい〔人〕
faria [fárja]《←商標》男/女〔刻みたばこを巻いたスペイン産の〕葉巻き〔輸入物より安い〕
farillón [fariʎón] 男 =**farallón**
farináceo, a [farináθeo, a]《←ラテン語 farinaceus < farina「粉」》形 粉, 粉状の: aspecto ～ 粉状の外観. industria ～a 製粉産業
farinato, ta [farináto, ta] 形 名《地方語. 戯語》シウダ・ロドリゴ Ciudad Rodrigo の〔人〕〔サラマンカ県の町〕
── 男〔エストゥレマドゥラ, サラマンカ. 料理〕ファリナト〔パンまたは小麦粉・豚脂を練り込んだ腸詰め〕
farinetas [farinétas] 女 複《アラゴン. 料理》小麦粉またはトウモロコシ粉を水やミルクで煮込んだ粥
faringe [farínxe] 女《解剖》咽頭(ミカ)
faringectomía [farinxektomía] 女《医学》咽頭切除〔術〕
faríngeo, a [farínxeo, a] 形《解剖》咽頭の
faringitis [farinxítis] 女《医学》咽頭炎
faringoamigdalitis [farinɡoamiɡðalítis] 女《医学》咽頭扁桃炎
faringobranquial [farinɡobranɡkjál] 男《解剖》咽頭弓
faringología [farinɡoloxía] 女《医学》咽頭学
faringopalatino, na [farinɡopalatíno, na] 形《解剖》咽頭口蓋の
faringoplastia [farinɡoplástja] 女《医学》咽頭形成〔術〕
faringotomía [farinɡotomía] 女《医学》咽頭切開〔術〕
farinoso, sa [farinóso, sa] 形 粉の, 粉状の
fariña [farína] 女 ❶《アストゥリアス》トウモロコシ粉の粥. ❷《コロンビア, ペルー, ボリビア, アルゼンチン, ウルグアイ》キャッサバの粗い粉
fariñón [farinón] 男《アストゥリアス. 料理》赤身のひき肉・トウモロコシ粉・ラード・豚の血で作ったソーセージ
fario [fárjo] 男《地方語》運: mal ～ 悪運
farisaicamente [farisáikaménte] 副 偽善的に, 猫をかぶって
farisaico, ca [farisáiko, ka] 形 ❶《新約聖書》ファリサイ派の〔ような〕, パリサイ人(ピ)の〔ような〕. ❷《文語》偽善的の. ❸《カトリック》escándalo ～ 邪心による信仰のつまずき
farisaísmo [farisaísmo] 男 ファリサイ派; パリサイ人の習慣(精神)
fariseísmo [fariseísmo] 男 ❶ =**farisaísmo**. ❷ 偽善, 猫かぶり
fariseo, a [fariséo, a] 男《新約聖書》ファリサイ派, パリサイ人(ピ)
── 形 名 ❶ 偽善者〔の〕; 信仰を装う〔人〕. ❷ 背がひょろ長く顔つきの悪い人. ❸ 長すぎて不格好な服を着た人
farla [fárla] 女《西. 隠語》=**farlopa**
farlopa [farlópa] 女《西. 隠語》コカイン
farmaceuta [farmaθéuta] 名《グアテマラ, カリブ, エクアドル》薬剤師〔=**farmacéutico**〕
farmacéutico, ca [farmaθéutiko, ka]《←ギリシア語 pharmakeutikos》形 製薬の, 調剤の; 薬学の: códice ～ 薬局方(ミ). gasto ～ 薬代. industria ～ca 製薬業. productos ～s 薬類. química ～ca 薬化学
── 名 薬剤師
farmacia [farmáθja]《←ラテン語 pharmacia < ギリシア語 pharmakeia < pharmakon「薬」》女 ❶ 薬局, 薬屋; 調剤室: ～ de guardia/～ de turno 当番で夜も営業する薬局. ❷ 薬学: estudiar ～ 薬学を勉強する. Facultad de F～ 薬学部. ❸ 薬剤師の職業
fármaco [fármako]《←ギリシア語 pharmakon》男 医薬品, 薬剤: efecto dañino por los ～s 薬害

farmacocinético, ca [farmakoθinétiko, ka] 形 女 薬物動力〔動態〕学〔の〕
farmacodependencia [farmakoðependénθja] 女《医学》薬物依存症
farmacodependiente [farmakoðependjénte] 名 薬物依存症の患者
farmacodiagnosis [farmakoðjaɡnósis] 女《医学》薬物診断学
farmacodinamia [farmakoðinámja] 女 薬力学
farmacodinámico, ca [farmakoðinámiko, ka] 形 薬力学の
farmacofobia [farmakofóbja] 女 薬物恐怖症
farmacognosia [farmakoɡnósja] 女 生薬学
farmacología [farmakoloxía] 女 薬理学
farmacológicamente [farmakolóxikaménte] 副 薬理学的に, 薬理学的観点から
farmacológico, ca [farmakolóxiko, ka] 形 ❶ 薬理学の. ❷ 医薬品の, 薬剤の
farmacólogo, ga [farmakóloɡo, ɡa] 名 薬理学者
farmacomanía [farmakomanía] 女 薬物依存狂
farmacopea [farmakopéa] 女 ❶ 薬局方(ミ). ❷ 調剤術
farmacopola [farmakopóla] 男《まれ》薬剤師
farmacopólico, ca [farmakopóliko, ka] 形《廃語》薬物の, 薬剤の
farmacopsicología [farmako(p)sikoloxía] 女 薬物心理学
farmacopsiquiatría [farmako(p)sikjatría] 女 精神薬理学
farmacotécnico, ca [farmakotékniko, ka] 形 薬物使用技術の
farmacoterapia [farmakoterápja] 女 薬物療法
farmacovigilancia [farmakobixilánθja] 女 医薬品の安全性監視
farnaca [farnáka] 女《アラゴン》生まれたばかりの野ウサギ〔=**lebrato**〕
faro¹ [fáro]《←ラテン語 pharus < ギリシア語 Pharos (灯台のあったナイル川河口の島)》男 ❶ 灯台: 1) guardián de ～ 灯台守, 灯台員. ～ fijo 不動光灯台. ～ flotante/buque (barco) ～ 浮き灯台. 2)《空港などの》標識灯; 着陸誘導灯〔=～ de aterrizaje〕; ～ radar レーダービーコン. ❷〔車などの〕ライト〔=～ delantero〕: encender los ～s ヘッドライトを点灯する. ～ antiniebla フォグランプ. ～ de marcha atrás 後退灯. ～ lateral スモールライト. ～ piloto (trasero) テールライト. ❸〔強力な〕照明灯. ❹ 指針, 導くもの: El profesor puede ser el ～ de la conducta de sus alumnos. 先生は生徒たちの行動を照らす導き手となりうる. ❺《口語》複《=ojos》: Le dije con los ～s que se retirase. 私は彼に退室するように目配せした
faro², ra [fáro, ra] 名《コロンビア, ベネズエラ. 動物》オポッサム
farol [faról]《←古カタルーニャ語 faró》男 ❶〔灯火をガラスで囲った〕カンテラ, ランタン;〔家の〕外灯;〔船・列車の〕灯火: ～ de cola〔列車の〕最後尾車両の赤色灯. ～ de proa (de popa) 船首(船尾)灯. ～ de señales 信号灯. ～ de situación (航空) 位置灯, 航空灯. ❷ ちょうちん, 灯籠〔=～ a la veneciana〕; ～ de viento ハリケーンランプ. ❸ 街灯: ～ a gas ガス灯. ❹《西. 口語》複《=ojos》: Tiene mucho ～. 彼ははったりが多い. ❺《闘牛》ケープを高く大きく旋回させる技. ❻《服飾》manga [de] ～ パフスリーブ, ランタンスリーブ. ❼《メキシコ, キューバ, プエルトリコ, コロンビア, ボリビア. 自動車》ヘッドライト. ❽《南米》バルコニー. ❾《チリ》1)《植物》フウリンソウ. 2)《口語》複《=ojos》
¡Adelante con los ～es!《口語》怖じ気づかずにとことんまでやれ〔やるぞ〕!
marcarse un ～/ir (jugar) de ～《西. 口語》はったりをかける;〔受け入れられないような〕申し出をする
tirarse un (el) ～《口語》根拠のない自慢をする, はったりをかける
── 形《メキシコ. 口語》これ見よがしの態度をとる: Se acercó bien ～ a enseñárme su coche nuevo. 彼は新車を見せびらかすために得意げに私に近づいてきた
farola [faróla] 女 ❶〔大型の〕街路灯
farolazo [faróla θo] 男《メキシコ, 中米. 口語》〔炭酸水などで割った〕強い酒を1杯飲むこと
a ～s《口語》叩いて, 殴って: La procesión terminó a ～s y pedradas. 聖体行列は殴り合いと投石で終わった
farolear [faroleár] 自《口語》はったりをかける, もったいぶる
faroleo [faroléo] 男 はったり, こけおどし, 虚勢, からいばり

farolería [farolería] 囡 ❶ はったり, 虚勢. ❷ カンテラの製造所 (販売店)

farolero, ra [faroléro, ra]《←farol》形 图 ❶ カンテラ製造(販売)業者. ❷《口語》はったりを言う[人], 大言壮語する[人]
—— 男《古語》街灯番[ガス灯を点灯・消灯する人]
meterse a ~《口語》関わりのないことに口を出す

farolillo [farolíʎo]《farol の示小語》男 ❶ [祭りに飾る] ちょうちん《*~ a la veneciana*》. ❷《植物》1) ホタルブクロ. 2) 覆 オダマキ
~ rojo《西. スポーツ》しんがり, びり; 最下位のチーム(選手): *Este equipo es el ~ rojo de la liga.* このチームはリーグ最下位だ

farolón, na [farolón, na] 形 图《口語》気取り屋[の], うぬぼれ屋[の]

farota[1] [faróta] 囡《口語》ずうずうしく無分別な女

faroto, ta[2] [faróto, ta] 形 ❶《エストレマドゥラ》食欲のない, 栄養不良の. ❷《コロンビア》大声で話す; 虚栄心の強い

farotón, na [farotón, na] 形 图《まれ》ずうずうしく無分別な[人]

farpa [fárpa] 囡 ❶ [旗などの] 縁のぎざぎざ. ❷《闘牛》[馬上から使う] バンデリーリャ banderilla

farpado, da [farpáðo, ða] 形 [縁が] ぎざぎざになった, 刻み目のある

farra [fára]《←バスク語 farra「笑い」》囡 ❶《口語》どんちゃん騒ぎ, お祭り騒ぎ: *irse (estar) de ~* どんちゃん騒ぎをする(している). ❷《魚》シナノユキマス. ❸《アルゼンチン, ウルグアイ》からかい, 冷やかし
agarrar a+人 para la ~《ラプラタ. 口語》=*tomar a+人 para la ~*
andar de ~ [主に夜に] 遊びに出かける
salir de ~ =*andar de ~*
tomar a+人 para la ~《ラプラタ. 口語》…をからかう, 一杯食わせる

farraca [faráka] 囡 ❶《ログローニョ》[食料を入れる] 皮袋, リュックサック. ❷《サモラ, サラマンカ》ポシェット; [スカートやエプロンの] 内ポケット

farraginoso, sa [faraxinóso, sa] 形《まれ》=**farragoso**

fárrago [fárago]《←ラテン語 farrago「色々な穀類の混合」》男 [雑多なものの] 寄せ集め, ごたまぜ: *~ de papeles* 紙くずの山. *~ de ideas* ごたまぜの思想. *~ de noticias* 雑多なニュース

farragosidad [faragosiðá(ð)] 囡《まれ》乱雑, ごたまぜ; 支離滅裂

farragoso, sa [farayóso, sa] 形 乱雑な, ごたまぜの; 支離滅裂な: *decoración ~sa* ごてごてした装飾. *discurso ~* 支離滅裂な演説. *Es muy ~ en sus explicaciones.* 彼の説明は要領を得ない

farraguas [farágwas] 图《単複同形》《エストレマドゥラ》身なり(服装)を構わない人

farraguista [farayísta] 图 とんちんかんな人

farrear [fareár] 自 ❶《エクアドル, ペルー, チリ, アルゼンチン, ウルグアイ》どんちゃん騒ぎをする; 騒ぎに出かける
—— 他《ボリビア, チリ, アルゼンチン, ウルグアイ》からかう, 冷やかす
~se《中南米. 口語》[金を] むだづかいする, 浪費する

farrero, ra [faréro, ra] 形 图《地方語; 中南米》ばか騒ぎ(お祭り騒ぎ)が好きな[人]

farria [fárja] 囡《エストレマドゥラ》ばか騒ぎ, どんちゃん騒ぎ

farriar [farjár] 他《地方語》他人事に鼻を突っ込む

farrista [farísta] 形 图 ❶《カナリア諸島; エクアドル, ボリビア, チリ, アルゼンチン, ウルグアイ. 口語》ばか騒ぎ(お祭り騒ぎ)の好きな[人]. ❷《口語》[行く先々で] 騒ぎを起こす[人]

farro [fáro] 男 ❶ [水に浸し殻を取った後] 粗挽きした大麦. ❷ ファロ麦《スペルト小麦に似た品種》. ❸《地方語》トウモロコシのかゆ

farruco, ca [farúko, ka]《Francisco《ガリシアやアストゥリアスで一般的な名》の示小語》形 图 ❶《西. 口語》[ガリシアやアストゥリアスから出て来たばかりの[人]; 《南米》ガリシやアストゥリアスからの移民. ❷《西. 口語》[estar+] 挑戦的な, 強がる: *No te pongas tan ~ conmigo.* 私にそんなにつっかかるな. ❸ [自分自身の, 特に見た目について] 得意になった, 自慢げな: *Iba muy ~ con una flor en el ojal.* 彼は襟に花をさしてとても得意げだった
—— 囡《フラメンコ》ファルーカ《歌・踊りの一形式, 2拍子》

farruto, ta [farúto, ta] 形《ボリビア, チリ》病弱な, ひ弱な

farsa [fársa]《←仏語 farce》囡 ❶ 道化芝居, 風刺劇; 笑劇《中世喜劇の一ジャンル》; [低俗な] 大衆劇. ❷《地方語》旅芸人《道化芝居の一座》. ❸ いんちき, ごまかし: *Sus lágrimas son una ~.* 彼の涙は嘘泣きだ. *hacer (representar) una ~* 一芝居うつ, 一杯食わせる. ❹ 演劇界《=*mundo de la ~*》; 演劇活動; 俳優業. ❺《料理》[肉・魚などを使った] 詰め物

farsálico, ca [farsáliko, ka] 形《地名》[ギリシア, テッサリア地方の] ファルサラ Fársala の[人]

farsanta [farsánta] 囡 →**farsante**

farsante [farsánte]《←伊語》形 图《女性形 **farsanta** もあるが《まれ》》❶ 心にもないことを言う[人], 嘘つきの[人]: *No te fíes de él, que es un ~.* あいつを信用するな, 嘘つきだから. ❷《古語》道化役者

farsantear [farsanteár] 自《チリ. 口語》ほらを吹く

farsantería [farsantería] 囡 ❶ 道化役者の身分. ❷ 猫かぶり, おためごかし

farsear [farseár] 他 ❶《料理》ひき肉を詰める. ❷《チリ》冗談を言う, ふざける

farseto [farséto] 男 [鎧の下に着けるキルティングの] 胴衣

farsi [fársi] 男 ファルシ語《現代ペルシア語, イラン語》

farsista [farsísta] 图 ❶ 笑劇作者. ❷《古語》道化役者, 喜劇役者

fas [fás]《西》*por ~ o por nefas* 正当な理由があろうとなかろうと, あれやこれやの理由で, 何が何でも: *Por ~ o por nefas haces lo que te da la gana.* 何だかんだ言って君は好き勝手なことをしている

fasaíta [fasaíta] 囡《鉱物》単斜輝石

fasc.《略語》←**fascículo** 分冊

fascal [faskál] 男《集名》《アラゴン》[地面に積み上げられた] 刈り取った小麦の束

fasces [fásθes] 囡 覆《古代ローマ》束桿(ソッカン), ファスケス《束ねた棒の中央に斧を入れて縛った, 執政官の権威の象徴》
tomar las ~s 権威の座に着く

fascia [fásθja] 囡《解剖》[筋肉の] 腱膜

fasciación [fasθjaθjón] 囡《植物》帯化(タイカ)

fascial [fasθjál] 形 腱膜の

fascia lata [fásθja láta] 囡《解剖》大腿筋膜

fasciculación [fasθikulaθjón] 囡《医学》繊維束形成, 繊維束攣縮(レンシュク)

fasciculado, da [fasθikuláðo, ða] 形 ❶ [葉・花が] 束生の, 叢生(ソウセイ)の: *raíz ~da* 束生根. ❷《解剖》繊維束(ソク)の

fascicular [fasθikulár] 形 分冊の

fascículo [fasθíkulo]《←ラテン語 fasciculus》男 ❶ [逐次刊行される本の] 分冊: *Esta enciclopedia se vende en ~s.* この百科事典は分冊で売られる. ❷ [新聞・雑誌の] 別冊. ❸《解剖》[筋・神経の] 束(ソク): *~ longitudinal superior* 上縦束

fascinación [fasθinaθjón]《←ラテン語 fascinatio, -onis》囡 ❶ 魅惑, 魅了: *sentir ~ por...* …に魅力を感じる. ❷ 幻惑. ❸ 惑わし, 錯覚

fascinador, ra [fasθinaðór, ra] 形 魅惑的な, うっとりさせる

fascinante [fasθinánte] 形《質の高さで》感嘆させる, 魅力的な

fascinar [fasθinár]《←ラテン語 fascinare》他 ❶ 魅惑する, 心を奪う, うっとりさせる: *Fascina a la gente con su labia.* 彼は口上手で人を惹きつける. ❷ 目をくらませる, 幻惑する. ❸ [視線などで] 射すくめる: *Las serpientes fascinan a los pájaros.* 蛇は鳥をすくませる
~se 魅了される, 惹きつけられる, うっとりする: *Me fascino con el viaje.* 私は旅行が大好きだ

fascismo [fasθísmo]《←伊語 fascio < ラテン語 fascis「束桿」》男 ❶ ファシズム. ❷ 全体(国家)主義体制

fascista [fasθísta] 形 图 ❶ ファシズムの; régimen ~ ファシズム体制. ❷ ファシスト[の]; ファシスト党員[の]. ❸ 反動的な, あまりに権威主義的な

fascistización [fasθistiθaθjón] 囡 ファシズム化, ファッショ化

fascistizar [fasθistiθár] 9 他 ファシズム化させる
~se ファシズム化する, ファッショ化する

fascistoide [fasθistóiðe] 形《軽蔑》ファシズム的傾向の

fascistón, na [fasθistón, na] 形 图《軽蔑》ファシズム的な; ファシスト

fase [fáse]《←ギリシア語 phasis < phaino「私は現れる」》囡 ❶ [変化・発展などの] 段階, 局面, 期: *Las negociaciones han entrado en la ~ final.* 交渉は大詰めに来た. *~s de una enfermedad* 病気の諸段階. *~ acelerado*《医学》移行期. *~*

crítica de la economía 経済の危機的局面. ~ de madurez 円熟期. ❷《天文》様相, 位相. ~s de la luna 月相. ❸《電気》相, 位相; 単相〔交流〕. ❹《物理》位相, フェーズ. ❺《化学》相. ❻《情報》フェーズ《プログラムの一部》. ❼《合金など の》均質相
~ en ~《物理》〔運動·振動の〕位相が同じで, 同調して
fasmidópteros [fasmidó(p)teros]男複《昆虫》ナナフシ目
faso [fáso]男《アルゼンチン, ウルグアイ. 隠語》紙巻きたばこ《=cigarrillo》
fasoles [fasóles]男複《植物》インゲンマメ《=judías》
fasquía [faskía]女《まれ》嫌悪
fastera [fastéra]女《地方語》山脈のふもとの地帯
fast food [fas fúd]男《←英語》男《単複同形》❶ ファストフード. ❷ ファストフードレストラン
fastial [fastjál]男《建築》❶〔建物の〕最上部の切り石. ❷《古語》切妻壁《=hastial》
fastidiado, da [fastidjáḍo, da]形《口語》病気の, 具合が悪い: Tengo el estómago ~. 私は胃の調子がよくない
fastidiar [fastidjár]《←fastidio》10 他 ❶ 不快にする, うんざりさせる: 1) Me fastidia este hombre 〔con su mal gusto〕. この男〔の悪趣味〕には困ったものだ. Me fastidia tener que salir bajo la lluvia. 雨の中を出かけなければならないなんてうんざりだ. 2) 〔que+接続法が主語〕Me fastidia que la casa esté tan lejos de la estación. 家が駅から遠いのが嫌になる. ❷ 怒らせる《→enfadar 参考》. ❸《主に西. 口語》台なしにする, だめにする: He fastidiado mis medias al caer. 私は転んでストッキングをだめにしてしまった. Nos fastidió la lluvia. 雨で私たちの計画は流れた
~la 壊す, だめにする
No [me] fastidies. 《口語》〔聞いたことに対する驚き·拒絶〕まさか, 冗談でしょう; とんでもない
¿No te fastidia? / Nos ha fastidiado. 《西. 口語》〔驚き·拒絶〕冗談だろう? / とんでもないことだ! / いいな, 分かったな!
── ~se ❶ 不快になる: Si me sale mal, me fastidio. 私はうまくいかないと機嫌が悪い. ❷《主に西》台なしになる: Se ha fastidiado la cosecha con el tifón. 作物が台風で台なしになった. ❸《西》〔避けがたい逆境などに〕耐える: Tú tienes la culpa, así que fastídiate. 君が悪いのだから我慢したまえ. ❹《主に中南米》〔去る〕: Para que te vayas, tu compañero tiene que ~se. 君がやめると相棒が困ることになる. ❺《ベネズエラ》うんざりする
¡Fastídiate! 1) お気の毒さま! 2) ざまを見ろ / いい気味だ!
¡Hay que ~se! 《口語》うんざりだが, どうしようもない!
Para que te fastidies. / ¡Que se fastidie! 《口語》1) ざまをみろ / いいきみだ! 2) 〔言うことをきかないなら〕もうどうでもないわ!
fastidio [fastídjo]《←ラテン語 fastidium「嫌悪」》男 わずらわしさ, 面倒, 不快, 迷惑《→incordio 類義》: 飽き: 1) Su manera de hablar me causa ~. 彼の話し方は不愉快だ. ¡Qué ~! ああ嫌だ〔うんざりだ〕! / 厄介だなあ! / しゃくにさわるなあ! 2)〔ser un ~+不定詞·que+接続法〕Es un ~ tener que salir con ella. 彼女と出かけなくてはならないなんてうんざりだ. Es un ~ que llueva tanto. こんなに雨が降って嫌だ
fastidiosamente [fastidjósaménte]副 うるさく, こうるさく, 閉口するほど
fastidioso, sa [fastidjóso, sa]形 ❶ わずらわしい, 面倒な: acontecimiento ~ 厄介な出来事. ❷ 不愉快な, 迷惑な: tiempo ~ 嫌な天気. vecinos ~s うるさい隣人. ❸ 飽き飽きさせる: Es un trabajo ~. それはうんざりする仕事だ. Lleva una vida ~ sa. 彼は退屈な生活をおくっている. ❹《中南米. 口語》気難しい
fastigiado, da [fastixjáḍo, da]形《植物》円錐束状の
fastigio [fastíxjo]男 ❶《文語》頂点: la pirámide ピラミッドの尖頂. ❷《建築》〔建物正面の〕切妻壁, ペディメント. ❸《比喩》頂点, 極致. ❹《医学》極期
fasto, ta [fásto, ta]形《交通事などに》縁起の良い《⇔nefasto》: días ~s 吉日
── 男 ❶ 豪華, 華美《=fausto》: mozo elegante, dado al ~ おしゃれで華美に走りがちな若者. ❷ 年代記《=anales》: ~s de la Iglesia 教会年代記. ❸《古代ローマ》複《公共行事を記した》暦
fastosamente [fastósaménte]副《廃語》=**fastuosamente**
fastoso, sa [fastóso, sa]形《廃語》=**fastuoso**

fastuosamente [fastwósaménte]副 豪華に, きらびやかに
fastuosidad [fastwosiḍáḍ]女 豪華さ, 華麗さ
fastuoso, sa [fastwóso, sa]《←ラテン語 fastuosus < fastus, -us「誇り」》形 ❶ 豪華な, 華麗な, きらびやかな: boda ~sa 豪華絢爛(%)たる結婚式. casa ~sa 豪邸. ❷ 華美好みの, ぜいたくな好きな
fasules [fasúles]男複《アルゼンチン. 隠語》お金
fatal [fatál]《←ラテン語 fatalis < fatum「宿命, 運命」》❶《口語》〔ser+estar+〕ひどく悪い, 最悪の, 最悪の: 1) Fue un viaje ~. 全くくだらない旅行だった. La película fue ~. その映画は最低だった. ¿Cómo te encuentras?―F~. どんな調子だい?―最悪だ. 2)《主に西》〔副詞的〕Se peinan ~ y no saben maquillarse. 彼女たちの髪型は全くひどく, 化粧の仕方も知らない. Te llevo en mi coche.―¡Ni hablar, que conduces ~! 私の車で送っていくよ.―いや, 結構だ. 君の運転は恐ろしいから. ❷ 非運の, 不幸な: Tiene una suerte ~. 彼はついてない. destino ~ del Titánic タイタニック号の不幸な運命. circunstancia ~ 不運な状況. ❸〔事故·病気·結果などが〕致命的な, 命にかかわる《比喩的にも》: El enfermo estaba ~. 病人はきわめて危険な状態にあった. Podría tener consecuencias ~es. それは致命的な結果をもたらすかもしれない. cometer errores ~es 致命的な誤りを犯す. accidente ~ 死傷事故. enfermedad ~ 命に関わる病気. herida ~ 致命傷. desenlace ~ 不幸な結末. ❹《文語》宿命的な, 不可避の: La muerte es un destino ~. 死は避けうれぬ宿命である. Por fin llegó el momento ~. ついに最後の瞬間〔死の時〕が来た. el día ~ 運命の日. lazo ~ 宿命的絆. ❺《法律》〔期日が〕延長不可能な. ❻《チリ. 口語》悪運をもたらす
caer a+人 ~ …にとって大嫌いである: Es un presuntuoso, no le aguanto, me cae ~. 彼は自慢ばかりするので耐えられない. 私はごめんだ
pasarlo ~ ひどい時間を過ごす
fatalidad [fataliḍá(ḍ)]《←ラテン語 fatalitas, -atis》女 ❶ 不運, 不幸: Por un descuido suyo sobrevino la ~. 彼女は自らの油断から不幸に見舞われた. llorar la ~ de su vida 自分の人生の不幸を嘆く. ❷ 宿命, 宿縁, 因果, 不可避性: dejarse llevar por la ~ 運命の導くままに我が身を委ねる
fatalismo [fatalísmo]男 運命論, 宿命論: Tiene un sentimiento de ~. 彼はあきらめの気持ちを持っている
fatalista [fatalísta]形 ❶ 運命論の〔論者〕, 宿命論の〔論者〕: visión ~ 宿命論. noción (idea) ~ 運命論的な考え方
fatalizar [fataliθár]9 自 ~se《コロンビア》重罪を犯す. ❷《ペルー》天罰を受ける. ❸《チリ》重傷を負う
fatalmente [fatálménte]副 ❶ ひどく悪く: Su retrato está pintado ~. 彼の肖像は下手くそに描かれている. ❷ 運悪く, 不幸にも: F~, desapareció sin dejar huella. 残念ながら, それは跡形もなく消えてしまった. ❸ 宿命的に, 不可避的に
fatamorgana [fatamorɣána]女 蜃気楼《特にメッシーナ海峡の見られるもの》
fatear [fateár]他《地方語》=**olfatear**
fatesioso, sa [fatesjóso, sa]形《俗語》見栄っぱりの, うぬぼれの強い《=fantasioso》
fati [fáti]男《←英語》形《口語》小太りの, 丸ぽちゃの
fatibomba [fatibómba]形《地方語》小太りの〔人〕
fático, ca [fátiko, ka]形《言語》交感的な
fatídicamente [fatídikaménte]副 縁起でもなく; 不吉にも, 不幸にも
fatídico, ca [fatídiko, ka]《←ラテン語 fatidicus「運命を告げるもの」< fatum「運命」+dicere「言う」》形 ❶《文語》不吉の悪い: número ~ 縁起の悪い数《スペインでは13》. día ~ 忌日, 凶日. ❷ 不吉な, 凶兆の: sueño ~ 不吉な夢. ❸ 忌まわしい, ひどく悪い: Ya han pasado seis meses desde el ~ terremoto. 忌まわしい地震から既に半年が過ぎた
fatiga [fatíɣa]《←fatigar》女 ❶ 疲労: 1) caer rendido de ~ 疲れ果てる, へとへとになる. sentir una gran ~ 非常に疲れる. con un gesto de ~ 疲れた様子で. ~ cerebral 精神的疲労. ~ muscular 筋肉疲労. ~ visual 眼精疲労. 2)《医学》síndrome de ~ crónica 慢性疲労症候群. ~ de combate 戦闘ストレス反応, 戦争神経症. ❷ 呼吸困難, 息切れ: Cuando subo escaleras siento ~. 私は階段を登ると息が切れる. ❸《人生における》困難, 労苦, 辛酸: pasar muchas ~s 大変苦労する. ❹《主に地方語》〔他人の迷惑·不幸などに対して感じる〕気づまり, 気まずさ, 心痛: Me da ~ llamar a estas horas de la

noche. 夜こんな時間に電話するのは気が引ける. ❺ [複] 吐き気〖=náusea〗. ❻《技術》金属疲労〖=~ del metal〗;《船舶》船体疲労
con ~ 骨を折って, 苦しそうに: respirar *con* ~ 息切れする
de ~s《口語》苦労を共にした: compañero *de* ~*s* 同じ釜の飯を食った仲間
fatigable [fatiɡáble] [形] 疲れ得る, 疲れやすい
fatigadamente [fatiɡáđaménte] [副] 疲れ果てて; 息切れしながら
fatigado, da [fatiɡáđo, đa] [形] 使い古した, 保存状態の悪い: libro ~ くたびれた本
fatigador, ra [fatiɡađór, ra] [形]《まれ》疲れさせる, うんざりさせる
fatigante [fatiɡánte] [形] =**fatigador**
fatigar [fatiɡár]〖←ラテン語 fatigare〗[8] [他] ❶ 疲れさせる: Este trabajo nos *fatiga* mucho. この仕事は大変疲れる. *F*~ y no ganar nada.《諺》骨折り損のくたびれもうけ. ❷ [物を] よく使う, 使い古す. ❸ いじめる, 惨めな思いをさせる: Nos *fatiga* con sus continuas quejas. 彼はいつも文句ばかり言って私たちを悩ます
—— *~se* 疲れ果てる〖=cansarse〗; 息切れがする: ~*se* de andar 歩き疲れる
fatigosamente [fatiɡósaménte] [副] 骨を折って, 苦しそうに
fatigoso, sa [fatiɡóso, sa] [形] ❶ 疲れさせる: camino ~ 苦しい道のり. trabajo ~ 骨の折れる仕事. ❷ うんざりさせる: discusión ~*sa* うんざりする議論. ❸ くたびれた; 息を切らした: respiración ~*sa* あえぎ
fatigue [fatíɡe] [男]《地方語》疲れること
fátima [fátima] [女]《まれ》モーロ人の女
fatimí [fatimí] [形] [名] ❶ ファーティマ朝の〔人〕〖10～12世紀, 北アフリカに興ったシーア派イスラム王朝〗. ❷ ファーティマ Fátima の〖イスラム教の開祖ムハンマド Mahoma の娘〗; その末裔の〔人〕
fatimita [fatimíta] [形] [名] =**fatimí**
fato[1] [fáto]〖olfato の語頭音消失〗[男] ❶《地方語》嗅覚(きゅうかく). ❷《地方語》臭い; [特に] 悪臭. ❸《ラプラタ. 隠語》いかがわしい仕事(取引). ❹《アルゼンチン, ウルグアイ. 口語》[人目をはばかる] 恋愛関係
fato[2]**, ta** [fáto, ta] [形]《リオハ, ウェスカ》思い上がった, うぬぼれの強い
fatuidad [fatwiđá(đ)] [女] ❶ うぬぼれ, 思い上がり. ❷ [思い上がりによる] 愚かな言動. ❸ 愚鈍, 暗愚
fatum [fatún]〖←ラテン語〗[男]《文語》宿命, 運命
fatuo, tua [fátwo, twa]〖←ラテン語 fatuus〗[形] [名] ❶《軽蔑》うぬぼれた〔人〕, 思い上がった〔人〕. ❷《軽蔑》愚かな. ❸ fuego ~ 燐火(りんか), 鬼火, 人魂(ひとだま)
faucal [faukál] [形] 咽喉の
fauces [fáuθes] [女] [複] ❶ [哺乳動物の] 喉, 咽喉. ❷《解剖》口峡: istmo de las ~ 口峡部
faul [fául]〖←英語 foul〗[男] [[複] ~s]《中南米. スポーツ》ファウル
faulero, ra [fauléro, ra] [形]《中南米》[選手が] 卑劣な
fauna [fáuna]〖←ラテン語 faunus〗[女] ❶ [一地方・時期の] 動物相: ~ alpina 高山動物相. ❷ 動物誌. ❸《皮肉》集団, グループ: Es un hombre escogido entre la ~ gangsteril de Miami. その男はマイアミのギャングの中から選ばれた
faunalia [faunálja] [女]《まれ》ファウヌス Fauno の祭り
faunesco, ca [faunésko, ka] [形]《ローマ神話》ファウヌス Fauno の
fáunico, ca [fáuniko, ka] [形] [特定の場所の] 動物相の
faunístico, ca [faunístiko, ka] [形] 動物相の
fauno [fáuno] [男] ❶《ローマ神話》[*F*~] ファウヌス, 牧神〖野と森の神. ギリシア神話では Pan〗. ❷ 好色男
faustiano, na [faustjáno, na] [形] =**fáustico**
fáustico, ca [fáustiko, ka] [形] ファウスト Fausto の〔ような〕: actitud ~*ca* ファウスト的な態度
fausto[1] [fáusto]〖←ラテン語 fastus, -us〗[男] 豪華, 華美: vivir con gran ~ 豪勢な暮らしをする
Fausto [fáusto] ファウスト〖若さと全知全能とを引き換えに悪魔メフィストフェレス Mefistófeles に魂を売った16世紀ドイツの伝説的人物; ゲーテの戯曲の題名・主人公〗
fausto[2]**, ta** [fáusto, ta]〖←ラテン語 faustus「好都合な」〗[形]《文語》[+名詞] 幸せな, 幸運な, 縁起の良い, 幸福をもたらす: ~ acontecimiento 喜ばしい出来事
faustuoso, sa [faustwóso, sa] [形] =**fastuoso**
fautor, ra [fautór, ra] [名]《軽蔑》[主に悪事を] 幇助する者, 支持者, シンパ
fautoría [fautoría] [女] 扶助, 幇助
fauvismo [foƀísmo]〖←仏語 fauve「野獣」〗[男]《美術》フォービズム, 野獣派
fauvista [foƀísta] [形] [名]《美術》フォービズムの〔信奉者〕, 野獣派の〔人〕, フォーブ
favela [faƀéla] [女] ファベーラ〖ブラジルのスラム街の粗末な住居, バラック〗
favila [faƀíla]〖←ラテン語〗[女]《文語》火の粉, 灰
favo [fáƀo] [男] ❶《医学》黄癬(おうせん). ❷《サラマンカ, レオン》ミツバチの巣
favonio [faƀónjo] [男]《詩語》西風; 微風, そよ風
favor [faƀór]〖←ラテン語 favor, -oris < favere「ひいきする」〗[男] ❶ 恩恵, 親切な行為: Le volveré el ~. 彼に恩義を返そう. Él siempre dice sí a todo y sus ~*es* nunca son a cambio de nada. 彼はいつも何に対してもイエスと言うし, 彼の親切は決して何かの見返りであることはない. No acepta ~*es* y no quieren tener obligaciones con nadie. 彼は助けを受けないし, また誰にも義理を作ろうとしない. ¿Podría pedirle un ~? 一つお願いできますでしょうか? pagar a+人 a su ~ …の親切に報いる. ~*es* no pedido 余計なおせっかい. ❷ 愛顧, ひきたて; ひいき, 支持: Cuenta con el ~ del jefe. 彼は上司にかわいがられている. Encontró ~ entre la gente culta. 彼は高学歴の人々の支持を獲得した. buscar (ganarse) el ~ de+人 …の支持を求める(得る). disfrutar (gozar) del ~ de+人 …にひいきされる, 恩寵を得る; …から支持されている. tener a+人 de su ~ …の後ろ盾がある. perder el ~ de+人 …の支持を失う; …に愛想をつかされる. ❸《婉曲》[主に [複]. 主に女が男に] 身体を許すこと, 性交の同意: conceder a+人 sus ~*es* …に体を許す. ❹ [騎士が女性に贈る] リボン・花など. ❺《コロンビア》リボン飾り

[F]

a ~ 1) [+de に] 有利に, 賛成して, …を支持して〖⇔en contra〗: Estoy *a* ~ *de*l desarme. 私は軍縮に賛成だ. Hubo opiniones *a* ~ y en contra. 賛否の両意見があった. La propuesta fue aprobada por 300 votos *a* ~ y 150 en contra. 提案は賛成300対反対150票で承認された. 2) …のおかげで, …に助けられて: Se escapó *a* ~ *de* la noche. 彼は夜陰に乗じて逃亡した. remar *a* ~ *de* la corriente 流れにのって漕ぐ. 3) [小切手・委任状などで] …あての・に, …を受取人にして: librar un cheque *a* ~ *del* señor... …氏あてに小切手を切る. 4) 追い風の・で: Llevamos el viento *a* ~. 我々には追い風だ. Nadaron *a* ~ *del* viento. 彼らは追い風を受けて泳いだ
de ~ 優待の: pase *de* ~ 優待パス. billete *de* ~ 無料入場券
en ~ de... …の利益のために, …に有利に; …を支持して: Realizan actividades *en* ~ *de* grupos discriminados y marginados. 彼らは差別され疎外されている集団のための活動を行なう. Siempre estuvo *en* ~ *de* la libertad de conciencia. 彼は常に信教の自由に賛成だった. ¿Vienes con la esperanza de que yo renuncie a Lola *en tu* ~? 君は私がロラをあきらめて君に譲るとでも期待して来たのか?
~ de+不定詞《主に中米》…して下さい: *F*~ *de* hacer la cola. 順に並んでお待ち下さい. *F*~ *de* no molestarse. どうぞお構いなく
hacer el ~ de+不定詞 [命令・依頼] …する: 1) [丁寧] ¿Puede *hacer el* ~ *de* llamarme más tarde? 後でお電話をいただけませんでしょうか? 2) [不快感を表わして] ¿Queréis *hacer el* ~ *de* no interrumpir? 口をはさまないでくれないか. 3) [堅苦しい表現] *Haga el* ~ *de* sentarse. どうぞお座り下さい. *Hága*me *el* ~ *de* venir conmigo. 一緒に来て下さい
hacer un ~ a+人 …のために尽くす, 恩恵をほどこす: Quizá fue la única vez que quiso *hacer un* ~ *a* alguien. 彼が人のために尽くしたのはおそらくその時だけだっただろう. Me *hicieron un* ~ y tengo que agradecérselo. 彼らは私のために尽くしてくれたので, 彼らに感謝しなければならない. ¿Quiere usted *hacer*me *un* ~? お願いがあるのですが…. *Haz*me *un* ~ más. もう一つ私の頼みを聞いてほしい
pedir un ~ a+人 …に援助を頼む: Tengo *un* gran ~ que *pedir*le *a* usted. あなたに[大事な]お願いがあります
por ~ 1) [命令・依頼・懇願の表現に添えて] どうぞ, どうか: [+命令文] *Por* ~, Laura, *por* ~, contéstame. ねえ, ラウラ, 頼むから返事をしてちょうだい. 2) [命令文+] No grites, *¡por ~!* 頼むからどならないでくれ/どなるな, いいかげんにしろ! No llo-

favorable

res, *por* ~.—me seguía diciendo—.「泣かないでくれ、お願いだから」と彼は言い続けた. 3)［疑問文+］Me dices qué hora es, *por* ~? すみません、何時か教えてくれませんか. Señor, ¿me puede dejar paso, *por* ~? すみませんが、道を譲っていただけませんか. 4)［省略文で］La cuenta, *por* ~. お勘定をお願いします. El Sr. Páez, *por* ~.［電話などで］パエス氏をお願いします. Un pitillo mío, *por* ~. たばこ1本どう[吸わないか]．
solicitar un ~ a+人 =pedir un ~ a+人
tener... a (en) su ~ 1) …を味方につける、…の支持を得る: Tiene a su ~ los medios de comunicación. 彼はマスコミを味方につけている. 2) …が有利に働く、…が幸いする

favorable [faboráble]《←ラテン語 favorabilis》形 ❶ ［+para・a に］好都合な，有利な；順調な: El resultado no ha sido muy ~. 結果はあまり思わしくなかった. El tabaco no es ~ *para* la salud. たばこは健康によくない. condición ~ *para* nosotros 我々に有利な条件. diagnóstico ~ ［病気の］明るい兆候. momento ~ 有利な時. ocasión ~ 好機. precio ~ お得な価格. viento ~ 順風.［意見などが］好意的な，賛成の: El juicio fue ~ *para* el matrimonio marroquí. 判決はそのモロッコ人夫婦に好意的だった. El Gobierno se muestra ~ a la creación de una nueva tasa. 政府は新税の創設に賛成だ. fallo ~ 好意的な裁定. reacción ~ 好意的な反応. votos ~s 賛成票

favorablemente [faboráblemén̄te] 副 ❶ 都合よく、有利に: Las condiciones cambian ~. 状況はよい方に変化している. influir ~ sobre... …によい影響を与える. impresionar ~ よい印象を与える. ❷ 好意的に、賛成して: votar ~ 賛成票を投じる

favorecedor, ra [faboreθeðór, ra] 形 名 ❶ 美しく見せる: aspecto poco ~ 見ばえのしない外観. peinado ~ よく似合う髪型. ❷ ［+de に］有利な、ためになる[人]: El racismo es un factor ~ de la guerra. 民族差別は戦争につながる要因である

favorecer [faboreθér]《←*favor*》39 他 ❶ ［人に］有利に計らう、ひいきする: Le he *favorecido* mucho en sus apuros. 私は彼が困っていた時に色々と面倒をみてあげた. El nuevo sistema de impuestos *favorecerá* a los ricos. 今度の税制は金持ちを優遇するものだ. La fortuna *favorece* a los audaces. 運命の女神は大胆な者に味方する. Es poco *favorecida*. 彼女は器量がよくない. *favorecido* de (por) la suerte 運のいい、幸運に恵まれた. el país más *favorecido* (経済) 最恵国. ❷ ［事柄が良くも悪くも］助長する，利する; 有利である: El trabajo nocturno *favorece* el envejecimiento prematuro. 夜間労働は早老化を招く. Nada hay allí que pueda ~lo a usted o a mí. あそこにはあなたや私に役立つものは何もない. Las tendencias del voto *favorecen* a la oposición. 投票の大勢は野党に有利である. ~ el crecimiento económico 経済成長を促進する. ❸ 美しく見せる，引き立てる、見ばえをよくする: No te *favorece* el bigote. ひげは君に似合わない. El retrato la *favorece* mucho. この肖像画は彼女を実物以上に描いている. ❹ ［賞などを］与える: Ha sido *favorecida* con el premio Nadal. 彼女はナダル賞を受賞した. ❺ …に施し物をする
—~**se** 再 ❶ ［+de …を］利用する、役立てる; …に恵まれる: ~*se* de la situación 状況に助けられる. ❷《コロンビア. 口語》身を守る

favorecido, da [faboreθíðo, ða] 形《中南米. 口語》宝くじが当たった
favorido, da [faboríðo, ða] 形《廃語》=**favorecido**
favoritismo [faboritísmo]《←*favorito*》男 ［+por・hacia に対する］えこひいき、情実、肩入れ: tener ~ *hacia* uno de sus hijos 自分の子供の一人をえこひいきする. evitar el ~ えこひいきを避ける

favorito, ta [faboríto, ta]《←伊語》形 ❶ お気に入りの、ひいきの: Mi escritor ~ es Miguel Delibes. 私の好きな作家はミゲル・デリーベスだ. ¿Cuál es su equipo ~? あなたのひいきのチームはどこ? Puse en funcionamiento la radio y sintonicé mi emisora ~. 私はラジオをつけて、お気に入りの放送局にダイアルを合わせた. canción ~*ta* 愛唱歌. comida ~*ta* 好物. frase ~*ta* 大好きなフレーズ. ❷ 本命の、勝者と予想される: Es el partido ~ para ganar las elecciones. それが総選挙で勝つと予想される政党だ.《経済》país ~ 最恵国
— 名 ❶ ［競技の］優勝候補，本命; シード選手: Aquel caballo es el ~. あの馬が本命だ. gran ~ 大本命. primer ~ 第1シードの選手. ❷ お気に入りの人; 寵臣(ちょうしん)，側近，寵姫(ちょうき): ~ *ta* del rey 国王の寵臣
— 男 お気に入りのもの: Mi ~ era el cuento de Blancanieves. 私のお気に入りは『白雪姫』だった

favoso, sa [fabóso, sa] 形《医学》黄癬(おうせん)の
fax [fá(k)s]《*telefax* の省略語》男［単複同形］ファックス《器具, 文書》: enviar un ~ ファックスを送る. enviar... vía ~ …をファックスで送る. número de ~ ファックス番号
faxear [fa(k)seár] 他 ファックスで送る
faya [fája]《←仏語 faille》女 ❶ ［繊維］ファイユ《ポプリン風の横うねの絹布》. ❷《サラマンカ》大岩，岩塊. ❸《カナリア諸島. 植物》トペラ
fayado [fajáðo] 男《ガリシア》［人の住めない］屋根裏
fayal [fajál] 男 トペラ林
fayalíta [fajalíta] 女《鉱物》鉄橄欖石(かんらんせき)
fayanca [fajáŋka] 女 ❶ およぎ腰，へっぴり腰. ❷［窓・戸口などの］水切り. ❸《廃語》からかい、あざけり
de ~ 《廃語》いいかげんに、雑に
fayauco [fajáúko] 女 《廃語》柳かご
fayenza [fajénθa] 女 鉛・錫の不透明な釉薬のかかったタイル
fayuca [fajúka] 女 ❶《メキシコ》1)《口語》密輸品のマーケット. 2)《隠語》［刑務所内での］物品の売買. ❷《コロンビア》つまらない雑談
fayuquear [fajukeár] 他《メキシコ. 口語》密輸品を売買する
fayuquero, ra [fajukéro, ra] 形 名《メキシコ. 口語》密輸品を売る[人]
faz [fáθ]《←ラテン語 facies》女 ［複 faces］ ❶《文語》顔: con la ~ sonriente 笑顔で. Sacra (Santa) F~ キリストの顔［の画像］. ❷［貨幣・布などの］表側: ~ de la tierra 地表. ❸ 様相: ~ del mundo 世相
a prima ~/a primera ~ 一目で、ちょっと見ただけで
en ~/ en paz 《まれ》公然と平和的に
~ a ~ 《まれ》面と向かって、真っ向から
fazaña [faθáɲa] 女《歴史. 法律》［慣習法に依拠した裁判官の］判決. ❷ 名誉ある功績 [=hazaña]
F.C.《略記》←*fútbol club* サッカークラブ; *ferrocarril* 鉄道
FCI《略記》←*Fondo de Compensación Interterritorial* 地域間格差是正基金
FDN《略記》←*Fuerza Democrática Nicaragüense* ニカラグア民主軍
—— 男《略記》←*Frente Democrático Nacional*［メキシコ・ペルーの］国民民主戦線
fdo.《略記》←*fardo* 梱包
Fdo.《省略記》←*firmado* 書類のサインのそばに付ける印
fe [fé]《←ラテン語 fides》女 ❶ 信用，信頼; 信憑性: Yo tengo mucha *fe* en la ciencia. 私は科学に多大の信頼を置いている. Tengo *fe* en que mi padre volverá cuando Dios quiera. 私は父がいずれは戻ってくると信じている. digno de *fe* 信頼に値する. ❷ 集名 ［主にカトリックの］信仰, 宗教; 信奉: La gente del barrio tenía mucha *fe*. 地区の人々は信仰が篤かった. Soy hombre de poca *fe* religiosa. 私はあまり信心深くない. propagar la *fe* cristiana キリスト教信仰を広める. tener *fe* en Dios 神を信じる. tener [la] *fe* ciega 盲目的にもつ. *fe* absoluta 帰依. *fe* católica カトリック信仰. *fe* comunista 共産主義信奉. 《カトリック》信徳［対神徳 virtud teologal の一つ］: acto de *fe* 信徳行為. ❸《証明書》: *fe* de bautismo (matrimonio・soltería) 洗礼(結婚・独身)証明書. *fe* de vida ［年金受給者の］生存証明書. *fe* pública 公式の証明書. ❺［行動する時の］意識. ❻《文語》誓いの言葉
a fe 《文語》［主に +que+直説法. 強調］本当に: Y *a fe que* lo consiguió. 実際、彼はそれを達成した. ¡A *fe que* eso sería arriesgar mucho! それは大きな賭けだなあ! =**a fe**
a fe de... …の名誉にかけて: *a fe de* cristiano キリスト教徒としての名誉にかけて
a fe de bueno/a fe de caballero 名誉にかけて、誓って
a fe mía 《文語》=**a fe**: *A fe mía que* os quereis burlar de mí. 君らは僕らをからかいたいのだな
buena fe 1) 善意，無邪気: Lo hice de *buena fe*. 私は善意でそうしたのだ. abusar de la *buena fe* 善意につけ込む. creer de *buena fe* 善意で信じる. dudar la *buena fe* 善意を疑う. 2)《法律》tercero de *buena fe* 善意の第三者
comprometer su fe 誓う

dar fe de... 1)［公証人・専門家などが］…について証明（証言）する: Puede *dar fe de* lo que digo. 彼は私が言っていることを立証できます. 2) 確言する, 断言する
dar fe de vida ［自分の］消息を知らせる
de fe 1)《主にカトリック》信ずるべき. 2)《船舶》línea *de fe* 軸線
en fe de... …の証拠として
fe ciega 盲信: tener *fe ciega* en... …を盲目的に信じる
fe de erratas《出版》正誤表
fe de errores《新聞》正誤表
fe púnica 不信, 裏切り［=punica fides］
hacer fe《法律》［文書・証言記録］信ずるに足る
mala fe 悪意: de *mala fe* 悪意で・の, だますつもりで・の. Actúa de *mala fe* para joder al vecino. 彼は隣人を困らせるために悪意でやった. Hay gente de *mala fe*. 悪意を持った人々がいる
por mi fe《文語》**=a fe**
prestar fe a+事物 …を信じる: No *presta fe* a mis palabras. 彼は私の言葉を信じない

feacio, cia [feaójo, θja]形名《ギリシア神話》ケルキラ Corcira 島（現在のコルフ島）の住民（の）《オデュッセウスの帰国を助けた》
fealdad [fealdá(ð)]女［←feo］❶ 醜さ, 醜悪さ: Yo estaba contenta, y mi ~, mi pequeñez y mi facha ridícula no me importaban. 私は満足していた. 自分の醜さ, 背の低さ, 滑稽な容姿などどうでもよかった. distinguir la ~ de la hermosura 美醜を区別する. ❷ 卑劣さ
feamente [féaménte]副 卑怯に, 見苦しく
feb.《略語》←febrero 2月
Febe [fébe]女《ギリシア神話》フォイベー《月の女神アルテミスの別名》
febeo, a [febéo, a]形《詩語》フォイボス Febo の; 日輪の
feble [féble]形《文語》❶ 弱い, 弱々しい. ❷［貨幣・合金などが］量目（含有量）不足の
Febo [febo]男《ギリシア神話》フォイボス《太陽神アポロの別名》
febrera [febréra]女 灌漑用水路
febrero [febréro]男［←ラテン語 februarius < februa「贖いの祭り」］2月［→mes 参考］
febricitante [febriθitánte]形《医学》微熱のある, 熱っぽい
febrícula [febríkula]女《医学》［主に夕方にでる, 感染症・神経性の］微熱
febrífugo, ga [febrífugo, ga]形男《薬学》熱を下げる, 解熱の; 解熱剤
febril [febríl]《ラテン語 febrilis》形《医学》1) 熱の: acceso ~ 発熱. convulsión ~ 熱性けいれん. estado ~ 発熱状態. pulso ~ 発熱性脈拍. 2) [estar+] 熱のある: El enfermo estaba ~ y deliraba. 病人は熱があって, うわごとを言っていた. ❷ 熱のこもった, 激しい, ひどく興奮した: Hablaba con ~ excitación. 彼は激しく興奮して話していた. producir ~es reacciones 激しい反発を引き起こす. con impaciencia ~ じりじりしながら. actividad ~ 活気, 活況. amor ~ 燃えるような恋. discurso ~ 熱弁. entusiasmo ~ 熱狂的高揚. ritmo ~ 激しいリズム
febrilidad [febrilidá(ð)]女 興奮［状態］, 熱狂
febrilmente [febrílménte]副 一所懸命に, 熱烈に, 熱狂的に
febro《略語》←febrero 2月
febrón [febrón]男《医学》高熱
febronianismo [febronjanísmo]男 フェブロニウス主義《18世紀ドイツの聖職者 Johannes Nikolaus Hontheim の説. 教皇の権威を減じ宗教会議に最高権威を求めた》
febroniano, na [febronjáno, na]形名 フェブロニウス主義の［人］
fecal [fekál]《ラテン語 faex, faecis「沈殿物, 不純物」》形 糞便の, 屎尿（ぼう）の: aguas ~es 下水, 汚水. análisis ~es 検便. materia ~ 糞便, 汚物
fecha[1] [fétʃa]《ラテン語 facta < facere「する」》女 ❶ 日付, 日取り, 年月日: ¿Qué ~ es hoy?—Hoy es ocho de mayo. 今日は何日ですか?—今日は5月8日です. En esa ~ no estaba yo en casa. その日は私は家にいなかった. Esta carta es de ~ reciente. この手紙の日付は最近のものだ. Todavía no han fijado la ~. 彼らはまだ日取りを決めていない. anotar la ~ 日付をメモする. fijar la ~ de la boda 結婚式の日取りを決める. poner la ~ en la carta 手紙に日付を書き入れる. con ~ de hoy 今日付けの. EL MUNDO de ~ 16 de abril 4月16日のエル・ムンド紙. carta de (con) ~ 5 de agosto 8月5日付けの手紙. carta sin ~ 日付のない手紙. línea del cambio de ~ 日付変更線. ❷ 期日, 期限: de larga ~ 長期払いの. ~ de valor《銀行》手形決済日, 利息起算日;［外国為替の］受渡日. ~ de vencimiento 満期日; 期限日. ~ límite 締切日. ❸ …日間: Su carta ha tardado por avión tres ~s. 彼の手紙は航空便で3日かかった. hace siete ~s 1週間前に. ❹［閩］時期: La agenda ayudará a recordar todas aquellas ~s. メモ帳はあのころのことをすべて思い出すのに役立つだろう. en esas ~s そのころ. en ~s recientes 最近

a estas ~s 今ごろ, 現在のところ: *A estas* ~s me recomiendan leer un libro. このところ私はある本を読むように勧められている
a ...día[s] ~《商業》…日後に
a ...mes[es] ~《商業》…月後に
en estas ~s 現在, 昨今: Las flores florecen *en estas* ~s. それらの花はこの時期に開花する
en ~[s] próxima[s] 近日中に, もうすぐ
esta ~［=la ~］
hasta la ~ 今までのところ, 現在まで: *Hasta la* ~ el narcotráfico sigue creciendo. 現在まで麻薬取引は増加し続けてきた
la ~ 今日: Hasta *la* ~ no he hecho absolutamente nada. 今日まで私は全く何もしていない
larga ~ 遠い昔, はるか昔
por estas ~s 1) 今ごろには, 最近, このごろ: *Por estas* ~s, tengo el deber de visitar a unos familiares. 私は近々親戚を訪ねなければならない. El arbusto da *por estas* ~s flores de color blanco. その木は今ごろ白色の花をつける. 2)［時の表現+］…の今ごろに: El año pasado *por estas* ~s también María y yo estábamos de monos. 去年の今ごろもマリアと私は仲たがいしていた

fechable [fetʃáble]形 年月日が推定され得る
fechador, ra [fetʃaðór, ra]形 日付を付す
—— 男 ❶ 日付スタンプ(印字器), 消印. ❷《写真》データパック. ❸《メキシコ, ペルー, ボリビア》消印
fechadura [fetʃaðúra]女《カナリア諸島》錠
fechar [fetʃár]《←fecha》他 ❶ 日付を付す: su atenta *fechada* el 2 del actual 今月2日付貴信. ❷［歴史的事物の］年月日を推定(決定)する: *Fecharon* la batalla de Guadalete en 711. グアダレテの戦いは711年に起きたとされる. ❸《カナリア諸島》1)［扉を］密閉する. 2) …にしがみつく, すがる
fechillo [fetʃíʎo]男《カナリア諸島》差し錠, かんぬき
fecho, cha[2] [fétʃo, tʃa]《←古語 facer の 過分》形［公文書で, 決定内容が］処理済の
—— 男 ❶［決定内容が］処理済の書類. ❷［公文書に付される］処理済の印（記入）
fechoría [fetʃoría]《←古語 fechor < ラテン語 factor, -oris < facere「行なう」》女 ❶［主に強調］悪事, 悪行; いたずら: Cometió robos, saqueos y otras ~s. 彼は盗み, 強盗その他の悪行をやった. Los chiquillos no hacen más que ~s. チビ助たちはいたずらばかりしている. ❷［まれ］［物を］損なうこと
fecial [feθjál]男《古代ローマ》従軍祭官, 伝令僧《宣戦布告・終戦の条文作成を主宰した》
FECOM [fékon]男《略語》←Fondo Europeo de Cooperación Monetaria 欧州通貨協力基金
fécula [fékula]《←ラテン語 faecula < faex, faecis「沈殿物」》女 粉（ふん）: ~ de maíz トウモロコシの澱粉
feculento, ta [fekulénto, ta]形 ❶ 澱粉質の, 澱粉を多く含んだ. ❷ 糞便を含んだ
feculería [fekulería]女 澱粉製造業
feculero, ra [fekuléro, ra]形女 澱粉の; 澱粉製造業
feculoso, sa [fekulóso, sa]形［=feculento］
fecundable [fekundáble]形 受精できる; 肥沃にできる
fecundación [fekundaθjón]女 受胎, 受精; 受粉: ~ artificial (asistida) 人工授精
fecundador, ra [fekundaðór, ra]形 受精させる; 肥沃にする, 豊かにする
fecundamente [fekúndaménte]副 豊饒に, 繁殖力旺盛に
fecundante [fekundánte]形 =fecundador
fecundar [fekundár]《ラテン語 fecundare》他 ❶ 受胎(受精・受粉)させる, 交配する: huevo *fecundado* 受精卵. ❷《文語》多産にする, 繁殖させる; 肥沃にする;［努力などを］実り多いもの

にする; [想像力などを] 豊かにする

fecundativo, va [fekundatíbo, ƀa] [形] 豊饒にする, 繁殖力のある

fecundidad [fekundiđá(đ)] 〖←ラテン語 fecunditas, -atis〗 [女] ❶ 受胎能力, 生殖力. ❷ 多産性, 肥沃さ; 豊かさ

fecundización [fekundiθaθjɔ́n] [女] 肥沃化, 多産化

fecundizador, ra [fekundiθađɔ́r, ra] [形] 肥沃にする, 多産にする

fecundizar [fekundiθár] 〖←fecundar〗 [9] [他] ❶ [土地などを] 肥沃にする: ～ un terreno con los abonos 肥料で土地を肥やす. ❷ 多産にする; 豊かにする

fecundo, da [fekúndo, da] 〖←ラテン語 fecundus〗 [形] ❶ [動物が] 生殖力のある, 多産な: Las ratas son muy ～*das*. ネズミは繁殖力が強い. ❷ 多作な; [+en を] 豊富に産出する: campo ～ 肥沃な畑. escritor ～ 多作な作家. imaginación ～*da* 豊かな想像力. tierra ～*da en* trigos 小麦を多く産する土地

fedatario, ria [feđatárjo, rja] [名] 公証人, 公証人の役割をする役人

feday [feđái̯] [男] =**fedayín**

fedayín [feđajín] [男] 〖単複同形/～*y*i*nes*〗 パレスチナゲリラ

FE de las JONS [女] 《歴史. 略語》 ←Falange Española de las Juntas de Ofensiva Nacional-Sindicalistas スペイン・ファランヘと国民サンディカリスト行動隊

FEDER [feđér] [男] 《略語》 ←Fondo Europeo de Desarrollo Regional [EUの] 欧州地域振興基金

federación [feđeraθjɔ́n] 〖←ラテン語 foederatio, -onis〗 [女] ❶ 連盟, 連合体: ～ de sindicatos obreros 労働組合連合会, 労連. *F*～ Internacional de Fútbol Asociado 国際サッカー連盟, FIFA. ❷ 連邦, 連邦国家, 連邦政府; 連邦化

federal [feđerál] 〖←ラテン語 foedus, -eris「協定」〗 [形] ❶ 連邦〔制〕の: estado (república) ～ 連邦国家(共和国). Buenos Aires, Capital *F*～ ブエノスアイレス連邦首都区. ❷ 連盟の. ❸ [米国南北戦争時代の] 北部連邦同盟の, 北軍の
—— [名] 連邦主義者

federalismo [feđeralísmo] [男] ❶ 連邦主義 〖⇔unitarismo 統一主義, centralismo 中央集権主義. 19世紀のアルゼンチンでは連邦主義派と中央集権主義派の二大政党が対抗した〗; 連邦制度. ❷ 連盟組織

federalista [feđeralísta] [形] [名] 連邦主義の(主義者) 〖⇔unitarista, centralista〗; 連邦制の

federalización [feđeraliθaθjɔ́n] [女] 連邦化, 連邦制の導入; 連盟組織化

federalizar [feđeraliθár] [9] [他] 連邦〔制〕にする

federar [feđerár] [他] 連邦〔制〕にする; 連合させる
—— **～se** 連合(連盟)に加入する

federativo, va [feđeratíbo, ƀa] 〖←ラテン語 foederatus〗 [形] ❶ 連邦〔制〕の: sistema ～ helvético スイス連邦制度. gobierno ～ 連邦政府. ❷ 連合の, 連盟の: Recibió la autorización ～*va*. 彼は連盟の許可を得た
—— [名] 《主にスポーツ》 [連盟の] 理事, 幹部

federica [feđeríka] [女] ***a la*** **～** [プロシアの] フリードリッヒ大王 Federico el Magno の時代風に・の

Federmann [feđermán] 《人名》 **Nikolaus ～** ニコラウス・フェーダーマン 〖1505?～42, ドイツ人探検家. ベネズエラに渡りエル・ドラド El Dorado を探索(1537)〗

Fedra [féđra] [女] 《ギリシア神話》 ファイドラ 〖テセウスの妻でヒッポリュトスの義母〗

feedback [fíđbak] 〖←英語〗 [男] ❶ [信号の] 返還. ❷ 《心理, 物理》 フィードバック

feeling [fílin] 〖←英語〗 [男] 〖[複] ～s〗 ❶ [人と人との] 調和, 親しみ: Ya no hay ～ entre ellos. 彼らの間にはもう何の感情もない. ❷ [音楽に対する] 感受性, 情感. ❸ 情緒

feérico, ca [f(e)ériko, ka] [形] ❶ 《まれ》 妖精の. ❷ 《ガリシア》 魔術的な, 不思議な, 魅惑的な

FEF [女] 《略語》 ←Federación Española de Fútbol スペインサッカー連盟

féferes [féferes] [男] [複] 《メキシコ, コスタリカ, キューバ, ドミニカ, コロンビア, エクアドル》 がらくた, 不用になった雑多な道具

fehaciente [feaθjénte] [形] 《法律》 証拠事実の, 認証された; 信ずべき: testimonios ～*s* 明白な証拠

feijoa [fɛi̯xóa] [女] 《植物, 果実》 フェイジョア 〖=guayabo del Brasil〗

Feijoo [fɛi̯xó(o)] 《人名》 **Fray Benito Jerónimo ～** フライ・ベニート・ヘロニモ・フェイホー 〖1676～1764, スペインの作家, ベネディクト会修道士. 理性と経験をよりどころにした自由な批判精神を発揮し, スペインにおける啓蒙思想の先駆けとなる.『世相批判』*Teatro Crítico Universal* や『博識怪奇書簡』*Cartas eruditas y curiosas* では該博な知識を駆使し, 多岐にわたるテーマを論じている〗

feísimo, ma [feísimo, ma] [形] feo の絶対最上級

feísmo [feísmo] [男] 《美術, 文学》 醜悪主義 〖醜いものに美的評価を与えようとする〗

feísta [feísta] [形] [名] 《美術, 文学》 醜悪主義の(主義者)

feje [féxe] [男] 《レオン, カナリア諸島》 [穀草などの] 束

felacio [feláθjo] [女] =**felación**

felación [felaθjɔ́n] [女] 《性戯》 フェラチオ

felandrio [felándrjo] [男] 《植物》 ドクゼリ(毒芹), フェランドリオ

felanigense [felanixénse] [形] [名] 《地名》 フェラニトス Felanitx の〔人〕 〖マジョルカ島の町〗

felatio [felátjo] [女] =**felación**

felator, triz [felatɔ́r, triθ] [形] [名] フェラチオをする〔人〕

feldespático, ca [fɛldespátiko, ka] [形] 《鉱物》 長石の, 長石を含む, 長石質の

feldespato [fɛldespáto] [男] 《鉱物》 長石; 長石類

feldespatoide [fɛldespatói̯đe] [男] 《鉱物》 准長石

feldmariscal [fɛldmariskál] [男] [英・独・仏などの] 陸軍元帥

felfa [félfa] [女] 《エクアドル, プエルトリコ. 口語》 殴ること, 殴り合いのけんか

felibre [felíƀre] [男] [近代の] オック oc 語の詩人(作家)

felibrismo [feliƀrísmo] [男] オック語文学運動 〖詩作にオック語の特質を活かそうとする〗

felice [felíθe] [形] 《詩語》 幸福な 〖=feliz〗

feliciano [feliθjáno] [男] 《俗語》 性交

felicidad [feliθiđá(đ)] 〖←ラテン語 felicitas, -atis〗 [女] ❶ 幸福, 幸せ; 幸運: ¿Cuál es la ～ verdadera? 真の幸福とは何か? Nuestra ～ era un castillo de arena. 我々の幸福は砂上の楼閣だった. Le deseo toda clase de ～*es*. ご多幸をお祈りします. Vamos a brindar por la ～ de los novios. 新郎新婦の多幸を願って乾杯しましょう. encontrar la ～ eterna 永遠の幸せを見出す. nacer a la ～ 幸運の星の下に生まれる. vivir en ～ 幸せに暮らす. ❷ 喜び, うれしさ, 満足: Su rostro expresaba ～. 彼は喜びの表情を見せていた. Es una ～ poder compartir con ustedes este momento. あなたがたとこのような機会を持てましたことをうれしく思います. llorar de ～ うれし泣きをする. poner cara de ～ うれしそうな顔をする. lágrimas de ～ うれし泣きの涙. ❸ 無事, 正常: Realizó el viaje con toda ～. 彼は無事に旅を終えた
¡F～es! おめでとう! 〖[類義] **¡Felicidades!** は誕生日・クリスマス・成功などに対して, **¡Enhorabuena!** は成功に対して〗: Ya sois padres. ¡〔Muchas〕 *F*～*es*! 子供が産まれて, 〔本当に〕おめでとう! *F*～*es* por tu hija. お嬢さんのこと, おめでとうございます

felicitación [feliθitaθjɔ́n] [女] ❶ お祝い, 祝賀; 祝い状: Le envié una ～. 私は彼にお祝いの手紙を送った. discurso de ～ お祝いのスピーチ. tarjeta de ～ お祝いのカード(葉書). ❷ [複] 祝意, 祝辞, 賛辞: 1) Primero, gracias por tus *felicitaciones*. まず最初に, 賛辞にお礼を申し上げる. Mis mejores *felicitaciones* por su salud. ご健康を心から祝します. 2) 《手紙》 Reciba mis más cordiales *felicitaciones*. 心よりお慶び(お祝い)申し上げます
¡Felicitaciones! 《まれ》 おめでとう 〖=¡Felicidades!〗

felicitador, ra [feliθitađɔ́r, ra] [形] [名] 祝う〔人〕

felicitar [feliθitár] 〖←ラテン語 felicitare〗 [他] ❶ [祝日・幸運・成功などを] 祝う: 1) Me llamó para ～me. 彼女は私におめでとうを言うために電話をかけてきた. ¡Te *felicito*! おめでとう/すばらしかった! ～ el Año Nuevo (las Navidades) 新年(クリスマス)を祝う. 2) [+por について] …に祝辞(賛辞)を述べる, おめでとうを言う: Le *felicito por* su cumpleaños. お誕生日おめでとうございます. Le *felicito por* el nacimiento de su hija. 赤ちゃんのご誕生おめでとうございます. ❷ ほめる, 賞賛する: Le *felicito por* su puntualidad. あなたのきちょうめんさは実にありがたい. Los *felicito por* el excelente trabajo que están desarrollando. 推進されているすばらしい事業に対してあなたがたに賛辞を贈ります. Te tengo que ～ *por* tu marido. いいご主人でよかったねと私は君に言わなければならない
—— **～se** 《文語》 [+de・por を] 喜ぶ, 満足する: 1) *Nos feli-*

citamos de su restablecimiento. ご回復をうれしく思います. *Me felicito por* tu ascenso. 君の昇進を喜んでいます. 2) [+de que+接続法] *Me felicito de que* esté usted mejor. お元気になられてよかったですね
felicitario, ria [feliθitárjo, rja] 形《文語》幸福を追い求める
félido, da [félido, da] 形 ネコ科の
—— 男 複《動物》ネコ科
feligrés, sa [feligrés, sa] [←俗ラテン語 fili eclesiae] 名 ❶[教区 parroquia の] 信者, 教区民. ❷《口語》常連客〖=parroquiano〗. ❸《文学》同人
feligresía [feligresía] 女 ❶ 集名 教区信者〖=parroquia〗. ❷ [田舎の] 教区
felinidad [felinidá(d)] 女 ネコらしさ
felino, na [felíno, na] [←ラテン語 felinus < feles「ネコ」] 形 ネコの, ネコのような〖=gatuno〗. ❷ ネコ亜科の
—— 男 複《動物》ネコ亜科
Felipe [felípe]《人名》~ **el Hermoso** 美王フェリペ1世〖1478～1506, カスティーリャ女王フアナ1世の夫君〗
~ **II el Prudente** 慎重王フェリペ2世〖1527～98, スペイン王. 1580年ポルトガルを併合, 太陽の沈まぬ帝国 el imperio en el que nunca se pone el sol と呼ばれるスペインの最盛期を実現する〗
~ **III de España** スペイン王フェリペ3世〖1578～1621. 病弱でレルマ公爵 duque de Lerma に施政を任せ, スペインの衰退が始まる〗
~ **IV de España** スペイン王フェリペ4世〖1605～65. 政治に無関心でオリバレス伯・公爵 conde-duque de Olivares に施政を任せ, スペインの衰退が決定的となる〗
~ **V el Animoso** 勇胆王フェリペ5世〖1683～1746, ブルボン朝スペイン Casa de Borbón en España の初代君主. 中央集権化・行財政改革を推進〗
Felipe de Jesús [felípe de xesús]《人名》フェリペ・デ・ヘスス〖1572～97, メキシコ生まれの聖職者. マニラからの帰国途上, 日本に漂着, 長崎で殉教. 日本二十六聖人の一人〗
Felix qui potuit rerum cognoscere causas [féliks ki pótwit rérum kɔŋnɔsθére káusas] [←ラテン語] 物事の原因を知り得た人は幸いである
feliz [felíθ] [←ラテン語 felix, -icis] 形 複 ~ces. 絶対最上級 felicísimo〗 [主に ser+] ❶ 幸福な, 幸せな, 楽しい: Desde aquel día somos muy *felices*. その日以来私たちは非常に幸せだ. El príncipe y la princesa vivieron muy *felices*. 王子と王女はとても幸せに暮らしました. El perro agita ~ su rabo. 犬はうれしくてしっぽを振っている. Llevaban una vida ~. 彼らは幸福な暮らしをおくっていた. Hicimos un viaje ~. 私たちはとても楽しい旅行をした. ~ con su suerte 運のよい. los días *felices* de mi juventud 私の青春の幸せな日々. Viva ~. 幸せに暮らす. niños *felices* 幸せな子供たち. ❷《挨拶》¡F~ Año [Nuevo]! 新年おめでとう! ¡*Felices* Pascuas! メリークリスマス! ❸ 幸運な, 縁起の良い: ¡F~ viaje! よいご旅行を! ¡*Felices* vacaciones! 良い休暇をお過ごし下さい. ❹ 適切な, うがった: decisión ~ 賢明な決断. expresión ~ うまい表現. ~ idea 名案. intervención ~ 適切な仲裁
hacer ~ 1) 幸せにする: Quiero *hacerte* ~. 君を幸せにしたいと思う. Solo el pensarlo ya me *hace* ~. それを考えただけで私は幸せだ. 2) 喜ばせる《主に否定文で》: No me *hace* ~ tener que partir de noche. 夜出発しなければならないのは気にくわない
hacerse ~ 幸福になる
prometérselas [*muy*] *felices*《西. 口語》[+con に] 根拠のない期待を抱く: Paco *se las prometía muy felices*, pero su alegría no duró mucho. パコは事態を甘く見ていたが, その喜びは長く続かなかった
Y fueron felices y comieron perdices.[物語の結句] それから彼らは幸せに暮らしましたとさ/めでたし, めでたし
felizmente [felíθménte] 副 ❶ 幸福に; 幸せなことに: Viven allí ~. 幸せな生活を送っている. F~, escampó pronto. 幸いにも雨はすぐあがった. ❷ 無事に: La conferencia terminó ~. 会談は首尾よく終わった
fellatio [felátjo] 男《性愛》=felación
felodermo [felodérmo] 男《植物》コルク皮層
felógeno [felóxeno] 男《植物》コルク形成層
felón, na [felón, na] [←仏語 felon] 形 名《文語》不忠な〔人〕, 不実な〔人〕, 裏切り者〔の〕; 卑劣な, 悪党

felonía [felonía] 女《文語》裏切り, 不誠実; 卑劣な行為
felpa [félpa] [←?語源] 女 ❶《繊維》1)[毛足の長い] ビロード, プラッシュ: osito de ~ 熊のぬいぐるみ. 2)[パイルの] タオル地: albornoz de ~ バスローブ. ❷《口語》叱責: dar (echar) una ~ a +人 を叱りつける. ❸《口語》殴り合いの喧嘩
felpado, da [felpádo, da] 形 ビロード状の, なめらかで柔らかい
felpar [felpár] 他 ❶ プラッシュ felpa で覆う; 柔らかなもので覆う
—— 自《メキシコ》使い切る
—— 自《メキシコ・口語》[人が] 死んでしまう
—— ~*se*《詩語》[+de で] 覆われる: La pampa *se felpó de* verdes. 大草原がビロードのような緑で覆われた
felpeada [felpeáda] 女《アルゼンチン, ウルグアイ》[子供に対する] 叱責
felpear [felpeár] 他《アルゼンチン, ウルグアイ. 口語》厳しく叱る
felpilla [felpíʎa] 女《繊維》シェニール糸, 毛虫糸
felpo [félpo] 男 =felpudo
felposo, sa [felpóso, sa] 形 毛羽立った, 毛羽で覆われた
felpudo, da [felpúdo, da] 形《繊維》毛足の長い; 手触りの柔らかい
—— 男 ドアマット, 靴ふき
dejar a la altura del ~《口語》最低にする, 格好がつかない結果をもたらす
quedar a la altura del ~《西. 口語》最低になる, 格好がつかない結果になる
—— 女《カナリア諸島》売春婦
félsico, ca [félsiko, ka] 形 ❶《鉱物》淡色の. ❷《地質》珪長質の
f.e.m 女《略語》←fuerza electromotriz 起電力
femar [femár] 他《アラゴン》堆肥を施す
femenil [feminíl] 形 ❶《文語》女性の, 女性らしい〖賞賛して〗: ternura ~ 女性らしい優しさ. ❷《スポーツ》女性の
femenilmente [femenílménte] 副《文語》女性らしく, 女っぽく〖男性に〗まるで女性のように
femeninamente [femenínaménte] 副 女性らしく, 女性的に
femenino, na [femeníno, na]《ラテン語 femininus「女性特有の」》形 ❶ 女性の, 女性的な, 女性らしい〖↔masculino〗: belleza ~na 女性美, 女らしい美しさ. fútbol ~ 女子サッカー. monasterio ~ 女子修道院. revista ~na 女性誌. rostro ~ 女性の顔, 女性らしい顔立ち. voz ~na 女性らしい声. ❷《生物》雌の. ❸《文法》女性〔形〕の: género ~ 女性
—— 男《文法》女性形〖=forma ~na〗: El ~ de «gallo» es «gallina». gallo の女性形は gallina である
el eterno ~ 永遠の女性らしさ, 女性の特質, 女性気質
fementidamente [fementídaménte] 副 不誠実に, 二心を抱いて
fementido, da [feméntído, da] [←fe+mentido] 形《文語》❶ 不誠実な, 信用の置けない. ❷[物が] 偽りの, 見せかけの
femera [feméra]《アラゴン》肥溜め
fémico, ca [fémiko, ka] 形《鉱物》[鉄・マグネシウム含有量による] 暗色の
fémina [fémina] [←ラテン語 femina] 女《時に戯語》女性, 女: El equipo de las ~s ganó al de hombres. 女性チームが男性チームに勝った
—— 形《古語》[上演・上映的] 女性対象の; 女性割引の
feminela [feminéla] 女《軍事》[大砲の] 掃棹を覆う羊皮
femíneo, a [feminéo, a] 形《文語》女性の, 女性らしい
feminidad [feminidá(d)] [←ラテン語 femina「女」] 女 ❶ 集名 女性らしさ: Ana empleó toda su ~ para seducirlo. アナは彼を誘惑するためにあらゆる女性的魅力を用いた. ❷《医学》[肉体的・精神的な] 女性の特徴, 女性性. ❸《生物》雌性
feminismo [feminísmo] [←ラテン語 femina] 男 ❶ 女性解放運動, 男女同権論, 女権拡張論, フェミニズム. ❷《医学》[ホルモンの異常による男性の] 女性化, 雌性化
feminista [feminísta] 形 女性解放の, 女権拡張論の: movimiento ~ 女性解放運動
—— 名 女性解放主義者, 女権拡張論者, フェミニスト
feminización [feminiθaθjón] [←ラテン語 femina] 女 ❶ 女性化: ~ de la cultura 文化の女性化. ❷《生理》[思春期の女性的特徴の発達, 第二次性徴. ❸《文法》[女性形をもたない名詞への] 女性形の付与; [男性名詞の] 女性名詞化

feminizar [feminiθár] [9] **～se** 女性化する
feminoide [feminɔ́i̯đe] [形] [男が] 女性的な, めめしい
femoral [femorál] [形]《解剖》大腿の: arteria ～ 大腿動脈
—— [男]《昆虫》腿節〘=fémur〙
femto-《接頭辞》1000兆分の1, フェムト
femtosegundo [fɛmtoseɡúndo] [男] [超微細な時間の単位] フェムト秒, fs
fémur [fémur] [男] ❶《解剖》大腿骨. ❷《昆虫》腿節(たいせつ)
fenacetina [fenaθetína] [女]《薬学》フェナセチン
fenaquistiscopio [fenakistiskópjo] [男] フェナキストスコープ, 驚き盤
fenarda [fenárđa] [女]《植物》クスダマツメクサ
fenás [fenás] [男]《ムルシア》野草の干し草
fenato [fenáto] [男]《化学》石炭酸塩
fenciclidina [fenθikliđína] [女]《薬学》フェンシクリジン
fenda [fénda] [女] [木材の] ひび, 割れ目
fendi [féndi] [男] [敬称] =**efendi**
fendiente [fendjénte] [男] [ナイフなどで] 上下に切りつける一撃; その切り口
fenec [fenék] [男]《動物》フェネック〔ギツネ〕
fenecer [feneθér]〘←古語 fenir < ラテン語 finire〙[39] [自] ❶《文語》死ぬ: *Feneció* a manos de sus enemigos. 彼は敵の手にかかって死んだ. ❷ [期間が] 終わる: *Han fenecido* los malos tiempos. 悪い時代は去った
—— [他]《文語》終わらせる
fenecimiento [feneθimjénto] [男] ❶ 終結; [期限の] 締め切り. ❷ 終焉(しゅうえん), 死亡, 死去
feneco [fenéko] [男] =**fenec**
fengofobia [feŋgofóƀja] [女] 日光恐怖症
fenianismo [fenjanísmo] [男] [アイルランド人の] フェニアン同盟; その主義・運動
feniano [fenjáno] [男] フェニアン〔同盟員〕
fenicado, da [fenikáđo, đa] [形] 石炭酸(フェノール)を含む
fenicar [fenikár] [7] [他]《化学》石炭酸(フェノール)を加える
fenice [feníθe] [形] [名]《廃語》=**fenicio**
fenicio, cia [feníθjo, θja] [形] [名] ❶《歴史》フェニキア Fenicia の(人): alfabeto ～ フェニキア文字. ❷《軽蔑》商才に長けた〔人〕, 商売人〔の〕
—— [男] 古代フェニキア語
fénico, ca [féniko, ka] [形]《化学》コールタールの分留から得た: ácido ～ 石炭酸, フェノール. alcohol ～《廃語》石炭酸アルコール
fenicoptérido, da [fenikɔ〔p〕tériđo, đa] [形] フラミンゴ科の
—— [男] [複]《鳥》フラミンゴ科
fenicopteriforme [fenikɔ〔p〕terifɔ́rme] [形] フラミンゴ目の
—— [男] [複]《鳥》フラミンゴ目
fenilalanina [fenilalanína] [女]《生化》フェニルアラニン
fenilamina [fenilamína] [女]《化学》フェニルアミン
fenilbutazona [fenilƀutaθóna] [女]《薬学》フェニルブタゾン
fenilcetonuria [fenilθetonúrja] [女]《医学》フェニルケトン尿症
fenilendiamina [fenilendjamína] [女]《化学》フェニレンジアミン
fenilhidracina [feniliđraθína] [女]《化学》フェニルヒドラジン
fenilo [fenílo] [男]《化学》フェニル基
fénix [féni〔k〕s] [男]〘単複同形〙❶《エジプト神話》不死鳥, フェニックス〘不死・不滅の象徴. =Ave *F*～〙: resurgir como un *F*～ 不死鳥のようによみがえる. ❷ 無二の天才, 白眉(はくび): el ～ de los ingenios [セルバンテスやロペ・デ・ベガを指して] 不世出の天才. ❸《天文》鳳凰(ほうおう)座. ❹《植物》カナリーヤシ, フェニックス
fenobarbital [fenoƀarƀitál] [男]《薬学》フェノバルビタール
fenocopia [fenokópja] [女]《医学》フェノコピー, 表現型模写
fenocristal [fenokristál] [男]《地質》斑晶
fenogreco [fenoɣréko] [男]《植物》フェヌグリーク〘=alholva〙
fenol [fenɔ́l] [男]《化学》石炭酸, フェノール
fenolftaleína [fenɔlftaleína] [女]《化学》フェノールフタレイン
fenólico, ca [fenóliko, ka] [形]《化学》石炭酸の
fenología [fenolɔxía] [女] 生物季節学, 花暦学, フェノロジー
fenológico, ca [fenolɔ́xiko, ka] [形] 生物季節学の
fenomenal [fenomenál]〘←fenómeno〙[形] ❶《口語》並外れた, 驚くべき; すばらしい: chica ～ すごい美女. estupidez ～ 驚くべき愚かさ. letrero ～ ばかでかい(すごい)看板. talento ～ 非凡な才能. Hemos pasado un verano ～. 私たちはすばらしい夏を過ごした. ❷ 現象の: hecho ～ 現象的な事柄
—— [副]《口語》すばらしく, 見事に: pasarlo ～ とても楽しく過ごす
fenomenalismo [fenomenalísmo] [男] =**fenomenismo**
fenomenalmente [fenomenálménte] [副]《口語》並外れて; すばらしく, 見事に
fenoménico, ca [fenoméniko, ka] [形]《哲学》現象の
fenomenismo [fenomenísmo] [男]《哲学》[実在論 realismo に対して] 現象論
fenomenista [fenomenísta] [形] [名] 現象論の(論者)
fenómeno[1] [fenómeno]〘←ラテン語 phaenomenon < ギリシア語 phainomenon「現われるもの」〙[男] ❶ 現象: Se da el ～ de inflación. インフレ現象が起きる. ～ [de] foehn フェーン現象. ～ social (natural) 社会(自然)現象. ❷《哲学》現象, 事象. ❸ 並外れた(驚くべき・尋常でない)事・物・人: Esta pianista es un ～. このピアニストは天才だ. ❹ 化け物, 怪物
—— [副]《口語》すばらしく, 見事に: Lo pasamos ～ en la fiesta. パーティーはすごく楽しかった. Todo salió ～. すべてうまくいった
fenómeno[2]**, na** [fenómeno, na] [形]《口語》すばらしい, すごい〘=fenomenal〙: Tuve una tarde ～*na*. 私はすばらしい午後を過ごした. ¡*F*～! すごい, すばらしい!
fenomenología [fenomenolɔxía] [女] ❶《哲学》現象学, 現象論: ～ del espíritu 精神現象学. ❷ [集名] 現象
fenomenológico, ca [fenomenolɔ́xiko, ka] [形] 現象学の, 現象学的な
fenomenólogo, ga [fenomenóloɡo, ɡa] [名] 現象学者
fenoplástico [fenɔplástiko] [男]《化学》フェノールプラスチック
fenotiacina [fenotjaθína] [女] =**fenotiazina**
fenotiazina [fenotjaθína] [女]《化学》フェノチアジン
fenotípico, ca [fenotípiko, ka] [形]《生物》表現型の
fenotipo [fenotípo] [男] ❶《生物》1) 表現型. 2) [特定の環境に於ける] 遺伝子発現. ❷《心理》フェノタイプ
fenoxiacético, ca [fenɔ〔k〕sjaθétiko, ka] [形]《化学》ácido ～ フェノキシ酢酸
fentanilo [fentanílo] [男]《薬学》フェンタニル
fentolamina [fentolamína] [女]《薬学》フェントラミン
feo, a [féo, a]〘←ラテン語 foedus, -a, -um「恥ずかしい, 不快な」〙[形]〘絶対最上級 feísimo〙❶ 醜い, 不器量な〘⇔hermoso〙: 1) Está muy *fea* con ese peinado. 彼女はその髪型では全くかわいく見えない. Daba igual que fuera mayor, joven, *fea* o guapa. 大人でも若くても不美人でも美人でも同じだった. Tenía una *fea* cicatriz. 彼には醜い傷跡があった. cara *fea* 醜い顔. color ～ 汚らしい色. música *fea* 不快な音楽. ～ aspecto 醜い外見. 2)《諺》Lo más ～, con interés, hermoso es. あばたもえくぼ. No hay quince años ～*s*. 鬼も十八, 番茶も出花. ❷ 醜悪な, 見苦しい, みっともない, 不快な: Te he dicho que no pronuncies más delante de mí ninguna *fea* palabra. 私の前では二度と汚い言葉を使わないでと言ったでしょう. hacer algo ～ みっともないことをする. cosas *feas* del pasado 過去の嫌なこと. película *fea* お粗末な映画. ❸ 卑劣な; 礼儀知らずの, 恥ずかしい: Es ～ que lo diga, pero no importa. それを言うのは恥ずかしいが, 構わない. acción *fea*/*fea* acción 卑劣な行為. ❹ 不正な, 汚い: Siempre está metido en negocios ～*s*. 彼はいつも汚い取引に首を突っ込んでいる. ❺ [なりゆき・見通しが] 悪い, 不利な: El tiempo se está poniendo ～. 雲ゆきが怪しくなってきた
***dejar* [*en*] ～ *a*+人** …に恥をかかせる: Me *dejó* ～ delante de todos delatando mis faltas. 彼は私の失敗を暴露して, 皆の前で私に恥ずかしい思いをさせた
～ como pegarle a Dios《南米. 口語》[人が] ひどく醜い
No es tan ～ el diablo como lo pintan. 思っていたほどひどくはない
Que se mueren los ～s.《口語》嫌なことはきれいさっぱり忘れよう
sentir ～《メキシコ》[状況を] 寂しく(不快に)感じる
***ser más ～ que Picio* (*un pecado*·*pegarle a Dios*)** 非常に醜い, 醜悪きわまる
—— [名] ❶ 醜い人: Es de un ～ subido. 彼はひどい醜男だ. ❷ [親しい人への呼びかけ] おい, ねえ!〘=guapo〙: ¡Hasta luego, *fea*! じゃあ, またね!
tocar a*+人 *bailar con la más fea …に損な役回りが当たる, 割を食う: Siempre que se reparten los papeles, *a* mí me *toca bailar con la más fea*. 役割を分担する時, いつも

私は貧乏くじを引く
—— 男 ❶《西. 口語》非礼, 侮辱: No me gusta hacer ～s a nadie. 私は誰にも気を悪くさせたくない. Nos hizo el ～ de rehusar nuestra invitación. 彼は招待を断って私たちの面目をつぶした. hacer un ～ a+人 …に無礼をはたらく, 侮辱する. ❷《地方語》アーモンドの菓子
—— 副 ❶《主に中南米》cantar ～ 歌うのが下手である. oler (saber) ～ いやな臭い(味)がする. ❷《アルゼンチン, ウルグアイ》粗野に, 不作法に

feocromocitoma [feokromoθitóma] 男《医学》褐色細胞腫
feofíceo, a [feofíθeo, a] 形《植物》褐藻綱の
feófito, ta [feófito, ta] 形 褐藻植物門の
—— 男/女 複《植物》褐藻植物門
FEOGA [feóga] 男《略語》←Fondo Europeo de Orientación y Garantía Agrícola 欧州農業指導保証基金
feotón, na [feotón, na] 形《口語》ひどく醜い
feracidad [feraθiðáð] 女《文語》肥沃
feral [feɾál] 形《廃語》残酷な, 残忍な
—— 女 複 [2月に行なわれる] 祖霊祭
feraz [feɾáθ] 形《複 -ces》《文語》肥沃な, 豊穣な
ferecracio [ferekɾáθjo] 男《詩法》フェレクラテス韻律の[詩]
ferendae sententiae [feɾénde sentént̪je]《←ラテン語》形《カトリック》[破門が] 裁判手続きの必要な《⇔latae sententiae》
féretro [féretro] 男 棺, ひつぎ《=ataúd》
feria [féɾja]《←ラテン語 feria「祭日」》女 ❶ [定期的に開かれる] 市(いち), 定期市《参考》カスティーリャ王国では特産の純白のメリノ羊と特権を付与された移動牧羊業を背景に定期市が大いににぎわった. 《類義》feria は mercado より大規模の: Fueron a la ～ a comprar unas mulas. 彼らはラバを買いに市へ行った. ❷ 品評会: ～ de ganado 家畜の品評会. ❸ 見本市《=～ de muestras》: ～ del libro 書籍市, ブックフェア. ～ internacional 国際見本市. ❹《西》[屋台・アトラクションなどが出る年1回, の地方の] 祭り, 縁日: 1) ～s de San Isidro 聖イシドロの祭り. F～ de Sevilla セビーリャの春祭り《聖週間の2週後の月曜日から日曜日まで開かれた世俗的な祭り. 民族衣装を着た男女のパレードや舞踊セビリャーナス sevillanas が有名. F～ del Toro 牛追い祭り《牛追い encierro で有名なパンプローナのサン・フェルミン祭 sanfermines の別名》. Cada uno habla de la ～ según le va en ella.《諺》十人十色/人は自分の観点でしかものを見ない. 2) 市のたつ所, 市場《=ferial》. 3) [祭りで開催される一連の] 闘牛試合. ❺《カトリック》[土曜日を除く] 週日《→fiesta》《参考》: ～ tercera 週の3日目《火曜日》. ❻《まれ》複 市(祭り)のプレゼント(もてなし): dar ～s de ～ (祭り)のプレゼント(もてなし)をする. ❼ [主に商取引の] 取決め, 契約. ❽《メキシコ. 口語》小銭. ❾《コスタリカ》チップ《=propina》. ❿《南米》市場《=mercado》
ir a+人 como en ～《メキシコ》まずい立場になる
revolver la ～《口語》ひっかき回す, 騒ぎを起こす; 台なしにする

feriado, da [feɾjáðo, ða] 形 休みの, 公休の: día ～ 休日
ferial [feɾjál] 形 ❶《古語》市(いち)の. ❷ 平日の: días ～es 平日
—— 男 ❶ 市のたつ所, 市場
feriante [feɾjánte] 男/女 市で物を売る[人]; 行商人
feriar [feɾjáɾ]《←feria》❿ 他 ❶ [市で] 買う: Le *ferió* un pañuelo para la cabeza. 彼は彼女のために市でスカーフを買った. ❷ 売る, 買う, 交換する. ❸《まれ》市(祭り)のプレゼント(もてなし)をする. ❹《コロンビア》結婚する. ❺《アンデス》安売りする, 投げ売りする
—— 自《まれ》[数日間] 休業する, 仕事を休む
feriero, ra [feɾjéɾo, ɾa] 形《チリ》露天商
ferino, na [feɾíno, na] 形 猛獣の; 猛獣のような, 獰猛(どうもう)な
ferir [feɾíɾ] 33 他《古語》=**herir**; =**aferir**
ferma¹ [féɾma] 女《演劇》書き割り, 枠張り物
fermachine [fermatʃíne] 男《技術》引き延ばされた針金《=alambrón》
fermata [feɾmáta] 女《音楽》フェルマータ, 延音記号
fermentable [feɾmentáble] 形 発酵できる
fermentación [feɾmentaθjón] 女 ❶ 発酵: ～ alcohólica アルコール発酵. ❷ 精神的動揺, 不満の高まり
fermentador, ra [feɾmentaðóɾ, ɾa] 形 発酵させる
—— 男 発酵槽

fermentante [feɾmentánte] 形 発酵させる, 発酵する
fermentar [feɾmentáɾ]《←ラテン語 fermentare》自 ❶ 発酵する. ❷ [精神的に] 動揺する, 不満が高まる
—— 他 発酵させる; 醸造する
fermentativo, va [feɾmentatíβo, βa] 形 発酵させる, 発酵力のある
fermentescible [feɾmentesθíβle] 形 発酵しやすい
fermento [feɾménto]《←ラテン語 fermentum》男 ❶ 酵素, 酵母. ❷ [動揺・不満の高まりなどの] 誘因: ～ revolucionario 革命の火種
fermi [féɾmi] 男《物理》[長さの単位] フェルミ
fermio [féɾmjo] 男《元素》フェルミウム
fermión [feɾmjón] 男《物理》フェルミオン, フェルミ粒子
fermo, ma² [féɾmo, ma] 形《地方語》美しい, かわいい
fermosía [feɾmosía] 女《ラマンチャ. 俗語》美, 美しさ《=hermosura》
Fernán Caballero [feɾnán kaβaʎéɾo]《人名》フェルナン・カバリェーロ《1796～1877, スペインの女性作家. 本名 Cecilia Böhl de Faber. ロマン主義のなごりをとどめながらも風俗描写を取り入れた小説『かもめ』*La Gaviota* は写実主義 realismo artistico の先駆けになった. 写生を目的とした物語からは道徳的な意図と伝統的な価値観の相克を見ることができる》
fernandense [feɾnandénse] 形 名《地名》ビオコ島 Bioko の[人]《赤道ギニアの, 旧称 Fernado Poo 島》
Fernández [feɾnándeθ]《人名》**Emilio** ～ エミリオ・フェルナンデス《1903～86, メキシコの映画監督. 愛称エル・インディオ el Indio. 『マリア・カンデラリア』*María Candelaria*》
Gregorio ～ グレゴリオ・フェルナンデス《1576～1636, バロック期スペインの聖像彫刻家. 『キリスト横臥像』*Cristo yacente*》
Lucas ～ ルカス・フェルナンデス《1474～1542, スペインの劇作家. フアン・デル・エンシーナ Juan del Encina のライバルで, その影響を受けつつも, 後の聖人劇 comedia de santos につながる作風として独自性を発揮することができる》
Macedonio ～ マセドニオ・フェルナンデス《1874～1952, アルゼンチンの前衛運動を代表する作家. 詩と哲学を融合させた特異なスタイルで, 夢と覚醒, 現実と幻想とが混交した独自の世界を創出した》
Fernández de Avellaneda [feɾnándeθ de aβeʎanéða]《人名》**Alonso** ～ アロンソ・フェルナンデス・デ・アベリャネーダ《17世紀スペインの作家. 『贋作ドン・キホーテ』*El Segundo tomo del ingenioso hidalgo Don Quijote de la Mancha* の作者として知られるが, 素性は明らかになっていない》
Fernández de Córdoba [feɾnándeθ de kóɾðoβa] →**Hernández de Córdoba**
Fernández de Enciso [feɾnándeθ de enθíso]《人名》**Martín** ～ マルティン・フェルナンデス・デ・エンシソ《1470～1528, スペイン出身の法律家・地図作製者. パナマ地峡を探検》
Fernández de Lizardi [feɾnándeθ de liθáɾði]《人名》**José Joaquín** ～ ホセ・ホアキン・フェルナンデス・デ・リサルディ《1776～1827, メキシコのジャーナリスト, イスパノアメリカにおける最初の作家. 反教会権力の立場から執筆し, 投獄されたこともある. ピカレスク小説風のスタイルを用いて痛烈な社会批判を行なった『疥癬かきオウム』*El Periquillo Sarniento*》
Fernández de Oviedo [feɾnándeθ de oβjéðo]《人名》**Gonzalo** ～ ゴンサロ・フェルナンデス・デ・オビエド《1478～1557, スペイン人年代記作者・植民地官吏. 先住民その文化を劣等視し, スペインの征服事業を正当化したため, ラス・カサス Las Casas と激しく対立. 『インディアスの博物誌ならびに征服史』*Historia natural y general de las Indias*》
Fernández Flórez [feɾnándeθ flóɾeθ]《人名》**Wenceslao** ～ ベンセスラオ・フェルナンデス・フローレス《1885～1964, スペインの作家. ジャーナリストとして小説家に転じ, ユーモアを基調としながら懐疑主義的な姿勢で, 社会や政治を風刺的に描いた. 『青髭の秘密』*El secreto de Barba Azul*, 『七つの柱』*Las siete columnas*, 『にぎやかな森』*El bosque animado*》
Fernández Retamar [feɾnándeθ retamáɾ]《人名》**Roberto** ～ ロベルト・フェルナンデス・レタマル《1930～, キューバの詩人・エッセイスト》
Fernández Santos [feɾnándeθ sántos]《人名》**Jesús** ～ ヘスス・フェルナンデス・サントス《1926～88, スペインの作家. 社会派の小説家として出発し, 映画人としても活躍した. 『荒れし者たち』*Los bravos*》
Fernández Villaverde [feɾnándeθ biʎaβéɾðe]《人名》**Rai-**

fernandino, na

mundo ～ ライムンド・フェルナンデス・ビリャベルデ〖1848～1905, スペインの財政専門家. 米西戦争敗北(1898)による経済的打撃に対して, 工業を対象にした近代的な所得税 impuesto de utilidades を創設〗

fernandino, na [fernandíno, na] 形 名《人名》フェルナンド7世 Fernando VII の; フェルナンド7世支持派［の］
── 女 亜麻布

Fernando [fernándo]《人名》～ **I el Magno** 大王フェルナンド1世〖1016?～65, ナバラ王サンチョ・ガルセス3世の次男で, カスティーリャ王・レオン王〗
～ **I el de Antequera** フェルナンド1世〖1379～1416, アラゴン王. グラナダ王国の支配下にあったアンテケラ Antequera を征服(1410年). 1412年アラゴン連合王国 Corona de Aragón の君主に選出される〗
～ **II de Aragón el Católico** カトリック王フェルナンド2世〖1452～1516, アラゴン王. カスティーリャ王としてはフェルナンド5世. 妻であるカスティーリャ女王イサベル1世と共に近世スペインの土台を築いた〗
～ **III el Santo** 聖王フェルナンド3世〖1199～1252, カスティーリャ王. 1230年にレオン王位につき, カスティーリャ王国とレオン王国の恒久統合を果たした. グラナダ王国を除くアンダルシアの再征服を実現〗
～ **VI el Prudente** 慎重王フェルナンド6世〖1713～59, スペイン王. 財政再建や海軍増強に努める一方, 英仏の間で中立外交を貫く〗
～ **VII el Deseado** 望まれし王フェルナンド7世〖1784～1833, スペイン王. ナポレオンに王位を奪われ, スペイン独立戦争 Guerra de la Independencia Española 後に復位, 反動政治を行なう. ゴヤ Goya による肖像画が名高い〗

Fernán González [fernán gonθáleθ]《人名》フェルナン・ゴンサレス〖910?～70, カスティーリャ伯. 960年に伯位の世襲化に成功し, レオン王国からカスティーリャ伯領を事実上独立させた〗

-fero, ra《接尾辞》［含む, 生み出す］petrolífero 石油を含む（産する）

feroce [feróθe] 形《古語》=feroz

feroche [feróʧe] 形 名《古語的》［主に顔つきが］獰猛な［人］

ferocidad [feroθiðá(ð)] 女 ❶ 獰猛（さ）; 残忍さ, 狂暴（性）. ❷ 猛烈さ. ❸《まれ》でたらめな, たわ言

ferodo [feróðo]《-商標》《自動車》フェロード, ブレーキパッド

feromón [feromón] 男《主に》複 =feromona

feromona [feromóna] 女《生化》フェロモン: liberar ～s フェロモンを発する

feróstico, ca [feróstiko, ka] 形《まれ》❶ 怒りっぽく反抗的な, 手に負えない. ❷ とても醜い, 醜悪な

feroz [feróθ] 形〖←ラテン語 ferox, -ocis〗名 ❶ 獰猛（な）な; 残忍な, 凶暴な: bestias feroces 猛獣. tigre ～ 獰猛な虎. ～ criminal 凶悪犯. ❷ 猛烈な: Tengo un hambre ～. 私は腹がぺこぺこだ. tempestad ～ 激しい嵐. sueño ～ ひどい眠気

ferozmente [feróθménte] 副 残酷に; 荒々しく; 激しく, すさまじく

ferrada [ferráða] 女 ❶《地方語》鉄槌. ❷《アストゥリアス. 古語》=herrada

ferrado [ferráðo] 男《ガリシア》❶ 農地面積の単位〖=4～6アール〗. ❷ 穀粒の容量単位〖=13～16リットル〗

ferragosto [ferraɣósto] 男《西. 俗語》8月の猛暑

ferralítico, ca [ferralítiko, ka] 形 含鉄土壌［の］

ferralla [ferráʎa] 女 ❶《文語, 地方語》くず鉄, 廃材. ❷ ［コンクリート工事の］鉄枠
── 男 鉄筋工 〖=ferrallista〗

ferrallista [ferraʎísta] 男 ❶ ［コンクリート工事の］鉄筋工. ❷《文語, 地方語》くず鉄商

ferrar [ferrár] 23 他《地方語》鉄板で覆う, 鉄具で補強する

ferrarense [ferrarénse] 形 名 =ferrarés

ferrarés, sa [ferrarés, sa] 形 名《地名》［イタリアの］フェラーラ Ferrara の［人］

ferrato [ferráto] 男《化学》鉄酸塩

ferreña [ferréɲa] 形 →nuez ferreña

férreo, a [férreo, a] 形 ❶ ［意志などが］固い; ［規律などが］厳格な: disciplina ～a 鉄の規律. voluntad ～a 鉄の意志. ～ corazón 非情な心. ❷ 鉄の: línea ～a《文語》vía ～a 鉄道. ❸ 鉄器時代の

Ferrer Guardia [ferér ɣwárðja]《人名》**Francisco** ～ フランシスコ・フェレール・グアルディア〖1859～1909, カタルーニャ出身

の教育者. 自由思想 librepensamiento を教育に導入, 近代教育の確立を目指した. 『近代学校』*La Escuela Moderna*〗

ferrería [ferrería] 女 ❶ 鍛冶場, 鉄工所; 複 製鉄所. ❷ 鉄鉱山. ❸《アラバ》～ de chamberga フライパン製の製造所

ferreruelo [ferrerwélo] 男 ［フードのない］短いマント〖=herreruelo〗

ferrete [ferréte] 男 ❶ ［染料用の］硫酸銅. ❷ 焼き印用の鉄具. ❸《アラゴン. 音楽》～ [=triángulo]
dar ～《アラゴン, ムルシア》［しつこくて］不快にする, うんざりさせる

ferretear [ferreteár] 他 ❶ =ferrar. ❷ 鉄で細工をする

ferretería [ferretería] 女 ❶ 金物店. ❷ 金物製造（販売）業. ❸ 集合 金物. ❹ 鍛冶場 〖=herrería〗

ferretero, ra [ferretéro, ra] 男 金物店の店主（店員）

ferretreque [ferretréke] 男《キューバ. 口語》混沌とした状況, 無秩序

férrico, ca [férriko, ka] 形 ❶《化学》第二鉄の. ❷《まれ》鉄の

ferrífero, ra [ferrífero, ra] 形《鉱物》鉄分を含む: cuenca ～s 含鉄鉱埋蔵地帯

ferrificar [ferrifikár] 7 ～se《鉱物》鉄化する, 鉄質化する

ferrija [ferríxa] 男《ムルシア》鉄のやすり屑

ferrita [ferríta] 女《金属, 鉱物》フェライト

ferritina [ferritína] 女《生化》フェリチン

ferrito [ferríto] 男《化学》フェライト, 鉄酸化物

ferrizo, za [ferríθo, θa] 形 鉄の

ferro [férro] 男 ［ガレー船の］錨

ferroactinolita [ferroaktinolíta] 女《鉱物》フェロアクチノ閃石

ferroaleación [ferroaleaθjón] 女《化学》合金鉄

ferrobús [ferrobús] 男《西. 鉄道》気動車

ferrocarril [ferrokarríl] 男〖←ラテン語 ferrum「鉄」+カスティーリャ語 carril〗男 ❶ 鉄道《集合的に設備, 組織》: En Ibiza no hay ～es. イビサ島には鉄道がない. viajar por ～ 鉄道で旅行する. Red Nacional de F～es Españoles スペイン国有鉄道. accidente de ～ 鉄道事故. oficial (empleado) de ～es 鉄道員. ❷《古語的》列車 [=tren]. ❸《ウルグアイ. 口語》カンニングペーパー

ferrocarrilero, ra [ferrokarriléro, ra] 形《中南米》=ferroviario

ferrocerio [ferroθérjo] 男《金属》フェロセリウム

ferrocianhídrico, ca [ferroθjanídriko, ka] 形 フェロシアン化物の, ヘキサシアノ鉄酸塩の

ferrocianuro [ferroθjanúro] 男《化学》フェロシアン化物, ヘキサシアノ鉄酸塩

ferrocinética [ferroθinétika] 女《生理》体内鉄の代謝

ferrocino [ferroθíno] 男 ［ブドウの］劣等つる茎

ferrocromo [ferrokrómo] 男《金属》クロム鉄

ferrodinámico, ca [ferroðinámiko, ka] 形《技術》強磁性動力の

ferrolano, na [ferrolano, na] 形 名《地名》エル・フェロル El Ferrol の［人］〖ガリシア州の港町〗

ferromagnético, ca [ferromaɣnétiko, ka] 形《物理》強磁性の

ferromagnetismo [ferromaɣnetísmo] 男《物理》強磁性

ferromanganeso [ferromaŋɡanéso] 男《金属》フェロマンガン, マンガン鉄

ferrometal [ferrometál] 男《金属》フェロメタル

ferrón [ferrón] 男《ナバラ》鍛冶師〖人〗

ferroníquel [ferroníkel] 男《金属》フェロニッケル, ニッケル鉄

ferropenia [ferropénja] 女《医学》鉄欠乏性

ferropénico, ca [ferropéniko, ka] 形《医学》鉄欠乏性の

ferroprusiato [ferroprusjáto] 男《化学》青酸鉄

ferrosilicio [ferrosilíθjo] 男《化学》フェロシリシオ, 珪素鉄

ferroso, sa [ferróso, sa] 形 鉄を含む;《化学》第一鉄の

ferroterapia [ferroterápja] 女 鉄剤療法

ferrotipia [ferrotípja] 女《写真》鉄板写真法, フェロタイプ法

ferrotipo [ferrotípo] 男《写真》鉄板写真

ferrovía [ferrobía] 女 鉄道 〖=ferrocarril〗

ferrovial [ferrobjál] 形 =ferroviario

ferroviario, ria [ferrobjárjo, rja] 形〖←ラテン語 ferrum「鉄」+「道」〗鉄道の: empresa ～ria 鉄道会社
── 名 鉄道員

ferrugiento, ta [ferruxjénto, ta] 形 鉄製の; 鉄質の, 鉄を含む

ferruginoso, sa [ferruxinóso, sa] 形 ❶ 鉄分を含む: manan-

ferry [férri]《←英語》男《複 ~s》フェリー［ボート］，連絡船《=transbordador》

fértil [fértil]《←ラテン語 fertilis < ferre「持つ,生産する」》形 ❶ 肥沃な; 豊かな: tierra ~ 肥沃な土地. año ~ 豊年. imaginación ~ 豊かな想像力. ❷ [+en に] 富んだ: región ~ en olivo オリーブを多く産する地方. año ~ en (de) acontecimientos 事件の多い年. ❸《動物》生殖能力（繁殖力）のある（旺盛な）;《植物》繁殖（結実）能力のある: edad ~ 出産［可能］年齢. ❹《生理, 生物》受精した

fertilidad [fetilidá(đ)] 女 ❶ 肥沃さ; 豊かさ: año de ~ 豊年. ~ de tierra 土壌の肥沃さ, 地力. gran ~ de espíritu 精神の豊かさ. ❷ día de ~ [生理周期の]妊娠可能日, 危険日

fertilizable [fertiliθáble] 形 肥沃化され得る

fertilización [fertiliθaxjón] 女 ❶ 肥沃化; 豊かにすること. ❷《生理, 生物》受精, 受胎: ~ interna (externa) 体内 (体外) 受精

fertilizador, ra [fertiliθađór, ra] 形 肥沃にする; 肥料を与える
—— 男 肥料散布機

fertilizante [fertiliθánte] 形 肥沃にする
—— 男 肥料《=abono》: ~ químico 化学肥料. ~ fosfatado (nitrogenado) 燐酸（窒素）肥料

fertilizar [fertiliθár] 9 他《←fértil》❶ …に肥やしをやる, 肥やす, 豊かにする: ~ la tierra 土地を肥やす. ❷《生理, 生物》受精させる, 受胎させる

férula [férula] 女 ❶ [体罰用の] 木べら. ❷《医学》副木. ❸《植物》オオウイキョウ
bajo la ~ de... …の厳しい支配下で

feruláceo, a [feruláθeo, a] 形 オオウイキョウに似た

férvido, da [férbiđo, đa]《文語》=**ferviente**: ~da amistad 強い友情. ~ interés 強烈な関心

ferviente [ferbjénte]《←ラテン語 fervens, -entis》形 熱烈な: admirador ~ 熱烈な崇拝者. católico ~ 熱心なカトリック信者. súplica ~ 熱心な訴え

fervientemente [ferbjéntemente] 副 熱烈に, 熱心に

fervor [ferbór]《←ラテン語 fervor, -oris》男 熱意, 情熱, 熱狂: hablar con ~ 熱意をこめて話す. amar con ~ 熱烈に愛する. trabajar con ~ 熱心に働く. ~ religioso 宗教的情熱

fervorar [ferboár]《稀》他 =**fervorizar**

fervorín [ferborín] 男 ❶《カトリック》射禱(しゃとう)「力強い数語の祈りの言葉」. ❷ 訓示, 鼓舞する言葉

fervorizar [ferboriθár] 9 他《まれ》鼓舞する, 鼓吹する

fervorosamente [ferborósamente] 副 熱烈に, 熱心に, 熱狂的に

fervoroso, sa [ferboróso, sa]《←fervor》形 熱烈な, 熱狂的な: amor ~ 熱烈な恋. ~ creyente (partidario) 熱狂的な信者（支持者）

fescenino, na [fesθenino, na] 形 名 ❶《歴史, 地名》[古代イタリア, エトルリア地方の] フェスケニア Fescenio の [人]. ❷《古代ローマ》versos ~s 風刺を含んだ卑猥な詩歌

feseta [feséta] 女《ムルシア》小型の鋤(すき)

festear [festeár] 他《アラゴン, バレンシア, ムルシア》祝う《=festejar》

festejado, da [festexádo, da]《南米》誕生日で祝われる

festejador, ra [festexadór, ra] 形 名 祝う[人], もてなす[人], 歓待する[人]; 取り入る[人]; [女性を]口説く[人]

festejante [festexánte] 形 =**festejador**

festejar [festexár]《←カタルーニャ語》他 ❶ [祝宴・行事などをして] 祝う: Festejaron ruidosamente el triunfo. 彼らはにぎやかに勝利を祝った. ~ el día de la madre 母の日を迎える. ❷ もてなす, 歓待する: Me festejaron mucho durante mi estancia allí. 私はあちらに滞在中, 大変なもてなしを受けた. ❸ [女性に] 言い寄る, 口説く. ❹《メキシコ. 古語》殴る, 鞭打つ
—— 再《恋人同士》で楽しむ, 気晴らしをする
~se [+con と] 楽しむ, 気晴らしをする

festejo [festéxo]《←festejar》男 ❶ [主に 複] 祝宴, 祝賀行事: tener un ~ en casa 家で行事を開く. participar en los ~s de la Corte 宮廷での祝宴に出る. ❷ 歓待, 接待, もてなし. ❸ 口説き, 求愛. ❹ 闘牛. ❺ 婚約者の間柄. ❻ [祭りなどで行われる] イベント, 余興

festeo [festéo]《アラゴン, バレンシア, ムルシア》祝うこと

festero, ra [festéro, ra] 形《西》祭りの, 祝典の. ❷ お祭り騒ぎ好きの [人]《=fiestero》
—— 男 [教会付き音楽隊の] 祝祭係

festichola [festitʃóla] 女《アルゼンチン, ウルグアイ. 口語》[ダンス・飲み物などでもてなす] ホームパーティー

Festima lente [festíma lénte]《←ラテン語》《諺》急がば回れ

festín [festín]《←仏語 festin》男 ❶ ごちそう: boda con un ~ ごちそうの出る結婚式. ❷ [音楽・踊りのある豪華な] 祝宴, 饗宴: Se preparó un ~ para agasajar a los jubilados. 退職者をねぎらうために宴会が設けられた

festinación [festinaθjón] 女 ❶《医学》加速歩行. ❷《文語》速いこと, 急ぐこと

festinar [festinár] 他 ❶《メキシコ, チリ》1) [実行を] 急がせる, せきたてる. 2) 軽視する. ❷《中米》祝う; もてなす, 歓待する

festival [festibál]《←英語》男 音楽（映画・演劇）祭, フェスティバル: F~ de Salzburgo ザルツブルク音楽祭. F~ Internacional Cervantino 国際セルバンテス祭. ~ taurino 闘牛大会. ~ de jazz ジャズフェスティバル
—— 形《まれ》祭りの

festivalero, ra [festibaléro, ra] 形 名 ❶ フェスティバルの; フェスティバルに参加する [人]. ❷《軽蔑》[歌などが] 祝祭向きの

festivamente [festibaménte] 副 陽気に, 愉快に, にぎやかに

festividad [festibidá(đ)]《←ラテン語 festivitas, -atis》女 ❶ [主に宗教的な] 祝日: ~ de la Ascensión 昇天祭. ❷《まれ》[公的に定められた] 休日; 祭典, 祝祭行事. ❸《まれ》陽気, 機知

festivo, va [festíbo, ba]《←ラテン語 festivus》形 ❶ 祭りの, 祝祭の: día ~ 祝日, 休日《⇔día laborable》. ❷ 愉快な, 陽気な: carácter ~ ひょうきん（陽気）な性格. revista ~va 娯楽雑誌. ❸《文語》冗談の, 機知に富んだ: hablar en tono ~ 冗談めかして話す

festón [festón]《←伊語 festone》男 ❶《服飾》スカラップ; 波形（扇形）の縁取り. ❷ 花綵(はなづな);《建築》懸花装飾. ❸《昆虫》~ blanco ジャノメチョウの一種 [学名 Pseudotergumia fidia]

festonar [festonár] 他 =**festonear**

festoneado, da [festoneádo, đa] 形 縁が波形になった: arco ~ 波形模様で縁取られたアーチ. hoja ~da ぎざぎざの葉

festonear [festoneár] 他 ❶《服飾》スカラップ（の飾り）をつける. ❷ 縁を波形にする: Un pinar festonea el lago. 松林が湖を波形にぐるりと囲む

festuca [festúka] 女《植物》ウシノケグサ

feta [féta] 男《料理》フェタチーズ
—— 女《ラプラタ》[冷肉・パンなどの] 薄切り

fetación [fetaθjón] 女 胎児形成; 妊娠, 懐妊

fetal [fetál]《←feto》形 胎児の: movimiento ~ 胎動. síndrome de alcohol ~ 胎児期（胎児性）アルコール症候群. tejido ~ [人の] 胎盤, 卵膜. ❷《姿勢などが》胎児のような

fetalismo [fetalísmo] 男 胎児に固有の特質が生後に存在すること

fetecuar [fetekwár] 12 他《コロンビア. 口語》殺す

fetén [fetén] 形《西. 口語》❶ すごい, すばらしい, 見事な: Conocí a una chica ~ en Sevilla. 私はセビーリャですてきな女の子と知り合った. ❷ まじめな, 本物の, 明白な: Es un ciudadano respetable, un ciudadano ~. 彼は立派な市民, まったくの市民だ. Soy española ~. 私は生粋のスペイン女よ. Eso es lo probado ~. それははっきり証明ずみのことだ
—— 女《口語》[la+] 真実: ¿Es eso la [verdad] ~? それは本当？
pasarlo ~ とても楽しく過ごす: Lo pasarás ~. 君はすばらしい時を過ごすだろう

fetiche [fetítʃe]《←ポルトガル語 feitigo < 仏語 fétiche》男 ❶ [未開人の崇拝する] 物神, 呪物(じゅぶつ), 偶像. ❷ お守り, マスコット. ❸《心理》フェティッシュ

fetichismo [fetitʃísmo] 男 ❶ 物神崇拝, 呪物崇拝. ❷ [人・物に対する] 盲目的崇拝. ❸《心理》フェティシズム

fetichista [fetitʃísta] 形 名 ❶ 物神(呪物)崇拝の; 物神(呪物)崇拝者. ❷《心理》フェティシズムの; フェティシスト, 拝物性愛者

fetichizar [fetitʃiθár] 9 他《まれ》物神化する

feticida [fetiθíđa] 形 堕胎の, 流産を引起こす: maniobra ~ 堕胎操作. sustancia ~ 堕胎剤
—— 名 堕胎させる人

feticidio [fetiθíđjo] 男 胎児殺し

fetidez [fetiđéθ] 女《文語》悪臭, 臭気

fétido, da [fétiđo, đa] 形 悪臭を放つ: aliento ~ 口臭. bomba ~da《玩具》におい玉

feto [féto]《←ラテン語 fetus, -us》男《解剖》胎児. ❷ [哺乳動

fetopatía 物の]出産前に死亡した胎児.❸《軽蔑》とても醜い人
fetopatía [fetopatía]《医学》胎児病
fetor [fetór] 男《廃語》=**hedor**
fetoscopia [fetoskópja] 女《医学》胎児鏡検査
fettuccini [fetutʃíni]《←伊語》《料理》フェットチーネ
fetua [fétwa] 女《イスラム教》ファトワ《高位聖職者による裁断, 宗教令》
fetuchini [fetutʃíni] 男 =**fettuccini**
feúcho, cha [feútʃo, tʃa] 形《軽蔑, 親愛》《女性が》あまり美しくない, 不器量な: Es más bien ～*cha*. 彼女はどちらかと言えば器量がよくない
feúco, ca [feúko, ka] 形 =**feúcho**
feudal [feuðál]《←feudo》形 封建制の; 封建的な: época ～ 封建時代. régimen ～ 封建制度. sociedad ～ 封建社会
feudalidad [feuðaliðá(ð)] 女《まれ》封建性, 封建制度; 封建的状態
feudalismo [feuðalísmo]《←feudal》男 ❶ 封建制, 封建主義《スペインでは特に9～12世紀にかけて, 共同体的土地所有を基礎に領主・地主と家臣・農民の主従関係を通じた社会の階層的秩序が確立した. カディス議会 Cortes de Cádiz でその廃絶が議決された(1811)が, その後も大土地所有制 latifundio やカシキスモ caciquismo の形で残存し, 農地改革など多くの課題を残した》. ❷ 封建時代
feudalizar [feuðaliθár] 他《まれ》封建化する
feudar [feuðár] 他 年貢を納める, 納税する
feudatario, ria [feuðatárjo, rja] 形 名 封土を受けている; 封臣, 封建家臣, 臣下
feudista [feuðísta] 名 封建法学者
feudo [féuðo]《←俗ラテン語 feudum < フランク語 fehu「所有」》男 ❶ 封建主従契約; ～ de cámara 封禄主従契約《領地収入の一部を年金として臣下に給与する》. ～ ligio 忠誠主従契約《封臣は二君に仕えることができない》. ❷ 封土, 封建領地. ❸ [封臣から領主への]貢ぎ物. ❹ 勢力範囲. ❺ 所有権, 専有財産. ❻ 敬意, 服従. ❼《サッカーなど》ホームグラウンド
FEVE [fébe] 女《西. 略語》=Ferrocarriles de Vía Estrecha 狭軌鉄道《標準軌線と狭軌線を運営する政府系鉄道事業》
fez [féθ]《←アラビア語 Fez (モロッコの町)》男《複 feces》トルコ帽
FF.CC.《略語》←ferrocarril 鉄道
fha.《略語》←fecha 日付
fhdo, da《略語》←fechado, da …日付の
fi [fí]《←ギリシア文字》ファイ《Φ, φ》
—— 男《廃語》息子《=hijo》
fiabilidad [fjabiliðá(ð)] 女 信頼性, 信用度; [製品・システムなどの]信頼度: La ～ de estos datos es dudosa. このデータの信頼性は疑わしい. funcionar con ～ 高い信頼性をもって作動する
fiable [fjáble]《←fiar》形《人・事物が》信頼(信用)され得る: Este coche es muy ～. この車は信頼性が高い. fuentes ～s de información 信頼できる情報源. gente ～ 信頼できる人々. lugar ～ 安心できる場所
fiaca [fjáka] 形 名《チリ, ラプラタ. 口語》無気力な[人], 熱意のない
—— 女 ❶《メキシコ. 口語》無気力: Me da ～ levantarme tan temprano. 私はそんなに早く起きる気になれない. ❷《チリ, ラプラタ. 口語》怠惰. ❸《ウルグアイ. 口語》空腹
hacer ～《ラプラタ. 口語》[行動しなければならない状況で]何の行動も起こさない
fiacoso, sa [fjakóso, sa] 名《ラプラタ. 口語》=**fiaca**
fiado, da [fjáðo, ða]《←fiar》形 男 掛け売り[の・で]: No vendemos ～. 掛け売りお断わり. comprar... todo ～ 全額分割払いで…を買う
al～/*de*～ クレジットで, 掛け売りで: La gente pagaba *de* ～. 人々は掛け払いだった. beber *de* ～ つけで飲む. comprar *al* ～ つけで買う
fiador, ra [fjaðór, ra]《←fiar》名 [身元・融資・保釈の]保証人: Necesito un ～ para que me concedan un crédito. ローンを組むために私は保証人が必要だ. salir ～ por+人 …の保証人になる
—— 男 ❶ [銃などの]安全装置. ❷ [扉などの]掛け金. ❸ [マント・ブローチなどの]留め金. ❹《口語》子供の尻. ❺《鷹狩》[鷹をつなぐ]縄. ❻《エクアドル, チリ》帽子の]あごひも《＝ ～ *del sombrero*》

fiala [fjála] 女《古代ギリシア》《バッカスの祭りで用いる》両手のジョッキ
fiambrar [fjambrár] 他 冷肉料理を作る
fiambre [fjámbre]《←古語 friambre < frío》男 ❶《料理》1) 冷肉《ハム, ソーセージなど. =carne ～》: ～*s variados* 各種冷肉の盛り合わせ. 2)《メキシコ》レタス・豚足・タマネギ・アボカド・青唐辛子のサラダ. 3)《グアテマラ》フィアンブレ《肉・酢漬け・缶詰の冷たい料理. 万聖節に食べる》. ❷《メキシコ, エクアドル, チリ, アルゼンチン, ウルグアイ》死体《=cadáver》[しゃれた集い]
—— 男《料理》ternera ～ 子牛肉の冷製. ❷《口語》新鮮味のない, 古い: noticia ～ 気の抜けたようなニュース
—— 副《グアテマラ》掛けで, 信用売りで
fiambrera[1] [fjambréra] 女 ❶ [食品用の]密閉容器; [密閉型の]弁当箱《今ではあまり使われない》. ❷ [熱い料理を運ぶための]小型火鉢を伴った》保温多重鍋. ❸《チリ, アルゼンチン, ウルグアイ》蠅帳《=fresquera》
fiambrería [fjambrería] 女《ボリビア, チリ, ラプラタ》デリカテッセン, 高級食料品店
fiambrero, ra[2] [fjambréro, ra] 名 冷肉料理を作る(売る)人
fiandón [fjanðón] 男《地方語》=**filandón**
fianza [fjánθa]《←fiar》女 ❶ 保証金: adelantar como ～ el alquiler de dos meses 家賃2か月分を敷金として払う. depositar como ～ 保証金として供託する. ❷ de cumplimiento [de un contrato] 連帯保証状, 契約履行保証《プラントなどの入札者が発注者に納める契約履行保証金に代えて, その取引銀行などが差し入れる》. ～ de fidelidad 身元保証保険《保険契約者兼被保険者(使用者)が被用者の詐欺・横領背任などの不誠実行為によってこうむる財産上の損害を損害保険会社が補塡する》. ❷《法律》保釈金: Salió del cárcel pagando una ～ de mil dólares. 彼は千ドルの保釈金を積んで刑務所から出た. ❸ 保証《行為》
bajo ～ 保釈金を払って: El salió de la cárcel *bajo* ～. 彼は保釈金を払って出所した
en ～ 担保に入っている
—— 名《地方語》保証人《=fiador》
fiar [fjár]《←俗ラテン語 fidare < ラテン語 fidere》[11] 他 ❶ [物を, 人に]掛け売りする, つけで売る: Me *fiaron* los zapatos porque no llevaba dinero. 私はお金を持っていなかったので, 靴を掛け売りしてもらった. No me *fían* en ningún sitio. どこでも私に掛け売りしてくれない. A veces teníamos que ～le a la gente, que no siempre pagaba. 私たちは時には人々につけで売らねばならなかった, いつも支払ってくれるとは限らなかったので. ❷ [人物を]保証する: Dale yo que quiera comprar, yo lo *fío*. 彼の買いたいものを与えてくれ, 彼のことは私が請け合う. ❸《文語》[+a・en を]任せる, 託す《=confiar》: *Fió* a su nieto toda su fortuna. 彼は全財産を孫に委ねた. ～ *al* azar ゆきゆきに任せる. ❹[秘密を]打ち明ける. ❺《中南米》掛け売りしてもらう
—— 自 [+en を]信頼する, 当てにする: *Fiemos en* su experiencia. 彼の経験を信じよう. ～ *en* Dios 神を信じる
de ～《人・事物が》信頼に足る, 当てにできる: ¿Eres una persona *de* ～? あなたは信用してよい人ですか? No era mucho *de* ～ esa mejoría. その回復とやらはあまり信用できなかった
~se 信用されうる: No *se fía*. 掛け売りお断わり. ❷《文語》[+de を]信頼する, 信用する: ¿Puedo ～*me de* ti? 君を信用してもいいのだろうか? Es uno de los pocos *de* que *se* pueden ～. 彼は信頼できるごくわずかな人の一人だ. No *se fiarán del* testimonio de los niños ni del de la madre. 子供の証言も母親の証言も信頼してもらえないだろう. obrar *fiado* de sí mismo 自信をもってふるまう
fiasco [fjásko]《←伊語》《文語》しくじり, 失敗, 不成功《=fracaso》; 期待外れ: resultar un ～ completo 完全な失敗に終わる
fíat [fját] 男 ❶《まれ》認可, お墨付き; 命令. ❷《古語》[市議会の出す]公証人資格の免許
Fiat lux [fját lúks]《←ラテン語. 旧約聖書《創世記》》光よ在れ
fiato [fjáto]《←伊語》男《音楽》[歌手の]声量, 息の長さ
Fiat voluntas tua [fját bolúntas twa]《←ラテン語》汝が意思のままに《「主の祈り」padrenuestro にある言葉で, ひたすら神の御心に従うことを表わす決まり文句》
fibra [fíbra]《←ラテン語《植物繊維》》女 ❶ 繊維《=cable de》～ óptica 光ファイバー《ケーブル》. ～ animal (vegetal) 動物 (植物)性繊維. ～ artificial (natural) 人造(天然)繊維. ～ corta 短繊維. ～ de carbono 炭素繊維, カーボンファイバー.

fidelización

~ de madera 木部繊維, 木毛. ~ de vidrio/~ de cristal グラスファイバー, ガラス繊維. ~ sintética 合成繊維. ~ textil 紡績繊維, 繊維. ❷《解剖》線維: ~ muscular (nerviosa) 筋(神経)線維. ❸ 化学繊維, 化繊. ❹ 食物繊維, ダイエタリーファイバー 〔=~ alimentaria, ~ dietética〕. ❺ 根性, 意気, 気力: tener ~ para los negocios 商売人根性をもっている. ❻《植物》ひげ根. ❼《メキシコ》1) 活力. 2) たわし

tocar la ⦅sensible⦆ ~ *de+*人 …の心の琴線に触れる

fibrana [fiβrána] ⦅繊維⦆ スフ: falda en ~ estampada スパンレーヨンのプリントスカート

fibrilación [fiβrilaθjón] 囡〖心臓の〗細動, 顫動(ﾀﾞ); 〖筋肉の〗線維攣縮(ﾚｷ): ~ ventricular 心室細動

fibrilar [fiβrilár] 形 線維から成る, 線維の
—— 自〖医学〗〖心臓が〗細動する

fibrina [fiβrína] 囡《生化》線維素, フィブリン

fibrinógeno [fiβrinóxeno] 男《生化》線維素原, フィブリノーゲン

fibrinoide [fiβrinóiðe] 形 類線維素様の, フィブリン様の
—— 男 類線維素, フィブリノイド

fibrinólisis [fiβrinólisis] 囡 線維素(フィブリン)溶解〔現象〕

fibrinoso, sa [fiβrinóso, sa] 形 ❶ 繊維状の. ❷ 線維素(フィブリン)を含む

fibroblasto [fiβroβlásto] 男《解剖》繊維芽細胞

fibrocartilaginoso, sa [fiβrokartilaxinóso, sa] 形《解剖》繊維軟骨〔性〕の

fibrocartílago [fiβrokartílaγo] 男《解剖》線維軟骨

fibrocemento [fiβroθeménto] 男《建築》石綿セメント, アスベスト

fibrocito [fiβroθíto] 男《解剖》線維細胞; 〖特に〗不活性型線維芽細胞

fibroína [fiβroína] 囡《生化》フィブロイン

fibroma [fiβróma] 男《医学》線維腫

fibromatosis [fiβromatósis] 囡《医学》線維腫症

fibroplasia [fiβroplásja] 囡《医学》線維増殖〔症〕

fibroscopio [fiβroskópjo] 男《医学》ファイバースコープ

fibrosis [fiβrósis] 囡《医学》線維性形成: ~ cística 嚢胞性線維症. ~ pancreática 膵嚢胞性線維症

fibrositis [fiβrosítis] 囡《医学》結合組織炎

fibroso, sa [fiβróso, sa] 形 ❶ 繊維質の, 繊維性の: tejido ~ 繊維組織. ❷《医学》線維化した. ❸《料理》筋の多い, 筋張った

fíbula [fíβula] 囡 ❶《古代ギリシア・ローマ服飾》フィビュラ〔彫金などの装飾がある留め金〕. ❷《解剖》腓骨〔=peroné〕

ficción [fi(k)θjón] 囡《ラテン語 fictio, -onis < fictum < fingere「ふりをする」》❶ 空想〔の産物〕; 虚構, 作り事;《文学》小説: Es pura ~. それは単なる〔の〕空想だ. La realidad siempre supera a la ~. 〖諺〗事実は小説より奇なり. ~ científica 空想科学小説, SF. política ~ 政治小説. ❷《法律》擬制: ~ de derecho/~ legal/~ jurídica 法律上の擬制

ficcional [fi(k)θjonál] 形《まれ》虚構の, 作り事の

ficcionar [fi(k)θjonár] 他《まれ》空想する

fice [fíθe] 男《魚》プロツトラ〔タラの一種〕

ficha [fítʃa] 囡《仏語 fiche < ficher「打ち込む」》囡 ❶〖ゲームの〗駒;〖ドミノなどの〗札, 牌(ﾊｲ): ~ doble 〖ドミノ〗ダブルシックスの牌. ❷〖貨幣がわりの〗コイン, 賭け札;〖クローク・駐車場などの〗引換えチップ. ~ de teléfono 電話用コイン. ~ de la ruleta ルーレット用のチップ. ❸〖資料・分類用の〗カード: ~ bibliográfica 図書〔蔵書〕カード. ❹〖個人情報などの〗記録, データ〔ファイル〕, リスト: ~ de policía/~ policial/~ policíaca 警察の記録, 犯罪者ファイル, ブラックリスト. ~ médica 治療記録. ~ técnica〖スポーツ選手などの〗技術データ. ❺〖出勤の〗タイムカード. ❻《西》1)《スポーツ》選手契約;〖選手の給与以外の〗年俸. 2)〖有資格労働者などの〗契約. ❼〖映画〗クレジットタイトル: ~ artística キャスト. ~ técnica スタッフ. ❽《電気》~ de enchufe プラグ. ❾〖綴じ込みの〗学習ドリル, 練習問題. ❿ 前科者, 札付きの悪. ⓫《中南米. 口語》ごろつき, 悪党. ⓬《ホンジュラス, プエルトリコ》5センタボ銀貨. ⓭《チリ》少額貨幣
—— 囡〖隠語〗前科者

fichaje [fitʃáxe] 男《←fichar》《西》❶《スポーツ選手・有資格労働者との》雇用契約; 契約金: tramitar un ~ 契約の手続きをする. ❷ 契約した人; 契約選手: ¡Qué ~ la nueva secretaria! 今度の秘書は掘出物だ. ❸〖人の〗奉仕(助力)を得ること

fichar [fitʃár]《←ficha》他 ❶ カードに記載する;〖カードを〗分類する, 整理する, ファイルする: ¿Has fichado este libro? この本をカードに記入したか? ❷ ブラックリストに載せる, 要注意人物と見なす, 不信の目で見る: Lo ficharon a causa de un asunto de drogas. 彼は麻薬事件でブラックリストに載った. Estoy fichado por mi jefe. 私は上司ににらまれている. ❸《西》1)〖会社が〗社員として契約する;〖スポーツチームが〗選手契約する: Lo ficharon como mediocampista para la siguiente temporada. チームは来期のミッドフィルダーとして彼と契約した. 2)〖失業手当をもらうために〗職業安定所に登録する. ❹《ドミノ》牌を出す. ❺〖喫茶店などでウェイターが注文品に〗注文伝票(勘定書)をタイムする. ❻《キューバ》だます
—— 自 ❶ タイムカードを押す. ❷《西》〖会社と〗雇用契約を結ぶ; [+por チームと] 選手契約を結ぶ: ~ por un club de primera división 1部リーグのチームと契約する. ❸《メキシコ》〖売春婦が〗通りで客を引く. ❹《コロンビア》死ぬ

fichazo [fitʃáθo] 男 ドミノの牌による打撃

fichera [fitʃéra] 囡《メキシコ. 口語》〖ナイトクラブなどで客と踊る〗コンパニオン;〖客がチップを買ってくれた分に応じて呼ぶ〗ホステス

ficherista [fitʃerísta] 男 資料作成係

fichero [fitʃéro]《←ficha》男 ❶ カードボックス, ファイルキャビネット. ❷ ⦅集⦆〖整理された〗資料カード, ファイル. ❸《情報》ファイル〔=archivo〕: ~ invertido 逆〔見出し〕ファイル

fichingo [fitʃíŋgo] 男《ボリビア》小型ナイフ

fichú [fitʃú] 男《古語的》スカーフ, ショール

-fico, ca〖接尾辞〗〖する, 作り出す, に変える〗benéfico 慈善の, calorífico 熱を生じる, maléfico 害を与える

ficocianina [fikoθjanína] 囡《生化》フィコシアニン

ficoeritrina [fikoeritrína] 囡《生化》フィコエリトリン

ficófago, ga [fikófaγo, γa] 形 食藻性の

ficofeína [fikofeína] 囡《生化》フィコフェイン

ficología [fikoloxía] 囡 藻(ﾓ)学, 類学

ficólogo, ga [fikóloγo, γa] 男女 藻類学者

ficomicetes [fikomiθétes] 男 ⦅複⦆《生物》藻菌類

ficomicetos [fikomiθétos] 男 ⦅複⦆《生物》=zigomicetos

fichtelita [fiktelíta] 囡《鉱物》フィクテライト

ficticio, cia [fiktíθjo, θja]《←ラテン語 ficticius》形 ❶ 虚構の, 架空の; 偽りの: enfermedad ~cia 仮病. personaje ~ 架空の人物. venta ~cia《証券》仮装売買. ❷ 擬制の; 名目上の: capital ~ 擬制資本. valor ~ del papel moneda〖素材価値とは無関係な〗紙幣の額面価値. variable ~cia ダミー変数

fictivo, va [fiktíβo, βa] 形《まれ》=**ficticio**

ficto, ta [fíkto, ta] 形 fingir の不規則な 過分

ficus [fíkus] 男《植物》ゴムノキ《観賞用》: ~ elástica デコラゴムノキ, インドゴムノキ. ~ lira カシワバゴムノキ

fidecomiso [fiðekomíso] 男 =**fideicomiso**

fidedigno, na [fiðeðíγno, na]《←ラテン語 fide dignus「信用に値する」》形〖情報などが〗信用できる, 信じるに足る: fuentes ~nas 信頼できる情報源

fideero, ra [fið(e)éro, ra] 男女 ヌードル(麺)職人, ヌードル(麺)売り

fideicomisario, ria [fiðeikomisárjo, rja] 男女《法律》信託の; 受託者, 被信託者: banco ~ 信託銀行

fideicomiso [fiðeikomíso]《←ラテン語 fidei commissum「信用に委ねた」》男 ❶《法律》信託〔処分〕, 信託遺贈: depósito en ~ 信託預金. ❷〖国連の〗信託統治〔地域〕: estado en (bajo) ~ 信託統治国

fideicomitente [fiðeikomiténte] 男女《法律》信託者, 信託遺贈者

fideicomitir [fiðeikomitír] 他《法律》信託する

fideísmo [fiðeísmo] 男 信仰主義, 唯信主義

fideísta [fiðeísta] 形 男女〖時に軽蔑〗信仰主義の(主義者), 唯信主義の(主義者)

fidelería [fiðelería] 囡《ペルー, アルゼンチン》パスタ製造所

fidelidad [fiðeliðá(ð)]《←ラテン語 fidelitas, -atis》囡 ❶ 信義, 忠実, 誠実: jurar ~ a..../...に忠誠を誓う. ~ conyugal 夫婦間の貞節. ❷《歴史》誠実の誓い. ❸《音響》忠実度: estéreo de alta ~ ハイファイステレオ

fidelísimo, ma [fiðelísimo, ma] 形 ❶ fiel の絶対最上級. ❷ ポルトガル国王の尊称

fidelismo [fiðelísmo] 男 カストロ Castro 主義〔=castrismo〕

fidelista [fiðelísta] 形 男女 カストロ主義の(主義者)〔=castrista〕

fidelización [fiðeliθaθjón] 囡 固定客の獲得

fidelizar [fiðeliθár] 〚91〛[サービス・景品などで] 顧客をつかむ, 固定客を獲得する

fideo [fiðéo]〚←古語 fidear「成長する」〛男 ❶ [料理] [主に 複] ヌードル【類義 **fideos** は主にスープに入れる極細麺. 日本の麺に近いのは **tallarines**】; スパゲッティ; 〈中南米〉[複] [一般に] パスタ類: ~s chinos ラーメン. ❷《戯諧》やせこけた人: Ella está hecha un ~. 彼女はがりがりにやせている. ❸《アルゼンチン》からかい, 冷やかし

fides punica [fíðes púnika] =**punica fides**

fideuá [fiðewá] 女〈カタルーニャ. 料理〉ニンニクオイルであえた魚介類とヌードル

fidjiano, na [fiʝáno, na] 形 名 =**fijiano**

fiducia [fiðúθja] 女 ❶ [法律] [信認関係に基づく] 信任. ❷《古語》信頼, 信用 [=confianza]; 信仰 [=fe]

fiduciante [fiðuθjánte] 名 委託者

fiduciario, ria [fiðuθjárjo, rja]〚←ラテン語 fiduciarius < fiducia「信用」〛形 ❶ 信託を受けた: fondo ~ 信託基金. heredero ~ [信託財産の] 受託者. ❷《経済》信用上の, 信用発行の, 信託の: compañía ~ria 信託会社. valores ~s 保証発行紙幣(銀行券)
── 名 被信託者, 受託者

fídula [fíðula] 女〈音楽〉ビオラに似た中世の楽器

fiebre [fjéβre]〚←ラテン語 febris〛女 ❶ [病気による] 熱, 高熱: Tengo [un poco de] ~. 私は[少し]熱がある. La niña se siente mal, pero no tiene ~. 少女は気分が悪いが, 熱はない. La ~ llegaba a los 40 grados y tenía vómitos. 熱は40度に達して吐きもどした. Tiene mucha ~. 彼は熱が高い. Le ha dado ~. 彼は熱を出した. No se me quita la ~. 私は熱が下がらない. ❷ [時に 複] 熱病: Sufrió unas ~s extrañas. 彼は奇妙な熱病にかかった. Los enfermos tenían la ~ amarilla. 患者たちは黄熱病にかかっていた. ~ botonosa/~ exantemática mediterránea/~ de Marsella ボタン熱. ~ de Malta/~ mediterránea ブルセラ症[=brucelosis]. ~ escarlatinosa 猩紅(ちょう)熱. ~ láctea 授乳熱. ~ porcina 豚コレラ. ~ Q Q 熱. ~ terciana 三日熱. ~ tifoidea 腸チフス. ~ uterino 色情症. ❸ [+de・por による ~の] 熱狂, 興奮: Lo devora la ~ del juego. 彼はギャンブル熱にとりつかれている. Menos mal que ha entrado en razón y no ha salido con la ~ que tiene. 彼がいつもの興奮状態に陥ることなく, 道理を聞き分けてくれたのは, 不幸中の幸いだった. ~ de aventuras 冒険熱. ~ del móvil 携帯電話ブーム. ~ del oro ゴールドラッシュ. ~ electoral 選挙フィーバー. ❹〈南米〉狂暴さ[=rabia]

fiel [fjél] I〚←ラテン語 fidelis〛形 [絶対最上級 fidelísimo] ❶ [+a・con・para con に対して] 忠実な, 誠実な: Soy muy ~ con mis amigos y espero que ellos lo sean también conmigo. 私は友人に対してとても誠実だし, 彼らも私に誠実であることを期待している. Soy tu esclava ~. 私はあなたの忠実な奴隷です. Siempre ella fue ~ en su querer. 彼女はつねに自分の恋に忠実だった. Es un ~ practicante de su religión. 彼は自分の宗教の忠実な実践者だ. ~ sirviente ~ 忠実な召使い. perro ~ a su amo 主人に忠実な犬. ~ a su patria 祖国に忠実な. ~ a su palabra 約束をきちんと守る. ❷ [名詞+/+名詞] 正確な, 事実をありのままに語ってくれ: Hazme un relato ~ de los hechos. 事実をありのままに語ってくれ. ~ al (con el) original 原文に忠実な. memoria ~ 確かな記憶. traducción ~ 原文に忠実な翻訳. ❸ [計器が] 精確な, 狂いのない: Este reloj es muy ~. この時計は非常に正確だ. balanza ~ 狂わない秤. ❹ 信者の, 信仰の; カトリック教徒の
── 名 ❶ 信者, 信徒: los ~es de Buda 仏教徒. ❷ カトリック教徒. ❸ 取り巻き: reunirse con sus ~es 取り巻き連中と集まる
II〚←ラテン語 filum「糸」〛男 ❶ [秤の] 針: El ~ de la balanza está en el medio. 秤の針は中央にある. ❷ [畜殺場での] 卸売り肉の計量監視員 [=~ de romana]. ❸ [歴史] 入市税吏. ❹ [歴史] ~ de fechos 記録係で書記の代理. ❺ 弩(ど)ballesta の金具. ❻ 鐘の支軸
en ~ 重さが同じで, バランスがとれて

fielato [fjeláto] 男 [歴史] ❶ 入市税 [都市に搬入される食料品などに関税の形で賦課する. スペインでは1964年に廃止]. ❷ [町の入り口に設けられた] 物品入市税徴収所. ❸ 入市税吏の職務; 入市税吏の事務所

fielazgo [fjeláθɣo] 男《廃語》=**fielato**

fieldad [fjeldá(ð)] 女 ❶ 入市税吏の職務. ❷ 保全, 管理: me-ter en ~《古語》保全(監督)下におく. ❸ 徴税吏の暫定信任状. ❹《古語》=**fidelidad**

fielísimo, ma [fjelísimo, ma] 形 fiel の絶対最上級 [=fidelísimo]

fielmente [fjélménte] 副 忠実に, 誠実に

fieltrar [fjeltrár] 〚他〛 ❶ [羊毛を] フェルト状にする. ❷ フェルトを付ける. ❸ 〚手芸〛フェルティングする: aguja de ~ フェルティング・ニードル

fieltro [fjéltro]〚←ゲルマン語 filt〛男 ❶ [繊維] フェルト: sombrero de ~ フェルト帽, 中折れ帽. ❷ [フェルトの] 帽子; 敷物. ❸《廃語》雨合羽

fiemo [fjémo] 男 堆肥 [=estiércol]. ❷ 動物の糞(ふん)

fiera¹ [fjéra]〚←ラテン語 ferus〛女 ❶ 猛獣: casa de ~s [昔のマドリード動物園. caza de ~s 猛獣狩り. ❷ 残忍(冷酷)な人; 怒りっぽい人: Él es una ~. 彼は残忍な男だ/《口語》気性の激しい. ❸ 〚闘牛〛牛
comer como una ~ 大食する
como una ~《口語》=**hecho una ~**
~ corrupia《祭りなどに登場する》恐ろしい姿の動物の人形
hecho una ~《口語》激怒した
── 名 [男性の場合, 冠詞は un[a]] [+en・para に] 傑出した人, 達人, 名人: Es una ~ de la informática. 彼は情報科学に精通している

fierabrás [fjerabrás]〚←Fierabras「騎士道物語の巨人」フィエラブラス」〛男《口語》わんぱく者, いたずらっ子, 手に負えない子供

fieramente [fjeraménte] 副 すさまじく, 猛烈に; 残忍に, 冷酷に

fiereza [fjeréθa] 女 ❶ 獰猛さ; 残忍さ, 冷酷さ. ❷ 醜悪さ

fiero, ra² [fjéro, ra]〚←ラテン語 ferus〛形 ❶ [動物が] 獰猛(どうもう)な: perro guardián ~ 獰猛な番犬. ❷ [人が] 手に負えない: piratas ~s 残忍な海賊. ❸ 激しい, 恐ろしい: ~ oposición de sus enemigos 敵の激しい抵抗. ❹ [感情・感覚が] 猛烈な, すさまじい: ~ra enemistad 激しい敵愾(がい)心. hambre ~ra ひどい空腹. ❺ 獣の, 猛獣の. ❻《まれ》醜い. ❼ とてつもなく大きい: ~ peñasco とてつもない巨岩. ❽《ラプラタ口語》[人が] 醜い. ❾《アルゼンチン. 口語》[状況が] 困難な, 複雑な
── 男 [複] こけ脅し; 脅迫: echar (hacer) ~s 脅しをかける
── 名 残忍な人

fieróstico, ca [fjeróstiko, ka] 形《エクアドル. 口語》[人が] 醜く不安な

fierra [fjéɾa] 女 ❶《古語》蹄鉄 [=herradura]. ❷《コスタリカ》[家畜への] 焼き印押し

fierrero, ra [fjeɾéɾo, ra] 名〈南米〉ボディビルダー

fierrito [fjeɾíto] 男〈チリ〉焼き串

fierro [fjéɾo] 男 ❶〈中南米. 口語〉鉄 [=hierro]. ❷〈中南米. 農場の動物への〉焼き印. ❸《メキシコ, チリ, アルゼンチン, ウルグアイ. 口語》短剣; [小口径の] 銃. ❹《メキシコ, ペルー, アルゼンチン. 口語》アクセル. ❺《メキシコ. 口語》複 1) 小銭. 2) 歯列矯正器. ❻《アルゼンチン. 口語》複 レーシングカー, マシン

fiesta [fjésta]〚←ラテン語 festa < festum〛女 ❶ パーティー, 宴会: Iré (Asistiré) a su ~. 彼のパーティーに出ます. hacer [una] ~ パーティーを開く. organizar una gran ~ 盛大な宴会を催す. ~ de la graduación 卒業パーティー. ❷ 祭り, 祭典, 恒例の行事: ~ brava 闘牛. ~[s] de carnaval カーニバルの祭り. ~ de la primavera 春の祭り. ~ del deporte スポーツの祭典. ❸ 祝日, 祭日, 休日 [=día de ~]. [参考] 現在のカトリックの暦では毎日の典礼上の格式が次の5カテゴリーに分けられている: 1) **domingo** 主日 (各週の日曜日). 2) **solemnidad** 祭日 (主にキリストおよび聖母マリアにまつわる重要な出来事を記念する日. クリスマス, 復活祭, 聖母被昇天, 無原罪のお宿り, 精霊降臨など). 3) **fiesta** 祝日 (聖パウロ・聖ペテロ・聖ヨハネなど重要な聖人にまつわる記念日). 4) **memoria** 記念日 (その他の第2級の重要さの聖人の記念日). 5) **feria** 週日 (特に聖人の記念日でもなく記念すべき対象がない平日): Hoy es ~. 今日は休みだ. Se practica cada domingo, cada día de ~. それは毎日曜日と祝日に行われる. Se acabó la ~, mañana a trabajar de nuevo. 休みは終わった, 明日はまた仕事だ. guardar (santificar) las ~s 祭日を守る (聖とする)〚仕事を休んでミサに行く〛. ~ de guardar/~ de precepto《カトリック》守るべき祝日〚仕事を休んでミサに出席せねば罪になる〛. ~ del trabajo メーデー. ~ nacional 国の祝日.《西》闘牛. ~ movible (móvil)《カトリック》移動祝日〚復活祭のように年によって日の変わる祝日〛. ⇔ fija, inmóvil. F~ Nacional de Es-

paña スペイン・デー『新大陸発見の日. 10月12日. 旧称 día de la Raza, día de Hispanidad』. ～ francesa フランス革命記念日, パリ祭. ～s patrias《主に中南米》独立記念日『2日にわたることが多い』. ❹《複》〖祭りの〗休暇: Se acercan ～s navideñas (de Navidad). クリスマス休暇が近づいている. ～s de fin de año 年末休暇. ～s de Pascua 復活祭休暇. ～s mayas《アルゼンチン》独立記念祭. ❺ 喜び, 楽しみ; お祭り騒ぎ: Tu visita fue una ～ para nosotros. 来てくれて本当に楽しかった. ❻《複》ご機嫌取り, かわいがること: hacer ～s a+人 …にちやほやする, 機嫌をとる;〖犬に〗じゃれつく
Acabemos la ～ en paz.〖けんかにならないように〗もうやめておこう
aguar la ～ a+人 …を白けさせる: Su llegada nos aguó la ～. 彼が来たために私たちは白けた
arder en ～s〖場所が催し物で〗にぎわう, 盛り上がっている: El pueblo arde en ～. 町は大いに沸いている
de ～ 祝日用の〖⇔de diario〗: Póngase usted de ～. 正装して下さい. Este plato es de ～. この料理はごちそうだ. vestirse de ～ 晴れ着 (よそゆき) を着る. traje de ～ 晴れ着, 礼装
estar de ～《口語》わいわい楽しくやっている: Esa noche había fuegos artificiales. Todos estaban de ～. その夜, 花火が打ち上げられた. みんな楽しく騒いでいた
¡Felices F～s! メリークリスマス
～ brava 闘牛
hacer ～ 〖仕事をせずに〗一日のんびり過ごす
hacer ～s/《南米》**hacer la ～** セックスをする, 性交する
irse de ～ 《口語》わいわい楽しくやりに出かける
no estar para ～s 1) 機嫌が悪い. 2)〖物が〗丈夫でない, 壊れやすい
querer ～ 《俗語》セックスをしたがる, 性交したい
se acabó la ～〖不快・怒り〗もうたくさんだ, やめろ
tener la ～ en paz 1) 静かさを享受する. 2) もうたくさんである: Tengamos la ～ en paz.〖けんかにならないように〗もうやめておこう〖=Acabemos la ～ en paz.〗
fiestazo [fjestáθo]《男》《口語》大規模なパーティー
fiestero, ra [fjestéro, ra]《形》陽気な〖人〗, お祭り騒ぎの好きな〖人〗; パーティー好きな〖人〗
fiestichola [fjestitʃóla]《女》《南米. 戯語》どんちゃん騒ぎ
fiestón [fjestón]《男》《口語》大規模なパーティー
FIFA [fífa]〖←英語〗《女》《略記》国際サッカー連盟
fifar [fifár]《自》《アルゼンチン. 卑語》性交する
—— **se** [+con 〇] 性交する
fifí [fifí]《男》❶《口語》大げさで気取った〖人〗. ❷《中南米》上品ぶった; おかまみたいな; 怠け者〖の〗
—— 《男》《ドミニカ》ビー玉.《コロンビア》焼きバナナ
de ～《メキシコ》掛けで, つけで
fifiriche [fifirítʃe]《形》《メキシコ, 中米》❶ 病気がちの, ひ弱な, やせこけた. ❷ 上品ぶった, めかし屋の
fifty-fifty [fífti fífti]〖←英語〗《形》《副》半々の・に, 五分五分の・に〖=a medias〗
figa [fíga]《女》《地方語》=higa
figar [figár]《自》《地方語. 植物》イチジク〖=higuera〗
fígaro [fígaro]《男》〖←Fígaro『セビリアの理髪師』El barbero de Sevilla の主人公〗❶《西. 服飾》ボレロ〖=chaquetilla〗. ❷《皮肉》理髪師
—— 《形》《ベネズエラ》水色の, 青の
figle [fígle]《男》オフィクレイド〖低音の金管楽器〗
—— 《男》オフィクレイド奏者
figón [figón]《男》〖←古語 figo〗《西》❶ 安食堂, 大衆食堂.❷《古語》安食堂の主人〖=figonero〗
figonero, ra [figonéro, ra]《男》《女》安食堂の主人〖女将〗
figueral [figerál]《男》イチジク畑〖=higueral〗
figuerense [figerénse]《形》《名》《地名》フィゲラス Figueras の〖人〗〖ヘロナ県の町〗
figulino, na [figulíno, na]《形》素焼きの, 陶製の
—— 《女》陶製の小さな彫像〖=estatua na〗
figura [figúra]〖←ラテン語 figura < fingere「こねる, 形作る」〗《女》❶ 容姿, スタイル, 体型: Tiene una ～ estupenda. 彼女は実は美しい容姿をしている. Si quiere lucir una buena ～ haga deporte. もしよいスタイルを見せびらかしたければスポーツをやりなさい. ～ esbelta すらりとした姿. ～ corpulenta 肥満体型. ～ proporcionada 均整のとれた姿. ❷ 姿, 形〖=forma〗: Vio a lo lejos una ～ oscura. 彼は遠くにぼんやりした人影を見た. El pan y los peces son ～s de la eucaristía. パンと魚は聖体を象徴する〖形である〗. ❸〖絵画・彫刻などの〗像;〖人間・動物の〗彫像: Hay muchas ～s en el cuadro. その絵には多くの人物が描かれている. La ～ del rey aparece en los sellos postales. 国王の肖像が郵便切手に描かれている. dibujar la ～ de un perro 犬の形を線で描く. ～ de frente 正面像. ❹ 人形, フィギュア: ～ de porcelana 磁器の人形. ～ de nieve 雪だるま. ❺〖歴史上の・重要な〗人物;《主に戯語》有名人, 名士, 大物: Sartre, la principal ～ de la literatura existencialista 実存主義文学の中心人物, サルトル. Presidirá el acto una ～ representativa de las letras. その大会では文壇を代表する人物が議長をつとめる予定だ. principales ～s del pueblo 村の主だった人々〖名士たち〗. gran ～ musical 大音楽家. ～ del cine 映画界の有名人. ～ histórica 歴史上の人物. ～ decorativa《軽蔑》飾りの〖人〗. ❻《演劇》役柄, 役: ～ central 主役. ～ de Otelo オテロの役. ❼ 図形; 模様; 挿し絵, 図解: ～ de cuatro lados 四辺形. ～ plana 平面図形. ～s semejantes 相似形. ～s geométricas 幾何学模様. ～ celeste〖占星〗天宮図. ❽《舞踊, スポーツ》フィギュア〖一連の動き〗: ～ libre (obligatoria) 自由 (規定) 演技. ❾《音楽》音型; 音符. ❿《トランプ》絵札. ⓫《主に戯語》～ de carta de ～《チェス》駒. ⓬《修辞》文彩, 比喩的表現〖=～ de dicción〗: La paloma es una ～ de la paz. 鳩は平和の象徴である. texto lleno de ～s 修辞的表現に満ちたテクスト. ～ retórica (～ de pensamiento 修辞技法, 言葉のあや). ⓭《文法》破格, 変則〖=～ de construcción〗. ⓮《論理》〖三段論法の〗格. ⓯《法律》概念. ⓰《紋章》チャージ. ⓱《古語》顔つき, 表情: caballero de la triste ～ 悲し顔の騎士
hacer buena (mala) ～ 引き立たせる〖目立たなくさせる〗
hacer ～ 役割を果たす; 権威を示す, 重みをもつ
hacer ～ s 滑稽な〖妙な〗仕草をする
tomar ～ [+de+人] まねをする, まねる
—— 《名》❶ 気取り屋. ❷ 滑稽な風采の人, 奇妙な格好をした人〖=～ de tapiz〗. ❸ 重要人物: Este es un ～. こいつは大物だ
ser un ～ 大物になる, 出世する
figurable [figuráble]《形》想像され得る, 考えられる
figuración [figuraθjón]《女》❶《映画, 演劇》《集名》端役. ❷ 想像〖の所産〗: Solamente eso son figuraciones tuyas. それは君の想像にすぎない. ❸《美術》具象: Picasso abandonó la ～ y empezó a pintar cuadros abstractos. ピカソは具象をやめて抽象画を描き始めた. ❹ 形に表わすこと, 形づけ, 象形, 造形. ❺《アルゼンチン》社会的な地位, 身分: familia de mucha ～ 身分の高い家族
figuradamente [figurádaménte]《副》比喩的に, 転義で; 象徴的に
figurado, da [figuráðo, ða]《形》❶ 比喩的な, 転義の: en sentido ～ 転義で, 比喩的な意味で. expresión ～da 比喩的表現. ❷ 比喩を多く用いる, 修飾の多い: estilo ～ 比喩の多い文体. ❸《美術》〖人間・動物の〗彫像の
figural [figurál]《形》形の
figuranta [figuránta]《女》→**figurante**
figurante [figuránte]《形》《まれ》現れている, 記載されている: nombres ～s en el documento 書類に記載されている名前
—— 《名》❶《女性形 **figuranta** もある》《映画, 演劇》〖主に台詞のない〗端役: protagonistas y ～s 主役と脇役. ❷ あまり重要でない役目の人, 下働きの人
figurar [figurár]《他》〖←ラテン語 figurare「有名にする, 表わす」〗❶〖人・物を形に〗表わす, 描く; 象徴する, 比喩的に表現する: Estas líneas figuran las vallas del jardín. これらの線は庭の柵を表わしている. El pasaje donde figura lo de las manos esposadas se refiere a la censura. 手錠をはめられた両手について書かれているくだりは検閲のことを言おうとしているのだ. ❷ …のふりをする, …を装う, 見せかける: 1) Figuró una retirada para engañar al enemigo. 彼は敵を欺くため退却を装った. 2)〖不定詞・que+直説法〗Figuró marcharse para sorprendernos. 彼は私たちを驚かすために帰ったふりをした. Figuraron que no lo oían. 彼らは聞こえないふりをした. ❸《演劇》～ el papel 役を演じる
—— 《自》❶ [+en・entre 〇] 記載されている, 入っている: En la póliza debe ～ la lista de riesgos. 保険証券には危険事項のリストが記載されていなければならない. No suele ～ en las guías. それはガイドブックには普通書かれていない. ❷ 参加する:

figurativamente

Al frente de la comisión *figuraba* el propio presidente del Gobierno. 首相自身が委員会を主宰していた. ~ *en* la junta directiva 役員会に入る, 重役になる. ❸ 重きをなす, 目立つ: Algún día *figurará*. 彼はいつか重要な働きをするだろう. Lo hizo solo para ~. 彼はただ目立ちたいためにそうしたのだ —— **~se** ❶ [+不定詞・que+直説法] 想像する, 思う [→imaginar 類義]: *Se figuraba* ser un rey. 彼は自分が国王だと思っていた. Yo no *me figuraba que* ella se ser así. そういうことになるとは私は想像していなかった. *Me figuro* cuál habrá sido su reacción. 彼女の反応はどうだったのだろうかと私は思う. ❷ [+a+人 に] …と思われる, 想像される: 1) *Se me figura que* estoy viendo a tu padre cuando él tenía veinte años. 私は20歳のころの君のお父さんを見ているような気がする. *Se me figura que* es muy buena persona. 彼はとてもいい人のように私には思える. 2) [否定文では +que+接続法] No *se me figura que* sepas esquiar. 君にスキーができるとは思えない

¡*Figúrese*! [驚き・怒り] それが何と!/何たることか!: Nos iban a subir el alquiler un cien por cien más, *¡figúrate!* 家賃を2倍に上げようというのだから, 本当にもう!

Ya me lo figuraba. そんなことだろうと思った

figurativamente [figuratibáménte] 副 具象的に, 表象的に; 比喩的に

figurativismo [figuratibísmo] 男 具象主義

figurativista [figuratibísta] 形 名 具象主義の(主義者)

figurativo, va [figuratíbo, ba]《figuras figurativus》形 ❶ 物をかたどった: escritura ~*va* 象形文字.《美術》具象[派]の《⇔abstracto》: arte ~ 具象芸術. pintura ~*va* 具象画. ❸ 比喩的な, 象徴的な: en términos ~*s* 比喩的に言って

figurería [figureria] 女《まれ》❶ おどけた顔, おどけた身ぶり. ❷ おどけた顔をする癖

figurero, ra [figuréro, ra] 形 名《まれ》❶ おどけた顔をする癖のある[人]. ❷《陶製・石膏の》人形師, 人形製造(販売)業者

figurilla [figuríʎa]《figura の示小語》女《陶製・ブロンズ製などの》小さな彫像, 小像, 小立像 —— 男 背が低くへんてこな人

figurín [figurín]《figura の示小語》男 ❶《服飾》デザイン画, モデルスケッチ: trazar *figurines* en el cuaderno ノートにデザイン画を描く. スタイルブック, ファッション雑誌. ❸《戯語, 軽蔑》身なりに大変気をつかう人, 洒落者(⁹)男. ❹《演劇》[主に 複] 衣装デザイン. ❺《文語》[真似される・真似されるべき] モデル

ir (andar·estar) hecho un ~ トップモードを着ている, 流行の先端をいく: Ana siempre *anda hecho un* ~. アナはいつも流行の先端をいく格好をしている.

figurinismo [figurinísmo] 男《主に演劇》衣装デザイン《活動, 職業》

figurinista [figurinísta] 名《主に演劇》衣装デザイナー

figurita [figuríta] 女《ニカラグア, ボリビア, アルゼンチン, ウルグアイ》[子供が集める, 映画・テレビ番組のキャラクターなどの] カード, トレーディングカード

figurón [figurón]《figura の示大語》男 ❶《軽蔑》見栄っぱり, 気取り屋, うぬぼれ屋. ❷《船舶》~ de proa 船首像. ❸ 道化劇 comedia de figurón の主役

fija[¹] [fíxa] 女 ❶ [左官・石工で] こて. ❷《口語》[la+] 議論の余地のない事実: Esa es la ~. 全くそのとおりだ/当然だ. ❸《廃語》大型の蝶番. ❹《ベネズエラ, チリ, アルゼンチン, ウルグアイ. 競馬》[una+] 本命馬; その情報.《ベネズエラ, ボリビア, ウルグアイ. 口語》[la+] 内部情報

a la ~《チリ, ウルグアイ》確かに, きっと

en ~《アルゼンチン, ウルグアイ》確かに, きっと

ir a la ~《ニカラグア, コロンビア, ボリビア, チリ, アルゼンチン》成功を確信して始める

fijación [fixaθjón] 女 ❶ 固定; 取り付け, 据え付け, 貼り付け; 定着: ~ de una máquina 機械の固定(据え付け). ❷ 決定, 確定: ~ de salarios (de reglas) 賃金(規則)の決定. ~ abierta de precios オープン価格《製造業者が小売店に価格設定を任せる》. ~ del precio al coste más un tanto por ciento コストプラス方式《製造業者・販売業者が生産原価・仕入原価に一定のマージンを加えて売価を決定する》. ❹ ~ de un texto テクストの校訂. ❹ 固着観念, 固定観念.《医学》[骨折部位の] 固定. ❺《化学, 写真, 絵画》定着, [染色の] 色留め, 固着. ❻《スキー, 自転車》ビンディング

fijado, da [fixádo, da] 形 ❶《紋章》下向きに尖った. ❷《チリ. 口語》口やかましい, 細かいことにこだわる —— 男《写真, 絵画》定着

fijador, ra [fixadór, ra] 形 固定させる, 固定用の, 留める; 定着させる —— 名 ❶ 目地詰め職人. ❷《窓・扉の》取り付け職人 —— 男 ❶ 固定器具, 取付金具, 締付金具. ❷ 固定剤,《美術》色止め剤, 定着剤.《写真》定着液.《化粧》整髪料, ポマード: pelo brillante con ~ ポマードでテカテカした髪

fijamente [fixaménte] 副 ❶ しっかりと, 確固として, ゆるぎなく. ❷ じっと, しげしげと: No me mires tan ~. そんなにじっと私を見ないでくれ

fijante [fixánte] 形《軍事》[射撃が] 高角度の, 高射

fijapelo [fixapélo] 男《化粧》整髪料 [=fijador]

fijar [fixár]《←fijo》他 ❶ [+a·en に] 固定させる; 取り付ける, 据え付ける, 貼り付ける: *Fijaron* un carro con cuñas. 彼らは荷物を車輪止めで固定した. Prohibido ~ carteles en la pared. 壁へのポスター貼り禁止. ~ un clavo 釘を打ち付ける. ~ un sello *a* una carta 手紙に切手を貼り付ける. ❷ [住居・日取りなどを] 定める, 決定する: Vamos a ~ la boda para el tres de noviembre. 結婚の日取りを11月3日に決める. Llegó la noche *fijada* para la salida. 決められた出発の夜がやって来た. El rumbo está *fijado*, ¿no? それで行き先は決まっているのですね? a la hora *fijada* 定時, 定刻. fecha *fijada* para la ejecución 実施予定として定められた日取り. ~ posición 位置を決める. ~ su residencia *en*... …に居を定める, 定住する. ~ el precio 価格を決定する. ❸《視線など》[a, en] とめる: ~ la mirada (sus ojos) *en*... …をじっと見つめる. ~ su atención *en*... …に注意を集中する. ❹《写真, 絵画》定着させる: Este líquido *fija* la imagen fotográfica *en* el papel. この液体で写真画像が紙に定着する. ❺《規則》規定する, 定める —— **~se** ❶ [+en に] 注目する, 注意する, 気を留める: *Se fijaban en* mí. 彼らはじっと私のことを見つめていた. *Fíjate* bien *en* cómo lo hace. 彼がどのようにするのかよく注意して見ておきなさい. *Fíjese* bien *en* lo que le voy a decir. これからあなたに言うことをよく聞いて下さい. ¿*Te fijaste* cómo visten las mujeres en París? パリの女性たちがどのような服装をしていましたか? ❷ 気づく, 分かる: Nadie *se fijó en* nosotros. 誰も私たちに気づかなかった. ¿*Te has fijado en* las ojeras de Luis? 君はルイスの目のまわりの隈に気づきましたか? ❸ 固定する; 定着する, 定住する: *Se me ha fijado* el dolor en la pierna izquierda. 私は左脚の痛みがとれない. ❹ 固定される, 定められる: Su mirada *se fijó en* una joven. 彼の視線は一人の若い女性に釘付けになった. ❺ こだわる, 自説を曲げない: *Se fijó en* su opinión. 彼は自説に固執した

¡*Fíjese*!《口語》1) [相手の注意を喚起して] 考えてもみなさい/分かるでしょう!: Si algo me sucediera, *fíjese* bien, dígale que me han matado. もし私の身の上に何か起きたら, いいですか, 私が殺されたと彼に言って下さい. ¡*Fíjate* qué precios! ね, ひどい値段でしょう! 2) [相手の言葉に感心して] まあ, そうなの!

fijasellos [fixaséʎos] 男《単複同形》[切手をアルバムに貼る] ヒンジ

fijativo, va [fixatíbo, ba] 形 固定用の —— 男《美術, 写真》定着剤, 定着液 [=fijador]

fijeza [fixéθa]《←fijo》女 ❶ 揺るぎなさ; 不動, 固定: ~ del horario 時間割の厳格さ. ❷ 持続性, 永続性

con ~ 1) 確かに: No lo sé *con* ~. はっきりとは知りません. 2) じっと: Me miró *con* ~ a los ojos. 彼は私の目をじっと見つめた

fijiano, na [fixjáno, na] 形 名《国名》フィジー Fiji·Fiyi の(人)

fijismo [fixísmo] 男《進化論に対し》不変論

fijista [fixísta] 形 不変論の

fijo, ja[²] [fíxo, xa]《←ラテン語 fixus》形 ❶ 固定的な, 一定の, 定まった《⇔móvil》: No tenía amigos ~*s*. 彼には決まった友達がいなかった. Tenía una hora *fija* para levantarme. 彼はいつも決まった時刻に起床していた. Estaba sentado en el sillón con los ojos ~*s* en el techo. 彼は椅子に座りじっと天井を見ていた. tener un objetivo ~ 決まった目的をもつ. cliente ~ 固定客. [ser+. 仕事・値段・日取りなどが] 決まった, 定まった: No tienen un trabajo ~. 彼らは定職についていない. Tenemos una precio ~ de 25 euros. それは定価25ユーロです. Aquí los precios son ~*s*, no se admite rebaja. 当店では値段は定価で, 値引きはしません. El día de esa fiesta no es ~, cambia de un

año a otro. その祭りの日は決まっていない，年によって変わる. a precio ~ 定価で. sistema de cambio ~ 固定為替相場制. costos ~s 固定経費. empleo ~/colocación *fija* 定職. renta *fija* 定収. sueldo ~ 固定給. ❸ [estar+. 人・物が場所に，+a·en］に］固定した，定着(定住)している: La mesa está *fija* al suelo. テーブルは床に固定されている. Está ~ en México. 彼はメキシコに定住している. ❹ 常雇いの，フルタイムの. ❺《物理》凝固した，不揮発性の: aceite ~ 不揮発性油. ❻《俗用》〔人が〕確かな，信用のおける
  de ~ 確信して: No sé *de* ~ si vendrá o no. 彼が来るかどうか私にははっきりとは分からない
  de ~ *que*＋直説法 きっと…，間違いなく…: *De* ~ *que* vendrá hoy por la tarde. 間違いなく彼は今日の午後に来るだろう
── 副 ❶ 注視して: Mírame ~. 私をしっかりと見つめて下さい. mirar ~ a los ojos del interlocutor 相手の目をじっと見つめる. ❷ きっと，確かに；もちろん: Voy ~ el día 11. 11日にはきっと行きます
  ~ *que*＋直説法 きっと…: F~ *que* ha sido José. それはホセだったに違いない. F~ *que* ella es la culpable. きっと彼女が犯人だ
── 男 決まった額，定額
fijón, na [fixón, na] 形 ❶《メキシコ，キューバ，口語》〔人が〕よく観察する. ❷《チリ，口語》すぐめそめそする〔＝quejica〕
  no haber ~《メキシコ，口語》何の問題〔不都合〕もない
fil [fíl] 男 ❶《古語》〔竿秤の〕指針. ❷《遊戯》~ derecho 馬飛び
  estar en [*un*] ~〔物事が〕互角(対等)である
fila [fíla]〔←仏語 file＜ラテン語 filum〕女 ❶ 列: En la puerta del teatro hay una ~ enorme de personas esperando para entrar. 劇場の入口には入場を待つ人の巨大な列ができている. aparcar el coche en doble ~ 車を二重駐車する. caminar en ~ 並んで歩く. formar las ~s 隊列を組む. en la ~ de atrás 後ろの列で. en la última ~ 最後列に. ❷《データ・表の》行: ~s y columnas 行と列. ❸《口語》憎しみ，反感，毛嫌い: tener ~ a＋人 …に反感をもつ，…を憎む. ❹《複》〔主に政治的〕集団，党派: ~s de separatismo 分離主義者のグループ. ❺《軍事》複 兵役: Fue llamado a ~s. 彼は軍隊に招集された. entrar en ~s/incorporarse a ~s 入隊する. en ~s 兵役に服している. ❻《ナバラ，アラゴン，バレンシア》用水路の水量の単位〔地域によって量が異なる. ＝毎秒46〜85リットル〕. ❼《中米》頂上〔＝cumbre〕
  cerrar ~*s* 1)〔軍隊が〕結集する. 2) 団結を固める: Los dirigentes del partido *cerraron* ~*s* en torno al senador. 党の指導者たちはその議員を中心に団結を固めた
  cierre de ~*s* 一致団結
  de primera (**segunda**) ~ 一流(二流)の，一級(二級)の: abogado *de primera* ~ 一流の弁護士. técnicos *de primera* ~ 第一線の専門家たち
  en ~ *india*〔人が〕数珠つなぎになって，一列縦隊で: Tuvimos que marchar *en* ~ *india*, de uno en uno. 私たちは一列縦隊で一人ずつ進まなければならなかった. ir *en* ~ *india* 一列に並んで行く
  en primera ~ 1)〔劇場などの〕最前列に: Se encontraba *en primera* ~ ante el altar. 彼は祭壇の前の最前列にいた. 2) 脚光を浴びて，注目されて
  estrechar ~*s* ＝*cerrar* ~*s*
  ~ *cero* S席，VIP席
  ponerse en ~ 列を作る，並ぶ: *Pónganse* todos *en* ~. 全員整列しなさい
  reconocer ~*s*《チリ》軍隊に入る
  romper ~*s* 隊列を解く，解散する: ¡*Rompan* ~*s*!《号令》別れ！ Les ordenó *romper* ~*s*. 彼は「別れ」の号令を発した
filactería [filaktérja] 女 ❶〔祭壇画・彫刻などに巻物を広げたような形で描かれた〕銘文. ❷〔昔の〕お守り，護符，魔除け. ❸〔ユダヤ人男子が礼拝の際に左腕と額につけた〕聖句箱
filadelfiano, na [filaðelfjáno, na] 形 名《地名》〔米国の〕フィラデルフィア Filadelfia の〔人〕
filadelfiense [filaðelfjénse] 形 ＝**filadelfiano**
filadelfo, fa [filaðélfo, fa] 男 女《植物》バイカウツギ属の
── 女 複《植物》バイカウツギ属
filadio [filáðjo] 男《地質》千枚岩（）
filadiz [filaðíθ] 男《繊維》繭綿
filado [filáðo] 男《音楽》正しい音程の維持

filaila [filájla] 女《キューバ》〔漉し袋・旗などを作る〕ウール生地
filamento [filaménto] 男 ❶ 単繊維. ❷《植物》花糸〔〕. ❸《解剖》繊条〔組織〕. ❹《金属》フィラメント〔＝ metálico〕. ❺〔電球の〕フィラメント，線条: Se quemó el ~. 電球が切れた
filamentoso, sa [filamentóso, sa] 形 糸状の；線維状の
filandón [filandón] 男《アストゥリアス，レオン》女性たちが糸を紡ぐ夜の集まり
filandria [filándrja] 女〔鳥の〕寄生虫
filandro [filándro] 男《動物》ヨツメオポッサム
filanteo [filantéo] 形《植物》葉の上面に花をつける〔植物〕〔ハナイカダ属など〕
filantropía [filantropía]〔←ギリシャ語 phlantropia「人情」＜ phileo「私は愛する」＋anthropos「人」〕女 博愛；慈善: por ~ 慈善で；無私無欲で
filantrópico, ca [filantrópiko, ka] 形 博愛〔主義〕の；慈善の: sociedad ~*ca* 慈善協会
filantropismo [filantropísmo] 男 博愛主義
filántropo [filántropo]〔←ギリシャ語 phlantropos〕名 博愛主義者；慈善家
filar [filár] 他 ❶《船舶》〔綱・索を〕徐々に繰り出す. ❷《古語》紡ぐ〔＝hilar〕
filarco [filárko] 男《古代ギリシャ》族長
filarete [filaréte] 男《古語，船舶》隔壁用の板
filaria [filárja] 女《生物》フィラリア，糸状虫
filariasis [filarjásis] 女 ＝**filariosis**
filariosis [filarjósis] 女《医学》フィラリア症
filarmonía [filarmonía] 女〔←fil＋armonía〕女 音楽愛好
filarmónico, ca [filarmóniko, ka]〔←filarmonía〕形 音楽好きの
── 名 ❶ 音楽愛好家. ❷《メキシコ》交響楽団
── 女 交響楽団: la F~*ca* de Londres ロンドン・フィルハーモニー
filástica [filástika] 女 集合《船舶》〔古い綱・索から回収された〕索具用糸
filatelia [filatélja]〔←ギリシャ語 phileo「私は愛する」＋ateles「無料」（規定料金のみで送付すべきことを切手が表わした）〕女 切手の収集〔研究〕
filatélico, ca [filatéliko, ka] 形 名 切手収集〔研究〕の；切手収集家
filatelismo [filatelísmo] 名 ＝**filatelia**
filatelista [filatelísta] 名 切手研究家，切手収集家
filatería [filatería] 女 ❶ 口車，舌先三寸. ❷ くだくだしさ，饒舌，冗漫
filatero, ra [filatéro, ra] 形 名 口達者な〔人〕，舌先三寸の〔人〕
filatura [filatúra] 女《ガリシア》＝**hilandería**
filazo [filáθo] 男《中米》傷，刺し傷，切り傷
filderretor [filderretór] 男《席語》〔修道服・女性の半喪服に使われた〕薄手の毛織物
fileli [filelí] 男《複 ~*es*》《古語》〔モロッコ産の〕薄い毛織物，絹織物
Filemón [filemón] 男《ギリシャ神話》ピレーモーン〔妻 Baucis と同時に死にたいという願いがゼウスによって叶えられ，菩提樹と樫に変えられた〕
fileno, na [filéno, na] 形 きゃしゃな，女みたいな
filera [filéra] 女《ムルシア》袋網を並べて捕る漁法
fileta [filéta] 女《ムルシア》梁，桁；角材
filete [filéte]〔←伊語 filetto〕男 ❶《料理》1)〔魚・肉の骨を取り除いた〕切り身，〔魚を三枚に下ろした〕片身: un ~ *de lenguado* 1切れの舌平目. 2) ヒレ肉，ロース. 3)〔薄い〕ステーキ，ビフテキ: ~ *ruso* ひき肉ステーキ. 4)《戯語》~ *de huerta* ジャガイモ. ❷《画・図案の》細い装飾線. ❸《服飾》1)〔襟・袖口の〕縁取り. 2)〔縁の〕ほつれ止め. ❹《技術》ねじ山. ❺《建築》平縁〔〕. ❻〔本の表紙の〕装飾輪郭線；輪郭線を付ける〕筋車〔〕. ❼ ~ *porteño* フィレテアード〔＝fileteado〕. ❽《解剖》神経線維束，毛帯. ❾《馬具》〔若馬用の〕馬銜〔〕. ❿《紋章》細かい帯. ⓫ 焼き串. ⓬《俗語》愛撫. ⓭《アルメリア》2本撚り合わせたエスパルトの綱
  gastar muchos ~*s*《口語》機知と気配りで会話を引き立てる
fileteado [fileteáðo] 男 ❶《料理》切り身にすること，薄くスライスすること；〔魚の〕三枚下ろし. ❷ 装飾輪郭線をつけること. ❸ フィレテアード〔ブエノスアイレスで生まれた大衆的な装飾美

filetear [filetár] 他 ❶ [肉・魚などを] 切り身にする, 薄くスライスする; [魚を] 三枚に下ろす: pescadilla *fileteada* メルランの切り身. ❷ 装飾輪郭線をつける; 平縁をつける. ❸《技術》ねじ山をつける

filético, ca [filétiko, ka] 形《生物》系統発生の: evolución ~*ca* 向上進化

filetón [filetón] 男 [手芸] [花柄の刺繍に用いる太目の] 組み紐, モール

filfa [fílfa] 【←古語 pilfa「ぼろ切れ」】女 ❶《西. 口語》1) 根拠のないうわさ話, 虚報: hacer correr una ~ デマを流す. 2) まやかし, 偽物: Esta sortija es una ~. この指輪はイミテーションだ. ❷《メキシコ》へま, 失敗

filfita [filfíta] 女 [地方語. 鳥] ハクセキレイ [=lavadera blanca]

filia [fília] 女《文語》[人・物に対する] 好感, 愛好 [⇔fobia]

-filia [接尾辞] 女 ❶《文語》[愛着, 愛好] [⇔-fobia] hispano*filia* スペイン好き. ❷ [葉] hetero*filia* 異葉性

filiación [filja θjón] 女 ❶【←ラテン語 filiatio, -onis < filius「息子」】[言葉・文化関係の] 分出, 分岐, 派生: ~ de doctrinas 学説の派生関係. ❷ 集名 [本人であることを特定・証明する] 個人情報. ❸ [息子の父親に対する] 親子関係; [ある人の] 子であること. ❹ [人・物の] 従属関係, つながり. ❺ 加入, 入党. ❻ 兵籍簿

filial [filjál] 【←ラテン語 filialis】形 ❶ 子の: afecto ~ 子の情愛, 親への愛. obligación ~ 子としての義務. ❷ 支部の: escuela ~ 分校
—— 男《西. スポーツ》二軍
—— 女 ❶ 子会社, 系列会社 [=compañía ~]. ❷ [組織の] 支部

filialidad [filjaliðá(ð)] 女 子であること
filialmente [filjálménte] 副 子として, 子らしく; 孝心で
filiar [filjár] 10 他 ❶ [警察などが] …の個人調書をとる. ❷ =afiliar
—— ~se ❶ 兵籍に入る. ❷ =afiliarse

filibote [filibóte] 男《船舶》船尾が丸く中央の船幅が広い2檣帆船

filibusterismo [filibusterísmo] 男 ❶《政治》議事妨害 [長演説, 牛歩投票, 不信任案連続上程など]. ❷《歴史》[スペイン植民地時代の] キューバの独立支持派活動. ❸ 海賊行為

filibustero [filibustéro] 【←仏語 flibustier】男 ❶《政治》議事妨害者. ❷《歴史》キューバの独立支持派. ❸ [17世紀, カリブ海で交易船を襲った] 海賊

filical [filikál] 形《植物》真正シダ目の
—— 女 複《植物》真正シダ目

filicida [filiθíða] 形名 ❶ 実子殺害の (殺害者), 子殺しの (犯人)
filicidio [filiθíðjo] 男 実子殺害, 子殺し
filicíneo, a [filiθíneo, a] 形 シダ綱の
—— 女 複《植物》シダ綱

filiera [filjéra] 女《紋章》幅を3分の1にした縁取り
filiforme [filifórme] 形 糸状の, 糸のような: antena ~ 糸状触角

filigrana [filigrána] 女 ❶《金・銀の》線細工. ❷ [紙幣などの] 透かし模様. ❸ 完璧 (繊細) な動き: hacer ~s con el balón 絶妙のボールさばきを見せる. ❹ 繊細な細工物; 逸品, 絶品. ❺《キューバ. 植物》ランタナ [観賞用]

filigranoscopio [filigranoskópjo] 男 透かし検知器
filili [filílí] 男 ❶ [まれ] 精緻, 精巧, 繊細. ❷《古語》=filelí. ❸《アンダルシア》やせこけた人

filipéndula [filipéndula] 女《植物》ロクベンシモツケ
filipense [filipénse] 形名 ❶《カトリック》オラトリオ会の (修道士・修道女) [16世紀ローマ, Filippo de Neri (san Felipe Neri) が創設]. ❷《歴史, 地名》[マケドニアの] フィリッポス Filipos の (人)

filípica [filípika] 【←紀元前4世紀アテネの Demosthenes がマケドニア王 Filipo に対して行なった弾劾演説】女 ❶ 激しい叱責, 辛辣な非難

filipichín [filipitʃín] 男 ❶ 捺染毛織物. ❷《コロンビア》おしゃれで; 女性的な男

filipina¹ [filipína] 女《キューバ, メキシコ》襟なしの上着
filipinismo [filipinísmo] 男 ❶ [スペイン語を話す] フィリピン人特有の言い回し. ❷ フィリピン好き, フィリピンびいき

filipinista [filipinísta] 名 フィリピン文化 (言語・文学・歴史) 研究者

filipino, na² [filipíno, na] 形 名 ❶ フィリピン (人) の; フィリピン人: Islas *F~nas* フィリピン諸島. ❷《人名》フェリペ2世 Felipe II の (フェリペ2世以外の, フェリペの名の国王にも使われることがある)
—— 男 タガログ語
—— 女《国名》複 [*F~nas*] フィリピン. ❷《メキシコ, キューバ. 服飾》襟なしの上着

punto ~《西. 口語》厚かましい奴, 恥知らず: Es un *punto ~*. 恥知らずな奴だ

filis [fílis] 男《単複同形》❶《詩語》[言動の] 巧みさ, 優雅さ: No sé de ~ ni de palabras bonitas. 私は (恋の) 手練手管も甘い言葉も知らない. ❷ [女性がお守り・装飾として腕につけた] 小さな素焼き人形

filisteísmo [filisteísmo] 男《軽蔑》俗物らしさ; 教養のなさ
filisteo, a [filistéo, a] 形名 ❶《歴史》ペリシテ人 (の), フィリスティア人 (の). ❷《軽蔑》俗物 (の); 教養のない (人)
—— 男 背が高く体格のいい男, 大男

filler [fíler] 男《単複同形》《古語》[ハンガリーの補助通貨単位] フィレール

filling [fílin] 【←英語】男 充填剤, 皮下注入による美容整形術
fill jack [filják] 男《コロンビア. 服飾》ダッフルコート
filloa [fiʎóa] 女《ガリシア. 料理》フィジョア [クレープに似たデザート]

filloga [fiʎóga] 女《サモラ. 料理》モルシージャ morcilla の一種
fillós [fiʎós] 男 複《菓子》ドーナツ fruta de sartén の一種
film [fíln] 【←英語】男 複 ~(e)s ❶ 映画 [→cine 類義]: ~ japonés 日本映画. ~ musical ミュージカル映画. ❷《料理》ラップ [~ transparente]. ❸ ~ alveolar 気泡緩衝材, 気泡シート, プチプチシート

filmación [filma θjón] 女 ❶ [映画の] 撮影 [=rodaje]; 制作. ❷ 集名 映像

filmador, ra [filmaðór, ra] 形名 撮影の, 撮影する (人); [映画の] カメラマン
—— 女 撮影機 [=máquina ~*ra*]

filmar [filmár] 【←英語 film】他 映画に撮る, 撮影する [=rodar]: ~ una escena ワンシーンを撮る

filmarón [filmarón] 男《生化》フィルマロン
filme [fílme] 【←英語 film】男《文語》映画 [=film]. ❷ [映画の] フィルム

fílmico, ca [fílmiko, ka] 形 映画の
filmina [filmína] 女 スライド [=diapositiva]
filmlet [fílmlet] 【←英語】男 複 ~s プロモーションフィルム
filmografía [filmoɣrafía] 女 ❶ 集名 [テーマ・監督・俳優別の] 映画作品 (目録), フィルモグラフィー. ❷ 映画研究, 映画論; 映画関係の記述

filmográfico, ca [filmoɣráfiko, ka] 形 映画作品の; 映画論の
filmología [filmoloxía] 女 映画学, 映画研究
filmólogo, ga [filmóloɣo, ɣa] 名 映画研究家, 映画評論家
filmoteca [filmotéka] 女 ❶ フィルムライブラリー, シネマテーク. ❷ 映画コレクション

filo [fílo] I 【←ラテン語 filum「糸」】男 ❶ [刃物の] 刃: Se ha roto el ~ del cuchillo. 包丁の刃が欠けた. viento como el ~ de una navaja 身を切るような (冷たい) 風. espada (arma) de dos ~s (doble ~) 両刃 (jiba) の剣 (比喩的にも). ❷ ~ del acantilado 崖っぷち. ❷ [スケート靴の] エッジ. ❸ 2等分線 (点). ❹《メキシコ, グアテマラ, ホンジュラス》飢え. ❺《グアテマラ》1) 外見, 見かけ. 2) 気力, 活力

al ~ de... [時間・場所] …のすぐ近くに, …あたりに: *al ~ del* mediodía 正午ごろに

dar (un) ~ a... 1) …に刃をつける, …を研ぐ. 2) …を元気づける, はっぱをかける

darse un ~《口語》腕 (技) を磨く, 腕によりをかける
darse un ~ (un par de ~s) a la lengua《口語》陰口を言う

embotar los ~s 気勢をそぐ, 出鼻をくじく
~ de la navaja 一触即発的状況
~ del viento 風向き
~ rabioso よく研いでない刃, なまくらな刃
hacer... en el ~ de una espada《口語》…を綱渡りでする
herir por los mismos ~s 相手の言い分を逆手にとって言い負かす
por ~ ちょうど, ぴったり
sacar ~ a... …を研ぐ

tener ~《エルサルバドル. 口語》空腹である
── II《アルゼンチン. 口語》恋人《=novio》
II《←ギリシア語 phylon「家系, 血統」》男《生物》[分類上の]門
filo-《接頭辞》❶[種族]*filogenia* 系統発生. ❷[愛好]*filotecnia* 技芸尊重. ❸[葉, 薄片]*filófago* 草食性の
-filo, la《接尾辞》[愛好]*cinéfilo* 映画ファン
filoamericano, na [filoamerikáno, na] 形 名 アメリカ好きの[人], アメリカびいきの[人]
filocladio [filokládjo] 男《植物》扁茎, 葉状枝
filocomunismo [filokomunísmo] 男 共産主義への傾倒
filocomunista [filokomunísta] 形 共産主義に傾倒した, 共産主義支持の
filodendro [filoðéndro] 男《植物》フィロデンドロン, ビロードカズラ《観葉植物》
filodio [filóðjo] 男《植物》仮葉, 偽葉
filófago, ga [filófago, ga] 形《動物》草食性の, 葉食性の; 草食動物
filofascista [filofasθísta] 形 ファシズムに傾倒した, ファシズム支持の
filogénesis [filoxénesis] 女《生物》=filogenia
filogenético, ca [filoxenétiko, ka] 形《生物》❶ 系統発生[論]の. ❷[=filogénico]
filogenia [filoxénja] 女《生物》系統発生[論], 系統学
filogénico, ca [filoxéniko, ka] 形《生物》系統発生[論]の
filogenista [filoxenísta] 形 名 系統発生学者[の]
filogermánico, ca [filoxermániko, ka] 形 名 ドイツ好きの[人], ドイツびいきの[人]
filoide [filóiðe] 形《医学》tumor ~ 葉状腫瘍
filología [filoloxía] 女《←*filólogo*》❶ 語学: ~ románica ロマンス語学. ❷ 文献学の手法. ❸ 言語学: Facultad de *F*~〔言語〕文学部
filológicamente [filolóxikaménte] 副 文献学の原則に従って
filológico, ca [filolóxiko, ka] 形《文献学の; 言語学の
filólogo, ga [filólogo, ga]《←ギリシア語 *philologos* < *phileo*「私は愛する」+*logos*「教養」》名 文献学者; 言語研究者
filomanía [filomanía] 女 葉の異常繁茂
filomaoísta [filomaoísta] 形 毛沢東思想に傾倒した, 毛沢東主義支持の
filomela [filoméla]《←《ギリシア神話》*Filomela*(アテナイ王 *Pandion* の娘, 神々によってサヨナキドリに変えられた)》女《詩語》サヨナキドリ(小夜鳴き鳥), ナイチンゲール《=ruiseñor》
filomena [filoména] 女 =filomela
filón [filón]《←仏語 *filon* < file「列」》男 ❶ 鉱脈, 鉱層, 鉱床: descubrir un ~ de plata 銀鉱脈を発見する. ❷ うまみのある分野〔取引, 職など〕: Ese negocio es un ~ para la compañía. その取引は会社にとってドル箱だ
filoniano, na [filonjáno, na] 形 鉱脈の
filonio [filónjo] 男《古語》蜜・アヘンなどで作った鎮静剤
filonita [filoníta] 女《鉱物》フィロナイト
filopluma [filoplúma] 女《鳥》毛状羽(¹), 糸状羽
filopos [filóps] 男 複《狩猟》[獲物を狩り立てる]布と綱の柵
filosa¹ [filósa] 女《植物》ヤッコソウ科の寄生植物《学名 *Cytinus hypocystus*》
filoseda [filoséða] 女 羊毛(木綿)を織り込んだ絹布
filosilicato [filosilikáto] 男《鉱物》フィロ珪酸塩
filoso, sa² [filóso, sa] 形 ❶ 刃のある, 鋭い. ❷《メキシコ, ラプラタ. 口語》[刃の]鋭い; [批評などが]辛辣な. ❸《メキシコ》素質(才能)のある. ❹《中米, コロンビア》飢えた, 腹を空かした
filosofador, ra [filosofaðór, ra] 形 名《軽蔑》哲学する[人], 哲学好きな[人]
filosofal [filosofál] 形《古語》哲学の
filosofante [filosofánte] 形《まれ》思索を巡らす
filosofar [filosofár]《←ラテン語 *philosopheo*》自 ❶ 思索を巡らす, 哲学的に考察する. ❷《軽蔑》[深遠なことのように・熟考したように装って]考えを述べる
filosofastro, tra [filosofástro, tra] 名《軽蔑》えせ(へぼ)哲学者, 哲学者ぶる人
filosofema [filosoféma] 女 哲学的な言明
filosofía [filosofía]《←filo-+ギリシア語 *sophia*「科学, 知識」》女 ❶ 哲学; 哲学体系: ~ griega ギリシア哲学. ~ de Descartes デカルト哲学. ❷ [学問分野の]哲理, 原理: ~ de la historia 歴史哲学. ~ del derecho 法哲学. ~ moral 道徳学, 倫理学. ~ natural 自然哲学. ❸ [大学の]哲学部: Facultad de *F*~ y Letras〔哲〕文学部. ❹ 人生観, 世界観; [個人の]行動原理, 主義: Es mi ~ de vida. これが私の人生哲学だ. ❺ 達観, 不愉快なことにも冷静に耐えること. 不屈の意志: ver las cosas con ~ 物事を達観する. aceptar las desgracias con mucha ~ 泰然自若として不幸を受けとめる
filosóficamente [filosófikaménte] 副 ❶ 哲学的に; 哲学上の. ❷ 達観して, 冷静に
filosófico, ca [filosófiko, ka] 形 ❶ 哲学の: sistema ~ 哲学体系. teatro ~ 哲学劇. ❷ 哲学的な; 達観した: pensamiento ~ 哲学的思考
filosofismo [filosofísmo] 男《軽蔑》えせ哲学; 哲学の乱用
filósofo, fa [filósofo, fa]《←ギリシア語 *philosophos*》名 ❶[哲学体系を作り上げた]哲学者: Descartes es el primer ~ racionalista de la era moderna. デカルトは近代における最初の合理主義哲学者だ. ❷ [高潔・質素な隠遁生活をおくる]哲人, 達観した人
filosoviético, ca [filosobjétiko, ka] 形 名 ソビエト[的なもの]に傾倒した[人]
filotecnia [filotéknja] 女 技芸尊重(優先), 技法への執着: la ~, amor al arte de curar 技法尊重, 治療技術への愛着
filoterapia [filoterápja] 女 植物の葉を用いた治療
filotráquea [filotrákea] 女《動物》[クモ類の]肺書
filoxera [filo(k)séra] 女《昆虫》フィロキセラ, ブドウネアブラムシ《=~ de la vid》; それによるブドウの木の病気. ❷《口語》酔い, 酩酊, 泥酔
filoxérico, ca [filo(k)sériko, ka] 形《昆虫》フィロキセラの
filtrable [filtráble] 形 ❶ 濾過され得る. ❷《菌に》濾過性の
filtración [filtraθjón] 女 ❶ 濾過(作用); 浸透: ~ de aceite 油のしみ込み. ❷ [金・情報・有効票などの]流出, 漏洩: ~ de información 情報の漏洩. ❸ 漏洩機密, リーク情報
filtrado [filtráðo] 男 ❶ 濾過. ❷《解剖》濾過液
filtrador, ra [filtraðór, ra] 形 濾過する: lente ~*ra* de los rayos ultravioletas 紫外線透過レンズ
── 男 濾過器, 濾過装置
filtraje [filtráxe] 男 濾過
filtrante [filtránte] 形 濾過する, フィルターの役目をする
── 男《ペルー》ティーバッグ
filtrar [filtrár]《←*filtro* I》他 ❶ 濾過(⁻)する, フィルターにかける: ~ el agua 水をこす. ❷[光・液体などを]かすかに通す, 浸透させる: Estos zapatos gastados *filtran* el agua. この靴は水がしみ込む. ❸ [秘密を]漏らす, リークする
── 自 ❶ [液体が固体に]しみ込む: Viene *filtrando* la sangre en el vendaje. 包帯に血がにじんできた. ❷ [考えなどが]徐々に浸透する
── ~*se* ❶ 漏れ出る, にじみ出る: La luz *se filtra* a través de las cortinas. カーテン越しに光が入っている. Algunos rayos de sol *se filtraban* entre las nubes. 雲間から幾筋かの日の光が漏れていた. ❷ [機密などが]漏洩する: La información *se ha filtrado* a la prensa. 情報がマスコミに漏れた. ❸ [金・財産などが]漏失する, 雲散霧消する: Por sustracción *se han filtrado* los beneficios. 横領によって利益が消えてしまった
filtro [filtro] I《←俗ラテン語 *filtrum*「フェルト」》男 ❶ フィルター, 濾過器, 濾過装置: café de ~ フィルターでいれたコーヒー. cigarrillo con ~ フィルター付きのたばこ. crema con ~ solar 日焼け止めクリーム. papel [de] ~ 濾紙. ~ de aceite オイルフィルター. ~ de aire エアフィルター, エアクリーナー, 空気清浄装置. ❷《電気》濾波器. ❸《光学》濾光器: poner el ~ a la cámara カメラにフィルターをつける. ❹《情報》~ de contenido フィルタリング, 有害サイトアクセス制限. ❺ [人・物の]選別方法. ❻ [海岸・海中に湧き出る]淡水泉
II《←ギリシア語 *philtron* < *phileo*「私は愛する」》男 ❶《文語》惚れ薬, 媚薬. ❷《解剖》人中(‍); [上唇と鼻の間の溝]
filudo, da [filúðo, da] 形《中南米》鋭い, 鋭利な
fílum [fílun] 男《生物》門《=filo II》
filustre [filústre] 男《口語》優美, 優雅, 上品
filván [filbán] 男《刃先の》まくれ
fimbria [fímbrja] 女 ❶ ロングドレスの裾. ❷ 裾飾り, 縁飾り
fímico, ca [fímiko, ka] 形《医学》結核の《=tuberculoso》
fimo [fímo] 男 ❶[動物の]糞(⁽)《=estiércol》; 堆肥. ❷《地方語》泥土《=cieno》
fimosis [fimósis] 女《医学》包茎
fin [fín]《←ラテン語 *finis*「限界, 終わり」》男 ❶ [期間・時間の]終わり, 最後, 末《⇔principio》: Estamos al ~ de la era indus-

finado, da

trial. 今は産業時代の末だ. celebrar el ~ del milenio ミレニアムを祝う. al ~ de año 年末に. hacia ~es de la semana 金曜から週末にかけて. ~ de una época 一時代の終わり. ❷ [行為・出来事の] 最終部, 終了: La guerra ha tenido un principio, pero aún no se le ve el ~. 戦争は始まったが, 終わりは見えない. luchar hasta el ~ 最後まで戦う. ~ de la guerra 終戦. ~ de la Guerra Fría 冷戦の終結. ~ de fiesta 締めくくりの演物 (🈡). Hasta el ~ nadie es dichoso. 《諺》 事は最後まで分からない(注意が必要だ). ❸ [物語・手紙・書類などの] 末尾, 結末: Ya he llegado al ~ de la novela. やっと小説の最後まで来た. ❹ 最期; 死: tener un triste ~ 悲しい最期を遂げる. ~ del Imperio Romano ローマ帝国の最期. ❺ 《映画》《表示》終, 完. ❻ 目的, 意図, 狙い: Ese es su ~. それが彼の目的だ. El deseo es un ~ en sí mismo. 欲望はそれ自体が目的である. Tiene como ~ difundir nuestra música peruana. それは私たちのペルー音楽を普及させることを目的としている. conseguir el ~ 目的を達する. con buen ~ 善意で. con ~es experimentales 実験的に. con ~es pedagógicos 教育目的で. para ese ~ その目的で, そのために. ~ es múltiples 多目的の. ~ último 最終目的. El ~ justifica los medios. 《諺》 目的のためには手段を選ばない/目的は手段を正当化する. ❼ [長い物の] 端, 末端: ~ de la cuerda ロープの先

a cuyo ~ =a tal ~

a ~ de+週・月・年・世紀 =a ~es de+週・月・年・世紀: El alquiler lo pago *a* ~ *de* mes. 家賃は月末に払います

a ~ de+不定詞・*que*+接続法 …の目的で, …するために, …するように: Me callé *a* ~ *de* evitar el disgusto. いざこざを避けたいため私は黙っていた. Fue a Madrid *a* ~ *de que* examinaran su obra. 彼は作品を審査してもらうためにマドリードへ行った

a ~ de cuentas =al ~ y al cabo: *A* ~ *de cuentas* es lo mismo. 結局同じことだ

a ~es de+週・月・年・世紀 …の末に, …の終わりごろに: *a* ~*es del* último año 昨年末に. *a* ~*es de* julio 7月下旬に

a tal ~ そのために, そのような目的で

al ~ 最後に, 最後には, ついに, とうとう, やっと 【→por ~】 [類義]: Me he quedado solo, *al* ~.—dijo él. とうとう一人ぼっちになってしまった, と彼は言った. *Al* ~ salió bien el proyecto. とうとう計画は成功した. *Al* ~ se canta la gloria. 《諺》 物事の成否は最後まで分からない

al ~ y al cabo [正当化・口実・根拠] 要するに, 結局, とどのつまり; いずれにしろ, どうせ: *Al* ~ *y al cabo* yo os creo. 私は結局は君たちを信じる. Ella es muy japonesa, *al* ~ *y al cabo* su madre es japonesa. 彼女はとても日本人的だが, それというのも母親が日本人だからだ

al ~ y a la postre =al ~ y al cabo: No cabe negociación; *al* ~ *y a la postre* esa es la decisión definitiva. 話し合いの余地はない. つまるところ, それは最終決定なのだ

con el ~ de+不定詞・*que*+接続法 …する目的で, …するために, …するように: *Con el* ~ *de* publicar el libro dentro de dos meses, el editorial ha pagado al autor el doble de lo prometido. 本を2か月以内に刊行するために, 出版社は著者に約束の2倍支払った. Si se aleja de casa, deje mensajes escritos en lugares bien visibles, *con el* ~ *de que* los demás sepan cómo se encuentra la familia y dónde localizarla. 家を離れるなら, 家族がどこにいるか分かり居場所を見つけられるように, メッセージを書いて見えるところに残しなさい. *con el* único ~ *de*+不定詞 …するためにだけ

dar a ~ 終わる

dar ~ a... =poner ~ a...: Aquí daremos ~ *al* estudio de hoy. 今日の勉強はここまでにしよう

dar ~ de... 1) …を消費し尽くす: *Dieron* ~ *de* la comida en diez minutos. 彼らは10分で食事を平らげてしまった. 2) 全滅させる; [人を] 殺す

el ~ del mundo 1) 世界の果て: ir hasta *el* ~ *del mundo* 地の果てまで行く. viaje *al* ~ *del mundo* 地の果てへの旅. 2) 終末, この世の終わり: Ha dicho que *el* ~ *del mundo* está cerca. 世界の終末は近いと言う

en ~ [de cuentas] 要するに, 結局のところ: No exageres, pero en ~, te escucho. 大げさに言わないでくれ, 結局は［ちゃんと］君の話を聞いているよ

¡Fin! もうたくさんだ！

~ de semana 1) 週末［の休暇］《土曜日と日曜日》: Se venderá próximo ~ *de semana*. それは来週末に発売されるだろう. Todos los ~*es de semana* tenía que pasar la aspiradora y lavar mi ropa interior. 私は毎週末掃除機をかけ下着を洗濯しなければならなかった. Gozamos de un ~ *de semana* inolvidable. 私たちは忘れられない週末を過ごした. 2) 週末旅行: ir de ~ *de semana* 週末旅行に行く. 3) 《西》 [婦人用の] 小型のスーツケース

llegar a su ~ 終わりに至る, 終わる: Este cuento *llegará a su* ~ el próximo domingo. この物語は来週の日曜日に完結する

poner ~ a... …を終わらせる: Hay que *poner* ~ *a* la vieja enemistad entre las dos naciones. 両国の長年の敵対関係に終止符を打たなければならない. La voz de Susana *puso* ~ *al* diálogo y todos se dispusieron a comer. スサナの一声で話にけりがつき, みんな食事に取りかかった. Con una daga *puso* ~ a su vida. 彼は短剣で自らの命を終わらせた

por ~ 最後には, ついに, やっと 【[類義] al fin】より思い入れが強い】: Ganó por ~ la batalla. 彼はついに戦いに勝利した. *Por* ~ llegamos a la cima. 私たちはとうとう頂上にたどり着いた

sin ~ 1) 無数の, 数限りない; 果てしない: Tengo un *sin* ~ de recuerdos que me los guardo en mi corazón. 私は数限りない思い出を胸に抱いている. historia *sin* ~ 止めどのない話. lucha *sin* ~ 果てしない戦い. viaje *sin* ~ 果てしない旅. 2) 《技術》エンドレスの: cinta *sin* ~ エンドレステープ. correa *sin* ~ 継ぎ目なしベルト

tener ~ 終わる: Los buenos tiempos *han tenido* ~. 良き時代は去った

tocar a su ~ 終わりになる, 終わる

a la fin [まれ] **=al fin**

al ~ del mundo =el ~ del mundo

finado, da [fináðo, ða] 形 故…: gran retrato del ~ presidente 故大統領の大きな肖像

—— 名 ❶ 《文語》死人 [=difunto]: velar al ~ 故人の通夜を行う. datos bibliográficos del ~ 故人の著書文献一覧. ❷ 《メキシコ, キューバ》día de [los F~s 死者の日 [=día de [los] Difuntos]

final [finál] [←ラテン語 finalis] 形 ❶ [完結を表わして] 最後の, 最終の; 究極の; 末端の: dar el toque ~ 最後の仕上げをする. con el esfuerzo ~ 最後の力を振り絞って. capítulo ~ 最終章. parada ~ 終点, 終着駅. causa ~ 究極的原因. precio ~ de venta 末端価格. ❷ 最終的な, 確定的な, 変更不可能な: Ella lloró, él lloró, pero la decisión era ~. 彼女は泣いた, 彼も泣いた. しかし決定は変更不能だった. dibujo ~ 完成図. eliminatoria ~ 最終予選. solución ~ 最終的な解決. votación ~ 決戦投票. ❸ 《文法》目的を表わす: conjunción ~ 目的を表わす接続詞 [例] para que, con el fin de que など]. oración ~ 目的節

—— 男 ❶ 終わり, 最後; [時期の] 末 [=fin. ⇔comienzo]: Hazlo hasta el ~. 最後までやれ. Decidí quedarme hasta ~es de mes. 私は月末まで滞在することにした. desde ~es de abril 4月の末から. ❷ 結末: La película tiene un ~ feliz. その映画はハッピーエンドで終わる. presentir un triste ~ 悲しい結末を予感する. ❸ 《音楽》終楽章, 終曲; 《演劇》フィナーレ. ❹ 終点, 末端: El cuarto de baño está al ~ del pasillo. トイレは廊下の端にある. ~ de la carretera 高速道路の終点

a ~ de+時 **=a ~es de**+時

a ~es de+時 …の終わりごろに, 末に: *a* ~*es de los años 70* 70年代の末に. *a* ~*es de* mes 月末に. *a* ~*es del* mes pasado 先月の終わりごろに

al ~ 最後に; 最後には, 結局: *Al* ~ a nadie le importa nadie. 最後には誰もが誰でもいいのだ. De todas formas, *al* ~ acabarán por enterarse. いずれにせよ, 結局は知られてしまうだろう. A la muerte de la esposa del escritor le llevó a la depresión y, *al* ~, al suicidio. 妻の死はその作家を鬱病に陥れ, ついには自殺へと追い込んでしまった

día del ~ 最後の審判の日 [=día del juicio]

estar al ~ de la calle 1) 通りの突き当たりにある. 2) 十分である; 問題は解決済みである

—— 女 《スポーツなど》決勝戦, 優勝決定戦: jugar la ~ 決勝 [戦] で戦う. llegar a la ~ 決勝に出場する

finalidad [finaliđá(đ)] 〖←ラテン語 finalitas, -atis < finis〗 [女] 目的, 意図: Tiene como ～ primordial garantizar la independencia del país. それは国の独立を保証することを第一の目的としている. tener por ～+不定詞 …することを目的としている. con la ～ de+不定詞 …する目的で, …するために
finalísima [finalísima] [女] 《西》 決勝戦; [コンクールの] 最終審査
finalismo [finalísmo] [男] 《哲学》 目的因論
finalista [finalísta] [形] [名] ❶ [競技・コンクールの] 決勝に進出する〔人〕; 最終選考に残った〔人〕, 受賞候補者〔の〕, ファイナリスト〔の〕: El premio se repartirá entre los dos ～s. 賞金は最優秀者2人に分配されることになる. quedar ～ 決勝に残る. equipo ～ 決勝進出チーム. obras ～s del Premio Nacional de Literatura 国民文学賞の最終候補作品. ❷《哲学》 目的因論の(論者)
finalístico, ca [finalístiko, ka] [形] ❶ 目的に関する. ❷《哲学》 目的因論の
finalización [finaliθaθjón] [女] 終えること, 終了, 終結; 決着
finalizador [finaliθađór] [男] [食用の家畜を] 短期間に太らせるための化学物質, 成長促進剤
finalizar [finaliθár] 〖←final〗 [9] [他] 《文語》 終わらせる: El Presidente *finalizó* su gira. 大統領は遊説を終えた. ～ el trabajo 仕事を終わらせる
—— [自] ❶ 終わる, 終了する: *Finalizó* la Segunda Guerra Mundial en 1945. 第二次世界大戦は1945年に終結した. La reunión *finalizó* apenas diez minutos más tarde. 会議はわずか10分後に終了した. ❷ 期限に達する, 満了する: El plazo de presentación *finaliza* el 15 de octubre. 提出期限は10月15日で切れる. ❸ [+con で] 終わる, 最後が…になる: ～ *con* éxito 成功裡に終わる
finalmente [finálménte] [副] ❶ 最後に, 終わりに, 結論として. ❷ ついに, 結局: En ninguno de los dos casos se cambió nada ～. どちらのケースでも最終的には何も変わらなかった
finamente [fínaménte] [副] 上品に, 品よく, 洗練されたやり方で
finamiento [finamjénto] [男] 《廃語》 死亡
financiable [finanθjáble] [形] 融資され得る
financiación [finanθjaθjón] [女] 融資, 資金調達; 資金ぐり: ～ comercial 企業金融 〖調達された資金の帰属によって, 内部金融 ～ interna と外部金融 ～ externa に分かれる〗. ～ con (mediante) déficit [有効需要の水準を維持して完全雇用を達成するための] 積極的財政政策, 赤字財政政策. ～ externa 資金の外部(外国からの) 調達; 《経済》 [株式や社債の発行・銀行信用などによる] 外部金融. ～ por proyecto [当該事業が生む将来の利益を担保にした] プロジェクトファイナンス
financiador, ra [finanθjađór, ra] [名] 出資者, 資金援助者
financiamiento [finanθjamjénto] [男] =**financiación**
financiar [finanθjár] 〖←仏語 financer〗 [10] [他] …に融資する, 出資する; 金を出す: El Gobierno *financió* por más de 10 millones de pesos a fábricas de alimentos. 政府は食品工場に1千万ペソ以上出資した. Las ganancias *financiarán* obras sociales. 利益は社会事業費に回されることになる. ～ un partido político 政党に献金する
financiero, ra [finanθjéro, ra] 〖←financiar〗 [形] ❶ 財政〔上〕の: caer en dificultades ～*ras* 経営(資金)難に陥る. asuntos ～*s* 財務. ciencia ～*ra* 財政学. círculos ～*s* 財界. costos ～*s* 資金コスト. crisis ～*ra* 財政危機. política ～*ra* 財政政策. situación ～*ra* 財政状態; 経営状態. ❷ 金融の: activos ～*s* 金融資産. capital ～ 金融資本. entidad ～*ra* 金融機関. pánico ～ 金融恐慌
a la ～ra [料理の付け合わせが] キノコ・トリュフ・子牛肉・鳥のとさか・腎臓・オリーブなどの
—— [名] ❶ 財務家, 財政家. ❷ 財界人, 銀行家, 金融業者
—— [男] 《菓子》 フィナンシェ 〖チョコレートでコーティングしたアーモンドまたはココナッツ粉のケーキ〗
—— [女] [複] [親会社が割賦販売した商品を主たる対象とする] 金融会社, ファイナンス会社
financista [finanθísta] [名] 《中南米》 ❶ =**financiero**. ❷ [無担保で企業活動などを援助する] 篤志家
finanzas [finánθas] 〖←仏語 finance〗 [女] [複] ❶ 財政, 財務 〖=～ públicas〗; 国家財政 〖=hacienda pública, ～ nacionales〗: ～ deficitarias 赤字財政. ❷ [個人の] 資力, 財力; 資産, 財産; 財源. ❸ 金融: altas ～ 大銀行; 高度な(錯綜した)金融取引. mundo de las ～ 財界, 金融業界. ❹ 金融論; [フランスなどでは] 財政学
hombre de ～ 財政家, 財務家; 金融業者
finar [finár] 〖←fin〗 [自] 《文語》 ❶ [人が] 死ぬ. ❷ [催しなどが] 終わる
—— **～se** 《まれ》 [何かを求めて] 身を焦がす, 憔悴する; 切望する
finasangre [finasáŋgre] [名] 《チリ》 サラブレッド 〖=purasangre〗
finca [fíŋka] 〖←古語 fincar「滞在する, 残る」< 俗ラテン語 figicare < ラテン語 figere「固定する」〗 [女] ❶ [田舎・都会の] 地所, 不動産; 農場, 農園: Tiene unas ～*s* en Andalucía. 彼はアンダルシアに地所をいくつか持っている. tener una ～ de olivo オリーブ畑を持っている. ～ de recreo [広い土地付きの] 別荘. ～ azucarera 砂糖プランテーション. ～ rústica [市街化が抑制されている地域で] 上物付きの農場. ～ urbana 市中(市街化が可能な地域)の農場. ❷《中南米》 [広い土地付きの] 別荘. ❸《中米》 コーヒー農園. ❹《コロンビア》 宝石, 宝飾品. ❺《アンデス》 ～ raíz 不動産, 土地建物
¡Buena ～! 《口語》 それは眉唾だ!
fincabilidad [fiŋkabiliđá(đ)] [女] [かつて銀行が信用供与の基準にした] 個人所有の不動産
fincar [fiŋkár] [7] [自]・**～se** ❶ 地所(不動産)を買う. ❷《古語》 留まる. ❸《メキシコ》 家を建てる
—— [他] ❶《古語》 打ち込む 〖=hincar〗. ❷《チリ》 定住させる 〖=afincar〗
finchado, da [fintʃáđo, đa] [形] 《軽蔑》 [滑稽なほど] うぬぼれた, 思い上がった
finchamiento [fintʃamjénto] [男] 《軽蔑》 うぬぼれ, 思い上がり
finchar [fintʃár] [他] 《古語》 ふくらませる 〖=hinchar〗
—— **～se** 《軽蔑》 うぬぼれる, 思い上がる
finés, sa [finés, sa] [形] [名] ❶《国名》 フィンランド〔人・語〕の; フィンランド人 〖=finlandés〗. ❷《歴史》 フィン族の; フィン人
—— [男] ❶ フィンランド語 〖=finlandés〗. ❷ フィン・ウゴル語派
fineta [finéta] [女] 薄手で目の詰んだ綾織り綿布
fineza [finéθa] 〖←fino〗 [女] ❶ 上品さ, 礼儀正しさ: ～ del porte 物腰の上品さ. ❷ [愛情・友情を示す] 優しい言葉(態度): tener (gastar) ～ con+人 …に優しくする. ❸ [心づかいを感じさせる] 贈り物. ❹《まれ》 繊細さ
finfano [finfáno] [男] 《エストレマドゥラ》 蚊
finger [fíŋgɛr] 〖←英語〗 [男] [空港の] フィンガー
fingidamente [fiŋxíđaménte] [副] うわべだけで, ごまかして, 偽って
fingido, da [fiŋxíđo, đa] [形] 偽りの, 見せかけの: Salimos de allí con ～*da* serenidad. 私たちは平静を装ってそこから出て行った. ～*da* familiaridad わざとらしいなれなれしさ
fingidor, ra [fiŋxiđór, ra] [形] ふりをする, 見せかける
fingimiento [fiŋximjénto] [男] 偽り, 見せかけ, 偽装: Esas muestras de alegría son puro ～. あんなに喜んで見せているのは全くの見せかけだ
fingir [fiŋxír] 〖←ラテン語 fingere〗 [4] [他] ❶ …のふりをする, …を装う, …であると見せかける: 1) *Fingí* un encuentro causal. 私は偶然出会ったかのようなふりをした. Hacía meses que *fingíamos* indiferencia el uno por el otro. 数か月前から私たちは互いに無関心を装っていた. ～ alegría 喜んでいるふりをする. ～ muerte 死んだふりをする. ～ sorpresa 驚いたふりをする. ～ una enfermedad 仮病を使う. 2) [+不定詞・que+直説法] *Fingió* escuchar. 彼は聞いているふりをした. *Fingió* no comprender mi portugués. 彼は私のポルトガル語が分からないふりをした. Lo ignoraba o *fingía* ignorarlo. 彼はそれを知らなかったか, あるいは知らないふりをしていた. *Fingí que* seguía desvanecido. 私は気を失ったままのふりをした. La gente *fingía que* nada había sucedido. 人々は何事も起きなかったかのように装っていた. ❷ [仮想のものを] 作り上げる: ～ paisajes fantásticos en el escenario 幻想的な舞台効果を出す
—— [自] とぼける, 偽る, ごまかす: El problema no se resuelve *fingiendo*. ごまかしても問題は解決しない
—— **～se** [+主格補語 の] ふりをする: La niña está *fingiéndose* dormida. 女の子はたぬき寝入りをしている. *Se fingió* enfermo por no acudir a la cita. 彼はデートをすっぽかすために仮病を使った. ～*se* amigo 友人のふりをする; 味方を装う
finible [finíble] [形] 《文学》 終わりある, 終わるべき
finiglacial [finiglaθjál] [女] 《地質》 最終氷河期
finiquitar [finikitár] 〖←fin+quitar〗 [他] ❶《商業》 清算する, 決済する; 完済する: ～ sus deudas 借金を残らず返済する. ❷ 終わ

F

らせる, 結着をつける: ~ un asunto 用件を片付ける. ~ una disputa 争いに結着をつける. ❸［所定の手続き・支払いを済ませて雇用関係を］解消する. ❹《口語》殺す

finiquito [finikíto]《←finiquitar》男 ❶ 清算, 決済; 完済: dar ~ a una cuenta 勘定を清算する. fecha del ~ 清算日. ❷ 清算確認書. ❸ 退職金, 解雇手当: cobrar el ~ 退職金を受取る. ❹ 解雇通知［書］;［雇用契約の］解約合意書

finir [finír] 自《古語》終わる, 終結する《=finalizar》
──《コロンビア, ベネズエラ, チリ》終わらせる《=terminar》

finisecular [finisekulár] 形 世紀末の, 世紀末的な

finisterrano, na [finisteRáno, na] 形《地名》フィニステレ岬 Finisterre の［人］《ラ・コルーニャ県. 古代人はここを世界の最西端と考えた》

finisterre [finistéRe] 男《文語》最果ての地

finítimo, ma [finítimo, ma] 形《まれ》［田畑・地域などが］隣接する, 境界を接する

finito, ta [finíto, ta]《←ラテン語 finitus「範囲が限定された」》形 ❶ 有限の: ¿Es el espacio ~? スペースの制限はありますか? decimal ~ 有限小数. lo ~ 有限の本質. ❷《文法》定形の: forma ~ta del verbo 動詞の定形

finitud [finitúð] 女 有限性: ~ corporal del ser humano 人間の肉体の有限性

finlandés, sa [finlandés, sa] 形《国名》フィンランド Finlandia［人・語］の; フィンランド人
──男 フィンランド語

finlandización [finlandiθaθjón] 女《古語的. 政治》フィンランド化

finlandizar [finlandiθár] 他 ~se《古語的. 政治》フィンランド化する《大国の圧力により中立政策をとる》

finn [fín] 男《圏 ~s》《船舶》フィン《一人乗りのヨット》

fino, na [fíno, na]《←fin「最上, 完璧さ」》形［名詞+/+名詞］ ❶［良い意味で］細かい, 小粒の; 細かな砂. dibujos ~s 細かい模様. lija fina 目の細かいサンドペーパー. lluvia fina 細かい雨, こぬか雨. ❷ 細い, 薄い《⇔grueso, espeso》: brazos y piernas finas 細い腕と脚. cabellos ~s 細い髪の毛. cintura fina ほっそりしたウエスト. hilo ~ 細い糸. línea fina 細線. manos finas きゃしゃな手, 指の細長いきれいな手. manta fina 薄手の毛布. papel ~ 薄い紙. punta fina de un lápiz 鉛筆の尖った先. ❸［人・作法・趣味などが］繊細な, 洗練された; 上品な: Eres una mujer fina, con clase. あなたは品格のある上品な女性だ. tener un gusto muy ~ 趣味がよい; 好みがうるさい. muebles ~s 趣味のよい家具, 繊細な家具. sitio ~ 上品な場所. ❹［表面が］滑らかな, ざらざらでない: manta de fina lana de alpaca アルパカの柔らかな毛の毛布. piel fina すべすべした肌. tela fina 手ざわりのよい布, 目のつんだ生地. ❺ 上質の;［金属で］純度の高い, 純粋な: pluma fina 上質の羽毛. zapatos ~s 上等な靴. oro ~ 純金. ❻ 鋭敏な: oído (olfato) ~ 鋭い聴覚（嗅覚）. ❼ 弱々しい, か細い: Tenía una voz fina. 彼女の声は か細かった. ❽ 熟達した, 抜け目のない: ~ ladrón 盗みの名人. ❾ 礼儀正しい; 親切な, よく気のつく: Es demasiado ~ con las mujeres. 彼は女性に対してばか丁寧だ（気をつかいすぎる）. ❿《皮肉》El jefe anda ~. 上司はすごく怒っている. Con tanto vino se puso ~. 彼は飲みすぎてだらしなくなっている. ser cosa fina 全くひどい. ⓫［シェリー酒で］辛口の, フィノの. ⓬《印刷》細字の. ⓭《技術》準宝石の: piedra fina 準宝石. ⓮《隠語》金持ちの《=~ de pelas》

hilar ~ 綿密に検討する; 細心の注意をもって扱う
pelarse de ~《口語》大変する賢い
por lo ~ 大変良く・良い
──男 フィノ《アンダルシア産のアルコール度の高い辛口の白ワイン・シェリー酒》

finolis [finólis] 形 名《単複同形》《軽蔑》お上品ぶった［人］, おしとやかぶった［人］

finoúgrio, gria [finoúgrjo, grja] 形 男《言語》フィン・ウゴル語派の［言語］

finquero, ra [fiŋkéro, ra] 名 農園経営者

finta [fínta] I 女《←ラテン語 fictum < fingere「ふりをする」》❶ ごまかしの仕草（動作）. ❷《スポーツ》フェイント, 陽動作戦: hacer una ~ a+人 …にフェイントをかける
irse con la ~《メキシコ》［見かけなどに］だまされる
II 女《歴史》［非常時に家臣が主君に納めた］上納

fintada [fintáða] 女《スポーツ》陽動プレイ

fintar [fintár] 他 自《スポーツ》フェイントをかける, 陽動プレイをする

fintear [fintear]《中南米》=**fintar**

finura [finúra]《←fino》女 ❶ 繊細さ, 精巧: ~ de análisis 分析の精緻さ. ~ de expresión 表現の巧みさ. ❷ 上品さ, 洗練; 礼儀正しさ: Saludó con ~ al doctor y a su hija. 彼は医師とその娘に礼儀正しく挨拶した. persona de ~ 上品な人. ~ y elegancia 上品さと優雅さ. ❸［糸の］細さ;［布の］薄さ. ❹ 細かい細工を施したもの

finústico, ca [finústiko, ka] 形《軽蔑》ばか丁寧な, ひどく上品ぶった

finustiquería [finustikería] 女《軽蔑》ばか丁寧さ, きざな上品さ

fiñana [fiɲána] 男 芒（ɤ̃）が黒いファンファロン小麦

fiñe [fíɲe] 形《キューバ. 口語》虚弱な, 弱々しい

fiofío [fjofío] 男《チリ. 鳥》シラギクタイランチョウ

fiord [fjór[d]] 男《圏 ~s》=**fiordo**

fiordo [fjórðo] 男《地理》フィヨルド, 峡湾

fique [fíke] 男《メキシコ, エクアドル, コロンビア, ベネズエラ. 植物》ヒガンバナ科の一種《繊維作物》; その繊維

firifirito, ta [firifiríto, ta]《ベネズエラ. 口語》やせっぽちの

firma [fírma]《←firmar》女 ❶ 署名, サイン《字, 行為. 類語 firma は書類へのサイン, 有名人・絵のサインは autógrafo》; 調印: Ponga su ~ aquí (en el papel). ここに（この書類に）サインして下さい. Este documento no lleva la ~. この書類には署名がない. El cheque tiene la ~ reconocida en el banco. その小切手のサインは銀行で確認済みだ. recoger ~s 署名を集める. dar a+人 una ~ en blanco …に白紙委任する. media ~ 姓だけの署名. ❷ 調印: fecha para la ~ del convenio 協定の調印日. ❸《集合》署名を要する書類. ❹ 会社, 商社《=~ comercial》: Son (Es) una ~ fuerte. そこは一流の企業だ. ❺［創作者の］独特のスタイル, 個性: El cuadro lleva la inconfundible de El Greco. その絵には紛れもなくエル・グレコの特徴が現われている. ❻ 著者, 執筆者, 作家. ❼《アラゴン》［裁判所による］所有権認定［書］. ❽《グアテマラ》よくない前歴のある人

buena (mala) ~［商取引で］信用のある（ない）人
dar la ~ a+人 …にビジネスを任せる, 経営（代表）権を譲る
de ~［作品の］著名作家の
echar una ~《口語》煖炉のおきを［火かき棒で］かきまぜる
llevar (tener) la ~ de...《商業》…を代表する, 企業の代表として署名できる

firmal [firmál] 男《古語》ブローチ形装身具

firmamento [firmaménto]《←ラテン語 firmamentum「支持, 基礎」》男 ❶《文語》［星の見える］天空, 夜空; 蒼穹: Desde la Tierra, el ~ tiene forma semiesférica. 地球から見ると空は半球形をしている. ❷《集合》［映画・音楽などの］スター: ~ cinematográfico 映画スターたち. ❸《古語》根拠, 論拠

firmán [firmán] 男［トルコにおける］スルタン sultán の勅令

firmante [firmánte] 形 署名する, 調印する: países ~s 調印国
──名 署名者; 調印者

firmar [firmár]《←ラテン語 firmare「断言する」》他 ❶ …に署名する; 調印する: España y Japón han firmado un convenio bilateral. スペインと日本は相互協定を結んだ. El capataz pagó a los jornaleros y estos firmaron un recibí. 現場監督は労働者たちに日当を払い, 領収書にサインをもらった. ~ un contrato 契約書にサインする. ❷ 断言する, 保証する《=afirmar》. ❸《アラゴン》［通常1年の］期間雇用契約を結ぶ
no estar para ~《口語》酔っぱらっている
──自［企業・スポーツチームなどの契約書に］署名する, 契約を結ぶ: El portero firmó por el equipo danés. そのゴールキーパーはデンマークのチームと契約した. ~ con el dedo 拇印を押す
── ~se［+補語. 自分のことを］…と署名する: Se firmó Taizan. 彼は泰山と署名した

firme [fírme]《←一俗ラテン語 firmis < firmus》形 ❶ しっかりした, ぐらつかない: 1) Esa mesa está ~. その机はしっかりしている. Se marchó del lugar con paso ~ y decidido. 彼はしっかりとした足取りでその場から立ち去った. pisar terreno ~ 大地を踏みしめる. con voz ~ しっかりした声で. base ~ しっかりした土台. empresa ~ 安定した企業. 2)［+de・en が］No está ~ de cintura. 彼は腰がふらついている. ❷［態度・意見などが］確固たる, 断固とした: Vamos a hacer una dieta más ~. もっと厳しいダイエットをすることにしよう. convicción ~ 確固とした

信念. prueba ～ 確固たる証拠. resolución ～ 断固とした決意. sentencia ～ 確定判決. voluntad ～ 断固とした意志. ❸《ペルー》すばらしい

estar en lo ～ 信念が揺るがない

¡F～s!《号令》気を付け!〖⇔descanso〗

mantenerse ～ 自分の立場を堅持する, 考えを貫く: Este hombre *se mantiene* ～ en su determinación. この男は決心を断固として変えない

pisar ～ 自在でしっかりした動きを見せる

poner ～〔***s***〕***a***+人［規律を守らせようと］…に厳しくのぞむ, ねじを巻く

ponerse ～〔***s***〕1) 気を付けの姿勢をとる. 2)《口語》［何も文句を言わず］命令に従う

tenerse ～［物が］まっすぐ立っている;［人が］自分の位置からしりぞかない, 確固たる思想(意見)を持つ〖=tenerse tieso〗

―― [副] しっかりと: estudiar ～ para aprobar los exámenes 試験に合格するようしっかりと勉強する

―― [男] ❶［舗装道路の］路面: ～ provisional［表示］仮舗装路面. ❷［固い］地面;［しっかりした］地盤. ❸［建物の］基礎; 基礎工事: ～ del suelo 捨石基礎. ❹《船舶》復元力の限度. ❺《ドミニカ》坂の頂上

de ～ 1) 強く: El viento soplaba *de* ～. 風が激しく吹いていた. llover *de* ～ 雨が強く降る. 2) 熱心に, 一所懸命に: Tendrá que trabajar *de* ～ esta semana. 今週はがんばって働かねばならないだろう. esforzarse *de* ～ 懸命に努力する. estudiar *de* ～ しっかりと勉強する. 3) 確かに, 確実に: saber *de* ～ 非常によく知っている

en ～ 1) 最終決定の, 確定的な・に: Déjame pensarlo y ya te contestaré *en* ～. 考えさせてくれたら, すぐに正式な返事をするよ. candidato *en* ～ 正式候補. oferta *en* ～ 確定申込み, ファームオファー. pedido *en* ～ 正式発注. 2)［市況が］安定した, 堅調の. 3)［契約が］一定条件の: venta *en* ～ 同一条件による販売

―― [女]《チリ》［la+］真実

dar la ～《コロンビア》尊大な態度を失わせる

firmemente [firmeménte] [副] 固く, しっかりと: creer ～ 確信している

firmeza [firméθa]〖←firme〗[女] ❶ 堅固さ, 揺るぎなさ: avanzar con ～ 着実に前進する. ❷ 確固, 堅固: actuar con ～ 断固とした態度で臨む. apoyar con ～ 強く支持する. ❸ アルゼンチンの民族舞踊の一種

―― [副]《チリ. 口語》固く

―― [形]《チリ. 口語》❶［estar+］断固としている. ❷［ser+. +para が］好きである

―― [名]《チリ. 戯語》特定の交際相手, 決まった恋人

firmón, na [firmón, na] [形] [名]［依頼主の書類に有料で］代署する〔人〕: abogado ～ 代署弁護士

firulete [firuléte]〖←ガリシア・ポルトガル語 ferolete < flor〗[男]［主に [複]］❶《主に南米》ごてごてした悪趣味な装飾. ❷《ラプラタ》［タンゴなどで］男性ダンサーが即興で踏む技巧的なステップ

fiscal [fiskál]〖←ラテン語 fiscalis〗[形] ❶ 国庫の, 財政上の: política (reforma) ～ 財政政策(改革). zona ～ 課税特例区域. ❷ 検事の. ❸《まれ》査察の, 監査の

―― [名]〖女性形 **fiscala** もある〗❶ 検事, 検察官: ～ general〔del Estado〕検事総長. *F*～ general de los Estados Unidos 米国の法務長官. ～ togado［軍法会議の］政府委員. ❷ 会計〔検査〕官: ～ de tasas 課税統制官. ❸ 口やかましい人, あら探しの好きな人. ❹《ボリビア, チリ》［田舎の礼拝堂の世話係で儀式進行と主任司祭の助手を務める］一般信徒

―― [男] ❶《中南米》［先住民の村でみんなに宗教的義務を守らせる］祭司. ❷《ベネズエラ》交通警察

fiscala [fiskála] [女] →**fiscal**

fiscalía [fiskalía]〖←fiscal〗[女] ❶ 検察庁, 検事局: *F*～ Suprema 最高検察庁. ❷ 検事の職務. ❸ 会計〔検査〕官の職務; その事務所

fiscalidad [fiskaliđá(đ)] [女] ❶ 税制; [集名] 税法令. ❷ 財政. ❸［国家予算を賄うための］財政収入. ❹《誤用》税, 税負担

fiscalismo [fiskalísmo] [男] 積極財政論, 財政主導

fiscalista [fiskalísta] [形] 積極財政論の, 財政主導型の

―― [名] 財政問題専門家

fiscalizable [fiskaliθáble] [形] 監査(査察)され得る; 監査(査察)されるべき

fiscalización [fiskaliθaθjón] [女] ❶ 検察;［税務署による］査察: ～ administrativa 行政査察. ❷［財政の］管理, 統制: ～ del cambio 為替管理. ～ del presupuesto 予算統制. ❸ あら探し

fiscalizador, ra [fiskaliθađór, ra] [形] [名] ❶ 検察の: ente ～ 検察機関. ❷ あら探しする〔人〕: ojo ～ 探るような目

fiscalizar [fiskaliθár]〖←fiscal〗[9] [他] ❶ 査察する, 監査する. ❷［他人の］あら探しをする: Déjate de ～ lo que hago. 私のすることにけちをつけるのはやめてくれ

fiscalmente [fiskálménte] [副] 税制に従って, 財政的に: gravado ～ 税制どおりに課税された. económica y ～ 経済的・財政的に

fisco [físko]〖←ラテン語 fiscus〗[男] ❶ 国庫,〔国家〕財政: declarar al ～ 税務署に申告する. defraudar el ～ 脱税する. ❷《ベネズエラ》計算上の銅貨〖=4分の1センターボ〗

un ～《地方語》少し〖=un poco〗

fiscorno [fiscórno] [男]《音楽》［サルダーナ sardana で用いる］コルネット

fisga [físga] [女] ❶［魚を突く］やす. ❷［皮肉などによる］からかい, あざけり. ❸《アストゥリアス》ヒトツブコムギのパン; 脱穀したヒトツブコムギの穀粒. ❹《メキシコ, グアテマラ. 闘牛》もり〖=banderilla〗

fisgador, ra [fisgađór, ra] [形] [名] ❶ 詮索する〔人〕, かぎ回る〔人〕. ❷ やすで漁をする〔人〕. ❸ からかう〔人〕

fisgar [fisgár]〖←?俗ラテン語 fixicare < figere < fixus「固定した」〗[8] [自] ❶《軽蔑》［+en を］詮索する, かぎ回る: ～ *en* los papeles ajenos 他人の書類をひっかき回す. Intenté ～ por qué discutían. 私は彼らが何を議論しているのかさぐり出そうとした. ❷ =～**se**

―― [他] ❶ 臭いをかぐ. ❷［魚を］やすで突く

―― ～**se**［+de を］当てつけてからかう, あざ笑う

fisgón, na [fisgón, na]〖←fisgar〗[形] [名]《軽蔑》❶ 詮索好きな〔人〕. ❷ 当てつけてからかうのが好きな〔人〕

fisgonear [fisgoneár] [自] [他]《軽蔑》いつも詮索する, かぎ回る

fisgoneo [fisgonéo] [男] 詮索, かぎ回ること

fisgonería [fisgonería] [女] 詮索好き

fisiatra [fisjátra] [名] 理学療法士〖=fisioterapeuta〗

fisiatría [fisjatría] [女] 理学療法〖=fisioterapia〗

fisiátrico, ca [fisjátriko, ka] [形] 理学療法の〖=fisioterapéutico〗

fisible [fisíble] [形]《物理》核分裂性の

física[1] [físika]〖←ラテン語 phisica < ギリシア語 physike〗[女] ❶ 物理学: ～ electrónica 電子物理学. ～ nuclear 原子物理学, 核物理学. ❷ [集名] 物理現象. ❸《口語》[複] 物理学士号. ❹《古語》医学

físicamente [físikaménte] [副] ❶ 身体で, 身体(肉体)的に: ¿Me parezco a mamá?—*F*～, sí, sois idénticas. 私はママ似?—身体的にはそうだ, 瓜二つだ. ❷ 全く本当に

físico, ca[2] [físiko, ka]〖←ラテン語 physicus「物理の」< ギリシア語 physikos < physis「自然」< phyo「私は生まれる, 芽が出る」〗❶ 物理的な; 物理学の: leyes ～*cas* 物理学の法則. química ～*ca* 物理化学. ❷ 物質の: ciencias ～*cas* 自然科学〖物理学と化学〗. mundo ～《哲学》物質界. ❸ 天然の, 自然界の: medio ～ 自然環境. ❹ 身体の, 肉体的な: Tu capacidad ～*ca* es mayor que la mía. 君の身体能力は私より高い. estar (encontrarse) en buena forma ～*ca*/gozar de buena forma ～*ca* 体調がよい, 好調である. hacer ejercicio ～ 運動をする. actividad ～*ca* 運動. aptitud ～*ca* 身体適性. aspecto ～ 容貌, 外見. educación (formación) ～*ca* 体育. fatiga ～*ca* 肉体的疲労. fuerza ～*ca* 体力. trabajo ～ 肉体労働. ❺ 形而下の. ❻《メキシコ, キューバ》学者ぶった. ❼《カリブ》気取った, 上品ぶった

―― [名] ❶ 物理学者: ～ nuclear 核物理学者. ❷《古語》医者〖=médico〗

―― [男] 体格, 体つき: Tiene un ～ excepcional. 彼は並外れた体つきだ. tener un buen ～ 格好(顔かたち)がよい. de ～ regular 美人ではない, 顔立ちが人並みの

fisicoculturismo [fisikokulturísmo] [男] =**culturismo**

fisicomatemático, ca [fisikomatemátiko, ka] [形] 物理数学の

fisicoquímico, ca [fisikokímiko, ka] [形] [女] 物理化学〔の〕

―― [名] 物理化学者

fisil [físil] [形] =**fisible**

fisilidad [fisiliđá(đ)] [女]《地質》剝離性, 裂開性

fisio [físjo] 名《口語》=**fisioterapeuta**
fisio- 《接頭辞》[自然] *fisio*terapia 理学療法
fisiocracia [fisjokráθja] 女 重農主義
fisiócrata [fisjókrata] 共 重農主義者
fisiocrático, ca [fisjokrátiko, ka] 形 重農主義の
fisioculturismo [fisjokulturísmo] 男 ボディービル〖=culturismo〗
fisioculturista [fisjokulturísta] 共 形 ボディービルの, ボディービルダー〖=culturista〗
fisiognomía [fisjoɡnomía] 女 人相学, 観相術
fisiognómico, ca [fisjoɡnómiko, ka] 形 人相学の
—— 女 =**fisiognomía**
fisiognomista [fisjoɡnomísta] 共 人相見, 観相家
fisiografía [fisjoɡrafía] 女 地文学, 自然地理学
fisiográfico, ca [fisjoɡráfiko, ka] 形 地文学の, 自然地理学の
fisiología [fisjoloxía] 女 ❶ 生理学. ❷ 集合 生理, 生理機能
fisiológicamente [fisjolóxikaménte] 副 生理学的に; 生理的に
fisiológico, ca [fisjolóxiko, ka] 形 ❶ 生理学の. ❷ 生理的な: atrofia ~*ca*《医学》生理的萎縮. suero ~/solución ~*ca* 生理〖的〗食塩水
fisiologismo [fisjoloxísmo] 男 病気は主要生理機能の障害によって起きるという説
fisiologista [fisjoloxísta] 共 =**fisiólogo**
fisiólogo, ga [fisjólogo, ga] 名 生理学者
fisión [fisjón] 女 ❶《物理》核分裂〖=~ nuclear〗. ❷《生物》分裂, 分体
fisionable [fisjonáble] 形 核分裂する, 核分裂性の
fisionar [fisjonár] 他 核分裂させる
—— ~se 核分裂する
fisonomía [fisonomía] 女 =**fisonomía**
fisonómico, ca [fisjonómiko, ka] 形 =**fisonómico**
fisiopatología [fisjopatoloxía] 女 生理病理学
fisiopatológico, ca [fisjopatolóxiko, ka] 形 生理病理学の
fisioterapeuta [fisjoterapéuta] 共 理学療法士
fisioterapéutico, ca [fisjoterapéutiko, ka] 形 理学療法の
fisioterapia [fisjoterápja] 女《医学》理学療法, 物理療法
fisioterápico, ca [fisjoterápiko, ka] 形 =**fisioterapéutico**
fisípedo, da [fisípeðo, ða] 形《動物》分趾の; 裂脚亜目の
—— 男 複《動物》裂脚亜目
fisiquear [fisikeár] 自〖エルサルバドル〗[人が] 外見を飾る, 着飾る
fisirrostro, tra [fisir̄óstro, tra] 形《鳥》嘴の深く裂けた〖ツバメなど〗
fisoclisto, ta [fisoklísto, ta] 形《魚》浮き袋と消化管が連絡していない
fisonomía [fisonomía] 女〖←ラテン語 physiognomia < ギリシア語 physis「自然」+gnomon「区別する, 精通した」〗❶ 人相, 顔立ち, 容貌: tener una ~ agradable 感じのよい顔つきをしている. ❷ 様子, 様相: ~ de la ciudad 町の姿
fisonómico, ca [fisonómiko, ka] 形 人相の, 顔立ちの: rasgos ~*s* 顔の特徴
fisonomista [fisonomísta] 形 名 ❶ 他人の顔をよく覚えている〖人〗: Soy muy mal ~. 私は人の顔がよく覚えられない. ❷ 人相見, 観相家: hacer de ~ 人相見をする
fisónomo, ma [fisónomo, ma] 名 =**fisonomista**
fisostigmina [fisɔstiɡmína] 女《薬学》フィソスチグミン
fisóstomo, ma [fisóstomo, ma] 形《魚》喉鰾類の
—— 男 複《魚》喉鰾(こうひょう)類
fisotórax [fisotóra(k)s] 男《医学》=**neumotórax**
fistol [fistól] 男 ❶〖まれ〗[ゲームなどで] ずるい男, 抜け目のない男. ❷〖メキシコ〗ネクタイピン
fistra [fístra] 女《植物》イトバドクゼリモドキ〖=ameos〗
fístula [fístula] 女 ❶《医学》瘻(ろう), フィステル; 瘻管: ~ anal 痔瘻. ~ lacrimal 涙腺瘻. ❷ 管, パイプ. ❸《音楽》〖フルートに似た〗笛
fistulación [fistulaθjón] 女 =**fistulización**
fistular [fistulár] 形 ❶ 瘻状の, 筒形の. ❷《医学》瘻の, 瘻性の
—— 他〖潰瘍を〗瘻管(瘻孔)化させる
—— ~se 瘻管(瘻孔)化する
fistulización [fistuliθajón] 女《医学》瘻管(瘻孔)形成
fistulografía [fistulografía] 女 瘻のX線検査

fistuloso, sa [fistulóso, sa] 形 ❶《医学》瘻のような, 瘻性の. ❷《植》[茎が] 中空の
fisuelo [fiswélo] 男《地方語》小麦粉・卵・砂糖を練ってフライパンで焼いた菓子
fisura [fisúra]〖←ラテン語 fissura〗❶《文語》裂け目, 割れ目: Hay ~s en la pared. 壁にひびが入っている. ❷《医学》1)〖骨などの〗亀裂: ~ de cráneo 頭蓋骨折. 2) ~ anal/~ del ano 裂肛(れっこう). ❸《地質》〖岩石中の〗裂罅(れっか). ❹《一体・緊密に見えるものの》断絶, 絶交: apoyo sin ~s 揺るぎない支持
fisuramiento [fisuramjénto] 男 亀裂
fisurar [fisurár] ~se 裂け目〖割れ目〗が入る
fitiatría [fitjatría] 女 植物病害研究
fitness [fítnes]〖←英語〗男 フィットネス
fito-《接頭辞》[植物] *fitó*fago 植物食の
-fito, ta《接尾辞》[植物] haló*fito* 塩生植物
fitobiología [fitobjoloxía] 女 植物生物学
fitocenosis [fitoθenósis] 女 植物共同体, 全層〖植物〗群落
fitocida [fitoθíða] 形 植物を枯死させる; 殺植剤
fitocromo [fitokrómo] 男 フィトクロム, 植物色素蛋白質
fitoecología [fitoekoloxía] 女 植物環境学
fitoestrógeno [fitoestróxeno] 男《生化》植物性エストロゲン
fitófago, ga [fitófaɡo, ɡa] 形《動物》植食性の
fitofarmacia [fitofarmáθja] 女 植物用薬剤研究
fitofármaco [fitofármako] 男 植物用薬剤
fitofenología [fitofenoloxía] 女 植物季節学
fitofilo, la [fitofílo, la] 形《動物》植物に逃げ込む(生息する)
fitoflagelado [fitoflaxeláðo] 男 鞭毛藻類
fitogenético, ca [fitoxenétiko, ka] 形 植物発生の
fitogénico, ca [fitoxéniko, ka] 形《地質》植物発生の, 植物性の
fitogeografía [fitoxeoɡrafía] 女 植物地理学
fitogeología [fitoxeoloxía] 女 植物地質学
fitografía [fitoɡrafía] 女 記述植物学
fitográfico, ca [fitoɡráfiko, ka] 形 記述植物学の
fitógrafo, fa [fitóɡrafo, fa] 名 記述植物学者
fitohormona [fit(o)ormóna] 女 植物ホルモン
fitoiatría [fitojatría] 女 =**fitoterapia**
fitol [fitól] 男《化学》フィトール
fitolacáceo, a [fitolakáθeo, a] 形 ヤマゴボウ科の
—— 女 複《植物》ヤマゴボウ科
fitología [fitoloxía] 女《古語》植物学〖=botánica〗
fitómetro [fitómetro] 男 指標植物
fitomorfo, fa [fitomórfo, fa] 形《文語》植物の形の
fitonimia [fitonímja] 女《言語》植物名研究
fitónimo [fitónimo] 男《言語》植物名
fitonisa [fitonísa] 女《廃語》=**pitonisa**
fitopaleontología [fitopaleontoloxía] 女 古植物学
fitopatología [fitopatoloxía] 女 植物病理学, 菌学
fitopatológico, ca [fitopatolóxiko, ka] 形 植物病理学の
fitopatólogo, ga [fitopatóloɡo, ɡa] 名 植物病理学者
fitoplancton [fitoplánkton] 男 植物プランクトン
fitoplanctónico, ca [fitoplanktóniko, ka] 形 植物プランクトンの
fitoquímica [fitokímika] 女 植物化学
fitosanitario, ria [fitosanitárjo, rja] 形 植物衛生の
fitosociología [fitosoθjoloxía] 女 植物社会学
fitosociológico, ca [fitosoθjolóxiko, ka] 形 植物社会学の
fitotecnia [fitotéknja] 女 植産学, 植物栽培学
fitoterapeuta [fitoterapéuta] 共 植物療法士, フィトテラピスト
fitoterapia [fitoterápja] 女《医学》植物療法, フィトテラピー
fitotomía [fitotomía] 女 植物解剖学
fitotoxidad [fitoto(k)siðáð] 女 殺草性, 植物毒性;[植物に対する]薬害
fitotóxico, ca [fitotó(k)siko, ka] 形 植物毒素の; 植物に有害な
fitotoxina [fitotɔ(k)sína] 女 植物毒素, 植物性自然毒
fitozoo [fitoθó(o)] 男 形 =**zoofito**
FITUR [fitúr] 女《西. 略語》←Feria Internacional del Turismo 国際観光協会
fiucia [fjúθja] 女《古語》=**fiducia**
fixing [fí(k)sin] 男《経済》[為替・金の] 値決め
fixista [fi(k)sísta] 形 =**fijista**

fiyiano, na [fiǰjáno, na] 形《地名》フィジー Fiji の〔人〕

fiyuela [fijwéla] 女《レオン. 料理》モルシージャ morcilla の一種〔=filloga〕

flabelado, da [flabeláðo, ða] 形 扇形の, 扇状の〔=flabeliforme〕: hoja ～*da*《植物》扇形葉

flabelicornio [flabelikórnjo] 形《昆虫》扇形触角をもつ

flabelífero, ra [flabelífero, ra] 形《古語》大扇 flabelo であおぐ

flabeliforme [flabelifórme] 形《昆虫》扇形の, 扇状の

flabelo [flabélo] 男《宗教儀式などで用いる》大きな扇

flabiol [flabjól] 男《音楽》フラビオル〔片手で演奏できる小笛〕

flacamente [flakaménte] 副 弱々しく, 元気なく

flaccidez [fla(k)θiðéθ] 女 =**flacidez**

fláccido, da [flá(k)θiðo, ða] 形 =**flácido**

flacidez [flaθiðéθ] 女 ❶ 張りのないこと, たるみ. ❷ [筋肉の] 弛緩. ❸ [蚕の] 伝染性軟化病

flácido, da [fláθiðo, ða] 形《←ラテン語 flaccidus》❶ 弛緩した, ゆるんだ, フニャフニャの: abdomen ～ たるんだ腹. ❷ [精神的に] たるんだ, だらけた

flaco, ca [fláko, ka] 形《←ラテン語 flaccus》❶《主に中南米》[人・動物が] やせた, やせている, 肉づきの悪い 〔類義〕 **delgado** より強い意味で, 時に軽蔑的. ⇔gordo]: Está muy ～. 彼はとてもやせている. Se le acercó un perro ～. やせた犬が彼に近づいてきた. ponerse ～ やせこける. cuerpo ～ やせこけた身体. hombre ～ やせた男. mujer ～*ca* de carne 痩身の女性. ❷ [+de] わずかな, 乏しい: Es muy ～ de memoria. 彼は記憶力が乏しい. recompensa ～*ca* わずかな賞賛. ❸ 弱い, 弱体な: ocultar sus puntos ～*s* 自分の弱点を隠す. argumento ～ 薄弱な論拠. ❹《中南米》años ～*s* 凶作の年

hacer (*prestar*) *un* ～ *servicio* (*favor*) *a*+人《悪気なしに·無意識のうちに》…に迷惑をかける, 損害を与える; 〔結果として〕…にとって余計なお世話になる, 親切があだになる
—— 男《アルゼンチン, ウルグアイ. 口語》若者〔呼称としても〕
—— 男 ❶《精神面での人》欠点, 弱み, 弱点〔=*punto* ～〕: tener muchos ～*s* 欠点が多い. ❷ 過度の愛好: Su ～ son las mujeres. 彼は女性に弱い

flacourtiáceo, a [flakourtjáθeo, a] 形 イイギリ科の
—— 女 複《植物》イイギリ科

flacuchento, ta [flakutʃénto, ta] 形《南米. 口語》=**flacucho**

flacucho, cha [flakútʃo, tʃa] 形《主に親愛》やせっぽちの

flacura [flakúra] 女 やせていること

flagelación [flaxelaθjón]《←ラテン語 flagellatio, -onis》女 ❶ 鞭打ち, 答刑. ❷《文語》非難, 糾弾: Contra ellos va esta ～. この非難は彼らに対するものだ

flagelado, da [flaxeláðo, ða] 形《生物》❶ [細胞が] 鞭毛のある. ❷ 鞭毛虫亜門の
—— 男 複《動物》鞭毛虫亜門

flagelador, ra [flaxelaðór, ra] 形 名 ❶ 鞭打つ〔人〕. ❷《文語》非難 (糾弾) する〔人〕: gran ～ de la hipocresía y la inmoralidad 偽善と不道徳の偉大な糾弾者

flagelante [flaxelánte] 形 鞭打つ
—— 男 ❶〔特に聖週間の〕鞭打苦行者. ❷〔13世紀イタリアで生まれた異端の〕鞭打苦行派

flagelar [flaxelár]《←ラテン語 flagellare》他 ❶ 鞭で打つ. ❷《文語》非難する, 糾弾する
—— ～*se* 鞭打苦行をする

flageliforme [flaxelifórme] 形《生物》鞭毛状の

flagelo [flaxélo]《←ラテン語 flagellum》男 ❶ 鞭〔=azote〕. ❷ 災害, 災厄. ❸〔波·風の〕打ちつけ, たたきつけ. ❹《生物》1) 鞭毛 (ベん). 2)〔節足動物の〕触角鞭節

flageolet [flaxeolét] 男《音楽》フラジョレット〔リコーダーの原型となった縦笛〕

flagrancia [flaɣránθja] 女 ❶ 現行犯であること, 現行犯性: Este procedimiento sumarísimo deriva de la ～. この即決裁判は現行犯性によるものだ. ❷ 明白であること, 一目瞭然

flagrante [flaɣránte]《←ラテン語 〔in〕 flagranti (crimine) < flagrare「燃える」》形 ❶ 現行〔犯〕の. ❷ 明白な, 一目瞭然の. ❸《詩語》〔炎のごとく〕燃える, 輝く

en ～ 現行犯で: coger (sorprender) a+人 *en* ～ …を現行犯で捕まえる

en ～ *delito* =*en* ～

flagrar [flaɣrár] 自《詩語》〔炎のごとく〕燃える, 輝く

flai [fláj] 名《若者語》*por si las* ～*s* 万が一

flama [fláma]《←ラテン語 flamma》女 ❶《文語》炎〔=llama〕. ❷ 〔炎の〕輝き, 反射, 照り返し. ❸《文語》情熱: ～ del amor 恋の炎. ❸《地方語》炎暑, 炎熱. ❹〔かぶとの〕炎形飾り

flamable [flamáble] 形《メキシコ》引火性の

flamancia [flamánθja] 女《まれ》新品 (新人) であること

flamante [flamánte]《←伊語 flammante》形 ❶《歴史, 地名》フランダース(フランドル) Flandes の〔人〕: pintor ～ フランドル派の画家. ❷ フラマン語の. ❸《舞踊, 音楽》1) フラメンコの: baile ～ フラメンコ〔舞踊〕. cante ～ カンテ〔フラメンコの歌〕. guitarra ～*ca* フラメンコギター. 2) フラメンコのダンサー·歌手·ギタリスト. ❹《口語》〔ある状況下で〕横柄 (生意気) な態度の: ponerse ～ 強気な態度にでる. ❺ 与太者, 不良. ❻〔アンダルシアの人·物が〕ジプシーがかった, ジプシーっぽい. ❼〔主に女性が〕肉付きがよく血色のいい. ❽《地方語》陽気な, 楽しい. ❾《ホンジュラス, プエルトリコ》やせた, やせほっそりした

a la ～*ca*《料理》フラメンコ風の·に〔ジャガイモと芽キャベツの付け合せ; 煮込み料理 puchero の一種; ハム·エンドウ豆·ピーマンを使った卵料理〕
—— 男 ❶《舞踊, 音楽》フラメンコ. ❷ フラマン語. ❸《鳥》フラミンゴ: ～ andino アンデスフラミンゴ. ～ de Chile チリーフラミンゴ. ❹《アンダルシア》フランダース製のナイフ

flamencología [flameŋkoloxía] 女 フラメンコ〔音楽·舞踊〕の研究

flamencológico, ca [flameŋkolóxiko, ka] 形 フラメンコ研究の

flamencólogo, ga [flameŋkólogo, ga] 名 フラメンコ研究家

flamenco pop [flameŋko póp] 男《音楽》フラメンコ·ポップ

flamenquería [flameŋkería] 女 生意気, 気取り, 粋がった様子

flamenquilla [flameŋkíʎa] 女 ❶〔円形·楕円形の〕中皿. ❷《植物》キンセンカ〔=maravilla〕

flamenquín [flameŋkín] 男《料理》チーズを詰めたハムのフライ

flamenquismo [flameŋkísmo] 男 ジプシーがかった風俗への愛好

flameo [flaméo] 男 ❶〔旗などの〕はためき. ❷ 旗の長さ (横幅)

flámeo [flámeo] 形《詩語》炎の, 炎のごとき
—— 男《古代ローマ》〔新婦に掛ける〕炎色のベール

flamero [flaméro] 男《まれ》〔枝付きの〕かがり燭台

flamígero, ra [flamíxero, ra]《←ラテン語 flammiger, -i》形 ❶《文語》炎を上げる, 炎のごとく輝く: arma ～*ra* ギラギラ光る武器. ❷《建築》フランボアイヤン式の, 火炎式の: estilo gótico ～ フランボアイヤン式ゴシックスタイル

flámula [flámula] 女 ❶〔檣頭·槍先などに付ける〕三角旗. ❷《植物》キンポウゲの一種〔学名 Ranunculus flammula〕. ❸《闘牛》ムレータ〔=muleta〕

flan [flán]《←仏語 flan < ゲルマン語 flado》男 ❶《料理》プディング, プリン; フラン: ～ de arroz ライスプディング. 型に入れて作ったもの: Los niños hacen ～*es* de arena en la playa. 子供たちは浜辺で砂山を作る. ❸ ブランク, 貨幣(メダル)の地金. ❹《印刷》紙型(がた).

estar [*nervioso*] *como* (*hecho*) *un* ～ びくびくしている:

Estaba como un ~ *esperando los resultados del examen.* 彼は試験の結果をびくびくしながら待っていた

flanco [fláŋko]《←仏語 flanc》男 ❶《軍事》側面, 翼: *atacar al enemigo por su* ~ 敵の側面を攻撃する. ❷《船舶》舷側, 船側. ❸ 脇腹: *Me duele el* ~ *derecho.* 私は右の脇腹が痛い. ❹《スポーツ》サイドライン. ❺《築城》側堡(ほう). ❻《紋章》[盾を9分した]左(右)中部分

flanconada [flaŋkonáða] 女《フェンシング》[サーブルで]脇腹への突き

flanear [flaneár] 自 ❶《古語的》さまよう, うろつく, ほっつき歩く. ❷《まれ》[プディングのように]揺れる

flaneo [flanéo] 男 さまよう(うろつく)こと

flanera [flanéra] 女《料理》プディング型, フラン型, ゼリー型

flanero [flanéro] 男 =flanera

flanín [flanín] 男《料理》[インスタントの]プディング・パウダー

flanqueador, ra [flaŋkeaðór, ra] 形 名 ❶ 側面を守る(人): *compañía* ~*ra* 側面援護の中隊

flanqueante [flaŋkeánte] 形 側面を守る: *torre* ~ 側防塔

flanquear [flaŋkeár]《←flanco》他 ❶ …の側面にある: *Dos árboles flanquean la entrada.* 入り口の両側に2本の木が立っている. *Dos policías flanquean al ministro.* 2人の警官が大臣の両脇についている. *en postura flanqueada* 脇を固めた姿勢で. ❷《軍事》…の側面を守る; 側面を攻撃する: *flanqueado de torres* やぐらで側面を守られた

flanqueo [flaŋkéo] 男 側面の防御(攻撃)

flanquís [flaŋkís] 男《単複同形》《紋章》通常の3分の1幅のX十字

flaón [flaón] 男《縮》~s《菓子》[レバンテ地方の]凝乳またはチーズ入りのクッキー

flap [fláp]《←英語》男《複》~s《航空》高揚力装置, フラップ

flapper [fláper]《←英語》女《複》~s《1920年代の》奔放な娘

flaquear [flakeár]《←flaco》自 ❶《体力・強度などが》弱くなる: *La memoria empezó a* ~*le.* 彼の記憶は衰え始めた. *Mis piernas flaquearon.* 私は脚の力が萎えてしまった. *Su ánimo flaqueó ante el enemigo.* 敵を前にして彼の勇気はくじけた. ❷ 減少する: *Los pedidos han flaqueado.* 注文が減った. ❸ [+en の点で]劣る: *Mis conocimientos flaquean en esa materia.* 私はその方面のことはあまり知らない. ~ *en el examen* 試験で悪い成績をとる. ❹[建造物が]倒れ(壊れ)そうである, ぐらつく, もろくなる: *Flaquea una viga.* 梁が崩れ落ちそうだ

flaquencia [flakénθja] 女《メキシコ, 中米, カリブ》やせていること《=flaqueza》

flaqueo [flakéo] 男 弱くなること

flaquera [flakéra] 女 ❶ 弱さ, もろさ; 無気力. ❷《サラマンカ. 養蜂》[牧草の不足による]ミツバチの病気

flaqueza [flakéθa]《←flaco》女 ❶《精神的な》弱さ: ~ *de carácter* 意志の弱さ. ❷ やせていること, 痩身: *sacar fuerza de la* ~ ありたけの力をふりしぼる. ❸ 弱点, 欠点: *descubrir una* ~ 弱点を見つける. ❹ 過ち: *tener la* ~ *de+不定詞* …するという過ちをおかす. ❺ 過度の愛好. ❻《まれ》[肉体的な]弱さ

flas [flás] 男 =**flash**

flasazo [flasáθo] 男 =**flashazo**

flash [flás/fláʃ]《←英語》男《複》~[e]s ❶《写真》フラッシュ, ストロボ《器具, 光. =~ *fotográfico*》: *Las cámaras disparan los* ~*es.* カメラからフラッシュをたく. ❷《テレビ》ニュース速報. ❸《映画》フラッシュ, 瞬間場面. ❹《西. 口語》強い驚き, ショック; ひらめき: *un* ~ *venido del cielo* 天から降ってわいたひらめき. ❺《俗語》[麻薬による]快感, 幸福感

flashazo [flasáθo] 男 フラッシュがたかれること

flashback [flásbak]《←英語》男《複》~s《映画》フラッシュバック

flato [fláto]《←ラテン語 flatus, -us》男 ❶ 腹部の膨満; 胃腸内にたまるガス: *echar* ~*s* げっぷをする. ❷ 胃腸内のガスによる激痛, さしこみ: *tener* ~ さしこみがする. ❸《アンダルシア, カナリア諸島》めまい, 立ちくらみ; 失神. ❹《中米》[いつまでも消えない]深い悲しみ, 憂鬱

flatoso, sa [flatóso, sa] 形 ❶ 腹部に膨満感のある, 腸内にガスのたまった. ❷《中米, ベネズエラ》怖がりの. ❸《キューバ》悲しそうな, 不機嫌な

flatulencia [flatulénθja] 女《医学》[胃腸内にガスが溜まることによる]腹部膨満, 鼓腸

flatulento, ta [flatulénto, ta] 形 名 ❶ [食物などが]胃腸内に

ガスを生じさせる. ❷ 膨満(鼓腸)を患った(人)

flatuoso, sa [flatwóso, sa] 形《廃語》腹部に膨満感のある《=flatoso》

flatus vocis [flátus bóθis]《←ラテン語》男 熟《特に意味のない》単なる言葉

flauta [fláwta]《←?古オック語 flauta＜ラテン語 flatare＜flatus「吹くこと」》女 ❶《音楽》1) フルート, 横笛; 笛: ~ *de Pan*/~ *pánica*《牧神パンが吹いたという》パンの笛; [現代の]パンフルート. ~ *dulce*/~ *de pico* リコーダー. ~ *travesera* (*traversa*) 横笛, フラウトトラヴェルソ. 2) オルガンのパイプ. ❷《料理》バゲット. ❸《隠語》陰茎

¡a la ~*!*《ラプラタ. 口語》[思いがけない知らせなどへの驚き]まさか!

¡la gran ~*!*《グアテマラ, ニカラグア, チリ, アルゼンチン, ウルグアイ. 口語》[思いがけない知らせなどへの驚きと]やれやれ!

y sonó la ~ [*por casualidad*] それはついていたからだ/たまたまうまくいっただけのことだ

―― 副 フルート奏者の

flautado, da [flawtáðo, da] 形 フルートのような

―― 男 [オルガンの]フルートストップ, 笛音音栓

flauteado, da [flawteáðo, da] 形《声が》フルートの音のような《やわらか高音》

flautero, ra [flawtéro, ra] 名 フルート製作者

flautillo [flawtíʎo] 男《音楽》高音の笛《=caramillo》

flautín [flawtín] 男《flauta の示小語》男《音楽》ピッコロ

―― 名 ピッコロ奏者

flautista [flawtísta] 名 フルート奏者; 笛吹き

flavina [flaβína] 女《生化》フラビン

flavo, va [fláβo, ba] 形《文語》[蜜・金の色のような]赤みがかった黄色の

flavonoide [flaβonójðe] 男《生化》フラボノイド

flebectasia [fleβektásja] 女《医学》静脈拡張

flebectomía [fleβektomía] 女《医学》静脈切除術

flébil [fléβil] 形《詩語》涙すべき, 悲しげな, 哀れな

flebítico, ca [fleβítiko, ka] 形《医学》静脈炎の(患者)

flebitis [fleβítis] 女《医学》静脈炎

flebografía [fleβoɣrafía] 女《医学》静脈造影

flebógrafo [fleβóɣrafo] 男《医学》静脈波計

flebograma [fleβoɣráma] 男《医学》静脈波曲線

flebolito [fleβolíto] 男《医学》静脈結石

flebología [fleβoloxía] 女《医学》静脈学

flebólogo, ga [fleβóloɣo, ɣa] 名《医学》静脈学者

flebopatía [fleβopatía] 女《医学》静脈疾患

flebostasis [fleβostásis] 女《医学》静脈鬱血

flebotomía [fleβotomía] 女《医学》静脈切開, 放血

flebotomiano [fleβotomjáno] 男 瀉血医《=sangrador》

flebotomista [fleβotomísta] 名 =**flebotomiano**

flebótomo [fleβótomo] 男 ❶《医学》静脈切開刀. ❷《昆虫》サシチョウバエ. ❸《中米》=**flebotomiano**

flebotrombosis [fleβotrombósis] 女《医学》静脈血栓症

flecha [flétʃa]《←ラテン語 flèche》女 ❶ 矢: *poner la* ~ *en el arco* 矢をつがえる. *disparar* (*tirar*・*lanzar*) *una* ~ 矢を射る. ❷ 矢印: *indicar con* ~ 矢印で示す. ❸ [鐘楼の]尖塔. ❹ [ばねなどの]たわみ. ❺《建築》[アーチの]垂直高, 迫(り)高. ❻《地質》段丘. ❼《数学》矢, 正矢. ❽《天文》[F~] 矢座. ❾《航空》[翼の]後退角. ❿《船舶》[船首の]水切り. ⓫《メキシコ, プエルトリコ》[馬車の]ながえ. ⓬《コスタリカ, コロンビア, ペルー, ボリビア》ぱちんこ《=tirachinas》

como una ~ 非常に速く: *El tiempo pasa como una* ~. 光陰矢の如し

en ~ 一直線に, まっすぐに

la ~ *del parto* 捨てぜりふ

―― 副《ベネズエラ》一方向に: *ir* ~ 一方通行を逆に行く

flechado, da [fletʃáðo, da] 形 ❶ 非常に速い; 大急ぎの. ❷ *calle* ~*da*《ウルグアイ》一方通行の道路

flechador, ra [fletʃaðór, ra] 形 名《弓の》射手

flechadura [fletʃaðúra] 女《集名》《船舶》ラットライン, 段綱

flechar [fletʃár]《←flecha》他 ❶《弓を》引き絞る; 射る, 射止める. ❷《まれ》[突然]…の心を捕える: *Así que te vio, le flechaste.* 彼は君に一目ぼれした. ❸《メキシコ》[賭博で]大胆に賭ける

―― 自 ❶ 弓を構える. ❷ [建造物などが重みで]たわむ, 弓なりになる

―― ~se [+con に] 一目ぼれする

flechaste [fletʃáste] 男《船舶》ラットライン, 索索

flechazo [fletʃáðo] 《←flecha》男 ❶ 矢を射ること; 矢傷. ❷ 一目ぼれ: Lo nuestro fue un ~, porque nos enamoramos en cuanto nos vimos. 私たちの場合は一目ぼれだった. 出会ってすぐ恋に落ちたのだから

flechería [fletʃería] 女《集名》矢, 矢の雨. ❷ 矢の備蓄

flechero [fletʃéro] 男 ❶ 矢作り職人. ❷ 弓兵

flechilla [fletʃíʎa] 女《アルゼンチン. 植物》ハネガヤの一種〖学名 Stipa formicarum〗

fleco [fléko]《←古語 flueco <ラテン語 floccus「房」》男 ❶《主に 複》1)〖裾などの〗房, 房飾り: chal con ~s フリンジ付きのショール. 2)布端のほつれ. ❷《主に 複》未解決の細部. ❸《複》〖空中に浮かぶ〗クモの糸. ❹《メキシコ》=**flequillo**

flecoso, sa [flekóso, sa] 形 房のある

flectar [flektár] 他《コロンビア》曲げる

flector, ra [flektór, ra] 形《物理》esfuerzo ~ ねじり応力. momento ~ ねじりモーメント

flegma [fléɣma] 女《古語》=**flema**

flegmasía [fleɣmasía] 女《古語》〖解剖〗炎症

flegmón [fleɣmón] 男《古語》=**flemón**

flegmonoso, sa [fleɣmonóso, sa] 形 =**flemonoso**

fleito [fléjto] 男《地方語. 植物》シダ〖=helecho〗

flejar [fleɣár] 他 帯鋼で締める

fleje [fléxe] 男 ❶《金属》帯鋼, たが鉄. ❷ ばね用鋼片. ❸《アンダルシア》ヘアピン, ヘアクリップ. ❹《カナリア諸島》束; [特に] 札束. ❺《コロンビア》[コンクリートを打つ際の] 垂直の補強材

flema [fléma]《←古語 fleuma <ラテン語 phlegma <ギリシア語 phlegma, -atos「粘液, 体液」》女 ❶《主に 不可算》痰: ❶ arrojar la ~ 痰を切る(吐く). tener ~[s] en la garganta 痰が喉にからむ. ❷《心理》粘液質〖鈍重, 冷静など〗: con ~ ゆっくりと; 落ち着いて. tener ~ 冷静である. ❸《古代生理学の4体液 cuatro humores の一つ》粘液. ❹《化学》蒸留残留液

flemático, ca [flemátiko, ka]《←ラテン語 phlegmaticus》形 ❶ 痰の, 痰のある: tos ~ca 痰のからんだ咳. ❷ 粘液質の, 冷静な, 沈着な; 遅鈍な

fleme [fléme] 男《獣医》瀉血(しゃけつ)針

flemón [flemón] 男《医学》❶ フレグモーネ, 蜂窩織(ほうか)炎, 蜂巣炎, 結合組織炎. ❷ 歯肉炎

flemonoso, sa [flemonóso, sa] 形 蜂巣炎性の

flemoso, sa [flemóso, sa] 形 痰のある, 痰を引き起こす

flemudo, da [flemúðo, ða] 形 遅鈍な[人], 鈍重な[人]

fleo [fléo] 男《植物》オオアワガエリ, アワガエリ

flequillo [flekíʎo]《fleco の示小語》男〖額にかかった〗前髪, 切り下げ前髪: Se ha cortado el ~. 彼女は前髪を切った

fleta [fléta] 女《中南米. 口語》鞭打ち, 殴打

fletador, ra [fletaðór, ra] 形 名 用船する; 用船者, 船積人: empresa ~ra 船会社

fletamento [fletaménto]《←fletar》男 ❶ チャーター, 用船; 船契約〖=contrato de ~〗: carta de ~ 用船契約書. ❷《中南米》輸送

fletamiento [fletamjénto] 男《まれ》=**fletamento**

fletán [fletán] 男《魚》❶ オヒョウ〖=halibut〗. ❷ ~ negro カラスガレイ

fletanero [fletanéro] 男 オヒョウ漁船

fletante [fletánte] 名 ❶〖用船契約の〗船主. ❷《エクアドル, チリ》船[馬・車両など]を貸す人

fletar [fletár]《←flete》他 ❶ 〖船・飛行機などを〗チャーターする, 用船する, 賃借する. ❷ 〖船・飛行機などに〗積み込む, 積載みする; 乗船させる, 搭乗させる. ❸《中南米》〖馬・荷車などを〗借りる. ❹《グアテマラ》摩擦する, こする. ❺《ペルー, チリ》殴打・侮辱などを〗与える: Te fletó un insulto (una bofetada). 彼は君に悪口雑言を吐いた(ぴんたを食らわせた). ❻《チリ, ラプラタ》商品・旅客を〗輸送する; 〖人を〗追い出す, 解雇する. ❼《アルゼンチン》左遷する
―― ~**se** ❶《メキシコ》嫌な仕事をしぶしぶ引き受ける. ❷《中米》うんざりする. ❸《キューバ, ラプラタ》さっさと逃げ出す, 早々に退散する. ❹《アルゼンチン》[会合などに] もぐり込む

flete [fléte] 男 ❶《仏語 fret <古蘭語 vraecht「支払い, 料金」》❶ チャーター料, 用船料; 運賃, 送料. ❷ ~ va a cargo del comprador. 送料は買い手負担となる. conferencia de ~s 海運同盟, 運賃同盟. falso ~ 空荷(からに)運賃. ~ pagado 運賃前払い. ~ a pagar/~ pagadero en destino 運賃着払い. ❷

積み荷, 船荷. ❸《隠語》1) 性交. 2) 売春の客. 3) 愛のない性交[をする人]. ❹《中南米》1)〖馬・荷車などの〗賃貸料. 2) 陸上[海上]輸送される荷物. ❺《コスタリカ, キューバ》〖夜の路上での〗売春婦の客拾い. ❻《ラプラタ》1) レンタルの輸送車. 2) 速い馬, 駿馬

fletear [fleteár] 自《コスタリカ, キューバ》〖売春婦が〗路上で客を捜す
―― 他《ニカラグア, コスタリカ》〖荷物を〗輸送する

fletero, ra [flatéro, ra] 形《中南米》〖船・車両が〗チャーターの
―― 名 ❶《中南米》運送業者. ❷《ペルー, チリ》海上タクシー業者
―― 女《コスタリカ, キューバ》売春婦

flex [flé(k)s] 男《西. 口語》〖性的な意味で〗ベッド〖=cama〗: llevarse al ~ のベッドに連れ込む

flexar [fle(k)sár] 他《まれ》〖硬い物を〗曲げる

flexibilidad [fle(k)sibiliðá(ð)]《←ラテン語 flexibilitas, -atis》女 ❶ 曲げやすさ, 柔性〖⇔rigidez〗; しなやかさ, 柔軟性; 伸縮性: incrementar la ~ del cuerpo 体の柔軟性を高める. con ~ 柔軟に. ~ del mercado de trabajo 労働市場の伸縮性

flexibilización [fle(k)sibiliθaxjón] 女 弾力性の付与, 柔軟にすること, 伸縮化: ~ cuantitativa《経済》量的緩和

flexibilizar [fle(k)sibiliθár] 他 しなやかにする; 弾力性を持たせる, 伸縮化する. ❷《チリ》〖筋肉を〗ほぐす

flexible [fle(k)síble]《←ラテン語 flexibilis <flectere「曲げる」》形 ❶ 曲げられる; しなやかな, 柔軟な: Es ~ de cintura. 彼は腰が柔らかい. ❷ 順応力のある, 融通のきく: Soy ~ a la voluntad de otros. 私は他人の考えと折り合える. carácter ~ 柔軟な性格. ❸ 可変性の, フレキシブルな: horario ~ フレックスタイム. presupuesto ~ 弾力性のある予算. ❹《言語》〖語・言語が〗屈折する, 語尾変化する
―― 男 ❶〖電気の〗コード. ❷《服飾》ソフト帽〖=sombrero ~〗

flexión [fle(k)sjón]《←ラテン語 flexio, -onis》女 ❶ 屈曲, 湾曲: ~ de las rodillas 膝の屈伸. ❷《言語》屈折, 語尾変化: ~ nominal 名詞の語尾変化. ~ verbal 動詞活用. ❸《物理》変形, ひずみ

flexional [fle(k)sjonál] 形《言語》屈折の, 語尾変化の: terminación ~ 屈折語尾

flexionar [fle(k)sjonár] 他〖体操で, 体を〗屈伸させる
―― 自・~**se** 屈伸運動をする

flexivo, va [fle(k)síbo, ba] 形《言語》❶ 屈折の, 語尾変化の: sufijo ~ 変化語尾. ❷《語・言語》屈折する, 語尾変化する: lengua ~va 屈折語

flexo [flé(k)so] 男《西》折り曲げのできる電気スタンド〖=lámpara ~〗

flexografía [fle(k)soɣrafía] 女 フレキソ印刷

flexográfico, ca [fle(k)soɣráfiko, ka] 形 フレキソ印刷の

flexómetro [fle(k)sómetro] 男《自動巻取り式の》メジャー, 巻き尺

flexor [fle(k)sór] 男《解剖》屈筋〖=músculo ~〗

flexuosidad [fle(k)swosiðá(ð)] 女 波状の曲がり, くねり

flexuoso, sa [fle(k)swóso, sa] 形 ❶ 波状の, 曲がりくねった. ❷ 気の優しい, 迎合的な

flexura [fle(k)súra] 女《解剖》屈曲, 曲がり, たわみ

flictena [flikténa] 女《医学》フリクテン

flinfle [línfle] 男《カナリア諸島》気弱な, 意志薄弱な, 臆病な

flip [flíp] 男《酒》フリップ〖ワインと鶏卵のカクテル〗

flipante [flipánte] 形《西. 若者語》❶ 大好きにさせる. ❷ ラリらせる. ❸ 興奮させる

flipar [flipár]《←英語 fly「飛ぶ」》他《西. 若者語》❶ 非常に…の気に入る: A mí me flipa la ciencia ficción. 私はSFが大好きだ. ❷ ラリらせる, トリップさせる. ❸ 興奮させる
―― 自・~**se**《西. 若者語》❶ [+por・con] 非常に気に入る. ❷ 麻薬でラリる, トリップする. ❸ 興奮する, 夢中になる

flipe [flípe] 男《西. 若者語》トリップ; 大喜び, 夢中

flipper [flíper]《←英語》男 ピンボール〖機械〗; 〖球をはじく〗レバー

flirt [flír(t)]《←英語》男《複 ~s》❶ 〖遊び程度の〗恋愛関係, 戯れの恋, 恋愛遊戯: tener un ~ con+人 …とつきあう, 遊ぶ. ❷ 〖異性の〗遊び友だち: Ema es un antiguo ~ de José. エマはホセの元の彼女だ

flirtear [flirteár]《←英語 flirt》自 ❶ [互いに/+con 異性と] つき

flirteo あう, 遊ぶ; 気のあるそぶりをする; いちゃつく: *Flirtean los dos dondequiera que estén.* 2人は場所柄をわきまえずにいちゃいちゃする. ❷ 軽い気持ちで手がける, ちょっと興味を示す: ~ *con la biología* 生物学をかじる

flirtear [flirtéo] 男 ❶ [遊び程度の] 恋愛関係. ❷ 軽い気持ちで手がけること

fliscorno [fliskórno] 男 =**fiscorno**

flit [flít]『←商標』男《中南米》[家庭用の] 殺虫剤

floca [flóka] 女 [羊毛を打つ時にできる] 綿ぼこり

flocadura [flokadúra] 女 房 fleco [で作った] 飾り

floculación [flokulaθjón] 女 綿状の凝集;《印刷など》フロキュレーション

flocular [flokulár] 自 [微細な沈殿物などが] 綿状に凝集する

floema [floéma] 男《植物》篩部（ホ）, 師管

flogístico, ca [floxístiko, ka] 形 ❶《医学》炎症性の. ❷《古語》燃素の

flogisto [floxísto] 男《古語》燃素

flogopita [floxopíta] 女《鉱物》金雲母

flogosis [floxósis] 女《医学》[皮膚などの] 炎症

flojamente [flóxaménte] 副 [気持ちが] たるんで, 無気力に, だらだらと, 怠けて

flojazo, za [floxáθo, θa] 名《メキシコ, プエルトリコ》怠け者[の]

flojear [floxeár]『←flojo』自 ❶ 弱まる: *Le flojean las piernas.* 彼は脚が弱くなっている. *Flojea el frío.* 寒さが弱まる. ❷ [+en 品質・能率などが] 落ちる: *Ha flojeado en matemáticas.* 彼は数学の成績が落ちた. ❸《メキシコ》物憂くなる, 怠惰になる

flojedad [floxeðá(ð)] 女 =**flojera**

flojel [floxél] 男 ❶ [織物の] けば, 毛くず. ❷ [鳥の] 綿毛〖= plumón〗

flojera [floxéra]『←flojo』女《口語》❶ 弱さ, 不活発: *Tenía ~ en sus piernas.* 彼は脚に力が入らなかった. ❷ 怠惰, 無気力: *¿Te da ~ leer por completo este libro?* 君にはこの本を読み通す気力がないのか?

flojindango, ga [floxindángo, ga] 形《地方版》汚い, 乱雑な

flojito [floxíto] 男《気象》軽風〖=viento ~. 風力2〗

flojo, ja [flóxo, xa]『←ラテン語 fluxus』形 ❶ [estar+] 緩んだ, たるんだ〖⇔tenso〗: *La tapa está ~ja.* 蓋が緩んでいる. *cuerda ~ja* たるんだ綱. *nudo ~* 緩んだ結び目. ❷ 無気力な, だらしのない: *ser ~ de carácter* 意志が弱い. *alumno ~* やる気のない生徒. ❸ 弱い: *vino ~* 弱いワイン. *salud ~ja* 病弱. *Este trabajo es ~.* このレポートはできが悪い. ❹ [+en の] 苦手な: *Soy ~ en matemáticas.* 私は数学が弱い. ❺《商業》[市況が] 軟調な. ❻《言語》[発声器官が] 弛緩した. ❼《主に中南米》怠け者の, 怠惰な〖=perezoso〗. ❽《コロンビア》腰抜けの, 卑怯な

ir ~《口語》下痢をしている

traérsela a+人 ~ja《口語》…にとってどうでもよい, 大したことではない: *El director se me la trae ~ja.* 私は社長なんか屁とも思ってない

— 男《気象》軟風〖=viento ~. 風力3〗

— 副 緩く

flojura [floxúra] 女《まれ》=**flojera**

floppy disk [flópi dísk]『←英語』男《情報》フロッピーディスク〖=disquete〗

floqueado, da [flokeáðo, ða] 形 房飾り fleco を付けた

flor [flór]『←ラテン語 flos, floris』女 ❶ 花: 1) *El clavel es la ~ nacional de España.* カーネーションはスペインの国花である. *Este rosal da (tiene) unas ~es muy bonitas.* このバラはすばらしい花をつける(つけている). *El geranio ha empezado a echar ~es.* ゼラニウムは花が咲き始めた. *Gracias por la ~.* 花を贈ってくれありがとう. *Surgió como una bella ~ abriendo su capullo.* 彼女はまるでつぼみを開こうとする美しい花のように現れた. *collar de ~es* 花の首飾り. *paraguas de ~es* 花柄の傘. ~ *natural* 創作詩コンクールの最優秀作品に与えられる一輪の花. ~ *es secas* ドライフラワー. 2) 複合花. ~ *completa* 完全花. ~ *compuesta* 複合花. ~ *masculina* (*femenina*) 雄(雌)花. ~ *de la maravilla* ティグリディア. ~ *de la Pasión* トケイソウ. ~ *de lis* ツバメズイセン; [フランス王室の] ユリの紋章. ~ *de muerto* リンドウ科の一種〖学名 Lisianthius nigrescens〗. ~ *de nieve* エーデルワイス. ~ *de Pascua* ポインセチア. ~ *del cuco*/~ *del cuclillo* ナデシコ科の一種〖学名 Lychnis flos-cuculi〗. ❷ 花期: *Las violetas estaban en ~.* スミレの花が咲いていた. ❸ [頂点に達する前の] 盛り, 最盛期: *estar en la ~ de la vida (la edad)* 若い盛りである, 青春期真っ盛りにある. ❹ 精華, 精髄; えり抜き, 精選品: ~ *de la literatura* 文学の精髄. ~ *de la caballería* 騎士道の華. ~ *de la harina* [小麦の] 精華. ❺ [主に 複数] 女性におくる] 賛辞: *echar (decir) ~es a una chica* 娘にほめ言葉をかける(お世辞を言う). ❻ 処女性〖=virginidad〗: *perder su ~* 処女を失う. ❼ [ワインなどの表面に生じる] 皮膜〖かびの一種〗. ❽ [皮の] 表皮. ❾《化学》華: ~ *de azufre* 硫黄華. ❾ 花の形の菓子. ❿《ラプラタ》1) シャワーの口〖=alcachofa〗. 2) [truco のゲームで] 同じ組札の3枚のカード. ⓫《チリ》爪半月〖=mentira〗

a ~ de... [本来内部にあるものが] …の表面すれすれに: *Los peces nadaban a ~ de agua.* 魚が水面近くを泳いでいた. *Su sonrisa está a ~ de convertirse en carcajadas.* 彼女のほほえみが今にも大笑いになりそうになっている

a ~ de labios 口元から見えそうになって: *Tiene la sonrisa a ~ de labios.* 彼女は今にも口元から笑みがこぼれそうだ

a ~ de piel 現れる寸前に, ぎりぎりの状態で: *Los nervios estaban a ~ de piel.* 神経がピリピリしていた. *tener los nervios a ~ de piel* 非常に感じやすい状態になっている. *con los nervios a ~ de piel* いらいらして, じりじりして

andarse a la ~ del berro 快楽にふける, 遊興する

dar en la ~ de... …する習慣がつく

de ~《地方版》[チーズが] アザミの花でミルクを凝固させて作られた

en ~ 花盛りの: *campos en ~* 花盛りの草原. *muchacha en ~* 年ごろの娘

~ *de+名詞*《南米. 口語》すばらしい; ひどい: ~ *de amigo* 親友

~ *de andamio*《古語的》品質の悪いたばこ

~ *de cantueso*《口語》くだらないこと, 重要でないこと

~ *de cuño* 新品の貨幣; [状態が良く] 新品同然の貨幣

~ *de estufa*《口語》線の細い人, 病気がちな人

~ *de invernadero*《口語》=~ **de estufa**

~ *de la canela* [la+] 1) 最上等品. 2) 最良のもの

~ *de la sal* 塩から出る赤みがかった泡

~ *de patada* ものすごいキック

~ *y nata* えり抜き, 最良のもの: *El acto pretende reunir a la ~ y nata del mundo teatral.* その式典は演劇界の大物たちが集められようとしている. ~ *y nata de la sociedad* 社交界のえりすぐり

~ *es blancas*《医学. 古語的》こしけ〖=flujo blanco〗

ir de ~ en ~ 移り気である, 何にでも(次々に)手を出す

la ~ de la maravilla《口語》1) 豹変する人. 2) 急に状態が変わるもの

nacer con una ~ en el culo《戯謔》幸運である

ni ~es《西. 口語》全く…ない; 全く見当もつかない, ちんぷんかんぷん

segar... en ~ 盛りの…を台なしにする

ser ~ de un día [盛りが] 一時(ホピ)だけである, はかない

— 形《南米. 口語》すばらしい, すてきな

flora [flóra]『←ラテン語 Flora』女 ❶ [一地域・一時期の] 植物相〖⇔fauna〗. ❷ 植物誌. ❸ [細菌などの] 叢(ポ): ~ *bacteriana* バクテリア叢. ~ *intestinal* 腸内細菌. ❹《ローマ神話》[F~] フローラ〖花と春と豊穣の女神〗

floración [floraθjón]『←flora』女 ❶ 開花: *dar una rica ~ en primavera* 春に見事に開花する. *podar tras la ~* 花後に剪定する. ❷ 開花期: *Las plantas de verano ya han acabado la ~.* 夏の開花期が過ぎた. *estar en plena ~* 満開である. *tener su ~ en primavera* 春に開花する

florada [floráða] 女《まれ》=**floración**

floral [florál]『←ラテン語 floralis』形 ❶ 花の; 花の形の; 花で作った: ~ *adorno* 花飾り. *arte ~* フラワーアート. *dibujos ~es* 花模様. *ofrenda ~* 献花. *perfume ~* 花の香り. *terapia (terapeuta) ~* フラワーセラピー(セラピスト). ❷ 図 花祭りの. ❸ *juegos ~es* 創作詩コンクール〖14世紀にフランス, プロバンス地方で始まり, 勝者には花が一輪贈られた〗

floralismo [floralísmo] 男《軽蔑》創作詩コンクール *juegos florales* 特有の詩作のスタイル

florar [florár] 自《まれ》[木が] 花をつける, 開花する

flordelisado, da [flordelisáðo, ða] 形《紋章》[フランス王室の紋章である] 白ユリのついた, 白ユリの紋の形をした: *cruz ~* 白ユリを組み合わせた十字架

floreado, da [floreáðo, ða] 形 ❶ 花模様の: falda ～da 花柄のスカート. sábana ～da 花模様のシーツ. tela ～da 花柄の布. ❷ [文体などが] 華麗な, 美文調の

floreal [floreál] 形《文語》花の
── 男 花月 (🈔)《フランス革命暦の第8月》

florear [floreár]《←flor》他 ❶ 花で飾る: Han floreado el altar para la fiesta. 祭りのために祭壇は花で飾られた. ❷ [目の細かいふるいにかけて] 一番粉 (最上級の粉) をとる. ❸《フェンシング》剣先を震わせる (細かく動かす). ❹《ギターを》アルペジオで弾く. ❺《地方語》[一般に] 一番良いものを選ぶ. ❻《メキシコ, ベネズエラ》[女性に] お世辞を言う
── 自《中南米》開花する {＝florecer}: Cada ramo de la planta florea una sola vez en su vida. その植物の各枝は生涯に一度だけ開花する. ❷《メキシコ》[牧畜が] 投げ縄の技を見せる. ❸《アルゼンチン, ウルグアイ》[才能・能力を] 自慢する

florecedor, ra [floreθeðór, ra] 形 花咲く, 栄える

florecer [floreθér]《←古語 florescer < ラテン語 florescere》39 自 ❶ 花が咲く, 開花する: Los almendros florecen en invierno. アーモンドは冬に花が咲く. ❷ 栄える, 盛んになる: Bajo su reinado florecieron el arte y el comercio. 彼の治世のもとで芸術と商業が栄えた. ❸《文語》現れる, 出現する. ❹《文語》[人がある時期に], 活躍する: Quevedo floreció en el siglo XVII. ケベドは17世紀に活躍した
── ～se [パン・チーズに] かびが生える

florecido, da [floreθíðo, ða] 形 かびた, さびた

floreciente [floreθjénte] 形 ❶ 繁栄している, 盛んな: economía ～ 繁栄している経済. ～ negocio 繁盛している商売, 仕事. juventud ～ まばゆい青春. ❷ 開花中の, 花の咲いている

florecimiento [floreθimjénto] 男 ❶ 繁栄, 隆盛: gran ～ económico 経済の大繁栄. ～ del arte azteca アステカ芸術の隆盛. ❷ 開花, 花盛り

florentino, na [florentíno, na] 形 名《地名》1)［イタリアの］フィレンツェ Florencia の［人］. 2) フロレンシア Florencia の［人］《コロンビア, Caquetá 県の県都》. ❷《文語》ずる賢い, 狡い

florentísimo, ma [florentísimo, ma]《floreciente の絶対最上級》形 繁栄 (栄華) を極めた

florenzado, da [florenθáðo, ða] 形 ❶《建築》arco ～ 装飾のあるオージーアーチ. ❷《紋章など》cruz ～ [cruz flordelisado のように] 腕の端が3つに分かれた十字架

floreo [floréo] 男 ❶［才知をひけらかすための・暇つぶしの］おしゃべり, 美辞麗句. ❷《スペイン舞踊の》フロレオ［片足を上げ振り子のように揺らす動き］. ❸《フェンシング》剣先を震わせること.《音楽》ギターをアルペジオで弾くこと. ❺《アルゼンチン, ウルグアイ, 競馬》[本番前の] 試走

florería [florería] 女《主に中南米》花屋, 生花店; 生花栽培 (販売) 業 {＝floristería}

florero¹ [floréro] 男 ❶ 花瓶, 花器: El centro de la mesa lo adornaba un ～ con flores frescas, distintas en cada mesa. テーブルの真ん中には各テーブルで違う花を入れた花瓶が飾られていた. ❷《美術》花だけを描いた絵画. ❸《隠語》[売春宿で] おしゃべりばかりする男. ❹［花の植わった］植木鉢. ❺ 花の保管所
── estar de ～《主に南米. 口語》単なる飾りである

florero², ra [floréro, ra] 形 言葉巧みな, おべっか使いの
── 名《古語的》花屋 {＝florista}

Flores [flóres]《人名》**Juan José** ～ フアン・ホセ・フロレス《1800～64, ベネズエラ出身の軍人. スクレ Sucre 将軍の暗殺後, エクアドル初代大統領に就任》**Venancio** ～ ベナンシオ・フロレス《1808～68, ウルグアイの軍人・政治家. オリベ Oribe やアルゼンチンの独裁者ロサス Rosas と戦う. 大統領 (1853～55, 65～68)》

florescencia [floresθénθja] 女 ❶《植物》開花; 開花期. ❷ ＝efloresscencia

Flores Magón [flóres magón]《人名》**Ricardo** ～ リカルド・フロレス・マゴン《1874～1922, メキシコ人ジャーナリスト, アナーキスト. ディアス Diaz 独裁体制を批判. メキシコ革命の先駆者》

floresta [floréstla]《←古仏語 forest「森」》女 ❶《文語》［木立ちや花に囲まれた］気持ちの良い場所; 森, 雑木林. ❷ 選び抜かれたものの集合; 選集, 精華集: ～ de poesía 詩集

florestero [floréstéro] 男 森林の管理人, 森番

floreta [floréta] 女 ❶《馬具》腰帯の端の刺繍. ❷《スペイン舞踊》フロレタ [両足で行なう動き]. ❸《地方語》花の形の菓子 {＝flor}

floretazo [floretáθo] 男《フェンシング》フルーレでの一撃

florete [floréte]《←伊語 fioretto》男 ❶《フェンシング》フルーレ［剣, 種目］. ❷ 中級品質の綿布. ❸ azúcar ～ 上白糖. papel [de] ～ 上質紙

floreteado, da [floreteáðo, ða]《紋章》＝**flordelisado**

floretear [floreteár] 他 花で飾る
── 自《フェンシング》フルーレを操る

floreteo [floretéo] 男 ❶ 花で飾ること. ❷ フルーレさばき

floretista [floretísta] 名 フルーレ florete の名手

Flórez Estrada [flóreθ estráða]《人名》**Álvaro** ～ アルバロ・フロレス・エストラダ《1765～1853, スペインのリベラル派経済学者.『政治経済学講座』Curso de economía política》

florícola [florícola] 形《動物》花に寄生する: mosca ～ 花に寄生するハエ

floricultor, ra [florikultór, ra] 名 花作りをする人, 花卉園芸家

floricultura [florikultúra] 女 花作り, 花卉 (🈔) 園芸

Floridablanca [floriðaβláŋka]《人名》**conde de** ～ フロリダブランカ伯爵《1728～1808, スペインの政治家. カルロス3世 Carlos III 下の宰相として首都マドリード改造, イエズス会士追放 expulsión de los jesuitas, バンコ・サン・カルロス銀行 Banco de San Carlos とフィリピン会社 Compañía de Filipinas 設立, 国勢調査などで開明的な改革を行なう. 独立戦争に最高中央評議会 Junta Suprema Central の議長に就任》

floridamente [floríðamente] 副 優雅に, しとやかに, 上品に

floridano, na [floriðáno, na] 名《地名》［米国の］フロリダ Florida の［人］《スペイン人コンキスタドール, ポンセ・デ・レオン Ponce de León が Pascua de Florida「花のイースター」と名付けたことによる》

floridense [floriðénse] 形 名《地名》フロリダ Florida の［人］《ウルグアイ南部の州・州都》

florídeo, a [floríðeo, a] 形《植物》紅藻綱の
── 女《植物》紅藻綱

floridez [floriðéθ] 女 (覆 ～ces) ❶ 爛漫 (🈔), 花盛り: ～ de la primavera 春爛漫. ❷［文体などの］華美さ: Tras la ～ de expresión se oculta una pobreza de ideas. 表現の華やかさの陰に思想の乏しさが隠れている

florido, a [floríðo, a] 形 ❶ [estar+] 花の咲いている: naranjo ～ 花の咲いているオレンジの木. ❷ [estar+] 花で飾られた: mesa ～da 花を飾ってあるテーブル. letra ～da 花文字. ❸ 精華の, えり抜きの: Allí estaba lo más ～ de la aristocracia. そこには一流の貴族たちがいた. lo más ～ del pueblo 選良, エリート. ❹［文体などが］装飾的な, 美文調の: prosa muy ～da 非常に華美な文章. ❺［牛などの毛並みが］色彩斑点の. ❻《医学》［病状が］大変進行した. ❼《文語》[ひげが] 白い. ❽《アンダルシア》1) [パンが] かびた. 2)［動物の雌が] 発情期の

floridofíceo, a [floriðofíθeo, a] 形 真正紅藻綱の
── 女《植物》真正紅藻綱

florífero, ra [florífero, ra] 形《植物》花をつける, 花の咲く

florígeno, na [florixeno, na] 形 ❶《詩語》花開く, 花咲く. ❷《植物》花をつける [ことができる]

florilegio [foriléxjo] 男 詞華集, 選集

florín [florín] 男 ❶［オランダなどの旧貨幣単位］ギルダー, フローリン;［イギリスの］フロリン銀貨

floripón [floripón] 男《中南米. 軽蔑》花飾り, 造花 {＝floripondio}

floripondio [floripóndjo] 男 ❶《軽蔑》［趣味の悪い］花飾り, 造花; けばけばしい花柄. ❷《植物》コダチチョウセンアサガオ, ダツラ. ❸《南米. 軽蔑》女性的な男, ホモ

florista [florísta]《←flor》名 ❶ 花屋, 花売り. ❷ 造花製造業者

floristería [floristería] 女 生花店, 花屋; 生花栽培 (販売) 業

florístico, ca [florístiko, ka] 形 花の植物相研究の

Florit [florít]《人名》**Eugenio** ～ エウヘニオ・フロリー《1903～99, 20世紀キューバを代表する詩人.『回帰線』Trópico,『二重アクセント』Doble acento》

floritura [florítura]《←伊語》女 ❶［ごてごてした］飾り; 文飾. ❷《音楽》[主に声楽で] 装飾音. ❸《口語》腕 余計なこと

florlisado, da [florlisáðo, ða]《紋章》＝**flordelisado**

-floro, ra〈接尾辞〉[花] multifloro 多花の

florón [florón] 男 ❶《建築》頂華, 天井中央部の円花飾り. ❷《紋章》[王冠などの] 花形装飾, フリューロン. ❸ 大型の花. ❹《文語》栄誉, 勲功

flósculo [flóskulo] 男《植物》小花(か)

flosculoso, sa [flɔskulóso, sa] 形《植物》小花から成る, 偽花(か)の

flota [flóta]《←仏語 flotte》女 ❶ 船団; 艦隊〖＝～ de guerra〗; 航空機隊〖＝～ aérea〗＝ pesquera 漁船団. ～ del Atlántico 大西洋艦隊. ❷《集合》[一国・一社に属する] 船: Este buque es el mayor de la ～ española. この船はスペインで最大である. ～ de autocares (camiones・taxis) [一社の] 全バス (トラック・タクシー). ❸《歴史》大西洋貿易船団, インディアス艦隊〖＝F～ de Indias. 16世紀後半, 海賊の攻撃を避けるため, 年2回, 護衛艦を伴って大西洋を横断するスペインの商船団. スペインのセビーリャを4月に出航してメキシコへ向かう船団と8月に現パナマのノンブレ・デ・ディオス Nombre de Dios へ向かう船団があり, 両船団は翌年3月から4月にかけてキューバのハバナで合流し, セビーリャへ向けて出航した. 17世紀になると数年間も船団の派遣が滞ることがあった〗. ❹《パナマ, コロンビア》空いばり〖＝echar ～ ほらを吹く〗. ❺《コロンビア》長距離バス. ❻《ベネズエラ》ごまかし. ❼《チリ, エクアドル》群衆, 群れ
meter ～〈グアテマラ〉しつこくせかす

flotabilidad [flotabilidá(d)] 女 浮力; 浮揚性

flotable [flotáble] 形 ❶ 浮く, 浮かぶ, 浮揚性のある. ❷ [河川が] いかだ (材木) を流せる

flotación [flotaθjón] 女 ❶ 浮くこと; 浮力: línea de ～ 喫水線. ❷ [旗などの] はためき, たなびき. ❸ 浮游選鉱.〖為替の〗変動, 変動制; 変動為替相場, フロート制: ～ conjunta 共同フロート

flotador¹ [flotaðór]《←flotar》男 ❶ 浮き袋, 救命袋. ❷《航空》フロート. ❸ [河川の水速調査の] 浮標; [港湾での] ブイ. ❹《釣り》浮き. ❺ [水槽の液面を示す] 浮球, フロート. ❻ [気化器の] フロート室. ❼《マノメーターの》ゲージ管. ❽《フィリピン》[小舟の] 竹製の舷外浮材

flotador²,ra [flotaðór, ra] 形 浮いている, 漂っている

flotadura [flotaðúra] 女 ＝flotación

flotamiento [flotamjénto] 男 ＝flotación

flotante [flotánte]《←flotar》形 ❶ 浮かんでいる, 漂っている: hielos ～s 流氷. hierba ～ 浮き草. bandera ～ 翻る旗. nube ～ たなびく雲, 浮き雲. universidad ～ 洋上大学. ❷ 変動する, 流動的な: población ～ 流動人口. sistema de cambio ～ 変動為替相場制. deuda (moneda) ～ 流動負債 (資金). motor ～ フローティングエンジン. ❸《解剖》costilla ～ 遊離肋骨. ❹ [回路装置が] 電源に接続されていない, 充電されていない. ❺《コロンビア, チリ》ほら吹きの, 虚勢を張る

flotar [flotár]《←仏語 flotter＜frañcés fluctuare》自 ❶ [＋en に] 浮く, 浮かぶ; 漂う: El corcho *flota en* el agua. コルクは水に浮く. Las nubes *flotan en* el cielo. 空に雲が浮かんでいる. ❷ 気配がする: Una crispación *flotaba en* el ambiente. いらだちの気配が漂っていた. ❸ たなびく, 翻る: Las banderas *flotaban* al viento. 旗が風に翻っていた. ❹ [為替相場が] 変動する

flote [flóte]《←flotar》男《船舶》浮くこと
a ～ 1) [水に] 浮いて: poner un barco *a* ～ 船を浮かべる. 2) [危険困難を乗り越えて] 無事に, 窮地を脱して
ponerse a ～ 公になる, 知られる
sacar... a ～ ～を窮地から救う
salir a ～ 1)浮かび上がる: El cadáver *salió a* ～ dos días después. 死体は2日後に浮かび上がった. 2) 窮地を脱する: La empresa necesita 10 millones de euros para *salir a* ～. 会社が危機を脱するには1千万ユーロ必要だ. 3) 公になる, 知られる: El fraude *ha salido a* ～. 不正行為が浮かび上がってきた

flotilla [flotíʎa]《flota の示小語》女 小型船団, 小艦隊; 編隊

flou [flú]《←仏語》男《写真》ソフトフォーカス. ❷《服飾》ゆったりした仕立ての〔服〕

flower [fláwer]《←英語》*ni* ～*s*《西. 若者語》全く…ない〖＝ni flores〗

flu [flú] 男《カリブ, コロンビア, ベネズエラ》三つぞろえの〔背広〕〖＝terno〗

fluctuación [fluktwaθjón]《←ラテン語 fluctuatio, -onis》女 ❶ 変動. ～ de los precios 価格変動. *fluctuaciones* del mercado 市況の変動. ❷《統計》ゆらぎ. ❸《物理》ゆらぎ, 瞬間変動. ❹ [精神的] 動揺, ためらい, 逡巡

fluctuante [fluktwánte] 形 ❶ 変動する. ❷ [精神的に] 動揺する, 迷う

fluctuar [fluktwár]《←ラテン語 fluctuari「海が荒れる」＜fluctus「波」》14 自 ❶ 変動する: La temperatura *fluctúa* entre 28 y 33 grados. 温度は28度と33度の間を上下している. Los valores *fluctúan* en la Bolsa. 株価は上下している. ❷ [精神的に] 動揺する, 迷う, ためらう: ¿Sí o no?—Estoy *fluctuando*. はい, それとも, いいえ?—迷っているのです. ❸ 波に揺られる. ❹ [物事が] 駄目になる (壊れる) 危険にある, 風前のともし火にある. ❺《音響装置》でテンポを変える

fluctuoso, sa [fluktwóso, sa] 形 変動する; 動揺する

fluencia [flwénθja] 女 ❶ 湧き出し口, 湧き出ること, 流出. ❷《磁気フィルム回路の》磁気粒子の方向転換. ❸ [固体の] 非破壊的変形, 流動

fluente [flwénte] 形《文語》＝fluyente

fluidez [flwiðéθ] 女 ❶ 流動性: ～ de tráfico 交通流動性. ❷ 流暢さ: hablar con gran ～ 大変流暢に話す. ❸《物理》流動度, 流動率

fluidificación [flwiðifikaθjón] 女 流動性の付与; 円滑化

fluidificar [flwiðifikár] 7 他 流体化する, 流動性を大きくする

fluidización [flwiðiθaθjón] 女 流動化, 流体化

fluido, da [flwíðo, ða]《←ラテン語 fluidus ＜ fluere「湧く, 滴る」》形 ❶ [物質が] 流動する. ❷《物理》流体の, 流動体の: La mantequilla se pone ～*da* con el calor. 熱を加えるとバターはとろとろになる. Los líquidos y los gases son ～*s*. 液体と気体は流体である. lava ～*da* 流れ出た溶岩. ❷ [言葉, 文章などが] 自然で分かりやすい, 流れるような, 滑らかな: hablar en un inglés ～ 流暢な英語で話す. ～ de palabra 弁舌が立て板に水の. ❸ [障害もなく] 順調な, 流れる, よどみない: circulación ～*da* スムーズな車の流れ. ❹ [情勢・状態などが] 流動的な. ❺ 湧き出た, 生じた: Son consecuencias ～*das* de tu error. 君のミスから出た結果だ
—— 男 ❶《物理》流体, 流動体: El aire es un ～. 空気は流体である. ～ magnético 磁性流体. ❷ 電流〖＝～ eléctrico〗. ❸ ～ corporal 体液. ～ nervioso [東洋医学での] 気〔の流れ〕

fluir [flwír]《←ラテン語 fluere「湧く, 滴る」》48《現分 fluyendo》自 ❶ [液体・気体が, ＋de から, ＋por を] 流れる, 流動する: El agua *fluye* fresca de la fuente. 冷たい水が泉から湧き出ている. ❷ [言葉・考えなどが] すらすら出る: De su cabeza *fluyen* buenas ideas constantemente. 彼の頭からはいい考えが次々に出てくる

flujo [flúxo]《←ラテン語 fluxus ＜ fluere「湧く, 滴る」》男 ❶ 流動, 流出: 1) ～ de agua 水の流出. ～*s* de lava 溶岩流. ～*s* de lodo 泥流. 2)《比喩》～ de palabras 多弁. ～ de ideas 想念の奔出. ～ de risa けたたましい笑い, 高笑い. ❷《医学》～ de sangre 出血. ～ de vientre 下痢. ～ blanco 白帯下, こしけ. ～ menstrual 月経. ❸《経済》フロー: ～ de caja ／ ～ de efectivo キャッシュフロー〖企業活動における現金の流れ〗. ～ de fondos マネーフロー, 資金循環〖国民経済における貨幣の流れ〗. ❹ 上げ潮〖⇔reflujo〗: El mar repite ～ y reflujo. 海は潮の干満を繰り返す. ❺《物理》1) 流束: ～ luminoso 光束. ～ magnético 磁束. 2) 流量, フラックス. ❻《化学》融剤, フラックス. ❼《エクアドル》好み, 癖, 性向

flujograma [fluxográma] 男《情報など》フローチャート

fluminense [fluminénse] 形《地名》[ブラジルの] リオ・デ・ジャネイロ Río de Janeiro の〔人〕〖＝carioca〗

flunitrazepam [flunitraθepán] 男《薬学》フルニトラゼパム

flúor [flúor] 男 ❶《元素》フッ素. ❷《化学》[金属の] 融剤, フッ素

fluoración [flworaθjón] 女 フッ素添加: ～ del agua [虫歯予防のための] 飲料水へのフッ素の添加

fluorar [flworár] 他 …にフッ素を添加する: pasta de dientes *fluorada* フッ素入り練り歯磨き

fluoresceína [flworesθeína] 女《化学》フルオレスセイン

fluorescencia [flworesθénθja] 女《物理》❶ 蛍光性, 蛍光. ❷ 蛍光

fluorescente [flworesθénte] 形 蛍光性の, 蛍光を放つ, 蛍光色の: color ～ 蛍光色. cuerpo ～ 蛍光体. luz ～ 蛍光. pintura ～ 蛍光塗料
—— 男 蛍光灯〖＝lámpara ～〗; 蛍光管〖＝tubo ～〗

fluorhídrico, ca [flworíðriko, ka] 形《化学》ácido ～ フッ化水素酸, フッ酸

fluórico, ca [flwóriko, ka] 形《化学》フッ素の, フッ素入りの: agua ~ca フッ素水

fluorimetría [flworimetría] 女《化学》蛍光光度法, 蛍光測定〔法〕

fluorímetro [flworímetro] 男 蛍光光度計

fluorina [flworína] 女 =**fluorita**

fluorita [flworíta] 女《鉱物》蛍石(ほたる)

fluorización [flworiθaθjón] 女 =**fluoración**

fluorocarbono [flworokarbóno] 男 フロンガス

fluorocarburo [flworokarbúro] 男 フッ化炭素, フルオロカーボン, 過フッ化炭化水素

fluorografía [flworografía] 女 X線間接撮影〔法〕, 蛍光間接撮影〔法〕

fluorometría [flworometría] 女 =**fluorimetría**

fluoroscopia [flworɔskópja]《医学》蛍光透視法, 蛍光透視検査

fluoroscopio [flworɔskópjo] 男 蛍光透視鏡

fluorosis [flworósis] 女《医学》フッ素中毒

fluoruración [flworuraθjón] 女 =**fluoración**

fluoruro [flworúro] 男《化学》フッ化物: ~ de sodio フッ化ナトリウム

fluosilicato [flwosilikáto] 男《化学》フルオロケイ酸塩

fluosilícico, ca [flwosilíθiko, ka] 形《化学》ácido ~ フルオロケイ酸

fluoxetina [flwɔ(k)setína] 女《薬学》フルオキセチン

flus [flús] 男《カリブ, コロンビア, ベネズエラ》=**flu**

fluvial [flubjál]《←ラテン語 fluvialis < fluvius「川」》形 ❶ 河川の: mapa ~ 河川図. tráfico ~ 河川交通. transporte ~ 河川による輸送. ❷《まれ》〔ひげが〕長く豊かな

fluvialmente [flubjálménte] 副 川のように

fluviátil [flubjátil] 形 河川の

fluvioglaciar [flubjoglaθjár] 形 氷河川の

fluviógrafo [flubjógrafo] 男 =**fluviómetro**

fluviomarino, na [flubjomaríno, na] 形 ❶《地質》河水と海水との両方の作用でできた, 河海両堆積成の. ❷《魚》川と海との両方に生息できる

fluviómetro [flubjómetro] 男 河川水量記録計

flux [flú(k)s] 男〔単複同形〕❶《トランプ》フラッシュ. ❷《アンダルシア; カリブ, コロンビア, ベネズエラ》三つぞろい〔の背広〕〖=**terno**〗

hacer ~ すかんぴんになる

fluxión [flu(k)sjón] 女 ❶《医学》1) 器官内に体液・膿などがたまること. 2) 鼻風邪, 鼻カタル. ❷《古語》=**flujo**

fluxómetro [flu(k)sómetro] 男《物理》磁束計, フラックスメーター

fluyente [flujénte] 形 ❶ 流れる; 流れ出る, 湧き出る. ❷ 淀みない, 流暢な: hombre de palabra ~ 言葉がすらすらと出てくる男, 立て板に水の男

flying dutchman [fláin dátʃiman]〘=英語〙《船舶》フライングダッチマン〖ヨット競技の一つ〗

flysch [flíʃ] 男《地質》フリッシュ

FM [éfe éme] 女《略語》←frecuencia modulada FM放送

FMI [éfe éme i] 男《略語》←Fondo Monetario Internacional 国際通貨基金, IMF

fo [fó] 間〖嫌悪〗へっ, フン!

foam [fóam]《←英語》男《化学》発泡体

F.O.B. =**FAB**

fobia [fóbja]《←ギリシア語 phobeomai「私は恐れる」》女《心理》恐怖症, 病的な恐怖〖嫌悪〗《⇔filia》: tener ~ a las aglomeraciones 集団恐怖症にかかっている. sentir ~ por... …が大嫌いである. ~ al agua 恐水症. ~ escolar 登校拒否〔症〕. ~ laboral 通勤拒否〔症〕

-fobia〖接尾辞〗❶〖嫌悪〗aero*fobia* 嫌気症. ❷〖病的な恐怖感〗acro*fobia* 高所恐怖症

fóbico, ca [fóbiko, ka] 形 ❶ 恐怖症的な, 病的に怖がる《...の》: temor ~ 病的な不安

-fobo, ba〖接尾辞〗〖嫌悪・恐怖を感じる〗xenó*fobo* 外国人嫌いの, 外国人恐怖症の

fobotaxia [fobotá(k)sja] 女《生物》負の走性〖=tactismo negativo〗

foca [fóka]《←ラテン語 phoca <ギリシア語 phoke》女 ❶《動物》アザラシ: ~ barbuda アゴヒゲアザラシ. ~ común オタリア. ~ gris ハイイロアザラシ. ~ leopardo ヒョウアザラシ. ~ monje (fraile) チチュウカイモンクアザラシ. ~ ocelada ワモンアザラシ. ~ peluda/~ de piel moteada ゴマフアザラシ. ❷《軽蔑》でぶ, 非常に太った人〖主に女性〗

focal [fokál] 形《←foco》《物理》焦点の: línea ~〔anterior・posterior〕〔前・後〕焦線. plano ~ 焦点面, 焦平面 —— 女 焦点距離〖=distancia ~〗: objetivo de ~ variable 可変焦点レンズ

focalización [fokaliθaθjón] 女 焦点への集中, 焦点調整

focalizar [fokaliθár] 9 他《物理》〔光線などを〕焦点に集める. ❷〔論題・注意などを〕集中させる, 絞る

foceifiza [foθeifíθa] 女《古語》色ガラスによるモザイク〖イスラム教徒が木・花・町などを描いた〗

focense [foθénse] 形 名《歴史, 地名》〔イオニア地方の港町〕フォカエア Phocaea の〔人〕

foceo, a [foθéo, a] 形 名 =**focense**

focha [fótʃa] 女《鳥》オオバン〖=~ común〗: ~ cornuda アフリカオオバン. ~ ceniceinta ハワイオオバン

focidio, dia [foθídjo, dja] 形 名 =**focense**

fócido, da [foθido, da] 形 アザラシ科の —— 男〔複〕《動物》アザラシ科

focino [foθíno] 男〖象を操る〗突き棒

focio, cia [foθjo, θja] 形 名 =**focense** —— 男 フォカエア方言

foco [fóko]《←ラテン語 focus「炉, 火鉢」》男 ❶《物理》焦点; 焦点距離: colocar en el ~ de la lupa ルーペの焦点の位置に置く. ❷〔光線・音波などの〕源: 1) ~ calorífico 熱源. ~ de luz 光源. ~ de seísmo 震源. 2)〖比喩〗~ de corrupción 汚職の源. ~ de incendio 火元. ~ de infección 感染源. ~ de una civilización 文明の源. ❸〔注目・活動などが集中する〕中心: Se sentía el ~ de atención en el aula. 彼は教室の中で自分が注目されているのを感じていた. ~ de la calle 街の中心. ~ de la cultura española スペイン文化の中心. ~ de resistencia 抵抗の拠点. ❸ フラッドライト, スポットライト: El ~ proyectaba luz al artista. スポットライトが俳優に当てられていた. ~ de la calle 街灯. ~ del plató フットライト. ~ del quirófano 手術室灯. ❹《医学》病巣. ❺《中南米》電球〖=bombilla, ~ eléctrico〗. ❻《中米》懐中電灯. ❼《チリ, 自動車》ヘッドライト: ~s encendidos 点灯したヘッドライト

fuera de ~《中南米》の外れの;《チリ, 口語》場違いの

focomelia [fokomélja] 女《医学》アザラシ肢症, アザラシ状奇形, フォコメリア

fóculo [fókulo] 男 ❶ 小さな炉(かまど). ❷《古語》〔異教徒の祭壇の〕灯火穴

fodongo, ga [fodóŋgo, ga] 形《メキシコ》怠け者の;〔服装・整頓などに〕だらしない

fodonguez [fodoŋgéθ] 女《メキシコ》だらしなさ

foehn [fóen]《←アラビア語》男《気象》フェーン風〖=viento ~〗: efecto ~ フェーン現象

foetazo [foetáθo] 男《メキシコ, カリブ, グアテマラ》=**fuetazo**

foete [foéte] 男《メキシコ, カリブ, グアテマラ》=**fuete**

fofez [fofé0] 女《軽蔑》ふにゃふにゃ, ふにゃふにゃな肉

fofo, fa [fófo, fa]《←擬態》形《軽蔑》〖estar+〕ふにゃふにゃの, ぶよぶよの: Tiene la carne *fofa*. 彼は肉が締まっていない. alimento ~ 量だけで栄養のない食物

fofoque [fofóke] 男《船舶》フライングジブ, 先斜檣三角帆

fogaje [fogáxe] 男 ❶《歴史》炉税, 各戸税. ❷《アラゴン》火, 炉. ❸《カナリア諸島; メキシコ, アルゼンチン》発疹. ❹《プエルトリコ, コロンビア, ベネズエラ, アルゼンチン》うだるような暑さ, 炎熱. ❺《プエルトリコ》赤面

fogal [fogál] 男《カナリア諸島, 古語》炉〖=hogar〗

fogalera [fogaléra] 女《カナリア諸島》〔特にサン・フアン祭, サン・ペドロ祭前夜の〕かがり火

fogarada [fogaráda] 女《まれ》火炎〖=llamarada〗

fogarata [fogaráta] 女 =**fogata**

fogaril [fogaríl] 男 ❶〔鉄の環で作られた〕かご型カンテラ. ❷《アラゴン, アンダルシア》〔台所の〕かまど

fogarín [fogarín] 男《アンダルシア》〔農場労働者たちの〕共同の炉

fogarizar [fogariθár] 9 他 たき火をたく

fogata [fogáta] 女 ❶〔大きな炎を上げている〕火; たき火, かがり火. ❷〔小規模な〕発破孔

fogatada [fogatáda] 女《パナマ》火〖=fogata〗

fogón [fogón] 男《←カタルーニャ語 fogó <ラテン語 focus「炉, 火鉢」》❶ コンロ; かまど: ~ de gas (de petróleo) ガス(石油)コンロ. cocina con tres *fogones* 三つ口のガステーブル. ❷〔ボイラーな

どの] たき口, 燃焼室. ❸ [火器, 特に大砲の] 火門. ❹《地方語》卓上コンロ. ❺《ムルシア》導火線. ❻《プエルトリコ, チリ, アルゼンチン, ウルグアイ》たき火 [=fogata]; たき火を囲んでの集い

fogonadura [foɣonaðúra] 囡 ❶《船舶》帆柱を檣座に通す] 帆柱孔. ❷《垂直支柱を通すための木の床の》開口部

fogonazo [foɣonáθo] 男 ❶ [発火時の] 火花, 閃光;《写真》フラッシュ. ❷《メキシコ》強い酒の入ったコーヒー; [一般に] 強い酒の入った飲み物

fogonero, ra [foɣonéro, ra] 名 [ボイラーなどの] 火夫, ボイラーマン

fogosamente [foɣosaménte] 副 熱情的に, 熱烈に, 血気盛んに

fogosidad [foɣosiðáð] 囡 熱情, 激情, 血気盛んなこと

fogoso, sa [foɣóso, sa]《仏語 fougueux》形 ❶ 熱情的な, 血気盛んな, 気性の激しい: amante ~ 情熱的な恋人. corcel ~ 悍馬($\binom{かん}{ば}$). ❷ 猛暑の

fogueación [foɣeaθjón]《古語》世帯数調査

fogueado, da [foɣeáðo, da] 形《南米》経験を積んだ

foguear [foɣeár]《←ラテン語 focus「火」》他 ❶ 砲火に慣れさせる, 戦闘訓練をする. ❷ [+en 苦労・仕事に] 慣れさせる, 鍛える. ❸ [少量の火薬で発砲し銃を] 掃除する. ❹《闘牛》[牛に] 爆竹つきのバンデリーリャを突き立てる. ❺《獣医》焼灼($\binom{しゃく}{}$)治療をする. ❻《メキシコ》[銃砲で] 撃つ
── 自 [+sobre を] 撃つ
── **se** 砲火の洗礼を受ける

fogueo [foɣéo] 男 ❶ 砲火の洗礼; 苦難による鍛錬. ❷ 空包
『空包用の弾薬』
de ~ 1) 空包の, 空砲の: disparar la pistola de ~ ピストルで空砲を撃つ. 2) 練習試合の

foguera [foɣéra] 囡 =**hoguera**

foguetero [foɣetéro] 男《地方語》花火師 [=pirotécnico]

foguezuelo [foɣeθwélo] 男 fuego の小詞

foie-gras [fwaɣrás]《←仏語》《料理》フォアグラ

foja [fóxa] 囡 ❶《地方語. 鳥》オオバン [=focha]. ❷《中南米》[法律関係・行政関係の文書の] 各ページ, 各1葉
a ~ **cero**《ペルー, チリ, アルゼンチン, ウルグアイ》《状況・手続きなどが》振り出しに戻る

fol [fól] 男《地方語》❶ [バグパイプの] 留気袋. ❷ [ワインを入れる・バターを作る] 革袋

fol.《略語》←folio 枚数

folacina [folaθína] 囡《生化》フォラシン, 葉酸

folato [foláto] 男《生化》葉酸塩

folclor [folklór] 男 =**folclore**

folclore [folklóre]《←英語 folklore》男 ❶ 民間伝承《伝説, 民謡など》. ❷ 民俗学, フォークロア. ❸ [物事の] 表面的な一風変わった様子. ❹《口語》どんちゃん騒ぎ [=jaleo]. ❺《西》伝統的な] 民俗音楽・舞踊《参考》アンデスなどのいわゆる「フォルクローレ」はスペイン語では música andina》

folclórico, ca [folklóriko, ka] 形 ❶ 民間伝承の: canción ~**ca** 民謡, フォークソング. danza ~**ca** 民俗舞踊. ❷ 民俗学の. ❸《軽蔑》一風変わった, こっけいな. ❹ 伝統的な性格を持つ
── 名 スペインの伝統芸能の演奏家・舞踊家

folclorismo [folklorísmo] 男 ❶ フォークロア研究. ❷ 民族色

folclorista [folklorísta] 形 民間伝承の; 民俗学の
── 名 民俗学者, 民間伝承に詳しい人

folclorizar [folkloriθár] 他 民間伝承化する

folder [foldér]《←英語》男 ❶《メキシコ, カリブ》[二つ折りの] 紙ばさみ, ペーパーフォルダー. ❷《パナマ, コロンビア, ペルー》[はぎ取りやすいようにミシン目の入った・ルーズリーフ様の] メモ帳

fólder [fólder] 男 =**folder**

folganza [folɣánθa] 囡《まれ. 戯語》姦淫

folgar [folɣár] 自《まれ. 戯語》姦淫する [=fornicar]

folgo [fólɣo] 男 [座っている時に] 足を入れて温める筒状の毛皮

folia [fólja] 囡《美術》[様式化された] 葉型装飾

folía [folía]《←仏語 folie》囡 ❶《音楽. 舞踊》[主に 複] フォリア《カナリア諸島の民衆的な歌と踊り, ポルトガル起源》. ❷ ポピュラーソング. ❸《ムルシア》ささいなこと, つまらないこと

foliáceo, a [foljáθeo, a] 形《植物》葉の, 葉状の; 薄層から成る

foliación [foljaθjón] 囡 ❶《印刷》丁付け, ノンブル付け; 丁数. ❷《植物》発葉; その時期: estar en plena ~ すっかり葉をつけている. ❸《地質》[変成岩の] 葉状《縞状》構造, 片理

foliado, da [foljáðo, da] 形 ❶《植物》葉のある, 葉の茂った. ❷

で覆われた. ❷ 葉型装飾のある
── 名《地方語》タンバリンを鳴らす踊りのある祭り

foliador, ra [foljaðór, ra] 形 男 丁付けの; ナンバリング [=numerador]

foliar I [foljár]《←folio》10 他《印刷》丁付けをする, ノンブルを付ける (打つ)
II《←ラテン語 folium「葉」》形《植物》葉の, 葉質の, 葉状の

foliatura [foljatúra] 囡 =**foliación**

fólico, ca [fóliko, ka] 形 ❶《生化》ácido ~ 葉酸. ❷《地方語》足の不自由な

folícola [folíkola] 形 葉の上に生える, 葉上生の

folicular [folikulár]《植物, 解剖》袋果($\binom{たい}{か}$)状の, 小胞状の

foliculario [folikulárjo] 男《古語, 軽蔑》三文文士, 三流記者

foliculina [folikulína] 囡《生化》フォリクリン

foliculitis [folikulítis] 囡《医学》毛嚢炎, 毛包炎

folículo [folíkulo] 男 ❶《植物》袋果($\binom{たい}{か}$). ❷《解剖》小胞, 小嚢($\binom{のう}{}$): ~ **ovárico** 卵巣濾胞($\binom{ろ}{ほう}$). ~ **piloso** 毛嚢

folidoto [foliðóto] 男《動物》センザンコウ目の
── 形《動物》センザンコウ目の

foliforme [folifórme] 形 葉型の

folio [fóljo]《←ラテン語 folium「葉」》男 ❶ [本・ノートなどの] 1枚, 1葉『裏表2ページ』. ❷《印刷》Tras la portada hay dos ~**s** en blanco. 扉の後, 白が2葉続く. **número de** ~ [s] 丁数. 2)《聖書など》 ~ **+数詞+recto** 葉の表《見開いた右側の》ページ. ~ **+数詞 +verso** (vuelto) 葉の裏《見開いた左側の》ページ.《印刷》A4サイズ, A4用紙 [=papel tamaño ~]: **en** [tamaño] ~ A4サイズ《用紙》で・の. **doble** ~ A3サイズ《用紙》. ~ **atlántico** 全判. ❸ [ページ上方の] 見出し, 小標題. ❹《地方語》**índice** 肉桂の葉. ❺《地方語》トウダイグサ科の一種. ❻《地方語》無価値なもの. ❼《コロンビア》1) 贈り物, 駄賃, チップ. 2) 砂糖を煮詰め細い棒にしてねじった菓子
al primer ~《口語》ひと目ですぐに
de a ~《まれ》ひどい, すごい: *disparate de a* ~ ひどいでたらめ
de tirarse (**marcarse**) **el** ~《若者語》ほらを吹く

foliolar [foljolár] 形 小葉の, 萼片($\binom{がく}{へん}$)の

foliolo [foljólo] 男 =**folíolo**

folíolo [folíolo] 男《植物》小葉, 萼片($\binom{がく}{へん}$)

folión [foljón] 男 ❶ ポピュラーソング [=folía]. ❷《地方語》夜祭り

folioso, sa [foljóso, sa] 形 ❶ 葉の多い, 葉の茂った. ❷ [茎が] 葉状の

folivora [folíbora] 囡《動物》ナマケモノ亜科

folívoros [folíboros] 男 複《動物》草葉食動物

folk [fó(l)k]《←英語》男《民俗音楽; フォークソング
── 形 民俗音楽の: **cantante** ~ フォーク歌手. **música** ~ フォークミュージック

folklore [folklóre] 男 =**folclore**

folklórico, ca [folklóriko, ka] 形 ❶ =**folclórico**. ❷《チリ. 戯語》粗野な, 下品な

folklorista [folklorísta] 名 =**folclorista**

folkmedicina [folkmeðiθína]《←英語 folk medicine》囡 民間療法

folla [fóʎa] 囡 ❶ 集団馬上試合の乱戦《混戦》. ❷ ごたまぜ, 寄せ集め. ❸《まれ》[関連のない劇の一節の寄せ集めと音楽の] バラエティショウ. ❹《古語》烏合の衆
mala ~ 悪意 [=mala follá]

follá [foʎá] 囡《西. 卑語》*mala* ~ 1) 悪意: *tener mala* ~ 意地が悪い. *con mala* ~ 悪意で. 2) 不運, ついてないこと

follable [foʎáble] 形《西. 卑語》[人が] 性欲をそそり得る

follación [foʎaθjón] 囡《西. 卑語》性交

follada [foʎáða] 囡《料理》パフペーストパイ
mala ~《西. 卑語》悪意ある性交

follador, ra [foʎaðór, ra] 名 ふいご吹き
── 名《西. 卑語》淫乱な [人]

follados [foʎáðos] 男 複《古語》ギャザーをよせたふんわりした半ズボン

follaje [foʎáxe]《←カタルニャ語 fullatge < fulla「葉」< ラテン語 folium「葉」》男 ❶《集名》葉: El espeso ~ no deja ver el sol. 葉が厚く生い茂っていて太陽が見えない. ❷ 新芽の飾り《模様》, ごてごてした装飾. ❸ [講演などの] 余談, 饒舌: **tener exceso de** ~ 余談が多すぎる. ❹《西. 卑語》性交

follamenta [foʎaménta] 囡《西. 卑語》性交

follapavas [foʎapábas] 形《単複同形》《西. 卑語》ばかな [人],

間抜けな〔人〕]

follar [foʎár] **I**〖←?語源〗自《西, ベネズエラ. 卑語》性交する
—— 他 ❶《西, ベネズエラ. 卑語》…と性交する. ❷《西. 卑語》悩ます, 苦しめる. ❸《西. 学生語》落第させる. ❹《軍事》制裁(処罰)を科す, 拘束する. ❺《古語》=**hollar**. ❻《古語》なぎ倒す, 破壊しつくす
—— ~**se**《西. 卑語》❶ …をものにする, …と性交する: *Se la folló.* 彼は彼女をものにした. ❷ とっちめる
II〖←?古カタルーニャ語 follar〗他 葉states にする
III〖←fuelle〗28 他《まれ》ふいごで吹く
—— ~**se**《西. 卑語》すかし屁をする

fóllega [fóʎeɣa] 女《ムルシア》糞
folleo [foʎéo] 男《キューバ》❶ けんか, 殴り合い. ❷ 酔い, 酩酊
folleque [foʎéke] 男《ペルー》安い小型乗用車
follero [foʎéro] 男 ふいご売り, ふいご職人
folleteo [foʎetéo] 男《西. 卑語》性交
folletero [foʎetéro] 男 =**follero**
folletín [foʎetín]〖folleto の示小語〗男 ❶《古語的》[新聞の下段の] 連載欄;[新聞・雑誌の] 連載小説, 新聞小説. ❷《軽蔑》大衆小説, 娯楽小説;《テレビ》メロドラマ;それに似た出来事, 嘘みたいな話: *Su vida es un ~.* 彼の人生はまるでドラマのようだ. ser de ~ メロドラマ的である
folletinesco, ca [foʎetinésko, ka] 形《軽蔑》大衆小説のような, メロドラマ風の;大衆小説を好む
folletinismo [foʎetinísmo] 男《軽蔑》大衆小説らしさ
folletinista [foʎetinísta] 両《軽蔑》大衆小説の作家
folletista [foʎetísta] 両 小冊子(パンフレット・案内書) の執筆者
folleto [foʎéto]〖←伊語 foglietto < ラテン語 folium「葉」〗男 ❶ [4頁以上46頁以下の] 小冊子;[宣伝用の] パンフレット: Al entrar en la sala, nos dieron un ~ con el reparto de la obra. 私たちがホールに入ると作品の配役の載ったパンフレットを渡された. ❷《製品などの》取り扱い説明書 [=~ de instrucciones];案内書, 広告, ちらし. ❸《~ explicativo de las condiciones de una emisión》[有価証券の] 目論見(みもく)書
folletón [foʎetón]〖←仏語〗男《主に軽蔑》大衆小説 [=folletín]
fólliga [fóʎiɣa] 女《狩猟獣の》糞
folliska [foʎíska] 女《中米, カリブ》けんか
follón[1] [foʎón] **I**〖←ラテン語 fullo, -onis「縮絨工」〗男 ❶《西. 口語》散乱: No se puede dar ni un paso por el ~ de papeles. 紙が散らばっていて足の踏み場もない. ❷《西. 口語》騒動, 混乱, 口論, 言い争い: Parece metida en un ~. 彼女は面倒事に巻き込まれているようだ. ❸ Ha tenido algunos *follones* con la prensa. 彼はマスコミとごたごたを起こした. ❸《西. 口語》集名 暴徒. ❹《古語. 植物》側芽. ❺《キューバ, プエルトリコ. 俗語》酩酊, 酔い. ❻《エクアドル》[アンデス地方の先住民女性の] スカート, ペチコート

armarse un ~ 騒ぎ(もめごと)が起きる

II〖←ラテン語 follis「ふいご」〗女《西. 口語》❶ すかし屁. ❷ 音なしのロケット花火

follón, na[2] [foʎón, na] 形 ❶《まれ》力のない, 弱い. ❷《まれ》卑怯で不名誉な〔人〕. ❸《グアテマラ》[衣服が] ゆったりした;《ベネズエラ》丈の短い
follonero, ra [foʎonéro, ra] 形《西》もめごとを起こす〔人〕
follonista [foʎonísta] 形《西》もめごとを起こす
follow me [fólou mí]〖←英語〗男《単複同形》[空港の] 航空機誘導車
foluz [foluθ] 女《カスティーリャ王国の》銀を混ぜた銅貨〖=3分の1ブランカ blanca〗
Fomalhaut [fomaláut]《天文》フォーマルハウト〖南の魚座のα星〗
fome [fóme] 形《チリ, アルゼンチン》[言動・状況などが] 退屈な, つまらない
fomedad [fomeðá(ð)] 女《チリ, アルゼンチン. 口語》退屈な人〔事・場所〕
fomentación [fomentaθjón] 女 ❶ 刺激, 助長, 促進;[不平・不満などの] 醸成, 扇動. ❷《医学》温湿布;湿布剤 [=fomento]
fomentador, ra [fomentaðór, ra] 形 名 助長する〔人〕, 促進する〔人〕;扇動する〔人〕
fomentar [fomentár]〖←ラテン語 fomentare〗他 ❶《活力などを》刺激する, 助長する, 促進する: Debemos tomar medidas para ~ el progreso económico de la región. 地域の経済発展を促進する手段を講じなければならない. ~ las iniciativas privadas 民間活力を刺激する. ~ la envidia entre sus compañeros 仲間たちの間に嫉妬心をかきたてる. ❷《医学》温める. ❸《医学》温湿布をする. ❹《キューバ, プエルトリコ》創業する, 事業を興す
fomento [foménto]〖←ラテン語 fomentum「鎮痛剤, 燃える物」< fovere「熱する, 活気づける」〗男 ❶ 刺激, 助長, 振興, 促進: Ministerio de F~ 産業振興省. ~ de empleo 雇用促進. ~ de la exportación 輸出振興. ~ del comercio 貿易振興. ❷《主に 医》温湿布の;湿布剤
fomes [fómes] 男《単複同形》=**fómite**
fómite [fómite] 男 ❶《まれ》誘因, 動因. ❷《医学》[感染の, 非生物の] 媒介物
fon [fón] 男《物理》[音の強さの単位] ホン, フォン: sonoridad de 70 ~ 70ホンの音
fonación [fonaθjón]〖←ギリシア語 phone「声」〗女 発声, 発音: órganos de ~ 発声器官
fonador, ra [fonaðór, ra] 形 発声〔器官〕の
fonatorio, ria [fonatórjo, rja] 形 =**fonador**
fonda [fónda]〖←?仏語 fonde「商人宿」〗女 ❶《主に西》[田舎の] 簡易旅館, 旅館, 安宿(ぐら)〖→hotel 類語〗: Nos alojamos en una ~ frente a la estación. 我々は駅前の旅館に泊まった. ❷《主に西》[商船の] 賄いサービス;生活用の船室. ❸《メキシコ》家庭料理を出すレストラン;《ラプラタ》低級なレストラン. ❹《グアテマラ, エルサルバドル, チリ》居酒屋
fondable [fondáble] 形 [場所が] 停泊可能な, 停泊に適した
fondac [fondák] 男《モロッコの》密売人の宿(溜まり場)
fondado, da [fondáðo, ða] 形 ❶《樽の》底が補強された. ❷《コロンビア. 口語》金持ちの, 裕福な
fondak [fondák] 男 =**fondac**
fondant [fondán]〖←仏語〗男《菓子》[糖衣用の] フォンダン
fondazo [fondáθo] 男《ベネズエラ》[こぶしによる] 殴打 [=puñetazo]
fondeadero [fondeaðéro] 男 [十分な水深のある] 停泊地, 錨地: llegar al ~ 停泊地に着く
fondeado, da [fondeáðo, ða] 形 ❶ 停泊中の. ❷《メキシコ, 中米, コロンビア, エクアドル》裕福な, 金持ちの. ❸《チリ. 口語》[人が, 訳があって] 身を隠した. ❹《アルゼンチン》金のない
fondear [fondeár]〖←fondo〗自 ❶《船舶》投錨する, 停泊する: Allí pescó un rato después de ~. 彼はそこで錨を下ろしてから, しばらく釣りをした. En los muelles *fondean* numerosos pesqueros. 埠頭には多くの漁船が停泊している. buque *fondeado* ante el puerto 港の前で投錨した船. ❷《グアテマラ, エルサルバドル, ホンジュラス》酔っぱらいが意識を失って倒れる
—— 他 ❶ [水底を] 探る. ❷ [密輸品がないか船を] 捜索する, 船内を調べる. ❸ [問題を] 深く掘り下げる. ❹《船舶》[錨を下ろして船を] 停泊させる. ❺《チリ. 口語》1) [物・人を, 一時的に] 隠す. 2) [海に投下して] 死体を消す. 3) 溺れさせる

—— ~**se** ❶ [料理が] 少し焦げつく. ❷《中南米》金持ちになる, 裕福になる, 金をためる. ❸《チリ. 口語》隠れる;雲隠れする
fondeo [fondéo] 男 ❶《船舶》投錨. ❷ 水深の測量. ❸ 積荷を動かして実施する] 船底検査. ❹ 詳しい検査, 精査
fondero, ra [fondéro, ra] 名《中南米》宿屋 fonda の主人(支配人)
—— 男《古語》=**hondero**
fondillón [fondiʎón] 男 ❶ フォンディジョン〖アリカンテ Alicante 産の年代物のワイン〗. ❷ [ワイン樽の] 澱(ます), 沈殿物
—— 形《中米, コロンビア》尻の大きな
fondillos [fondíʎos] 男 複 [パンツ・ズボンの] 尻;その継ぎ当て
fondista [fondísta] **I**〖←fonda〗名 宿屋(安食堂)の主人(経営者)
II〖←fondo〗名《スポーツ》長距離走者: medio ~ 中距離走者
fondo [fóndo]〖←ラテン語 fundus < profundus〗男 ❶ 底, 底面. 1) Las monedas de oro estaban en el ~ del mar. 金貨は海の底にあった. Revuelve bien el café, que tienes el azúcar en el ~ de la taza. 砂糖がカップの底にたまっているから, コーヒーをよく混ぜなさい. pozo sin ~ 底なし井戸. 2)《船舶》船底, 最下層 [=~s del barco]. 3)《解剖》~ del estómago 胃底. ~ del ojo 眼底. ❷ 奥, 奥まった所: en el ~ de la habitación 部屋の奥. en el ~ de África アフリカの奥地に. escalera del ~ 奥の階段. ❸ 奥行き, 深さ: Esta estantería tiene medio metro de ~. この棚は奥行きが50センチある. ❹ 背景, バック;[模様・図柄に対して] 地(½): de lunares azules sobre ~

fondón, na

blanco 白地に青い水玉模様の. blanco sobre ~ negro 黒地に白抜きの. cuadro de ~ claro 背景が明るい色の絵. foto con árboles de ~/foto con ~ de árboles 木々を背景にした写真. música agradable de ~ 快いバックグラウンドミュージック. ~. social 社会的背景. ❺ 根本, 核心; [心の] 奥底: En el ~ del asunto hay un conflicto de intereses. 事件の根本(背景)には利害対立がある. ir (llegar) al ~ del problema 問題の核心に触れる. ❻ [心の] 奥底, 本心: A pesar de su parecer, tiene buen ~. 表面的にはともかく, 彼は根はいい人だ. desde el ~ de su alma 本心から. desde el ~ de su corazón 心底から. ❼ 内容[⇔forma 形式]: La novela tiene un ~ amargo. その小説は内容が深刻だ. ❽ [主に 複] 1) 資金, 金: reunir los ~s necesarios 必要な資金を集める. quedarse sin ~s 金がなくなる. por falta de ~s 資金不足のために. sin ~s [銀行から手形振出人への通知] 預金残高なし. ~ de comercio《商業》のれん. ~ de protección ヘッジファンド. ~ ético エコファンド. ~ indicador インデックスファンド. ~s propios [企業に資金等を拠出した者が有する] 持分[権], エクイティ. ~s públicos 国債, 公債. ~s reservados [~s secretos] [政府機関などの予算化されている] 機密費. 2) 基金, 積立金: F~ de Compensación Interterritorial《西》地域間格差是正基金. F~ de las Naciones Unidas para la Infancia 国連児童基金, ユニセフ. F~ Europeo de Cooperación Monetaria《歴史》欧州通貨協力基金. F~ Europeo de Desarrollo 欧州開発基金 [旧植民地諸国への開発援助を目的とする]. F~ Europeo de Desarrollo Regional 欧州地域開発基金 [EU内の南北問題・地域間格差を改善する目的の]. F~ Europeo de Orientación y Garantía Agrícola 欧州農業指導保証基金 [農業の近代化と過剰農産物処理資金の]. F~ Monetario Internacional 国際通貨基金, IMF. F~ Social Europeo 欧州社会基金 [EC·EUの特に新規加盟国の労働者が遭遇する失業問題に対処する目的の]. F~s Estructurales 構造基金 [欧州地域開発基金, 欧州農業指導保証基金, 欧州社会基金などの総称]. ❾ [主に 複]《図書館などの》蔵書, 資料. ❿ [主に 複]《出版社の》自社出版物. ⓫《美術館・博物館の》所蔵品, コレクション. ⓬《法律行為の》実質; [訴訟の] 本案. ⓭《スポーツ》[長距離走などの] 持久力, 耐久力: carrera de ~ 長距離走. medio ~ 中距離走. nadador de ~ 長距離泳者. ⓮《情報》バックグラウンド: ~s de escritorio/~s pantalla 壁紙. ⓯《メキシコ, ベネズエラ, ボリビア, アルゼンチン. 服飾》ペチコート. ⓰《キューバ》製糖工場の大鍋. ⓱《チリ》大鍋. ⓲《ラプラタ》[野菜畑の背として使われる] 裏茎.

a ~ 完全に, 全部; 徹底的に, 念入りに: También fue examinado a ~ el contenido de sus bolsillos. 彼のポケットの中身まで全部調べられた. conocer a ~ 非常によく知っている. estudiar a ~ 詳しく検討する; 念入りに勉強する. limpiar a ~ くまなく [徹底的に] 掃除する. pisar el acelerador a ~ アクセルを一杯に踏む. reformar a ~ 根底から改革する. trabajar a ~ しっかりと働く. investigación a ~ 徹底的な調査. revisión a ~ 徹底的な見直し

a ~ perdido 金が戻ってこないつもりで, 捨てたつもりで; 無駄を承知で

al ~ 突き当たりに: Al ~ había una iglesia. 突き当たりに教会があった. al ~ del pasillo 廊下の突き当たりに

bajos ~s 1) 暗黒街. 2) 社会の底辺, どん底

dar ~ 1)《船》投錨する. 2) 尽きる, 枯渇する

doble ~ 1) 二重底: llevar escondido en un doble ~ 二重底に隠してある. maletín con doble ~ 二重底になっているスーツケース. 2) 二重の意味 [=doble sentido]

emplearse a ~ 全力を尽くす

en el ~ 1) 本当は, 実際は: En el ~ es una buena persona. 彼は本当は善人だ. En el ~ no le gustaba. 本当のところは彼は気に入らなかった. 2) 根本的に[は], 基本的に[は]: En el ~ no existe ninguna diferencia. 根本的には何ら違いはない

en ~ [横に] 並んで: columna de tres en ~ 3列縦隊

estar en ~s 金を持っている, ふところ具合がよい

tener mucho (poco) ~ 底が深い (浅い); 奥行きがある(ない): Este baúl tiene mucho ~. このトランクはとても底が深い. Sus quejas tienen mucho ~. その不平は根が深い.

tocar ~ 1) [不幸などの] どん底に落ちる; [相場などが] 底を打つ. 2) 水底まで達する

fondón, na [fondón, na]【←擬態】形 ❶《西. 軽蔑》小太りの,

太りすぎの; 中年太りの. ❷ 尻の大きな
── 男 ❶ [ワイン樽の] 澱(ホル), 沈殿物. ❷《繊維》ブロケードの下地

fondonga [fondónga] 女《ベネズエラ》腹部の太った牝牛 (牝馬)
fondongo [fondóngo] 男《メキシコ, キューバ》尻
fondoque [fondóke] 男《キューバ》大きな尻
fonducho [fondútʃo] 男《軽蔑》安宿
fonduco [fondúko] 男《地方語》深い穴 (段差)
fondue [fondí]【←仏語】女《料理》フォンデュ: ~ bourguignon オイルフォンデュ. ~ de carne ミートフォンデュ. ~ de chocolate チョコレートフォンデュ. ~ de queso チーズフォンデュ. ~ フォンデュ鍋セット

fonébol [fonébol] 男 投石器 [=fundíbulo]
fonema [fonéma] 男【←ギリシア語 phonema】男《音声》音素: ~ suprasegmental 超分節音素, かぶせ音素《音の高低・強勢・連接》
fonemático, ca [fonemátiko, ka] 形 音素の, 音韻組織の
── 女 音素論; 音素体系: ~ca española スペイン語の音素体系
fonematizar [fonematiθár] 他 音素化する
fonémico, ca [fonémiko, ka] 形 =**fonemático**
fonendo [fonéndo] 男 =**fonendoscopio**
fonendoscopio [fonendoskópjo] 男 聴診器 [=estetoscopio]
fonéticamente [fonétikaménte] 副 音声学上; 発音どおりに
fonético, ca [fonétiko, ka]【←ギリシア語 phonetikos「音に関する」< phoneo「声を聞かせる」< phone「声」】《言語》❶ 音声(学)の. ❷ 音声を表わす: alfabeto ~ 音声字母. signo ~ 発音 (音声) 符号
── 女 ❶ 音声学: ~ acústica 音響音声学. ❷ [集合] [一言語全体の] 音(韻)
fonetismo [fonetísmo] 男 ❶ [言語の] 音声的特徴. ❷ 表音式綴り字体系
fonetista [fonetísta] 名 音声学者
fonía [fonía] 女 ❶ 音(声)[=fonética]; 発音. ❷ 電話 [=telefonía]
foniatra [fonjátra] 名 言語療法士, 音声病学専門医
foniatría [fonjatría] 女 言語療法, 音声病学
foniátrico, ca [fonjátriko, ka] 形 言語療法の, 音声病学の
fónico, ca [fóniko, ka] 形 音の, 音声の: signo ~ 音声 (発音) 記号
fonil [foníl] 男 じょうご, 漏斗(ネ^)=**fon**
fonio [fónjo] 男《物理》=**fon**
fonje [fónxe] 形《まれ》きわめて柔らかい, ふかふかの, ぷよぷよの
fono [fóno] 男 ❶《物理》=**fon**. ❷《エクアドル, ペルー, ボリビア, チリ, パラグアイ》電話; 受話器 [=auricular]; 電話番号
fono-《接頭辞》[音, 声] *fonograma* 表音文字
-fono, na《接尾辞》[音, 声] *teléfono* 電話
fonoabsorbente [fonoa(b)sorbénte] 形 吸音の; 吸音材
fonocaptor [fonoka(p)tór] 男 [レコードプレーヤーの] ピックアップ
fonocardiografía [fonokardjografía] 女《医学》心音図検査
fonogenia [fonoxénja] 女《アナウンサーの》声質の良さ
fonografía [fonografía] 女 ❶ [蠟管式録音機による] 録音. ❷ 記音学
fonográfico, ca [fonográfiko, ka] 形 蓄音機の, 録音による
fonógrafo [fonógrafo] 男 [蠟管式の] 蓄音機
fonograma [fonográma] 男 ❶ 表音文字. ❷ [記録装置への] 音波の記録
fonoincisor [fonoinθisór] 男 [レコード盤の] 電磁気彫刻装置
fonolita [fonolíta] 女《鉱物》響岩(ホルヨ), フォノライト
fonolítico, ca [fonolítiko, ka] 形 響岩の
fonología [fonolox́ia] 女《言語》音韻論, 音韻学
fonológico, ca [fonolóxiko, ka] 形 音韻論 (学) の
fonólogo, ga [fonólogo, ga] 名 音韻学者
fonometría [fonometría] 女 測音(法), 音分析
fonómetro [fonómetro] 男 測音器
fonorreceptor, ra [fonorreθe(p)tór, ra]《生物》音受容器
fonoteca [fonotéka] 女 ❶ [レコードなどの] 録音資料保存所, レコードライブラリー. ❷ [集合] [レコードライブラリーに収納されている] レコード
fonotecnia [fonotéknja] 女 録音再生技術の研究

fonovisión [fonobisjón] 女 音声画像送信
fonsadera [fonsadéra] 女《歴史》軍役賦役, 戦費租税《軍役 fonsado の代替租税》; 軍役免除金
fonsado [fonsádo] 男《歴史》❶ =fonsadera. ❷ 塹壕掘りの労役. ❸ [中世の]軍役《国王が行なう攻撃戦のための軍事動員》
Fonseca [fonséka]《人名》**Juan Rodríguez de** ～ フアン・ロドリゲス・デ・フォンセカ《1451～1524, スペイン人聖職者でカトリック両国王の司祭. コロンブスやラス・カサスの計画に反対するなど, 新大陸政策に絶大な影響力を持つ》
font [fónt]《←英語》女《瞐》~s [情報の]出所《=fuente》
fontal [fontál] 形 ❶ 泉の《=fontanal》. ❷《古語》主要な, 要の
fontana [fontána]《←伊語》女《詩語》泉《自然の, または石・煉瓦などで囲った泉. =fuente》
fontanal [fontanál] 形《まれ》源の, 源泉の
—— 男《まれ》湧水地, 泉地, 泉の多い土地
fontanar [fontanár] 男《まれ》泉
fontanela [fontanéla] 女 ❶《解剖》泉門, ひよめき, おどりこ. ❷《古語. 医学》[血液・膿などの排出口を開ける]切開器具
fontanería [fontanería] 女 ❶《西, メキシコ, 中米》水道配管（水回り）工事の技術(職). ❷《集合》配管系統, 水道管と水回りの設備: Hay que cambiar toda la ～. 配管系統を全部変える必要がある. ❸ 配管工（水回り工事）の営業所
fontanero, ra [fontanéro, ra] 形《←fontana》泉の
—— 男女《西, メキシコ, 中米》❶《上下水道の》配管工; [水回りの]工事屋, 修理屋: Vamos a llamar al ～. 水道の修理を頼もう. ❷ [隠語] [政界の]フィクサー
fontanés, sa [fontanés, sa] 形 名《地名》フエンテ・デル・マエストレ Fuente del Maestre の[人]《バダホス県の町》
fontegí [fontexí] 男 ファンファロン fanfarrón 小麦の一種
fontículo [fontíkulo] 男《医学》創口《=exutorio》
fontivereño, ña [fontiberéɲo, ɲa] 形 名《地名》フォンティベロス Fontiveros の[人]《アビラ県の村》
footing [fútin]《←英語》男 ジョギング: hacer [una hora de] ～ [1時間]ジョギングする
foque [fóke]《←蘭語 fok》男 ❶《船舶》船首三角帆, ジブ. ❷《口語》[糊付けしてピンと張った]カラー, 襟
foquista [fokísta]《映画》撮影助手
foradar [foradár] 他《まれ》=horadar
forado, da [foráðo, ða] 形《古語》穴のあいた
—— 男 ❶《古語》丸みを帯びた穴. ❷《南米》[大きさが規則的な]壁の穴
forajido, da [foraxíðo, ða]《←古語 fuera exido < exir ラテン語 exire「外に出る」》形 ❶ 無法者の, お尋ね者の. ❷《廃語》亡命[生活を]している
—— 名《軽蔑》無法者, アウトロー; 逃亡者
foral [forál]《ラテン語 forum「法廷」》形 ❶ 特権の, 特権による; 法律の, 法律による: derecho ～ 法律特別法; [中世の都市・商人の]特権法. ❷ [共同体・地域などが]特権のある
—— 男《ガリシア》特権として与えられた（受け継いだ）土地
foralidad [foraliðáð] 女 =foralismo
foralismo [foralísmo] 男《昔の地方特権・旧法などの》復古主義
foralista [foralísta] 形 名 復古主義の（主義者）
foralmente [forálmente] 副《教会・軍や地域などの》特権（法律）に従って
foramen [forámen] 男 ❶《くり抜かれた》孔. ❷ [石臼の上臼の軸を通すための]下臼の穴
foramontano, na [foramontáno, na] 形 男 女《複》[中世前期にバスク・カンタブリアからカスティーリャ北部に移住した[人々]》
foraminado, da [foraminádo, ða] 形 穴のあいた, くり抜かれた
foraminífero, ra [foraminífero, ra] 形 有孔虫類の
—— 男《複》《生物》有孔虫類
foráneo, a [foráneo, a]《←ラテン語 foraneus < foras「外の」》形 ❶ 他国に由来する, よその: ideas ～as 外国思想. país ～ よその国. producto ～ 外国製品. ❷《リオハ》[野菜の茎が]外側の
—— 名 よそ者, 外国人, 外部の人
forano, na [foráno, na] 形 ❶《ログローニョ》他国の, よその. ❷《アラゴン》田舎の, 農村の. ❸《ペルー》=forastero
forasta [forásta] 形《口語》=forastero
forastería [forastería] 女 他国出身であること, よそ者であること

forastero, ra [forastéro, ra]《←カタルーニャ語 foraster < 古オック語 forest「近郊の村」< ラテン語 foras「外の」》形 ❶ 他国の[人], よそから来た[人]; よそ者, 外部の人: barco ～ 外国船. costumbre ～ra その国（土地）の習慣. Me sentí como un ～ en esa ciudad. 私はその町になじめなかった. ❷《歴史》[植民地時代の中南米で]出身の共同体を離れて別の先住民共同体へ移動する先住民《⇔originario. これとは別に, 共同体を捨てスペイン人社会へ同化しようとした先住民はペルーでは yana, メキシコでは naboría と呼ばれた》
forcacha [forkátʃa] 女《地方語》[Y字型の] 支柱
forcado [forkáðo]《←ポルトガル語》男《闘牛》牛を押さえ込む男
forcatear [forkateár] 他《地方語》[1頭の馬で]2本の轅(ながえ)の付いた鋤を引く
forcaz [forkáθ] 形 [荷馬車が]轅(ながえ)の付いた
force [fórθe] → **tour** de force
forcejar [forθexár] 自 = forcejear
—— 他《古語》強姦する《=forzar》
forcejear [forθexeár]《←カタルーニャ語 forcejear < 俗ラテン語 fortia「力」》自 ❶ [+para・por+不定詞 …しようと] もがく, あがく, [抵抗を打ち破ろうと]悪戦苦闘する: El niño *forcejea para* desprenderse de las manos de su madre. 子供は母親の手を振りほどこうともがいている. *Forcejeaban* el uno *para* pasar y el otro *para* impedirle el paso. 一方は通ろうと, 一方はそれを阻止しようともみ合っていた
forcejeo [forθexéo] 男 ❶ もがき, あがき, がんばり; 悪戦苦闘
forcejo [forθéxo] 男 = forcejeo
forcejón [forθexón] 男 猛烈ながんばり, 奮闘
forcejudo, da [forθexúðo, ða] 形 力持ちの《=forzudo》
fórceps [fórθe(p)s]《←ラテン語 forceps, -icis》男《単複同形》❶《医学》[分娩用・外科手術用の] 鉗子(かんし); 抜歯用鉗子. ❷《昆虫》鉗子状器官, 尾鋏
forchina [fortʃína] 女 熊手状の鉄製武器
forcípula [forθípula] 女 [樹幹の直径を計る]ノギス, 輪尺
forense [forénse] **I**《←foro》形 法廷の; 法医学の: oratoria ～ [法廷における]弁論. medicina ～ 法医学
❷ 法医学者, 監察医《=médico ～》
II《←ラテン語 foras「外」》形《廃語》他国の, よそ者の
forensía [forensía] 女 監察医の職
forero, ra [foréro, ra] 形《教会・軍や地域などの》特権による, 特権の
—— 男 ❶《借地契約の》地主. ❷ 借地人, 借地料の支払者
foresis [forésis] 女《単複同形》《化学》泳動, フォレシス
foresta [forésta] 女《文語》森林
forestación [forestaθjón] 女 植林, 造林
forestal [forestál]《←floresta ＜ 古仏語 forest「森」》形 森林の: guarda ～ 林務官, 森林監視（警備）員. repoblación ～ 植林. riqueza ～ 森林資源
forestalista [forestalísta] 名 植林（造林）の専門家
forestar [forestár] 他 [+場所に] 植林する
forfait [forfé]《←仏語》男《単複同形／複》~s《西》❶ [スキーリフトなどの] 利用券, 定額のパス: ～ diario 一日券. ❷ パック旅行, パッケージツアー《=viaje [turístico] a ～》. ❸ 事前に取り決めた価格（料金）: por un ～ anual de cien euros 年額100ユーロで. ❹《自転車などの》途中棄権: declarar ～ 棄権する
forfícula [forfíkula] 女《昆虫》ハサミムシ
forigar [foriɣár] 自《アラゴン》詮索する
forillo [foríʎo] 男《演劇, 写真》小さな背景幕
forint [forínt] 男《瞐》~s [ハンガリーの通貨単位] フォリント
forinto [forínto] 男 = forint
forista [forísta] 名 公開討論会 foro の参加者
forito [foríto] 男《中南米》おんぼろ自動車
forja [fórxa]《←forjar》女 ❶ 鍛造, 鍛冶(かじ)の. ❷ [非物質的なものの] 形成, ～ de su carácter 人格の形成（陶冶）. ❸ 鍛造工場, 鍛冶場; 製鉄所. ❹ 鍛造物. ❺ モルタル, しっくい. ❻ [鍛冶の炉と区別して] 鋼細工の加熱炉. ❼《コロンビア》携帯用コンロ
forjable [forxáβle] 形 鍛造可能な
forjado [forxáðo] 男 ❶ 鍛造; 捏造. ❷《建築》床の枠組
forjador, ra [forxaðór, ra] 形 名 ❶ 鍛える; 鍛冶屋, 鍛冶職人. ❷ でっち上げる[人]
forjadura [forxaðúra] 女 ❶ 鍛造. ❷ 捏造
forjamiento [forxamjénto] 男 = forjadura
forjar [forxár]《←仏語 forger》他 ❶ [金属を] 鍛える, 鍛造する:

～ el hierro 鉄を鍛える. ～ una espada 刀を打つ. ❷ 捏造(ねつぞう)する、でっち上げる: ～ aventuras 冒険物語を考え出す. [非物質的なものを] 作り上げる: ～ una amistad 友情を築く. ❸《建築》モルタルで下塗りする
── ~se ❶[勝手に] …を思い描く: ~se ilusiones 妄想をたくましくする. ❷[自分のために非物質的なものを] 作り上げる: ~se un gran futuro すばらしい未来を築き上げる. ❸《中米》荒稼ぎする

forlón [forlón] 男《古語》4人乗りの馬車

forma [fórma]《←ラテン語》女 ❶ 形, 形状; 形態, 外形: Los árboles tienen extrañas ～s. それらの木は奇妙な形をしている. La Península Ibérica tiene ～ de la piel de toro. イベリア半島は牛の革の形をしている. dar a... una ～ cuadrada …を四角い形にする. tomar la ～ de... …の形をとる. con ～ de pirámide ピラミッド型の. de ～ de V V字形の, Vサインの. ❷ 方式, やり方, あり方; 様式: Estar allí es una ～ de olvidar las fronteras. そこにいることが国境を忘れる一つの方法だ. de esta ～ このように, こういうふうに. ～ de actuar 行動様式. ～ de morir con dignidad 尊厳をもった死に方. ～ de vivir y pensar 生活様式と思考様式. ～ de pago 支払い方法. ❸ 形式, 表現の仕方《⇔fondo 内容》: preocuparse por la ～ 形式にこだわる. ❹ 体調, 調子: coger la ～ 体調を整える. ❺ 複《主に女性の》腰・胸の[肉体]形, 体つき: Tiene unas ～s pronunciadas. 彼女はとてもグラマーだ. Este vestido le marca mucho las ～s. このドレスは彼女の体の線をくっきり見せる. ❻ 習慣, 礼儀, 礼儀; guardar las ～s 礼儀を守る. ❼《印刷》1) 組み版. 2) 判型〖=formato〗. ❽《法律》正規の手続き. ❾《哲学》形相〖⇔materia〗. ❿《文法》…形: ～ singular 単数形. ～ negativa de un verbo 動詞の否定形. ⓫《カトリック》1) 〖小さな〗ホスチア〖=sagrada ～ sagrada〗. 2) [秘跡の] 祭儀の言葉. ⓬《音楽》楽式: ～ binaria (ternaria) 二部(三部)形式. ～ ritornello リトルネロ形式. ～ rondó ロンド形式. ～ sonata ソナタ形式. ～ sonata ソナタ形式〖参考〗 introducción 序奏, exposición 呈示部, desarrollo 展開部, reexposición 再現部, coda final コーダ〗. ⓭《美術》フォルム, 形態. ⓮《メキシコ》書式, 申込用紙
dar ～ 1) [+a に] 形を与える: *dar* ～ triangular *a* la masa de croissant クロワッサンの生地を三角形にする. 2) 具現する: *dar* ～ *a* un proyecto plan 計画を具体化する. 3) 表現する: *dar* ～ *a* la idea 概念を表現する
de alguna ～ ある面で
de cualquier ～ **=de todas ~s**: *De cualquier* ～, el problema quedó resuelto. とにかく問題は解決した
de ～+形容詞 [形容詞の副詞化] …の形で: anunciar *de* ～ oficiosa 非公式な形で発表する 〖=oficiosamente〗. *de* ～ simultánea 同時に 〖=simultáneamente〗. *de* ～ gratuita だで. *de* ～ imprevista 思いがけなく
de ～ *que...* 1) [+接続法. 目的] …するように: Gritó *de* ～ *que* las montañas repitieron su voz. 山彦が返ってくるように彼は大声を上げた. Dije *de* ～ *que* pudieran oírme. 私は私に私の言うことが聞こえるように言った. 2) [+直説法. 結果] そのため…, だから…, その結果: *De* ～ *que* ahora no quieres el helado. じゃあ今アイスクリームは欲しくないんだね
de ~s *diversas* 色々なやり方で
de igual ～ **=de la misma** ～
de la misma ～ [+que と] 同じに, 同様に: No pensaron *de la misma* ～. 彼らは同じ考え方をしたのではない
de ninguna ～ 決して […ない] 〖=de ningún modo〗
de otra ～ 1) 別のやり方で [=de otro modo]. 2) 別なふうに, 違ったやり方で: Me gusta pensar *de otra* ～. 私は別なふうに考えてみたい. mirar *de otra* ～ 異なった見方をする
de tal ～ *que...* 1) [+直説法. 結果] そういうふうに…だから; それなので…. 2) [+接続法. 目的] …のために. 3) [+接続法. 様態] …のように: Nuestro mundo se deteriora *de tal* ～ *que* sea imposible vivir aquí. この世界はそこに暮らせないほど悪化する
de todas ~s とにかく, 何はともあれ, いずれにせよ: *De todas* ~s, tienes que hacer algo con esto. いずれにせよ君はこれを何とかしなければならない
de [*una*] ～+形容詞 **=en**+形容詞
de una ～ *u otra* **=de todas ~s**
en cierta ～ ある面で
en ～ 1) [肉体的に] 好調な, コンディションのいい: Hoy no me siento *en* ～. 私は今日は調子がよくない. estar *en* baja ～ 体調を崩している, 不調 (スランプ) である. *en* plena ～ 絶好調の. 2) しかるべき形 (方法) で, 正式の・に. 3)《戯語》性交できる状態の. 4)《中南米. 口語》本当に; 並外れた, 並外れて
en ～+形容詞 [形容詞の副詞化] Habla *en* ～ clara. 彼は明瞭に話す 〖=claramente〗. *en* ～ directa 直接に 〖=directamente〗. *en* ～ tradicional 伝統的に. *en* ～ oral 言葉で, 口頭で
en ～ *de...* …の形をして, …型に
guardar las ~s 礼儀を守る; きちんとふるまう
mantenerse en ～ 体形 (体調) を維持する: Tiene hoy día 82 años y todavía *se mantiene en* ～. 彼は今日で82歳だが, まだかくしゃくしている. Para *mantenerse en* ～ no hace falta ir cada día al gimnasio. 健康を保つために毎日ジムに通う必要はない
no haber ～ *de*+不定詞・*que*+接続法《口語》…のしようがない, …する方法がない: A simple vista *no hay* ～ *de* saberlo. 一見したところそれを知る方法はない. *No hay* ～ *de* esconderse. 隠れようがない
ponerse en ～ 1) 身構える, 準備する. 2) [スポーツなどをして] 体調がよくなる

formable [formáble] 形 形成 (組織) され得る; 養成され得る

formación [formaθjón]《←formar》女 ❶ 育成, 養成, 訓練: recibir una ～ del personal 社員教育を受ける. centro de ～ ocupacional 職業訓練センター. curso de ～ de profesores 教職課程. ～ de oficios y ocupaciones 職業教育. ～ del personal 人材養成. ～ militar 軍事訓練. ～ musical 音楽教育. ～ profesional 職業訓練.《西》[中等教育 ESO 後の] 職業訓練課程. ～ profesional mediante práctica en el trabajo 職場 [内] 訓練. ～ profesional fuera del lugar de trabajo 職場外訓練. ～ universitaria 大学教育. ❷ 形成, 編成, 構成; 成立: ～ de capital 資本形成. ～ de carácter 性格形成. ～ de las rocas 岩石の形成. ～ del gabinete 組閣. ～ del ser humano 人間形成. ～ del universo 宇宙の成り立ち. ❸ 隊形, 陣形: estar en ～ 隊形を組んでいる. desfilar en ～ 分列行進をする. vuelo en ～ 編隊飛行. ～ de combate 戦闘隊形. ❹ 知識, 教養: tener buena ～ filosófica 哲学の素養がかなりある. ❺《言語》形成, 形成法: ～ de palabras 語形成, 造語法 〖対〗. ❻《地質》累層 〖=～ geológica〗. ❼《植物》群系 〖=～ vegetal〗

formador, ra [formaðór, ra] 形 名 形成する〖人〗, 組織する〖人〗; 養成する〖人〗

formaje [formáxe] 男《廃語》チーズの流し型

formal [formál]《←ラテン語 formalis < forma》形 ❶ 形式的な; 形式的の; 形式上の要件. ❷ 正式の, 正規の, 手続きにのっとった: La carta tenía un carácter ～. 手紙は正規のものだった. presentar una protesta ～ 正式に抗議を申し入れる. compromiso ～ de matrimonio 正式な婚約. decisión ～ 正式決定. invitación ～ 正式な招待. tratado ～ 正式な協定. ❸ まじめな, 堅苦しい: Este chico es muy ～. この少年はとてもまじめだ. conversación ～ 堅苦しい会話. ❹ 礼儀正しい, 行儀のよい: Los niños estuvieron muy ~es en el cine. 子供たちは映画館でも行儀がよかった. ❺ はっきりと決まった: novio ～ 決まった恋人, ステディ. ❻ 形態中心の; 制度面の: análisis ～ 形態的な分析. ❼ [言葉・表現が] 改まった, よそゆきの; [文体が] 格式的な
ir ～ 正装する, 正装して行く

formaldehído [formaldeíðo] 男《化学》ホルムアルデヒド

formaleta [formaléta] 女《建築》アーチを支える骨組み

formalete [formaléte] 男《建築》半円迫持 (アーチ)

formalidad [formaliðáð]《←formal》女 ❶ [主に 複] 1) [規則などで定められた] 形式: Es una simple ～. これは単なる形式です. someterse a las ~es 形式に従う. ~es burocráticas 官僚的形式主義. 2) [要求される・正規の] 手続き: cumplir con la ～ 手続きを履行する. hacer todas las ~es 所定の手続きをすべて踏む. ~es aduaneras 通関手続き. ❷ まじめさ: No tiene ～. 彼はまじめでない. Niños, ～. 子供たち, お行儀よくしなさい. responder con ～ きまじめに返答する. ❸ 儀礼, 堅苦しさ
sin ~es 堅苦しくない; 形式ばらずに

formalina [formalína] 女 ホルマリン 〖=formol〗

formalismo [formalísmo] 男 ❶《科学・芸術などの》形式主

義: ～ ruso ロシア・フォルマリズム. ❷《軽蔑》形式(慣例)の尊重, 官僚的形式主義: Su protesta parece mero ～. 彼の抗議は単に形だけのようだ. ❸《哲学》形式主義

formalista [fɔrmalísta] [形] [名] ❶［科学・芸術などの］形式主義の(主義者). ❷《軽蔑》形式(慣例)を重んじる〔人〕, 官僚的形式主義の(主義者): exigencias ～*s* 形式的要件

formalización [fɔrmaliθaθjɔ́n] [女] 正式(公式)なものにすること, 具体化: Me interesa mucho la ～ de nuestra relación. 私は私たちの関係を公式なものにすることに大いに関心がある

formalizar [fɔrmaliθár] 〖←formal〗 [9] [他] ❶［法的に］正式なものにする, 整える: Ya *formalizaron* el noviazgo. 婚約はすでに正式なものになった. ～ un contrato 正式に契約する. ～ una petición de indulto 恩赦を願い出る. ❷ はっきりと決める
—— **～se** ❶［法的に］正式なものになる: *Se formalizó* el acuerdo de paz. 和平協定が正式に調印された. ❷ まじめになる

formalmente [fɔrmálménte] [副] ❶ 正式に, 公式に. ❷ 形式上. ❸ きちんと, はっきりと

formalote, ta [fɔrmalóte, ta] 〖formal の示大語〗 [形]《口語》❶［人が］きまじめな, 堅苦しい. ❷［若い人が］行儀がよすぎる, 形式ばった, きちょうめんな

formante [fɔrmánte] [形] 形成する, 組織する
—— [男]《音声》フォルマント〖音声波のスペクトル分析における特定周波数の集中帯〗

formar [fɔrmár] 〖←ラテン語 formare〗 [他] ❶ 形成する, 形作る: ～ un muñeco de nieve 雪だるまを作る. ❷ 設立する, 結成する; 構成する: Los 11 países *forman* la unión monetaria. 11か国が通貨連合を形成する. ～ nuevo gobierno 新政府を作る. ～ un equipo チームを作る. ～ un grupo グループを結成する. ❸ 育成する, 養成する: ～ ingenieros 技術者を養成する. ❹［隊形を］組ませる: El capitán *formó* a los soldados. 隊長は兵たちを並ばせた
～la 騒ぎを起こす, 騒ぎ立てる
—— [自] ❶ 列(陣形)を作る: Los alumnos *formaron* ante la profesora. 生徒たちは先生の前に並んだ. ¡A ～!《号令》集まれ, 整列! ❷ 構成要素となる
—— **～se** ❶ 育てられる; 教育を受ける, 修養する: *Se formó* con los jesuitas. 彼はイエズス会系の学校で教育を受けた. ❷ 形作られる, できる; 構成される: *Se ha formado* un gran charco. 大きな水たまりができた. La inteligencia *se forma* con el estudio. 知能は学習によって形成される. ❸［考え・感情などを］抱く: ～*se* la idea de que+直説法 …であると考えるようになる

formatear [fɔrmateár] [他]《情報》フォーマットする, 初期化する

formateo [fɔrmatéo] [男]《情報》フォーマット, 初期化

formativo, va [fɔrmatíβo, βa] [形]《主に教育》形成の, 養成の; 形成(養成)に役立つ, 教育的な: Estas actividades, cuando ya se practican con cierta regularidad, son muy ～*vas*. これらの練習はある程度規則的に行なえば非常にためになる. disciplina ～*va* しつけ. evaluación ～*va* 形成的評価. manual ～ 教科書. programas ～*s* 教育番組

formato [fɔrmáto] 〖←forma〗 [男] ❶［本の］判型;［一般に］大きさ, サイズ: fotografía de ～ stándard 標準サイズの写真. ❷《情報》フォーマット, 書式

formatriz [fɔrmatríθ] [形]〖女性形〗=**formadora**: facultad ～ 造形能力

forme [fɔ́rme] [形] 形の定かな〖⇔informe〗

-forme《接尾辞》［形］uni*forme* 同形の, gasei*forme* ガス状の

formeno [fɔrméno] [男]《化学》メタン〔ガス〕〖=metano〗

formenterano, na [fɔrmenteráno, na] [形] [名]《地名》フォルメンテーラ Formentera の〔人〕〖バレアレス諸島の島〗

formenterense [fɔrmenterénse] [形] [名] =**formenterano**

formero [fɔrméro] [男]《建築》❶ 壁つきアーチ〖=arco ～〗. ❷《アンダルシア》アーチの内側(湾曲した面)

formiato [fɔrmjáto] [男]《化学》蟻酸塩〔エステル〕

formica [fɔrmíka] 〖←商標〗 [女] フォーマイカ〖家具用などの合成樹脂板〗

fórmica[1] [fɔ́rmika] [女]《中南米》=**formica**

formicación [fɔrmikaθjɔ́n] [女]《医学》蟻走感〖=hormigueo〗

formicante [fɔrmikánte] [形] ❶ アリ(蟻)の. ❷ ゆっくりした, のろい. ❸《医学》pulso ～ 蟻走(ぎそう)脈

formícido, da [fɔrmíθiđo, đa] [形] アリ科の
—— [男] [複]《昆虫》アリ科

fórmico, ca[2] [fɔ́rmiko, ka] [形]《化学》❶ モノカルボン酸の. ❷ 蟻酸(ぎさん)の: ácido ～ 蟻酸. aldehído ～ ホルムアルデヒド〖=formaldehído〗

formidable [fɔrmiđáβle] 〖←ラテン語 formidabilis「恐るべき, ぞっとするような」< formidare「恐れる」〗 [形]《口語》❶ 巨大な; ものすごい, すさまじい: Tenían un aspecto ～. 彼らはものすごい形相をしていた. ola ～ 巨大な波. ～ belleza ものすごい美人. ～*s* truenos すさまじい雷鳴. ❷ すばらしい, 見事な, すてきな: Aquí los cielos son ～*s*. ここは空がすばらしくきれいだ. La fiesta ha sido ～. パーティーは最高だった. Es un coche ～. すごい車だ. Ser diligente es una cosa ～. 勤勉なのはすばらしいことだ. ❸［間投詞的］すごい!

formidoloso, sa [fɔrmiđolóso, sa] [形]《まれ》❶ おびえた, びくびくした. ❷ 恐ろしい, 怖い; ものすごい

formio [fɔ́rmjo] [男]《植物》ニューサイラン(新西蘭)

formol [fɔrmɔ́l] [男]《化学》ホルマリン: espécimen conservado en ～ ホルマリン漬けの標本

formolización [fɔrmoliθaθjɔ́n] [女] ホルマリン消毒

formón [fɔrmɔ́n] 〖←forma〗 [男] ❶ 鑿(のみ): labrar con ～ 鑿で彫る. ❷［円形の］型抜きパンチ. ❸《エストレマドゥラ, ログローニョ, リオハ》犂(すき)の柄と刃の結合部

formosano, na [fɔrmosáno, na] [形] [名]《地名》台湾 Formosa の〔人〕〖台湾の現在の呼称は Taiwán〗

formoseño, ña [fɔrmoséɲo, ɲa] [形] [名]《地名》フォルモサ Formosa の〔人〕〖アルゼンチン北部の州・州都〗

fórmula [fɔ́rmula] 〖←ラテン語 formula「枠, 定規」< forma「形, 像」〗 [女] ❶［決まった］書式, ひな形;［手紙・式辞などの］決まり文句;［儀式などの］定式文句, 式文: ～ de cortesía 儀礼の決まり文句. ❷ 定式, 方式;［異なる意見などをまとめる］解決法: No hallan una ～ para conciliar los diferentes criterios. 様々な人の判断基準を満たす定法はない. conforme a la ～ 定式どおりに. ❸《物理・化学・数学など》式, 公式; 化学式〖=～ química〗: ～ de constitución/～ estructural 構造式. ～ empírica (condensada・bruta) 実験式. ～ floral 花式(かしき). ～ dentaria 歯式(しき). ❹ 製法;［薬剤の］処方; 調理法, レシピ. ❺《自動車》［レーシングカーの］公式規格, フォーミュラ: carreras de ～ 1 (uno) F1レース. ～ 3000 F3000. ❻《南米》～ presidencial 大統領と副大統領候補. ❼《コロンビア》処方箋
***por* 〔*pura*〕 ～** 〔全く〕形式(儀礼)的に
***ser pura* (*mera・simple*) ～** 単なる形式(儀礼)にすぎない
—— [男]《自動車》フォーミュラカー

formulable [fɔrmuláβle] [形] 明確に表明(記述)され得る

formulación [fɔrmulaθjɔ́n] [女] ❶《物理・化学・数学など》公式化. ❷ 明確(正確)な表現, 記述, 表明

formular [fɔrmulár] 〖←fórmula〗 [他] ❶ 定式化する;《物理・化学・数学など》式で表わす, 公式化する. ❷［考え・願望などを］明確(正確)に表明(記述)する: ～ un deseo 希望を述べる. ❸［書式・処方に従って］作成する: ～ un contrato 契約書を作る. ～ una medicina 薬を処方する. ❹《コロンビア》処方する
—— [形] 書式の; 定法の, 定式の, 型どおりの;《物理・化学・数学など》公式の

formulario[1] [fɔrmulárjo] 〖←fórmula〗 [男] ❶［所定の］用紙, 申込書: completar ～*s* 申込書にすべて書き込む. ～ de suscripción 購読の申込用紙. ～ de inscripción 登録用紙, 届け出用紙. ～ de pedido《商業》注文書. ～ de solicitud 申請用紙, 応募用紙. ❷ 書式集; 公式集, 処方集: ～ epistolar 書簡例集. ～ de química 化学の公式集

formulario[2], **ria** [fɔrmulárjo, rja] [形] 公式的な, 形式的な; 儀礼的な: invitación ～*ria* お義理の招待

formulismo [fɔrmulísmo] [男]《時に軽蔑》［うわべを取繕う］形式主義, 公式主義

formulista [fɔrmulísta] [形] [名]《時に軽蔑》形式主義の(主義者), 公式主義の(主義者)

fornáceo, a [fɔrnáθeo, a] [形]《詩語》窯の, 炉の

fornecer [fɔrneθér] [39] [他]《廃語》供給(調達)し尽くす

fornelo [fɔrnélo] [男] 携帯用こんろ

fornicación [fɔrnikaθjɔ́n] [女] 私通, 密通; 姦淫

fornicador, ra [fɔrnikađɔ́r, ra] [形] [名] 私通(姦淫)する〔人〕

fornicar [fɔrnikár] 〖←ラテン語 fornicare「買春する」〗 [7] [自] 私通する, 密通する;《旧約聖書》姦淫(かんいん)する, 姦淫の罪を犯す: No ～. 汝姦淫するなかれ

fornicario, ria [fɔrnikárjo, rja] [形] [名] 私通の, 私通する〔人〕;

F

《旧約聖書》姦淫の, 姦淫する〔人〕.

fornicatorio, ria [fornikatórjo, rja] 形《まれ》私通の, 姦淫の.
fornicio [forníθjo] 男《西. 文語》=**fornicación**.
fornido, da [forníðo, ða] 形 ❶ [筋骨が] たくましい, がっしりした: Se ha hecho un joven ～. 彼はたくましい青年に育った. ❷《文語》[物事が] 力強い, しっかりした: voz ～da 大声.
fornitura [fornitúra] 女 ❶《集名》[主に 複]. ボタン・裏地など裁縫で用いる〕服の付属品. ❷《集名》[時計・精密機器等の] スペアパーツ, 交換部品. ❸ [主に 複] 弾薬帯. ❹《印刷》[フォントを構成する] 活字, 文字.
foro [fóro] 男《←ラテン語 forum「公開広場」》❶ 公開討論, パネルディスカッション, フォーラム: Se celebró un ～ sobre la seguridad. 安全保障に関する討論会が開かれた. ❷ 法廷. ❸ 弁護士業;《集名》法律家. ❹《古代ローマ》フォーラム《裁判・市民集会用の公共広場》. ❺《舞台裏》正面奥: aparecer del ～ 舞台奥から登場する. ❻《歴史》[ガリシアに特有で, 一般に3世代にわたる] 長期借地契約, 長期借地代.
　　desaparecer (marcharse・retirarse・irse) por el ～ こっそり立ち去る, 抜け出す.
-foro, ra《接尾辞》[運ぶ] *semáforo* 信号機, *necróforo* 死出虫.
forofo, fa [forófo, fa]《←擬態》形名《西》❶ [特定の行為に] 夢中な〔人〕, 熱中する〔人〕: ser un ～ de tenis テニス狂である. ❷ [特定のスポーツチーム・選手の] 熱狂的なファン《=*hincha*》.
forónido, da [forónido, ða] 形《動物》ホウキムシ科の.
　　— 男 複《動物》ホウキムシ科.
FORPPA [fórpa]《西. 略語》—Fondo de Ordenación y Regulación de Precios y Productos Agrarios 農産物価格調整金.
forración [foraθjón] 女 画布の裏地張り.
forrado, da [foráðo, ða] 形 *estar* ～《口語》大金持ちである. *ir* ～《口語》厚着している.
　　— 男 裏地をつけること.
forrador, ra [foraðór, ra] 形 名 裏地をつける〔人〕.
forraje [foráxe]《←仏語 fourrage》男 ❶ まぐさ, 飼い葉; まぐさ刈り. ❷《まれ》食事, 食べ物. ❸《まれ》食事, 食べ物. ❹《中南米》干し草, 飼料穀物.
forrajeador [foraxeaðór] 男 まぐさ刈り兵士.
forrajear [foraxeár] 他 ❶ まぐさを刈り入れる. ❷《軍事》[兵士が] まぐさ刈りに行く. ❸《キューバ. 口語》[手に入れ難いものを得るために] あらゆる手だてを尽くす.
forrajero, ra [foraxéro, ra] 形 ❶ まぐさ用の: *planta* ～*ra* 飼料作物. *remolacha* ～*ra* カチカビート, フダンソウ.
　　— 女 ❶ [騎兵が兜から首に回した] 飾り緒. ❷ [兵士が集めたまぐさを鞍にくくりつける] まぐさ綱, まぐさ網. ❸ [騎兵隊の礼装用の] ベルト, サッシュ.
forrar [forár]《←カタルーニャ語 folrar》他 ❶《服飾》[+*de* の] 裏地をつける; 裏打ちする: ～ *un abrigo de seda* オーバーに絹の裏をつける. ❷ [+*con* で] 覆いをかける; 上張りする: ～ *un libro con plástico* 本にビニールカバーをする. *sofá forrado de cuero* 革張りのソファ. ❸《口語》殴る.
　　— *se* ❶《口語》[+*con*]で 大もうけする: *Se ha forrado de dinero con ese negocio*. 彼はその商売で大もうけした. *Solo piensa en* ～*se*. 彼は金もうけしか考えない. ❷《メキシコ, グアテマラ》[+*de* で] 腹一杯食べる, 飽食する. ❸《アルゼンチン》試験に備えて十分に勉強しておく.
forrear [foreár] 自《ベネズエラ》[馬が] 鼻息荒く鳴く.
　　— 他 ❶《キューバ》だます, 嘘をつく. ❷《アルゼンチン. 卑語》[人を] わざと傷つけるようにする. ❸《アルゼンチン》悪ふざけをする.
forrería [foreria] 女 ❶《集名》裏地. ❷ 裏地店.
forro¹ [fóro]《←*forrar*》男 ❶《服飾》1) 裏地; [コートの] ライナー. 2) ポーラテック® polar ポーラテック《防寒服に用いるポリエステルの断熱素材》; そのジャケット. ❷ [箱などの] 内張り. ❸ カバー, 覆い: *poner* ～ *a un libro* 本にカバーをかける. ❹ 上張り; ～ *de freno*《自動車》ブレーキライニング. ❺《船舶》[船体の] 外部(内部)板張り; [船底の] 被覆板, 鋼板. ❻《ラプラタ地方. 口語》コンドーム. ❼《メキシコ. 口語》ナイスバディーの女. ❽《カリブ》ベッドカバー. ❾《コスタリカ, キューバ》1) カンニングペーパー. 2) いかさま, いんちき. ❿《チリ》素質, 能力. ⓫《自転車》タイヤ. 3)《俗語》包茎.
　　dar en el ～《アルゼンチン, ウルグアイ. 卑語》[言動・状況が] 不快にさせる.
　　estar hasta el ～《アルゼンチン, ウルグアイ. 卑語》[不快な状況に] 嫌気がさしている.
　　hasta el ～《キューバ. 口語》完全に.
　　ni por el ～《西. 口語》全く〔…ない〕, 少しも〔…ない〕.
　　pasarse por el ～ [*de los caprichos・de los cojones*]《俗語》歯牙にもかけない, 全く取り合わない.
forro², **rra** [fóro, ra] 男《アルゼンチン. 卑語》頭の悪い; 意地悪な.
forsitia [forsítja] 女《植物》レンギョウ.
forsterita [forsteríta] 女《鉱物》苦土橄欖石(かんらんせき).
fortacán [fortakán] 男《レオン》用水路の排水口.
fortacho, cha [fortátʃo, tʃa] 形《南米. 口語》たくましい〔=*fornido*〕.
fortachón, na [fortatʃón, na]《*fuerte* の示大語》形《戯語》[人が] たくましい, 頑丈な.
fortalecedor, ra [fortaleθeðór, ra] 形 強化する, 強壮にする, 元気づける.
fortalecer [fortaleθér]《←*foltaleza*》39 他 ❶ 強くする, 強化する. ～ *los músculos* 筋肉を鍛える. ～ *una ciudad* 都市に防備を施す. ❷ 励ます, 元気づける: *Sus consejos me fortalecieron*. 彼の忠告で私は意を強くした. *Un trago te fortalecerá*. 一杯飲めば元気になるよ. ❸《古語》[議論・根拠などを] 補強する, 裏付ける.
　　— *se* 強くなる, 丈夫になる.
fortaleciente [fortaleθjénte] 形《まれ》=**fortalecedor**.
fortalecimiento [fortaleθimjénto] 男 ❶ 強化: ～ *de la economía* 経済の強化. ❷《集名などの》防備施設 [壁, 塔など]. ❸《古語》要塞.
fortaleza [fortaléθa]《←プロヴァンス語 fortaleza ＜ ラテン語 fortis》女 ❶ [肉体的の] 強さ, 丈夫さ; [物の] 頑丈さ: *Tiene poca* ～ *física*. 彼はあまり頑健でない. ❷ [精神的な] 強さ; ～ *de ánimo* 気丈さ, 気力, 不屈の精神. ❸《カトリック》剛毅(ごうき)の徳. ❹ 要塞, 城塞: *fortaleza del credo* 枢機卿 *virtual cardinal* の ～. 信仰の砦. ❹ 枢機徳 *virtual cardinal* の ～. 勇気 〔安徳 *virtual cardinal* の ～. 信仰の砦. ❺ 要塞, 城塞: *volante* 空飛ぶ要塞《重爆撃機》. ❺《複》小さな刃こぼれ. ❻《チリ》1) 悪臭, 鼻をつく臭い. 2) ビー玉遊び.
forte [fórte]《←伊語》男《音楽》フォルテ〔で〕.
　　— 男《船舶》止め《作業中止の命令》.
fortepiano [fortepjáno] 男 =**pianoforte**.
fortificación [fortifikaθjón]《←ラテン語 fortificatio, -onis》女 ❶ 要塞化, 陣地構築; 要塞, 堡塁: ～ *de campaña* 野戦陣地. ❷ 強化: ～ *de los músculos* 筋肉強化.
fortificador, ra [fortifikaðór, ra] 形 =**fortificante**.
fortificante [fortifikánte] 形 強化する, 増進する, 丈夫にする.
fortificar [fortifikár]《←ラテン語 fortificare ＜ fortis「強い」+*facere*「する」》7 他 ❶ 強める, 強化する; [心身を] 鍛える, 強健にする: ～ *el dique* 堤防を頑丈にする. ～ *el cuerpo* 体を鍛える. ～ *sus nervios* 気を強くする. ❷ …に防備を施す, 要塞化する.
　　— *se* ❶ 強くなる, 丈夫になる. ❷ 守りを固める.
fortín [fortín]《←ラテン語 fortis》男 ❶ 小さな砦; トーチカ. ❷ [塹壕の] 掩蓋(えんがい).
fortísimo, ma [fortísimo, ma] 形 *fuerte* の絶対最上級.
　　— 男 =**fortissimo**.
fortissimo [fortísimo]《←伊語》男 副《音楽》フォルティシモ〔で〕.
fortran [fórtran]《←英語》男《情報》[プログラミング言語] フォートラン.
fortuitamente [fortwitaménte] 副 偶然に, 思いがけず.
fortuito, ta [fortwíto, ta]《←ラテン語 fortuitus「偶然の」＜ *fors*, *fortis*「運, 幸運」》形 偶然の, 偶発的な, 思いがけない: *coincidencia* ～*ta* 偶然の一致. *encuentro* ～ 奇遇. *suceso* ～ 偶然の出来事, 偶発事件.
fortuna [fortúna]《←ラテン語 fortuna「運命, 運」＜ *fors*, *fortis*》女 ❶ [重々のみ] 幸運, 運命: *La* ～ *llegó después de mucho esfuerzo*. 苦労を重ねた末に幸運が訪れた. *He tenido mucha* ～. 私は大変ついていた. *disfrutar de una buena* ～ 幸運に恵まれる. *nacer con* ～ 幸運の星の下に生まれる. *cambio brusco de* ～ 運命の急転. *mala* ～ 不運. ❷ [*La F*～] 運命の女神 [=*la Diosa F*～]. *La F*～ *quiso que le tocara la lotería*. 運命の女神がほほえんで彼に宝くじが当たった. ❸ 財産, 富; 大金, 莫大な額: *Hizo su* ～ *con el contrabando*. 彼は密輸で財を成した. *Era un hombre sin* ～. 彼は財産がなかった. *Esto costará una* ～. これには莫大な金がかかるだろう. ❹《歴史》[18世紀ごろ] 国富〔=*riqueza nacional*〕. ❺《船舶》時化(しけ), 嵐.
　　correr ～《船舶》嵐を乗り切る.

de ～ 1)《狩猟》禁猟の, 禁猟日の. 2) 傭兵の: soldado *de* ～ 傭兵

hacer ～ 1) 富を蓄える, 財をなす: A los veinte años había salido a *hacer* ～. 彼は20歳の時に金持ちになるために家出をしていた. 2) 流行する, 当たる

por ～ 1) 幸運にも, 運のいいことに: *Por* ～, no había una fractura seria. 幸い大した骨折はなかった. 2) 偶然に, たまたま

probar ～ 運を試す, 一か八かやってみる

fortunón [fɔrtunɔ́n]〘fortuna の示大語〙[男]《口語》莫大な財産, 巨額の金

Fortuny [fɔrtúni]《人名》**Mariano** ～ マリアノ・フォルトゥニー〘1838～74, カタルーニャ出身の画家.『日光浴する裸の老人』*Viejo desnudo al sol*,『ラ・オダリスク』*La odalisca*〙

fórum [fórun]〘←ラテン語〙[男]〘[複] ～s〙フォーラム, 公開討論会〘=foro〙

forúnculo [forúŋkulo] [男]《医学》せつ, フルンケル

forunculosis [foruŋkulósis] [女]《医学》せつ多発症, フルンケル症

forunculoso, sa [foruŋkulóso, sa] [形] せつ腫性の

forward [fɔ́rɡwar]〘←英語〙[男] ❶ [ビデオ・カセットなどの] 早送りボタン(スイッチ)〘=adelante. ⇔hacia atrás〙. ❷《商業》先渡し, フォワード

forzadamente [fɔrθáđaménte] [副] 無理に, 無理やり, 力づくで: Beatriz sonrió ～. ベアトリスは作り笑いをした. con voz ～ normal 平静を装った声で

forzado, da [fɔrθáđo, đa] [形] ❶ 不自然な, 無理な: El argumento es muy ～. 主張にはかなり無理がある. sonrisa ～*da* 作り笑い. ❷ 不可避の, やむを得ない; 強制的な〘=forzoso〙: Nos sería ～ hacerlo. 私たちはいやでもそうしなければなるまい. El facultativo se vió ～ a hablar en voz muy alta. 医者はやむなく大声で話さなければならなかった. trabajo ～ 強制労働

―― [男]《歴史》[ガレー船の] 漕役刑囚〘=gente ～*da*〙

forzador [fɔrθađɔ́r] [男] 強姦者

forzal [fɔrθál] [男] 櫛(くし)の背

forzamiento [fɔrθamjénto] [男] ❶ 強制, 無理強い. ❷ こじ開け, 押し破り. ❸ 婦女暴行, 強姦

forzante [fɔrθánte] [形] 強制的な, 有無を言わせない

forzar [fɔrθár]〘←俗ラテン語 fortiare < fortis「強い」〙[9] [28] [他] ❶ こじ開ける; 押し入る: *Forzó* la cerradura para entrar. 彼は錠前をこじ開けて中へ入った. ～ la puerta de+人 …の家に押し入る. ❷ …に強いる, 無理強いする, 強制する: 1) Trate de no ～ a su niño. 子供に無理強いはしないようにしなさい. Nadie *forzó* a nadie y las cosas se dieron estupendamente. 誰も誰にも強制しなかったが, ことは見事に運んだ. 2) [+a+不定詞・que+接続法 することを] Le *han forzado a* dimitir. 彼は無理やり辞任させられた. ❸ 婦女暴行する, 強姦する. ❹ 無理に行なう, 無理をさせる: ～ la sonrisa 無理に笑う. ～ la vista 目を凝らす. ～ los acontecimientos ことをせく. ❺ [城塞を] 奪取する, 攻め落とす: ～ un castillo 城を落とす

―― [自]《まれ》努力する, がんばる

―― **～se**《古語》努力する, がんばる

forzar

直説法現在	直説法点過去
fuerzo	for**cé**
fuerzas	forzaste
fuerza	forzó
forzamos	forzamos
forzáis	forzasteis
fuerzan	forzaron
命令法	接続法現在
	fuerce
fuerza	**fuerc**es
	fuerce
	for**c**emos
forzad	for**c**éis
	fuercen

forzosamente [fɔrθósaménte] [副] ❶ 必然的に, 不可避的に, 必ず: Que un animal se alimente de determinada planta no significa ～ que esta sea comestible. 動物が特定の植物を食糧にするということは必ずしもそれが食用であることを意味しない. ❷ 無理やり, 強制的に; やむを得ず

forzoso, sa [fɔrθóso, sa]〘←forzar〙[形] ❶ 避けられない, 不可避の, やむを得ない; 必然的な: aterrizaje ～ 不時着. consecuencia ～*sa* やむを得ない結果, 必然的な結果. ❷ [ser ～+不定詞・que+接続法] …であることが義務的である, 不可避である: No es ～ asistir. 出席は義務ではない. *F*～ es reconocer que tiene usted razón. あなたが正しいと〔いやでも〕認めざるを得ない. De él me es ～ reconocer que era guapo mozo. 彼はハンサムな若者だったと私は認めざるを得ない. ¿Es ～ *que* me saquen las muelas del juicio? 私はどうしても親知らずを抜かなければいけないのだろうか? ❸ 強制的な: expropiación ～*sa* 強制収用. jubilación ～*sa* 強制的退職. trabajos ～*s* 強制労働. ❹《古語》1) 強い, 強力な. 2) 激しい. 3) 無茶な, 乱暴な

forzudamente [fɔrθúđaménte] [副] 力一杯, 体力と気力で

forzudo, da [fɔrθúđo, đa] [形] [名] 力持ち〔の〕, 怪力の〔持ち主〕

fosa [fósa]〘←ラテン語 fossa「掘削, 墓」< fodere「掘る」〙[女] ❶ 墓穴〘→tumba [類義]〙: ～ común [身元不明者・貧困者などの] 共同墓地. cavar su 〔propia〕～ 自ら墓穴を掘る. ❷《解剖》窩(か): ～ ilíaca 腸骨窩. ～*s* nasales 鼻腔, 鼻窩. ❸ 穴, 縦穴: ～ séptica [汚水の] 浄化槽. ❹《地理》1) 地溝〘=～ tectónica〙. 2) 海溝〘=～ abisal, ～ marina, ～ oceánica〙: *F*～ de las Marianas マリアナ海溝. *F*～ del Japón 日本海溝. ❺《築城》壕. ❻《サラマンカ》果樹農園. ❼《南米. 自動車》ピット〘=foso〙

fosal [fosál] [男] 墓地〘=cementerio〙

fosar [fosár] [他] [...の周囲に] 溝(壕)を掘る

fosca[1] [fɔ́ska] [女] ❶ [あたりが見えなくなる] もや, 濃い霧. ❷《ムルシア》密林, うっそうとした森

foscarral [fɔskar̄ál] [男]《ムルシア》やぶ, 茂み, 生い茂った雑草

fosco, ca[2] [fɔ́sko, ka]〘←ラテン語 fuscus〙[形] ❶ [毛髪が] 立った: Tiene el pelo ～. 彼の髪はぼさぼさだ. ❷《文語》暗い; はっきりしない. ❸《文語》無愛想な〘=hosco〙

fosfágeno [fɔsfáxeno] [男]《生化》ホスファゲン

fosfamina [fɔsfamína] [女]《化学》=**fosfina**

fosfatado, da [fɔsfatáđo, đa] [形] 燐酸塩(燐酸カルシウム)を含んだ: alimento ～ 燐酸カルシウムを含んだ食物

―― [男] 燐酸塩化;《農業》燐酸肥料散布

fosfatar [fɔsfatár] [他] ❶ 燐酸塩化合物にする, 燐酸〔塩〕で処理する. ❷ 燐酸肥料を施す

fosfatasa [fɔsfatása] [女]《生化》ホスファターゼ

fosfático, ca [fɔsfátiko, ka] [形] 燐酸塩の, 燐酸塩を含む

fosfátido [fɔsfátiđo] [男]《生化》ホスファチド, 燐脂質

fosfatina [fɔsfatína] [女]《西. 口語》***hacer*** ～ 1) [物を] 粉々にする. 2) [人を] 傷つける, 害する

hecho ～ [人が] 疲れ切った; 重病の; 気力の失せた, 落ち込んでいる

fosfato [fɔsfáto] [男] ❶《化学》燐酸塩, 燐酸エステル: ～ de calcio 燐酸カルシウム. ❷ 燐酸肥料

fosfaturia [fɔsfatúrja] [女]《医学》燐酸塩尿〔症〕

fosfeno [fɔsféno] [男]《医学》眼内閃光, 眼閃

fosfina [fɔsfína] [女]《化学》ホスフィン, 燐火水素; 燐火水素化合物の有機誘導物

fosfito [fɔsfíto] [男]《化学》亜燐酸塩

fosfofluorescencia [fɔsfoflworesθénθja] [女]《物理》燐蛍光発光, 燐蛍光性

fosfolípido [fɔsfolípiđo] [男] =**fosfátido**

fosfoproteína [fɔsfoproteína] [女] 燐たんぱく質

fosforado, da [fɔsforáđo, đa] [形]《化学》[5価の] 燐を含む, 燐の

fosforar [fɔsforár] [他] 燐と化合させる, 燐を加える

fosforecer [fɔsforeθér] [39] [自] =**fosforescer**

fosforero, ra [fɔsforéro, ra] [形] [名] マッチの;《古語的》マッチ売り

―― [女] ❶《古語的》マッチ箱. ❷ マッチ製造会社. ❸《キューバ》ライター

fosforescencia [fɔsforesθénθja] [女]《物理》❶ 燐光性, 燐光を発すること. ❷ 燐光, ルミネセンス

fosforescente [fɔsforesθénte] [形] 燐光を放つ, 燐光性の: color ～ 蛍光色. órgano ～ [動物の] 発光器. pintura ～ 夜光(発光)塗料

fosforescer [fɔsforesθér] [39] [自] 燐光を発する

fosfórico, ca [fɔsfóriko, ka] [形]《化学》[特に5価の] 燐の, 燐を含んだ: ácido ～ 燐酸. abono ～ 燐酸肥料

fosforilación [fosforilaθjón] 囡 燐酸化
fosforilasa [fosforilása] 囡《生化》ホスホリラーゼ
fosforita[1] [fosforíta] 囡《地質》燐灰土, 燐灰岩
fosforito, ta[2] [fosforíto, ta] 形《西》1)《口語》=**fosforescente**: camiseta ~*ta* 蛍光色のシャツ. 2)《軽蔑》きんきらの, けばけばしい
── 男《カナリア諸島》怒りっぽい人, かんしゃく持ち
fósforo [fósforo] 男 ❶《元素》リン(燐); ~ blanco 黄燐, 白燐. ~ rojo 赤燐. ❷ マッチ [=cerilla]. ❸ 明けの明星. ❹ 才子, 才知, 機知. ❺《メキシコ. 口語》蒸留酒入りのコーヒー. ❻《コロンビア》起爆剤, 雷管
tener menos cabeza que un ~ 頭が悪い, 脳みそが足りない
── 間《カナリア諸島》《驚き・心配・恐怖》うわっ, ひゃーっ!
fosforografía [fosforoɣrafía] 囡《光学》燐光写真法
fosforoscopio [fosforoskópjo] 男 燐光計
fosforoso, sa [fosforóso, sa] 形《化学》[3価の] 燐の, 燐を含んだ
fosfuro [fosfúro] 男《化学》燐化物
fosgenita [fosxeníta] 囡《鉱物》ホスゲン石
fosgeno [fosxéno] 男《化学》ホスゲン
fósil [fósil] 形《←ラテン語 fossilis「地中から掘り出した」< fodere「掘る」》 男 ❶ 化石: ~ característico 示準(標準)化石. ~ viviente 生きた化石. ❷《口語》老人; 頭の古い人
── 形 ❶ 化石の, 化石化した: combustibles ~*es* 化石燃料. huesos ~*es* 化石骨. madera ~ 亜炭. ❷《口語》古くさい, 古めかしい: Sus ideas son ~*es*. 彼の考えは時代遅れだ
fosilífero, ra [fosilífero, ra] 形《土地が》化石を含む
fosilización [fosiliθaθjón] 囡 ❶ 化石化. ❷《口語》時代遅れになること
fosilizar [fosiliθár] 自 ~*se* ❶ 化石になる. ❷《口語》時代遅れになる, 旧態依然としている
foso [fóso] 男《←伊語 fosso < ラテン語 fossus < fodere「掘る」》 ❶ 細長い穴;《地質》地溝. ❷ [劇場の] オーケストラボックス, オーケストラピット [= ~ de la orquesta, ~ orquestal]. ❸《築城》濠, 堀. ❹《スポーツ》1) [跳躍競技の] 砂場, ピット; [障害競走の] 水たまり. 2) クレー射撃のオリンピック様式 [= ~ olímpico]. ❺ [自動車整備用の] ピット. ❻ 雨樋 (雨樋)
fosor [fosór] 男《地方語》墓掘り人 [=*enterrador*]
fosquera [foskéra] 囡 蜂の巣の汚ぎ(汚れ)
fote [fóte] 男《地方語》朝食用の小型パン
fotero, ra [fotéro, ra] 名《まれ》写真家 [=*fotógrafo*]
fótico, ca [fótiko, ka] 形 zona ~*ca*[湖沼・海洋などの] 有光層
fotingo [fotíŋgo] 男 ❶《まれ. 軽蔑》自動車. ❷《メキシコ, パナマ, キューバ. 軽蔑》おんぼろ車. ❸《キューバ》[人の] 尻
fotiniano, na [fotinjáno, na] 形 フォティヌス Fotinus 支持派〔の〕《4世紀の異端者》
fotio [fótjo] 男 [照度の単位] フォト [=1万ルクス lux]
foto [fóto] 囡《*fotografía* の省略語》《口語》写真《映像, 撮影》: Una revista de corazón publicó las ~*s* de la boda de la actriz. 芸能雑誌がその女優の結婚式の写真を掲載した. Las ~*s* salieron hermosas. 写真うつりがよい. un hombre en la ~ 写真に写っている一人の男. ~ de mi familia 私の家族の写真. ~ de carnet 証明書(パスポート)サイズの写真. ~ fija [映画] スチール写真; 名 スチール写真のカメラマン. ~ robot スピード写真; スピード写真ボックス
hacer ~*s* 《口語》[女性がスカートの中が見えるほど無意識に] 脚を広げてしまう
hacer una ~ 1) [+de+物・人/+a+人 の] 写真を撮る: Hicimos una ~ para inmortalizar ese grandioso momento. 私たちは偉大な瞬間を記録に残そうと写真を撮った. ¿Quieres *hacer*me una ~? 一枚撮ってくれない? 2)《口語》=*hacer* ~*s*
qué ~ *tienes* 《口語》何という変なかっこうをしているんだ
sacar una ~ [+de+物・人 の] 写真を撮る
salir una ~ 役割を果たす
tomar una ~ =*sacar una* ~
foto-《接頭辞》❶ [光] *fotocélula* 光電池. ❷ [写真] *fotocopiar* コピーをとる
fotoactivo, va [fotoaktíβo, βa] 形《物理》光活性のある, 光能動的な

fotobacteria [fotoβaktérja] 囡《生物》発光バクテリア
fotobiología [fotoβjoloxía] 囡 光生物学
fotocalco [fotokálko] 男 写真印刷, 写真トレース
fotocarcinogénesis [fotokarθinoxénesis] 囡《医学》光発癌
fotocatálisis [fotokatálisis] 囡《化学》光化学触媒作用, 光触媒作用
fotocátodo [fotokátoðo] 男《電気》光電陰極
fotocélula [fotoθélula] 囡 光電池; 光電管 [=*célula fotoeléctrica*]
fotocincografía [fotoθiŋkoɣrafía] 囡《印刷》写真亜鉛凸版〔術〕
fotocinesis [fotoθinésis] 囡 光線運動, 対光キネシス
fotocoagulación [fotokoaɣulaθjón] 囡《医学》光凝固〔術〕
fotocolorímetro [fotokolorímetro] 男《写真》色温度メーター
fotocomponedora [fotokomponeðóra] 囡 写真植字機
fotocomponer [fotokomponér] 他《印刷》写真植字する
fotocomposición [fotokomposiθjón] 囡 写真植字, 写植
fotocompositor, ra [fotokompositór, ra] 名 写植オペレータ
fotoconductividad [fotokonduktiβiðað] 囡《電気》光伝導, 光導電性
fotoconductor, ra [fotokonduktór, ra] 形《女性形 fotoconductriz もある》《電気》光伝導の, 光導電性の
── 男 光伝導体; [プリンターの] 感光体
fotoconductriz [fotokonduktríθ] →**fotoconductor**
fotocopia [fotokópja] 囡《←*foto-*+*copia*》 コピー, 写真複写: hacer ~ de un documento 書類のコピーをとる
fotocopiador, ra [fotokopjaðór, ra] 形 写真複写する
── 囡 コピー機 [=*copiadora*]
fotocopiar [fotokopjár] 10 他 …のコピーをとる
fotocorriente [fotokorjénte] 囡《電気》光(ひかり)電流
fotocrisia [fotokrísja] 囡 正の光応性
fotocromático, ca [fotokromátiko, ka] 形 =**fotocrómico**
fotocromía [fotokromía] 囡 天然色写真術; 天然色感光版
fotocrómico, ca [fotokrómiko, ka] 形《光学》フォトクロミックの, 光発色性の, 光互変性の
fotocromismo [fotokromísmo] 男《光学》フォトクロミズム
fotocromo, ma [fotokrómo, ma] 形 天然色の
fotodegradable [fotoðeɣraðáβle] 形 [プラスチックなどの] 光分解性の
fotodermatosis [fotoðermatósis] 囡《医学》光線過敏症
fotodesintegración [fotoðesinteɣraθjón] 囡《物理》光(ひかり)分解, 光壊変
fotodinámico, ca [fotoðinámiko, ka] 形 光(ひかり)力学的な
fotodiodo [fotoðjóðo] 男《技術》光ダイオード, フォトダイオード
fotoelasticidad [fotoelastiθiðað] 囡《物理》光(ひかり)弾性
fotoelasticimetría [fotoelastiθimetría] 囡 [光弾性による] 応力・ひずみ計測〔法〕
fotoelectricidad [fotoelektriθiðað] 囡 光(ひかり)電気
fotoeléctrico, ca [fotoeléktriko, ka] 形《物理》❶ 光電気の: corriente ~*ca* 光電流. ❷ [装置が] 光電気の: tubo ~ 光電管
fotoelectrón [fotoelektrón] 男《物理》光電子
fotoemisión [fotoemisjón] 囡《物理》光電子放出
fotoemisor, ra [fotoemisór, ra] 形 光電子を放出する: diodo ~ 発光ダイオード
fotoenvejecimiento [fotoembexeθimjénto] 男 光老化, 太陽光線による皮膚の老化
fotoesfera [fotoesféra] 囡 =**fotosfera**
fotofet [fotofé(t)] 男 電界効果トランジスター, FET
fotófilo, la [fotófilo, la] 形《植物》光を好む, 好光性の
fotofiltro [fotofíltro] 男《写真》濾光器
foto-finish [fotofiníʃ]《スポーツ》写真判定〔人気〕
── 男 写真判定のカメラ
fotofisión [fotofisjón] 囡《物理》光分裂
fotofluorografía [fotoflworoɣrafía] 囡《医学》X線蛍光撮影〔法〕
fotofobia [fotofóβja] 囡《医学》光恐怖症, まぶしがり症
fotófobo, ba [fotofóβo, ba] 形 名 まぶしがりの〔人〕; 輝г恐怖症の〔人〕
fotófono [fotófono] 男 光線電話機
fotoforesis [fotoforésis] 囡《単複同形》《化学》光(ひかり)泳動, フォトフォレシス

fotóforo [fotóforo] 男［深海魚などの］発光器
fotogénesis [fotɔxénesis] 女《単複同形》《生物》［深海魚などの］発光
fotogenia [fotɔxénja] 女 ❶ 写真うつりのよさ．❷［撮影によって生じる］写真（映画）的な効果，フォトジェニー
fotogénico, ca [fotɔxéniko, ka]《←英語 photogenic》形 ❶ 撮影向きの，写真うつりのよい: facciones ~cas 写真うつりのよい顔．❷ 感光性の
fotógeno, na [fotóxeno, na] 形 ❶ 発光性の．❷《生物》燐光性の: bacterias ~nas 発光バクテリア
fotogeología [fotɔxeoloxía] 女《測量》［航空写真を利用した］地勢図作成法
fotogoniómetro [fotogonjómetro] 男《写真》フォトゴニオメーター，光線角度計
fotograbado [fotograbáðo] 男 ❶ 写真製版，グラビア（凹版）印刷．❷ グラビア版．❸ グラビア写真
fotograbador, ra [fotograbaðór, ra] 名《印刷》グラビア印刷工
── 女 グラビア印刷所; グラビア印刷機
fotograbar [fotograbár] 他 写真製版する，グラビア印刷する
fotografía [fotografía]女《←foto-+-grafía》❶ 写真撮影; 写真《=foto》: Desde aquel rincón podrás hacer las mejores ~s. あの隅からなら最高の写真が撮れるよ．tienda de ~ カメラ店．~ en color カラー写真．~ en blanco y negro 白黒写真．❷［写真のような］忠実な再現，正確な描写．❸ 写真スタジオ
hacer una ~/hacer ~s《口語》［女性がスカートの中が見えるほど無意識に］脚を広げてしまう
fotografiar [fotografjár] 11 他 ❶ …の写真を撮る，撮影する．❷ 写真的に描写する
fotográficamente [fotográfikaménte] 副 写真〔術〕によって，写真のように
fotográfico, ca [fotográfiko, ka]《←fotografía》形 写真の〔ような〕; 写真用の: aparato ~ 写真機，カメラ《=cámara》．arte ~ 写真術．memoria ~ca 映像記憶《=memoria eidética》．papel ~ 印画紙，感光紙
fotógrafo, fa [fotógrafo, fa] 名 写真家，カメラマン: ~ de prensa 報道カメラマン
fotograma [fotográma] 男 ❶《映画》一こま．❷《写真》1）陽画，ポジ．2）フォトグラム
fotogrametría [fotogrametría] 女 写真測量（製図）法
fotoinducido, da [fotoinduθíðo, ða] 形 光の作用に感応した: transferencia de electrones ~da 光誘起電子移動
fotointerpretación [fotointerpretaθjón] 女 写真解読〔法〕，写真解析〔法〕
fotoionización [fotojoniθaθjón] 女《物理》光（$\frac{フォト}{イオン}$）電離，光（$\frac{フォト}{イオン}$）イオン化
fotolisis [fotólisis] 女=**fotólisis**
fotólisis [fotólisis] 女《単複同形》❶《化学》光（$\frac{フォト}{ト}$）分解．❷《植物》葉緑体の光分解
fotolito [fotolíto] 男 ❶《印刷》［グラビア印刷・オフセット印刷などに用いる］写真石版（平版）．❷ 写真石版画
fotolitografía [fotolitografía] 女 写真石版（平版）〔術〕; 写真石版画; フォトリソグラフィー
fotolitografiar [fotolitografjár] 11 他 写真石版にする，写真石版にかける
fotolitográfico, ca [fotolitográfiko, ka] 形 写真石版（平版）の
fotolitógrafo, fa [fotolitógrafo, fa] 形 名 写真石版を行なう; 写真石版工
fotoluminiscencia [fotoluminisθénθja] 女 光（フォト）ルミネセンス
fotomagnético, ca [fotomagnétiko, ka] 形《物理》［現象の］光磁気性の
fotomatón [fotomatón]《←?語源》男《西》❶ スピード写真ボックス: hacerse las fotos en un ~ スピード写真を撮る．❷《まれ》スピード写真
fotomecánico, ca [fotomekániko, ka] 形 写真製版印刷〔の〕
fotometría [fotometría] 女 光度測定; 測光学
fotométrico, ca [fotométriko, ka] 形 光度計の; 測光〔法〕の
fotómetro [fotómetro] 男 ❶《物理》光度計．❷《写真》露出計
fotomicrografía [fotomikrografía] 女 顕微鏡写真〔術〕

fotomodelo [fotomoðélo] 名 写真〔誌〕のモデル
fotomontaje [fotomɔntáxe] 男 合成写真;《美術》フォトモンタージュ
fotomultiplicador [fotomultiplikaðór] 男《電気》光電子増倍管
fotomural [fotomurál] 男 壁一杯に引き伸ばされた写真
fotón [fotón] 男《物理》光子，フォトン
fotonegativo, va [fotonegatíβo, βa] 形《生物》負の光走性を示す
fotoneutrón [fotoneutrón] 男 光中性子
fotónico, ca [fotóniko, ka] 形《物理》光子の
fotonovela [fotonoβéla] 女 写真小説［写真にせりふ・地の文が組み込まれた小説］
fotonuclear [fotonukleár] 形《物理》光核反応の，光子と核の衝突による: reacción ~ 光核反応
fotoperiodismo [fotoperjoðísmo] 男 ❶ フォトジャーナリズム．❷《生物》光周性
fotoperiodista [fotoperjoðísta] 名 フォトジャーナリスト，写真報道家
fotoperiodo [fotoperjóðo] 男《生物》光周期
fotoplano [fotopláno] 男《測量》［航空撮影による］写真地図，フォトマップ
fotopolímero [fotopolímero] 男《化学》感光性樹脂
fotopositivo, va [fotopositíβo, βa] 形《生物》正の光走性を示す
fotoprotección [fotoproteːkθjón] 女 光防護
fotoprotector, ra [fotoprotektór, ra] 形 男《化粧》日焼け止め〔の〕
fotopsia [fotóⅾsja] 女《医学》光視症
fotoquímico, ca [fotokímiko, ka] 形 光化学の: reacción ~ca 光化学反応．niebla ~ca/smog ~ 光化学スモッグ
── 女 光化学
fotorromance [fotorománθe] 男《まれ》=**fotonovela**
fotorradio [fotořáðjo] 男 無線電送写真
fotorradioscopia [fotořaðjoskópja] 女《医学》レントゲン（X線）写真
fotorreacción [fotořeakθjón] 女《化学》光化学反応
fotorreceptor, ra [fotořeθeptór, ra] 形《生物》光受容の: órgano ~ 光受容体
fotorresistencia [fotořesisténθja] 女［受ける光の強さによって変化する］光抵抗
fotorresistente [fotořesisténte] 形 光抵抗の
fotorrobot [fotořoβót] 男 フォトモンタージュ〔作製法〕，モンタージュ写真
fotorromance [fotořománθe] 男《まれ》=**fotonovela**
fotosensibilidad [fotosensiβiliðáð] 女 感光性
fotosensibilización [fotosensiβiliθaθjón] 女《医学》光線過敏症，日光過敏症
fotosensibilizante [fotosensiβiliθánte] 形 男 感光性を与える，光増感する; 光線感作物質
fotosensible [fotosensíβle] 形 ❶ 感光性の: papel ~ 印画紙．❷《医学》光線過敏症の
fotosfera [fotosféra] 女《天文》光球
fotosíntesis [fotosíntesis] 女《単複同形》《生物》光合成
fotosintético, ca [fotosintétiko, ka] 形 光合成の
fotosintetizar [fotosintetiθár] 9 他 光合成を行なう
fotostato [fotostáto] 男《←商標》フォトスタット［写真複写機］
fototactismo [fototaktísmo] 男=**fototaxis**
fototaqueómetro [fototakeómetro] 男《地理》=**fototeodolito**
fototaxia [fototá[k]sja] 女=**fototaxis**
fototaxis [fototá[k]sis] 男《生物》光（$\frac{フォト}{ト}$）走性, 走光性: ~ positivo (negativo) 正（負）の走光性, 向（背光）性
fototaxismo [fotota[k]sísmo] 男=**fototaxis**
fototeca [fototéka] 女 フォトライブラリー，写真収集
fototelegrafía [fototelegrafía] 女 写真電送
fototelégrafo [fototelégrafo] 男 写真電送機
fototeodolito [fototeoðolíto] 男《測量》写真経緯儀
fototerapia [fototerápja] 女 光線療法
fototermómetro [fototermómetro] 男《物理》［深海温度を記録する］写真温度計
fototintura [fototintúra] 女《繊維》写真捺染
fototipia [fototípja] 女《印刷》フォトタイプ

fototípico, ca [fototípiko, ka] 《印刷》フォトタイプの
fototipografía [fototipoɣrafía] 囡《印刷》写真植字, 写植
fototipográfico, ca [fototipoɣráfiko, ka] 形 写真植字の
fototopografía [fototopoɣrafía] 囡《地理》写真測量, 写真製図
fototoxicidad [fototo(k)siθiðá(ð)] 囡《医学》光毒性
fototóxico, ca [fototó(k)siko, ka] 光毒性の
fototransistor [fototransistór] 男《電気》フォトトランジスタ
fototrópico, ca [fototrópiko, ka] 形《生物》光屈性の, 屈光性の
fototropismo [fototropísmo] 男《生物》光(屈)性, 屈光性
fototubo [fototúβo] 男《電気》光電管
fotovoltaico, ca [fotoβoltáiko, ka] 形《物理》光起電性の, 光電池の: central de energía solar ~ca 太陽光発電所
fotre [fótre] 男《地方語》哀れな奴
fotuto[1] [fotúto] 男 ❶《パナマ, キューバ》ひょうたん製の笛《先住民が戦争や牧畜で鳴らす》. ❷《キューバ》クラクション. ❸《ドミニカ, プエルトリコ》厚紙製の円錐形の笛. ❹《ドミニカ》牛の角. ❺《コロンビア, ベネズエラ》[先住民の] かん高い音の出る笛
fotuto[2], **ta** [fotúto, ta] 形 ❶《キューバ》不快な, つまらない. ❷《プエルトリコ》落ちぶれた, 哀れな; 病んでいる. ❸《ベネズエラ》[果実が] まだ熟していない. ❹《アルゼンチン》みじめな, ひどい, くだらない
foudre [fúðre]《←仏語》男 =**fudre**
foul [fúl]《←英語》男 [複 ~s]《中南米, サッカー》[相手にフリーキックを与える] ファウル
foulard [fulár]《←仏語》男 [複 ~s] =**fular**
fourierista [furjerísta] 形 名 フーリエ Fourier 主義の (主義者)
fourmarierita [foʊrmarjeríta] 囡《鉱物》フールマリール石
foursome [fórsom]《←英語》男《ゴルフ》フォーサム
fóvea [fóβea] 囡 ❶《解剖》[網膜上の黄斑の] 中心窩《=~ central》. ❷ [動物が骨などを隠す] 穴, 窩(か)
fovismo [foβísmo] 男 =**fauvismo**
fovista [foβísta] 形 名 =**fauvista**
fox [fós] 男 [複 ~es/単複同形] =**fox-trot**
foxterrier [fo(k)sterjér]《←英語》名 [複 ~s]《犬》フォックステリア
fox-trot [fo(k)strót(t)] 男 [複 ~s]《舞踊》フォックストロット; その舞曲
foyer [fwajé]《←仏語》男《南米》[劇場・映画館の] ロビー, ホワイエ; 俳優控え室, 楽屋
FP [efepé]《西. 略語》←Formación Profesional 職業訓練課程
fra. (略語) →**factura** インボイス
frac [frák]《←仏語》男 [複 fraques/~s]《服飾》燕尾服
fracasado, da [frakasáðo, ða] 形 失敗した, 不成功の: amor ~ 失恋. candidato ~ 落選した候補者. golpe militar ~ クーデター未遂
── 名 失敗した人; 落伍者, 挫折者; 役立たず: Murió creyendo que era un ~. 彼は自分は敗北者と思いながら亡くなった. Nunca llegarás a nada; serás un ~. 君は決して何にもなれないだろう. 落伍者になるだろう. ~ en la vida 人生の敗北者
fracasar [frakasár]《←ラテン語 fracassare「ばらばらにする」》自 ❶ 失敗する, 不首尾に終わる, 挫折(^ざせつ)する: 1) [意図・狙いなどが] El proyecto fracasó. 計画は挫折した. 2) [人が, +en に] Creo que hemos fracasado. 私たちは失敗したと思う. Era preferible ~ luchando que huir acobardado. 怖じ気づいて逃げるより戦って砕ける方がましだった. ~ en el examen 試験に落ちる. ~ en la escuela 授業についていけない. ~ en sus negocios 事業に失敗する. ❷《船舶》[船が] ばらばらに壊れる, 砕ける
fracaso [frakáso]《←fracasar》男 ❶ 失敗, 挫折: Teme un ~. 彼は失敗を恐れている. El proyecto puede ser un ~. 計画は失敗になるかもしれない. La obra es un ~. 彼は作品として失敗だ. ~ escolar 落ちこぼれ [状態]. ~ matrimonial 結婚の失敗. ~ sentimental 失恋. ❷ 無能な人, 役立たずな人: Como médico él es un ~. 医者として彼は役に立たない. ~ de España en la Copa del Mundo ワールドカップでのスペインの敗北. ❸《船舶》[船が] ばらばらに壊れること, 砕けること. ❹《医学》[器官の] 機能不全: ~ renal agudo 急性腎不全
tener (**sufrir**) **un** ~ 失敗する, 敗北する
fracción [fra(k)θjón]《←ラテン語 fractio, -onis < frangere「壊す」》囡 ❶ 分割《=división》; [分割した] 部分, 断片, ほんの少し: ~ del pan《カトリック》聖体分割. durante una ~ de segundo ほんの一瞬. ❷《数学》分数, 端数: ~ propia 真分数. ~

impropia 仮分数. ~ continua 連分数. ~ decimal 小数. ~ decimal exacta 真小数. ~ periódica (mixta・pura) [混・純]循環小数. ❸《党派内の》分派, 少数派: ~ Trotskista トロツキー派. ❹《物理, 化学》[分別蒸留で留出される] 留分. ❺《医学》~ telespiratoria [麻酔の] 終末呼気濃度. ❻ [+en への] 分裂. ❼《チリ. スポーツ》タイム, ピリオド
fraccionable [fra(k)θjonáβle] 形 ❶ 分割され得る. ❷《物理, 化学》分留可能
fraccional [fra(k)θjonál] 形《まれ》=**fraccionario**
fraccionalismo [fra(k)θjonalísmo] 男 分派主義
fraccionalista [fra(k)θjonalísta] 形 名 分派主義の
fraccionamiento [fra(k)θjonamjénto] 男 ❶ 分割, 分裂, 細分化. ❷《物理, 化学》分留, 分別. ❸《メキシコ》区画分け; 住宅団地
fraccionar [fra(k)θjonár]《←fracción》他 ❶ 分割する, 細分する; 分裂させる: pago fraccionado de impuestos 税金の分割払い. ❷《物理, 化学》[混合物を蒸留によって] 分留する, 分別する
fraccionario, ria [fra(k)θjonárjo, rja]《←fracción》形 ❶ [貨幣が] 小額通貨の: moneda ~ria 補助貨幣. ❷ 断片的な, 端数の. ❸《数学》分数の: expresión ~ria 分数式
fractal [fraktál] 形《幾何》フラクタル[の]: geometría ~ フラクタル幾何学
fractocúmulo [fraktokúmulo] 男 片積雲
fractostrato [fraktostráto] 男 片層雲
fractura [fraktúra]《←ラテン語 fractura < frangere「壊す」》囡 ❶《医学》骨折《=~ de un hueso, ~ ósea》: ~ abierta 開放骨折. ~ capilar (complicada) 複雑骨折. ~ conminuta 粉砕骨折. ~ de fatiga 疲労骨折. ~ de tallo verde 若木骨折. ~ por compresión 圧迫骨折. ~ craneal/~ del cráneo 頭蓋骨骨折. ❷ 破砕, 分裂, 亀裂. ❸《鉱物》断口(だんこう), 劈開(へきかい): ~ concoidea 貝殻状断口. ~ laminar 平坦片状断口. ❹《地質》断層
fracturación [frakturaθjón] 囡 破壊
fracturar [frakturár]《←fractura》他 ❶ [骨を] 折る. ❷ こじ開ける; [固い物を] 壊す: ~ una cerradura 錠前を破る
── ~se [骨が] 折れる, 骨折する: Se fracturó la pierna. 彼は片脚を骨折した
fracturario, ria [frakturárjo, rja] 形 骨折の
frade [fráðe] 男《まれ》修道士 =**fraile**
fraga [fráɣa] 囡 ❶《植物》キイチゴ《=frambueso》. ❷ 岩だらけの険しい土地. ❸ [製材の] 木くず, 木っ端. ❹《地方語》野生林. ❺《アラゴン》イチゴ畑
Fraga Iribarne [fráɣa iriβárne]《人名》**Manuel ~** マヌエル・フラガ・イリバルネ《1922~2012, ガリシア出身の政治家. フランコ政権下で情報・観光大臣. 1976年, 国民同盟 AP を組織》
fragancia [fraɣánθja]《←ラテン語 fragantia》囡 ❶ 芳香《⇔hedor》: ~ de las flores かぐわしい花の香り. ❷ [美徳についての] 名声
fragante [fraɣánte]《←ラテン語 fragans, -antis》形 ❶《文語》かぐわしい, 芳香性の. ❷ 現行[犯]の: en ~ 現行犯で, 現場を押さえられて《=en flagrante》
fraganti [fraɣánti] →**in fraganti**
fragaria [fraɣárja] 囡《地方語》❶《植物》イチゴ《=fresa》. ❷ イチゴ畑
fragata [fraɣáta]《←伊語 fregata》囡 ❶《船舶》フリゲート艦《快速帆装軍艦, 第2次大戦の船団護衛艦, 現代の哨戒・護衛艦》: ~ ligera コルベット艦《=corbeta》. ❷《鳥》グンカンドリ《=rabihorcado》. ❸《動物》portuguesa カツオノエボシ
fragatino, na [fraɣatíno, na] 形 名《地名》フラガ Fraga の [人]《ウエスカ県の町》
frágil [fráxil]《←ラテン語 fragilis < frangere》形 ❶ 壊れやすい, もろい: El cristal es muy ~. ガラスは大変割れやすい. F~《表示》壊れ物注意. hielo ~ もろい氷. La vida es muy ~. 人生ははかない. ❷ [精神的・肉体的な] 弱々しい, 華奢な: Parece más ~ de lo que verdaderamente es. 彼は実際よりも弱々しく見える. memoria ~ 弱い記憶力. mujer ~ か弱い女性. voz ~ か弱い声. ❸ 誘惑に負けやすい, 意志の弱い
fragilidad [fraxiliðá(ð)] 囡 ❶ 壊れやすさ, もろさ: ~ del tiempo y de la vida 時間と人生のはかなさ. ❷ 虚弱, ひ弱さ: ~ de la salud 身体の虚弱さ
fragilizar [fraxiliθár] 自 他 脆弱化する, もろくする

frágilmente [fráxilménte] 副 脆弱に, もろくも; へなへなと
frágino [fráxino] 男《地方語. 植物》トネリコ《=fresno》
fragmentación [fragmentaθjón] 女 ❶ 分裂, 破砕: ~ nuclear《物理》核破砕;《生物》細胞核断片化. ❷《情報》フラグメンテーション
fragmentar [fragmentár]《←fragmento》他 粉々にする; ばらばらにする: ~ una obra en fascículos 作品を分冊にする
── ~se 粉々になる; ばらばらになる: Se fragmentaron las rocas. 岩が粉々になった
fragmentariedad [fragmentarjeðáð] 女 断片性
fragmentario, ria [fragmentárjo, rja]《←fragmento》形 断片からなる, ばらばらの; 表面的な, 不完全な: visión ~ria 断片的な見通し
fragmentarismo [fragmentarísmo] 男 分裂化傾向; 断片性
fragmento [fragménto]《←ラテン語 fragmentum》男 ❶ 破片, かけら: recoger los ~s de un plato roto 割れた皿のかけらを集める. romper una carta en pequeños ~s 手紙を細かく裂く. ❷ [文章・作品などの] 断片, 一節, 断章; 部分稿. ❸《彫刻・建築物などの》残存物, 残存部分
fragor [fragór]《←ラテン語 fragor, -oris》男《文語》[戦い・嵐などの] 大音響, 轟音, とどろき: en el ~ de la guerra 戦火のとどろくなかで
fragoroso, sa [fragoróso, sa] 形 大音響の, 轟々(ごうごう)たる
fragosidad [fragosiðáð] 女 ❶ [地形の] 険しさ, 険険(けんけん). ❷ [石ころ・イバラだらけの] 荒地; 凸凹地
fragoso, sa [fragóso, sa]《←ラテン語 fragosus》形《文語》❶ [地形が] 険しい: camino ~ 難路. ❷ =fragoroso
fragua [frágwa] 女 ❶ [鍛冶屋の] 炉. ❷ 鍛冶工場, 鍛造工場《=forja》
fraguado [fragwáðo] 男《セメントなどの》凝固
fraguador, ra [fragwaðór, ra] 形 名《軽蔑》考えつく[人], でっちあげる[人]; 引き起こす[人]: ~ de enredos もめごとを起こす人
fraguar [fragwár]《←古語 francar < ラテン語 fabricare「穏やかにする」》⒔ 他 ❶ [鉄を] 鍛える; 鍛造する《=forjar》: ~ una espada 刀を打つ (作る). ❷ [計画などを] 考え出す: ~ un plan 計画を案出する. ~ una mentira 嘘をでっちあげる. ❸ [陰謀などを] 企てる, 画策する: ~ una conspiración 陰謀をたくらむ ── 自 ❶ [セメントなどが] 凝固化する, 固まる. ❷ [案・計画などが] 具体化する, 確かなものになる
fragüero [fragwéro] 男《アンダルシア》鍛冶職人, 鍛冶屋
fragüín [fragwín] 男《エストレマドゥラ》[険しい土地を流れる] 小川
fragura [fragúra] 女 [地形の] 険しさ《=fragosidad》
frailada [frailáða] 女《口語》聖職者の乱行
fraile [fráile]《←オック語 fraire「兄弟」》男 ❶ [主に托鉢修道会の] 修道士: ~ motilón 平修道士. ~ de misa y olla 万年下積み修道士. Orden de F~s Menores 小さき兄弟修道会. ❷ [長い衣服の裾の] まくれ. ❸《印刷》刷りむら. ❹ [フード付き暖炉の壁の, 煙を導くための] 三角の縦溝. ❺《魚》イソギンポ科の川魚《学名 Blennius fluviatilis》. ❻《地方語》[風車のキャップと梶棒を支える] 梶棒台. ❼ 僧侶の姿に似た石塚. ❽《アンダルシア》1) [唐箕にかける前の] 穀物の山. 2) 陰茎の包皮. ❾《ムルシア》[蚕に繭を作らせる] 蔟(まぶし)
aunque se lo digan ~s descalzos いくら馬の耳に念仏を唱えても
haber hecho a+人 la boca un ~ …は物乞い同然である
frailear [frailear] 他《アンダルシア》[木の枝を] 二股近くで切る
frailecillo [frailleθíʎo]《fraile の示小語》男 ❶《鳥》1) ニシツノメドリ. 2) ウソ《=camachuelo》. 3)《キューバ, チリ》フタオビチドリ. ❷《絹紡の》紡錘(つむ)の固定木片. ❸《アンダルシア》荷車の轅(ながえ)[鋤の刃と柄の接合部分に取り付けられた] 脇木. ❹《キューバ. 植物》ボロボロノキ科の一種《学名 Ximenia americana》
frailecito [fraileθíto]《fraile の示小語》男 ❶ 僧侶のケープ《ソラマメのさやで作る玩具》. ❷《キューバ, プエルトリコ. 鳥》フタオビチドリ
frailejón [frailexón] 男《エクアドル, コロンビア, ベネズエラ. 植物》キク科の一種《葉が大きい. 学名 Espeletia grandiflora》
fraileño, ña [frailéɲo, ɲa]《口語》修道士の, 僧侶の
frailero, ra [frailéro, ra]《←fraile》形 ❶ 修道士の, いかにも修道士らしい. ❷ 聖職者びいきの; 信心深い. ❸《建築》[窓が] よろい戸付きの
── 男 座面と背もたれが革 (ビロード) 張りで鋲打ちされた肘掛椅子《=sillón ~》
frailesco, ca [frailésko, ka] 形 修道士の
frailía [frailía] 女 修道士の身分
fraillillos [frailíʎos] 男 複《植物》エンレイソウ, テンナンショウ《=arísaro》
frailuco [frailúko]《fraile の示小語》男《軽蔑》下っ端の修道士
frailuno, na [frailúno, na] 形 ❶《軽蔑》修道士じみた, 修道士くさい. ❷ sillón ~ 座面と背もたれが革 (ビロード) 張りで鋲打ちされた肘掛椅子《=frailero》
framboyán [frambojár]《←仏語 flamboyant》男《メキシコ. 植物》フランボヤン, ロイヤルポインシアナ, ホウオウボク (鳳凰木)
frambuesa [frambwésa]《←仏語 framboise》女《果実》キイチゴ
── 形 男 暗めの赤紫色[の]
frambueso [frambwéso] 男《植物》キイチゴ, ラズベリー, フランボアーズ
frámea [frámea] 女 [古代ゲルマン人の] 投げ槍
francachela [fraŋkatʃéla] 女《口語》ふんだんに料理や酒が供される宴会, 無礼講の宴会: andar de ~ どんちゃん騒ぎをする
francalete [fraŋkaléte] 男 ❶ 尾錠付きの革ベルト. ❷《アンダルシア. 馬具》鞍(くら)の留め革
francamente [fraŋkaménte] 副 ❶ 率直に言って: Estoy ~ arrepentido. 私は率直に言って後悔している. F~ no sé. 正直なところ私には分かりません. ❷ 率直に, ざっくばらんに: Don Rodrigo, hablemos ~. ロドリゴさん, 率直に話し合いましょう. ❸ 明らかに, はっきりと: Este traje es ~ bueno. その服は確かに上等だ
francés, sa [franθés, sa]《←プロヴァンス語 franses < ゲルマン語 frank「自由な」》形 ❶《地理》フランス Francia [人・語]の; フランス人: a la *francesa* フランス風に・の. mal ~《婉曲》梅毒. cocina *francesa* フランス料理.
despedirse (marcharse・irse) a la francesa《軽蔑》1) [不作法に] あいさつせずに立ち去る; 黙って席を立つ. 2) 無断欠勤する
── 男 ❶ フランス語. ❷《俗語》[un+] フェラチオ《=felación》
francesada [franθesáða] 女 ❶《歴史》ナポレオン軍のスペイン侵入《1808年》; それに対する民衆の蜂起. ❷《軽蔑》フランス風, フランス人的なやり方 (言い方)
francesilla [franθesíʎa] 女 ❶《植物》ラナンキュラス, ハナキンポウゲ. ❷《果実》[フランスの] トゥール原産のスモモ. ❸《料理》ロールパン
francesismo [franθesísmo] 男 フランス語からの借用語, ガリシスム《=galicismo》
franchipán [frantʃipán] 男《料理》[アーモンド・バター・卵・砂糖などで作った] パイ・ケーキの詰め物
franchipani [frantʃipáni] 男 =**frangipani**
franchipaniero [frantʃipanjéro] 男 =**frangipani**
franchote, ta [frantʃóte, ta] 形 名 =**franchute**
franchute, ta [frantʃúte, ta] 形 ❶《軽蔑》フランス人の; フランス人. ❷《俗語》外国の; 外国人
fráncico, ca [fránθiko, ka] 形 男 フランク語[の]
francio [fránθjo] 男《元素》フランシウム
franciscanismo [franθiskanísmo] 男 アッシジのフランチェスコの精神 (生き方);《神学》フランシスコ学派
franciscano, na [franθiskáno, na] 形 男 ❶《カトリック》フランシスコ会 Orden de San Francisco de Asís の [修道士・修道女]; orden ~*na* フランシスコ会. ❷《人名》[イタリアの聖職者] アッシジのフランチェスコ Francisco de Asís の. ❸ [フランシスコ会修道服の] 黄褐色の. ❹《チリ》厳格な, 節制した
── 女《動物》ラプラタカワイルカ
pobreza ~na 1) アッシジのフランチェスコの聖貧. 2) 赤貧: vivir en una *pobreza ~na* 赤貧洗うがごとき生活をおくる
francisco, ca [franθísko, ka] 形 名 フランシスコ会の [修道士・修道女]
Francisco de la Cruz [franθísko de la krúθ]《人名》フランシスコ・デ・ラ・クルス《1529?〜78, スペイン人聖職者. ペルーへ渡り, サン・マルコス大学学長. 異端審問により火刑に処される》
Francisco Javier [franθísko xabjér]《人名》**San ~** 聖フランシスコ・ザビエル《1506〜52, ナバラ生まれのカトリック司祭. イグ

ナティウス・ロヨラ Ignacio de Loyola などと共にイエズス会を創設。インドで宣教し、1549年には日本に初めてキリスト教を伝えた]

francisquilla [franθiskíʎa] 囡《地方語》抑制したお祭り騒ぎ
francmasón, na [fran(k)masón, na] 图 フリーメーソンの会員
francmasonería [fran(k)masonería]《←仏語 francmason < 英語 free mason》囡 フリーメーソン[国際的な秘密結社]
francmasónico, ca [fran(k)masóniko, ka] 形 フリーメーソンの
franco, ca [fránko, ka]《←ゲルマン語 flank「フランク族」》形 ❶ 率直な，裏のない: Es necesario ser ~ conmigo. 私に包み隠しをしないことが必要だ。Es sincera y franca. 彼は誠実な人だ。ser ~ en decir 非番で。en forma ~ca y directa 率直にずけずけと言う。carcajadas ~cas 屈託のない高笑。mirada ~ca あからさまな視線。~ca amistad 心の底からの友情。❷ [estar+] 自由な，妨げのない: entrada ~ 入場自由，入場無料; 無料入場券。puerta ~ca 出入り自由[の入り口]。❸ [estar+. +de 税・負担などを] 免れた: ~ de derechos 免税の。~ de servicio 非番で。~ de todo gasto 無料の。❹ [主に+名詞. 状況が] 明白な，明らかな: Su salud está en ~ca mejoría. 彼の健康状態は明らかに好転している。La zona se encuentra en ~ deterioro ambiental. その地域は明らかに環境が悪化している。estar en ~ desarrollo (descenso) 明らかに発展中(下降気味)である。conseguir una ~ca victoria 楽勝する。❺《文語》フランス[人]の; フランス語圏の。❻《歴史》1) フランク族の; フランク語の。2)[中世に，フランスなど] イベリア半島の北から移住してきた。❼ [アフリカ沿岸で] ヨーロッパの。❽《商業》1) 関税のかからない: aeropuerto ~ 自由空港。puerto ~ 自由港。zona ~ca 自由貿易区域。2) ~ a bordo 本船渡し[条件]，FOB。~ al costado del buque 船側渡し[条件]，FAS。~ fábrica 工場渡し[条件]，EXW。~ transportista 運送人渡し[条件]，FCA。❾ 混合言語の。❿ [鉱山] piedra ~ca 軟石。tierra ~ca 沃土。⓫ [鉱山] [土地が] 採掘が自由。⓬《南米》勤務のない
── 图 ❶《文語》フランス人。❷《歴史》フランク人，フランク族。~s Reino de los ~s フランク王国。rey de los ~s フランク王。❸ [アフリカ沿岸で] ヨーロッパ人
── 男 ❶ [フランスなどの旧貨幣単位] フラン: ~ belga ベルギーフラン。~ suizo スイスフラン。❷ [=fráncico]
franco-《接頭辞》[フランスの] francófilo フランスびいきの
Franco y Bahamonde [fránko i ba(a)mónde]《人名》**Francisco** → フランシスコ・フランコ・イ・バアモンデ[1892～1975, スペインの政治家・軍人。1936年スペイン内戦で総統 Caudillo として反乱軍を指揮，39年に人民戦線 Frente Popular 政府を倒して内戦を終結させ，国家元首としてファランヘ党 Falange とカトリック教会を支持基盤に独裁政権を樹立]
francoamericano, na [fraŋkoamerikáno, na] 形 フランスとアメリカの，米仏間の
francobordo [fraŋkobórðo] 男《船舶》乾舷
francocanadiense [fraŋkokanaðjénse] 形 图 フランス系カナダ人[の]
francocantábrico, ca [fraŋkokantáβriko, ka]《考古》arte ~ フランコ＝カンタブリア美術
francocuartel [fraŋkokwartél] 男《紋章》クォーター[盾形紋章の左上4分の1を占める方形]
francofilia [fraŋkofílja] 囡 フランスびいき
francófilo, la [fraŋkófilo, la] 形 图 フランスびいきの[人]，親仏家[の]
francofobia [fraŋkofóβja] 囡 フランス嫌い
francófobo, ba [fraŋkófoβo, βa] 形 图 フランス嫌いの[人]
francofonía [fraŋkofonía] 囡 集名 フランス語を母国語とする人
francófono, na [fraŋkófono, na] 形 图 ❶ フランス語を母国語とする[人]: En Quebec la mayoría de población es ~na. ケベック州の住民の大部分はフランス語を話す。❷ [国・領土が] フランス語圏の
francolín [fraŋkolín] 男《鳥》ムナグロシャコ
francolino, na [fraŋkolíno, na] 形《エクアドル，チリ》[ひな鶏・雌鶏が] 尾のない
franconio, nia [fraŋkónjo, nja] 形 フランコニア Franconia 語[の]，低地フランク語[の]
francoprovenzal [fraŋkoproβenθál] 形 男 フランコ・プロバンス語[の]
francoprusiano, na [fraŋkoprusjáno, na] 形 フランスとプロシ

アの: guerra ~na 普仏戦争
francote, ta [fraŋkóte, ta]《franco の示大語》形 率直な，裏表のない
francotirador, ra [fraŋkotiraðór, ra]《←仏語 franctireur》图 ❶《軍事》遊撃隊員。❷ 狙撃兵。❸ 個別(単独)行動をとる人，一匹狼
franela [franéla]《←仏語 flanelle < 英語 flannel》囡 ❶《繊維》フランネル，フラノ; ネル。❷《闘牛》ムレタ[=muleta]。❸《服飾》(コスタリカ，パナマ，アンデス)[腰・太股までの] Tシャツ，アンダーシャツ。2)《プエルトリコ，ベネズエラ》[モールなどの飾り付きの] ボレロ。❹《ラプラタ》1) 雑巾。2)《口語》集名 愛撫やキス，ペッティング
── 形 图 ❶《ペルー. 口語》おべっか使い。❷《ラプラタ. 口語》[習慣的に] しつこくせまくる[人]，さわり魔[の]
franelear [franeleár] 他《ラプラタ. 口語》愛撫する，ペッティングする
franelero, ra [franeléro, ra] 图 ❶《ラプラタ》さわり魔[の] [=franela]。❷《アルゼンチン》おべっか使い[の]
franelógrafo [franelóγrafo] 男 フランネルボード[フランネルなどを貼った掲示板]
franelograma [franelογráma] 男 =**franelógrafo**
frange [fránxe] 男《紋章》斜め十字，X形十字
frangente [franxénte] 男《まれ》降ってわいた禍（災難）
frangible [franxíβle] 形 ばらばらになりやすい，壊れやすい，割れやすい
frangipani [franxipáni] 男《植物》インドソケイ
frangir [franxír] 他《物を》割る，砕く
franglais [franglé]《←仏語》男 フラングレ，英語混じりのフランス語
frangle [frángle] 男《紋章》細幅横帯[盾の18分の1～6分の1幅のフェス faja]
frangollar [fraŋgoʎár] ❶ 他 ❶ [穀類・豆を] 挽く，潰す，砕く。❷《口語》ぞんざいにする，いい加減にする
── 自《ボリビア》ごまかす
frangollo [fraŋgóʎo] 男 ❶《口語》雑な仕事，やっつけ仕事。❷ [穀類をあら潰した] 家畜飼料。❸《中央アメリカ》トウモロコシ(小麦)粉のミルク粥。❹《メキシコ》いい加減な料理。❺《キューバ，プエルトリコ》未熟な青いバナナを油で揚げて潰しシロップをかけた菓子。❻《ペルー》[雑炊を] 寄せ集め。❼《チリ》潰した小麦(大麦・トウモロコシ)。❽《アルゼンチン》粉に挽くこと，砕くこと，すり潰すこと
frangollón, na [fraŋgoʎón, na] 图《アンダルシア，カナリア諸島; 中南米. 軽蔑》やっつけ仕事をする[人]
franja [fránxa]《←仏語 frange < ラテン語 fiambra「服の端」》囡 ❶《服飾》[衣服・カーテンなどの] 縁飾り，房飾り，フリンジ。❷ 帯状のもの: una ~ de luz 1本の光の帯。~ de terreno 細長い土地。~ de Gaza [パレスチナの] ガザ地区。~ de edad 年齢層。❸ 時間の一部，期間: en la ~ horaria de 23 de la noche a 2 de la madrugada 11時から2時までの深夜の時間帯に。❹ 電波障害，混信[=~ de interferencia]
franjalete [franxaléte] 男 尾錠付きの革ベルト[=francalete]
franjar [franxár] 他《まれ》縁飾り(房飾り)を付ける
franjear [franxeár] 他《まれ》=**franjar**
franjirrojo, ja [franxirróxo, xa] 形《サッカー》[ユニフォームに赤い縁取りのあるチームの]選手]
frankental [franҝentál] 男 ドイツ原産のブドウ品種の一つ
frankfurt [fránkfurt] 男 複 ~s フランクフルトソーセージ
franklin [fránklin] 男《物理》❶ [CGS法による静電気電荷単位] フランクリン。❷ 光線の干渉線
franqueable [franҝeáβle] 形 困難・障害などが] 克服され得る，越えることができる
franqueadora [franҝeaðóra] 囡 郵便料金支払いの押印機[=máquina ~]
franqueamiento [franҝeamjénto] 男 ❶ 切手(印紙)の貼付。❷ [障害物を取り除いて道などを] 開くこと。❸ [奴隷の] 解放
franquear [franҝeár] 他《←franco》❶ [通行できるように] 障害物を取り除く: ~ el paso 道を開ける。~ su casa a los chicos de la vecindad 近所の子供たちに家を開放する。❷ [障害・困難を乗り越えて] 渡る: El jinete franqueó limpiamente la ría. 騎手は水濠を鮮やかに飛び越えた。~ la puerta ドアを通り抜ける。❸ [郵便物に] 切手を貼る，郵便料金を払う: ~ una postal 葉書に切手を貼る。a ~ en destino 《表示》返信受取

人払い. ❹ [+de 租税などを] 免除する. ❺ 気前よく与える. ❻ [奴隷を] 解放する
── ~se ❶ [+con+人 に] 気持ちを打ち明ける, 包み隠さず話す: ~se con un amigo 友人に心中を打ち明ける. ❷ [人の気持ちを] ほだされる, 言いなりになる

franqueniáceo, a [fraŋkenjáθeo, a] 形 フランケニア科の
── 女 [複][植物] フランケニア科

franqueo [fraŋkéo] 男 [←franquear] ❶ 郵便料金[の支払い], 郵送料; 切手(印紙)の貼付: ¿Qué ~ necesita esta carta? この手紙にはいくらの切手を貼ればいいですか? ~ concertado 郵便料金別納. ~ de un euro 1ユーロの郵便料金. ❷ [障害物を取り除いて道などを] 開くこと. ❸ [奴隷の] 解放

franqueza [fraŋkéθa] 女 [←franco] ❶ 率直さ, ざっくばらん: Disculpe mi ~. 私の無遠慮な言い方をお許し下さい. Lo digo con ~. 率直に申し上げています. Háblanos con ~. ざっくばらんに言ってくれたまえ. Tuvo tanta ~ para pedirme dinero. 彼は遠慮せず借金を頼んできた. ❷ 親密さ: Cuando hay ~ sobran los cumplidos. 親しくなったら礼儀は無用だ

franquía [fraŋkía] 女 [船舶] 操船余地
estar (*ponerse*) *en* ~ [束縛・困難・病気などから] 全く自由である(になる)

franquicia [fraŋkíθja] 女 [←franco] ❶ [関税などの] 特別免除, 免税: ~ aduanera 関税免除. ~ postal 郵便料金免除, 郵送料無料. ❷ [歴史] 免税特権, 商品税の免除. ❸ [商業] [製造者から受ける] 一手販売権, フランチャイズ: cadena de ~ フランチャイズチェーン. tienda de ~ フランチャイズ店. ❹ [航空] ~ de equipaje 荷物の制限重量

franquiciado, da [fraŋkiθjáðo, ða] 形 男 一手販売権を与えられた[業者], フランチャイズ加盟店

franquiciador, ra [fraŋkiθjaðór, ra] 形 男 一手販売権を与える[業者], フランチャイズ事業本部

franquismo [fraŋkísmo] 男 フランコ Franco y Bahamonde 独裁体制[の時代][1939~75, スペイン]; フランコ主義

franquista [fraŋkísta] 形 名 フランコ派[の], フランコ体制の支持者

frappé [frapé] [←仏語] 形 男 [飲料] フラッペ[の] [=granizado]

fraque [fráke] 男 [服飾] 燕尾服 [=frac]

frasca [fráska] 女 ❶ 枯れ葉[と小枝], 落ち葉. ❷ [ワインを入れる] 角形の瓶. ❸ «メキシコ» お祭り騒ぎ, どんちゃん騒ぎ

frasco [frásko] 男 [←ゲルマン flasko] ❶ [化粧品・酒などを入れる, 主にガラスの] 小瓶; 小瓶の中身: ~ de perfume 香水瓶. ❷ «メキシコ» フラスコ. ❸ 猟銃の火薬入れ. ❹ «メキシコ, キューバ, ラプラタ» 体積の単位 [=2.37リットル]
de (*l*) ~ «口語» [主に金髪について] 染めた
¡*Toma* (*Chupa*) *del* ~[, *carrasco*]! «口語» いいぞ, よくやった!/ざまみろ!

frase [fráse] 女 [←ギリシャ語 phrasis [言葉づかい, 演説法] <ギリシャ語 phrasis < phrazo「私は説明する, 理解させる」] ❶ 句, 語群: Escribió algunas ~s de felicitación en la tarjeta. 彼はカードにお祝いの言葉を書いた. ~ adjetiva (adverbial) 形容詞(副詞)句. ❷ 語句, 言い回し: ~ hecha 成句, 慣用句. ❸ proverbial 諺. ❸ 文 [=oración]; 文章: ~ corta 短文. ~ simple 単文. ~ sacramental «カトリック» 秘跡の定訳; 式文. ❹ [作家・時代などに特有の] 表現方法, 言葉づかい: la ~ de Cicerón キケロの文体. ❺ [主に 軽蔑] 空疎な文句, 美辞麗句: Todo eso son ~s. そんなの全部ただの美辞麗句だけだ. gastar ~s 美辞麗句を並べる. ❻ [音楽] フレーズ, 楽句 [=~ musical, ~ melódica]

frasear [fraseár] 自 他 ❶ 楽句を区切って(際立たせて)演奏する(歌う). ❷ «まれ» 文を作る

fraseo [fraséo] 男 [音楽] フレージング, 楽句法

fraseología [fraseoloxía] 女 ❶ [一言語の] 語法; [ある作家に特有の] 表現法, 言葉づかい: ~ hispana スペイン語の表現体系. ~ en la obra de Cervantes セルバンテスの作品の表現法. ❷ 意味のないおしゃべり, 駄弁, 多弁. ❸ [集名] 成句, 慣用的な言い回し

fraseológico, ca [fraseolóxiko, ka] 形 語法[上]の, 言葉づかいの, 慣用の

frasquera [fraskéra] 女 [保管・運搬用の] 仕切り付き瓶ケース

frasqueta [fraskéta] 女 [印刷] [手引き印刷機の] 行燈(あんどん)た, フリスケット

frasquía [fraskía] 女 [船舶] [船側板の湾曲を測る] 木製の定規

frasquitero, ra [fraskitéro, ra] 形 名 «ベネズエラ» 他人のことに首を突っ込む[人], おせっかいな[人]

frástico, ca [frástiko, ka] 形 [言語] 句の, 成句の

fratacho [fratátʃo] 男 «アルゼンチン, ウルグアイ, 左官» [スタッコの仕上げ用の] 木製のこて

fratás [fratás] 男 [左官] こて

fratasar [fratasár] 他 こてで平らにする

fraterna [fratérna] 女 ❶ [皮肉] 説教, 厳しい叱責, 苦言, 小言. ❷ «プエルトリコ» リベル, «プエルトリコ» 過重労働

fraternal [fratérnal] 形 [←fraterno] 兄弟の(ような), 姉妹の(ような); 友愛: amor ~ 兄弟(姉妹)愛. amistad ~ Esa palabra ~ me dió mucha confianza. その温かい言葉で私は自信を持った

fraternalmente [fraternálménte] 副 兄弟(姉妹)愛で, 兄弟(姉妹)らしく; 友愛で

fraternidad [fraterniðáð] 女 [←fraterno] ❶ 兄弟(姉妹)愛; 兄弟(姉妹)関係. ❷ 友愛, 同胞愛: igualdad, libertad y ~ 自由・平等・博愛. ❸ [←英語] 学生社交クラブ, 友愛会

fraternizar [fraterniθár] 自 [+con と/互いに] 兄弟(姉妹)のように仲よくする, 友好関係を保つ: Los dos fraternizaron en seguida al saber que eran de la misma escuela. 2人は同窓生と知ってすぐ親しくなった

fraterno, na [fratérno, na] 形 [←ラテン語 fraternus < frater, -tris 「兄・弟」] =**fraternal**: luchas ~nas 兄弟(姉妹)げんか. corrección ~na 友としての説諭

fratres [fratres] 男 [複] «まれ» 修道士たち [=frailes]

fratría [fratría] 女 ❶ [古代ギリシャ] 胞族, フラトリア [部族 tribu の下位区分]. ❷ «まれ» 結社, 同業者組合. ❸ [生物] [集名] 一腹の子

fratricida [fratriθíða] 形 名 兄弟(姉妹)殺し; 兄弟(姉妹)殺害者: lucha ~ 骨肉(身内)の争い

fratricidio [fratriθíðjo] 男 兄弟(姉妹)殺し

fraude [fráuðe] 男 [←ラテン語 fraus, -dis 「悪意, 損害」] 不正[行為], ごまかし, 欺瞞, 詐欺: Hubo un ~ en el examen. 試験で不正行為があった. cometer un ~ 詐欺を働く. en ~ de acreedores «法律» 詐害行為的. ~ electoral 不正選挙. ~ fiscal/~ del fisco 脱税

fraudulencia [frauðulénθja] 女 «まれ» =**fraude**

fraudulentamente [frauðuléntaménte] 副 不正に, だまして, 詐欺的に

fraudulento, ta [frauðulénto, ta] 形 [←ラテン語 fraudulentus] 不正な, 詐欺的な: compra ~ta de acciones 株の不正取得. declaración ~ta 不正申告. edición ~ta 海賊出版. manejos ~s 詐欺的操作. quiebra ~ta 偽装倒産

fräulein [frɔ́ilain] [←独語] 女 [単複同形] [古語的] ドイツ語の女教師

fraustina [frauʃtína] 女 «まれ» [かつらを載せる] 木製の頭部

fray [frái] 男 [←オック語 fraire] [修道士名の前に置く敬称] *F~ Santiago* サンティアゴ師. *F~ Modesto nunca fue prior.* «諺» 謙遜も控えめな人は修道院長になった人はいない [=モデスト師(控えめな修道士)で修道院長になった人はいない]

fraybentino, na [fraiβentíno, na] 形 名 «地名» フライ・ベントス Fray Bentos の[人] «ウルグアイ, リオ・ネグロ州の州都»

Fray Luis de Granada →**Granada**

frazada [fraθáða] 女 «まれ» [厚手の・毛足の長い] 毛布

frazadero [fraθaðéro] 男 毛布製造業者

freak [frík] [←英語] 形 名 [複 ~s] 変人[の]; [社会からの] 逸脱者, ヒッピー

freático, ca [freátiko, ka] 形 [地質] [地層, 地下水の] 帯水層の: capa ~ca/manto ~ 帯水層, 自由地下水

frechizo [fretʃíðo] 男 [ログローニョ] やせた休耕地

frecuencia [frekwénθja] 女 [←ラテン語 frequentia] ❶ 頻発, 頻出. ❷ 頻度; 周期, 回数; [統計] 度数: Aumente la ~ de sus comidas, pero reduzca los platos. 食事の回数を増やしなさい. しかし料理の数は減らすこと. El 102 pasa con una ~ de tres o cuatro minutos entre las 9 de la mañana y las 5 de la tarde. 102番系統は午前9時から午後5時まで3, 4分間隔で走っている. ~ de los autobuses バスの運転本数. ~ absoluta (relativa) 絶対(相対)頻度; 絶対(相対)度数. ~ acumulada 累積度数. ~ cardíaca 心拍数. ~ respiratoria 呼吸数. ~ de onda 波長. ~ de reloj クロックスピード. ~ de resonancia 共鳴周波数, 共振周波数. ❸ «物理» 振動数; 周波数: transmitir en la ~ de 80 MHz 周波数80メガヘルツで放送する.

alta (baja) ～ 高(低)周波. ～ modulada FM放送

con ～ 頻繁に, しばしば: Se siente *con* ～ melancólico. 彼はしばしば感傷的になる. *con* mucha ～ 大変頻繁に

estar en la misma ～ de onda 波長が合う, 考え方が同じである

frecuencímetro [frekwenθímetro] [男] 周波数カウンター

frecuentación [frekwentaθjón] [女] 足しげく通うこと, 頻繁に行くこと

frecuentado, da [frekwentáđo, đa] [形] ［場所が］大勢の人が頻繁に訪れる; 特定の人がよく来る: Esta casa es muy ～*da*. この家は人の出入りが多い. Hawaii es un lugar muy ～ por los japoneses. ハワイは日本人が非常によく訪れる場所である. tienda poco ～*da* 閑古鳥の鳴くような店. bar ～ por... …の行きつけのバル

frecuentador, ra [frekwentađór, ra] [形] [名] 足しげく通う〔人〕, 頻繁に出入りする〔人〕; 常連

frecuentar [frekwentár] 〖←ラテン語 frequentare〗 [他] ❶ ［+場所に］よく行く, 通う, …の常連である: Allí *frecuentaba* un restaurante griego. 彼はそこではギリシア料理レストランが行きつけだった. No *frecuentaba* el cine. 彼はあまり映画館には行かなかった. ❷ ［+人 に］よく会う, つきあう: *Frecuenta* a los futbolistas. 彼はサッカー選手とのつきあいが多い. Ya no *frecuentaba* a mis amigos poetas. 私はもう友人の詩人たちとはつきあっていなかった. ❸ ［行為を］頻繁に繰り返す: *Frecuenta* la amistad de su vecina. 彼は近所の女性と親しくつきあっている. ～ los sacramentos しばしば秘跡を受ける

frecuentativo, va [frekwentatíƀo, ƀa] [形] 《文法》［動詞が］反復相の, 動作の反復を表わす

—— [男] 《文法》 ❶ ［動詞の］反復相. ❷ 反復動詞 〖=verbo ～. [例] golpear〗

frecuente [frekwénte] 〖←ラテン語 frequens, -entis「数多い, 頻繁な」〗 [形] たびたびの, 頻繁な, よく起こる; ありがちな: 1) Cáncer de mamas es ～ en jóvenes. 乳癌は若い人によく起こる. Tengo ～*s* mareos. 私は気分が悪くなることがよくある. enfermedad poco ～ en nuestro país 我が国では珍しい病気. ～*s* viajes a Madrid マドリードへのたびたびの旅行. 2) ［ser ～+不定詞・que+接続法］Es ～ ver chicas solas por la noche. 夜, 女の子たちだけでいるのを見かけることがよくある. Es ～ *que* esto ocurra. こういうことが起こることはよくある. Es muy ～ *que* los autobuses lleguen con retraso. バスの延着は非常によく起きる

frecuentemente [frekwénteménte] [副] たびたび, しばしば, 頻繁に: *F*～ tengo problemas de granitos en la cara. 私はよく顔ににきびができる. Las mujeres generalmente intentan el suicidio más ～ que los hombres. 一般に男性より女性の方がより頻繁に自殺を企てる

fredense [fređénse] [形] [名] 《地名》フリアス Frías の〔人〕〖ブルゴス県の町〗

free lance [frí láns] 〖←英語〗 [形] [名] 〖freelance/free-lance とも表記〗フリーランスの〔人〕, 自由契約の: fotógrafo ～ フリーのカメラマン. reportage ～ フリーランサーの書いたルポ

freesia [fr〔e〕ésja] [女] 《植物》フリージア

freezer [fríθer] 〖←英語〗 [男] 《南米》冷凍庫

fregada[1] [fregáđa] [女] ❶ 《中南米. 口語》すすぎ, 洗濯. ❷ 《中米》厄介事, 迷惑

llevarse la ～ 《メキシコ, 中米. 口語》激怒している

fregadera [fregađéra] [女] ❶ =**fregadero**. ❷ 《メキシコ, 中米》厄介事, 迷惑. ❸ 《中米, ペルー》愚かな言動

fregadero [fregađéro] 〖←fregar〗 [男] ［台所の］流し台, シンク

fregado[1] [fregáđo] 〖←fregar〗 [男] ❶ ［布などで］こすること; ［食器などを］洗うこと: ～ del suelo 床磨き. ～ de platos 皿洗い. ❷ 《口語》面倒, ごたごた, 悶着: Estás siempre metido en algún ～. 君はいつも何かもめごとに巻き込まれている. ❸ 《軽蔑》口論, けんか: tener un ～ con+人 …と口論する, けんかする

fregado[2]**, da**[2] [fregáđo, đa] [形] [名] ❶ 《中南米》1) ［仕事・性格などが］扱いにくい, 難しい. 2) うるさい, しつこい; 不快な. 3) 困窮した, 経済的に苦しい. 4) 意気消沈した, 気分の落ち込んだ. ❷ 《メキシコ, 中米, ベネズエラ, エクアドル, ペルー, チリ》体調(具合)が悪い. ❸ 《ニカラグア, コスタリカ, エクアドル, ペルー, チリ, アルゼンチン. 軽蔑》［人が］愚かな, 間の悪い. ❹ 《コスタリカ, パナマ, コロンビア, ベネズエラ, エクアドル, チリ》［人が］厳しい. ❺ 《コロンビア, ペルー》ずるい. ❻ 《アンデス》頑固な, かたくなな

—— [名] ❶ 《中南米》扱いにくい人, 気難しい人. ❷ 《コスタリカ, パナマ, ベネズエラ, エクアドル, チリ》厳しい人

fregador, ra [fregađór, ra] [形] [名] ［食器などを］洗う; 皿洗い〖人〗

—— [男] 《ベネズエラ》 ❶ =**fregadero**. ❷ ［食器洗い用の］たわし, へちま

—— [女] ～*ra* de suelos 床磨き機

fregadura [fregađúra] [女] こする(磨く)こと; ［食器などを］洗うこと

fregajo [fregáxo] [男] へちま, たわし

fregamiento [fregamjénto] [男] こすること, 摩擦

fregaplatos [fregaplátos] [男] [名] =**friegaplatos**

fregar [fregár] 〖←ラテン語 fricare「こする, 磨く」〗 [8] [23] 〖→**negar**〗 [他] ❶ ［濡らした布・たわしなどで］こする, 磨く; ［洗剤を使って食器などを］洗う: ～ las escaleras 階段を磨く. ～ el suelo con un trapo 床の雑巾がけをする. ～ unos calcetines para sacarle la mancha 汚れを落とすために靴下をもみ洗いする. ～ la vajilla 食器の洗い物をする. agua de ～ ［台所から出る］汚水. ❷ 《中南米. 口語》迷惑をかける, 悩ませる. ❸ 《中米, アンデス. 口語》［人を］害する

—— **～se** 《中米, アンデス. 口語》［人が自ら］損害を招く

fregasuelos [fregaswélos] [男] =**friegasuelos**

fregata [fregáta] [女] 《メキシコ, グアテマラ》厄介の種, もめごとの原因

fregatina [fregatína] [女] 《チリ. 口語》わずらわしさ, 迷惑

fregatriz [fregatríθ] [女] 《戯語, 軽蔑》台所女中, 皿洗いの女; 粗野な女〖=fregona〗

fregaza [fregáθa] [女] [集名] 《ムルシア》こすって磨く(洗う)物; 陶磁器, 食器

fregazón [fregaθón] [女] 《コスタリカ, プエルトリコ, チリ》厄介, 迷惑, わずらわしいこと

frégoli [frégoli] [男] 《まれ》フェルトの帽子

fregón, na [fregón, na] 〖←fregar〗 [形] [名] ❶ こすって洗う〔人〕, 皿洗い. ❷ 《中南米》くだらない〔人〕. ❸ 《エクアドル, プエルトリコ》図々しい, 非常に厚かましい

—— [男] ❶ 《アンダルシア》モップ. ❷ 《ウルグアイ》布巾(ふきん), 台拭き

—— [女] ❶ 《軽蔑》［掃除と料理をする］女中. ❷ 《軽蔑》［態度・服装が］粗野な女. ❸ 《西》モップ: pasar la ～ モップがけをする

fregonil [fregoníl] [形] 《口語》女中らしい; 粗野な女にありがちな

fregotear [fregoteár] [他] 《軽蔑》ざっと磨く(洗う・拭く)

fregoteo [fregotéo] [男] 《軽蔑》ざっと磨く(洗う・拭く)こと

Frei [fréi̯] 《人名》 **Eduardo ～** エドゥアルド・フレイ〖1942～, チリの大統領(1994～2000). エドゥアルド・フレイ・モンタルバ Eduardo Frei Montalva の息子〗

freidera [frei̯đéra] [女] ❶ 《ラマンチャ》穴あき杓子(しゃく). ❷ 《キューバ》フライパン

freidor, ra [frei̯đór, ra] [名] 《アンダルシア》魚のフライを売る人

—— [男] 《地方語》=**freiduría**

—— [女] 揚げ物鍋, フライヤー〖=olla ～*ra*〗

freidura [frei̯đúra] [女] 揚げ物, フライにすること

freiduría [frei̯đuría] [女] 《西》［魚の］揚げ物店

freila [fréi̯la] [女] 騎士団修道女

freile [fréi̯le] [男] 騎士団の誓願騎士; 騎士団修道士

freimiento [frei̯mjénto] [男] =**freidura**

Frei Montalva [fréi̯ montálba] 《人名》 **Eduardo ～** エドゥアルド・フレイ・モンタルバ〖1911～82, チリの大統領(1964～70). 銅産業のチリ化(国有化), 農業や教育部門の改革を推進. 1970年の選挙でアジェンデ Allende に敗れる〗

freír [freír] 〖←ラテン語 frigere〗 [36] 〖[過分] fr*ito*/《まれ》freído〗 [他] ❶ 《料理》揚げる, フライにする; 炒める: ～ unas patatas congeladas 冷凍ポテトを油で揚げる. ～ espárragos en mantequilla アスパラガスをバターでいためる. ～ un huevo 目玉焼きを作る. pescaditos *fritos* 小魚のフライ. Al ～ será el reír. 《諺》［警句・脅し］笑うのは結果を見てから/最後に笑う者が勝つ. ❷ 《口語》［+a・con で］うんざりさせる, ひどく困らせる: Los mosquitos me *fríen* a esta hora. この時間は蚊に〔刺されて〕参ってしまう. Los niños le *frieron a* preguntas. 子供たちは彼を質問攻めにした. ❸ 《口語》射殺する: ～ a+人 a balazos …を蜂の巣にする

—— [自] ［油・鍋が］揚げられる: Este aceite no *fríe* bien. この油はよく揚がらない

—— **～se** ❶ フライにされる. ❷ 《戯語》［日に長時間当たって・

熱源のそばにいて〕ひどく暑い: *Nos freímos* [de calor] en Andalucía. 私たちはアンダルシアの暑さにうだってしまった. No sé cómo no *te fríes* ahí delante la estufa. そんなにストーブの前にいてよく焦げないね

freírsela *a*+人《まれ》…をだます, はめる
freira [fréira] 囡 =**freila**
freire [fréire] 男 =**freile**
fréjol [fréxɔl] 男《植物》インゲンマメ〖=judía〗
frejón [frexón] 男《地方語》白インゲン〖=judía blanca〗
frémito [frémito] 男《文語》うなり声, 怒号〖=bramido〗
frenada [frenáða] 囡 ❶ 制動〖=frenado〗: ~ de emergencia autónoma《自動車》自動緊急ブレーキ. ❷《メキシコ, 中米》急ブレーキをかけること. ❸《チリ, アルゼンチン, ウルグアイ. 口語》叱責; 断固たる禁止: dar una ~ きっぱりやめるように言う
frenado [frenáðo] 男 ❶ 制動, ブレーキをかけること: distancia de ~ ブレーキ距離. ❷ ブレーキ音
frenador, ra [frenaðór, ra] 形 ❶〖神経が〗抑制性の. ❷ 抑制(抑止)する〖人〗
frenaje [frenáxe] 男 制動; 抑制, 抑止
frenar [frenár]〖←ラテン語 frenare〗他 ❶ …にブレーキをかける, ブレーキをかけて止める: Frené la motocicleta justo a tiempo. 私はほんとのところでオートバイのブレーキをかけてストップさせた. ❷ 抑制する, 抑圧する: Esta medicina *frena* la progresión del cáncer. この薬は癌の進行を遅らせる. ~ la inflación インフレに歯止めをかける. ~ la carrera de armamentos 軍拡競争を抑止する
── 自 ❶ ブレーキをかける, ブレーキをかけて止まる: Hay que ~ antes de entrar en la curva. カーブに入る手前でブレーキをかけなければならない. El coche *frenó* delante del semáforo. 車は信号の前でブレーキをかけて止まった. ~ bruscamente/~ en seco 急ブレーキをかける. ❷ ブレーキがかかる: No *frena* bien este coche. この車はブレーキがよくきかない
frene y avanza ストップ〔アンド〕ゴー政策
── **se** ❶ ブレーキがかかる. ❷ 自分を抑える: ~*se* en la bebida 飲酒を控える
frenazo [frenáθo] 男〖←frenar〗男 ❶ 急ブレーキ: dar (pegar) un ~ 急ブレーキをかける. ❷〖活動の〗急激な減少(停止)
~ *y reactivación* ストップ〔アンド〕ゴー政策〖=política de ~ y reactivación〗
frenectomía [frenektomía] 囡《医学》横隔神経切断〖術〗
frenería [frenería] 囡 馬銜(はみ)製造場; 制動機工場(店)
frenero [frenéro] 男 馬銜製造(販売)者
frenesí [frenesí]〖←ラテン語 phrenesis < phren, phrenos「横隔膜, 内臓, 魂」〗男《複 ~[e]s》❶《文語》熱狂, 狂乱, 激しい情熱; 逆上: amar *a*+人 con ~ …を熱狂的に愛する. ❷〖人・物が動く時の〗並外れた勢い, 激しさ
frenesía [frenesía] 囡《まれ》=**frenesí**
frenéticamente [frenétikaménte] 副 熱狂的に; 血眼(ちまなこ)になって; 逆上して
frenético, ca [frenétiko, ka]〖←ギリシア語 phreneticus〗形 ❶ 熱狂的な, 熱狂した, 半狂乱の: El pueblo está ~ con la victoria. 国民は勝利に熱狂している. ❷ 逆上した, 怒り狂った. ❸ 勢いの激しい: ritmo ~ 激しいリズム
frenetismo [frenetísmo] 男 熱狂的行為, 精神錯乱行為
frenetizar [frenetiθár] 9 他 激怒させる, 半狂乱にする
── **se** 激怒する, 半狂乱になる
frénico, ca [fréniko, ka] 形 横隔膜の: nervio ~ 横隔神経
frenillar [freniʎár]他《船舶》繋索で結ぶ, 係留する
frenillo [freníʎo] 男〖←freno〗男 ❶《解剖》小帯, 繋帯: ~ de la lengua 舌小帯. ~ del prepucio 包皮小帯. ❷〖犬などにはめる〗口籠(くつこ). ❸《船舶》綱, 短い索. ❹《中米》歯列矯正器. ❺《中米》凧(たこ)糸
no tener ~ *en la lengua* 歯に衣(きぬ)着せぬ, 言いたい放題のことを言う
freno [fréno]〖←ラテン語 frenum「ブレーキ, かむこと」〗男 ❶〖時に 複〗ブレーキ, 制動機: Se oyó un ruido de ~*s*. ブレーキ音が聞こえた. echar (pisar·soltar) el ~ ブレーキをかける(踏む·緩める). luz de ~ ブレーキランプ. ~ de aire/~ neumático エアブレーキ. ~ de disco (discos) ドラム(ディスク)ブレーキ. ~ de tambor (discos) ドラム(ディスク)ブレーキ. ~ [del] motor エンジンブレーキ. ~*s* asistidos パワーブレーキ. ❷《馬具》馬銜(はみ), くつわ: poner el ~ al caballo 馬にくつわをはめる. ❸ 抑制, 歯止め: Su ansia de poder no tiene ~. 彼の権力欲はとどまるところを知らない. poner ~ a la sali-

da del capital 資本の流出に歯止めをかける
beber el ~ 1)〖馬が〗馬銜をかむ. 2)いきり立つ, がむしゃらになる
echa el ~, 〖*Magdaleno*〗《戯語》黙れ, 我慢しろ
~ *de mano* ハンドブレーキ: echar (poner) el ~ *de mano* ハンドブレーキをかける. quitar (soltar) el ~ *de mano* ハンドブレーキを外す
meter a+人 *en* ~ …を抑える, 制御する
tascar (*morder*) *el* ~ 1)〖馬が〗いらいらして馬銜をかむ. 2)〖いらだちを抑えて〗強要・拘束に耐える: Deja a los niños, ya *tascarán el* ~ en el colegio con la disciplina. 子供たちのことは放っておきなさい, いずれ学校で規則に縛られることになるんだから
frenogástrico, ca [frenoɡástriko, ka] 形《解剖》横隔膜と胃の: ligamento ~ 横隔膜と胃の靭帯(じんたい)
frenógrafo [frenóɡrafo] 男《医学》骨相学検査器
frenología [frenoloxía] 囡 骨相学
frenológico, ca [frenolóxiko, ka] 形 骨相学の
frenólogo, ga [frenóloɡo, ɡa] 男 骨相学者
frenón [frenón]《コロンビア》急ブレーキ〖=frenazo〗
frenópata [frenópata] 男《廃語》精神科医
frenopatía [frenopatía] 囡《古語的》❶ 精神病学〖=siquiatría〗. ❷ 精神病
frenopático, ca [frenopátiko, ka] 男 形《古語的》精神医学の; 精神科病院〖=hospital ~〗
frental [frentál] 形《まれ》額の, 前頭部の〖=frontal〗
frentazo [frentáθo] 男 ❶《メキシコ. 口語》精神的打撃: pegarse un ~ 精神的打撃を受ける. ❷《南米》頭突き, 頭への打撃〖=cabezazo〗
frente [frénte]〖←古語 fruente < ラテン語 frons, frontis〗囡 ❶〖人・動物の〗額: Me besó en la ~. 彼は私の額にキスをした. tener la ~ ancha (alta) 額が広い. secar el sudor de la ~ 額の汗をぬぐう. ganarse la vida con el sudor de su ~ 額に汗して働く. arrugar (fruncir) la ~〖怒り・恐れ・心配などで〗眉をひそめる, 顔をしかめる. ❷ 顔つき, 表情: llevar (traer・tener)... escrito en la ~ 顔に…と書いてある〖従ってごまかせない〗
adornar la ~ *a*+人《俗語》…と浮気をする
bajar la ~ 恥じ入る
con la ~ (*muy*) *alta* (*levantada·erguida*)《口語》堂々と, 毅然として, 胸を張って
~ *calzada* 狭い額
~ *deprimida* (*huida*) 後ろに反った額, 後方への傾斜が強い額
── 男 ❶〖建物などの〗正面, 前面: Los maniquíes adornan el ~ de la tienda. マネキンが店の正面に飾られている. El estacionamiento se encuentra al ~ del edificio. 駐車場はビルの正面にある. El ~ del autobús quedó destruido. バスの前部が壊れた. ❷《軍事》前線; 戦線, 戦地: En el ~ prosigue la calma tensa. 前線では緊張した平静が続いている. El muchacho estaba listo para ir al ~ de batalla. 少年は戦場へ行く準備ができていた. en el ~ oeste 西部戦線で. ❸《政治》共同戦線: hacer un ~ único con los socialistas 社会党と共同戦線をはる. ~ de liberación nacional 民族解放戦線. F~ popular《歴史》人民戦線《スペインでは1936～39, 共産党など社会主義政党による政権を作るが, 内戦に敗北し崩壊》. ❹《気象》前線: ~ cálido (frío) 温暖(寒冷)前線. ~ ocluido 閉塞前線. ~ polario 極前線. ❺〖硬貨などの〗表〖=anverso〗: La parte que lleva la imagen de la Diosa es el ~ de la moneda. 女神像のある側が貨幣の表だ. ❻〖ページ・紙面の〗上部. ❼ ~ de una onda《物理》波頭〖波面〗. ❽ ~ de arranque/~ de tajo〖鉱脈の〗切羽面. ~ de ataque〖トンネルの〗掘削〖開始〗面
al ~ 1)前に: dar un paso *al* ~ 1歩前に進み出る. 2)〖+de の〗正面に; 先頭に: *Al* ~ hay una muralla. 正面に城壁がある. *al* ~ de todos 皆の先頭に立つ. pelear *al* ~ *del pueblo* 民衆の先頭に立って戦う. 3) 指揮して, 統率して: Lleva diez años *al* ~ *de* su empresa. 彼は10年前から会社の実権を握っている. estar *al* ~ *del* proyecto 計画を指揮している. mantenerse *al* ~ *de* la moda 流行の先端を行く. po-nerse *al* ~ *del* negocio 経営の指揮をとる. la Filarmónica de Viena, con Karajan *al* ~ カラヤン指揮のウィーンフィル
con ~ *a*... …に面した: La propiedad se encuentra en un

segundo piso con ~ a la calle. 物件は通りに面した3階にある
darse de ~ 正面衝突する
de ~ 1) 正面から; 真っ向から: El camión chocó de ~ con el otro. トラックはもう一台と正面衝突した. Cuando hables, mírame de ~, no bajes los ojos. 話をする時はまっすぐ私を見なさい, 下を見てはいけない. dar el sol de ~ 正面から日光を受ける. entrar de ~ 正面から入る. mirar el mar de ~ 真正面に海を見る. tener el viento de ~ まともに風を受ける. vista de ~ 正面図. 2) 前方へ, まっすぐに進んで: Sigue de ~, tuerce a la derecha en la primera calle. まっすぐ進み, 最初の通りを右に曲がりなさい. 3)《号令》¡De ~! 前へ進め!
4) 勇気を持って, 決然と: acometer (atacar) un problema de ~ 問題に正面から取り組む
en ~ de... …と向き合って, …の正面に [=enfrente de]: Aparcó en ~ del porche. 彼はポーチの前に駐車した
~ a... 1) …に向かって, 面した: Me senté ~ a mi ordenador. 私はコンピュータの前に座った. La mujer se sentó ~ al niño. 女性は子供と向かい合わせに座った. La plaza está ~ al ayuntamiento. 広場は市役所の向かいにある. Viven en un piso ~ al mar. 彼らは海に面したマンションに住んでいる. 2) …に直面して: Estamos ~ a una crisis económicas. 私たちは不況に直面している. 3) …に対して; 対抗して, 反対して: F~ a los historiadores jóvenes, él se mantiene en una visión histórica más bien tradicionalista. 若い歴史学者たちに対して, 彼はどちらかといえば伝統主義的な歴史観を持ち続けている
~ a ~ 1) 向かい合って: Estábamos ~ a ~, mirándonos. 私たちは向かい合い, 見つめ合っていた. 2) 面と向かって: Quiero decirle ~ a ~ lo que pienso. 私は面と向かって思っていることを君に言うことができない. 3) 正面から, ともに: Hoy los dos equipos luchan ~ a ~ en este estadio, por el campeonato de la Copa de Europa. 今日この競技場でヨーロッパ選手権をかけて両チームが対戦する
~ por ~ 真正面に: El correo y la estación están ~ ~ separados por una calle. 郵便局と駅は通りをはさんでちょうど向かい合っている
hablar de ~《中南米》単刀直入に言う
hacer ~ a... 1) …に立ち向かう; 対抗する, 反対する: Hizo ~ al peligro. 彼は危険に立ち向かった. Ahora nadie se atreverá a hacer nos ~. もう誰も私たちに挑戦しようとはしないだろう. 2) 対処する, 対応する
poner ~ a ~ 突き合わせる, 照合する: Hay que poner ~ a ~ estos tres libros y decidir cuál es la primera edición. この3冊を突き合わせて, どれが初版本かを決めなければならない
tener un segundo ~《中米》男(女)を囲う, 男(女)を持つ
———— 1) 正面に, 反対側に. 2) 反対して, 対峙して
frenteamplista [frenteamplísta] 形 名《ウルグアイ》左派政党拡大戦線 Frente Amplio 党の〔党員・支持者〕
frentepopulismo [frentepopulísmo] 男 人民戦線主義
frentepopulista [frentepopulísta] 形 名 人民戦線主義の(主義者)
frentero [frentéro] 男 ❶ [幼児につける] おでこカバー. ❷《中南米. 鉱山》掘進夫, 先山
frentismo [frentísmo] 男 統一戦線主義
frentista [frentísta] 名 統一戦線主義の(主義者)
frentón, na [frentón, na] 形 名 ❶ [動物が] 額の広い [=frentudo]. ❷《中南米. 歴史》前頭部を剃った〔先住民〕
de ~《チリ. 口語》直接に; 本当に
freo [fréo] 男 ❶ [島と島・島と陸との間の] 海峡, 水道, 瀬戸
freón [freón] 男 [←商標]《化学》フレオン, フロンガス
fres [frés] 男 帯状装飾, 装飾帯 [=franja]: guarnecerse con ~ es 装飾帯を着ける
fresa [frésa] I 女 [←仏語 fraise]《植物. 果実》イチゴ: pedir ~ s de postre デザートにイチゴを注文する. mermelada de ~ s イチゴジャム
———— 形 名 ❶ [単複同形] イチゴ色の: labios ~ イチゴ色の唇. ❷《メキシコ》1) 社会の規範に逆らわない〔若者〕. 2) [金持ち階級の若者で] 気取った身なり(ふるまい・話し方)の〔若者〕
II [←fresar] 女 ❶ [切削工具の] フライス; 皿もみ錐. ❷ [歯科医の] ドリル
fresada [fresáda] 女《古語. 料理》小麦粉・牛乳・バターの粥

fresado [fresádo] 男 フライス切削
fresador, ra [fresadór, ra] 名 フライス工
———— 女 フライス盤
fresal [fresál] 男 ❶ イチゴ畑. ❷《植物》イチゴ [=fresa]
fresar [fresár] 他 ❶ フライス削りをする. ❷ 帯状装飾を施す, 装飾帯をつける. ❸《ラマンチャ》[こねる前に小麦粉に] 水を加える
fresca¹ [fréska] 〔←fresco〕 女 ❶ とげのある一言, 臆面もない言葉: La reina soltó una ~ a un periodista. 王妃は記者にきつい一言を言った. ❷ [夏の朝・夜などの] 涼しく, さわやかな空気: tomar la ~ 涼気に当たる. pasearse por la mañana con la ~ 朝の涼しいうちに散歩する. cenar a la ~ 涼しい所で夕食をとる. ❸《口語》厚かましい女
decir a+人 **cuatro ~s** …にずけずけ言う
frescachón, na [freskatʃón, na] 〔fresco の示大語〕形 名 ❶《口語》血色がよくたくましい〔人〕. ❷ [風が] 強い, 激しい
———— 女《気象》強風《風力7. =viento ~》
frescal [freskál] 形 ❶ [魚が] 薄塩で保存された: sardinas ~ es 薄塩漬けのイワシ. ❷ [油が] 絞りたての. ❸《ソリア》常緑の牧草地. ❹《カナリア諸島》[穀物の] 束の山
frescales [freskáles] 〔←fresco〕 名 [単複同形]《西. 戯言. 軽蔑》図々しい人, 厚かましい人: Eres un ~. 君は図々しい奴だ
frescamente [fréskaménte] 副 ❶ 最近. ❷ 厚かましく, いけしゃあしゃあと
fresco¹ [frésko] 男 ❶《美術》フレスコ画 [=pintura al ~]. ❷ 涼しさ, 冷たさ [=fresca]: Hace ~ hoy. 今日は涼しい(肌寒い). tener ~ 肌寒く感じる. tomar el ~ 涼をとる, 涼む. ❸《古語的. 服飾》薄物の生地〔で作った服〕. ❹《地方語》[海から獲りたての] 生きのいい魚. ❺《地方語. 魚》メルルーサ [=merluza]. ❻《中米, ベネズエラ, エクアドル, ペルー》冷たい飲み物, 清涼飲料水 [=refresco]
al ~ 涼しい所に; 屋外で: sentarse al ~ 涼しい所に座る. dormir al ~ 戸外で寝る
beber ~ 平然としている
en ~ 冷凍(保存加工)せずに, 冷凍(保存加工)していない: pescado en ~ 生の魚
traer (tener) al a+人 **al ~** 《西. 口語》…にとって全く重要でない, どちらでもよい
fresco², **ca²** [frésko, ka] 〔←ゲルマン語 frisk〕 形 ❶ [estar・ser+] 涼しい/気温が低いが不快ではない; [心地よく・適度に] 冷たい, ひんやりした: El agua estaba ~ ca y limpia. 水はひんやりして澄んでいた. Esta casa es muy ~. この家はとても涼しい. Vete al río y toma aire ~. 川へ行って涼んできなさい. Quiero beber algo ~. 何か冷たいものが飲みたい. arroyo ~ ひんやりした小川. brisa ~ ca 涼風. noche ~ ca 涼しい夜. ❷ [estar・ser+. 食料品が] 新鮮な, 獲り(採り)たての, 生きのいい; 冷凍(保存加工)していない, 乾物(干物)でない: Este pescado no está ~. この魚は生きが悪い. Este salmón es ~. この鮭は冷凍物ではない. carne ~ ca 新鮮な肉. huevo ~ 新鮮な卵. leche ~ ca 生乳. queso ~ de Burgos ブルゴス産のフレッシュチーズ. vegetales ~ s 新鮮な野菜. ❸ [事柄が] 新しい, 最近の: Aún no lo tenía ~ en la memoria. それはまだ私の記憶に新しかった. noticia ~ ca 最新のニュース. ❹ [服・布地が] 涼しげな, 薄物の: traje ~ 涼しい服. chaqueta ~ ca 薄物のジャケット. ❺ [香りが] さわやかな: colonia ~ ca さわやかな香りのオーデコロン. ❻ [estar+. ペンキなどが] 乾いていない: La pintura está ~ ca. ペンキが塗りたてだ. ❼ [estar+. 人が] 生き生きした, はつらつとした, 若々しい; 疲れを見せない, 元気な: Jugó dos partidos y después estaba tan ~. 彼は2試合プレイした後でも涼しい顔をしていた. cutis ~ みずみずしい肌. ❽ [estar+] 平然とした, 落ち着き払った, 動じない: Le dijeron que lo despedían y se quedó tan ~. 彼は解雇を言い渡されても少しも動揺しなかった. ❾《西, メキシコ. 軽蔑》[ser+] 不遜な, 厚顔な, 不作法な: No seas ~ y para tu parte. 図々しいぞ. 自分の分は払えよ. Lo dijo tan ~. 彼は涼しい顔でそう言った. ❿ 率直な, 飾らない: estilo ~ 飾らない文体. ⓫《気象》viento ~ 雄風《風力6》. ⓬《コンピュタ. 口語》[人が] 単純な
dejar ~ a a+人 …をからかう
estar (ir) ~《口語》[人が] 思惑(当て)が外れる, 失敗する: Estás ~ si piensas que vas a ganar otra vez. また勝つと思ったら大間違いだぞ.
poner ~ a a+人 …を首にする, 追い出す
———— 名《口語》厚かましい人: Ese tío es un ~. あいつは図々しい奴だ

frescor [freskór]《←fresco》男 ❶ 涼しさ, 涼気: ~ de la noche 夜の涼しさ. ❷ みずみずしさ, 若々しさ. ❸《美術》[人物の] 肌色

frescote, ta [freskóte, ta]《fresco の示大語》形《口語》丸々と太って肌つやのよい

frescuado [freskwáðo] 男《アラゴン》4歳の子羊

frescura [freskúra]《←fresco》女 ❶ 涼しさ;[適度な] 冷たさ: ~ del aire de la mañana 朝の冷気. ~ del agua 水の冷たさ. ❷ 新鮮さ, さわやかさ; 最新: mantener la ~ 新鮮さを保つ; jugosa ~ de manzana リンゴのジューシーな新鮮さ. ~ de la juventud 青春のみずみずしさ. ❸ 平静さ, 平然としていること. ❹ 無礼, 図々しさ, 厚かましさ; 無礼, 不謹慎: ¡Qué ~ la tuya, no presentarte a la cita! 約束をすっぽかすなんて失礼な! Me contestó una ~. 彼は私に生意気な口をきいた. ❺ いい加減, 無造作. ❻《まれ》涼しい環境

fresero, ra [freséro, ra] 名 イチゴ売り
—— 女《植物》イチゴ《=fresa》

fresh [fréʃ]《←英語》形 趣味のいい

fresia [frésja] 女《植物》フリージア《=freesia》

fresnal [fresnál] 形 トネリコの

fresneda [fresnéða] 女 トネリコ林

fresnedo [fresnéðo] 男 =fresneda

fresnillo [fresníʎo] 男《植物》ハクセン《=díctamo blanco》

fresno [frésno] 男 ❶《植物》トネリコ: ~ común セイヨウトネリコ. ~ del maná マンナトネリコ. ❷ タモ材, トネリコ材

fresón [fresón] 男《植物, 果実》オランダイチゴ《現在流通しているイチゴの品種》

fresonero, ra [fresonéro, ra] 名 オランダイチゴの栽培(販売)者

fresquedal [freskeðál] 男 [土地の一画の] 常緑の牧草地

fresquera[1] [freskéra]《←fresco》女 ❶ [金網を張った] 食品戸棚, 蠅帳《米》

fresquería [freskería] 女《中米, ベネズエラ, エクアドル, ペルー》冷たい飲み物の製造・販売店(スタンド)

fresquero, ra[2] [freskéro, ra] ❶ 鮮魚売り, 鮮魚の運搬人. ❷ 清涼飲料を売り歩く人

fresquilla [freskíʎa] 女《西. 植物》モモの一品種《小型で果汁が多い》

fresquista [freskísta] 名 フレスコ画家

fresquito, ta [freskíto, ta] 形 fresco の示小語
—— 男《気象》疾風《風力5. =viento ~》

frete [fréte] 男《紋章》[細かいX形の斜帯で構成される] 菱形チェック

freudiano, na [froiðjáno, na] ❶《人名》フロイト Freud 〔学説〕の: teorías ~nas フロイト理論. ❷ フロイト的な〔精神分析の〕
—— 名 フロイト学派の人

freudismo [froiðísmo] 男 フロイト学説, フロイトの精神分析

frey [frej] [freile の語尾消失形] 男《騎士団修道士の名の前に置く敬称》…師

freza [fréθa] 女 ❶ [魚の] 産卵〔期〕. ❷ [魚の] 受精卵, 稚魚. ❸ [魚が産卵のために掘った] 穴, 溝. ❹《狩猟》[動物が地面を掘り返した] 穴. ❺《動物》糞, 排泄物. ❻《蚕》の齢《=》

frezada [freθáða] 女《廃語》=frazada

frezadero [freθaðéro] 男 [魚の] 産卵地

frezar [freθár] 自 ❶ [魚が] 産卵する. ❷ [魚が産卵のために] 水底に体をこすりつける. ❸ [動物が] 排泄する. ❹《養蜂》[ミツバチの巣箱から] 排泄物がこぼれ出る. ❺《狩猟》[動物が] ひっかいたり, 鼻面で] 穴を掘る. ❻《蚕》桑を食べる
—— 他《養蜂》[ミツバチの巣箱を] 掃除する

fría[1] [fría] 女《メキシコ, カリブ. 口語》ビール

friabilidad [frjaβiliðáð] 女 もろさ, 砕けやすさ

friable [frjáβle] 形 もろい, 砕けやすい

frialdad [frjaldáð]《←frío》女 ❶ 冷たさ: ~ del hielo 氷の冷たさ. ❷ 冷淡さ, 冷ややかさ: Me saludó con ~. 彼は私に冷ややかに挨拶した. La idea es acogida con ~. その考えは冷淡な扱いを受けている. tratar a+人 con ~ …に冷たくする, 冷遇する. ❸ 不感症. ❹ ばかげたこと, 愚かさ. ❺ むだ口, 味気ない言葉

fríamente [fríamente] 副 ❶ 冷たく, 冷淡に, そっけなく. ❷ 冷静に, 味気なく

friático, ca [frjátiko, ka] 形 ❶ 味もそっけもない, 不粋な. ❷ 寒がりの〔人〕《=friolero》

frica [fríka] 女《チリ》鞭打ち, めった打ち

fricación [frikaθjón] 女《音声》摩擦

fricandó [frikandó]《←仏語 fricandeau》男《料理》フリカンドー, フーカデン

fricar [frikár] 7 他 こする, こすって磨く(洗う)

fricasé [frikasé]《←仏語 fricassé》男《料理》フリカッセ

fricativo, va [frikatíβo, βa] 形《音声》摩擦音の: consonante ~va 摩擦音《[b], [f], [θ], [ð], [s], [ʒ], [x], [g]》

fricatizar [frikatiθár] 9 他《音声》摩擦音化する

fricción [frikθjón]《←ラテン語 frictio, -onis < fricare「こする」》女 ❶《技術》摩擦: embrague de ~ 摩擦クラッチ. freno de ~ 摩擦ブレーキ. ❷ [体・頭皮の] マッサージ: dar una ~ en… ~ をマッサージする. ❸ あつれき, もめごと: punto de ~ 紛争点. ~ económica internacional 国際経済摩擦

friccional [frik(θ)jonál] 形 paro ~ [労働力が産業間や地域間を円滑に移動できないために生じる] 摩擦的失業

friccionar [frik(θ)jonár] 他 こする; マッサージする

Frida Kahlo [fríða kálo]《人名》フリーダ・カーロ《1907~54, 完全名 Magdalena Carmen Frida Kahlo Calderón. メキシコの画家. ディエゴ・リベラ Diego Rivera の妻》

fridiño [friðíɲo] 男《地方語》エンドウ《=guisante》

friedelita [frjeðelita] 女《鉱物》フリーデライト

friega [frjéga]《←ラテン語 fricare》女 ❶ マッサージ: dar (hacer) ~s マッサージをする. ❷ ~s de alcohol アルコールマッサージ. ❷《まれ》[棒・鞭による] 殴打, めった打ち. ❸《中南米》叱責. ❹《メキシコ, 中米, ベネズエラ》厄介事, わずらわしさ

friegaplatos [frjegaplátos] 男《単複同形》食器洗い器《=lava-platos》
—— 名 皿洗い《人》

friegasuelos [frjegaswélos] 男《単複同形》床磨き用の器具《薬剤》

friera [frjéra] 女《まれ》しもやけ《=sabañón》

frigidaire [frijiðér]《←仏語》男《南米. 古語》冷蔵庫《=frigorífico》

frigidarium [frixiðárjun]《←ラテン語》男《単複同形》《古代ローマ》冷水浴槽

frigider [frixiðér] 男《チリ, ペルー, ボリビア》冷蔵庫《=frigorífico》

frigidez [frixiðéθ]《←ラテン語 frigidus》女 ❶《医学》[女性の] 不感症. ❷《語義》冷たさ; 冷淡

frigidísimo, ma [frixiðísimo, ma] 形《文語》frío の絶対最上級

frígido, da [fríxiðo, ða]《←ラテン語 frigidus》形 女 ❶ 不感症の〔女性〕. ❷《文語》非常に冷たい

frigio, gia [fríxjo, xja] 形《歴史, 地名》[小アジア中西部の] フリギア(プリュギア) Frigia の〔人〕: gorro ~ フリギア帽
—— 男 フリギア語, プリュギア語

frigo [frígo] 男《西. 口語》冷蔵庫《=frigorífico》

frigoconservación [frigokonserβaθjón] 女 冷凍保存

frigoría [frigoría] 女 [冷却時の熱量の単位] フリゴリー

frigorífico[1] [frigorífiko]《←ラテン語 frigorificus < frigus, -oris「寒さ」+facere「する」》形 ❶《西》冷凍の, 冷蔵の, 冷凍装置, 冷凍庫の: meter los huevos en el ~ 卵を冷蔵庫に入れる. ~ congelador 冷凍冷蔵庫. ❷《コロンビア, ラプラタ》食肉冷凍工場, 食肉加工施設《1876年, 初めてアルゼンチンに到着した冷凍船 Le Frigorifique にちなむ. 以後アルゼンチンの食肉輸出は飛躍的に成長, 牧畜は基幹産業となる》

frigorífico[2], **ca** [frigorífiko, ka] 形 冷凍(冷蔵・冷却)する: barco ~ 冷凍船. cámara ~ca 冷蔵室

frigorista [frigorísta] 名 ❶ 冷凍〔保存〕研究(技術)者. ❷ 冷却装置管理者, 冷凍庫管理者

frigoterapia [frigoterápja] 女《医学》寒冷療法, クライオセラピー

friísimo, ma [fr(i)ísimo, ma] 形 frío の絶対最上級《=frigidísimo》

frijol [frixól]《←ラテン語 faseolus < ギリシャ語 phaseolos》男 ❶《主に中南米. 植物, 豆》インゲンマメ《=judía》. ❷《メキシコ》1)《料理》[現 フリホレス i)] インゲンマメの塩味の煮豆. =~es de olla. ii) それを潰してペースト状にしたもの. =~es refritos.《口語》食べ物. 3) 冗談. 4)[複] からいばり. ❸《キューバ, プエルトリコ》[間投詞的に] とんでもない, まさか, 冗談じゃない. ❹《キューバ》秘め事, 隠し事

frijol[2] [frixól] 男《コロンビア》=frijol

frijolar [frixolár] 男 ❶ インゲンマメ畑. ❷《グアテマラ. 植物》インゲンマメ

frijolear [frixoleár] 他《グアテマラ》わずらわせる, 悩ます, 不快にする

frijolero, ra [frixoléro, ra] 名《コロンビア》インゲンマメの生産(販売)者

frijolillo [frixolíño] 男《メキシコ, 中米, キューバ, コロンビア, ベネズエラ, エクアドル. 植物》ヒメアズキ, ハブソウ【飼料】

frijolizar [frixoliθár] 9 他《ペルー》魔法(呪い)をかける

frimario [frimárjo] 男 霜月(½月)『フランス革命暦の第3月. 11月21日～12月20日』

fringilago [frinxiláɣo] 男《鳥》シジュウカラ【=paro carbonero】

fringílido, da [frinxílido, da] 形 アトリ科の
 ―― 男 複《鳥》アトリ科

frío, a[frío, a]《←ラテン語 frigidus》形《絶対最上級 frísimo,《文語》 frigidísimo》❶ 冷たい, 低温の; 寒い, 寒冷な《⇔caliente》: 1) El agua está ~a. 水が冷たい. El viento se hacía más ~ y cortante. 風が冷たく身を切るようになってきた. aire ~ 冷気, 寒気. habitación ~a 寒い部屋. motor ~ 温まっていないエンジン. país ~ 寒い国. sudor ~ 冷や汗. tiempo ~ 寒い天気. viento ~ 寒風, 冷たい風. 2)〖飲み物などが〗冷めた: Moví el café y di un sorbo: estaba ~. コーヒーをかき混ぜて一口すすったら冷めていた. Se tomó una cerveza ~a. 彼は冷たいビールを1杯飲み干した. una taza de agua ~a 冷たい水1杯. sopa ~a 冷製スープ, 冷たいスープ. よく冷えたワイン. 3) 冷え冷えとした, 寒々とした. 4) 寒色の. ❷〖人・態度などが〗冷ややかな, 冷淡な; 冷めた, 無表情な: Me recibió con una acogida ~. 私は歓迎されなかった. dirigir una ~ mirada 冷ややかなまなざしを向ける. mostrarse ~ con+人 …に対して冷たい(よそよそしい). público ~ 冷ややかな観衆. reacción ~a 冷ややかな反応. relaciones ~as 冷たい関係. ~ o silencio 冷徹な; 無情な, 冷酷な: Es muy ~. 彼はとても冷静だ. permanecer ~ ante las provocaciones 挑発されても平然としている. ❹〖女性が〗肉体的欲望のない, 不感症の. ❺〖作品などが〗人に感動を与えない, 精彩のない. ❻〖間投詞的. クイズなどで正解から遠い時〗全然違う!【→caliente ❻】

a ~as《古語》冷淡に, そっけなく

dejar ~ a+人 1) …を唖然とさせる, びっくりさせる: Lo que vio le dejó ~. 彼はそれを見て唖然とした. 2) …を冷淡にさせる

quedarse ~ めんくらう; びっくり仰天する: Se quedó ~ como una estatua. 仰天して体が固まってしまった
 ―― 男 ❶ 冷たさ, 寒さ; 低温; 冷気, 寒気: Sentí un ~ del suelo. 床は冷たかった. El ~ se estaba haciendo intenso. 寒さが厳しくなってきていた. Hace mucho ~ hoy. 今日は大変寒い. Tengo ~ y hambre. 私は寒くて空腹だ. morir de ~ 凍え死ぬ. ~ de invierno 冬の寒さ. ~ industrial 冷凍産業. ~ polar 極寒. ❷ 風邪; 寒け: Cogí (Agarré・Tomé) ~. 私は風邪をひいた. Me entró ~ viendo el partido de rugby. 私はラグビーを観戦していて風邪を引いた. Sintió mucho ~. 彼はひどく寒気がした. ❸《メキシコ, 中米, アンデス》熱病, 間欠熱, マラリア

en ~ 1) 準備なしに, いきなり, とっさに: Me lo dijo en ~ y no supe cómo reaccionar. 私は彼から突然そんなことを言われて, どう対応したらいいか分からなかった. 2) 冷静に, 落ち着いて: analizar la situación en ~ 冷静に状況を分析する. 3)《商業》venta en ~〖投資などの〗電話セールス, コールドコール. 4)〖手術の〗炎症が収まった後である

hacer un ~ que pela《口語》身を切るような寒さである

no dar ni ~ ni calor/*no entrar a*+人 *ni ~ ni calor* …にとっては問題ではない, …に無関係である: A mí no me ha dado ni ~ ni calor. そんなことは私にはどうでもいいことだった

pasar ~ 寒さを感じる: Vas a pasar ~ con esa chaqueta tan ligera. 君はその薄い上着だと寒いよ

pelarse de ~ 身を切るように寒い: Esta noche me he pelado de ~. 今晩は凍えるほど寒い

friofrío [frjofrío] 男 ❶《キューバ》宝探し遊び. ❷《ドミニカ》〖シロップをかけた〗かき氷

friolento, ta [frjolénto, ta] 形《主に中南米》寒がりの【=friolero】. ❷ 寒い, 低温の

friolera[frjoléra] 女 ❶《←friolero》《皮肉》はした金『実際は大金』: Le costó el yate la ~ de cien mil euros. 彼はヨットを10万ユーロかけて買った. ❷ ささいなこと, 取るに足りないもの

salir a+人 *por una ~*《口語》〖事柄に〗…にとってどうでもよい

friolero, ra[frjoléro, ra]《←frío》形 寒がりの〖人〗《⇔caluroso》: Soy muy ~ra. 私は大変寒がり屋です

friorizar [frjoriθár] 9 他〖食品を〗冷凍保存する

friquear [frikeár] 他《口語》…に幻覚を生じさせる

friqui [fríki] 男 ~s《サッカー》フリーキック

friquitín [frikitín] 男《ドミニカ, プエルトリコ. 俗語》安食堂, 大衆食堂

frisa[frísa] 女 ❶《築城》〖城壁と壕の間に杭を斜めに並べた〗臥柵(ガサク), 乱柵, 矢来. ❷《船舶》パッキング革(布・ゴム). ❸《まれ. 繊維》粗紡毛織物. ❹《ドミニカ, プエルトリコ》毛布. ❺《チリ, アルゼンチン, ウルグアイ》〖織物の〗毛羽, 毛脚

sacar ... la ~《チリ》…を打ち据える; …から最大の利益を引き出す

frisado [frisádo] 男 玉房起毛の絹織物, ラチネ

frisador, ra[frisadór, ra] 名 起毛職人

frisadura [frisadúra] 女 ❶《繊維》起毛. ❷ 折り合いのよいこと, 気が合うこと. ❸《船舶》パッキング〖行為〗

frisar[frisár] 他 ❶《繊維》起毛をする, 毛羽だたせる. ❷ こする, こすり磨く. ❸《船舶》〖接合部・舷窓などを〗パッキングする
 ―― 自 ❶ [+en] …歳に近い: Debe ~ en los cincuenta. 彼はもうすぐ50歳のはずだ. ❷ 折り合いがよい, 気が合う

frisca[fríska] 女《チリ. 口語》〖罰としての〗殴打, 体罰

friseta [friséta] 女《繊維》毛・綿の混紡

frisio, sia [frísjo, sja] 形 名 =frisón

friso[fríso] 男 ❶《建築》フリーズ〖柱上部の装飾を施した部分〗;〖壁の〗腰羽目, 帯状装飾, 絵様(½月)帯

frisol [frisól] 男 インゲンマメ【=judía】

frisón, na [frisón, na] 形 ❶《地名》〖オランダの〗フリースラント(フリジア) Frisia の〖人〗. ❷ フリジア種の〖馬〗. ❸《廃語》〖同種の中で〗大きくがっしりした
 ―― 男 フリジア語〖西ゲルマン語の一つ〗

frisuelo [friswélo] 男 ❶ インゲンマメ【=judía】. ❷《地方語》チューロに似た揚げ菓子

frita[1] [fríta] 女 ❶ フリット〖ガラス・磁器の溶融・焙焼した原料〗. ❷ フリットの溶融

fritada [fritáda] 女《←frito》《料理》❶ 集合〖主に野菜・魚の〗揚げ物, フライ〖物〗: ~ de cebolla 玉ネギのフライ. ❷《西》玉ネギ・トマト・ナス・ピーマンなどの炒め物〖付け合わせ用〗. ❸《エクアドル》フリターダ〖豚の炒め煮〗

fritanga [fritáŋga] 女《料理》集合 1)《メキシコ, 中米, アンデス山地. 主に軽蔑》〖屋台で売られる, 油っぽい〗フライ. 2)《コロンビア》フリタンガ〖炒めたソーセージ. 小さく切って粥に入れる〗. ❷《中米, アンデス》フライ鍋. ❸《チリ》厄介事, 迷惑

fritanguería [fritaŋgería] 女《エクアドル》フリターダ fritada の販売店; フリターダを出す食堂

fritar [fritár] 他 ❶〖ガラス原料を〗焙焼する, か焼する; 溶解する. ❷《サラマンカ, エストレマドゥラ; エルサルバドル, コロンビア, アルゼンチン》揚げる【=freír】

frite [fríte] 男《料理》〖エストレマドゥラの〗子羊の煮込み

fritilaria [fritilárja] 女《植物》フリチラリア【=corona imperial】

fritillas [fritíʎas] 女 複《ラ・マンチャ》揚げ菓子の一種

frito, ta[2] [fríto, ta]《ラテン語 frictus. freír の 過分》❶《口語》ぐっすり眠っている: quedarse ~ 眠り込む; 死ぬ. ❷《口語》うんざりした: estar ~ de calor 暑くてたまらない. ❸《口語》死んだ: dejar ~ a+人 …を殺す. ❹《西, ペルー, チリ, ベネズエラ, ウルグアイ. 口語》〖人が〗困難な状況にある. ❺《アルゼンチン, ウルグアイ. 口語》疲れ切っている

estar ~ por+不定詞 …したくてたまらない: El niño está ~ por salir. その子は出かけたくてたまらない

tener (traer) a+人 *~* …をうんざりさせる: Los niños me tienen ~ con sus travesuras. 子供たちのいたずらにはもう頭を上げた
 ―― 男 ❶〖主に 複〗揚げ物, フライ, 炒め物〖物〗. ❷《ベネズエラ》日々の糧(食べ物)

fritura [fritúra] 女《←frito》❶《料理》1) フライ〖行為〗. 2) 集合 フライ, 揚げ物, 炒め物【=fritada】. ❷〖傷んだレコード・ラジオの〗雑音

friturero, ra [fritur éro, ra] 名 揚げ物売り

friulano, na [frjuláno, na] 形《イタリア北東部の〗フリウリ Friul の〖人〗
 ―― 男 フリウリ語〖レト＝ロマン語の一つ〗

friura [frjúra] 女 ❶《サンタンデール, レオン; ベネズエラ》寒さ, 冷たさ

frívolamente [fríβolaménte] 副 軽率に, 軽はずみにも
frivolidad [friβoliðá(ð)] 《←frívolo》女《軽蔑》❶ 軽薄, 不まじめ, くだらなさ: Estoy cansada de sus ～es. 私は彼の軽薄さにはうんざりしている. ❷ くだらないもの
frivolité [friβolité] 《←仏語》男《手芸》タッチングレース
frivolizar [friβoliθár] 9 他《人・事を》軽薄にする; 軽薄に扱う
── 自 軽薄な話し方をする
── **se**《人・事が》軽薄になる
frívolo, la [fríβolo, la]《←ラテン語 frivolus「無意味な」》形《軽蔑》❶ 軽薄な, 浅薄な; くだらない, たわいない; 浮ついた, 不まじめな: hombre ～ 軽薄な男. película ～la くだらない映画. ❷ 尻軽な
friz [fríθ] 女 ブナノキの花
fromagerie [fromaʒerí] 《←仏語》女 チーズ販売店
fronda [fróŋda]《←ラテン語 frons, frondis》女 ❶《集合》密生した枝葉, 葉むら. ❷《文語》[植物の]葉. ❸ シダ類の葉. ❹ 雑木林, 木立. ❺［包帯用の]三角巾
fronde [fróŋde] 男 葉, シダ類の葉 [=fronda]
frondecer [froŋdeθér] 39 自《まれ》[植物が] 枝葉が密生する
frondio, dia [fróŋdjo, dja] 形 ❶《アンダルシア》不機嫌な. ❷《メキシコ, コロンビア》[人が] 汚れた, 身ぎれいでない
frondista [froŋdísta] 形《まれ》革命的な
Frondizi [froŋdíθi]《人名》**Arturo ～** アルトゥロ・フロンディシ [1908−95, アルゼンチンの政治家. 1958年ペロン Perón 派の支持を受けて大統領に就任, 1962年軍部のクーデターで失脚]
frondosidad [froŋdosiðá(ð)] 女 枝葉の密生, 叢生
frondoso, sa [froŋdóso, sa]《←ラテン語 frondosus》形 枝葉の密生した, 葉がよく茂った
frontada [froŋtáða] 女《地方語》境界
frontal [froŋtál]《←ラテン語 frontalis < frons, -tis「正面」》形 ❶ 正面［から]の; 正面, 正面から描いた肖像. vista ～ 正面図. ❷《解剖》前頭の, 前額部の. ❸《コロンビア》大変重要な
── 男 ❶《宗教》祭壇飾り. ❷《解剖》前頭骨 [=hueso ～]. ❸《アラゴン》[樽の]上部の蓋, 鏡. ❹《中南米. 馬具》[頭絡の]額革
frontalera [froŋtaléra] 女 ❶《馬具》[頭絡の]額革. ❷ 祭壇の前飾り; その保管場所. ❸ =frontil
frontalidad [froŋtaliðá(ð)] 女《美術》[人物が] 正面を向いていること
frontalmente [froŋtálménte] 副 正面から, 真っ向から
frontenis [froŋténis] 男《スポーツ》フロンテニス《テニスラケットと軟球を使用してハイアライのコートで行なう球技》
frontera¹ [froŋtéra]《←frontero < ラテン語 frons, frontis「正面」》女 ❶ 国境: El Río Grande constituye una ～ natural entre México y Estados Unidos. リオ・グランデ川はメキシコと米国の天然の国境となっている. pasar (atravesar/traspasar) la ～ 国境を越える. El arte no conoce ～s. 芸術に国境はない. ❷《比喩》境界; 限界: Intentó eliminar las ～s entre profesores y estudiantes. 彼は教師と学生の間の壁を取り除こうとした. Ha rozado la ～ de la desvergüenza. 君のやったことは恥知らずと紙一重だ. Su osadía no conoce ～s. 彼の厚かましさはとどまるところを知らない. ❸［建物の]正面, 前面. ❹［運搬用大かごの]下部を補強する]帯状のもの. ❺［土壁・土塀の型作りに使われる]枠木の支え板. ❻《物理》～ móvil 移動境界
sin ～s 世界的な・に, 国際的な・に:〔Cuerpo de〕Médicos *sin F*～s 国境なき医師団
frontería [froŋtería] 女《まれ》国境 [=frontera]
fronterizo, za [froŋteríθo, θa]《←frontera》形 ❶ 国境の: conflictos ～s 国境紛争. línea ～za 国境線. paso ～ 国境の通過. zona ～za 国境地帯. ❷ 国境にある(いる), 辺境の: ciudad ～za 国境の町. soldado ～ 国境守備兵. ❸［国・地方・町・村, +con・de と] 国境を接する: Francia es un país ～ de España. フランスはスペインと国境を接する国だ
frontero, ra² [froŋtéro, ra]《←ラテン語 frons, frontis》形 [+a・con・de と] 正面の, 向かい合った: Vive en una casa ～ra de la mía. 彼は私の向かいの家に住んでいる
── 男 ❶［幼児用]額当てクッション [=frentero]. ❷ 国境守備隊長
frontil [froŋtíl] 男 ❶［くびき綱から牛の額を保護する]当て物. ❷《キューバ, プエルトリコ. 馬具》[おもがいの]額を覆う部分
frontino, na [froŋtíno, na] 形 ❶［家畜が]額に印をつけた. ❷《アルゼンチン》[動物が]顔に白い斑点のある
señal de borrica ～na《口語》ばか女
frontis [fróŋtis]《←ラテン語 frons, frontis》男《単複同形》❶［建物の]正面: El ～ de la Universidad es plateresco. 大学の正面部はプラテレスコ様式である. ❷《ハイアライ》[コートの]正面壁
frontispicio [froŋtispíθjo]《←ラテン語 frons, frontis》男 ❶《建築》ペディメント [=frontón]. ❷［建物・家具の]正面, 前面. ❸《製本》口絵［のページ]. ❹《ハイアライ》コートの壁. ❺ 顔 [=cara]
frontofocómetro [froŋtofokómetro] 男《光学》焦点距離測定器
frontogénesis [froŋtoxénesis] 女《気象》前線の発達(発生), フロントジェネシス
frontogenético, ca [froŋtoxenétiko, ka] 形《気象》前線発達(発生)の
frontolisis [froŋtolísis] 女《気象》前線の衰弱(消滅)
frontología [froŋtoloxía] 女《気象》前線研究学
frontón [froŋtón] 男 ❶《ハイアライ》コート; 壁; 試合. ❷《建築》ペディメント [建物の正面上部の三角又は半円形の飾り壁]. ❸《鉱山》切羽(ぎ), 切場(ぎ). ❹《海岸の》断崖
frontonasal [froŋtonasál] 形《解剖》前頭骨と鼻骨の, 前頭鼻骨の
frontón-tenis [froŋtón ténis] 男《まれ》=frontenis
frontoparietal [froŋtoparjetál] 形《解剖》前頭骨と頭頂骨の, 前頭頂骨の
frontudo, da [froŋtúðo, ða] 形［動物が] 額の広い
frotación [frotaθjón] 女 こすること, こすり合わせること, 摩擦［行為]
frotador, ra [frotaðór, ra] 形 名 こする［人], 摩擦する[人]; 磨く[人]
frotadura [frotaðúra] 女《まれ》=frotación
frotamiento [frotamjéŋto] 男 =frotación
frotante [frotáŋte] 形 こする, 摩擦する
frotar [frotár]《←仏語 frotter》他 こする, 摩擦する: ～ una cerilla マッチをする. ～ la mesa con un trapo para sacarle brillo テーブルを布で磨いて艶を出す
frote [fróte] 男 =frotación: hacer fuego mediante el ～ de una piedra con otra 石と石をこすり合わせて火をおこす
frotis [frótis] 男《単複同形》《医学》《顕微鏡の》塗抹(ﾄｶ)標本, スメア: ～ cervical 頸管塗抹標本
frottage [frotáʒ]《←仏語》男《美術》フロッタージュ《紙を置き, その上を鉛筆などでこすって表面の模様を写し取る技法》
fructidor [fruktiðór] 男 実月(ﾐﾂｷ)《フランス革命暦の第12月. 8月18日～9月16日》
fructíferamente [fruktíferaménte] 副 実り豊かに; 成果をあげて, 好結果をもたらして
fructífero, ra [fruktífero, ra]《←ラテン語 fructifer, -eris < fructus「生産物, 享受」+fero「私は持つ」》形 ❶ よく実のなる, 収穫をもたらす: hacer más ～ra la tierra 土地をより実り豊かにする. ❷ 成果の上がる: experiencia ～ra 実り多い経験
fructificable [fruktifikáβle] 形 結実可能な, 収穫をもたらし得る
fructificación [fruktifikaθjón] 女 ❶《植物》結実. ❷ 成果
fructificador, ra [fruktifikaðór, ra] 形 実を結ぶ, 収穫をもたらす
fructificar [fruktifikár]《←ラテン語 fructificare》7 自 ❶［植物が]実を結ぶ. [土地が] 収穫をもたらす. ❷ 成果を上げる, 良い結果を生む: Su esfuerzo *fructificará*. 彼の努力は実を結ぶだろう
fructosa [fruktósa] 女《化学》フルクトース, 果糖
fructuario, ria [fruktwárjo, rja] 形 ❶ 用益権の, 利用権のある [=usufructuario]. ❷ 収穫物に基づく: renta ～ria 収穫物小作料
fructuosamente [fruktwósaménte] 副 成果を収めて, 有意義に
fructuoso, sa [fruktwóso, sa]《←ラテン語 fructuosus》形 有益な, 良い結果を生む, 実り多い: Sus planes no han resultado ～s. 彼の計画は良い結果を出せなかった. relaciones ～sas entre dos países 両国間の実り多い交流
frufrú [frufrú]《←擬音》男 サラサラという衣(ﾆ)ずれの音
frugal [fruɣál]《←ラテン語 frugalis < frux, frugis「大地の恵み」》形 ❶［食事が]質素な: comida ～ 粗食. ❷［人が]粗食の, 少

frugalidad 食の《⇔gula》. ❸ vida ~ つましい生活. coche muy ~ ガソリンを食わない車, 低燃費の車

frugalidad [fruɣaliðáð] 囡 ❶ 食事の粗末さ, 粗食. ❷ 質素, 控えめ; 節約, 倹約

frugalmente [fruɣálménte] 副 質素に, つましく

frugífero, ra [fruxíffero, ra] 形 ❶《詩語》実のなる, 実をつける. ❷ 有意義な: conferencia ~ra 実りのある会談

frugívoro, ra [fruxíβoro, ra] 形《動物》果実を常食とする

frui [frwí] 48 自 ブナの実

fruición [frwiθjón]《←ラテン語 fruitio, -onis》囡 悦楽, 歓喜: comer con ~ 楽しんで食べる. El malvado tiene ~ en ver llorar. あの性悪は人が泣くのを見て喜ぶ

fruir [frwír] 48 自《⇔全有·実現》[+de 所有·実現] 喜ぶ, 楽しむ

fruitivo, va [frwitíβo, ba] 形 垂涎(ｽｲｾﾞﾝ)の, うれしくなるような, 喜ばしい

frumentario, ria [frumentárjo, rja] 形《文語》小麦の, 穀物の ── 男《古代ローマ》小麦徴発吏

frumenticio, cia [frumentíθjo, θja] 形《文語》=**frumentario**

frunce [frúnθe]《←fruncir》男《服飾》ひだ, ギャザー: La blusa lleva ~s en los puños. そのブラウスは袖口にギャザーがある. hacer ~s por 50 centímetros 50センチにわたってギャザーをとる ── 男《服飾》シャーリング, ギャザリング

fruncido, da [frunθíðo, ða] 形 名《チリ, ラプラタ》気取った[人], 上品ぶった[人] ── 男《服飾》シャーリング, ギャザリング

fruncidor, ra [frunθiðór, ra] 男 ギャザーを寄せる: cinta ~ra ギャザーテープ ── 男 ギャザー寄せ器《ミシンの付属装置》

fruncimiento [frunθimjénto] 男 ひだをしかめること, 眉をひそめること, 唇をすぼめること. ❷《まれ》ごまかし, 取り澄まし

fruncir [frunθír]《←古仏語 froncir「しわを寄せる」》2 他 ❶《怒り・心配などを表わして, 額・鼻などに》しわを寄せる: La médica frunció la boca en un ademán de incertidumbre. 女医は確信がなさそうに口をとがらせた. con sus cejas *fruncidas* 眉をひそめて. gesto *fruncido* しかめ面. ❷[布に]ギャザーを寄せる; [ひだを作るように]折り寄せる: falda *fruncida* ギャザースカート. ❸《まれ》[真実を]歪曲する ── ~**se** ❶[+de+感覚·感情の名詞]きわめて…の状態にある: Me frunzo de sueño. 私は非常に眠たい. ❷《メキシコ, ベネズエラ, アルゼンチン, ウルグアイ》[恐怖で]縮み上がる: Se le *frunció* el estómago cuando vio que la puerta se abría. ドアが開くのを見て彼の胃が縮み上がった

fruñir [fruɲír] 20 自《廃》(*fruñendo*) ~**se**《コロンビア》うんざりする

frusa [frúsa] 囡《地方語》恐怖

fruslera [frusléra] 囡 ❶[旋盤にかけた真鍮·銅から出る]削りくず. ❷《古》真鍮

fruslería [fruslería]《←古語 fruslera「中身のない真鍮」< ラテン語 fusilaria < fusilis「溶けた」< fundere「溶かす」》囡 ❶ つまらないもの, 価値のないもの: De su viaje me trajo unas ~s. 彼は安物の旅行土産をいくつかくれた. ❷ 中味(内容)のないこと: En la carta solo cuenta ~s. 手紙には大したことは書いてない

fruslero[1] [frusléro] 男 麺棒

fruslero[2]**, ra** [frusléro, ra] 形 くだらない, 取るに足りない

frustración [frustraθjón] 囡 ❶ 挫折(失敗)させること; 挫折, 失敗. ❷ 欲求不満, フラストレーション: hombre lleno de *frustraciones* 欲求不満で一杯の男

frustrado, da [frustráðo, ða] 形 ❶ 欲求不満の[人]. ❷ 挫折した, 失敗した: escritor ~ 売れない作家. golpe de estado ~ クーデター未遂

frustráneo, a [frustráneo, a] 甲斐のない, 骨折り損の

frustrante [frustránte] 形 挫折感(フラストレーション)を引き起こす

frustrar [frustrár]《←ラテン語 frustrari「だます, 不用にする」》他 ❶ 挫折させる; [計画などを] 失敗させる: Le han *frustrado* la ambición. 彼の野望はくじかれた. ❷ 失望させる: *Frustraba* las esperanzas de sus padres. 彼は両親の期待を裏切った. ❸《心理》欲求不満にさせる. ❹《法律》[目的を]達成不能にする ── ~**se** 挫折する, くじける; 失敗する: Debido a dificultades financieras se ha *frustrado* el proyecto. 資金難で計画は頓挫した. Se *frustró* el delito. 犯行は未遂に終わった. sentirse *frustrado* 挫折感を味わう

frustratorio, ria [frustratórjo, rja] 形《廃語》挫折(失敗)させる

; 挫折(失敗)する

frustre [frústre]《口語》=**frustración**

frústula [frústula] 囡《植物》[珪藻の]被殻

fruta [frúta]《←ラテン語 fructa < fructum「享受」》囡 ❶[主に集名]. 食用の]果物, 果実, 実: La sandía es la ~ más popular del verano. スイカは最も人気のあるの夏の果物である. La fresa es la reina de las ~s. イチゴは果物の王様である. María vende ~s y verduras. マリアは果物と野菜を売っている. Procure consumir más ~ y verdura rica en fibra. もっとたくさん果物と繊維質が多い野菜を摂るようにしなさい. tomar mucha ~ たくさん果物を食べる. manzanos cargados de ~ 青い実の生ったリンゴの木々. ~ abrillantada《アルゼンチン, ウルグアイ》= confitada. confitada (escarchada) 砂糖漬けの果物. ~ del tiempo/~ de [la] estación 旬の果物;[風邪など]季節性のあるもの. ~ de sartén《西》クレープの一種《形は様々なもの》. ~ seca ドライフルーツ. ❷《口語》結果, 産物. ~ *del cercado ajeno* 隣の芝生は青い. ~ *prohibida* 禁断の木の実[=fruto prohibido]. *volverse* ~ *de maraca*《ベネズエラ》散らばる

frutaje [frutáxe] 男 果物や花の絵画

frutal [frutál]《←fruta》形 果実のなる; 果実の ── 男 果樹[=árbol ~]

frutar [frutár] 自 実がなる, 結実する

frutecer [fruteθér] 39 自《文語》実がなり始める, 実を結ばんとする

fruteda [frutéða] 囡《まれ》果樹園

frutero, ra [frutéro, ra]《←fruta》形 ❶ 果物の. ❷ 果物を売る, 果物を商う. ❸ 果物用の; 果物を載せる; 果物を運搬する ── 男·女 果物商, 果物を売る人 ── 男 果物皿[=plato ~], 果物鉢: Dejé las manzanas en el ~. 私はリンゴを果物鉢に載せた. ❷ 果物皿の覆い. ❸ 果物輸送船[=barco ~]. ❹《美術》果物の静物画. ❺《鳥》[総称的に]南米の]極彩色の鳥《オナガシキドリ, フウキンチョウなど》

frutería [frutería] 囡 果物店

frutescente [frutesθénte] 形 低木(灌木)性の, 低木となる[=fruticoso]

frútice [frútiθe] 男《植物》茎が木質化した低木

frutícola [frutíkola] 形 ❶ 果樹栽培の, 果実売買の. ❷《南米》果物の

fruticoso, sa [frutikóso, sa] 形《植物》低木性の, 低木状の

fruticultor, ra [frutikultór, ra] 形 名《植物》果樹栽培の; 果樹栽培者

fruticultura [frutikultúra] 囡 果樹栽培[法], 果樹園芸

frutilla [frutíʎa] 囡 ❶ ロザリオの玉. ❷《中南米》[チリ原産の大粒の]イチゴ《学名 Fragaria chilensis》. ❸《コスタリカ》旋毛虫病[=triquinosis]

frutillar [frutiʎár] 男《南米》イチゴ畑

fruto [frúto]《←ラテン語 fructus「享受」< frui「享受する」》男 ❶《植物》果実, 実: Todas las frutas son ~s. 果物はすべて果実である. El cacao es el ~ de un árbol americano. カカオはアメリカ産の木の実である. Los árboles están cargados de ~s. 木々にたくさん実がなっている. ~ seco [主に圕] 乾果, ナッツ. ~s silvestres 野の実. ❷ 成果, 結実, 結果: ~ de un esfuerzo de muchos años 長年の努力の賜物(ﾀﾏﾓﾉ). ~ de la experiencia 経験の賜物. ~ de la imaginación 想像力の産物. ~ del azar 偶然のなせる業. ~ del mar 海の幸. ❸《文語》[夫婦·女性にとって]子, 子宝: ~ del amor 愛の結晶. ~ del vientre 腹を痛めた子, 我が子. ~ de bendición 嫡出子. [主に圕]. 大地·自然がもたらす] 産物, 収穫物: No produjo ~s este campo. この畑からは何も採れなかった. ~s de la tierra 大地の恵み. ❺《菓子》~ de sartén 小麦粉と卵を混ぜた小さな塊を揚げたもの. ❻ 利益, 効用. ❼《法律》果実: ~s civiles 法定果実. ~ pendiente 収穫前の果実

con ~ 有益に

dar ~ 1)[植物が] 実をつける, 実を結ぶ: dar buenos ~s よく実がなる. 2)[結果·成果を] 産み出す: Aquel esfuerzo dio ~s y alcancé casi toda mi ambición. その努力が実を結び, 私は自分の夢をほぼ達成した. Se había iniciado una investigación, pero aún no daba ~s. 調査は始まっていたが, まだ成果は得られていなかった

~ *prohibido* 禁断の木の実: Este amor es un ~ *prohibido*. これは禁じられた恋です

sacar ~ de... …から成果をあげる，…を利用する
sin ~ 成果なく，無駄に；無益に
FSLN《略語》←Frente Sandinista de Liberación Nacional サンディニスタ民族解放戦線『1961年に結成されたニカラグアの左翼系組織，政党．1979年にソモサ Somoza 独裁政権を打倒．1990年の選挙で敗北．21世紀に入り再び政権与党となる』
ftalato [ftaláto] 男 フタラート，フタル酸塩
ftaleínas [ftaleínas] 女 複《化学》フタレイン
ftálico, ca [ftáliko, ka] 形《化学》フタル酸の
ftanita [ftaníta] 女 鉱水作用水晶，フタナイト
ftiriasis [ftirjásis] 女 シラミ《寄生》症
fu [fú] 間 ❶ [猫のうなり声] フーッ．❷ [嫌悪・軽蔑]《フン，ヘン!
  hacer fu 1) [しっぽを巻いて] 逃げ出す，退散する．2) [+a を] 冷たくあしらう
  ni fu ni fa 1) どうでもよい: A mí el golf *ni fu ni fa*. 私はゴルフには全く興味がない．2) まあまあで，可もなく不可もなく(な)い: ¿Qué tal el viaje?—*Ni fu ni fa*. 旅行はどうだった?—まあまあ
fuácata [fwákata] 女《メキシコ，中米》破産，困窮: estar en la ~ 一文なしである
—— 間《キューバ》❶ [体に打撃を受けて] お痛っ! ❷ [鞭の音] バシッ!
fuagrás [fwagrás] 男《ラテン語源》=foie-gras
fucáceas [fukáθeas] 女 複《植物》ヒバマタ科
fucales [fukáles] 女 複《植物》ヒバマタ目
fúcar [fúkar]《16〜18世紀のドイツの銀行家 Fugger 一族》男《まれ》大資産家，大金持ち
fuche [fúʧe] 間《ラクダに》ひざまずけ!
fuchi [fúʧi] 間《メキシコ，中米，口語》[嫌悪] フン!
fucilar [fuθilár] 自《まれ》❶ [単人称] 稲妻がする，稲妻が光る．❷ きらめく，ちらちら光る
fucilazo [fuθiláθo] 男《まれ》[雷鳴を伴わない夜間の] 稲妻，稲妻
fucívoro, ra [fuθíβoro, ra] 形《動物》食藻性の
fuco [fúko] 男《植物》ヒバマタ
fucsia [fúksja] 女《植物》フクシア，ホクシャ
—— 形 [フクシアの花の色から] ボタン色[の]，フューシャピンク[の]《=rosa ~》
fucsina [fuksína] 女《化学》フクシン，マゼンタ
fucú [fukú] 男《ドミニカ，コロンビア》不運
fudre [fúdre] 男《酒・油用の》皮袋，樽；[大きな] ワイン容器
fuego [fwéɣo]《ラテン語 focus《炉，火鉢》》男 ❶《不可算》火: El ~ prende en una cabaña. 小屋に火がつく．Su falda se prendió ~. 彼女のスカートに火がついた．No te acerques demasiado al ~. あまり火に近づきすぎてはいけません．Está prohibido hacer ~. 《表示》火気厳禁．encender el ~ 火をおこす．apagar (extinguir) el ~ 火を消す．poner ~ a... …に火をつける，点火する．subir (bajar) el ~ 火を強く(弱く)する．echar... al ~ …を火にくべる(投げ入れる)．poner una olla en el ~ 鍋を火にかける．Donde no se hace ~, no sale humo.《諺》火のないところに煙は立たない．~ de Santelmo/~ de San Telmo《気象》セント・エルモの火．2) [ガス・薪・石炭などの暖房・調理用の火] El ~ de la chimenea está encendido. 暖炉の火が燃えている．Puso una olla de agua al ~ y se sentó a esperar. 彼女は水を入れた鍋を火にかけて，座って待った．Estaba sentado junto al ~. 彼は暖炉のそばに座っていた．3) [たばこ用のマッチ・ライターの火] ¿Tiene ~? たばこの火を貸して下さい．pedir ~ a+人 …に[たばこの]火を借りる．4)《文語》強烈な熱さ．❷ 火事，火災《→incendio》類義》: Hay ~ en la casa de enfrente. 向かいの家が火事だ．Baleares sufre 18 ~s en una semana. バレアレス諸島は週に18回火事に見舞われている．¡F~!，¡~! 火事だ! ❸ 発射，射撃: iniciar el ~ 射撃を開始する．bajo el ~ 砲火の中を．~ cruzado 十字砲火．~ graneado [兵士全員による] 連発射撃．Preparen, apunten, ¡~! 号令》構え銃，狙え，撃て! ❹ [合図の] のろし，火: ~ de campamento キャンプファイアー．~s artificiales, ⟨まれ⟩ ~s de artificio〉: Esa noche había ~s artificiales. その夜花火が行われた．celebrar con ~s artificiales 祝賀花火を打ち上げる．❺ 情熱，熱気，熱意: El joven hablaba con ~. 青年は熱弁をふるっていた．He olvidado mi ~. 私は情熱をなくしてしまった．defender con mucho ~ 非常に熱弁をふるって擁護する．olvidar la hora en el ~ de la discusión 議論に熱中して時を忘れる．~ de los años juveniles 青春の情熱．~ pasional 情熱のほてり．❼ [体の] 熱さ，火: Tengo ~ en el estómago. 私は胃が焼けている．Siento ~ en las sienes. 私は頬がほてる．❽ [コンロの] 火口: Esta cocina tiene tres ~s de gas. このコンロは火口が3つある．❾《築城》銃眼，砲口．❿《医学》[議論で] 反証を示して…を論じる．《 南米，口語》口唇ヘルペス．⓫《歴史》~ griego ギリシア火薬．⓬《古語》家族，世帯《=hogar》: Este lugar tiene cien ~s. この村は100世帯が住む
  a ~ fuerte《料理》強火で: dejar hervir *a ~ fuerte* 強火で沸騰させる
  a ~ lento 1)《料理》弱火で，とろ火で: Lo ponemos *a ~ lento* unos 15 minutos. 15分間それをとろ火にかけます．cocer *a ~ lento* とろ火で煮る．2) 少しずつ，徐々に: matar (torturar) a+人 *a ~ lento* 真綿で首を絞める
  a ~ rápido《料理》=*a ~ fuerte*
  a medio ~《料理》中火で
  abrir ~ 1) [+contra に] 砲火を開く．2) きっかけを作る
  apagar ~ a los ~ [議論で] 反証を示して…を論じる
  apagar el ~ con bencina《チリ》[怒りなどに] 火に油をそそぐ
  atizar el ~ 1)《口語》対立をあおる，たきつける．2) 火勢を強める，火をかき立てる
  avivar el ~ = *atizar el ~*
  cagar ~《アルゼンチン，ウルグアイ》[人が] 死ぬ
  dar ~ 1) [たばこの] 火を貸す．2) 火を放つ，放火する．3) 射撃 (点火) を命じる
  echar ~ [por los ojos] [怒りで] 目をぎらつかせる，烈火のごとく怒る，激怒する
  entrar en ~ 出征する，初めて戦場に出る
  entre dos ~s 板ばさみになって: Entre mi trabajo y mi familia, me encuentro *entre dos ~s*. 私は仕事と家庭の板ばさみになっている．quedarse (estar) *entre dos ~s* 板ばさみになる (なっている)
  estar hecho un ~ 熱中している；必死である
  ~ amigo 同士討ち；[友軍による] 誤射，誤爆
  ¡F~ de Cristo!/*¡F~ de Dios!* [怒り・懇願] 神の罰を/ちくしょう!
  grabar... a ~ …を記憶に焼きつける
  hacer ~ 1) 砲火を開く．2) 火をおこす: *hacer ~* con piedras 石で火をおこす
  huir del ~ y dar en las brasas 一難去ってまた一難
  ir a apagar un ~《口語》瞬時のことである，あっという間に終わる
  jugar con ~ 軽はずみに危険を冒す: El que *juega con ~* se quema. 火遊びをする者は身を焦がす
  labrar a ~《獣医》真っ赤に焼けた鉄で処置する
  lanzar ~ por los ojos = *echar ~ [por los ojos]*
  levantar ~ 対立をあおる
  mantener el ~ sagrado《文語》[+de 活動・主義などに] 変わらぬ情熱 (理想) を抱いている
  meter a+人 y sangre = *poner a+人 y sangre*
  meter ~ 1) 活を入れる，活性化する．2) 放火する
  pegar ~ a...《西，口語》=*prender ~ a...*
  poner a ~ y sangre/*poner a sangre y ~* [敵軍が，国・地域を] じゅうりんする
  poner ~ a...《西，口語》=*prender ~ a...*
  prender ~ a... …に放火する，火を放つ: Le prendió ~ a la casa con el encendedor. 彼はライターで家に火をつけた
  romper ~ 1) 砲撃を開始する，砲火を開く．2) 論争を始める
  sacar un ~ con otro 同じ目に遭わせる，目には目の仕返しをする
  tocar a ~ 火事を知らせる: Las campanas *tocan a ~*. 火事を知らせる鐘が鳴っている
fueguino, na [fweɣíno, na] 形《地名》フエゴ島 Tierra del Fuego の[人]《南米大陸の南端にある》
fuel [fwél]《←英語》男《火力発電所・家庭用の》燃料油
fuellar [fweʎár]《エクアドル》ふぃご を動かす
—— 男《エクアドル》ロウソクの装飾箔
fuelle [fwéʎe]《←ラテン語 follis《ふいご》》男 ❶ [鍛冶屋などの火をかき立てる] ふいご．❷《音楽》1) アコーディオンのふいご．2) バグパイプの皮袋．3)《ラプラタ，口語》バンドネオン．❸ [カメラの]

fuel oil

蛇腹; [かばん・財布などの] ひだ状のマチ. ❹《服飾》アコーディオンプリーツ. ❺ [列車・バスの] 連結部. ❻《自動車》折曲み式の幌(ほろ). ❼《口語》[人の] 肺活量; 耐久力: tener [mucho] 〜 が息が長く続く; タフである. perder 〜 息切れする; スタミナがなくなる. ❽《気象》笠雲. ❾《口語》告げ口屋, 密告者. ❿《建築》ventana de 〜 内側しる窓. ⓫《アストロノミア》《製粉所で用いる皮製の》粉袋. ⓬《アラゴン》搾油所で搾油液を流し入れる] 石槽

fuel oil [fwéloịl]《←英語》男《fueloil, fuel-oil とも表記》=**fuel**
fuelóleo [fwelóleo] 男 =**fuel**
fuengireño, ña [fwenxireɲo, ɲa] 形《地名》フエンヒローラ Fuengirola の〔人〕《マラガ県の村》
fuenlabreño, ña [fwenlaβreɲo, ɲa] 形 名《地名》フエンラブラダ Fuenlabrada の〔人〕《マドリード県の町》
fuentada [fwentáða] 女《口語》大皿一盛り〔の料理・食べ物の量〕
fuente [fwénte]《←ラテン語 fons, fontis》女 ❶ 泉, わき水: Me senté junto a la 〜. 私は泉のそばに腰を下ろした. Era para mí como una 〜 de vida. それは私にとって myの オアシスのようだった. 〜 termal 温泉. Dejar la 〜 por el arroyo.《諺》よい物を悪い物に取り替える. ❷ [広場・公園の] 噴水, 噴水池: En el centro de la plaza hay una 〜. 広場の真ん中に噴水がある. 〜 de los deseos 多くのコインを投げ入れると願い事をかなえてくれる泉. ❸ [広場などの] 水飲み場, 給水栓; 水飲み器: 〜 de agua potable 噴水式水飲み器. 〜 de soda《南米》[ジュースなどを売る] スタンド. ❹ 源, 源泉: 〜 del Nilo ナイル川の水源. 〜 de calor 熱源. 〜s de energía エネルギー源《資源》. 2)《比喩的》El huevo es una 〜 excelente de proteínas de alta calidad. 卵は高品質のすばらしいたんぱく源である. Es su única 〜 de ingresos. それは彼の唯一の収入源である. La radio era mi 〜 de inspiración. ラジオは私のインスピレーションの源だった. crear nuevas 〜s de empleo (de trabajo) 新たな雇用元を創出する. 〜 de alimentación 供給源. 〜 de salud 健康の源. 〜 nutritiva 栄養源. 〜 tributaria 租税収入源. ❺ [主に 複] 情報の] 出所, 情報源: saber... de buena(s) 〜(s) 確かな筋からの情報から〜を知る. según 〜s policiales 警察筋によれば, bien informado 確かな消息筋. 〜 de información 情報源, ニュースソース. 〜 oficial 公式筋. 〜 histórica 史料. 〜 primaria (secundaria) 一次 (二次) 資料. ❻《料理》[大きな] 深皿, 大皿 [→plato 類義]; その一皿分の料理: La sirvienta apareció con una 〜 en la mano. メイドが大皿を持って現れた. comerse una 〜 de judías イゲン豆を1皿食べつくす. media 〜 〜 de letra 4セットの文字フォント. ❽《宗教》聖水盤, 洗礼盤《=〜 bautismal》. ❾《医学》[膿を排出する] 潰瘍

beber en buenas 〜s《口語》確かな情報源をもつ, 信頼できる筋から情報を得ている
hacer 〜s《隠語》[男が] 自慰をする
fuentecanteño, ña [fwenteikánteɲo, ɲa] 形 名《地名》フエンテ・デ・カントス Fuente de Cantos の〔人〕《バダホス県の村》
Fuenteovejuna [fwenteoβexúna] 固《←Lope de Vega の戯曲》***Todos a una, como 〜.***《諺》一致団結して
fuenteovejunismo [fwenteoβexunísmo] 男《まれ》一致団結
Fuentes [fwéntes]《人名》**Carlos** 〜 カルロス・フエンテス《1928-2012, メキシコの小説家. ヨーロッパ大陸, とりわけスペインとの関わりが深い自国の文化・歴史を重層的に描きつつ, メキシコ性を探求し続けた. 様々な社会階層の人物を登場させて, 社会の全体像を浮き彫りにしようとした野心作『澄みわたる大地』*La región más transparente*, メキシコ革命前後のメキシコに生きる人物の全体像を鮮やかに描いた『アルテミオ・クルスの死』*La muerte de Artemio Cruz*, 新旧両大陸の2000年の歴史を内包する壮大なスケールの小説『我らが大地』*Terra nostra*. セルバンテス賞受賞》
Fuentes Quintana [fwéntes kintána]《人名》**Enrique** 〜 エンリケ・フエンテス・キンタナ《1924-2007, スペインの経済学者. フランコ没後, モンクロア協約 Pactos de la Moncloa の策定に参画, 税制改革にも貢献 (Fuentes-Ordóñez 税制)》
fuer [fwér]《*fuero* の語尾消失形》男《文語》***a 〜 de...*** として: Yo, a 〜 de amigo tuyo, no puedo permitir eso. 私は君の友人として, それを許すことはできない
fuera [fwéra]《←古語 fueras < ラテン語 foras『外に』》副 ❶《←dentro》❶ 外, 外部で: ¿Hay alguien allí 〜? そこの外に誰かいるのか? 2)《前置詞+》La puerta se abre hacia 〜. そのドアは外に開く. mirar hacia 〜 外の方を見る. ❷ 屋外で, 家の外に, 戸外に: Los niños juegan 〜. 子供たちは外で遊ぶ. Mi marido está 〜. 夫は外出中です. Dormí 〜 en el viento y la lluvia. 風が吹き雨が降る野外で私は眠った. comer 〜 外食する. ❸ ほかの土地に・で, よそに・で; 外国に・で: En invierno los hombres van a trabajar 〜. 冬には男たちは出稼ぎに行く. ❹《スポーツ》1) ラインの外側に. 2) アウェイで, ビジターで《=〜 de casa》: El último partido lo jugaban 〜. 彼らの最終戦はアウェイだった. ❺ [+de] 1) …の外に・へ; …から外れて: Pasaré unos días 〜 de Tokio. 私は東京を離れて数日間過ごすつもりだ. Ya está 〜 de moda. それはもう流行遅れだ. 2) …の外に, 教室の外で, 学校外で. 2) …の届かないところに, …の範囲外に: El objeto está 〜 de alcance. 目標は射程外にある. Está 〜 de mi control. それは私にはどうにもできないことだ. Voy a buscar algo 〜 de lo normal. 私は何か並外れたものを作り出すつもりだ. El concepto del amor está 〜 del espacio y del tiempo. 愛の概念は時と場所を超越している. 3) …の他に, …以外に, …の外から, …を除いて: 〜 de eso, pídeme lo que quieras. それ以外だったら, 何でも欲しいものを言ってくれ. No hay vida inteligente 〜 de la Tierra. 地球以外に知的生命体は存在しない. 4) …を離脱して, …が効かなくって: La decisión fue tomada 〜 de la voluntad de ambos. その決定は両者の意志に反してなされた. estar 〜 de duda 疑う余地がない. 〜 de intención 意図せずに

caer 〜 除外される
de 〜 1) 外の, 外部の; 外から: Los dos tienen un carácter diferente, pero *de* 〜 se parecen mucho. 2人は性格は異なっているが, 外見はよく似ている. 2) ほかの土地の〜から, …の…から: Yo soy *de* 〜. 私はよそ者だ. equipo *de* 〜 ビジターチーム
de 〜s《メキシコ, キューバ》よそ者の
dejar 〜 1) [事を] 無視する, 考慮しない: Dejemos nuestras diferencias de opinión y tratemos el asunto que nos interesa. 私たちの意見の違いは別にして, 共通の関心事を取り上げよう. 2) [+a+人] の〔者である, 除外する: Me molesta algo que me *hayan dejado* 〜 del grupo de viaje. 私は旅行仲間から外されたことが少々気に食わない
desde 〜 外から; 外見で. 外見から判断して《見る》
echarse 〜 手を引く: Me echo 〜 de tu negocio. 私は君の商売から手を引く
〜 aparte《俗用》さらに, その上; [+de] …の他に
〜 de que 接続法 …である上に: F〜 *de que es rica, es bella*. 彼女は金持ちで, しかもその上, 美人だ
〜 de sí [怒りなどで] 我を忘れて: Grité 〜 *de sí*. 彼は逆上して叫んだ
por 〜 1) 外から: pintar la casa *por* 〜 家の外側を塗る. 2) 外見で: Es blanco por dentro y negro *por* 〜. 彼は黒人のような精神的には白人だ
y 〜 以上で
—— 間 ❶ 出て行け!: ¡F〜 *de aquí*! 出て行け!/[つきまとわれて] あっち行け! 2) ¡F〜 *de mi vista*! 失せろ! ❷ [+名詞] ¡F〜 *el sombrero*! 帽子を取れ! ¡F〜 *las bases*! 基地をなくせ! ❸ [演説者などに] やめろ!《名詞化して》: Se oía un 〜. 「やめろ」の怒号が聞こえた. ❹ くたばれ!
—— 名《スポーツ》1) ラインの外側) アウト, ファウル. 2) オフサイド《=*fuera de juego*》. ❷《通信》通信終わり《⇔corto》
fueraborda [fweraβorða] 男《まれ》女《fuera-borda とも表記. 単複同形, 〜s》船外機《付きのボート》
fuerabordo [fweraβorðo] 男 =**fueraborda**
fuerarropa [fwearrópa] 男《まれ. 戯語》裸
fuereño, ña [fwereɲo, ɲa] 形《メキシコ, ニカラグア》よそ者の
fuerismo [fwerísmo] 男 =**foralismo**
fuerista [fwerísta] 形 名 ❶ 特別法 *fuero* の. 2)《西》特別法*fuero* の; 特別法学者. ❸《西》特別法復回主義の (主義者)
fuero [fwéro]《←ラテン語 forum『法廷』》男 ❶《中世の都市の》特別法, 都市法, フエロ. 2) [中世の国王・領主の所有地の] 特別, 特権 (としての自治権・社会集団に与える) 特権. 3) 裁判[権], 司法権; ❷ 教会権. 〜 de la conciencia 良心の裁き. ❷ 法規集, 法典: El F〜 *Juzgo* フエロ・フスゴ, 裁判法典《1241年にフェルナンド3世がローマ法とビシゴト法を集大成した『西ゴト統一法典』*Liber Iudiciorum* のカスティーリャ語訳》. F〜 *del Trabajo*《西》

労働法典. ❸ [主に 複] 過度の自尊心: tener muchos ~s 非常に横柄である. ❹《古語》フォーラム《裁判が行なわれた場所》
a ~ 慣習に従って
~ **interno** (**interior**)《文語》良心: en (para) su ~ *interno* 心の底では
~ **parlamentario** 議員特権
volver por los ~*s de*...《西》1) [不当に扱われてきたものを] 擁護する: *volver por los* ~*s de la verdad* 真実を守る. 2) 回復する: *volver por los* ~*s de la justicia* 正義を復活させる
volver por sus ~*s*《西》持ち前の能力(真価)を発揮する; 威信(評判)を取り戻す; また悪い癖を出す

fuerte [fwérte]《←ラテン語 fortis》形❶《絶対最上級:《文語》fortísimo,《口語》fuertísimo》❶ ~ 強い《⇔débil》: 1) [ser+. 力が] Él es grande y ~. 彼は大きくて力が強い. Un ~ terremoto sacudió el país. 強い地震がその国を揺るがした. dar ~*s* golpes sobre la mesa 机のを強く叩く. deporte ~ 激しいスポーツ. ejercicio ~ 激しい運動. viento ~/~ viento 強風. 2) [estar+] 筋力のついた. ❷ [ser+. +de 意志・性格などが] 強固な, 強靱な: Hay que ser ~ para vencer las dificultades. 困難にうち勝つには意志が強固でなければならない. persona ~ de carácter 強靱な性格の人. ❸ [物が] 丈夫な, 頑丈な: Esta mesa es ~. このテーブルは頑丈だ. calzado ~ 丈夫な履き物. cuerda ~ 丈夫なロープ. tela ~ 丈夫な布. vínculo ~ 強い絆. ❹ [ser・estar+. 人・身体が] 健康な, 元気な; たくましい: Físicamente, se encuentra ~ y resistente. 彼は肉体的に健康で頑丈だ. El abuelo está ~ todavía. 祖父はまだ元気だ. Tiene unos ~*s* brazos. 彼はたくましい腕をしている. cuerpo ~ 丈夫な身体. constitución ~ がっしりした体格. ❺ [音が] 大きい, 強い;《音楽》フォルテの: Tiene una voz ~. 彼は声が大きい. ❻ [勢力・権能が] 強い, 有力な, 有力な: empresa ~ 有力企業. hombre ~ 有力者, 実力者. país ~ 強国. posición ~ 強い立場. ❼ [味・匂いが] 濃い, きつい: El café me ha salido demasiado ~. コーヒーは私には濃すぎた. queso ~ においのきついチーズ. olor ~ きつい匂い. ❽ [能力. +en が] 得意な, …に強い: Está (Es) ~ en matemáticas. 彼は数学が得意だ. ¿Podría decirnos cuál es el punto ~ y el punto débil de cada una? それぞれの得手不得手を教えてくれませんか. ❾ [感情・感覚・程度などが] 鋭い, 激しい, 強烈な, ひどい: 1) El dolor era demasiado ~. 痛みがあまりにも激しかった. Sufro ~*s* dolores de cabeza. 私は頭がひどく痛い. poseer un ~ sentido de la estética 美的感覚が鋭い. dar una ~ impresión 強烈な印象を与える. con ~ acento irlandés ひどいアイルランドなまりで. emociones ~ 激しい感情. pena ~ 大きな悲しみ. tendencia ~ 顕著な傾向. discusión ~ 激しい議論. ~ influencia 強い影響. 2) [天候が] calor ~ 厳しい暑さ. nieve ~ 大雪. ~ trueno 激しい雷. ~*s* lluvias 豪雨. 3) [性格が] 強い, 怒りっぽい: Tiene un genio ~. 彼は性格がきつい. ❿ [言葉などが] 厳しい, きつい調子の: decir cosas ~*s* きついことを言う. discusiones ~ 激論. palabras ~*s* 強い調子の言葉. 汚い言葉. ⓫ [効き目の強い]: medicamento ~ 効き目の強い薬. ⓬ [+名詞] 説得力のある: Tiene ~*s* razones para no querer venir. 彼が来たがらないのも無理はない. ⓭ [色が] あざやかな, さえた: rojo ~ 鮮紅色. ⓮ [酒が] 強い, 度が高い: vino ~ 強いワイン. ⓯ [食べ物が] 重い, 消化しにくい, ボリュームのある. ⓰ [estar+. +de 金・健康など] 多くある, 恵まれている: No anda ~ *de* dinero. 彼はあまり金を持っていない. ⓱ [音が] 強母音の. ⓲《文法》[動詞活用形が] 語幹にアクセントのある.《詩法》[音節が] アクセントのある. ⓳《化学》[酸・塩基が] 全電離の. ⓴《貨幣・貴金属などの重量が] 規定を越えた, 法定量以上ある. ㉑《歴史》砦で防御された: ciudad ~ 城塞都市. ㉒《チリ. 口語》悪臭のする
hacerse ~ 1) 防備を施す, 要塞化する: La guerrilla *se hizo* ~ en las montañas. ゲリラは山に立てこもった. 2) [議論で] 妥協しない: Los ecólogos *se hicieron* ~*s* en su punto de vista. 環境論者は自分たちの考えを譲らなかった
pisar ~ 1) 人気を博する, 衝撃を与える. 2) 確実な(そつな)こなす
¡Qué ~! [不当な事への驚き・不快] ひどい!
tenerse ~ 果敢に困難に立ち向かう
toser ~ 勇ましいふりをする, 強がって見せる
—— 男 ❶ [所有形容詞+] …の強み, 得意: La cocina nunca había sido su ~. 料理は彼女の得意ではなかった. ❷ 最före, 絶頂期. ❸ 砦, 要塞: El ~ del Álamo アラモの砦. ❹《船舶》línea del ~ 満載喫水線. ❺ 強者, 強い者. ❻《チリ. 口語》強い酒
—— 副 ❶ 強く, 力を込めて: José la besó mucho, la abrazó ~. ホセは彼女に熱く接吻し, 強く抱きしめた. Agárrate de aquí. ここにしっかりつかまれ. Me pegó ~. 彼は私を思い切り殴った. ❷ 激しく, ひどく: Llueve ~. 雨が激しく降っている. ❸ 大声で, 大きな声で: Habla siempre muy ~. 彼はいつも大声で話す. ❹ たくさん: desayunar ~ 朝食をたっぷりとる. trabajar ~ よく働く. ❺《古語》苦心して, 苦労して

fuertemente [fwérteménte] 副 ❶ 強く, 激しく《「力を使って」「強く」の意には con fuerza の方が一般的》; 熱心に. ❷ 大声で. ❸ 非常に《=muy》: Es una zona ~ vigilada. そこは非常に警戒厳重な地域だ

fuerza [fwérθa]《←俗ラテン語 fortia < fortis「強い」》女 ❶ [時に 複. 人間・動物の] 力, 体力: 1) [肉体的な力, 腕力] Usted tiene una ~ increíble. あなたは信じられないくらい力が強い. En cualquier caso no tenía ~*s* para levantarse. 彼女はどうしても起き上がる体力がなかった. Quiero llorar pero ni siquiera tengo ~*s*. 私は泣きたいがその力がさえない. Se le ha agotado la ~. 彼は力尽きた. reunir sus últimas ~*s* 最後の力を振り絞る. 2) [精神的, 気力] No tenía ~ para nada. 彼は何をする気力もなかった. ~ *de voluntad* 意志の強さ, 精神力. *F~ de la Sangre*『血の呼び声』《セルバンテスの小説》. 3) [努力, 精力, 活力] Tal vez, si unimos nuestras ~*s*, podamos realizar esas esperanzas. 私たちが力を合わせれば, たぶんその希望を実現できるだろう. 4) [暴力, 権力] Al final la policía tuvo que emplear la ~. 最後には警察は実力行使しなければならなかった. recurrir a la ~ 力に訴える. *A la ~ ahorcan*《諺》長いものには巻かれろ/ほかに仕方がない. ❷ [物の] 強さ, 強度, 丈夫さ; 勢い: Esta estantería tiene ~ para aguantar todos los volúmenes de la enciclopedia. この本棚は百科事典全巻が入れられるよう頑丈にできている. ~ del viento 風の強さ, 風力. ~ del imán 磁石の力. ❸ 効力, 効果: Los técnicos redujeron la ~ de la máquina a la mitad. 技術者たちはその機械の出力を半分に減らした. ~ *de disuasión* 説得力. ~ *de la costumbre* 習慣の力, 惰性. ~ *de un medicamento* 薬の効き目. ~ *de una ley* 法律の効力. ❹ [表現などの] 力強さ, 迫力: Su estilo tiene ~. 彼の文体は迫力がある. cuadro lleno de ~ 力強い絵. ❺ [主に 複. 集団・組織の] 力, 勢力; [特に] 兵力, 戦力; 軍, 部隊: ~*s españolas*/~*s de España* スペイン軍. ~ *aérea* [*s*] 空軍. ~*s armadas* [陸・海・空を合わせた] 軍隊, 国軍; 武力. ~ [*s*] *de choque* 突撃部隊. ~*s de la oposición* 野党(反対)勢力. ~*s de orden público*/~ *pública* 治安部隊; 警察. ~ *de paz* 平和維持軍. ~*s de seguridad* 国連軍; 治安部隊. ~ *de tarea* ~ *operacional* タスクフォース, 任務部隊. ~ [*s*] *multinacional*[*es*] 多国籍軍. ~*s naval*[*es*] 海軍. ~*s nucleares* 核戦力. ~*s rebeldes* 反乱軍. ~*s revolucionarias* 革命勢力. ❻ 電気, 電流: No podemos ver la tele porque no hay ~. 電気が来ていない(電源がない)のでテレビが見られない. Ya ha vuelto la ~. 停電が終わった. ❼《物理》力: línea de ~ 力線. ~ *de inercia* 慣性力. ~ *aceleratriz* (*retardatriz*) 加速(減速)力. ~ *nuclear* 核力. ❽ 城塞, 要塞. ❾《フェンシング》剣のつばから3分の1の部分
a ~ *de*... 1) …によって, …のおかげで: He salido adelante *a* ~ *de aguante*. 私は忍耐によって苦労を克服した. Usted no puede superarla solo *a* ~ *de voluntad*. あなたは意欲だけではそれを乗り越えることができません. conservar *a* ~ *de sal* 塩を使って保存する. *a* ~ *de insistir* 粘ったおかげで. *a* ~ *de repetición*/*a* ~ *de repetir* 繰り返すことによって. 2) あまりに…なので, …のせいで: *a* ~ *de ser amable se pone insoportable*. 彼はあまり親切すぎて, わずらわしがられる
a ~ *de Dios y de la gente* しゃにむに, がむしゃらに
a ~ *de manos* 力ずくで, 根気よく
a la ~ 1) やむを得ず, 仕方なしに: Les he tenido que oír *a la* ~. いやおうなしに彼らの話が耳に入ってきた. 2) 強制的に, 無理やり: Esto no se puede hacer *a la* ~. これは強制的にさせることはできない. Si me llevan *a la* ~, por mí fuerza me regreso. 力ずくで連れて行かれても私は力ずくで帰ってやる
a viva ~ 力ずくで, 暴力で
cobrar [*las*] ~*s* =*recobrar* [*las*] ~*s*

fuet

***con* ~ 1)** 力を込めて: Su mano se agarró *con* ~ a la barandilla. 彼の手はしっかりと手すりをつかんだ. apretar la mano *con* ~ 力を込めて握手する. **2)** 激しく: En el exterior llovía *con* ~. 外は激しく雨が降っていた. El agua sale *con* ~. 水が勢いよく流れ出ている. **3)** 力強く: crecer *con* mucha ~ 丈夫に育つ

con toda [*su*] **~** 力一杯: Se puso a gritar *con toda su* ~ ¡¡¡Fuego, fuego!!! 彼はありったけの声を張り上げて, 火事だ, 火事だ!と叫び始めた

de ~ **1)** 力のある: argumento *de* ~ 説得力のある議論. **2)** 《古語》やむを得ず, 必然的に

de por ~ 《口語》=**por** ~

en ~ ***de...*** 《まれ》=**a** ~ **de...**

en la ~ ***de...*** …の最盛期に, 絶頂期に: *En la* ~ *de* la discusión llegaron a pegarse. 議論が過熱して殴り合いになった. Está *en la* ~ *de* la edad. 彼は男盛りだ

~ *a* 対等に, 互角に

~ *animal* =**~ *de sangre***

~ *bruta* [道徳的・法的な力に対して] 暴力, 腕力

~ *de naturaleza* [文語][una] 自然力

~ *de sangre* [人力・機械力に対して] 動物の力

~ *de trabajo* [全体的な] 労働力, 労働人口

~ *mayor* 不可抗力, やむをえない事情: Es un caso de ~ *mayor*. それは不可抗力だ/やむを得ない. Ese día no pude asistir a clases por razones de ~ *mayor*. その日私はのっぴきならない理由で授業に出席できなかった

~ *viva* **1)**《物理》運動エネルギー. **2)** =**~s vivas**

~s *vivas* [集合的に, 町に]有力者, 代表者;《古語的》発展(繁栄)の担い手

hacer ~ 力を入れる, 無理に行なう: *hacer* ~ con la mano 手に力を入れる

hacer ~ ***a***+人 …に強制する: Le hicieron ~ para que dimitiera. 彼は辞職するよう強制された

irse a+人 ***la*** ~ ***por la boca***《口語》…は口先だけである

medir sus **~s** [着手する前に]自分の力量をはかる

por ~ **1)** やむを得ず: Cuando se elige un camino, *por* ~ hay que dejar otro. 一つの道を選ぶにはどうしても他の道を捨てなければならない. Tuvo que vender la finca *por* ~. 私はどうしても土地を売らねばならなかった. **2)** 無理やりに

por la ~ 無理やり, 暴力で [=**a la** ~]: Has traído *por la* ~ a Teresa. 君は無理やりテレサを連れて来たのだ. dominar *por la* ~ 力で支配する

por la ~ ***de las cosas*** もののはずみで

quedarse sin **~s** [病気で]元気がなくなる

recobrar [***las***] **~s** [病気が治って]元気を取り戻す: Está tomando vitaminas para *recobrar las* ~s. 彼は元気を取り戻すためビタミン剤を飲んでいる

recuperar [***las***] **~s** =**recobrar** [***las***] **~s**

sacar **~s** ***de flaqueza*** ありったけの力をふりしぼる, 気力をふりしぼる

ser ~ [+不定詞・que+接続法 は] 必然である, 避けがたい: *Es* ~ tomar alguna resolución. 何らかの決断を下さねばならない. *Es* ~ que veas que te están engañando. 君は彼らにだまされていることに気づくべき

tomar **~s** 力がつく, 元気になる

fuet [fwét] 男《カタルーニャ地方特産の生で食べる》細長いソーセージ

fuetazo [fwetáθo] 男《メキシコ, カリブ, エクアドル》[fuete による]鞭打ち

fuete [fwéte] 男《←?語源》男《メキシコ, カリブ, エクアドル》[主に馬用の]鞭; dar ~ 鞭打つ

fufar [fufár] 自《まれ》[猫が]うなる

fufo [fúfo] 男《動物のうなり声》フーッ《=fu》

fufú [fufú] 男 **1)** 《料理》**1)** 《キューバ, プエルトリコ, コロンビア. 料理》フフ《バナナ・ヤマイモまたはカボチャで作る餅》. **2)** 《ドミニカ》オートミール. 《キューバ, プエルトリコ. 俗語》才能, 才知. **3)** 《プエルトリコ》邪眼 [=**mal de ojo**]

fufurufo, fa [fufurúfo, fa] 形 **1)** 《メキシコ》空いばりする, 強がりの. **2)** 《エルサルバドル》おしゃれな; 粋がった, たいそうぶった

fuga [fúga] 女《←ラテン語 fuga < fugere》**1)** 逃走, 逃亡; 逃走: en ~ 逃亡中の. ~ de los presos 囚人の脱走. ~ de la cárcel 脱獄. ~ de los amantes 駆け落ち, 恋の逃避行. ~ de capital 《経済》[国外への違法な]資本逃避. ~ de cerebros 頭脳流出. ~ de la realidad 現実逃避. **2)** [液体・気体などの]漏れ, 漏出: ~ de gas ガス漏れ. ~ radiactiva 放射能漏れ. **3)** 《音楽》フーガ, 遁走曲. **4)** ~ de consonantes (de vocales) 子音(母音)が隠されている言葉を完成させる遊び. **5)** [動作・行為の]最高潮, 激しさ; 絶頂, 極み. **6)** 《美術》punto de ~ [遠近法の]消失点. **7)** 《プエルトリコ》奇癖, 偏執狂. **8)** 《コロンビア》[大きな魚群の]回遊

darse a la ~ 逃げ出す

~ *tras un atropello* 轢き逃げ: darse a la ~ *tras un atropello* 轢き逃げする

poner en ~ ***a***+人 …を逃がす; [敵を]潰走させる

ponerse en ~ 逃げる

fugacidad [fuɣaθiðá(d)] 女 **1)** 消えやすさ, はかなさ; つかの間: ~ de la vida 命のはかなさ. **2)** 《化学》フガシティー

fugada[1] [fuɣáða] 女《古》突風: una ~ de viento 一陣の風

fugado, da[2] [fuɣáðo, ða] 形《音楽》フーガ形式の[ような]

fugarata [fuɣaráta] 女《口語》たき火[=**fogata**]

fugar [fuɣár] 他《←**fuga**》《音楽》フガートにする

—— ~**se** [+de から] 逃げる, 逃亡する, 脱走する; 駆け落ちする: ~*se de la cárcel* 脱獄する. ~*se de casa* 家出する. Su mujer *se fugó* con otro. 彼の妻はよその男と逃げた

fugato [fuɣáto] 男《音楽》フガート

fugaz [fuɣáθ]《←ラテン語 fugax, -acis < *fuga* 「逃走」》形[複 ~**ces**] **1)** すぐに消える, はかない, つかの間の: alegría ~ つかの間の喜び. **2)** 逃げ足の速い, さっと姿をくらます: El lagarto es un animal ~. トカゲはすばしこい動物だ. escapar ~ さっと逃げる

fugazmente [fuɣáθménte] 副 すばやく, 一瞬にして; はかなく

fúgido, da [fúxiðo, ða] 形《詩語》=**fugaz**

fugitividad [fuxitiβiðá(d)] 女《まれ》はかなさ

fugitivo, va [fuxitíβo, ba] 形《←ラテン語 fugitivus》**1)** 逃げた, 逃走した, 逃亡中の. **2)** さっと通り過ぎる; すぐに消え去る, はかない: felicidad ~*va* つかの間の幸せ

—— 名 逃亡者, 脱走者; 脱獄囚

-fugo, ga [接尾辞] **1)** [遠ざかる, 逃げる] centrí*fugo* 遠心力の. **2)** [除去する, 排除する] vermí*fugo* 駆虫剤

fugona [fuɣóna] 女《地方語》*pegarse* (*echarse*) *la* ~ サボる

fuguillas [fuɣíʎas]《←**fuga**》名《単複同形》《口語》せっかちな人, 落ち着きのない人; ふんぎりの悪い人

fuguista [fuɣísta] 名 脱獄常習者

führer [fjúre]《←独語》男《軽蔑》独裁者

fuina [fwína] 女《動物》ムナジロテン[=**garduña**]

ful [fúl]《←ジプシー語 ful「糞」》形 **1)** 《西. 口語》偽の, まがいものの, いんちきの: seda ~ 名ばかりの絹. **2)** 《西. 口語》粗悪な: fiesta ~ お粗末な(くだらない)祭典. **3)** 《コロンビア. 口語》一杯の [=**トランプ**] =**full**

~ *de Estambul*《西. 口語》まがいもの

fula[1] [fúla] 形 名 =**fulani**

—— 女 **1)** 《キューバ》[米国の] 1ドル [紙幣・硬貨]. **2)** 《プエルトリコ》鳥の糞. **3)** 《コロンビア. 口語》藍色に染めた薄手の綿布

fulaneo [fulanéo] 男《口語》売春; 買春: ir de ~ 女を買いに行く

fulani [fuláni] 形 女《アフリカ》フラニ族[の]

—— 男 フラニ語

fulanismo [fulanísmo] 男《軽蔑》[思想よりも]具体的な人間の個人の重きを置くこと

fulano, na [fuláno, na]《←アラビア語 fulan「そのような」》名 **1)** 《時に軽蔑》[不特定の人, または名前を隠して]某氏, 某婦人, ある人: ese ~ あいつ, あの野郎. He visto a F~. 私はある人を見ました. F~ y Mengano 誰かと誰か. F~, Mengano y Zutano 誰かと誰か. Vinieron F~, Mengano, Zutano y Perengano. 猫もしゃくしもやって来た. A mí no me importa que F~ o Mengano hagan lo que quieran. どこの誰が好きなことをしようと私にはどうでもいい. **2)** 愛人, 情人

~ *de tal*/**~ *de cual*** [名前と姓]何の誰がし, 誰それ: Te ha llamado Don F~ *de Tal*. 何とかさんから君に電話があった. Hoy salgo con ~*na de tal*. 今日は誰かさんとデートなんだ

—— 女《婉曲》売春婦: casa de ~*nas* 売春クラブ

fular [fulár]《←仏語 foulard》男《服飾》[長方形の薄絹・綿モスリンの]襟巻き, スカーフ [=**pañuelo**]. **2)** 《繊維》フラード《柄物の薄絹》

fulastre [fulástre] 形 いい加減に作られた, やっつけ仕事の, ぞんざいな, 雑な

fulbito [fulbíto] 男 ❶ ミニサッカー〖=futbito〗. ❷《アルゼンチン、ウルグアイ》〖サッカーの〗親善試合

fulcro [fúlkro] 男 〖てこの〗支点

fulenco, ca [fulénko, ka] 形《パナマ. 軽蔑》ほとんど金髪の

fulero, ra [fuléro, ra] 形〖←ful〗❶《西. 口語》出来損ないの、役に立たない. ❷《西. 口語》大嘘つき〔の〕、ほら吹き〔の〕; いい加減な〔人〕、役立たずの〔人〕. ❸《チリ. 口語》〖仕事・物が〗やっつけ仕事の、質の悪い. ❹《アルゼンチン、ウルグアイ. 口語》〖人・物が〗大変醜い、不愉快な

fulgencia [fulxénθja] 女 〖まれ〗=fulgor

fulgente [fulxénte] 〖←ラテン語 fulgens, -entis〗形《文語》光り輝く、燦爛(さんらん)たる、きらめく

fúlgido, da [fúlxiðo, ða] 形《文語》=fulgente

fulgir [fulxír] ④ 自《文語》光り輝く、きらめく

fulgor [fulɣór]〖←ラテン語 fulgor, -oris「稲妻」< fulgere「光る」〗男《文語》強い〕輝き、きらめき、まばゆさ: ～ de las estrellas 星のきらめき

fulguración [fulɣuraθjón] 女 ❶ 光り輝くこと、きらめき. ❷ 落雷による事故

fulgurante [fulɣuránte] 形《文語》光り輝く、まばゆい. ❷ 電光石火の: progreso ～ de la ciencia y la técnica 科学技術のめざましい進歩. ❸《医学》〖痛みが〗激しい、電気が走るような

fulgurar [fulɣurár]〖←ラテン語 fulgurare < fulgur, -uris「稲妻」〗《文語》光り輝く、きらめく: Fulguraban las estrellas. 星がきらめいていた

fulgurecer [fulɣureθér] ㊴ 自 光り輝く、きらめく

fulgúreo, a [fulɣúreo, a] 形 きらきら光る、輝く

fulgurita [fulɣuríta] 女 ❶《地質》閃電岩、フルグライト. ❷ 吸収剤が塩化マンガンのダイナマイト

fulguroso, sa [fulɣuróso, sa] 形 光り輝く、きらきら光る

fúlica [fúlika] 女《鳥》クロガモ

fuliginosidad [fulixinosiðáð] 女 黒ずんでいること、くすみ

fuliginoso, sa [fulixinóso, sa] 形 煤(すす)のような; 煤けた、くすんだ

fuligo [fulíɣo] 男 ❶ 煤(すす)、煤煙. ❷〖舌の表面にできる〗白苔(はくたい). ❸ 変形菌類

full [fúl]〖←英語〗男〖トランプ〗〖ポーカーの〗フルハウス

a ～《ペルー、チリ、アルゼンチン、ウルグアイ. 口語》長時間精力的に

a todo ～《キューバ. 口語》全速力で

full contact [ful kóntakt]〖←英語〗男《格闘技》フルコンタクト; K1

fullear [fuʎeár] 自〖ゲーム・賭け事で〗いかさまをする、いんちきをする

fullerear [fuʎereár] 自《コロンビア、アルゼンチン》虚勢を張る、見栄を張る

fullerento, ta [fuʎerénto, ta] 形《カナリア諸島》〖人が〗ずるい、いかさま師の、ぺてん師の

fulleresco, ca [fuʎerésko, ka] 形 ずるい、狡猾な、いかさま師の、ぺてん師の

fullería [fuʎería] 女 ❶〖ゲーム・賭け事の〗いかさま、いんちき. ❷ ずるさ、狡猾さ. ❸《コロンビア》見栄を張ること

fullero, ra [fuʎéro, ra] 形〖←語源〗❶ いかさまをする〔人〕、いんちきをする〔人〕、ぺてん師. ❷《口語》あわただしい、ぞんざいな、いい加減な. ❸《コロンビア》お茶目な、いたずらな. ❹《エクアドル》軽率な〔人〕、おっちょこちょいの〔人〕. ❺《チリ》見栄っぱりな〔人〕. ❻《アルゼンチン》早口で話す〔人〕

fullona [fuʎóna] 女《口語》派手な言い争い

full-time [fultájm]〖←英語〗形 常勤の、専任の

fulmar [fulmár] 男《鳥》フルマカモメ〖=～ común〗: ～ afgénteo ギンフルマカモメ

fulmicotón [fulmikotón]〖←仏語 fulmicoton〗男 綿火薬

fulminación [fulminaθjón] 女 ❶ 落雷、雷撃; 爆発. ❷ 非難、痛罵. ❸ 〖破門などの〗宣告

fulminador, ra [fulminaðór, ra] 形《女性形 fulminatriz もある》❶ 爆発する、炸裂する、閃光を放つ. ❷ 痛罵する〔人〕、どなりつける人.
—— 男 ❶ 起爆薬、起爆剤. ❷《キューバ. 植物》キツネノマゴ科ルエリアの一種〖学名 Ruellia germiniflora〗

fulminante [fulminánte]〖←fulminar〗形 ❶ 爆発性の: cápsula ～ 銃用雷管. oro ～ 雷金. pólvora ～ 爆粉、雷粉. ❷《医学》激症の: apoplejía ～ 突発性卒中. hepatitis ～ 劇症肝炎. ❸ 電撃的、即座の: orden ～ de destitución 突然の解任通告

fulminar [fulminár]〖←ラテン語 fulminare「光する」< fulmen「光線」< fulgere「稲妻がする」〗他 ❶ 雷で打つ: morir *fulminado* 落雷で死ぬ. ❷ 爆発させる: ～ la dinamita ダイナマイトを破裂させる. ❸〖弾丸・武器で〗死傷させる. ❹〖病気が主語〗急死させる: Lo *fulminó* el cáncer. 彼は癌で急死した. ❺〖視線・声などで〗強く印象づける; にらみつける、射すくめる: Me *fulminó* 〔con su mirada〕. 彼は恐ろしい眼で私をにらんだ. ❻〖雷光・閃光を〗放つ. ❼ 激しく非難〔叱責〕する;《宗教》破門などを〕宣告する. ❽〖火・電気で〗融合させる、溶かす

fulminato [fulmináto] 男《化学》雷酸塩: ～ de mercurio/～ mercúrico 雷酸水銀. ❷ 爆薬、爆発物

fulminatriz [fulminatríθ] →fulminador

fúlmine [fúlmine] 男《アルゼンチン. 口語》疫病神のような〔人〕

fulmíneo, a [fulmíneo, a] 形《まれ》雷電性の、雷光性の

fulmínico, ca [fulmíniko, ka] 形《化学》雷の

fulminoso, sa [fulminóso, sa] 形=fulmíneo

fulo, la² [fúlo, la] 形 ❶《パナマ》金髪の. ❷《アルゼンチン. 口語》ひどく腹を立てている、怒っている

fuma [fúma] 女 ❶《まれ》喫煙. ❷《カリブ》〖たばこ工場の工員に毎日配られた〗葉巻き. ❸《キューバ》〖農民が自家用に巻いた〗粗雑な葉巻き. ❹《プエルトリコ》たばこの一服

fumable [fumáble] 形〖たばこなどが〗吸える、喫煙できる: material ～ 喫煙できる物質

fumada¹ [fumáða] 女〖たばこの〗一吸い、一服: dar una ～ 一服吸う. ❷ 喫煙; 〖麻薬の〗吸引. ❸《ペルー. 口語》からかい、あざけり

fumadero [fumaðéro] 男〖麻薬の〗吸引所;〖特に〗阿片窟(あへんくつ)〖=～ de opio〗. ❷ 喫煙室、喫煙場所: entrar al ～ 喫煙室に入る

fumado, da² [fumáðo, ða] 形《隠語》〖estar+. 麻薬で〗恍惚(こうこつ)となった、もうろうとした
—— 男 喫煙

fumador, ra [fumaðór, ra] 形 名 〖主に習慣的に、たばこを〗吸う〔人〕; 喫煙者、喫煙家: Es un ～ empedernido. 彼はヘビースモーカーだ. ¿*F*～, no ～? 喫煙車、それとも禁煙席になさいますか? vagón de no ～*es* 禁煙車. ～*es* y no ～*es* 喫煙者と非喫煙者. ～ activo (pasivo) 能動(受動)的喫煙者

fumante [fumánte] 形《化学》発煙性の: ácido nítrico ～ 発煙硝酸

fumar [fumár]〖←仏語 fumer「喫煙する」< ラテン語 fumus「煙」〗自 ❶ たばこを吸う、喫煙する: ¿Puedo ～, señor? たばこを吸っても構いませんか? *Fumas* demasiado. 君はたばこの吸いすぎだ. Le gusta ～ en pipa. 彼はパイプを吸うのが好きだ. No *fuma* ni bebe y es amante del deporte. 彼はたばこも吸わず酒も飲まず、スポーツを愛好している. dejar de ～ たばこを止める. hábito de ～ 喫煙習慣. ❷《隠語》マリファナたばこを吸う
—— 他〖たばこ・マリファナ・阿片などを〗吸う: Me senté en un banco a ～ un cigarrillo. 私はベンチに座ってたばこを1本吸った
—— ～**se** 〖多量のたばこなどを〗吸う、吸い切る: Me *fumaba* dos cajetillas diarias. 私は一日にたばこを2箱も吸っていた. Después de comer, salía al balcón a ～*se* un cigarrillo. 食後、彼女は一服吸うためにバルコニーに出ていた. ～*se* un porro marihuana マリファナを吸う. ❷《口語》…を浪費する、無駄づかいする: Se *fumó* la paga del mes. 彼は月給をパッと使ってしまった. ～*se* mil euros en una noche 一晩に1000ユーロ使ってしまう. ❸《西. 口語》…を欠席する、サボる: ～*se* la clase 学校をずる休みする. ❹《隠語》密通する

fumarada [fumaráða] 女 ❶〖ある場所から一度に出る〗煙: La locomotora echó una ～. 機関車がパッと煙を吐いた. ❷〖パイプに詰める一回分の〗たばこ: una ～ exitosa 一服. ❸《地方語》もうもうたる煙〖=humareda〗

fumarel [fumarél] 男《鳥》ハシグロクロハラアジサシ

fumaria [fumárja] 女《植物》カラクサケマン: ～ amarilla 黄ケマン、エンゴサク〔延胡索〕

fumariáceo, a [fumarjáθeo, a] 形 ケマンソウ科の
—— 女《植物》ケマンソウ科

fumarola [fumaróla]〖←伊語 fumaruola〗女 ❶《火山》噴気孔. ❷ 噴気

fumata [fumáta]〖←伊語〗女 ❶〖教皇選挙会議 *cónclave* の結果を知らせる〗システィーナ礼拝堂の煙突から立ちのぼる煙. ❷《西. 若者語》マリファナ〔などの麻薬〕の吸引
—— 名《西. 若者語》〖主に常習で〗マリファナ〔などの麻薬〕吸引者

fume [fúme] [男]《口語》喫煙
fumé [fumé] [形] ❶《料理》燻製にした. ❷ 灰色がかった
—— [男]《料理》[魚・肉の] スープ
fumeque [fuméke] [男]《戯語》喫煙
fumet [fumé]〖←仏語〗[男]〖[複] ~s〗《料理》[魚・肉の] スープ
fumeta [fuméta] [名]《若者語》[主に常習の] 麻薬吸引者
fumetear [fumeteár] [自] [他]《軽蔑》絶えず喫煙する
fumeteo [fumetéo] [男]《軽蔑》絶え間のない喫煙
fumífero, ra [fumífero, ra] [形]《戯語》煙る, 煙を立ちのぼらせる
fumífugo, ga [fumífugo, ga] [形] 煙を消散させる
fumigación [fumigaθjɔ́n] [女] 燻蒸, 燻蒸消毒
fumigador, ra [fumigađɔ́r, ra] [形] [名] 燻蒸する〔人〕
—— [男] 燻蒸装置
fumigante [fumigánte] [男] 燻蒸剤
fumigar [fumigár]〖←ラテン語 fumigare < fumus「煙」〗[8] [他] [害虫駆除のため煙・蒸気で] 燻蒸(くんじょう)する; 薬剤を噴霧する, 燻蒸消毒する
fumigatorio, ria [fumigatórjo, rja] [形] 燻蒸〔消毒〕の, 燻蒸用の
—— [男] ❶ [香水の] 噴霧器, アトマイザー. ❷ 香炉
fumígeno, na [fumíxeno, na] [形] 煙を出す, 発煙の
fumista [fumísta] [名] [主に石炭を燃料とする] 暖炉(ストーブ・コンロ)の製造者(清掃人・修理工・販売者)
—— [形]《アルゼンチン》からかい(冗談)好きの
fumistería [fumistería] [女] ❶ 暖炉(ストーブ・コンロ)製造所(販売店). ❷《アルゼンチン》からかい, 冗談
fumívoro, ra [fumíƀoro, ra] [形] 無煙の, 煙を出さない: horno ~ 無煙オーブン
fumorola [fumoróla] [女] [火山ガスの] 噴気孔〖=fumarola〗
fumosidad [fumosiđá(đ)] [女]《文語》煙〔だらけ〕の状態, 煙たさ
fumoso, sa [fumóso, sa] [形]《文語》煙の立ちこめた, 煙だらけの, 黒煙を上げる
fun [fán] [男]《口語》=**funboard**
funambulesco, ca [funambulésko, ka] [形] ❶ 綱渡り〔芸人〕の;《軽蔑》[歩行・動作が] 綱渡り芸人のような. ❷ とっぴな, グロテスクな
funambúlico, ca [funambúliko, ka] [形]《まれ》=**funambulesco**
funambulismo [funambulísmo] [男] 綱渡り〔の芸〕〖比喩的にも〗: ~ político 政治的綱渡り
funambulista [funambulísta] [名] =**funámbulo**
funámbulo, la [funámbulo, la]〖←ラテン語 funambulus〗[名] 綱渡り芸人
funboard [fámbord]〖←英語〗[男]《ウィンドサーフィン》ファンボード
funcar [fuŋkár] [7] [自]《南米. 戯語》[器具が] 作動する
funchalense [funtʃalénse] [形] [名]《地名》[ポルトガル, マデイラ島の] フンシャル Funchal の〔人〕
funche [fúntʃe] [男]《カリブ. 料理》トウモロコシ粉のかゆ
funcia [fúnθja] [女] ❶《グアテマラ》[ごちそうの出る] パーティー, 催し. ❷《ベネズエラ》興行, 公演
función [funθjɔ́n]〖←ラテン語 functio, -onis「遂行」< fungi「遂行する, 消費する」〗[女] ❶ 機能, 働き: Los pétalos tienen como ~ atraer a los insectos. 花弁は昆虫を引きつける役目をしている. La ~ del estómago es digerir los alimentos. 胃の機能は食物を消化することである. ~ del cerebro 脳の働き. ~ generativa 生殖機能. ~ pública《政治》公的機能. ❷ [時に [複]] 職務, 任務, 役目: Ejerce las *funciones* del presidente provisionalmente. 彼は暫定的に社長を代行している. cumplir una ~ ecónomico-social 社会経済的機能を果たす. desempeñar su ~ 職務を遂行する. ❸《演劇》公演;《映画》上映; [サーカスなどの] 興行: 1) la última ~ de la ópera "Aida" オペラ『アイーダ』の最終公演. dos *funciones* diarias 一日2回の公演(上映). ~ matinal 午前の部. ~ de la tarde 昼興行, 昼の部. ~ de la noche 夜の部, 夜間興行. ~ de medianoche 深夜ショー. 2)《俗用》演劇作品, 芝居. ❹《宗教》儀式. ❺《数学》関数, 函数: ~ algebraica 代数関数. ~ de demanda 需要関数. ~ zeta de Riemann リーマンゼータ関数. ❻《化学》関数: ~ ácido 酸度関数. ❼《言語》〔文法的〕機能: ~ metalingüística メタ言語機能. ❽《戯語》性交. ❾ [集会での] 大騒ぎ. ❿ 戦闘. ⓫《地方語》祭り, 祭礼; 葬式
en ~ de... 1) …〔の変化〕に応じて, …に従って: Los precios varían *en ~ de* la zona en que se ubica. 価格は所在地域によって異なる. Este dulzor típico de la uva difiere *en ~ de* la variedad. ブドウ独特のこの甘みは品種によって異なる. pagar a+人 *en ~ del* volumen de su trabajo 仕事量に応じて…に給料を支払う. 2) …から見て
en funciones 代行の, 代理の: alcalde *en funciones* 市長代理. presidente *en funciones* 大統領代行; 社長代理. gobierno *en funciones* 暫定内閣(政権)
entrar en funciones/entrar en ~ 機能し始める
~ de gala/~ de etiqueta 1) [オペラなどの] ガラ公演, 特別公演. 2) 正装の夜会
funcional [funθjonál]〖←función〗[形] ❶ 機能の: La célula es la unidad ~ de los seres vivos. 細胞は生物の機能単位である. ❷ 機能的な, 機能重視の: despacho ~ 機能的なオフィス. mobiliario ~ 機能重視の家具. parador moderno y ~ 近代的で機能的なパラドール. ❸《言語》gramática ~ 機能文法. lingüística ~ 機能言語学. palabra ~ 機能語. ❹《数学》関数の: ecuación ~ 関数方程式. ❺《化学》grupo ~ 官能基. ❻《医学》機能の〖⇔orgánico 器官の〗: desorden (enfermedad) ~ 機能障害. recuperación ~ 機能回復. ❼ 実用的な, 効率的な, 有益な
funcionalidad [funθjonaliđá(đ)] [女] 機能性
funcionalismo [funθjonalísmo] [男] ❶《建築, 言語》機能主義, 機能本位. ❷《社会学》機能主義
funcionalista [funθjonalísta] [形] [名]《建築, 言語, 社会学》機能主義の(主義者)
funcionalizar [funθjonaliθár] [9] [他] 機能的にする
funcionalmente [funθjonálménte] [副] 機能上; 機能的に: Este proyecto es ~ muy superior al otro. この企画はもう一つの企画より機能上ずっと優れている
funcionamiento [funθjonamjénto]〖←funcionar〗[男] ❶ 機能すること, 作動, 働き: El viejo puso en ~ el receptor de radio. 老人はラジオのスイッチを入れた. Hacer el rodaje es indispensable para que el motor tenga un buen ~. エンジンが快適に動くには, ならし運転が欠かせない. poner un coche en ~ 車のエンジンをかける. entrar (ponerse) en ~ automáticamente 自動的に作動する. mejorar el ~ de los pulmones 肺機能を改善する. ❷ 営業, 操業: poner en ~ la planta 工場の操業を開始する. estar en ~ 営業(操業)中である. costos de ~ 運転経費, 経常支出
funcionar [funθjonár]〖←función〗[自] ❶ 機能する, 作用する, 作動する; [機械・装置などが] 正常に動く: El abrelatas *funciona* por el principio de la palanca. 缶切りはてこの原理で機能する. Este motor (El corazón) *funciona* bien. このエンジンは調子がよい(心臓は順調に機能している). El televisor (La ducha・La alarma) no *funciona*. テレビが映らない(シャワーが出ない・警報装置が作動しない). No *funciona*.《掲示》故障中. ~ mal 調子が悪い, 誤作動する. ❷《口語》[人が] 順調である; [事が] うまくいく: Si quieres que el matrimonio *funcione*, necesitas tener algo más en común. 結婚がうまくいくように望むのなら, さらに何か共通するものを持つ必要がある. Sus conciertos en España no *funcionaron* bien. 彼のスペインでの演奏会は成功しなかった
funcionariado [funθjonarjáđo] [男] [集名] 公務員, 役人, 官吏; [国家機関・団体の] 職員
funcionarial [funθjonarjál] [形] 公務員の, 官吏の
funcionario, ria [funθjonárjo, rja]〖←función〗[名] ❶ 公務員, 役人〖=~ público〗: alto ~ 高級官僚. ~ del Estado 国家公務員. ~ municipal 地方公務員. ~ de Hacienda 財務省職員. ~ de correos 郵便局員. ❷《アルゼンチン》幹部職員
funcionarismo [funθjonarísmo] [男] 官僚主義, 役人根性
funcionarizar [funθjonariθár] [9] [他] 公務員にする
—— **~se** 公務員になる
funda [fúnda]〖←ラテン語 funda「袋」〗[女] ❶ [家具などの] カバー: ~ del sillón 椅子カバー. ~ nórdica《西》羽毛布団カバー. ❷ 枕カバー, ピローケース〖=~ de almohada〗. ❸ ケース, サック〖→estuche [類義]〗: ~ de la guitarra ギターケース. ~ de la raqueta ラケットケース. ~ de arzón [ピストルの] ホルスター. ❹《パナマ》ショートパンツ. ❺《コロンビア》スカート. ❻《ベネズエラ》[複] アンダースカート, ペチコート
fundación [fundaθjɔ́n]〖←ラテン語 fundatio, -onis〗[女] ❶ 財団, 基金: crear una ~ en defensa del medio ambiente 環境保護のための財団を設立する. *F*~ Rockefeller ロックフェラー財団. *F*~ Japón 国際交流基金. ~ de ayuda 支援基金. ❷ 創設, 設立: celebrar 40 años de la ~ del club クラブ創立40

周年を祝う. ~ de una escuela 学校の創立. ❸［都市の］建設: celebrar la ~ de la ciudad 建都を祝賀する. ~ de una ciudad colonial 植民都市の建設. ❹《建築》基礎, 土台［＝cimiento］

fundacional [fundaθjonál] 形 ❶ 創設の, 創立の, 設立の: edificio ~ de una compañía 会社の創立社屋. obra ~ 創設事業. piedra ~ 礎石. ❷ 財団の, 基金の

fundamente [fundáðaménte] 副 根拠をもって, 正当な理由があって

fundado, da [fundáðo, da] 形 根拠のある, 正当な: Su opinión está bien ~da. 彼の意見は十分な根拠がある. Hay ~das razones para... …には正当な理由がある

fundador, ra [fundaðór, ra] 形 創設者の: miembro ~ 創設メンバー
—— 名 創設者, 設立者: Francisco Romero es el ~ de la tauromaquia moderna. フランシスコ・ロメロは近代闘牛術の始祖である. el profeta Mahoma, ~ de la religión musulmana イスラム教の教祖, マホメット. ~ de la revista 雑誌の創刊者. ~ de la universidad 大学の創立者. ~es del partido 党の創立メンバーたち

fundamentación [fundamentaθjón] 女 ❶ 基礎固め, 土台作り. ❷ 理由づけ, 証拠固め, 裏づけ

fundamental [fundamentál]《←fundamento》形 ❶ 基本的な, 基礎となる: El agua es una sustancia inorgánica ~ para la vida de los seres vivos. 水は生物の命にとって基本的な無機物質である. elementos ~es 基本的要素. ley ~ del Estado 国家の基本法, 憲法. nociones ~es 基本概念. piedra ~《文語》礎石［＝piedra angular］; 基礎, 基(いしずえ). pilar ~ 大黒柱. principios ~es 根本原則. ❷ 根本的な, きわめて重要な: Lo ~ en estos casos es beber mucha agua. こういう症例で非常に大事なのは水をたくさん飲むことである. Es una cuestión ~. それは大切な問題だ. tener un papel ~ en... …できわめて重要な役割を果たす. cambio ~ 根本的な変化

fundamentalismo [fundamentalísmo] 男 ❶《宗教など》原理主義, ~ islámico イスラム原理主義. ~ de mercado 市場原理主義. ❷ 根本主義, ファンダメンタリズム

fundamentalista [fundamentalísta] 形 名 原理主義の(主義者); 根本主義の(主義者)

fundamentalmente [fundamentálménte] 副 ❶ 基本的に, 根本的に: La enfermedad ataca ~ a mujeres jóvenes. その病気は基本的に若い女性がかかる. rehacer un plan ~ 根本的に計画を練り直す. ❷ もともと, 本来は: Yo he sido ~ antifranquista. 私はもともと反フランコ派だった. El pueblo japonés es ~ emocional. 日本人は本来情緒的だ

fundamentar [fundamentár]《←fundamento》他 ❶［人が, +en に］裏付けを与える, 理由付けする, …の根拠(論拠)を置く: No dio ningún dato que pueda ~ ese optimismo. 彼はその楽観論を裏付けるデータを何ら示すことができなかった. ¿Cómo fundamentaría su opinión? あなたは自分の意見をどのように根拠付けるのですか? ~ su teoría en las propias vivencias 自身の体験に基づいて理論を構築する. ❷ …の基礎を固める, 土台を据える
—— ~se ❶［人・事が, +en・sobre に］論拠を置く: Se fundamenta en multitud de hechos falsos. それは多数の誤った事実に基づいている

fundamento [fundaménto]《ラテン語 fundamentum》男 ❶［時に 複］基本, 基礎, 根本: El respeto al derecho ajeno es el ~ de la vida social. 他人の権利を尊重することが社会生活の基本である. ❷［学問・芸術の］基礎知識, 初歩: ~s de la teoría de música 音楽理論の基礎. ~s del psicoanálisis 心理分析の初歩. ❸［建物の］土台, 基礎工事: poner (echar) los ~s 土台を築く. ❹ 根拠, よりどころ, 理由: Esa crítica me parece carente de ~. それはいわれのない批判のように思われる. El rumor carece de ~. そのうわさは事実無根だ. Hay quienes sostienen, sin ~, que el fumar se hereda. 喫煙は遺伝子すると根拠もなく主張する人々がいる. ❺［口語］まじめさ, きちょうめんさ: Este niño no tiene ~. この子は不まじめだ. ❻［口語］栄養豊富: Es un plato de mucho ~. 栄養豊富なものを食べる. ❼［織物の］横糸

fundar [fundár]《ラテン語 fundare「土台を築く」＜ fundus「深い」》他 ❶［団体・企業などを］創設する, 設立する: La Compañía de Jesús fue fundada en París. イエズス会はパリで創設された. Sus padres fundaron el hotel Europa. 彼の両親がホテル・ヨーロッパを創業した. ~ el partido 党を結成する. universidad fundada en 1880 1880年創立の大学. ~ un club クラブを結成する. ~ un hogar 家庭を築く. ~ un restaurante レストランを開業する. ~ una revista 雑誌を創刊する. ❷［国・都市・学校・病院などを］築く, 建設する: Los conquistadores fundaron varias ciudades junto a la costa. コンキスタドールたちは沿岸にいくつかの都市を建設した. ~ una biblioteca 図書館を建てる. catedral fundada en el siglo XV 15世紀に建てられた大聖堂. ❸［+en・sobre に］…の基礎(根拠)を置く, 立脚させる: ~ su sentencia en las declaraciones de un testigo 判決の根拠を証人の証言に置く
—— ~se［+en に］基づく, 立脚する, 論拠とする: El sistema tributario se funda en los principios de equidad, eficiencia y progresividad. 税制度は公平, 効率, 累進制の原則に基づいている. ¿En qué te fundas para decir eso? 何を根拠にそんなことを言うのですか?

fundente [fundénte] 形 ❶ 溶ける. ❷《化学, 金属》融解を促進する, 溶解する
—— 男 ❶《化学, 金属》融剤, 溶剤. ❷《薬学》［腫脹などの］消散剤

fundería [fundería] 女《廃語》鋳造工場, 鋳物工場

fundible [fundíble] 形《まれ》溶けやすい, 可溶性の［＝fusible］

fundibulario [fundibulárjo] 男《古語》投石兵

fundíbulo [fundíbulo] 男《古語, 軍事》［木製の］投石器

fundición [fundiθjón] 女 ❶ 溶解する(こと), 溶解, 鋳造. ❷ 鋳造所, 鋳物工場: ~ de acero 製鋼所. ~ de cobre 精銅所. ❸ 鋳鉄. ❹《印刷》［集名］フォント《同一型式活字のそろい》

fúndico, ca [fúndiko, ka] 形《解剖》基底部の: mucosa ~ca gástrica 胃底粘膜

fundido, da [fundído, da] 形 溶解した, 融解した
—— 男《映画, 音楽》フェード: ~ en negro フェードアウト, 溶暗. ~ encadenado スローフェード. ❷ 彫刻の鋳造《技術》

fundidor, ra [fundidór, ra] 形 鋳造の; 鋳造工
—— 男 鋳造用の機器

fundillo [fundíʎo] 男 ❶《グアテマラ, アンデス. 口語》［人の］尻. ❷《南米》複《ズボンの》尻

fundir [fundír]《ラテン語 fundere》他 ❶［金属などを］溶かす, 溶解する, 融解する: ~ el hierro 鉄を溶かす. ~ el chocolate チョコレートを溶かす. ~ la mantequilla en la olla 鍋にバターを溶かす. ~ la nieve 雪を溶かす. ❷ 鋳造する, 鋳込む: ~ cañones 大砲を鋳造する. ❸ 合併する, 融合させる, 融和させる: ~ dos compañías 2社を合併させる. ~ intereses 利害を融和させる. ❹［ヒューズを飛ばして電気器具を］作動しなくする, ヒューズを飛ばす. ❺［口語］浪費する, 使い切る: Fundió todo su dinero en las fiestas. 彼はパーティーに金を使い切った. ❻ 投げ売りする. ❼［口語］壊す, 駄目にする. ❽［ペルー, チリ］破産させる. ❾［ペルー, チリ］からかう
—— 自 ❶ 溶ける［＝~se］. ❷《映画, 音楽》フェードする
—— ~se ❶ 溶ける［⇔solidificarse］: Las metales se funden a temperaturas altas. 金属は高温で溶解する. Se funde al azúcar. 砂糖が溶ける. ❷［ヒューズが］飛ぶ, ［電球が］切れる: Se ha fundido el fusible. ヒューズが飛んだ. La bombilla está a punto de ~se y ya parpadea. 電球が切れそうで, もうチカチカする. ❸ 融合する, 溶け合う: El cielo se fundió con la tierra. 空と陸地と一つに溶け合った. ❹《映画, 音楽》フェードする: La pantalla se fundió en azul. 画面が青色にフェードする. ❺［ペルー, チリ］破産する

fundo [fúndo] 男 ❶《法律》［田舎の］地所. ❷《歴史》legal 先住民共有地《16世紀から19世紀を通じてスペイン領アメリカの先住民共同体に分与された最小の共有地》. ❸《エクアドル, ペルー, チリ》［hacienda・estancia と比べて］中規模の農園《農地開拓》《植民地時代以来, 主にチリ中央部で発展した農牧畜用の土地所有形態. 地主は小作農 inquilino を支配した》

fundón [fundón] 男《闘牛》［剣の柄を入れる］革鞘のこと

fundus [fúndus] 男《解剖》基底部, 底: ~ gástrico 胃底［部］

fúnebre [fúnebre]《←ラテン語 funebris < funus, -eris「葬式」》形 ❶ 葬式の: cortejo ~ 葬列. discurso ~ 弔辞. honras (pompas) ~s 葬儀. ❷ 死を思わせる, 陰気な; ひどく悲しげな: ambiente ~ 陰鬱な雰囲気. cara ~ 陰気な顔. lamento ~ 悲嘆

fúnebremente [fúnebreménte] 副 もの悲しく, 悲痛な様子で;

陰気に

funeral [funerál] 〘←ラテン語 funeralis「葬式に属する」< funus, -eris「葬式」〙 [男] ❶ [時に [複]] 葬式, 葬儀: Al ～ asistió mucha gente. 葬儀には大勢の人が参列した. ～〔*es*〕 del Estado 国葬. ～ de corpore insepulto/～ de cuerpo presente 遺体を前にした葬儀. ❷ 葬儀の壮麗さ
de ～ 《口語》 [顔が] 悲しげな, まじめくさった
—— [形] 埋葬の, 葬式の 〘=funerario〙

funerala [funerála] 〘←funeral〙 [女] ***a la*** ～ 1) [目が] 殴られて周囲があざになった. 2) 《軍事》 [弔意を表わして] 銃口を下に向けた, 反(そ)せ銃(つつ)で. 3) 《戯語》 悪い状態の・で
tener... a la ～ …が壊れている

funerario, ria [funerárjo, rja] 〘←ラテン語 funerarius < funus, -eris「葬式」〙 [形] 葬式の, 埋葬の: marcha ～*ria* 葬送行進曲. misa ～*ria* 葬儀(追悼)ミサ. ritual ～ 埋葬の儀式
—— [女] 葬儀社 〘=empresa ～*ria*〙
estar permanente como la ～***ria*** 《戯語》 地位にしがみついてやめようとしない

funéreo, a [funéreo, a] [形] 《まれ》 弔いの, 野辺送りの 〘=fúnebre〙

Funes [fúnes] 《人名》 **Gregorio** ～ グレゴリオ・フネス 〘1749～1829, アルゼンチンの聖職者・政治家. 1810年5月の独立派による革命を支持〙

funestamente [funéstaménte] [副] 不吉に

funestar [funestár] [他] [名声などを] 汚す, 傷つける, 冒瀆する

funesto, ta [funésto, ta] 〘←ラテン語 funestus「葬式の」< funus, -eris「葬式」〙 [形] ❶ 不幸(害悪)をもたらす, 不吉な, 忌まわしい: Fue una decisión ～*ta* salir sin paraguas. 傘なしで出かけるとはひどい決心をしたものだ. Ha sido un día ～ lleno de accidentes. 事故ばかりのさんざんな一日だった. ❷ とても悲しい, 大変不幸な

fungar [fuŋgár] [8] [自] 《地方語》 ❶ [風が] 吹く. ❷ 不平を言う

fungi [fúŋxi] 〘←ラテン語 fungus「キノコ」〙 [男] 《生物》 菌類, 真菌

fungible [fuŋxíble] [形] 《経済》 消耗性の, 枯渇性の: bienes ～*s* 代替可能財

fungicida [fuŋxiθíđa] [形] [男] 殺菌性の; 殺菌剤, 防(除)カビ剤

fúngico, ca [fúŋxiko, ka] [形] 《生物》 菌類の

fungífago, ga [fuŋxífago, ga] [形] 《動物》 食菌(菌食)性の

fungiforme [fuŋxifórme] [形] キノコ状の, ポリープ状の

fungir [fuŋxír] [4] [自] 《主にメキシコ, 中米, キューバ, ベネズエラ》 [+de・como の] 役割を果たす, 仕事をする

fungistático, ca [fuŋxistátiko, ka] [形] [男] 《薬学》 静真菌剤〔の〕

fungo [fúŋgo] [男] 《医学》 海綿腫, 菌腫, 茸腫(じゅうしゅ)

fungosidad [fuŋgosiđá(đ)] [女] 《医学》 ポリープ状増殖

fungoso, sa [fuŋgóso, sa] [形] ❶ 菌の, 菌性の. ❷ 海綿状の, ぶよぶよの

funguicida [fuŋgiθíđa] [形] [男] =**fungicida**

funicular [funikulár] 〘←ラテン語 funiculus〙 [形] ❶ 鋼索牽引の. ❷ 《美術》 綱の. ❸ 《医学》 臍帯(さいたい)の; 精索の
—— [男] ケーブルカー, 鋼索鉄道 〘=ferrocarril ～〙: ～ aéreo 空中ケーブル, ロープウェイ 〘=teleférico〙

funiculitis [funikulítis] [女] 《医学》 精索炎

funículo [funíkulo] [男] ❶ 《植物》 珠柄(しゅへい). ❷ 《解剖》 束(そく), 索, 帯(たい) 〘神経束・精索・臍帯など〙. ❸ 《動物》 胃緒(いしょ) 〘コケムシ類の腸外壁と体壁とを連絡する細胞索〙. ❹ 《建築》 [ロマネスク様式の] 綱形刳形

funil [funíl] [形] 《地方語》 じょうご 〘=embudo〙

funk [fánk] 〘←英語〙 [形] [男] 《音楽》 ファンク〔の〕

funky [fánki] 〘←英語〙 =**funk**

fuñicar [fuɲikár] [7] [自] ぎこちなく行なう

fuñido, da [fuɲíđo, đa] [形] [名] ❶ 《キューバ. 口語》 やせこけた〔人・動物〕. ❷ 《ベネズエラ》 妥協しない, けんか早い

fuñinque [fuɲíŋke] [形] 《キューバ, チリ》 弱い; 内気な; 病気がちの

fuñique [fuɲíke] [形] [名] ❶ ぎこちない〔人〕, 不器用な〔人〕. ❷ こせこせした, こうるさい, うんざりさせる. ❸ 《キューバ, チリ》 やせこけた

fuñir [fuɲír] [20] 〘[現分] fuñendo〙 [他] 《ベネズエラ. 口語》 邪魔する, 面倒をかける
—— **～se** 《ベネズエラ. 口語》 …に腹を立てる, 怒る

fuño, ña [fúɲo, ɲa] [形] ❶ 《ナバラ》 人間嫌いの, 非社交的な. ❷ 《ベネズエラ》 鼻声の
—— [男] 《アンダルシア》 不機嫌(無愛想)な顔つき, 仏頂面

furacar [furakár] [7] [他] 《地方語》 穴を開ける

furcia [fúrθja] 〘←?語源〙 [女] 《西. 軽蔑》 売春婦; あばずれ女

furcio [fúrθjo] [男] 《アルゼンチン, ウルグアイ. 演劇, テレビ》 [出演者の] 言い間違い

fúrcula [fúrkula] [女] 《鳥》 叉骨(さこつ)

furcular [furkulár] [形] 《解剖》 二股の

furente [furénte] [形] 《詩語》 激高した, 猛り狂った

furfuráceo, a [furfuráθeo, a] [形] ぬか状の, ふすま状の

furfural [furfurál] [男] 《化学》 フルフラール

furgón [furgón] 〘←仏語 fourgon〙 [男] ❶ 有蓋トラック, バン. ❷ 《鉄道》 有蓋貨車, 荷物車: ～ postal 郵便〔貨〕車
～ ***de cola*** 1) 《鉄道》 最後尾の車両, 車掌車. 2) 最下位, ビリ

furgoneta [furgonéta] 〘←仏語 fourgonnette〙 [女] ワゴン車, 小型バン: ～ familiar ステーションワゴン

furia [fúrja] 〘←ラテン語 furia「逆上」< furere「取り乱す, 激怒する」〙 [女] ❶ 激怒, 激高, 逆上: Mi tío se puso rojo de ～ pero no dijo nada. 叔父は逆上して真っ赤になったが, 何も言わなかった. La sangre me hierve de ～. 私は憤激で血が煮えたぎっている. desatar su ～ contra+人 …に激しい怒りをぶつける. calmar la ～ 怒りを静める. ～ de los dioses 神々の怒り. ❷ 激烈, 猛威: La ～ del viento derribó varios árboles. 猛烈な風で木が何本か倒れた. ～ de los elementos 自然の猛威. ～ del mar 荒れ狂う海. ❸ [戦う時などの] 激しい勢い: escribir con ～ ものすごい勢い(速さ)で書く. ladrar con ～ 猛烈に吠え立てる. nadar con ～ 狂ったように泳ぐ. ❹ ぷりぷり怒った人, 怒り心頭に発している人. ❺ 盛り, 頂点: El twist estaba en plena ～. ツイストはものすごくはやっていた. en la ～ del calor 暑さの真っ盛りに. ❻ 《文語》 [複] 気象の過酷さ(厳しさ). ❼ 《ローマ神話》 [複] [las *F*～*s*] フリアエ 〘復讐の三女神〙. ❽ すばやさ, 大あわて
a toda ～ 《南米》 1) あわてて. 2) 猛烈に, 激しく
como una ～ 《口語》 =**hecho una** 〔**verdadera**〕 ～
hecho una 〔***verdadera***〕 ～ 《口語》 激怒した・して, 怒り狂った・狂って, 逆上した・して: ponerse (estar) *hecho una* ～ 激怒する(している), 怒り狂う(狂っている)

furibundo, da [furiƀúndo, da] 〘←ラテン語 furibundus〙 [形] ❶ 怒り狂った, 逆上した: Vino hacia mí ～. 彼は怒り狂って私の方にやって来た. grito ～ 怒りの叫び. mirada ～*da* 恐ろしい目つき. ❷ [主に +名詞. 支持者などが] 熱狂的な, 熱烈な: Soy un ～ lector de Francisco de Miranda. 私はフランシスコ・デ・ミランダの熱狂的な読者だ

furiente [furjénte] [形] 激高した, 猛り狂った 〘=furente〙

furierismo [furjerísmo] [男] フーリエ主義 〘フランスの空想家 Charles Fourier の空想的社会主義〙

furierista [furjerísta] [形] [名] フーリエ主義の(主義者)

furiosamente [furjósaménte] [副] 猛然と, 猛烈に; 猛り狂って: atacar a+人 ～ …に猛然と襲いかかる. De pronto empezó ～ a rayar el papel. 彼はふと乱暴に紙に線を引き始めた

furioso, sa [furjóso, sa] 〘←ラテン語 furiosus〙 [形] ❶ 激怒した, 怒り狂った: ponerse ～ 激怒する, 怒り狂う. ❷ [狂人が] 攻撃性のある, 凶暴な. ❸ [自然現象などが] 激しい, 恐ろしい: Se desató una ～*sa* tempestad. すさまじい嵐が吹きまくった. ～ huracán 猛烈なハリケーン. ❹ [感情が] 激しい, 猛烈な: tener unas ganas ～*sas* de+不定詞 猛烈に…したい, …がしたくてたまらない. celos ～*s* 猛烈な嫉妬

furlón [furlón] [男] 4人乗り馬車

furnia [fúrnja] [女] ❶ 《アストゥリアス; カリブ》 排水溝. ❷ 《アンダルシア》 地下の酒蔵. ❸ 《キューバ, プエルトリコ》 [岩だらけの土地の] 裂け目, 垂直の深い穴

furo[1] [fúro] [男] [製糖装置で] 水分と糖蜜の排出孔

furo[2]**, ra** [fúro, ra] [形] ❶ 人間嫌いの, 非社交的な. ❷ 《ナバラ, ログローニョ, アラゴン》 どうもうな; 野生の, 飼い馴らされていない

furor [furór] 〘←ラテン語 furor, -oris〙 [男] ❶ 激怒 〘=furia〙: El ～ popular se tradujo en manifestaciones callejeras. 民衆の怒りは街頭デモとなった. ❷ 流行の頂点: El estudio del genoma humano está en pleno ～ en el mundo entero. ヒトゲノムの研究は全世界で流行を極めている. ❸ 熱心; 熱狂. ❹ 《医学》 ～ uterino [女性の] 色情症. ❺ 激しさ, 猛烈さ. ❻ すばやさ, すごい勢い. ❼ 詩的興奮
causar (***hacer***) ～ [+entre の間に] 熱狂を呼び起こす, 大人気である: El rock *causó* ～ *entre* los jóvenes. 若者の間でロックがすごくはやった

furquilla [furkíʎa] 囡《地方語. 農業》フォーク
furriel [furjél]《←仏語 fourrier》囲 ❶《古語》王室厩舎の給与・購入係. ❷《廃語》需品係下士官
furrier [furjér] 囲 =**furriel**
furriera [furjéra] 囡《古語》宮廷調度(部屋)係の職務
furris [fúris] 囮《メキシコ, キューバ, ベネズエラ. 口語》❶《物が》質の悪い, 粗悪な. ❷《人・事が》軽蔑すべき, くだらない, あまり価値のない
furrumalla [furumáʎa] 囡《キューバ. 軽蔑》教養のない大勢の連中
furtivamente [furtíbamente] 副 ひそかに, こっそり, 隠れて
furtiveo [furtibéo] 囲 =**furtivismo**
furtivismo [furtibísmo] 囲 [他人の地所での]密猟, 密漁; 無許可の薪取り
furtivo, va [furtíbo, ba] 囮《←ラテン語 furtivus < furtum「盗み」< fur「泥棒」》 秘かな, こそこそした; 密猟の ~s 足音を忍ばせて. caza (pesca) ~va 密猟(密漁)の. cazador (pescador) ~ 密猟(密漁)者. edición ~va 海賊版
　　mirada ~*va* 盗み見: echar una *mirada* ~*va* a... …を盗み見る
furúnculo [furúŋkulo] 囲 =**forúnculo**
furunculosis [furuŋkulósis] 囡 =**forunculosis**
fusa [fúsa] 囡《←伊語》囡《音楽》32分音符
fusado, da [fusádo, da] 囮《紋章》紡錘形の, 縦小菱の連続模様の
fusar [fusár] 他《ボリビア》[髪を]カットする
fusariosis [fusarjósis] 囡《農業》フザリウム病
fusca[1] [fúska] 囡 ❶《西, メキシコ. 隠語》ピストル. ❷《鳥》クロガモ. ❸《サラマンカ, エストレマドゥラ》藪, 茂み. ❹《地方語》小さな汚れ
fusco[1] [fúsko] 囲《西. 隠語》切り詰めたショットガン
fusco[2]**, ca**[2] [fúsko, ka] 囮 暗い, 黒っぽい
fuseau [fusó]《←仏語》囲《運動用の》先の細いズボン
fuselado, da [fuseládo, da] 囮《紋章》=**fusado**
fuselaje [fuseláxe]《←仏語 fuselage》囲〔飛行機の〕胴体, 機体
fusibilidad [fusibilidá(d)] 囡 可溶性, 可融性
fusible [fusíble]《←ラテン語 fusibilis》囮 溶けやすい, 可溶性の: metal ~ 可融(易融)合金
　　―― 囲《電気》ヒューズ: Saltaron los ~s. ヒューズが飛んだ
fusiforme [fusifórme] 囮 紡錘形の, 両端が細めの
fusil [fusíl]《←仏語 fusil < ラテン語 focile「火打ち石」< focus「火」》 囲 ライフル銃, 小銃, 鉄砲: tirar con el ~ 鉄砲を撃つ. ~ automático 自動小銃. ~ de asalto 突撃銃. ~ de pistón 手動ポンプ式銃. ~ de repetición 連発銃. ~ submarino スピアガン, 水中銃
fúsil [fúsil] 囮 =**fusible**
fusilamiento [fusilamjénto] 囲 ❶ 銃殺[刑]: pelotón de ~ 銃殺班. ❷ 剽窃, 盗作
fusilar [fusilár]《←fusil》他 ❶ 銃殺する: ser *fusilado* 銃殺される. ❷《口語》[明白な形で]剽窃する, 盗作する《=plagiar》. ❸《サッカー》[強烈なシュートでキーパーを]倒す
　　―― 自《サッカー》強烈なシュートを決める
fusilazo [fusiláθo] 囲 ❶〔小銃の〕発砲, 射撃; 銃声. ❷〔小銃による〕傷, 負傷. ❸《地方語》=**fucilazo**
fusilería [fusilería] 囡 ❶《集合》銃. ❷ 小銃部隊. ❸ 一斉射撃, 銃火
fusilero, ra [fusiléro, ra] 囮 銃の, 小銃の
　　―― 囲 小銃を装備した歩兵, 小銃兵: ~ de montaña 山岳兵
fusilico [fusilíko] 囲《ペルー》輪姦
fusiómetro [fusjómetro] 囲《物理》融点測定器
fusión [fusjón]《←ラテン語 fusio, -onis < fusum < fundere「溶ける」》 囡 ❶ 融解, 溶解, 溶融: punto de ~ 融[解]点. ❷[企業同士の対等な]合併《類語》吸収合併は **absorción**》; [団体・利害・思想などの]合併, 融合: *fusiones* y *adquisiciones*《経営》M&A《企業の合併・買収》. ❸《物理》核融合《=~ nuclear》: ~ de núcleo 炉心溶融, メルトダウン. ~ fría 常温核融合. ❹《音楽》フュージョン
fusionar [fusjonár] 他 [団体・利害・思想などを]融合させる, 合併させる: ~ dos grupos políticos 2つの党派を合体させる
　　―― ~*se* 融合する, 一つになる; 合併する, 連合する
fusionismo [fusjonísmo] 囲 合併支持, 連合支持

fusionista [fusjonísta] 囮 囲 合併(連合)支持の[人]
fusita [fusíta] 囡《技術》フューサイト
fuslina [fuslína] 囡 溶鉱所
fuso [fúso] 囲 ❶《紋章》菱形. ❷《古語》紡錘《=huso》
fusor [fusór] 囲 坩堝(るつぼ)
fusta [fústa] 囡《←ラテン語 fusta < fustis「棒」》囡 ❶〔乗馬用の〕鞭(むち). ❷《まれ》《集合》〔剪定などで出る〕小枝, 柴. ❸ 昔の毛織物の一種. ❹ フスタ船〔1〜2本マストの小型ガレー船〕. ❺《ラマンチャ》囡《牧畜業者が刈り株地の所有者に払う》草食(は)み料
fustado, da [fustádo, da] 囮《紋章》2色木柄の, 2色槍柄の
fustal [fustál] 囲 =**fustán**
fustán [fustán] 囲 ❶《繊維》ファスチアン. ❷《グアテマラ, 南米. 服飾》[ゆったりした]木綿のペチコート
fustanero [fustanéro] 囲 ファスチアン製造者
fustano [fustáno] 囲 =**fustán**
fustazo [fustáθo] 囲 鞭 fusta による一撃
fuste [fúste]《←ラテン語 fustis「棒」》囲 ❶《建築》柱身, 柱体. ❷ 演説・文書などの〕柱となるもの, 実質: discurso de poco ~ 中心のあやありなる演説. ❸〔人・事柄の〕重要性, 等級: hombre de ~ 重要人物, 重鎮. tener ~ 重要である. de poco ~ 取るに足らない. ❹ 材木, 木材. ❺〔槍の〕柄. ❻《馬具》鞍枠. ❼《ペルー, ボリビア》ペチコート
fustero, ra [fustéro, ra] 囮 柱身の; 木材の
　　―― 囲《まれ》木工旋盤工, ろくろ職人
fustete [fustéte] 囲《植物》オウボク
fustigación [fustiɣaθjón] 囡 ❶ 鞭で打つこと, 笞刑(ちけい). ❷ 激しい非難, バッシング
fustigador, ra [fustiɣaðór, ra] 囮 囲 ❶ 鞭打つ[人]. ❷ 激しく非難する[人]
fustigante [fustiɣánte] 囮 ❶ 鞭打つ. ❷ 激しく非難する
fustigar [fustiɣár]《←ラテン語 fustigare》他 ❶ 鞭(むち)で打つ: ~ a un caballo 馬に鞭を入れる. ❷ 激しく非難する, バッシングする
fusulina [fusulína] 囡《古生物》[狭義の]フズリナ
fusulinida [fusulínida] 囡《古生物》[広義の]フズリナ, 紡錘虫類
futarra [futáṝa] 囡《魚》イソギンポの一種《学名 Blennius trigloides》
futbito [futbíto]《fútbol の示小語》囲 ミニサッカー
futbol [futból] 囲《メキシコ》=**fútbol**
fútbol [fútbol]《←英語 football》囲《スポーツ》サッカー: ~ club サッカークラブ. ~ americano アメリカンフットボール. ~ [de] sala フットサル. ~ 7 ソサイチ, 7人制サッカー
futbolear [futboleár] 自《まれ》サッカーをする
futbolería [futbolería] 囡 [主に]サッカーニュース
futbolero, ra [futboléro, ra] 囮 囲 ❶《口語》サッカーの《=futbolístico》. ❷《口語》サッカー好きの[人], サッカーファン
futbolín [futbolín]《←商標》囲 ❶〔卓上の〕サッカー盤ゲーム. ❷《時に》囲 ゲームセンター《=salón recreativo》
futbolista [futbolísta] 囲 サッカー選手
futbolístico, ca [futbolístiko, ka] 囮 サッカーの: equipo ~ サッカーチーム
futbolito [futbolíto] 囲《ウルグアイ》=**futbolín**
futbolomanía [futbolomanía] 囡 サッカー狂(熱), 偏執狂的サッカー愛好
futear [futeár] ~*se*《コロンビア》[果実が]腐敗する
futesa [futésa] 囡《文語》ささいなこと, 取るに足らないこと: discutir por una ~ 何でもないことで議論する
fútil [fútil]《←ラテン語 futilis「軽薄な」》囮《文語》くだらない, 取るに足らない: conversación ~ たわいのない会話, 無駄話. razón ~ 取るに足らない理由
futilidad [futilidá(d)] 囡《文語》くだらなさ, 無意味: hablar de ~*es* 無駄話をする, つまらないことを話す
fúting [fútin]《←英語 footing》囲 ジョギング
futir [futír] ~*se*《カリブ》うんざりする
futón [futón]《←日本語》囲〔敷き〕布団: dormir en un ~ 布団で寝る
futraque [futráke] 囲 ❶《軽蔑》伊達男, めかし屋. ❷《まれ》フロックコート, カザック《昔の男性用ジャケット》
futrar [futrár] ~*se*《アルゼンチン》うんざりする
futre [fútre] 囮 囲 ❶《アンデス》おしゃれな, 着飾った; しゃれ者. ❷《チリ. 口語》[農業労働者を雇う]農場主

futrear [futreár] ~**se**《ボリビア》着飾る
futura[1] [futúra] 囡《古語》[職・所得の]継承権
futurible [futuríble] 厖 图 ❶ [ある出来事が一定の条件下で]将来起こり得る, 将来可能な. ❷ [ある職務・地位の]有力な候補の(候補者), 就任予定の(予定者): ~ para ministro 大臣候補
futurición [futuriθjón] 囡《文語》未来志向[性]
futuridad [futuridá(d)] 囡 未来の[ものである]こと, 未来性
futurismo [futurísmo] 男 ❶《美術, 文学》未来派『20世紀初頭にイタリアで起こった前衛的運動』. ❷ 未来主義, 未来志向
futurista [futurísta] 厖 图 ❶ 未来派の[芸術家]: diseño ~ 未来派のデザイン. película ~ 未来派の映画. sonidos ~s 未来派の音. ❷ 未来主義の, 未来志向の: novela ~ 未来小説. ciudad ~ 未来都市
futurizo, za [futuríθo, θa] 厖《まれ》未来に向けた
futuro[1] [futúro] 男 ❶ 未来, 将来〖現在から続く次の時間. →porvenir 類義〗: Solo piensa en el ~. 彼は先のことだけを考えている. ¿Qué piensas hacer en el ~? 君は未来をどうするつもりか? Tu ~ está lleno de esperanzas. 君の未来は希望に満ちている/君は前途洋々だ. mirar al ~ 未来を見つめる. en un ~ cercano (próximo) 近い将来に. ordenadores del ~ 未来のコンピュータ. ❷ 将来性, 将来の見込み, 成算: Este chico tiene [mucho] ~. この子は将来有望だ. Este país no tiene ~. この国に未来はない. viejo sin ~ 先のない老人. ❸《文法》未来時制, 未来形〖=tiempo ~〗. ❹《商業》腹 先物: comprar (vender) ~s 先物を買う(売る), 先物を買い建てる(売り建てる). comercio de ~s 先物取引. mercado de ~s 先物市場
de ~ 将来性のある: género *de* ~ 将来性のあるジャンル
futuro[2], **ra**[2] [futúro, ra]〖←ラテン語 futurus (esse「である」の未来分詞)〗厖 ❶ 未来の, 将来の: generaciones ~ras 未来の世代, 後世の人々. en lo ~ 将来に. ~ candidato a las elecciones presidenciales 将来の大統領選候補. ❷《文法》[時制が]未来の, 未来時制の
—— 图《口語》未来の夫(妻), 婚約者〖=~ esposo〗: Os voy a presentar a mi ~ra. 私の婚約者を紹介します
futurología [futuroloxía] 囡 未来学
futurológico, ca [futurolóxiko, ka] 厖 未来学の
futurólogo, ga [futurólogo, ga] 图 未来学者
fututear [fututeár] 他《パナマ. 料理》[米を]脱穀前に炒る
—— ~**se**《中米》うんざりする
fututo, ta [futúto, ta] 厖 ❶《中米》うんざりした. ❷《コロンビア》純粋な, 正味の
—— 男《パナマ, キューバ》ひょうたん製の笛〖=fotuto〗

G

g¹ [xé] 〘女〙アルファベットの第7字
g² 《略語》←gramo グラム
g/. 《略語》←giro 為替手形
gaba [gába] 〘女〙《まれ》低い山
gabachada [gabatʃáda] 〘女〙❶ ピレネー人らしいふるまい. ❷ フランスかぶれのもの言い. ❸ がさつふるまい
gabacho, cha [gabátʃo, tʃa] 〘名〙❶《軽蔑》フランスの; フランス人. ❷ ピレネー地方出身の[人]. ❸ [ハトが]大型で足まで羽毛に覆われた. ❹《地方語》がさつな[人], 粗野な[人]. ❺《アラゴン》怖がりの, 臆病な. ❻《メキシコ, 軽蔑》米国の, 米国人; 外国の, 外国人
── 〘男〙フランス語的な発音(表現)のスペイン語
gabán [gabán] 〘←アラビア語 gaba「袖付きの男性用チュニック」〙〘男〙❶《服飾》1)[男性用の, 時にフード付きの]外套(称). 2)《メキシコ》[丈が腰までの]袖付きポンチョ. 3)《プエルトリコ》[男性用の]ジャケット, 上着. ❷《コロンビア, ベネズエラ, 鳥》コウノトリの一種〖学名 Euxenura maguari〗. ❸《ベネズエラ》民俗舞踊の一種
gabanear [gabaneár] 〘他〙《中米》盗む, 横領する; 逃げる
gabanero [gabanéro] 〘男〙[応接室の]コート掛け兼傘立て
gabaonita [gabaoníta] 〘名〙《歴史. 地名》[パレスチナの都市]ガバオン Gabaón の[人]
gabarda [gabárda] 〘女〙《アラゴン, 植物》野バラ; その実
gabardina¹ [gabardína] 〘←gabán+tabardina < tabardo〙〘女〙❶《服飾》1)レインコート, コート. 2)《廃語》[野良仕事用の]上っ張り. ❷《繊維》ギャバジン. ❸《隠語》コンドーム
con ~ 《料理》[魚介類に]溶き卵と小麦粉の衣をつけた: gambas *con* ~ エビのフリッター
en ~ =con ~
gabardino, na² [gabardíno, na] 〘名〙《メキシコ, 軽蔑》ヤンキー, 米国人
gabarra [gabára] 〘←バスク語〙〘女〙《船舶》❶ [沿岸・河川用の]運送船. ❷ はしけ
gabarraje [gabaráxe] 〘男〙《船舶》運送船(はしけ)の船団
gabarrero [gabaréro] 〘男〙❶ 運送船(はしけ)の船頭, 沖仲仕. ❷ きこり
gabarro [gabáro] 〘男〙❶《地質》瘤塊(称), 団塊. ❷《建築》[切り石の欠け目に詰める]石粉(称). ❸《獣医》[馬の]踊の腫瘍. ❹《繊維》織りきず. ❺《植物》キバナネモセイソウ. ❻ 負い目, 負担, 厄介. ❼ 計算間違い. ❽《廃語》[家禽類の]舌病. ❾《サラマンカ》1) ミツバチの雄. 2) 怠け者, 無精者
gabarrón [gabarón] 〘男〙《船舶》水material として使われる老朽船
gabasa [gabása] 〘女〙《隠語》売春婦
gabata¹ [gabáta] 〘女〙❶《古語》[兵士の]給食ボウル(椀). ❷《カナリア諸島》小麦粉
gabato, ta² [gabáto, ta] 〘名〙❶ [1歳未満の]子鹿, 子ノロ. ❷ [1歳未満の]野ウサギ
gabazo [gabáθo] 〘男〙亜麻の殻 [=bagazo]
gabejo [gabéxo] 〘男〙藁(薪)の小さな束
gabela [gabéla] 〘←アラビア語 qabala「税」〙〘女〙❶《文語》年貢. ❷《法律》税; 分担金. ❸ 経済的援助, 恩恵. ❹《まれ; チリ》迷惑, 不快なこと. ❺《ドミニカ, プエルトリコ, コロンビア, ベネズエラ, エクアドル》[商売から得られる]利益
gabeloso, sa [gabelóso, sa] 〘形〙《コロンビア》利にさとい, ずる賢い
gabi [gábi] 〘男〙《植物》サトイモ
gabinete [gabinéte] 〘←古仏語 gabinet〙〘男〙❶ 書斎; 研究室, 実験室: ~ de física 物理学研究室. ❷ [+限定詞を伴う]事務所: ~ de prensa [政府などの]報道担当官室. ~ fiscal 税務相談所. ❸ 診察室. ❹ [時に G~] 内閣 [= ~ ministerial]: formar un ~ 組閣する. aprobación por el ~ 閣議決定. cuestión de ~ [政府の存続を左右するような, 一般の]重大問題. reunión del ~ 閣議. ~ en la sombra/~ fantasma 影の内閣, シャドーキャビネット. ❺ 〘集合〙 閣僚. ❻ 省: ~ de Interior 内務省. ❼ 〘集合〙 [応接室・診察室・事務室などに備えつける]家具, 調度品. ❽《古語的》[親しい人を迎える]

応接室. ❾《古語》展示室, 陳列室: ~ de grabados 版画展示室. ~ de historia natural 博物標本室. ❿《古語》寝室の控えの部屋. ⓫《メキシコ, 中米, コロンビア, ベネズエラ, ボリビア》[台所の]戸棚. ⓬《コロンビア》[屋根付きの]バルコニー, 見晴台
de ~ 机上の, 実践経験のない: estratega *de* ~ 机上の戦略家
gabita [gabíta] 〘女〙❶ [2頭立ての牛馬を結ぶ]くびき. ❷《アストゥリアス》補強(追加)の2頭立て牛馬
gablete [gabléte] 〘男〙《建築》[ゴシック様式の窓上部の]三角形の装飾部分, 破風(は)
gabonense [gabonénse] 〘形〙 =gabonés
gabonés, sa [gabonés, sa] 〘名〙《国名》ガボン Gabón の(人)
Gabriel [gabrjél] 〘男〙《旧約聖書》大天使ガブリエル
gabrieles [gabrjéles] 〘男〙〘複〙煮たエジプト豆
gabro [gábro] 〘男〙《鉱物》斑れい岩, ガブロ
gacel [gaθél] 〘男〙《動物》雄のガゼル
gacela [gaθéla] 〘女〙❶《動物》ガゼル: ~ común ドルカス・ガゼル. ~ thomson トムソン・ガゼル. ❷ [ガゼルのように]華奢(称)で優しい女性
gacense [gaθénse] 〘形〙《地名》[パレスチナの]ガザ Gaza の[人]
gacería [gaθería] 〘女〙[セゴビア県カンタレホ Cantalejo の]脱穀する人の使う隠語
gaceta I [gaθéta] 〘←伊語 gazzetta「新聞」< gazza「カササギ」〙〘女〙❶ [芸術・化学・経済などが専門の]定期刊行物, 専門誌. ~ de teatros 演劇時報. ❷《西》情報通の人, ゴシップ好きな人; 何にでも首を突っ込む人. ❸《古語》新聞. ❹《スペイン》の官報, 公報 [現在は Boletín Oficial del Estado]
mentir más que la ~ 《古語的》平気で嘘をつく, 大嘘をつく
II 〘←仏語 cassette〙〘女〙匣鉢(㌇)〖タイルを窯焼きする時に保護のために入れる耐火粘土製容器〗
gacetable [gaθetáble] 〘形〙《廃語》[法律などが]正式決定されそうな, 公報掲載候補の
gacetero, ra [gaθetéro, ra] 〘名〙《古語》新聞記者; 新聞の売り子
gacetilla [gaθetíʎa] 〘gaceta の示小語〙〘女〙❶ [新聞の]短い記事, 短信; 短信欄. ❷《西, 口語》情報屋, うわさ話の好きな人
gacetilleo [gaθetiʎéo] 〘男〙《軽蔑》新聞記事を書くこと
gacetillero, ra [gaθetiʎéro, ra] 〘名〙❶ [新聞の]短い記事 gacetilla を専門に書く記者. ❷《口語》ゴシップ記者. ❸《古語, 軽蔑》新聞記者
─ 〘男〙短い記事 gacetilla の
gacetista [gaθetísta] 〘名〙❶ 専門誌 gaceta 好きの人. ❷ ニュース(うわさ話)好きの人
gacha [gátʃa] 〘女〙❶《料理》〘複〙1)[小麦粉の]粥(ぷ). 2) パスタ入りの煮込み. ❷ [液体のように]ドロドロした物. ❸《口語》泥, 泥こ. ❹《アンダルシア》甘やかし, 甘言; 愛撫. ❺《コロンビア, ベネズエラ》土器(陶器)の椀
a ~s 四つんばいになって [=a gatas]
hacerse unas ~s《口語》[いとおしさで]メロメロになる
gachamiga [gatʃamíga] 〘女〙《地方語, 料理》ガチャミガ〖お好み焼きの料理〗
gachapanda [gatʃapánda] 〘女〙*a la* ~《中南米》こっそりと, 黙って
gachapazo [gatʃapáθo] 〘男〙[仰向けに・横向きに]どっと倒れること; [転倒・転落して受ける]打撲
gachasmigas [gatʃasmígas] 〘女〙〘複〙《ムルシア, 料理》トウモロコシ粉の粥にピーマン・玉ネギなどを加え片栗粉などで炒めたもの
gaché [gatʃé] 〘←ジプシー語〙〘男〙❶ [ジプシーの間で]アンダルシア人. ❷《アンダルシア》やつ, 野郎; 情夫
gacheta [gatʃéta] 〘女〙❶ [掛け金の]スプリング付きレバー; [錠前の]タンブラー. ❷ 糊(鞋) [=engrudo]
gachi [gátʃi] 〘男〙《隠語》家 [=casa]
gachí [gatʃí] 〘←gachó〙〘女〙〘複 ~s/~ses〙《西, 俗用》[若い]女, 娘; 美人, いい女: esa ~ morena あの黒髪の女
gachís [gatʃís] 〘名〙〘単複同形〙=gachí

gacho, cha² [gátʃo, tʃa]《←agachar》形 ❶ [estar+] 下方に曲がった, 垂れ下がった: con la cabeza *gacha* うなだれて. — sombrero ~/sombrero de alas *gachas*《古語》つば広のソフト帽, スローチハット. ❷《闘牛》[牛が] 角が下向きの. ❸ [馬が] 首を引いた, うつむいた. ❹《地方語》陰険な, 率直でない. ❺《エストレマドゥラ》左利きの. ❻《メキシコ, エルサルバドル. 口語》[人・物が] 見苦しい, 醜い; 嫌な, わずらわしい; 意地悪な. ❼《ドミニカ, プエルトリコ》[人・動物が] 片耳のない. — 男《メキシコ》低料金で働く運転手. ❷《ウルグアイ》帽子 [=sombrero]; 《ラプラタ》スローチハット

gachó [gatʃó]《←ジプシー語》男《複 ~s》《西. 俗用》❶ 男, やつ [=tipo]. ❷ 情夫, ヒモ: Está liada con un ~. 彼女には男がいる

gachón, na [gatʃón, na] 形 ❶《口語》[主に女性の視線が] 色っぽい, セクシーな. ❷ 愛嬌のある, 魅力的な; 心の温かい. ❸《アンダルシア. 口語》[子供が] 甘やかされた. — 名《隠語》人 [=persona]

gachonada [gatʃonáda] 女《口語》色気; 愛嬌 [=gachonería]
gachonería [gatʃonería] 女《口語》色気; 愛嬌. ❷《アンダルシア》おべっか, お世辞

gachuela [gatʃuéla] 女 gacha の示小語
gachumbo [gatʃúmbo] 男《←?語源》《中南米》[器などに用いる, ヤシの実などの] 硬い殻

gachupín, na [gatʃupín, na]《←古語 cachopo「木のうろ」》名《中南米. 軽蔑》❶ アメリカ大陸 (特にメキシコ) に移住してきた・定住しているスペイン人《植民地期に, クリオーリョ criollo が用いた蔑称》. ❷ [メキシコ人などから見て] スペイン人

gachupinada [gatʃupináda] 女《軽蔑》=**cachupinada**
gachupo [gatʃúpo] 男 =**gachupín**
gacia [gáθja] 女《地方語. 植物》エニシダ属の一種《学名 Cytisus stenopetalus》
gacilla [gaθíʎa] 女《コスタリカ》安全ピン [=imperdible]
gadejón [gaðexón] 男《地方語》薪の束
Gades [gáðes]《人名》Antonio ~ アントニオ・ガデス《1936~2004, スペインの舞踊家・振付家. 本名 Antonio Esteve Ródenas. フラメンコを洗練された舞台芸術に昇華させた》
gadget [gájet]《←英語》男《複 ~s》《情報など》便利な装置 (道具), ガジェット
gádido, da [gáðiðo, ða] 形 タラ科の
— 男《魚》タラ科
gadiforme [gaðifórme] 形 タラ目の
— 男《魚》タラ目
gado [gáðo] 男《魚》マダラ (真鱈)
gadolinio [gaðolínjo] 男《元素》ガドリニウム
gadorense [gaðorénse] 形《地名》ガドル Gador 山脈の《アルメリア県》
gaélico, ca [gaéliko, ka] 形 ゲール語の, 島嶼 (とうしょ) ケルト語
gafa¹ [gáfa]《←カタルーニャ語 gara <アラビア語 qafa「収縮」》 女 ❶《主に 西》複 眼鏡《メキシコでは lentes, 中米・南米では anteojos》: No veo bien sin ~s. 私は眼鏡をかけないとよく見えない. Lleva ~s de oro. 彼は金縁の眼鏡をしている. El cómico llevaba unas ~s en la punta de la nariz. その喜劇俳優は鼻眼鏡をしていた. ponerse (quitarse) las ~s 眼鏡をかける (外す). hombre con ~s 眼鏡をかけた男. ❷ ~s bifocales 遠近両用眼鏡. ~s de cerca 近距離用眼鏡. ~s de lejos 遠距離用眼鏡. ~s de esquí/~s de ventisca《スキー》ゴーグル. ~s de natación《水泳》ゴーグル. ~s de sol サングラス. ~s submarinas/~s de buzo/~s de bucear 《西》ダイビング用の 水中眼鏡. ~s anaglifo 立体眼鏡. ~s 3D 3D眼鏡. ❸《建築》両端が円錐形の煉瓦 [=ladrillo [de] ~]. ❹ [物を引っ掛ける] 鉤 [=gancho]; 《船舶》鉤で爪. ❺ [クレーンなどのアームの先の] 鉤. ❺ 留め金, 締め金具, かすがい. ❻《ビリヤード》球台のクッション. ❼《古語》弩 (いしゆみ) を引くための鉤
hacerse el de las ~s (*negras*) 気がつかない (分からない) ふりをする
gafancia [gafánθja] 女《口語》縁起が悪いこと, ついていないこと
gafar [gafár] I 《←gafe》他《口語》[+人・事が] 悪運をもたらす: Esa mujer me *ha gafado*, porque desde que la conozco no me sale nada bien. あれは験の悪い女だ, 彼女と知り合ってから私は何一つうまくいかない
 II 《←gafa》他 ❶ [爪・鉤状のもので] 引っかける, 引き寄せる. ❷ [壊れた陶器などに] 留め金 gafa で修繕する (つなぎ合わせる)

る). ~*se*《コロンビア》[蹄鉄のない馬などが歩きすぎて] 足を痛める
gafe [gáfe]《←古語 gafo「ハンセン病患者」<アラビア語 gafa「縮んだ」》形《口語》悪運をもたらす〔人〕, 縁起の悪い, 疫病神
— 男《口語》悪運, 不吉: tener ~ 悪運をもたらす, 不吉である
gafear [gafeár] ~*se*《グアテマラ》足を痛める, 靴ずれを起こす; [馬など] ひづめを痛める
gafedad [gafeðá[ð]] 女《古語. 医学》鷲手 (くせ). ❷《ベネズエラ. 口語》愚かさ; 誤り
gafería [gafería] 女《ベネズエラ. 口語》茫然自失
gafete [gaféte] 男 ❶ ホック, 留め金. ❷《エクアドル》スナップ
gafetí [gafetí] 男《植物》セイヨウキンミズヒキ
gaffe [gáf]《←仏語》女《まれ》失敗, へま
gafo, fa² [gáfo, fa] 形 名 ❶ 指が曲がったまま動かない〔人〕. ❷《古語. 医学》鷲手 (くせ) にかかった〔人〕. ❸《エストレマドゥラ》シラミだらけの, 汚い. ❹《中米, ベネズエラ, 口語》[牛・馬が, 固い道を蹄鉄を付けずに歩きすぎて] 足を痛めた. ❺《グアテマラ》下手な. ❻《ベネズエラ》理解力の乏しい〔人〕
gafoso, sa [gafóso, sa] 形 眼鏡をかけている
gafotas [gafótas] 名《単複同形》《西. 軽蔑》眼鏡をかけている人
gafudo, da [gafúðo, ða] 名 形《西, コロンビア. 軽蔑》=**gafotas**
gag [gág]《←英語》男《複 ~s》[演劇など] ギャグ, コミカルな所作
gagá [gagá] 形《単複同形》《口語》❶ [estar+. 高齢のために] ぼけた: Mi abuelo está ~. 私の祖父はもうろくしている. ❷《ペルー》優雅な, 品のよい
gagaku [gagáku]《←日本語》男 雅楽
gagaús [gagaús]《西》[モルドバ共和国の] ガガウズ人〔の〕
gagauso, sa [gagáuso, sa] 形 名 =**gagaús**
gagauz [gagáuθ], **gagauzo, za** [gagáuθo, θa] 名 形 =**gagaús**
gagman [gágman]《←英語》名 コメディアン
gago, ga [gágo, ga] 形 名《キューバ》どもりの〔人〕, 吃音者
gaguear [gageár] 自 ❶《サラマンカ》[うわさなどが] 流れ出す, 人の口の端に上りだす《3人称か ~*se* で使われる》. ❷《中南米》どもる
gagueo [gagéo] 男《中南米》どもること
gaguera [gagéra] 女《エストレマドゥラ, カナリア諸島; 中南米》吃音, どもり [であること], 言語障害
gaguillo [gagíʎo] 男《パナマ》喉 (?)
gaicano [gaikáno] 男《魚》コバンザメ
Gaiferos [gaiféros] 男 [ロマンセに登場する人物] ガイフェロス
 dársele a+人 *lo mismo que las coplas de Don* ~ 全く構わぬ, どうでもよい
gaita [gáita]《←ゴート語 gaits「ヤギ (その皮がバグパイプの袋に使われた)」》女 ❶《音楽》1) バグパイプ, 風笛 [=~ gallega, ~ escocesa]. 2) [スペインの町村の祝賀行事などで用いられる] リコーダー型の縦笛. 3) ~ zamorana ジャイアール. 4) ガイタ《大衆的トッカータ》. 5) ドゥルサイナ [=dulzaina]. ❷《西. 口語》厄介事: No me vengas con ~s. 面倒なことを持ち込まないでくれ. Es una ~ tener que esperar tanto. そんなに待たなくてはいけないなんて嫌なこった. ❸《西. 口語》[人の] 首 [=cuello]: estirar la ~ [よく見ようとして] 首を伸ばす. ❹《主に軽蔑》[主に複] 愚かさ. ❺《口語》浣腸器; 浣腸液 [=lavativa]. ❻《コロンビアナ》~ colombiana: ~ hembra 穴が5つのガイタ. ~ macho 穴が2つのガイタ. ❼《ベネズエラ》[陽気な] クリスマスソング
 alegre como una ~ 大変陽気な
 ándese la ~ *por el lugar*《口語》私には関わりのない話だ
 estar de ~ [人が] 浮かれている
 estar de mala ~《口語》不機嫌である
 estar hecho una ~ 壊れている
 G ~s《口語》=*Qué* ~ [s]
 Qué ~ [s]《口語》[怒り・抗議] けしからん
 ser como una ~ [人が] 要求がきつい
 sus de ~ 内容のない (空疎な) 事柄
 templar ~*s*《西. 口語》[怒らせないように] 気をつかう, なだめる: Con él siempre están *templando* ~*s*. 彼にはみんなにつねも気をつかっている
 ¡Una ~*!*《主に軽蔑》[聞いたことの否定] とんでもない!

...*y toda esa* ~ …などなど
Gaitán [gaitán]《人名》**Jorge Eliécer** ~ ホルヘ・エリエセル・ガイタン〖1898~1948, コロンビアのリベラル派政治家. 彼の暗殺を契機にしてボゴタ暴動 Bogotazo が勃発〗
gaitería [gaitería] 囡《まれ》けばけばしい服装; どぎつい装飾
gaitero, ra [gaitéro, ra] 形 囡 ❶ [主に]プロの］バグパイパー, バグパイプ奏者. ❷ 滑稽な[人], おどけた[人]. ❸《まれ》バグパイプの. ❹《ベネズエラ》クリスマスソングの歌手
gaitilla [gaitíʎa] 囡《地方語. 音楽》ドゥルサイナ〖=dulzaina〗
gajarro [gaxárro] 男 小麦粉・卵・蜜を使った揚げ菓子
gaje [gáxe]〖←仏語 gage〗男 ❶ [主に 複] 給料以外の] 手当, 報酬. ❷《古語》[君主によって支払われる] 給料
~*s del oficio* [職業上のわずらわしさ（危険)
gajo [gáxo]〖←俗ラテン語 galleus <ラテン語 galla「えら」〗男 ❶ [オレンジなどの] 袋, 房. ❷ [ブドウの一房から分かれた] 小さい房. ❸ [鈴なりになったサクランボなどの] 房. ❹ [幹から分かれた] 木の枝. ❺ [シカなどの] 枝角. ❻ [農業用フォークの] 歯の部分. ❼ [山脈の] 支脈. ❽《植物》裂片. ❾《ムルシア》大きな泡, あぶく. ❿《中南米》瘤(ｺﾌﾞ). ⓫《中米, コロンビア》巻き毛;《ホンジュラス》髪の房. ⓬《アルゼンチン, ウルグアイ》[挿し木用の] 挿し穂
pelar ~《ベネズエラ. 口語》死ぬ; 間違える
gajorro [gaxóro]《アンダルシア》小麦粉・卵・蜂蜜の揚げ菓子
gajoso, sa [gaxóso, sa] 形 房をもった, 房からなる
gajuco, ca [gaxúko, ka] 形《地方語》[家畜が] 他人の土地の草を食べる
gal [gál] I 男 [加速度のCGS単位] ガル, G
II 圄《単複同形》テロ集団 GAL (Grupos Antiterroristas de Liberación)の構成員
gala[1] [gála]〖←古仏語 gale「娯楽」〗囡 ❶ [主に 複] 晴れ着, 盛装, 礼装; 装飾品: María se puso sus mejores ~*s* para la cena. マリアは晩餐会のために最高の盛装をした. ~*s* nupciales 婚礼衣裳,ウェディングドレス. [大勢の招待客を呼んだ] 特別の催し, 豪華なパーティー: ~ benéfica 慈善パーティー. ❸ 特別公演, ガラコンサート〖=función de ~〗. ❹ [ある場所・物の中で] 最良のもの, 精華: ~ de la sociedad 社交界の花形. ❺ [言動の] あでやかさ, 優雅さ. ❻ 結婚祝いの品. ❼ [船舶] 正装の制服. ❽《メキシコ, カリブ》[他より秀でた活動に対する] ほうび, 賞; チップ
cantar la ~ ほめ讃える
de ~ 盛装の・で; 晴れ着姿で; [行事が] 盛装で出席する事を旨とする: Ofrecen mañana una comida *de* ~. 明日は盛装での食事会がある. baile *de* ~ 盛装の舞踏会. uniforme *de* ~《軍人に》正装, 礼服. *de* media ~ 略装の; 略装で
hacer ~ *de*... …を見せびらかす, 見せつける, 自慢する
ir de ~ 盛装をする
partir... por ~ *en dos*《文語》二分する
tener (llevar)... a ~《西》…を誇りとする: Tiene a ~ ser español. 彼はスペイン人であることを誇りに思っている
galaadita [gala(a)díta] 形 囡《地名》[パレスチナの古代国] ガラアド Galaad の〖人〗
galabardera [galabardéra] 囡《植物》ロサ・カニナ; その実
galacho [galátʃo]《アラゴン》断崖, 絶壁
galacina [galaθína] 囡 サトウキビの種・甘蔗糖・発酵乳で作る飲物
galactagogo, ga [galaktagógo, ga] 形 乳汁分泌を促進する, 催乳[性]の
—— 男 催乳薬
galáctico, ca [galáktiko, ka] 形〖←ギリシア語 gala, galaktos「乳」〗銀河[系]の
galactita [galaktíta] 囡《鉱物》ガラクタイト
galactites [galaktítes] 囡 =**galactita**
galactocele [galaktoθéle] 男《医学》乳瘤(ﾘｭｳ)
galactofagia [galaktofáxja] 囡 乳養習性
galactófago, ga [galaktófago, ga] 形 囡 乳汁栄養の・者
galactoforitis [galaktoforítis] 囡《医学》乳管炎
galactóforo, ra [galaktóforo, ra] 形《解剖》conductos ~ 乳管
galactogogo [galaktogógo] 男 =**galactagogo**
galactómetro [galaktómetro] 男 乳汁比重計
galactopoyesis [galaktopojésis] 囡《生理》乳汁産生
galactorrea [galaktoréa] 囡《医学》乳汁漏出, 乳漏症

galactosa [galaktósa] 囡《化学》ガラクトース
galactosemia [galaktosémja] 囡《医学》ガラクトース血[症]
galactosuria [galaktosúrja] 囡《医学》ガラクトース尿[症]
galactoterapia [galaktoterápja] 囡《医学》牛乳療法
galafate [galafáte] 男 ❶ 怪盗〖人〗. ❷《キューバ. 魚》黒色のモンガラカワハギの一種〖学名 Melichthys piscius〗
—— 男《アンダルシア》ちびっこ, 子供
gálago [gálago] 男《動物》ガラゴ
galaico, ca [galáiko, ka] 形 ❶《文語》ガリシアの〖=gallego〗: cordillera ~*ca* ガリシア山系. literatura ~*ca* ガリシア[語]文学. ❷《歴史》ガラエキア Galaecia の〖現在のガリシアとポルトガルの一部〗
galaicoportugués, sa [galaikoportugés, sa] 形 男 =**galleqoportugués**
galalita [galalíta] 囡《化学》ガラリット
galamero, ra [galaméro, ra]《方言》甘い物好きの, 甘党の
galamperna [galampérna] 囡《植物》カラカサタケ〖食用〗
galán [galán]〖←仏語 galant < 古仏語 galer「楽しむ」〗男 ❶ いい男, 伊達男, 上品で魅力的な男: Es un auténtico ~: alto, moreno, bien vestido y guapísimo. 彼は本物の伊達男だ, 背が高く, 日焼けして, おしゃれで, 美男子で. ❷《演劇, 映画》主演男優, 二枚目〖=primer ~〗. ❸ 女性に言い寄る男. ❹《西》[主に寝室に置く] スタンド型の洋服掛け〖= de noche〗. ❺《植物》~ *de noche* ヤコウカ(夜香花), ヤコウボク(夜香木). ~ *de día* シロバナヤコウボク(白花夜香木). ❻《俗用》[少年の親愛の呼びかけ] お前. ❼《まれ》若い男. ❽《メキシコ. 口語》恋人: Te espera tu ~. あなたのいい人が待ってるよ
—— 形 **galano** の語尾消失形
galana[1] [galána] 囡《サラマンカ. 植物》ヒナギク
galanamente [galanaménte] 副《文語》❶ 華やかに, きらびやかに. ❷ 優雅に, しとやかに
galancete [galanθéte]〖galán の示小語〗男 ❶《軽蔑》やさ男, 色男. ❷《演劇》二枚目
galanga [galánga] 囡 ❶《植物》1) コウリョウキョウ(高良姜); その根茎〖生薬に使われる〗. 2) キューバ産のタロイモ. ❷ 溲瓶(ｼﾋﾞﾝ)
galangina [galaŋxína] 囡《生化》ガランギン
galanía [galanía] 囡 =**galanura**
galano, na[2] [galáno, na]〖←galán〗形《男性単数名詞の前では **galán**》❶ りゅうとした, 粋な:《文語》¿A dónde vas tan ~? そんなにめかしてどこへ行くの？《文語》[文体などが] 気の利いた: estilo ~ 優雅な(洗練された・なめらかな)文体. discurso ~ 機知に富んだ演説. comparación ~*na* あざやかな比較. ❸《文語》guerra ~*na* 小部隊間の戦い〖船舶〗[接舷しない] 砲撃戦. ❹ [足が] 不自由な. ❺ [植物が] 青々と茂った, みずみずしい. ❻《キューバ, コスタリカ》[牛などが, 特に白と赤の] ぶちの, 雑色の
más ~ *que Mingo* [人が] 上品でおしゃれな
galante [galánte]〖←仏語 galant < 古仏語 galer「楽しむ」〗形 ❶ [主に女性に対して] 親切な, 礼儀正しい;《軽蔑》[女性に] 媚(ｺﾋﾞ)を売る, 浮気な: actitud ~ 慇懃(ｲﾝｷﾞﾝ)な態度. ❷ [主題が] 色恋に関する;《古語的》艶笑物の, 色気っぽい絵. ~ きわどい恋愛小説, 艶笑劇. pintura ~ 雅画, 色っぽい絵. ❸《婉曲》hotel (casa) ~ ラブホテル. ❹《古語的》売春の
galanteador, ra [galanteaðór, ra] 形 男 [異性に] 言い寄る[人], [特に] 女を口説く[男], 女たらしの[男]
galantear [galanteár] 他〖←galante〗[異性に, 特に男性が女性に] 言い寄る, 口説く
galantemente [galánteménte] 副 親切に, いんぎんに; おおらかに
galanteo [galantéo] 男 [異性に, 特に男性が女性に] 言い寄ること, 口説き
galantería [galantería]〖←galante〗囡 ❶ [主に女性に対する男性の] 親切, 優しさ, 礼儀正しさ, 慇懃(ｲﾝｷﾞﾝ): Hace muchas ~*s* a su novia. 彼は恋人に大変優しい. El jefe de la escuadra tuvo la ~ de contestar los saludos de nuestra bandera. 艦隊司令官は我が方の旗にたいするあいさつに礼儀正しく答えた. ❷ [物事の] 優美, 優雅, 気品. ❸ 雅量, 寛大. ❹《古語的》売春
galantina [galantína] 囡《料理》ガランティーヌ, ガランティン, 子牛・鶏の冷製
galanura [galanúra]〖←galano〗囡 [人・言行の] 優雅さ, 洗練されていること: vestir con ~ 上品に着こなす. ~ de su estilo

文体が洗練されていること
galapagar [galapaɣár]《男》
galápago [galápaɣo]《男》❶《動物》ヨーロッパヌマガメ『食用. = 〜 europeo, 〜 común』. ❷《地名》las〔Islas〕G〜s ガラパゴス諸島『エクアドル領. 正式名称 コロン諸島 Archipiélago de Colón. 海洋島 islas oceánicas のため多くの固有種が存在する』. ❸《建築》1) 瓦用の型. 2)〔小型の〕アーチ枠. 3)〔地下部分の補強のための〕上回め. 4)〔屋根の凸角部分に詰める〕しっくい. ❹《木工》作業用留め具. ❺《農業》整床(すき). ❻《船舶》索止め. ❼ 亀の子滑車. ❽《医学》四尾包帯. ❾《馬具》1) 軽便鞍. 2)《ホンジュラス, エルサルバドル, コロンビア, ベネズエラ》女性用の鞍. ❿ 鉛(錫・銅)の鋳塊. ⓫《獣医》1) 蹄葉炎. 2)《地方語》〔家畜特有の〕腫瘍. ⓬《軍事》亀甲掩蓋(えんがい)による防御〔態勢〕. ⓭《口語》ずるくて猫かぶりの人. ⓮《サラマンカ》〔牧童靴の〕上張り革
galapaguera [galapaɣéra]《女》ヨーロッパヌマガメの生簀(いけす)
galapaguero [galapaɣéro]《男》《エストレマドゥラ》=**galapero**
galapaguino, na [galapaɣíno, na]《形》《地名》ガラパゴス Galápagos 諸島の〔人〕
galapero [galapéro]《男》《エストレマドゥラ. 植物》野生の西洋ナシ
galapo [galápo]《男》《紐・縄を作る》撚糸球
galar [galár]《他》《ホンジュラス》〔タバコなどを〕吸う《=fumar》
galardón [galarðón]《←古語 gualardon <ゲルマン語 witherlon「ほうび」》《男》〔功績などに対する〕賞, 褒章
galardonado, da [galarðonáðo, ða]《形》《名》賞(褒章)を受けた; 受賞者
galardonador, ra [galarðonaðór, ra]《形》賞を与える, 報いる
galardonar [galarðonár]《他》…に賞(ほうび・報酬)を与える, 報いる: Fue *galardonado* con el Oscar al mejor director por esa película. 彼はその映画でアカデミー賞最優秀監督賞を受けた
gálata [gálata]《名》《新約聖書》ガラテヤ Galacia の; ガラテヤ人
Galatea [galatéa]《女》❶《ギリシア・ローマ神話》ガラテイア『キプロスの王ピグマリオン Pigmalión が作った象牙の乙女像. アフロディーテ afrodita に願って生命を与えられた』. ❷ ガラテア『牧人小説などで多用される女性名』
galatita [galatíta]《名》《化学》ガラタイト
galato [galáto]《男》《化学》没食子(もっしょくし)酸塩
galavardo [galaβárðo]《男》《古語》背高のっぽでだらしのない役立たずな男
galaxia [galá(k)sja]《←ギリシア語 galaxias「乳, 乳状の」》《女》❶《天文》〔時に G〜〕銀河〔系宇宙〕, 天の川《=Vía Láctea》: guerra de las 〜s 宇宙戦争. 〜 M-32 M32銀河. ❷《物事・概念などの》集まり. ❸《鉱石》=**galactita**
galaxial [gala(k)sjál]《形》《まれ》銀河〔系〕の
galáxico, ca [galá(k)siko, ka]《形》《まれ》銀河〔系〕の
galayo [galájo]《男》〔主に 複〕山腹の裸岩の鋭い隆起
galbana [galβána]《←アラビア語 gabana「沈んだ」》《女》《西. 口語》〔主に暑さによる〕おっくう, ものぐさ, 怠惰
galbanado, da [galβanáðo, ða]《形》ガルバヌム galbano 色の, 黄色がかった灰色の
galbanear [galβaneár]《自》《西. 口語》〔主に暑さで〕不精する, おっくうがる
galbanero, ra [galβanéro, ra]《形》《西. 口語》=**galbanoso**
gálbano [gálβano]《男》ガルバヌム『樹脂』
galbanoso, sa [galβanóso, sa]《形》《西. 口語》不精な, ものぐさな, だらしない
galbo [gálβo]《男》《建築》エンタシス, 柱のふくらみ
gálbula [gálβula]《女》〔イトスギなど〕ヒノキ科植物の実
gálbulo [gálβulo]《男》=**gálbula**
galdacanés, sa [galdakanés, sa]《形》《地名》ガルダカノ Galdácano の〔人〕《ビスカヤ県の町》
galdido, da [galdíðo, ða]《形》大食漢の, 食べ物に卑しい
galdón [galdón]《男》《鳥》モズ《=alcaudón》
Galdós [galdós]《人名》→**Pérez Galdós**
galdosiano, na [galdosjáno, na]《形》《人名》ペレス・ガルドス Pérez Galdós の〔ような〕
galdosista [galdosísta]《名》ペレス・ガルドス Pérez Galdós の研究者
galdruja [galdrúxa]《女》《アラゴン. 玩具》こま
galduriense [galdurjénse]《形》《地名》ホダル Jódar の〔人〕《ハエン県の町》
gálea [gálea]《女》《古代ローマ》兜(かぶと)

Galeano [galeáno]《人名》**Eduardo** 〜 エドゥアルド・ガレアノ『1940〜, ウルグアイのジャーナリスト・作家. 文学上の様々なジャンルの枠を超えてラテンアメリカの歴史と現実をテーマにした, 一般受けのする作品を数多く書いている. 征服期から現代までの搾取の歴史を分析した評論『収奪された大地』*Las venas abiertas de América Latina*, 小説三部作『火の記憶』*Memoria del fuego*』
galeato [galeáto]《形》異議・反論への予防線をはった〔序文〕
galeaza [galeáθa]《女》《歴史》ガレアス船『16〜17世紀に地中海で用いられた3本マストのガレー船型の軍艦』
galefobia [galefóβja]《女》猫恐怖症
galega [galéɣa]《女》《植物》ガレガ『=ruda cabruna』
galeidos [galéiðos]《男複》ヤモリザメ属
galeiforme [galeifórme]《形》兜(かぶと)形の
galena [galéna]《女》《鉱物》方鉛鉱
galénico, ca [galéniko, ka]《形》《人名》ガレノス Galeno の『古代ギリシアの医学者』: medicina 〜*ca* ガレノス製剤, 本草薬
galenismo [galenísmo]《男》ガレノス Galeno 学説
galenista [galenísta]《形》ガレノス学説の信奉者〔の〕
galeno[1] [galéno]《形》《戯語》医者《=médico》
galeno[2]**, na** [galéno, na]《形》《船舶》軟風
gáleo [gáleo]《男》《魚》ヤモリザメ《=cazón》
galeón [galeón]《←古語 gualeón》《男》《歴史》❶ ガレオン船『15〜17世紀, 主にスペインと新大陸間航路で使われた大型帆船』. ❷ ガレオン貿易『1) 植民地時代, メキシコのアカプルコとフィリピンのマニラ間で行われた太平洋貿易. 主にメキシコからは銀貨が, フィリピンからは中国産の絹織物・陶磁器・工芸品が運ばれた. 2) 広義では, スペインから南米へ向かう護衛付き商船団 flota などガレオン船貿易を指す場合もある』
galeopiteco [galeopitéko]《男》《動物》ヒヨケザル
galeópside [galeó(p)siðe]《女》《植物》タヌキジソ
galeota [galeóta]《女》《歴史》小型ガレー船
galeote [galeóte]《男》《歴史》ガレー船の漕役刑囚
galeoto [galeóto]《男》売春斡旋人, ポン引き
galera [galéra]《←ギリシア語 galea (攻撃的な魚)》《女》❶《歴史》1) ガレー船『両舷に多くの櫂を備えた軍艦. 帆船と比べて機動力に優れ, 波風が比較的穏やかな地中海を中心に古代から活躍し, 18世紀ごろまでその命脈を保った. 1571年レパントの海戦 Batalla de Lepanto でもガレー船が主力を占めた』. ❷〔複〕ガレー船漕役刑: condenar a 〜*s* 漕役刑に処す. ❸ 四輪の大型馬車『主に幌馬車』. ❹《印刷》〔活字組版を入れる〕ゲラ. ❺《動物》シャコ《= 〜 común》; 小エビ, クルマエビ. ❻《数学》割り算の記号『⌐』. ❼《鉱業》反射炉床. ❽《魔師》女囚房. ❾《メキシコ, 中米》物置小屋. ❿《コスタリカ》畜殺場. ⓫《チリ, ラプラタ》シルクハット
remar en la misma 〜 苦難を共にする
sacar de la 〜《アルゼンチン, ウルグアイ. 口語》応急策をとる
galerada [galeráða]《女》《←galera》❶《印刷》ゲラ刷り, 校正刷り. ❷〔四輪大型馬車 galera の〕積み荷
galerero [galeréro]《男》四輪大型馬車の持ち主〔御者〕
galería [galería]《←俗ラテン語 galilaea「内庭回廊」》❶ 回廊, 細長い部屋: 〜 de tiro 射撃練習場. ❷〔美術品などの〕陳列室: G〜 Nacional de Londres ロンドンのナショナルギャラリー. ❸ 画廊《= 〜 de arte, 〜 de pinturas》. ❹〔プロの〕写真スタジオ〔アトリエ〕. ❺〔主に 複〕デパート;〔建物の1階などにある〕ショッピングセンター《= 〜 comercial》; 〜 de popa, 2) 舷門(げんもん). ❼ 最上階席;〔演劇〕天井桟敷《=paraíso》. ❽《集名》天井桟敷の観客たち;〔スポーツ観戦の〕ギャラリー. ❾ 大衆: para la 〜 俗〔一般〕受けを狙って. ❿《建築》カーテンボックス. ⓫〔家具の上部の〕飾り縁. ⓬ 坑道; 地下通路. ⓭《軍事》塹壕(ざんごう). ⓮〔刑務所の〕独房から中庭に通じる通路. ⓯《考古》通廊墓《= 〜 dolménica》. ⓰《アラゴン》サンルームギャラリー
galerín [galerín]《男》❶《印刷》活字組版. ❷ 小型ガレー船
galerista [galerísta]《名》画廊経営者, 画廊主
galerístico, ca [galerístiko, ka]《形》画廊の
galerita [galeríta]《女》《鳥》カンムリヒバリ
galerna [galérna]《←仏語 galerne》《女》〔スペイン, カンタブリア海沿岸のハリケーンのような〕強い北西風
galernazo [galernáθo]《男》非常に強い北西風 galerna
galerno [galérno]《男》=**galerna**
galero [galéro]《男》《カンタブリア》チャンベルゴ chamberugo 帽の一

種

galerón [galerón] 男 ❶《音楽》ガレロン《《ドミニカ》農民の歌謡;《コロンビア, ベネズエラ》[ギター・太鼓・アルパなどの伴奏付きの]民謡;《南米》大衆的で野卑なロマンセ》. ❷《メキシコ, エルサルバドル, コスタリカ》[大型の] 納屋, 物置. ❸《メキシコ》大広間. ❹《パラグアイ》シルクハット

galeruca [galerúka] 女《昆虫》ハムシ

gales [gáles]《服飾》グレンチェック《=príncipe de Gales》

galés, sa [galés, sa] 形 名《地名》[イギリスの] ウェールズ [País de] Gales の [人]
── 男 ウェールズ語

galfaro [galfáro] 男《ベネズエラ》悪がき, いたずらっ子

galfarro [galfářo] 男 ❶ ぐうたら者, 怠け者. ❷《レオン》ハイタカ《=gavilán》

galga¹ [gálga] 女 ❶《技術》[寸法測定の] ゲージ. ❷ [荷車の] 棒ブレーキ. ❸ 棺架, 棺桶台. ❹《船舶》錨の固定索, 補助錨. ❺《鉱山》複《坑道側壁の》添え木. ❻《搾油機の》回転石. ❼ 首の発疹《皮癬の一種》. ❽《婦人靴と脚を結ぶ》靴ひも, 革帯. ❾《地方版》落石. ❿《アンダルシア; ホンジュラス. 昆虫》足の速い黄色のアリ. ⓫《コロンビア》[最初の一本の伐採に続く] 樹木の一斉倒壊

galgado, da [galgáđo, đa] 形《地方版》平行な

galgana [galgána] 女《植物》レンリソウ属の一種《学名 Lathyrus cicera》

galgo, ga² [gálgo, ga]《←ラテン語 gallicus》名《犬》グレイハウンド: ~ inglés ホイペット. ~ ruso ボルゾイ《=borzói》
  correr como un ~ 風のように走る
  ¡Échale un ~! もうだめだ!/絶望だ!
  que no se le salta un ~《西. 口語》非常にすばしっこい(大きい)
── 形《エルサルバドル, コロンビア》甘党の

galguear [galgeár]《コロンビア, アルゼンチン, ウルグアイ. 口語》[わずかな量の仕事で] どうにか生活する, 生き延びる

galgueño, ña [galgéɲo, ɲa]《犬》グレイハウンドの; グレイハウンドに似た

galgueo [galgéo] 男《地方版》[流れの] 水の清さ

galguera¹ [galgéra] 女 ❶《エストレマドゥラ, ラマンチャ》[主に乱れた] 寝床, ベッド. ❷《ラマンチャ》グレイハウンドの飼育場

galguería [galgería] 女 ❶ 主に 複 甘いもの, 駄菓子

galguero¹ [galgéro] 男 ❶ [荷車の棒ブレーキ galga を抑える] ブレーキ綱. ❷《カナリア諸島》喉, 気管《=garguero》

galguero, ra² [galgéro, ra] 形 名 ❶ グレイハウンドの. ❷ ドッグレース carrera de galgos の. ❸ グレイハウンドの飼育(調教)係 [の]. ❹ グレイハウンドを使ってウサギ狩りをする [人]

gálgulo [gálgulo] 男《鳥》サンジャク《=rabilargo》

Galia [gálja] 女《歴史. 地名》ガリア《現在の北イタリア・フランス・ベルギー・スイスおよびドイツの一部などの, 古代ローマ人による呼称》

galiana [galjána] I 女 [放牧地に移動する] 家畜の通り道《=cañada》
II [G~]《人名》ガリアナ《トレドに宮殿を持ったモーロ人の王女. ロマンセや多くの文学作品に着想を与えた》: *Querer los palacios de G~.* 竜宮城を欲しがる, 無い物ねだりする《自分の家に満足しない, 高望みする》

galianos [galjános] 男 複《料理》[牧童たちの] 炭火で焙ったパイを油とスープで煮込んだもの

galibar [galibár] 他《船舶》[船体各部に] 実物大の模型どおりに製造する

gálibo [gálibo]《←アラビア語 qalib》男 ❶《鉄道》積載規準測定器. ❷《自動車》[大型車の] 最大車幅と最大車高: *luces de* ~ 車幅灯. ❸《船舶, 建築》1) [各部の] 実物大の模型. 2) 型板, 原寸. ❹ 寸法, かさ. ❺ 優雅, 気品. ❻《建築》[円柱の] 均整美

galicado, da [galikáđo, đa] [文体・表現・単語が] フランス語の影響を受けた

galicanismo [galikanísmo] 男 ガリカニズム《16〜19世紀, ローマ教皇の絶対権力に対抗してフランス教会の自主性を主張した運動》

galicanista [galikanísta] 形 ガリカニズムの

galicano, na [galikáno, na]《←galo》形 ❶ [特にフランスの教会・典礼が] ガリアの, ゴールの. ❷ ガリカニズムを支持《信奉》する. ❸ =**galicado**. ❹《まれ》=**gallego**

Galicia [galíθja] 女《地名》❶ ガリシア《スペイン北西部の自治州》. ❷ Nueva ~《歴史》ヌエバ・ガリシア《メキシコ北西部に位置し, スペイン支配期にヌエバ・エスパーニャ副王領内に置かれた自治王国. 中心都市はグアダラハラ Guadalajara》

galiciano, na [galiθjáno, na] 形《古語》ガリシア Galicia の

galicismo [galiθísmo] 男《←galo》❶ フランス語からの借用語. ❷ ガリシスム《フランス語風・特有の表現》

galicista [galiθísta] 名 ❶ フランス語からの借用語の; ガリシスムの. ❷ フランス語風の表現を真似《多用》する [人]. ❸ フランス語好きの人. フランス語・文化の研究者

gálico, ca [gáliko, ka] 形 ❶《歴史. 地名》[事物が] ガリア Galia の, ゴールの.《頭語》galo は人・事物について》: *guerras ~cas* ガリア戦役. *De bello G~*『ガリア戦記』. ❷《化学》~ *ácido* 没食子酸. ❸《まれ》フランスの《=francés》
── 男《古語》梅毒《=mal ~》

galicoso, sa [galikóso, sa] 形 名《まれ》梅毒にかかった [人]《=sifilítico》

galicursi [galikúrsi] 形《廃語》❶ 上品な感じを出そうとして文体・表現にフランス語からの借用語やガリシスムを多用する. ❷ フランス語を用いる

galifardo [galifárđo] 男《ペルー. 口語》役立たず, 怠け者

galilea¹ [galiléa] 女 ❶ [教会の, 特に貴人の墓のある] 柱廊玄関. ❷ ガリラヤ《ギリシア教会で復活祭からキリスト昇天までの期間》

galileo, a² [galiléo, a] 形 名《歴史. 地名》ガリラヤ Galilea の [人]《現在のイスラエル北部》. 1) キリスト教徒. 2) [G~] ガリラヤ人《《イエス・キリストの別称》

galillo [galíʎo] 男 ❶《口語》喉 [の内側]《=gaznate》. ❷ のどひこ《=úvula》

galimatías [galimatías]《←仏語 galimatias》男《単複同形》《口語》❶ 不適切な語句・混乱した考えなどによる] わけの分からない話(文章). ❷ 混乱, 乱雑, もつれ

galimático, ca [galimátiko, ka] 形《まれ》わけの分からない話(文章)

gallináceo, a [galináθeo, a] 形 名 =**gallináceo**

galindro [galíndro] 男《コロンビア》[カヌーの前後の先端内側の] 横木

galio [gáljo] 男 ❶《元素》ガリウム. ❷《植物》カワラマツバ

galiparla [galipárla]《←galo+parlar》女 フランス語なまりのスペイン語

galiparlante [galiparlánte] 形 名 =**galiparlista**

galiparlista [galiparlísta] 形 名 フランス語なまりのスペイン語を用いる [人]

galipierno [galipjérno] 男《植物》カラカサタケ《=galamperna》: ~ *falso* テングタケ《有毒》

galipo [galípo] 男《俗語》痰《≒》《=flema》

galipodio [galipóđjo] 男 ガリポ《白色固形化した松やに》

galipote [galipóte] 男 ❶《船舶》[船板のすき間に詰める] 樹脂などを混ぜたタール. ❷《ドミニカ》[民衆信仰で] 動物や植物に姿を変える人

galizabra [galiθábra] 女《歴史. 船舶》[スペイン南部で使われた] ラテン帆装の小型船

galla¹ [gáʎa]《口語》❶《エチオピア・ケニアに住む》ガラ族 [の]. ❷ オーク

gallada [gaʎáđa] 女 ❶《コロンビア, エクアドル. 口語》[la+. よく集まって一緒に色々なことをする] 友人グループ, [遊び] 仲間

galladura [gaʎađúra] 女 [卵の] 胚盤; 黄身の血管

gallano [gaʎáno] 男《魚》クックーラス

gallar [gaʎár] 他《鳥》[雄鶏が雌鶏と] 交尾する

gállara [gáʎara] 女《植物》虫こぶ, えい瘤, 没食子《⇩》. ❷《ログローニョ》[魚の] えら

gallarda [gaʎárđa] 女 ❶ ガリアルダ《16世紀にスペインで流行したフランス起源の舞踊・舞曲. 軽快な3拍子で2人で踊る》. ❷《印刷》7ポイントと8ポイントの間の活字. ❸《隠語》自慰

gallardamente [gaʎárđaménte] 副 りりしく, さっそうと

gallardear [gaʎarđeár] 自 りりしく《さっそうと》する, 姿をひけらかす, 格好をつける, さっそうとふるまう: *El torero gallardea envuelto en su capote de paseo.* 闘牛士は入場行進用の半ケープをまとってさっそうとふるまう

gallardete [gaʎarđéte]《←古オック語 galhardet》男 [三角形の] 小旗, ペナント; [特に艦船の] 標識旗

gallardetón [gaʎarđetón] 男 [先端が燕尾形の] 長旗, 広幅三角旗

gallardía [gaʎarðía]《←gallardo》囡 ❶《文語》勇気, りりしさ; 高貴さ; 堂々とした態度, 勇姿: No tiene la ～ de confesar el delito. 彼は罪を自白する勇気を持ち合わせていない. Va con ～ vestido de militar. 彼は軍服を着さっそうと歩いている. ❷《文語》［容姿・ふるまいの］上品さ, 優雅さ. ❸《植物》テンニンギク〔天人菊〕

gallardo, da² [gaʎárðo, ða]《←古オック語 galhart「勇気のある」》 圏《文語》❶ さっそうとした, りりしい; 堂々とした: El caballero tuvo un comportamiento ～ ante el enemigo. 騎士は敵を前にして堂々とふるまった. ❷［容姿・ふるまいの］上品さ, 優雅さ. ❸ 優れた, すばらしい: ～ poeta 偉大な詩人. ～ pensamiento 優れた思想

gallareta [gaʎaréta] 囡《鳥》オオバン, クロガモ

gallarín [gaʎarín] 男 ❶《古語》幕(?), 累乗. ❷《エストレマドゥラ》暴風, サイクロン

salir a+ ～ 《口語》…が蛇となる, 恥をかく

gallarito [gaʎaríto] 男《植物》タカネシオガマ〔学名 Pedicularis palustris〕

gállaro [gáʎaro] 男［オークの］虫こぶ, 没食子(?)

gallarón [gaʎarón] 男《地方語. 鳥》ヒメノガン〔=sisón〕

gallaruza [gaʎarúθa]《服飾》［山岳地方の］フード付きマント

gente de ～《文語》粗野な人たち, 田舎者たち

gallear [gaʎeár]《←gallo》 自 ❶《口語》男らしさを気取る; 親分風をふかす: El extranjero galleó asegurando que él tenía una visa. その外国人はビザを確かに持っていると言って虚勢を張った. Este chico gallea en el colegio. この子は学校でお山の大将気分でいる. ❷［威嚇して］声を荒げる. ❸《文語》 抜きん出る. ❹［鳥が］鳴く. ❺［雄鶏が］雌鶏に乗る, つがう. ❻［男］が女たちを連れて歩く. ❼［金属］急激に冷やし過ぎて］鋳造きずが生じる. ❽［聞手］［カパを使って］かわし技をする. ❾《エストレマドゥラ》［魚が呼吸のため］口を開ける
—— 他［雄鶏が雌鶏と］つがう, 交尾する

gallegada [gaʎeɣáða] 囡 ❶ ガリシア人特有の言動. ❷ ガリシア地方の舞踊; その音楽. ❸《集名》ガリシア人たち

gallego, ga [gaʎéɣo, ɣa]《←ラテン語 gallaecus》 圏 名《地名》ガリシア Galicia の〔人〕《スペイン北西部の州》. ❷ ガリシア語で書かれた. ❸ 無口な〔人〕, 自分の意見を言わない〔人〕. ❹ 《まれ. アルゼンチン, ウルグアイ》スペイン出身の人, 先祖がスペイン人の人
—— 男 ❶ ガリシア語. ❷ 北西風; 《アストゥリアス》西風. 《地方語》1) ポーター, 人足. 2)《魚》チャブ〔=cacho〕. ❹《コスタリカ. 動物》コモチカナヘビ. ❺《キューバ, プエルトリコ. 鳥》ユリカモメ

gallegohablante [gaʎeɣoaβlánte] 圏 ❶［母国語として］ガリシア語を話す〔人〕. ❷［国・土地が］ガリシア語を話す人の居住する

gallegoparlante [gaʎeɣoparlánte] 圏 = **gallegohablante**

gallegoportugués, sa [gaʎeɣoportuɣés, sa] 圏 名 ❶ ガリシアとポルトガルの. ❷ ガリシア・ポルトガル語の《ガリシア地方とポルトガルの北部で話された中世のロマンス語》

Gallegos [gaʎéɣos] 固 ❶ Rómulo ～ ロムロ・ガリェゴス〔1884～1969, ベネズエラの小説家・政治家. 機械文明が浸透してくる中で, 自然擁護の立場から数多くの小説・短編・エッセイを書き残した. リアリスティックで力強い文体と読後に鮮烈な印象を残す人物造形が特徴. 三部作の『ドニャ・バルバラ』Doña Bárbara, 『カンタクラロ』Cantaclaro, 『カナイマ』Canaima』

galleguidad [gaʎeɣiðá(ð)] 囡 ガリシア人気質

galleguismo [gaʎeɣísmo] 男 ❶［他の言語に見られる］ガリシア語風の表現. ❷ ガリシアの風物に対する愛好心. ❸《政治》ガリシア地方主義

galleguista [gaʎeɣísta] 圏 ❶ ガリシア語風の表現の〔支持者〕. ❷《政治》ガリシア地方主義の〔主義者〕

galleguizar [gaʎeɣiθár] 他 ❶ ガリシア地方特有の風習などを伝える. ❷［音韻・語形・綴りなどの］ガリシア語の特色を刻みつける, ガリシア語化する

galleo [gaʎéo] 男 ❶《闘牛》［ケープを使った］かわし技. ❷ 自慢, うぬぼれ. ❸《金属》［表面の］鋳造きず. ❹［カササギなどの］鳴き声

gallera¹ [gaʎéra] 囡 ❶ 闘鶏場. ❷［闘鶏を育てる］鶏小屋. ❸［闘鶏を運ぶ］鶏かご. ❹《カナリア諸島》騒々しい場所

gallerbo [gaʎérβo] 男《魚》イソギンポ〔学名 Blennius pavo〕

gallería [gaʎería] 囡 ❶《グアテマラ》闘鶏. ❷《キューバ》1) 闘鶏場; ［闘鶏を育てる］鶏小屋〔=gallera〕. 2) エゴイズム

gallero, ra [gaʎéro, ra] 圏 名 ❶ 闘鶏好きの〔人〕. ❷ 闘鶏を飼育する人
—— 男 闘鶏場; ［闘鶏を育てる］鶏小屋〔=gallera〕

galleta [gaʎéta] 囡 ❶《料理》1) ビスケット: ～ maría《一商標》丸いビスケット. ～ dulce ラスク. ～ de perro ドッグビスケット. 2)［保存用の］堅パン. 3)《中南米》クッキー. ❷《中米. 口語》平手打ち. ❸［落下・転倒による］強打. ❹《無煙炭の》練炭, ブリケット. ❺《船舶》1)［旗竿・帆柱の］円形大冠, トラック. 2) 船員帽の紋章. ❻《電気》コイル. ❼《注ぎ口が管状に湾曲している》酒瓶. ❼《古語》軍帽に付ける連隊番号のラベル. ❽《メキシコ. 口語》体力, 活力: jugar con mucha ～ 力強くプレーする. ❾《ベネズエラ, アルゼンチン》混乱, もめごと. ❿《チリ. 口語》1) 渋滞. 2) いたずら, 冷やかし. ⓫《ラプラタ. 口語》マテ茶用の細長い椀

a toda ～《口語》全速力で

colgar la ～《アルゼンチン. 口語》1)［会うことになっている人を］待たせる. 2)［カップルの片方が］別れる《関係にピリオドを打つ》決意をする

dar la ～《ボリビア. 口語》［カップルの片方を］裏切る, 浮気をする

no tener [*ni*] *media* ～ 存在感が乏しい, 弱々しい〔=no tener [ni] media bofetada〕

galletazo [gaʎetáθo] 男《口語》強い打撃〔殴打〕: darse (pegarse) ～ 強く殴り合う

gallete [gaʎéte] 男 のどこ, 喉

beber a [*l*] ～［水差し・革袋などから］口をつけずに飲む

galletear [gaʎeteár] 他《キューバ. 口語》平手打ちを食らわす

galletera¹ [gaʎetéra] 囡 ❶ ビスケットの箱〔缶〕〔=galletero〕. ❷《建築》煉瓦製造器〔=máquina ～〕

galletería [gaʎetería] 囡 ビスケット〔堅パン〕の製造所; ビスケットの販売店

galletero, ra² [gaʎetéro, ra] 圏 ❶ ビスケットの. ❷《チリ》おべっか使いの
—— 名 ビスケット〔堅パン〕製造業者
—— 男 ビスケットの箱〔缶〕

galletitas [gaʎetítas] 囡 複《南米》クッキー

galletón [gaʎetón] 男《口語》平手打ち

galley [galéj]《←英語》男［飛行機・船の］調理室, ギャレー, 食糧貯蔵室

galliano [gaʎjáno]《←伊語》男《酒》ガリアーノ〔バニラで香りづけしたリキュール〕

galliforme [gaʎifórme] 圏《動物》キジ目の

gallina [gaʎína]《←ラテン語》囡 ❶《動物》雌鶏: ～ clueca 抱卵期の雌鶏. ～ ponedora 産卵鶏. En su casa más puede la ～ que el gallo. 彼の家はかかあ天下だ. ❷《料理》鶏肉. ❸《遊戯》～ ciega 目隠し鬼遊び. ❹ ～ de agua バン; トリスタンバン. ～ de Guinea ホロホロチョウ. ～ de río オオバン. ～ sorda ヤマシギ. ❺《魚》～ de mar ミシマオコゼの一種〔=rata de mar〕. ❻ 臆病婦人

cantar la ～ 1)［拷問などによって］白状する. 2)《闘鶏》［鶏が敗北を感じて］逃げ出す, 鳴き声をあげる. 3)《闘牛》臆病なところを見せる

como ～ *en corral ajeno*《口語》［見知らぬ人の間で落ち着かず］借りてきた猫のようにおとなしく, 陸に上がった魚のように, 勝手が違って

con las ～*s*《口語》非常に早く: acostarse con las ～s《口語》早寝をする, 早く寝る

cuando meen las ～*s*《口語》決して〔…ない〕

la ～ *de los huevos de oro*《口語》金の卵を産む雌鶏《財》のなる木《人, 事物》: Yo te puedo prestar algo, pero no puedo ser la ～ de los huevos de oro hasta siempre. 私は君になにがしか用立てすることはできるが, しかしいつまでも金のなる木ではない. matar la ～ de los huevos de oro 元も子もなくす

paso de ～ 徒労, むだ骨

—— 圏《軽蔑》［主に男性について］怖がりの〔人〕: Es un ～. 彼は臆病者だ

gallinacear [gaʎinaθeár] 他《コロンビア. 口語》…に気のあるそぶりをする

gallináceo, a [gaʎináθeo, a] 圏 名 ❶ 雌鶏の. ❷ キジ目〔の〕

gallinaza [gaʎináθa] 囡 ❶ 不可算 鶏糞(ふん). ❷《鳥》ヒメコンドル〖=aura〗

gallinazo [gaʎináθo] 男 ❶《鳥》1) カリブオオバン. 2) ヒメコンドル〖=aura〗. ❷《コロンビア. 口語》女好きの男〖=mujeriego〗

gallinejas [gaʎinéxas] 囡 複《マドリード. 料理》ガジネハス〖子羊などのもつのフライ〗

gallinejera [gaʎinexéra] 囡《古語的》ガジネハス売りの女

gallinero¹ [gaʎinéro] 男 ❶ 鶏舎, 鶏小屋. ❷ [劇場・映画館の] 天井桟敷〖=paraíso〗. ❸《口語》騒々しい場所. ❹《メキシコ》[家禽を餌にする] 山猫

  alborotar el ~ 争いの種をまく
  alborotarse el ~ [ある場所の人々が不安・不快で] 騒ぎを起こす
  remover (revolver) el ~《メキシコ, キューバ, ドミニカ, ボリビア, チリ, アルゼンチン, ウルグアイ. 口語》大騒動を起こす

gallinero², **ra** [gaʎinéro, ra] 图 養鶏家, 家禽商

gallineta [gaʎinéta] 囡 ❶《鳥》オオバン〖=gallareta〗. 2) ヤマシギ〖=becada〗. 3)《中南米》ホロホロチョウ. 4)《中南米・地方語》ハイイロクイナ. 5)《パラグアイ》チャバラクイナ. ❷《魚》1) ラプラタユメカサゴ〖食用〗. 2) ~ nórdica タイセイヨウアカウオ〖食用〗

gallinita [gaʎiníta] 囡 ~ ciega《遊戯》目隠し鬼遊び〖=gallina ciega〗

gallipato [gaʎipáto] 男《動物》緑サンショウウオ
gallipava [gaʎipába] 囡《鳥》七面鳥〖=pava〗
gallipavo [gaʎipábo] 男《鳥》七面鳥〖=pavo〗
gallipuente [gaʎipwénte] 男 [主に芝に覆われたアシで作られた, 小川を渡る] 手すりのない橋

gallismo [gaʎísmo] 男 力や勇気の誇示, 意気がり《戯語》では女性についても〗

gallístico, ca [gaʎístiko, ka] 形 闘鶏の; 闘鶏好きの

gallito [gaʎíto] 男 〖gallo の示小語〗 ❶《時に軽蔑》力・勇気を誇示する〗目立ちたがり屋の男. ❷ 顔役, ボス 〖=gallo〗: ~ del mundo 重要人物. ❸《鳥》1) アメリカレンカク. 2) ~ de roca イワドリ. ❹《魚》~ del rey ベラ 〖=budión〗. ❺《メキシコ, コロンビア. バドミントン》シャトルコック. ❻《アンデス》短い矢
—— 形 力や勇気を誇示する, 目立ちたがり屋の: ponerse ~ 意気がる

gallo¹ [gáʎo] 〖←ラテン語 gallus〗男 ❶ ニワトリ, 雄鶏(ホシニッ)〖=~ doméstico; ~ bankiva〗: El ~ canta. 鶏が鳴く. ~ de pelea/~ de riña 闘鶏の鶏, シャモ. *G~ que no canta algo tiene en la garganta.*《諺》いつもと違って黙っているのは後ろ暗いところがあるからだ. ❷ 顔役, ボス: Es el ~ de la banda. 彼は一味の親分だ. ❸《口語》[歌・話の最中に無意識に発せられた] 調子外れの音, すっとんきょうな声: Soltó un ~ al cantar. 彼は歌っていて調子外れの声を出した. Tengo un ~ en la garganta. 私は喉が嗄れている. ❹《口語》[力・勇気などを誇示する] 目立ちたがり屋の男. ❺《主に中南米. 口語》強い男, タフガイ: Yo he sido ~ para eso. 私はひとがどの存在だった. ❻《主にメキシコ》痰(た)〖=flema〗. ❼《魚》1) ヒラメの一種〖食用. 学名 Lepidorhombus boscii, Lepidorhombus whiffiagonis〗. 2) ニシマトウダイ; マトウダイ〖=pez de San Pedro〗. ❽《鳥》~ azul《地方語》ヨーロッパセイケイ. ~ carbonero《地方語》フクロウ科の一種〖=cárabo común〗. ~ de monte ペニハシガラス. ~ de roca イワドリ. ~ lira クロライチョウ. ~ silvestre オオライチョウ. ❾《ボクシング》バンタム級〖=peso ~〗. ❿《釣り》コルク製の浮き. ⓫《メキシコ, コロンビア. バドミントン》シャトルコック. ⓬《メキシコ. 口語》1) [街頭で歌われる] セレナーデ〖=serenata〗. 2) お下がりの服; Andan siempre de ~s. 彼らはいつもお古を着ている. La vestían con los ~s de la hermana mayor. 彼女は姉のお下がりを着せられていた. ⓭《中米, カリブ. 料理》~ pinto ガジョ・ピント〖豆ご飯〗. ⓮《アンデス》1) 投げ矢. 2)《消防》放水車. ⓯《コロンビア. 自動車》[ボディーの] クロムメッキの縁飾り. ⓰《エクアドル》~ churri つまらぬ奴. ⓱《ペルー. 口語》[男性用の] 溲瓶(しび). ⓲《ボリビア》米国出身の男. ⓳《チリ. 口語》硝石採掘業で働く代替労働者

  a escucha ~ 耳をすまして
  al canto del ~/al canta el ~ 夜明け, 明け方に
  al primer ~《メキシコ》真夜中に
  alzar el ~ 1)《主に中南米》声を荒げる, がなる, わめく. 2)《主に中南米》傲慢にふるまう.
  andar de ~ 悪所通いをする
  bajar el ~ 傲慢な態度を改める

gallonado, da

  comer ~《中米, アンデス》失敗する, つまずく, 挫折する
  como ~ del Morón [, cacareando y sin plumas]《西》負け犬の遠吠え
  como ~ en corral ajeno 借りてきた猫のようにおとなしく〖=como gallina en corral ajeno〗
  dormirse a+人 el ~《メキシコ, 中米》…が機会を逃す
  en menos que canta un ~ たちまち, あっという間に, 一瞬のうちに: Volvemos *en menos que canta un ~*. 私たちはすぐ戻ってきます
  entre ~s y medianoche《アルゼンチン》一時の衝動にかられて, 出来心で
  estar como ~ en gallinero 高く評価されている
  ~ tapado《地方語》慎重な人, 控えめな人
  haber comido ~《メキシコ》けんか早くなっている
  Hay ~ tapado.《コロンビア》うさんくさく思う, 変だと感づく
  levantar el ~ 1) =alzar el ~. 2)《メキシコ, カリブ》敗北を認める
  mamar el ~ a+人《メキシコ, ホンジュラス, コロンビア, ベネズエラ, アルゼンチン. 口語》[安物・偽物とすり替えて] …をだます
  matar el ~ a+人 …をやりこめる
  No me va nada en el ~.《メキシコ》私には痛くもかゆくもない
  otro ~ cantara (cantaría) a+人 [別のやり方をすれば] …にとって別のよい状況が生まれたろうに: Si fueras más trabajador, otro ~ te *cantara*. 君がもっと働き者なら, 別のいい目が出ているだろうに
  pelar ~《メキシコ. 口語》1) 逃げ出す. 2) 死ぬ, くたばる
  ser engreído como ~ de cortijo うぬぼれ過ぎる
  tener mucho ~ 傲慢でけんか早い

gallo², **lla** [gáʎo, ʎa] 〖主に中南米. 口語》強がりの; 勇敢な
—— 图《チリ. 口語》やつ: 男, 女: Conocí a un ~ que es casado, pero me enamoré de él. 私はある男と知り合いになった. 彼は既婚者だけど, 私は好きになった. ¡Qué *galla* tan antipática! 何て不愉快な女だ!

gallocresta [gaʎokrésta] 囡《植物》サルビア・ベルベナカ, ワイルドクラリー〖薬草〗; サルビア・ホルミナム; ヒサウチソウ

gallofa [gaʎófa] 囡 ❶《文語》【集名 施し物, 施与する人たち. ❷《地方語》[祭日に] 子供たちが集める施し物. ❸《地方語》[サンティアゴへの道で] 貧しい巡礼に与えられる食事. ❹《カンタブリア, ビスカヤ》柔らかいプチパン. ❺《チリ. 口語》喉(のどの内側)

gallofear [gaʎofeár] 自《文語》自由奔放な生活をする
gallofería [gaʎofería] 囡 【集名《文語》自由奔放な人たち
gallofero, ra [gaʎoféro, ra] 形 图《文語》自由奔放な [人] 〖=gallofo〗
gallofo, fa [gaʎófo, fa] 形 图《文語》自由奔放な [人]
gallón [gaʎón] 男 ❶《建築》[ドーリア式柱頭などの] エキヌス. ❷《メキシコ. 口語》大物, 重要人物
gallonada [gaʎonáda] →**cúpula** gallonada
gallonado [gaʎonádo] 男《建築》エキヌス〖=gallón〗
gallopinto [gaʎopínto] 男《中米, カリブ. 料理》ガジョ・ピント〖豆ご飯〗
galludo [gaʎúdo] 男《魚》ヒレマルツノザメ, アブラツノザメ
galo, la² [gálo, la] 〖←ラテン語 gallus〗形 图 ❶《歴史, 地名》ガリア Galia の (人), ゴールの (人). ❷《文語》フランスの (人) 〖=francés〗: el presidente ~ フランス大統領
—— 男 ガリア語〖大陸ケルト語の一つ〗

galocha¹ [galótʃa] 囡 ❶ [靴の下に革ひもでくくりつける, 雪道・泥道用の] 木靴. ❷《アルゼンチン, ウルグアイ》複 [雨から靴を保護する] オーバーシューズ
galochero [galotʃéro] 男 木靴 galocha を作る(売る)人
galocho, cha [galótʃo, tʃa] 形 ❶ ふしだらな, 身を持ち崩した. ❷《口語》不精な, だらしない
galofilia [galofílja] 囡《まれ》=**francofilia**
galófilo, la [galófilo, la] 形 图《まれ》=**francófilo**
galofobia [galofóbja] 囡《まれ》=**francofobia**
galófobo, ba [galófobo, ba] 形 图《まれ》=**francófobo**
galón [galón] 男 I 〖←仏語 galon〗 ❶《服飾》ガルーン, ブレード〖しばしば金・銀糸を織り込んだ木綿または絹のもので, その縁取り〗. ❷《西. 軍事》袖章, ガロン. ❸《船舶》舷側上部と喫水線を縁取る木摺(きず).
II 〖←英語 gallon〗 ❶ [液量単位] ガロン〖英国では=4.546リットル, 米国では=3.785リットル〗. ❷ ~ inglés 英ガロン. ❷《中米, キューバ, ペルー, ボリビア》[コルク・藁で巻いた] 細首の大瓶〖=garrafa〗

galonado, da [galonádo, da] 形 =**galoneado**

galoneado, da [galoneáđo, đa] [形] ガルーンを付けた
galoneador, ra [galoneađɔ́r, ra] [名] ガルーンで飾る人
galoneadura [galoneađúra] [女] ガルーンを使った手芸品(飾り)
galonear [galoneár] [他]《服飾》ガルーン galón で飾る
galonería [galonería] [女] [集名] ガルーン
galonista [galonísta] [男]《口語》士官学校の優等生〖賞として伍長・軍曹の階級章の使用が認められる〗
galop [galɔ́p] [男]〖[複] ~s〗ギャロップ〖ハンガリー起源の軽快な2拍子の舞踊・音楽〗
galopa [galópa] [女] =**galop**
galopada [galopáđa] [女] ❶《馬術》ギャロップで走ること. ❷《サッカーなど》[ライン際の] 長距離の速いラン
galopante [galopánte] [形] 急速に成長(進行)する: inflación ~《経済》ギャロッピングインフレーション. tuberculosis (tisis) ~《医学》奔馬性結核
galopar [galopár]〖←galope〗[自]《馬術》❶ [馬が] ギャロップで走る. ❷ [乗り手が] 馬をギャロップで走らせる
galope [galópe]〖←仏語 galop〗[男]《馬術》ギャロップ: a ~ tendido フル・ギャロップで. ~ sostenido/medio ~ [ギャロップより遅い] キャンター
a ~ 大急ぎで; 全速力で
a ~ tendido/a todo ~ 全速力で
al ~ =**a ~**
de ~ =《まれ》**a ~**
galopeado, da [galopeáđo, đa] [形]《口語》急いでいい加減になされた, やっつけ仕事の
—— [男] ❶《口語》[こらしめのための] 平手打ち, 拳骨での殴打. ❷《アンダルシア. 料理》小麦粉・ピーマン・揚げたニンニク・油・酢のシチュー
galopear [galopeár] [自] =**galopar**
galopillo [galopíʎo] [男] [調理場の] 下働き, 皿洗い〖人〗
galopín [galopín]〖←仏語 galopin「使い走りの少年」〗[男] ❶《西. 親愛》悪がき, 悪たれ小僧; ならず者, ごろつき. ❷《口語》抜け目のない男, ずるい男. ❸《船舶》見習い水夫, 士官室付きボーイ. ❹ ~ de cocina =**galopillo**. ❺《古語》浮浪児. ❻《エストレマドゥラ》使い走りの子
galopinada [galopináđa] [女] 悪がきの所業, 悪さ
galopo [galópo] [男] ❶ 悪がき, 悪たれ小僧. ❷《エストレマドゥラ》使い走りの子
galorromániico, ca [galɔr̄ɔmániko, ka] [形] [男] ガロ・ロマンス語〔の〕〖ガリアで話された後期ラテン語〗
galorromano, na [galɔr̄ɔmáno, na] [形]《歴史》ローマ化されたガリア Galia 地域(ガリア人)の
galpito [galpíto] [男] [病気がちで成長の遅い] ひ弱なひな鶏
galpón [galpɔ́n]〖←アステカ語 kalpulli〗[男] ❶ 小屋〖=cobertizo〗. ❷《歴史》奴隷部屋. ❸《メキシコ, ニカラグア, 南米》[動物のための] 屋根付きの避難小屋. ❹《ニカラグア, 南米》[ガレージ・作業場など] 屋根付きの大きな建物, 倉庫
galúa [galúa] [女] ❶《魚》細身のボラ〖学名 Mugil saliens〗. ❷《キューバ》平手打ち
galucha [galútʃa] [女]《キューバ, プエルトリコ, コロンビア, ベネズエラ. 馬術》不規則なギャロップ
galupe [galúpe] [男]《魚》ボラの一種〖細身で目の後ろに大きな黄色斑がある. 学名 Mugil auratus〗
Galván [galƀán]《人名》**Manuel de Jesús ~** マヌエル・デ・ヘスス・ガルバン〖1834～1910, ドミニカの法律家・政治家・小説家. 16世紀のサント・ドミンゴ島を舞台に反乱を起こした先住民を描いた『エンリキージョ』*Enriquillo*〗
galvánico, ca [galƀániko, ka] [形] ガルバーニ電気の, 直流電気の: corriente ~*ca* 直流電流
galvanismo [galƀanísmo] [男] ❶ ガルバーニ電気. ❷ 生物の神経・筋肉に収縮を起こさせる電気作用. ❸《医学》直流電気療法
galvanización [galƀaniθaθjɔ́n] [女] ❶《金属》亜鉛めっき, 電気めっき. ❷《医学》直流電気療法. ❸ 活性化
galvanizado [galƀaniθáđo] [男] =**galvanización**
galvanizar [galƀaniθár] [9] [他] ❶ …に亜鉛(電気)めっきする: *Galvanizaron* las verjas para que no se oxidaran. 鉄柵が錆びないようメッキされた. ❷ [神経・筋肉に刺激を与えるために] …に直流電気を通す, 直流電気療法をする. ❸ 活気を与える: Su elocuencia *galvanizó* al auditorio. 彼の弁舌が聴衆に活を入れた
galvano [galƀáno] [男]《印刷》電気製版による複製
galvanocauterio [galƀanokau̯térjo] [男]《医学》電気焼灼(しょうしゃく); 電気焼灼器
galvanografía [galƀanografía] [女]《印刷》電気製版
galvanometría [galƀanometría] [女] 電流測定
galvanométrico, ca [galƀanométriko, ka] [形] 電流測定の, 検流計の
galvanómetro [galƀanómetro] [男]《電気》検流計
galvanoplasta [galƀanoplásta] [名] 電気製版工
galvanoplastia [galƀanoplástja] [女]《金属》電気鋳造法;《印刷》電気製版法
galvanoplástico, ca [galƀanoplástiko, ka] [形] 電気鋳造の; 電気製版の
—— [女] =**galvanoplastia**
galvanoscopio [galƀanɔskópjo] [男] 検電器, 検流器
galvanostega [galƀanɔstéga] [名] 電解コーティング工
galvanostegia [galƀanɔstéxja] [女]《金属》電解コーティング
galvanotaxia [galƀanotá(k)sja] [女]《生物》電気走性
galvanotecnia [galƀanotéknja] [女]《金属》電気めっき
galvanotermia [galƀanotérmja] [女]《医学》直流加熱法
galvanotipia [galƀanotípja] [女]《印刷》電気製版法
galvanotropismo [galƀanotropísmo] [男]《植物》電気屈性, 屈電性
Gálvez [gálƀeθ]《人名》**José de ~** ホセ・デ・ガルベス〖1720～87, スペイン人行政官. ヌエバ・エスパーニャを巡察. 腐敗した地方行政の改革・税収の安定化・防衛体制の強化などブルボン改革 reformismo borbónico を推進〗
Manuel ~ マヌエル・ガルベス〖1882～1962, アルゼンチンの小説家. ブエノスアイレスに生きる人々の姿をカトリックの立場からリアリスティックに描いた作品のほか, 伝記や歴史小説も数多い〗
Gálvez de Montalvo [gálƀeθ de mɔntálƀo]《人名》**Luis ~** ルイス・ガルベス・デ・モンタルボ〖1546?～91?, スペインの詩人・小説家〗
gama [gáma] **I**〖←ギリシア語 gamma「ガンマ」〗[女] ❶ [色の] 階調: toda la ~ de rojos あらゆる赤の色合い. ❷ [製品の] シリーズ: Han lanzado al mercado una nueva ~ de ordenadores. コンピュータの新シリーズが売り出された. ❸ 範囲, レンジ: ~ dinámica《技術》ダイナミックレンジ. ❹《音楽》音階: hacer ~*s* 音階練習をする
II〖←gamo〗[女] ダマシカの雌
gamada [gamáđa] [女] かぎ十字〖=cruz ~〗
gamarilla [gamaríʎa] [女]《エクアドル. 馬具》鉄の歯の付いた鼻革〖=serreta〗
gamarra [gamár̄a] [女]《馬具》また綱: media ~ むながい
gamarrón [gamar̄ɔ́n] [男]《中米. 馬具》おもがい
gamarús [gamarús] [男]《地方語》❶《鳥》フクロウ科の一種〖=cárabo común〗. ❷《軽蔑》愚かな人
gamarza [gamárθa] [女]《植物》ヘンルーダ〖=alharma〗
gamba [gámba] **I**〖←カタルーニャ語 gamba < ラテン語 cammarus〗[女]《主に西. 動物》芝エビ〖→langosta [類義]〗: Prefiero el revuelto de ~*s*. 私は芝エビ入りのスクランブルエッグの方がいい. ~ blanca (común) ツノナガサケエビ. ~ roja チヒロエビ科の一種〖=carabinero〗
II〖←伊語 gamba「脚」〗[女] ❶《俗語》脚〖=pierna〗. ❷《西. 古語》100ペセタ貨幣. ❸《チリ. 口語》100ペソ紙幣
meter la ~《口語》間違ったことをする(言う), 失言する
—— [形]《アルゼンチン. 口語》友人との信頼関係のあつい
gambado, da [gambáđo, đa] [形]《キューバ, ドミニカ》O脚の
gambalúa [gambalúa] [男]《口語》背高のっぽでだらしのない役立たずな男
gambar [gambár] **~se**《古語》脚が曲がる
gámbaro [gámbaro] [男] 小エビ〖=camarón〗
gambax [gambá(k)s] [男]〖単複同形〗《古語》[鎧の下に着る] キルティングの胴着
gambear [gambeár] [自]《口語》散歩する
gamberra[1] [gambér̄a] [女]《アンダルシア》売春婦
gamberrada [gambɛr̄áđa] [女]《西》粗暴なふるまい
gamberrear [gambɛr̄eár] [自]《西》粗暴にふるまう, ろくでもないことをする
gamberrismo [gambɛr̄ísmo] [男]《西》=**gamberrada**
gamberro, rra[2] [gambér̄ɔ, r̄a]〖←?カタルーニャ語 gamber「エビ漁師」〗[形] [名]《西》[公道などで他人に迷惑をかけるような] 公徳心のない〔人〕, 粗暴な〔人〕, 乱暴者〔の〕: Unos ~*s* han destrozado las flores del parque. 数人の悪い奴が公園の花を荒らし

た. A pesar de su apariencia de ～ no ha ocasionado daños personales. 彼は見かけは乱暴だが人を傷つけたことはない
── 男 ラバーカップ《=desatascador》
gambesina [gambesína] 女 =**gambesón**
gambesón [gambesón] 男《古語》[鎧の下に着る, 膝下までの]キルティングの短衣, あいだ着
gambeta [gambéta]《←伊語 gambetto》女 ❶《舞踊》跳躍中の脚の交又. ❷《馬術》クルベット《=corveta》. ❸《主に中南米. サッカー》相手をかわすこと《=regate》. ❹《ボリビア, アルゼンチン》[拳などを]かわすこと, よけること. ❺《ラプラタ》言い訳, 逃げ口上
gambetear [gambeteár] 自 ❶《舞踊》跳躍中に脚を交又させる. ❷《馬術》クルベットをさせる. ❸《主に中南米. サッカー》相手をかわす《=regatear》. ❹《メキシコ》服の裾がひらひらする. ❺《コロンビア》ジグザグに走る
── 他《ボリビア》盗む
gambeteo [gambetéo] 男 =**gambeta**
gambeto [gambéto] 男《古語. 服飾》[丈が膝下までの]袖のある短マント《カタルーニャ起源の国や各国の軽騎兵の制服になった》
── 形《中米》角(²)が下向きの
gambiano, na [gambjáno, na] 形 名 =**gambiense**
gambiense [gambjénse] 形 名 ガンビア Gambia の(人)
gambito [gambíto] 男《チェス》ギャンビット
gamboa [gambóa] 女《植物. 果実》マルメロの一種《果実は白っぽく汁気が多く柔らかい》
gamboge [gambóxe] 男《国名》ガンボージ《樹脂》, 藤黄(ξ), 草雌黄
gambota [gambóta] 女《船舶》船尾の張り出し材
gambox [gambó(k)s] 男 あご紐付きの帽子《=cambuj》
gambrona [gambróna] 女《ウルグアイ》[労働者の衣服用の]厚手の粗布
gambuj [gambúx] 男 あご紐付きの帽子《=cambuj》
gamburrino [gamburríno] 男《ムルシア》ガムシノ《=gamusino》
gambusia [gambúsja] 女《魚》カダヤシ《蚊絶やし》
gambusina [gambusína] 女《ムルシア》洋梨の一種
gambusino [gambusíno] 男 ❶ ガムシノ《=gamusino》. ❷《魚》カダヤシ. ❸《メキシコ》鉱山師; トレジャーハンター
gambux [gambú(k)s] 男 あご紐付きの帽子《=cambuj》
game [géjm]《←英語》《テニス》ゲーム《=juego》
gamela [gaméla] 女《船舶》[スペイン北部・北西部沿岸の]手漕ぎの小型漁船
gamelán [gamelán] 男《音楽》[インドネシアの]ガムラン
gamella [gaméʎa] 女 ❶ 飼槽(ξ); バケツ. ❷ くびき yugo 〔の半円形の部分〕. ❸《繊維》キャメル
gamellada [gameʎáda] 女 飼槽の一杯分
gamellón [gameʎón] 男 ❶ 大型の飼槽. ❷ ブドウを踏み潰す桶
gamelote [gamelóte] 男《ベネズエラ》❶《植物》ギニアグラス, ギネアキビ. ❷《口語》駄犬
gametangio [gametánxjo] 男《生物》配偶子嚢
gameto [gaméto] 男《生物》配偶子
gametocida [gametoθída] 男《薬学》殺配偶子剤
gametocito [gametoθíto] 男《生物》生殖母細胞
gametofito [gametofíto] 男 =**gametófito**
gametófito [gametófito] 男《生物》配偶体
gametogénesis [gametoxénesis] 女《生物》配偶子形成
gamezno [gaméθno] 男《←gamo》子鹿
-gamia《接尾辞》[結合] endo*gamia* 族内婚, 同系交配
gamín, na [gamín, na] 名 ❶《コロンビア, ベネズエラ》[盗みをしながら路上生活をする]浮浪少年, 悪ガキ. ❷《ベネズエラ》無骨な人
Gamio [gámjo]《人名》Manuel 〜 マヌエル・ガミオ《1883～1960, メキシコの人類学者. メスティソ文化 mestizaje cultural への先住民の統合を主張. 『祖国創出論』*Forjando Patria*》
gamitadera [gamitadéra] 女《狩猟》ダマシカの鳴き声を真似る道具
gamitana [gamitána] 女《コロンビア, ペルー. 魚》ブラックコロソマ
gamitar [gamitár] 自 ダマシカが鳴く
gamitido [gamitíðo] 男 ダマシカの鳴き声
gamma [gámma] 女 ❶《ギリシア文字》ガンマ《Γ, γ》: rayos 〜《物理》ガンマ線. ácido 〜 amino butírico《生化》ガンマアミノ酪酸, GABA. ❷《質量の単位》ガンマ
gammaglobulina [gammaglobulína] 女《生化》ガンマグロブリン
gammagrafía [gammagrafía] 女《物理》ガンマグラフィ

gamo [gámo] 男《動物》ダマシカ
correr como un 〜 非常に速く走る
gamón [gamón] 男《植物》ツルボラン
gamonal [gamonál] 男 ❶ ツルボランの群生地. ❷《主にペルー》地方の有力者《独立後, 先住民共同体 ayllu の土地を暴力的かつ非合法に取り上げて成り上がった地方の政治ボス》
gamonalismo [gamonalísmo] 男《主にペルー》地方の有力者 gamonal による寡頭支配体制
gamonedo [gamonéðo] 男《料理》ガモネド《牛乳と羊・ヤギの乳から作ったチーズ. アストゥリアス州 Cangas de Onís 村の特産》
gamopétalo, la [gamopétalo, la] 形《植物》合弁の《⇔dialipétalo》: flor 〜 合弁花
gamosépalo, la [gamosépalo, la] 形《植物》合片萼(ξ)の《⇔dialisépalo》
gamulán [gamulán] 男《南米》羊皮〔のコート〕
gamusino [gamusíno] 男《主に 複》ガムシノ《新米の猟師をからかう時に言う空想上の動物》
gamuza [gamúθa] 女 ❶《動物》シャモア. ❷ セーム革;《服飾》スウェードクロス; つや出し布
gana [gána]《←г語源》女 ❶ [主に 複] 意欲, やる気: No tengo fuerzas ni 〜s. 私は力も気力もない. No siento 〜s de fumar. 私はたばこを吸う気がしない. Ahora estoy sola y siento 〜s de morirme. 私は寂しくて死んでしまいたい気がする. No siento 〜s de hacer nada. 私は何もする気が起きない. Ese encuentro me ha renovado las 〜s de seguir luchando. その出会いのおかげで, 私は闘い続ける気力がよみがえった. G〜s no me faltan. 私はやる気がないわけではない. 〜s de estudiar 学習意欲. ❷ [主に 単] 願望, 欲望: Me dejaron [me quedé] con las 〜s. 私は望みがかなわなかった. 〜s de comer. ❸ 食欲《=〜(s) de comer》: tener 〜s 食欲がある, 空腹である. perder las 〜s 食欲をなくす;意欲(やる気)をなくす
abrir[*se*] a+人 *la*[*s*] 〜[*s*] *de comer* …に食欲が出てくる: Empiezan a *abrírseme las 〜s de comer*. 私は食欲が出てきた
con 〜 1) [主にマイナスイメージの強調] 全く: Es tonto *con* 〜*s*. 彼は本当にばかだ. Este niño es malo *con* 〜*s*. こいつはひどいいたずらっ子だ. 2) 意欲をもって, やる気のある: Ella no se sentirá *con* 〜*s* de ver a nadie. 彼女は誰にも会いたくないのだろう. Estaba *con* 〜*s* de verla. 私は彼女に会いたい気になっていた. 3) 熱心に, がつがつと: comer *con* 〜*s* もりもり食べる. estudiar *con* 〜*s* 熱心に勉強する
dar a+人 〜*s de*+不定詞 …したくなる: Me *dan* 〜*s de* gritarle, pero me contengo. 私は君をどなりつけたくなるが, 我慢する. No me *dan* 〜*s de* comerlo. 私はそれを食べる気になれない. A veces me *dan* 〜*s de* decirle la verdad. 私は彼に本当のことを言いたくなる時がある
dar a+人 *la* [*real・realísima*] 〜 *de*+不定詞 …が…したくなる: No me *da la* 〜 *de* ir a la escuela. 私は学校なんて行きたくない
dar 〜*s de llorar* [人・物が] 泣きたくなるほどである, 全くひどい, 嘆かわしい
de buena 〜 喜んで; 進んで, 意欲的に: ¡Se lo regalaría *de buena* 〜! 喜んでそれをあなたにプレゼントしましょう! Él lo aceptó *de buena* 〜. 彼は進んでそれを引き受けた
de 〜《エクアドル》冗談で, 意図的でなく
de mala 〜 いやいや, 不本意に: *De mala* 〜 iba a cumplir el encargo. 私は頼まれたことをいやいややろうとしていた. Si lo vas a hacer *de mala* 〜, prefiero que no lo hagas. 君がしぶしぶやろうとしているのなら, 私はむしろしてもらいたくない
dejar con las 〜*s* 1) 失望させる: No nos *dejes con las* 〜*s*. 私たちを失望させないで下さい. 2) [+不定詞する] 望みだけに終わらせる
entrar a+人 [*unas*] 〜*s de*+不定詞 =*venir* a+人 [*unas*] 〜*s de*+不定詞: Me están *entrando unas* 〜*s* tremendas *de llorar*. 私は無性に泣きたくなっている
Es 〜《メキシコ, カリブ, アンデス》それはだめだ / 時間の無駄だ
hacer lo que da la 〜 a+人 …が好き勝手をする, したい放題のことをする
hasta las 〜*s*《メキシコ》最後まで, とことん
¡Las 〜*s!* それは[現実ではなくて]願望だよ
morirse de 〜*s de (por)*+不定詞 死ぬほど…したい, …したくてたまらない: Seguro que *se muere de* 〜*s por* regresar a

ganadería

casa. きっと彼は家に帰りたくてうずうずしている
ni ~s 無理だ,とても
quedarse con las ~s 1) 失望する: Pues se van a *quedar con las* ~s. 彼らは失望することになるだろう. 2)[+de+不定詞]する」望みだけに終わってしまう
quitar a+人 las ~s de+不定詞「…に…する気をなくさせる: El accidente me *quitó las* ~s de comprar un coche. 私はその事故で車を買う気がなくなった
sin ~s 気力なしに,意欲なしに: Está en la cama *sin* ~s de levantarse. 彼は起きる気力もなく寝ている. Comían *sin* ~s. 彼らはいやいや食べていた
sin mucha ~ =de mala ~
Son ~s de hablar. ただ話したいだけである
tener ~ de fiestas《口語》1) けんかを売りたくなる. 2) セックスをしたくなる
tener ~+人《口語》…に反感を覚える,恨む,憎む
tener [unas] ~[s] de... 1)[+不定詞]…したい[気分である]【→querer 類義】: Tengo ~s *de* pasear. 私は散歩したい. Solo *tengo* ~s *de* descansar. 私はただ休憩したいだけだ. Tengo [muchas] ~s *de* vomitar. 私は[ひどく]吐き気がする. Yo *tenía unas* ~s enormes *de* volver a ver todo aquello. 私はあのすべてをもう一度見たくてたまらなかった. *tener* pocas ~s *de*+不定詞 ほとんど…したくない,気乗りがしない. *no tener* ningunas ~s *de*+不定詞 全く…したくない. 2)[+que+接続法]…であってほしい,…してもらいたい: Tengo ~s *de que* vengas mañana. 君に明日来てほしい
tener [unas] ~s locas de+不定詞…したくてたまらない: Tenía *unas* ~s locas *de* conocerte. 私は君とぜひとも知り合いになりたかった
venir a+人 [unas] ~s de+不定詞…が…したくなる: Le vinieron ~s *de* subirse a un árbol. 彼は木に登ってみたくなった
venir en ~[s] a+人…の欲望をそそる,したい気になる: Me ha *venido en* ~ ese abrigo. 私はそのコートが欲しくなった. ¿Cómo? ¿No podemos reunirnos para charlar cuando nos *venga en* ~? 何だって？ 私たちは気が向いた時に集まっておしゃべりすることもできないというのか?

ganadería [ganaðería]《←ganado》囡❶《集合》[一国・一地方・一個人所有の]家畜: toro de la ~ de... 《闘牛》…牧場の牛. ❷ 牧畜,畜産

ganadero, ra [ganaðéro, ra]《←ganado》 圏 牧畜の,畜産の: ciencia ~ra 畜産学. productos ~s 畜産物. región ~ra 牧畜地帯
――― 名 牧畜業者

ganado [ganáðo]《←ganar》 男《集合》❶ 家畜: criar ~ 家畜を飼う. ~ bravo 飼い馴らされていない動物. ~ caballar [家畜としての] 馬. ~ mayor 大型家畜《牛や馬など》. ~ menor 小型家畜《豚や羊など》. ~ menudo 家畜の子. ~ porcino/《西》 ~ de cerda 豚. ~ vacuno 牛. ❷[一つの巣箱の]ミツバチ. ❸《軽蔑》群集

ganador, ra [ganaðór, ra] 圏 ❶ 獲得する;受賞の: boleto ~ 当たり札. novela ~ra 受賞小説. obra ~ra 受賞作品. película ~ra del Oscar アカデミー賞受賞映画. ❷ 勝者の,勝利の: caballo ~ 勝ち馬
――― 名 ❶ 勝者《⇔perdedor》: ¿Cuál equipo cree usted que será el ~ de esta temporada y por qué? 今シーズンの優勝はどのチームだと思いますか? その理由は? ❷ 獲得者;受賞者; 当選者: ~ del concurso コンクールの受賞者. ~ del Grammy グラミー賞受賞者. ~ de un ordenador portátil ノートパソコンの当選者. ❸《競馬》apostar (jugar) a ~ 単勝式を買う. apostar a ~ y colocado 複勝式を買う

ganancia [ganánθja]《←ganar》囡[時に複] ❶ 利益,もうけ《⇔pérdida. 類義》 **ganancia** は主に商売・事業などから得られる利益で,「もうけ,利得」のニュアンスがあり,商売人的・直接的・あからさまな意味を与える. **provecho** は第一義が「ためになるもの,益,利得」で,上記の2語に比べエレガントで控えめな感じを与え,「利潤,利に近い. **lucro** は商売・事業や商売で得る「金銭的もうけ」のうちganancia に似ているが, ganancia が平俗的だとすれば, lucro は教養語的な響きがあり, ganancia の代用に使うこともある: 1) Las ~s de tres años se esfuman en un mes. 3年分のもうけが1か月で消えてしまう. Se quedó con las ~s. 彼は利益を占めた. Ese negocio me produce ~s considerables. その商売はかなりもうかる. Muchos aventureros acudieron al olor de una fácil ~. 多くの山師たちが一攫(かく)千金の匂いに釣られてやって来た. aumentar ~s 利益を増やす. 2)《経済》 ~ de capital 資本利得,資本譲渡益,キャピタルゲイン. ~ de la venta 販売利益. ~s empresariales 企業収益. ~s y pérdidas 損益. ❷《電気》利得,ゲイン. ❸ 肯子 ― 庶子,私生児. ❹《メキシコ,グアテマラ,チリ》チップ
andar de ~ [人が] 順調である,好調である
No le arriendo la ~.《西.口語》《危険・悪い結果を示して》痛い目にあうぞ,知らないぞ

gananciaI [gananθjál] 圏《まれ》利益のもの,もうけの
――― 男《法律》[結婚後にできた,夫婦の] 共有財産,後得財産《離婚の時は折半する. =bienes ~es》: sociedad de ~es 後得財産分配制

ganancioso, sa [gananθjóso, sa] 圏 名 ❶ もうかる,利益を生む: negocio ~ もうかる商売,金の生る木. ❷ 利益を得た[人]: salir ~ de un negocio 商売でもうける. ❸[賭で] 勝った[人]

ganapán [ganapán]《←ganar+pan》男 ❶《口語》粗野で無教養な男,乱暴者. ❷《軽蔑》[財産・定職がなく] 重労働や雑役をして暮らしをたてる男. ❸ 生活費を稼ぐのがやっとの仕事. ❹《古語》使い走り・荷物運びなどをする少年

ganapanería [ganapanería] 囡 生活費を稼ぐのがやっとの仕事《=ganapán》

ganapierde [ganapjérðe] 男《チェッカー》駒を全部取られた方が勝ちとするゲーム

ganar [ganár]《←ゴート語 ganan「欲しがる」《ゲルマン語 waidanjan「収穫する,得る」の影響》》他 ❶ 得る《⇔perder》: 1) [金を手に入れる] *Ganó* 100 millones en la lotería. 彼は宝くじで1億円もうけた. 2)[得る] Nada *gana* con seguir viviendo del pasado. 過去に生き続けることで何も得るものはない. 3)[賞・評価・地位などを獲得する] Trabajando seriamente *ha ganado* dinero y fama. 彼はまじめに働いて富と名声を手にした. No *ganará* medalla. 彼はメダルを取れないだろう. Le *ganamos* para nuestra causa. 我々は彼を味方に引き入れた. ~ el primer Premio en el concurso コンクールで一等賞を取る. ~ el Premio Nadal ナダル賞を受賞する. ~ una buena reputación 好評を博する. ~ la confianza de+人 …の信頼を得る. 4) [都市・領土を攻め落とす・陥落させる] ~ un castillo 城を攻め落とす. ❷ 収入として得る,給料を受け取る: *Gana* mil euros a la semana. 彼は週に1千ユーロの収入を得ている. Mi bisabuelo *ganaba* dos reales al día durante el servicio militar. 私の曽祖父は兵役についていた時2レアルの日当を支給されていた. ~ mucho dinero 高収入がある,高給を得る. ~ un buen salario いい給料を取っている. ~ un sueldo miserable わずかな給料を受け取る. ❸ [勝負・争いに] 勝つ《⇔perder》:¿Creen que están *ganando* la guerra? 彼らは戦争に勝っていると思っているのか? ~ la partida de ajedrez チェスの対局に勝つ. ~ un partido (una carrera) 試合(競走)に勝つ. ~ un pleito (una apuesta) 訴訟(賭け)に勝つ. ❹[人に, +en・a で] 勝る,優れる: Me *gana en* altura. 彼は身長で私に勝る. A correr, nadie *le gana*. 走ることにかけては彼に勝る者はいない. ❺[数量・空間で, 増加させる] 増やす,増加させる: El cine español *gana* 500.000 espectadores respecto al año pasado. スペイン映画は昨年比で50万人の観客増を達成した. ~ kilos 目方が増える. ❻《文語》[場所に] 到達する,たどり着く. ❼[時間・距離を] 節約する,稼ぐ. ❽《印刷》[余白を詰めたりして] スペースを稼ぐ. ❾《隠語》盗む
――― 自 ❶ 稼ぐ,もうける: Yo *ganaré* para él cuando sea grande. 大きくなったら私が彼の代わりに働きます. ~ para vivir 生活費を稼ぐ. ❷ 進歩する,よくなる: *Han ganado* mucho con el cambio de profesor. 彼らは先生が変わってよくなった. Ella *ha ganado* mucho desde que *ha* perdido peso. 彼女はやせてきれいになった. ❸《メキシコ.口語》[+para へ] 向かう. ❹《チリ,アルゼンチン.口語》隠れる;身を寄せる
no ~ para+名詞《口語》…には足りない: *No gano para* medias. 私はしょっちゅうストッキングが破ける
no ~ para sustos (disgustos)[人が] 災難の連続である
salir ganando [他人を出し抜いて, +en で] 利益を得る: Nadie más que nosotros *saldremos ganando*. 私たちのほかに誰も利益を得るものはいない
――― **~se** ❶《自分で・自分の目的のために》…を稼ぐ: *Me gané* 50 mil euros traduciendo. 私は翻訳で5万ユーロ稼いだ.

Conduciendo camiones, *se gana*. 彼はトラックを運転してかせ稼いでいる. ❷ …を味方にする, …の気持ちをひきつける: *Se me ha ganado por medio del chantaje*. 彼は脅して私を味方に引き入れた. *Logró ~se al público*. 彼は観客の心をとらえた. ❸ …を得る, 獲得する: *Fue una reina magnánima que se ganó el amor de su pueblo*. その女王は心が広く, 国民の愛を一身に受けた. *El cliente cien se gana una licuadora*. 100番のお客がジューサーを当てた. *~se un puesto de trabajo* 働き口を見つける. ❹《チリ. 口語》…に近づく
   ganársela お仕置きを受ける, 叱られる
ganchero, ra [gantʃéro, ra] 图《南米. 口語》ポン引き, 売春の仲介をする人
   —— 男《クエンカ》[鉤竿を使って] 川で材木を操る人, いかだ師
ganchete [gantʃéte] 男 *a (de) medio ~*《まれ》1) 中途半端に, いい加減なやり方で. 2) 浅く腰かけて
   de (l) ~《まれ》口語 腕を組み合って
ganchillero, ra [gantʃiʎéro, ra] 图 [主に職業として] 鉤針編みをする人
ganchillo [gantʃíʎo] 男《gancho の示小語》❶ [手芸] 1) 鉤針 〖=aguja de gancho〗. 2) 鉤針編み, クロシェット: *hacer ~* 鉤針編みをする. ❷《アンダルシア》ヘアピン
ganchito [gantʃíto] 男 ❶《西. 菓子》カリッとしたコーンスナック. ❷《狩猟》小規模な狩り立て〖=sacadilla〗
gancho [gántʃo] 男《←?ケルト語 ganskio「枝」》 ❶ [物を引っ掛ける] 鉤(ぎ): *No empleéis ~s*. 手鉤無用. *colgar con ~* 吊るす. ~ *disparador* 安全フック, 分離フック. ~ *de la cortina* カーテンバックル. ❷ [主に女性の] 魅力: *Los socialistas tienen una candidata con ~*. 社会党には魅力的な女性候補がいる. ❸ [人を誘い込む] おとり, さくら, 巧みにそそのかす人; 宣伝文句〖~ *comercial*〗; *artículo de ~* 目玉商品. ❹ [牧童の] 柄の曲がった杖. ❺ [木の枝の] 折れ跡. ❻ 鉤針〖=ganchillo〗; 留め針〖=aguja de ~〗. ❼《ボクシング》フック: *dar un ~* フックを打つ. ~ *al mentón* アッパーカット. ❽《バスケットボール》フックシュート. ❾《狩猟》小規模な狩り立て〖=sacadilla〗. ❿ なぐり書き, いたずら書き. ⓫ 売春幹旋者, ポン引き. ⓬《中南米》ヘアピン〖=horquilla〗. ⓭《プエルトリコ, ドミニカ, ベネズエラ》[主に 複] スポーツシューズの] スパイク. ⓮《コロンビア》 *~ de nodriza* 安全ピン〖=imperdible〗. ⓯《エクアドル》女性用の鞍. ⓰《チリ. 口語》親友
   echar el ~ +人《口語》[主に女性が男性を] 誘惑する, 引っ掛ける
   hacer ~《南米. 口語》[+a+人 に] …に手を貸す; [+con+人 との間を] 仲介する, 仲を取り持つ
   mujer de ~《キャバレーなどの》ホステス
   tener ~《口語》❶ 魅力がある: *A primera vista parece una chica poco atractiva, pero luego se ve que tiene ~*. あの娘はちょっと見たところは魅力に乏しいが, しばらくすると人を引きつけるところがあるのが分かる. ❷《チリ, アルゼンチン, ウルグアイ. 口語》影響力がある(カリスマ); 官能的である, 色っぽい
ganchoso, sa [gantʃóso, sa] 形 ❶ 鉤の付いた; 鉤状の, 鉤形の: *hueso ~*《解剖》有鉤(ゆうこう)骨. ❷《エクアドル》[女性が] 魅力的な女
ganchudo, da [gantʃúdo, da] 形 鉤状の, 鉤形の〖=ganchoso〗: *nariz ~da* 鉤鼻
gandalla [gandáʎa] 形《メキシコ. 口語》恥知らずな(人), 不正直な(人)
gandallín [gandaʎín] 图《メキシコ. 口語》ペテン師
gándara [gándara] 女《←?語源》[雑草だらけの] 耕作されてない低地
gandaya [gandája] 女 ❶《まれ》怠惰な生活. ❷《まれ》ヘアネット. ❸《地方語》食べ物
gandesano, na [gandesáno, na] 形《地名》ガンデサ Gandesa の(人)〖タラゴナ県の町〗
gandido, da [gandído, da] 形《コスタリカ, カリブ》大食の
gandiense [gandjénse] 形《地名》ガンディア Gandia の(人)〖バレンシア県の町〗
gandinga [gandíŋga] 女 ❶ [洗われた] 鉱石の小片. ❷《セビーリャ》[牛・豚・鶏などの] 頭・胸・腹など. ❸《キューバ, プエルトリコ. 料理》豚のレバー・ジャガイモ・トマトソース煮込み
   echar la ~《キューバ. 口語》よく働く
   sacar la ~《キューバ. 口語》[人を] 殺す
gandir [gandír] 他《まれ》食べる

gandola [gandóla] 女《ベネズエラ. 自動車》セミトレーラー〖=semirremolque〗
gandolero, ra [gandoléro, ra] 图《ベネズエラ》トラック運転手
gandujado [ganduxádo] 男《古語. 服飾》[ふくらませて] ひだ飾り
gandujar [banduxár] 他 ひだを付ける
gandul, la [gandúl, la]《←アラビア語 gandur「うぬぼれの強い」》形 图《軽蔑》怠け者(の), ぐうたら(な): *Es muy ~la y se pasa las tardes viendo la tele*. 彼女はぐうたらで午後はテレビばかり見て過ごす
   —— 男 ❶《植物》1)キダチタバコ. 2)《コスタリカ, キューバ, プエルトリコ, コロンビア》キマメ〖=guandú〗. ❷《歴史》[アフリカとグラナダの] モーロ軍兵士
   —— 男《地方語》デッキチェアー
gandulear [gandulear] 自 怠ける, のらくらする
gandulería [ganduléria] 女《口語》怠惰, 安逸
gandulitis [gandulítis] 女《戯語》=**gandulería**
gandumbas [gandúmbas] 形 图《口語》無精な, 怠惰な; 無精者, 怠け者
   —— 女《複》睾丸
ganeta [ganéta] 女《動物》ジェネット〖=jineta〗
ganforro, rra [ganfórro, r̃a] 形 图《口語》ごろつき(の), ならず者(の)
gang [gáŋg]《←英語》男 ギャング, 暴力団
ganga [gáŋga] I《←擬声》❶ 掘出物, 買得品, 特価品; もうけもの; 《反語》期待外れのもの(こと): *Es una verdadera ~*. これは掘出物だ. *¡Menuda ~! / ¡Vaya una ~!* 何という買得品(うまい話)だ/(皮肉)がっかりだ! *andar a la caza de ~s* 特売品をあさる. *aprovechar una ~* 特価品にとびつく. *precio de ~* 特別価格, 安売り値段. ❷《鳥》1)《スペイン》サケイ. 2)《キューバ》マキバシギ. ❸《エストレマドゥラ, アルメリア》[馬などに引かせる] 1頭用の犂
   II〖←仏語 gangue < 独語 gang「鉱脈」〗女《地質》脈石, ひ石
   III〖←英語 gang〗女《米国》ギャング, 不良グループ
gangarrera [gaŋgar̃éra] 女《地方語》厄介事, 不快な事柄
gangético, ca [gaŋxétiko, ka] 形 [インドの] ガンジス Ganges 川の
gangliectomía [gaŋgljektomía] 女《医学》神経節切除術
gangliforme [gaŋglifórme] 形 神経節状の
ganglio [gáŋgljo] 男 ❶《解剖》神経節〖~ *nervioso*〗; リンパ節〖~ *linfático*〗. ❷《医学》結節腫, ガングリオン
gangliocito [gaŋgljoθíto] 男 神経節細胞
ganglioide [gaŋgljóide] 形 神経節状の
ganglioma [gaŋgljóma] 男《医学》神経節腫
ganglionar [gaŋgljonár] 形 神経節の; リンパ節の: *fiebre ~* 神経節性熱病
ganglionitis [gaŋgljonítis] 女《医学》神経節炎
gangliopléjico, ca [gaŋgljopléjiko, ka] 形《薬学》神経節を遮断する
gangocho [gaŋgótʃo] 男《中米, エクアドル, チリ》[包装用などの] 粗布
gangola [gaŋgóla] 女《アルゼンチン》無秩序で騒がしい集まり
gangolina [gaŋgolína] 女《アルゼンチン》=**gangola**
gangorra [gaŋgór̃a] 女《ドミニカ》麻ひも
gangosear [gaŋgoseár] 自 =**ganguear**
gangoseo [gaŋgoséo] 男 =**gangueo**
gangosidad [gaŋgosidá(d)] 女 鼻声であること
gangoso, sa [gaŋgóso, sa] 形《擬声》鼻声の(人), 鼻にかかった: *hablar ~* 鼻声で話す. *voz ~sa* 鼻声
gangrena [gaŋgréna] 女《医学》❶ 壊疽(えそ), 脱疽(だっそ). ❷ [社会・精神の] 腐敗, 堕落: *El fanatismo es la ~ de la sociedad*. 狂信は社会が腐敗する源だ
gangrenar [gaŋgrenár] —— *se* 再《医学》壊疽にかかる: *Se le gangrenó el pie*. 彼は足が壊疽になった. ❷ [社会・精神が] 腐敗する, 毒される
gangrenoso, sa [gaŋgrenóso, sa] 形 壊疽にかかった, 壊疽性の
gánster [gánster]《←英語 gangster》男《複》~(e)s ❶ ギャング(の一員): *cine de ~s* ギャング映画. ❷ くせ者, 悪者, 要注意人物
gangsteril [gansteríl] 形 ギャングの
gangsterismo [gansterísmo] 男 ❶ ギャングの活動(行為). ❷ ギャング組織

ganguear [gaŋgeár]《←擬声》自 鼻声で話す, 鼻声を出す
gangueo [gaŋgéo]男 鼻声で話すこと, 鼻声を出すこと
ganguero, ra [gaŋgéro, ra]形名 掘出物を探すのが好きな〔人〕
gánguil [gáŋgil]男 ❶［外洋への］浚渫物投棄船. ❷ 長細い引き網漁. ❸［三角網］の漁船
ganguillo [gaŋgíʎo]男《エストレマドゥラ》口調, 語調
ganguino [gaŋgíno]男《地方語》［伝説上の］狼・山羊・バルブ（魚）・雌鶏の合体した動物
ganguista [gaŋgísta]形名 =**ganguero**
gánigo [gánigo]男 楕円形の陶器の皿
Ganímedes [ganímeðes]男《ギリシア神話》ガニュメデス《ゼウスが天上にさらい, 酌係として仕えさせた美少年》
Ganivet [ganiβé(t)]《人名》**Ángel ~** アンヘル・ガニベー《1865～98, スペインの作家・外交官. 98年世代の先駆者とされる. スペイン再生の歴史に求め, 国固の伝統に基づく理念の確立を主張した.『スペインの理念』*Idearium español*》
ganja [gánxa]女《隠語》大麻
ganoblasto [ganoβlásto]男［歯の］エナメル芽細胞
ganoideos [ganoiðéos]男複《古語》軟骨魚類
ganón, na [ganón, na]形名《メキシコ. 軽蔑》漁夫の利を得る〔人〕
ganosamente [ganósaménte]副《まれ》望んで, 欲して
ganoso, sa [ganóso, sa]《←gana》形〔estar+. +de＋〕望む, 欲しがる: Están ~s de poder. 彼らは権力を欲している
gansa[1] [gánsa]女 ガチョウの雌
gansada [gansáða]《←ganso[2]》女《口語》［笑わせようとして・言う］くだらないこと, 面白くもない話: Deja de decir ~s, que estamos hablando de un tema serio. くだらないことを言うのはよせ, こっちはまじめな話をしているんだ
gansarón [gansarón]男 ❶［鳥］ガン〔のひな〕. ❷ のっぽで痩せた人
gansear [ganseár]自《口語》［笑わせようとして］くだらないことをする, 面白くもない話をする
gansería [gansería]女 =**gansada**
ganso[1] [gánso]《←ゴート語 gans》男 ❶［鳥］ガチョウ《＝~ doméstico》: ~ bravo ガン. ~ careto ヒシクイ. ~ común ハイイロガン. ~ del Nilo／~ de Egipto エジプトガン. ❷《軍事》paso de ~ ひざを曲げず脚を伸ばしたままの行進. ❸《ベネズエラ. 口語》［肉の］幅の広い部分
ganso[2], **sa**[2] [gánso, sa]形名 ❶《軽蔑》［笑わせようとして］くだらないことをする〔人〕, 面白くもない話をする〔人〕. ❷ 間抜けな, うすのろ〔の〕; 《まれ》不器用な〔人〕. ❸《西. 口語》大きい; 大量の. **hacer el ~**《口語》［笑わせようとして］くだらないことをする, 面白くもない話をする: Es un pesado, siempre está haciendo el ~. 彼はうっとうしい, いつもくだらない冗談を言う
gánster [gánster]男《複 ~[e]s》=**gángster**
gansteril [gansteríl]形 =**gangsteril**
ganta [gánta]女《フィリピン》容量単位《＝3リットル》
gante [gánte]男《繊維》生なりの亜麻布・麻布の一種
Gante [gánte]《人名》**Pedro de ~** ペドロ・デ・ガンテ《1479～1572, フランドル出身の聖職者でカルロス5世との姻戚関係. 1523年にメキシコに渡り, 先住民への布教と経済的自立のための教育にたずさわる》
gantés, sa [gantés, sa]形《地名》〔ベルギーの〕ヘント Gante の〔人〕
ganza [gánθa]女《地方語》やかん
ganzo [gánθo]男《地方語》［たきぎ用の］乾燥した枝
ganzúa [ganθúa]《←バスク語 gantzua》女 ❶ ピッキング《錠前を開ける道具》. ❷ 巧みな泥棒《＝ladrón de ~》; 他人の秘密を巧みにほじくり出す人
ganzuar [ganθwár]他《12》❶ 巧みに聞き出す. ❷《まれ》ピッキングを使って開ける
gaña [gáɲa]女《ムルシア》［魚の］えら
gañafada [gaɲafáða]女《ムルシア》鉤爪による一撃
gañafón [gaɲafón]《←gaña》男 ❶《闘牛》突然の激しい突き上げ derrote. ❷《地方語》殴打, 打撃
gañafote [gaɲafóte]男《ウエルバ》バッタ《=saltamontes》
gañán [gaɲán]《←古ム語 gaaignant》男 ❶ 農場の雇い人, 作男. ❷《軽蔑》粗野な男
gañanía [gaɲanía]女 ❶《集名》作男. ❷ 作男用の宿所
gañido [gaɲíðo]男〔犬などの悲しげな〕キャンキャン鳴く声, 鋭い

鳴き声
gañil [gaɲíl]男 ❶ 喉〔の内側〕. ❷〔主に 複. 魚の〕えら
gañín, na [gaɲín, na]形名《アストゥリアス, カンタブリア》偽善者〔の〕
gañir [gaɲír]《20》《現分 gañendo》自 ❶〔犬などが〕キャンキャン鳴く, 鋭い声で鳴く. ❷〔カラスなどが〕カーカー鳴く. ❸〔人が〕ぜいぜい荒い息をする《主に否定文で》
gañola [gaɲóla]女《エストレマドゥラ》雌鶏の首
gañón [gaɲón]男《口語》=**gañote**
gañote [gaɲóte]男《西. 口語》❶ 喉〔の内側〕; 食道, 気管: Me eché al ~ todo el vaso de cerveza. 私はビールをコップ一杯ぐいっと飲んだ. ❷ 筒状に巻いた薄い揚げ菓子. ❸ 居候, たかりや
dar **~**《隠語》窒息させる
de **~**《西. 口語》ただで, 他人の支払いで
gañotear [gaɲoteár]自《口語》他人におごってもらう
gaón [gaón]男 ❶《船舶》［インド近海の小型船で使われる］パドル. ❷《ユダヤ教》宿学（ʃ°ゅ), ガオン, ゲオニーム《6～11世紀, バビロニアの教学院 yeshivá の校長の称号》
gaonera [gaonéra]女《闘牛》［牛の正面からの］カポーテによるかわし技
gap [gáp]《←英語》男《複 ~s》ギャップ, 差, 違い: **~** *generacional* ジェネレーションギャップ
gárapa [gáraβa]女《カンタブリア》ハリエニシダ《=tojo》
garabasta [garaβásta]女《サンタンデール》小麦の穂の繊維
garabatada [garaβatáða]女 鉤で吊るすこと
garabatal [garaβatál]男《アルゼンチン》とげのある灌木 garabato の生い茂った土地
garabatear [garaβateár]《←garabato》他 ❶ 乱雑に書く, なぐり書きする; 落書きする: **~** *cuartillas* 原稿用紙に走り書きする. ❷ 鉤で吊るす（引っ掛ける）. ❸ 遠回しに言う, 遠回しなやり方をする. ❹《チリ》野卑な言葉を発する; 侮辱する
garabateo [garaβatéo]男 ❶ 乱雑に書く, なぐり書きする; 落書きすること ❷ 鉤で吊るす（引っ掛ける）こと. ❸ 遠回しに言うこと, 遠回しなやり方をすること
garabatero, ra [garaβatéro, ra]形名《チリ》野卑な言葉を発する〔人〕; 侮辱する〔人〕
garabatillo [garaβatíʎo]男 *de* **~**《口語》1) 重大な, 危険な: *sufrir una caída de* **~** ひどい転倒をする. 2) すごい, 大変な: Se ha comprado un coche de **~**. 彼はすごい車を買った. *tener un hambre de* **~** ひどく空腹である. 3)［下剤の使用が］医学の常道に反した. 4)《地方語》曲がりくねった
garabato [garaβáto]《←ロマンス語プロバンス方言 garabu「細い棒」》男 ❶〔主に 複〕なぐり書き; 落書き《字, 絵》: *hacer* **~***s en el papel* 紙にいたずら書きをする. ❷［物を吊るす・引っ掛ける鉤］: *caer en el* **~** 井戸に落ちた物を引き上げる］引っ掛ける鉤］. ❸《西》［女性の］愛嬌《時として美人でないことを補う魅力》: *tener* **~** 愛嬌がある. ❹ 野卑な言葉; ののしり. ❺ 手綱《=almocafre》. ❻《ラマンチャ》［馬などに引かせる］一頭用の犂. ❼《メキシコ. 口語》やせて醜い人. ❽《キューバ, ベネズエラ, エクアドル》やせて醜い人. ❾《チリ, アルゼンチン, ウルグアイ》野卑な侮辱: *echar* **~***s* ひどく侮辱する. ❿《アルゼンチン. 植物》とげのある灌木《学名 Acacia furcastipina》
garabatona [garaβatóna]形《ブドウの品種名》粒が小さく黒い
garabatoso, sa [garaβatóso, sa]形 なぐり書き（落書き）だらけの
garabero [garaβéro]男《隠語》鉤を使って盗む泥棒
garabito [garaβíto]男 ❶［広場の果物売り女などの］背の高い椅子と屋台. ❷ 鉤《⇒》. ❸《ボリビア》浮浪者
garabo [garaβo]男 ❶《口語》ぺてん, トリック, 詐欺. ❷《まれ》なぐり書き; 落書き
garabucha [garaβútʃa]女《エストレマドゥラ》［角が前方に曲がった］
garaje [garáxe]《←仏語 garage》男 ❶ 車庫, ガレージ: *meter el coche en el* **~** 車をガレージに入れる. *venta de* **~** ガレージセール. ❷《自動車の》修理工場. ❸《プエルトリコ》ガソリンスタンド – *de la estrella*《俗語》駐車場《車庫》代わりに使う公道, 路上駐車
garajista [garaxísta]名 ガレージの所有者（従業員）
garamante [garamánte]形《歴史》［リビア内陸部の］ガラマンテ族〔の〕
garambaina [garambáina]女《西. 軽蔑》❶ 安っぽな飾り. ❷ たわごと, ばかげたこと; 無駄なこと. ❸ 複 気取った（おだけた）仕

草. ❹ [複] 乱雑で読みにくい文字
garambullo [garambúʎo] [男]《メキシコ. 植物》ディスカラー
garance [garánθe] [女] あかね色, ガランス〘=rojo ～〙
garandumba [garandúmba] [女] ❶《メキシコ. 口語》太った大柄な女性. ❷《南米》平底の川船
garante [garánte]〘←仏語 garant〙[形] [名] 保証する; 保証人
garantía [garantía]〘←仏語 garantie〙[女] ❶ [時に [複]. +de に対する, 履行・実現・信憑性の] 保証, 確約: 支払い保証〘=～ *de* pago〙: 1) La riqueza no es ～ *de* felicidad. 富は幸福を保証しない. La superficialidad nunca es ～ *de* nada. 外観は決して何の保証でもない. Sienten la educación como una ～ para optar a un mejor trabajo. 彼らは教育がよりよい仕事を志望するための保証だと感じている. persona de ～*s* 信用できる人物. ～*s* constitucionales 憲法によって保証された諸権利. 2) [+de que+直説法] El gobierno ha dado (ha ofrecido) ～*s de que* no habrá cambio brusco. 政府は急激な変革はないと請け合った. ❷ [品質・修理・アフターケアなどの] 保証; 保証期間: La industria refina el azúcar para poder utilizarlo con ～*s*. その工場では品質の確かな砂糖を使用するために精製している. con ～ de un año 1年間の保証付きの・で. marca de ～ 保証マーク. cinco años de ～ 5年の保証期間. ～ de calidad 品質保証. ～ escrita (implícita) 明示(黙示)的保証. ❸ 保証するもの, 保証となるもの; 保証書. ❹ 担保, 抵当: Le di en ～ las acciones. 私は担保として彼に株券を入れた. ofrecer como ～ hipotecaria 担保として差し出す. tomar... en ～ …を担保にとる. ❺《法律》保証金, 保釈金〘=fianza〙. ❻《歴史》Tres *G*～*s* トレス・ガランティアス, 3つの保証〘1821年, メキシコ. 独立を目指すイトゥルビデ Iturbide がイグアラ綱領 Plan de Iguala で保障した3原則(宗教・独立・団結)〙
garantir [garantír]〘欠如動詞: 語尾に i の残る活用形のみ. →**abolir**〙[他]《主に南米》=**garantizar**: Queda *garantida* la libertad de enseñanza. 教育の自由は保障されている. Queda *garantido* el derecho de reunión pacífica y sin armas. 平和的で武器を携行しない集会の権利は保障されている
garantizador, ra [garantiθaðór, ra] [形] [名] 保証する〔人〕
garantizar [garantiθár]〘←仏語 garantir〙[9] [他] ❶ [品質・信用・貸し付けなどを] 保証する, 責任を負う: *Garantizan* el reloj por tres años. その時計は3年間の保証付きだ. ❷ [確実であると] 保証する, 請け合う, 確約する: 1) No *garantizo* la seguridad de los datos. 資料が確かであることを私は保証しない. La Constitución *garantiza* la libertad de reunión y asociación. 憲法は集会と結社の自由を保障している. ～ el orden público 公共の秩序を保証する. 2) [+que+直説法] Te *garantizo que* vendrá mañana. 彼は明日来る, 私が請け合うよ. ❸ …の保証人になる: Le *garanticé* para la compra de la casa a plazos. 私は彼が家をローンで買った時の保証人になった
—— ～**se** 保証される: ¿Puede ～*se* la marca? そのブランドは信頼できるのか?
garanza [garánθa] [女]《植物》アカネ〘=rubia〙
garañón [garaɲón] [男] ❶《西》種ロバ; 父親ラクダ. ❷《ラマンチャ》コナラの虫えい. ❸《カナリア諸島》種ヤギ. ❹《メキシコ, 中米》種馬. ❺《メキシコ, チリ. 口語》女好きの男, 漁色家. ❻《メキシコ》売春宿の責任者
garañuela [garaɲwéla] [女]《エストレマドゥラ》[穀物を束ねる, 同じ穀物の] わら
garapacho [garapátʃo] [男] ❶ =**carapacho**. ❷ [木・コルク製の] 亀甲形の椀
garapada [garapáða] [女]《ムルシア》両手一杯の分量
garapiña [garapíɲa]〘←俗ラテン語 carpiniare「剥ぎ取る」〙[女] ❶《菓子》糖衣がけ, 砂糖漬け. ❷《服飾》スカラップの浮き出し装飾を施したモール. ❸《メキシコ》盗み. ❹《中米》パイナップルの皮から作った清涼飲料水
garapiñar [garapiɲár] [他] ❶ シャーベット状に凍らせる. ❷《菓子》糖衣をかける, 砂糖漬けにする
garapiñera [garapiɲéra] [女] [主にコルクの箱に入れる] フリーザー
garapita [garapíta] [女]《漁業》目の細かい小さな網
garapitero [garapitéro] [男]《ナバラ》❶ ワインとオリーブ油の計量官. ❷ [役所の昼食・間食時の] ワイン給仕係. ❸ [ワインなどの] 出荷関税徴収請負人
garapito [garapíto] [男] ❶《昆虫》マツモムシ〘学名 Notonecta glauca〙. ❷《ナバラ》[ワイン・酢・蒸留酒などに課される] 生産地外への出荷関税
garapo [garápo] [男]《ベネズエラ. 口語》***enfriar el*** ～ 手に入れ損なう
garapullo [garapúʎo] [男] ❶《闘牛》バンデリーリャ〘=banderilla〙. ❷ 投げ矢, ダーツ
garata [garáta] [女]《古語的》けんか, 対立; 騒ぎ
garatura [garatúra] [女] 皮なめし用のスクレーパー
garatusa [garatúsa] [女] ❶《トランプ》[ポープジョーン chilindrón の手で] 9枚の手札を捨てること. ❷ へつらい, ご機嫌取り. ❸《フェンシング》フェイントをかけて頭または胸を突くこと
garauna [garaúna] [女]《植物》マメ科の巨木〘学名 Melanoxylum brauna〙
garba [gárba] [女]《アラゴン, ムルシア》穀物の束
garbanceo [garbanθéo] [男]《口語》日々の常食
garbancero, ra [garbanθéro, ra] [形] [名] ❶ ヒヨコマメの, エジプトマメの: tierra ～*ra* ヒヨコマメ畑. ❷《軽蔑》洗練されていない〔人〕, 無作法な〔人〕; 趣味の悪い〔人〕: lenguaje ～ 野卑な言葉づかい. modales ～*s* 野暮ったい物腰. ❸ ヒヨコマメ売り. ❹《メキシコ. 古語, 軽蔑》召使い
garbancillo [garbanθíʎo] [男] ❶《植物》1) イベリアレンゲ〘学名 Astragalus lusitanicus〙. 2) マメ科の各種〘学名 Colutea arborescens, Ononis speciosa, Ononis tridentata〙. 3) アカザ科の一種〘学名 Kalidium foliatum〙. ❷《建築》直径7～25ミリの砂利
garbanza [garbánθa] [女] [通常のものより] 大粒で色が白く上質のヒヨコマメ
garbanzada [garbanθáða] [女]《料理》ヒヨコマメの煮込み
garbanzal [garbanθál] [男] ヒヨコマメ畑
garbanzar [garbanθár] [男] =**garbanzal**
garbanzo [garbánθo]〘←中世スペイン語 garbanço〙[男] ❶《植物, 豆》ヒヨコマメ, エジプトマメ: ～ mulato 小粒で灰色がかったヒヨコマメ. ～*s* viudos [他に何も入っていない] ヒヨコマメだけの料理. ❷《植物》～〔*s*〕de cura ヤグルマギク〘=cardo estrellado〙. ～ silvestre マメ科ゲンゲ属の一種〘学名 Astragalus cicer〙. ❸《古語的. 玩具》～ de pega かんしゃく玉. ❹《チリ. 口語》皮脂嚢腫
contar los ～s 爪に火をともすように倹約する
Ese ～ no se ha cocido en su olla. 彼の書いた(言った)ことは彼の創作ではない(受け売りだ)
ganarse los ～s《口語》働く, 生活費を稼ぐ
～ de a libra《口語》珍奇な人(物)
ser una ～ negro《西》[+para にとって] はみ出し者(厄介者)である
—— [形] [ヒヨコマメのような] 明るい黄色の
garbanzuelo [garbanθwélo] [男]《獣医》[馬の] 飛節内腫〘=esparaván〙
garbear [garbeár]〘←?語源〙[他] ❶《古語的》盗む; 略奪する. ❷《アラゴン》束ねる
—— [自] ❶《口語》散歩する. ❷ さっそうとした(優雅な)言動をする. ❸ 細々と暮らす; あちこちから借金して暮らす
—— ～**se**《口語》散歩する
garbeo [garbéo] [男]《口語》散歩: dar〔se〕un ～ 散歩する
garbera [garbéra] [女]《アラゴン, アンダルシア, ムルシア》[脱穀前の] 大量の穀物の束
garbero [garbéro] [男]《アンダルシア》[首に巻いた・短い上着を胸のところで結んだ] 大きな多色のスカーフ
garbí [garbí] [男]《地方語》=**garbino**
garbías [garbías] [男] [複]《料理》ルリヂシャ・フダンソウ・香草・チーズ入りのオムレツ
garbillador, ra [garbiʎaðór, ra] [形] [名] ふるいにかける〔人〕
garbillar [garbiʎár] [他] ❶ [穀粒を] ふるいにかける. ❷ [鉱石を] ふるいで洗鉱する
garbillo [garbíʎo] [男] ❶ ふるい. ❷ 製粉かす〘家畜の飼料にする〙. ❸《鉱山》1) [洗鉱用の] ふるい. 2) [洗鉱して残った] 微小な鉱物. ❹《アンダルシア, ムルシア》精選した長いエスパルト
garbino [garbíno] [男] 南西風
garbo [gárbo]〘←伊語 garbo「原型」< アラビア語 qalib「型」〙[男] ❶ [動き, 特に歩き方が] 颯爽(さっそう)としていること; 粋(いき), 優雅; 元気〘=brío〙: Las modelos desfilan con ～. モデルたちはかっこよく(優雅に・元気よく)歩く. ❷ [女性の] 肉体的魅力. ❸ [文体などの] 高雅さ, 優美さ. ❹ 寛大さ
con ～ 1) 颯爽と; 元気よく. 2) 優雅な文体で
gárbola [gárbola] [女]《エストレマドゥラ》亜麻のさや
garbón [garbón] [男] ヤマウズラの雄

garbosamente [garbósaménte] 副 ❶ 颯爽と; 粋に, 優雅に. ❷ 寛大に

garboso, sa [garbóso, sa] 形 ❶ 颯爽とした; 粋な, 優雅な: Tiene unos andares muy ~s. 彼女は颯爽とした歩き方をする. ❷ 寛大な

gárbula [gárbula] 女《サラマンカ》ヒヨコマメの干したさや《かまどの燃料などに使う》

garbullo [garβúʎo] 男〘子供たちが物を取り合うような〙騒ぎ, 混乱

garcear [garθeár] 自《コロンビア》何もしない, ぶらぶらする

garceta [garθéta] 女 ❶《鳥》コサギ: ~ grande ギンシラサギ. ~ negra アフリカクロサギ. ~ nivea ユキコサギ. ~ sagrada クロサギ. ❷〘髪型〙鬢(びん)〘頬の所でカットしたり三つ編みにする〙. ❸《狩猟》鹿の枝角下部の先端

garchar [gartʃár] 他《アルゼンチン, ウルグアイ. 卑語》…と性交する

Garci [gárθi]《人名》**José Luis ~** ホセ・ルイス・ガルシ『1944~』, スペインの映画監督.『やり直し』Volver a empezar』

garcía [garθía] 女《アストゥリアス, リオハ, アンダルシア》キツネ〘=zorro〙

García Berlanga [garθía berláŋga]《人名》**Luis ~** ルイス・ガルシア・ベルランガ『1921~2010, バレンシア出身の映画監督・脚本家.『プラシド』Plácido』

García Calderón [garθía kalderón]《人名》**Ventura ~** ベントゥラ・ガルシア・カルデロン『1885~1959, ペルーの作家. 生涯のほとんどをヨーロッパで過ごし, ジッドやマルローとも親交があった. 短編や文学史・エッセイなど様々なジャンルの作品がある』

García de Castro [garθía de kástro]《人名》**Lope ~** ロペ・ガルシア・デ・カストロ『1516~76, スペイン人行政官. リマのアウディエンシア長官・ペルー総督の行政制度確立に尽力』

García de la Huerta [garθía de la wérta]《人名》**Vicente ~** ビセンテ・ガルシア・デ・ラ・ウエルタ『1734~87, スペインの劇作家. 新古典主義演劇を代表する一人. 史実に題材をとった『ラケル』Raquel は, 三一致の法則 regla de las tres unidades など新古典主義演劇の作劇法に基づきながらもバロック演劇の伝統を感じさせ, スペイン演劇の異なる様式が融合した作品となっている』

García Gutiérrez [garθía gutjéreθ]《人名》**Antonio ~** アントニオ・ガルシア・グティエレス『1813~84, スペインの劇作家. ロマン主義的作劇法で成功を収め, 当時の劇壇を代表する一人となる. El trovador によって成功を収め, 当時の劇壇を代表する一人となる. El trovador は後にベルディ Verdi によってオペラの題材として取り上げられた. その他,『シモン・ボカネグラ』Simón Bocanegra』

García Icazbalceta [garθía ikaθβalθéta]《人名》**Joaquín ~** ホアキン・ガルシア・イカスバルセタ『1825~94, メキシコの歴史家・文献学者. 植民地時代の史料を収集・編纂・出版した』

García Lorca [garθía lórka]《人名》**Federico ~** フェデリコ・ガルシア・ロルカ『1898~1936, スペインの詩人・劇作家. シュルレアリスムなどの前衛性, スペイン文学の伝統, 生地アンダルシアの土着性を融合させ, 独自の旋律で人間の喜び・悲しみ・愛・煩悩を歌い上げる一方, 演劇でもすぐれた作品を残している. 内戦開始時, フランコ側によって銃殺された.『ジプシー歌集』Romancero gitano,『カンテ・ホンドの詩』Poema del cante jondo,『ニューヨークの詩人』Poeta en Nueva York の詩作品, 三大悲劇『血の婚礼』Bodas de sangre,『イェルマ』Yerma,『ベルナルダ・アルバの家』La casa de Bernarda Alba』

García Márquez [garθía márkeθ]《人名》**Gabriel ~** ガブリエル・ガルシア・マルケス『1928~2014, コロンビアの小説家.『百年の孤独』Cien años de soledad によって一躍ラテンアメリカを代表する作家として注目を集めた. その後も独創的な独裁者を主人公にした『族長の秋』El otoño del patriarca, 重厚なリアリズムの手法を駆使して愛の遍歴を描いた『コレラの時代の愛』El amor en los tiempos del cólera などを発表し, 現代世界文学に大きな影響を与えている.『迷宮の将軍』El general en su laberinto,『愛その他の悪霊について』Del amor y otros demonios, 自伝の『生きて, 語り伝えるVivir para contarla. ノーベル文学賞受賞』

García Moreno [garθía moréno]《人名》**Gabriel ~** ガブリエル・ガルシア・モレノ『1821~75, エクアドルの保守派政治家, 大統領(1861, 65, 69~75)』

García Pavón [garθía paβón]《人名》**Francisco ~** フランシスコ・ガルシア・パボン『1919~89, スペインの小説家. 風俗描写を交えた軽快な作風を特徴とし, ユーモア推理小説のシリーズによって人気を博した』

García Ponce [garθía pónθe]《人名》**Juan ~** フアン・ガルシア・ポンセ『1932~2003, メキシコの小説家. 愛・死・狂気などに人間の内奥に潜む強迫観念をテーマに創作を行なった. 小説『藁人形』Figura de paja, 戯曲『コオロギの歌』El canto de los grillos』

garcilasiano, na [garθilasjáno, na] 形《人名》ガルシラソ・デ・ラ・ベガ Garcilaso de la Vega の

garcilasismo [garθilasísmo] 男 ガルシラソ・デ・ラ・ベガの詩作傾向

garcilasista [garθilasísta] 形 名 ガルシラソ・デ・ラ・ベガの詩作傾向の〔支持者〕

Garcilaso de la Vega [garθiláso de la béga]《人名》ガルシラソ・デ・ラ・ベガ『1501?~36, スペインの詩人. イタリア詩の様式を取り入れ, 洗練された形式美と豊かな感受性を特徴とする詩によってスペイン抒情詩に革新をもたらし, 後世の詩人に大きな影響を与えた.

el Inca ~ エル・インカ・ガルシラソ・デ・ラ・ベガ『1539~1616. スペイン人コンキスタドールとインカ王女の間に生まれた詩人. 当地の年代記作者. 1560年スペインへ渡り, 文筆活動. インカの歴史・文化・風習を記録した『インカ皇統記』Comentarios Reales』

garcilla [garθíʎa] 女《鳥》ヌマサギ〘=~ bueyera〙; カンムリサギ〘=~ cangrejera〙

garçon [garsón]〘←仏語〙***a lo (la) ~***《古語的. 髪型》ショートカットの

garçonne [garsónne] =**garçon**

garçonnière [garsɔnjér]〘←仏語〙女〘主に南米〙ワンルームマンション

gardacho [gardátʃo] 男《アラバ, ナバラ》トカゲ

Gardel [gardél]《人名》**Carlos ~** カルロス・ガルデル『1890?~1935, アルゼンチンのタンゴ歌手. 人気の絶頂期に飛行機事故で死亡』

gardenia [gardénja] 女《植物》クチナシ

gardingo [gardíŋgo] 男〘歴史〙〘イベリア半島における〙西ゴート族の王の家臣

garduño, ña [garðúɲo, ɲa] 形 名《まれ》泥棒〔の〕; すり, こそどろ
── 女 男《動物》ムナジロテン

garepa [garépa] 女 ❶《カナリア諸島》〘乾燥した〙バナナの葉. ❷〘木・金属の〙削りくず

gareta [garéta] 形《コロンビア》〘人が〙O脚の

garete [garéte] 男 ***ir (se) al ~*** 1)〘船が〙漂流する. 2)《口語》〘計画などが〙失敗する: El viaje se fue al ~ porque me puse enfermo. 僕が病気になったので旅行の計画はぽしゃってしまった

gareteado, da [gareteádo, da] 形《チリ. 口語》何もすることのない

garetear [gareteár] 自《ベネズエラ》〘船で〙川を流れ下る

garfa [gárfa] 女《まれ》〘鳥獣の〙鉤爪

garfada [garfáda] 女《まれ》〘鳥獣が〙鉤爪でつかもうとすること

garfear [garfeár] 自 garfio を投げる

garfiada [garfjáda] 女《まれ》=**garfada**

garfio [gárfjo] 男〘←ラテン語 graphium <ギリシア語 grapheion〙男 鉤, フック: colgar el jamón de un ~ ハムを鉤に吊るす

gargajeada [gargaxeáda] 女《俗語》=**gargajeo**

gargajear [gargaxeár] 自《俗語》痰を吐く

gargajiento, ta [gargaxjénto, ta] 形《俗語》=**gargajoso**

gargajo [gargáxo]〘←擬声〙男《俗語》痰(たん)〘=flema〙

gargajoso, sa [gargaxóso, sa] 形《俗語》しきりに痰を吐く〔人〕

gargamello [gargaméʎo] 男 喉〘=garganta〙

garganchón [gargantʃón] 男《口語》喉〘=garganta〙

garganta [gargánta]〘←擬音〙女 ❶ 喉(のど)〘首の内部, 首の外側の前部〙;〘解剖〙咽頭: Me duele la ~. 私は喉が痛い. tener la ~ seca 喉が渇いている. agarrar a+人 por la ~ 人の喉をつかむ. oprimir a+人 la ~〘人の首〙の骨を折る. ❷ 歌声: tener buena ~ いい喉(声)をしている. ❸ 川(運河・港湾など)の狭くなった部分, 峡谷; 山峡, 山道〘登山〙ゴルジュ. ❹ くびれ, 細くなった所; 樽の口. ❺ 滑車の溝〘=~ de la polea〙. ❻ 銑床下部のくびれた部分;〘建築〙柱頸; 切削工具の溝〘電気〙碍子(がいし)のくびれた部分. ❼《アンダルシア》鋤の刃をはめる部分

anudarse a+人 la ~ 〘障害・気がかりなどがあって〙…が話せ

tener a+人 atravesando en la ～ …を耐え難く思う: Le tengo atravesando en la ～. あの男は鼻もちならない
―― 图 ❶《ペルー. 口語》いつも他人におごってもらう人; 居候. ❷《ボリビア》雄大な人

gargantada [gargantáda] 囡 [つば・痰などの] 喉からの一吐き

gargantear [gargantear] 囲 ❶ 声を震わせて歌う. ❷《ペルー. 口語》たかる, おごってもらう
―― 他《船舶》滑車に綱索をつける

garganteo [gargantéo] 男 声を震わせて歌うこと

gargantil [gargantíl] 男《古語》[ひげを濡らす盆 bacía の] 喉元の切れ込み

gargantilla¹ [gargantíʎa]《←garganta》囡《服飾》❶ [短い] 首飾り, プチネックレス, チョーカー《→collar 類義》. ❷ [ネックレスの] 玉, ビーズ

gargantillo, lla² [gargantíʎo, ʎa] 形《闘牛》[牛の首が] 黒っぽい毛色でそこに明るい色の輪のある

gargantón, na [gargantón, na] 名《メキシコ. 口語》大物, 影響力のある人
―― 男《メキシコ. 口語》豪華な] 頭絡

gargantúa [gargantúa]《←仏語 Gargantua (ラブレーの物語の主人公)》男 ❶ [主に G～] 大食いで太った男. ❷ 大男

gárgara [gárgara]《←gargarizar》囡 [主に 複] うがい: hacer ～s うがいをする
a hacer ～s《口語》駄目に: Mis planes se fueron a hacer ～s por falta del dinero. 私の計画は資金不足でおじゃんになった
mandar a+人 a hacer (freír) ～s《西. 口語》…をさっさと追い出す, 叩き出す
¡Vete a hacer ～s! [侮辱] くたばれ!

gargarear [gargareár] 囲《まれ》うがいをする

gargarismo [gargarísmo] 男 ❶ [主に 複] うがい [=gárgara]. ❷ うがい薬

gargarizar [gargariθár]《←ギリシャ語 gargarizo》🄥 囲 うがいをする

gargavero [gargabéro] 男 ❶《古語》リコーダーが2本で吹口が1つの管楽器. ❷《地方語》喉 [=garganta]

górgol [gárgol] 男《木工》溝, 切り込み

gárgola [gárgola] 囡 ❶《←古仏語 gargouler <gargouler「水がボコボコいう」》男 ❶ ガーゴイル《屋根の雨水落と口や噴水の散水口として使われる怪獣などの姿をした彫刻》. ❷ 亜麻のさや. ❸《アラブ》豆が口から入っているさや

gargoleta [gargoléta] 囡《ムルシア》水入れ [=botijo]

gargolismo [gargolísmo] 男《医学》多発性骨形成不全症, ガルゴイリズム

garguero [gargéro] 男《口語》喉 [=garganta]; 気管
tener en el ～ 言いたくて喉まで出かかっている

gargüero [gargwéro] 男《口語》=garguero

garia [gárja] 囡《地方語》[主にごみ・わらの積み下ろし用の] 鉄製のフォーク

gariada [garjáda] 囡《地方語》熊手 gario で集められたわら

garibaldino, na [garibaldíno, na] 形 ガリバルディ Garibaldi を支持する《イタリアの軍人》; ガリバルディ支持者
―― 囡《歴史》[ガリバルディ軍の着た] 赤シャツ

Garibay [garibáj] **estar como el alma de ～** どっちつかずである; ぼんやりしている, 無気力である

garieta [garjéta] 囡《地方語》6本歯の熊手

garifo, fa [garífo, fa] 形《服装が》派手な, 目立つ; 着飾った

garifuna [garifúna] 形 囡《人名》ガリフナ族 ❶《カリブ海沿岸に住む黒人逃亡奴隷と先住民の混血の人々》
―― 男 ガリフナ語

garimpeiro [garimpéjro]《←ポルトガル語》男 ガリンペイロ《主にブラジルの金鉱・宝石採掘人》

garimpo [garímpo] 男 ガリンポ《主にブラジルの金鉱・宝石採掘場》

gario [gárjo] 男 ❶《カンタブリア》堆肥を集めるための木製の熊手. ❷《レオン, バレンシア, バリャドリード, セゴビア. 農業》木製の熊手. ❸《アルバセテ》[井戸から物を上げるための] 三爪の鉤

garigola [garigóla] 囡《ムルシア》猟師がフェレットを入れて運ぶ檻

garigoleado, da [garigoleádo, da] 形《メキシコ》ごてごて飾り立てた

gariofilea [garjofiléa] 囡 カーネーションの野生種

garipola [garipóla] 囡《地方語. 遊戯》こま回し

garita [garíta] 囡 ❶《←古仏語 garite < se garir「避難する」》囡 ❷ 見張り小屋; 《軍事》哨舎(ゅ); 《築城》望楼. ❷ 管理人室, 守衛室. ❸《気象》～ meteorológica 百葉箱. ❹《廃語》[個室用の] 便所. ❺《メキシコ》税関. ❻《チリ》[鉄道・バスなどの] 小さなターミナル駅

garitero, ra [garitéro, ra] 名 賭博場 garito の常連客《経営者》

garito [garíto] 男 ❶ [いかさま師が出入りする] 非合法の賭博場. ❷《軽蔑》[評判の悪い] 遊興施設. ❸《隠語》安酒場. ❹《廃語》賭博場でのもうけ

garitón [garitón] 男《建物の最上部の] 小塔

garla [gárla] 囡《口語》おしゃべり, 雑談

garlador, ra [garladór, ra] 形 名 おしゃべりな[人], よくしゃべる[人]

garlar [garlár] 囲《西, コロンビア. 口語》おしゃべりをする, 無駄話をする [=charlar]. ❷《まれ》話す [=hablar]

garlear [garleár] 囲《まれ》おしゃべりをする [=charlar]

garlito [garlíto] 男《←?語源》❶《漁》[魚を捕えるかご]. ❷《口語》罠, 策略: caer en el ～ 策略にはまる. ❸《メキシコ. 口語》待ち伏せ
coger a+人 en el ～ …の[秘かな行為の]不意をつく; 罠にはめる: Los policías cogieron a los ladrones en el ～ cuando estaban haciendo preparativos para el golpe. 警官隊は泥棒たちが犯行の準備をしている時まんまと取り押さえた

garlo [gárlo] 男 ほとばしり [=chorro]

garlocha [garlótʃa] 囡 =garrocha

garlochí [garlotʃí] 男《隠語》心; 後悔, 良心のとがめ

garlopa [garlópa] 囡 [仕上げ用の] 長鉋(ぉ), 大鉋

garlopín [garlopín] 男 小型の長鉋

garma [gárma] 囡《アストゥリアス, カンタブリア》急傾斜, 絶壁

Garmendia [garméndja]《人名》Salvador ～ ガルメンディア《1928～2001, ベネズエラの小説家. 社会の枠組みからはみ出しつつ, それに適応できない人々の姿を, 様々な語りの技法を用い, 写実的な文体でアイロニカルに描いた》

garnacha [garnátʃa] I《←イラリア語 vernaccia》囡 ❶ グルナシュ《赤黒く甘いブドウ》, ガルナチャ《グルナシュのワイン》. ❷《飲料》carraspada の一種. ❸《メキシコ. 料理》厚いトルティーリャ《肉などと共にチリソースをかける》
II《←古プロヴァンス語》囡《古語》❶《司法官の] 法服. ❷ 司法官

garnacho [garnátʃo] 男 グルナシュ [=garnacha]

garneo [garnéo] 男《魚》キナガシラ《学名 Trigla lyra》

garniel [garnjél] 男 ❶ 荷馬車屋がベルトに付ける] 皮袋. ❷《メキシコ, エクアドル》闘鶏家が使うナイフの] 革製の鞘

garo [gáro] 男 ❶《古代ローマ》ガルム《魚の内臓から作った調味料》. ❷《エストレマドゥラ》爬虫類のもつ毒

garojo [garóxo] 男《カンタブリア》[粒を取り除いた] トウモロコシの芯

garoso, sa [garóso, sa] 形《南米》食い意地のはった; 飢えた

garpar [garpár]《←pagar の綴り換え》他《アルゼンチン. 隠語》全額支払う

garra [gářa]《←古語 garfa < アラビア語 garfa》囡 ❶ [鳥・獣の] 鉤爪(ぉ); 鉤爪のある手・足: El gato contrae (extiende) las ～s. 猫が爪を引っこめる (出す). ❷《軽蔑》[人間の] 手: poner su ～ en... …をわしづかみにする. ❸ [人を説得するような] 迫力, 魅力: Su canción tiene ～. 彼の歌には訴えかけるものがある. ❹ 脚の部分の毛皮《他の部位と比較して低く評価される》. ❺ カラクル karakul 種の羊の毛皮. ❻《隠語》[人の] 手の持つ, 主に害を及ぼす] 力, 支配力; 熱狂, 熱情: estar (caer) en las ～s de+人 …の手中にある(陥る). ponerse al alcance de las ～s de+人 …の手から…を救い出す. ❻《船舶》係留鉤(ぉ), 錨の爪. ❼《ナバラ, アラゴン》[動物の] 脚. ❽《メキシコ. 口語》1) 古着, ぼろ着. 2) 趣味の悪い服. 3) 醜い女. ❾《コロンビア, チリ, ラプラタ》固くなってしわの寄った皮の破片. ❿《コロンビア》革袋
echar la[s] ～[s] a+人 …を捕まえる: La policía echó las ～s a la banda de mafiosos. 警察は犯罪組織の一味を取り押さえた
gente de la ～《口語》盗人, 泥棒

garrafa [gařáfa]《←ポルトガル語》囡 ❶《コルク・わらなどで巻いた] 細首の大瓶《主にワインなどの保存用》. ❷《ボリビア, アルゼ

garrafal

ンチン, ウルグアイ》ガスボンベ

de ~《西. 口語》安酒の

garrafal [ɡaraˈfál]形 ❶ 途方もない, 巨大な, 大変重大な: error ~ とんでもない間違い. mentira ~ 真っ赤な嘘. ❷ [サクランボが] 美味で大きく硬めの品種の

garrafina [ɡaraˈfína]女《ドミノ》4人(2人)でするゲームの一種

garrafiñar [ɡarafiˈɲár]他《口語》ひったくる;《まれ》盗む

garrafón [ɡaraˈfón]男《西》❶ garrafa より大型の細首の瓶. ❷《口語》安酒: de ~ 安酒の

garraleta [ɡaraˈléta]女《メキシコ》ぼろを着た醜い女

garrama [ɡaˈráma]女 ❶《口語》盗み, 詐欺. ❷《まれ》納税. ❸《サラマンカ》[税金の] 割り当て

garramar [ɡaraˈmár]他《口語》[手当たり次第に] 盗む, 詐取する

garramincha [ɡaraˈmíntʃa]女 *a ~s*《地方語》またがって〖=a horcajadas〗

garramincho [ɡaraˈmíntʃo]男《アラバ》[川ガニ捕り用の] 大型の袋網

garrampa [ɡaˈrámpa]女《アラゴン》痙攣(ケイ)

garrampón [ɡaramˈpón]男《アラゴン》ココナッツ, ヤシの実

garrancha [ɡaˈrántʃa]女 ❶《まれ. 戯語》剣. ❷《植物》仏炎苞〖=espata〗

garranchazo [ɡarantʃáθo]男 [garrancho による] 引っかき傷

garrancho [ɡaˈrántʃo]男 ❶ [木の幹・枝の] 固く尖ったでっぱり. ❷ [木の枝の] 折れ跡

garranchuelo [ɡarantʃwélo]男《植物》オニメヒシバ

garrañar [ɡaraˈɲár]他 もぎ取る, 奪い去る

garrapata [ɡaraˈpáta]女 ❶《動物》[犬・羊・牛につく] マダニ. ❷《軽蔑》役立たずの人. ❸ [騎兵隊で] 役立たずの馬. ❹《メキシコ》卑しい女

garrapatea [ɡarapaˈtéa]女《音楽》128分音符

garrapatear [ɡarapateˈár]他 ❶ なぐり書きする, 落書きする〖= garabatear〗

garrapateo [ɡarapaˈtéo]男 なぐり書き, 落書き〖行為〗

garrapatero [ɡarapaˈtéro]男《鳥》オニオハシカッコウ

garrapatillo [ɡarapaˈtiʎo]男《昆虫》カメムシの仲間〖学名 Aelia rostrata, Aelia acuminata〗

garrapato [ɡaraˈpáto]男 ❶ [主に〖複〗] なぐり書き, 落書き〖文字など〗. ❷ オナモミ cadillo の実

garrapatoso, sa [ɡarapaˈtóso, sa]形 [文字が] なぐり書きの, ミミズのような

garrapiña [ɡaraˈpíɲa]女 =**garapiña**

garrapiñada [ɡarapiˈɲáda]女《菓子》糖衣がけ, 砂糖漬け

garrapiñar [ɡarapiˈɲár]他 ❶《菓子》糖衣をかける, 砂糖漬けにする: ~ unas almendras アーモンドに糖衣をかける. ❷ =**garrafiñar**

garrapitero [ɡarapiˈtéro]男《バラ》=**garapitero**

garrapito [ɡaraˈpíto]男 =**garapito**

garrar [ɡaˈrár]自《船舶》=**garrear**

—— 他《地方語》=**agarrar**

garraspera [ɡarasˈpéra]女 =**carraspera**

garrear [ɡareˈár]自《船舶》錨を引きずる

garrelsita [ɡarelˈsíta]女《鉱物》ガレロス石

garrido, da [ɡaˈrído, da]形《←ラテン語 garrire「おしゃべりする」》《文語》[人が] 美しい〖スタイルがよく顔立ちの整った〗; 優しい: mozo ~ 美男子. moza ~da きれいな娘

garriga [ɡaˈríɡa]女《←バスク語》[森林劣化による] 常緑灌木の群生地

garrihueco, ca [ɡariˈwéko, ka]形《地方語》O脚の

garrir [ɡaˈrír]自 ❶ [オウムが] 大声で鳴く, 叫ぶ. ❷《古語》[人が] おしゃべりをする

Garro [ɡáro]《人名》**Elena** ~ エレナ・ガロ〖1920~98, メキシコの女性小説家. クリステロスの反乱 revuelta de los cristeros を現実と幻想とを織り交ぜた特異なスタイルで描いた小説『未来の回想』*Los recuerdos del porvenir* のほか, 様々な技法を用いて行った演劇・戯曲を数多く遺している. 短編集『色彩の週』 *La semana de colores*, 連作短編『ロラから逃れる』 *Andamos huyendo Lola*〗

garroba [ɡaˈróba]女《まれ. 実》イナゴマメ〖=algarroba〗

garrobal [ɡaroˈbál]男《地方語》イナゴマメ畑

garrobilla [ɡaroˈbíʎa]女 ❶ イナゴマメの木屑〖皮なめしと着色用〗. ❷《ベネズエラ. 植物》ビジビジ〖=dividivi〗

garrobo [ɡaˈróbo]男《中米. 動物》ガロボ〖イグアナに似た黒っぽいトカゲ〗

garrocha [ɡaˈrótʃa]女《←ケルト語 garra》❶ 鉤竿(カギザオ). ❷《闘牛》1) [ピカドールの] 槍〖=pica〗. 2)《古語》牛を飛び越えるための長くしなやかな棒. ❸《中南米》棒高跳びの棒

garrochador [ɡarotʃaˈðor]男《闘牛》ピカドール〖=picador〗

garrochar [ɡaroˈtʃár]他《闘牛》[牛を] 槍 garrocha で突く

garrochazo [ɡaroˈtʃáθo]男《闘牛》槍の一突き; 突き傷

garrochear [ɡarotʃeˈár]他 =**garrochar**

garrochero [ɡaroˈtʃéro]男《闘牛》ピカドール〖=picador〗

garrochista [ɡaroˈtʃísta]名 ❶《闘牛》ピカドール〖=picador〗. ❷《古語》槍 garrocha を武器とする騎士. ❸《中南米》棒高跳びの選手

garrochón, na [ɡaroˈtʃón, na]形名《メキシコ》のっぽの〖人〗

—— 男《闘牛》槍〖=pica〗

garrofa [ɡaˈrófa]女 イナゴマメの実〖=algarroba〗

garrofal [ɡaroˈfál]男 イナゴマメ畑

garrofero [ɡaroˈféro]男《植物》イナゴマメ〖=algarrobo〗

garrofón [ɡaroˈfón]男《地方語》[薄く細い] イナゴマメの実

garrón [ɡaˈrón]男 ❶《料理》すね肉. ❷ 飛節〖=corvejón〗. ❸ [鳥の] 蹴爪(ケヅメ). ❹《ウサギなどの》足首〖そこを縛って吊るす〗. ❺ [木の枝の] 折れ跡〖=gancho〗. ❻《ラプラタ. 口語》不快な〖望ましくない・難しい〗状況

de ~《ラプラタ. 口語》無料で, ただで

garronear [ɡaroneˈár]他《ラプラタ. 口語》❶ …にたかる, おごってもらう; 金をせびる. ❷《犬に》…のかかとを噛む

garronero, ra [ɡaroˈnéro, ra]名《ラプラタ. 口語》いつもおごってもらう人

garronuda [ɡaroˈnúða]女《ボリビア. 植物》大きな三脚の気根のあるヤシ〖学名 Iriartea orbigniana〗

garrota [ɡaˈróta]女 ❶ 棍棒〖=garrote〗. ❷ [握りの曲がった] 杖, ステッキ

garrotal [ɡaroˈtál]男《地方語》[挿し木による] オリーブの苗木畑

garrotazo [ɡaroˈtáθo]男 ❶ 棍棒による一撃: dar (pegar) un ~ 棍棒で殴る.〖=gripe〗

dar un (el) ~《チリ. 口語》高い金を取る, ぼる

~ *y tentetieso* 強硬姿勢, 厳罰主義

garrote [ɡaˈróte]《←語源》男 ❶ 棍棒. ❷ [鉄の輪とねじで首を締める] 拷問[具]〖スペイン起源で異端審問所で使われた. =vil〗; [その道具による] 鉄環絞首刑, 絞殺刑, 絞殺具: ~ a+人 …の首を締め付けて拷問する; 鉄環絞首刑に処する. ❸《医学》止血帯. ❹ [オリーブなどの] 挿し木. ❺ 壁の反(ソ)り; 歪み, 湾曲. ❻ [線描・図柄などの] 線の途切れ. ❼《船舶》[ねじって綱を締め付けるため] てこ. ❽《アストゥリアス》殻竿(サオ). ❾《カンタブリア, パレンシア》ハシバミの木を裂いた先で作ったかご. ❿《アンダルシア》オリーブの若木. ⓫《メキシコ》ブレーキ

a ~ [ワイン製造などで] 圧搾した

garrotear [ɡaroteˈár]他 ❶《主に中南米》棍棒 garrote で殴る. ❷《チリ. 口語》高い金を取る, ぼる

garrotero, ra [ɡaroˈtéro, ra]形《カリブ, チリ, アルゼンチン, ウルグアイ》けちくさい, しみったれた

—— 名 ❶《メキシコ》1)《鉄道》制動手. 2) ウェイターの助手. ❷《カリブ》金貸し. ❸《ホンジュラス》努力家, 勉強家. ❹《アンデス, チリ, アルゼンチン, ウルグアイ》殺し屋; けんか早い人. ❺《チリ. 口語》高く売りつける商人. ❻《ムルシア》荷車の横板となる杭

garrotillo [ɡaroˈtiʎo]男《古語的. 医学》クループ

garrotín [ɡaroˈtín]男 ❶《舞踊》ガロティン〖19世紀末にスペインで流行〗. ❷《ベネズエラ》[女性用の] 飾りのないフェルト帽

garrovica [ɡaroˈβíka]女《ラマンチャ》チップ〖=propina〗

garrovillano, na [ɡaroβiˈʎáno, na]形《地名》ガロビリャス Garrovillas の〖人〗〖カセレス県の村〗

garrubia [ɡaˈrúβja]女 イナゴマメの実〖=algarroba〗

garrucha [ɡaˈrútʃa]女 ❶ 滑車〖=polea〗. ❷《古語》滑車に通した綱で体を引き上げる拷問. ❸ 民俗舞踊の一種. ❹《バリャドリード, アラゴン》ワイシャツの首のピン pasador

garruchero, ra [ɡarutˈʃéro, ra]名《地名》ガルチャ Garrucha の〖人〗〖アルメリア県の村〗

garrudo, da [ɡaˈrúðo, da]形 ❶《強い・長い》鉤爪のある; 鉤爪のような手をした. ❷《メキシコ》力持ちの. ❸《コロンビア》[家畜が] やせこけた

garrufo, fa [ɡaˈrúfo, fa]形《態度が》粗野な, 品のない

garrulador, ra [ɡaruláˈðor, ra]形 =**gárrulo**

garrular [gařulár] 自 おしゃべりする, 無駄話をする
garrulería [gařulería] 女 ❶《西》田舎者の不作法. ❷ 無駄話; 饒舌
garrulidad [gařulidá(d)] 女 おしゃべりなこと, 饒舌
garrulo, la [gářulo, la] 形《隠語》愚か者の, 田舎者の
gárrulo, la [gářulo, la] 形《←ラテン語 garrulus》❶《文語》[鳥が] よくさえずる. ❷ [そよ風・小川などが] 軽やかな音を立て続ける. ❸《文語》おしゃべりな, 口数の多い. ❹《西. 軽蔑》粗野な〔人〕, 田舎者〔の〕
garúa [garúa] 女《ムルシア; 中南米》[中南米では主に太平洋岸の] 霧雨, 濃霧
garuar [garwár] 14 自《ムルシア; 中南米》[単人称] 霧雨が降る
garufa [garúfa] 女《アルゼンチン, ウルグアイ. 口語》遊興, 夜遊び: irse de ～ どんちゃん騒ぎに出かける
  darse a la ～《ボリビア, ラプラタ. 口語》悪い遊びにふける, 堕落した生活をおくる
  ── 形 男《アルゼンチン, ウルグアイ. 口語》遊び好きな〔男〕
garuga [garúga] 女《チリ》=**garúa**
garuja [garúxa] 女《カナリア諸島》霧雨, 小ぬか雨
garujo [garúxo] 男 コンクリート〖=hormigón〗
garulla [garúʎa] 女 ❶ [房から取り離した] ブドウの粒. ❷ ごろつき, やくざ者; いたずらっ子. ❸ [無秩序な] 群集, 烏合の衆. ❹《サラマンカ》[クルミ・ハシバミ・栗などの] 堅果類, ナッツ
garullada [garuʎáða] 女 [無秩序な] 群集, 烏合の衆
garullo [garúʎo] 男 ❶《サラマンカ》七面鳥のひな. ❷《アビラ, トレド, アンダルシア》種付け用の雄の七面鳥. ❸《カンタブリア, エストレマドゥラ, アンダルシア》野生の洋梨の一種
garulo [garúlo] 形 男《軽蔑》粗野な〔人〕, 田舎者〔の〕
garum [gárun] 男《古代ローマ》ガルム〖=garo〗
garuma [garúma] 女《チリ》❶ カモメ. ❷《軽蔑》おのぼりさん, 田舎者
garvín [garbín] 男《古語》[女性の装飾用の] ヘアネット
garza[1] [garθa] 女 ❶《鳥》サギ; ムラサキサギ〖=～ imperial〗; アオサギ〖=～ real〗. ❷《チリ》長い脚付きのグラス
garzo, za[2] [gárθo, θa] 形《←? 語源》❶《文語》[主に眼の色が] 青みがかった, 〔人が〕青い眼の
  ── 男《植物》ハラタケ, アグリクス〖=agárico〗
garzón, na [garθón, na] I 名《←仏語 garçon》❶《チリ》ウェイター
  ── ❷ 若者, 青年; 子供
  II〖garza の示小語〗❷《南米. 鳥》オオアオサギ
garzonería [garθonería] 女《地方語》[主に動物の] 発情
garzonía [garθonía] 女 ❶《古語》[若者の] 放蕩生活. ❷《アルバセテ》発情期の動物の〕愛撫. ❸《アンダルシア》[野生動物の] 発情
garzota [garθóta] 女 ❶《鳥》コサギ. ❷ [帽子などにつける] 羽根飾り
gas [gás]《←ラテン語 chaos「混沌」》男 ❶ 気体, ガス: Si se llega al punto de evaporación del líquido, este se convierte en ～. 液体は沸点に達すると気体に変わる. ～ de los pantanos/～ de pantano 沼気, メタン. ～ líquido 〔物理〕ガス液, 液化ガス. ～ noble (raro) 希ガス. ～ perfecta 理想気体. ～ permanente 永久ガス. ～ pobre 発生炉ガス. ❷ [燃料用の] ガス〖=～ del alumbrado. スペインでは ガスは ガス〗: encender (cerrar) el ～ ガスをつける (消す). calefacción de (a) ～ ガス暖房. cocina de (a) ～ ガスレンジ. tubo de ～ ガス管. ～ ciudad《西》都市ガス. ～ licuado 液化ガス. ～ licuado de petroleo/～ de petroleo licuado 液化石油ガス. ～ natural 天然ガス. ～ natural licuado 液化天然ガス. ❸ [飲料][ミネラルウォーターの] con ～ 発泡性の, 炭酸入りの. sin ～ 炭酸なしの. ❹ 毒ガス〖=～ tóxico, ～ venenoso〗: asfixiar con ～ 毒ガスで窒息させる. ❺ [医学] 1) efecto del segundo ～ 〔麻酔の〕二次ガス効果. 2) 複 腸ガス, 体内ガス〖=～es intestinales〗: tener el vientre lleno de ～es 腹にガスがたまっている. ❻ 〔自動車〕混合気. ❼《口語》石油, ガソリン. ❽《西. 比喩》エネルギー
  a medio ～《西. 口語》がんばらずに, のんびりと
  a punta de ～《自動車》アクセルを軽く踏んで
  a todo ～《西. 口語》1) フルスピードで. 2) 力一杯. 3) 大音量で: No es posible dormir con el televisor de los vecinos *a todo* ～. 隣の家のテレビの大音量で眠ることができない
  dar ～《西. 自動車》アクセルを踏む
  meter ～《西. 自動車》=**dar** ～
  perder ～《西. 口語》失速する, 速度が落ちる

gasa [gása]《←古仏語 gaze》女 ❶ ガーゼ: vendar la herida con ～. 傷口にガーゼの包帯をする. ❷ [絹などの] 薄布, 紗(しゃ). ❸ [喪章として帽子に巻く] 黒リボン
gascón, na [gaskón, na] 形 名《地名》[フランスの] ガスコーニュ Gascuña の〔人〕
  ── ❷《オック語の》ガスコーニュ方言
gasconés, sa [gaskonés, sa] 形=**gascón**
gaseado [gaseáðo] 男 炭酸ガスを含ませる gasear すること
gaseamiento [gaseamjénto] 男=**gaseado**
gasear [gaseár] 他 ❶ [水などの液体に] 炭酸ガスを含ませる; ガスで処理する. ❷ 毒ガスで攻撃する. ❸ [木綿糸の表面のけばを] ガスの炎で焼く, ガス糸にする
gaseiforme [gaseifórme] 形 ガス状の
gasendismo [gasendísmo] 男 ガッサンディ Gassendi 哲学〖17世紀フランスの哲学者, Pierre Gassendi〗
gasendista [gasendísta] 形 名 ガッサンディ論の[支持者]
gaseoducto [gaseoðúkto] 男《俗用》=**gasoducto**
gaseosa[1] [gaseósa]《←gaseoso》女 ❶《西》炭酸飲料, ソーダ水. ❷《古語》[炭酸飲料瓶の栓に用いる] ガラス玉. ❸《アルゼンチン》清涼飲料
gaseosero, ra [gaseoséro, ra] 名《西》炭酸飲料 (ソーダ水) の販売者
gaseoso, sa[2] [gaseóso, sa]《←gas》形 ❶ 気体の; ガス〔状〕の: sustancia en estado ～ ガス状の物質. ❷ [液体が] ガス入りの: bebida ～sa 炭酸飲料. ❸ ガスを発生させる. ❹ あいまいな
gásfiter [gásfiter] 男《属 ～s》《チリ》配管工
gasfitería [gasfitería] 女《チリ》配管〔工事〕
gasfitero [gasfitéro] 男《ペルー》ガスの配管 (器具の取付け) 工事をする人
gasífero, ra [gasífero, ra] 形《技術》ガスを含んでいる
gasificación [gasifikaθjón] 女 気化, ガス化
gasificar [gasifikár] [7] 他 ❶ 気化する, ガス化する. ❷ [飲み物に] 炭酸ガスを加える
gasista [gasísta] 名 ガス配管工, ガス器具取付け工
  ── 形 ガス産業の: sociedad ～ ガス会社
gasístico, ca [gasístiko, ka] 形 ガス産業の; ガスエネルギーの: explotación ～ca ガスエネルギー (天然ガス) 開発
gasmoña [gasmóɲa] 女《ベネズエラ》臆病すぎる〔女〕, 気の小さい〔女〕
gasoducto [gasoðúkto] 男《天然》ガスパイプライン
gasógeno [gasóxeno] 男 ガス発生炉(器): gas de ～ 発生炉ガス
gasohol [gas(o)ól] 男《技術》ガソホール, ガソリンとアルコールの混合燃料
gasoil [gasójl] 男=**gasóleo**
gasoleno [gasoléno] 男=**gasolina**
gasóleo [gasóleo] 男 軽油, ガス油
gasolero [gasoléro] 男《南米》ディーゼル車
gasolina [gasolína]《←gas+ラテン語 oleum「油」》女 ガソリン: echar ～ a un coche ガソリンを入れる. motor de ～ ガソリンエンジン. estación de ～ ガソリンスタンド. ～ normal (regular) レギュラーガソリン. ～-plomo 有鉛ハイオクガソリン. ～ sin plomo 無鉛ガソリン. ～ súper スーパーガソリン, ハイオク, 高オクタン価ガソリン
  echar ～《口語》一杯飲む
gasoline [gasolíne] 男/女《米国》=**gasolina**
gasolinera [gasolinéra]《←gasolina》女 ❶ ガソリンスタンド. ❷ モーターボート
gasolinero, ra[2] [gasolinéro, ra] 名《口語》ガソリンスタンドの従業員
gasometría [gasometría] 女 気体定量, ガス定量
gasométrico, ca [gasométriko, ka] 形 気体定量の, ガス定量の
gasómetro [gasómetro] 男 ❶ ガスタンク. ❷ ガス計量器
gasón [gasón] 男 石膏のかけら〖=yesón〗
gastable [gastáβle] 形 [金を] 使われ得る; 消費され得る
gastadero [gastaðéro] 男 浪費される場所; 浪費
gastado, da [gastáðo, ða] 形 ❶ [表現などが] 使い古しの, 言い古された, 陳腐な: expresión ～da 言い古された表現. ❷ 衰えた, 消耗した: Tengo la vista muy ～da. 私は視力が非常に衰えている. El gobierno ya está ～. 政府はもう権威が衰えている
gastador, ra [gastaðór, ra] 形 名 浪費する〔人〕, 無駄づかいす

gastadura

る〔人〕, 浪費家: Este tipo es ~. この男は浪費家だ
── 囲《軍事》工兵
gastadura [gastaðúra] 囡 摩滅の跡
gastamiento [gastamjénto] 男 消耗; 衰退
gastar [gastár]《←ラテン語 vastare「荒廃させる, 壊滅させる」(ゲルマン語 wostjan「使う の影響」)》囮 ❶ [金を, +en に] 使う, 費やす; [金が] かかる: El dinero hay que ganarlo y ~lo. 金は稼いで使わなければならない. A menudo me disgusto por haber gastado el dinero tontamente. 私は愚かにも金を費やしたことにしばしば嫌になる. Considera la cantidad mensual que gasta en comidas fuera de casa. 彼が月にいくら外食に使っているか考えなさい. ~ hasta el último céntimo (la última peseta) 〔古語的〕 一銭残らず使い果たす. ❷ 費やす, 使って減らす: 1) 〔時間・力などを〕 No gaste su energía en ayudar a personas que no se ayudan a sí mismos. 自助努力をしない人を援助するのに精力を使うのを止めなさい. ~ las horas mirando el cielo 空を見つめて時を費やす. 2) 〔消費〕 Gastó cinco fósforos antes de lograr que la leña prendiera. 彼は薪に火がつく前にマッチを5本使った. Esta estufa gasta demasiado gas. このストーブはガスを食いすぎる. 3) 〔すり減らす・使い切る〕 ~ unos zapatos cada seis meses 半年に一足ずつ靴を履きつぶす. ❸ 《西》〔日常的に〕 〔衣類を〕 身につける: Mi tío gasta sombrero. 叔父は帽子をかぶっている. Gastaba unas joyas valiosas. 彼女は高価な宝石をつけていた. ❹ 〔人を〕 消耗させる, 疲弊させる. ❺ 〔主に悪い意味で, 性格などを〕 持っている: Ella gasta muy mal genio. 彼女はとても気難しい人だ. ~ mal humor いつも機嫌が悪い.
~las《口語》行動する, ふるまう: ¡Ya sé cómo las gastas! 君の手の内はよくわかっているよ!
── 圓 ❶ 金を使う; 浪費する: Como ella se quiere conservar joven, gasta mucho en cosméticos. 彼女は自分を若く保ちたくて化粧品に金をたくさん使う. ❷ 経費がかかる; 燃料を消費する: Este coche gasta mucho. この車はガソリンをたくさん食う
── **se** ❶ 消費される, 費やされる: El dinero se gasta en poco tiempo. 金はすぐに無くなる. Todo mi dinero se ha gastado en este negocio. 私の全財産はこの事業に費やされた. ❷ すり減る, 摩耗する; 無くなる: Lleva vaqueros gastados. 彼はすり切れたジーパンをはいている. El jabón se ha gastado. 石けんが無くなった. coche gastado 中古車, ポンコツ車. dientes gastados すり減った歯. gastadas sandalias すり減ったサンダル. ❸ 〔人が〕 消耗する, 疲弊する, 体力が衰える: Se gasta en elogiar a sus amigos. 彼は友人たちをほめるのに忙しい. anciana gastada よぼよぼの老婆. ❹ 〔自分のものを〕 使う, 費やす: Se gastó un buen dinero. 彼は相当な金をつぎ込んだ. ~se sus ahorros 貯金を使い果たす. ❺ 《南米. 口語》話しても無駄である

gáster [gáster]《昆虫》〔膜翅類の〕膨腹部
gasteromicetes [gasteromiθétes] 男 覆《植物》腹菌類
gasterópodo, da [gasterópoðo, ða] 腹足類の
── 男 覆《動物》腹足綱
gastizo, za [gastíθo, θa]《口語》浪費家の, 大金を使う
gasto [gásto]《←gastar》男 ❶ 〔主に 覆〕 出費, 支出; 経費, 費用: 1) Tenemos veinte mil yenes de ~ semanal. 我が家は週に2万円使う. Gana cinco mil euros al mes, más ~s. 彼は必要経費を引いて月に5千ユーロ稼ぐ. La Navidad trae consigo unos ~s que pueden desestabilizar las economías familiares. クリスマスには家計のバランスを崩す出費が必要になる. restringir los ~s al mínimo 出費を最小限に抑える. ~ de desplazamiento 交通費, 旅費. ~ de estancia 滞在費. ~ de la guerra 戦費. ~ de residencia 〔公務員の〕住宅手当. ~ en alimentos/~ en alimentación 食費. ~ en salud 〔個人・自治体の〕医療費. ~ farmacéutico 薬代. ~s de comunidad/~s de escalera 〔マンションなどの〕管理費, 共益費. ~s de luz y gas 光熱費. ~s médicos 医療費, 治療費. 2) 〔経済, 経営〕 ~ de consumo 消費支出. ~ de la propaganda 宣伝費. ~ fiscal 財政支出. ~ público 公共支出. ~s bancarios 銀行手数料. ~s corrientes 経常支出. ~s de envío 〔包装費も含んで〕送料. ~s de mantenimiento 〔企業の〕維持費. ~s de representación 接待費, 交際費. ~s del Estado 歳出. ~s fijos 固定費. ~s generales 〔企業の〕総経費. ~s militares 軍事費. ❷ 消費, 消耗, 使うこと; 消費量: ~ calórico カロリー消費. ~ energético エネルギー消

❸《銀行》 con ~s 拒絶証書の作成を要す. sin ~s 拒絶証書の作成免除. ❹《医学》~ cardíaco 心拍出量
correr con los ~s 費用を負担する, 勘定を支払う: La empresa corre con los ~s. 費用は会社持ちだ. Pide la comida que más te apetezca, yo corro con los ~s. 一番食べたいものを注文したまえ, 僕の払いだから
cubrir ~s 支出をカバーする, 出費を埋め合わせる: Solo ganamos para cubrir ~s. 我々はどうにか赤字が出ない程度の稼ぎしかない
cubrir sus ~s 自分の支出をカバーする (まかなう)
hacer el ~ 1) 会話をリードする, 話題の中心になる. 2) 費用を負担する. 3)《コロンビア, アルゼンチン. 口語》一人でがんばる
no reparar en ~s 費用を惜しまない, 金に糸目をつけない: Usted no repare en ~s y ponga su juicio en realizar el proyecto. お金のことは気にしないで計画の実現に力を注いで下さい

gastón, na [gastón, na] 覆《口語》消費する
gastoso, sa [gastóso, sa] 浪費家の
gastr-〔接頭辞〕=**gastro-**: gastritis 胃炎
gastralgia [gastrálxja] 囡《医学》胃痛
gastrálgico, ca [gastrálxiko, ka] 胃痛の
gastrectasia [gastrektásja] 囡《医学》胃拡張
gastrectomía [gastrektomía] 囡《医学》胃切除術
gastricismo [gastriθísmo] 男《医学》急性胃疾患
gástrico, ca [gástriko, ka] 胃の: jugo ~ 胃液
gastrina [gastrína] 囡《生化》ガストリン
gastritis [gastrítis] 囡《医学》胃炎
gastro-〔接頭辞〕〔胃〕 gastronomía 美食, gastropatía 胃病
gastrocele [gastroθéle] 男《医学》胃ヘルニア
gastrocnémico [gastroknémiko] 男《解剖》双子筋, 腓腹筋 〔=músculo ~〕
gastrocolitis [gastrokolítis] 囡《医学》胃結腸炎
gastroduodenal [gastroðwoðenál] 胃と十二指腸の
gastroentérico, ca [gastroentériko, ka] =**gastrointestinal**
gastroenteritis [gastroenterítis] 囡《医学》胃腸炎
gastroenterocolitis [gastroenterokolítis] 囡《医学》胃腸結腸炎
gastroenterología [gastroenteroloxía] 囡 胃腸病学, 消化器病学
gastroenterológico, ca [gastroenterolóxiko, ka] 胃腸病学の
gastroenterólogo, ga [gastroenterólogo, ga] 胃腸病専門医
gastroenterostomía [gastroenterostomía] 囡《医学》胃腸吻合術
gastroepiploico, ca [gastroepiplóiko, ka]《解剖》胃大網の: arteria ~ca 胃大網動脈
gastroesofágico, ca [gastroesofáxiko, ka]《解剖》胃と食道の
gastrohepático, ca [gastroepátiko, ka]《解剖》胃と肝臓の, 胃肝の
gastrointestinal [gastrointestinál] 胃腸の
gastrolito [gastrolíto] 男《医学, 動物》胃石
gastrología [gastroloxía] 囡 ❶ 〔胃〕医学. ❷ 美食法, 料理学
gastronomía [gastronomía] 囡《←ギリシア語 gastronomía》❶ 美食〔学〕: practicar la ~ おいしいものを食べ歩く. ❷ 料理法 (術)
gastronómico, ca [gastronómiko, ka] 美食に関する; 料理法 (術) の: concurso ~ 料理コンテスト. cultura ~ca japonesa 日本の食文化
gastrónomo, ma [gastrónomo, ma]《←gastronomía》 美食家, 食通
gastropatía [gastropatía] 囡《医学》胃病
gastropexia [gastropéksja] 囡《医学》胃固定術
gastrópodo, da [gastrópoðo, ða] 男 =**gasterópodo**
gastroptosis [gastro(p)tósis] 囡《医学》胃下垂症
gastrorragia [gastrorráxja] 囡《医学》胃出血
gastroscopia [gastroskópja] 囡 胃カメラ検査
gastroscopio [gastroskópjo] 男《医学》胃カメラ
gastrostomía [gastrostomía] 囡《医学》胃瘻 (ろう) 造設〔術〕
gastrotrico, ca [gastrotríko, ka] 腹毛動物門の

―― 男 複《動物》腹毛動物門
gastrovascular [gastrobaskulár] 形《動物》胃水管の
gastrozoide [gastroθóide] 男《動物》[ヒドロ虫の] 栄養個虫
gástrula [gástrula] 女《生物》原腸胚
gastrulación [gastrulaθjón] 女《生物》原腸胚形成
gata[1] [gáta] 女 ❶ 雌猫《→**gato**[2]》. ❷《植物》1) ハリモクシュ. 2) ～ **rabiosa** コウオウハンショウヅル; セイヨウキンポウゲ, バターカップ. ❸ 山賊をはい登る雲 (水蒸気). ❹《古語. 船舶》[ガレー船の] 櫓楼. ❺《メキシコ, 中米. 魚》アブラツノザメ; コモリザメ, ヘラザメ, メリカテンジクザメ. ❻《メキシコ. 軽蔑》女中, メイド. ❼《チリ. 口語》ジャッキ《＝gato》. ❽《アルゼンチン》高級売春婦
a ～**s** 1) 四つんばいで: andar *a* ～**s** はいはいをする. 2)《アルゼンチン》苦労して; どうにか, やっと
hacer la ～《口語》猫をかぶる
salir de un apuro ～**s de un apuro** 難局を切り抜ける
ser más viejo que andar a ～**s** 大変古い, 年代物である
¡Y lo que anduvo a ～**s!** [実際より若く言う人に対して] さばを読んでいるな!
gatada [gatáda] 女 ❶《口語》[ずる賢さ・欺瞞・見せかけなど] 非難されるべき行為. ❷ 猫独特の動作. ❸ [猟犬に追われた野ウサギが] 急に止まって体をかわすこと
gatallón, na [gataʎón, na] [gato の軽蔑語] 形 名《口語》悪党 [の], ぺてん師 [の]; 払いの悪い [人]
gatatumba [gatatúmba] 女《まれ》[親切な応対などの] ふり, 見せかけ; [病気・痛みなどの] 口実
gatazo [gatáθo] 男 詐欺, ぺてん
dar el ～《中南米. 口語》だます, 見かけがいい
gateado, da [gateádo, da] 形 ❶ [外見が] 猫に似た: **ojos grandes y** ～**s** 大きくて猫のような目. ❷《アルゼンチン》[馬が] 黒っぽい鹿毛で縞のある
―― 男 ❶ ＝**gateamiento**. ❷《植物》ウルンダイ〖高級家具用材〗
gateamiento [geteamjénto] 男 四つんばいで歩くこと
gatear [gateár] 自 ❶ 四つんばいで歩く; [赤ん坊が] はいはいをする. ❷ [+**por**] よじ登る
―― 他 ❶ [猫が] 引っかく. ❷ こっそり盗む, くすねる
gatera[1] [gatéra] I [←**gato** I] 女 ❶ [ドアなどの] 猫の通る穴: **En la puerta del garaje hemos hecho una** ～. 私たちは車庫の扉の出入り口を作ってやった. ❷ [屋根の] 通気孔. ❸《船舶》錨鎖孔, キャットホール. ❹《地方語》[幼児用ズボンの排便用の] 尻の開口部. ❺《チリ》[田舎で使われる] ネズミ取りの罠. ❻《口語》[子供の] こそどろ
II [←**gato** II] 女《エクアドル, ペルー, ボリビア》[市場の] 野菜売り女
gatería [gatería] 女 ❶《口語》猫の群れ, 猫の集会. ❷ 不良の集まり. ❸ こびへつらい, お世辞
gatero, ra[2] [gatéro, ra] 形《場所が》猫の棲む(たむろする)
―― 名 ❶ 猫を売る人. ❷ 猫好きな人
gatesco, ca [gatésko, ka] 形《口語》猫の, 猫のような《＝**gatuno**》
gatillazo [gatiʎáθo] 男 ❶ [銃の, 主に空砲の] 引き金を引く音. ❷《西. 口語》[男性の突然の一時的に] 性交不能
dar (pegar) ～《西. 口語》[男性が突然一時的に] 性交不能になる
dar [un] ～《西. 口語》早漏になる
dar [el] ～《西. 口語》失敗する, 目的を達成しない
gatillero [gatiʎéro] 男《メキシコ》殺し屋; ピストル強盗
gatillo [gatíʎo] [←**gato** I] 男 ❶ [銃の] 引き金, トリガー; 撃鉄: **apretar el** ～ 引き金を引く. ～ **nuclear** 核兵器の引き金 〖起爆装置〗. ❷ [抜歯用の] 鉗子(.). ❸《木工》締め具, 留め具, かすがい; 万力. ❹ 子供のこそどろ. ❺ [四足動物の] 首筋. ❻《バレンシア》アカシアの花. ❼《チリ. 口語》[馬の] 臀毛(.)の長いのこと
gatismo [gatísmo] 男《医学》排便・排尿障害
gatito, ta [gatíto, ta] 名 子猫
gato, ta[2] [gáto, ta] I [←ラテン語 cattus「野生のネコ」] 名 ❶ ネコ (猫); ネコ科の動物: 1) ～ **de apartamento** マンション猫. ～ **del barrio**/～ **callejero** 野良猫. 2) [種類] ～ **de algalia** アフリカジャコウネコ. ～ **de Angora** アンゴラネコ. ～ **cerval** サーバルキャット. ～ **garduño** ムジロテン《＝**garduña**》. ～ **montés** ヨーロッパヤマネコ. ～ **pampeano** パンパスネコ. ～ **persa** ペルシアネコ. ～ **romano** トラネコ, シマネコ. ～ **siamés** シャムネコ. 3)《諺》**Cuando el** ～ **no está los ratones bailan.** 鬼の

ぬ間の洗濯/あれもこれも無用な心配をする. **De noche todos los** ～**s son pardos.** 闇夜の錦/夜目, 遠目, 笠の内. **G**―― escaldado del agua fría huye. あつものにこりてなますを吹く. **Hasta los** ～**s quieren zapatos.** 人は時として高望みするものだ. ❷《口語》泥棒. ❸《チリ. 軽蔑》アマチュア選手
―― 男 ❶《技術》ジャッキ: ～ **de cremallera** 箱ジャッキ. ～ **hidráulico** 水力ジャッキ. ❷《木工》万力. ❸《古語的》金(.)袋; そこに保管された金. ❹《植物》キンギョソウ《＝**dragón**》. ❺《古語. 船舶》鞭 [＝～ **de siete (nueve) colas**]. ❻《エストレマドゥラ》[暖炉などの] たきぎ台. ❼《中南米. ゲーム》三目並べ. ❽《コロンビア》[二頭筋への] 打撃. ❾《アルゼンチン, ウルグアイ》ガト〖踊り手の仕草が猫の手の動きのように見える民俗舞踊・音楽〗. ❿《アルゼンチン》女性性器, 膣
a lo ～ 洗って, 水をほとんど使わずに: **lavarse a lo** ～ カラスの行水をする
como ～ *por (sobre) ascuas*《口語》大急ぎで, すばやく
como los ～**s a lo** ～
cuatro ～**s**《口語》ごく少数の人: **La conferencia no tuvo éxito: acudieron apenas cuatro** ～**s.** 講演会は失敗だった. わずかな人しか来なかった
dar ～ *por liebre* 羊頭をかかげて狗肉を売る
de ～ [洗い物が] ざっとの, 水をほとんど使わない: **hacer un lavado de** ～ **a las copas** グラスをさっと洗う
defenderse como ～ *panza arriba*/*defenderse como* ～ *de espalda*《口語》[争い・議論に] 必死になって守る
Eso lo sabe hasta el ～. それは誰だって知っている
estar para el ～《ボリビア, チリ. 口語》病気である, 元気がない
～ ～ **viejo** 世知にたけた人
haber ～ *encerrado*《口語》[+**en**] におかしなことがある, 何か裏がある
hasta el ～ *(los* ～**s)**《口語》みんな, 全員
huir como ～ *escaldado* ＝**salir como** ～ **escaldado**
jugar al ～ *y al ratón* [複数の人を] 会わせて話をさせようとする〖しかし失敗する〗
llevar ～**s en la barriga**《口語》＝**tener** ～**s en la barriga**
llevar[se] el ～ *al agua* しれつな競争を勝ち抜く; 自分の意見を通す
meter ～ *por liebre*《コロンビア》＝**dar** ～ **por liebre**
No hay ni un ～. 人っ子一人いない
para el ～《口語》[言われたことに対する不評・拒絶] どうしようもない, くだらない
pasar ～ *por liebre*《チリ》＝**dar** ～ **por liebre**
salir como ～ *escaldado* 一目散に逃げ出す
ser un ～ *pobre*《アルゼンチン, ウルグアイ. 軽蔑》無一文である; 何のとりえもない
tener ～ *encerrado*《口語》おかしなことがある, 何か裏がある
tener ～**s en la barriga**《口語》腹に一物ある, 下心がある
tres ～**s**《まれ》＝**cuatro** ～**s**
II [←ケチュア語 ccatu] 男《ペルー》青空市場
gatopardo [gatopárdo] 男《動物》チーター〖＝**guepardo**〗
GATT [gát] [←英語] 男《略》関税と貿易に関する一般協定, ガット〖現在は世界貿易機関に移行〗
gatuna[1] [gatúna] 女 ＝**gatuña**
gatunero [gatunéro] 男《アンダルシア》密輸の肉の販売人
gatuno, na [gatúno, na] 形 猫の; 猫のような
gatuña [gatúɲa] 女《植物》ハリモクシュク, スパイニーレストハロー
gatuñada [gatuɲáda] 女《口語》爪痕, ひっかき傷
gatuñar [gatuɲár] 他《アストゥリアス, ログローニョ》[爪で] ひっかく, ひっかき傷をつける
gatuperio [gatupérjo] [vituperio からの改変] 男 ❶ 策謀, 欺瞞. ❷ 混乱, 紛糾. ❸ [まずい・有害な] ごたまぜ
gauchada [gautʃáda] 女《ペルー, チリ, アルゼンチン, ウルグアイ》ガウチョらしさ〖腕前, 勇敢さ〗;《口語》好意, 親切
gauchaje [gautʃáxe] 男《チリ, アルゼンチン, ウルグアイ》ガウチョの一団 (集まり)
gauchear [gautʃeár] 自 ❶《アルゼンチン, ウルグアイ》ガウチョのような生活をする. ❷《口語》危険な恋をする
gauche divine [góʃ dibín] [←仏語] 女〖1970年代末, バルセロナで結成された〗左翼青年知識人グループ
gauchesco, ca [gautʃésko, ka] 形 ガウチョ gaucho の: **literatura** ～**ca** ガウチョ文学〖大草原 pampa で牛を追って自由な

gauchismo

生活をおくっていたガウチョたちを描いた文学. 当初はパジャドール payador がギターの弾き語りで歌っていたが, やがて物語詩・小説へと発展した]. *poesía* ~*ca* ガウチョ詩

gauchismo [gautʃísmo] 男 ❶《文学, 音楽》ガウチョの習慣・生活の影響を受けた潮流. ❷《まれ》ガウチョの習慣・生活・生活

gauchista [gotʃísta] 形 《まれ. 政治》左翼の〔知識人〕

gauchito, ta [gautʃíto, ta] 形 《アルゼンチン, ウルグアイ》すぐれた, 性能のいい

gaucho, cha [gáutʃo, tʃa]《←語源》形 名 ❶ ガウチョ〔の〕, ガウチョ特有の《アルゼンチンの大草原 pampa の牧童. 野生の牛を投げ玉 boleadora で捕える. アルゼンチン独立戦争では独立軍に加わる. 19世紀後半以降, 自由な移動生活の場を奪われ衰退するが, そのイメージは民族主義的シンボルとなる》: apero ~ ガウチョ独特の馬具. ❷《チリ, ラプラタ》1) 技能の優れた牧夫, 名騎手. 2)〔ガウチョらしい〕威厳のある, 勇敢な, 親切な. 3) ずる賢い; 粗野な, 下品な. 4) perro ~ 野良犬. ❸《チリ》アルゼンチン人
── 男〔ガウチョのかぶる〕つば広の帽子

gaudeamus [gaudeámus]《←ラテン語》男《単複同形》喜悦の歌《讃美歌の一つ》; 饗宴

Gaudeamus igitur, juvenes dum sumus [gaudeámus ígitur xubénes dum súmus]《←ラテン語》楽しもうではないか《中世の学生歌の冒頭の言葉. 今日でも学生たちに歌われている》

gauderio [gauderjo] 男 ❶《アルゼンチン》怠け者. ❷《ウルグアイ》1) 奔放な男. 2) 田舎仕事にたけた男. 3) ガウチョ

Gaudí [gaudí]《人名》**Antonio** ~ アントニオ・ガウディ《1852〜1926, カタルーニャモダニズム Modernismo catalán を代表する建築家. カタルーニャ語表記 Antoni Gaudí. バルセロナの『聖家族教会』*Templo Expiatorio de la Sagrada Familia*,『グエル公園』*Parque Güell*,『バトリョ邸』*Casa Batlló*,『ミラ邸』*Casa Milà*》

gaudiniano, na [gaudinjáno, na] 形 《人名》アントニオ・ガウディ Antonio Gaudí の

gaullismo [golísmo] 男 ドゴール主義《フランスの政治家 Charles de Gaulle》

gaullista [golísta] 形 名 ドゴール主義の(主義者)

gaulteria [gaultérja] 女 《植物》ヒメコウジ

gaur [gáur] 男 《動物》ガウル

gausio [gáusjo] 男 =**gauss**

gauss [gáus] 男《単複同形》〔電磁単位〕ガウス

gavanés, sa [gabanés, sa] 形 名 ガバ gavá の〔人〕《バルセロナ県の町》

gavanza [gabánθa] 女 ノバラの花

gavanzo [gabánθo] 男 《植物》ノバラ 〔=*escaramujo*〕

gavera [gabéra] 女 ❶《アンダルシア; コロンビア, ベネズエラ》瓦・煉瓦の型. ❷《ベネズエラ》〔仕切りのある〕瓶ケース; 製水皿

gaveta [gabéta] 女 ❶〔机の〕引出し;《地方語》〔たんすなどの〕引出し. ❷ 引出し付きの家具. ❸〔石膏の〕練り鉢. ❹《船舶》取っ手付きの楕円形の小型木皿. ❺《カナリア諸島》1) 牛乳などの少量. 2)〔牧家が搾乳・ひき割りトウモロコシの練り・水飲みなどに用いる〕平たい広口の木皿. ❻《ルシア》《養蚕のよしずを固定するための》壁の鉄環, 壁に結んだ綱

gavetero [gabetéro] 男 《メキシコ, キューバ, ペルー, ボリビア, パラグアイ》ファイルキャビネット

gavia [gábja]《←古ルシア語 *jaola*》女 ❶《船舶》1) トプスル. 2)〔ガレー船の〕檣楼. ❷《鳥》カモメ〔=*gaviota*〕. ❸〔排水・境界用の〕溝, 堀. ❹《古語》〔主に木製の〕狂人などを閉じ込める檻. ❺《鉱山》運搬作業員のお椀. ❻《サモラ, サラマンカ》植樹用の穴(溝). ❼《地方語》境界用の石壁

gavial [gabjál] 男 《動物》インド(ガンジス)ワニ, インドガビアル

gaviero [gabjéro] 男 《船舶》檣楼員, トプマン

gavieta [gabjéta] 女 《船舶》〔ミズンマスト・バウスプリットなどの〕檣楼

gaviete [gabjéte] 男 《古語. 船舶》揚錨架

gaviforme [gabifórme] 形 アビ形の
── 男 複 《鳥》アビ下目

gavilán [gabilán] 男 ❶《鳥》ハイタカ. ❷〔主に 複. 剣の〕十字形のつば. ❸〔鋤の泥落とし棒 aguijada の〕鉄製の鋭い先端. ❹ ペン先の先端〔の2つに割れた片方〕. ❺〔文字の最後に付ける〕飾りの線. ❻ アザミの花. ❼《メキシコ, 中米, キューバ, プエルトリコ, チリ. 医学》〔足の親指の〕ひょうそ. ❽《ベネズエラ》〔軽快なテンポの〕民俗音楽の一種. ❾《アルゼンチン》〔馬の〕蹄叉

gavilana [gabiKána] 女 《コスタリカ. 植物》セピ《学名 *Neurolaena lobata*》

gavilancillo [gabilanθíKo] 男 〔アーティチョークの萼片などの〕丸く反った先端

gavilla [gabíKa] 女 ❶〔薪・小麦などの〕束《→*haz²* 類語》: recoger la cebada en ~s 大麦を束にしてまとめる. ❷《軽蔑》〔悪者の〕群れ; gente de ~ 悪党の一味. ❸ ~ de ladrones 盗賊団. ❹《メキシコ. 歴史》革命期の強盗団

gavillador, ra [gabiKaðór, ra] 形 束ねる; 束ね機, 結束機

gavillar [gabiKár] 他 一面に束 gavilla を積んだ土地
── 他 束ねる

gavillera [gabiKéra] 女 《地方語》=**gavilladero**

gavillero [gabiKéro] 男 〔刈り取った穀物の〕束を積上げる場所; 束を並べた列

gavina [gabína] 女 《地方語》カモメ〔=*gaviota*〕

gavinote [gabinóte] 男 カモメのひな

gavión [gabjón] 男 ❶《鳥》オオカモメ. ❷《軍事》〔堡塁用の〕堡籠. ❸〔護岸用などの〕蛇籠. ❹ 大きなつば広の帽子

gaviota [gabjóta]《←ラテン語 *gavia*》女 《鳥》カモメ〔= ~ *cana*〕: ~ argéntea セグロカモメ. ~ cabecinegra ニシズグロカモメ. ~ enana ヒメカモメ. ~ hiperbórea シロカモメ. ~ picofina ハシボソカモメ. ~ polar アイスランドカモメ. ~ reidora (común) ユリカモメ. ~ sombría ニシセグロカモメ

gavota [gabóta] 女 《舞踊, 音楽》ガボット

gay [gái/géi]《←英語》形 《圏》~s ゲイ〔の〕, ホモ〔の〕

gaya¹ [gája] 女 ❶〔地と色違いの〕縞(模様). ❷《古語》〔勝者に与えられる〕勝利の徽章. ❸《鳥》カササギ〔=*urraca*〕

gaya ciencia [gája θjénθja] 女 ❶〔吟遊詩人風の〕詩. ❷ 詩学, 詩芸術

gayadura [gajaðúra] 女 〔地と色違いの〕縞模様の飾り

gayán [gaján] 男 《地方語. 魚》ベラ科の一種《学名 *Labrus ossifagus*》

gayar [gajár] 他 〔地と色違いの〕縞模様で飾る

gayata [gajáta] 女 《アラゴン》田舎風つえの杖〔=*cayado*〕

gayera [gajéra] 女 大粒のサクランボの品種

gayo, ya² [gájo, ja] 形 《まれ》陽気な, 愉快な; 〔色彩などが〕明るい

gayola [gajóla] 女 ❶〔野生動物観察のための〕隠れ場所. ❷《まれ》〔動物を入れる〕檻. ❸《隠語》自慰. ❹《メキシコ. 口語》〔劇場・スタジアムの〕最上階席. ❺《アルゼンチン. 口語》刑務所

gayomba [gajómba] 女 《植物》

gay saber [gái sabér] 男 詩作に対する精通(熟達); 詩

gayuba [gajúba] 女 《植物》クマコケモモ

gayumba [gajúmba] 女 《ドミニカ》ダイオウヤシを使った弦楽器の一種

gayumbo [gajúmbo] 男 《闘牛》おとなしく醜い牛

gayumbos [gajúmbos] 男 複 《西. 口語》〔下着の〕トランクス

gaza [gáθa] 女 《船舶》〔綱端の〕輪, ループ

gazafatón [gaθafatón] 男 《口語》=**gazapatón**

gazapa [gaθápa] 女 《口語》嘘

gazapatón [gaθapatón] 男 《口語》言い間違い

gazapear [gaθapeár] 自 ❶ 身を隠し, 隠れる;〔隠れるために〕かがむ, 身を低くする. ❷《ウサギが》ゆっくりそっと歩く. ❸《闘牛》〔牛が臆病で自信なさげに〕歩き続けながら襲いかかる. ❹《地方語》這う, 四つ這いで歩く

gazapera [gaθapéra] 女 ❶ ウサギの穴. ❷〔悪者の〕巣窟. ❸ けんか, 口論

gazapina [gaθapína] 女 ❶《集名》ごろつきたち. ❷《口語》けんか, 騒ぎ. ❸《集名》〔綴り・文法上のうっかりした〕誤り; 〔不注意による〕失敗: La carta estaba llena de ~s. その手紙はスペルのうっかりミスだらけだった

gazapo [gaθápo] 男 ❶ 子ウサギ. ❷《口語》〔綴り・文法上の〕誤り. ❸《口語》ずる賢い男, 抜け目のない男. ❹ 嘘

gazapón, na [gaθapón, na] 形 《闘牛》〔牛が〕歩き続けながら襲いかかる
── 男 非合法の賭博場〔=*garito*〕

gazmiar [gazmjár] 10 他 《まれ》つまみ食いをする〔=*gulusmear*〕
── se 文句を言う, 恨む

gazmol [gazmól] 男 《猛禽類の》舌癌

gazmoñada [gazmoɲáða] 女 《軽蔑》=**gazmoñería**

gazmoñería [gazmoɲería] 女 《軽蔑》❶ 凝り固まった信仰心. ❷ 偽善; 猫かぶり

gazmoñero, ra [gaθmoɲéro, ra] 形 名《軽蔑》=**gazmoño**
gazmoño, ña [gaθmóɲo, ɲa] 形《←?語源》名《軽蔑》❶ 信心家〔道徳家〕ぶった〔人〕; お上品ぶった〔人〕: Ese chico es fiel ~ que no quiere ir al baile de la boda de su hermana. その少年はえせ信心が高じて姉の結婚式のダンスパーティーにさえ出たがらない。❷ 偽善的な, 偽善者; 猫かぶりの〔人〕
gaznápiro, ra [gaθnápiro, ra]《←?語源》形 名《軽蔑》うすのろ〔の〕, 間抜け〔な〕: Díselo al ~ de tu hijo. お前の間抜けな息子にそう言っておけ
gaznar [gaθnár] 自 =**graznar**
gaznatada [gaθnatáða] 女 ❶〔手による〕喉への一撃。❷《中米》《頰への》平手打ち
gaznatazo [gaθnatáθo] 男 ❶ 喉への一撃。❷《サラマンカ, アビラ, アラゴン》平手打ち
gaznate [gaθnáte]《←擬声》男 ❶《口語》喉〔の内側〕: refrescarse el ~ 喉を潤す。❷〔喉の形の〕円筒形の揚げ菓子 fruta de sartén. ❸《メキシコ》ガスナテ〔パイナップルまたはココナッツで作るケーキ〕
gaznatón, na [gaθnatón, na] 形《メキシコ》やかましく叫ぶ
—— 男 ❶ 喉への一撃。❷ 円筒形の揚げ菓子〔=gaznate〕
gazofia [gaθófja] 女 =**bazofia**
gazofilacio [gaθofiláθjo] 男《古語》〔エルサレムの寺院の〕宝物庫
gazón [gaθón] 男《地方語》芝, 草
gazpachada [gazpatʃáða] 女 ガスパーチョがたっぷりある食事
gazpachear [gazpatʃeár] 自《アンダルシア》ガスパーチョを作る
gazpachero, ra [gazpatʃéro, ra] 男《アンダルシア》ガスパーチョを作る人;《農場で》作男のために食事を作る人
—— 女《アンダルシア》ガスパーチョ用の皿
gazpacho [gazpátʃo]《←?語源》男 ❶《料理》1) ガスパーチョ《冷たい野菜スープ. =~ andaluz》。2)《ムルシア》パイ入りのウサギ肉のシチュー。❷《ホンジュラス》残滓, 残り物。❸《プエルトリコ》〔ヤシの実の〕繊維質の皮
gazpachuelo [gazpatʃwélo] 男《アンダルシア. 料理》卵・酢の入ったスープ
gazul [gaθúl] 男《植物》メセン科の一種〔=algazul〕
gazuza [gaθúθa] 女 ❶《西. 口語》空腹〔=hambre〕: ¡Qué ~ tengo! あー, 腹がへった！❷《中米. 遊戯》鬼ごっこ。❸《コスタリカ. 口語》大騒ぎ, にぎやかな人。❹《ホンジュラス. 口語》だますのが難しい
ge [xé] 女《複 ges》文字 g の名称
gea [xéa] 女 ❶ 一国・一地方の〕無機界, 鉱物界。❷ 鉱物誌。❸《ギリシア神話》ガイア《大地の女神》
geada [xeáða] 女《音声》[g] を [x] で発音する傾向
geco [xéko] 男《動物》〔総称〕ヤモリ
gecónidos [xekóniðos] 男 複《動物》ヤモリ科
Gedeón [xeðeón] 男〔民間伝承上の人物で〕分かりきったことをもったいぶって話して笑われる男
gedeonada [xeðeonáða] 女 愚かさ, 単純さ
gedeónico, ca [xeðeóniko, ka] 形〔人・事が〕愚かな, 単純な
gehena [x(e)éna] 女《新約聖書》地獄〔=infierno〕
geiger [géjɣer] 男 ガイガーカウンター〔=contador〔de〕~〕
géiser [xéjser]《←アイスランド語 geysir》男 間欠〔噴出〕泉
geiserita [xejseríta] 女《鉱物》間欠石
geisha [géjsa]《←日本語》女《複 ~s》芸者
gejionense [xexjonénse] 形 名《地名》ヒホン Gijón の〔人〕〔=gijonés〕
gel[1] [xél]《←gelatina》男 ❶ ジェル状の石けん〔整髪料〕: un bote de ~ de baño ボディソープのボトル1本。❷《化学》ゲル: ~ de sílice シリカゲル
gel[2]**, la** [xél, la] ❶《隠語》ロバ〔=burro〕。❷ ばか, 愚か者
gelada [xeláða] 女《動物》ゲラダヒヒ
gelamonita [xelamoníta] 女 硝酸アンモニウム爆薬, ゼラチン爆薬
gelasmo [xelásmo] 男 ヒステリックな笑い
gelástico, ca [xelástiko, ka] 形〔笑いが〕ヒステリックな
gelatería [xelatería] 女《メキシコ》アイスクリーム店
gelatina [xelatína] 女《←伊語 gelatina < gelado「アイスクリーム」》❶ ゼラチン: papel de ~ ゼラチン感光紙。~ explosiva ゼラチンダイナマイト。❷《料理》煮こごり。❸《料理》ゼリー
gelatinado, da [xelatináðo, ða] 形 ゼラチン状の
gelatinar [xelatinár] 他 ゼラチンで覆う
gelatinización [xelatiniθaθjón] 女 ゼラチン化, ゲル化, 膠化

(こう)

gelatinizante [xelatiniθánte] 形 ゲル化剤, 膠化剤
gelatinizar [xelatiniθár] 9 他 ゼラチン化, ゲル化する; ゼラチン状にする
gelatino-bromuro [xelatinobromúro] 男《写真》臭化銀乳剤
gelatinoso, sa [xelatinóso, sa] 形 ゼラチン質の, ゼリー状の
geldre [xéldre] 男《植物》カンボク〔=mundillo〕
gelfe [xélfe] 男〔セネガルの〕ウォロフ族
gélido, da [xéliðo, ða]《←ラテン語 gelidus》形《詩語》❶ 凍(い)てつくような: viento ~ 寒風。❷ よそよそしい, 無愛想な: saludo ~ 冷淡な挨拶
gelificar [xelifikár] 7 他《化学》ゲル化させる
——**se** ゲル化する
gelifracción [xelifrak(k)θjón] 女 =**gelivación**
gelignita [xeliɣníta] 女 桜ダイナマイト, ゼリグナイト
gelinita [xeliníta] 女 =**gelignita**
gelivación [xeliβaθjón] 女《地質》浸透水の凍結による岩石の崩壊
gelosa [xelósa] 女 寒天
gema [xéma]《←ラテン語 gemma「宝石」》女 ❶ 宝石, 貴石〔→joya 類義〕: Ella lleva valiosas ~s. 彼女は高価な宝石を身につけている。❷《植物の》芽: Nacen las primeras ~s. 新芽が出る。❸《建築》〔角材の〕丸身, 耳
gemación [xemaθjón] 女《生物》無性芽生殖; 芽球形成
gemebundo, da [xemeβúndo, da] 形《文語》嘆き悲しんでいる, めそめそ泣いている; 泣き虫の
gemecar [xemekár] 7 自《アラゴン》めそめそする
gemela[1] [xeméla] 女 ❶《植物》マツリカ, アラビアジャスミン。❷《競馬》連勝式〔=apuesta ~〕
gemelar [xemelár] 形《生物》双生児の: parto ~ 双生児出産
gemelo, la[2] [xemélo, la]《←ラテン語 gemellus》形 名 ❶ 双生児〔の〕: Son ~s. 彼らはふたごだ。Dos ~s se intoxicaron. ふたごの2人が中毒した。su hermano ~ 彼のふたごの兄〔弟〕。~ idéntico (falso)/~ univitelino (bivitelino)/~ homocigótico (heterocigótico) 一卵性〔二卵性〕双生児。❷《比喩》torres ~las ツインタワー。alma ~la 双子の魂。❸《船舶》姉妹船〔=buque ~〕。❹《建築》接合して強化した小割材〔=músculo ~〕。❹《天文》複《~s》双子座,《占星》=**géminis**。❺《船舶》姉妹船〔=buque ~〕。❻《建築》接合して強化した小割材〔=músculo ~〕。❼《解剖》双子筋, 腓腹筋〔=músculo ~〕。❽《警官・警備員の》2人組
—— 男 ❶ 複〔プリズム式の〕双眼鏡: mirar con los ~s 双眼鏡で見る。~s de campaña/~s de campo〔携帯用の〕小型双眼鏡。~s de teatro オペラグラス。❷ カフスボタン: llevar ~s de oro 金のカフスボタンを付けている。
gemido [xemíðo]《← gemir》男 うめき〔声〕; 悲嘆の声: Se oían sus ~s. 彼のうめき声が聞こえた
gemidor, ra [xemiðór, ra] 形 うめく, うなる, 嘆き悲しむ
geminación [xeminaθjón] 女 ❶《修辞》同語反復。❷《音声》子音重複。❸ 重複, 二重化, 反復
geminado, da [xemináðo, ða] 形 ❶ 対になった, 一対の。❷《生物》双生の。❸《音声》子音重複の
geminar [xeminár] 他 ❶《音声》〔子音などを〕重複させる。❷ 対にする, 二重化させる, 反復させる
——**se**《音声》〔子音が〕重複する
Gemínidas [xemíniðas] 女 複《天文》双子座流星群
geminifloro, ra [xeminifloro, ra] 形《植物》対生花の
géminis [xéminis] 男 ❶《占星》〔主に G~〕双子座〔→zodíaco 参考〕。❷《生物》二価染色体。❸《古語》鉛白と蝋で作った膏薬
gemiquear [xemikeár] 自《アンダルシア; チリ. 口語》めそめそする
gemiqueo [xemikéo] 男《アンダルシア; チリ. 軽蔑》めそめそすること
gemir [xemír]《←ラテン語 gemere》35 自 ❶ うめく, うなる; 嘆き悲しむ: ~ de dolor 痛くてうめく。~ por (de) su desgracia 不幸を嘆く。~ bajo pesados impuestos 重税にあえぐ。❷《文語》うなるような音を立てる: Gime el viento. 風がうなっている。❸〔動物が〕遠ぼえする
gémmula [xémula] 女 =**gémula**
gemología [xemoloxía] 女 宝石学
gemológico, ca [xemolóxiko, ka] 形 宝石学の
gemólogo, ga [xemólogo, ɣa] 名 宝石学者
gemonías [xemonías] 女 複《古代ローマ》〔G~. ローマのパラティーノの丘の〕罪人の死体を裸のまま投げ棄てた断崖〔=escaleras ~〕。❷〔まれ〕〔酷な〕加辱刑
gemoso, sa [xemóso, sa] 形〔角材などが〕丸身〔耳〕の付いた

gemoterapia [xemoterápja] 囡 [植物の芽を使う, 若返りの] ジェモセラピー

gémula [xémula] 囡《植物》芽球

gen [xén]《←ラテン語 genus <ギリシア語 genos「起源, 人種」》男《生物》[主に 複] 遺伝子, 遺伝因子: estar determinado por los ~es 遺伝子によって決まる

gen.《略語. 文法》←género 性; genitivo 属格

Gen.《略語》←General 将軍

gena [xéna] 囡 ヘンナ, ヘナ《髪染めの染料, 入れ墨の墨, 大麻の質を落とす混ぜ物》

genciana [xenθjána] 囡《植物》リンドウ; その根から作る薬(食前酒)

gencianáceo, a [xenθjanáθeo, a] 形 リンドウ科の
——囡 複《植物》リンドウ科

gencianales [xenθjanáles] 囡 複《植物》リンドウ目

gencianeo, a [xenθjanéo, a] 形 =**gencianáceo**

gendarme [xendárme]《←仏語》男 ❶ [フランス・中南米などの, 治安・警察活動をする] 憲兵, 警官. ❷ [バチカン市国の] 衛兵. ❸《アルゼンチン》国境警備隊員. ❹《軽蔑》横暴(高圧的)な男

gendarmería [xendarmería]《←gendarme》囡 ❶ [フランス・中南米などの] 憲兵隊, 警察; その本部, 兵舎: hacer la denuncia en la ~ 警察に告発する. ❷ [バチカン市国の] 衛兵隊. ❸《アルゼンチン》国境警備隊

gene [xéne] 男 =**gen**

genealogía [xenealoxía]《←ラテン語 genealogia》囡 ❶ 家系, 血筋; 家系図: Me gustaría conocer mi ~. 私の家系を知りたいものだ. ❷ [犬・猫などの] 血統; 血統書: Este perro tiene muy buena ~. この犬は立派な血統書付きだ

genealógico, ca [xenealóxiko, ka] 形《家系》[図]の

genealogista [xenealoxísta] 共 系譜学者, 系図学者

geneático, ca [xeneátiko, ka] 形 誕生日占いの(占い師)

generable [xenerá́ble] 形 生み出される, 生成可能な

generación [xeneraθjón]《←ラテン語 generatio, -onis「再生産」》囡 ❶ [血統の] 代; 世代《一世代は人が生まれて子を生むまでの期間で約25〜30年間》: en el transcurso de unas *generaciones* 数世代の間に. cuarta ~ 四代, ひ孫. ❷ 同時代の人々: los de su ~ 彼と同年代の人々. ~ de la postguerra 戦後の世代. ~ joven 若い世代. ~ presente 現代の人々. ❸ [作家・芸術家などの] 世代: nueva ~ de artistas flamencos 新世代のフラメンコ・アーチスト. ~ del 98 98年世代《1898年米西戦争敗戦を機に新文学運動に参加したスペインの作家たち. Unamuno, Azorín, Baroja, Machado, Maeztu などに代表される》. G~ del 27《西》27年世代《1927年, ゴンゴラ Góngora 復権のためのセビーリャでの集会を契機として形成され, 30年代以降のスペイン詩壇を代表する詩人グループ. Salinas, Guillén, Diego, Lorca, Alberti, Aleixandre など. 当初は伝統的な詩形の再評価と民間伝承文化の尊重を目指したが, その後は様々な傾向の詩作に分かれていく》. ❹ [技術などの] 段階: tecnología de tercera ~ 第3代のテクノロジー. ❺ [機器などの] 型: computadora de la quinta ~ 第5世代コンピュータ. ❻《生物》発生; 生殖: ~ espontánea 自然発生. ~ sexual 有性生殖. ❼ [電気・熱・ガスなどの] 発生; 生成《=~ de la energía eléctrica》: ~ solar 太陽光発電. ❽《数学》生成
de ~ en ~ 代々〔続いて〕

generacional [xeneraθjonál] 形 世代の, 世代間の: intercambio ~ 世代間の交流

generacionalmente [xeneraθjonálménte] 副 世代的に[見て]

generacionismo [xeneraθjonísmo] 男《哲学》霊魂伝遺説《魂は両親から, 究極的には Adam から遺伝されたものであるとする》

generacionista [xeneraθjonísta] 共 霊魂伝遺論者

generador, ra [xeneraðór, ra]《←ラテン語 generator, -oris》形 ❶ 発生させる: caldera ~*ra* de vapor ボイラー. planta ~*ra* 発電所. La injusticia es ~ de odio. 不正は憎悪を生む. ❷ 生成の: [点・線・面の移動で線・面・立体を] 生成する, 母点・母線・母面の
——男 ❶ 発電機, ジェネレーター; 電流発生回路, 電流発生装置: ~ eólico 風力発電機. ~ de gas 発電機. ❷《情報》ジェネレータ: ~ de gráficos グラフィックジェネレータ

general [xenerál]《←ラテン語 generalis < genus, -eris「家系」》形 ❶ 全般的な, 全体の, 全員の: acuerdo ~ 全体的な合意. Asamblea G~ de las Naciones Unidas 国連総会. crisis ~ 全体的危機. ley ~ 一般法則. opinión ~ 通説. política ~ 一般方針. público ~ 一般大衆. reglas ~*es* 総則. revista ~ 総合雑誌. teoría ~ 一般論. voluntad ~ del pueblo 国民の総意, 民意. ❷ 普通に見られる; [専門的でなく] 一般の, 普通の: de carácter ~ 一般的な性質の. conocimiento ~ 一般知識. opinión ~ 通説. ❸ 概括的な, 総括的な: impresión ~ おおまかな(全体としての)印象. interpelación ~ 総括質問. química ~ 化学概論. ❹ 全体を統合する: administración ~ 総務[部], 総本部. comisaría ~ 警察本部. gerente ~ 総支配人. ❺《軍事》将官級の: oficial ~ 将官. ❻《医学》全身の: parálisis ~ progresiva 進行性全身麻痺. ❼ 広い知識を持つ, 該博な
en ~ 1) 一般に: lectores en ~ 一般読者. 2) 全体として, 全般的に: Me gusta la música española en ~. 私はスペイン音楽全般が好きだ. estudiar la historia en ~ 歴史全般について学ぶ. 3) 一般に, 概して, 普通: Los diccionarios son en ~ muy caros. 辞典は一般に非常に高価である. En ~ tomo café por la mañana. 私は朝はたいていコーヒーを飲む
por lo ~ 一般的に; 概して, 普通は, いつもは: Por lo ~, los hombres prefieren a mujeres con la misma altura. 概して男性は同じ背の高さの女性を好む. Por lo ~, me levanto no muy tarde y trabajo. たいてい私はそれほど寝坊せずに起きて仕事をする. Las infusiones son mezclas de flores y otras hierbas, por lo ~ silvestres. ハーブティーは普通は野生の花やハーブを混ぜたものである. hablando por lo ~ 一般的に言って.
——名 ❶《陸軍, 空軍》将軍: G~ Franco フランコ将軍. ~ de brigada 准将, 旅団長. ~ de división 少将, 師団長. ~ en jefe 元帥, 最高司令官. ❷《宗教》管長, 総[会]長
——男《法律》los ~*es* de la ley 裁判官が証人に行なう定式化された質問 [姓名, 年齢, 性別, 住所, 職業など]

generala [xenerála]《←general》囡 ❶ 戦闘準備の合図: tocar a ~ 戦闘準備の太鼓(ラッパ)を鳴らす. ❷《古語的》将軍夫人. ❸《まれ》将軍の娘. ❹《集名》[劇場・競技場などの, 最も安価な] 最上階の席. ❺《南米. ゲーム》~

generalato [xeneraláto] 男 ❶ 将軍の職務(地位). ❷《集名》将官団. ❸《宗教》管長・総長の職務(地位)

generalicio, cia [xeneraliθjo, θja] 形《まれ》将軍たちの;《宗教》管長たちの

generalidad [xeneraliðá(d)]《←ラテン語 generalitas, -atis》囡 ❶ 一般性, 普遍性. ❷ 複 漠然とした話, 一般論: No me refiero a ~*es*. 私は一般論を言っているのではない. No dice más que ~*es*. 彼は漠然とした(一般論)しか言わない. ❸ 複 概要, 概論: ~*es* de la fonética 音声学概論. ❹ 大多数[の人], 大半: El poder adquisitivo de la ~ de las familias españolas ha aumentado considerablemente. スペインの大部分の家庭の購買力はかなり増加した. opinión de la ~ 大多数の意見. ~ de la gente 大部分の人. ❺ [G~...《カタルーニャ・バレンシアの》] 州政府《カタルーニャ語・バレンシア語表記で generalitat ジェネラリター. 中世の身分制議会の常設代表機関を起源とする名称で, 他の州では comunidad と呼ばれる》: presidente de la G~ de Cataluña カタルーニャ州政府の大統領
con ~ 概括的に, 大づかみに

generalísimo [xeneralísimo]《general の絶対最上級》男 ❶ [三軍の] 総司令官, 大元帥. ❷ 総統《特にフランコ将軍》. ❸ [日本の] 征夷大将軍

generalista [xeneralísta] 形 名 ❶ [専門医に対して] 一般医[の]. ❷ [専門的でない] 一般的な, 全般的な: cadena ~《テレビ》総合チャンネル. revista ~ 総合雑誌

generalitat [xeneralitát] 囡《カタルーニャ》❶ [G~] 州政府,《歴史》議会常設代表部. ❷《歴史》租税《15世紀〜1714年, 織物の消費税の形で徴収した》

generalizable [xeneraliθáble] 形 一般化され得る

generalización [xeneraliθaθjón] 囡 ❶ 普及, 拡大: ~ del teléfono 電話の普及. ~ de un conflicto 紛争の拡大. ❷ 一般化: ~ de avances médicos 医学進歩の一般化. ❸ 概括, 総括

generalizador, ra [xeneraliθaðór, ra] 形 一般化する, 普及させる

generalizar [xeneraliθár]《←general》[9]他 ❶ 一般化させる, 普及させる: ~ la educación 教育を普及させる. idea *generalizada* 普及した考え方. ❷ 一般化する: aumento *generali-*

zado en los precios 全般的な物価の上昇. *tendencia generalizada* 一般的な傾向. ❸ 概括する, 総括する. ❹ [問題を] 一般化して述べる

── **~se** ❶ 普及する: *Aproximadamente en esas fechas se generalizó la televisión.* 大体そのころにテレビが普及した. *La sublevación se generalizó.* 暴動が拡大した. ❷ 一般化する, 普遍化する, 広がる: *La curiosidad se generalizó en el pueblo.* 国民の間に好奇心が広がった

generalmente [xenerálménte] 副 ❶ 一般に, 一般的に言って: *El cáncer de piel es ~, fácil de detectar y de curar.* 皮膚癌は一般に発見しやすく治療しやすい. ❷ 概して, たいてい, 普通: *Esto ~ sucede en los principiantes.* これは普通初心者に起こる. *La primavera ~ llega tarde.* 春はたいてい遅れてやって来る

generar [xenerár] [←ラテン語 *ingenerare*「生む」< *genus*, -*eris*「起源, 誕生」] 他 ❶ [電気・熱・ガスなどを] 発生させる: *La biomasa genera una energía calorífica.* バイオマスは熱エネルギーを生む. *El 10% del PIB está generado por el sector de la distribución.* 国内総生産の10%は流通産業より生み出している. ❷《文語》[結果的に反応を] 引き起こす: *La guerra genera odio y destrucción.* 戦争は憎しみと破壊を生む. *~ rechazo* 拒絶反応を引き起こす. ❸《まれ》[子を] 生む

generativismo [xeneratibísmo] 男《言語》生成主義
generativista [xeneratibísta] 名《言語》生成文法家
generativo, va [xeneratíbo, ba] 形 ❶ 生殖力のある. ❷《言語》生成的な: *semántica ~va* 生成意味論. *sintaxis ~va* 生成統語論

generatriz [xeneratríθ] 女 ❶《幾何》母点, 母線, 母面. ❷ 発電機; 発生機

genérica¹ [xenérika] 女 商品
genéricamente [xenérikaménte] 副 一般的に, 包括的に
genericidad [xeneriθiðá(d)] 女《まれ》総称性
genérico, ca² [xenériko, ka] [←*género*] 形 ❶《生物》属の, 属に特有の: *carácter ~* 属の特性. ❷《文法》1) 総称的の, 一般名の: *nombre ~* 普通名詞. 2) 性の: *desinencia ~ca* 性の屈折語尾. ❸ 全般的な《=*general*》. ❹《演劇》脇役の. ❺ 医薬品の ← 後発医薬品, ジェネリック医薬品

género [xénero] [←ラテン語 *genus*, *generis*「種類, 家系」] 男 ❶ 種類, 種別, 部類: *¿Qué ~ de música te gusta más?* どんな種類の音楽が一番好き? *Le conozco el ~.* 私は彼のような類いの男のことはよく知っている. *Le deseo todo ~ de felicidades.* あなたにたくさんの幸せのあらんことを. *de este ~* この種の. *artículos de diversos ~s* 各種の商品. *todo ~ de hierbas silvestres* あらゆる種類の野草. ❷ 流儀, やり方; 様式. *Tiene un ~ de hacer las cosas que no gusta a nadie.* 彼のしていることには皆の気に入らない一つの流儀がある. ❸《商業》[時に 複] 品物, 商品《=*~ mercantil*》: *Tenemos buen ~.* よい品をとりそろえております. *~s del país* 国産もの. *~s extranjeros* 舶来もの. ❹《経済》~ *de consumo* 消費財. ❺ [+限定詞] 布地, 生地, 織物《その種類》: *~ de algodón* 木綿もの. *~ de punto*《西》ニット, メリヤスもの. *comerciante en ~* 織物商. ❻《芸術の》ジャンル, 部門; 型: *La ciencia ficción es un ~ abierto a todo el mundo.* サイエンスフィクションはあらゆる人々に開かれたジャンルである. *~ chico* ヘネロ・チーコ《一幕物を基本とした軽喜歌劇. 音楽を交えた軽妙な演出を特徴とし, 風俗喜劇のサイネーテやサルスエラ zarzuela の小品などを包括する演劇ジャンルとして19世紀後半のスペインで人気を博した. 代表的な劇作家にはアルニチェス Carlos Arniches がいる》. *~ cómico* 滑稽もの. *~ detectivesco* 推理もの. *~ dramático* 劇作. *~ grande* →*zarzuela*. *~ narrativo (novelesco)* [ジャンルとしての] 小説. *~s literarios* 文学のジャンル. ❼《美術》風俗画: *cuadro de ~* 風俗画. *pintor de ~* 風俗画家. ❽《生物》属: *~ humano* 人類. ❾《論理》類《概念》《⇔*especie*》. ❿《文法》性《=*~ gramatical*》: *sustantivo de ~ común* 男女共通名詞《例》*el/la estudiante*》. *~ ambiguo* 両性《意味が変わらず男性・女性のどちらでも用いられる》例 *el/la margen*》. *~ masculino* (*femenino*·*neutro*) 男(女·中)性. ⓫ 性差《社会・文化面から見た性別》

~ *bobo* → *tonto*
~ *de vida* 1) 生活様式. 2) 生き方: *Este ~ de vida no te conviene.* こういう暮らしはよくないよ
~ *tonto* 愚かなこと: *Es del ~ tonto prestar dinero a ese tipo.* そんな奴に金を貸すのはばかげている

sin ningún ~ de duda 少しも疑わずに; 絶対に間違いなく

generosamente [xenerósaménte] 副 ❶ 気前よく; 寛大に. ❷ 非常に, たくさん

generosidad [xenerosiðá(d)] [←ラテン語 *generositas*, -*atis*] 女 ❶ 気前のよさ; 寛大さ, 寛容さ: *Hay que regarlas con ~.* 気前よくそれらをあげるべきである. *Y con toda ~ me contó el secreto.* すると彼は何の惜しげもなく私に秘密を話してくれた. *persona llena de ~* 大変気前のよい人. ❷ 高潔さ; 高貴

generoso, sa [xeneróso, sa] [←ラテン語 *generosus*「高貴な, 寛容な」] 形 ❶ [*ser·estar+*] 気前のよい, 物惜しみしない《⇔*tacaño*》: *Es ~* (para) *con los pobres.* 彼は貧乏人に温かい. *Por lo visto ha ganado bastante dinero y se ha vuelto ~.* 彼はかなり金をもうけたようで気前がよくなった. *mostrarse ~* 気前のいいところを見せる. *~ con el dinero* 金を惜しまない. *actitud ~* 気前のよい態度. ❷ [+*con*] 寛大な, 寛容な: *¿Fue España ~sa con las naciones que lograron su independencia?* スペインは独立を遂げた国々に寛大であったか? *El pueblo es ~ y perdona con facilidad.* 国民は寛容で容易に許す. *carácter ~* 寛容な性格. *espíritu ~* 大きな精神. *oferta ~sa* 寛大な申し出. ❸ 高潔な, 犠牲的な精神に富んだ; 勇敢な. ❹ 高貴な生まれの, 名門の: *de sangre ~sa* 高貴な血統の. ❺ 豊富な: *una ración de carne ~sa* 一人前がたっぷりある肉. ❻ [ワインが] 熟成した, 年代物の, 芳醇な《デザート用》. ❼ [土地が] 豊穣な. ❽ 優れた, 優秀な

genesiaco, ca [xenesiáko, ka] 形《文語》=*genesíaco*
genesíaco, ca [xenesiáko, ka] 形《旧約聖書》創世記の. ❷ 発生(起源)に関する. ❸《旧約聖書》=*genésico*
genésico, ca [xenésiko, ka] 形 生殖の: *instinto ~* 生殖本能

génesis [xénesis] [←ギリシャ語 *genesis*「創造」< *gennao*「私は生み出す」] 女《単複同形》❶ 起源: *~ del universo* 宇宙の起源. ❷ 生成過程: *~ de la lluvia* 雨ができる過程. *~ de un tumor* 腫瘍の生成プロセス. ❸《旧約聖書》生成

── 男《旧約聖書》[*G*~] 創世記

-génesis《接尾辞》[起源, 発生, 生成過程] *biogénesis* 生物発生論, *orogénesis* 造山運動論

genética¹ [xenétika] 女 遺伝学: *inversa* リバースジェネティックス. *~ molecular* 分子遺伝学

genéticamente [xenétikaménte] 副 遺伝的に, 遺伝学的に: *alimentos ~ modificados* 遺伝子組換え食品. *organismo ~ modificado* 遺伝子組換え生物

geneticista [xenetiθísta] 名 =*genetista*

genético, ca² [xenétiko, ka] [←*génesis*] 形 ❶ 遺伝の; 遺伝学の: *ingeniería ~ca* 遺伝子工学. *manipulación ~ca* 遺伝子操作. ❷ 起源の, 発生の; 生成過程の

── 女 =*genetista*

genetista [xenetísta] 名 遺伝学者
genetliaco, ca [xenetliáko, ka] 形·名·女 =*genetlíaco*
genetlíaco, ca [xenetliáko, ka] 形·名·女 ❶ [ジャンルが] 誕生日の祝詩の; 誕生日の祝詩を作る詩人. ❷ 誕生日占いの(占い師), 星占いの(占い師)

── 女 ❶ 誕生日の祝詩. ❷ 誕生日占い, 星占い

-genia《接尾辞》[起源と生成過程] *orogenia* 造山運動学, *patogenia* 病原論

genial [xenjál] [←ラテン語 *genialis*] 形 [+名詞/名詞+] ❶ 天才的な, 天才の: *~ escritor* 天才作家. *~ pintor* 天才画家. *invento ~* 天才的発明. *obra ~* 天才的作品, 傑作. *poeta ~* 天才詩人. ❷《口語》すばらしい: *El cuento me ha parecido ~ desde el principio hasta el fin.* その物語は最初から最後まで実に見事だった. *Tuve una idea ~.* 私はいい思いつきが浮かんだ. ❸《口語》[副詞的] 最高に; [間投詞的] 最高だ. ❹ 機知に富んだ, 気のきいた: *chiste ~* 気のきいた冗談

pasarlo ~ 楽しく過ごす: *Lo pasé ~.* 私はとても楽しかった
── 男《古語的》気質, 性格《=*genio*》

genialidad [xenjaliðá(d)] [←ラテン語 *genialitas*, -*atis*] 女 ❶ 天才, 天才的な才能: *esplendor de ~* 天才的才能のひらめき. *producto de una ~ poco común* 非凡な天分の産物. ❷《時に軽蔑》[主に 複] 奇行, 常軌を逸した言動, 奇妙な言動

genialmente [xenjálménte] 副 天才的に; すばらしく
genialoide [xenjalóide] 形《まれ》天才のような
geniazo [xenjáθo] 男《口語》激しい気性, 荒々しい性格

génico, ca [xéniko, ka] 形 遺伝子の: *terapia ~ca* 遺伝子治療

geniecillo [xenjeθíλο]〖genio の示小語〗 男 小妖精; 小悪魔: ~ de bosque 森の精

genio [xénjo]〖←ラテン語 genius < gignere「子供を作る」〗男 ❶ 気質, 性格, 気性; 短気: 1) Yo soy así, ese es mi ~. いつも私はこうなんだ。それが私の性質だ. Es de ~ amable. 彼は優しい性格だ. Se le ha agriado el ~. 彼は気難しくなった. tener buen ~ よい性質である〖親切, 陽気, 寛容など〗. 2)〖口語〗怒りっぽさ, 気難しさ《=mal ~》: Tuvo un arranque de ~. 彼は突然怒りだした. tener [mal] ~ 怒りっぽい性質である, 気難しい. ❷ 機嫌, 気分: Siempre estoy de mal ~. 私はいつも不機嫌だ. ❸ 根性, 意気地: tener ~ 根性がある. corto de ~ 気の弱い, 内気な. ❹〖非凡な〗才能, 天分, 天賦の才: Tiene ~ de pintor. 彼は絵の才能がある/生まれつきの画家だ. ❺ 天才〖人. =hombre de ~〗: Cervantes fue un verdadero ~. セルバンテスは真の天才だ. Tu esposa es un ~ en la cocina. 君の奥さんは料理の天才だ. grandes ~s 偉大な天才たち. ❻〖時代・国民などの〗精神, 風潮: ~ del Renacimiento ルネッサンスの精神. ❼〖言語〗特質: ~ de la lengua española スペイン語の特質. ❽〖個人・地域・国などの〗守り神, 守護神〖= ~ tutelar〗. ❾ 妖精, 精霊, ジン: ~ de la lámpara ランプの精. ~ del mal 悪霊
echar no ~ 気立てが悪くなる
~ pronto (vivo) 短気
pronto (vivo) de ~ すぐ腹を立てる〔が, すぐ平静に戻る〕

geniogloso, sa [xenjoglóso, sa] 形〖解剖〗músculo ~ 頤舌筋

genioplastia [xenjoplástja] 女〖医学〗頤〖形成術

genioso, sa [xenjóso, sa] 形〖メキシコ. 口語〗不機嫌な; 気難しい

genipí [xenipí] 男〖植物〗ヨモギ属の一種〖学名 Artemisia genipi〗

genista [xenísta] 女〖地方語. 植物〗エニシダ〖=retama〗

genital [xenitál]〖←ラテン語 genitalis < genitus < gignere = ギリシア語 gennao「生む」〗形 生殖の: aparato ~/órganos ~es〖解剖〗生殖器
── 男 複 外部生殖器, 性器

genitalidad [xenitalidá(d)] 女〖まれ〗性〖=sexualidad〗

genitivo, va [xenitíbo, ba] 形 ❶〖文法〗属格〔の〕. ❷ 生み出すことのできる

genitor, ra [xenitór, ra] 名〖文語〗生む, 生み出す; 生みの親, 実父（母）

genitourinario, ria [xenitourinárjo, rja] 形〖解剖〗泌尿生殖器の

genitura [xenitúra] 女〖文語〗生殖

geniudo, da [xenjúdo, ða] 形 不機嫌な; 気難しい

genízaro [xeníθaro] 男 =**jenízaro**

geno-〖接頭辞〗民族の・遺伝性の・生まれる・生じる〗*genocidio* 大量虐殺, *genotipo* 遺伝子型

-geno, na〖接尾辞〗民族の・遺伝性の・生まれる・生じる〗*endógeno* 内発的な, *gasógeno* ガス発生炉

genocida [xenoθíða] 形 名 大量虐殺の, 大量虐殺をする〔人〕

genocidio [xenoθíðjo]〖←ラテン語 genus「家系」+caedere「殺す」〗男〔民族などの組織的な〕大量虐殺, 集団殺戮, ジェノサイド

genodermatosis [xenoðermatósis] 女〖医学〗遺伝性皮膚症

genol [xenól] 男〖船舶〗中間肋材

genolí [xenolí] 男〖塗料〗黄色の絵具

genoma [xenóma]〖←gen+-oma〗男〖生物〗ゲノム〖配偶子に含まれる染色体の一組〗: ~ humano ヒトゲノム

genómico, ca [xenómiko, ka] 形〖生物〗ゲノムの

genopatía [xenopatía] 女〖医学〗遺伝子病

genotípico, ca [xenotípiko, ka] 形〖生物〗遺伝子型の

genotipo [xenotípo] 男〖生物〗遺伝子型

genos [xenós] 男〖古代ギリシア〗ゲノス〖=gens〗

genoterapia [xenoterápja] 女 遺伝子療法

genotoxidad [xenoto(k)sidá(d)] 女〖医学〗遺伝毒性

génova [xénoba] 女〖船舶〗〔レース用ヨットの〕大型の船首三角帆の一種

genovés, sa [xenobés, sa] 形〖地名〗〖イタリアの〗ジェノヴァ Génova の〔人〕
── 男 ジェノヴァ語

genovisco, ca [xenobísko, ka] 形〖まれ〗=**genovés**

gens [xéns] 女〖単複同形〗〖古代ローマ〗ゲンス〖小家族集団〗

gentamicina [xentamiθína] 女〖薬学〗ゲンタマイシン

gente [xénte]〖←ラテン語 gens, gentis「人種, 家族, 種族」〗女 ❶ 集名〖不特定の〗人々; 人の群れ, 人だかり: Había mucha ~ en la plaza. 広場には大勢の人がいた. Allí siempre hay ~ aguardando que le den trabajo. そこにはいつも仕事をもらうのを待っている人々がいる. Necesito ~ para acabar el trabajo. 私はその仕事を終わらせるために人々の手を必要としている. ~ desconocida 見知らぬ人々. ~ de la calle 街頭の人の群れ, 街行く人々. 2)〖文語〗集名 1)〖あらゆる・色々な階層の〗人々: Habíamos hecho contacto con ~s muy diversas. 私たちは色々な人たちと接触してきた. Llegan ~s de todo el mundo para visitar la tumba. 墓を訪れるため世界中から人々がやって来る. Las ~s se reunían en torno al médico. 人々は医者のまわりに集まっていた. 2) 民衆, 大衆; 国民: Todas las ~s del pueblo eran amigas suyas. 村人は全員その人たちと友だちだった. 3) [la+. 一般的に] 人, 〖話し手・聞き手は含まないことが多い〗: No soy lo que la ~ cree. 私は人が思っているような人間ではない. ¿Qué dirá la ~?〔世間の〕人は何と言うだろう？ La ~ vive engañada, pero vive feliz. 人はだまされていても幸福に暮らす. ❹ 集名〖職業・階層などを表わす〗~ armada ~ de armas/~ de guerra 兵士, 軍人. ~ de Iglesia 聖職者. ~ de mar 船乗り. ~ de pluma 作家, 文筆家. ~ de clase media 中流階級の人々. ~ común 庶民. ~ de todas las edades あらゆる年齢層の人々. ~ de derecha (izquierda) 右翼（左翼）系の人々. ❺ 集名 集名 家族, 親戚, 同郷人: ¿Cómo está su ~? ご家族〖故郷のみなさん〗は元気ですか？ ❻ 集名〖仕事などの〗仲間, 部下: ¿Cuánta ~ hay en esta oficina? この事務所には何人いますか？ Empezaremos a trabajar, ya que está reunida toda la ~. 皆そろったから仕事を始めよう. ❼ 集名〖所有詞+. ...の〗信奉者. ❽〖船舶〗乗組員, 兵士. ❾〖口語〗〖形容詞+. その特徴の個々の〗人: Es buena ~. 彼はいい人だ. ❿〖動植物などの〗同類: ~ alada 鳥の仲間. ⓫〖中南米〗1) 人〖=persona〗. 2) 集名 上品な人々, 立派な人々

como la ~〖中南米〗〖人が〗公正な, まっすぐな
de ~ en ~ 世代から世代へ, 代々
~ antigua〖チリ〗高齢者
~ baja〖軽蔑〗下層民
~ bien〖時に軽蔑〗上流階級の人々: A la ~ bien le gustan mucho las joyas. 上品な連中は宝石が大好きなのさ
~ de a pie 普通の人, ちまたの人
~ de bien 正直な人たち, 善意の人々
~ de bronce アメリカ先住民
~ de callejón〖アンデス〗下層民
~ de color 有色人たち
~ de mal vivir = ~ de mala vida
~ de mala vida 犯罪〖常習〗者, いかがわしい連中
~ de paz 1) 穏健な人々. 2)〔誰何に答えて〕味方だ!〖→¿Quién va (vive)?〗
~ de pelea 前線の兵隊
~ de plaza〔広場などでおしゃべりをして時間を過ごす〕裕福な暇人, 有閑階級の人
~ de poco más o menos つまらない連中
~ de seguida 盗賊団の連中
~ de trato 商人たち
~ de vida airada 放蕩者たち, 道楽者たち
~ del campo 田舎の人々
~ del rey〖歴史〗〔ガレー船の〕漕役刑囚
~ gorda〖西. 軽蔑〗お偉方, 要人: Había mucha ~ gorda en la reunión. 集会にはたくさんのお偉方がいた
~ guapa〖西. 口語〗〔美的な流行をリードする〕社交界の人々: Está de moda entre la ~ guapa. それは上流の人々の間で流行している
~ joven 若い連中, 若者たち
~ linda〖西〗= ~ **guapa**
~ maleante = ~ **de mala vida**
~ mayor 老人たち, 高齢者たち
~ menuda 1)〖口語〗子供たち, ちびっ子たち: El payaso hizo las delicias de la ~ menuda. 道化師がちびっ子たちを大喜びさせた. 2)〖古語的〗大衆, 俗衆
~ perdida いかがわしい人々, 身を持ち崩した連中
hacer ~ 1) 人が群がる, 人だかりができる. 2) 民兵団を作る, 徴兵する

¡Hay una de ~! おびただしい数の人だ!
ser〔**muy・mucha**〕**~**《主に中南米》1) まっすぐな人である,公正である, 気骨がある. 2) 有力者である, ひとかどの人物である

gentecilla [xenteθíʎa]《gente の示小語》囡《西. 軽蔑》くずのような連中, 烏合(える)の衆

gentil [xentíl]《←ラテン語 gentilis「家族特有の」》形 名 ❶《文語》〔礼儀正しく〕親切な: El caballero ~ cedió su asiento a un anciano. 親切な男性が老人に席を譲った. ❷《文語》[+名詞] 優美な, 容姿端麗な: ~ donaire 優雅な物腰. ~ doncella 美少女. ~ mozo りりしい若者. ❸《歴史》[ユダヤ教・キリスト教・イスラム教から見て] 異教徒[の], 偶像崇拝者[の]: Los romanos eran ~es. 古代ローマ人は偶像崇拝者だった. ❹ 途方もない, すごい, 顕著な: ~ desvergüenza ひどい恥知らず〔厚かましさ〕. ❺《メキシコ. 廃語》coyote と先住民女性との混血の[人]

¡G~ cumplido!《皮肉》お世辞がお上手ですこと!
~ hombre 紳士, 貴紳, 貴顕

gentileza [xentiléθa]《←gentil》囡《文語》❶〔礼儀正しい〕心遣い: Ha tenido la ~ de prestarme su libro. 彼は親切にも本を貸してくれた. ¿Tendría usted la ~ de ayudarme? すみませんが, 手伝っていただけないでしょうか? El mucho trabajo no me permite asistir a la reunión a la que ha tenido la ~ de invitarme. 私は仕事がたくさんあって, ご招待いただいた集まりに出席することができません. recibir con mucha ~ 丁重に迎える. ❷ 優美さ, 上品さ; りりしさ. ❸ 立派さ; 豪華さ
por ~ de...《放送》…の提供(ご好意)により

gentilhombre [xentilómbre]《←gentil+hombre》男《複 gentileshombres》❶《歴史》1) 侍従〔=~ de cámara〕. 2) ~ de placer 宮廷の道化. ❷ 紳士, 貴紳〔=gentil hombre〕

gentilicio, cia [xentilíθjo, θja]《←ラテン語 gentilicius》形 男 ❶《文法》地名(民族・国家・地方・都市)を表わす[語]: adjetivo ~ 地名形容詞. ❷ 民衆の, 大衆の. ❸ 血統の, 家系の

gentílico, ca [xentíliko, ka] 形 異教徒の
gentilidad [xentiliðáð] 囡《古語》❶ 異教徒. ❷ 異教
gentilismo [xentilísmo] 男《まれ》=**gentilidad**
gentilizar [xentiliθár] 自 異教の祭儀を行なう
—— 他〔事物を〕異教化する

gentilmente [xentílménte] 副 ❶ 親切に, 礼儀正しく. ❷《まれ》異教徒のように

gentío [xentío]《←gente》男 大勢であること: ¡Qué ~! 何とたくさんの人だ! Acudió al desfile un gran (enorme) ~. パレードに大勢の人が押し掛けた

gentleman [ʃéntleman]《←英語》男《複 gentlemen》❶《英国の》紳士. ❷《競馬》アマチュア騎手

gentualla [xentwáʎa] 囡《軽蔑》=**gentuza**
gentucilla [xentuθíʎa] 囡《軽蔑》=**gentuza**
gentuza [xentúθa]《←gente》囡《軽蔑》ろくでもない連中: No quiero saber nada de esa ~. あんなくだらない連中のことなど何も知りたくない

genuflectar [xenuflektár] 自《カトリック》脆拝 genuflexión をする

genuflexión [xenufle(k)sjón]《←ラテン語 genu flexio》囡 ❶《カトリック》[片膝を曲げる] 脆拝(ﾗ́ɪ): Los fieles hacen una ~ cuando pasan por delante del sagrario. 信者たちは聖欌の前を通る時脆拝をする. ❷ [尊敬・服従・崇拝の印として] 片膝を曲げること: ~ doble 両膝を曲げること

genuflexo, xa [xenufle(k)so, sa]《文語》片膝(両膝)を曲げた

genuinamente [xenwináménte] 副 真に, 真正に; 純粋に
genuinidad [xenwiniðáð] 囡《まれ》真正さ; 純粋さ
genuino, na [xenwíno, na]《←ラテン語 genuinus「真正の, 自然の」》形 ❶ 本物の, 真正の: cuero ~ 本革. ~ representante del pueblo 民衆の真の代表者. caso ~ de esquizofrenia 精神分裂症の典型的な症例. ❷ 純粋な, 混じりけのない: hablar en ~ español きれいなスペイン語で話す

genulí [xenulí] 男《まれ》黄色
genupectoral [xenupektorál]《医学》[両膝と胸で体を支える] 胸膝位の

geo [xéo] 名《複 ~s》特殊作戦部隊 GEO の隊員
GEO [xéo] 男《西. 略記》←Grupo Especial de Operaciones [対テロ組織の] 特殊部隊
geo-《接頭辞》[地] *geografía* 地理, *geología* 地質学

geoanticlinal [xeoantiklinál] 形 男《地質》地背斜[の]
geobío [xeobío] 男《集名》地球生物
geobiología [xeobjoloxía] 囡 地球生物学
geobiótico, ca [xeobjótiko, ka] 形 陸生の
geobotánico, ca [xeobotániko, ka] 形 囡 地球植物学[の]
—— 名 地球植物学者
geocarpia [xeokárpja] 囡《植物》地下結実
geocéntrico, ca [xeoθéntriko, ka] 形 ❶ 地球の中心から測定した, 地心の: movimiento ~ 地心運動. ❷ 地球を中心とした《⇔**heliocéntrico**》: sistema ~ 天動説
geocentrismo [xeoθentrísmo] 男 天動説
geocorona [xeokoróna] 囡《天文》ジオコロナ
geocronita [xeokroníta] 囡《鉱物》ジオクロン鉱
geocronología [xeokronoloxía] 囡《地質》地球年代学
geocronológico, ca [xeokronolóxiko, ka] 形 地球年代学の
geocronologista [xeokronoloxísta] 名 地球年代学者
geoda [xeóða] 囡《地質》晶洞, ジオード
geodesia [xeoðésja] 囡 ❶ 測地学. ❷ 測地線
geodésico, ca [xeoðésiko, ka] 形 測地学の: estación ~ca 測地点
geodesta [xeoðésta] 名 ❶ 測地学者. ❷ 測地技師, 測量技師
geodímetro [xeoðímetro] 男《測量》ジオメーター
geodinámico, ca [xeoðinámiko, ka] 形 囡 地球力学[の]
geoeconomía [xeoekonomía] 囡 空間(地理)経済学
geoeconómico, ca [xeoekonómiko, ka] 形 空間(地理)経済学の
geoestacionario, ria [xeoestaθjonárjo, rja] 形《天文》地球に対して静止した: satélite ~ 静止衛星
geoestrategia [xeoestratéxja] 囡 戦略地政学
geoestratégico, ca [xeoestratéxiko, ka] 形 戦略地政学[上]の
geofagia [xeofáxja] 囡 ❶《医学》土食症. ❷《生物》土食性
geófago, ga [xeófago, ga] 形 名 ❶ 土食症の[人]. ❷ 土食性の(生物)
geófilo, la [xeófilo, la] 形《植物》好地中性の
geofísico, ca [xeofísiko, ka] 形 囡 地球物理学[の]
—— 名 地球物理学者
geófito [xeófito] 男 地中植物
geófono [xeófono] 男《地学, 鉱物》受振器, ジオフォン, 地中聴器
geogenia [xeoxénja] 囡 地球形成学
geogénico, ca [xeoxéniko, ka] 形 地球形成学の
geognosia [xeoǥnósja] 囡 地球構造学
geognosta [xeoǥnósta] 名 地球構造学者
geognóstico, ca [xeoǥnóstiko, ka] 形 地球構造学の
geogonía [xeoǥonía] 囡 =**geogenia**
geogónico, ca [xeoǥóniko, ka] 形 =**geogénico**
geografía [xeografía]《←ギリシア語 geographia < ge「土地」+graphe「記述」》囡 ❶ 地理学: ~ lingüística 言語地理学. ~ política 政治地理学. ❷《集名》地理, 地形: Conozco bien la ~ de la Tierra del Fuego. 私はフエゴ島の地理に詳しい
geográfico, ca [xeográfiko, ka] 形 地理的な; 地理[学]的な: latitud ~ca 地理[学]的緯度. milla ~ca 地理マイル
geógrafo, fa [xeógrafo, fa] 名《地学》地理学者
geoide [xeóiðe] 男《地学》ジオイド
geología [xeoloxía] 囡 地質学, 地学
geológico, ca [xeolóxiko, ka] 形 地質学の: estudio ~ 地質調査
geólogo, ga [xeólogo, ga] 名 地質学者
geomagnético, ca [xeomagnétiko, ka] 形 地磁気の
geomagnetismo [xeomagnetísmo] 男 ❶ 地磁気. ❷ 地磁気学
geomancia [xeománθja] 囡 土占い, 地卜(きぼく)
geomancía [xeomanθía] 囡 =**geomancia**
geomántico, ca [xeomántiko, ka] 形 名 土占いの; 土占い師, 地卜師
geomática [xeomátika] 囡 ジオマティクス, 地理情報科学
geomecánico, ca [xeomekániko, ka] 形 囡 地力学[の]
geomedicina [xeomeðiθína] 囡 環境医学, 地理的医学
geómetra [xeómetra] 名 幾何学者
—— 男《昆虫》シャクトリムシ
geometral [xeometrál] 形 =**geométrico**

geometría [xeometría]〘←ギリシア語 geometria < ge「土地」+metron「大きさ」〙[女] 幾何学: ～ algorítmica 代数幾何学. ～ analítica 解析幾何学. ～ descriptiva 画法(図形)幾何学. ～ plana 平面幾何学. ～ del espacio 立体幾何学. ～ proyectiva 射影幾何学

geométricamente [xeométrikaménte] [副] 幾何学的に

geométrico, ca [xeométriko, ka]〘←ラテン語 geometricus〙[形] ❶ 幾何学の. ❷ 幾何学的な, 整然とした: figuras ～*cas* 幾何学模様. ❸ 幾何級数的に増加する

geométrido, da [xeométriđo, đa] [形] シャクガ科の
—— [男] [複]《昆虫》シャクガ科

geometrismo [xeometrísmo] [男] 幾何学性

geometrizar [xeometriθár] [9] [他] ❶ 幾何学的な形にする. ❷ 整然とさせる
—— **～se** 幾何学的な形になる

geomorfía [xeomɔrfía] [女] =**geomorfología**

geomorfogénesis [xeomɔrfɔxénesis] [女] 地形形成学

geomorfología [xeomɔrfolɔxía] [女] 地形学

geomorfológico, ca [xeomɔrfolɔ́xiko, ka] [形] 地形学の

geopárque [xeopárke] [男] ジオパーク

geopolítico, ca [xeopolítiko, ka] [形] 地政学の
—— [名] 地政学者
—— [女] 地政学: ～ petrolera 石油地政学

geoponía [xeoponía] [女] 農学, 農耕術〘=agricultura〙

geopónico, ca [xeopóniko, ka] [形] 農学の, 農耕術の

geópono, na [xeópono, na] [名] 農学者

geopotencial [xeopotenθjál] [男]《物理》ジオポテンシャル

geoquímico, ca [xeokímiko, ka] [形] [女] 地球化学〔の〕

georama [xeoráma] [男] ジオラマ

georgette [ĵɔrĵét] [男] →**crepe** georgette

georgiano, na [xeɔrxjáno, na] [形] [名] ❶《国名》ジョージア(グルジア) Georgia の(人). ❷《地名》[米国の] ジョージア州 Georgia の〔人〕. ❸《建築》ジョージアン様式の: arquitectura ～*na* ジョージアン様式
—— [男] グルジア語

geórgico, ca [xeɔ́rxiko, ka] [形] 田園の, 農耕の
—— [女]《まれ》[主に [複]. 特にウェルギリウス Virgilio 作の] 田園詩, 農耕詩

georgismo [xeɔrxísmo] [男] ジョージズム〘土地に累進税を課すことが必要でそれで十分だとする米国人ヘンリー・ジョージ Henry George の社会改革論〙

geosfera [xeɔsféra] [女]《地質》岩石圏, 地殻

geosinclinal [xeosiŋklinál] [形] [男]《地質》地向斜〔の〕

geostrategia [xeɔstratéxja] [女] =**geoestrategia**

geotaxia [xeotá〔k〕sja] [女]《生物》走地性, 重力走性

geotecnia [xeotéknja] [女] 地質工学, 地盤工学

geotécnico, ca [xeotékniko, ka] [形] 地質工学の
—— [女] =**geotecnia**

geotecnologia [xeoteknolɔ́xja] [女] ジオテクノロジー, 地球資源利用技術

geotectónico, ca [xeotɛktóniko, ka] [形] 地殻構造の
—— [女] 地殻構造学

geotermal [xeotɛrmál] [形] [水が] 地熱で温められた

geotermia [xeotérmja]〘←geo-+ギリシア語 thermos「熱い」〙[女] ❶ 地熱. ❷ 地球熱学

geotérmico, ca [xeotérmiko, ka] [形] 地熱の: central ～*ca* 地熱発電所. energía ～*ca* 地熱エネルギー

geotermómetro [xeotɛrmómetro] [男] 地質温度計

geotrópico, ca [xeotrópiko, ka] [形] 屈地性の

geotropismo [xeotropísmo] [男]《生物》屈地性

geoturismo [xeoturísmo] [男] ジオツーリズム〘地質遺産を観光の対象とする動き〙

geoturístico, ca [xeoturístiko, ka] [形] ジオツーリズムの

gépido, da [xépiđo, đa] [形] [名] [ゲルマンの] ゲピード族〔の〕

geráneo [xeráneo] [男] =**geranio**

geraniáceo, a [xeranjáθeo, a] [形] フウロソウ科の
—— [女]《植物》フウロソウ科

geraniales [xeranjáles] [女] [複]《植物》フウロソウ目

geranio [xeránjo] [男]《植物》ゼラニウム: ～ colgante アイビーゼラニウム〘=gitanilla〙. ～ de hierro テンジクアオイ. ～ de malva ナツメグゼラニウム. ～ de rosa ローズゼラニウム
como un ～《口語》健康に満ちあふれて

geraseo, a [xeraséo, a] [形] [名]《歴史》[パレスチナの] ゲラサ Gerasa 人〔の〕

gerba [xérƀa] [女]《地方語》ナナカマドの実〘=serba〙

gerbal [xɛrƀál] [男]《地方語》ナナカマド〘=serbal〙

gerbera [xɛrƀéra] [女]《植物》ガーベラ

gerbo [xérƀo] [男]《動物》トビネズミ〘=jerbo〙

gerencia [xerénθja]〘←gerente〙[女] ❶ 支配人の職務(任期): ocupar la ～ de un hotel ホテルの支配人に就任する. ❷ 支配人の事務室(事務所). ❸ [集名] 支配人, 管理職. ❹《経営》～ de linea ライン〔部門〕. ❺ 管理, 経営

gerencial [xerenθjál] [形] ❶ 支配人職の. ❷《中南米》企業管理の

gerenciar [xerenθjár] [10] [他] ❶ 支配人として運営する. ❷《中南米》経営する, 管理する

gerenta [xerénta] [女] →**gerente**

gerente [xerénte]〘←ラテン語 gerens, -entis「完遂する人」< gerere「持つ」〙[名]〘[女] **gerenta** もあるが《まれ》〙❶ 支配人, 店長; 管理責任者〘[類義] **gestor** は **gerente** より権限が小さい〙: ～ de un club de fútbol サッカークラブの代表. ～ comercial 営業部長. ～ de publicidad 宣伝部長. ❷ 経営者; [有限・合名会社の] 重役

gergaleño, ña [xɛrɡaléɲo, ɲa] [形] [名]《地名》ヘルガル Gérgal の〔人〕〘アルメリア県の村〙

geriatra [xerjátra] [名] 老人病専門医

geriatría [xerjatría] [女] 老人病学

geriátrico, ca [xerjátriko, ka] [形] 老人病学の: centro ～/residencia ～*ca* 老人ホーム

gerifalte [xerifálte] [男] ❶《鳥》シロハヤブサ. ❷《西. 主に皮肉・軽蔑》有力者, 実力者, ボス: ～*s* de los partidos políticos 各政党の領袖たち
como un ～ [estar・vivir などと共に] ご立派に, 豪勢に, この上なく: Vive *como un* ～ rodeado de lujo por todas partes. 彼はまわりをすべてぜいたくなものに囲まれて豪奢な暮らしぶりだ

Gerineldo [xerinéldo] [男] ヘリネルド〘ロマンセ集に登場する色男〙

germán [xɛrmán] [形] germano の語尾脱落形

germandrina [xɛrmandrína] [女]《植物》ウォールジャーマンダー〘=camedrio〙

germanesco, ca [xɛrmanésko, ka] [形] ❶ 隠語の. ❷《歴史》ヘルマニアス germanías の

germanía [xɛrmanía]〘←ラテン語 germanus「兄弟」〙[女] ❶ [16～17世紀に泥棒やならず者が使っていた] 隠語. ❷《歴史》ヘルマニアス〘バレンシアの同業組合結社〙: sublevación de las *G～s* ヘルマニアスの乱〘1519～23年〙. ❸ 同棲, 内縁関係. ❹《古語》[集名] ならず者たち. ❺《クエンカ, アルバセテ, アンダルシア》[集名] [騒々しい] 若者たち

germánico, ca [xɛrmániko, ka]〘←ラテン語 germanicus〙[形] [名] ❶ =**germano**: Los pueblos ～*s* invadieron el Imperio Romano. ゲルマン民族がローマ帝国に侵入した. ❷ ゲルマン語派の
—— [男] ゲルマン語派

germanina [xɛrmanína]〘←商標〙[女]《薬学》スラミン

germanio [xɛrmánjo] [男]《元素》ゲルマニウム

germanismo [xɛrmanísmo] [男] ドイツ語からの借用語; ドイツ語風の表現

germanista [xɛrmanísta] [形] [名] ドイツ〔語・文学〕研究の(研究者); ゲルマン〔語・文学〕研究の(研究者)

germanístico, ca [xɛrmanístiko, ka] [形] ドイツ〔語・文学〕研究者の
—— [女] ドイツ語学

germanización [xɛrmaniθaθjɔ́n] [女] ドイツ化, ゲルマン化

germanizar [xɛrmaniθár] [9] [他] ドイツ化させる, ゲルマン化させる
—— **～se** ドイツ化する, ゲルマン化する

germano, na [xɛrmáno, na]〘←ラテン語 germanus〙[形] [名] ❶《歴史, 地名》ゲルマニア Germania の, ゲルマン人(民族)〔の〕: pueblo ～ ゲルマン民族. ❷《文語》ドイツの, ドイツ人〘=alemán〙. ❸《古語》本来の, 正当な. ❹《廃語》実の兄弟・姉妹

germano-《接頭辞》[ドイツ] *germano*británico 独英の

germanoespañol, la [xɛrmanoespaɲɔ́l, la] [形] 独西の

germanofederal [xɛrmanofeđerál] [形] [名]《歴史, 国名》ドイツ連邦共和国 República Federal de Alemania の(人)

germanofilia [xɛrmanofílja] [女] ドイツびいき

germanófilo, la [xɛrmanófilo, la] [形] [名] ドイツびいきの〔人〕

germanofobia [xɛrmanofóƀja] [女] ドイツ嫌い

germanófobo, ba [xermanófoβo, βa] 形 名 ドイツ嫌いの〔人〕
germanófono, na [xermanófono, na] 形 名 =**germanófobo**
germanohablante [xermanoaβlánte] 形 名 ドイツ語を話す〔人〕
germanooccidental [xerman(o)ɔ(k)θiðentál] 形 名 《歴史》西ドイツ Alemania Occidental の(人)
germanooriental [xerman(o)orjentál] 形 名 《歴史》東ドイツ Alemania Oriental の(人)
germen [xérmen]《←ラテン語 germen, -inis「胚芽」》男 複 *gérmenes* 無菌性の. descubrimiento del 〜 de tuberculosis 結核の病原菌の発見. 2) 生殖細胞《⇨soma》: 〜 plasma 生殖細胞質. ❷《植物》胚, 胚芽. ❸《比喩》萌芽: ahogar... en 〜 …を未然に防ぐ, つぼみのうちに摘み取る. 〜 del caos 混乱の始まり(原因)
germicida [xermiθíða] 形 男 殺菌剤(の); 殺菌性の
germinable [xermináβle] 形 発芽力のある
germinación [xerminaθjón] 女 発芽, 発芽力
germinado [xermináðo] 男 モヤシ: 〜 de soja 大豆モヤシ
germinador, ra [xerminaðór, ra] 形 発芽させる
―― 男 発芽力試験器, 発芽器
germinal [xerminál] 形 胚の; 萌芽段階の
―― 男《古語》芽月『フランス革命暦の第7月』
germinante [xerminánte] 形 発芽する
germinar [xerminár]《←ラテン語 germinare》自 ❶ 発芽する, 芽を出す: Las semillas han *germinado*. 種から芽が出た. soja *germinada* 大豆モヤシ. ❷《文語》[考えなどが] 芽ばえる: *Germinó* una sospecha en su mente. 疑念が彼の心に生じた
germinativo, va [xerminatíβo, βa] 形 発芽する, 発芽させる
germinicida [xerminiθíða] 形 男《農業》発芽を防止する; 発芽防止剤
-gero, ra〔接尾辞〕〔もたらす, 運ぶ〕flam*ígero* 炎を上げる
gerocultor, ra [xerokultór, ra] 名 老人介護士
geromorfismo [xeromorfísmo] 男《医学》早老, 早老現象
geróntico, ca [xeróntiko, ka] 形 老齢の, 老衰の
gerontocracia [xerontokráθja] 女《政治》老人支配; 長老制
gerontócrata [xerontókrata] 名《政治》長老
gerontocrático, ca [xerontokrátiko, ka] 形《政治》老人政治の; 長老制の
gerontología [xerontoloxía] 女《政治》老人学
gerontológico, ca [xerontolóxiko, ka] 形 老人学の
gerontólogo, ga [xerontólogo, ga] 名 老人学の学者
geropsiquiatría [xerɔ(p)sikjatría] 女 老年精神医学
geropsiquiátrico, ca [xerɔ(p)sikjátriko, ka] 形 老年精神医学の
gerovital [xeroβitál] 男 老化防止薬
gerundense [xerundénse] 形《地名》ヘロナ Gerona (ジロナ Girona) の(人)《カタルーニャ州の県・県都》
gerundiada [xerundjáða] 女《まれ》変に気取った大げさな表現
gerundiano, na [xerundjáno, na] 形《軽蔑》[表現が] 変に気取って大げさな
gerundio [xerúndjo] I《←ラテン語 gerundium < gerundus「完遂すべき」< gerere「もたらす, 運ぶ」》男《文法》現在分詞
andando (*marchando*), *que es* 〜《西. 口語》[すぐ行動するよう促して] さあ早く: Venga, *andando, que es* 〜. さあ, さっそくやろう, 始めたり!
II 男《まれ》変に気取った大げさな人《特に説教師・宗教家》
gerundivo [xerundíβo] 男《ラテン文法》動詞状形容詞
gerusía [xerusía] 女《古代スパルタ》裁判官
gesneriáceo, a [xesnerjáθeo, a] 形 イワタバコ科の
―― 女 集合《植物》イワタバコ科
gesta [xésta]《←ラテン語 gesta「実現したこと」< gerere「もたらす」》女 集合〔一人の英雄の〕武勲: cantar (canción) de 〜 武勲詩
gestación [xestaθjón]《←ラテン語 gestatio, -onis「運搬」》女 妊娠《受胎 concepción から出産までの過程》: período de 〜 妊娠期間. ❷《計画などの〕準備, 構想: Este proyecto está todavía en 〜. この計画はまだ構想中だ
gestacional [xestaθjonál] 形 妊娠(期間)の
gestágeno [gestáxeno] 男《生化》黄体ホルモン, ゲスターゲン
gestalt [gestált]《←独語》女《心理》ゲシュタルト, 形態

gestáltico, ca [xestáltiko, ka] 形《心理》ゲシュタルトの
gestante [xestánte] 形 妊娠している; 妊娠の
―― 女《文語》妊婦
Gestapo [gestápo] 女〔ナチスドイツの〕ゲスタポ
gestar [xestár]《←ラテン語 gestare「背負う」》他 妊娠(懐胎)している
―― 〜**se**〔事件などが〕準備される; 〔計画などが〕練られる: Se está *gestando* una rebelión. 反乱が準備中である
gestatorio, ria [xestatórjo, rja] 形 抱きかかえて運ぶ: silla 〜*ria*〔座した教皇を運ぶ儀式用の〕輿
gestear [xesteár] 自 身ぶり(手ぶり)をする
gestero, ra [xestéro, ra] 形 身ぶりの多い, ジェスチャーたっぷりの
gesticulación [xestikulaθjón] 女 身ぶり, 手ぶり
gesticulador, ra [xestikulaðór, ra] 形 身ぶり(手ぶり)をする
gesticulante [xestikulánte] 形 ❶ 身ぶりの多い(過剰な). ❷《文語》表情がくどい, 大げさな
gesticular [xestikulár] 自 身ぶり(手ぶり)をする
gesticulero, ra [xestikuléro, ra] 形 身ぶりの多い, ジェスチャーたっぷりの
gesticuloso, sa [xestikulóso, sa] 形《まれ》身ぶりの多い
Gestido [xestíðo]《人名》Óscar Diego 〜 オスカル・ディエゴ・ヘスティド『1901〜67, ウルグアイの軍人・政治家, 大統領(1967)』
gestión [xestjón]《←ラテン語 gestio, -onis「遂行」》女 ❶〔獲得・目的達成のための〕手続き, 手段; 工作, 働きかけ, 交渉: Tengo que ir al ayuntamiento para hacer unas *gestiones*. 私はいくつか手続きをするために市役所に行かねばならない. hacer *gestiones* 手続きをする. ❷ 管理, 経営: 〜 continuada《会計》[企業の経営は永続するとみなす] ゴーイングコンサーン規定. 〜 de crisis 危機管理. 〜 de negocios 経営管理. 〜 empresarial 企業管理, 企業経営. 〜 presupuestaria 予算管理. ❸《情報》管理, 処理: 〜 de ficheros ファイル管理. ❹ 複〔個人の〕仕事, 職務
gestionar [xestjonár] 他 ❶ […を得るための] 手続きをする, 手段を取る: 〜 su pasaporte パスポートを取るための手続きをする. Un amigo le *gestionó* un permiso de importación. ある友人が彼に輸入許可が与えられるよう手を回した. ❷[業務などを] 遂行する, 管理する: Mi agente *gestiona* los asuntos durante mi ausencia. 私の留守中は代理人が用件を処理する. 〜 un negocio 取り引きを行なう. 〜 la venta de una finca 地所の売却を扱う. 〜 un empréstito 借款を取り決める. activos *gestionados* 運用資産, 資産運用
―― 自《まれ》手続きをする, 手段を取る
gesto [xésto]《←ラテン語 gestus「態度, 動作」< gerere「導く, 示す」》男 ❶ 身ぶり, 手ぶり, 仕草: Le hice un 〜 con la mano. 私は彼女に手で合図をした. Miguel hizo un 〜 de asentimiento con la cabeza. ミゲルは頭を動かして同意の仕草をした. Levanté la mano, en 〜 de despedida. 私は手を上げて別れの身ぶりをした. ❷《文語》表情, 顔つき: Hizo un 〜 de desagrado. 彼は不快な表情をした. Tiene un 〜 de cansancio. 彼はうんざりな顔をしている. poner mal 〜 顔をしかめる. con un 〜 de espanto 驚いた顔つきで. ❸〔親切さなどの〕表明: Tuvo un 〜 generoso y perdonó a todos. 彼はみんなを許して寛大なところを見せた
estar de buen (*mal*) 〜 機嫌がよい(悪い)
fruncir el 〜《口語》=*torcer el* 〜
hacer 〜*s* [+a に] ジェスチャーで話す
hacer un mal 〜 [筋肉を痛めるような] 無理な動きをする
torcer el 〜《口語》顔をしかめる
gestor, ra [xestór, ra]《←ラテン語 gestor》名 ❶[登録手続きなどを] 代行する(人), 代行業者; 司法書士《=〜 jurídico》, 行政書士《=〜 administrativo》. ❷[発・計画の] 立案者, 提案者: 〜 de moción 動議提出者. ❸ 管理する, 経営する; 理事(の), 役員(の), 部長, マネージャー《→gerente 類義》; junta 〜 理事会, 役員会. 〜 de negocios 営業部長. ❹《チリ》斡旋役, フィクサー
gestoría [xestoría] 女《西, メキシコ》司法(行政)書士事務所; [運転免許の更新などの] 諸手続き代行店
gestosis [xestósis] 女 妊娠中毒症
gestual [xestwál] 形 ❶ 身ぶりの. ❷ 身ぶりでなされる. ❸《美術》gestualismo の
gestualidad [xestwaliðá(ð)] 形 集合《文語》身ぶり, 表情; 身

gestualismo ぶりでなされること
gestualismo [xestwalísmo] 男《美術》[アクションペインティングのような]作家の行為を重視する抽象表現主義
gestudo, da [xestúđo, đa] 形名 不快な(怒りの)表情をする〔人〕
geta [xéta] 形名《歴史》ゲタエ人[の]《ローマ時代に現在のルーマニアに居住していた民族》
getafense [xetafénse] 形名 =getafeño
getafeño, ña [xetafépo, ɲa] 形名《地名》ヘタフェ Getafe の〔人〕《マドリード近郊の町》
gético, ca [xétiko, ka] 形 ゲタエ人の
Getsemaní [xetsemaní] 男《新約聖書》ゲッセマネ《キリストが捕えられたオリーブの園があったエルサレム郊外の地》: jardín de ~ ゲッセマネの園
gétulo, la [xétulo, la] 形名《歴史, 国名》[アフリカ北部, ヌミディア Numidia の南にあった] Getulia の(人)
géyser [xéjsɛ(r)] 男 =géiser
ghaneano, na [ganeáno, na] 形名 =ghanés
ghanés, sa [ganés, sa] 形名《国名》ガーナ Ghana の(人)
ghetto [géto] 男 ゲットー《=gueto》
giardiasis [xjarđjásis] 女《医学》ランブル鞭毛虫症
giba [xíba] 女[←ラテン語 gibba] 男①《動物》動物の背中の]こぶ;〔脊柱の異常による〕こぶ, 出っぱり《=joroba》: tener ~ こぶがある. camello con una ~《動物》ヒトコブラクダ. ②《口語》厄介, 不快
gibado, da [xibáđo, đa] 形①《西》うんざりした. ②背中にこぶのある
gibar [xibár] 他[←giba] 他①《西》うんざりさせる: Me ha gibado con sus preguntas. 彼の質問攻めに私はうんざりだった. ②《西》〔事物を〕だめにする. ③曲げる《=corcovar》
¡No te giba!/Nos ha gibado. [拒絶・驚き] 冗談じゃない!: ¡No te giba la compañía de gas! Ya es la segunda vez que quiere subir las tarifas. いい加減にしろよ, ガス会社め! 2度目の料金値上げだぜ
── ~ se《西》うんざりする
Hay que ~ se. [または 不可能事への驚き] まさか
──[抗議・驚き] 冗談じゃない!
gibelino, na [xibelíno, na] 形名《歴史》皇帝派[の], ギベリン党の[党員]《中世イタリア, ローマ教皇と神聖ローマ皇帝の対立で皇帝を支持した. ⇔güelfo》
gibón [xibón] 男[←英語 gibbon] 男《動物》テナガザル(手長猿)
gibosidad [xibosiđá[đ]] 女 こぶ状の隆起
giboso, sa [xibóso, sa] 形名 背中にこぶ giba のある〔人・動物〕, 背骨の湾曲した〔人〕
gibraltareño, ña [xibraltarépo, ɲa] 形名《地名》ジブラルタル Gibraltar の(人)《地中海の入口にある軍港. 現在イギリス領》
gicleur [ʃiklér] 男[←仏語] 男[複]~ s チューインガム《=chicle》
giennense [xje[n]nénse] 形名《地名》ハエン Jaén の〔人〕《=jaenero》
giga [xíga] 女①ジグ《17~18世紀に流行したアイルランド起源の活発な舞踊・音楽》. ②[中世の] 擦弦楽器《バイオリンの前身》
giga-[接頭辞] [10億] *giga*bayte ギガバイト
gigabayte [xigabájt] 男《情報》ギガバイト, GB
giganta[1] [xigánta] 女《植物》ヒマワリ《=girasol》
gigante[1] [xigánte] 形 巨大な: árbol ~ 巨木. pantalla ~ 巨大スクリーン
gigante[2]**, ta**[2] [xigánte, ta] [←ラテン語 gigas, -antis] 名①《神話・童話などに登場する〕巨人: Don Quijote confundió los molinos con ~ s. ドン・キホーテは風車を巨人と間違えた. ②大柄な人, 大男, 大女. ③《西》[カーニバルなどの祭りで行進する] 大人形: ~ s y cabezudos 巨人と大頭. ④傑出した人: ~ de la música flamenca フラメンコ音楽の巨星. ⑤《医学》巨人症の患者
── 男①《スキー》ジャイアント・スラローム《=eslálom, ~ a secas》: súper ~ スーパージャイアント・スラローム. ②《ギリシャ神話》ギガンテス《オリンポスの神々に戦いを挑み滅ぼされた巨人族》
giganteo, a[2] [xigantéo, a] 形[まれ] =gigantesco
── 女《植物》ヒマワリ《=girasol》
gigantesco, ca [xigantésko, ka] 形[←仏語 gigantesque] 形①[主に賞賛して] 巨大な, 途方もない: telescopio ~ 巨大望遠鏡. de proporciones ~ cas 途方もない大きさの. ②巨人的
gigantez [xigantéθ] 女 巨大さ

gigantillo, lla [xigantíʎo, ʎa] 名[祭りで行進する, 胴体と不釣合いに] 頭と手足が大きな人形
── 女①大頭の女性の張りぼてのかぶりもの. ②ずんぐりむっくりの女性. ③《遊戯》[主に複] 肩車
gigantismo [xigantísmo] 男《医学》巨人症. ②肥大化, 巨大さ
gigantografía [xigantografía] 女《印刷》ポスターサイズ
gigantomaquia [xigantomákja] 女《ギリシャ神話》巨人の戦い
gigantón, na [xigantón, na] [gigante の示大語] 名①《西》[祭りで行進する] 巨大な人形. ②大男, 大女《=gigante》: Si no fuera tan *gigantona*, es guapa. あんなに大きくなければ彼女は美人なのに
── 男《植物》①花が大輪のダリア. ②シロバナヨウシュチョウセンアサガオ
gigantostráceo, a [xigantostráθeo, a] 形 ウミサソリ目の
── 男[複]《動物》ウミサソリ目
gigavatio [jigabátjo] 男《電気》ギガワット, 10億ワット
gigoló [ʃigoló] 男[←仏語 gigolo] 男 ジゴロ, ひも, つばめ, 男娼
gigote [xigóte] 男[←仏語 gigot] 男《料理》①ひき肉(細切り肉)の煮込み. ②みじん切りの料理
hacer ~《口語》細かくする, 細分する
gijonense [xixonénse] 形名 =gijonés
gijonés, sa [xixonés, sa] 形名《地名》ヒホン Gijón の〔人〕《アストゥリアス州の港湾都市》
gil [xíl] 男《サンタンデール》[15世紀, 山岳地帯で negretes と権力争いをした] 貴族グループの一員. ②《チリ, アルゼンチン, ウルグアイ. 口語》ばか, 間抜け
gilada [xiláđa] 女《アルゼンチン, ウルグアイ. 口語》①[集名] 愚かな人々. ②愚かな言動
gilastrún [xilastrún] 形《アルゼンチン, ウルグアイ. 口語》ばか, 間抜け《=gil》
gilbertio [xilbértjo] 男《起磁力のCGS単位》ジルバート, ギルバート
gilé [xilé] 男 =giley
giley [xiléj] 男《西式トランプ》51に似たゲーム
Gil Gilbert [xíl xilbért]《人名》Enrique ── エンリケ・ヒル・ヒルベルト[1912~73, エクアドルの小説家. 洗練された簡潔な文体で, 先住民をはじめ社会の底辺に生きる人々の姿を描いた]
gilí [xilí] 形名 =gilí
gilí [xilí] 形[←ジプシー語 jilí] 形[複]~ s《西. 口語》[複]~ s ばか[な], 間抜け[な]
giliflautas [xilifláwtas] 形[単複同形]《西. 婉曲》=gilipollas
gilipolla [xilipóʎa] 形[複]《西. 俗語》=gilipollas
gilipollada [xilipoʎáđa] 女《西. 俗語》=gilipollez
gilipollas [xilipóʎas] 形[単複同形]《西. 口語》ばか[な]: Eres un ~. バカヤロー
gilipollear [xilipoʎeár] 自《西. 俗語》ばかなことをする, 愚かなふるまいをする
gilipollez [xilipoʎéθ] 女《西. 俗語》愚かな言動: decir *gilipolleces* ばかげたことを言う
gilipuertas [xilipwértas] 形[単複同形]《西. 婉曲》=gilipollas
gilipuertez [xilipwertéθ] 女《西. 婉曲》=gilipollez
gilitonto, ta [xilitónto, ra] 形名《西. 婉曲》=gilipollas
gill [xíl] 男[←英語] 男[複]~ s ①繊維 ギル. ②[液量の単位] ジル
gillete [ʎilé[t]] 男[←商標] 男[使い捨ての] 安全カミソリの刃
Gil Robles y Quiñones [xíl ʎóbles i kjɲónes]《人名》José María ── ホセ・マリア・ヒル・ロブレス・イ・キニョネス[1898~1980, スペインの保守派政治家]
Gil Vicente [xíl biθénte]《人名》ヒル・ビセンテ[1465?~1536?, ポルトガル演劇の創始者とされる劇作家. ポルトガル語とスペイン語で執筆し, その多彩な作品には中世やルネサンス演劇の様々な特徴を見ることができる]
gilvo, va [xílbo, ba] 形 蜂蜜色の
gilyak [xilják] 男 =gilyako
gilyako, ka [xiljáko, ka] 形名 ギリヤーク族[の], ニヴフ族[の]
── 男 ギリヤーク語, ニヴフ語
gimiente [ximjénte] 形 うめく
gim jazz [ʃím ʃás] [←英語] 男 ジャズダンス
gimlet [ximlét] 男[←英語] 男[複]~ s《酒》ギムレット
gimnasia [ximnásja] 女[←ラテン語 gymnasia < ギリシャ語 gymnasia <

gymnazo「肉体訓練をする」』囡 ❶ 体操: hacer ～ 体操をする.
～ correctiva 矯正体操. ～ de mantenimiento/～ reductora フィットネス. ～ deportiva (artística)［新体操に対して］体操〖参考〗barras paralelas 平行棒, barra fija 鉄棒, anillas 吊り輪, potro 跳馬, caballo con arcos 鞍馬, suelo 床; barras asimétricas 段違い平行棒, barra de equilibrio 平均台〗. ～ jazz《アルゼンチン》エアロビクス. ～ médica 医療体操. ～ respiratoria 深呼吸. ～ rítmica 新体操〖参考〗cuerda ロープ, mazas クラブ, aro フープ, pelota ボール, cinta リボン〗. ～ sueca スウェーデン体操. ～ terapéutica 治療体操. ❷《教育》体育: clase de ～ 体育の授業. monitor de ～ 体育の教師. ❸ 訓練: ～ mental 頭の体操.
confundir la ～ con la magnesia とんでもない間違いをする: Es tan tonto, que aunque le expliques mil veces las cosas, seguirá siempre *confundiendo la ～ con la magnesia*. あいつはひどく間抜けだから, いくら君が繰り返し説明してやってもずっととんでもない間違いをやり続けるだろう

gimnasio [ximnásjo]〖←ラテン語 gymnasium < ギリシア語 gymnasion < gymnazo「肉体訓練をする」< gymnos「裸の」〗男 ❶ 体育館; ジム, スポーツクラブ. ❷［ドイツ・スイス・イタリアなどの］高等学校, 中等教育機関

gimnasta [ximnásta]〖←gimnasio〗囲 体操選手
gimnástico, ca [ximnástiko, ka] 形 体操の: [hacer] ejercicios ～s 体操[をする]
—— ――囡《複》=**gimnasia**
gimnete [ximnéte] 形 名《歴史》現在のアリカンテ Alicante に住んでいたイベロ族[の]
gímnico, ca [xímniko, ka] 形 体操競技の
gimnofobia [ximnofóbja] 囡《医学》裸体嫌悪症
gimnosofía [ximnosofía] 囡［バラモン教の］裸行者の苦行
gimnosofista [ximnosofísta] 男［バラモン教の］裸行者
gimnospermo, ma [ximnospérmo, ma] 形 裸子植物の
—— 男《植物》裸子植物
gimnospora [ximnospóra] 囡《生物》ジムノスポア, 裸胞子
gimnoto [ximnóto] 男《魚》デンキウナギ
gimoteador, ra [ximoteaðór, ra] 形 =**gimoteante**
gimoteante [ximoteánte] 形《軽蔑》めそめそする
gimotear [ximoteár]〖←gemir〗自《軽蔑》めそめそする, わけもなく泣く, ぐずる: *Gimoteaba* cuando no le compraban lo que quería. 彼は欲しいものを買ってもらえないとすぐめそめそした
gimoteo [ximotéo] 男 めそめそすること, ぐずりかた
gin [jín]〖←英語〗男《酒》ジン (=ginebra): ～ lemon ジンフィズ. ～ tonic ジントニック. ❷［トランプ］［ジンラミー gin rummy で］0点で上がる場合
ginandria [xinándria] 囡《医学》女性偽半陰陽
ginandro, dra [xinándro, ra] 形《植物》雄蘂 (ずい) が雌蘂に結合した, 雌雄合体の
ginandromorfo, fa [xinandromórfo, fa] 形《生物》雌雄モザイクの
ginas [xínas] 囡《複》《グアテマラ》サンダル〖=sandalias〗
gincana [jiŋkána]〖←英語 gymkhana〗囡《西》ジムカーナ［自動車などの障害レース〗
gindama [xiŋdáma] 囡 =**jindama**
ginebra [xinébra] **I**〖←仏語 genièvre〗囡《酒》ジン
II ❶《音楽》簡単な木琴. ❷《西式トランプ》ゲームの一種. ❸ ざわめき声. ❹《まれ》混乱, 無秩序
ginebrada [xinebráda] 囡《菓子》凝乳入りのパイ
ginebrés, sa [xinebrés, sa] 形 =**ginebrino**
ginebrino, na [xinebríno, na] 形《地名》[スイスの] ジュネーブ Ginebra の[人]
ginebro [xinébro] 男《地方語. 植物》セイヨウネズ〖=enebro〗
ginceceo [xinθéo] 男 ❶《植物》雌蘂(ずい). ❷《古代ギリシア》婦人部屋
gineco-［接尾辞］［女性］*ginecología* 婦人科
ginecocracia [xinekokráθja] 囡《まれ》女性による統治
ginecofobia [xinekofóbja] 囡 =**ginefobia**
ginecología [xinekoloxía] 囡《医学》婦人科[学], 婦人病学
ginecológico, ca [xinekolóxiko, ka] 形《医学》婦人科[学]の, 婦人病学の
ginecólogo, ga [xinekólogo, ga] 男 婦人科医
ginecomastia [xinekomástja] 囡《医学》［男性の］女性化乳房 (ぼう)
ginecopatía [xinekopatía] 囡《医学》婦人病

ginefobia [xinefóbja] 囡 女性恐怖症
Giner de los Ríos [xinér de los ríos]〖人名〗**Francisco ～** フランシスコ・ヒネール・デ・ロス・リオス〖1839～1915, スペインの教育者. クラウゼ哲学 krausismo を信奉し, 教育制度の改革を目指して自由教育学院 Institución Libre de Enseñanza を設立〗
ginesta [xinésta] 囡《地方語. 植物》エニシダ〖=retama〗
ginestal [xinestál] 男《地方語. 植物》エニシダの群生地
gineta [xinéta] 囡《動物》=**jineta**
ginfizz [jínfis]〖←英語〗男《単複同形》《飲~es》《酒》ジンフィズ
ginger-ale [jínjer éjl] 男《飲料》ジンジャーエール
gingival [xinxibál] 形《解剖》歯茎の: surco ～ 歯肉溝
gingivitis [xinxibítis] 囡《医学》歯肉炎
gingivorragia [xinxiboráxja] 囡《医学》歯茎からの出血
gingko [jíŋkjo] 男 =**ginkgo**
ginkgo [jíŋkjo] 男《中国語》《植物》イチョウ
ginkgoales [jiŋkoáles] 囡《複》《植物》イチョウ目
ginkgófitos [jiŋkófitos] 男《複》《植物》イチョウ門
ginlet [jinlét] 男《酒》ジンレット
-gino, na［接尾辞］［女性］ andró*gino* 男女両性具有の
ginofobia [xinofóbja] 囡 =**ginefobia**
ginogénesis [xinoxénesis] 囡《生物》雌性生殖, 雌性発生
gin rummy [jín rúmi]〖←英語〗男《トランプ》ジンラミー
ginseng [jinséŋ]〖←中国語 gen-chen〗男《植物》朝鮮ニンジン; の根[のエキス]
gintonic [jintónik]〖←英語〗男《複 ～s》《酒》ジントニック
giñar [xiɲár]《俗語》=**jiñar**
giobertita [xjobertíta] 囡《鉱物》マグネサイト〖=magnesita〗
gipsófila [xi(p)sófila] 囡《植物》カスミソウ
gipsografía [xi(p)sografía] 囡《美術》石膏彫刻
gira[1] [xíra]〖←古語 jira「野原での食事」〗囡 ❶ 一周旅行, 周遊: hacer una ～ mundial 世界一周旅行をする. hacer una ～ en autobús por toda España バスでスペイン周遊をする. ❷ [連続した] 地方公演, 公演旅行, 演奏旅行: ～ por provincias]: La compañía está de ～. 一座は巡業中だ. realizar una ～ artística por ... を公演して回る. iniciar su ～ europea ヨーロッパ公演を開始する. ～ de conciertos コンサートツアー. ❸ 遠足, 日帰り旅行: ir de ～ 遠足に行く. ❹［政治家の］～ relámpago 小都市に短時間立ち寄る遊説. ❺《船舶》a la ～［錨を中心に］360度回できるように
girada[1] [xiráda]〖スペイン舞踊の〗つま先旋回
giradiscos [xiraðískos] 男《単複同形》❶［レコードプレーヤーの］ターンテーブル. ❷ レコードプレーヤー, CDプレーヤー
girado, da[2] [xiráðo, ða] 名《商業》手形名宛人, 手形受取人
girador, ra [xiraðór, ra] 名《商業》手形振出人
giralda [xirálda] 囡 ❶《伊語 girandola》❶［人・動物の形の］風見. ❷ [la G～] ヒラルダの塔〖セビリア大聖堂 Catedral de Santa María de la Sede de Sevilla の鐘楼. かつてはモスクのミナレット gigantesco だった〗
giraldete [xiraldéte] 男 ロシェトゥム〖司教が着る麻製で袖なしの短い白衣〗
giraldilla [xiraldíʎa] 囡 ❶ ヒラルディジャ〖アストゥリアスとその近辺の2拍子の民俗舞踏〗. ❷《闘牛》ムレータを背後に構えるパセ〖=manoletina〗
girándula [xirándula] 囡 ❶［輪に数個の花火を取り付けた］回転花火. ❷ 回転式花瓶
girante [xiránte] 形《文語》回転する
—— 男《古語》新月〖=novilunio〗
girar [xirár]〖←ラテン語 gyrare〗自 ❶ 回る, 回転する, 旋回する: La Luna *gira* alrededor de la Tierra. 月は地球の周囲を回る. *Giré* para mirarla. 私は彼女を見るために振り返った. hacer ～ el trompo こまを回す. ❷［人・道・車などが, +a・hacia に］曲がる, カーブする, 方向を変える: 1) Al llegar a la esquina, *gira* a la derecha. 角に来たら右に曲がりなさい. El camino *gira* a la izquierda. 道は左に折れる. coche que *gira* bien 小回りのきく車. ❷《比喩》Han *girado* 180 grados en su programa. 彼らは予定を180度変更した. La juventud *ha girado hacia* el amor a la naturaleza. 若者たちは自然を愛する方へ考えを変えた. La situación *giró* drásticamente una vez que España presidió la Unión Europea. スペインがEUの議長になってから情勢が急転回した. ❸［話題・関心などが, +so-bre・alrededor de・en torno a を］めぐる, テーマ(中心)とする: El debate *gira alrededor de* la situación económica. 経済

状況をめぐって討論されている. Toda mi vida *gira alrededor de ella*. 私の人生はすべて彼女を中心に動いている. ❹《数式》前後する: El número de las víctimas *gira* alrededor de cuatrocientos mil. 犠牲者は40万人前後である. ❺《商業》1) 手形（支払い指図書）を振り出す. ~ *en descubierto* [預金残高を超えた] 当座貸越を行なう. 2) [企業が] 営業する
── ⓘ ❶ [郵便為替・電信為替で] 送金する: Mi madre me *ha girado* cien euros. 母は私に100ユーロ送金してくれた. ❷ [手形を] 振り出す: *Giraré* una letra por el importe de la factura. 請求書金額の手形を振り出すことにしよう. ❸ 回す, 回転させる: ~ *la llave en la cerradura* 錠前の中で鍵を回す. ~ *la antorcha* たいまつを振り回す. ❹ [方向に] 向ける: ~ *la cabeza a (hacia) la derecha* 顔を右に向ける. ❺《自動車》[ハンドルを左右に] 切る. ❻ [訪問を] する: ~ *una visita* [外交上の] 訪問をする
~la《メキシコ, 俗語》1) たむろする: ¿*Dónde la giras los sábados*? 土曜日はどこをうろついているんだ? 2) 働く: *La anda girando de taxista*. 彼はタクシーの運転手をしている
── **~se** 振り向く: *Se giró hacia nosotros*. 彼は私たちの方を振り向いた

girasol [xirasól]《←girar+sol》男 ❶《植物》ヒマワリ. ❷ [権力者などの] ご機嫌とり, おべっか使い[人]
girasolero, ra [xirasoléro, ra] 形 ヒマワリの; ヒマワリ栽培の
giratorio, ria [xiratórjo, rja] 形《回転式の, 旋回する, 旋回式の: *faro* ~ [パトカーなどの] 回転灯. *movimiento* ~ 旋回運動. *plataforma (placa)* ~ria《鉄道》転車台. *puente* ~ 旋開橋. *puerta* ~ria 回転ドア. *silla* ~ria/*asiento* ~ 回転椅子
── 女 回転式書架
girencéfalo, la [xirenθéfalo, la] 形《解剖》皺脳(しゅう)の
girifalte [xirifálte] 男 =**gerifalte**
girino [xiríno] 男 ❶《昆虫》ミズスマシ. ❷《廃語》オタマジャクシ《=renacuajo》
girl [gérl]《←英語》女《圏 ~s》《西》[群舞の] 女性ダンサー, コーラスガール
giro[1] [xíro]《←ラテン語 gyrus < ギリシア語 gyros「回転, 円運動」》男 ❶ 回転, 旋回: *dar un* ~ *radical (brusco)* 急転回する. *dar un* ~ *de 180 grados* 180度旋回[方向転換]する. *radio de* ~ 回転[旋回] 半径. *ángulo de* ~《自動車》かじとり角. *G~ de Italia*《自転車》ジロ・デ・イタリア《イタリア一周レース》. ❷ 展開方向, 局面, なりゆき: *Nuestras relaciones han tomado un* ~ *inesperado*. 事件は予想しなかった展開を見せている. *dar un* ~ *a la conversación* 会話の話題を変える. *tomar mal* ~ 局面が悪化する. ❸《商業》1) 振替制度, ジーロ《小切手の振り出しでなく, 振替証書を用いて金融機関の間で預金口座上の付替えを行なう》. 2) [手形などの] 振り出し, 送金, 為替: *enviar por* ~ *postal (telegráfico)* 郵便(電信)為替で送る. *derecho especial de* ~ [IMFの] 特別引出権, SDR. ~ *bancario* 銀行為替手形; 銀行口座振替. ~ *documentario* 荷為替手形《売手が貨物引換証などを添付して振り出す》. ~ *simple* 裸手形, クリーンビル. 3) [企業の] 営業. ❹《言語, 文学》[特別な・特徴的な] 言い回し, 表現; 文体: *Es un* ~ *propio del habla de Perú*. それはペルーの言語に特徴的な表現だ. ~ *arcaico* 古風な表現. ~ *clásico* 古典風表現. ~ *cervantino* セルバンテスの文体. ❺ 脅し, 自慢, 空いばり. ❻ 傷跡
tomar otro ~ [意味・意図などを] 変える, 変更する: *La discusión tomó otro* ~. 議論の向きが変わった
giro[2], **ra**[2] [xíro, ra] 形 ❶ [鶏が] 1)《アンダルシア, ムルシア, カナリア諸島; 中南米》黒っぽい色で羽が黄色と首と銀色の. 2)《コロンビア, チリ》白と黒色の混ざった. ❷《古語》美しい, 身なりのいい
girocompás [xirokompás] 男《航空, 船舶》ジャイロコンパス
giroestabilizador [xiroestaβiliθaðór] 男《航空, 船舶》ジャイロスタビライザー;《映画など》防振装置, 手ぶれ防止装置
girofaro [xirofáro] 男 [パトカーなどの] 警告灯
giroflé [xiroflé] 男《植物》チョウジノキ《=clavero》
girohorizonte [xiro[o]riθónte] 男《航空》人工水平儀
girola [xiróla]《←古仏語 charole》女 ❶《教会の主祭壇の周囲を半円形に取り囲む》後陣の周歩廊. ❷《地方語, 植物》アンズタケ《=rebozuelo》
girómetro [xirómetro] 男 ❶《航空》ジャイロ回転計, レートジャイロ. ❷《技術》回転速度計
girondino, na [xirondíno, na] 形 名《歴史》[フランス革命時の] ジロンド党 *Gironda* の[党員]
Gironella [xironéla]《人名》**José María** ~ ホセ・マリア・ヒロネリャ《1917~2003, スペインの小説家. ナダル賞獲得》
giropiloto [xiropilóto] 男《航空, 船舶》ジャイロパイロット, 自動操縦装置
giroscópico, ca [xirɔskópiko, ka] 形 ジャイロスコープの
giroscopio [xirɔskópjo] 男《航空, 船舶》ジャイロスコープ, 回転儀
giróscopo [xirɔ́skopo] 男 =**giroscopio**
girostático, ca [xirɔstátiko, ka] 形 ジャイロスタットの
giróstato [xirɔ́stato] 男《物理》ジャイロスタット, ジャイロ安定装置
girovagante [xiroβaɣánte] 形《文語》=**giróvago**
giróvago, ga [xiróβaɣo, ɣa] 形 名 ❶《文語》放浪な; 放浪者. ❷《歴史》修道院を転々とする修道士
girupí [xirupí]《ポリビア》[ヤシ・ユッカなどの] 中央の葉脈
gis [xís]《メキシコ》チョーク, 白墨《=tiza》
giste [xíste]《←独語 gischt》男 ビールの泡
gisumí [xisumí]《ポリビア》巣; 卵
gitanada [xitanáða] 女 =**gitanería**
gitanamente [xitánaménte] 副 ジプシーのやり方で, ジプシー風に
gitanear [xitaneár] 自《口語》❶ ジプシーのようにふるまう. ❷ 甘言でだます, ずるがしこく商売する
gitanería [xitanería] 女 ❶ ジプシー特有の言動. ❷ お世辞, 甘言. ❸ ジプシーの集団
gitanesco, ca [xitanésko, ka] 形 ジプシーに特有の, ジプシー風の
gitanil [xitaníl] 形《まれ》=**gitanesco**
gitanilla [xitaníʎa] 女《植物》アイビーゼラニウム
gitanismo [xitanísmo] 男 ❶ ジプシーの習慣(生活様式). ❷ ジプシーの言語に特有の言葉・表現. ❸ ジプシーの集団《=gitanería》
gitano, na [xitáno, na]《←*egiptano*「エジプト生まれの」》形 名 ❶ ジプシー[の], ロマ(の): *costumbres* ~*nas* ジプシーの習慣. ❷《口語》愛嬌のある, 魅惑的な[女]. ❸《軽蔑》甘言でだますのが上手な[人]: *Para tus negocios tu padre es un* ~. 商売に関しては君のお父さんは口がうまい. ❹ 身なりが汚い, 不潔な. ❺《古語》エジプト
estar (ir) hecha una ~*na*/*parecer un* ~《軽蔑》汚らしい身なりをしている
que no se lo salta un ~《西, 口語》非常にすばらしい(大きい): *Se comió un plato de judías que no se lo salta un* ~. 彼は大量のインゲン豆料理をぺろりと食べた
gitanólogo, ga [xitanóloɣo, ɣa] 名 ジプシーの文化(言語)の専門家
glabrescente [glaβresθénte] 形《植物》ほぼ無毛の
glabro, bra [gláβro, βra] 形《植物》無毛の
glacé [glaθé]《←仏語》形《菓子》透明な糖衣をかけた
── 男 =**glasé**
glaciación [glaθjaθjón] 女 ❶《地質》1) 氷期, 氷河期. 2) 氷河作用. ❷ 氷の生成
glacial [glaθjál]《←ラテン語 glacialis < glacies「氷」》形 ❶ 氷の: *océano* *G~* *Antártico (Ártico)* 南(北)氷洋. ❷ 氷河の: *época (período)* ~ 氷河期. *zona* ~ 氷河地帯. ❸ 非常に冷たい: *temperatura (viento)* ~ 凍てつくような気温(風). ❹ 冷淡な, 冷ややかな: *En la habitación reinaba un silencio* ~. 部屋には冷たい沈黙が支配していた. ❺《化学》*ácido acético* ~ 氷酢酸
glacialidad [glaθjaliðáð] 女 冷淡さ
glacialmente [glaθjálménte] 副 冷淡に
glaciar [glaθjár]《←仏語 *glacier*》男 氷河(の): *G~ Perito Moreno* ペリト・モレノ氷河. *época* ~ 氷河時代. *lago* ~ 氷河湖. ~ *alpino* 山岳氷河. ~ *continental* 大陸氷河. ~ *tropical* 熱帯氷河
glaciarismo [glaθjarísmo] 男 氷河現象
glaciarización [glaθjariθaθjón] 女 氷河化
glaciológico, ca [glaθjolóxiko, ka] 形 氷河学の
glaciólogo, ga [glaθjóloɣo, ɣa] 名 氷河学者
glacis [gláθis]《←仏語》男《単複同形》❶《地理》なだらかな斜面: ~ *continental* 大陸斜面. ❷《築城》斜堤

gladiador [glaðjaðór]《←ラテン語 gladiator, -oris < gladius「剣」》男《古代ローマ》剣闘士, グラディエーター
gladiator [glaðjatór] 男 =**gladiador**
gladiatorio, ria [glaðjatórjo, rja] 形 剣闘士の
gladio [gláðjo] 男《植物》ガマ《=enea》
gladiola [glaðjóla] 女《中南米》=**gladiolo**
gladiolo [glaðjólo] 男《植物》グラジオラス《=~ común》
gladíolo [gláðjolo] 男 =**gladiolo**
glagolítico, ca [glagolítiko, ka] 形 男 グラゴール文字(の)《スラブ語文献に初めて用いられた文字》
glam [glán]《←英語》形 キンキン(ガンガン)鳴り響く
glamoroso, sa [glamoróso, sa] 形 =**glamouroso**
glamour [glamúr]《←英語》男《主に映画, 服飾》妖しい魅力, 魅惑
glamouroso, sa [glamuróso, sa] 形《主に映画, 服飾》魅惑的な
glamuroso, sa [glamuróso, sa] 形 =**glamouroso**
glande [glánde] 男《解剖》亀頭
—— 女《古語》ドングリ《=bellota》
glandífero, ra [glandífero, ra] 形《植物》ドングリをつける
glandígero, ra [glandíxero, ra] 形 =**glandífero**
glándula [glándula]《←ラテン語 glandula「小さなドングリ」》女 ❶《解剖》腺《-:~ de Bartholin バルトリン腺. ~ endocrina (exocrina) 内(外)分泌腺. ~ pineal 松果体. ~ pituitaria 下垂体. ~ salival 唾液腺. ~ sinoval 髄液腺. ~ suprarrenal (adrenal) 副腎. ~s anales《獣医》肛門腺. ❷《植物》腺
glandular [glandulár] 形《解剖》腺[質・状]の
glanduloso, sa [glandulóso, sa] 形《解剖》腺のある, 腺からなる
glaréola [glaréola] 女《鳥》ツバメチドリ
glas [glás] 形 →**azúcar** glas
glasa [glása]《菓子》糖衣, グラズール
glasé [glasé]《←仏語 glacé》男《繊維》タフタ, 艶のある薄絹
glaseado, da [glaseáðo, ða] 形《繊維》タフタに似た
—— 男 ❶ 光沢をつけること. ❷《菓子》糖衣がけ; 糖衣
glasear [glaseár]《←glasé》他 ❶ [布・紙などに] 光沢をつける: papel glaseado 光沢紙. ❷《菓子》…に糖衣をかける: ~ el bizcocho con chocolate スポンジケーキをチョコレートでコーティングする. ❸《料理》照りをつける
glaseo [gláseo] 男 =**glaseado**
glasilla [glasíʎa] 女《繊維》[裏地用の] 薄い綿布
glasnost [glasnós[t]]《←露語》情報公開, グラスノスチ
glasofanar [glasofanár] 他《製本》プラスチックフィルムを貼る, pp貼りする
glasto [glásto] 男《植物》ホソバタイセイ(細葉大青)
glauberita [glauβeríta] 女《鉱物》クローバライト, 石灰芒硝(ぼうしょう)
glaucio [gláuθjo] 男《植物》ツノゲシの一種《学名 Glaucium flavum》
glauco, ca [gláuko, ka]《←ラテン語 glaucus < ギリシア語 glaukos「輝く, 濃い青緑色」》形《文語》❶ ライトグリーンの, 青緑色の: ojos ~ 緑色の眼. ❷ [光で] ぼんやりした, くすんだ: halo ~ ぼやっとした光輪
—— 男《動物》アオミノウミウシ
glaucofana [glaukofána] 女《鉱物》藍閃(らんせん)石
glaucoma [glaukóma] 男《医学》緑内障
glaucomatoso, sa [glaukomatóso, sa] 形 緑内障の
glauconita [glaukoníta] 女《鉱物》海緑石
glayo [glájo] 男《地方語, 鳥》カケス《=arrendajo》
gleba [gléβa]《←ラテン語》女 ❶ [掘り起こされた] 土塊. ❷ [主に耕された] 土地, 耕作地. ❸《歴史》集合 [中世以前の] 最下層民: siervo de ~ 世襲農奴. ❹《アラゴン》芝生の生えた土地
gledisia [gleðísja] 女《植物》トリアカンソス
glena [gléna] 女《解剖》[骨の] 窩(か), 槽
glenoideo, a [glenojðéo, a] 形《解剖》窩のある: cavidad ~a 関節窩
glera [gléra] 女 石の多い土地; 砂地
gley [gléj] 男《地質》グライ土
glía [glía] 女《解剖》グリア, 神経膠(こう)
gliadina [gljaðína] 女《生化》グリアジン
glial [gljál] 形《解剖》グリアの: célula ~es グリア細胞

glicemia [gliθémja] 女《生理》=**glucemia**
glicerato [gliθeráto]] 男《化学》グリセリン酸塩
glicérico, ca [gliθériko, ka] 形《化学》グリセリンの
glicérido [gliθériðo] 男《化学》グリセリド
glicerina [gliθerína] 女《化学》グリセリン
glicerinado, da [gliθerináðo, ða] 形 グリセリンを含む, グリセリン酸塩で処理した
glicerofosfato [gliθerofosfáto] 男《化学》グリセロリン酸エステル, グリセロリン酸塩
glicerol [gliθeról] 男《化学》グリセロール, グリセリン
glicina [gliθína] 女 ❶《植物》フジ(藤). ❷《化学》アミノ酢酸, グリシン
glicinia [gliθínja] 女《植物》フジ《=glicina》
glico-《接頭辞》=**gluco-**
glicocola [glikokóla] 女 アミノ酢酸《=glicina》
glicocólico, ca [glikokóliko, ka] 形《化学》ácido ~ グリココール酸
glicogénesis [glikoxénesis] 女 =**glucogénesis**
glicogenia [glikoxénja] 女 =**glucogenia**
glicógeno [glikóxeno] 男 =**glucógeno**
glicol [glikól] 男《化学》グリコール
gliconio [glikónjo] 男《詩法》グリュコン詩体《=verso ~》
glicoproteido [glikoprotéjðo] 男 =**glucoproteido**
glicosuria [glikosúrja] 女 =**glucosuria**
glifo [glífo] 男 ❶《建築》装飾的な縦溝. ❷ [マヤ・エジプトなどの] 絵文字; [漢字などの] 字体
glioblastoma [gljoβlastóma] 男《医学》グリア芽腫, 膠芽(こうが)細胞腫
glioma [gljóma] 男《医学》グリオーマ, 神経膠腫
gliosis [gljósis] 女《医学》グリオーシス, 神経膠症
gliptal [gli(p)tál] 男《←商標》男 グリプタル [樹脂]
glíptica [glí(p)tika] 女 ❶ [宝石・古代の碑石などの] 彫刻術. ❷ 集合 宝石彫刻
gliptodonte [gli(p)toðónte] 男《古生物》グリプトドン, オオアルマジロ
gliptogénesis [gli(p)toxénesis] 女《地質》地質外的要因による斜面形成
gliptografía [gli(p)tografía] 女 宝石彫刻学; 古代の石面彫刻の研究
glipoteca [gli(p)totéka] 女 宝石彫刻コレクション(美術館)
glissando [glisándo] 男《音楽》グリッサンド
global [gloβál]《←globo》形 ❶ 全体の, 包括的な: balance ~ 総合収支. estudio ~ 広範囲にわたる研究. panorama ~ 全体的展望. precio ~ del viaje 旅行の総額. visión ~ グローバルな見方. ❷ 世界的な, 地球的な: cambio climático ~ 世界的気候変動. estándar ~ グローバルスタンダード, 国際標準. repercusiones ~es 世界的反響
globalidad [gloβaliðá(ð)] 女 全体性, 包括性
globalismo [gloβalísmo] 男《政治》グローバリズム
globalización [gloβaliθaθjón] 女 グローバル化: ~ económica/~ en la economía 経済のグローバル化
globalizador, ra [gloβaliθaðór, ra] 形 グローバル化する, 全体化する
globalizante [gloβaliθánte] 形 =**globalizador**
globalizar [gloβaliθár] 自 他 ❶ 全体化する, 包括する. ❷ [問題を] 普遍化する, 一般化する
globalmente [gloβálménte] 副 全体として, 総合的に
globero, ra [gloβéro, ra] 男 風船売り
globigerina [gloβixerína] 女《動物》グロビゲリナ
globina [gloβína] 女《生化》グロビン
globito [gloβíto] 男《テニス》ロブ;《野球》フライ;《ラグビー》ハイパント
globo [gloβo]《←ラテン語 globus「球体」》男 ❶ 球, 球体: ~ celeste 天球儀. ~ ocular 眼球. ❷ 地球《=~ terráqueo, ~ terrestre》; 地球儀; 天体. ❸ 風船: ~ anunciador アドバルーン. ❹ 気球《=~ aerostático》: montar en ~ 気球に乗る. vuelo en ~ 気球での飛行. ~ cautivo 係留気球. ~ de aire caliente 熱気球. ~ dirigible 飛行船. ❺ [電球の] 球形のかさ. ❻《漫画の》吹き出し. ❼《西. 口語》コンドーム. ❽《西. 口語》怒り; andar con un ~ 怒っている. coger un ~ むっとする. ❾《西. 口語》酩酊: ir con un ~/llevar un ~ 酔っている. pillar un ~ 酔っぱらう. ❿《西. 口語》[麻薬による] ハイ, 気分高揚. ⓫《西. 隠語》[主に俚. 女性の] 乳房. ⓬《テニス》ロブ;

《野球》フライ;《ラグビー》ハイパント: dar (hacer) un ～ ロブする; フライを打ち上げる; ハイパントする. ⓭《魚》pez ～ フグ. ⓮《キューバ. 口語》嘘

agarrarse un ～ de mucho cuidado かんかんに怒る

echar ～s《口語》思い悩む; 空想にふける

en ～ 1) 全体的に. 2) 実現の危うい: Como siga lloviendo, veo la excursión *en* ～. もし雨が降り続くなら, 遠足は中止になるだろう

globoflexia [globoflé〔k〕sja] [女] 風船をひねって動物などを作ること

globoide [globóide] [形] ほぼ球形の

globosidad [globosiđá〔đ〕] [女] 球状

globoso, sa [globóso, sa] [形] 球形の, 球状の

globular [globulár] [形] ❶ 小球体状の; 小球体から成る. ❷ 血球の

globularia [globulárja] [女]《植物》グロブラリア, ルリカンザシ

globulariáceo, a [globulajáθeo, a] [形] グロブラリア科の

—— [女] [複]《植物》グロブラリア科

globuliforme [globulifórme] [形] 小球体状の, 小球体の形をした

globulímetro [globulímetro] [男]《医学》血球数測定機

globulina [globulína] [女]《生化》グロブリン

glóbulo [glóbulo]〘←ラテン語 globulus〙[男] ❶ 小球体. ❷《解剖》血球: ～*s* blancos 白血球. ～*s* rojos 赤血球

globuloso, sa [globulóso, sa] [形] 小球体状の; 小球体から成る

glockenspiel [glokenspjél] [男]《音楽》グロッケンシュピール, 鉄琴

gloglo [gloglo] [間] [男] =**gluglú**

gloguear [glogeár] [自]《まれ》ゴボゴボいう(流れる)

glomerulado, da [glomeruláđo, đa] [形] ❶《解剖》糸球体の. ❷《植物》団集花序の

glomerular [glomerulár] [形]《解剖》糸球体の

glomérulo [glomérulo] [男] ❶《解剖》糸球体. ❷《植物》団散花序, 団集花序

glomerulonefritis [glomerulonefrítis] [女]《医学》糸球体腎炎

glomus [glómus] [男]《解剖》糸球〔体〕: ～ carotídeo 頸動脈小体

gloria [glórja]〘←ラテン語〙[女] ❶ 栄光, 名声; 誉れ, 誇り: lograr (alcanzar) la ～ 名誉を得る, 名声を博する. ～ nacional 国家的栄誉. ❷ 栄光に包まれた人, 名声を得た人: El maestro Joaquín Rodrigo es una de las ～ musicales de España. 作曲家ホアキン・ロドリーゴはスペインの誇る音楽家の一人だ. ❸《口語》[大きな] 喜び, 楽しみ: Da ～ oírla cantar. 彼女の歌を聞くのは大いなる喜びだ. ❹ 栄華, 繁栄: país en toda su ～ 絶頂期にある国. ❺《キリスト教》天上の栄光, 至福, 天国: Los que mueren limpios de pecado alcanzan la ～. 罪なく死ぬものは天上へと召される. ¡Que Santa *G*～ goce!/Dios le tenga en su ～. [死者の冥福を祈って] 天国の至福を手に入れますように! ganar〔se〕la ～ 昇天する. ❻《美術》1) 光背, 後光. 2) 天使や天国を描いた絵. ❼《気象》グローリー, 光輪. ❽《菓子》pastel〔de〕～ カスタードクリーム入りのパイ. ❾《演劇など》カーテンコール. ❿《服飾》[女性のマントの] 透き通った薄絹. ⓫《カスティーリャ・レオン》1) [古い農家の] 床暖房. 2) [火をつけて煮込みを始める用意のできた] コンロ. ⓬《エストレマドゥラ》ブドウ搾汁・アグワルディエンテなどを混ぜた酒

cubrirse de ～《主に皮肉》栄光に包まれる

dar ～《西. 口語》[事物が] 満足(喜び)を与える: *Da* ～ verlo comer así. 彼がそうやって食べるのを見るのはうれしい

estar en la ～/estar en sus ～s《口語》[場所・状況に] 大満足している, 大きな喜びを感じる, 幸福感にひたる: En este sillón *estoy en la* ～. この肘掛け椅子に座ると私は最高の気分だ. A pesar del trabajo que le causan, la abuela *está en la* ～ con sus nietos. 祖母は孫たちといると, 世話が焼けるにもかかわらず, とても幸せな気分になる

～ bendita この上なくすばらしいこと

hacer ～ de... …を自慢する

oler a ～ 芳香がする

pasar a la ～ 有名になる

pasar a mejor ～《皮肉》死んで忘れ去られる

por la ～ [祈り・願望の強調. +de+人 に誓って] どうか〔…しますように〕

que en ～ esté/que ～ haya/que Dios tenga (haya) en su ～ [死者に言及する時に尊敬の念から挿入] 亡き…, 故…: A su abuelo, *que en ～ esté*, le gustaba contar historias de caza. あなたの亡き祖父は狩りの話をするのが好きでした

saber a ～ えもいわれぬほど美味である(すばらしい): Esta tortilla me *sabe a* ～. このトルティーリャはすごくおいしい

—— [男]《カトリック》グロリア, 答唱〘*G*～ al padre で始まる祈り〙; 栄光誦〘*G*～ a Dios en el cielo で始まる歌〙

gloriado [glorjáđo] [男]《中南米》蒸留酒のパンチ

Gloria in excelsis Deo [glórja in ɛkθélsis déo]〘←ラテン語〙天上の神に栄光あれ〘祈禱の最初に唱えられる言葉〙

gloria Patri [glórja pátri]〘←ラテン語〙[男]《カトリック》グロリア, 答唱〘=gloria〙

gloriapatri [glorjapátri] [男] =**gloria Patri**

gloriar [glorjár]〘←ラテン語 gloriari〙⑩/⑪ [他] 賛美する〘=glorificar〙

—— **～se**《文語》[+de を] 自慢する; 大喜びする: *Se gloría de* ser el preferido del profesor. 彼は先生のお気に入りであることを自慢している(喜んでいる)

glorieta [glorjéta]〘←仏語 gloriette〙[女] ❶《交通》[木・噴水・銅像などのある] ロータリー. ❷ あずまや, 園亭; [庭園内の] 小広場. ❸《カスティーリャ・レオン》床暖房 gloria のある部屋. ❹《キューバ》[公園・庭園内の] 売店〘=quiosco〙

glorificable [glorifikáble] [形] 賞賛に値する

glorificación [glorifikaθjón]〘←ラテン語 glorificatio, -onis〙[女] 賛美, 賞賛

glorificador, ra [glorifikađór, ra] [形] [名] 賛美する〔人〕

glorificar [glorifikár]〘←ラテン語 glorificare〙⑦ [他] ❶ 賛美する, ほめたたえる: El autor *ha glorificado* su pueblo natal en este libro. 著者はこの本の中で生まれ故郷を美しく描いた. ～ a Dios 神を讃える. ❷ 大げさに(誇張して)ほめる. ❸《キリスト教》神の栄光を授ける, 至福を与える

—— **～se** =**gloriarse**

gloriosa[1] [glorjósa] [女] ❶ [La *G*～] 聖母マリア. ❷ 栄誉革命〘1868年スペイン. =Revolución de 1868, revolución de la ～〙

echar de la ～ 自慢する, うぬぼれる

gloriosamente [glorjósaménte] [副] 栄光と共に, 輝かしく; 見事に

glorioso, sa[2] [glorjóso, sa]〘←ラテン語 gloriosus〙[形] ❶ 栄光ある, 名誉ある: hecho ～ 名誉ある行為. historia ～*sa* 輝かしい歴史. victoria ～*sa* 輝かしい勝利. ❷《まれ》大げさに自慢する, うぬぼれた. ❸《カトリック》[+名詞] 至福を受けた, 聖なる: La ～*sa* Virgen María 聖母マリア

glosa [glósa]〘←ラテン語 glossa「難解な用語」< ギリシア語 glossa「言語」〙[女] ❶ [書物の難解な語句などについての] 注釈, 注解: Se publicaron el texto y la ～ en un solo volumen. テキスト本文および注釈が一冊の本にまとめられて出版された. Las primeras palabras en romance aparecen en las ～*s* silenses y emilianenses. ロマンス語で書かれた最初の言葉はシロスとサン・ミリャンの語註解に出てくる〘[参考] サント・ドミンゴ・デ・シロス Santo Domingo de Silos の修道院に蔵されている「語註解」とサン・ミリャン・デ・ラ・コゴリャ San Millán de la Cogolla の修道院で作成された「語註解」. ロマンス語原初の手書きの資料で, 広い意味でスペイン語の初出記録〙. ～ marginal 欄外注. ❷ 説明, 解説. ❸《詩法》主に引用からなる最初の詩節の各詩行を, 第2詩節以降の最後の行に繰り返す形式. ❹《音楽》変奏. ❺《商業》[台帳・会計簿の] 注記. ❻《コロンビア》叱責, とがめ

glosador, ra [glosađór, ra] [形] [名] 注釈をつける; 注釈者

glosar [glosár]〘←ラテン語 glossare〙[他] ❶ [言葉・行為を] 解釈する, 説明する: El portavoz del Gobierno *glosó* la polémica frase atribuida al presidente. 政府報道官は首相がしたとされる問題発言について釈明を行なった. ❷ …に注釈をつける; 解説する. ❸ ～ cuentas 会計監査を行なう

glosario [glosárjo]〘←ラテン語 glossarium〙[男] ❶ [巻末の] 用語解説, 語彙集: ～ de abreviaturas 略語集. ❷ [集名] 注釈; 解説

glose [glóse] [男] 注釈づけ; 注記の書き入れ

glosectomía [glosɛktomía] [女]《医学》舌切除術

glosemática [glosemátika] [女]《言語》言理学

glosilla [glosíʎa] [女]《印刷》9ポイントより小さい活字

glosina [glosína] [女]《昆虫》ツェツェバエ

glositis [glosítis] [女]《医学》舌炎

glosofaríngeo, a [glosofaríŋxeo, a] [形]《解剖》舌咽(ぜついん)の,

舌と咽頭の
glosofobia [glosofóβja] 囡《医学》発言恐怖症
glosolalia [glosolálja] 囡 語学の才能〖=don de lenguas〗
glosopalatino [glosopalatíno] 男《解剖》口蓋舌筋〖=músculo ～〗
glosopeda [glosopéða] 囡《獣医》口蹄(こうてい)疫
glosoptosis [gloso(p)tósis] 囡《医学》舌下垂症
glotal [glotál] 囮《音声》声門の
glotalizado, da [glotaliθáðo, ða] 囮《音声》声門音化された
glótico, ca [glótiko, ka] 囮《解剖》声門の
glotis [glótis] 囡《単複同形》《解剖》声門: golpe de ～《音声》声門閉鎖音, 声門破裂音
glotocronología [glotokronoloxía] 囡《言語》言語年代学
glotodidáctica [glotoðiðáktika] 囡 言語学的観点からの言語教育
glotogonía [glotoɣonía] 囡《言語》言語起源論
glotología [glotoloxía] 囡 言語学〖=lingüística〗
glotón, na [glotón, na]〖←ラテン語 glutto, -onis〗囮 がつがつ食う〔人〕, 食い意地のはっている〔人〕, 大食らいの〔人〕, 大食漢 —— 男《動物》クズリ
glotonear [glotoneár] 自 がつがつ食う, 大食いする
glotonería [glotonería]〖←glotón〗囡 ❶ 食い意地の張っていること; 大食いの欲求: El niño está gordo porque lo dominan la ～. その子は食い意地がはっているから太っている。 ❷ がつがつ食うこと, 大食い
gloxínea [glo(k)sínea] 囡《植物》オオイワギリソウ, グロキシニア
glub [glúb] 間 [困惑・驚きで唾を飲む音] ゴクン
gluc- 〖接頭辞〗**=gluco-**
glucagón [glukaɣón] 男《生化》グルカゴン
glucemia [gluθémja] 囡《生理》血糖: nivel de ～/valor de la ～ 血糖値
glucémico, ca [gluθémiko, ka] 囮 血糖の
glucídico, ca [gluθíðiko, ka] 囮 糖質の
glúcido [glúθiðo] 男《生化》〖主に 複〗糖質
glucina [gluθína] 囡《化学》酸化ベリリウム〖=berilia〗
glucinio [gluθínjo] 男〖まれ〗ベリリウム〖=berilio〗
gluco- 〖接頭辞〗〔糖〕glucómetro 糖度計
glucocorticoide [glukokortikóiðe] 男《生化》グルココルチコイド, 糖質コルチコイド
glucogénesis [glukoxénesis] 囡《生化》糖生成
glucogenia [glukoxénja] 囡 **=glucogénesis**
glucogénico, ca [glukoxéniko, ka] 囮 グリコーゲンの; グルコース(グリコーゲン)生成の
glucógeno [glukóxeno] 男《生化》グリコーゲン
glucogenólisis [glukoxenólisis] 囡《生化》グリコゲノリシス, グリコーゲン分解
glucólisis [glukólisis] 囡《生化》解糖〔作用〕
glucómetro [glukómetro] 男 糖分計, 糖度計
gluconato [glukonáto] 男《化学》グルコン酸塩
gluconeogénesis [glukoneoxénesis] 囡《生化》糖新生
glucoproteido [glukoproteíðo] 男《生化》糖たんぱく〔質〕
glucosa [glukósa]〖←仏語 glucose〗囡 ぶどう糖, グルコース: ～ basal 血糖
glucosado, da [glukosáðo, ða] 囮 ぶどう糖を含む
glucosalino, na [glukosalíno, na] 囮 ぶどう糖と塩を含む
glucosamina [glukosamína] 囡《生化》グルコサミン
glucosaminoglucano [glukosaminoɣlukáno] 男《生化》グルコサミノグリカン
glucósido [glukósiðo] 男《生化》グルコシド〔配糖体〕
glucosuria [glukosúrja] 囡《医学》糖尿
glucosúrico, ca [glukosúriko, ka] 囮《医学》糖尿〔病〕の
gluglú [gluglú] 間 ❶ 〔水の流れ出す音〕ゴボゴボ: hacer ～ ゴボゴボいう(流れる)
gluglutear [gluɣluteár]〖←擬声〗自 〔七面鳥が〕オロオロと鳴く
gluma [glúma] 囡《植物》包頴(ほうえい), 頴(えい)
glumilla [glumíʎa] 囡《植物》花頴
gluón [glwón] 男《物理》グルーオン
glutamato [glutamáto] 男《化学》グルタミン酸塩: ～ monosódico グルタミン酸ソーダ
glutámico, ca [glutámiko, ka] 囮《化学》ácido ～ グルタミン酸
glutelina [glutelína] 囡《生化》グルテリン
gluten [glúten] 男《生化》グルテン

gluteo [glutéo]〖←擬声〗男 ヤマウズラの鳴き声
glúteo, a [glúteo, a]《解剖》臀部(でんぶ)の, 尻の: región ～ a 臀部
—— 男 ❶ 臀筋〖=músculo ～〗. ❷〔婉曲〕尻〖=nalgas〗: Tiene usted una herida en los ～s. お尻に傷がありますね
glutinosidad [glutinosiðáð] 囡 粘着性
glutinoso, sa [glutinóso, sa] 囮 グルテン性の, グルテンを含んだ; 粘着性のある
gnatodinamómetro [(g)natoðinamómetro] 男 顎力測定計
gnatología [(g)natoloxía] 囡《医学》顎咬合(がっこうごう)学, ナソロジー
gnatoplastia [(g)natoplástja] 囡《医学》顎形成〔手術〕
gnatostomado, da [(g)natostomáðo, ða] 囮 顎口上綱の
—— 男〖複〗《動物》顎口(がっこう)上綱
gnatóstomo, ma [(g)natóstomo, ma] 囮 男 **=gnatostomado**
gnatostomúlido, da [(g)natostomúliðo, ða] 囮 顎口動物門の
—— 男〖複〗《動物》顎口動物門
gneis [(g)néjs] 男《単複同形》《地質》片麻岩
gnéisico, ca [(g)néjsiko, ka] 囮 片麻岩の
gnetáceo, a [(g)netáθeo, a] 囮 グネツム科の
—— 囡《植物》グネツム科
gnetales [(g)netáles] 囡〖複〗《植物》グネツム目
gnetófito, ta [(g)netófito, ta] 囮 グネツム綱の
—— 男《植物》グネツム綱
gnómico, ca [(g)nómiko, ka] 囮 名 ❶《文語》金言の, 格言的な. ❷ 格言詩の; 格言詩人
gnomo [(g)nómo]〖←ラテン語 gnomus < ギリシア語 genomos「地ество人」〗男 ❶《ゲルマン神話》ノーム〔地の精霊. 赤い三角帽子に長いあごひげの小人の姿をしている. 四大元素 espíritus elementales の一つ〕. ❷〔童話の〕妖精, 小人. ❸ ～ de Zurich チューリッヒの子鬼ども〔大量の外国人預金勘定を利用して大規模な外国為替投機に携わっていると揶揄される〕
gnomon [(g)nómon] 男 ❶〔日時計の〕指時針. ❷《古語. 天文》晷針(きしん). ❸〔製図用の〕直角定規: ～ movible 角度定規〖=falsa movible〗
gnomónico, ca [(g)nomóniko, ka] 囮 囡 日時計製作法〔の〕
gnoseología [(g)noseoloxía] 囡《哲学》認識形而上学
gnoseológico, ca [(g)noseolóxiko, ka] 囮 認識形而上学の, 認識論の
gnosis [(g)nósis] 囡《単複同形》❶《哲学》グノーシス, 霊知, 神秘的直観. ❷ **=gnosticismo**
gnosticismo [(g)nostiθísmo] 男《キリスト教》グノーシス主義
gnóstico, ca [(g)nóstiko, ka] 囮《キリスト教》グノーシス派の〔人〕
gnu [(g)nú] 男《動物》ヌー
goa [góa] 囡《金属》銑鉄, 鋼鉄
goano, na [góano, na] 囮 名《地名》〔インドの〕ゴア Goa の〔人〕〖=goés〗
gobanilla [gobaníʎa] 囡《ラマンチャ》手首
gobelino [gobelíno] 男 ❶ ゴブラン織り: de ～s ゴブラン織りの. ❷ ゴブラン織り職人
gobén [gobén] 男《ムルシア》荷車後部の横板を固定する棒
gobernabilidad [goβernaβiliðáð] 囡 統治できること, 統治しやすさ
gobernable [goβernáβle] 囮 統治(支配)され得る
gobernación [goβernaθjón] 囡 ❶ 統治, 管理, 運営. ❷ 統治区域, 領土; 《歴史》総督府. ❸〔メキシコ, 昔のスペインの〕内務省〖=ministerio de 〔la〕G～〗. ❹ 操縦
gobernador, ra [goβernaðor, ra]〖←gobernar〗名 ❶《歴史》〔植民地などの〕総督〖植民地時代のスペイン領アメリカにおいて, 地方統治を行う最高級官吏. アウディエンシア audiencia に従属する総督領 gobernación を管轄し, 裁判権を行使する. 副王 virrey は自身の居住地域の総督を兼任する. ヌエバ・エスパーニャでは, 先住民共同体に下級裁判権をもつ総督職が設置され, 先住民のカシーケ cacique や貴族出身者が就任した〗. ❷〔要塞などの〕司令官. ❸〔メキシコ・米国など連邦国家の〕州知事: ～ de Veracruz ベラクルス州知事. ❹《西》1) 県知事〖=～ civil〗: ～ civil de Burgos ブルゴス県知事. 2) ～ militar 軍管区司令官. 3)〔公的機関の〕総裁, 長官: ～ del Banco de España スペイン銀行総裁
—— 男《地方語》陶器を修理する職人〖=lañador〗

—— 女 ❶《西. 古語的》県知事夫人. ❷《メキシコ. 植物》クレオソートブッシュ, メキシコハマビシ; グリースウッド

gobernadorcillo [goberna∂orθíʎo] 男《フィリピン》[スペイン植民地時代の] 治安判事

gobernaduría [goβernaðuría] 女《歴史》総督の職(地位)

gobernalle [goβernáʎe]《←カタルーニャ語 governall》男《船舶》舵《=timón》

gobernanta [goβernánta] 女 ❶[ホテルの] チーフメード, 女中頭. ❷ 寮母. ❸《俗語》口やかましい女, 命令好きな女. ❹ 女家庭教師

gobernante [goβernánte] 形 ❶ [一国の] 統治者(の), 支配者; 政権担当者, 為政者(の): clase ~ 支配階級. bando ~ 与党グループ. ❷《口語》仕切り屋(の), ボス(の). ❸《サド・マゾの関係で》サドの人

gobernanza [goβernánθa] 女 ~ corporativa コーポレート・ガバナンス《=gobierno corporativo》

gobernar [goβernár]《←ラテン語 gobernare》23 他 ❶ 統治する, 支配する; 運営する; 指揮する: ~ un país 国を治める. ~ la empresa 会社を経営する. ~ la procesión 行列を指揮する. ~ las pasiones (la cólera) 情熱(怒り)を抑える. ❷ [船などを] 操縦する: ~ su barca 舟を操る. ❸ [人を] 操る: A mí no me *gobierna* nadie. 私は誰の指図も受けない. ❹《俗語》整える. ❺《古語》[必要な食べ物を] 与える, 養う
—— 自 ❶ 統治する, 支配する: El partido *gobierna* en los principales ayuntamientos. この党が主要な市議会を支配している. El rey reina pero no *gobierna*. 国王は君臨すれど統治せず. ❷《船舶》[船が] 舵に従う, 操縦が利く
—— **~se** ❶ 支配される. ❷ 自ら治める, 自己管理する; 身を処する: No sabe ~*se*. 彼は自分を抑えることができない. Con la edad que tiene no sabe ~*se* sin su madre. いい年をして彼は母親なしではやっていけない
gobernárselas 自分のことを処理できる, 何とかやっていける

gobernativo, va [goβernatíβo, ba] 形《まれ》政府の; 統治の

gobernoso, sa [goβernóso, sa] 形《まれ》整理整頓好きの

góbidos [góβiðos] 男複《魚》ハゼ科

gobierna [goβjérna] 女 [金属製で主に矢の形の] 風見, 風向計

gobiernista [goβjernísta] 形 女《主にアンデス》政府支持の(支持者), 与党の

gobierno [goβjérno]《←gobernar》男 ❶ [国・自治体の] 政府, 内閣《国の場合は普通 G~》: El G~ ejerce la función ejecutiva de acuerdo con la constitución y las leyes. 政府は憲法と法律に基づいて行政を行なう. Los pescadores acusaron al G~ español. 漁民たちはスペイン政府を非難した. llegar al G~ 政権をとる. formar un nuevo ~ 組閣する. ~ andaluz アンダルシア州政府. ~ provincial 県庁. 政治形態, 政体: Tenemos un ~ democrático. 我が国は民主主義だ. ~ absoluto 絶対王政. ~ parlamentario 議会政治. ~ representativo 代議政体. ❸ 統治, 管理, 運営: El ~ de la empresa está en las manos del accionista mayoritario. 会社の運営は大株主の手中にある. línea de ~ 運営方針, 指導方針. ~ corporativo コーポレート・ガバナンス, 企業統治. ~ de la casa 家政, 家計のやりくり, 家の取り仕切り. ~ de la nación 国政. ❹ 統治者の地位(官邸・管轄区)《歴史》総督府: Casa de G~ 大統領(首相)官邸. ~ civil《西》県知事(県知事官邸)《軍事》軍管区. ❺《船舶, 航空》操縦性, 操舵性: El barco está sin ~. 船の舵がきかない. perder el ~ del avión 飛行機のコントロールを失う. de buen ~ 操舵性の良い. ❻《隠》馬の手綱. ❼《古語》食糧. ❽《アンダルシア》端切れを縫い合わせた毛布
mirar contra el ~《西. 口語》斜視である
para él ~ de+人 …への参考までに: Te digo *para tu ~* que mañana es día festivo. 念のため言っておくけど明日は祝日だよ. *Para mi ~*, me convendría saber cuándo piensas volver. 念のため君はいつ帰って来るつもりなのか知っておきたいのだが
servir de ~ 規準(警告)となる: Este fracaso le *serviría de ~*. この失敗は彼にとって良い教訓となるだろう

gobio [góβjo] 男《魚》カマツカ; ハゼ

goce [góθe]《←gozar》男 ❶ 楽しみ, 喜び《感情》快楽: El ~ es mayor cuando no se espera obtenerlo. 予想していなかったものを得た時の喜びはより大きい. delirio de ~ 歓喜の陶酔. padecimientos y ~s del amor 愛の苦しみと喜び. ~ de crear 創造の喜び. ~ de vivir 生きる喜び. ~ gastronómico 食の喜び. ~ sexual 性的快楽. ~s sensuales 官能的快楽. ❷ [能力・権利などの] 享受, 使用, 行使: en pleno ~ de sus facultades 自分の能力をすべて発揮して. ~ de un derecho/~ de una función 権利の享受, 職権の行使, 肩書き

gocete [goθéte]《←仏語 gousset》男 腋の下を守る鎖かたびら

gochada [gotʃáða] 女《アストゥリアス》汚さ; 卑劣

gocho, cha [gótʃo, tʃa] 形《擬声》女《アストゥリアス》豚

gociano, na [goθjáno, na] 形 女《地名》[スウェーデンの] ゴットランド Gocia の(人)

godello [goðéʎo] 男《ブドウ・ワインが》ゴデジョ種の

godeo [goðéo] 男《魔語》喜び, 好み, 満足

godesco, ca [goðésko, ka] 形《まれ》陽気な(人), 楽しい(人)

godet [goðé]《←仏語》男《複 ~s》《服飾》ゴデ《スカートなどに部分的にはさみ込むひだ・たるみ・フレアー状の布片》

godible [goðíβle] 形 陽気な, 楽しい

godo, da [góðo, ða]《←ラテン語 gothus <ゴート語 guthans》形 女 ❶《歴史》1) ゴート族(の). 2) [ゴート族にまぎれ込んで高位についた] イベリア人貴族. 3) 西ゴート族(の).《軽蔑》1)《カナリア諸島》本土から来たスペイン人. 2)《中南米》独立戦争時に [支配層] スペイン人(の). 3)《南米. 口語》保守的な. 4)《ボリビア, チリ》スペイン人
hacerse de los ~s 血筋がよいことを自慢する(鼻にかける)
venir de los ~s 血筋がよい
ser ~ 古い貴族である

goés, sa [goés, sa] 形 女《地名》[ポルトガルの旧植民地, 現在インドの] ゴア Goa の(人)

goethiano, na [goetjáno, na] 形《人名》[ドイツの作家] ゲーテ Goethe の

goethita [goetíta] 女《鉱物》針鉄鉱

goético, ca [goétiko, ka] 形 魔法の《=mágico》

gofio [gófjo] 男 ❶ [炒めたトウモロコシ・小麦・大麦などの] ひき割り. ❷《中米, カリブ, ボリビア, アルゼンチン》トウモロコシ粉末たはタピオカのパイと黒砂糖のケーキ. ❸《カリブ》炒めたトウモロコシの非常に細かい粉と砂糖の練り物

gofo, fa [gófo, fa] 形 ❶ 愚かな, 無知な; 下品な. ❷《美術など》小人の

gofrado [gofráðo] 男 浮き出し模様をつけること

gofrar [gofrár]《←仏語 gaufrer》他 ❶《押し型で, 紙・布などに》浮き出し模様をつける. ❷《造花の花びらに》筋をつける

gofre [gófre]《←仏語 gaufre <蘭語 wafel》男《西. 菓子》ゴーフル, ワッフル

gog-magog [góg magóg] 男《旧約聖書》ゴグとマゴグ《神の国に敵対する最後の二国家》

gogó [gogó] 女《複 ~s》《西》ゴーゴーガール, ゴーゴーダンサー《=chica a ~》《踊 ~s》ゴーゴーダンス《=baile a ~》
a ~《西. 口語》たくさん, 一杯; 好きなだけ: En la fiesta hubo champán *a ~*. パーティーではシャンパンがふんだんにあった

goguta [gogúta] 女《エストレマドゥラ. 鳥》ウズラ

goitibera [gojtiβéra] 女《地方語》[子供が坂を下って遊ぶ] 三輪車

gol [gól]《←英語 goal》男《サッカーなど》ゴール《行為, 得点》: meter (marcar·hacer) un ~ ゴールを決める. tiro a ~ [ゴール] シュート. boca de ~ ゴールマウス, ゴールのすぐ前のエリア. línea de ~ ゴールライン. ~ average ゴールアベレージ. ~ de campo フィールドゴール. ~ de honor [負けた試合の] 唯一の得点. ~ en contra オウンゴール. ~ olímpico コーナーキックからの直接ゴール
marcar un ~ a+人《口語》[相手のミス・油断などに乗じて] 勝つ《=meter un ~ a+人》
meter un ~ a+人《口語》1) 陰険なやり方で…をだます. 2) [相手のミス・油断に乗じて] 勝つ, やっつける, 一本とる

gola [góla]《←ラテン語 gula "喉"》女 ❶《服飾》ひだえり. ❷《鎧》の喉当て. ❸《建築》波刻形《略》: ~ inversa (reversa) 上部が凸状に下部が凹状になっている刻形. ❹《軍事》喉足門内. ❺ [士官の首にかける] 三日月章. ❻《地理》[船の入る] 港や入り江の水路. ❼《築城》1) 広場から防塞に入る入り口. 2) 両側壁間の直線距離

golayo [goláʝo] 男《地方語. 魚》イモリザメの一種《食用. 学名 Pristiurus melastomus》

golazo [goláθo] 男《サッカーなど》見事なゴール

golden [gólden]《←英語》形 女 ゴールデン種の(リンゴ)

goldo [góldo] 男 [北部ツングース族の] ゴリド語, ナナイ語
goldre [góldre] 男 矢筒
goleada [goleáda] 《←golear》 女 《サッカーなど》大量得点: evitar una ~ 大量失点を免れる. ganar por ~ 楽々と勝つ
goleador, ra [goleaðór, ra] 形 名 《サッカーなど》得点する〔選手〕. ポイントゲッター〔の〕: máximo ~ 得点王
golear [goleár] 《←gol》自 他《サッカーなど》得点する; 大量得点する: portero menos goleado 最少失点キーパー
golero, ra [goléro, ra] 名《チリ, アルゼンチン, ウルグアイ. サッカーなど》ゴールキーパー
goleta [goléta] 《←仏語 goélette》女《船舶》スクーナー
golf [gólf]《←英語》男《スポーツ》ゴルフ: jugar al ~ ゴルフをする. campo de ~ ゴルフ場. jugador de ~ ゴルファー
golfa[1] [gólfa] 女《西. 口語》売春婦
golfada [golfáða] 女《西》悪さ, 盗み
golfán [golfán] 男《植物》~ blanco 野生のスイレン《学名 Nymphaea alba》
golfante, ta [golfánte, ta]《←golfo[2]》形 名《西. 口語》よた者〔の〕, ごろつき〔の〕
golfaray [golfaráj] 形 名《隠語》=golfante
golfear [golfeár]《←golfo[2]》自《西》❶ 悪さ(盗み)をする. ❷《古語的》浮浪生活をする. ❸《口語》売春をする. ❹《戯語》《盛り場などを女を連れてあるくことをして》ちょうちょうつく
golfemía [golfemía] 女《古語的》浮浪生活; 集名 浮浪者
golferancia [golferánθja] 女《古語的》=golfería
golferas [golféras] 形 名《西》よた者〔の〕, ろくでなし〔の〕
golfería [golfería] 女《西. 口語》❶ 悪さ, 盗み. ❷ 集名 よた者, ろくでなし
golfín [golfín] 男 ❶《動物》イルカ〔=delfín〕. ❷《古語》〔徒党を組む〕泥棒, 山賊
golfista [golfísta] 名 ゴルファー
golfístico, ca [golfístiko, ka] 形 ゴルフの
golfito [golfíto] 男《中南米. スポーツ》ミニゴルフ
golfo[1] [gólfo] I 《←ラテン語 colphus < ギリシャ語 kolpos「乳房」》男 ❶《地理》湾. 類義 bahía は一般に golfo より小さい湾》: G~ de México メキシコ湾. G~ de Vizcaya ビスケー湾. G~ Pérsico ペルシア湾. guerra del G~ 湾岸戦争《対イラク. 1991年》. ❷《広がりとしての》海. ❸《陸から離れ, 島のない》海: G~ de las Yeguas スペインからカナリア諸島までの海. ❹《西式トランプ》同一組札の合計点数の高さを競うゲーム
II 男《アラゴン, ムルシア》ちょうつがい
golfo[2], **fa** [gólfo, fa]《←古語 golfín》形 名《西》❶《口語》《定職のない》貧持ちのよくない〔人〕. よた者〔の〕, ろくでなし〔の〕: Siempre va con ~s. 彼はよくない仲間とつき合っている. ❷《古語的》浮浪者〔の〕: En la calle convivían los borrachos y ~s. 通りでは酔っぱらいと浮浪者が同居していた. ❸《戯語》ずる賢い人: ¡Qué ~ eres, siempre consigues lo que quieres! お前は何て狡猾なやつだ, 欲しいものは何でも手に入れてしまう! No seas ~ y devuélveme el cambio exacto. こら, ちゃんとお釣りを返してくれ. ❹ やんちゃな子, 行儀の悪い子
Gólgota [gólgota] 男《新約聖書》ゴルゴタの丘
goliardesco, ca [goljarðésko, ka] 形 遊歴書生の
goliárdico, ca [goljárðiko, ka] 形 =goliardesco
goliardo, da [goljárðo, ða] 形《飲食・放蕩などの》快楽に溺れた
── 男《歴史》〔中世の〕遊歴書生《聖職者, 学生》
Goliat [góljat] 男《旧約聖書》ゴリアテ《ダビデに殺されたペリシテ人の巨人》
golilla [golíʎa] 女 ❶《技術》1) フランジ, ワッシャー. 2) ポンプの羽根車. ❷《家禽の首の羽. ❸《西. 服飾》〔司法官の〕黒色の付け襟. ❹《エルサルバドル》尊大な行動, 見栄を張った態度. ❺《キューバ》凧の尻尾につける飾り. ❻《ベネズエラ》たやすいこと, 朝飯前. ❼《チリ》〔荷車の車輪との上にピンの間の〕座金. ❽《アルゼンチン, ウルグアイ》〔ガウチョが首に巻く〕スカーフ
  ajustar (apretar) a+人 la ~《口語》1) …に懲罰を与えて行いを正させる, 矯正する. 2) 絞殺する; 絞首刑にする
  llevarse en la ~《キューバ》〔人のことを〕考慮しない. 2) 殺す. 3)《悪意で》損害を与える. 4) 性交する
── 男《古語》❶ 付け襟をつけた司法官. ❷〔軍人に対して〕民間人, 一般市民
golillar [goliʎár] 自《ホンジュラス》働くふりだけして給料を得る
golillero, ra [goliʎéro, ra] 名《古語》付け襟 golilla の製造者
golisca [golíska] 女《ラマンチャ》不快なにおい

golisma [golísma] 形 名《ムルシア》甘党の〔人〕
golismear [golismeár] 自《ラマンチャ》つまみ食いをする
gollería [goʎería] 女 ❶ おいしいもの, ごちそう. ❷《口語》〔過度の洗練などを望む〕ぜいたく
  pedir ~s ぜいたくを言う, あまりにも多くを望む: Querer comer cordero asado en un modesto restaurante de la estación es pedir ~s. 駅のこんなみすぼらしい食堂で子羊のローストを食べたいなんて, ないものねだりに等しい
golleta [goʎéta] 女《魚》カレイの一種《学名 Microchirus variegatus》
golletazo [goʎetáθo] 男 ❶《闘牛. 軽蔑》[肺に達する] 首への一突き. ❷ 瓶の首を割る一撃
  dar ~ [+a 交渉・議論などを] 突然打ち切る
gollete [goʎéte]《←仏語 goulet》男 ❶ 喉の上部. ❷ [瓶などの] 細い首. ❸〔助産士の修道服の〕カラー
  beber a ~ ラッパ飲みする, 喉から直接飲む
  estar hasta el ~《口語》1) うんざりしている: Estoy hasta el ~ de sus entrometimientos. 私は彼の干渉にうんざりしている. 2) 腹一杯である. 3) 行き詰まっている. 4) 疲れている. 5) 多額の借金を抱えている
  no tener ~《アルゼンチン, ウルグアイ》無分別(非常識)である: No tiene ~ que llame a estas horas. こんな時間に電話をかけるとは彼は非常識だ
golletear [goʎeteár] 他《ベネズエラ. 口語》[けんかで] 相手の喉をつかむ
golletero, ra [goʎetéro, ra] 形《メキシコ》他人にたかる, おごってもらう
gollizno [goʎíθno] 男 =gollizo
gollizo [goʎíθo] 男 山間の狭い場所
gollorría [goʎoría] 女《廃語》❶ =gollería. ❷《鳥》1)《アラゴン》ヒバリ. 2)《エストレマドゥラ》セキレイ
golondrina [golondrína] 《←ラテン語 hirundo, -inis》女 ❶《鳥》ツバメ《=~ común》: Una ~ no hace verano. 一つの例からだけでは一般的な結論は下せない. ❷《西》[バルセロナ港などの] 遊覧船, 小型連絡船. ❸ ~ de mar《鳥》アジサシ《魚》トビウオ. ❹《ホンジュラス, コスタリカ. 植物》シマニシキソウ《その乳液でものもらいを治す》. ❺《チリ》引っ越しトラック
  Voló la ~.《口語》もくろみが外れた/望みは消えた
golondrinera [golondrinéra] 女《植物》クサノオウ〔=celidonia〕
golondrino [golondríno] 男 ❶《鳥》ツバメのひな. ❷《魚》トビウオ. ❸《医学》腋窩《えきか》腺炎, わきの下のできもの. ❹ 住居を転々とする人. ❺ 脱走兵
  voló el ~ もくろみが外れる
golondro [golóndro] 男《まれ》❶ 欲望, 気まぐれな欲求; 甘い幻想, 分別のない考え. ❷ 夜警, 夜回り
  andar en ~s《廃語》[無駄で危うい期待をして] うぬぼれている
  campar de ~s《廃語》他人にたかって暮らす
golorito [golorito] 男《リオハ. 鳥》ゴシキヒワ
golosa[1] [golósa] 女《コロンビア》石けり遊び
golosamente [golosaménte] 副 欲望をもって, 舌なめずりして
golosear [goloseár] 自 菓子を食べる
golosina [golosína]《←goloso》女 ❶ [主に甘い] 菓子《キャンディーなど》. ❷ あこがれ, 欲求; 誘惑: mirar con ~ 物欲しそうに(うらやましそうに) 見る. ❸ 心地よいが役に立たないもの: No me contentaré con cuatro ~s. 子供だましの2つや3つで僕は満足しないぞ
  ser el espíritu de la ~ 虚弱体質である, 病気がちである
golosinar [golosinár] 自 =golosinear
golosinear [golosineár] 自 菓子を食べ歩きする
golosito [golosíto] 男《菓子》アーモンド入りのメレンゲをかけたアンズのスポンジケーキ
golosmear [golosmeár] 自 =golosinear
goloso, sa[2] [golóso, sa] 《←ラテン語 gulosus < gula「喉」》形 ❶ 甘党の, 菓子好きの. ❷ おいしそうな; 魅力的な: puesto de trabajo muy ~ 非常に魅力的な職. ❸《口語》汚い, 汚れた
── 男 甘党の人
  tener muchos ~s 羨望の的になる: Este cargo tiene muchos ~s. この地位はたくさんの人の羨望の的だ
golpazo [golpáθo] 男 ❶ ひどく打つこと, 強打: Se cayó al suelo y recibió un ~ en la cabeza. 彼は地面に倒れて頭を強打した. ❷ 激しい衝撃: cerrar la puerta de un ~ ドアを閉める音と閉める

golpe [gólpe]【←俗ラテン語 colupus < ラテン語 colaphus < ギリシア語 kolaphos「平手打ち」】男 ❶ [+en·contra へ の] 打撃, 殴打, 打つこと, 叩くこと; 打たれること, ぶつかり, 衝撃: 1) Sufrí un tremendo ~ en la espalda. 私は背中に強烈な一撃を食らった. Se dio un ~ contra la mesa. 彼は机にぶつかった. ¡Menudo ~ me di en la cabeza! 私は頭をひどくぶつけた! Dio unos ~s en la puerta. 彼はドアをノックした. Con el viento la puerta daba ~s contra la pared. 風でドアが壁を叩いていた. Dos coches chocaron con un ~ fuerte. 2台の車がドシンと衝突した. maletín resistente a los ~s 衝撃耐久性のあるアタッシュケース. 2)《比喩》Su desaparición ha sido un ~ muy fuerte para todo el mundo. 彼女の死は全世界にとって強烈なショックだった. Su boda fue un ~ muy comentado. 彼の結婚は色々なうわさを呼んだ. A ~ dado no hay quite.《中米. 諺》覆水盆に返らず. ❷ [衝撃による] けが, 傷: La mesa tiene un ~ en una esquina. その机の角にキズがある. ❸ [医学, 動悸［=latido］. ❹ 襲撃, 攻撃; 銃撃: preparar el ~ 攻撃の準備をする. ❺ 突然の激しい出来事, 突発: 1)［自然現象］~ de aire 突風. ~ de lluvia にわか雨. ~ de mar 大波. ~ de risa 笑い出す(吹き出す)こと. ~ de volante 急ハンドル. 3)《医学》~ de calor 熱中症. ~ de sangre 卒中の発作. ~ de sol 日射病. ~ de tos 咳込み. ❻ ぶつかる音, 衝突: Después volvió a oír otros ~s. その後, また別のゴトゴトという物音が聞こえ始めた. ❼［口語］［会話の］機知, 才気, ウィット: Parece serio, pero tiene unos ~s buenísimos. 彼は堅苦しそうだが, 最高にウィットの利いた話をする. ❽《口語》犯罪行為, 盗み, 詐欺: preparar el ~ con mucho detalle 綿密に犯罪の計画を立てる. ❾ オートロック, スプリング錠［=cerradura de ~］; ロック鍵付きのドア. ❿ [一度に入れる量: un ~ de sal 一つまみの塩. ⓫ 一つの穴に入れる種の粒数(苗の本数); 種(苗)を入れる穴. ⓬《スポーツなど》1)《ゴルフ》ショット, ストローク: buen ~ ナイスショット. el tercer ~ 第3打. ~ de acercamiento アプローチショット. ~ de salida ティーショット. 2)《サッカー》キック: ~ de castigo ペナルティキック. ~ franco フリーキック. 3)《テニス》ショット. ~ de fondo. 4)《フェンシング》~ de punta 突き. 5)《ボート》ストローク. 6)《ボクシング》パンチ: ~ cruzado クロスカウンター. 7)《野球》ヒット. 8)《ビリヤード》ショット. 9)［馬上槍試合で］得点. ⓭［ゲームの］局面, 一打ち, 一手. ⓮［映画, 演劇］~ de efecto 急転直下, どんでん返し; ギャグ. ⓯《美術》~ de luz ハイライト. ⓰《フラメンコ》足の裏全体で床を打ちつける技. ⓱［服飾］［ポケットの］蓋. 2) 飾り紐. ⓲《船舶》強く短い汽笛. ⓳《メキシコ》石を砕くハンマー. ⓴《ベネズエラ》ホロポ joropo に似た民俗舞踊; その音楽. ㉑《ウルグアイ》1)《軽蔑》尻軽女. 2)《口語》[男女の] 出会い
a ~《農業》[穴に種を] 一粒一粒
a ~ de... 1) ...を(繰り返し)使って: a ~ de bicicleta 自転車で. a ~ de diccionario 辞書と首っぴきで. a ~ de máquina de escribir タイプライターで. a ~ de martillo. ハンマーで打ちつけ. a ~ de remo オールで漕いで. 2)《ベネズエラ》...のまわりに
a ~ seguro 確実に, 間違いなく: actuar a ~ seguro 堅実に行動する
a ~s 叩いて, 殴って: Fue asesinado a ~s por los delincuentes. 彼は犯人たちに撲殺された. Le he educado a ~s. 私は拳骨で彼を教育した. 2)《口語》Han tenido que reducirlo a ~s. 彼らはその男を力ずくで取り押さえなければならなかった. Se abrió paso a ~s. 彼は強引に通り抜けた. 3) 断続的に: El agua sale de la cañería a ~s. 水道管から水が断続的に垂れる. 4)《農業》一かたまりずつ: sembrar a ~s 種を一握りずつまく. 5) 不均質に
acusar el ~ 痛手をこうむる
al ~ すぐに: Al ~, me di cuenta de que allí había entrado alguien. すぐに, 私はそこに誰か入ったことに気づいた
al primer ~ de vista 一目で, 見るやいなや: Al primer ~ de vista el hotel parece bueno, pero luego se da uno cuenta de las incomodidades. ちょっと見たところはいいホテルだが, 後になって色々足りないところがあることに気づく
andar a ~s いつもけんかをする; やたらに殴る
¡Buen ~! よくやった/うまい言葉だ!
caer de ~ [突然] ドスンと倒れる; 崩壊する, 崩れ落ちる
dar demasiados ~s a... ...をあまりにしばしば繰り返す(話題にする)

dar el ~ 1) びっくりさせる, センセーションを巻き起こす: Con esa corbata vas a dar el ~. そのネクタイを締めていけば皆はっと言わせるよ. 2)《メキシコ》吸い込む, 飲み込む
dar ~ a... ...を試す; 味見する: dar ~ a la empanada エンパナーダの味見をする
dar ~ en bola [困難な試みに] 成功する, 首尾よくいく
dar un ~ 1) 衝撃を与える, 叩く. 2) dar un ~ de timón 舵を切る. dar un ~ de horno オーブンで軽く温める
darse ~s de pecho 悔やむ: Hubieras pensado mejor lo que hacías. Ahora de nada sirve darte ~s de pecho. 君は自分のしていることをもっとよく考えるべきだった. 今となってはいくら反省したところで何の役にも立たない
de ~ 1) 突然, 出し抜けに; すぐに: De ~ se puso a referirme la historia. 彼は突然その物語を語り出した. La temperatura descendió de ~. 気温が急激に下がった. 2) 乱暴に: Cerró de ~ la ventana. 彼は窓をバタンと閉めた. 3)《コロンビア》たぶん, おそらく
de ~ y porrazo (y zumbido)《口語》あわただしく, よく考えないで; 不意に, 突然
de un ~ 一気に, 一挙に: La puerta se abrió y volvió a cerrarse de un ~ seco. ドアが開き, またバタンと激しく閉まった. apurar su cerveza de un ~ 一気にビールを飲み干す. volver de un ~ a la realidad 一気に現実に戻る
errar el ~ しくじる, 失敗する
fallar el ~
~ bajo 1)《ボクシング》ローブロー: dar ~s bajos ローブローを放つ. 2) 卑劣な手段: Eso fue un ~ bajo. それは汚いやり方だった
~ de agua 1) 大雨, 豪雨. 2)《古語》胃けいれん〖=corte de digestión〗
~ de castigo 罰, ペナルティ
~ de cuartel《中南米》反乱, クーデター
~ de efecto [突然の] 劇的効果を狙った行為
~ de Estado クーデター: Un grupo de militares intentó dar (armar) un ~ de Estado. 軍隊の一部がクーデターを起こそうとした
~ de fortuna 突然の幸運(不運): En el trabajo triunfará gracias a un ~ de fortuna. あなたは仕事の面では突然の幸運で成功を収めるでしょう
~ de gracia 1) [瀕死の苦しみを救う] とどめの一撃: Dio el ~ de gracia al fusilado. 彼は処刑囚のとどめの一発を放った. 2) 決定的打撃: La expulsión del portero fue el ~ de gracia para el equipo. ゴールキーパーの退場はチームにとって致命的な打撃となった
~ de mano《軍事》突然の攻撃, 急襲
~ de pecho 手で胸を打つ仕草[悔恨・悲しみを表わす]; 悔罪
~ de suerte 思いがけない幸運: El encontrar trabajo supuso un ~ de suerte para su economía. 仕事が見つかったのは彼にとって経済的に思いがけない幸運だった
~ de tambor《ベネズエラ》太鼓音楽の演奏
~ de timón 突然の方針転換(予定変更)
~ de vista 一見すること, 鋭い一瞥: a [primer] ~ de vista [最初に] 一目見て, 一見して. Se dio cuenta del problema en un ~ de vista. 彼は一目見て問題に気づいた. 2) [初めて見た] 外観, 外見. 3) 見る目, 洞察力, 勘の良さ, 抜け目なさ: En el mundo de negocios hay que tener ~ de vista para aprovechar la ocasión propicia. ビジネスの世界では好機をうまく利用する勘の良さがなくてはならない
~ en falso 失敗
~ maestro すばらしい腕前, 神技; すごいひらめき
~ militar 軍事クーデター: Sucedió el ~ militar en Chile. チリで軍事クーデターが起きた
marrar el ~ =errar el ~
no dar (pegar) [ni] ~《西. 口語》何も仕事をしない, 無為に過ごす, 怠ける: No dio ni ~ durante el curso y al final lo suspendieron. 彼はその学年は何も勉強せず, 結局落第した
parar el ~《口語》打撃(災難)を避ける: Iban a echarlo de la empresa, su jefe le ha parado el ~. 彼は会社をクビになるところを, 上司が救った
sembrar a ~ 種(苗)を穴に入れる
tener buenos ~s/tener cada ~ 機知に富んでいる, ウィッ

golpeadero [golpeaðéro] 男 ❶ 繰り返し打たれる場所; 繰り返し打つ音. ❷ 高所から水が落ちてくる場所

golpeador, ra [golpeaðór, ra] 形 图 打つ〔人〕 ── 图 ❶《中南米》〔ドアの〕ノッカー. ❷《アルゼンチン》妻に暴力をふるう夫

golpeadura [golpeaðúra] 女《まれ》打つ（叩く）こと

golpear [golpeár]《←golpe》他 ❶ 打つ, 叩く, 殴る: 1) El golfista *golpea* la bola con rectitud y precisión. そのゴルファーは球をまっすぐ正確に打った. Alguien *golpeó* la puerta. 誰かがドアを叩いた（バタンと閉めた）. ── a+人 en la cara …の顔を殴る. 2)［何度も・繰り返し］Las gotas de lluvia *golpeaban* la ventana. 雨粒が窓を叩きつけていた. ❷《フラメンコ》足の裏全体で床を打ちつける. ❸《アメフト》オフェンスラインとディフェンスラインがぶつかり合う. ❹《中南米》ドアをノックする. ❺《ペルー》たばこの煙を吸う

── 自 ❶ 叩きつける;［何度も］打ちつける. ❷［物が］ぶつかる, 当たる: Una de las piedras me *golpeó en* la cabeza y me dejó inconsciente. 石の一つが頭に当たり私は意識不明になった

── ~se［自分の…を］打つ: *Se ha golpeado* la cabeza. 彼は頭を打った. ~se el pecho con la mano 自分の胸を手で叩く

golpeo [golpéo] 男 ❶ 打つこと, 叩くこと. ❷《アメフト》スクリメージ

golpetazo [golpetáθo] 男 強打〔=golpazo〕: Dio un ~ en la pared con el puño. 彼は拳骨で強く壁を叩いた

golpete [golpéte] 男［ドア・窓の］掛け金

golpetear [golpeteár]《←golpe》他 ❶ 軽く何度も叩く, トントンと打つ: Jorge *golpeteaba*［en］la mesa con los nudillos. ホルヘは握りこぶしで軽くコツコツと机を叩いていた. La lluvia *golpeteaba* rítmicamente el techo. 雨音がリズミカルに屋根に響いていた

golpeteo [golpetéo] 男 ❶ 軽く何度も叩くこと; その音: ~ de las máquinas de escribir タイプライターのカタカタという音. ~ de la lluvia sobre el tejado 屋根を打つ雨音 ❷［エンジンの］ノッキング

golpetón [golpetón] 男 =**golpazo**
de ~ いきなり, 突然

golpismo [golpísmo]《←golpe》男《政治》クーデター主義

golpista [golpísta] 形 图 クーデター主義の(主義者); クーデターの

golpiza [golpíθa] 女《主に中南米》めった打ち〔=paliza〕

goma [góma]《←ラテン語 gumma》女 ❶《植物》ゴム;［製品］ゴム《= ~ elástica》: pelota de ~ ゴムボール. ~ arábiga アラビアゴム. ~ espuma フォームラバー. ~ guta ガンボージ. ~ kauri カウリゴム. ~ laca シェラック. ❷ 輪ゴム, ゴムバンド. ❸ 消しゴム《= ~ de borrar》: borrar con［la］~ 消しゴムで消す. ❹ ゴム糊《= ~ de pegar》. ❺ ゴムホース. ❻《口語》コンドーム《= condón》. ❼《菓子》1) ~ de mascar / ~ de masticar チューインガム《=chicle》. 2) ガムドロップ, 固い透明なゼリー状のキャンディ《=pastilla de ~》. ❽《遊》ゴム跳び. ❾《隠喩》純度の高いハッシッシ. ❿《医学》梅毒による腫瘍, ゴム腫. ⓫《植物》ゴム病, 樹脂病. ⓬《卓球》［ラケットの］ラバー: ~ picos 突起のあるラバー. ~ lisa 平らなラバー. ⓭《野球》ホームプレート. ⓮ 二日酔い: Estoy (Ando) de ~. 私は二日酔いだ. ⓯《ドミニカ》車輪の泥よけ《=guardabarros》. ⓰《コロンビア》［衝動的な］激しい欲求, 気まぐれ. ⓱《ウルグアイ, ウルグアイ》タイヤ. ⓲《アルゼンチン, 卑語》［主に 複］女性の］乳房

de ~《口語》柔軟な: Algunos gimnastas son *de* ~. 体がゴムのように柔らかい体操選手がいる

estar por la ~《キューバ, 口語》不機嫌である, いらだっている

mandar a la ~《メキシコ》［怒り・軽蔑などで］排斥する: Se enojó y me mandó a la ~. 彼は怒って私をはねつけた

por la ~《ベネズエラ, 口語》とてもよく, たいそうよく

── 形《古語的》きざな〔男〕《=gomoso》

gomaespuma [gomaespúma]《←goma+espuma》女 フォームラバー

gomarrero [gomarréro] 男《まれ. 隠語》雌鶏泥棒

gomecillo [gomeθíλo] 男《口語》盲人の手を引く少年《=lazarillo》

gomenol [gomenól] 男《薬学》ゴメノール《ニアウリの葉の抽出

gomera[1] [goméra] 女《アルゼンチン, ウルグアイ, パラグアイ》ぱちんこ《=tirachinas》

gomería [gomería] 女《アルゼンチン, ウルグアイ》タイヤの修理工場（販売店）

gomero, ra[2] [goméro, ra] 形 ❶ ゴムの: industria ~*ra* ゴム産業. 地名 ❶ ゴメラ島 Gomera の《カナリア諸島の一つ》

── 图 ❶《ベネズエラ》フアン・ビセンテ・ゴメス Juan Vicente Gómez 大統領の支持者. ❷《アルゼンチン》タイヤの修理（販売）業者

── 男 ❶《西. 玩具》ぱちんこ《=tirachinas》. ❷《南米》ゴムの木; インドゴムノキ

Gómez [góme0]《人名》**José Miguel** ~ ホセ・ミゲル・ゴメス《1858～1921, キューバの軍人・政治家. 独立戦争で軍功をあげ政界に入った. 大統領(1909～13)》

Juan Vicente ~ フアン・ビセンテ・ゴメス《1857～1935, ベネズエラの軍人・政治家. 1908年から大統領を3期務め, 長期にわたり実質的な独裁体制を敷く》

Laureano ~ ラウレアノ・ゴメス《1989～1965, コロンビアの技師・作家・保守派政治家, 大統領(1950～51, 53). 二大政党間の武力抗争の激化により軍事クーデターが起こり, 失脚》

Gómez Carrillo [góme0 karíλo]《人名》**Enrique** ~ エンリケ・ゴメス・カリリョ《1873～1927, グアテマラの作家. 退廃的な雰囲気の小説『愛と悩みと悪徳について』*Del amor, del dolor y del vicio*. 旅行記『マルセーユから東京へ』*De Marsella a Tokio*,『偉大で優しき日本』*El Japón heroico y galante*》

Gómez de Avellaneda [góme0 de aβeλanéða]《人名》**Gertrudis** ~ ヘルトルディス・ゴメス・デ・アベリャネダ《1814～73, キューバ生まれの女性詩人・劇作家. 長くスペインで暮らし, スペイン・ロマン派の詩人として知られる》

Gómez de la Serna [góme0 de la sérna]《人名》**Ramón** ~ ラモン・ゴメス・デ・ラ・セルナ《1888～1963, スペインの作家. 小説や戯曲など幅広い分野で文才を発揮し, その文学形式は greguería と名づけられた》

Gómez de Mora [góme0 de móra]《人名》**Juan** ~ フアン・ゴメス・デ・モラ《1586～1648, バロック期スペインの建築家. マドリードのマヨール広場 *Plaza Mayor*》

Gómez Farías [góme0 fárjas]《人名》**Valentín** ~ バレンティン・ゴメス・ファリアス《1781～1858, メキシコの政治家. 大統領(1833, 46). サンタ・アナ Santa Anna 政権下, 教会財産接収を試みるが失敗》

gomia [gómja] 女 ❶ 蛇の怪物像《=tarasca》. ❷［子供を怖がらせる］空想上の化け物. ❸《口語》［出されるものをすべて食べる］大食漢. ❹《口語》消費（破壊）するもの

gomífero, ra [gomífero, ra] 形 ゴムを産出する

gomina [gomína] 女《不可算》《化粧》ディップ

gominola [gominóla] 女《西. 菓子》ゴミノラ, グミ

gomioso, sa [gomjóso, sa] 形《ムルシア》大食の, がつがつ食べる, 食欲な

gomita [gomíta] 女 ❶《隠語》上質のハッシッシ. ❷ 輪ゴム

gomo [gómo]《エストレマドゥラ, ウェルバ》オレンジの房

Gomorra [gomórra]《旧約聖書》ゴモラ《住民の背徳によってソドム Sodoma と共に神に滅ぼされたとされる死海南岸の都市》

gomorresina [gomorresína] 女 ゴム樹脂

gomosería [gomosería] 女《古語. 軽蔑》きざ, おしゃれ

gomosidad [gomosiðá(ð)] 女 ゴム質

gomoso, sa [gomóso, sa] 形 ❶ ゴム〔状〕の. ❷《医学》ゴム腫 goma の

── 男《古語. 軽蔑》きざな男, おしゃれな男

gónada [gónaða] 女《解剖》生殖腺

gonadal [gonaðál] 形 生殖腺の

gonádico, ca [gonáðiko, ka] 形 =**gonadal**

gonadotrófico, ca [gonaðotrófiko, ka] 形 =**gonadotrópico**

gonadotrofina [gonaðotrofína] 女 =**gonadotropina**

gonadotrópico, ca [gonaðotrópiko, ka] 形《生物》性腺刺激〔性〕の

gonadotropina [gonaðotropína] 女《生化》ゴナドトロピン, 性腺刺激ホルモン

gonalgia [gonálxja] 女《医学》膝痛

gonante [gonánte] 男《動物》〔ヒドロ虫の〕生殖個体

gonatocele [gonatoθéle] 男《医学》膝の腫瘍

gonce [gónθe] 男 ❶［ドア・窓の］ちょうつがい. ❷ 関節

goncear [gonθeár] 他 関節を動かす
góndola [góndola]《←伊語 gondola》女 ❶ [ベネチアの] ゴンドラ. ❷ [気球の] 吊りかご. ❸ [航空] エンジンポッド. ❹ teléfono de 〜 ゴンドラ型(長細い舟形)の送受話器. ❺《主にラプラタ》[スーパーマーケットの] 商品棚. ❻《ベネスエラ》大型トラック. ❼《ペルー,ボリビア,チリ》乗合バス
andar (*ir・salir*) *en* 〜《ベネスエラ》[人がある状況から] 最大の利益を得る
gondolero [gondoléro] 男 ゴンドラの船頭
gondomareño, ña [gondomaréɲo, ɲa] 形 名《地名》ゴンドマル Gondomar の[人]《ポンテベドラ県の村》
gonela [gonéla]《古語. 服飾》革・絹製で主に袖なしの,しばしば騎士が鎧の上に着る》チュニック
gonete [gonéte] 男《古語. 服飾》ペチコートに似た服
gonfalón [gonfalón] 男《古語》=**confalón**
gonfalonero [gonfalonéro] 男《古語》=**confaloniero**
gonfaloniero [gonfalonjéro] 男《古語》=**confaloniero**
gonfidio [gonfíðjo] 男《植物》キノコの一種『食用. 学名 Gomphidius glutinosus』
gonflé [gonflé]《←仏語》形《まれ. 髪型》ふっくらさせた
gong [góŋ]《←英語 gong < マレー語 gong（擬声）》男 [覆] 〜s どら; ゴング
gongo [góŋgo] 男 =**gong**
Góngora y Argote [góŋgora i argóte]《人名》**Luis de** 〜 ルイス・デ・ゴンゴラ・イ・アルゴテ『1561〜1627, スペインの詩人. バロック詩の典型とされる難解な詩風あるいは culteranismo あるいは gongorismo と呼ばれ, 技巧を駆使した作品によってスペイン黄金世紀の詩壇に影響を与えた. 神話を題材とした『ポリフェモとガラテアの寓話』*Fábula de Polifemo y Galatea*, 未完の長編詩『孤独』*Soledades*』
gongorino, na [goŋgoríno, na] 形 ゴンゴラ Góngora のような, 詩飾主義の
gongorismo [goŋgorísmo] 男 ゴンゴラ詩法『ゴンゴラ Góngora の長編詩『ポリフェモとガラテアの寓話』および『孤独』を典型とする文飾主義 culteranismo の別称. 難解な語法や比喩を多用した高踏的な詩風を特徴とし, 奇知主義 conceptismo と共にスペイン・バロック文学の精華をなす. その影響は27年世代 Generación del 27 など後世の詩人にも見ることができる』
gongorista [goŋgorísta] 形 名 ゴンゴラ研究の(研究者)
gongorizar [goŋgoriθár] 自 ゴンゴラ風に書く(話す)
gonia [gónja] 女《生物》生殖原細胞
gonidio [goníðjo] 男《生物》ゴニジア, 緑顆体
gonio [gónjo] 男 方位測定器『=radiogoniómetro』
goniómetro [gonjómetro] 男 測角器, ゴニオメーター
-gono, na《接尾辞》[角] polí*gono* 多角形
gonococia [gonokóθja] 女 淋病《=gonorrea》
gonocócico, ca [gonokóθiko, ka] 形 淋病の; 淋菌の: uretritis 〜*ca* 淋菌性尿道炎
gonococo [gonokóko] 男《医学》淋菌
gonopodio [gonopóðjo] 男《魚》ゴノポジウム, 雄の生殖器
gonorrea [gonořéa] 女《医学》淋(ﾘﾝ)病
gonosoma [gonosóma] 男《生物》性染色体
gonotoxemia [gonoto(k)sémja] 女《医学》淋菌性敗血症
González [gonθáleθ]《人名》**Felipe** 〜 フェリペ・ゴンサレス『1942〜, スペイン, 社会労働党の政治家, 首相(1982〜96)』
González Dávila [gonθáleθ dáβila]《人名》**Gil** 〜 ヒル・ゴンサレス・ダビラ『1480〜1526, スペイン人コンキスタドール. コスタリカ, ニカラグア, ホンジュラスへの遠征隊を指揮』
González Prada [gonθáleθ práða]《人名》**Manuel** 〜 マヌエル・ゴンサレス・プラダ『1844〜1918, ペルーの思想家・詩人. 自由主義思想家でアナキズムに共鳴し, 反教権主義的な立場から先住民の擁護・復権を主張し, 生涯をペルー文化の近代化のために尽くした』
González Videla [gonθáleθ biðéla]《人名》**Gabriel** 〜 ガブリエル・ゴンサレス・ビデラ『1898〜1980, チリの政治家. 大統領(1946〜52)』
gonzalito [gonθalíto] 男《鳥》ムクドリモドキ; コウライウグイス
gonzo [gónθo] 形 periodismo 〜 ゴンゾー・ジャーナリズム
goñete [goɲéte] 男《メキシコ》[人の] 喉; [瓶の] 首
goral [gorál] 男《動物》ゴーラル
gorbea [gorβéa] 男 [バスクの] 山羊乳チーズ
gorbión [gorβjón] 男 =**gurbión**
gorda¹ [górða] 女 ❶ 太った女. ❷《西. 古語》大型の貨幣《⇔*chica*》; 10センティモ銅貨《=*perra gorda*》. ❸《メキシコ. 料理》厚いトルティーリャ.

armar[*se*] *la* (*una*) 〜《口語》口論(混乱)が突然生じる: Cuando ella se entere, *se va a armar* 〜. 彼女がそれを知ったら一問着起きるだろう
bailar con la más 〜 貧乏くじを引く, 運が悪い
Esta si que es 〜. 《口語》驚くべきことだ
estar sin [*una*] 〜/*no tener una* 〜《口語》一文無しである
ni 〜《口語》何も…ない: No veo *ni* 〜 con estas gafas. この眼鏡では何も見えない
gordal [gorðál] 形《果実》女王オリーブ《=aceituna 〜》
gordana [gorðána] 女 獣脂
gordezuelo, la [gorðeθwélo, la]《←gordo》形《親愛》少し太った, 肥えた, ふくよかな
gordiano [gorðjáno] 形 〜 **nudo** gordiano
gordiflón, na [gorðiflón, na] 形《口語》=**gordinflón**
gordilla [gorðíʎa] 女《地方語. 料理》棒(骨)に巻き付けた子羊(子ウサギ)の腸の煮込み
gordinflas [gorðinflás] 形 名《単複同形》《戯語》=**gordinflón**
gordinflón, na [gorðinflón, na] 形 名《戯語》ぶよぶよに太った[人]
gordito, ta [gorðíto, ta] 形 ❶ 小太りの, 太り気味の: Se te veía más 〜 que ahora. 君は今より太り気味だったようだ. La mujer era baja y más bien 〜*ta*. その女は背が低く, むしろ小太りだった. ❷《南米》[ほめ言葉で, ぽっちゃりして] かわいい: cara 〜*ta* 丸ぽちゃの顔
—— 女《メキシコ. 料理》[肉・チーズなどをはさんだ] 厚いトルティーリャ
gordo, da² [górðo, ða]《←ラテン語 gurdus》形 ❶《ser・estar+. 人・動物が》太った, 肉づきのよい[題義] 人について婉曲・上品に言う時は **grueso**《⇔*delgado*》❶) Es (Ahora está) 〜. 彼は太っている(今は太っている). Eres (Estás) demasiado 〜. 君は太りすぎだ. De pequeño no era 〜. 彼は子供の時は太っていなかった. ponerse 〜 太る. conejo 〜 よく太ったウサギ. 2) [+de 〜] ser 〜 de piernas 大根足である. ❷ 大きい, 太い, 分厚い: cebolla 〜*da* 大きな玉ネギ. hilo 〜 太い糸. libro 〜 分厚い本. suéter 〜 分厚いセーター. ❸ 脂肪分(脂身)の多い. ❹ [量で言葉が] 野卑な. ❺《古語》間抜けな, 鈍い. ❻ 粗野な; [言葉が] 野卑な. ❺《古語》間抜けな, 鈍い. ❻《ボリビア, チリ》[estar+] 妊娠している
—— 男 ❶ 太った人, 太っちょ. ❷《メキシコ, チリ, アルゼンチン》[愛する人への親愛の呼称] あなた
—— 副《口語》1) 勢いよく, 強く: Ahora sí que llueve 〜. 今は本当に強い雨が降っている. 2) hablar 〜 いばって話す, 脅すような口調で話す
—— 男 ❶[不可算] 脂肪, 脂身《=grasa, sebo》: carne con 〜 脂身の多い肉. ❷ [el+. 宝くじの] 特賞, 大当たり; 《西》[el G〜]. クリスマス特別宝くじ Sorteo Extraordinario de Navidad の] 特賞

caer 〜 *a*+人《西, メキシコ. 口語》[人・事物が] …の反感を買う, …を不快にさせる, 感じが悪い, 馬が合わない: Este trabajo me *cae* 〜. 私はこの仕事が気に入らない. Es un tío que me *cae* 〜, porque solo piensa en su ascenso personal. あの男は虫が好かない, 自分の昇進ばかり考えている奴だから
de los 〜*s* 途方もない, 莫大な: Es una equivocación *de las* 〜*das*. とんでもない誤りだ
en 〜《口語》ひどく, 大量に
no haberlas (*habérselas*) *visto* [*nunca*] *tan* (*más*) 〜*das*《口語》[人が] 困難な(危険な)状況に置かれる
reventar de 〜 ぶくぶくと太っている
tocar (*caer*) *a*+人 *el* 〜 1) …に宝くじの特賞が当たる: Le ha caído a José el 〜. ホセは大当たりを引いた. Si me *tocara* el 〜, me compraría una casa. くじが当たったら私は家を買うのだが. 2)《口語》一番いいものが当たる; 《皮肉》大変なものが当たる
gordolobo [gorðolóβo] 男《植物》ビロードモウズイカ: té de 〜 マレイン茶
gordura [gorðúra]《←gordo》女 ❶ 肥満: controlar la 〜 肥満をコントロールする. excesiva 〜 太り過ぎ. 〜 crónica 慢性の肥満. ❷ 脂肪, 脂肉. ❸《アルゼンチン, ウルグアイ》乳脂, 生クリー

goretex [goreté(k)s]《←商標》男《繊維》ゴアテックス
gorfe [górfe] 男《まれ》[川の]よどみ
gorga [górga] 女《鷹狩り》鷹のための餌
gorgojar [gorgoxár] ~se =**agorgojarse**
gorgojear [gorgoxeár] ~se =**agorgojarse**
gorgojera [gorgoxéra] 女《コロンビア》ゾウムシによる農作物の被害
gorgojo [gorgóxo] 男 ❶《昆虫》[コク]ゾウムシ: ~ de los cereales グラナリアコクゾウムシ. ❷《戯語》ちび
gorgojoso, sa [gorgoxóso, sa] 形[コク]ゾウムシに食われた
gorgóneo, a [gorgóneo, a] 形《ギリシア神話》ゴルゴン Gorgonasの《見る者を石に変える怪物の三姉妹》
gorgonias [gorgónjas] 女複《動物》[八放サンゴ亜綱の]ヤギ目
gorgonzola [gorgonθóla] 女《料理》ゴルゴンゾーラチーズ
gorgor [gorgór]《←擬音》男 =**gorgoteo**
gorgorán [gorgorán]《←仏語 grosgrain》男《繊維》グログラン
gorgorear [gorgoreár] 自《アンダルシア, チリ》=**gorgoritear**
gorgoreta [gorgoréta] 女《フィリピン》素焼きの水壺〖=alcarraza〗
gorgorita [gorgoríta] 女《まれ》❶ 小さな泡. ❷《主に複》喉で声を震わせて歌うこと〖=gorgorito〗
gorgoritar [gorgoritár] 自《まれ》=**gorgoritear**
gorgoritear [gorgoriteár] 自 喉で声を震わせて歌う; トリルで歌う
gorgorito [gorgoríto]《←擬音》男 ❶《主に複》喉で声を震わせて歌うこと; 《音楽》トリル, 顫音; [鳥の・笑いの]震え声. ❷《サラマンカ》小さな泡
górgoro [górgoro] 男 ❶《サラマンカ》一度にする量. ❷《メキシコ》小さな泡
gorgorotada [gorgorotáda] 女 一度にする量
gorgosear [gorgoseár] 自《チリ》うがいをする
gorgotear [gorgoteár]《←gorgor》自 [水などが]ゴボゴボいう; ゴボゴボと湧き出す(沸騰する): El agua de la lluvia gorgoteaba por los desagües. 雨水が排水溝に入る時ゴボゴボ音を立てていた
gorgoteo [gorgotéo] 男 ゴボゴボいう音; ゴボゴボいうこと
gorgotero [gorgotéro] 男 =**buhonero**
gorgotija [gorgotíxa] 女《ラマンチャ》小さな泡
gorgozada [gorgoθáda] 女《廃語》[つば・痰の]一吐き
gorguera [gorgéra] 女 ❶《服飾》ひだえり. ❷《鎧》喉当て. ❸[一部の鳥の]喉の羽毛. ❹《植物》総苞(ほう)
gorguz [gorgúθ] 男 ❶ 短い槍. ❷《松かさを取る》二股の鉄の先端を取り付けた棒. ❸《メキシコ》牛などを突く刺し棒
gori [góri] 男《まれ》けんか, 乱闘; 騒ぎ
gorigori [gorigóri]《←擬音》《戯語》埋葬する時の葬送歌: Como siga sin cuidarse, pronto le cantaremos el ~. 彼は注意しないと, 近いうちにこの世からおさらばすることになる
gorila [goríla] 男 ❶《動物》ゴリラ: ~ de llanura ローランドゴリラ. ~ de llanuras orientales ヒガシローランドゴリラ. ~ de montaña マウンテンゴリラ. ~ occidental ニシゴリラ. ❷《口語》ボディガード; [ナイトクラブなどの]用心棒: El cantante salió del teatro rodeado de sus ~s. 歌手はボディガードたちに囲まれて劇場を出た ❸ ⸺《グアテマラ, ニカラグア, アルゼンチン, ウルグアイ. 口語》人権を侵害する警官(軍人). ❷《エルサルバドル. 口語》軍人. ❸《キューバ, ベネズエラ, ウルグアイ. 軽蔑》力で権力を得る人(軍人). ❹《アルゼンチン, ウルグアイ. 軽蔑》反動的(軍国主義的)な考えを信奉する[人], ❺《アルゼンチン, ウルグアイ. 軽蔑》反動主義の人, 軍国主義の人. *andar (estar) con el ~*《チリ. 口語》酔っぱらっている
gorita [goríta] 形《地方語》[雌鶏が]抱卵期の
gorja [górxa]《←仏語 gorge》女 ❶《解剖》のど〖=garganta〗. ❷《建築》上部が凹型でその下が凸型の刳(く)り形. ❸《まれ》川の狭くなった部分, 峡谷
gorjal [gorxál] 男 ❶ 聖職者の服の詰め襟. ❷《鎧》喉当て
gorjeador, ra [gorxeaðór, ra] 形 さえずる; 喉を震わせて歌う
gorjeante [gorxeánte] 形 =**gorjeador**
gorjear [gorxeár] 自 ❶[鳥が]さえずる; 喉を震わせて歌う. ❷[乳児が]片言を話す, ムニャムニャ言う. ❸《中南米》不完全な発音をしてからかう
gorjeo [gorxéo] 男 ❶ さえずり. ❷[乳児の]片言; 片言を話すこと.

gormar [gormár] 他 吐く〖=vomitar〗
goro [góro] 男《地方語》[家畜の]囲い場〖=corral〗
gorona [goróna] 女《地方語》[円形・半円形の]塀
Gorostiza [gorostíθa]《人名》José ~ ホセ・ゴロスティサ《1901~73, メキシコの詩人・外交官. 詩の革新を目指す詩人グループ Contemporáneos の一員. きわめて寡作だが, 犀利な知性と鋭敏な感性に基づいて書かれた形而上学的な詩『終わりなき死』Muerte sin fin は傑作》
Manuel Eduardo de ~ マヌエル・エドゥアルド・デ・ゴロスティサ《1789~1851, メキシコの劇作家・外交官. 両親はスペイン人でマドリードで過ごしたが, その後メキシコに亡命. 作品は少ないが, 作風はスペインの劇作家モラティン Moratín の影響が見られ, 軽妙な対話, 風俗描写を特徴としている》
gorra [góra]《←古仏語 gorre「優雅」》女 ❶《主にひさしのある》帽子: ~ de baño バスキャップ, スイミングキャップ. ~ de béisbol 野球帽. ~ de plato 警官などがかぶる上の平らな帽子. ~ de vasco ベレー帽. ~ de visera ハンチング. ❷ 縁なし帽子. ~ de marinero 水夫帽. ❸《軍》近衛兵帽, バスビー
con la ~ 簡単に, 容易に: Acabó *con la* ~. それは簡単に終わってしまった
de ~《口語》ただで, 他人の払いで: Este chico come siempre *de* ~. この子はいつもおごってもらっている
hablarse de ~《口語》帽子を取って礼儀を示す
pasar la ~《口語》[街頭でのパフォーマンス後に]金を集める
pegar la ~《口語》招待する
⸺ 男《まれ》いつも他人におごってもらう人, たかり屋〖=gorrón〗
gorrada [goráða] 女 帽子を取ってのあいさつ
gorrado, da[2] [goráðo, ða] 形《チリ, アルゼンチン, ウルグアイ. 口語》浮気された
gorrazo [goráθo] 男 帽子 gorra・gorro による一撃
gorrear [goreár] 自 ❶《口語》居候をする; おごってもらう, たかる. ❷《チリ, アルゼンチン, ウルグアイ. 口語》浮気する
gorrería [goreríа] 女 帽子製造所; 帽子店
gorrero, ra [goréro, ra] 名 ❶ 帽子製造(販売)業者. ❷《中南米》いつも他人におごってもらう[人]; 居候[の]. ❸《チリ. 口語》浮気している[人]
gorretada [goretáða] 女 =**gorrada**[1]
gorriato [gorjáto] 男《サラマンカ, アビラ, カセレス, アンダルシア》スズメ〖=gorrión〗; スズメの子〖=gurriato〗
gorrilla [goríʎa] 女《口語》違法な駐車係
gorrillo [goríʎo] 男 ~ de ducha シャワーキャップ
gorrín, na [gorín, na] 名《西》[生後4か月未満の]子豚
gorrinada [goriná ða] 女 ❶ 汚さ, 不潔. ❷ 卑劣な行為. ❸ 下品な言葉
gorrinera[1] [gorinéra] 女 豚小屋; 汚い場所
gorrinería [gorinería] 女 =**gorrinada**
gorrinero, ra[2] [gorinéro, ra] 名《西》子豚の世話係
gorringo [goríŋgo] 男《地方語》テングタケ〖=oronja〗
gorrino, na [goríno, na]《←擬声》形《西》❶[生後4か月未満の]子豚; 〖=cerdo〗. ❷《軽蔑》豚のような[人]; 薄汚い. ❸《軽蔑》強欲な[やつ], 卑劣な[やつ]
gorrión[1] [gorjón]《←?語源》男《鳥》❶ スズメ(雀): ~ común イエスズメ. ❷《コスタリカ》ハチドリ
gorrión, na[2] [gorjón, na] 名《地方語》ずるい人, 腹黒い人〖=~ de canalera〗
⸺ 女 雌のスズメ
gorrionera [gorjonéra] 女《口語》ならず者の巣窟(隠れ場)
gorrista [goríста] 形 名 =**gorrón**
gorro [góro]《←gorra》男 ❶ 縁なし帽子; [女性・子供の]ボンネット: ~ catalán 男性用の毛糸の帽子〖=barretina〗. ~ de baño 水泳帽. ~ de caza ハンチング, 鳥打ち帽. ~ de cocinero コック帽. ~ de dormir ナイトキャップ. ~ de ducha シャワーキャップ. ~ de lana 毛糸の帽子. ~ de marino 水兵帽. ~ ruso ロシア帽〖=ushanka〗. ❷《バスケットボール》シューとをインターセプトすること〖=tapón〗. ❸《植物》~ verde アイタケ《食用のキノコ》
apretarse el ~《メキシコ》すばやく逃げ出す
estar hasta el ~《西, メキシコ》うんざりした: Estoy hasta el ~ de tus tonterías. 君の愚行にはもううんざりだ
llenar a+人 *el* ~《まれ》…をうんざりさせる, 我慢ならなくさせ

llevarse a+人 el ~《口語》…に我慢ならなくなる
poner el ~ a+人《チリ, アルゼンチン, ウルグアイ. 皮肉》…に不貞を働く: No quiso creer que su marido le *había puesto el ~*. 彼女は夫が浮気をしたことを信じようとはしなかった
poner ~ a+人《メキシコ, ホンジュラス, ボリビア. 口語》…を困らせる
valer un ~《メキシコ》重要でない: Me *vale un ~* lo que hagas con tu vida. 君が人生で何をしようが私の知ったことではない

gorrón, na [goř̃ón, na]《←*gorra*》形 名《西, メキシコ. 口語》いつも他人におごってもらう〔人〕; 居候（いそうろう）〔の〕: A ver si compras tabaco, ¡~! 自分でたばこを買ったらどうだ, このたかり屋め! Esos amigos *gorrones* estuvieron dos días en casa sin que nadie los invitara. その友人たちは招待されていないのに2日も家に泊まっていった
―― 男《技術》心棒, 軸, ピボット, ピン
―― 女 売春婦
gorronal [goř̃onál] 男 小石だらけの土地〔=*guijarral*〕
gorronear [goř̃oneár] 自《西, メキシコ. 口語》おごってもらう, 居候をする
―― 他《西, メキシコ. 口語》ただで得る
gorronera [goř̃onéra] 女《イバラ. 建築》側柱〔=*quicio*〕
gorronería [goř̃onería] 女《西. 口語》たかり; 居候〔行為〕
gorullo [goρúλo] 男 小さな凝塊, だま
gorupa [gorúpa] 女《ラマンチャ》月の暈（かさ）
gos [gós] 男《ラマンチャ》小犬
goshenita [goseníta] 女《鉱物》ゴシェナイト
gosipino [gosipíno] 形 綿の, 綿のような
goslarita [goslaríta] 女《鉱物》皓礬（こうばん）
gospel [góspel] 男《←英語》男《音楽》ゴスペル
gota [góta]《←ラテン語 *gutta*》女 ❶ しずく, したたり, 一滴: Una ~ de sudor cae por mi frente. 汗の粒が私の額を流れ落ちる. Estaba nublado y cada una que otra ~ de lluvia caía. 曇っていて雨粒がポツポツと落ちていた. Empezó a llover con grandes ~*s de agua*. 大粒の雨が降り始めた. Se lo bebió hasta la última ~. 彼は最後の1滴まで飲み干した. ~*s de rocío* 露の玉. ~*s de lágrimas* 涙の粒. *una* ~ *de ámbar* 1粒の琥珀. ❷ 複《酒類》数滴: poner unas ~*s de coñac en el té* 紅茶にコニャックをたらす. ❸ 微量, 少量: 1) 男 ~ *de vino* ひとかけのワイン. *una* ~ *de esperanza* わずかの期待. 2)〔否定表現で〕少しも…ない, 全く…ない: No había probado ni una ~ de alcohol. 彼は一滴のアルコールも口にしたことがない. *sin derramar una* ~ *de sangre* 全く血を流さずに. ❹《医学》1) 痛風. 2) 複 点滴薬, 滴剤: ~*s nasales* 点鼻薬. 3) ~ *serena* 黒内障, 黒そこひ. ~ *caduca* (*coral*) てんかん. ❺《建築》滴状飾り, トリグリュポス下部垂れ飾り. ❻ 小粒のキャンディー. ❼《アラバ. 植物》~ *de sangre* 小さなヤグルマギク. ❽《コロンビア》キノコが原因の植物の病気
caer a+人 la ~ fría《コロンビア. 口語》…は運が悪い
caer a ~s したたる
cuatro ~s 短時間のわずかな雨, 通り雨: Han caído *cuatro ~s*. 小雨がぱらついただけだ
dos ~s =*cuatro ~s*
~ a ~ 1) 一滴ずつ(の), ポタポタと; 少しずつ(の), じっくりと: La sangre cayó ~ *a* ~ *de sus manos*. 彼の手から血がポタポタと流れ落ちた. *dar el dinero* ~ *a* ~ 金をやる. *ajuste* ~ *a* ~ 少しずつの調節. 2) 男 点滴〔=*transfusión* ~ *a* ~〕; 点滴器: *poner a+人 el* ~ *a* ~ …に点滴をする
~ de leche 1)《古語的》哺乳瓶. 2)《チリ》産科小児科医院
~ fría《気象》〔小規模な嵐を伴う〕寒気の塊, 寒気団
~s amargas《酒》ビターズ
la ~ que colma (rebasa) el vaso 最後にやりすぎとなる事柄, 我慢の限界
ni ~ 何も〔…は〕: No se queda *ni ~ de pan*. パンのかけらも残っていない. *No entiende ni ~ de inglés*. 彼は英語が何も分からない
no quedar a+人 (una) ~ de sangre en el cuerpo (las venas) …は血の気がひく思いをする, 血の気がひく: *No le quedó ~ de sangre en el cuerpo*. 彼は肝を潰した
parecerse como dos ~s de agua 瓜二つである, 非常によく似ている: *Nos parecemos como dos ~s de agua del mismo vaso*. 私たち2人は瓜二つだ
ser de (para) mear y no echar ~《俗語》びっくり仰天する

ser dos ~s de agua =*parecerse como dos ~s de agua*
ser la ~ que colma (rebasa) el vaso 堪忍袋の緒を切らせる, 我慢の限界が越えさせる: La discusión *fue la ~ que colmó el vaso*. その議論が堪忍袋の緒を切らせた
ser la ~ que derrama el vino《メキシコ》=*ser la ~ que colma (rebasa) el vaso*
ser la última ~ =*ser la ~ que colma (rebasa) el vaso*
ser una ~ en el océano 大海の一滴である: *No son nada más que una ~ de agua en el océano*. それは大海の一滴にすぎない
sudar la ~ 〔*tan*〕 *gorda*《口語》1) 汗水流す, 血のにじむような努力をする. 2) ひどく暑い
goteado, da [goteádo, da] 形 点々としみのついた
―― 男《チリ》ピスコ・レモンジュース・氷・少量のウイスキーで作る飲み物
goteadura [goteaðúra] 女《中南米》雨漏り〔の個所〕
goteante [goteánte] 形 したたる
gotear [goteár]《←*gota*》自 ❶ したたる, ポタポタ落ちる; 漏れる: La sangre *goteaba* hasta el suelo. 血が床までしたたり落ちていた. La llave del lavamanos seguía *goteando*. 手洗いの蛇口が漏れ続けていた. El agua *goteaba* desde los tejados. 屋根からポタポタ雨漏りしていた. *Le gotea la nariz*. 彼は鼻水が垂れている. ❷〔単人称〕雨がポツポツ降る: Por la mañana *goteaba*, pero salimos. 朝雨がポツポツ降っていたが, 私たちは出発した. ❸ 少しずつ与える（受け取る）. ❹〔相場が〕徐々に下落し続ける
gotelé [goteté]《←仏語 *gouttelette*》男《壁の》吹付け塗装
goteo [gotéo] 男 ❶ したたり, 滴下: *riego por ~*《農業》点滴灌漑, ドリップ灌漑. ~ *constante* 絶え間ないしたたり. ~ *de sangre* 少量の出血. ❷ 少しずつ与える（受け取る）こと: ~ *de dinero para pagar la deuda* 借金の分割返済
en un lento ~ ポツリポツリと, ごく少しずつ
gotera [gotéra]《←*gota*》女 ❶ 雨漏り; その個所（しみ）: 1) Descubrió una ~ en algún lugar de la casa. 彼は家のある場所に雨漏りを見つけた. 2)《諺》El que no compone la ~, compone la casa entera. 些事もおろそかにすると取り返しがつかなくなる〔一雨漏りを直さなければ, いずれ家全体を直す羽目になる〕. La ~ cava la piedra. 雨だれ石をうがつ. ❷《口語》〔老人に特有の〕持病. ❸〔樹木の〕霜割れ〔=*griseta*〕. ❹〔天井やベッドの天蓋から垂らす〕飾り布. ❺《中南米》複 郊外
de ~《歴史》〔郷士 *hidalgo* が領地を離れ〕世代だけで受け取っている
ser una ~《口語》〔面倒・厄介事が〕確実に降りかかる, 積み重なる: *Los gastos de la casa son una ~*. 住居費は少しずつだが確実にかかる
goterense [goterénse] 形《地名》サン・フランシスコ・ゴテラ San Francisco Gotera の〔人〕《エル・サルバドル, モラサン Morazán 県の県都》
gotero [gotéro]《←*gota*》男 ❶《医学》点滴器〔=*gota a gota*〕. ❷《中南米》スポイト, ピペット〔=*cuentagotas*〕
goterón [goterón] 男 ❶ 大粒の水滴（雨滴）: Caía en *goterones* el sudor de su cara. 大粒の汗が彼の顔から落ちていた. *goterones de lluvia* 大粒の雨. ❷《建築》水切り
goteroso, sa [goteróso, sa] 形 雨漏りのする
gotha [góta]《←仏語》男《文語》❶ 貴族名鑑, 紳士録. ❷《集名》〔紳士録に載るにふさわしい〕有名人
gótica[1] [gótika] 女《印刷》ゴシック活字〔=*letra ~*〕; ゴシック書体〔=*escritura ~*〕
goticismo [gotiθísmo] 男 ❶ ゴシック風. ❷ ゴート語起源の言葉（言い回し）
goticista [gotiθísta] 形 ゴシック風の
gótico, ca[2] [gótiko, ka]《←ラテン語 *gothicus*》形 ❶ ゴシック式の;《文学》ゴシック風の: arquitectura (catedral) ~*ca* ゴシック式建築（大聖堂）. música ~*ca* ゴシック音楽. novela ~*ca* ゴシック小説, 怪奇小説. ❷ ゴート族の. ❸ 高貴な, 格調ある. ❹《口語》niño ~ うぬぼれが強く浅薄な若者
―― 男 ゴシック様式〔=*estilo ~*〕: ~ *flamígero*《建築》フランボアイアン様式, 火炎式ゴシック. ~ *florido (tardío)* 後期ゴシック美術. ~ *español* スペインゴシック. ❷ ゴート語〔=*len*

gua ~*ca*》

gotiera [gotjéra]〖女〗《医学》副木〖=**férula**〗
gotizante [gotiθánte]〖形〗《美術》ゴシック風の
gotón, na [gotón, na]〖形〗〖名〗ゴート族〖の〗〖=**godo**〗
gotoso, sa [gotóso, sa]〖形〗❶ 痛風持ちの〖人〗．❷《鷹狩り》〖鷹が〗足に病気を持つ
gouache [gwáʃ]《←仏語》〖男〗=**guache**
gouda [gúða]〖男〗《料理》ゴーダチーズ
goulasch [guláʃ]〖男〗=**gulasch**
gourmand [gurmán]《←仏語》〖名〗〖たくさん食べる〗食い道楽の人
gourmet [gurmé]《←仏語》〖名〗〖複 ~s〗食通, 美食家, グルメ
Goya [gója]〖人名〗**Francisco de** ~ フランシスコ・デ・ゴヤ〖1746~1828, スペインを代表する宮廷画家 *pintor de cámara*．『カルロス4世の家族』*La familia de Carlos IV*, 『裸のマハ』*La maja desnuda*, 銅版画集『きまぐれ』*Caprichos*, 『黒い絵』シリーズ *Pinturas negras*, など多数〗
goyesco, ca [gojésko, ka]〖形〗❶《人名》フランシスコ・デ・ゴヤ Francisco de Goya の．❷《闘牛》闘牛士がゴヤの描いた時代の服装をした
Goytisolo [gojtisólo]〖人名〗**Juan** ~ フアン・ゴイティソロ〖1931~, スペインの小説家．言語的な解体も含めた斬新な手法を駆使し, 自己の根源であるスペインのアイデンティティを鋭く問う作品を数多く著わしている. 代表作は三部作『アイデンティティの証明』*Señas de identidad*, 『ドン・フリアン伯爵の復権』*Reivindicación del conde don Julián*, 『根無しのフアン』*Juan sin Tierra* など. ルポルタージュや評論などの分野でも先鋭的な執筆活動を行なう〗
Luis ~ ルイス・ゴイティソロ〖1935~, スペインの小説家. フアン・ゴイティソロの弟. 『町はずれ』*Las afueras* など写実的な社会派小説で注目され, その後は実験的な手法を用いながら数多くの作品を著わしている. 『敵対』*Antagonía*〗
gozada [goθáða]〖女〗《西. 口語》とびきりの楽しみ, とても楽しいの: *¡Qué* ~*!* 何と楽しいのだろう!
gozadera [goθaðéra]〖女〗❶《キューバ》1) 〖楽しい〗パーティー, 集まり. 2) 楽しい騒ぎ. ❷《ベネズエラ. 口語》思い切り楽しむこと
gozador, ra [goθaðór, ra]〖形〗〖名〗楽しむ〖人〗
gozamiento [goθamjénto]〖男〗〖まれ〗楽しみ, 喜び〖=**goce**〗
gozante [goθánte]〖形〗=**gozador**
gozar [goθár]《←**gozo**》〖9〗〖自〗❶〖+con を〗楽しむ, 喜びを感じる: *Goza escuchando la música rock*. 彼はロックを聞いて楽しんでいる. *Gozaba con los viajes, las compras y las fiestas*. 彼女は旅行, 買物とパーティーを楽しんでいた. ❷〖+de を〗享受する: *Gozaba del cariño de toda su familia*. 彼は家族全員の愛情を受けていた. *Goza de buena posición social y económica*. 彼は社会的経済的に高い地位にいる. *Sus discos gozan de gran popularidad*. 彼のCDは大人気だ. *El país goza de un clima inmejorable durante gran parte del año*. この国は一年の大部分最高の気候に恵まれている. *Últimamente no goza de buena salud*. 彼は最近健康を害している. *Ser padre es un derecho del que todo el mundo goza*. 親になることは誰もが持っている権利である. ~ *de la vida* 人生を楽しむ. ~ *de fama* 名声を博している
—— 〖他〗❶ 享受する: *Gozamos una temperatura suave*. ここは心地よい気温に恵まれている. *Hay que* ~ *el presente*. 現在を楽しまねばならない. ❷《古語》〖女性と〗肉体関係を持つ, ものにする
~*la* 楽しい時を過ごす〖=**pasarlo bien**〗: *En la fiesta la gozamos*. パーティーは楽しかった
~*se* ❶〖+en を〗楽しむ, 喜ぶ: *Se goza en los fracasos de los otros*. 彼は他人の失敗を喜んでいる. ❷〖男女が〗肉体関係を持つ, 交わる

gozar		
直説法点過去		接続法現在
gocé		goce
gozaste		goces
gozó		goce
gozamos		gocemos
gozasteis		gocéis
gozaron		gocen

gozne [góθne]〖《←古仏語 *gonz* < ラテン語 *gomphus*「釘, ピン」》〗〖男〗

〖ドア・窓の〗ちょうつがい: *giro de la puerta sobre sus* ~*s* ちょうつがいを中心としたドアの回転
gozo [góθo]《←ラテン語 *gaudium*》〖男〗❶〖主に精神的な〗喜び, 楽しみ《感情》: *Tus éxitos son motivo de* ~ *para nosotros*. 君の成功は私たちを喜ばせる. *llenar de* ~ *el corazón* 心を歓喜させる. *sentir un gran* ~ 大きな喜びを感じる. ~ *de ver felices a mis hijos* 子供たちが幸せであるのを見る喜び. ❷《カトリック》〖複〗〖聖母・聖人を讃える〗讃歌, 頌詩. ❸ 新の燃える炎
dar ~ 喜ばせる: *Daba* ~ *jugar con los animales*. 動物たちと遊ぶのは楽しかった
el ~ *en el pozo* =*su* ~ *en un pozo*
no caber en sí de ~ 喜びで有頂天である; 思い上がっている: *Marta no cabía en sí de* ~ *al ver el maravilloso regalo*. マルタはそのすばらしいプレゼントを見て大喜びだった
saltar de ~ 大喜びする
ser un ~ 喜びである, 楽しい: *Era un* ~ *estar con él*. 彼と一緒にいるのは楽しかった
su ~ *en un pozo* 当て外れ: *Iba a ir de excursión, pero con esta lluvia, mi* ~ *en un pozo*. ハイキングに行く予定だったのだが, この雨では当て外れだ
gozón, na [goθón, na]〖形〗《コロンビア》娯楽好きの
gozosamente [goθósaménte]〖副〗喜んで, 楽しんで
gozoso, sa [goθóso, sa]《←**gozo**》〖形〗❶ うれしい, 喜ばしい: *Estamos* ~*s con la noticia*. 私たちは知らせを聞いて喜んでいる. ❷ 楽しい: *charla* ~*sa* 楽しいおしゃべり. ~ *encuentro* 楽しい出会い. *experiencia* ~*sa* 楽しい経験. *unión* ~*sa* 楽しい集まり
gozque [góθke]〖男〗❶《西》〖良く吠える〗小型犬. ❷《コロンビア》雑種犬
gozquecillo [goθkeθíʎo]〖男〗《西》小型犬〖=**gozque**〗
gozquejo [goθkéxo]〖男〗《西》小型犬〖=**gozque**〗
g.p.〖略語〗=**g/p**
G.P.〖略語〗←*giro postal* 郵便為替
g/p〖略語〗←*ganancias y pérdidas* 損益
GPS〖略語〗《略語》GPS, 全地球測位システム
gr〖略語〗←*gramo* グラム
grabación [graβaθjón]〖女〗収録, 録音, 吹込み; 録画: ~ *en video* ビデオ録画
grabado [graβáðo]〖男〗❶ 彫版〖術〗; 版画《製作, 絵》: ~ *al agua fuerte* エッチング. ~ *al agua tinta*/~ *a media tinta* アクアチント. ~ *al barniz blando* ソフトグランド. ~ *al humo*/~ *en negro* メゾチント. ~ *a puntos*/~ *a punteado* スピット・バイト. ~ *en cobre* (*madera*) 銅板(木)版《画》. ~ *en dulce*/~ *de estampas* 銅凹版. ~ *en hueco* 凹版; 沈み彫り. ~ *en relieve* 浮き彫り; エンボス加工. 挿絵, イラスト: *La revista tiene buenos* ~*s*. その雑誌にはいいカット(写真)が載っている. ❸ 録音, 吹込み; 録画
grabador, ra [graβaðór, ra]〖形〗彫版の, 製版の: *plancha* ~*ra* 版用
—— 〖名〗❶ 版画家, 彫版師. ❷ 録音技師, 録画技師. ❸《情報》データ入力者
—— 〖男〗《ベネズエラ, ボリビア, アルゼンチン, ウルグアイ》録音機, 録画機: ~ *de voz* ボイスレコーダー
—— 〖女〗❶ 録音機, 録画機: ~*ra de cinta* テープレコーダー. ~*ra de DVD* DVD録画機. ~*ra de datos de eventos*《自動車》イベントデータレコーダー, ドライブレコーダー. ❷ CD制作会社. ❸《放送》女性レポーター
grabadura [graβaðúra]〖女〗彫刻, 彫ること
grabar [graβár]《←仏語 *graver*》〖1〗〖他〗❶〖+en に〗彫る, 刻む: *Los enamorados grabaron sus nombres en el tronco de un roble*. 恋人たちはカシの木に自分たちの名前を刻んだ. ❷ 収録する, 録音する, 録画する; 吹き込む. 1) 〖媒体に〗~ *un nuevo disco* 新盤に吹き込む. 2) 〖音・映像を, +en 媒体に〗~ *una sinfonía* 交響曲を録音する. ~ *una película* 映画を撮影する. ~ *la conversación en una cinta magnetofónica* 会話をテープに録音する. ❸〖+en 心などに〗刻み込む, 銘記する: ~ *en su memoria* 記憶に刻み込む. *Ana ha grabado su imagen en mi mente y no la puedo olvidar*. アナの姿が私の頭に焼き付いて離れない. ❹《情報》データを入力する: 〖ファイルやディスクに〗保存する, 書き込む. ❺〖印刷のための〗版を作る〖=~ *las planchas*〗
—— 〖自〗彫る: ~ *en madera* 木彫りをする. ~ *al agua fuerte* エッチングをする

grabazón

── **~se** [受け身] *Se graban* anillos.《表示》指輪に頭文字入れます
***quedarse grabado** a*+人 …の心に焼きつく: *Se me quedó grabado lo que me dijo aquella vez tu hermana.* 君の妹があの時言った言葉が私の心に焼きついた
tener... grabado …を忘れない: *Tengo su cara grabada.* 私は彼の顔をはっきり覚えている
grabazón [graβaθón] 囡 彫刻品
graben [gráβen]《←独語》囲《←地理》地溝
gracejada [graθexáda] 囡《中米》悪趣味な冗談
gracejar [graθexár] 自《まれ》ユーモアを交えて話す(書く); 冗談を言う
gracejería [graθexería] 囡《まれ》冗談
gracejo [graθéxo]《←gracia》男 機知; 冗談
gracia [gráθja]《←ラテン語 gratia < gratus「心地よい」》囡 ❶[人を笑わせる]面白さ, おかしさ: 1) *Ese chiste tiene mucha* ~. この笑い話は大変面白い. *Él tiene* ~, *con él nunca te aburres.* 彼は面白い奴だ, 彼と一緒だと退屈しない. *Me hizo una* ~ *cuando lo vi sin barba.* 彼のひげがなくなっているのを見て私はおかしかった. *¡Menuda* ~ *tiene!* それは全然面白くない! *No le veo la* ~. 何が面白いのか私には分からない. *Ahí está la* ~. そこにおかしさがある. *actor con* ~ 滑稽な俳優.《皮肉》*Es una* ~ *que tengamos que volver.* 戻らなければならないなんて不愉快な話だ. *¡Mira qué* ~! *¡Encima tengo que pagar yo!* 何ておかしな話だ! この上私が払わなければならないなんて! ❷ 冗談: *Siempre está diciendo* ~*s.* 彼はいつも冗談ばかり言っている. *No estoy de (para)* ~*s ahora.* 今私は冗談なんか聞く(言う)気になれない. *soltar* ~*s* 冗談を飛ばす. ❸[生まれつきの] 1) 優美さ, 気品, しとやかさ: *Tiene una* ~ *especial para tratar con la gente.* 彼女の応対には独特の気品がある. *Tiene mucha* ~ *en su porte.* 彼女の動作はとてもしとやかだ. *caminar con* ~ 優雅に歩く. *facciones sin* ~ 品のない顔つき. 2) 魅力, 愛嬌: *Isabel no es guapa, pero tiene cierta* ~. イサベルは美人ではないが, どこか魅力がある. *No es que sea un gran coche pero tiene su* ~. 高級というわけではないが, この車ならではの魅力がある. *El chaval nos lo contó con mucha* ~. その男の子は愛嬌たっぷりに私たちに語った. *Más vale caer en* ~ *que ser gracioso.*《諺》魅力は能力に勝る. 3) 巧みさ, 才能: *La comida es buena, pero la presentan sin ninguna* ~. 料理はおいしいのだけれど, 盛りつけに何のセンスもない. *tener* ~ *para arreglar flores* 生け花の才能がある. 4)《皮肉》*Ya ha hecho otra* ~ *de las suyas.* 彼はもういつものへまをやらかした. ❹ [神の]恩寵, 恵み, 恩恵: *estar en estado (posesión) de* ~ / *estar en* ~ *de Dios* 恩寵の状態にある《大罪を犯していない》. *perder la* ~ [罪を犯して] 恩寵を失う. *Rey de España por la* ~ *de Dios* 神の御加護によるスペイン国王《勅書の決まり文句》. *estado de* ~ 神による聖別の状態. ~ *actual*《宗教》助力の恩恵. ~ *que espera merecer de su ilustrísima*《手紙》どうかお聞き届け願えますか. ❺ 好意, 親切: 1) *Me hizo la* ~ *de concedérmelo.* 彼は私にそれを譲ってくれた. *atender con* ~ *a sus clientes* 愛想よく客に接する. 2)《反語》*Maldita* ~ *que me hace tener que asistir a estas reuniones.* これらの会議に私を出席させるなんて大した御好意だ. ❻ 寵愛; 庇護: *disfrutar de la* ~ *del rey* 国王の寵愛を受ける. *Cuenta con la* ~ *del profesor.* 彼女は先生にひいきされている. *No debe estar en* ~. 彼に気に入られていないようだ. ❼ 恩赦, 特赦: *No hubo* ~ *para él.* 彼には特赦がなかった. *derecho de* ~ 恩赦権. *petición de* ~ 恩赦の請願. ❽ 囲[+por+名詞・不定詞「ついての」]感謝, お礼, ありがとう: 1) *G*~*s por tu carta.* お手紙ありがとう. *G*~*s por todo.* 色々ありがとう. *G*~*s por venir.* 来てくれてありがとう. *G*~*s por haberme ayudado.* 手伝ってくれてありがとう. *Muchas* ~*s por atender mi mensaje.* メールへのご返事どうもありがとう. *Muchísimas* ~*s.* どうもありがとう. *Mil* ~*s.* 本当にありがとう. *Un millón de* ~*s.* 本当にどうもありがとう. *Nada de* ~*s.* お礼なんてとんでもない. *acción de* ~*s*《キリスト教》感謝[の祈り][の祈祷]. 2)《謝絶》結構です: *¿Y un vaso de leche?* ―*No,* ~, *pero se lo agradezco.* ミルクを一杯いかが? ―いいえ, 結構です. ありがとう. 3)[要請の手紙・掲示・アナウンスの末尾で]お願いします: *Utilice el cajero automático.* ~*s.* ATMをご利用下さい. ❾《商業》1)[返済・支払いの]猶予; 許し: *período de* ~ 猶予期間. *un día de* ~ 1日の猶予. *El problema no se resolverá en los noventa días de* ~ *que nos han concedido.* 与えられ

た90日間の猶予期間では問題は解決しないだろう. 2) *carta de* ~ 買い戻し義務付き特約《=pacto de retro》. ❿《古語的》名前; 洗礼名《=nombre de pila》: *¿Tu* ~? ―*Juan.* 君の名前は? ―フアンです. *Dígame su* ~, *señorita.* お嬢さん, お名前をおっしゃって下さい. ⓫《ギリシャ神話》*las Tres G*~*s* 美の三女神, 美と優雅の女神たち. ⓬ 葬列《故人の家》での祈り. ⓭[子供の]十八番, おはこ. ⓮ 厄介なこと, うんざりさせること: *Que se nos averiara el coche ayer fue una* ~. 昨日私たちの車が故障したのにはまいった. ⓯《コロンビア》偉業, 功績: *La* ~ *de Lindbergh fue cruzar el Atlántico sin copiloto.* リンドバーグの偉業は副操縦士なしで大西洋を横断したことだった
¡A Dios* ~*s!* =~*s a Dios
Aquí* ~ *y después gloria. これで決定(解決)だ
***caer de la* ~ *de*+人 …の好意を失う
***caer en* [la] ~ …の気に入る: *El profesor ha caído en la* ~ *a los estudiantes.* 生徒たちはその先生が気に入った. *No me cayó muy en* ~. 彼はあまり私の気に入らなかった
***dar en la* ~ *de*+不定詞《口語》嫌なことについても… する: *Ha dado en la* ~ *de poner la tele a las seis.* 迷惑なことに彼は6時にテレビをつけた
***dar* [las] ~*s a*+人 …に感謝する, お礼を言う: *Te vuelvo a dar las* ~*s, de todo corazón.* 改めて君に心から礼を申し上げる. *Ella ha querido dar* ~*s a Dios por la curación de su sobrino.* 彼女は甥が回復したことを神様に感謝したいと思った
de ~ 1) 好意で; 無償で, 無料で. 2) とどめの: *tiro de* ~《重傷者・手負いの獲物などを楽にさせる》とどめの一発. 3)《文語》キリスト紀元の, 西暦の. 4)《主にスポーツ》勘がさえている
***decir dos* ~*s a*+人《口語》…にいくつか本当のことを言う
***en* ~ 1) …に免じて: *No le han castigado en* ~ *a sus servicios anteriores.* 彼は以前の功労に免じて罰せられなかった. 2) …に報いて, …のお礼に
***estar en* ~ *cerca de*+人 …のお気に入りである
***festejar a*+人 *la* [s] ~ [s]《口語》=*reír a*+人 *la* [s] ~ [s]
~s a... …のおかげで: 1) *Yo estudiaba* ~*s a las becas.* 私は奨学金をもらって勉強していた. *He solucionado el problema* ~*s a mi hermano.* 私は兄のおかげでその問題を解決した. 2) [+*que*+直説法] *Llegamos bien, pero* ~*s a que salimos a las nueve.* 私たちが時間に合ったのは9時に出発したおかげだ. *G*~*s a que sabía nadar, me salvé.* 泳ぎがわかったおかげで私は命びろいした
~ *s a Dios* よかった, ありがたい, おかげさまで: *G*~*s a Dios, por fin estamos juntos.* よかった, 私たちはついに一緒になれた. *G*~*s a Dios, ya ha pasado la gravedad.* おかげさまで深刻な状況は過ぎた. *Ninguno había sido dañado,* ~ *s a Dios.*
~ *s al sacar* 1)《法律》[法務大臣によって与えられる]免除, 恩赦. 2)《歴史》身分引き上げ税《18世紀末スペイン王室が財政難の窮余策として導入し, 一定の金額に引き替えに混血カスタの身分から法律上「白人」の身分へ引き上げた》
~ *de Dios*《古語的》[風・日光などの]自然の恵み: *Abre la ventana, que entre la* ~ *de Dios.* 窓を開けて自然の恵みを入れなさい
***hacer* ~ *a*+人 1)…を面白がらせる: *Se ha reído, no sé qué le ha hecho* ~. 何が面白かったのか知らないが彼は笑った. *Pero si su ignorancia le hace* ~, *ríase.* 彼の無知があなたにとって面白いのなら, 笑えばよい. 2) 楽しくする, 浮き浮きさせる; したい気持ちにさせる: *Me hace* ~ *la idea de tomarme las vacaciones.* 休暇を取ることを考えると私は楽しくなる. *Nos haría* ~ *ir a verte pero no sé si podemos.* 私たちとしては君に会いに行きたいのだが, 行けるかどうか分からない. 3) …の気に入る: *Solo me hacía* ~ *una de sus canciones.* 私は彼の歌の一つだけが気に入った. *No me hace* ~ *que vayas solo.* 君が一人で行くのは気に入らない. 4)《反語》[+*que*+接続法] ひどいことである, あんまりだ: *Me hace* ~ *que, encima, me eches a mí la culpa.* この上私に罪を負わせるなんてひどい話だ. 5) [+*de* ~ *a*:から] 免除する, 容赦する; 解決する: *Te hago* ~ *de los detalles del asunto.* 事の詳細は抜きにしよう
[no] *hacer maldita la* ~/[no] *hacer (ninguna)* ~ 面白くもない, 不愉快である: *No me hace ninguna* ~ *tener que trabajar los sábados.* 土曜日に働かなければならないなんて面白くも何ともない
[no] *tener maldita la* ~/[no] *tener (ninguna)* ~ =

[no] hacer maldita la ~/[no] hacer [ninguna] ~ ¡Qué ~ [tiene]! 1) 何て面白い、何て奇妙だ!: ¡Qué ~! Estábamos precisamente hablando de ti. 奇遇だなあ! まさに君のことを話していたところだよ. 2) 不愉快だ、とんでもない!: ¿Que te ceda mi puesto? ¡Qué ~! 私のポストを譲ってほしいだって？冗談じゃない！
reír a+人 **la**[**s**] **~**[**s**]《口語》…[の冗談など]を義理で笑う、お世辞笑いをする: Se pasa el día *riéndole las* ~*s a* su jefa porque quiere que le ascienda. 彼は昇進したいがために一日中女性上司に愛想笑いをしている
rendir ~s a... …に感謝する
ser una triste ~《口語》[事が]不愉快(不快)である
tener ~ que+接続法《皮肉》1) …は面白い; 奇妙だ: *Tiene ~ que* hayas pasado por mi lado y no me hayas visto. 私のそばを通ったのに君が私を見なかったとはおかしな話だ. 2) 不愉快だ、ばかげている: *Tiene ~ que* me lo digas justo ahora que tengo que salir. 私が今まさに出かけなければならない時に君がそれを言うなんていまいましい
tener la ~ por arrobas 1) とても面白い. 2) 面白くも何ともない
tener triste (maldita) ~《口語》=ser una triste ~
¡Vaya (**una**) **~!** 《西》いまいましい;《軽蔑》お笑い草だ!: *¡Vaya una* ~! No tengo la llave. 何てことだ! 鍵がない
... y ~s/... y da [**las**] **~s**《皮肉》…で十分[すぎるほど]だ: ¿Diez euros? Te daré la mitad *y* ~*s*. 10ユーロだって？ 5ユーロやるよ. それで御の字だろう
Y ~s si+直説法・接続法過去 もし…ならばありがたい
graciable [graθjáβle] 形 ❶ 親切な; 人当たりの良い、愛嬌のある. ❷ ただの、無償で与えられる
gracianesco, ca [graθjanésko, ka] 形 ❶《人名》バルタサル・グラシアン Baltasar Gracián の. ❷《文学》奇知主義の《=conceptista》
graciano¹ [graθjáno, na] 男 グラシアノ種のブドウ《リオハ産の有名なワインの原料》
graciano², na [graθjáno, na] 形 名《地名》グラシアス Gracias の[人]《ホンジュラス、レンピラ県の県都》
Gracián y Morales [graθján i morális]《人名》**Baltasar ~** バルタサル・グラシアン・イ・モラーレス《1601~58、スペインの作家・モラリスト・イエズス会士. 知的内容を駆使した簡潔かつ難解な文体はケベド Quevedo と並ぶ警句文学 conceptismo の典型とされる. 『処世の知恵』*Oráculo manual y arte de prudencia*、『エル・クリティコン』*El Criticón*》
graciar [graθjár] 他《法律》恩赦する
gracieta [graθjéta] 女《まれ》面白さ、おかしさ《=gracia》
grácil [gráθil] [←ラテン語 *gracilis*] 形《文語》細い、きゃしゃな; 優美な: ~ figura ほっそりした体つき. ~ muchacha 体の細い女の子
gracilidad [graθiliðáð] 女《文語》細さ、きゃしゃ
grácilis [gráθilis] 形《解剖》薄筋《=músculo ~》
graciola [graθjóla] 女《植物》オオアブノメ属の一種《薬草. 学名 Gratiola officinalis》
graciosamente [graθjosaménte] 副 ❶ おどけて、滑稽に; かわいらしく. ❷ ありがたくも、慈悲をもって、慈悲深くも: Le concedió ~ un título. 彼はお情けで称号をもらった. ❸ 無償で: Trabajaban ~ para el soberano. 彼らは何ら報われることなく君主のために働いていた. ❹ 値せずに、ふさわしくないのに: Su sobrina recibió ~ el galardón más alto. 彼の姪は不当にも最優秀賞をもらった
graciosidad [graθjosiðáð] 女 ❶ 優美さ、愛嬌. ❷ 面白い行為(出来事)、滑稽さ、おかしさ
gracioso, sa [graθjóso, sa] [←*gracia*] 形 ❶ かわいげのある、すてきな: Está ~a con ese lazo. 彼女はリボンを付けてもらってかわいらしい. Las pecas le dan un aspecto muy ~. そばかすが彼女にかわいらしい印象を与えている. chico muy ~ とても愛嬌のある子. ❷ 面白い、おかしい、茶目っ気のある: 1) No tiene nada de ~. 彼は全然面白くない. Es usted muy ~. あなたは非常に面白い方だ. Es ~ que me preguntes eso. 君がそんなことを聞くとはおかしい. Lo ~ es que lo hizo sin darse cuenta. 面白いのは気づかずにしたことだ. el ~ de Juan フアンのおどけ者. acento ~ おかしな訛(ﾅﾏ)り. coincidencia ~*sa* 面白い偶然の一致. conversación ~*sa* 気のきいた会話. gesto ~ おどけた仕草. 2)《皮肉》面白くもない、わずらわしい: Sería ~ que nos hicieran pagar cuando nos han invi-

tado. 招待されたのに私たちに支払わせるなんて、面白くも何ともないだろう. ❸ 機知に富んだ: conversación ~*sa* 機知に富んだ会話. ❹ 無償の、無料の: La ~*sa* contribución de esta empresa ha hecho posible que se construya el hospital. この会社の無償の貢献が病院を建設することを可能にした. A título ~、me dejó la finca. 彼は無償でその土地を貸してくれた. ❺ 好意による、恩恵を施す. ❻ Su *G*~*sa* Majestad《英国王への尊称》慈愛深き陛下
—— 男《演劇》道化役. ❷ 面白い人;《皮肉》とんま: Algún ~ ha cerrado la puerta con llave y no podemos salir. どこかの間抜けがドアに鍵をかけたものだから私たちは出ることができない
hacerse el ~ 《皮肉》道化る: Intenté *hacerme el* ~、aunque no rió. 私はおどけて見せたが、彼女は笑わなかった
lo ~ [**del caso**] **es que...** 面白いのは…、意外なのは…
¡Qué ~! 何て面白いの! 何と腹立たしいの!
grada [gráða] I [←*grado* I] 女 ❶ [闘牛場・スタジアムなどの]階段状の]観覧席、スタンド;《集合》[階段席の]観客: Las ~*s* están llenas de público. スタンドは観客で一杯だ. La ~ no cesó de protestar en todo el partido. スタンドの客は試合の間じゅう抗議をやめなかった. sentarse en la zona central de la tercera ~ 中央の3段目の席に座る. ~ del teatro 劇場の階段席. ❷ [階段の]段: subir las ~*s* una a una (en) una única ocasión 階段を一段ずつ上る. bajar las ~*s* 階段を下りる. ❸ [歴史的建造物などの入り口の]階段: La vi en las ~*s* de la iglesia. 私は教会の前の階段で彼女に会った. ❹ [祭壇・玉座の]段: ~*s* del trono 王位. ❺《船舶》[海] 造船台、船架
de ~ a ~《古語》徐々に、段階的に《=de grado en grado》
II [←ラテン語 *cratis*「鉄柵」] 女 ❶《農業》ハロー、馬鍬(ﾏｸﾜ)、砕土機. ~ de dientes 木の枝の馬鍬. ~ de dientes 鉄歯の馬鍬. ~ de discos トラクター用円板鍬. ❷ [女子修道院の、窓の目隠し用の・面会室の] 格子、格子窓
gradación [graðaθjón] [←*grado* I] 女 ❶《美術》明暗(濃淡)の移行、グラデーション. ❷ 段階的配列、順序づけ. ❸《古語》段階. ❹《音楽》和声フレーズの漸次的上昇(下降). ❺《修辞》漸層法「言葉や概念を連鎖的に配列して意味を強める」. ❻ =**graduación**. ❼《コロンビア、ベネズエラ》アルコール度
gradar [graðár] 他《農業》[土地を]ハロー(馬鍬)でならす
gradecer [graðeθér] 39 他《古語》=**agradecer**
graden [graðén]《西》 ❶ 引き出し
gradense [graðénse] 形 名《地名》グラウス Graus の[人]《ウエスカ県の村》
gradeo [graðéo] 男《農業》土地をハロー(馬鍬)でならすこと
gradería [graðería] 女 ❶ [時に 複. 古典演劇の劇場などの] 階段席、スタンド: María estaba sentada en los primeros escalones de la ~. マリアは観覧席の方に座っていた. ~ cubierta 屋根のある観覧席. ❷《集合》[階段席の]観客
graderío [graðerío] 男 ❶ [←*grada* I]《西》[主に 複. 競技場・闘牛場などの]階段席、スタンド: llenar ~ de un campo de fútbol サッカースタジアムのスタンドを埋める. ❷《集合》[複]観客: saludar a todo el ~ 観衆の皆に挨拶する
gradiente [graðjénte] [←ラテン語 *gradiens*, *-entis* < *gradi*「歩く」] 男《物理・気象など》[温度・圧力などの]変化率: ~ de potencial 電位勾配. ~ geotérmico 地温勾配. ~ térmico 温度勾配
—— 女《ニカラグア、ペルー、エクアドル、チリ》傾斜《=pendiente》
gradilla [graðíʎa] I [←*grada* I] 女 ❶ はしご、脚立. ❷《化学》試験管立て
II [←*grada* II] 女 ❶ 瓦用の型《=galápago》. ❷ 焼き網
gradina [graðína] 女《大理石の彫刻などに使う》刃が鋸状のたがね
gradinata [graðináta] 女《まれ》幅の広い石段、外付き階段《=escalinata》
gradíolo [graðíolo] 男《植物》=**gladiolo**
grado [gráðo] I [←ラテン語 *gradus*「歩行」] 男 ❶ 程度、度合い、段階: Es una clase de conversación española de ~ medio. これは中級スペイン語会話のクラスです. Existen diversos tipos y ~*s* de desnutrición. 様々なタイプと程度の栄養不良がある. Está en el segundo ~ de elaboración. それは生産の第2段階にある. No sé qué ~ de amistad hay entre ellos. 彼らがどの程度親しいのか私には分からない. en ~ considerable かなりの程度、相当. alto ~ de perfección 高い完成度. ~ de dificultad 難しさ、難易度. ~ de intimidad 親密さ. ~ de invalidez 障害の程度. ~ de la civilización alcanzado 文明の到

達段階. ~ de libertad《技術》自由度. ~ de satisfacción 満足度. ❷[温度]…度: ¿A cuánto estamos hoy?—Estamos a 30 ~s. 今日は何度ですか?—30度です. Temperatura es de 12 ~s. 気温は12度である. En Sevilla había hecho aquel día 44 ~s a la sombra. その日セビーリャでは日陰で44度だった. Esta tarde hemos alcanzado los treinta y nueve ~s de temperatura. 今日の午後気温は39度に達した. El termómetro anda por los 15 ~s bajo cero o más abajo aún. 寒暖計は零下15度かさらにそれ以下を示している. ¿Cuántos ~s hay en este cuarto? この部屋は何度ですか? La temperatura descendió cinco ~s. 温度が5度下がった. ~s centígrados/~s Celsio (Celsius) セ氏. ~s Fahrenheit カ氏. ~ Kelvin 絶対温度. ❸ ~ de humedad 湿度《=humedad》. ❹[角度・緯度]1) a un ángulo de sesenta ~s 60度の角度で. dar un giro de 360 ~s 360度旋回する. La Luna se encontrará a unos 3 ~s de Marte. 月は火星から約3度の位置にあるだろう. veinticinco ~s de latitud (longitud) 緯度(経度)25度. 2)《幾何》~ centesimal グラード. ~ sexagesimal ラジアン. ❺[震度]度の7,9 ~s [en la escala de] Richter [リヒタースケールで]マグニチュード7.9の. ❻[アルコール度] El ron debe tener 40% de ~ alcohólico. そのラム酒はアルコール度が40%あるはずだ. Este vino tiene once ~s. このワインはアルコール度が11度だ. ❼[医学] quemadura de primer (segundo・tercer) ~ 1(2・3)度のやけど. ❽[軍事]1)[下士官・士官の]階級: Asciende al ~ de Capitán General. 彼は陸軍大将に昇進する. tener el ~ de capitán 大尉の位を持っている. oficial de ~ superior 上官. 2) 名誉進級の権利. ❾《主に中南米. 教育》1) 学位: obtener el ~ de doctor 博士号を取る. sala (salón) de ~s 学位授与式場. ~ universitario/~ de licenciado 学士号. 2)《古語的》[高校卒業の]資格: tener el ~ [de bachiller] 高卒の資格を持っている. 3) 学年; 課程: Cursa el sexto ~ de primaria. 彼は小学校の6年生である. Tiene ocho años y todavía en el primer ~. その子は8歳なのにまだ1年生だ. Está ya en el segundo ~ de Formación Profesional. 彼はもう職業訓練課程の2年生だ. alumno del tercer ~ 3年生. ~ elemental 初等科. 4)《ベネズエラ》学位授与. ❿[血縁の]親等《=de parentesco》: Los hermanos son parientes de (en) segundo ~. 兄弟は二親等である. primo en segundo ~ またいとこ. ⓫《法律》1) 審級: en ~ de apelación 控訴審で. en ~ de revisión 再審で. 2)[量刑における]懲役の加重軽減の期間: pena superior (inferior) en ~ 量刑加重(軽減)罪. ⓬《数学》[方程式の]次: ecuación de primer (segundo) ~ 1(2)次方程式. ⓭《文法》[形容詞・副詞の]級: ~ positivo (comparativo・superativo) 原級(比較級・最上級). "Bien" es un adverbio en ~ positivo. 「良く」は原級の副詞である. ⓮《音楽》1)[音階の]度. 2) ~ conjunto 連続音程. ~ disjunto 跳躍音程. ⓯《まれ》[階段の]段《=peldaño》. ⓰《古語. カトリック》[覆][剃髪を済ませたばかりの]下級聖職者

a tal ~ =en tal ~
a tal ~ que+直説法 =hasta tal ~ que+直説法
al ~ que+直説法 …するほど: En la dependencia policiaca existe una enorme corrupción, *al ~ que* con facilidad se venden uniformes, pistolas y balas. 警察には巨大な汚職が蔓延していて制服や拳銃, 弾丸がたやすく売り渡されるほどだ
de ~ en ~ =por ~s
en alto ~ 非常に; 大量に
en el más alto ~/en ~ sumo/en ~ superlativo =en sumo ~
en ~ treinta y tres《ベネズエラ. 口語》こっそりと
en mayor o menor ~ 程度の差はあっても, 多かれ少なかれ: Todos son responsables del fracaso del proyecto *en mayor o menor ~*. 私たちは皆, 大なり小なり, その計画の失敗に責任がある
en sumo ~ 極度に: La noticia me preocupa *en sumo ~*. 私はそのニュースをひどく心配している
en tal ~ それほどに: Este asunto se ha complicado *en tal ~* que no le veo solución. この問題はそれほどに複雑化してしまったので私には解決策が見えない
en último ~ =en sumo ~
ganar los ~s del perfil《フェンシング》相手の防御線を破って確実に攻撃できる
hasta tal ~ que+直説法 …なほども…である

por ~s 段階を追って, 徐々に
someter al tercer ~ 徹底的な尋問を課す
tercer ~ [受刑者の] 仮釈放の段階
II《←ラテン語 gratus「快い」》男《文語》意欲, 意思; 好み
de buen ~ 喜んで, 進んで: Lo haré encantado y *de buen ~*. 喜んで快くそういたしましょう
de buen o mal ~ いやおうなしに
de ~《まれ》=de buen ~
de ~ o por fuerza いやおうなしに
de mal ~ いやいやながら, 不本意に
de su ~ …の意志で: [a] mal *de su ~* …の意志に反して
¡Gr~ a Dios!《古語》おかげさまで/ありがたいことに!
ni ~ ni gracias ありがた迷惑なことに
ser en ~ de+人《古語》…の気に入る
sin ~《古語》=de mal ~

-grado《接尾辞》[歩く, 進む] plantí*grado* 蹠行性の
graduable [graðwáble] 形 ❶ 調節可能な, 調節できる: tirantes ~s 長さを調節できるサスペンダー. ❷ 卒業可能な
graduación [graðwaθjón]《←graduar》女 ❶《大学の》卒業, 学位の授与(取得): El año de mi ~ fue noventa y uno. 私の卒業は91年だった. ceremonia de ~ 卒業式. ❷ 調節. ❸ 測定: ~ de la vista 視力検査. ❹《角度・濃度などの》度数: 1) ~ de la leche 牛乳の濃度. ~ octánica オクタン価. 2) アルコール度《=~ alcohólica》: ¿Cuál es la ~ de este ron? このラム酒のアルコール度は何度ですか? Esta ginebra tiene mucha ~. このジンはアルコール度数が高い. aguardiente de cuarenta grados de ~ alcohólica アルコール度40度の蒸留酒. bebida de alta ~ 高アルコール度の飲料. cerveza de baja ~ 低アルコールビール. ❺《軍事》階級: Un coronel tiene una ~ mucho más alta que un sargento. 大佐は軍曹よりもずっと高い階級にある. Es de una ~ menor. 彼は位が低い. militar de ~ 階級のある. oficial de baja ~ 下級士官. ❻《軍事》名誉進級. oficial de baja ~ 下級士官.
graduado, da [graðwáðo, ða] 形 名 ❶[+de・en・por 主に大学を] 卒業した; 卒業生: Es un ~ *de* la Universidad Autónoma. 彼は自治大学を卒業している. ~ *de* arquitecto (ingeniero) 建築(工)科を卒業した. recién ~ 新卒者. superior 大学専門課程卒業生. ❷ 目盛りのある; 調整された: regla ~ 目盛り付きの定規. vaso ~ メジャーカップ. gafas ~s de sol 度付きのサングラス. ❸《軍事》名誉進級した: ~ *de* coronel ~, comandante López 大佐に名誉進級したロペス少佐 —— 男《主に大学の》卒業資格: título de ~ en Artes plásticas 造形科卒業の資格. obtener el ~ escolar《西》初等教育終了資格を得る
graduador [graðwaðór]《技術》❶ 計測器, 調節器. ❷ 目盛り付け器
gradual [graðwál]《←graduar》形 段階的な, 漸進(※)的な: de manera ~ だんだんと, 徐々に. en forma ~ 段階的に. aumento ~ de temperatura 気温の段階的上昇. cambio social ~ 少しずつの社会の改善. reforma ~ 漸進的改善 —— 男《カトリック》昇階誦; ミサ聖歌集
gradualidad [graðwalidá(ð)] 女 段階性
gradualismo [graðwalísmo] 男《まれ》=gradualidad
gradualista [graðwalísta] 形 段階的な, 漸進的な
gradualmente [graðwálménte] 副 段階的に, 次第に, 徐々に, だんだんと
graduando, da [graðwándo, da] 名[大学の] 新卒業生, 卒業予定者
graduar [graðwár]《←grado I》⑭ ⓗ ❶[段階・度合いを]調節する, 調整する. Hay que ~ el nivel de luz. 明るさを調整する必要がある. ~ el aire acondicionado エアコンを調節する. gafas mal *graduadas* 度の合ってない眼鏡. ❷[角度・濃度などを]測る, 測定する: Tengo que ~ la vista. 私は視力を測ってもらわなくてはならない. ~ un ángulo 角度を測る. ~ el vino ワインのアルコール度を測る. ❸ …に目盛りをつける: jarra *graduada* 目盛り付きの水差し. ❹ 階級(等級)分けする: Gradúan los ejercicios según su dificultad. 練習問題は難易度で等級分けされている. ❺《教育・軍事》[+de 学位・階級を]…に授ける; 卒業させる: ~ *de* teniente a+人 …を中尉に昇進させる. ❻ 漸増(漸減)させる: ~ las sensaciones 感動を徐々に高める. ❼ 等分する. 区間に分ける —— ~se ❶《教育》[+de・por・en+主に高校・大学・大学院/+en+分野] 卒業する: Se *graduó* de la Universidad de Madrid *en* derecho. 彼はマドリード大学の法学部を卒業した.

~*se de* la escuela de enfermería 看護学校を卒業する. ~*se en* Harvard ハーバードを卒業する. ❷ 学位を得る: *Se graduó de licenciado en letras.* 彼は文学士号を得た. ❸《軍事》下士官・士官に任じられる, 任官する: *Se graduó de sargento.* 彼は軍曹に任官した

gradulux [graðulú(k)s]《←商標》男 ベネチアンブラインド〖=persiana ~〗

grafema [graféma] 男《言語》書記素, 字素
grafemático, ca [grafemátiko, ka] 形《言語》書記素の
grafémica [grafémika] 女《言語》書記素論
graffiti [grafíti/grafíti]《←伊語》男〖建造物などへの芸術的な〗落書き
grafía [grafía] 女《言語》書記法; 文字
-grafía《接尾辞》❶〖記述〗 crista*lografía* 結晶学. ❷〖文字・図形〗 ca*ligrafía* 書道, cine*matografía* 映画技術
grafiar [grafjár] 11 他〖グラフ (図形) によって表わす
gráfica[1] [gráfika] 女 = **gráfico**[1]
gráficamente [gráfikaménte] 副〖グラフ (図形) によって〗
gráfico[1], **ca**[1] [gráfiko, ka]《←ラテン語 graphicus <ギリシア語 graphikos < grapho「私は書く」》男〖グラフ, 図表; 図形: Los ~s muestran el descenso de la natalidad en los últimos diez años. グラフは最近10年間における出生率の低下を示している. ~ de temperatura 温度グラフ. ~ lineal 折れ線グラフ. ~ de barras 棒グラフ. ~ de sectores/~ de tarta/~ circular 円グラフ. ~ de operaciones〖情報〗フローチャート
gráfico[2], **ca**[2] [gráfiko, ka] 形 ❶ グラフ (図形・図表・写真) で表わした: explicación ~*ca* 図による説明, 図解. representación ~*ca* del cuerpo humano 人体模型図. revista ~*ca* グラビア雑誌. ❷ 文字, 記号の; 印刷の: artes ~*cas* グラフィックアート. signos ~*s* 書記記号, 文字. ❸ 表現豊かな, 鮮明な: Su descripción de la guerra fue muy ~*ca*. 彼の戦争の描写はとても生々しかった. palabra (frase) muy ~*ca* とても表現力のある言葉 (文)
grafila [grafíla] 女 = **gráfila**
gráfila [gráfila] 女〖貨幣の周囲の〗ぎざぎざ
grafio [gráfjo] 男 ❶ スクラッチ画の道具〖ナイフ, ペンなど〗. ❷《古語》千枚通し, のみ
grafioles [grafjóles] 男複《菓子》S字型の揚げパン
grafiosis [grafjósis] 女《植物》ニレ立ち枯れ病〖= ~ del olmo〗
grafismo [grafísmo] 男《←grafía》❶ 〖グラフィック〗デザイン: ~ por computadora コンピュータグラフィック. ~ de la página de un libro 本のページのデザイン. ❷〖個々の〗筆致, 筆跡; 画風. ❸ 言葉の表現力: Su relato fue de un ~ conmovedor. 彼の話には感動的な表現力があった
grafista [grafísta] 名〖グラフィック〗デザイナー
grafitero, ra [grafitéro, ra] 名 落書きをする人
grafiti [grafíti/grafíti] 男 = **graffiti**
grafítico, ca [grafítiko, ka] 形 黒鉛の, グラファイトの
grafitización [grafitiθaθjón] 女 黒鉛化
grafito [grafíto] 男 ❶《鉱物》黒鉛, グラファイト: bomba de ~ グラファイト爆弾. ❷《考古》壁などに彫った (描いた) 絵, グラフィティ. ❸ = **graffiti**
grafo [gráfo] 男 線グラフ
grafo-《接頭辞》〖書くこと, 描くこと〗*grafología* 筆跡学
-grafo, fa《接尾辞》〖書くこと, 描くこと〗 ta*cógrafo* タコグラフ
grafofobia [grafofóbja] 女 書字恐怖症
grafología [grafoloxía] 女 筆跡学, 筆相学;〖特有の〗筆跡
grafológico, ca [grafolóxiko, ka] 形 筆跡 (筆相) 学上の: examen ~ 筆跡鑑定
grafólogo, ga [grafólogo, ga] 名 筆跡学者, 筆相学者, 筆相観相家
grafomanía [grafomanía] 女 書字狂
grafómano, na [grafómano, na] 名 書字狂の
grafómetro [grafómetro] 男 測角器
grafopatología [grafopatoloxía] 女《医学》書字病理学
grafopatológico, ca [grafopatolóxiko, ka] 形 書字病理学の
graforrea [grafořéa] 女 = **grafomanía**
grafoscopio [grafoskópjo] 男《光学》グラフォスコープ
grafostática [grafostátika] 女 図式力学
gragea [graxéa]《←古語 adragea < 仏語 dragée》女 ❶ 錠剤, 糖衣錠. ❷《菓子》金平糖
graja [gráxa] 女 ミヤマガラス〖=grajo〗

no entiendo de ~ pelada《口語》疑わしい, 信じがたい
grajear [graxeár] 自 ❶〖ミヤマガラス・カラスが〗鳴く. ❷〖赤ん坊が〗モゴモゴ言う
grajero, ra [graxéro, ra] 形〖場所が〗ミヤマガラスが巣を作る
grajilla [graxíʎa] 女《鳥》ニシコクマルガラス
grajo [gráxo] 男 ❶《鳥》ミヤマガラス. ❷〖隠語〗司祭, 聖職者. ❸〖まれ〗おしゃべりな人. ❹《カリブ》〖不潔な体から発する〗不快な体臭. ❺《キューバ, ドミニカ, プエルトリコ, コロンビア, エクアドル, ペルー》植物》フトモモ科の一種〖悪臭がする. 学名 Eugenia tuberculata〗
grajuno, na [graxúno, na] 形 ミヤマガラスの, ミヤマガラスに似た
Gral.《略》← general 将軍
gralla [gráʎa] 女《カタルーニャ. 音楽》シャリュモーに似た管楽器
grama [gráma] 女 ❶《植物》ギョウギシバ, バミューダグラス〖=~ común〗. ~ de olor ハルガヤ, バニラグラス. ~ del norte/~ de las boticas シバムギ. ~ en jopillos カモガヤ, オーチャードグラス. ❷《中米, プエルトリコ, ベネズエラ, エクアドル, ペルー》芝生
-grama《接尾辞》〖線, 図, 記録〗 penta*grama* 五線, holo*grama* ホログラム, tele*grama* 電報
gramaje [gramáxe] 男《印刷》坪量: papel de un ~ alto 坪量の高い紙
gramal [gramál] 男 ギョウギシバの群生地
gramalla [gramáʎa] 女《古語》❶〖アラゴンの行政官が着た〗緋色の長いガウン. ❷ 鎖かたびら〖=cota de malla〗
gramallera [gramaʎéra] 女《ガリシア, レオン》自在鉤〖=llares〗
gramalote [gramalóte] 男《植物》ギネアキビ〖イネ科, 飼料用. 学名 Panicum maximum〗
gramar [gramár] 他《ガリシア, アストゥリアス》〖パン種などを〗再度こねる
gramarí [gramarí] 男《植物》リボングラス
gramática[1] [gramátika]《←ラテン語 grammatica <ギリシア語 gram-ma「文字」》女 ❶《言語》文法: ~ española スペイン語文法. ~ cognitiva 認知文法. ~ comparada 比較文法. ~ de caso 格文法. ~ descriptiva 記述文法. ~ estructural 構造文法. ~ funcional 機能文法. ~ general 一般文法. ~ generativa 生成文法. ~ histórica 歴史文法. ~ normativa (preceptiva) 規範文法. ~ tradicional 伝統文法. ~ transformativa 変形文法. ❷ 文法書. ❸《古語》ラテン語文法
~ *parda*《口語》臨機応変の才, 抜け目のなさ; 悪賢さ, ずるさ: A ese no hay manera de pillarlo, tiene mucha ~. そいつはなかなか尻尾をつかませない, とにかくずる賢いのだ
gramatical [gramatikál]《←gramática》形 文法の; 文法規則にかなった
gramaticalidad [gramatikaliðá(ð)] 女《言語》文法性
gramaticalización [gramatikaliθaθjón] 女《言語》文法化
gramaticalizar [gramatikaliθár] 9 ~ se《言語》文法化する〖本来の意味をなくし, 文法的機能の表現として使われるようになること〗. 例 間投詞 vaya は動詞 ir の接続法現在形が文法化されたの〗
gramaticalmente [gramatikálménte] 副 ❶ 文法規則に従って. ❷ 文法的に見て
gramático, ca[2] [gramátiko, ka] 形 文法の〖=gramatical〗; 文法学者
gramatiquear [gramatikeár] 自《軽蔑》文法的な事柄を扱う
gramatiquería [gramatikería] 女《軽蔑》文法的な事柄
gramatología [gramatoloxía] 女 グラマトロジー, 文字学, 書記法研究
gramatólogo, ga [gramatólogo, ga] 名 文字研究家, 書記法研究者
gramema [graméma] 男《言語》文法素〖文法的な意味をもつ形態素〗
gramicidina [gramiθiðína] 女《薬学》グラミシジン
gramil [gramíl] 男 平行定規, 罫(")書き定規, トースカン
gramilla [gramíʎa] I 女 麻の皮を剥ぐ台
II 女 ❶《植物》1)《南米》〖総称〗芝. 2)《アルゼンチン》アメリカスズメノヒエ〖牧草〗. ❷《コロンビア》サッカー場
gramináceo, a [gramináθeo, a] 形《植物》=**gramíneo**
graminales [graminales] 女《廃語. 植物》イネ目
gramíneo, a [gramíneo, a] 形《植物》イネ科の
—— 女複《植物》イネ科
Grammatici certant [grammátiθi θértant]《←ラテン語》文法学者は論争する〖ホラティウス Horatius の言葉で, いまだ定説となっていないことを意味する〗

gramnegativo, va [gramneɣatíbo, ba] 形 《生物》グラム陰性の
gramo [grámo] 《←仏語 gramme < ギリシャ語 gramma》男 ❶《重さの単位》グラム. ❷《物理》～ peso キロポンドの1000分の1《= pondio》. ❸《口語》ごくわずかな量: No tiene un ～ de grasa. それはほとんど脂身がない
gramofónico, ca [gramofóniko, ka] 形 《古語》蓄音機の: disco ～ レコード
gramófono [gramófono] 《←商標》男 ❶《古語》蓄音機. ❷《ボリビア》レコードプレーヤー
gramola [grampóla] 《←商標》女 ❶ ジュークボックス. ❷《古語》[スピーカー内蔵の] 蓄音機; ポータブルプレーヤー
gramoso, sa [gramóso, sa] 形 ギョウギシバ grama の〔群生した〕; ギョウギシバを育てる
grampa [grámpa] 女 ❶ ホッチキスの針《=grapa》. ❷《グアテマラ、ペルー、ボリビア、料理》グランパ〔カリッとしたコーンスナック〕
grampín [grampín] 男 ❶《船舶》引っかけ用の小錨. ❷《地方語、漁業》釣り針が4つ付いた釣り糸
grampositivo, va [grampositíbo, ba] 形 《生物》グラム陽性の
gran [grán]《grande の語尾脱落形》形 →**grande**
grana [grána] 女 ❶《生物》エンジムシ、カイガラムシ; [それから採る色素] コチニール. ❷《←del paraíso 植物》カルダモン. ❸ えんじ色、暗赤色: ～ de sangre de toro/～ morada 暗紫を帯びたえんじ色. ❹ 緋色の布地. ❺ 結実《=ganazón》; 結実期. ❻ 小さな種. ❻《リャノ》[ドングリなどの] 木の実
dar en ～ [植物が] 腐敗して種になる
estar (ponerse) de ～ y oro《地方語》酔っぱらっている(酔っぱらう)
estar (ponerse) rojo como la ～ 顔を真っ赤にしている(する): A veces se contaban chistes indecentes y las damas *se ponían como la ～*. ときおり下品なジョークが語られ、ご婦人方は顔を赤らめた
— 形 えんじ色の、暗赤色の
granada[1] [granáda]《←granar》女 ❶《果実》ザクロ: ～ albar (cajín)《ムルシア》種が白〔深紅〕色のザクロ. ～ real (zafarí) 四角いザクロ. ❷《軍事》1) 榴弾: ～ de mortero/～ real 臼砲弾. ～ de profundidad/～ (anti)submarina 爆雷. 2) 手榴弾《= ～ de mano》: ～ de fragmentación 破片手榴弾. ～ estonadora スタン・グレネード, 音響閃光手榴弾. ～s fumígenas 発煙弾
Granada [granáda] I ❶《国名》グレナダ. ❷《地名》1) グラナダ《アンダルシア州の県・県都. ナスル朝 Dinastía Nazarí グラナダ王国の都だった. アルハンブラ宮殿で有名》. 2)《歴史》Nueva ～ ヌエバ・グラナダ《スペイン支配下の18世紀初頭、南米北部のサンタ・フェ Santa Fe (現在のボゴタ)を首都として設置された副王領 virreinato. それ以後はペルー副王領に属した》
II《人名》Fray Luis de ～ フライ・ルイス・デ・グラナダ《1504-88、スペインの神秘思想家. 本名 Luis de Sarriá. ドミニコ会の説教師であり、華麗かつ美文調の散文家としても知られ、キリスト教的自然観で神を称賛した. 信仰の手引きとして著わされた *Guía de pecadores* は日本のキリシタン版『ぎやどぺかどる』の原典》
granadal [granadál] 男 ザクロ畑
granadense [granaðénse] 形 名《国名》グレナダ Granada の〔人〕
granadera [granadéra] 女 ❶ 手榴弾を入れる革袋. ❷《メキシコ》護送車
granadero [granaðéro]《←granar》男 ❶《古語、軍事》擲弾〔俗〕兵, 選抜歩兵. ❷《口語》背の高い人. ❸《メキシコ》[主に複] 機動隊
granadí [granaðí] 形 名《文語、地名》=**granadino**
granadilla [granaðíʎa] 女 ❶《果実》パッションフルーツ《食用》. ❷《中南米、植物》パッシフローラ、トケイソウ《学名 Passiflora coerulea》
granadillo [granaðíʎo] 男 ❶《植物》1)《中米》ジャケツイバラの一種《学名 Caesalpina melanocarpa》; コークスウッド. ❷《コロンビア》パッションフルーツ
granadina[1] [granaðína] I 《←granada》女 ❶ ザクロのジュース. ❷《花の》花. ❸《手芸》ドローンワーク. ❹《地方語、料理》ハム・ソラマメ・玉ネギ入りドレッシング・辛口の白ワインであえた薄切りの子牛肉
II 《←Granada》❶ グラナダの民謡. ❷《地名》複 [las G～s. カリブ海] グレナディーン諸島

granadino, na[2] [granaðíno, na] 形 名《地名》❶ グラナダ Granada の〔人〕《アンダルシア州の県・県都》, ニカラグア南西部の県・県都. ❷《カリブ》グレナダ島 isla de Granada の〔人〕
granadismo [granaðísmo] 男 グラナダ〔人〕らしさ
granado[1]《←granada》男《植物》ザクロ *por* 《口語》簡潔に、略式で《= por mayor》
granado, da[2] [granáðo, da] 形 ❶ 選ばれた、えり抜きの: lo más ～ de la sociedad 社会の最上層. ～da familia 名家, 名門. ❷ [人が] 成熟した、分別のある、一人前の: Es una muchacha ya ～da. 彼女はもう成熟した娘だ
Granados [granáðos]《人名》Enrique ～ エンリケ・グラナドス《1867-1916, スペインの作曲家・ピアニスト. 詩的な作風で知られ『スペイン舞曲』*Danzas españolas*、歌劇『ゴイエスカス』*Goyescas*》
granaína [granaína] 女《フラメンコ》グラナイーナ《様式の一つ》: media ～ メディアグラナイーナ
granalla [granáʎa] 女《金属》ショット、粒状化した金属
granallado [granaʎáðo] 男《金属》ショット化、粒状化
granalladora [granaʎaðóra] 女《金属》ショット化機
granallar [granaʎár] 他《金属》ショット化する、粒状化する
granangular [granaŋgulár] 形 男 広角レンズ〔の〕
granar [granár] 自《←grano》実る、結実する、成熟する: El trigo ha empezado a ～. 小麦が実り始めた
granate [granáte] 男《鉱物》ガーネット、ざくろ石: ～ almandino (noble・oriental・sirio) 鉄礬〔嶺〕ざくろ石
— 暗赤色の、えんじ色の: ～ de Bohemia ワインカラーの
granatilla [granatíʎa] 女《地方語》鉄礬ざくろ石
granazón [granaθón]《←granar》女《植物》結実、種ができること: Las manzanas ya están en ～. リンゴはもう結実している
grancanario, ria [graŋkanárjo, rja] 形 名《地名》グラン・カナリア島 isla de Gran Canaria の〔人〕
grancé [granθé] 茜《染》色の
grancero, ra [granθéro, ra] 形 《農業》もみ殻の
— 男 [小麦などの] もみ殻保存所
granciento [granθiénto] 男《鉱物》12～15mmの石炭
grancolombiano, na [graŋkolombjáno, na] 形 《歴史, 国名》グラン・コロンビア Gran Colombia の《シモン・ボリバルが建設した現在のコロンビア、ベネズエラ、エクアドルからなる国》
grande [gránde]《←ラテン語 grandis》形 《語尾》+〔形容詞+〕単数名詞で gran となる: *gran* ciudad 大都市、un *gran* primer paso 偉大な第一歩. →語法 gran/grande. 比較級は **mayor**〕《= ser・estar・》大きい《反＝**pequeño**》: 1) Del estante sacó un *gran* álbum de fotos. 彼は本棚から大きな写真アルバムを取り出した. ¿Cómo quieres de ～ la pantalla?—Así de ～. ―画面はどれ位の大きさがいいの?―手で形を作りながら，この位の大きさだ. 2) 広い: Vive en una casa ～. 彼は大きな家に住んでいる. habitación ～ 大きな部屋. 3) [名詞+] 高い《横幅もある》: i) árbol ～ 大木. edificio ～ 大きなビル. ii)《幼児語》背が高い: ¡Qué ～ está Andrés! アンドレスは何て大きくなったのでしょう! chico muy ～ とっても大きな子. 4)〔主に +名詞. 数量・程度〕Tiene un *gran* sentido de humor. 彼は非常にユーモアのセンスがある. Torear siempre fue su *gran* sueño. 彼は昔から闘牛士になるのが夢だった. Él y yo éramos ～s amigos. 彼と私は大親友だった. Ella encontró ～s dificultades. 彼女は大変な困難に直面した. Vimos un *gran* rebaño de ovejas pastando. 私たちは羊の大群が牧草を食べているのを見た. Tengo un dolor de cabeza muy ～. 私はひどい頭痛がする. Ha ocurrido un terremoto muy ～. 非常に大きな地震があった. Sufrió una pena muy ～. 彼は非常な苦痛を味わった. a *gran* velocidad 高速度で. objeto de *gran* valor 非常に価値のあるもの. un *gran* número de gente 大勢の人々. *gran* alegría 大変な喜び. *gran* explosión 大爆発. *gran* mayoría de votantes 大多数の投票者. *gran* ruido 大きな物音. 5)〔主に中南米、口語〕大人の: Cuando sea ～, me haré futbolista. 大きくなったらサッカー選手になるんだ. Cuando seas ～, podrás ir solo. お前も大人になったら一人で行っていいよ.〔語法〕**gran/grande** 1) [gran+単数名詞] Eva es una *gran* admiradora del cantante. エバはその歌手の大ファンだ. 2) [gran+形容詞+単数名詞] Su *gran* primera novela ha cosechado éxito. 彼が初めて書いた長編小説は成功をおさめた. 3) [grande+y+形容詞+単数名詞] Sacó del maletín un *grande* y anticuado altavoz. 彼はかばんから大きくて古いスピ

ーカーを取り出した．4）[más・menos+grande+単数名詞] Ha sido la más *grande* estafa de los últimos años. それは近年で最大の詐欺だった．Era el más *grande* genio teatral. 彼は演劇界最大の天才だった】❷ [estar など+．+a には] 1）大きすぎる：Esta chaqueta me está 〜．[着てみた結果]この上着は私には大きすぎる．Los zapatos que le iban 〜 *s*. 彼が気に入った靴は大きかった．El marco que compró le quedaba 〜 *a* la fotografía. 彼が買った額縁はその写真には大きすぎた．Tu niño está muy 〜 para su edad. 君の子は年の割に大きいね．2）能力を超えている：Le viene (va) 〜 el cargo de subdirector. 彼には副社長の地位は荷が重い．❸ [+名詞] 偉大な；立派な，すばらしい：1）Homero es un *gran* poeta. ホメロスは偉大な詩人である．Hoy es un *gran* día. 今日はすばらしい(最高の)一日だ．darse el *gran* verano すばらしい夏を過ごす．*gran escritor* 大作家．*gran coche* 高級車．*gran fiesta* 豪華なパーティー．*gran hombre* 偉人 [対語] hombre 〜 一体の大きな人．hombre 〜 en la historia 歴史に残る立派な人］．*gran mérito* 偉大な功績．〜*s ideales* 偉大な理想．2）有力な：los 〜*s señores feudales* 有力な封建領主．*gran aspirante* a la victoria 有力な優勝候補．3) *su gran día* …にとって大切な日．4）《反語，軽蔑》¡Qué cosa más 〜! 何とご立派なことだ！ ¡Sí que es 〜 este hombre! なんとこの人はご立派な人だ！ ❹ [都市が郊外を含めた，国が属領を含めた] 大…: *Gran Bretaña* グレートブリテン，大ブリテン島．*Gran Buenos Aires* 大ブエノスアイレス圏．❺《西》[日・週が] 祭りの: Semana Santa es, sin duda alguna, la semana 〜 en muchas localidades de Andalucía. 聖週間は疑いなくアンダルシアの多くの地域において祭りの週である．❻《主に中南米》一人前の: Mis hijos ya son 〜*s*. 私の息子たちはもう一人前だ．❼《主にメキシコ，チリ，アルゼンチン》年上の [=mayor]: Juan tiene una hermana que es un año más 〜 que él. フアンには彼よりも1歳年上の姉がいる．hermano 〜 兄．❽《古語》豊富な，多い

a lo 〜 豪華に: Hicieron un crucero *a lo* 〜. 彼らは豪華な船旅を楽しんだ．No se priva de ningún capricho, vive *a lo* 〜. 彼は気まぐれな思いつきも平気で実行する．金に不自由していないのだ

el gran+人 [軽蔑・怒り] あのとんでもない…: *El gran sinvergüenza* ha vuelto a engañarme. あのとんでもない恥知らずがまた私をだました

en 〜 1）大規模に: Se dedica al comercio de vinos *en* 〜. 彼はワインの販売を大規模に行なっている．ver (considerar) las cosas *en* 〜 物事を大局的に見る．2）《口語》すばらしく，豪華に: Vente con nosotros y disfrutaremos *en* 〜. 私たちと一緒に来て，楽しく過ごそう．pasar las vacaciones *en* 〜 休暇をとても楽しく過ごす．tratar a+人 *en* 〜 …を豪勢にもてなす

estar en 〜 裕福(元気)に暮らす

estar 〜 =*venir* 〜

la 〜《南米》[宝くじの] 大当たり

pasarlo (*pasárselo*) *en* 〜《口語》とても楽しく過ごす；いい暮らしをする: Ayer *nos lo pasamos en* 〜. 私たちはきのうもとても楽しく過ごした

quedar en 〜 =*venir* 〜

ser 〜 *que*+接続法《皮肉》…とはばかげている，理不尽だ，驚きあきれる: Es 〜 *que* para una vez que fracaso me miren como embustero. 私が一回失敗したからといって嘘つきのような目で見られるのは納得がいかない．Es 〜 *que* me toque a mí fregar los platos. 皿洗いがいつも私に回ってくるのはおかしい．¿No es 〜 *que* ahora me echen la culpa a mí? 今度は私に罪を着せようなんておかしくありませんか？

venir 〜 [+a の] 能力を越えている: Este puesto de trabajo *me viene* 〜. この仕事は私には荷が重すぎる

── 男 ❶ 身分の高い人，高官，貴族: 〜 *de España* 大公爵 [スペインの最高貴族]．❷ *Pedro el G*〜 ピョートル大帝．❸ 偉人，大物: En su época fue una de los 〜*s de la pantalla*. 彼女は往年の映画スターの一人だった．Llegó a ser otro 〜 de la literatura. 彼は文壇の大家の一人となった．los 〜*s de la pintura* 大画家たち．❹《主に中南米》大人．❺《主にメキシコ，チリ，アルゼンチン》年上の人: La 〜 ya está casada. 長女はもう結婚している

── 男 ❶ 大組織，大国: Los ocho 〜*s* dirigen la economía mundial. 主要8か国が世界経済を支配している．❷《アルゼンチン，ウルグアイ》[el+．宝くじの] 大当たり [=*el premio gordo*]．

sacarse el 〜 大当たりを引く．❸《解剖》手根(にん)骨

── 女《アルゼンチン，ウルグアイ》[la+．宝くじの] 大当たり

grandecito, ta [grandeθíto, ta] 形 [子供が] 十分に成長した，大きくなった [=*crecidito*]: Tú decides, que ya eres 〜. お前が決めなさい，もう大きいのだから

grandemente [grándemdénte] 副《文語》大いに；並外れて，極端に，はなはだしく: El entorno familiar influye 〜 en el desarrollo de la personalidad. 家庭環境は人格形成に大きく影響する

grandevo, va [grandébo, ba] 形《詩語》年寄りの，老人の

grandeza [grandéθa] 女 [←*grande*] ❶ 大きいこと，大きさ: La 〜 del mar le resultó asombrosa. 彼は海の大きさに驚いた．Están discutiendo la 〜 que debe tener el paraninfo que van a construir. 彼らは建設予定の講堂をどれだけの大きさにすべきか議論している．〜 *de un proyecto* 計画の壮大さ．❷ 偉大さ，立派さ: César acrecentó el poder y la 〜 de Roma. カエサルによってローマの力と偉大さがさらに増した．El equipo ya no podrá recobrar la antigua 〜. そのチームはもはやかつての栄光を取り戻すことはできないだろう．Tuvo la 〜 de luchar por la libertad. 彼は自由のために闘う高い志を持っていた．Me impresionó la 〜 poética de su obra. 彼の作品の詩的な豊かさに私は感銘を受けた．〜 *de Bach* バッハの偉大さ．〜 *de alma*《文語》寛大さ，高潔さ．〜 *de ánimo*《文語》勇気．〜 *de corazón* 心の広さ．❸ 大人物，権力家: No entiendo cómo puede darse alguien tan vulgar esos aires de 〜. あんな卑しい人がどうして大物気取りでいるのか私には理解できない．❹ [主に複] 偉大な行ない，偉業．❺ [集名] 大公爵；その位階

grandifloro, ra [grandiflóro, ra] 形《植物》花が大きい

grandilocuencia [grandilokwénθja] 女《文》❶ 大仰な話し方，誇張した表現: 〜 *de lo insignificante* つまらないことの誇張．❷ 重厚で高尚な文体(表現): *orador de una* 〜 *excepcional* 格調高い雄弁家

grandilocuente [grandilokwénte] 形 [←*grande*+*elocuente*]《時に軽蔑》大仰な，誇張した，大仰に(誇張して)言う

grandílocuo, cua [grandílokwo, kwa] 形 =**grandilocuente**

grandillón, na [grandiʎón, na] 形 不釣り合いに大きい

grandiosamente [grandjósaménte] 副 壮大に，堂々として

grandiosidad [grandjosidá(d)] 女 壮大さ，雄大さ；堂々としていること: La 〜 *del espectáculo* nos sorprendió a todos. 私たちは皆そのショーの壮大さに驚いた．La terraza del palacio tiene la 〜 *de un anfiteatro*. その宮殿のテラスは円形劇場ほど大きい

grandiosla [grandjósla] 間《地方語》[賛嘆・驚き] すごい！

grandioso, sa [grandjóso, sa] 形 [←*grande*] ❶ 壮大な，雄大な，堂々とした: La ópera se representa en un escenario 〜. そのオペラは壮大な舞台で繰り広げられる．Madrid es una ciudad 〜*sa*, llena de enormes jardines y rascacielos. マドリードは広大な公園があり高層ビルがそびえる巨大な都市だ．*obra de* 〜*sa belleza* 壮麗な作品．*espectáculo* 〜 壮観．*final* 〜 壮大なフィナーレ．*iglesia* 〜*sa* 荘厳な教会．*paisaje* 〜 雄大な景色．〜 *desfile* 堂々たる行進．❷ 偉大な: Fue un 〜 torero. 彼は偉大な闘牛士だった．Se convirtió en un personaje 〜 dentro del mundo de la música. 彼は音楽界で大家となった．El amor familiar es 〜. 家族愛は実にすばらしい

grandísimo, ma [grandísimo, ma] 形 [*grande* の絶対最上級] Viven en una casa 〜*ma*. 彼らは広大な家に住んでいる

grandisonar [grandisonár] 自《詩語》鳴り響く，とどろく

grandísono, na [grandísono, na] 形《詩語》響き渡る

grandor [grandór] 男《まれ》大きさ: *del* 〜 *de nueces* クルミ大の

grandote [grandóte] 形 *grande* の示大語

grand slam [grandislám] 男 [←英語《スポーツ》グランドスラム

granducal [grandukál] 形 大公の；大公国の

grandullón, na [granduʎón, na] 形《*grande* の示大語》形 名《西．親愛，軽蔑》❶ [年のわりに] 身体の大きな [子]；[幼児のようなふるまいをする] もう大きい [子，大人 [の]]: El campeón es ese 〜. 優勝したのはあの大柄な子供だ．¿No eres un poco 〜 para andar todavía con estos juegos? 君はこんな年で遊ぶにはもうお兄ちゃんすぎないか？ Paquito está hecho un 〜. パキートは体だけは大きいのだけど．❷ [不相応に] 図体の大きい，ばかでかい

grandulón, na [granduʎón, na] 形名《中南米．親愛，軽蔑》

graneado, da =**grandullón**: La verdad es que ya está muy ~ para estos chistes. 実のところ、その子はもう大きいから、こんな冗談では喜ばないのだ

graneado, da [graneáðo, ða] 形 斑点のある
── 表面をざらざらにすること

graneador [graneaðór] 男 ❶ [火薬用の革製の] ふるい, 選別機. ❷ [火薬の] 選別所

granear [graneár] 自《文語》実る《=granar》
── 他 ❶ 表面をざらざらにする. ❷《農業》種をまく. ❸ [火薬をふるって] 細粒状にする

granel [granél] 《←カタルーニャ語 graner「穀物倉」<ラテン語 granum》男 ばら(量り)売りの商品
a ~ 1) 包装(梱包)しないで, ばら売りの・で, 量り売りの・で: Venden las naranjas *a* ~. オレンジがばら売りされている. agua de colonia *a* ~ 量り売りのオーデコロン. 2) 目分量で. 3) たくさん[の], ふんだんに: Había comida y bebida *a* ~. 食べ物も飲み物もふんだんにあった. Hubo quejas *a* ~. 苦情が山ほど来た. 4) ばら積みで: mandar trigo *a* ~ 小麦をばら積みで送る

granelero, ra [graneléro, ra] 形 男《船舶》ばら積みの; ばら積み船《=buque ~》

granero [granéro] 《←ラテン語 granarium》男 ❶ 穀物倉. ❷ 穀倉地帯: Argentina es el ~ del mundo. アルゼンチンは世界の穀倉地帯である

granete [granéte] 男《技術》センターポンチ

granévano [granébano] 男 トラガントゴム《=tragacanto》

granguardia [graŋgwárðja] 女《軍事》前哨の騎兵隊

granguiñolesco, ca [graŋgiɲolésko, ka] 形《主に軽蔑》恐ろしい, 残忍な

graniento, ta [granjénto, ta] 形《メキシコ, アルゼンチン》吹き出物(にきび)だらけの

granífugo, ga [granífugo, ga] 形《気象》cañon (cohete) ~ ひょう雲消散用の砲 (ロケット)

granigrueso, sa [granigrwéso, sa] 形《鉱物》粒子の大きい

granilla [graníʎa] 女 ❶ 織物の面の凹凸. ❷《カナリア諸島》[ブドウ・トマトなどの] 小さな房

granillero, ra [graniʎéro, ra] 形《ラ・マンチャ, アンダルシア》豚が山で放牧中に》ドングリを食べる
── 女《ラ・マンチャ, 植物》実のならない株

granillo [graníʎo] 男 ❶ 吹き出物, にきび《=grano》. ❷《カナリア・ヒワの尻にできる》小さな腫瘍(腫瘤). ❸ 利益, もうけ. ❹《エクアドル》ふるいにかけない小麦粉

granilloso, sa [graniʎóso, sa] 形 吹き出物(にきび)だらけの

granitado, da [granitáðo, ða] 花崗岩に似た

granité [granité] 男《南米》亜麻の粗布

granitero, ra [granitéro, ra] 形 花崗岩の切り出し(販売)に関する[人]

granítico, ca [granítiko, ka] 形 ❶ 花崗岩の; [構造が] 花崗岩独特の. ❷ 花崗岩のような, 岩のように固い: convicciones ~*cas* ゆるぎない確信

granito [graníto] 《←伊語》男 ❶《鉱物》花崗(℘)岩. ❷ 吹き出物, にきび《=grano》. ❸《繊維》表面に小さな凹凸のある布
echar un ~ *de sal* 話題に面白みを加える
~ *de arena* [poner・aportar+] ささやかな貢献, 貧者の一灯: Yo también aporté mi ~ *de arena*. 私も及ばずながらお手伝いしました

granívoro, ra [graníβoro, ra] 形《動物》穀物を餌とする

granizada [graniθáða] 《←granizar》女 ❶ ひょう(あられ)が降ること; ひょうを伴う嵐: Las ~*s* del año pasado dañaron las cosechas. 昨年のひょうは作物に損害を与えた. ❷ 雨あられと襲いかかること: Hemos recibido una ~ de malas noticias. 私たちは次から次に悪い知らせを受けた. ❸《アンダルシア/チリ》フラッペ《=granizado》

granizado [graniθáðo] 男《菓子》❶ フラッペ, アイスドリンク: beber un ~ de limón レモンのアイスドリンクを飲む. ❷《アルゼンチン, ウルグアイ》チョコチップアイスクリーム

granizar [graniθár] 《←granizo》自 [単人称] ひょう(あられ)が降る: Ha *granizado* esta mañana. 今朝ひょうが降った
── 自 [+de 物] 雨あられのように落ちまり(投げ)る: Le *granizaron* de piedras. 彼は石をバラバラ投げつけられた. ❷《菓子》フラッペを作る

granizo [graníθo] 男《←grano》❶《気象》ひょう(あられ): 1) [集合名][不可算]. 粒: Ayer cayó ~. 昨日ひょうが降った. Cayeron

unos ~*s* enormes. 大粒のひょうが降った. 2) [現象] =**granizada**: La lluvia y el ~ han arrasado la agricultura de la zona. 雨とひょうがその地域の農業を壊滅させた. ❷ 雨あられと襲いかかること: Esta mañana nos cayó un ~ de advertencias y amenazas. 今朝我々は警告と脅しをさんざん受けた. ❸《医学》角膜片雲, 角膜白斑
armarse el ~ 1) 嵐を予兆する雲が現れる. 2)《口語》仲違い(けんか)が始まる
saltar como ~ *en albarda* 《口語》[他人の発言に] すぐうろたえる

granja [gránxa] 《←仏語 grange》女 ❶ [畑・畜舎・住居のある] 農場, 農園: De pequeña, vivía en una ~ entre frutales y pájaros. 彼女は小さいころ農場で果樹と小鳥たちに囲まれて生活していた. ~ escuela 教育(研修)農場. ❷ [家畜の] 飼育場. ~ avícola 養鶏場. ~ marina 養魚場. ❸ de viento 風力発電所. ❹ 牛乳屋, 乳製品販売店. ❺《カタルーニャ》小さな喫茶店

granjeable [graŋxeáβle] 形 ❶ 耕作され得る. ❷ 利益のあがる

granjear [graŋxeár] 《←granja》他 ❶ [賞賛などを] もたらす, 得させる: Su valor le *granjeó* fama y respeto. その勇気は彼に名声と尊敬をもたらした. ❷ [不正に] 利益を獲得する. ❸《船》風上にのぼる, 距離を稼ぐ. ❹《古語》入念に農場の手入れをする
── ~*se* [賞賛などを] 得る: Con el paso de los años, el profesor *se granjeó* el respeto de sus alumnos. その教師は年齢と共に生徒たちの敬愛を勝ち取るようになった. *Se ha granjeado* gran admiración en todo el país. 彼は国中で大きな賞賛を得た

granjeo [graŋxéo] 男 ❶ 獲得. ❷《古語》農場の入念な手入れ

granjería [graŋxería] 女 ❶ [農場・商売の, 強欲による・不当な] 収益, 利益. ❷ 交易, 商売. ❸ 畜産業. ❹《ベネズエラ》[自家製の] 駄菓子
hacer ~ *de*... [利益を得るために] …を利用する

granjero, ra [graŋxéro, ra] 名《granja の》農園主; 農場労働者

grano [gráno] 《←ラテン語 granum》男 ❶ [主に[集名]] 穀物・果実などの]粒種子, 豆: un ~ de uva 1粒のブドウ. pimienta en ~ 粒こしょう. ~ de café コーヒー豆. unos ~*s* de arroz 数粒の米. Este año el trigo da poco ~. 今年は小麦は粒の入りが悪い. Un ~ no hace granero pero ayuda al compañero.《諺》ちりも積もれば山となる. ❷ 顆粒, 粒子: ~ de arena 砂の粒子. ~ de sal 塩粒. ❸《農業》穀物: almacenar [el] ~ 穀物を貯蔵する. ❹ きめ: lija de ~ fino (grueso) 目の細かい (荒い) 紙やすり. madera de ~ grueso きめの荒い木材. ❺ [なめし皮の] ざらついた表面. ❻《医学》吹き出物, にきび, 発疹《→acné [類語]》; 虫刺されなどの跡: Me ha salido un ~ en el cuello. 私は首に吹き出物ができた. Tengo ~*s* de pus. 私はにきびがある. cara llena de ~*s* にきび(ぶつぶつ)だらけの顔. ❼《写真》[乳剤中の] 粒子. ❽《植物》~ de amor ムラサキの一種《=mijo de [l] sol》. ~*s* del Paraíso ショウガ科の一種《学名 Aframomum melegueta》. ❾《薬量などの単位》グレーン《=escrúpulo の24分の1》《重量の単位》=トミン tomín の12分の1; [真珠などの重さの単位] グレーン《=4分の1カラット》
Ahí es un ~ *de anís.*《皮肉》それはたいそう重要である
apartar el ~ *de la paja*《口語》かす(くず)から実をより分ける: Cuando escribas el informe, tienes que saber *apartar el* ~ *de la paja*. 報告書を書く時にはよけいなことを捨て要点を選ばなければならない
con su (*un*) ~ *de sal* 用心して, 慎重に: Los que le conocemos bien tomamos *con un* ~ *de sal* expresiones como la de que "no tengo una peseta", "estoy en la miseria". 我々は彼を知り抜いているので,「われ一文なしだ」とか「すってんてんなんだ」といった彼の言葉には十分用心してかかる
~ *de arena* ささやかな貢献, 貧者の一灯《=granito de arena》
ir al ~《口語》本題に入る: Vamos al ~. 本題に入ろう
ni un ~ 少しも […ない]: No tiene *ni un* ~ de compasión. 彼にはひとかけらの同情心もない
no ser (*un*) ~ *de anís*《口語》無視できない, かなり重要である: Cinco mil dólares *no son ningún* ~ *de anís*. 5千ドルといったら決して小さな額ではない
sacar ~ 利を得る
salirle un ~ *a*+人 …にとって悩み(不安)の種になる

separar el ~ *de la paja*《口語》=apartar el ~ de la paja
granoblástico [granoblástiko] 形《鉱物》寄片状組織
granodiorita [granoðjoríta] 囡《鉱物》閃緑石
granollerense [granoʎerénse] 形《地名》グラノリェルス Granollers の〔人〕『バルセロナ近郊の町』
granoso, sa [granóso, sa] 形 粒々のある、ざらざらした
gran slam [grán eslán] 男 =grand slam
granudo, da [granúðo, ða] 形 ❶《鉱物》1) 粒状の. 2) 〔構造が〕花崗岩独特の. ❷《まれ》吹き出物のある
granuja [granúxa] 『←grano』形 名 ❶《主に軽蔑、時に子供に対して親愛》❶ 非行少年, 不良〔の〕; いたずらっ子〔の〕, ずるい〔子〕: ¡Qué ~ es tu hija, solo me da un beso si le doy un caramelo! 君の娘は全く現金な子だよ. あめをあげた時だけキスしてくれる！ ❷ 詐欺師〔の〕, 悪党〔の〕
—— 男 不可算 ブドウの粒（種）
granujado, da [granuxáðo, ða] 形 ❶ 粒状の. ❷ 不良の、詐欺をする
—— 男 詐欺, ぺてん; 非行
granujal [granuxál] 男 石ころだらけの土地
granujería [granuxería] 囡 ❶ =granujada. ❷ 不良グループ; 詐欺団
granujiento, ta [granuxjénto, ta] 形 名 ❶ 吹き出物（にきび）だらけの〔人〕. ❷《まれ》〔物が〕ぶつぶつとした
granujo [granúxo] 男《口語》吹き出物, にきび, 発疹
granujoso, sa [granuxóso, sa] 形 吹き出物（にきび・発疹）のある
granulación [granulaθjón] 囡 ❶ 粒状〔化〕; 発疹. ❷ 集名 顆粒（-ゅう). ❸《医学》肉芽形成, 顆粒形成: tejido de ~ 肉芽組織
granulado, da [granuláðo, ða] 形 細粒状の, 顆粒（-ゅう）状の: café ~ 顆粒のインスタントコーヒー
—— 男 細粒（顆粒）状の薬: ~ vitamínico ビタミンパウダー
granulador, ra [granulaðór, ra] 形 粒状にする
—— 男 粉砕器; 〔結晶化した砂糖を乾かすための〕ふるい
—— 囡 粉砕機
granular [granulár] 形『←gránulo』〔細かい〕粒状の; 吹き出物の〔できた〕
—— 他 細粒状にする
—— *se* 吹き出物（にきび）だらけになる, 発疹が出る
granulento, ta [granulénto, ta] 形《まれ》〔細かい〕粒状の
granulia [granúlja] 囡《医学》粟粒（-ゅう）結核〔=tuberculosis miliar〕
granulita [granulíta] 囡《鉱物》砕粒岩, 白粒岩, グラニュライト
gránulo [gránulo] 男『←grano』❶ 細粒, 小粒の丸薬. ❷《生物》細胞や組織の中にある〕微小体
granulocito [granuloθíto] 男《生物》顆粒球
granuloma [granulóma] 男《医学》肉芽腫
granulomatosis [granulomatósis] 囡《医学》肉芽腫症
granulomatoso, sa [granulomatóso, sa] 形《医学》肉芽腫性の
granulometría [granulometría] 囡 粒度解析〔学〕
granulométrico, ca [granulométriko, ka] 形 粒度解析〔学〕の
granulosidad [granulosiðáð] 囡 粒状, ぶつぶつのある状態
granulosis [granulósis] 囡《医学》❶ 顆粒細胞腫. ❷ 顆粒性結膜炎, 封入体結膜炎, トラコーマ
granuloso, sa [granulóso, sa] 形 粒状の, ぶつぶつのある
granvás [grambás] 男《酒》グランバス〔大きなタンク内で第2次発酵を行なうスパークリングワイン〕
granza [gránθa] 囡 ❶ 不可算 粉炭. ❷《植物》アカネ〔=rubia〕. ❸ 複 1)《農業》もみがら. 2) 石臼のふるいかす. 3)《金属》鉱滓（-ぃ）, スラグ. ❹《アルゼンチン》砂利
granzón [granθón] 男 ❶《鉱山》〔ふるいにかかった〕鉱物片. ❷ わらの節. ❸《ベネズエラ.建築》砂とセメントに混ぜる小石
granzoso, sa [granθóso, sa] 形《まれ》〔穀（かす）の多い
grañón [graɲón] 男《料理》❶ 煮た小麦の粒. ❷ 小麦粥
grañuela [graɲwéla] 囡〔地中の〕保存穀物
grao [gráo] 男『←カタルーニャ語 grau』《西》❶〔港として使える・荷揚げ用の〕海岸. ❷《レバント地方の》港
grapa [grápa] 囡『←カタルーニャ語 grapa < ゲルマン語 krappa「鉤」』❶ ホッチキスの針; 複〔その棒状のもの: coser con ~s ホッチキスでとめる. ❷《建築》かすがい; 《医学》縫合クリップ: sujetacables《電気》コード結合金具. ❸ ブドウの軸. ❹《獣医》〔馬の〕膝の潰瘍, ブドウ瘡〔-ぅ〕. ❺《アルゼンチン,ウルグアイ》グラパ『ブドウの搾りかすから作る安物の蒸留酒』

grapadora [grapaðóra] 囡《西》ホッチキス
grapar [grapár] 『←grapa』他 ホッチキスでとめる: *Grápa*me estos folios. これらの紙をホッチキスでとめてくれ
grapo [grápo] 男《西》グラポ GRAPO の構成員
GRAPO [grápo] 男《西. 略語》グラポ『←Grupos de Resistencia Antifascista Primero de Octubre. 1970年代に活動された急進的左翼のテロリスト集団』
grapón [grapón] 男〔ドアや窓の〕掛け金
graptolites [gra(p)tolítes] 男《動物》筆石（-ぉ）類
graptopétalo [gra(p)topétalo] 男《植物》グラパラリーフ〔=madreperla〕
grara [grára] 囡 サハラ砂漠のオアシス
gras [grás] 男《隠語》馬〔=caballo〕
grasa[1] [grása] 『←graso』囡 不可算 ❶ 脂肪; 脂, 油: Esta carne tiene mucha ~. この肉は脂身が多い. No puedo comer mucha ~. 私は脂ものはたくさん食べられない. hacer dieta para eliminar ~ 脂肪を減らすために食餌療法をする. dieta baja en ~[s] 低脂肪食. porcentaje de ~ corporal 体脂肪率. ~ animal 獣脂. ~ subcutánea 皮下脂肪. ~ vegetal 植物性脂肪. ❷ 脂汚れ〔=mancha de ~〕: Esta ~ no sale de la camisa ni con lejía. この脂汚れは漂白剤を使っても取れない. El cuello de la chaqueta tiene mucha ~. 上着のえりが垢で汚れている. ❸ グリース: poner ~ a una máquina 機械にグリースを注す. ~ mineral ミネラルグリース. ❹ ネズミ糞（セイヨウネズ）の樹脂. ❺《金属》複 鉱滓（-ぃ）. ❻《隠語》殴打: dar ~ a+人 ~を殴る. ❼《メキシコ》靴クリーム: dar ~ a ~ 靴磨きをする
tener (criar) ~ 太る
—— 形 名〔単複同形〕《アルゼンチン,ウルグアイ.軽蔑》〔ser+〕下品な〔人〕, 悪趣味な〔人〕, 粗野な〔人〕; 身分の低い〔人〕, 貧しい〔人〕: A esa escuela van todos los ~s del barrio. その学校には地区の貧しい子供たちが通う
grasera [graséra] 囡 ❶ 油入れ, 油こし. ❷ 油受け
grasería [graseria] 囡《獣脂の》ろうそく工場
grasero [graséro] 男 鉱滓の山（捨て場）
graseza [graséθa] 囡《まれ》脂っこさ, 脂性; 脂身
grasiento, ta [grasjénto, ta] 形《主に軽蔑》脂肪分（脂身）の多い, 油っこい; 油で汚れた: cabello ~ 油染みた髪. cara ~*ta* 脂ぎった顔. comida ~*ta* 油っこい料理. sartén ~*ta* 油まみれのフライパン
grasilla [grasíʎa] 囡『grasa の示小語』❶《植物》ムシトリスミレ. ❷ サンダラック樹脂の粉末
graso, sa[2] [gráso, sa] 『←ラテン語 crassus「太い」』形 ❶ 脂肪質の: ácido ~ 〔saturado·insaturado〕〔飽和·不飽和〕脂肪酸. ❷ 脂肪の多い, 脂肪分の多い: alimentos ~s 脂肪分の多い食品. queso ~ 高脂肪のチーズ. ❸ 脂性の〔⇔seco〕: cutis ~ 脂性の肌. ❹ 太った: cerdo ~ 太った豚. ❺《植物》多肉の〔=suculento〕. ❻《サラマンカ》耕地にしてはひどすぎる湿地の
—— 男 脂身〔=grasa〕; 脂っこさ
grasones [grasónes] 男 複《料理》アーモンドミルクや羊乳・砂糖・シナモンを加えた小麦またはトウモロコシの粥
grasoso, sa [grasóso, sa] 形《主に中南米.軽蔑》=grasiento; carne ~*sa* 脂身ばかりの肉
graspo [gráspo] 男《植物》ヒースの一種
grasura [grasúra] 囡 脂肪分, 油分〔=grasor〕
grata[1] [gráta] 囡 ❶〔手紙〕su ~ あなたからの手紙, 貴信. ❷《金属》ワイヤーブラシ, 研磨ブラシ
gratamente [gratámente] 副 楽しく; 好ましく: sorprenderse ~ うれしい驚きである
gratar [gratár] 他《金属》梨地（-じ）仕上げをする; ワイヤーブラシで磨く, つや出しする
gratarola [gratarola] 形 副《南米.口語》=gratis
gratel [gratél] 男《船舶》麻の組み紐
gratén [gratén] 男『←仏語 gratin』《料理》グラタン: patatas al ~ ポテトグラタン
gratificación [gratifikaθjón] 囡 ❶ ボーナス, 慰労金, 特別賞与: dar (pagar) una ~ 賞与を出す. ❷ チップ〔=propina〕: Tenga, una pequeña ~ por haber hecho de canguro. お受け取り下さい, 少々ですがベビーシッターをしていただいたお礼です. ❸ 満足〔感〕, 喜び: Al niño, sentirse el centro de atención le aporta muchas *gratificaciones*. 注目の的で

gratificador, ra [gratifikaðór, ra] 形《主に中南米》=**gratificante**
あると感じることは子供に大変な満足感を与える

gratificante [gratifikánte] 形 満足感を与える, 喜ばしい: Es ～ llegar a casa después de la jornada. 一日の労働の後に家に帰るとほっとする

gratificar [gratifikár] 《←ラテン語 gratificari < gratus「心地よい」+facere「する」》 [7] 他 ❶ 賞与を与える; 謝礼を出す: El jefe *gratificó* a toda la plantilla. 社長は全従業員にボーナスを出した. Perdido: pendiente de oro, se *gratificará*. 《表示》紛失物: 金のイヤリング, お礼いたします. ❷ ［事柄が］楽しませる, 喜ばす: La dedicación a los hijos nos *gratifica* y da sentido a nuestra vida. 子育ては私たちを喜ばせ, 人生に意味を与えてくれる

gratil [gratíl] 男 =**grátil**

grátil [grátil] 男《船舶》❶ ［横帆の］上縁, ヘッド. ❷ ［吊り索を結ぶ］帆桁の中央部

gratin [gratín]《←仏語 gratin》男《料理》グラタン《=gratén》

gratinado [gratináðo] 男《料理》オーブン焼き

gratinador, ra [gratinaðór, ra] 形《料理》焦げ目をつける
—— 男/女《料理》オーブンレンジ

gratinar [gratinár] 《料理 gratiner》他《料理》グラタンにする, オーブンで焦げ目をつける
—— ～**se** オーブンで焦げ目がつく: He metido canelones en el horno para que *se gratinen*. 私はこれから焦げ目がつくようにカネロニをオーブンに入れた

gratis [grátis]《←ラテン語 gratis < gratiis「恩恵により」》副 ❶ 無料で, 無報酬で: El viaje nos salió ～. 私たちは結局ただで旅行できた. Nos dan ～ las lecciones. 私たちはただでレッスンしてもらっている. Nadie hace nada ～. 誰もただでは何もしない. ❷ 努力せずに: No ha conseguido ～ ese puesto. 彼はその地位を何の苦労もせずに得たのではない
—— 形《単複同形》無料の: La entrada es ～. 入場無料. pase ～ 無料入場券

gratisdato, ta [gratisðáto, ta] 形 無償の, ただの; 努力なしの

gratis et amore [grátis ɛt amóre]《料理》副《文語》無料で, 無報酬で

gratitud [gratitúð] 《←ラテン語 gratus》 女 ❶ 感謝の気持ち]: Le mostró su ～ por el favor que le había hecho. 彼は受けた好意に感謝の意を表わした. ❷《文語》感謝の気持ちの表明

grato, ta² [gráto, ta]《←ラテン語 gratus「心地よい, 感謝している」》形《文語》[+a・de・para に] 快い, 楽しい: ～ al (para el) paladar 美味. sonido ～ al oído 耳に快い音. música ～ta (de escuchar) ［聞いて］楽しい音楽. recuerdos ～s de mi niñez 私の幼少期の楽しい記憶. charlas ～tas 楽しい会話. Su llegada fue una ～ta sorpresa. 彼の到着はうれしい驚きだった. 2) …の気に入る: Su novio no es ～ a la familia. 彼女の恋人は家族に気に入られていない. Me es muy ～ta su compañía. あなたとご一緒するのはとても嬉しい. 3) 《手紙》su ～ta carta あなたからの手紙, 貴信. En espera de sus ～tas noticias ［貴社の］ご返事をお待ちしつつ. Me es ～ comunicarle... …をお伝えできるのをうれしく思います. Me es muy ～ poder saludarle por este medio. 本状にてごあいさつ申し上げます. Me fue muy ～ el recibir su atenta invitación. ご招待状拝受いたしました. ❷《廃語》ただの, 無料の. ❸《ボリビア, チリ》[+por に] 感謝して: Le estoy ～ *por* haberme traído este paquete. この包みを持ってきて下さって感謝しております
persona ～*ta* ［特定の社会・集団に］受け入れ可能な人物, 歓迎できる人物;《外交》接受国にとって容認できる人
persona no (non) ～*ta* 好ましくない人物;《外交》接受国にとって容認できない人

gratonada [gratonáða] 女《料理》鶏肉の煮込み

gratonita [gratoníta] 女《鉱物》グラトン鉱, グラトナイト

gratuidad [gratwiðáð] 女 ❶ 無料, 無償性: El Estado garantiza la ～ de la enseñanza obligatoria. 国は義務教育の無償を保証する. ❷ 無根拠: Me enfadé de la ～ de sus críticas. 彼の根拠のない批判に私は怒りをおぼえた

gratuitamente [gratwitaménte] 副 ❶ 無料で, 無報酬で: Viajé ～. 私は無料で旅行した. Si desea más información, llámenos ～ al... 詳細はフリーダイヤル…におかけ下さい. ❷ 努力せずに. ❸ 根拠もなく: Usted afirmó ～ que la responsable era yo. あなたは私に責任があると断言した

gratuito, ta [gratwíto, ta]《←ラテン語 gratuitus》形 ❶ 無料の, 無償の: Hace pequeñas reparaciones ～tas a los buenos clientes. 彼はお得意様にちょっとした無償の修繕を行なう. acción ～ta 無償の行為; 無償株. asistencia médica ～ta 無償の治療. billete ～ 無料入場券. entrada ～ta 入場無料. enseñanza libre y ～ta すべての人に対する自由で無償の教育. línea ～ta フリーダイアル. servicio ～ del hotel ホテルの無料サービス. ❷ 根拠のない: enfrentamiento ～ 理由のない対立. insulto ～ いわれのない侮辱. suposición ～ta 根拠のない推測

gratulación [gratulaθjón] 女《文語》❶ お祝い. ❷ 満足, 喜び

gratular [gratulár] 他《文語》祝う
—— ～**se** 喜ぶ, 満足する

gratulatorio, ria [gratulatórjo, rja] 形《文語》お祝いの; 祝賀のための

grauero, ra [grawéro, ra] 形 名《地名》エル・グラオ El Grao の［人］《バレンシア県・カステリョン県の港町》

Grau Delgado [gráu dɛlɣáðo]《人名》**Jacinto** ～ ハシント・グラウ・デルガド《1877～1958, バルセナ生まれの劇作家. 商業的な劇壇の風潮に反発して創作を行なった. 長くアルゼンチンで暮らし, そこで死・運命・幻影をテーマにした作品を書く.『西班牙人形奇想曲』*El señor de Pigmalión*》

Grau San Martín [gráu san martín]《人名》**Ramón** ～ ラモン・グラウ・サン・マルティン《1881～1969, キューバの政治家. 1933年の革命で大統領に就任するが, 米国の圧力により辞任. 1944～48年再び大統領》

grausino, na [graṷsíno, na] 形 名《地名》グラウス Graus の［人］《ウエスカ県の村》

grauvaca [graṷbáka] 女《地質》硬砂岩, グレーワッケ

grava [grába] 《←カタルニャ語》 女《不可算》じゃり, 礫《略》: camino de ～ じゃり道. pasear sobre la ～ húmeda 湿ったじゃりを歩く. cubrir con ～ じゃりを敷く. ～ suelta en la curva カーブにまかれたじゃり. ❷《地質》硬砂岩層, グレーワッケ層

gravable [grabáble] 形 課税され得る

gravamen [grabámen]《←ラテン語 gravamen < gravare「負担をかける」》 男 ❶ 負担, 重荷: verse libre de un ～ 負担から解放される. ❷《法律》税金, 課徴金: ～ de una finca 不動産税. ～ sobre las importaciones 輸入関税

gravante [grabánte] 形 負担をかける

gravar [grabár]《←ラテン語 gravare》他 ❶ 課税する: El proteccionismo *grava* con altos aranceles los artículos de importación. 保護貿易主義では輸入品に高い関税がかけられる. ～ las importaciones en un cinco por ciento 輸入品に5パーセントの関税をかける. ❷ …に負担をかける: El sostenimiento del coche *grava* la economía familiar. 車の維持費が家計を圧迫している. La casa está *gravada* con una hipoteca. 家は抵当に入っている

gravativo, va [grabatíbo, ba] 形 負担をかける, 課税の

grave [grábe]《←ラテン語 gravis「重大な, 重い」》 形 ❶ 重大な, 深刻な: Es un asunto ～, habrá que verlo despacio. それは重大な事柄であるから, 落ち着いて取り組まなければならないだろう. tomar una decisión ～ 重大な決定(決心)をする. delito ～ 重大な犯罪. error ～ 重大な誤り. problema ～ 重大な問題. ～ sequía 深刻なかんばつ. ❷ 重態の: Es un paciente ～, que necesita una intervención urgente. 彼は重態の患者で, 緊急手術を必要としている. Está ～ [de cuidado]. 彼は［非常に］重態だ. enfermedad (herida) ～ 重病(重傷). ❸ 威厳のある, 厳粛な, 重々しい; まじめな: El profesor es ～ y nunca sonríe. その教授ははじめて決して笑わない. Me hicieron impresión sus ～s palabras. 彼の真剣な言葉が印象に残った. con un ～ aspecto 深刻な顔つきで. estilo ～ 荘重な文体. juez ～ 威厳のある裁判官. ❹ 低音の《⇔agudo》: voz ～ 低い声. ❺《音声》1) 後ろから2番目の音節にアクセントのある. 2) 鈍音の《⇔agudo》. ❻《物理》重量のある物体
—— 男《音楽》低音. 低音域. ❷《物理》重量のある物体

gravear [grabeár] 自《廃語》重量がかかる

gravedad [grabeðáð] 《←grave》女 ❶ 重大さ, 深刻さ; 重態: Es un asunto de mucha ～. それは非常に重大な事柄だ. El jugador resultó herido de ～ en la caída. その選手は転倒して重傷を負った. ～ del negocio その取引の重大さ. ～ de la enfermedad 病気の深刻さ. ❷ 威厳, 重々しさ; まじめさ; 慎重さ: hablar con ～ 重々しく (真剣に)話す. poner cara de ～

まじめ(深刻)な顔をする. andar con mucha ～ 非常に慎重に歩く. ❸《物理》重力〔=fuerza de ～〕: centro de ～ 重心. leyes de la ～ 重力の法則. ～ de la Tierra 地球の重力. ～ nula 無重力〔状態〕, 重力ゼロ. ❹《音楽》音の低さ
gravedoso, sa [graβeðóso, sa] 形 まじめぶった, しかつめらしい
gravemente [gráβeménte] 副 ❶ ひどく, 深刻に: Su madre está ～ enferma. 彼の母の病状は深刻だ. ❷ 重々しく
graven [gráβen] 男 〔多段の〕横軸回転ガラス窓
gravera [graβéra] 女 砂利採取場
gravetiense [graβetjénse] 形《考古》〔後期旧石器時代の〕グラヴェット文化の, グラヴェット期の
graveza [graβéθa] 女《古算》重々しさ, 重々しさ; 困難さ
gravidez [graβiðéθ] 女〔←*grávido*〕《文語》妊娠〔状態・期間〕〔=preñado, preñez〕: mujer en estado de ～ 妊娠中の女性
gravídico, ca [graβíðiko, ka] 形《医学》妊娠の
grávido, da [gráβiðo, ða] 形〔←ラテン語 gravidus < gravis「重い」〕《文語》❶ 重い; 一杯の: El héroe se sentía ～ de fuerzas. 勇者は力が満ちてくるのを感じた. ～ de emociones 感動で一杯の. ❷ 妊娠した
gravífico, ca [graβífiko, ka] 形《物理》引力の, 重力の
gravilla [graβíʎa] 女《不可算》小じゃり: cubrir una carretera con ～ 道にじゃりを敷く. camino de ～ じゃり道
gravilladora [graβiʎaðóra] 女 じゃり選別機
gravimetría [graβimetría] 女 ❶《物理》重力測定, 重力学. ❷《化学》重量分析. ❸ 〔比重による〕鉱石と脈石の選別作業
gravimétrico, ca [graβimétriko, ka] 形 重力測定の; 重量分析の; 重力計の
gravímetro [graβímetro] 男 ❶ 重力計. ❷ 比重計, 密度計〔=densímetro〕
gravitación [graβitaθjón]〔←*gravitar*〕女 ❶ 引力, 重力; 引力作用, 引き寄せること: medir la ～ de una bóveda sobre los pilares que la sujetan 丸天井を支える柱にかかる重さを計測する. 〔teoría de la〕～ universal 万有引力〔の法則〕. ～ de los astros 星間引力. ❷《チリ, アルゼンチン, ウルグアイ, パラグアイ》影響: ～ de este partido en el espectro político この政党の政界における影響力
gravitacional [graβitaθjonál] 形《物理》引力の, 重力の〔=gravitatorio〕: atracción ～ 引力. constante ～ 重力定数. masa ～ 重力質量
gravitante [graβitánte] 形《まれ》重くする; 負担をかける
gravitar [graβitár]〔←*grave*〕自 ❶〔+sobre に〕重くかかる: La caja *gravita* sobre la tabla. 板に箱の重みがかかっている. Esta roca *gravita* peligrosamente. この岩は〔その重みで〕今にも落ちそうだ. ❷〔+sobre·en に〕負担がかかる: *Gravitaba sobre* mí toda la responsabilidad. 全責任が私に重くのしかかっていた. ❸ 脅かす, 迫る; 〔危険が〕襲う, 降りかかる: El conflicto *gravita* en torno a la capital. 戦闘が首都周辺に迫る. *Gravita sobre* ti una gran desgracia. 君に大変な不幸が襲いかかる. ❹《物理》〔物体が〕引力で動く〔引きつけられる〕: La Luna *gravita* alrededor de la Tierra. 月は〔引力によって〕地球のまわりを回る
gravitatorio, ria [graβitatórjo, rja] 形 引力の, 重力の: Las mareas son el resultado de la atracción ～*ria* entre el Sol, la Luna y la Tierra. 潮の満ち引きは太陽と月と地球の間の引力の効果の結果である. fuerza ～*ria* 引力の大きさ
gravitón [graβitón] 男《物理》重力子, グラビトン
gravoso, sa [graβóso, sa] 形《文語》❶ 厄介な: Tengo el ～ encargo de sacar cada día a su perro a pasear. 私は彼の犬を毎日散歩させるという厄介な役目を負っている. ❷ 高くつく: Resulta muy ～ mantener tres coches en la familia. 家庭で3台車を所有することは大きな負担になっている
gray [grái] 男 ❶《物理》〔放射線吸収線量の単位〕グレー. ❷《情報》コード ～ グレイコード
grazalema [graθaléma] 女 グラサレマチーズ〔スペイン, グラサレマ山脈産の羊乳チーズ〕
grazalemeño, ña [graθaléméɲo, ɲa] 形 名《地名》グラサレマ山脈 Sierra de Grazalema の〔人〕〔カディス県〕
graznar [graθnár]〔←俗ラテン語 gracinare < 擬声〕自 ❶〔カラス・アヒルなどが〕カアカア〔ガアガア〕と鳴く. ❷《皮肉》〔カラス・アヒルのような〕だみ声〔どら声〕で話す〔叫ぶ〕
graznido [graθníðo] 男〔←*graznar*〕〔カラス・アヒルの〕鳴き声; 耳ざわりな歌〔話し方〕: Los ～*s* de los cuervos me resultan muy desagradables. カラスの鳴き声は私にはとても不快だ
greba [gréβa] 女〔鎧の〕脛当て
greca [gréka]〔←ラテン語 graecus, -a, -um < ギリシア語「ギリシアの」〕女 ❶《美術》1) 雷紋, 稲妻模様. 2) 帯状装飾, 縁飾り: ～ de papel pintado 壁紙の縁飾り. ～ de azulejos タイルの縁飾り. ❷《カリブ》〔店などで用いられる〕コーヒーメーカー
Grecia [gréθja] 女《国名》ギリシア
grecismo [greθísmo] 男 ❶ ギリシア語源の語. ❷ ギリシア精神; ギリシア文化の模倣
grecizante [greθiθánte] 形 ギリシア語風の表現を用いた
grecizar [greθiθár] 9 他 ギリシア語風の表現にする
── 自 ギリシア語〔表現〕を用いる
Greco [gréko]《人名》*El* ～ エル・グレコ〔1541～1614, ルネサンス末期のスペイン絵画を代表するギリシア出身の画家. 本名ドメニコス・テオトコプロス, 『オルガス伯の埋葬』 *El entierro del conde de Orgaz*, 『トレド風景』 *Vista de Toledo*, 『羊飼いの礼賛』 *Adoración de los pastores*〕
greco-〔接頭辞〕*greco*romano ギリシア・ローマの
grecochipriota [grekotʃiprjóta] 形 名 ギリシア系キプロスの町の〔人〕
grecolatino, na [grekolatíno, na]〔←greco-+latino〕形 ギリシア・ラテン〔文明〕の: mitología ～*na* ギリシア・ラテン神話
grecorromanista [grekoromanísta] 男《レスリング》グレコローマンスタイルの選手
grecorromano, na [grekorománo, na]〔←greco-+romano〕形 ❶ ギリシア・ローマ〔文明〕の: cultura ～*na* ギリシア・ローマ文化. dioses ～*s* ギリシア・ローマの神々. ❷《レスリング》グレコローマン〔スタイル〕の
greda [gréða]〔←ラテン語 creta〕女 フラー土, 漂布土〔主に汚れを取るための粘土〕
gredal [greðál] 形 フラー土を含む
── 男 フラー土の採取場
gredoso, sa [greðóso, sa] 形 フラー土の
green [grín]〔←英語〕男《植》～*s*) ❶《ゴルフ》グリーン: aterrizar en el ～〔ボールが〕グリーンにのる. meter la pelota en el ～ ボールをグリーンにのせる. ❷《まれ》芝生
greenfreeze [grínfris]〔←英語〕男 フロン・代替フロンを使わない冷蔵庫
gregal [gregál]《生物》群生の〔=gregario〕
── 男《地方語》地中海中西部に吹く冬の北東風
gregario, ria [gregárjo, rja]〔←ラテン語 gregarius < grex, gregis「群れ」〕形 ❶《生物》群生の; 群集の, 集団の: animal ～ 集団生活をする動物. instinto ～ 群集本能. ❷《軽蔑》付和雷同する: voto ～ 集団投票
── 男《自転車》アシスト役の選手
gregarismo [gregarísmo] 男 ❶《生物》群生. ❷《軽蔑》群集本能; 付和雷同性
gregarizar [gregariθár] 9 ～se 群生する, 集団生活をする
gregorianista [gregorjanísta] 名 グレゴリオ聖歌の歌い手〔専門家〕
gregoriano, na [gregorjáno, na] 形《人名》〔ローマ教皇〕グレゴリウス Gregorio の〔1世 540～604; グレゴリウス7世 1020?～85; グレゴリウス13世 1502～84〕: reforma ～*na* グレゴリウス改革〔1073～85, グレゴリウス7世による教会改革〕
── 男 グレゴリオ聖歌〔=canto ～〕
Gregorio López [gregórjo lópeθ]《人名》～ *de Tovar* グレゴリオ・ロペス・デ・トバル〔1496～1560, スペインの法律家・行政官. インディアス枢機会議員. 通商院を査察, 法令作成, ペルーのアウディエンシアを創設〕
greguería [gregería]〔←ラテン語 graecus「ギリシア語」〔理解の難しさから〕〕女 ❶《文学》グレゲリーア〔Ramón Gómez de la Serna による新しい文学形式. 日常生活に題材に富んだ短評・格言である: El hielo se derrite porque llora de frío. 氷が解けるのは寒くて泣くからである〕. ❷《まれ》ガヤガヤ〔ワーワー〕いう声, ざわめき
greguescos [gregéskos] 男 複 =**gregüescos**
gregüescos [gregwéskos] 男 複〔16～17世紀の〕ゆったりした半ズボン
greguizar [gregiθár] 9 自 =**grecizar**
grei [gréi] 男《コロンビア》グレープフルーツ〔=pomelo〕
greifrú [greifrú]〔←英語 grapefruit〕男《中米. 口語》グレープフルーツ〔=pomelo〕

greifrut [grejfrú] 男《中南米》グレープフルーツ〖=pomelo〗
greisen [gréjsen] 男《鉱物》グライゼン, 英雲岩
grela [gréla] 女《アルゼンチン. 隠語》汚物, 汚れ
grelo [grélo] 男〖主に 複〗カブの新芽〖食用. 特にガリシアの郷土料理〗
gremial [gremjál] 形 ❶ 同業組合の; ギルドの. ❷《中南米》労働組合の
—— 名 同業組合(ギルド)の構成員
—— 名〖儀式で用いる〗司教用ひざ掛け
—— 名《中南米》労働組合
gremialismo [gremjalísmo] 男《軽蔑》同業組合の組織推進傾向, 同業組合主義; 〖ギルドに典型的な〗同業組合の利益優先主義
gremialista [gremjalísta] 形 同業組合主義の
—— 名《ベネズエラ, エクアドル, チリ, アルゼンチン, ウルグアイ》労働組合の指導者
gremializar [gremjaliθár] 9 他 同業組合化する; ギルド化する
gremio [grémjo]〖←ラテン語 gremium「膝, くぼみ」〗男 ❶ 同業組合, 同業者団体;《歴史》ギルド〖スペインではギルドは1834年に廃止された〗: ~ de la construcción 建築業組合. ~ de panaderos 製パン業組合. ~ de artesanos 手工業ギルド〖西欧中世都市の手工業親方を中心とする同職組合〗. ~ de comerciantes 商人ギルド〖都市内での商業独占と他都市との通商の自由をめざし, 中世都市の自治権獲得に主導的役割を演じた〗. ~ de jornaleros 職人組合〖手工業ギルドが閉鎖性を強めるに従って親方への道を閉ざされた階層が結成した〗. 集名 同業者. ❸《戯語》〖趣味などが同じ〗仲間で: 1) ~ de los solteros 未婚者グループ. ~ de los aficionados a la lectura 読書愛好家グループ. 2)《俗語》〖売春・同性愛について〗 A Vicente no le gustan las chicas porque es del ~. ビセンテは女の子は好きじゃない, 彼は同性が好みだから. ❹〖まれ〗〖司教やローマ教皇の〗信者の集まり. ❺〖座った時の〗スカートのひざのくぼみ〖=regazo〗. ❻《廃語》大学の教授陣. ❼《ペルー, チリ, アルゼンチン, ウルグアイ, パラグアイ》労働組合
grencha [gréntʃa] 女《地方語》髪の房
grenchudo, da [grentʃúdo, ða] 形 ぼさぼさの長髪の
greña [gréɲa]〖←ケルト語 grenn-「顔にかかった髪」〗女 ❶〖主に 複〗ぼさぼさ(もじゃもじゃ)の髪: Con esas ~s parece una bruja. あのぼさぼさの髪で彼女は魔女のようだ. ❷〖動物の〗毛玉. ❸ もつれ, 紛糾. ❹〖植えつけられたばかりの〗ブドウの木の最初の枝葉. ❺《アンダルシア》1) 脱穀場に積まれた穀物. 2) 2年目のブドウの木の最初の芽
a toda ~《メキシコ. 口語》大急ぎで〖=a toda prisa〗
agarrarse de las ~s 激しく争う
andar a la ~ 1) いがみ合っている: Es un niño bastante tranquilo, pero cuando se junta con otros *anda* siempre *a la ~*. この子はおとなしいが, ほかの子と一緒になるといつもけんかばかりする. 2)《口語》〖女性が髪を引っ張り合って〗けんかする
en ~《メキシコ》精製していない: azúcar *en ~* 未精製の砂糖
montar a la ~ 鞍なしで乗る, 裸馬に乗る
tener agarrado de las ~s《メキシコ, ホンジュラス, プエルトリコ, コロンビア, ベネズエラ, ボリビア》恐怖におののかせる; 脅しつける
—— 名 複《西. 口語》ぼさぼさの長髪の人
greñoso, sa [greɲóso, sa] 形〖まれ〗=greñudo
greñudo, da [greɲúðo, ða] 形 ぼさぼさの長髪の
—— 男 種付け場の当て馬
greñuela [greɲwéla] 女《アンダルシア》〖ブドウ畑などの〗最初に出た芽
greñura [greɲúra] 女〖まれ〗茂み
gres [grés]〖←仏語 grès〗男〖複 ~es〗❶〖不可算〗〖砂まじりの〗陶土. ❷《製陶》炻器(̓)〖=~ cerámico〗: ~ flameado 炎彩模様の炻器
gresca [gréska]〖←?ラテン語 graeciscus「ギリシア人」〗〖放蕩・けんかなどとの結びつき〗女《口語》❶〖大〗騒ぎ: Hay una buena ~ en la calle. 通りで大きな騒ぎが起こっている. ❷ 口論, けんか: ~ amistosa〖仲のいい同士の〗軽いいさかい
andar a la ~ 言いがかりをつける: *Andaba a la ~ con* mi padre desde hacía más de un año. 彼は1年以上前から私の父に言いがかりをつけていた
armar ~ 大騒ぎする
armarse [la] ~ 騒ぎ(けんか)が始まる
meter ~ =armar ~

gresite [gresíte] 男〖壁面用の〗小型の化粧タイル azulejo
greuge [gréuxe] 男《歴史》〖アラゴンの宮廷に提出された〗権利侵害の訴え
grévol [gréβol] 男《鳥》エゾライチョウ
grey [gréj]〖←ラテン語 grex, gregis「群れ」〗女《集名》❶《文語》〖羊・山羊などの〗群れ. ❷《皮肉》〖人の〗集団, グループ: manifestación de la ~ estudiantil 学生たちのデモ. ❸《文語》〖キリスト教の〗信徒たち, 会衆
grial [grjál]〖←古仏語 graal/gréal〗男 聖杯〖キリストが最後の晩餐で使ったとされる伝説の酒杯. =Santo G~〗: en busca del Santo G~ 聖杯を探し求めて. La leyenda del [Santo] G~ 聖杯伝説
griego, ga [grjéɣo, ɣa] 形 ❶《国名》ギリシア Grecia〖人・語〗の: filosofía ~ga ギリシア哲学. ❷ ギリシア正教の
—— 名 ギリシア人: antiguos ~s 古代ギリシア人
—— 男 ギリシア語: ~ antiguo (clásico) 古代(古典)ギリシア語. ~ demótico (moderno) 口語(現代)ギリシア語〖現代の公用語〗. ❷《口語》〖難しくて〗意味の分からない言葉: Lo que hablas en ese libro es ~ para mí. 君がその本で言っていることは私にはちんぷんかんぷんだ. hablar (escribir) en ~ 意味不明のことを言う(書く). ❸《口語》ペテン師, いかさま師. ❹《口語》肛門性交
grieta [grjéta]〖←古語 crieta < 俗ラテン語 crepta < ラテン語 crepita < crepare「パチパチいう, 破裂する」〗女 ❶ 割れ目, 亀裂: La luz entraba por una pequeña ~ en la pared. 光が壁の小さな割れ目から漏れていた. ~ en el suelo 大地の裂け目. ❷《氷河》〖の〗クレバス;《登山》クラック. ❸《地質》節理: ~ columnar 柱状節理. ❹ すきま: ~ entre las puertas 扉と扉のすきま. ❺〖皮膚などの〗ひび, あかぎれ: labios secos y llenos de ~s 乾燥してひび割れた唇. ❻ 障害, 不一致〖=fisura〗: proyecto con ~s 障害だらけの計画. primeras ~s en nuestra amistad 私たちの友情の最初の亀裂
grietado, da [grjetáðo, ða] 形 割れ目(すきま)のある
grietar [grjetár] ~se〖まれ〗裂ける, 亀裂が走る
grietoso, sa [grjetóso, sa] 形 割れ目(すきま)だらけの
grifa[1] [grífa] 女 ❶〖主にモロッコ産の〗マリファナ. ❷《技術》水栓レンチ〖=llave ~〗
—— 形《印刷》letra ~ 斜体
grifado, da [grifáðo, ða] 形 ❶ マリファナ grifa 中毒の. ❷《印刷》斜体の: letra ~da アルドゥス版イタリック活字〖=letra aldina〗
grifalto [grifálto] 男《古語》小口径のカルバリン砲 culebrina
grifar [grifár] ~se ❶ 立ち上がる. ❷ マリファナを吸う. ❸《コスタリカ》鳥肌が立つ, ぞっとする. ❹《コロンビア》うぬぼれる, 思い上がる
grifería [grifería] 女 ❶〖総称〗給排水調節具, 水栓具; その販売店. ❷《カリブ》〖黒人やムラートの〗縮れ毛
grifero, ra [grifero, ra] 名《ペルー》ガソリンスタンドの従業員, スタンドマン
grifo[1] [grífo]〖←ラテン語 gryphus < ギリシア語 gryps, grypos「グリフォン」〗男 ❶《西》〖水道〗の蛇口, コック, カラン: Del ~ se estuvo yendo el agua durante toda la noche. 一晩中蛇口から水が漏れていた. abrir (cerrar) un ~ 蛇口を開ける(閉める); 支給を増額(減額)する. agua del ~ 水道水. ❷《神話》グリフォン. ❸《ペルー》ガソリンスタンド. ❹《チリ》消火栓
cerrar el ~《口語》〖+a+人 への〗経済援助をやめる
soltar el ~《口語》泣き始める
grifo[2], **fa**[2] [grífo, fa] 形 ❶ 縮れ毛の, 巻き毛の. ❷《メキシコ. 口語》1) マリファナ中毒の: No fuma cigarros pero es ~. 彼はたばこは吸わないが, かなりのマリファナ中毒だ. 2) 酔っぱらった. ❸《コスタリカ》鳥肌の立った. ❹《カリブ》〖縮れ毛の〗ムラート mulato の. ❺《キューバ》〖鶏などの羽の〗縮れた. ❻《コロンビア》虚栄心の強い, うぬぼれの強い
grifón[1] [grifón] 男 蛇口, コック, カラン
grifón[2], **na** [grifón, na] 名《犬》グリフォン
grifota [grifóta]《西. 隠語》マリファナ grifa 中毒者
grigallo [griɣáʎo] 男《鳥》ヨーロッパオライチョウ
Grijalva [grixálβa]《人名》**Juan de** ~ フアン・デ・グリハルバ〖1490~1527, メキシコ・コンキスタドール. コルテス Cortés に先立ちメキシコ湾岸を探検(1518)〗
grijera [grixéra] 女《地方語》小石だらけの土地〖=guijarral〗
grijo [gríxo] 男《地方語》小石, じゃり
grill [gríl]〖←英語〗男〖複 ~s〗❶《料理》焼き網〖=parrilla〗; 電

grilla[1] [gríʎa] 囡《メキシコ.口語》汚職政治, 不正取引, 陰謀: ~ electoral 不正選挙
   esa es ~《口語》それはでたらめだ
   salir ~《口語》[人が] 身を落とす, 堕落する
grillado, da [griʎáðo, ða] 形 ❶《口語》気の狂った. ❷《古語》鉄の足かせをはめられた
grillar [griʎár] 自《メキシコ.口語》政治的陰謀をたくらむ
   —— **~se**《口語》気が狂う. ❷《農業》[種子・球根などが] 芽(茎)を出す
grillera [griʎéra] 囡 ❶ コオロギの穴(虫かご). ❷《口語》収拾のつかない混乱; がやがやした場所: En la ausencia del maestro la clase se convirtió en una ~. 先生がいなくなると教室はガヤガヤと騒がしくなった
grillería [griʎería] 囡《集名》コオロギ, キリギリス
grillerío [griʎerío] 男 =**grillería**
grillero [griʎéro] 男 囚人に足かせをはめる(外す) 係の看守
grilleta [griʎéta] 囡《まれ》兜 celada のぞき窓
grillete [griʎéte] 男《主に》《複》❶ 鉄の[足]かせ. ❷《船舶》[錨鎖をつなぐ] 繫環(^{カン}). ❸《地方語》[鋭い音の] 小型のカウベル
grillo[1] [gríʎo]《←ラテン語 grillus「鉄の足かせ」》男《昆虫》1) コオロギ;《特に》ヨーロッパクロコオロギ《= ~ común, ~ campestre》: ~ doméstico イエコオロギ. ~ de bosque/~ forestal コオロギ科の一種《学名 Nemobius sylvestris》. ~ escamoso コオロギ科の一種《学名 Mogoplistes squamiger》. 2) —— 男《まれ》《複》[一対の] 鉄の[足]かせ. ❸《種子・球根などから発芽した]芽,茎. ❷《ベネズエラ.口語》執念, 妄想
   andar a ~*s* くだらないことにかかずらう
   cabeza llena de ~*s* 狂った頭
   estar como un ~ 気が変である: No le lleves la contraria, que *está como un* ~. 彼に逆らったりするな, 頭がおかしくなっているから
grillo, lla[2] [gríʎo, ʎa] 名《メキシコ.軽蔑》[不正を働く] 政治家, 陰謀家: Este gobernador es ~. この知事は陰謀家だ
grillotalpa [griʎotálpa] 男《昆虫》ケラ《=alacrán cebollero》
grillote [griʎóte] 男《カナリア諸島》カウベル《=cencerro》
grillotopo [griʎotópo] 男《昆虫》ケラ《=alacrán cebollero》
grilo [gríːlo] 男《地方語》ポケット《=bolsillo》
grima [gríma]《←ゴート語 grimms「恐ろしい」》囡 ❶ 不快, 嫌悪: Me da ~ oírle siempre hablar de sí mismo. 彼がいつも自分のことばかり話すのを聞くと私は不愉快になる. ❷ [酸味・不快な音などによる] 歯が浮く感じ《=dentera》: A algunas personas les da ~ escribir en la pizarra. 黒板に書く音が不快な人もいる
grimillón [grimiʎón] 男《チリ.口語》大ぜいの人; 多数のもの
grimorio [grimórjo] 男《古語》魔術書, 魔法の本
grimoso, sa [grimóso, sa] 形 不快感を与える, 嫌悪させる
grimpeur [grimpér]《←仏語》男《複 ~s》《自転車》登りの得意な選手
grímpola [grímpola] 囡 ❶《船舶》檣頭旗. ❷ [兵士の墓に立てる] 小旗, ペナント
gringada [gringáða] 囡《アルゼンチン.軽蔑》❶ 米国人独特のふるまい. ❷《集名》米国人[の一団]
gringo, ga [gríŋgo, ga]《←griego「意味の分からない言葉」》形 名 ❶《中南米.軽蔑》[主に英語を話す白人の] 外国人[の], よそもの[の]; ヤンキー[の], 米国人[の]: En el verano esta ciudad se llena de turistas ~*s*. 夏にはこの町は外人観光客で一杯になる. ❷《メキシコ.口語》米国の. ❸《ホンジュラス, ペルー, ボリビア, アルゼンチン.口語》金髪で白人種の. ❹《チリ.軽蔑》《アングロサクソン・ゲルマン系の》[人の]. ❺《アルゼンチン, ウルグアイ.軽蔑》《スペイン以外の》ヨーロッパ系の.
   —— 形 男 ❶ 理解できない[言葉], 外国語: Ellos hablaban en lengua ~*ga*. 彼らはわけの分からない言葉で話していた. ❷《まれ》英語
   hacerse el ~《チリ.口語》しらばくれる, 分からないふりをする: No sé para qué *se hace* el ~. なぜ彼がしらばくれているのか分からない
griñolera [griɲoléra] 囡《植物》ベニシタン, コトネアスター
griñón [griɲón] 男 ❶《尼僧の》頭巾(^{ずきん}). ❷《果実》ズバイモモ, ネクタリン. ❸《地方語》種馬

griot [grjót]《←仏語》男《複 ~s》グリオ《西アフリカの黒人吟遊詩人》
gripa [grípa] 囡《メキシコ, コロンビア.口語》風邪《=gripe》
gripaje [gripáxe] 男《技術》[潤滑油不足などによる装置の] 故障
gripal [gripál] 形 インフルエンザの; 風邪の: recomendado para estados ~*es* 風邪の症状によく効く
gripar [gripár] ~*se*《潤滑油不足などで装置が》動かなくなる; ギアが連動しなくなる
gripazo [gripáθo] 男《口語》強烈なインフルエンザ
gripe [grípe]《←仏語 grippe》囡 インフルエンザ, 流行性感冒; 風邪: estar con ~ 流感にかかっている. coger la ~ 流感にかかる. ~ aviaria/~ del pollo 鳥インフルエンザ
griposo, sa [gripóso, sa] 形 名 ❶ [estar+] 風邪をひいている[人]; 風邪ぎみの[人]《=medio ~》. ❷ [病気が] 風邪のような
gris [grís]《←古オック語 gris》❶ 灰色の: tarde ~ どんよりした午後. zona ~ グレーゾーン, あいまいな(境界のはっきりしない)領域. ❷ 目立たない; 陰気な: El equipo estuvo muy ~ durante todo el partido. チームは試合の間ずっとパッとしなかった. estudiante ~ 目立たない学生. humor ~ さえない気分. mentalidad ~ 陰気な気質. vida ~ 灰色の生活
   —— 男 ❶ 灰色: ~ marengo 暗鼠色, チャコールグレー, ダークグレー. ~ perla 淡灰色, パールグレー. ~ pizarra 鉛色, スレートグレー. ~ plomo 砲金灰色, ガンメタルグレー. ❷《西.口語》[主に *hacer*+] 非常に寒い天気; 寒気: Hace ~. すごい寒さだ. Hace un ~ que corta. 身を切るような寒風が吹いている. ❸《西.口語》[主に《複》フランコ時代の] 警官. ❹《動物》リス《=petigris》
Gris [grís]《人名》**Juan** —— フアン・グリス《1887~1927, マドリード出身のキュビズムの画家. 本名 José Victoriano González Pérez. ピカソと共にパリで活動.『ピカソの肖像』*Retrato de Picasso*,『バイオリンとギター』*Violín y guitarra*》
grisáceo, a [grisáθeo, a]《←gris》灰色がかった: cielo ~ 灰色の空
grisalla [grisáʎa] 囡 ❶《美術》グリザイユ. ❷《文語》《集名》目立たない人・事物; 陰気な人・事物. ❸《メキシコ》《不可算》くず鉄
grisear [griseár] 自 灰色がかる: Su cabello empezaba a ~ por las sienes. 彼の髪はこめかみの辺りから灰色になり始めていた
gríseo, a [gríseo, a]《文語》灰色の
griseta [griséta] I《←gris》囡 ❶ 細かい花柄などの絹地. ❷ [樹木の] 霜割れ. ❸《地方語.植物》カヤタケ属の一種《食用.学名 Clytocybe nebularis》
   II《←仏語 grisette》囡《まれ》[パリの] ドレスメーカーの助手, お針子
grisgrís [grisgrís] 男《モーロ人の》お守り, 魔よけ
grisiento, ta [grisjénto, ta] 形《文語》=**grisáceo**
grisín [grisín] 男《南米.料理》スティックパン
grisma [grísma] 囡《グアテマラ, ホンジュラス, ニカラグア, チリ》切れ端
grisón, na [grisón, na] 形 名《地名》《スイスの》グラウビュンデン州《cantón de los Grisones の》[人]
grisoso, sa [grisóso, sa] 形《中南米》灰色がかった《=grisáceo》
grisú [grisú] 男《化学》坑内ガス: explosión de ~ 坑内ガス爆発
grisumetría [grisumetría] 囡 坑内ガス調整
grisúmetro [grisúmetro] 男 坑内ガス計測器
grisura [grisúra] 囡《文語》灰色っぽさ; 目立たなさ; 陰気さ
grita [gríta] 囡《文語》《集名》抗議の叫び, 怒号; 喧騒(^{ケン}). ❷ [鷹狩り]《ウズラが飛び立った時の》鷹への掛け声
   dar ~ *a*+人 …を大声でからかう, やじる
gritadera [gritaðéra] 囡《エルサルバドル, ホンジュラス, コロンビア, ベネズエラ, チリ, アルゼンチン》[叫び声による] 喧嘩(^{ケン}): armarse una ~ 騒ぎになる
gritador, ra [gritaðór, ra] 形 名 ❶ 大声で騒ぐ[人], わめき散らす[人], ❷ こめかみのこと《学名》
gritar [gritár]《←ラテン語 gritare「大声で話す」》自 叫ぶ, わめく, 大声を上げる: *Grita* un poco más, que no te oigo. 聞こえないからもう少し声を上げてくれ. ~ de miedo 恐怖で叫ぶ
   —— 他 大声で言う; 大声で命令する: 1) ~ *Gritó* una serie de insultos. 彼は侮辱の言葉を続けて叫んだ. ~ insultos a+人 …を大声で侮辱する. 2) [+que+直説法 (命令では +接続法)] Le *gritaron* a ese hombre que callara. 彼らはその男に黙れと

gritería 叫んだ. ❷ [+人 に] どなる: Empezó a ~me. 彼は私をどなり始めた。 ❸ 非難する; やじを飛ばす: ~ la mala faena de un torero 闘牛士の下手なプレーを大声で非難する. ~ a un actor 俳優にやじを飛ばす

gritería [gritería] 《←gritar》囡 ❶ =**griterío**. ❷《中米》聖母無原罪のお宿りの祭り

griterío [griterío] 《←gritar》男 騒がしい叫び, 喧騒（煢）: Se armó un ~. ガヤガヤと騒ぎが始まった. ~ multitudinario 群集の叫び

grito [gríto] 《←gritar》男 ❶ 叫び, 叫び声, 大声: ¿Quién dio ese ~? あの叫び声は誰だ? lanzar un ~ de horror 恐怖で悲鳴をあげる. ~ de guerra 鬨（§）の声. ~ de protesta 抗議の叫び. ❷ [鳥・動物の] 鳴き声, 吠え声; [氷河の] きしむ音. ❸《歴史》1) [中南米の一部の国の] 独立宣言 [=~ de Independencia]. 2) G~ de Dolores ドロレスの叫び《1810年9月16日メキシコ, グアナファト Guanajuato 近郊の町ドロレスで, 独立戦争を開始するにあたり司祭イダルゴ Hidalgo が群衆に発した檄》. G~ de Lares ラレスの叫び《1868年9月23日, プエルトリコの山間の町ラレスで開始された独立をめざす武装蜂起の宣言. すぐに鎮圧されたが, 影響はキューバにも及ぶ》

a ~ pelado (limpio・herido)《文語》=**a ~s**
a ~s 大声で; どなり合いで: llamar *a ~s* 大声で呼ぶ
alzar el ~ 《口語》尊大に声を荒げる
andar a ~s [主語は複数] しょっちゅうけんかして（どなり合っている）
estar en un ~ [人が, 痛くて] うめいている, うなっている: El pobre Luis hace una semana que *está en un ~*. かわいそうにルイスは1週間も痛みでうめいている
levantar el ~ =**alzar el ~**
pedir a ~s [事物を] 緊急に必要とする: Este coche *pide a ~s* una reparación. この車はすぐ修理する必要がある
pegar cuatro ~s a+人 …を叱りつける
poner el ~ en el cielo《口語》怒り（抗議）の声をあげる: Cuando vio las notas del niño, *puso el ~ en el cielo*. 子供の成績を見て彼女は怒りの声をあげた
ser ~ y plata《チリ・口語》朝飯前である, たやすい
tener a+人 en un ~ …を痛めつかせる
último ~ [ファッション・技術などの] 最新のもの: calzar y vestir el *último ~* 最新の靴と服を身につける. el *último ~ de la tecnología* 最新テクノロジー

gritón, na [gritón, na] 形名 ❶《口語》声がやかましい[人], すぐ大声をあげる[人]. ❷ ひどく叱言う[人], けばけばしい

griva [gríba] 囡《魚》ラブルス属の一種《学名 Labrus viridis, Labrus turdus》

grizzli [gríθli] 男《動物》アメリカグマ, アメリカクロクマ

gro [gró] 男《繊維》光沢のない絹の粗布《昔は衣服用に使われた》

groar [groár] 自 =**croar**

grocería [groθería] 囡《米国》食料雑貨類

groelandés, sa [groelandés, sa] 形名 =**groenlandés**

groenlandés, sa [groenlandés, sa] 形《地名》グリーンランド Groenlandia の[人]

groera [groéra] 囡《船舶》綱孔

grog [gróg] 男《←英語 grog》グロッグ《ラム酒などとレモン・砂糖で作る熱い飲み物》

grogui [grógi] 《←英語 groggy》形 ❶《ボクシング》グロッキーになった: dejar a+人 ~ …をグロッキーにする. quedarse ~ グロッキーになる. ❷ 呆然とした, 半睡状態の: Los medicamentos lo han dejado ~. 薬で彼はぼうっとなった

gromo [grómo] 男 ❶ [木の] 芽, 新芽. ❷《アストゥリアス》ハリエニシダの枝

groncho, cha [gróntʃo, tʃa] 形名《アルゼンチン, ウルグアイ. 軽蔑》下層階級出身の[人], 低俗な[人]

groove [grúb] 男《←英語》《音楽》グループ

gropos [grópos] 男 [単複同形]《まれ》インク瓶の底に溜まっている綿

gros [grós] 男《古語》❶ ドイツの銅貨《=8分の1ペセタ》. ❷《ナバラ》スウェルト旧貨 sueldo 硬貨

grosamente [grósaménte] 副 大ざっぱに; 粗雑に

grosella [groséʎa] 囡《←仏語 groseille》❶《果実》スグリ: espinosa (silvestre) グーズベリー. ~ negra (roja) 黒（赤）スグリ. クロフサ（アカフサ）スグリ. ❷《キューバ》=**grosellero**
—— 形 [スグリ特有の] 鮮やかな赤色の

grosellero [groseʎéro] 男《植物》フサスグリ, アカスグリ《=~ rojo》: ~ común セイヨウスグリ. ~ de las rocas スグリ属の一種《学名 Ribes petraeum》. ~ de los Alpes スグリ属の一種《学名 Ribes alpinum》. ~ silvestre グーズベリー

groseramente [groseráménte] 副 不作法に, 行儀悪く

grosería [grosería] 囡 ❶ 粗野, 不作法: Comer con la boca abierta es una ~. 口を開けて食べるのは行儀が悪い. cometer una ~ con+人 …に失礼なことをする. ❷ 失礼（無礼）な言行: decir una ~ 下品なことを言う

grosero, ra [groséro, ra] 《←ラテン語 grossus「太い」》形 ❶ 粗野, 不作法な: Sus ~ras insinuaciones nos molestaron mucho. 彼の無礼なほのめかしは非常に私たちの気にさわった. ¡Qué tipo más ~! 何て下品な奴だ! comportamiento ~ 不作法な. palabra ~ra 卑野な言葉. 下品, 粗雑に: costura ~ra 粗い縫い目. paño ~ 粗い布. ropa ~ra 粗末な服. trabajo ~ 雑な仕事. ❸ ひどく不正確な: error ~ ひどい誤り
—— 名 粗野な人, 不作法な人

grosez [groséθ] 囡《廃語》脂肪分, 脂身

grosísimo, ma [grosísimo, ma] 形 grueso の絶対最上級

groso [gróso] 《キューバ》=**tabaco** groso

grosor [grosór] 《←ラテン語 grossus「太い」》男 ❶ 太さ, 厚さ: ¿Qué ~ tiene este alambre? この針金の太さはどれ位あるか? La nieve ha alcanzado un metro de ~. 雪が1メートル積もった. ~ de un ladrillo レンガの厚さ. ❷ 直径: ~ de un tornillo ねじの直径. ❸ [球体の] 容積. ❹《古語》脂肪

grosso, sa [gró(s)so, sa] 形《アルゼンチン》[事件・計画など] 非常に重要な: trabajo muy ~ 非常に重要な仕事

grosso modo [gróso módo] 《←ラテン語》副 [grossomodo とも表記する]《文語》ざっと, あらまし: 1) Cuéntame ~ lo que pasó. 何が起こったのか概略を話してくれ. 2)《俗用》[a+] A ~ habría unas 500 personas. ざっと500人はいただろう. hablando muy a ~ 非常に大ざっぱに言って

grossularita [grosularíta] 囡《鉱物》グロシュラーライト

grosularia [grosulárja] 囡《鉱物》灰礬柘榴（煢）石, グロシュラー

grosulariáceo, a [grosularjáθeo, a] 形 スグリ科の
—— 囡《植物》スグリ科

grosura [grosúra] 囡 ❶ 脂肪分, 脂身. ❷ [牛・豚・鶏などの] 肉以外の部分 [頭, 臓物, 足など]: Día de ~ 《カスティーリャ. 歴史》肉・臓物・足などを食べることが許された土曜日

grotescamente [grotéskaménte] 副 ぶざまに, 醜悪に

grotesco, ca [grotésko, ka] 《←伊語 grottesco》形 ❶ 異様で滑稽な: Goya recogió en sus pinturas negras los aspectos más ~s de la realidad. ゴヤは黒い絵に現実の最も異様な面を取り上げた. Al caer quedó en una postura ~ca. 彼はぶざまな格好で転んだ. Su comportamiento raya en lo ~. 彼のふるまいは異様そのものといってよいくらいだ. ❷ [文学作品・装飾などが] 醜悪な, 悪趣味な, グロテスクな: historia ~ca 怪奇物語. personaje ~ 醜悪な人物

grotesquez [grotéskeθ] 囡《まれ》異様さ, ぶざまさ; 醜悪さ

groupie [grúpi] 囡《←英語 groupy》名 グルーピー, 追っかけ

grúa [grúa] 囡《←カタルーニャ語 grua「ツル」》男《まれ》❶ 起重機, クレーン: alzar en la ~ クレーンで吊り上げる. ~ [de] pórtico ガントリークレーン. ~ [de] puente デッキクレーン. ❷ レッカー車, クレーン車 [=carro ~, camión ~]: No aparcar, avisamos (llamamos) ~. 駐車禁止, レッカー移動します. servicio de ~ [自動車の] 牽引業. ❸《映画, テレビ》撮影用クレーン. ❹《歴史》攻城兵器の一種. ❺《古語》ツル [=grulla]

mover ni con ~ 《口語》決して動かせない: No la *mueves del sofá ni con ~*. 彼女をソファから動かすのは無理だよ

gruesa[1] [grwésa] 《←grueso》囡 ❶ グロス《=12ダース》: comprar por ~s グロス単位で買う. una ~ de botones 12ダースのボタン. ❷《商業》貸し付け, 融資 a la ~ [持船や積荷を担保に航海資金を工面する船主への] 船舶抵当貸付. contrato a la ~ 船舶抵当契約, 冒険貸借契約. ❸《聖堂参事会員の聖職禄 prebenda》主な収入

gruesamente [grwésaménte] 副 大量に; 粗雑に

grueso, sa[2] [grwéso, sa] 《←ラテン語 grossus「太い, 太った」》形 ❶ [⇔delgado. →gordo 類語] 1) 太い; 太アスパラガス. cuello ~ 太い首. ~ fajo de billetes 厚い札束. fideos ~s 太麺. línea ~sa 太い線. palo ~ 太い棒. señora

~sa 太った婦人. 2)［+de が］ser ~ de piernas 足が太い. ❷ 厚い［⇔fino］: labios ~s 厚い唇. ❸《口語》厚い: ~ 厚紙. ❸ 大きい: manzana ~sa 大きいリンゴ. paquete ~ かさばった荷物. ❹《文語》粗い: tela ~sa 粗い布. ❺《文語》［言辞など］下品な, 野卑な: broma muy ~ ひどく下品な冗談. ❻ 頭が鈍い. ❼ 重要な. ❽［ワインが］こくのある. ❾［船舶］［海が］荒れた［波高2.5～4m］: muy ~ ひどく荒れた［波高4～6m］. ❿ ~ de oído 耳が遠い. ⓫ 困難な, 複雑な, 危険な: examen ~ 難しい試験 だど］困難な, 複雑な, 危険な: examen ~ 難しい試験
── 圖 大きく: escribir ~ 大きな字で書く
── 圐 ❶ 太さ, 厚さ［=grosor］: libro de poco ~ 薄っぺらい本. ~ de un alambre 針金の太さ. ~ de la pared 壁の厚さ. ❷〈軍事など〉本隊, 主力;〈競走など〉大集団. ~ del ejército 主力部隊. ~ de la manifestación デモの本隊. ~ del pasaje 大勢の me. ❸［文字の］本体の部分［⇔perfil］
en ~/por ~《商業》多量に, 大口に；卸して

gruiforme [grwifórme] 圐《鳥》ツル目の
── 圐 圐《鳥》ツル目

gruir [grwír]『←擬声』48 自［ツルが］鳴き声を上げる
gruista [grwísta] 圀 クレーンの操作員
gruja [grúxa] 囡 コンクリート
grujidor [gruxiðór] 圐［ガラス切断面の］研磨機
grujir [gruxír] 個［ガラス切断面を］磨いて平らにする
grulla¹ [grúʎa]『←ラテン語 grus, gruis』囡 ❶《鳥》ツル（鶴）: ~ americana アメリカシロヅル. ~ de Manchuria タンチョウ[ヅル]. ~ misela アネハヅル. ~ siberiana blanca ソデグロヅル. ❷［歴史］［攻城兵器の］クレーン［=grúa］. ❸ 圐 ゲートル, 脚絆(kyahan)［=polainas］. ❹《星座》［G~］つる座. ❺《ホンジュラス》突然の来客, 意外な登場者
Ya está aleando la ~. いよいよ寒くなってきた
grullada [gruʎáða] 囡 ❶ 自明の理, 分かりきったこと［=perogrullada］. ❷《古語》圐 市長のお供をする警吏. ❸《廃語》圐 低い身分の人
grullero, ra [gruʎéro, ra] 圐 ❶ ツルの. ❷《鷹狩り》［タカが］ツルを狩る
grullo, lla² [grúʎo, ʎa] 圐 圐 ❶《軽蔑》田舎者[の]. ❷《メキシコ》［馬が］葦毛の
── 圐《メキシコ, ベネズエラ》ペソ貨
grumete [gruméte]『←ラテン語 grumus「土の小さな山」』圐 ❶《料理》［ソースの］だま；［牛乳の］凝塊. ❷ 血塊［=~ de sangre］. ❸［カリフラワー, ブドウなどの］房. ❹《鳥》翼端. ❺《地方語》［植物の］芽, 新芽
grumoso, sa [grumóso, sa] 圐《料理など》だま（凝塊・かたまり）の多い；凝固した: bechamel ~sa だまのできたベシャメルソース
grumpie [grúmpi]『←英語』圐 成熟［円熟］した人
grunge¹ [grúnʧ] 圐 圐《音楽》グランジ[の]
grunge² [gránʤ] 圐『←英語』圐 みすぼらしく見えるが実は高価なファッション
gruñido [gruɲíðo] 圐 ❶ 豚の鳴き声; うなり声: dar un ~ うなり声を上げる. ❷ 不平: Estoy harto de oír tus ~s por cualquier cosa. 私は君が何事にも不平を言うのにうんざりしている. soltar un ~ ぶうぶう言う. ❸ きしむ音
gruñidor, ra [gruɲiðór, ra] 圐 ブーブー鳴く; うなる
gruñimiento [gruɲimjénto] 圐 ブーブー鳴くこと; うなり声
gruñir [gruɲír]『←ラテン語 grunnire』48 自 ❶［豚が］ブーブー鳴く;［犬などが］うなる. ❷［人が］ぶうぶう不平を言う; がみがみと叱る: *Gruñe porque no le pagan nada.* 彼は一銭も払ってもらえないのでぶうぶう言っている. ❸［ドアが］きしむ, ギーギー音を立てる
── 個《怒り・不満を》ぶつぶつ言う, つぶやく

gruñir		
現在分詞		過去分詞
gruñendo		gruñido
直説法点過去		接続法過去
gruñí		gruñera, -se
gruñiste		gruñeras, -ses
gruñó		gruñera, -se
gruñimos		gruñéramos, -semos
gruñisteis		gruñerais, -seis
gruñeron		gruñeran, -sen

gruñón, na [gruɲón, na] 圐 圐《口語》絶えず不平を言う［人］: 怒りっぽい［人］: Está muy ~. 彼は今とても不平を言うようになっている. 彼はずいぶんと愚痴っぽくなっていて, 年をとってきたのが分かる
grupa [grúpa]『←仏語 croupe』囡 ❶［馬などの］尻: llevar a la ~ (a ~s) 馬の尻に乗せる. pasear a caballo con una chica a la ~ (a ~s) 女の子を後ろにのせて乗馬する. ❷《口語》［主に女性の］ヒップ, 腰回り. ❸［オートバイの］後部席;［自転車の］荷台. ❹《闘牛》a la ~ 馬の尻の高さで槍 rejón を突き刺して
montar en (a) la ~《馬術》馬の尻に乗る, 添え鞍に乗る, 相乗りする
volver ~s/〈まれ〉volver la ~ 1)［騎馬などが］引き返す, 退却する: Al fin Napoleón se dio vencido, volvió ~s. ついにナポレオンは敗北を認め, 馬を返した. 2)《文語》背を向ける: La especie lanar ya ha vuelto la ~ a los piensos compuestos y ramonean en los jugosos herbazales. もはや綿羊たちは配合飼料などには目もくれず, みずみずしい草地で草を食んでいる
grupada [grupáða] 囡 突風, 集中豪雨
grupaje [grupáxe] 圐《技術》［運送・包装の, 目的地・発送地別の］分類
grupal [grupál] 圐《文語》集団の, 集団での: trabajo ~ 集団作業
grupera [grupéra] 囡《馬具》［荷物用・2人乗り用の］添え鞍
grupeto [grupéto]『←伊語 gruppetto』圐《音楽》ターン, 回音
grupo [grúpo]『←伊語 gruppo』圐 ❶ 集団, 群れ, 集まり: dividir en ~s de (a) cuatro 4つのグループに分ける. formar ~s グループをつくる, 集団をなす. un ~ de jovenes 一群の若者. foto de ~ 集合写真. ~ de árboles 木立ち. ~ de islas 群島. ~ de pertenencia［行動様式・信仰などに基づく］社会集団. ~ de trabajo 作業部会（グループ）. ~ de tareas タスクフォース［特別捜査班, 機動部隊, 専門調査会など］. ~ escolar［学校を構成する］校舎群. ~ paritario 仲間集団, ピアグループ. G~ Andino アンデス［共同市場］グループ. G~ de Rio リオグループ［1986年〜. 中南米12か国］. ❷《技術》装置, set: ~ electrógeno［自家発電などの］発電装置. ❸ 血液型［=~ sanguíneo］: ~ A (B・AB・O) A(B・AB・O)型［参考］Soy A+. 私の血液型はAプラスだ］. ❹《軍事》［砲兵・空軍などの］大隊. ❺［船舶］~ doble 固結び［=nudo marinero］.《政治》~ de presión/~ de interés 圧力団体. ~ mixto［党を作るに至らない］議員グループ. ~ parlamentario［院内］会派. ❻［情報］~ de noticias［インターネット上の］情報や意見の交換ページ［←英語 news group］. ❼《音楽》バンド: ~ de rock ロックグループ. ❽《美術》群像. ❾《科学》~ de control／~ testigo［実験の］対照群. ❿《数学》群. ⓫《化学》基, 原子団: ~ amino アミノ基. ⓬［地質］層群. ⓭《生物》分類群［=~ natural, ~ taxonómico］. ⓮《文法》語群, 句. ⓯《音楽》1) 結果: ~ de intensidad 音結集. ~ fónico 呼気結集. 2) ~ consonántico 子音群, 子音連続. ⓰《キューバ, アルゼンチン, ウルグアイ》［同学年・同科目の学生の］クラス. ⓱《チリ. 隠語》嘘, 偽り; ペテン
en ~ 集団で: viaje *en ~* 団体旅行. vivir *en ~* 集団生活をする

grupuscular [grupuskulár] 圐《軽蔑》セクトの
grupúsculo [grupúskulo]『←グループ grupo』圐《軽蔑》［急進派の］セクト: ~s fascistas ファシスト集団
gruta [grúta]『←シチリア語 grutta』囡［主に自然の］洞窟, 洞穴
grutesco, ca [grutésko, ka]《まれ》洞穴の
── 圐［主に圐］《美術・建築》グロテスク模様
gruyer [grujér] 圐《料理》グリュイエールチーズ
gruyere [grujér] 圐 =**gruyer**
G.T.《略記》←giro telegráfico 電信為替
gtos.《略記》←gastos 費用, 経費
gua [gwá]『←擬態』圐《西》ビー玉遊び; ビー玉を入れる穴: jugar al ~ ビー玉遊びをする
── 圐 ❶《南米, 口語》［恐怖・驚き・賞賛］わっ, ええっ, おお!: *¡Gua! qué bien te queda ese vestido.* わあ! 何てそのドレスが君に似合うのだろう. ❷《チリ. 口語》［からかい］ハハ
guabán [gwaβán] 圐《キューバ. 植物》ブルームスティック『工具の柄を作る. 学名 Trichilia spondioides』
guabico [gwaβíko] 圐《キューバ. 植物》パンレイシ科キシロピア属の一種『材質は固く繊細. 学名 Habzelia obtusifolia』

guabina [gwabína] 囡 ❶《中米. 魚》カワアナゴ科の一種〖食用. 学名 Philypnus dormitator〗. ❷《キューバ. 軽蔑》卑怯者, 臆病者. ❸《コロンビア》山岳地帯の民俗舞踊・音楽.
más resbaloso que la ～ 1)《プエルトリコ, ベネズエラ. 口語》どんな状況にも見事に切り抜ける. 2)《プエルトリコ. 口語》[男が]結婚を避ける

guabinear [gwabineár] 自 ❶《キューバ》[恐れなどで] 思想(政治的立場)を表明しようとしない. ❷《ベネズエラ. 口語》はっきりしない;[責任・困難に]立ち向き合わず

guabo [gwábo] 男《コスタリカ, ニカラグア, エクアドル. 植物》マメ科の一種〖=guamo〗

guaca¹ [gwáka] 囡 ❶ ワカ〖=huaca〗. ❷《エルサルバドル, パナマ》[ワカの, 宝や埋葬品が入った] 壺. ❸《ニカラグア》隠し場所, 隠れ場所. ❹《コスタリカ, キューバ, ボリビア》貯金箱. ❺《コスタリカ, キューバ》果物を熟させるための穴蔵.
── 間《南米. 口語》[極度の嫌悪・反感] ゲーッ, ウェー!

guacal [gwakál] 〖←アステカ語 uacálli「蓮台」〗 男 ❶《植物》フクギノキ, ヒョウタンノキ, ヒョウタンボク. ❷《メキシコ, 中米》その実[で作った] 器. ❸《メキシコ, エルサルバドル, キューバ, コロンビア, ベネズエラ》箱, かご〖=huacal〗.
orinar fuera del ～《ホンジュラス》的外れなことを言う
salirse del ～《メキシコ, グアテマラ. 口語》我を失う, 逆上する

guácala [gwákala] 間《メキシコ. 口語》[極度の嫌悪・反感] ゲーッ, ウェー!: Eso está muy sucio, ¡～! それはすごく汚いぞ, ウェー!

guacalote [gwakalóte] 男《キューバ. 植物》シロツブ〖学名 Caesalpinia bondux〗

guacamaya [gwakamája] 囡 ❶《メキシコ, 中米, コロンビア, ベネズエラ》=guacamayo. ❷《メキシコ》口やかましい人. ❸《中米. 植物》ボウコウマメ

guacamayo [gwakamájo] 〖←アラウコ語〗 男 ❶《鳥》コンゴウインコ: ～ azul スミレコンゴウインコ; ～ azul y amarillo ルリコンゴウインコ. ❷《歴史》[1808～14年の独立戦争中にカディスで結成された] 志願兵部隊の隊員. ❸《ホンジュラス, キューバ. 植物》ボウコウマメ

guacamol [gwakamól] 男《中米, キューバ. 料理》=guacamole

guacamole [gwakamóle] 男《中米, キューバ. 料理》グアカモーレ〖アボカドに玉ネギ・トマト・青トウガラシを加えたサラダ〗

guacamote [gwakamóte] 男《メキシコ. 植物》キャッサバ〖=yuca〗

guacamotero, ra [gwakamotéro, ra] 形《メキシコ》キャッサバの
── 名《メキシコ》キャッサバ売り

guacanco [gwakánko] 男《アルゼンチン》棍棒

guácara [gwákara] 囡《メキシコ. 口語》嘔吐: echarse una ～ 吐く

guacarear [gwakareár] 自《メキシコ. 口語》吐く

guacha¹ [gwátʃa] 囡《技術》❶ 座金, ワッシャー. ❷《パナマ》歯車

guachaca [gwatʃáka] 形 名《チリ》❶《軽蔑》下品で無教養な[人];大酒飲みの[人]: Un ～ como él no podía dejar de dar apoyo a sus familiares de los accidentados. 彼のように誠実な人は事故の被害者家族への援助をやめることができなかった

guachada [gwatʃáda] 囡《コロンビア, アルゼンチン, ウルグアイ. 卑語》悪行, 不誠実

guachafita [gwatʃafíta] 囡 ❶《コロンビア, ベネズエラ. 口語》騒ぎ;どんちゃん騒ぎ: armar la ～ 騒ぎを起こす. ❷《ベネズエラ. 口語》不誠実, 無秩序

guachaje [gwatʃáxe] 男《チリ. 口語》母親から引き離された子牛の群れ

guachalomo [gwatʃalómo] 男《チリ. 料理》サーロイン

guacharaca [gwatʃaráka] 囡 ❶《パナマ, コロンビア》1)《口語》おしゃべりな人. 2)《ヒョウタンに小石を入れた》ガラガラ〖コロンビア, ベネズエラ. 鳥》キジ目の一種〖学名 Ortalis guttata columbiana〗. ❷《コロンビア. 音楽》グアチャラカ〖溝のある板と金属の棒でこする楽器〗

guachapazo [gwatʃapáθo] 男 仰向け(横向き)に倒れた時の打ち身

guachapear [gwatʃapeár] 他 ❶[足で水を]ピチャピチャする. ❷ 急いで雑にする
── 自 [鉄片が緩んでいて] ガチャガチャいう

guáchara¹ [gwátʃara] 囡《キューバ, プエルトリコ》大嘘

guacharo [gwatʃáro] 男《地方語》鳥のひな

guácharo¹ [gwatʃáro] 男《鳥》アブラヨタカ. ❷ 動物の子. ❸《サラマンカ》カエル

guácharo², ra [gwatʃáro, ra] 形 名 ❶[水腫などの] 病気になりがちの. ❷《古語》ぐちっぽい, 悲しんでばかりいる. ❸《エクアドル》孤児[の]. ❹《チリ》こそ泥をする, こっそり奪う

guacharrada [gwatʃaráða] 囡[水や泥への] 激しい転落

guacharrazo [gwatʃaráθo] 男《地方語》[人の] 激しい転倒

guacharro [gwatʃáro] 男《地方語》鳥のひな〖=guacharo〗. ❷[人・物が水に落ちる音]バチャン, ポチャン

guache [gwátʃ/gwáʃ] I 〖←仏語 gouache〗 男 ❶《美術》グワッシュ〖不透明水彩絵の具・画法・その絵〗. ❷《動物》ハナジロハナグマ〖=coatí〗
II 男 ❶《カリブ, アンデス》下品な人, 無作法な人;怠け者. ❷《カリブ》田舎者

guachicón [gwatʃikón] 男《ベネズエラ》スポーツシューズ

guachimán [gwatʃimán] 男 ❶《中米, ドミニカ, ペルー, チリ》警備員. ❷《エルサルバドル, ニカラグア》召使い

guachinango, ga [gwatʃinángo, ga] 形〖←ナワトル語〗❶《メキシコ, キューバ, プエルトリコ》お世辞のうまい[人], ずる賢い[人]. ❷《キューバ, プエルトリコ》からかい好きな[人];愉快な[人]
── 男《キューバ. 魚》=huachinango

guachinche [gwatʃíntʃe] 男《地方語》居酒屋

guachindango, ga [gwatʃindángo, ga] 形《まれ. 軽蔑》スペイン系アメリカの(人)

guachipilín [gwatʃipilín] 男《メキシコ, 中米. 植物》マメ科の木の一種〖用材. 学名 Diphysa robinioides, Diphysa minutifolia〗

guacho, cha² [gwátʃo, tʃa] 〖←ケチュア語 uájcha〗形 名 ❶《中南米. 口語》母親をなくした[幼い動物]. ❷《グアダラハラ, クエンカ, アルバセテ》幼子. ❸《キューバ. 軽蔑》ひどい田舎の;田舎者. ❹《ペルー, ボリビア, チリ, アルゼンチン, ウルグアイ. 軽蔑》[生まれたばかりの] 捨て子の. ❺《アルゼンチン》1) 恋人のいない[人], 独り身の[人];未婚の母の[子]. 2) [靴下・手袋などの] 片方だけの. 3) おとなしい. 4) [夫婦・恋人間の愛称] あなた. ❻《アルゼンチン, ウルグアイ. 軽蔑》[ひどい侮辱] くそやろう[の], くそあま[の]

guacia [gwáθja] 囡 ❶《植物》アカシア. ❷ アカシアのゴム

guácima [gwáθima] 囡《カリブ. 植物》ムタンバ, ジャティーベランダ

guácimo [gwáθimo] 男《コロンビア. 植物》=guácima

guaco¹ [gwáko] 男 1[ワカ huaca で発見された] 土器. ❷《植物》キク科ミカニア属の一種〖葉は薬用. 学名 Mikania glomerata Spreng.〗. ❸《鳥》1) ホウカンチョウ〖食用で飼い馴らせる〗. 2)《中米》ワライハヤブサ. ❹《ボリビア》[犂で掘った] 穴, 溝

guacuco [gwakúko] 男《ベネズエラ. 貝》小型のアサリ

guadafiones [gwaðafjónes] 男 複《馬の》足かせ

guadal [gwaðál] 男《アルゼンチン》雨が降るとぬかるみに変わる砂地

guadalajarear [gwaðalaxareár] 自《古諧的. 戯語》役人が毎日マドリードから] グアダラハラ Guadalajara に通う

guadalajarense [gwaðalaxarénse] 形 名《地名》❶ グアダラハラ Guadalajara の[人]〖メキシコ西部, ハリスコ州の州都〗. ❷ =guadalajareño

guadalajareño, ña [gwaðalaxaréɲo, ɲa] 形 名《地名》グアダラハラ Guadalajara の[人]〖カスティーリャ=ラ=マンチャ州の県・県都〗

guadalajarismo [gwaðalaxarísmo] 男《古諧的. 戯語》役人が毎日マドリードからグアダラハラ Guadalajara に通うこと

guadalajarista [gwaðalaxarísta] 形 名《古諧的. 戯語》毎日マドリードからグアダラハラ Guadalajara に通う[役人]

guadalcanalense [gwaðalkanalénse] 形 名《地名》グアダルカナル Guadalcanal の[人]〖セビーリャ県の村〗

guadalupano, na [gwaðalupáno, na] 形 名《地名》❶ グアダルーペ Guadalupe の[人]〖カセレス県の〗. ❷《メキシコ》グアダルーペの聖母 virgen de Guadalupe の信者

guadalupense [gwaðalupénse] 形 名《地名》グアダルーペ Guadalupe の[人]〖=guadalupeño〗

guadalupeño, ña [gwaðalupéɲo, ɲa] 形 名《地名》❶ グアダルーペ Guadalupe の名のついた場所の[人]. ❷ グアダルーペ Guadalupe 島の[人]〖メキシコのバハ・カリフォルニア, カリブ海にある〗

guadamacilería [gwaðamaθilería] 囡 模様入りなめし革の製造業(製造工場・販売店)
guadamacilero [gwaðamaθiléro] 男 模様入りなめし革の製造業者
guadamecí [gwaðameθí] 男 模様入りのなめし革
guadamecil [gwaðameθíl] 男 =**guadamecí**
guadamecilero [gwaðameθiléro] 男 =**guadamacilero**
guadaña [gwaðáɲa] [←俗ラテン語 watania] 囡 長柄の鎌(ᶜᵃᵐᵃ), 大鎌《時に G～ で, 死の象徴として使われる》
guadañador, ra [gwaðaɲaðór, ra] 形名 大鎌 guadaña で刈る(人). ― 囡 ❶ 草刈り機. ❷ 死神
guadañar [gwaðaɲár] 他 [大鎌 guadaña で]刈る
guadañero [gwaðaɲéro] 男 大鎌で刈る人
guadañeta [gwaðaɲéta] 囡《カンタブリア》[板に何本も釣り針をつけた]イカ(タコ)釣りの道具
guadañil [gwaðaɲíl] 男 [干し草などを]鎌で刈る人
guadaño [gwaðáɲo] 男《カディス; キューバ》屋根付きの小型ボート
guadapero [gwaðapéro] 男 ❶《植物》野生のナシ(梨). ❷ 刈り入れ作業員たちに昼食を運ぶ少年
guadarnés [gwaðarnés] 男 ❶ 馬具置き場. ❷ 馬具の手入れをする人. ❸ 武器博物館. ❹《古語》[宮殿の]武器の手入れ職人
guadarrameño, ña [gwaðařaméɲo, ɲa] 形《地名》グアダラマ山脈 sierra de Guadarrama の(人)《イベリア半島中央部にある》
guadiana [gwaðjána] 形 男《時に G～. グアディアナ川 río Guadiana のように》消えまた現われたりする(人・もの)
guadianés, sa [gwaðjanés, sa] 形 グアディアナ川 río Guadiana の;[特に家畜が]グアディアナ河畔で飼育された《アンダルシアとポルトガルの国境の川》
guadianesco, ca [gwaðjanésko, ka] 形 [グアディアナ川 río Guadiana のように]現われたり消えたりする, きつね火のような
guadiánico, ca [gwaðjániko, ka] 形 =**guadianesco**
guadianizar [gwaðjaniθár] 自 ～**se** [グアディアナ川 río Guadiana のように]消えまた現われたりする
guadijeño, ña [gwaðixéɲo, ɲa] 形名《地名》グアディス Guadix の(人)《グラナダ県の町》 ― 男 [長さ1 jeme, 幅4 dedos の]短刀
guadramaña [gwaðramáɲa] 囡《古語》見せかけ, 偽り, 策略
guadrapear [gwaðrapeár] 他 向かい合わせに順に並べる
guadua [gwáðwa] 囡《南米. 植物》カーニャ・タクアラ《太く高い竹》
guafe [gwáfe] 男《中米》小さな桟橋
guaflex [gwaflé(k)s] 男 =**guáflex**
guáflex [gwáfle(k)s] 男《製本》[装丁用の]模造皮革
guagua [gwágwa] I [←擬態] 囡 ❶ たわいもないこと, 取るに足りないこと.《キューバ, ドミニカ. 昆虫》柑橘類につく害虫. ❸《コロンビア. 動物》パカ《=paca》
de ～ ただで; やすやすと: No creas que te lo van a dar *de* ～. それをただでもらえると思うな
¡Qué ～*!* 何て安いんだ
II [←?英語 waggon] 囡 ❶《カナリア諸島; カリブ, ベネズエラ, チリ》バス《=autobús》;《キューバ, プエルトリコ》長距離バス. ❷《プエルトリコ》ワゴン車
III [←ケチュア語 uáua] 囡 ❶《南米. 口語》赤ん坊. ❷《ペルー》[諸聖人の日に食べられる]子供の形のパン
esperando ～《チリ》妊娠している
guagualón, na [gwagwalón, na] 形《チリ》[大人なのに]子供っぽい(人)
guagüita [gwagwíta] 囡 ❶《キューバ, プエルトリコ》マイクロバス. ❷《キューバ》ワゴン車, 小型バン
guaicurú [gwajkurú] 形名 (複 ～es) グアイクル族(の)《南米, Gran Chaco の先住民》 ― 男《アルゼンチン, ウルグアイ. 植物》フウチョウボク属の一種《薬草. 学名 Capparis retusa》
guailón, na [gwajlón, na] 名《チリ. 軽蔑》❶ 身体の大きい(子)《=grandullón》. ❷ うっかり屋, あわて者
guaimense [gwajménse] 形名《地名》グアイマス Guaymas の(人)《メキシコ, ソノラ州の町》
guaimeño, ña [gwajméɲo, ɲa] 形名 =**guaimense**
guaimí [gwajmí] 形名 グアイミー族(の)《パナマ西部とコスタリカ国境付近の先住民》
guaina [gwájna] 囡《アルゼンチン, パラグアイ. 口語》[若い・大人の]女性 ― 名《チリ. 口語》年少の(人)
guaiño [gwájno] 男《ボリビア》[先住民の]甘く感傷的な歌《=yaraví》
guaipe [gwájpe] 男《チリ》[機械仕事用の]ぼろ布
guaira [gwájra] I [←guairo] 囡 三角帆. II [←ケチュア語 uaira(china)] 囡 ❶《中南米》[ペルーの先住民が銀鉱石を溶かしていた]素焼きのかまど. ❷《中米》パンフルートに似た先住民の笛
guairabo [gwajrábo] 男《チリ. 鳥》ゴイサギ
guaireño, ña [gwajréɲo, ɲa] 形名《地名》❶ グアイラ Guairá の(人)《パラグアイ南部の県》. ❷ ラ・グアイラ La Guaira の(人)《ベネズエラ, バルガス州の港町》
guairo [gwájro] [←?La Guaira(ベネズエラの港)] 男《ベネズエラ》三角帆の小型船
guairuro [gwajrúro] 男《ボリビア》[先住民の]甘く感傷的な歌《=yaraví》
guaita [gwájta] 囡《古語. 軍事》夜間の衛兵
guaja [gwáxa] 名 不良, 遊び人
guajacón [gwaxakón] 男《キューバ. 魚》カダヤシ
guajalote, ta [gwaxalóte, ta] 名《メキシコ, カリブ》=**guajolote**
guájar [gwáxar] 男/囡 =**guájara**
guájara [gwáxara] 囡 [山地の]最も急峻な所
guaje, ja² [gwáxe, xa] 名 ❶《地方語》不良, 遊び人. ❷《アストゥリアス》子供, 若者. ❸《メキシコ, ホンジュラス. 口語》お人好しの人, ばか ― 男《メキシコ, ホンジュラス》1)[ワインなどを入れる]ヒョウタン. 2)《音楽》マラカス. ❷《メキシコ. 植物》ギンネム. ❸《中米》(主に 複) がらくた
hacer ～《メキシコ. 口語》だます; [嘘を言って]からかう: Me *hicieron* ～ *con el cambio*. 私はお釣り銭をごまかされた
hacerse ～《メキシコ. 口語》知らない(分かっていない)ふりをする, ふざける: No *te hagas* ～ *y anda a estudiar*. ふざけていないでさっさと勉強しなさい
guájete [gwáxete] ～ *por* ～《口語》釣り合いのとれたこと《=lo uno por lo otro》
guajiro, ra [gwaxíro, ra] I [←マヤ語] 名 ❶ [キューバの]農民. ❷《キューバ. 口語》粗野な人, 内気な人 ― 囡 グアヒーラ《キューバの田舎の民謡で19世紀後半にスペインに伝わる》 II 形名《地名》ラ・グアヒーラ La Guajira の(人)《コロンビア北東部の県》
guajolote, ta [gwaxolóte, ta] [←アステカ語 uexólotl] 名《メキシコ》ばか ― 男《メキシコ, エルサルバドル, ホンジュラス》七面鳥《=pavo》
gualá [gwalá] 間《廃語》頼むから, お願いだから《=por Dios》
gualatina [gwalatína] 囡《料理》リンゴ・アーモンドミルクなどの煮込み
gualda¹ [gwálda] [←ゲルマン語 walda] 囡《植物》ホザキモクセイソウ ― 形 黄色の《=gualdo》
gualdado, da [gwaldáðo, ða] 形 ホザキモクセイソウの色で染めた
gualdaperra [gwaldapéřa] 囡《植物》ジギタリス, キツネノテブクロ
gualdera [gwaldéra] 囡 [階段・砲架の]側板
gualdo, da² [gwáldo, da] [←gualda¹] 形《文語》[金色がかった]黄色の: bandera roja y ～*da* 赤と黄の旗《スペイン国旗》
gualdrapa [gwaldrápa] 囡 ❶ 馬衣(ᵏᵃ). ❷《口語》[衣服の]ほころび, ほつれ ― 形《隠語》[ののしり]くず(の), 役立たず(の)
gualdrapazo [gwaldrapáθo] 男《船舶》[凪の時]帆がマストや索具にはためく音
gualdrapear [gwaldrapeár] 他 向かい合うように両側に並べる ― 自《船舶》帆がマストや索具にはためく
gualdrapeo [gwaldrapéo] 男 ❶ 向かい合うように両側に並べること. ❷《船舶》帆がマストや索具にはためくこと
gualdrapero [gwaldrapéro] 男 ぼろを着た男
guale [gwále] 男 ❶ 悲しさ, 寂しさ. ❷《コロンビア. 鳥》ヒメコンド

gualeta [gwaléta] 囡《チリ》❶《水泳》足ひれ: nadar con las ～s 足ひれをつけて泳ぐ．❷［魚・爬虫類の］ひれ, 足ひれ．❸ 可動状の突起物

gualicho [gwalítʃo] 男 ❶《チリ．まれ》悪魔, 悪霊．❷《アルゼンチン, ウルグアイ》呪い, まじない; その道具: hacer un ～ 呪いをかける

gualichú [gwalitʃú] 男 =**gualicho**

gualtata [gwaltáta] 囡《チリ．植物》ナガバギシギシ

gualtrapa [gwaltrápa] 囡《隠語．軽蔑》取るに足りない人

gualve [gwálbe] 男《チリ》沼地

guama [gwáma] 囡 ❶《中南米．果実》guamo の実《食用》．❷《エルサルバドル》1) 嘘, 偽り．2)［人の］足．❸《コロンビア》1)《植物》=**guamo**. 2)《口語》不愉快, 迷惑

Guamán Poma de Ayala [gwamán póma de ajála]《人名》Felipe ～ フェリペ・グアマン・ポマ・デ・アヤラ《1550?～1616, ペルー生まれの先住民．通説としてペルー南部先住民の悲惨な境遇と植民地支配の実態を目撃．スペイン人によるアンデス征服・支配の不当性を告発するため，独学で身につけたスペイン語を駆使して浩瀚な『新しい記録と良き統治』Primer Nueva Corónica y Buen Gobierno を著わした．作品のほぼ3分の1が著者自身の描いた線画》

guamazo [gwamáθo] 男《←英語 wham》《メキシコ．口語》強打

guámbito, ta [gwámbito, ta] 图《コロンビア．口語》子供《=niño》

guambra [gwámbra] 图《エクアドル．口語》子供《=niño》

guamil [gwamíl] 男《ホンジュラス》開墾地に生える植物

guamo [gwámo] 男《植物》マメ科の一種《学名 Inga spuria》

guampa [gwámpa] 囡 ❶《南米．口語》［牛などの］角（つの）．❷《アルゼンチン, ウルグアイ》角製の杯．❸《ウルグアイ》口語》不貞, 浮気: meter ～s 浮気をする．❹《パラグアイ》マテ茶を飲む容器
clavar la[s] ～[s]《アルゼンチン, ウルグアイ．戯語》死ぬ; 眠り込む

guamparo [gwampáro] 男《南米．口語》=**guampa**

guámparo [gwámparo] 男《南米．口語》=**guampa**

guampo [gwámpo] 男《チリ》丸木舟

guampudo, da [gwampúdo, da] 形 ❶《南米．口語》角（つの）のある．❷《アルゼンチン, ウルグアイ．軽蔑》浮気されている〔人〕

guamúchil [gwamútʃil] 囡《メキシコ．植物, 果実》マメ科の木の一種《果実は食用．学名 Pithecollobium dulce》

guanabacoense [gwanabakoénse] 形《地名》グワナバコア Guanabacoa の〔人〕《キューバ, ハバナ州の町》

guanábana [gwanábana] 囡《植物, 果実》トゲバンレイシ

guanábano [gwanábano] 男《植物》トゲバンレイシ

guanacaste [gwanakáste] 男《中米．植物》ネムノキの一種《=conacaste》

guanacasteco, ca [gwanakastéko, ka] 形《地名》グアナカステ Guanacaste の〔人〕《コスタリカ北部の州》

guanaco, ca [gwanáko, ka]《←ケチュア語 wanacu》《中南米》ばかな, 鈍い
── 名 ❶《中南米》ばか, 愚かな人; 田舎者．❷《中米．軽蔑》エルサルバドル人．❸《コロンビア．軽蔑》グアテマラ人．❹《ボリビア, チリ, アルゼンチン．軽蔑》服装が汚い; 不作法な人．❺《動物》グアナコ《リャマに似た野生の反芻動物》．❻《チリ, アルゼンチン．口語》暴動鎮圧用の〕放水車

guanajo, ja [gwanáxo, xa] 形《キューバ, ドミニカ》ばかな, 頭の悪い
── 男《カリブ, チリ》七面鳥

guanajuatense [gwanaxwaténse] 形 名《地名》グアナフアト Guanajuato の〔人〕

Guanajuato [gwanaxwáto]《地名》グアナフアト《メキシコ中央部の州・州都．町は1554年に建設．コロニアル様式の建物と銀鉱群が名高い》

guanaquear [gwanakeár] 自《中南米》❶ グアナコ狩りをする．❷《口語》ばか（ひょうきん）なことをする

guanaquería [gwanakería] 囡 グアテマラ人以外の人に特有の行為

guanarense [gwanarénse] 形 名《地名》グアナレ Guanare の〔人〕《ベネズエラ, ポルトガル州の州都》

guanareño, ña [gwanaréɲo, ɲa] 形 名 =**guanarense**

guanarteme [gwanartéme] 男《歴史》グラン・カナリア島の王

guanche [gwántʃe] 形 名 グアンチェ族〔の〕《カナリア諸島の先住民》
── 男 グアンチェ語

guando [gwándo] 男《パナマ, コロンビア, エクアドル, ペルー》担架, ストレッチャー

guandú [gwandú] 男《コスタリカ, キューバ, プエルトリコ, コロンビア, ベネズエラ．植物》キマメ, リュウキュウマメ《実は美味》

guanero, ra [gwanéro, ra] 形 グアノ guano の; グアノを産する
── 男 グアノ運搬船
── 囡 ❶ グアノを豊富に産する所．❷《カリブ》ヤシ林

guango, ga [gwángo, ga] 形《メキシコ》❶《服などが》ゆったりした．❷《エルサルバドル》切妻屋根の細長い小屋．❸《エクアドル》［先住民女性の］三つ編みの長い髪
venir ～ a+人《メキシコ》［事物が］…にとって関心がない, 興味を引かない

guangoche [gwangótʃe] 男《中米》［梱包などに使われる］粗布

guangocho, cha [gwangótʃo, tʃa] 形《メキシコ》［服などが］ゆったりした
── 男 ❶《中米》=**guangoche**. ❷《ホンジュラス》粗布 guangoche 製の袋．❸《エクアドル》［先住民女性の］三つ編みの長い髪

guanidina [gwanidína] 囡《生化》グアニジン

guanín [gwanín] 男《ドミニカ, プエルトリコ, コロンビア》［先住民の］金細工; 含有量の低い金

guanina [gwanína] 囡 ❶《生化》グアニン．❷《キューバ．植物》エビスグサ

guaniquí [gwanikí] 男《キューバ．植物》カズラの一種《学名 Trichostigma rivinoides》

guaniquique [gwanikíke] 男《キューバ．植物》=**guaniquí**

guano [gwáno]《←ケチュア語 wánu》❶《不可算》男 ❶ グアノ, 鳥糞石《海鳥の堆積した糞で, 肥料としてインカ時代から利用され, 19世紀中ごろにはペルー最大のヨーロッパへの輸出品となった》．❷ グアノと同成分の人工肥料．❸《キューバ．植物》《総称》数種のヤシ．❹《プエルトリコ》ヤシの繊維〔枕・マットレスに用いられる〕．❺《エクアドル, ペルー, ボリビア, チリ, アルゼンチン》［動物の］糞, 堆肥
irse al ～《事物が》めちゃくちゃになる
mandar al ～〔人〕を追い払う

guanta [gwánta] 囡 ❶ 売春宿．❷《エクアドル．動物》パカ《=paca》．❸《チリ．植物》ナス科の一種《飼料用》

guantada [gwantáda] 囡《口語》平手打ち: dar una ～ 平手打ちをくらわせる

guantanamero, ra [gwantanaméro, ra] 形《地名》グアンタナモ Guantánamo の〔人〕《キューバ南東部の町》
── 囡《キューバ．口語》［不当な］弾圧, 抑圧; armar (darformar・meter) una ～ 不当な弾圧を加える

guantazo [gwantáθo] 男《←guante》《口語》❶ 平手打ち《=guantada》．❷［交通事故などによる］強い衝撃: Se pegó un ～ con el coche. 彼は車に乗っていてひどい衝撃をうけた

guante [gwánte]《←カタルーニャ語 guant < ゲルマン語 want》男 ❶《服飾》手袋 1) ponerse [los] ～s 手袋をはめる．llevar ～s 手袋をして．con el ～ en la mano izquierda 左の手袋をして．～ de goma (lana・látex・piel) ゴム（毛糸・ラテックス・革）の手袋．~s de cirujano 手術用手袋．~s de conducir ドライビンググローブ．~s de crin マッサージミット．caja de ～s〔放射性物質などを扱う〕グローブボックス．2)《スポーツ》グローブ: ～s de boxeo ボクシンググローブ．❷ 複 プレゼント; チップ
al duro y sin ～《キューバ》1) 単刀直入に．2) 厳しく
arrojar el ～ a+人 …に決闘を申し込む; 挑戦する, 挑発する
asentar el ～ a+人 …を叩く; しいたげる
colgar los ～s 1)《ボクシングから》引退する．2)《口語》［仕事などを］辞める: Dentro de poco *colgaré los ～s* y no volveré por la tienda. 私はもうすぐ仕事を辞めるのでもう店には来ないだろう．3)《口語》死ぬ
como un ～ 1) 非常に従順な, 人の言いなりになって: Después de la bronca, se quedó *como un ～*. 叱られて彼はおとなしくなった．2) 衣服が体にぴったり合った: quedar (sentar) *como un ～* 体にぴったり合う
con ～[s] blanco[s] =**con ～[s] de seda**
con ～[s] de seda 手加減して, 慎重に; 丁重に
de ～［指人形が］人形の中に手を突っこんで動かす
de ～ blanco 穏やか, 上品な; 暴力的でない: ladrón *de ～ blanco* 手荒な真似はしない泥棒．disputa *de ～ blanco* 穏やかな議論

guáramo

de los ～s《文語》deporte de los ～s ボクシング
echar el ～ a... 1)《口語》[+人]…を捕える; [+物]…を盗む: La policía le ha echado el ～. 警察は彼を捕えた. Mi reloj ha desaparecido de los vestuarios; seguramente entró alguien y le echó el ～. 私の時計がロッカールームからなくなった, 誰かが入ってきてくすねたに違いない. 2) =**arrojar el ～ a**+人
estar como un ～ a+人 =**sentar como un ～ a**+人
hacer ～s ボクシング トレーニングをする
más suave (blando) que un ～ 非常に従順な, 人の言いなりになって《=como un ～》a+人
quedar como un ～ a+人 =**sentar como un ～ a**+人
recoger el ～ 決闘(挑戦)に応じる: El equipo decidió recoger el ～ lanzado por el entrenador. チームはコーチからの挑戦に応じた
sentar como un ～ a+人 …にぴったり合う: Llévate esta chaqueta, porque te sienta como un ～. この上着を持っていけよ, 君にぴったりだから
tirar el ～ a+人 =**arrojar el ～ a**+人
volver a+人 **como un ～**《口語》…を根本的に変える

guantear [gwanteár] 他《アンダルシア; 中米》❶ 平手打ちする. ❷ 鞭打つ; 罰する. ❸ 手袋で叩く
guantelete [gwanteléte]《←仏語 gantelet》男 ❶ [鎧の] 籠手(こ). ❷《コロンビア》[体を洗うための] 小タオル, ミトン
guantera¹ [gwantéra]《←guante》[自動車] グローブボックス. ❷《婦人用の》手袋を入れる袋
guantería [gwantería] 女 ❶ グローブ(手袋)工場. ❷ グローブ(手袋)製造業
guantero, ra² [gwantéro, ra] 名 グローブ(手袋)製造(販売)者 ── 男《まれ》グローブボックス〖=guantera〗
guantón [gwantón] 男《メキシコ》顔への平手打ち
guaña [gwána] 女《地方語》草刈鎌〖=rozón〗
guañín [gwanín] 形 ≒**guanín**
guañir [gwanír] 20 《規則 guañendo》自《エストレマドゥラ》[子豚が] ブーブー鳴く
guañusco, ca [gwanúsko, ka] 形《アルゼンチン》❶ しなびた, 衰えた. ❷ チリチリに焦げた
guao [gwáo] 間《ベネズエラ》すごい, ワーオ! ── 男《カリブ, コロンビア, ベネズエラ》ツタウルシの一種〖学名 Rhus metopium, Comocladia dentata〗
guapamente [gwápaménte] 副 ❶《俗用》[主に muy・tan+] 非常に良く, 問題なく: Todo salió tan ～. 非常にうまくいった. Nos arreglamos solos tan ～. 私たちは自分たちだけでちゃんとやっています. ❷《主に闘牛》勇敢に
guapear [gwapeár] 自 ❶《主にチリ, アルゼンチン, ウルグアイ》虚勢をはる, 強がる; ほらを吹く. ❷《まれ》めかし込む. ❸《ベネズエラ》[肉体的・身体的] 苦痛に耐える
guaperas [gwapéras]《←guapo》形 名《単複同形》《西. 軽蔑》[美貌を鼻にかけている] 美男子〖≒美人〗: No trago a las ～. 美人を鼻にかける女には我慢がならない
¿**Quién es el ～ que**+直説法? あえて…するのは一体どこのどいつだ?
guapería [gwapería] 女 [美男・美女につきものの] 空いばり, 強がり
guaperío [gwaperío] 集名《西》[社交界に出入りする] 大金持ちたち, 有名人たち, 上流階級
guapérrimo [gwapérrimo] 形 男《メキシコ》非常に魅力的な [男]
guapetón, na [gwapetón, na] 形 名 ❶《親愛》男前[の], 美人[の]. ❷ 空いばりする[人], 強がる[人]. ❸《ベネズエラ. 隠語》いじめっ子, がき大将. ❹《ラプラタ》[競走馬が] 非常に脚が速い
guapeza [gwapéθa] 女 ❶《主に闘牛》虚勢, 強がり. ❷ 勇敢さ, りりしさ. ❸《口語》《服装の》華美, おしゃれ. ❹ 美しさ, きれいさ
guapinol [gwapinól] 男《植物, 果実》マメ科の木の一種〖学名 Hymenaea stigonocarpa〗
guapito, ta [gwapíto, ra] guapo の示小語
guapo, pa [gwápo, pa]《←ラテン語 vappa「ごろつき, 不良」》形《主に西》[ser+. 人が] 美しい, 美貌の, きれいな〖→hermoso 類義〗. 1) Es ～pa. 彼女は美人だ. Es la chica más ～pa del barrio. その娘は町内一の器量よしだ. hombre ～ 美男. marido ～ ハンサムな夫. niño ～ かわいらしい子. 2) [特に顔が]

No es ～pa, pero tiene muy buen tipo. 彼女は顔はよくないがスタイルはとてもいい. 3)《主に女性形》[親愛の呼びかけ] ¡Mi nene ～! 私のかわいい赤ちゃん! ❷ [estar+] 着飾った, めかし込んだ, きれいに見える: ¡Qué ～pa estás! 君はとてもきれいだよ! Hoy va muy ～pa. 今日は彼女はとてもおしゃれしている. Ponte ～ y vámonos a la fiesta. おしゃれをしろ. それでパーティーへ行こう. Ha salido ～ en la foto. 彼は男前に写っている. vestirse de ～ 着飾る, めかし込む. ❸《俗用, 若者語》[物が] 1) よい, 見事な, すばらしい: Es una película muy ～pa, que me ha gustado mucho. それはすごくいい映画だ, 私は大変好きだ. Se ha comprado una moto muy ～pa. 彼はとてもすてきなバイクを買った. 2) すごい, 大きい, 多い, 強い, 品質がよい. ❹《口語》上流社会の. ❺《主に南米. 口語》勇敢な, 威勢のいい; 強い, タフな: Este niño es ～ y no llora cuando se cae. この子は強くて, 転んでも泣かない. ❻ [動物が] 姿(スタイル)のよい. ❼《チリ. 口語》厳しい, 厳格な ── 名 ❶ 美男, 美女. ❷《西》[親しい人・子供への呼びかけ. 時にいらだち] ¡Ven aquí, ～! おい, こっちへ来いよ! ── 男 ❶ 勇敢な人, 勇気のある人, 気骨のある人. ❷ ごろつき: ～ del barrio 町の暴れん坊; 町で強いやつ. ❸ 情夫, 情婦, 愛人

a ver quién es el ～ que+直説法 あえて…するような人はいないだろう
echárselas (dárselas) de ～《主に中南米》からいばりする, 強がりを言う
ir de ～ [自分を] 偉い(特別の)人間だと思う
¡**Qué estás más ～ callado**!《戯謔》口を慎みなさい!
tener el ～ めかしこむ

guapomó [gwapomó] 男《ボリビア. 植物》ニシキギ科の一種〖学名 Salacia impressifolia〗
guaporú [gwaporú] 男《ボリビア. 植物》=**guapurú**
guapote, ta [gwapóte, ta] 形 ❶ スタイルのいい, グラマーな. ❷ かわいい, 愛らしい. ❸ 気立てのよい, 人のいい. ❹ [特に女性が] 細やかさに欠ける ── 男《グアテマラ, コスタリカ, ニカラグア. 魚》グワポテ〖中米産の食用淡水魚. 学名 Cichlosoma friedrichsthalii〗
guapoy [gwapój] 男《パラグアイ. 植物》クワ科の一種〖学名 Ficus enormis〗
guapura [gwapúra] 女 ❶《西》[肉体的な] 美しさ, 美貌; [服装の] 華やかさ: No es un hombre atractivo, pero el poder da ～. 彼は魅力的な男ではないが, 権力のおかげで格好をつけている. ❷《コロンビア, ペルー. 口語》勇気, 強がり
guapurú [gwapurú] 男《植物》ジャボチカバ〖果実は食用〗
guaquear [gwakeár] 他《中米, アンデス》[遺跡 huaca を掘るなどして] 宝を探す, 盗掘する
guaquero, ra [gwakéro, ra] 名《中米, アンデス》遺跡 huaca を荒らす人, 盗掘者
guara [gwára] 女 ❶《鳥》1)《ホンジュラス》コンゴウインコ〖=guacamayo〗. 2)《チリ》クロコンドルの一種. ❸《キューバ. 植物》～ blanca ムクロジ科の一種〖学名 Cupania triquetra〗. ～ de costa ムクロジ科の一種〖学名 Cupania glabra〗. ❸《チリ》[趣味の悪い] 婦人服の飾り
tener ～《キューバ》[目的達成のため] 援助をあてにする
guará [gwará] 男《動物》タテガミオオカミ
guaraca [gwaráka]《←アイマラ語 waraK'a》女 ❶《南米》[牧畜用などの] 鞭. ❷《コロンビア, ペルー. 玩具》ぶちごま. ❸《チリ》1)《遊戯》かごめかごめ. 2)《口語》こま回しの紐. 3)《口語》泥棒の使うナイフ. 4)《口語》男性性器
guaracaro [gwarakáro] 男《ベネズエラ. 植物, 豆》アオイマメ, ライマメ〖豆は食用〗
guaracazo [gwarakáθo]《←guaraca》男 ❶《コロンビア, ペルー》投石器の一撃. ❷《チリ》強い衝撃, 強打
guaracha [gwarátʃa]《←guarache「踊り手」》女 ❶ グアラチャ〖アンティル諸島のサパテアドのある民俗舞踊・音楽〗. ❷《グアテマラ》古靴. ❸《キューバ》冗談, 楽しみ. ❹《ボリビア》渡し船の座席
guarache [gwarátʃe] 男《メキシコ》❶ [革製の・タイヤを切って作った] サンダル. ❷ [タイヤを補修する] ゴムのパッチ
guaragua [gwarágwa] 女《中南米》❶ 大げさな仕草; 肩を揺する(腰を振る)歩き方〖=contoneo〗. ❷ 遠回し(回りくどい・もったいぶった)言い方. ❸《派手な》装飾品
guaral [gwarál] 男《コロンビア》細ひも; 釣り糸
guáramo [gwáramo] 男《ベネズエラ. 口語》しっかりした性格; 気の

guarán
強さ, 勇気, 覇気
guarán [gwarán] 男《アラゴン》種ロバ
guaraná [gwaraná] 女《植物, 飲料》ガラナ
guarandeño, ña [gwarandéɲo, ɲa] 形《地名》グアランダの〔人〕《エクアドル, ボリーバル県の県都》Guaranda の〔人〕
guarandinga [gwarandíŋga] 女《南米. 口語》事柄; 混乱, 問題
guarangada [gwaraŋgáda]《チリ, アルゼンチン, ウルグアイ. 口語》粗野な言動: Se lo pregunté de buena manera y él me contestó con una ～. 私は丁寧に尋ねたのに彼はぞんざいな答えた
guarango, ga [gwaráŋgo, ga] 形 ❶《チリ, アルゼンチン, ウルグアイ. 口語》言葉づかいの悪い〔人〕, 粗野な〔人〕, 無作法な〔人〕; 愚かな〔人〕. ❷《アルゼンチン, ブラジル》汚らしい. ぼろをまとった. ❸《チリ. 口語》図体のでかい
—— 男 ❶《キューバ》1室だけの粗末な小屋. ❷《コロンビア. 植物》パロベルデ属の一種《学名 Acacia punctata》. ❸《ベネズエラ. 植物》ジビジビ 〔=dividivi〕
guaranguear [gwaraŋgeár] 自《チリ, アルゼンチン, ウルグアイ. 口語》粗野な言動をする
guaranguería [gwaraŋgería] 女《ラプラタ》粗野な言動
guaraní [gwaraní]〔←グアラニー語 aba guarini「戦士」〕形 名
～es) ❶ グアラニー族の〔の〕《アマゾン川からラプラタ川までのパラグアイ, アルゼンチン, ブラジル国境地帯に住んでいた先住民. 現在はパラグアイとブラジルに住む》. ❷ グアラニー語を話す混血の〔パラグアイ人〕
—— 男 ❶ グアラニー語《トゥピ=グアラニー語族に属し, 南米の南部大西洋岸で話された. パラグアイの公用語の一つ》. ❷ 〔パラグアイの貨幣単位〕グアラニー
guaranismo [gwaranísmo] 男《カスティーリャ語に借用された》グアラニー語特有の言葉・言い回し
guaranítico, ca [gwaranítiko, ka] 形 グアラニー族の
guarao [gwaráo] 男 グアラニー語〔=guaraní〕
—— 男 オリノコ川三角州生まれの人
guarapazo [gwarapáθo] 男《コロンビア. 口語》〔人の〕激しい転倒(強打)
guarapero, ra [gwarapéro, ra] 形 グアラポ guarapo の
—— 男《ペルー. 口語》飲んだくれ
—— 女《キューバ. 口語》酒屋
guarapeta [gwarapéta] 女 ❶《メキシコ, キューバ. 口語》酔い: ponerse una buena ～ ひどく酔っぱらう. ❷《キューバ》アルコール中毒者; アルコール度の高い酒
guarapita [gwarapíta] 女《ベネズエラ》ラム酒・砂糖・レモン(またはオレンジ)ジュースのカクテル
guarapo [gwarápo] 男〔←?語源〕❶ グアラポ《1) サトウキビの搾り汁. 2) 薬草とサトウキビ(パイナップル)から作る酒》. ❷《コロンビア》蜂蜜や黒砂糖を溶かした飲み物. ❸《ベネズエラ》非常に薄いコーヒー
aguarse el ～ 1)《プエルトリコ, ベネズエラ》〔獲得しようとして〕失敗する. 2)《ベネズエラ. 口語》〔+a+人 が〕おじけづく
enfriarse el ～《ベネズエラ. 口語》〔+a+人 が〕おじけづく
guarapón [gwarapón] 男《ペルー, チリ, アルゼンチン》〔農作業用の〕つば広の帽子
guarda [gwárda]〔←guardar〕名 ❶ 管理人, 警備員, 監視員, 番人. 1) El ～ le contestó que él no había visto nada. 警備員は何も見なかったと答えた. casa de ～〔山・森などの〕番小屋. ～ de seguridad 保安警備員. ～ de vista 見張り番. ～ del museo 博物館の守衛. ～ forestal 自然監視員. ～ mayor 管理責任者; 〔宮殿の〕高位職. ～ rural 農地監視人. 2) 複 管理人夫婦, 番人夫婦. ❷《ラプラタ》〔バス・列車の〕車掌, 切符売り. ❸《ウルグアイ》バスの運転士
～ jurado【複】～s jurados ガードマン《現金輸送などの護衛, ビルなどの警備員》
—— 男 ❶《印刷》〔本の〕見返し. ❷〔主に 複〕錠の中の突起; それに対応する〕鍵の切り込み. ❸《法律》〔子供の〕保護, 後見: ～ y custodia 親権. ❹ 保管, 保存; 監視, 監督: El banco se encarga de la ～ de sus joyas. 銀行があなたの貴金属の保管を引き受ける. manzanas de ～ 保存のきくリンゴ. ❺〔扇子の〕親骨. ❻ 訪問者に付き添う修道女. ❼《トランプ》捨て札. ❽〔刀剣の〕つば. ❾ 櫛の両端. ❿《古語》不足〔=escasez〕. ⓫《アンダルシア》剪定ばさみの鞘(¿). ⓬《中南米. 裁縫》縁飾り
falsear las ～**s** 1) 合い鍵を作る. 2)〔不意打ちするために城や軍の衛兵を〕買収する, 籠絡(½)する, 抱き込む
irse (**venirse**) ～ **abajo**《チリ》墜落する

guardaagujas [gwarda(a)gúxas] 名 =guardagujas
guardaalmacén [gwarda(a)lmaθén] 名 =guardalmacén
guardaamigo [gwarda(a)mígo] 男《古語》〔さらし首柱の〕処刑人の頭を持ち上げる鉄具
guardabanderas [gwarðaβandéras] 男《単複同形》《船舶》羅針盤箱・信号旗係
guardabarrera [gwarðaβaréra]〔←guardar+barrera〕名《鉄道》踏切番, 踏切警手
guardabarros [gwarðaβáros]〔←guardar+barro〕男《単複同形》《自動車》〔車輪の〕泥よけ, フェンダー
guardabosque [gwarðaβóske] 男 =guardabosques
guardabosques [gwarðaβóskes]〔←guardar+bosque〕男《単複同形》自然監視員; 猟場の番人
guardabrazo [gwarðaβráθo] 男《鎧の》腕当て
guardabrisa [gwarðaβrísa] 女 ❶〔ろうそくの〕風よけガラス. ❷《自動車》フロントガラス〔=parabrisas〕. ❸《メキシコ》ついて, 仕切り
guardacabo [gwarðakáβo] 男《船舶》〔索具の〕はめ輪, シンブル
guardacabras [gwarðakáβras] 名《単複同形》ヤギ飼い
guardacadena [gwarðakadéna] 男《自転車》チェーンカバー
guardacalor [gwarðakalór] 男《船舶》煙突の金属覆い
guardacantón [gwarðakantón] 男《古語》車よけの柱石, 隅石; 境界標石: Han colocado guardacantones para que los coches no invaden la acera. 車が歩道に乗り入れないように車よけの石柱が設置された
guardacartuchos [gwarðakartútʃos] 男《単複同形》《古語. 船舶》〔火薬庫から大砲まで〕薬包を入れて運ぶ革製の箱
guardacoches [gwarðakótʃes]〔←guardar+coche〕名《単複同形》《西》〔高級レストランなどの〕駐車場係: En este restaurante dejas el coche en la puerta y te lo aparca un ～. このレストランでは車を入口に置いておくと駐車係が車を駐車場に入れてくれる
guardacostas [gwarðakóstas] 男《単複同形》沿岸警備艇: servicio de ～ 沿岸警備隊
—— 名 沿岸警備隊員
guardacuños [gwarðakúɲos] 男《単複同形》〔造幣局の〕貨幣検査員
guardadamas [gwarðaðámas] 男《古語》女官に付き添う召使い《主に騎馬で, 女官の乗る馬車の踏み台に寄り添って護衛する》
guardador, ra [gwarðaðór, ra] 形 名 ❶ 保管する〔人〕, 保存する〔人〕. ❷ 後見人. ～ de la ley 法の番人. ～ del orden 秩序の番人. ❸〔まれ〕哀れな, みすぼらしい
—— 男《古語》戦利品の管理担当士官
guardaespaldas [gwarðaespáldas]〔←guardar+espalda〕名 ボディーガード: El banquero sale de la casa protegido por los ～. その銀行家はボディーガードたちに守られて外出する. acompañado de ～ ボディーガード付きの
guardaesquís [gwarðaeskís] 男《単複同形》貸しスキー店
guardafango [gwarðafáŋgo] 男《中米, ラプラタ》=guardabarros
guardafangos [gwarðafáŋgos] 男《中米, ラプラタ》=guardabarros
guardafaro [gwarðafáro] 男《南米》灯台守り
guardafrenos [gwarðafrénos] 男《単複同形》《鉄道》制動手
guardafronteras [gwarðafrontéras] 男《単複同形》国境警備隊員
—— 形 国境警備隊の
guardafuego [gwarðafwégo] 男《船舶》〔火が上部へ移るのを防ぐために舷側の外へ吊り下げる〕防炎板
guardagola [gwarðagóla] 女〔兜と鎧の結合部を保護する〕鎖かたびら
guardaguas [gwarðagwas] 男《単複同形》《船舶》〔水が上から入るのを防ぐ〕舷側上部の横木
guardagujas [gwarðagúxas] 男《単複同形》《鉄道》転轍(¼)手
guardahúmo [gwarðaúmo] 男《船舶》〔船が風上に向かっている時に〕炊事の煙が船尾に流れるのを防ぐ帆
guardainfante [gwarðainfánte] 男《服飾》〔スカートをふくらます〕腰枠, パニエ. ❷《船舶》キャプスタンの巻き取りドラムを大きくする木枠
guardajoyas [gwarðaxóʝas] 男《単複同形》《古語》❶〔王室

の］宝石管理係．❷［王室の］宝石庫

guardajurado [gwarðaxuráðo]［男］ガードマン『=guarda jurado』

guardalado [gwarðaláðo]［男］手すり，欄干

guardaladrón [gwarðaladrón]［男］《エストレマドゥラ》差し錠，かんぬき

guardalíneas [gwarðalíneas]［名］《単複同形》《チリ，スポーツ》線審，ラインズマン

guardalmacén [gwarðalmaθén]［男］倉庫番

guardalobo [gwarðalóβo]［男］❶《植物》ビャクダン科の一種『学名 Osyris alba』．❷ビロードモウズイカ『=gordolobo』

guardalodos [gwarðalóðos]［男］《単複同形》《ドミニカ，プエルトリコ》=**guardabarros**

guardallamas [gwarðaʎámas]［男］《単複同形》《蒸気機関車の》焚き口扉

guardamalleta [gwarðamaʎéta]［女］バランス《カーテンの上飾り》

guardamangier [gwarðamanxjér]［男］《古語》《王室の》食糧配給係の役人，食糧貯蔵部屋

guardamano [gwarðamáno]［男］❶《剣の》鍔(つば)『=guarnición』．❷《銃の》トリガーガード，用心金『

guardamateriales [gwarðamaterjáles]［男］《単複同形》《造幣局の》鋳造材料の買付け係

guardameta [gwarðaméta]［名］《サッカーなど》ゴールキーパー『=portero』

guardamonte [gwarðamónte]［男］❶自然監視員『=guardabosques』．❷《銃の》トリガーガード『=guardamano』．❸《服飾》ポンチョ『=capote de campo』．❹《メキシコ，廃語》汗で汚れないように馬の尻に掛ける革．❺《ボリビア，アルゼンチン，ウルグアイ》《主に〘複〙》乗り手の脚が茂みで傷つかないように》鞍の前部に掛ける革

guardamuebles [gwarðamwéβles]［男］《単複同形》❶家具倉庫，家具預かり所．❷《古語》《宮殿の》家具管理係

guardamujer [gwarðamuxér]［女］《古語》王妃の召使い《女官dama に付き添う》

guardapapo [gwarðapápo]［男］《古語》《鎧の》喉と顎の防具

guardapelo [gwarðapélo]［男］《服飾》ロケット『=medallón』

guardapesca [gwarðapéska]［男］《漁業》操業監視船

guardapiés [gwarðapjés]［男］《単複同形》《古語》《絹などの豪華な》足首までのロングドレス『=brial』

guardapolvo [gwarðapólβo]『←guardar+polvo』［男］❶《服飾》1) 作業服，うわっぱり．~ de ama de casa 主婦の作業着．2) ダスターコート．3)《アルゼンチン》小学生用のうわっぱり．❷ほこりカバー：~ de un mueble 家具のほこりカバー．❸《窓・ドア・バルコニーの》ひさし．❹本のカバー．❺祭壇画 retablo の飾り枠．❻乗馬靴のカバー．❼懐中時計の中蓋．❽〘車〙〘馬車の〙泥よけ

guardapolvos [gwarðapólβos]［男］《単複同形》=**guardapolvo**

guardapuerta [gwarðapwérta]［女］ドアカーテン

guardapuntas [gwarðapúntas]［男］《鉛筆の》キャップ

guardar [gwarðár]『←ゲルマン語 wardon「当直に立つ」< warda「目で見ること」』〘他〙❶《文語》『+de 事・危険などを』守る，防衛する：1)《守備》muralla que guarda el castillo 城を守る城壁．~ el cuartel general de un ataque enemigo 敵の攻撃から司令部を守る．❷『La lana nos guarda del frío. ウールは寒さから私たちを守る．¡Dios nos guarde! 神様が我々をお守り下さいますように！~ a los niños de los accidentes de tráfico 子供たちを交通事故から守る．❷見張る，見守る；保護する，世話をする：Un soldado guarda la puerta. 1人の兵士が門の警備をしている．El perro guarda la casa contra los ladrones. 犬は泥棒から家を守る．Guárdame el monedero. 私の財布を見ていてくれ．~ un rebaño 家畜の番をする．❸『義務・規定・約束などを』守る，遵守する：¿Es usted capaz de ~ un secreto? 秘密を守ることができますか？~ costumbres 習慣を守る．~ la ley 法律を守る．~ la palabra 約束を守る．~ la tradición 伝統を守る．❹『+en に』保管する，しまう，しまっておく：El dependiente guarda el dinero en la caja. 店員が金を金庫にしまう．Siempre guarda las medicinas bajo llave. 薬はいつも鍵をかけて薬を保管する．Ya he guardado toda la ropa de invierno. 私は冬物の服を全部しまった．Guardo aquí los recibos del gas. 私はガス代の領収書をここに保管している．~ huevos en la nevera 卵を冷蔵庫に保存する

~ la vajilla una vez lavada 洗った食器をしまう．~ en su bolsillo ポケットにしまう．~ debajo de la almohada 枕の下にしまっておく．❺取っておく，残しておく，蓄える：Guardó un trozo de tarta para su hermano. 彼はケーキを1切れ弟に取っておいた．Si pido la excedencia, no me guardan el puesto. もし休職を申請したら，私のポストは無くなってしまう．Guarda una butaca para mí. 私のために席を取っておいてくれ．~ para la vejez 老後のために蓄える．❻『記憶・感情を』持ち続ける，抱く：1) Guardo buena memoria de aquel verano. 私はあの夏のいい思い出を覚えている．Le guardan el debido respeto. 人々は彼にしかるべき尊敬の気持ちを抱いていた．~ buenos recuerdos del viaje 旅行の良い思い出を残す．~ sus conocimientos para sí 知ったことを外に漏らさない．~ en la memoria 記憶にとどめる．2)『否定的な感情や悪意を』No le guardo rencor. 私は彼に恨みを抱いていない．❼『状態を』保つ，維持する：~ el orden 秩序を保つ．~ la línea recta まっすぐ進む．~ relación con... …と関係を保つ．~ silencio 沈黙を保つ．❽『情報』保存する，セーブする：Casi todas las computadoras usan un disco duro para ~ información. ほとんどのコンピュータは情報を保存するのにハードディスクを用いている．❾《カトリック》《祝日を》守る《教会に行く，働かない》: día de ~ ミサに行かなければいけない日『=día de precepto』．❿《古語》待つ．⓫《古語》『…するように・しないように』気をつける，注意する．⓬《古語》観察する．⓭《古語》妨げる，防ぐ

¡Guarda! 危い／気をつけろ！

guardarla a + 人 = **guardársela a** + 人

—— 〘自〙倹約する，金を使わずに残す

—— **~se** ❶自分を守る，身を守る: Es necesario ~me del frío. 私は寒さから身を守る必要がある．❷『主に警告』1)『+de+人・事物 に』用心する，警戒する: Debes ~te de las malas compañías. 悪い仲間に用心しなさい．2)『…から離れる，…を避ける: ¡Guárdate de mí! 私から離れて！ 3)『+de+不定詞 に』『…しないように』気をつける，注意する: Guárdate de ir solo. 一人で行かないように気をつけなさい．Me guardo de opinar sobre este tema. この件に関しては意見を述べないようにします．❸『自分の手元に』…を留める，とっておく: Guárdate tu dinero. お金をしまいなさい．Se guardó la cartera en el bolsillo interior. 彼は内ポケットに財布をしまった．Se guardaba sus penas para él solo. 彼は悩みを彼一人で抱え込んでいた．❹『保存される，しまって置かれる: Se guarda en el armario de mi madre. それは母の洋服ダンスの中にしまわれている．❺…をかすめ取る，こそ泥する: Se guardó una carta de baraja. 彼はトランプのカードを1枚かすめた

~se para sí 自分を抑える

¡Guárdese! やめて下さい／止まって下さい！

guardársela a + 人《口語》…に対する復讐の機会を待ち続ける，いつまでも根に持つ: Ten cuidado con él que te la guarda. 君に復讐しようとしているから彼には気をつけて

guardarraíl [gwarðařaíl]［男］《道路の》ガードレール

guardarraya [gwarðařája]［女］❶《メキシコ》防火線．❷《中米，カリブ》《土地の帯状の》境界線．❸《キューバ》サトウキビ畑・コーヒー農園を四角く区切る道

guardarriel [gwarðařjél]［男］《鉄道》脱線防止ガード，護輪軌条

guardarrío [gwarðařío]［男］《鳥》カワセミ『=martín pescador』

guardarríos [gwarðaříos]［男］《単複同形》《鳥》カワセミ『=martín pescador』

guardarropa [gwarðařópa]『←guardar+ropa』［男］❶《劇場などの》携帯品預かり所，クローク: Dejó su sombrero en el ~. 彼はクロークに帽子を預けた．❷《集》《個人が持っている》衣装，ワードローブ: renovar su ~ 衣服をすべて新しくする．❸《まれ》衣装戸棚，洋服だんす，クロゼット．❹《植物》ワタスギギク『=abrótano hembra』

—— 〘名〙クローク係

guardarropas [gwarðařópas]［男］《単複同形》《まれ》=**guardarropa**

guardarropía [gwarðařópía]［女］《集》《映画，演劇》撮影・上演用の衣装; 衣装部屋

de ~ 見かけ倒しの，偽の: Con esa pipa y esa expresión pareces un Sherlock Holmes de ~. Dejó su sombrero en el ~. パイプをくわえて，その話し方をすると君はシャーロック・ホームズそっくりに見えるよ

—— 〘男〙《まれ》クローク『=guardarropa』

guardarruedas [gwarðařwéðas]［男］《単複同形》❶車よけの石

guardasellos

柱, 隅石〘=guardacantón〙. ❷《自動車》[ドアの]ステップ, ランニングボード

guardasellos [gwarðaséʎos] 男《単複同形》❶《古語》印章の管理係, 国璽(ｼﾞ)尚書. ❷ 政府高官, 首相. ❸ 切手ファイル

guardasilla [gwarðasíʎa] 女《椅子の背で傷つかないように張る》壁の保護板

guardatimón [gwarðatimón] 男《船舶》艦尾砲

guardatinaja [gwarðatináxa] 女《ニカラグア》パカ〘=paca〙

guardavalla [gwarðaβáʎa] 男《中南米. 口語》ゴールキーパー〘=portero〙

guardavallas [gwarðaβáʎas] 名《単複同形》《中南米. 口語》=guardavalla

guardavecinos [gwarðaβeθínos] 男《単複同形》《キューバ》❶[隣家とのバルコニーやテラスを仕切る]格子状の柵. ❷《農地を仕切る》鉄柵

guardavela [gwarðaβéla] 男《船舶》括帆(ｶﾂ)索

guardavía [gwarðaβía] 名《鉄道》保線係

guardavientos [gwarðaβjéntos] 男《単複同形》空気の流れを変えるための筒状の部品

guardaviñas [gwarðaβíɲas] 男《単複同形》ブドウ畑の番人

guardavivos [gwarðaβíβos] 男《単複同形》《建築》エッジガード

guardense [gwarðénse] 形名《地名》グアルド Guardo の[人]《パレンシア県の村》

guardería [gwarðería] 女《←guardar》❶ 託児所, 保育園〘= ~ infantil: dejar al niño en la ~ 子供を保育園に預ける. profesora de ~ 保母. ❷ 管理人(警備員)の仕事; 管理, 警備. ❸《集合》管理人, 警備員. ❹ 管理人の家; 警備員室. ❺ 農場の管理費用

guarderón [gwarðerón] 男《地方語》[ベッドの]側板

guardés, sa [gwarðés, sa] I《←guarda》❶[別荘などの]管理人. ❷《鉄道》踏切番〘=guardabarrera〙
—— 男 管理人夫婦
—— 女 管理人の妻
II 形《地名》ラ・グアルディア La Guardia の[人]《ポンテベドラ県の村》

guardia [gwárðja]《←ゴート語 wardja「歩哨」》女 ❶ 警備, 警戒, 監視: Los soldados hacían ~ a la puerta del cuartel. 兵士たちが兵営のゲート前で警備をしていた. hacer ~ a+人 …の見張りをする. montar [la] ~ 歩哨に立つ. ~ costera 沿岸警備. ❷ 当直, 当番; entrar de ~ 当直につく. tocar de ~ 当番に当たる. oficial (médico) de ~ 当直士官(医師). farmacia de ~ [休日に開く]当番薬局. ~ nocturna 夜勤; 夜間の看病. ❸《集合》衛兵; puesto de ~ 兵舎の衛兵詰め所. ~ de honor 儀仗兵. ~ de prevención 兵舎の衛兵. ~ entrante (saliente) 上番(下番)衛兵. ❹ 警備隊〘=cuerpo de ~〙; 警察〘→policía〙; G~ Civil〘西〙グアルディア・シビル, 治安警察, 治安警備隊《1844年, 農村部の治安回復のために設立. 現在では国防省と内務省の共同管轄で, 国境や沿岸, 大使館などの警備や道路および鉄道の監視などを主な任務とする. 国外の平和維持活動にも参加》. ~ de asalto《西. 歴史》突撃警察隊《1932年第二共和制によって設立》. ~ de corps 親衛隊, 近衛兵. ~ de honor[人]. ~ de honores 儀仗兵. ~ de la persona del rey [王族を直接守る]護衛隊. ~ de lancilla [女王の入城や王族埋葬時の]騎兵隊. ~ montada 近衛騎兵隊. ~ nacional《ペルー》国家警察. ~ pretoriana [政治家などの]護衛隊, SP;《皮肉, 軽蔑》有力者・著名人の取り巻き;《古代ローマ》皇帝の護衛隊. ~ suiza [ローマ教皇庁の]スイス人護衛隊. ~ urbana (municipal) 市警察《都市の, 主に交通担当》. ❺《フェンシング》《ボクシング》受けの構え, ガード, の. 主に交通担当》. ❺《フェンシング》《ボクシング》受けの構え, ガード. El boxeador descuidó la ~. ボクサーはガードを怠った
bajar la ~ 1) 《ボクシング》ガードを下げる. 2) 警戒を緩める, 油断する: Si no quieres volver a engordar, no *bajes la* ~. また太らなくなければ油断してはなりません.
entregar la ~《ベネズエラ. 口語》1) 関与しない, 分からないふりをする. 2) 眠る. 3) 死ぬ
estar de ~ 当直である: *Está de* ~ en el hospital. 彼は病院で当直に当たっている
estar en ~ 1)《フェンシング》構えの姿勢にある. 2) 警戒している
hacer la ~《チリ》兵役につく
montar [*la*] ~ 1) 見張りの場所につく, 見張りを交代する. 2) 警戒態勢をとる
poner a+人 *en* ~ …を警戒させる, 用心させる: Le *puse en*

~ sobre el riesgos de esa compra-venta. 私はその売買の危険性について彼に警告した
ponerse en ~ 警戒する, 用心深くなる: *Se han puesto en* ~ *contra posibles fraudes*. 彼らは不正があるかもしれないと用心した
rendir la ~《ベネズエラ. 口語》関与しない, 分からないふりをする
vieja ~《集合》1) 古参; 正統派: los tangos de la *vieja* ~ 伝統的なタンゴ. 2) [党内の]保守派, 古老グループ: La *vieja* ~ *del partido se oponía a cualquier reforma*. 党内の保守主義者たちはあらゆる改革に反対していた
—— 名 ❶ 警官, 警備員: Me cogió un ~ en la Plaza de Colón por el exceso de velocidad. コロンブス広場で警官にスピード違反でつかまった. ~ civil《西》治安警察官, 治安警備隊員. ~ de tráfico 交通警官. ~ nacional《ペルー》国家警察の隊員. ~ suizo [ローマ教皇庁の]スイス護衛兵. ~ municipal (urbano) 市警察の警官《主に交通担当》. ❷ 警備員, ガードマン[= ~ jurado, ~ de seguridad]: ~ nocturno 夜警. ❸ ~ marina 海軍兵学校の上級生徒, 海軍士官候補生. ~ marina de gracia 肩書きだけの海軍士官候補生. ❹《アメフト》central (nariz) ミドルガード, ノーズガード
—— 男 ~ tumbado《西》スピード防止帯[道路の段差など]

Guardia [gwárðja]《人名》**Tomás** ~《カトリック》トマス・グアルディア《1831–82, コスタリカの軍人・政治家. 1870年以降, 事実上の独裁体制を敷き, 近代化政策を推進》

guardiacivil [gwarðjaθiβíl] 名《まれ》=**guardia** civil
guardiamarina [gwarðjamaɾína] 名《まれ》=**guardia** marina
guardián, na [gwarðján, na]《←ゴート語 wardjan「歩哨」》名 ❶ 管理人, 監視員, 警備員, 番人: 1) ~ de una fábrica 工場の守衛. ~ de tumbas 墓守. ~ nocturno 夜間警備員. 2)《比喩》Es su *guardiana* día y noche. 彼女は一日中彼を見張っている. ❷[動物園の]飼育係[= ~ del zoo]. ❸[秩序などの]守護者, 保護者: ~ de la ley 法の番人. El poeta es el ~ del lenguaje. 詩人は言語の番人である
—— 男《カトリック》フランシスコ会の属管区長. ❷《海軍》[小型船の]下級士官, 海曹. ❸《船舶》係船索

guardianía [gwarðjanía] 女《カトリック》1) フランシスコ会属管区長 guardián の職. 2) [各フランシスコ会修道院が]施しを受ける地域. ❷《エクアドル》警備員の職

guardiera [gwarðjéra] 女《エストレマドゥラ》治安警備隊員の妻
guardilla [gwarðíʎa] 女 I =**buhardilla**
II《←guardar》女 ❶ かがり縫い. ❷[主に複]くしの両端

guardillón [gwarðiʎón] 男 屋根裏; 屋根裏の物置
guardín [gwarðín] 男《船舶》❶ 舵索(ｻﾞﾂ), ラダーロープ. ❷ 砲門扉を開ける紐

guardón, na [gwarðón, na] 形 ❶ 哀れな[人], みすぼらしい[人]

guardoso, sa [gwarðóso, sa] 形《まれ》❶《時に軽蔑》倹約家の. ❷《古語》助ける

guarecer [gwareθér]《←古語 guarir「保護する」< ゲルマン語 warjan》39 他 ❶[+de から]保護する〘=proteger〙: Aquella cueva los *guareció* de la lluvia. あのほら穴が彼らを雨から守った. ❷ 治療する. ❸《古語》助ける
—— 自《古語》[病気から]回復する
—— ~*se* 避難する: ~*se de* la lluvia 雨やどりする

guarén [gwarén]《チリ. 動物》ドブネズミ[泳げる野ネズミ]
guarentigio, gia [gwarentíxjo, xja] 形《法律》[協定などの]強制力を持つ, 命令的な

guarguero [gwarɣéro] 男《地方語》喉[の内側]
guargüero [gwarɣwéro] 男 ❶《ペルー》ドゥルセデレチェ dulce de leche を詰めて揚げた菓子パン. ❷《チリ. 口語》喉[の内側]

guaria [gwárja] 女《コスタリカ. 植物》カトレヤの一種《学名 Cattleya skinnery》: ~ morada 花が赤紫色のカトレヤ《コスタリカの国花》

guaricha [gwarítʃa] 女 ❶《パナマ, コロンビア, ベネズエラ, エクアドル》売春婦; 女の情婦. ❷《パナマ》1) 先住民の若い女性; ずる賢い老女. 2) 小型のケロシンランプ

guariche [gwarítʃe] 女《地方語》狭くて汚い部屋
guarida [gwaríða]《←古語 guarir「保護する」》女 ❶《獣の》隠れ場. ~ de osos 熊の巣穴. ❷[犯人などの]隠れ家, アジト: Los ladrones se dirigieron a su ~. 泥棒たちは隠れ家に向かった

guarín [gwarín] 男 ❶[一腹で最後に生まれた]豚の赤ん坊. ❷《まれ》小さな息子

guaripola [gwaripóla] 女 ❶《チリ, パラグアイ》[装飾のある] 軍楽隊の指揮棒. ❷《アルゼンチン》野草の蒸留酒
── 名《チリ》[guaripola を持つ] 軍楽隊の指揮者
guariqueño, ña [gwarikéɲo, ɲa] 形 名《地名》グアリコ Guarico の[人]《ベネズエラ北部の州》
guarisapo [gwarisápo] 男《チリ》オタマジャクシ
guarismo[1] [gwarísmo] [←古語 alguarismo「数え方」< アラビア人の数学者 Aljuwarizmi] 男《文語》❶ アラビア数字 [=letra de ~]: El número 12 está formado por dos ~s. 12という数は2つの数字からできている. ❷《数字で表わされる》数 [=cifra]: Este año el cociente alcanza un ~ de 9,21%. 今年指数は9.21%という数字に達している
no tener ~ 数えきれない, 無数にある
guarismo[2]**, ma** [gwarísmo, ma] 形《古語》数字の
guarne [gwárne] 男《船舶》[巻き付けられた] 索の一巻き
guarnecedor, ra [gwarneθeðór, ra] 名 装飾を施す[人]
guarnecer [gwarneθér] [←古語 guarnir < ゲルマン語・オック語 warnjan「叱る, 知らせる」] 39 他 [⇔desguarnecer] ❶《文語》[+de・con の] 飾りを…に施す: ~ de cortinajes una habitación 部屋をカーテンで飾る. corona *guarnecida* de brillantes ダイヤの飾りのある冠. ❷《料理》…に付け合わせる: un plato *guarnecido con* verduras del tiempo 季節の野菜が付け合わされた一品. ❸ 設備を施す: ~ una fábrica *con* (*de*) utensilios 工場に工具を備え付ける. ❹《必要なものを》供給する, 調達する: *Guarnecimos* la despensa de provisiones para el invierno. 私たちは冬のための貯蔵食料を調達した. ❺ …に守備隊を置く;《軍団・要塞》を増強する, 補強する: ~ una plaza fuerte *con* (*de*) soldados 要塞に兵士を駐留させる. ❻[壁]を塗り替える, 上塗りする. ❼《鷹狩り》[鷹]に紐[鈴]を付ける. ❽《古語》権限を与える
guarnecido [gwarneθíðo] 男 ❶ 壁の塗り替え, 上塗り. ❷《チリ》化粧しっくい
guarnés [gwarnés] 男 =guadarnés
guarnición [gwarniθjón] 女 ❶《料理》付け合わせ: ternera con ~ de guisantes 子牛肉のグリーンピース添え. ❷ 飾り, 装飾: bolso con ~ de cadena 銀鎖りの付いたバッグ. ❸ [集合]《町などの》守備兵, 駐留部隊: Llegó la ~ a la ciudad. 守備隊が町に到着した. ❹ [剣の] 鍔(つば). ❺ [宝石を固定する] 爪. ❻ 馬具一式: El jinete cayó porque las *guarniciones* no estaban bien sujetas. 騎手は馬具がしっかり締まっていなかったので落馬した. ❼《技術》パッキン[グ]
guarnicionar [gwarniθjonár] 他 守備隊を置く
guarnicionería [gwarniθjonería] 女 ❶ 馬具製造所, 馬具店, 革製品店. ❷ 馬具製造業. ❸ [集合] 馬具一式
guarnicionero, ra [gwarniθjonéro, ra] 名 馬具製造職人, 馬具商, 革細工職人
guarniel [gwarnjél] 男《腰に下げる》革袋
guarnigón [gwarnigón] 男 ウズラのひな
guarnimiento [gwarnimjénto] 男 ❶《古語》飾り, 装飾; 装身具; [剣の] 鍔(つば). ❷《船舶》索具類
guarnir [gwarnír] 男 ❶ =guarnecer. ❷《船舶》艤装(ぎそう)する
guaro, ra [gwáro, ra] 形 ❶《コロンビア. 口語》普通の, 平凡な. ❷《ベネズエラ》愚かな, 頭の悪い; 良識のない, よくしゃべる
── 男 ❶《鳥》ヨウム《小さくよくしゃべるオウム》. ❷《中米, コロンビア》グアロ《サトウキビから作る蒸留酒》
tener mal ~《中米, コロンビア. 口語》酒癖が悪い
guarpear [gwarpeár] 他 反(そ)らせる, ゆがませる
── ~*se* 反る, ゆがむ
guarra[1] [gwářa] 女《西. 隠語. 軽蔑》売春婦; 性的にだらしない女
no tener ni ~《口語》全く知らない
guarrada [gwařáða] 女《西. 軽蔑》❶ 汚さ, 不潔; 汚物: No hagas ~s con la comida. 食べ物で汚いことをしてはいけません. ❷ 卑劣な[ずるずる] 仕打ち・不快な] 行為: ¡Vaya ~ el cambio de horario! 時間割が変わっているなんて頭に来る! ❸ 下品な言葉, 猥褻(わいせつ)な言葉: Esta película es una ~. この映画は卑猥だ. *decir* ~s 汚い言葉を使う
guarrapiña [gwařapíɲa] 女《地方語. 鳥》ニシコクマルガラス [=grajilla]
guarrazo, za [gwařáθo, θa] 形 ひどく汚い, 不潔な
── 男《西》[転んだ・ぶつかった時の] 強打: darse un ~ (pegarse) un ~ 転んでひどく打つ
guarrear [gwařeár] [←guarro] 自 ❶《西. 口語》汚れる; 泥んこ遊びをする. ❷ [イノシシ・オオカミなどが] 吠える, うなる. ❸ [子

供が] 鳴き叫ぶ
── 他《西. 口語》汚す, ごみだらけにする: ~ los cuadernos ノートを汚す
── ~*se*《西. 口語》汚れる; 泥んこ遊びをする: Los cristales *se han guarreado* porque ha llovido barro. 泥が降りかかってガラスが汚れた
guarreña [gwaréɲa] 女《軽蔑》臓物のソーセージ
guarreo [gwaréo] 男《西. 口語》汚す(汚れる)こと
guarreras [gwaréras] 形《西》ひどく汚い[人]; 卑劣な[人]
guarrería [gwařería] 女《西. 軽蔑》❶ =guarrada. ❷ ジャンクフード, 低品質で消化が悪く栄養価の低い食べ物・飲み物: No come más que ~s. 彼はジャンクフードしか食べない
guarrero, ra [gwařéro, ra] 名 養豚業者
guarrido [gwaříðo] 男 [イノシシ・キツネなどの] 鳴き声, 吠え声
guarrilla [gwaříʎa] 女《地方語. 鳥》ニシコクマルガラス [=grajilla]
guarrindongo, ga [gwařindóngo, ga] 形《西. 軽蔑》=guarro
guarrito [gwaříto] 男《マラガ》錐(きり)
guarro, rra[2] [gwářo, řa] 形 ❶[擬態]《西》❶《軽蔑》豚のように汚い[人・物]: La mesa estaba ~rra. テーブルは非常に汚れていた. Los que meten el dedo en la nariz son unos ~s. 鼻の穴をほじる者たちは汚らしい. ❷《軽蔑》卑劣な[人]; 卑猥な[人]: No te fíes de lo que diga esa ~rra, porque quiere engañarte. その卑劣な女が言うことを信じるな, 彼女は君をだまそうとしているのだから. ❸ 豚 [=cerdo]
── 男 ❶《西》フクロウ. ❷《ナバラ》モリフクロウ. ❸《サラマンカ》カラス
guarte [gwárte] 間《廃語》やめろ, あぶない!
guarumo [gwarúmo] 男《メキシコ, 中米, コロンビア, ベネズエラ, エクアドル. 植物》ヤツデグワ
guarura [gwarúra] 名《メキシコ》=guardaespaldas
── 女《ベネズエラ》❶ 大型の巻き貝[ほら貝として用いられる]. ❷ [両手を合わせて出す] フクロウの鳴き声を真似た笛
guasa[1] [gwása] [←?語源] 女 ❶《口語》冗談, 皮肉: ¿Yo, rico? ¡Estás de ~! 私が金持ちだって!? 冗談だろ/ふざけんじゃないよ! *tomar a* ~ 冗談に取る. ❷《口語》面白みのなさ, 野暮; 不快, 迷惑: *tener* ~ 迷惑である. ❸《魚》アオバダイ[魚]. ❹《闘牛》[牛の] 気まぐれで危険な性格. ❺《エルサルバドル》騒ぎ, 喧騒, うるさいおしゃべり. ❻《コロンビア》ワッシャー [=arandela]
con ~/*por* ~ 冗談で: Le dije con mucha ~ de lo guapa muy elegante. 私は彼にとてもエレガントだと思い切り皮肉を込めて言った
guasacaca [gwasakáka] 女《ベネズエラ. 料理》アボカドのソース
guasada [gwasáða] 女《ボリビア, ラプラタ. 口語》粗野な言動
guasamaco, ca [gwasamáko, ka] 形 名《チリ. 軽蔑》[人が大柄で知性が低く] 不作法な, 粗野な; 無骨者, 田舎者
guasanga [gwasáŋga] 女《メキシコ, 中米, キューバ, コロンビア》喧噪, にぎやかな人声
guasca [gwáska] 女 ❶《地方語》平手打ち. ❷《カリブ, 南米》[鞭・手綱に使う] 皮帯: dar ~ 鞭打つ. ❸《コロンビア. 植物, 香辛料》ペニークレス, グンバイナズナ《アヒアコの香りたてに使う》. ❹《チリ. 口語》男性性器
como ~《チリ. 口語》完全に酔って
dar como ~ a+事《チリ. 口語》…にせっせと努力する
pisar la ~《チリ. 口語》[人が] 罠にかかる
guascazo [gwaskáθo] 男《南米》強打: darse un ~ 激しくぶつかる. ❷ 鞭打ち
guasear [gwaseár] ~*se* [+de から] からかう: Estoy harto de que *te guasees* de mí. もう君にからかわれるのはうんざりだ
guasería [gwasería] 女《チリ, アルゼンチン. 口語》粗野な[下品]な言動
guásima [gwásima] 女《植物》❶ アオギリ科の一種《学名 Guazuma guazuma》. ❷《キューバ》=guácima
comerse la ~《キューバ》[授業などを] サボる, ずる休みする
guásimo [gwásimo] 男《コロンビア. 植物》=guácima
guaso, sa[2] [gwáso, sa] 名 ❶《南米. 軽蔑》不作法な(粗野)な人. ❷《チリ》ウアソ [=huaso]; 田舎の人
── 男《チリ》若い男
guasón, na [gwasón, na] 形《口語》冗談(からかい)好きな[人], 皮肉屋の: Esta noche estás muy ~, y no tengo ganas de bromas. 君は今夜ずいぶんとふざけた様子だが, 私はそんな気分じゃないんだ
guasquear [gwaskeár] 他《チリ》…に舌打ちする; 鞭打ちする

guastatoyano, na [gwastatojáno, na] 形 名 《地名》グアスタトヤ Guastatoya の〔人〕『グアテマラ, エル・プログレソ県の県都』

guata¹ [gwáta] I 《←アラビア語 batt「粗末な服」》《西》寝具・衣服に詰める, 〔肩〕パッド: bata de ～ 綿入りのガウン
II 《←マプーチェ語 huata》《チリ. 口語》❶ 太鼓腹, 大きな腹; 〔体の〕ふくらみ: Me duele la ～. お腹が痛い. ❷ 湾曲, 反(ẓ̌)り
echar ～ 《チリ》〔人・動物が〕太る

guataca [gwatáka] 名 《←キューバ. 口語》おべっかつかい
—— 女 《キューバ》❶ 〔雑草取り用の〕小型の鍬(ẓ̌). ❷ 耳

guatacón, na [gwatakón, na] 形 名 《←キューバ. 口語》おべっかつかい〔の〕

guatanero, ra [gwatanéro, ra] 形 名 《ベネズエラ. 口語》狩りの手伝いをする〔人〕

guataquear [gwatakeár] 自 《キューバ》❶ 《口語》〔利益を求めて, しつこく・計画的に〕おべっかをつかう. ❷ 鍬 guataca で草を刈る

guatar [gwatár] 他 綿を入れる〖=guatear〗

guatazo [gwatáθo] 男 ❶ 《南米. 口語》うつ伏せの転倒, 太鼓腹による打撃. ❷ 《チリ. 口語》予想が大きく外れること

guate, ta² [gwáte, ta] 形 《エルサルバドル》双生児の
—— 男 ❶ 《中米》[集合] 飼料用の葉. ❷ 《ホンジュラス》〔サトウキビなどの〕鋭い葉. ❸ 《ベネズエラ. 植物》～ pajarito ヤドリギ科の一種

guateado, da [gwateáðo, ða] 形 綿を詰めた

guatear [gwateár] 他 ❶ 寝具・衣服に〕綿を入れる, キルティングにする. ❷ 《ボリビア, チリ, アルゼンチン》炭火焼きする
—— **～se** 反(ẓ̌)る, 反り返る; 腹が出る. ❷ 《口語》誤る: Creen que aceptaré, pero se van a ～. 彼らは私が引き受けると思っているが, そうはならないだろう

Guatemala [gwatemála] 男 《国名, 地名》グアテマラ『中米の共和国. 国の人口の約40%は先住民系』; その首都
salir de ～ y meterse (entrar) en Guatepeor 泣きっ面に蜂/一難去ってまた一難

guatemalense [gwatemalénse] 形 名 =**guatemalteco**

guatemalteco, ca [gwatemaltéko, ka] 形 名 《国名》グアテマラ〔人〕の; グアテマラ人

guatemaltequismo [gwatemaltekísmo] 男 ❶ グアテマラ特有の語 (表現). ❷ グアテマラの文化・伝統に対する賞賛

guateque [gwatéke] 男 《←語源》《西, メキシコ, キューバ, プエルトリコ》〔食事をしたり踊る〕パーティー, 浮かれ騒ぎ. ❷ 《西. 古語的》1950・60年代, 若者が〕酒を飲んで踊るホームパーティー. ❸ 《メキシコ》グアテケ『ベラクルスの民謡』

guatequear [gwatekeár] 自 浮かれ騒ぐ, パーティー三昧(ẓ̌)の日々を送る

guatero [gwatéro] 男 《チリ》湯たんぽ『冷水を入れることもある』

guatiné [gwatiné] 男 =**boatiné**

guatita [gwatíta] 女 《料理》❶ 《エクアドル》牛の胃袋・ジャガイモ・ピーナッツソースの煮込み. ❷ 《チリ》豚足など内臓の煮込み

guatón, na [gwatón, na] 形 《エルサルバドル, エクアドル, チリ, アルゼンチン》❶ 太鼓腹の〔人〕: Está tan ～ que ninguna prenda le queda bien. 彼は大変な太鼓腹なのでどんな服もサイズが合わない. ❷ 《口語》うんざりさせる〔人〕: Me tiene ～. 私は彼にうんざりしている

guatusa [gwatúsa] 女 《中米, コロンビア, エクアドル. 動物》アグーティ〖=agutí〗

guau [gwáu] 男 《←擬声》《口語》喜び・感嘆》わあ!: ¡G～!, qué vestido tan bonito. わあ! 何てすてきなドレスなんでしょう

guay [gwáj] 形 《←擬態》《単複同形》《西. 若者語》すごくいい: La película es muy ～. その映画はすごくいい. ¡Qué ～! やったね!
～ del Paraguay 《西. 若者語. 戯語》すごくいい: La fiesta ha estado ～ del Paraguay. パーティーは最高だった
—— 副 《西. 若者語》すごくよく: Lo pasaron ～ en el parque. 彼らは公園ですごく楽しく過ごした
—— 間 《文語》=**ay**: tener muchos ～es 大変な不運 (災難) に見舞われる

guaya [gwája] 女 ❶ 泣くこと, 悲嘆. ❷ 《コロンビア, ベネズエラ》鋼索
hacer la ～ 〔大げさに〕窮状を訴える

guayaba¹ [gwajába] 女 《←タイノ語》 ❶ 《果実》グアバ; そのジャム〖=dulce de ～〗. ❷ 《エルサルバドル》記憶する. ❸ 《カリブ. 口語》嘘, ほら話
hijo de la ～ 《メキシコ. 口語》げす野郎, ろくでなし

guayabal [gwajabál] 男 グアバ畑

guayabate [gwajabáte] 男 《菓子》グアバのキャンディー

guayabazo [gwajabáθo] 男 《メキシコ. 口語》ひどく誇張したおべっか

guayabear [gwajabeár] 自 《口語》少女たちとつきあう. ❷ 《エルサルバドル》記憶する. ❸ 《カリブ. 口語》ほらを吹く

guayabeo [gwajabéo] 男 《口語》少女たちのグループ

guayabera¹ [gwajabéra] 《←guayaba¹》女 《服飾》軽ジャケット

guayabero, ra² [gwajabéro, ra] 形 《エルサルバドル, ホンジュラス》嘘つき〔の〕

guayabo, ba² [gwajábo, ba] 《←guayaba¹》名 《口語》 ❶ 〔肉体的に魅力的な〕若い人: Mira qué ～ba tan guapa. 見ろよ, 何ていい女だ. creerse un ～ 自分を若いと思う
—— 男 ❶ 《植物》グアバ, グアバ. 2) ～ del Brasil フェイジョア. ❷ 《コロンビア. 口語》二日酔い: tener ～ 二日酔いである. ❸ 《ベネズエラ》〔愛しい人との別れなどによる〕郷愁: Todavía tiene ～ de su tierra. 彼はまだ郷愁を抱いている
subirse al ～ 《メキシコ. 口語》性行為をする

guayaca [gwajáka] 女 《ボリビア, チリ, アルゼンチン》 ❶ 財布. ❷ お守り. ❸ たばこ入れ

guayacán [gwajakán] 男 《植物》グアヤック

guayaco [gwajáko] 男 《中南米. 植物》=**guayacán**

guayacol [gwajakól] 男 《化学》グアヤコール

guayacón [gwajakón] 男 《キューバ. 魚》カダヤシ

guayameño, ña [gwajaméɲo, ɲa] 形 名 《地名》グアヤマ Guayama の〔人〕『プエルトリコの町』

Guayana [gwajána] 名 《地名》ギアナ『南米の東北部』: ～ Inglesa (Británica) 旧英領ギアナ『現在のガイアナ』. ～ Francesa 仏領ギアナ. ～ Holandesa 旧蘭領ギアナ『現在のスリナム』

guayanés, sa [gwajanés, sa] 形 名 《地名》ギアナ Guayana の〔人〕『ガイアナ Guyana の〔人〕

guayaquil [gwajakíl] 名 《地名》グアヤキル Guayaquil の〖=guayaquileño〗

guayaquileño, ña [gwajakiléɲo, ɲa] 形 名 《地名》グアヤキル Guayaquil の〔人〕『エクアドル最大の都市. グアヤス県の県都』

guayar [gwajár] 他 《ドミニカ》すりおろす
—— 自 《ベネズエラ》ひどく悲しむ, 悲嘆する
—— **～se** 《プエルトリコ》酔う

guayasense [gwajasénse] 形 名 《地名》グアヤス Guayas の〔人〕『エクアドル太平洋岸の県』

guayate [gwajáte] 《カナリア諸島》赤ん坊, 乳児

guaycurú [gwajkurú] 形 《南米》グアイクル族の〔人〕『かつてはパラナ川, 現在はピルコマヨ川流域に住む先住民』
—— 男 グアイクル語

guayín [gwajín] 男 《メキシコ》軽四輪馬車

guayo [gwájo] 男 ❶ 《カリブ. 料理》おろしがね. ❷ 《キューバ, プエルトリコ》酔い, どんちゃん騒ぎ. ❸ 《キューバ》1) 硬貨. 2) 《音楽》ギロ, グイロ 〖=güiro〗. ❹ 《コロンビア, ベネズエラ》1) 《サッカーシューズなどの》スパイク. 2) スポーツシューズ, サッカーシューズ. ❺ 《チリ. 植物》バラ科の灌木〖=bollén〗
colgar los ～s 《コロンビア. 口語》死ぬ

guayoyo [gwajójo] 男 《ベネズエラ. 口語》非常に薄いコーヒー

guayuco [gwajúko] 男 《パナマ, コロンビア, ベネズエラ》『先住民の着ける』ふんどし, 腰布. ❷ 《三角形の》おしめ

guayule [gwajúle] 男 《メキシコ. 植物》グアユールゴムノキ

guazábara [gwaθábara] 女 《中南米》喧嘩

guazú [gwaθú] 男 《ラプラタ. 動物》=**guazubirá**

guazubirá [gwaθubirá] 男 《ラプラタ. 動物》マザマジカ

gubán [gubán] 男 《フィリピン》板を貼り合わせた大型の舟

gubernamental [guβernamentál] 形 《←仏語 gouvernemental < gouvernement「政府」》 ❶ 統治の, 行政の: autoridades ～es 行政当局. decisión ～ 行政決断. organización no ～ 非政府組織, NGO. ❷ 政府支持の: partido ～ 与党. políticos ～es 与党の政治家. prensa ～ 政府系の新聞, 御用新聞

gubernamentalismo [guβernamentalísmo] 男 政府支持

gubernamentalista [guβernamentalísta] 形 名 政府側の, 政府を支持する: medios de comunicación ～s 政府寄りのマスコミ

gubernamentalizar [guβernamentaliθár] [9] 他 政府寄りにする

gubernativamente [guβernatiβaménte] 副 政治的に, 行政

gubernativo, va [guβernatíβo, ba]《←ラテン語 gubernare》形 ❶ 政府の: policía ～va 治安警察. ❷［法案・命令などが］政府による, 政府提出の: directriz ～va 政府の指針

gubia [gúβja] 囡 ❶ 丸鑿(のみ). ❷《医学》切骨器. ❸［大砲の］火門の検査棒

gudari [gudári]《←バスク語 guda》男［スペイン内戦で］バスク人兵士

Gudrun [guðrún] 囡［ゲルマン伝説で］グズルーン《夫シグルズの死後, アッチラ Atila と再婚して彼を殺害し復讐した女性》

güebo [gwéβo] 男《ドミニカ, ベネズエラ. 卑語》陰茎, 腹 睾丸

guechotarra [ʝetʃotáɾa] 形 名《地名》ゲチョ Guecho の〔人〕《ビスカヤ県の町》

guedeja [ɡeðéxa]《←古語 vedeja「毛の房」》囡 ❶ 髪の房; 肩にかかる］長い髪: Tienes que cortar esas ～s que te tapan los ojos. 君は目にかかっているその前髪を切らないといけない. ❷［ライオンの］たてがみ
tener... por la ～ …を得る機会を逃さない

guedejón, na [ɡeðexón, na] 形《メキシコ》長髪の, ぼさぼさ髪の

güega [gwéɡa] 囡《アルゼンチン》［土地の境界線の］標識

güegüecho, cha [ɡwegwétʃo, tʃa] 形《中米》甲状腺種にかかっている

guelaguetza [ɡelaɡétsa] 囡《メキシコ》グラゲッツァ《オアハカ州の先住民の刈り入れや家の建築を近所の人が手助けするシステム; それにまつわる踊りと民族衣装で名高い祭り》

güelba [gwélβa] 囡《ウエスカ》細かいわら

güelde [gwélde] 男《植物》セイヨウカンボク

gueldo [gwéldo] 男《釣り》［小エビなどを使った］餌

guelfo, fa [gélfo, fa] 囡《地名》《地方器》ゲルフ党の

güelfo, fa [gwélfo, fa] 形《歴史》教皇派［の］, ゲルフ党の〔党員〕《ローマ教皇と神聖ローマ皇帝の対立で教皇を支持した. ⇔gibelino》

Guemará [ɡemará] 囡 ゲマーラー《ユダヤの口伝律法ミシュナー Mishná の解説》

güemba [gwémba] 囡《キューバ》［人への］呪い, 呪術

güembre [gwémbre] 囡《アルゼンチン》格子の一種

guembri [ɡémbri] 男《音楽》ゲンブリ《モロッコの2～3弦楽器》

güemul [gwemúl] 男《チリ, アルゼンチン. 動物》=**huemul**

güeña [gwéɲa] 囡《アラゴン. 料理》チョリソの一種《脂身や屑肉が多い》

guepardo [ɡepárðo] 男《←伊語 gattopardo》男《動物》チーター

Guernica [ɡernika] 囡 ゲルニカ《ビスカヤ県の町. 現在の正式名称 ゲルニカ・イ・ルノ Guernica y Luno. 内戦時にドイツ軍による爆撃を受ける. この惨劇の報を知り, ピカソは同名の大作『ゲルニカ』を描く》

guerniqués, sa [ɡernikés, sa] 形 名《地名》ゲルニカ Guernica の〔人〕

güero, ra [gwéro, ra] 形 ❶《メキシコ, ベネズエラ. 口語》1) 金髪の《=rubio》: Es ～ de ojos azules. 彼は金髪で青い目をしている. Prefiero las ～ras que a las morenas. 私は髪がブルネットの女性よりブロンドの女性の方が好みだ. 2) 黄色い. ❷《チリ》1)［食品の］腐った, いたんだった. 2) 目が回った: Puso los ojos ～s y se desmayó. 彼は目を回し気を失った

guerra [gḕra] 囡《←ゲルマン語 werra「争い」》囡 ❶ 戦争, 戦い《⇔ paz. 関義 **guerra** は基本的には「国家間の戦争」. **combate** は「戦争の中の一つの戦い, つまり戦闘行為」. **batalla** は「その戦闘行為のさらに規模の大きいもの, 広範囲の戦い, つまり会戦」. **lucha** は「より一般的な戦い, 特に主義・主張に基づく戦い」》: 1) entrar en ～ 戦争を始める. estar en ～ 戦争中の状態にある. hacer la ～ a... …と戦争をする. declarar la ～ a... …に宣戦布告する; 公然と敵対する. criminal de ～ 戦争犯罪人. enfermera de ～ 従軍看護婦. estado de ～ 戒厳状態; 戦争（交戦）状態. huérfano (viuda) de ～ 戦争孤児（未亡人）. zona de ～ 交戦地帯; 戦争水域. ～ bacteriológica 細菌戦争. ～ de posiciones (de movimiento) 陣地（機動）戦. ～ electrónica 電子戦. ～ global (limitada・localizada) 全面（限定・局地）戦争. ～ preventiva 防衛戦争. ～ santa《キリスト教》聖戦. ～ sucia 汚れた戦争, 汚い戦争. ～ total 総力戦. ～ de Arauco アラウコ戦争《1536～1883, チリ南部の先住民族マプーチェ Mapuche 族とスペイン人征服者および独立後のチリ共和国との戦争》. ～ de castas カスタ戦争《1847年メキシコ, ユカタン半島に住むマヤ系先住民が政府による長年の苛酷誅求に対して起こした反乱》.

---

guerra

G～ de Crimea クリミア戦争. G～ de Cien Años［英仏］百年戦争. G～ de la Independencia Española スペイン独立戦争《1808～14, フランス軍の進攻に対するマドリード市民の蜂起に始まった対ナポレオン Napoleón 戦争. この戦争でスペイン民衆のとった戦術がゲリラ guerrilla という言葉の語源となった》. G～ de Reforma レフォルマ戦争《1857～61. メキシコの保守派と自由派の戦い. フアレス Juárez の指揮する自由派が勝利》. ～ de religión［16～17世紀ヨーロッパの］宗教戦争. G～ de Seis Días［中東の］六日戦争. G～ de las Malvinas フォークランド紛争《1982, マルビナス諸島 islas Malvinas（英語名ではフォークランド諸島）の領有権をめぐってイギリスとアルゼンチンが戦った戦争》. G～ del Mixtón ミシュトン戦争《1541～42, メキシコ中部サカテカス Zacatecas で, 先住民カスカン族 caxcanes を中心にスペイン支配の打倒を目指した武装闘争》. G～ del Rif リーフ戦争《1920～26, スペインとモロッコのベルベル人の間で3次にわたって戦われた戦争》. ～ hispano-norteamericana／～ hispano-estadounidense 米西戦争《1898年スペインとアメリカ合衆国との間の戦争. キューバなどで戦われた結果スペインは敗れ, キューバ・プエルトリコ・フィリピン・グアムの各植民地を失った》. G～s de los Tres Reinos 清教徒革命. Primera (Segunda) G～ Mundial 第1(2)次世界大戦. Segunda G～ Civil de la República de Roma ローマ内戦. G～《スペインでは特に1936～39年の》内戦, 市民戦争《=G～ Civil Española. アサーニャ Azaña 率いる第二共和制の人民戦線 Frente popular 政府に対し, フランコ Franco を中心とした軍部が蜂起, 国を二分して戦い, ドイツとイタリアの支援されたフランコ側が政府軍に勝利. フランコ独裁体制を生んだ》. ❷《比喩》～ a la droga (la pobreza・la corrupción) 麻薬（貧困・汚職）に対する戦い. ～ comercial 貿易戦争. ～ contra el analfabetismo 文盲との戦い. ～ de los métodos［社会科学方法論の］方法論争. ～ de nervios／～ psicológica 神経戦, 心理戦; 極限状況の緊張. ～ de palabras 言論戦, 舌戦. ～ de precios 値引き戦争. ～ fría 冷戦. ❸ けんか; 争い: Están en ～ los de las familias. 両家は敵対関係にある. Le hacen la ～ todos los compañeros. 仲間はみんな彼を非難している／彼といがみ合ってゲーム. ❹《ビリヤード》～ de bolas ゲリラ戦《同数の球を用いるゲーム. ～ de palos 台の上に5本のピンを置くゲーム
armar en ～《船舶》商船を武装させる
buscar ～ =pedir ～
dar ～ 1)［+a+人］を困らせる, わずらわせる: Los chiquillos le *dan* mucha ～. 彼は子供たちに手を焼いている. Esta muela me está *dando* ～. 私はこの奥歯にまいっている. 2) 生き続ける, 闘病する: El abuelo todavía está para *dar* mucha ～. 私の祖父はまだまだ病気と闘う用意ができている
de antes de la ～《口語》ずっと昔の: Su madre lleva unos zapatos *de antes de la* ～. 彼の母はとても古い靴を履いている
de la misma ～《口語》同じ世界（環境）の
de otra ～《口語》別の世界（環境）の
en buena ～ 忠義を尽くして戦って
en pie de ～《軍隊》戦時編成の, 臨戦態勢の
～ de cifras 数字の食い違い
hacer la ～ por su cuenta/hacer la ～ por cuenta propia《口語》単独で（誰にも頼らずに・誰の意見も聞かずに）行動する: Los jugadores han perdido confianza en su técnico y prefieren *hacer la* ～ *por su cuenta*. 選手たちは監督への信頼を失って自分たちで動いている
más +名詞 que en la ～《戯語》たくさんの…: Después del atraco, había *más* policías *que en la* ～ en el banco. 強盗事件の後, 銀行には警官がうじゃうじゃいた
más se perdió en la ～［失敗した人・不運な人への慰め］大したことではない, 気にしないこと: Ánimate, hombre, es *de poca importancia; más se perdió en la* ～. 元気をだしなさい, 大したことではないから気にしないで
pedir ～《口語》1) 挑発する. 2) 誘惑する; 食欲をそそる: Este cocido está *pidiendo* ～. このコシードはおいしそうだ. 3)［子供が一緒に遊ぼうとして］せがむ
querer ～ =*pedir ～*
tener ganas de ～ =*pedir ～*: ¡Ay, mi chiquillo que *tiene ganas de ～*! ああ, うちの子は何でこうも一緒に遊びたがるのかね!
tener [la] ～ declarada《口語》[+a・contra+人] に］あからさまな敵意を示す: Los canales de televisión se *tienen la*

~ *declarada.* テレビ局はお互いあからさまに敵意を示している

guerreador, ra [geřeaðór, ra] 形 名 戦う[人], 好戦的な[人]

guerrear [geřeár] 〖←guerra〗 自 ❶ [+con・contra と] 戦う. ❷ 抵抗する, 反撃する

guerrera[1] [geřéra] 〖←guerrero〗 女《西》[首までボタンがあり胸にふた付きのポケットのある] 軍服(制服)の上着

guerreramente [geřeráménte] 副 戦闘的に

guerrerense [geřerénse] 形 名《地名》ゲレロ Guerrero の[人]《メキシコ南部の州》

guerrero, ra[1] [geřéro, ra] 〖←guerra〗 形 名 ❶ 戦争の: canto ~ 鬨(とき)の声; [政党の] 標語, スローガン. danza ~ra 出陣(戦勝)の踊り. expedición ~ra 軍事遠征. ❷ 戦う[人]; 戦士, 兵士: ~ de la tribu 部族の戦士. ❸ 好戦的な[人], 戦争に強い: espíritu ~ 好戦的な気質. pueblo ~ 好戦的な民族. ❹ いたずら好きの[子供], よく騒ぐ[子供]: No seas tan ~, hijo. [息子に] そんなに騒がないでくれ, 息子よ. ❺《口語》攻撃的な[人], 挑発的な[人]: chica ~ra 挑発的な女の子. jugadores ~s 攻撃的な選手たち. seguidores ~s けんかっ早いサポーターたち. estar ~ 攻撃的になっている

Guerrero [geřéro]《人名》**Vicente ~** ビセンテ・ゲレロ《1782〜1831, メキシコの軍人. 独立戦争でモレロス Morelos と共に戦う. 旧盟友イトゥルビデ Iturbide と手を組み, 独立を達成. 1829年大統領》

guerrilla [geříʎa]《guerra の示小語》女 ❶ ゲリラ〖隊形; グループ, 部隊〗: marchar en ~ 散開して進軍する. guerra de ~s ゲリラ戦. urbana 都市ゲリラ. ❷ 小ぜり合い〖=escaramuza〗. ❸ 投石の試合, 石合戦〖=pedrea〗. ❹ ごく少数の人・事物: una ~ de árboles まばらな木々. ❺〖トランプ〗すかっぴん《2人で20枚ずつカードを配るゲーム》. ❻〖ペルー〗〖くじの〗 連番
en ~ [人々が前進する様子で] ばらばらに

guerrillear [geřiʎeár] 自 ゲリラ戦を行なう

guerrilleiro, ra [geřiʎéiro, ra]〖←ガリシア語〗名〖テロ組織〗 Exército Guerrilleiro do Pobo Galego Ceibe の[構成員]

guerrillerismo [geřiʎerísmo] 男 ゲリラ活動

guerrillero, ra [geřiʎéro, ra]〖←guerrilla〗 形 名 ゲリラの: líder ~ ゲリラのリーダー. resistencia ~ra ゲリラ戦による抵抗
—— ゲリラ兵: Han detenido a una ~ra. 一人の女性ゲリラが逮捕された

gueto [géto]〖←伊語 ghetto〗男 ❶ [ユダヤ人など, 思想・宗教・人種などの違いで社会から隔離された人々の] 居住地区, ゲットー: vivir en ~ ゲットに住む. ~ negro de Nueva York ニューヨークの黒人ハーレム. ❷ 周縁化(隔離)された状況: La música contemporánea sigue siendo un ~. 現代音楽は周縁的なものであり続けている

güeva [gwéba] 形《中米. 口語》退屈した; 執着した, 固執した; 動揺した, 混乱した

Guevara [gebára]《人名》**Ernesto Che ~** エルネスト・チェ・ゲバラ《1928〜67, アルゼンチン出身の革命家. カストロ Castro 兄弟と共にキューバ革命の要職につき, 革命理論を執筆. 65年キューバを去り, アフリカの民族解放闘争に参加後, ボリビアでゲリラ戦を展開中に政府軍に殺害される》
Fray Antonio de ~ フライ・アントニオ・デ・ゲバラ《1481?〜1545, スペインの作家, フランシスコ会士. 教化を目的とした作品を修辞的な文体で著わした》

guevarismo [gebarísmo] 男 ゲバラ Guevara 主義

guevarista [gebarísta] 形 名 ゲバラの[主義者]

güevón, na [gwebón, na] 形 名《メキシコ, 南米. 軽蔑》頭の悪い[人], 間抜けな[人]

güey [gwéj] 男 ❶《メキシコ. 口語》1) 愚か者: ¡Qué ~ soy, se me olvidó tu cumpleaños! 何て私はばかなんだ, 彼の誕生日を忘れていた! 2) 見知らぬ人: El ~ ese lleva ahí una hora. その見たことのない男があそこに1時間もいる. 3) [主に呼びかけて] 友達, 仲間: ¿Qué anda, ~ él, どんな調子だい? ❷《ベネズエラ. 口語》[人の抱える] 問題, 困難
—— 男《メキシコ, ベネズエラ》去勢した雄牛〖=buey〗

álzalas, ~《メキシコ. 口語》逃げろ

guía [gía]〖←guiar〗名 ❶ 案内人, ガイド: escuchar las explicaciones de la guía 女性ガイドの説明を聞く. ~ de montaña 山岳ガイド. ~ del museo 博物館の案内人. ~ turístico[/~ de turismo 観光ガイド. ❷ 指導者: ~ espiritual 精神的指導者
—— 女 ❶ 案内, 手引き: Sus consejos me sirvieron de ~. 彼の忠告が私を導いてくれた. hacer ~ a+人 …の案内をする

をガイドをつとめる. ~ turística/~ del turista 観光案内. ~ vocacional 職業訓練. ~ 案内書, ガイドブック: ~ de calles/~ urbana タウンガイド, シティーガイド, 市街案内図. ~ de campo [動植物・鉱物などの] 図鑑. ~ de carga 運送状. ~ de conducta マナーガイド. ~ de ferrocarriles 鉄道の時刻表. ~ de hoteles ホテルガイド. ~ de programación 番組案内. ~ de viajes/~ del viajero 旅行案内書. ~ gastronómica 食べ歩き(レストラン)ガイド. ~ médica 医療案内書. ~ para el manejo de la máquina 機械の操作ガイド. ~ telefónica/~ de teléfonos 電話帳. ~s de forasteros《古語》[政府高官の] 人物事典《現在は ~ oficial de España》. ❸ 指示; 指示物; 指針: Inglaterra ha sido un ~ en la industrialización. イギリスは工業化の指針だった. ❹《技術》誘導装置, ガイド, ガイドレール: ~s de la cortina カーテンレール. ❺ [運送・所持などの] 許可証: ~ al conductor 運転許可証. ~ de carga 運送状, 貨物引換証; 運送目録, 乗客名簿. ~ de una pistola 拳銃所持許可証. ❻《自転車》ハンドル〖=manillar〗. ❼ [はね上げた] ひげの先端: las ~s del bigote de Dalí ダリの口ひげの先端. ❽《植物, 農業》1) 主枝. 2) 接ぎ枝, 接木. 3) [つる植物を這わせる] 木, 竿; [木の成長を導く] 添え木. ❾ [扇子の] 親骨. ❿ ガールスカウト. ⓫《馬具》手綱〖=rienda〗; 馬・ロバをつなぐ[水車の縦小屋の棒]; 馬車の引き馬; 引き馬の手綱. ⓬《船舶》❶ 綱, ロープ〖=cabo〗. 2) [船団の] 先頭船, 基準船. ⓭《印刷》[主に 複] 辞書でページの最初・最後の見出し語を示す] 柱. ⓮《トランプ》いかさま. ⓯《鉱山》鉱脈の広がりかた. ⓰《音楽》[フーガの] 主声, 第一旋律. ⓱《映画》~ sonora サウンドトラック. ⓲《情報》1) プロンプト. 2) ~ de datos データディレクトリ. ⓳ cruz de ~ 行列の先頭を行く十字架. ⓴《古語的. ラジオ》コマーシャルの時間. ㉑《ビスカヤ》オーク材. ㉒《プエルトリコ, ドミニカ. 自動車》ハンドル〖=volante〗.
a ~s [御者が馬たちを] 一人で従えて
de ~s 他の馬車の先頭に立って
con ~s y todo 耳を貸さずに
echarse con las ~s 耳を貸さずに押し通す
en [la] ~ 案内して, 率いて
en las ~s《地方版》やせ衰えた
para que le sirva de ~ ご参考までに
picar la ~ a+人《チリ. 口語》…を駆り立てる: Picó la ~ a Javier para que presentase a los exámenes. 彼はハビエルが試験を受けるようせっついた
—— 男 ❶《軍事》擲弾ー兵. ❷《自転車》ハンドル〖=manillar〗. ❸《馬など》一団を率いる騎手
—— 形《単複同形》cable ~ ガイドワイヤー, ガイドロープ. manual ~ ガイドブック

guiadera [gjaðéra] 女 [搾油機・水車などの] 回転棒(軸), 滑動部

guiado, da [gjáðo, ða] ❶ 許可証を持った. ❷ ガイド付きの: recorrido ~ [飛行物体の] 制御, コントロール: El ~ de un misil puede llevarse a cabo a distancia. ミサイルは遠隔操作が可能である

guiador, ra [gjaðór, ra] 形 名 案内(誘導)する; 案内人

guiahílos [gjaílos] 男《単複同形》[ミシンの] 糸通し器

guiaje [gjáxe] 男《古語》通行許可証〖=salvoconducto〗

guiaondas [gjaóndas] 男《電気》導波管

guiar [gjár] 男〖←?語源〗⓫ 他 ❶ [先に立って, +a・hacia へ] 案内する, 導く, 先導する: Le guiaré a usted al asiento. 席へご案内しました. Guié mi caballo hacia la orilla. 私は馬を岸辺の方へ引いて行った. Él guiaba, yo seguía. 彼が先に行き, 私が後に続いた. Las estrellas nos guiaban por la noche. 夜は星々が私たちを導いた. ~ a los turistas 観光客を案内する. ~ por la ciudad 街を案内する. visita guiada a un museo 美術館のガイド付き見学. ❷《古語的》[乗り物を] 運転する, 操縦する: Creía que le bastaba la mano izquierda para ~ el automóvil. 彼は車を運転するのに左手一本で十分だと思っていた. ❸ 仕向ける, 指導する, 誘導する, 指針を与える: Él me guió en el aprendizaje. それを覚えるのに彼が私を指導した. Yo me dejaba ~ por mi instinto. 私は本能に引きずられていた. No te dejes ~ por él. 彼の言うことに従ってはいけない. ~ la conversación 会話をリードする. ~ los primeros pasos de+人 …の手ほどきをする. ~ a un equipo al triunfo チームを勝利に導く. ❹《農業》[主枝を残して] 整枝する, 剪定する:

las ramas de la enredadera つるの枝を整える
── **~se ❶** [+por を目当てに] 進む, …に導かれる: *Nos guiamos por el mapa.* 私たちは地図に従って進んだ. Difícil nos fue ~*nos a través de aquel laberinto.* あの迷路を通り抜けるのは私たちには難しかった. ~*se por las estrellas* 星を頼りに進む道を知る. ❷ 従う…を知る. ❷ 従う…: *Me guiaba por* su ejemplo. 私は彼をお手本にした. *A veces es peligroso* ~*se por* el instinto. 本能に任せて進むのは時に危険である

guiar		
直説法現在	命令法	接続法現在
guío		guíe
guías	guía	guíes
guía		guíe
guiamos		guiemos
guiáis	guiad	guiéis
guían		guíen

güichichi [gwitʃítʃi] 男《鳥》ハチドリ
Guido [gído]《人名》**José María** ~ ホセ・マリア・ギド『1910~75, アルゼンチンの政治家. 大統領フロンディシ Frondizi の失脚後, 政権を樹立 (62~63)』
guiguí [gigí] 男《フィリピン. 動物》ムササビの一種『学名 Pteromys petaurista』
guija [gíxa] 女 [←古語 aguija < 俗ラテン語 [petra] aguilea「尖った石」]
女 ❶ =**guijarro**. ❷《植物》レンリソウ
güija [gwíxa] 女 [←仏語 oui] 女《宗教》降霊板, ウィジャボード, コックリさん
guijarral [gixařál] 男 小石 guijarro だらけの土地
guijarrazo [gixařáðo] 男 小石の一撃
guijarreño, ña [gixařéɲo, ɲa] 形 ❶ 小石(じゃり)の多い; 小石の. ❷ 頑強な体つきの
guijarro [gixářo] [←guija] 男 [河原などの] 丸い小石, じゃり: playa de ~*s* じゃりの海岸
ya escampa y llovía ~s 1) しつこいことからありゃしない. 2) 一難去ってまた一難
guijarroso, sa [gixařóso, sa] 形 小石(じゃり)だらけの: camino ~ じゃり道
güije [gwíxe] 男《キューバ》[民話で, 川に現われる] 背の低い妖精
guijeño, ña [gixéɲo, ɲa] 形 ❶ 小石の, じゃりの. ❷ 厳しい, 冷酷な
guijo [gíxo] 男 ❶ 不可算 [道に敷く] 砕石, じゃり. ❷《技術》心棒, 軸 [=gorrón]
guijón [gixón] 男 虫歯 [=neguijón]
guijoso, sa [gixóso, sa] 形 ❶ 小石(じゃり)だらけの. ❷ 小石の
guijuelo [gixwélo] 男《料理》[サラマンカ県の] ギフエロ Guijuelo 産の生ハム
güil [gwíl] 男《隠語》お金 [=dinero]
güila [gwíla] 女《メキシコ》❶《口語》売春婦. ❷ 凧 [=cometa]
── 形 名《コスタリカ》若い[人], 青年[の] [=joven]
guilalo [gilálo] 男《フィリピン》[主にむしろの帆の] 船首と船尾が尖って喫水の浅い貿易船
guilda [gílda] 女《歴史》ギルド
guilder [gílder] 男 [オランダの旧通貨単位] ギルダー
guileña [giléɲa] 女《植物》=**aguileña**
guilindajo [gilindáxo] 男 ❶《ホンジュラス, ベネズエラ. 軽蔑》[ぼろい・安っぽい] 紙をつないだ飾り. ❷《ホンジュラス》イヤリング
guilindujes [gilindúxes] 男 複 ❶《アラゴン》[女性用の] 装身具. ❷《ホンジュラス》[騎兵隊の] 垂れ飾り付きの馬具一式
guilla [gíʎa] 女 豊作; 豊穣
de ~ 1) たわわに実った, 結実のよい. 2) 豊富に
guillado, da [giʎáðo, ða] 形 名 ❶《西. 口語》頭のおかしい[人], ぼけた[人]. ❷《ベネズエラ. 口語》こそこそした: *Salimos* ~*s de la fiesta.* 私たちはパーティーをこっそり抜け出した
guilladura [giʎaðúra] 女《口語》頭がおかしくなること
guillame [giʎáme] 男 溝かんな, しゃくりかんな
guillar [giʎár] [←ジプシー語] **~se ❶**《西. 隠語》立ち去る, 逃げる. ❷《西. 口語》頭がおかしくなる, ぼける. ❸《キューバ. 口語》知らないふりをする
guillárselas《西. 隠語》立ち去る, 逃げる: *Se las guilló an-*

tes de que vinieran los policías. 彼は警官たちが来る前にずらかった. *El miércoles me las guillo.* 僕は水曜日は失礼させてもらう
guillatún [giʎatún] 男《チリ, アルゼンチン》[マプーチェ族の] 雨乞いと幸運を祈る儀式
Guillén [giʎén]《人名》**Jorge** ~ ホルヘ・ギリェン『1893~1984, スペインの詩人. 装飾性を排して人間存在の本質を追求し, 真正な魂を希求した』
Nicolás ~ ニコラス・ギリェン『1902~89, 白人と黒人の混血でキューバ生まれの詩人. アフリカ系米国人の詩人ラングストン・ヒューズに出会って黒人文化に目を開かれ, アフロキューバ音楽のソン son のリズムを生かした独自の詩「ソンのモチーフ」*Motivos de son* を書いた. 詩集『ソンゴロ・コソンゴ』*Sóngoro Cosongo*』
güillín [gwiʎín] 男《チリ. 動物》カワウソの一種『学名 Lutra huidobria』
guillo [gíʎo] 副《ベネズエラ. 口語》注意て: *Hay que estar muy* ~. よく注意しておかねばならない
── 《ベネズエラ. 口語》注意: *Mucho* ~, *porque te puedes caer.* よく注意しないと転ぶよ
── 間 [呼びかけ] おい; [懇願] お助けに!
guilloma [giʎóma] 女 =**guillomo**
guillomera [giʎoméra] 女 =**guillomo**
guillomero [giʎoméro] 男 =**guillomo**
guillomo [giʎómo] 男《植物》バラ科ザイフリボク属の一種『学名 Amelanchier ovalis』
guillote [giʎóte] 男 ❶ 収穫者; 用益権者
── ❶ 怠け者の. ❷ [いかさま・ペテンに] 下手な, 未熟な
guillotina [giʎotína] 女 [←仏語 guillotine] ❶ ギロチン; ギロチンによる死刑. ❷ [紙などの] 断裁機. ❸ *ventana de* ~ 上げ下げ窓. ❹《写真》シャッター. ❺《政治》[議事妨害を防ぐための] 討論打切り
guillotinar [giʎotinár] [←guillotinar] 他 ❶ ギロチンにかける: *Los revolucionarios franceses guillotinaron a muchos nobles.* フランス革命家たちは多くの貴族をギロチンにかけた. ❷ 断裁する. ❸《政治》[議事妨害を防ぐために] 討論を打切る. ❹ [突然途中で] 割り込む, 中断する: *Me cansaba su discurso y le guillotiné apagando la radio.* 私は彼の演説に飽きてきていたのでラジオを消した
guillotinero, ra [giʎotinéro, ra] 名 断裁機の操作係
güimarero, ra [gwimaréro, ra] 形《地名》グイマル Güimar の [人]『テネリフェ島の町』
guimbalete [gimbaléte] 男 [ポンプの] 柄, 腕
guimbarda [gimbárda] 女 ❶《音楽》ジューズハープ, 口琴 [=birimbao]. ❷《木工》溝かんな
güin [gwín] 男《キューバ》ヨシの細い若枝
── 男《キューバ. 口語》ひどくやせた [人]
güincha [gwíntʃa] 女 ❶《ボリビア, チリ》巻尺. ❷《チリ》絶縁テープ;《服飾》縁取り用のテープ
guinchar [gintʃár] 他 [棒の先で] 刺す, 突く
guinche [gíntʃe] 男《チリ, キューバ. まれ》クレーン [=grúa]
güinche [gwíntʃe] 男《まれ》クレーン [=grúa]
guinchero, ra [gintʃéro, ra] 名《チリ, アルゼンチン》クレーン操作員
guincho [gíntʃo] 男 ❶ 先の尖った棒. ❷《リオハ》先の尖った鉤(ぎ). ❸《カナリア諸島; キューバ. 鳥》ミサゴ
guinchón [gintʃón] 男 [先の尖った棒 guincho による] 破れ目, 鉤裂き
guinda [gínda] I 女 [←?語源] ❶《果実》モレロチェリー, サワーチェリー『スミミザクラの果実』. ❷《口語》仕上げ, とどめ: *El buen juego del equipo tuvo la ~ en tres magníficos goles.* チームのいいプレーは3つの見事なゴールで華を添えた. *La ~ de la fiesta fue el anuncio del jefe de que habría aumento de sueldo.* パーティーの仕上げは給料が上がるだろうという上司の言葉だった. ❸《エルサルバドル》逃走. ❹《アルゼンチン, ウルグアイ. 口語》睾丸
beber con ~*s*《古語》過度に上品にふるまう
¡Echa ~*s al pavo (a la pava)!*《口語》=*¡Échale ~s al pavo!*
Échale ~*s.*《口語》[人・事物が] ひどく難しい/大変重要だ/ものすごい
¡Échale ~s a la pava!《口語》=*¡Échale ~s al pavo!*
¡Échale ~s al pavo!《口語》もう無理/もうだめ!: *Yo estaba*

guindado, da

dispuesta a cocinar para quince invitados, que ya es bastante, y el tonto de mi marido invitó a veinticinco. *¡Échale ~s al pavo!* 私、お客様15人分の料理を作るつもりだったの。それだけでもかなりのものなよ。ところがうちのあほな亭主が25人も呼んじゃったのよ。もう絶対無理!
echar [*le*] *~s a la tarasca* [*; a ver como las masca*] 《口語》1) 無駄(無理)である。2) 《皮肉》たやすい、余裕である
estar como una ~ 《口語》赤面している: Todos sabíamos que estaba mintiendo, porque *estaba como una ~*. 彼がうそをついているのが分かっていた、顔を赤くしていたから
para ponerle la ~ あげくの果てに、最も悪い(良い)ことには
poner la ~ 《西. 口語》1) [+a に] 有終の美を飾る: El jugador *puso la ~ a* su brillante trayectoria. その選手が輝かしい選手生活に有終の美を飾った。2) 悲惨な結果に終わる
ponerse como una ~ 《口語》赤面する
── 男 ❶ チェリー色, 鮮紅色。❷ 《軽蔑》[複] 警官
II 女《船舶》帆柱の全高
guindado, da [gindáðo, a] 形 モレロチェリーでできた
── 男《チリ、アルゼンチン、ウルグアイ》チェリー酒
── 女《まれ》チェリー酒 [アメリカンチェリーの蒸留酒漬け]
guindal [gindál] 男《植物》=guindo
guindalera [gindaléra] 女 モレロ (スミノミザクラ) の畑
guindaleta [gindaléta] 女 ❶ [指の太さの] 麻 (革) のロープ。❷ [貴金属商の] はかりの支柱。❸《アンダルシア, アルバセテ》馬車を引く前列の馬
guindaleza [gindaléθa] 女《船舶》[太さ12～25センチの, 係留用の] 太綱
guindamaina [gindamáina] 女《船舶》旗の上げ下げによるあいさつ
guindar [gindár] 他 ❶《船舶》[クレーンなどで] 吊り上げる、持ち上げる。❷《西. 皮肉》絞首刑にする。❸《西. 隠語》盗む; [汚い手を使って] 奪う、横取りする: En el metro *me han guindado* la cartera. 私は地下鉄で財布を取られた。❹《西. 口語》[競争の末に] 得る、手に入れる。❺《カナリア諸島; メキシコ, コロンビア, ベネズエラ》吊るす、掛ける。❻《キューバ. 口語》落第させる。❼《エクアドル》結ぶ、縛る
── 自 ❶《レオン》滑る。❷《ベネズエラ. 口語》休む
── *~se* ❶ [+de・por 紐などで] 吊り下がる。❷《メキシコ, コロンビア, ベネズエラ. 口語》1)…をうんざりさせる, 困らせる: *Se guindaron* por teléfono toda la tarde. 彼らは午後延々と電話で話した。2) 互いにけんかする。3) [+a] 急に…し始める: *Se guindó* a llorar. 彼女は急に泣き出した
guindaste [gindáste] 男《船舶》❶ 索を通す台形の木枠。❷ ジブクレーン。❸ ウインドラス, 揚錨機
guinde [gínde] 男《西. 隠語》盗み, 詐取
guindilla [gindíʎa] 女《西. 果実》トウガラシ: freír la ~ cortada en aros トウガラシの輪切りを炒める
ponerse (estar) como una ~ 《口語》赤面する(している)
── 男《西. 古風, 軽蔑》市警察の警官; [一般に] 警官
guindillo [gindíʎo] 男《西. 植物》トウガラシ [*=~ de Indias*]
guindo [gíndo] 男《植物》スミノミザクラ, モレロ: *~ griego* 実の大きいモレロ
caerse del (de un) ~ 《西. 口語》真実に目覚める, 現実に戻る: Al oírme, *te caes de un ~* por fin. 私の声を聞いて、君はやっと現実に戻ってきてくれた
haber [*se*] *caído del (de un) ~* 《西. 口語》無邪気である, だまされやすい: Oye, no cuentes tonterías, que no *nos hemos caído de un ~*. おい、ふざけたことを言うな。おれたちは何も分からないひよっこじゃないぞ
guindola [gindóla] 女《船舶》❶ ボースンチェア、吊り腰掛け。❷ 救命浮標、救命ブイ。❸ 測深板
guindón, na [gindón, na] 男 女《隠語》盗む; 泥棒
── 男《ペルー》プラム [*=ciruela*]
guinea¹ [ginéa] 女 ❶《国名》[G~] ギニア: G~ Bissau ギニアビサウ. G~ Ecuatorial 赤道ギニア アフリカ中部にあるスペインの旧属領。正式名称 República de G~ Ecuatorial). Papúa Nueva G~ パプア・ニューギニア。❷ [英国の昔の金貨] ギニー
guineano, na [ginéano, na] 形名《国名》=guineo
guineo, a² [ginéo, a] 形名《国名》ギニア Guinea の (人); ギニアビサウの (人); 赤道ギニアの (人)
── 男 ❶《果実》ギネオ《甘いバナナの一品種》《中米, プエルトリ

コ, ベネズエラ, エクアドル, ペルー》[一般に] バナナ;《コスタリカ》生食べる小型のバナナ。❷ [黒人の] 激しい動きとコミカルな振りのダンス。❸《地方語》うるささ, しつこさ。❹《コスタリカ》牧草の一種
guineoecuatorial [gineoekwatorjál] 形名《国名》赤道ギニア Guinea Ecuatorial の(人)
guinga [gíŋga] 女《繊維》ギンガム [チェック]
guingán [giŋgán] 男 =guinga
guingombó [giŋgombó] 男《植物》オクラ
guinja [gínxa] 女《果実》ナツメ [*=azufaifa*]
guinjo [gínxo] 男《植物》ナツメ [*=azufaifo*]
guinjol [ginxól] 男 =guinja
guinjolero [ginxoléro] 男 =guinjo
guiña [gíɲa] 女 ❶《コロンビア, ベネズエラ》不運, 呪い。❷《ベネズエラ》お守り
guiñada [giɲáða] 女 ❶《船舶, 航空》ヨーイング。❷《まれ》目配せ、ウインク [*=guiño*]
guiñador, ra [giɲaðór, ra] 形 目配せする、ウインクする
── 男《ボリビア. 自動車》ウインカー
guiñadura [giɲaðúra] 女 ❶ 目配せ、ウインク [*=guiño*]
guiñapiento, ta [giɲapjénto, ta] 形 =guiñaposo
guiñapo [giɲápo] I [←古語 gañipo <俗ラテン語 guenipe「ぼろ切れ」] 男 ❶ ぼろ切れ、ぼろ着: Siempre va vestida de ~s. 彼女はいつもぼろを着ている. Esta colgadura está hecha un ~. この壁掛けはぼろぼろになった。❷ 廃人; ふ抜け: La gripe me dejó hecho un ~. インフルエンザで私の体はぼろぼろになってしまった。❸ 堕落した人; ろくでなし。❹《ベネズエラ》~ *de hombre*. 彼は人間のくずだ。❹ ぼろを着た人
poner a+人 como un ~ 《口語》…を酷評する, ぼろくそに言う; [競技などで] こてんぱんにやっつける: Ayer el jefe te *puso como un ~*. 昨日上司が君をぼろくそに言った
II [←ケチュア語] 男《南米》[チチャ用の] 発芽したトウモロコシの粉
guiñaposo, sa [giɲapóso, sa] ぼろだらけの, ぼろを着た
guiñar [giɲár] [←? ラテン語 cinnus] 他 ❶ [~ *un ojo a+人* に] 目配せする, ウインクする: Sonríe y le *guiña* un ojo provocativamente. 彼女はほほえんで彼に挑発的にウインクする。❷ [まぶしくて・視力が悪くて両目を] 細める: El reflejo del sol en el espejo me hace ~ los ojos. 私は鏡に反射する太陽の光で目を細める。❸ [灯台などが] 点滅する
── 自《船舶, 航空》ヨーイングする
── *~se* ❶ お互いに目配せする, ウインクする: Los he visto *~se* los ojos para ponerse de acuerdo. 彼らが意見を合わせるために互いに目配せをするのを私は見た。❷《隠語》逃亡する
guiño [gíɲo] [←*guiñar*] 男 ❶ 目配せ, ウインク: hacer un ~ (~s) a+人 …に目配せする, ウインクする. No veía bien y hacía ~s con los ojos. 私はよく見えなかったので目をしばたいた。❷ 暗黙の合図: El director hace un ~ en su película a los espectadores más jóvenes. 監督は最も若い鑑賞者たちに映画の中で暗黙の合図を送っている。❸ [灯台などの] 点滅。❹《アルゼンチン. 自動車》ウインカー
guiñol [giɲól] [←仏語 guignol] 男 ❶ 指人形芝居: espectáculo de ~ 指人形芝居の公演。❷《まれ》あやつり人形芝居
de gran ~ 《文語》恐ろしい, 残忍な [*=granguiñolesco*]
guiñolesco, ca [giɲolésko, ka] 形 指人形芝居の
guiñón, na [giɲón, na] 形《まれ》目配せする, ウインクする
guiñote [giɲóte] 男《アラゴンなど. トランプ》トゥテ tute に似たゲーム
guiñotista [giɲotísta] 名《アラゴンなど. トランプ》guiñote をする人
guion [gjón] 男 = guión
guión [gjón] [←*guiar*] 男 ❶《映画, テレビなど》シナリオ, 台本: La película recibió el premio al mejor ~. その映画は最優秀脚本賞を受賞した。❷ cinematográfico シナリオの台本。❸ ~ gráfico 絵コンテ [*=storyboard*]。❸《視聴覚教育》の教授用資料。❹ [主に図解した] 手引, 要旨。❹《文法》1) ハイフン (-): llevar ~ ハイフン付きである。2) ダッシュ (─, ─ largo)。❺《数学》= 等記号 (-)。❻《音楽》リピート記号。❼ [行進の先頭が掲げる] 旗; 王旗, 軍旗; 十字架。❽ 先導者, 先駆者。❾ [舞踏団の] 指揮者。❿《鳥》1) 群れを先導する鳥。2) ~ *de codornices* ウズラクイナ。⓫《船舶》オールの柄
guionaje [gjonáxe] 男 進行役 [役名]
guionista [gjonísta] 名《映画, テレビ》シナリオライター, 脚本家

guionizar [gjoniθár] ⑨ [他]《映画, テレビ》脚本化する
guipar [gipár] [他] [自]《西. 主に若者語》❶ 見る, 見分ける: Le *guipé* en cuanto entró. あいつが入ってきた時から俺はちゃんと気づいていたぜ. ❷ [本心を] 見抜く: No he podido copiar en el examen, porque el profe me *guipó* desde el principio. カンニングできなかったよ, だってあの先生, 最初からおれの気持ちを見抜いていたからな
güipil [gwipíl] [男] =**huipil**
guipur [gipúr] 〖←仏語 guipure〗[男]《服飾》ギピュール〔レース〕〖=encaje de ～〗
guipure [gipúr] [男] =**guipur**
guipuzcoano, na [gipuzkoáno, na] [形] [名]《地名》ギプスコア Guipúzcoa の〔人〕〖バスク州の県〗
güira [gwíra] [女]《中米, カリブ. 植物》ヒョウタンノキ, フクベノキ; その実〔で作った器〕
Güiraldes [gwiráldes]《人名》**Ricardo ～** リカルド・グイラルデス〖1886～1927, アルゼンチンの小説家・詩人. ガウチョ gaucho を主人公にした小説『ドン・セグンド・ソンブラ』*Don Segundo Sombra* は人物造形の見事さ, 簡潔透明な文体, ストーリー展開の鮮やかさで傑作とされている〗
guiri [gíri] 〖←バスク語 guiristino〗[名] ❶《西. 隠語. 主に軽蔑》外国人〔観光客〕: El Museo de Prado está lleno de ～*s*. プラド美術館は外国人観光客で一杯だ. ❷《西. 俗語》治安警備隊員: Cuidado, que vienen los ～*s*. 気をつけろ, 警備隊員のやつらが来るぞ. ❸《アラバ. 植物》ハリエニシダ. ❹《西. 歴史》[19世紀内戦中の] クリスティナ Cristina 女王の支持者; 自由主義者
guirigay [girigái] 〖←擬声〗[男]〖[複] ～(e)s, guirigáis〗《西. 口語》❶ わけの分からない言葉, ちんぷんかんぷん: Yo no entiendo nada del ～ de este autor. 私にはこの作家のわけの分からない言葉は理解不能だ. ❷ ガヤガヤいう声: En la clase solo se oía el ～ de los niños. 教室では子供たちのガヤガヤいう声だけが聞こえていた
guirindola [girindóla] [女] キャミソールのフリル(ひだ飾り)
guirlache [girlátʃe] [男]《菓子》プラリネ
guirlanda [girlánda] [女]《廃語》=**guirnalda**
guirnalda [girnálda] 〖←古語 guirlanda < 伊語 Ghirlandaio (画家)〗[女] ❶ リース〖花(葉・色紙)をつないだ飾り〗: ～ navideña クリスマス・リース. ❷《植物》永久花〖=perpetua〗. ❸《古語》[粗い] 毛織物. ❹《船舶》[索の] 結び方の一種. ❺《軍事》[夜間敵の動きを察知するために投じる] 輪型の火
guirnaldeta [girnaldéta] [女] guirnalda の示小語
güiro [gwíro] [男] ❶《音楽》ギロ, グィロ〖波状の表面を棒でこすって音を出す楽器〗. ❷《中南米. 植物》ヒョウタンノキ〖実からギロを作る〗. ❸《メキシコ, グアテマラ》子供. ❹《キューバ, ドミニカ. 口語》[人間・動物の] 頭. ❺《ベネズエラ, 口語》知性. ❻《ペルー, ボリビア, チリ》=**huiro**
coger el ～《口語》こつを覚える
guiropa [girópa] [女]《料理》肉とジャガイモなどの煮込み
guirre [gíře] [男]《カナリア諸島. 鳥》エジプトハゲワシ
guirrio [gířjo] [男]《地方語》[カーニバルで] 扮装した若者
guisa [gísa] 〖←ゲルマン語 wisa〗[女] ❶《文語》仕方, 流儀. ❷《古語》嗜好(しこう), 気まぐれ. ❸《古語》品質
a ～ de... …のように, …として: usar un palo *a ～ de* bastón 棒を杖として使う. Inclinó la cabeza *a ～ de* saludo. 彼はあいさつ代わりに会釈した
a la ～ あぶみを長くして〖=a la brida〗
a su ～ 自分の好きなように
de esa (esta·tal) ～ そのようにして: Nunca creí que fuera capaz de presentarse *de esa ～*. 彼がそのように自己紹介ができるなど私は考えたこともなかった
de ～ de... …するように〖=de modo que...〗
guisado[1] [gisáđo] [男]《料理》❶ [肉の] シチュー, 煮込み: ～ de ternera con zanahorias 子牛とニンジンの煮込み. ❷ 煮込むこと
guisado[2]**, da** [gisáđo, đa] [形]《古語》❶ [必要なものが] そろった. ❷ 妥当な, もっともな. ❸ 見た目のよい, 感じのよい
estar mal ～《口語》いらいらしている, うんざりしている
guisador, ra [gisađór, ra] [形] [名] 煮込む〔人〕
guisandero, ra [gisandéro, ra] [名] 煮込む人
guisantal [gisantál] [男] エンドウ畑
guisante [gisánte] 〖←モサラベ語 bissaut < ラテン語 pisum (sapidum)〗[男] ❶《主に西. 植物, 豆》エンドウ〔マメ〕; グリーンピース〖=～ verde〗: ～ mollar (flamenco) サヤエンドウ. ～ de nieve/～ de azúcar キヌサヤ〖=tirabeques〗. ❷《西. 植物》～ de olor スイートピー
guisar [gisár] 〖←guisa〗[自] [他] ❶《主に西》煮込む; [加熱して] 料理する: lomo de cerdo *guisado* con vino blanco 豚ロース肉の白ワイン煮込み. Tapamos la olla y bajamos el fuego para que se vaya *guisando* poco a poco. 私たちは鍋の蓋をして, 徐々に煮込むために弱火にする. ❷《口語》企てる, 準備する. ❸ 味をつける(ととのえる). ❹《古語》[保存用に肉・魚を] 漬ける
—— **～se** ❶ [食べられるようになるまで] 火が通る: Esta carne no *se guisará* ni en dos horas. この肉は2時間たっても火が通らないだろう. ❷ 準備を整える: No sé lo que *se* está *guisando* en la reunión. 私は会議で何が進められているのか知らない
guisárselo y comérselo 自分の好き勝手にやる: El director *se lo guisa y se lo come* y cuando sale algo mal, nos echa la culpa. 社長は何でも自分勝手にやっておいて, もし何かうまくいかないと私たちのせいにする. Yo *me lo guiso y* yo *me lo como*.《諺》まいた種は刈らねばならぬ/自業自得だ
guiscar [giskár] ⑦ [他]《地方語》=**guizcar**
guiso [gíso] 〖←guisar〗[男] ❶《料理》シチュー, 煮込み〖=guisado〗: Hace unos ～*s* muy buenos. 彼はとてもおいしい煮込み料理を作る. ～ de pollo 鶏肉の煮込み. ❷ 料理〖行為〗. ❸《コロンビア》ソース
guisopillo [gisopíʎo] [男] 病人の唇を湿らす布球〖=hisopillo〗
guisopo [gisópo] [男]《廃語》灌水器〖=hisopo〗
guisote [gisóte] [男]《軽蔑》ごった煮, まずいシチュー
guisotear [gisoteár] [他]《戯語, 軽蔑》煮込む, 料理する
guisque [gíske] [男]《地方語》=**güisqui**
güisquería [gwiskería] [女] =**whiskería**
güisqui [gwíski] 〖←英語 whisky〗[男] ウイスキー
guita[1] [gíta] [女] ❶ 麻ひも. ❷《口語》現金: Me he quedado sin ～. 私はお金がなくなってしまった. ❸ 財産
soltar la ～《口語》金を支払う: Voy a llamar a los que no han pagado todavía para que *suelten la ～*. 私はまだ支払っていない人たちを呼んで払うように言うつもりだ
guitar [gitár] [他] 麻ひもで縫う
guitarra [gitářa] 〖←アラビア語 qirara < ギリシア語 kithara〗[女] ❶《音楽》ギター: tocar la ～ ギターをひく. ～ acústica (eléctrica) アコースティック(エレキ)ギター. ～ española スパニッシュギター. ❷《魚》ギターフィッシュ〖=pez ～〗. ❸ 石膏粉砕機. ❹《ベネズエラ》晴れ着
chafar la ～ a+人 …の計画を台なしにする
colgar la ～《コロンビア》[人・動物が] 死ぬ
como Mateo con la (su) ～《口語》1) 満足している, 喜んでいる: Mi marido está conmigo *como Mateo con su ～*. 夫は私に満足しているの. 2) [考えなどに] 取りつかれている: José se puso con esa idea *como Mateo con su ～*. ホセはその考えに凝り固まってしまった
tener bien (mal) templada la ～ 機嫌がよい(悪い)
—— [名] ギター奏者
guitarrada [gitařáđa] [女] ギターによる演奏 ronda
guitarrazo [gitařáθo] [男] ギターによる一撃
guitarrear [gitařeár] [自] ❶ ギターを弾く. ❷《アルゼンチン. 口語》即興で作る
guitarreo [gitařéo] [男] ギターの単調な演奏
guitarrería [gitařería] [女] ギター(バンドゥリア・マンドリン・ラウード)の製造・修理所(販売店)
guitarrero, ra [gitařéro, ra] [名] ❶ ギターの製作(販売)者. ❷《口語》ギタリスト. ❸《アルゼンチン. 口語》よくしゃべる人
—— [形]《まれ》ギターの
guitarresco, ca [gitařésko, ka] [形]《口語》ギターの
guitarrico [gitaříko] [男] =**guitarrillo**
guitarrillo [gitaříʎo] 〖guitarra の示小語〗[男] 4本絃(高音域)の小ギター
guitarrista [gitařísta] [名] ギター奏者, ギタリスト
guitarrístico, ca [gitařístiko, ka] [形] ギターの, ギター演奏法の
guitarro [gitářo] [男] =**guitarrillo**
guitarrón [gitařón] [男] [マリアッチ用の] 25弦の大型ギター
—— [名]《口語》ずる賢い人, 抜け目のない人
guitero, ra [gitéro, ra] [名] 麻ひも guita を作る(売る)人
guito, ta[2] [gíto, ta] [形]《アラゴン》[馬などが] 強情な, 扱いにくい; 後脚をはね上げる

G

güito [gwíto] 男 ❶ [子供が遊びに使う] 果実 (特にアンズ) の種; 《古風的》複 その遊び. ❷《口語》帽子 [=sombrero]. ❸ 頭

güitoma [gwitóma] 男 [縁日などの遊具で] ぐるぐる回転する鎖で吊られた椅子

güitón, na [gwitón, na] 名《文語》のらくらする (ぶらぶら過ごす)・たかって回る〔ならず者〕
── 男 [ゲーム用などの] コイン

guitonear [gitoneár] 自 のらくらする, たかって回る
guitonería [gitonería] 女 のらくらすること, たかって回ること

guitudo, da [gitúdo, ða] 形《アルゼンチン, ウルグアイ. 口語》大金持ちの

guizacillo [giθaθíʎo] 男《植物》シンクリノイガ
guizcar [giθkár] 7 他《地方語》❶ 挑発する. ❷ 詮索する
guizgar [giθɣár] 8 他 けしかける, あおる
guiznar [giθnár] 自《廃語》[=guizcar]
guizque [gíθke] 男 ❶ [高所のものを取るための] 鉤竿 (ホコ). ❷ [宗教行列の輿を休ませる時の] 支え棒. ❸《ナバラ, アラゴン, サラゴサ, アンダルシア, アルバセテ, テルエル, ムルシア》[ハチなどの] 針

guja [gúxa] 女 [近衛兵 archero の持つ] 眉尖刀 (ビセン), 長刀 (ナギ)
gujarati [guxaráti] 形 =**gujerati**
gujerati [guxeráti] 形 名《地名》[インドの] グジャラート Gujerat・Gujarat の [人]

gula [gúla] 女《←ラテン語 gula「喉」》❶ 大食〔⇔frugalidad〕: Se deja llevar por la ～ y está engordando mucho. 彼は食べたいだけ食べているのでどんどん太ってる. comer con ～ がつがつ食べる. comer por (de) pura ～ ただ食い意地に任せて食べる. pecado de ～ 大食の罪. ❷《古語》咽頭, 食道
── 名《口語》貪欲な人, 独り占めする人: No seas ～ y déjale esos caramelos a tu hermano. 独り占めしないで弟にもそれらのキャンディーをあげなさい

gulag [gulá] 男《複～s》[旧ソ連の] 強制労働収容所
gular [gulár] 形《動物》喉の
gulasch [guláʃ] 男《料理》グラーシュ
gulden [gúlden] 男 [オランダの貨幣単位] グルデン
gules [gúles] 男 複《紋章》赤 [色]
gulosidad [gulosiðá(ð)] 女《まれ》すごい食欲, 食い意地
guloso, sa [gulóso, sa] 形 名《まれ》大食の〔人〕
gulungo [gulúŋgo] 男《鳥》カンムリオオツリスドリ
gulusmear [gulusmeár] 自 他《←golosinear+husmear》❶ つまみ食いをする: He estado *gulusmeando* y ahora no tengo hambre. 私はつまみ食いをしていたので今はお腹がすいていない. ❷ 菓子を食べる [=golosinear]. ❸ 冷やかす, 嗅ぎ回る: A la abuela le gusta ～ todo lo que hago. 祖母は私がすることを何でも嗅ぎ回っている

gulusmero, ra [gulusméro, ra] 形 ❶ つまみ食いをする. ❷ 菓子を食べる. ❸ 嗅ぎ回る; 冷やかす

guluzmear [guluθmeár] 自 他《まれ》=**gulusmear**
gullería [guʎería] 女 ごちそう [=gollería]
gulloría [guʎoría] 女 ❶ ごちそう [=gollería]. ❷《鳥》クロエリコウテンシ [=calandria]

guma [gúma] 女《地方語. 隠語》雌鶏 [=gallina]
gumarrero, ra [gumaréro, ra] 名《地方語》雌鶏泥棒
gúmena [gúmena] 女《船舶》太綱, 錨索
gumía [gumía] 女 [ムーア人の] 少し湾曲した短剣
gunitado [gunitáðo] 男《建築》セメントの吹き付け
gunneráceo, a [gunneráθeo, a] 形《植物》グンネラ科の
── 女 複《植物》グンネラ科

gupi [gúpi] 男《魚》グッピー
guppy [gúpi] 男 =**gupi**
gura [gúra] 女《フィリピン. 鳥》オウギバト
gurapas [gurápas] 女 複《古語. 隠語》オウギバト
gurbio, bia [gúrbjo, bja] 形《金管楽器が》湾曲のある
── 女《中南米. 古語》=**gubia**
gurbión [gurbjón] 男 ❶ [刺繍用の] 絹の撚 (ヨ) り糸. ❷ 撚り糸の絹布. ❸ ハッカクキリン euforbio のゴム
gurbizo [gurbíθo] 男《地方語. 植物》ヒース [=brezo]
gurdo, da [gúrðo, ða] 形 愚かな, 単純な; はた迷惑な
gurí [gurí] 男《←?ゴアラニー語 gurapá》[男.《西. 隠語》兵士 [=guripa]
gurí [gurí] 男《複～es》《アルゼンチン, ウルグアイ. 口語》先住民 (メスティーソ) mestizo の男の子; 小さな子

guripa [gurípa] 男《←-guri》《西. 軽蔑》❶ 兵士. ❷ 警備員, ガードマン. ❸ [主に市警察の] 警官: Los ～s me pararon por ir en la moto sin casco. 私はヘルメットなしでバイクに乗っていたので警官に止められた. ❹《隠語》正体の知れない人; 何者だか言いたくない人. ❺《隠語》ばか, 愚か者. ❻《古風的》ちんぴら, くさ

gurisa [gurísa] 女《アルゼンチン, ウルグアイ. 口語》先住民 (メスティーソ) の女の子

gurja [gúrxa] 形 =**gurka**
gurka [gúrka] 形《複～s》[ネパールの] グルカ族〔の〕; [イギリス軍傭兵の] グルカ兵

gurriato[1] [gurjáto] I 《gorrión の示小語》男 スズメの子
II《←guarro》男《レオン, サモラ, サラマンカ》子豚

gurriato[2]**, ta** [gurjáto, ta] 名《地方語》[時に親愛の呼称] 小さな子, 少年, 少女; [未熟な] 若者

gurripato [gurjpáto] 男 ❶ 愚直な人, お人よし. ❷《アンダルシア》スズメの子 [=gurriato]

gurripina [gurjpína] 女《闘牛》規則に従わないパセ pase
gurrufero [gurjuféro] 男《口語》駄馬, 役立たずの醜い馬
gurrumino, na [gurjumíno, na] 形《←?地方語》❶《地方語》ひ弱な, やせた; 小さい. ❷《サラマンカ; メキシコ, エルサルバドル, アルゼンチン》[年齢が] 児童 niño の; 幼い子: Ella tiene un ～ pequeño, pero muy mono. 彼女は小さいがとてもかわいい子供がいる. Su hijo es todavía un ～, tiene solo un mes. 彼の息子はまだ幼くて, 生まれて1か月だ. ❸《ボリビア. 口語》臆病な
── 男《まれ》妻に寛容すぎる男
── 女 ❶《エストレマドゥラ; メキシコ, キューバ》ささいなこと, ないこと. ❷《メキシコ, グアテマラ, エクアドル》迷惑, 不快

gurrunera [gurjunéra] 女《アラゴン》[ちょうつがいの側の] 側柱
gurruñar [gurjuɲár] 他 しわを寄せる, 縮める
gurruño [gurjúɲo] 男 [紙・布など] くしゃくしゃになったもの: La sábana quedó hecha un ～ en el suelo. シーツが床でくしゃくしゃになった

gurú [gurú]《←サンスクリット語》男《複～[e]s》❶ [ヒンズー教の] 導師, グル; [東洋哲学の] 宗教指導者; [精神的] 指導者. ❷《口語》[議論の余地のない無謬謬性を漂わせた] 専門家, 影響力のある人, カリスマ: ～ de la moda 流行のカリスマ. el ～ principal de la informática mundial. 彼は世界の情報科学における最重要人物だ

gurullada [guruʎáða] 女 ❶《まれ》取るに足らない連中. ❷《隠語》警官の一団

gurullo [guruʎo] 男 ❶ [糸・接着剤・ペーストなどの] 小さな凝塊, だま: La masa está llena de ～s, disuélvela bien. 生地がだまだらけだから, よくかき混ぜなさい. ❷《アンダルシア》小麦と水・油のだま

gurumelo [gurumélo] 男《植物》テングタケの一種〔シスタス jara の群生地に育つ食用のキノコ. 学名 Amanita ponderosa〕

gurupa [gurúpa] 女 =**grupa**
gurupera [gurupéra] 女 ❶ =**grupera**. ❷《ベネズエラ》1) [馬のしっぽの下に通して] 鞍を固定する帯. 2) [女性の] 尻

gusa [gúsa] 女《西. 口語》空腹 [comida]: Estas horas de la mañana ya me entra ～. 私は朝のこの時間になるともう腹がへる

gusana[1] [gusána] 女《動物》❶ [時に集] ゴカイ [釣りの餌など. ～ de mar]. ❷ ミミズ [=gusano de tierra]

gusanear [gusaneár] 自 うごめく, 群がる [=hormiguear]
gusaneo [gusanéo] 男 うごめくこと, 群がること
gusanera [gusanéra]《←gusano》女 ❶ 虫の一杯いる所; うようよいる所. ❷ [釣り] ゴカイの入った飼かご. ❸ [鶏の餌のミミズを育てる] わら・ごみを入れた溝. ❹ 熱中, 熱狂: Le dio en la ～. 彼は熱中した. ❺《アラゴン, アンダルシア》頭の傷. ❻《キューバ. 軽蔑》[時に米国にいるキューバ人の] 反カストロ政府集団

gusanería [gusanería] 女 大量の虫, うようよいる虫
gusaniento, ta [gusanjénto, ta] 形 虫のいる
gusanillo [gusaníʎo]《gusano の示小語》男 ❶ 小さな虫. ❷ [金・銀・絹の] 撚 (ヨ) り糸; 撚った針金. ❸ 熱狂. ❹《口語》不安, 心配; 好奇心: Le quedó el ～ de saber quién se lo había dicho. 彼は誰が彼女にそれを言ったのか知りたくてたまらなかった. ❺《口語》空腹: Cuando llegan las dos de la tarde, empiezo a sentir el ～. 私は午後2時になるとお腹がすき始める. ❻《製本》スパイラルリング: en ～ コイル綴じの, スパイラル製本の

entrar a+人 el ～ 熱狂する, 興味をかき立てられる: Le *entró* el ～ por el mundo del cine siendo muy pequeño. 彼は子供ながらに映画の世界に熱中した. Le *entró* el ～ de los viajes. 彼は旅行がしたくてたまらなかった

~ **de la conciencia**《口語》良心のとがめ
matar el ~ 1) 軽い物を食べる; 朝食前に酒を一杯やる: Me he tomado un café para *matar el* ~ hasta la hora de comer. 食事の時間まで空腹をごまかすために私はコーヒーを1杯飲んだ. 2) ［一時的に］欲求を満たす: Fui a su concierto para *matar el* ~. 我慢できずに私は彼のコンサートに行った

gusano[1] [gusáno]《←ラテン語 cossus「何とかというもの」》男 ❶ ［ミミズ・回虫などの］虫; 毛虫, うじ虫: La fruta caída en el suelo está llena de ~*s*. 地面に落ちた果実にはうじ虫が一杯たかっている. ~ **blanco** 地虫《コガネムシの幼虫》. ~ **de luz** ［雌の］ホタル. ~ **de**[l] **maguey**《メキシコ》リュウゼツランの木にいる虫の幼虫〚食用〛. ~ **de San Antón** ワラジムシ《=milpiés》. ~ **de** [la] **seda** 蚕（ᄏᇰᄐ᷄）. ~ **revoltón** ハマキガの一種〚ブドウにつく害虫. 学名 Tortrix viridana〛. ❷ 幼虫. ❸ ［軽蔑］虫けら［のような人］: Nos trata como si fuéramos ~*s*. 彼は私たちを虫けらのように扱う. ❹《生物》［動］蠕形（ᄙᆫᄃ᷄）動物. ❺《隠語》陰茎
criar ~*s* 死ぬ, 死んで葬られる
~ **de la conciencia** 良心のとがめ, 自責の念
matar el ~ 軽い物を食べる; 朝食前に酒を一杯やる; ［一時的に］欲求を満たす《=matar el gusanillo》

gusano[2]**, na** [gusáno, na] 形 名《キューバ. 軽蔑》［米国から送り込まれた］反カストロ政府派［の］
gusanoso, sa [gusanóso, sa] 形 虫のいる
gusarapa[1] [gusarápa] 女 ［ハエの幼虫の］うじ虫; ［水中の］小さな虫
gusarapiento, ta [gusarapjénto, ta] 形 ❶ 小さな虫（うじ虫）のいる, 小さな虫で一杯の. ❷ 非常に汚い; 腐った
gusarapo, pa[2] [gusarápo, pa]《←?語源》名《軽蔑》虫けら（のような人）
—— 男 ［水中の］小さな虫: El río está lleno de ~*s*. その川は小さな虫がうようよしている
gusgo, ga [gúsɣo, ɣa] 形《メキシコ》=**guzgo**
gustable [gustáβle] 形 ❶ 味（好み）に関する. ❷《チリ》おいしい
gustación [gustaθjón] 女《まれ》味覚
gustado, da [gustáðo, ða] 形 ［芸術家・作品が］お気に入りの, 人気のある: Hokusai y el pintor japonés más ~. 北斎は最も人気の高い日本の画家だ
gustador, ra [gustaðór, ra] 形 名 味覚をする〔人〕
gustadura [gustaðúra] 女《まれ》味わうこと
gustar [gustár]《←ラテン語 gustare〚= ［+a+人 の］気に入る, 好きである, 魅力的に感じる《主に3人称で用いられ, 間接目的語が意味上の主語になる. 文法上の主語は動詞の後に置かれることが多い. →amar〚類義〛》 ❶ A mi hermano le *gusta* la música clásica. 私の兄はクラシック音楽が好きだ. Nos *gustan* los helados. 私たちはアイスクリームが好きだ. No me *gustan* nada los toros. 私は闘牛が大嫌いだ. ¿Le *gustó* la película? あなたはその映画が気に入りましたか? ¿Te *gusto*?—Sí, me *gustas*. 僕のこと好きかい?—ええ, 好きよ. 〚語法〛1) 主語の最初の名詞の数に一致する: Me *gusta* mucho el marisco y el pescado. 私は魚貝類が大好きだ. 2) 間接目的語が人称複数の場合主語を前置させることがある: El carácter español *gusta a* los que visitan este país. スペインを訪れる人はスペイン人の性格が気に入る』2) ［不定詞が主語］…するのを好む, …したい: Les *gustan* mucho viajar. 彼らは大変旅行好きだ. Siempre me *gustó* escribir. 私はずっとこれまで文章を書くことが好きだった. No *gusta* que este nene esté muy hermoso; le *gusta* comer. この赤ちゃんはとても健康そうだし, よく食べる. 3) ［que+接続法が主語］…であることを好む: No me *gusta que* salgas con ellos. 君には彼らと付き合ってもらいたくない. ❷ ［過去未来で婉曲な願い］1) No me *gustaría*. 遠慮したくはいます. 2) ［不定詞が主語］…したいのだが, …してみたいと思う: Me *gustaría* visitar las pirámides de Egipto. 私はエジプトのピラミッドに行ってみたい. Me *gustaría* poder decir lo que quisiera. 言いたいことを何でも言ってみたいものだ. Le *gustaría* vivir con ella. 彼は彼女と一緒に暮らしたがっている. ¿Te *gustaría* visitar el castillo? その城を訪ねてみたいですか? 3) ［que+接続法過去が主語. 時として強い命令］…してもらえるとありがたいのだが: Me *gustaría que* vinieras temprano. 早く来てもらえるだろうか. Me *gustaría que* ganase España la Eurocopa. スペインがユーロカップに勝つとうれしいのだが. ❸ ［過去未来完了または接続法過去完了で, 実現しなかった願望］…: Me *habría gustado* ser astrónomo. 私は天文学者になりたかったけれども. Me *hubiera gustado* tener un

hijo con ella, o mejor, una hija. 彼女との間に子供が, できれば女の子ができればよかったのだが. ❹ ［副詞的用法のように用いられて］¿Le dijiste que no? ¡*Así me gusta*! 彼に嫌だと言ったのかい? それは結構だ! *Me gusta como habla*. 彼の話し方が好きだ. ❺《文語》［+de+事物・不定詞 を］好む, 好きである: Es muy serio, no *gusta de* bromas. 彼は非常にまじめで, 冗談が嫌いだ. Se muestra retraído y no *gusta de* compañía. 彼は隠遁しているようで付き合いを好まない. *Gusta de echarse la siesta*. 彼は昼寝をするのが好きだ. Julia *gustaba de* ir las noches a sentarse en el banco del parque. フリアは毎晩公園のベンチに座りに行くのが気に入っていた. ❻ ［間接目的語を伴わずに］好まれる, 喜ばれる: Es un regalo que siempre *gusta*. それは必ず喜ばれる贈り物だ. La película no *gustó*. その映画は失敗作だった

como usted guste お好きなように, お望みのとおりに: ¿Vamos hoy o mañana?—*Como usted guste*. 今日行きますか, 明日にしますか?—お任せします
cuando usted guste/*cuando gusten* お好きな時に, ご都合のよい時に: Ya estoy listo; *cuando usted guste*. 私は用意ができていますので, あなたのご都合のいい時に
¿*Gustas*?/¿*Gusta*? いかがですか?: Este plato es delicioso, ¿*gusta*? この料理はおいしいですが, いかがですか?
¿*Gusta usted*? 何かお差し上げましょうか/何かお気に入りのものはありますか?
para lo que usted guste《古語》どうぞよろしくお願いします〚=para lo que usted guste mandar〛: Estoy a su disposición *para lo que uste guste*. 何なりとお申し付け下さいますよう
¿[Si] *Usted gusta*?《俗用》［食べ・飲み始める時や食事中の, 同席している人への挨拶］［お先に］いただきます; ご一緒にいかがですか〚参考〛その返事「どうぞ」は Gracias, [que] aproveche. 「いいえ, 結構です」は No, gracias.〛
—— 他 ❶ 味見する: *Gustó* el guisado y lo encontró falto de sal. 彼はシチューの味を見たところ, 塩が足りなかった. ❷ ［…の感覚を楽しむ］経験する: ~ **el peligro** 危険を味わう
~ **se** ❶ お互いに気が合う: Esos dos *se han gustado* desde siempre. その2人はいつも気が合った. ❷《闘牛》［闘牛士が］リラックスしている

gustativo, va [gustatíβo, βa] 形 味覚の: órgano ~ 味覚器官
gustatorio, ria [gustatórjo, rja] 形《解剖》味覚を受容する
gustazo [gustáθo]《gusto の示大語》男《口語》強烈な「喜び, 満足, 快感: Me dio el ~ de quedarme en la cama hasta el mediodía. 昼まで寝坊ができて私はすっかり満足した. Fue un ~. それは大変な喜びだった. He tenido el ~ de trabajar con él. 私は彼と一緒に仕事ができて大満足だった

darse el ~［+de+名詞・不定詞 の］満足する
gustillo [gustíʎo]《gusto の示小語》男 ❶ 後味, 後口: 1) Esta leche tiene un ~ agrio. このミルクは後味がすっぱい. 2) ［比喩］［主に悲い・不快な］Después de matar el pájaro, le cogió ~ a eso de matar. 彼は小鳥を殺した後, そのことで後味が悪かった. 3) ［悪意のある］喜び, 気味のよさ: En verano da ~ ver trabajar otros. 夏に他の人が働いているのを見るのは気味がいい
gustirrinín [gustirrinín] 男《口語》好み, 喜び: dar ~ 喜ばせる
gusto [gústo]《←ラテン語 gustus「味見」》男 ❶《=sentido del ~》味覚: Resulta amargo al ~. それは苦く感じられる. perder el ~ 味覚を失う. ❷ ［+a の］味, 風味: Esta fruta tiene un ~ muy dulce. この果物はとても甘い. Esto no tiene ~ a nada. これは何の味もない. *tener buen ~* 味がよい; 趣味がよい. *tener mal ~* まずい; 趣味が悪い. *tener poco ~* 味がない（薄い）. con ~ a queso チーズ味の. helado de tres ~*s* 三色アイス. ❸ 好み, 嗜好: Aunque expreso mi opinión, por supuesto respeto los ~*s* de los demás. 私は自分の意見は言うが, もちろん他人の好みも尊重している. Tiene unos ~*s* sencillos. 彼はぜいたくを好まない/質素な（地味な）のが好み. ~ *por la lectura* 読書好き. ~ *por las artes* 芸術を愛する心. ~ *por las mujeres* 女好き. ~ *personal* 個人的な好み. Sobre (De) ~*s* no hay nada escrito (no hay disputa・no se ha escrito. 《諺》人の好みは様々だ/蓼（タデ）食う虫も好き好き. ❹ ［よい］趣味, 美的感覚, センス: El decorado era de buen ~. その装飾はセンスがいい. Cultivan en los niños el ~ por la música. 彼らは子供たちの音楽に対

gustosamente

する感性を養っている. persona con mucho ～ 趣味のよい人. traje de ～ 趣味のよい服. ～ exquisito すばらしい趣味. para vestir 服装の好み. ❺ 流儀, 様式: ～ oriental 東洋趣味. ❻ 喜び, うれしさ, 満足感: ¡Qué ～ encontrarte aquí! ここで君に会えるなんて何てうれしいんだ! Quien por su ～ padece, vaya al infierno a quejarse. 自業自得だ/自分のしたことの責任をとれ. darse los ～s en vida 人生を楽しむ. ❼ 気まぐれ, 勝手な願望: Él hizo por su ～ sin que nadie lo obligase. 彼は誰にも強要されずに勝手にやった. ❽ 意志, 意欲. ❾《俗語》オルガスムス. ❿《チリ, アルゼンチン, ウルグアイ》スタイル, デザイン, 色; シリーズ, 取りそろえ

a ～ 1) 快適に, 気楽に: Yo me encontraba *a ～* en Salamanca. 私はサラマンカは住み心地がよかった. Aquí los niños pueden jugar *a ～*. ここでは子供は好きなように遊ぶことができる. No me siento *a ～* entre la gente tan distinguida. こんなに著名な人々に囲まれて私は気が詰まる. ¿Estás *a ～* en tu nuevo trabajo? 新しい仕事はうまくいっているかい? 2) 喜んで: He comido muy *a ～*. とてもおいしかった. sentirse *a ～* 満足する, 喜ぶ. 3)《隠語》麻薬に影響されて
a ～ de＋人 …の意志(好み)に従って: Decoraron el piso *a su ～*. 彼らは自分たちの好みどおりに家の装飾をした. He comido *a mi* gran ～. とてもおいしかった. *Está a su ～ el peinado?* 髪形は気に入りましたか? Nunca llueve *a ～ de* todos.《諺》みんなの都合のいいようには雨は降らない
a ～ del consumidor お好きなように
agarrar ～ a＋人 a... =coger ～ a＋人 a...
al ～ 1)［＋de＋人の］好みに合わせて: hablar *al ～ de*＋人 …の気に入るように話す. 2)［レシピで］好みの分量で: sal *al ～* 塩適量で
alabar el ～ [＋a＋人の決定などに] 賛成である
caer en ～ 気に入る
coger el ～ a... …の好きになる: El niño ya le está empezando a *coger el ～ a* ir a la escuela. その子はもう学校に行くのが好きになり始めている
coger ～ a＋人 …が…の好きになる: Me ha cogido ～ a la bicicleta. 私は自転車が好きになった
con ～ =con mucho ～
con mucho ～ 1) 喜んで, 進んで: Iré *con mucho ～* a visitarle. 喜んであなたのお宅へうかがいましょう. 2)［承諾］もちろん, 喜んで: ¿Hace el favor de correrse un poco?—*Con mucho ～*. 少し移動していただけますか.—喜んで. ¿Por qué no vienes aquí?—*Con mucho ～*. こっちへ来ないか?—いいとも
dar ～ [＋a＋人を] 喜ばせる, 楽しませる: Me *da ～* oír esa canción. 私はその歌を聞くのが楽しい. *Da ～* trabajar en una oficina tan luminosa. こんなに明るいオフィスで働けるのは満足だ. Este niño come que *da ～*. この子は見ていて気持ちがいいほどよく食べる
dar ～ a＋人 *por su cara* …の気に入るようにする
darse el ～（＋不定詞） 1) 勝手に…する: Pero *me he dado el ～ de* hacerlo y estoy contento con eso. でも私は勝手にそうしたかったので, それに満足している. Su mujer *se dio el ～ de* comprar esa esmeralda. 彼の妻はすっかりそのエメラルドを買った. 2) …してとても喜ぶ(満足する): *Me di ～ de* decírselo a la cara. 彼に面と向かってそれを言って私はとても気分がいい
de buen ～ [物が] 趣味のよい: muebles *de buen ～* 趣味のよい家具
de mal ～ [物が] 趣味の悪い; [表現が] 粗野な: broma *de mal ～* 下品な冗談
despacharse a (su) ～ 好き勝手なことを言う(する): ¡Anda que no *se ha despachado a ～* en la reunión de vecinos! 近所の集まりで好き勝手なことを言ったなんてひどい奴だ
el ～ es mío (nuestro)［Mucho gusto/Tanto gusto に対する挨拶］こちらこそ: Mucho gusto en conocerla.—*El ～ es mío*. お会いできてうれしいです.—こちらこそ
encontrar ～ a... …が好きになる
G～ verlo《中南米》=Mucho ～
ir en ～s [事柄が主題] 好き好きである
mal a ～《地方語》いやいやながら, 意に反して
manejar a＋人 *a su ～* [自分の都合のいいように]…を操る
¡Me corro del ～!《俗語》=¡Me muero del ～!

1126

¡Me muero del ～! めちゃめちゃすばらしい!
Mucho ～［初対面の挨拶］初めまして: Te presento a mi marido.—*Mucho ～*. 私の夫を紹介します.—初めまして
para su ～［口語］…の意見では
por ～ 1) 趣味として, 好きで. 2)《口語》気まぐれに, 理由もなく
que da《時に皮肉》[副詞＋] たくさん ［=mucho］; 大変よく ［=muy bien］: Los precios suben *que da ～*. 物価はひどい上昇ぶりだ. Ella baila *que da ～*. 彼女の踊りはすばらしい
que es un ～《時に皮肉》=que da ～: Llovía *que era un ～*. ひどい雨が降っていた
relamerse de ～《口語》[ごちそうに] 非常に満足する
ser del ～ de＋人 …の好みに合う
soltarse a ～ 好き勝手なことをする, 遠慮なくふるまう
Tanto ～ =Mucho ～
tener el ～［丁寧］[＋de＋不定詞] …申し上げます, …いたします: *Tengo el ～ de* presentarles al señor Sánchez Ferlosio. サンチェス・フェルロシオ氏を皆さんにご紹介いたします. ¿A quién *tengo el ～ de* anunciar? どちらさまでいらっしゃいますでしょうか? La conoces, ¿no?—No, todavía no *he tenido el ～*. 彼女を知っているだろう?—いや, 残念ながらまだだ
tener ～ por (para)…が趣味である: *Tiene ～ por* la música. 彼は音楽が趣味だ. Ella *tiene ～ para* arreglar las flores. 彼女には生け花の趣味がある
tener mucho ～ en＋不定詞 …して大変うれしい, 喜んで…する: *Tengo mucho ～ en* conocerle. お知り合いになれて大変うれしく思います. Tendré *mucho ～ en* acompañarle. 喜んでご一緒します
tomar ～ a＋人 *a*... =coger ～ a＋人 a...

gustosamente [gustósaménte]［副］喜んで, 快く: Iré ～ a comer contigo el domingo. 喜んで日曜日に君と食事に行こう

gustoso, sa [gustóso, sa]［形］(←gusto) ❶ 喜ばしい, 喜んだ, 心からの: Estamos muy ～s de recibirlos en casa. あなたがたを家にお迎えできて大変うれしく存じます. Te acompañaré ～*sa* al aeropuerto. 喜んで空港まで見送るわ. Accedió ～ a las fotografías. 彼は喜んで写真撮影に応じた. Comparten ～*s* comida y charla con los recién llegados. 彼らは新たに到着した人たちと楽しく食事とおしゃべりを共にしている. Respondió ～*sa* a mi propuesta. 彼女は私の提案に喜んで賛成した. ❷ おいしい, 美味な, 味のいい [=sabroso]: Nos ha preparado una ～*sa* zarzuela de mariscos. 彼女はおいしいサルスエラを作ってくれた. ❸ 愉快な, 楽しい, 面白い [=agradable]: pasatiempo ～ 楽しく時を過ごすこと. ❹ 快い: cama ～*sa* 寝心地のいいベッド. suéter ～ 着心地のいいセーター

gutación [gutaθjón]［女］《植物》排水
gutagamba [gutagámba]［女］《植物》ガンボージ, 籐黄(とうおう), 雌黄(しおう); その樹脂
gutapercha [gutapértʃa]［女］《化学》グッタペルカ［樹液から作るゴム状の物質］; それを塗った布
gutiámbar [gutjámbar]［女］黄色の樹脂
Gutiérrez Nájera [gutjérreθ náxera]《人名》Manuel ～ マヌエル・グティエレス・ナヘラ《1859～95, メキシコの詩人・作家. 早熟の天才で13歳ごろから新聞に記事を書き始めた. 詩人として芸術的感性, 詩語の音楽的旋律, 豊かな色彩感覚の点で傑出している. 短編集『はかない物語』*Cuentos frágiles*》
gutiferales [gutiferáles]［男]《植物》オトギリソウ属
gutífero, ra [gutífero, ra]［形］オトギリソウ科の ——［女］《植物》オトギリソウ科
guto [gúto]［男］《エストレマドゥラ》❶ よく吠える小犬. ❷ 怒りっぽい人
gutural [guturál]［形］喉の, 喉から出す: sonido ～《音声》喉音. voz ～ 喉から絞り出すような声 ——［男］《音声》❶ 喉音子音 [=consonante ～]; 喉音, 軟口蓋音. ❷ 喉音(軟口蓋音)の表記文字
guturalmente [guturálménte]［副］喉音で, 軟口蓋音で
guyanés, sa [gujanés, sa]［形］=guayanés
guyot [gujót]［男］《地理》ギヨー, 平頂海山
guzgo, ga [gúzgo, ga]［形]《メキシコ》食い意地のはった
gulza [gúzla]［女]《ダルマチアの弦楽器》グズラ
guzmán [guzmán]［男]［←Guzmán el Bueno (1256～1309, カスティーリャの理想的騎士として語られる)]［男]《古語》傑出した兵士
Guzmán [guzmán]《人名》**Martín Luis** ～ マルティン・ルイス・グスマン《1887～1976, メキシコの小説家. メキシコ革命小説を

代表する作家.『鷲と蛇』*El águila y la serpiente*,『領袖の影』*La sombra del caudillo*〗
Guzmán Blanco [guzmán bláŋko]《人名》**Antonio** ～ アントニオ・グスマン・ブランコ〖1829～99, ベネズエラの軍人・政治家. 大統領を3期つとめ，カラカスへの中央集権化と外資導入を推進〗

guzmania [guzmánja] 囡《植物》グズマニア
guzpatarra [guzpatářa] 囡《古語》子供の遊びの一種
guzrati [guθráti] 形 名 =**gujerati**
gym-jazz [ĵín ĵáθ] 男 ジャズダンス
gymkhana [xiŋkána] 囡 =**gincana**

H

h [átʃe]《女》アルファベットの第8字
　　la hora H《軍事》行動開始時刻; 予定時刻
　　llámale H 結局同じことだ, どう言おうと大差ない: ¡Se invitó o le invitaron, *llámale H*! El hecho es que estuvo en la fiesta. 押しかけたのか招待されたのか, そんなことはどちらでもいいんだ. 要は彼がそのパーティーにいたということだ
　　por H o por B (*C*) 何やかやと理由をつけて《=por ce o por be》
h.《略語》←habitantes 住民, 人口; hora 時間
ha [á]《間》=**Ah**
ha.《略語》←hectárea ヘクタール
haba [ába]《←ラテン語 faba》《女》《単数冠詞: el·un[a]》❶《植物, 豆》1) ソラマメ: pelar ~s ソラマメを剥く. guiso de ~s ソラマメの煮込み. ~ verde 若いソラマメ. En todas partes cuecen ~s [y en algunas a calderadas].《諺》どこへ行っても苦労はつきまとう. 2) [カカオ・コーヒーなどの] 豆. 3) ~ de las Indias《中南米》スイートピー 《=guisante de olor》. ~ de San Ignacio トウダイグサ科の一種【学名 Hura polyandra】. ~ de soja 大豆. ❷《医学》[虫刺されなどによる] 腫れ, ふくれ. ❸ 陰茎. ❹ ~s verdes カスティーリャ北部の民俗舞踊・民謡
　　echar las ~s ソラマメを使って魔法をかける
　　[*son*] *~s contadas*《西》1) [事柄が] 明白である, 選択の余地がない. 2) [物が] 数が限られている, 少ない
Habacuc [abakúk]《男》《旧約聖書》ハバクク《ヘブライの預言者》; ハバクク書
habachiqui [abatʃíki]《女》《ナバラ》ソラマメの一種《haba よりも小粒》
habado, da [abádo, da]《形》《男》❶[動物の皮膚に] ソラマメ形のしみのできた. ❷《メキシコ, キューバ, ベネズエラ》[羽の色が] 赤色と白色のぶちの [雄鶏].
　　──《女》《ログローニョ》ソラマメを使った郷土料理; ソラマメをたらふく食べること
habal [abál]《男》《地方語》=**habar**
habalero [abaléro]《男》《エストレマドゥラ》ソラマメ畑の見張り役
Habana [abána]《女》《La+》《キューバの首都》. 1519年, ベラスケス・デ・クエリャル Velázquez de Cuéllar が建設》
habanero, ra [abanéro, ra]《形》《名》《地名》ハバナ La Habana の [人]《キューバの首都》: puerto ~ ハバナ港. ❷ [金持ちになって] 中南米からキューバへ帰国してきた人.
　　──《男》《料理》ハバネロ, アバネロ《極辛のトウガラシ》. ❷《メキシコ. 酒》ハバネロ, アバネロ《強い蒸留酒. ハバナ原産》
　　──《女》《音楽, 舞踏》ハバネラ《キューバのハバナで生まれた4分の2拍子の舞曲》
habanitos [abaníʈos]《男》《複》《アルゼンチン》フィンガーチョコレート
habano, na [abáno, na]《形》❶ ハバナの [人]《=habanero》; キューバ Cuba の. ❷ 葉巻色の, 黄土色の
　　──《男》❶ [キューバ産の] 葉巻. ❷《コロンビア. 植物》バナナ
habar [abár]《男》ソラマメ畑
habascón [abaskón]《男》《中南米. 植物》アメリカボウフウ pastinaca に似た根菜
habato, ta [abáto, ta]《形》《名》《キューバ》粗野な [人], 下品な [人]
hábeas corpus [ábeas kórpus]《←ラテン語》《男》《法律》人身保護令状, 身柄提出命令状
habemus [abémus]《←ラテン語》《他》《戯語》=**tenemos** [tener の1人称複数形]
haber [abér]《←ラテン語 habere「持つ, 所有する」》53《他》《単人称. 直説法現在形は *hay*》❶ [不特定の人・事物について存在. +単数・複数名詞] …がある, いる: ¿*Hay* alguien ahí? そこに誰かいますか? *Habia* un perro en el patio. 中庭に犬がいた. ¿*Hay* algo de comer en esta casa? この家に何か食べるものがありますか? Avise un coche.—*Hay* uno abajo esperando. 車を呼んで. —1台下でで待ってるよ. *Hay* una gran desigualdad. 著しい不平等が存在している. *Hay* veces que el divorcio sería necesario. 離婚が必要であるような場合もある. Ha de ~ algún error. 何かの間違いでしょう. 《類語》**haber** + 無冠詞・不定冠詞・数詞・不定形容詞+名詞, **estar·ser** + 定冠詞・指示詞+

容詞・所有形容詞+名詞, +固有名詞: Delante de la casa *hay* un coche. 家の前に車がある. Delante de la casa *está* mi coche. 家の前に私の車が置いてある. ¿Dónde *es* la fiesta? パーティーの会場はどこですか? Aquí *está* Manolo. マノロはここにいる》2) [no+] No *hay* príncipe azul. [白馬に乗った] 王子様はいない. No *hay* habitantes en esa isla. その島に住民はいない. No *hay* ningún problema. 何の問題もない. No *hay* otra solución. 他に解決策がない. 3) [直接目的代名詞+] ¿*Hay* flores? —Sí, las *hay* muchas. 花はありますか? —はい, たくさんあります. ¿*Hay* otro modo?—Lo *hay*. 他のやり方がありますか?—あります. Cifras exactas no las *hay*. 正確な数字は存在しない. ¿Dónde *está* la justicia? ¿Dónde *está*, si la *hay*? 正義はどこにあるのか, 存在するのなら, それはどこにあるのか? 4)《俗用, 地方語, 口語》[人称動詞としても用いられる] *Hubieron* pocas personas. 人はほとんどいなかった. *Hubieron* muchos factores que se opusieron a la realización del proyecto. その計画の実現を阻む多くの要素が存在した. ❷ 生じる, 起きる: 1) [出来事・事件] *Ha habido* una avalancha. 雪崩が起きた. ¿Por qué no *hubo* un accidente? なぜ事故は起きなかった? De pronto *hubo* un atasco. 突然渋滞が生じた. 2) [雨・風など自然現象] *Hay* niebla. 霧が出ている. No *había* luna esa noche. その夜は月が出ていなかった. No *había* viento. 風はなかった. *Hubo* un relámpago lejano. 遠くで稲妻が光った. 3) [過去分詞形で] lista de las víctimas *habidas* 死傷者名簿. descenso de temperatura *habida* ayer 昨日起きた気温の低下. ❸ 行われる, 開かれる, 催される: Anoche *hubo* fiesta. 昨夜パーティーがあった. ¡Viene huracán, mañana no *hay* trabajo! ハリケーンが来る, 明日は仕事は休みだ! Hoy no *hay* cine. 今日は映画館は休みだ. ❹ 居合わせる, 出席する: En la fiesta *había* solo cinco personas. パーティーに出席したのは5人だけだった. ❺ [食卓に] 出されている, ある: *Hubo* bebida para dar y tomar. 有り余るほどの飲み物が供された. ❻《文語》[結果・成果を] 得る《主に受動態で》: tanta riqueza como puede ser *habida* 手に入れられる限りの富. Lee cuantos libros puede ~. 読める限りの本をすべて読む. ❼ 売る: ¡*Hay* helado! アイスクリームあります! No *hay* entradas (localidades). 入場券売り切れ. ¡Mejores no *hay*! 最高品質! ❽《行政》逮捕する《主に受動態で》. ❾《まれ》持つ《=tener》: los tres hijos *habidos* en su matrimonio con Isabel イサベルとの結婚でできた3人の子供. ❿《まれ. 古語的》[時の名詞+*ha*] …前《普通は *hace*+時の名詞》: Vino aquí diez años *ha*. 彼は10年前にここにやって来た. Muchos años *ha* que no les veo. 私は長年彼らに会っていない
　　aquí no hay... ここには…の居場所はない: *Aquí no hay* piratería, pues estamos tratando de la protección de ciertos intereses económicos. ここでは海賊行為は許されない, 私たちはささやかな経済的利益を守ろうとしているのだから
　　de lo que no hay《主に軽蔑》[態度などが] 例外的な, まれな: Este niño es *de lo que no hay*; tiene un examen mañana y se ha ido al cine. この子はとんでもない, 明日試験があるのに映画を見に行った. Su examen es incalificable, *de lo que no hay*. 彼の試験は点のつけようがない, 全くだめだ
　　*~ de+*不定詞 [haber は人称変化する] 1)《文語》《義務》…すべきである: *He de* levantarme antes de las 7. 私は7時前に起きなければならない. *Habremos de* arreglárnoslas sin su ayuda. あなたの助けを借りないで自分たちで何とかできるだろう. ¿A quién lo *había de* decir? 私は誰にそれを言うべきだろうか/言うべきだったのか? 2)《必然》…するはずである, …することになっている: Todos *hemos de* morir. 私たちはみんな死なねばならない. *Ha de* haber algún error. 何かの間違いであるはずだ. Ustedes lo *han de* haber visto varias veces. あなたがたはそれを何度も見ているはずだ. 3)《主に中南米》《近い未来・予定》Este chico *ha de* hacer grandes cosas. この子は [将来] 大きなことをするだろう. 4)《意志》…するつもりである

　　~+名詞 y+同一名詞 …にも色々ある: *Hay* amigos *y* amigos.

友人といっても色々だ
~ que+不定詞 …しなければならない，…する必要がある〖類義〗**haber que**+不定詞 と **tener que**+不定詞 はどちらも外的条件からくる必要性・必然性で，tener que+不定詞 は haber que+不定詞 の人称形である．**deber**+不定詞 は内的条件からくる必要性］: *Hay que* trabajar para comer. 食べるために働かなくてはならない． *Hay que* volver a casa. 〔人は〕家に帰らなければならない． *Había que* madrugar. 早起きしなければならなかった． *Hay que* reconocer que estamos en una situación desfavorable. 私たちが不利な状況にあることを認めなければならない． *Hay que* estar loco para descubrir nuestro secreto. 私たちの秘密をばらすなんて頭がどうかしてしまっている
habido y por ~ 想像し得る: Se trataron todos los temas *habidos y por ~*. ありとあらゆることが話し合われた． Me contó todo lo *habido y por ~* sobre su vida matrimonial. 彼は自分の結婚生活について洗いざらい私に話した
¡Habrá+名詞！1)〔間投詞的に不平・不満〕*¡Habrá* tío! 何という奴だ！ *¡Habrá* cosa más injusta que esta decisión! この判決ほど不条理なものはない． 2) [+igual・parecido] …なことがあるだろうか!: *¡Habrá* frescura *igual*! こんな厚かましいことがあっていいのか！〖+に関する形容詞派生名詞 では igual・parecido は省略される〗: *¡Habrá* granuja! 何と悪い奴だ！〕
¡Hay que ver! これは驚いた/信じられない!: *¡Hay que ver* cuántos hijos tiene ese matrimonio! その夫婦には一体何人の子供がいるというのか！
lo que hay es que+直説法〔説明の前口上〕実を言うと…/つまり…: *Todos allí era gente muy honrada, pero lo que hubo era que* había desaparecido el dinero. そこにいた人はみな正直者だったが，実は例の金が消えてなくなっていたのだ
no ~ más que+不定詞 1)〔一般に〕…しさえすればよい，…するだけでよい: *No hay más que* ir a un hospital para comprobarlo. それを確かめるには病院へ行くだけでいい． 2) 以上は…できない: Ya *no hay más que* discutir sobre el asunto. その件については議論しつくされている． *No hay más que* pedir. 全く申し分ない． *No hay más que* ver. この上なく美しい；一目瞭然である
no ~〔**nadie・nada・otro・otra cosa**〕**como...**〔最上級の表現〕…が一番だ: Tratándose de las peleas *no había nadie como* tú entre los niños de la vecindad. けんかにかけては近所の子供の間で君が一番だった． *No hay nada como* tener amigos en todas partes del Mundo. 世界中に友達を持つのは最高にいいことだ
no ~ para qué+不定詞 …する理由がない: *No hay para qué* levantarse tan temprano. こんなに早起きする理由なんてない
no ~ para tanto それほどのことはない: Los medios de comunicación informan exagerando el estado de salud del primer ministro, pero creo que *no hay para tanto*. メディアは首相の健康状態を誇張して報道しているが，そんなことはないと私は思っている
no ~ por qué+不定詞 =**no ~ para qué**+不定詞
no ~ que+不定詞 1)〔不必要〕…しなくてもよい，…する必要はない: *No hay que* tener prisa. 急がなくてよい． *No hay que* preocuparse por esto. それを心配する必要はない． 2)〔禁止〕…するべきでない，…してはいけない: *No hay que* perder tiempo. ぐずぐずしてはならない
no ~ quien+接続法 …するのはきわめて難しい: Esto *no hay quien* lo entienda. これは理解しがたいことだ． Esos borrachos *no hay quien* los aguante. そのような酔っぱらいたちには我慢がならない
No hay de qué〔感謝の言葉に対する返事〕どういたしまして〖→de **nada**〗〖類義〗: Gracias por darme una mano.—*No hay de qué*. 手伝ってくれてありがとう．—どういたしまして
No hay más. 〔反論を許さずに結論づけて〕以上である，これで終わり
No hay por qué.《中南米》=**No hay de qué**.
si lo〔**s**〕**hay** 例外的な；一流の: Es valiente, *si los hay*. 彼は勇者の中の勇者だ
todo lo habido y por ~〔可能な限りの〕ありとあらゆること，いっさいがっさい
── ~se ❶ [+de+不定詞 一般的な必要性] …するべきである

: *Se ha de* hacer con decisión. 断固として行なうべきだ． ❷《古語》行動する，ふるまう: *Se ha habido* con honradez. 彼は誠実に行動した
habérselas [+con と] 関わり合う，向かい合う〖主に不定詞で使われる〗: Vivir es tener que *habérselas* con algo ―con el mundo y consigo mismo―. 生きるということは何かと―人々と自分自身と―関わらなくてはならないということだ． Yo solo tuve que *habérselas* con varios gamberros. 私は一人で数人のチンピラとやり合うはめになった． *Se las hubo con* mi coche. 彼は何とか私の車を動かした
──〔助〕[+過去分詞. 複合時制を作る] ❶〔直説法〕1)〔現在完了. 現在形+過去分詞〕Hoy *he* cumplido 18 años. 今日私は18歳になった． Los niños *se han* dormido. 子供たちは眠り込んでしまった． Todavía no *han* hecho pública su posición sobre el problema. 彼らはこの問題に対する立場をいまだ公にしていない． Siempre *han* vivido en Madrid. 彼らはずっとマドリードで暮らしている． No *ha* hecho todavía las maletas. 彼はスーツケースをパッキングしていない． La pobre mujer *ha* sufrido ya demasiado. 気の毒にその女性はこれまでにも多くの苦しみを受けてきた． 2)〔過去完了. 線過去+過去分詞〕Cuando me llamó, ya *había* salido de la oficina. 彼が電話をしてきた時は私が事務所を出た後だった． *Había* vivido sola hasta que se casó. 彼女は結婚するまで一人暮らしをしていた． Ella me preguntó de dónde *había* venido. 彼女は私がどこへ行ってきたのか尋ねた． Nunca en su vida *había* visto un hombre como ese. 彼はそのような男性に一度も会ったことがなかった． 3)《文語》〔直前過去. 点過去+過去分詞〕Cuando *hubimos* llegado al pueblo, vino el alcalde a saludarnos. 私たちが村に着くとすぐに村長が挨拶に来た．〖語法〗《口語》では点過去で表わされる: Cuando *llegamos* al pueblo, vino el alcalde a saludarnos.〗 Apenas *hubo* cenado, se acostó. 彼は夕食をとるとすぐに寝た． No habló hasta que no *se hubieron* callado todos. 彼はみんなが黙しないまでは口を開かなかった． 4)〔未来完了. 未来形+過去分詞〕A esa hora *habremos* concluido. そのころには私たちはやり終えているだろう． Para el 2020 se *habrá* duplicado esa cifra. 2020年までにその数字は倍になるだろう． El lunes ya *habrá* cobrado la pensión. 月曜日には彼は年金を受け取っているだろう． ¿*Habrá* ocurrido alguna desgracia? 何か不幸が起きたのだろうか？ 5)〔過去未来完了. 過去未来形+過去分詞〕*¿Habría* cumplido con su promesa de ir a ayudar? 彼は手伝いに行くという約束を果たしていただろうか？ ¿*Habría* tenido un accidente? 彼は事故にあったのだろうか？ Me *habría* gustado asistir a la fiesta. 私はパーティーに来たかったのですが． *Se habría* conformado con la mitad. 彼ならその半分で満足したことだろう． ❷〔接続法〕1)〔現在完了. 接続法現在+過去分詞〕No puedo creer que lo *haya* dicho. 私には彼がそう言ったとは信じられない． Quizá *haya* llegado hoy. たぶん彼は今日着くだろう． ¡Ojalá lo *haya* conseguido! 彼がそれを手に入れていますように！ Nadie hablará de nosotras cuando *hayamos* muerto. 私たちが死んでも誰も私たちのことを話題にしないだろう． 2)〔過去完了. 接続法過去+過去分詞〕Si yo *hubiera* tenido dinero, me *hubiera* marchado a París. その時私に金があったのなら，パリに行っていただろう． La *hubiera* llevado a donde ella *hubiera* querido. 〔もし可能だったら〕私は彼女の行きたかったところへ彼女を連れて行っていただろう． Me preguntó qué *hubiera* hecho yo en su caso. 私の立場にだったらどうしていたかと彼は私に尋ねた． Y qué quería usted que *hubiese* yo hecho? あなたは私に何をしてほしかったのですか？ *Hubiese* sido mejor haber muerto. 彼女は死んでいた方がよかっただろう． ❸〔不定詞の複合形. haber+過去分詞〕1) ¿Sabes que he estado en Nueva York?—¡Hombre... ~lo sabido! 僕はニューヨークに行っていたのだが．—そうだったのか，知っていたらなあ！ 2) [de+a+. 起こった事実に反する条件文で，条件節に代わる働き] *De ~* habido algún artefacto explosivo, lo habrían detectado. もし何らかの爆発物があったのなら，彼らは見つけていただろう． 3) [主動詞の時に先行して実現された動作] Me alegro de ~te conocido. 私は君と知り合いになれたことを喜んでいる． Pero pronto se arrepintió de ~lo hecho. が，彼はそうしたことをすぐに後悔した． ❹〔現在分詞の複合形. habiendo+過去分詞〕*Habiendo* comido por la mañana, el estudiante se sintió listo para ir a la escuela. 朝食を終えると，その学生は登校する支度ができたと感じた
¡~+過去分詞！〔2人称に対する非難〕*¡Has* venido antes! 君は

háber

もっと早く来るべきだったのに! ¡*Hubierais* salido mañana! 君たちは明日出発していたらよかったのだ! 【3人称に対しては que+: ¡*Que hubiese* venido antes! 彼はもっと早く来るべきだったのに!】

¡*Que hubiera*+過去分詞】 [願望・非難] ¡*Que hubiera* avisado mucho antes! もっと早く知らせてくればよかったのに!

── 男 ❶ [主に 複] 財産, 資産: Sus ~es ascienden a más de $5.000 millones. 彼の財産は50億ドル以上にのぼる. confiscar todos sus ~es al abogado. 私たちは弁護士に報酬を払っている. tener en su ~ muchos bonos del Estado 資産として多くの国債を持っている. ❷ [文語] 複 [定期的に支払う] 報酬, 給料: Pagamos los ~es al abogado. 私たちは弁護士に報酬を払っている. En el sobre tienes tus ~es. 君の給料は封筒に入っている. mis ~es del mes de diciembre 私の12月分の給料. ❸ [簿記] 貸方 [⇔debe]: abonar una cantidad en su ~ ある金額を彼の勘定に貸記する. Di por perdidos el automóvil y la casa, únicos bienes terrenales a mi ~. 私は所有する唯一の物質的財産である車と家をなくしてしまった. ❹ [人・事物の] 長所, よい面: Tiene en su ~ no ser rencorosa. 執念深くないのは彼女のよいところだ. En cine tengo ocho películas en mi ~. 映画では私は8本の作品の実績がある

haber	
直説法現在	点過去
he	hube
has	hubiste
ha, hay	hubo
hemos	hubimos
habéis	hubisteis
han	hubieron
直説法未来	過去未来
habré	habría
habrás	habrías
habrá	habría
habremos	habríamos
habréis	habríais
habrán	habrían
接続法現在	接続法過去
haya	hubiera, -ses
hayas	hubieras, -ses
haya	hubiera, -se
hayamos	hubiéramos, -semos
hayáis	hubierais, -seis
hayan	hubieran, -sen

háber [áber] 男 《ユダヤ教》[ラビ rabi より下位の] 賢者

haberío [aberío] 男 ❶ [荷役・農耕用の] 役畜(ｪｷ). ❷ 集合 [一般に] 家畜

habichuela [abitʃwéla] 女 《植物, 豆》インゲン [マメ] 【=judía】: ~ roja ベニバナインゲン

ganarse las ~s 生活費を稼ぐ

habichuelo [abitʃwélo] 男 《方言》=**habichuela**

habiente [abjénte] 形 《法律》有している

hábil [ábil] 【←ラテン語 habilis「扱いやすい, 適した」< habere】形 ❶ [+con に] 巧みな, 上手な, うまい: Él era muy ~, y difícilmente cometería un error. 彼は筆使いが巧みだ. fotógrafo ~ 優秀なカメラマン. ❷ [手先が] 器用な: Dicen que no es necesario tener unas manos ~es para dar un masaje. マッサージをするのに手先が器用である必要はないと言われる. ❸ 有能な, 抜け目のない; 生活力のある: ser ~ en la discusión 議論の仕方が巧みである. ~ abogado 有能な弁護士. ~ jugador 抜け目のないプレーヤー. ❹ [場所が] ~に適した: espacio ~ para oficinas 事務所向きのスペース. ❺ 《法律》資格のある, 有効な: tener diez días ~es para reclamar 10日の間に請求できる. 【行政】día ~ 営業日, 平日

habilidad [abilidáð] 【←ラテン語 habilitas, -atis】女 ❶ 巧みさ, うまさ, 熟達; [主に 複] 腕前, 能力, スキル: Tengo ~ para saltar obstáculos. 私はうまく障害物を跳び越えることができる. Tiene una gran ~ para ocultar sus amoríos. 彼は自分の情事を非常に巧みに隠す. bailar con mucha ~ とても上手に踊る. tener la ~ de+不定詞 上手に…できる. hacer gala de sus ~es 熟達ぶりを示す. ~es culinarias 料理の腕. ~ política

政治手腕. ~es sociales 社会技能, ソーシャル・スキル. ❷ 技, 離れ業. ❸ 巧妙さ, 悪賢さ. ❹ 権利, 権限

habilidoso, sa [abiliðóso, sa] 形 【=habilidad】巧みな; 手先の器用な

habilitación [abilitaθjón] 女 ❶ [場所の] 使用, 利用. ❷ 資格(能力)の授与; 許可, 認可. ❸ 《西》国庫金支払い事務所; 支給. ❹ 《西》支払い主任 habilitado の職・職務. ❺ 《メキシコ, 中米》前払い. ❻ 《キューバ》[結婚の際, 女性が準備する] 家具類. ❼ 《チリ, アルゼンチン, ウルグアイ》[労働者への] 経営参加の呼びかけ

habilitado, da [abilitáðo, ða] 名 ❶ 《西》[国庫金の] 支払い主任, 会計係. ❷ 《軍》主計官

habilitador, ra [abilitaðór, ra] 形 権限を与える, 公認する: una ley ~ra de... の公認法

habilitante [abilitánte] 形 《法律》権限を与える, 公認する

habilitar [abilitár] 【←ラテン語 habilitare < habilis】他 ❶ [場所を, +para に] 使えるようにする, 整える; [用途に] 振り向ける, 当てる: Allí habilitó una vivienda abandonada. 彼は空き家になった住宅を使えるようにした. ~ un convento para hospital 修道院を病院として使う. ~ un despacho 事務所を用意する. ~ puertos 港湾を整備する. ❷ 《法律》資格(能力)を与える: Yo tenía el título que me habilitaba para enseñar el francés. 私はフランス語を教える資格を持っていた. Este es una especie de pasaporte que habilita al poseedor para vivir en cualquier ciudad del mundo. これは所持者に対して世界中のどの都市でも居住する資格を与えるパスポートのようなものだ. ~ a un menor 未成年者に法的資格を与える. ❸ 《経済》資金調達する, 融資する. ❹ 《コロンビア》[再試験を] 受ける

hábilmente [ábilménte] 副 器用に, 巧みに: esquivar ~ la responsabilidad 巧みに責任をかわす. crimen ~ concebido 巧妙に仕組まれた犯罪

habilla [abíʎa] 女 ❶ 居住[適]性. ❷ 《アンダルシア》インゲン [豆]

habiloso, sa [abilóso, sa] 形 《エクアドル, ペルー, チリ. 口語》利口な; 器用な, 手際の良い

habitabilidad [abitabilidáð] 女 住まれ得ること, 可住性: afectar la ~ de la Tierra en el futuro 将来の地球の居住性に影響する. condiciones de ~ 居住性条件

habitable [abitáble] 形 居住可能な, 住むのに適した: espacio ~ 居住空間. planeta ~ 居住可能な惑星. suelo (lugar) ~ 人が住むのに適した場所

habitación [abitaθjón] 【←ラテン語 habitatio, -onis < habitare】女 ❶ [廊下に対して] 部屋; [特に] 寝室: 1) Cuando desperté estaba solo en la ~. 目を覚ますと私は部屋の中に一人でいた. La casa disponía de agua corriente y calefacción en las habitaciones. その家の各部屋には水道と暖房が備わっていた. Mi casa consta de cuatro habitaciones, comedor, cocina y dos baños. 私の家には寝室が4つと食堂, 台所, それに浴室が2つある. En un rincón de la ~, pegada a la pared, estaba la cama de matrimonio. 部屋の隅には壁に接してダブルベッドがあった. ~ de los niños 子供部屋. 2) [ホテルの] ¿Tienen ustedes habitaciones libres? 空き部屋, ありますか? mozo de ~ 部屋係のボーイ. ~ individual (sencilla・simple) シングル, 1人部屋, 個室. ~ doble ツイン, 2人部屋. ~ de matrimonio ダブル. ❷ 住むこと, 居住. ❸ 住居. ❹ [動植物の] 生息地

habitacional [abitaθjonál] 形 《主に中南米》住居のする [人]

habitáculo [abitákulo] 【←ラテン語 habitaculum】男 ❶ 《自動車》車内スペース. ❷ 居住区画, 居住部分; 住居: Al fondo del garaje construyó un pequeño ~ para el guarda. 彼らはガレージの奥に守衛用の小さな部屋を作った. ❸ 《まれ》[動植物などの] 居住空間

habitador, ra [abitaðór, ra] 形 名 《文語》[+en+場所で] 居住する [人]

habitanta [abitánta] 女 《ペルー》売春婦

habitante [abitánte] 【←habitar】形 ❶ 住民, 住人, 居住者: Holanda tiene 15 millones de ~s y un millón de jugadores de fútbol. オランダには1500万の人口と100万のサッカープレーヤーがいる. El mundo tendrá 10 mil millones de ~s dentro de 40 años. 40年後には世界の人口は100億人になるだろう. gasto por ~ 一人あたり消費額. ~ de un edificio 建物の住人. ~ del pueblo 村の住民. ~ de la ciudad 市民. ~ de la región 地域住民. ~ de Tokio 東京都民. ❷ 生息動物

—— 形 居住する; 生息する
—— 男 《戯語》ノミ《=piojo》: tener ~s ノミがいる
habitar [abitár] 【←ラテン語 habitare「場所を占める, そこに住む」】 自
他 ❶ [+en に] 住む, 居住する: *Habitan en* la vecindad de mi casa. 彼らは私の家の近所に住んでいる. Dicen que los bosques de Galicia están *habitados* por trasgos y otros duendes. ガリシアの森にはいたずら小鬼などの小悪魔たちが住んでいると言われている. isla *habitada* 有人島. satélite *habitado* 有人衛星. ❷ 生息する: *En* los bosques *habitaban* el ciervo, el oso, el jabalí y el lobo. 森にはシカ, クマ, イノシシとオオカミが住んでいた. Los pingüinos *habitan* [*en*] las regiones polares. ペンギンは極地に生息している. ❸ 存在する: El racismo *habita en* todas partes. 人種差別は至るところに存在する

hábitat [ábitat] 【←ラテン語 habitat < habitare「住む」】 男 [園 ~s/単複同形] ❶ 《生物》生活環境; [動植物の] 生息環境, 生息地: El ~ del cóndor son las altas cumbres. 高い山の峰がコンドルの生息地である. devolver a su ~ 生息環境に戻す. ~ natural 自然生息地. ❷ 《文語》[人間の] 居住条件, 住居: ~ urbano (rural) 都会 (農村). mejorar el ~ 居住性を向上させる. ❸ [住居・リクリエーション・買物などの自然環境や社会施設を含む] 居住空間

hábito [ábito] 【←ラテン語 habitus「あり方, 外見」】 男 ❶ 《文語》習慣, 癖, 習性《=costumbre》: Tiene el ~ de trasnochar. 彼は夜ふかしする癖がある. Tenía por ~ acostarse a las siete u ocho de la noche. 彼は夜7時か8時に就寝するのを常としていた. Dejó hace un tiempo el ~ de beber mucho café. ちょっと前に彼はコーヒーを大量に飲む習慣を止めた. El tabaco causa ~. たばこは習慣性がある. ~ de lectura 読書習慣. ~s alimenticios 食事習慣. ~ de la lectura 読書習慣. ~s de higiene 排泄・歯磨き・洗面などの習慣. ~s de vida saludables 健全な生活習慣. ❷ 修道服: llevar un ~ 僧服を着る. tomar el ~ (los ~s) 修道院に入る, 修道士・修道女になる《主に修道女》. colgar (ahorcar) los ~s 還俗する; 《口語》転職する. ~ de monja 修道女の僧服. ~ negro 黒い修道服. El ~ no hace al monje. 《諺》人は見かけによらぬものだ/外見で判断してはいけない. ❸ [信仰のための] 生地・色が決められた服: ~ penitencial 《歴史》懺悔(ざん)服. ❹ 《鉱物》 cristalino 晶癖

habituación [abitwaθjón] 女 慣れ, 順応, 馴化(じゅんか)
habitual [abitwál] 【←hábito】 形 ❶ 習慣的な; 常習の: Ese gesto es ~ en él. それは彼がいつもやる仕草だ. bar ~ 行きつけのバル. clientela ~ 常連客たち. delincuente ~ 常習犯. ❷ 普通の, 通常の, いつもの: Esta vez está más cansada de lo ~. 彼女は今回はいつもより疲れている
— ser ~ que+接続法 …であるのが常 (普通) である: *Es* ~ *que* a esas horas de la noche estén aún trabajando. 夜のその時間だと彼らはまだ仕事をしているのが普通だ. En las películas es ~ *que* los dinosaurios sean grandes monstruos. 映画の中では恐竜は巨大な怪獣であるのが常である
— 女 常連: ~es de la reunión 集まりの常連たち. ~es de la gripe よく風邪を引く人々

habitualidad [abitwaliðáð] 女 習慣性, 常習性
habitualizar [abitwaliθár] 9 ~**se** 《まれ》 習慣化する
habitualmente [abitwálménte] 副 習慣的に, いつもは: Juegan ~ al escondite. 彼らはいつも隠れん坊をしている. ¿Qué lee ~? いつもは何を読んでいるのですか? ¿No reside en Madrid ~? 彼はふだんはマドリッドに住んでいないのですか?

habituamiento [abitwamjénto] 男 =**habituación**
habituar [abitwár] 【←hábito】 14 他 ❶ [+a に] 慣らす, 馴化(じゅんか)させる: No es fácil ~ a su familia *a* la nueva tierra. 家族を新しい土地に慣れさせるのは容易なことではない. Actualmente se está *habituando* a los animales al que será su nuevo hábitat. 現在動物たちを新しい生息地に慣れさせようとしているところだ. ❷ [+a の] 習慣をつけさせる: Los padres tienen que ~ a sus hijos *a* lavarse los dientes. 両親は子供に歯磨きの習慣をつけさせなければならない
— ~**se** 慣れる, 順応する, 習慣化する: No me costó trabajo ~*me a* este ritmo de vida. 私はこの生活リズムに慣れるのに苦労しなかった. ❷ 習慣がつく: Me he *habituado* a madrugar. 私は早起きするのに慣れた

habitud [abitúð] 女 ❶ 《まれ》 [2つの事柄の間の] 関連性, 関係. ❷ 《古語》 習慣

habladoor, ra**

habitué [abitwé] 【←仏語】 名 《主にアルゼンチン, ウルグアイ》[ある場所に] よく出かける人, 常連
habiz [abíθ] 【←アラビア語 abbas】 男 《歴史》[イスラム教関連の団体に対しての] 不動産の寄進

habla [ábla] 【←ラテン語 fabula「会話, 歴史的裏付けのない物語」】 女 [単数冠詞: el·un[a]] ❶ 話す能力, 言語能力: El niño perdió el ~ de sarampión. その子ははしかで口がきけなくなった. Debido a la enfermedad de Parkinson tiene dificultades en el ~ y escritura. 彼はパーキンソン病のため, 話したり書いたりするのが不自由になっている. recobrar el ~ 言語能力を回復する. ❷ 話すこと: El hombre se distingue de los otros animales por el ~. 人間は話せるところが他の動物と違う. ❸ 《個人特有の》話し方, 口調: Por el ~ supuse que era argentina. その話し方で彼女はアルゼンチン人だろうと私は推測した. Su ~ es muy fluida. 彼の話し方はとても流暢である. ~ de un niño 幼児の話し方. ❹ 《国語としての》言語, …語: propio de ~ del Perú ペルーの言語に特有の. países de ~ española スペイン語国. dominio de ~ inglesa del mundo 世界の英語圏. ❺ [書いたり話したりする実際の] 発話: Grabé muchas conversaciones de jóvenes para estudiar el ~ de estudiantes. 私は学生言葉を研究するために若い人たちの多くの会話を録音した. ❻ [一言語体系内部の一地域~集団の] 言葉, 方言: El andaluz es una de las ~s regionales de España. アンダルシア語はスペインの地方語の一つである. La gente de esta isla tiene un ~ especial. この島の人たちには独特ななまりがある. La palabra "parné" significa "dinero" en el ~ de los gitanos. parné はジプシー語で「お金」の意味である. ~ dialectal 方言ことば. ~ local 地域語. ❼ 《言語》 パロール, 言《ソシュール Saussure の用語で, 体系としての言語 lengua に対する個人の一回限りの発話》: la lengua y el ~ 言語と言, ラングとパロール

***al* ~** 1) [電話を取った人がその電話の話し相手であった時の返事] はい, 私です; [話し相手に替わる時の] はい, 今替わります: Por favor, ¿me puede poner con el profesor Pizarro? —*Al* ~, ¿quién es? すみません, ピサロ先生を電話に出していただけますか? —はい, 私です. そちらはどなたですか? Ahora mi marido se pone [*al* ~], ¿eh? 今主人と替わりますね. 2) [電話を取った人が名乗って] Dígame, aquí usted *al* ~ *con* la secretaria del rector. もしもし, こちらは学長秘書でございます. 3) [+con と] 連絡をとって: Estamos *al* ~ *con* nuestro corresponsal en París. 私たちは今パリ特派員に連絡中です. 4) 《船舶》 声の届く範囲 (距離) に位置して; 連絡して, 交信して. 5) 折衝中
***dejar a*+人 *sin* ~** …を唖然とさせる: Su respuesta me *dejó sin* ~. 彼の返事を聞いて私は言うべき言葉がなかった
***estar en* ~s** [交渉締結を目指して] 折衝 (交渉) 中である
***negar el* ~ *a*+人** [けんかして] …と口をきかない
***ponerse al* ~** 1) [+con と] 連絡をとる: Déjeme su número de teléfono y *me pondré al* ~ *con* usted oportunamente. あなたのお電話番号をいただけたら, しかるべき時にご連絡いたします. Para más información, *póngase al* ~ *con* nuestra respectiva sucursal. 詳細については弊社の各支店にご照会 (連絡) 下さい. 2) 《船舶》 声の届く範囲に位置する; 交信する
***quedarse sin* ~** [驚き・恐怖で] 口がきけなくなる
***quitar el* ~ *a*+人** 口もきけないほど…を驚かす (怖がらせる)

hablachento, ta [ablatʃénto, ta] 形 名 《ベネズエラ》 おしゃべりな [人], 話好きな [人]
hablada[1] [abláða] 女 ❶ 《メキシコ, グアテマラ. 口語》 うわさ話 《=habladuría》. ❷ 《コロンビア》 俗 偽りの言動, 嘘. ❸ 《チリ. 口語》 話すこと
habladera [abladéra] 女 《グアテマラ, キューバ, ドミニカ》 うわさ, ゴシップ
habladero [abladéro] 男 《アルゼンチン, チリ》 うわさ話, 陰口; 非難
hablado, da[2] [abláðo, da] 形 ❶ 言葉による: danza ~*da* せりふを伴った踊り. diario ~ ラジオニュース. ❷ 口語の: español ~ 口語スペイン語. ❸ [+bien ~ (mal ~)] 言葉づかいの良い・悪い: Es un joven muy bien ~. その青年はとても言葉づかいが丁寧だ. ¡No seas mal ~! そんな下品な口をきくな!
— 男 《俗用; エルサルバドル, コスタリカ》 [ある人 (特有) の] 話し方

hablador, ra [ablaðór, ra] 【←hablar】 形 名 ❶ 《絶対最上級 habladorcísimo, ma》 おしゃべりな [人], 多弁な [人], 饒舌な [人], 無駄口の多い [人]: Era una mujer muy ~*ra*. 彼女はとてもお

habladuría

しゃべりな女だった. Hoy está muy ~. 彼は今日はとても口数が多い. En el aula se sientan detrás los ~es. 教室ではおしゃべりな連中が後ろに座る. ❷ [口の軽い(人)]: No se lo digas, es muy ~. 彼には言うなよ. あいつはひどく口が軽いから. ❸ [話す, 話すことのできる: pájaro ~ 言葉をしゃべる鳥. ~《メキシコ, ドミニカ》虚勢を張る[人]; ほら吹きの[人], 嘘つきの[人]

habladuría [ablaðuría]《←hablador》囡 [主に 複] ❶ [本人のいないところでの] 悪口, 陰口: No hago caso de ~s. 私は人の悪口は気にしない. ❷ [根拠のない] うわさ話, ゴシップ: Se oyeron muchas ~s sobre la salud del Presidente. 大統領の健康状態についてあれこれと取り沙汰されているのが聞こえた

hablachín, na [ablatʃín, na] 形 名《地方語》おしゃべりな[人]

hablante [aβlánte] 形 名 ❶ [母語として] 話す[人], 話者: Hay unos 400 millones de ~ de español en el mundo. 世界には約4億人のスペイン語話者がいる. Los ~s son los que hacen la gramática. 話者が文法を作る. ~ nativo《西》ネイティブスピーカー. ❷ 話し手[の]《⇔oyente》: Pensar bien lo que se vaya a decir a una norma del buen ~. あらかじめ何を言うかよく考えることは良い話し手になるための規範である

-hablante《接尾辞》[…語話者[の]] hispanohablante スペイン語話者, anglohablante 英語話者, francohablante フランス語話者, lusohablante ポルトガル語話者; profesor catalanohablante カタルーニャ語を母語とする先生

hablantín, na [ablantín, na] 形 名《中米》おしゃべりな[人] — 囡《コロンビア, ベネズエラ》[度を越えた] おしゃべり, 無駄話

hablantino, na [ablantíno, na] 形 名《チリ, 口語》=**hablantín**

hablantinoso, sa [ablantinóso, sa] 形 名《コロンビア, ベネズエラ》非常におしゃべりな[人], 長々と無駄話をする[人]

hablapaja [ablapáxa] 形 名《ベネズエラ》とりとめのないおしゃべりをする[人]

hablar [aβlár]《←ラテン語 fabulari「会話をする」》自 ❶ 話す, しゃべる《類義》**charlar** はおしゃべりをする, **comentar** は話題にする, **contar** は物語る, **decir** は言葉を言う・意見を述べる, **hablar** は言葉を発する・話す・おしゃべりをする]: 1) El hombre tiene facultad de ~, lo que le distingue de los otros animales. 人間は話す能力を持っていて, これによって他の動物から区別される. Como le han quitado las cuerdas vocales en la operación, no puede ~. 彼は手術で声帯を取ってしまったので, しゃべることができない. Este niño ya ~. この子はもう言葉をしゃべれる. No me interrumpas cuando estoy hablando. 私が話している時に邪魔をしないでくれ. Solo habla y habla y no dice nada. 彼はぺらぺらしゃべるだけで, 中身のあることは何も言わない. 2) [+con+人と] Ayer hablé con tu hermana. 昨日君の妹さんと話をしたよ. Voy a ~ con todos. 私は全員に話すつもりだ. 3) [+a+人 に] 話しかける, 口をきく: ¿Me habla usted a mí? 私に話ですか? El emperador habló a todos los asistentes al banquete. 天皇陛下は晩餐会の出席者全員に声をかけられた. Me atreví a ~ a su padre. 私は思い切って彼の父に声をかけてみた. 4) [+de・sobre・acerca de について] Como soy ignorante en la música clásica, no me hables de Vivaldi. 私はクラシック音楽は知らないから, ヴィヴァルディなんて言わないでくれ. ¿De qué hablan?—Del fútbol. 何の話です?—サッカーのことです. Nunca habla de sus creencias religiosas. 彼は自分の信仰については決して語らない. Ahora he hablado de (acerca de) mi tesina con el asesor. いま私の卒業論文について指導教官と相談してきた. No quiero ~ sobre ese accidente. 私はその事故のことは話したくない. 5) [+en+言語 で] En la clase no me habléis en japonés. 授業では私に日本語で話してはいけません. En su casa habla en alemán con su madre y en inglés con su padre. 彼は家では母親とドイツ語で, 父親とは英語で話す. 6) [電話]¿Quién habla?—Habla Juan./¿Con quién hablo?—Habla con Juan. どなたですか?—フアンです. ¿Hablo con la casa del Sr. Gómez?—Sí, soy yo. ゴメスさんのお宅ですか?—はい, 私です. Quisiera ~ con Ana. アナをお願いしたいのですが, こちらフアンです. ¿Quién habla?—Soy yo, Juan. どなたですか?—僕だよ, フアンだよ. Le pongo con la habitación 125. Puede ~. 125号室につなぎました. どうぞお話し下さい. ¡Hable! お話しください! 7)《諺, 成句》Cada uno habla como quien es. しゃべるお里が知れるものだ. El ~ bien no cuesta dinero. お世辞に金はかからない. El que sabe mucho, habla poco. 能ある鷹は爪を隠す. Es ~ por demás. それは言っても無駄だ. Habla mucho

pero no dice nada. 彼は口数は多いが説得力に乏しい. Hablando se entiende la gente. 話せば人は分かり合える. Quien mucho habla mucho yerra. 口は災いのもと. ~ 会話をする, おしゃべりをする: Ese día estuvimos hablando hasta las tres de la madrugada. その日私たちは(翌日の)朝3時までずっとおしゃべりをしていた. Nos pasamos la tarde hablando alegremente. 私たちは楽しくおしゃべりをして午後を過ごした. ❸ [+de について] うわさする, 話題にする; 論じる, 批判する: He oído ~ mucho de usted. おうわさはかねがねうかがっております. Todo el mundo habla del terremoto. 皆が地震の話をしている. ~ Hablan de ti a tus espaldas. 君は陰口をたたかれている. Esa señora siempre habla mal de su antiguo esposo. その女性はいつも別れた夫の悪口を言っている. ~ de artes 芸術について論じる. ❹ [主に強制されて] 自白する, 白状する: Lo torturaron días y días pero no consiguieron que hablara. 彼らは何日もその男を拷問にかけたが, 白状させることができなかった. ❺ 物語る, 書く: Los escritores extranjeros no hablan nada de eso. 外国人作家はそのことについては何も書き留めていない. Este libro habla de biodiversidad. この本には生物多様性のことが書いてある. ❻ [言葉以外の手段で情報・考え・事実などを] 表現する: Estas estadísticas hablan por sí solas. これらの統計資料が如実に示している. España habla por sus Patrimonios de la Humanidad. スペインはその世界遺産を誇りにしている. ~ con gestos 身ぶりで示す. ~ con los ojos 目で語る. ❼ 演説する, 語る: Mañana hablará el primer ministro en el Congreso de los Diputados. 明日首相は衆議院で演説することになっている. Siempre habla elocuentemente. 彼はいつも雄弁だ. ❽ [待遇表現. +de と] 呼ぶ: No me hables de "tú". Llámame de "usted". 私を「君」と呼んでくれないか, 「あなた」と呼べ. Si quiere usted, podemos ser amigos. Mejor dicho, si quieres. Te voy a ~ de tú. もしよろしければ友人になりましょう. もちろん, あなたがよかったらのことですが. これからは「君」と言いますからね. ❾ 合意する: Lo hicieron como habían hablado antes. 彼らは言い合わせたように行動した. ❿ [推薦・仲介の労をとって] 話をもちかける, 口利きをする: Le he hablado de ti al presidente, y me ha dicho que vayas mañana. 社長に君のことを話したら, 明日来るようにとのことだったよ. ⓫ [楽器・風などが] 鳴る, 響く. ⓬ [鳥が] 人の声をまねる. ⓭ [俗用] [恋人として] 付き合う, 恋愛関係にある: José habló tres años con María. ホセはマリアと3年交際した

── 他 ❶ [+言語 (無冠詞) を] 話す: ¿Habla usted inglés?—Sí, pero preferiría ~ español. 英語を話せますか?—はい, でもスペイン語の方がいいのですが. Carmen habla muy bien [el] francés. カルメンはフランス語をとてもうまく話す. Habla muchas lenguas extranjeras. 彼は多くの外国語を話す. Solía decir Carlos V que, para hablar a su caballo, hablaba la lengua alemana. カルロス5世は, 自分の馬に話をするにはドイツ語を使うと, いつも言っていた. saber ~ portugués ポルトガル語を話せる. ❷ [良い悪いことを; 激しい・極端なことなどを] 言う: ~ cosas de hombres 男同士の話をする. ~ disparates でたらめを言う. ~ majaderías ばかげたことを言う

── ~se ❶ 話される: 1) El español se habla aproximadamente por 400 millones de personas como lengua materna. スペイン語は母語としてほぼ4億の人によって話されている. 2) [掲示・表示などで] Se habla japonés. 日本語通じます. ❷ [+de という] うわさされる: Se habla de que va a dimitir. 彼は辞任するという話だ. ❸ 話し合う; 言葉を交す, 交友関係にある: Siempre nos hablábamos de tú. 私たちはいつも「君・僕」で話していた. Ayer nos hablamos en la fiesta del Año Nuevo. 昨日私たちは新年会で言葉を交わした. Son grandes amigas y se hablan por teléfono con frecuencia. 彼女たちは大の仲良しで, よく電話を掛け合っている. Cuando se pelearon pasaban meses sin ~se. 彼らはけんかをすると何か月も互いに口をきかずにいたものだ. ❹ [俗用] [恋人として] 付き合う, 恋人関係にある: Hace ya medio año que Jaime se habla con Dolores. ハイメはもう半年もドローレスと親密な関係にある. ❺《メキシコ》電話する

dar que ~ うわさの種になる, 憶測を生む: Siempre da mucho que ~ con sus comportamientos enigmáticos. 彼はその謎の行動でいつもうわさの種になっている. Su pelea a puñetazos en el bar ha dado mucho que ~ a los medios de comunicación. 彼のバルでの殴り合いのけんかはマスコミで大変話題になった

echar a ~ =**romper a** ~
el que ~ 1)〔応答などで〕私です: ¿Me pone con el Sr. Gómez?—Soy yo, *el que habla*. ゴメスさんをお願いします.—はい,私です. 2)〔引用の後などで〕と語っているのは
estar hablando〔口語〕〔肖像画などが実物に〕そっくりである: Mi abuelo *está hablando* en este retrato. 私の祖父はこの肖像画では生き写しに描かれている
habla que te habla ずっと話し続ける: Se pasó el día *habla que te habla*. 彼は終日しゃべり続けた
hablando mal y pronto〔口語〕露骨な言い方だが
~ *bien* きれいな(正しい)話し方をする
~ *bien de*+人 …をほめる: Todos los jugadores *hablan bien del* nuevo entrenador. 選手たちはみんな新監督のことをほめている
~ *consigo* [*mismo*] ひとりごとを言う; [口に出さず] 心中で思う,自分でよく考える
~ *mal* 1) 悪態をつく,汚い(下品な)言葉を使う. 2) 間違った話し方をする
~ *mal de*+人 …の悪口を言う,けなす: Siempre estaba *hablando mal de* su suegra. 彼女は常に姑の悪口を言っていた
~ *por* ~ / ~ *por no callar* 意味のない話をする,とりとめのないことを話す: Lo que han dicho ustedes ahora es un ~ *por no callar*, no conduce a la solución del caso. あなたがたが今まで言ったことは時間稼ぎみたいなもので,この件の解決策にはほど遠い
~ *y no acabar* [+*de* について] ひどく大げさに言う
hacer ~ 1)〔楽器を〕語るように弾く: Toca de maravilla el violín, que lo *hace* ~. 彼はすばらしく上手にバイオリンを弾く,語りかけるように弾くんだ. 2)〔人の指示などを聞かないで〕叱られる: Haz lo que te digo y no me *hagas* ~. 言いつけたことをしなさい,私に文句を言わせるな
mal hablado =**malhablado**
ni ~〔申し出・頼みなどを頭から拒否・否定して〕論外だ,とんでもない: Te pago mi consumición.—¡*Ni* ~! 僕の飲んだ分は君に払うよ.—いらないったら. ¿Puedes prestarme cien euros?—De eso *ni* ~. 100ユーロ貸してくれないか?—それはお断りだよ
ni ~ *de…* …なんてまっぴらだ: *Ni* ~ *de* estudiar, vamos a jugar. 勉強なんてまっぴらだ,さあ,遊ぼう
ni ~ *ni parlar* / *ni habla ni parla* [人が] 全く沈黙している
ni hablemos 言うまでもない
no ~ *a*+人 / *no* ~ *con*+人 …と付き合わない,けんかしている: *No* quiere ~*se con*migo desde que discutimos. 彼は私と口論してからは口もききたがらない
no hay más que ~〔会話・議論の打ち切り〕これ以上話すことはない
no me hagas ~ 聞いていればいい気になって[ぎゃふんと言わせてやるぞ]
no querer ni oír ~ *de…* …のことなど聞きたくもない
no se hable más 1) [+*de* について,口論などを打ち切って] これで終わりにしよう / 分かった,もうそれ以上言うな. 2)〔頼み事などを受け入れて〕よし分かった,そうしよう
romper a ~〔幼児が〕しゃべり始める; [それまで黙っていた人が] わっとしゃべり出す

hablilla [aβlíʎa]〔女〕=**habladuría**
hablista [aβlísta]〔形〕正確(純正)な言葉づかいをする(教える)人
hablistán [aβlistán]〔形〕〔口語〕おしゃべりな[人]
habón [aβón]〔男〕❶〔虫刺され・アレルギーなどによる,かゆみを伴った〕ふくれ,腫れ. ❷ ソラマメ〔=**haba**〕
Habsburgo [a(p)sβúrɣo]〔男〕ハプスブルク家,ハプスブルク王朝〔中欧を中心とする王家. 1516～1700年にはスペインの王位も占めた〕
habsburgués, sa [a(p)sβurɣés, sa]〔形〕ハプスブルク家の
habugo [aβúɣo]〔男〕〔鳥〕ヤツガシラ〔=**abubilla**〕
habús [aβús]〔男〕〔モロッコ〕=**habiz**
haca [áka]〔←英語 hack〕〔女〕〔古語〕子馬〔=**jaca**〕
—— 〔男〕〔中南米〕〔先住民の〕財産〔動産と不動産の〕
hacamari [akamári]〔男〕〔ペルー〕=**ucumari**
hacán [akán]〔←ヘブライ語 hakam〕〔男〕イスラム教団の賢者
hacanea [akanéa]〔女〕〔イギリスの Hackney 産の〕丈夫な馬
hacecillo [aθeθíʎo]〔haz の示小語〕〔男〕❶〔植物〕密繖(さん)花序,束生葉. ❷ 小さな束

hacedero, ra [aθeðéro, ra]〔形〕〔古語的〕実行可能な,するのが容易な
hacedor, ra [aθeðór, ra]〔名〕❶ 作る人: ~ *de reyes* キングメーカー. ❷〔まれ〕農場管理人
—— 〔男〕[el [supremo・sumo] *H*~] 創造主,造物主,神
hacendado, da [aθendáðo, ða]〔←**hacienda**〕〔形〕〔名〕❶ 大地主(の),大農場主(の). ❷〔中南米〕家畜を飼育する; 牧場主
hacendar [aθendár]〔←**hacienda**〕[23]〔他〕スペインの歴代王がレコンキスタドールたちに対して行ったように]土地などの権利を譲渡する
—— ~*se* [+*en* に,定住目的で]不動産を購入する,定住する: *Se hacendó en* Toledo. 彼はトレドに居を定めた
hacendera¹ [aθendéra]〔女〕❶〔サラマンカ,ソリア,グアダラハラ〕[小さな町・村で全住民に義務づけられた]夫役. ❷〔地方語〕[日々の]家事
hacendera, ra²[aθendéro, ra]〔形〕家(財産)に細かく気を配る
hacendismo [aθendísmo]〔男〕〔集合〕財政に関する知識
hacendista [aθendísta]〔名〕❶ 財政学者. ❷〔国・自治体などの〕財務官
hacendístico, ca [aθendístiko, ka]〔形〕財政の,財政に関する
hacendoso, sa [aθendóso, sa]〔←**hacienda**〕〔形〕〔主に女性が〕家事に励む,働き者の
hacer [aθér]〔←ラテン語 facere〕[63]〔他〕**I** ❶ 作る: 1)〔材料・部品から〕製作する,製造する: En esta fábrica *hacen* computadoras. この工場ではコンピュータを製造している. automóviles *hechos* en Japón 日本製の自動車. 2)〔手仕事で〕Un carpintero *hizo* una librería de madera de roble. 建具屋がオーク材で本棚を作った. ~ pantalones de hombre 男物のズボンを仕立てる. ~ una bufanda [de punto] マフラーを編む. ~ pajaritas de papel 折り紙で鳥を作る. 3)〔調理〕Mi madre nos *hacía* un pastel de ciruelas muy rico. 母は私たちにとてもおいしいプラムケーキを作ってくれた. Espera un momentito, que te *hago* un bocadillos de jamón y queso. ちょっと待ってなさい,ハムとチーズのサンドイッチを作ってあげるから. ~ una ensalada サラダを作る. ~ el té お茶を入れる. ~ bien la carne 肉をよく焼く. el pescado a la parrilla 魚をグリルで焼く. ~ huevos fritos 目玉焼きを作る. 4)〔制作・創作・描画〕*Hizo* versos bonitos. 彼は美しい詩を作った. Estos murales fueron *hechos* por Orozco. これらの壁画はオロスコによって描かれた. ~ una escultura 彫刻を作る. ~ un programa de televisión テレビ番組を作る. película muy bien *hecha* よくできた映画. un triángulo 三角形を描く. 5)〔文書など〕作成する: Ahora te *hago* una carta de presentación. これからあなたの紹介状を書きます. Me *hizo* un plano del barrio. 彼はその地区の案内図を書いてくれた. Te *haré* un cheque. 小切手を切ってあげる. ~ un plan de recuperación de la compañía 会社の再建計画を作成する. 6)〔制定・設立〕~ el reglamento interno de la asociación 協会の内規を定める. ~ una compañía 会社を設立する. ~ una urbanización 団地を建設する. 7)〔神・超自然的な力による創造〕Dios *hizo* al hombre a su imagen y semejanza. 神は人間を自らの姿に似せて造りたもうた. 8)〔荷物・包みなど〕~ paquetes de regalos 贈り物の包みを作る. ❷ 生じさせる,生み出す: 1)〔音〕立てる: Esta máquina *hace* un ruido horrible. この機械はすさまじい音を立てる. Me molesta mucho el tictac que *hace* el reloj del salón. 私は広間の時計のカチカチという音がどうも気にさわる. Los perros *hacen* "guau guau". 犬たちがワンワンと鳴く. 2) 作り出す: La locomotora *hacía* humos negros al subir la pendiente. 機関車は坂を登る時黒い煙を吐いていた. ~ herrumbre 錆をだす. ~ sombra 影ができる. 3)〔すき間・場所などを〕*Hago* un espacio en la habitación para colocar un estante. 私は本箱を置くために部屋にスペースを作る. Corredos un poco para ~ le sitio. ちょっと詰めて,ここに場所を空けてやってくれ. 4)〔変化させて〕作り上げる,完成させる: Esta pipa *hace* buen vino. この木樽ではまろやかなワインができる. Esta cebada *hace* buena cerveza. この大麦からおいしいビールができる. 5)〔反応などを〕引き起こす: Este jabón no *hace* espuma. この石鹸は泡が立たない. La herida ha *hecho* pus. 傷が膿をもった. 6)〔主語〕Le *hará* bien el clima seco de aquí. ここの乾燥した気候が彼にいい作用を及ぼすだろう. El castigo duro a veces *hace* mal efecto. 厳罰は時に悪い結果を生む. 7)〔影響・印象などを〕与える: Me *hizo* daño la leche. 私は牛乳でおなかを壊した. Los buenos modales de

los niños me han hecho buena impresión. 子供たちの良さに私は感心した。 Su muerte me hizo una fuerte conmoción. 彼の死は私には大きなショックだった。 8)《口語》[収穫] Este año hemos hecho muchos tomates. 今年はトマトがたくさん穫れた。 ❸ する, 行なう: 1) [行為・動作] ¿Qué estáis haciendo aquí?—Estamos haciendo la tarea. ここで何をしているの?—宿題をしています。 ¿Qué ~? 何をなすべきか? ¿Qué puedo ~? 私は一体どうしたらいいのか? Yo en tu caso no lo habría hecho. 私が君ならそうはしなかったろうね。 No te enfades, lo hice sin querer. 怒るなよ, 悪気があってそうしたのではないのだから。 no ~ nada 何もしない。 ~ la limpieza de la casa 家の掃除をする。 ~ un cálculo aproximado 概算をする。 ~ yoga ヨガをする。 2) [勉強・研究] Este año mi hijo hace cuarto de primaria. 今年私の息子は小学4年生だ。 Hago Derecho (carrera de literatura) 法律を勉強している(文学を専攻している)。 ~ español スペイン語の勉強をする。 3) [練習・トレーニング] ~ dedos [ピアニストなどが] 指慣らしをする。 ~ piernas 脚を鍛える。 4) [職業・活動] ¿Qué hace tu novio?—Es locutor. 君の恋人の職業は?—アナウンサーです。 Empezaron a ~ teatro ya en el colegio. 彼らはすでに中学で芝居を始めていた。 5) [上演・上映] Ahora en este teatro hacen una comedia musical muy famosa. 今この劇場ではとても有名なミュージカルをやっている。 ¿Qué película hacen hoy? 今日は何の映画をやっているのですか? 6)《主に西》[出演・演技] La película que va a ~ Carmen será muy interesante. カルメンが今度出る映画はとても面白いものになりそうだ。 Oye, tú, haz el borrachero. おい, お前, 酔っぱらいの芝居をしてみろ。 ~ la reina 女王の役を演じる。 ~ el malo 悪役をやる; 悪ぶる。 7) [出場] En la competencia hace disco. 競技会では彼は円盤投げに出場する。 ❹ ~の仕事(役割)をこなす; 真似をする: La hija menor hacía la mujer en su casa. 彼女は下の娘が主婦の仕事をしていた。 El padre hace San Nicolás para divertir a los hijos. 父親は子供たちを喜ばせるためにサンタクロースに扮装する。 ❺ …のふりをする, …のようにふるまう: 1) [+que+直説法] Nos cruzamos por la calle e hice que no la veía. 私は通りですれ違ったが, 私は彼女に気づかないふりをした。 2) [+定冠詞+名詞・形容詞] ~ el payaso 道化師のようにふるまう。 ~ el tonto ばかなことをする。 ❻ [人・事物を, +目的格補語に] 変える: 1) Hizo su secretaria a una hija suya. 彼は娘の一人を自分の秘書にした。 La hizo su mujer. 彼は彼女を妻にした。 Yo te haré feliz. 僕は君を幸せにする。 El tabasco hace más sabrosa de la carne. タバスコをかけると肉はもっとおいしくなる。 Este incidente lo hará más difícil. この出来事は状況をもっと難しくするだろう。 2) [外見を] La barba le hace uno poco más viejo. ひげのせいで彼は少し老けた感じがする。 El color negro te hace más delgado. 黒色は君をもっと細く見せる。 3) [+de を] Hicieron de su hija una gran actriz. 彼らは娘を大女優に育てた。 Mi madre hace una sopa sabrosísima de esta calabaza. 母はこのカボチャでとてもおいしいスープを作る。 Hice el pan cuatro partes. 私はパンを4つに分けた。 ❼ [数量が] …になる: 5 y 6 hacen 11. 5足す6は11である。 Cien dólares, con el tipo de cambio de hoy, hacen 10.000 yenes. 100ドルは今日の為替レートで1万円になる。 ❽ [容積・収容能力・重さ・長さが] …ある: Este cubo hace cinco litros de agua. このバケツには5リットルの水が入る。 Quiero un pavo que haga unos tres kilos. 重さが3キロぐらいの七面鳥が欲しい。 ❾ …歳になる: En abril ha hecho los sesenta [años]. この4月に彼は満60歳を迎えた。 ❿ [順序が] …になる: Yo hago el cuarto en la cola. 私は行列の4番目だ。 ⓫ [車などで時間・距離を] 走る, 進む: Hicimos los 500 kilómetros en cinco horas. 私たちは5時間で500キロ行った。 El coche hacía cien kilómetros por hora. 車は時速100キロを出していた。 Todos los días hace media hora en bicicleta para ir a su comercio. 彼は毎日店まで30分自転車を走らせて行く。 Hice Madrid-Sevilla en tres horas. 私はマドリード=セビーリャ間を3時間で走った。 Hacemos los kilómetros que podamos. できるだけ距離をかせごう。 ⓬ 獲得する, 入手する: Usando medios mezquinos hizo una fortuna. 彼は汚い手を使って一財産作った。 ~ tres goles en el partido 試合で3ゴール入れる。 ⓭ [主動詞派生名詞. 元の動詞の意味を表わして] ~: Haz presión sobre ese botón y ya funciona batidora. そのスイッチを押せばミキサーは動くよ [=presionar]。 ~ la comunión 聖体拝領をする [=comulgar]。 ~ gestiones 手続きをする [=gestio-

nar]。[参考] 動詞派生名詞でない場合: hacer la tarea 宿題を, hacer deporte スポーツをする。 2) ~ la habitación [ホテルで] 部屋の準備をする。 2) [他人の身体の] 手入れをする, 美しくする: ~ el pelo (las uñas) a la niña 女の子の髪をといてくれる。 ~ cristales ガラス磨きをする。 ⓯ [+con・de を] …に供給する, 都合してやる: Hizo a José con dinero (de libros antiguos). 彼は彼に金を都合してやった(古本を提供した)。 ⓰ [船舶] [必要物資を] 積み込む: ~ petróleo (víveres) 石油(食糧)を調達する。 ⓱ [+a に] 慣らす: Hizo a sus hijos a la comida frugal. 彼は息子たちを粗食に慣れさせた。 ~ los caballos al fuego 馬を火に慣れるように仕込む。 ~ su cuerpo a un duro ejercicio 体を猛練習に慣れさせる。 ⓲ [鷹狩り] [猛禽を] 訓練する。 ⓳ [主に線過去で, +目的格補語/+場所・様態などの状況補語 であると] てっきり思う, 想像する: Como tiene muchas canas, la hacía mucho mayor que yo. 彼女は白髪が多いので, 私よりずっと年上だと思っていた。 Yo hacía a Juan contigo. 私はフアンは君と一緒にいると思い込んでいた。 A estas horas ya te haré durmiendo. この時間にはもう君は眠っていると思うのだが…。 ⓴ [俗用] [子を] 生む

II [使役動詞] ❶ [+不定詞] …に…させる; …に…してもらう: 1) [不定詞が自動詞. 不定詞の動作主は hacer の直接目的語] Hice venir a mi hija. 私は娘を来させた。 La hice callar. 私は彼女を黙らせた。 El fuerte calor ha hecho crecer el arroz más pronto que de ordinario. 猛暑のおかげで稲の生育が例年より早くなった。 Hazles entrar. 彼らを入らせなさい。 2) [不定詞が他動詞. 不定詞の動作主は hacer の間接目的語] A ella le hice leer la carta en voz baja. 私は彼女に小声で手紙を読ませた。 Guardó las fotos que le regaló la niña para ~ le creer que la quería. 彼はその女の子がくれた写真を取っておいて, 彼が彼女を愛していると彼女に信じさせようとした。 Le hice hacer un traje. 私は彼に洋服を作ってもらった。 ❶ [不定詞の動作主を le] Esta canción hace llorar. この歌は涙を誘う。 ~. Haré arrancar los árboles del jardín. 私は庭の木を抜かせる(抜いてもらう)。 ❷ [+que+接続法] Nos hicieron que suspendiéramos la investigación al respecto. 私たちはその件についての調査を中止させられた。 La policía hizo que saliesen del parque todos los manifestantes. 警察はデモ隊全員を公園の外に退去させた。

III [単人称動詞] ❶ [天候・気象] ¿Qué tiempo hace hoy? 今日はどんな天気ですか? Hace buen tiempo. いい天気だ。 Mañana hará buen día. 明日は晴れるだろう。 [語法] bueno・malo を名詞化して hacer bueno・malo も使われる: No salgo hoy, que hace malo. 今日私は外出しない, 天気が悪いので。 Nos hizo un tiempo estupendo. 私たちはすばらしい天気に恵まれた。 Hace una mañana muy hermosa. 美しい朝だ。 Hace sol. 日が照っている。 Hace viento. 風がある。 Hace diez grados bajo cero. 零下10度である。 Hace bochorno. むしむしと暑い。 ~ Hace una primavera fría. 寒い春だ。 ❷ [時間の経過も] 1) [現在に言及] …になる: De eso ya hace un año. それからもう1年になる。 2) [過去に言及] Ayer hizo dos meses. 昨日で2か月たった。 3) [+que+直説法] …してから…になる, …前から…している: i) [現在のある時が基準の場合: hace] Hace dos años que vivo aquí. 私はここに住んで2年になる。 Hace tres meses que falleció su mujer. 彼の妻が亡くなって3か月になる。 Hace mucho tiempo que no lo veo. 私は長いこと彼に会っていない。 No hace nada que vino. 彼は今しがた来たばかりだ。 ii) [過去のある時が基準の場合: hacía] Hacía dos años que yo vivía allí. (その時は)私はそこに住んで2年になっていた。 Hacía mucho tiempo que no la veía. 私は長いこと彼女に会っていなかった。 iii) [未来のある時が基準の場合: hará] El mes próximo hará dos años que vivo aquí. 来月で私はここに住んで2年になる。 Mañana hará diez años que nos casamos. 明日で2人は結婚10年になる。 4) [前置詞的] …前に [→antes [類義]] : i) [現在が基準の場合: hace] Llegó a Lima hace cinco días. 彼は5日前にリマに着いた。 Estoy aquí desde hace dos horas. 私は2時間前からここにいる。 Trabajó en esta fábrica hasta hace dos años. 彼は2年前までこの工場で働いていた。 ¿Desde hace cuánto tiempo estudia usted el español? どれくらい前からスペイン語を勉強していますか? ~ una noche de hace diez años 10年前のある晩に。 ii) [過去のある時が基準の場合: hacía] Había llegado a Lima hacía cinco días. 彼 (その時の)5日前にリマに着いていた。 Le esperábamos desde

hacer

hacía tres horas.〔その時〕私たちはもう3時間も前から彼を待っていた.《誤用》hacer を名詞に一致させて複数形にする: × hacer frío y viento (○)hace frío y viento 寒くて風がある). ×hacen dos días (○hace dos días 2日前に)》❸〔+hambre・sed・sueño など〕感じる, もよおす: ¿*Hace* sueño, hijo mío? 眠いのかい, 坊や. *Hace* sed, ¿verdad? 喉が渇いたのね. Parece que *hace* hambre. おなかが空いたみたいだね
── 〔自〕❶ 行なう, 行動する, ふるまう: Déjame 〜, no te preocupes. 心配しないで私に任せてくれ. Creo que *hizo* muy bien. 彼はうまくやったと私は思う. No me explico cómo *hace* para vivir sin trabajar. 彼は働かずにどうして食べているのか私には不思議だ. No me convence esa manera de 〜. そんなやり方は私には納得できない. *Haz* como quieras. したいようにしなさい. ❷〔+de 職業・役割を, 一時的に〕つとめる, 果たす: 1) *Hace de* profesor en un colegio. 彼はある学校で先生をしている. Tus nos *haces de* guía. きみが私たちのガイドだ. Su casa *hizo de* escuela. 彼の家が学校として使われた. El sofá *hizo de* cama. ソファがベッドになった. 〜 *de* presidente 社長の代行をする. 2)〔演技〕Siempre *hacía de* Don Quijote. 彼はいつもドン・キホーテを演じていた. 〜 *de* bueno en el teatro 芝居で善玉を演じる. ❸〔+a+事物〕1)〔事柄に〕適合する; 関係する: Eso no *hace al* caso. それはこのケースにはあてはまらない. Por lo que *hace al* domicilio, no te preocupes. 住むところに心配するな. Mis padres son muy exigentes en lo que *hace a* los buenos modales. 私の両親は行儀作法にとても厳しい. 2)〔物が形に〕合う: Esta llave no *hace a* la cerradura. この鍵は錠前に合わない. ❹《西》〔+a+人〕1) …の欲望をそそる: ¿Te *hace* otra copa? もう一杯いかが? 2) 都合がよい: ¿No le *hace* que abra la ventana? 窓を開けてもかまいませんか? Eso no me *hace*. それは困る. Esa actitud no te *hace*. そんな態度はきみのためにならない. ❺ …しようと努力する: 1)〔+por・para+不定詞〕Tienes que 〜 *por* entenderla. 君は彼女を理解しようと努めなければならない. A ver la *hace* usted *por* ir a Chile este año. どうですか, 今年は何とかがんばってチリに行って下さいよ. Tienes que 〜 mucho para triunfar en esa dura competencia. 君はこの過酷な競争に勝つためには一がんばりしなければならない. 2)〔+por que+接続法〕Todos *hacen por que* me encuentre a gusto en su casa. 彼らはみんな私がその家で気分よく過ごせるように気をつかってくれる. ❻ 調子が…である: ¿Cómo *hace* su coche estos días? 車の調子は最近どうですか? ❼〔+con〕1) …を処置する: ¿Qué voy a 〜 *con* el dinero de lotería? 宝くじの当選金をどうしよう? 2) …と形が合う: Esto no *hace con* aquello. これはあれと一致しない. ❽《婉用》排便する: ¡Mamá, ya *hice*! ママ, うんちしちゃった! *Hace* una semana que no *hace*. 彼はもう1週間お通じがない. Voy a 〜 ahí detrás. あそこの陰でちょっとしてくる. ❾〔古語〕〔+de+名詞〕…のふりをする: 〜 *de* malo 悪者のふりをする. ❿《メキシコ, チリ》少し知っている: Juan le *hace a* la computadora. フアンはコンピュータを少し知っている
── 〜**se** ❶ 作られる; 行なわれる: El vino *se hace de* la uva. ワインはブドウでできる. Los platos y las tazas *se hacen* con el barro. 皿と茶碗は土で作られる. En Castilla *se hacen* principalmente cereales. カスティーリャ地方は主として穀物が生産される. Las cosas no *se hacen* solas. 物事はそれだけでは成立しない. El tratamiento de los datos personales debe 〜*se* con especial cuidado. 個人データの取り扱いには特別な注意が必要とされる. *Hágase* la luz. 光あれ. ❷《西》〔se・〕成熟する; 出来上がる: Estos árboles *se hacen* en cinco años. これらの木は5年で成木になる. Este niño *se ha hecho* en el poco tiempo que no le he visto. この子は私が少し会わなかった間に大きくなった. Él *se ha hecho* solo. 彼は独学の人である. No recojas la fruta antes de que *se haga*. 熟さないうちに実を取ってはだめだよ. Esta pizza *se hace* en tres minutos en el microondas. このピザは電子レンジで3分で出来上がる. ❸〔se が直接目的〕〔自分を作る〕…なる: ¿Un actor nace o *se hace*? 役者は生まれながらのものか自分で作り上げるものか? 2)〔+前置格補語〈名詞は無冠詞〉〕…に変わる: 1)〔主語が中国語・努力が, 長期間にわたる変化として〕Su hija *se hizo* médica. 彼の娘は医者になった. *Se ha hecho* cristiano ese budista. 彼の仏教徒はクリスチャンになった. Os hicisteis muy ricos. 君たちは金持ちになった. ii)〔変化・変遷の結果として〕*Se hizo* vinagre el vino. ワインが酢になった. Este sofá *se hace* cama. このソファはベッドになる. *Se me está haciendo*

más difícil trabajar. 働くのが私には大変つらくなってきている. iii)〔自然に・徐々に〕Así *se hacen* mayores los hijos. そのようにして子供たちは大きくなる. En otoño *se hace* de noche bastante pronto. 秋になると早く夜が来る. Hablando con ellos *se me ha hecho* tarde. 彼らと話していて私は遅くなってしまった. 3)〔+定冠詞+形容詞〕…のふりをする. 彼は…のようにふるまう: Siempre *se hace* el distraído para no saludar a la gente. 彼はぼんやりしていたふりをしていつも挨拶しない. *Se hizo* la que no oía. 彼女は聞こえなかったふりをした. 〜*se* el inocente 無邪気なよそおう. 〜*se* el tonto ばかのふりをする. 〜*se* el gracioso おどけたふるまいをする. 〜*se* el valiente 勇ましくふるまう; からいばりする. ❹〔se が間接目的〕1)〔自分で・自分のために〕作る; …をする: Me *hago* toda la comida. 私は食事は全部自分で作る. *Me hago* las barbas todas las mañanas. 私は毎朝ひげを整えている. *Me hice* un tajo en el dedo gordo. 私は親指を切った. 2)〔人に〕させて もらう, 〜をさせる: *Se hizo* las manos (las uñas) en el salón de belleza. 彼女は美容院でマニキュアをしてもらった. *Me he hecho* un análisis de sangre. 私は血液検査を受けた. 3)〔自分のために〕…を手に入れる, 得る: *Se ha hecho* un nombre en la sociedad. 彼女は社交界で名を成した. *Me hice* muchas amistades en España. 私はスペインで多くの知己を得た. ❺〔+con〕〜 を手に入れる:〔物事・目標などを〕Quiero 〜*me con* cualquier información sobre el accidente. 私はその事故に関するどんな情報でも欲しい. *Se hizo con* un premio literario. 彼は文学賞を獲得した. El partido socialista *se hizo con* el poder político. 社会党が政権を握った. Los guerrilleros *se hicieron con* el aeropuerto. ゲリラが空港を占領した. 2)〔友情・賞賛などを〕Él pronto *se hace con* el público cuando empieza a hablar. 彼はいつも話し始めるとすぐに聴衆の気持ちをつかんでしまう. ❻〔+a+人 にとって〕1)〔+que+直説法〕…であるように思える, 印象を持つ: *Se me hace que* va a nevar. 雪になりそうだ. En muchas ocasiones *se me hace que me* perdona la vida. 色々なおりに彼が私を見下しているような印象を私は受ける. *Se me hacía que* las dos hermanas se llevaban bien. 私には2人の姉妹は仲がいいように見えていた. 2)〔時・交通などが〕とおる: *Se me hizo* muy largo y caro el viaje de vuelta. 結果として帰りの旅は長くなり高くついた. ❼ 離れる, 引っ込む: *Hazte* un lado. 片側に寄りなさい. *Se hizo* atrás y cayó. 彼は後退し倒れた. ❽〔+不定詞〕自身を…させる; …してもらう: Se cura *se hacía* llamar Lucho. その司祭は自分をルチョと呼ばせていた. *Se hizo* construir una casa. 彼は家を建てた《+建築家に建ててもらう》. La noticia no *se hizo* esperar. 待つまでもなくその知らせが届いた. ❾〔+a〕に 慣れる: 1) Él *se hizo al* clima de esta región. 彼はこの地方の気候に慣れた. No *se hacen a* la idea de "primero la eficacia". 能率優先の考え方になじめない. 2)〔+a+不定詞〕No *me hago a* vivir solo. 私は一人暮らしに慣れない. ❿〔qué の疑問文で, 主に +de について〕…の結果になる: ¿Qué *se hizo de* su mujer? 彼の奥さんはどうした? ¿Qué *se hizo de* aquella promesa? あの約束はどうなったのか? Encontrándose en este estado de la política del país, no sé qué *se hará de* nuestros hijos y nietos. 国の政治がこんな状態だと, 我々の子供や孫が将来どうなるか私にはわからない. ⓫〔疑問文・否定文などで〕行なう: No sabe qué 〜*se*. 彼は何をすべきか分からない. Pero, ¿qué *te haces*? ところで君は何をしているんだい? ⓬〔口語〕〔性的関係で〕…とセックスをするものにする: Por fin *se le hizo* Paco a Pepita. とうとうパコをペピータのものにした. ⓭〔隠語〕〜を盗む. ⓮〔古語〕〔どこの場所に〕ある, 位置する. ⓯《中南米》〔+de〕を〕達成する; 手に入れる: *Se ha hecho de* una fortuna considerable. 彼はかなりの財産を手に入れた

a medio 〜 中途はんぱの・に: Mi casa todavía está *a medio* 〜. 私の家はまだ造りかけの
eso no se hace そんなことをしてはいけない
eso no tiene que 〜 =**no hay que** 〜
hace《口語》〔質問・返答〕いいかい?/いいよ〔=de acuerdo〕: Te invito a cenar a un restaurante japonés. ¿*Hace*? — *Hace*. 日本料理店に招待したいけど, どう? — いいよ
〜+**事** *a mal* 〜《西》故意に悪いことをする
〜... *por* 〜〔口語〕〔性的関係で〕…をする
〜 *bien* 1)〔+a にとって〕良い結果になる: Me independicé bastante temprano de la empresa de mi padre y pienso que me *hizo bien*. 私は父の事業からかなり早く独立したが,

hacera

それがよかったと思っている. Te va a ~ bien dormir un rato. しばらく寝るといいよ. Este cuadro no *hace bien* en esta habitación. この絵はこの部屋には合わない. 2)［+en+不定詞/+現在分詞］…するのが良い: *Haces bien en* hablar con franqueza. 君は率直に話すのがいいよ. *Hice bien* quedándome allí. 私はそこに残ってよかった

~ *como que*+直説法 …のふりをする: Martín *hace como que no ve*. マルティンは見えないふりをしている. *Haz como que no me conoces*. 私を知らないふりをするんだぞ

~ *mal* 1)［+aにとって］悪い結果になる: Parece que me *ha hecho mal* el ceviche de la comida. 私は昼食のセビーチェに当たったみたいだ. 2)［+en+不定詞/+現在分詞］…するのが悪い: *Hiciste mal en* mentir. 君は嘘をついたのが悪かった

~ *mejor* ［+en+不定詞/+現在分詞］…する方がよい: *Harías mejor en* no ir. 君は行かない方がいいだろう. *Hubieras hecho mejor en* no responder a ese tipo de cartas. そんなたぐいの手紙には返事をしない方がよかったのに

~ *que hace*《口語》働いているふりをする
~ *que hacemos*［何もしていないと思われないように］何の意味もないことをする; 忙しいふりをする: Vamos a arreglar la habitación de otro modo para ~ *que hacemos*. 部屋の模様替えでもして, 仕事をしている格好だけしよう
~ *ver que*+直説法 =~ *como que*+直説法
~ *y acontecer*《皮肉》大したことをする: Es un ~ *y acontecer*.《諺》情けは人のためならず/［脅して］天罰からは逃れられないぞ
~ *y deshacer* 1) 独断専横にふるまう, 牛耳る: Él *hace y deshace* en la oficina como si tuviera un poder omnipotente. 彼はまるで全権を握っているかのように事務所を牛耳っている. 2)［活動などが］行きつ戻りつする
~*la*《皮肉》悪気なしに〕ひどいことをする〔=hacerla buena〕
~*le*《南米, 口語》影響を及ぼす, 重大である
~*le a*+事《チリ》…について知っている
~*lo* 1)［前出の動詞の代用］Aún ahora estudia con ahínco, como *lo hacía* antes. 彼は以前そうだったように, 今も熱心に勉強している〔=estudiar〕. *Escribirás la carta esta noche?—Sí, lo haré* sin falta. 今夜手紙を書いてくれるかな？—うん, 必ずするよ〔=escribir〕. En verano regresaban a casa al caer del día. Solían ~ *lo* por el prado. 夏彼らは夕方帰宅した. いつも牧草地を通って帰ってきた〔=regresar〕. 2)［隠語］性交する

hacerse a sí mismo 自分一人で何とかする
hacérsele +物 *a*+人《メキシコ》…が…を手に入れる
hacérselo［隠語］性交する
hágalo usted mismo［男］自分で作ろう, ドゥ・イット・ユアセルフ, DIY
no es de ~... …するのは正しくない, 妥当でない; ふさわしくない: El acto de violencia *no es de* ~. 暴力行為はすべきでない
no es de ~ ... =*no es de* ~...
no ~ *más que*...［誇張］よく…をする: Él *no hace más que* recoger papeles del suelo. 彼は床の紙を拾っている
no hay que ~［提案されたことをするのに］問題はない, 完全に意見の一致を見ている
No hemos hecho nada.［したことの無意味さ・無益さの強調］何をしたのか分からない, くたびれもうけだ: Vengo corriendo en taxi, pero no he tomado el avión. *No hemos hecho nada.* タクシーで急いで来たのに飛行機は出てしまっていた, くたびれもうけだ
no le hace《口語》何でもない, 大したことはない
por lo que hace a...《文語》…に関しては: *Por lo que hace a mi dinero, no contéis con él.* 私の金のことだが, それを当てにしてはいけないよ

hacer	
現在分詞	過去分詞
haciendo	**hecho**
直説法現在	直説法過去
ha**go**	hi**ce**
haces	hiciste
hace	hi**zo**
hacemos	hicimos
hacéis	hicisteis
hacen	hicieron

直説法未来	直説法過去未来	命令法
haré	haría	
harás	harías	haz
hará	haría	
haremos	haríamos	
haréis	haríais	haced
harán	harían	
接続法現在	接続法過去	
haga	hiciera, -se	
hagas	hicieras, -ses	
haga	hiciera, -se	
hagamos	hiciéramos, -semos	
hagáis	hicierais, -seis	
hagan	hicieran, -sen	

hacera [aθéra]［女］《古語》歩道〔=acera〕
hacha [átʃa]【単数冠詞: el・un[a]】I《←俗語 hache》［女］❶ 斧 $(_{おの})$, 鉈 $(_{なた})$: cortar leña con el ~ 斧で薪を割る. ❷《魚》シルバーハチェット《=pez ~》
andar con el ~《チリ》二日酔いである
como ~《中南米, 口語》十分に準備のできた
de ~《チリ, 口語》ただちに; 直接に
desenterrar el ~ *de guerra* 宣戦布告をする: La oposición *ha desenterrado el* ~ *de guerra* contra el gobierno. 野党は政府への対決姿勢を強めた
enterrar el ~ *de guerra* 矛を収める, 和睦する
ser un ~ 名人(名手)である: *Es un* ~ en ajedrez. 彼はチェスの達人だ
──［形］《メキシコ, 口語》❶ ［+para に］上手な. ❷ 注意している
II《←ラテン語 facula「小さいまつ」》［女］❶ 大ろうそく; たいまつ〔=antorcha〕. ❷ ［アフリカハネガヤとタールでできた］灯心〔=hachón〕
arder el ~《まれ》［議論などが］もめる
hachador [atʃaðór]［男］《中南米》=hachero
hachazo [atʃáθo]［男］❶ 斧による一撃. ❷《サッカーなど》キッキング, 相手選手への故意の衝突. ❸《聞》横からの一撃. ❹《コロンビア》馬が突然怯えること. ❺《アルゼンチン》刃物による一撃; その傷と傷跡
andar con el ~《チリ》二日酔いである
hache [átʃe]［女］❶ 文字 h の名称〔→H〕
la hora ~ =la hora H
por ~ *o por bes* =por H o por B (C)
hachear [atʃeár]［他］丸太を〕斧で断ち割る
hachemí [atʃemí]［形］［複 ~es］［現在ヨルダンを統治している］ハーシム家の〔人〕: Reino H~ de Jordania ヨルダン・ハシミテ王国〔ヨルダンの正式名称〕
hachemita [atʃemíta]［形］［名］=hachemí
hachero [atʃéro]［男］❶ ［大ろうそく hacha 用の］燭台. ❷ ［斧を使う］木こり. ❸《軍事》工兵. ❹《廃語》［高台 hacho にいる］見張り番. ❺《メキシコ, ペルー, アルゼンチン》芝刈り作業員
hachís [atʃís]《←アラビア語 hasis「乾いた葉」》［男］［単複同形］❶ ハシシュ, マリファナ. ❷《廃語》resina de ~ 大麻樹脂
──［間］［くしゃみ］ハックション！
hacho [átʃo]［男］❶ ［照明用の］松明 $(_{たいまつ})$. ❷ ［海岸にある］見晴らしのいい高台, ビーコンヒル
hachón [atʃón]［男］❶ ［灯心が4つある］大ろうそく. ❷ ［アフリカハネガヤとタールでできた］灯心
hachote [atʃóte]［男］《船舶》短くて太いろうそく
hachudo [atʃúðo]［男］《キューバ. 魚》カタクチイワシの一種〔学名 Engraulis productus〕
hachuela [atʃwéla]［女］❶《グアテマラ》肉切り包丁. ❷《キューバ, 鳥》アンチルクロムクドリモドキ
hachuelo [atʃwélo]［男］《地方語》小型の斧
hacia [aθja]《←古語 faze a「に向かって」<ラテン語 facies「顔」》［前］❶ ［目的地・一定の場所を目指す動きの動詞と共に］…の方向へ・に〔→aʼ〕［類義］: Una persona vino ~ mí sonriendo. 一人の人にこにこしながら私の方にやって来た. Mira ~ la cámara. カメラの方を見て. Estaba mirando ~ nosotras. 彼は私たちの方をずっと見ていた. ir ~ el mar 海の方に行く. dirigirse ~ el Norte 北に向かって進む. dar la vuelta ~ la derecha 右の方に曲がる. ❷ ［傾向］La econo-

mía nacional va ~ la inflación. 国内経済はインフレ傾向にある. La política interior del país se orientó ~ la libertad. その国の国内政治は自由を指向して進められた. ❷ Favorecida por la bonanza económica, esa empresa empezó a tomar el camino ~ la recuperación. 好景気に支えられてその会社は再建に向かって歩み始めた. ~ un paso más ~ la locura 狂気へのさらなる一歩. ❸ [態度・行動の名詞・動詞+] ...へ向けて, ...に対する: Su actitud ~ los estudios ha sido siempre muy positiva. 彼の学習態度は日ごろから非常に積極的だった. Se lanzó ~ la salida en busca de ayuda. 彼は助けを求めて出口に突っ走った. actitud ~ el trabajo 仕事に対する姿勢(考え方). ❹ [主に抽象名詞+, 感情の対象] ...に対して, ...への: Ella tiene mucha simpatía ~ ti. 彼女は君に大変親しみを抱いている. El niño sentía mucho afecto ~ un perro. その子は一匹の犬に大きな愛着を覚えていた. No demuestra ninguna sensibilidad ~ los desfavorecidos. 彼は恵まれない人々に対して何の感情も表わさない. Sus poesías expresan mucho amor ~ su mujer. 彼の詩はどれも妻への深い愛情の表現だ. ❺ [漠然とした地点・時点] ~のあたりで, ...のころに: H~ allá está Barajas. あのあたりにバラハス空港がある. Ese pueblo está ~ Mérida. その町はメリダ近辺だ. El motel está ~ el kilómetro 30. そのモーテルは30キロほどのところだ. Me levanto ~ las ocho. 私は8時ごろ起きる. Vendrá ~ mediados de septiembre. 彼は9月の中ごろに来るだろう. Ese acontecimiento ocurrió ~ fines del siglo pasado. その出来事は前世紀の終わりごろに起こった

hacienda [aθjénda] 《←ラテン語 facienda「すべきこと」< facere「行なう」》 囡 ❶ 農場, 農園 [家畜と畑付きの家]; 《南米》大農園, 大牧場: Esa familia posee esa importante ~ en el sur del país. その家族は国の南部に大きな農園を所有している. ❷ [所有する]財産: Perdió toda su ~. 彼は全財産をなくした. ❸ [H~]財務省 [=Ministerio de H~]; 国税庁, 税務署 [=Delegación de H~]; ministro de H~. 財務大臣. [などの]財政 [強制的収入(徴税)と政策的支出が特徴. =H~ Pública]: Los gastos fueron cubiertos con presupuesto de la ~ pública. その費用は国家予算でまかなわれた. sanear la ~ 財政を健全化する. ❺ día de ~ 就業日, 平日. ❻ [歴史]アシエンダ [スペイン支配下のアメリカで, 先住民人口の激減に伴い, 恩賞地 merced や土地貸与 composición, 植民者による不法占拠などが原因で生まれた大農場. 大農場主 hacendado は土地を小作地と直営地に分けて経営した. 20世紀に入り各国で農地改革が実施されるまで存続し, 近代化を妨げる要因になった]. ❼ ❸(合同形)] 囡 家の雑用 [=~s domésticas]. ❽ ❹(メキシコ)] ~ de beneficio 銀鉱石の精錬所. ❾ ❺(アルゼンチン)] [集名][農園の]家畜

hacina [aθína] 囡 ❶ 積み重ね. ❷ [集名][穀類の]積み上げられた束

hacinación [aθinaθjón] 囡 =hacinamiento

hacinador, ra [aθinaðór, ra] 囲 積み上げる人, 積み重ねる人

hacinamiento [aθinamjénto] 囲 [人・物で]ひしめき合い

hacinar [aθinár] 《←haz》 囮 束などを積み重ねる: ~ la leña en un cobertizo たきぎを納屋に積み上げる. ~ los trastos en un desván 使わない家具を屋根裏部屋に詰め込む

── **~se** [人・物が]ひしめく

hacker [xáker] 《←英語》 囲 ❹~s 《情報》ハッカー

hacu [áku] 囲 《ペルー, ボリビア》キビの実の粉 [=先住民の食用]

hada [áða] 《←ラテン語 fata < fatum》囡 [単数冠詞: el·un{a}] 妖精, 仙女: país de las ~s おとぎの国. ~ buena 親切な妖精. ~ madrina 主人公を助ける妖精

hadado, da [aðáðo, ða] 囲 《まれ》不思議な, 驚異的な; 魔法にかかった

bien (mal) ~ 運のよい(悪い)

hadar [aðár] 《←hado》 囮 《廃》 ❶ 運命 (将来の成り行き)を占う. ❷ 魔法をかける, 魅了する

Hades [aðés] 囲 《ギリシャ神話》ハデス [冥府の神]; 黄泉(ょ)の国

hadiz [aðiθ] 《←アラビア語 ~ces》《イスラム教》 [主に 複] ハディース, マホメットの言行録

hadj [xáj] 囲 《イスラム教》メッカの巡礼

hado [áðo] 《←ラテン語 fatum》 囲 ❶ 運命, 宿命. ❷ 《ギリシャ神話》運命の神

hadopelágico, ca [aðopeláxiko, ka] 囮 深度5000メートル以上の海域の

hadrón [aðrón] 囲 《物理》ハドロン, 強粒子

hadrosaurio [aðrosáwrjo] 囲 《古生物》ハドロザウルス

hafefobia [afefóbja] 囡 接触恐怖症

hafiz [afíθ] 《←アラビア語 hafid》 囲 番人, 管理人

hafnio [áfnjo] 囲 《元素》ハフニウム

hagiografía [axjografía] 囡 聖人研究, 聖人伝

hagiográfico, ca [axjográfiko, ka] 囮 ❶ 聖人研究の, 聖人伝の. ❷ 《軽蔑》ほめすぎの

hagiógrafo, fa [axjógrafo, fa] 囲 聖人伝の作者

hagiolatría [axjolatría] 囡 聖人崇拝

hagiología [axjoloxía] 囡 =hagiografía

hagiólogo, ga [axjólogo, ga] 囲 =hagiógrafo

hagioterapia [axjoterápja] 囡 祈祷療法

hahnio [ánjo] 囲 =hafnio

haiga [áiga] 囡 《西. 古語的》高級車

haikai [xajkáj] 《←日本語》 囲 〔複 ~s〕俳諧

haiku [xajkú] 囲 《←日本語》〔複 ~s〕俳句

haique [xájke] 囲 =jaique

haitiano, na [ajtjáno, na] 囮 《国名》ハイチ Haití [人]の; ハイチ人

haka [xáka] 囡 [マオリ族の民族舞踊] ハカ

hala [ála] 《←擬態》 感 《西》 ❶ [激励・催促] がんばれ, さあ!: ¡H~! ¡A trabajar! さあ, 働け! ❷ [驚き・不快] わあ! ❸ [別れの切り出し] それでは! ¡H~, adiós! それでは, さようなら!

halacabuyas [alakabújas] 《←halar+cabuya》 囲 〔単複同形〕《軽蔑》[索具を引くことしかできない] 新米の船乗り

halación [alaθjón] 囡 《英語 halation》 《写真》ハレーション

halacuerda [alakwérða] 囲 《軽蔑》[主に 複] =halacabuyas

halagador, ra [alagaðór, ra] 囮 喜ばせる; へつらう: Es demasiado ~ra esa proposición. その申し出はあまりにも話がうますぎる

halagar [alagár] 《←アラビア語 halaq「磨く, 滑らかにする」》❽ ⑩ ❶ [事柄が] 喜ばせる: 1) La halagaba oír hablar bien de su hijo. 彼女は息子への賛辞を耳にしてうれしかったのだ. 2) [+que+接続法] Mucho me halaga que haya pensado en mí antes que en otros. 彼が[他の人をさておいて]真っ先に私のことを考えてくれたのだとてもうれしい. ❷ ~へつらう, 追従(ついしょう)する, お世辞を言う: Quien halaga engaña. お世辞を言う人には気をつけろ. ❸ ...に愛情(賞賛)を示す

halago [alágo] 囲 《←halagar》 ❶ [主に 複] へつらい, お世辞: Me repugnan sus ~s. 彼のおべっかにはうんざりだ. ❷ うれしがらせ; 喜び, 満足; 魅力: Es un ~ que me lo digas. 君にそう言ってもらってうれしい

halagüeño, ña [alagwéɲo, ɲa] 《←halagar》 囮 ❶ へつらいの: palabras ~ñas おべっか. ❷ [状況・知らせが] 有望な: perspectivas económicas ~ñas 経済の明るい見通し. idea ~ña 楽観論

halaguero, ra [alagéro, ra] 囮 《廃》=halagüeño

Halajá [alaxá] 囡 ハラーハー, ユダヤ法

halal [alál] 囮 [単複同形][食物が] =halal(の): certificación ~ ハラル認証 [参考] certificación local ローカル認証. comida ~ ハラルフード

halaleva [alaléba] 囡 《キューバ. 口語》おべっか使い[の]; 追従 [個人的利益]を言う[人]

halar [alár] 《←仏語 haler》 囮 ❶ 《船舶》[索具を] 引く; [オールを] こぐ. ❷ 《中南米》[自分の方に] 引く

halara [alára] 囡 卵殻膜

halcón [alkón] 《←ラテン語 falco, -onis》囲 ❶ 《鳥》1) ハヤブサ: ~ peregrino ~ común; 《鷹狩り》タカ: ~ borní ラナーハヤブサ, クロハヤブサ. ~ de Eleonor エレオノラハヤブサ. ~ gerifalte シロハヤブサ. ~ sacre セーカーハヤブサ. ~ tagarote バーバリーハヤブサ. 2) ~ abejero ハチクマ. ❷ 《政治》タカ派 [⇔paloma]

halconado, da [alkonáðo, ða] 囮 タカのような: nariz ~da かぎ鼻

halconear [alkoneár] 囮 《女性が男性の気を引くために》みだらなふるまいをする, 媚を売る

halconería[1] [alkonería] 囡 ❶ タカ狩り. ❷ タカの飼育場所

halconería[2] [alkonería] 囡 タカ狩り

halconero, ra[2] [alkonéro, ra] 囡 タカ匠

── 囲 《鷹狩り》タカの飼育場所

halda [álda] 《←ゲルマン語 falda》囡 [単数冠詞: el·un{a}] ❶ [座った時の]スカートのひざのくぼみ [=regazo]. ❷ 《まれ》スカート [=falda]. ❸ 《まれ》[包装用の]大きな麻布

haldada [aldáða] 囡 エプロン（スカートの前）に入る量
haldar [aldár] 男 地面まで垂れ下がった枝
haldear [aldeár] 自 ［スカートを揺すって］急いで歩く
haldeta [aldéta] 囡 ［一部の服で］腰の少し下まで掛ける布
haldiblanco, ca [aldiβláŋko, ka] 形 ［牛が］上体が赤っぽく下部が白い
haldinegro, ra [aldinéɣro, ɣra] 形 **=faldinegro**
haldivoldero, ra [aldiβoldéro, ra] 形 囡 《ラマンチャ》意見の変わりやすい［人］，移り気な［人］；無作法な［人］
haldudo, da [aldúðo, ða] 形《まれ》すそ広がりの《=faldudo》
hale [ále] 間 ❶ ［激励・催促］さあ［急いで］；がんばって！ ❷ ［驚き・不快］まあ，わあ！
　~ hop / ~ jop ［突然の驚き］へえ，まあ，あら!: El niño no dejaba de chillar, pero en cuanto saqué los caramelos, '~ hop', paró en seco. その子はぎゃあぎゃあ騒ぎ続けていたが，私がキャラメルを出したとたん，あらまあ！たちまち静かになった
haleche [alétʃe] 男《魚》カタクチイワシ《=boquerón》
halfcourt [xafkórt] 《←英語》男《スポーツ》ミニテニス
Halffter [alftér] 《人名》**Cristóbal** ～ クリストバル・アルフテル《1930～，スペインの作曲家・指揮者》
halibut [aliβút] 男《魚》~s《魚》オヒョウ
halieto [aljéto] 男《鳥》ミサゴ
haliéutico, ca [aljéutiko, ka] 形《文語》漁の
halita [alíta] 囡 岩塩《=sal gema》
hálito [álito] 《←ラテン語 halitus》男 ❶《文語》呼気，吐く息: Hace tanto frío que se nota en ~. 寒くて息が白く見える。 ❷《文語》蒸気，湯気。 ❸《文語》［湿った］微風，じめっとした空気
halitosis [alitósis] 囡《医学》呼気悪臭，口臭: tener una ~ horrible 口臭がひどい
halitoso, sa [alitóso, sa] 形《まれ》湿った，湿気の多い
hall [xól] 《←英語》男 図~s ［入り口の］広間，ホール；［ホテル・劇場などの］ロビー: ~ de entrada エントランスホール
hallaca [aʎáka] 囡《ベネズエラ．料理》挽きトウモロコシ・肉・野菜をバナナの葉で包んだもの
halladizo, za [aʎaðíθo, θa] 形《地方語》居心地のいい
hallado, da [aʎáðo, ða] 形《まれ》[人が］ぴったりと合った，しっくりする
　bien ~ ［歓迎の挨拶 bienvenido に対して / 互いに］よろしくお願いします
hallador, ra [aʎaðór, ra] 形 名 見つける［人］，発見する［人］
hallaquita [aʎakíta] 囡《ベネズエラ．料理》葉にくるんだ挽きトウモロコシ
hallar [aʎár] 《←ラテン語 afflare「に向かって吹く」》他 ❶《文語》[たまたま・探していて］見つける，探し当てる: *Hallé* el anillo en el cajón. 私は引き出しの中に指輪を見つけた。Felizmente *hallé* un libro que trataba del tema en cuestión. 私は運よく問題のテーマを扱っている本を見つけた。*Halló* a un niño jugando con la arena. 彼は一人の子供が砂遊びをしているのを見かけた。Lo *hallaron* tendido en una calle. 彼は通りに横たわっているところを発見された。 ❷ 気づく，知る，分かる: *Hallé* un poco envejecido a mi amigo. 私は友人が少し老けたのに気づいた。*Halló* que el camino estaba intransitable debido al temporal. 彼は嵐で道路が通行不能になっているのが分かった。No *hallo* cómo decírselo sin herirla. 私はどう言ったら彼女を傷つけずにすむのか分からない。❸ ［新たな事物を］発見する: ~ un nuevo cometa 新しい彗星を発見する。~ un animal desconocido 未知の動物を発見する。~ un nuevo método de análisis 新たな分析法を考え出す。~ la solución 解決策を見い出す
　~ menos …がないのを寂しく思う《=echar de menos》
　―― 自《まれ》［+con を］持っている，持つ
　~se《文語》［+en に］いる，ある: Su padre *se hallaba en* Madrid cuando ocurrió la Guerra Civil Española. スペイン内戦が始まった時，彼の父はマドリードにいた。Media ciudad *se hallaba en* ruinas. 町半分が廃墟になっていた。*~se en el lugar de los hechos* 事件の現場に居合わせる。《文語》[一時的に］…の状態にある: Me *hallo* un poco cansado. 私は少し疲れた。Ahora que está usted en su país, espero que *se halle* totalmente restablecido de su indisposición. ご帰国になった今では，ご病気から完全に回復されたことと存じます。~*se atado de obligaciones comerciales* 負債で身動きがとれなくなっている。❸ [人が］気楽に感じる，しっくりする《否定文で》: No *me hallaba* a gusto en su casa. 私は彼の家にいると気持ちが落ち着かなかった。No *me hallo* con el terno tan ajustado. こんなにきちきちのスーツは着て心地が悪い。Si sacas a tu madre a vivir en la ciudad, no *se hallaría*. もし君の母親を都会で生活させて連れて来たりしたら，彼女は落ち着かないと感じるかもしれない。❹ ［思いがけず，+con と］出会う，ぶつかる；…を持っていることに気づく: *Se halló con* numerosos obstáculos. 彼はたくさんの障害にぶつかった。*Me hallé con* más dinero del que creía tener. 私は思っていたよりも多く金を持っているのに気づいた
　~se bien con... …に満足している
　~se en todo 何にでも口出しする（出しゃばる）
　hallárselo todo hecho やすやすとやってのける，有能である
hallazgo [aʎáθɣo] 《←hallar》男 ❶ 発見；掘り出し物をすること: Fue detenido tras el ~ de unos documentos que le incriminaban. 彼の有罪を示す書類が見つかり彼は逮捕された。 ❷ ［人・物について］発見物，掘り出し物；拾得物: El nuevo investigador es un ~ arqueológicos 考古学上の掘り出し物だ。 ❸ ［遺失物発見者への］謝礼: 500 pesos de ~《表示》発見者へのお礼500ペソ
hallstáttico, ca [alstátiko, ka] 形《考古》ハルシュタット Hallstatt 文化の
hallulla [aʎúʎa] 囡 ❶ ［エクアドル，ボリビア，チリ．料理］アジュジャ《上質な生地の丸くて平たいパン》。 ❷《チリ》かんかん帽
hallullo [aʎúʎo] 男《地方語．料理》アジュジャ《=hallulla》
hallux valgus [áʎu(k)s bálgus] 男《医学》外反母趾《ﾊﾞﾙｶﾞｽ》
halo [álo] 《←ラテン語・ギリシア語 halos》男 ❶《気象・天文・月の》かさ，暈(2), 光環: Un ~ rodea a la luna. 月にかさがかかっている。 ❷《写真》ハレーション，ハロー。 ❸ ［聖像の］光輪。 ❹ 名声，評判: ~ de gloria 輝く栄光。 ❺ [人物にまつわる］雰囲気: A esa familia rodea un ~ misterioso. その家族の周囲には神秘的な雰囲気が漂っている
halo- [接頭辞]［塩］*halófito* 塩生植物
haló [aló] =**aló**
halobacteria [aloβaktérja] 囡《生物》好塩菌
halobiótico, ca [aloβjótiko, ka] 形 塩生の，かん水に生息する
halocarburo [alokarβúro] 男《化学》含ハロゲン炭素化合物
halófilo, la [alófilo, la] 形《植物》好塩の，塩生の
halófito, ta [alófito, ta] 形 男《植物》塩生の，塩生植物
halógena [alóxena] 囡《自動車》前照灯
halogenado, da [aloxenáðo, ða] 形 ハロゲンを含む
halogenar [aloxenár] 他 ハロゲン化する
halógeno, na² [alóxeno, na] 形 ハロゲンの: faro ~ ハロゲンライト。lámpara ~*na* ハロゲンランプ
　―― 男《化学》ハロゲン元素
halogenuro [aloxenúro] 男《化学》ハロゲン化物
halografía [aloɣrafía] 囡《化学》塩素学
haloideo, a [aloiðéo, a] 形《化学》ハロゲン化された
　―― 男 ハロゲン塩《=sal ~a》
halón I [alón] 男《←商標》《化学》ハロン
　II《←halar》男《中南米》引っ張ること
haloperidol [aloperiðól] 男《薬学》ハロペリドール
haloque [alóke] 男《古語．船舶》小型艇
haloragáceo, a [aloraɣáθeo, a] 形 囡 単性の水生植物〔の〕
halotecnia [alotéknja] 囡《化学》工業用製塩技術
halotriquita [alotrikíta] 囡《化学》鉄明礬，ハロトリ石
haloza [alóθa] 囡 木靴《=galocha》
haltera [altéra] 《←ギリシア語》囡《スポーツ》ダンベル
　―― 名 重量挙げの選手，ウエイトリフター《=halterófilo》
halterios [altérjos] 男図《昆虫》[双翅目の］退化した後翅
halterista [alterísta] 名 重量挙げの選手
halterofilia [alterofílja] 囡《スポーツ》重量挙げ
halterófilo, la [alterófilo, la] 名 重量挙げの［選手］，ウエイトリフター
haluros [alúros] 男図《化学》ハロゲン化物
hamaca [amáka]《←タイノ語》囡 ❶ ハンモック: colgar la ~ ハンモックを吊る。dormir en una ~ ハンモックで寝る。sentarse en una ~ ハンモックに乗る。 ❷ 折畳み式の）デッキチェア。 ❸《メキシコ，コスタリカ，キューバ，チリ，アルゼンチン，ウルグアイ》ブランコ《=columpio》
hamacar [amakár] 他《中南米》…のハンモックを揺らす
　~se ❶ 揺れる；ブランコをこぐ。 ❷《アルゼンチン，ウルグアイ》 1) 体を左右に揺らす。 2)《口語》［難局脱出・目的達成のために］努力する，あらゆる手段をとる

hamada [amáđa] 女《地理》ハマダ, 岩石砂漠〔サハラ砂漠の台地状の岩石礫地. ⇔**erg**〕
hamadriada [amadrjáđa] 女 =**hamadríade**
hamadríade [amadríađe] 女《ギリシア神話》ハマドリュアデス〔木の妖精〕
hámago [ámaɣo] 男〖まれ〗❶ ミツバチが作り出す粘着質の物質. ❷ 吐き気, 不快感
hamamelidáceo, a [amameliđáθeo, a]《植物》マンサク科の──女〘複〙《植物》マンサク科
hamamelidal [amameliđál] 形《植物》マンサク目の──女〘複〙《植物》マンサク目
hamamelis [amamélis] 男《植物》アメリカマンサク
hamaquear [amakeár] 他《中南米》=**hamacar**
hamaquero, ra [amakéro, ra] 名 ハンモック製造業者──男 ハンモックを吊るす鉤
hamartofobia [amartofóbja] 女 ❶ 過失恐怖症. ❷ 罪pecado を犯すことを恐がること
hamartoma [amartóma] 男《医学》過誤腫
hambre [ámbre]〖←俗ラテン語 famis < ラテン語 fames, -is〗女〖単数冠詞: el・un[a]〗❶ 空腹, 空腹感: Tengo (mucha) ~. 私は(ひどく)腹がへっている. satisfacer el ~ 空腹を満たす. quejarse de ~ 空腹を訴える. A buen ~ no hay pan duro./A ~s buenas no hay pan malo.《諺》空腹にまずいものなし. ❷ 飢え, 飢餓: Hay mucha ~ en el mundo. 飢えに苦しんでいる人は世界にたくさんいる. ❸《文語》[+de に対する] 渇望: tener mucha ~ de éxito 出世欲にかられている
entretener (engañar) el ~ 空腹を紛らす
juntarse el ~ con la[s] gana[s] de ~ [両者とも欠点があり] どっちもどっちである
matar a+人 de ~ …を飢えさせる
morir[se] de ~ 腹がへって死にそうである; 極貧状態になる
no ver de ~ =*tener un[a] ~ que no ver*
pasar ~ 飢える, ひもじい思いをする: *Pasó* mucha ~ *en su infancia*. 彼は食うや食わずの幼年期をおくった
tener un[a] ~ canina =*tener un[a] ~ que no ver*
tener un[a] ~ de lobo =*tener un[a] ~ que no ver*
tener un[a] ~ que no ver ひどく空腹である: *Tengo un ~ que no veo*. 私は腹ぺこだ
traer ~ 空腹である
hambreador, ra [ambreađór, ra] 形《中南米. 軽蔑》搾取する[人]
hambrear [ambreár] 他 空腹にする, 飢餓状態を引き起こす──自 飢える, 飢えに苦しむ
hambriento, ta [ambrjénto, ta]〖←hambre〗形 ❶ [estar+.+de に] 飢えた[人], ひどく腹がへっている: Venimos ~s. 私たちはひどく空腹だ. lobo ~ 飢えた狼. ❷ 渇望している: Están ~s de afecto. 彼らは愛情に飢えている. ~ de poder 権力に飢えた──名 飢えた人: dar de comer al ~ 飢えた人たちに食べ物を与える. Más discurre un ~ que cien letrados.《諺》窮すれば通ず
hambrina [ambrína] 女《アンダルシア》ひどい空腹感, 非常に空腹であること
hambrío, a [ambrío, a]《エルサルバドル, プエルトリコ》=**hambriento**
hambrón, na [ambrón, na] 形《西. 口語》ひどく飢えた[人], いつも腹をすかせている[人], 貧しい[人]
hambruna [ambrúna]〖←hambre〗女 ❶ [一国・一地域全体の] 飢饉, 大規模な食糧難: El país está al borde de una ~. その国の飢饉の瀬戸際にある. ❷《アンデス, アルゼンチン, ウルグアイ》激しい飢餓
hambrusia [ambrúsja] 女《キューバ》強い飢餓感
hamburgués, sa¹ [amburɣés, sa] 形《地名》[ドイツの] ハンブルク Hamburgo の[人]
hamburguesa² [amburɣésa]〖←英語 hamburger〗女《料理》ハンバーガー; ハンバーグ[ステーキ]
hamburguesera [amburɣeséra] 女 ハンバーガー製造器
hamburguesería [amburɣesería] 女 ハンバーガーショップ
hamez [améθ] 女《鷹狩り》[栄養不足のせいで鷹に生じる] 羽の裂傷
hamita [amíta] 形 名 =**camita**
hamítico, ca [amítiko, ka] 形 ハム族の
Hamlet [amlét] [シェークスピア作の悲劇, その主人公] ハムレッ

hammada [xamáđa] 女 =**hamada**
hammán [xamán] 男 サウナ風呂
hammudí [xamuđí] =**hamudí**
hamo [ámo] 男 ❶《廃語》釣り針. ❷《キューバ. 漁業》円錐形の網
hampa [ámpa]〖←仏語 hampe「槍の柄」〗女〖単数冠詞: el・un[a]〗〘集名〙❶ やくざ, 犯罪組織; 暗黒街. ❷《歴史》悪党, ならず者〔16~17世紀, 主にセビーリャで, 隠語を使い共同生活をおくった〕
hampesco, ca [ampésko, ka] 形〖まれ〗やくざの
hampón, na [ampón, na] 形 やくざ[の]──男 やくざ. ❷ 〘集名〙やくざ. ❷ やくざらしさ
hamponería [amponería] 女〖まれ〗❶ 〘集名〙やくざ. ❷ やくざらしさ
hamponil [amponíl] 形《ベネズエラ》やくざの, 犯罪組織の
hamster [xámster] 男 ⟦→~s⟧《動物》=**hámster**
hámster [xámster] 男 ⟦複~s⟧《動物》ハムスター
hamudí [xamuđí] 形《歴史》ハムード Alí ben Hammud 家の〔11世紀にマラガとアルヘシラスを統治した〕
handelino, na [xandelíno, na]《人名》[ドイツ生まれの作曲家] ヘンデル Handel の
handicap [xándikap]〖←英語〗男 ⟦複~s⟧ ❶ ハンディキャップ: 1) 不利な条件, 障害〕Su proyecto arquitectónico tiene el ~ del respeto al entorno natural. 彼の建設計画には自然環境の面から不利な点がある. 2)《競馬, ゴルフ》imponer un a+人 …にハンディをつける. ❷《競馬》ハンディキャップレース
handicapado, da [xandikapáđo, đa] 形 心身に障害のある
handicapar [xandikapár] 他 [人に] 損害を与える, 不利な状態に置く
handicapper [xandikápər]〖←英語〗男《競馬》ハンディキャッパー
handling [xándliŋ]〖←英語〗男《航空》グランドハンドリング, 地上業務
hanegada [aneɣáđa] 女《地方語》土地面積の単位〔=fanega〕
hanequín [anekín] 男《地方語. 魚》ツノザメ
hangar [aŋɣár]〖←英語〗男《航空》格納庫
Hannibal ad portas [anníbal ađ pórtas]〖←ラテン語〗戸口にハンニバルがいる; 危険が迫っている〔カンナエの戦い batalla de Cannas で敗戦した後の古代ローマ人たちの言葉〕
hannoveriano, na [anoberjáno, na] 形《地名》[ドイツ] ハノーファー Hannóver の[人]
Hansa [ánsa] 女〖単数冠詞: el・un[a]〗《歴史》ハンザ同盟〔=Liga hanseática〕: ~ Teutónica ドイツハンザ同盟
hanseático, ca [anseátiko, ka] 形 ハンザ同盟の
hapálido, da [apáliđo, đa] 形 オマキザル科の──男〘複〙《動物》オマキザル科
hápax [ápa{k}s] 男《言語》[資料などの中で] 一度しか使われていない語句
haplocarpo [aplokárpo] 形《植物》単果
haploclamídeo, a [aploklamíđeo, a] 形《植物》単花被花
haplofase [aplofáse] 形《生物》減数分裂期
haplofilo, la [aplofílo, la] 形《植物》単葉の
haploide [aplóiđe] 形《染色体の》半数性の
haplología [aploloxía] 女《言語》重音脱落〔連続する2つの音節が同じ母音を持つ時, この音節が1つに縮合されること: im-pu*dici*a─impu*dici*cia〕
happening [xápeniŋ]〖←英語〗男《演劇など》ハプニング
happy end [xápjend]〖←英語〗男《文学・演劇など》ハッピーエンド
happy hour [xapjáwer]〖←英語〗男 [バーなどの] サービスタイム〔2杯目が無料になるなど〕
haptonomía [a[p]tonomía] 女《医学》親と胎児のコミュニケーション技術
haptotropismo [a[p]totropísmo] 男《植物》接触屈性
haquitía [akitía] 女 モロッコに居住するユダヤ系スペイン人が話す方言
haragán, na [araɣán, na] 形〖←?語源〗《軽蔑》怠惰な[人], 怠け者[の]: ¡No seas ~! 怠けるな!──男《ベネズエラ》モップ
haragandía [araɣandía] 女《プエルトリコ》=**haraganería**
haraganear [araɣaneár] 自 のらくらと暮らす
haraganería [araɣanería] 女 無為, 怠惰
haraganoso, sa [araɣanóso, sa] 形〖まれ〗怠惰な

harakiri [xarakíri] 男 =**haraquiri**
haram [xarán] 男《イスラム教》モスクの大広間
harapiento, ta [arapjénto, ta]【←harapo】形 名 ぼろを着た〔人〕: mendigos ～s ぼろをまとった乞食たち
harapo [arápo]【←?語源】男〔主に 複〕❶ ぼろ着, ぼろ切れ: llevar por camisa unos ～s ぼろぼろのシャツを着ている. envuelto de ～s ぼろをまとった. ❷〔ブドウなどの搾りかすを蒸留する最終段階でできる〕蒸留酒
haraposo, sa [arapóso, sa] 形 =**harapiento**
haraquiri [xarakíri]【←日本語】男 切腹, 腹切り: hacerse el ～ 切腹する, 割腹自殺する;《比喩》自殺行為をする
haras [áras] 男《単複同形》《南米》〔馬, 特にサラブレッドの〕飼育場
haravico [arabíko]《ペルー》=**aravico**
harber [arbér] 他 自《廃語》あわてて行なう
harbullar [arbuʎár] 他 自 =**farfullar**
harbullista [arbuʎísta] 形 名《まれ》=**farfullador**
harca [xárka] 女《歴史》❶ モロッコの先住民不正規軍の遠征隊; 反乱部隊. ❷〔スペインの保護領だった時代の〕モロッコの反乱部隊
harda [árða] 女《アンダルシア》大袋
hardcore [xár⟨d⟩kor]【←英語】男 ハードコア, 過激なポルノ〔映画〕
hard rock [xár⟨d⟩ rók]【←英語】男《音楽》ハードロック
hardware [xár⟨d⟩wer]【←英語】男 ハードウェア
hare krisna [xáre krísna] 名 クリシュナ教徒
harem [arén] 男《まれ》=**harén**
harén [arén]【←仏語 harem < アラビア語 haram「禁じられた家, 聖なる家」】男 ❶〔イスラム教徒の家の〕妻たちの部屋, ハーレム. ❷〔集名〕ハーレムに住む女たち
harense [arénse] 形 名《地名》アロ Haro の〔人〕〖リオハ県の町〗
harija [aríxa] 女 穀粒を挽いて出来る粉; ふるいにかけた小麦粉
harina [arína]【←ラテン語 farina】女 ❶ 小麦粉;〔穀物の〕粉: ～ en flor/～〔de〕flor 特等粉. ～ integral 全粒小麦粉. ～ de fuerza/～ fuerte 強力粉. ～ de media fuerza 中力粉. ～ floja 薄力粉. ～ de maíz コーンミール. ～ cárnica/～ de carne 動物性飼料, 肉骨粉. ～ leudante《南米》酵母（ベーキングパウダー）入りの小麦粉. Donde no hay ～ todo es mohína.《諺》家に金がないとけんかが起きる/貧すれば鈍する. ❷《コスタリカ, キューバ. 口語》お金
mala ～ 間違った行動: hacer *mala* ～ 間違った行動をする
metido en ～《口語》没頭（熱中）した: El mundo del fútbol, metido en ～, ya no repara en gastos. サッカー界は一度ヒートアップすると費用のことは考えなくなる
hacer ～ 粉々にする
ser ～ *de otro costal* 全く異なる, 他とは比べものにならない: Trotski, pese a ser uno de los revolucionarios, *es* ～ *de otro costal* porque fue expulsado muy pronto del Kremlin. トロツキーは革命家の一人ではあるが, クレムリンから早々に追放されたので異色となっている
hacer ～ 粉々にする
harinado [arináðo] 男 水にといた小麦粉
harinar [arinár] 他《料理》小麦粉をまぶす
harinear [arineár] 自《ベネズエラ》霧雨が降る〖=llovíznar〗
harineo [arinéo]《ベネズエラ》霧雨
harinero, ra [arinéro, ra] 形 小麦粉の: saco ～ 小麦粉袋
―― 名 製粉業者, 粉屋
harinilla [ariníʎa] 女《アンダルシア》❶ 小麦粉の混じったふすま. ❷ 霧雨
harinoso, sa [arinóso, sa]【←harina】形 ❶ 粉を含んだ. ❷ 粉っぽい, 粉状の: manzana ～*sa* 水けの少ない（ぱさぱさの）リンゴ
harma [árma]《植》ヘンルーダ〖=alharma〗
harmatán [armatán]《気象》ハルマッタン〖サハラ砂漠から吹いてくる砂塵を伴う乾燥した熱風〗
harmonía [armonía] 女 =**armonía**
harmónico, ca [armóniko, ka] 形 =**armónico**
harmonio [armónjo] 男 =**armonio**
harmonioso, sa [armonjóso, sa] 形 =**armonioso**
harmonizable [armoniθáble] 形 =**armonizable**
harmonización [armoniθaθjón] 女 =**armonización**
harmonizar [armoniθár] 9 他 =**armonizar**
harnal [arnál] 男〔主に風車小屋の〕小麦粉を入れる箱

harnear [arneár] 他《コロンビア, チリ》ふるいにかける
harnerero [arneréro] 男 ふるい製造（販売）業者
harnero [arnéro] 男 ふるい〖=criba〗
harneruelo [arnerwélo] 男《建築》模様彫り天井の中央板
hecho un ～ 1) 傷だらけの, 満身創痍の. 2)〔銃弾で〕穴だらけの
harnizo, za [arníθo, θa] 形《中南米. 廃語》先住民または白人との混血の
harón, na [arón, na]《古語》のろまな; 怠惰な
haronear [aroneár] 自 怠ける, 怠惰に（ぼうっと）過ごす
haronía [aronía] 女 怠惰, 無気力
harpa [árpa] 女 =**arpa**
harpado, da [arpáðo, ða] 形 ぎざぎざの
harpagón, na [arpaɣón, na]《コロンビア》やせこけた
harpía [arpía] 女 =**arpía**
harpillera [arpiʎéra] 女 =**arpillera**
harqueño, ña [xarkéɲo, ɲa] 形《歴史》〔モロッコの〕遠征隊・反乱部隊 harca の〔隊員〕
harre [áre] 間 =**arre**
harrear [areár] 男 追い立てる, 急がせる〖=arrear〗
harrepas [arépas] 女 複《料理》牛乳で溶いたトウモロコシ粉を焼いたもの
harria [árja] 女〔荷役用の〕馬, ロバ〖=recua〗
harriero [arjéro]《古語》=**arriero**
harrijasotzaile [xařixasot͡sájle]【←バスク語】男 石持ち上げ競技の選手
harstigita [arstixíta] 女《鉱物》珪酸塩の一種
hartá [artá] 女《俗語》満腹, 飽食: dar ― 満腹にする
hartada [artáða]【←hartar】女《口語》満腹, 飽食〖=hartazgo〗: Me di una buena ～ de espaguetis. 私は思う存分スパゲッティを食べた. Más vale una ～ que dos hambres.〔食べ物を1人で平らげてしまった時の言い訳〕2人の飢えより1人の満腹
hartadura [artaðúra] 女 =**hartazgo**
hartamente [ártaménte] 副《まれ》かなり, 非常に
hartar [artár]【←harto】他 ❶〔+de を〕思う存分…に食べさせる（飲ませる）, 満腹にする, 飽食させる: Te *hartaré* de pasteles. ケーキをたらふく食べさせて上げよう. ❷ うんざりさせる: Ya me está *hartando* que siempre me hable de lo mismo. 彼はいつも同じ話をして私をうんざりさせている. ❸《口語》[+de 大量の事物で] 圧倒する: Me *hartaron* de preguntas. 私は嫌と言うほど質問を浴びせられた. hartar a+人 de (a) palos …を棒でバンバン殴る
――**se** ❶ 思う存分飲食する; 満腹する, 飽食する: Me *harté* de paella y jerez. 私はパエリャをたらふく食べ, シェリー酒をがぶがぶ飲んだ. Comí hasta ～*me*. 私は腹一杯になるまで食べた. ❷ [+de] 思う存分…する, 満足をする ～*se*: En vacaciones se hartaba de leer. 休暇には彼は好きなだけ本を読んだ. ❸ 飽きる, うんざりする: 1) Pronto *se hartó*. すぐに彼は飽きてしまった. 2) [+de+不定詞・que+接続法に] *Me harté de pedalear y me bajé de la bici.* 私はペダルをこぐのに嫌になって, 自転車から降りた. *Me hartaré de bailar.* 私は嫌になるまで踊ってやるぞ. *Se hartó de que le hicieran tantas agasajos y atenciones*. 彼はあんなに歓待やもてなしを受けて嫌になった
hartatunos [artatúnos] 男《単複同形》〔ラ・マンチャ地方の〕ジャガイモ料理の一種
hartazgo [artáθɣo]【←harto】男 ❶ 満腹, 飽食, 食傷〔行為, 結果〕: Comí hasta el ～. 私は腹一杯になるまで食べた. ❷ 満足, 堪能: Ese día tuve un ～ de estudiar. その日私は嫌というほど勉強した. ¡Qué ～ de bailes! 何とダンスをしたことか!
darse un ～ 1) 食べすぎる, 飲みすぎる. 2) [+de] しすぎる; 堪能する: Me duele la garganta, porque *me he dado un* ～ *de hablar*. 私はしゃべりすぎて喉が痛い
hartazón [artaθón] 女 =**hartazgo**
hartera [artéra] 女《キューバ》=**hartazgo**
hartible [artíble] 形 うんざりするような
harto, ta [árto, ta]【←ラテン語 fartus「詰め込まれた」< farcire「詰める」】形 ❶ [estar+] 満腹した. ❷〔食べ飽きた: No puedo comer más, ya estoy ～. 私はもう食べられない, おなか一杯だ. Ya estamos ～*s* de jamones y quesos. 私たちはもうハムやチーズには食傷しています. Estoy ～ de sopa de ajo. もうニンニク・スープはもう結構だ. ❷ 飽きた, うんざりした: 1) [+de+名詞の] Estoy ～ *de ti y de tus evasivas.* 私はお前のいい訳にはもう飽き飽きした. *H*～ *de tantas mudanzas*, desea

echar raíces en algún sitio. 彼は引っ越しの多さにうんざりする，どこかに落ち着こうと望んでいる． 2) 『+de+不定詞･que+接続法』Estoy ～ de oír sus quejas. あいつの不平は聞き飽きた． Estoy ～ de que me digan lo mismo todos los días. 私は毎日同じことを言われてうんざりしている． ❸ 『文語; 中南米』『+名詞』たくさんの，かなりの: Tengo ～ta alegría. 私はとてもうれしい． Tenemos ～tas pruebas para acusarle. 私たちは彼を告発する十分な証拠を持っている． A él se lo he repetido ～tas veces. 私はそのことを彼に何度も何度も繰り返し言ってきた．
tener a+人 ～ 『+de 人』…を飽きさせる，うんざりさせる: Me **tienen** ～ tus monsergas. 私は君のお説教にはうんざりだ． Me **tienes** ～ de todas tus mentiras. 君は嘘ばっかりで私はうんざりだ．
── 副 ❶《文語; 中南米》『+主に否定的意味合いの形容詞』とても，かなり: Estoy ～ cansado de problemas. 私は色々な問題でとても疲れてしまっている． La situación está ～ complicada. 事態ははなはだ複雑である．《南米》非常に，たっぷり.
── 代《中南米》長時間; 長距離; 大量のもの: Hace ～ que no voy. 私が行かなくなって久しい． Falta ～ para llegar. 到着までの道のりは長い． ¿Queda azúcar?—Sí, ～. 砂糖は残っている？—はい，たくさん． Tengo ～ que hacer. 私にはしなければならないことがたくさんある．
hartón [artón] 男 ❶《俗用》=hartazgo． ❷ 料理用の青いバナナ『=plátano ～』.
hartura [artúra] 女 ❶ =hartazgo． ❷ 豊富
Hartzenbusch [artsenbúsk]《人名》Juan Eugenio ～ フアン･エウへニオ･アルセンブスク『1806〜80, スペインの劇作家・文学研究者. ロペ･デ･ベガやカルデロンなどの作品集の出版にも従事』.
has [xás] 男《隠語》=hachís
hasch [xás] 男《隠語》=hachís
hash [xás] 男《隠語》=hachís
hasta [asta]『←アラビア語 hatta』前 ❶ …まで, …に至るまで『ずっと』『⇔desde』: 1)『場所』Fui de paseo ～ el parque. 私は公園まで散歩した． ¿H～ dónde vais? どこまで（どのくらい遠く）行くの？ No creía que íbamos a llegar ～ tan lejos. 私たちがこんな遠くまで来るとは思わなかった． Anduvimos en la inundación, con el agua ～ la cintura. 私たちは洪水の中を腰まで水に浸かって歩いた． Vino ～ mí y me abrazó. 彼は私のところまでやって来て, 私を抱き締めた． 2)『時間』Los domingos no me levanto ～ las nueve. 日曜日には私は9時までは起きない． Estuvo en la oficina ～ las seis. 彼は6時まで会社にいた． Llegaremos al destino ～ mediodía. 私たちは昼までには目的地に着くだろう． H～ mediados del siglo X, esta villa fue una fortaleza. 10世紀半ばまでこの町は城塞だった． No empezó a beber ～ hace treinta años. 彼は30歳になるまで酒を飲まなかった． 『類語』**hasta** は継続, **para** は期限: Para las cinco volveré aquí. 5時までには戻ってきます． 3)《メキシコ, 中米, エクアドル》『動作の開始』Yo voy ～ ayer. 今日から行きます．『動作の終止、完了』H～ las once llega el paquete. やっと11時に荷物は届く／11時までは荷物は届かない． Me retiro ～ la tarde. 私はようやく午後引きあげる／午後までは残る． Será publicado ～ comienzos del año que viene. それは来年の初めごろまで出版されないだろう． ❷ 最高…まで: 1)『数量』Contaré desde uno ～ cien. 1から100まで数えよう． Solo puedo gastarme en libros ～ cien euros mensuales. 私には本代に100ユーロまでしか使えない． En los bancos no te dan interés〔de〕～ dos por ciento sobre el depósito de cuenta de ahorros. 銀行では普通預金には最高2パーセントの利子しか付かない． 2)『事柄の限界』Tenemos que estudiar con mucha dedicación ～ ser como el Dr. Fernández. フェルナンデス博士みたいになるまでに研鑽に努めなければならない． llorar ～ no poder más もうこれ以上泣けないほど泣く． ❸ …まで: 1)『+不定詞･que+直説法』Bailamos ～ caer rendidos. 疲れてへとへとになるまで私たちは踊った． No descansaré ～ terminar. 私は終わるまで休まないつもりだ．《南米》『家畜の』群れ No hay final ～ que llega la muerte. 死が来るまで終わりはない． Esperé ～ que me llamaron. 私は呼ばれるまで待った． 2)『仮定的. +que+接続法』Esperaré ～ que me llamen. 私は呼ばれるまで待つ． Todavía faltan muchos días ～ que llegue la primavera. 春が来るまでにはまだ何日もある． 『語法』主文が否定されている時, 虚辞の no が従属文 hasta que... に現れることがある: No se acostó ～ que 〔no〕 llega-

ron sus padres. 彼は両親が帰って来るまで寝なかった． Se negó a prestar la declaración ～ que 〔no〕 viniera su abogado. 彼は弁護士が来るまでは供述することを拒否した． ❹『結果. +不定詞･que+直説法』すると『…であった』, ついに『…であった』: Subió la cuesta ～ llegar a la calle. 彼は坂を登り, 大通りに出た． Le esperábamos, ～ que volvió fatigado. 私たちが待っていると, 彼が疲れて帰って来た． ❺『別れの挨拶』H～ el lunes（el día 12・la semana que viene）．また月曜日に（12日に・来週）． H～ ahora. H～ después. ではまたあとで． H～ el momento. またあとで／また今度． H～ la noche. ではまた今晩． H～ la próxima. さようなら／またお会いするまで『再会の期待を込めつつ』． H～ la vista. H～ la vuelta. また戻ってくるまで． H～ luego.『→luego』 H～ mañana. また明日． H～ más ver. また近いうちに． H～ nunca.『怒って』二度と会うものか． H～ otra. いずれまた／また今度／さようなら『近いうちの再会を期待して』． H～ otro día. いずれまた／また今度／またあとで／また今度． H～ pronto. またあとで／また今度． H～ siempre. さようなら『再会を期待して』．
── [asta] 副 ❶ 強意. +主語･目的語･状況補語･動詞など』 ❶ …さえ, …すら: H～ yo estuve harto de comer más carne. さすがの私も肉を食べるのはうんざりだった． ❷《No me crees ～ tú？お前まで私を信じないのか？》『前置詞格でなく主語人称代名詞をとる』H～ su hija no quiere hablar con él. 彼の娘さえ彼と話したがらない． Eso lo sabe hacer ～ mi nieto. そんなことは私の孫にもできる． Fue ～ a Madrid para buscar a su hija. 彼は娘を捜すためにマドリードにさえ行った． Allí hace calor ～ en invierno. そこは冬でさえ暑い． ❷『+cuando／+相当な分詞』たとえ…の時でも: Siempre lee ～ *cuando* come 〔～ comiendo〕. 彼は食事をしている時でさえいつも本を読んでいる．
hastati [astáti] 男 複《古代ローマ》ハスターリ『軍団内の若手兵士』
hastiado, da [astjádo, ða] 形 うんざりした
hastial [astjál] 男 ❶《建築》切妻壁． ❷《鉱山》『坑道の』側壁． ❸《口語》『粗野な』大男． ❹《ログローニョ》穀物や牧草などを保管する納屋
hastiar [astjár]『←hastío』⑪ 他 うんざりさせる: Me *hastían* sus charlas. 彼らのおしゃべりにはうんざりする
── **～se** 『+de』うんざりする, 飽き飽きする: Me hastío de tus mentiras. 君の嘘にはうんざりする．
hastío [astío]『←ラテン語 fastidium「嫌悪」』男 倦怠感, 退屈: Es un ～ hacer siempre las faenas domésticas. いつも家事ばかりするのはうんざりだ
hastioso, sa [astjóso, sa] 形 飽き飽きする, うんざりさせる
hataca [atáka] 女《古語》のし棒
hatajero, ra [ataxéro, ra] 名『家畜の』小さな群れの所有者; 小さな群れの牧人
hatajo [atáxo]『←古語 atajo < カスティーリャ語 atajar』男 ❶『家畜の』小さな群れ． ❷《軽蔑》『よくない人･事物の』集まり: Sois un ～ de gamberros. お前たちはしょうもないチンピラどもだ． decir un ～ de disparates 長々とたわごとを話す
hatear [ateár] 自《まれ》❶『旅行の準備で』衣類などの荷物をまとめる
── 他 羊飼いに食糧を与える
hatería [atería] 女《南米》農業労働者･鉱夫に与えられる食糧
hatero, ra [atéro, ra] 形『ロバなどの』羊飼いの衣類･食糧などの運搬用の
── 名《キューバ》牧場主
hathórico, ca [atóriko, ka] 形『エジプトの女神』ハトホル Hathor の: capitel ～ ハトホル柱『四方に女神の顔がついた柱頭』
hatijo [atíxo]《養蜂》ミツバチの巣箱の出口をふさぐ覆い『主にアフリカハネガヤで作られる』
hatillo [atíʎo]『hato の示小語』男 ❶『身の回りの』衣類の包み; 小物入れ． ❷『家畜の』群れ
echar el ～ al mar 怒る, 腹を立てる
coger el ～ 立ち去る
hato [áto]〔←hato〕男 ❶『身の回りの』衣類の包み; 『農作業用に運ぶ』食糧や衣類． ❷『家畜の』群れ． ❸《軽蔑》『よくない人･事物の』集まり． ❹《カリブ, コロンビア, ベネズエラ》『牛などの』牧草． ❺《キューバ, プエルトリコ》1) 約25.000平方メートルの広さの農地． 2) ～ y garabato 全財産

andar con el ～ a cuestas 転々と居所を変える, 渡り歩く
liar el ～ [不利な状況・居心地の悪い場所から] 立ち去る, 引き払う
revolver el ～ 不和の種をまく
traer el ～ a cuestas =*andar con el ～ a cuestas*
hausa [áu̯sa] 形 男 ハウサ語[の]
haustorio [au̯stórjo] 男《植物》[寄生植物の] 吸器
hawaiano, na [xawajáno, na] 形 名 ❶《地名》ハワイ Hawai の[人]. ❷《地理》[火山の]「火山風」ハワイ式の
── 男 ハワイ語
── 女 複 ビーチサンダル, ゴムぞうり [=ojota]
haya [ája] 女《単数冠詞: el・un[a]》《植物》ブナ
hayaca [ajáka] 女《ベネズエラ》トウモロコシ粉の皮で魚肉・野菜などを包みバナナの葉で巻いたクリスマスの料理
Haya de la Torre [ája de la tórre]《人名》**Víctor Raúl ～** ビクトル・ラウル・アヤ・デ・ラ・トッレ『1895～1979, ペルーの思想家・政治家. アメリカ革命人民同盟 APRA を創設, 党首となる』
hayal [ajál] 男 ブナ林
hayedo [ajéðo] 男 =**hayal**
hayuco [ajúko] 男 ブナの実
hayo [ájo] 男 ❶ [コロンビアやエクアドルの先住民が噛む] コカの葉を石灰または灰と混ぜたもの. ❷《南米, 植物》コカ [=**coca**]
hayuco [ajúko] 男 ブナの実
haz [áθ] I《←ラテン語 *fascis*》 男《複 **haces**》❶ [長いものの] 束 類語 大きさの順: **haz**>**gavilla**>**manojo**: 1) ～ *de hierba segada* 刈り取った草の束. ～ *de leña* たきぎの束. ❷ [平行な光線の] 一条の光. 2)《解剖, 植物》[線維組織・神経の] 管束(%), 束(%): ～ *vascular* 維管束. 3)《物理》束, ビーム: ～ *catódico* 陰極線束. ～ *de electrones* 電子束. ～ *hertziano* ヘルツ波束. ～ *luminoso* 光線束. ～ *polarizado* 偏極ビーム. 4)《数学》束(%): ～ *de rectas* 直線束. ❺《軍事》[複数の師団から成る] 戦列. ❻《建築》[一つの土台・柱頭に並ぶ] 柱列の束. ❼《古代ローマ》ファスケス [=*fasces*]
II《←ラテン語 *facies*「面」》 男《単数冠詞: el・un[a]》❶ [布などの] 表側 [⇔*envés*]: *Esta tela tiene el ～ muy brillante*. この布の表地はとても光沢がある. ❷《植物》[葉の] 上面の表皮. ❸《まれ》～ *de la Tierra*/～ *de tierra* 地表
a dos haces《西》下心があって
ser de dos haces《まれ》いつも本心を言わない
haza [áθa]《←ラテン語 *fascia*「帯」》女 畑, 耕作地
hazana [aθána] 女《廃語》家事
hazaña [aθáɲa] 女《←アラビア語 *hasana*「手柄」(ラテン語 *facere*「行なう」の影響)》❶ [名誉ある] 功績, 偉業, 殊勲: ～*s de Alejandro el Magno* アレクサンダー大王の偉業. ❷《皮肉》[取るに足りない行為や失敗に対して] お手柄: *¡Vaya ～, dormirse en mitad de la reunión!* 会議中に居眠りをするとは何とまあご立派なこと!
hazañería [aθaɲería] 女 [恐れ・賞賛・熱意などの] 見せかけ: *hacer ～s* 体裁ぶる, 気取る
hazañero, ra [aθaɲéro, ra] 形 気取り屋の
hazañoso, sa [aθaɲóso, sa] 形《文語》勇敢な; [事柄が] 勇気の必要な
hazmerreír [aθmereír]《←*hazme reír*》男《単複同形》《軽蔑》嘲笑の的, 笑い物: *Si vas vestido así serás el ～ de todos*. そんな服を着て行ったら, みんなに笑われるよ
HB《略語》←*Herri Batasuna* バスク人民同盟《独立派の政党》
Hda.《略語》←*hacienda* 大農場
he [é] I《←アラビア語 *he*「ここにある」》*he aquí (ahí)* +直接目的語《文語》ほら, ここ(そこ)に～がある: *He aquí la maqueta*. ここにその模型がある. *He ahí a tu madre*. ほら, そこにお母さんがいるよ. *Heme aquí dispuesto a ayudarte*. いつでも君を助けられるからね. [注意の喚起] ほら, …
Hete aquí...《間》[呼びかけ] おい, ねえ!
II《←擬態》《間》[呼びかけ] おい, ねえ!
head-hunter [xéð xánter]《←英語》男 人材スカウト係
hearing [xjérin]《←英語》男 ❶《米国》公聴会
heavy [xéβi]《←英語》形《音楽》ヘビメタ[の]
heavy metal [xéβi métal]《←英語》男《音楽》ヘビメタ
hebdómada [eβðómaða] 女 ❶ 7年間. ❷《まれ》週 [=*semana*]
hebdomadario, ria [eβðomaðárjo, rja] 形《まれ》週刊の: *publicación ～ria* 週刊新聞, 週報
── 男《まれ》週刊誌

hebdómeda [eβðómeða] 女 [灌漑用池または川から] 週に一度水(%)すること
Hebe [éβe] 女《ギリシア神話》ヘーベー『ゼウスの娘. 青春の女神』
hebefrenia [eβefrénja] 女《医学》破瓜(%)病
hebefrénico, ca [eβefréniko, ka] 形 破瓜病の
hebeloma [eβelóma] 女《植物》オオツカブサタケ『キノコの一種』
hebén [eβén] 形 ❶《植物, 果実》*uva ～* 白ブドウの一種. ❷ [人・事物が] 中身のない, 取るに足りない
hebetar [eβetár] 他《まれ》[感覚を] 鈍らせる; [ナイフなどの] 切れ味を鈍らせる
hebetud [eβetú(ð)] 女《医学》愚鈍, 遅鈍
hebijón [eβixón] 男《バックル *hebilla* の》ピン
hebilla [eβíʎa] 女 ❶ [ベルトなどの] 締め金, 留め金, バックル. ❷《アルゼンチン》ヘアピン
pullir (brillar) la ～《コロンビア, ベネズエラ》チークダンスを踊る
hebillaje [eβiʎáxe] 男《集名》[全体の] 締め金
hebillar [eβiʎár] 他 締め金 *hebilla* で留める
hebillero, ra [eβiʎéro, ra] 名 締め金の製造(販売)業者
hebra [éβra]《←ラテン語 *fibra*「植物の繊維」》女 ❶ [針の穴, 糸]: *meter la ～ por el ojo de la aguja* 糸を針の目に通す. *coser con doble ～s* 二重縫いする. ～*s de lana* 毛糸. ❷ 繊維. ❸ [野菜・肉などの] 繊維, すじ: *quitar los ～s a las judías* サヤインゲンのすじを取る. ❹ [話の] 脈絡, 筋道. ❺ 木目. ❻《鉱物, 鉱脈. ❼ [繊維状の] 刻みたばこ. ❽《詩語》《雅》髪の毛. ❾《料理》1) *punto de ～* 砂糖がカラメル状になって糸を引く状態. 2) サフラン
cortar a+人 la ～ de la vida …を殺す
de una ～《南米》一気に
estar de buena ～ [人が] 頑健である
pegar [la] ～《西》おしゃべりを始める; 長々とおしゃべりをする: *Cuando ella me encuentra, me pega la ～ y ya no me suelta*. 彼女に見つかったら最後, 私はいつも長舌を聞かされ, 絶対に放してもらえない
hebraico, ca [eβráiko, ka] 形 ヘブライの [=*hebreo*]
hebraicoespañol, la [eβraikoespaɲól, la] 形 スペイン系ユダヤの, ユダヤ系スペインの [=*hispanohebreo*]
hebraísmo [eβraísmo] 男 ❶ ヘブライ語特有の語法. ❷ ユダヤ教, ユダヤ思想
hebraísta [eβraísta] 名 ヘブライ語(文化)研究者
hebraizar [eβraiθár] [9] 自《←*enraizar*》他 ❶ ヘブライ語の語法を取り入れる. ❷ ユダヤ化する
hebreo, a [eβréo, a]《←ラテン語 *hebraeus*》形 名 ❶ ヘブライ[人・語]の, ヘブライ人: *Biblia ～a* ヘブライ語聖書. ❷ ユダヤ教の, ユダヤ教徒
── 男 ❶ ヘブライ語. ❷ 商人; 高利貸し
hebrero [eβréro] 男 反芻動物の食道 [=*herbero*]
hebroso, sa [eβróso, sa] 形 繊維質の [=*fibroso*]
hebrudo, da [eβrúðo, ða] 形《レオン, アンダルシア; コスタリカ》繊維質の [=*fibroso*]
Hécate [ékate] 女《ギリシア神話》ヘカテ『冥界の女神』
hecatombe [ekatómbe] 女《←ギリシア語 *hekatombe*》❶ 大虐殺, 大災害, 大惨事, 大勢の死亡者: *El terremoto ha sido una verdadera ～*. その地震は大災害だった. ❷《古代ギリシア》雄牛100頭のいけにえ
hechicera[1] [etʃiθéra] 女《昆虫》タテハチョウ科の一種『学名 *Brenthis hecate*』
hechiceresco, ca [etʃiθerésko, ka] 形 呪術の
hechicería [etʃiθería] 女《←*hechicero*》呪術, 妖術, 魔術; 呪い
hechiceril [etʃiθeríl] 形 まじない師の, 呪術師の
hechicero, ra[2] [etʃiθéro, ra] 形《←*hechizo*》 ❶ [美しさで] 魅了する, うっとりさせる; 魅惑的な: *ojos ～s* 魅惑の瞳. ❷ 妖術を使う, 呪いをかける
── 名 まじない師, 呪術師
hechío [etʃío] 男《狩猟》[動物が習性的に] 地面をひっかく(掘る)場所
hechizamiento [etʃiθamjénto] 男《まれ》まじないをかけること
hechizar [etʃiθár]《←*hechizo*》[9] 他 ❶ …にまじないをかける. ❷ 魅了する: *Su belleza hechiza a todo el mundo*. 皆が彼女の美しさのとりこになっている
hechizo, za [etʃíθo, θa]《←ラテン語 *facticius*「人工の」< *facere*「行なう」》形 ❶ わざわざした, 見せかけの. ❷《まれ》取り外し(付け替え)のできる. ❸《メキシコ, アンデス, チリ, アルゼンチン, ウルグアイ》1) 手製の; [手製なので] 粗末な. 2) 国産の. 3) 先住民

系の
——囲❶ まじない, 呪術: Por medio de un ～, el príncipe se convirtió en sapo. 王子は呪いをかけられてヒキガエルに姿を変えた. ❷ 魅了する人(もの)

hecho¹ [étʃo]《←ラテン語 factum < facere「作る」》囲 ❶ 行われたこと, 生じたこと, 起きたこと; 事, 事柄, 出来事: Los ～s ocurrieron durante las vacaciones. それらのことは休暇中に起きた. Es un ～ sin precedentes. それは前代未聞の出来事だ. Él acabó con el terrorismo, pero ahora se ha olvidado totalmente ese meritorio ～. 彼はテロ活動を根絶させたが, 今ではその功績もすっかり忘れ去られている. ❷《法律》[時に 複]. 訴訟の要件となる〕事実; (犯罪)行為, 犯罪: La policía está investigando los ～s. 警察は事実を調査中だ. Se le acusa de un ～ delictivo. 彼はある犯罪行為について起訴される. ～ consumado 既成事実. ～ imponible 課税対象状況. ～ jurídico 法的事実. ～ probado 判決で認められた事実. ❸ 行為, 行動: Es un ～ digno de él. それは彼らしい行動だ. Por sus ～s los conoceréis. 彼らの行いによって知られる. demostrar con ～ 行動で示す; 事実で証明する. ❹ 事実: Los ～s cantan por sí solos. 事実それ自体がすべてを物語っている. ～ histórico 史実, 歴史的事実. ❺ 問題, 事件: ～ de sangre 流血の惨事. ❻ [主に 複] 勲功, 偉業. ❼ [間投詞的] 同意・承認・賛成など〕よし分かった, そうしよう: ¿A las once volverás a buscarnos?—¡H～! 11時にもう一度迎えに来てくれないか?—OK! Te compro una computadora personal.—¡H～! パソコンを買ってあげよう.—決まりだ!
a ～《まれ》1) 連続して. 2) 区別(差別)なくすべて
adelantarse a los* ～*s 先走る
de ～ 1) 実際には: De ～, el biombo fue muy caro. 実際その屏風は非常に高価だった. 2) 本当のところ: De ～, no estoy conforme con el fallo del jurado. 本当のところ, 私は陪審員の決定に賛成でない. 3) 事実上の《⇔de derecho》: De ～ soy el director, aunque mi título no lo es. 私の肩書はそうなっていないが, 事実上, 私がマネージャーである. 4) 成るがままの・に
de ～ *y de derecho* 事実上そして法律上(適法に)
el ～ *de que*+直説法・接続法 [que 以下の内容に対して話者の価値判断が大きい時には接続法, 単に事実として述べられる時には直説法] …という事: El ～ *de que* Juan lea muchos lectores no quiere decir que sea una buena novela. 多くの読者がいるという事実はよい小説であることを意味しない. El ～ *de que* comemos ballenas los japoneses no es cosa de crítica ni censura; es una de las costumbres alimenticias de los japoneses. 我々日本人が鯨を食べるという事実は非難やそしりを受けるいわれはない. それは日本人の食習慣の一つのだ
el ～ *es que*+直説法 [既成の事柄に対して逆の内容を述べる] 事実は…である: Creí que los dos vivían felices, pero el ～ *es que* ya están divorciados. 私は2人が幸せに暮らしていると思っていたが, 事実は彼ら離婚してしまっていた. El ～ *es que* tiene cáncer de estómago. 実は彼が胃癌なのだ
en ～ *de verdad* 実際に, 本当に
hacer su ～ 自分の利益になるようにはからう; 自分の利益を追求する [=hacer su negocio]
～ *de armas* 手柄, 武勲, 武功

hecho², **cha** [étʃo, tʃa]《hacer の 過分》形 ❶ [estar+] 終えた, 行われた: El trámite todavía no está ～. 手続きはまだすんでいない. El puente ya está ～. 橋はもう出来上がっている. Me pagan según el trabajo ～ realizado. 私は仕事をおえて引き渡すと金が支払われる. *Hechas* las presentaciones, nos sentamos a cenar. 私たちは挨拶がすみ, 夕食の席に着いた. *informe* ～ 仕上がっているレポート. *cama hecha* きれいに整えられたベッド. *milagros* ～s 実際にあった奇跡. ❷ 成熟した: Es un niño, todavía no está ～. 彼はまだ子供だ, 大人になっていない. Esta higuera ya está *hecha*. このイチジクはもう成木だ. árbol ～ 成木. *hombre* ～ 成人男性. *vino* ～ 熟成ワイン. ❸《主に西.料理》filete poco (medio) *hecho* レア(ミディアム)のステーキ. filete bien (muy) *hecho* ウェルダンのステーキ. ❹《主に服飾》既製の: Estoy contento con los pantalones ～. 既製の出来合いのズボンで十分です. *ropa hecha* 既製服. ❺ [estar+. +a に] 慣れた, 熟練した: ¿Usted está ～ a la vida en el extranjero? 外国での生活に慣れましたか? Dolores es una mujer *hecha a* las adversidades. ドロレスは色々苦労をしてきた女性だ. No estoy ～ *al* manejo del ordenador. 私はコンピュータの扱いに慣れていない. ❻ [estar+. +bien+mal. 人が] プロポーションのよい・悪い; 目鼻だちの整った・整ってない: Julia tiene unas facciones bien *hechas*. フリアは整った顔立ちをしている. *tener las piernas mal hechas* 形の悪い脚をしている. ❼ [主語と性数一致. [+不定冠詞]+名詞] …になった: El edificio estaba ～ una ruina. その建物は荒れ果てていた. El florero está ～ añicos. その花瓶は粉々に割れてしまっている. Está ～ un artista. 彼は芸術家気取りだ. ❽《コロンビア.口語》 [estar+] 生活が安楽な. ❾《チリ, アルゼンチン, ウルグアイ.口語》酔った
A lo ～, *pecho*. すんだことはすんだことだ/覆水盆に返らず
¡Bien ～*!* よくやった(言った)!
encontrárselo todo ～《口語》すべて思うがままである, あらかじめ易済みである: Se lo ha encontrado todo ～ gracias a su tío. 彼は伯父のおかげで全く苦労知らずだった
[Eso] ***Está*** ～. そんなことわけない; 簡単に手に入るさ: Esto está ～, voy a comprarte una limonada. 簡単だ, レモネードを買ってあげよう
Esto es ～. もう完成だ, すっかり出来上がっている
～ *y derecho* 完璧な: hombre ～ *y derecho* 一人前の男. profesor ～ *y derecho* 一人前の教師
Lo ～, ～ *está*. =A lo ～, pecho.
¡Mal ～*!* それはまずかったね/失敗だ!
Ya está ～. 万事休すだ/もう言っても仕方がない

hechor, **ra** [etʃór, ra] 形 名《アンダルシア, チリ, エクアドル》不良〔の〕; 悪人〔の〕, 犯罪者〔の〕[=malhechor]《中南米》種馬, 種付け用のロバ

hechura [etʃúra]《←ラテン語 factura < facere》囡 ❶ 形状: dar a... la ～ *de estrella* …を星形にする. ❷ [主に 複]. 服飾品の]仕立て; 仕立て上がり; 加工賃: pagar las ～s de un traje 服の仕立て代を払う. ❸ 作り方, 仕方, やり方: mesa de ～ muy bella 大変美しい作りのテーブル. educar a su ～ 自分の流儀で教育する. ❹《西》[時に 複]体格, 体つき: tener una magnífica ～ 申し分のないスタイルをしている. ❺ [先輩・教師・権力者などに] 庇護される人, おかげでこうなっている者, お気に入り: El director general es ～ *del* Ministro. あの局長は大臣の子分だ. ❻ 外見, 見かけ: Sus proyectos tomaron una ～ excelente. 彼の計画はすばらしく整った. ❼《闘牛》[牛・闘牛士の] 外見, 姿. ❽《まれ》[人・物が, +de] 作品; [神の] 創造物 [=～ *divina*]: Somos ～ *de Dios*. 私たちは神がお造りになった. ❾《チリ》酒をおごること

hechusgo [etʃúsgo] 囲《ホンジュラス》[物の] 外見, 見かけ, 形状
hect- 《接頭辞》=**hecto-**: *hectárea* ヘクタール
hect. 《略語》←*hectárea* ヘクタール
hectárea [ektárea] 囡 [面積の単位] ヘクタール
héctico, **ca** [éktiko, ka] 形 =**hético**
hectiquez [ektikéθ] 囡 =**etiquez**
hecto- 《接頭辞》[百] *hectopascal* ヘクトパスカル
hectogrado [ektográdo] 囲 [ヘクトリットルあたりの] アルコール度数
hectografía [ektografía] 囡 こんにゃく版, ゼラチン版
hectografiar [ektografjár] 他 こんにゃく版で複写する
hectógrafo [ektógrafo] 囲 こんにゃく版複写機
hectogramo [ektográmo] 囲 [重さの単位] ヘクトグラム
hectolitro [ektolítro] 囲 [液量の単位] ヘクトリットル
hectómetro [ektómetro] 囲 [長さの単位] ヘクトメートル
hectopascal [ektopáskal] 囲 [圧力の単位] ヘクトパスカル
Héctor [éktor] 《ギリシア神話》ヘクトル, ヘクター [トロイ戦争でアキレス Aquiles に殺されたトロイア Troya の勇士]
hectovatio [ektobátjo] 囲 [電力の単位] 100ワット
Hécuba [ékuba] 囡《人名》ヘカベ [トロイの王プリアモスの妃]
hedentino, **na** [eðentíno, na]《まれ》悪臭を放つ
——名 [鼻を突く] 悪臭; 悪臭の漂う場所
heder [eðér]《←ラテン語 foetere》24 自《文語》❶ 悪臭を放つ: El agua de las flores *hiede* si no se cambia a diario. 花瓶の水は毎日替えないと臭くなる. ❷ うんざりさせる, 不愉快にさせる
hederáceo, **a** [eðeráθeo, a] 形《植物》ツタ(蔦)の; ツタに似た
hediente [eðjénte] 形《まれ》悪臭を放つ
hediento, **ta** [eðjénto, ta] 形 悪臭を放つ
hedionda¹ [eðjónda] 囡 ❶《植物》1) シロバナヨウシュチョウセンアサガオ [=*estramonio*]. 2) ジンチョウゲ科の灌木 [学名 Putoria calabrica]. ❷《キューバ, プエルトリコ.動物》スカンク

hediondamente [edjóndaménte] 副 悪臭を放って
hediondez [edjondéθ] 女 悪臭, 腐臭 [=fetidez]; 臭いもの
hediondo, da[2] [edjóndo, da]〚←俗ラテン語 foetibundus < foetere「悪臭を放つ」〛形 ❶ 臭い, 悪臭を放つ: cuarto ～ 嫌なにおいのする部屋. ❷ 嫌な, 不快な; わずらわしい: asunto ～ 不愉快な問題. ❸ [表現が] 汚い, 猥褻な: palabras ～das 卑猥な言葉 ── 男 ❶ 〚植物〛1) アキノキリンソウの一種〚悪臭を放つ灌木. =leño ～. 学名 Anagyris foetida〛. 2) 《メキシコ》[中央部の盆地に生える]アカザ科の一種. ❷ 《アルゼンチン. 動物》スカンク
amanecer ～ a mocha 二日酔いである
hedónico, ca [edóniko, ka] 形 =**hedonístico**
hedonismo [edonísmo] 男《哲学》快楽主義, ヘドニズム
hedonista [edonísta] 形 名 快楽主義の(主義者)
hedonístico, ca [edonístiko, ka] 形 快楽主義の
hedonofobia [edonofóβja] 女 快楽恐怖症
hedor [eðór]〚←ラテン語 foetor, -oris〛男《文語》[むかつくような]悪臭, 腐臭〚⇔**fragancia**〛: despedir un ～ 悪臭を放つ
Hefestos [eféstos] 男《ギリシア神話》ヘパイストス〚ゼウスの子. 炎と鍛冶の神〛
hegelianismo [xeɣeljanísmo] 男 ヘーゲル Hegel 哲学
hegeliano, na [xeɣeljáno, na] 形 名 ヘーゲル[哲学]の(支持者)
hegemonía [exemonía]〚←ギリシア語 hegemonia < hegemon, -onos「先頭を行くもの」< hegeomai「私は導く」〛女 ❶ [国家間の]盟主権, 覇権. 共産主義の外交政策は世界覇権を目指している. La política exterior del comunismo apunta a la ～ mundial. ❷ 〚一般に〛主導権, ヘゲモニー; トップの座: Esta victoria ha supuesto confirmar su ～ entre los jugadores juniors. この勝利によってジュニア選手の間での彼のトップの地位が確定したと思われる
hegemónico, ca [exemóniko, ka] 形 覇権の, 覇権主義的な: clase ～ca 指導層, 権力階級
hegemonismo [exemonísmo] 男 覇権主義
hegemonizar [exemoniθár] 9 他 覇権(主導権)を及ぼす
hégira [éxira] 女 ヘジラ〚マホメットのメッカからメジナへの逃亡(622年). その年を元年とするイスラム教紀元〛
heguemonía [eɣemonía] 女 =**hegemonía**
heidelbergués, sa [eiðelberɣés, sa] 形 名 《地名》[ドイツの]ハイデルベルク Heidelberg の[人]
héjira [éxira] 女 =**hégira**
helable [eláβle] 形 氷結できる
helada[1] [eláða]〚←**helar**〛女《気象》[主に 複] ❶ 氷点下の気温になること, 厳寒の状態: Los brotes se quemaron como consecuencia de las permanentes ～s. 氷点下の気温が続いた結果, 芽が傷んだ. La ～ de anoche congeló la tubería de las cañerías. 昨夜の冷え込みで水道管が凍結した. ❷ 霜〚=～ blanca. →escarcha 類義〛; 霜が降りること: Cae [una] ～. 霜が降りる. ～s tardías 晩霜
heladera[1] [eladéra]〚←**helado**〛女 ❶ アイスクリーム製造機〚=**heladora**〛. ❷ ひどく寒い所〚=**heladero**〛. ❸《主にラプラタ》冷蔵庫〚=**frigorífico**〛.《コロンビア, アルゼンチン》[携帯用の]クーラー, アイスボックス
heladería [eladería]〚←**helado**〛女 アイスクリーム店
heladero, ra[2] [eladéro, ra]〚←**helado**〛名 アイスクリーム製造(販売)業者;《中南米》[主に街頭の]アイスクリーム売り;《チリ》アイスクリーム店の店主(店員). ── 形 ❶ 気温が氷点下になることが多い, 霜の多い. ❷ アイスクリーム製造の ── ひどく寒い所: Esta casa es un ～. この家はひどく寒い
heládico, ca [eláðiko, ka]〚←Hélade〛形《考古》[ギリシアの]ヘラディック文化(時代)の
heladizo, za [elaðíθo, θa] 形 すぐに凍る, 凍りやすい
helado[1] [eláðo]〚←**helar**〛男《不可算》❶ アイスクリーム, 氷菓子, シャーベット: ¿Me pones dos bolas de ～? アイスクリーム2スクープ下さい. tomar un ～ アイスクリームを食べる. ～ de chocolate チョコレートアイスクリーム. ～ de limón レモンアイスクリーム. ～ al (de) corte ウエハースにはさんだアイスクリーム, アイスもなか. ～ de agua《南米》みぞれ; アイスキャンデー〚=**polo**〛. ～ de palito/～ de palo《南米》棒付きアイスクリーム. ❷《まれ》アイスクリーム店(飲み物の). ❸《アンダルシア》バラのエッセンス入りの砂糖〚=**azúcar rosado**〛
helado[2], **da**[2] [eláðo, ða] 形 ❶ [estar+] 非常に寒い(冷たい): Estuve ～ de frío. 私は寒くてつくようだった. Tengo los dedos ～s. 私は指が凍えている. agua ～da 手を切るような冷たい水. viento ～ 身を切るような寒風. ❷ [料理などが] 冷えてしまった: sopa ～da 冷えたスープ. ❸ [驚いて] 呆然とした: Me quedé ～ con la noticia. 私は知らせを聞いて呆然とした. ❹ 冷淡な, 無愛想な: dispensar a+人 un recibimiento ～ …を冷ややかに迎える. ❺《ベネズエラ》砂糖漬けにした, 糖衣を着せた. ❻《アルゼンチン》無気力な
helador, ra [elaðór, ra] 形 [天候・風などが] 凍りそうに冷たい, 非常に寒い(冷たい) ── 女 アイスクリーム製造機
heladura [elaðúra] 女 ❶ 寒さで耳が痛くなること. ❷ 氷結
helamiento [elamjénto] 男 氷結, 凍結
helanca [elánka]〚←商標〛女《繊維》ヘランカ〚ナイロン〛
helar [elár]〚←ラテン語 gelare < gelu「氷」〛23 他 ❶ 凍らせる: El mucho frío heló hasta el agua del río. 厳寒で川の水までが凍った. ❷ 霜害をもたらす: Una ola de frío ha helado los ciruelos. 寒波のために梅の木が被害を受けた. ❸ 凍傷にする: Las temperaturas bajas han helarон los pies a los alpinistas. 低温のために登山家たちの足が凍傷になった. ❹ 驚かせる, ぞっとさせる: El susto me heló por completo. 驚いて私は全身凍りついたようになった. ❺ 気力を失わせる: Aquel fracaso heló mis ambiciones. あの失敗で私は望みを失った. El recuerdo del examen me hiela la risa en la boca. 私は試験のことを思い出すと笑顔が凍る
── [単人称] 気温が氷点下になる: Heló esa noche. その晩は凍てつく寒さだった
── ～se 凍る; 凍結する, 氷が張る: Se ha helado el río. 川が凍結した. El lago está helado. 湖は凍っている. ❷ [植物が] 霜枯れする: Las flores de los frutales se han helado. 果樹の花が霜枯れしてしまった. ❸ 凍傷にかかる: Se le helaron los dedos de la mano derecha. 彼の右手の指が凍傷にかかった. ❹ ひどく[こごえる: Me helé de frío. 私は寒さにこごえた. Estando ahí fuera, te vas a ～ hasta los huesos. 外にいたら体の芯まで凍ってしまうよ. ❺《口語》ぞっとする: Os vais a ～ cuando veáis esa película de suspense. あのサスペンス映画を見たら, 怖くて体が震えるぞ. ❻ [料理などが] 冷えてしまう: Tengo que calentar en el microondas la comida que se ha helado. 私は冷たくなってしまった食べ物を電子レンジで温めないといけない. ❼ 気力を失う: Con la muerte de su mujer se han helado sus ganas de vivir. 彼は妻の死で生きる意欲を失った
～*se a*+人 **[en los labios]**[感情のせいで] …が表現できない: Se le heló la sonrisa en los labios. 彼は微笑もうとしても唇が引きつってしまった
helear [eleár] 他 =**ahelear**
helechal [eletʃál] 男 シダ群生地
helecho [elétʃo] 男《植物》シダ: ～ arborescente 木生シダ. ～ macho セイヨウオシダ. ～ hembra メシダ属の一種〚学名 Athyrium filix-femina〛. ～ marino チャセンシダ属の一種〚学名 Asplenium marinum〛. ～ real レガミルゼンマイ
Helena [eléna] 女《ギリシア神話》ヘレネ, ヘレン〚スパルタの王メネラオス Menelao の妃〛
helénico, ca [eléniko, ka] 形 古代ギリシアの; 現代ギリシアの
helenio [elénjo] 男《植物》オオグルマ
helenismo [elenísmo]〚←**heleno**〛男 ❶《歴史》ヘレニズム. ❷《言語》ギリシア語源の語, ギリシア語特有の言い回し
helenista [elenísta] 名 ❶ 古代ギリシア語(文学)研究者. ❷《歴史》ギリシア化したユダヤ人
helenístico, ca [elenístiko, ka] 形 ❶ 古代ギリシア語(文学)研究の. ❷《歴史》ヘレニズム時代の
helenización [eleniθaθjón] 女 ギリシア化
helenizante [eleniθánte] 形 ギリシア化する
helenizar [eleniθár] 9 他 ギリシア化させる
── ～se ギリシア化する
heleno, na [eléno, na]〚←ギリシア語 hellen, hellenos〛形 名 ❶ 古代ギリシアの[人]: civilización ～na 古代ギリシア文明. ❷ 現代ギリシアの[人]
helera [eléra] 女 ❶ 腫れ, できもの, 小さいおでき. ❷《エクアドル》万年雪. ❸《アルゼンチン》冷蔵庫
helero [eléro] 男 ❶ 万年雪の下層の氷〚夏には溶ける〛. ❷ 氷河〚=**glaciar**〛
helespóntico, ca [elespóntiko, ka] 形《歴史, 地名》ヘレスポント海峡 Helesponto の〚現在のダーダネルス海峡 Estrecho de

los Dardanelos』〗
helgado, da [elgáðo, ða] 形《まれ》歯並びの悪い
helgadura [elgaðúra] 女《まれ》歯と歯のすき間; 歯並びの悪さ
helguero [elɣéro] 男《地方語》[シダなどの茂った] 未開墾地
heli-《接頭辞》**=helio-**
helíaco, ca [elíako, ka] 形 [惑星が] 太陽と同じ時間帯に出る (没する)
heliantemo [eljantémo] 男《植物》ハンニチバナ
heliantina [eljantína] 女《化学》メチル・オレンジ
helianto [eljánto] 男《植物》ヤナギヒマワリ
heliasta [eljásta] 男《古代ギリシア》[アテネの民衆裁判の] 裁判官, 陪審員
hélice [éliθe]《←ラテン語 helix, -icis <ギリシア語 helix, -ikos「螺旋, 螺旋形の物」》女 ❶ プロペラ; 推進機, スクリュー: hacer girar la ～ プロペラを回す. avión de ～ プロペラ機. ❷《幾何》螺旋 (線). ❸《解剖》耳輪
helicentrismo [eliθentrísmo] 男 地動説
helicicultura [eliθikultúra] 女 カタツムリの飼育
helícidos [elíθiðos] 男《複》《動物》エスカルゴ科, マイマイ科
Helicobacter pylori [elikobákter pilóri] 男《医学》ヘリコバクター・ピロリ
helicoidal [elikoiðál]《←ギリシア語 helix, -ikos》形 螺旋形(状)の; movimiento ～ 螺旋運動. muelle ～ コイルばね
helicoide [elikóiðe] 男 螺旋体
helicoide, a [elikoíðeo, a] 形《生物》螺旋形の
helicón [elikón] Ⅰ《←ギリシアの山 Helikon》男 詩的霊感が得られる所 Ⅱ 男《音楽》ヘリコン『チューバの一種』
helicona [elikóna] →**heliconio**
helicónides [elikóniðes] 男《複》ギリシアの山ヘリコン Helikon に住むミューズたち
heliconio, nia [elikónjo, nja] 形《女性形 helicona もある》 ギリシアの山ヘリコン Helikon の, ヘリコンに住むミューズたちの
helicóptero [elikó(p)tero]《←ギリシア語 helix, -ikos「螺旋, 螺旋形の物」+pteron「翼」》男 ヘリコプター: ～ monorrotor (birrotor) 回転翼が1つ (2つ) のヘリコプター.
helicotrema [elikotréma] 男《解剖》蝸牛孔（かぎゅうこう）
helio [éljo] 男《元素》ヘリウム
helio-《接頭辞》[太陽] *heliofila* 陽性植物
heliocéntrico, ca [eljoθéntriko, ka] 形 ❶ 太陽を中心とした《=geocéntrico》: teoría ～*ca* 地動説. ❷ 太陽の中心から測定した
heliocentrismo [eljoθentrísmo] 男 地動説
heliodinámica [eljoðinámika] 女 太陽エネルギー学
heliodoro [eljoðóro] 男《鉱物》ヘリオドール
heliofilia [eljofílja] 女《植物》好光性
heliofilo, la [eljofílo, la] 形《植物》好光性の; 陽生植物〔の〕『⇨umbrófilo』
heliofísico, ca [eljofísiko, ka] 形 女 太陽研究〔の〕
heliofobia [eljofóbja] 女 日光恐怖症
heliofotómetro [eljofotómetro] 男 太陽光計測器
heliogábalo [eljogábalo] 男《ування》大食家
heliograbado [eljograbáðo] 男 写真凹版〔術〕, グラビア
heliografía [eljografía] 女 ❶ 回光信号法, ヘリオグラフィー. ❷ **=heliograbado**. ❸《天文》太陽面記述
heliográfico, ca [eljográfiko, ka] 形 回光信号法の, 回光通信機の; 写真凹版の
helógrafo [eljógrafo] 男 回光通信機
heliograma [eljográma] 男 日光反射信号, 回光通信
heliólatra [eljólatra] 形 太陽崇拝の
heliolatría [eljolatría] 女《宗教》太陽崇拝
heliometría [eljometría] 女《天文》二星間の角距離測定法; 天体の直径測定術
heliómetro [eljómetro] 男 太陽儀
helión [eljón] 男 ヘリウム核
Helios [éljos] 男《ギリシア神話》ヘリオス『太陽神』
helioscopia [eljoskópja] 女《天文》[望遠鏡を用いた] 太陽観測
helioscopio [eljoskópjo] 男 太陽観測望遠鏡
heliosis [eljósis] 女 日射病《=insolación》
heliosismología [eljosismoloxía] 女《天文》太陽地震学, 太陽震 vibraciones solares の研究
helióstato [eljóstato] 男《物理》ヘリオスタット

heliotecnia [eljotéknja] 女 太陽エネルギーを電気に変える技術
heliotelegrafía [eljotelegrafía] 女 回光通信
helioterapia [eljoterápja] 女 日光療法
heliotermia [eljotérmja] 女 爬虫類・両生類などの変温動物が太陽エネルギーを吸収して行なう体温調節
heliotropina [eljotropína] 女《生化》ヘリオトロピン
heliotropio [eljotrópjo] 男 **=heliotropo**
heliotropismo [eljotropísmo] 男《生物》向日性
heliotropo [eljotrópo] 男 ❶《植物》ヘリオトロープ. ❷《物理》 手動ヘリオスタット. ❸《鉱物》[赤い斑点のある] 緑玉髄
heliozoo [eljoθó(o)] 男《生物》太陽虫
helipuerto [elipwérto] 男 ヘリポート, ヘリコプター発着場
helitransportar [elitransportár] 他 ヘリコプターで輸送する
hélix [éli(k)s] 男《解剖》耳輪《=hélice》
héller [éλer] 男 ❶ [オーストリア・ハンガリー帝国時代の] ヘラー銅貨. ❷ [チェコの下位通貨単位] ハレル《=チェコ・コルナの1/100》
hellinense [eλinénse] 形 名《地名》エジン Hellín の〔人〕《アルバセテ県の町》
hellinero, ra [eλinéro, ra] 形 名=**hellinense**
helmántico, ca [elmántiko, ka] 形 名《文語, 地名》=**salmantino**
helmintiasis [elmintjásis] 女《医学》蠕虫病
helmíntico, ca [elmíntiko, ka] 形 ❶ 蠕虫の. ❷ [薬剤が] 腸内寄生虫駆除用の
helminto [elmínto] 男《動物, 医学》蠕虫 (ぜん); [特に] 腸内寄生虫
helmintofobia [elmintofóbja] 女 蠕虫恐怖症
helmintoide [elmintóiðe] 形 蠕虫状の
helmintología [elmintoloxía] 女 蠕虫学
helmintológico, ca [elmintolóxiko, ka] 形 蠕虫学の
helobial [elobjál] 形 イバラモ目の
―― 女《複》《植物》イバラモ目
helor [elór] 男《まれ》[身を切るような] 強烈な寒さ
helvecio, cia [elbéθjo, θja] 形 名=**helvético**
helvético, ca [elbétiko, ka] 形 名 ❶《文語》スイス〔人〕の, スイス人《=suizo》. ❷《歴史》ヘルヴェティア Helvecia 族〔の〕
hem-《接頭辞》=**hemato-**
hema-《接頭辞》=**hemato-**
hemacrimo [emakrímo] 形《動物》変温の《=poiquilotermo》
hemacromatosis [emakromatósis] 女《医学》ヘモクロマトーシス
hemafobia [emafóbja] 女 =**hemofobia**
hemaglutinación [emaglutinaθjón] 女 赤血球凝固
hemal [emál] 形《解剖》血液の, 血管の: arco ～ 血管弓
hemangioma [emaŋxjóma] 女《医学》血管腫
hemartrosis [emartrósis] 女《医学》関節内出血
hemat-《接頭辞》=**hemato-**
hematemesis [ematemésis] 女《医学》吐血
hematermo [ematérmo] 形=**homeotermo**
hemático, ca [emátiko, ka] 形《医学》血液の
hematidrosis [ematiðrósis] 女《医学》血汗症
hematíe [ematíe] 男《医学》赤血球《=eritrocito, glóbulo rojo》
hematimetría [ematimetría] 女《医学》血球数測定
hematina [ematína] 女《生化》ヘマチン
hematita [ematíta] 女=**oligisto**
hematites [ematítes] 女【単複同形】《鉱物》❶ 赤鉄鉱. ❷ ～ parda 褐鉄鉱
hemato-《接頭辞》[血] *hemato*génesis 造血
hematoblasto [ematoblásto] 男《生物》血球母細胞, 赤芽球
hematocele [ematoθéle] 男《医学》血瘤腫
hematocito [ematoθíto] 男《生物》血液細胞, 血球
hematocolpos [ematokólpus] 男《医学》膣血腫
hematócrito [ematókrito] 男《医学》ヘマトクリット〔値〕
hematófago, ga [ematófago, ga] 形 吸血の; 吸血動物
hematofobia [ematofóbja] 女 =**hemofobia**
hematogénesis [ematoxénesis] 女 =**hematopoyesis**
hematógeno, na [ematóxeno, na] 形 ❶ 血液原性の. ❷ 造血性の
hematolísico, ca [ematolísiko, ka] 形《医学》溶血性の
hematólisis [ematólisis] 女 =**hemólisis**
hematología [ematoloxía] 女 血液学

hematológico, ca [ematolóxiko, ka] 形 血液学の
hematólogo, ga [ematólogo, ga] 名 血液学者
hematoma [ematóma] 男《医学》❶ あざ〔=cardenal, moratón〕. ❷ 血腫
hematometra [ematométra] 女《医学》子宮血腫
hematopatía [ematopatía] 女《医学》[一般に]血液病
hematopatología [ematopatoloxía] 女《医学》血液病学
hematopoyesis [ematopojésis] 女《生理》血液形成, 造血
hematopoyético, ca [ematopojétiko, ka] 形 造血の: célula ～ca 造血細胞
hematosalpinx [ematosalpínks] 男《医学》卵管血腫
hematoscopia [ematoskópja] 女《医学》分光計を用いた血液検査
hematoscopio [ematoskópjo] 男《医学》血液分光計
hematosis [ematósis] 女《生理》血液形成, 造血
hematoxilina [emato(k)silína] 女《化学》ヘマトキシリン
hematozoario [ematoθoárjo] 形 血液中の寄生虫〔の〕, 住血虫〔の〕
hematuria [ematúrja] 女《医学》血尿
hematúrtico, ca [ematúrtiko, ka] 形 血尿の
hembra [émbra] 《←ラテン語 femina》❶ [動物の] 雌〔⇔macho〕: El gato de casa es una ～. うちの猫は雌だ. ～ de elefante 象の雌. ❷ 女性《性別の記入で女性であることを示す. ⇔varón》: Somos siete hermanos: dos varones y cinco ～s. 私たちは7人兄弟で, 男2人と女5人です. ❸《口語》[主に肉体的に魅力的な・セクシーな] 女性: Es toda una ～. 彼女はすごくかっこいい女だ. ❹《植物》雌性植物, 雌株. ❺ [ホック・ブローチ・鍵などのはめ合いの] 雌部分; 雌ねじ, ナット; アイボルト;《電気》コンセント
— 形 ❶ [名詞+] 雌の《動物の名詞が男女同形の場合》: un tigre ～ 一匹の雌の虎〔履 tigres ～〕. el pengüino ～ 雌のペンギン. ❷《植物》雌性の
hembraje [embráxe] 男《集名》❶《南米》[一つの牧場の羊など] 雌の家畜. ❷《ラプラタ, 軽蔑》[田舎で] 女性の集団
hembrear [embreár] 自 ❶ [雄が] 雌に求愛する. ❷ 雌の方が多く生まれる
hembrería [embrería] 女《カリブ》[大勢の] 女たち〔=mujerío〕
hembrerío [embreríjo] 男《古語; カリブ》[大勢の] 女たち〔=mujerío〕
hembrilla [embríʎa] 女《hembra の示小語》❶ [服飾など] [ホックの] ループ, 鉤. ❷《エクアドル》[植物の] 胚, 胚芽
hembrimachar [embrimatʃár] 他《コスタリカ. 木工》ほぞ継ぎする〔=machihembrar〕
hembrismo [embrísmo] 男《まれ. 軽蔑》=feminismo
hembrista [embrísta] 男 名《まれ. 軽蔑》=feminista
hembrita [embríta] 女《ホンジュラス》[雄株よりも] 小さなバナナ
hembro [émbro] 男《まれ. 軽蔑》同性愛の男
hemélitro [emélitro] 男《昆虫類の》前翅
hemerálope [emerálope] 形 名 夜盲症の〔人〕
hemeralopía [emeralopía] 女《医学》昼盲〔症〕
hemerográfico, ca [emerográfiko, ka] 形 定期刊行物の
hemerología [emeroloxía] 女 暦作成法(法)
hemeropatía [emeropatía] 女 一日〔ぐらい〕で治る病気
hemeroteca [emerotéka] 女 [図書館の] 新聞雑誌閲覧室; 定期刊行物図書館
hemi-《接頭辞》[半分] hemisferio 半球
hemianopsia [emjanó(p)sja] 女《医学》片側(半)側視野欠損, 半盲
hemiascomicétido, da [emjaskomiθétiđo, đa] 形 半子囊菌類の
— 女《複》《植物》半子囊菌類
hemiatrofia [emjatrófja] 女《医学》半側萎縮
hemicelulosa [emiθelulósa] 女《生化》ヘミセルロース
hemiciclo [emiθíklo] 男 ❶ 半円〔形〕. ❷ [階段式の半円形の] 会議場, 議場; 観覧席
hemicordado, da [emikorđáđo, đa] 形 半索類の
— 男《複》《動物》半索類, 半索動物
hemicránea [emikránea] 女《医学》偏頭痛
hemicriptofito, ta [emikríptofito, ta] 形 半地中植物の
— 男《複》《植物》半地中植物
hemiedría [emjeđría] 女 [結晶の] 半面像
hemiédrico, ca [emjéđriko, ka] 形 [結晶が] 半面像の

hemiedro [emjéđro] 男 半面像の結晶
hemiesferoidal [emjesferojđál] 形 半球形の
hemifacial [emifaθjál] 形 顔面半側の: espasmo ～《医学》片側(㾪)顔面痙攣
hemimetábolo, la [emimetábolo, la] 形《昆虫》半変態の
hemimórfico, ca [emimórfiko, ka] 形《鉱物》異極像の
hemimorfita [emimorfíta] 女《鉱物》異極鉱
hemina [emína] 女 ❶《古語》容量の単位〔=0.271リットル〕. ❷《レオン》果実の容量単位〔=約18リットル〕
hemión [emjón] 男《動物》モウコノロバ〔学名 Equus hemionus〕
hemiono [emjóno] 男 =hemión
hemiparásito, ta [emiparásito, ta] 形《植物》半寄生の
hemiplejia [emipléxja] 女 =hemiplejía
hemiplejía [emiplexía] 女《医学》片麻痺, 半身不随
hemipléjico, ca [emipléxiko, ka] 形 名 片麻痺の〔患者〕, 半身不随の
hemíptero, ra [emí(p)tero, ra] 形 半翅類の
— 男《複》《昆虫》半翅類
hemisférico, ca [emisfériko, ka] 形 半球形の
hemisferio [emisférjo] 男 ❶ 半球: ～ norte (sur)/～ boreal (austral) 北(南)半球. ❷《解剖》大脳半球
hemispeos [emispéos] 男《建築》岩に半分埋もれた寺院
hemistiquio [emistíkjo] 男《詩法》半行《中間停止によって分けられた一行の各前後部分》; 不完全行
hemitórax [emitóra(k)s] 男《単複同形》《解剖》～ derecho (izquierdo) 右(左) 胸郭
hemo-《接頭辞》=hemato-
hemoaglutinación [emoaglutinaθjón] 女 =hemaglutinación
hemocatéresis [emokatéresis] 女《医学》血液(赤血球)の破壊, 溶血
hemocele [emoθéle] 男《動物》血体腔
hemocianina [emoθjanína] 女《生化》ヘモシアニン, 血青素
hemocito [emoθíto] 男 =hematocito
hemocitoblasto [emoθitoblásto] 男《生物》造血幹細胞
hemocitólisis [emoθitólisis] 女《医学》血球崩壊
hemoconcentración [emokonθentraθjón] 女《医学》血液濃縮
hemocromatosis [emokromatósis] 女《医学》血色素症, ヘモクロマトーシス
hemocultivo [emokultíbo] 男《医学》血液培養
hemoderivado [emođeribáđo] 男《医学》血液製剤
hemodiálisis [emođjálisis] 女《医学》血液透析
hemodializador [emođjaliθađór] 男《医学》人工腎臓
hemodilución [emođiluθjón] 女《医学》血液希釈
hemodinámico, ca [emođinámiko, ka] 形 血行力学〔の〕
hemodinamista [emođinamísta] 男 血行力学者
hemodonación [emođonaθjón] 女 献血
hemodonante [emođonánte] 形 名 血液提供者〔の〕
hemofagocítico, ca [emofagoθítiko, ka] 形《医学》血球貪食性の
hemofilia [emofílja] 女《←hemo-+ギリシア語 philos「友人」》《医学》血友病
hemofílico, ca [emofíliko, ka] 形 名 血友病の〔患者〕
hemofobia [emofóbja] 女 血液恐怖症
hemoglobina [emoglobína] 女《生化》ヘモグロビン, 血色素
hemoglobínico, ca [emoglobíniko, ka] 形《生化》ヘモグロビンの
hemoglobinopatía [emoglobinopatía] 女《医学》ヘモグロビン異常症
hemoglobinuria [emoglobinúrja] 女《医学》血色素尿症
hemograma [emográma] 男《医学》血液像
hemoleucocito [emoleukoθíto] 男《解剖》白血球
hemolinfa [emolínfa] 女《解剖》血リンパ
hemolinfático, ca [emolinfátiko, ka] 形 血リンパの
hemólisis [emólisis] 女《医学》溶血〔現象〕
hemolítico, ca [emolítiko, ka] 形 溶血の
hemolizar [emoliθár] 他 溶血させる
hemología [emoloxía] 女 =hematología
hemopatía [emopatía] 女《医学》血液疾患, 血液病
hemopático, ca [emopátiko, ka] 形 血液疾患の, 血液病の
hemoperitoneo [emoperitonéo] 男 腹腔内出血

hemopoyesis [emopojésis] 囡 =**hematopoyesis**
hemoptisis [emɔ(p)tísis] 囡《医学》喀血
hemoptoico, ca [emɔ(p)tójko, ka] 形 血液疾患の
hemorragia [emɔr̃áxja]《←ギリシア語 haimorrhagia》囡《医学》出血; detener una ~ 出血を止める. ~ cerebral 脳溢血. ~ interna 内出血. ~ nasal 鼻血
hemorrágico, ca [emɔr̃áxiko, ka] 形 出血する, 出血性の
hemorragíparo, ra [emɔr̃axíparo, ra] 形 出血させる
hemorrea [emɔr̃éa] 囡 非外傷性出血
hemorroida [emɔr̃ójda] 囡 =**hemorroide**
hemorroidal [emɔr̃ojdál] 形 痔核の, 痔疾の
hemorroide [emɔr̃ójde] 囡《医学》[主に 複] 痔核(じ), 痔疾: sufrir de ~s 痔が出る
hemorroidectomia [emɔr̃ojdektomjá] 囡 痔核切除術
hemorroisa [emɔr̃ójsa] 囡 出血過多症の女性
hemorro [emɔr̃o] 男《動物》ツノクサリヘビ
hemoscopia [emɔskópja] 囡 =**hematoscopia**
hemoscopio [emɔskópjo] 男 =**hematoscopio**
hemosiderina [emosiderína] 囡《生化》ヘモシデリン, 血鉄素
hemospermia [emɔspérmja] 囡《医学》血精液症
hemosporidios [emɔsporíðjɔs] 男 複《動物》血液寄生性原虫類
hemostasia [emɔstásja] 囡《医学》止血; 鬱血
hemostasis [emɔstásis] 囡 =**hemostasia**
hemostático, ca [emɔstátiko, ka] 形《医学》止血の; 止血薬
hemoterapia [emoterápja] 囡《医学》血液療法
hemoterápico, ca [emoterápiko, ka] 形 血液療法の
hemotitis [emotítis] 囡《単複同形》[プエルトリコ, コロンビア, ペルー]=**hemoptitis**
hemotóxico, ca [emotó(k)siko, ka] 形 血液毒の
henaje [enáxe] 男 干し草刈り
henal [enál] 男 =**henil**
henar [enár]《←heno》男 牧草地
henasca [enáska] 囡《サラマンカ》[夏期, 牧草地などに残った] 干し草
henasco [enásko] 男 [牧草地に残された] 秣(まぐさ)用の草
henchido, da [entʃíðo, ða] 形 充満した: estar ~ de orgullo うぬぼれている, 高慢ちきである
henchidor, ra [entʃiðór, ra] 男 囡 ふくらます〔人〕
henchidura [entʃiðúra] 囡 ふくらます(ふくらむ)こと
henchimiento [entʃimjénto] 男 =**henchidura**
henchir [entʃír]《←ラテン語 implere》38 他《文語》ふくらます〔= hinchar〕: El viento *henchía* las velas. 帆は風をはらんだ —— ~**se** ❶《文語》飽食する. ❷ [+*de* で] 一杯になる: Ella *se hinchó de* orgullo con el premio conseguido. 彼女は賞を獲得して誇らしさで一杯だった
hendedura [endeðúra] 囡 =**hendidura**
hender [endér]《←ラテン語 findere》24 他 ❶ 割る, 裂く: ~ la leña con un hacha 斧で薪を割る. ❷《文語》押し分ける, かき分ける: El barco *hiende* las aguas. 船は水をかき分けて進む —— ~**se**《プエルトリコ》酔っ払う
hendíadis [endíaðis]《詩法》二詞一意
hendible [endíβle] 形 ふくらまされ得る
hendido, da [endíðo, ða] 形 ❶ 割れ目(裂け目)のある. ❷ 真ん中にすき間のある: labio ~ 唇裂. ❸《植物》[葉が] いくつかの裂片に分かれた —— =**hendidura**
hendidura [endiðúra] 囡 割れ目, 裂け目; すき間: La caja tiene una pequeña ~ en el frente. 箱の前部に小さな割れ目がある
hendiente [endjénte] 男《古語》小さな割れ目(裂け目)
hendija [endíxa] 囡 ❶ 割れ目. ❷《中南米》すき間
hendimiento [endimjénto] 男 割ること, 裂くこと; 割れ目
hendir [endír]《←ラテン語 findere》25 他《文語》=**hender**
heneador, ra [eneaðór, ra] 男 囡 草を干す; 乾草機, 草干し機
henequén [enekén]《植物》ヘネケン
hénide [éniðe] 囡《詩学》牧草の妖精(ニンフ)
henificación [enifikaθjón] 囡 [刈り取った草の] 天日干し
henificar [enifikár] 7 他 [刈り取った草を] 天日干す
henil [eníl] 男 干し草置き場
heniquén [enikén]《メキシコ, 中米. 植物》=**henequén**
henna [xéna] 囡《植物》シコウカ, ヘナ, ヘンナ
heno [éno]《←ラテン語 fenum》男 ❶ 干し草, 秣(まぐさ); 飼料用の草: segar el ~ 干し草を刈る. fiebre del ~《医学》花粉症, 枯草熱. ❷《植物》 Beno シラゲガヤ

henojil [enoxíl] 男《廃語》ガーター, 靴下止め
henoteísmo [enoteísmo] 男 単一神教, 単神教
henrio [énr̃jo] 男《電気》ヘンリー
Henríquez Ureña [enríkeθ ureɲa]《人名》**Max** ~ マックス・エンリーケス・ウレニャ『1886～1968, ドミニカ共和国の詩人・教育者・外交官』
—— **Pedro** ~ ペドロ・エンリーケス・ウレニャ『1884～1946, ドミニカ共和国の哲学者・歴史家・エッセイスト. マックスの兄. 文学への深い愛と幅広い教養に裏打ちされた数多くの著作は後に続く研究者だけでなく, 作家にも大きな影響を与えた.『イスパノアメリカの文学の思潮』*Corrientes literarias en la América hispana*』
heñidor, ra [eɲiðór, ra] 男 囡 こねる; こね機
heñir [eɲír] 20 35《→**teñir**》(現在 heñendo) 他 [パン生地を] こねる
heparina [eparína] 囡《生化》ヘパリン
heparinización [epariniθaθjón] 囡《医学》ヘパリン療法
hepat-《接頭辞》=**hepato-**: *hepat*itis 肝炎
hepatalgia [epatálxja] 囡《医学》肝臓痛
hepatectomía [epatektomía] 囡《医学》肝切除術
hepática[1] [epátika] 囡《植物》❶ ミズミソウ(三角草), 雪割草: ~ blanca ウメバチソウ. ~ estrellada クルマバソウ. ~ terrestre フェルトゴケ『学名 Peltigera canina』. ❷ スハマソウ. ❸ ゼニゴケ〔= ~ *de las fuentes*〕
hepático, ca[2] [epátiko, ka]《←*hígado*》形 肝臓の: insuficiencia ~*ca* 肝〔機能〕不全 —— 名 肝臓病の患者
hepatismo [epatísmo] 男《医学》肝臓疾患
hapatita [epatíta] 囡《鉱物》重晶石〔= baritina〕
hepatitis [epatítis] 囡《医学》肝炎: ~ A(B·C) A(B·C)型肝炎
hepatización [epatiθaθjón] 囡《医学》肝臓様変性, 肝変
hepato-《接頭辞》《医学》肝臓 *hepato*patía 肝障害
hepatocele [epatoθéle] 囡《医学》肝ヘルニア
hepatocito [epatoθíto] 男《解剖》肝細胞
hepatograma [epatográma] 男《医学》ヘパトグラム
hepatología [epatoloxía] 囡《医学》肝臓病学
hepatológico, ca [epatolóxiko, ka] 形 肝臓病学の
hepatólogo, ga [epatólogo, ga] 男 囡 肝臓病学の専門家
hepatomegalia [epatomegálja] 囡《医学》肝腫大
hepatopáncreas [epatopáŋkreas] 男《動物》[甲殻類の] 肝膵
hepatopatía [epatopatía] 囡《医学》肝障害, ヘパトパシー
hepatorragia [epatɔr̃áxja] 囡《解剖》肝出血
hepatorrea [epatɔr̃éa] 囡《解剖》胆汁漏
hepatorrenal [epatɔr̃enál] 形《医学》肝臓と腎臓の
hepatotoxina [epatoto(k)sína] 囡《医学》肝細胞毒素
hepta-《接頭辞》[七] *hepta*edro
heptacordio [ɛ(p)takórðjo] 男《音楽》7音音階
heptacordo [ɛ(p)takórðo] 男《音楽》=**heptacordio**
heptadecasílabo, ba [ɛ(p)taðekasílaβo, ba] 形 17音節の〔語〕
heptaedro [ɛ(p)taéðro] 男《幾何》七面体
heptagonal [ɛ(p)tagonál] 形 七角形の
heptágono, na [ɛ(p)tágono, na] 形《幾何》七角形〔の〕
heptámetro [ɛ(p)támetro] 男《詩法》七歩格
heptano [ɛ(p)táno] 男《化学》ヘプタン
heptarquía [ɛ(p)tarkía] 囡 7つの王国から構成される連合国
heptasilábico, ca [ɛ(p)tasiláβiko, ka] 形 7音節の
heptasílabo, ba [ɛ(p)tasílaβo, ba] 形 囡 7音節の〔語〕;《詩法》7音節詩行〔の〕
Heptateuco [ɛ(p)tatéwko] 男 七書『旧約聖書の初めの7書. モーゼの五書 Pentateuco とシュア記, 士師記』
heptatleta [ɛ(p)tatléta] 囲 七種競技の選手
heptatlón [ɛ(p)tatlón] 男《スポーツ》七種競技
heptatodo [ɛ(p)tatóðo] 男《電気》七極真空管
heptavalente [ɛ(p)taβalénte] 形《化学》7価の
Hera [éra]《ギリシア神話》ヘラ『女性と結婚を司る女神』
Heracles [erákles] 男《ギリシア神話》ヘラクレス『ゼウスの子で, 12の難行 *los doce trabajos* を遂げた英雄』
heraclida [eraklíða] 形 名 ヘラクレスの子孫〔の〕

heracliteísmo [erakliteísmo] 男《哲学》ヘラクレイトス Heráclito 説
heraclíteo, a [eraklíteo, a] 形《哲学》ヘラクレイトス Heráclito の
heráldico, ca [eráldiko, ka] 形 女 紋章学[の], 紋章の
heraldista [eraldísta] 共 紋章学者
heraldo [eráldo]《←仏語 heraut》男 ❶《歴史》伝令官; 使者: El ~ anunció que la batalla había sido ganado. 伝令官は戦いに勝利したと告げた. ❷ 前兆, 前ぶれ: ~ de la primavera 春の先ぶれ
herbáceo, a [erbáθeo, a] 形《植物》草本の, 草のような: plantas ~as 草本植物
herbada [erbáda] 女《植物》サボンソウ
herbajar [erbaxár] 他［家畜を］放牧する, 牧草を食べさせる ── 自［家畜が］草を食む
herbaje [erbáxe]《←ラテン語 herba》男 ❶《集名》牧草〖＝pasto〗: Los caballos pacían en el tierno ~ del prado. 馬たちは牧場の柔らかな牧草を食んでいた. ❷ 放牧料〖村などが外来の家畜の放牧に対して徴収する税〗. ❸《アラゴン. 歴史》家畜所有税
herbajear [erbaxeár] 他 自 ＝herbajar
herbajero [erbaxéro] 男 ❶ 牧草地の地主. ❷ 牧草地の借地人
herbal [erbál]《地方語》＝herbazal
herbar [erbár] 23 他［草で］皮をなめす
herbario, ria [erbárjo, rja]《←ラテン語 herba》形 女 zona ~ria 草原地帯 ── 男 植物標本, 押し葉, 押し花
herbazal [erbaθál] 男 牧草地
herbecer [erbeθér] 39 自［草が］生え出す
herbederas [erbedéras] 女 複《俗語》胃の不快感
herbero [erbéro] 男 反芻動物の食道
herbicida [erbiθída] 形 除草剤[の]: líquido ~ 除草液
herbicultura [erbikultúra] 女［樹木栽培に対し］草の栽培
herbiforme [erbifórme] 形 草の形をした
herbívoro, ra [erbíβoro, ra] 形《動物》草食性の ── 男 複 草食動物
herbodietética [erboðjetétika] 女 薬草による食餌療法
herbolán [erbolán] 男《植物》カッコウアザミ〖＝agérato〗
herbolar [erbolár] 他［槍・矢などに］植物から抽出した毒を塗布する
herbolario, ria [erbolárjo, rja] 名 薬草採取(販売)者 ── 女 薬草(ハーブ)販売店
herboricida [erboriθíða] 形 ＝herbicida
herborista [erborísta] 名 薬草(ハーブ)愛好家; 薬草採取(販売)者
herboristería [erboristería] 女 薬草(ハーブ)販売店
herboristero, ra [erboristéro, ra] 名 薬草採取(販売)者
herborización [erboriθaθjón] 女 植物採集
herborizador, ra [erboriθaðor, ra] 形 名 植物採集の(採集人)
herborizar [erboriθár] 9 自 植物採集する
herboso, sa [erbóso, sa] 形 草の生い茂った, 草ぼうぼうの ── 女 集名 草木
herciano, na [erθjáno, na] 形 ヘルツ hercio の: onda ~na ヘルツ波
herciniano, na [erθinjáno, na] 形《地質》ヘルシニア造山期の
hercinita [erθiníta] 女《鉱物》ヘルシナイト
hercio [érθjo] 男《振動数・周波数の単位》ヘルツ
hercúleo, a [erkúleo, a]《←Hércules》形 ❶ 力強大無双の, 筋骨隆々とした: Sus guardaespaldas eran hombres ~s. 彼の用心棒は屈強な男たちだった
hércules [érkules] 男《単複同形》❶《ギリシア神話》[H~] ヘラクレス. ❷ 怪力の男
herculino, na [erkulíno, na] 形 ❶ ヘラクレス Hércules の. ❷《歴史, 地名》ラ・コルーニャ La Coruña の[人]
heredable [ereðáβle] 形 相続(継承)され得る: título ~ 継承可能な称号
heredad [ereðáð]《←ラテン語 hereditas, -atis「相続」》女《文語》[家屋を含む, 伝来の]屋敷, 屋敷, 地所, 不動産
heredado, da [ereðáðo, ða] 形 ❶ 土地を所有する; 土地の所有者. ❷［親から]受け継いだ
heredamiento [ereðamjénto] 男 ❶《法律》相続. ❷《まれ》［財産としての]土地, 不動産. ❸《歴史》定住用地〖レコンキス

タによる征服地への入植者に分配された〗
heredante [ereðánte] 形 名《法律》相続させる[人]
heredar [ereðár]《←ラテン語 hereditare》他 ❶ 相続する, 継承する: 1) ［+de から, 財産・権利などを] Heredó de su tío una importante suma de dinero. 彼は叔父から大金を相続した. Fernando II heredó el trono de Aragón en 1479. フェルナンド2世は1479年にアラゴンの王位を継いだ. 2) ［+人 の]跡を継ぐ: ~ a su padre 父の跡を継ぐ. Huérfano de sus padres, heredó a los seis años. 彼は両親に死に別れ, 6歳の時両親の跡を継いだ. 3) ~ en línea directa 直系相続人として相続する. ~ por su esposo una hacienda 妻の受け継ぐべき荘園の所有権を得る. ❷［特徴・性格などを]受け継ぐ: Mi hija hereda el arte culinario de su madre. 私の娘は母親から料理の腕を受け継いでいる. Él ha heredado los ojos azules de su padre. 彼は父親から青い眼をもらっている. caracteres heredados 親譲りの性格. ❸《口語》［使い古しを]もらう: Siempre hereda la ropa de su hermana mayor. 彼女はいつも姉たちのお下がりの服をもらう. ❹［前任者・前段階から]引き継ぐ: El gobierno ha heredado problemas procedentes de la política económica descuidada de la legislatura anterior. 政府は前政権の放漫な経済政策に起因する諸問題を継承した. ❺《古語》相続人に指定する. ❻《古語》所有権を獲得する. ❼《まれ; 中南米》遺贈する ──自［相続人として, +de+人 の]家産(身代)を継ぐ: ~ de su tío 叔父の跡を継ぐ
── ~se 遺伝する
¿*Heredástelo, o ganástelo?*《諺》労せずして得た財産を湯水のように使ってしまうのは簡単である
heredero, ra [ereðéro, ra]《←ラテン語 hereditarius》形 名 ❶ 相続する, 後継的の; 相続人, 後継者: 1) Fernando "el Católico" era el ~ del reino de Aragón y de Navarra. カトリック王フェルナンドはアラゴン・ナバラ王国の後継者だった. Es ~ra de una gran cadena de medias publicitarias. 彼女は大広告企業グループの跡取り娘だ. Mi tierra natal es ~ de un rico folklore. 私の生まれた故郷は豊かな民謡を受け継いでいる. ~ al trono 王位後継者. 2)《法律》leer el testamento ante los ~s 相続人たちの前で遺言書を読み上げる. ~ forzoso 遺留分権相続人. ~ presunto 推定相続人. ~ universal 残余財産受遺者. ❷ 両親から特徴(性格)を受け継いだ[人]
Heredia [eréðja]《人名》José María ~ ホセ・マリア・エレディア〖1803～39, キューバの詩人. イスパノアメリカにおけるロマン主義の先駆者.『テオカッリ・デ・チョルーラ』*En el Teocalli de Cholula* や『ナイアガラ』*Niágara* などで南米の自然をうたった〗
herediano, na [ereðjáno, na] 形《地名》エレディア Heredia の[人]〖コスタリカ中部の州・州都〗
heredípeta [ereðípeta] 名 財産を我が物にしようと悪だくみする人
hereditario, ria [ereðitárjo, rja]《←ラテン語 hereditarius》形 ❶ 世襲[制]の, 相続の: Los títulos nobiliarios son ~s. 貴族の称号は世襲である. bienes ~s 相続財産. vicio ~ 親譲りの悪癖. ❷ 遺伝性の: enfermedad ~ria 遺伝病
heredocontagio [ereðokontáxjo] 男《医学》[母体から]胎児への感染
heredodegeneración [ereðoðexeneraθjón] 女《医学》遺伝性変性
heredofamiliar [ereðofamiljár] 形《医学》[遺伝性疾患が]家族内に発生する
heredopatía [ereðopatía] 形《医学》遺伝病
heredosífilis [ereðosífilis] 女 先天性梅毒
hereford [xéreforð]《←英語》形《牛の》ヘレフォード Hereford 種の
hereja [eréxa] 女 →**hereje**
hereje [eréxe]《←古オック語 eretge ＜ ラテン語 haereticus ＜ ギリシア語 hairetikós「党派的な」》共〖**hereja** もある〗❶［その時代・社会の大勢を占める教義・理論・習慣などに対する]異端者, 異説を唱える人: Este médico es un ~, no receta antibióticos sino ajo y cebolla. これはとんでもない医者だ, 抗生物質ではなくニンニクと玉ネギを処方するとは. ❷ 無礼なことを言う(する)人. ❸ cara de ~《まれ》❶《ベネズエラ, チリ》多い, 豊富な. ❷《ベネズエラ. 口語》すごい, 信じられない
verse ~《キューバ》困っている
herejía [eréxía]《←**hereje**》女 ❶《宗教》[教義から外れた]異端:

San Agustín combatió las ~s cristianas. 聖アウグスティヌスはキリスト教の異端と戦った. caer en ~ 異端に陥る. ❷［大勢を占める理論・習慣などに反する］邪説, 異端: Este cuadro es una ~ contra el arte tradicional. この絵は伝統的絵画に対する冒瀆だ. ❸ 侮辱; 弱い者いじめ: dirigir ~s a+人/llenar a+人 de ~ …を侮辱する. hacer ~s a un perro 犬をいじめる. ❹ 的外れな言動: No es ninguna ~ enfriar un vino tinto. 赤ワインを冷やすのは決して邪道ではない

herén [erén] 囡［飼料用の］ソラマメ［=yero］
herencia [erénθja]《←ラテン語 haerentia「結合した事物」< haerere「付着している」》囡 ❶ 相続［行為, 結果］: disputa sobre la ~ 相続争い. ~ yacente 相続人不在. ❷［集名］遺産, 相続財産: La casa en que vivo es una ~ de mi madre. 私が今住んでいる家は母から相続したものだ. dejar a su hijo una ~ 息子に遺産を残す. recibir una huerta en ~ 遺産として果樹園を受け取る. ~ cultural española en América アメリカにおけるスペイン文化の遺産. 相続権: Los descendientes del autor son propietarios de su obra por ~. 作家の子孫は相続権によって作品を受け継ぐ. ❹《生物》遺伝: transmitirse por ~ 遺伝によって伝えられる. ❺［人の］遺伝的特徴: Los ojos cafés son ~ de su padre. 彼の茶色の目は父親から受け継いだものだ
herenciano, na [erenθjáno, na] 囮《地名》エレンシア Herencia の〔人〕〔シウダ・レアル県の村〕
herepo [erépo] 團《ボリビア》乾燥させたヒョウタンから作った器
hereque [eréke] 團《ベネズエラ》❶ 皮膚病の一種. ❷ コーヒーの木がかかる病気
—— 囮《ベネズエラ》天然痘の
heresiarca [eresjárka]《宗教》異端の開祖
heretical [eretikál] 囮 =**herético**
herético, ca [erétiko, ka]《←ラテン語 haereticus》囮 異端〔者〕の
hereu [éreu] 團《カタルーニャ》相続人として指定された男
herida¹ [erída]《←herir》囡 ❶ 傷, 負傷《類名 **herida** は目に見える外傷, **lesión** は外見からは見えない組織・機能の損傷〔捻挫・骨折なども含む〕》: Se hizo una ~ en la cara. 彼は顔にけがをした. Todavía no se ha cerrado la ~ de la operación. まだ彼の手術の傷跡はふさがっていない. fallecer por ~ de bala 銃創がもとで死ぬ. ~ abierta 開放創, 傷口の開いた傷. ~ contusa 打撲傷. ~ incisa 切り傷. ~ de arma blanca 刀傷. ❷［精神的な］傷つき, 感情を害すること: La muerte de su esposa le produjo una ~ profunda de la cual no podía recuperarse muchos años. 妻の死は彼の心の傷となり, 彼は長年立ち直ることができなかった. Esa ~ aún está abierta. その傷はまだ癒えていない. Sería preferible no reabrirle las viejas ~s. 彼の古傷を暴かないほうがいいのではないか. renovar la ~ 古傷を思い出させる. ❸《鷹狩り》獲物の鳥が追いつめられて捕獲される場所
dar a+人 **en la ~** = **hurgar** a+人 **en la ~**
hurgar a+人 **en la ~** …の古傷に触れる, 嫌なことを思い出させる
lamerse las ~s 自らの傷をなめる
respirar (**resollar**) **por la ~** 胸の内を吐き出す
restañar las ~s 嫌なことを忘れる, 傷を癒やす: *restañar las ~s de la guerra* 戦争の傷を癒やす
restañarse las ~s 傷が癒される: *Las ~s se restañaron al encontrar otra novia.* 心の傷は新たな恋人との出会いによって癒やされた
tocar a+人 **en la ~** = **hurgar** a+人 **en la ~**
herido, da² [erído, da] 囮［肉体的・精神的に］傷ついた; Unos soldados resultaron ~s en el tiroteo. 数人の兵士が撃ち合いで負傷した. Estaba ~ de muerte./Estaba mortalmente ~. 彼は致命傷を負っていた. Tenía su rostro ~. 彼は顔にけがをしていた. Tenía el orgullo ~. 彼は誇りを傷つけられた. caer ~［戦争・けんかで］負傷する. mal ~ 重傷を負った. ❷《音声》letras ~das 息言文字《無声閉鎖音か無声破擦音でその閉鎖は緊張が大きく気音が後続する》
sentirse ~ 精神的に傷つく, 感情を害する: *Me sentí ~ cuando te fuiste y no me dijiste ni adiós.* 君がさよならも言わずに立ち去った時, 私の心は傷ついた. *Se sintió ~da en su amor propio.* 彼女は自尊心を傷つけられた
—— 图 けが人, 負傷者: *El accidente arrojó un elevado número de ~s de gravedad.* 事故で多くの重傷者が出た. Lle-

varon al ~ en ambulancia. けが人は救急車で運ばれた. ~ leve 軽傷者
—— 團《チリ, アルゼンチン, ウルグアイ》溝, 水路
heridor, ra [eriðór, ra] 囮《文語》傷つける, 苦痛を与える
heril [eríl] 囮《法律》主人の, 主人としての: *derecho ~* 主人〔領主〕としての権利
herimiento [erimjénto] 團 ❶《廃語》傷つける〔傷つく〕こと. ❷《音声》音節 sílaba または母音融合 sinalefa をなす母音
herir [erír]《←ラテン語 ferire「打つ, 与える」》⑬ 囲 ❶ 傷つける, 負傷させる: 1)［+en 体の部位を］Me *hirieron en* la pierna. 私は脚をけがさせられた／脚をけがした. La bala le *hirió en* el brazo izquierdo. 銃弾が彼の左脇に当たった. ~ a+人 levemente (gravemente) …に軽傷 (重傷) を負わせる. 2)［精神的に］Sus palabras me *hirieron* profundamente. 彼の言葉は私を深く傷つけた. No era de mi intención *herir* sus sentimientos. 彼の気持ちを傷つけるつもりはありませんでした. *hiere* que no me fíen de mí. 私が信頼されていないとはショックだ. ~ a+人 la propia estimación …の自尊心を傷つける. ❷［光・音などが目・耳に, 主に苦痛・不快感を伴って］感じられる: El ruido de las motos *hiere* el oído. バイクの騒音が耳ざわりだ. La luz del sol me *hiere* [en] los ojos. 日光が目に入ってまぶしい. La luz de mañana *hiere* el interior de la habitación a través del visillo. 朝の光が薄地のカーテン越しに部屋の中に差し込んでいる. ❸《文語》［弦楽器などを］弾く, かき鳴らす: *Hirió* el laúd antes de cantar. 彼は歌い出す前にラウドをかき鳴らした. ❹［銃弾・矢が］音を立てて飛ぶ: Las balas *hirieron* el aire. 銃弾がビュンビュン飛んだ. ❺［ゲームで石・玉が］当たる. ❻《音声》1)［音節の］音を強く出す: El acento *hiere* la última sílaba. 最終音節に強音がある. 2)［音を］他の音と結合させて音節を作る. ❼《音楽》［音符の］音を強く出す. ❽《文語》［物・人を］打つ, 殴る. ❾ 病気が襲う. ❿［問題の］核心に触れる
—— 圓《古語》［+de 手足に］震えさがる
—— *~se* 傷を負う〔けがをする〕; 傷つけられる: *Trabajando en el huerto, me herí [en] el dedo gordo.* 私は畑仕事をしていて, 親指にけがをした. *Me herí [en] mi amor propio.* 私は自尊心が傷ついた／自尊心を傷つけられた

herma [érma] 囡《美術》［石の角柱を台座とした, 腕のない］胸像
hermafrodico, ca [ermafroðíko, ka] 囮 雌雄同体の
hermafrodismo [ermafroðísmo] 團 = **hermafroditismo**
hermafrodita [ermafroðíta] 囮 囝《生物》雌雄同体〔の〕; 両性具有の, 両性具有者
hermafroditismo [ermafroðitísmo] 團 雌雄同体現象
hermanable [ermanáble] 囮 ❶ 兄弟の, 兄弟のような. ❷ 協調できる, 合う
hermanado, da [ermanáðo, da] 囮 瓜二つの, そっくりの
hermanador, ra [ermanaðór, ra] 囮 取り合わせる, 結びつける
hermanamiento [ermanamjénto] 團 ❶ 結びつける〔結びつく〕こと. ❷ 友好関係の樹立
hermanar [ermanár]《←hermano》⑬ 囲 ❶［2つ以上のものを］一緒にする, 結びつける: *Ese bailaor hermana* el arte con el sentimiento humano. そのフラメンコダンサーは技術に人の感情を結び合わせている. *El capitalismo se ha desarrollado hermanando* la codicia humana con el trabajo. 資本主義は人間の欲望と労働を結びつけて発展してきた. ❷ 友好関係を結ばせる: ~ a las dos ciudades 2都市間に姉妹関係を締結させる. *Esta fiesta anual tiene por objeto ~ a los empleados de la oficina.* この年一回のパーティーは社員たちの親睦をはかるのが目的だ. ❸［靴下など一対の片方ずつが］合う, 一致する. ❹《チリ》対〔ツイ〕にして集める
—— *~se* ［互いに／+con と］❶ 一緒になる, 結びつく: *En esta película tan soñado se ha hermanado diestramente con lo vivido. En el mundo del sueño y el de la realidad con gran habilidad en esta obra se han juntado.* この映画では夢の世界と実生活の世界とがうまく組み合わされている. *En la iglesia el canto del orfeón estaba maravillosamente hermanado con la música del órgano.* 教会では合唱隊の歌声がオルガンの音と見事に調和していた. ❷ 友好関係を結ぶ: *Los dos países hicieron las paces y se hermanaron.* 両国は和平を結び, 友好関係を樹立した. *Nuestra universidad se ha hermanado recientemente con una de México.* 我々の大学は最近メキシコのある大学と交流関係を結んだ. *Marugame está hermanada con San Sebastián.* 丸亀はサン・セバスティアンと姉妹都市である

hermanastro, tra [ermanástro, tra] 名 異父(異母)の兄弟(姉妹)『異父・異母の連れ子も意味する. =medio hermano』

hermanazgo [ermanázɣo] 男《まれ》兄弟の間柄『=hermandad』

hermanazo, za [ermanáθo, θa] 名《ベネズエラ.口語》旧友

hermandad [ermandá(d)] 《←hermano》 名 ❶ 兄弟(姉妹)の関係: La ~ impide el vínculo legal matrimonial. 兄妹間では法的な婚姻関係は結べない. ❷ 兄弟愛; 友愛『=fraternidad』: Antepone la ~ por encima de todo para resolver la disputa sobre la herencia. 遺産争いを解決するにあたって兄弟同士の思いやりが最優先される. Los dos países acordaron hacer la paz en un clima de ~. 両国は友好的な雰囲気のもとで和平協定を結んだ. perseguir la ~ de los hombres 博愛の精神を追求する. ❸《宗教》1)〔時に H~〕信心会, 信徒団体: H~ del Silencio 黙禱信徒会. carta (hoja・testamento) de ~ 信徒証書. 2) 信徒団体同士の親睦会. ❹《同業者・慈善事業などの》団体, 協会: Muchos universitarios pertenecen a la ~ estudiantil. 多くの大学生・卒業生は学生親睦会に入っている. ~ de donantes de sangre 献血者協会. ❺《歴史》1) Santa H~〔15～16世紀スペインの〕市民警察. alcalde de la ~ 地方判事. 2)〔中世の〕都市同盟. ❻〔意見などの〕一致, まとまり; 〔物事の〕調和

hermanear [ermaneár] ❶ 兄弟のように付き合う. ❷〔親愛の情を込めて相手を〕兄・弟(姉・妹)と呼ぶ

hermanecer [ermaneθér] 39 自〔+a+人 の〕兄弟・姉妹として生まれる

hermanito, ta [ermaníto, ta] 名 ❶ 弟, 妹. ❷〔恋人などへの親愛の呼びかけ〕ねえ

ser una ~ta de la caridad《主に軽蔑》とても人がよい

hermano, na [ermáno, na] 《←ラテン語 germanus <〔frater〕germanus「本当の兄弟」》名 ❶ 兄, 弟, 姉, 妹〔特に区別する場合: ~ mayor 兄 / ~ menor 弟. ~ na mayor 姉 / ~ na menor 妹〕: José y Rosa son ~s. ホセとロサは兄妹だ. ¿Tiene usted ~s? –Sí, tengo tres ~s menores. ご兄弟はおありですか? ―はい, 私には弟が3人おります. Somos cinco ~s. 私たちは5人兄弟です. Este es mi ~ el pequeño (el más chico). これは私の一番下の弟です〔その下に妹はいない〕. María y Juan son como ~s. マリアとフアンは姉弟みたいだ. Es un verdadero ~ para mí. 彼は私の兄(弟)同然だ. ~ de padre/~ consanguíneo 異父兄弟. ~ de madre/~ uterino 異母兄弟. medio ~ 異父(異母)の兄弟. ~ de leche 乳兄弟. ~ de sangre 血盟した義兄弟. ~ de armas 戦友. ❷ 仲間, 同志; ~ de armas 戦友. ❸《主に宗教》1) 修道士, 修道女 ~ agustino (~na agustina) 聖アウグスチノ会修道士(修道女). ~na de la caridad 愛徳修道会修道女. 2)〔+名前. 呼びかけ〕ブラザー, シスター. 3) 信仰心の強い信者, 同信者: ~ mayor 信徒会の会長. ❹ 聖職につかない修道士・修道女. ❺《キリスト教》: Todos los cristianos se consideran ~s. キリスト教徒はすべて兄弟と考えられる. ❻ 類似した(共通性のある)もの: ¿No has visto el ~ de este guante? この手袋の片方を見なかったか? Esos gemelos no son ~s. そのカフスボタンは左右不ぞろいだ. ❼ 義兄弟同士が呼び合う時の敬称. ❽《主に中南米》〔年齢の上下に関わりなく, 親愛の呼びかけ〕兄弟! ❾《コスタリカ》幽霊, 亡霊『=espectro』

~ del trabajo 赤帽, 荷物運搬人

ser una ~na de la caridad《主に軽蔑》とても人がよい

―― 形 El español y el rumano son lenguas ~nas. スペイン語とルーマニア語は姉妹語である. El montilla es el ~ del jerez. モンティーリャはシェリーと同種の酒である. barco ~ 姉妹船. ciudades ~ 姉妹都市

hermeneuta [ermenéuta] 名《聖書などの》原典解釈学者

hermenéutico, ca [ermenéutiko, ka] 形 原典解釈の, 解釈学的な

―― 女〔原典・聖書の〕解釈学

hermes [érmes] 男 像柱『=atlante』

hermeticidad [ermetiθidá(d)] 女 ❶ 密封性, 密閉性. ❷ 難解性

hermético, ca [ermétiko, ka]《〔←俗ラテン語 hermeticus < Hermes (伝説上の錬金術師)〕》形 ❶ 完全密封の, 密閉した, 密閉容器の. ❷〔思考・感情などが〕難解な: poesía ~ca 難解な詩. ❸〔人が〕心を開かない, 閉鎖的な, 頑なな: Ella es demasiado ~ca y reservada. 彼女はあまりにも頑なで引っ込み思案だ. ❹《人名》ヘルメス・トリスメギストス Hermes Trimegisto の〔伝説上の錬金術師〕

hermetismo [ermetísmo] 男 ❶ 難解さ; 晦渋(ﾏい). ❷ 閉鎖性, 秘密主義: Con gran ~ se llevó a cabo la comparecencia de los 4 funcionarios. 役人4名の出頭は極秘裏に行なわれた

hermetizar [ermetiθár] 9 他 密閉する, 密封する

―― *~se* 閉鎖的になる, 外部との接触を遮断する

hermodátil [ermodátil] 男《植物》コルチカム, イヌサフラン『=cólquico』

Hermógenes [ermóxenes]《人名》エルモヘネス『スペインの劇作家モラティン Leandro Fernández de Moratín の『新作芝居』*La comedia nueva* に登場するやたらと識者ぶる人物』

hermosamente [ermósaménte] 副 美しく; 完璧に

hermoseador, ra [ermoseaðór, ra] 形 名 美しくする(人), きれいにする(飾る)(人)

hermoseamiento [ermoseamjénto] 男 美しくすること, 美化

hermosear [ermoseár]《←hermoso》他 美しくする, 美しく見せる: El arquitecto hermoseó la villa con paseos arbolados. 建築家は並木道を作って町を美しくした

hermoseo [ermoséo] 男《まれ》=**hermoseamiento**

hermosilla [ermosíʎa] 女《植物》ユウギリソウ(夕霧草)

hermosillense [ermosiʎénse]《←主. まれ》エルモシージョ Hermosillo の(人)『メキシコ, ソノラ州の州都』

hermoso, sa [ermóso, sa]《←ラテン語 formosus < forma「美しさ」》形 ❶〔+名詞/名詞+. ser・estar+〕美しい, きれいな 類義 *hermoso* は内面的な美しさを含めて. 人についての guapo が普通. *bello* は自然・芸術などで完成された美しさ. *lindo* は bello ほど完璧な美しさではない. ⇨feo) 1)〔人が〕Es muy ~sa. 彼女はとても美しい. mujer ~sa 美人. 2)〔物が, 見て・聴いて〕Gracias a la nueva planificación urbana, esta zona está muy ~sa. 新しい都市計画のおかげで, この地域はとても美しい. Recitó un poema. 彼は一篇の美しい詩を朗読した. paisaje ~ 美しい景色. parque ~ 美しい公園. ❷〔事が, 道徳的に〕立派な: Tuvo un gesto muy ~ para los damnificados por el terremoto. 彼は地震の被害者を助けるために立派な行動をとった. cuento ~ 美談. amistad ~sa 美しい友情. ~sas palabras 美しい言葉. ~ ideal 美しい理想. ❸〔天気が〕好天の, 晴れ上がった: Mañana será un día muy ~. 明日はとてもいい天気になるだろう. un ~ día de primavera 春のすばらしい一日. ❹《口語》〔estar+. 幼児などが〕丈夫な, 健康な: Tiene un niño muy ~. 彼の子はとても元気だ. ¡Qué ~ está el ficus que te regalaron! 君にもらったゴムノキもとても立派な! ❺《口語》〔ser+. 場所が快適で〕広い: Su dormitorio es muy ~. 彼の寝室はとても広い

hermosura [ermosúra]《←hermoso》女 ❶ 美しさ, 美: Para mí la ~ no lo es todo. 私にとって美しさがすべてではない. ~ de las calles 都市の景観. ~ de la melodía 旋律の美しさ. ~ del cuerpo del boxeador ボクサーの〔均整のとれた〕体の美しさ. ❷ 美人, 美女: Sus hijas son tres ~s. 彼の娘は3人とも美人だ. concurso de ~ 美人コンテスト. ❸ すばらしい人・事物: Este vestido de noche es una ~. このイブニングドレスは見事だ

¡Qué ~ de...! 1) 何と美しい...! *¡Qué ~ de niña!* 何てかわいい女の子だろう! 2)《皮肉》〔数の少なさ〕*¡Qué ~ de racimos!*〔ブドウの〕房がどっさりと!「たったこれだけか」

hermunio [ermúnjo] 形《歴史》infanzón ~ 生まれつきの小郷士

hernandeño, ña [ernandéɲo, ɲa] 形 名《地名》エルナンダリアス Hernandarias の(人)『パラグアイ, アルト・パラグアイ県の県都』

Hernández [ernándeθ]《人名》**Felisberto** ~ フェリスベルト・エルナンデス『1902～64, ウルグアイの作家. 他に類を見ない特異な幻想性をたたえた短編を書いた. 『誰もランプをつけていなかった』*Nadie encendía las lámparas*, 『水に浮かんだ家』*La casa inundada*』

José ~ ホセ・エルナンデス『1834～86, アルゼンチンの政治家・詩人. 共和主義者として独裁制を否定した. ガウチョを主人公とした物語詩『マルティン・フィエロ』*Martín Fierro*, 続編『マルティン・フィエロの帰還』*La vuelta de Martín Fierro*』

Miguel ~ ミゲル・エルナンデス『1910～42, スペインの詩人. 農夫としての経歴を持ち, 黄金世紀や同時代の詩人の影響を巧みに取り入れ, 愛と苦悩に彩られた独自の詩情あふれる世界を創り出した』

Hernández de Córdoba [ɛrnándeθ de kɔ́rđoβa]《人名》**Francisco ～** フランシスコ・エルナンデス・デ・コルドバ〘1475?～1517, スペイン人コンキスタドール. マヤ文化圏のユカタン半島を発見〙

Hernández Martínez [ɛrnándeθ martíneθ]《人名》**Maximiliano ～** マキシミリアノ・エルナンデス・マルティネス〘1882～1966, エルサルバドルの軍人・独裁者. クーデタにより大統領就任(1931～44), 経済改革を進める一方, 反対派を厳しく弾圧し農民を虐殺〙

hernandiáceas [ɛrnandjáθeas] [女] [複]《植物》ハスノハギリ科

hernaniarra [ɛrnanjár̄a] [形] [名]《地名》エルナニ Hernani の〔人〕〘ギプスコア県の村〙

hernia [ɛ́rnja]〘←ラテン語〙[女]《医学》ヘルニア: tener una ～ ヘルニアを起こしている. ～ de disco/～ discal 椎間板ヘルニア. ～ de hiato/～ hiatal 裂孔ヘルニア. ～ estrangulada 絞扼性ヘルニア

herniación [ɛrnjaθjɔ́n] [女] ヘルニアになること, ヘルニアの進行

herniado, da [ɛrnjáđo, đa] [形] [名] ヘルニアにかかった; ヘルニア患者

herniar [ɛrnjár] [10] **～se** ❶ ヘルニアになる. ❷《皮肉》一所懸命努力する

herniaria[1] [ɛrnjárja] [女]《地方語. 植物》コゴメビユ〘=milengrana〙

herniario, ria[2] [ɛrnjárjo, rja] [形] ヘルニアの

hernioso, sa [ɛrnjóso, sa] [形] =**herniado**

herniotomia [ɛrnjotómja] [女]《医学》ヘルニア嚢の切除

hernista [ɛrnísta] [名] ヘルニア専門医

Hero [éro] [女]《ギリシア神話》ヘロ〘女神アフロディーテの巫女〙

Herodes [eródes]《人名》ヘロデ王〘ユダヤの王. 在位, 紀元前37～4年〙

de ～ a Pilatos あちらこちらへ

herodiano, na [erođjáno, na] [形] ヘロデ王 Herodes の

Herodías [erođías]《人名》ヘロディアス〘ヘロデ王の妻. 元はヘロデの兄フィリポの妻〙

héroe [éroe]〘←ラテン語 heros, herois < ギリシア語 heros, hercos「半神」〙[男]〘[女] **heroína**〙❶ 英雄, 勇士: Murió como un ～ en la defensa de la ciudad. 彼は町の防衛戦で英雄的な死を遂げた. ～ cultural (civilizador)《神話》文化英雄. ❷ [小説・芝居・映画などの] 主人公, 主役: Los ～s de las películas de antaño eran sin excepción altos, guapos y fuertes. 昔の映画の主人公といえば例外なく背が高く, ハンサムで, 強かった. ～ del momento 時の人, 話題の人. ❸《古代ギリシア》神人, 半神の勇者〘ヘラクレスやアキレウスなど〙

heroicamente [erɔ́i̯kaménte] [副] 英雄らしく, 英雄的に, 勇敢に

heroicidad [erɔi̯θiđá(đ)] [女] 英雄らしさ, 勇敢さ; 英雄的行為

heroico, ca [erɔ́i̯ko, ka]〘←ギリシア語 herikos〙[形] ❶ 英雄的な; 英雄の: acción ～*ca* 英雄的な行為. comedia ～*ca* 英雄劇. poesía ～*ca* 英雄詩. ❷ 思い切った, 大胆な: decisión ～*ca* 果断な決意

heroida [erɔ́i̯đa] [女] 英雄詩

heroificar [erɔi̯fikár] [7] [他] 英雄化する, 英雄扱いする

heroína [eroína] **I**〘←héroe〙[女] ❶ 女性の英雄, 女傑; 女主人公, ヒロイン. ❷《古代ギリシア》半神女

II〘←仏語 heroïne〙[女]《化学》ヘロイン

heroinomanía [erɔi̯nomanía] [女] ヘロイン中毒

heroinómano, na [erɔi̯nómano, na] [形] [名] ヘロイン中毒の(中毒者)

heroísmo [eroísmo] [男] ❶ 英雄的行為(精神), ヒロイズム. ❷ 勇気

heroizar [erɔi̯θár] [9] [他] =**heroificar**

herpangina [ɛrpaŋxína] [女]《医学》ヘルパンギーナ

herpe [ɛ́rpe] [男] =**herpes**

herpes [ɛ́rpes]〘←ラテン語 herpes, -etis < ギリシア語 herpes, herpetos〙[男]〘単複同形〙《医学》ヘルペス, 疱疹: ～ facial 顔面疱疹. ～ genital 陰部ヘルペス. ～ labial 口唇ヘルペス. ～ zóster 帯状疱疹

herpestinos [ɛrpestínɔs] [男] [複]《動物》マングース科

herpético, ca [ɛrpétiko, ka] [形] [名] ヘルペスの〔患者〕

herpetismo [ɛrpetísmo] [男] ヘルペスにかかりやすい体質であること

herpetología [ɛrpetolɔxía] [女] 爬虫類学, 両生類学

herpetológico, ca [ɛrpetolɔ́xiko, ka] [形] 爬虫類学の, 両生類学の

herpetólogo, ga [ɛrpetólogo, ga] [形] [名] 爬虫類学の(学者), 両生類学の(学者)

herpil [ɛrpíl] [男] アフリカハネガヤを編んで作った網袋

herrada [ɛr̄áđa] [女] ❶ [底の方が広い] 木桶. ❷《コロンビア》[家畜に] 焼き印を押すこと

herradero [ɛr̄ađéro] [男] [家畜の] 焼き印押し; その場所(時期)

herrado [ɛr̄áđo] [男] 蹄鉄を打つこと, 装蹄; [家畜の] 焼き印押し

herradón [ɛr̄ađɔ́n] [男] 大型の木桶

herrador, ra [ɛr̄ađɔ́r, ra] [名] 装蹄師

herradura [ɛr̄ađúra]〘←hierro〙[女] 蹄鉄(ていてつ): clavar las ～*s* 蹄鉄を打つ, 装蹄する. perder una ～ 蹄鉄を落とす

camino de ～ [馬車が通れない, 細く険しい] 馬だけが通れる道

de ～ 馬蹄形の

～ de la muerte 死期が迫っている人の目の下にできる青白い隅(くま)

mostrar las ～s [馬が] 後脚を蹴り上げる

herraje [ɛr̄áxe] [男] [集名] ❶ [錠・ちょうつがいなどの] 金具. ❷《メキシコ》銀で装飾した馬具. ❸《チリ, アルゼンチン, ウルグアイ》[一頭の馬に打つ] 蹄鉄と釘

herramental [ɛr̄amentál] [男] ❶ [集名] 工具(道具)一式. ❷ 工具袋, 工具入れ

herramienta [ɛr̄amjénta]〘←ラテン語 ferramenta「鉄具」< ferrum〙[女] ❶ 工具, 道具: Los automóviles se reparan con ～*s* especiales. 自動車は特殊な工具で修理される. caja de las ～*s* 道具箱. ～ de filo 縁取り用工具, 刃物. ～ mecánica 工作機械. ❷《口語》ナイフ, 短刀. ❸《西. 戯語》1) 歯; [特に] 入れ歯. 2) [牛の] 角. ❹《情報》ツール, ユーティリティ: Utilizamos los gráficos como ～ para presentar sus datos. 私たちはデータを示すツールとして図形を用いる

entregar las ～s《パナマ, ボリビア, チリ》[人が] 死ぬ

herranza [ɛr̄ánθa] [女]《コロンビア》[家畜に] 焼き印を押すこと

herrar [ɛr̄ár]〘←hierro〙[23] [他] ❶ [馬に] 蹄鉄を打つ, 装蹄する. ❷ [家畜・奴隷などに] 焼き印を押す. ❸ 鉄具をつける

herrén [ɛr̄én] [男] 飼料, まぐさ

—— [女] =**herrenal**

herrenal [ɛr̄enál] [男] まぐさ畑

herreñal [ɛr̄eɲál] [男] =**herrenal**

herreño, ña [ɛr̄éɲo, ɲa] [形] [名]《地名》イエロ島 isla de Hierro の〔人〕〘カナリア諸島で最小の島〙

herrera[1] [ɛr̄éra] [女] ❶《魚》タイの一種〘学名 Lithognathus mormyrus〙. ❷ 鍛冶職人の妻

Herrera [ɛr̄éra]《人名》**Fernando de ～** フェルナンド・デ・エレラ〘1534～97, スペイン, セビーリャ派 Escuela Sevillana の抒情詩人. 華麗な詩語を駆使して高踏的なスタイルで恋愛や愛国的なテーマをうたい, 詩聖 el Divino と呼ばれた〙

José Joaquín de ～ ホセ・ホアキン・デ・エレラ〘1792～1854, メキシコの軍人・政治家. 米墨戦争時代の大統領(1844～45, 48～51)〙

Juan de ～ フアン・デ・エレラ〘1530～97, スペインの建築家〙

Luis Alberto de ～ ルイス・アルベルト・デ・エレラ〘1873～1959, ウルグアイの政治家. 国民党 Partido Nacional の創始者〙

herrerano, na [ɛr̄eráno, na] [形] [名]《地名》エレラ Herrera の〔人〕〘パナマ中部の県〙

Herrera y Reissig [ɛr̄éra i r̄ái̯sig]《人名》**Julio ～** フリオ・エレラ・イ・レイシグ〘1875～1910, ウルグアイの詩人. フランス象徴派の影響を受けて詩作を始めるが, その後ルベン・ダリーオ Rubén Darío と共に近代派 modernismo を代表する詩人となった. 現実世界に背を向け, 独自の美の世界に浸って書かれた彼の詩は多くの詩人に影響を与えている.『山上の法悦』*Los éxtasis de la montaña*〙

Herrera y Tordesillas [ɛr̄éra i tɔrđesíʎas]《人名》**Antonio de ～** アントニオ・デ・エレラ・イ・トルデシリャス〘1549～1626, スペインの歴史家. 新大陸に関する歴史書を編年体で編纂.『十年代記』*Décadas*〙

herrería [ɛr̄ería] [女] ❶ 鍛冶場. ❷ 鍛冶職. ❸ 混乱, 騒ぎ

herreriano, na [ɛr̄erjáno, na] [形]《建築》estilo ～ エレリアーノ様式〘フアン・デ・エレラ Juan de Herrera による, スペインにおけるルネサンス様式. 均整美が特徴〙

herrerillo [ɛr̄eríʎo] [男]《鳥》アオガラ〘=～ común〙: ～ capu-

H

chino カンムリガラ. ～ ciáneo ルリガラ
herrerismo [eřerísmo] 男《ウルグアイ》エレラ派《国民党 Partido Nacional の自由保守政策を標榜する派閥. ルイス・アルベルト・デ・エレラ Luis Alberto de Herrera が創始》
herrero, ra[2] [eřéro, ra]《←ラテン語 ferrarius》名 ❶ 鍛冶(や)屋: En casa del ～, sartén (cuchillo・cuchara・cucharilla) de palo.《諺》紺屋の白袴. ❷《プエルトリコ, チリ》=**herrador**
―― 形《まれ》鉄の
herreruelo [eřerwélo] 男 ❶《鳥》ヒガラ. ❷ [フードのない] 短いマント
herrete [eřéte]《hierro の示小語》男 ❶ [飾り紐などの先端に付ける] 端金(は). ❷《エストレマドゥラ, アンダルシア; 中南米》蹄鉄打ちの道具
herretear [eřeteár] 他 [飾り紐などの先端に] 端金をつける
herrezuelo [eřeθwélo] 男 金属片
herrial [eřjál] 形 uva ～ 大粒で紫色のブドウ《品種》
herrín [eří̯n] 男 さび [=orín]
herrón [eřón] 男《遊戯》❶ 鉄製の輪投げ; その輪. ❷《コロンビア》こまの心棒
herronada [eřonáda] 女 ❶ 鉄の棒での一撃(殴打). ❷ 鳥が嘴でつつくこと
herrumbrado, da [eřumbráðo, ða] 形《アルゼンチン, ウルグアイ》=**herrumbroso**
herrumbrar [eřumbrár] 他 さびつかせる
―― ～**se** さびつく
herrumbre [eřúmbre]《←俗ラテン語 ferrumen》女 ❶ さび [=orín]: criar (tener) ～ さびが出る, さびつく. ❷ [水などの] 鉄の味, 金属くささ. ❸ さび病 [=roya]
herrumbroso, sa [eřumbróso, sa] 形 [estar+] さびた
hertziano, na [er(t)θjáno, na] 形 =**herciano**
hertzio [ér(t)θjo] 男 =**hercio**
hérulo, la [érulo, la] 名 [ゲルマン民族の一つ] ヘルリ族(の), ヘルール族(の)
hervasense [erβasénse] 形《地名》エルバス Hervás の(人)《カセレス県の村》
hervederas [erβeðéras] 女複《プエルトリコ》=**herbederas**
herventar [erβentár] 23 他 [沸騰した湯でさっと] ゆでる
herver [erβér] 自《地方語; 中南米》沸騰する, 煮立つ [=hervir]
hervidero [erβiðéro]《←hervir》男 ❶ 群がる所, ひしめく所: La calle es un ～ de gente. 通りには大勢の人がひしめく. Su casa era un ～ de intrigas. 彼の家は陰謀の温床だった. ❷ [水が泡立ちながら湧き出る] 泉, 湧出口. ❸《ニカラグア》硫気孔; 温泉
hervidito [erβiðíto] 男《地方語. 料理》サヤインゲンとジャガイモの煮込み
hervido, da [erβíðo, ða] 形 沸かした, いったん沸騰させた: agua ～da 湯冷まし. huevo ～ ゆで卵
―― 男 ❶ 沸騰. ❷《料理》1)《地方語》=**hervidito**. 2)《ベネズエラ, チリ》[鶏または魚や野菜入の] ポトフ
hervidor [erβiðór] 男 ❶ 湯沸かし, やかん. ❷ 牛乳沸かし [=～ de leche]
hervidura [erβiðúra] 女《キューバ. 口語》[衣類を洗濯する前の] 煮込み
hervir [erβír]《←ラテン語 fervere》33 自 ❶ 沸騰する, 煮立つ: El agua *hierve*. 湯が沸く. La cacerola *hierve*. 鍋が煮立つ. romper a ～ 沸騰し始める. La sangre le *hervía* en las venas de furia. 彼は怒りで血が煮えたぎるようだった. ❷ [発酵して] 泡立つ; [海が] 荒れ狂う. ❸ [+en・de 感情で] 興奮する, いきり立つ: ～ de cólera 怒りでかっとなる. En deseos 9 ～ うずする. ❹ [+de で] ～ で一杯である, ひしめく, うようよする: La plaza *hervía de* gente. 広場は人でごった返していた. ～ de chismes がらくただらけである
―― 他 ❶ 沸騰させる, 沸かす: ～ el agua (la leche) 湯(牛乳)を沸かす. ❷ ゆでる; 煮沸する: ～ unos huevos 卵をいくつかゆでる. ～ un pescado 魚を水煮する. ～ la jeringuilla 注射器を煮沸消毒する
hervor [erβór]《←ラテン語 fervor, -oris》男 ❶ 沸騰: levantar (alzar) el ～ 沸騰し始める. dar un ～ (unos ～es) 軽く沸騰させる. ❷ 興奮, 熱狂: ～ juvenil 青春の血気. ❸ ～ de sangre 発疹
hervoroso, sa [erβoróso, sa] 形 ❶ 熱烈な, 激しい; 沸き立つような, 焼けるような: Es un joven de sangre ～*sa*. 彼は血気盛んな若者だ. ❷ 沸騰した

hesitación [esitaθjón] 女《まれ》疑い, 疑念; 不安
hesitar [esitár]《まれ》疑う, ためらう, 迷う
hespérico, ca [espériko, ka] 形 名《地名》=**hesperio**
Hespérides [espérides] 女《ギリシア神話》ヘスペリデス《黄金のリンゴの園を守ったニンフたち》
hesperidio [esperíðjo] 男《植物》ミカン科果, 柑果
hespérido, da [espériðo, ða] ❶《詩語》西の. ❷《ギリシア神話》ヘスペリデス Hespérides の
hesperio, ria [espérjo, rja] 形 名《歴史. 地名》ヘスペリア Hesperia の(人)《古代ギリシア人が現在のスペインおよびイタリアを指した地名. 「西の国」の意》
héspero, ra [éspero, ra] 形 =**hesperio**
hessita [essíta] 女《鉱物》テルル銀鉱, ヘッサイト
hessonita [essoníta] 女《鉱物》黄ざくろ石
Hestia [éstja] 女《ギリシア神話》ヘスティア《炉の女神》
hetaira [etájra] 女 ❶《文語》売春婦. ❷《古代ギリシア》高級娼婦, めかけ
hetairismo [etajrísmo] 男 売春
heteo, a [etéo, a] 形 名 =**hitita**
heter-《接頭辞》=**hetero-**
hetera [etéra] 女 =**hetaira**
hetero [etéro] 形《口語》=**heterosexual**
hetero-《接頭辞》[異なった, 他の]《⇔homo-》*hetero*doxia 異端
heterocarion [eterokarjón] 男《生物》異核共存体, ヘテロカリオン
heterocariosis [eterokarjósis] 女《生物》ヘテロカリオシス
heterocerco, ca [eteroθérko, ka] 形《魚》[尾ひれが] 不相称の, 不等尾型の《魚》
heterocíclico, ca [eteroθíkliko, ka] 形《化学》複素環式の: compuesto ～ 複素環式化合物
heterociclo [eteroθíklo] 男《化学》複素環, ヘテロ環
heterocigótico, ca [eteroθiɣótiko, ka] 形《生物》=**heterozigótico**
heterocigoto, ta [eteroθiɣóto, ta] 形《生物》=**heterozigoto**
heterociste [eteroθíste] 男 =**heterocisto**
heterocisto [eteroθísto] 男《植物》異質細胞
heteroclamídeo, a [eteroklamíðeo, a] 形《植物》[花が] 異被の
heteróclito, ta [eteróklito, ta] 形 ❶ 雑多な [要素からなる]: Aquel grupo ～ fue el mejor equipo de fútbol del mundo. あの寄せ集め集団が世界一のサッカーチームになった. ❷《言語》不規則変化の: declinación ～*ta* 不規則変化. forma ～*ta* 不規則形
heterocontas [eterokóntas] 女複《動物, 植物》ヘテロコント (不等毛) 鞭毛虫類 (藻類)
heterocromatina [eterokromatína] 女《生物》ヘテロクロマチン, 異質染色質
heterocromía [eterokromía] 女《医学》異色症: ～ de iris 彩異色症
heterocromo, ma [eterokrómo, ma] 形 異色の, 多色の
heterocromosoma [eterokromosóma] 男《生物》異形染色体
heterocronía [eterokronía] 女《生物, 生理》異時性《⇔sincronía》
heterodinación [eteroðinaθjón] 女《通信》ヘテロダイン化
heterodinar [eteroðinár] 他《通信》ヘテロダインを発生させる
heterodino, na [eteroðíno, na] 形《通信》ヘテロダイン方式の
heterodonto, ta [eteroðónto, ta] 形《動物》[哺乳類が] 異型歯の
heterodoxia [eteroðó(k)sja] 女 [主にキリスト教に対する] 異端; [正統的な説に対しての] 異説《⇔ortodoxia》
heterodoxo, xa [eteroðó(k)so, sa] 形《←ギリシア語 heterodoxos < heteros「他の」+doxa「意見」》形 異端の, 非正統派の, 異説の
―― 名 異端者
heterofilia [eterofílja] 女《植物》[一本の茎から] 数種類の葉が生えること
heterófilo, la [eterofílo, la] 形《植物》[数種類の葉が生える
heterogamético, ca [eteroɣamétiko, ka] 形《生物》異型配偶子の, 異型配偶子を持つ

heterogameto [eteroɡaméto] 男《生物》異型配偶子
heterogamia [eteroɡámja] 女《生物》異型配偶
heterogámico, ca [eteroɡámiko, ka] 形《生物》異型配偶の
heterógamo, ma [eteróɡamo, ma] 形《生物》異型配偶子で生殖する, 異型配偶の《⇔isógamo》;《植物》異型花を有する
heterogeneidad [eteroxeneiðáð] 女 不均質性
heterogéneo, a [eteroxéneo, a] 形 [←俗ラテン語 heterogeneus <ギリシア語 heterogenes < heteros「他の」+genos「種類」] 不均質な, 一様でない《⇔homogéneo》; 異質な: Ocupaba las butacas un público ~. 種々様々な人々が観客席を占めていた. población ~a 異種民族からなる住民
heterogénesis [eteroxénesis] 女《単複同形》《生物》突然発生, ヘテロゲネシス《⇔homogénesis》;[無性生殖と有性生殖の]世代交番
heterogenita [eteroxeníta] 女《鉱物》ヘテロゲナイト
heterogonía [eteroɡonía] 女《生物》相対生長, 不等生成; 世代交番, ヘテロゴニー
heteroinjerto [eteroiŋxérto] 男《医学》異種移植片
heterolecito [eteroleθíto] 男《生物》不等生殖の
heterólogo, ga [eterólogo, ɡa] 形《医学》非相同の, 異種の: trasplante ~ 異種移植
heteromancia [eterománθja] 女[鳥の飛び方で吉凶を占う]鳥占い
heteromancía [eteromanθía] 女 =**heteromancia**
heterómeros [eterómeros] 男 複《昆虫》3対ある肢のうち前肢の中肢は5つの節・後肢は4つの節からなる鞘翅（ショウシ）目
heterometábolo, la [eterometábolo, la] 形《昆虫》漸変態の
heterómido [eterómiðo] 男《動物》ベーリーズ・ポケットマウス《学名 Chaetodipus baileyi》
heteromorfia [eteromórfja] 女《生物》異形性, 異形であること
heteromorfismo [eteromorfísmo] 男《生物》異形, 変形,《昆虫》完全変態
heteromorfo, fa [eteromórfo, fa] 形《生物》異形の, 変形の;《昆虫》完全変態の
heteronimia [eteronímja] 女《言語》異根同類《例 caballo と yegua》
heterónimo [eteronímo] 男 ❶ 異根同類語. ❷[作家などの]異名, 別名
heteronomía [eteronomía] 女 他律
heteronómico, ca [eteronómiko, ka] 形 他律の
heterónomo, ma [eterónomo, ma] 形 ❶ 他律の, 他律的な《⇔autónomo》. ❷《生物》異なる発達法則に従う, 異規的な, 不等の
heteropétalo, la [eteropétalo, la] 形《植物》花弁の形・大きさが不ぞろいの
heterópico, ca [eterópiko, ka] 形《地質》[堆積岩が]様々な相から成る
heteroplastia [eteroplástja] 女《医学》異種移植
heterópodo, da [eterópoðo, ða] 形 ❶ 足の形・大きさが不ぞろいの. ❷[神経細胞の]突起の種類・形が様々な
heteropolar [eteropolár] 形《電気》異極の: enlace ~ 異極結合
heteroproteína [eteroproteína] 女《生化》異種たんぱく
heteropsia [eteró(p)sja] 女《医学》屈折左右不同症《=anisometropía》
heterópsido, da [eteró(p)siðo, ða] 形《金属》[金属が]光沢のない
heteróptero, ra [eteró(p)tero, ra] 形 異翅類の
—— 男 複《昆虫》異翅類
heterosexismo [eterose(k)sísmo] 男 同性愛に対する差別, 同性愛者に対する偏見
heterosexual [eterose(k)swál] 形 名 異性愛の[人]《⇔homosexual》
heterosexualidad [eterose(k)swaliðáð] 女 異性愛; 異性の魅力
heterosfera [eterosféra] 女《気象》異質圏
heterósido [eterósiðo] 男《生化》異種炭水化物
heterosilábico, ca [eterosilábiko, ka] 形《音声》異なる音節に属する
heterosita [eterosíta] 女《鉱物》ヘテロサイト
heterospóreo, a [eterospóreo, a] 形《植物》異型胞子を持つ
heterosporia [eterospórja] 女《植物》異型胞子性
heterospórico, ca [eterospóriko, ka] 形《植物》異型胞子性の《⇔homospórico》

heterosugestión [eterosuxestjón] 女 他者暗示《⇔autosugestión》
heterotalia [eterotálja] 女 =**heterotalismo**
heterotalismo [eterotalísmo] 男《植物》異株性, ヘテロタリズム《⇔homotalismo》
heterotermo, ma [eterotérmo, ma] 形《動物》変温の《=poiquilotermo》
heterotípico, ca [eterotípiko, ka] 形《生物》異型の
heterotópico, ca [eterotópiko, ka] 形《医学》異所の
heterotrasplante [eterotrasplánte] 男《医学》異種移植
heterotrofia [eterotrófja] 女《生物》従属栄養
heterotrófico, ca [eterotrófiko, ka] 形《生物》従属栄養の, 有機栄養の
heterótrofo, fa [eterótrofo, fa] 形 名《生物》従属栄養の; 従属栄養生物
heterotropía, pa [eterotrópo, pa] 形《化学》原子量は等しいが原子番号が異なる
heterovacuna [eterobakúna] 女《医学》ヘテロワクチン
heteroxeno, na [eterò(k)séno, na] 形《生物》parásito ~ 複数宿主性寄生生物
heterozigótico, ca [eteroθiɡótiko, ka] 形《生物》異型（ヘテロ）接合の
heterozigoto, ta [eteroθiɡóto, ta] 形《生物》異型（ヘテロ）接合体[の]《⇔homozigoto》
heticar [etikár] 自 ~se《ドミニカ, プエルトリコ》結核にかかる
hético, ca [étiko, ka] 形 名 ❶ 肺結核の[患者]《=tísico》. ❷ やせこけた[人]
hetiquencia [etikénθja] 女《プエルトリコ. 口語》結核
hetiquez [etikéθ] 男《医学》=**etiquez**
hetita [etíta] 形《歴史》ヒッタイト族[の]《=hitita》
heurístico, ca [eurístiko, ka] 形 発見的な; 発見的方法の（教授法・研究）[の]
hevea [ebéa] 男《植物》パラゴム
hevicultivo [ebikultíbo] 男 パラゴムの栽培
hevicultor, ra [ebikultór, ra] 男 パラゴム栽培者
hexa- 《接頭辞》[6] *hexa*cordo 6音音階
hexacampeón, na [ε(k)sakampeón, na] 名《スポーツ》6回優勝者
hexaclorofeno [ε(k)saklorofèno] 男《化学》ヘキサクロロフェン
hexacoralario, ria [ε(k)sakoralárjo, rja] 形 六放サンゴ亜綱の
—— 男 複 六放サンゴ亜綱
hexacordo [ε(k)sakórðo] 男《音楽》6音音階, ヘクサコード
hexactinélida [ε(k)saktinélida] 形 六放海綿綱の
—— 女 複《動物》六放海綿綱
hexadecasílabo, ba [ε(k)saðekasílabo, ba] 形 男《詩法》16音節の
hexadecimal [ε(k)saðeθimál] 形《情報》16進法[の]
hexaédrico, ca [ε(k)saéðriko, ka] 形 六面体の
hexaedro [ε(k)saéðro] 男《幾何》❶ 六面体. ❷ 立方体《=~ regular》
hexafluoruro [ε(k)saflworúro] 男《化学》六フッ化物: ~ de uranio 六フッ化ウラン
hexagonal [ε(k)saɡonál] 形 ❶ 六角形の. ❷《結晶》六方晶系の
hexágono, na [ε(k)sáɡono, na] 形《幾何》六角形[の]
hexagrama [ε(k)saɡráma] 男 六線星形
hexalite [ε(k)salíte] 女《化学》ヘキサライト
hexámero [ε(k)sámero] 形 6つの部分から成る;《動物》6つに配列された;《植物》それぞれ6個からなる輪生を持つ
hexámetro [ε(k)sámetro] 男《詩法》六歩格
hexángulo, la [ε(k)sánɡulo, la] 形 =**hexágono**
hexano [ε(k)sáno] 男《化学》ヘキサン
hexápeda [ε(k)sápeða] 女 昔フランスで用いられた長さの単位《=6フィート》
hexapétalo, la [ε(k)sapétalo, la] 形《植物》花弁が6枚の
hexaploide [ε(k)saplóiðe] 形《生物》[染色体が] 6倍性の, 6倍体
hexápodo, da [ε(k)sápoðo, ða] 形 6脚類の
—— 男 複《動物》6脚類. ❷ 昆虫《=insecto》
hexaquisoctaedro [ε(k)sakisoktaéðro] 男《鉱物》48面体
hexasílabo, ba [ε(k)sasílabo, ba] 形 男 6音節の[語], 6音節詩行[の]

hexástilo [ε(k)sástilo] 形 男《建築》[寺院などの正面が] 6柱式[の]
hexavalente [ε(k)sabalénte] 形《化学》6価の
hexeno [ε(k)séno] 男《化学》ヘキセン
hexodo [ε(k)sóðo] 男《電気》6極管
hexosa [ε(k)sósa] 女《化学》ヘキソース, 六炭糖
hez [éθ]《←ラテン語 fex, fecis < faex, faecis「沈殿物, 不純物」》女《稀 heces》 ❶ [ワインなどの] おり, かす: Este vino lleva muchas heces. このワインはおりが多い. ~ de la sociedad 社会のくず. ❷《文語》複 大便: análisis de las heces 検便. sangre en las heces 便潜血
hasta las heces 完全に, すっかり: beber *hasta las heces* 飲み干す
Hiadas [jáðas] 女 =**Híades**
Híades [íaðes] 女《天文》ヒアデス星団
hialino, na [jalíno, na] 形 ガラス状の; [ガラスのように] 透明な: cuarzo ~ 無色の水晶
hialita [jalíta] 女《鉱物》玉滴〔石〕石
hialoclastita [jaloklastíta] 女《地質》ハイアロクラスタイト
hialofobia [jalofóbja] 女 ガラス恐怖症
hialografía [jalografía] 女 ガラス画技法
hialógrafo [jalógrafo] 男 ガラス画具
hialoide [jalóiðe] 形《解剖》ガラス状の, ヒアリン様の: membrana ~ 硝子(ガラス)様膜
hialoideo, a [jaloiðéo, a] 形 ガラス状の
hialoplasma [jaloplásma] 男《生物》[細胞質の] 透明質
hialotecnia [jalotéknja] 女 ガラス工芸技術
hialurónico, ca [jaluróniko, ka] 形《化学》ácido ~ ヒアルロン酸
hiatal [jatál] 形 →**hernia** hiatal
hiato [játo] 男 ❶《音声》1) 母音の連続(衝突)〔例 púa の u と a. 同音の場合は耳ざわりとされる: de este, a África〕. 2) [連続する強弱2音音の分立〔例 día, aún〕. ❷《詩法》母音分立〔各詩行の音節数を整えるために, 前にくる単語の末尾の母音と次にくる単語の先頭の母音が二重母音とならず, 分立させる〕. ❸《解剖》《医学》→**hernia** de hiato
hibernación [iβernaθjón] 女《←ラテン語 hibernatio, -onis》❶ 冬眠, 越冬: estar en ~ 冬眠中である. ~ artificial 人工冬眠
hibernáculo [iβernákulo] 男《動物》冬眠場所
hibernal [iβernál] 形《←ラテン語 hibernalis》❶ 冬の【=invernal】: sueño ~ 冬眠
hibernar [iβernár] 自《←ラテン語 hibernare》自 冬眠する, 越冬する, 冬ごもりする
―― 他 ❶ 人工冬眠させる. ❷ [遺体を] 冷凍保存する
hibernés, sa [iβernés, sa] 形 女《古代ローマ, 地名》ヒベルニア Hibernia の〔人〕《現在のアイルランド》
hibérnico, ca [iβérniko, ka] 形 =**hibernés**
hibernizo, za [iβerníθo, θa] 形《まれ》冬の
hibisco [iβísko] 男《植物》ハイビスカス
hibiscus [iβískus] 男 =**hibisco**
hibridación [ibriðaθjón] 女 交雑, 雑種形成
hibridar [ibriðár] 他 人工的に交雑する, 雑種形成する
―― ~**se** 自然交雑する
hibridez [ibriðéθ] 女 =**hibridismo**
hibridismo [ibriðísmo] 男 雑種(混合)であること; 混種
hibridista [ibriðísta] 名 交雑研究者, 雑種育成者
híbrido, da [íβriðo, ða] 形《←ラテン語》❶《生物》雑種の: animal ~ 交雑動物. ❷ 混合の, 折衷の; [ハイブリッドの]: automóvil (coche) ~ ハイブリッド車. ordenador ~ 混成型コンピュータ. ❸ 混種語の
―― 男《言語》混種語《異なった言語に由来する要素で構成された複合語. =idioma ~》
hibridoma [ibriðóma] 男《生物》ハイブリドーマ
hibuero [ibwéro] 男《植物》❶ フクベノキ. ❷《カリブ》ノウゼンカズラ科クレスセンティア属の一種
hicaco [ikáko] 男《植物》ワレモコウ科の灌木《学名 Crysobalanus icaco》
hicadura [ikaðúra] 女《集合》《キューバ》ハンモックの吊り紐
hic et nunc [ík et núŋk]《←ラテン語》副 今この場で, ここで今: Usted va a pagarme ~. 今すぐ払って下さい
Hic jacet [ík xaθét]《←ラテン語》ここに眠る《墓石の書き出しの語句》
hico [íko] 男《中米, カリブ》ハンモックの吊り紐; [一般に] 綱, 縄

hicotea [ikotéa] 女 ❶《中米, カリブ. 動物》アカミミガメ《食用のカメ》. ❷《ドミニカ》公職
hicso, sa [íkso, sa] 形《古代エジプト》ヒクソス〔の〕
hidalgamente [iðálgaménte] 副 寛大に, 高潔に
Hidalgo [iðálgo]《人名》Bartolomé ~ バルトロメ・イダルゴ〔1788~1822, ウルグアイの詩人. スペインからの独立運動に加わり, ガウチョ gaucho を主人公に民衆的で平易な物語詩の形式を用いて宗国への批判を行ない, ガウチョ文学 literatura gauchesca の父と呼ばれる. 『愛国的な対話』*Diálogos patrióticos interesante*》
hidalgo, ga [iðálgo, ga] 形《←古語 fijo d'algo「金持ち, 裕福な人」》形 名 ❶《歴史》[地方] 小貴族〔の〕, 家系貴族〔の〕, 郷士〔の〕〔爵位のない下級貴族で小領主〕: Don Quijote era un ~ rural. ドン・キホーテは地方小貴族であった. ❷ 寛大で高潔な〔人〕, 品格のある〔人〕: comportamiento ~ 高潔なふるまい
―― 男《メキシコ》5ドゥーロ硬貨; [1905年に鋳造された] 10ペソ金貨
Hidalgo y Costilla [iðálgo i kostíʎa]《人名》Miguel ~ ミゲル・イダルゴ・イ・コスティリャ〔1753~1811, メキシコの聖職者. 1810年独立運動を開始(→Grito de Dolores). 捕われ, 聖職位を剥奪・処刑される〕
hidalguense [iðalgénse] 形《地名》イダルゴ Hidalgo の〔人〕《メキシコ中部の州》
hidalguesco, ca [iðalgésko, ka] 形《まれ》小貴族の, 郷士の
hidalguez [iðalgéθ] 女 =**hidalguía**
hidalguía [iðalgía] 女 ❶《歴史》貴族の身分: La preposición «de» antepuesta al apellido indica antigua ~. 姓の前に付置詞 de があることがかつての貴族の身分を示している. carta de ~ 貴族証明書. ❷ 寛大, 高潔
hidantoína [iðantoína] 女《化学》ヒダントイン
hidátide [iðátiðe] 女《動物》水包体;《医学》包虫嚢
hidatídico, ca [iðatíðiko, ka] 形《医学》包虫嚢の: quiste ~ 包虫嚢胞
hidatidosis [iðatiðósis] 女《医学》包虫症
hidatiforme [iðatifórme] 形《医学》胞状の
hiddenita [i(ð)ðenita] 女《鉱物》ヒッデナイト《リシア輝石の一種で宝石》
hideputa [iðepúta] 名《まれ》=**hijo** de puta
hidno [íðno] 男《植物》ヤマブシタケ《食用のキノコ》
hidr- [iðrár] 接頭《稀》=**hidro-**
hidra [íðra] 女 ❶《動物》1) ヒドラ. 2) ウミヘビ. ❷《ギリシア神話》ヒュドラ〔7つの頭をもった怪物〕. ❸《文語》一筋縄ではいかない難問, 根絶しにくい弊悪
hidracida [iðraθíða] 女 =**hidrácida**
hidrácida [iðráθiða] 女《化学》水素酸と水酸化物の化合物《結核治療薬》
hidrácido [iðráθiðo] 男《化学》水素酸
hidracina [iðraθína] 女《化学》ヒドラジン
hidractivo, va [iðraktíβo, βa] 形《自動車》ハイドラクティブの
hidramnios [iðrámnjos] 男《医学》羊水過多症
hidrante [iðránte] 男《主に中南米》給水栓, 消火栓
hidrargírico, ca [iðrarxíriko, ka] 形 水銀を含む
hidrargirio [iðrarxírjo] 男 =**hidrargiro**
hidrargirismo [iðrarxirísmo] 男《医学》水銀中毒
hidrargiro [iðrarxíro] 男 水銀 [=azogue]
hidrartrosis [iðrartrósis] 女《医学》関節水腫
hidratación [iðrataθjón] 女 ❶ 水分を与えること. ❷《化学》水和化, 水和
hidratado, da [iðratáðo, ða] 形《化学》水和した
hidratante [iðratánte] 形 湿りけを与える
―― 男《言語》保湿化粧品
hidratar [iðratár]《←ギリシア語 hydor, hydatos「水」》他 ❶〔身体などに〕水分を与える: ~ la piel 皮膚に潤いを与える. ~ las setas en agua caliente 湯でシイタケをもどす. ❷《化学》水和化させる, 水和する
―― ~**se** 水分を補給する: Su piel se *hidrataba*. 彼女の肌はみずみずしかった
hidrato [iðráto] 男《化学, 物理》水酸化物, 水和物, ハイドレート: ~ de carbono 炭水化物. ~ de metano メタンハイドレート
hidráulico, ca [iðráuliko, ka]《←ギリシア語 hydraulikos》形 ❶ 水力の: energía (fuerza) ~ca 水力. ❷ 水圧の; 油圧の: bomba ~ca 水圧ポンプ. freno ~ 油圧ブレーキ. ❸ 水利(灌漑)に関するの: obras ~cas 水利施設. ❹ 水硬性の: cemento

～ 水硬性セメント. ❺ 水力学の: ingeniero ～ 水力エンジニア
—— 囡 水力学; 水理学

hidria [íđrja] 囡《古代ギリシア》[水を入れておく] 水がめ

-hídrico《接尾辞》[水素] brom*hídrico* 臭化水素の

hídrico, ca [íđriko, ka] 形 水の: recurso ～ 水資源

hidro [íđro] 男《古語的》水上飛行機〖=hidroavión〗

hidro-《接頭辞》❶ [水] *hidro*avión 水上飛行機. ❷ [水素] *hidro*carbonato 炭水化物

hidroala [iđroála] 男 水中翼船

hidroalcohólico, ca [iđroalk〔o〕óliko, ka] 形《化学》水性アルコールの

hidroavión [iđroaƀjɔ́n] 男 水上飛行機

hidrobia [iđróƀja] 囡 巻貝の一種〖学名 Hydrobia ulvae〗

hidrobiología [iđroƀjolɔxía] 囡 水生生物学

hidrobiológico, ca [iđroƀjolóxiko, ka] 形 水生生物〔学〕の

hidrobiotita [iđroƀjotíta] 囡《鉱物》加水黒雲母

hidrobob [iđroƀɔ́ƀ] 男 バナナボート, ドラゴンボート〖乗ること, ボート〗

hidrocálido, da [iđrokáliđo, đa] 形 名《地名》アグアスカリエンテス Aguascalientes の〔人〕〖メキシコ東部の州〗

hidrocarbonado, da [iđrokarƀonáđo, đa] 形 炭水化物を含む

hidrocarbonato [iđrokarƀonáto] 男 炭水化物〖=hidrato de carbono〗

hidrocarburo [iđrokarƀúro] 男 ❶《化学》炭化水素: ～ aromático 芳香族炭化水素. ～ saturado (insaturado) 飽和(不飽和)炭化水素. ❷《中南米》石油と天然ガス

hidrocaritáceo, a [iđrokaritáθeo, a] 形 トチカガミ科の
—— 囡 複《植物》トチカガミ科

hidrocefalia [iđroθefálja] 囡《医学》水頭症, 脳水腫

hidrocefálico, ca [iđroθéfáliko, ka] 形 名 =**hidrocéfalo**

hidrocéfalo, la [iđroθéfalo, la] 形 名 水頭症(脳水腫)の〔患者〕

hidrocele [iđroθéle] 囡《医学》水瘤, 陰嚢水腫

hidrocelulosa [iđroθelulósa] 囡《化学》水和セルロース

hidrociclón [iđroθiklɔ́n] 男《技術》ハイドロサイクロン

hidrocincita [iđroθinθíta] 囡《鉱物》水亜鉛鉱, ハイドロジンサイト

hidrocinética [iđroθinétika] 囡 =**hidrodinámica**

hidroclorato [iđrokloráto] 男《化学》=**clorhidrato**

hidroclórico, ca [iđroklóriko, ka] 形《化学》=**clorhídrico**

hidrocortisona [iđrokɔrtisóna] 囡《生化》ヒドロコルチゾン

hidrocótila [iđrokótila] 囡《植物》ウォーターマッシュルーム

hidrocución [iđrokuθjɔ́n] 囡《古語》[食後すぐ冷水に入ることによる] 胃けいれん〖=síncope de ～〗

hidrocultura [iđrokultúra] 囡《植物》水栽培

hidrodinámico, ca [iđrođinámiko, ka] 形 囡 流体力学〔の〕

hidroelectricidad [iđroelɛktriθiđá〔đ〕] 囡 水力電気

hidroeléctrico, ca [iđroeléktriko, ka] 形 水力電気の

hidroelectrolítico, ca [iđroelɛktrolítiko, ka] 形《医学》alteraciones ～*cas* 水電解質の代謝異常. desequilibrio ～ 水電解質の平衡異常

hidroenergía [iđroenɛrxía] 囡 水力エネルギー

hidroextractor [iđroɛ〔k〕straktɔ́r] 男 脱水機

hidrófana [iđrófana] 囡《鉱物》透たんぱく石

hidrofilacio [iđrofiláθjo] 男 地底湖, 地下水の溜まった場所

hidrofilia [iđrofílja] 囡《植物》[受粉の] 水媒; 好水性

hidrofílico, ca [iđrofíliko, ka] 形 親水性の〖=hidrófilo〗

hidrófilo, la [iđrófilo, la] 形 ❶ 吸水性の, 吸湿性の. ❷《生物》親水性の, 水生の: planta ～*la* 水生植物
—— 男《昆虫》ヨーロッパガムシ

hidrofito, ta [iđrofíto, ta] 形 男《生物》[植物が] 水生の; 水生植物

hidrofobia [iđrofóƀja] 囡 ❶ 水恐怖症. ❷ [ヒトの] 狂犬病, 恐水病〖正しくは rabia canina〗

hidrófobo, ba [iđrófoƀo, ƀa] 形 名 ❶ 水恐怖症の〔人〕. ❷ 狂犬病の〔患者〕

hidrofoil [iđrofɔ́i̯l] 男〖複 ～s〗《まれ》水中翼船〖=hidroala〗

hidrofonía [iđrofonía] 囡 水中聴音

hidrófono [iđrófono] 男 水中聴音器; 水管検漏器

hidróforo, ra [iđróforo, ra] 形《動物》管足の, 水管の

hidroftalmía [iđrɔftalmía] 囡《生理》水頭〔症〕

hidrófugo, ga [iđrófugo, ga] 形 水をはじく, 撥水性の: pintura ～*ga* 撥水性ペンキ

hidrogel [iđrɔxél] 男《化学》ヒドロゲル

hierogenación [iđrɔxenaθjɔ́n] 囡 水素化; 水素添加

hidrogenar [iđrɔxenár] 他 水素と化合させる; 水素を添加する: aceite *hidrogenado* 硬化油

hidrogenasa [iđrɔxenása] 男《生物》ヒドロゲナーゼ

hidrogenión [iđrɔxenjɔ́n] 男《化学》水素イオン

hidrógeno [iđrɔ́xeno] 男《元素》水素: ～ pesado 重水素

hidrogenocarbonato [iđrɔxenokarƀonáto] 男《化学》=**bicarbonato**

hidrogenosulfuro [iđrɔxenosulfúro] 男《化学》=**bisulfuro**

hidrogeología [iđrɔxeolɔxía] 囡 水文地質学

hidrogeológico, ca [iđrɔxeolɔ́xiko, ka] 形 水文地質学の

hidrogeólogo, ga [iđrɔxeólogo, ga] 名 水文地質学者

hidrognosia [iđrɔgnósja] 囡 地球と水の歴史的研究

hidrogogía [iđrogɔxía] 囡 水路開設技術

hidrografía [iđrografía] 囡 ❶ 水圏学, 水界地理学; 水路学. ❷ [一国・一地方の] 水圏, 水利

hidrográfico, ca [iđrográfiko, ka] 形 水圏学の

hidrógrafo, fa [iđrógrafo, fa] 名 水圏学者

hidrohemia [iđroémja] 囡《医学》水血症

hidroideo, a [iđrɔi̯đéo, a] 形 ヒドロ虫目の
—— 男 複《動物》ヒドロ虫目

hidrojardinera [iđrɔxarđinéra] 囡 自動給水植木鉢

hidrojet [iđrɔ̂ʝét] 形《船舶》ウォータージェット推進式の

hidrolasa [iđrolása] 囡《生化》加水分解酵素, ヒドロラーゼ

hidrolipídico, ca [iđrolipíđiko, ka] 形 水と脂質から成る

hidrólisis [iđrólisis] 囡《化学》加水分解

hidrolítico, ca [iđrolítiko, ka] 形 加水分解の

hidrolizable [iđroliθáƀle] 形 加水分解され得る: no ～ 非加水分解型の

hidrolizado [iđroliθáđo] 男 加水分解されたもの: ～ de caseína カゼイン加水分解物

hidrolizar [iđroliθár] ⑨ 他 加水分解する

hidrología [iđrolɔxía] 囡 水文(すいもん)学: ～ médica 鉱水学

hidrológico, ca [iđrolɔ́xiko, ka] 形 水文学の: plan ～ nacional 国家水資源利用計画

hidrólogo, ga [iđrólogo, ga] 名 ❶ 水文学者. ❷ 灌漑用水の技師

hidromagnesita [iđromagnesíta] 囡 水苦土石, ハイドロマグネサイト

hidromancia [iđrománθja] 囡 水占い

hidromancía [iđromanθía] 囡 =**hidromancia**

hidromanía [iđromanía] 囡 水渇望症

hidromántico, ca [iđromántiko, ka] 形 名 水占いの〔信奉者〕

hidromasaje [iđromasáxe] 男 [ジャクジーバスなどの] 水中マッサージ

hidromecánico, ca [iđromekániko, ka] 形《技術》ハイドロメカニカルな: transmisión ～*ca* ハイドロメカニカル・トランスミッション, HMT

hidromedusa [iđromeđúsa] 囡《動物》ヒドロくらげ

hidromel [iđromél] 男 =**hidromiel**

hidrometalurgia [iđrometalúrxja] 囡《金属》湿式冶金, 湿式製錬

hidrometalúrgico, ca [iđrometalúrxiko, ka] 形 湿式冶金の

hidrometeoro [iđrometeóro] 男《気象》大気水象

hidrómetra [iđrómetra] 名 比重(流速)測定の専門家

hidrometría [iđrometría] 囡《物理》液体比重測定; 流速測定

hidrométrico, ca [iđrométriko, ka] 形 比重測定の; 流速測定の

hidrómetro [iđrómetro] 男 流速計, 検潮器

hidrómica [iđrómika] 囡《鉱物》加水雲母

hidromiel [iđromjél] 男 蜂蜜酒, ミード

hidromineral [iđrominerál] 形 鉱水の

hidromodelismo [iđromođelísmo] 男 船・運河・ダムなどの模型

hidromoscovita [iđromɔskoƀíta] 囡《鉱物》加水白雲母

hidronefrosis [iđronefrósis] 囡《医学》水腎(じん)症

hidroneumático, ca [iđronɛu̯mátiko, ka] 形 流体圧式の: freno ～ [大砲の] ハイドロニューマチック後座装置

hidronimia [iđronímja] 囡 河川名研究

hidronímico, ca [iđronímiko, ka] 形 河川名研究の

hidrónimo [idrónimo] 男 河川名
hidronio [idrónjo] 女《化学》ヒドロニウムイオン
hidropata [idropáta] 名 ❶ 水治療の療法家. ❷《まれ》水や汗による疾患の患者
hidropatía [idropatía] 女 ❶ 水治療 [=hidroterapia]. ❷《まれ》水や汗による疾患
hidropático, ca [idropátiko, ka] 形 水治療の
hidropedal [idropedál] 男 ペダルボート
hideroperóxido [idroperó(k)siđo] 男《化学》ヒドロペルオキシド
hidropesía [idropesía] 女《医学》水腫, 水症
hidrópico, ca [idrópiko, ka] 形 名 水腫性の; 水腫患者
hidroplano [idropláno] 男 ❶ [競艇用の] ハイドロプレ. ❷ =**hidroavión**
hidroponía [idroponía] 女《農業》水栽培, 水耕法
hidropónico, ca [idropóniko, ka] 形 水栽培の, 水耕法の
hidropteríneo, a [idroʔ(k)teríneo, a] 形 水生シダ類の
—— 女 複《植物》水生シダ類
hidroquinona [idrokinóna] 女《化学》ヒドロキノン
hidrosadenitis [idrosađenítis] 女《医学》汗腺炎
hidrosalpinge [idrosalpínxe] 男 = **hidrosalpinx**
hidrosalpinx [idrosalpín(k)s] 男《医学》卵管留水腫
hidrosanitario, ria [idrosanitárjo, rja] 形 水と衛生の
hidroscopia [idroskópja] 女 地下水探査
hidroscopio [idroskópjo] 男 水中透視鏡, ハイドロスコープ
hidrosere [idrosére] 男《植物》湿性系列
hidrosfera [idrosféra] 女《地理》水圏, 水界
hidrosilicato [idrosilikáto] 男《化学》水化ケイ酸塩
hidrosol [idrosól] 男《化学》ヒドロゾル
hidrosoluble [idrosolúble] 形 水溶性の: vitaminas ~s 水溶性ビタミン
hidrospeed [idrospíd] 男《←英語》ハイドロスピード [ボディボード式の川下り]
hidrostáticamente [idrɔstátikaménte] 副 流体静力学的に
hidrostático, ca [idrɔstátiko, ka] 形 流体静力学[の], 静水力学[の]
hidrotaxix [idrotá(k)si(k)s] 女《生物》水分走性
hidroteca [idrotéka] 女《動物》ヒドロ包
hidroterapia [idroterápja] 女 水(´¨)治療
hidroterápico, ca [idroterápiko, ka] 形 水治療法の
hidrotermal [idrotermál] 形《地質》熱水の; 温泉の: fuente ~ 熱水噴出孔
hidrotimetría [idrotimetría] 女 水の硬度測定
hidrotimétrico, ca [idrotimétriko, ka] 形 水の硬度測定の
hidrotórax [idrotóra(k)s] 男《医学》水胸症
hidrotropismo [idrotropísmo] 男《生物》水屈性, 屈水性
hidroxiácido [idro(k)sjáθiđo] 男《化学》ヒドロキシ酸
hidroxiapatita [idro(k)sjapatíta] 女《生化》ハイドロキシアパタイト
hidróxido [idró(k)siđo] 男《化学》水酸化物: ~ de sodio 水酸化ナトリウム
hidroxilión [idro(k)siljón] 男《化学》水酸化物イオン
hidroxilo [idro(k)sílo] 男《化学》水酸基, ヒドロキシル基
hidroximetilglutaril [idro(k)simetilglutaríl] 男《生化》~ coenzima A reductasa ヒドロキシメチルグルタリル・コエンザイム A, HMG-CoA
hidroxonio [idro(k)sónjo] 男《化学》水和イオン【=ion ~】
hidrozoario, ria [idroθoárjo, rja] 形 ヒドロ虫綱の
—— 男 複《動物》ヒドロ虫綱
hidrozoo [idroθóo] 形 ヒドロ虫類の
—— 男 複《動物》ヒドロ虫類
hidruro [idrúro] 男《化学》水素化物
hiedra [jéđra] 女《植物》セイヨウキヅタ [西洋木蔦], アイビー: ~ japonesa ツタ, ナツヅタ. ~ terrestre グレマ, カキドウシ
hiel [jél]《←ラテン語 fel, fellis》女 ❶ 胆汁 [=bilis]. ❷ 複 苦しさ, 悲痛【⇔mieles】: probar las ~es de la derrota 敗北の苦汁をなめる. ❸《植物》~ de la tierra ベニバナセンブリ【=centaura menor】
echar la ~ = *sudar la ~*
luna de ~【結婚生活の】倦怠期【⇔luna de miel】
no tener ~【性格が】素直な, おとなしい
sudar la ~ 血の汗を流す, 大変な苦労をする; 働きすぎる: Está sudando la ~ para acabar el trabajo en el plazo previsto. 彼は予定期限内に仕事を終えようと必死になっている

hielera [jeléra] 女 ❶《メキシコ, ニカラグア, コスタリカ, ベネズエラ, チリ, アルゼンチン, ウルグアイ》アイスペイル, 氷入れ. ❷《グアテマラ》冷蔵室. ❸《エルサルバドル》冷蔵庫【=nevera】
hielo [jélo]《←ラテン語 gelu》男 ❶ 氷: Se forma una capa de ~ en el estanque. 池に氷が張る. Hay ~ en las calzadas. 路面が凍結している. echar ~ en el zumo ジュースに氷を入れる. cubierto de [una capa de] ~ 氷の張った. frío como el ~ 氷のように冷たい. leche con ~ アイスミルク. ~ en barras 氷塊, 氷柱. ~ movedizo (flotante) 流氷. ~ picado 細かく砕いた氷, クラッシュアイス. ~ seco ドライアイス. ❷ [時に 複] 霜 [が降りること]【=helada】: Los ~s han acabado con la cosecha del campo. 霜で畑の作物がだめになってしまった. ❸【人間関係における】冷淡, 無関心: corazón de ~ 冷たい心. mirada de ~ 冷ややかな視線
dejar de ~ 呆然とさせる
hacer ~《ペルー》[人を]無視する; 村八分にする
quebrar el ~【口語】=**romper el ~**
quedarse de ~ 呆然する: Me quedé de ~ al oírle decir aquellas cosas. 私は彼がそんなことを言うのを聞いて唖然とした
romper el ~【口語】場の気まずさを解きほぐす, 座を打ち解けさせる: El profesor me ha invitado a tomar café amablemente para *romper el ~* del examen. 先生は試験の緊張をほぐすために, 親切にコーヒーをごちそうしてくれた
hiemal [jemál] 形《古》冬の【=invernal】
hiena [jéna]《←ラテン語 hyaena < ギリシア語 hyaina》女 ❶《動物》ハイエナ: ~ manchada ブチハイエナ. ~ parda カッショクハイエナ. ~ rayada シマハイエナ. ❷《軽蔑》残忍卑劣な人
hienda [jénda] 女 堆肥
hiénido, da [jéniđo, đa] 形 ハイエナ科の
—— 男 複《動物》ハイエナ科
hierático, ca [jerátiko, ka]《←ラテン語 hieraticus < ギリシア語 hieratikos「祭司の」》形 ❶【絵画などの人物の表情が】硬い, 厳しい, 感情を押し隠した: actitud ~ca 感情を殺した態度. ❷【主に古代の】聖職の, 祭司の. ❸ 聖美術の; 宗教美術の伝統様式に縛られた
hieratismo [jeratísmo] 男 伝統的様式性; 重々しさ, おごそかさ, 無表情さ
hierba [jérba]《←ラテン語 herba》女 ❶【時に 不可算】草: 1) Los animales se alimentan de las ~s del campo. 動物たちが草原の草を食べている. A mis hijos les gusta jugar en la ~. 私の息子たちは草の上で遊ぶのが好きだ. acostarse sobre la ~ 草の上に寝ころぶ. pañuelo de ~s 草花の模様のハンカチ. ~ artificial 人工芝. ~s medicinales 薬草. ❷《植物》1) 草本【⇔árbol】. 2) ~ artética ブタクサ【=consuelda menor】. ~ ballestera ~ de ballester クリスマスローズ. ~ belida ミヤマキンポウゲ. ~ buena =**hierbabuena**. ~ cana ノボロギク. ~ centella リュウキンカ. ~ de Guinea ヤマゴボウ科の一種【学名 Petiveria alliacea】. ~ de las golondrinas クサノオウ【=celidonia】. ~ de las siete sangrías ムラサキ科の一種【学名 Lithospermum fruticosum】. ~ de los gatos カノコソウ. ~ de San Antonio アカバナ【学名 Epilobium hirsutum】. ~ de San Cristóbal ルイヨウショウマ. ~ de San Gerardo エゾノジュム. ~ de San Juan セント・ジョーンズ・ワート【学名 Hypericum perforatum】. ~ de Santa María アレコスト, コストマリー. ~ de Santa María del Brasil/~ hormiguera アリタソウ【=epazote】. ~ de Santiago スティンキング・ウィリー【学名 senecio jacobaea】. ~ de Túnez カワラボウフウの一種【=servato】. ~ del ala オオグルマ【=helenio】. ~ del Paraguay マテチャノキ【=yerba mate】;《飲料》マテグリーン, パラグアイティー. ~ del pordiosero/~ de los lazarosos/~ de los pordioseros クレマチス. ~ doncella ツルニチニチソウ. ~ estrella/~ plantaginácea オオバコ科の一種【学名 Plantago coronopus】. ~ frailera ハマウツボ. ~ giganta ハアザミ. ~ jabonera サボンソウ. ~ lechera ヒメハギ科マルバノキバナノヒメハギ. ~ luisa =**hierbaluisa**. ~ melera マメ科の一種【学名 Ononis natrix】. ~ meona トウダイグサ科の一種【学名 Euphorbia serpens】. ~ mora イヌホオズキ. ~ pastel ハマタイセイ, ホソバタイセイ. ~ piojera サンチトリーナ, ワタスギギク. ~ rosario《ペルー》トリコイビルイビル【=tamarindillo】. ~ velluda キンポウゲの一種【学名 Ranunculus bulbosus】. ❸【集合】牧草: Cada mañana mis ovejas salen al campo a comer ~. 毎朝私の羊が牧

草を食べに野原に出て行く. ❹［牛・馬などの］年齢: Esta vaca tiene dos ~s. この雌牛は2歳だ. potro de una ~ (dos ~s) 1(2)歳馬. ❺《料理》圈 ハーブ: a las ~s 香草風味の. finas ~s/~s finas 各種の香草を刻んだもの. 2) ~ de cuajo 牛乳を凝固させる野生アザミの花と毛. 3) アザミの花などを加えたチーズ. ❻修道院でつくられた野薬. ❼エメラルドのきず(くもり). ❽《俗語》マリファナ《=〈ベネズエラ〉~ maldita》: fumar ~ マリファナを吸う. ❾《サッカー》グラウンド: Los jugadores ya están sobre la ~. 選手たちはもうグラウンドに出ている. ❿《南米》1)《古語》マテ茶. 2) マテ茶飲料

como la[s] mala[s] ~[s]［不快な・害になるものについて］急速に: La envidia crece siempre *como la[s] mala[s] ~[s]*. ねたみの気持ちはすぐつのるものだ

de ~s《古語的》［スカーフの］粗布でプリント地の

en ~［麦などがまだ青く］未熟な時に: cegar el trigo *en ~* 麦を青田刈りする

haber pisado buena (mala) ~ 1) 物事がうまくいく(いかない). 2) 満足している(不満である); 機嫌がいい(悪い)

mala ~ 1)［主に 圈］雑草: quitar [las] *malas ~s* 雑草を取る. 2) 好ましくない人物, 嫌われ者: *Mala ~* nunca muere./*La mala ~*, presto crece.《諺》憎まれっ子世にはばかる. 3) ごろつき, ヤクザ

segar a+人 la ~ bajo los pies/segar la ~ bajo los pies de+人［計画をぶち壊しにするため］…に対し危険な手を使う

sentir crecer la ~ =*ver crecer la ~*

ver crecer la ~《口語》抜け目がない: Parece indiferente a lo que sucede a su alrededor, pero *ve crecer la ~*. 彼は自分の周囲で起こっていることには我関せずのように見えるが, 何でもよく見ている

[y] otras ~s《戯語》［ものを並べ立てて］後は省くが: Nos hablamos de política, deportes, cosas de familia *y otras ~s*. 我々は政治, スポーツ, 家族のことやその他諸々について語り合った

hierbabuena [jɛrbaβwéna] 囡《植物》ハッカ《=menta》
hierbajo [jerβáxo] 男《軽蔑》草《
hierbal [jerβál] 男《チリ》草むら; 牧草地
hierbaloca [jerbalóka] 囡《植物》ヒヨス《=beleño》
hierbaluisa [jerbalwísa] 囡《植物》ボウシュバク(防臭木)
hierbasana [jerβasána] 囡 =hierbabuena
hierbatero, ra [jerβatéro, ra] 图 ❶《メキシコ》薬草で治療する人. ❷《チリ》薬草採取・販売者
hierbazal [jerβaθál] 男 =herbazal
hierbecilla [jerbeθíʎa] 囡 hierba の示小語
hierbero, ra [jerβéro, ra] 图《メキシコ》薬草採取・販売者
hiero [jéro] 男 =yero
hieródulo, la [jeróðulo, la] 图《古代ギリシア》神殿に仕える奴隷; 神殿専属娼婦
hierofanía [jerofanía] 囡《宗教》聖体顕現
hierofanta [jerofánta] 囡 =hierofante
hierofante [jerofánte] 男《古代ギリシア》［特にエレウシス Eleusina の］秘儀の祭司; 秘儀の解説者
hieroscopia [jeroskópja] 囡 腸卜《
hierosolimitano, na [jerosolimitáno, na] 形 =jerosolimitano
hieroterapia [jeroterápja] 囡 宗教的典礼による迷信的治療法
hierra [jéra] 囡《中南米》［家畜に］焼き印を押すこと; その時期; その祭り
hierre [jére] 男《中南米》=hierra
hierrillos [jéríʎos] 男《音楽》トライアングル《=triángulo》
hierro [jéro] 男《=ラテン語 ferrum》❶ 不可算 鉄: ~ barra de ~ 鉄の棒. ~ colado (fundido) 鋳鉄. ~ dulce 軟鉄. ~ en lingotes 銑鉄. ~ forjado 錬鉄. carencia de ~《医学》鉄分の不足. 2)《諺》Al ~ caliente, batir de repente. 鉄は熱いうちに打て. Quien (El que) a ~ mata, a ~ muere. 剣を使う者に死ぬ/良刈れ. ❷ 鉄片, 鉄部分; 鉄線, 鉄鋼. ❸《元素》鉄. ❹《ゴルフ》アイアン: ~ cinco 5番アイアン. ❺《医学》圈［手足・歯などの, 金属製の］矯正具. ❻ 闘牛用の牛の生産. ❼《ベネズエラ. 隠語》ピストル

agarrarse a (de) un ~ ardiendo［溺れる者は］わらをもつかむ

de ~ 頑強な; 頑固な: Mi padre es *de ~*. 私の父は大変丈夫だ. Es un cabeza *de ~*. 彼は頑固者(石頭)だ. manos *de ~* 強い腕, 腕力. moral *de ~* 鉄の意志. salud *de ~* 頑健さ

machacar (majar·martillar) en ~ frío［教育しようと］無駄な努力をする

quitar ~ 1)《西》[+a 深刻に受けとめられた発言・状況について] それほどのことはないと言う, 和らぐようにする: Quería *quitar ~ a* una posible protesta. 彼は起こり得る抗議を大きくしたくなかった. 2)《くわばらを唱える《=tocar madera》

Hierro [jéro]《人名》**José** ~ ホセ・イエロ《1922〜2002, スペインの詩人. 人間の愛愁を簡潔な表現で語り, 内的共感を喚起する詩風により社会派の詩人と評された. 後期の作品では写実の手法から離れ, 装飾的な詩語を駆使して人間の根源的な精神をうたいあげている》

hietógrafo [jetóɣrafo] 男 雨量図; 自記雨量計
hietograma [jetoɣráma] 囡 自記雨量計によって記される図形
hietómetro [jetómetro] 男 雨量計
hifa [ífa] 囡《生物》菌糸
hifoloma [ifolóma] 囡《植物》クリタケ
hifomicrobiales [ifomikroβjáles] 囡 圈《生物》出芽細菌目
hi-fi [xáifaj]《=英語》形 ハイファイの
higa [íɣa] 囡 ❶ 拳を握って親指を人差指と中指の間から出す軽蔑の仕草; [その形の] お守り. ❷《戯語》[una+. 否定の強調] Me importa una ~ que venga o no. 彼が来ようと来まいと私には全くどうでもいい
higadencia [iɣaðénθja] 囡《コスタリカ》無作法, 無礼
higadilla [iɣaðíʎa] 囡 ❶［主に 圈］鶏などの］レバー《=higadillo》.《ホンジュラス. 料理》臓物の煮込み
higadillo [iɣaðíʎo]《hígado の示小語》男 ❶［主に 圈］鶏などの］レバー. ❷《キューバ》［鶏などの家禽類の病気］肝臓肥大
hígado [íɣaðo] 男《=俗ラテン語 ficatum <ラテン語 (iecur) ficatum「イチジクを与えられた［肝臓］」》男《解剖》肝臓: mal de ~ 肝臓病. Lo que es bueno para el ~, no lo es para el bazo.《諺》あちらを立てれば, こちらが立たぬ. ❷《料理》肝(き), レバー: pasta de ~ レバーペースト. ❸《西》［主に 圈］勇気, 気力; 良心の呵責のなさ: tener ~s ガッツがある. ❹《戯語》revista del ~ ゴシップ雑誌《=revista del corazón》. ❺《植物》~ de buey カンゾウタケ《食用キノコ》

echar los ~s/echar el ~《口語》1) 大変努力する: Echó los ~s para sacar los escombros. 彼は瓦礫を取り除くため力をふりしぼった. 2) 仕事で体を壊す

hasta los ~s《口語》非常に強く: Estaba enamorada *hasta los ~s*. 彼女は激しい恋心を抱いていた

malos ~s 意地悪; 背徳的な性格

patear el ~《南米. 口語》非常に具合が悪くなる

ser un ~《口語》嫌な奴である, 悩みの種である

higadón [iɣaðón] 男《コロンビア》[鳥の急性の病気] とさかの異常な肥大
higadoso, sa [iɣaðóso, sa] 形 ❶《メキシコ, コスタリカ》わずらわしい, 迷惑な. ❷《中米》ばかな, 愚かな
—— 男《中米》すりこぎ
high life [xáj láif]《=英語》囡［気取った］金持ち階級;《古語的》上流階級
Higia [íxja]《ギリシア神話》ヒュゲイア《健康の女神》
higiene [ixjéne]《=ギリシア語 hygienon「健康」》囡 衛生: ~ mental 精神衛生. ~ de una piscina プールの衛生状態. ~ en el trabajo 労働衛生. ~ íntima 対人保健, 性器系の衛生. ~ oral 口腔衛生. ~ personal 個人衛生, 衛生意識. ❷ 衛生学, 保健学
higiénicamente [ixjénikaménte] 副 衛生的に, 衛生上
higiénico, ca [ixjéniko, ka]《=higiene》形 衛生的な: Esta cocina es poco ~*ca*. この台所は衛生的でない
higienista [ixjenísta] 形 图 衛生学の; 衛生士: ~ dental 歯科衛生士
higienización [ixjeniθaθjón] 囡 衛生的にすること
higienizar [ixjeniθár] 他 衛生的にする: ~ los establecimientos públicos 公共施設を衛生的に管理する.《アルゼンチン, ウルグアイ. 文語》[病人の] 体を洗う
—— *se* 再《アルゼンチン, ウルグアイ. 文語》体を洗う
higo [íɣo] 男《=ラテン語 ficus》❶《果実》1) イチジク: ~ doñegal (boñigar·doñigal) 実が大型で赤いイチジク. 2)《コロンビア》ノパルサボテンの実. ❷《西》[un+. 否定の強調] importar a+人

un ~/no darse a+人 un ~《軽蔑》…にとって全く問題でない. no dar un ~ por... …を全く信用しない
de ~s a brevas《口語》まれに: Nos vemos de ~s a brevas. 私たちはたまにしか会えない
hecho un ~《西. 口語》[布などが] しわだらけの, 傷んだ: Dobló mal el jersey y ahora está hecho un ~. 彼はセーターをきちんと畳まなかったのですっかりしわくちゃになっている

higro-《接頭辞》[湿気] higrómetro 湿度計
higrófilo, la [iɣrófilo, la] 形《植物》湿地を好む, 好湿性の
higrófito, ta [iɣrófito, ta] 形《植物》湿生植物〔の〕
higrofobia [iɣrofóbja] 女 液体 (水分・湿気) 恐怖症
higrófobo, ba [iɣrófobo, ba] 形《植物》嫌湿性の
higróforo [iɣrófoɾo] 男《植物》《食用のキノコ》
higrógrafo [iɣróɣɾafo] 男 自記湿度計
higrología [iɣɾoloxía] 女 湿度学
higroma [iɣróma] 女《医学》滑液嚢水腫
higrometría [iɣɾometría] 女 湿度測定〔法〕
higrométrico, ca [iɣɾométɾiko, ka] 形 湿度測定の; 吸湿性の
higrómetro [iɣrómetro] 男 湿度計
higroscopia [iɣɾoskópja] 女 =**higrometría**
higroscopicidad [iɣɾoskopiθiðáð] 女 吸湿性
higroscópico, ca [iɣɾoskópiko, ka] 形 吸湿性の
higroscopio [iɣɾoskópjo] 男 検湿器
higrostato [iɣɾostáto] 男 恒湿器, 調湿器
higuana [iɣwána] 女 =**iguana**
higuela [iɣéla] 女 猟師 podenquero が獲物にとどめをさすのに用いる刃物
higüela [iɣwéla] 女 =**higuela**
higuera [iɣéɾa] 女〖=higo〗《植物》❶ イチジク〖=~ breval〗. ❷ ~ chumba/~ de agua/~ de la India/~ de pala/~ de tuna ヒラウチワサボテン. ~ del diablo/~ del infierno/~ infernal ヒマ, トウゴマ. ~ loca ヨウジュエンアサガオ; エジプトイチジク, イチジクグワ. ~ falsa エジプトイチジク, イチジクグワ
en la ~《口語》うわのそらの, 放心している: Estaba en la ~ y no me he enterado. 私はぼんやりしていて分からなかった
higüera [iɣwéɾa] 女 ❶《古語; カリブ》ヒョウタン製の容器. ❷《プエルトリコ. 卑語》頭
higueral [iɣeɾál] 男 イチジク畑
higuerero [iɣeɾéɾo] 男《地方語》イチジクを食べる小鳥
higuereta [iɣeɾéta] 女《植物》ヒマ〖=ricino〗
higuerilla [iɣeɾíʎa] 女《植物》ヒマ〖=ricino〗
higüero [iɣwéɾo] 男《植物》ヒョウタンノキ〖=güira〗
higuerón [iɣeɾón] 男《植物》クワの一種《材木用. 学名 Ficus citrifolia》
higuerote [iɣeɾóte] 男 =**higuerón**
higueruela [iɣeɾwéla] 女《植物》ヒユの一種《学名 Psoralea bituminosa》
higüí [iɣí] 男 al ~ [カーニバルの楽しみの一つで] 空中に投げられた干しイチジクを子供たちが口でキャッチする
higuillo [iɣíʎo] 男《ドミニカ, プエルトリコ》=**jiguillo**
hi-hat [xi xát] 男《音楽》ハイハットシンバル
hijadalgo [ixaðálɣo] 女〖hijasdalgo〗《古語》=**hidalga**
hijaputa [ixxapúta] 女《俗語》このあま〖=hija de puta〗
hijar [ixáɾ] 男《アルゼンチン. 古語》ガウチョの用いる革製の雨具
hijastro, tra [ixástro, tɾa]〖←ラテン語 filiaster, -tri < filius「息子」〗 名 義理の子, 継子: Él es ~ de la segunda mujer del padre. 彼は父親の後妻にとって義理の息子になる
hijato [ixáto] 男 芽, 新芽
hijear [ixeáɾ] 自《メキシコ. 口語》芽が出る
hijillo [ixíʎo] 男《ホンジュラス》死臭
hijío [ixío] 男《ホンジュラス》=**hijillo**
hijior [ixjóɾ] 男《ホンジュラス》=**hijillo**
hijito [ixíto]〖hijo の示小語〗男《親愛》坊や
hijo, ja [íxo, xa]〖←ラテン語 filius〗名 ❶ [人間・動物の] 子, 息子, 娘: 1) Tenemos una hija y dos ~s. 私たちには娘が1人と息子が2人いる. No tiene ~. 彼には子供がいない. El mes pasado tuvieron un ~. 先月彼らに男の子が生まれた. El matrimonio no ha podido tener ~. その夫婦には子供ができなかった. matrimonio sin ~. 子供のない夫婦. el ~ mayor 長男. el segundo ~ 次男. el ~ menor 末っ子. el ~ único 一人っ子. 2)《諺, 成句》Al hombre venturero la hija le nace primero. 初めての子が女の子なら父親は果報者. Cada uno es ~ de sus obras. 人の値打ちは氏素性よりも日ごろの行ないで決まる/順境・逆境のいずれにしてもそれは自分の行動が招いたことだ. H~ envidiador, no nazca en casa. 賭け金をつり上げるような子など我が家に生まれてくるな. Mi hija hermosa, el lunes a Toro y el martes a Zamora. [女性が遊び好きで, ほっつき歩いて] 神出鬼没である. ¿Tenemos ~, o hija? ことの結果は良かったか悪かったか? Todos somos ~s de Adán. [氏素性は関係なく本来] 人はみな平等である. Todos somos ~s de Dios. 我々はみな神の子である/人はみな平等である. 3)《同名の親子を区別して》José González, ~ ホセ・ゴンサレス, ジュニア. 4) 舅・姑が息子の嫁・娘の婿に対して使う呼びかけ. ❷《カトリック》1) [H~. 三位一体の第二位としての] 子, イエス・キリスト〖=H~ de Dios, Dios H~, Dios H~ del hombre〗. 2) 修道士, 修道女; 信徒: ~s de San Ignacio イエズス会修道士. hija de la Caridad 愛徳修道会修道女〖=hermana de la Caridad〗. hija de María 聖母マリア単式誓願修道会の Hijas de María の修道女. ❸ [町・村などの] 出身者: Picasso era ~ de Málaga. ピカソはマラガの出身である. H~s de la patria están luchando por la libertad. 祖国の継承者たちが自由のために戦っている. ❹《文語》[主義主張などの] 継承者: ~s de la democracia 民主主義の申し子. Algunos ~s de las revueltas de los años 68 y 69 del siglo XX ocuparon después cargos importantes en la sociedad. 1968, 69年暴動の参加者のその後, 社会で重要な地位についた. ❺ 所産, 作品《名詞を受けて性数一致する》: Esas historias son hijas de su fantasía. その話は彼の空想の産物である. La osadía es hija de la ignorancia. 厚顔は無知の子である. Al manzano le empiezan a brotar ~s. リンゴの木に花が開き始めた. ❻《親愛, 軽蔑》[主に女性が年下・目下の人に対して使う親愛の呼びかけ. 時に怒り]¿Me das otra sopa, tía Pilar? —Lo siento, ~, se me ha acabado. ピラル叔母さん, スープのお代わりをくれない? —まあ, 悪いわね, 坊や, もうなくなってしまったわ. Por Dios, ~, no seas tan tonto. お願いだから, おまえ, そんなばかなことをしないで. ❼《宗教》[上位の聖職者が下位の聖職者に対して使う呼びかけ] 息子, 娘
—— 男 ❶《複》子孫: Todos tenemos que luchar por que nuestros ~s puedan vivir en un mundo mucho mejor. 我々の子孫がよりよい世界に暮らせるようにがんばらねばならない. ❷ 新芽, 若芽: En la maceta hay una planta que está echando un ~. 植木鉢には新芽をつけ始めている木が植わっている
—— 間《メキシコ. 口語》くそっ!
buscar un ~ prieto en Salamanca [人・物について] 共通した特徴を持つものを探す
cada (cualquier) ~ de vecino《口語》おのおの, めいめい, 各人
hacer un ~ 子供を作る
~ de algo 郷士〖=hidalgo〗
~ de confesión 1)《習慣的な》告解者. 2) 私生児
~ de familia《口語》御曹司; [成人したが] 結婚せずに両親の家にいる子. ❷《軽蔑》= **de papá**
H~ de gato caza ratón.《ベネズエラ. 口語》=**H~ de tigre sale pintado.**
~ de la Gran Bretaña《軽蔑》1) イギリス人. 2)《婉曲》= **~ de puta**
~ de la chingada《メキシコ, 中米. 卑語》=**~ de puta**
~ de la cuna 捨て子
~ de la guayaba (la mañana·la pelona)《中米. 卑語》= **~ de puta**
~ de la tierra 孤児
~ de leche 乳母の育てた子
¡H~ de mi alma! 我が子よ!
~ de mi madre (padre)《口語》[el+] 私, 自分
~ de papá《軽蔑》[金持ちの] お坊ちゃん, どら息子, 親の七光を受けた子
~ de perra《卑語》= **~ de puta**
~ de puta《卑語》1)《ののしり》この野郎, こんちくしょうめ, くそったれ. 2) 見下げはてた奴: Ya me las pagará el ~ de puta. あの悪党め, こっぴどい目にあわせてやるからな
~ de su (tu) madre 1) 母親そっくりの子: En eso eres ~ de tu madre. その点では父さんにそっくりだ. 2)《卑語》= **~ de puta**: ¡La hija de su madre! ¡Cómo se atreve a hablarme así! 何という女だ! よくも私にあんな口がきけるものだ! No me gusta lo que hizo el ~ de su madre. 私はあの

~ de su (tu) padre 1)《婉曲》=**~ de puta**. 2) 父親そっくりの子: Es ~ *de su padre*. この父にしてこの子ありだ
H~ de tigre sale pintado.《中南米. 口語》親も親なら子も子だ
~ de vecino 1) [cada・cualquier・todo+. 思い・願い・行動などが他の人と変わらない] 普通の人: Yo también quiero vivir bien, como cada ~ *de vecino*. 私も他の人と同じように、まっとうな暮らしがしたいのだ. 2) その土地の人
~ del agua 泳ぎの上手な人
~ del diablo いたずらな子
~ del maíz《中米. 単語》=**~ de puta**
~ espiritual 信者
~ habido en buena guerra 婚外子
~ predilecto 名誉市民: La tenista es *hija predilecta* de su pueblo. そのテニスプレイヤーは彼女の生まれた町の名誉市民である
~ puta =**~ de puta**
~s de muchas (tantas) madres [集団を構成する人々について、その性癖は] 各人各様
llevar un ~ en las entrañas [女性が] 妊娠している
vicios ~s del ocio 怠惰がもたらす悪癖

hijodalgo [ixoðálgo]《男》《複》hijosdalgo.《女》hijadalgo)《古語》=**hidalgo**
híjole [íxole]《間》《メキシコ, 中米, ボリビア》《感嘆》おお!
hijoputa [ixopúta]《男》《複 hijaputa)《俗語》くそったれ《=hijo de puta》
hijoputada [ixoputáða]《女》《俗語》くそったれ hijo de puta 特有の言行
hijoputesco, ca [ixoputésko, ka]《形》《俗語》くそったれ hijo de puta に特有の
hijoputez [ixopúteθ]《女》《俗語》=**hijoputada**
hijuela [ixwéla]《←ラテン語 filia》《女》❶ 付属 (従属) しているもの; 支所, 支局. ❷ 支道, 枝道《運河の》支流. ❸《裁縫》[ゆとりをとるために継ぎ足す] まち. ❹ [相続の] 財産目録;《集合》相続財産. ❺《カトリック》聖体布, 聖餅布. ❻《コスタリカ, アンデス》[支所的な] 農場
empeñar (dejarse) la ~ びた一文残さず使う
hijuelación [ixwelaθjón]《女》《チリ》大農場を小地に分けること
hijuelar [ixwelár]《他》《チリ》大農場を小地に分ける; [地所を] 区分けする
hijuelero [ixweléro]《男》《まれ》郵便配達人《=peatón》
hijuelo [ixwélo]《男》❶ 若枝. ❷ 枝.《コロンビア》小道, 脇道
hijuemil [ixwemíl]《コロンビア》多くの, たくさんの
hijueputa [ixwepúta]《名》《中南米. 卑語, 軽蔑》くそやろう, このあま
hijuna [ixúna]《女》《チリ. 俗語》私生児
—— 《間》《中南米》この人でなし, こんちくしょうめ!
hila [íla]《←ラテン語 filia》《女》❶《古語的》[傷口の治療に使われる] 古布から取られた繊維. ❷ 列, 並び. ❸《de agua 灌漑用水路の1掌尺 palmo 平方の取入口から引かれる水量. ~ real de agua その2倍の水量. ❹ 小腸. ❺ 糸に紡ぐこと, 紡糸
a la ~ 次々と
ir a la ~《ベネズエラ》失敗する
hilacata [ilakáta]《男》《ペルー, ボリビア》先住民集落の長
hilacha [ilátʃa]《←hilaza》《女》《軽蔑》❶ [布から] ほつれた糸, 糸屑: Se quitó las ~s a la falda. 彼女はスカートのほつれ糸を取った. ❷ [主に《複》] 残り, 残存物: La tarea está casi hecha; solo faltan ~s por ultimar. 仕事はもうほとんど終わっている, 後は最後の手を入れるだけだ. ❸ [主に《複》] 少量の糸. ❹ ~ de vidrio スパンガラス, 繊維ガラス. ❺《メキシコ》《複》《グアテマラ. 料理》《複》肉の煮込み. ❻《メキシコ》《複》古着;《メキシコ》《複》《アルゼンチン》《俗語》《複》《アルゼンチン》衣類
dar vuelo a la ~《メキシコ, アルゼンチン, ウルグアイ》反乱を起こす
mostrar la ~《チリ, アルゼンチン, ウルグアイ》旗織を鮮明にする; しっぽを出す
parado en la ~《チリ. 口語》生意気な
hilachento, ta [ilatʃénto, ta]《形》《コロンビア, チリ》《服で》ぼろぼろの; =**hilachoso**
hilacho [ilátʃo]《男》❶《軽蔑》糸屑《=hilacha》. ❷《複》古着; ぼろ
dar vuelo al ~《メキシコ. 口語》乱世を引き起こす
hilachoso, sa [ilatʃóso, sa]《形》ほつれ (糸屑) の多い
hilachudo, da [ilatʃúðo, ða]《形》《メキシコ》《服》ぼろぼろの

hilada[1] [iláða]《←hilo》《女》❶ [人・物の] 連なり, 列《=hilera》: una ~ de ladrillos 1列の煉瓦. ❷《チリ, ラプラタ》[煉瓦などを積む時の] 水平を見る糸
hiladillo [ilaðíʎo]《男》❶ [主に木綿製・絹の節糸製の, 主に布靴を結ぶ・折り返しを留める] 細いリボン. ❷《絹》の節糸《紡》
hiladizo, za [ilaðíθo, θa]《形》糸に紡がれ得る
hilado [iláðo]《←hilar》《男》❶ [主に《複》] 糸, 原糸: ~s y tejidos de algodón 綿糸と綿織物. ❷ 糸に紡ぐこと, 紡糸: fábrica de ~ a máquina 機械紡績
hilador, ra [ilaðór, ra]《形》《名》❶ 紡ぐ《人》: ~ra de la vida《ローマ神話》=**hilandera**[1]. ❷ 紡績工
—— 《女》紡績機《=máquina ~a》
hilandera [ilandéra]《←hilandero, ra》《女》《ローマ神話》[la+] 命の糸を紡ぐ女神《クロト Cloto のこと》
hilandería [ilandería]《女》❶ 紡績《職業, 技術》. ❷ 紡績工場
hilandero, ra[2] [ilandéro, ra]《形》《名》糸を紡ぐ人, 紡績工; 紡績業者
—— 《男》❶《まれ》紡績工場. ❷《地方語》毛虫《=arañuelo》
hilani [iláni]《男》《美術》《アッシリア》柱のある小廟
hilanza [ilánθa]《女》❶《まれ》糸に紡ぐこと. ❷ 撚り糸《=hilado》
hilar [ilár]《←ラテン語 filare》《他》❶ 紡ぐ: ~ algodón y hace hilado 綿を紡いで糸を作る. máquina de ~ 紡績機. ❷《クモ・カイコが》糸を》吐く; [巣・繭を] 作る: Una araña *hila* las telas entre ramas. クモが木の枝に巣を作っている. El gusano de seda está *hilando* el capullo. カイコが繭を作っている. ❸ [論理的に] 関連づける, つなぎ合わせる: *Hilen* ustedes esta frase con una palabra del texto para solucionar este enigma. この語句と文中のある単語を関連づけて, 謎を解いてください. ❹《まれ》[糸から綯うように] 作る, 織る.《中南米》1) ~ tabaco 噛みたばこを糸 (紐) 状にする. 2) 紐で測る
hilaracha [ilarátʃa]《まれ》ほつれた糸, 糸屑《=hilacha》
hilarante [ilaránte]《←hilaridad》《形》《文語》哄笑を誘う: escena ~ 爆笑場面. gas ~ 笑気《ガス》
hilaridad [ilariðáð]《←ラテン語 hilaritas, -atis》《女》[主に大勢の人の] 哄笑, 爆笑: provocar la ~ del público 観客をどっと笑わせる
hilatura [ilatúra]《女》❶ 紡績, 製糸《技術, 行為》. ❷ [主に《複》] 紡績工場, 製糸工場. ❸ 紡績業. ❹ 糸, 原糸《=hilado》
hilaza [iláθa]《←hilo》《女》❶ [主に太い・質の悪い] 糸, 原糸. ❷ [麻・亜麻の, 糸に紡ぐ前の] 繊維. ❸ [包帯用の] 綿撒糸. ❹ [人の] 性格
descubrir (mostrar) la ~ 本性をかいま見せる, 欠点を露呈する
hilemórfico, ca [ilemórfiko, ka]《形》質料形相論的な
hilemorfismo [ilemorfísmo]《男》《哲学》質料形相論
hilemorfista [ilemorfísta]《形》質料形相論の
hilera [iléra]《←hilo》《女》❶ [人・物の] 連なり, 連続, 列: Es una avenida que tiene ~ de árboles a ambos lados. それは両側が並木になっている大通りだ. colocarse en ~ de cuatro 4列縦隊に並ぶ. ~ de casas 家並び. ~ de coches 車列. ❷ [針金製造用の] ダイス板, 絞りリング. ❸《建築》棟木. ❹《複》《クモの》出糸;《動物》紡績突起. ❺ 細い糸. ❻《軍事》縦列, 縦隊. ❼《アラゴン》紡錘の螺旋穴
hilerador, ra [ileraðór, ra]《形》《農業》並べる《人》, 置く《人》
hilerar [ilerár]《他》《農業》[収穫物などを] 並べる, 置く
hilero [iléro]《男》流れが水面に作る跡, 水紋
hilezoísmo [ileθoísmo]《男》=**hilozoísmo**
hiliar [iljár]《形》《解剖》門 hilio の
hílico, ca [íliko, ka]《形》《哲学》物質 material の
hilio [íljo]《男》《解剖》[血管・神経などの出入りする] 門
hilo [ílo]《←ラテン語 filum》《男》❶ 糸: 1) Le colgaba un ~ del bajo de la falda. 彼女のスカートの裾から糸が垂れていた. Para coser las aplicaciones, ella sacó ~ y aguja. アップリケを縫い付けるために彼女は糸と針を取り出した. coser botones con ~ ボタンを糸で縫い付ける. coser con ~ sencillo (doble) 1本(2本)の糸で縫う. ~ de algodón 木綿糸. ~ de cajas っけ糸. ~ de cartas 麻糸. ~ de coser 縫い糸. ~ de monjas 細糸. ~ de velas/~ volatín《船舶》帆縫糸. ~ flameado スラブヤーン, 雲糸. ~ mezcla 混色の糸. ~ primo《靴用の》白い極細糸. 2)《諺, 成句》El ~ se rompe por lo más delgado. 糸は一番細いところから切れる. Por el ~ se saca el ovillo. 一を聞いて十を知る/事の一端から全体が分か

ってしまう. ❷ 亜麻布, リネン, リンネル; 亜麻糸: de ～ y algodón 亜麻と綿の混紡の. mantel de ～ リネンのテーブルクロス. pañuelo de ～ 亜麻布のハンカチ. ❸ [クモ・蚕に] 糸: ～ de la araña クモの糸. ❹ 針金, ワイヤー; [電気,電話] 線: ～ de cobre 銅線. ～ de teléfono／ telefónico 電話線. ～ de tierra アース線. ～ eléctrico 電線. ～ musical《西》音楽の有線放送. ❺ [糸・紐に通した一連のもの] un ～ de cuentas 数珠一連. ～ de perlas 真珠の首飾り; 紐に通した真珠. ～ de uvas 吊って干されたブドウ. ❻ [水などの細い] 流れ; [光線の] すじ;《比喩》つながるもの: Sigue saliendo un ～ de agua del grifo. 蛇口から水がチョロチョロ流れ続けている. De la nariz le sale un ～ de sangre. 彼は鼻血が出ている. Tan solo se veía un ～ de luz en el suelo. 一条の光が床に見えるだけだった. Se quebró el ～ de su amor. 彼らの愛の糸が切れた. un ～ de esperanza 一縷(いちる)の望み. ❼ [話・論理・行動・考えなどの] 流れ, 筋道, 脈絡: seguir el ～ de sus palabras 話の流れについていく. ～ argumental de la novela 小説の筋の運び. ❽ 列, 並び《=hilera》. ❾ [主に 複] 影響. ❿ [サヤインゲンなどの] 刃《=filo》. ⓫《メキシコ》tela de ～ 麻布
a ～ 1) 布目(木目)に沿って《=al ～》. 2) 途切れずに, 続けて; 平行して
al ～ 1) 布目(木目)に沿って; [肉などの] 繊維の方向に: cortar una falda *al* ～ [バイアスでなく] スカートをまっすぐに裁つ. 2)《メキシコ, チリ, アルゼンチン, ウルグアイ. 口語》続けて; 一つずつ: El equipo ganó cinco partidos *al* ～. そのチームは5連勝した. Contó tres anécdotas de su viaje *al* ～. 彼は自分の旅行の話を3つ続けて語った. 3)《メキシコ》正確に, とても上手に
al ～ **de...**...に関して
al ～ **del viento**《狩猟》風に乗って
andar al ～ **de la gente** 人の流れに沿って行く
coger el ～ **de...** [話などの] 筋道をつかむ, 理解する: Llegué tarde y no *cogí* bien el ～ de la discusión. 私は遅刻して, 議論の筋道がつかめなかった
colgar (estar colgado) de un ～ =pender de un ～
cortar el ～ **de la conversación (del discurso)** 話をさえぎる, 話を横道にそらせる
cortarse el ～《西》電話が切れる
de ～ 1) まっすぐに; ぐずぐずせずに, ためらわずに. 2) papel *de* ～ ぼろ布から作る高級紙
de un ～《メキシコ》続けざまに, 途切れることなく
estar cosido con ～ **blanco** [物が] 調和しない
estar hecho un ～ やせ細っている
hacer ～《闘牛》[牛がカパ capa に気をそらすことなく, +a・con 闘牛士に] 追いかける
~ a ～ [流れが] ゆっくりと途切れなく
~ conductor 1) 導線. 2) [迷路を脱する] 導きの糸. 3) [小説の] あら筋, テーマ: El ～ *conductor* de esta historia es el maltrato infantil. 物語のテーマは児童虐待である
~ de corriente《物理》極細電
~ de la muerte 人生の終焉: al ～ *de la muerte* 死に臨んで
~ de la vida 人生, 一生, 余命: cortar el ～ *de la vida* 人の命脈を絶つ, 殺す
~ de medianoche 夜の12時ちょうどに: Llegamos a casa al ～ *de la medianoche*. 私たちは夜の12時ちょうどに着いた
~ de oro《美容整形手術の術式》金の糸
~ de voz か細い声: pedir agua con un ～ *de voz* か細い声で水を下さいと頼む
~ del mediodía 昼の12時ちょうどに
~ directo《西. 電話など》[会話について] 直接, 直通
irse el (tras el) ～ **de la gente** 大勢に従う, 世間に順応する
la vida en un ～/**la vida pendiente de un** ～ 風前の灯の命
llevar ～《口語》[人が] 中断せずに長々と話し続ける; [事が] ずっと続く
mantener al ～《口語》連絡を絶やさない; 情報を提供し続ける: Le *mantendré al* ～ durante todo el tiempo que usted esté en España. あなたがスペインに行っていらっしゃる間, ずっと連絡を取り続けます
mover los ~s 陰で糸を引く, 黒幕となる: Los agentes de la Secreta hacen esta oscura tarea de *mover los ~s* desde la sombra. 秘密警察の係官たちは秘かにこの裏の黒幕的な仕事をしている
no mover un ～ **de la ropa**《まれ》微動だにしない
no tocar a+人 **un** ～ **de la ropa**《口語》[主に脅し文句で] …に危害を加えない, 髪の毛一本傷つけない
pasar ~s《服飾》仮縫いする, しつけを掛ける
pender (estar pendiente) de un ～ 非常に危険な状態にある: Su vida *pendía* de un ～. 彼の命は風前のともしびだった
perder el ～ 話の筋が分からなくなる; わけが分からなくなる
quebrar el ～ [流れを] 中断する
seguir el ～ [言っていた・していたことを] そのまま続ける
tomar el ～ 中断していた話などを再開する
vivir al ～ **del mundo**《口語》世の中の動きに流される

hilogénesis [ilo̟xénesis]《哲学》物質の起源
hilomorfismo [ilomo̟rfismo]《哲学》=**hilemorfismo**
hilóquero [iló̟kero]《動物》モリイノシシ
hilota [iló̟ta]《 =ilota
hilozoísmo [ilo̟θoísmo]《哲学》物活論
hilván [ilbán]《 ←hilo vano]《裁縫》❶ しつけ, 仮縫い, 組立て; しつけの目; しつけ糸: quitar los *hilvanes* de la falda スカートのしつけ糸を抜く. ❷《カリブ, ベネズエラ》ヘム. ❸《チリ, アルゼンチン, ウルグアイ》綴じ糸
hilvanado [ilbaná̟do]《 仮縫い, しつけ
hilvanar [ilbaná̟r]《 ←hilván》❶《裁縫》仮縫いする, 組立てる: La modista *hilvanó* el vestido y se lo probó al maniquí. デザイナーはドレスの仮縫いをしてマネキンに着せてみた. ❷ ざっと支度する: ～ el proyecto 計画の大筋を立てる. ❸ [語句などを] つぎはぎする, つなぎ合わせる: ～ todos los datos データをすべてつなぎ合わせる
himaláyico, ca [imalájiko, ka]《まれ》=**himalayo**
himalayo, ya [imalájo, ja]《地名》ヒマラヤ山脈 Himalaya の: gato ～ ヒマラヤン
himatión [imatjó̟n]《古代ギリシャ. 服飾》ヒマティオン《男女用の外衣の一種》
himen [ímen]《←ギリシャ語 hymen「膜」]《 腹 *hímenes*》《解剖》処女膜: desgarramiento del ～ 破瓜(はか)
himeneal [imeneál]《 処女膜の
himeneo [imenéo]《 [詩語] 婚姻《=boda》. ❷ 祝婚歌
himenial [imenjá̟l]《 子実層の
himenio [iménjo]《 《植物》[菌類の] 子実層
himenogastrales [imenogastráles]《 複 《植物》同担子菌類
himenomicetes [imenomiθétes]《 複 《植物》菌蕈(きんじん)亜門
himenóptero, ra [imenó[p]tero, ra]《 膜翅類の — 《 複 《昆虫》膜翅類
himnario [imnárjo]《 賛美歌集
hímnico, ca [ímniko, ka]《 賛美歌の, 賛美歌のような
himno [ímno]《←ラテン語 hymnus←ギリシャ語 hymnos]《 ❶ [祝典などで歌われる] 歌, 讃歌;《スポーツ》応援歌: ～ a la naturaleza 大自然への讃歌. ～ de la escuela 校歌. ～ nacional 国歌. ❷ [英雄などを讃える] 頌詩(しょうし). ❸《宗教》賛美歌
himnodia [imnó̟dja]《 典礼で歌われる歌
himnódico, ca [imnó̟diko, ka]《 himnodia の
himnólogo, ga [imnó̟logo, ga]《 《まれ》 himno の作曲家
himpar [impár]《 自 》《まれ》[しゃくり] しゃくり上げる
himplar [implár]《 自 》《まれ》=**himpar**
hinayaniano, na [xinajanjáno, na]《 小乗仏教の [信者]
hinca [ínka]《 《まれ》[杭などの] 打ち込み
hincada [inká̟da]《 ❶《カリブ》❶ 突き立てること《=hincadura》. 2) 刺すような痛み, 鋭い痛み. ❷《エクアドル, チリ》[うやうやしく] ひざまずくこと
hincado [inká̟do]《 [杭などの] 打ち込まれた
hincadura [inkadúra]《 突き立てること
hincapié [inkapjé]《←hincar+pie》《 **hacer** ～ 1) [+en を] 強調する, 強く言い含める, 言い張る: *Hizo* ～ en que teníamos que ser más diligentes. 私たちにもっと勤勉でなくてはならないと彼は強調した. [+en que+接続法] *Hizo* ～ en que volviéramos antes de anochecer. 日暮れ前に戻るようにと彼は念を押した. 2) しっかりと立つ
hincar [inkár]《←俗ラテン語 figicare < ラテン語 figere「固定する」》《 他 》❶ [+en に] 打ち込む, 突き立てる: ～ una estaca *en* el suelo 地面に杭を打つ. ～ un clavo *en* la pared 壁に釘を打

つ. ❷［体を］しっかりと支える: ～ los pies *en* el suelo 足を踏んばる

～la《口語》働く《＝trabajar》

── **～se** ❶［自分の体に］*Se me ha hincado* una espina *en* el dedo. 私は指にとげが刺さった. ❷ 突き刺さる. ❸ ひざまずく《＝～*se* de rodillas》: El sacerdote *se hincó* ante el altar. 司祭は祭壇の前にひざまずいた

hincha [íntʃa]《←hinchar》图 ❶ ［チーム・選手などの熱狂的な］ファン, サポーター: Es un ～ del Real Madrid. 彼はレアルマドリードの熱狂的なファンだ. ❷《ラプラタ》まわりに迷惑をかける［人］

── ～《口語》［人への］嫌悪感, 敵意

tener［**una**］～ *a*＋人《口語》…を嫌っている: Me *tiene una* ～ que no me puede ver. 彼は私をめちゃめちゃ嫌っている

hinchable [intʃáble] 形 ふくらまされ得る: flotador ～ 浮き袋

hinchabolas [intʃabólas] 形 图《単複同形》《ラプラタ. 卑語》まわりに迷惑をかける［人］

hinchada¹ [intʃáda]《←hincha》女 集合 ［主にプロサッカーチームの］ファン, 応援団

hinchadamente [intʃádaménte] 副 ❶ うぬぼれて, 思い上がって. ❷ 誇張して

hinchado, da² [intʃádo, da] 形《西》❶ うぬぼれた, 思い上がった. ❷ 誇張した: lenguaje ～ 大げさな（気取った）言葉づかい

── 男 ふくらますこと

hinchador [intʃaðór] 男 ❶ 空気入れ《＝～ de ruedas》. ❷《植物》ウルシの一種《学名 Rhus juglandifolia》. ❸《チリ, アルゼンチン, ウルグアイ》わずらわしい人, 邪魔者

hinchahuevos [intʃawéβos] 男《単複同形》《チリ, アルゼンチン, ウルグアイ》わずらわしい人, 邪魔者《卑語》

hinchamiento [intʃamjénto] 男 ＝**hinchazón**

hinchapelotas [intʃapelótas] 图《単複同形》《ラプラタ. 卑語》まわりに迷惑をかける［人］

hinchar [intʃár]《←ラテン語 inflare ＜ flare「吹く」》他《西》❶ ふくらます: ～ un balón ボールをふくらます. La hidropesía *hincha* el cuerpo. 水腫は体を腫れ上がらせる. La lluvia torrencial *hinchó* el río. 豪雨で川が増水した. ❷ 誇張する: ～ una narración 話をふくらます. ❸ 思い上がらせる, 高慢にする. ❹［内容を］水増しする

── 男《コロンビア, チリ, アルゼンチン, ウルグアイ. スポーツ》［＋por を］応援する, 声援をおくる. ❷《チリ, アルゼンチン. 俗語》不快にする, うんざりさせる, いやがらせする

── **～se** ❶ ふくらむ; 腫れる: *Se le ha hinchado* la rodilla. 彼に膝が腫れ上がった. cara *hinchada* むくんだ顔. ❷［川が］増水する. ❸《軽蔑》［＋con で］思い上がる: *Se hinchó con* sus éxitos. 彼は自分の成功に思い上がった. ❹《口語》たんまり稼ぐ. ❺《西. 口語》［＋de・con を］飽食する: *Me he hinchado de* pasteles. 私は嫌というほどケーキを食べた. 2)［＋a・de＋不定詞. 長時間］一所懸命…する, 飽きるほど…する: Esta semana *me voy* a ～ *a* trabajar. 今週は嫌になるほど働くつもりだ. ～*se de* reír 大笑いする. ❻《チリ, アルゼンチン. 俗語》不快になる, うんざりする

hinchazón [intʃaθón]《←hinchar》女 ❶ ふくらみ; 腫れ: ～ de un río 川の増水. ～ de las piernas 脚のむくみ. Baja la ～ 腫れが引く. ❷ 誇張. ❸ 思い上がり, 気取り

hinchonazo [intʃonáθo] 男《地方語》刺すこと

hinco [íŋko] 男 杭

hincón [iŋkón] 男 ❶［係船用のロープを結びつける］杭. ❷《ペルー》1)《口語》注射. 2)《隠喩》刀傷

hindi [índi]《←サンスクリット語》男 ヒンディー語

hindoestaní [indoestání] 形 ＝**indostanés**

hindú [indú]《←ペルシア語 hindu》形《魔》～［e］s》《俗用》インド［人］の, インド人《＝indio》: cocina ～ インド料理. música ～ インド音楽. ❷ ヒンズー教の, ヒンズー教徒《＝hinduista》: dios ～ Krishna ヒンズー教の神クリシュナ. religión ～ ヒンズー教

hinduismo [indwísmo] 男 ヒンズー教

hinduista [indwísta] 形 图 ヒンズー教の; ヒンズー教徒: religión ～ ヒンズー教

hindustani [industáni] 形 图《地名》＝**indostanés**

── ＝**indostani**

hiniesta [injésta] 女《植物》［ヒトツバ］エニシダ

hinnible [inníβle] 形《まれ》［馬が］いななくことができる

hinojal [inoxál] 男 ウイキョウ畑

hinojar [inoxár] ～**se**《まれ》ひざまずく

hinojo [inóxo] 男 ❶《植物, 香辛料》ウイキョウ, フェンネル: ～ marino クリタモ. ❷《文語》ひざ. ❸《キューバ. 植物》キク科の一種《学名 Baccharis scoparioides》

de ～*s*《文語》ひざまずいて

hinojoseño, ña [inoxoséɲo, ɲa] 图《地名》イノホサ・デル・ドゥケ Hinojosa del Duque の［人］《コルドバ県の村》

hinque [íŋke] 男《遊戯》根っ木(⁇)打ち《湿った地面に杭を打ち込む》

hinterland [xínterlan]《←独語》男《地理》後背地, 背域, ヒンターランド

hintero [xintéro] 男 パン生地のこね台

hiñir [iɲír] 20《現父 hiñendo》他《古語; サラマンカ, アンダルシア》＝**heñir**

hiogloso, sa [joglóso, sa] 形《解剖》舌骨の, 舌の: músculo ～ 舌骨筋

hioideo, a [jojðéo, a] 形《解剖》舌骨の: arco ～ 舌骨弓

hioides [jójðes] 男《単複同形》《解剖》舌骨

hiosciamina [josθjamína] 女《薬学》ヒヨスチアミン

hip [íp] 間［しゃっくりの］ヒック

hipálage [ipálaxe] 女《文法》代換［法］《形容詞などを本来修飾すべき語と違う語につけること》

hipar [ipár]《←擬声》自 ❶ しゃっくりをする: *Hipaba* y se bebió el vaso de agua. 彼はしゃっくりが出たので, 水を飲んだ. ❷《文語》［泣いて］しゃくり上げる, 泣きじゃくる: El niño no paraba de ～. その子は泣きじゃくり続けた. ❸《口語》［＋por を］ひどく欲しがる

hiparión [iparjón]《古生物》ヒッパリオン《馬の祖先》

hipato, ta [ipáto, ta] 形《メキシコ, キューバ, コロンビア》顔色の悪い. ❷《コロンビア》ぎっしり詰まった, 満腹した

hipear [ipeár] 自《コロンビア》しゃっくりをする《＝hipar》

hipema [ipéma] 女《医学》前房出血

híper [íper]《hipermercado の省略語》男《単複同形》《口語》大型スーパーマーケット

hiper-《接頭辞》［超］*hiper*tensión 高血圧, *hiper*sensible 過敏の

hiperacidez [iperaθiðéθ] 女《医学》胃酸過多, 過酸《⇔hipoacidez》

hiperactividad [iperaktiβiðá［d］] 女《医学》活動亢進［状態］, 活動過多

hiperactivo, va [iperaktíβo, βa] 形 極度に活動的な

hiperacusia [iperakúsja] 女《医学》聴覚過敏《⇔hipoacusia》

hiperagudo, da [iperaɣúðo, ða] 形《医学》超急性の

hiperalgesia [iperalxésja] 女《医学》痛覚過敏《⇔hipoalgesia》

hiperbárico, ca [iperβáriko, ka] 形 ❶［気圧より］高圧の: cámara ～*ca* 超圧チャンバー. ❷《医学》oxigenación ～*ca* 高圧酸素療法. medicamento ～ 高比重液

hiperbaro, ra [iperβáro, ra] 形 ＝**hiperbárico**

hiperbático, ca [iperβátiko, ka] 形《修辞》転置法の

hipérbato [ipérβato] 男《まれ》＝**hipérbaton**

hipérbaton [ipérβaton] 男《魔》～batos》《修辞》［語順の］転置法

hipérbola [ipérβola] 女《幾何》双曲線: ～*s* conjugadas 共役双曲線

hipérbole [ipérβole] 女《修辞》誇張法

hiperbólicamente [iperβólikaménte] 副 大げさに, 誇張して

hiperbólico, ca [iperβóliko, ka] 形 ❶ 大げさな, 誇張した: Sus elogios fueron tan ～*s* que pensé que se estaba burlando. 彼のほめ言葉はあまりに大げさだったので, からかっているのではと私は思った. ❷ 双曲線の

hiperbolizar [iperβoliθár] 9 自《修辞》誇張法を用いる

hiperboloide [iperβolójðe] 男《幾何》双曲面: ～ de un casco (una hoja) 1葉双曲面. ～ de dos cascos (dos hojas) 2葉双曲面

hiperboreal [iperβoreál] 形 ＝**hiperbóreo**

hiperbóreo, a [iperβóreo, a] 形 極北の［地帯］の

hipercalcemia [iperkalθémja] 女《医学》高カルシウム血［症］《⇔hipocalcemia》

hipercalciuria [iperkalθjúrja] 女《医学》高カルシウム尿［症］

hipercapnia [iperkápnja] 女《医学》ハイパーカプニア, 高炭酸, 炭酸過剰

hipercarga [iperkárɣa] 女《電気》ハイパーチャージ, 超電荷

hipercinesia [iperθinésja] 女《医学》運動過剰症, 多動
hiperclorhidria [iperkloríðrja] 女《医学》過塩酸症
hiperclorhídrico, ca [iperkloríðriko, ka] 形 過塩酸症の
hipercolesterinemia [iperkolesterinémja] 女《医学》=hipercolesterolemia
hipercolesterolemia [iperkolesterolémja] 女《医学》高コレステロール血[症]《⇔hipocolesterolemia》
hipercolia [iperkólja] 女《医学》胆汁過多[症]
hipercomplejo, ja [iperkɔmpléxo, xa] 形《数学》多元の, 超複素の; 超複素数: sistema ～ 超複素数系
hipercompresor [iperkɔmpreθór] 男《自動車など》超圧縮機, ハイパーコンプレッサー
hipercorrección [iperkoře(k)θjón] 女《言語》[発音・表現の]過剰訂正
hipercorrecto, ta [iperkořékto, ta] 形《言語》過剰訂正の
hipercrisis [iperkrísis] 女《医学》激しい発作
hipercrítico, ca [iperkrítiko, ka] 形 [批評が]手厳しい, あら探しの
── 女 厳密批評; あら探し
hipercromía [iperkromía] 女《医学》血色素増加[症]
hiperdulía [iperðulía] 女《キリスト教》超尊崇の表敬《聖母マリアに対する表敬. =culto de ～》
hiperémesis [iperémesis] 女《医学》妊娠悪阻(そ)
hiperemia [iperémja] 女《医学》充血
hiperenlace [iperenláθe] 男《情報》ハイパーリンク, リンク《=enlace》
hiperergia [iperérxja] 女《医学》ヒペルエルギー, 過敏性反応
hiperespacio [iperespáθjo] 男 超空間
hiperestático, ca [iperestátiko, ka] 形《物理》不静定の
hiperestesia [iperestésja] 女《医学》知覚過敏
hiperestesiar [iperestesjár] 10 他 知覚過敏にする
── ～se 知覚過敏になる
hiperestésico, ca [iperestésiko, ka] 形 名 知覚過敏の[人]
hiperexcitabilidad [ipere(k)θitabiliðá(d)] 女 興奮性亢進, 異常興奮性
hiperexigencia [ipere(k)sixénθja] 女 過大な要求
hiperextensión [ipere(k)stensjón] 女《生理》[四肢などの]過伸展
hiperfocal [iperfokál] 形《写真》過焦点の: distancia ～ 過焦点距離, 近距離結像距離
hiperfrecuencia [iperfrekwénθja] 女《物理》超高周波
hiperfunción [iperfunθjón] 女《医学》機能亢進《⇔hipofunción》
hipergénesis [iperxénesis] 女《医学》発育過度性肥大
hiperglucemia [iperɡluθémja] 女《医学》高血糖[症]
hiperglucémico, ca [iperɡluθémiko, ka] 形 高血糖[症]の
hipergol [iperɡól] 男 自然性燃料
hiperhidrosis [iperiðrósis] 女《医学》多汗[症]
hipericíneo, a [iperiθíneo, a] 形 オトギリソウ科の
── 女[複]《植物》オトギリソウ科
hipérico [ipériko] 男《植物》オトギリソウ
hiperinflación [iperinflaθjón] 女《経済》ハイパーインフレーション, 超インフレ
hiperinmunidad [iperi(m)muniðá(d)] 女《医学》超免疫性
hiperinsulinismo [iperinsulinísmo] 男《医学》高インシュリン症, インシュリン過剰症
hiperlipidemia [iperlipiðémja] 女《医学》高脂血[症]: ～ combinada 混合型高脂血症
hiperlipoproteinemia [iperlipoproteinémja] 女《医学》高リぽたんぱく血[症]
hiperlumínico, ca [iperlumíniko, ka] 形 velocidad ～ca 超光速
hipermedia [ipermédja] 男《情報》ハイパーメディア
hipermenorrea [ipermɔnořéa] 女《医学》月経過多[症]
hipermercado [ipermerkáðo]《←hiper-+mercado》男 [郊外にある] 大型スーパーマーケット
hipermetamorfosis [ipermetamɔrfósis] 女《昆虫など》過変態
hipermetría [ipermetría] 女《詩法》音節過剰詩句《行の最後の単語を半分に分け, 後半の音節を次の行につなげる》
hipermétrope [ipermétrope] 形 名 遠視の[人]
hipermetropía [ipermetropía] 女《医学》遠視
hipermetrópico, ca [ipermetrópiko, ka] 形 遠視の

hipermnesia [ipermnésja] 女《心理》[異常に精確かつ鮮明な]記憶過剰(増進)《⇔amnesia》
hipernefroma [ipernefróma] 女《医学》副腎腫
hipernova [ipernóba] 女《天文》極超新星
hipernutrición [ipernutriθjón] 女 栄養過度
hiperón [iperón] 男《物理》ハイペロン
hiperonimia [iperonímja] 女《言語》上位[であること], 上位性
hiperónimo [iperónimo] 男《言語》上位語《例 flor は rosa, clavel, girasol などの上位語. ⇔hipónimo》
hiperosmia [iperósmja] 女《医学》嗅覚過敏《⇔hiposmia》
hiperostosis [iperɔstósis] 女《医学》骨化過剰症
hiperoxia [iperó(k)sja] 女《医学》高酸素症《⇔hipoxia》
hiperparásito [iperparásito] 男 過寄生体
hiperparatiroidismo [iperparatirɔjðísmo] 男《医学》副甲状腺機能亢進症, 上皮小体[機能]亢進[症]
hiperpigmentación [iperpiɡmentaθjón] 女《医学》色素沈着過度: ～ inflamatoria 炎症後色素沈着
hiperpirexia [iperpiré(k)sja] 女《医学》超高熱
hiperpituitarismo [iperpitwitarísmo] 男《医学》下垂体機能亢進症
hiperplasia [iperplásja] 女《医学》過形成, 肥厚化: ～ benigna de próstata 前立腺肥大症
hiperpnea [iperpnéa] 女《医学》過呼吸
hiperpotasemia [iperpotasémja] 女《医学》色素沈着過度
hiperpotencia [iperpoténθja] 女 超大国
hiperprolactinemia [iperprolaktinémja] 女《医学》プロラクチン過剰
hiperquinesia [iperkinésja] 女 =hipercinesia
hiperquinésico, ca [iperkinésiko, ka] 形 =hiperquinético
hiperquinético, ca [iperkinétiko, ka] 形《医学》運動過剰症の
hiperreactividad [ipeřeaktibiðá(d)] 女《刺激に対する》過敏性
hiperrealismo [ipeřealísmo] 男《芸術》ハイパーリアリズム, 超レアリズム
hiperrealista [ipeřealísta] 形 名 超レアリズムの[画家]
hiperreflexia [ipeřeflé(k)sja] 女《医学》反射[異常]亢進
hipersalino, na [ipersalíno, na] 形 過塩性の
hipersecreción [ipersekreθjón] 女《医学》分泌過多, 過分泌
hipersensibilidad [ipersensibiliðá(d)] 女《医学》[+a に対する]過敏症, 感受性亢進: ～ a la luz 光線過敏. ～ al ruido 騒音過敏
hipersensibilización [ipersensibiliθaθjón] 女 ❶《写真》超増感. ❷《医学》過敏症, アレルギー
hipersensible [ipersensíble] 形《医学》[+a に対して]感覚過敏の, 過敏症の: Soy ～ a las ondas electromagnéticas. 私は電磁波過敏症だ. El ministro está ～ a las críticas. 大臣は批判に対して過敏になっている
hipersexuado, da [iperse(k)swáðo, da] 形 性欲(性行動)過剰の
hipersomnia [ipersómnja] 女《医学》嗜眠症
hipersónico, ca [ipersóniko, ka] 形 極超音速の
hipersonido [ipersoníðo] 男 極超音, ハイパーサウンド
hiperstena [ipersténa] 女《鉱物》紫蘇輝石
hipersténo [iperstóno] 男 =hiperstena
hipersustentación [ipersustentaθjón] 女《航空》高揚力
hipersustentador, ra [ipersustentaðór, ra] 形《航空》高揚力を発生させる; 高揚力装置
hipertelorismo [ipertelorísmo] 男《医学》眼窩離開症
hipertensión [ipertensjón]《←hiper-+tensión》女《医学》高血圧《=～ arterial》
hipertensivo, va [ipertensíbo, ba] 形 高血圧の
hipertenso, sa [iperténso, sa] 形 高血圧の[人]
hipertermal [ipertermál] 形 通常よりも高温の
hipertermia [ipertérmja] 女《医学》高体温, 高熱
hipertérmico, ca [ipertérmiko, ka] 形 高体温の, 高熱の; 通常よりも高温の
hipertexto [iperté(k)sto] 男《情報》ハイパーテキスト
hipertiroideo, a [ipertirɔjðéo, a] 形《医学》甲状腺機能亢進症の[患者]
hipertiroidismo [ipertirɔjðísmo] 男《医学》甲状腺機能亢進症《⇔hipotiroidismo》

hipertonía [ipertonía] 女《医学》筋緊張亢進, 高血圧
hipertónico, ca [ipertóniko, ka] 形 ❶《生理》[筋肉が] 高[緊]張の. ❷《化学, 生理》[溶液が] 緊張過度の; 高血圧の; 高浸透圧の, 高張[性]の
hipertricosis [ipertrikósis] 女《医学》多毛症
hipertrofia [ipertrófja] 女《医学》肥大: 1) ~ cardiaca 心臓肥大. 2)《比喩》~ burocrática/~ de la burocracia 官僚組織の肥大化. ~ del yo 自我の肥大. ~ del sentimiento 感情の肥大化
hipertrofiar [ipertrofjár] 10 他《医学》肥大させる: 1) ~ los músculos 筋肉を肥大させる. 2)《比喩》~ su yo 自我を肥大させる
—— **~se** 肥大する
hipertrófico, ca [ipertrófiko, ka] 形《医学》肥大の, 肥大化の: miocardiopatía ~ca 肥大型心筋症
hiperuricemia [iperuriθémja] 女《医学》高尿酸血[症]
hiperventilación [iperβentilaθjón] 女《医学》呼吸亢進, 過呼吸; 過換気症候群
hipervínculo [iperβínkulo] 男《情報》=hiperenlace
hipervitaminosis [iperβitaminósis] 女《医学》ビタミン過剰症
hípetro, tra [xípetro, tra] 形 屋外の, 屋根のない
hípetro, tra [xípetro, tra] 形 =hipetro
hip hop [xíp xóp]《←英語》《音楽など》ヒップホップ
hip hopero, ra [xíp xopéro, ra] 名《音楽など》ヒップホッパー
hipiatra [ipjátra] 名 馬医者
hipiatría [ipjatría] 女 馬医術
hipiátrico, ca [ipjátriko, ka] 形 馬術の
hípica[1] [ípika] 女《集名》馬術競技, 乗馬スポーツ《馬術, ポロなど》
hípico, ca[2] [ípiko, ka] 形《←ギリシア語 hippikos < hippos「馬」》馬術の: ~ club ~ 乗馬クラブ. concurso ~ 障害飛越競技
hipido[1] [xipído]《←hipo》男 ❶ 泣きじゃくり. ❷ =jipío
hipido[2] [ipído] 男《しゃっくりの連続音》ヒックヒック
hipil [ipíl] 男《メキシコ, グアテマラ. 服飾》イピル《先住民女性の, 刺繍のあるドレス》
hipismo [ipísmo] 男 馬術; 乗馬スポーツ《=hípica》
hipnagógico, ca [ipnaɣóxiko, ka] 形《心理》入眠の
hipnal [ipnál] 男《動物》ヒプナレマムシ《毒蛇. 昔, 噛まれた人は眠ったまま死ぬと考えられた》
hípnico, ca [ípniko, ka] 形 眠りの, 催眠の
hipnoanálisis [ipnoanálisis] 男 催眠分析
hipnofobia [ipnofóbja] 女 睡眠恐怖症
hipnología [ipnoloxía] 女 催眠学, 睡眠学
hipnólogo, ga [ipnóloɣo, ɣa] 名 催眠学者
hipnopedia [ipnopédja] 女 睡眠学習
hipnosis [ipnósis] 女 催眠状態; 催眠[術]療法
hipnoterapia [ipnoterápja] 女 催眠[術]療法
hipnótico, ca [ipnótiko, ka]《←ラテン語 hypnoticus <ギリシア語 hipnotikos「演技」< hypnos「睡眠」》形《医学》催眠[状態]の: estado ~ 催眠状態
—— 男 睡眠薬
hipnotismo [ipnotísmo] 男 催眠術
hipnotista [ipnotísta] 名 催眠術師
hipnotizable [ipnotiθáble] 形 催眠術にかかり得る
hipnotización [ipnotiθaθjón] 女 催眠術をかけること
hipnotizador, ra [ipnotiθaðór, ra] 形 名 催眠術をかける; 催眠術師
hipnotizar [ipnotiθár] 9 他 ❶ …に催眠術をかける. ❷ 陶酔させる: La *hipnotizan* las joyas. 彼女は宝石に夢中だ
hipo [ípo]《←hipar》男 ❶ しゃっくり: tener ~ しゃっくりをする. dar a+人 ~ …にしゃっくりを起こさせる. ❷ [人に対する] 反感: tener ~ con+人 …に反感を持つ
que quita el ~《口語》[美しさなどが] すごい, はっとするほどすばらしい: Tiene un repertorio de canciones *que quita el ~* y que nunca defrauda al público. 彼の持ち歌は非常に美しく聴衆の期待を裏切らない
quitar el ~《口語》驚かす: La cifra es para *quitar el ~*. その数字は驚くべきものだ
hipo-《接頭辞》❶ [下の] *hipo*dérmico 皮下の, *hipó*crita 偽善者. ❷ [馬] *hipo*dromo 競馬場
hipoacidez [ipoaθiðéθ] 女《医学》胃酸減少, 低酸《⇔hiperacidez》
hipoacusia [ipoakúsja] 女《医学》聴力減退《⇔hiperacusia》
hipoacústico, ca [ipoakústiko, ka] 形 名 聴力減退の[人]

hipoalergénico, ca [ipoalerxéniko, ka] 形 [食品・化粧品などが] 低アレルギー誘発性の, アレルギーを起こしにくい
hipoalérgico, ca [ipoalérxiko, ka] 形 =**hipoalergénico**
hipoalgesia [ipoalxéθja] 女《医学》痛覚低下《⇔hiperalgesia》
hipoalimentación [ipoalimentaθjón] 女《医学》低栄養, 栄養不足
hipobaropatía [ipoβaropatía] 女《医学》高山病
hipobosco [ipoβósko] 男《昆虫》ウマジラミバエ《学名 Hippobosca equina》
hipobranquial [ipoβraŋkjál] 形《動物》下鰓の[節], 下鰓骨
hipocalcemia [ipokalθémja] 女《医学》低カルシウム血[症]《⇔hipercalcemia》
hipocalórico, ca [ipokalóriko, ka] 形 低カロリーの
hipocampo [ipokámpo] 男 ❶《解剖》海馬. ❷《魚》タツノオトシゴ《=caballito de mar》
hipocapnia [ipokápnja] 女《医学》低炭酸ガス血症, 低炭酸症《⇔hipercapnia》
hipocastanáceo, a [ipokastanáθeo, a] 形 トチノキの
—— 女《複》《植物》トチノキ科
hipocausto [ipokáu̯sto] 男《古代ローマ》[公衆浴場の] 床下暖房
hipocentauro [ipoθentáu̯ro] 男 =**centauro**
hipocentral [ipoθentrál] 形 震源の
hipocentro [ipoθéntro] 男 [地震の] 震源; [核爆発の] 爆心地
hipocicloide [ipoθiklóiðe] 女《幾何》内サイクロイド, 内擺線(ばいせん)
hipocinesia [ipoθinésja] 女《医学》運動低下症
hipocinético, ca [ipoθinétiko, ka] 形《医学》運動低下症の
hipocístide [ipoθístiðe] 男《植物》寄生植物の一種《学名 Cytinus hypocistis》
hipoclorhidria [ipokloríðrja] 女 低塩酸《⇔hiperclorhidria》
hipoclorhídrico, ca [ipoklorídriko, ka] 形 低塩酸の
hipoclorito [ipoklorito] 男《化学》次亜塩素酸塩
hipocloroso, sa [ipokloróso, sa] 形 次亜塩素酸の: ácido ~ 次亜塩素酸
hipocolesterinemia [ipokolesterinémja] 女 =**hipocolesterolemia**
hipocolesterolemia [ipokolesterolémja] 女《医学》低コレステロール血[症]《⇔hipercolesterolemia》
hipocolia [ipokólja] 女《医学》胆汁過少[症]
hipocondría [ipokondría] 女《医学》ヒポコンデリー, 心気症, 憂鬱病
hipocondríaco, ca [ipokondríako, ka] 形 名 心気症の[患者]
hipocóndrico, ca [ipokóndriko, ka] 形 名 =**hipocondríaco**
hipocondrio [ipokóndrjo] 男《解剖》[主に《複》] 季肋部(きろくぶ)
hipocorístico, ca [ipokorístiko, ka] 男 形《言語》親愛語[の], 愛称[の]: "Merche" es el ~ de "Mercedes". 「メルチェ」は「メルセデス」の愛称である
hipocotíleo [ipokotíleo] 男《植物》胚軸
hipocrás [ipokrás] 男 [中世ヨーロッパの] 香料入りワイン
hipocrático, ca [ipokrátiko, ka] 形 ヒポクラテス Hipócrates 学説の《古代ギリシアの医学者》
hipocratismo [ipokratísmo] 男 ヒポクラテス学説
hipocreales [ipokreáles] 男《複》《生物》ニクザキン(肉座菌)目
Hipocrene [ipokréne] 女《ギリシア神話》ヒッポクレネ《「馬の泉」を意味するヘリコン Helicón 山にある泉. ミューズ musa たちがここに集い詩的霊感の水を飲んだ》
hipocrénides [ipokréniðes] 女《複》《ギリシア神話》[ヒッポクレネ Hipocrene に集い, 詩的霊感の水を飲んだ] 9人のミューズ musa
hipocresía [ipokresía]《←ギリシア語 hypokrisia「演技」< hypokrinomai「私は答える, 対話」》女 偽善, 猫かぶり: La ~ de los políticos les hace dignas de poca confianza. 政治家たちは偽善的で信用に値しない
hipócrita [ipókrita]《←ラテン語 hypocrita < ギリシア語 hypokrites「役者」》形 偽善的な; うわべだけの: Cerrar los ojos a la prostitución es ~. 売春に目をつぶるのは偽善的である. actitud ~ 偽善的な態度
—— 名 偽善者; [特に] えせ信心家

hipócritamente [ipókritaménte] 副 偽善的に
hipocromía [ipokromía] 女《医学》血色素減少, 色素減少, 低色素[血]
hipodactilia [ipoðaktília] 女《医学》欠指症
hipodámico, ca [ipoðámiko, ka] 形《建築》[主に古代都市について] 四角い
hipoderma [ipoðérma] 男《昆虫》牛バエ
hipodérmico, ca [ipoðérmiko, ka] 形《解剖》皮下の: inyección ~ca 皮下注射
hipodermis [ipoðérmis] 女【単複同形】《解剖》皮下組織;《植物》下皮
hipodermosis [ipoðermósis] 女《獣医》牛バエ幼虫症
hipodrómico, ca [ipoðrómiko, ka] 形 競馬場の
hipódromo [ipóðromo] 男《←ギリシア語 hippodromos》競馬場; 馬場
hipofagia [ipofáxja] 女 馬肉を常食とする風習
hipófago, ga [ipófaɡo, ɡa] 形 馬肉を常食とする
hipofalangia [ipofalánxja] 女《医学》寡指趾症
hipofaringe [ipofaríŋxe] 女《解剖》下咽頭
hipofeusia [ipoféusja] 女 味覚鈍麻, 味覚低下
hipofisario, ria [ipofisárjo, rja] 形《解剖》下垂体の, 下垂体性の
hipofisectomía [ipofisektomía] 女《医学》下垂体腺の摘出手術
hipófisis [ipófisis] 女【単複同形】《解剖》[脳] 下垂体
hipofosfato [ipofɔsfáto] 男《化学》次リン酸塩
hipofosfito [ipofɔsfíto] 男《化学》次亜リン酸塩
hipofosfórico [ipofɔsfóriko] 形《化学》ácido ~ 次リン酸
hipofosforoso [ipofɔsforóso] 形《化学》次亜リン酸の
hipofunción [ipofunθjón] 女《医学》機能低下《⇔hiperfunción》
hipogástrico, ca [ipoɡástriko, ka] 形 下腹部の
hipogastrio [ipoɡástrjo] 男《解剖》下腹部
hipogénesis [ipɔxénesis] 女《医学》形成不全[症], 発育不全[症]
hipogénico, ca [ipɔxéniko, ka] 形《地質》[岩石が] 地下で生成した, 深成の, 内性の: roca ~ca 深成岩
hipogeo, a [ipɔxéo, a] 形《植物》地下で成長する
—— 男 ❶《考古》[古代エジプトなどの] 地下埋葬室, 玄室. ❷ [一般に] 地下室
hipógino, na [ipóxino, na] 形《植物》子房上位の: flor ~na 子房上位の花. ovario ~ 上位子房
hipoglobulia [ipoɡlobúlja] 女《医学》赤血球数の減少, 低赤血球
hipogloso, sa [ipoɡlóso, sa] 形《解剖》舌下の: nervio ~ 舌下神経
—— 男《魚》オヒョウ
hipoglucemia [ipoɡluθémja] 女《医学》低血糖症
hipoglucemiante [ipoɡluθemjánte] 男《薬学》血糖降下剤
hipoglucémico, ca [ipoɡluθémiko, ka] 形《医学》低血糖症の
hipognato, ta [ipoɡnáto, ta] 形《動物》下顎が突出した
hipogonadismo [ipoɡonaðísmo] 男《医学》性腺機能低下症
hipogrifo [ipoɡrífo] 男 ヒッポグリフ『馬の体にワシの翼と頭部を持つ伝説上の動物』
hipohidrosis [ipoiðrósis] 女《医学》発汗減少
hipolimnion [ipolimnjón] 男 [湖水の] 深水層
hipolipidemia [ipolipiðémja] 女《医学》低脂質血症
hipolipidemiante [ipolipiðemjánte] 男《薬学》高脂血症治療薬
hipolipoproteinemia [ipolipoproteinémja] 女《医学》低リポタンパク血症
Hipólito [ipólito] 男《ギリシア神話》ヒッポリュトス『アテナイの王テセウス Teseo の息子』
hipología [ipoloxía] 女 馬学
hipológico, ca [ipolóxiko, ka] 形 馬学の
hipólogo, ga [ipóloɡo, ɡa] 名 馬学の専門家; 馬専門の獣医
hipomagma [ipomáɡma] 男《地質》深部マグマ
hipómanes [ipómanes] 男《獣医》発情期の雌牛の外陰部から分泌される体液
hipomanía [ipomanía] 女 軽躁[症]
Hipómenes [ipómenes] 男《ギリシア神話》ヒッポメネス『アタランテー Atalanta と共に山中でライオンと化した』

hipomenorrea [ipomenɔréa] 女《医学》過少月経
hipómetro [ipómetro] 男 馬高計
hipomoclio [ipomóklio] 男《まれ》支点, てこ台
hipomorfo, fa [ipomórfo, fa] 形 馬の姿をした
hipomóvil [ipomóbil] 形 乗用動物を動力とする: vehículos de tracción ~ 動物牽引車
hiponimia [iponímja] 女《言語》下位[であること], 下位性
hipónimo [ipónimo] 男《言語》下位語『例 caballo は animal の下位語. ⇔hiperónimo』
hipoparatiroidismo [ipoparatiroiðísmo] 男《医学》上皮小体機能低下症
hipopépsia [ipopé[p]sja] 女《医学》消化減退
hipopión [ipopjón] 男 前房蓄膿
hipopituitarismo [ipopitwitarísmo] 男《医学》下垂体機能低下[減退]症
hipoplasia [ipoplásja] 女《医学》形成不全, 発育不全
hipopotámido, da [ipopotámiðo, ða] 形 カバ科の
—— 男【複】《動物》カバ科
hipopótamo [ipopótamo] 男《動物》カバ
hipoproteico, ca [ipoprotéjko, ka] 形 低プロテインの
hipoprotrombinemia [ipoprotrombinémja] 女《医学》プロトロンビン欠乏症
hiporquema [ipɔrkéma] 男《古代ギリシア》ヒュポルケマ『アポロ Apollo を讃える合唱歌・舞踊』
hiposcenio [ipɔsθénjo] 男 [古い劇場で] オーケストラボックスの天井『その上が舞台になっている』
hiposecreción [iposekreθjón] 女《医学》分泌不全, 分泌減退
hiposmia [ipósmja] 女《医学》嗅覚低下, 嗅覚減退
hiposo, sa [ipóso, sa] 形 しゃっくりする; しゃっくりしやすい
hiposódico, ca [iposóðiko, ka] 形 低ナトリウムの: dieta ~ca 低ナトリウム食
hiposomía [iposomía] 女《医学》小人症
hiposomnia [ipɔsómnja] 女《医学》不眠症
hipospadias [ipɔspáðjas] 女《医学》尿道下裂
hipostasiar [ipɔstasjár] 10 他《哲学》実体化する, 具象化して考える
hipóstasis [ipóstasis] 女【単複同形】❶《哲学》基体, 実体. ❷《カトリック》位格
hipostáticamente [ipɔstátikaménte] 副《カトリック》位格的に
hipostático, ca [ipɔstátiko, ka] 形《カトリック》[三位一体の] 位格的な: unión ~ca 位格的結合
hipostenia [ipɔsténja] 女《医学》衰弱, 脱力
hipostesia [ipɔstésja] 女《医学》知覚麻痺, 知覚鈍麻
hipóstilo, la [ipóstilo, la] 形《考古》多柱造りの
—— 男《考古, まれ》多柱造り
hipostómato, ta [ipɔstómato, ta] 形《動物》[サメなど] 口が頭部の下に位置する
hiposulfato [iposulfáto] 男《化学》チオ硫酸塩
hiposulfito [iposulfíto] 男《化学》次亜硫酸塩;《写真》ハイポ
hiposulfuroso, sa [iposulfuróso, sa] 形《化学》ácido ~ 次亜硫酸
hipotáctico, ca [ipotáktiko, ka] 形《言語》従属の, 従位の
hipotalámico, ca [ipotalámiko, ka] 形 視床下部の
hipotálamo [ipotálamo] 男《解剖》視床下部
hipotaxis [ipotá[k]sis] 女【単複同形】《言語》従属, 従位
hipoteca [ipotéka] 女《←ギリシア語 hypo「衣類」と theke「預かり所」》[不動産の] 抵当, 担保: 1) La casa está gravada con una ~. 家は抵当に入っている. prestar dinero sobre ~ 担保を取って金を貸す. ejecución de ~ 抵当流れ, 抵当権の行使. 2) 抵当権: levantar una ~ [負債を清算して] 抵当権を解除する. primera ~ 第一抵当
hipotecable [ipotekáble] 形 [不動産が] 担保になり得る, 抵当に入れられ得る
hipotecar [ipotekár] 7 他 ❶ [不動産を] 抵当に入れる: ~ su finca 地所を抵当に入れる. ❷ [命などを] 投げ出してかかる: Hipotecó su vida al aceptar el cargo. 彼はその職を引き受ける時, 命を捨ててかかった
hipotecario, ria [ipotekárjo, rja] 形《←hipoteca》抵当 [権] に関する: banco ~ 抵当銀行. juicio ~ 抵当流れ訴訟. préstamo ~ 抵当貸付け, 担保付き融資; 住宅ローン
hipotecnia [ipotéknja] 女 馬の調教学, 馬の飼育法
hipotenar [ipotenár] 形《解剖》小指球の

hipotensión [ipotensjón]【←hipo-+tensión】女《医学》低血圧〔症〕

hipotenso, sa [ipoténso, sa] 形 名 低血圧の〔人〕

hipotensor, ra [ipotensór, ra] 男《薬学》血圧を下げる；血圧降下剤

hipotenusa [ipotenúsa] 女《幾何》［直角三角形の］斜辺

hipotermia [ipotérmja] 女《医学》低体温症；低体温法

hipotérmico, ca [ipotérmiko, ka] 形 名 低体温の〔人〕

hipótesis [ipótesis]【←ギリシア語 hypothesis「仮定」< hypo「下」+thesis「配置」】女［単複同形］❶ 仮説, 仮定：hacer 〜 仮説を立てる. 〜 de trabajo 作業仮説. H〜 de Riemann (Poincaré)《数学》リーマン(ポアンカレ)予想. ❷ 推測, 憶測：Esto es solo una 〜. これは憶測にすぎない. La policía piensa profundizar en la 〜 del homicidio. 警察は殺人事件の可能性があると見て詳しく調べるつもりだ. ❸《文法》条件節
en la 〜 de que+接続法 仮に…である場合も, もし…ならば

hipotéticamente [ipotetikaménte] 副 仮説(仮定)的に, 仮説(仮定)として

hipotético, ca [ipotétiko, ka] ❶ 仮定の. ❷ 憶測にすぎない. ❸《論理》仮言的な：proposición 〜ca 仮言命題
en el 〜 caso de que+接続法 仮に…である場合：En el 〜 caso de que fuese así, habría que tomar medidas. 仮にそうなら, 対策を講じる必要があるだろう

hipotetizar [ipotetiθár] 自 仮説を立てる

hipotiposis [ipotipósis] 女［単複同形］《修辞》迫真法

hipotiroideo, a [ipotiroiδéo, a] 形 名《医学》甲状腺機能低下症の〔人〕

hipotiroidismo [ipotiroiδísmo] 男《医学》甲状腺機能低下症〔⇔hipertiroidismo〕

hipotonía [ipotonía] 女 ❶《医学》1)［筋肉の］緊張減退(低下), 低緊張. 2) 低血圧. ❷《化学, 生理》低張

hipotónico, ca [ipotóniko, ka] 形《化学, 生理》［溶液が］低張の

hipotransferrinemia [ipotransferinémja] 女《医学》柱類

hipotrofia [ipotrófja] 女《医学》栄養障害性発育不全, 栄養不良

hipotroidismo [ipotroiδísmo] 男《医学》甲状腺機能低下〔症〕

hipoventilación [ipoβentilaθjón] 女《医学》呼吸不全〔症〕

hipovitaminosis [ipoβitaminósis] 女《医学》ビタミン欠乏〔症〕

hipovolemia [ipoβolémja] 女《医学》血液量不足症, 血液量減少

hipovolémico, ca [ipoβolémiko, ka] 形《医学》〔循環〕血液量減少性の：shock 〜 循環血液量減少性ショック

hipoxia [ipó(k)sja] 女《医学》酸素圧低下, 低酸素症：〜 cerebral 低酸素脳症

hipóxico, ca [ipó(k)siko, ka] 形 酸素圧低下の, 低酸素症の

hippie [xípi] 形 名《軽蔑》〜s =**hippy**

hippioso, sa [xipjóso, sa] 形《軽蔑》ヒッピーのような

hippismo [xipísmo] 男 ヒッピー運動

hippy [xípi]【←英語】形 名《軽蔑》*hippies*）ヒッピー〔の〕

hippysmo [xipísmo] 男 =**hippismo**

hipsofilo [í(p)sofilo] 男《植物》包, 苞葉

hipsofobia [í(p)sofóβja] 女 高所恐怖症

hipsografía [i(p)soγrafía] 女《地理》地形図, 起伏図

hipsometría [i(p)sometría] 女《地理》測高法, 高度測量〔法〕

hipsométrico, ca [i(p)sométriko, ka] 形 測高法の, 高度測量の

hipsómetro [i(p)sómetro] 男《地理》測高計

hipural [ipurál] 形《動物》尾の下に位置する：hueso 〜 下尾骨

hipúrico, ca [ipúriko, ka] 形《動物》〜 ácido 〜 馬尿酸

hipuridáceo, a [ipuriδáθeo, a] 形 スギナモ科の

—— 女［複］《植物》スギナモ科

hiracoideo, a [irakoiδéo, a] 形 ハイラックス科の

—— 男［複］《動物》ハイラックス科

hiragana [xiraγána]【←日本語】男［複］〜s［時に 集合］ひらがな, 平仮名

hircano, na [irkáno, na] 形《歴史, 地名》［古代ペルシア・マケドニアの］ヒルカニア Hyrcania の〔人〕

hirco [írko] 男 野生のヤギ

hircocervo [irkoθérβo] 男《神話》ヤギとシカの姿が混ざった空想上の動物

hiriente [irjénte]【←herir】形 ❶ 精神的に傷つけるような, 相手の感情を害するような；辛辣な：En las discusiones se dicen cosas 〜s. 議論では相手を傷つけるようなことが言われた. ❷ 肉体的に傷つける

hirma [írma] 女 織物のへり

hirmar [irmár] 他 確かなものにする, 強固にする

hirsutismo [irsutísmo] 男《医学》〔男性型〕多毛症

hirsuto, ta [irsúto, ta]【←ラテン語 hirsutus】形 ❶［髪・ひげなど〕剛毛質の；剛毛で覆われた, 毛むくじゃらの：Tiene la barba 〜ta. 彼のひげは濃い. de pecho 〜 胸毛の濃い. ❷ 気難しい, 無愛想な

hirudina [iruδína] 女《生化》ヒルジン

hirudíneo, a [iruδíneo, a] 形 ヒル綱の

—— 男［複］《動物》ヒル綱

hirundinaria [irundinárja] 女《植物》カモメヅル〔=vencetósigo〕

hirvición [hirβiθjón] 女《エクアドル》豊富, 多量；群れ

hirviente [irβjénte]【←hervir】形 沸騰している, 煮立っている

hisca [íska] 女 鳥もち

hiscal [iskál] 男 アフリカハネガヤの糸を3本縒って作る縄

hiso [íso] 男《地方語》境界標〔=hito〕

hisopada [isopáδa] 女 灌水器で撒かれた聖水

hisopar [isopár] 他［灌水器 hisopo で］聖水を振りかける

hisopazo [isopáθo] 男 ❶ =**hisopada**. ❷ 灌水器で打つこと

hisopear [isopeár] 他 =**hisopar**

hisopillo [isopíʎo] 男 ❶《植物》セイボリー；ウィンターセイボリー. ❷〔まれ〕病人の唇を湿らす布巾

hisopo [isópo]【←ラテン語 hyssopum < ギリシア語 hyssopos】男 ❶《植物》ヤナギハッカ. ❷《キリスト教》灌水器. ❸《中南米》綿棒. ❹《アンダルシア；コロンビア, ベネズエラ》［ペンキ用の］刷毛(は). ❺《コロンビア, チリ》ひげ剃りブラシ

hispalense [ispalénse] 形 名《文語》セビーリャの〔人〕〔=sevillano〕：Capital 〜 セビーリャ

Hispania [ispánja]【←ラテン語 Hispania < ?フェニキア語 i-schphannim「うさぎの島」】女《古代ローマ, 地名》ヒスパニア, イスパニア〔現在のイベリア半島〕

hispánico, ca [ispániko, ka]【←hispano】形 名 ❶ スペイン語圏の〔人〕, スペイン系の〔人〕. ❷ イスパニア Hispania の

hispanidad [ispaniδáδ]【←hispano】女 ❶［集与 H〜］スペイン語圏諸国, スペイン系文化：Día de la H〜 民族の日〔新大陸発見の日. 現在の名称は Fiesta Nacional de España〕. ❷ 旧領土に対するスペインの宗主意識

hispanismo [ispanísmo] 男 ❶ スペイン語独特の表現. ❷ ［英語などにおける］スペイン語からの借用語. ❸ スペイン語研究, スペイン系文化(文学)研究. ❹ スペイン好み, スペインびいき

hispanista [ispanísta] 名 ❶ スペイン語(文化・文学)研究者：congreso de 〜s スペイン語・文化・文学学会. ❷ スペイン好きの人

hispanística [ispanístika] 女 スペイン語（文化・文学）研究〔= hispanismo〕

hispanización [ispaniθaθjón] 女 スペイン化

hispanizar [ispaniθár] 他 スペイン風にする, スペイン化する

hispano, na [ispáno, na]【←ラテン語 hyspanus】形 名 ❶ 歴史, 地名》イスパニア Hispania の. ❷ スペインの, スペイン人〔=español〕. ❸ スペイン系の〔人〕；《米国》ヒスパニックの〔人〕

hispano-〔接頭辞〕スペインの, *hispano*アメリカの 〜 *Hispano*américa イスパノアメリカ

Hispanoamérica [ispanoamérika] 女《地名》イスパノアメリカ〔南北両アメリカの, 15世紀末〜19世紀前半スペインが征服・植民・支配した地域の総称〕

hispanoamericanismo [ispanoamerikanísmo] 男 ❶ イスパノアメリカ独特の用語, イスパノアメリカとスペイン間の連帯. ❷ 中南米独特の表現〔=americanismo〕

hispanoamericano, na [ispanoamerikáno, na]【←hispano+americano】形 名 イスパノアメリカの〔人〕；イスパノアメリカとスペインの

hispanoárabe [ispanoáraβe] 形 名 =**hispanomusulmán**

hispanocolonial [ispanokolonjál] 形［中南米の芸術についての］スペイン植民地〕風の

hispanofilia [ispanofílja] 女 スペイン好き

hispanófilo, la [ispanófilo, la]【←hispano+ギリシア語 philos】形 名 スペイン好きの〔人〕：Hemingway es uno de los 〜s. ヘミングウェイはスペイン好きの一人である

hispanofobia [ispanofóbja] 女 スペイン嫌い、スペインに対する反感

hispanófobo, ba [ispanófoβo, βa] 形 名 スペイン嫌いの[人]，反スペインの[人]

hispanófono, na [ispanófono, na] 形 名 =**hispanohablante**

hispanofrancés, sa [ispanofranθés, sa] 形 スペインとフランスの: pacto ~ 西仏協定

hispanogodo, da [ispanoɣóðo, ða] 形 名《歴史》スペイン・ゴート人[の]『ローマ化したイベリア半島先住民と西ゴート族との混血』

hispanohablante [ispanoaβlánte]『←hispano+hablante』形 名 スペイン語圏の[人]，スペイン語を話す[人]: América ~ スペイン語を国語とする中南米. número de ~s en Estados Unidos 米国内のスペイン語(ヒスパニック)人口

hispanohebreo, a [ispanoeβréo, a] 形 名《歴史》[主に文化について] スペイン系ユダヤの，ユダヤ系スペインの

hispanojudío, a [ispanoxuðío, a] 形 名 ユダヤ系スペイン語[の] 『=judeoespañol』

hispanomusulmán, na [ispanomusulmán, na] 形 名《歴史》[中世に] スペインに住んでいたイスラム教徒[の]，イスラム・スペインの

hispanoparlante [ispanoparlánte] 形 名 =**hispanohablante**

hispanorromano, na [ispanor̄ománo, na] 形 名《歴史》ローマ化したイベリア半島の[人]: ruinas ~nas ローマ期イベリア半島の遺跡

hispanovisigodo, da [ispanoβisiɣóðo, ða] 形 名 =**hispanogodo**

híspido, da [íspiðo, ða] 形《文語》剛毛の

hispir [ispír] 他《まれ》[クッションなどを] 柔らかくする，ふかふかにする

histamina [istamína] 女《生化》ヒスタミン

histamínico, ca [istamíniko, ka] 形 ヒスタミンの

histeralgia [isterálxja] 女《医学》子宮痛

histerectomía [isterektomía] 女《医学》子宮摘出

histéresis [istéresis] 女《物理など》ヒステリシス, 履歴現象: ~ de los costes《経済》生産費の履歴現象『生産量の低下局面で人員整理に遅れが生じコストが割高になる；生産量の上昇局面で設備拡張に遅れが生じコストが割安になる』

histeria [istérja]『←ギリシャ語 hystera「子宮」』女《医学》ヒステリー『病気, 一時的な神経の興奮』: tener un ataque de ~ ヒステリーを起こす. ~ colectiva 集団ヒステリー

histéricamente [istérikaménte] 副 ヒステリックに

histérico, ca [istériko, ka]『←ラテン語 histericus』形 名 ヒステリーの[患者]; ヒステリックな[人]: ponerse (estar) ~ ヒステリックになる(なっている), いらいらする(している). risa ~cas ヒステリックな笑い
── 男 [一時的な] 神経の興奮

histerismo [istérismo] 男 =**histeria**

histerizar [isteriθár] ~**se**《メキシコ, 中米, ベネズエラ》非常に神経質になる

histerografía [isteroɣrafía] 女 子宮造影[法]，子宮撮影[法]

histerología [isteroloxía] 女《修辞》転倒法

histeroma [isteróma] 女《医学》子宮の腫瘍

histerómetro [isterómetro] 男《医学》子宮計

histeropexia [isteropéksja] 女《医学》子宮腹壁固定術

histerotomía [isterotomía] 女《医学》帝王切開[術]

hístico, ca [ístiko, ka] 形《生物》ヒスティックの

histidina [istiðína] 女《生化》ヒスチジン

histiocito [istjoθíto] 男 組織網内皮系細胞

histocompatibilidad [istokɔmpatibiliðá[ð]] 女《医学》組織適合性

histodiagnosis [istoðjaɣnósis] 女《医学》組織の顕微鏡検査

histogénesis [istoxénesis] 女《生物》組織発生

histograma [istoɣráma] 男《統計》ヒストグラフ

histólisis [istólisis] 女《医学》組織分解

histología [istoloxía] 女《生物, 医学》組織学

histólogico, ca [istolóxiko, ka] 形《生物, 医学》組織学の

histólogo, ga [istóloɣo, ɣa] 名 組織学者

histona [istóna] 女《生化》ヒストン

histopatología [istopatoloxía] 女 組織病理学

histopatológico, ca [istopatolóxiko, ka] 形 組織病理学の

histopatólogo, ga [istopatóloɣo, ɣa] 名 組織病理学者

histoplasmosis [istoplasmósis] 女《医学》ヒストプラズマ症

histoquimia [istokímja] 女 =**histoquímica**

histoquímica [istokímika] 女 組織化学

historia [istórja]『←ラテン語 historia < ギリシャ語 historia「捜索, 確認」< histor「賢者, 物知り」』女 ❶ 歴史: 1) Estudian la ~ de España. 彼らはスペイン史を勉強している. dejar su nombre en la ~ 歴史に名を残す. ~ antigua 古代史. ~ de la literatura 文学史. ~ del cine 映画史. ~ del Imperio Romano ローマ帝国史. ~ europea 西洋史. ~ sagrada (sacra) [聖書の記述する] 聖史. ~ universal 世界史. 2) [主に H~] 歴史学: Soy licenciado en H~. 私は歴史学の学士号を持っている. 3) [集名] [主に H~] 歴史史の出来事: Descubrimiento de América fue un suceso crucial en la H~. アメリカ大陸の発見は歴史的にきわめて重要な出来事だった. 4) 歴史書. 5) [伝説・物語に対し] 真実の出来事. ~《美術》歴史画. ❷ 記録; 来歴, 伝統; 経歴, 履歴: contar su ~ 身の上話をする. mujer con mucha ~ 過去のある女. ~ clínica《主に南米》[個人の] 医療記録集, 病歴. ~ del torneo 試合履歴. ~ personal 自分史; 履歴. ❸ 話, 物語 [類] **historia** は実際にあった話・作り話, **cuento** は主に作り話: En la noche mi abuelo contaban ~s de terror. 夜になると祖父は怖い話をしてくれたものだ. Es la ~ de príncipes y princesas. それは王子様とお姫様のお話だ. Esta ~ es larga de contar. それは長い話だ. ...pero esa es otra ~. ...しかしそれはまた別のお話. ~ de amor 恋物語. ❹《口語》[複] ちょっとした〕作り話, 真偽の定かでない話; 言い訳: No me vengas con ~s. でたらめを言うな. inventar una ~ 作り話をする, 話をでっち上げる. ❺《口語》[主に複] うわさ話; 恋愛関係のごたごた: Ya me cansaron sus ~s sobre los vecinos. 彼らは近所のうわさ話で私をうんざりさせた. ❻《軽蔑》事柄, 問題; ささいな問題. ❼《メキシコ, アルゼンチン, パラグアイ》混乱, 紛糾

¡Así se escribe la ~! [偽りを非難して] こうやって話ができ上げられていくわけだ!

con ~ =de ~

de ~ [人が] 問題の, 例の. いわくつきの: mujer de ~ 例のあの女

dejar para la ~《チリ, 口語》破壊する, 叩きつぶす

dejarse de ~s 四の五の言わない: ¡Déjate de ~s y cuéntame todo lo que pasó cuando se reencontraron! ごだごだ託を並べないで, 彼らが再会した時何が起きたのか, すべて言え!

hacer ~ 歴史に残る, 歴史を作る: Un brasileño *hizo ~* en fútbol. 一人のブラジル人がサッカー史に残った

~ natural 博物学, 博物誌

ni+名詞 ni ~s《軽蔑》...もへちまもない

la ~ de siempre/la ~ de todos los días/la misma ~ いつもの話(経過・出来事), よくある話

pasar a la ~ 1) [過去時制で] 古くさい, 過去に属する: Este modelo de coche ya *ha pasado a la ~*. この型の車はもう古い. 2) [未来時制で] 歴史に残る, 歴史に名を残す, 非常に重要である: Esas huelgas *pasarán a la ~*. そのストライキは歴史に残るだろう

pequeña ~《口語》[日常生活の] 小さな出来事

picar en ~《古語的》[事が] 思っていたより重大(重要)である

qué+名詞 ni qué ~s《軽蔑》...もへちまもあるものか: *Qué amor ni qué ~s*, lo que quiere esa mujer es tu dinero. 愛もへちまもあるのか, その女が狙っているのは君の金だよ

quitarse de ~s =dejarse de ~s

ser ~《古語的》過去のことである, 今は重要でない: Aquel malentendido entre nosotros ya es ~. 私たちの間の誤解はもう過去のことだ

ser otra ~ [事が] 別物である, 異なる

tener ~ 1)《経過・出来事》である, 興味深い: *Tiene ~* cómo consiguieron este cuadro. 彼らがどうやってこの絵を手に入れたかについては面白い話がある

tener una ~ うわさ話(恋愛関係のごたごた)がある: Tuvo una ~ con una cantante. 彼はある女性歌手とうわさがあった

venir con ~s ご託を並べる, 四の五の言う: Por favor no me vengas con ~s de que tú eres el mejor de todos. お前さんがみんなの中で最高の男だなんて話をごだごだ並べるのはやめにしてもらいたいね

historiable [istorjáβle] 形 話(物語・叙述)の対象となり得る

historiado, da [istorjáðo, ða] 形 ❶《口語》装飾過多の, ごて

ごてした。❷[大文字が]装飾文字の: letra ~da 飾り文字。❸《美術》複数の人物の情景が描かれた

historiador, ra [istorjaðór, ra] 图 歴史家, 歴史学者

historial [istorjál]《←historia》[男][集名]❶ 経歴, 履歴〖=~ personal〗: Él tiene un ~ muy interesante. 彼は大変面白い経歴の持ち主だ。~ académico 学歴。~ clínico (médico) 医療記録。~ profesional 職歴。❷ 年代順に記述したもの: ~ de la empresa 会社の沿革。escuela con un glorioso ~ 輝かしい伝統のある学校

―― 形 歴史の

historiar [istorjár]《←historia》[10][11][他]❶[真実・作り話を問わず, 筋道を立てて詳しく]…の話をする: El escritor ha historiado lo que sucedió la noche en su novela. その作家はその夜の出来事を小説の中で細かく物語っている。❷《中南米. 口語》混乱させる, 粉糾させる

históricamente [istórikaménte] 副 歴史的に, 歴史上, 歴史的観点から

historicidad [istoriθiðáð] 图 ❶ 史実性: Es dudosa la ~ de los hechos relatados en la «Odisea». 『オデュッセイア』で語られた事柄の史実性は疑わしい。❷ 歴史的重要性: ~ de la caída del muro de Berlín ベルリンの壁崩壊の歴史的重要性

historicismo [istoriθísmo] 图 歴史主義; 歴史的相対主義; 歴史偏重

historicista [istoriθísta] 形 图 歴史主義的な(主義者)

histórico, ca [istóriko, ka]《←ギリシア語 historikos》形 ❶ 歴史の, 歴史学の: fondo ~ 歴史的背景。documentos ~s 史料。❷ 歴史上の, 実在の: Jesús ~ 歴史的イエス。novela ~ca 歴史小説。❸ 歴史に残る, 歴史上重要な: La empresa registró pérdidas ~cas. その会社の大損害を記録した。acontecimiento ~ 歴史的事件。monumento ~ 歴史的建造物

historieta [istorjéta]《←仏語 historiette》图 ❶[ストーリーのある]漫画。❷[短くて面白い]お話, 小話

historietista [istorjetísta] 图 漫画家; 小話作家

historificar [istorifikár] [7] [他] =**historizar**

historiografía [istorjoɣrafía] 图 ❶ 修史, 正史; 史料編纂。❷ 歴史研究: ~ lingüística 言語史研究。❸ 歴史的文献

historiográfico, ca [istorjoɣráfiko, ka] 形 ❶ 史料編纂の。❷ 歴史研究の: método ~ 歴史学方法論

historiógrafo, fa [istorjóɣrafo, fa] 图 ❶ 修史官; 史料編纂者。❷ 歴史家

historiología [istorjoloxía] 图 史学学

historiológico, ca [istorjolóxiko, ka] 形 史学学の

historiólogo, ga [istorjólogo, ɣa] 图 史学学者

historismo [istorísmo] [男] =**historicismo**

historización [istoriθaθjón] 图《まれ》歴史的にする(なる)こと

historizar [istoriθár] [9] [他] 歴史的にする

―― ~se 歴史的になる

histoterapia [istoterápja] 图 胎盤組織療法

histrión, na [istrjón, na] 图 《←ラテン語 histrio, -onis》图〖[女] histrionisa もある〗❶《軽蔑》大げさな演技をする役者。❷《軽蔑》芝居がかった言動をする人, 大げさな人: Ese político es un perfecto ~. あの政治家は全くのはったり屋だ。❸ おどけ者。❹《古語》曲芸師, 手品師, 人形使い

―― [男]《古典悲劇の》俳優

histriónico, ca [istrjóniko, ka] 形 ❶《軽蔑》[演技が]大げさな, わざとらしい。❷《軽蔑》[言動が]芝居がかった。❸《医学》trastorno ~ de la personalidad 演技性パーソナリティ障害。personalidad ~ca 劇的人格

histrionisa [istrjonísa] 图 histrión の女性形

histrionismo [istrjonísmo] [男] ❶《軽蔑》芝居がかった言動, 大げさな演技。❷《医学》演劇症。❸ 俳優の職。[集名] 俳優

hit [xít]《←英語》[男][撃] ~s《音楽, 野球》ヒット

hita [íta] 图 ❶ 頭のない小さな釘。❷ 境界標〖=hito〗

hitación [itaθjón] 图 境界標の設置

hitamente [itaménte] 副 注意深く, 目を凝らして, じっと見て

hitar [itár] [他] 境界標を設置する

hitita [itíta] 形 图 《歴史》ヒッタイト族(の)

hitleriano, na [itlerjáno, na] 形 图 ヒトラー主義の(主義者)

hitlerismo [itlerísmo] [男] ヒトラー Hitler 主義〖ドイツの政治家〗

hito [íto]《←俗ラテン語 fictus「固定した」< figere「打ち込む」》[男] ❶ 境界標; 里程標, 道標。❷ 画期的な出来事: Ese viaje constituyó un ~ en su vida. その旅行は彼の人生における画期的な出来事となった。marcar un ~ histórico 歴史を作る。❸ 的当て遊び

dar en el ~ 的中する, うまく当てる

mirar de ~ en ~ じっと見つめる

hitón [itón] [男] 頭のない四角い大釘

hit parade [xitparéjd]《←英語》[男] ヒットパレード, 人気順位

hiyab [xijáb] [男]《服飾》[イスラム圏の女性の]ヒジャブ, ヘジャーブ

hiza [íθa] [女]《植物》ナンキンハゼ

HMG [女]《略語》←hora Media de Greenwich グリニッジ標準時, GMT

hnos.《略語》←hermanos 兄弟商会

hoatzín [xoa(t)θín] [男]《鳥》ツメバケイ

hobachón, na [xobatʃón, na] 形 太っていてのろま(不精)な

hobachonería [xobatʃonería] [女] 怠惰, 不精

hobby [xóbi]《←英語》[男][撃] hobbies/~s》趣味: ¿Cuál es tu ~? 趣味は何ですか? por (como) ~ 趣味として

hobo [xóbo] [男] =**jobo**

hocero, ra [oθéro, ra] 图 鎌 hoz の製造(販売)者

hocicada [oθikáða] 图 鼻面を叩くこと

hocicar [oθikár]《←hozar》[7] [他] ❶[鼻面で]掘る: El cerdo hocica la tierra en busca de alimentos. 豚は食べ物を捜して, 鼻先で土を掘り返している。❷《西. 軽蔑》何度もキスする〖=besuquear〗

―― [自] ❶ 乗り越えがたい障害(困難)にぶつかる。❷《西. 軽蔑》さぐり回る, かぎ回る: Un hombre hocica en mis cosas. 一人の男が私のことをかぎ回っている。❸ うつぶせに(ばったり)倒れる。❹《口語》屈する, 信念を曲げる

―― ~se《西. 軽蔑》何度もキスし合う: Están siempre hocicándose. 彼らはいつもべたべたキスを交わしている

hocicazo [oθikáθo] [男]《チリ. 口語》口への打撃; キス

hocico [oθíko]《←hocicar》[男] ❶《哺乳動物の》[男] 鼻口部, 鼻面: El cerdo hurgaba en el barro con su ~. 豚は鼻で泥を探し回っていた。El gato metió el ~ en el plato. 猫は鼻先を皿に突っ込んでいる。❷《軽蔑》[人の, 主に厚い]唇, 口の周囲。❸《西》では稀〘撃〙: La niña tiene los ~s llenos de crema. 少女は口のまわりをクリームでべたべたにしている。❸《西》[人の]顔〖主に鼻と口〗: 1) tener un ~ redondo 丸い顔をしている。2)《怒った時の》ふくれ面: estar de (con) ~s/tener [de] ~ ふくれ面をしている

arrugar el ~ =**torcer el ~**

caer de ~s《口語》1)[+en ~] うつぶせに倒れる: Cayó de ~s en el suelo. 彼は床にうつぶせに倒れた。2) [+contra と] 正面衝突する

cerrar el ~ 余計なことを言わない, 話すのを拒否する

dar de ~s《口語》1) [+contra と] 正面衝突する。2) [+en に] うつぶせに倒れる

hacer el ~ =**torcer el ~**

meter el ~ (los ~s) en...《口語》[好奇心で]…に鼻を突っ込む, かぎ回る

partirse el ~ (los ~s) 顔をけがする; [脅し文句で]顔を殴られる, 鼻をへし折られる

poner el ~ ふくれ面をする, 口を尖らす

romperse el ~ (los ~s) =**partirse el ~ (los ~s)**

torcer el ~ 顔をゆがめる, 不機嫌な顔をする

hocicón, na [oθikón, na] 形 ❶《哺乳動物が》鼻が突き出ている〖=hocicudo〗。❷[動物が]鼻が突き出ている〘撃〙。❸《メキシコ, コスタリカ, チリ. 口語》告げ口屋(の), 密告屋(の)。❹《メキシコ》ペラペラとよくしゃべる〘人〙。❺《グアテマラ, プエルトリコ, ペルー. 俗語》不機嫌な表情の〘人〙

hocicudo, da [oθikúðo, ða] 形 ❶[動物が]鼻が突き出ている。❷《西. 軽蔑》[人が]唇が厚い(突き出ている)。❸《グアテマラ, プエルトリコ, ペルー》不機嫌な

hocín [oθín] [男]《地方語》小型の鎌

hocina [oθína] [女]《地方語》峡谷〖=hocino〗

hocino [oθíno] [男] ❶ 鉈鎌。❷ 峡谷

hociquear [oθikeár] [他] =**hocicar**

hociqueo [oθikéo] 图 hocicar すること

hociquera [oθikéra] [女]《キューバ, ペルー》[動物の] 口輪

hockey [xókej]《←英語》[男]《スポーツ》ホッケー; フィールドホッケー〖= ~ sobre hierba〗: ~ sobre hielo アイスホッケー。~ sobre (de) patines ローラーホッケー

hoco [óko] [男] ❶《鳥》オオホウカンチョウ。❷《ボリビア. 植物》果

Hodie mihi, cras tibi [xóđje mi(i) kras tîbi]《←ラテン語》今日は私に、明日は君に
hodierno, na [odjérno, na]形《文語》今日の、現在の
hodómetro [odómetro]男=**odómetro**
hogal [ogál]男《地方語》かまど〖=hogar〗
hogañazo [ogaɲáθo]副 =**hogaño**
hogaño [ogáɲo]《←ラテン語 hoc anno》副《文語》今年; 今, 現在〖⇔antaño〗
hogar [ogár]《←ラテン語 focaris < focus》男 ❶ 家庭, 家; 家族: Dejó el ~ a los 18 años. 彼は18歳の時家を出た. Se recuperó al calor del ~. 彼は家庭の温かさの中で健康を回復した. formar un ~/crear un ~ 結婚する、家庭を築く. tener un ~ 家庭(家)がある. trabajar en el ~ 家事労働をする. artículos del (para el) ~ 家庭用品. labores del ~ 家事、家事労働. violencia en el ~ 家庭内暴力. ~ conyugal 新婚家庭. ¡H~, dulce ~! 懐かしの我が家!. ❷《文語》〖家の〗炉, かまど, へっち: sentarse al calor del ~ かまどの火で暖かい身に座る. ❸ 施設. ~ de acogida [para refugiados]《難民》収容施設. ~ de ancianos 老人ホーム. ~ del estudiante 学生会館. ~ del pensionista/~ del jubilado《西》老人福祉センター, 敬老会館. ❹《西》家政学. ❺〖鉄道〗〖蒸気機関車の〗火室. ❻〖まれ〗たき火. ❼《メキシコ》火鉢. sin ~ ホームレスの: Se han quedado sin ~. 彼らはホームレスになった
hogareño, ña [ogaréɲo, ɲa]《←hogar》形 家庭の、家庭的な: Las navidades son unas fiestas ~ñas. クリスマスは家庭で祝う祭りである. paz ~ña 家庭の平和. ambiente ~ 家庭的な雰囲気. hombre ~ 家庭的な男
hogaril [ogaríl]男《地方語》かまど〖=hogar〗
hogaza [ogáθa]《←ラテン語 focacia》女〖円形の〗大きなパン〖=~ de pan〗
hogo [ógo]男《コロンビア. 料理》トマト・玉ネギ・チーズのソース
hoguera [ogéra]《←ラテン語 focus》女 ❶ たき火: encender una ~ たき火をする. En la fiesta de San Juan, la gente salta sobre las ~s como acto de purificación. 聖ヨハネ祭に人々はたき火を飛び越えて身を清める. ❷ 火刑, 火あぶり: Quemaron a una bruja en la ~. 魔女が火あぶりにされた
hogueril [ogeríl]男《地方語》❶ 炉, 暖炉; かまど. ❷ たき火
hoja [óxa]《←ラテン語 folia》女 ❶〖時に〖集合〗木・草の〗葉: 1) Estos árboles están cargados de ~s durante todo el año. これらの木は一年中葉を付けている. En otoño se les caen las ~s secas a los árboles. 秋には木から枯れ葉が落ちる. Al caer la ~, siémbrese el trigo. 落葉の季節になったら麦の種をまけ. No se mueve la ~ en el árbol sin la voluntad del Señor. すべて主の思し召し次第である. al caer la ~/a la caída de la ~ 秋に. caída de la ~ 落葉. ~ caída 落ち葉. ~ seca (muerta) 枯れ葉. ~ de lechuga (de espinaca) レタス(ホウレンソウ)の葉. 2)《植物》compuesta 複葉. ~ sencilla (simple) 単葉. ❷ 花弁, 花びら〖=pétalo〗: A las rosas marchitas se les caen ~s. しぼんだバラから花弁が落ちる. rosa de ~ rojas 赤いバラ. ❸《紙》紙片; 薄片: Ponga su nombre en esta ~. この紙にお名前をお書き下さい. batir ~ 箔に する. ~ de aluminio アルミ箔. ~ de estaño スズ箔. ~ de lata =**hojalata**. en blanco 白紙. ~ intercalar 差し込み紙, 間紙(ʰǐ). ~ volante 〖本・ノートの〗綴じられていない紙, ルーズリーフ. ❹〖片片状の〗書類, 文書: ~ de estudios 成績表. ~ de movilización 召集令状. ~ de pago 給与明細書. ~ de reclamaciones 苦情申し立て書. ~ de registro 登録用紙. ~ de ruta 貨物運送状. ~ de servicios《公務員の》経歴書, 人事記録. ~ de vida《コロンビア》履歴書. ❺〖経理, 情報〗~ de cálculo/~ electrónica スプレッドシート, 表計算ソフト, ~ de trabajo 精算表, 運用表, ワークシート. ❻〖本・ノートなどの〗1枚〖表裏2ページ分〗: pasar ~s ページをめくる. arrancar una ~ del bloc de notas メモ帳のページを1枚ちぎる. ❼〖4ページ以下の〗刊行物, 刷り物: ~ parroquial 教区新聞. ~ suelta (volante) リーフレット, 簡単なパンフレット. ❽〖新聞名の一部〗La H~ de Lunes 月曜新聞. ❾〖ナイフなどの〗刃: ~ de afeitar 安全かみそりの刃. ⓾〖まっすぐな〗長剣. ⓫〖スケート靴の〗ブレード. ⓬〖ドア・窓などの〗扉, 戸〖ついての〗面: abrir solo una ~ de la ventana 窓の片面だけをあける. puerta de dos ~s 両開きの戸(ドア). ⓭〖欄の〗水かき, ブレード. ⓮甲冑の各片; 洋服の主要部分. ⓯〖建築〗〖柱頭

などの〗葉飾り. ⓰ vino de dos (tres) ~s 2(3)年もののワイン. ⓱〖耕作と休耕を交互に繰り返す〗耕地. ⓲《料理》1) ~ de tocino 豚のわき腹肉のベーコン. ~ de bacalao《地方語》丸ごとの塩鱈. 2) パイ生地の一枚
desdoblar la ~ 中断していた話に戻る
doblar la ~ 〖脇道にそれて〗話を中断する
~ de parra 1)《旧約聖書》〖局部を覆う〗イチジクの葉. 2) 覆い隠すもの
mudar la ~ 意図を放棄する
no tener vuelta de ~《口語》議論の余地がない、明白である: No tiene vuelta de ~: o pagas, o vas a la cárcel. 事は単純で、お前が金を払うか刑務所へ行くかだ
picarse de la ~ 空いばりする, 虚勢を張る
poner a+人 **como (de)** ~ **de perejil**《西》こき下ろす, 厳しく非難する
ser sin vuelta de ~ =**no tener vuelta de** ~
ser tentado de la ~ 〖話題になっているものが〗好きである
ser todo ~**, y no tener fruto** 口ばかり達者である, 多弁で中身がない
temblar como una ~ 震えおののく
tener ~ 硬貨にひびが入っていて本来の音がしない
volver la ~ 話題を変える; 気が変わる; 敵を破る
hojado, da [oxádo, đa]形《植物, 紋章》葉のある
hojalata [oxaláta]《←hoja+lata》女 ブリキ[板]: juguete de ~ ブリキのおもちゃ
hojalatada [oxalatáđa]女《中米》板金
hojalatear [oxalateár]他《メキシコ. 自動車》車体のへこみを修理する
hojalatería [oxalatería]女 ❶ ブリキ工場(販売店). ❷《メキシコ》自動車修理工場
hojalatero, ra [oxalatéro, ra]名 ❶ ブリキ製造(販売)業者. ❷《メキシコ》自動車修理工
hojalda [oxálda]女《南米》=**hojaldre**
hojalde [oxálde]男 =**hojaldre**
hojaldra [oxáldra]女《中米》=**hojaldre**
hojaldrado, da [oxaldráđo, đa]形 パイ生地の(ような); パイ生地でできた
hojaldrar [oxaldrár]他《料理》〖パイ生地を〗折り込む: pasta *hojaldrada* パイシート
hojaldre [oxáldre]《←古語 hojalde < ラテン語》[massa] foliatilis < focus「層状の(生地)」〗男〖まれ〗《料理》〖折り込んだ〗パイ生地;《南米》~ de jamón スzキモのパイ皮包み
hojaldrero, ra [oxaldréro, ra]名 パイ職人, パイ生地を作る人
hojaldrilla [oxaldríʎa]女 とても薄いパイ生地
hojaldrista [oxaldrísta]名 =**hojaldrero**
hojaranzo [oxaráɲθo]男 ❶ =**ojaranzo**. ❷《植物》キョウチクトウ
hojarasca [oxaráska]《←hoja》女 ❶〖集合〗枯れ葉, 落ち葉; 伸び放題に茂った葉. ❷《軽蔑》見かけ(数)だけで内容のないもの; 〖特に講演などの〗無駄口, 饒舌, 冗漫な表現: La charla que dio anoche sobre su viaje a Antártida fue interesante, pero hubo también mucha ~. 彼の昨夜の南極旅行の話は面白かったが、無駄話も多かった. ❸〖建築〗〖柱頭などの〗葉飾り
hojear [oxeár]《←hoja》他 ❶ …のページをめくる. ❷ ざっと目を通す; ~ una revista 雑誌を斜め読みする
─自《中南米》葉を落とす
hojecer [oxeθér]自《古語》〖樹木が〗葉をつける
Hojeda [oxéđa]《人名》**Diego de** ~ ディエゴ・デ・オヘダ〖1570 −1615, スペイン生まれの詩人. 若くしてペルーへ渡る. 叙事詩『ラ・クリスティアダ』*La Cristiada*〗
hojiblanco, ca [oxiblánko, ka]形《地方語》葉が白っぽい〖オリーブ〗
hojilla [oxíʎa]女 ❶《ベネズエラ》かみそり. ❷《ラプラタ. 古語》〖たばこの〗巻紙
hojoso, sa [oxóso, sa]《←hoja》形 ❶ 葉の多い、葉の茂った. ❷ 薄い層からなる、層状の
hojudo, da [oxúđo, đa]=**hojoso**
hojuela [oxwéla]《hoja の示小語》女 ❶《料理》1)《西》クレープ, パンケーキ. 2)《中米》de maíz コーンフレーク. 3)《メキシコ, カリブ》パイ生地. 4)《ホンジュラス》フィジョア〖=filloa〗. ❷ 薄片; 〖金・銀などの〗細長い薄片: ~ de estaño アルミ箔. ❸《植物》小葉
hola [óla]《←擬態》間 ❶〖主に知人に会った時の挨拶で〗やあ!

hombre

H～, Pepe, ¿qué tal estás? やあ、ペペ、元気かい? ❷《西》[主に繰り返して、驚き・奇異・不快など] おや、まあ!: ¡H～, ～...! ¡Con que dices que te vas de casa! おやおや、お前は家を出ると言うの! ¡H～, qué exigente eres para el vino! 何ともはや、君はワインにやかましいな! ❸《廃語》[目下の者に対する呼びかけ] おい。❹《中南米. 電話》もしもし

holá [olá] 間《中南米. 電話》もしもし
holán [olán]男 ❶《繊維》1) オランダ布〔=holanda〕. 2)《メキシコ》[ワイシャツ・シーツ用の] 薄い綿布. ❷《メキシコ, アルゼンチン. 服飾》フリル、すそ飾り
holancina [olanθína]女《キューバ》[婦人服用の] 極薄の綿布
holanda [olánda]女 ❶《国名》[H～] オランダ. ❷《繊維》オランダ布 [元は薄いリネン]; ❸《まれ》オランダ布のシーツ. ❹《主に複》ワインから作る強い蒸留酒. ❹ papel [de] ～ [丈夫な]簀(')の目紙
―――男《料理》オランダチーズ
holandés, sa [olandés, sa]形 名《国名》オランダ [人・語]の; オランダ人
―――男 オランダ語
―――女《印刷》1) 22×28センチの判型の紙. 2) a la ～sa 半皮装丁の
holandeta [olandéta]女 =**holandilla**
holandilla [olandíʎa]女《繊維》[裏地用の] リンネル
holco [ólko]男《植物》シラゲガヤ
holding [xóldiŋ]《←英語》男《複》～s 持ち株会社
holear [xoleár]自 やあ hola という挨拶を繰り返す
holgachón, na [ɔlgatʃón, na]女《口語》のらくら, 無為徒食の
holgadamente [ɔlgáðaménte]副 ゆったりと
holgadero [ɔlgaðéro]男 人々が休息するために集う場所
holgado, da [ɔlgáðo, ða]《←holgar》形 ❶ [服などが] ゆったりとした, 大きめの: Estos zapatos te están un poco ～s. この靴は君には少し大きすぎる. En este coche iremos muy ～. この車ならゆったり乗って行けるだろう. ❷ 十分にある; [経済的に] 余裕がある: Estamos ～s de tiempo. 私たちは時間が十分ある. ～da victoria 大勝, 楽勝. vida ～da ゆとりのある生活
holganza [ɔlɡánθa]女《文語》怠惰, 閑暇
holgar [ɔlɡár]《←俗ラテン語 follicare「息を切らせる」》自 28《→**colgar**》 ❶《文語》[行為が] 余分である, 不必要である: Huelgan los comentarios. コメントの必要はない. Huelga decir que+直説法 …はあえて言うまでもない. ❷《古語》仕事を休む, 休息(休暇)をとる
―――～se 他《[+de・con で] 楽しむ, 喜ぶ: ～se de su suerte 自分の幸運を喜ぶ
holgazán, na [ɔlɡaθán, na]《←古語 holgazar「楽しく過ごす」< holgar》形 名《軽蔑》怠け者[の], 仕事ぎらいの [人]
holgazanear [ɔlɡaθaneár]自 怠ける, のらくら暮らす
holgazanería [ɔlɡaθanería]女 怠惰, 不精
holgón, na [ɔlɡón, na]形 名《方言》❶ 祭り好きな[人], 遊び好きな[人]. ❷ ゆったりした [=holgado]
holgorio [ɔlɡórjo]男《西. 口語》=**jolgorio**
holgueta [ɔlɡéta]女《口語》歓喜, どんちゃん騒ぎ
holgura [ɔlɡúra]《←holgar》女 ❶ ゆとり, 余裕: Caben diez personas en el ascensor. このエレベーターには楽に10人乗れる. vivir con ～ ゆとりのある暮らしをする. ❷《技術》[機械の] あそび; ずれ, すき間. ❸《まれ》喜び, 楽しみ
holismo [olísmo]男《哲学》全体論, ホーリズム
holístico, ca [olístiko, ka]形《哲学》全体論の, ホーリズムの;《医学》全体観的な
holladura [oʎaðúra]女 ❶ 踏みにじること; 踏みつけた跡, 足跡. ❷ 蹂躙(ᶦᵘ͂)
hollar [oʎár]《←俗ラテン語 fullare「踏む」》28 他《文語》…に足を踏み入れる; 侵入する: Holló la selva amazónica. 彼はアマゾンの密林に足を踏み入れた. ～ un cementerio 墓地に入り込む. ～ la memoria 思い出を踏みにじる. ～ el honor 名誉を汚す
hollejo [oʎéxo]《←ラテン語 folliculus「小型のふいご」》男 ❶ [ブドウ・オリーブなどの実の] 皮. ❷《プエルトリコ. 古語》[バナナの株の] 繊維質の外皮
hollejudo, da [oʎexúðo, ða]形《チリ》[果物などの] 皮の厚い, 皮の固い
hollín [oʎín]《←ラテン語 fulligo, -iginis < ラテン語 fuligo》男《不可算》煤(ᵘ͂): El techo está cubierto de ～. 天井は煤だらけだ. limpiar... de ～ …の煤を払う

hollinar [oʎinár]他 煤けさせる, 煤だらけにする
―――～se 煤ける, 煤だらけになる
holliniento, ta [oʎinjénto, ta]形 =**hollinoso**
hollinoso, sa [oʎinóso, sa]形 煤けた, 煤だらけの
hollywoodense [xoljuðénse]形 名《地名. 時に軽蔑》=**hollywoodiano**
hollywoodiano, na [xoljuðjáno, na]形 名《地名. 時に軽蔑》ハリウッド Hollywood の[人]; ハリウッド的な: mitología ～na ハリウッド神話
hollywoodiense [xoljuðjénse]形 名《地名. 時に軽蔑》=**hollywoodiano**
holmio [ólmjo]男《元素》ホルミウム
holo- [接頭辞]《全体, 完全》holometábolo 完全変態の
holoártico, ca [oloártiko, ka]形《地理》全北区の
holoáxico, ca [oloá(k)siko, ka]形《鉱物》[結晶が] 対称軸だけを持つ
holobionte [olobjónte]男《生物》誕生から死までずっと同じ環境で生きる
holoblástico, ca [oloßlástiko, ka]形《生物》[卵が] 全割の
holocausto [olokáusto]《←ラテン語 holocaustum < ギリシア語 holokaustos》男 ❶《古代ユダヤ教》燔祭(ᴴ᷈). ❷《文語》犠牲; 献身: ofrecerse en ～ 一命をなげうつ. servir de ～ 献身する. en ～ a Dios カミへの犠牲として. ❸《ユダヤ人》の大虐殺
holocéfalo, ta [oloθéfalo, ta]形《魚》軟骨魚類の
―――男《魚》軟骨魚類
holoceno, na [oloθéno, na]形 名《地質》完新世[の]
holocenosis [oloθenósis]女《単複同形》生態系, エコシステム
holocristalino, na [olokristalíno, na]形《火成岩が》完晶質の
holoedría [oloeðría]女《鉱物》完面像であること
holoédrico, ca [oloéðriko, ka]形《結晶が》完面像の
holoedro [oloéðro]男《鉱物》完面像
hologamia [ologámja]女《生物》全配偶性, ホロガミー
holografía [olografía]女《光学》レーザー光線写真術, ホログラフィー
holografiar [olografjár]11 他 ホログラムを撮影する
holográfico, ca [olográfiko, ka]形 ホログラフィーの
hológrafo [olóɡrafo]男 =**ológrafo**
holograma [oloɡráma]男《光学》ホログラム
holográmico, ca [oloɡrámiko, ka]形 ホログラム, ホログラフィーの
holometábolo, la [olometábolo, la]形《昆虫》完全変態の
holómetro [olómetro]男 高度角測定儀
holomorfosis [olomorfósis]女《生物》再生能力
holoparásito, ta [oloparásito, ta]形《植物》全寄生の
holoproteína [oloproteína]女《生化》ホロたんぱく
holósido [olósiðo]男《化学》ホロシド
holostérico, ca [olostériko, ka]形《形》完全に固体の: barómetro ～ 全固状晴雨計
holotipo [olotípo]男《動物》完模式標本, 正基準標本
holoturia [olotúrja]女《動物》ナマコ
holotúrido, da [oloturiðo, ða]形 =**holoturoideo**
holoturoideo, a [oloturojðéo, a]形 =**holoturoideo**
holoturoideo, a [oloturojðéo, a]形《動物》ナマコ類の
―――男《動物》ナマコ類
holter [xólter]《←英語》男《医学》ホルター心電計
hombracho [ɔmbrátʃo]男 ❶ 大男. ❷ 無作法な男, 軽蔑すべき男
hombrada [ɔmbráða]女《←hombre》女 ❶ 勇敢な・寛容な] 男らしい行ない
¡Vaya ～! 《皮肉》何て勇敢な!《実際は臆病な》
hombradía [ɔmbraðía]女 =**hombría**
hombral [ɔmbrál]男 [人の] 肩の上部
hombre [ómbre]《←ラテン語 homo, -inis》男 ❶ 人間, 人: 1) [一般に] El ～ es mortal. 人間は死ぬものだ. Todos los ～s son iguales de nacimiento. すべての人は生まれながらにして平等である. H～ prevenido (precavido・apercibido) vale por dos. 《諺》備えあれば憂いなし. 2) [具体的な存在としての]: ¡H～ al agua (a la mar)! 人が海に落ちた! Siendo la hora de la siesta, no había ni un ～ en la calle. 昼休みの時間だったので, 通りには人っ子一人いなかった. Ese ～ es un truhán que les ha estafado a varias personas millones de yenes. そいつは何人もの人から数百万円だまし取った詐欺師だ. 3) [神に対して] El ～ propone y Dios dispone [y el diablo lo descompone].

hombre

人が計画し神がその成否を決する〔そして悪魔がぶち壊す〕. 4)《人類学》ヒト, 人類: Los monos y ~ están incluidos en el mismo orden de clasificación. サルとヒトとは分類学上同じ目に含まれる. El ~ apareció en la tierra hace unos tres millones de años. 人類はおよそ300万年前に地球上に現れた. origen del ~ 人類の起源. ~ de Cromañón クロマニョン人. ~ de Neanderthal ネアンデルタール人. ~ de Java ジャワ原人. ~ de Pekín 北京原人. 5)〔ある時代の〕~ de la edad media 中世の人. *H*~ del Renacimiento ルネサンス人. ❷〔女性に対して〕男〔⇔*mujer*〕: 1) Él viste de ~, pero es ~. 彼は女装しているが, 男だ. Al bajar del tren se me acercó un ~ con chaqueta de cuero. 列車から下りると革の上着を着た一人の男が私に近づいてきた. Es un ~ generoso. 彼は寛大な人だ. En el baile de anoche hubo más ~s que mujeres. 昨夜のダンスパーティーでは女性より男性の方が多かった. Generalmente hablando, el ~ es poco ahorrador. 一般論を言えば, 男は節約が苦手だ. Llorar no es de ~s. 泣くのは男のすることではない. cosméticos para ~s 男性用化粧品. 2)《諺》El ~ donde nace, la mujer donde va. 男は生家につき, 女は婚家につく. El ~ y el oso, cuanto más feo, más hermoso. 男の美醜などどうでもいい. ❸ 成人した男, 一人前の男〔18歳以上〕: De niño era muy llorón, pero ya se ha hecho un ~. 彼は子供の時はよく泣き虫だったが, 今では立派な男性になった. Lo vas a entender, cuando seas ~. 大人になれば分かるよ. ❹ 男らしい男: 1) No rezongués más y pídele perdón como un ~. それ以上ぶつぶつ言わずに, 男らしく彼に謝りなさい. Sé un ~. 男らしくしろ. ¡Qué ~ aquél! あの人, 男らしい! ~ [muy+. 形容詞的に〕男らしい, 気概のある: Es muy ~ y nunca se ha desanimado con ningún contratiempo. 彼は剛毅な男で, これまでどんな難事にもひるむことがなかった. ❺《俗用》夫〔=*marido*〕; 愛人, 情夫: Isabel paseaba por el parque del brazo de su ~. イサベルは夫と腕を組んで公園を散歩していた. ❻ 部下: El coronel defendió el fuerte con sus cincuenta ~s. 大佐は50人の部下と共に砦を守った. ❼〔+de+名詞〕1)〔特徴・性質など〕 ~ de suerte 運のいい人. ~ de palabra 約束を守る人. ~ de valor 勇敢な男. ~ de apariencia asiática アジア人みたいな人. 2)〔職業・身分など〕 ~ de ciencia 学者, 科学者. ❽ 男性の標準体型. ❾〔トランプ〕1)〔オンブル tresillo で〕宣言者, 親. 2)《古語》オンブルの古い形式〔=juego del ~〕
── 間《西》〔相手の性別にかかわりなく用いられる〕❶〔喜び・疑い・驚き・不快など〕わあ, おや, まさか!: ¡*H*~, Paula, tú por aquí! おや, パウラ, きみここに来るとは! A mí no me importa quedarme sola.—No, ~, me quedo yo contigo, bonita. 一人で残ってもかまいませんよ.—だめよ, とんでもない, 僕が君と残るよ, いいね! Me preguntó por ti, ~, qué acontecimiento. 彼が君のことを尋ねたよ.—まさか, めずらしいことね. ❷〔催促〕さあ!: Venga ya, ~, ¿nos vamos o no?〔なかなか発車しないバスの乗客がいらだって〕さあ, どうしたんだ, 出るのか出ないのか? ❸〔返答の強調〕もちろん: ¿No sabéis torear todos en España?—¡No, ~! Solo algunos. スペインではみんな闘牛ができるわけではないの?—当たり前だよ. ほんの一部だよ. ❹〔ためらい〕そうかしら: Y eso, ¿por dónde cae?—Sí, ~, cerca del mercado. ところで, そこのあたりにあるの?—そうだね, 市場の近くだね

¡Anda, ~! ¡Vamos, ~!
buen ~《古語的, 田舎語》〔社会的地位が下の見知らぬ人への如才ない呼びかけ〕ちょっと, 君: Dígame, buen ~, ¿por dónde se va al mercado? ちょっとすみません, 市場へはどう行ったらいいですか
como un solo ~ 一斉に, 全員そろって: Un grupo de jóvenes gritaban un slogan como un solo ~. 一群の若者が声をそろえてスローガンを叫んでいた
creerse muy ~ 自分を男らしいと思う: Se cree muy ~, pero, en realidad, es muy tímido para decidirse. 彼は自分を男らしいと思っているが, 本当はとても臆病でなかなか決断しない
de ~ a ~〔男同士で〕率直に, 腹を割って; 一対一で: hablar de ~ a ~ 率直に話し合う; 一対一で話す
desde que el ~ es ~ ずっと昔から
hacer [un] ~ a+人 1) …を引き立てる, 庇護する: Si lo compras, me haces un ~. それを買ってくれればありがたい. 2)〔泣き言・抗議〕ひどい目にあわせる. 3) 成人にする, 一人

前の男にする: Su padre le hizo ~. 父は彼を立派な男に育て上げた. 4) 初めて性交させる
hacerse un ~ 成人する, 一人前の(責任ある行動のとれる)男になる
~ anuncio〖複〛~s anuncio〗サンドイッチマン
~ araña〖複〛~s araña〗クモ男, 壁をよじ登るのが非常に上手な男
~ azul〔主に〖複〛〗トゥアレグ族〔=*tuareg*〕
~ bueno 1) =~ **de bien**. 2)《法律》調停委員. 3)《歴史》平民
~ de bien 誠実(正直・高潔)な人; 約束を果たす人: Su padre es un ~ de bien que ha tenido un puesto de importancia en el Ministerio de Hacienda. 彼の父親は財務省で要職を務めた立派な人物だ
~ de días 中年の人; 老人
~ de dinero 金持ち
~ de edad 年を重ねた人, 老人
~ de Estado〔首相クラスの〕政治家
~ de hecho 約束を守る人
~ de la bolsa=**~ del saco**
~ de la calle 普通(ちまた・無名)の人, 一般大衆: El ~ de la calle no entiende el problema diplomático. 一般人には外交問題は理解できない
~ de mundo 世慣れた人, 社会的地位の高い人とも交際し慣れている人
~ de paja《口語》傀儡(かいらい); 名義人, ダミー
~ de pelea 戦士
~ de pro=**~ de provecho**
~ de provecho 1)〔物知りで〕他人の役に立つ人. 2) きちょうめんな人
~ del día 時の人
~ del saco〔子供への脅し〕Si te portas mal, va a venir el ~ del saco. 悪いことしないと人さらいが来るよ
~ fuerte 最高権力者, 最高責任者: Hasta hace poco ha sido el ~ fuerte del partido. 彼は最近まで党の最高指導者だった
~ lobo〖複〛~s lobo〗狼男, 人狼
~ masa〖複〛~s masa〗普通の人, 一般人, 凡人
~ medio 平均的な人, 一般大衆
~ mono〖複〛~s mono〗《人類学》猿人
~ mosca〖複〛~s mosca〗空中ブランコ曲芸師
~ objeto〖複〛~s objeto〗《戯語》容姿(性的魅力)だけが取り柄の男, 性交相手としてだけの男
~ orquesta〖複〛~s orquesta〗身に付けたいくつもの楽器を一人で演奏する人
~ rana〖複〛~s rana[s]〗フロッグマン, 潜水士〔=*submarinista*〕; 潜水工作員
~ sándwich〖複〛~s sándwich〗=**~ anuncio**
no haber (quedar) ~ con ~ 気持ちがそろっていない, 意見の不一致がある
no tener ~〔人が主語〕庇護者がいない
nuestro ~ 主人公, ヒーロー
¡Pero, ~...!〔非難・不快・驚き〕それはひどい…/何だって…!: ¡Pero, ~, no seas tan aprovechado! けしからん, がめつすぎるぞ! ¡Pero, ~, ha ido sin pagar! 厚かましい奴だ, 金を払わずに帰ってしまった!
ser ~ al agua 何もできない, 途方に暮れる: Si le quitas el ordenador, es ~ al agua. パソコンを取り上げたら, 彼は何もできない
ser ~ con+女性《俗用》…と性交する
ser ~ para...〔能力〕…ができる〖主に否定文で〗: No es ~ para dirigir una empresa. 彼は会社を経営できるような人物ではない
ser mucho ~ 有能な男である
ser otro ~ 別人のようである, すっかり変わってしまっている: Si ahora me echo la siesta media hora, seré otro ~. 今30分昼寝をすると私はすっかり別人のようになるよ. Noto que ha cambiado mucho; a mí me parece que eres otro ~. 君はずいぶん変わったね. 別人みたいだ
ser poco ~ 役立たずである; 男らしくない: Poco ~ es quien escapa del enemigo. 敵から逃げる人は男らしくない
todo un ~ 一人前の男, 男らしい男, 立派な男: Él siempre ha sido todo un ~, incapaz de faltar a su palabra. 彼は必

hombrear [ombreár] **I**【←hombre】自・**～se ❶**［西］［若者が］大人ぶる，一人前の男のふりをする；［+con と］張り合う: Le gusta ～se con los mayores. 彼は大人たちと張り合いたがる. **❷**《メキシコ》［女性が］男性の仕事を好む **II**【←hombro】自 ❶ 持ち上げる・押すために］肩を入れる── 他 **❶**《メキシコ，コスタリカ，コロンビア》援助する，肩入れをする. **❷**《ラプラタ》［肩で］かつぐ

hombrecillo [ombreθíʎo] 【hombre の示小語】男 ❶《軽蔑》小男；取るに足りない人. ❷《植物》ホップ〖=lúpulo〗

hombrecito [ombreθíto] 【hombre の示小語】男 小男

hombredad [ombreðá(ð)] 男 人間であること

hombrera [ombréra]【←hombro】女 ❶《服飾》1）肩パッド，肩の詰め物: blusa con ～s 肩パッド入りのブラウス. 2）［ドレス・スリップ・ブラジャーなどの］肩ひも，ストラップ〖=tirante〗: Se le caía la ～ del vestido cada momento. 彼女はドレスの肩ひもがしょっちゅうずり落ちる. ❷肩口；［軍服の］肩章，肩飾り. ❸［鎧の］肩当て，《アイスホッケーなど》肩の防具

hombrerío [ombrerío] 男《集名》《戯謔》男たち

hombretón [ombretón] 男《口語》たくましい大男

hombría [ombría]【←hombre】女 ❶ 男らしさ《男としての属性，誠実，勇気など》: ～ de bien 誠実. ❷《婉》男性生殖器

hombrillo [ombríʎo] 男 ❶《闘牛》籌甲（の）. ❷《交通》硬路肩. ❸《服飾》［肩の］ヨーク，補強布

hombrín [ombrín] 男《軽蔑》小男

hombro [ómbro]【←ラテン語 umerus】男 ❶ 肩《類義 hombro は肩の上部，espalda は肩の背中側》: Llevaba la chaqueta sobre los ～s (el ～). 彼は上着をはおっていた（肩にかけていた）. Su padre lleva en ～s (alza sobre los ～s) a su hijo. 父は息子を肩車している（肩車した）. ponerse la bolsa sobre (en) el ～ derecho バッグを右肩にかける. ser ancho de ～s 肩幅が広い. ～s alzados (caídos) 怒り肩（なで肩）. ❷《建築》アーチの下部. ❸《印刷》［活字の］肩

a **～s 1）**肩に［かついで］: llevar un madero *a* ～s 材木を肩にかついで運ぶ. 2）［しばしば賞賛の印として］肩車にのせて: Sacaron al torero *a* ～s por la puerta. 人々は闘牛士を肩車にのせて門を出た
al **～** 肩に［かついで・かけて］: con la bolsa *al* ～ バッグを肩にかけて
alzarse los **～s***/alzarse de* **～s** =encogerse de ～s
arrimar el **～** 《口語》力を貸す，労を惜しまず働く: Hay que unir a los artistas, protestar y *arrimar el* ～ para dar soluciones. 解決に向けてアーティストたちを団結させ，抗議し，力を尽くさねばならない
cargado de **～s** 猫背の，腰の曲がった〖=cargado de espaldas〗
echar[*se*]... *al* **～** 1）…を肩にかつぐ: *Se echó* la bici *al* ～ y realizó la prueba corriendo. 彼は自転車を肩にかつぎ，走って競技を終えた. 2）［責任などを］　背負いこむ: *Te has echado* la carga *al* ～ adoptando a los niños. 君は子供たちを養子にし重荷を背負った
en **～s =a ～s**
encoger los **～s** =encogerse de ～s
encogerse de **～s** 肩をすくめる《無関心・軽蔑などの身ぶり》
escurrir el **～**［仕事などを］サボる
～ con ～/a ～/a ～ contra ～ 肩を並べて，並んで: Los médicos todos trabajan ～ con ～ en la lucha contra este virus. 医師たちは全員このウイルスとの戦いに肩を並べて働いている. estar ～ a ～ con+人 ～と［親しく］つき合う
hurtar el **～** 苦労（責任）から逃れる
levantar los **～s** =encogersede ～s
meter el **～**《口語》=arrimar el ～
mirar el **～ por encima del ～/mirar a+人 *sobre* [*el*]** ～ 見下げる，軽蔑する，下に扱う: Una sociedad sigue *mirando* al indio *por encima del* ～. ある社会ではいまだにアメリカ先住民を見下している
poner el **～**《口語》=arrimar el ～
sacar a **～s**［勝者などを］肩車にのせる
ser muy (*un poco*) *caído de* **～s** ひどく（少し）猫背である

ず約束を守る立派な男として認められてきている
¡Vamos, ～!［拒絶・抗議］とんでもない，よしてくれ!: Pero tenemos tiempo.—¡Vamos, ～! No tanto tiempo; ya son menos diez. でも時間があるよ.─とんでもない! そんなに時間はない，もう10分前だ

sobre los **～s** 自身の責任として
tener la cabeza [*bien puesta*] *sobre los* **～s** 思慮分別がある

hombrón [ombrón] 男《口語》かっぷくのいい男

hombruno, na [ombrúno, na]【←hombre】形《時に軽蔑》［女の］男のような，男性的特徴をもつ: voz ～na 男みたいな声

homeland [xómland]【←英語】男《歴史》ホームランド《南アフリカ共和国の人種隔離政策によって設けられた黒人自治区》

homeless [xómles]【←英語】名《単複同形》ホームレス

homenaje [omenáxe]【←オック語 homenatge < ome「臣下」】男 ❶ 敬意，賞賛，オマージュ: Los soldados hacen un ～ a la patria. 兵士たちは祖国に敬意を表わした. rendir el último ～ 葬儀に参列する. ofrecer a+人 una comida de ～ …をお祝いの食事に招待する. como ～ 敬意の印に，オマージュとして. en ～ de cariño y respeto 敬愛の印として. ❷ 表彰式. ❸［同格用法］cena ～［=tirante］: cena ～ para celebrar los 200 años del nacimiento de Liszt リスト生誕200年記念コンサート. ❹《歴史》臣従の誓い. ❺《隠喩》大盤ぶるまい，飽食. ❻《中南米》贈り物〖=regalo〗

en **～ a...** …に敬意を表して
rendir (*dedicar*・*tributar*・*dar*) **～ a...** …に敬意を表する，ほめたたえる: Han desfilado para *rendir* ～ a la bandera nacional. 彼らは国旗に敬意をしめすために整列した

homenajeador, ra [omenaxeaðór, ra] 形 名 敬意を表する〔人〕

homenajear [omenaxeár]【←homenaje】他《文語》…に敬意を表する，賞賛する: Cuando se jubiló, sus compañeros le *homenajearon* con un banquete. 彼が退職した時，同僚たちは送別会を開き，彼をねぎらった

homeo-［接頭辞］［類似，同種］ *homeo*patía 同毒療法

homeomorfismo [omeomorfísmo] 男《鉱物》異質同形

homeópata [omeópata] 形 名 ホメオパシー医〔の〕

homeopatía [omeopatía] 女《医学》ホメオパシー，同毒（同種）療法

homeopático, ca [omeopátiko, ka] 形 ❶ ホメオパシーの. ❷《文語》微量の，極小の

homeostasia [omeostásja] 女 =homeóstasis

homeostasis [omeostásis] 女 =homeóstasis

homeóstasis [omeóstasis] 女《単複同形》《生物》ホメオスタシス，恒常性

homeostático, ca [omeostátiko, ka] 形 ホメオスタシスの

homeotermia [omeotérmja] 女《動物》定温性，恒温性

homeotermo, ma [omeotérmo, ma] 形《動物》定温性の，恒温性の: 定温動物〖⇔poiquilotermo〗

homérico, ca [omériko, ka] 形 ❶《人名》［古代ギリシアの詩人］ホメロス Homero の: poema ～ ホメロスの詩. ❷《文語》risa ～ca 大笑い，高笑い

homérida [omérida] 男《古代ギリシア》ホメロスの英雄叙事詩を歌った吟遊詩人

homero [oméro] 男《地方語. 植物》ハンノキ〖=aliso〗

homicida [omiθíða]【←ラテン語 homicida < homo, -inis「人」+カスティリャ語 -cida】人殺しの: arma ～ 殺人兵器. propósito ～ 殺意
── 名 殺人者，殺人犯: El ～, después de cometer el crimen, arregló cuidadosamente la habitación. 殺人犯は犯行後，部屋を丁寧に片付けた

homicidio [omiθíðjo] 男【←ラテン語 homicidium < homo「人」+caedere「殺す」】 ❶ 殺人: cometer un ～ 殺人を犯す. ～ voluntario (involuntario) 謀殺（故殺）. ❷《歴史》殺人に対する罰金刑

homicillo [omiθíʎo] 男《歴史》傷害犯・殺人犯に対し欠席裁判で言い渡された罰金刑

homilético, ca [omilétiko, ka] 形《カトリック》説教 homilía の

homilía [omilía] 女 ❶《カトリック》［ミサ中の，福音書朗読の後の］説教. ❷ 複《英国教会の》公定説教集

homiliario [omiljárjo] 男 説教集

hominal [ominál] 形 ヒト（人類）の，ヒト（人類）に関する

hominicaco [ominikáko] 男《口語》［肉体的・精神的に］ちっぽけな男，取るに足りない男

homínido, da [omíniđo, đa] 形 ヒト科の
── 男 複《動物》ヒト科; ホミニド, 原人
hominización [ominiθaθjón] 女《人類学》ヒト化《人類の進化過程》
hominizar [ominiθár] 9 ~se ヒト化する
hominoide [ominóiđe] 形 ヒト上科の
── 男 複《動物》ヒト上科
hominoideo, a [ominoiđéo, a] 形 ヒト類の
── 男 複《動物》ヒト類
homo [ómo] I 形《口語》=homosexual
II《←ラテン語》男《人類学》[H~] ヒト属, ホモ属
homo-《接頭辞》[同一] *homo*fonía 同音異義, *homo*sexual 同性愛の
Homo antecessor [xómo anteθésɔr] 男《人類学》ホモ・アンテセッサー
homobasidiomicétidas [omobasiđjomiθétiđas] 女 複《生物》異型担子菌綱
homocarion [omokárjon] 男《生物》ホモカリオン
homocéntrico, ca [omoθéntriko, ka] 形 =**concéntrico**
homocentro [omoθéntro] 男《幾何》同心
homocerca [omoθérka] 形《男性形 homocerco もある》《魚》尾びれの上下が同形の, 正形の
homocerco [omoθérko] 形 →**homocerca**
homocíclico, ca [omoθíkliko, ka] 形《化学》同素環式の
homociclo [omoθíklo] 男《化学》同素環
homocigótico, ca [omoθiɣótiko, ka] 形《生物》=**homozigótico**
homocigoto, ta [omoθiɣóto, ta] 形《生物》=**homozigoto**
homocinético, ca [omoθinétiko, ka] 形《物理》粒子の運動速度が他の粒子と等しい
homocisteína [omoθisteína] 女《生化》ホモシステイン
homoclamídeo, a [omoklamíđeo, a] 形《植物》flor ~*a* 同花被花
homocromía [omokromía] 女 ❶《動物》体表を保護色にすること. ❷ 同色
homócromo, ma [omókromo, ma] 形 ❶《動物》保護色を持つ. ❷ 一色の
homodonto, ta [omođónto, ta] 形《動物》同歯形の
Homo erectus [xómo eréktus]《←ラテン語》男《人類学》ホモエレクトス, 直立猿人
homoerótico, ca [omoerótiko, ka] 形《文語》同性愛の
Homo faber [xómo fáber]《←ラテン語》男《人類学》ホモファーベル, 道具を作る人
homofilia [omofílja] 女《文語》同性愛擁護
homófilo, la [omófilo, la] 形《文語》同性愛擁護者
homofobia [omofóbja] 女《文語》同性愛嫌悪, ホモフォビア
homofóbico, ca [omofóbiko, ka] 形《文語》同性愛嫌悪の, ホモフォビックの
homofonía [omofonía] 女 ❶《言語》同音[異義]《例 bello と vello》. ❷《音楽》1) 斉唱法, ホモフォニー. 2) 単音, 単旋律
homofónico, ca [omofóniko, ka] 形 =**homófono**
homófono, na [omófono, na] 形 ❶《言語》同音[異義]の. ❷《音楽》1) 斉唱法の, ホモフォニーの. 2) 単音, 単旋律の
homogamético, ca [omogamétiko, ka] 形《生物》同性配偶子性の
homógamo, ma [omóɣamo, ma] 形《植物》[花序が]同性花からなる
homogéneamente [omoxéneaménte] 副 均質に, 均一に; まとめて
homogeneidad [omoxeneiđáđ] 女 均質性, 等質性; 統一
homogeneización [omoxeneiθaθjón] 女 均質化, 均一化; 統一化
homogeneizar [omoxeneiθár] 9 15 他 均質化する: ~ la apariencia de la zona 地域の外観を均一化する. ~ el idioma 言語を統一する. leche *homogeneizada* ホモ(均質)牛乳
homogéneo, a [omoxéneo, a] 形 ❶ 均質の, 同種のものからなる《⇔heterogéneo》: mezcla ~*a* 均質の混合体. ❷ 統一性のある: equipo ~ よくまとまったチーム
homogénesis [omoxénesis] 女《単複同形》《生物》純一発生, 同種発生《⇔heterogénesis》
homografía [omografía] 女《言語》同綴異義《例 banco「ベン

チ」と「銀行」》
homógrafo, fa [omóɣrafo, fa] 形《言語》同綴異義の
Homo hábilis [xómo xábilis]《←ラテン語》《人類学》ホモハビリス
Homo hispanicus [xómo xispánikus]《←ラテン語》男《戯語》スペイン人
Homo homini lupus [xómo xómini lúpus]《←ラテン語》《戯語》人間は人間にとって狼である
homoinjerto [omoinxérto] 男《医学》同種移植
homologable [omoloɣáble] 形 認可され得る
homologación [omoloɣaθjón] 女 認可; 公認
homologar [omoloɣár]《←homólogo》8 他 ❶《法律》認可する: Es un producto que *ha homologado* la UE. それはEUが許可した製品である. sin ~ 無許可の・で. ❷《スポーツ》[記録を]公認する: Esa marca no fue *homologada*. その記録は公認されなかった. ❸ [+con と]同等と認める, 共通点がある.《教育》[外国で取得した単位を]認定する, 読みかえる. ❹《チリ》…と肩を並べる, …に追いつく
homología [omoloxía] 女 ❶ 相応[関係]. ❷《生物》相同
homólogo, ga [omóloɣo, ga]《←ギリシア語 homologos「一致した」< homos「等しい」+lego「私は言う」》形 ❶ 相応した; 同等の: Las dos máquinas realizan funciones ~*gas*. その2つの機械は同じ機能を果たす. A cargos ~*s*, sueldos ~*s*. 同一労働同一賃金. ❷《化学》同族の. ❸《幾何》位相合同の. ❹《生物》órganos ~*s* 相同器官
── 男 同等の位置にある人・集団: El ministro de economía español tuvo una entrevista con su ~ francés. スペインの経済相はフランスの経済相と会談した
homomorfismo [omomɔrfísmo] 男 同形[性]《=isomorfismo》
homomorfo, fa [omomɔ́rfo, fa] 形 同形の, 形が同一の(似ている)
homomorfosis [omomɔrfósis] 女《単複同形》《動物》同形再生
homonimia [omonímja] 女 同音異義[性]
homonímico, ca [omonímiko, ka] 形 同音異義の; 同名異人の
homónimo, ma [omónimo, ma]《←ギリシア語 homonymos》形 ❶《言語》同音異義の《例 名詞の vino「ワイン」と動詞の vino (venir の点過去3人称単数形); hojear「ページをめくる」と ojear「目を通す」》. ❷ 同名の: ciudades ~*mas* 同名の市
── 名 同名異人
── 男 同音異義語
homoparental [omoparentál] 形 両親が同性[で子供は養子]の: adopción ~ 同性婚者による養子縁組. familia ~ 同性婚家族
homopausa [omopáusa] 女《気象》等質圏界面
homopétalo, la [omopétalo, la] 形《植物》花弁の形・大きさがすべて等しい
homoplastia [omoplástja] 女《医学》同種移植
homopolar [omopolár] 形《化学》等極の, 同極の
homóptero ra [omó(p)tero, ra] 形 同翅類の
── 男《昆虫》同翅類
homorgánico, ca [omɔrgániko, ka] 形《言語》同器官的な
Homo sapiens [xómo sápjens]《←ラテン語》男《動物》ホモサピエンス; 人類
homosexual [omosɛ(k)swál]《←homo-+sexual》形 名 同性愛の; 同性愛者: matrimonio ~ 同性結婚. pareja ~ 同性カップル
homosexualidad [omosɛ(k)swaliđáđ] 女 同性愛
homosexualismo [omosɛ(k)swalísmo] 男 =**homosexualidad**
homosfera [omosféra] 女《気象》等質圏《⇔heterosfera》
homosista [omosísta] 形《地学》震動が同時に感知された地点を結ぶ[線]
homosocial [omosoθjál] 形 ホモソーシャルな
homospórico, ca [omospóriko, ka] 形《植物》同形胞子性の《⇔heterospórico》
homotalia [omotálja] 女 =**homotalismo**
homotalismo [omotalísmo] 男《植物》[菌類などの生殖で]雌雄同株(同形)《⇔heterotalismo》
homotecia [omotéθja] 女《幾何》相似拡大変換
homotermia [omotérmja] 女《動物》恒温性, 温血性

homotérmico, ca [omotérmiko, ka] 形《動物》恒温の, 温血の: animal ～ 恒温動物
homotermo, ma [omotérmo, ma] 形 =**homeotermo**
homotético, ca [omotétiko, ka] 形《幾何》相似拡大変換の
homotrasplante [omotrasplánte] 男《医学》同種移植
homozigótico, ca [omoθigótiko, ka] 形《生物》同型(ホモ)接合の
homozigoto, ta [omoθigóto, ta] 形 男《生物》同型(ホモ)接合体〔の〕《⇔heterozigoto》
homúnculo [omúŋkulo] 男 ❶ ホムンクルス《中世ヨーロッパで錬金術師が作ろうとしていた人工生命体》. ❷ [SF小説で]人造人間, 怪物. ❸《まれ. 軽蔑》こびと, 一寸法師
honcejo [onθéxo] 男 蛇鎌(※)
—— 女 ❶ 投石用の皮ひも. ❷ 吊り索
honda¹ [ónda]《←ラテン語 funda》女 ❶《歴史》投石器. ❷ ぱちんこ《=tirachinas》
hondamente [ondaménte] 副 ❶ 深く. ❷ 心から, 大いに
hondazo [ondáθo] 男《歴史》投石器の一撃
hondear [ondeár] 他《船舶》…の水深を測る
hondero [ondéro] 男 ❶《歴史》投石兵, 投弾兵. ❷《闘牛》[死んだ牛を引きずり出すために] 角に綱を縛り付ける係員
hondijo [ondíxo] 男 =**honda**¹
hondilla [ondíʎa]《←エルサルバドル》 =**honda**¹
hondillos [ondíʎos] 男《服飾》トランクスの股布
hondo, da² [óndo, da]《←古語 fondo < perfondo < ラテン語(pro) fundus》形 ❶ 深い:《→**profundo**[類義]》1) 谷が深い. El valle es ～. この谷は深い. La raíz está muy ～da en la tierra y es muy difícil de arrancarla. 根は地中深く伸びているので, 引き抜くのがとても難しい. cueva ～da 深い洞窟. herida ～da 深い傷. plato ～ 深皿. sopa ～da スープ皿. pozo ～ 深い井戸. recipiente ～ 深めの容器. ～ mar 深海. 2)《比喩》pensamientos ～s del filósofo その哲学者の深遠なる思考. sentido muy ～ de su poema 彼の詩の深い意味. ～ análisis del fenómeno de la realidad 現象についての深い分析. ～da transformación de la sociedad 社会の深部に及ぶ変質. ～ pesar 深い悲しみ. ❷《闘牛》[牛が] 両の角から腹までの長さが普通並の身体である
lo ～ 1) 深い所: lo más ～ de la piscina プールの最も深い所. en lo ～ del mar 海の底に, 海底深く. 2) 奥底: Guardaba este secreto en lo más ～ de mi corazón. 私はこの秘密を心の最も深いところにしまっておいた
—— 男 ❶ 深さ: Tiene unos cien metros de ～. そこは深さが約100メートルである. ❷ 底, 深い所《=fondo》: 谷間の土地
—— 副 ❶ 深く. ❷ 深く息をする. calar ～ en la audiencia 深く聴衆の心にしみる
hondón [ondón] 男 ❶ [容器などの] 底. ❷ くぼ地, くぼみ《=hondonada》. ❸《馬具》鐙の足を乗せる部分. ❹ 針穴
hondonada [ondonáda]《←hondo》女 くぼ地, くぼみ, 谷: buscar una ～ protegida del viento 風の当たらないくぼ地を捜す
hondura [ondúra]《←hondo》女《文語》深さ: ¿Qué ～ tiene el lago? その湖はどのくらいの深さがありますか? Este lado de la charca tiene mucha ～; tiene unos veinte metros de ～. 池のこちら側はとても深い, 20メートルぐらいの深さがある. Las informaciones divulgadas suponen la ～ de los estragos del último desastre. 伝えられた情報は今度の災害の被害の激しさを推測させる. ensayo de gran ～ 大変内容の深い論文
meterse en ～[**s**]《口語》[不用な細部にまで] 深入りする: Al grano, por favor, sin meterse en ～s. 細かいところは結構ですが, 要点だけを話して下さい
Honduras [ondúras] 男《国名》ホンジュラス《中米の共和国. 首都はテグシガルパ Tegucigalpa; ～ Británica《歴史》英領ホンジュラス《現在のベリーズ Belice》
hondureñismo [ondureɲísmo] 男 ホンジュラス人特有の表現・言い回し
hondureño, ña [ondureɲo, ɲa] 形《国名》ホンジュラス Honduras〔人〕の; ホンジュラス人
honestamente [onéstaménte] 副 ❶ まじめに, 誠実に, 正直に. ❷《古語的》慎み深く, 貞淑に
honestar [onestár] 他 ❶ 名誉を与える, 尊ぶ. ❷ 正当化する, 体裁を取り繕う
honestidad [onestidá(d)]《←honesto》女 ❶ まじめさ, 誠実, 正直, 清廉: Al tomar posesión de su cargo, el alcalde prometeo ～ y trabajo ante los ciudadanos. 就任に当たり, 市長は清廉を旨とし職務に励むことを市民に対し誓う. No dudo de la ～ de nadie, pero no encuentro el dinero que he puesto aquí. 誰の正直さを疑うわけではないが, ここに置いたお金が見つからない. ❷《古語的》慎み, 貞淑, 貞節: La ～ de su hija es solo aparente. 彼の娘のおしとやかさなんて見せかけだけだ. ～ pública 絶対的婚姻障害

honesto, ta [onésto, ta]《←ラテン語 honestus「尊敬すべき」< honor「名誉」》形 ❶ [人が真実・法律などを] まじめな, まっとうな, 誠実な, 正直な, 清廉な: Es muy ～ y sabe reconocer sus errores. 彼はとても誠実で自分の誤りを認めることができる. Es ～ en su trabajo; nunca falta el plazo. 彼は仕事にまじめで, 期限を違えたことがない. Sea ～ con usted mismo. 自分自身に正直であれなさい. Hay pocos políticos ～s. 清廉な政治家はほとんどいない. ❷ [事物が] 正当な, 適法な: El dinero que te da ese hombre no es ～. あの男が君にくれるのはまともなお金ではない. ❸《古語的》[女性が] 慎み深い, 貞淑な, 身持ちのよい: estado ～ [女性の] 独身. vida ～ta de esposa 妻としての慎みある生活

hongarina [oŋgarína] 女 =**anguarina**
hongo [óŋgo]《←ラテン語 fungus》男《植物》キノコ《中南米では食用のキノコ》: coger ～s キノコをとる. ～ venenoso 毒キノコ. ciudad ～ [人口急増の] 新興都市. ❷ キノコ雲, 原子雲《=～ atómico, ～ nuclear》. ❸ 山高帽《=sombrero ～》. ❹《植物》真菌《=～ verdadero》. ❺《医学》腫瘍. ❻ 水虫
como ～s 1) 雨後のたけのこのように, 急にたくさん. 2) =**de ～s**
como un ～ 一人で; 退屈して
de ～s 大変よく: Se le da de ～s no hacer nada. 無為は彼にとても向いている
hongkonés, sa [xoŋkonés, sa] 形 名《地名》香港 Hong Kong の〔人〕
honkonés, sa [xoŋkonés, sa] 形 名 =**hongkonés**
honkonguense [xoŋkoŋgénse] 形 名 =**hongkonés**
honor [onór]《←ラテン語 honos, -oris》男 ❶ 名誉, 誉れ; 面目, 体面: El ～ no le permitió la timidez. 彼の体面が弱気を許さなかった. cuidar el ～ de la casta 一門の誉れを大切にする. defender ～ propio contra las afrentas de la gente 人々の侮蔑から自己の名誉を守る. jurar bajo palabra de ～ 名誉にかけて誓う. en defensa de su ～ 名誉を守るために. mancha en su ～ 名声を汚すもの. A gran señor gran ～.《諺》名誉は徳行の報酬. ❷ 栄誉, 栄光, 光栄: Su visita ha sido un ～ para nosotros. お越し下さり大変名誉に存じます. Es un gran ～ para mí poder saludarle en un ambiente tan familiar, profesor Sánchez. サンチェス先生, このような親しい雰囲気の中で先生にご挨拶できるのは私にとって光栄であります. vivir vida eterna rodeado de ～es celestiales 天の栄光に包まれて永遠の命を生きる. ❸ 信義, 節操: ～ profesional 職業上の信義(誇り). ❹ [女性の] 貞節, 純潔: La protagonista de la película pierde el ～, enamorada de un donjuán. この映画の女主人公は女たらしを好きになり, 純潔を失ってしまう. mujer celosa de su ～ 操(ᄨᄛ)の固い女. ❺ [主に 複] 高位, 名誉ある地位: aspirar a los ～es del embajador 大使の地位を欲しがる. ❻ [主に 複] 栄誉礼, 礼典: Me rindieron ～es militares. 私は儀仗礼で迎えられた. recibir a+人 con ～es ～を栄誉礼で迎える. ❼ [主に 複] 心づかい, 歓待: Se les han rendido ～es de Jefes de Estado a los primeros ministros del país vecino. 隣国の首相夫妻は国家元首に相当する歓待がなされた

campo del ～ 決闘の場所; 戦場
con ～es de… …の名に値する: Es una casa con ～es de un palacio. その家は城の名に値する
constituir un ～ para+人 …にとって名誉となる
de ～ 1) 名誉職の: capellán de ～ 名誉司祭. ciudadano de ～ 名誉市民. miembro de ～ 名誉会員. presidente de ～ 名誉会長. 2) 名誉ある: El director de biblioteca de la universidad es un puesto de ～. 大学の図書館長は名誉ある職責だ. [hacer el] saque de ～ [サッカーなどの] 始球式 [をする]. medalla de ～ 名誉勲章. vino de ～ ワインによる乾杯. 3)《西. スポーツ》división (categoría) de ～ [1部または上の] トップリーグ. 4) お祝いに(心づかいとして) 供される
empeñar su ～ 名誉をかける
en ～ a… 1)《文語》=**en ～ de…** 2) en ～ a la verdad 真実に誓って, 本当に; 実を言うと. himno en ～ a los muertos 死者を讃える歌

honorabilidad

en ~ de... …に敬意を表して，…の名誉のために; 記念して: organizar un banquete *en ~ del* ministro 大臣に敬意を表して晩餐会を開く．*cena en ~ de* la boda de oro de sus padres 両親の金婚式を祝う夕食会
hacer ~ [+a に] ふさわしいふるまいをする: *Hizo ~ a* su apellido. 彼は自分の名に恥じないふるまいをした
hacer el ~ de+不定詞 …して下さる
hacer los ~es 1) [+a パーティーなどの] 主人(接待)役をつとめる．2) [招待客が，+de 出された料理・酒を] 十分に食べる(飲む)
hombre de ~ 名誉を重んじる人，信義の人
hombre sin ~ 恥知らずの人
rendir los últimos ~es 葬儀を行なう
tener... a (*mucho*) ~《まれ》…を[非常な]名誉とする: *Tengo a mucho ~* haberle visto a usted. お目にかかれて大変光栄に存じます
tener el ~ de+不定詞 …する光栄をもつ: *Tuve el ~ de* trabajar en el seminario de ese lingüista durante un año. 私はその言語学者の研究室で1年間研修する機会に恵まれた．*Tengo el ~ de* presentarle a usted a los miembros de mi familia. 私の家族を紹介させていただきます．*Tengo el ~ de* dirigirme a Vuestra Excelencia... 謹んで閣下にお手紙をさし上げます…
terreno del ~ =*campo del ~*
vengar su ~ 汚名をすぐ
―― 囡《古語》❶ 所有地; 遺産．❷〔王から騎士に下賜されている〕城や町の用益権

honorabilidad [onorabiliđá(đ)] 囡 尊敬に値すること; 信望, 名誉

honorable [onoráble]《←ラテン語 honorabilis》圏 ❶ 尊敬に値する, 立派な: comportamiento *~* 立派なふるまい．persona *~* 立派な人物．❷ [+名詞, 敬称] 閣下: *el* *~* presidente 大統領閣下．❸《紋章》pieza *~* オーディナリー 〔盾の幅3分の1をしめるチャージ figura〕．pieza *~ disminuida* サブオーディナリー〔盾の幅3分の1以下のチャージ〕
――《ギリ》議員

honorablemente [onoráblemén̄te] 副 立派に, 見事に

honorar [onorár] 他 ❶《経済》〔約束を守って〕支払う．❷ …に名誉を与える; 賛美する．

honorario, ria [onorárjo, rja]《←ラテン語 honorarius》圏 ❶ 肩書・役職だけの: título *~* 名誉称号．socio (miembro) *~ del* club クラブの名誉会員．名誉職の: Los cargos *~s* no pagan sueldo. 名誉職には報酬はない．cónsul *~* 領事
―― 男 複 ❶〔自由業, 特に医者・弁護士への〕報酬, 謝礼金: Estos gastos no incluyen los *~s* de abogado. これらの経費には弁護士費用は入っていない．❷〔一般に仕事の対価〕*~s* de una conferencia 講演料．❸ 賃金, 給料

honoríficamente [onorifikaménte] 副 ❶ 名誉をもって．❷ 儀礼的に, 肩書き上

honorificencia [onorifiθénθja] 囡《まれ》敬意

honorífico, ca [onorífiko, ka]《←ラテン語 honorificus》圏〔人・地位が〕名誉の: Es miembro *~ del* club de ancianos de la comunidad. 彼は町内老人会の名誉会長だ．a título *~* 名誉上の, 肩書きだけの．cargo *~* 名誉職

honoris causa [onóris káusa]《ラテン語》圏 名誉をたたえる; →*doctor*

honoroso, sa [onoróso, sa] 圏《まれ》尊敬に値する

honra [ón̄ra]《←honrar》囡 ❶ 名誉, 体面に, 面目 1) Quiero hablar dos palabras en defensa de su *~*. 彼の名誉のために私はひとこと話しておきたい．dañar la *~* 名誉を傷つける(損なう)．limpiar su *~* 名をそそぐ．perder su *~* 名誉を失う．recobrar su *~ perdida* 失われた名誉を回復する．*~* de su estirpe 名門たるの本体のこと．2)《諺》El que quiera, que la gane. 陰口はやめるべきだ《←名誉を欲する人はそれを獲得するために励め》．H~ y provecho no caben en un saco (bajo el mismo techo).《諺》利益と名誉を両方得るのは難しい/利益を追求すると誇りを忘れがちになる．Quien a los suyos parece, *~ merece*. 先祖の習慣を守り続けることが大切だ《←一族に似ている者は名誉を受けるに値する》．❷ 名声, 評判: Esto te dará *~*, pero no provecho. この事は君の名声を高めるだろうが, 金銭的な利益にはならないだろう．Con este galardón se le aumentó su *~ de* científico. その受賞で彼の学者としての評

判は高まった．ganar *~* 名声を得る．❸ 栄光, 誇り: Para su abuela el haber servido a una infanta fue una *~* de toda su vida. 彼の祖母にとっては王女に仕えたことが終世の誇りだった．❹［女性の〕貞節, 貞潔, 純潔: manchar *~* 貞操を汚す．perder su *~ de* casarse 結婚前に純潔を失う．❺ 複 葬儀〖=*~s* fúnebres〗: *~s al* fallecido director de instituto 亡くなった学院長の葬儀
¡A (*mucha*) *~!* 〔皮肉〕それは〔大変〕名誉なことだ
caso (*punto*) *de la ~* 名誉に関わる問題: Es muy pesado en *caso de la ~*. 彼は体面に関することについてはとてもかましい
tener a mucha ~ [+名詞・不定詞・que+接続法] …を光栄とする, 誇りに思う: *Tenía a mucha ~* su linaje de nobleza rusa. 彼女は自分がロシア貴族の血を引いていることをとても自慢していた．*Tiene a mucha ~* ser griego. 彼はギリシア人であることを誇りに思っている．*Tuvimos a mucha ~ que* el alcalde hiciera su presencia en la fiesta de anoche. 我々は市長が昨夜のパーティーに来てくれたことをとてもありがたく思った

honradamente [on̄ráđamén̄te] 副 ❶ 誠意をもって．❷ 率直に言って

honradez [on̄ráđéθ]《←honrar》囡 誠実さ, 高潔さ, 清廉; 貞淑

honrado, da [on̄ráđo, đa]《←honrar》圏 ❶［人・行為が〕正直な, 誠実な, 高潔な: Soy pobre pero muy *~*. 私は貧しいが, まっ直ぐな人間だ．Seamos *~s* y reconozcamos que tenemos culpa. 正直になろう, そして私たちが悪いことを認めよう．actuación *~da* 立派な行動．comerciante *~* 正直な商人．consejo *~* 誠意のある忠告．vida *~da* まっとうな暮らし．❷［女性が〕貞潔な．❸《まれ》［人が〕名声のある, 評判の高い

honrador, ra [on̄ráđór, ra]《まれ》圏 名誉となる

honramiento [on̄rámjén̄to] 男 ❶ 名誉を与えること, 敬意の表明．❷［手形などの〕引受

honrar [on̄rár]《←ラテン語 honorare》他 ❶ [+con·de の] 名誉を…に与える, …に面目を施させる: Él *honró* a su país *con* su gran descubrimiento científico. 彼はその科学上の大発見で祖国に栄光をもたらした．Me *honra con* su amistad. ご交誼をいただき光栄です．Muy *honrado con* (por) su visita. お越しいただいて光栄の至りです．Le agradecería que nos *honrase con* su presencia (*手紙*). ❷ 尊ぶ, 敬う: *~ a* Dios 神を敬う．*Honrarás a* tu padre y a tu madre.《旧約聖書》汝の父母を敬うべし
~ la (*nuestra*) *casa* ご来訪下さる
~ la (*nuestra*) *mesa* ご臨席下さる: Esperamos que el próximo domingo *honre* usted *nuestra mesa*. [招待状で] 今度の日曜日に我が家で食事を共にして下さいますようお待ちしております．Ninguna vez ha *honrado* usted *nuestra mesa*. あなたは一度も私たちと食事を共にして下さっておりません
―― *~se* ❶ [+con·en·de を] 名誉とする, 光栄に思う: Me *honro con* su visita. 私はあなたに来ていただいて光栄に思います．*Se honra en* ser político. 彼は政治家であることを誇りに思っている．❷［儀礼表現で〕…させていただく: *Me honro en presentarles* a este ilustre escritor, premio Nobel de Literatura. こちらのノーベル文学賞受賞作家をご紹介させていただきます．Hoy *me honro en* cocinar para los amigos de este club. 本日は当クラブの会員諸氏のために料理の腕を振るわせていただきます

honrilla [on̄ríʎa]〖*honra* の示小語〗囡《西. 口語》自尊心, 体面: Lo sacaré adelante, aunque solo sea por la *~*. たとえ自尊心を満足させるためであっても私はそれを遂行するつもりだ
por la negra ~ 人が何と言おうと, 意地で

honrosamente [on̄rósamén̄te] 副 ❶ 誇りを持って．❷ 正直に, 率直に

honroso, sa [on̄róso, sa]《←honrar》圏 ❶ 尊敬に値する: acción *~sa* 立派な行動．❷ 体面を保てる: Logró un *~* segundo puesto. 彼は第2位となり体面を保った．profesión *~sa* 恥ずかしくない職業

hontanal [on̄tanál] 圏［キリスト教徒から見た, 異教徒の〕泉の祭りの

hontanar [on̄tanár] 男《文語》湧水地, 泉, 水源

hooligan [xúligan]《←英語》名 囡 圈 *~s*] フーリガン

hooliganismo [xuliganísmo] 男 フーリガンの行動

hop [xóp]《←仏語》間 跳べ!

hopa [ópá] 图 ❶《まれ. 服飾》チュニックの一種. ❷《まれ》[死刑囚用の]処刑服. ❸《メキシコ》毛の房, 前髪
── 圐《南米》❶ [馬などを止める掛け声] ドードー. ❷ やあ [=hola]. ❸ [邪魔だてする人に対して] これっ!
hopalanda [opalánda] 图《主に戯語. 服飾》[主に 諷. 中世ルネッサンス期の大学生が着た仰々しい] 丈が長く裾の広いガウン
hopar [opár] ~**se** 立ち去る, 逃げる
hopear [opeár] 圊 ❶ [追いかけられる雌ギツネなどが] しっぽを振る. ❷ うろつき回る, 歩き回る. ❸《ベネズエラ》大声で呼ぶ
hopeo [opéo] 图 ❶ [雌ギツネなどが] しっぽを振ること. ❷ うろつき回る(歩き回る)こと
hopi [xópi] 形 图《単複同形/圐 ~s》ホピ族 [の] 《米国アリゾナ州北部の先住民》
hoplita [oplíta] 图《古代ギリシア》重装歩兵
hoplítico, ca [oplítiko, ka] 形《古代ギリシア》重装歩兵の
hoplomaquia [oplomákja] 图《古代ローマ》完全武装した剣闘士の試合
hoploteca [oplotéka] 图 =**oploteca**
hopo [(x)ópo] 图 ❶ [キツネのような] 毛のふさふさした尾. ❷《植》ハマツボ [=**orobanca**]
 sudar el ~ 骨を折る, 苦労する
 ── 圐 出て行け, 失せろ
hopón [opón] 图《まれ. 服飾》大きなチュニック **hopa** の一種
hoptense [o(p)ténse] 形 图《地名》ウエテ Huete の [人]《クエンカ県の町》
hoque [óke] 图 リベート, お礼
hoquetus [okétus] 图《音楽》ホケトス《13～15 世紀の対位法的作曲法》
hoquis [ókis]《メキシコ》*de* ~ ただで, 金を払わずに
hora [óra] [←ラテン語 *hora* < ギリシア語 *hōra*「短時間」] 图 ❶ 時間; 1 時間: 1) En una ~ llegamos al destino. 1 時間で目的地に着きます. Llevo tres ~s trabajando sin descansar. 休みなしに 3 時間働き続けている. Se pasa ~s hablando por teléfono con sus amigas. 彼女は友達と電話をして何時間も過ごしている. *H*~ *de atención al público de nueve a cinco*. 営業時間は 9 時から 5 時まで. *dentro de cinco* ~*s* [今から] 5 時間たって. *después de una* ~/*una* ~ *después*〔それから〕1 時間後に. *desde hace tres* ~*s* 3 時間前から. *hasta hace dos* ~*s* 2 時間前まで. *restaurante abierto* las 24 ~*s del día* 一日 24 時間営業のレストラン. ~*s de vuelo* 飛行時間. *media* ~ 30 分, 半時間. *una* ~ *y media* 1 時間半. *un cuarto de* ~ 15 分. *No se ganó Zamora en una* ~. 《諺》ローマは一日にして成らず. 2) [副詞的] *Tengo que trabajar ocho* ~*s al día*. 私は一日 8 時間働かなければならない. *Cobra a diez euros la* ~. 彼は時給 10 ユーロ稼ぐ. *Estuvieron discutiendo* ~*s*. 彼らは何時間も議論していた. *Falleció* ~*s después de ser rescatado*. 彼は救助されてから数時間後に死亡した. ❷ 時刻: *¿Qué* ~ *es?*/《中南米》*¿Qué* ~*s son?* 何時ですか? *¿Qué* ~ *tienes?* 今何時? [あなたの時間では] 今何時ですか? *¿Me da la* ~, *por favor?* すみません, 時間を教えていただけませんか? *¿A qué* ~ *es la comida?* 食事は何時ですか? *¿A qué* ~ *empieza la película?* 映画は何時に始まりますか? *¿A qué* ~ *has dicho que vienes a buscarme?* 何時に迎えに来てくれると君は言っていたかな? *¿Qué* ~ *son estas para venir?* 今ごろ来るなんて何時だと思っているんだ! Es *la* ~ *de la siesta*. 昼寝の時間だ. *Son las cinco es una buena* ~ *para ir a pasear a las orillas del río*. 5 時は川岸に散歩に出かけるのにいい時間だ. *Llegó la* ~ *de separarnos*. 別れの時が来た. *preguntar a*+人 *la* ~ …に時刻を尋ねる. 〖参考〗時刻の表現: *Es la una*. 1 時です. *Tengo la una*. 私の時計では 1 時です. *Es la una y cuarto*. 1 時 15 分です. *Son las dos y media*. 2 時半です. *Son las tres menos cinco*./《南米》*Faltan cinco minutos para las tres*. 3 時 5 分前です. *Son las cuatro y veinte*. 4 時 20 分です. *Son las cinco menos cuarto*./《南米》*Falta cuarto para las cinco*. 5 時 15 分前です. *Son más de las seis*. 6 時過ぎです. *Son las siete en punto*. 7 時ちょうどです. *Son las ocho y pico*. 8 時ちょっと過ぎです. *Las tiendas se cierran a la una de la tarde*. 店は昼の 1 時に閉まります. *Volveré a las siete*. 7 時に戻ります. *Venga usted a verme de ocho a nueve de la mañana*. 午前 8 時から 9 時の間に来て下さい. *Tomo el avión de veinte cuarenta (diez para las dos)*. 私は 20 時 40 分 (2 時間 20 分前) の飛行機に乗ります. *Hay trenes a y cinco y y media*. 〔毎時〕 5 分と 30 分に列車がある〕 ❸ [色々な時間・時刻] 1) ~ *de comer* 食事時間; 昼休み. ~ *de la cena* 夕食時. ~ *de mayor consumo* [電気などの] 最大消費時. ~*s de visita* 面会時間. 2)《地理》*La conferencia se inaugura a las cinco de la tarde*. ~ *del Japón*. 会議は日本時間で午後 5 時に始まった. ~ *de Europa Central* 中部ヨーロッパ時間《スペインの標準時. グリニッジ時より 1 時間早い》. ~ *de* (*en*) *Greenwich*. ~ *universal* グリニッジ標準時. ~ *oficial* 標準時. ~ *peninsular* スペイン時間. ~ *temporal* [古代・中世の] 昼夜を各 12 等分した時間《季節・場所によって長さが異なる》. 3)《天文》 ~ *astronómica* 天文時. ~ *solar* 太陽時. 4) 圐 適した時間, ふさわしい時間: *Me parece que estas no son* ~*s de hacer visita*. 私には今は人を訪ねるような時間ではないように思える. *Baja un poco el volumen de la música, que no son* ~*s*. 少し音楽の音量を下げなさい, 時間も時間なんだから. *¿A qué* ~ *te acuestas?* お前は一体何時ころ寝るんだ? [とっくに寝る時間だ] ❹ [医師・美容師などの] 予約時間: *El dentista me ha dado* ~ *para las cinco*. 歯医者は私に 5 時の予約をしてくれた. *Tengo* ~ *en* (*con*) *el oculista a las cuatro*. 私は 4 時に目医者の予約を取ってある. ❺ 臨終, 死期 [=~ *suprema*]: *Le ha llegado su* ~. 彼の臨終の時が来た. A *todos nos llega la* ~. 我々皆に終わりはやって来る. ❻《カトリック》 1) 時課, 定時のお祈り: *rezar las* ~*s* 定時の祈りをする. *libro de* ~*s* 時禱書, 時禱経. ~*s canónicas* 聖務日課《一日 7 回神への奉仕・祈祷などに捧げられる日課の各項目》. ~*s menores* 聖務日課の第 1・3・6・9 時. ~ *santa* キリストがオリーブ畑で行なった祈りをしのび〔毎週木曜日夜 11 時から 12 時かに行われる祈禱. 2) *las cuarenta* ~*s* キリストの受難をしのぶ 40 時間の祈禱. ❼《自転車》規定時間内の走行距離を競うレース. ❽《ギリシア神話》ホーラ《時の三女神. Eunomía エウノミーア, Dice ディケー, Irene エイレーネー》. ❾《口語》圐 残業時間 [=~*s extras*]. ❿《まれ》 1 リーグ *legua* の距離. ⓫《カリブ, コロンビア》一種のてんかん
 ── 圐 今 [=*ahora*]
 a aquellas ~*s* =*a todas* ~*s*
 a buena ~ 1) 早く; 間に合って: *Llegaron a buena* ~ *todos los miembros del grupo de viaje*. 旅行団のメンバーは全員時間どおりに来た. 2) *¡A buena* ~*!* =*¡A buenas* ~*s* [*mangas verdes*]*!*
 ¡A buenas ~*s* [*mangas verdes*]*!* 今ごろ…しても遅すぎる, あとの祭りだ!: *¡A buenas* ~*s me lo dices!* 今さら私にそれを言っても手遅れだよ!
 a cada ~ =*a todas* ~*s*
 a cualquier ~ いつ何時でも, いつでも
 a esas ~*s* =*a estas* ~
 a esas ~*s*《中南米》=*a estas* ~*s*
 a estas ~*s* 1) 今ごろは: *A estas* ~*s los niños ya se habrán acostado*. 今ごろ子供たちはもう寝ているだろう. *Si les hubiésemos hecho caso, a estas* ~*s probablemente estaríamos bajo tierra*. 彼らの言うことを聞いていたら, 私たちはおそらく今ごろは墓の中だったろう. 2) [奇異] こんな時刻に: *¿Quién es el que llama a estas* ~*s?* 今ごろ電話をかけてくるのは誰だ? 3) 今どき, 今になっても: *A estas* ~*s, estás indecisa, no sabes qué vestido elegir*. 今になってもまだお前はどんな服を着たらいいかで迷っている
 a ~ 定刻に [=*a la* ~]
 a la buena ~ =*en buena* ~
 a la ~ 1) 定刻に, 決めた時刻に [=*a la* ~ *establecida*, *a la* ~ *fijada*]; すぐに: *El avión despegó a la* ~. 飛行機は定刻に離陸した. 2) [＋仏語] 一時間につき [=*por* ~]: *Le pago mil yenes a la* ~ *a la señora de la limpieza*. 私は掃除の女性に一時間 1000 円払っている. *En este momento vamos a cien kilómetros a la* ~. 我々は時速 100 キロで走っている. 3) [+*de*] …の時に, …に際して; いざ…の時となると: *A la* ~ *de tener un recibimiento que no esperara, me emocioné*. まさか思ってもいなかった歓迎を受けて, 私は感激してしまった. *A la* ~ *de hablar nadie quiere decir nada*. 話す段になると誰も何も言いたがらない. 4)《古語》当時
 a la ~ *de ahora*/*a la* ~ *de esta* ちょうど今; 今ごろは, 目下; 現今では
 a la ~ *de la* ~《メキシコ. 口語》いざという時に
 a la ~ *en punto*/*a la* ~ *exacta* 時間かっきりに
 a la mera ~《メキシコ. 口語》=*a la* ~ *de la* ~

hora

a mala ~ 具合の悪い時に
a poco de ~〔古語〕少し経って. 2)〔古語〕わずかな時間で
a primera[s] ~〔s〕〔朝・午後などの〕早い時間に: Mañana *a primeras ~s me marcho para Chile.* 明日朝一番に私はチリに発ちます
a su ~ それなりの時に, ふさわしい時に: *Los deseos se cumplen a su ~.* 望みはいつかかなうものだ
a toda ~〔文語〕=a todas ~s
a todas ~s 四六時中, いつも: *Está quejándose a todas ~s.* 彼はたえず不平を言っている
a última ~ 1)《西》〔一日などの〕最後に〔なって〕, 遅くに, 終わりがけに: *Vino ayer a última ~.* 彼は昨日遅くになって来た. *a última ~ de la fiesta* パーティーの終わるころに. 2) ほとんど最後の瞬間に, ぎりぎりに: *Llegó a última ~.* 彼はぎりぎりに着いた
a 〔una〕 ~ avanzada 遅くに: *A una ~ avanzada del día oí ir y venir coches de patrulla por esta vecindad.* その日の夜遅く, 私はこの近辺でパトカーが行ったり来たりするのを聞いた
cada ~ =a todas ~s
con la ~ pegada al culo〔俗語〕時間ぎりぎりに
dar la ~ 1)〔時計が〕時刻を告げる, 時を打つ: *El reloj de la catedral dio la ~.* 大聖堂の時計は時を告げた〔対記 *El reloj de la iglesia da las ~s todos los días.* 教会の時計は毎日時を告げる〕. 2)〔会社・学校などの〕退出時刻を知らせる: *Nada más dar la ~, los niños se lanzaron fuera para ir al recreo.* 休み時間のベルが鳴るやいなや生徒たちは遊びに飛び出した. 3) **no dar la ~** 非常にけちである. 4)《チリ》場違いに目立つ; 場違いなことを言う
de buena ~ =a la ~
de ~ en ~ 1) 1時間おきに: *De ~ en ~ iba subiendo el nivel del río.* 1時間また1時間と川の水位が上がっていった. 2) 時のたつにつれて: *Va recobrándose de ~ en ~.* 彼は時がたつにつれて回復していく
de última ~ 1) 最後の時間の, どたん場の. 2)〔ニュースが〕最新の: *noticias de última ~ de hoy* 今日の最新ニュース
dejar... para última ~ …を後に回す: *Este trabajo lo dejaré para última ~.* この仕事は最後に回そう
echarse a+人 la ~ encima …に時間が迫ってくる, 遅れそうになる
en buen ~《文語》=en buena ~
en buena ~《文語》1) 折よく, 運よく: *Y después, en buena ~, se colocó en una compañía naviera, cuyo director es ahora.* それから彼は運よく海運会社に就職し, 今はそこの社長だ. 2)《皮肉》折悪しく, 運悪く
en ~ 正確な時間に: *¿Ha puesto en ~ su reloj?* 時計を正確な時間に合わせましたか
en ~ buena 1)《親愛》おめでとう!〔=enhorabuena〕: *¡En ~ buena por el casamiento de tu hijo!* 息子さんの結婚おめでとう! 2) =en buena ~
en ~ mala =en mala ~
en las primeras ~s 早い時間に
en mal ~ =en mala ~
en mala ~ 1) 折悪しく, 運悪く: *¡En mala ~, esa región fue azotada por los sismos y las olas marinas inauditamente enormes!* 何としたことか, その地方は地震と前代未聞の大津波に襲われたのだ! 2)〔怒り〕不愉快なことに
en poco de ~《古語》わずかな時間で
en primera ~ =a primera[s] ~〔s〕
en su ~ しかるべき時に, 好機に: *Ahora no puedo hablar, pero en su ~ lo sabréis.* 今は話せないが, 時が来れば教えてあげる
entre ~s 朝食・昼食・夕食の間に, 食間に: *Para adelgazar no debes tomar nada entre ~s.* 痩せたいなら絶対に間食してはいけない
[Esta] Es la ~.〔+en que+直説法〕物事を始めるべき時間だ: *Esta es la ~ en que todos se levanta o desayuna para empezar el día.* 今は皆が起きたり朝食を食べたり一日を始める時間だ
fuera de ~s〔勤務〕時間外に: *No me gusta trabajar fuera de ~s.* 私は時間外の仕事はしたくない
ganar ~s 時間を節約する: *El transporte aéreo permitirá al hombre ganar ~s en sus desplazamientos.* 飛行機を

使えば人の移動時間が節約できる
hace una ~ escasa 〔larga〕わずか(たっぷり)1時間も前に
hacer ~《チリ》暇つぶしをする
hacer ~〔s〕 1) 残業をする. 2)《まれ》暇つぶしをする, 時間つぶしをして待つ
hacerse a+人 ~ de+不定詞 …が…する時刻になる: *Por fin se me hizo ~ de presentar mi ponencia.* とうとう私が研究発表をする時間になった
~ baja〔主に〔圏〕〕不調な(スランプの)時期
~ de mayor afluencia 〔aglomeración〕 =~〔s〕 **punta**
~ feliz〔バルなどで〕割引時間帯, サービスタイム
~ libre 自由時間, 暇な時: *Estoy en ~ libre en el trabajo.* 私は今仕事の休憩時間だ. *Después de inglés tenemos una ~ libre.* 英語の後, 休み時間が1時間ある. *Ha aprovechado media ~ libre para ir de compras.* 彼は30分暇があったので買い物に行った
~ local 地方時; 現地時間: *~ local española* スペイン現地時間. *Este avión llegará al destino a las cinco de la tarde ~s locales.* 当機は現地時間午後5時に目的地に到着の予定だ
~ menguada《まれ》運の悪い時期
~ por ~ =de ~ en ~
~ pico《アラゴン; 中南米》〔圏〕 ~s ~〕ラッシュアワー《=~ **punta**》
~ punta《西》〔圏〕 ~s ~〕ラッシュアワー, ピーク時: *El tráfico es imposible en la ~ punta.* ラッシュアワーは渋滞がひどい. *durante las ~s punta* ラッシュ時〔の間〕には
¡H~ sus!《古語》さあ, しっかり!〔=sus〕;〔動物を追い払う時の〕しっ!
~ tonta《口語》無駄〔無為〕な時間, ぼんやり過ごす時間
~ valle《西》〔圏〕 ~s ~〕オフピーク時
~s de vuelo 1)《航空》飛行時間. 2)〔一般に〕経験, 年功
~s extra〔s〕/~s extraordinarias 超過勤務時間〔=労働日の時間外労働+休日労働〕: *Trabajo muchas ~s extras.* 私は残業が多い. *hacer (trabajar) ~s extraordinarias* 残業(時間外労働)をする. *poner a+人 ~s extras* …に残業をさせる. *premio por ~s extras* 時間外手当
~s muertas〔長い〕無駄な時間: *Se pasa las ~s muertas jugando a la baraja.* 彼は長い時間をトランプ遊びで過ごす
~s suplementarias =~s **extra〔s〕**
~s y ~s 何時間も何時間も
la ~ fatal 臨終〔=la ~ suprema〕
la ~ suprema《詩語》いまわのきわ, 臨終, 死期
la última ~ 1) 臨終〔=la ~ suprema〕. 2) 最新のニュース
llegar a+人 la ~ 1) …が臨終を迎える: *Se llegó la ~ viajando por España.* 彼はスペイン旅行中に死に見舞われた. 2) 予定されていた〔大切な〕時が…に来る: *Ya me llegó la ~ de jubilarme.* 私にとうとう定年退職の時が来た. *Si has perdido hoy la partida, no te preocupes; ya te llegará la ~.* 今日君が負けたといっても心配することはないよ. そのうち運が向いてくるさ
llegar su ~ =llegar a+人 **la ~**
matar las ~s 暇つぶしをする, 時間をつぶす
no dar ni la ~《戯語》ひどくけちである
no ver la ~ 〔+de+名詞・不定詞・que+接続法 を〕楽しみに, 待ち遠しい: *No veo la ~ de que terminase el curso.* 私は学年が終わるのが待ち遠しい
pedir ~ 〔+a 医者などに〕予約をする: *Tengo que pedir ~ al dentista.* 私は歯医者の予約をしなければならない
poner en ~ 時刻を合わせる: *Ponen en ~ todos los relojes de la oficina.* 彼らは事務所の時計全部の針を合わせる
por ~ 1時間の, 時間あたりの: *pagar (trabajar) por ~* 時給で支払う(働く): *salario a razón de 8 euros por ~* 一時間8ユーロの給料. *sesenta kilómetros por ~* 時速60キロ
por ~ 1) 刻々と, 時間ごとに: *El frío se intensificaba por ~s.* 寒さは1時間また1時間と厳しくなっていった. 2) 時間給で: *Se necesitan personas que trabajen por ~s.* 時間給で働いてくれる人(パートタイマー)が必要だ. *Me pagan por ~s.* 私は時間給だ
ser ~ de+不定詞・que+接続法 …する時間である: *Ya es ~ de acostarse.* もう寝る時刻だ. *Ya es ~ de que nos vayamos.* 我々はもういとまするべき時間だ. *Ya va siendo ~ de que*

os vayáis a cama. そろそろ寝る時間だよ．Eran las ocho. Ya era 〜 de que salieses. 8時だった．もう君が出かける時間だった．Es 〜 de que empiecen a rebajar sus desorbitadas pretensiones. そろそろ彼らも法外な要求を引き下げて譲歩してくるころだ
 sonar la 〜［＋de＋名詞・不定詞・que＋接続法 の］時が来る: *Suena la* 〜 *de decidirse* (*que* nos decidamos). 我々が決断すべき時がきた
 tener 〜＋人 …と予約がある: Esta tarde tengo 〜 *a un acupunturista.* 今日の午後私は鍼医の予約をしている
 tener las 〜*s contadas* 余命いくばくもない; 終わりが近づいている
 tocar a＋人 *la* 〜＝llegar a＋人 la 〜
 toda 〜 *que...*《アラゴン》…する時はいつも〖＝siempre que〗
 tomar 〜＝pedir
 Ya era 〜．〔遅いなあ，〕もう時間だ

horaciano, na [oraθjáno, na] 形 〖人名〗ホラティウス Horacio の『古代ローマの詩人』
horada [oráda] *a la hora* 〜［不可能な命令などを批判して］時間どおりに，しかるべき時間に
horadable [oraðáble] 形 穴を開けられ得る; 穴を開けやすい
horadación [oraðaθjón] 女 穴を開けること, 穿孔
horadado [oraðáðo] 形 両端に穴のあいた繭
horadador, ra [oraðaðór, ra] 形 名 穴を開ける〔人〕
horadante [oraðánte] 形 ＝horadador
horadar [oraðár]〖＜古語 horado ＜ラテン語 foratus〗他［深い・反対側まで突き抜けた］穴を開ける, 穿孔する, くり抜く: 〜 *la madera con el taladro* 板にドリルで穴を開ける．〜 *la montaña* 山に深い穴を掘る; 山をくり抜く
horado [oráðo] 男［深い・反対側まで突き抜けている］穴, 孔
hora-hombre [óra ómbre] 女〖複 〜s-〜〗〖経済〗人時〖一人一時間の仕事量〗
horambre [orámbre] 男 搾油風車の回転棒に開けられた穴
horario [orárjo]〖＜hora〗 男 ❶ 時間割: 〜 *de clases* 授業の時間割．❷ 時刻表: 〜 〔*guía*〕 *de ferrocarriles* 列車時刻表冊子．❸ 勤務時間, 営業時間: *No tiene* 〜 *fijo.* 彼の毎日の仕事時間は決まっていない．〜 *comercial*［会社・商店の］営業時間．〜 *de atención al público*［役所などの］執務時間．〜 *de oficina*［会社・役所の］営業時間, 受付時間．〜 *de visitas*［病院の］面会時間; 診療時間．〜 *intensivo/*〜 *continuo/*《アルゼンチン，ウルグアイ》〜 *corrido* 昼休みなしの勤務《主に午前8時〜午後3時》．〜 *partido*［3時間ほどの］昼休みをはさむ勤務．《ベネズエラ》〜 *estelar* プライムタイム．❹［時計の］時針, 短針．❺〖まれ〗時計
 a 〜《アルゼンチン，ウルグアイ》定刻〔どおり〕に
horario², **ria** [orárjo, rja] 形 時間の, 時間に関する: *ángulo* 〜《天文》時角．*círculo* 〜《天文》時圏．*costo* 〜 時間コスト．*diferencia* 〜*ria* 時間差
horca [órka]〖＜ラテン語 furca「農業用のフォーク」〗 女 ❶ 絞首台; 絞首刑: *condenar a la* 〜 絞首刑を宣告する．*merecer la* 〜 吊るし首にされて当然である, 吊るし首にされてやりたい．*carne de* 〜 縛り首に値するやつ．❷〖農業〗干し草などを扱うフォーク．❸［吊るすために］2個つなぎ合わせたニンニク〖玉ネギ〗．❹［枝・幹を支える］二股の支柱．❺《プエルトリコ，ベネズエラ》誕生日の贈り物
 dejar 〜 *y tendón*［枝落として］幹に2本の枝を残す
 pasar por las 〜*s caudinas* やむなく屈辱的な条件をのむ〖〜*s caudinas*「古代ローマがサムニウム族に大敗北を喫した時の〕カウディウムの屈辱〗
horcado, da [orkáðo, ða] 形 二股に分かれた, Y字状の
horcadura [orkaðúra] 女 木の股; 分岐した2本の枝がつくる角度, 枝分かれ
horcajada [orkaxáða] 女《チリ》＝horcajadura
horcajada [orkaxáða] 女〖＜horca〗女 *a* 〜*s* またがって, 馬乗りに: *Un joven estaba sentado a* 〜*s sobre el banco.* 一人の若者がベンチにまたがって座っていた
horcajadilla [orkaxaðíʎa] 女 *a* 〜*s* またがって〖＝a horcajadas〗
horcajadura [orkaxaðúra] 女［新生児の］股〔 〕を開いた角度
horcajo [orkáxo] 男 ❶［ラバの］くびき．❷ 川の合流点; 山脈の接合点
horcar [orkár] 他《メキシコ》❶〖口語〗絞首刑にする．❷ 評価する; 気にかける, 考慮する

horcate [orkáte] 男［馬車馬の］くびき
horchata [ortʃáta]〖＜? 語源〗 女〖飲料〗オルチャータ〖❶ カヤツリグサ chufa の塊茎から作る清涼飲料水．＝〜 *de chufa.* ❷〗《メキシコ, グアテマラ》米の煮汁を冷やしてシナモンをふりかけた飲み物．＝〜 *de arroz.* ❸《メキシコ》すりつぶしたメロンの種から作る清涼飲料水．＝〜 *de semillas*〔*de melón*〕
horchatería [ortʃatería] 女《西》オルチャータの販売店〖製造所〗
horchatero, ra [ortʃatéro, ra] 名《西》オルチャータの販売〖製造〗者
horco [órko] 男 ❶〖文語〗＝orco．❷ 数珠つなぎにしたニンニク〖玉ネギ〗
horcón¹ [orkón] 男 ❶〖農業〗大型のフォーク〖熊手〗．❷〖船舶〗船首に一番近い肋材．❸〖ニカラグア, パナマ, キューバ, コロンビア, ベネズエラ, ボリビア〗［梁などを支える］柱, 丸太
horcón², **na** [orkón, na] 形《メキシコ》〖取引が〛有利な, 優位な, 得な
horconada [orkonáða] 女 ❶ フォーク horcón による打撃．❷［干し草などで］フォーク〔による〕一すくいの分量
horda [órða]〖＜仏語 horde〗 女 ❶〖歴史〗遊動民, 遊牧民〖共同体〗: *Las* 〜*s bárbaras invadieron el imperio romano.* 移動する蛮族がローマ帝国に侵入した．❷ 不正規軍;［暴徒などの］群れ: *una* 〜 *de gamberros* ちんぴらの一群．❸《中南米》大衆, 群衆
hordiate [orðjáte] 男 ❶ 大麦で作った飲み物．❷ 精白した大麦
hordio [órðjo] 集名《アラゴン》大麦の穀粒
horero [oréro] 男《中南米, 口語》〖時計〛の時針
horita [oríta] 副 ＝ahorita
horitita [orítita] 副《主に中米》＝ahorita
horititita [oritítita] 副《主に中米》＝ahorita
horizontal [oriθontál]〖←horizonte〗 形《⇔vertical》❶ 水平の, 横の: *línea* 〜 水平〔に引いた（水平の）〕線．*plano* 〜 水平面．*escritura* 〜 横書き．*propiedad* 〜《法律》共同保有〔権〕．❷〖クロスワードパズルの列が〛横の
 coger la 〜〖口語〗寝る, 横になる
 —— 男《南米》横材
 —— 女 ❶〖文語〗売春婦．❷〖幾何〛水平線
horizontalidad [oriθontaliðáð] 女 水平〔状態〕
horizontalmente [oriθontalménte] 副 水平に
horizonte [oriθónte]〖＜ラテン語 horizon, -ontis ＜ギリシャ語 horizon, -ontos「境界を示す」＜ *horizo*「私は境界を定める」〗 男 ❶ 地平線, 水平線: *El sol se oculta tras el* 〜．太陽が水平線に隠れる．*línea de* 〜 地〔水〕平線．《美術》ホリゾンタルライン．〜 *artificial*《航空》人工水平儀．❷［主に 複］将来性, 先行き, 見通し: *abrir nuevos* 〜*s a la literatura* 文学に新しい分野〔可能性〕を切り開く．❸［主に 複］知識などの］領域, 視野: *Es un hombre de limitados* 〜*s.* 彼は視野が狭い．*ampliar los* 〜*s* 視野を広げる．*amplitud de* 〜*s* 視野の広さ．❹《演劇》ホリゾント．❺〖考古〗〜 *cultural* 文化ホライズン〖文化複合〗．〜*s del suelo* 土壌層位
horma [órma]〖＜ラテン語 forma〗 女 ❶［靴・帽子などを作るのに使う〕型, 木型, 枠, 芯: *zapatos de* 〜 *ancha*〔*en punta*〕幅広〔先の尖った〕靴．❷［靴の型くずれを防ぐ〕シューキーパー．❸ 乾燥した石を積み上げた壁．❹《キューバ, コロンビア, ベネズエラ, ペルー》氷砂糖を作る型
 encontrar (*dar con*・*hallar*) *la* 〜 *de su zapato*《口語》難敵に出会う; 探していたものを見つける
 de 〜 *ancha*〖靴が〗ぶかぶかの
hormadoras [ormaðóras] 女複 ＝hormadores
hormaza [ormáθa] 女 乾燥した石を積み上げた壁〖＝horma〗
hormazo [ormáθo] 男 ❶ 土塀; 日干し煉瓦の壁．❷ 積み上げた石．❸ 木型 horma での打撃
hormero [orméro] 男 木型 horma の製造〖販売〛者
hormiga [ormíɣa]〖＜ラテン語 formica〗 女 ❶〖昆虫〗1) アリ〔蟻〕: 〜 *blanca* シロアリ．〜 *cortadora* (*cortahojas*) ハキリアリ．〜 *legionaria* (*en punta*) グンタイアリ．〜 *voladora* オオアリ属の一種〖学名 Camponotus ligniperda〗．〜 *s de Argentina* アルゼンチンアリ．*Cada* 〜 *tiene su día.*《諺》一寸の虫にも五分の魂．2) 〜 *león* ウスバカゲロウ; アリジゴク．❷ 働き者, 倹約家〖＝hormiguita〗．❸〖医学〛蟻走感〖＝hormigueo〗
 a paso de 〜 のろのろと
hormigo [ormíɣo] 男 ❶〖植物〗トリプラリスの一種〖学名 Tri-

hormigón

plaris tomentosa]. ❷ 水銀精製に使われた灰. ❸《料理》1)〘複〙パン粉・アーモンド・蜂蜜のプディング. 2) トウモロコシ粉の粥

hormigón [ɔrmiɣón] **I**〘←古語 hormigos「パン粉・アーモンド・蜂蜜のプディング」〙〘男〙コンクリート: construir con ～ コンクリートで作る. puente de ～ コンクリートの橋. ～ armado 鉄筋コンクリート. ～ pretensado プレストレストコンクリート. **II**〘hormiga の示大語〙❶ [牛などの] 角質の病気. ❷《農業》虫に根や茎を食べられる病気. ❸《チリ》アリに似た昆虫

hormigonado [ɔrmiɣonáðo]〘男〙コンクリート製造; コンクリート打ち

hormigonar [ɔrmiɣonár]〘自〙コンクリートを製造する
—〘他〙…にコンクリートを打つ

hormigonera [ɔrmiɣonéra]〘女〙コンクリートミキサー

hormigoso, sa [ɔrmiɣóso, sa]〘形〙《まれ》アリの; アリの被害を受けた

hormigueamiento [ɔrmiɣeamjénto]〘男〙=hormiguero

hormiguear [ɔrmiɣeár]〘←hormiga〙〘自〙❶ かゆい, むずむずする, ちくちくする: Me hormiguea la planta del pie. 私は足の裏がむずむずする. ❷ 群がり集まる, うようよする: Hormiguea la gente en la plaza. 広場に人がうじゃうじゃいる. ❸ たくさんあり, 豊富にある

hormigueo [ɔrmiɣéo]〘男〙❶ 群がり集まること, 雑踏. ❷ かゆみ, むずむずすること. ❸《医学》蟻走感

hormiguera[1] [ɔrmiɣéra]〘女〙《昆虫》シジミチョウの一種〘学名 Maculinea alcon〙

hormiguero[1] [ɔrmiɣéro]〘←hormiga〙〘男〙❶ アリの巣, アリ塚;〘集名〙そこに住むアリ. ❷ 雑踏, 人々の集まる所. ❸《鳥》アリスイ. ❹《動物》アリクイ [=oso ～]. ❺《西》山積みの雑草〘燃やして肥料にする〙.〘獣医〙蹄葉炎 [=amarguillo]

hormiguero[2], **ra**[2] [ɔrmiɣéro, ra]〘形〙蟻走感の

hormiguesco, ca [ɔrmiɣésko, ka]〘形〙アリの

hormiguilla [ɔrmiɣíʎa]〘hormiga の示小語〙〘女〙《地方語》かゆさ, むずむずさ

hormiguillar [ɔrmiɣiʎár]〘他〙《中南米. 鉱山》[銀鉱石と塩を] 混ぜて精錬する

hormiguillo [ɔrmiɣíʎo]〘hormiga の示小語〙〘男〙❶《西》かゆみ, 不快感. ❷ 建材を手渡す作業員の列. ❸《獣医》[馬などの] 蹄葉炎; それによる軽石状の馬蹄. ❹《中南米. 鉱山》銀鉱石と塩の混合による泡立ち; アマルガム化. ❺《メキシコ》乾パンの粉を香辛料などと混ぜて煮立てた飲み物

hormiguita [ɔrmiɣíta]〘女〙《親愛》勤勉な人, 倹約家: Él es una ～ y ha ido haciendo una pequeña fortuna. 彼は勤勉で, わずかながらも貯め込んでいる

hormilla [ɔrmíʎa]〘女〙《手芸》くるみボタンの芯

hormino [ɔrmíno]〘男〙《植物》サルビア・ベルベナカ [=gallocresta]

hormogonio [ɔrmoɣónjo]〘男〙《植物》《藍藻類の》連鎖体

hormón [ɔrmón]〘男〙=hormona

hormona [ɔrmóna]〘←ギリシア語 hormon〙〘女〙《生化》ホルモン: ～ de crecimiento 成長ホルモン. ～ esteroide ステロイドホルモン. ～ masculina (femenina) 男性(女性)ホルモン

hormonal [ɔrmonál]〘形〙ホルモンの, ホルモンによる: desarreglos ～es ホルモン異常. tratamiento ～ ホルモン療法

hormonar [ɔrmonár]〘他〙ホルモンで処理する: carne hormonada ホルモン牛肉

hormonogénesis [ɔrmonɔxénesis]〘女〙《生理》ホルモン放出

hormonoterapia [ɔrmonoterápja]〘女〙《医》ホルモン療法

horn [ɔrn]〘←独語〙〘男〙《地理》氷食尖峰

hornabeque [ɔrnabéke]〘男〙《築城》幕壁でつながった2つの稜堡

hornablenda [ɔrnablénda]〘女〙《鉱物》=hornblenda

hornacero [ɔrnaθéro]〘男〙るつぼ hornaza を用いる職人, 金銀細工師

hornacho [ɔrnátʃo]〘男〙[山の] 採掘跡の穴

hornachuela [ɔrnatʃwéla]〘女〙小屋, 粗末な住居

hornacina [ɔrnaθína]〘女〙壁龕(がん), ニッチ [像・花瓶などを置く壁のくぼみ]: En la ～ había un busto. ニッチには胸像があった

hornada [ɔrnáða]〘←horno〙〘女〙❶ [パンなどに] 焼き上がる量, 一窯分: una ～ de ladrillos 一窯分の煉瓦. pan de la primera ～ [その日の] 最初に焼き上がったパン. ❷《口語》〘集名〙[入学・卒業・採用・昇進などが一緒の] 同期の仲間, 同期生たち: Son de la misma ～. 彼らは同期生だ. de nueva ～ 新入りの

hornado [ɔrnáðo]〘男〙《エクアドル. 料理》豚足のオーブン焼き

hornaguear [ɔrnaɣeár]〘他〙[石炭を採るために] 掘る

—se《チリ》体を左右に揺する

hornagueo [ɔrnaɣéo]〘男〙石炭の採掘

hornaguero, ra [ɔrnaɣéro, ra]〘形〙❶ ゆったりとした, 大きめの; 広々とした, 広い. ❷ [土地が] 石炭を含有する

—〘女〙石炭 [=carbón de piedra]

hornalla [ɔrnáʎa]〘女〙《チリ, ラプラタ》オーブン; レンジの火口

hornaza [ɔrnáθa]〘女〙❶ [銀細工師などが使う] るつぼ. ❷《製陶》淡黄色の釉薬

hornazo [ɔrnáθo]〘男〙❶《古語》[四旬節・復活祭で] 村人たちが説教師にするごちそう. ❷《地方語》1)《料理》オルナソ [卵・チョリソなどを入れたエンパナーダ. 聖週間などに焼く]. ～ relleno de embutido ソーセージを詰めたオルナソ. 2)《菓子》パウンドケーキ. ❸《メキシコ. 口語》[マリフアナなどの] 刺激的なにおい

hornblenda [ɔrnblénda]〘女〙《鉱物》角閃石, ホルンブレンド

hornblendita [ɔrnblendíta]〘女〙《鉱物》主に角閃石から構成される閃緑岩の一種

hornear [ɔrneár]〘←horno〙〘他〙窯 (オーブン) で焼く: ～ las muñecas moldeadas de barro 土を型に入れて作った人形を炉で焼く. ～ el pollo 鶏をオーブンで焼く. polvo de ～ ベーキングパウダー

—〘自〙パン焼き職人として働く

hornecino, na [ɔrneθíno, na]〘形〙庶出の, 姦通による

hornero, ra [ɔrnéro, ra]〘名〙❶ かまど職人, 炉焚. ❷《地方語》パン焼き職人

—〘男〙《鳥》セアカカマドドリ

—〘女〙かまどの床面 (口). ❸《地方語》パン焼き場

hornija [ɔrníxa]〘女〙薪くず, そだ, 小割り薪

hornijero, ra [ɔrnixéro, ra]〘名〙薪くず hornija の運搬人

hornilla [ɔrníʎa]〘女〙❶《西》[石炭・薪を燃料とする] こんろ. ❷ ハトやミツバチが巣を作る壁のくぼみ. ❸《チリ, アルゼンチン, ウルグアイ以外の中南米》[台所の] レンジ. ❹《メキシコ》レンジの火口. ❺《チリ》携帯用コンロ

hornillera [ɔrniʎéra]〘女〙《地方語》ミツバチの巣の支え

hornillero [ɔrniʎéro]〘男〙《ペルー. 鳥》セアカカマドドリ [=hornero]

hornillo [ɔrníʎo]〘horno の示小語〙〘男〙❶《西》[料理用の] こんろ, レンジ: ～ de gas ガスこんろ. ～ eléctrico 電気こんろ. ❷《西》レンジの口: cocina de gas con tres ～s 三つ口のガスデーブル. ❸《鉱山》発破孔. ❹《軍事》地雷. ❺《古語》de atanor [錬金術用の] るつぼ. ❻《地方語》蜜蜂が巣箱以外で産卵する穴

hornito [ɔrníto]〘男〙《メキシコ》小型のコニーデ式火山

horno [ɔ́rno]〘←ラテン語 furnus〙〘男〙❶ 窯 (かま), かまど, 炉: El panadero acaba de sacar del ～ pan recién hecho. パン屋は焼きたてのパンを窯から出したばかりだ. asar carne en el ～ de leña 薪のかまどで肉を焼く. encender el ～ 窯に火を入れる. alto[s] ～[s] 高炉, 溶鉱炉. ～ castellano 低炉. ～ de campaña [持ち運びできる] 野営地用のパン焼き窯. ～ de copela 灰吹き皿, 骨灰皿. ～ de cuba 焼成炉. ～ de fundición 溶鉱炉. ～ de gas ガス窯, ガスオーブン. ～ de panadero パン焼き窯. ～ de poya [現物で支払う] 共同パン焼き窯. ～ de reverbero/～ de tostadillo 反射炉. ～ de pudelar 攪錬炉. ～ eléctrico 電気窯; 電気ロースト. ❷《料理》オーブン, 天火: asar en el ～ オーブンで焼く. fuente de ～ オーブン用の耐熱容器. ～ medio 中温のオーブン. ❸《口語》[炉の中のように] 暑い場所, 暑い所: Esto es un ～ en verano o una nevera en invierno. ここは夏は蒸し風呂, 冬は冷蔵庫のようだ. ❹《西》パン焼き場, パン店. ❺ [木炭などを焼くための] 積み重ねられた材料 [木など]: ～ de carbón 炭木の山 [=carbonera]. ❻《隠語》牢獄

al ～ 1) オーブンで焼いた: manzana al ～ 焼きリンゴ. 2) resistente al ～ [容器がオーブンで使用できる] 耐熱の

calentarse el ～《口語》興奮する, いらいらする

no estar el ～ para bollos (para tortas)《口語》まだ潮時でない, 機が熟していない

recién sacado (salido) del ～《口語》ごく最近の, 最新の, 出来たての: noticia recién sacada del ～ ホットなニュース

horodatador [ɔroðataðór]〘男〙=horofechador

horofechador [ɔrofetʃaðór]〘男〙書類に日時を自動的に記録する器具

horokilométrico, ca [ɔrokilométriko, ka]〘形〙距離とその移動に要する時間の

horología [ɔrolɔxía]〘女〙測時学; 測時器製作法

horometría [orometría] 囡 時間の計測と分割術
horón [orón] 男 ❶ 馬の背に置く大型の丸いかご. ❷《ムルシア》穀粒を入れる大型のかご; [菜園付きの家で] 小麦の保存場所
horondo, da [oróndo, da] 形 =**orondo**
horópter [oró(p)ter] 男《光学》ホロプター, 単視軌跡
horoptérico, ca [oro(p)tériko, ka] 形 ホロプターの, 単視軌跡の
horóptero [oró(p)tero] 男 =**horópter**
horoscópico, ca [oroskópiko, ka] 形 星占いの
horóscopo [oróskopo]【←ギリシア語 horoskopos < hora「時間」+skopeo「私は見る」】男 星占い, 占星術; 十二宮図: leer el ~ 星占いで運勢を見る. ¿Qué ~ eres?—Yo soy Aries. 何座ですか? 一牡牛座です. ~ chino 十二支
horqueta [orkéta] 囡 ❶ [木の] 股; [枝・幹を支える] 二股の支柱: poner ~s a la parra ブドウ棚に支柱を立てる. ❷《ベネズエラ, アルゼンチン》[道の] 分岐点. ❸《エクアドル》さお《=tirachinas》. ❹《チリ, アルゼンチン》[川の] 急な湾曲部. ❺《チリ. 農業》フォーク, ピッチ
horquetear [orketeár]《メキシコ, コロンビア, ウルグアイ》[樹木が] 枝を張る
—— **~se**《コロンビア》またがる, 馬乗りになる
horquetilla [orketíʎa] 囡 ❶《キューバ. 口語》枝毛. ❷《ベネズエラ》ヘアピン
horquetón [orketón] 男 大型の二股の支柱 horqueta
horquilla [orkíʎa]【horca の示小語】囡 ❶《化粧》ヘアピン: recogerse el pelo con ~s ピンで髪をまとめる. ❷ [電信柱などの] U(V)型のもの. ❸《農業》フォーク, ピッチ《= ~ de cavar》. ❹ [枝・昔の銃を支える] 二股の支柱. ❺《自転車, バイク》フォーク. ❻《西》[評価の] 許容範囲. ❼《メキシコ》クリップ《=pinza》. ❽《チリ》ホチキスの針《=grapa》
horquillado, da [orkiʎáðo, ða] 形 二股になった; U型の, V型の
—— 男 評価, 考慮《行為》
—— 囡 =**horconada**
horquillar [orkiʎár] 他 ❶ 二股の間にはさむ. ❷《メキシコ》1) 評価する, 考慮する. 2) 絞殺する
horrar [ořár] 他《中南米》貯蓄する, 節約する《=ahorrar》
—— **~se** ❶《メキシコ, 中米, コロンビア》[雌の家畜が] 産んだばかりの子供に死なれる. ❷《コロンビア, チリ》[賭け事で] 元を取り戻す
horrendamente [ořendaménte] 副 恐ろしく, ひどく, とても
horrendo, da [ořéndo, da]【←ラテン語 horrendus】形 ❶ 恐ろしい, ぞっとするような《=horroroso》: suceso ~ ぞっとするような事件. ❷《口語》ひどい: película ~da ひどい出来の映画
hórreo [óřeo] 男 [アストゥリアスとガリシア地方の高床式の] 倉, 穀物倉
horrero [ořéro] 男 穀物倉 hórreo の管理人
horribilidad [oříbiliðá(ð)] 囡 恐ろしさ, 身の毛がよだつこと, すさまじさ
horribilísimo, ma [oříbilísimo, ma] 形 horrible の絶対最上級
horrible [oříble]【←ラテン語 horribilis】形《絶対最上級 horribilísimo》❶ ひどい, 恐ろしい. それは見るのも怖い: accidente ~ ぞっとするような事故. atentado ~ 身の毛のよだつような襲撃事件. escena ~ 恐ろしい光景. sueño ~ 怖い夢. ~ grito 恐ろしい叫び声. ❷《口語》[ser・estar+] ひどく, 大変な. 不快きわまる: 1) Ella es guapa pero su novio es ~. 彼女は美人だが, その恋人はひどい. Estoy ~ estos días, me han salido granos. にきびができて最近私は困っている. Tiene una escritura ~. ひどい字を書く. tiempo ~ ひどい天気. 2) [不定詞+que+接続法 が主語] Es ~ hacer ruido. 騒音がして閉口した. Es ~ que los comestibles suban tanto. 食料品にこんなに値上がりするのは困ったものだ. Es ~ que se cambie cada año al primer ministro! 首相が毎年交代するなんてあきれる! ❸《口語》程度がすごい, 強烈に, 耐えがたい: Tengo una sed ~. 私はとても喉が渇いている. Tengo unas ganas ~s de tomar cerveza. 私はビールが飲みたくてたまらない. ¡Qué frío más ~! 何て寒いのだろう! ~ dolor ひどい痛み
horriblemente [oříbleménte] 副 恐ろしくなるほど, ぞっとするほどに; ひどく
horridez [oříðéθ] 囡《まれ》恐ろしさ, すさまじさ; [あきれほどの] ひどさ
hórrido, da [óříðo, ða] 形《文語》=**horroroso**

horrura

horrificar [ořifikár] 7 他 ぞっとさせる, 鳥肌を立たせる
horrífico, ca [ořífiko, ka] 形 恐ろしい, ぞっとするような,《口語》ひどい
horripilación [ořipilaxón] 囡 ❶ 鳥肌が立つ (身の毛がよだつ) こと. ❷《医学》悪寒
horripilador, ra [ořipilaðór, ra] 形 ❶《解剖》músculo ~ 立毛筋, 起毛筋. ❷ 鳥肌の立つ, 身の毛のよだつ, ぞっとする
horripilante [ořipilánte] 形 ❶ [事柄が] 鳥肌の立つ, ぞっとする ~. 蛇に触ることを考えるだけで私は鳥肌が立つような感じになる. cuento ~ ぞっとするような話, 怪談. ❷《口語》ひどい, 人に見せられないような: Lleva una corbata ~. 彼は悪趣味なネクタイを締めている
horripilar [ořipilár]【←ラテン語 horripilare】他 ❶ 鳥肌を立たせる, ぞっとさせる: Nueva York me fascina y a la vez me horripila. 私にとってニューヨークは魅惑的でもあり恐ろしくもある. ❷《口語》[主に醜くて] 人に不快感を与える
horripilativo, va [ořipilatíβo, ba] 形《廃語》鳥肌の立つ, 身の毛のよだつ
horrisonante [ořisonánte] 形《まれ》=**horrísono**
horrísono, na [ořísono, na]【←ラテン語 horrisonus】形 恐ろしい音のする; [音が] ~ na tempestad 轟音を伴った嵐
horro, rra [óřo, řa] 形 ❶ [奴隷が] 解放された. ❷ [雌が] 不妊の. ❸ [+de ~] 免れた;…のない: ~ de todo pudor 慎みの全くない
horror [ořór]【←ラテン語 horror, -oris < horrere「逆立つ」】男 ❶ 恐怖, 恐ろしさ, スリル, 戦慄: El ~ me paralizó y no pude moverme un rato. 私は恐ろしさに体が固まって, しばらく身動きできなかった. Sentimos ~ al recordar la elevación del agua del mar provocada por el terremoto. 私たちは地震によって引き起こされた海面の上昇を思い出すと恐怖を感じる. Me causa ~ ver esa película. 私はその映画を見ると怖くなる. Me causa ~ tu presencia. 君の存在は私には恐怖だ. Descubrí con ~ que la ciudad estaba totalmente arrasada. 私は町が完全に壊滅してしまっているのを見てぞっとした. El ~ al agua es una señal de que el perro se ha rabiado. 水を怖がるのは, 犬が狂犬病にかかった徴候の一つだ. película de ~ ホラー映画. ❷《口語》嫌悪, 反感; いやな物 (人・事): Tengo ~ a las inyecciones. 私は注射が大嫌いだ. Es un ~ ver esa juerga. あんなどんちゃん騒ぎを見るのはぞっとする. ¡Qué ~ de hombre! 何と嫌な男だ! sentir ~ hacia (por) el crimen 犯罪を憎む. ❸ [時に 複] 惨事, むごたらしさ, 残虐さ: Siempre me cuenta ~es de la guerra. 彼はいつも戦争の残虐さを私に話す. ❹《口語》大量, 多数: Había un ~ de libros en su oficina. 彼のオフィスにはすごくたくさんの本があった. Había un ~ de espectadores. すごい数の観客がいた. Hace un ~ de calor. ひどい暑さだ. ❺ ~ al vacío =**horror vacui**
動詞+**es**/動詞+**un** ~ すごく…: Me gusta ~es el tango. 私はタンゴが大好きだ. La vida ha subido un ~. 生活費が驚くほど上がった. divertirse ~es すごく楽しむ
¡Qué ~! [驚き・拒否] 何てひどい!: ¡Qué ~! Tengo un neumático pinchado. ああ, 困った! タイヤがパンクしてる. ¡Qué ~, no insistas más! やめてくれ, もうそれ以上せがまないでくれ!
horrorizar [ořořiθár]【←horror】9 他 恐怖を感じさせる, 怖がらせる: A mi padre le horrorizaba viajar en avión. 父は飛行機に乗るのを恐れていた. Nos horrorizó el nuevo precio de la gasolina. 私たちは今度のガソリン価格にぞっとした
—— **~se** [+de ~] 怖がる, ぞっとする: Me horroricé de ver un bulto. 私はおぼろげな人の姿を見て震え上がった. Nos horrorizamos cuando nos dieron la cuenta. 私たちは勘定書をもらった時ぎょっとした
horrorosamente [ořorósaménte] 副 身の毛のよだつほど; ひどく
horroroso, sa [ořoróso, sa]【←horror】形 ❶ 恐ろしい, 身の毛のよだつ: imágenes ~sas de la matanza 殺戮のむごたらしい映像. ~s desastres naturales 恐ろしい天災. ❷《口語》醜悪な, 非常に醜い: monstruo ~ 醜い怪物. edificio de color ~ 醜悪な色の建物. ❸《口語》非常に悪い, ひどい: Hizo un tiempo ~. 激しく荒れた天気だった. Tengo un hambre ~. 私はひどく空腹だ
horror vacui [ořór bákwi]【←ラテン語】男《美術》空間畏怖
horrura [ořúra] 囡 ❶ ごみ, くず, 余計なもの. ❷《比喩》くず, か す, 値打ちのないもの. ❸《鉱物》[剥] 利用可能な; 溶解しやすい

horst [xórst]《←独語》男《複 ~s》《地理》地塁, ホルスト
hortal [ortál] 男《アラゴン》菜園《=huerto》
―― 形《地方語》野菜畑の
hortaliza [ortalíθa]《←ラテン語 hortus「菜園」》女《主に複》野菜《→verdura 類義》: Las ~s contienen muchas vitaminas. 野菜にはビタミンが多く含まれている. cultivar ~s 野菜を作る
hortelano, na [orteláno, na]《←ラテン語 hortulanus < hortulus「小さな畑」< hortus「菜園」》形 野菜畑の: producto ~［産物としての］野菜
―― 名 野菜作りをする人(農家)
―― 男《鳥》ズアオホオジロ
hortense [orténse] 形 =hortelano
hortensia [orténsja] 女《植物》[セイヨウ]アジサイ
hortera [ortéra]《←語源》① 形《西. 軽蔑》趣味の悪い〔人〕, 野暮ったい〔人〕: Me compró un bolso muy ~. 彼はすごくださいバッグを買ってくれた. Es un ~ con un pantalón a cuadros. 彼はチェックのズボンをはいて趣味の悪い男だ
―― 男《古語的. 軽蔑》店員
―― ② 男《古語》木製のお椀, 大皿
horterada [orteráða] 女《西. 軽蔑》悪趣味なもの: Su vestido es una ~. 彼女のドレス, ださいわね
horterez [orteréθ] 女《西. 軽蔑》趣味の悪さ, 悪趣味
horteril [orteríl] 形《西. 軽蔑》❶ 趣味の悪い. ❷ 店員の
horterismo [orterísmo] 男《西. 軽蔑》悪趣味
hortero [ortéro] 男《西. 軽蔑》店員
hortícola [ortíkola] 形《西. (果樹)》栽培の: cultivos ~s 野菜栽培. productos ~s 野菜生産物, 青果
―― 名《栽培される》野菜, 果物
horticultor, ra [ortikultór, ra] 名 野菜(果樹)栽培業者
horticultura [ortikultúra] 女 野菜(果樹)栽培
hortofrutícola [ortofrutíkola] 形 野菜および果物の〔栽培の〕
hortofruticultura [ortofrutikultúra] 女 野菜および果物栽培〔技術〕
hortolano [ortoláno] 男《地方語. 鳥》ズアオホオジロ《=hortelano》
horuelo [orwélo] 男《地方語》[若者たちが集まって遊ぶ]露天の場所
hosanna [osánna] 男《カトリック》ホザンナ, ホサナ《神を賛美する叫び》; ホザンナ唱, ホサナ聖歌《枝の主日に歌われる》
hosco, ca [ósko, ka]《←ラテン語 fuscus「暗い」》形 ❶ 無愛想な, とっつきにくい, つっけんどんな: carácter ~ 無愛想な性格. ❷［天気が]嫌な, 悪い;［土地が]人をよせつけない, 険阻な: cielo ~ 嫌な空模様. ❸《メキシコ, アルゼンチン, パラグアイ》[牛が]全体が赤黒く背中が黒い
hoscoso, sa [oskóso, sa] 形 ❶［牛の毛が]朱色の, 赤褐色の. ❷《まれ》[土地が]険しい, 切り立った. ❸《廃語》ざらざらした, ごわごわした
hospar [ospár] 自《地方語》立ち去る
hospas [óspas] 間《地方語》[否定・拒絶]いや!
hospedador, ra [ospeðaðór, ra] 形 名《生物》宿主となる, 寄生される; 宿主
hospedaje [ospeðáxe]《←hospedar》男 ❶ 宿泊〔泊めて世話すること]: dar ~ a+人 …を泊めてやる. tomar ~ en un hotel ホテルに泊まる. ❷ 宿泊料金: pagar ~ 宿泊料を払う. ❸《まれ》宿泊場所: Nuestro ~ está cerca del centro. 私たちの宿は都心に近い. ❹《歴史》宿所提供義務《臣下が領主に対して負う宿所と食事の提供義務》
hospedamiento [ospeðamjénto] 男《廃語》宿泊; 宿泊場所
hospedante [ospeðánte] 形 =hospedante
hospedar [ospeðár]《←ラテン語 hospes, -itis「泊まり客」》他 宿泊させる, 滞在させる: Hospedan a un estudiante que viene de Japón. 彼らは日本から来る学生を泊める
―― **~se** 再 宿泊する, 滞在する: ~se en casa de un pariente 親類の家に泊まる. estudiar hospedándose en una familia japonesa 日本でホームステイする
hospedería [ospeðería] 女 ❶［質素な]ホテル. ❷［修道院の]宿泊所
hospedero, ra [ospeðéro, ra] 名 ホテルの主人
hósperas [ósperas] 間《地方語》[賞賛・驚き]すごい!
hospiciano, na [ospiθjáno, na] 名 養護施設に収容されている[いた]子供
hospiciante [ospiθjánte] 名《メキシコ, グアテマラ, コロンビア》=hospiciano

hospicio [ospíθjo]《←ラテン語 hospitium「宿泊」< hospes, -itis》男 ❶［児童の]養護施設, 孤児院. ❷《古語》[巡礼者・浮浪者などのための]無料宿泊所. ❸《エクアドル, チリ》痴呆者と老人の保護施設
hospital [ospitál]《←ラテン語 hospitale「客室」< hospes, -itis「宿泊客」》男 ❶ 病院《類義》主に hospital は公立の病院, clínica は私立の病院》: Los padres le ingresaron en el ~. 両親は彼を入院させた. salir del ~/dejar el ~ 退院する. ~ clínico 総合病院. Su casa es un ~. 彼の家は病人だらけだ. ❷《軍事》野戦病院《= ~ de [primera] sangre, ~ de campaña》. ❸《古語》[巡礼者のための]施療院;[貧者のための]慈善施設. ~ robado ［家具を取り払った]空っぽの家
hospitalariamente [ospitalárjaménte] 副 もてなしの心をもって, 手厚くもてなして
hospitalario, ria [ospitalárjo, rja]《←hospital》形 ❶ 歓待する: familia ~ria 親切に人をもてなす家族. hotel ~ 客あしらい(サービス)のよいホテル. ❷［自然などが]心地のよい, 保護する: paisaje ~ 人を優しく包んでくれる風景. ❸ 病院の. ❹ 無料宿泊所の
―― 男 複《歴史》[H~s] 病院騎士団《=Caballeros H~s》
hospitalense [ospitalénse] 形《地名》オスピタレット Hospitalet の[人]《バルセロナの隣の市》
hospiticio, cia [ospitíθjo, θja] 形《まれ》歓待の, 待遇の
hospitalidad [ospitaliðá(ð)]《←ラテン語 hospitalitas, -atis》女 ❶ 歓待, 厚遇, もてなし好き, ホスピタリティー: dar ~ a+人 …を手厚くもてなす. recibir ~ 歓待を受ける. ❷ 入院《=hospitalización》
hospitalismo [ospitalísmo] 男《医学》ホスピタリズム, 施設依存症
hospitalización [ospitaliθaθjón] 女 入院
hospitalizar [ospitaliθár]《←hospital》他 入院させる
―― **~se** 再《中南米》入院する: Mi padre tuvo que ~se por una pequeña lesión cardíaca. 父はちょっとした心臓の障害で入院しなければならなかった
hospodar [ospoðár] 男《歴史》[ワラキア Valaquia 公国とモルダビア Moldavia 公国にトルコから派遣された]代官, 太守
hosquedad [oskeðá(ð)]《←hosco》女 愛想のなさ, 憂鬱さ: La ~ del tiempo me deprime. 厳しい天候が私の気持ちを憂鬱にする
hosta [ósta] 女《植物》ギボウシ
hostal [ostál]《←ラテン語 hos[pi]talis》男 ❶ 小ホテル《→hotel 類義》: ~ residencia 素泊まり用のホテル. ❷［昔の]旅館
hostelería [ostelería]《←hostal》女 ホテル・飲食店業: escuela de ~ ホテル学校
hostelero, ra [osteléro, ra]《←hostal》形 ホテル・飲食店業の: capacidad ~ra ホテルの収容可能客数
―― 名 旅館の主人
hostería [ostería]《←伊語 osteria》女 小ホテル, 旅館
hostess [xóstes]《←英語》女《複 ~es》《メキシコ, ペルー, 航空など》女性客室乗務員
hosti [ósti] 間《地方語》[驚き]ひゃあ!
hostia [óstja]《←ラテン語 hostia「神に供える犠牲」》女 ❶《カトリック》オスチア, ホスチア《聖体のパン》. ❷《料理》薄く伸ばした生地. ❸《西. 卑語》平手打ち, 殴打: dar a+人 una ~ …にビンタを食らわす
a toda ~《西. 卑語》大急ぎで, 猛スピードで: Un coche patrulla iba *a toda ~ por la carretera*. パトカーが国道を全速力で走っていた
de la ~《西. 卑語》1) 非常に大きい(激しい): Hace un frío *de la ~*. めちゃくちゃ寒い. 2) すばらしい: Aquí se puede tomar un café *de la ~*. ここはすごくうまいコーヒーが飲める
echando ~s《西. 卑語》大急ぎで
hinchar a ~s《西. 卑語》ひどく殴る
¡~ [s]!《西. 卑語》[驚き・喜び・苦痛]ひゃあ!
la ~《西. 卑語》=¡~[s]!
liar a ~s《西. 卑語》殴り合いを始める
mala ~《西. 卑語》怒り, 不機嫌; 悪意
no tener [ni] media ~《西. 卑語》存在感の乏しい, 弱々しい《=no tener [ni] media bofetada》
ser la ~《西. 卑語》すごい, ひどい
una ~《西. 卑語》[相手の発言をさえぎって, 不承認]とんでもない, まさか!
hostiar [ostjár] 他《西. 卑語》殴る; ひどい目にあわす

hostiario [ɔstjárjo] [男]《カトリック》ホスチア hostia を入れておく箱

hostiazo [ɔstjáθo] [男]《西. 卑語》強い殴打(衝撃)

hósticas [ɔ́stikas] [間]《地方語. 婉曲》［驚き・喜び・苦痛］ひゃあ!〚=hostias〛

hostiero, ra [ɔstjéro, ra] [名] ホスチア hostia を作る人

hostigador, ra [ɔstiɡađɔ́r, ra] [形] [名] しつこく悩ます〔人〕, つきまとう〔人〕

hostigamiento [ɔstiɡamjénto] [男] ❶ 執拗な攻撃, いじめ. ❷［馬などを］鞭で打つこと

hostigante [ɔstiɡánte] [形] ❶ しつこく悩ます. ❷《コロンビア》=**hostigoso**

hostigar [ɔstiɡár]〚←ラテン語 fustigare「杖で叩く」< fustis「杖, 棒」〛[8] [他] ❶ しつこく悩ます, つきまとう; いじめる; うるさく言う: Los niños *hostigaban* al recién llegado. 子供たちは新入りの子をいじめていた. ❷《軍事》じわじわと執拗に攻撃する: La guerrilla *hostigaba* a las fuerzas regulares. ゲリラは正規軍にしつこく攻撃を加えていた. ❸［馬などを歩かせるために］鞭(棒)で打つ. ❹《中南米》［食べ物・飲み物が］食傷させる, しつこい. ❺《コロンビア, ペルー》うんざりさせる

hostigo [ɔstíɡo] [男] ❶［壁を損傷させるような］雨を伴った暴風. ❷ 暴風雨が吹き付ける壁. ❸《まれ》=**hostigamiento**

hostigoso, sa [ɔstiɡóso, sa] [形]《グアテマラ, コロンビア, ペルー, チリ》甘すぎる; 不快な, うんざりさせる

hostil [ɔstíl]〚←ラテン語 hostilis < hostis, -is「敵」〛[形]［estar+. +con・hacia+人 に］敵意のある, 敵対的な: actitud ～ 敵意のある態度. compras ～*es*《株式》敵対的買付け. país ～ 敵性国家. recibimiento ～ 冷淡な迎え方. relación ～ 敵対関係

hostilidad [ɔstilidá(đ)]〚←hostil〛[女] ❶ 敵意〔のある態度〕, 敵愾心(てきがいしん): sentir ～ contra+人 …に敵意(敵愾心)を抱く. ❷ [複] 戦争行為: iniciar (comenzar) las ～*es* 開戦する. suspender (reanudar) las ～*es* 停戦する(戦闘を再開する)

romper las ～es 開戦する, 戦争が始まる

hostilizar [ɔstiliθár] [9] [他] 攻撃する, …に敵対する

hostilmente [ɔ́stilménte] [副] 敵意を持って, 敵対して

hostión [ɔstjɔ́n] [男]《俗語》大打撃, 強打

hot cake [xɔ́t kéi̯k]〚←英語〛[男]《メキシコ. 料理》パンケーキ

hot dog [xɔ́t dɔ́ɡ]〚←英語〛[男]〚[複] ～ ～s〛《料理》ホットドッグ

hotel [otél]〚←仏語 hôtel < ラテン語 hospitale「客室」〛[男] ❶ ホテル〚[類義] 規模・等級の順: **hotel**>**hostal**>**pensión**>**fonda**〛: Nos alojamos en un ～ de cuatro estrellas. 私たちは4つ星ホテルに泊まった. Vive en un ～ por 400 euros al mes. 彼は月400ユーロでホテル住まいしている. En la alta temporada turística los ～*es* están llenos. 観光シーズンもたけなわになるとホテルが満室になる. salir del ～/dejar el ～ チェックアウトする. ～ de citas/《アルゼンチン》～ alojamiento ラブホテル. ～ apartamento (apartamiento)［台所などの付いた］長期滞在用のホテル〚=apartotel〛. ～ residencia［食堂のない］素泊まり用のホテル. ❷《西》=**hotelito**. ❸《隠語》監獄

hotelería [otelería] [女]《南米》=**hostelería**

hotelero, ra [oteléro, ra]〚←hotel〛[形] ホテルの: industria ～*ra* ホテル産業. plazas ～*ras* ホテルの部屋(ベッド)〔その数

—— [名] ホテル経営者, ホテル業者

hotelito [otelíto] [男]［2・3階建ての］庭付きの一戸建て住宅

hotentote [otentóte] [形] [名]［南西アフリカの］ホッテントット〔の〕

hot line [xɔ́t lái̯n]〚←英語〛[男]〚[複] ～ ～s〛❶《電話》ホットライン. ❷ テレフォンセックス

hoto [óto] [男] 信頼, 信用; 期待

hot pants [xɔ́t pánts]〚←英語〛[男]《服飾》❶《まれ》ホットパンツ. ❷《メキシコ》［スポーツ用の］ホルターとロングタイツのセット

house [xáu̯s]〚←英語〛[男]《音楽》ハウス〚1980年代のディスコ音楽〛

house trailer [xau̯s trái̯lɛr]〚←英語〛[女]《中米. 自動車》トレーラーハウス〚=caravana〛

hova [xóƀa] [形] [名] ホバ族〔の〕〚マダガスカルのマレー系住民〛

hove [xóƀe] [男]《地方語》ブナ haya の実

hovercraft [xóƀerkraft]〚←英語〛[男]〚[複] ～s〛《船舶》ホバークラフト

hoverfoil [oƀɛrfɔ́i̯l]〚←英語〛[男] =**hovercraft**

hovero, ra [oƀéro, ra] [形] =**overo**[2]

hoy [ɔ́i̯]〚←ラテン語 hodie〛[副] ❶ 今日(きょう): 1) ¿A cuántos estamos ～? 今日は何日ですか? *Hoy* estamos a ocho de abril. 今日は4月8日です. Lo haré ～〔mismo〕. 今日〔すぐ〕それをします. *Hoy* por la mañana no me quería despertar. 今朝, 私は起きたくなかった. *Hoy* a las diez de la mañana han pasado la noticia por la televisión. 今朝の10時にそのニュースがテレビで流れた. *Hoy* hace veinticinco años que nos casamos. 私たちが結婚して今日で25年になる. *Hoy* por ti y mañana por mí./*Hoy* por mí y mañana por ti.《諺》魚心あれば水心あり. 2)［名詞的］¿Qué día es ～?—*Hoy* es domingo, dos de enero. 今日は何日ですか?—今日は日曜日, 1月2日です. *Hoy* es mi cumpleaños. 今日は私の誕生日です. Es de ～ este pan. このパンは今日のだ. periódico de ～ 今日の新聞. de ～ en ...días 今日から…日後に. de ～ en un mes 今日から1か月後に, 来月の今日. desde ～ 今日から. hasta ～ 今日まで. ❷ 現在: *Hoy* se come tres veces al día. 今日(こんにち)では一日3食になっている

—— [男] 現在: Vivir el ～ es muy difícil. 今日(きょう)を生きることは難しい. España de ～ 今日(こんにち)のスペイン

antes ～ que mañana 早ければ早いほどよい

de ～ 〔en〕 más《アルゼンチン, ウルグアイ》今後は〚=de ～ en adelante〛

de ～ no pasa 必ず今日中に: Lo voy a hacer, *de ～ no pasa*./*De ～ no pasa* que lo haga. 私は絶対今日中にそれをやります

de ～ para (a) mañana できるだけ早く, 早急に: Tuve que escribir el informe *de ～ para mañana*. 私はできるだけ早く報告書を書かなければならなかった

～ 〔en〕 día 今日(こんにち)では, 昨今は: *Hoy* 〔*en*〕 *día* es bastante fácil viajar al extranjero. 今日では外国旅行に行くのはかなり楽になっている

～ por ～ 今のところは, さしあたって: *Hoy por* ～ es la mejor solución que se pueda pensar. それは今のところ考えられる最良の解決策だ

para ～ =***por ～***

por ～ 今日のところは, さしあたって: Nada más *por* ～. 今日はこれまで〔にしておこう〕

que es para ～《口語》［遅い相手に］日が暮れてしまうぞ

hoya [ója]〚←ラテン語 fovea「穴」〛[女] ❶［地面の］大きな穴. ❷ 墓穴〚→tumba [類義]〛: Tiene un pie en la ～. 彼は棺桶に片足を突っ込んでいる. ❸ 山に囲まれた平原, 盆地. ❹ 苗床. ❺《中南米》［動物の］喉のくぼみ. ❻《南米》流域, 谷あい

hoyada [ojáđa] [女]［遠くからではそれと分からない］低地, くぼ地

hoyador [ojađɔ́r] [男]《メキシコ, キューバ, コロンビア》種まき用の穴掘り道具

hoyanca [ojáŋka] [女]《地方語》［墓地内にある］共同墓穴

hoyanco [ojáŋko] [男]《キューバ, コロンビア》［道路に偶然できた］大きな穴

hoyar [ojár] [他]《アンダルシア; メキシコ, グアテマラ, キューバ》植え穴を掘る

hoyita [ojíta] [女]《ホンデュラス, チリ》=**hoyuela**

hoyito [ojíto] [男] ❶《中南米》えくぼ. ❷《キューバ, プエルトリコ, チリ》遠くの穴にコインや球を投げ入れる遊び〚=hoyuelo〛

hoyo [ójo]〚←hoya〛[男] ❶［地面の］穴, くぼみ: hacer un ～ para plantar un árbol 木を植えるために穴を掘る. jugar al ～［地面の穴に入れる］ビー玉遊びをする. ～*s* de viruelas［顔の］あばた. ❷《口語》墓穴〚→tumba [類義]〛: ir al ～ 墓穴へ行く, 死ぬ. ❸《ゴルフ》ホール: el ～ 18, de par 4 18番ホール, パー4. ❹《闘牛》～ de las agujas 牛の背の最上部

creerse el ～ del queque《チリ》［実際は違うのに］自慢する

Hoyos [ójɔs]《人名》**Cristina ～** クリスティーナ・オヨス〚1946 ～, スペインのフラメンコ舞踊家・振付家. アントニオ・ガデス Antonio Gades の相手役を長く務めた〛

hoyoso, sa [ojóso, sa] [形] 穴だらけの

hoyuela [ojwéla] [女] 喉元のくぼみ

hoyuelo [ojwélo]〚hoyo の示小語〛[男] ❶ えくぼ: Se le hacen ～*s* cuando ríe. 彼は笑うとえくぼができる. ❷ 遠くの穴にコインや球を投げ入れる遊び. ❸ =**hoyuela**

hoz [ɔ́θ] **I**〚←ラテン語 falx, falcis〛[女]〚[複] hoces〛❶［半円形の］鎌(かま). ❷《解剖》鎌: ～ del cerebro 大脳鎌

de ～ y 〔de〕 coz《西》徹底的に, とことんまで

II〚←ラテン語 faux, faucis〛[女] 深い谷, 峡谷

hozada [oθáđa] [女] ❶ 鎌による一刈り分. ❷ 鎌による一撃

hozadero [oθađéro] [男]［ブタ・イノシシなどが］鼻面で穴を掘る場所

hozador, ra [oθađɔ́r, ra] [形] 鼻面で穴を掘る

hozadura [oθađúra] [女] ［ブタ・イノシシなどが］鼻面で地面に掘った穴

hozar [oθár] 〘←俗ラテン語 fodiare < fodere「掘る」〙 [9] [他] ［ブタ・イノシシなどが鼻面で地面を］掘る: Los cerdos *hozaban* la tierra en busca de algo de comer. ブタたちは何か食べる物を探して地面を掘り返していた

hta. 《略語》←hasta …まで

huaca[1] [wáka] 〘←ケチュア語〙 [女] ❶ ワカ〘先スペイン期, 特にアンデス地域で神聖視された場所・遺跡・墳墓; 土着の神〙; [集名]［そこで発見される］遺物, 宝物. ❷《メキシコ》連発銃. ❸《コスタリカ, キューバ, ボリビア》貯金箱. ❹《コスタリカ, キューバ》果実が熟すまで入れておく穴. ❺《キューバ》お金, 富

huacal [wakál] [男]《メキシコ, エルサルバドル, キューバ, コロンビア, ベネズエラ》［主に果実・野菜輸送用の］木箱, かご

salirse del ～《メキシコ》規範を脱する, 自立する

huacalón, na [wakalón, na] [形]《メキシコ. 口語》❶ でぶの, 太った. ❷ 子供っぽい. ❸ 大声の

huacamole [wakamóle] [男]《メキシコ》=**guacamole**

huacanca [wakáŋka] [女]《アルゼンチン》=**guacanco**

huacátay [wakátai̯] [男]《中南米. 植物》シオザキソウ〘ハッカの一種. 調味料として使われる〙

huachache [watʃátʃe] [男]《ペルー》非常にうるさい蚊

huachafear [watʃafeár] [女]《ペルー》［中流以下の人が］上流を気取る, 金持ちぶる

huachafería [watʃafería] [女]《ペルー》❶ 気取り, 気取った言動. ❷ 田舎者, 中流以下の人

huachafero [watʃaféro] [男]《ペルー》上流気取りの女に言い寄る男

huachafo, fa [watʃáfo, fa] [形] [名]《ペルー》=**huachafoso**

huachafoso, sa [watʃafóso, sa] [形] [名]《ペルー》［中流以下なのに］上流を気取る〔人〕, 紳士(淑女)ぶった〔人〕; ［服装などが］品のない〔人〕

huachal [watʃál] [男]《メキシコ》ゆでてから干したトウモロコシ粒(粉)

huachalomo [watʃalómo] [男]《チリ》=**guachalomo**

huachapear [watʃapeár] [他] ❶《ペルー》=**guachapear**. ❷《チリ》盗む, する

huachar [watʃár] **I** [他]《エクアドル》［種まきのために］畝を作る
II 〘←英語 watch〙 [他]《メキシコ》見る

huachimán [watʃimán] 〘←英語 watchman〙 [男]《中南米》警備員, 夜警, 監視員

huachinango, ga [watʃináŋgo, ga] [形] =**guachinango**
—— [男]《メキシコ, キューバ. 魚》レッドスナッパー〘食用. 学名 Lutjanus campechanus〙

huachipear [watʃipeár] [他]《チリ》盗む, する

huachipilín [watʃipilín] [男]《グアテマラ. 植物》ワチピリン〘食用のキノコ〙

huacho, cha [wátʃo, tʃa] [名]《アルゼンチン, チリ. 口語》［動物・人が］孤児の
—— [男] ❶《メキシコ》兵士. ❷《エクアドル》溝. ❸《ペルー》宝くじの10分の1券〘=guacho〙

huaco, ca[2] [wáko, ka] [名]《コロンビア》歯が抜けてしまった人
—— [男] ❶ 土器〘=guaco〙. ❷《ボリビア》畝溝

huacrahuacra [wakrawákra] [女]《ペルー》角笛の一種

huahua [wáwa] [名]《エクアドル, ペルー》赤ん坊

huaica [wái̯ka] [女]《ペルー》安売り

huaico [wái̯ko] [男] ❶《アンデス》［大雨によるアンデス山地の］地滑り〘川の氾濫を引き起こす〙. ❷《エクアドル, ペルー》小峡谷. ❸《ペルー, チリ》くぼ地, 低地

huaina [wái̯na] [女]《ペルー》［若い・大人の］女性〘=guaina〙

huaino [wái̯no] [男] ワイノ, ワイニョ〘ペルー・ボリビアの民俗舞踊・音楽. ジャンルとしてはフォルクローレ música andina に属する〙

huairona [wai̯róna] [女]《ペルー》石灰窯

huairuro [wai̯rúro] [男]《ペルー》❶《植物, 実》ワイルロ〘果実はインゲン豆に形が似ていて食用〙. ❷ 警官, 巡査

huájite [wáxite] [男]《ペルー》［先住民の］共同作業の制度

hualle [wáʎe] [男]《チリ》［カシの切り株から出る］新芽

huallenta [waʎénta] [女]《チリ》カシの若木の林

hualo [wálo] [男]《ペルー. 動物》食用の大型のカエル

hualqui [wálki] [男]《ペルー》背負い袋

huamanga [wamáŋga] [女]《ペルー》ウアマンガ石〘白くほとんど透明な雪花石膏〙

huambisa [wambísa] [形] [名]《ペルー》ワンビサ族〔の〕〘アマゾンのジャングルに住む先住民〙

huambra [wámbra] [男]《エクアドル, ペルー》少年, 青年

huamúchil [wamútʃil] [男]《メキシコ. 植物, 果実》マニラタマリンド〘=camachil〙

huanaba [wanáƀa] [女]《グアテマラ. 果実》トゲバンレイシ〘=guanábana〙

huanca [wáŋka] [女]《ベネズエラ》［先住民の］竹笛〘長さ60センチ, 直径8センチ. 口の部分は革製〙
—— [形] [名] ワンカ族〔の〕〘ペルー中央山岳地帯に居住した先住民. ケチュア語を話す. インカに敵対的な民族集団で, スペインによるインカ征服・支配に積極的に協力した〙

huancaíno, na [waŋkaíno, na] [形] [名]《地名》ワンカヨ Huancayo の〔人〕〘ペルー, Junín 県の県都〙

huáncar [wáŋkar] [男]《メキシコ》［先住民の］太鼓

huancara [waŋkára] [女]《ペルー, ボリビア》［ばちが1本の］小型の太鼓

huancavelicano, na [waŋkabelikáno, na] [形] [名]《地名》ウアンカベリカ Huancavelica の〔人〕〘ペルー中部の県・県都. 町はアンデス山脈の標高3600mに位置し, 1572年スペイン人が水銀採掘のために建設〙

huando [wándo] [男]《ペルー》=**guando**

huango [wáŋgo] [男]《エクアドル》［先住民女性の背中に垂れた］三つ編み

huano [wáno] [男]《メキシコ, キューバ, ペルー》グワノ〘肥料. =guano〙

huanuqueño, ña [wanukéɲo, ɲa] [形] [名]《地名》ワヌコ Huánuco の〔人〕〘ペルー中部の県・県都〙

huaño, ña [wáɲo, ɲa] [形]《ペルー》恋をしている
—— [男]《ボリビア, ペルー》民俗舞踊と歌の一種

huapango [wapáŋgo] [男] ワパンゴ〘メキシコ, ベラクルス州の舞踊・歌・音楽・祭り〙

huaque [wáke] [男]《グアテマラ. 植物》トウガラシの一種

huaquear [wakeár] [他]《アンデス》=**guaquear**

huaquero, ra [wakéro, ra] [名]《アンデス》=**guaquero**

huara [wára] [女]《エクアドル》哀愁を帯びた激しい音楽

huaraca [waráka] [名]《アンデス》ぱちんこ; 鞭〘=guaraca〙

huarache [warátʃe] [男]《メキシコ》=**guarache**

huaracho [warátʃo] [男]《メキシコ》=**guarache**

huaracino, na [waraθíno, na] [形] [名]《地名》ウアラス Huaraz の〔人〕〘ペルー中西部, アンカシュ Ancash 県の県都〙

huarahua [waráwa] [女]《グアテマラ》=**guaragua**

huarapón [warapón] [男]《ペルー》=**guarapón**

huari [wári] [男]《ボリビア. 動物》ビクーニャ

Huari [wári] [形] [男]《歴史》ワリ〘ペルー中部高地アヤクチョ Ayacucho 近郊にある遺跡, およびそれを中心とする文化圏. 550～800年ころまでアンデスの広範囲に影響を及ぼす〙: cultura ～ ワリ文化

huaripa [warípa] [女]《メキシコ》ヤシの葉製の帽子

huaripampear [waripampeár] [他]《ペルー》［敵を］あざむく, だます

huarmi [wármi] [女]《コロンビア, エクアドル》よく働く女性

huaro [wáro] [男] ❶《グアテマラ. 酒》グワロ〘=guaro〙. ❷《エクアドル, ペルー》［引き綱をたぐる］渡し船

huasaí [wasaí] [男]《植物》=**asaí**

huasca [wáska] [女]《カリブ, 南米》革ひも〘手綱や鞭として使う〙

huascar [waskár] [7] [自]《ボリビア. 口語》一所懸命に学ぶ

huáscar [wáskar] [男]《チリ. 口語》［警察の］放水車

Huáscar [wáskar] 《人名》ワスカル〘1491～1533, 通称第12代インカ王. 父王ワイナ・カパック Huayna Capac 死後, 王位をめぐり異母兄弟アタワルパ Atahualpa と対立, 殺害される〙

huasipungo [wasipúŋgo] [男]《アンデス》ワシプンゴ〘農業労働者に耕作させる大農場; 植民地時代から続くそのシステム〙

huaso, sa [wáso, sa] [名]《チリ》❶ ワソ〘チリのカウボーイ, メスティーソ〙. ❷《軽蔑》田舎者, 無教養な人
—— [男]《チリ》若者

huasquiri [waskíri] [形] [名] ガリ勉する〔学生〕

huasteco, ca [wastéko, ka] [形] [名] ❶ ワステコ族〔の〕〘メキシコ中部 Huastecas 地域に住むマヤ系の先住民〙. ❷ Huastecas 地域の

huata [wáta] [女]《ペルー, チリ》腹

huatear [wateár] [他]《ペルー》［丸太の］樹皮を焼く

huateque [watéke] [男]《メキシコ, キューバ, プエルトリコ》［飲んで歌い踊る］持ち寄りパーティー

huatia [wátja] [女]《ペルー. 料理》ワティア〘ジャガイモを achira の

葉に包んで土の中で焼く』
huatía [watía] 囡《ペルー》=**huatia**
huato [wáto] 男《ボリビア》[布・革製の] 靴ひも
huatón, na [watón, na] 形《ペルー, チリ》太鼓腹の
huauzontle [wauθóntle] 男《メキシコ. 植物》アカザ科の一種『食用. 学名 Chenopodium berlandieri など』
huave [wábe] 形 図 ワベ族[の]『メキシコ, オアハカ州の先住民』
huaxteca [wastéka] 形 図 ワステカ族[の]『メキシコ東部ベラクルス州, タマウリパス州などの先住民』
── 男 ワステカ語『マヤ語族に属する』
huayco [wáiko] 男《アンデス》=**huaico**
Huayna Cápac [wájna kápak]《人名》ワイナ・カパック『1467?～1525?, 通称第11代インカ王. 統治期にインカ帝国の版図は最大に達する. スペイン人がもたらした疫病で死去』
huayno [wáino] 男《南米》=**huaino**
hubara [ubára] 囡《鳥》フサエリショウノガン
húcar [úkar] 男《プエルトリコ. 植物》シクンシ科の木『=**júcaro**』
hucha [útʃa] 『←仏語 huche「小麦粉の保存箱」』囡《西》❶ 貯金箱『豚の形が多い』. ❷《口語》貯金: tener buena ~ たくさん貯金がある. ❸ 募金箱
huchear [utʃeár] 自 ❶ 叫ぶ. ❷ 掛け声をかけて猟犬を森に放つ
huebra [wébra]『←ラテン語 opera「仕事, 労働」』囡 ❶ [yunta の] 一日分の耕作面積. ❷ [労働力として日雇いされる] 2頭立てのラバと若者. ❸ 休耕地
huebrero [webréro] 男 ❶ ラバと共に農地で日雇いされる若者. ❷ ラバと若者を労働力として提供する元締め
hueca[1] [wéka] 囡 ❶ [紡錘の] らせん形の溝. ❷《ベネズエラ》カルメラ菓子
hueco[1] [wéko] 男 ❶ くぼみ, 空洞: La casa del ratón estaba en un ~ de la pared. ネズミの家は壁の穴の中にあった. ~ de la mano 手のひらのくぼみ. ~ de la escalera 階段の吹き抜け. ~ del ascensor エレベーターシャフト. ❷《建築》壁に切られた入口〔窓・掃き出し口〕: La habitación tiene dos ~s a la calle. その部屋は道路側に窓が2つある. ❸ 空き, すきま: La tapia tenía acceso por un pequeño ~. 土塀の小さなすきまから向うに行けた. En este ~ voy a poner la estantería. ここに本棚を置こう. No hay ni un ~ para aparcar. 駐車スペースがない. ❹《口語》空いた職[地位], 欠員: En esta oficina solo quedan ~s para empleados a tiempo parcial. この事務所ではパートタイマーの口しか残っていない. Busca su propio ~ como modelo. 彼女はモデルの仕事を探している. ❺ 空いた時間: Esta semana no he tenido ni un ~ para llamarte. 今週私は君に電話する暇もなかった. Ha encontrado un ~ para ir a los toros. 彼は闘牛を見に行く暇を見つけた. ❻《隠語》グラビア印刷『=**huecograbado**, grabado en ~』. ❼《コロンビア》道路のくぼみ. ❽《ベネズエラ》顔にできる〕にきびの穴. ❾《アルゼンチン》[村の] 未開墾地
dejar un ~ 欠員ができる; 空白のままにしておく
en ~ 1) 穴の淵に. 2) 切り込みのある, 深い穴の. 3) *grabar en* ~ 透かし彫りする
hacer [*un*] ~ 空き(欠員・時間)を作る: *Hazme un* ~. 席を1つ空けて(取っておいて)ください. *Haré un* ~ para ti en mi compañía. 私の会社で君のポストを作ってあげよう. *Hizo un* ~ *en el equipo.* 彼はチームに穴を空けた. *Como te he hecho un* ~, ven a verme más tarde a las siete. 君のために時間をとったので, 今夜7時にこちらに来なさい
llenar un ~ 1) 役に立つ, 穴埋めする: Esta revista ha venido *llenando un* ~ en el campo de enseñanza de español. この雑誌はスペイン語教育の分野でそれなりの役割を果たしてきた. 2) 空席を埋める
sonar a ~ うつろに響く: Debajo del cielo nuboso *sonó a* ~ la sirena. 曇り空の下でサイレンがうつろに響いた
hueco[2], **ca**[2] [wéko, ka]『←古語 *ocar*「海綿質にする, 掘る」<ラテン語 *occare*「地面をならす」< *occa*「熊手」』形 ❶ [*estar*+] 中空の, 空(から)の: Las cañas de bambú están ~*cas*. 竹の茎は中空になっている. pelota ~*ca* 中空のボール. sitio ~ 空いている場所. cabeza ~*ca* 空っぽの頭. ❷ スポンジ状の, ふんわりした: Este bizcocho está muy ~. このスポンジケーキはふんわりしている. cabello ~ ふんわりした髪. colchón ~ ふんわりしたベッド. ❸ だぶだぶの, 大きすぎる: Estos pantalones me están ~s. このズボンは私にはだぶだぶだ. ❹ 思い上がった, うぬぼれた; 有頂天の: ponerse ~ 得意になる, 有頂天になる, 悦に入る. Está *tuvo* ~ de las lisonjas de las mujeres presentes. 彼はその場にいる女性たちのお追従で得意になった. ❺ [*ser*+] 1)[表現が] 虚ろな, 内容のない: frases ~*cas* 空虚な言葉. 2) [人が] 浅薄な. ❻ [音が] うつろに響く: voz ~*ca* うつろな声
huecograbado [wekograbádo] 男《印刷》凹版印刷
hueco-offset [wéko ɔ́fset] 男《印刷》凹版オフセット印刷
huecorrelieve [wekořeljébe] 男《印刷》彫刻凹版
huecú [wekú]《チリ》草で覆われた沼地, 軟泥地
huehuenche [wewéntʃe] 男《メキシコ》[民族衣装を着た] 仮装した踊り手
huehuete [wewéte] 男《グアテマラ》お坊ちゃん, 気取った(ダンディーな)若者
huehueteco, ca [wewetéko, ka] 形 図《地名》ウエウエテナンゴ Huehuetenango の〔人〕『グアテマラ西部の州・州都』
Huehueteotl [wewetéotl] 男《アステカ神話》ウエウエテオトル『火の神』
huelán [welán] 形《チリ》❶ [木材・薪が] 生乾きの. ❷ [小麦畑が] 実は付いているがまだ熟していない. ❸ [少年が体は大きいが] まだ一人前でない. ❹ [社会的・政治的に] 省みられなくなった
huelebraguetas [welebragétas] 男《単複同形》《隠語》私立探偵
hueledenoche [weleðenótʃe] 男《メキシコ, グアテマラ, コスタリカ. 植物》オシロイバナ
hueleflor [weleflór] 男《プエルトリコ》間抜け, ばか
hueleguisos [welegísos] 男《単複同形》《ペルー》いつもおごってもらう人
huelehuele [welewéle] 男《カリブ》間抜け, ばか
huélfago [wélfago] 男《獣医》苦しそうな呼吸をする肺疾患
huelga [wélga]『←*holgar*』囡 ❶ ストライキ: Hoy hay ~ de trenes y camioneros. 今日鉄道とトラック運転手のストがある. Estamos en ~. スト中です. En ~.《表示》スト決行中. convocar la ~ ストを指令を出す. declarar la ~/declararse en ~ ストへ突入〕を宣言する. entrar (ponerse) en ~/caer en la ~ ~に入る. hacer ~ ストをする. ir a la ~ ストをうつ. romper la ~ ~ スト破りをする. suspender la ~ ストを中止する. derecho de ~ スト権『スペインでは1909年に認められ, 39年に禁止された, 78年憲法によって復活した』. subsidio de ~ スト中の手当金. 2) [種類] ~ *a la japonesa* 超過勤務戦術. ~ *alternativa* / ~ *escalonada* / ~ *por turno* 波状スト, 拠点スト. ~ *de brazos caídos* (*cruzados*) 坐り込みスト, 職場占拠. ~ *de celo*《西》順法スト, 順法闘争. ~ *de* [*l*] *hambre* ハンガーストライキ. ~ *de los transportes* 交通スト. ~ *general* ゼネスト. ~ *intermitente* 波状スト. ~ *patronal* ロックアウト. ~ *por solidaridad* 連帯スト. ~ *por simpatía* 同情スト. ~ *relámpago* / ~ *sin previo aviso* 電撃スト. ~ *salvaje*《西》山猫スト. ❷ 休耕期. ❸ 余裕, ゆったりとしていること. ❹ 気晴らし, 娯楽. ❺ *día de* ~『まれ』[休日でない] 休みの日
huelgo [wélgo] 男 ❶《技術》[部品間の] 遊び, ゆとり. ❷ 息, 呼気『=**huelga**』
huelguear [welgeár] 自《ペルー》ストライキをする
huelguista [welgísta] 図 ストライキ参加者
huelguístico, ca [welgístiko, ka] 形 ストライキの
huella [wéʎa]『←*hollar*』囡 ❶ 足跡; [車などの] 跡: dejar ~*s* 足跡を残す. ❷ 指紋『=~ *dactilar*, ~ *digital*』: dejar sus ~*s por*... …に指紋を残す. imprimir las ~*s* 指紋を押捺する. registrar ~*s* 指紋をとられる. sacar ~*s a* 人の…の指紋をとる. ~ *genética* 遺伝子紋. ~ *sónica* 声紋. ❸ 形跡, 痕跡; 影響, 強い印象: La influencia árabe ha dejado una profunda ~ en España. アラブの影響はスペインに深い爪痕を残している. ❹ [階段の] 踏み板, 踏板. ❺《南米》[人・動物・車による] 踏み分け道. ❻《ラプラタ》ウェジャ『田舎の民俗舞踊』
perder las ~*s de*...〔の跡〕を見失う
seguir las ~*s de*...の跡をたどる, …の例にならう
── 圃 牛たちの歩みを促す掛け声
huellear [weʎeár] 他《コロンビア》❶ [足跡を頼りに] 追跡する. ❷ 捜索する
huéllega [wéʎega] 囡《エストレマドゥラ》=**huella**
huélliga [wéʎiga] 囡《アンダルシア》=**huella**
huello [wéʎo] 男 ❶ [人や動物が歩いて] 踏まれた場所: Este camino tiene buen ~. この道は歩きやすい. ❷ 馬が踏む足跡. ❸ 馬の蹄の底面
huelveño, ña [welbéɲo, ɲa] 形 図《地名》ウエルバ Huelva の〔人〕『アンダルシア州西部の県・県都』

huemul [wemúl] 男《動物》ゲマルジカ

hueñi [wéɲi] 男《チリ》❶ アラウコ族の子供. ❷ 家事手伝いの少年

huequera [wekéra] 女《コロンビア. 獣医》[前頭洞と角が炎症を起こす] 牛の風邪

huerco, ca [wérko, ka] 《メキシコ》幼児

huérfano, na [wérfano, na]【←ラテン語 orphanus < ギリシア語 orphanos】形 ❶ 孤児(の), 〔片〕親のない(子): Es ～ de padre. 父は父親がいない. nacer ～ de padre 父親のいない子として生まれる. quedar ～ 孤児になる. asilo de ～s 孤児院. ❷ [estar+. +de 保護など] …のない: vida ～na de amor 愛のない生活. La ciudad quedó ～na de protección. 町は護り手をなくしてしまった

huero, ra [wéro, ra]【←古語 güero＝ポルトガル語 gorar 「抱卵する」】形 ❶ huevo ～ 無精卵. semilla ～ra 発芽しない種. ❷ 空しい, 内容のない: discurso ～ 内容の空疎な演説. ❸《中南米》[卵が] 腐った. ❹《メキシコ, グアテマラ》=**güero**

huerta [wérta]【←huerto】女 ❶ 野菜畑, 豆畑, 果樹園. ❷《バレンシア・ムルシア》灌漑農地, 灌漑農業地帯. ❸《エクアドル》カカオ農園. ❹《アルゼンチン》〔農場の〕メロン畑, スイカ畑, カボチャ畑

Huerta [wérta]《人名》**Adolfo de la ～** アドルフォ・デ・ラ・ウエルタ『1881～1951, メキシコの政治家. メキシコ革命末期カランサ Carranza 政権を打倒. 1920年大統領に就任』**Victoriano ～** ビクトリアノ・ウエルタ『1845～1916, メキシコの軍人・保守派政治家. 1913年マデロ Madero の革命政権を打倒したが, 翌年カランサ Carranza の進軍を前に逃亡』

huertano, na [wertáno, na] 形 女《西》灌漑農地の[住民]; 灌漑農民

huertero, ra [wertéro, ra] 形《チリ》野菜畑 huerta の, 菜園の ―― 名《メキシコ, ニカラグア, ペルー, チリ, アルゼンチン》野菜栽培者

huerto [wérto]【←ラテン語 hortus「庭, 畑」】男 菜園, 果樹園『huerta より小さい畑』: recoger tomates del ～ 畑からトマトを収穫する. H～ de los Olivos/～ de Getsemaní《新約聖書》ゲッセマネの園『イエスと弟子たちが最後の晩餐の後に祈りを捧げた場所』

llevar [se] *a*+人 *al ～*《西. 口語》1) …を説得して(だまして)やらせる: No me vas a *llevar al ～*, que tengo mucho trabajo ahora. 僕を説き伏せようとしないで今は忙しいから. 2) 性的関係を持つ: La chica está embarazada y sus papás todavía no saben quién *se la ha llevado al ～*. 娘は妊娠しているが, 両親は誰が彼女と関係を結んだのかまだ知らない

huesa [wésa] 女《文語》墓穴『=fosa común』

huesanco [wesáŋko] 男《軽蔑》骨『=hueso』

huesear [weseár] 自《メキシコ. 隠語》〔印刷工が〕働く ―― 他《中米》[施しを] 乞う

huesecillos [weseθíʎos] 男 複《解剖》耳小骨『=cadena de ～』

huesera[1] [weséra] 女 ❶《地方語》牛の角で作った楽器. ❷《レオン; チリ》納骨堂『=osario』

hueserío [weserío] 男《ペルー》需要のない(売れない)商品

huesero, ra[2] [weséro, ra] 形 ❶《口語》指圧療法士. 2) 植字工. ❷《グアテマラ》[特に公職への] 求職者. ❸《キューバ》下品な人, 粗野な人. ❹《ペルー. 口語》接骨医

huesillo [wesíʎo] 男《南米》干したモモ. ❷《キューバ. 植物》マメ科の木の一種『黄褐色の木肌. 学名 Miroxylon hoeriodes』

huesista [wesísta] 名《中米》国家公務員, 官吏, 役人

huesito [wesíto] 男《コロンビア. 植物》〔総称. 数種の〕灌木『学名 Malpighia glabra, Prekia moriflora, Panara ibaquensis』

hueso [wéso]【←俗ラテン語 ossum < ラテン語 os, ossis】男 ❶ [人間・脊椎動物の] 骨『魚の骨は espina』: Se rompió un ～ del brazo. 彼は腕の骨を折った. carne con ～ 骨付きの肉. ～ de jamón 骨付きのもも肉. ❷ 遺骨: Aquí reposan los ～s de los antepasados. ここに先祖の遺骨が眠っている. ❸ [桃・オリーブなどの] 核, 種『←pepita: aceituna sin ～ 種を抜いたオリーブ. ❹ 黄色がかった白色, オフホワイト『=color ～』: blusa de color ～ オフホワイトのブラウス. ❺ 骨折り仕事, 難業: El griego es para mí un ～ [duro]. ギリシア語は私には難しい. ❻ 厳しい人, 要求のきつい人, 一徹な人, 『スポーツなどの』難敵: Nuestro jefe es un ～. 私たちの上司は大の難物だ. ❼ 圏 我が身, 自身: mis viejos ～s この私の老体(老骨). ❽《メキシコ. 中米》1) 政府の仕事, 楽な仕事; 印刷工の仕事.

《印刷》原版, 原文. ❾《メキシコ》～ colorado 強い北風. ❿

a ～《建築》[セメントなどを使わない] から積みの

acabar con sus ～s 死ぬ

calarse hasta los ～s《口語》びしょぬれになる

¡Choca esos ～s! よしきた/承知した!

dar con los (*sus*) *～s en*+場所《口語》結局…に落ち着く(行く)ことになる: Dio con los ～s en la cárcel. 彼は最後には刑務所行きとなった

dar con sus ～s en tierra (*en el suelo*) どうと倒れる

dar en [*un*] *～*《西》し損なう: Da usted en ～ si cree que va a conseguir favores del jefe. 上司から何かしてもらうおつもりなら全くの無駄というものですよ

empaparse hasta los ～s《口語》=**calarse hasta los ～s**

en los [*puros*] *～s* [estar+. 人・動物が] やせこけた, 骨と皮だけの: Míralo si está *en los ～s*. 何とまあ彼は骨と皮になってしまっている

estar ～ y pellejo《メキシコ, パラグアイ》[人が] やせ細っている

estar por los ～s de+人《西. 口語》…に恋こがれている

hacer ～s viejos 長生きする: No llegará a *hacer ～s viejos*. 彼は長生きできないだろう

～ de difunto《まれ》=**～ de santo**

～ de la alegría/～ de la suegra 肘の先端部『打つとビリッとする』

～ de la suerte〔鶏の〕叉骨『2人で引っ張って長い方を得た人の願いがかなえられる』

～ de santo〔菓子〕『万聖節に食べる』クリーム(チョコレート)入りの細長いパイ生地の菓子 mazapán

la sin ～〔皮肉〕舌: darle a la sin ～ しゃべりまくる. soltar la sin ～/irse de la sin ～ べらべらしゃべってしまう, 大言壮語する

mojarse hasta los ～s《口語》=**calarse hasta los ～s**

moler (*romper*) *a*+人 *los ～s*〔脅し文句で〕骨をへし折る

morirse por los ～s de+人《西. 口語》=**estar por los ～s de**+人

no dejar [*un*] *～ sano a*+人 …の欠点を並べたてる, さんざんにやっつける: Los críticos *no le dejaron un ～ sano al* director de la película. 批評家たちはその映画の監督をさんざんこきおろした

no poder con sus ～s へとへとである: Hoy he trabajado mucho y ahora estoy que *no puedo con mis ～s*. 私は今日たくさん仕事をしたので今はへとへとの状態だ

no quedar más que ～ y cuero《メキシコ, プエルトリコ, ボリビア, アルゼンチン》やせこけている

pinchar en [*un*] *～*《西》=**dar en** [*un*] *～*

roer a+人 *los ～s* =**no dejar ～ sano a**+人

romper a+人 *los ～s* =**moler a**+人 *los ～s*

ser《アンデス》けちな, せこい

ser un ～ duro de roer したたかである, 煮ても焼いても食えない

tener los ～s duros 年を取りすぎている

tener los ～s molidos《口語》へとへとである

tropezar con un ～ 障害にぶつかる

huesoso, sa [wesóso, sa] 形 ❶ 骨の. ❷ 骨ばった, 骨太の

huésped, da [wéspe(d), da]【←ラテン語 hospes, -itis「泊める」】名 ❶ [家・ホテルの] 泊まり客; 下宿人: estar de ～ en casa de+人 …の家に滞在している. cuarto de ～es 客室. ❷ 主人, 家主.《生物》宿主.《経済》国 ＝ 投資受入れ国. ❹《情報》ordenador de ～ ＝ ホストコンピュータ

casa de ～es 1) [素泊まり用の] 下宿屋. 2)《ウルグアイ》ラブホテル『=casa de citas』

hacerse (*antojarse*) *a*+人 *los dedos ～es* …が非常に疑い深くなる: *Se le hacen los dedos ～es* y no hace otra cosa que pensar mal de todo el mundo. 彼は猜疑心が高じていて世の中すべての人を悪く考えることしかしない

no contar con ～es/no contar con la ～da 重要なことを見落とす(考慮に入れない)

huesque [wéske] 間《アラゴン》『馬を方向転換させる掛け声』そぎ曲がれ

hueste [wéste]【←ラテン語 hostis「敵」】女 ❶《歴史, 文語》[主に複. 招集された] 軍隊, 遠征軍: ～s de los hunos フン軍. ❷ 大勢の人: Una ～ de mendigos ha buscado cobijo. 大勢の

乞食が庇護を求めた. ❸ [主に 囗] 味方; [政党などの] 支持者. ❹《地方語》亡霊たちの夜の行進
── 圈《地方語》亡霊などが》非常に細かく挽かれた
huestear [westeár] 圓《ホンジュラス》穀物などを非常に細かく挽く
huestía [westía] 囡《地方語》亡霊たちの夜の行進《=hueste》
huesudo, da [wesúðo, ða]《←hueso》圈 骨太の, 骨ばった: manos ~das 骨ばった手 ― la ~da《メキシコ, ニカラグア, ベネズエラ, ラプラタ》死
huéteño, ña [wetéɲo, ɲa] 圈《地名》❶ ウエテ Huete の [人]《クエンカ県の町》. ❷ ウエトル・タハル Huétor-Tájar の [人]《グラナダ県の村》
hueva [wéba]《←ラテン語 ova < ovum》囡 ❶ [主に 囗]. 一腹の魚卵: ~ de lisa《メキシコ》タラコ. ~s de lumpo ドイツキャビア. ❷《メキシコ, エルサルバドル》怠惰, 無気力. ❸《チリ. 囗》陽睾丸 (㊙).
huevada [weβáða] 囡 ❶ 卵をたくさん使った料理. ❷《メキシコ, 南米. 囗》ばかげたこと; つまらないこと. ❸《グアテマラ, プエルトリコ》一山の卵. ❹《チリ》[鉱脈中の] 鉱石が豊富に露出している場所
huevamen [weβámen] 團《囗》睾丸 (㊙)
huevar [weβár] 圓《鶏が》産卵期に入る
huevas [wéβas] 圈 囝《単複同形》《メキシコ》怠け者 [の], 無気力な [人]
huevazo [weβáθo] 團 卵をぶつけること
huevobos [weβóβos] 圈 囝《単複同形》《西. 囗》ふぬけの [男], 妻の尻に敷かれている [夫]
huevear [weβeár] 魎《チリ, アルゼンチン, ウルグアイ. 囗》ばかげたことをする (言う). ❷《ウルグアイ, 囗》だらだら過ごす
huevera[1] [weβéra]《←huevo》囡 ❶ エッグカップ, ゆで卵立て. ❷ 卵ケース. ❸《鳥》卵管
huevería [weβería] 囡《西》卵販売店, 卵販売業
huevero, ra[2] [weβéro, ra] 囝 卵販売業者
hueviar [weβjár] 他《ホンジュラス》盗む, かすめ取る
huévil [wéβil] 團《チリ. 植物》ナス科の一種《薬草. 学名 Vestia lycioides》
huevito [weβíto] 團《グアテマラ. 自動車》サイドマーカー
huevo [wéβo]《←ラテン語 ovum》團 ❶ [動物の] 卵; [特に] 鶏卵《=~ de gallina》: 1) Mi tortuga ponía ~s. 私の亀が卵を産んだ. ~ moreno 赤玉の卵. ~ de Pascua イースターの卵 [彩色したゆで卵, 卵形のチョコレート]. ~ de Colón/~ de Juanelo《西》コロンブスの卵《分かってしまえば簡単なこと》. ~ de zurcir 靴下直しに使う木製の卵. 2)《料理, 菓子》Él no sabe ni freír un ~. 彼は全く料理ができない. ~ a la copa《チリ》=~ pasado por agua. ~ a la paila《チリ》=~ frito. ~ batido メレンゲ. ~ cocido ~ duro. ~ cocinado《コロンビア》~s a la zazuela《主にブエルト》~ a la flamenca ト マトソースで天火焼きにした目玉焼き. ~s ahogados トマトソースのポーチドエッグ. H~s Benedict エッグベネディクト. ~s chimbos 卵黄で作って焼きシロップにひたして食べる菓子. ~s moles 卵黄に砂糖を混ぜて作る菓子. ~s pericos《コロンビア》=~ revuelto. ~s quimbos《中南米》=~s chimbos. ~s rancheros《メキシコ, グアテマラ, コロンビア, ペルー》3 色の卵をのせたトルティーヤ. 3)《諺》No por el ~, sino por el fuero. 利害の問題ではなく道義上の問題である. No se puede hacer una tortilla sin romper los ~s. 卵を割らずにオムレツは作ることはできない. ❷《犠牲なしでは目的は達成できない》. ❷《生物》卵細胞. ❸《囗》陽睾丸 (㊙). ❹《動物》~ de pulpo アメフラシ. ❺《植物》~ de fraile《メキシコ》トウダイグサ科の一種《=haba de San Ignacio》. ~ de gallo《キューバ》キョウチクトウ科の一種《樹液は止め》. ~ de rana《ニカラグア》イピルイピル, ギンネム《=tamarindillo》 ― a ~ (1)《西. 囗》ちょうどよい具合に; きわめて容易に; 手の

届くところに: Eso está a ~. それはとっても簡単だ. 2)《メキシコ》[確言の返事] もちろん, きっと [するよ]
a puro ~《囗》無理やり; くそ力を出して, 力の限り: Tuve que hacer mis estudios *a puro* ~ trabajando en la fábrica. 私は工場で働きながら, 勉学を必死でやらなければならなかった
agarrar para el ~《チリ》[代わりに安物を渡して] だます
costar un ~《囗》非常に高くつく; 大変な努力 (労力) がいる
hacer ~《アルゼンチン, ウルグアイ》[人が] 何もしない, ぐうたらす る
hasta los [*mismísimos*] ~s《卑語》あきあきした, うんざりした: En el cuartel estábamos *hasta los mismísimos* ~s de comer siempre lo mismo. 兵営ではいつも同じものばかり食わされて俺たちはうんざりだった
hinchar los ~s《卑語》=tocar los ~s
hincharse a+人 *los* ~s《卑語》…が堪忍袋の緒が切れる: Se me están *hinchando los* ~s de ver tanta propaganda en los programas de televisión. テレビ番組でこんなにコマーシャルを見せられて全く頭に来る
importar un ~《卑語》少しも重要でない; 用心しない
Límpiate que estás (vas) de ~.《まれ》夢のようなことを言うな/夢からさめろ
meterse en un ~《エルサルバドル》[人が] 複雑な事態に陥る
parecerse como un ~ *a otro* ~《西》瓜二つである: Este niño *se parece* a su hermano *como un* ~ *a otro* ~. ¿Serán gemelos? この子は弟にそっくりだね, ひょっとして双子?
parecerse como un ~ *a una castaña*《西》全く似ていない: No comprendo cómo estos niños pueden ser hermanos gemelos, porque *se parecen* el uno al otro *como un* ~ *a una castaña*. 全く似ても似つかないので, この子たちが双子の兄弟だなんて信じられない
pensar en los ~s *del gallo*《コロンビア》全く上の空である
pisando ~s [主に ir・venir・andar+] 非常にゆっくりと; 慎重に
pisar ~ ゆっくり進む, 気をつけて進む
poner ~s *en una sola canasta*《メキシコ, 中米, パラグアイ》手段が尽きる
poner un ~《俗語》排便する
ponerse a+人 *los* ~s *por (de) corbata*《西. 卑語》…が恐怖に縮み上がる: Viendo como toma las curvas, *se le ponen* a uno *los* ~s *por corbata*. 彼のカーブの切り方を見ていると, あわててきたんだけど縮み上がるのだ
por ~s《卑語》無理やり
que le frían un ~《囗》[排斥・軽視] よしてくれと言いたいような
rascarse los ~s《卑語》=tocarse los ~s
romper los ~s《アルゼンチン, ウルグアイ. 卑語》=tocar los ~s
saber un ~ *de*…のことを非常によく知っている
salir a+人 *de los* ~s《卑語》…が急に気がすむ
tener ~《事柄が》不当である, 傲慢である, 矛盾している
tener ~s/*tener los* ~s *bien puestos*《卑語》根性がある
tocar los ~s《卑語》[+a+人] を困らせる
tocarse los ~s《卑語》だらだらと過ごす
un ~《卑語》たくさん; 非常に
¡Y un ~!《西. 囗》[怒り・不快を伴う否定] とんでもない!
huevón, na [weβón, na] 囝《軽蔑》[人が] のろい ❶. ❷《メキシコ, 南米. 軽蔑》頭の悪い [人], ばか [な]. ❸《メキシコ, キューバ, グアテマラ. 卑語》怠け者 [の]. ❹《中米, メキシコ, チリ. 囗》[ニカラグア. 囗] 勇気のある [人]. ❺《プエルトリコ, ペルー》間抜けの. ❼《チリ》臆病な, 粗暴な; のろまな
huevonada [weβonáða] 囡《コロンビア, ベネズエラ》愚かな言動
huevonear [weβoneár] 圓《メキシコ. 囗》のらくら過ごす
huevudo, da [weβúðo, ða] 圈《目が》卵形の
huf [úf] 圃 =uf
hugonota [uɣonóta] → **hugonote**
hugonote [uɣonóte] 圈 囝《女性形 **hugonota** もある》《歴史, 宗教》ユグノー [の]
hugonotismo [uɣonotísmo] 團《歴史, 宗教》ユグノー派の教理, ユグノー信条
hugro [úɣro] 團《中米. 植物》イギリス科の木《学名 Oncoba laurina》
huich [wítʃ] 圃《チリ》=**huiche**

huiche [wítʃe] 男《チリ》[からかい・挑発の掛け声] ほらほら!
huichí [witʃí] 男《チリ》=**huichó**
huichín [witʃín] 男《チリ》《植物》野生のキク科の一種《学名 Sclerocarpus universalis》
huichó [witʃó] 男《チリ》《動物を追い払う掛け声》しっしっ!
huichol, la [witʃól, la] 形名 ウイチョル族(の)《メキシコ, ハリスコ州・ナヤリ州・ドゥランゴ州の先住民》
huida[1] [wíða] 女[←huir] ❶ 逃亡, 脱走; 回避: ~ a Egipto《新約聖書》《イエスなどの》エジプトへの亡命. — de la realidad 現実逃避. — de capitales 資本逃避. ❷ [穴の口の] 隅切り. ❸《馬術》《馬が》突然横にそれること, 飛越逃避 〜 hacia delante《文語》向こう見ずな企て
huidero, ra [wiðéro, ra] 形 ❶《狩猟》[獲物の] 隠れ場, 逃げ場. ❷ [水銀鉱山で] 坑木用の穴を掘る係
huidizo, za [wiðíθo, θa] 形 ❶ [おびえて] すぐ逃げる, 逃げ足の速い; 人を避ける, 人と付き合わない: El venado es un animal muy 〜. 鹿はとても臆病な動物である. hombre tímido de mirada 〜za 目つきのおどおどした気弱な男. ❷ すぐ消え去る, つかの間の: Cuanto más viejo eres, se te hacen 〜s los días. 人は歳をとればとるほど日々が早く過ぎてゆく. 〜za primavera つかの間の春
huido, da[2] [wíðo, ða] 形 ❶ 逃亡した, 脱獄した: Los atracadores permanecen 〜s todavía. 強盗たちは依然逃亡中だ. preso 〜 脱獄囚. ❷《闘牛》《牛が出口を捜して》逃げ回る — 名 逃亡者; 避難民: Los 〜s han sido acogidos por los países vecinos. 避難民は周辺諸国に迎え入れられた
Huidobro [wiðóβro]《人名》**Vicente** 〜 ビセンテ・ウィドブロ《1893〜1948, チリの詩人. ヨーロッパの前衛主義の影響を受け, 創造主義 creacionismo 運動を起こす. スペイン語とフランス語で斬新で独創的な詩を書いた.『アルタソル』Altazor》
huidor, ra [wiðór, ra] 形名《まれ》逃げる〔人〕
huifa [wífa] 男《歓喜の叫び》わあ/やった! ❷ クエカ cueca の踊りの掛け声
huila [wíla] 女 ❶《メキシコ》1)《口語》売春婦. 2) 小さな凧: Pobre 〜 con tanto aire. 小さな凧があんなに風を受けて《分不相応な人について》. ❷《チリ》ぼろぼろの服
huilense [wilénse] 形名《地名》ウイラ Huila の〔人〕《コロンビア南部の県》
huilhuil [wilwíl] 男《チリ》[un+] ぼろをまとった人
huiliento, ta [wiljénto, ta] 形《チリ》ぼろぼろの服を着た
huilla [wíʎa] 女《ベネズエラ》コルク栓
huille [wíʎe] 男《チリ. 植物》ユリ科の一種《芳香性の花が咲く. 学名 Leucocoryne dimorphopetala》
huillín [wiʎín] 男《動物》ヨーロッパカワウソ
huillón, na [wiʎón, na] 形《チリ》しり腰の, すぐ逃げる
huilota [wilóta] 女《メキシコ. 鳥》ナゲキバト
huilque [wílke] 男《コロンビア》淀み; 狭くて深い井戸
huilte [wílte] 男《チリ》キルパタの茎《=garduña》
huina [wína] 女《チリ. 動物》ムナジロテン《=garduña》
huinca [wínka] 女《←マプーチェ語》《チリ》よそ者《アラウコ族 araucano がスペイン人に対して用いた蔑称.「新たなインカ」の意》;「侵入者・簒奪者・敵・泥棒」の意
huincha [wíntʃa] 女 ❶《アンデス》テープ;《競走》ゴールテープ. ❷《ペルー, ボリビア, チリ》ヘアバンド. ❸《ペルー, チリ. 競馬》《複》スタート地点に張るテープ. ❹《ペルー, チリ》~ de medir 巻き尺 — 男《チリ》とんでもない!
huinchada [wintʃáða] 女《チリ》[数十センチまでの] 巻尺の単位
huinchar [wintʃár] 他《中南米》クレーンを操縦する
huinche [wíntʃe] 男《←英語 winch》《南米》ウインチ, クレーン
huinchero [wintʃéro] 男《チリ, アルゼンチン》《農地測量士などの》測量助手
huingán [wingán] 男《チリ. 植物》コショウボクの一種《学名 Schinus polygamus》
huipil [wipíl] 男《←ナワトル語》《服飾》❶《メキシコ, グアテマラ, エルサルバドル, ホンジュラス》ウイピル《先住民の女性独特の刺繍入りの貫頭衣》. ❷《中米》袖なしのブラウス
huiquilete [wikiléte] 男《メキシコ. 植物》キアイ《染料に用いる》
huir[1] [wír]《←ラテン語 fugere》48 自 ❶ [+de から, +a へ] 逃げる, 逃走する; 逃亡する: La mujer huyó de su esposo. その女性は夫から逃げ出した. Anda huido desde que hizo quiebra. 彼は破産してから逃げ回っている. 〜 de casa 家から逃げ出す, 家出する. 〜 de la cárcel 脱獄する. 〜 de la policía 警察から逃げる. 〜 a las montañas 山へ逃げる. 〜 a otro país その国に逃げる. ❷ [好ましくないものを] 避ける, 回避する: Está siempre huyendo de los problemas. 彼はいつも問題をよけて通る. Se bebe mucho para 〜 de la realidad. 彼は現実逃避のために大酒を飲む. 〜 de la tentación 誘惑から逃れる. 〜 de los vicios 悪い癖がつかないようにする. ❸《文語》[時間などが] 急速に遠ざかる, すばやく過ぎる: Huye la vida. 人生は早く過ぎる. Huye el tiempo de nosotros. 時が我々からどんどん過ぎてゆく. Un yate huye del puerto, arrastrado por el viento. ヨットが風に押されて港からさっと出て行く A 〜, que azotan. 気をつけろ/逃げろ! — 他 避けようとする: Me huye como a la peste. 彼は怖い(汚い)ものから逃げるように私を避ける. 〜 el peligro 危険を避ける. 〜 la verdad 真実から目をそむける — 〜se《メキシコ》逃げ去る; [+con+人と] 逃げる

huir		
現在分詞	過去分詞	
huyendo	huido	
直説法現在	直説法点過去	命令法
huyo	huí	
huyes	huiste	huye
huye	huyó	
huimos	huimos	
huís	huisteis	huid
huyen	huyeron	
接続法現在	接続法過去	
huya	huyera, -ses	
huyas	huyeras, -ses	
huya	huyera, -se	
huyamos	huyéramos, -semos	
huyáis	huyerais, -seis	
huyan	huyeran, -sen	

huira [wíra] 女《ペルー, チリ》マキ maqui の樹皮《撚ったりして縛るのに使われる》
huirica [wiríka] 女《チリ》恨み, ひがみ
huiriche [wirítʃe] 男《グアテマラ》狭く痩せた土地 — 名《エルサルバドル. 口語》幼児
huiro [wíro] 男 ❶《ペルー, ボリビア》トウモロコシの若い茎. ❷《チリ》[総称] 海草
huisachar [wisatʃár] 自《中米》訴訟を起こす《=huisachear》
huisache [wisátʃe] 男 ❶《メキシコ, エルサルバドル. 植物》キンゴウカン《=aromo》. ❷《メキシコ》[職業としての] 書記, 筆耕屋. ❸《グアテマラ》訴訟好きな人
huisachear [wisatʃeár] 自 ❶《メキシコ》[書記が] 記録する. ❷《中米》《弁護士の資格がないのに》訴訟を起こす
huisachería [wisatʃería] 女《中米》訴訟好き
huisachero, ra [wisatʃéro, ra] 名《メキシコ》いかさま弁護士, もぐりの弁護士
huise [wíse] 男《コロンビア》ニワトリを驚かせる叫び声
huisquil [wiskíl] 男《メキシコ, 中米. 植物, 果実》ハヤトウリ《食用. =chayote》
huisquilar [wiskilár] 男《メキシコ, 中米》❶《植物》ハヤトウリ《=chayotera》. ❷ ハヤトウリ畑
huistora [wistóra] 女《ホンジュラス. 動物》カメの一種《学名 Testudo (Emys・Pseudomys) rugosa》
huisu [wísu] 男《ボリビア》[足で押す] 犂
huisute [wisúte] 男《ホンジュラス》[鋤に使う] 先端の尖った棒
huitlacoche [witlakótʃe] 男《メキシコ, 中米. 植物》ウイトラコチェ《トウモロコシの穂軸に生える黒い食用キノコ. 学名 Ustilago maydis》; そのスープ
huitoró [witoró] 男《ボリビア》カーニバルなどで先住民が行なう球技; それに使うボール
huitoto [witóto] 形 名 ウイトト族(の)《ペルー, コロンビア, ブラジルのアマゾン流域の先住民》
huitrín [witrín] 男《チリ》吊り下げたトウモロコシの穂軸; それで作る料理
Huitzilopochtli [witsilopótʃtli] 男《アステカ神話》ウィツィロポチトリ《アステカ王国を築いたメシーカ族 mexica の部族神で最高神, 太陽と戦争の神.「左の(南の)ハチドリ」の意》

huizache [wiθátʃe] [男]《メキシコ, エルサルバドル. 植物》キンゴウカン〖=huisache〗

huiztlacuache [witstlakwátʃe] [男]《動物》エキミス

hujier [uxjér] [男] =**ujier**

huk [xúk]〖←タガログ語〗[男]〖[複] ～s〗フク団の一員; [複] フク団, フクバラハップ〖第2次大戦中にフィリピンで結成された抗日組織〗

hula [úla] [男] =**hula-hula**

hulado [uláđo] [男]《メキシコ, 中米》ゴム引き布, 防水布

hula-hoop [xulaxɔ́p]〖←英語〗[男]〖[複] ～s〗フラフープ

hula-hula [ulaúla] [男] フラダンス

hulano, na [uláno, na] [名]《廃語》=**fulano**

hule [úle]〖←仏語〔toile〕huilée〗[男] ❶ 防水布, オイルクロス. ❷《植物》パナマラバーツリー〖=caucho〗. ❸《メキシコ, 中米. 口語》コンドーム. ❹《メキシコ, グアテマラ. 自動車》ワイパーのゴム片. ❺《メキシコ》ゴム〖=goma〗. ❻《中米. 服飾》[複] ゴムのガーター. ❼《グアテマラ》マリンバのスティック

***estar* ～**《ホンジュラス》[健康・経済などの] 調子がひどく悪い

estirar los* ～*s《エルサルバドル》[人が] 死ぬ

***haber* ～** 1) もめごと(けんか)が起きる: Es posible que *haya* ～ entre los hinchas en el partido de hoy. 今日の試合ではファン同士のけんかが起きるかも知れない. 2)《闘牛》[闘牛士などが] 牛の角に引っかけられる

hulear [uleár] [自]《中南米》[ゴムの木から] 樹液を集める

hulera[1] [uléra] [女]《メキシコ, 中米》[投石用の] ぱちんこ

hulería [ulería] [女]《中南米》ゴム工場

hulero[1] [uléro] [男]《地方語》[建物の壁に生息する] 褐色の大型のクモ〖=arañón ～〗

hulero[2]**, ra**[2] [uléro, ra] [名]《中南米》ゴムの樹液を採集する労働者

hulla [úʎa]〖←仏語 houille〗[女] 石炭, 瀝青炭〖[類義] **carbón**〔**mineral**〕は「石炭」一般, **hulla** は主に工業などで使われる「石炭」〗: gas de ～ 石炭ガス. yacimiento de ～ 炭層. ～ blanca 水力

hullero, ra [uʎéro, ra] [形] 石炭の: industria ～*ra* 石炭産業. minero ～ 炭坑夫

huloso, sa [ulóso, sa] [形]《中米》弾力性のある; 硬くて嚙みにくい

hulte [últe] [男]《チリ》=**huilte**

hum [ún] [間]《口語》❶ [不満・抗議] へん! ❷ [ためらい・疑い] ふーん! ❸ [喜び・満足] わあ!

huma [úma] [女]《チリ. 料理》ウミータ〖=humita〗

humacera [umaθéra] [女]《カリブ, ベネズエラ》=**humareda**

humada [umáđa] [女] ❶《まれ》=**humareda**. ❷《古語》のろし

humadera [umađéra] [女]《中南米. 俗語》=**humareda**

humahuaca [umawáka] [形] [名] ウマワカ族〔の〕〖アルゼンチンのウマワカ Humahuaca 渓谷に住む先住民〗

humaina [umáįna] [女]《廃語》粗末な布地

humaiteño, ña [umaįténo, ɲa] [形] [名]《地名》ウマイタ Humaitá の〔人〕〖パラグアイ, Ñeembucú 県の村〗

humanal [umanál] [形]《まれ》人間の; 人間的な

humanamente [umánaménte] [副] ❶ 人間らしく, 人間的に; 人道的に; 人情では: Hicieron todo lo ～ posible por salvarla. 彼女を救うために人道的に可能なことすべてがなされた. Es ～ comprensible, pero ilegal. それは人情としては分かるが, 違法だ. ❷ 人間的な見地から: Visto ～, el deseo de posesión es común a todos, indiferentemente de la edad que se tiene. 人間として見ると, 所有欲は年齢に関係なく等しく皆にある. ❸ 人の力で: Eso es ～ imposible. そんなことは人力では不可能だ

humanar [umanár] [他]《まれ》人間らしくする, 慈悲深くする

—— **～se** ❶ [キリストが] 人の形をとる. ❷《中南米》へり下る

humanidad [umaniđá〔đ〕]〖←ラテン語 humanitas〗[女] ❶ [集名] [主に *H*～] 人類, 人間: La ～ progresa sin cesar. 人類は絶えず進歩している. El genocidio por razones religiosas es un crimen contra la *H*～. 宗教的な理由による大量虐殺は人類に対しての犯罪である. El lenguaje articulado constituye uno de los rasgos de ～. 分節言語は人間を特徴づける条件の一つである. benefactor de la *H*～ 人類の恩人. ❷ 人間性, 人間の本性: En sus actos y palabras se trasluce una profunda ～. 彼の行動と発言の中には深い人間性が感知される. Conociendo nuestra débil ～, debemos ser más tolerantes. 我々は自分の人間としての弱さを知って, もっと寛容でなければならない. ❸ 人間としての宿命;《宗教》人性〖⇔divinidad〗. ❹ 人間味, 人情: El maestro dio por terminada esa pelea, reprendiendo por ～ a aquellos que participaron en ella. 先生は加わった子供たちを優しく叱って, そのけんかにけりをつけた. con ～ 優しく, 思いやりをもって. ❺ [複] 人文研究, 人文学〖歴史学・哲学・文学・古典語など, 非実利的ではあるが精神を豊かにしてくれる学問〗. ❻《口語》肥満: Resbaló y cayó, con toda ～, en el charco de la calle. 彼は足をすべらせて, 大きな図体もろとも道の水たまりに倒れた. ❼《口語》大勢の人間: ¡Qué olor a ～! 何と人いきれがすることか! ❽《チリ》[複] 中等教育

humanismo [umanísmo]〖←humano〗[男] ❶ [神ではなく人間そのものの存在の尊厳を主張する] 人間中心主義, 人本主義, 人文主義: Tanto las ciencias como las artes resultaron influidas por el ～. 結果として科学も芸術も人間中心主義の影響を受けた. ～ ateo 人間主義的無神論. ❷ [14・15世紀における] 古代ギリシア・ローマの文化・思想に関する研究, 古典研究; [それに基礎を置いた] 人間至上主義, ユマニスム, ウマニズモ: El ～ actuó como impulsor del Renacimiento. 人間至上主義はルネッサンスを推進した. ❸ 人文研究, 人文学〖=humanidades〗

humanista [umanísta] [形] [名] ❶ 人間中心主義の(主義者), 人本主義の(主義者), 人文主義の(主義者): Nebrija es un exponente del pensamiento ～. ネブリハは人文主義思想の代表者である. ❷ [ルネサンス期に, 古代ギリシア・ローマの文化・思想を研究する] 古典学者, 古典研究家; 人間至上主義者, ユマニスト. ❸ 人文学者, 人文学研究者

humanístico, ca [umanístiko, ka] [形] ❶ 人間中心主義の, 人本主義の, 人文主義の: saber ～ 人文主義的知. ❷ [14・15世紀における] 古代ギリシア・ローマの文化・思想に関する研究の, 古典研究の; 人間至上主義の, ユマニスムの. ❸ 人文研究 humanidades の

humanitario, ria [umanitárjo, rja]〖←仏語 humanitaire〗[形] ❶ [窮乏者などへの救済を行なう] 人道主義的な, 人道的な: ayuda ～*ria* 人道的援助. misión ～*ria* 人道的使命. trato ～ 人道的扱い. ❷ [全人類の福祉・幸福を目指す] 博愛の, 慈善の, ヒューマニズムの: Era un médico muy querido por sus pacientes por su talante amable y ～. 彼はその優しい博愛の気質から患者に大変愛された. ❸ [人・動物に] 優しい, 思いやりのある, 人情のある: Es una persona muy ～*ria*. 彼はとても親切な人だ

humanitarismo [umanitarísmo] [男] 人道主義; 博愛〔主義〕

humanitarista [umanitarísta] [形] [名] 人道主義の(主義者)

humanización [umaniθaθjɔ́n] [女] 人間味をもたせること; 温和になること

humanizador, ra [umaniθađɔ́r, ra] [形] 人間味をもたせる

humanizar [umaniθár]〖←humano〗[9] [他] ❶ [人・事物に] 人間味をもたせる, 人間らしくする: ～ los hospitales 病院を人に優しい場所にする. ～ la policía 愛される警察にする. ～ la pena 刑を緩和する. ❷《医学》[病原菌・ワクチンなどを] 人体に適応させる: vacuna *humanizada* 母乳化したミルク

—— **～se** [人・事物が] 温和になる, 人間味が出てくる: ～*se* con los años 年齢と共にかどがとれる. Todavía no *se ha humanizado* para la edad. 彼は年のわりにはまだ人間ができていない. El ejército *se ha humanizado* en los últimos años. 軍隊はこの数年, 人に優しくなってきている

humano, na [umáno, na]〖←ラテン語 humanus「人間に関する」〗[形] ❶ 人間の: cuerpo ～ 人体. fuerza ～*na* 人力. voz ～*na* 人声, 人の声. Todo cabe en lo ～. 成せば成る. ❷ 人間的な, 人間らしい: 1) benevolencia ～*na* 人としての優しさ. crueldad ～*na* 人間の残酷さ. fallo ～ 人間にありがちな失敗; 人為的なミス. miramientos ～*s* 人間らしい思いやり. Errar es ～〔, perdonar es divino〕.《諺》誤りは人の常〔, 許すは神の業〕. 2) [ser ～ que+接続法] Es ～ *que* los ancianos tengan animalitos de compañía. 老人がペットを飼うのは人として無理からぬことだ. ❸ 人間味のある; 人道的な: 1) Es un juez muy ～. 彼はとても人間味のある裁判官だ. Desde el punto de vista ～, el gobierno determinó acoger a los refugiados incondicionadamente. 人道的見地から, 政府は無条件に難民を受け入れることに決定した. tratamiento ～ de prisioneros 捕虜に対する人道的な扱い. 2) [+con に] Es muy ～ *con* los pobres y siempre les ayuda. 彼は貧しい人たちに大変優しく, いつも彼らを援助している. ❹《カトリック》[行為 acto が] 知識・意志・自由があってなされた

no haber modo* ～/*no haber manera* ～*na [+de+不定

H

humanoide

詞·que+接続法 するのは] 不可能である
── 圏 人間《=hombre》, 複 人類: Los ~s habitan la tierra hace un millón de años. 人類は100万年前から地球に住んでいる. Los ~s han sacrificado otras muchas especies para vivir. 人間は生きるため, これまで他の多くの生物を犠牲にしてきている. lenguaje de los ~s 人間の言葉
humanoide [umanóiđe] 形 ヒトそっくりの; ヒューマノイド, ヒト型ロボット
humar [umár] 自 ❶《まれ》煙を吐く. ❷《中南米. 俗語》いぶす 《=ahumar》
humará [umará] 女《コロンビア》=humareda
humarada [umaráđa] 女 =humareda
humarasca [umaráska] 女《中米》=humareda
humarazo [umaráθo] 男 =humazo
humare [umáre] 男《ベネズエラ》びく
humareda [umaréđa]《←humo》女 もうもうたる煙
humasera [umaséra] 女《コロンビア》=humareda
humatán [umatán] 男《キューバ》酔っ払い癖のある人
humaza [umáθa] 女 =humazo
humazo [umáθo] 男 ❶ 濃い煙
  dar ~ a +人〖追い払うために〗…に不愉快なことをする《言う》
❷《まれ》《喫煙の》煙の一吹き
humeada [umeáđa]《中南米》《喫煙の》煙の一吹き
humeante [umeánte]《←humear》形 [estar+]❶ 煙を出している: cigarrillo ~ くすぶっているたばこ. restos ~s de la hoguera くすぶり続けたき火の残り灰. volcán ~ 噴煙を上げている火山. ❷ 湯気が立っている: café ~ 湯気が立っているコーヒー
humear [umeár]《←humo》自 ❶ 煙を出す; くすぶる: La chimenea de la choza humea todo el día. 小屋の煙突は一日中煙を出している. La hoguera aún humea. たき火はまだくすぶっている. ❷ 蒸気(湯気)を立てる: La olla está humeando en el horno. かまどの鍋は湯気を立てている. ❸〖思い出·けんかなどを〗引く: Aquel viejo amor aún humea en mi pecho. あの昔の恋がまだ私の胸にくすぶり続けている. ❹ うぬぼれる, 思い上がる. ❺《まれ》たばこを吸う
── 他 ❶《中南米》いぶす, 燻蒸消毒する《=fumigar》. ❷《メキシコ, チリ》〖人·動物を〗繰り返しひどく叩く
humectabilidad [umektabiliđáđ] 女《化学》湿潤度
humectación [umektaθjón] 女 加湿
humectador, ra [umektađór, ra] 形 加湿する
── 男 加湿器, 給湿機
humectante [umektánte] 形 湿気を与える: crema ~ モイスチャークリーム
humectar [umektár] 他 加湿する《=humidificar》: ~ la piel 肌に潤いを与える
humectativo, va [umektatíβo, βa] 形 湿潤性の, 湿気を生じさせる
humedad [umeđáđ]《←ラテン語 umiditas, -atis》女 ❶ 湿り気, 湿度: Hay ~. 湿気がある. La ~ relativa ambiente (del aire) es del 80%. 湿度は80%だ. Las plantas puestas en la otoñada disfrutan de todas las ~es del invierno. 秋に植えた作物は冬の湿気の恩恵を全面的に受ける. ~ absoluta (relativa) 絶対(相対)湿度. ❷ 湿気による壁の汚れ
humedal [umeđál] 男 湿地: H~es del río Santa Lucía サンタルシア川の湿地帯《ウルグアイ》
humedecedor, ra [umeđeθeđór, ra] 形 湿らせる
── 男 加湿器
humedecer [umeđeθér]《←humedo+-ecer》39 他 湿らせる, 軽く濡らす: ~ la ropa con un pulverizador 洗濯物に霧吹きをかける
── ~se 湿る: Se le humedecieron los ojos. 彼は目をうるませた
húmedo, da [úmeđo, đa]《←ラテン語 umidus < umere「湿った」》形 ❶ 湿った, 濡れた: La toalla está ~da. タオルが湿っぽい(濡れている). tocar con las manos ~das 濡れた手で触る. ojos ~s de lágrimas 涙に濡れた目. viento ~ 湿り気をおびた風. nariz ~《風邪の症状の》水鼻. ❷ じめじめした, 湿度の高い: Hace un calor ~. 蒸し暑い. país ~ 湿度の高い(雨の多い)国
la ~da《戯語》舌
humeón [umeón] 男《ブルゴス. 養蜂》燻煙器
humera [uméra] 女 ❶《西. 口語》酔い. ❷ =humareda
humeral [umerál] 形《解剖》上腕(骨)の
── 男《カトリック》《司祭がミサで用いる》肩かけ, ヒュメラルベー

humerío [umerío] 男《地方語》=humareda
humero [uméro] 男《←humo》男 ❶《暖炉の》煙道. ❷《地方語. 植物》ハンノキ《=aliso》. ❸《サラマンカ》燻製室. ❹《プエルトリコ, コロンビア》=humareda
húmero [úmero] 男《解剖》上腕骨
húmico, ca [úmiko, ka] 形 ❶ 腐植土の, 腐植土から採った: suelo ~ 腐植土. ❷《化学》ácido ~ フミン酸
humícola [umíkola] 形《動物》土中に生息する
humidificación [umiđifikaθjón] 女 加湿, 給湿
humidificador, ra [umiđifikađór, ra] 形 加湿する, 加湿機能付きの; 加湿器, 給湿機
humidificar [umiđifikár] 7 他〖空気に〗湿気を与える, 加湿する, 給湿する
húmido, da [úmiđo, đa] 形《詩語》=húmedo
humidor [umiđór] 男〖葉巻きなどの〗湿度を保つ保管箱
humífero, ra [umífero, ra]《←humus》形〖土壌に〗腐植質の多い
humificación [umifikaθjón] 女〖有機物の〗腐植土化
humildad [umildáđ]《←ラテン語 humilitas, -atis》女 ❶ 謙虚さ; [主に 複] 謙遜, 卑下: Recibió el castigo con ~. 彼は甘んじてその罰を受けた. con toda ~ 心から下って. ~ de garabato 偽りの(うわべだけの)謙虚さ. ❷ 卑しさ, 身分の低さ. ❸ 屈従, 服従. ❹ 質素, 貧しさ
humilde [umílđe]《←古語 humil < ラテン語 humilis < humus「床」》形名 ❶ 慎ましい(人), 謙虚な(人)《⇔soberbio》: Es una persona ~ y no presume de su dinero. 彼は慎ましい人で金持ちを自慢しない. Se mantiene ~ con todos. 彼は誰にでも腰が低い. petición ~ 控え目な要求. ❷ [主に +名詞] 卑しい(人), 身分の低い(人), 貧しい(人): Era hijo de un ~ músico de iglesia. 彼はしがない教会楽士の息子だった. ❸ 質素な, 粗末な: El estudiante pobre vive en un cuarto muy ~. 貧乏学生はひどく粗末な部屋に住んでいる. ~ comida ─ 質素(粗末)な食事. ropa ~ 質素な服. ❹ へり下った, 卑屈な: mirada ~ 卑屈なまなざし
humildemente [umíldemente] 副 慎ましく, 謙虚に
humildoso, sa [umildóso, sa] 形《文語》=humilde
humillación [umiʎaθjón] 女 屈辱, 不面目; 侮辱: causar a+人 una ~ …に屈辱を与える. sufrir una ~ 屈辱をなめる
humilladero [umiʎađéro] 男〖町·村の入り口に立つ〗キリストの十字架像
humillante [umiʎánte] 形 侮辱的な, 屈辱的な: sufrir una derrota ~ みじめな敗北を喫する
humillar [umiʎár]《←ラテン語 humiliare「屈辱を与える」< humilis》他 ❶ …に屈辱を与える, …の面目を失わせる: Me humilla tener que pedirle dinero. 彼にお金をせびらなくてはならないのが自分が情けない. ~ el orgullo de +人 …の高慢の鼻をへし折る. ❷ [尊重·屈服の印に頭などを] 下げる: Los ministros humillaron la cabeza cuando el rey entró en la sala. 王が広間に入ってきた時大臣たちは頭を下げた
── ~se ❶ へり下る, 屈服する: Uno se humilla ante Dios. 人は神の前では謙虚になる. ❷《闘牛》〖牛が攻撃などの時〗頭を下げる
humillo [umíʎo] 男 ❶《獣医》〖母豚の乳が良質でない時の〗子豚の病気. ❷ [主に 複] うぬぼれ, おごり
humint [umínt]《←英語》ヒューミント, 人的諜報
huminta [umínta] 女《ペルー. 料理》ウミータ《=humita》
humita [umíta] 女 ❶《鉱物》ヒューマイト. ❷《アンデス. 料理》ウミータ《玉ネギ·トマト·粉トウガラシ·バジル入りのタマーレ tamal》. ❸《チリ》蝶ネクタイ
humitero, ra [umitéro, ra] 形名《アンデス》ウミータ humita の製造(販売)業者
humo [úmo]《←ラテン語 fumus》男 ❶ 不可算 煙: 1) Las chimeneas de la fábrica arrojan ~ espeso y negro. 工場の煙突は濃い黒煙を吐き出している. La habitación se llenó de ~. 部屋に煙が充満した. Me pican los ojos con el ~. 煙が目にしみる. una columna de ~ blanco 1本の白煙. 2)《諺》Arda (Quémese) la casa, pero que no salga ~. 内輪で何があろうと口外は無用/家庭内のことは決して外にもらすな. Donde hay ~ hay calor. 火のないところに煙は立たない. 2) [たばこの煙]¿No le molesta el ~? たばこの煙がご迷惑ではありませんか? ~ de segunda mano / ~ secundario 副流煙, 間接的喫煙. ❷

[不可算] 蒸気, 湯気〖=vapor〗: La sopa echa ～ スープから湯気が立っている. A la luz del sol sale ～ de la superficie de la charca. 日の光を受けて, 池の表面から蒸気が立ち上っている. ❸ [複] 虚栄, うぬぼれ, 傲慢さ. ❹ [複] 家庭; 住まい.
a ～ de pajas《文語》［否定文で］軽々しく［…ない］, 無駄に［…ない］
bajar los ～s a+人《口語》…の高慢の鼻をへし折る: Algún día le *bajaré los ～s*. いつかは彼の高慢の鼻をへし折ってやる
bajarse los ～s a+人《口語》…の高慢の鼻をへし折られる
convertir... en ～ …を費消する
dar ～ a narices《口語》［+a+人 に］嫌な思いをさせる, 不機嫌にさせる
darse ～s うぬぼれる
echar ～《口語》1）ひどく腹を立てる, かんかんに怒る: Está que *echa ～*. 彼はかんかんに怒っている. 2）［cabeza が主語］Su cabeza *echaba ～*. 彼はかんかんに怒っていた. 3）［事柄が主語］白熱した状況にある. 4）《情報》［ブログなどが］炎上する
gastarse ～s =*tener ～s*
hacer ～ 1）［煙突が詰まって］部屋が煙で充満する. 2）食事を作る. 3）［ある場所に］じっと留まる. 4）［+a+人 に］邪険にする;［不機嫌な態度・顔をして］客に暗に帰れと悟らせる
hacerse ～《主に中南米》［人が］急に消える, 急いで姿を消す
irse al ～《メキシコ, アルゼンチン, ウルグアイ》［主に攻撃的な目的で, 人のところへ急いで・直接］かけつける, 押しかける
irse todo en ～ 期待外れに終わる; 水泡に帰す
la del ～《口語》逃亡, 雲隠れ
llegar al ～ de las velas 終わりかけたころにやって来る, あとの祭りである
malos ～s《西. 口語》不機嫌
oler a ～ きな臭い
pesar el ～《口語》［議論などで］無用な区別立てをする, 些細なことにこだわる
quedar en ～ de pajas 無駄になる
subirse a+人 el ～ a la chimenea《口語》酔っ払う
subir[se] a+人 el ～ a las narices …が頭に来る, いら立つ
subir[se] a+人 los ～ (el ～) a la cabeza《口語》…が高慢になる, 偉ぶる: Diciendo que un hijo suyo hizo una fortuna en México, *se le han subido los ～s a la cabeza*. 息子の一人がメキシコで金持ちになったと言って, 彼は鼻高々になっている
tener ～s 気取っている: ¡Vaya *～s que tiene*! あいつ, ひどく気取ってるな!
vender ～s《口語》ほらを吹く, 自慢話をする
venirse al ～《メキシコ, アルゼンチン, ウルグアイ》=*irse al ～*
—— [形] 灰色がかった

humor [umór]〖←ラテン語 umor, -oris「液体, 体液」< umere「湿った」〗[男] ❶ 機嫌, 気分; ［一時的な］気持ち: No estoy de ～ para bailes. 私は今日はダンスをする気分になれない. ～ desigual むら気. ❷ 気質, 気性: Es una persona de ～ alegre. 彼は陽気な気質の人. ❸ ユーモア(のセンス): tener un [sentido del] ～ ユーモアのセンスがある. hombre de ～ ユーモアの分かる人. ～ negro ブラックユーモア. ❹ 漫談〖=humorismo〗. ❺《医学》体液: 1）～ ácueo (acuoso) 眼房水. ～ vítreo (hialoide) 硝子体.《解剖》［眼球の］硝子体. ～ pecante《古》病原体液. 2）《古》teoría de los cuatro ～es［ヒポクラテスによる, 人間を構成する］四体液説〖四体液とは, sangre 血液（楽天的）, flema 粘液（鈍重）, bilis amarilla 黄胆汁（短気）, bilis negra 黒胆汁（陰鬱）. →**temperamento**（参考）〗
buen ～ 1）上機嫌: Ahora está de *buen ～*. 今彼は機嫌がいい. Siempre que le den carne asada y buen vino, tiene *buen ～*. 焼いた肉と上等のワインを出しておけば彼はいつも上機嫌だ. 2）陽気な性格
～ de perros/～ de todos los diablos/～ de mil ひどい不機嫌: Tiene (Está de) un ～ *de perros*. 彼は非常に機嫌が悪い
llevar a+人 el ～ …に調子を合わせる, …の機嫌を取る
mal ～ 1）不機嫌: Cuando tiene hambre, mi marido se pone de *mal ～*. 夫はおなかがすくと機嫌が悪くなる. 2）怒りっぽい性格
remover ～es 気をもませる; 平穏をかき乱す
remover los ～es 機嫌を悪くする; 気をもませる

seguir a+人 el ～ =*llevar a+人 el ～*
humorado, da [umoráđo, đa] [形] bien ～ 機嫌のいい; 陽気な. mal ～ 不機嫌な; 怒りっぽい, 気難しい
—— [因] ❶ 面白い（常軌を逸した）言動. ❷《詩法》ウモラーダ〖ユーモアのある諧謔の短詩. ラモン・デ・カンポアモール Ramón de Campoamor の創始〗
humoral [umorál]《医学》体液の
humoralismo [umoralísmo] [男]《古代ギリシアのヒポクラテスが唱えた》四体液説
humoralista [umoralísta] [形] [名] 四体液説の〔支持者〕
humorismo [umorísmo]〖←*humor*〗[男] ❶ ユーモア（のセンス）, 諧謔精神. ❷〔芸人の〕漫談. ❸《古語》体液病理学
humorista [umorísta] [形] [名] ❶ コメディアン, お笑い芸人; ユーモア作家: ～ gráfica 漫画家. ❷ ユーモアのセンスのある〔人〕; literatura ～ ユーモア文学. ❸《古語》体液病理学者
humorísticamente [umorístikaménte] [副] ユーモラスに, 面白おかしく
humorístico, ca [umorístiko, ka] [形] ユーモラスな, 滑稽な: dibujo ～ 滑稽画, 漫画. estilo ～ ユーモアを感じさせる文体. semanario ～〔滑稽な・辛口の〕漫画週刊誌
humorosidad [umorosiđáđ] [女] 《まれ》体液過多
humoroso, sa [umoróso, sa] [形] 《まれ》❶ 体液のある. ❷《まれ》=*humorístico*
humoso, sa [umóso, sa] [形] 《まれ》煙を出す; 煙っている
humus [úmus]〖←ラテン語〗[男]［単複同形］《農業》腐植質, 腐植土
hunche [úntʃe] [男] 《コロンビア》❶ ［主に飼料として使う］トウモロコシの皮や穀類のもみがら. ❷ [複]［コーヒーなどの〕滓(※)
hunco [úŋko] [男] 《ボリビア. 服飾》［房かり飾りのない］ウールのポンチョ
hundible [undíβle] [形] 沈み得る
hundido, da [undíđo, đa] [形]［目が］落ちくぼんだ;［頬が］こけた: ojos ～ 落ちくぼんだ目
hundimiento [undimjénto] [男] ❶ 沈没: El ～ de la embarcación ha causado muchas muertes. 船が沈んで多数の死者が出た. ～ del «Titanic» タイタニック号の沈没. ❷ 沈下: ～ del terreno 地面の沈下. ～ de la parte delantera del coche 車の前部のへこみ. ❸ 倒壊. ❹ 破滅, 崩壊; 落ち込み: ～ de la economía mundial 世界経済の崩壊. ～ de una empresa 企業の倒産. ～ anímico 精神的落ち込み
hundir [undír]〖←ラテン語 fundere「取り壊す」〗[他] ❶ [+en に] 沈める: La inundación *hundió* la mitad del pueblo en el agua. 洪水で町の半分が水に沈んだ. *Hundieron* el submarino de un cañonazo. 潜水艦は砲弾一発で撃沈された. ～ un brazo en la bañera para quitar el tapón 浴槽の中に片腕をつけて栓を抜く. ❷ ［地面など］陥没させる, 沈下させる: El paso frecuente de los volquetes *ha hundido* el pavimento de la carretera. ダンプカーが頻繁に通るので, 路面が沈んでしまっている. ～ el asiento del sofá ソファの座部をへこませる. ❸ ［建物を］倒壊させる: El derrumbamiento de tierra *ha hundido* muchas casas. 土砂崩れで多くの家が倒壊した. ❹ 打ち込む: ～ un puñal en el pecho 胸に短剣を突き刺す. ～ una mano en la masa de arcilla 粘土の塊に片手を突っ込む. ～ los pies en la arena 砂に足をめり込ませる. ❺ ［+en 悪い状態などに］陥れる, 追い込む: La subida del dólar puede ～ *en un aprieto* a grandes sectores de la economía nacional. ドル高により国内経済のいくつかの部門が苦境に立たされるかもしれない. ～ a+人 *en la miseria* …を貧困に追いやる. ～ el país *en* un estado anárquico 国を無政府状態に陥れる. ❻ 破滅させる;［精神的に］打ち負かす, 圧倒する: Los escándalos consecutivos *han hundido* a la familia. 相次ぐスキャンダルで一家は没落した. La escasez del público llevó a ～ ese acuario. 観客が少なかったのでその水族館は破綻した. La muerte de su mujer le *ha hundido*. 妻の死で彼はがっくりきた. ❼《古語》溶かす
—— *～se* ❶ ［船などが］沈む: El barco *se hundió* rápidamente. 船はすぐに沈んでしまった. barco *hundido* 沈没船. ❷ ［地面などが］陥没する, 沈下する: Debido al último terremoto la tierra *se ha hundido* un metro. 今回の地震で地面が1メートル陥没した. En este mar están *hundidos* restos arqueológicos. この海には遺跡が沈んでいる. ～*se la silla por el centro* 椅子の真ん中がへこむ. ❸ ［建物が］倒壊する: Puede *～se* en cualquier momento este edificio. この建

物はいつ倒壊するか分からない。❹［悪い状態などに］はまり込む，陥る：～se en el vicio de la droga 麻薬常習癖にはまり込む。～se en una vida de vicio 悪の生活に染まる。～se en el olvido 忘れ去られる。estar hundido en sus pensamientos 物思いにふけっている。❺ 破滅する；［景気などが］下落する；［精神的に］落ち込む：Dimitió el ministro de hacienda y se hundió la economía nacional. 財務大臣が辞任して国の経済が傾いた。Juan se ha hundido al divorciarse. フアンは離婚して元気をなくしている。Dice que no tiene ganas de comer, está hundido. 彼は食欲がないと言い，すっかり参っている。❻ 大騒ぎする：～se de alegría 陽気に騒ぐ。～se a aplausos 割れんばかりの拍手喝采が起こる。❼《口語》隠れる；物がなくなる

hungan [úngan] 男《宗教》ウンガン〔ブードゥー教の祭司〕
húngaro, ra [úngaro, ra] 形《国名》ハンガリーHungría〔人・語〕の；ハンガリー人
── 男 ハンガリー語
huno, na [úno, na]《←ラテン語 hunni》形《歴史》フン族〔の〕
HUNOSA [unósa] 女《西.略語》←Hulleras del Norte, Sociedad Anónima 北部石炭会社
hupa [úpa] 間《チリ》さあ，それ！
hupe [úpe] 女［すかかになった］朽ち木；火口(ぼ)，付け木
hura [úra] 女 ❶《モグラなどの》穴。❷《ベネズエラ》トウダイグサ科フラ属の木〔学名 Hura crepitans〕
huracán [urakán]《←タイノ語 hurakan》男 ［特にカリブ海・メキシコ湾の］大暴風，ハリケーン：Viene un ～. ハリケーンが来る。El ejército pasó como un ～ por el pueblo. 軍隊は嵐のように村を［荒らして］通り過ぎた
huracanado, da [urakanáðo, ða] 形［強さなどが］ハリケーンのような：viento ～ 大暴風，ハリケーン級の風
huracanar [urakanár] ～**se**［風が］ハリケーンになる
huraco [uráko] 男《中米, キューバ, コロンビア. 口語》穴〔=agujero〕
huráñamente [urápaménte] 副 非社交的に，人見知りをして
hurañía [uranía] 女 人間嫌い，非社交性，人見知り，引っ込み思案
huraño, ña [uráno, ɲa] 形 ひどく人嫌いな，非社交的な
hurdano, na [urðáno, na] 形《←Las Hurdes》【西】Las Hurdes の［人］〔カセレス県北部の険しい山岳地帯〕
hure [úre] 男《コロンビア》［液体貯蔵用の］大型の土鍋
hureaulita [ureolíta] 女《鉱》ウレーライト
hureque [uréke] 男《コロンビア》=**huraco**
hurera [uréra] 女 穴
hurga [úrga] 女《地方語》❶ 火かき棒〔=atizador〕。❷ 猟師がウサギを穴から追い出すのに使う針金
hurgador, ra [urgaðór, ra] 形 かき回す
── 男 火かき棒〔=atizador〕
hurgamandera [urgamandéra] 女《まれ》売春婦
hurgamiento [urgamjénto] 男 かき回すこと；詮索
hurgar [urgár]《←語源》他 自 ❶［指・尖ったもので，+en を］かき回す：～ en la lumbre 火を突いてかき回す。❷［+entre・en を］探し回る：～ entre miles de kilos de basura 大量のごみの山の中を探す。❸ 詮索する：No hurgue en mis cosas. 私のことをかぎ回るな
── 他 かき回す；詮索する
── ～**se**［自分の, +en を］かき回す：～se en la nariz 鼻をほじくる
hurgón, na [urgón, na]《←hurgar》形 詮索する，かぎ回る
── 男 ❶ 火かき棒〔=atizador〕。❷ 細身の剣，短刀
hurgonada [urgonáða] 女［火かき棒で］かき回すこと
hurgonazo [urgonáθo] 男 細身の剣で突くこと
hurgonear [urgoneár] 他 ❶［火かき棒で］かき回す。❷《まれ》［剣で］突く
hurgonero [urgonéro] 男 ❶ 火かき棒〔=atizador〕。❷《ラマンチャ》［かまどの中を掃除する］モップ
hurguete [urgéte] 形《ボリビア, チリ, アルゼンチン. 口語》詮索好きな人
hurguetear [urgeteár] 自《中米》詮索する
hurguillas [urgíʎas] 名 せかせかした人, せき立てる人
hurí [urí]《←仏語 houri <ペルシャ語 huri》女《イスラム教》天女, フーリー
── 形《アルゼンチン, パラグアイ》青年期の［人］
hurina [urína] 女《ボリビア. 動物》シカの一種〔食用. 学名 Mazama gouazoubira〕
hurmiento [urmjénto] 男《地方語》酵素, 酵母〔=fermento〕

hurón, na [urón, na] 形 名 ❶《口語》人づきあいの悪い［人］。❷ ヒューロン族〔の〕〔北米セントローレンス河流域の先住民〕。❸《まれ》詮索好きな［人］
── 男《動物》フェレット
── 女 雌フェレット
huronear [uroneár] 自 ❶《西. 軽蔑》［しつこく・こまごまと］他人の私事を知ろうとする, 詮索する。❷ フェレット hurón を使って狩る
── 他《まれ》❶ 詮索する。❷［フェレットのように］捜す
huroneo [uronéo] 男《西. 軽蔑》詮索
huronero, ra [uronéro, ra] 名 フェレットを使って狩りをする人
── 男 フェレットの穴
huroniano, na [uronjáno, na] 形《地質》ヒューロン系の
hurra [úra]《←英語 hurrah》間 万歳!：¡Hip, hip, ～!〔音頭をとって〕万歳
── 男 万歳の叫び：lanzar tres ～s por... …に対して万歳三唱する
── 女《エストレマドゥラ》［悪人の］隠れ家, アジト
hurraca [uráka] 女《鳥》=**urraca**
hurre [úre] 間《地方語》［拒絶・嫌悪］うへ！
hurrita [uríta] 形 フルリ族〔の〕〔中東の非セム系古代民族〕
hurta [úrta] 女《魚》ブルースポッティドシーブリーム〔学名 Sparus caeruleostictus〕
hurtadillas [urtaðíʎas]《←hurtar》*a* ～ こっそりと：La niña entró *a* ～ en la cocina y se comió el dulce. 少女はこっそり台所に入りお菓子を食べてしまった
hurtadineros [urtaðinéros] 男《単複同形》《アラゴン》素焼き製の貯金箱
Hurtado de Mendoza [urtáðo de mendóθa]《人名》Andrés ～ アンドレス・ウルタド・デ・メンドサ〔1510~60, スペイン生まれの軍人, カニェテ Cañete 侯爵. ペルー副王, リマのアウディエンシア長官を歴任. 副王領の平定に尽くす〕
García ～ ガルシア・ウルタド・デ・メンドサ〔1535~1609, スペインの軍人, カニェテ Cañete 侯爵. アンドレス・ウルタド・デ・メンドサの息子. チリ総督, ペルー副王を歴任〕
hurtador, ra [urtaðór, ra] 形 名 こっそり盗む［人］, くすねる［人］
hurtagua [urtágwa] 女《古語》底に穴の開いたじょうろ
hurtar [urtár]《←hurto》他 ❶ こっそり盗む, くすねる；すり取る；万引きする：Ese chico me *ha hurtado* un bolígrafo. その子は私のボールペンを盗った。❷ 隠す
── 自［+en 重さ・量を］ごまかす
── ～**se** 隠れる, 会わないようにする：～se a la vista de la gente 人目を避ける
hurto [úrto]《←ラテン語 furtum「盗み」< fur, furis「泥棒」》男《文語》盗み；盗品
a ～《文語》こっそりと
coger a+人 *con el* ～ *en las manos* …の悪事の現場を押さえる, 現行犯で捕える
husada [usáða] 女 ❶ 本の紡錘 huso に巻き取ることのできる糸の量。❷《エストレマドゥラ》［疲労をもたらす］遠足
húsar [úsar] 男［ハンガリー軍風の軍服を着た帝政ロシアの］軽騎兵
husero [uséro] 男 1歳のダマシカのまっすぐな角
husillero [usiʎéro] 男《古語》搾油風車のスピンドルを操作する人
husillo [usíʎo]《huso の示小語》男 ❶《技術》スピンドル。❷［冠水地などの］排水路。❸《チリ》横糸用のボビン
husita [usíta] 形 名 フス Huss 信奉者〔の〕〔チェコの宗教改革者〕
husky [xáski] I《←英語》名《犬》～ siberiana シベリアンハスキー II《←商標》男 アノラック風の服
husma [úsma] 女 詮索〔=husmeo〕
andar a la ～ 詮索して回る
husmear [usmeár]《←ギリシア語 osomaomai「私はかぐ」< osme「臭い」》他 ❶［犬などが臭跡を］かぐ。❷［+en 他人のことを］かぎ回る, 詮索する：No hay que ～ *en* la vida de los demás. 他人の生活に鼻をつっこむものではない
husmeador, ra [usmeaðór, ra] 形 詮索好きな［人］
husmeo [usméo] 男 詮索
husmo [úsmo] 男 ❶ 肉の腐りかけた臭い, 腐臭。❷《文語》第一印象

estar al ～ 事を起こすチャンスをうかがう
huso [úso]〖←ラテン語 fusus〗男 ❶ 紡錘, 錘(*). ❷ ～ esférico《幾何》球面月形. ～ horario《地理》同一標準時帯, 時間帯. ❸ スピンドル〖=husillo〗
huta [úta] 女 ❶［獲物が来た時猟犬を放つために］猟師が隠れる小屋. ❷《ペルー》皮膚病
hutchinsonita [utʃinsoníta] 女《鉱物》ハッチンソナイト, ハッチソン鉱
hutía [utía] 女《カリブ. 動物》フチア〖=jutía〗
hutu [útu] 形 名〖単複同形〗［ルワンダ・ブルンジの］フツ族〔の〕
huturutas [uturútas] 間《コロンビア》［焦燥感・不快感］だめだ, 嫌だね!

huy [új]〖←擬態〗間《主に女性語, 幼児語》❶［苦痛］いたっ. ❷［驚き・不賛成］あら, まあ. ❸［ためらい・恥ずかしさ］えーと. ❹［安堵］ほっ
huyente [ujénte] 形《まれ》逃げる
huyón, na [ujón, na] 形《中米. 口語》臆病な, 逃げ腰の, 引っ込み思案の
huyuyo, ya [ujújo, ja] 形 名《キューバ. 口語》人見知りする〔人〕, 人づきあいの悪い〔人〕, 非社交的な〔人〕, 無愛想な〔人〕
━━ 男《キューバ. 鳥》=**juyuyo**
hyperón [iperón] 男《物理》ハイペロン
Hz《略語》←hertzio ヘルツ

I

i [í]《女》《圈 íes, is》❶ アルファベットの第9字; その名称《=*i latina*》. ❷ *i griega* 文字 y の名称. ❸ [主に大文字で] ローマ数字の1. **poner los puntos sobre las íes** [誤り・誤解を無くすため に] 解明する, 詳細に述べる; 疑いを晴らす: Va a tener que venir alguien con más autoridad a *poner los puntos sobre las íes*. 詳しく説明するにはもっと上役が来なければならな いだろう. El entrenador ha hablado con el jugador díscolo y le *ha puesto los puntos sobre las íes*. 監督は反抗的な選手と話をして, 不信感を取り除いた

i-《接頭辞》[不・無]→**in-**

-í《接尾辞》[地名形容詞化] *iraquí* イラクの, *marroquí* モロッコの

-ia《接尾辞》[形容詞+. 名詞化. 性状] *audacia* 大胆

-ía《接尾辞》❶ [形容詞+. 名詞化. 性状] *cortesía* 丁寧. ❷ [名詞・形容詞+. 名詞化] 1) [職業, 地位] *abogacía* 弁護士の職, *capitanía* 大尉の位. 2) [管轄区] *alcaldía* 市町村の行政地域. 3) [集合名詞] *mozarabía* モサラベたち. 4) [国, 地方] *Turquía* トルコ, *Normandía* ノルマンディー. ❸ [動詞・形容詞+. 名詞化. 行為] *habladuría* うわさ話

iacetano, na [jaθetáno, na]《形》《名》《歴史》《前ローマ時代に》現在のハカ Jaca に住んでいた〔先住民〕

Iahvé [jabé]《男》=**Jehová**

Iahveh [jábe]《男》=**Jehová**

-iano, na《接尾辞》→**-ano**

IAPI [jápi]《男》《略語》← Instituto Argentino de Promoción del Intercambio アルゼンチン貿易促進院〔1946年, ペロン Perón が創設〕

-iatra《接尾辞》[専門医学] *pediatra* 小児科医

-iatría《接尾辞》[専門医学] *pediatría* 小児科, 小児医学

iatrogenia [jatroxénja]《女》《医学》医原病, 医原性疾患

iatrogénicamente [jatroxénikaménte]《副》医原的に

iatrogénico, ca [jatróxeniko, ka]《形》《医学》医原性の: *enfermedad ~ca* 医原病, 医原性疾患. *herida ~ca* 医原性損傷. *neurosis ~ca* 医原性神経症

iatrógeno, na [jatróxeno, na]《形》《医学》=**iatrogénico**; 医原病を引き起こす

ib [íb]《男》《メキシコ. 俗語》[時に 覆. 主にユカタン半島で] インゲンマメ《=frijol》

ib.《略語》← ibídem 同書(同章・同節)に

IB《略語》← Iberia, Líneas Aéreas de España, S. A. イベリア航空

ibaguereño, ña [ibageréɲo, ɲa]《形》《名》《地名》イバゲ Ibagué の〔人〕《コロンビア, トリマ Tolima 県の県都》

Ibáñez del Campo [ibáɲeθ del kámpo]《人名》**Carlos ~** カルロス・イバニェス・デル・カンポ〔1877〜1960, チリの軍人・政治家, 大統領(1927〜31, 52〜58)〕

ibapoí [ibapoí]《男》《パラグアイ. 植物》クワ科の一種《=guapoy》

Ibarbourou [ibarβuɾow]《人名》**Juana de ~** フワナ・デ・イバルボウロウ〔1895〜1979, ウルグアイの女性詩人. 透明で音楽的な響きの文体で, 自然と人間への愛をおおらかにうたいあげた〕

ibaró [ibaró]《男》《アルゼンチン. 植物》シャボンノキ, ムクロジ〔学名 Sapindus saponaria〕

Ibarra [ibára]《人名》**Francisco de ~** フランシスコ・デ・イバラ〔1539?〜75, バスク出身のコンキスタドール. メキシコ北部を探検, ドゥランゴ Durango の町を創設し, 一帯をヌエバ・ビスカヤ Nueva Vizcaya と命名, 総督となる〕

ibarreño, ña [ibaréɲo, ɲa]《形》《名》《地名》イバラ Ibarra の〔人〕《エクアドル, インバブラ Imbabura 県の県都》

Ibarruri [ibaruri]《人名》**Dolores ~** ドロレス・イバルリ〔1895〜1989, 第二共和制および内戦期スペインの女性政治家. スペイン共産党の指導者でラ・パシオナリア La Pasionaria と称され, 女性解放運動にも取り組んだ〕

Iberia [ibérja]《女》《歴史, 地名》❶ イベリア《ギリシア人によるイベリア半島 península ibérica の古名. =~ *europea*》. ❷ ~ *asiática* [コーカサス地方にあった] 古代イベリア王国

ibérico, ca [ibériko, ka]《形》《←ibero》イベリア〔半島〕の; イベリア人の; スペインとポルトガルの: *península ~ca* イベリア半島. *cerdo ~* イベリア豚

iberio, ria [ibérjo, rja]《形》=**ibérico**

iberismo [ibeɾísmo]《男》❶ イベリア主義〔19〜20世紀の自由主義者が主張したスペイン・ポルトガルの合併によるイベリア半島の政治的統一〕. ❷ イベリア人気質. ❸ [人類学・歴史・言語・芸術など] イベリア研究. ❹ [カスティーリャ語などに取り入れられた] イベリア王国の単語(言語的特質)

iberista [ibeɾísta]《形》《名》❶ イベリア主義の(主義者). ❷ イベリア研究の(研究者)

iberizar [iberiθár]《9》《他》イベリア的にする

ibero, ra [ibéro, ra]《形》《名》=**íbero**

íbero, ra [íbero, ra]《←Iberia》《形》《名》❶ イベリア Iberia の. ❷ イベロ族〔の〕, イベリア人〔の〕《現在のスペイン人の起源とされる種族. 紀元前3千年ごろにはすでにイベリア半島に居住し始めていたといわれる. アフリカから渡来したとの説もあるが明らかではない〕; [人種的に] イベロ系の. ❸ [コーカサス地方にあった] 古代イベリア王国の〔人〕

—— 《男》古代イベリア語

Iberoamérica [iberoamérika]《女》《地名》❶ [主に 西] イベロアメリカ《南北両アメリカで, 15世紀末から19世紀半ばまでスペインとポルトガルが征服・植民・支配した地域の総称》. ❷ イベロアメリカおよびスペイン, ポルトガル

iberoamericano, na [iberoamerikáno, na]《←ibero+americano》《形》《名》❶ イベロアメリカの〔人〕. ❷ イベロアメリカおよびスペイン・ポルトガルの

íbice [íbiθe]《男》《動物》❶ アイベックス. ❷ 野生のヒツジ

ibicenco, ca [ibiθéŋko, ka]《形》《名》《地名》イビサ Ibiza の〔人〕《バレアレス諸島の一島・その町》

ibíd.《略語》←ibídem 同書(同章・同節)に

ibídem [ibíden]《←ラテン語》《副》[著作・論文などから再び引用して] 同書(同章・同節)に

ibirá [ibirá]《男》《ラプラタ. 植物》❶ イビラ・ピタ〔ジャケッイバラ科の灌木. =~ *pitá*. 学名 Peltophorum dubium〕. ❷ マメ亜科の高木〔用材. =~ *pepé*. 学名 Holocalyx balansae〕

ibirapitá [ibiɾapitá]《男》《ラプラタ. 植物》イビラ・ピタ《=ibirá》

ibis [íbis]《男》《単複同形》《鳥》トキ: ~ *calvo*〔学名 Thersiticus infuscatus〕. ~ *eremita* ホオアカトキ. ~ *rojo (escarlata)* ショウジョウトキ. ~ *sagrado* アフリカクロトキ

Ibn al-Awwam [ibn al áwam]《人名》イブン・アルアッワーム〔? 〜1179, セビーリャのアラブ系イスラム教徒の農学者・植物学者. 『農学の書』*El libro de la agricultura*〕

Ibn Bayyah [ibn bája]《人名》イブン・バッジャ〔1095?〜1139, イスラム・スペインの哲学者・政治家. ラテン語名アベンパケ Avempace〕

Ibn Gabirol [ibn gabiɾól]《人名》イブン・ガビロール〔1021?〜1058?, イスラム・スペインのユダヤ人詩人, 新プラトン主義の哲学者. ラテン語名アビケブロン Avicebron. 『生命の源』*La fuente de la vida*〕

Ibn Hazm [ibn xázm]《人名》イブン・ハズム〔994〜1064, コルドバ生まれのイスラム神学者・法学者・文学者. 『諸宗派についての書』*Historia crítica de las religiones, sectas y escuelas*, 恋愛論『鳩の頸飾り』*El collar de la paloma*〕

Ibn Rushd [ibn rúʃd]《人名》イブン・ルシュド〔1126〜98, コルドバ出身の哲学者・医学者. ラテン語名アベロエス Averroes. 『アリストテレス注解』*Los Comentarios al Corpus aristotelicum* は中世ヨーロッパのスコラ学に多大な影響を与えた〕

Ibn Tufail [ibn tufáil]《人名》イブン・トゥファイル〔?〜1185, カディス生まれの哲学者・医師. ラテン語名アブバケル Abubacer. 哲学小説『ヤクザーンの子ハイ』*Hayy ibn Yaqzan*〕

Ibn Zuhr [ibn zuxɾ]《人名》イブン・ズフル〔1091?〜1162?, セビーリャ出身の医師. ラテン語名アベンソアル Abenzoar. 『食餌の書』*Libro que facilita el estudio de la terapéutica y la dieta* はラテン語に訳されヨーロッパに影響を与えた〕

-ible《接尾辞》→**-ble**

ibo [íbo]《形》《名》[ナイジェリアの] イボ人〔の〕

—— 男 イボ語
iboga [ibóɣa] 男《植物》イボガ《アフリカ西部産のキョウチクトウ科の小潅木》
ibón [ibón] 男《アラゴン》[ピレネー山脈の] 湖
ibseniano, na [ib(b)senjáno, na] 形《人名》[ノルウェーの劇作家] イプセン Ibsen の
ibuprofeno [ibuproféno] 男《薬学》イブプロフェン
-ica[1] [接尾辞][形容詞・名詞化. 口語・強調・軽蔑] mied*ica* 怖がりの, llor*ica* 泣き虫
icaco [ikáko] 男《植物》=**hicaco**
icáreo, a [ikáreo, a] 形 =**icario**
icario, ria [ikárjo, rja]《ギリシア神話》イカルス Ícaro の
—— 《まれ》 ジャンプする曲芸師
ícaro [íkaro] 男《ギリシア神話》[*I*~] イカルス, イカロス
—— 《昆虫》ウスルジシジミ[シジミチョウの一種]
icástico, ca [ikástiko, ka] 形《まれ》地のままの, 飾りのない
Icaza [ikáθa]《人名》**Jorge ~** ホルヘ・イカサ《1906~78, エクアドルの小説家. 虐げられ搾取されている先住民の反乱と悲劇的な結末を描いた小説『ワシプンゴ』*Huasipungo* が起爆剤になって, 先住民の復権と救済をうたったインディヘニスモ indigenismo 文学が生まれる》
ICE [íθe] 男《西. 略語》←Instituto de Ciencias de la Educación 教育科学協会
iceberg [iθebér]《←ノルウェー語 isberg「氷の山」》男《複 ~s》氷山. Este incidente de violencia no es más que la punta del ~. この暴力事件は氷山の一角にすぎない
iceria [iθérja] 女《昆虫》イセリアカイガラムシ
ICEX [iθé(k)s] 男《西. 略語》←Instituto Español de Comercio Exterior 外国貿易庁
ichal [itʃál] 男《中米》イチュ icho の群生地
ichilense [itʃilénse] 形《地名》イチ Ichilo の〔人〕《ボリビア, Santa Cruz 県の郡》
ichintal [itʃintál] 男《中米》ハヤトウリ chayotera の根〔食用〕
icho [ítʃo] 男《植物》イチュ, ペルビアン・ナガホカネガヤ《イネ科. 学名 Stipa ichu》
ichu [ítʃu] 男《アンデス. 植物》=**icho**
ICI [íθi] 男《西. 略語》←Instituto de Cooperación Iberoamericana イベロアメリカ協力協会
-icio, cia [接尾辞]❶ [形容詞化. 関係・帰属] aliment*icio* 栄養の, cardenal*icio* 枢機卿の. ❷ [動詞+. 男性名詞化. 行為・結果] estrop*icio* 破壊
icipó [iθipó] 男《アルゼンチン. 植物》ウマノスズクサ《学名 Aristolochia sp.》
icneumón [ikneu̯món] 男❶《昆虫》ヒメバチ. ❷《動物》エジプトマングース
icneumónido, da [ikneu̯móniðo, ða] 形 ヒメバチ科の
—— 男《複》《昆虫》ヒメバチ科
icnita [iknita] 女《古生物》化石に残った足跡
icnografía [iknoɣrafía] 女《建築》平面図〔法〕
icnográfico, ca [iknoɣráfiko, ka] 形 平面図〔法〕の, 平面図法による
icnología [iknoloxía] 女 足跡化石学, 生痕学
ICO [íko] 男《西. 略語》←Instituto de Crédito Oficial 金融公庫
-ico, ca[2] [接尾辞]❶ [名詞+. 品質形容詞化] volcá*nico* 火山の. ❷ [示小・親愛] burr*ico* 小さなロバ. ❸《化学》[最大の原子価を持つ] fosfó*rico* 5価の燐の
icodense [ikoðénse] 形 =**icodero**
icodero, ra [ikoðéro, ra] 形《地名》イコ・デ・ロス・ビノス Icod de los Vinos の〔人〕《テネリフェ県の町》
ICONA [ikóna] 男《西. 略語》←Instituto para la Conservación de la Naturaleza 自然保護庁
iconicidad [ikoniθiðá(ð)] 女 図像性, 類似記号性;《言語》類像性
icónico, ca [ikóniko, ka] 形❶ イコンの. ❷[記号]イコン(アイコン)のような;《言語》類像的な
icono [ikóno]《←ギリシア語 eikon, -onos「像」》男❶《ギリシア正教》イコン, 聖像, 聖画. ❷《情報》アイコン. ❸ 類似〔的〕記号
ícono [íkono] 男《ラ米》=**icono**
icono- [接頭辞][図像] *icono*grafía 図像学
iconoclasia [ikonoklásja] 女 聖像破壊, 偶像破壊
iconoclasta [ikonoklásta] 形 名❶ 聖像破壊の; 聖像破壊主義者の. ❷ 因習(権威)打破の; 因習(権威)打破主義者の

iconoclastia [ikonoklástja] 女 因習打破, 権威打破
iconodulia [ikonoðúlja] 女《歴史》聖像崇拝〔運動〕
iconodulía [ikonoðulía] 女 =**iconodulia**
icónódulo, la [ikonóðulo, la] 形 名《歴史》[ビザンチン帝国で, 聖像破壊主義者に対し]聖像を崇拝する〔人〕
iconófobo, ba [ikonófoβo, βa] 形 名 偶像を嫌悪する〔人〕
icónógeno [ikonóxeno] 男《写真》現像液, アイコノゲン
iconografía [ikonoɣrafía] 女❶ 図像学, イコノグラフィー: ~ cristiana キリスト教図像学. ❷ 図像集, 画像集
iconografiar [ikonoɣrafjár] 11 他 図像を描く
iconográfico, ca [ikonoɣráfiko, ka] 形 図像〔学〕の
iconolatra [ikonólatra] 形 名 聖画像崇拝の〔崇拝者〕, 偶像崇拝の〔崇拝者〕
iconolatría [ikonolatría] 女 聖画像崇拝, 偶像崇拝
iconología [ikonoloxía] 女 イコノロジー, 図像学, 図像解釈学
iconológico, ca [ikonolóxiko, ka] 形 イコノロジーの, 図像学の
iconómaco, ca [ikonómako, ka] 形 名 =**iconoclasta**
iconómetro [ikonómetro] 男《光学》アイコノメーター, イコノメーター
iconoscopio [ikonoskópjo] 男 アイコノスコープ, 撮像管
iconostasio [ikonostásjo] 男《建築》イコノスタシス, 聖障
iconostasis [ikonostásis] 男 =**iconostasio**
icopor [ikopór] 男《←商標》男《コロンビア》ポリスチレン
icor [ikór] 男《医学》膿漿
icoroso, sa [ikoróso, sa] 形 膿漿の
icosaedro [ikosaéðro] 男《幾何》20面体
icositetraedro [ikositetraéðro] 男《幾何》24面体
icotea [ikotéa] 女《中米. 動物》亀
ictericia [ikteríθja] 女《医学》黄疸
ictericiado, da [ikteriθjáðo, ða] 形 名 =**ictérico**
ictérico, ca [iktériko, ka] 形《医学》黄疸の〔患者〕
ictérido, da [iktériðo, ða] 形 ムクドリモドキ科の
—— 男《複》《鳥》ムクドリモドキ科
icteroanemia [ikteroanémja] 女《医学》黄疸性貧血
icterodes [ikteróðes] 形→**tifus** icterodes
icterohepatitis [ikteroepatítis] 女《医学》黄疸性肝炎
icticion [iktiθjón] 男《動物》ヤブイヌ
ictícola [iktíkola] 形《動物》魚の
ictíneo, a [iktíneo, a] 形 魚に似た, 魚のような
—— 男《まれ》潜水艦
ictio- [接頭辞][魚] *ictio*fauna 魚相
ictiocola [iktjokóla] 女 魚の尾
ictiofagia [iktjofáxja] 女《動物》魚食, 魚類を常食とすること
ictiófago, ga [iktjófaɣo, ɣa] 形 名《動物》魚類を常食とする〔動物〕
ictiofauna [iktjofáu̯na] 女 魚相, 魚類相
ictiofobia [iktjofóβja] 女 魚恐怖症
ictiogénico, ca [iktjoxéniko, ka] 形 養魚の
ictiografía [iktjoɣrafía] 女 魚類記載学, 魚類誌
ictioideo, a [iktjoiðeo, a] 形 =**ictíneo**
ictiol [iktjól] 男《薬学》イクチオール, イヒチオール
ictiología [iktjoloxía] 女 魚類学
ictiológico, ca [iktjolóxiko, ka] 形 魚類学の
ictiólogo, ga [iktjóloɣo, ɣa] 名 魚類学者
ictiosaurio [iktjosáu̯rjo] 男 =**ictiosauro**
ictiosauro [iktjosáu̯ro] 男《古生物》魚龍, イクチオザウルス
ictiosis [iktjósis] 女《単複同形》《医学》魚鱗癬
ictus [íktus] 男《単複同形》❶《医学》発作: ~ apopléctico 脳卒中. ❷《詩法》強音, 揚音
id [íð] 男《心理》[el+] イド
id.《略語》←ídem 同上, 同前
I+D [í mas dé] 男《略語》研究開発《←investigación y desarrollo》: gasto en ~ 研究開発費
ida[1] [íða]《←ir》女❶ 行くこと《⇔venida》: Su ~ a España ha sido definitiva. あなたがスペインへ行くことは決定的です. Les avisaré su ~. あなたが行くことを彼らに知らせましょう. ❷ 行き, 往路《⇔vuelta》: Se tarda una hora en la ~. 行くのに1時間かかる. tomar el autobús a la ~. 往路を行く. viaje de ~ 往路. ❸ 往路の切符〔=billete de ~〕: precio de ~ 片道料金. ❹ 出発〔=partida〕: ¿A qué hora es la ~? 出発は何時ですか? ❺ [感情の] 不意の激発, 衝動; 唐突なふるまい, 発作的な行動: Tiene unas ~s terribles. 彼はひどく衝動

-ida 的だ. ❻《スポーツ》[ホーム＆アウェー戦の] ファーストレグ: Empatan en el partido de 〜. 彼らはファーストレグを引き分けで終える. ❼《フェンシング》開始直後の突き, アタック. ❽《狩猟》[獲物の]足跡
en dos 〜s y venidas《口語》すばやく, 迅速に
〜 del cuervo／〜 del humo 永遠の別れ
〜 y venida 行き来, 往来
〜 y vuelta 行きっ帰り, 往復: billete de 〜 y vuelta 往復切符
〜s y venidas 右往左往, 奔走: Después de tantas 〜s y venidas por la calle, no lo encontré. 私は通りを何度も何度も行ったり来たりしたが, それは見つからなかった
no dejar (dar) la 〜 por la venida《口語》好機を逃さない; 心を砕く, 努力する

-ida《接尾辞》[er·ir 動詞+. 名詞化. 動作·結果] com*ida* 食事, sub*ida* 上昇

-idad《接尾辞》[形容詞+. 名詞化. 性状] felic*idad* 幸福

idalio, lia [idáljo, lja]《図》**形** ❶《歴史, 地名》Idalia の(人)《キプロス島の, ビーナスに捧げられた古代の町》. ❷ ビーナス Venus の

IDE [íde]《図》《略語》←Iniciativa de Defensa Estratégica 戦略的防衛構想, SDI

idea [idéa]《図》《←ギリシア語 idea「外見, 像」< eidon「私は見る」》**図** ❶ 考え, 考え方: 1) Ha cambiado de 〜. 彼は考えを変えた. ¿Qué 〜 tuvo mi padre al comprar otro coche? 私の父は何を考えてもう一台車を買ったのだろうか? 2) [+de·sobre+名詞に関する] No todos tenemos la misma 〜 *del* bien y *del* mal. 善と悪について私たち全員が同じ考えではない. No me gusta imponer mis 〜s *sobre* el futuro de Japón. 日本の将来についての私の考えを押しつけたくない. 3) [+de+不定詞·que+直説法 という] Me ilusiona enormemente la sola 〜 *de* ir a viajar a Sudamérica. 南米に旅行することを考えるだけで私は胸がわくわくする. Hasta el siglo XVI se tuvo la 〜 *de* que el Sol giraba alrededor de la Tierra. 16 世紀までは太陽が地球のまわりを回っていると考えられていた. ❷ アイディア, 着想, 思いつき; 意図, 意向: Tenemos la 〜 de construir una pequeña piscina en este rincón del jardín. 私たちはこの庭の片隅に小さなプールを造ろうと思っている. Se me ocurrió una 〜 propicia para solucionar esa dificultad. 私はその難題を解決するための良策を思いついた. Nada más ver una escena, ya le viene una 〜 de la chispa. 彼はある情景を見ると, 即座にひらめきが生まれる. El abogado ha tramado una 〜 para apropiarse de toda la herencia del pintor. 弁護士はこの画家の遺産全部を我が物にするための策略を立てた. Desde ese momento no se le apartó de la cabeza la 〜 de estudiar física cósmica para ser astronauta. その時以来宇宙物理学を勉強して宇宙飛行士になるのだという思いが彼の頭から離れなかった. ❸《基本的·一般的な》知識, 理解, 概念: Esta película nos da una 〜 general de lo que es la ceremonia del té. この映画は私たちに茶の湯についてのあらましを教えてくれる. Todavía no tengo 〜 clara de lo que sucedió. 私にはまだ何が起こったのかはっきりとは分かっていない. A decir verdad, no existe una 〜 universal sobre el amor entre hombre y mujer. 本当のところは, 男女間の愛についての普遍的な概念など存在しない. ❹ 意見, 見解, 判断, ものの見方: ¿Qué 〜 tienes de este problema? この問題についてどう思う? Soy de la misma 〜 que tú. 私は君と同じ考えです. 〜 anticuada 古くさいものの見方をしている. 〜 generalmente admitida 一般通念, 社会通念. ❺**図** 思想, 信念, 信条: Tiene unas 〜s muy conservadoras. 彼は大変保守的な思想の持ち主だ. hombre de 〜s liberales リベラルな考え方の男. 〜s políticas 政治信条. ❻《哲学》イデア, イデー, 理念: teoría de las I〜s [プラトンの] イデア論. ❼ 素質: Tiene 〜 para la computadora. 彼はコンピュータに関しての才能がある. Mi hijo tiene mucha 〜 para arreglar el coche. 私の息子は車を整備するのがうまい. El albañil no tiene 〜. その煉瓦職人は仕事が下手だ. ❽《口語》[主に**図**] 妄想. ❾ 像, 心象

apartar a+人 **de una 〜** …に考えを捨てさせる

buena 〜 1) Déjame hacer el plan, tengo una *buena* 〜 *para pasar* estas vacaciones. 計画を立てるのは私に任せてくれ, この休みを過ごす名案があるから. 2) 良い見方: Tengo *buena* 〜 de José. 私はホセに対して好感をもっている

coger 〜 a...《コロンビア. 口語》…を毛嫌いする

con 〜 de... …の意図をもって: Ha salido de la ciudad *con* 〜 *de* recuperarse del asma. 彼はぜんそくの療養をするつもりで町を出た

con la 〜 de+不定詞 …するつもりで

dar a+人 **una 〜** …に思いつかせる: 1) [una idea が主語.**図**]気まぐれなど] Algunas veces le *dan unas* 〜s *a* este niño. 時々この子は変なことを考える. 2) [事物·人が主語] Lo que acabas de decir me *ha dado una* 〜. 君が今言ったことで私はあることを思いついた

dar [una] 〜 de... …について知らせる, 理解させる; 大ざっぱに述べる

darse 〜 para...《アルゼンチン》…が得意である: Ella *se daba* mucha 〜 *para* cocinar. 彼女は料理がとても得意だった

darse una 〜 de... =**hacerse una 〜 de...**

estar en la 〜 [+de の] 意図である, つもりである

formarse 〜 de... …という考えを抱く, 想像する

formarse una 〜 de... =**hacerse una 〜 de...**

hacer 〜 de... […おおよそ·ざっと] …を分からせる, おおまかに分かってもらう

hacerse a la 〜 de... …という考えを受け入れる, あきらめる: No me puedo *hacer a la 〜 de* que está muerta. 私は彼女が死んだという事実を受け入れることができない. *Hagámonos a la 〜 de* no poder estar nunca de acuerdo. 私たちはどうしても分かり合えないのだということを認めよう. *hacerse a la 〜 de* lo peor 最悪の事態を覚悟する

hacerse una 〜 de... [おおよそ] …が分かる, 把握する: Con lo que me has dicho ya *me he hecho una* 〜 *del* incidente. 君が今言ったことで, 私はその事件についておおよそのところが分かった. Para *que te hagas una* 〜 *del* cultivo de rosas, basta con leer este libro. バラ作りがどんなものかを知りたければ, この本を読めば十分だ

〜 fija [主に病的な] 固定観念: La siguió, devorado por la 〜 *fija* de que estaba amenazada. 彼女が脅されていると思い込んで彼はその跡をつけた

〜[s] de bombero／〜[s] de casquero《西. 口語》とっぴ(常軌を逸した)考え

llevar 〜 de+不定詞 …するつもりである, しようと考える: Yo *llevaba* 〜 *de* casarme con ella cuando me graduara. 私は卒業したら彼女と結婚しようと思っていた

mala 〜《西》1) 悪意 [=mala intención]: Lo hizo con toda la *mala* 〜. 彼は全くの悪意でそれをした. *a mala* 〜 悪意で. 2) 意地の悪さ

¡Ni 〜! [主に返答として] 全く分かりません／知りません!: ¿Qué sabes tú de su paradero?—*¡Ni* 〜*!* 彼の行方についてお前なら何か分かるだろう?—知るもんか! No tenemos *ni* 〜 de lo que nos espera en el futuro. 将来何が待ち受けているか, 私たちには全く分からない

no poder hacerse una 〜 想像もつかない: Yo *no podría hacerme una* 〜 de vivir en el extranjero. 私は外国で暮らすなど思ってみたこともない

quitar a+人 **la 〜 de**+不定詞 [説得して] …が…するのをやめさせる

tener 〜 1) [+de を] 分かる, 察しがつく: ¿*Tienes* 〜 *de* lo grave que es la situación? 君は状況がどんなに重大か分かっているか? ¿Dónde está tu papá?—*No tengo* [ni] 〜. 君のお父さんはどこにいるかな?—(全く)分かりません. No *tengo* la menor 〜 *de* lo que ha sucedido. 私は何が起こったのかさっぱり分からない. 2) [+para に] 熟達している: *Tiene* mucha 〜 *para* la jardinería. 彼は庭いじりが大変上手だ. 3) [+a+人·事物] …に惚れている, 特別に感情を持っている. 4)《アラゴン, ウルグアイ》[+a を] 毛嫌いしている

ideación [ideaxjón]**図** 観念(概念)化, 観念(概念)形成

ideal [ideál]**形** [←idea] ❶ 理想的な; 完璧な, 申し分のない: 1) belleza 〜 非の打ちどころのない美しさ. mujer 〜 理想の女性. 2) [+de·para に] sitio 〜 *de* verano 夏に最適の場所. mujer 〜 *para* ese puesto そのポストにぴったりの女性. 3) [ser 〜+不定詞·que+接続法] Sería 〜 *para* mí tener un piso a corta distancia de la estación del metro. 私としては地下鉄の駅に近いところにマンションを持てたら理想的なのだが. Es 〜 *que* tú vengas, mientras yo esté aquí, para muchos días. 私がいる間に, 君がここにしばらく来てくれるのが一番いい. ❷ 観念の: mundo 〜 y el físico de Platón プラトンの観念(イデア)の世界と物質の世界. ❸ 空想上の, 架空の [《real》: Es

una línea ~ la de cambio de fecha. 日付変更線は架空のものだ.
lo ~ es (sería) +不定詞・que+接続法 …するのが最善である: *Lo ~ sería vivir (que viviéramos) todos en una casa.* 理想的なみんなが一つの家に住むのだが
── 男 ❶ 理想: *Tengo un ~, que es construir un hospital de maternidad y guardería en esta vecindad.* 私には一つの理想がある。それはこの地区に産科病院や保育所を建てることだ. *Mi ~ es ir a vivir a una parte del mundo donde no haya invierno.* 私の願いはどこか冬のない世界に行って暮らすことだ. *realizar su ~* 理想を実現する. *~ de novia* 恋人としての理想像. *~ del político* 理想的な政治家. ❷ 主義 [観] 価値観, 価値体系, 主義主張, 信条: *defender sus ~es* 自分の主義を守る. *hombre sin ~es* 理想(主義主張)を持たない人. ❸ 典型, 模範: *El David de Miguel Ángel se toma como el ~ de belleza del cuerpo masculino.* ミケランジェロのダヴィデ像は男性の肉体美の典型と見なされている.
── 副《口語》[同意] よろしい／結構だ!

idealidad [idealidá(đ)] 女 ❶ 観念性 {⇔materialidad, realidad}. ❷ 理想的であること. ❸ 想像力

idealismo [idealísmo]《←ideal》男 ❶《哲学》観念論, 唯心論 {⇔materialismo}: *~ de Kant* カントの観念論. ❷ 理想主義 {⇔realismo, pragmatismo}: *Según su ~, podemos construir un mundo perfecto.* 彼の理想論によれば, 我々は完璧な世界を構築することができる. ❸《芸術》観念主義

idealista [idealísta]《←ideal》形 ❶《哲学》観念論の, 唯心論の; 観念論者の ❷ 理想主義的な; 理想主義者の. ❸《芸術》観念主義の(主義者)

idealización [idealiθaθjón] 女 理想化

idealizar [idealiθár]《←ideal》⑨ 他 理想化する: *Idealizan la economía de mercado.* 彼らは市場経済を理想と考える. *personaje idealizado* 理想化された人物

idear [ideár]《←idea》他 考え出す, 考案する, 立案する, 案出する: *El logotipo de esta empresa lo ha ideado un publicista.* この会社のシンボルマークはある宣伝マンが考案した. *~ un motor no contaminante* 無害エンジンを発明する. ❷《メキシコ》思索する, 沈思黙考する

ideario [ideárjo]《←idea》男 [集合] 一人の思想家・一つの団体・潮流などの〕基本的な考え, 根本思想, 思想傾向: *El colegio tiene un ~ basado en valores cristianos.* その学校はキリスト教的価値観に基づいた理念を掲げている. *~ del partido comunista* 共産党の綱領

ideático, ca [ideátiko, ka] 形 ❶《中南米》[人が] 狂気じみた, 偏執的な, 風変わりな, 常軌を逸した. ❷《ホンジュラス》[人が] 創意に富んだ, 利発な, 機知に富んだ

ídem [ídem]《←ラテン語 idem》代 圏 [繰り返しを避け] 同上, 同前; [学術書などで] 同著者; 同様に
~ de ~《口語》全く同様に
~ de lienzo 同じこと・もの {=lo mismo}: *Para mí, ~ de lienzo.* [料理の注文などで] 僕にも同じものをくれ

idénticamente [idéntikaménte] 副 ぴったり同じに, きわめてよく似て

idéntico, ca [idéntiko, ka]《←ídem》形 ❶ [主に強調的に, 人・事物が] ほぼ同じ, きわめてよく似た: 1) *La madre y la hija son ~cas.* 母娘は瓜二つだ. 2) [+a と] *Tu reloj es ~ al mío.* 君の時計は私の時計にそっくりだ. *El hijo ha salido ~ a su padre.* 息子は父親そっくりになってきた. ❷ 同一の: *No he cambiado nada, estoy ~ del peso.* 私は少しも変わっていない, 体重は前と一緒だ. *Hasta ahora ambos países han pasado por una ~ca suerte.* 両国は今まで同じ運命をたどってきた. *copias ~cas de un documento* 一つの書類からの全く同じコピー

identidad [identidá(đ)]《←ラテン語 identitas, -atis < ídem「同じもの」+entitas「存在」》女 ❶ 本人であること; 身元, 素性: *Todavía no se sabe nada de la ~ de los agresores.* 襲撃犯の身元についてはまだ何も分かっていない. *El presunto autor reveló la ~ de sus cómplices.* 容疑者は共犯者たちの身元を明らかにした. *probar su ~* 本人であること(身分)を証明する. *tarjeta de ~* IDカード, 身分証. ❷ 同一であること, 同一性, 一致: *~ entre las huellas dejadas en esas pistolas* それらのピストルに残された指紋の一致. *~ de pareceres* 意見の一致. ❸ アイデンティティ, 独自性: *preservar su ~ cultural* 自分の文化的アイデンティティー(独自性)を守る. *~ corporativa*《経営》コーポレート・

アイデンティティ, CI [企業イメージの明確化・社内意識の同質化などを目的とする]. *~ nacional* 国民としてのアイデンティティ. ❹《情報》一致, 識別. ❺《哲学》自己同一性. ❻《数学》恒等式

identificable [identifikáble] 形 ❶ 識別され得る: *En la niebla los bultos no son ~s.* 霧の中では人の姿をはっきりと識別できない. ❷ 同一視され得る. ❸ [身元などが] 確認可能な

identificación [identifikaθjón] 女 ❶ [人・物の] 身元の確認; [人・物が] 同一であることの証明; [警察の] 鑑識 {=~ criminal}: *número de ~* [personal] 暗証番号, 個人登録番号, ID番号. *número de ~ fiscal* 納税者番号 [スペインでは身分証明書 Documento Nacional de Identidad の番号と同一]. *zona de ~ de defensa aérea* 防空識別圏. *~ de un cadáver* 死体の身元確認. *~ genética* DNA鑑定. ❷ 身元を証明するもの. ❸ 同一視, 同一化, 一体感, 帰属意識: *~ entre amistad y amor* 友情と愛情を同一視すること. ❹《分類学》同定

identificador, ra [identifikaðór, ra] 形 [身元を] 証明する, 識別する

identificar [identifikár]《←idéntico+ラテン語 facere》⑦ 他 ❶ [何を根拠にして, +como+人・物 であると] 識別する, 特定する; [身元・正体を] 確認する; [鑑定して] 突きとめる: *El testigo le ha identificado como el agresor de la mujer.* 証人は彼を女性への加害者(に間違いない)と認めた. *Los sospechosos han sido identificados como atracadores del banco.* 容疑者たちは銀行強盗と同一人と確認された. *~ al autor del atraco* 強盗の犯人を特定する(犯人の身元を割り出す). *víctima sin ~* 身元不明の犠牲者. ❷ [+con と] 同一視する, 同じだと考える: *No identificas la felicidad con el dinero.* 幸せをお金と同じだと考えてはいけない. *~ la libertad y el libertinaje* 自由と放縦とをは違えるな. ❸《分類学》同定する
~se ❶ [考え・趣味などが, +con と／互いに] ぴったりと合う; 分かり合う, 賛成である, 同意見である; 連帯する: *Se han identificado uno con otro.* 彼らは息がぴったり合ってきた. *Se veía que su mujer trataba de ~se con él en muchos momentos de su vida.* 奥さんは日常生活の多くの場面で彼に合わそうと努力しているのが見てとれた. *Según parece, se identifican mucho mi madre y mi hermana.* 見たところ, 私の母と妹とはとてもうまが合うようだ. *En el periódico no tiene que ~se con la opinión pública.* 新聞は大衆と意見を同じくする必要はない. *~se con la causa ecológica* エコロジー運動に賛同する. ❷ 自分の身分(身分)を証明する: *Para entrar en la biblioteca hay que ~se.* 図書館に入るためには身分証明が必要です. *El agente se identificó y nos pidió la documentación.* その警官は自分の身分を明らかにして, 我々に必要書類の提示を求めた

identi kit [idéntikit]《←商標》男 圏 ~s モンタージュ写真

ideo, a[2] [idéo, a] 形《ギリシア神話・地名》❶ [トロイの近くの] イダ Ida 山の [その松でトロイの木馬が作られた]. ❷ トロイ Troya の; フリギア Frigia の

ideo- 《接頭辞》[思考・観念] *ideograma* 表意文字

ideografía [ideoɣrafía] 女 表意文字の使用, 象徴による表意

ideográfico, ca [ideoɣráfiko, ka] 形 象形の, 表意文字の

ideograma [ideoɣráma] 男 表意文字; 表意記号

ideogramático, ca [ideoɣramátiko, ka] 形 =**ideográfico**

ideología [ideoloxía]《←ideo+ギリシア語 logos》女 ❶ イデオロギー: *~ burguesa* ブルジョアイデオロギー. *~ política* 政治イデオロギー. ❷ 観念学

ideológicamente [ideolóxikaménte] 副 イデオロギー的に; 概念学的に

ideológico, ca [ideolóxiko, ka] 形 ❶ イデオロギーの: *debate ~* イデオロギー論争. ❷ 概念学の. ❸ [辞書が単語を] 概念別に分類した: *diccionario ~* 概念型辞典

ideologismo [ideoloxísmo] 男 イデオロギー固執主義, 教条主義

ideologización [ideoloxiθaθjón] 女 イデオロギーの植えつけ

ideologizar [ideoloxiθár] ⑨ 他 イデオロギーを植えつける: *punto de vista ideologizado* イデオロギーに染まった見方

ideólogo, ga [ideóloɣo, ga] 名 ❶ 理論家, 思想家, イデオローグ. ❷ 夢想家, 空想家

ideoso, sa [ideóso, sa] 形 ❶《中南米》[人が] 狂気じみた, 偏執的な, 常軌を逸した. ❷《グアテマラ》[人が] 創意に富んだ, 利発な

-idero, ra《接尾辞》[ir動詞+] ❶ [形容詞化. 可能] ven*idero* 将来の. ❷ [名詞化. 場所] herv*idero* 湧出口

id est [id ést]《←ラテン語》副 すなわち, 言い換えれば

idiazábal [iðjaθáβal] 男《料理》ギプスコア県イディアサバル Idiazábal 産の羊乳チーズ

idílico, ca [iðíliko, ka]《←idilio》形 ❶ 牧歌的な, のどかな: paisaje ~ のどかな風景. ❷ 田園恋愛詩の

idilio [iðíljo]《←ラテン語 idyllium <ギリシア語 eidyllion「小さな作品・形」< eidos「形, 像」》男 ❶ [主に短期の熱烈な] 恋愛関係: Ha vivido un ~ con una compañera del trabajo. 彼は仕事の同僚と熱烈な恋を体験した. ❷ [善と美に基づいた] 理想的な状況, 牧歌的な世界. ❸ 田園恋愛詩

idilismo [idilísmo] 男 牧歌主義

idioblástico, ca [iðjoßlástiko, ka] 形《鉱物》自形交晶の

idioblasto [iðjoβlásto] 男《植物》異形細胞

idiocia [iðjóθja] 女《医学》軽度の知的障害

idiófono [iðjófono] 男《音楽》イディオフォーン

idiolecto [iðjolékto] 男《言語》個人言語

idioma [iðjóma] 男《←ラテン語 idioma <ギリシア語 idioma「自体の性質」< idios「自体の, 特殊な」》男 ❶ [一国の] 言語: Habla cinco ~s. 彼は5か国語を話す. escribir en el ~ de Miguel de Cervantes スペイン語で書く. ~ japonés 日本語. ~ moderno 現代語. ❷ [人・場面などに特有の] 言葉づかい, 語法: ~ de la corte 宮廷言葉. ~ de trabajo 業務用語《⇔~ oficial 公用語》

hablar el ~ de+人/hablar su mismo ~ [同じような考え方をするので] …とすぐに分かり合える

hablar ~s diferentes [複数の人が] 話が通じない, 理解し合えない

idiomático, ca [iðjomátiko, ka] 形 一国語に独特の; 慣用語法の: expresión ~ca 慣用表現, 熟語

idiomatismo [iðjomatísmo] 男《言語》慣用表現, 熟語《= idiotismo》

idiomorfo [iðjomórfo] 形 ❶ 結晶が] 自形の, 固有の形を持つ《⇔alotrimorfo》

idiopático, ca [iðjopátiko, ka] 形《医学》特発性の, ある人に特有の: miocardiopatía ~ca 特発性心筋症

idiosincrasia [iðjosinkrásja] 女 ❶ 独特な気質, 性癖: ~ de un pueblo 国民性. ❷《医学》特異体質

idiosincrásico, ca [iðjosinkrásiko, ka] 形 ❶ 固有の, 特有の. ❷ 独特な気質の, 性癖の. ❸ 特異体質の

idiosincrático, ca [iðjosinkrátiko, ka] 形 =**idiosincrásico**

idiota [iðjóta] 形《←ギリシア語 idiotes「私人, 世俗の, 無知な」》形 名 ❶ 愚かな[人], ばか[な]: No seas ~. ばかなまねはやめろ. hacer el ~《口語》ばかりをする; ばかなことをする(言う). ❷《医学》軽度の知的障害の(障害者). ❸ [根拠もなく] 思い上がった[人], 高慢な[人]

idiotada [iðjotáða] 女《ニカラグア, キューバ, プエルトリコ》愚かな言動

idiotez [iðjotéθ]《←idiota》女 ❶ 愚か, 愚さ; 愚か[な言動]: ser una ~ que+接続法《口語》…するなんて常軌を逸している. ❷《医学》=**idiocia**

idiotipo [iðjotípo] 男《生物》イディオタイプ

idiotismo [iðjotísmo] 男 ❶《言語》[文法的には不正確だが] 慣用的な表現, 熟語《例 a pie juntillas 両足をそろえて》. ❷ 無知. ❸《医学》白痴化する

idiotizar [iðjotiθár] 9 他 白痴化する

ido¹ [íðo] 男 [国際人工言語として提唱された] イド語

ido², da² [íðo, ða] [ir の 過分] 形 [estar+] ❶ 放心した, ぼんやりした: La chica está muy ~a, no atiende a lo que le hablan y solo dices palabras como música. 少女はぼんやりしていて, 何を言われても耳に入らず, 音楽のような言葉を言うだけだ. ❷ 狂った, 頭のいかれた [= de la cabeza]: Está medio ~. 彼は少し頭がおかしい. ❸《メキシコ》酔っぱらった

los ~s 死者たち

-ido, da《接尾辞》❶ [er・ir動詞] 1) [過去分詞] com*ido*, viv*ido*. 2) [名詞化. 動作・技術的な音] ped*ido* 注文, encend*ido* 点火, chill*ido* 金切り声. ❷ [名詞+. 品質形容詞化] dolor*ido* 痛ましい

idocrasa [iðokrása] 女《鉱物》ベスビアナイト

idólatra [iðólatra]《←ギリシア語 eidolatres》形 名 ❶ 偶像崇拝の(崇拝者). ❷ 溺愛する[人]

idolatrar [iðolatrár]《←idólatra》他 ❶ 偶像崇拝する. ❷ 溺愛する; 偶像視する: ~ a su hijo 自分の子供を溺愛する. ~ el

dinero 拝金する

idolatría [iðolatría]《←idólatra》女 ❶ 偶像崇拝. ❷ 溺愛; 偶像化

idolátrico, ca [iðolátriko, ka] 形 偶像崇拝の

idolizar [iðoliθár] 他 偶像化する

ídolo [íðolo]《←ラテン語 idolum <ギリシア語 eidolon「像」》男 ❶《宗教》偶像. ❷ 崇拝の的, アイドル: Los Beatles fueron sus ~s. ビートルズは彼女のアイドルだった

idología [iðoloxía] 女 偶像研究

idolopeya [iðolopéja] 女《修辞》死者の口を借りた言葉(演説)

idoneidad [idoneiðáð]《←idóneo》女 適切さ

idóneo, a [iðóneo, a]《←ラテン語 idoneus「適した, ふさわしい」》形 [+para に] 適した《→adecuado 類義》: Es una persona ~a para ocupar este cargo. 彼はこの地位につくのにふさわしい人物だ

-idor《接尾辞》[ir動詞+] 1) [品質形容詞化] cumpl*idor* 務めを果たす人. 2) [名詞化. 場所] recib*idor* 受付

idos [íðos] 男 副 =**idus**

idumeo, a [iðuméo, a] 形 名《歴史, 地名》古代アジアの国】イドマヤ Idumea の[人], エドムの[人]

-iduría《接尾辞》[ir動詞+. 名詞化. 場所] freid*uría* 揚げ物屋

idus [íðus] 男 複《古代ローマ》3月・5月・7月・10月の15日, その他の月の13日

i.e.《略語》=id est すなわち

-iego, ga《接尾辞》[名詞+. 品質形容詞化] mujer*iego* 女好きの, solar*iego* 旧家の

-iendo《接尾辞》[er動詞+. 現在分詞] com*iendo*, viv*iendo*

-iense《接尾辞》[地名形容詞化] paris*iense* パリの

-iente, ta《接尾辞》[er・ir動詞+] 1) [品質形容詞化] sigu*iente* 次の. 2) [名詞化. 行為者] depend*iente* 従業員

-iento, ta《接尾辞》[名詞+. 品質形容詞化] sangr*iento* 血まみれの

-ificar《接尾辞》[動詞化. 使役] sacr*ificar* 犠牲にする, espec*ificar* 特定化する

Ifigenia [ifixénja] 女《ギリシア神話》イピゲネイア【アガメムノン Agamenón の娘】

ifugao [ifugáo] 形 名 イフガオ族[の]【フィリピン, ルソン島の少数民族】

igbo [ígbo] 形 名 =**ibo**

iglesario [iglesárjo] 男《地方語》[田舎の] 主任司祭に帰属する地所

iglesia [iglésja]《←ラテン語 ecclesia「村人の集まり」<ギリシア語 ekklesia「集まり, 召集された会議」》女 ❶ [キリスト教の] 教会: 1) [建物・組織] Van a la ~ cada semana. 彼らは毎週教会に行く. unión de la I~ y del Estado 政教一致. ~ del pueblo 国教会. ~ mayor 大教会. 2)《集合》[教徒] ~ militante 戦う教会《地上のキリスト教徒》. ~ purgante 苦しむ教会《煉獄のキリスト教徒》. ~ triunfante 凱旋の教会《救われた人々》. ❷ [主に I~.宗派] 1) カトリック教会《=I~ católica》; ローマ[カトリック]教会《=I~ romana》. 2) I~ griega/I~ ortodoxa【ギリシア正教会, ギリシア[正]教会. I~ ortodoxa rusa ロシア正教会. 3) ~ alta [英国の] 高教会[派]. ❸《集合》聖職者. ❹[国・地域などの] 聖職者と信者. ❹ [叙階を受けた] 聖職者の身分. ❺ [隠語] バル, 居酒屋

casarse por detrás de la ~《口語》同棲する

casarse por la ~/《南米》*casarse por ~* [役所でなく] 教会で結婚式をあげる

como trasquilado por ~ 我が物顔で, 勝手知ったる他人の家のように

llevar a+人 a la ~《口語》…と結婚する: Ya va siendo hora de que lleves a María a la ~ y formalizar vuestra relación. もうそろそろマリアと正式に結婚して, 君たちの関係をはっきりさせるべきではないか

Iglesias [iglésjas] 男《人名》**Pablo** ~ パブロ・イグレシアス【1850-1925, スペインの政治家. 1879年スペイン社会労働党 PSOE を創立, 1888年には労働者総同盟 UGT の設立にも貢献. スペインのマルクス主義の父と称される】

iglesiero, ra [iglesjéro, ra] 形《主に中南米》教会へ行くのが好きな

iglú [iglú] 男 複 ~[e]s [イヌイット の] 氷の家, イグルー

ignaciano, na [ignaθjáno, na] 形《人名》聖イグナティウス・ロヨラ Ignacio de Loyola の. ❷ イエズス会士の

ignacias [ignáθjas] 囡 複《メキシコ. 口語》お尻〔=nalgas〕
Ignacio de Loyola [ignáθjo de lojóla]《人名》**San ～** 聖イグナティウス・ロヨラ〔1491～1556, バスク出身でイエズス会の創始者. 霊性修業の方法を記した『霊操』*Ejercicios espirituales*〕
ignaro, ra [ignáro, ra] 形 囡《文語》ひどく無知な〔人〕
ignavia [ignábja] 囡《まれ》怠惰, 無気力
ígneo, a [ígneo, a]〔←ラテン語 igneus < ignis「火」〕形 ❶ 火の. ❷《地質》roca ～*a* 火成岩. ❸ 火の色の
igni-〔接頭辞〕〔火〕*ignífugo* 不燃性の
ignición [igniθjón]〔←*ígneo*〕囡 ❶ 燃焼〔=combustión〕; 点火, 発火: punto de ～ 発火点. ❷《自動車》イグニション〔=encendido〕: ❸〔体の〕ほてり: entrar (estar) en ～ 一体がほてる(ほてっている)
ignícola [igníkola] 形 名 火を崇拝する〔人〕; 拝火教の〔信者〕
igníferо, ra [ignífero, ra] 形《詩語》火を吐く, 火の出る
ignifugación [ignifugaθjón] 囡 不燃性(耐火性)にすること
ignífugo, ga [ignífugo, ga] 形 不燃性の, 耐火性の: pintura ～*ga* 耐火ペイント
── 男 不燃物質, 耐火物質
ignipotente [ignipoténte] 形《詩語》火を支配する
ignito, ta [igníto, ta] 形 燃えている, 火のついた
ignívomo, ma [ignívomo, ma] 形《詩語》火を吐く
ignografía [ignografía] 囡 =icnografía
ignominia [ignomínja]〔←ラテン語 ignominia「悪名」〕囡 ❶ 不名誉, 屈辱, 恥辱: Los sueldos bajos son una ～ para los trabajadores. 低賃金は労働者にとって屈辱だ. caer en la ～ 汚辱にまみれる. cubrir de ～ a+人 …に屈辱を与える. padecer la ～ 屈辱を受ける. ❷《文語》恥ずべき行ない, 恥ずべき人. ❸《俗語》〔誇張して〕美への冒瀆, 美を損なうもの(行為): Es una ～ cortarle sus hermosas trenzas. 彼女の美しい三つ編みの髪を切るなんて美の冒瀆だ
ignominiosamente [ignominjósaménte] 副《文語》不名誉に, 屈辱的に; 卑劣に
ignominioso, sa [ignominjóso, sa] 形《文語》不名誉な, 屈辱的な
ignorancia [ignoránθja]〔←*ignorar*〕囡 [+de で] 知らないこと; 無知, 無学, 無教養: Mi estado de ～ en (de) la literatura japonesa es fatal. 私の日本文学についての無知さかげんはひどい. Su ～ tiene disculpa, no tiene estudios. 彼がものを知らないのは仕方がない, 学校に行っていないのだ. combatir la ～ 無知と戦う. I～ no quita pecado.《諺》無知は罪の言い訳にならない
disculpar la ～ = *perdonar la (mi) ～*
estar en la ～ de... …を知らない, …にうとい
～ crasa〔当然知っておくべきことについての〕全くの無知
～ de hecho 不知, 事実の無知
～ de la ley／～ de derecho 法の不知: La ～ *de la ley* no exime (de) su cumplimiento. 法の不知は抗弁事由足り得ず
～ invencible 克服しがたい無知
～ supina 当然知っているべきことを知らないこと, 怠慢による無知
no pecar de ～ するべきでないと知りながらする
perdonar la (mi) ～ ─〔口出しの冒頭〕Perdonad mi ～, pero yo creo que sería mejor consultar con un médico. よく分からないけど医者にみてもらった方がいいと思うよ
por ～ 無知ゆえに: pecar *por ～* 知らないで(無知ゆえに)罪を犯す
tener (a)+人 en la ～ de... …に…を知らせないでおく
tener ～ 無知である
ignorante [ignoránte]〔←*ignorar*〕形 ❶ 無知の, 無学の; 知識を欠いた: 1) Son personas ～*s* pero no tontas. 彼らは学校の勉強はしていないが, ばかではない. 2)〔ser+, +en に〕Soy ～ en los asuntos financieros. 私は金融問題についてうとい. 3)〔estar+, +de に〕知らない: Está ～ *de* lo que está sucediendo a su alrededor. 彼は今自分のまわりで何が起こっているのか気づいていない. ❷《軽蔑》礼儀知らずの, 無教養の
── 名《軽蔑》❶ 無知な人, 無学な人; 無教養の人: Es un ～ en cosas culturales. 彼は文化的なことに関しては無知だ. ❷ 礼儀知らず, 無作法者; 愚か者; いばり屋
ignorantismo [ignorantísmo] 男 反啓蒙主義, 学問有害論
ignorantista [ignorantísta] 形 反啓蒙主義者

ignorantón, na [ignorantón, na] 形 名《口語》全く無知(無学)な
ignorar [ignorár]〔←ラテン語 ignorare「知らない」< in-（否定）+gnoscere「知る」〕他 ❶ 知らない, 知らないでいる: 1)〔知識がなくて〕*Ignoro* su procedencia. 私は彼の出身について聞いていない. *Ignoro* si todavía sigue trabajando en Correos. 私は彼がまだ郵便局で働いているかどうか知らない. *Ignora* cómo manejar la computadora. 彼はコンピュータの扱い方を知らない. 2)〔経験がなくて〕*Ignora* la pobreza. 彼には貧しさが分からない. 3)〔+que+接続法〕*Ignoro que* les sucediera tal cosa. あんなことが彼に起こったなんて私は知らなかった.〔否定文では+que+直説法〕No *ignoro que* viniste ayer. 君が昨日来たことを私は知らない訳ではない. ❷〔←英語〕無視する, 相手にしない, 黙殺する: Dolores *ignora* las recomendaciones de sus padres. ドローレスは両親の忠告を聞こうとしない. Me *ignora* desde que discutimos. 仲違いして以来彼は私を無視している
ignoto, ta [ignóto, ta]〔←ラテン語 ignotus〕形《文語》〔名詞＋/＋名詞. 国・土地などが〕未知の, 未発見の: tierra ～*ta* 人跡未踏の地. ～*ta* procedencia del escritor その作家の謎めいた出自
igorrote [igorróte] 形 名 イゴロテ族〔の〕《フィリピン, ルソン Luzón 島の先住民》
── 男 イゴロト語
igra [ígra] 囡《コロンビア》〔リュウゼツランなどの繊維で作った〕リュックサック
igual [igwál]《←古語 egual < ラテン語 aequalis「同じ大きさ・年齢の」< aequus「平らな, すべすべした, 均一な」〕形 ❶〔性質・質・量・形などが〕等しい, 同一の; 同等の, 同質の, 同量の〔⇔*diferente*〕: 1) Los niños de este kindergarten llevan pañuelo y gorra de color ～. この幼稚園の子供たちは同じ色のスカーフと帽子を身につけている. ¡Mamá, vamos ～*es*! お母さん, 私たちおそろいだね! En todos los triángulos es ～ la suma de los ángulos internos. すべての三角形においてその内角の和は等しい. dividir la tarta en ocho partes ～*es* ケーキを8等分する. tres cajas de peso y dimensiones ～*es* 同じ重さと寸法の箱3つ. 2) [+a と] Sus derechos son ～*es* a los nuestros. あなたがたの権利は私たちのものと同じだ. Cinco y tres (es) ～ a ocho. 5足す3は8. unos zapatos de número ～ *a* estos これと同じサイズの靴1足. ❷ [+a と] 同種の, 同様の: Mi coche es ～ *al* suyo. 私の車は彼のと同じだ. Deseo tres camisas ～*es a* esta. これと同じシャツを3枚欲しい. ❸ [+que と] 同じような, 類似の, よく似た: Ese niño es ～ *que* su padre. その男の子は父親にそっくりだ. Estoy deseoso de construirme una casa ～ *que* la suya. 私はあなたと同じような家を建てたいと思っています. Tengo un cazador ～ *que* ese que llevas. 私は君の着ているのと同じようなジャンパーを持っている. ❹ 一様な, 大きな差(変化)のない: La fuerza que se aplique debe ser ～ en todo momento. 力を入れる時はずっと一定にしないといけない. El clima de esta zona es siempre ～, benigno y con poca lluvia. この地域の気候はいつも変わらず, 温暖で雨が少ない. Es de un carácter ～ y servicial. 彼はいつも変わらぬ世話好きな性格だ. ❺〔表面が〕平らな, 平坦な, 滑らかな: tabla ～ 滑らかな板. terreno ～ 平らな地面. ❻ [+a と] 均整(釣り合い)の取れた: Su fuerza física ya no es ～ *a* su atletismo. 彼の体力はもう気持ちについていけない. ❼ 対等の, 平等な: Todos somos ～*es* ante la ley. 我々は法の下に平等である. Su amabilidad es ～ (para) con todos. 彼は誰に対しても親切だ. Así estamos ～*es*. これでおあいこだ
── 名 対等の人, 同等の人; 同級生: No le trates como a un ～; es el Director de la Biblioteca Municipal. あの人を友達みたいに扱ってはだめだよ, 市立図書館の館長さんなんだから. Me siento a gusto entre mis ～*es*. 私は同級生といるとくつろげる
── 男 ❶《数学》等号〔＝〕〔=signo ～〕. ❷《スポーツ》複 同点: 1) El marcador es de ～*es*. スコアボードは同点だ. 2)《テニス》quince ～*es* フィフティーンオール. cuarenta ～*es* ジュース. 3)《西. 古語の》《西. 隠語》〔ONCE の〕宝くじ券: Compraba ～*es* cada semana. 彼は毎週宝くじを買っていた. ❹《西. 隠語》複 2人組の治安警備隊員
── 副 ❶ [+que と] 同じように, 同様に: Anda ～ *que* su padre. 彼は父親と同じ歩き方をする. Yo pienso ～ *que* tú. 私も君と同じことを考えている. Le gusta el tango, ～ *que* a mí. 彼は私と同じでタンゴが好きだ. Habla ～ *que* trabaja. 彼は手八口八だ〔一話すのと同じように仕事もする〕. A mi hija

iguala

no le gusta vestirse ~ que mí. 娘は私と同じような服装をするのを嫌う。❷［文頭で．+直説法］たぶん: *I~ mañana llueve*. たぶん明日は雨が降るだろう。*I~ llamó y no le oí*. 彼は呼んだのかもしれないが、私には聞こえなかった。❸ それでも、No me da permiso, pero voy ~ (~ voy). 彼は許してくれないが、それでも私は行く
al ~ que... …と同様に: *La hija, al ~ que su madre, es una derrochadora*. 娘は母親と同じように浪費家だ
dar ~ どうでもよい、大したことではない: 1) *Da ~, puedo ir sola*. ご心配いりません、私一人で行けますわ。2)［不定詞・que+接続法 することは］*Me da ~ ir al cine o al teatro*. 私は映画でも芝居でもどちらでも構わない。*Me da ~ que vengas a buscarme o vaya a buscarte*. 君が私を迎えに来てくれても、私が君を迎えに行っても、私にはどちらでもいい
de ~ a ~ 対等で、平等の立場で: *tratarse de ~ a ~* 互いに対等に付き合う。*El valido habló de ~ a ~ con el rey*. その寵臣は王様と対等に話をした
en ~ de... 《まれ》…する代わりに
¡Es ~! ［謝罪に対して］そんなことはない、かまいません!
¡Habrá!+名詞 ~! ［驚き・不快・冷淡］*¡Habrá cosa ~!* こんなことがあっていいのか!
~ de+形容詞・副詞+名詞 ［同等比較．+*que* と］同じくらい…《*igual* は数変化しない》: *Mi hermana sigue ~ de joven*. 私の姉はあいかわらず若い。*Tu perro es ~ de grande que el mío*. 君の犬は僕のと同じくらい大きい。*Está ~ de gordo que yo*. 彼は私と同じくらい太っている。*Supongo que nadie podrá solucionar este problema ~ de bien que él*. 彼ほどうまくこの問題を解決できる人はいないだろうと私は思う
~ que~ que …するのと同様に: *Todo ha salido bien, ~ que habíamos pensado*. 私たちが考えたとおりすべてうまくいった
ir ~ 《スポーツ》同点(同着)である: *Van ~es en el set*. 彼らはそのセットで同点になっている
por [un] ~ 一様に、均等に、区別なく: *dar a todos por ~* 全員に平等に与える。*Son todos por ~ culpables*. 2人とも等しく有罪だ。*Me gustan el tango y el vals por ~, no sé cuál elegir*. 私はタンゴもワルツも同じくらい好きだ、どちらを選んだらいいか分からない
ser ~ =*dar ~*: *Me es ~ hoy que mañana*. 私は今日でも明日でもかまいません
si+直説法 *~ que si*+直説法 ［譲歩］…も…も同様に
sin ~ 比べるもののない: *belleza sin ~* 比類のない美しさ。*cantante sin ~* ずば抜けてうまい歌手

iguala [iɣwála]《←*igualar*》囡 ❶《西．古語的》［医師・薬剤師などの］医療サービス契約；その契約金。❷［建築］水準器。❸ 均等にする(なる)こと。❹［商売上での］取り決め、合意

igualación [iɣwalaθjón] 囡 ❶ 平等化、均等化: *~ de los salarios entre el hombre y la mujer* 男女間の賃金の平等化。~ *educacional* 教育の機会均等化。❷［西．古語的］医療サービス契約［=*iguala*］。❸［廃語］等式、方程式［=*ecuación*］

igualada[1] [iɣwaláða] 囡 ❶《西．スポーツ》同点［=*empate*］: *conseguir la ~* 同点にする。*romper la ~* 同点の均衡を破る。❷［闘牛］［牛の］四肢を並行にして立つこと

Igualadino, na [iɣwalaðíno, na] 形 囝《地名》イグアラダ Igualada の〔人〕《バルセロナ県の町》

igualado, da[2] [iɣwaláðo, ða] 形 ❶《スポーツ》同点の: *Están (Van・Quedan) ~s [a dos]*. ［2対2の］接戦だ。❷［鳥が］羽の生えそろった；［地方語］［羊などが］歯の生えそろった。❸《メキシコ、グアテマラ、コロンビア．軽蔑》上昇志向の強い、出世したがり、上流階級並にふるまいたがる。❹《メキシコ．口語》不遜(ﾋ)な、横柄で；礼儀知らずの、不作法な、無遠慮な。❺《エルサルバドル》抜け目のない、腹黒い

igualador, ra [iɣwalaðór, ra] 形 囝 均等にする〔人〕

igualamiento [iɣwalamjénto] 男 均等にする(なる)こと

igualar [iɣwalár]《←*igual*》他 ❶［人・事物を］同じにする；均等(同量・同質)にする］、同一視する、平等に扱う: 1) *Nos han igualado los sueldos*. 私たちは給料を同じにしてもらった。*Siempre he igualado a mis alumnos en todo*. 私はあらゆる点で学生たちを平等に扱ってきた。*La muerte iguala a todos los hombres*. 死はすべての人を平等にする。~ *a ricos y pobres* 金持ちと貧乏人を平等に扱う。2)［+a と］~ *los gastos a los ingresos* 支出を収入に合わす。❷［+a・en と］…に匹敵する: *Nadie le igualaba a generoso*. 寛大さで彼に勝る人はいない

なかった。*Einstein iguala a Newton en su hazaña*. アインシュタインの功績はニュートンのそれに匹敵する。~ *la marca de un campeón* タイ記録を出す。❸［地面を］平らにする、ならす: *La superficie del camino igualada está por asfaltar*. ならした道の表面にはこれからアスファルトが敷かれる。❹［闘牛］［牛の］四肢を並行にして立つようにする。❺［問題を調整して］合意点に達する。❼ 契約する
《―》《スポーツ》同点である: *El interés por el fútbol todavía no iguala al del béisbol*. サッカーに対する関心はまだ野球に対するほどではない。*El color de la alfombra iguala bastante con el de las cortinas*. じゅうたんの色はかなりカーテンの色に近い。❷《スポーツ》同点になる(する): *El marcador igualó a cinco* スコアが5対5の同点になった。*Pérez igualó a los cinco minutos*. ペレスは5分後に同点にした。*Los dos equipos no cedieron e igualaron a cero*. 両チームも譲らず、0対0だった(で引き分けた)。❸［闘牛］［牛の］四肢を並行にして立つ《闘牛士にとってとどめを刺しやすい》。❹《アルゼンチン．音楽》弦の音合わせができる
── ~*se* ❶ 同じになる；同等(均等・同質)になる: 1)［互いに］*Los dos corredores se igualaron cincuenta metros antes de la meta*. 2人の走者は一前50メートルで並んだ。2)［+con と］*Se igualan los días con las noches en duración*. 昼と夜の長さが同じになる。*Todavía la mujer no está igualada con el hombre en el nivel de salarios*. いまだに女性の賃金水準は男性と平等になっていない。❷［+a・con に］完全に対等になる: *Cuando trabajan, las mujeres ya empiezan a ~se a los hombres*. 仕事では女性はもう男性にひけを取らなくなり始めている。*En esta vecindad no hay otro que se le iguale en ajedrez*. この近辺ではチェスで彼にかなう人はいない。*Su soberbia se iguala a su inhumanidad*. 彼の傲慢さは彼の無情さと同様にひどい。❸［+con と］対等に付き合う: *El señor de la Casa Grande se igualaba llanamente con los pobres*. その大邸宅の主人は貧しい人たちも気さくに付き合っていた。❹《西．古語的》医療サービス契約 *iguala* を結ぶ。❺《メキシコ、グアテマラ》上流階級並にふるまう

igualatorio, ria [iɣwalatórjo, rja]《←*iguala*》形 均等化傾向のある
── 男《西．古語的》定期的な契約金払いでサービスをする会社: ~ *médico* 年間契約制の医療組合；その診療施設

igualdad [iɣwaldá(d)]《←*igual*》囡 ❶ 同等；平等、対等: a ~ *de tanteo* 同点で。*en ~ de condiciones* 対等の条件で。*tratar de ~* 平等な扱い。*ante la ley* 法の下での平等。~ *de dos equipos* 両チームの力の拮抗。~ *de oportunidades* 機会均等。~ *de sexos* 男女平等。~ *salarial entre mujeres y hombres* 男女同一賃金。❷ 一致: ~ *de opiniones* 意見の一致。❸ 不変、一定: *Era soporífera la ~ de tonos de su recitación*. 彼の朗読は一本調子で眠気を誘われた。~ *de ánimo* もの静かな精神力、平静な心、平常心。❹ 平坦さ、なめらかさ: ~ *del terreno* 地面が平らにならされていること。❺［部分同士の］釣り合い、等しさ。❻《数学》等式
en [un] pie de ~ 対等の資格で、五分と五分

igualitario, ria [iɣwalitárjo, rja] 形 囝 平等の、平等をめざす、doctrina ~*ria* 人類平等主義。*sociedad ~ria* 平等社会。*trato ~* 平等な扱い

igualitarismo [iɣwalitarísmo] 男 平等主義

igualitarista [iɣwalitarísta] 形 囝 平等主義の(主義者)

igualitarización [iɣwalitariθaθjón] 囡《まれ》平等化

igualitarizar [iɣwalitariθár] 他《まれ》［待遇などを］平等化する

igualmente [iɣwálménte] 副 ❶ 等しく；均等に、平等に: *El calentamiento de la Tierra nos afecta ~ a todos*. 地球の温暖化は我々皆に等しく悪影響を及ぼしている。*He encontrado que las dos novelas son ~ interesantes*. 私はその2つの小説がどちらも同じように面白いということが分かった。*Quiero trataros a todos ~*. 私は君たち全員を平等に扱いたいと思っている。❷ …もまた、同じく: *El ministro de hacienda, ~, dio a conocer un nuevo plan económico trienal*. 財務大臣もまた新経済3年計画を発表した。*Hay bastantes alumnos con gripe y el profesor ~ lo está*. かなりの生徒が風邪を引いていて、先生もまたそうだ。*Por la mañana goteaba, pero decidí salir ~*. 朝雨がポツポツ降っていたが、私はやはり出発することにした。❸《口語》［挨拶への返事］あなた(がた)こそご同様に: *Recuerdos a* su familia.—Gracias, ～. お宅のみなさんによろしく.—ありがとう, こちらこそお宅のみなさんによろしく. Salud y suerte.—I～, gracias. ご健康と幸運を〔お祈りします〕.—ありがとう, あなたもご健康と幸運を. Que le vaya bien.—I～. お元気で.—あなたも. Encantado de conocerlo.—I～. お知り合いになれてうれしいです.—Lo mismo. Que duermas bien.—I～. ぐっすり休むんだよ.—君もね. ❹〔文全体を修飾して〕同様にこちらこそ: I～, me gustaría bailar con usted. 私こそ, 踊っていただければうれしいのですが

igualón, na [igwalón, na] 形《狩猟》〔ヤマウズラなどの若鳥が〕大きさと色が親鳥に似た

iguana [igwána] 🄬 ❶《動物》イグアナ; タテガミトカゲ.～ común グリーンイグアナ.～ marina ウミイグアナ.～ terrestre リクイグアナ. ❷《メキシコ》5本の二重弦を持つギターの一種
～s《メキシコ. 隠語》私も

iguánido, da [igwánido, ða] 形 イグアナ科の
── 🄪《動物》イグアナ科

iguanodón [igwanoðón] 🄪《古生物》イグアノドン
iguanodonte [igwanoðónte] 🄪 =**iguanodón**

-iguar〔接尾辞〕〔動詞化〕atesiguar 証明する, averiguar 調べる

iguaria [igwárja] 🄬《古語》おいしい料理
iguaza [igwáθa] 🄬《コロンビア. 鳥》カモの一種〖学名 Chenalopex jubatus〗

igüedo [igwéðo] 🄪〔2歳ぐらいの〕雄ヤギ
IIC 🄬《略語》←institución de inversión colectiva 投資ファンド, 投資会社

ijada [ixáða] 🄬 ❶〔主に動物の〕脇腹, 横腹. ❷ 脇腹の痛み(病気). ❸《魚の》前腹부. ❹《地方語》〔耕地の境界に立てる〕先が鉄製の棒
ijadear [ixaðeár] 🄰〔疲れて〕肩で息をする
ijar [ixár]〔←ラテン語 ilia, ilium〕🄪〔主に 🄫. 主に人間の〕脇腹: Me duelen los ～es. 横腹が痛い
ijillo [ixíʎo] 🄪 ❶《グアテマラ》死体に触った人がうつされると信じられている病気. ❷《ホンジュラス》強い悪臭
-ijo, ja〔接尾辞〕❶〔名詞 +. 示小・軽蔑〕lagartija ヤモリ, baratija 安っぽい装身具. ❷〔動詞 +. 行為・結果〕revoltijo 大混乱

ijolita [ixolíta] 🄬《地質》イジョライト
ijujú [ixuxú] 🄳 🄪《地方語》《歓喜》わあ !
ikastola [ikastóla]〔←バスク語〕🄬 バスク語で授業をする学校
ikebana [ikeβána]〔←日本語〕🄪 生け花
ikurriña [ikuříɲa] 🄬 バスク地方の旗

-il〔接尾辞〕〔名詞 +. 品質形容詞化〕varonil 男性的な
ilación [ilaθjón]〔←ラテン語 illatio, -onis「結果」〕🄬 ❶〔論理・話の〕関連, 脈絡: Los temas tratados en la conferencia no tenían ninguna ～. 講演で取り上げられたテーマは互いに何の関連性もないものだった. discurso carente de ～ 支離滅裂な演説. ❷ 推測, 推理. ❸《文法》引きつぎ
ilama [iláma] 🄬《メキシコ. 果実》イラマ〖ilamo の果実. 食用〗
ilamo [ilámo] 🄪《メキシコ. 植物》バンレイシの一種〖学名 Annona diversifolia〗
ilapso [ilá(p)so] 🄪〔瞑想による〕法悦〔の境地〕
ilativo, va [ilatíβo, βa]〔←ラテン語 illativus < illatus < inferre〕形 ❶ 連結させる. ❷ 推論(推理)される; 推論(推理)の
── 🄪《文法》引きつぎの接続詞〖例 conque, pues など. =conjunción ～va〗
ilburuco [ilβurúko] 形《地方語. 法律》testamento ～〔死の危険や外国に行く場合などに〕3人の証人の前で作成された遺言書

ilécebra [iléθeβra] 🄬《まれ》へつらい, 甘言
ilegal [ileɣál]〔←in-（否定）+legal〕形 不法の, 違法の; 不当な; Es ～ invadir la propiedad ajena. 他人の所有地に侵入するのは違法である. acto ～ 違法行為. entrada ～ 密入国. fabricación ～ 密造. ocupación ～ 不法占拠. venta ～ de armas 武器の不法売買
── 🄬 密入国者
ilegalidad [ileɣaliðá(ð)] 🄬 不法〔行為〕, 違法〔性〕; 非合法〔活動〕: vivir en la ～ アウトローとして生きる
ilegalización [ileɣaliθaθjón] 🄬 非合法化
ilegalizar [ileɣaliθár] 🄶 🄪 非合法化する
ilegalmente [ileɣálménte] 🄳 不法に, 違法に, 非合法に

ilegibilidad [ilexiβiliðá(ð)] 🄬 判読不能
ilegible [ilexíβle]〔←in-（否定）+ラテン語 legibilis「読まれ得る」〕形 ❶ 判読できない, 読みづらい: Tus letras son ～s. 君の字は読みにくい. ❷〔作品が文学的に〕読むに耐えない: Esta novela es ～, parece que está escrita por un aficionado. この小説は読めたものでない, 素人が書いたようだ. ❸〔内容が不道徳などの理由で〕読めない, 読んではならない
ilegislable [ilexisláβle] 形 立法不能な; 法律化すべきでない
ilegítimamente [ilexítimaménte] 🄳 不法に, 違法に
ilegitimar [ilexitimár] 🄶 非合法化する; 違法とする
ilegitimidad [ilexitimiðá(ð)] 🄬 不法性, 違法性; 非嫡出
ilegitimizar [ilexitimiθár] 🄶 🄰 =**ilegitimar**
ilegítimo, ma [ilexítimo, ma]〔←in-（否定）+legítimo〕形 ❶ 正当な結婚によらない: hijo ～ 私生児, 非嫡出子. relaciones matrimoniales ～mas 内縁関係. alianza ～ma《政治》野合. ❷ 不法の, 非合法の; 不当な: competencia ～ma 不当な〔販売〕競争

ileítis [ileítis] 🄬《医学》回腸炎
íleo [íleo] 🄪《医学》腸閉塞, イレウス
ileocecal [ileoθekál] 形 回盲〔部〕の: válvula ～ 回盲弁
íleon [íleon] 🄪《解剖》❶ 回腸. ❷ =**ilion**
ileostomía [ileostomía] 🄬《医学》回腸造瘻(ろう)術
ilercaón, na [ilerkaón, na] 形 🄬 =**ilercavón**
ilercavón, na [ilerkaβón, na]〔🄬 🄪《歴史》現在のタラゴナとカステリョン両県にまたがる地域に住んでいた前ローマ時代の先住民族〕
ilerdense [ilerðénse] 形 🄬《地名》❶《歴史》イレルダ Ilerda の〔人〕《レリダ Lérida の旧称》. ❷《文語》=**leridano**
ilergete [ilerxéte] 🄬 🄪《歴史》イルレルダ族〔の〕《レリダ, サラゴサ, ウエスカ両県にまたがる地域の先住民》
ileso, sa [iléso, sa]〔←in-（否定）+leso < ラテン語 laesum < laedere「損害を与える」〕形〔人・動物が〕無傷な: Salió ～ del accidente. 彼は事故にあったが無傷だった. María resultó ～sa en el accidente. マリアはその事故で無傷だった
iletrado, da [iletráðo, ða] 形《主に軽蔑》無教養の; 文盲の
ileus [íleus] 🄪《医学》=**íleo**
ilíaco, ca [iljáko, ka] 形 =**ilíaco**
ilíaco, ca [ilíako, ka] 形 ❶《解剖》腸骨の: arteria ～ca 回腸動脈. robo ～《医学》腸骨動脈盗血
── II 形 🄬《歴史, 地名》トロイの〔人〕〖=troyano〗
Ilíada [ilíaða] 🄬《文学》イリアス〖ホメロス作と伝えられるトロイ戦争の叙事詩〗
iliberal [iliβerál] 形《まれ》反自由主義の
iliberitano, na [iliβeritáno, na] 形 🄬《古代ローマ, 地名》〔州都ベティカの古代都市〕Iliberis (Iliberris) の〔人〕《現在のグラナダとされる》
iliberritano, na [iliβeřitáno, na] 形 =**iliberitano**
ilicíneo, a [iliθíneo, a] 🄬 モチノキ科の〔〕〖=aquifoliáceo〗
ilícitamente [iliθítaménte] 🄳 不法に, 違法に
ilicitano, na [iliθitáno, na] 形 🄬《地名》エルチェ Elche の〔人〕《バレンシア州の観光都市》
ilícito, ta [iliθito, ta]〔←in-（否定）+lícito〕形 ❶ 不法な, 違法の: ganancia ～ta 不正利得. tenencia ～ta de armas 武器の不法所持. ❷ 非道徳的な: tener amores ～s 不倫な関係をもつ. relaciones sexuales ～tas 不純性交
ilicitud [iliθitú(ð)] 🄬 不法, 不正
iliense [iljénse] 形 🄬《歴史, 地名》トロイの〔人〕〖=troyano〗
ilimitable [ilimitáβle] 形 制限され得ない
ilimitación [ilimitaθjón] 🄬 無制限
ilimitadamente [ilimitaðaménte] 🄳 無限に, 無制限に
ilimitado, da [ilimitáðo, ða] 形 無限の, 際限のない, 無制限の: tener confianza ～da en+n ～に全幅の信頼を置く. huelga ～da 無期限スト. responsabilidad ～da 無限責任
ilímite [ilímite] 形《まれ》=**ilimitado**
iliocostal [iljokostál] 🄪《解剖》腸肋の: músculo ～ 腸肋筋
ilion [iljon] 🄪《解剖》腸骨
iliotibial [iljotiβjál] 形《解剖》banda ～ 腸脛靱帯
ilipense [ilipénse] 形 🄬《地名》サラメア・デ・ラ・セレナ Zalamea de la Serena の〔人〕《バダホス県の町》
ilipulense [ilipulénse] 形 🄬《古代ローマ, 地名》〔州都ベティカの古代都市〕Ilípula の〔人〕
ilíquido, da [ilíkiðo, ða] 形〔勘定・負債などが〕未決済の, 未

ilírico, ca [ilíriko, ka] 形 名 =ilirio
ilirio, ria [ilírjo, rja] 形 名《古代ギリシア・ローマ, 地名》《現バルカン半島》のイリュリアの Iliria の〔人〕── イリュリア 語
ilisitle [ilisítle] 男《メキシコ》ヨシとマテ茶の混ざった飲み物
iliterario, ria [iliterárjo, rja] 形《まれ》文学を持たない; 文学的でない
iliterato, ta [iliteráto, ta] 形［自然科学・人文科学ともに］無教養の
iliturgitano, na [iliturxitáno, na] 形 名《古代ローマ, 地名》［属州ベティカの古代都市］Iliturgi の〔人〕《現在のハエン県 Andújar》
illa [íʎa] 女 ❶《ペルー》お守り《果物・動物の形の石》. ❷《ボリビア》不正規〔法定外〕の貨幣
illanco [iʎánko] 男《ペルー》ゆっくりとした土砂崩れ
illescano, na [iʎeskáno, na] 形 名《地名》イリェスカス Illescas の〔人〕《トレド県の村》
illuecano, na [iʎwekáno, na] 形 名《地名》イリュエカ Illueca の〔人〕《サラゴサ県の村》
-illo, lla〔接尾辞〕❶ ［名詞・形容詞化. 示小・親愛］cigarr*illo* 紙巻きたばこ, diabl*illo* いたずらっ子. ❷《主に西》［男性名詞化. 無価値. 時に皮肉・軽蔑］asunt*illo* くだらない（ちょっとした）仕事
ilmenita [ilmenítɑ] 女《鉱物》チタン鉄鉱
Ilmo., Ilma.《略語》←Ilustrísimo 司教・貴族などの尊称
-ilo〔接尾辞. 化学〕［基］acet*ilo* アセチル基, et*ilo* エチル基
ilocalizable [ilokaliθáβle] 形 捜し当てられ得ない, 行方知れずの
ilocano, na [ilokáno, na] 形 名 イロカノ族〔の〕《フィリピン, ルソン島の住民》── 男 イロコ語
iloco [ilóko] 男 イロコ語〔=ilocano〕
ilógico, ca [ilóxiko, ka] 形 非論理的な, 論理に反する;《口語》理屈に合わない: comportamiento ～ とんちんかんなふるまい
ilogismo [iloxísmo] 男 非論理主義
ilota [ilóta] 男 ❶《古代ギリシア》ヘイロタイ《スパルタの奴隷》. ❷ 市民権を剥奪された人
ilotismo [ilotísmo] 男 奴隷であること, 市民権を剥奪されていること
ILPES [ílpes] 男《略語》←Instituto Latinoamericano de Planificación Económica y Social ラテンアメリカ経済社会計画研究所
Iltre.《略語》←ilustre 尊称
iludente [iludénte] 形 名《まれ》だます〔人〕
iludir [iludír] 他《まれ》だます
iluminación [iluminaθjón]【←iluminar】女 ❶ 照明; 複 イルミネーション: La habitación tiene una ～ perfecta. 部屋の明るさは十分だ. Las calles están adornadas con *iluminaciones*. 通りはイルミネートされている. ❷ ［写本などの］彩色, 彩飾. ❸《美術》［上質皮紙などに描かれる］テンペラ画の一種. ❹《宗教》啓発, 天啓. ❺《光学》=**iluminismo**
iluminado, da [iluminádo, ða] 形 照明の; 光明を得た〔と自称する〕人 ── 男 複《カトリック》照明派, 光明派《18世紀の異端の秘密団体》
iluminador, ra [iluminaðor, ra] 形 照らす; 啓発的な ── 名 ❶ 照明係. ❷ 彩色〔彩飾〕する人, 写本装飾家
iluminancia [iluminánθja] 女《光学》照度
iluminar [iluminár]【←ラテン語 illuminare < lumen, -inis「発光体」】他 ❶ 照らす, 照明する; イルミネーションで飾る: La luna *iluminaba* la habitación. 月が部屋を照らしていた. Un farol *ilumina* la esquina. 街灯が角を照らしている. ～ la catedral カテドラルをイルミネートする. ❷ ［絵・写本などに］彩色する, 彩飾する. ❸ 分からせる: Sus notas *iluminan* todo el embrollo de la estafa. 彼のメモは詐欺の手管の全容を明らかにしている. ❹《宗教》啓発する;［神が］照らす〔与える〕: ¡Señor, *ilumina* mi espíritu! 神様, 天啓をお与え下さい! ❺ ［水脈などを］探りあてる ── **se** ❶ 照明される: El escenario *se iluminó* con un juego de proyectores. 舞台は照明装置によって照らされた. ❷ ［顔・目が］輝く: *Se le iluminó* el rostro de alegría. 彼は喜びに顔を輝かせた
iluminaria [iluminárja] 女 ［主に複. 祭りなどの］点灯装飾, イルミネーション

iluminativo, va [iluminatíβo, βa] 形 ❶ 照明の. ❷《宗教》啓発的な;［神秘神学で］照明の
iluminismo [iluminísmo] 男《カトリック》照明派理論〔運動〕, 天啓説
iluminista [iluminísta] 形 照明派理論〔運動〕の, 天啓説の ── 名 ❶《テレビ》照明係. ❷《カトリック》照明派の人
iluminotecnia [iluminotéknja] 女《文語》=**luminotecnia**
ilusamente [ilúsamente] 副 誤って; 偽りで; 幻想を抱いて
ilusión [ilusjón]【←ラテン語 illusio, -onis「欺瞞」< illudere「騙す」< ludere「遊ぶ」】女 ❶ 錯覚, 幻覚: producir ～ a+人 …に錯覚を起こさせる. ～ óptica 錯視; 目の錯覚. ～ monetaria 貨幣的錯覚《インフレによる目減りに気づかず額面価格に遜わされる》. ❷ 幻想, 夢想; 希望, 夢: concebir *ilusiones* 夢〔幻想〕を抱く. tener una ～ con (por)... …に幻想を抱いている. con ～ 夢を抱いて. ❸《主に西》期待, 喜び, 満足: ¡Qué ～! 楽しみだ! ❹《修辞》辛辣な皮肉. ❺《服飾》tul ～ de seda 極薄地の絹のチュール
hacer a+人 ～〔口語〕…に夢を与える, 期待させる, 喜ばせる; …を眩惑する: Me *hacen* mucha ～ las Navidades. 私はクリスマスがとても楽しみだ. Me *hizo* mucha ～ tu regalo. 君のプレゼントはとてもうれしかった. Esa casa no le *hace* ～. 彼はそんな家に住みたいとは思わない
hacerse (forjarse) *ilusiones* 幻想を抱く, 甘い夢にひたる; 期待しすぎる
ilusionado, da [ilusjonádo, ða] 形 ［estar+. +con·por を］期待している, 楽しみにしている: La risueña mirada de la mujer demostraba que estaba muy ～ *da con* el embarazo. そのうれしそうなまなざしから, 婦人が妊娠にわくわくしていることがうかがえた
ilusionante [ilusjonánte] 形 錯覚を起こさせる
ilusionar [ilusjonár]【←ilusión】他 ❶ 期待させる, わくわくさせる: Lo que más me *ilusiona* es ir a los Juegos Olímpicos. 私の一番大きな夢はオリンピック出場だ. Me *ilusiona* mucho el proyecto. 私はその計画にわくわくしている. ❷ …に錯覚を起こさせる; 幻想を抱かせる: ¿Ella me ama o solo me *ilusiona*? 彼女は私を愛しているのだろうか, それともそう思わせているだけなのだろうか? ── **se** [+con に] 幻想を抱く: Se *ilusionó con* el nuevo proyecto. 彼は新プロジェクトに夢を馳せた
ilusionismo [ilusjonísmo] 男 ❶ 集名 手品. ❷《建築, 美術》イリュージョニズム, 幻影性
ilusionista [ilusjonísta] 形 ❶ 手品の; 手品師. ❷《建築, 美術》イリュージョニズムの
ilusivo, va [ilusíβo, βa] 形 偽りの, 人を欺く, 見せかけの
iluso, sa [ilúso, sa]【←ラテン語 illusus < illudere「回避する」】形 ❶ 夢想的な〔人〕. ❷ ［主に性善説で世の中を見て騙されやすい〔人〕, 考えの甘い〔人〕: Es muy ～*sa* y cree todo lo que dice la propaganda. 彼女はだまされやすい人で, 宣伝文句を丸ごと信じてしまう
ilusoriamente [ilusórjaménte] 副 偽って; 見せかけで, 空しく
ilusorio, ria [ilusórjo, rja]【←ilusión】形 ❶ 見せかけの, 空しい: promesa ～*ria* から約束. ❷ 偽りの, 架空の
ilustración [ilustraθjón] 女 ❶ 挿絵, イラスト〔図版, 写真を含む〕; 挿絵〔イラスト〕の入った〔定期〕刊行物: libro sin *ilustraciones* 字だけの本. ❷ 説明, 例証: servir como ～ de... …の例証として役立つ. para su ～ のみ参考までに. ❸《文語》学識, 教養: Es una persona de mucha ～, sabe de todo. 彼はとても教養のある人で, 何でも知っている. no tener ninguna ～ 全く教養がない. ❹《歴史》［la /～］啓蒙思想, 啓蒙主義, 啓蒙運動《18世紀フランスを中心にヨーロッパ全域に広がった合理主義に基づく思想運動. スペインでは, 特にカルロス3世期に, この思想の影響を受けた官僚や知識人により様々な改革運動が実施された》
ilustrado, da [ilustrádo, ða] 形 ❶ 挿絵〔図版〕入りの: diccionario ～ 図解辞典. libro ～ 絵本. revista semanal ～*da* 写真週刊誌. ❷《文語》学識のある, 教養豊かな ── 名 啓蒙派, 啓蒙主義者
ilustrador, ra [ilustraðor, ra] 形 明らかにする; 啓発的な ── 名 挿絵画家, イラストレーター
ilustrar [ilustrár]【←ラテン語 illustrare < lustrare「照明する, 純化する」】他 ❶ ［本などに］挿絵〔イラスト・写真〕を入れる. ❷ ［例をあげて］分かりやすくする, 例証する: ～ su conferencia con

diapositivas 講演でスライドを使って説明する. ❸《文語, 戯語》啓発する, 啓蒙する; [+sobre について] …に教示する: Sus palabras *ilustraron* su posición. その発言で彼の立場がはっきりした. ❹ 教育する, しつける. ❺ [神が] 啓示を与える. ❻ 有名にする
── *~se*《戯語》知識を得る: *Te ilustrarás bien con ese libro.* この本を読めばよく分かるよ

ilustrativo, va [ilustratíƀo, ƀa] 形 例証する: *Esta anécdota es muy ~va de su temperamento.* このエピソードは彼の気性をよく示すものだ

ilustre [ilústre]《←ラテン語 illustris「明るい, 明白な」》形 ❶ 著名な, 名高い.《→*famoso*》[類義]: *Es un ~ arquitecto.* 彼は高名な建築家だ. ❷ 名門の: familia ~ 名家. ❸《尊称. +名詞》~ señor director 社長様

ilustremente [ilústreménte] 副 名高く

ilustrísimo, ma [ilustrísimo, ma] 形《ilustre の絶対最上級》形 [司教・貴族などの尊称. +名詞] ~ señor obispo 司教様. ~ gobernador 総督閣下
Su ~ma《司教の尊称》猊下(ꜝ)

im-《接頭辞》[中, 不・無] →**in-**

imada [imáđa] 名《船舶》[木製の] 進水台

imafronte [imafrónte] 男《建築》cabecera と反対側の正面, 裏正面

imagen [imáxen]《←ラテン語 imago, -inis「表現, 肖像」》女《復 *imágenes*》❶《鏡・水面・スクリーンなどに映る》像, 映像; [テレビ・映画などの] 画像, 画面: En la televisión están poniendo en directo una *imágenes* de la colisión de los trenes. テレビは列車衝突の映像を実況放送している. Una ~ vale más que mil palabras. 1つの画像は千語に匹敵する. contemplar su ~ reflejada en la fuente 泉に映った自分の姿を眺める. cultura por *imágenes* 映像文化. derecho a la propia ~ 肖像権. ~ de una mujer en la pantalla 画面に映った女性の映像. ~ fija 静止画. ❷ [意識・記憶が呼び起こす] イメージ, 心像; 姿形, 様相, 有様: 1) No se le iba de la mente la ~ de la noche de ese bombardeo. その爆撃のあった夜の様子がまだ彼の頭から離れようとしなかった. La ~ que yo tenía de él era la de una persona totalmente distinta. 私が彼について抱いていたイメージは全く違った人のものだった. La plaza mayor de este pueblo me recuerda algunas *imágenes* de los tiempos en que vivi hace poco en la zarzuela. この町の中央広場は私が少し前にサルスエラで観た情景を思い起こさせる. La corrupción afecta enormemenete a la ~ del país. 汚職は国のイメージを大きく傷つける. cuidar mucho su ~ de una persona totalmente distinta. 私が彼について抱いていた自分のイメージを大切にする. guardar en su mente la ~ de+人 …の面影を抱き続ける. lavar la ~ de la empresa 企業イメージを一新する. ~ de la marca 企業（ブランド）イメージ. ~ pública 一般的なイメージ, 世間体. 2) 形のそっくりな人・物: Ella es la ~ misma de su madre. 彼女は母親に生き写しだ. Este barrio es la ~ de la miseria. この地域は貧困のイメージそのものだ. 3)［人などについて］外見: Ella se ha cortado el pelo largo para cambiar de ~. 彼女はイメージチェンジするために長い髪を切った. cambio de ~ イメージチェンジ. ❸［神・聖人などの］彫像, 肖像; 聖像. Se arrodilló ante la ~ de la Virgen. 彼は聖母像の前にひざまずいた. llevar una ~ de San Cristóbal en el coche 車に聖クリストバルの像を掛けている（聖画を貼り付けている）. ~ de Buda 仏像. ~ de piedra 石像. ~ de un unicornio 一角獣の彫像. ❹［網膜上の］映像, 画像, 写像: ~ consecutiva (restante) 残像. ~ accidental《生理》補色残像. ~ especular 鏡像. ~ real (virtual)《物理》実像（虚像）. ❺《修辞》象徴, シンボル; 文彩, 言葉のあや: La palabra «laurel» se utiliza a menudo como ~ de la gloria o el triunfo.「月桂樹」という言葉はしばしば栄光あるいは勝利のシンボルとして使われる. En muchas culturas el perro da la ~ de animal fiel al hombre. 多くの文化で, 犬は人間に忠実な動物の象徴になっている. ❻ 空想力, 想像力

a [*la*] ~ [*y semejanza*] *de*… …の姿に合わせて（似せて）: Dios hizo al hombre *a su ~ y semejanza*. 神は自分の姿に似せて人を造った

quedarse para vestir imágenes《口語》[女性が] 婚期を逃す, 独身のままでいる

ser la viva ~ de… 1) …に生き写しである. 2) …そのものである: *Es la viva ~ de la vitalidad (la felicidad).* 彼は元気一杯（幸福そのもの）だ

tener una ~ borrosa (confusa) de… …について漠然とした（淡い）記憶を持っている

imaginable [imaxináƀle] 形 想像され得る: Es una hermosura más allá de lo ~. それは想像を絶する美しさだ. No es ~ que el sistema económico se pueda deteriorar tan rápido. 経済システムがそれほど急速に壊れうるとは想像できなかった

imaginación [imaxinaθjón]《←ラテン語 imaginatio, -onis「表現」》女 ❶ 想像; 想像力, 空想力: Los niños tienen gran ~. 子供たちは想像力が豊かだ. Lo dejo a su libre ~. 彼の想像にお任せします. dar rienda suelta a la ~/dejar volar la ~/remontarse en alas de la ~ 想像をたくましくする. desarrollar la ~ 想像をふくらませる. falta de ~ 想像力の欠如. ❷［主に 複］根拠のない空想, 夢想; 妄想: Es pura ~ suya. それはあなたの妄想にすぎません. Eso de que alguien te persiga son *imaginaciones* tuyas. 誰かが君を狙ってるなんて君の思い過ごしだ. ❸ 幻影. ❹ 創作力, 創造力

ni por ~ 夢想だに［…ない］, 決して［…ない］: Eso no se me ocurre *ni por* ~. 私にはそんなことは全く思いもよらない

pasar [*se*] *a*+人 *por la* ~ ふと人の頭をよぎる, 思いつく: Me *pasó por la* ~ salir con ella de paseo en coche. 私はふと彼女とドライブに出かけてみようかなと思った. Nunca *se me pasaría por la* ~ dejar ir sola a mi hija al extranjero. 私なら娘一人で外国に行かせるなど絶対に考えられない

ponerse a+人 *en la* ~ …の頭に思い浮かぶ

imaginar [imaxinár]《←ラテン語 imaginari < imago, -inis「表現, 肖像」》他《1人以外は主に *~se*》❶ 想像する, 心に描く, 思い描く: 1) Cuando era niño *imaginaba* fantasmas en la oscuridad de la noche. 私は小さい時には, 夜の暗がりにお化けがいると思っていた. *Imagínate* cómo sería el nuevo profesor. 私は今度の先生はどんな人なのだろうかと想像していた. ~ una máquina del tiempo タイムマシーンを想像してみる. 2)［+que+直説法］想像してみる, 思い描いてみる: Vamos a ~ *que* nuestro barco ha sido azotado por un temporal y está a pique de hundirse. 我々の乗った船が嵐に襲われて, 沈みそうになっていると想像してみよう. [否定文では +que+接続法] No *imaginaba que* fueras tan impaciente. 君がそんなに辛抱ができない人だとは思ってもみなかった. No puedo ~ *que* tú hayas suspendido matemáticas. 私は君が数学を落としたなんて想像できない. ❷ [推測] 思う, 考える《類義》**imaginar** は確信の度合いがやや低い推測「あれこれ考え合わせるとどうやら…だろうと思う」: *Imagino* que con esta nevada no querrás salir. この雪では君は出かけたがらないだろうと思ってたよ. **figurarse** は確信の度合いが低い推測「あるいはひょっとしたら…かもしれない」: *Me figuro* que no será una falsa alarma. もしかすると本当の警報かもしれない. **suponer** はかなりの根拠のある推測「…だからきっと（おそらく）…のはずだと思う」: Dada la hora que es, *supongo* que está en casa. こんな時間だから彼はきっと家にいるはずだ. Poco después de casarse, *imagino* que se decepcionó con él y se salió de casa. 彼は結婚して間もなく彼女に失望して家を出たのだと私は思う. Yo no puedo ~ *que* él me haya contado una historia infundada. 彼が私に根も葉もないことを言ったとは考えられない. No hubiera podido ~ *que* se enfadase por eso. 彼がそんなことで腹を立てるなんて私は思ってもみなかった. ❸ 考えつく, 考案する: Si *imaginas* el tema, lo tendrías medio resuelto. 問題を思いついたら, もう半分解決したようなものだ. ~ el sistema de generación solar 太陽光発電装置を考案する. ❹《古語》聖像で飾る

── *~se* ❶《口語》想像する; [話者が自分の気持ちとして・主語の思いとして] 思う, 考える: A veces *me imagino* una sociedad sin discriminación. 時には差別のない社会を想像してみる. *¡Imagínate* lo que te dirían si cometieras un robo! もしお前が盗みを働いたとしたら世間から何と言われるか考えてみてごらん! Usted no podrá *~se* lo mucho que me alegro. 私がどんなにうれしいかあなたには想像できないでしょう. No puedo *~me que* se haya muerto tan joven. 彼女があんなに若くして死んでしまったなんて想像もできない. 彼女があんなに若くして死んでしまったなんて想像もできない. ❷ No *se puede* ~ *que* nadie quiera salir en una noche tan fría. こんな寒い夜に外出しようとする人がいるなんて想像できない. ❸《口語》推定する, 推しはかる; 疑う: No podemos *~nos* cómo el niño pudo llegar solo tan lejos. あの子が一人でどうしてそんなに遠くまで行けたのか私たちには考えもつかない. *Me la imaginaba* más orgullosa. 私は彼女をもっと自尊心が強いのではないかと疑っていた. ❹《口語》[命令文で, 念押し・強い肯

定の返事〕そうなんですよ: Su esposo es tan tacaño, *imagínese*. 彼女の夫はひどくけちでね, 本当に. ¿Fue grande el terremoto del año 70?—*Imagínate*. 1970年の地震は大きかったのですか?—それはひどかったよ

Me lo imagino (imaginaba). [同情・慰めなど] そうでしょうとも, そうなんですね: ¿Sabes lo que me costó la avería del coche? ¡Un dineral!—*Me lo imaginaba*. 車の故障でどれだけ費用がかかったか分かるかい? えらい物入りだったんだ!—そうだろうね

Ni ~./¡Ni ~ lo! [物事の存在や起こる可能性を否定して] そんなこと考えられない, あるはずない

imaginaria[1] [imaxinárja]《←imaginario》囡《軍事》❶ 不寝番, 夜間当直: servicio de ~ 不寝番勤務. ❷《集名》予備の衛兵 ── 图 不寝番 (夜間当直) の兵士: estar de ~ 不寝番に立つ

imaginario, ria[2] [imaxinárjo, rja]《←imaginar》形 ❶ 想像上の, 架空の《⇔real》: Esta historia sucedió en una ciudad ~*ria*. この物語はとある架空の都市で起こった. animal ~ 想像上の動物. enemigo ~ 仮想敵国. espacios ~*s* 非現実空間. línea ~*ria*《製図》想像線. mundo ~ 架空世界. personaje ~ 架空の人物. pintura ~*ria* 想像画. ❷ 聖像彫刻家, 聖像画家の. ❸《数学》cantidad ~*ria* 虚数部分. número ~ 虚数

imaginativo, va [imaxinatíβo, βa]《←imaginar》形 ❶ 想像の: Para gozar la novela policíaca, hay que activar el poder ~. 推理小説を楽しむには想像力を働かせなければならない. ❷ 想像力豊かな: Es un autor ~. 彼は想像力豊かな作家だ. ❸ 創造的な, 独創的な ── 囡 ❶ 想像力: poeta de mucha ~*va* 想像力豊かな詩人. ❷ 常識

imaginería [imaxinería]《←imaginero》囡 ❶ 聖像彫刻・聖像画の技法: Cultivó una ~ religiosa muy original. 彼は独自の宗教絵画の技法を開拓した. ❷《文学》《集名》[作家・流派・時代による] イメージ: ~ de Juan Ramón Jiménez フアン・ラモン・ヒメネスが用いたイメージ. ❸《まれ》[鳥・花・人物などの, 主として絹に] 刺繡; その技法

imaginero, ra [imaxinéro, ra]《←imagen》图 聖像彫刻家, 聖像画家 ── 形 聖像彫刻の, 聖像画の

imaginología [imaxinoloxía] 囡《X線・超音波・磁気共鳴などの》画像研究, 画像利用, 画像診断

imago [imáɣo] 男 ❶《動物》成体, 成虫. ❷《心理》イマーゴ《幼年期に形成された人物の原型概念》

imam [imám] 男《イスラム教》イマーム, 導師

imán [imán] **I**《←古仏語 aimant》男 ❶ 磁石: ~ artificial 人工磁石. ~ natural/piedra ~ 天然磁石. ~ de barra 棒磁石. ~ de herradura 馬蹄形磁石. ~ permanente (temporario) 永久 (一時) 磁石. ❷ 磁鉄鉱 《=magnetita》. ❸ [人・動物を] 引きつけるもの: La miel es un ~ para las mariposas. 蜜はチョウを引きつける. tener ~ para... …にとって魅力的である **II** =imam

imanación [imanaθjón] 囡 =imantación

imanador, ra [imanaðór, ra] 形 ❶ 磁化する. ❷ [人を] 引きつける

imanar [imanár] 他 =imantar

imanato [imanáto] 男《イスラム教》導師 imam の管轄地域

imantación [imantaθjón] 囡 磁化: ~ temporaria 一時磁化

imantar [imantár] 他 ❶ 磁化する, 帯磁させる. ❷ [人を] 引きつける

imbabureño, ña [imbaβuréɲo, ɲa] 形 图《地名》インバブラ Imbabura の《人》《エクアドル北部の県》

imbancable [imbaŋkáβle] 形《チリ, アルゼンチン, ウルグアイ》我慢できない

imbatibilidad [imbatiβiliðáð] 囡 不敗, 無敵

imbatible [imbatíβle] 形 打ち負かされ得ない, 卓絶した

imbatido, da [imbatíðo, ða] 形 不敗の [人], 無敵の [人] ── 图 不敗のチーム

imbebible [imbeβíβle] 形 飲めない, 飲用でない

imbécil [imbéθil] 形《←ラテン語 imbecillis「弱い」》形 图 ❶《軽蔑》愚かな, ばかな; 愚か者, ばか: ¡No seas ~! ばかなことをするな (言うな)! ¡El ~ lo serás tú! ばかはそっちだ! ❷《医学》中度の知的障害者《障害者》

imbecilidad [imbeθiliðáð] 囡 ❶ 愚劣さ, ばかさ加減: decir ~*es* ばかなことを言う. ser una ~ que+接続法 …するとは愚か

だ. ❷ 愚かな言動. ❸《医学》中度の知的障害

imbecilización [imbeθiliθaθjón] 囡 愚劣化

imbécilmente [imbéθilménte] 副 愚かにも

imbele [imbéle] 形《主に詩語》戦う (身を守る) 力のない, か弱い

imberbe [imbérβe] 形《←ラテン語 imberbis》まだひげの生えていない: tener un rostro ~ まだ顔にひげが生えていない. Estaba rodeado de muchachos ~*s*. 私はまだ大人になりきれていない少年たちに囲まれていた ── 图 [未熟な] 若者

imbibición [imbiβiθjón] 囡《技術》吸い取り, 吸収

imbíbito, ta [imbíβito, ra] 形《メキシコ, グアテマラ》含まれた, 包含された

imbira [imbíra] 囡《アルゼンチン. 植物》バンレイシ科の一種《学名 Xylopia sericea》

imbombera [imbomβéra] 囡《ベネズエラ》悪性貧血

imbombo, ba [imbómbo, ba] 形《ベネズエラ》❶ ばかな. ❷ 貧血症の

imbornal [imbornál] 男《甲板・街路などの》排水口 ***por los ~es***《プエルトリコ, ベネズエラ. 口語》非常にそれて

imborrable [imboráβle] 形 消され得ない, ぬぐい去れない: tinta ~ 消えないインク. Dejó un recuerdo ~ entre los suyos. 彼は家族や知人たちに忘れがたい思い出を残した

imbricación [imbrikaθjón] 囡 ❶《生物など》うろこ (かわら) 状の配列. ❷《建築》うろこを模した装飾

imbricado, da [imbrikáðo, ða] 形 うろこ状に重なり合った; 表面がうろこ状の

imbricar [imbrikár] 7 他 うろこ (かわら) 状に重なる, 端だけが重なるように置く ── **~se** ❶《生物など》うろこ状に重なる. ❷ [論旨・問題などが] 密接につながる

imbuir [imbwír]《←ラテン語 imbuere「教え込む, しみ込ませる」》48 他 [体系的・教条的に] 教え込む, 頭にたたき込む: 1) [人に, +de+事を] Nos *ha imbuido* de muchas ideas maravillosas. 彼は私たちにすばらしい物の考え方を教えてくれた. 2) [事柄を, +a+人 に] ¿Cómo has conseguido ~ a los alumnos el sentido del deber? 君はどうやって生徒に義務感を植えつけたのか? ── **~se** [+de 思想などに] すっかりかぶれてしまう: *Se imbuyó de* ideas religiosas, que luego olvidó. 彼は宗教にかぶれたが, すぐ治まった

imbunchar [imbuntʃár] 他《チリ》❶ 巧みにだます (盗む). ❷ 呪い (魔法) をかける

imbunche [imbúntʃe] 男《チリ》❶ インブンチェ《マプーチェ Mapuche 文化で, 生後6か月の子供をさらって洞窟で怪物に育てる妖怪》. ❷ 魔法, 呪い; [呪いによる] たたり. ❸ [解決困難・不可能な] 紛糾, 混乱, もめごと, ごたごた. ❹ 太って醜い子供

imela [iméla]《←イスラム・スペインのアラビア語で母音 a が e, さらに i に変化する現象》

-imiento《接尾辞》[er・ir動詞+. 名詞化. 動作・結果] sufri*miento* 苦痛

imilla [imíʎa] 囡 ❶《メキシコ》聖職者に仕える先住民の少女. ❷《ペルー, ボリビア, アルゼンチン》家事手伝いの先住民の娘

imipramina [imipramína] 囡《医学》イミプラミン

imitable [imitáβle] 形 ❶ 模倣され得る. ❷ まねるべき, 模倣に値する, 模範となる

imitación [imitaθjón] 囡《←imitar》❶ 模造品; 模倣作品: Es una burda ~. これは粗悪な模造品だ. ¿Esto es cuero, o una ~? これは革ですか, それとも模造品ですか? Desconfíe de las *imitaciones*. 模造品にご注意. vender las *imitaciones* de los bolsos de Luis Vuitton ルイ・ヴィトンの模造バッグを売る. cinturón ~ cuero 模造皮革のベルト. ~ [a+en] piel イミテーションレザー. ❷ 模倣, まね; 模造: Ella, al hablar, hace una ~ de la actriz. 彼女はしゃべる時その女優のまねをする. ❸ 物まね, 声帯 (形態) 模写: humorista especializado en *imitaciones* 物まねの得意なコメディアン

a ~ de... …をまねて, …に倣って: Este palacio fue construido a ~ del Museo Británico. この宮殿は大英博物館をモデルに建てられた. A ~ de su hermana, empezó a tocar el piano. 彼は姉をまねてピアノを弾き始めた

de ~ 模造の, 人造の: diamante de ~ 模造ダイヤ

digno de ~ 模範となる, 模倣に値する: Su conducta puede ser digna de ~. 彼の行動は範となり得るのである

imitado, da [imitáðo, ða] 形 模造の

imitador, ra [imitaðór, ra] 形 ❶ まねをする [人]; 模倣者;

criminal ～ 模倣犯. pájaro ～ 物まねをする鳥. ❷ 物まね芸人

imitamonas [imitamónas] 名《単複同形》《西. 口語》他人(大人)のまねばかりする子供

imitamonos [imitamónɔs] 名《単複同形》《メキシコ. 口語》人のまねばかりする人, 猿真似をする人

imitar [imitár]《←ラテン語 imitari「表現する」》他 ❶ [人・事物を]模倣する, まねる: 1) Todas son copias que *imitan* los cuadros del museo. これはすべて美術館の絵を写した複製だ. ～ los gestos (la manera de andar) de su hermano 兄の仕草(歩き方)をまねる. 2) [+en] Ella *imita en* todo a su madre. 彼女は何でも母親のまねをする. El alumno *imita* al profesor en la manera de hablar. その生徒は先生の話し方をまねる. ～ …に似せてある; 模造する: Este producto *imita* la forma del nuestro, pero no la calidad. この製品は我が社の製品の形をまねているが, 品質は違う. Esta caja está hecha de un papel que *imita* madera. この箱は木に似せた紙でできている. Se firma a la perfección サインを完璧にまねる. ❸ …の物まねをする: El loro sabe ～ palabras y frases que usan los hombres. オウムは人の使う単語や語句をまねることができる. ～ la voz de+人 …の声色を使う

── 自 [+a に] 似る, 類似する: Este pañuelo de algodón *imita* muy bien a la seda. この木綿のハンカチは絹にそっくりだ

imitativo, va [imitatíβo, βa] 形 模倣の, 模倣的な: armonía ～*va*《言語》模倣的諧調. artes ～*vas* 模倣芸術. capacidad ～*va* 模倣能力

imoscapo [imɔskápo] 男《建築》円柱柱身の下部

impacción [impakθjón] 女《医学》埋伏, 嵌入

impaciencia [impaθjénθja]《←ラテン語 impatientia, -ae》女 ❶ [ser+] 短気, 耐えられなさ, 短気, いらだち: Me lo dijo con ～. 彼はもどかしげに私にそう言った

devorar a+人 *la* ～ …がひどくあせって(いらいらして)いる

impacientar [impaθjentár]《←impaciente》他 忍耐できなくさせる, いらだたせる: Me *impaciente* el ruido de los chicos. 私は子供たちの騒がしさにいらいらさせられる

── ～*se* [+por・con に] 忍耐できなくなる, いらだつ: *Me impaciento con* su impuntualidad. 私は彼の時間のルーズさには我慢できない. Siempre *se impacienta* por nada. 彼はいつもつまらないことでいらついている. *Me impacientaba* porque no me telefoneaba. 私は彼が電話をくれないのでじれていた

impaciente [impaθjénte]《←ラテン語 in-(否定)+patiens, -entis「不幸に耐える」< pati「苦しむ」》形 ❶ [ser+] 忍耐心のない, 短気な, せっかちな: Es muy ～ y no quiere esperar. 彼はとても短気で, 待つのを嫌がる. No seas tan ～. そんなにいらいらするなよ. ❷ [estar+. con・de・por で] いらいらした, 我慢ならない: Estoy ～ de su indecisión. 私は彼の優柔不断にいらいらしている. Estoy muy ～ con este alumno. 私はこの生徒には全く我慢がならない. Estábamos ～*s* porque no llegaba el tren. 列車が来なかったので, 私たちはじりじりしていた. ❸ [estar+.+por+不定詞] …したくてたまらない; [+por que+接続法] …してほしくてたまらない: Estoy ～ *por* conocer el resultado de la operación. 私は手術の結果が知りたくてたまらない. Estoy ～ *por que* regrese pronto mi hija. 私は娘に早く帰ってきてほしくてたまらない. ❹ 心配性の

── 短気な人, せっかちな人

impacientemente [impaθjéntemente] 副 性急に, いらいらして, もどかしげに

impactado, da [impaktáðo, ða] 形《中南米》怖がった; ひんしゅくを買った, 慎慎した

impactante [impaktánte] 形 衝撃的な, インパクトのある

impactar [impaktár]《←impacto》他 ❶ …に精神的衝撃を与える: La noticia *impactó* a todos. そのニュースは皆に衝撃を与えた. ❷ 強く当たる, 衝突する

── 自 [+en・contra に] 衝撃を与える: La bala *impactó en* la pared. 銃弾が壁に衝撃が残っている

impacto [impákto] 男《ラテン語 impactus「衝突」< impingere「押す, 投げる」》男 ❶ 着弾: hacer ～ [弾が]的に当たる. ❷ 弾痕: Hay ～*s* de bala en la pared. 壁に弾痕が残っている. ❸ [物理・精神的な] 衝撃, インパクト; [強い] 影響［力］: Sus declaraciones han causado un gran ～ en la opinión pública. 彼の言明は世論に大きな衝撃を与えた. ～ ambiental 環境負

荷, 環境への影響. ～ de pájaro バードストライク. ❹《ボクシング》パンチ

impagable [impaɣáβle] 形 ❶ 払われ得ない: deuda ～ 返済不可能な債務. ❷ 金で買えない, この上なく高価な: Tu ayuda ha sido ～. 君の援助はこの上なく貴重だった. ～ belleza この上ない美しさ

impagado, da [impaɣáðo, ða] 形 男 未払いの, 未返済の〔借金〕

impago[1] [impáɣo] 男 未払い, 未返済

impago[2], **ga** [impáɣo, ɣa]《エクアドル, ペルー, ボリビア, チリ, アルゼンチン, ウルグアイ》❶ [人が] まだ支払われてない; 無給の, 名誉職の. ❷ [借金・税金などが] 未払いの

impala [impála] 男《動物》インパラ

impalpable [impalpáβle] 形 ❶ 触知され得ない. ❷ 微細な, かすかな: niebla ～ 薄い霧

impanación [impanaθjón] 女《神学》聖体聖餐同体, パン内の聖体説

impar [impár]《←ラテン語 impar, -aris「不等な」》形 ❶ 奇数の《⇔par》: Si viene tu hermana, somos ～*es*. 君の妹が来たら僕たちの人数は奇数になってしまう. día ～ 奇数日. ❷ 比類のない. ❸《解剖》対をなさない, 不対の

── 男 ❶ 奇数〔=número ～〕. ❷ 複 奇数番号のもの: Los ～*es* están a la izquierda de la calle. 奇数番号の家屋は道路の左側に並んでいる

imparable [imparáβle] 形 やめさせられ得ない, 制止され得ない: La información boca a boca es ～. 口コミがなくなることはない

imparcial [imparθjál] 形 [+in-(否定)+parcial] 形 名 ❶ 公平な〔人〕: decisión ～ 公正な決定. ❷ 不偏不党の〔人〕: Es un periódico ～. この新聞は不偏不党的

imparcialidad [imparθjaliðá(ð)] 女 公平, 公正; 不偏不党

imparcialmente [imparθjálmente] 副 公平に, 公正に

imparidígito, ta [impariðíxito, ta]《動物》[指が] 奇数本の

imparipennado, da [imparipennáðo, ða] 形 =imparipinnado

imparipinnado, da [imparipinnáðo, ða] 形《植物》hoja ～*da* 奇数羽状葉

imparisílabo, ba [imparisílaβo, βa] 形 ❶ 音節が奇数の. ❷ [ギリシア・ラテン文法で, 名詞が] 主格よりも属格の方が音節の多い

impartible [impartíβle] 形 分割され得ない, 不可分の

impartición [impartiθjón] 女 ❶ 教えること. ❷ 分け与えること

impartir [impartír]《←ラテン語 impartiri「配る, 与える」》他 ❶ [知識・思想・判断などを] 授ける, 教える: ～ clases 授業をする. ❷ 分け与える, 与える: ～ la bendición a los fieles 信者に祝福を与える

impasibilidad [impasiβiliðá(ð)] 女 ❶ 平静, 落ち着き: El entrenador tiene una gran ～. その監督は非常に冷静だ. ❷ 無感動, 無感覚: Su ～ hizo que perdiera a su gran amigo. 彼は列強情のせいで親友をなくした

impasible [impasíβle]《←ラテン語 impassibilis < in-(否定)+passivus「耐える」》形 ❶ 冷静な, 落ち着いた: Aguantó ～ la reprimenda. 彼は冷静に叱責を受け止めた. ❷ 無感動の, 無感覚な

impasiblemente [impasíβlemente] 副 冷静に, あわてず騒がず; 無感覚に

impasse [impás] 男〔←仏語〕男 ❶ 手詰まり, 袋小路: La negociación está en un ～. 交渉はゆきづまっている. ❷《トランプ》フィネス

impávidamente [impáβiðamente] 副 大胆不敵に, 平然として

impavidez [impaβiðéθ] 女 ❶ 大胆不敵, 勇敢. ❷《中南米. 口語》厚かましさ, ずうずうしさ; 生意気, 横柄さ

impávido, da [impáβiðo, ða]《←in-(否定)+pávido》形 ❶ 危険に直面して] 恐れを知らない, 大胆不敵な; 平然とした. ❷《中南米. 口語》厚かましい, ずうずうしい; 生意気な, 横柄な

impecabilidad [impekaβiliðá(ð)] 女 完全無欠, 完璧

impecable [impekáβle]《←ラテン語 impeccabilis < in-(否定)+peccare「失敗する」》形 ❶ [estar+. 物が/ser+. 態度が] 完全無欠な, 完璧な: El vestido está ～, tal y como el día que lo estrené. そのドレスは私が初めて袖を通した時のように新品同様だ. comportamiento ～ 非の打ちどころのないふるまい. ❷ 罪を犯さない

impecune [impekúne] 形《文語》金(財産)のない, 貧乏な

impecunia [impekúnja] 囡《文語》貧乏
impedancia [impeđánθja] 囡《電気》インピーダンス
impedanciometría [impeđanθjometría] 囡《医学》インピーダンス聴力検査
impedido, da [impeđíđo, đa] 形 [estar+] 身体が不自由な: 1)［人について, +de+部位 が］Está 〜 de la pierna derecha desde el accidente. 彼は事故以来右脚が不自由だ. estar 〜 para trabajar 体に障害があって働けない. 2)［手足について］Tiene un brazo 〜. 彼は片腕が不自由だ
—— 图 肢体の不自由な人, 身体障害者: Su padre es un 〜 físico por haber sido herido en la guerra. 彼の父は戦争で負傷して身体に障害がある
impedidor, ra [impeđiđór, ra] 形 囡《まれ》妨げる〔人〕, 邪魔をする〔人〕
impediencia [impeđjénθja] 囡 =impedancia
impediente [impeđjénte] 形 ❶ →**impedimento** impediente. ❷ 妨げる
impedimenta [impeđiménta] 囡 ❶《軍事》運搬する糧食・弾薬類, 輜重(しちょう)品: Los soldados llevan poca 〜. 兵士たちは装備が軽い. ❷《文語》荷物
impedimento [impeđiménto] 男《←ラテン語 impedimentum < impedire「…の足に引っかかる, 妨げる」》❶ 妨げ, 支障【事柄】: La soltería puede ser un 〜 a veces para que uno triunfe en la sociedad. 独身でいることは人が社会的に成功するためのさまたげになることがある. No quiero ser 〜 para su futuro. 私は彼の将来にとっての邪魔ものになりたくない. viajar sin 〜 支障なく旅行する. 〜 en el habla 言語障害. 〜 físico 身体障害. 〜 para estudiar 勉強の邪魔, 研究の妨害. ❷《法律》婚姻障害: dirimente［教会法で婚姻を初めから無効にする］絶対的婚姻障害. 〜 impediente 禁止的婚姻障害
impedir [impeđír]《←ラテン語 impedire「…の足に引っかかる, 妨げる」< in-（否定）+pes, pedis「足」》35 他 妨げる, 阻(は)む: 1)［+名詞］La copiosa nevada *impidió* la circulación en las carreteras. ひどい降雪で国道の通行が妨げられた. La huida de los presos fue *impedida* por la policía. 囚人たちの逃亡は警官隊によって阻止された. El paso del puente está *impedido*. 橋の通行は遮断されている. Te lo *impide* algo. 何かが君がそうするのを阻んでいる. 〜 un plan 計画の実現を阻む. 2)［+不定詞］Se plantó en la puerta y me *impidió* salir. 彼は戸口に立ちはだかって, 私が外に出るのを妨げた. El mal tiempo nos *impide* nadar en el mar. 悪天候のため私たちは海で泳ぐことができない. si la lesión no *impide* al alumno acudir a clase 生徒の傷の具合が授業への出席を許すなら. 3)［+que+接続法］El guarda les *impidió que* entraran en el local. 警備員は彼らが会場に入るのを阻止した
no 〜 [para] que+接続法 …する妨げにならない: Eso *no impide que* podamos ir todos. そのことは私たちが全員で行く妨げにはならない

impedir		
現在分詞	過去分詞	
impidiendo	impedido	
直説法現在	直説法過去	命令法
impido	impedí	
impides	impediste	impide
impide	impidió	
impedimos	impedimos	
impedís	impedisteis	impedid
impiden	impidieron	
接続法現在	接続法過去	
impida	impidiera, -ses	
impidas	impidieras, -ses	
impida	impidiera, -se	
impidamos	impidiéramos, -semos	
impidáis	impidierais, -seis	
impidan	impidieran, -sen	

impeditivo, va [impeđitíbo, ba] 形［事物が］妨害となる, 邪魔の
impelente [impelénte] 形 ❶ 押す. ❷ →**bomba** impelente
impeler [impelér]《←ラテン語 impellere < in-（中）+pellere「動かす」》《文語》❶ 押す: Una corriente marina *impele* los barcos. 海流が船を押し流す. ❷［人を, +a+不定詞 に］かり立てる: Su insistencia me *ha impelido a* escribirte. 彼がうるさく言うので君に手紙を出すことになりました
impender [impendér]《まれ》[金を] 使う; 投資する
impenetrabilidad [impenetrabiliđá(đ)] 囡 ❶ 入り込めないこと, 不可入性. ❷ 不可解
impenetrable [impenetráble]《←ラテン語 impenetrabilis》形 ❶ 入り込めない; [+a を] 通さない: bosque 〜 人を寄せつけない森. cuerpo 〜 a los rayos X X線の透らない物体. ❷ 不可解な, うかがい知れない: actitud 〜 不可解な態度. rostro 〜 謎めいた顔つき. secreto 〜 不可解な秘密
impenitencia [impeniténθja] 囡《←ラテン語 impaenitentia < in-（否定）+paenitentia「後悔」》囡《宗教》非改心 [⇔arrepentimiento]: morir en la 〜 final 悔悟しないまま死ぬ
impenitente [impeniténte] 形［人の］非改心の, 悔悟しない. ❷［悪習などを］やめようとしない: trasnochador 〜 夜ふかしの常習者
impensa [impénsa] 囡《まれ. 法律》[主に《複》] 支出, 出費
impensable [impensáble]《←in-（否定）+pensable》形 ❶ 普通では考えられない, ばかげた: ocurrencia 〜 ばかげた思いつき. ❷ 実現不可能な, 起こり得ない
impensadamente [impensáđaménte] 副 思いがけなく, 不意に
impensado, da [impensáđo, đa] 形 予期しない, 思いがけない: respuesta 〜*da* 思いがけない返事. viaje 〜 急な旅行
impepinable [impepináble]《←擬態》形《西. 口語》議論の余地のない, 明白な: Es una verdad 〜. それは疑う余地のない真実だ
impepinablemente [impepinábleménte] 副《西. 口語》議論の余地なく, 明白に
imperador, ra [imperađór, ra] 形《まれ》君臨する; 支配的な
imperante [imperánte] 形 ❶ 君臨する; 支配的な: clase 〜 支配階級. moda 〜 モードの主流. tendencia 〜 en el momento その時点における支配的な傾向. ❷《占星》[宮 signo が] その人を支配する
imperar [imperár]《←ラテン語 imperare「命令する」》[主語は主に抽象名詞. +en に・で] 自《文語》❶ 支配的である: La paz va a 〜 en el mundo. 平和が世界を支配するだろう. ❷ 君臨する, 統治する: El cacique *imperaba en* el pueblo. カシケが村に君臨していた
imperativamente [imperatíbaménte] 副 命令的に, 強制的に; 必然的に
imperativo, va [imperatíbo, ba]《←imperar》形 ❶ 命令的な, 強制力を持つ: hablar con tono 〜 命令口調 [権柄ずく] で話す. ❷《文法》命令の, 命令形の: frase 〜*va* 命令文. ❸ ぜひ必要な: Para mí es 〜 pensar en el asunto. 私はどうしてもその問題を考えなければならない
—— 男 ❶《文法》命令法 [=modo 〜]. ❷ [主に《複》] [至上] 命令, 絶対的必要性: 〜 categórico《論理》定言的命令. 〜*s* de la política 政治的要請
imperatorio, ria [imperatórjo, rja] 形 皇帝 [権力] の
—— 囡《植物》カワラボウフウの一種 [学名 Peucedanum ostruthium]
imperceptibilidad [imperθe(p)tibiliđá(đ)] 囡 知覚され得ないこと
imperceptible [imperθe(p)tíble] 形 知覚され得ない; [感じ取れないほど] 微小な, わずかな: sonido 〜 al oído humano 人間の耳には聞き取れない音. huella 〜 かすかな痕跡
imperceptiblemente [imperθe(p)tíbleménte] 副 知覚され得ないほど
imperdible [imperđíble] 形 失われ得ない
—— 男《西》安全ピン
imperdonable [imperđonáble] 形 許されない, 許しがたい: error 〜 許されない誤り. ser 〜 que+接続法 …するのは許されない
imperecedero, ra [impereθeđéro, ra] 形《文語. 時に誇張》[事物が] 不滅の, 永遠の: fama 〜*ra* 不朽の名声
imperfección [imperfe(k)θjón] 囡 ❶ 未完成, 不完全. ❷ [ちょっとした道徳的な] 欠点, 失敗
imperfectamente [imperféktaménte] 副 未完成で, 不完全に
imperfectivo, va [imperfektíbo, ba] 形《文法》未完了の

imperfecto, ta [impɛrfékto, ta]〘←ラテン語 imperfectus〙[形] ❶ 未完成の, 不完全な: trabajo ～ 不完全な仕事. ❷《文法》futuro ～ de indicativo 直説法単純(不完了)未来〘[参考] futuro de indicativo 直説法未来〙
—— [男]《文法》未完了形, 単純形

imperforación [impɛrforaθjɔ́n] [女]《医学》閉塞, 不穿孔

imperial [imperjál]〘←imperio〙[形] 皇帝の; 帝国の: ejército ～ 帝国陸軍. familia ～ 皇室, 帝室. idea ～ 帝国理念. Palacio *I*～ 皇居. prescripto ～ 勅令. política ～ 帝国政策. régimen ～ 帝政. Rusia ～ 帝政ロシア
—— [男]《キューバ》インペリアル〘太く長く, 最も良質の葉巻き〙
—— [女] ❶ [バス・電車などの] 2階席. ❷ 豪華な大型四輪馬車 carroza の屋根. ❸《トランプ》インペリアル〘ゲームの一種〙

imperialismo [imperjalísmo] [男] 帝国主義

imperialista [imperjalísta] [形] [名] ❶ 帝国主義の; 帝国主義者: política ～ 帝国主義的政策. ❷ 帝政派〔の〕

impericia [imperíθja] [女] [職業上の] 無能, 未熟: ～ al volante 運転の下手さ

imperio [impérjo]〘←ラテン語 imperium「命令, 権威」〙[男] ❶ 帝国: *I*～ Romano〔de Oriente・de Occidente〕〔東・西〕ローマ帝国. Sacro *I*～〔Romano Germánico〕神聖ローマ帝国. ～ almohade ムワッヒド朝. ❷ 帝政, 帝位; 皇帝在位期間: Primer (Segundo) *I*～ Mexicano メキシコ第一(第二)帝政. ❸ 帝政期, 帝政時代. ❹ [家具などの] 第一帝政様式〘=estilo ～〙. ❺ 支配, 統治; 制圧: ～ de la ley y la justicia 法と正義の支配. ～ sobre el mar 制海権. ❻《法律》mero ～ [司法官に委譲され得る] 君主の裁判権. mixto ～ 司法官の裁判権. ❼ 傲慢な態度
valer un ～ [人・事物が] 大変価値がある, 大いに役立つ: El nuevo contable *vale un* ～: es rápido y eficiente como ninguno. 今度の会計係は大変有能だ, 誰よりも迅速で能率がいい
—— [形]〘単複同形〙第一帝政様式の

imperiosamente [imperjósaménte] [副] 緊急に; 余儀なく

imperiosidad [imperjosidá〔đ〕] [女] 緊急; 横柄

imperioso, sa [imperjóso, sa]〘←imperio〙[形] ❶ 緊急の; 余儀ない, 不可避の: Es para mí una necesidad ～*sa* encontrar habitación. 私にとって部屋を見つけることが急務だ. ❷ 横柄な, 高圧的な, 独裁的な, 横暴な: hablar con un tono ～ 偉そうな物の言い方をする

imperito, ta [imperíto, ta] [形] 下手な; 未熟な

impermeabilidad [impɛrmeaƀilidá〔đ〕] [女] 不浸透性, 防水性

impermeabilización [impɛrmeaƀiliθaθjɔ́n] [女] 防水処理, 防水加工

impermeabilizante [impɛrmeaƀiliθánte] [形] 防水化する

impermeabilizar [impɛrmeaƀiliθár] [9] [他] …に防水処理(加工)を施す

impermeable [impɛrmeáƀle]〘←in- (否定)+permeable < ラテン語 permeare「透す」〙[形] ❶ 不浸透性の; 防水〔加工〕の: tierra ～ 不透水性の土壌. ❷ [+a に] 傷つかない, 影響されない
—— [男] ❶《服飾》レインコート. ❷《西, メキシコ, エルサルバドル. 俗語》コンドーム

impermisible [impɛrmisíƀle] [形] 許され得ない

impermutabilidad [impɛrmutaƀilidá〔đ〕] [女] 交換(交代・入れ替え)不可能性

impermutable [impɛrmutáƀle] [形] 交換(交代)され得ない; 入れ替え不可能な

imperscrutable [impɛrskrutáƀle] [形]《廃語》=**inescrutable**

impersonador, ra [impɛrsonađɔ́r, ra] [名]《メキシコ》物まね芸人

impersonal [impɛrsonál]〘←in- (否定)+personal〙[形] ❶ 非人格的な, 個性のない: estilo ～ 個性の乏しい文体. ❷ 特定の個人に当てはまらない. ❸《文法》非人称の, 無主語の〘1) 単人称 (動詞が3人称単数形だけで使われる). [例] llover・nevar など. 2) 3人称複数形の動詞を用いる. [例] Están llamando. 誰かがノックしている〙: oración ～ 非人称文, 無人称文. ❹《修辞》話し相手を指すのに通常の tú・usted などを用いず名詞で代用する〘[例] *La señora* no me ha entendido. 奥様(あなた)は私の言うことをお分かりになっておられない. ¿Desean *los señores* alguna cosa? 紳士方(あなたがた)は何のご用でしょうか?〙
—— [男] 単人称(非人称・無人称)動詞〘=verbo ～〙

impersonalidad [impɛrsonalidá〔đ〕] [女] ❶ 非人格性. ❷ 非人称性

impersonalismo [impɛrsonalísmo] [男]《ベネズエラ》無私無欲

impersonalizar [impɛrsonaliθár] [9] [他]《文法》単人称動詞として用いる

impersonalmente [impɛrsonálménte] [副] ❶《文法》単人称動詞として. ❷《修辞》話し相手を指すのに通常の tú・usted などを用いず名詞で代用して

impersuasible [impɛrswasíƀle] [形]《まれ》信用(信頼)できない

impertérrito, ta [impɛrtéřito, ta] [形] [estar+. 何事にも] 動揺しない, ものに動じない, 顔色一つ変えない

impertinencia [impɛrtinénθja] [女] ❶ 不作法, 無礼; 生意気: poner mucha ～ en el trato con+人 …に対して大変失礼なふるまいをする. ❷ 無礼な言動: decir una ～ 無礼(ぶしつけ)なことを言う. ❸《まれ》[不快な気分からくる] 怒りっぽさ. ❹《廃語》入念, 精巧

impertinente [impɛrtinénte]〘←in- (否定)+pertinente < ラテン語 pertinere「長引く, 達する」〙[形] ❶ 不作法な, 無礼な; 生意気な; うるさい, しつこい: pregunta ～ ぶしつけな質問. ¡Qué ～ es él! 生意気な(うるさい)奴だ! ❷《まれ》怒りっぽい
—— [男] [複] 柄付きの鼻めがね(オペラグラス)

impertinentemente [impɛrtinénteménte] [副] 不作法に, 無礼に; 生意気に

impertir [impɛrtír] [25] [他]《廃語》=**impartir**

imperturbabilidad [impɛrturƀaƀilidá〔đ〕] [女] 平静, 泰然自若

imperturbable [impɛrturƀáƀle] [形] 動揺しない, 平然とした: permanecer ～ 泰然自若としている. sonrisa ～ 常に変わらない微笑

imperturbablemente [impɛrturƀáƀleménte] [副] 平然として, 泰然自若として

impétigo [impétigo] [男]《医学》膿痂疹(のうかしん), 飛び火

impetra [impétra] [女]《まれ》❶ 権限; 許可. ❷ 疑義のある恩恵を与えるローマ教皇の教書〘明確化義務を受益者が負う〙

impetración [impetraθjɔ́n] [女]《文語》嘆願, 懇願; 嘆願(懇願)による獲得

impetrador, ra [impetrađɔ́r, ra] [形] [名]《文語》請い求める, 嘆願する; 嘆願者

impetrar [impetrár]〘←ラテン語 impetrare〙[他]《文語》❶ [悲壮に・へりくだって・屈辱的に] 請い求める: *Impetró* el perdón del superior. 彼は上司の許しを請い求めた. ❷ [請い求めて] 獲得する, 手に入れる

impetratorio, ria [impetratórjo, rja] [形]《文語》恩恵を得るための

ímpetu [ímpetu]〘←ラテン語 impetus「向かうこと」< petere「向かう, 目指す」〙[男] ❶ 勢い, はずみ: Los toros corren con mucho ～ por las calles. 牛たちが通りを激しい勢いで駆け抜けていく. cobrar ～ 勢いがつく. El humanismo dio un nuevo ～ al interés por la lengua vulgar. 人文主義は俗語への関心に新たなはずみを加えた. ❷ 活力, 意気込み; 情熱: Siempre pone mucho ～ en lo que hace. 彼はいつも自分のしていることに全力を注ぎ込む. tener mucho ～ 活力に富んでいる. ❸ 性急さ, 衝動. ❹《物理》運動力, 運動量

impetuosamente [impetwósaménte] [副] 激しく; 性急に, 衝動的に

impetuosidad [impetwosidá〔đ〕] [女] 激しさ; 性急さ: Su ～ se debe a la juventud. 彼が衝動的なのは若さのせいだ

impetuoso, sa [impetwóso, sa]〘←ímpetu〙[形] [名詞+/+名詞] ❶ [勢いが] 激しい, 激烈な: Una columna ～*sa* de agua subió de la tubería rota. 激しい水柱が破れた水道管から吹き上がった. ritmo ～ 強烈なリズム. torrente ～ 激流. ❷ 性急な, 思慮分別のない, 衝動的な, 情熱的な: Eres muy ～. 君はとても向こう見ずだ. Cálmate, siendo tan ～ no arreglas nada. 落ち着きなさい, そんなにあせっては何も解決できないよ. carácter ～ del joven 青年の激しい気性
—— [名] 短慮な人, 衝動的な人, 向こう見ずな人

impíamente [impíaménte] [副] 不敬虔に

impiedad [impjeđá〔đ〕]〘←ラテン語 impietas, -atis〙[女] 不信心, 宗教蔑視, 冒瀆

impiedoso, sa [impjeđóso, sa] [形] =**impío**

impío, a [impío, a]〘←ラテン語 impius < in- (否定)+pius「孝行者, 愛国者」〙[形] [名]《古語的, 戯語的》❶ 不信心な〔人〕, 敬虔(けいけん)でない〔人〕; 罰当たりな: convertir a los ～*s* 無信仰者を帰依させる. acto ～ 冒瀆行為. ❷ 無情な〔人〕, 思いやりのない〔人〕

I

impla [ímpla] 囡 [昔の] 婦人のかぶり物, 修道女の頭巾; その布地

implacabilidad [implakaβiliðá(ð)] 囡 容赦のなさ, 執拗さ

implacable [implakáβle]《←ラテン語 implacabilis》形 ❶ [欲求・怒りなどが] 抑えがたい: Siento por ella un odio ~. 私は彼女に対して抑えがたい憎しみを感じる. ❷ 容赦のない, 非情な: juez ~ 冷酷な判事. ~ avance de una enfermedad 病状が容赦なく進むこと. sol ~ 容赦なく照りつける太陽

implacablemente [implakáβleménte] 副 容赦なく, 執拗に

implantación [implantaθjón] 囡 ❶ 導入, 設置: ~ de la democracia 民主主義の導入. ❷《医学》1) 移植;《歯科》インプラント. 2) [固形薬物の] [皮下] 植込み. 3) [受精卵の] 着床

implantador, ra [implantaðór, ra] 形 導入する; 移植する

implantar [implantár]《←ラテン語 (中)+plantar》他 ❶ [+en に, 改革・制度などを] 導入する, 設置する: Hemos implantado un nuevo estilo *en* la empresa. 私たちは会社に新方式を導入した. Esos virus ya están *implantados en* Japón. それらのウイルスはすでに日本に侵入している. ❷《医学》[臓器・器具などを] 移植する: ~ un marcapasos ペースメーカーを埋め込む. ❸ 植えつける, 接ぎ木する
—— ~se 定着する: *Se ha implantado* esa idea entre los jóvenes. その考えは若者たちの間に定着した

implante [implánte] 男《医学》❶《歯科》インプラント. ❷ [毛髪の] 植毛 [= ~ de cabello]. ❸ 移植されるもの [器具, 臓器]

implantología [implantoloxía] 囡《医学》移植技術; インプラント歯科学

implar [implár] 他《地方語》満たす, ふくらます

implaticable [implatikáβle] 形 会話を許さない

impleción [impleθjón] 囡《地方語》満たすこと

implementación [implementaθjón] 囡 遂行, 実行: ~ del proyecto 計画の実施

implementar [implementár] 他 ❶ [手段などを] 用いる; [計画を] 実行する. ❷《ベネズエラ》[必要な道具などを] 供給する, 設置する

implemento [impleménto]《←英語 implement》男 ❶ [主に複] 道具, 用具 [一式]: ~s de pesca 釣り道具. ❷《言語》直接補語

implicación [implikaθjón] 囡 ❶ [+en 犯罪などへの] 関わり合い, 連座: Es evidente su ~ *en* el complot. 彼がその陰謀に加わっていることは明白だ. ❷ [複] 結果, 影響. ❸ 含蓄, 言外の意味: Este término tiene ~ política. この言葉には政治的含みがある. ❹ 矛盾

implicancia [implikánθja] 囡《中南米》結果, 影響. ❷《南米》[法律上の] 障害

implicar [implikár]《←ラテン語 implicare「包む」< in- (虚辞)+plicare「折る, 畳む」》[7] 他 ❶ [+en に] 巻き添えにする, 連座させる: Le *implicaron en* el crimen. 彼は犯行に加担させられた. las partes *implicadas* [利害] 関係者. ❷ [結果として] 伴う; 意味する: Permiso no *implica* aprobación. 許可は必ずしも認を意味しない. Ser buenos amigos *implica* ayudarse uno a otro. 親友同士であるということは当然お互い助け合うことを意味する. Una decisión de este tipo *implicaría* una retirada militar desordenada. このような決定の仕方では退却時に統制がとれなくなる恐れがある
—— 自 [主に否定表現で] 妨げる, 矛盾する: Eso no *implica* para que nos ayudemos los unos a los otros. このことは私たちが助け合う妨げにはならない
—— ~se 巻き添えになる: Estas imágenes atentan contra la intimidad de las personas *implicadas*. これらの映像は関係者のプライバシーの侵害になる

implicatorio, ria [implikatórjo, rja]《←implicar》形《文語》[+de と] 関連する; 言外の意味をもつ, 含みのある: palabra ~ *ria de* la negación 言外に否定を意味する言葉

implícitamente [implíθitaménte] 副 暗に, 暗黙のうちに

implícito, ta [implíθito, ta] [implícitus < implicare「折って包む」] [estar+] 形 暗黙の, 言外の [⇔explícito]: Su respuesta está ~*ta* en su actitud. 彼の返事はその態度に表われている. llevar ~ a... ...に含まれている. acuerdo ~ 暗黙の合意

imploración [imploraθjón] 囡 懇願, 哀願

implorante [imploránte] 形 懇願する: tono ~ 哀願調

implorar [implorár]《←ラテン語 implorare < in- (虚辞)+plorare「泣く」[泣いたりして激しく] 懇願する: ~ el perdón de+人 ...の許しを請い願う

implosión [implosjón] 囡 ❶ 内側に向かっての爆発, 内破. ❷《天文》爆縮. ❸《音声》内破

implosivo, va [implosíβo, βa] 形 囡《音声》内破音の [の] [閉鎖は行なわれるがその解放が行なわれない閉鎖音. 例 acto の c. ⇔explosivo]

implume [implúme] 形《文語》[動物が] 羽のない

impluvio [implúβjo] 男《古代ローマ, 建築》[家の中庭に設けられた] 雨水ため

impolarizable [impolariθáβle] 形 非分極性の

impolítica[1] [impolítika] 囡《まれ》無作法, 失礼

impolíticamente [impolítikaménte] 副 無作法にも

impolítico, ca[2] [impolítiko, ka] 形 ❶ 無作法な, 失礼な. ❷ まずい政策の; [戦術的に] 拙劣な, 不得策な

impoluto, ta [impolúto, ta]《←ラテン語 impollutus》形《文語》❶ 汚れていない: vestido ~ しみ一つないドレス. ❷ 汚点のない

imponderabilidad [imponderaβiliðá(ð)] 囡 予測 (評価) 不能性

imponderable [imponderáβle]《←in- (否定)+ponderable < ponderar》形 ❶ 評価できない, はかり知れない: Su colaboración ha sido de un valor ~. 彼の協力はどれほどありがたかったか分からない. ❷ 予測不能の: Hay cosas ~s, como el humor de los examinadores, contra las que uno no puede hacer nada. たとえば試験官の気分のように予測不可能な事柄があって, それには対処のしようがない. ❸ 重さを量られ得ない, 計測不可能な
—— 男 [主に複] 予測できない要因, 不確定要素 [=factor ~]: Hay muchos ~s en la política. 政治の世界は一寸先が闇だ

imponderablemente [imponderáβleménte] 副 はかり知れないほどに; 予測できないほどに

imponedor, ra [imponeðór, ra]《まれ》=imponente

imponencia [imponénθja] 囡 ❶《文語》堂々としていること. ❷《ドミニカ, コロンビア, ベネズエラ, チリ, アルゼンチン》偉大さ, 威厳

imponente [imponénte]《←imponer》形 ❶ [人・物が] 堂々たる, 威厳のある, 圧倒的な; 強い印象を与える [賞賛, 驚異, 恐怖などで]: La grandeza del valle es ~. その渓谷の風景は圧倒的だ. marcha ~ de los ejércitos 軍隊の威風堂々たる行進. voz ~ del entrenador コーチの恐ろしい声. ~ catedral gótica 堂々たるゴシック様式の大聖堂. ❷ ひどい, ものすごい: Hace un calor ~. すさまじい暑さだ. ❸《口語》見事な, すてきな; [女性が] グラマーな: Es una película ~. それはすばらしい映画だ. Ella está ~ con ese traje de noche. 彼女はあのイブニングドレスを着てすてきだ. actriz ~ グラマー女優
—— 名 預金者 [=impositor]

imponentemente [imponénteménte] 副 堂々と, 威圧的に

imponer [imponér]《←ラテン語 imponere「上に置く」》60 [語形] impuesto. 命令法単数 impón] 他 ❶ [義務として, +a+人に] 課する, 押しつける: Siempre *impone* su opinión a los demás. 彼はいつも自分の意見を他人に押しつける. ~ a+人 unas condiciones desfavorables en el contrato de empleo 雇用契約で...に不利な条件を押しつける. ~ el toque de queda *a* los habitantes de la ciudad 町の住民に夜間外出禁止令を出す. ~ la disciplina *a* los alumnos 生徒たちに規律を守らせる. ~ sacrificios innecesarios 不必要な犠牲を強いる. ~ silencio 静かにさせる, 沈黙を守らせる. ❷ [罰金・刑罰を] 科する: Si no observas el semáforo cuando pases por la calle, te *impondrán* una multa. 通りを渡る時に信号を守らなかったら, 罰金を払わせられる. ~ una pena de 2 años de prisión 2年の禁固刑を科する. ❸ 課税する: 1) ~ altas contribuciones *al* pueblo 国民に高い税金を課す. Es el *impone* los *impone* la celebridad. それは彼らが支払うべき有名税だ. 2) [+sobre+事物に] El gobierno *impondrá* un gravamen *sobre* el tabaco. 政府はたばこ税を課すでしょう. ❹ ~ 尊敬 (恐怖) の念を抱かせる, 威圧する: Me *imponía* la grandeza del edificio. 私はその建物の大きさに圧倒された. Nos *impone a* todos su presencia. あの人がいると私たちはみんな硬くなってしまう. Te *impone* la oscuridad, ¿verdad? 君は暗闇が怖いのだろう. ❺ 命名する, 名前をつける: Sus padres le *han impuesto* el nombre de Jesús *a* su hijo recién nacido. 両親は生まれたばかりの子供にヘススという名前をつけた. ❻《西》[+en に] 預

importar

する, 信託する: Acabo de ～ diez mil euros *en* el banco. 私は銀行に1万ユーロ預金したばかりだ。❼ [+en・de de]〔…に教える, 知らせる〕: Le *impongo de* lo que hemos podido saber de ese incidente. その事件について判明したことをご報告します。～ la noticia *a+人* en química …に化学を教える。～ a+人 la noticia …にニュースを知らせる。❽ 責任を押しつける, …のせいにする: ～ la crisis de la empresa *a* la mala administración de los directores 会社の危機を首脳陣の経営ミスのせいにする。❾ [勲章・賞などを] 授与する: Me *han impuesto* una medalla de mérito cultural. 私は文化功労賞を授与された。～ una condecoración *a+人* por sus méritos en el sector de deportes スポーツ部門での功労に対して…に勲章を授与する。❿ [宗教] ～ las manos *a* (sobre)+人 …に按手(ﾎﾞ)する『叙階式などで手を信者の頭の上に置く』。⓫ [印刷] 組付けをする
── 圁 尊敬(恐怖)の念を起こさせる, 威圧する: Su mero nombre *impone*. 彼の名前を聞くだけでも恐ろしい
── ～*se* ❶ 勝利する: El tenista español *se ha impuesto* tres a uno. そのスペイン人テニス選手は3対1で勝った。❷ 支配する, 威圧する, 幅をきかせる, 〔…に〕優位に立つ: [+a+人] En el siglo XVI el castellano *se impuso* sobre las otras lenguas vecinas y se convirtió en lengua oficial de España. 16世紀にカスティーリャ語は近隣言語を抑えて強大化し, スペインの公用語になった。Este alumno siempre *se impone* a los demás en los exámenes. この生徒はいつも試験でほかの子より抜きん出ている。❸ 〔文語〕必要である: 1) En este país *se impone* un cambio de política. この国では政治改革が必要だ。2) [+不定詞・que+接続法 する必要がある。*Se impone* hacerlo pronto. それをすぐにする必要がある。*Se impone que* lo hagamos pronto. 私たちはすぐにそれをする必要がある。❹ 自分に課す, 課せられる: Me impresionó mucho la severidad que *se impuso a sí* mismo. 私は彼が自らを律する厳しさに感銘を受けた。Siempre ella *se impone* sacrificios en casa. 常に彼女が家庭での犠牲になっている。En verano *me impongo* el hábito de levantarme a las cinco. 私は夏には5時に起きる習慣を守っている。❺ 課税される: Además hay que sumarle un impuesto que *se impone* sobre el consumo del producto. さらに消費税を加算しなければならない。❻ 教えられる, 習う: *Se ha impuesto en* lingüística. 彼は言語学を修めた。En pocos meses *se impuso* en cómo dirigir la empresa. 数か月で彼はその事業をいかに経営するかを身につけた。❼ 広まる, 流行する: *Se está imponiendo* la moda de hacer deportes los domingos. 毎週日曜日にスポーツをするのがはやっている。❽ 〔文語〕 [+de] 気づく, 分かる: Por el internet *nos hemos impuesto* de lo que está ocurriendo en su país. 我々はあなたの国で起こっていることをインターネットで知りました。❾《メキシコ》 [+a] 慣れる: Estoy *impuesto a* madrugar. 私は早起きには慣れている
saber ～*se a+人* …を従わせることができる, 掌握する
imponible [imponíble] 形 ❶ [ser+] 課税される, 課税されるべき, 課税の対象となる: La compra de la casa es ～. 家の購入は課税対象になる。ingresos ～*s/renta* (líquido) ─ [所得から諸控除を差し引いた] 課税所得。no ～ 免税の。❷《口語》[estar+. 服なども] 着ることのできない
impopular [impopulár] 形 不人気の, 評判の悪い
impopularidad [impopularidá(d)] 女 不人気, 不評
importación [importaθjón] 女 ❶ 輸入 [⇔exportación]: artículos ～ 輸入品。discos compactos de ～ 輸入CD。licencia (permiso) de ～ 輸入許可。～ de petróleo 石油の輸入。～ de productos alimenticios 食料品の輸入。～ temporal en régimen de franquicia/～ en franquicia arancelaria 保税輸入 [制度]『主に原材料について, 加工後の輸出を条件に関税の徴収が留保される』。❷ 圕 輸入品: Han aumentado las *importaciones* italianas. イタリアからの輸入品が増加してきている。*importaciones* invisibles 〔目に見えない〕サービス輸入。*importaciones* visibles 財貨輸入
importador, ra [importadór, ra] 形 輸入する: Japón es un país ～ de petróleo. 日本は石油の輸入国である。compañía ～*ra* de automóviles usados 中古自動車の輸入会社
── 名 輸入業者
importancia [importánθja] 女 ❶ 重要性, 重大さ: Es el problema de mayor ～. それはより重要な課題だ。Los ordenadores han cobrado una gran ～. コンピュータは非常に重要になってきた。avería de poca ～ ささいな故障。❷

[地位などによる] 勢力, 権威: Es persona de ～ en esta ciudad. 彼はこの町の有力者だ。El banco ocupa un puesto de enorme ～ para administrar las tendencias económicas del país. 銀行はその国の経済の動向を左右する非常に大きな地位を占めている。❸ 尊大さ
dar (*conceder*) ～ *a+事物* …を重要視する, …に重きを置く
darse ～ 偉そうにする, 自慢する, うぬぼれる, もったいをつける
no dar ～ *a* Sevilla *ni al* Guadalquivir どんなことにも無関心(冷淡)である
no tener ～ 1) [謝罪に対する返事] 大したことはない: Siento mucho haberle hecho esperar.─*No tiene* ～. お待たせして申し訳ありません。─ご心配なく。Eso *no tiene* la menor ～. そんなこと何でもありません。2) [事柄が主語] 重要性がない: Su enfermedad *no tenía* ～. 彼の病気は大したことなかった
quitar (*restar*) ～ *a+事物* …を軽く見せる, 深刻にしない
ser de mucha ～ *que+接続法* …することが大変重要である: Es de mucha ～ *que* vivamos sanos. 私たちが健康で生活することがとても大切だ
sin ～ つまらない, 重要でない: Es un error sin ～. それはごくささいな誤りだ。pregunta *sin* ～ どうでもいいような質問
tener ～ [事柄が主語] 重要である, 大事なことである: La producción de arroz *tiene* mucha ～. 米の生産は大変重要である。*Tuvo* ～ la intervención de los bomberos para impedir la extensión del incendio. 消防士たちの活動が功を奏し, 火事が広がるのを食い止めた。¿Y eso qué ～ *tiene*? それがどうしたというのだ？
importante [importánte] 〔←*importar*〕形 [名詞+/+名詞] ❶ 重要な, 重大な 〔⇔insignificante〕: Tengo una cita ～. 大切な約束がある。Es un libro ～ sobre la ceremonia del té. それは茶道に関する重要な本だ。En este trabajo la ayuda de mi esposa ha sido muy ～. この仕事では妻の助けがとても役立った。poco ～ 重要でない。cosa ～ 大事なこと。documento ～ 重要な書類。negocio ～ 重大な用件。～ lesión en el cerebro 脳の重大な損傷。❷ 地位(身分)の高い, 有力な: Se cree que es muy ～ en el barrio y le respetan mucho. 彼はその地域では大変偉い人間で尊敬されていると思い込んでいる。escritor ～ 大作家。persona muy ～ 要人, VIP。❸ 多数の, 大量の, かなりの: El banco perdió una ～ cantidad por esa operación de divisas. 銀行はその外貨取引でかなりの損失を出した。un número ～ de estudiantes 大勢の学生たち。derroche de ～ *s* sumas de dinero 多額の金銭の浪費。❹ 尊大な, いばった, もったいぶった
dársela de ～/*echárselas de* ～/*hacerse el* ～ もったいぶる
lo ～ *es*+不定詞/*lo* ～ *es que*+直説法・接続法 重要なのは…である『事実では+直説法, 仮定的では+接続法』: *Lo* ～ *es* tener salud. 大切なのは健康でいることだ。*Lo* ～ *es que* tú estás aquí. 君がここにいることが重要なんだ。*Lo* ～ *es que* no llegues tarde. 大切なのは君が遅刻しないことだ
ser ～+不定詞・*que*+接続法 …することが重要である: En la actualidad *es* ～ para nosotros saber dos o tres idiomas. 現代では我々にとって2, 3か国語を話せることが大切だ。*Es* ～ *que* los padres hablen con su hijo. 両親が息子と話すことが大切だ
importantemente [importántemente] 副《まれ》かなり, とても
importantizar [importantiθár] ～*se*《ベネズエラ》偉ぶる, 大物ぶる, 尊大にふるまう
importar [importár] 〔←ラテン語 importare "差し込む" < in- (中) +portare "通す, 運ぶ"〕自 ❶ [+a にとって] 重要である: 1) Me *importas* mucho. 君は僕にとってとても大切な人だ。Eso no *nos importa* mucho. そのことは私たちにはあまり重要でない。2) [+不定詞・que+接続法 …することが *importa* mucho ver le cuanto antes. できるだけ早く彼に会うことが君にとって大切だ。A ella ya no le *importó que* nadie la sacara a bailar. 彼女は誰も踊りに誘ってくれなくてよかった。No *importa* reconocer las cosas como son. 物事をありのままに認める必要はない。*No importa que* no sea bonita si es sincera. その女が誠実であれさえすれば美人でなくてもかまわない。〔疑問文で相手の意向を尋ねたり自分の主張を述べる〕 不都合である, 迷惑である: ¿*Te importa* prestarme tu coche? 君の車を貸してくれないか？ ¿Le *importa que* abra la ventana? 窓を開けてもかまいませんか？ ¿No *te importará* quedarte con ella hasta

importe

que volvamos, verdad? 私たちが帰ってくるまで彼女と一緒にいてくれるだろう? *A veces la importaría esperar aquí mientras salgo media hora o algo así.* 私は30分ほど外出しますが、その間ここでお待ちいただいてもかまいませんでしょうか? ❸ 関わりのある: *Eso importa mucho al crecimiento de los niños.* そのことは子供の成長に大きく関係する。 *No me digas lo que tengo que hacer, a ti ¿qué te importa?* 私にあれこれ指図しないでくれ、君に何の関わりがあるというのだ? *¿Qué haces tú a estas horas?—¿Y a ti qué te importa?* こんな時間に何をしてるの?—それがどうした! *Vete de viaje si quieres, ¿a mí qué me importa?* 旅行に行きたければ行きなさい、私には関係ない
lo que importa es que+直説法·接続法 重要なのは…である〖事実では+直説法, 仮定则では+接続法〗: *Lo que importa es que han linchado a un hombre.* 重要なのは彼らが一人の男をリンチしたことである。 *Lo que importa es que seas franco con nosotros.* 大切なのは君が率直に話してくれることだ。 *Lo que importaba era que te recuperaras pronto.* 大切なのは君が早く回復してくれることだった
meterse en lo que no le importa 無関係なことに口を出す (介入する)
no importa qué 〘文語〙〔何でもいい〕何か
no importa quién 〘文語〙〔誰でもいい〕誰か
¿[no] le importaría que+接続法過去?〔丁寧〕…してもかまいませんか?: *¿No le importaría que tuviera este libro unos días?—No, no hay problema.* この本を2, 3日お借りしてかまいませんでしょうか?—ええ、結構です
— 〘他〙 ❶ 輸入する 《⇔exportar》: 1) *Japón necesita ~ materias primas del extranjero.* 日本は外国から原材料を輸入する必要がある。 2) 《比喩》 *una moda* 流行を取り入れる。 *lengua importada* 輸入言語。 ❷〔ある金額に〕達する: *La factura del restaurante importa mil euros.* レストランの請求は千ユーロにのぼる。 ❸〔情報〕取り込む、インポートする。 ❹〘まれ〙伴う: ~ *necesidad* 必要性が生じる。 ~ *violencia* 暴力を伴う。 ❺《古語》含む、生じさせる、原因となる

importe [impórte] 〖←*importar*〗〘男〙代金, 金額, 料金; 費用: *¿A cuánto asciende el ~ íntegro de lo robado?* 盗まれた物の総額はいくらになるのですか? *pagar el ~ con un cheque* 代金を小切手で支払う。 ~ *de las compras hechas con tarjeta de crédito* クレジットカードでした買い物の代金。 ~ *total de la factura* 請求書の総額。 ~ *de la estancia* 滞在費。 ~ *de la matrícula* 登録費用

importunación [importunaθjón] 〘女〙 しつこい要求、うるさくせがむこと

importunadamente [importunádamente] 〘副〙 しつこく, うるさくせがんで

importunamente [importúnaménte] 〘副〙 ❶ 時機を失して, あいにく。 ❷ しつこく, うるさくせがんで

importunar [importunár] 〘他〙 〖←*importuno*〗〔要求などで〕 うるさがらせる, わずらわす: *Desearía hablar con usted si no le importuno.* ご迷惑でなければお話ししたいのですが

importunidad [importunidá(d)] 〘女〙 ❶ 時宜を得ないこと, 間の悪さ。 ❷〔要求などによる〕わずらわしさ, 迷惑

importuno, na [impórtuno, na] 〖←ラテン語 *importunus* < in-（否定）+*oportunus*「位置の良い」〗 〘形〙〔事柄が主語である場合〕 ❶ 時宜を得ない, 間の悪い: *Dijo que iba ~ volver a la política.* 政界に復帰するには時期が悪いと彼は言った。 *levantar a una hora ~na* 非常識な時間に起こす。 ❷〔要求などで〕 わずらわしい, しつこい: *trabajo* ~ 厄介な仕事, 面倒くさい仕事

imposibilidad [imposibilidá(d)] 〘女〙 〖+de ~〗不可能性, 不可能なこと: *Lo que pides es una* ~. 君が要求していることは不可能だ。 *Ante la ~ de ir a la escuela, estudió en casa con un profesor particular.* 彼は学校へ行くことができないので, 家で家庭教師について勉強した。 *Me vi en la ~ de ayudarlo económicamente.* 私は彼を経済的に助けることができなかった。 ~ *por física* 身体に障害があるため。 *imposible ~ de toda* ~ 全く不可能な。 《法律》無能力

imposibilitado, da [imposibilitádo, da] 〘形〙 〖estar+. +de 身体の〗不自由な, 麻痺した: *Está ~ de la pierna derecha.* 彼は右脚が不自由だ。 *El accidente me dejó ~ del brazo izquierdo.* 私は事故で左腕が動かなくなった。 *Cuida en casa a una tía ~da.* 彼は家で体の不自由な叔母を世話している。 〘法語〗〖+para·de+不定詞 することが〗不可能な: *Desde que*

he empezado a tener un perro faldero, me veo ~*da de (para) hacer viaje*. 愛玩犬を飼い始めてから私は旅行に行けなくなっている
— 〘名〙 身障者

imposibilitar [imposibilitár] 〖←*imposible*〗〘他〙 ❶ 不可能にする, 妨げる: *La falta de fondos imposibilita nuestra investigación.* 資金が欠乏し我々の研究ができなくなっている。 *La ignorancia imposibilitó el mutuo entendimiento.* 無知が相互理解を阻んだ。 ❷ 身体を不自由にする: 1) *Los accidentes de circulación imposibilitan a muchas personas para el resto de su vida.* 交通事故で多くの人が残りの人生を身障者として過ごす。 2) 〖+para·de+上で〗 *Su defecto visual no lo imposibilita para ser un buen deportista.* 彼は目が見えないが、立派にスポーツができる
— ~*se* 〘メキシコ〙 〔怪我·病気で一時的に〕体が不自由になる: *Me imposibilité de una rodilla.* 私は片膝をけがした

imposible [imposíble] 〖←ラテン語 *impossibilis* < in-（否定）+*possibilis* < *posse*「能力がある」〗 〘形〙 ❶ 〖ser+〗不可能な, ありえない, 起こりえない; きわめて困難な, 実現（実行）できない: 1) *Eso es* ~. そんなことは不可能だ。 *amor* ~ かなわぬ恋。 *ilusión* ~ かなわぬ夢。 2) 〖ser ~+不定詞·*que*+接続法〗 *Es ~ para nosotros acabar el trabajo para mañana.* 私たちに仕事を明日までに終えることはできない。 *Es ~ que lo hagamos en un día.* 私たちがそれを1日でするのは不可能だ。 *Es ~ que la situación empeore más.* 事態がこれ以上悪化することはありえない。 3) 〖~ de+不定詞〗 …するのが不可能な《×posible de+不定詞》: *Es ~ de soportar.* それは耐えがたい。 *Este libro ya es ~ de adquirir.* この本はもう入手するのが難しい。 *Ese enigma es ~ de explicar.* その謎は説明がつかない。 *problema ~ de resolver* 解決するのが不可能な問題。 ❷〘口語〙〖estar+〗1) 〔状況などが〕悪い: *El tráfico está ~ a la hora punta.* ラッシュアワーの交通事情は耐えがたい。 *Hace un tiempo* ~. ひどい天気。 *calor* ~ 耐えがたい暑さ。 2) 〔人が〕手に負えない, どうしようもない: *Hoy está de mal talante, está* ~. 今日は彼は機嫌が悪くて, 扱いにくい。 *Los niños, cuando tienen hambre, se ponen* ~*s*. 子供は空腹になると手に負えない。 3) 《チリ. 口語》だらしない, 汚らしい

dejar por ~ 〔固執するので, +a+人 の〕説得をあきらめる
hacer lo*[*s*] ~ [*s*]/*hacer todo lo ~ できる限りのことをやってみる, あらゆる手段を講じる: *Hice lo ~ por sacarlo de ese aprieto, pero no lo conseguí.* 私はその苦境から彼を救おうと色々努力したが, だめだった
parecer ~ 〖+*que*+接続法 は〗不可能に思える: *Me parece ~ que eso que dices sea verdad.* 君の言ったことが本当だなんて信じられない
— 〘男〙不可能なこと; きわめて困難なこと: *Ella siempre me está pidiendo ~s, cosas que yo no puedo hacer.* 彼女はずっと私に無理難題を, 私にはできないことをするようにと言い続けている

imposiblemente [imposíblemente] 〘副〙 不可能にも
imposición [imposiθjón] 〖←*imponer*〗〘女〙 ❶〘文語〙〔罰金などを〕課すること; 課税: ~ *directa (indirecta)* 直接（間接）課税。 ~ *en el origen* 源泉課税。 ~ *proporcional/~ de tipo fijo* 〔課税標準の大小に関係なく一定率の〕比例課税。 ~ *sobre la renta integral (separada)* 総合（分離）課税。 ❷ 押しつけ, 強要: *No me vengas con imposiciones.* 命令がましいことを言ってくるな。 ~ *de precios* プライス·リーダーシップ, 価格先導制〔ある企業が先導してその産業の価格設定·変更を行なう〕。 ❸ 預金: ~ *a plazo* 定期預金。 ❹《宗教》 ~ *de manos* 按手（礼）。 ❺《印刷》組付け
impositivo, va [imposití(b)o, ba] 〖←*imposición*〗〘形〙 ❶ 租税の, 課税の: *carga ~va* 租税負担。 *ingresos ~s* 租税収入。 *política ~va* 租税政策。 ~ *tasa* 税率。 ~ *tipo* 税率。 ❷〔人から〕強いられる: *La fe no es un acto ~ sino voluntario.* 信仰は人に強制されてするものではない
— 〘女〙《南米》〖la+〗税務署
impositor, ra [impositór, ra] 〘名〙 ❶ 預金者。 ❷《印刷》組付け工
imposta [impósta] 〘女〙 ❶《建築》 〔アーチの〕迫元（せりもと）。 ❷ 〔階の境を示す〕建物外壁の水平帯状突出部
impostación [imposta θjón] 〘女〙《音楽》〔声を〕一定の高さで発すること
impostar [impostár] 〘他〙《音楽》〔声を〕一定の高さで発する

impostergable [imposterɣáble] 形 後回しにできない, 延期不能な: pago ～ 延期不能な支払い
impostor, ra [impostór, ra] 形 名 ❶ 詐称する〔人〕; にせ者, 他人になりすます人. ❷ 中傷する〔人〕
impostura [impostúra] 女《文語》❶ 詐欺行為, ペテン. ❷ 中傷
impotable [impotáble] 形 飲めない, 飲用に適さない
impotencia [impoténθja]《←ラテン語 impotentia》女 ❶ 無力, 無能: sensación de ～ 無力感. ❷《医学》〔男性の〕性的不能《=～ sexual》
impotente [impoténte]《←ラテン語 impotens, -entis》形 ❶ 無力な, 無能な: Los bomberos eran ～s frente al incendio forestal. 消防士たちは山火事を前に無力だった. ❷《医学》性的不能の
—— 男 性的不能者
impr.《略語》←imprenta 印刷所
impracticabilidad [impraktikaβiliðáð] 女 実行不能
impracticable [impraktikáble] 形 ❶ 実行され得ない: La operación fue ～. 手術は不可能だった. ❷ 実現不可能な: Es una propuesta ～. それは実現不可能な提案だ. ❷〔道などが〕通れない, 使えない
impráctico, ca [impráktiko, ka] 形《まれ》実践(実用)的でない
imprecación [imprekaθjón] 女 ❶《文語》呪い, 呪詛(じゅそ): proferir *imprecaciones* 呪いをかける. lanzar una ～ 呪いの言葉を投げつける. ❷《修辞》呪いの言葉
imprecar [imprekár]《←ラテン語 imprecari「欲する」》[7] 他《文語》…に呪いをかける
imprecatorio, ria [imprekatórjo, rja] 形《文語》呪いの: fórmula ～ria 呪いの文句
imprecisión [impreθisjón] 女 ❶ 不正確, 不明確. ❷ 正確でない計算(情報など), 明確でない行為(表現など): El partido estuvo lleno de muchas *imprecisiones*, por el mal estado de terreno. 試合はグラウンドコンディションが悪くて, ミスが多かった
impreciso, sa [impreθíso, sa]《←in-(否定)+preciso》形 不明確な, 漠然とした, 誤解を招く: descripción ～*sa* あいまいな記述
impredecible [impreðeθíble] 形 予言(予測)され得ない, 予言(予測)不可能な
impredictibilidad [impreðiktiβiliðáð] 女 予言不能, 予測不能
impregnable [impreɣnáble] 形 しみ込まされ得る
impregnación [impreɣnaθjón] 女 ❶ しみ込ませる(しみ込む)こと, 含浸: ～ de la madera 木材の含浸《防腐剤などの注入》. ❷《生物》刷り込み《=impronta》. ❸《物理, 化学》浸透, 透過
impregnar [impreɣnár]《←ラテン語 impraegnare < in-(虚辞)+praegnare「妊娠している」》[他] ❶《+de・con・en》…にしみ込ませる, 含浸させる: ～ el algodón *en* (*de*) alcohol 綿にアルコールをしみ込ませる. ❷ …にしみ込む: El agua *impregnó* la pared. 水が壁にしみ込んだ. ❸《+de 思想・感情など》…に吹き込む: Esta melodía me *impregna de* melancolía. このメロディーは私をメランコリックな気分にする. ❹《物理, 化学》浸透させる, 透過させる
—— ～*se* ❶ しみ込む: El cuarto *se impregnó* de olor a pino. 部屋は松の匂いに染まった. ❷〔思想などに〕かぶれる: *Se impregnó* de esta doctrina. 彼はこの主義に染まった
impremeditación [impremeðitaθjón] 女 無思慮, 不用意
impremeditado, da [impremeðitáðo, ða] 形〔言葉・行為が〕不用意な, 計画的でない
imprenta [imprénta]《←カタルーニャ語 empremta「跡」< emprémer <ラテン語 imprimere「跡を残す」》女 ❶ 印刷, プリント《=impresión》. ❷ 印刷術. ❸ 出版: La ～ ilustra o corrompe. 出版は啓発するか堕落させる. leyes de ～ 出版法. libertad de ～ 出版の自由. ❹ 印刷所, 印刷工場: Mandar hacerse a una ～ trescientas tarjetas de Navidad. 彼はクリスマスカードを300枚注文印刷してもらった. ❺《写真》焼き付け. ❻ 印刷物, 印刷された紙. ❼《コロンビア》1) 大嘘. 2) 値の安い装身具. 3) 俗 計画案
　dar (*entregar*) *a la* ～ 印刷に出す, 出版する: Ya *he dado a la* ～ la versión final del informe. 私はすでに報告書の最終原稿を印刷に出してある
imprentar [imprentár] 他《中南米》❶〔ズボンの裾に〕丸くテープを縫い付ける. ❷〔襟・ズボンなどに〕アイロンで折り目をつける

imprentario, ria [imprentárjo, rja] 名《チリ》印刷業者
imprentero, ra [imprentéro, ra] 名《アルゼンチン, ウルグアイ》印刷工
imprentilla [imprentíʎa] 女 ❶〔家庭用の〕活字と印刷機のセット. ❷ スタンプ
imprescindible [impresθindíβle]《←in-(否定)+prescindible < prescindir》形《ser+》必要不可欠な: 1) Él es ～ para nuestro equipo. 彼は我がチームに欠かすことができない. El profesor dio unas referencias bibliográficas ～*s*. 先生は必read文献を紹介した. cosas ～*s* para la vida 生活必需品. lo〔más〕～ 絶対に必要なもの. condición ～ 必要条件. 2)《不定詞・que+接続法 が主語》Para matricularse en esta escuela es ～ haber superado la prueba de ingreso. この学校の生徒になるには入学試験に合格することがどうしても必要である
imprescriptibilidad [impreskri[p]tiβiliðáð] 女《法律》〔権利・義務などが〕時効で消滅しないこと
imprescriptible [impreskri[p]tíβle] 形《法律》〔権利・義務などが〕時効によって消滅しない
impresentable [impresentáβle] 形 ❶ 人前に出せない, ひどく見苦しい: Entregó un escrito ～, escrito a mano y lleno de tachaduras. 彼は手書きで消し跡だらけの汚い書類を提出した. ❷《口語》〔人が〕1) 無教養な; 不作法な. 2) 義務(約束)を果たさない. 3) 滑稽(哀れ)だと思われている
impresión [impresjón]《←ラテン語 impressio, -onis < imprimere「跡を残す」》女 ❶ 印象; 〔何とはない〕感じ: Me dio la ～ de ser una persona muy simpática. 彼はとても感じのよい人だという印象を私は受けた. Al verme después de muchos días mi abuela estuvo muy fría conmigo y eso me dejó una ～ de tristeza. 久しぶりに会ったのに祖母は私にそっけなかった, それが私には淋しい思いとして後に残った. ❷ 感銘, 感動: Me dio una profunda ～ su autobiografía. 彼の自伝に私は深い感銘を受けた. ❸ 驚き, ショック: El agua del río estaba tan fría, que me causó una fuerte ～ al meter una mano en ella. 川の水はとても冷たく, その中に手を入れただけで私はびっくりした. Me causó una gran ～ verla tan demacrada. 彼女があんなにやつれているのを見て私はショックを受けた. ❹ 感想, 意見: Cambió *impresiones* sobre la política económica del país con los periodistas extranjeros. 彼は外国人記者たちと自国の経済政策を意見交換した. ～ de la lectura 読後の感想. ❺ 印刷; 印刷物《=tirada》: Se prohibió la ～ de estas obras durante el régimen militar. 軍事政権下でこれらの作品の印刷は禁止された. La ～ de este libro no es buena. この本の印刷はよくない. mala ～ 印刷の悪さ(汚なさ). ～ de lujo 豪華版. ❻〔押しつけた〕跡, 圧痕: ～ dactilar (digital) 指紋. ～ de un pie en la tierra 土の上の足跡. ❼〔レコードなどの〕プレス. ❽《写真》焼き付け. ❾ 押印, 刻印. ❿《情報》プリントアウト〔行為, 結果〕. ⓫《生物, 心理》刷り込み《=impronta》. ⓬《古語》印刷所
　causar (*una*) *buena* (*mala*) ～ *a*+人〔人・事物が〕…によい(悪い)印象を与える: Ella me *causa buena* ～; es una anciana aseada y cuida bien su apariencia. 私は彼女に好印象を持っている. 歳をとっているが, きちんと身ぎれいにしているのだ. Se aprovechó del oportunismo del primer ministro siempre le *ha causado malas impresiones* al pueblo. 首相のご都合主義は国民に悪印象を抱かせてきている
　dar buena (*mala*) ～ *a*+人 =causar buena (mala) ～ a+人
　dar la ～〔*de*〕*que*+直説法〔+a+人〕…という印象を与える; …という感じがする《de の省略は《口語的》》: *Dio la* ～ *de que va a llover*. 雨が降ってきそうな感じだった
　de ～《西. 口語》印象的な, 感動的な: ¡Estabas *de* ～ con ese vestido! そのドレスを着た君はすばらしかった! novio *de* ～ すてきな恋人. película *de* ～ すばらしい映画
　hacer buena (*mala*) ～ *a*+人 =causar buena (mala) ～ a+人
　primera ～ 第一印象: Se deja llevar por las *primeras impresiones*. 彼は第一印象に左右されやすい
　producir ～ *a*+人〔意外な〕印象を…に与える: La elevada temperatura del baño de vapor me *produjo* tal ～ que no pude quedarme allí ni un minuto. その蒸し風呂の温度の高さにびっくりして, そこに1分と入っていられなかった
　tener la ～〔*de*〕*que*+直説法 …という印象を持つ《de の省略は《口語的》》: *Tengo la* ～ *de que* van a casarse. 私は彼

らが結婚するだろうという印象を持っている. A veces *tengo la ~ de que* mis recomendaciones caen en saco roto. 私は時々自分の助言は聞き流されている気がする

impresionabilidad [impresjonabiliðáð] 囡 ❶ 感受性〔の強いこと〕; 神経質なこと. ❷《写真》感光度

impresionable [impresjonáble] 厖 [ser+. 人が] 感じやすい, 感受性の強い; 神経質な: Era muy ~ y se desmayó al ver que su marido tenía sangre en la cabeza. 彼女は感受性が強く, 夫が頭から血を流しているのを見て気絶した. ❷《写真》感光の. ❸ [テープなどが] 録音 (録画) 可能な

impresionante [impresjonánte] 厖 ❶ 印象的な, 感銘を与えるばかりの: Fue un partido ~. 感動的な試合だった. ❷《口語》驚くほど大きい (強い): Está ~, pesará unos 150 quilos. 彼はすごく大きい, 150キロぐらいあるだろう

tener una cara ~《口語》非常に厚かましい; 冷笑的である

impresionar [impresjonár] 他 ❶ [←impresión] 強い印象を与える; 感動させる, 感銘を与える, …の心を深く動かす: A todos nos *ha impresionado* hondamente la entrega y abnegación de la madre en su familia. 母親が家族のために尽くし献身している様子に我々全員深い感銘を受けた. ❷ ひどく動揺させる, ショックを与える; 怖がらせる; 驚かせる: Me *impresiona* mucho verla tan delgada. 彼女があんなに痩せているのを見て私はショックです. Las violencias ya no *impresionan* a los televidentes. もう暴力シーンを見てもテレビ視聴者は驚かなくなっている. ❸ 録音する, 録画する: Este disco compacto está mal *impresionado*. このCDは録音が悪い. ~ algunas canciones infantiles en un disco compacto CDに童謡を何曲か録音する. ❹《写真》感光させる: rollo sin ~ 未感光のフィルム

── 自 [+a+人 に] 印象を与える; 注意を引く: Te lo dice para ~. 彼は注意を引くために君にそう言っているのだ

── *se* 再 [+por·de·con に] 強い印象を受ける, 感動する: *Me impresioné* mucho *con* sus lágrimas. 私には彼の涙がとても印象的だった. ❷ 録音される, 録画される: Parece que he manejado mal el vídeo y no *se ha impresionado* la película. 私はビデオの操作が悪かったみたいで画像が録画されていない. ❸《写真》感光する: Cuando se abre el objetivo de una máquina fotográfica, la imagen *se impresiona* sobre la película. カメラのレンズが開くと映像がフィルムの上に感光される

impresionismo [impresjonísmo] 男《美術, 音楽など》印象主義, 印象派

impresionista [impresjonísta] 厖 囲《美術, 音楽など》印象主義の, 印象派の〔画家〕

impreso[1] [impréso] 男 ❶《郵便》⓲〖割引料金で送られる〗印刷物, 書籍小包〖⁂ ~ postal〗: *I~s* ⓲ 印刷物の中. enviar (mandar) como ~ 書籍小包扱いで送る. ❷ 記入用紙: Rellene este ~ con letras de imprenta. この用紙に活字体で記入して下さい. ~ de solicitud 申し込み用紙

impreso[2], **sa** [impréso, sa]《←ラテン語 impressus. imprimirの不規則な 過分》❶〖伝達手段として〗紙に印刷された: medios ~*s* 印刷媒体, 紙媒体

impresor, ra[1] [impresór, ra] 厖 囲 印刷する; 印刷業者, 印刷工

── 男〚まれ〛印刷機〖=impresora〗

impresora[2] [impresóra]《←impresor》囡 ❶ 印刷機, プリンタ: ~ de chorro de tinta インクジェットプリンタ. ~ de impacto インパクトプリンタ. ~ de margarita デージーホイールプリンタ. ~ de matriz de puntos (matricial) / ~ de puntos ドットプリンタ. ~ láser レーザープリンタ. ~ térmica 熱転写プリンタ. ❷《戯謔》印刷業者 (印刷工) の妻

imprestable [impréstáble] 厖 貸与不可の

imprevisible [impreβisíβle] 厖 [ser+ ~impresión] 予見 (予知) され得ない: Los movimientos de los terroristas son ~*s*. テロリストの動きは予測できない. crisis ~ 予知できない危険

imprevisión [impreβisjón] 囡 予見 (予測) 不能, 先見の明を欠くこと

imprevisor, ra [impreβisór, ra] 厖 囲 先見の明がない〔人〕, 不用意な〔人〕

imprevistamente [impreβistaménte] 副 意外にも, 思いがけなく

imprevisto, ta [impreβísto, ta]《←in-(否定)+previsto < preverⅡ》厖 意外な, 思いがけない; 不測の: encuentro ~ 思いがけない出会い. viaje ~ 急な旅行

── 男 ❶ 思いがけない出来事: Le ha surgido un ~ a mi marido y no podemos ir al concierto. 夫が急に都合が悪くなって私たちはコンサートに行けない. ❷《行政》臨時支出, 不測の出費

imprimación [imprimaθjón] 囡 ❶〖カンバス・壁面などの〗下塗り; 下塗り用の絵の具・塗料. ❷ アスファルト

imprimadera [imprimaðéra] 囡 下塗り用のへら, ペインティングナイフ

imprimador, ra [imprimaðór, ra] 厖 囲 下塗りをする〔人〕

imprimar [imprimár]《←ラテン語 imprimer》他 ❶〖カンバス・壁面などに〗下塗りをする: ~ el balcón con minio バルコニーに鉛丹で下塗りする. ❷《コロンビア, ペルー》〖幹線道路を〗アスファルト舗装する

imprimátur [imprimátur] 男《単複同形》〖教会の与える〗出版認可

imprimatura [imprimatúra] 囡 〖にかわ入り石膏による, 板の〗下地処理, 下塗り

imprimible [imprimíble] 厖 印刷 (出版) され得る

imprimir [imprimír]《←ラテン語 imprimere「跡を残す」》他 過分 impreso. 複合時制では規則型 imprimido も多い》❶ [+en·sobre に] 印刷する: Quiere ~ su historia personal en forma de folleto para repartirla entre sus amigos. 彼は自分史を小冊子に印刷して友人に配りたいと考えている. Estos calendarios fueron *impresos* en Japón. これらのカレンダーは日本で印刷された. ~ cinco mil ejemplares de la novela その小説を5千部刷る. ~ el mensaje de la carta electrónica *en* un papel メールの文面を紙に刷る. ~ el título y el nombre del autor *en* la cubierta 表紙にタイトルと著者名を印刷する. ~ en redondas この文字を明朝体で印刷する. ~ con la máquina. 印刷機で刷る. ~ a máquina タイプで打つ: "Don Quijote" fue *impreso* en 1605.『ドン・キホーテ』は1605年に出版された. ❷《繊維》プリントする, 捺染(ᵂ)する: ~ la cara de Madonna *en* (*sobre*) la tela de camiseta Tシャツの布にマドンナの顔をプリントする. ❸〖跡を〗残す, 押印する, 刻印を押す: Muchos actores de cine *han imprimido* sus huellas de la mano en las baldosas de esta calle. 多くの映画俳優が手形をこの通りの敷石に残した. En este país los extranjeros deben ~ las huellas digitales en la comisaría de policía de la zona donde viven. この国では外国人は居住地域の警察署で指紋を押印しなければならない. ~ en la tierra mojada las huellas de los zapatos 濡れた地面に靴跡を残す. ❹ 心に刻みつける, 教え込む: Mi mujer me *imprimió* el amor a las flores. 妻は花を愛でる心を私に植え付けた. Tu partida me *imprimió* una gran tristeza. 君が出発して私の心に深い淋しさを残した. ❺《文語》特徴づける, 方向づける: El cazador que llevas te *imprime* un aire de deportista. ジャンパーを着ていると君はスポーツマンタイプに見える. Estos días el presidente de tendencia izquierdista le *ha imprimido* su estilo al gobierno del país. 最近, 左翼系の大統領がその姿勢を色濃く国政に打ち出し始めている. ❻《文語》〖速さ・効果を〗加える, 加速する: La raqueta tiene que ~ más efecto a la pelota. ラケットの力がもっとボールに乗るようにしないといけない. ~ más velocidad al coche 車を加速する. fuerza *imprimida* a la pelota ボールに加えられた力, ひねり, スピン

── *se* ❶ 印刷される; 出版される: *Se imprimen* muchos libros inútiles. 役に立たない本がたくさん印刷される. ❷ …を銘記する: *Imprímete* en tu cabeza mis consejos. 私の忠告を心に銘記しておきなさい

improbabilidad [improβaβiliðáð] 囡 ありそうもないこと

improbable [improβáβle]《←in-(否定)+probable》厖 ありそうもない: 1) Si esa opción falla, solo quedaría un ~ perdón presidencial. もしその選択が失敗したら, ありそうもないことだが大統領の謝罪しか残らないだろう. 2) [+que+接続法 することは] Parece ~ que llueva hoy. まず今日は雨は降らなそうだ

improbablemente [improβáβleménte] 副 まずありそうもなく

improbar [improβár] 他《主にベネズエラ》反対する, 承認しない, 非難する

improbidad [improβiðáð] 囡 不誠実, 不道徳

ímprobo, ba [ímproβo, ba]《←ラテン語 improbus「不名誉な」< in- (否定)+probus「高潔な」》厖《文語》❶〖仕事などが〗骨の折れる, 大変な: esfuerzo ~ 大変な努力. ❷ 不誠実な, 不道徳な

improcedencia [improθeðénθja] 囡 不適当; 不当性

improcedente [improθeðénte]《←in-(否定)+procedente < proceder〕形 ❶《文語》不適当な, 不適切な: respuesta ～ 常識外れの返答. ❷《中米》不当な: despido ～ 不当解雇

improductivamente [improduktibáménte] 副 不毛に, 非生産的に

improductividad [improduktibiðáđ] 女 不毛, 非生産性

improductivo, va [improduktíbo, ba] 形 不毛の, 非生産的な: tierras ～vas 不毛の土地. dinero ～ 遊んでいる金; 無駄金

improfanable [improfanáble] 形 冒瀆され得ない; けがされることのない

improlijo, ja [improlíxo, xa] 形《アルゼンチン. 口語》[仕事に] 不注意な; [外見に] 気を使わない

improlongable [improloŋgáble] 形 延長不可能な

impromptu [imprómptu] 男 ❶《音楽》即興曲. ❷ 即興詩; 即席の演説

impronta [imprónta]《←伊語》女 ❶《技術》[押しつけて取る] 型: sacar una ～ en cera de una llave ろうで鍵の型を取る. ❷《文語》[精神的な] 跡, 刻印, 影響: Su estilo tiene la ～ de una gran personalidad literaria. 彼の文体はある文豪の影響を受けている. Su triste infancia le dejó una ～ imposible de borrar. 不幸な幼年時代は彼の心に消しがたい傷を残した. ❸《生物, 心理》インプリンティング, 刷り込み. ❹《生物》印象化石

improntar [improntár] 他 ❶ 型を取る. ❷《文語》《精神的に》影響を与える

impronunciable [impronunθjáble] 形 ❶ 発音不可能な, 発音しにくい. ❷ 口に出してはならない《→inefable 類義》. ❸《まれ》言いようのない, 言葉で表せない

improperar [improperár] 他《まれ》…に悪口雑言を浴びせる

improperio [impropérjo]《←ラテン語 improperium「非難」》男 ❶ [主に 複] 侮辱[の言葉], 悪口雑言. ❷《カトリック》[複] インプロペリア《曲》《不信仰者に対するイエスの非難の歌》
llenar (cubrir) a+人 de ～s …に罵言を浴びせる: Llenó de ～s a los que habían aceptado soborno. 彼はわいろを受け取った人々をののしった

impropiamente [imprópjaménte] 副 不適切に

impropiedad [impropjeðáđ] 女 ❶《文語》不適切: evitar la ～ en el uso de... …の不適切な使用を避ける. ❷ [言葉の] 誤用, 不適切な表現

impropio, pia [imprópjo, pja]《←ラテン語 improprius》形 [ser+. +en·de·para に] ❶ 不適切な: Ese modo de hablar es ～ en un diplomático. そんな話し方は外交官らしくない. palabra ～pia 不適切な発言. ❷ 普通でない, 奇妙な: Estas temperaturas son ～pias para esta estación. 今の季節にこの気温はおかしい

improporción [improporθjón] 女 不釣合, 不均衡

improporcionado, da [improporθjonáđo, đa] 形 不釣合な, 並外れた

improrrogable [improrroɣáble] 形 延長(延期)され得ない: El plazo es ～. 期限は延長できない

impróspero, ra [impróspero, ra] 形《まれ》繁栄していない, 景気の悪い

improsulto, ta [improsúlto, ta] 形 ❶《ホンジュラス. 口語》悪い, 役に立たない. ❷《=カラグア. 口語》においのきつい, 悪臭のする. ❸《ベネズエラ》すばらしい. ❹《チリ》向こう見ずな; 不遜な, 横柄な; 恥知らずな

imprividamente [impróbiðaménte] 副《まれ》備えなく; 不意に, 思いがけなく

imprivido, da [impróbiđo, đa] 形《まれ》備えのない; 不意の, 思いがけない

improvisación [improbisaθjón] 女 ❶ 即興, 即席: a la ～ 即興で, 思いつくままに. error por ～ うっかりミス. ❷ インプロヴィゼーション, アドリブ; 即興曲(詩·劇), 即興演奏; 即興詩; 即興劇: hacer ejercicios de ～ 即興的な演技の練習をする. ❸《まれ》[主に不相応な] スピード出世, 短期間での蓄財

improvisadamente [improbisáđaménte] 副 ❶ 即興で, 即席で; 間に合わせで. ❷ 不意に, 思いがけなく

improvisador, ra [improbisađór, ra] 形 名 即興の才がある; 即興演奏家(詩人)

improvisamente [improbísaménte] 副 =improvisadamente

improvisar [improbisár]《←仏語 improviser》他 ❶ 即興で作る: ～ un discurso 即興で演説をする. ❷ 間に合わせに作る, 準備の

しに行なう: ～ una comida あり合わせのもので食事を作る

improvisatorio, ria [improbisatórjo, rja] 形 即興演奏の

improviso, sa [improbíso, sa]《←ラテン語 improvisus「予見できない」》形 不意の, 思いがけない
al ～ =de ～
coger a+人 de ～ …の不意をつく: La tormenta nos cogió de ～ y nos empapamos de agua. 私たちは不意の夕立にあい, ずぶぬれになった
de ～ ❶ 不意に, 突然: presentarse de ～ 不意に現れる. ❷) 即席で

improvisto, ta [improbísto, ta] 形 不意の, 思いがけない
a la ～ta 不意に, 思いがけなく

imprudencia [impruđénθja]《←ラテン語 imprudentia「無知」》女 ❶ 軽率[な言動], 不用意, 不謹慎, 無分別: Me parece una ～ preguntar sus años. 彼女の年齢を聞くのはぶしつけだと思う. ❷ cometer una ～ 軽率なことをする. ❸《法律》homicidio por ～ 過失致死. ～ grave 重過失. ～ profesional 業務上の過失. ～ temeraria 過失, 注意義務を怠ること

imprudente [impruđénte]《←ラテン語 imprudens, -entis》形 軽率な[人], うかつな, 不謹慎な: Has estado muy ～ diciéndole eso. 彼にそんなことを言って君はひどく軽はずみだった. conductor ～ 慎重でないドライバー

imprudentemente [imprudénteménte] 副 軽率に, うかつに

impte.《略記》←importe 金額, 代金

impto.《略記》←impuesto 税金

impúber [impúber]《←ラテン語 impubes, -eris》形 名《文語》未成年の; 未成年者: edad ～ 未成年

impúbero, ra [impúbero, ra] 形 名《まれ》=impúber

impublicable [impublikáble] 形 発表(出版)不可能な

impudencia [impuđénθja] 女 厚かましさ, 厚顔無恥

impudente [impuđénte] 形 厚かましい, 厚顔無恥の

impúdicamente [impúđikaménte] 副《文語》❶ みだらに. ❷ 臆面もなく, 無遠慮に

impudicia [impuđíθja]《←ラテン語 impudicitia》女《文語》❶ みだらさ. ❷ 破廉恥, 厚顔無恥

impudicicia [impuđiθíθja] 女 =impudicia

impúdico, ca [impúđiko, ka]《←ラテン語 impudicus < in- (否定) +pudicus「純潔な, 臆病な」》形《文語》❶ みだらな, わいせつな: gesto ～ わいせつな仕草. sueños ～s 淫夢. ❷ 破廉恥な, 厚顔無恥な: comportamiento ～ 恥知らずな行ない

impudor [impuđór]《←in- (否定)+pudor》男《文語》❶ みだらさ. ❷ 破廉恥, 厚顔無恥: Hablaba con total ～ de sus intimidades. 彼は自分の私生活についてあけすけに語った

impudoroso, sa [impuđoróso, sa] 形《まれ》=impúdico

impuesto¹ [impwésto]《←imponer》男 税金: Ojalá reduzcan los ～s. 減税してくれたらなあ. pagar el ～ municipal 市町村税を納める. tienda libre de ～s 免税店. nuevo ～ sobre las importaciones 輸入品にかかる新税. ～ a la renta《中南米》所得税. ～ a los ingresos《メキシコ》所得税. ～ al rédito《アルゼンチン》所得税. ～ de sucesiones y donaciones 相続·贈与税. ～s finalistas/～ afectado [使途を特定した] 目的税. ～s directos 直接[間接]税. ～ especiales《西》[食糧·酒類·たばこ·石油·石油製品に対する] 特別税. ～ negativo sobre la renta 負の所得税《低所得者に対する生活保護給付など》. ～ predial《コロンビア》固定資産税. ～ revolucionario [テロ集団などが強要する] 献金, 見かじめ料. ～ sobre bienes inmuebles (raíces)/～ inmobiliario 固定資産税. ～ sobre el valor añadido/～ al valor agregado 付加価値税《スペインではEC加盟(1986)を契機に導入. 税率は生活必需品に低く, 奢侈品ほど高い》. ～ sobre el tráfico de empresas 取引高税《スペインでは付加価値税導入後に廃止された》. ～ sobre la renta de las personas físicas [個人] 所得税《スペインでは1964年に創設》. ～ [sobre la renta] de sociedades 法人[所得]税
antes de ～s/antes de deducir los ～s《経済》税引き前の: beneficio antes de ～s 税引き前利益

impuesto², ta [impwésto, ta]《←ラテン語 impositum. imponer の過分》形《メキシコ. 口語》[+a に] 慣れている: Estoy ～ a madrugar. 私は早起きには慣れている

impugnable [impuɣnáble] 形 ❶ 抗議され得る, 反論の余地のある. ❷ 征服され得ない, 難攻不落の

impugnación [impuɣnaθjón] 女 [+de への] 抗議, 反論; 異議申し立て

impugnador, ra [impuɡnaðór, ra] 形 名 抗議する〔人〕, 反論する〔人〕

impugnante [impuɡnánte] 形 名 =impugnador

impugnar [impuɡnár]《←ラテン語 impugnare「攻撃する」》他 ❶ 抗議する, 反論する: ~ la decisión del jurado del concurso コンクールの審査団の決定に抗議する. ~ una teoría 理論を論駁(ばく)する. ❷《法律》異議申し立てをする

impugnativo, va [impuɡnatíβo, βa] 形 抗議(反論)の, 抗議(反論)に役立つ

impugnatorio, ria [impuɡnatórjo, rja] 形 抗議(反論)に役立つ

impulsador, ra [impulsaðór, ra] 形 =impulsor

impulsar [impulsár]《←ラテン語 impulsare < impellere < in- (強調)+pellere「動かす」》他 ❶ 押す, 押し進める: ~ un coche hacia adelante 車を前に押す. ~ un balón hasta la portería ボールをゴールまで進める. ❷ [+a に] かり立てる, 仕向ける: ¿Qué le impulsó a suicidarse? 何が彼を自殺に追いやったか? ❸ 励ます; 推進する: ~ la producción 生産を促進する. ~ un proyecto 計画を推進する
— ~se ❶ 自分に弾みをつける. ❷ 弾みがつく: Con este programa se impulsará el empleo femenino. この計画によって女性の雇用が推進されるだろう

impulsión [impulsjón] 女《文語》推進; 衝動《=impulso》

impulsivamente [impulsíβaménte] 副 衝動的に

impulsividad [impulsiβiðá(ð)] 女 衝動性; 衝動的行為

impulsivo, va [impulsíβo, βa] 形 [ser+] 衝動的な〔人〕, 直情的な〔⇔flemático〕: La procesada no parece una ~va, pero actuó como tal. 被告は衝動的なタイプには見えないが, その行動は衝動的だった. compra ~va 衝動買い

impulso [impúlso]《←ラテン語 impulsus < impellere「打つ」》男 ❶ 押すこと; 推進力: ~ ascencional 上昇力. ❷ 促進: dar un gran ~ a las actividades culturales 文化活動を大々的に推進する. ❸ 衝動: llevado por un ~ instintivo 本能的な衝動にかられて. ~ suicida 自殺衝動. ❹ 扇動, 教唆. ❺《電気》パルス, インパルス, 衝撃~: modulación de ~ パルス変調. generador de ~ インパルス発生器. ❻《物理》瞬間力, 力積, 衝撃量
a ~s de... …の力で
coger ~ =tomar ~
por ~ 発作的に, 衝動的に
tener el ~ de+不定詞 …したいという衝動を感じる
tomar ~《跳躍のために》はずみをつける, 助走する

impulsor, ra [impulsór, ra] 形 名 推進する〔人〕; 扇動者
—— 男《技術》駆動;《航空》ブースター

impune [impúne]《←ラテン語 impunis》形 [estar+] 罰せられない: crimen ~ 罰を受けない犯罪

impunemente [impúneménte] 副 罰を受けずに

impunidad [impuniðá(ð)] 女 無処罰: El crimen quedó en la ~. その犯罪は処罰されなかった

impunismo [impunísmo] 男 無処罰主義

impunista [impunísta] 形 名 無処罰主義の(主義者)

impuntual [impuntwál] 形 時間を守らない, ずぼらな

impuntualidad [impuntwaliðá(ð)] 女 時間を守らないこと, ずぼらさ

impuramente [impúraménte] 副 不純に; 不道徳に

impureza [impuréθa] 女 ❶《時に 複》不純物: ~s del agua 水の汚れ. ❷ 〔道徳的な〕不純, 不貞. ❸ 〔血統などの〕純血性の欠如, 混血《=~ de sangre. →limpio de sangre》

impuridad [impuriðá(ð)] 女 =impureza

impurificación [impurifikaθjón] 女 不純化, 汚染

impurificar [impurifikár] 他 ❶ 不純にする, 汚す: ~ el aire 大気を汚染する. ❷《廃語》追放する, 粛清する《=depurar》
—— ~se 不純になる, 汚れる

impuro, ra [impúro, ra]《←ラテン語 impurus》形 ❶ 不純な, まざり物のある: mineral ~ 不純な鉱石. ❷ 〔道徳的に〕不純な; acción ~ra 不道徳な(道徳の不純な)行為. ❸《宗教》不浄の, 汚れた

imputabilidad [imputaβiliðá(ð)] 女 帰責: edad de ~ 責任年齢

imputable [imputáβle] 形 [+a に] 責を帰すべき: negligencia ~ al deudor 債務者による怠慢

imputación [imputaθjón] 女 ❶ [+contra に] 責任をかぶせること, 嫌疑; 非難: ~ penal contra el ex director 前社長に対する刑事責任の追及. ❷《簿記》インピュテーション方式, グロスアップ方式《配当所得に対する法人税と株主の所得税が二重課税されるのを排除する》. ~ de costes [適正な期間損益計算のための] 原価配分, 費用配分

imputador, ra [imputaðór, ra] 形 名 責任を負わせる〔人〕

imputar [imputár]《←ラテン語 imputare「帳簿に記入する」》他 ❶《文語》[+a の] せいにする, 責任を負わせる: El juez le imputó un delito de prevaricación. 裁判官は彼に汚職罪を言い渡した. Él imputa su error a la mala suerte. 彼は自分の誤りを不運のせいにする. imputado del caso 裁判の被告. ❷ 記帳する, 計上する

imputrescible [imputresθíβle] 形 腐敗しない, 腐敗しにくい

imputrible [imputríβle] 形《廃語》腐敗しない

in [ín]《←英語》形《単複同形》《古語的》トレンディな, ナウい《⇔out》: una de las discoteca más in de la ciudad 町で最もイケてるディスコの一つ

in-《接頭辞》❶ 〔否定・欠如〕《b・p の前では im-, l の前では i-, r の前では ir-》の意味を表す: imposible 不可能な, ilegal 非合法な, irregular 不規則な. ❷ 〔中〕《b・p の前では im-》 insertar 挿入する, importar 輸入する

-ín, na《接尾辞》❶ 〔地名形容詞化〕mallorquín マジョルカ島の. ❷ 〔示小〕chiquitín 幼児, poquitín ほんの少し

inabarcable [inaβarkáβle] 形 [ser+] 包含(包括)され得ない

inabordable [inaβorðáβle] 形 近寄られ得ない: tema ~ 取り組み不可能なテーマ. persona ~ 近寄りがたい人

in absentia [in a(β)séntja]《←ラテン語》副 不在中に

inacabable [inakaβáβle] 形 際限のない: tiempo ~ 終わりのない時間. trabajo ~ 切りのない仕事. ~ línea de la costa どこまでも続く海岸線

inacabado, da [inakaβáðo, ða] 形 未完成の, やりかけの

inaccesibilidad [ina(k)θesiβiliðá(ð)] 女 近寄れないこと; 理解できないこと

inaccesible [ina(k)θesíβle]《←ラテン語 inaccesibilis》形 ❶ [+a・para にとって] 近寄れない: Este pico fue ~ para los alpinistas. この山頂は登山家で受けつけなかった. persona ~ 近寄りがたい人. ❷ 理解できない: tema ~ a los profanos 門外漢には分からないテーマ. ❸《誤用》[価格・目標が] 手の届かない: precio ~ 手の届かない値段

inaccesiblemente [ina(k)θesíβleménte] 副 近寄れないほど

inacceso, sa [ina(k)θéso, sa] 形《まれ》未到の

inacción [inakθjón] 女 無活動, 無為: política de ~ 消極的な政策

inacentuación [inaθentwaθjón] 女《音声》無強勢

inacentuado, da [inaθentwáðo, ða] 形《音声》[estar+] 強勢(アクセント)のない: palabra ~da 無強勢語《スペイン語では定冠詞, 前置詞, 接続詞など》

inaceptable [inaθe(p)táβle] 形 [ser+. +para にとって] 承諾できない: propuesta ~ 〔para cualquiera〕〔誰にとっても〕承諾できない申し出

inaceptación [inaθe(p)taθjón] 女 不承諾

inacostumbrado, da [inakostumbráðo, ða] 形 不慣れな

inactínico, ca [inaktíniko, ka] 形《物理》光化学作用を持たない

inactivación [inaktiβaθjón] 女 不活発化;〔病原菌・酵素などの〕不活性化

inactivar [inaktiβár] 他 不活発にする; 不活性化させる
—— ~se 不活発になる; 不活性化する

inactividad [inaktiβiðá(ð)] 女《←in- (否定)+actividad》❶ 不活動, 不活発; 働かないこと, 怠惰: Denunció la ~ del Gobierno. 彼は政府の怠慢を非難した. tiempo de ~ 休止時間. ❷《文語》動かないこと: Los síntomas se dan en la ~ del cuerpo dormido. それらの症状は睡眠中体が動かない間に現われる

inactivo, va [inaktíβo, βa]《←in- (否定)+activo》形 ❶ [estar+] 不活発な, 非活動的な, 休んでいる: No me gusta estar ~. 私はじっとしているのが嫌いだ. ~ mercado ~ 活気のない市場. miembro ~ 不活動会員, 休眠会員. ❷《経済》無職の: La mayor parte de las personas ~vas son jubilados y jóvenes. 仕事のない人々の大半は定年退職者と若者である
—— 名 複 [los+] 非就労(非労働力)人口《=población ~va》

in actu [in áktu]《←ラテン語》副《哲学》現実に, 実際に

inactual [inaktwál] 形 今日的でない: Son datos ya ~*es*. それらのデータはもう古い. caballero ~ 時代遅れの騎士
inadaptabilidad [inaða(p)taßiliðá(d)] 女 不適応性
inadaptable [inaða(p)táßle] 形 [ser+. +a c] 適応(順応)できない: niño ~ *a* la vida escolar 学校生活に適応できない子
inadaptación [inaða(p)taθjón] 女 不適応
inadaptado, da [inaða(p)táðo, ða] 名 [環境・社会に] 不適応の; 不適応者: Desde que se ha jubilado está ~*da* al ritmo cotidiano. 定年退職して以来, 彼女は日常生活のリズムに適応でない
inadecuación [inaðekwaθjón] 女 不適切
inadecuado, da [inaðekwáðo, ða] 形 不適切な, 当を得ない: uso ~ *de* pesticidas 殺虫剤の不適切な使用
inadmisible [inaðmisíßle] 形 [ser+] 承認(容認)できない: teoría ~ 受け入れられない理論. conducta ~ 許しがたい行為
inadmisión [inaðmisjón] 女 不承認
inadmitir [inaðmitír] 他 承認(容認)しない
inadoptable [inaðo(p)táßle] 形 ① 養子にできない. ② 採用しがたい
inadvertencia [inaðßerténθja] 女 ① 不注意, 抜かり [→descuido 類義]: falta cometida por ~ 不注意で犯した失敗, うっかりミス. ② 不注意な言動: debido a los graves errores e ~s cometidos por los encargados 担当者たちの重大な誤りと不注意によって
inadvertidamente [inaðßertiðámente] 副 不注意で, うっかりと, うかつにも
inadvertido, da [inaðßertíðo, ða] 形 ① 気づかれない: gesto ~ 感づかれない仕草. ② ぼんやりした, 不用意な: Me cogió totalmente ~. 私は完全に不意を突かれた. *pasar* ~ 見られない(気づかれない)ですむ: Su ausencia *ha pasado* ~*da* hasta hoy. 彼の不在は今日まで気づかれなかった
in aeterno [in etérno] 副 =**in aeternum**
in aeternum [in etérnun] 《←ラテン語》 永遠に, いつまでも
inafectado, da [inafektáðo, ða] 形 影響を受けていない; 感染していない
inaferrable [inafeŕáßle] 《文語》 つかまれ得ない
inagotable [inaɣotáßle] 形 [ser+] ① くみ尽くせない: recursos ~ 無尽蔵の資源. ② [人が] 疲れを知らない; [忍耐力が] たゆまぬ
inaguantable [inaɣwantáßle] 形 ① [ser+. 事物が] 耐えられない: Este dolor es ~. この痛みは我慢できない. película ~ 見るに耐えない映画. ② [estar+. 人が] 我慢のならない: Se pone ~ cuando empieza a hablar. 彼が話し始めると始末に負えない
inajenable [inaxenáßle] 形 《まれ》 譲渡され得ない
inalámbrico, ca [inalámbriko, ka] 形 《通信》 無線の ―― 男 無線電話
in albis [in álßis] 《←ラテン語》 副 《口語》 何も理解できずに, 白紙の状態で: Me he quedado ~ *de* lo que dijo. 私は彼の言うことがさっぱり分からなかった/彼が言ったことを全く知らなかった ―― 形 《カトリック》 domingo ~ 復活祭後の第一日曜日
inalcanzable [inalkanθáßle] 形 到達不能の: objetivo ~ 達成できそうにない目標
inalienabilidad [inaljenaßiliðá(d)] 女 譲渡不可能性; 不可侵性
inalienable [inaljenáßle] 形 ① 《法律》 譲渡され得ない: propiedad ~ e indestructible 譲渡不可能かつ不滅の資産. ② 奪う(侵す)ことのできない: derecho ~ 不可侵の権利
inalterabilidad [inalteraßiliðá(d)] 女 ① 変質しないこと; 不変性. ② 動揺しないこと, 泰然自若
inalterable [inalteráßle] 《←in-(否定)+alterable < alterar》 形 ① [+a で] 変更しない; 変わらない: color ~ *a* la luz 光で変色しない絵の具. amistad ~ 変わらぬ友情. principio ~ 不易の原則. ② [精神状態が] 動揺しない, 平然とした, 泰然自若とした: con rostro ~ 顔色を変えずに, 平然と
inalterablemente [inalteráßleménte] 副 ① 変質せずに; 変わらずに. ② 平然として
inalterado, da [inalteráðo, ða] 形 変質していない; 不変の
inameno, na [inaméno, na] 形 《まれ》 不快な; 面白くない, 楽しくない
inamisible [inamisíßle] 形 《まれ》 失われることのない, 失いようのない

inamistoso, sa [inamistóso, sa] 形 敵対的な, 非友好的な
inamovible [inamoßíßle] 《←in-(否定)+movible》 形 ① [決定などが] 動かせない, 変更不能な: tener una voluntad ~ 意志が固い. ② [人・地位が] 罷免されない, 終身的身分保障の. ③ [技術] 着脱(分離)不能
inamovilidad [inamoßiliðá(d)] 女 ① [決定などが] 動かせないこと, 変更不能. ② [人・地位が] 罷免されないこと, 終身的身分保障: Actúa tan despóticamente porque se cree ~ en el cargo. 彼は罷免されることはないと信じているから, あれほど横暴にふるまうのだ. ~ en el puesto de trabajo 《西. 歴史》 終身雇用 《フランコ時代に労働者から自由と権利を奪った代償として保証された》
inanalizable [inanaliθáßle] 形 分析不可能な
inane [ináne] 《←ラテン語 inanis》 ① 《文語》 むなしい, 無意味な: esfuerzo ~ 徒労. ② 飢餓によって衰弱した
inania [inánja] 女 =**inanidad**
inanición [inaniθjón] 《←ラテン語 inanitio, -onis》 女 飢餓による衰弱: morir por ~ 餓死する
inanidad [inaniðá(d)] 女 ① 《文語》 空虚, 無意味. ② =**inanición**
inanimado, da [inanimáðo, ða] 《←ラテン語 inanimatus》 形 ① [ser+] 生命のない: seres (objetos) ~s 無生物. ② [estar+] 意識を失った: cuerpo ~ 意識のない体. ③ 《文法》 無生の: nombre ~ 無生名詞. ser ~ 無生, 非有生
inánime [ináníme] 形 《まれ》 =**inanimado**
inanimidad [inanimiðá(d)] 女 《まれ》 生命のないこと
inapagable [inapaɣáßle] 形 消され得ない; [欲求などが] 静まり得ない
inaparente [inaparénte] 形 明らかでない
inapeable [inapeáßle] 形 ① 降ろされ得ない; [意見などを] 放棄させられ得ない. ② [道などが] 通れない. ③ 理解され得ない, 不可解な. ④ しつこい, 強情な
inapelable [inapeláßle] 形 ① 《法律》 上訴不可能な, 確定判決の. ② 不可避の, 確実な
inapelablemente [inapeláßleménte] 副 不可避的に, 確実に
inapercibido, da [inaperθißíðo, ða] 形 気づかれない; 不用意な
inapetencia [inapeténθja] 女 食欲(欲望)の減退
inapetente [inapeténte] 形 [estar+] 食欲(欲望)の減退した
inaplazable [inaplaθáßle] 形 [必要などで] 延期不能な: La cita con el presidente es ~. 社長と会う約束は絶対延期できない
inaplicable [inaplikáßle] 形 適用され得ない
inaplicación [inaplikaθjón] 女 不熱心 [=desaplicación]
inaplicado, da [inaplikáðo, ða] 形 不熱心な [=desaplicado]
inapreciable [inapreθjáßle] 《←in-(否定)+ラテン語 appretiare》 形 [ser+] ① 感知され得ない, 見分けられない; ささいな, ごくわずかな: Las diferencias eran ~*s*. ほんのわずかな相違だった. defecto ~ ちょっとした欠陥. ② はかり知れない, この上なく貴重な: ayuda ~ 絶大なる助力. ~ fuente de energía はかり知れないエネルギーの源泉
inaprehensible [inapre(e)nsíßle] 形 《文語》 =**inaprensible**
inaprensible [inaprensíßle] 形 《文語》 ① [かすか・微妙で] 感知(理解)され得ない, とらえどころのない. ② つかめない
inaprensivo, va [inaprensíßo, ßa] 形 =**desaprensivo**
inapresable [inapresáßle] 形 [主に抽象的に] 捕えられ得ない
inapropiado, da [inapropjáðo, ða] 形 [ser+] 不適当な, 不適切な, ふさわしくない
inaprovechado, da [inaproßetʃáðo, ða] 形 利用されていない, 無駄になっている: espacio ~ 遊休スペース
inaptitud [ina(p)titú(d)] 女 適さないこと, 不適
inapto, ra [iná(p)to, ta] 形 適さない
inarmonía [inarmonía] 女 不調和
inarmónico, ca [inarmóniko, ka] 形 不調和の: A mí me parece que es ~*ca* la música moderna. 現代音楽は音の調和に欠けるように私には思える
inarrugable [inaŕuɣáßle] 形 [布などが] しわになりにくい, しわになりにくい
inarticulado, da [inartikuláðo, ða] 形 ① [音声が] 不明瞭な. ② 《まれ》 無関節の
in articulo mortis [in artíkulo mórtis] 《←ラテン語》 副 死の瞬間に, 臨終の際に: matrimonio ~ 死を目前にした人との結婚

inartificioso, sa [inartifiθjóso, sa] 形 策を弄さない、わざとらしくない

inasequible [inasekíble]《←in-（否定）+asequible》形 [+a・para にとって] 獲得できない、到達できない: precio 〜 とても手の出ない値段
ser 〜 al desaliento 非常に元気がよい；張りきりすぎる

inasible [inasíble] 形《文語》[主に抽象的に] つかめない；理解できない

inasimilable [inasimiláble] 形 同化され得ない

inasistencia [inasisténθja] 女 [+a への] 欠席、不参加: Ha tenido dos 〜s a la clase esta semana. 彼は今週2回学校を休んだ. 〜 escolar 不登校

inasistente [inasisténte] 形 欠席する、不参加の

inastillable [inastiʎáble] 形 vidrio (cristal) 〜 破砕防止ガラス、強化ガラス

inasumible [inasumíble] 形 引き受けられ得ない

inatacable [inatakáble] 形 ❶ 攻撃しがたい、難攻不落の. ❷ 非の打ちどころのない

inatajable [inataxáble] 形 妨害され得ない

inatención [inatenθjón] 女 ❶ 不注意. ❷ 無愛想；無作法、失礼

inatendible [inatendíble] 形 注目に値しない

inatento, ta [inaténto, ta] 形 不注意な；失礼な

inaudible [inaudíble] 形 聞き取られ得ない、聞こえない

inaudiblemente [inaudibleménte] 副 聞こえないくらいに

inaudito, ta [inaudíto, ta]《←ラテン語 inauditus》形 [ser+] ❶ [主に悪い意味で] 前代未聞の、驚くべき: Hace un calor 〜. とんでもない暑さだ. ❷ 聞くに耐えない、ひどい: Afligieron con crueldad 〜ta a los ciudadanos. 彼らはひどい残虐さで市民を苦しめた

inauguración [inauɣuraθjón]《←inaugurar》女 ❶ 開会（落成・除幕）式《開会・完成などの式典》: 〜 del congreso 議会の開会式. 〜 de una autopista 高速道路の開通式. 〜 de una tienda 開店祝い. 〜 privada 《一般公開前の》内覧会. ❷ 開始、端緒. ❸《廃語》[君主の] 即位

inaugurador, ra [inauɣuraðor, ra] 形 開会（落成・除幕）式を行なう

inaugural [inauɣurál] 形 開会式の、開始の: ceremonia 〜 開会式典. discurso 〜 開会の辞

inaugurar [inauɣurár]《←ラテン語 inaugurare「占う」< augurium「前兆」》他 ❶ …の開会（落成・除幕）式を行なう: El rector inauguró el nuevo curso. 学長は始業式を行なった. 〜 una exposición 展覧会の開会式を行なう. 〜 una estatua 像の除幕式を行なう. 〜 un puente 橋の開通式を行なう. 〜 un hospital 病院の開業式を行なう. ❷ 開始する；創始する: Inauguran las clases hoy. 今日から授業が始まる. Han inaugurado la temporada de esquí. スキーシーズンの開幕が宣言された. 〜 una corriente artística 新しい芸術の潮流を作る. 〜 un restaurante レストランを開店する. ❸《まれ》[卜占官が] 鳥の飛び方などで占う
—— 〜se 開会（落成・除幕）式が行なわれる: Se ha inaugurado la refinería de petróleo más grande del país. 国内最大の精油所が開設された

inautenticidad [inautentiθiðá(d)] 女 本物でないこと

inauténtico, ca [inauténtiko, ka] 形 本物でない、にせ物の

inaveriguable [inaberiɣwáble] 形 確かめられ得ない、調査たしえない

inaveriguado, da [inaberiɣwáðo, ða] 形 未確認の

INB 男《西.略語》←Instituto Nacional de Bachillerato 公立高等学校

INC 男《西.略語》←Instituto Nacional de Colonización 開拓庁

inca [íŋka]《ケチュア語》名 インカ（人）の；インカ人《15〜16世紀初め、クスコ Cuzco を拠点に南北4000kmに及ぶアンデス地域に住む数多くの民族集団を支配したインカ帝国を建設した人々。「インカ」は、君主 Sapa Inka と王家直系の親族集団《貴族》を指す名称だが、スペイン人年代記作者はインカ帝国とその住民を示す言葉として用いた》: Imperio I〜 インカ帝国. —— 男 ❶ インカの皇帝；インカの男性皇族. ❷ ペルーの昔の金貨

incachable [iŋkatʃáble] 形《中米》役に立たない、無能な

incaíble [iŋkaíble] 男《メキシコ》ヘアピン

incaico, ca [iŋkáiko, ka]《文語》形 インカ inca の: civilización 〜ca インカ文明. Imperio 〜 インカ帝国

incalculable [iŋkalkuláble] 形《価値・量などが》はかり知れない、莫大な: Este collar tiene un valor 〜. このネックレスは途方もない価値がある. pérdidas 〜s はかり知れない損失

incalificable [iŋkalifikáble] 形 ❶ ひどい、言語道断な: conducta 〜 あきれたふるまい. ❷ 評価され得ない、評価できない

incalificado, da [iŋkalifikáðo, ða] 形 資格のない；未熟練の

incalmable [iŋkalmáble] 形 鎮められ得ない、和らげられ得ない

incalumniable [iŋkalumnjáble] 形 中傷され得ない

incanato [iŋkanáto] 男《ペルー》❶ インカ帝国時代. ❷ インカ帝国の政治社会構造

incandescencia [iŋkandesθénθja] 女 ❶ 白熱〔状態〕: lámpara de 〜《電気》白熱電球. ❷ 熱狂

incandescente [iŋkandesθénte]《←ラテン語 incandescens, -entis < incandescere「鮮紅色になる」》形 [estar+] 白熱した: lámpara 〜 白熱電球

incansable [iŋkansáble] 形 [ser+. +en に] 疲れを知らない；持久力のある、根気のよい: Es 〜 en el trabajo. 彼はたゆまず働く. luchador 〜 スタミナのあるレスラー

incansablemente [iŋkansábleménte] 副 疲れを知らずに；根気よく: Es un autor que revisa 〜 su obra. 彼は自分の作品を徹底的に推敲するタイプの作家だ

incantable [iŋkantáble] 形 歌われ得ない

incapacidad [iŋkapaθiðá(d)]《←incapaz》女 ❶ [+de・para への] 能力がないこと；[肉体的・精神的] 不能: Su 〜 para hacer frente a la emergencia nacional le hizo dimitir al primer ministro. 国家の緊急事態に対処する能力の欠如によって総理大臣は辞職せざるを得なかった. La 〜 de la directiva llevó a la empresa al fracaso. 経営陣の無能力によってその企業は破綻してしまった. 〜 de sentir amor por el sexo opuesto 異性に対して愛を感じられないこと. 〜 de abastecimiento de los alimentos de nuestro país 我が国の食糧自給能力の欠如. 〜 para resolver sus problemas personales 個人的な問題を解決する力がないこと. 〜 para los idiomas extranjeros 外国語音痴. 2) 〜 laboral [permanente] 就労不能. 〜 laboral transitoria 一時労働不能. 〜 por maternidad 出産休暇. Tuvo rotura de fémur y le dieron una 〜 por cinco meses. 彼は大腿骨を折って5か月の傷病休暇扱いが認められた. ❷《法律》無能力 [≒ legal]; 〜 del testigo 証人の法的無能力. ❸ 容量のなさ: 〜 de las presas para satisfacer la demanda del agua de los habitantes 住民の水の需要をまかなうためのダムの容量不足. ❹ [身体の] 障害 〜 física (mental) 肉体（精神）の障害. ❺《コロンビア》病欠

incapacitado, da [iŋkapaθitáðo, ða] 形 名 ❶《法律》無能力の、[法的] 資格のない [人]. ❷ [中米や] [心身に] 障害のある；障害者: Debido a un accidente de tráfico, quedó 〜 y no puede nadar. 彼は交通事故で体が不自由になり、泳ぐことができない

incapacitar [iŋkapaθitár]《←incapaz》他 ❶ [+para] 不可能にする；不適格にする: El dolor de la rodilla me incapacita para el baile. 膝の痛みで私はダンスができない. En la tribunal lo han incapacitado para ejercer como abogado. 裁判所で彼の弁護士資格が剥奪された. ❷《法律》無能力を宣告する: Han incapacitado al anciano y ya no puede vender nada de hacienda propia. 老人は無能力の宣告を受けたので、もう自分の財産を何一つ売却することができない

incapaz [iŋkapáθ]《←in-（否定）+capaz》形《複〜ces》❶ [肉体的・精神的に、+de+不定詞・名詞 することが] できない: 1) [ser+] Es un hombre 〜 de hacer daño a nadie. 彼は人を傷つけることのできない人だ. Soy 〜 de ver bien la película a esta distancia. 私はこんな遠くからでは映画がよく見えない. Es 〜 de una amabilidad. 彼は優しいことができない. Es 〜 de tal cosa. 彼はそのようなことはできない. 2) [estar+. 一時的に] Hoy ya estoy 〜 de seguir más con el ordenador. 今日は私はもうこれ以上コンピュータの仕事は無理だ. Me siento 〜 de compartir el cuarto con él. 私はもう彼とは同室でいるように思う. ❷ [ser+. +para] 1) 能力のない、適格でない: Su hijo es 〜 para dirigir a los demás. 彼の息子には人の上に立つような能力がない. Soy totalmente 〜 para esta tarea. 私は全くこの仕事に向いていない. Se es 〜 para beber ni fumar hasta los veinte años cumplidos. 人は満20歳になるまでは酒もたばこ

も許されていない。2)［心情的に］…できない: Soy ~ para decirle que venda su casa y se traslade a alguna casa de ancianos. 私は彼に家を売ってどこかの養老院に入れなくて言えない。❸《法律》無能力の: Fue declarado ~ de administrar sus bienes. 彼は自分の財産を管理する能力がないと法的に宣言された。❹《口語》［人・事物が］不快な, 我慢のならない, ひどく見苦しい。❺《まれ》収容能力のない: El teatro es ~ para quinientos espectadores. その劇場は観客の収容能力が500人もない
—— 图 ❶ 役立たず: Era un ~ para todo. 彼は全くの役立たずだった。❷《法律》無能力者
incarcerado, da [iŋkarθeráđo, đa]《医学》hernia ~da 嵌頓（ﾊﾞ）ヘルニア
incardinación [iŋkarđinaθjón] 囡 ❶《カトリック》教区への受け入れ。❷ 加入, 参入; 組み込み, 取り込み
incardinar [iŋkarđinár]《←ラテン語 incardinare》他 ❶《カトリック》［司教が聖職者を］教区に受け入れる。❷［人を家・組織などに］入れる。❸［物などを抽象概念の中に］入れ込む: Podemos ~ su producción entre las corrientes de vanguardia. 彼の作品は前衛主義の流れの中に含めることができる
incario [iŋkárjo] 男 ❶ インカ帝国時代; インカ帝国。❷ インカ帝国の政治社会構造
incasable [iŋkasáble] 形［人が］結婚が難しい; 結婚が大嫌いな
incásico, ca [inkásiko, ka] 形 インカの〔=incaico〕
incasto, ta [iŋkásto, ta]《まれ》身持ちの悪い, 不品行の
incatalogable [iŋkataloɣáble] 形 類別され得ない, レッテルを貼るのが無理な
incausado, da [iŋkausáđo, đa] 形 原因のない
incausto [iŋkáusto] 男 蝋画法〔=encausto〕
incautación [iŋkautaθjón] 囡 押収, 差し押さえ: La policía procedió a la ~ de las armas halladas en el barco. 警察は船から発見された武器の押収を行なった
incautamente [iŋkáutaménte] 副 無警戒に; ばか正直に
incautar [iŋkautár]《←俗ラテン語 incautare「罰金刑を課する」＜ラテン語 cautum「法的措置」》~**se**［+de e］❶ 押収する, 差し押さえる: La policía se incautó de una pistola. 警察はピストルを押収した。❷［不当に］取り上げる
incauto, ta [iŋkáuto, ta]《←ラテン語 incautus》形 图 ❶ 不注意な〔人〕, 軽率な〔人〕, 無警戒な〔人〕: Es muy ~ y algún día le pasará algo con el coche. 彼はとても不注意で, いつか車で事故を起こすだろう。❷ お人よしの, ばか正直な〔人〕
incendaja [inθendáxa] 囡 焚（ﾀ）きつけ
incendiar [inθendjár]《←incendio》10 他 ❶ 焼き払う, 火事にする; 放火する: Un rayo cayó sobre el bosque y lo incendió. 雷が森に落ちて火事になった。❷《文語》［日光が］強く照らす
—— ~**se** 火事になる: Se incendió la fábrica. 工場が焼けた
incendiario, ria [inθendjárjo, rja]《←incendiar》形 图 ❶ 放火する; 放火犯人。❷ 火災を起こさせる: bomba ~ria 焼夷弾, botella ~ria 火炎瓶。❸ 扇動的な, 挑発的な: discurso ~ アジ演説
incendio [inθéndjo] 男《←ラテン語 incendium < incendere「焼く, 焼き払う」< in-（強調）+candere「焼ける」》形 ❶ 火災, 火事. 頻義 incendio は fuego より規模が大きい］: Ha estallado un ~ forestal. 山火事が発生した. causar ~ 火事を起こす. combatir el ~ 消火活動をする. ~ fortuito 自然発火. ~ intencionado (provocado) 放火。❷［愛情・怒りなどの］激情, 情熱の炎: Ana le ha provocado un ~. アナは彼の愛情に火をつけた
hablar ~**s contra**+人《ペルー》…の悪口を言う, 悪態をつく
incensación [inθensaθjón] 囡 撒香, 香炉を振ること
incensada [inθensáđa] 囡《まれ》［撒香の儀式における］吊り香炉の揺れ。❷ おもねり, へつらい
incensador, ra [inθensađór, ra] 形 图 おもねる〔人〕, へつらう〔人〕
incensar [inθensár]《←ラテン語 incensare》23 他 ❶ 撒香（ﾊﾞ）する, 香炉を振る。❷ おもねる, へつらう
incensario [inθensárjo]《←incensar》男《カトリック》吊り香炉〔手で持ったり振ったりするための鎖と蓋が付いているも〕
incensurable [inθensuráble] 形 非難のできない
incentivación [inθentibaθjón] 囡 刺激, 奨励
incentivador, ra [inθentibađór, ra] 形 图 刺激（奨励）する〔人〕

incentivar [inθentibár] 他 刺激する, 奨励する: Las gratificaciones incentivan el rendimiento de los trabajadores. ボーナスは労働効率を刺激する. medidas para ~ la creación de puestos de trabajo 雇用の創設を刺激するための方策. bajas incentivadas 希望退職
incentivo, va [inθentíbo, ba]《←ラテン語 incentivum < incentivus「音調を与える, 駆り立てる」< canere「歌う」》形 刺激となる
—— 男 ❶ 刺激, 激励, 誘因: El ~ del dinero le convenció. 彼は金の誘惑に負けた。❷《経済》インセンティブ: viaje de ~ インセンティブツアー〔得意先などの招待旅行〕
incentro [inθéntro] 男《幾何》内心
incepción [inθepθjón] 男《技術》開発
inceptor [inθe(p)tór] 男《廃語》創始者, 先駆者
incerteza [inθerteθa] 囡《まれ》=**incertidumbre**
incertidumbre [inθertiđúmbre]《←in-（否定）+certidumbre》囡 ❶ 不確かさ, 不確実性: No me sentía preocupado ante la ~ de su llegada. 彼が着くかはっきりしなかったので私は心配だった。❷ 半信半疑, 迷い: tener ~ sobre... …について確信がもてない
incertinidad [inθertiniđáđ] 囡《古語》=**incertidumbre**
incertísimo, ma [inθertísimo, ma] 形 incierto の絶対最上級
incesable [inθesáble] 形《まれ》=**incesante**
incesablemente [inθesáblemente] 副《まれ》=**incesantemente**
incesante [inθesánte]《←in-（否定）+cesar》形 絶え間ない, 不断の: lluvia ~ 降りしきる雨. ~s peticiones ひっきりなしの請求
incesantemente [inθesánteménte] 副 絶え間なく
incesto [inθésto] 男《←ラテン語 incestus, -us < incestus, -a, -um「不純な」》男 近親相姦 ~ cometer ~ 近親相姦を犯す
incestuosamente [inθestwósamente] 副 近親相姦を犯して
incestuoso, sa [inθestwóso, sa] 形 图 ❶ 近親相姦の。❷［子供が］近親相姦による。❸ 近親相姦を犯す〔人〕
Incháustegui Cabral [intʃáustegi kabrál]《人名》Héctor ~ エクトル・インチャウステギ・カブラル〔1912～79, ドミニカ共和国の詩人〕
inchis [íntʃis] 男《ペルー. 植物》落花生, ピーナッツ
inchúrbido, da [intʃúrbiđo, đa] 形《ドミニカ, プエルトリコ》ばかな, 間抜けな
incidencia [inθiđénθja]《←英語 incidence》囡 ❶《文語》影響, はね返り: La huelga ha tenido escasa ~. ストライキの影響はほとんどなかった. ~ del alza de los precios sobre la vida diaria 物価上昇の日常生活へのはね返り。❷［ささいな・偶発的な］出来事: La vida está llena de ~s. 人生は小さな出来事の積み重ねだ。❸［誤りなどに］陥ること。❹《物理》入射, 投射: plano de ~ 入射面, 投射面。❺《経済》［間接税などの最終的な帰趨, 帰着［= ~ fiscal］:~ del impuesto［最終的な担税者への］租税の帰着。❻《医学》［病気の］発生率, 罹病率
por ~ 付帯的に; 偶然に
incidental [inθiđéntal]《←incidente》形 ❶ 付帯的な, 付随する; 二次的な, 重要でない: Lo importante es que estudies, las calificaciones son ~es. 大切なのは君が勉強することであって, 成績は二の次だ. hacer una observación ~ ついでに一言注意を述べる. gastos ~es 経常費, 諸雑費。❷ 偶発的な: detención ~ del trabajo 一時的な作業中止。❸《文法》挿入の: oración ~ 挿入文。❹《音楽》música ~［劇の］付随音楽
incidentalmente [inθiđéntálménte] 副 偶発的に; 付随的に, ついでに
incidente [inθiđénte]《←incidir I》男 ❶［ちょっとした］支障, トラブル; 小さな出来事: La jornada electoral se desarrolló sin ~s. 投票日は何事もなく進行した. La bolsa no ha registrado hoy ~s dignos de mención. 今日の市場は取り立てて述べるほどの動きはなかった。❷ 言い争い, 衝突: Hubo unos ~s entre los manifestantes y los policías. デモ隊と警官隊の間で小ぜり合いがあった. ~ diplomático 国際的な事件。❸《法律》付帯審理, 付帯審問
—— 形 ❶ 付帯的な; 偶発的な〔=incidental〕。❷《光学》rayo ~ 入射光線
incidentemente [inθiđénteménte] 副 偶発的に, たまたま
incidir [inθiđír] I《←ラテン語 incidere < in-（中）+cadere「落ちる」》目《文語》[+en ~] ❶［誤りなどに］陥る: El cambio de profesores ha incidido en el bajo rendimiento escolar. 教師

たちの交代は成績の低下をもたらした. ~ en una falta imperdonable 許しがたい過ちを犯す. ~ en un vicio 悪習に染まる. ~ en repeticiones 繰り返しの弊に陥る. ❷ 影響する: La publicidad *incide en* las ventas. 宣伝は売り上げに影響を及ぼす. ❸ 強調する: ~ *en* la necesidad de... …の必要性を強調する. ❹ [光線などが] 当たる, 射す: Los rayos del sol *inciden* en los cristales. 日光が窓ガラスに当たっている. ❺ 突然生じる; 襲いかかる
II 【←ラテン語 incidere < caedere「切る」】 他 ❶《医学》[腫れ物を] 切開する. ❷《美術》切り込みを入れる
incienso [inθjénso] 【←ラテン語 incensum「焼けた」< incendere「火をつける」】 男 ❶ [宗教儀式で使われる] 香, 乳香; 香の煙: quemar ~ 香をたく. ❷《植物》~ árbol de ~ カンラン科の一種. 学名 Boswellia carterii). 2)《キューバ ムラサキ科の一種〔学名 Tournefortia〕: ~ de playa〔学名 Tournefortia foetida〕. ❸《口語》へつらい, おべっか
echar ~ おべっかを使う, へつらう: Al antigua jefe bastaba con *echar*le ~, pero conmigo no valen palabras. 前の課長にはお追従を言うだけで事足りたが, 私には言葉は通用しないぞ
inciertamente [inθjértaménte] 副 不確かに; 確信なく, 半信半疑で
incierto, ta [inθjérto, ta] 【←ラテン語 incertus < in- (否定)+certus < cernere「決める」】 形【絶対最上級 incertísimo】 ❶ はっきりしない, あいまいな: Lo que dices es ~. 君の言っていることはあいまいだ. ❷ 不確かな, 疑わしい, 確信のない; 未知の: ❸ 偽りの: Sabía que la noticia era ~*ta*. 彼はそれが虚偽であることを知っていた. ❹ 知られていない, 未知の. ❺《闘牛》[牛が] 落ち着きのない
incindir [inθindír] 他《医学》[腫れ物を] 切開する
incinerable [inθinerábIe] 形 焼却されるべき
incineración [inθineraθjón] 女 [主に遺体の] 焼却: ~ de un cadáver 火葬. ~ de basuras ごみの焼却
incinerador, ra [inθineraðór, ra] 形 焼却の: planta ~*ra* de basuras ごみ焼却場
—— 男/女《物》焼却炉, 焼却装置
incinerar [inθinerár] 他【←ラテン語 incinerare < in- (強調)+cinis, -eris「灰」】 ❶ 焼却する, [特に] 火葬する: Los íberos *incineraban* los cadáveres. イベロ族には火葬の習慣があった. ❷《古語的》[たばこ に] 火をつける
incipiente [inθipjénte] 【←ラテン語 incipiens, -entis < incipere「始まる」】 形《文語》❶ 初期の: tener un resfriado ~ 風邪をひきかけている. día ~ 夜明け. ❷ [人が] 開始する
íncipit [ínθipit] 男 インキピット《中世の写本などで, 新しい章・節の初めを示す言葉. ⇔*éxplicit*》
incircunciso, sa [inθirkunθíso, sa] 形 割礼を受けていない
incircunscripto, ta [inθirkunskrí(p)to, ta] 形 = **incircunscrito**
incircunscrito, ta [inθirkunskríto, ta] 形《幾何》外接していない
incisión [inθisjón] 【←ラテン語 incisio, -onis < incisus < incidere < in- (強調)+caedere「切る」】 女 ❶《医学》切開, 切断; その切り口: hacer una ~ 切開する; 切り込みを入れる. ❷《美術》切り込み. ❸《まれ》詩句の句切り
incisivo, va [inθisíβo, ba] 【←ラテン語 incisivus】 形 ❶ 鋭利な, よく切れる: instrumento ~ 刃物. ❷ 辛辣な: crítica ~*va* 痛烈な（手厳しい）批評. ❸《歯学》conducto ~ 歯管
—— 男《歯学》門歯, 切歯〔= diente ~〕
inciso[1] [inθíso] 【←ラテン語 incisus】 男 ❶ 余談: hacer un ~ en su conferencia 講演でちょっと脱線する. a modo de ~ ついでに, ちなみに. ❷ [文章の] 節, 項; コンマ, 句点. ❸《文法》挿入句
inciso[2]**, sa** [inθíso, sa] ❶《医学》切開（切断）された. ❷《美術》切り込みのある. ❸ [文体が] 短文の多い, ぶっきらぼうな
inciso-cortante [inθíso cortánte] 形《医学》[傷口が] 刃物で切られた
inciso-punzante [inθíso punθánte] 形《医学》[傷口が] 尖った物で刺された
incisorio, ria [inθisórjo, rja] 形 [手術器具などが] 鋭利な, よく切れる
incisura [inθisúra] 女《医学》裂け目, 亀裂
incitación [inθitaθjón] 女 ❶ 煽動, 鼓舞. ❷ [+a への] 扇動, 教唆: ~ *a* la revuelta 騒乱の扇動. ~ *al* asesinato 殺人教

唆
incitador, ra [inθitaðór, ra] 形 駆り立てる, 誘発する: causa ~*ra* 誘因
—— 名 扇動者, 教唆する人
incitamento [inθitaménto] 男 刺激するもの, 駆り立てるもの
incitamiento [inθitamjénto] 男 = **incitamento**
incitante [inθitánte] 形 刺激する; 欲情をそそるような
incitar [inθitár] 【←ラテン語 incitare < in- (強調)+citare < ciere「動かす」】 他 ❶ [+a に] 駆り立てる, …する気にさせる, 励まして（そそのかして）…させる: Muchas películas *incitan a* la violencia. 多くの映画が暴力を助長している. *Incitó* a los obreros *a* rebelarse contra el patrón. 彼は労働者たちを扇動して雇い主に反抗させた. *incitado* al consumo 消費に駆り立てられて. ❷ 欲情に駆り立てる: Ella lo *incitaba* con su minifalda. 彼女のミニスカートが彼の欲情を刺激した
incitativo, va [inθitatíβo, ba] 形 男 刺激する〔もの〕, 駆り立てる〔もの〕
—— 女〔上位法廷が下位法廷に発する〕公正な裁きを求める申し渡し
incívico, ca [inθíβiko, ka] 形 公徳心のない〔人〕, 公民精神に欠ける〔人〕, 反市民的な
incivil [inθiβíl] 【←ラテン語 incivilis】 形 ❶ 公徳心のない〔人〕. ❷ 無作法な〔人〕, 粗野な〔人〕; 教養のない〔人〕
incivilidad [inθiβiliðá(ð)] 女 無作法, 粗野, 無教養
incivilizado, da [inθiβiliθáðo, ða] 形 無作法な, 粗野な; 未開の
incivilmente [inθiβílménte] 副 無作法に, 粗野に
incivismo [inθiβísmo] 男 公徳心（公民精神）の欠如, 反市民性
incl.《略語》[*|殳* incls.] ←incluido 含んだ, 含んで: ~ desayuno 朝食込みで
inclasificable [inklasifikáβle] 形 分類され得ない
inclaustración [inklaustraθjón] 女 修道院に入ること
inclaustrar [inklaustrár] 他 修道院に入れる
—— ~*se* ❶ 修道院に入る. ❷ 隠遁する
inclemencia [inklemenθja] 【←ラテン語 inclementia < in- (否定)+clementia「静けさ」】 女 ❶ [主に 複]天候の・特に冬の] 荒れ, 厳しさ: soportar las ~*s* del tiempo 厳しい天候に耐え忍ぶ. ❷《文語》冷酷, 無慈悲
a la ~ 野天で, 風雨にさらされて
inclemente [iŋklemente] 形 ❶《気象》荒れた, 厳しい: viento ~ 激しい風. ❷《文語》冷酷, 無慈悲な: castigo ~ 残酷な刑罰
inclín [iŋklín] 男《地方同》気質, 性癖
inclinación [iŋklinaθjón] 【←inclinar】 女 ❶ 傾き, 傾斜: La ~ de la Torre de Pisa aumenta con los años. ピサの斜塔の傾きは年々増加している. a una ~ de 20 grados 20度の傾きで. ~ de un tejado 屋根の勾配. ~ [de la aguja] magnética《測量》伏角, 傾角. ~ lateral《航空》横傾斜, バンク. ❷ [時に ~ +a への]傾向; 気質, 性格, 性癖: Sus hijos han mostrado mucha ~ *a* las artes. 彼の息子たちは芸術に並々ならぬ素質を示している. Tiene una cierta ~ *a* hablar exageradamente. 彼は誇張して話をする傾向が少しある. de malas inclinaciones 性癖の悪い. *inclinaciones* conservadoras 保守的傾向（体質）. *inclinaciones* suicidas 自殺癖. ❸ [+por・hacia+人・事物 への] 愛情, 好み: ~ *amor*〔類語〕. Tiene una ~ especial *por* su única nieta. 彼はただ一人の孫を猫かわいがりしている. Siento mucha ~ *por* este cortaplumas, recuerdo de mamá. 私は母の形見のこのペーパーナイフにとても愛着を感じている. Siente una ~ *por* el teatro. 彼は演劇に魅力を感じている. ~ *por* las matemáticas 数学好き. ❹ sexual 性的嗜好. ❹ うなずき; 会釈, おじぎ: Afirmó con leve ~ de cabeza. 彼は軽くうなずいた. hacer una profunda ~ 深々とおじぎをする〔頭を下げる〕
inclinado, da [iŋklináðo, ða] 形 ❶ 傾いた: Esta mesa está ~*da* hacia la derecha. このテーブルは右側に傾いている. plano ~ 斜面. ❷ [+a+不定詞・名詞] …したい気がする: Me siento ~ *a* aceptar esa oferta de trabajo. 私はその仕事の話を受けようかなという気持ちになっている. 2) …しがちな: Es un muchacho muy ~ *a* la benevolencia. その少年は大変思いやりがある
inclinador, ra [iŋklinaðór, ra] 形 名 傾ける〔人〕
inclinar [iŋklinár] 【←ラテン語 inclinare「垂直から離れる, 下がる」】 <

in-〔強調〕+clinare]他 ❶ [+hacia の方に] 傾ける, 斜めにする, 傾斜させる: El terremoto *inclinó* su casa. 地震のせいで彼の家は傾いた. *Incliné* el plato para acabarse la sopa. 私はスープを飲み干すために皿を傾けた. *Inclinó* el cuerpo *hacia* atrás. 彼は体を後ろにそらした. *Inclina* el cuadro *hacia* la derecha. 絵を右に傾けなさい. ~ el respaldo del asiento 座席の背を倒す. ❷ [事柄が人などを, +a+不定詞・名詞 に] 仕向ける, …する気にさせる: Todos estos índices me *han inclinado a* pensar que el economista tiene razón. これらの指数すべてから, 私はその経済学者の考えが正しいと思うようになった. La recesión *inclina* a los consumidores *hacia* el ahorro. 景気後退は消費者を貯蓄に向かわせる. Este gol *inclinó* el marcador *a* su favor. このゴールによって得点の流れが彼らの方に向いた
── 自《まれ》[+a に少し] 似る
── **se** 傾斜する: 1) [垂直であるべき人・物が] Peligrosamente se edificio se está *inclinando* por momentos. 危険なことにその建物は次第に傾きつつある. Tropezó con la silla y *se inclinó* un poco *hacia* ella. 彼は椅子につまずいて, 彼女の方に少しよろけた. 2) [道などが] 傾斜がある: Esta cuesta *se inclina* a la derecha a quinientos metros desde aquí. この坂道はここから500メートルのところで右に曲がっている. ❷ 身をかがめる; おじぎをする: *Me incliné* sobre la cama y besé a mi abuela. 私はベッドの上に身をかがめて, 祖母にキスをした. *Se inclinó* profundamente para saludar a los reyes. 彼は国王夫妻に敬意を表して深々とおじぎした. *Se inclinaba hacia* adelante mirando al suelo, 前屈する. Se *inclina* hacia atrás 背中を倒す, のけぞる. ❸ [+a+不定詞] …する気になる: *Me inclino a* pensar que tú tenías razón. 私は君が正しかったのだと考えるようになってきた. ❹ [+a+名詞] …に傾く: *Se inclina a* la melancolía. 彼は鬱の傾向がある. ❺ [+por] 賛成する, 味方する: 1) *Me inclino por* la primera alternativa. 私は最初の案に心が傾いている. Él siempre *se inclinaba por* (a) los débiles. 彼はいつも弱い者の味方をしていた. 2) [+por que+接続法] *Me inclino por que* nos descansemos un poco. 私たちは少し休んだらどうかと私は思う. ❻ [+a に] 似ている

inclinativo, va [iŋklinatíβo, ba] 形 傾ける[ことができる]
inclinómetro [iŋklinómetro] 男《測》伏角計, 傾角計;《航空, 船舶》傾斜計
ínclito, ta [íŋklito, ta]《←ラテン語 inclitus》形《文語》[+名詞] 高名な, 名声の高い: ~s personalidades 名高い人物たち
incluir [iŋklwír]《←ラテン語 includere 「閉じ込める」< in-（中）+claudere「閉める」》48 他 ❶ [+en・dentro de 全体・集団などに] 含める, 入れる: Los médicos lo han *incluido* en la lista de espera de los receptores de un riñón. 医師団は彼を腎臓被提供希望者リストに入れた. Recorrió la lista de aprobados para ver si su nombre estaba *incluido*. 彼は合格者一覧に自分の名前が載っているかどうか探した. *Incluyendo* a mis abuelos somos nueve de familia. 祖父母を含め我が家は9人家族だ. Me han *incluido* en el grupo de coro. 私はコーラスグループに入れてもらった. ~ a+人 entre los sospechosos 容疑者の中に…人を入れる. ❷ 同封する: He *incluido* cien dólares en la carta. 私は手紙に100ドルを同封した. ❸ 含む, 包含する.《⇔excluir》: El contrato no *incluye* la limpieza del coche ni del jardín. 契約には車の掃除も庭の掃除も入っていない. El sueldo no *incluye* los gastos de viaje. 給料には交通費は含まれていない. La nueva edición va a *incluir* un nuevo capítulo sobre pragmática. 新版には語用論についての1章が新たに加えられる予定だ. IVA *incluido/incluido* IVA 付加価値税込み. precio todo *incluido* 一切込みの値段
── ~**se** ❶ 自分自身を含める. ❷ 含まれる: ¿*Se incluye* el desayuno *en* este precio? この料金には朝食代も含まれますか

inclusa[1] [iŋklúsa] 女《西, 古語的》[主に I~, 児童の] 養護施設, 孤児院
inclusero, ra [iŋklusého, ra] 形 名《西》❶《古語的, 軽蔑》養護施設育ちの[子], ❷《口語》まがいもの, ブランドでない
inclusión [iŋklusjón]《←incluir》女 ❶ 含めること, 包含: Su sueldo anual es de 5 millones de yenes con ~ de bonificaciones. 彼の年俸はボーナス込みで700万円ある. hacer ~ de... …を含める. ~ *de un jugador japonés* al equipo Inter インテルチームへの日本人選手の加入. ❷《鉱物》含有物. ❸《生物》封入体. ❹《まれ》親交, 友情

inclusivamente [iŋklusíβamẽnte] 副 含めて, 込みで
inclusive [iŋklusíβe]《←incluir》副 ❶ 含めて《修飾する語句の直後に置く.《⇔exclusive》: La biblioteca no prestará los servicios al público del día 15 al 22, ambos ~, para la reforma parcial. 図書館は部分改修のため15日から22日まで, 両日を含め, 一般業務を行ないません. El examen es del capítulo primero al quinto, ambos ~. 試験は第1章から第5章まで, 両章を含めて, が範囲になる. hasta el día treinta ~〔30日を含めて〕30日まで. ❷《まれ》[文頭・文末に置くこと] …さえも《=incluso》: ~, comenzó a tronar./Comenzó a tronar, ~. おまけに雷も鳴り出した

incluso[1] [iŋklúso]《←ラテン語 inclusum < includere「含む」< in-（中）+claudere「閉める」》❶ 副 [名詞・文全体を修飾して]…までも, …すら: Gritó, lloró e ~ pataleó. 彼女は叫び, 泣き, 足を踏み鳴らしさえもした. I~ a los enemigos amó. 彼女は敵さえ愛した. Hay gente que trabaja todos los días, ~ los domingos. 毎日, 日曜日でさえ働いている人がいる. I~ es muy mentiroso. なおその上に彼は嘘までつく. ❷ [譲歩] …であっても: I~ sabiéndolo, no le diré nada. 知っていたとしても, 私は彼に何も言うものか. ❸ その上: Está pálido, ~ le tiemblan las manos. 彼は顔色が悪く, おまけに手が震えている. ❹ …も含めて; …も一緒に: Se fueron todos, ~ los ancianos. 皆, 老人たちも含めて, 行ってしまった.《語法》前置詞的な働きだが, +mí・ti ではなく +yo・tú: Nos invitaron a todos, ~ tú. 君を含めて我々全員が招かれた》

incluso[2]**, sa** [iŋklúso, sa] 形《まれ》含まれた
incluyente [iŋklwjénte] 形 含む, 込みの
incoación [iŋkoaθjón] 女《行政》[審理などの] 開始
incoagulable [iŋkoaɣuláβle] 形 凝固（凝結）し得ない
incoar [iŋkoár]《←ラテン語 incohare》形《行政》[審理などを] 開始する《直説法現在1人称単数はあまり使われない》: El casero ha *incoado* expediente de desahucio contra su inquilino. 家主は店子に出ていかせる手続きを開始した
incoativo, va [iŋkoatíβo, ba] 形 ❶《文法》起動［相］の. ❷ 開始の
incobrable [iŋkoβráβle] 形 回収され得ない, 回収不能の: deudas ~s 貸し倒れ金, 不良債権
incoercible [iŋkoerθíβle] 形《文語》抑えがたい, 抑制できない
incogitado, da [iŋkoxitáðo, ða] 形《廃語》予期しない, 考えてもいない
incógnita[1] [iŋkóɣnita] 女 ❶《数学》未知数: ecuaciones con varias (dos) ~s 連立（二元）方程式. despejar la (una) ~ 未知数を求める; 解決の鍵を発見する. ❷ 未知[のこと]: Es una ~ lo que hace todas las noches. 彼が毎夜何をしているのかは謎だ
incógnito[1] [iŋkóɣnito] 男 名前や身分を隠すこと, 匿名: guardar el ~ de+人 …の匿名性を尊重する
de ~ お忍びで, 名前や身分を隠して: Los reyes viajaban *de* ~. 国王夫妻はお忍びで旅行中だった
incógnito[2]**, ta** [iŋkóɣnito, ta]《←ラテン語 incognitus < in-（否定）+cognitus < cognoscere「知る」》形《文語》未知の: regiones ~tas 秘境. tierra ~ta 未発見の土地, 地図の空白部分
incognoscible [iŋkoɣnosθíβle] 形《文語》認識され得ない, 不可知の
incoherencia [iŋkoerénθja] 女 ❶ 脈絡のなさ: decir ~s 支離滅裂なことを言う. ❷ 矛盾: discurso lleno de ~s 矛盾だらけの演説. ❸《物理》非コヒーレンス, 非干渉性
incoherente [iŋkoerénte]《←in-（否定）+coherente》形 ❶ 脈絡のない, 一貫していない, ちぐはぐな: frases ~s 支離滅裂な文章. ❷ [+con ~] 矛盾した: La conclusión es ~ *con* la hipótesis. その結論は仮説とつじつまが合わない. ❸《物理》非干渉性の
incoherentemente [iŋkoeréntemẽnte] 副 脈絡なく, 支離滅裂に; 矛盾して
íncola [íŋkola] 男《まれ》[村などの] 住民, 居住者
incoloro, ra [iŋkolóɾo, ra]《←ラテン語 color, -oris》❶ 無色の: cristal ~ 着色していないガラス. ❷ 精彩を欠く; 平凡な: personaje ~ さえない人
incólume [iŋkólume]《←ラテン語 incolumis < in-（否定）+columis < calamitas「災害, 崩壊」》形《文語》損害を受けていない, 無傷の: El documento resultó ~ en el incendio. 火事にあったが書類は無事だった

incolumidad [iŋkolumiðá[d]] 囡 無傷, 無損傷
incombinable [iŋkombináble] 厖 組み合わせられ得ない
incombustibilidad [iŋkombustibiliðá[d]] 囡 不燃性, 耐火性
incombustible [iŋkombustíble] 厖 ❶ 不燃性の, 難燃性の, 耐火性の. ❷ [人が年月・困難などに] 耐えられる, 働き続けられる, 現役でいられる. ❸[まれ][人が] 情熱的でない, 恋心の起きない
incomerciable [iŋkomerθjáble] 厖 [物が] 売買できない
incomestible [iŋkomestíble] 厖 食用に適さない
incomible [iŋkomíble] 厖《口語》食用に適さない; [味つけなどが悪くて] 食べられない
incomodado, da [iŋkomoðáðo, ða] 厖 不快(迷惑)に思っている
—— 囡《メキシコ. 口語》失神, 発作
incomodador, ra [iŋkomoðaðór, ra] 厖 ❷ 不快(迷惑)な〔人〕, 腹立たしい〔人〕
incómodamente [iŋkómoðaménte] 副 不便で; 迷惑して
incomodar [iŋkomoðár]《←ラテン語 incommodare》他 不快にする, 迷惑をかける: Le *incomoda* que tomen decisiones sin consultarle. 相談もなく物事を決められて彼は面白くない. Siento ~le. ご迷惑をおかけしてすみません
—— ~se [+por・con] 腹を立てる: Se ha incomodado por lo que le has dicho. 君の言ったことで彼は気分を害した
incomodidad [iŋkomoðiðá[d]]《←ラテン語 incommoditas, -atis》囡 ❶ 不便, 使いにくさ: Tenemos que aguantar ~*es* en esta isla. この島は不便なことが多い. ❷ 迷惑, 不都合: producir ~ a+人 …に迷惑をかける. si no le causo ~ もしご迷惑でなければ. ❸ 不快, 腹立ち
incomodo [iŋkomóðo] 男 不便; 迷惑 〔=incomodidad〕
incómodo, da [iŋkómoðo, ða]《←ラテン語 incommodus <in-(否定)+commodus「適した」》厖 ❶ 不便な, 使いにくい: Los asientos de aquí son ~*s*. ここの座席は座り心地が悪い. ❷ 迷惑な, 都合の悪い. ❸ [estar+] 居心地の悪い: Estaba ~ en la reunión. 私はその集まりで気づまりな思いをした. ❹《南米》[estar+. +con+人] ~ に腹を立てている: Pepe está ~ *con*migo. ペペは私に腹を立てている
incomparable [iŋkomparáble]《←ラテン語 incomparabilis》厖 比類のない: belleza ~ たぐいまれな美しさ
incomparablemente [iŋkomparábleménte] 副 比類ないほどに
incomparado, da [iŋkomparáðo, ða] 厖 =incomparable
incomparecencia [iŋkompareθénθja] 囡 [法廷などへの] 不出頭
incompareciente [iŋkompareθjénte] 厖 [法廷などに] 出頭しない
incompartible [iŋkompartíble] 厖 共有(分割)され得ない
incompasible [iŋkompasíble] 厖《まれ》=incompasivo
incompasivo, va [iŋkompasíbo, ba] 厖 同情心のない
incompatibilidad [iŋkompatibiliðá[d]]《←in-(否定)+compatibilidad》囡 ❶ 相いれないこと, 非両立性: ~ sanguínea 血液型の不適合. ❷《行政》兼職禁止. ❸《法律》~ de caracteres 性格の不一致. ❹《薬学》[2つの薬の] 配合禁忌 〔=~ farmacológica〕
incompatibilizar [iŋkompatibiliθár] 9 他 ❶ 相いれなくする. ❷《行政》兼職禁止を申し渡す
incompatible [iŋkompatíble]《←in-(否定)+compatible》厖 ❶ [+con と] 相いれない, 両立しない: Es ~ con José. 彼はホセと折り合いが悪い. ❷《行政》[職務が] 兼任できない. ❸《数学》[方程式が] 不能の, 不成立の
incompensable [iŋkompensáble] 厖 やる価値のない, 努力に見合わない
incompetencia [iŋkompeténθja]《←in-(否定)+competencia》囡 ❶ 無能力, 不適格. ❷ 権限のないこと, 管轄違い. ❸《医学》[機能] 不全症
incompetente [iŋkompeténte]《←in-(否定)+competente》厖 ❶ [+en・para に] 無能な, 不適格な: Es una persona ~ *para* abogado. 彼は弁護士としての能力がない. ❷ [裁判所などが] 権限外の, 管轄違いの: Este tribunal es ~ *para* juzgar los delitos de un diputado. 当裁判所は国会議員の罪を裁く権限を有していない. ❸ [岩が] もろい. ❹《医学》[機能] 不全の: cérvix ~ 不全頸管
incomplejo, ja [iŋkompléxo, xa] 厖《数学》número ~ 不完全数. ❷ =incomplexo
incompletamente [iŋkomplétaménte] 副 不完全に
incompletitud [iŋkompletitúd] 囡 不完全, 不備
incompleto, ta [iŋkompléto, ta] 厖 [estar+] 不完全な, 不備な: Esa lista está ~*ta* todavía. そのリストにはまだ漏れがある. novela ~*ta* 未完の小説
incomplexo, xa [iŋkomplé[k]so, sa] 厖 ばらばらの, 結びつきのない
incomponible [iŋkomponíble] 厖 相いれない, 和解(両立)し得ない
incomportable [iŋkomportáble] 厖 耐えがたい, 我慢できない
incomposibilidad [iŋkomposibiliðá[d]] 囡 和解(両立)不可能性, 和解(両立)困難性
incomposible [iŋkomposíble] 厖 =incomponible
incomposición [iŋkomposiθjón] 囡 構成のまずさ, 不整合
incomprehensible [iŋkompre[e]nsíble] 厖 =incomprensible
incomprendido, da [iŋkomprendíðo, ða] 厖 ❶ 誤解されている[人]. ❷ 世間に理解されない[人], 真価を認められない[人]: Muchos artistas son ~*s* durante largos años. 多くの芸術家は長年真価を認められない
incomprensibilidad [iŋkomprensibiliðá[d]] 囡 不可解〔性〕, 理解不能
incomprensible [iŋkomprensíble] 厖 [ser+] 理解され得ない, 不可解な: Para mí es ~ por qué ha fracasado él. 私には彼がどうして失敗したのか理解できない. cuadro ~ 不可解な絵
incomprensiblemente [iŋkomprensíbleménte] 副 解せないことに, 不可解にも
incomprensión [iŋkomprensjón] 囡 無理解, 物わかりの悪さ: ~ de los padres hacia los hijos 子供に対する両親の無理解
incomprensivo, va [iŋkomprensíbo, ba] 厖 ❶ [他人に対して] 無理解な, 物わかりの悪い. ❷ 融通のきかない, 不寛容な
incompresibilidad [iŋkompresibiliðá[d]] 囡 圧縮不能性
incompresible [iŋkompresíble] 厖《物理》圧縮され得ない
incompuesto, ta [iŋkompwésto, ta] 厖 ❶《廃語》合成されていない. ❷ 汚い, だらしのない
incomunicabilidad [iŋkomunikabiliðá[d]] 囡 伝達(連絡)不可能, コミュニケーションの断絶
incomunicable [iŋkomunikáble] 厖 [事柄が] 伝達(連絡)できない: Hay sentimientos ~*s*. 人に伝えられない感情がある
incomunicación [iŋkomunikaθjón] 囡 ❶ 伝達(連絡)不能. ❷《法律》接見禁止; 立入り禁止
incomunicado, da [iŋkomunikáðo, ða] 厖 [逮捕者が] 接見禁止の
incomunicar [iŋkomunikár]《←in-(否定)+comunicar》7 他 ❶ 伝達(連絡)不能にする: El pueblo quedó *incomunicado* por la gran nevada. その村は大雪で孤立した. ❷《法律》[逮捕者を] 接見禁止にする; [地域を] 立入り禁止にする
—— ~se [人が] 自ら孤立する, 連絡を絶つ: Cuando se deprime, *se incomunica* de todo y de todos. 彼は落ち込むと, すべてのこととすべての人との関係を絶ってしまう
inconcebible [iŋkonθebíble] 厖 ❶ 考えられない, 想像もつかない; [批判・非難して] 信じがたい: Su descaro es ~. 彼の厚かましさは信じられないほどだ(許しがたい). 2) [ser ~ que+接続法] Es ~ *que* él cometa un robo. 彼が盗みを働くとは考えられない. ❷ 途方もない
inconciliable [iŋkonθiljáble] 厖 ❶ [ser+] 和解させられ得ない, 和解不能な. ❷ [+con と] 相いれない, 両立しない
inconcino, na [iŋkonθíno, na] 厖《文語》無秩序な, 乱雑な
inconclusión [iŋkonklusjón] 囡《文語》未完の状態
inconcluso, sa [iŋkonklúso, sa] 厖《文語》[estar+] 未完の, 未完の: La obra está ~*sa*. その作品は未完である
inconcreción [iŋkonkreθjón] 囡 あいまいさ
inconcreto, ta [iŋkoŋkréto, ta] 厖 あいまいな, 不明確な
inconcurrencia [iŋkoŋkuřénθja]《チリ》つじつまの合わなさ; 不整合
inconcurrente [iŋkoŋkuřénte] 厖《チリ》❶ [理由・動機が] つじつまの合わない, 事実と符合しない. ❷ [犯罪に対する情状の酌量・加重が] 他の事例と不整合な
inconcusamente [iŋkoŋkúsaménte] 副《文語》確かに, 異論の余地なく
inconcuso, sa [iŋkoŋkúso, sa] 厖《文語》確かな, 疑いようのない, 紛れもない

incondicionado, da [iŋkɔndiθjonádo, da] 形《まれ》無制限の, 無条件の
incondicional [iŋkɔndiθjonál] 形 ❶ 無条件の: amigo ～ 全面的に信頼できる友人. obediencia ～ 絶対的服従. ❷ 条件に支持(信奉)する, 熱狂的な
—— 名 熱狂的な支持者(ファン)
incondicionalidad [iŋkɔndiθjonalidáđ] 女 ❶ 無条件であること. ❷ 無条件の支持(信奉)
incondicionalismo [iŋkɔndiθjonalísmo] 男《中南米》無条件の(絶対的な)支持, 追従, 隷属
incondicionalmente [iŋkɔndiθjonalménte] 副 無条件に, 熱狂的に
inconducente [iŋkɔnduθénte] 形《まれ》目的に導かない
inconducta [iŋkɔndúkta] 女《アルゼンチン, ウルグアイ》不正行為
inconexión [iŋkone(k)sjón] 女 連関性(一貫性)のなさ
inconexo, xa [iŋkoné(k)so, sa] 形 連関性のない, 首尾一貫しない: Decía palabras ～xas. 彼はつじつまの合わない言葉を口にしていた
inconfesable [iŋkɔnfesáble] 形 [事柄が] 打ち明けられない, 口にできない; 恥ずべき
inconfesado, da [iŋkɔnfesádo, da] 形 [事柄が] 打ち明けていない
inconfeso, sa [iŋkɔnféso, sa] 形 ❶《法律》[容疑者が] 自白し(てい)ない: El reo murió ～. 被疑者は自白せずに死んだ. ❷《カトリック》告解していない
inconfidencia [iŋkɔnfiđénθja] 女《まれ》不信 [=desconfianza]
inconfidente [iŋkɔnfiđénte] 形《まれ》忠実でない, 信頼のおけない
inconforme [iŋkɔnfórme] 形 ❶ 体制に不満の, 非順応主義の. ❷ [決定などに] 同意しない
inconformidad [iŋkɔnfɔrmidáđ] 女 非順応性; 不同意, 不一致
inconformismo [iŋkɔnfɔrmísmo] 男 非順応主義
inconformista [iŋkɔnfɔrmísta] 形 非順応主義の(主義者): El sindicato mantiene una actitud ～ ante las propuestas de la patronal. 労働組合は経営側の提案に対し不同意の姿勢をとり続けている
inconfortable [iŋkɔnfɔrtáble] 形 居心地の悪い, 不愉快な
inconfundible [iŋkɔnfundíble] 形 間違えようのない, 紛れもない
incongelable [iŋkɔŋxeláble] 形 凍結し得ない
incongruamente [iŋkóŋgrwaménte] 副《まれ》=**incongruentemente**
incongruencia [iŋkɔŋgrwénθja] 女 ❶ 不適合, 矛盾: La ～ entre el diseño biológico de nuestro organismo y las características del mundo industrial ha provocado todo tipo de trastornos. 人体の生物学的デザインと産業社会の性格との間の矛盾があらゆる種類の混乱の原因となっている. ❷ 一貫性のなさ, 一貫性のない言動: discurso lleno de ～s つじつまの合わないことだらけの講演
incongruente [iŋkɔŋgrwénte] 形 ❶ [+con と] 適合しない, 矛盾する: ～ con su ideal 理想と違う. ❷ [ser+] 首尾一貫しない: relato ～ つじつまの合わない話
incongruentemente [iŋkɔŋgrwénteménte] 副 適合せずに, 不適切に; 首尾一貫せずに
incongruidad [iŋkɔŋgrwiđáđ] 女《まれ》=**incongruencia**
incongruo, grua [iŋkɔŋgrwo, grwa] 形《文語》=**incongruente**. ❷《カトリック》[教会の収入が] 聖職者が受け取るべき収入 congrua に達していない, [聖職者が] 受け取るべき収入を得ていない
inconmensurabilidad [iŋkɔ(m)mensurabiliđáđ] 女 無際限, 無限さ, 広大さ
inconmensurable [iŋkɔ(m)mensuráble] 形 ❶《文語》はかり知れない, 巨大な, 莫大な: espacio ～ 広大な空間. ❷《数学》números ～s 無理数
inconmovible [iŋko(m)moβíble] 形 揺るがない, 堅固な: cimientos ～s 頑丈な基礎. amistad ～ 揺るぎない友情. Él es ～. 彼は意志が堅い
inconmutabilidad [iŋko(m)mutabiliđáđ] 女 ❶ 不変. ❷ 置換(交換)の不可能性
inconmutable [iŋko(m)mutáble] 形 ❶ 変わらない, 不変の. ❷ 置き換えられない; 交換不可能の. ❸《法律》減刑され得ない
inconquistable [iŋkɔŋkistáble] 形 ❶ 征服しがたい, 攻略不可能

ない, 難攻不落の. ❷ 哀願にも心を動かされない; 買収されない
inconsciencia [iŋkɔnsθjénθja] 女《←in-(否定)+consciencia》❶ 無意識, 意識喪失: estar en estado de ～ 無意識状態にある. ❷ 無自覚, 無分別: Su ～ hace que siempre gaste más de lo que puede. 彼は深く考えもせずいつも支払い能力以上に金を使ってしまう
inconsciente [iŋkɔnsθjénte] 形《←in-(否定)+consciente》❶ [estar+] 無意識の: Ha estado ～ varios minutos. 彼は数分間意識を失った. Todavía sigue ～. 彼はまだ意識が続いている. gesto ～ 無意識の動作. ❷ [ser+] 無自覚の, 軽率な
—— 名 意識(自覚)のない人: Es un ～ al volante. 彼は運転が乱暴だ
——《心理》無意識: ～ colectivo 集合的無意識
inconscientemente [iŋkɔnsθjénteménte] 副 無意識に; 軽率に
inconsecuencia [iŋkɔnsekwénθja] 女 ❶ 一貫性のなさ, 無定見. ❷ 一貫性のない(軽率な)言動
inconsecuente [iŋkɔnsekwénte] 形《←ラテン語 inconsequens, -entis》❶ [ser+. +en に] 一貫性のない, 言行が一致しない(人), 無定見な(人): No seas ～ en tus actos. つじつまの合わないことをするな. ❷ 矛盾した
inconsideración [iŋkɔnsiđeraθjón] 女 無思慮, 無分別: Fue una ～ no invitarla a la fiesta. 彼女をパーティーに招待しなかったのは思慮に欠けた
inconsideradamente [iŋkɔnsiđeráđaménte] 副 無思慮に, 無分別に; 軽率に
inconsiderado, da [iŋkɔnsiđeráđo, da] 形 名 [ser+] 思慮に欠ける(人), 無分別な(人)
inconsiguiente [iŋkɔnsiʝjénte] 形《まれ》結果として生じない; 言行が一致しない, 無定見な
inconsistencia [iŋkɔnsisténθja] 女 ❶ 腰のなさ, もろさ. ❷ 根拠(説得力)のなさ
inconsistente [iŋkɔnsisténte] 形 [ser+] ❶ [物質が] 腰(粘り)がない, もろい: crema ～ 柔らかいクリーム. ❷ 根拠(説得力)のない: argumento ～ あやふやな(根拠が薄弱な)議論
inconsolable [iŋkɔnsoláble] 形 慰めようのない, 悲嘆に暮れた
inconsolablemente [iŋkɔnsoláblemente] 副 慰めようなく, 悲嘆に暮れて
inconstancia [iŋkɔnstánθja] 女《←ラテン語 inconstantia》[+en で] ❶ 無定見, 無節操; 移り気: Su ～ sus aficiones 趣味が色々変わること. ❷ 変わりやすさ, 持続しないこと: No aprobó el examen por su ～ en el estudio. 彼は根気よく勉強しないので試験に受からなかった
inconstante [iŋkɔnstánte] 形《←ラテン語 inconstans, -antis》[+en が] 変わりやすい; 無節操な; 移り気な: Es ～ en sus trabajos. 彼は仕事を転々と変える
inconstantemente [iŋkɔnstánteménte] 副 変わりやすく; 無節操に; 移り気に
inconstitucional [iŋkɔnstitujonál] 形 憲法に反する, 違憲の
inconstitucionalidad [iŋkɔnstituθjonalidáđ] 女 憲法違反, 違憲性
inconstruible [iŋkɔnstrwíble] 形《まれ》建築不可能な
inconsulto, ta [iŋkɔnsúlto, ta] 形《中南米》思慮に欠ける, 無分別な, 軽率な
inconsútil [iŋkɔnsútil] 形《文語》❶ 縫い目なしの: velo ～ 縫い目のないベール. ❷ 薄い, 細かい [=subtil]
incontable [iŋkɔntáble] 形《←in-(否定)+contable》形 [ser+] ❶ [主に 複 付加用法で] 数えきれない: estrellas ～s 無数の星. ～ número de coches おびただしい数の車. ❷ [主に破廉恥・不都合な内容なので] 話すことがはばかられる, 話せない: Es una historia ～ por la cantidad de detalles escabrosos que contiene. その話はきわどい内容がたくさん含まれているので, 話すのがはばかられる. ❸《言語》不可算の
incontaminable [iŋkɔntaminnáble] 形 汚染(伝染)され得ない
incontaminado, da [iŋkɔntaminádo, da] 形 [estar+] 汚染(伝染)されていない
incontenible [iŋkɔnteníble] 形 [感情などを] 抑えられない: La emoción era ～. 感動を禁じ得なかった
incontestabilidad [iŋkɔntestabiliđáđ] 女 異論の余地のないこと
incontestable [iŋkɔntestáble] 形 異論をはさむ余地のない, 否定できない: Es ～ que hemos de morir. 我々が死なねばならないのは明らかなことだ

incontestablemente [iŋkɔntestáblemé̱nte] 副 異論の余地なく, 明白に

incontestado, da [iŋkɔntestáđo, đa] 形 ❶ 異議のない; 対立候補のない: líder ～ 文句なしのリーダー. ❷ 返事のない: pregunta ～da 答えられていない質問

incontinencia [iŋkɔntinénθja]《←ラテン語 incontinentia》女 ❶《文語》自制できないこと, 不節制. ❷《宗教》淫乱. ❸《医学》失禁: ～ urinaria/～ de orina 尿失禁, 遺尿, 尿漏れ

incontinente [iŋkɔntinénte] 形 ❶《文語》《欲望・情熱などを》自制できない, 不節制な. ❷《宗教》淫乱な. ❸《医学》失禁の, 遺尿の; 失禁(遺尿)症状の
──── 副《廃語》=incontinenti

incontinentemente [iŋkɔntinéntemé̱nte] 副 ❶《文語》自制できずに, 不節制に. ❷《古語》=incontinenti

incontinenti [iŋkɔntinénti]《←ラテン語 in continenti》副《まれ》早速, 即時に

incontinuo, nua [iŋkɔntínwo, nwa] 形 中断した, 不連続の

incontrastable [iŋkɔntrastáble] 形 ❶ 反論の余地のない. ❷ 説得されない, 頑固な. ❸ 証明不能の. ❹ 絶対負けない, 征服され得ない

incontrastablemente [iŋkɔntrastáblemé̱nte] 副 反論の余地なく; 頑固に

incontratable [iŋkɔntratáble] 形《まれ》扱いにくい, 手に負えない [=intratable]

incontrito, ta [iŋkɔntríto, ta] 形 後悔しない; 悔い改めない

incontrolable [iŋkɔntroláble] 形 制御(抑制)され得ない, 抑えのきかない: deseo ～ どうしても抑えられない望み

incontrolado, da [iŋkɔntroláđo, đa] 形 ❶ [estar+] 抑制のない. ❷ 乱暴者[の], よた者[の]

incontrovertible [iŋkɔntroβertíble] 形 議論の余地のない, 異論をはさめない

inconvencible [iŋkɔmbenθíble] 形《まれ》説得できない, 頑固な

inconvenible [iŋkɔmbeníble] 形《まれ》不適切な, 不都合な

inconveniencia [iŋkɔmbenjénθja]《←in-（否定）+conveniencia ＜ convenir》女 ❶《文語》不都合, 不便 [=inconveniente]: Sería muy grande la ～ si se suspendiera ahora el proyecto de construcción del puente. その橋梁建設計画が今中断などされたとしたら, 大変な不都合が生じることだろう. Tengo la ～ de no tener fax. 私はファックスを持っていなくて不便だ. En ese momento me di cuenta de la ～ de que no sabía otro idioma que el japonés. その時, 私は日本語しか知らないことの不便さを実感した. ❷ 無作法[な言動]: Hablando en inglés en ese momento, supongo que yo diría sin querer una ～. その時英語でしゃべっていて, 私は気づかずに何か不作法なことを言ったのではないかと思うんだが…. causar ～ 迷惑をかける. cometer una ～ 不作法なことをする

inconveniente [iŋkɔmbenjénte]《←ラテン語 inconveniens, -entis》形 ❶ ～ 不適切な, 不都合な: 1) Ahora es una hora ～ para hacer visitas. 今は人を訪ねるには不適切な時間だ. El ejercicio físico, si es excesivo, resulta ～ para la salud. 運動も過度になると, 健康によくない. expresión ～ 不適切な表現. 2) [ser ～+不定詞・que+接続法] Es ～ para mí tener que dar una vuelta para recogerlo todos los días. 毎日彼を迎えに行くために大回りしなければならないのは面倒だ. Es ～ para todos que él se tome vacaciones de muchos días. 彼が長期の休暇を取るのは皆には困ったことだ. ❷ 不作法な, ぶしつけな: Ese tipo de chistes podría ser tomado algo ～ según quien lo oiga. その種の冗談は聞く人によっては下品だとされるかも知れない. comportamiento ～ 不作法なふるまい
──── 男 ❶ 不適切, 不都合, 支障: No tengo ～ en venir mañana. 私は明日来ることに不都合はありません. ¿Hay algún ～ en pagar (en que se pague) con tarjeta de crédito? クレジットカードで支払ってかまいませんか? Para él la familia fue un ～ para su dedicación al estudio. 彼が研究に打ち込む上で家族が障害になった. Ten cuidado, no vayas a haver ningún ～. 気をつけて, 変なことをしてはだめだよ. ❷ 難点, 欠点, 短所: Viviendo aquí, tendrá el ～ de que la oficina esté demasiado lejos. ここに住むとすると, 彼には会社が遠すぎるという不便さが出てくるだろう. encontrar un ～ en ～s a... ～に難点を見つける. ～s y ventaja[s] 短所と長所

poner ～s a... ～にクレーム(注文)をつける: He hecho el itinerario mayormente conforme a sus sugerencias, por eso creo que ya no me *pondrán* más ～s. 旅程は大方のところ彼らの希望に合わせて組んだので, もうこれ以上注文はつけられないだろうと思う

inconversable [iŋkɔmbersáble] 形《まれ》[人が] 手に負えない; 無愛想な

inconvertible [iŋkɔmbertíble] 形 変換不可能な

incoordinación [iŋk(o)ɔrđinaθjón] 女 ❶《医学》[筋肉の] 協調運動失調. ❷ 連携の欠如

incoordinado, da [iŋk(o)ɔrđináđo, đa] 形 連携のない

incopiable [iŋkopjáble] 形 コピー不可能な

in corde Jesu [in kórđe xésu]《←ラテン語「イエスの聖心のうちに」》副《手紙》敬具

incordia [iŋkórđja] 女《コロンビア》嫌悪, 反感

incordiar [iŋkɔrđjár]《←incordio》⑩ 他《西. 口語》うるさく言う(する), 困らせる, からむ: Mis amigos me *incordian*. 友人たちが私にうるさくからんでくる

incordio [iŋkórđjo]《←俗ラテン語 antecordium ＜ ラテン語 ante-（前）+cordium「心」》男 ❶《西. 口語》迷惑, 厄介事 [類義 **fastidio**] より程度がひどい]: Es un ～ tener que salirme con este tiempo. こんな天気に出かけなければならないなんてうんざりだ. ❷《西. 口語》困った人, 迷惑な人. ❸《古語的》腰痛, 腫瘍

incordioso, sa [iŋkɔrđjóso, sa] 形《西. 口語》うるさい, からんでくる

incorporable [iŋkɔrporáble] 形《古語》=incorpóreo

incorporación [iŋkɔrporaθjón] 女 ❶ 合体; 加入, 編入; 合併: La ～ del nuevo profesor español a nuestro departamento será el primero de abril. 当学科への新スペイン人教授の着任は4月1日になるだろう. ❷ 上体を起こすこと: Cuando tengo dolor lumbar, me cuesta trabajo la ～ en cama. 私は腰痛のため時々ベッドで上体を起こすのに苦労する

incorporal [iŋkɔrporál] 形 ❶ =incorpóreo. ❷ 触知され得ない

incorporalmente [iŋkɔrporálménte] 副 実体なしに, 無形で

incorporar [iŋkɔrporár]《←ラテン語 incorporare「閉じ込める」＜ in-（中）+corpus, -oris「体」》他 ❶《文語》[+a・en に] 合体させる; 加入させる, 入れる: Vamos a ～ su propuesta *en* nuestro proyecto. 彼の提案を我々の計画に取り入れましょう. Todos los modelos tienen *incorporado* un soft de procesador de textos. すべての機種にワープロソフトが組み込まれてある. ～ a nuevos profesionales *en* la sección de patentes 特許部門に新しい専門家を入れる. ～ esas islas *al* territorio de Argentina それらの島をアルゼンチン領に併合する. micrófono *incorporado* 内蔵マイク. teléfono móvil con cámara *incorporada* カメラ内蔵の携帯電話. progreso técnico *incorporado* 体化された技術進歩. ❷《文語》[材料などを] 加える, 混ぜ合わせる: Mientras bates dos huevos en el bol, les *incorporas* un poco de azúcar. 卵を2個ボウルでかき混ぜながら, そこに砂糖を少し加えて下さい. ～ cemento y arena セメントと砂を混ぜ合わせる. ❸《文語》…の上体を起こさせる: *Incorporó* a su madre para darle la medicina. 彼は母親に薬を飲ませてあげた. *Incorpora* un poco la cabeza y te pondré otra toalla. 少し頭を浮かせてごらん, もう一枚タオルを入れてあげるから. ❹ [役者が役を] 演じる. ❺《まれ》呼び出す

──── ～**se** ❶ 合体する; 加入する: Tengo que ～*me* provisionalmente *a* su puesto la semana que viene. 私は来週は彼の代理をしなければならない. Los estudiantes decidieron ～*se a* la manifestación de protesta. 学生たちは抗議デモに参加することに決めた. ～*se a* un equipo チームに入る. ～*se a* su nuevo cargo 新たな職務につく. ～*se al* ejército 入隊する. ❷ 上体を起こす: Cuando oyó la llamada *se incorporó* lentamente. 彼は電話の音を聞くとゆっくり体を起こした. La vi ～*se* sobre los codos en la cama. 私は彼女がベッドに両肘をついて上体を起こすのを見た

incorporeidad [iŋkɔrporejđáđ] 女《文語》形態(肉体)を備えていないこと; 無形

incorpóreo, a [iŋkɔrpóreo, a]《←ラテン語 incorporeus》形 ❶《文語》形態(肉体)を備えていない: Los espíritus son seres ～s. 精霊たちは肉体を有しない存在である. ❷ 無形の: bienes ～s《法律》無形財産

incorporo [iŋkɔrpóro] 男 =incorporación

incorrección [iŋkɔře(k)θjón] 女 ❶《←in-（否定）+corrección》❶ 不正確[なこと]; 間違い. ❷ 不作法, 無礼: 1) cometer una

incorrectamente [iŋkořéktaménte] 副 不正確に; 不作法に
incorrecto, ta [iŋkořékto, ta]【←ラテン語 incorrectus】形 ❶ 不正確な, 間違った: El dibujo ~. 図が不正確だ. ❷ 不作法な, 無礼な: Su manera de decir es ~ta. 彼の言い方は失礼だ
incorregibilidad [iŋkořexibiliðáð] 女 矯正不能
incorregible [iŋkořexíβle]【←ラテン語 incorregibilis】形 ❶ 矯正され得ない, 直せない: dentadura ~ 矯正不能の歯並び. ❷ [頑固・強情で] 手に負えない, わがままな: niño ~ 手に負えない子
incorregiblemente [iŋkořexiβleménte] 副 矯正不能なほど, 執拗に
incorrupción [iŋkořupθjón] 女 ❶ 腐敗しない(していない)こと. ❷ 清廉; 純潔
incorruptamente [iŋkořú(p)taménte] 副 ❶ 腐敗せずに. ❷ 堕落せずに; 買収されずに
incorruptibilidad [iŋkořu(p)tiβiliðáð] 女 ❶ 腐敗しないこと. ❷ 買収されないこと
incorruptible [iŋkořu(p)tíβle]【←ラテン語 incorruptibilis】形 ❶ 腐敗しない. ❷ 清廉な, 買収されない: juez ~ 清廉な判事. ❸ 堕落しない
incorrupto, ta [iŋkořú(p)to, ta]【←ラテン語 incorruptus】形 [estar+] ❶ 腐敗していない: agua ~ta 腐っていない水. cuerpo ~ de un santo 聖人の腐敗していない遺体. ❷ 堕落していない, 買収されない. ❸ [女性の] 純潔な
Incoterms [iŋkotérms] 男 複 インコタームズ《貿易の取引条件に関する国際規則》
incrasar [iŋkrasár] 他《医学》脂肪分を増やす, 濃厚にする
increado, da [iŋkreáðo, ða] 形 創造されていない
incredibilidad [iŋkreðiβiliðáð] 女 信じられないこと
incrédulamente [iŋkréðulaménte] 副 疑い深く
incredulidad [iŋkreðuliðáð]【←ラテン語 incredulitas, -atis】女 ❶ 疑い深いこと. ❷《文語》無信仰
incrédulo, la [iŋkréðulo, la]【←ラテン語 incredulus】形 名 ❶ 疑い深い[人], 容易に信じない, 懐疑的な1: Es un hombre ~, no me creyó a pesar de las pruebas. 彼は疑い深い, 証拠があるのに私の言うことを信じなかった. ❷ 神を信じない, 信仰心のない; 無信仰者
increencia [iŋkr(e)énθja] 女 無信仰
increíble [iŋkreíβle]【←ラテン語 incredibilis < in- (否定)+credibilis「信じられる」】形 ❶ [ser+] 信じられない, 信じがたい: 1) Ese tipo de justificaciones es ~, es embaucador. そんな釈明は信じられない, まゆつばだ. ¡Es ~! まさか! cuento ~ 疑わしい話. prodigio ~ 信じがたい奇跡. 2) [ser ~ que+接続法] Es ~ que aún hoy día haya tal persona. 今日まだそのような人がいるなんて信じられない. ❷ [良い・悪い意味で] 並外れた, とてつもない: Este niño ha hecho un progreso ~ en el piano. この子はピアノで目をみはるような進歩を見せた. Es una persona ~. 彼は全くすごい人だ. sufrir penalidades ~s とてつもない辛酸をなめる. cosa ~ 信じがたいこと. frío ~ 信じられない寒さ
increíblemente [iŋkreíβleménte] 副 信じがたいほど; 並外れてとてつもなく
incremental [iŋkreméntál] 形《文語》増加の
incrementar [iŋkrementár]【←incremento】他 ❶《文語》増やす(=aumentar): ~ las importaciones 輸入を増加させる. ❷ 発展させる, 進展させる
—— ~se 増加する
incremento [iŋkrеménto]【←ラテン語 incrementum < in- (強調)+crescere「増加する」】男《文語》❶ 増加(=aumento): ~ del sueldo 賃金の増加. ❷ 発展: ~ del comercio exterior 貿易の拡大. ❸《文法》1) 音節増加. 2)《スペイン語で示大辞・示小辞などの付加による派生語形成》および《動詞における音韻増加
increpación [iŋkrepaθjón] 女 叱責, 譴責; 非難
increpador, ra [iŋkrepaðór, ra] 形 名 叱責(譴責)する[人]; 非難する[人]
increpante [iŋkrepánte] 形 叱責(譴責)する; 非難する
increpar [iŋkrepár]【←ラテン語 increpare < in- (強調)+crepare「きしむ」】他 ❶ 叱りつける, 譴責(ﾞ)する: El director increpó al encargado por haber perdido los recibos. 部長は領収書を紛失したことで担当者を叱責した. ❷ 非難する, のしる: Una mujer increpó a los secuestradores: "Váyanse de aquí.

"出ていけ" と一人の女性が乗っ取り犯たちをののしった
in crescendo [in kresθéndo]【←伊語】副 しだいに, ますます
increyente [iŋkrejénte] 形 信じない
incriminación [iŋkriminaθjón] 女 起訴, 告発
incriminar [iŋkriminár]【←ラテン語 incriminare】他《文語》❶ 起訴する, 告発する: Esas pruebas lo incriminan. それらの証拠が彼の有罪を示している. ❷ 犯罪とみなす, 罪があると考える. ❸《過など》大げさに言う
incristalizable [iŋkristaliθáβle] 形 結晶し得ない; 具体化できない
incruentamente [iŋkrwéntaménte] 副 無血で, 血を流すことなく
incruento, ta [iŋkrwénto, ta]【←ラテン語 incruentus】形 無血の, 犠牲者のない: golpe de estado ~ 無血クーデター. oblación ~ta《カトリック》無血の供え物《ミサのこと》
incrustación [iŋkrustaθjón] 女 ❶ はめ込み; 象嵌《行為, 細工品》. ❷ 缶石; 湯垢, 水垢; 付着物. ❸《手芸》インサーション, はめ込み: con ~ de encajes レースを縫い込んだ. punto de ~ はめ込みレース. ❹《医学》かさぶた
incrustadora [iŋkrustaðóra] 女 はめ込みレースの縫い子
incrustante [iŋkrustánte] 形 外皮を形成させる
incrustar [iŋkrustár]【←ラテン語 incrustare < in- (中)+crusta「殻」】他 ❶ [+en に] はめ込む, ちりばめる; 象嵌(ぞう)する: ~ un diamante en la sortija 指輪にダイヤをはめ込む. ❷ [考えを] 刻み込む, 銘記する. ❸ 外皮で覆う. ❹ [レースなどを] … に縫い付ける: Incrustaron varios bordados en el centro del mantel. 彼女たちはテーブルクロスの真ん中に刺繍をいくつか縫い込んだ
—— ~se ❶ [しっかりと] はまり込む: Sus uñas se incrustaban en la carne de mis manos. 彼女の爪が私の手の肉にまで食い込んでいた. ❷ [強く] 付着する, こびりつく: La bala se incrustó en la pared. 弾丸が壁にめり込んだ. ❸ [考えが] 刻み込まれる, 銘記される: Aquella frase se incrustó en su memoria. あの言葉は彼の記憶に深く刻み込まれた
incubación [iŋkubaθjón] 女 ❶ 抱卵, 孵化; 培養: ~ artificial 人工孵化. ❷《医学》[病気の] 潜伏: período de ~ 潜伏期間
incubador, ra [iŋkubaðór, ra] 形 抱卵する; 抱卵用の
—— 男《生物》培養器
—— 女 ❶ [未熟児の] 保育器. ❷ 孵卵器; 培養器
incubar [iŋkubár]【←ラテン語 incubare「上に横たわる」< in- (中, 上)+cubare「横たわる」】他 ❶ [鳥が卵を] 抱く, かえす; [人工的に] 孵化(ふ)させる. ❷《医学》[病気を] 潜在的にもつ, 潜伏させる: Estoy incubando una gripe. 私は風邪をひきかけている. ❸ [計画などを] ひそかに抱く
—— ~se ❶ [病気が] 潜伏する. ❷ ひそかに進行する
incubatriz [iŋkubatríθ] 女 培養器 [=incubador]
íncubo [íŋkubo]【←ラテン語 incubus「上に横たわるもの」】男 ❶ 夢魔《眠っている女性を犯すと信じられた》. ❷《まれ》怖い夢, 悪夢
incuestionable [iŋkwestjonáβle] 形 疑う余地のない: 1) hecho ~ 疑いようのない事実. 2) [ser ~ que+直説法] Es ~ que cederá él. 彼が譲歩することは確かだ
inculcación [iŋkulkaθjón] 女 教え込むこと; [頭に] たたき込むこと
inculcador, ra [iŋkulkaðór, ra] 形 名 教え込む[人]; [頭に] たたき込む[人]
inculcar [iŋkulkár]【←ラテン語 inculcare「踏みつけて入れる」< in- (中)+calcare「踏む」】⑺ 他 ❶ [+a+人 に] 教え込む: Su padre le inculcó unos principios muy sólidos de las matemáticas. 彼は父親から数学の基礎を徹底的に教えられた. ❷ [+en 頭に] たたき込む: Inculqué en mi mente esa idea. 私はその考えを心に刻みつけた. ❸《印刷》〔活字で〕べた組みする. ❹《廃》押し付ける
—— ~se《まれ》執着する, 意地になる
inculpabilidad [iŋkulpaβiliðáð]【←inculpar】女 罪のないこと
inculpable [iŋkulpáβle] 形 罪のない, 潔白な
inculpablemente [iŋkulpáβleménte] 副 罪を負わされることなく, 潔白で
inculpación [iŋkulpaθjón]【←inculpar】女 告訴, 嫌疑, 容疑: arrestar por la ~ de falsificación de documentos 文書偽造容疑で逮捕する

inculpadamente [iŋkulpáðaménte] 副 無罪で, 潔白で
inculpado, da [iŋkulpáðo, ða] 名 告訴された人, 被告; 被疑者
—— 形《まれ》無罪の, 潔白な
inculpar [iŋkulpár]《←in-(強調)+culpa》他《文語》…に罪を負わせる;《法律》[+de 容疑で]告訴する: Le *inculparon de robo*. 彼は窃盗容疑で告訴された
inculpatorio, ria [iŋkulpatórjo, rja] 形 告訴の; 告訴のための
incultamente [iŋkúltaménte] 副 無教養に; 粗野に, 野暮ったく
incultivable [iŋkultiβáβle] 形 耕作され得ない: *tierra* ~ 耕作不能地
inculto, ta [iŋkúlto, ta]《←ラテン語 incultus》形 名 ❶ 教養のない〔人〕, 粗野な〔人〕, 野暮ったい〔人〕, 洗練されていない: *Es un hombre inteligente pero* ~. 彼は頭はいいが教養がない. *estilo* ~ 洗練されていない文体. ❷ [土地が] 耕されていない
incultura [iŋkultúra]《←inculto》名 ❶ 無教養〔読書・学問・労働によって得られる知識が欠如していること〕: *Solo la* ~ *y el prejuicio nos permiten seguir considerándoles a los chimpancés "meros animales"*. 我々は無知と偏見だけでチンパンジーを「単なる動物」と考え続けている. ❷ 不耕作
inculturación [iŋkulturaθjón] 名《個人の》周囲の文化・社会への統合
incumbencia [iŋkumbénθja]《←incumbir》名《職務・地位に伴う》義務, 責任: *La vida sentimental de los políticos no es de la* ~ *de los ciudadanos*. 政治家の愛情生活は市民のあずかり知らぬ所である
incumbir [iŋkumbír]《←ラテン語 incumbere「倒れ込む」》自 ❶《義務・責任などが, +a+人 に》かかる, 負わされる: *Cumplir esa promesa nos incumbe a todos*. その約束を果たすのは私たち全員の責任だ. *No me incumbe responsabilidad en ese fracaso*. 私にその失敗には責任がない. ❷ 関わりがある: *A mí no me incumbe eso*. 私にはそんなことは何の関係もない
incumplido, da [iŋkumplíðo, ða] 形 ❶《義務・約束などを》履行しない. ❷《中南米》だらしのない, あまり信頼できない
incumplidor, ra [iŋkumpliðór, ra] 形 ❶ [命令などに] 背く〔人〕; [義務・約束などを] 履行しない〔人〕. ❷《南米》だらしのない
incumplimiento [iŋkumplimjénto] 男 不履行, 違反: ~ *del contrato* 契約不履行
incumplir [iŋkumplír]《←in-(否定)+cumplir》他 [命令などに] 背く, 従わない; [義務・約束などを] 履行しない: *Las obras incumplen las normas de seguridad*. 工事は安全基準を守っていない. ~ *la promesa* 約束を守らない
—— 自《中南米》[+a に] 背く
incunable [iŋkunáβle] 形 男 [16世紀初頭までの] 活版印刷術発明期に刊行された; 揺籃期本
incurabilidad [iŋkuraβiliðáð] 名 不治
incurable [iŋkuráβle] 形 ❶ 不治の〔病人〕: *enfermedad* ~ 不治の病; 難病. ❷ 矯正できない, 救いようのない
incuria [iŋkúrja]《←ラテン語》名《文語》怠慢, 不注意; 手入れ不足, 放置: *La* ~ *arruinó el edificio*. 手入れ不足で建物は荒廃した
incurioso, sa [iŋkurjóso, sa] 形《文語》怠慢な, 不注意な
incurrimiento [iŋkuřimjénto] 男 ❶ [誤りなどに] 陥ること; [罪などを] 犯すこと. ❷ [怒り・憎しみなどを] 受けること, こうむること
incurrir [iŋkuříř]《←ラテン語 incurrere「走っていく, 入り込む」< in-(中)+currere「走る, 入る」》自 ❶ [+en 誤りなどに] 陥る; [罪などを] 犯す: *Incurrió en un gran error*. 彼は大間違いをしでかした. ~ *en fuera de juego* オフサイドをする. ~ *en olvido* うっかり忘れる. ❷《文語》[怒り・憎しみなどを] 受ける, こうむる, 招く: *Incurrió en el enojo de su jefe*. 彼は上司の怒りを買った. ~ *en un castigo* 罰を受ける
incursión [iŋkursjón]《←ラテン語 incursio, -onis》名 ❶ [一時的な, +en への] 侵入, 侵略; 乱入: *hacer una* ~ *en el territorio enemigo* 敵地を侵す. *alarma de* ~ *aérea* 空襲警報. ❷ [新分野などへの] 進出. ❸ = **incurrimiento**
incursionar [iŋkursjonár] 自 ❶ [+en に] 侵入する. ❷《中南米》1) [作家・画家などが] 新ジャンルを開く. 2) [戦争で] 襲撃を行なう
incurso, sa [iŋkúrso, sa]《←incurrir》形 [+en の] 罪を犯した, 違反した

—— 男《まれ》攻撃
incursor, ra [iŋkursór, ra] 形 名 侵入する〔人〕
incurvar [iŋkurβár]《←まれ》他 曲げる, 曲がった形にする
— **~se**《まれ》曲がる
incusar [iŋkusár]《他》責める, 非難する
incuso, sa [iŋkúso, sa] 形《貨幣・メダルが》表裏で同じ絵柄で浮彫りと彫込みで刻まれた
indagación [indaɣaθjón] 名《文語》探究, 調査; 捜査: ~ *de Saturno* 土星の探査. *hacer una* ~ *domiciliaria* 家宅捜索をする
indagador, ra [indaɣaðór, ra] 形 名 探求〔調査・捜査〕する〔人〕
indagar [indaɣár]《←ラテン語 indagare「動物の跡を追う」》8 他《文語》探究する, 調査する; 捜査する: *Los científicos indagan los misterios de la vida*. 科学者たちは生命の謎を探る. ~ *las causas de un accidente* 事故原因を調べる
indagatorio, ria [indaɣatórjo, rja] 形 調査の: *comisión* ~*ria* 調査委員会. *estudio* ~ 調査研究
—— 名 女《法律》《尋問》調書. ❷《まれ》= **indagación**
indalo [indálo]《考古》[先史時代, 家々に刻まれた] 虹の神 Indalo を表わす厄除けの印
indantreno [indantréno]《←商標》男 インダントレン《染料》
indayé [indajé] 男《アルゼンチン. 鳥》オオハシノスリ
indebidamente [indeβiðaménte] 副 不当に, 不法に; 不適当に
indebido, da [indeβíðo, ða]《←ラテン語 indebitus》形 ❶ [不適, 不当・不法なので] してはならない: *aparcamiento* ~ 違法駐車. *uso* ~ 不正〔無許可〕使用. ❷ 義務〔強制〕ではない
indecencia [indeθénθja]《←ラテン語 indecentia「不摂生, 不品行」《in-(否)+decentia「礼儀」》》名《下品〔な言動〕, 品の悪さ, 猥褻〔な〕, 慎みのなさ: *Es una* ~ *que te cases con el viejo indiano por dinero*. 君が金目当てでアメリカ帰りの成り金老人と結婚するのは品性に欠ける. ~ *pública* 公然猥褻
indecente [indeθénte]《←ラテン語 indecens, -entis》形 ❶ 下品な, 猥褻な, 慎みのない, はしたない: *película* ~ 猥褻映画. *muchacha* ~ 慎みのない娘. ❷ [服装などが] 見苦しい, 薄汚れた; [部屋などが] 乱雑な, 散らかった: *Estás* ~, *hijo*. みっともない格好だな, お前は. *Esta casa está* ~. この家は人に見せられないような状態だ
indecentemente [indeθéntemente] 副 下品に, 猥褻に; 慎みなく
indecibilidad [indeθiβiliðáð] 名 言語に絶すること
indecible [indeθíβle] 形 言語に絶する《→inefable》《類義》: *dolor* ~ 筆舌に尽くしがたい苦しみ
indeciblemente [indeθíβlemente] 副 言語に絶するほどに
indecisión [indeθisjón] 名 優柔不断, 逡巡: *salir de su* ~ 迷いから抜け出す
indeciso, sa [indeθíso, sa]《←in-(否定)+ラテン語 decisus < decidere「決定する」》形 ❶ [estar+] 決心のつかない: *Estoy* ~ *sobre si decírselo o no*. 私は彼に言うべきかどうか迷っている. *vamos para la quiebra*. *No podemos estar* ~*s*; *vamos para la quiebra*. ぐずぐずしてはいられない, 私たちは破産に瀕している. ❷ [estar+] はっきりしない, 未決定の: *La aprobación está todavía* ~*sa*. 認可されるかどうかはまだ分からない. *El tiempo está* ~. 天候が定まらない. ❸ [ser+] 優柔不断な, 決断力のない: *árbitro* ~ 決断力のない審判
❹ 名 優柔不断な人, 決断力のない人
indecisorio [indeθisórjo] 形 → *juramento* indecisorio
indeclarable [indeklaráβle] 形 宣言され得ない, 宣言不能の
indeclinable [indeklináβle] 形《←indeclinabilis》形 ❶ 不可避の: *deber* ~ 回避できない義務. ❷《法律》忌避され得ない. ❸《文法》語尾変化しない: *palabras* ~*s* 不変化語
indecoro [indekóro] 男 無礼, 下品
indecorosamente [indekorósamente] 副 はしたなく, 下品に
indecoroso, sa [indekoróso, sa] 形 無礼な, 品格に欠ける: *A Paola le echaron atrás los gendarmes del Vaticano por considerar* ~ *su traje*. パオラは服装がみだらだということで, バチカンの衛兵に追い返された. *lenguaje* ~ ぶしつけな言葉. *postura* ~*sa* だらしない姿勢
indefectibilidad [indefektiβiliðáð] 名《主にカトリック》永続性, 不滅性: ~ *del alma* 魂の不滅性
indefectible [indefektíβle]《←in-(否定)+defectible < defecto》形 ❶ [主に +名詞] 必ず起こる, 避けがたい: 1) *el* ~ *buen hu-*

mor de+人 …いつもの上機嫌. La muerte llega ~. 死は必ず訪れる. 2) [ser ~ que+接続法] Es ~ que llegue tarde. 彼が遅れるのは毎度のことだ. ❷ いつも変わら339, おきまりの: La Navidad y las ~s fiestas familiares nos aguardan. クリスマスや家族恒例のお祝いが私たちを待ち受けている

indefectiblemente [indefektíbleménte] 副 決まって, 必ず
indefendible [indefendíble] 形 防御(弁護)され得ない
indefensable [indefensáble] 形《まれ》=indefendible
indefensible [indefensíble] 形《まれ》=indefendible
indefensión [indefensjón] 女 ❶ 無防備(状態); 孤立無援. ❷《心理》~ aprendida 学習性無力感. ❸《法律》弁護側の法廷手段に対する不法な否定または制限
indefenso, sa [indefénso, sa] 形 [estar+] 無防備の, 防御(保護)されていない
indeficiente [indefiθjénte] 形《まれ》欠落し得ない
indefinible [indefiníble] 形 ❶ 定義できない; [+名詞] 形容しがたい, 言い表わせない: persona ~ 得体の知れない人物. ~ sensación de bienestar 言うに言われぬ幸福感
indefinición [indefiniθjón] 女 不明確, 曖昧
indefinidamente [indefiníðaménte] 副 際限なく, 限りなく, 無期限に
indefinido, da [indefiníðo, ða]〖←in-(否定)+definido〗❶ 際限のない: espacio ~ 果てしない宇宙空間. huelga ~da 無期限スト. por tiempo ~ 無期限に. ❷ 定義されていない, 漠然とした: color ~ あいまいな色. mujer de edad ~da 年齢不詳の女性. ❸《文法》adjetivo (pronombre) ~ 不定形容詞(代名詞). ❹《植物》1) 不定の. 2) inflorescencia ~ 無限花序
indeformable [indeformáble] 形 形の崩れない, 変形しない
indehiscente [indeisθénte] 形《植物》[果実が] 不裂開の
indeleble [indeléble] 形〖←ラテン語 indelebilis〗《文語》汚れなどが] 消すことのできない: tinta ~ 消えないインク. Llevamos un recuerdo ~ de nuestro viaje. 私たちは忘れがたい旅行の思い出を持っている
indeleblemente [indeléblemente] 副 消えないかのように; 消えぬ得ずに
indelegable [indelegáble] 形 委任され得ない
indeliberación [indeliberaθjón] 女 うかつ, 軽率
indeliberadamente [indeliberáðaménte] 副 うかつに, 軽率に; 意図せずに
indeliberado, da [indeliberáðo, ða] 形 熟考していない, 軽率な
indelicadeza [indelikaðéθa] 女 ❶ 粗野, 無作法: Es una ~ hacernos caso omiso. 我々を無視するとは失礼だ. con ~ 粗野に; 無神経に. ❷ 無神経な言動
indelicado, da [indelikáðo, ða] 形 粗野な, 無作法な, 無神経な
indemallable [indemaʎáble] 形《南米》=indesmallable
indemne [indémne] 形〖←ラテン語 indemnis＜in-(否定)+demnum「損害」〗損害を受けない, 無傷の: Todos salieron ~s del accidente. 彼らは事故に遭ったが全員無事だった
indemnidad [indemniðáð] 女 ❶ 無傷, 無事. ❷ 損害補償
indemnización [indemniθaθjón] 女 ❶ 賠償, 補償: Reclamó a la compañía de seguros una ~. 私は保険会社に補償を求めた. ❷ 賠償金, 補償金, 見舞金: ~ por daños y perjuicios 損害賠償金. ❸ ~familiar 家族手当
indemnizar [indemniθár]〖←仏語 indemniser〗9 他 [+por・de] …に賠償する, 弁償, 補償する: Me indemnizaron por todos los gastos de la reparación. 私は修理代を全額補償された
indemnizatorio, ria [indemniθatórjo, rja] 形 賠償の, 補償の
indemorable [indemoráble] 形 延期不能の
indemostrable [indemostráble] 形 証明不能の: argumento ~ 証明不可能な論拠
indentación [indentaθjón] 女《技術》ぎざぎざ; へこみ, 圧痕, 欠刻
independencia [independénθja]〖←in-(否定)+dependencia〗女 ❶ 独立, 自立; 独立心: conseguir la ~ 独立をかちとる. declaración de ~ 独立宣言. espíritu de ~ 独立不羈(ꜜ)の精神. ❷ 依存しないこと. ❸ 意志の堅さ. con ~ de+事物 …はさておき, …と無関係に
independentismo [independentísmo] 男 独立運動
independentista [independentísta] 形 名 独立派〔の〕

independer [independér] ~**se**《中南米》独立する, 自由になる, 解放する
independiente [independjénte]〖←in-(否定)+dependiente〗❶ [ser+] 独立した, 自立した; 独立心の強い: hacerse ~ 独立〔自立〕する. nación ~ 独立国. mujer ~ 独立した女性. periodista ~ フリーのジャーナリスト. montaña ~ 独立峰. música ~ インディーズ. ❷ 無関係な, 別個の: de cuatro ruedas ~s《自動車》四輪独立懸架の. cuarto ~ [専用の入り口のある] 独立した部屋. ❸《政治》無所属の, 無党派の. ❹《情報》スタンドアローン. ❺ 意志の堅い
—— 名 無所属〔無党派〕の候補者
—— 副 …はさておき, …とは無関係に: ~ de eso それはさておき
independientemente [independjénteménte] 副 ❶ 独立して, 自主的に. ❷ [+de que+接続法] …とは無関係に
independista [independísta] 形 名 独立派〔の〕〖=independentista〗; 独立運動
independizar [independiθár] 9 他 [+de から] 独立させる, 無関係にする
—— ~**se** 独立する: ~se de los padres 両親から自立する, 親離れする
inderogabilidad [inderogabiliðáð] 女《法律》[法律などが] 廃止(廃棄)できないこと
inderogable [inderogáble] 形《法律》[法律などが] 廃止(廃棄)できない
indescifrable [indesθifráble] 形 解読(解明)され得ない: inscripción ~ 判読不能の碑文
indescriptible [indeskri(p)tíble] 形 言葉に表わせない: dolor ~ 言語に絶する痛み. escena ~ 何とも形容しがたい光景
indeseable [indeseáble]〖←英語 undesirable〗形 名 ❶ [悪い意図・人物であるため交際が] 好ましくない[人]; [当局によって] その国への滞在が有害と判断された[人]: Fue expulsado de Inglaterra por ~. 彼は好ましくない人物として英国を追放された. ❷ [事物が] 望ましくない
indeseado, da [indeseáðo, ða] 形 求められていない, 好ましくない
indeseo [indeséo] 男 不快, 望ましくないこと
indesignable [indesignáble] 形 指示できない, 指示することが非常に困難な
indesmallable [indesmaʎáble] 形《靴下が》伝線しない, ノンランの
indesmayable [indesmajáble] 形 くじけない, ひるまない
indestructibilidad [indestruktibiliðáð] 女 不滅性
indestructible [indestruktíble] 形 破壊され得ない, 不滅の: tener una moral ~ 意気軒昂である. alianza ~ 固い同盟
indetectable [indetektáble] 形 検出(探知)され得ない, 検出不可能な
indetenible [indeteníble] 形 引き止められ得ない, 停止させられ得ない
indeterminable [indeterminable] 形 ❶ 確定され得ない: cantidad ~ 確定不可能な量. ❷ 決断できない, 優柔不断な
indeterminación [indeterminaθjón] 女 ❶ 不確定: Nos preocupa la ~ de la fecha. 日取りがはっきりしてないので私たちは心配だ. principio de ~ 不確定性原理. ❷ 不明確, あいまいさ: En el texto encuentro algunas indeterminaciones. この原文にはいくつかの不明確な個所が見受けられる. ❸ 優柔不断, ためらい: Pierde mucho por su ~. 彼は決断力がなくて大変損をしている
indeterminadamente [indetermináðaménte] 副《まれ》確定されずに; 不明確に
indeterminado, da [indetermináðo, ða]〖←in-(否定)+determinado〗形 ❶ 不確定な: un número ~ de personas 不特定な人数. persona ~da 不特定の人物. ❷ 不明確な, 曖昧な; ぼやけた: El sentido de esta frase es ~. この文章の意味は漠然としている. ❸ [人が] 決断できない, 優柔不断な. ❹《文法》不定の, 非限定的な. ❺《数学》[数・形が] 不定の: ecuación ~da 不定方程式
indeterminativo, va [indeterminatíβo, βa]《文法》非限定的な
indeterminismo [indeterminísmo] 男 非決定論
indeterminista [indeterminísta] 形 名 非決定論の〔論者〕
indevoción [indeβoθjón] 女《まれ》不信心
indevoto, ta [indeβóto, ta] 形《まれ》❶ 不信心な. ❷ [人・物

に] 愛着を持たない

índex [índɛ〔k〕s] [男]《廃語》[時計·計器の] 針〖=índice〗

indexación [indɛ〔k〕saθjɔ́n] [女] ❶《情報》インデックス付け. ❷《経済》インデクセーション; [賃金·年金などの] 物価スライド制

indexador, ra [indɛ〔k〕sađɔ́r, ra] [形] インデックスを付ける〔のに役立つ〕

indexar [indɛ〔k〕sár] [他] インデックスを付ける(作る)

indezuelo, la [indeθwélo, la] [名] indio の示小語

india[1] [índja] [女] ❶《歴史》[複] [Las *I*～*s*] インディアス〖中世ヨーロッパ人が考えた東アジア(中国·日本など)を指す言葉だったが, その後15世紀末～19世紀初頭にスペイン人が発見·征服·植民した現在の西インド諸島, 南北両アメリカ大陸, フィリピン諸島を総称する公式名称となった〗: *I*～*s* Occidentales 西インド諸島. *I*～*s* Orientales 東インド諸島〖フィリピン, インドネシアなどのかつての総称〗. ❷《国名》[La *I*～] インド. ❸ 巨万の富

indiaca [indjáka] [女]《スポーツ》インディアカ

indiada [indjáđa] [女] ❶《南米. 口語》[集名] アメリカ先住民の群衆; [無教養な] 下層民;《軽蔑》騒ぎを起こす群衆; 一味, ギャング. ❷《南米. 口語》アメリカ先住民特有の言動. ❸《コロンビア. 口語》汚い策略

indialita [indjalíta] [女]《鉱物》インディアライト, インド石

indiana[1] [indjána] [女]《古語》インドサラサ

indianés, sa [indjanés, sa] [形] インド生まれの

indianismo [indjanísmo] [男] ❶ インドの諸言語特有の表現. ❷ インド学, インド文化·言語研究. ❸ インディアニスモ〖1) 先住民が主体的に起こした, 先住民族独自の文化と言語を擁護する運動. 多文化主義に基づくバイリンガル教育の普及はその成果の一つである. 2)《文学》アメリカ先住民の風習を描く傾向〗

indianista [indjanísta] [形] ❶ アメリカ先住民を保護する. ❷ [作家·文学作品が] アメリカ先住民の文化などを理想化する

—— [名] インド学者, インド文化·言語研究者

indiano, na[2] [indjáno, na]〖←indio〗[形]《文語》❶ 西インド諸島の; インディアス las Indias の. ❷ インドの〖=índico〗

—— [名]《古語》中南米で一財産作ってスペインに帰国した人, アメリカ帰りの成り金

～ de hilo negro 守銭奴, けちん坊

indicación [indikaθjɔ́n]〖←indicar〗[女] ❶ 表示, 印; 標識: ～ de procedencia [食料品の] 原産地表示. ～ del desvío 迂回標識. *indicaciones* de tráfico 交通標識. ❷ [主に [複]] 指示, 指図, 指摘: Me dio una ～ con la mano y me oculté debajo de la mesa. 彼が手で合図をしてくれて, 私は机の下に隠れた. Prestando minuciosa atención a las *indicaciones* del asesor, ese muchacho ha hecho una tesis excelente. 指導教官の指示を注意深く守って, その学生は優秀な論文を仕上げた. Fueron muy acertadas las *indicaciones* del consultor financiero. その財務コンサルタントの指示は的確だった. ～ de que un agente actúa en nombre propio 名義貸し〖証券会社が大口の顧客に対して増資新株や配当の取得を代行する〗. ❸ [複] [器具の] 使用法; [薬の] 効能書き: folleto con las *indicaciones* sobre el manejo del ordenador コンピュータの操作に関する説明パンフレット. ❹《チリ》提案; 問い合わせ

por ～ de... …の指示に従って, 表示どおりに: *Por* ～ *de* mi madre fui a ese dentista. 私は母の言葉に従ってその歯医者に行った

indicado, da [indikáđo, đa] [形] [ser·estar+. +para に] 都合のよい, 適当な: El color blanco es muy ～ *para* trajes de verano. 白は夏服にぴったりの色だ. Lo más ～ sería no comer nada entre las comidas. 一番いいのは何も間食をしないことだろう. el actor más ～ *para* encarnar a Aquiles アキレスを演じるのに最適の役者

indicador, ra [indikađɔ́r, ra]〖←indicar〗[形] 指示する, 表示する: cartel ～ del concierto コンサートの案内ポスター. señal de tráfico ～*ra* de peligro 危険を示す道路標識. lámpara ～*ra* 表示灯, パイロットランプ. papel ～ マスキングテープ

—— [男] ❶ 標識, 表示板, 案内板: ～ de la autopista 高速道路の案内板. ❷ 指示器, 計器; 指針: ～ de encendido 電源入/切インディケーター. ～ de dirección 方向指示器. ～ de la temperatura 温度計. ～ de 〔la〕 velocidad 速度計. ～ del aceite 油量計. ～ 〔del nivel〕 de la gasolina 燃料計. ❸《経済など》指標: ～ anticipado (adelantado) [現実の景気変動を予知させる機械受注などの] 先行指標. ～ de retardos/～ atrasado [雇用指数などの] 遅行指標. ～ coincidente [生産指数のような] 一致指標. ❹《鳥》〔ノドグロ〕ミツオシエ. ❺《化学》指示薬. ❻《情報》プロンプト; フラグ. ❼《キューバ. 自動車》方向指示灯

indicante [indikánte] [形] [名]《まれ》指示する〔人〕

indicar [indikár]〖←ラテン語 indicare < index, -icis「人差し指の」〗[7] [他] ❶ 指し示す; [仕草で] 示す; 表示する, 意味する: 1) Mi reloj *indica* las 05:36 horas. 私の時計は5時36分を指している. Con un gesto *indicó* su asentimiento. 彼は身ぶりで同意を示した. La flecha *indica* el sentido único. 矢印は一方通行を表わしている. 2) [+que+直説法 であると] Le *indiqué* con el dedo *que* le esperaba en la puerta. 私は入り口で待っていると彼に指で合図した. El tiempo de estos días parece ～ *que* la disposición de la presión atmosférica empieza a cambiar de la del verano a la del otoño. ここ2, 3日の天気は気圧配置が夏型から秋型に変わり始めたことを示しているようだ. ❷ [指図·忠告など] 教える, 告げる: 1) Un agente me *indicó* donde estaba la parada de autobús. 一人の警官がバス停はどこにあるか私に教えてくれた. ¿Podría usted ～me el camino para el Parque de Retiro? レティロ公園に行く道を教えて下さいませんか? 2) [+que+接続法 するように] Me *indicó que* entrara en su despacho. 彼は私に執務室に入るように指示した. El profesor siempre les *indica* a sus alumnos *que* permanezcan en silencio en público. 先生はいつも生徒たちに人前では静かにするようにと教えている. ❸ [日時·場所を] 定める, 指定する: Ese programa apaga tu ordenador a la hora *indicada*. そのプログラムは指示された時刻に君のコンピュータをシャットダウンする. ❹ [医者が治療法·薬を] 指示する: Mi médico de cabecera me *indicó* unas pastillas. 私の主治医は錠剤を処方してくれた. medicamento *indicado* para la úlcera 潰瘍のための処方薬. ❺ [計器などが] 表示する: En este momento el termómetro de la calle *indica* más de 40 grados. この時間, 外の温度計は40度以上を指している

indicar

直説法点過去	接続法現在
indi**qu**é	indi**qu**e
indicaste	indi**qu**es
indicó	indi**qu**e
indicamos	indi**qu**emos
indicasteis	indi**qu**éis
indicaron	indi**qu**en

indicativo, va [indikatíƀo, ƀa]〖←indicar〗[形] ❶ [+de を] 指示する, 示す: datos ～*s de* las actividades comerciales de la empresa 企業の営業実績を表わすデータ. planificación ～*va* [目標を設定した] 誘導的計画. señal ～*va del* camino 道路標識. síntoma ～ *de* enfermedad 病気の徴候. Es ～ de que tenemos suerte. それは我々が幸運であることを示すものだ. ❷ 直説法の

—— [男] ❶《文法》直説法〖=modo ～〗: En esta frase el verbo está en ～. この文では動詞は直説法になっている. futuro de ～ 直説法未来. ❷《通信, 放送》呼出し符号, コールサイン. ❸《自動車》～ de nacionalidad 国籍プレート. ❹ 標示板, 標識

indicción [indi〔k〕θjɔ́n] [女]《歴史》❶ ～ romana [ローマ教皇の教書で使われた] 15年紀のうちの1年. ❷ [コンスタンティヌス帝が312年に導入した] インディクティオ, 15年紀. ❸ 宗教会議の召集

índice [índiθe]〖←ラテン語 index, -icis「人差し指」〗[男] ❶ 索引, インデックス: consultar un ～ 索引をひく(調べる). ～ de materias/～ temático 目次, 内容目録. ❷ 指標: La renta per cápita es un ～ para conocer el nivel de vida. 一人当たり国民所得は生活水準を知るための指標の一つである. ～ de la actividad económica 経済指標. ❸ 指数, 率: ～ de precios 〔al consumo·al consumidor〕〔消費者〕物価指数. ～ de precios al productor 生産者物価指数. ～ del coste de 〔la〕 vida 生計費指数. ～ Dow Jones ダウ式平均株価. ～ de refracción 屈折率. ❹《数学》指数, 指標. ❺《印刷, 数学》添え字: ～ superior (inferior) 上(下)付き文字. ❻ 人差指〖=dedo ～〗. ❼ [時計·計器の] 針; [日時計の] 指時針. ❽《カトリック》[el *Í*～] 禁書目録: ～ expurgatorio [削除改訂されるまでの] 禁書目録

indiciado, da [indiθjáđo, đa] [形] [名] 容疑をかけられた; 容疑者

indiciador, ra [indiθjađɔ́r, ra] [形] 徴候を示す

indiciar [indiθjár] 他 ❶ 徴候を示す．❷ [徴候をもとに] 疑う; 知る．❸ =**indicar**
indiciariamente [indiθjárjaménte] 副《法律》証拠に基づいて
indiciario, ria [indiθjárjo, rja]《法律》証拠の
indicio [indíθjo]《←ラテン語 indicium「暴露」< index, -icis》男 ❶ 徴候, 兆候: Hay ～s ciertos de mejoría. 回復の確かな兆候がある. Surgieron los primeros ～s de su talento. 彼の才能が芽ぶいた. ❷ 微量: detectar ～s de veneno 微量の毒を検出する. ❸ 手がかり, 公判 情況証拠, 間接証拠. ❹ 形跡, 痕跡: ～s de una antigua civilización 古代文明の痕跡
indición [indiθjón]《地方語》注射, 注入 《=inyección》
indicioso, sa [indiθjóso, sa] 形《まれ》[人が] 疑わしい, 怪しげな
índico, ca [índiko, ka] 形 インドの; インド洋の: océano Í～ インド洋
indiferencia [indiferénθja]《←indiferente》女 無関心, 無感動; 冷淡: Ha mostrado una total ～ a mi solicitud. 彼は私の依頼に対して全くつれなかった. fingir (afectar) ～ 冷淡を装う, 冷たいふりをする. curvas de ～《経済》[同一の効用または生産量を与える2財の組合せを示す] 無差別曲線〔群〕
indiferenciación [indiferenθjaθjón] 女 ❶ 非差別化. ❷《生物》未分化, 無分化
indiferenciado, da [indiferenθjáðo, ða] 形 ❶ [estar+. 全体・多数と] 区別されていない, 違いのない: rasgos ～s 平凡な (特徴のない) 顔立ち. ❷《生物》[細胞・組織が] 未分化の
indiferenciar [indiferenθjár] 他 非差別化する, 違いをなくす
indiferente [indiferénte]《←ラテン語 indifferens, -entis》形 ❶ 重要でない, どちらでもよい: 1) artículos ～ s つまらない品. 2)《ser＝que＋接続法》Me es ～ que sea guapa o no. 彼女が美人であろうとなかろうと私にとってはどうでもよいことだ. ❷ [+a に] 関心がない, 冷然とした; 冷淡な ～ a mi hermano. アナは弟に気がない. mirada ～ 冷ややかな目つき. ❸ [人・言動が] 公平な, 中立の. ❹《物理》1) 中性の. 2) equilibrio ～ 中立平衡
— dejar ～《中南米. 婉曲》殺す《=matar》
indiferentemente [indiferénteménte] 副 ❶ 同様に, 区別なく. ❷ 無関心に, 冷淡に
indiferentismo [indiferentísmo] 男《政治的・宗教的》無関心主義
indígena [indíxena]《←ラテン語 indigena < inde「そこから, その国から」+ギリシア語尾辞 -gena < gennao「私は生み出す」》❶ 土着の, 先住民の;《現地人》の: tribu ～ 先住民の部族. ❷ アメリカ先住民《=indio》. ❸《俗語》未開の〔人〕, 原始的な
indigencia [indixénθja]《←ラテン語 indigentia「必要性」》女 [pobreza 山貧寒さに] 貧窮, 極貧: Vive en la ～, durmiendo en un parque. 彼は公園で寝て, 窮乏生活をおくっている
indigenismo [indixenísmo] 男 ❶ アメリカ先住民に関する民族学. ❷ インディヘニスモ〔1) 20世紀初頭, 人種的偏見, racismo に対して, アンデス諸国から旧スペイン領アメリカ全体に広がった先住民の権利・文化などの擁護・復権運動. メキシコでは革命以降の壁画運動 muralismo へのイデオロギーが受け継がれた. 先住民の過去を国家固有の歴史遺産として称揚する一方, 近代化の過程で先住民を国民に統合することを目指し, 次第に官製化していった. 2)《文学》indianismo が単にアメリカ先住民を描写するのに対し, indigenismo は人間としての尊厳を奪われ迫害搾取されている先住民の置かれた状況を写実的に描き, 政治体制や社会を告発し, 先住民の復権を意図した〕. ❸ 現地語風の表現, 現地語からの転入語
indigenista [indixenísta] 形 名 ❶ アメリカ先住民に関する民族学の〔学者〕. ❷ インディヘニスモの〔支持者〕: literatura ～ インディヘニスモ文学
indigenización [indixeniθaθjón] 女 先住民 (現地人) のようになること
indigente [indixénte]《←ラテン語 indigens, -entis》形 名 非常に貧しい, 困窮した; 生活困窮者: albergue para ～s 貧民のための宿泊施設
indigerible [indixeríble] 形 消化の悪い
indigerido, da [indixeríðo, ða] 形 消化されない
indigestar [indixestár]《←indigesto》— **se** 消化不良になる: 1) [+con・de で] Me he indigestado con pasteles. 私はケーキで胃がもたれた. ❷ [食物が, +a+人 と] 消化不良になる: Se me indigestan fácilmente los mariscos. 私は魚介類を

indigiotiranio, nia

食べるとすぐ消化不良を起こす. ❸ [以前と違って] 反感 (不快感) を感じさせる: Se me indigesta el francés en este curso. 私はこの講座のフランス語は好きになれない
indigestible [indixestíble] 形 消化され得ない, 消化困難な
indigestión [indixestjón] 女 ❶ 消化不良, 胃もたれ. ❷ 満腹
indigesto, ta [indixésto, ta]《←ラテン語 indigestus》形 ❶ 不消化の; 消化しにくい: alimento ～ 消化の悪い食物. ❷ [estar+. 人が] 消化不良を起こしている. ❸ [人が] 混乱した, 十分考え抜かれていない. ❹ [本などが] 理解しにくい, 無愛想な, 気難しい, 付き合いづらい: María me resulta ～ta. マリアはどうも私には付き合いにくい
indigete [indixéte] 形 名《歴史》現在の Gerona 県北部の先住民〔の〕
indignación [indignaθjón]《←ラテン語 indignatio》女 [不正などに対する] 憤慨, 憤り: Esa sanción despertó su ～. その処罰に彼は憤りを覚えた. Su gesto reveló ～. 彼の仕草には怒りが現れていた
— montar en ～ 憤慨する
indignamente [indignaménte] 副 ❶ ふさわしくなく, 不相応に. ❷ 低劣に: Mucha gente vive ～; que muchos millones mueren de hambre. 多くの人が低劣な生活をおくっている; 何百万もの人が餓死しているように
indignante [indignánte] 形 腹立たしい: Es ～ que no me hayan invitado a la fiesta. 私をパーティーに呼んでくれなかったなんて頭に来る
indignar [indignár]《←ラテン語 indignari「いらだたせる」》他 憤慨させる
— **se** [+con+人/+por+事 に] 憤慨する: Nos hemos indignado por su violencia. 私たちは彼の暴力に憤慨した
indignidad [indigniðá(d)] 女 ❶ ふさわしくないこと. ❷ 恥ずべき行為, 破廉恥. ❸《法律》[被相続人などに対する相続人の悪行による] 相続の欠格事由
indigno, na [indígno, na]《←ラテン語 indignus < in-（否定）+dignus「私は生み出す」》形 [ser+] ❶ [+de に] 値しない, ふさわしくない, 不相応な: Esta obra es ～na de elogio. この作品は賞賛に値しない. Me siento ～ de ocupar ese puesto. 私はその地位にふさわしくないような気がする. Ese comportamiento es ～ de un señor. そのふるまいは紳士的とは言えない. ❷ [行為などが] 見下げ果てた, ふるまいから見てけしからぬ
índigo [índigo]《←ラテン語 indicus「インドの」》男 ❶《染料》藍（ぁぃ）, インジゴ: color ～ 藍色. ❷《植物》アイ《=añil》
indigolita [indigolíta] 女《鉱物》インディゴライト
indigotina [indigotína] 女《鉱物》インジゴチン
indilgar [indilgár] 他《中南米》=**endilgar**
indiligencia [indilixénθja] 女 不熱心
indino, na [indíno, na] 形 名《口語》=**indigno**. ❷《西, メキシコ. 口語》抜け目がなくずうずうしい〔人〕; 悪人, ごろつき〔の〕. ❸《プエルトリコ》けちな〔人〕, 貪欲な〔人〕
indio, dia² [índjo, dja] 形 名 ❶《国名》India の; インド人. ❷ アメリカ先住民〔の〕, ネイティブアメリカン〔の〕, インディオ〔の〕, インディアン〔の〕《コロンブスが誤って新大陸を自分の目指したアジア Indias と考え, 新大陸の住民に用いた. 以来, スペイン領アメリカの住民はインディオと総称され, 蔑視され続けた》. ❸ インド・アーリア人〔の〕《=indoario》. ❹ 青色の. ❺《古期的》フィリピンのマレー人系先住民. ❻《メキシコ, ニカラグア, キューバ, プエルトリコ》[雄鶏の毛色が] 羽は多彩色で胸の黒い. ❼《ドミニカ》メスティーソ〔の〕《=mestizo》
— caer de ～《ドミニカ》お人好しでだまされる
— engañar a+人 como a un ～ 容易だます
— hablar como los ～s ブロークンなスペイン語 (英語) を話す, たどたどしい話し方をする
— hacer 〔el〕 ～《西. 軽蔑》おどける, ばか (不適切) なことをする: Pasamos el día haciendo el ～: cantando por las calles y interrumpiendo la circulación. 私たちはその一日を, 通りで歌声を張り上げたり, 交通を妨害したり, 愚かなふるまいをして過ごした
— subirse a+人 el ～ 1)《メキシコ. 口語》…が不快になる. 2)《チリ, ラプラタ》[喜び・怒りで] …が上気する
— 男《元素》インジウム, Im《インド・ヨーロッパ語族系の》インド語.《天文》インディアン座
indiófilo, la [indjófilo, la] 形 名 アメリカ先住民を擁護する〔人〕
indioiranio, nia [indjoiránjo, nja] 形 男 =**indoiranio**

indirecta[1] [indirékta]《←indirecto》囡《口語》ほのめかし, 暗示: Le dijeron varias ～s, pero no se dio por aludido. あれこれ当てこすりを言われたが, 彼は自分のことだとは気づかなかった. decir (echar・lanzar・soltar・tirar) una ～ それとなく言う, 遠回しに言う
── **～ del padre Cobos**［婉曲に言ってはいるが内容が透けて見える］露骨なほのめかし, あからさまな嫌味《←El Padre Cobos (19世紀中ごろにマドリードで発刊された風刺新聞)》

indirectamente [indiréktaménte] 副 ❶ 間接的に: Me lo mandó ～. 彼は人を介して私に命令した. I～ dicho, la bicicleta que cruzó la calle sin obedecer el semáforo tuvo la culpa del accidente que sucedió en seguida. 間接的にではあるが, 信号無視で通りを渡った自転車にその後すぐに起こった事故の責任があった. ❷ 遠回しに, 当てこすって: Me lo dijo ～. 彼は私にそう当てこすって(皮肉めいて)言った

indirecto, ta[2] [indirékto, ta]《←in-(否定)+directo》形 ❶ 間接の, 間接的な: recibir la noticia de forma ～ 間接的に情報を受け取る. por un conducto ～/por una vía ～ta 間接的な方法(ルート)で. iluminación (luz) ～ta 間接照明. información ～ta 又聞き. tiro ～ 間接射撃; 間接シュート. ❷《文法》［目的語が］間接の;［話法が］間接の
── 《文法》間接目的語

indiscernible [indisθerníble] 形《文語》識別され得ない, 見分けのつかない

indisciplina [indisθiplína]《←in-(否定)+disciplina》囡 規律を守らないこと, 不服従

indisciplinable [indisθiplináble] 形 規律を課せられない; しつけられない

indisciplinado, da [indisθiplináđo, đa] 形 規律を守らない, 反抗的な: alumno ～ 規律に従わない生徒

indisciplinar [indisθiplinár]《←indisciplina》他 規律を守らなくする
── **～se** 規律を破る, 手に負えなくなる, 反抗する: El profesor nos castiga porque dice que *nos hemos indisciplinado*. 先生は, 僕たちが規則を守らなかったと言って, 罰を与える

indiscreción [indiskreθjón]《←in-(否定)+discreción》囡 ❶［立ち入ったことを言うなどの］無遠慮, ぶしつけな言動: Perdone por la ～, pero ¿cuánto gana su padre? 失礼ですが, お父上の収入はどのくらいですか. ❷ 無分別, 軽率

indiscretamente [indiskrétaménte] 副 無遠慮に; 無分別に, 軽率に

indiscreto, ta [indiskréto, ta]《←ラテン語 indiscretus < in-(否定)+discretus「区別できる」》形 图 無遠慮な[人], ぶしつけな: ¿Será demasiado ～ preguntarle su edad? 大変失礼ですが, おいくつかうかがってもよろしいでしょうか. dirigir una mirada ～ta じろじろ見る. ❷ 無分別な[人]; 口の軽い[人]

indiscriminación [indiskriminaθjón] 囡 無差別

indiscriminadamente [indiskriminádaménte] 副 無差別に

indiscriminado, da [indiskriminádo, da] 形 無差別の

indisculpable [indiskulpáble] 形 許せない, 弁解の余地のない

indiscutible [indiskutíble] 形 [ser+] 議論の余地のない, 確実な

indiscutiblemente [indiskutíbleménte] 副 議論の余地なく, 明白に

indiscutido, da [indiskutído, đa] 形 異論のない, 万人の認める

indisimulable [indisimuláble] 形 隠され得ない, ごまかす余地のない

indisimulado, da [indisimuládo, đa] 形 隠されていない, ごまかしのない

indisociable [indisoθjáble] 形 分離され得ない, 不可分の

indisolubilidad [indisolubiliđá(đ)] 囡 ❶ 不溶解性. ❷ 解消(破棄)できないこと: ～ del matrimonio《カトリック》婚姻の不解消性

indisoluble [indisolúble] 形 ❶ 溶解しない: ～ en agua 水に溶けない. ❷ 解消(破棄)され得ない, 永続的な: amor ～ 変わらぬ愛

indisolublemente [indisolúbleménte] 副 ❶ 溶解せずに. ❷ 解消されずに, 永続的に

indispensabilidad [indispensabiliđá(đ)] 囡 必要不可欠性

indispensable [indispensáble]《←in-(否定)+dispensable < dispensar》形 [ser+] 欠くことのできない, 必要不可欠の: 1)［+para に］El agua y el aire son elementos ～s *para la vida*. 水と空気は生きるのに欠くことのできない要素である. Es una persona ～ *para* esta oficina. 彼はこの事務所にとってなくてはならない人だ. Llevo solo lo ～. 私は最低限必要なものしか持っていきていない. 2)［ser ～ que+接続法］Después de todo, es ～ *que* te disculpes. 何をさておいても, まず君が謝らないといけない

indispensablemente [indispensábleménte] 副 不可避的に, 必ず

indisponer [indisponér]《←in-(否定)+disponer》60 他 ❶ [+con・contra へ の] 悪感情を…に抱かせる, 仲たがいさせる: Inventando cosas infundadas intentó ～ con ella. 彼はありもしないことをでっち上げて私と彼女の仲を裂こうとした. ❷ …の気分を害する: Todo lo que dice él me *indispone*. 彼の言うことはいちいち私のかんにさわる. ❸ 体調を悪くさせる. ❹ ［準備・便宜などを］取り止める: ～ un proyecto de viaje 旅行計画を取り止める
── **～se** ❶ 悪感情を抱く: Se indispuso con el jefe. 彼は上司と気まずくなった. ❷ 体調をくずす, 気分が悪くなる: *se dispuso* y empezó a vomitar. 彼は気持ちが悪くなって吐き始めた. ❸《南米. 婉曲》生理が始まる

indisponible [indisponíble] 形 自由に使用(処分)できない

indisposición [indisposiθjón]《←indisponer》囡 ❶ ［一時的な］体の不調, 軽い病気, 気分がすぐれないこと: *indisposiciones* por la menopausia 更年期障害. ❷ 気が進まないこと, 嫌気; [+con+人 に対する] 不快感, 悪感情

indispuesto, ta [indispwésto, ta]《indisponer の過分》形 [estar+] ❶ [+con・contra と] 不和になった: Está ～ *con* su amigo. 彼は友人と仲たがいしている. ❷ 気分が悪い: Estoy algo ～. 私は少し気分がすぐれない. Se sintió ～ y se ausentó un instante. 彼は気分が悪くなってちょっと席を外した

indisputable [indisputáble] 形 議論の余地のない, 明白な

indisputablemente [indisputábleménte] 副 議論の余地なく, 明白に

indistinción [indistinθjón] 囡 区別のないこと; 不明瞭

indistinguible [indistiŋgíble] 形 ❶ 区別され得ない, 見分けのつかない. ❷ 識別困難な, 不明瞭な

indistintamente [indistíntaménte] 副 ❶ 区別なく: Se aplica ～ a todos los casos. それはすべての場合に一様に適用される. ❷ 不明瞭に: A lo lejos se oyen ～ unas voces. 遠くでかすかに声がする

indistinto, ta [indistínto, ta]《←ラテン語 indistinctus < in-(否定)+distinctus「異なる, 著名な」》形 ❶ どちらでもよい［=indiferente］: Me es ～ visitarlos por la mañana o por la tarde. 午前中に訪問しようが午後しようが私にはどちらでもよい. ❷ 不明瞭な: mancha ～ta かすかな汚れ. sonido ～ かすかな音. ❸ 区別のない: Está permitido el uso ～ de pantalón largo o corto. 長ズボン・半ズボンの着用はどちらも許されている. ❹《当座勘定・預金などに》共同名義の

indita [indíta]《メキシコ》❶ コリード corrido の一種. ❷ ポルカ風の舞踊

individuación [indibiđwaθjón] 囡 細かい特徴づけ(差別化)

individual [indibiđwál]《←individuo》形 ❶ 個人の, 個人に関わる, 個人的な: garantizar los derechos ～es 個人の権利を保証する. asunto ～ 私事. características ～es 個性. libertad ～ 個人の自由; 人身の自由《不当逮捕されない権利》. ❷ ［ベッド・部屋などが］個人用の, 1人用の, シングルの: cuarto ～ 個室. ❸ 特別な, 独自の, 独特の: Ya de niño empezó a demostrar una característica ～ destacada. una vez oída la canción, ya la supo de memoria y la cantó como si nada. 彼は子供の時にすでに傑出した特別な才能を見せていた. 歌を一度聴いただけで覚えてしまい, 訳なくそれを歌えたのだ. rasgos ～*es* de su rostro 彼の特徴的な風貌. ❹《アンデス, アルゼンチン, ウルグアイ》よく似た: Es ～ a su madre. 彼女は母親と瓜二つだ
── 男《スポーツ》個人［⇔equipo］; シングルス［⇔doble］: ～ masculino ／ ～ caballero《中南米》 ～ de caballeros 男子個人; 男子シングルス ／ ～ femenino ／ ～ damas《中南米》 ～ de damas 女子個人; 女子シングルス. ❷ ランチョンマット

individualidad [indibiđwaliđá(đ)] 囡 ❶ 個性; 個別性, 個体性; 特性: respetar la ～ de cada alumno 各生徒の個性を尊重する. ～ del español entre las lenguas románicas ロマンス諸語におけるスペイン語の特異性. ❷ 個性的な人, 個性豊かな人: En nuestro profesorado hay muchas ～*es*. 我々教員スタッフには個性豊かな人が多い

individualismo [indibiđwalísmo] 男 ❶《時に軽蔑》個人主義; 利己主義: El ～ no significa falta de solidaridad. 個人主義

は思いやりのなさとは違う. Su ～ es ridículo, casi rayano en el egoísmo. 彼の個人主義などお笑い草だ, 自己中心主義と紙一重だ. ❷《社会学, 哲学》個体主義, 個人主義

individualista [indiƀiđwalísta] [形] [名] ❶《時に軽蔑》個人主義の(主義者). ❷《社会学, 哲学》個体主義の〔主張者〕, 個人主義の

individualización [indiƀiđwaliθaθjɔ́n] [女] ❶ 個性化, 個別化: ～ de la terapia 個別化医療. ❷ 個体識別

individualizador, ra [indiƀiđwaliθađɔ́r, ra] [形] 個性を与える, 特性を際立たせる

individualizante [indiƀiđwaliθánte] [形] =**individualizador**

individualizar [indiƀiđwaliθár] 〖←individual〗 [9] [他] [+人・事物] ❶ 個性を与える, 特性を際立たせる: El rojo de su pintalabios la *individualiza*. 口紅の赤が彼女の個性になっている. ❷ [全体の中で個々を] 識別する: ～ un nuevo virus 新型ウイルスを識別する

—— [自] 個々の人・事物に言及する, 個人名を挙げる: No vamos a ～ en este momento. 今は誰だと言わないでおこう

—— **～se** 個性的になる, 特性が際立つ

individualmente [indiƀiđwálménte] [副] ❶ 個人個人で: Salieron ～. 彼らは別々に出かけた. Fueron interrogados ～. 彼らは別々に取り調べを受けた. ❷ 個人的に: *I*～, nada tengo contra ti. 個人的には私は君に含むところはない. *I*～, es un tipo simpático. 個人的意見を言えば, 彼はなかなかいい奴です

individuar [indiƀiđwár] [14] [他] ❶ [物を] 個別化する; 個々に詳述する. ❷ [人を] 区別して目立たせる, 個性化する

individuo, dua [indiƀiđwo, đwa] 〖←ラテン語 individuus < in-(否定)+dividuus「分けられる」〗 [名]《軽蔑》❶ [誰だか知らない・言いたくない] 人: Un ～ haraposo me pidió tabaco en la calle. ぼろを着た男が通りで私にたばこをくれと言った. Con esa ～*dua* no hay forma de entenderse. その女とは話が通じない. ❷ [尊敬に値しない] 人, 奴〖主に男性〗: ¡Menudo ～! ひどい奴だ!

—— [形]《まれ》個人の, 個人的な〖=individual〗

—— [男] ❶ [社会・集団に対して, 独立した] 個人: Todo ～ tiene derecho a recibir educación. すべての個人は教育を受ける権利をもつ. ❷《生物》個体: De esta especie de aves solo quedan 100 ～*s* en Japón. この種類の鳥は日本には100羽の個体しか残っていない. ❸ [団体の] 会員, メンバー〖=miembro〗: ～ de la Real Academia 王立学士院会員. ～ de la sociedad 社会の成員. ❹《まれ》自分自身, 自己

indivisamente [indiƀísaménte] [副] 不分割で, 共有して

indivisibilidad [indiƀisiƀiliđá(đ)] [女] 不可分性, 不分割性

indivisible [indiƀisíƀle] [形] ❶ 分割され得ない, 不可分の: número ～ por tres 3で割り切れない数. ❷《法律》不分割の, 共有の

indivisiblemente [indiƀisíƀleménte] [副] 不可分に

indivisión [indiƀiθjɔ́n] 〖←ラテン語 indivisio, -onis〗 [女] ❶ 不分割. ❷ [財産の] 共有

indiviso, sa [indiƀíso, sa] 〖←indivisión〗 [形] ❶ 分割されない: La colección se vende ～*sa*. コレクションは一括売りです. ❷《法律》不分割の, 共有の〖=pro ～〗: bienes ～*s*/bien pro ～ 不分割財産, 共有財産. finca ～*sa* 共有の地所

indización [indiθaθjɔ́n] [女] インデックス付け〖=indexación〗

indizador, ra [indiθađɔ́r, ra] [形] インデックスを付ける〖=indexador〗

indizar [indiθár] [9] [他] インデックスを付ける〖=indexar〗

indo, da [índo, da] [形] [名]《文語》=**indio**

indoafgano, na [indoafgáno, na] [形] [名] インド・アフガン人種の〔人〕

indoamericanismo [indoamerikanísmo] [男] アメリカ先住民語特有の語・言い回し

indoamericano, na [indoamerikáno, na] [形] [名] アメリカ先住民〔の〕

indoario, ria [indoárjo, rja] [形] [男] インド・アーリア語〔の〕

indoblegable [indoƀlegáƀle] [形] 意志などを曲げない; 手に負えない

indochino, na [indotʃíno, na] [形] [名]《地名》インドシナ Indochina の〔人〕: Península *I*～*na* インドシナ半島

indócil [indóθil] [形]《文語》従順でない, 素直でない, わがままな, 強情な

indocilidad [indoθiliđá(đ)] [女] 従順(素直)でないこと, わがまま, 強情

indoctamente [indɔ́ktaménte] [副] 学問(知識)なしに

indocto, ta [indɔ́kto, ta] [形]《文語》無学な, 無知な

indoctrinación [indɔktrinaθjɔ́n] [女] 教化

indoctrinado, da [indɔktrinádo, đa] [形]《まれ》無教養の, 無学な

indocumentación [indokumentaθjɔ́n] [女] 情報の欠落

indocumentado, da [indokumentáđo, đa] 〖←in-(否定)+documentado < documentar〗 [形] [名] ❶ 身分証明書を持っていない(不携帯の)〔人〕: Le multaron por ir ～. 彼は身分証不携帯で罰金を取られた. ❷ 資格のない〔人〕. ❸ [estar+. 資料・証拠などの] 裏づけのない: Basaba su teoría en principios ～*s*. 彼の理論は証明されていない原理に基づいていた. ❹ 教養のない, 専門知識のない. ❺ 無名の〔人〕

indoeuropeísta [indoeu̯ropeísta] [名] インド・ヨーロッパ語研究者

indoeuropeo, a [indoeu̯ropéo, a] [形] [名]《言語》❶ インド・ヨーロッパ語族の〔人〕: pueblos ～*s* 印欧語系諸民族. ❷ 印欧基語の: lenguas ～*as* 印欧諸語

—— [男] 印欧基語

indogermánico, ca [indɔxermániko, ka] [形] [名]《言語》インド・ゲルマン語族の〔人〕〖=インド・ヨーロッパ語族〗

indogermano, na [indɔxermáno, na] [形] [名] =**indogermánico**

indoiranio, nia [indoi̯ránjo, nja] [形] [男] インド・イラン語〔の〕

indol [indɔ́l] [男]《化学》インドール

índole [índole] 〖←ラテン語 indoles「性行, 傾向」〗 [女] ❶ [人・動物の] 性格, 気質: Es de ～ perezosa. 彼は怠惰な性格だ. ❷ [事物の] 特徴, 性質: dada la ～ reservada del asunto 慎重を要する事の性質上…. problema de ～ económica 経済的な問題. Adujo razones de ～ legal. 彼は法に則った申し立てを行なった

indolencia [indolénθja] [女] 怠惰, 無気力; 無感動; 無感覚

indolente [indolénte] 〖←ラテン語 indolens, -entis「痛みを感じない」< in-(否定)+dolere「痛み」〗 [形] [名] ❶ [少し] 怠惰な〔人〕, 無気力な〔人〕: Es un poco ～. 彼は少しものぐさだ. mirada ～ 物憂げなまなざし. ❷ 無感動な. ❸ 無感覚な, 痛みを感じない

indolentemente [indoléntemente] [副] 怠惰に, 無気力に; 無感動に; 無感覚に

indoloro, ra [indolóro, ra] [形] 痛まない, 無痛性の: operación ～*ra* 無痛手術

indomabilidad [indomaƀiliđá(đ)] [女] 飼い馴らせないこと; 服従させられないこと

indomable [indomáƀle] [形] ❶ [動物が] 飼い馴らされ得ない: caballo ～ 荒馬. ❷ [人が] 服従させられ得ない: chiquillo ～ 手に負えない子供. valor ～ 不屈の勇気. El odio crecía ～. 憎しみが抑えようもなく高まっていった

indomado, da [indomáđo, đa] [形] 飼い馴らされていない

Indomalaysia [indomaléi̯sja]《地理》東洋区

indomeñable [indomeɲáƀle] [形]《文語》支配され得ない

indomesticable [indomestikáƀle] [形] 飼い馴らされ得ない; 反抗する

indomesticado, da [indomestikáđo, đa] [形] 飼い馴らされていない

indoméstico, ca [indoméstiko, ka] [形] 飼い馴らされていない

indometacina [indometaθína] [女]《薬学》インドメタシン

indomia [indómja] [女]《キューバ. 俗語》新奇さ, 当世風

indómito, ta [indómito, ta] 〖←ラテン語 indomitus〗 [形] ❶ 飼い馴らされ得ない; 飼い馴らされていない: caballo ～ 荒馬, 奔馬; 暴れ馬. ❷ 負けん気の強い, 不屈の: carácter ～ 手に負えない性格

indonésico, ca [indonésiko, ka] [形] [名] インドネシアの(人)〖=indonesio〗

indonesio, sia [indonésjo, sja] [形] [名]《国名》インドネシア Indonesia〔人・語〕の; インドネシア人

—— [男] インドネシア語

indoor [índɔr] 〖←英語〗 [形]〖単複同形〗《スポーツ》屋内の

indormia [indɔ́rmja] [女]《コロンビア, ベネズエラ》技術, 技能; 手くだ

indostanés, sa [indɔstanés, sa] [形] [名]《地名》ヒンドゥスタン Indostán の〔人〕

indostaní [indɔstaní] [形] [男] ヒンドゥスターニー語〔の〕

—— [形] [名] =**indostanés**

indostánico, ca [indɔstániko, ka] [形] [名] =**indostanés**

—— [形] [男] =**indostaní**

indostano, na [indɔstáno, na] [形] [名] =**indostanés**

indotación [indotaθjón] 女 付与されていないこと
indotado, da [indotáðo, ða] 形 付与されていない
indri [indrí] 男《動物》インドリ《猿の一種》
indrómina [indrómina] 女《メキシコ》呪い,妖術
indubitable [induβitáβle] 形《文語》=**indudable**: Es ~ que lo dijo. 彼がそう言ったのは疑う余地がない
indubitablemente [induβitáβleménte] 副《文語》疑いの余地なく
indubitadamente [induβitáðaménte] 副 疑いなく,確かに
indubitado, da [induβitáðo, ða] 形 疑う余地のない,確かな
inducción [indu(k)θjón] 女《←ラテン語 inductio, -onis》❶ [+a への] 教唆: Fue acusado de ~ al asesinato. 彼は殺人教唆の罪で起訴された. por ~ de+人 …にそそのかされて. ❷ 推論, 推定. ❸《論理》帰納[法]《⇔deducción》. ❹《電気》誘導, 感応: bobina de ~ 誘導(感応)コイル. ~ electromagnética (electrodinámica) 電磁誘導. ~ electrostática 静電誘導. ~ magnética 磁気誘導. ~ telúrica 地磁気誘導. ❺《生物》誘導;誘発. ❻《医学》1) 分娩誘発 [=~ del parto]. 2)《麻酔》~ anestésica inhalatoria 吸入麻酔導入. ~ rápida 急速導入
inducia [indúθja] 女《まれ》休止;遅延
inducido, da [induθíðo, ða] 形 [電気現象が] 誘導により発生した
—— 男《電気》被誘導回路;電機子
inducidor, ra [induθiðór, ra] 形 女 誘導(誘発)する[人]
inducimiento [induθimjénto] 男《廃語》=**inducción**
inducir [induθír]《←ラテン語 inducere < in-（方向）+ducere「運ぶ, 導く」》41 他《文語》[+a に] 仕向ける,導く;そそのかす: Un profesor le indujo a rebelarse. ある教師が彼に反抗をそそのかした. Esta ley induciría una mayor recesión económica. この法律は景気をますます悪化させる可能性がある. ❶ ~ a+人 a ruina …を破滅に導く. ❷ [+de から] 帰納する;結論を引き出す,推論する: De todo esto inducimos la siguiente regla. これらすべてのことから我々は次のような法則を帰納する. ❸《医学》陣痛を起こさせる,分娩させる. ❹《電気》誘導する,感応作用を起こさせる
inductancia [induktánθja] 女《電気》❶ インダクタンス,誘導係数. ❷ 誘導回路
inductividad [induktiβiðá(ð)] 女《電気》誘導性
inductivo, va [induktíβo, βa]《←inducir》形 ❶《論理》帰納的な《⇔deductivo》. ❷《電気》誘導性の: circuito ~ 誘導回路. corriente ~va 誘導電流
inductor, ra [induktór, ra] 形 女《電気》誘導する: campo ~ 誘導電磁界. ❷ そそのかす,教唆する[人]. ❸ 仕向ける,導く: droga ~ra de sueño 眠気を誘う薬
—— 男《電気》誘導子
indudable [induðáβle]《←ラテン語 indubitabilis》形 [ser+. +que+直説法] 疑う余地のない,確かな: Es ~ que tiene razón. 彼が正しいのは確かだ
indudablemente [induðáβleménte] 副 疑いなく,確かに;明らかに,確かに: Tiene ~ talento para el arte. 彼は確かに芸術的才能がある
indulgencia [indulxénθja]《←ラテン語 indulgentia「好意,親切心」》女 ❶ 寛容,寛大[な措置]: tratar a+人 con ~ …に寛容な態度で接する,寛大な措置をとる. ❷《カトリック》1) 免償,贖宥: ~ parcial 部分免償. ~ plenaria 全免償. 2)《歴史》免罪符. ❸《文語》許し
indulgenciar [indulxenθjár] 10 他《カトリック》免償(贖宥)を与える
indulgente [indulxénte]《←ラテン語 indulgens, -entis》形 [+con·para·para con] 寛大な: Es ~ para sus hijos. 彼は子供に甘い
indulgentemente [indulxénteménte] 副 寛大に
indultar [indultár]《←indulto》他 ❶ [+de 刑罰をすべて・一部] 免除する,赦免する: Le han indultado de la pena de muerte. 彼は死刑を免れた. ~ a un reo 罪人に恩赦を与える. ❷ [義務・支払いなど] 免除する: Le indultaron de la asistencia. 彼は出席を免除してもらった
—— ~**se** ❶《キューバ》《口語》[前もっての印象の悪さを払拭するような] 賞賛すべき行動をする. ❷ 窮地を脱する. 1)《ボリビア》《口語》難しい状況を脱することができる. 2)《口語》余計な口出しをする,余計なことに首を突っ込む
indultario [indultárjo] 男《カトリック》特典享受者

indulto [indúlto]《←ラテン語 indultus, -a, -um < indulgere「好意を示す」》男 ❶《刑罰のすべて・一部の》免除,赦免: pedir un ~ 特赦を願い出る. ❷ 特典
indumenta [induménta] 女 =**indumento**
indumentaria¹ [indumentárja]《←ラテン語 indumentum < induere「着る」》女 ❶ 衣服,衣裳,衣類: Ese joven lleva una ~ ridícula. その若者は奇妙な服装をしている. estar pobre de ~ 衣類が乏しい. ~ de esquiar スキーウェア. ~ de trabajo 仕事着. ❷ 衣裳史[学]
indumentario, ria² [indumentárjo, rja] 形《文語》衣裳の,服飾の
indumento [induménto] 男 ❶《集名》[一人の] 衣服と装飾品: Durante toda una semana no vistió otro ~ que el uniforme. 彼は1週間制服以外着なかった. ❷《植物》羊毛状被覆
induplicado, da [induplikáðo, ða] 形《植物》[花芽・葉が] 内向敷石状の
induración [induraθjón] 女《医学など》硬結,硬化
indurar [indurár] 他《医学など》硬結させる,硬化させる
indusio [indúsjo] 男《シダ植物の》包膜
industria [indústrja]《←ラテン語 industria「活動」< industrius「勤勉な」》女 ❶ 産業,工業: Trabajo en la ~ química. 私は化学産業で働いている. ~ agrícola 農業. ~ siderúrgica 製鉄業. ~ de la alimentación 食品産業. ~ turística 観光業. ~ artesanal 手工業. ~ familiar (casera) 家内工業. ~ ligera (liviana) 軽工業. ~ naciente (incipiente) 幼稚産業《成長の見込みがあるため政府が外国の競争から保護する》. ~ pequeña y mediana 中小企業. ~ primarias (secundarias·terceras) 第1(2·3)次産業. ❷ 工場,製造会社: Es dueño de una pequeña ~ en un pueblo. 彼は小さな町工場を経営している. ❸《口語》巧知,術策: Aun con su ~ no podrá tener éxito. 彼の術策をもってしても成功できないだろう. ❹ 巧みさ,器用さ. ❺ 勤勉
con ~ 1) 精巧に. 2) 手際よく
de ~ 故意に,わざと
tener ~ 策士である
industrial [industrjál]《←industria》形 ❶ 産業の,工業の: mundo ~ 産業社会. país ~ 工業国. política ~ 産業政策. producción ~ 工業生産. productos ~es 工業製品. ❷ 工業製品の: dulces ~es [手作りに対し] 工場で作られた菓子. ❸《口語》大量の
en cantidades ~*es*《口語》大量に
—— 名 [製造業の] 実業家,企業家,業者
industrialismo [industrjalísmo] 男《経済》産業主義,工業化優先
industrialización [industrjaliθaθjón] 女 ❶ 産業化,工業化: país de reciente ~ 新興工業国, NICS. ❷《歴史》[主に18〜19世紀ヨーロッパの] 産業革命時代
industrializar [industrjaliθár]《←industrial》9 他 産業化させる,工業化させる: 1) [製造・製品を] agricultura industrializada 工業化農業. 2) [地域を] ~ una región 地域産業を振興する,地域を工業化する. país industrializado 工業国
—— ~**se** 産業化する,工業化する
industriar [industrjár] 10 他 教える,訓練する
—— ~**se** うまくやる,何とかする
industriárselas 抜け目なくやる: Siempre *se las industria* para que no lo odien. 彼はいつも人に嫌われないようようくやる
industriosamente [industrjósaménte] 副 ❶ 勤勉に. ❷ 要領よく,しっかりと
industrioso, sa [industrjóso, sa]《←industria》形 ❶ 勤勉な,働き者の. ❷ 要領のいい,狡知にたけた
INE [íne] 男《西. 略語》←Instituto Nacional de Estadística 統計庁
inebriar [ineβrjár] 10 他《まれ》酔わせる;陶酔させる
inecuación [inekwaθjón] 女《数学》不等式
inedia [inéðja] 女《文語》絶食,飢餓;飢餓による衰弱
inédito, ta [inéðito, ta]《←ラテン語 ineditus < in-（否定）+editus < edere「取り出す,生む」》形 ❶ 未刊の,未発表の: obra ~ta 未発表作品. ❷ 新奇な,前代未聞の: Hace un frío ~. 体験したことのない寒さだ
ineducación [inedukaθjón] 女 ❶ 不作法,無礼. ❷ 無教育,無学
ineducado, da [inedukáðo, ða] 形 名 [ser+] ❶ 不作法な

〔人〕,無礼な〔人〕. ❷ 無学な〔人〕
INEF [ínef] 男《西. 略記》←Instituto Nacional de Educación Física 体育教会
inefabilidad [inefabiliðá(ð)] 女 言葉で説明できないこと
inefable [inefáble]《←ラテン語 ineffabilis < in- (否定)+affabilis「言われ得る」< fari「話す」》形《文語》[ser+] 言葉では説明され得ない: belleza ～ えも言われぬ美しさ《顕義》**inefable** は常に良い意味で用いられるのに対して, **infando** は悪い意味で, **impronunciable** と **indecible** は善悪両方の意味に用いられる》
inefablemente [inefáblemente] 副 言葉で説明できないくらいに
inefectivo, va [inefektíbo, ba] 形 ❶ 効果のない. ❷ 実在しない, 非現実的な
ineficacia [inefikáθja] 女 効果のないこと, 役に立たないこと
ineficaz [inefikáθ]《←ラテン語 inefficax, -acis < in- (否定)+efficax, -acis「効果的な」< facere「適した」》形[履 ～ces] 効果のない, 役に立たない: medicina ～ 効かない薬
ineficazmente [inefikáθménte] 副 効果なく, 役に立たずに
ineficiencia [inefiθjénθja] 女 能率の悪さ
ineficiente [inefiθjénte] 形 能率の悪い
inejecución [inexekuθjón] 女《法律》執行の中止
inejecutar [inexekutár] 他《法律》執行を中止する
inelegancia [ineleɡánθja] 女 粗野; 無礼: Vestía con cierta ～ pueblerina. 彼は田舎町の人らしい洗練されていない服装だった
inelegante [ineleɡánte] 形 失礼な, 無礼な
inelegible [inelexíble] 形〔選ばれる〕資格のない
ineluctable [ineluktáble]《←ラテン語 ineluctabilis < in- (否定)+luctari「闘う」》形《文語》避けられない, 抗しがたい: hado ～ 逃れられない宿命. muerte ～ 免れ得ない死
ineludible [ineluðíble]《←in- (否定)+eludible < eludir》形 避けられない, 不可避の: resultado ～ 必然の結果
ineludiblemente [ineluðíblemente] 副 不可避的に, 必然的に
INEM [inén] 男《西. 略記》←Instituto Nacional de Empleo 雇用庁
inembargable [inembarɡáble] 形《法律》差押えの対象にならない
inenarrable [inenařáble] 形《文語》語られ得ない: experiencia ～ 言語に絶する経験
inencogible [inenkoxíble] 形《繊維》縮まない
inencontrable [inenkontráble] 形 発見され難い
-íneo, a [íneo, a] 形《類似・関連》bronc*íneo* 青銅の〔ような〕
inepcia [inépθja] 女《文語》❶ 無能, 不適格. ❷ 愚劣
ineptamente [iné(p)taménte] 副 無能に, 不適格に
ineptitud [ine(p)titúð] 女 無能, 不適格
inepto, ta [inéto)to, ta]《←ラテン語 ineptus < in- (否定)+eaptus < edere「適した」》形[音] ❶ [ser+. +para に] 無能な〔人〕, 不適格な〔人〕: Soy ～ para este cargo. 私はこの職に向いていない. ❷ 愚劣な〔人〕
inequitativo, va [inekitatíbo, ba] 形 不平等な, 不均等な
inequívocable [inekiβokáble] 形 =**inequívoco**
inequívocamente [inekíβokaménte] 副 紛れもなく, 明白に
inequívoco, ca [inekíβoko, ka]《←in- (否定)+equívoco》形 間違いようのない, 明白な: Muestra ～cas señales de locura. 彼はまぎれもない狂気の徴候を示している
inercia [inérθja]《←ラテン語 inertia》女 ❶《物理》慣性, 惰性《比喩的にも》: fuerza de ～ 慣性力. principio de ～ 慣性の法則. 2)《比喩》La fuerza de la ～ le hace seguir en su puesto. 彼は惰性で今の仕事をしている. ～ por ～ 惰性で. ❷ 無気力, 不活発: sacar a+人 de su ～ …を無気力状態から抜け出させる. ❸〔不服従などの〕消極的抵抗
inercial [inerθjál] 形《物理》慣性の: masa ～ 慣性質量. sistema ～ de navegación 慣性航法. ❷ 惰性的な
inerme [inérme] 形 ❶ [estar+] 武装していない;《比喩》無防備な. ❷《植物》とげのない,《動物》無鉤(こう)の
inerrable [inerřáble] 形《文語》間違うはずのない, 絶対確実な
inerrante [inerřánte] 形 ❶ 間違うはずのない. ❷《天文》不動の
inerte [inérte] 形《←ラテン語 iners, -ertis「容量のない, 不活発な」》形 ❶ [estar+] 動きのない; 生気のない: Yacía su cuerpo ～. 彼はぐったりと体を横たえていた. ❷ [ser+] 自動力のない. ❸《化学》不活性な: gas ～ 不活性ガス. ❹《物理》masa ～ 慣性質量

inervación [inerβaθjón] 女《医学, 生理》神経分布, 神経支配
inervador, ra [inerβaðór, ra] 形 神経分布〔神経支配〕を起こす
inervar [inerβár] 他 神経を分布させる, 神経支配を行なう
inescindible [inesθindíble] 形 分割され得ない, 切り離せない
inescrupuloso, sa [ineskrupulóso, sa] 形 [人が] 良心のかけらもない; [言動が] 臆面もない
inescrutable [ineskrutáble]《←ラテン語 inscrutabilis》形《文語》[ser+] 見抜くことのできない, 不可解な: Los designios de la Providencia son ～s. 神意はうかがい知れない
inescudriñable [ineskuðriɲáble] 形 精査不能の
Inés de la Cruz [inés de la krúθ]《人名》**Sor Juana** ～ ソル・フアナ・イネス・デ・ラ・クルス《1651～95, 植民地時代メキシコの女性詩人・随筆家・劇作家. 幼いころから天才と博識によって注目を集め, 少女時代, 副王が学者・文学者を宮延に集めて討論させたところ, その全員を論破したと伝えられる. 後に僧院に入り, 文学の創作に励みバロック文学の精華と言うべき作品を残した. その主なものは詩だが, ほかに戯曲『神聖なるナルシソ』*El divino Narciso*, 散文『ソル・フィロテア・デ・ラ・クルスへの返事』*Respuesta a Sor Philotea de la Cruz*》
inesencial [inesenθjál] 形 本質的でない
inespacial [inespaθjál] 形 空間と無関係な（独立した）
inespecífico, ca [inespeθífiko, ka] 形 [主に薬が] 特効性のない
inesperable [inesperáble] 形 思いがけない, 予想できない
inesperadamente [inesperáðamente] 副 思いがけなく, 不意に: Varios de los directivos renunciaron ～ a seguir en la empresa. 重役の何人かは意外にも会社にとどまることを断念した
inesperado, da [inesperáðo, ða]《←in- (否定)+esperado < esperar》形 [ser+] 思いがけない, 予想外の: Esto fue ～ para nosotros. これは私たちにとって予想外だった. desgracia ～*da* 思いがけない災難. visita ～*da* 不意の訪問, 予期せぬ訪問者. de forma ～*da* 思いがけなく
inesquivable [ineskiβáble] 形 避けられない, 不可避の
inestabilidad [inestaβiliðá(ð)] 女 ❶ 不安定〔性〕: ～ atmosférica 大気が不安定な状態. ❷ 情緒不安定
inestabilizar [inestaβiliθár] 自 他 不安定にする
―― **se** 再 不安定になる
inestable [inestáble]《←in- (否定)+estable》形 ❶ 不安定な, 変わりやすい: gobierno ～ 不安定な政府. tiempo ～ 変わりやすい天気. combinación ～ 不安定な化合物. ❷ 気分（考え）の変わりやすい, お天気屋の
inestancable [inestaŋkáble] 形 流れが止められ得ない
inestimabilidad [inestimaβiliðá(ð)] 女 はかり知れないこと
inestimable [inestimáble]《←ラテン語 inaestimabilis < in- (否定)+aestimabilis < aestimare「評価する, 長所を認める」》形 はかり知れない, 非常に貴重な: ayuda ～ この上ない助力. de valor ～ はかり知れない価値のある
inestimado, da [inestimáðo, ða] 形 ❶ [評価に値するのに] 評価されていない: No se dan cuenta de su ～*da* ayuda. 彼の助力はもっと評価されるべきことを人々は知らない. ❷ 未評価の
inevitabilidad [ineβitaβiliðá(ð)] 女 不可避性, 必然性
inevitable [ineβitáble] 形 不可避の, 免れ得ない: Esa catástrofe fue ～. その惨事は避けられなかった. obstáculo ～ 不可避の障害
inevitablemente [ineβitáblemente] 副 不可避的に: El capitalismo ～ ha originado el movimiento feminista. 資本主義が不可避的に女性解放運動を引き起こした
inexactamente [ineɡ(k)sáktamente] 副 不正確に, 誤って
inexactitud [ineɡ(k)saktitúð] 女 ❶ 不正確, 誤り: ～ en los datos データの誤り. ❷《婉曲》嘘
inexacto, ta [ineɡ(k)sákto, ta] 形 ❶ 不正確な, 間違った: reloj ～ 時間の合わない時計. ❷《婉曲》嘘の
inexcogitable [ineɡ(k)skoxitáble] 形 考え出されていない, 案出不能な
inexcusable [ineɡ(k)skusáble]《←ラテン語 inexcusabilis》形 ❶ [ser+] 不可避の: Este libro es una referencia ～ para todos los alumnos del primer curso. この本はすべての1年生にとって必読の参考書である. deber ～ 避けることのできない義務. ❷ 許され得ない: defecto ～ 許しがたい欠点
inexcusablemente [ineɡ(k)skusáblemente] 副 不可避的に; 弁解の余地なく

inexequible [ine(k)sekíble] 形 達成(実現)され得ない
inexhaustible [ine(k)saustíble] 形《文語》くみ尽くせない, 無尽蔵の
inexhausto, ta [ine(k)sáusto, ta] 形《文語》枯渇することのない, 無尽蔵の
inexigibilidad [ine(k)sixibilidá(d)] 女 要求(請求)され得ないこと
inexigible [ine(k)sixíble] 形 要求(請求)され得ない
inexistencia [ine(k)sisténθja] 女 存在しないこと, 欠如
inexistente [ine(k)sisténte]【←in-(否定)+existente】形 ❶ [ser+] 存在(実在)しない: hada ~ 架空の妖精. ❷ 無いに等しい: Su ayuda es prácticamente ~. 彼の援助は実際には無いのと同じで
inexorabilidad [ine(k)sorabilidá(d)] 女 苛酷さ
inexorable [ine(k)soráble]【←ラテン語 inexorabilis < in-(否定)+exorare「懇願する」】形 ❶ [懇願・抵抗にはねのけて] 苛酷な, 容赦のない: padre ~ 峻厳な父親. sentencia ~ 無情な判決. ❷ 避けられない, 抗いがたい: ~ extinción de muchas especies 多くの種の避けがたい絶滅. paso ~ del tiempo 押しとどめられない時の流れ
inexorablemente [ine(k)sorábleménte] 副 苛酷に, 容赦なく; 不可避的に
inexperiencia [ine(k)sperjénθja] 女 無経験, 不慣れ: Estos errores se deben a su ~. これらの誤りは彼の未熟さのせいだ
inexperto, ta [ine(k)spérto, ta] 形 [ser+] 無経験の, 不慣れな: técnico ~ 経験の浅い技師. conductor ~ 下手な運転手 —— 名 無経験者, 未熟者
inexpiable [ine(k)spjáble] 形「罪が」償われ得ない
inexplicable [ine(k)splikáble]【←ラテン語 inaexplicabilis < in-(否定)+explicabilis < explicare「もつれを解く」】形 説明できない, 不可解な: 1) Su comportamiento es ~. 彼の行動は不可解だ. enigma ~ 解けない謎. 2) [ser ~ que+接続法] Es ~ que él no venga. 彼が来ないのはおかしい
inexplicablemente [ine(k)splikábleménte] 副 不可解なことに
inexplicado, da [ine(k)splikádo, da] 形 解明されていない, 不明な
inexplorado, da [ine(k)splorádo, da] 形 [estar+] 探検されていない, 「航路が」未知の: tierra ~da 人跡未踏の地
inexplosible [ine(k)splosíble] 形 爆発し得ない
inexplotable [ine(k)splotáble] 形 開発され得ない
inexportable [ine(k)sportáble] 形 輸出され得ない
inexpresable [ine(k)spresáble] 形 [ser+] 表現され得ない
inexpresión [ine(k)spresjón] 女 表現の欠落
inexpresivo, va [ine(k)spresíbo, ba]【←in-(否定)+expresivo <expresar】形 ❶ 無表情な; 表現力に乏しい: Estuvo ~ como si no le hubiera pasado nada. 彼はまるで何事もなかったかのように無表情だった. Este actor es muy ~. この俳優は表現力に大変乏しい. ❷ 冷淡な, よそよそしい
inexpugnable [ine(k)spugnáble]【←ラテン語 inexpugnabilis】形 [ser+] ❶ 難攻不落の, 堅固な: fortaleza ~ 堅固な砦. Todas son ~s hasta que son expugnadas. 落とされるまではすべて難攻不落である. ❷ [説得などに] 動じない
inextensible [ine(k)stensíble] 形「布などが」不延性の
in extenso [in ε(k)sténso]【←ラテン語】副 [説明・引用が] 詳しく; 詳しい
inextenso, sa [ine(k)sténso, sa] 形 広がり(面積)のない
inextinguible [ine(k)stingíble]【←ラテン語 inextinguibilis】《文語》形 ❶ [ser+] 消され(抑えられ)得ない: sed ~ いやしがたい渇き. ❷ 永続する
inextinto, ta [ine(k)stínto, ta] 形 絶滅していない, 消えていない
inextirpable [ine(k)stirpáble] 形 根絶され得ない
in extremis [in ε(k)strémis]【←ラテン語】副 ❶ 臨終に・の; 最後の瞬間に, ぎりぎりで; 最後の手段として: confesarse ~ いまわの際に告解する. testamento ~ 死に際の遺言
inextricable [ine(k)strikáble]【←ラテン語 inextricabilis < in-(否定)+extricare「解きほぐす」】《文語》形 ❶ [問題・状況などが] 理解しがたい, 解きほぐせない, こんがらがった: problema ~ 錯綜した問題. ❷ [場所などの様子が] ややこしい, 複雑な: maraña ~ うっそうとした茂み. selva ~ 人を寄せつけない密林
inf.《略語》←informe 報告書; infinitivo 不定詞
infacundo, da [infakúndo, da] 形 寡黙の, 口下手の
infalibilidad [infalibilidá(d)] 女 ❶ 無謬(びゅう)性. ❷《神学》

可謬性: ~ papal (del Papa・pontificia) 教皇の不可謬性
infalible [infalíble]【←ラテン語 infallibilis】形 ❶ 絶対に誤ることのない. ❷ 絶対確実な: método ~ 絶対確実な方法
infaliblemente [infalíbleménte] 副 絶対確実に; きまっていつも
infalsificable [infalsifikáble] 形 偽造(変造)され得ない
infaltable [infaltáble]《南米》必ずある, つきものの
infamación [infamaθjón] 女《文語》中傷, 不名誉
infamadamente [infamádaménte] 副《文語》名誉を傷つけて
infamador, ra [infamadór, ra] 形 名《文語》中傷する[人], 名誉を傷つける[人]
infamante [infamánte] 形《文語》名誉を傷つける: difundir coplas ~s para el rey 国王の名誉を毀損する歌を広める. pena ~ 加辱刑
infamar [infamár]【←ラテン語 infamare < in-(否定)+fama「評判」】他《文語》中傷する, ・・・の名誉を傷つける【=difamar】
infamativo, va [infamatíbo, ba] 形《文語》中傷する[ような], 名誉を傷つける[ような]
infamatorio, ria [infamatórjo, rja] 形《文語》中傷的な, 名誉毀損の: artículos ~s para el rey 国王の玩具となる, つきもの
infame [infáme]【←ラテン語 infamis】形 名 ❶ 卑しい[人], 下劣な[人]; 不名誉な: traición ~ 卑劣な裏切り. crimen ~ 破廉恥罪.《口語》[誇張して] ひどく悪い: tiempo ~ ひどい悪天候. pintura ~ 下手くそな絵 —— 副《口語》ひどく悪く
infamemente [infámeménte] 副 恥知らずにも; 卑劣にも
infamia [infámja]【←ラテン語】女 ❶ 不名誉, 恥辱: caer en la ~ 汚辱にまみれる. ❷ 卑劣(下劣)な行為
infancia [infánθja]【←ラテン語 infantia】女 ❶ 幼年(少年・少女)期: Machado pasó su ~ en Sevilla. マチャードは幼年時代をセビーリャで過ごした. amigo de su ~ 幼なじみ. recuerdos de la ~ 子供のころの思い出. triste ~ 寂しい(不幸な)幼年期. ❷ 集名 子供, 児童: La ~ española consume muchos juguetes. スペインの子供たちは玩具をたくさん消費する. ❸ 揺籃(ゆうらん)期: Este estudio está todavía en su ~. この研究はまだ揺籃期にある. ~ de la Humanidad 人類の黎明(れい)期
estar en la segunda ~《戯語》[大人が] 子供っぽい; [老人が] 子供に戻っている
infando, da [infándo, da] 形《文語》いまわしい, 話すに耐えない【→inefable 類語】
infanta[1] [infánta] 女 王子 infante の妻
infantado [infantádo] 男 王子・王女 infante の位(領地)
infantazgo [infantáθgo] 男《古語》=**infantado**
infante, ta[2] [infánte, ta]【←ラテン語 infans, -antis「話せない」< in-(否定)+fans, -antis < fari「話す」】形 名 ❶《文語》[7歳未満の] 子供, 児童: tierno ~ 小さい子, いたいけな子. ❷ 王子, 王女 類名 スペインでは王位継承順位の低い王子・王女は **infante・infanta**; 王位継承順位の高い王子・王女は **príncipe・princesa**; 親王, 内親王. ❸ infante の称号を授与された王族 —— 男《軍事》歩兵: ~ de marina 海兵隊員. ❷ [大聖堂の]少年聖歌隊員【= ~ de coro】
infantejo [infantéxo] 男 [大聖堂の]少年聖歌隊員
infanteño, ña [infantéɲo, ɲa] 形 名《地名》ビリャヌエバ・デ・ロス・インファンテス Villanueva de los Infantes の[人]《シウダ・レアル県の町》
infantería [infantería]【←infante】女 集名 歩兵, 歩兵隊: soldado de ~ 歩兵. ~ de línea 戦列歩兵. ~ ligera 軽[装]歩兵. ~ de marina 海兵隊
infantesa [infantésa] 女《魔法》王女【=infanta】
infanticida [infantiθída]【←ラテン語 infanticida < infans, -antis +caedere「殺す」】形 名 嬰児殺しの[人]
infanticidio [infantiθídjo] 男 嬰児殺し, 間引き
infantil [infantíl]【←ラテン語 infantilis】形 ❶ 幼年の, 小児の: enfermedad ~ 小児病. lengua ~ 幼児語. literatura ~ 児童文学. ropa ~ 子供服. ❷《軽蔑》子供っぽい, 小児的な: mentalidad ~ 子供っぽい考え方 —— 名《サッカー など》alevín と cadete の間の年齢層の選手
infantilidad [infantilidá(d)] 女 子供っぽさ
infantilismo [infantilísmo] 男 ❶《軽蔑》[大人の]子供っぽい性格, 幼稚さ. ❷《主に軽蔑》幼児性. ❸《医学》幼稚症
infantilización [infantiliθaθjón] 女 幼児化, 小児化
infantilizar [infantiliθár] 他 幼児化させる, 幼く見せる: Los pantalones cortos te infantilizan. 半ズボンをはくと君は子供っぽく見える

infantillo [infantíʎo]男《ムルシア》[大聖堂の]少年聖歌隊員
infantilmente [infantílménte]副子供のように, 子供っぽく
infantiloide [infantilóiđe]形《軽蔑》[大人が]子供っぽい, 幼稚な
infantino, na [infantíno, na]形《廃語》=infantil
infanzón, na [infanθón, na]名《←俗ラテン語 infantio, -onis》《歴史》[領主権に制限のある]小郷士: El Cid fue un ~. エル・シッドは小郷士であった
―― 男《キューバ》空いばり《言動》
infanzonado, da [infanθonáđo, đa]形《歴史》小郷士の
infanzonazgo [infanθonáθɣo]男《歴史》小郷士の領地
infanzonía [infanθonía]女《歴史》小郷士の身分
infartado, da [infartáđo, đa]形《医学》[心筋]梗塞の[患者]
infartar [infartár]他 梗塞症を引き起こす
―― ~se 男《医学》梗塞症になる
infarto [infárto]《←ラテン語 infartus「一杯に満ちた」< infarcire「詰め込む」》男《医学》梗塞(⟨そく⟩)[症];[特に]心筋梗塞《=~ de miocardio》. ~ cerebral 脳梗塞. ~ mesentérico 腸間膜梗塞症. ~ pulmonar 肺臓梗塞症
de ~《口語》感動的な
infatigable [infatiɣáβle]《←ラテン語 infatigabilis「話せない」< in-（否定）+fatigare「疲労困憊(⟨はい⟩)させる」》形 [+en・para に]疲れを知らない, 持久力のある; 根気のよい: ~ para el estudio 根気よく勉強する
infatigablemente [infatiɣáβleménte]副 疲れを知らずに; 根気よく
infatuación [infatwaθjón]女《文語》うぬぼれ, 思い上がり
infatuar [infatwár]14 他《文語》うぬぼれさせる, 思い上がらせる
―― ~se《文語》[+con で]うぬぼれる
infaustamente [infáustaménte]副《文語》不幸にも, 不運にも
infausto, ta [infáusto, ta]《←ラテン語 infaustus < in-（否定）+faustus「誇り, 高慢」》形《文語》[主に時・事が]不幸な, 不運な: un día ~ みじめな一日. noticia ~ta 不吉な知らせ
INFE [ínfe]男《西. 略語》←Instituto Nacional de Fomento de la Exportación 輸出促進庁
infebril [infeβríl]形 熱 fiebre のない, 発熱のない
infección [infe(k)θjón]《←ラテン語 infectio, -onis》女❶感染, 伝染; 化膿: ~ nosocomial (clínica) 院内感染. ~ materno-fetal 母子感染, 胎内感染. ~ por VIH HIV感染. La ~ va en lenta progresión. 化膿が徐々に進んでいる. ❷感染症
infeccionar [infe(k)θjonár]他《まれ》❶感染させる. ❷[主に精神的に, +de で]うつす
infeccioso, sa [infe(k)θjóso, sa]《←infección》形 感染症の, 伝染性の: enfermedad ~sa 感染症, 伝染病. foco ~ 感染巣
―― 男 感染症(伝染病)患者たち: pabellón de ~s 感染症病棟
infectado, da [infektáđo, đa]形❶感染した[人・動物]. ❷感染源の
infectar [infektár]《←ラテン語 infectare》他❶[生物・人間を]感染させる;[地域を]汚染する: El bisturí sin esterilizar le infectó la sangre. 消毒されていないメスで彼の血に感染した. ❷悪習に染まらせる;[思想などが]…の心を毒する
―― ~se ❶感染する. ❷[傷などが]化膿する: Se le infectó el padrastro. 彼は爪のささくれが化膿した
infectivo, va [infektíβo, βa]形 感染させる, 感染の可能性のある
infecto, ta [infékto, ta]形❶ [+de に] 感染した, 感染した傷. ~ de herejía 邪教にかぶれた. ❷ ひどく嫌な: negocio ~ 汚い商売. asunto ~ いやらしい事件. ❸ 悪臭を放つ, 汚い: agua ~ 汚水
infectocontagioso, sa [infe(k)tokontaxjóso, sa]形 [伝染病が]感染力の強い; 接触感染症の
infectología [infektoloxía]女 感染症研究
infectólogo, ga [infektóloɣo, ɣa]名 感染症研究者
infecundidad [infekundiđáđ]女❶不妊[症]. ❷不毛; 貧弱[さ]
infecundo, da [infekúndo, đa]《←ラテン語 infecundus < in-（否定）+fecundus「豊かな, 肥沃な」》形❶不妊[症]の. ❷不毛の, 乏しい: escritor ~ 寡作な作家
infelice [infelíθe]形《詩語》=infeliz

infelicemente [infelíθeménte]副《廃語》=infelizmente
infelicidad [infeliθiđáđ]女 不幸
infeliz [infelíθ]《←ラテン語 infelix, -icis》形[複 ~ces][ser+]❶不幸な: consolar a una ~ madre 不幸な母親を慰める. suerte ~ 不幸な運命. ❷《軽蔑》哀れな. ❸《口語》人のよい, お人好しの, 愚直な
―― 名❶不幸な人: Los infelices son egoístas e incapaces de comprender al otro. 不幸な人は自己中心的で, 他人のことを理解できない. ❷ お人好し,《軽蔑》[だまされやすい]おばかさん
infelizmente [infelíθménte]副 不幸にも, 不運にも
infelizote [infeliθóte]形《まれ》愚直な人, ばか正直な人
inferencia [inferénθja]《←inferir》女《論理》推論, 推理; 結論
inferior [inferjór]《←ラテン語 inferior, -oris < inferus「下の, 地下の」》形《⇔superior》❶ [+a より]: Hoy la temperatura es ~ a los cinco grados. 今日の気温は5度に満たない. en los pisos ~es 下の階に. Germania I~ 低地ゲルマニア. Guinea ~ 低地ギニア. ❷[質・地位などが]劣った, 下等の, 下級の: Rechazaron las ideas tradicionales: las mujeres son seres ~es a los hombres. 女性は男性より下等な存在だという伝統的な考えは拒絶された. obra ~ a la precedente 前作より劣った作品. las capas ~es de la sociedad 社会の下層の人たち. cursos ~es 低学年. equipo ~ 下位(格下)のチーム. ❸ [数量が]少ない: Mi sueldo es muy ~ al de ellos. 私の給料は彼らのよりずっと少ない. ❹《考古, 地質》前期の: Paleolítico ~ 旧石器時代前期. jurásico ~ ジュラ紀前期. ❺《生物》[進化の上で]下等の: animales ~es 下等動物. ❻《印刷》[活字が]下付きの
―― 名❶下級者, 目下の人; 部下: Siempre trata a los ~es con respeto. 彼はいつも部下に丁重に接する
inferioridad [inferjoriđáđ]《←inferior》女❶劣ること, 劣等; 下位, 下級: Tras la expulsión del portero, el equipo tuvo que jugar en ~ numérica. ゴールキーパーが退場になってから, チームは少ないメンバーで戦わなければならなかった. estar en ~ de condiciones 条件が不利である, ハンデを背負っている. ~ intelectual 頭のよさで劣ること. ❷《ボクシング》テクニカルノックアウト《=~ técnica》
inferiormente [inferjórménte]副 下の部分に
inferir [inferír]《←ラテン語 inferre「導く」》33他❶ [+de・por から]推論する, 推理する, 結論を出す: ¿Qué infiere usted de las palabras? その言葉からどんな結論を出しますか? ❷《文語》[侮辱・傷などを]加える: ~ a+人 una grave herida …に重傷を負わせる. ❸ [結果として・必然的に]導く, 導く: Estos fríos han inferido las heladas. この寒さが霜をもたらした
―― ~se 推論される
infernáculo [infernákulo]男《遊戯》石けり
infernal [infernál]《←ラテン語 infernalis < infernum》形❶地獄の: potencias ~es 地獄の勢力《鬼, 悪魔など》. ❷ [誇張して]地獄のような, ひどい, すさまじい, 激しい: Tuvimos que soportar durante semanas el ruido ~ de las obras. 私たちは何週間も工事のすさまじい騒音に耐えなければならなかった. máquina ~ 偽装爆破装置, 仕掛け爆破装置. ❸ piedra ~ 硝酸銀
infernar [infernár]23 他❶不安にする, いらだたせる; 不和にする, 仲違いさせる. ❷《廃語》[人に]地獄の責め苦を与える
infernillo [infernílʎo]男《西》=infiernillo
infernino, na [inférno, na]形《詩語》=infernal
infero, ra [ínfero, ra]形《植物》[萼・子房が]下位の, 下に付いた
infértil [infértil]形 不妊の: pareja ~ 不妊夫婦. días ~es 妊娠しない日, 安全日
infertilidad [infertiliđáđ]女 不妊, 不妊症: ~ masculino 男性不妊症
infestación [infestaθjón]女 荒廃; はびこること, 蔓延
infestar [infestár]《←ラテン語 infestare < infestus「悪意のある」》他❶汚染する;《比喩》悪影響を及ぼす: Los vertidos de la fábrica infestaron las aguas del río. 工場の排水が川の水を汚染した. Las doctrinas de las nuevas sectas religiosas infestan a los ciudadanos. 新興宗教の教義が市民に蔓延している. ❷ [有害な動植物などが]…にはびこる: Una plaga de mosquitos ha infestado la plantación de frutales. 蚊の大群が果樹園を襲った. Las malezas infestan los campos. 雑草が畑にはびこっている. ❸ [+de・con で]あふ

れさせる, 一杯にする: La plaza ha amanecido *infestada de botellas*. 一夜明けると広場は瓶だらけになっていた
── ~**se ❶** 荒廃する. **❷**《医学》[組織に]寄生虫が蔓延する

infesto, ta [infésto, ta] 形《詩語》有害な
infeudación [infeuðaθjón] 女 =**enfeudación**
infeudar [infeuðár] 他 =**enfeudar**
infibulación [infiβulaθjón] 女《獣医》[雌の]性器に環などを通して性交不能にすること
infibular [infiβulár] 他《獣医》[雌の]性器に環などを通して性交不能にする
infición [infiθjón] 女《メキシコ》環境汚染
inficionar [infiθjonár]《←古語 infición「感染」》他《文語》[病気を]感染させる, 伝染させる; 汚染する. **❷** …に毒を入れる. **❸** 悪習に染まらせる; [思想などが] …の心を毒する: La pornografía *inficiona* a la juventud. ポルノは青少年に害悪をもたらす
infidelidad [infiðeliðá(ð)] 女 **❶** 不忠実, 不誠実. **❷** 不貞, 浮気〔=~ conyugal, ~ matrimonial〕. **❸** 不信仰, 不信心. **❹**《廃語》[キリスト教から見て]異教徒
infidelísimo, ma [infiðelísimo, ma] 形 infiel の絶対最上級
infidencia [infiðénθja] 女 不誠実, 背信; 不信仰
infidente [infiðénte] 形 名 不誠実な〔人〕, 背信行為をする〔人〕; 不信心な〔人〕
infiel [infjél]《←ラテン語 infidelis <in-（否定）+fidelis <fides「信頼, 信仰」》形 **❶**《絶対最上級 infidelísimo》**❶** 忠実でない, 誠実でない: Su marido le es ~. 彼女の夫は浮気している. amigo ~ 不誠実な友. **❷** [描写などが]忠実でない: copia ~ 原画に忠実でない模写. **❸** [キリスト教から見て]異教の; 異教徒: pueblo ~ 異教の民族
infielmente [infjélménte] 副 不忠実に, 不誠実に
in fieri [in fjéri]《ラテン語》形成途中で・の
infiernillo [infjerníʎo]《infierno の示小語》男《西》卓上コンロ
infiernito [infjerníto] 男 **❶**《メキシコ》地面に線状に描いた火薬〔子供が燃やして遊ぶ〕. **❷**《コスタリカ, キューバ》円錐（ピラミッド）形の湿った火薬〔ベンガル花火のように燃やす〕
infierno [infjérno]《←ラテン語 infernum「地下の神々の部屋」< inferus「下の, 地下の」》男 **❶** [el+. 時に 複] 地獄〔⇔paraíso〕: No quiero ir al ~. 私は地獄に落ちたくない. Dante bajó a los ~s. ダンテは地獄に下りた.**❷**《古代ギリシア・ローマ》黄泉（よみ）の国〔死者の霊が行くと信じられていた場所〕. **❸**《カトリック》地獄の辺土〔=limbo〕. **❹** [un+. 対立と不安に満ちた]修羅場, 生き地獄; その苦しみ: Desde que se quedó sola, la vida era un ~ para ella. 一人ぼっちになって以来, 彼女の生活は地獄の苦しみだった. **❺** ひどく暑い場所. **❻** 製粉所の地下室〔製粉機の歯車装置がある〕. **❼**《キューバ. トランプ》ゲームの一種

al ~ *con*+事物 [嫌悪・怒り] …なんかくそくらえ!
en (*hasta*) *el quinto* ~ はるか遠くに（まで）: Si quieres pagar poco de alquiler, tienes que irte a vivir *hasta el quinto* ~. 家賃をごく安くすませたいなら, はるか遠くに住みたいかなければならない
irse al ~《口語》[計画などが]失敗する
mandar al (*quinto*) ~/*mandar a los quintos* ~s《口語》[怒って]出て行けと言う; [脅し文句で] ひどい目にあわせる: Me dan ganas de *mandar*lo *al* ~ *de una vez*. もうこれっきりで奴を追っ払ってしまいたい
¡Vete (*Que se vaya*) *al* ~*!* とっとと消えうせろ/くそくらえ!

infigurable [infiɣuráβle] 形 無定の
infijación [infixaθjón] 女《言語》接中辞の付加
infijo, ja [infíxo, xa]《←ラテン語 in-（中）+fixus「固定した」》形 男《言語》接中辞の〔例 humareda の *-ar-*〕
infilder [infílder] 名《南米. 野球》内野手
infiltración [infiltraθjón] 女 **❶** [+en への]浸透: ~ *del agua en la madera* 木材への水のしみ込み. ~ *de ideas revolucionarias en un país* 革命思想の国内への浸透. ~ *de espías* スパイの潜入. **❷**《医学》浸潤: ~ *de pulmón* 肺浸潤. ~ *leucocitaria* 白血球浸潤
infiltrado, da [infiltráðo, ða] 形 男 潜入した; 潜入者, 潜入捜査官: *agente* ~ 潜入スパイ
── 男《医学》浸潤〔=infiltración〕
infiltrar [infiltrár]《←in-（強調）+filtrar》他 **❶** [+en に]しみ込ませる, 浸透させる: 1) ~ *el agua en la tierra* 地面に水をしみ込

ませる. 2) [思想などを] ~ *sus ideas en la juventud* 若者たちに自分の考えを浸透させる. **❷** 潜入させる: ~ *a los elementos agitadores entre los soldados* 兵士たちの間に扇動分子を浸透させる

── ~**se ❶** しみ込む, 浸透する: La humedad *se infiltró en la pared*. 湿気が壁にしみ込んだ. *Se infiltró* el sentimiento de ternura *en el corazón de los presentes*. ほのぼのとした温かさがそこにいる者の心にしみ渡った. **❷** 潜入する, 侵入する: ~*se en las filas del enemigo* 敵軍に潜入する. **❸**《医学》浸潤が起こる

ínfimo, ma [ínfimo, ma]《←ラテン語 infimus「最も下にあるもの」< inferus「下の, 地下の」》形 **❶** [階層・価格・品質などが] きわめて低い〔⇔supremo〕: *de* ~ *ma calidad* 劣悪な品質の. *precio* ~ 超低価格. **❷** 重要性がほとんどない: *diferenciar en un detalle* ~ ささいな点で区別する. **❸** [生活状態などが] 劣悪な: *condiciones* ~*mas de sanidad* 劣悪な衛生状態
infinible [infiníβle] 形《まれ》終わらない; 終わることのできない
infinidad [infiniðá(ð)]《←ラテン語 infinitas, -atis》女 **❶** 無数, 膨大な数（量）: He recibido una ~ *de felicitaciones*. 私は数限りない祝いの言葉を受けた. Hubo ~ *de gente*. おびただしい群衆がいた. **❷** 無限〔であること〕
infinitamente [infinitáménte] 副 **❶** 無限に, 限りなく: Un plano se extiende ~ *en todas direcciones*. 平面はあらゆる方向に無限に広がる. **❷** とても, 非常に: Siento ~ *no haber podido ayudarte*. 君を助けてあげられなくてとても残念だ. Es ~ *tímido*. 彼は非常に臆病だ. **❸**《口語》[+比較級. 強調] はるかに: Este vino es ~ *mejor que el que compras tú*. このワインの方がいつも君の買うより断然おいしい
infinitesimal [infinitesimál]《←infinitésimo》形《数学》微小の; 無限小の
infinitésimo, ma [infinitésimo, ma]《←infinito》形 微小の, 極小の
infinitivo, va [infinitíβo, ßa]《←infinito》形 不定詞の: *modo* ~ 不定法
── 男《文法》不定詞〔語法 名詞化された不定詞は 男: *a nuestro entender lamentable* 残念ながら私たちの理解では〕
infinito, ta [infiníto, ta]《←ラテン語 infinitus》形 **❶** 無限の, 限りない: *El universo es* ~. 宇宙は無限である. *espacio* ~ 無限の空間. *sabiduría* ~*ta de Dios* 神の限りない叡智. *alegría* ~*ta* この上ない喜び. *amor* ~ *de los novios* 恋人たちの限りない愛. *riqueza* ~*ta* 無限の富. **❷** [強調] 多数の, 巨大な: Se puede estudiar una ciudad desde ~*s ángulos*. 一つの都市は無数の角度から研究することができる. **❸**《数学, 写真》無限大の: *línea* ~*ta*〔幾何など〕無限長線路. **❹**《文法》[動詞が]不定形の, 不定詞の
── 男 **❶** [el+] 無限: *mirar al* ~ 虚空を見つめる. *más allá del* ~ 無限の彼方へ. **❷**《数学, 写真》無限大: *con la lente enfocada al* ~ 焦点を無限大に合わせて
── 副 限りなく, 非常に; 心から: Me gusta ~ *la música*. 私は音楽が限りなく好きだ. Se lo agradezco ~. 大変ありがとうございます

infinitud [infinitú(ð)] 女 **❶**《文語》無限性. **❷**《まれ》=**infinidad**
infirmar [infirmár] 他《法律》無効にする
infirme [infírme] 形《文語》弱い, 確固としていない
inflable [infláβle] 形《文語》しみまされ得る: *bote* ~ ゴムボート
inflación [inflaθjón]《←ラテン語 inflatio, -onis < inflare「吹き込む, ふくらます」》女 **❶**《経済》インフレーション〔⇔deflación〕: ~〔*por empujón*〕*de costes* コストプッシュインフレ〔賃金や原料費などの上昇による〕. ~ *de demanda* ディマンドプルインフレ〔需要の過度な増加による〕. ~ *subyacente* 基幹的インフレーション〔消費者物価指数から価格変動の激しい生鮮食品とエネルギーを除いた, スペイン独特の統計指標〕. **❷**〔現象の〕過度な拡大（普及）: ~ *de palabras extranjeras* 外来語の氾濫. **❸** 慢心, 思い上がり. **❹** 膨張; 増大
inflacionar [inflaθjonár] 他《経済》インフレ化する
inflacionario, ria [inflaθjonárjo, rja]《経済》インフレ〔傾向〕の: *política* ~*ria* インフレ政策
inflacionismo [inflaθjonísmo] 男 インフレ傾向
inflacionista [inflaθjonísta] 形 名 **❶** =**inflacionario**. **❷** インフレ論者〔の〕
inflacionístico, ca [inflaθjonístiko, ka] 形 インフレ〔特有〕の
inflado [infláðo] 男 ふくらますこと

inflador [infla∂ór] 男《南米. 自転車》空気入れ

inflagaitas [inflagáitas] 形 名《単複同形》《西. 口語》愚かな〔人〕

inflamabilidad [inflamabiliđá(đ)] 女 引火性, 可燃性

inflamable [inflamáble] 形 ❶ 引火性の, 燃えやすい: gas ~ 可燃性ガス. ❷〔感情などが〕激しやすい, 興奮しやすい

inflamación [inflamaθjón] 女 ❶《医学》炎症: ~ de las amígdalas 扁桃腺炎. ❷ 引火, 発火: punto de ~ 発火点『比喩的にも』

inflamado, da [inflamáđo, đa] 形《文語》情熱的な

inflamador, ra [inflamađór, ra] 形 炎症を起こさせる; 燃やす, 燃え上がらせる
—— 男 点火器, 点火(発火)装置

inflamar [inflamár]〔←ラテン語 inflammare「中に火をつける」〕他 ❶《医学》炎症を起こさせる. ❷ 燃やす, 燃え上がらせる. ❸〔人を〕激昂させる
—— ~se ❶ 炎症を起こす, 腫れる: Se le ha inflamado la lengua. 彼の舌は腫れ上がった. ❷ 燃える: Este cuerpo se puede ~se en contacto con aire. この物質は空気に触れると燃え上がる. ❸ [+de・en で] 興奮する: Mi alma se inflamó de hastío. 私の心は不快感で焼け付くようだった

inflamatorio, ria [inflamatórjo, rja] 形《医学》炎症性の; 炎症の: enfermedad ~ria 炎症性疾患. cuadro ~ 炎症像

inflamiento [inflamjénto] 男 ふくらます(ふくらむ)こと

inflar [inflár]〔←ラテン語 inflare < in-(中)+flare「吹く」〕他 ❶ ふくらます: ~ un balón ボールをふくらます. ❷ 誇張する, 大げさに言う. ❸《口語》殴打する: Le inflaron a tortas. 彼はボカスカ殴られた. ❹《チリ. 口語》考慮する, 気にする. ❺《ラプラタ. 隠語》いらつかせる, うんざりさせる
—— 自《メキシコ. 口語》大酒を飲む
—— ~se ❶ ふくらむ: Este globo debe de tener un agujero, porque no se infla. この風船は穴があいているに違いない, ふくらまないから. ❷〔口語〕[+de で] 腹一杯食べる(飲む): se ha inflado de pasta. 彼はパスタをたらふく食べた. ❸ [+a・de+不定詞] たっぷりと(嫌になるほど)…する: Se infló a llorar. 彼は大泣きした. ❹ 自慢げになる, 得意になる

inflativo, va [inflatíβo, ba] 形 ふくらます〔ことができる〕

inflexibilidad [infle(k)sibiliđá(đ)] 女 ❶ 曲げられないこと. ❷ 不屈, 強情

inflexible [infle(k)síble]〔←ラテン語 inflexibilis < in-(否定)+flexibilis < flectere「曲げる」〕形 ❶〔物が〕曲げられない: material tan ~ como el acero 鋼鉄と同じくらい曲がらない材料. ❷ [+a に対して/+en に] 心を動かされない, 強情な: Es ~ a los ruegos. 彼は懇願にも心を動かされない. El presidente se mostró ~ en su voluntad de vencer la rebelión. 反乱に打ち勝つという大統領の決意は頑として変わらなかった. persona ~ 頑固一徹な人, 融通のきかない人. regla ~ 厳しい規則, 杓子定規

inflexiblemente [infle(k)síβleménte] 副 ❶ 曲げられないほど硬く. ❷ 心を動かされず, 強情に

inflexión [infle(k)sjón]〔←ラテン語 inflexio, -onis〕女 ❶〔線などが〕曲がること, 屈曲. ❷ 方向の変化; [光の] 屈折. ❸〔声の〕抑揚: El actor tiene una inflexiones muy dramáticas. その俳優は声の抑揚がとてもドラマチックだ. ❹《文法》語形変化, 変化(屈折)語尾. ❺《音声》抑揚, 音調の変化. ❻《幾何》〔曲線の〕変曲点

inflexionar [infle(k)sjonár] 自 曲がる
—— 他《音声》抑揚をつける, 音調を変化させる

inflexivo, va [infle(k)síβo, ba] 形 屈曲する, 屈折する

inflexo, xa [infle(k)so, sa] 形《幾何》内曲した

infligir [inflixír]〔←ラテン語 infligere〕他 ❶ [損害・苦痛などを, +a+人 に] 与える: La Segunda Guerra Mundial infligió torturas indecibles a millones de seres humanos. 第二次世界大戦は数百万の人々に言いがたい苦痛を与えた. ❷ una derrota al equipo enemigo 相手チームを打ち負かす. ❷ [罰などを] 課する: La junta directiva ha decidido ~ un castigo ejemplar al jugador por su agresión. 理事会はその選手のストライキングに対し見せしめのための処罰を与えることを決定した

inflorescencia [infloresθénθja] 女《植物》花序: ~ compuesta 頭状花序

influencia [influénθja]〔←influir〕女 ❶ [+sobre・en に対する] 影響, 感化: La Iglesia tiene ~ gótica. その教会はゴシックの影響を受けている. Los profesores ejercieron una gran ~

en (sobre) sus comportamientos. 先生たちが彼の行動に大きな影響を及ぼした. ~ personal [人々の意思決定に対するオピニオン・リーダーの] パーソナル・インフルエンス. ❷ 影響力, 勢力, 権勢, 発言権: Alguna vez la ~ del consejero es mayor que la del ministro. 補佐官の力が大臣の力よりも大きいことがある. Este personaje ha perdido la ~ política. この人物は政治的影響力を失っている. persona de ~ 影響力のある人. rivalidad de ~ 勢力争い. zona de ~ 勢力圏. ❸ 複 コネ, 縁故: Recurrió a sus ~s para conseguir un billete. 彼は切符を手に入れるためにコネを使った. ❹ [主に] 有力者, 実力者. ❺《廃語》霊感
tener ~[s] [+con に/+en で] コネがある, 顔がきく: Tiene ~[s] en el mundo político. 彼は政界に影響力がある

influenciable [influenθjáβle] 形 感化されやすい

influenciar [influenθjár]〔←influencia〕⑩ 他 …に影響を及ぼす, 感化する〔=influir〕: La muerte de su madre influenció mucho sus últimas obras. 母の死が彼の最近の作品に大いに影響した
—— ~se 影響を受ける, 感化される

influente [influénte] 形《廃語》=influyente
—— 男《地理》渦(?)れ川

influenza [influénθa]《←伊語》《まれ》インフルエンザ〔=gripe〕

influir [influír]〔←ラテン語 influere「注ぐ, 入り込む」〕㊽ 自 ❶ [+en・sobre に] 影響を及ぼす: La salud influye en (sobre) la mente. 健康は精神に影響を及ぼす. ❷ 感化する: Mi mujer influyó considerablemente en mí. 妻が私をかなり感化した. dejarse ~ 影響される. hombre que influye en un pueblo 村の有力者. ❸ 貢献する. ❹《廃語》霊感を与える
—— 他 [人・事物に] 影響を及ぼす, 感化する: Sube el paro influido por la desaceleración económica. 経済の減速化の影響を受けて失業が増加している
—— ~se [+de に] 影響される: Octavio Paz se influyó de cultura japonesa. オクタビオ・パスは日本文化から影響を受けた

influjo [influxo]〔←ラテン語 influxus < influere「注ぐ, 入り込む」〕男 ❶ [+sobre・en に対する] 影響〔=influencia〕: Usted está bajo el ~ de algún intoxicante. あなたは何かの中毒の影響が残っています. El barroco italiano ejerce ~ sobre Goya. イタリア・バロックはゴヤに影響を及ぼしている. recibir ~ 影響を受ける. tener ~ 影響力がある. ❷ 満潮, 満ち潮, 上げ潮〔=flujo〕. ❸ 衝撃: ~ nervioso 神経衝撃, インパルス

influyente [influjénte]〔←influir〕形 影響力を持った, 権威のある: causa ~ 有力な原因. científico ~ 権威のある科学者. empresario ~ 有力な企業家. país ~ 影響力のある国
—— 名 権威者, 有力者

infografía [infografía] 女《情報》インフォグラフィック

infográfico, ca [infográfiko, ka] 形《情報》インフォグラフィックの

infolio [infóljo] 男《印刷》二つ折り判〔の本〕

infopista [infopísta] 女 [コンピュータネットワークによる] 高速情報網

inforciado [inforθjáđo] 男 ユスティニアヌス法典 Digesto の第2部

información [informaθjón]〔←informar〕女〔行為, 内容. 内容としては時に 複/集名〕❶ 情報, 知識; 情報収集, 聞き込み; 通知, 報告: Puse la televisión para obtener más ~ sobre el terremoto. 地震についてさらに情報を得るために私はテレビをつけた. Me falta ~ para poder responderte. 君に答えるには私には情報が足りない. proporcionar ~ a la policía 警察に情報を提供する. obtener ~ 情報を得る. recibir ~ 通知を受け取る. recoger ~ 情報を収集する; 取材する. solicitar ~ a (de)+人 …に問い合わせる. [abuso de] ~ privilegiada インサイダー取引. Facultad de Ciencias de la ~ 情報科学部. Ministerio de I~ 情報省. servicio permanente de ~ 24時間情報サービス. sociedad de la ~ 情報化社会. solicitud de ~ 問い合わせ. teoría de la ~ 情報理論. ~ de crédito 信用調査報告. [de] pobre/~ de pobreza《法律》[裁判官・法廷に提出する] 国選弁護人の申請. ~ de sangre [貴族の] 系譜(血統)調査. ~ parlamentaria 議会特別委員会による調査報告. ~ privilegiada 特定の人しか知らない情報, 部外秘の情報. ~ reservada (secreta) 秘密報告, 秘密情報. ❷ ニュース, 報道: Y ahora pasamos a la ~ deportiva. では次はスポーツニュースです. traer una ~ precisa 詳細な報道

informador, ra

する. según ~ periodística 新聞報道によれば. servicio de ~ 報道部. ❷ mercantil 商況市況. ❸《気象》~ meteorológica 天気予報. ❸ 案内: Oficina de I~ Turística 観光局. ~ telefónica 電話番号案内. ❹［駅・空港などの］案内所［=oficina de ~］. ❺《法律》予審, 審問, 証人尋問: abrir la ~ 予審を始める. ~ sumaria 略式裁判手続き. ❻《言語》~データ. ❼《生物》~ genética 遺伝情報. ❽《古語》教育
a título de ~/*para su* ~ 参考までに
~ *de pasillo* うわさ, 風評

informador, ra [iṃformaðór, ra] 形 情報を提供する
—— 名 ❶ 案内係: ~ turístico 観光案内. ❷ ［ニュースの］情報提供者; ［警察の］情報屋, 密告者. ❸ 報道記者: ~ gráfico 報道カメラマン

informal [iṃformál]《←in-（否定）+formal》形 ❶ ［約束・決まりなどを守らない］当てにならない［人］, 不まじめな［人］: Es un ~, porque siempre llega tarde. 彼はいいかげんな奴だ, いつのも遅刻ばかりするからだ. ❷《←英語》非公式の, 略式の: visita ~《外交など》非公式訪問. ❸ 形式ばらない: estilo ~ くだけた文体. ❹《服飾》カジュアルな, 普段着の. ❺《言語》くだけた, 口語的な. ❻《美術》アンフォルメル［芸術］の［=informalista］. ❼《中南米. 経済》闇の: sector ~ インフォーマルセクター

informalidad [iṃformaliðáð] 名 ❶ ［約束・決まりなどを守らない］だらしのなさ, 不まじめさ; だらしのない（不まじめな）行ない. ❷ 非公式. ❸ 形式ばらないこと

informalismo [iṃformalísmo] 男《美術》アンフォルメル［芸術］

informalista [aformalísta] 形 名《美術》アンフォルメル芸術の［賛同者］

informalmente [iṃformálménte] 副 形式ばらずに; 非公式に

informante ❶ =**informador**
—— 名 ❶《言語》資料提供者, インフォーマント. ❷ ［ニュースの］情報提供者; ［警察の］情報屋, 密告者［=informador］

informar [iṃformár]《←ラテン語 "形作る, 描く"》他 ❶ 知らせる, 通知する: 1)［…に対し, +de+物 …について］Los candidatos me *han informado* de que aceptan sus respectivas designaciones. 候補者たちは各自の任命を承諾する旨, 私に知らせてきていた. 2)［+a +人, +que+直説法である と］Me cumple ~*le que* todo va muy bien. すべて順調であるとご報告いたします. Un vecino llamó al 911 e *informó* a la Policía *que* había una gresca frente a su domicilio. 住民が911に電話し, 家の前で騒ぎが起きたと警察に通報した. ❷《文語》［人・物事を］物質的に形作る; 《哲学》形（意味）を与える: Su carácter orgulloso *informa* su situación de ahora. 彼の傲慢な性格が現在の状況を作り上げている. ❸《古語》教育する, しつける
—— 自 ❶ ［自分の管轄することなどについて］情報を知らせる: El diputado *informó* por escrito de la hora exacta y del objetivo de la visita. 議員は訪問の時間と目的について文書で知らせた. ❷ según *informó* el jefe del hospital 病院長の見解によれば. ❸《法律》［検事・弁護士が法廷で］陳述する
—— ~*se* 知る, 情報を得る, 取材する; 問い合わせる: Me gustaría ~*me de* los idiomas que se hablan aquí. 私はここで話されている言語について知りたいのだが. No está bien *informado de* la situación actual. 彼は現状にうとい. Está mal ~ *de (sobre)* este problema. 彼はこの問題に不案内だ

informática[1] [iṃformátika]《←仏語 informatique》女 情報科学, 情報処理

informático, ca[2] [iṃformátiko, ka] 形 名 情報科学の, 情報処理の; その専門家: policía ~ コンピュータ犯罪捜査官

informativo, va [iṃformatíβo, βa] 形 ❶ 情報（知識）を提供する: hoja ~*va* 通知ビラ. oficina ~*va*［商社などの］駐在員事務所. revista ~*va* 情報誌. servicios ~*s* 情報提供サービス. ❷ 情報の: fallo ~ 情報の欠落
—— 男 ニュース番組, 報道番組［=programa ~］

informatización [iṃformatiθaθjón] 女 情報化, コンピュータ化

informatizar [iṃformatiθár] 他 情報化させる, コンピュータ化させる
—— ~*se* 情報化する

informe [iṃfórme] I《←informar》男 ❶ 報告［書］, レポート; 答申: hacer un ~ 報告書を作成する. hacer (presentar) un ~ a+人 …に報告書を提出する. 答申する. ~ anual de una sociedad 会社年次報告［書］. ~ de auditoría/~ de inspección 監査報告書. ~ final ファイナルレポート. ~ presidencial 大統領教書. ❷ ［主に 複］知らせ, 情報: Aún

---

no están los ~*s* importantes que expliquen la causa. その原因を説明するような重要な情報はまだない. dar ~*s* confidenciales ［投機などで有利で］内密の情報を漏らす. pedir ~*s* a+人 …に問い合わせる. ~ comercial 市況. ❸ 圉 身上報告, 前歴（成績）評価: ama de llave con buenos ~*s* 良い仕事歴の家政婦. ❹《法律》弁論

II《←in-（否定）+forma》形 ❶ 形の定かでない: bulto ~ ぼんやりした人影. obra ~ 未完成の作品. ❷ 本来の形でない, 歪んだ

informidad [iṃformiðáð] 女 形が定かでないこと; 本来の形でないこと

informulable [iṃformuláβle] 形 式で表わされ得ない; 表現され得ない

informulado, da [iṃformuláðo, ða] 形 式で表わされない; 表現されない

infortuna [iṃfortúna]《占星》星からの悪い影響

infortunadamente [iṃfortunáðaménte] 副 不運にも, 不幸にも

infortunado, da [iṃfortunáðo, ða]《←ラテン語 infortunatus》形 ❶《文語》［ser+］不運な［人］, 不幸な［人］［=desafortunado］. ❷［+名詞］犠牲となった: ~ montañero 山の犠牲者

infortunio [iṃfortúnjo]《←ラテン語 infortunium < in-（否定）+fortuna "幸運"》男 ❶ 不幸な（悲しい）出来事. ❷ 逆境: aguantar en el ~ 逆境に耐える

infosura [iṇfosúra] 女《獣医》蹄葉炎

infra [íṇfra]《←ラテン語》副 下記に

infra-《接頭辞》［下］*infra*estructura 下部構造

infracción [iṃfra(k)θjón]《←ラテン語 infractio, -onis < infractus < infringere》女 ❶ ［規則などに対する］違反, 違犯: Hubo ~ en las patentes de esa empresa. その会社の特許に違反があった. ~ del contrato 契約違反, 違約. ~ de tráfico 交通違反. ❷《メキシコ》罰金

infraccionar [iṃfra(k)θjonár] 他《メキシコ》罰金を科す
—— 自《メキシコ》違反する

infraclase [iṃfrakláse] 女《生物》下綱

infracostal [iṃfrakostál] 形《解剖》肋骨下の

infracto, ta [iṇfrákto, ta] 形《まれ》確固とした, 動揺しない

infractor, ra [iṃfraktór, ra] 形 名 違反する; 違反者: ~ de tráfico 交通違反者

infradotado, da [iṃfraðotáðo, ða] 形 ❶ 身体（精神）障害の. ❷《アルゼンチン, ウルグアイ. 軽蔑》知能程度の低い

infraespinoso, sa [iṃfraespinóso, sa] 形 男《解剖》棘下（筋）の: 棘下筋

infraestructura [iṃfraestruktúra]《←infra-+estructura》女 ❶《経済》1) インフラ［ストラクチャー］, 社会的基礎施設, 基礎的経済基盤. ~ de la información 情報インフラ. ~ gubernamental 政治的インフラストラクチャー. ~ urbana 都市インフラ. 2) 下部構造. ❷《建築》基礎工事, 基礎部分

infraestructural [iṃfraestrukturál] 形 インフラ［ストラクチャー］の; 下部構造の

in fraganti [in fraɣánti]《←ラテン語》副《法律》現行犯で: coger (pillar) a un ladrón ~ 泥棒を現行犯でつかまえる

infraglotal [iṃfraɣlotál]《音》肺臓（肺気流）子音の

infrahumanidad [iṃfraumaniðáð] 女 人並み以下の状態

infrahumano, na [iṃfrauwmáno, na]《←infra-+humano》形 人並み以下の: condiciones de vida ~*nas* 人間以下の生活条件

inframundo [iṃframúndo] 男 底辺の社会

infrangible [iṃfraŋxíβle] 形《文語. 比喩》壊れない: verdad ~ 確固とした真実

infranqueable [iṃfraŋkeáβle]《←in-（否定）+franqueable》形 越えられない; 打ち勝ちがたい: abismo ~ 渡れない淵. Hay diferencias ~*s* entre nosotros. 我々の間には埋められることのできない意見の違いがある

infraoctava[1] [iṇfraɔktáβa] 女《カトリック》［大祝日 festividad の8日間の最初と最後の日にはさまれた］6日間

infraoctavo, va[2] [iṇfraɔktáβo, βa]《カトリック》infraoctava の

infraorbitario, ria [iṇfraorβitárjo, rja] 形《解剖》眼窩下の

infraorden [iṇfraórðen] 男《生物》下目（ (亞) ）

infrarrojo, ja [iṃfrarxóxo, xa]《←infra-+rojo》形 男 赤外線［の］: fotografía ~*ja* 赤外線写真. ~ lejano (cercano) 遠（近）赤外線

infrascripto, ta [infraskrí(p)to, ta] 形 =**infrascrito**
infrascrito, ta [infraskríto, ta] 形 《文語》❶ 下に署名した〔者〕: yo, el ～ 下記署名者である私. ❷ 以下の〔者〕,下記の〔者〕
infrasónico, ca [infrasóniko, ka] 形 《物理》超低周波の
infrasonido [infrasoníðo] 男 《物理》超低周波音
infrasonoro, ra [infrasonóro, ra] 形 《物理》超低周波不可聴音の
infrautilización [infrautiliθaθjón] 女 十分に利用していないこと, 過小利用
infrautilizar [infrautiliθár] 9 他 十分に利用していない: Es una pena que lo tengan *infrautilizado* en ese puesto. 彼がそんなポストに置かれて十分活用されていないのは残念だ
infravaloración [infrabaloraθjón] 女 過小評価
infravalorar [infraβalorár]《←infra-+valorar》過小評価する《⇔supervalorar》
infravivienda [infraβiβjénda] 女 [最低条件を満たさない] 劣悪な住宅, 基準外住居
infrecuencia [infrekwénθja] 女 まれ, 稀有 (けう)
infrecuente [infrekwénte] 形 まれな, めったに起きない 《主に否定文で》: Esas cosas no son ～s en el país. そういうことはこの国では珍しくない
infrigidación [infrixiðaθjón] 女 《廃語》冷却
infringir [infrinxír]《←ラテン語 infringere < in-(強調)+frangere「壊す」》 4 他 [法律・契約・権利などを] 侵す: ～ el precepto おきてに背く. ～ los derechos humanos 人権を侵害する
infructífero, ra [infruktífero, ra] 形 [ser+] 成果を生まない; 不毛の, 無益な
infructuosamente [infruktwosaménte] 副 実りなく, 無益に
infructuosidad [infruktwosiðáð] 女 不毛, 無益
infructuoso, sa [infruktwóso, sa]《←ラテン語 infructuosus < in-(否定)+fructus「用益権, 享受」》形 実りのない, 無益な: esfuerzo ～ 空しい努力. trabajo ～ 実を結ばない仕事, 無駄骨折り
infrugífero, ra [infruxífero, ra] 形 《まれ》 =**infructífero**
infrutescencia [infrutesθénθja] 女 《植物》果実序
ínfula [ínfula]《←ラテン語 infulae「ひも」》女 ❶ 《口語》複 自負, 気取り: tener muchas ～s 大変気取っている. darse ～s 気取る. con ～s 気取って. ❷ 《古代ローマ》《主に 複》祭司の白色の鉢巻き. ❸ 《カトリック》《主に 複》司教冠の後ろの2本の垂纓 (えい), 司教冠垂飾
infumable [infumáβle] 形 ❶ 《西. 口語》我慢ならない, どうしようもない: Esta comida es ～. この食べ物はまずくてどうしようもない. ❷ 《口語》正当(有効) とは認められない: Tus excusas son ～s. 君の言い訳は全然筋が通っていない. ❸ [たばこが] 質や加工のきわめて悪い
infundadamente [infundaðaménte] 副 根拠なく, 理由なく
infundado, da [infundáðo, ða]《←in-(否定)+ラテン語 fundare「土台を置く」》形 根拠のない, 理由のない: Pienso que es una historia ～*da*. それは根も葉もない話だと私は思う. miedo ～ 理由のない恐れ. rumor ～ 事実無根のうわさ
infundibuliforme [infundibulifórme] 形 《植物》漏斗形の, 漏斗状の
infundíbulo [infundíβulo] 男 《解剖》漏斗, 漏斗〔状〕部; 《生物》漏斗状器官
infundio [infúndjo]《←infundado》男 嘘, 虚報: Esta información es un ～. これは嘘だ
infundioso, sa [infundjóso, sa] 形 嘘つきの
infundir [infundír]《←ラテン語 infundere「器に液体を入れる」< in-(中)+fundere「こぼす, まき散らす」》 ❶ [感情などを, +a+人 に] 抱かせる: *Infunde* respeto a sus subordinados. 彼は部下に敬意を抱かせる. ～ miedo a+人 ～ を怖がらせる. ❷ 《神学》[神が恩恵などを] 心に注入する. ❸ 《古語》[薬を] 煎じる. ❹ 《まれ》[液体を, +en+容器に] 注ぐ ──**se** 《地方語》頭に浮かぶ
infurción [infurθjón] 女 《歴史》[中世, 領主に支払われた] 家税, 家屋敷地税
infurcionado, ga [infurθjonáðo, ɣa] 形 《歴史》家屋敷地税の課税対象となる
infurtir [infurtír] 他 《まれ》 =**enfurtir**
infurto, ta [infúrto, ta] 形 infurtir の不規則な分詞 過分
infusibilidad [infusiβiliðáð] 女 不融性
infusible [infusíβle] 形 溶解しない, 不融性の
infusión [infusjón]《←ラテン語 infusio, -onis》女 ❶ [湯の中で振り出す] 煎じ薬, ハーブティー: tomar una ～ de manzanilla カミツレ茶を飲む. ❷ 煎じること. ❸ 《キリスト教》[洗礼式の] 注水. ❹ 《医学》注入, 点滴. ❺ [思想・感情などの] 注入, 鼓吹; [神による] 注入, 注賦
infuso, sa [infúso, sa]《←ラテン語 infusus》形 [知識・才能などが] 神から授かった, 天賦の: dones ～s 天賦の才能
infusorio, ria [infusórjo, rja] 男 《古語的. 動物》繊毛虫門 〔の〕《=ciliado》
inga [ínga] 形 piedra ～ 黄鉄鉱《=pirita》
── 男 ❶ =**ingá**. ❷ 《古語》=**inca**
── 女 《ペルー》先住民の儀式での舞い
ingá [ingá] 《植物》インガ《中南米産, ネムノキ亜科の木. 学名 Inga pulcherrima, Inga specialis, Inga uruguayensis など》
ingencia [inxénθja] 女 《まれ》巨大さ
ingenerable [inxeneráβle] 形 《古語》《←ラテン語 ingenero》 生み出され得ない
in genere [in xénere]《←ラテン語》一般に《=en general》
ingeniar [inxenjár]《←ingenio》 10 他 考案する, 工夫する: ～ un aparato para ahorrar gasolina ガソリンを節約する装置を考案する
ingeniárselas [+para ように] うまくやる, 工夫をこらす: *Me las ingeniaré para* no tener que pagar la multa. 罰金を払わないですむように何とかする
ingeniatura [inxenjatúra] 女 《まれ》巧知, 術策
ingeniería [inxenjería]《←ingenio》 女 工学, エンジニアリング: Facultad de I～ 工学部. ～ civil 土木工学. ～ de sistemas/～ sistemática システムエンジニアリング. ～ financiera 財テク, 財務管理. ～ genética 遺伝子工学. ～ industrial 生産(経営)工学. ～ mecánica 機械工学. ～ social ソーシャルエンジニアリング, 社会工学
ingenieril [inxenjeríl] 形 エンジニアリングの, エンジニアの
ingeniero, ra [inxenjéro, ra]《←?伊語 ingegnere》名 技師, 技術者, エンジニア: ～ aeronáutico 航空技師. ～ agrónomo 農業技師. ～ civil/～ de caminos, canales y puertos 土木技師. ～ de minas 鉱山技師. ～ de montes 森林技師. ～ de racionalización y organización 経営コンサルタント. ～ de sistemas/～ sistemática システムエンジニア. ～ de sonido 音響技師. ～ de telecomunicación 通信技師. ～ de vuelo 《航空》機関士. ～ industrial 生産技術者. ～ mecánico 機械技師. ～ militar 軍事技師. ～ naval 造船技師. ～ químico 化学エンジニア. ～ superior 《西》修士課程修了の技師. ～ técnico/～ grado medio 《西》大学卒の技師
ingenio [inxénjo]《←ラテン語 ingenium》男 ❶ [ひらめくような] 独創力, 創造力, 発明の才: Leonardo da Vinci es el símbolo del ～. レオナルド・ダ・ヴィンチは創造力の象徴である. El buen ～ es don del cielo. 優れた才能は天のたまものである. ❷ 才人 《=hombre de ～》《文語》 《主に17世紀スペイン古典時代の》作家. ❸ 機知, ウイット: Ese guionista tiene mucho ～. その脚本家は大変ウイットに富んでいる. responder con ～ 気のきいた返事をする. ❹ 《主に 集名/複》機械, 器具. ～ espacial 宇宙船. ～ electrónicos 電子機械装置. ❺ 兵器, 爆破装置, ミサイル: ～ nuclear 核兵器. ❻ 《製》小口断裁機. ❼ 術策. ❽ 《中南米》製糖工場, 製糖装置《サトウキビ農園に併設され, 動力としては水力を利用. ～ de azúcar, ～ azucarero》. ❾ 《アンデス》1) 製鋼所《=～ de acero》. 2) 鋳造所, 鋳物工場《=fundición》
aguzar (afilar) el ～ [苦境から抜け出すために] 工夫をこらす
ingeniosamente [inxenjosaménte] 副 巧妙に, 工夫をこらして
ingeniosidad [inxenjosiðáð] 女 ❶ 工夫, 発明の才; 賢い考え, 機知. ❷ 《主に軽蔑》わざとらしい表現(考え)
ingenioso, sa [inxenjóso, sa]《←ラテン語 ingeniosus》形 ❶ 創造力に富んだ; 利発な, 巧妙な: idea ～*sa* 独創的な(賢い)考え. procedimiento ～ 巧妙なやり方. ❷ 機知に富んだ: respuesta ～*sa* 気のきいた返事
ingénito, ta [inxénito, ta]《←ラテン語 ingenitus》形 《文語》❶ 生まれつきの, 未生の; 生来のものから生まれたのでない, 永遠の, 自存の: Dios Padre I～ 永遠の父なる神. ❷ 生得的な, 生まれながらの
ingente [inxénte]《←ラテン語 ingens, -entis》形 《文語》巨大な: una ～ cantidad de... 膨大な数の…. ～ labor 偉大な業績
ingenua[1] [inxénwa] 女 《演劇》おぼこ娘役の女優
ingenuamente [inxénwamente] 副 無邪気に; ばか正直に
ingenuidad [inxenwiðáð] 女 ❶ 無邪気〔な言動〕, 天真爛漫

ingenuil [iŋxenwíl] 形《歴史》[荘園 manso が] 自由小作人に与えられた

ingenuismo [iŋxenwísmo] 男《美術》素朴芸術

ingenuista [iŋxenwísta] 形《美術》素朴派の『=naïf』

ingenuo, nua[2] [iŋxénuo, nwa]『←ラテン語 ingenus「生まれながら に自由な」< in-(不)+ginere「生む」』形 名 [ser+] 無邪気な [人], 天真爛漫な [人], 純真な [人]; ばか正直な [人], お人好し [の]: Es ~ y fácil de engañar. 彼はお人好しでだまされやすい。 Es ~ pensar que existe democracia en ese país. あの国に民主主義が存在すると考えるのは単純すぎる。 el ~ de Juan ばか正直なフアン。 muchacha ~nua あどけない娘, うぶな娘。 pregunta ~nua 無邪気な質問。 respuesta ~nua ばか正直な返事。 ❷《廃語, 法律》[解放されてではなく] 生まれながらに自由な [人]

ingerencia [iŋxerénθja] 女 =**injerencia**

ingerible [iŋxeríβle] 形 摂取され得る

ingérido, da [iŋxériðo, ða] 形《ベネズエラ》病気の

ingeridura [iŋxeriðúra] 女 =**injeridura**

ingerir [iŋxerír]『←ラテン語 in-(中)+gerere「運ぶ」』33 他《文語》[口から] 摂取する: ~ gran cantidad de alcohol 大量のアルコールを摂取する

ingesta [iŋxésta] 女 ❶《集名》[摂取される] 飲食物。 ❷《文語》[食物・薬などの] 摂取

ingestión [iŋxestjón] 女 摂取

Inglaterra [iŋglatéřa] 女《国名》イギリス《公式の表現では Gran Bretaña》

ingle [íŋgle]『←ラテン語 inguen, -inis』女《解剖》鼠蹊(そけい)部: ~[s] brasileña[s] ビキニ脱毛

inglés, sa [iŋglés, sa] 形 名《国名》イギリスの; イギリス人 [人] の, 英語の; イギリス人: historia inglesa 英国史。 ❷《地名》イングランド Inglaterra [人] の; イングランド人。 ❸《古語的》[労働時間]が 土曜日が午前中までの: sábado ~ 仕事が午前中だけの土曜日。 ❹《印刷》イギリス書体。 ❺《隠語》マゾヒストの『=masoquista』。 ❻《ペルー》[鶏が] 矮性の
 a la inglesa 1) イギリス風に・の。 2)《馬術》montar *a la inglesa* 片鞍乗りする。 3)《チリ, 口語》pagar *a la inglesa* 割り勘にする
 ── 男 ❶ 英語。 ❷《古語的》金の貸し手。 ❸《隠語》マゾヒスト『=masoquista』

inglesado, da [iŋglesáðo, ða] 形《まれ》英国趣味 (精神) に影響された

inglesismo [iŋglesísmo] 男 =**anglicismo**

ingletador, ra [iŋgletaðór, ra] 形《建築》面取り用の; 面取り研削盤

inglete [iŋgléte]『←仏語 anglet』男 ❶ [三角定規の] 45度の角。 ❷《建築》1) 留め継ぎ; 留め继ぎ箱『=caja a (de) ~s』。 2) 面取りの: a ~ [2つの面取りを] 直角ができるように合わせて

ingletear [iŋgleteár] 他《建築》留め継ぎする; 面取りする

inglorioso, sa [iŋglorjóso, sa]《文語》栄光のない

inglosable [iŋglosáβle] 形 注釈をつけられ得ない

ingobernabilidad [iŋgoβernaβiliðáð] 女 統治 (制御) の困難さ

ingobernable [iŋgoβernáβle] 形 統治され得ない; 手に負えない

ingratamente [iŋgrátaménte] 副 恩知らずに

ingratitud [iŋgratitúð] 女 恩知らず

ingrato, ta [iŋgráto, ta]『←ラテン語 ingratus < in-(否定)+gratus「心地よい」』形 [ser+] ❶ [+con に] 恩知らずな: Es ~ con quien le ayudó. 彼は世話になった人に対して恩知らずだ。 hijo ~ 親不孝な息子。 ¡1~! この人でなしめ! ❷ [苦労が] 報われるところの少ない: trabajo ~ やりがいのない仕事。 ❸ 不快な, 感じの悪い: ambiente ~ 不愉快な雰囲気

ingravidez [iŋgraβiðéθ] 女 ❶ 軽さ; 軽やかさ: ~ de una gasa ガーゼの軽さ。 ❷ 無重力 [状態]: experimentar la ~ 無重力状態を体験する

ingrávido, da [iŋgráβiðo, ða]『←in-(否定)+ラテン語 gravidus <gravis「重い, 妊娠した」』形 ❶ 軽やかな: niebla ~da 薄い霧。 ❷ 重量のない: Los espíritus son ~s. 精霊に重さはない。 ❸《物理》無重力の

ingrediente [iŋgrjénte]『←ラテン語 ingrediens, -entis < ingredi「入る」』男 ❶ [食べ物などの] 成分, [原]材料: Las carnes son ~s fundamentales en los platos de Salamanca. 肉はサラマンカ料理の基本的な材料である。 comprar los ~s de la comida 食材を買う。 ❷《状況・事実・問題などの》構成要素: agregar el ~ de lo teatral 演劇的な要素を付け加える。 ❸《ラプラタ》慣《バルセロで出される酒》の添加物

ingresar [iŋgresár]『←ingreso』他 ❶《西》[+en 銀行口座などに] 入金する: Voy a ~ de urgencia esta cantidad en su cuenta. この金額をあなたの口座にすぐ入金します。 ❷《西》入院させる: La ingresaron por dificultades respiratorias. 彼女は呼吸困難のため入院させられた。 paciente ingresado 入院患者。 ❸ [定期的に, +金額 を] 受け取る, 稼ぐ, 収入がある: Todos los meses ingreso dos mil euros. 私は毎月2千ユーロの金が入ってくる。 ❹《まれ》[人を, +en 場所に] 入らせる
 ── 自 ❶ [+en 学校・組織に] 入る; 入学する: Su hijo ingresó en la academia de idiomas. 彼の息子は外国語学校に入った。 Ingresé en el club de tenis. 私はテニスクラブに入会した。 ~ en el ejército 軍隊に入る。 ~ en un convento 修道院に入る。 ~ en un partido 入党する。 ❷ 入院する: Ingresó por rotura de cadera. 彼は腰骨の骨折で入院した。 Murió poco después de ~ en la unidad de cuidados intensivos. 彼は集中治療室に入って間もなく死んだ。 ❸《西》入金する: El dinero que ingresó en mi cuenta es poco. 私の口座に入った金はわずかだった。 ❹《主に中南米, 文語》[人・物が, +en・a 場所に] 入る, 入り込む: Ingresó en el museo por la puerta principal. 彼は正門から美術館に入った。
 ── ~se 《メキシコ》兵籍に入る, 入隊する

ingresivo, va [iŋgresíβo, βa] 形《言語》起動相の: aspecto ~ 起動相

ingreso [iŋgréso]『←ラテン語 ingressus「入ること」< ingredi「入る」< in-(中)+gradi「歩く」』男 ❶ [+en への] 入学, 入会;《西》入院: Recurrió a todos sus contactos para lograr el ~ de su hijo en la Academia Militar. 彼は息子を陸軍士官学校に入れるためにあらゆるコネを頼った。 ~ en la asociación de antiguos alumnos 同窓会への入会。 discurso de ~ 入会の挨拶。 ~ forzado 強制入院。 ❷《教会・宮殿などの》中に入ること。 ❸《主に》[複] 収入, 収益, 所得: Los ~s de un médico especialista pueden alcanzar los veinte millones de dólares. ある専門医の収入は2千万ドルに達する可能性がある。 Esta tienda produce un ~ por ventas promedio mensual de diez mil euros. この店は月平均1万ユーロの売り上げがある。 impuesto sobre ~ 所得税。 política de ~s 所得政策。 ~ fiscal 財政収入, 租税収入。 ~ nacional 国民所得。 ~s adicionales 追加収入, 副収入。 ~s anuales 年収。 ~s brutos 粗収入。 ~s extras/~s extraordinarios 臨時収入, 副収入。 ~s netos 純収入。 ~s por turismo 観光収入。 ~s salariales 給与収入。 ~s y gastos 収入と支出。 ~ de capitales 資本の流入。 ❺《西》預金, 入金: hacer un ~ 預金 (入金) する。 ❻《建築》入り口。 ❼ 入学式; 入会式; 入社式

íngrimo, ma [íŋgrimo, ma]《中南米, 文語》孤独な。 ❷《メキシコ語》…だけ。 ❸《中米, カリブ, エクアドル》[人が] 単独の, 一人ぼっちの。 ❹《ベネズエラ》[場所が] 孤絶した

inguandia [iŋgwándja]《コロンビア》作り事, 大嘘

inguinal [iŋginál]『←ingle』形 鼠蹊部の

inguinario, ria [iŋginárjo, rja] 形 =**inguinal**

ingurgitación [iŋgurxitaθjón] 女 がつがつ食べること; がぶがぶ飲むこと

ingurgitar [iŋgurxitár] 他《生理》がつがつ食べる; がぶがぶ飲む

ingush [iŋgús̆] 形 名『コーカサス地方の』イングーシ人 [の]
 ── 男 イングーシ語

inguso, sa [iŋgúso, sa] 形 名 =**ingush**

ingustable [iŋgustáβle] 形《料理などが, まずくて》食べられない

INH 男《西, 略語》←Instituto Nacional de Hidrocarburos 炭化水素公社

inhábil [ináβil] 形 ❶ 下手な, 不器用な: sastre ~ 下手な仕立て屋。 ❷ [人が, +para に] 適さない;《法律》[職業・職務について] 能力 (資格) のない, 不適任な: ~ para trabajar 働くのに適さない, 労働不能な。 ❸ [日・時間について] 執務しない: día ~ 休日。 hora ~ 勤務外時間

inhabilidad [inaβiliðáð] 女 ❶ 不器用, 不適格。 ❷《法律》[+para 職業・職務に関する] 不適格, 無能力; [証人の] 不適格

inhabilitación [inaβilitaθjón] 女 能力 (資格) の剥奪 (喪失): pedir ocho años de ~ 8年間の資格停止処分を求める

inhabilitar [inabilitár]《←in-（否定）+habilitar》他［+para に対して］無能力にする，無資格にする: La lesión no es grave y no lo *inhabilita para* el partido. 傷は軽く，彼の試合出場は可能だ．El tribunal *ha inhabilitado* al alcalde *para* ocupar cargos públicos. 裁判所は市長を公職に就くことを禁じた

inhabitabilidad [inabitabiliðáð] 女［家などが］住めない（住みにくい）こと

inhabitable [inabitáβle] 形［家などが］住めない，住みにくい

inhabitación [inabitaθjón] 女［人が住んでいない］

inhabitado, da [inabitáðo, ða] 形 人の住んでいない: isla ~*da* 無人島

inhabitual [inabitwál] 形 習慣的でない

inhacedero, ra [inaθeðéro, ra]《古語》実行不可能な，するのが容易でない

inhalación [inalaθjón] 女 吸入: ~ de pegamento シンナーの吸入

inhalador [inalaðór] 男 吸入器: ~ de oxígeno 酸素吸入器

inhalante [inalánte] 形 ❶ 吸入する．❷［動物］海綿動物の孔が］水が入り込む

inhalar [inalár]《←ラテン語 inhalare < in-（否定）+halare「発散する」》他［医学］［酸素などを］吸入する: *Inhaló* un medicamento para descongestionar los bronquios. 彼は気管を楽にするために薬を吸入した
—— 自《カトリック》［聖別のため聖油壺に］十字の形に息を吹き掛ける

inhallable [inaʎáβle] 形 見つけるのが不可能な（困難）な

inherencia [inerénθja] 女 ❶ 固有（生来）の性質．❷《哲学》内属

inherente [inerénte]《←ラテン語 inhaerens, -entis < inhaerere「付着している」< in-（中）+haerere》形 ❶［+a に］固有の: La debilidad es ~ *a* la naturaleza humana. 弱さは人間性に内在している．❷《哲学》内属の．❸《言語》固有の

inherir [inerír] 33 自《哲学》[+en に] 内属する

inhesión [inesjón] 女 ❶《哲学》=**inherencia**. ❷《まれ》愛着，執着

inhestar [inestár] 他《まれ》=**enhestar**

inhibición [iniβiθjón] 女 ❶ 差し控えること; 抑制．❷［肉体的・精神的に］不能状態．❸ 抵抗感．❹《化学》反応の停止（抑制）

inhibicionado, da [iniβiθjonáðo, ða] 形 控えめな〔人〕，消極的な〔人〕

inhibicionismo [iniβiθjonísmo] 男［人の］抑制傾向, 消極性

inhibicionista [iniβiθjonísta] 形［人が］抑制傾向の，控えめな，消極的な

inhibido, da [iniβíðo, ða] 形［人が］自身を抑制している，控えめな

inhibidor, ra [iniβiðór, ra] 形 抑制する
—— 男 抑制剤, 阻害剤, インヒビター: ~ del apetito 食欲抑制剤．~ del crecimiento 成長抑制剤．~ sintético《医学》合成阻害剤

inhibir [iniβír]《←ラテン語 inhibere》他 ❶《生理, 心理など》抑制する: Su presencia me *inhibe* y no me atrevo a hablar. 彼がいると圧迫感があって私はなかなかしゃべれない．~ el crecimiento 成長を抑える．❷《法律》［裁判官に］審理を中止させる．❸《医学》［器官の機能などを］一時的に停止させる
—— ~**se** ❶［+de・en から］身を引く, 差し control える: *Me inhibo de* dar consejos. 私は助言するのを控えます．Nuestra casa *se inhibe de* cualquier tipo de responsabilidad. 当社は責任を一切負いません．❷《法律》［裁判官・法廷が］審理を中止する

inhibitorio, ria [iniβitórjo, rja] 形 ❶ 抑制する, 抑止的な．❷《法律》［裁判官に］審理を中止する
—— 女《法律》［裁判官への］審理中止の要請書

inhiesto, ta [injésto, ta] 形《まれ》=**enhiesto**

in hoc signo vinces [in ók sígno bínθes]《ラテン語》この標（ペ）で汝は勝つ《コンスタンティヌス1世の軍旗に書かれた銘》

inhonestable [inonestáβle] 形《まれ》誠実でない

inhonestamente [inonéstamente] 副《まれ》不誠実に

inhonestidad [inonestiðáð] 女《まれ》誠実（上品）さのない

inhonesto, ta [inonésto, ta] 形 ❶ 下品な, 品格のない．❷《まれ》誠実さのない

in honorem [in onórem]《ラテン語》形 副 …を讃える, …に敬意を表して

inhospedable [inospeðáβle] 形《まれ》=**inhospitalario**

inhospitable [inospitáβle] 形《まれ》=**inhospitalario**

inhospitalario, ria [inospitalárjo, rja] 形《まれ》❶ もてなし（客あしらい）の悪い, 無愛想な; 不親切な．❷［土地などが］住むのに適さない, 人を寄せつけない

inhospitalidad [inospitaliðáð] 女《まれ》無愛想, 不親切; 住みにくさ

inhóspito, ta [inóspito, ta] 形《まれ》=**inhospitalario**: paisaje ~ 荒涼とした風景

inhumación [inumaθjón] 女《文語》埋葬

inhumanamente [inumánamente] 副 非人間的に; 無情に, 情け容赦なく

inhumanidad [inumaniðáð] 女 非人間性; 無情, 残酷

inhumanitario, ria [inumanitárjo, rja] 形 非人道主義な, 博愛精神に欠ける

inhumano, na [inumáno, na] 形 ❶ 無情な, 非人間的な: tratamiento ~ 冷酷な仕打ち．mujer ~*na* つれない女．❷《チ》汚い, 不快な

inhumar [inumár]《文語》埋葬する《=enterrar》

INI [íni] 男《西. 略記》←Instituto Nacional de Industria 産業公社

inía [inía] 女《動物》アマゾンカワイルカ

iniciación [iniθjaθjón] 女 ❶ 開始, 始める（始まる）こと: ~ de las obras 起工, 着工．❷ 入門指導, 手ほどき: curso de ~ 入門講義．~ a la lingüística románica ロマンス言語学入門．~ religiosa 入信．❸［秘密結社などへの］入会《= ceremonia de ~》．❹ 成人式, イニシエーション

iniciado, da [iniθjáðo, ða] 形 名 秘法（奥義）を授けられた〔人〕; ［宗教団体・秘密結社への］入会者〔の〕

iniciador, ra [iniθjaðór, ra] 形 ❶ 開始する〔人〕: Es la ciudad ~*ra* de las escuelas de vacaciones. そこは最初に夏期学校を始めた町である．❷ 先駆的な; 先駆者, 創始者, 先導者: ~ de plan 計画の先駆者．~ de técnica 技術のパイオニア
—— 男 ~ de bomba 爆弾の点火装置

inicial [iniθjál]《←inicio》形 最初の, 冒頭の: demencia en fase ~ 痴呆の第一段階．parte ~ del discurso 講演の冒頭．informe ~ インセプションレポート．velocidad ~ 初速．❷《文法》語頭の
—— 女 頭文字, イニシャル《=letra ~》: grabar las ~*es* de su novia en un anillo 指輪に恋人のイニシャルを入れる

inicializar [iniθjaliθár] 9 他《情報》イニシャライズする, 初期化する．❷ =**iniciar**

inicialmente [iniθjálmente] 副 最初のうちは, 当初は

iniciar [iniθjár]《←ラテン語 initiare「始める, 差し込む」》10 他 ❶ 始める, 今までに一度はでない, 一連の反復的な動作の開始〕: Es el momento oportuno para ~ las negociaciones de paz. 和平交渉を開始するのによい機会だ．~ un festival 祭典を開始する．~ la costumbre de+不定詞［集団の中で］最初に…する習慣を身につける．❷［+en の］入門指導を…にする, 手ほどきする: El profesor *inicia* a los alumnos *en* las matemáticas. 先生が生徒たちに数学の初歩を教える．*Inicié* a José *en* el golf. 私はホセにゴルフの手ほどきをした．❸《情報》起動する: El servidor de base de datos acepta la solicitud de ~ una transacción. データベースサーバーが処理開始の実行を受け入れる．❹ volver a ~ 再起動する．❺《古語》［宗教団体・秘密結社への］入会（入門）を許す
—— ~**se** ❶ 始まる: En España *se icicia* el curso nuevo en octubre. スペインでは新学期は10月に始まる．El incendio *se inició* en un almacén. 倉庫から出火した．❷ 初歩を身につける; 手ほどきを受ける: Ella *se ha iniciado en* la vocalización. 彼女は発声を習い始めている

iniciático, ca [iniθjátiko, ka] 形 入会の, 入門の;《宗教》イニシエーションの: ritos ~*s* de una nueva secta religiosa 新興宗教のイニシエーションの儀式

iniciativa[1] [iniθjatíβa] 女 ❶ 進取の気性, 自発性: actuar por ~ propia/actuar por su propia ~ 率先して行動する．tener ~ 自発性がある．lleno de ~ 進取の気性に富んだ, 決断力のある．❷ 発意; 率先, 主唱; 主導権: tomar la ~ 主導権を握る．[+de] 率先して, …のイニシアチブをとる．por (bajo la〜) ~ de+人 …が音頭をとって, …のイニシアチブで．~ individual 個人の発意．~ privada 民間活力．I ~ de Defensa Estratégica 戦略的防衛構想, SDI

iniciativo, va [iniθjatíbo, ba] 形 開始させる, 発端の

inicio [iníθjo] 【←ラテン語 initium < inire「入る」< ire「行く」】男《文語》❶ 最初, 冒頭: No ha acudido al ～ de la reunión. 彼は会議の冒頭にいなかった. ❷ 開始. ❸《情報》tecla de ～ ホームキー
　a ～s [日時の] 最初に: *a ～s* de los 1642 1642年の始めに. *a ～s del siglo XIX* 19世紀初頭に
　dar ～ a... …を始める

inicuamente [iníkwaménte] 副《文語》不公平に, 不当に; 残酷に

inicuo, cua [iníkwo, kwa] 【←ラテン語 iniquus「不当な」< in-（否定）+aequus「等しい」】《文語》❶ 不公平な, 不当な: leyes ～*cuas* 不公平な法律. ❷ 凶悪な, 残酷な: palabras ～*cuas* 非情な言葉

inidentificable [iniðentifikáble] 形 特定され得ない, 身元不詳

inigualable [inigwaláble] 形 卓越した, 比べもののない

inigualado, da [inigwaláðo, ða] 形 無類の, 匹敵するもののない

in illo tempore [in íʎo témpore]【←ラテン語】副 あのころ

inimaginable [inimaxináble] 形 想像を絶する: aventura ～ 信じられないような冒険

inimicísimo, ma [inimiθísimo, ma] 形《廃語》enemigo の絶対最上級

inimitable [inimitáble] 形 真似のできない, 独特の: Su estilo marcó toda una época en la historia del cine. 彼の独特のスタイルは映画史にはっきりと一時代を画した

inimputabilidad [inimputaβiliðáð] 女 刑事責任免除

inimputable [inimputáβle] 形 刑事責任を問われない

ininflamabilidad [ininflamaβiliðáð] 女 不燃性

ininflamable [ininflamáβle] 形 不燃性の

in integrum [in íntegrum]【←ラテン語】副 すっかり, 完全に

inteligencia [intelixénθja] 女 知性の欠如

ininteligente [intelixénte] 形 知性のない

ininteligibilidad [intelixiβiliðáð] 女 理解不能, 解読不能

ininteligible [intelixíβle] 形 理解不能の, 解読不能の: escrituras ～s わけの分からない文字

ininterrumpidamente [ininteřumpíðaménte] 副 絶え間なく, 休みなく

ininterrumpido, da [ininteřumpíðo, ða] 形 絶え間のない, 連続した

iniquidad [inikiðáð]【←ラテン語 iniquitas, -atis】女《文語》不公平, 不正（な行為）

iniquísimo, ma [inikísimo, ma] 形 inicuo の絶対最上級

in itinere [in itínere]【←ラテン語】形【事故が】通勤途中の

injerencia [inxerénθja]【←injerir II】女【+en+事 への】干渉, 口出し: ～ *en la política nacional* 内政干渉

injeridor [inxeriðór] 男 接ぎ木用具

injeridura [inxeriðúra] 女 接ぎ木箇所

injerir [inxerír] I 【←ラテン語 inserere「含める, 差し込む」】他 [+en に] ❶ 入れる, 詰める: ～ *cemento en una grieta* 亀裂にセメントを詰める. ❷ [文書に言葉・段落を]挿入する. ❸ 接ぎ木する: ～ *una rama en un árbol* 枝を接ぎ木する II 【←ラテン語 ingerere「持ち込む, 差し込む」】他 *～se* [不当に, +en+事 に] 干渉する, 口出しする: *Es indigno de ti ～te en causas semejantes.* そのような訴訟に関わるのは君にふさわしくない

injerta[1] [inxérta] 女《まれ》接ぎ木《行為》

injertable [inxertáβle] 形 接ぎ木され得る

injertación [inxertaθjón] 女 接ぎ木《行為》

injertador, ra [inxertaðór, ra] 形 名 接ぎ木する[人], 接ぎ木師

injertar [inxertár] 他 ❶ [+en に] 接ぎ木する: ～ *un peral en membrillero* ナシの木をカリンの木に接ぎ木する. ❷ 【医学】[皮膚・骨などを] 移植する: ～ *piel* 皮膚移植する

injertera [inxertéra] 女 苗木から移植した樹木の果樹園

injerto[1] [inxérto] 男 ❶ 接ぎ木《行為》: pie de ～ 接ぎ木の台木. ～ *de escudete* 芽接ぎ. ～ *por aproximación* 寄せ接ぎ. ❷ 接ぎ枝, 接ぎ穂. ❸ 接ぎ木のできた木; 其の果実: *Este naranja es un ～.* このオレンジの木は接ぎ木だ. ❹【医学】[皮膚など組織の] 移植; 移植組織, 移植片: ～ *de cabello* 毛髪移植. ～ *de piel* 皮膚移植. *enfermedad de ～ contra huésped* 移植片対宿主病, GVHD

injerto[2], **ta** [inxérto, ta]【injertar の不規則な過分】名《ペルー. 口語》アメリカ先住民と中国人のメスティーソ

injonear [inxoneár] 他《ペルー. 俗語》皮肉を言う, あてこすりを言う, 暗に非難する

injundia [inxúndja] 女《まれ》=enjundia

injuria [inxúrja]【←ラテン語 injuria「不正」< in-（否定）+jus, juris「権利, 法律」】女 ❶ 悪口, 罵詈雑言《侮辱》; 侮辱: proferir mil ～*s contra*+人 さんざん…の悪口を言う. *cubrir* (*llenar*) *a*+人 *de ～* …に罵詈雑言を浴びせる. *cambiar ～s* ののしり合う. ❷《文語》物質的な損害: ～ *s del tiempo* 時間の経過による損壊. ❸ 不正(不当)な言動

injuriado [inxurjáðo] 男《キューバ》品質の悪い葉タバコ

injuriador, ra [inxurjaðór, ra] 形 名 侮辱（罵倒）する[人]

injuriante [inxurjánte] 形《まれ》=injurioso

injuriar [inxurjár] 他 ❶ ののしる, 罵倒（ばとう）する; 侮辱する: *El árbitro se mantenía indiferente mientras los aficionados lo injuriaban.* 審判はファンたちに罵倒されても平然としていた. ❷《文語》[物・人を] 傷つける, 損なう

injuriosamente [inxurjósaménte] 副 侮辱的に

injurioso, sa [inxurjóso, sa] 形 侮辱的な: palabras ～*sas* 侮辱的な言葉

injustamente [inxústaménte] 副 不正に, 不当に: *Es un escritor ～ criticado.* その作家は不当に批判されている

injusticia [inxustíθja]【←ラテン語 injustitia < in-（否定）+justitia「正義」】女 不正（行為）, 不当, 不公平: *Quien procede injustamente es más desgraciado que la víctima de la ～. 不正に行なう者は不正の犠牲者より不幸である. La sucesión es una ～ contra la democracia.* 財産の相続は民主主義に反して不公平である. *cometer una ～* 不正を働く. *con ～* 不正に, 不当に

injustificable [inxustifikáβle] 形 正当化（弁解）され得ない, 道理に合わない: *acción ～* 弁解の余地のない行為

injustificadamente [inxustifikáðaménte] 副 正当な理由なく, 不当に

injustificado, da [inxustifikáðo, ða] 形 [ser・estar+] 正当でない, 不当な, 根拠のないうわさ: *rumor ～* 根拠のないうわさ

injusto, ta [inxústo, ta]【←ラテン語 injustus < in-（否定）+justus「公正な, 一致した」】形 [+con・para に対し] 不正に行動する; [事柄の] 不当な, 不公平な: *Ha sido ～ contigo.* 彼は君に対して公正を欠いていた. *El mundo es ～ e inaceptable.* この世は不公平で受け入れがたい. *cometer un acto ～* 不正を働く. *acto laboral ～* 不当労働行為. *salario ～* 不公平な賃金. *sentencia ～ta* 不当な判決

inlandsis [inlándsis] 男《単複同形》【地理】[極地を覆う] 氷床

INLE [ínle] 男《略語》←Instituto Nacional del Libro Español スペイン書籍協会

in limine [in límine]【←ラテン語】副 門口で; 最初, 始めに: *El autor de este libro inscribe un soneto ～.* 作者はこの本の冒頭にソネットを載せている

inllevable [inʎeβáβle] 形 耐えられ得ない, 我慢できない

in loco citato [in lóko θitáto]【←ラテン語】副 前に引用した部分に

inmaculada[1] [i(m)makuláða] 女《キリスト教》[la I～] 無原罪の聖母

inmaculadamente [i(m)makuláðaménte] 副《文語》けがれなく, 無垢なままで

inmaculado, da[2] [i(m)makuláðo, ða]【←ラテン語 immaculatus < in-（否定）+macula「汚れ」】形《文語》けがれのない, 無垢(?)な: *nieve ～da* 真っ白な雪. *vestido ～* 純白のドレス

inmaculista [i(m)makulísta] 形《歴史》無原罪の聖母の教義を支持する

inmadurez [i(m)maðuréθ] 女 未成熟

inmaduro, ra [i(m)maðúro, ra] 形 ❶ [果実が] まだ熟していない. ❷ [道徳的・知的に] 未成熟な[人], 幼稚な[人]; 無経験の[人], 不慣れな[人]. ❸ [計画が] よく練られていない ―― 稚魚

inmamable [i(m)mamáβle] 形《コロンビア. 口語》我慢のならない, いらいらさせる, 腹立たしい

inmancable [i(m)maŋkáβle] 形《カリブ, アンデス》絶対確実な

inmanejable [i(m)manexáβle] 形 扱いにくい, 手に余る; 扱いできない

inmanencia [i(m)manénθja] 女《哲学》内在[性]

inmanente [i(m)manénte]【←ラテン語 immanens, -entis < immanere「中にとどまる」< in-（中）+manere「とどまる」】⦅形⦆⦅哲学⦆内在的な; 内在している, 根ざす: causa ～ 内在原因. justicia ～ 内在的正義. El amor a los hijos es ～ *a* la naturaleza materna. 子供への愛は母としての本性に根ざしている

inmanentismo [i(m)manentísmo] ⦅男⦆内在哲学
inmanentista [i(m)manentísta] ⦅形⦆⦅名⦆内在哲学の〔支持者〕
inmarcesible [i(m)marθesíble] ⦅形⦆⦅文語⦆色あせない; 不朽の
inmarchitable [i(m)martʃitáble] ⦅形⦆=**inmarcesible**
inmaterial [i(m)materjál] ⦅形⦆⦅文語⦆非物質的な; 実体のない, 無形の
inmaterialidad [i(m)materjaliðáð] ⦅女⦆非物質性; 無形
inmaterialismo [i(m)materjalísmo] ⦅男⦆⦅哲学⦆非物質論, 唯心論
inmaterializar [i(m)materjaliθár] ⦅9⦆⦅他⦆非物質化する
inmatriculación [i(m)matrikulaθjón] ⦅女⦆⦅法律⦆不動産登記
inmaturez [i(m)maturéθ] ⦅女⦆⦅文語⦆=**inmaturidad**
inmaturidad [i(m)maturiðáð] ⦅女⦆⦅文語⦆未成熟
inmaturo, ra [i(m)matúro, ra] ⦅形⦆⦅文語⦆=**inmaduro**
inmediación [i(m)medjaθjón] ⦅女⦆⦅←inmediato⦆ ❶ 付近, 郊外: en las *inmediaciones* de la capital 首都の近郊に. ❷ 直接性; 即時性. ❸ ⦅法律⦆⦅集⦆すぐ後の後継者の権利
in medias res [in médjas rés] ⦅←ラテン語⦆行為の最中に, 事件の真っ最中に; 前置きなしに
inmediatamente [i(m)medjátaménte] ⦅副⦆ ❶ 直接に: Vivimos en el piso ～ superior al suyo. 私たちは彼のマンションのすぐ上に住んでいる. ❷ すぐさま, ただちに, 即時に, 即刻: Los documentos deben ser destruir ～. 書類は即時廃棄のこと. Me llamaron ～ después de ocurrido el accidente. 事故の起き た直後に私に電話がかかってきた
  dar ～ a... ...に(直接)面している
  ～ de... の直後に, ...するとすぐ: Hay que servir le soufflé ～ *de* sacarlo del horno. スフレはオーブンから取り出したらすぐ供さなくてはならない
  ～ que+直説法 ⦅文語⦆...するとすぐ〔未来のことは +接続法⦆: Los profesores expertos en gramática pueden advertir ～ *que* hay un error. ベテランの文法教師は誤りがあるとすぐ気づくことができる. Partiré ～ *que* desayune. 私は朝食後ただちに出発するつもりだ
inmediatez [i(m)medjatéθ] ⦅女⦆ ❶ 直接性. 隣接. ❸ 即時性, さし迫っていること: La ～ de la boda le preocupa. 婚礼がさし迫っているので彼は心配だ. ❹⦅哲学⦆直接性, 無媒介性
inmediato, ta [i(m)medjáto, ta] ⦅形⦆⦅←ラテン語 inmediatus⦆⦅形⦆ ❶ じかの, 媒介(仲介)なしの: análisis ～ ⦅化学⦆近似(近成)分析. causa (consecuencia) ～*ta* 直接的原因(結果). contagio ～⦅医学⦆直接感染. experiencia ～*ta* 直接経験. familia ～*ta* 肉親, 近親. jefe ～ superior 直属の上司. principio ～ ⦅生化学⦆直接成分. ❷ [+a に] 隣接した: casa ～ a la vía del tren 線路ぎわの家. pueblo ～ 隣村. ❸ 即時の, さし迫った: Los tranquilizantes tienen un efecto ～. それらの精神安定剤は即効性がある. disposición ～*ta* 即決. paga ～*ta* 即時払い. respuesta ～*ta* 即答. ❹⦅哲学⦆直接的な, 媒介なしの: inferencia ～*ta* 直接的推論
  a las ～tas 核心にまで: No vino a resolver ningún problema *a las ～tas*. どの問題も根本的な解決にまでは至らなかった
  de ～ 1)即座に, 即刻: Gracias por la información, me voy *de ～* a comprarlo. 情報ありがとう, すぐ買いに出かけます. Los policías le respondieron que *de ～* acudirían. 警官たちはただちにかけつけると彼に返事した. 2)直接〔=inmediatamente〕
  la ～ta 必然的結果: Cuando un hombre honrado se enamora de una mujer honrada, *la ～ta* es casarse. まともな男とまともな女に恋をしたら, その後は結婚だ
inmedicable [i(m)medikáble] ⦅形⦆治療され得ない
inmejorable [i(m)mexoráble] ⦅←in-（否定）+mejorable < mejorar⦆⦅形⦆最上の, 申し分ない: Habla en un ruso ～. 彼は完璧なロシア語を話す. Es un precio ～. これ以上負けられません. plato riquísimo con una presentación ～ 盛り付けがとても美味しい料理. notas ～*s* 申し分のない成績. tela de calidad ～ 最高級の布地
inmejorablemente [i(m)mexorábleménte] ⦅副⦆この上なく
inmemorable [i(m)memoráble] ⦅形⦆〔始まった時の〕記憶がない

inmemorablemente [i(m)memorábleménte] ⦅副⦆記憶にないほどに
inmemorial [i(m)memorjál] ⦅←in-（否定）+memorial < memoria⦆⦅形⦆遠い昔の; 古くからの: tiempo ～ 大昔, 太古. costumbre ～ 大昔からの習慣
in memoriam [in mémorjam] ⦅←ラテン語⦆[碑文などに用いて]記念として; 霊に捧げて, 悼んで
inmensamente [i(m)ménsaménte] ⦅副⦆非常に, すごく: ser ～ rico 大変な金持ちである
inmensidad [i(m)mensiðáð] ⦅女⦆ ❶ 広大さ; 広大な空間: ～ del mar 海の広大さ. ❷ 無数, 莫大: una ～ de cartas 膨大な数の手紙
inmenso, sa [i(m)ménso, sa] ⦅←ラテン語 inmensus「測られない」⦆⦅形⦆広大な; 測り知れない, 莫大な: cielo ～ 果てしない空. continente ～ 広大な大陸. alegría ～*sa* 非常な喜び
inmensurable [i(m)mensuráble] ⦅形⦆⦅文語⦆測定不可能な; 測り知れない, 無限の
in mente [in ménte] ⦅←ラテン語⦆⦅副⦆心の中で: tener ～ 考えている
inmerecidamente [i(m)mereθíðaménte] ⦅副⦆ふさわしくないのに, 不相応に
inmerecido, da [i(m)mereθíðo, ða] ⦅形⦆受けるに値しない, ふさわしくない, 不当な
inmergir [i(m)merxír] ⦅4⦆⦅他⦆⦅まれ⦆沈める, 浸す
inmeritamente [i(m)méritaménte] ⦅副⦆⦅まれ⦆ふさわしくないのに, 不相応に
inmérito, ta [i(m)mérito, ta] ⦅形⦆⦅まれ⦆受けるに値しない, ふさわしくない; 不当な
inmeritorio, ria [i(m)meritórjo, rja] ⦅形⦆⦅まれ⦆賞賛に値しない
inmersión [i(m)mersjón] ⦅←ラテン語 immergere「水に入れる」⦆⦅女⦆ ❶ 沈めること, 水没. ❷ 潜水: ～ a pulmón libre 素もぐり. ❸ 熱中, 没頭; 集中講座: ～ lingüística [実生活を通しての]外国語の集中訓練. ❹⦅天文⦆潜入. ❺ objetivo de ～ 液浸対物レンズ
inmerso, sa [i(m)mérso, sa] ⦅←ラテン語 immersum < immergere「水に入れる」⦆⦅形⦆[estar+] ❶⦅文語⦆[en に] 浸った; 潜水した: El pueblo quedó ～ en el pantano. 村は貯水池に沈んでしまった. ❷ [+en] 〜の状況にある: estar ～ *en* su meditación 黙想にふけっている
inmesurado, da [i(m)mesuráðo, ða] ⦅チリ・口語⦆過度な
inmigración [i(m)migraθjón] ⦅女⦆⦅⇔emigración⦆ ❶ [他国・他人からの]移住; [旅行者の]入国; ⦅集⦆移民: ～ española en Alemania ドイツへのスペイン人の移住. ～ ilegal 不法入国者. oficina (nacional) de ～ 入国管理事務所. ❷ ⦅経済⦆[主に都市への]人口移動 〔=～ interior〕
inmigrado, da [i(m)migráðo, ða] ⦅名⦆移住者, 移民; 出稼ぎ者
inmigrante [i(m)migránte] ⦅形⦆[他国・他人からの]移民[の], 移住する[人]; 出稼ぎの, 出稼ぎ者: ～*s* italianos de Estados Unidos 米国のイタリア系移民
inmigrar [i(m)migrár] ⦅←ラテン語 immigrare「入り込む」⦆⦅自⦆ ❶ [+de 他国・他人から, +a に]移住する; 出稼ぎに来る: Romanos *inmigraron* a la península Ibérica durante muchos siglos. ローマ人たちは多くの世紀にわたりイベリア半島に移住した. ❷ [動物がテリトリーに]入り込んでくる
inmigratorio, ria [i(m)migratórjo, rja] ⦅形⦆移住の
inminencia [i(m)minénθja] ⦅女⦆切迫: ～ del peligro 切迫った危険
inminente [i(m)minénte] ⦅←ラテン語 imminens, -entis < imminere「より高く上る」⦆⦅形⦆[危機などが]さし迫った: La erupción del volcán es ～. 火山の噴火が迫っている. No sabía la ～ quiebra del banco. 彼はその銀行が倒産寸前であることを知らなかった
inminentemente [i(m)minénteménte] ⦅副⦆さし迫って, 切迫して
inmisario, ria [i(m)misárjo, rja] ⦅形⦆[川が]合流する; [湖・海に]流れ込む
inmiscible [i(m)misθíble] ⦅形⦆⦅化学⦆混合され得ない
inmiscuir [i(m)miskwír] ⦅←ラテン語 immiscuere < immiscui < immiscere「混ぜる」⦆⦅48⦆⦅他⦆⦅まれ⦆与える, 混ぜる
  ━se [+en+事 に]干渉する, 口出しする: Esa mujer siempre trata de *～se en* la vida de los demás. あの女はいつも他人の生活に干渉しようとする
inmisericorde [i(m)miserikórðe] ⦅形⦆⦅文語⦆非情な, 冷酷な

inmisericordia [i(m)miserikórðja] 女《文語》非情, 冷酷

inmisión [i(m)misjón] 女《文語》差し込むこと, 入り込むこと; 吸収

inmobiliario, ria [i(m)moßiljárjo, rja]《←in-(内)+mobiliario》形 不動産の: agente ～ 不動産業者 ― 女 建設会社, 不動産会社《=sociedad ～ria》

inmoble [i(m)móßle] 形 ❶動かされ得ない; 動かない, 不動. ❷《まれ》確固たる, 断固とした

inmoderación [i(m)moðeraθjón] 女 節度の欠如, 過度

inmoderadamente [i(m)moðeráðamente] 副 節度を欠いて, 過度に

inmoderado, da [i(m)moðeráðo, ða] 形 節度を欠いた, 過度の

inmodestamente [i(m)moðestaménte] 副 見栄を張って; 慎みなく, 破廉恥に

inmodestia [i(m)moðestja] 女 見栄っぱり, 慎みのなさ, 破廉恥

inmodesto, ta [i(m)moðesto, ta] 形 ❶見栄っぱりの. ❷《古語》慎みのない, 破廉恥な

inmódico, ca [i(m)móðiko, ka] 形 過剰な, 過度の

inmodificable [i(m)moðifikáßle] 形 変更不可能

inmolación [i(m)molaθjón] 女《文語》❶供犠: ～ de un cordero a la divinidad 神への小羊のいけにえ. ❷《自己》犠牲: ～ de los padres a los hijos 両親の子供への犠牲

inmolador, ra [i(m)molaðór, ra] 形 女《文語》いけにえを捧げる[人]

inmolar [i(m)molár]《←ラテン語 immolare < mola「供犠前に犠牲に振りかける粉」》他《文語》[+a に] いけにえとして捧げる; 犠牲にする: ～ un cordero a los dioses 小羊をいけにえとして神に捧げる ――～se《文語》自分を犠牲にする《=sacrificarse》: ～se por la patria 祖国のために自分を犠牲にする

inmoral [i(m)morál] 形《←in-(否定)+moral》[人・事柄が] 不道徳な, 背徳的な; みだらな: ser ～ +不定詞 …するのは道徳に反している. espectáculo ～ 猥褻ショー

inmoralidad [i(m)moraliðáð] 女 反道徳性, 背徳; 不品行, 猥褻

inmoralismo [i(m)moralísmo] 男 背徳主義

inmortal [i(m)mortál]《←ラテン語 immortalis < in-(否定)+mortalis》形 ❶《時に誇張》不死の, 不滅の: El alma es ～. 霊魂は不滅である. amor ～ 変わらぬ愛. ❷ 不朽の[名声のある], 永遠に記憶に残る ―― 名《主に戯画》学士院会員 ―― 女《プエルトリコ, エクアドル, 植物》ムギワラギク《=siempreviva》

inmortalidad [i(m)mortaliðáð] 女 ❶ 不死, 不滅: ～ del alma 霊魂の不滅. ❷ 不朽の名声. ❸ 霊魂不滅説

inmortalizar [i(m)mortaliθár] 他 不滅の, 不朽にする: Velázquez inmortalizó en sus cuadros a Felipe IV y sus ministros. ベラスケスは絵の中にフェリペ4世と大臣たちを永遠に残した

inmortalmente [i(m)mortalménte] 副 不滅に; 不朽に, 永遠に

inmortificación [i(m)mortifikaθjón] 女 禁欲しないこと; 苦しまないこと

inmortificado, da [i(m)mortifikáðo, ða] 形 [肉体的・精神的に] 苦しんでいない

inmotivadamente [i(m)motiβáðaménte] 副 動機なく, 根拠なく

inmotivado, da [i(m)motiβáðo, ða] 形 動機のない, 根拠のない: Tu preocupación está ～da. 君の心配は取り越し苦労だ

inmoto, ta [i(m)móto, ta] 形 不動の, 動かない

inmovible [i(m)moβíβle] 形 =**inmóvil**

inmóvil [i(m)móβil]《←ラテン語 immobilis < in-(否定)+mobilis「動ける」》形 ❶不動の, 動かない: Permaneció ～. 私は身動きもせずじっとしていた. ❷ 確固たる, 断固とした

inmovilidad [i(m)moβiliðáð] 女 不動[の状態], 静止

inmovilismo [i(m)moβilísmo] 男 [政治的・社会的に] 現状維持的な考え, 保守主義

inmovilista [i(m)moβilísta] 形 名 現状維持的な, 保守主義の[人]

inmovilización [i(m)moβiliθaθjón] 女 ❶ 不動, 固定. ❷ [資本などの] 固定化. ❸《格闘技》固め技

inmovilizado, da [i(m)moβiliθáðo, ða] 形 ❶ [物が] 動かない. ❷《経済》valores ～s 固定資本. 固定資産 ― 男《経済》固定資産, 長期性資産: ～ material (inmaterial) 有形(無形)固定資産. ～ financiero [関連企業などに投下された] 投資その他の資産

inmovilizar [i(m)moβiliθár]《←inmóvil》他 ❶ 動かなくする, 固定する: La escayola me inmoviliza el brazo. 私はギプスで腕を動かせない. ❷《経済》固定資産にする, 不動産化する: [資本を] 固定化する. ❸《法律》[財産の] 譲渡を禁止する: El juez inmovilizó las cuentas corrientes del acusado. 裁判官は被告の当座預金口座の凍結を命じた ――～se 動かなくなる, 停止する: Se le ha inmovilizado la mano derecha. 彼は右手が動かなくなった

inmudable [i(m)muðáβle]《まれ》=**inmutable**

inmueble [i(m)mwéβle]《←ラテン語 immobilis》形《法律》不動産の ― 男 ❶《文語》ビル, マンション《=edificio》: ～ con cinco plantas 5階建てのビル. ❷ 複 不動産《=bienes ～s》

inmundicia [i(m)mundiθja]《←ラテン語 immunditia》女《文語》❶ 汚さ; [主に複] ごみ, 汚物: estar lleno de ～s ごみだらけである. ❷ [道徳的な] 不純, 不品行

inmundo, da [i(m)múndo, da]《←ラテン語 immundus「不純な」< in-(否定)+mundus, -a「清潔な, 上品な」》形 ❶《文語》汚れた, 汚い: aguas ～das 汚水, 下水. ❷《文語》[道徳的に] 不純な; 下品な: lenguaje ～ 汚い言葉づかい. ❸《歴史》[ユダヤ法によって] ユダヤ人の使用が禁止された

inmune [i(m)múne]《←ラテン語 immunis「義務を免除された」< in-(否定)+munus「職務, 義務」》形 ❶ [税金・刑罰など] 免除された, 特権のある. ❷《医学》1) [+a・contra に対して] 免疫性のある [比喩的にも]: estar ～ al cólera (a las críticas) コレラ(批判)に対して免疫になっている. 2) 免疫の: células ～s 免疫細胞. respuesta ～ 免疫反応. sistema ～ 免疫システム

inmunidad [i(m)muniðáð] 女 ❶ [僧侶・外交官などの] 特権: ～ parlamentaria (diplomática) 議員(外交官)特権. ❷ 免疫[性]: Cayó enfermo porque su ～ contra el virus era muy baja. 彼はウイルスへの免疫性が大変低かったので病気になった. ～ celular 細胞性免疫. ❸ [税金・刑罰などの] 免除. ❹《歴史》インムニテート, 不輸不入の権《中世, 教会領などに逃げ込んだ犯罪者が刑罰を免除される》

inmunitario, ria [i(m)munitárjo, rja] 形 免疫性の: sistema ～ 免疫系, 免疫システム

inmunización [i(m)muniθaθjón] 女 免疫性の付与

inmunizador, ra [i(m)muniθaðór, ra] 形 免疫性を与える: terapia ～ra 免疫療法

inmunizante [i(m)muniθánte] 形 免疫性を与える: agente ～ 免疫剤, 予防剤

inmunizar [i(m)muniθár] 他 [+contra に対する] 免疫性を与える: ～ al niño contra la polio 子供を小児麻痺に対して免疫にする ――～se 免疫になる

inmunodeficiencia [i(m)munoðefiθjénθja] 女《医学》免疫不全: virus de la ～ humana エイズウイルス, HIV

inmunodeficiente [i(m)munoðefiθjénte] 形 名 免疫不全の[患者]

inmunodepresión [i(m)munoðepresjón] 女《医学》免疫抑制

inmunodepresor, ra [im(m)unoðepresór, ra] 男《薬学》免疫抑制の(抑制剤)

inmunodeprimido, da [i(m)munoðeprimíðo, ða] 形 名《医学》免疫抑制にある[人]: huésped ～ 免疫抑制宿主

inmunodiagnosis [i(m)munoðjaɣnósis] 女《医学》免疫[学的]診断

inmunofluorescencia [i(m)munofluoresθénθja] 女《医学》免疫蛍光検査

inmunogenética [i(m)munoxenétika] 女 免疫遺伝学

inmunógeno, na [i(m)munóxeno, na] 男 形《医学》免疫原[の]

inmunoglobulina [i(m)munoɣloβulína] 女《生化》免疫グロブリン

inmunohematología [i(m)munoematoloxía] 女 免疫血液学

inmunología [i(m)munoloxía] 女 免疫学

inmunológico, ca [i(m)munolóxiko, ka] 形 免疫学の

inmunólogo, ga [i(m)munólogo, ga] 男 女 免疫学者

inmunopatología [i(m)munopatoloxía] 女 免疫病理学

inmunoprecipitación [i(m)munopreθipitaθjón] 女《医学》

inmunoproteína [i(m)munoproteína] 囡《生化》免疫たんぱく

inmunosupresión [i(m)munosupresjón] 囡 免疫抑制, 免疫反応の減少

inmunosupresor, ra [i(m)munosupresór, ra] 圈 囲《薬学》免疫抑制の(抑制剤)

inmunoterapia [i(m)munoterápja] 囡 免疫療法

inmunoterápico, ca [i(m)munoterápiko, ka] 圈 免疫療法の

inmunotoxina [i(m)munoto(k)sína] 囡《医学》抗毒素, 免疫毒素複合体

inmutabilidad [i(m)mutabiliđáđ] 囡 ❶ 不変〔性〕, 不易. ❷ [態度などが] 動じないこと

inmutable [i(m)mutáble]《←ラテン語 immutabilis》圈 ❶ 変わらない, 不変の: Dios es ~ en su esencia. 神はその本質において不変である. leyes ~s 不変の法則. [態度などが] 動じない, 平然としている: Permaneció ~ a pesar de las malas noticias. 彼は悪い知らせにもかかわらず顔色一つ変えなかった

inmutación [i(m)mutaθjón] 囡 精神的動揺

inmutado, da [i(m)mutáđo, đa] 圈 動じない, 平然とした

inmutar [i(m)mutár]《←ラテン語 immutare < in-（強調）+mutar「変化する」》⟦他⟧ ❶ 動揺させる: No le *inmutaron* las lágrimas de las mujeres. 女たちの涙にも彼は動揺しなかった. ❷ 変化させる
—— ~se 動揺する, 顔色を変える: No *se inmutó* al ver el cadáver. 死体を見ても彼は顔色を変えなかった

inmutativo, va [i(m)mutatíbo, ba] 圈《まれ》動揺させ得る

innatismo [innatísmo] 男 ❶《哲学》生得性. ❷ 生まれつき, 生来

innato, ta [innáto, ta]《←ラテン語 innatus「生まれつき存在している」< in-（中）+natus < nasci「生まれる」》圈 生まれつきの, 生来の, 生得の《⇔adquirido》: La simpatía es ~*ta* en él. 彼の人当たりのよさは生来のものだ. Tenía un don ~ para el dibujo. 彼は生まれつき絵の才能があった. idea ~*ta*《哲学》生得観念. inmunidad ~*ta* 先天性の免疫

innatural [innaturál] 圈 不自然な; 人為的な

in naturalibus [in naturalíbus]《←ラテン語》圈 圓 裸体の状態の・で: sorprender a+人 ~ …が裸の時に突然現われる

innaturalidad [innaturaliđáđ] 囡 不自然さ; 人為性

innavegable [innaβeɣáβle] 圈 [船・川などが] 航行不可能な

innecesariamente [inneθesárjamén̦te] 圓 不必要に, 必要以上に

innecesario, ria [inneθesárjo, rja] 圈 不必要な, 余計な: El aumento en la tarifa actual sería ~. 現行関税の引き上げは必要あるまい

innegable [inneɣáβle] 圈 否定できない, 明白な: Es ~ que hubo ocultamiento de pruebas. 証拠隠滅が行なわれたことは否定できない. Sus méritos ~s han sido ampliamente divulgados. 彼らの明らかな功績は広く知られてはいない. verdad ~ 紛れもない事実

innegociable [inneɣoθjáβle] 圈 譲渡不可能な: La información es ~. その情報は渡せない

innervación [innerβaθjón] 囡 =**inervación**

innivación [innibaθjón] 囡 人工降雪: cañón de ~ 人工降雪機

innivar [inniβár] ⟦他⟧ …に人工的に雪を降らせる

innoble [innóβle] 圈 ❶ 下品な, 卑劣な: estrategia ~ 卑劣な策略. ❷ 気品のない; 威厳のない

innocuidad [innokwiđáđ] 囡《まれ》=**inocuidad**

innocuo, cua [innókwo, kwa] 圈《まれ》=**inocuo**

innombrable [innombráβle] 圈 ❶ [良くないなど何らかの理由で] 言うのをはばかられる, 口に出せない: Padecía una enfermedad ~: el cáncer. 彼にはある言いにくい病気, 癌にかかっていた. ❷ 名付けることのできない, 命名不可能な

innominable [innomináβle] 圈 =**innombrable**

innominado, da [innomináđo, đa] 圈 名前のついていない, 無名の: hueso ~《解剖》無名骨

in nomine [in nómine]《←ラテン語》圈 名義上の, 名前だけの: Es dueño de una casa ~. 彼は名義上の家の持ち主である

innovación [innoβaθjón] 囡 ❶ 革新, 刷新: *innovaciones* técnicas (tecnológicas) 技術革新. ❷ 新機軸, イノベーション『技術革新・新製品の開発・新販路の開拓など』

innovador, ra [innoβađór, ra] 圈 囲 改革する; 改革者

innovamiento [innoβamjénto] 男 =**innovación**

innovar [innoβár]《←ラテン語 innovare》⟦他⟧ 刷新する, 改革する: ser muy dado a ~ 新しがり屋である. ~ el método de fabricación 生産方法を一新する

in nuce [in núθe]《←ラテン語》圓 ❶ 殼の中に. ❷ 要するに

innumerabilidad [innumeraβiliđáđ] 囡 無数

innumerable [innumeráβle]《←ラテン語 innumerabilis》圈〔複〕〔集〕と однако, ser+〕数え切れない, 無数の: ~s peligros 山ほどある危険. ~s riquezas 莫大な富. ejército ~ 無数の兵隊. La variación de los gazpachos es ~. ガスパチョのバリエーションは無数にある

innumerablemente [innumeráβleménte] 圓 数え切れないほどに, 無数に

innúmero, ra [innúmero, ra] 圈《文語》=**innumerable**

-ino, na [接尾辞] ❶ [品質・地名形容副詞化] ambar*ino* 琥珀の, bilba*íno* ビルバオの. ❷ [示小] langost*ino* クルマエビ, palom*ino* 子鳩

inobediencia [inoβeđjénθja] 囡 不服従

inobediente [inoβeđjénte] 圈 従順でない, 反抗的な

inobjetable [inoβxetáβle] 圈 反対（反論）され得ない

inobservable [inoβserβáβle] 圈 観察され得ない; 遵守され得ない

inobservado, da [inoβserβáđo, đa] 圈 観察されていない; 遵守されていない

inobservancia [inoβserβánθja] 囡 [規則などを] 守らないこと, 不遵守

inobservar [inoβserβár] ⟦他⟧ [規則などを] 守らない

inocencia [inoθénθja]《←ラテン語 innocentia < in-（否定）+nocere「害する」》囡 ❶ 無罪, 無実, 潔白: El procesado defendió su ~. 被告は無実を訴えた. probar su ~ 身のあかしを立てる. proclamar su ~ 自分の無実を主張する. reconocer la ~ de+人 …の無罪を認める. ❷ 悪を知らないこと, 純真無垢, 無邪気, 悪意がないこと: abusar de la ~ de+人 …の世間知らずにつけ込む. comportarse con ~ 無邪気にふるまう. estado de ~ [原生以前の] 人間が無垢の状態. ~ de un niño 子供のあどけなさ
con toda la ~ *del mundo* 全く悪意なしに, 無邪気で

inocentada [inoθentáđa] 囡 ❶ [単純な・たわいのない] いたずら, からかい, 嘘: Me han hecho una ~: me dijeron que hoy era fiesta y he faltado a clase. 私はからかわれた. 今日は休日だと言われ学校を休んでしまったのだ. ❷ 幼児殉教者の日 *día de los* [Santos] *Inocentes* のいたずら（冗談）. ❸ 無邪気な意見; 不注意な失敗

inocente [inoθénte]《←ラテン語 innocens, -entis「無害なもの」》〔ser+〕 ❶ 無罪の, 潔白の《+de ⇔culpable》; [+de と] 犯していない: Le han declarado ~ *de* asesinato. 彼は殺人罪について無罪を宣告された. ❷ 悪を知らない, 純真無垢な, いたいけな, 悪意のない: el ~ de Juan うぶなフアン. alma ~ 無垢な心. broma ~ たわいもない冗談. criatura ~ けがれのない赤子. muchacha ~ うぶな娘. cara ~ あどけない顔. risa ~ あどけない笑い. ❸ 無知な; 世間知らずの, お人よしの, だまされやすい;《俗用. 婉曲》ばかな, 低脳の: El muy ~ se ha tragado toda la historia. ひどく愚かな彼は物語をすべて信じ込んでしまった. ❹ 無害な: bebida ~ 無害な飲み物
hacerse el ~ 無実を装う, しらばくれる: No *se haga el* ~. しらばくれないで下さい
—— 囲 ❶ 無実の人: Encarcelaron a un ~ por un error de la justicia. 裁判の誤りで無実の人が投獄された. En las guerras suelen morir muchos ~s. 戦争ではむしろ罪のない人が大勢死ぬ. ❷《歴史》[2歳以下の] 子供, 幼児: matanza (degollación) de los [Santos] *I*~*s*《新約聖書》『ヘロデ王の』幼児虐殺. día de los [Santos] *I*~*s* 幼な子殉教者の日『12月28日. エープリルフールに相当し, いたずらをしたり冗談を言って楽しむ』. ❸《俗用. 婉曲》ばかな人, 低脳の人
—— 男《アンデス, チリ, アルゼンチン, ウルグアイ. 植物, 果実》アボカド《=aguacate》. ❷《アンデス》仮面舞踏会

inocentemente [inoθénteménte] 圓 無邪気に, 悪気なく

inocentón, na [inoθentón, na]《←*inocente* の示大語》圈 囲 世間知らずの, お人よしの

inocibe [inoθíβe] 男《植物》アセタケ

inocuidad [inokwiđáđ] 囡 無害〔性〕

inoculable [inokuláβle] 圈 接種され得る

inoculación [inokulaθjón]〖女〗接種; [病菌の]体内侵入, 細菌感染

inoculador, ra [inokuladór, ra]〖形〗〖名〗接種する〔人〕

inocular [inokulár]《←ラテン語 inoculare「接ぎ木する」》〖他〗❶《医学》接種する: ~ la vacuna a+人 …にワクチンを接種する. ❷ [主に悪い感情・思想などを, 人に] 伝える; 堕落させる: Nos han inoculado el miedo a la inseguridad económica. 私たちは経済的不安定に対する恐怖心に染まった

inóculo [inókulo]〖男〗《医学》接種材料

inocultable [inokultáble]〖形〗隠されない

inocuo, cua [inókwo, kwa]《←ラテン語 innocuus < in- (否定)+nocuus「有害な」< nocere「害する」》〖形〗《文語》無害の, 無毒の: insectos ~s 害のない虫. ❷ 刺激のない, つまらない; 味のない: película ~cua 退屈な映画. plato ~ ぴりっとしない料理

inodoro, ra [inodóro, ra]《←ラテン語 inodorus < in- (否定)+odor, -oris「臭い」》〖形〗無臭の: insecticida ~ 無臭の殺虫剤 ── 〖男〗❶《婉曲》水洗便所, 水洗便器. ❷《メキシコ, グアテマラ, ドミニカ》[水洗トイレの] 水槽

inofensivo, va [inofensíbo, ba]《←in- (否定)+ofensivo》〖形〗無害な: juguete ~ 安全なおもちゃ. perro ~ かみつかない犬. travesura ~va 罪のないいたずら

inoficioso, sa [inofiθjóso, sa]〖形〗❶《法律》[遺言などが] 人倫に反した. ❷《中南米》無駄な

inolvidable [inolbidáble]〖形〗忘れがたい: Fue una experiencia ~. それは忘れられない経験だった. Cervantes produjo obras ~s. セルバンテスは忘れがたい作品を生み出した. maestro ~ いつまでも心に残る先生

inope [inópe]〖形〗《まれ》貧しい, 困窮した

inoperable [inoperáble]〖形〗手術不能の; 使用不能の

inoperancia [inoperánθja]〖女〗無効

inoperante [inoperánte]〖形〗効果のない: medicina ~ 効き目のない薬

inoperatividad [inoperatibidád]〖女〗有効性の欠如

inopia [inópja]《←ラテン語 inopia < inopus, -opis「貧窮している」< in- (否定)+ops, opis「富」》〖女〗《文語》貧困: vivir en la ~ 貧困生活をおくる
estar en la ~ 1) うわのそらである, ぼけっとしている: Desde que se enamoró *está en la* ~. 彼は恋をしてからうわのそらだ. 2)《口語》物知らずである

inopinable [inopináble]〖形〗議論の余地のない

inopinadamente [inopinádamente]〖副〗予期せず, 思いがけず

inopinado, da [inopinádo, da]〖形〗予期しない, 思いがけない: visita ~da 不意の訪問

inoportunidad [inoportunidád]〖女〗時宜を得ないこと

inoportuno, na [inoportúno, na]《←ラテン語 inopportunus < in- (否定)+opportunus「良い位置にある」》〖形〗時宜が得ない; 不都合な: decisión ~na 時機を失した決定. pregunta ~na 間の悪い(場違いな)質問. visita ~na まずい時の訪問

inordenadamente [inordenádamente]〖副〗《まれ》無秩序に, 乱雑に

inordenado, da [inordenádo, da]〖形〗《まれ》無秩序な, 乱雑な

inordinado, da [inordinádo, da]〖形〗=**inordenado**

inorgánico, ca [inorgániko, ka]《←in- (否定)+orgánico》〖形〗❶ 無機の: compuesto ~ 無機化合物. materia ~ca 無機物. ❷ 無生物の, 生活機能を持たない. ❸ 組織化されていない. ❹《言語》非語源的な, 偶発的な

inosilicatos [inosilikátos]〖男〗〖複〗《化学》イノケイ酸塩

inosínico, ca [inosíniko, ka]〖形〗《生化》ácido ~ イノシン酸

inosita [inosíta]〖女〗=**inositol**

inositol [inosítól]〖男〗《生化》イノシトール

inotrópico, ca [inotrópiko, ka]〖形〗《医学》筋収縮性の, 変力性の: agente ~ 強心薬

inoxidable [ino(k)sidáble]〖形〗酸化しない, 錆びない: acero ~ ステンレス鋼

in partibus [in pártibus]《←ラテン語》〖形〗《戯語》[役職が] 名目だけの: =in partibus infidelium

in partibus infidelium [in pártibus infidéljum]《←ラテン語》「異教徒たちの住む土地で」❶《カトリック》[司教が] キリスト教のいない土地に任命されそこに居住しない, 名誉職で何の権限もない. ❷〖形〗《戯語》[役職が] 名目だけの

in pectore [in péktore]《←ラテン語》〖副〗内心, 密かに ── 〖形〗 [計画・決定が] まだ秘密の; [枢機卿の任命や称号などの授与が] まだ公式決定ではない

in perpetuum [in perpétu(u)n]《←ラテン語》〖副〗《文語》永久に, 永遠に

in person [in pérson]《←英語》〖副〗《戯語》自身で, 自ら

in praesenti [in práesenti]《←ラテン語》〖副〗現在: los males que padecemos ~ 今我々が経験している不幸

in puribus [in púribus]《←偽ラテン語》〖副〗《戯語》まる裸で

in puris naturalibus [in púris naturálibus]《←ラテン語》〖副〗《文語》まる裸で

input [ímput]《←英語》〖男〗❶《情報》インプット, 入力〔データ〕; データ. ❷《電気》入力端子. ❸《経済》生産要素

inquebrantable [iŋkebrantáble]《←in- (否定)+quebrantable / quebrantar》〖形〗[抽象的意味で] 壊れない; [意志・約束などが] 堅固な: fe ~ (amistad) ~ en su compromiso. 彼は約束を必ず守る

inquietador, ra [iŋkjetadór, ra]〖形〗〖名〗不安にさせる, 心配させる

inquietamente [iŋkjétamente]〖副〗不安を抱いて, 気をもんで

inquietante [iŋkjetánte]〖形〗不安を抱かせる, 気をもませる, 不穏な: aire ~ 不安(穏やか)な空気. comportamiento ~ 不穏な行動. presencia ~ 不気味な存在

inquietar [iŋkjetár]《←ラテン語 inquietare < in- (否定)+quietare「動かないでいる」》〖他〗不安にする, 心配させる: Me inquieta mucho el dolor de cabeza. 私は頭痛が大変気がかりだ. ~ al pueblo 民心を撹乱する
── ~**se**〔+por·con·de 〕心配する, 憂慮する: Siempre *se inquieta con* cualquier cosa trivial. 彼はいつもささいなことに気をもんでいる

inquieto, ta [iŋkjéto, ta]《←ラテン語 inquietus < in- (否定)+quietus, -a, -um「動かない, 穏やかな」》〖形〗❶〔estar+. +con·de·por 〕不安の, 心配の: Está ~ con el futuro de la empresa. 彼は会社の将来を心配している. Su marido está ~ de que su mujer esté tan expuesta. 夫は妻があまりに人前に出て行くのを不安に思っている. tener el sueño ~ 不安な夢をみる. una noche ~ta 不安な一夜. ❷ 〔estar+. 海などが〕荒れた. ❸ 〔ser+〕落ち着きのない; 新しいことを始めたがる: Ese alumno es ~ 。その生徒は落ち着きがない(少しもじっとしていない). tener una mirada ~ta 落ち着きのない目をしている. ❹ 〔ser+〕活動的な, 進取の精神に富んだ. ❺《グアテマラ, ホンジュラス》…の傾向がある, …好きの

inquietud [iŋkjetúd]《←ラテン語 inquietudo, -inis》〖女〗❶ [主に複. +por への] 不安, 心配; 落ち着きのなさ: Tengo ~*es por* el futuro. 私は将来に不安を抱いている. persona de ~*es* 落ち着きのない人. ❷《複》知的欲求, 探究心: Desde muy joven ya tuvo ~*es* musicales. 彼はとても若い時から音楽に関心があった. persona llena de ~*es* científicas 科学的好奇心のおうせいな人. ❸《複》社会的欲望, 野心: sin ~*es* 無気力な, 向上心(冒険心)のない. ❹ 動揺, ろうばい

inquilinaje [iŋkilináxe]〖男〗❶《メキシコ》〖集名〗間借人. ❷《チリ》1) [農地の] 賃貸借; 賃借権. 2) 小作農

inquilinato [iŋkilináto]〖男〗❶ [家・部屋の] 賃貸借. ❷ 家賃, 部屋代; 賃借権; 家賃税. ❸《キューバ, コロンビア, アルゼンチン, ウルグアイ》アパート, 共同住宅 [=casa de vecinos]. ❹《チリ》小作農を行う農園経営システム

inquilinismo [iŋkilinísmo]〖男〗《生物》住込み共生

inquilino, na [iŋkilíno, na]《←ラテン語 inquilinus》〖名〗❶ 借家人, 店子, 下宿人. ❷《中南米》住人, 居住者. ❸《チリ》インキリーノ《中央地方の大農園 fundo の農園主に従属する小作農》── 〖男〗❶《戯語》シラミ [=piojo]; 虫 [=gusano]. ❷《生物》住込み共生動物

inquina [iŋkína]《←?語源》〖女〗憎悪, 反感
tener ~ *a*+人 …に憎悪を抱く: No queremos ir a casa de Juan porque nos tiene ~. 私たちはフアンの家へは行きたくない, 私たちのことを彼を嫌っているので

inquinamento [iŋkinaménto]〖男〗汚名; 感染

inquinar [iŋkinár]〖他〗汚す; 感染させる

inquirente [iŋkirénte]〖名〗=**inquiridor**

inquiridor, ra [iŋkiridór, ra]〖形〗〖名〗調査する〔人〕

inquirir [iŋkirír]《←ラテン語 inquirere》〖27〗〖他〗調査する; 尋ねる: ~ las causas del accidente 事故の原因を究明する
── 〖自〗〔+sobre+事柄について〕調査する

inquirriado, da [iŋkirjádo, da]〖形〗《ホンジュラス》非常にほれっぽい, 浮気性の

inquisición [iŋkisiθjón]《←ラテン語 inquisitio, -onis》〖女〗❶ 調査,

取り調べ, 尋問. ❷《歴史》[I～] 異端審問所, 宗教裁判所; その牢獄

inquisidor, ra [iṅkisiðór, ra] 形 名 捜査する, 調査する; 取調官, 捜査官, 調査官
—— 男《歴史》異端審問官, 宗教裁判官: ～ general 異端審問裁判長, 宗教裁判所長

inquisitivo, va [iṅkisitíβo, βa] 形 ❶ 探るような, 詮索的な: mirada ～va 詮索するような目つき. ❷ 探求の, 調査の

inquisitorial [iṅkisitorjál] 形 ❶ 異端審問官の, 異端審問の. ❷ [異端審問のように] 厳しい, 容赦のない: medida ～ 苛酷な手段

inquisitorio, ria [iṅkisitórjo, rja] 形 =**inquisitivo**

inri [ínri] 男 ❶《略語》←Iesus Nazarenus Rex Iudaeorum ユダヤの王, ナザレのイエス. ❷《西》辱しめ, 侮辱: poner el ～ a+人 …を辱しめる
para más (mayor) ～ さらに悪いことには, 泣きっ面に蜂なことに: Tuve que esperar por el autobús más de una hora, y *para más* ～, estaba lloviendo. 私は1時間以上もバスを待たねばならず, さらについていないことに, 雨も降っていた

insabible [insaβíβle] 形《まれ》知られ得ない, 確認不能な

insaciabilidad [insaθjaβiliðáđ] 女 飽くことを知らないこと, 貪欲

insaciable [insaθjáβle]《←ラテン語 insatiabilis「飽きない」》形 [+de に] 飽くことを知らない: curiosidad ～ 飽くなき好奇心. persona ～ *de* dinero 金を求めてやまない人

insaciablemente [insaθjáβleménte] 副 飽くことなく, 貪欲に

in sacris [in sákris]《ラテン語》副 聖職に

insaculación [insakulaθjón] 女《くじびき用に》紙片・玉などを袋・箱に入れること

insaculador [insakulaðór] 男《くじびき用に》紙片・玉などを袋・箱に入れる人

insacular [insakulár] 他 ❶《くじびき用に, 紙片・玉などを》袋・箱に入れる. ❷ [開票する前に投票用紙を] 袋に移す

in saecula saeculorum [in saékula saekulórum]《ラテン語》副 永遠に

insalivación [insaliβaθjón] 女 噛んで食物に唾液を混ぜること

insalivar [insaliβár] 他 噛んで食物に唾液を混ぜる

insalubre [insalúβre]《←ラテン語 insalubris < in- (否定)+saluber, -ubris, -ubre「健康によい, 健康な」》形 健康によくない, 不衛生な: clima ～ 健康に適さない風土

insalubridad [insalußriðáđ] 女 不健康, 不衛生

INSALUD [insalúđ] 男《西. 略語》←Instituto Nacional de la Salud 国民健康機関

insalvable [insalβáβle] 形 克服しがたい, 打ち勝つがたい: Tiene una timidez ～. 彼はどうしようもないほど臆病だ

insanable [insanáβle] 形 治癒され得ない, 不治の

insania [insánja] 女《文語》錯乱, 狂気 [=demencia]

insanidad [insaniðáđ] 女《文語》=**insania**

insano, na [insáno, na]《←ラテン語 insanus < in- (否定)+sanus「健康な, 良識のある」》形 ❶ 健康によくない, 不衛生な: comida ～na 体によくない食べ物. ❷《文語》錯乱した, 狂気の

insatisfacción [insatisfa(k)θjón] 女 不満,《婉曲》嫌悪

insatisfactorio, ria [insatisfaktórjo, rja] 形 満足のいかない, 飽き足りない: El resultado es ～. 結果は満足のいくものではない

insatisfecho, cha [insatisfétʃo, tʃa] 形 [estar+. +con と] 不満な, 満足していない: Estoy ～ *con* el resultado. 私は結果に不満だ. venganza ～*cha* 遂げられていない復讐

insaturable [insaturáβle] 形 飽和し得ない

insaturación [insaturaθjón] 女《化学》不飽和

insaturado, da [insaturáđo, đa] 形《化学》不飽和の

inscribible [inskriβíβle] 形 記入できる, 登録 (申し込み) できる

inscribir [inskriβír]《←ラテン語 inscribere < in- (中)+scribere「書く, 彫る」》他《過分 inscri(p)to》 ❶ [+en に] 記入する, 登録する: ～ el nombre de+人 *en* la lista …の名前を名簿に載せる. ～ a su hijo *en* el registro civil 息子の名前を戸籍に登録する. Papá nos ha inscrito en el club de natación. お父さんは私たちをスイミングクラブに入れてくれた. ❷ [石・金属などに] 彫る, 刻み込む: ～ un epitafio *en* una lápida 墓石に碑文を刻む. ❸ 強い印象を与える. ❹《法律》[文書・陳述などを] 記録する. ❺《幾何》内接させる
——～*se* ❶ [自分の名前に] 記入する, 登録する, 申し込む;

[ホテルに] チェックインする: ¿Quiere usted ～*se* en el registro de viajeros? 宿帳にご記名下さい. *Se inscribieron en* la carrera más de quinientas personas. そのレースには500人以上の参加申し込みがあった. ～*se en* el seguro 保険に入る. ❷ 登録される: Los niños recién nacidos *se inscriben* en el registro civil. 新生児は戸籍簿に登録される. ❸《文語》[+dentro de に] 含まれる, 位置する: Su obra *se inscribe dentro de* la corriente neorrealista. 彼の作品はネオリアリズムの一環をなしている

inscripción [inskripθjón]《←ラテン語 inscriptio, -onis》女 ❶ 登録, 申し込み: plazo de ～ 申し込み期間. ～ *para* un concurso コンクールへの参加申し込み. ❷ [石碑などの] 碑文, 碑銘. ❸ [貨幣・メダルなどの] 銘刻. ❹ 国債台帳への登録, 国債[証書・証券]. ❺《幾何》内接

inscriptible [inskri(p)tíβle] 形《幾何》内接し得る

inscripto, ta [inskrí(p)to, ta]《まれ》=**inscrito**

inscrito, ta [inskríto, ta] inscribir の《過分》
——《幾何》内接した: círculo ～ 内接円

insculpir [inskulpír] 他 =**esculpir**

inscultura [inskultúra] 女《美術》[主に石の] 彫像, 碑文

insecable [insekáβle] 形 ❶ 切断 (分割) され得ない: guión ～ 改行なしハイフン. espacio ～《情報》ノーブレークスペース. ❷《まれ》乾燥され得ない; 乾きにくい

insectario [insektárjo] 男 ❶ 昆虫のコレクション (標本). ❷ 昆虫の飼育場所, 昆虫館

insecticida [insektiθíđa]《←insecto+ラテン語 caedere「殺す」》形 男 殺虫剤[の]: echar ～ por+場所 …に殺虫剤をまく

insectífugo, ga [insektífugo, ga] 形 男 駆虫剤[の]

insectil [insektíl] 形 昆虫綱の

insectívoro, ra [insektíβoro, ra] 形 ❶《生物》食虫性の. ❷《植物》食虫の: planta ～*ra* 食虫植物. ❸ 食虫目の
——男《複》食虫目の

insecto [insékto]《←ラテン語 insectus < insecare「切る, 分ける」》男 ❶ 昆虫: ～ del fuego マダラシミ. ～ hoja コノハムシ. ～ palo ナナフシ. ～ social 社会性昆虫. ❷《動物》昆虫綱

insectólogo, ga [insektólogo, ga] 名《まれ》=**entomólogo**

in secula [in sékula] 副 =**in secula seculorum**

in secula seculorum [in sékula sekulórum]《ラテン語》副 いつまでも, 永遠に

inseguramente [insegúraménte] 副 安全でなく; 不確実に; 確信 (自信) なく

inseguridad [inseguriðáđ] 女 ❶ 安全でないこと: ～ ciudadana 都会の治安の悪さ. ❷ 不確実. ❸ 確信 (自信) のなさ: contestar con ～ 自信なさそうに答える

inseguro, ra [inseguro, ra]《←in- (否定)+seguro》形 ❶ 安全でない: Este país es ～. この国は治安が悪い. barrio ～ 治安の悪い地域. ❷ 確実でない: noticia ～*ra* 不確かなニュース. ❸ 確信 (自信) がない: Estoy ～ *de mí* mismo. 私は自分自身に確信がもてない

inselberg [inselβérg]《←独語》男《地理》インゼルベルク, 島山, 島状丘

inseminación [inseminaθjón] 女《生物》授精: ～ artificial 人工授精

inseminador, ra [inseminaðór, ra] 形 名 授精させる [人]

inseminar [inseminár]《←ラテン語 inseminare「種をまく, 受胎させる」》他 授精させる, 精液を注入する

insenescencia [insenesθénθja] 女《文語》不老

insensatez [insensatéθ] 女 ❶ ばかげたこと. ❷ 無分別な言動: Beber dos litros de agua diariamente es una ～. 毎日水を2リットル飲むのは非常識だ

insensato, ta [insensáto, ta]《←ラテン語 insensatus < in- (否定)+sensatus「良識」》形 名 分別のない [人]: Confiar en todos es ～; pero no confiar en nadie es neurótica torpeza. 誰でも信用してしまうのは無分別であるが, しかし誰も信用しないのはノイローゼ的な誤りである. Aun el ～, si se calla, pasa por sabio. ばかでも黙っていれば, 学者だと思われる

insensibilidad [insensiβiliðáđ] 女 ❶ 無感覚, 麻痺. ❷ 無関心, 冷淡, 思いやりのなさ

insensibilización [insensiβiliθaθjón] 女 ❶ 無感覚にすること. ❷《医学》1) 麻酔. 2) 脱 (除・減) 感作

insensibilizar [insensiβiliθár] 他 ❶ 無感覚にする, 麻痺させる. ❷《医学》1) 麻酔をかける. 2) 脱 (除・減) 感作する

~se 無感覚になる, 麻痺する
insensible [insensíble]《←ラテン語 insensibilis < in- (否定)+sensibilis)》形 ❶ [+a に] 無感覚な, 麻痺した: Una parte del cuerpo está ~ mediante el uso de un anestésico local. 局所麻酔をしたせいで体の一部が感覚がない. ~ al frío 寒さを感じない. ❷ 感情のない, 鈍感な, 冷淡な: Fueron ~s a esa clase de cuestión. 彼らはこの種の問題に鈍感だった. ~ a las bellas artes 美術の分からない. ❸ [変化などが] 知覚できないほどの: movimiento ~ 感じ取れないほどのわずかな動き
insensiblemente [insensíbleménte] 副 気づかないほど[わずか]に
insensivo [insensíbo] 男《プエルトリコ》[主に 複. こめかみに貼る] 頭痛用のパップ剤
inseparabilidad [inseparabilidá(d)] 女 切り離せないこと, 不可分[性]
inseparable [inseparáble]《←ラテン語 inseparabilis》形 ❶ [+de から] 切り離せない; 密接に結びついた, 一体化した: La alta cultura es ~ de la libertad. ハイカルチャーは自由と不可分である. ❷ 非常に仲のよい, いつも一緒にいる: amigos ~s 大の親友同士. ❸ [言語] 非分離の[接頭辞など]
　　　── 男《鳥》ラブバード, ボタンインコ
inseparablemente [inseparáblemente] 副 不可分に, 密接に
insepulto, ta [insepúlto, ta] 形《文語》まだ埋葬されていない: cadáver ~ まだ埋葬されていない遺体. suceso ~ まだ忘れられていない事件, 風化しない事件
inserción [inserθjón]《←insertar》女 ❶ 挿入. ❷ 同化; 統合: ~ social de los marginados 脱落者の社会的同化(社会への組み込み). ❸ 揭載. ❹《解剖》付着; 《植物》着生: punto de ~ 付着点; 着生点
inserir [inserír] 他《まれ》= **insertar**
INSERSO [insérso] 男《西. 略語》= Instituto Nacional de Servicios Sociales 国立社会事業総合
insertable [insertáble] 形 挿入し得る
insertado, da [insertáđo, da] 名《キューバ》将来進む分野の職場でアルバイトをしている[学生]
insertar [insertár]《←ラテン語 insertare < inserere「差し込む」< in-(中)+serere「織る」》他 ❶ [+en に] 挿入する, 差し込む: ~ una cuña en el mango del hacha 斧の柄にくさびをはめる. ~ una imagen en un texto 本文に画像を挿入する. ❷ [記事などを] 揭載する: ~ un anuncio en el periódico 新聞に広告を載せる. ❸《情報》挿入する《⇔sobrescribir 上書きする》
　　　~se 他 [異物などが] 入り込む: La espina se me insertó en la garganta. 私は喉に骨がひっかかった. ❷《解剖》付着する. ❸《植物》着生する
inserto, ta [insérto, ta]《insertar の不規則な 過分》形 含まれた, 挿入された
　　　── 男《映画》挿入面
inservible [inserβíble] 形 [estar+] 使用に耐えない: La batería está ~ o es un problema de la máquina. バッテリーが切れているか本体に問題があるかだ. ❷ [ser+] 役に立たない: Nadie es ~ en este mundo. この世の中で役に立たない人などいない
insidia [insídja]《←ラテン語 insidiae「待ち伏せ」< insidere「腰を据える」》女 [主に 複. 他人に害を与えるための] 悪だくみ, 策略: atraer+人 con ~s …をおびき寄せる
insidiador, ra [insidjađór, ra] 形 名 罠にかける[人]
insidiar [insidjár] 他《まれ》[人を] 罠にかける, 陥れる
insidiosamente [insiđjósaménte] 副 謀略的に; 陰険に, 狡猾に
insidioso, sa [insiđjóso, sa]《←insidia》形 名 ❶ 陰険な[人], 狡猾な(~)な[人]; 油断のならない[人]: proceder ~ 狡滑なやり方. ❷ 謀略的な. ❸ [病気の] 潜行性の
insight [ínsajt]《←英語》男《複 ~s》《心理》洞察[力] ~s del consumidor 消費者インサイト(心理)
insigne [insígne]《←ラテン語 insignis「示された」< signum「印, マーク」》形 [人がすばらしい作品・業績によって] 著名な: Es un científico ~. 彼は著名な科学者だ
insignemente [insígneménte] 副 名高く
insignia [insígnja]《←ラテン語》女 ❶ [地位・団体などを表わす] 記章, バッジ: Sobre la tapa del motor lleva la ~ de la estrella la policial. ボンネットに警察の星のマークが付いている. ~ de honor 名誉勲章. ❷《軍艦》の長旗: nave (buque) ~ 旗艦. ❸《古代ローマ》軍団旗. ❹ [同業者団体・信心会などの] 旗.

像; メダル. ❺《まれ》[店の入口の] 看板
insignificancia [insignifikánθja] 女 ❶ 取るに足りないこと(もの): Ese problema es una ~. その問題はごくささいなことだ. ❷ ごくわずか: La tierra es una ~ en el universo. 地球は宇宙ではちっぽけな存在だ. costar uno ~ ほんの少ししか金がかからない. una ~ de tiempo ごく短時間
insignificante [insignifikánte]《+in- (否定)+significar》形 ❶ 取るに足りない《⇔importante》: detalle ~ 取るに足りない細部. ❷ ごくわずかな: cantidad ~ とる金
insinceridad [insinθeriđá(d)] 女 不誠実, 不まじめ
insincero, ra [insinθéro, ra] 誠実でない, 不まじめな
insinuación [insinwaθjón]《←ラテン語 insinuatio, -onis》女 ❶ ほのめかし[行為]: Hizo una ligera ~ con los ojos, pero lo capté en seguida. 彼は目でちょっと合図したが, 私はすぐ了解した. *insinuaciones* amorosas 口說き, 言い寄り. *insinuaciones* eróticas 性的な誘いかけ. ❷ 遠回しな表現; 示唆, 暗示: Déjate de *insinuaciones* y dime abiertamente lo que quieres. 回りくどい言い方はやめて何を望んでいるかはっきり言ってくれ. ❸《法律》[裁判官に対する] 認可申請. ❹《修辞》[聴衆の好意を得るための, 演說の] 前置き, さわり
insinuador, ra [insinwađór, ra] 形 名 遠回しに言う[人]
insinuante [insinwánte] 形 ❶ 言い寄る, 気を引く. ❷ ほのめかす
insinuar [insinwár]《←ラテン語 insinuare「中に入れる」< in- (中)+sinus「曲折」》他 ❶ 遠回しに言う, ほのめかす: Mi prima me *insinuó* que yo era lesbiana. 従姉妹は私が同性愛者であると遠回しに言った. ❷《法律》[裁判官に対して] 認可申請する
　　　~se ❶ [+a+人 に] それとなく言い寄る, 気を引く: Su jefe *se le insinuaba* todo el tiempo. 上司は彼女にいつも色目を使っていた. ❷ うっすらと見え始める: En su rostro *se insinuó* la codicia. 彼の表情に貪欲さが現われ始めた. ❸ [気持ちなどが] しみ込む
insinuativo, va [insinwatíβo, ba] 形 暗示的な; 気を引くような
insípidamente [insípidaménte] 副 無味に; 味気なく
insipidez [insipiđéθ] 女 無味; 味気なさ
insípido, da [insípiđo, da]《←ラテン語 insipidus < in- (否定)+sapidus「慎重な, 判断力のある」》形 ❶ 無味の, 味のしない; まずい: potaje ~ 味のしないシチュー. cerveza ~da ダな感じのビール. ❷ 面白味のない, 無味乾燥な: conversación ~da 退屈な会話. poeta ~ 平凡な詩人. ❸《医学》diabetes ~da 尿崩(ニョウホウ)症
insipiencia [insipjénθja] 女《まれ》無知; 判断力のなさ
insipiente [insipjénte] 形 名《まれ》無知な[人]; 判断力のない[人]
insistencia [insisténθja] 女 ❶ 固執, 執拗: Es loable su ~ en trabajar con nosotros. 私たちと一緒に働こうとする彼の強い思いはあっぱれだ. preguntar con ~ 執拗に質問する. ❷ 強調, 力說
insistente [insisténte] 形 ❶ [人が] 執拗な, しつこい: Ese vendedor es ~. あの店員はしつこい. No seas ~. しつこいぞ. ❷ [事が] 長く続く, いつまでも終わらない: Me despertó el sonido ~ de la puerta siendo tocada con desesperación. ドアを延々と必死に叩く音に私は目が覚めた
insistentemente [insisténteménte] 副 執拗に, しつこく: El gato está pidiendo ~ de comer. 猫はしつこく食べるものをねだっている
insistir [insistír]《←ラテン語 insistere》自 ❶ [望みを達成するために] 言動を繰り返す, 執拗に行なう: Llama a la puerta, y si no te abren, insistes. ドアをノックしなさい. 開かなければ, 繰り返しなさい. ❷ 固執する, 主張し続ける: 1) [+en+名詞・不定詞 に] Los intelectuales *insistieron en* el diálogo por la paz. 知識人たちは和平会談に固執した. Él era quien más *había insistido en* partir el viernes. 彼が金曜日に出発することを最も強く主張した. 2) [+en que+直説法 であると] *Insiste en que* soy culpable. 私が悪いと彼は主張する. El gobierno *insiste en que* no subirá la edad de pensión. 政府は年金支給年齢を上げるつもりはないと主張している. 3) [+en que+接続法 するようにと] Siempre *insistía en que* dijeras la verdad. 彼はいつも君が真実を述べるように訴えていた. *Insiste en que* se divorcien. 自分たちは離婚すべきだと彼は主張している. ❸ [+en や+sobre について] 力說する, 言い張る, 強調する: *Insisto en* este punto. 私はこの点を強調する. A la

vista de estos resultados, los científicos *insistieron en* el peligro de una epidemia. これらの結果を受けて科学者たちは伝染病の危険があると強く主張した. *Insisto sobre* el gran perjuicio del tabaquismo. 私は喫煙の危険性について強く主張します. ~ *en* la urgencia del problema 問題の緊急性を主張する. ~ *en* su inocencia 無実を強く主張する. ❹ 何回も設置する. ❺《まれ》もたれかけさせる

insito, ta [insíto, ta] 形《文語》[+en・de 性質などに] 含まれる, 結びついた

in situ [in sítu]《←ラテン語》形 副 その場で・での, 現地に・での〖=sobre el terreno〗: diamantes hallados ~ 鉱山で見つかったダイヤモンド. reparación de equipos ~ 機材の現地修理. comprobación ~ 抽出検査. reportaje ~ 現場(現地)レポート

insobornable [insoβornáβle]《←in- (否定)+sobornable < sobornar》形 ❶ 買収されない: político ~ 賄賂のきかない政治家. ❷ [他に] 左右されない; 本物の, 筋金入りの

insociabilidad [insoθjaβiliðá(ð)] 女 非社交性
insociable [insoθjáβle] 形 非社交的な, 交際ぎらいの
insocial [insoθjál] 形《まれ》=**insociable**
insolación [insolaθjón]《←ラテン語 insolacio, -onis》女 ❶ 熱中症, 日射病: coger (agarrar・pillar) una ~ 熱中症にかかる. ❷ 日照時間: ~ anual (medio) 年間 (平均) 日照時間. ❸ 日に曝すこと. ❹《写真》[感光材料の] 露出

insolar [insolár]《他》❶ [発酵・乾燥などのために] 日に曝(さら)す, 干す
── **se** 熱中症にかかる

insoldable [insolðáβle] 形 [金属が] 溶接できない
insolencia [insolénθja]《←ラテン語 insolentia》女 ❶ 無礼, 横柄. ❷ 無礼な言動: decir ~s 無礼(生意気)なことを言う. ❸ とっぴで無謀な行動

insolentar [insolentár] 他《まれ》…を横柄にさせる
── **se** 人に対して無礼な, 生意気な口をきく

insolente [insolénte]《←ラテン語 insolens, -entis「普通でない」< in- (否定)+solere「いつもする」》形 ❶ 無礼な〔人〕, 礼を失するような: chico ~ 生意気な子供. palabra ~ 無礼な言葉. ❷ 横柄な: actitud ~ 傲慢な (人を食った) 態度. dependiente ~ 横柄な店員

insolentemente [insolénteménte] 副 無礼に; 横柄に
insolidaridad [insoliðariðá(ð)] 女 連帯責任がないこと
insolidario, ria [insoliðárjo, rja] 形 連帯責任のない
insolidarizar [insoliðariθár]《自》《他》連帯責任がかからないようにする

in sólidum [in sóliðun]《←ラテン語》副 形《法律》連帯して・した: deudores ~ 連帯債務者

insólito, ta [insólito, ta]《←ラテン語 insolitus < in- (否定)+solitus「習慣的な, 普通の」》形 まれな, 並外れた: 1) belleza ~*ta* まれに見る美しさ, 絶世の美女. suceso ~ 途方もない出来事. 2) [ser ~ que+接続法] Es ~ *que* no haya libertad de comercio en este país. この国で自由な商取引が行なわれないのは珍しい

insolubilidad [insoluβiliðá(ð)] 女 不溶性; 解決不能性
insolubilización [insoluβiliθaθjón] 女 不溶化
insolubilizar [insoluβiliθár]《自》《他》《化学》不溶化する
insoluble [insolúβle] 形 ❶《化学》不溶性の. ❷ 解決され得ない

insoluto, ta [insolúto, ta] 形《まれ》不払いの
insolvencia [insolβénθja] 女《法律》弁済 (支払い) 不能, 破産
insolvente [insolβénte]《←in- (否定)+solvente》形 ❶ [ser+] 弁済 (支払い) 不能の: declararse ~ 破産宣告をする. ❷ [任務などを任せられないような] 無能な
── 名 弁済不能者, 破産者

insomne [insómne]《←ラテン語 insomne「眠らない」》形《文語》不眠〔症〕の; 不眠症患者: ¿Cuántas noches pasó ~? 彼は幾晩眠れない夜を過ごしただろうか? noche ~ 眠れない夜

insomnio [insómnjo]《←ラテン語 in- (否定)+somnus「眠ること」》男 [不眠症]: Cualquier cosa puede preocupar a una persona y puede producir ~. 心配事はどんなことでも不眠症の原因になり得る. medicamento contra el ~/remedio para el ~ 睡眠薬. noche de ~ 眠れない夜

insondable [insondáβle]《←in- (否定)+sondable < sondear・sondar》形 ❶《文語》はかり知れない, 底知れない: misterio ~ はかり知れない神秘. El designio de Dios es ~. 神の意図するところはうかがい知れない. ❷ [海の] 測深できない

insonoridad [insonoriðá(ð)] 女 無響性; 防音性
insonorización [insonoriθaθjón] 女 防音
insonorizante [insonoriθánte] 形 男 防音する; 防音材
insonorizar [insonoriθár]《自》《他》❶ 防音する: cuarto *insonorizado* 防音室. ❷ [機械などの] 運転音を最小限にする

insonoro, ra [insonóro, ra]《←in- (否定)+sonoro》形 響かない, 防音の: material ~ 防音材

insonrible [insonríβle] 形《地方語》恥知らずな〔人〕
insoportable [insoportáβle]《←in- (否定)+soportable < soportar》形 ❶ [事柄が主語では ser+] 耐えられない, 我慢のならない: Es ~ este calor. この暑さは耐えがたい. Todo lo que él hace me molesta y yo estoy ~. 彼のすることはすべて不快で, 私は耐えられない. ❷ ひどく迷惑な, 腹立たしい: Es ~ y cree tener razón en todo. 彼は鼻持ちならないやつで, 何でも自分が正しいと思っている

insoria [insórja] 女《ベネズエラ》ごく少量, 微量
insoslayable [insoslajáβle] 形 不可避な, やむを得ない: obligación ~ 免れられない義務

insospechable [insospetʃáβle]《←in- (否定)+sospechable < sospechar》形 予想され得ない, 予想外の: Lo que hacen las niñas es ~ y misterioso. 小さな子供のすることは予想不可能で不可解でもある

insospechado, da [insospetʃáðo, ða] 形 思いもよらなかった, 予想外の, 想定外の: situación ~*da* 思いがけない状況

insostenible [insosteníβle] 形 ❶ 支えられ得ない: gasto ~ まかないきれない出費. ❷ 支持され得ない: opinión ~ 賛同できない意見

inspección [inspe(k)θjón]《←ラテン語 inspectio, -onis < inspicere「中を見る」< in- (中)+spectare「見る」》女 ❶ 検査, 点検; 検閲, 査察, 視察: ~ de cuentas 会計検査. ~ de Hacienda a los bancos 財務省による銀行財務報告要求. ~ de las tropas 閲兵. ~ oficial de un banco〔経営状態や取引状況に関する〕銀行監査 (検査). ~ sanitaria 衛生状態の検査; 検疫. ~ técnica〔de vehículos〕車検. ❷ 検査業務, 監督業務. ❸ 検査所, 監督局: ~ de minas 鉱山監督局. ❹《法律》検証: ~ ocular 実地検証

inspeccionar [inspe(k)θjonár] 他 検査する; 検閲する, 視察する: ~ el lugar de un crimen 犯罪現場の検証を行なう. ~ los trabajos de construcción 建設工事を視察する

inspector, ra [inspektór, ra]《←ラテン語 inspector, -oris》形 検査する
── 名 ❶ 検査官, 視察官: ~ de enseñanza 指導主事, 視学. ~ de Hacienda 収税官. ~ de Homicidios 検視官. ~ de trabajo 労働基準監督官. ❷ [私服の] 警部〖= ~ de policía〗

inspectoría [inspektoría] 女《チリ》警部の指揮下の警察組織; その管轄区域

inspiración [inspiraθjón] 女 ❶ 息を吸うこと, 吸気〖⇔espiración〗: Haz una ~ lenta y profunda y luego suelta el aire. ゆっくり深く息を吸って, それから息を吐きなさい. ❷ 示唆, 勧め: bajo ~ de+人 …の勧めで, …にそそのかされて. ❸ 霊感, インスピレーション: dar ~ a+人 …に霊感を与える. recibir ~ de …から霊感を受ける. ❹《宗教》: bíblica 聖書. ~ divina 神の霊感, 神感
de ~+形容詞 …の影響を受けた, ~風の: composición poética *de* ~ clásica 古典主義的な詩

inspiradamente [inspiraðáménte] 副 霊感を受けて; 着想を得て

inspirador, ra [inspiraðór, ra] 形 名 ❶ 霊感を与える〔人〕. ❷《解剖》[筋肉が] 吸気の

inspirar [inspirár]《←ラテン語 inspirare「吹き込む」》他 ❶ [空気などを] 吸い込む: hacer a+人 ~ el oxígeno …に酸素吸入をさせる. ~ profundamente 深く息を吸う. ❷ …に着想 (霊感) を与える, インスパイアする: Su padrino le *inspiró* para estudiar medicina. 代父は彼に医学の勉強をすることを思いつかせた. El refugio le *inspiró* grandes composiciones. その隠れ場所は彼に偉大な作曲のインスピレーションを与えた. ❸〔神などが〕啓示を与える: Dios le *ha inspirado* este propósito. 神が彼にこの目的を与えた. ❹ [感情などを] 抱かせる: Este sitio me *inspira* paz. この場所は落ち着く. Su actitud bondadosa no deja de ~ respeto. 彼の慈悲深い態度に接すると敬意を抱かずにはいられない. ~ compasión a+人 …の同情を呼ぶ
── ~**se** [+en から] 着想を得る, 思いつく: Picasso *se ins-*

inspirativo, va

piró en el arte africano. ピカソはアフリカ美術から想を得た
inspirativo, va [inspiratíβo, ba] 形 霊感の働く
inspiratorio, ria [inspiratórjo, rja] 形 ❶《生理》吸気の. ❷ 吸息性の: músculo ~《解剖》吸息筋
inspirómetro [inspirómetro] 男《医学》肺活量計
instabilidad [instaβiliðá(ð)] 女《まれ》=inestabilidad
instable [instáβle] 形《まれ》=inestable
instalación [instalaθjón] 女 ❶ 取り付け, 設置: ~ del teléfono 電話の設置. ❷ 設備: ~ de una fábrica 工場設備. ~ eléctrica 電気設備. ~ sanitaria 衛生設備. ❸ ［複］施設: *instalaciones* deportivas スポーツ施設. *instalaciones* recreativas リクリエーション施設. ❹ 入居, 住居に落ち着くこと. ❺ 開設, 開業: ~ de una oficina 事務所の開設. ❻《情報》インストール. ❼《美術》インスタレーション
instalador, ra [instalaðór, ra] 形 名 据え付ける〔人〕; 据え付け業の〔業者〕, 設置業の〔業者〕
—— 男《情報》インストーラー
—— 女 設置会社
instalar [instalár]《←仏語 installer》他 ❶ [+en に] 据え付ける, 設置する, 装着する; 設備を整える: He instalado el ordenador *en* la oficina. 私はオフィスにコンピュータを設置した. *Instalarán* una fábrica *en* las proximidades de la piscina municipal. 市営プールのそばに工場が建設される予定だ. ~ una antena *en* su coche 車にアンテナを取り付ける. ❷ 入居させる, 落ち着かせる;〔地位に〕つかせる: ~ una peluquería *en* la primera planta 2階に美容院を入れる. ~ a su niño *en* una habitación 子供に一部屋与える. ~ a+人 *en* el poder …を権力の座に据える. ❸《情報》インストールする. ❹《中南米》〔組織を〕創設する
—— ~**se** ❶ 身を落ち着ける, 定住する, 居着く; 着席する, 座る: El sobrino *se instaló en* mi casa. 甥が私の家に居着いた. ~*se en* un sofá ソファに座る. ❷〔弁護士・医者などが〕開業する: *Se instaló en* el centro de la ciudad. 彼は市の中心部で開業した
instancia [instánθja]《←instar》女 ❶ 懇願: No quiso ceder a mis ~s. 彼は私の願いを聞き入れようとしなかった. ❷ 請願書: dirigir una ~ al rector 学長に請願書を提出する. elevar una ~ a la superioridad 上級当局に請願書を上げる. ❸《文語》〔権力機関. ❹《法律》審級:〔tribunal de〕primera ~ 一審〔法廷〕. ❺《古語》反駁. ❻《心理》審級, 心的力域. ❼《←英語》例, 実例
a ~**s de**+人 …の要請で, 勧告で
en (de) primera ~ 最初に, まず
en última ~ 1) 仕方なく, ほかに打つ手がないので: *En última* ~ y si veo que no me alcanza el dinero, pediré crédito para comprar la casa. 私は家を買うのに, もし資金が足りないことが分かり, どうにも打つ手がなくなったら, ローンを申し込むつもりだ. 2) 結局のところ: La iglesia era, *en última* ~, el lugar por donde todos los vecinos pasaban. 教会とはつまるところ住民たち皆が立ち寄る場所であった
instantánea¹ [instantánea] 女 スナップ写真〔=fotografía ~〕: sacar una ~ スナップを撮る
instantáneamente [instantáneaménte] 副 瞬間的に
instantaneidad [instantaneiðá(ð)] 女 瞬間性; 即時性
instantáneo, a² [instantáneo, a]《←instante》形 ❶ 瞬間的な, 瞬時の; 即座の: Su reacción fue ~*a*. 彼の反応は即時だった. Este medicamento es de efecto ~. この薬は効き目が即座に. dolor ~ 瞬間的な苦痛. muerte ~*a* 即死. ❷ 即席の: café ~ インスタントコーヒー. comida ~*a* インスタント食品
instante [instánte]《←ラテン語 instans, -antis「現在性, 私たちのいるここ」》男 [un+, 副詞句] 一瞬, 瞬時間: Tardó un ~ en responderme. 彼は一瞬返事が遅れた. Espere usted un ~. ちょっと待って下さい
a cada ~ しばしば, 常に: Tengo recuerdos tuyos *a cada* ~. 私はいつも君のことを忘れない
al ~ すぐに, 即座に: Voy *al* ~. すぐ行きます
algunos ~**s** =**unos** ~**s**
cada ~ =**a cada** ~
en aquel (mismo) ~ あの時
en ese (mismo) ~ その時: *En ese* ~ escuché un agradable sonido. その時, 私は心地よい音を聞いた
en este (mismo) ~ 今, たった今: Está siendo operado *en*

este ~. 彼は今手術中だ
en todo ~ いつも, 常に
en un ~ すぐ, たちまち: *En un* ~ llegaré. すぐ行きます
por ~**s** しょっちゅう, 絶え間なく
por un ~ 一瞬: *Por un* ~ pasó por mi mente el recuerdo. 一瞬昔の記憶が私の脳裡をよぎった
unos ~**s** しばらくの間: Siguió *unos* ~*s* con los ojos cerrados y enseguida entró en su habitación. 彼はしばらく目を閉じていて, それから部屋へ入った
instantemente [instánteménte] 副《まれ》執拗に. ❷《古語》瞬間的に
instar [instár] I《←ラテン語 instare「上にある」< in-+stare「立っている」》他 ❶《文語》切望する, うながす;〔行政〕〔正式に〕要望する: ~ la pronta solución すみやかな解決を願う. ❷《法律》〔訴訟を〕起こす
—— 自 ❶ [+a+不定詞・que+接続法で] 執拗に頼む, せき立てる: Nos *instaron a* abandonar la sala. 我々は会場から立ち去るよう促された. ❷ [que+接続法で] 急を要する. ❸《古語》反駁する
…que insta 急を要する…
II《←ラテン語 instar「型」》男《昆虫》齢, 令
instauración [instauraθjón] 女 設立, 創設: ~ de una república 共和国の樹立
instaurador, ra [instauraðór, ra] 形 名 設立する; 設立者, 創始者
instaurar [instaurár]《←ラテン語 instaurare》他 ❶〔組織・制度などを〕設立する, 創始する: Han provocado una revolución y *han instaurado* la república. 彼らは革命を起こし共和制を築き上げた. ~ relaciones amistosas entre dos países 両国間に友好関係をうち立てる. ~ una costumbre 習慣を確立する. ❷《廃語》新しくする; 回復させる
instaurativo, va [instauratíβo, ba] 形 設立する
insti [ínsti] 男《隠語》高等学校〔=instituto〕
instigación [instiγaθjón] 女 扇動, 教唆: a ~ de…〔人〕…にそそのかされて
instigador, ra [instiγaðór, ra] 形 名 扇動する〔人〕, 教唆する〔人〕
instigar [instiγár]《←ラテン語 instigare「駆り立てる, 刺激する」》[8] 他 ❶ [+a]+名詞・不定詞. 主に悪いことをするように] 扇動する, 教唆する, そそのかす〔a は直接目的の明示〕: Su compañero le *instigó a* rebelarse. 反抗するよう彼は仲間にそそのかされた. Municipio denunció a varios sospechados de ~ el intento de saqueo. 市当局は略奪をそそのかしたとして数人の容疑者を起訴した
instilación [instilaθjón] 女 ❶《医学》点滴. ❷ 滴下. ❸〔思想・感情などを〕しみ込ませること
instilar [instilár] 他 ❶《医学》点滴する. ❷《文語》…を一滴ずつ注入する, 滴下する. ❸〔思想・感情などを〕しみ込ませる
instimular [instimulár] 他《廃語》=**estimular**
instímulo [instímulo] 男《廃語》=**estímulo**
instintivamente [instintíβaménte] 副 本能的に; 直観的に
instintivo, va [instintíβo, ba] 形 本能的な, 直覚的な
instinto [instínto]《←ラテン語 instinctus「扇動, 衝動」》男 ❶ 本能; 直覚力: ~ de conservación 自己保存の本能. ~ de rebaño 群集本能. ~ sexual 性本能. ❷〔天性の〕才能, 素質: tener ~ para los negocios 生まれつき商才がある. ❸《まれ》〔聖霊の働きによる〕霊感
por ~ 本能的に, 本能で
instinual [instintwál] 形《心理》本能の
institor [institór] 男 代理業者
institución [instituθjón] 女《←ラテン語 institutio》女 ❶ [公的・私的な] 機関, 施設: *instituciones* asistenciales 福祉施設. ~ benéfica 慈善団体. ~ de inversión colectiva 投資ファンド, 投資会社. ~ docente (educacional) 教育機関. ~ familiar 家族制度. ~ penal 〔行政用語で〕刑務所. ~ sin fines de lucro 非営利組織, NPO. ❷ [一国の] 政治制度, 体制: ~ monárquica 君主制. ❸〔福祉・文化施設などの〕設立, 創設. ❹《法律》~ de heredero 相続人の指定. ❺［複］〔学問・芸術などの〕原理, 原論. ❻《歴史》/~ Libre de Enseñanza 自由教育学院〔1876年にマドリードで創設された進歩的な教育機関. 国家の介入を排した自由な校風のもとで全人格の教育を実践し, 後の知識階級の育成をうながした〕. ❼《廃語》教育, 養成

ser [*toda*] **una ~** 信望が厚い; [地域の] 代表的な人物 (名物男) である: El profesor *es toda una ~ del latín* medieval. その先生は中世ラテン語の権威だ。 Su padre *era toda una ~* en el pueblo. 彼の父親は町の名物男だった

institucional [instituθjonál] 形 制度上の, 制度的な: ayuda ~ 制度的援助. reforma ~ 制度変革

institucionalidad [instituθjonalidá(d)] 女 制度的 (組織的) であること

institucionalismo [instituθjonalísmo] 男 ❶ 制度 (組織) 尊重主義. ❷《経済》[19世紀末〜20世紀初頭米国の] 制度学派

institucionalización [instituθjonaliθaθjón] 女 制度化, 組織化: ~ de la pena de muerte 死刑の制度化

institucionalizar [instituθjonaliθár] 9 他 ❶ 制度化する, 組織化する: Los demócratas *institucionalizaron* el régimen parlamentario. 民主主義者たちは議会政治を制度化した。 ❷ 合法化する: Han *institucionalizado* la objeción de conciencia. 良心的徴兵拒否が法律によって認められた

institucionalmente [instituθjonálménte] 副 制度的に, 組織的に

institucionismo [instituθjonísmo] 男 [ヒネル・デ・ロス・リオス Giner de los Ríos の] 自由教育学院 Institución Libre de Enseñanza の思想

instituidor, ra [instituiðór, ra] 形 名 制定 (設立・創設) する [人]

instituir [instituír] [←ラテン語 instituere] 48 他 ❶《文語》[福祉機関・文化組織などを] 創設する, 設立する: En 1987 *instituyeron* la fundación sin fines de lucro "Kinesiología Educativa". 1987年非営利団体「教育的運動療法」が設立された。 ~ un premio literario 文学賞を設ける. ❷ 制定する, 制度化する: ~ una ley 法律を制定する. ❸《法律》1) [+en の役割で] …に指名する. 2) ~ a+人 heredero/~ a+人 por su heredero [遺言によって] …を遺産相続人に指定する. ❹《古語》決定する, 解決する. ❺《廃語》教える, 養成する

instituta [institúta] 女 [ローマ法大全の] 法学提要

instituto [institúto] [←ラテン語 institutum] 男 ❶《国公立の》高等学校 [=~ de segunda enseñanza, ~ de enseñanza media]: I~ Nacional de Bachillerato 国立高校. ❷ 研究所: I~ de Biología 生物学研究所. I~ de España スペイン学士院. ❸ 慈善目的の団体. ❹ [科学・文化・宗教的な] 団体, 協会: I~ Cervantes 《西》セルバンテス文化センター [1991年創設, スペイン語の振興と教育ならびにスペイン語圏の文化の普及を目的とする国営機関. 主な業務はスペイン語検定試験DELE の運営・研究者への援助・文化活動の振興など]. I~ Cultural Chileno Japonés 日本・チリ文化協会. I~ de la Mujer 女性地位向上委員会. ❺ [主に I~] 修道会: I~ Ignaciano イグナチウス修道会. ❻ [主に I~, 政府関係の] 機関, 公社: I~ de Crédito Oficial《西》金融公庫 [1971年発足, 政府系金融機関を統括していたが, 91年以降は公的信用機関3行の持株会社となった. 政府の経済政策も支援する唯一の公的金融機関]. I~ Monetario Europeo 欧州通貨機構, EMI. I~ del Fondo Nacional de la Vivienda para los Trabajadores《メキシコ》労働者用住宅供給プログラム. I~ Español de Comercio Exterior スペイン外国貿易庁 [EC加盟を契機に輸出促進局を改組し1987年に発足]. I~ Nacional de Colonización《西. 歴史》開拓庁 [1939年発足, 灌漑など単なる農業的改善を目指す. 71年の農業開発発公社に統合される]. I~ Nacional de Estadística《西》統計局. I~ Nacional de Empleo《西》雇用庁 [職業紹介・指導, 失業登録などを行なう]. I~ Nacional de Fomento de la Exportación《西》輸出促進庁 [輸出振興のため1982年に創設. EC加盟後, 外国貿易省に統合]. I~ Nacional de Hidrocarburos《西. 歴史》炭化水素公社 [原油・天然ガス・石油化学など石油関連企業を対象とする国の持株公社. 1981年創設, 95年解体]. I~ Nacional de Industria《西. 歴史》国家産業公社 [軍需産業を核にした工業化と自給自足体制の確立を目指して1941年に設立された国の持株公社. 民営化の流れの中で95年に解体]. I~ de Reforma y Desarrollo Agrario《西. 歴史》農業改革公社 [農地の交換分合・灌漑などを推進するため1971年設立. 82年その機能を自治州に委譲]. I~ para la Conservación de la Naturaleza《西》自然保護庁. ❼ [de belleza 美容院. ❽ [軍事的な] 組織: ~ armado [国防・治安維持のための] 武装組織, 軍隊. ❾《主に中南米》専門学校, 学院. ❿ 規則,

会則. ⓫《古語》目的, 目標

institutor, ra [institutór, ra] 形 名 ❶ =instituidor. ❷《コロンビア》[小学校の] 教員, 教師

institutriz [institutríθ] 女《古語》女性家庭教師

instituyente [instituyénte] 形 名 制定 (設立・創設) する [人]

instridente [instridénte] 形《まれ》[声・音などが] キンキン響く [=estridente]

instrucción [instru(k)θjón] [←ラテン語 instructio, -onis] 女 ❶ 集名 教育 [=enseñanza]: Recibió su primera ~ en esta escuela. 彼はこの学校で最初の教育を受けた。 ~ primaria (secundaria) 初等 (中等) 教育. ~ militar《軍事》教練, 軍事訓練. ~ pública 公教育. ❷《主に 複》指示, 指令, 命令; 指導, 教示: tener *instrucciones* secretas 密命を帯びて いる. siguiendo las *instrucciones* de sus mayores 先輩たちの指示に従って. libro de *instrucciones* 指令書, マニュアル. ❸ 復 [商品の] 使用法 [=*instrucciones* de manejo, *instrucciones* de uso]; 説明書: Léete bien las *instrucciones* [para el manejo]. 使用説明書をよく読みたまえ. ❹《情報》[主に 複] 命令, インストラクション: *instrucciones* de programa プログラム命令. ~ de no operación ノーオペレーション命令. ❺《法律》1) 予審 [=~ del sumario]. 2) ~ de cargos 罪状認否. ❻ 知識, 学識, 教養: hombre sin ~ 教養のない男

dar ~ 教える; 指導する

hacer la ~ 軍事教練を行なう

instructivamente [instruktißáménte] 副 教育的に; 教訓的に

instructivo, va [instruktíßo, ßa] 形 [ser+] 教育的な, 教育用の; 有益な, 教訓となる, 教訓的な: juguete ~ 教育玩具. libro ~ ためになる本. película ~ 教育映画. viaje ~ 修学旅行
── 男《メキシコ, 中米, ボリビア, チリ》説明書; 指令書

instructor, ra [instruktór, ra] [←ラテン語 instructtor, -oris] 形 名 ❶ インストラクター, 教官; ~《軍事》操練教官. ~ de tenis テニスのコーチ. ❷《軍事》教練教官 [の]: sargento ~ 教育係軍曹. ❸《法律》調査担当の, 調査判事: ~ de diligencias 調査係に任命された判事

instruido, da [instruíðo, ða] 形 [人が, ser+, +en に] 教養のある, 学識が深い

instruir [instruír] [←ラテン語 instruere「教える, 知らせる」] 48 他 ❶ [+en を] …に教育する, 指導する;《スポーツ》コーチする: *Instruye* a su hija *en* el manejo del coche. 彼は娘に車の運転を教える. ❷《文語》[+de・sobre について] 知らせる, 教える. ❸《軍事》教練をする. ❹《法律》予審する
── 自 ためになる: La experiencia *instruye* mucho. 経験は善き教師である. Leer *instruye* mucho. 読書は大いにためになる
── *~ se* ❶ [+de を] 学ぶ, 勉強する, 知識を得る. ❷ 教育を受ける

instrumentación [instrumentaθjón] 女 ❶《音楽》編曲, 楽器編成; 編曲法. ❷ 集名 計測器

instrumentador, ra [instrumentaðór, ra] 形 ❶ 編曲する. ❷《文語》実行に移す
── 名《南米》手術室付きの看護師

instrumental [instrumentál] [←instrumento] 形 ❶ 道具の; 道具として役立つ: medios ~ *es* 機器類. ❷ 楽器の: música ~ インストゥルメンタル, 器楽. ❸《法律》prueba ~ 証拠書類, 書証. testigo ~ 証明証人
── 男 ❶ 集名 [医師・外科医用の] 器具: ~ quirúrgico 手術用器具. ❷ 集名 [一般に] 器具. ❸ 集名 [1つのオーケストラなどの] 楽器. ❹《言語》具格 [=caso ~]

instrumentalizar [instrumentaliθár] 9 他 [人などを] 道具として利用する

instrumentalmente [instrumentálménte] 副 道具 (手段) として

instrumentar [instrumentár] [←instrumento] 他 ❶《音楽》[器楽用に] 編曲する; 編成する. ❷《文語》[計画の] 下準備をする, 段取りを整える: Estamos *instrumentando* una buena campaña de propaganda. 私たちは一大宣伝キャンペーンを準備中だ. ❸《医学》手術用器具を準備する. ❹《闘牛》様々な技を使う

instrumentárium [instrumentárjun] 集名 復 ~s/単複同形《音楽》楽器

instrumentista [instrumentísta] 名 ❶ 楽器演奏者; 楽器製作者. ❷ 手術室付きの看護師. ❸《技術》機器類担当者

instrumento [instruménto]《←ラテン語 instrumentum》男 ❶ 道具, 器具; 器械: ~ de medida 測定器具. ~s quirúrgicos 手術用器具. ❷ 楽器 [= ~ musical]: saber tocar algunos ~s 楽器をいくつかひける. ~ solista 独奏楽器. ❸ 手段: utilizar la amistad como ~ 友情を道具として利用する. ~ de cambio 交換手段『貨幣の原初的機能』. ~ de pago 支払い手段『貨幣の本質的機能』. ❹ 《法律》証書, 文書; [条約の] 原本: ~ de ratificación 批准書. ❺ 《商業》 1) 債券. 2) ~ financiero 金融商品. ❻ 《戯語》陰茎

insuave [inswábe] 形 《まれ》不快な, 気にさわる

insuavidad [inswabiðá(ð)] 女 《まれ》不快, 気にさわること

insubordinación [insuβorðinaθjón] 女 不服従, 反抗: ~ su superior 上官に対する反抗

insubordinado, da [insuβorðináðo, ða] 形 名 反抗的な[人]

insubordinar [insuβorðinár]《《in-(否定)+subordinar》他 反抗させる
── ~se [+contra に] 反抗する, 従わない: Se ha insubordinado contra la decisión del presidente. 彼は社長の決定に逆らった

insubsanable [insu(β)sanáβle]《←in-(否定)+subsanable < subsanar》形《文語》[誤りが] 取り返しのつかない; 解決不能の

insubsistencia [insu(β)sisténθja] 女 生存(存続)しないこと

insubsistente [insu(β)sisténte] 形 ❶ 生存(存続)しない. ❷ 根拠(理由)のない
ser declarado ~ 《コロンビア.文語》[役目などから] 解放される, 交替する

insubstancial [insu(β)stanθjál] 形 =**insustancial**

insubstancialidad [insu(β)stanθjaliðá(ð)] 女 =**insustancialidad**

insubstancialmente [insu(β)stanθjálménte] 副 =**insustancialmente**

insubstituible [insu(β)stitwíβle] 形 =**insustituible**

insuceso [insuθéso] 男 《コロンビア. 文語》不運な出来事

insudar [insuðár] 他 《まれ》…に精を出す, 懸命に働く

insuficiencia [insufiθjénθja]《←in-(否定)+suficiencia》女 ❶ 不足, 不十分: ~ de la alimentación 栄養不足. ~ de liquidez《商業》流動性不足. ❷ 服 弱点, 欠陥: ~s de su teoría 彼の理論の弱点. ❸ 《医学》[機能]不全, 薄弱: ~ cardíaca 心不全

insuficiente [insufiθjénte] 形 ❶ 足りない, 十分な [haber... *insuficiente* よりも no haber... suficiente が使われる]: El espacio de almacenamiento es ~ para abrir este documento. 記憶容量がこの書類を開くには足りない. ❷ [成績評価が] 不可の
── 男 《教育》[成績評価の] 不可, 不合格: El alumno ha sacado un ~ en álgebra. その生徒は代数で不可をとった

insuficientemente [insufiθjénteménte] 副 不十分に

insuflación [insuflaθjón] 女 吹入[法], 通気[法]

insuflador [insuflaðór] 男 《ガスなどの》吹入器, 通気器

insuflar [insuflár]《←ラテン語 insufflare》他 ❶ [ガスなどを] 吹き入れる, 通気する: ~ oxígeno en los pulmones 肺に酸素を送り込む. ❷ 《文語》[感情などを] 吹き込む: ~ ánimo a la tropa 部隊の士気を鼓舞する

insufrible [insufríβle] 形 耐えられ得ない, 我慢できない: humillación ~ 耐えがたい屈辱. dolor ~ 我慢できない痛み

insufriblemente [insufríβleménte] 副 耐えがたい(我慢できない)ほどに

ínsula [ínsula]《←ラテン語 insula》女 ❶ 《文語》島 [=isla]. ❷ 『『ドン・キホーテ』』でサンチョ・パンサに与えられた小領地のような] 狭い土地; 小さな統治権

insulación [insulaθjón] 女 《まれ》隔離

insulano, na [insuláno, na] 形 名 《まれ》島の[住民]

insular [insulár]《←ínsula》形 島の: prejuicios ~es 島国的偏見. turismo ~《西》カナリア諸島やバレアレス諸島への観光
── 名 ❶ 《西》カナリア諸島やバレアレス諸島の住民: Los ~es tienen un carácter especial. 島国の人は特殊な性格を持っている. ❷《西》カナリア諸島やバレアレス諸島の住民
── 形 《まれ》隔離する

insularidad [insulariðá(ð)] 女 島[国]であること; 孤立, 隔絶

insularismo [insularísmo] 男 島国根性; 偏狭, 狭いものの見方

insularista [insularísta] 形 名 カナリア諸島の自治を支持する[人]; [特に] Agrupaciones Independientes de Canarias の[一員]

insularizar [insulariθár] 9 他 [カナリア諸島などで] 島の政府に依存するようにする

insulina [insulína] 女 《生化》インシュリン: inyección de ~ インシュリン注射

insulinemia [insulinémja] 女 《医学》インシュリン血症

insulínico, ca [insulíniko, ka] 形 インシュリンの

insulinodependiente [insulinoðepenðjénte] 形 《医学》インシュリン依存性の

insulinoma [insulinóma] 男 《医学》インスリノーマ

insulinoterapia [insulinoterápja] 女 インシュリン療法

insulsamente [insúlsaménte] 副 風味なく; 面白味なく

insulsez [insulséθ] 女 ❶ 風味のなさ. ❷ 面白味のなさ; 面白味のない言葉

insulso, sa [insúlso, sa]《←ラテン語 insulsus < in-(否定)+salsus 「塩辛い」》形 ❶ 風味のない: vino ~ こくのないワイン. ❷ 精彩のない, 面白味のない: persona (película) ~sa 退屈な人(映画)

insultada [insultáða] 女 《中南米. 口語》[時に一連の] 侮辱

insultador, ra [insultaðór, ra] 形 名 侮辱する[人]

insultante [insultánte] 形 [言動が] 侮辱的な: tono ~ 人をばかにしたような口調

insultar [insultár]《←ラテン語 insultare「跳び越える」》他 [言葉で] 侮辱する, ののしる: A él no le importa si le llamo cabrón. 私は彼を雄ヤギと呼んでいるが, 侮辱しているのではない
── ~se ❶《まれ》気絶する, 失神する. ❷《キューバ》怒る, 不機嫌になる

insulto [insúlto] 男 ❶ 侮辱[の言葉]: Según el juez, llamar zorra a su mujer no es ~. その判事によれば, 妻を雌ギツネと呼ぶのは侮辱ではない. proferir ~s contra+人 …に侮辱の言葉を浴びせる. ❷ 《廃語》急襲. ❸ 《廃語》気絶, 失神
coger un ~ 《キューバ》怒る, 不機嫌になる

insumable [insumáβle] 形 賛成され得ない; 過度の, 法外の

insume [insúme] 形 《文語》高価な, 費用のかかる

insumergible [insumerxíβle] 形 ❶ [船が] 不沈の. ❷ 水中用でない, 防水でない

insumir [insumír] 他 ❶ 《経済》[資本・資源などを] 投下する, 投入する. ❷ 《ラプラタ》[時間を] 費やす

insumisión [insumisjón] 女 ❶ 不服従. ❷《西》兵役拒否

insumiso, sa [insumíso, sa] 形 《文語》[主に ser+] 従しない, 反抗的な: Fue ~ cuando tenía 17 años. 彼は17歳の時反抗的だった. tribu ~sa 帰順していない部族. ❷《西》兵役拒否の; 兵役拒否をする

insumo [insúmo] 男 ❶《経済》[生産に必要な資本・資源などの] インプット, 投入[量]: análisis ~-producto 投入・産出分析. ❷《中南米》必需品, 消費財

insuperable [insuperáβle]《←ラテン語 insuperabilis < in-(否定)+superabilis「上回られ得る」》形 [ser+] ❶ この上ない, 最高の: calidad ~ 最高品質. ❷ [困難などが] 克服できない

insuperablemente [insuperáβleménte] 副 この上なく

insupurable [insupuráβle] 形 《医学》化膿しない

insurgencia [insurxénθja] 女《まれ》反乱, 蜂起

insurgente [insurxénte]《←ラテン語 insurgens, -entis < insurgere「反対して立ち上がる」》形《文語》反乱を起こした, 蜂起した; 反徒: tropas ~s 反乱軍

insurgir [insurxír] 4 自 ~se 《まれ》反乱を起こす, 蜂起する

insurrección [insurre(k)θjón]《←ラテン語 insurrectus < insurgere》女《文語》反乱, 蜂起: El 2 de agosto de 1810, se produjo una ~ del pueblo de Quito. 1810年8月2日キトで民衆の反乱が起きた

insurreccional [insurre(k)θjonál] 形 反乱の

insurreccionar [insurre(k)θjonár] 他《まれ》蜂起させる
── ~se [+contra に] 反乱を起こす

insurrecto, ta [insurré(k)to, ta] 形 名《まれ》=**insurgente**

insustancial [insustanθjál]《←in-(否定)+sustancial》形 ❶ 内容のない; 浅薄な: argumento ~ 空疎な議論. comedia ~ つまらない芝居. ❷ [食物が] まずい, 味のない

insustancialidad [insustanθjaliðá(ð)] 女 ❶ 内容のなさ; 内容のないもの. ❷ [食物の] まずさ, 味のなさ; 味のないもの

insustancialmente [insustanθjálménte] 副 空疎で, つまらなく

insustituible [insustitwíβle] 形 [ser+] 代替できない, かけがえのない: La leche materna es ~. 母乳が一番である

int.《略語》←interés 金利, 利息

intachable [intatʃáble] 〘←in-（否定）+tacha〙 [形] [ser+] 非の打ちどころのない, 申し分のない: Su actuación en ese caso fue ~. この件における彼のふるまいは非の打ちどころがなかった. argumentación ~ 完璧な論証

intacto, ta [intákto, ta] 〘←ラテン語 intactus < in-（否定）+tactus「触ること」〙 [形] [estar+] ❶ 手を触れていない, 元のままの: Nadie probó la tarta y quedó ~*ta*. 誰もケーキを食べてみようとせず, 手つかずのまま残った. ❷ 変更のない; 無傷の: Debemos conservar ~*ta* la riqueza del folclore autóctono. 私たちは固有の民俗伝承を手つかずのまま保存すべきだ. La moto está ~*ta*, solo tiene dos mil kilómetros. そのバイクは故障もなく, まだ2千キロしか走っていない. ❸ 純粋な, 混じりけのない. ❹ 扱われていない, 話されていない: tema ~ 手つかずのテーマ

intangibilidad [intaŋxibiliđá(đ)] [女] 触知不能なこと; 不可侵性

intangible [intaŋxíble] 〘←in-（否定）+tangible〙 [形] ❶ 触れられ得ない: activos ~*s* 無形資産. capital ~ 無形資本. patrimonio cultural ~ 無形文化財. presencia ~ 実体のない存在. sentimiento ~ 捕えどころのない感情. ❷ 触れては(侵しては)ならない: La libertad de expresión es ~. 表現の自由は不可侵である

integérrimo, ma [intexérimo, ma] [形] íntegro の絶対最上級

integrable [integráble] [形] ❶ 同化(一体化)され得る. ❷《数学》積分可能な, 可積分の

integración [integraθjón] 〘←integrar〙 [女] ❶ [+en·a への] 統合; 同化: ~ de España *en* la UE スペインのEU統合. ~ de los emigrantes *en* el mercado laboral 労働市場への移民の統合. ~ de todos los partidos de izquierda 全左翼政党の合体. ~ europea ヨーロッパの統合. ~ racial 人種差別撤廃による統合. ~ social 社会的同化. ~ horizontal [ある産業内で同じ生産工程にある企業などの] 水平的統合. ~ vertical [生産工程の前後にある企業などの] 垂直的統合. ~ por partes 部分統合. ~ por sustitución 代替統合. ❷《数学》積分法. ❸《情報》集積化; 集積回路: ~ a gran (pequeña) escala 大(小)規模集積回路. ~ a muy gran escala 超大規模集積回路

integracionista [integraθjonísta] [形] [名] [主に米国の] 人種差別廃止論の(論者)

integrador, ra [integrađór, ra] [形] 総合(統合)する, 全体的な, 統合的な

—— [男]《数学, 情報》積算器, 積分器

integral [integrál] 〘←integro〙 [形] ❶ [穀物が] 全粒の: arroz ~ 玄米. harina ~ 全粒小麦粉. pan ~ 全粒パン. ❷ すべての部分がそろった; 完全な, 全体の, 全面的な, 総合的な: para el cuidado ~ de la salud 全身の健康管理のために. belleza ~《表示》全身美容. desnudo ~ [性器まる出しの] 全裸. educación ~ 全人教育. idiota ~ 全くのばか. reforma ~ 全面的な改革. ❸《数学》1) 積分の: cálculo ~ 積分学. 2) 整数の. ❹ 全体の一部をなす: una parte ~ de... …の必須部分, なくてはならない部分

—— [女] ❶《数学》1) 積分: hacer ~*es* 積分する. ~ definida 定積分. ~ indefinida 不定積分. ~ impropia 広義積分. 2) 整数. ❷《音楽》全集, 完全版. ❸《植物》~ térmica 合計日照時間

integralmente [integrálménte] [副] 全面的に, 総合的に

íntegramente [íntegraménte] [副] ❶ すっかり, 完全に: La película fue rodada ~ en Kioto. その映画は全編, 京都で撮影された. ❷ 無傷で

integrante [integránte] [形] [全体の] 一部をなす, 構成する: los estados ~*s* de la Unión Europea ヨーロッパ連合を構成する国々. cada nota ~ de la melodía 旋律を構成する各音符

—— [名] 構成員, 一員〘=miembro ~〙

integrar [integrár] 〘←ラテン語 integrare〙 [他] ❶ …の全体を構成する; 完全にする〘=completar〙: Treinta y un estados y un distrito federal *integran* los Estados Unidos de México. 31州と1つの連邦区がメキシコ合衆国を構成する. ❷ [+en·a に] 統合する; 同化させる, 一体化させる: Se intenta ~ los tres bancos *en* el grupo. 3つの銀行をグループに統合する試みがなされている. ~ Europa ヨーロッパを統合する. ❸《数学》積分する. ❹ 返済する. ❺ [部分を] 結合させる, はめる. ❻《メキシコ》[量を] 満たす. ❼《南米》[金額を] 払う; 預ける

—— **~se** 同化する: Los inmigrantes tardaron en ~*se en* la comunidad. 移民たちはなかなか地域社会になじめなかった(とけ込めなかった)

integridad [integriđá(đ)] 〘←ラテン語 integritas, -atis〙 [女] ❶ 完全さ, 完璧さ, 無傷なこと: mantener la ~ de político honorable 尊敬に値する政治家として欠けるところのないように努める. luchar por la ~ de sus territorios 領土保全のために戦う. ~ física 身の安全. ❷ 全体, 全部; 全体像: Publicaron el texto en su ~. テキストは完訳された. Debe leerse el documento en su ~. 書類全体を読む必要がある. ❸ 廉潔さ, 清廉さ, 高潔さ, 公明正大: Nunca ha podido dudarse de la ~ de su conducta. 彼の行動の廉潔さは疑いようがない. político de gran ~ 大変清廉な政治家. ❹《情報》完全性. ❺《古語》処女性, 純潔

integrísimo, ma [integrísimo, ma] [形] íntegro の絶対最上級

integrismo [integrísmo] [男] ❶《歴史》インテグリスモ, 保守十全主義〘19世紀末, 教皇庁による自由主義の非難に依拠しつつ, 教義変更を一切認めずスペインの伝統を完全に護持しようとした〙. ❷ ~ islámico イスラム原理主義. ~ hindú ヒンズー至上主義

integrista [integrísta] [形] [名] ❶《歴史》インテグリスモの〔主張者〕, 教権党の〔党員〕. ❷ ~ islámico イスラム原理主義者. ~ hindú ヒンズー至上主義者

íntegro, gra [íntegro, gra] 〘←ラテン語 integer, -egra, -egrum「手を触れていない, 全部の」〙 [形] ❶ 各部分がすべてそろっている; 全部の, 完全な: Al exterior se conservan casi ~*s* la portada y el ábside. 正面と後陣の外側はほぼ手つかずで残されている. conservar ~ el territorio 領土を保全する. escuchar el concierto ~ コンサートを終わりまで聞く. reembolso ~ 借金の完済. texto ~ de la conferencia 演説の全文. versión ~*gra* 完全版. ❷ 正直な, 誠実な; 廉潔な: juez ~ 高潔な裁判官

integumento [integuménto] [男] ❶ 外皮, 皮膜. ❷ 虚構, 見せかけ

intelección [intele(k)θjón] [女]《文語》理解

intelectivo, va [intelɛktíbo, ba] [形] ❶ 知力の, 理解力の: desarrollo ~ 知力の発達. facultad ~*va* 理解力. proceso ~ 思考過程. ❷ 理解する能力のある: ser ~ 知的存在. vida ~*va* 知的生命〔体〕

—— [女] 理解力

intelecto [intelékto] 〘←ラテン語 intellectus < intelligere「理解する」〙 [男] 知的能力, 理解力, 思考力: El ~ distingue al ser humano de cualquier animal. 知能は人間と他の動物を分ける

intelectual [intelɛktwál] 〘←ラテン語 intellectualis〙 [形] ❶ 知性の, 理解力の, 知的な: ambiente ~ 知的環境. cara ~ 理知的な顔. curiosidad ~ 知的好奇心. nivel ~ 知的水準; 知能程度. trabajo ~ 知的労働, 頭脳労働. ❷ 知識人の, インテリの; 知識人たちの, インテリ層の: clase ~ 知識階級. movimiento ~ 知識人運動. revista ~ インテリ雑誌

—— [名] 知識人, インテリ: Muchos ~*es* españoles pasaron a América durante la guerra civil. スペインの多くの知識人が内戦期に中南米に渡った. ~*es* y artistas 知識人と芸術家たち

intelectualidad [intelɛktwaliđá(đ)] [女] ❶ [集名] 知識人〔階級・グループ〕: numerosas figuras de la ~ española 数多くのスペイン知識人たち. ❷ 知性, 知力; [労働などが] 知的であること

intelectualismo [intelɛktwalísmo] [男] ❶ 知性偏重, 主知的傾向. ❷《哲学》主知主義

intelectualista [intelɛktwalísta] [形] [名] 知性偏重の; 主知主義の(主義者)

intelectualización [intelɛktwaliθaθjón] [女] 知的にすること; 知的に考えること

intelectualizar [intelɛktwaliθár] [9] [他] 知的にする; 知的に考える

—— **~se** 知的になる; 知識人の仲間に入る

intelectualmente [intelɛktwálménte] [副] 知的に

intelectualoide [intelɛktwalɔ́iđe] [名]《軽蔑》えせ知識人

inteligencia [intelixénθja] 〘←ラテン語 intelligentia「選ぶ能力」< intelligere「理解する」< inter-（間に）+legere「選ぶ」〙 [女] ❶ 知能, 知性; 理解力: Es un hombre de ~ privilegiada. 彼は天才的に頭がいい. No he llegado a la ~ de ese tema. 私はそのテーマがよくのみ込めなかった. tener mucha ~ 理解力がある, 頭がよい. nivel de ~ 知能程度. ~ artificial 人工知能〘第5世代コンピュータ〙. ~, sentimiento y voluntad 知情意. ❷ 高い知性の持ち主: Algunos creen que una ~ superior rige el universo. はるかに高度な知性を持つ存在が宇宙を支配していると考える人もいる. ❸ [集名] 知識人〔階級〕, インテリ〔層〕. ❹ [機密の] 情報; 情報部, 諜報部 〖=servicios de ～〗: actividades de ～ 情報活動. Departamento de ～ 情報省. guerra de ～ 情報戦. ～ electrónica 電子的インテリジェンス. ～ humana ヒューミント〖=humint〗. ❺ [+con との/相互の] 了解, 了承, 同意; 共謀, 示し合わせ: a falta de ～ *con*... …の了解なしに. estar en ～ *con*... …と共謀している. ❻ [+de への] 理解: ayudar a la ～ *del* texto テキストの理解を助ける. ❼ 霊的存在: ～*s* celestes 天使たち. ❽ 熟達, 経験

en la ～ de... [+que+接続法] …と仮定して; …という意味で

vivir en buena ～ con+人 …と仲良く暮らす

inteligenciado, da [intelixenθjáđo, đa] [形] 知っている, 知識のある

inteligenciar [intelixenθjár] [10] **～se** 《チリ. 口語》何とかやっていく

inteligente [intelixénte] 〖←ラテン語 intellegens, -entis < intellegere「理解する」〗 [形] [ser+] ❶ 賢い, 知能の高い: 1) [人・動物が] Usted no es tonto, solo no es ～. あなたはばかではない, 賢くないだけだ. tener unos ojos ～*s* 利口そうな眼をしている. animal ～ 利口な動物. ser ～ 知的存在. 2) [行為などが] Ha tomado una decisión muy ～. 彼は大変賢明な決断をした. manejo ～ de relaciones afectivas 愛情関係の賢い処理法. ～ respuesta 賢明な答え. ❷ [人が通常より] 頭のいい, 聡明な: Es ～ en matemáticas. 彼は数学がよくできる. alumno ～ 頭のいい生徒. ❸ [機器などが] 情報処理能力を持つ, コンピュータ化した: edificio ～ インテリジェントビル. robot ～ 知能ロボット. terminal ～ インテリジェント端末. ❹《文語》精通した, 専門家の

—— [名] 頭のいい人, 聡明な人; 知識人

inteligentemente [intelixénteménte] [副] 賢く; 賢明にも

inteligibilidad [intelixiƀiliđá(đ)] [女] [事柄の] 分かりやすさ, 理解できること; 明瞭, 明白

inteligible [intelixíƀle] 〖←ラテン語 intelligibilis〗 [形] ❶ [事が] 理解され得る, 分かりやすい: explicar con palabras ～*s* 分かりやすい言葉で説明する. manual ～ 分かりやすいマニュアル. ❷ はっきりと聞き取れる, 可聴の: murmurar con voz apenas ～ ほとんど聞き取れない声でつぶやく. ❸《哲学》英知的な, 知性によってのみ認識され得る

inteligir [intelixír] [4] [他]《まれ》理解する

Intelligenti pauca [inteʎiǥénti páu̯ka] 〖←ラテン語〗《諺》賢者は一言にて足る

intelligentsia [inteliǥénsja] 〖←露語〗 [女] [集名] インテリゲンチャ, 知識人

intemerata [intemeráta] 〖←ラテン語 intemerata「汚れていない」〗 [女] [la+] 予想外なこと; すごいこと: Aunque no lo parece, tiene la ～ de 70 años. そうは見えないが彼は何と70歳だ. ¡La ～, señor alcalde! ¡Nuestro amigo José se nos ha pasado al otro bando! 村長さん, とんでもないことが起きました! 仲間のホセが裏切って相手方についてしまいました!

intemperado, da [intemperáđo, đa] [形]《まれ》節度を欠いた, 過度の

intemperancia [intemperánθja] [女]《文語》❶ 節度のなさ; 穏健でない言動. ❷《まれ》不節制. ❸《チリ》酔い

intemperante [intemperánte] [形]《文語》❶ [言動に] 節度のない, 穏健でない. ❷ 寛容でない, 狭量な

intemperie [intempérje] 〖←ラテン語 intemperies「悪天候, 天候不順」〗 [女] [la+] 悪天候, 厳しい気候: resguardar las plantas de la ～ 厳しい気候から植木を守る

a la ～ 野天の・で, 風雨にさらされて: vida *a la* ～ 野外生活. dormir *a la* ～ 野天で眠る

intemperización [intemperiθaθjón] [女]《地質》[岩石などの] 風化

intempesta [intempésta] [形]《詩語》[夜が] 更けた

intempestivamente [intempestíƀaménte] [副] 時機を失して, 時宜を得ずに

intempestivo, va [intempestíƀo, ƀa] [形] 時機を失した, 場違いな: oferta ～*va* 時宜を得ない申し出. risa ～*va* 場違いな笑い. visita ～*va* 都合の悪い訪問

intemporal [intemporál] [形] ❶《文語》時間を超越した, 時間と無関係な. ❷《文法》時間の観念を意味しない

intemporalidad [intemporaliđá(đ)] [女] 時間を超越していること

intemporalizar [intemporaliθár] [9] [他] 時間を超越させる

intención [intenθjón] 〖←ラテン語 intentio, -onis < in- (方に, 対して)+tendere「張る」〗 [女] ❶ 意図, 意向, 目的意識, 意志: 1) ¿Con qué ～ lo hizo? 何の目的で彼はそんなことをしたのか? No es mi ～ discutir contigo. 私は君と議論するつもりはない. La ～ era buena... その意図はよかったのだが…. ～ oculta 隠れた意図, 真意. 2) [+de+不定詞] Tiene (la) ～ *de* viajar por Europa. 彼はヨーロッパ旅行をするつもりだ. ❷《カトリック》[ミサをあげる] 目的. ❸ carta de *intenciones* [売買などの] 同意書, 仮取り決め. ❹ [外見と異なる動物の] 凶暴さ: caballo de ～ 性悪な馬. ❺ [慎重な] 警告. ❻《哲学》志向

buena ～ 善意: de (con) *buena* ～ 善意で, 好意で

con ～ 故意に, わざと

de primera ～ 1) 仮に, 一時的に: curar *de primera* ～ 応急手当をする. 2) 初期には, 初めのうちは

doble ～《口語》=**segunda ～**

mala ～ 悪意: de (con) *mala* ～ 悪意で, 意地悪く

segunda ～《口語》下心: tener (con) *segunda* ～ 下心がある(あって)

intencionadamente [intenθjonáđaménte] [副] わざと, 故意に

intencionado, da [intenθjonáđo, đa] 〖←intención〗 [形] 何らかの意図を持つ, 故意の, 意図的な: Ciertas frases comunes, por bien ～*das* que sean, pueden causar daño emocional. ある種の常套句は, 善意で使われたとしても, 感情を傷つけることがある. ausencia ～*da* 故意の欠席. un golpe ～ 故意の一撃

bien (mal) ～ 善意(悪意)の: Necesitamos un hombre *bien* ～. 私たちは人のいい人物を必要としている

intencional [intenθjonál] [形] ❶ 意志の: expresiones ～*es* 意志表現. ❷ 故意の, 計画的な 〖=intencionado〗

intencionalidad [intenθjonaliđá(đ)] [女] ❶ 意図性: La planificación del delito es una prueba de su ～. 計画性は犯罪が故意であることの証拠となる. ❷ 意図 〖=intención〗

intencionalmente [intenθjonálménte] [副]《主に南米》=**intencionadamente**

intendencia [intendénθja] 〖←intendente〗 [女] ❶《軍事》1) 兵站. 2) 補給部隊, 兵站部 〖=cuerpo de ～〗. 3) 主計官の職(管轄地区・事務所・邸宅). ❷ [補給などの] 管理, 監督. ❸《歴史》地方監察官区, 地方監督官領 〖18世紀, ブルボン王朝支配下のスペインが統治の円滑化や財政立て直しを目的に, 本国と植民地の行政区域再編のために導入したフランス式制度; その管轄区. これに伴い, 植民地では corregidor 職や alcalde mayor 職が廃止された〗. ❹《コロンビア, チリ》行政区. ❺《アルゼンチン, ウルグアイ》1) 市役所 〖機構, 建物. =～ municipal〗. 2) 市長の職

intendente, ta [intendénte, ta] 〖←仏語 intendant〗 [名] ❶《軍事》主計官; 主計総監, 補給局長. ❷ 補給係. ❸《行政》[経済関係の部局の] 局長; [国営企業・工場の] 社長, 工場長. ❹ ～ mercantil 商学部専門課程卒業生. ❺《コロンビア, チリ》知事;《アルゼンチン, ウルグアイ》市長

—— [男]《歴史》❶ 地方監察官 〖地方監察官区 intendencia に派遣される国王直属の官吏. 本来は収税や王立工場の監督, 農牧業の推進などを職務としたが, 最終的に地方長官の実態をもつ〗. ❷ [カロリング王朝の] 王室に仕える士官

—— [女] 主計官の妻

intensamente [inténsaménte] [女] 強く, 激しく: amarse ～ 激しく愛し合う. vivir ～ 充実した人生をおくる

intensidad [intensiđá(đ)] [女] ❶ 強さ, 激しさ, 強度: llover con gran ～ 雨が非常に激しく降る. ～ del terremoto 震度. ～ del amor 愛の深さ. ❷ [時間的経過における] 活気, 活発さ. ❸ [音の] 強さ: ～ de la voz 声の大きさ. ❹《電気》電流の強さ. ❺《経済》～ de capital 資本集約度. industria con gran ～ de capital (de mano de obra) 資本(労働)集約産業

intensificador, ra [intensifikađór, ra] [形] 強化する

—— [男] 増強装置

intensificación [intensifikaθjón] [女] 強化, 激化

intensificar [intensifikár] [7] [他] 強める, 強化する: *Intensificaron* las medidas contra la polución. 汚染対策が強化された. ～ el trabajo 労働強化する. ～ el color 色を濃くする(強烈にする)

—— **～se** 強くなる, 激化する: *Se* le *ha intensificado* el dolor. 彼は痛みが激しくなった

intensión [intensjón] [女] ❶《音声》緊張の前の調音局面. ❷ 強度. ❸《論理》内包 〖⇔extensión〗

intensitómetro [intensitómetro] 男 X線強度測定装置
intensivamente [intensíbaménte] 副 =**intensamente**
intensivista [intensibísta] 名 集中治療医
intensivo, va [intensíbo, ba] 《←intenso》 形 ❶ 集中的な: curso ~ 集中講義. entrenamiento ~ ハードトレーニング, 特訓. medicación ~va 集中投与. terapia ~va 集中治療. ❷《農》集約型の《⇔extensivo》: cultivo ~/agricultura ~va 集約農業. ganadería ~va 集約畜産. ❸《経済》~ en capital (en trabajo) 資本(労働)集約的な. ❹《文法》強意の, 強調の: afijo ~ 強意の接辞. expresión ~va 強調表現. ❺《音声》緊張の前の調音局面の. ❻《論理》内包的な《⇔extensivo》

intenso, sa [inténso, sa] 《←ラテン語 intensus < in-(強調)+tensus「張った」< tendere「張る」》形 [ser〜] 激しい, 強烈な: 1) El riesgo social es cada día más ~. 社会的危機は日ごとに強まっている. amor ~ 熱烈な恋. calor ~ 酷暑, 厳しい暑さ. dolor ~ 激しい痛み. ejercicio ~ ハードトレーニング. luz ~a 強烈な光. mirada ~sa 鋭い目つき. 2) [+抽象名詞] ~sas emociones 激しい感情, 強い感動. ❷ [時間的経過が] 活気に満ちた, 活発な: Esta semana fue corta, pero ~sa. 今週は短かったが, 充実していた. hombre de vida ~sa y breve 太く短く生きた男

intentar [intentár] 《←ラテン語 intentare「傾向がある, 向かう」》他 ❶ 試みる, 企てる: 1) Han intentado un acuerdo. 彼らは協定を結ぼうと試みた. ¿Por qué no lo intentas otra vez? もう一回やってみないか? ¡Venga, inténtalo! さあ, やってみろ! Con ~lo no se pierde nada. やってみてだめなら元々だ. 2) [+不定詞] ~しようとする: El vecino ha intentado abrir mi bolsa de basura. 隣人が私のゴミ袋を開けようとした.《話法》過去形では「企てが失敗した」の含意: Alguien intentó abrirme el coche. 誰かが私の車を開けようとした (が, できなかった). Intentaré ganar una medalla. メダルを取るようにがんばるぞ. Intente no fumar. 禁煙しなさい. ¿Por qué no intentas solucionar este problema? この問題に挑戦してみませんか? 3) [+que+接続法] Intenta que no te lo pierdas. 損しないようにしなさい. ❷ 意図する, 目指す

intento [inténto] 《←ラテン語 intentus「張ること」< intendere < in-(強調)+tendere「張る」》男 ❶ 試み, 企て 《行為》: Lo consiguió al segundo ~. 彼は2度目の試み(試技)でそれに成功した. ~ de huida 逃亡の企て. ❷ 未遂: culpable de ~ criminal 未遂犯. ~ de homicidio 殺人未遂. ~ de suicidio 自殺未遂. ❸ 試み(企て)られたこと. ❹《スポーツ》試技. ❺《主にメキシコ》意図, 目的 [=intención]: tener ~ de... ~するつもりである
a ~ de
al (a) ~ de...《チリ, アルゼンチン》…の目的で, …をもくろんで
de ~《古諸地; メキシコ, コロンビア》わざと, 故意に

intentona [intentóna] 女《口語》[主に失敗に終わった] 無謀な企て, たくらみ: La policía reprimió la ~ golpista del grupo radical. 警察は過激派によるクーデターの企てを抑え込んだ

inter-《接頭辞》[相互, 中間] intercambio 交換, internacional 国際的な

ínter [ínter] 副《地方語》その間に《=en el ~》
—— 男《ペルー》主任司祭を補佐する聖職者

interacción [intera(k)θjón] 女 相互作用《←inter-+acción》
interaccionar [intera(k)θjonár] 自 相互作用を及ぼす
interactividad [interaktibidá(d)] 女《情報》双方向方式, 対話方式
interactivo, va [interaktíbo, ba] 形 ❶ 相互に作用する, 相互作用の. ❷《情報》インタラクティブの, 双方向の
interactuar [interaktwár] 14 自 ❶ 相互に作用する, 影響し合う. ❷《情報》インターフェースで接続)する
interalemán, na [interalemán, na]《歴史》東西ドイツ間の
interaliado, da [interaljádo, đa] 形 ❶ 同盟国間の. ❷《歴史》[第1次大戦で] 連合国側の
interambulacral [interambulakrál] 形《動物》歩帯間の
interamericano, na [interamerikáno, na] 形 [北米・中米・南米を含む] 環アメリカの
interandino, na [interandíno, na] 形《交通・運輸などの》アンデス山脈の両側の国 (住民) 同士の
interanual [interanwál] 形《経済》[指標が] 前年比の: crecimiento ~ 年間増加(成長)率. promedio ~ 前年比平均
interárabe [interárabe] 形 アラブ諸国間の
interarticular [interartikulár] 形 関節間の, 関節内の

interastral [interastrál] 形 天体間の, 星間の
interatómico, ca [interatómiko, ka] 形 原子間の, 原子内の
interbancario, ria [interbaŋkárjo, rja] 形《銀行》銀行間の: mercado ~ [金融機関のみが参加する] インターバンク市場
interbase [interbáse] 男《野球》ショート, 遊撃手
interbrigadista [interbriɡađísta] 形 男《歴史》[スペイン内戦の] 国際旅団 Brigadas Internacionales の
intercaciense [interkaθjénse] 形 名《歴史, 地名》インテルカシア Intercacia の (人)《現在のバレンシア県またはサモラ県のバクセオ vacceo 族の町》
intercadencia [interkaðénθja] 女 ❶ 不規則なリズム. ❷《医学》[2回の正常脈拍間に異常脈拍が1回加わる] 脈拍不整. ❸ [行動・感情の] 起伏, むら; [言葉づかい・文体などの] 不整合
intercadente [interkaðénte] 形 ❶ 脈拍不整の. ❷ リズムが不規則な. ❸ 気まぐれな; [言葉づかい・文体などが] ふぞろいな
Inter Caetera [interkaetéra] 《歴史》贈与大教書《ローマ教皇アレクサンデル6世 Alejandro VI が1493年カトリック両王に与えた》
intercalación [interkalaθjón] 女 挿入
intercalado [interkaláđo] 男 =**intercalación**
intercalador [interkalaðór] 男《穿孔カードの》照合機
intercaladura [interkaláđura] 女 =**intercalación**
intercalar [interkalár] 《←ラテン語 intercalare》他 [+en に/+entre の間に] 挿入する, 差し込む: ~ un chiste en la conversación 会話に冗談をはさむ. cultivo intercalado《農業》間作. ❶ 挿入された, 間に入った: día ~ 閏 (うるう) 日. ❷ 脈拍不整の
intercambiable [interkambjáble] 形 [ser+] 交換可能の, 互換性のある: "Desde hace..." es ~ con la construcción "hace... que". Desde hace... は hace... que と置き換え可能である. En la comunicación oral los papeles de emisor y receptor suelen ser ~s. 音声による意思伝達では話し手と聞き手の役割は交替可能だ. lente ~ 交換レンズ. piezas ~s 交換可能な部品
intercambiador, ra [interkambjaðór, ra] 形 交換する
——男 ❶《鉄道》乗換駅, ターミナル駅. ❷《技術》~ de calor 熱交換器
intercambiar [interkambjár]《←inter-+cambiar》10 他 交換する: Intercambiaron miradas de preocupación. 彼らは気づかわしげな視線を交わした. Busco persona nativa de inglés para ~ clases de inglés por castellano. スペイン語を教える代わりに英語を教えてくれるネイティブの人を捜しています. ~ correos con... ~とメールのやりとりをする
—— **~se** [相互] Ellos se intercambian informaciones. 彼らは情報を交換している
intercambio [interkambjo]《←inter-+cambio》男 ❶ 交換: profesor (becario) de ~ 交換教授(留学生). ~ de cartas entre... y... ~と…の間の手紙のやりとり. ~ de prisioneros 捕虜の交換. ❷ 交流: ~ cultural entre dos países 両国間の文化交流. ❷ 貿易, 交易 [=~ comercial]: relación de ~/ términos de ~ 交易条件. ~ de mercancías 商品取引. ~ de deudas 債務スワップ. ❹《テニスなど》ラリー
interceder [interθeðér]《←ラテン語 intercedere「間に立つ」< cedere「去る」》自《文語》[+con に対して/+por・en favor de のために] 仲介する, とりなす: Intercedí con el juez por mi amigo. 私は裁判官の前で友人のために証言した
intercelular [interθelulár] 形《生物》細胞間の
intercensal [interθensál] 形 [期間が] 国勢調査と国勢調査の間の
intercentros [interθéntros] 形《単複同形》機関 centro 同士の
intercepción [interθepθjón] 女 =**interceptación**
interceptación [interθe[p]taθjón] 女 ❶ 横取り;《スポーツ》インターセプト. ❷ 傍受. ❸ 遮断, 阻止
interceptador [interθe[p]taðór] 男《軍事》迎撃機
interceptar [interθe[p]tár]《←ラテン語 interceptus》他 ❶ 途中で奪う (押さえる), 横取りする: Interceptaron una avioneta con 300 kilos de marihuana. マリファナ300キロを積んだ小型飛行機が途中で取り押さえられた. ~ un balón ボールをインターセプトする. ❷ [通信などを] 傍受する: ❸ [進路・交通などを] 遮断する, 阻止する: ~ el tráfico 交通を遮断する. ~ un avión 飛行機を迎撃する. ❹《幾何》2点(線)間にはさみ取る

interceptor, ra [interθe(p)tór, ra] 形 名 ❶ 横取りする〔人〕；遮断(阻止)する〔人〕. ❷《航空》迎撃する: caza ～ 迎撃戦闘機 —— 男 ❶《航空》迎撃機. ❷《技術》スイッチ, 遮断器. ❸《生理》内臓受容器

intercerebral [interθerebrál] 形《解剖》脳間の

intercesión [interθesjón]《←ラテン語 intercessus「間に立つ」＜ intercipere「抜き取る」》女《文語》とりなし, 仲介: por ～ de María マリア様のおとりなしによって

intercesor, ra [interθesór, ra] 形 名 とりなす〔人〕, 仲介者

intercesoriamente [interθesórjaménte] 副 とりなしで, 仲介によって

interciso, sa [interθíso, sa] 形《古語》día ～ 午前中のみ休みの日

intercity [interθíti]《←英語》男《鉄道》都市と都市を結ぶ中距離の特急列車〔=tren ～〕

interclasismo [interklasísmo] 男《政治》階級間の協力推進

interclasista [interklasísta] 形 ❶ 階級間の. ❷《政治》階級間の協力を推進する

intercolumnio [interkolúmnjo] 男《建築》柱間

intercomunicación [interkomunikaθjón]《←inter-+comunicación》女 ❶ 相互通信. ❷ インターコム, 内線通話: Hay ～ entre todos los despachos del edificio. ビルのすべてのオフィスは内線通話ができる

intercomunicador [interkomunikaðór] 男 インターホーン, 内線通話装置

intercomunicar [interkomunikár] 7 他 通信し合う

intercomunión [interkomunjón] 女《カトリック》インターコミュニオン《基本的教義を共有する複数の教会が相互に聖餐にあずかる関係》

interconectar [interkonektár] 他 相互に連結する

interconexión [interkone(k)sjón] 女 ❶ 相互連結, 相互連絡. ❷《電気》〔発電・配電などの〕相互接続: establecer una ～ entre los dos baterías 2つのバッテリー間を接続する

interconfesional [interkonfesjonál] 形《宗教》各宗派間の

interconsonántico, ca [interkonsonántiko, ka] 形《音声》〔母音間〕子音にはさまれる

intercontinental [interkontinentál]《←inter-+continental》形 大陸間の: misil balístico ～ 大陸間弾道弾. servicio ～ de transportes 国外運送業

intercooler [interkúler]《←英語》男 中間冷却器

intercostal [interkostál] 形《解剖》肋間の: músculo ～ 肋間筋. neuralgia ～ 肋間神経痛

intercotidal [interkotidál] 形 =intertidal

intercultural [interkulturál] 形 異文化間の: comunicación ～ 異文化コミュニケーション

intercurrente [interkuřénte] 形《医学》介入性の

intercutáneo, a [interkutáneo, a] 形 皮下の

interdecir [interdeθír] 64《現》interdíciendo,《過分》interdícho, 命令法単数 interdíce] 他 禁止する

interdental [interdentál] 形 男 ❶《音声》歯間音〔の〕. ❷《解剖》歯間の

interdentalización [interdentaliθaθjón] 女《音声》歯間音化

interdentario, ria [interdentárjo, rja] 形 歯と歯の間の, 歯間の

interdepartamental [interdepartamentál] 形 各学部の, 各学科の

interdependencia [interdependénθja]《←inter-+dependencia》女 相互依存: ～ económica de los países europeos 欧州各国の経済的相互依存

interdependiente [interdependjénte] 形〔主に《複》〕相互依存の

interdicción [interdi(k)θjón]《←ラテン語 interdictio, -onis ＜ interdicere「禁止する」＜ inter-+dicere「言う」》女《法律》禁止: ～ civil 制限行為能力. ～ de residencia 居住制限

interdicto, ta [interdíkto, ta]《←ラテン語 interdictum ＜ interdicere》形 ❶《法律》制限行為能力の; 制限行為能力者. ❷《まれ》禁止された —— 男 ❶《法律》簡易裁判. ❷《カトリック》〔司祭の〕聖務停止制裁

interdigital [interdixitál] 形《生物, 解剖》指間の: membrana ～ 指間膜

interdiocesano, na [interdjoθesáno, na] 形《カトリック》複数の司教区に関わる, 司教区間の

interdisciplinar [interdisθiplinár] 形 =interdisciplinario

interdisciplinario, ria [interdisθiplinárjo, rja] 形 学際的な: investigación ～ria 学際的研究

interés [interés]《カトリック語 interesse「関心がある」＜ inter-（間に）+esse「である」》男 ❶ 利益, 利害, 利点: 1) Todo lo que hice es por el ～ de la empresa. すべて会社のためにしたことです. El ～ de este proyecto reside en la divulgación de producciones. この計画の利点は生産の普及にある. En este caso, el juez puede resolver que la medida se mantenga en ～ de los menores. こういう場合, 裁判官は未成年者の利益となるように取り計らう決定を下すことが認められている. por su propio ～ 私利私欲から. casamiento por ～ 金目当ての結婚, 政略結婚. ～ económico 企業利益. ～ nacional/～ del Estado 国益. ～ propio 利己心《資本主義のダイナミズムの基底にある》. ～ público 公共の利益, 公益. 2) 〔複〕利害〔関係〕: tener intereses comunes con+人 ～と利害を共にする. coincidencia (oposición) de intereses 利害の一致(対立). ❷ 重要性, 価値, 意義: invento de gran ～ 重要な発明. sitios de ～ histórico 歴史的価値のある場所, 史跡. ❸ 利子, 利息;〔複〕〔投資の〕収益, 利潤, 利得: prestar con alto (bajo) ～ 高利(低利)で貸す. cobrar los intereses 収益をあげる, 利息を受け取る. con (a) ～ anual del cinco por ciento 年5%の利息で. sin ～ 無利子で. tasa de ～ preferencial プライムレート. ～ bancario 銀行利子. ～ simple (compuesto) 単利(複利). ～ sobre el depósito (del crédito)/～ de captación (de colocación) 預金(貸出)金利. ～ de la minoría 少数株主持分《連結会計上, 子会社の資本勘定のうち親会社に帰属しない》. ～ mayoritario 親会社(大株主)持分. ❹〔複〕財産: administrar los intereses de la familia 一家の財産を管理する. ❺ 〔+por・en への〕関心, 興味: 1) Tengo mucho ～ por los asuntos del universo. 私は宇宙のことにすごく関心がある. Ha demostrado un gran ～ por mi caso. 彼は私のケースに大いに関心を示した. El ～ político del país reside en su deseo de aumentar su control. この国の政治的関心は支配力を強化することにある. Toda la informacion que me envían es de mucho ～ para mí. 彼らが送ってくれた情報はすべて私にとって大変興味深い. Escrutaba la foto con un ～ rayado en la idolatría. 彼が写真をじっと見つめる様子はほとんど偶像をあがめるようだった. 2) 〔+en+不定詞・que+接続法〕Tiene ～ en encontrar a un viejo amigo. 彼は昔の友人に会いたがっている. ¿Por qué tienes tanto ～ en que me mire al espejo? なぜそんなに私に鏡を見せたがるんだ？ 3) 〔por・hacia 異性への〕Mi amigo también tiene ～ hacia ti. 私の友人も君に気がある. ❻《経営》～ por tiempo 時間〔経過に伴う〕費用

dar ～ 利子付きで金を貸す

en ～ **de**... …のために

intereses creados 既得権益

tomarse ～ **en**+不定詞 …しようとする

interesable [interesáble] 形 利したい, 欲ばりな

interesadamente [interesáðaménte] 副 関心(興味)を持って; 欲得ずくで

interesado, da [interesáðo, ða] 形 ❶〔estar+. ～en・por に〕関心のある: 1) Un hombre está ～ en una mujer. 一人の男が一人の女性に関心を持っている. 2) 〔+en+不定詞・que+接続法〕¿Por qué está ～ en trabajar para esta empresa? この会社で働くことにどうして興味を持ちましたか？ Estamos ～ en que se esclarezca todo. 私たちはすべてが解明されることを願っている. ❷ 利害関係のある, 当事者の, 本人の: estar ～ en el negocio その商売に関係している. Para hacer esta solicitud, la persona ～da tiene que presentar el carné de identidad. この申請をするには申請者は身分証明証を提示しなければならない. ❸ 〔ser+〕利したい, 打算的な, 欲得ずくの: El jefe es muy ～ en mantenerse en su posición. 上司は地位を保つという自分の利益しか考えない. amor ～ 欲得ずくの愛情《こづかいほしさに子供が親に示す愛情など》

—— 名 ❶ 関心のある人: Hay una reunión para los ～s en el medio ambiente. これは環境に関心のある人たちの集まりだ. ❷ 利害関係のある人, 当事者, 本人: Los ～s pueden ponerse en contacto con nosotros. 関係のある方々は, 我々に連絡されたい. No es necesario que venga el ～. 本人が来る必要はありません. ❸ 応募者: Los ～s llenarán este formulario.

応募者はこの用紙に記入して下さい. ❹ 利にさとい人, 打算的な人, 欲得ずくの人: Es un ～ y nunca te hará un favor sin pedirte algo a cambio. 彼は打算的で, 自分の利益と引き換えでなければ決して君に親切はしない
interesal [interesál] 形 =**interesable**
interesante [interesánte] 【←*interesar*】❶ 面白い, 興味深い: Me parece una propuesta muy ～. それは非常に興味深い提案だ. telenovela ～ 面白いテレビ小説. ❷ 魅力的な: 1) [事物が] precio ～ 魅力的な値段. 2) [人が] Está muy ～ hoy. 彼女は今日はとても魅力的だ. ¿Qué es para vosotras un hombre ～? どんな男が君たちにとって魅力的なの?
encontrarse (*estar*) *en estado* ～ 妊娠している
hacerse el ～《口語》目立とうとする
interesar [interesár] 【←ラテン語「関心がある」】他 ❶ …の関心を引く, …に興味を抱かせる: 1) [人・事物が] Su hermana me *interesa* mucho. 私は彼の妹にとても興味がある. No me *interesa* la religión. 私は宗教には関心がない. A ti solo te *interesan* los resultados prácticos. 君は実際的な結果しか興味がないのだね. 2) [不定詞が主語] Me *interesa* saber sobre tu vida. 私は彼の生活について知りたい. ❷ [+en 取引などに] 参加させる, 関係させる: Conseguí ～ *lo en el proyecto*. 私は彼がその計画に加わる(関心を持つ)ように仕向けるのに成功した. ❸ [結果として] 役に立つ: Te *interesa* llevarte bien con tus compañeros. 君が仲間たちと仲良くするのはよいことだ. ❹《医学》傷つける: La caída me *interesó* un pie. 私は転んで片足をくじいた. ❺《行政》[+de を] …に申請する, 請求する. ❻ 印象を与える. ❼ 情報を求める. ❽ 資金を出す, 投資する
―― ～*se* ❶ [+por に] 関心(興味)を持つ: *Se interesa solo por la promoción*. 彼は昇進のことしか関心がない. ❷ …のことを尋ねる: *Se interesó por tu colocación*. 彼は君の就職のことをきいた
interescapular [intereskapulár] 形《解剖》肩甲骨の間の
interesencia [interesénθja] 女《廃語》[行事・儀式などへの]出席, 参加
interesente [interesénte] 形《廃語》[行事・儀式などに]出席する
interestatal [interestatál] 形 国家間の
interestelar [interestelár] 形《天文》星間の: espacio ～ 星間空間. gas ～ 星間ガス. materia ～ 星間物質
interétnico, ca [interétniko, ka] 形 複数の民族に関わる, 民族間の
interface [interféjθ] 【←英語】男 ❶《情報》インターフェース《=interfaz》❷《物理》界面
interfacial [interfaθjál] 形《物理》界面の
interfalángico, ca [interfaláŋxiko, ka] 形《解剖》指骨間の
interfascicular [interfasθikulár] 形《植物》維管束間の;《解剖》神経束間の
interfase [interfáse] 女《生物》間期, 中間期
interfaz [interfáθ] 【←英語 interface】女/男 ❶ 中間面, 界面, 共通境界面. ❷《情報》インターフェース: ～ de usuario ユーザーインターフェース
interfecto, ta [interfékto, ta] 【←ラテン語 interfectus < interficere「殺す」】形 ❶《法律》[事故・殺人などによる]死者[の]: cuerpo del ～ 被害者の遺体. ❷《西. 戯語》うわさの主, 当の本人: El ～ me soltó una bofetada. 例の男は俺に平手打ちをくわせたわけだ
interferencia [interferénθja] 【←英語 interference】女 ❶ 干渉, 妨害. ❷《スポーツ》インターフェア. ❸《物理》[波の] 干渉. ❹《通信》電波障害, 電波妨害, 混信: Hay ～*s en la tele por la tormenta*. 嵐のせいでテレビに電波障害が起きている. ❺《言語》[2か国語間での相互の語法の] 干渉, 重合
interferencial [interferenθjál] 形《物理》[波の] 干渉の;《通信》電波障害の
interferente [interferénte] 形 干渉(電波障害)を起こす
interferir [interferír] 【←英語 interfere】33 自 ❶ [+en に] 干渉する: ～ *en* los asuntos de los demás 他人のことに口出しする. ❷ 電波妨害する
―― 他 妨害する: ～ *el curso de la discusión* 議事進行を妨害する
―― ～*se* ❶ 干渉する. ❷ 干渉(電波障害)を起こす
interferometría [interferometría] 女《物理》干渉分光法, 干渉計使用法

interferómetro [interferómetro] 男《物理》干渉計
interferón [interferón] 男《生化》インターフェロン
interfibrilar [interfibrilár] 形《解剖》原繊維間の
interfijo [interfíxo] 男 =**infijo**
interfluvio [interflúβjo] 男《地理》河間地域, 流域
interfoliación [interfoljaθjón] 女《製本》用紙挟み入れ
interfoliar [interfoljár] 10 他《製本》用紙を入れる
interfono [interfóno] 【←*inter-+fono*】男 インターホン: instalar un ～ en casa 家にインターホンを取り付ける
intergaláctico, ca [interɡaláktiko, ka] 形《天文》銀河系間の: espacio ～ 宇宙空間. viaje ～ 宇宙旅行
intergeneracional [interxeneraθjonál] 形 世代間の
interglaciar [interɡlaθjár] 形《地質》間氷期 [=período ～]
interglúteo [interɡlúteo] 形《解剖》左右の尻の間の[の]
intergubernamental [interɡuβernamentál] 形 政府間の
intergular [interɡulár] 形《動物》[カメ類の] 間喉甲板の
interhalógeno, na [interalóxeno, na] 形《化学》compuesto ～ ハロゲン間化合物
interhumano, na [interumáno, na] 形 個人間の, 人と人の間の
ínterin [ínterin] 【←ラテン語 interim「その間」】男 [複 ínterines/interines] ❶ 合い間: en el ～ その間に. ❷《まれ》代行期間
―― 副 その間に
interina [interína] 女《西》[通いの] 家政婦
interinamente [interináménte] 副 ❶ 代行して; 暫定的に. ❷ その間に
interinar [interinár] 他 [職務などを] 代行する
interinato [intereináto] 男《主に中南米》=**interinidad**
interindividual [interindiβiðwál] 形 個人間の
interindustrial [interindustrjál] 形《経済》産業間の: análisis ～ 産業連関分析
interinidad [interiniðáð] 女 ❶ 代行, 代理; 代理職, 代行業務. ❷ 代行期間
interino, na² [interíno, na] 【←*ínterin*】形 名 代行[の], 代理[の]: gobierno ～ 暫定内閣(政権). maestro ～ 教育実習生. médico ～ インターン. rector ～ 学長代行. solución ～ *una*時しのぎの解決策
interinstitucional [interinstituθjonál] 形 団体間の
interinsular [interinsulár] 形 島間の
interior [interjór] 【←ラテン語 interior, -oris「さらに中へ」】形 名《⇔exterior》❶ 内部の, 内側の.《類義》主として **interior・exterior** は「物理的で有形な存在としての内側・外側」, **interno・externo** は「抽象化された存在としての内側・外側」: parte ～ de la casa 家の奥. necesidad ～ 内的必然性. ❷ 国内の; 都市内の. ❸ 内陸部の: región ～ de Chile チリの内陸部. ❹ [住居・部屋の] 表通りに面していない: habitación ～ [窓が中庭・主階段に面している] 部屋. ❺ 仲間うちの, 私的な. ❻ 精神的な, 心の中の: conflicto ～ 内面の葛藤. vida ～ 精神生活. voz ～ 心の声. ❼ 下着用の. ❽《幾何》内部の: punto ～ de una circunferencia 円周内の点
―― 男 ❶ 内部: El ～ de ese templo es tan grandioso como el exterior. その寺院の内部は外部と同様壮麗だ. decoración de ～*es* 室内装飾, インテリアデザイン. pintura de ～*es* 室内画. Ministerio del I～ 内務省. ❷《海洋・国境地域に対して》内陸部, 中央部 [= región ～]. ❸ 表通りに面していない住居. ❹ 内心; En mi ～ no estoy muy contento. 私は内心は満足していない. decir para su ～ 心の中で言う. ❺《サッカーなど》インサイドフォワード: ～ derecho (izquierdo) インサイドライト(レフト). ❻《映画》[複] 屋内セット場面. ❼ 内臓 [=entrañas]. ❽《メキシコ, パナマ, アルゼンチン, ウルグアイ》[首都・主要都市以外の] 地方. ❾《コロンビア, ベネズエラ》[男性用下着の] パンツ
interiorano, na [interjoráno, na]《パナマ》[首都でなく] 地方生まれの[人], 地方の[人], 国内の内陸部の
interioridad [interjoriðáð] 女 ❶ 内面性; 内在性: El libro desde su inicio nos introduce a la ～ del personaje. その本は冒頭から登場人物の内面を私たちに紹介する. ❷ 内部事情, 私事, 内輪のこと: No quiero entrar en ～*es*. 内輪のことに立ち入るつもりはない
interiorismo [interjorísmo] 男 室内装飾, インテリアデザイン
interiorista [interjorísta] 形 名 室内装飾の; インテリアデザイナー
interiorizado, da [interjoriðáðo, ða] 形《南米. 文語》[estar+.

+de·en〕内部事情に詳しい

interiorizar [interjoriθár] [9] [他] ❶〔思想などを〕内在化する, 消化して自分のものにする: Los niños, en la escuela, *interiorizan* pautas de comportamiento social. 子供たちは学校で社会的な行動規範を身につける. ❷〔感情などを〕内面化する, 表に出さない. ❸《チリ. 文語》〔+de·sobre について〕…に内部情報を詳しく知らせせる

—— **～se** ❶〔+de·sobre について〕慣れ親しむ, 習熟する. ❷ 自己の内面と向き合う, 内面を見つめる. ❸《チリ. 文語》詳しい内部情報を得る

interiormente [interjórménte] [副] ❶ 心のうちで, 内心では: Parecía contenta pero ～ estaba pasando un tormento. 彼女は満足しているように見えたが, 内心傷ついていた. ❷ 内部で〔は〕, 内側で〔は〕

interjección [interxɛ〔k〕θjón] 〖←ラテン語 interjectio, -onis「挿入」< interjicere「間に置く」〗[女]《文法》間投詞

interjectivo, va [interxɛktíƀo, ƀa] [形] 間投詞の

interlínea [interlínea] 〖←inter-+línea〗[女] ❶《印刷》1) 行間: La ～ debe ser algo mayor. 行間はもう少し空けるべきだ. 2) インテル〖=regleta〗. ❷《情報》行送り

interlineación [interlineaθjón] [女] ❶《印刷》行間を空けること. ❷ 行間に書き込むこと

interlineado [interlineáđo] [男] ❶《印刷》行間. ❷ 行間への書き込み

interlineal [interlineál] [形] 行間の, 行間に書かれた

interlinear [interlineár] [他] ❶《印刷》行間を空ける. ❷ 行間に書き込む

interlingua [interlíŋgwa] [女] インターリングア〖ラテン語をベースに国際補助語協会 Internacional Auxilary Language Association が開発した人工言語〗

interlock [interlók] [形]《情報》インターロック

interlocución [interlokuθjón] [女]《まれ》対話〖=diálogo〗

interlocutor, ra [interlokutór, ra] 〖←ラテン語 interlocutor < interloqui「対話する」〗[名]《文語》❶ 対話者, 対談者: ～*es* de un coloquio 討論会の発言者たち. ～*es* sociales〔労使交渉における〕経営者側と労働組合側, 労使双方. ～ válido 公式の交渉員(スポークスマン). ❷ 話し相手

interlocutoriamente [interlokutórjaménte] [副] 中間決定(判決)の形で

interlocutorio, ria [interlokutórjo, rja] [形]《法律》中間決定の, 中間判決の

intérlope [intérlope] [形]《メキシコ》不正な, 詐欺的な

—— [男] 無免許の業者, もぐりの商人

interludio [interlúđjo] 〖←ラテン語 interludere「時々演じる」〗[男] ❶《音楽》間奏〔曲〕. ❷ 幕間の演芸(寸劇); つなぎの短編映画

interlunio [interlúnjo] [男]《天文》無月期間

intermareal [intermareál] [形] 満潮と干潮の間の

intermaxilar [interma〔k〕silár] [形]《解剖》顎間の, 上顎骨間の

intermediación [intermeđjaθjón] [女] 仲介

intermediador, ra [intermeđjađór, ra] [形] [名] 仲介する〔人〕

—— [女] 仲介業の会社

intermediar [intermeđjár] 〖←intermedio〗[10] [自]《文語》❶〔+en の〕仲介をする. ❷ 仲裁をする: El representante del Gobierno *intermedió en* el conflicto entre sindicato y patronal. 政府の代表者が労使対立の仲裁をした

intermediario, ria [intermeđjárjo, rja] 〖←intermediar〗[形] [名] ❶〔生産者と消費者の〕中間商, 仲買人. ❷ 仲介する〔人〕: poner a+人 de ～ …を仲介に立てる. comercio ～ 中継貿易. ❸ 仲裁する〔人〕: servir de ～ para poner fin a una pelea けんかの仲裁役をつとめる

—— [男]〔銀行と保険会社からなる〕金融仲介機関

—— [女]《ベネズエラ. 口語》夕方興業

intermedio, dia [interméđjo, đja] 〖←ラテン語 intermedius, -a, -um〗[形] 中間の: calidad ～*dia* 中位の品質. color ～ 中間色. curso ～ 中級〔のコース〕. directivo ～ 中堅幹部, 中間管理職. zona ～*dia* 中間地帯

—— [男] ❶ 合い間. ❷《演劇, 映画》幕間(まくあい), 休憩; 幕間の音楽(舞踊). ❸《テレビ》〔CMなどのための〕放映中断時間

por ～ de... …を介して, …の仲介で

intermensual [intermenswál] [形]《経済》前月比の

intermezzo [interméts̮o] 〖←伊語〗[男]《音楽》インテルメッツォ, 間奏曲

interminable [interminábl̥e] 〖←ラテン語 interminabilis〗[形] ❶ 終わりのない, 際限のない: cola ～ 長蛇の列. trabajo ～ 切りのない仕事. ❷ 長たらしい: discurso ～ 延々と続く演説

interminación [interminaθjón] [女]《まれ》脅迫, 威嚇

interministerial [interministerjál] [形] 各省間の, 各大臣間の: reunión ～ 関係閣僚会議. cartas ～*es* 持ち回り閣議

intermisión [intermisjón] [女]《文語, 技術》休止, 中断

intermiso, sa [intermíso, sa] [形] =**interrumpido**

intermitencia [intermiténθja] [女] ❶ 断続性, 間欠性;〔主に[複]〕断続, 間欠: con ～〔s〕/por ～〔s〕断続的に. ❷《医学》〔熱発作などの〕間欠期, 休止期

intermitente [intermiténte] 〖←ラテン語 intermittens, -entis < intermittere「中断させる」〗[形] 断続的な, 間欠的な: fiebre ～《医学》間欠熱. fuente ～ 間欠噴水. luz ～ 点滅する光. pulso ～《医学》結滞脈

—— [男] ❶《自動車》ウインカー, 点滅器. ❷《交通》点滅信号

intermitir [intermitír] [他]《技術》一時中断させる; 断続させる

intermodulación [intermođulaθjón] [女] 相互変調

intermolecular [intermolekulár] [形]《化学》分子間の

intermunicipal [intermuniθipál] [形] 複数の市町村に関する, 市町村間の

intermuscular [intermuskulár] [形] 筋肉間の

internación [internaθjón] [女] ❶《歴史》〔内陸部への商品の〕移入; 移入税. ❷ 収容, 入院

internacional [internaθjonál] 〖←inter-+nacional〗[形] ❶ 国際的な; 全世界的な: comercio ～ 貿易. conflicto ～ 国際紛争. derecho ～ 国際法. relaciones ～*es* 国際関係. ❷《航空》国際便の: vuelo ～ 国際便, 国際航空

—— [名]《スポーツ》〔国の〕代表選手, 国際試合出場選手: Este jugador de fútbol ha sido ～ tres veces. このサッカー選手は国の代表に3回選ばれている

—— [女] ❶〔*I*～〕インターナショナル〖労働運動·社会主義運動の国際組織の総称〗: Primera *I*～ 第一インター. *I*～ Comunista コミンテルン. ❷〔la *I*～〕インターナショナルの歌, 革命歌

internacionalidad [internaθjonaliđá〔đ〕] [女] 国際性, 国際的であること

internacionalismo [internaθjonalísmo] [男] ❶ 国際〔協調〕主義, インターナショナリズム, 国際性. ❷ 国際共産主義

internacionalista [internaθjonalísta] [形] [名] ❶ 国際主義の(主義者); 国際共産主義者. ❷《法律》国際法の専門家

internacionalización [internaθjonaliθaθjón] [女] 国際化

internacionalizar [internaθjonaliθár] [9] [他] 国際的にする, 国際管理下に置く

—— **～se** 国際化する

internacionalmente [internaθjonálménte] [副] 国際的に

internado, da [internáđo, đa] 〖←internar〗[形] [名] ❶ 寄宿生〔の〕. ❷〔精神病院·収容所などに〕収容された; 収容者: estar ～ en... …に入院している; 収容された

—— [男] ❶ 寄宿学校, 寄宿舎. ❷ [集名] 寄宿生. ❸ 寄宿制度〖=régimen de ～〗. ❹《医学》臨床研修期間

medio ～ 給食制度

—— [女]《サッカーなど》敵陣内にすばやく入ること: Llegó el primer gol tras una rápida ～*da* del delantero. 最初のゴールはフォワードのすばやい敵陣への突入から生まれた

internalización [internaliθaθjón] [女] 内面化, 内在化

internalizar [internaliθár] [9] [他]〔思考·感情などを〕内面化する, 内在化する

internamente [intérnaménte] [副] =**interiormente**

internamiento [internamjénto] [男] 収容, 入院

internar [internár] 〖←interno〗[他] ❶〔+en 病院などに〕収容する, 入院させる: Lo *internaron en* una residencia de ancianos. 彼は老人ホームに入れられた. ❷〔奥に〕導く, 移動させる: ～ a+人 *en* lo más profundo de un bosque …を森の奥深くに連れ込む

—— **～se** ❶ 深く入り込む: Los soldados *se internaron en* las montañas. 兵士たちは山地に分け入った. ❷《スポーツ》相手陣内に入る. ❸〔秘密などを〕深く探る: ～*se en* los misterios 秘密を探る, 謎に迫る. ❹〔友情などに〕働きかける

internauta [internáu̯ta] [名] ネットサーファー, インターネット利用者

internet [internét] 〖←英語〗[女]/[男]〔主に *I*～〕インターネット: Reservé billetes de antemano por *I*～. 私は前もってインターネットで切符を予約しておいた. conectarse a *I*～ インターネット

に接続する. lanzar en l~ una noticia インターネットで情報を流す. pagar en l~ インターネットで支払う. ~ café インターネットカフェ

internético, ca [internétiko, ka] 形 インターネットの
internista [internísta] 『←interno』形 名 内科の; 内科医
interno, na [intérno, na]『←ラテン語 internus』形 ❶ 内部の, 内的な 《⇔externo. →interior 類義》: asuntos ~s del partido 党内事情. estructura ~na 内部構造. factor ~ 内的要因. ❷『家政婦などが』住み込みの: colocarse como ~ 住み込みで雇われる. ❸『生徒が』寄宿する. ❹『薬学』内服の. ❺『医学』内科の. ❻『解剖』oído ~ 内耳. vena yugular ~na 内頸動脈
—— 名 ❶ 寄宿生, 寮生《=alumno ~》: Este centro escolar tiene doscientos alumnos externos y cuarenta ~s. この学校には200人の通学生と40人の寄宿生がいる. colegio de ~s 寄宿学校. ❷『病院の』インターン, レジデント, 専門医学実習生《=~ de hospital, médico ~》. ❸『刑務所の』被収容者, 在監者
—— 名《ラプラタ. 電話》内線; 内線番号
de ~ 《古語》内部の
internodio [internódjo] 男《植物》節間
inter nos [inter nós]『←ラテン語』副 ここだけの話だが《=para ~》: l~ no creo que tenga mucho talento. 内緒だが, 僕には彼がそれほど有能だとは思えないんだ
internunciatura [internunθjatúra] 女 教皇庁公使の職 (邸宅・事務所)
internuncio [internúnθjo] 男 ❶『教皇大使 nuncio のいない非カトリック国に対する』教皇庁公使. ❷ 代弁者;《まれ》対話者
interoceánico, ca [interoθeániko, ka] 形 大洋間の: canal ~ 2つの大洋を結ぶ運河
interoceptivo, va [interoθe(p)tíbo, ba] 形《生理》内受容〔性〕の
interoceptor [interoθe(p)tór] 男《生理》内受容器
interocular [interokulár] 形《解剖》眼間の, 目と目の間の: distancia ~ 瞳孔間隔
interoperativo, va [interoperatíbo, ba] 形《情報》OS汎用の, 異なるOSで使用できる
interóseo, a [interóseo, a] 形《解剖》骨間の
interpaginar [interpaxinár] 他 =**interfoliar**
inter pares [inter páres]『←ラテン語』形 同輩で・の
interparietal [interparjetál] 形《解剖》頭頂骨間の
interparlamentario, ria [interparlamentárjo, rja] 形 各国議会間の: unión ~ 列国議会同盟
inter partes [inter pártes]『←ラテン語』形《法律》当事者間の
interpelación [interpelaθjón]『←ラテン語 interpellatio, -onis』女 質し, 質問; hacer una ~ al alcalde 市長に質問をする
interpelante [interpelánte] 形《文語》質疑 (質問) する〔人〕
interpelar [interpelár]『←ラテン語 interpellare』他《文語》❶『議会などで, +sobre について』質疑する, 質問する, 説明を求める: Los periodistas interpelaban agriamente a los portavoces de las empresas causantes de la contaminación. 記者たちは汚染源の企業のスポークスマンに厳しい質問を浴びせた. ❷『事実について』説明させる, 釈明させる. ❸『扶助・保護を』哀願する, 嘆願する
interpenetración [interpenetraθjón] 女 相互浸透
interpenetrar [interpenetrár] ~se 相互浸透する
interpersonal [interpersonál] 形 個人の間の: relaciones ~es 対人関係, 人間関係
interplanetario, ria [interplanetárjo, rja]『←inter-+planetario < planeta』形 惑星間の: viaje ~ 宇宙旅行
Interpol [interpól] 女 インターポール, 国際刑事警察機構
interpolación [interpolaθjón] 女 ❶ 加筆; 改竄. ❷《数学》補間法, 内挿法
interpoladamente [interpoládamente] 副 加筆して; 改竄して
interpolador, ra [interpoladór, ra] 形 名 加筆 (改竄) する〔人〕
interpolar [interpolár]『←ラテン語 interpolare「変える」』❶《文語》〔主に他人の書いたものに〕加筆する, 挿入する. ❷《数学》内挿する, 内挿を行う. ❸ 間に置く, 入れる. ❹ 一時中断する
—— 形《電気》両極間の
interponer [interponér]『←ラテン語 interponere < inter-+

+ponere「置く」』60 他《過去》interpuesto ❶ [+entre の] 間に置く, 入れる; 挟む: Hemos interpuesto una pantalla entre la puerta y la mesa. 私たちはドアと机の間についたてを置いた. ❷ [権力などを, +con に対して] 介入させる. ❸ [異議・控訴などを] 申し立てる: La asociación de consumidores denunció las dificultades para ~ reclamaciones. 消費者協会はクレームの申し立てがしづらい状況があることを指摘した. ~ recurso contra la decisión 決定に対して再審査を請求する. ❹《文語》[言葉を] さしはさむ
—— **~se** 間に入る, 介在する: No pienso ~me. 私は口出しするつもりはない. Se interpuso entre los dos para que no riñeran. 彼は2人の間に割って入ってけんかを止めた. Entre el orgullo de los directivos se interpone en la solución de la crisis. 危機を解決しようとすると経営者たちの傲慢が立ちはだかる
interposición [interposiθjón] 女 間に置く (入れる) こと; 介在.
❷《法律》[異議・控訴などの] 申し立て
interposita persona [interposíta persóna]『←ラテン語』女 por ~ 第三者を通じて
interpositorio, ria [interpositórjo, rja] 形《法律》[異議・控訴などの] 申し立ての
interprender [interprendér] 他《まれ》不意に取る
interpresa [interprésa] 女 ❶《まれ》不意に取ること. ❷《廃語》急襲, 不意打ち
interpretable [interpretáble] 形 解釈 (説明・翻訳) され得る
interpretación [interpretaθjón] 女 ❶《まれ》解釈; dar una ~ favorable a... …を善意に解する. admitir varias interpretaciones〔語句が〕色々に解釈できる. ~ de un texto テキストの解釈. ~ del caso 解釈事例. ~ de los sueños 夢判断; 夢占い. ❷ 演奏: El actor ejecutó una ~ muy pobre de Otelo. その俳優の演じたオセロはひどくお粗末だった. ~ de una sinfonía 交響曲の演奏. ~ de un paso doble パソドブレの演奏. ~ en directo 実演, ライブ. ❸《通訳》~ simultánea 同時通訳. ❹《医学》~ de imágenes radiográficas [放射線写真の] 読影. ❺《行政》翻訳 《=traducción》
mala ~ 誤解, 誤った解釈: Sus palabras se prestan a malas interpretaciones. 彼の発言は悪くとられかねない
interpretador, ra [interpretadór, ra] 形 名 ❶《まれ》解釈する〔人〕. ❷《古語》通訳 (翻訳) する〔人〕
interpretar [interpretár]『←ラテン語 interpretare』他 ❶ 解釈する: ¿Cómo interpretas la frase? その文をどう解釈しますか? ~ en un sentido amplio 広い意味にとる. ❷ 演奏する, 歌う: ~ el himno nacional japonés 日本国歌を演奏する. un Chopin ショパンを演奏する. ❸ [役を] 演じる: Ha interpretado bien a Sancho Panza. 彼はサンチョ・パンサをうまく演じた. ❹ [バレエなどを] 振り付ける. ❺ 通訳する; 翻訳する. ❻ 代弁する. ❼ 説明する. ❽ 現実を認識する
interpretariado [interpretarjádo] 男 通訳《業務》
interpretativamente [interpretatíbamente] 副 解釈的に
interpretativo, va [interpretatíbo, ba] 形 解釈の; 解釈に役立つ
intérprete [intérprete]『←ラテン語 interpres, -etis「仲介者」』名 ❶ 通訳: Un ~ de ruso. ロシア語の通訳です. servir de ~ de+人 …の通訳 (代弁者) をつとめる. ❷ 解釈者; 注釈者: ~ de los sueños 夢判断者, 夢占い師. ❸ 代弁者: ~ de los sentimientos del pueblo 民衆の感情の代弁者. ❹ 演奏家, 演技者, 出演者: ~ de una canción 歌手. ~ de Beethoven ベートーベンの演奏者. ❺ cómico 喜劇俳優
—— 男《情報》翻訳機, 翻訳システム, インタープリター: ~ de inglés a japonés 英語から日本語への翻訳機
interprofesional [interprofesjonál] 形 各職業共通の: salario mínimo ~《西》全産業一律の最低賃金
interprovincial [interproβinθjál] 形 各県間の, 地方間の
—— 《チリ》長距離バス
interpuesto, ta [interpwésto, ta] interponer の 過去
interracial [interaθjál] 形 異人種間の: matrimonio ~ 異人種間結婚. sexo ~ 異種族混交, 雑婚
inter-rail [inter ráil] 男《鉄道》インターレイルパス《1か月通用でヨーロッパの国鉄乗り放題乗車券》; その切符を使う旅行
interregional [interexjonál] 形 各地方間の
interregno [interégno]『←ラテン語 interregnum』男 ❶ [国王や統治者の] 空位期: El Gran I~ 大空位時代《13世紀半ばの約20年間, 神聖ローマ帝国 Sacro Imperio Romano Germánico で皇帝が実質的に空位だった時期》. ❷ 政治的空白期間;

[一般に] 休止期間: durante el ～ parlamentario 国会の休会中に
interrelación [inteřelaθjón] 囡 相互関係: ～ entre religión y sociedad 宗教と社会の関係
interrelacionar [inteřelaθjonár] 他 相互に関係づける
interreligioso, sa [inteřelixjóso, sa] 形 各宗教間の
interrogación [inteřogaθjón] 〖←ラテン語 interrogatio, -onis〗 囡 ❶ 質問; 尋問: responder a una ～ 質問に答える. ❷《文法》1) 疑問〔文〕: ～ directa (indirecta) 直接 (間接) 疑問. 2) 疑問符〔=signos de ～. signo de abrir ～ (¿), signo de cerrar ～ (?)〕. ❸《修辞》修辞疑問, 反語〔=～ retórica〕. ❹《チリ》〔学内の〕試験
interrogador, ra [inteřogaðór, ra] 形 囡 質問する; 質問者
interrogante [inteřogánte] 〖←interrogar〗形《まれ》問いかけるような〔=interrogativo〕; mirada ～ 問いかけるようなまなざし. ―― 男/囡 ❶ 疑問点, 問題点; 不明な点: El informe plantea numerosos ～s respecto a la concentración de la propiedad. 報告書は財産の集中に関し多くの疑問点を提出している. Su pasado es un ～. 彼の過去はよく分からない. ❷《まれ》文法》疑問符. ❸《まれ》質問〔=pregunta〕
interrogar [inteřogár] 〖←ラテン語 interrogare < inter-（間に）+rogare「懇願する, 質問する」〗8 他 ❶ に質問する, を尋ねる〔=preguntar〕. ❷ 尋問する, 取り調べる: ～ a un testigo 証人を尋問する
interrogativamente [inteřogatíbaménte] 副 いぶかしそうに, 不審げに
interrogativo, va [inteřogatíbo, ba] 〖←interrogar〗形 ❶ 問いかけるような: gesto ～ 物問いたげな様子. ❷《文法》疑問の: pronombre (adjetivo) ～ 疑問代名詞 (形容詞). entonación ～va 疑問のイントネーション
interrogatorio [inteřogatórjo] 〖←interrogar〗男 ❶ 尋問, 取り調べ: ～ de identidad 人定尋問. ❷ 〔主に列記された, 一連の〕質問事項; 質問書, 調書
interrumpidamente [inteřumpíðaménte] 副 断続的に
interrumpido, da [inteřumpíðo, da] 形 とぎれとぎれの
interrumpir [inteřumpír] 〖←ラテン語 interrumpere「ばらばらにする, 叩き切る」〗他 ❶ 中断させる, 遮断する, 妨げる: El accidente interrumpe el tráfico. 事故で交通がストップしている. El árbol caído nos interrumpió el paso. 倒木で私たちは通れなかった. Interrumpí mi discurso para beber agua. 私は水を飲むために講演を中断した. ～ su paseo 散歩の足を止める. ～ los estudios 勉学を中断する. ～ la corriente 電流を切る. ❷ …の話をさえぎる〔さえぎって話し始める〕: No me interrumpas mientras hablando. 話の腰を折らないでくれ. Perdone que le interrumpa. お話の途中ですみません. ―― 自 邪魔になる: ¿Interrumpo?—No, no, pase. お邪魔ですか?―いいえ, お通り下さい. ～se 中断される: Se ha interrumpido la comunicación. 連絡が途切れた.
interrupción [inteřupθjón] 〖←ラテン語 interruptio, -onis〗囡 ❶ 中断, 遮断: ～ de la vía férrea 鉄道連絡の途絶. ～ del juego《スポーツ》〔作戦協議, 水分補給などの〕タイムアウト. ～ eléctrica 停電. ～ 〔voluntaria〕 del embarazo 妊娠中絶. ❷ 〔話の〕妨害. ❸《情報》割り込み; 中断, ブレーク: con interrupciones とぎれとぎれに: sin ～ 絶えず, 間断なく
interruptor, ra [inteřu(p)tór, ra] 形 囝 ❶〔話を〕さえぎる〔人〕. ❷ 遮断するための. ―― 男《電気》スイッチ, 遮断器: Pulsé el ～ y apagué la luz. 私はスイッチを押して電気を消した. ～ automático サーキットブレーカー, 遮断器. ～ de la luz 電灯のスイッチ
intersecar [intersekár] 7 他 ～se =intersectar
intersección [interse(k)θjón] 〖←inter-+ラテン語 sectio, -onis < secare「切る」〗囡 ❶《幾何》交差, 交わり; 交点, 交線, 交面: La ～ de dos líneas es un punto. 2直線は1点で交わる. ❷《言語》交差点. ❸《数学》共通集合
intersectar [intersektár] ～se《幾何》〔2線・2面が〕交差する, 交わる
intersexual [interse(k)swál] 形 ❶ 異性間の: amor ～ 異性愛. ❷《生物》間性の
intersexualidad [interse(k)swaliðá(ð)] 囡《生物》間性
intersideral [intersiðerál] 形《天文》天体間の: espacio ～ 宇宙空間

intersindical [intersindikál] 形 組合間の
intersticial [intersti0jál] 形 ❶《生物》細胞間の, 間質性の: neumonía ～ 間質性肺炎. ❷《医学》間質の
intersticio [intersti0jo] 〖←ラテン語 interstitium「間隔, 距離」< interstare < inter-（間に）+stare「在る」〗男 ❶ すき間, 割れ目: La luz se cuela por los ～s de la pared. 壁のすき間から光が入り込む. ❷〔時間・空間的な〕間隔. ❸〔主に 複〕教会法に基づく〕受品の間隔〔副助祭から助祭へ・助祭から司祭へのような次の階位を受けるのに必要な中間期間〕
intersubjetivo, va [intersuβxetíβo, ba] 形《哲学》間主観的な, 相互主観的な
intertanto [intertánto] 男《中南米》en el ～ その間, その間に
intertemporal [intertemporál] 形 異時点間の, 異時均衡
interterritorial [interteřitorjál] 形 地域間の
intertextual [interte(k)stwál] 形《文学など》インターテクストの
intertextualidad [interte(k)stwaliðá(ð)] 囡 間テクスト性, インターテクスト
intertidal [intertiðál] 形《地理》潮間の
intertónico, ca [intertóniko, ka] 形《音声》〔語中にあって〕強勢のある音節の直前にある〔母音〕
intertrigo [intertríɣo] 男《医学》間擦（かんさつ）疹
intertropical [intertropikál] 形 両回帰線内の; 熱帯の: países ～es 熱帯諸国
interuniversitario, ria [interuniβersitárjo, rja] 形 大学間の. ―― 男《大学間の》対校戦
interurbano, na [interurβáno, na] 〖←inter-+urbano〗形 都市間の: conferencia ～na 市外通話
interusurio [interusúrjo] 男《法律》返却（返還）遅延利息
intervalo [interβálo] 〖←ラテン語 intervallum < inter-（間に）+vallum「土塁, 石壁」〗男 ❶〔時間・空間の〕間隔; 期間: Un recién nacido no debe pasar más de 3 horas de ～ entre mamadas. 新生児の授乳は3時間以上を空けてはいけない. Estas tres infecciones se han producido en el ～ de dos meses. 2か月の間に3度の感染が起きた. plantar las flores con ～s regulares (de dos metros) 等間隔で(2メートルおきに)花を植える. ❷〔限度内の〕数値幅: ～ de temperaturas 温度域. ❸〔主に南米〕〔芝居・コンサートなどの〕休憩時間: La obra se representa con ～s. 作品は休憩を入れずに上演される. ❹《音楽》音程: ～ mayor (menor) 長(短)音程. ～ aumentado (disminuido) 増(減)音程. a ～s 間をおいて, ところどころに; 時々
intervención [interβenθjón] 〖←intervenir〗囡 ❶〔+en への〕介入, 干渉: 1) ～ en un debate 論争への口出し. ～ militar 軍事介入. ～ política 内政干渉. 2)《歴史》～ estadounidense en México 米墨戦争〖Guerra México-Estados Unidos とも言い, 1846～48, 米国とメキシコの間でテキサス Texas の帰属をめぐって戦われた. 結果, メキシコはテキサスのほか, カリフォルニア California, ネバダ Nevada, ユタ Utah, アリゾナ Arizona など国土の3分の1を米国へ割譲した〗. Segunda ～ francesa en México フランス干渉戦争, メキシコ出兵〖1861～67, フランスおよびスペイン・イギリスがメキシコに対して行なった内政干渉と武力侵攻〗. ❷ 仲裁, 調停, とりなし. ❸ 発露; 出演: ～ de los bomberos 消防隊の出動. ～ televisiva テレビ出演, テレビでの発言. ❹〔講演会などでの〕あいさつ, 講演: Su ～ fue clara y consisa. 彼のスピーチは簡潔で分かりやすかった. ❺《医学》処置, 〔特に〕外科手術〔=～ quirúrgica〕. ❻ 会計検査, 監査; 会計検査官 (監査役) の職 (事務所). ❼ 盗聴. ❽ 押収, 没収
intervencionismo [interβenθjonísmo] 男《政治》干渉主義, 介入主義
intervencionista [interβenθjonísta] 形 囝《政治》干渉主義の (主義者)
intervenir [interβenír] 〖←ラテン語 intevenire < inter-（間に）+venire「来る, 入り込む」〗59〖命令法単数 intervén/interven〗 自 [+en に] ❶ 介入する, 仲介する, 干渉する: Sus amigos intervinieron logrando calmarla. 彼の友人たちが間に入って彼女を鎮めるのに成功した. No quiero ～ en la decisión. 私は決定に関与したくない. ～ en los asuntos ajenos 他人のことに口を出す, おせっかいをやく. ～ en los asuntos políticos internos de …の内政に干渉する. ～ a su favor 自分の利益になるように介入する. ❷ 仲裁する: ～ en la pelea けんかの仲裁をする. ～ en la paz entre los dos países 両国の和平を調停する. ❸ 参

加する, 関係する; 出演する: Muchas personas *intervienen en* la investigación. 多くの人が研究に参加している. *Intervienen* varios factores *en* el mercado. 市場にはいくつかの要素が働いている. ～ *en* un programa 番組に出演する. ❹［会議などで］あいさつする, 話す: *Intervino* como representante de la comunidad de vecinos. 彼は住民の会の代表として発言した. ❺ 監査する, 検査する. ❻［事件などが］起きる, 発生する

―― [他] ❶《医学》…に手術をする: Habrá que ～ al paciente. 患者に手術を行なわなければならないだろう. ❷［会計を］監査する. ❸［手形を］引き受ける. ❹［国家が］統制する, 管理する: ～ la televisión テレビを国家管理する. ❺［警察が］盗聴する;［郵便物などを］検閲する. ❻［禁制品を］押収する: La policía *ha intervenido* un cargamento de armas. 警察は積み荷の武器を押収した. ❼［国際的に］…に干渉する, 内政干渉する;《歴史》［封建体制下で］領国に指示する. ❽《ボリビア, アルゼンチン, ウルグアイ》［当局が企業などを］一時的に管理する

interventor, ra [interƀentór, ra]〖←ラテン語 interventor, -oris〗[形] ❶ 監査する; 統制する, 管理する. ❷ 干渉の

―― [名] ❶ 会計検査官; 監査役〖=～ de cuentas〗: ～ judicial 管財人. ❷［政党から指名された］開票検査人. ❸《鉄道》改札係. ❹ 仲裁者

intervertebral [interƀerteƀrál] [形]《解剖》椎間(ついかん)の: disco ～ 椎間板

interview [interƀjú] [女]〖[複] ～s〗《まれ》=**interviú**

interviniente [interƀinjénte] [形] [名] 参加する; 参加者

intervistar [interƀistár] **～se**《まれ》=**entrevistarse**

interviú [interƀjú]〖←英語 interview〗[女]/[男] インタビュー〖=entrevista〗

interviuador, ra [interƀjwađór, ra] [名]《まれ》インタビュアー

interviuar [interƀjwár] ⑫ [他]《まれ》インタビューする〖=entrevistar〗

interviuvador, ra [interƀjuƀađór, ra] [名]《古語的》インタビュアー

interviuvar [interƀjuƀár] [他]《古語的》インタビューする〖=entrevistar〗

inter vivos [inter bíƀos]〖←ラテン語〗[形] [副]《法律》［贈与・信託などが］当事者生存中に〔効力のある〕: sucesión ～ 生前相続

intervocálico, ca [interƀokáliko, ka] [形]《言語》［子音が］母音にはさまれた, 母音間の

interyacente [interjaθénte] [形] 2つのものの中間の, 間にある

interzonal [interθonál] [形] ❶ 地域間の. ❷ =**interzonas**

interzonas [interθónas] [形]〖単複同形〗《スポーツ》［選手権戦が］地区同士の

intestado, da [intestáđo, đa] [形] [名]《法律》❶ 無遺言の; 無遺言死亡者: morir ～ 遺言を残さずに死ぬ. ❷［相続が法律に従い］遺言によらない

―― [男] 無遺言死亡者の遺産

intestinal [intestinál] [形]《解剖》腸の: fiebre ～ 腸炎

intestino[1] [intestíno]〖←ラテン語 intestinus「内部」〗[男]［時に [複]］《解剖》腸: ambiente del ～ 腸内環境. ～ delgado 小腸. ～ grueso (gordo) 大腸. ～ ciego 盲腸

intestino[2]**, na** [intestíno, na] [形] ❶［争いが］内部の, 内戦の: luchas ～*nas* 内紛. ❷《まれ》内側の

inti [ínti] [男] ❶［ペルーの旧貨幣単位］インティ〖1985～90年. 現在は nuevo sol〗. ❷［*I*～］インティ〖インカの太陽神〗: *I*～ Raimi［クスコで行なわれる］インティ・ライミ祭り

intibucano, na [intiƀukáno, na] [形] [名]《地名》インティブカ Intibucá の〔人〕〖ホンジュラス西部の県〗

intifada [intifáđa]〖←アラビア語〗[女]［主に *I*～］インティファーダ〖イスラエル占領地でのパレスチナ人の蜂起〗

intima [intíma] [女]《まれ》=**intimación**

intimación [intimaθjón] [女] 通達, 命令〖行為〗

íntimamente [íntimaménte] [副] ❶ 親しく, 親密に; 内輪で, 内々で: Cenamos ～. 私たちは親しく食事をした. ❷ 緊密に: El contrabando está ～ ligado con otros delitos. 密輸は他の犯罪と緊密に結びついている

intimar [intimár]〖←ラテン語 intimare「知らせる」〗[他] ❶《文語》［緊急に・脅迫的に, 威厳をもって］通達する, 命令する: 1) La policía le *intimó* la entrega de los documentos. 警察は書類の引き渡しを彼に命じた. ～ la rendición 降伏を命じる. 2)［+a+不定詞］Le *intimé a* salir. 私は彼に外に出るよう求めた. 3)［〔+a〕+que+接続法］Le *han intimado que* diga la verdad. 彼は真実を述べるように命じられた. ❷《まれ》通知する

―― [自]［互いに/+con と］親しくなる: *He intimado con* tu hermana. 私は君の妹(姉)と親しくなった

―― **～se** 浸透する

intimatorio, ria [intimatórjo, rja] [形]《法律》［書状などが］命令を通達・通告する

intimidación [intimiđaθjón] [女] 怖じ気づかせること; 脅し, 威嚇

intimidad [intimiđá(đ)]〖←íntimo〗[女] ❶ 親密さ, 親密な関係, 親交: Enseñan al público la ～ entre dos personas. 2人は互いの親密さを公にしている. ❷ 私生活; [複] 私生活に属する事柄: preservar la ～ プライバシーを守る. violar la ～ プライバシーを侵害する. derecho a la ～ プライバシーの権利. ❸《婉曲》[複] 性器; 下着

***en la* ～** 内輪で, 家族だけで; 私生活の場で; 外からは見えないところで: Los funerales se celebraron *en la* mayor ～. 葬式はごく内輪だけで行なわれた

***entrar en* ～ *con*+人** …と懇意になる

***por* ～** 心の奥で, 心底から

intimidador, ra [intimiđađór, ra] [形] =**intimidante**

intimidante [intimiđánte] [形] 怖じ気づかせる, おびえさせる

intimidar [intimiđár]〖←ラテン語 intimidare < in-+timidus「恐れる」〗[他] ❶ 怖じ気づかせる, おびえさせる: Tiene una voz tan grave que *intimida* a cualquiera. 彼は誰でもおびえてしまうほど太い声をしている. ❷ 脅す: Nos *intimidó* con una pistola. 彼は我々をピストルで脅した

―― **～se** 怖じ気づく

intimidativo, va [intimiđatíƀo, ƀa] [形] =**intimidatorio**

intimidatorio, ria [intimiđatórjo, rja] [形] 怖じ気づかせるための: disparo ～ 威嚇射撃

intimismo [intimísmo] [男]《文学, 美術》アンティミスム〖身近な個人的・心理的経験をモチーフに親密感の表現にあたる〗

intimista [intimísta] [形] [名]《文学, 美術》アンティミスムの, 親密派〔の〕

íntimo, ma [íntimo, ma]〖←ラテン語 intimus「最も内側の」〗[形] ❶ 親密な;《婉曲》性的な: amigo ～ 親友〖肉体関係のある相手についても使う〗. relaciones ～*mas* 性的関係. ❷ 内輪の, 仲間うちの: cena ～*ma* 家族水入らずの夕食. fiesta ～*ma* 内輪のパーティー. vida ～*ma* 私生活. ❸ 緊密な: ～*ma* relación 緊密な関係. ❹ 最も内側の, 一番奥の; 内心の, 心の奥底の. ❺［場所が］くつろいだ感じの, 居心地の良い: restaurante ～ くつろげるレストラン. ❻《婉曲》性器の: desodorante ～ 性器の消臭剤. ❼《服飾》直接肌に着ける

***en lo más* ～**［心の］奥底で: Su voz resuena *en lo más* ～ de mí. 彼の声は私の奥底に響いた

―― [名] ❶ 親友: Tengo preparado un desayuno para los ～*s* en casa. 私は家に親友たちのために朝食の支度をしてある. Él era un ～ de la familia. 彼は家族の親友だった. ❷ 側近, 腹心の者

intina [intína] [女]《植物》［胞子・花粉粒の］内膜, 内壁

intitulación [intitulaθjón] [女]《文語》題名(タイトル)づけ

intitular [intitulár]〖←ラテン語 intitulare〗[他]《文語》…に題名(タイトル)をつける〖=titular〗

intocabilidad [intokaƀiliđá(đ)] [女] 触れられ得ないこと

intocable [intokáƀle] [形]［ser+］触れられ得ない; 疑問の余地のない: La Constitución es ～. 憲法は神聖である. Sigue líder ～ en los Campeonatos del Mundo. 彼は世界選手権戦で独走を続けている. tema ～ 触れてはならない話題. virtud ～ 疑い得ない美徳

―― [名]［インドのカースト制で］不可触賤民

intocado, da [intokáđo, đa] [形] 手を触れていない〖=intacto〗

intolerabilidad [intoleraƀiliđá(đ)] [女] 許しがたさ; 耐えがたさ

intolerable [intoleráƀle]〖←ラテン語 intolerabilis < in-(否定)+tolerabilis〗[形]［ser+］❶ 許しがたい, 認めがたい: 1) comportamiento ～ 許しがたいふるまい. 2)［ser ～ que+接続法］Es ～ *que* haya personas que tratan tan mal los animales. 動物をこんなに虐待する人々がいることは許しがたい. ❷ 耐えがたい: dolor ～ 我慢できない痛み

intolerancia [intoleránθja]〖←ラテン語 intolerantia < in-(否定)+tolerantia〗[女] ❶［主に宗教上の］不寛容, 狭量, 異説排斥; 偏狭: ～ religiosa 宗教的不寛容. ❷《医学》［食物・薬に対する］不耐性: Tiene ～ a las grasas. 彼は脂肪を受けつけない

intolerante [intoleránte] [形] [名]［+〔para〕con に対して］不寛容な〔人〕, 狭量な〔人〕: Es ～ *para con* el que piensa dis-

I

tinto. 彼は違う考えの人を受け入れない. profesor ～ 厳しい先生

intonso, sa [intónso, sa] [形] ❶《文語》髪を切っていない: Llevan sus cabellos ～*s*. 彼らは髪を切っていない. barba ～*sa* 伸ばしているひげ. ❷《製本》[聖書などが] 縁がきちんと裁断されていない. ❸ 無知な, 無学な

in toto [in tóto]〖←ラテン語〗[副]《文語》完全に

intoxicación [intɔ[k]sikaθjɔ́n] [女] ❶ 中毒: Tuvo una ～ con unas setas. 彼はキノコで中毒を起こした. ～ alimenticia 食中毒. ～ etílica [aguda] [急性]アルコール中毒. ～ por monóxido de carbono 一酸化炭素中毒. ❷ [情報などの] 攪乱, 操作: ～ de la opinión pública 世論操作

intoxicador, ra [intɔ[k]sikađɔ́r, ra] [形] [名] 情報を攪乱(操作)する[人]

intoxicante [intɔ[k]sikánte] [形] [男] 中毒を引き起こす[物質]

intoxicar [intɔ[k]sikár]〖←in- (虚辞)+tóxico〗[7] [他] ❶ 中毒を引き起こす: La mayonesa en mal estado *ha intoxicado* a los estudiantes. 悪くなったマヨネーズが原因で学生たちの食中毒は起きた. ❷ 毒を盛る: El hijo quería ～ a su padre con un veneno lento. 息子は父親に遅効性の毒を盛ろうとしていた. ❸ [誤った・偏った情報を与えて] 混乱させる: Es una propaganda que *intoxica* a los electores. それは有権者を惑わす宣伝だ

—— **～se** 中毒になる: *Se intoxicó* con un alimento. 彼はある食品で中毒を起こした

intra-《接頭辞》[内] *intra*muscular 筋肉内の

intraatómico, ca [intra[a]tómiko, ka] [形] 原子内の

intraborda [intraƀɔ́rđa] [形]《船舶》motor ～ 船内機, 船内エンジン

intracardiaco, ca [intrakarđjáko, ka] [形] =**intracardíaco**

intracardíaco, ca [intrakarđíako, ka] [形]《医学》心臓内の, 心内膜の

intracavernoso, sa [intrakaƀɛrnóso, sa] [形] inyección ～*sa* 海綿体内注射

intracavitario, ria [intrakaƀitárjo, rja] [形]《医学》腔内の

intracelular [intraθelulár] [形]《生物》細胞内の

intracitoplasmático, ca [intraθitoplasmátiko, ka] [形]《生物》細胞質内の: inyección ～*ca* de espermatozoides《医学》顕微授精

intracomunitario, ria [intrakomunitárjo, rja] [形]《歴史》ヨーロッパ経済共同体内の

intracraneal [intrakraneál] [形]《医学》頭蓋内の: hemorragia ～ 頭蓋内出血. presión ～ 頭蓋脳圧

intradérmico, ca [intrađérmiko, ka] [形]《医学》皮内の

intradermorreacción [intradɛrmɔr̄ea[k]θjɔ́n] [女]《医学》皮内反応

intradía [intrađía] [形]《商業》[相場取引が] その日のうちの, デイトレードの: negociación (operativa) ～ デイトレード

intradós [intrađɔ́s]〖←ラテン語 intra- (中)+dorsum「背中」〗[男]《建築》[アーチ・丸天井の] 内輪(うちわ), 内孤

intraducibilidad [intrađuθiƀiliđá[đ]] [女] 翻訳不可能性

intraducible [intrađuθíƀle] [形] 翻訳不可能な, 他の言葉で表わせない(表わすのが難しい): Hay expresiones que sean ～*s* a cualquier otra lengua. 他のどの言語にも翻訳できない表現というものがある

intrafamiliar [intrafamiljár] [形] 家族間の, 家族内の

intragable [intragáƀle] [形] ❶ 不快な. ❷ [事柄が] 受け入れがたい, 信じがたい. ❸《口語》[人について] 我慢できない

intrahistoria [intrai̯stórja] [女] [歴史の背景をなす] 一般庶民の伝統的な日常生活〖ウナムノ Unamuno の造語〗

intrahistórico, ca [intrai̯stóriko, ka] [形] 一般庶民の伝統的日常生活の

intramedular [intrameđulár] [形]《解剖》骨髄内の

intramundano, na [intramundáno, na] [形]《哲学》物質世界内の

intramundo [intramúndo] [男]《哲学》物質世界

intramuros [intramúrɔs]〖←intra-+muro〗[副] 市内で・に, 城内で・に

—— [女]/[男]《地名. フィリピン》イントラムロス〖16世紀スペイン人の作った城塞跡でマニラ最古の地区〗

intramuscular [intramuskulár] [形]《医学》筋肉内の: inyección ～ 筋肉[内]注射

intranacional [intranaθjonál] [形]《まれ》国内の

intranatal [intranatál] [形]《医学》分娩中に起こる

intranet [intranét]〖←英語〗[女]《情報》イントラネット〖インターネットを利用した企業内情報通信網〗

intranquilidad [intraŋkiliđá[đ]] [女] 不安, 心配, 気がかり: El mundo vive con mucha ～. 人々はひどく不安な生活をおくっている

intranquilizador, ra [intraŋkiliθađɔ́r, ra] [形] 不安にさせる: El futuro tiene un aspecto muy ～ en todos los campos. すべての分野において未来は不安な様相を呈している

intranquilizante [intraŋkiliθánte] [形] =**intranquilizador**

intranquilizar [intraŋkiliθár] [9] [他] 不安にさせる, 心配させる: Me *han intranquilizado* las noticias. その知らせを聞いて私は不安になった

—— **～se** 不安になる

intranquilo, la [intraŋkílo, la]〖←in- (否定)+tranquilo〗[形] ❶ [estar+] 不安な, 心配な: Estaré ～ hasta que me telefonees para decirme que ya has llegado. 君が到着したことを電話で知らせてくれるまで私は不安だろう. Tuvo un sueño ～. 彼の眠りは浅かった. ❷ [ser+] 落ち着きのない, 騒がしい: lugar ～ 騒がしい場所

intranscendencia [intransθendénθja] [女] =**intrascendencia**

intranscendente [intransθendénte] [形] =**intrascendente**

intransferible [intransferíƀle] [形] [ser+] 譲渡され得ない: Este documento es personal e ～. この書類は個人名義で譲渡不能である

intransigencia [intransixénθja] [女] 非妥協性, 頑固, 一徹

intransigente [intransixénte]〖←in- (否定)+transigente < transigir〗[形] [ser・estar+] 妥協しない, 融通のきかない, 頑固な, 一徹な, 強硬派の: Es ～ en todos los principios. 彼はあらゆる原則に関して妥協を許さない. José está demasiado ～ con este asunto. ホセはこの件に関しあまりにも融通がきかない

intransitable [intransitáƀle]〖←in- (否定)+transitable < transitar〗[形] [ser・estar+. 道などが] 通れない: Las calles, con esta lluvia, se vuelven ～*s*. この雨で通りが通行不能となる

intransitividad [intransitiƀiđá[đ]] [女]《文法》自動性

intransitivo, va [intransitíƀo, ƀa]〖←in- (否定)+transitivo〗[形] [男]《文法》自動詞[の]: oración ～*va* 自動詞文

intransmisible [intransmisíƀle] [形] 伝達され得ない

intransmutabilidad [intransmutaƀiliđá[đ]] [女] 変質され得ないこと, 不変性

intransmutable [intransmutáƀle] [形] 変質され得ない

intransportable [intranspɔrtáƀle] [形] 運搬不可能な, 持ち運びできない

intranuclear [intranukleár] [形]《物理, 生物》[原子・細胞などの] 核内の

intraocular [intraokulár] [形]《医学》眼内の: lentes ～*es* 人工水晶体. presión ～ 眼圧

intraoperativo, va [intraoperatíƀo, ƀa] [形] 手術中に起きる

intraóseo, a [intraóseo, a] [形]《医学》骨内の

intrarraquídeo, a [intrar̄akíđeo, a] [形]《医学》脊柱内の

intrarregional [intrar̄exjonál] [形] 域内の〖⇔extrarregional〗: tráfico ～ 域内貿易

intrascendencia [intrasθendénθja] [女] 重要性のなさ, 取るに足りないこと

intrascendental [intrasθendentál] [形]《まれ》=**intrascendente**

intrascendente [intrasθendénte]〖←in- (否定)+trascendente < trascender〗[形] [ser+] 重要でない, 取るに足りない: Este es un detalle ～. これはつまらない細部だ. Es un episodio aparentemente ～, pero muy revelador en el fondo. その逸話は一見取るに足りないようだが, 実は非常に意味を持っている

intrasferible [intrasferíƀle] [形] =**intransferible**

intrasmisible [intrasmisíƀle] [形] =**intransmisible**

Intrastat [intrastát] [男] イントラスタット〖EU内貿易統計〗

intratabilidad [intrataƀiliđá[đ]] [形] ❶ 手に負えないこと, 御しがたいこと. ❷ 無愛想; 交際嫌い, 非社交性

intratable [intratáƀle]〖←ラテン語 intratabilis〗[形] [ser・estar+] ❶ [事柄が] 扱いにくい, 手に負えない: enfermedad ～ 難病. problema ～ 難問. ❷ 無愛想な: Es ～, nadie le aguanta. 彼は無愛想でみんなから大変嫌われている. El padre está ～ en casa. 父は家では機嫌が悪い

intratar [intratár] [他]《ホンジュラス》侮辱する

intrauterino, na [intraụteríno, na] [形]《医学》子宮内の: dispositivo ～ 避妊リング

intraútero [intraútero] [形] =**intrauterino**

intravenoso, sa [intraƀenóso, sa] [形]《医学》静脈内の: inyección ～*sa* 静脈注射

intrazonal [intraθonál] [形] 域内の〖=intrarregional〗

intre [íntre] [男] ***en el ～***《地方語》その間に〖=entre tanto〗

intrépidamente [intrépiđaménte] [副] 大胆に

intrepidez [intrepiđéθ] [女] 大胆さ; 豪胆, 勇猛: Su ～ salvó muchas vidas. 彼の大胆さのおかげで多くの命が救われた

intrépido, da [intrépiđo, đa]〖←ラテン語 intrepidus < in-（虚辞的）+trepidus「不安な」〗[形] [+名詞/名詞+] 大胆な, 恐れを知らない: Es un ～ explorador de las profundidades marinas. 彼は勇敢な深海探検家だ

intricar [intrikár] [7] [他]《まれ》=**intrincar**

intriga [intríɡa]〖←intrigar〗[女] ❶ 陰謀, 策謀: ～ política 政治的策略. novela de ～ 冒険推理小説. ❷ [小説などの] 筋立て, プロット〖=trama〗. ❸ 強い好奇心, 関心: Tengo ～ por saber qué canciones cantarán a la fiesta. 彼らがどんな歌をパーティーで歌うかということに私は強い関心を持っている

armar (fraguar·maquinar·tramar·urdir) ～s 陰謀をめぐらす: Descubrió las ～*s* que sus amigos *maquinaban* contra él. 彼は友人たちが自分に対し企んでいた陰謀を見破った

intriganta [intriɡánta] [女] →**intrigante**

intrigante [intriɡánte] [形] ❶ 謀略をめぐらす, 策謀好きな: políticos ～*s* 策謀好きな政治家たち. ❷ 強い好奇心を抱かせる: El final de la película era muy ～. その映画はとても気をもませる終わり方だった. sonrisa ～ ミステリアスな微笑

—— [名]〖[女] **intriganta** もある〗《主に軽蔑》陰謀家, 策士: Fue una ～ que movía los hilos del poder. 彼女は権力の糸を操る策謀家だった

intrigar [intriɡár]〖←伊語 intrigare〗[8] [自] 陰謀をめぐらす: Creo que están *intrigando* contra el Presidente. 大統領に対する陰謀がめぐらされていると私は思う

—— [他] 強い好奇心を抱かせる: Su comportamiento tan extraño nos *intrigó*. 彼のその奇妙な行動に私たちは強い好奇心を抱いた. estar *intrigado* por... [好奇心で] …が気になっている, 好奇心に駆られている

intrincable [intriŋkáƀle] [形] 錯綜させられ得る

intrincación [intriŋkaθjɔ́n] [女] 錯綜〖行為〗

intrincadamente [intriŋkáđaménte] [副] 錯綜して

intrincado, da [intriŋkáđo, đa] [形] 錯綜(さくそう)した: argumento ～ 込み入った筋. camino ～ 入り組んだ道

intrincamiento [intriŋkamjénto] [男] 錯綜〖状態〗

intrincar [intriŋkár]〖←古語 intricar < ラテン語 intricare「からませる」< in-（中）+tricare「もつれ」〗[7] [他] 錯綜させる, もつれさせる, 込み入らせる

—— **～se** 錯綜する, もつれる: El asunto *se* está *intrincando* cada vez más. 事件はますます複雑化している

intríngulis [intríŋɡulis]〖←伊語 intingoli「ソース煮込み」〗[男]〖単複同形〗《口語》❶ [外からは見えないような] 難しさ, 困難: Aunque el procedimiento parecía sencillo, tenía su ～. その手続きは簡単に見えたが, 独自の難しさがあった. ❷ 秘められた意図(理由): Ahí está el ～. そこには裏がある

intrínsecamente [intrínsekaménte] [副] 内在的に

intrínseco, ca [intrínseko, ka]〖←ラテン語 intrinsecus「内に向かって, 内部的に」〗[形] [+a に] 内在的な: El tiempo es un derecho esencial e ～ *al* ser humano. 時間は本質的な, 人間存在に内在する権利である

intrinsiqueza [intrinsikéθa] [女]《まれ》[個人・家族の] プライバシー

introducción [introđu〔k〕θjɔ́n]〖←ラテン語 introductio, -onis〗[女] ❶ 入れること; 導入, 挿入: ～ de droga en Japón 麻薬の日本への持ち込み. ～ de un objeto extraño 異物の挿入. ❷ [新しい事物の] 導入: ～ del gas natural 天然ガスの導入. ～ del existencialismo 実存主義の紹介. ❸ [+a への] 入門; 入門書, 概説書: *I～ a* la lingüística románica ロマンス言語学入門. ❹ 序文, 序論, 序説: Ese ensayo tiene una amplia ～. そのエッセイには長い序文がついている. ❺《音楽》序奏, イントロ, 導入部: ～ instrumental 楽器の序奏. ❻ [人を] 招き入れること, 通すこと; 加入, 参入. ❼ 紹介: carta de ～ 紹介状. ❽《情報》インプット. ❾ 親しい交際

introducir [introđuθír]〖←ラテン語 introducere < inter-（中に）+ducere「導く」〗[41] [他] ❶《文語》[+en に] 差し込む, 挿入する: *Introduje* una moneda *en* la hucha. 私は硬貨を貯金箱に入れた. El soldado *introdujo* el proyectil *en* el cañón. 兵士が大砲に砲弾を装填した. ～ la llave *en* la cerradura 錠前に鍵を差し込む. ❷ [人を, +en·a+場所 に] 導き入れる, 招き入れる, 案内する: El camarero me *introdujo en* la habitación. ボーイが私を部屋に案内した. La enfermera *introdujo* al paciente *a* la sala de espera. 看護婦は患者を待合室に入れた. ❸ [+en に] 導入する, 取り入れる: ¿Quién *introdujo* el café *en* este país? 誰がこの国にコーヒーを紹介したのですか? ～ muchas palabras inglesas *en* japonés 日本語に多くの英語の単語を持ち込む. ～ las técnicas nuevas 新技術を導入する. ～ unas mejoras いくつかの改良を取り入れる. ～ géneros de contrabando *en* un país 密輸品を国に持ち込む. ❹ [状態を, +en に] 生じさせる, 引き起こす, もたらす: ～ la discordia *en* la asociación 協会内に不和を生じさせる. ❺ [人を, +en グループなどに] 入れる, 紹介する: José *introdujo* a su primo *en* la coral de la escuela. ホセは自分のいとこを学校の合唱団に入れた. La *introdujeron en* la alta sociedad. 彼女は上流社会の一員となった. ❻ [+en 芝居・小説などに] 登場させる: La escritora *ha introducido en* su última obra a un criticón. 作家は最新作に一人の口うるさい人物を登場させている. ❼ [+a+人 に] 紹介する〖=presentar〗. ❽ [場所に] 入る

—— **～se** ❶《文語》[+en·a+場所 に] 入る; 侵入する, 入り込む: Un ladrón *se introdujo a* la casa durante la noche. 夜の間にその家に泥棒が入り込んだ. *En* Japón *se introdujo* el cristianismo en el siglo XVI. キリスト教は日本には16世紀に入った. ❷ [グループなどに] 入れてもらう, 入り込む: Consiguió ～*se en* la corte. 彼は宮廷に入れてもらうことができた. *Se introdujo en* el mundillo literario. 彼は文壇に入り込んだ. ❸ [+con 有力者に] 取り入る, 近づきになる. ❹ 干渉する, 口出しする

introductor, ra [introđuktɔ́r, ra] [形] 導入的な, 紹介する: capítulo ～ 導入章

—— [名] 導入者, 紹介者: ～ de embajadores 新任大使を元首に紹介する役目の外交官

introductorio, ria [introđuktórjo, rja] [形] 前置きの, 序言の

introito [intrɔ́ịto]〖←ラテン語 introitus「入口」< intro「内」〗[男] ❶《文語》[小説などの] 出だしの部分; [論文などの] 序文. ❷《カトリック》入祭文, 入祭唱〖ミサの始めの祈り〗. ❸《演劇》前口上. ❹《解剖》[器官の] 開口部: ～ vaginal 膣口

intromisión [intromisjɔ́n]〖←ラテン語 intromissum < intromittere「差し込む」< intro-（内）+mittere「送る」〗[女]《文語》干渉〖行為〗: La ～ del secretario general fue intolerable. 事務局長の干渉は耐えがたかった

intropunitivo, va [intropunitíƀo, ƀa] [形]《心理》内罰的な, 自罰的な

introspección [intrɔspɛ〔k〕θjɔ́n]〖←ラテン語 introspectio, -onis < introspicere「内部を見る」< intro-（内）+specere「見る」〗[女]《心理》内観, 内省〖⇔estrospección〗

introspeccionista [intrɔspɛ〔k〕θjonísta] [形] [名]《心理》内省的な〔人〕

introspectivo, va [intrɔspɛktíƀo, ƀa] [形]《心理》内省の, 内観の: análisis ～ 内省分析. método ～ 内観法

introversión [introƀersjɔ́n]〖←ラテン語 introversum < intro-（内）+versum < vertere「裏返す」〗[女] ❶《心理》内向〔性〕. ❷《まれ》内部への回帰

introverso, sa [introƀérso, sa] [形] [名]《まれ》内向的な〔人〕〖=introvertido〗

introvertido, da [introƀertíđo, đa]〖←英語 introverted〗[形] [名]《心理》内向的な〔人〕〖⇔extravertido〗: María tiene un carácter ～. マリアは内向的な性格をしている

intrusamente [intrúsaménte] [副] 侵入して, 割り込んで

intrusar [intrusár] **～se** [無資格で役職などに] 就く

intrusión [intrusjɔ́n]〖←intruso〗[女] ❶ 侵入, 闖入(ちんにゅう), 割り込み: delito de ～ 不法侵入の罪. ❷ 介入: ～ de la política en el deporte スポーツへの政治の介入. ❸ 無資格営業, 無資格就業. ❹ [他人の財産の] 不法占有. ❺《地質》[マグマの] 貫入; 貫入岩

intrusismo [intrusísmo] [男]《軽蔑》無資格営業, 無資格就業

intrusista [intrusísta] [形] [名]《まれ》無資格営業(就業)の; 無資格営業(就業)をする〔人〕

intrusivo, va [intrusíƀo, ƀa] [形] ❶《地質》貫入〔岩〕の: roca ～*va* 貫入岩, 深成岩. ❷ 侵入; 介入

intruso, sa [intrúso, sa] 〖←ラテン語 intrusus < in- (中)+trusus < trudere「押す」〗 [形] [名] ❶ 侵入した, 闖入した, 割り込んだ; 侵入者: El ～ fue expulsado de la reunión. 闖入者は会合から追い出された. ～ informático《情報》ハッカー. ❷ 無資格営業(就業)の, もぐりの; 無資格者. ❸ [自分より地位・格などが上の者と] 付き合う, 交わる〔人〕: Siempre fue considerada una ～*sa* en la colonia. 彼女はそのグループでは常に格下に見られていた. ❹《キューバ, ドミニカ》挑発的な

intubación [intuƀaθjɔ́n] [女]《医学》挿管〔法〕: ～ traqueal 気管内挿管

intubador [intuƀađɔ́r] [男]《医学》挿管に用いるチューブ

intubar [intuƀár] 〖←in- (中)+tubo〗 [他]《医学》[気管などに] 挿管する

intuible [intwíƀle] [形] 直観され得る

intuición [intwiθjɔ́n] 〖←ラテン語 intuitio, -onis「像」< intueri「見る」〗 [女] ❶ 直観〔力〕, 勘: Tiene mucha ～ para los negocios. 彼は商売の勘がとても良い. El venado supo por ～ que lo apuntaban y se fue por patas de allí. 鹿は直感的に銃で狙われていると知って, その場から逃げ出した. Te recomiendo seguir tu ～. 君の直感に従うことを勧めるよ. tener la ～ de que+直説法 …することを予感する. ～ intelectual 知的直観. ～ moral 道徳感覚. ❷《神学》至福直観

intuicionismo [intwiθjonísmo] [男]《哲学》直観主義, 直覚説: ～ matemático 数学的直観主義

intuicionista [intwiθjonísta] [形] [名] 直観主義の(主義者)

intuidor, ra [intwiđɔ́r, ra] [形] [名] 直観する〔人〕

intuir [intwír] 〖←intuición〗 [48] [他] [+que+直説法] ❶ 直観する: Ayer, no sé por qué, ya *intuí que* ganaríamos. 昨日なぜか我々は勝つような気がした. ❷ …ではないかと思う: *Intuyo que* no vendrán conmigo. 彼らは私と一緒に来ないのではないかと思う. ❸《哲学》直観的に認識する

—— **～se** [受け身] *Se intuye* que viene de otras tierras. 彼は別の土地の出身だと直感的に言える. El hombre *se intuye* observado. 男は監視されているような気がしている

intuitivamente [intwitíƀaménte] [副] 直観的に

intuitivismo [intwitiƀísmo] [男]《哲学》=**intuicionismo**

intuitivo, va [intwitíƀo, ƀa] 〖←intuición〗 [形] ❶ 直観の, 直観による: conocimiento ～ 直観的認識. ❷ 勘の鋭い: Es muy ～*va* al adivinar el humor de su jefe. 彼女は上司の気分を見抜く勘にすぐれている

intuito [intwíto] [男] 一見, 一目, 一瞥

por ～ de... …を考慮して, …に留意して

intumescencia [intumesθénθja] [女]《医学》腫れ〔上がること〕

intumescente [intumesθénte] [形]《文語》腫れ上がる

intususcepción [intususθɛpθjɔ́n] [女] ❶《医学》腸重積〔症〕. ❷《生物》[細胞の] 挿入生長

inuit [inwít] [形] [名] 〖単複同形/～s〗 イヌイット〔の〕

ínula [ínula] [女]《植物》オオグルマ

inulina [inulína] [女]《生化》イヌリン

inulto, ta [inúlto, ta] [形]《詩語》処罰を受けていない

inundable [inundáƀle] [形] 水浸しになり得る, 洪水の起き得る; 満たされ得る: terreno ～ 氾濫原, 氾濫域

inundación [inundaθjɔ́n] 〖←ラテン語 inundatio, -onis〗 [女] 洪水, 氾濫; 浸水, 冠水: 1) Perdió sus libros en la ～. 彼は洪水で本を失った. ～ del río Amarillo 黄河の氾濫. ～ de sótanos 地下室への浸水. 2)《比喩》～ de revistas pornográficas ポルノ雑誌の氾濫

inundadizo, za [inundađíθo, θa] [形]《中南米》[場所が] 頻繁に洪水に見舞われる

inundado [inundáđo] [男]《船舶》[タンクなどを] 満たすこと

inundar [inundár] 〖←ラテン語 inundare < in- (中)+unda「波」〗 [他] ❶ 水浸しにする, 冠水させる, …に洪水を起こす: El deshielo de los glaciares *han inundado* los bosque. 氷河が解けて森は水浸しになった. ❷ [+de・con で] 満たす, あふれさせる: *Inundaron* las escuelas *de* libros pésimos. 彼らは学校に大量の悪書を持ち込んだ. ❸《船舶》[タンクなどを] 水で満たす

—— **～se** ❶ 浸水する, 冠水する, 洪水になる: Se dejó el grifo abierto y *se* le *ha inundado* la casa. 彼が蛇口を開けっ放しにしていたので, 家は水浸しになってしまった. ❷ あふれる, 一杯になる: Durante las elecciones la ciudad *se inunda de* carteles. 選挙期間中, 町はポスターだらけになる

inundatorio, ria [inundatórjo, rja] [形] 水浸しにする; 水浸しの

inurbanamente [inurƀánaménte] [副] 無作法に, 下品に

inurbanidad [inurƀaniđá(đ)] [女] 無作法, 下品〔であること〕

inurbano, na [inurƀáno, na] [形] 無作法な, 下品な

inusitadamente [inusitáđaménte] [副]《文語》異常に, 並外れて

inusitado, da [inusitáđo, đa] 〖←ラテン語 inusitatus < in- (非)+usitare「頻繁に使う」〗 [形]《文語》異常な, 普通ではない: Por la Navidad hizo un calor ～. クリスマスのころは普通でない暑さだった. ¿Qué hace por aquí a horas tan ～*das*? こんな尋常ではない時間に彼はここで何をしているのか?

inusual [inuswál] [形] [+que+接続法] 普通ではない, 並外れた: Debe de estar enfermo porque es ～ *que* vuelva tan pronto de la escuela. こんなに早く学校から帰ってくるなんて彼は病気に違いない

in utero [in útero] 〖←ラテン語〗 [副]《医学》子宮内で, 出産前に

inútil [inútil] 〖←in- (否定)+útil〗 [形] ❶ [ser+] 役に立たない, 無駄な: 1) Lo intentó todo, pero fue ～. 彼はすべてやってみたが, 無駄だった. decir cosas ～*es* 無駄口をきく. resultar ～ [結果が] 無駄に終わる. esfuerzo ～ 無駄な努力, 徒労. trasto ～ 役に立たないがらくた. 2) [ser ～+不定詞・que+接続法] Es ～ aconsejarle. 彼に忠告するのは無駄だ. Es ～ *que* le aconsejes. 君が彼に忠告しても無駄だ. ❷ [手先の] 不器用な. ❸《口語》[estar+] 身体の不自由な: Tuvo un accidente y se quedó ～. 彼は事故にあって体が不自由になった. Él está ～ de un brazo. 彼は片手が不自由だ. ❹《軍事》兵役に適さない: Me dieron ～. 私は徴兵に落ちた. declarar ～ 兵役不適格を宣する

—— [名] ❶ 役立たずの人, ごくつぶし: Él es un ～. 彼は役立たずだ. ❷ [手先の] 不器用な人

inutilidad [inutiliđá(đ)] 〖←ラテン語 inutilitas, -atis〗 [女] ❶ 役に立たないこと, 無用, 無益, 無駄: Hay que reconocer la ～ de la violencia como método para resolver conflictos. 紛争解決の手段として暴力は役に立たないことを認識すべきだ. ～ física 体の自由が利かないこと. ❷ 役立たずの人: Eres una completa ～. 君は全然役に立たない. ❸ 役に立たない物: comprar ～*es* 不要な物を買う

inutilitario, ria [inutilitárjo, rja] [形] 実用的でない, 実用が目的でない

inutilización [inutiliθaθjɔ́n] [女] 使えなくすること

inutilizar [inutiliθár] 〖←inútil〗 [9] [他] [主に故意に] 使えなくする, 役に立たないようにする: Si le dejas arreglar el coche estoy casi seguro de que lo *inutilizará*. 彼に車を修理させると, ほぼ確実に車をだめにしてしまうよ. La mano izquierda me quedó *inutilizada*. 私は左手が使えなくなった. ～ un sello 切手に消印を押す

—— **～se** 使えなくなる, 役に立たなくなる: ¿Cómo *se inutiliza* un móvil robado? 盗まれた携帯電話が使えなくなるようにするにはどうすればいいだろうか?

inútilmente [inútilménte] [副] 無駄に, 空しく: Hemos trabajado ～ porque hemos pasado el trabajo a máquina y no hacía falta. 私たちは無駄な仕事をしてしまった. レポートをタイプで清書したのに, そんなことは必要なかったのだから. Los afectados se quejaron ～ a la compañía aérea. 被害者たちは航空会社にクレームを伝えたが無駄だった

in utroque [in utróke] [形] [副] =**in utroque iure**

in utroque iure [in utróke júre] 〖←ラテン語〗 [形] [副] 2つの法(民法と教会法)の・で

invadeable [imbađeáƀle] [形] [川などが] 歩いて渡るのが不可能な

invadir [imbađír] 〖←ラテン語 invadere < in- (中)+vadere「行く」〗 [他] ❶ …に侵入する, 侵略する: En el siglo V los visigodos *invadieron* España. 西ゴート族が5世紀にスペインを侵略した. La moto *invadió* el carril contrario. オートバイが反対車線に突っ込んだ. ❷ [権利などを] 侵害する: ～ la intimidad プライバシーを侵害する. ❸ あふれさせる, 満たす: En primavera y en otoño los turistas *invaden* esta ciudad. 春と秋には観光客がこの町に押し寄せる. ❹ [感情などが] 人を支配する: Me *invadió* una profunda tristeza. 私を深い悲しみが襲った

invaginación [imbaxinaθjɔ́n] [女] ❶《生物》陥入. ❷《医学》腸重積症

invaginar [imbaxinár] [他] ❶《生物》陥入させる. ❷《医学》重積させる

—— ~se《生物》陥入する
invalidación [imbaliðaθjón] 囡 無効にすること, 失効
inválidamente [imbalíðaménte] 副 無効に
invalidar [imbaliðár]《←inválido》他 ❶ 無効にする: El profesor *invalidó* el examen de José cuando descubrió que había copiado. カンニングをしたことが分かったので先生はホセの試験を無効とした. ❷《決定を》覆す, 撤回する;《法律を》撤廃する
invalidez [imbaliðéθ] 囡 ❶ 無効(性): ~ del contrato 契約の無効性. ❷《身体の》障害, 病身であること. ❸ 障害年金
inválido, da [imbáliðo, ða]《←ラテン語 invalidus ＜ in-(非)+validus「活力のある, 強い」》形 ❶ 身体に障害のある;〔傷病などで, +de 身体が〕不自由な;《西》麻痺した: Su madre se quedó ~*da* de las piernas, después de un accidente de circulación. 彼の母は交通事故の後, 脚が不自由になった. ❷ 無効な: Un cheque que no está firmado es ~. 署名のない小切手は無効だ. declarar ~*da* una elección 選挙の無効を宣する. juicio ~ 無効な判決. ❸ 力のない, 弱い: argumento ~ 論拠に乏しい主張. ❹《闘牛》〔牛で〕闘えるほどの力がない
—— 图 身体障害者: silla de ~ 車椅子. ~*s* de la guerra 傷病兵, 傷痍軍人
invalorable [imbaloráble] 形《南米》=**invaluable**
invaluable [imbalwáble] 形《文語》はかり知れないほど貴重な
invar [imbár]《←商標》男 インバル, アンバ, 不変鋼
invariabilidad [imbarjabiliðá(ð)] 囡 不変〔性〕
invariable [imbarjáble] 形 ❶ 不変の, 一定の: El número de protones de un átomo es ~. 一原子の陽子の数は変わらない. ❷《文法》不変化の, 語形変化しない: palabra ~ 不変化語〔前置詞, 接続詞, 副詞など〕
invariablemente [imbarjáblemente] 副 変わらず, 一定して
invariación [imbarjaθjón] 囡《技術, 文語》不変, 一定
invariadamente [imbarjáðaménte] 副 =**invariablemente**
invariado, da [imbarjáðo, ða] 形 変わらない, 不変の
invariancia [imbarjánθja] 囡《技術, 文語》不変〔性〕
invariante [imbarjánte] 形《技術》不変の, 一様な
—— 囡/男《数学》不変式, 不変量
invasión [imbasjón] 囡《←ラテン語 invasio, -onis「不当な取得」》囡 ❶ 侵略, 侵入; 不法占拠: hacer una ~ militar 軍事侵攻する. ~ de los árabes en España アラブ人のスペイン侵攻. goda ゴート族の侵入. *invasiones bárbaras/invasiones germánicas/invasiones de los pueblos germanos* 〔en masa〕ゲルマン民族大移動. ~ de los mosquitos 蚊の襲来. ~ de productos extranjeros 外国製品の氾濫. ❷《医学》病気の第一期. ❸《コロンビア》スラム街, 貧民街
invasivo, va [imbasíβo, βa]《医学》❶ 健康な組織を侵す. ❷〔癌細胞が〕侵襲性の, 侵襲的な
invasor, ra [imbasór, ra] 形 侵入する, 侵略する: ejército ~ 侵略軍
—— 图 侵入者, 侵略者
invectiva [imbektíβa]《←ラテン語 invectiva〔oratio〕＜ invehi「人を攻撃する」》囡 ❶ 罵言(略): El entrenador lanzó una ~ contra el jugador que falló. コーチはミスをした選手を罵倒した. ❷ 侮辱
invencibilidad [imbenθibiliðá(ð)] 囡 不敗, 無敵〔であること〕
invencible [imbenθíβle] 形 ❶ 不敗の, 無敵の: Armada *I*~ 無敵艦隊〔1588年に英国艦隊に撃滅されたスペインの艦隊でイギリス人がこう命名した〕. ejército ~ 常勝軍. ❷ 克服しがたい, 乗り越えられない: encontrar obstáculos ~*s* 克服しがたい困難に出会う
—— 男《プエルトリコ》品質の悪い布地
invenciblemente [imbenθíblemente] 副 敗れることなく
invención [imbenθjón] 囡《←ラテン語 inventio, -onis》囡 ❶ 発明〔行為〕: ~ del avión 飛行機の発明. ❷ 発明品; registro de *invenciones* 特許登録. ❸ 作り事, でっち上げ, 捏造: Todo son *invenciones* suyas. すべて彼の作り話だ. ❹《修辞》〔内容の〕選択, 配置. ❺《キリスト教》~ de la Santa Cruz 十字架の発見〔5月3日に祝われる〕
invencionero, ra [imbenθjonéro, ra] 图《まれ》❶ =**inventor**. ❷ 大嘘つきの〔人〕
invendible [imbendíβle] 形 売れない, 買い手のない; 非売品の
invendido, da [imbendíðo, ða] 形 売れなかった, 売れ残りの
inventador, ra [imbentaðór, ra] 形 图《まれ》=**inventor**

inventar [imbentár]《←ラテン語 inventum「発明」＜ invenire「見つける」》他 ❶ 発明する; 考案する: Galileo *inventó* el telescopio. ガリレオは望遠鏡を発明した. ~ un nuevo método 新方式を考え出す. ❷〔口実などを〕でっち上げる, 捏造(^{ねつ})する: No me estoy *inventando* nada: solo reproduzco sus palabras al pie de la letra. 私は何もでっち上げてはいない, 彼の言葉をそのまま伝えているだけだ. historia *inventada* 作り話. ~ una excusa 言い訳をでっち上げる. ❸〔物語・詩を〕創作する
—— 直《キューバ. 口語》緊急の必要性〔困難な問題〕を解決する;〔定職がなく, 時に違法な〕ちょっとした仕事をする
—— ~se …を捏造する, でっち上げる: El niño *se inventó* el cuento de que no le había sonado el despertador. 子供は目覚ましが鳴らなかったと話をでっち上げた
inventarial [imbentarjál] 形 目録の, 一覧表の; 棚卸し表の
inventariar [imbentarjár]《←inventario》⑩/⑪ 他 ❶ …の目録を作る: ~ las piezas robadas 盗品の目録を作る. ❷ 棚卸をする
inventario [imbentárjo]《←ラテン語 inventarium「発見物の表」》男 ❶〔財産・在庫などの〕目録, 一覧表: A la muerte del padre, hicieron un ~ de los cuadros para repartirlos entre los hermanos. 父親が死ぬと, 兄弟たちで分けるために絵の目録が作られた. ❷《商業》1）~ final (inicial) 棚卸資産期末(期首)有高. 2）棚卸し表〔=libro de ~*s*〕
inventivo, va [imbentíβo, ba] 形 発明の才のある, 創意に富んだ
—— 囡 ❶ 発明の才, 創造力〔=capacidad ~*va*〕. ❷《廃語》発明品
invento [imbénto]《←ラテン語 inventum》男 ❶ 発明品: La grapadora es un gran ~. ホチキスは偉大な発明だ. ❷《皮肉など》工夫, 思いつき: Es un buen ~ para sacarle el dinero a la gente. それは大衆から金を搾り取るいい手だ. ❸ 作り話, でっち上げ, 捏造. ❹ libro de ~ 品目一覧表, 目録
inventor, ra [imbentór, ra] 形 発明する; でっち上げる, 捏造する
—— 图 ❶ 発明者, 発明家, 考案者: Gutenberg fue el ~ de la imprenta. グーテンベルクは印刷術の発明者だった. ❷ でっち上げる人, 捏造者
inveraz [imberáθ] 形〔複 ~*ces*〕事実でない
inverecundia [imbereckúndja] 囡《文語》厚顔無恥
inverecundo, da [imberekúndo, da] 形《文語》厚顔無恥の
inverisímil [imberisímil] 形《廃語》=**inverosímil**
inverisimilitud [imberisimilitú(ð)] 囡《廃語》=**inverosimilitud**
inverna [imbérna] 囡《ペルー》冬眠, 越冬〔=hibernación〕
invernación [imbernaθjón] 囡 冬眠, 越冬〔=hibernación〕
invernáculo [imbernákulo] 男 温室〔=invernadero〕
invernada [imbernáða] 囡 ❶《まれ》冬季. ❷《まれ》冬眠, 越冬〔=hibernación〕. ❸《中南米》1) 冬季用の牧場, 越冬用の飼育場. 2) 家畜の肥育期〔越冬期〕. 3) いい牧草と水のある牧場, 肥育månadsskola牧場. ❹《メキシコ》〔2月から5月の〕カカオ豆の収穫. ❺《ベネズエラ》暴風雨, 土砂降りのにわか雨. ❻《アルゼンチン, ウルグアイ》冬季用(肥育用)の牧場の家畜;上質の肉の家畜
invernadería [imbernaðería] 形 图 温室栽培する〔人〕, 温室栽培農家〔の〕
invernadero [imbernaðéro]《←invernar》男 ❶ 温室, ビニールハウス: cultivo en (de) ~ 温室栽培. melón en (de) ~ ハウスものメロン.〔gas de〕efecto ~《気象》温室効果〔ガス〕. ❷ 避寒地. ❸《主に中南米》冬季用の牧場
invernaje [imbernáxe] 男 観光船のシーズンオフ用停泊地
invernal [imbernál] 形 冬の, 冬季の: durante los meses ~ 冬期の間には frío ~ 冬の寒さ. prenda ~ 冬用の服
—— 男《カンタブリア山脈の》冬用牧場の牧舎
invernante [imbernánte] 形 图〔ある場所で〕冬を過ごす〔人〕, 越冬する〔人〕: pájaros ~*s* en el norte de África 北アフリカで冬を越す鳥
invernar [imbernár]《←ラテン語 hibernare ＜ hibernum「冬」》《規則変化》/《文語》㉓ 自 ❶〔ある場所で〕冬を過ごす, 越冬する, 避寒する: *Invernan* en la Costa Brava. 彼らはコスタ・ブラバで冬を過ごす. ❷《動物》冬眠する〔=hivernar〕. ❸《中南米》〔家畜〕冬季用の牧場で過ごす(肥育される)
—— 他《中南米》〔家畜を〕冬季用(肥育用)の牧場で飼育する

invernazo [imbɛrnáθo] [男] ❶《ドミニカ, プエルトリコ》雨期〖7月〜9月〗. ❷《プエルトリコ》サトウキビ工場の休止期

invernía [imbɛrnía] [女]《地方語》冬, 寒季

invernizo, za [imbɛrníθo, θa] [形] 冬の; 冬のような, 冬らしい

inverosímil [imberosímil]〖←in-（否定）+verosímil〗[形] ❶ 本当とは思えない, ありそうもない: La historia que explicaba era tan ～, que lo tomaron por loco. 彼の語ることがあまりにありそうもないことだったので, 彼は狂人扱いされた. ❷《戯語》どちらでもよい〖=indiferente〗: ¿Qué prefieres, cine o teatro?—Me es ～. 映画と芝居のどっちがいい?—どっちでもいいよ

inverosimilitud [imberosimilitú(đ)] [女] 本当とは思えないこと, ありそうもないこと

inverosímilmente [imberosímilménte] [副] 本当とは思えないほどに, ありそうもないほどに

inversamente [imbérsaménte] [副]［方向・位置が］逆に, 反対に

inversión [imbɛrsjɔ́n]〖←ラテン語 inversio, -onis「混乱, 無秩序」〗[女] ❶［+en への］投資〖=～ de capitales〗: Ha hecho una buena ～. 彼はいい投資をした. ingreso de ～ liberado 法人税支払済み配当所得. ～ de capital〔es〕資本投資. ～ de carácter social 社会的投資. ～ directa 直接投資. ～ *en* (de) reposición［資本減耗分の］更新投資, 補塡投資. ～ *en*〔instalaciones y bienes de〕equipo/～ *en* maquinaria (*en* instalaciones) y equipos 設備投資. ～ *en* existencias/～ *en* inventarios 在庫投資. ～ pública 公共投資. *inversiones* de cartera 証券投資. *inversiones* extranjeras 海外投資. ❷［努力・時間などの］投下, 傾注: Esos textos son el fruto de muchos años de ～ de esfuerzo. それらの文献は長年努力を傾けた成果だ. ❸［順序・方向などの］逆転, 反転: ～ térmica《気象》逆転層; 気温逆転. ❹《音楽》［和音・主題などの］転回. ❺《文法》倒置〔法〕. ❻《医学》［子宮などの］内反;［心臓などの］逆位: ～ uterina 子宮内反症. ❼《幾何, 物理》反転, 相反. ❽《電気》逆変換. ❾《化学》転化. ❿ 性的倒錯, 同性愛〖=～ sexual〗. ⓫《自動車など》後退

inversionismo [imbɛrsjonísmo] [男]《経済》投資主義

inversionista [imbɛrsjonísta] [形] [名] 投資家〔の〕: ～*s* institucionales 機関投資家. ～ privado 個人投資家

inversivo, va [imbɛrsíƀo, ƀa] [形] 逆の, 反対の〖=inverso〗

inverso, sa [imbérso, sa]〖←ラテン語 inversus「発明」< invertere〗[形] ❶［+a と］逆の, 反対の: ir en sentido ～〔al de las agujas del reloj〕〔時計の針と〕反対方向に進む. en orden ～ 逆の順序で. diccionario ～ 逆引き辞典. ❷ 変化した, 変質した

a* (*por*) *la* ～*sa ［+de とは］逆に, 反対に

y a la* ～*sa 逆もまた同じく

inversor, ra [imbɛrsɔ́r, ra] [形] ❶ 投資の: compañía ～*ra* 投資会社. ❷《天文》capa ～*ra*［太陽の］光球

—— [名] 出資者, 投資家: ～ institucional 機関投資家. ～ privado 個人投資家

—— [男]《電気》インバーター: ～ de fase フェーズインバーター. ～ de ruidos ノイズインバーター

invertasa [imbɛrtása] [女]《生化》インベルターゼ〖=invertina〗

invertebración [imbɛrteƀraθjɔ́n] [女] 結束力のなさ

invertebrado, da [imbɛrteƀráđo, đa] [形] ❶《動物》無脊椎の. ❷ 活力（気骨）のない; 結束力のない: ciudad ～*da* 活気のない町. España ～*da* 無脊椎のスペイン〖オルテガ Ortega の言葉〗

—— [男] [複] 無脊椎動物

invertido, da [imbɛrtíđo, đa] [形] [名]《軽蔑》性的倒錯者〔の〕, 同性愛者〔の〕

invertidor, ra [imbɛrtiđɔ́r, ra] [形]《まれ》投資の〖=inversor〗

invertina [imbɛrtína] [女]《生化》インベルターゼ, 転化酵素

invertir [imbɛrtír]〖←ラテン語 invertere < in-（中）+vertere「回す, 変換する」〗[33] [他] ❶［+en に］投資する: *Invirtió* su dinero *en* acciones. 彼は金を株式に投資した. Nuestro país *invierte* el 5% de su producto nacional bruto en el presupuesto educativo. 我が国は国民総生産の5%を教育費に充てている. Ese país *invertirá* 70 millones de euros *en* Perú. その国はペルーに7000万ユーロ投資するだろう. ❷［時間を］費す: *Invirtió* dos semanas *en* alcanzar la cima. 彼は登頂に2週間かけた. ❸ 逆転させる, 反転させる: ～ el orden de las palabras 語順を入れ替える. ～ los números 数字の順序を逆にする. triángulo *invertido* 逆三角形. ❹《電気》～ la corriente eléctrica 電流の向きを逆にする. ❺《幾何, 物理》反転する, 相反する. ❻《化学》転化する

—— **～se** 逆転する, 反転する;［役割・傾向などが］変わる: Esta relación *se ha invertido* durante el curso del sigle XX. この関係は20世紀に逆転した

investidura [imbestiđúra]〖←investir〗[女] ❶［資格・位階などの］授与, 付与; 叙任〔式〕, 任命〔式〕: ～ del rector de la universidad 大学学長の就任式. ❷［議会による］首相指名. ❸《歴史》1) 騎士叙任. 2) guerra de las ～*s*［中世, 教皇と世俗君主との間で争われた］聖職叙任権闘争

investigable [imbestiǥáƀle] [形] 調べられ得る, 調査（研究）され得る

investigación [imbestiǥaθjɔ́n]〖←ラテン語 investigatio, -onis「精査」〗[女] ❶ 捜査: ～ de una estafa 詐欺事件の捜査. ❷ 研究; 調査: Ese equipo de médicos ha estado haciendo amplias *investigaciones* sobre la relación entre la obesidad y la diabetes juvenil. その医師団はこれまで肥満と若年性糖尿病の関係について幅広い研究を行なってきている. reactor de ～ 実験用原子炉. ～ de mercado マーケティング・リサーチ, 市場調査. ～ de motivos 動機調査〖市場調査の一環で, 消費者の真の購買誘因を心理学的に探る〗. ～ de operaciones オペレーションズ・リサーチ, OR. ～ directa 現地調査, フィールドワーク, フィールド・リサーチ. ～ y desarrollo 研究開発, R&D

investigador, ra [imbestiǥađɔ́r, ra] [形] ❶ 捜査の. ❷ 研究の; 調査の: equipo ～ 研究チーム; 調査団. espíritu ～ 研究心

—— [名] ❶ 捜査員: ～ privado 私立探偵. ❷ 研究者, 研究員, 研究所員; 調査員: ～ en oceanografía 海洋学者

investigar [imbestiǥár]〖←ラテン語 investigare < in-（方へ）+vestigium「跡, 足の裏」〗[8] [他] ❶ 捜査する, 取り調べる: La policía *investiga* un robo. 警察はある窃盗事件を調べている. ❷ 研究する; 調査する: Los científicos están *investigando* una vacuna nueva. 科学者たちは新型ワクチンの研究をしている

investigativo, va [imbestiǥatíƀo, ƀa] [形] ❶ 捜査の. ❷ 研究の; 調査の

investigatorio, ria [imbestiǥatórjo, rja] [形]《まれ》=**investigativo**

investimento [imbestiménto] [男] 教会財産の不動産投資

investir [imbestír]〖←ラテン語 investire「上に着せる」〗[35] [他] ❶《文語》［+con・de 重要な職務・高い地位・権力などを］…に授ける, 付与する: El país *ha investido de* poder a sus amigos para hacer lo que querían. その国は友好国の望むことができる力を与えた. ❷《まれ》［+de 性格・外見などを］…に与える

—— **～se** ［+de 性格・外見などを］帯びる: El candidato *se* ve *investido de* la confianza de su partido. 候補者は党の信頼を得た

inveteradamente [imbeteráđaménte] [副]《文語》古くから, 根深く

inveterado, da [imbeteráđo, đa]〖←ラテン語 inveteratus〗[形]《文語》［習慣・伝統などが］古くからの, 根深い: costumbres feudales ～*das* 古くからの封建的な慣習

inveterar [imbeterár] **～se**《文語》［習慣・伝統などが］古くから継続する, 根づく

inviabilidad [imbjaƀiliđá(đ)] [女] 実現性のなさ

inviable [imbjáƀle]〖←in-（否定）+viable〗[形] ❶ 実現され得ない, 実行不能な: Nadie quería poner en marcha un proyecto ～ y costoso como aquel. そのように実現の見込みのない, しかも費用のかかる計画を実行しようとする者は誰もいなかった. ❷《医学》［新生児が］生存不可能な: Este embrión es ～. この胎児は生存不能だ

inviar [imbjár] [11] [他]《廃語》=**enviar**

invictamente [imbíktaménte] [副]《文語》不敗で

invicto, ta [imbíkto, ta]〖←ラテン語 invictus〗[形]《文語》不敗の, 常勝の: equipo ～ 不敗のチーム. la espada ～*ta* del Cid エル・シドの聖剣

invidencia [imbiđénθja] [女] ❶《文語》視覚障害. ❷《まれ》他人の能力を認識できないこと

invidente [imbiđénte]〖←in-（否定）+vidente〗[形] [名]《文語》視覚障害の（障害者）, 目が不自由な〔人〕: Quedó ～ muy joven. 彼はとても若い時に視力を失った

invierno [imbjérno]〖←古語 invierno < ラテン語〔tempus〕hibernum〗[男]〖→estación [参考]〗❶ 冬: en ～ 冬に. en el ～ de 2015 2015年の冬に. chaqueta de ～ 冬用の上着. deportes de ～ ウインタースポーツ. JJ.OO. de ～ 冬季オリンピック〔大

会〕. general ~ 冬将軍. horario de ~ 冬時間. ~ nuclear 核の冬. ❷《文語》老齢, 老い《=~ de la vida》. ❸《中南米》[熱帯地方の]雨期. ❹《ベネズエラ》土砂降りのにわか雨

invigilar [imbixilár] 他《物事に》熱心に気を配る

In vino veritas [in bíno béritas]《←ラテン語》酒の中に真実あり/酔った時に本性が現われる

inviolabilidad [imbjolabilidá(d)] 囡 ❶ 不可侵〔特権〕, 神聖さ: ~ parlamentaria 議員特権

inviolable [imbjoláble]《←ラテン語 inviolabilis》形 不可侵の, 神聖な: territorio ~ 不可侵領域. juramento ~ 破ることのできない誓い

inviolablemente [imbjoláblemènte] 副 ❶ 不可侵性を伴って. ❷《廃語》絶対確実に《=infaliblemente》

inviolado, da [imbjoládo, da] 形 侵害されていない, 手つかずの; 神聖な, 高潔な

invisibilidad [imbisibilidá(d)] 囡 目に見えないこと, 不可視性; 視界がきかないこと: La niebla era tan espesa, que la ~ era total. 霧があまりに濃くて視界が全くきかなかった

invisible [imbisíble]《←ラテン語 invisibilis》❶ [ser+] 目に見えない, 不可視の; 目に見えないほど小さい: El sol se ~ a causa de las nieblas. 霧のために太陽は隠れている. luchar contra un adversario ~ 目に見えない敵と戦う. ❷《経済》1) 貿易外の: comercio ~ 見えざる貿易, 無形貿易, 貿易外取引. 2) mano ~〔神の〕見えざる手. doctrina de la mano ~〔アダム・スミス の〕自然調和説 — 男 ❶《メキシコ》ヘアネット. ❷《アルゼンチン》ヘアピン

invisiblemente [imbisíbleménte] 副 目に見えずに

invitación [imbitaθjón] 形《←ラテン語 invitatio, -onis》囡 ❶ [+a への] 招待: Aceptó encantado la ~ a un baile. 彼は舞踏会への招待に喜んで応じた. rehusar la ~ a una fiesta パーティーへの招待を断る. ❷ 招待状, 案内状: Ya hemos recibido su ~ de boda. 私たちはもう彼の結婚式の招待状を受け取った. hacer una ~ de una fiesta de despedida 送別会の招待状を作る. ❸ [飲食の] おごり: He rehusado su ~ y me he pagado yo la cerveza. 私は彼のおごりを断って自分のビール代を払った. ❹ [行為への] 誘い, 勧め: Sus palabras son una ~ a la pelea. 彼の言葉はけんかを誘うものだ. Su discurso ha sido una ~ a la reflexión. 彼の演説は反省を促す内容だった. ❺《情報》プロンプト

a ~ de+人 …の招待で; …のおごりで

invitado, da [imbitádo, da] 形 ❶ ゲストの: artista ~ ゲスト俳優〔歌手〕. ❷《天文》estrella ~*da* 客星 — 名 ❶ 招待客, ゲスト: Tenemos por lo menos quinientos ~s. 私たちは少なくとも500人を招待している. Han asistido a la boda 200 ~s. 結婚式には客が200人来た. ~ de honor 主賓. ~ especial スペシャルゲスト. ~ estelar 花形のゲスト. ❷《情報》ゲスト

~ *de piedra* 好ましくない客《←『ドン・フアン・テノーリオ』Don Juan Tenorio に登場する石像》

invitador, ra [imbitadór, ra] 形 [行為を] 誘う

invitante [imbitánte] ❶ 招待する〔人〕, おごる〔人〕; 誘う〔人〕

invitar [imbitár]《←ラテン語 invitare》❶ [+a に] 招待する, 招く; 誘う《食事への招待は主に convidar》: Somos invitados a la fiesta. 私たちはパーティーに招かれている. Está usted invitado a la boda de nuestra hija. 私たちの娘の結婚式にご招待します. ~ a tomar una copa 一杯飲もうと誘う. ❷ [+a と] おごる: 1) Te invito a un café. 君にコーヒーをおごろう. Me ha invitado a una cerveza. 彼はビール代を払ってくれた. Estás invitado, hoy es mi cumple〔直接目的なしで〕Hoy invito yo. 今日は私のおごりだ. La próxima vez invito yo. 次は私がごちそうします. ❸ [+a+不定詞・que+接続法ように] 丁寧に指示する, 頼む: Una amiga me invitó a cenar a su casa. 女友達が家に夕食を食べに来るよう私を誘った. Os invito a recordar conmigo aquellos años que pasamos en la escuela. 思い出して下さい, 私たちが学校で過ごした年月を. El Gobierno me invitó a que estudiase en la Universidad. 政府は私に大学で研究をするように依頼した. ❹《婉曲, 行政》命じる: La policía le invitó a abandonar el país. 警察は彼に出国するように促した. ❺ [行動を] 促す, 刺激する: Este lugar nos invita a la meditación. この場所は瞑想を誘う. El buen tiempo me invita a jugar al golf. 天気が良いと私はゴルフをしたくなる

— ~*se* [招待されないのに] 押しかける

invitatorio [imbitatórjo] 男《カトリック》[朝課の最初に歌われる] 招詞, 先唱句

in vitro [im bítro]《←ラテン語》形 副《生物》生体外で〔の〕, ガラス器内で〔の〕《⇔in vivo》: fecundación ~ 体外受精, 試験管内受精

invivible [imbibíble] 形 [場所が] 暮らせる状況にない

in vivo [im bíbo]《←ラテン語》形 副《生物》生体内で〔の〕《⇔in vitro》

invocación [imbokaθjón] 囡 ❶ [神・霊などに対する] 呼びかけ, 祈り. ❷ [詩の冒頭の] 詩神に呼びかける言葉. ❸ [法律・慣習などの] 援用 [法の] 発動

invocador, ra [imbokadór, ra] 形 名 神・霊などに加護を求める〔人〕

invocar [imbokár]《←ラテン語 invocare < in- (接辞)+vox, vocis「声」》❶ [神・霊に] 加護を求める: Invocaron la ayuda de Dios antes de decidirse. 彼らは決断の前に神の加護を求めた. ❷ [援助などを] 懇願する, 希求する: Invocaron la clemencia del príncipe. 彼らは王子の慈悲を懇願した. ❸ [正当化のために] 引き合いに出す, 援用する: Invocó sus años de matrimonio para solicitar comprensión. 彼は結婚年数を引き合いに出して理解を求めた

invocativo, va [imbokatíbo, ba] 形 =**invocatorio**

invocatorio, ria [imbokatórjo, rja] 形 神・霊などに対する呼びかけの

in voce [im bótʃe]《←ラテン語》形 副 口頭で〔の〕, 肉声で〔の〕

involución [imboluθjón]《←ラテン語 involutio, -onis「包むこと」》囡 ❶ [進歩に対する] 後退, 逆行《⇔evolución》: El golpe de Estado supuso la ~ política del país. クーデターはその国の政治的逆行を意味した. ❷《生物, 医学》退行, 退縮 — senil 老人性退行, 老衰性退縮, 老化. ~ uterina [出産後の] 子宮退縮

involucionar [imboluθjonár] 自 後退する

involucionismo [imboluθjonísmo] 男 後退主義, 反動的な姿勢

involucionista [imboluθjonísta] 形 名 後退主義の〔人〕, 反動的な〔人〕

involucración [imbolukraθjón] 囡 [事件などに] 巻き込まれること; [事件などへの] 関与

involucrar [imbolukrár]《←ラテン語 involucrum「変装, 覆い」》他 ❶ [+en 事件などに] 巻き込む, 引き込む: Le involucraron en el robo. 彼は窃盗に引っぱられた. ❷ [本題と無関係なことを] 持ち出す, まぜかえす. ❸ [問題を] 複雑化させる, 混乱させる. ❹《中南米》伴う

— ~*se* 関与する: Mi hermano *se ha involucrado en* un proyecto muy ambicioso. 私の弟は大変野心的な計画に関与している. No *se involucraron en* aquel negocio porque les parecía poco interesante. あまりメリットがなさそうなので彼らはその取引に参加しなかった

involucro [imbolúkro] 男《植物》総苞《略》

involuntariamente [imboluntárjaménte] 副 無意識に; 故意ではなく, 不本意に

involuntariedad [imboluntarjedá(d)] 囡 無意識(無意志)であること

involuntario, ria [imboluntárjo, rja]《←in- (否定)+voluntario》形 [ser+] ❶ 無意識の, 無意志の: de manera ~*ria* 無意識に. acto ~ 無意識の行為. músculo ~《解剖》不随意筋. reacción ~*ria* 無意識の反応. ❷ 故意でない, 不本意な: atentado (homicidio) ~ 過失傷害(致死). error ~ 過失

involutivo, va [imbolutíbo, ba] 形《生物, 医学》退行性の, 退行期の

involuto [imbolúto] 形 ❶《植物》[葉が] 内巻の, 内旋の. ❷《動物》らせん状に巻いた

invulnerabilidad [imbulnerabilidá(d)] 囡 ❶ 傷つくことがないこと, 堅牢さ; 不死身. ❷ [中傷・攻撃などに] 屈しないこと

invulnerable [imbulneráble]《←ラテン語 invulnerabilis》形 ❶ 傷つけられ得ない, 堅牢な; 不死身の: héroe ~ 不死身のヒーロー. ❷ [+a 中傷・攻撃などに] 屈しない, 動じない: Es ~ a las críticas. 彼は批判にも動じない

invulnerado, da [imbulneráðo, ða] 形《文語》傷つかない

inyección [injeˈ(k)θjón]《←ラテン語 injectio, -onis < injicere「注入する」》囡 ❶ 注射, 注入: poner (aplicar) una ~ a+人 …に注射をする. ~ de penicilina ペニシリン注射. ❷ 注射液, 注入

薬. ❸ ～ de ánimo 活気づけ, 気合入れ. ❹《技術》噴射: bomba de ～ 燃料噴射ポンプ. motor a (de) ～ 燃料噴射式エンジン. ❺《経済》～ y escape［有効需要などの］注入と漏出

inyectable [iɲektáble]［形］［男］《薬学》注射され得る; 注射用の; 注射液, 注入液

inyectado, da [iɲektádo, ða]［形］❶ [estar+. 目が] 赤い, 充血している: tener los ojos ～s en sangre 充血した目をしている. ❷ 麻薬を打った, 麻薬中毒の

inyectador, ra [iɲektaðór, ra]［形］注射する; 注入する
── ［女］《プエルトリコ, ペルー》=inyector

inyectar [iɲektár]［←ラテン語 injectare「上に投げる」］［他］❶ [+en に] 注射する: El médico me *inyectó* antibiótico *en* el brazo. 医者は私の腕に抗生物質を注射した. ❷ 注入する: ～ cemento *en* los cimientos 土台にセメントを注入する. ❸［活気などを］吹き込む: El discurso exaltado del general *inyectó* moral a las tropas. 将軍の熱烈な演説が部隊に戦意を吹き込んだ

inyectivo, va [iɲektíbo, ba]［形］《幾何》単射の: función ～*va* 単射

inyector, ra [iɲektór, ra]［形］注入する
── ［男］《機械》噴射給水機; 燃料噴射装置

iñeri [iɲéri]［形］［名］イニェリ族〔の〕《ベネズエラ, オリノコ川中流域からカリブ海の島々に渡った先住民》

Iñigo Arista [íɲiɣo arísta]［人名］イニゴ・アリスタ《?-852, アリスタ朝パンプローナ王国の創始者》

iñiguista [iɲiɣísta]［形］《まれ》イエズス会の《=jesuita》

iñor, ra [iɲór, ra]［名］《チリ. 口語》男, 女

-ío, -a《接尾辞》❶［形容詞化・名詞化. 強意］brav*ío* 荒々しい, poder*ío* 勢力. ❷［形容詞化. 関わる］cabr*ío* ヤギの. ❸［名詞化. 集団, 集合］gent*ío* 群衆. ❹［動詞の名詞化. 行為, 結果］desv*ío* 迂回

Io [jó]［固］❶《ギリシア神話》イオ《ゼウスに愛された乙女. ヘラのねたみにより雌牛に変えられた》. ❷《天文》イオ《木星の第1衛星》

iodo [jóðo]［男］《化学》ヨウ素, ヨード《=yodo》

iolita [jolíta]［女］アイオライト《菫青石 cordierita の宝石名》

ion [jón]［←ギリシア語］［男］《化学》イオン: ～ de calcio カルシウムイオン. ～ pesado 重イオン. ～ positivo (negativo) プラス(マイナス)イオン

ión [jón]［男］=ion

iónico, ca [jóniko, ka]［形］《化学》イオンの

ionio [jónjo]［男］《元素》イオニウム

ionización [joniθaθjón]［女］《化学》イオン化, 電離: ～ atmosférica 大気イオン化. ～ total 全電離

ionizador, ra [joniθaðór, ra]［形］イオン化する; イオン化装置

ionizante [joniθánte]［形］イオン化する

ionizar [joniθár]［9］［他］イオン化する, 電離する

ionoforesis [jonoforésis]［女］《医学》=iontoforesis

ionoforésis [jonoforésis]［女］《医学》=iontoforesis

ionograma [jonoɣráma]［男］《医学, 気象》イオノグラム

ionona [jonóna]［女］《化学》イオノン, ヨノン

ionosfera [jonosféra]［女］《気象》イオン圏, 電離圏, 電離層

ionósfera [jonósfera]［女］=ionosfera

ionosférico, ca [jonosfériko, ka]［形］イオン圏の

iontoforesis [jontoforésis]［女］《医学》イオン導入〔法〕

iota [jóta]［女］《ギリシア文字》イオータ《Ι, ι》: ～ suscrita 下書きのイオータ《α・η・ω の下に書く ι》

iotacismo [jotaθísmo]［男］イオータを他の文字に代用しすぎること, イオータ化《本来異なる母音・重母音をすべて [i:] 化するギリシア語の傾向》

iotización [jotiθaθjón]［女］《音声》それまで独立していた強勢のない i が他の母音と一音節を形成することによって半母音 i に変化すること

IPC [í pé θé]［男］《略語》←Índice de Precios al Consumo 消費者物価指数: El ～ subió un 0,1% frente al mes anterior. 前の月と比べて消費者物価指数は 0.1% 上がった

ipecacuana [ipekakwána]［女］《植物》吐根(ξἐ), イペカック; その根

ipegüe [ipéɣwe]［男］《ニカラグア, エルサルバドル》[買い手への] おまけ

iperita [iperíta]［女］《化学》イペリット, マスタードガス《毒ガス》

ipil [ipíl]［男］《植物》イピル, タイヘイヨウテツボク

ipomea [ipoméa]［女］《植物》マルバアサガオ

ippon [ípon]［←日本語］《柔道》一本: ganar por ～ 一本勝

ipseidad [i(p)seiðá(ð)]［女］《哲学》[個人の] 同一性, アイデンティティー

ipsilateral [i(p)silaterál]［形］《医学》同側の(š)の《⇔contralateral》

ípsilon [í(p)silon]［女］《ギリシア文字》ユプシロン《Υ, υ》

ipso facto [í(p)so fákto]《←ラテン語》［副］❶ ただちに: Si faltas a tu palabra, ～ tendrás tu merecido. お前が約束を破ったら, 即座にその報いを受けるだろう. ❷ 事実それ自体によって

ipsófono [i(p)sófono]［男］留守番電話《装置》

ipso iure [í(p)so júre]《←ラテン語》［副］法律そのものによって, 法の力によって

ipso pucho [í(p)so pútʃo]［副］《アルゼンチン. 口語》すぐ, ただちに

ique [íke]［副］《ベネズエラ》見たところ《=dizque》

iqueño, ña [ikéɲo, ɲa]［形］［名］《地名》イカ Ica の［人］《ペルー南部・県都》

iquiqueño, ña [ikikéɲo, ɲa]［形］［名］《地名》イキケ Iquique の［人］《チリ, タラパカ Tarapaca 県の県都》

iquiteño, ña [ikitéɲo, ɲa]［形］［名］《地名》イキトス Iquitos の［人］《ペルー, ロレト Loreto 県の県都》

ir [ír]［←ラテン語 ire］［52］［自］Ⅰ ❶ [人が] 行く, 向かう, 進む《⇔venir》: 1) [+a+場所 へ] i) *Voy* a casa, ya es tarde. 私は家に帰ります, もう遅いので. Pepe, ven.—*Voy*. ペペ, 来なさい.—行きます. Para *ir* a la Calle Alcalá, siga esta calle todo recto y gire en el segundo semáforo. アルカラ通りに出るには, この通りをまっすぐ行って 2 つ目の信号を曲がりなさい. Este autobús no *va* a Barajas. このバスはバラハスには行かない. ii) [+a+事へ] El mundo *va* a la ruina. 世界は崩壊に向かっている. iii) [+a+名詞・不定詞 するために. →Ⅱ ❶] Todos los días *va* a la oficina a las ocho. 毎日彼は 8 時に会社に行く. Esta tarde *vamos* al cine (al fútbol). 今日の午後映画(サッカー)を見に行きましょう. Futbolistas jóvenes compiten por la oportunidad de *ir* a la Copa Mundial. 若いサッカー選手たちはワールドカップに出場するチャンスを得るために競い合う. *Vamos* a ese bar *a* tomar el desayuno. 私たちはそのバルに朝食を食べに行く. *Vamos* a *ir* a vivir a Madrid dos años. 私たちは 2 年間マドリードに行って暮らすつもりだ. *ir* al examen acudir al examen に行くのぞむ. iv) [聞き手が話し手の所へ来る] ¿No *vas* a mi casa esta tarde? 今日の午後僕の家へ来ないかい? 2) [+con+人], [...と一緒に] *Voy* en coche contigo. 私は車で君と一緒に行く. Siempre *va con* su hija al salón de belleza. 彼女はいつも娘と一緒に美容院に行く. ii) [...のところに] El niño *fue con* su madre que preparaba la comida. その子は食事の用意をしている母親のところに行った. Yo no sabía con quién *ir*. 私は誰のところに行ったらいいのか分からなかった. 3) [+de] i) [主に話し手のいる場所から] Hoy *voy* de mi pensión de la Granja. 今日私はラ・グランハの下宿から行く. De Alcalá a Guadalajara fuimos en tren. 私たちはアルカラからグアダラハラまで電車で行った. ii) [+de+動作名詞など. 熟語的] Las criadas *van* de compras por las mañanas. 家政婦たちは午前中に買物に行く. *Vamos* a *ir* de excursión a la montaña este domingo. 今度の日曜日山歩きに行こう. 4) [+desde から] *Desde* aquí *voy* en autobús al trabajo. ここから私はバスで仕事に行く. *Fui* en avión *desde* París hasta Barcelona. 私はパリからバルセロナまで飛行機で行った. 5) [+en+交通手段で] *Iban* en un turismo con destino a Andorra. 彼らは自家用車でアンドラに向かっていた. *ir en* coche (avión・barco・tren・autobús・bicicleta) 車(飛行機・船・列車・バス・自転車)で行く. 《語法》交通手段が特定されていれば定冠詞+: Echa el seguro, que *van* niños en el coche. 車に子供たちが乗っているので, ドアをロックしなさい. *Voy en* el tren. 私はその列車で行く) 6) [+hacia の方へ] A esta hora sería mejor no *ir* hacia el centro en coche. 今の時刻には市中心に向かわない方がいいだろう. ～ *hacia* el sur 南の方に行く. 7) [+hasta まで] *Todos* los días *voy* a pie *hasta* la estación del metro. 毎日私は地下鉄の駅まで歩いて行く. Las tropas *fueron* hasta la frontera. 部隊は国境まで進んだ. 8) [+para の方に向けて] *Íbamos* en coche *para* el centro. 私たちは市中心に向けて車で走っていた. ¿*Para* dónde *vas*? どっちの方に行くんだ? 9) [+por を通って] Niños, *ir por* aquí sin alborotar. 子供たち, 騒がないでこっちから行きなさい. *Fuimos* a Cuba *por* Miami. 私たちはマイアミ経由でキューバに行った. ❷ [乗物・交通機関・道が] 行く: ¿Adónde *va* este tren?—*Va* al Aeropuerto Internacional. この電車はどこに行きますか?―国際空港に行きます. Hay varias líneas de autobuses que *van a* las afueras de la ciudad. 都市近郊に行くバス路線が何本かある. Esa carretera *va a* Valencia. その高速道路はバレンシアまで行っている. Esta calle *va al* muelle sur. この通りは南埠頭に通じている. Este camino *va por* la orilla del río. この道は川岸を走っている. ❸ 到達する: Estas imágenes *van por* satélites televisivas a los televidentes del mundo. これらの映像は放送衛星を通じて世界の視聴者に届けられる. Las cartas y los paquetes *van por* avión. 手紙と小包は航空便で送られる. ❹ 《口語》《範囲・区域などが》及んでいる: Como hemos quedado la última vez, el comentario del texto de hoy *va* de la página 10 a la 30. 前回決めたように, 今日のテキスト分析は10ページから30ページの範囲になる. La época de auge de la economía nacional *va* desde mediados del siglo XX hasta la década de los ochenta. 国内経済の好況期は20世紀半ばから1980年代までだ. El plazo de entrega de la solicitud *va* del 15 de febrero al 31 de marzo. 申請書の提出期間は2月15日から3月31日までだ. Su finca *va* desde la vía férrea hasta el río. 彼の農場は鉄道線路から川まで広がっている. ❺ 《人が》ふるまう, 行動する: Yo me fío de Miguel. Siempre *va* de buena intención. 私はミゲルを信用している. 彼はいつも善意で行動する人だ. ❻ 《健康・作業・経営などが, +状況補語》…である, …の方向に進んでいる: 1) ¿Qué tal *va* el enfermo? 病人の具合はどうですか? ¿Cómo *va* el proyecto? 計画の進み具合はどうですか? 2) [+a+人にとって] ¿Cómo te *va* la tesis? 論文の調子はどう? ¿Cómo os *fue* en España?―Nos *fue* estupendamente. スペインはどうだった?―楽しかったよ. Me *fue* bien el examen. 私は試験がうまくいった. Le *van* muy lento los trámites de divorcio. 彼の離婚手続きが遅れている. 3) 《口語》[器具が] 動く, 作動する: El reloj no me *va*, no anda la pila. 私の時計は動いていない, 電池が切れている. 4) 《口語》順調である: El negocio no *va* como esperábamos. 商売は私たちが期待したようにはいっていない. 5) [挨拶などで, 単人称動詞的] ¿Cómo le *va* a usted?―[Me *va*] Muy bien. ごきげんいかがですか?―とても元気です. No me *va* mal. まあまあです. ¡Que le *vaya* bien! [別れの挨拶] ごきげんよう/気をつけて/がんばって! ❼ [+a+人] 1) 《口語》[事物・人が] …に適する, 合う: Te *irá* bien descansar una semana. 君は1週間休むといいだろう. A ella le *va* mal el color negro. 彼女には黒い色が合わない. No le *va* el uniforme de militar. 彼は軍服が似合わない. Esa chaqueta no *va* con la corbata. 上着はネクタイに合わない. No *me va* ese tipo de gente. そんなタイプの人は私の性に合わない. 2) 《幼児語》[親や教師に言及して, 脅し] Si me pegas, *irás al* maestro. 僕をぶったら先生に叱られるよ. ❽ [+a por] 1) 《西》…を取りに(捜しに・呼びに)行く[=ir por]: *Voy a por* el periódico. 新聞を取って来よう. *Voy a por* mis hijos al gimnasio. 子供たちをジムへ迎えに行こう. 2) …を追い求める: *Va a por* el puesto de alcalde. 彼は市長のポストを狙っている. ❾ [+con] 1) …を着ている, 身につけて行く: Ella *iba con* abrigo de piel. 彼女は毛皮のコートを着ていた. Soy miope y al salir tengo que *ir con* gafas. 私は近眼なので, 外出する時は眼鏡を掛けなければならない. 2) …と調和する, 合致する: El color de tus calcetines tiene que *ir bien con* el de la corbata. 靴下の色はネクタイの色としっかり合わせておかないといけないよ. El rosado *va bien con* el pescado y el marisco. ロゼは魚介類によく合う. Esperar no *va con* su carácter. 待つのは彼の気質に合わない. 3) 《話などを》持ち出す, 言い出す: No le *vayas con* cuentos a mamá. つまらない話をお母さんに聞かすのではないよ. A él no le gusta que le *vayan con* problemas de familia. 彼は家庭内の問題を持ち込まれるのが嫌なのだ. 4) 《口語》[主に否定文で, +con+人] …と関係がある, 影響がある: Eso de ser rico no *iba con* él. 金持ちになるというのは彼には無縁のことだった. 5) 《口語》[+con+人] …と性交する. 6) 《様態》¿Cómo vamos a *ir con* este temporal? こんな嵐でどうやって行くんだろう. ❿ [+contra/+en contra de. 対抗] *ir contra* el viento 風(の流れ)に逆らって行く. Eso *iría en contra* de sus principios. そうすると彼の主義に反する. ⓫ [+de] 1) …を着ている: Piqué siempre *va* de largo, sea invierno o verano. ピケは冬でも夏でもいつも長い服を着ている. *ir* de negro 黒い服を着ている. 2) 《ふるまい》El *iba* de persona honrada. 彼は正直者のような顔をしていた. 3) [一時的

な仕事] Yo *fui de* intérprete con la delegación durante un mes. 私は1か月通訳として代表団と行動を共にした. 4) [熟語的精神状態] *Iba de* broma. 私は冗談のつもりだった. *Va de* verdad. 彼は本気だ. 5) 《西. 口語》…を対象とする, 扱う: ¿De qué *va* el libro? この本はどのようなものか? Es una película que *va de* viajes en el tiempo. それはタイムトラベルの映画だ. 6) [隠題] 麻薬を常用する. ⓬ [+detrás de] 執拗に得ようとする, 追いかける: Ese hombre solo *iba detrás del* dinero de mi tía. その男は伯母の金を狙うのが目的だった. *Va detrás de* ella desde que la conoció. 彼は知り合って以来, 彼女に付きまとっている. ⓭ [+en] 1) [結果] ¿Cómo le *ha ido en* el examen?―Me ha ido mal. 試験はどうだった?―できなかった. Ese pacto comercial *irá en* beneficio de nuestro país. その通商条約は我が国の利益になるだろう. Eso que dices *va en* perjuicio tuyo. 君のその発言が君の不利益になることがある. 2) [重要性] Nada te *va en* eso. 君にはそんな事はどうでもいい話だ. 3) [問題は…にある, …のことである: Es inútil la discusión; eso *va en* gustos. 議論しても無駄だ. それは好みの問題だから. 4) [存在・命運が] …にかかっている: Esfuérzate con voluntad y energía, que te *va* la cabeza *en* eso. 性根を入れてがんばれ, それに君の首が掛かっているのだから. 5) 《口語》態度をとる: *ir en* serio まじめな態度をとる. ⓮ [+para] 1) [資質的に] …に向いている: Pensé que el niño *iba para* cantor. 私はその子は歌手に向いていると思った. 2) [時・年齢など] *Va para* seis meses que no nos vemos. もう半年近く私たちは会っていない. ¿Te operaron?―*Va para* tres años. 手術を受けたのか?―3年近く前になね. Mi marido ya *va para* los cincuenta. 私の夫はそろそろ50歳になる. ¿Qué esperas? ¡*Vamos para* viejos! 君は何を待っているのだ? 私たちは老境に入らんとしているのだ. ⓯ [+por] 1) …を取り(捜し・迎え)に行く: *Ha ido por* su abrigo. 彼はコートを取りに行った. *Voy por* el periódico. 新聞を取りに行ってくる. De camino a casa tengo que *ir por* mi hijo a la guardería. 家に帰る途中で私は託児所に子供を迎えに行かねばならない. Los perros *van por* la presa. 犬は獲物を追跡する. 2) [おおよその場所] …のあたりにいる: ¿*Por dónde vamos* este momento?―Estamos volando sobre el Estrecho de Gibraltar. 今私たちはどのあたりにいますか?―ジブラルタル海峡の上を飛んでいます. Ahora *voy por* la página ciento, sin terminar de leerlo todo. 私はまだ100ページで, 全部読み終えてはいない. *Voy por* la sexta copa de vino blanco. 私は白ワインの6杯目を飲んでいる. 3) 賛成する, 支持する: *Yo voy por* el candidato joven; es de fiar. 私は若い方の候補者に入れる. 信用できる人だ. El objetivo de ese movimiento *va por* la abolición de la pesca de ballenas. その運動の目的は捕鯨禁止を求めるものだ. 4) [職業に] …に適している: *ir por* la iglesia 聖職者に向いている. *ir por* la milicia 軍人に向いている. 5) [話じ] 及ぶ, 言及する; 当てこする: Lo que ha dicho ella *va* indirectamente *por* sus compañeras de trabajo. 彼女が言ったことはそれとなく彼女の仕事仲間のことを指している. Eso que ha dicho *va por* nosotros. 彼が言ったそのことは私たちに聞かそうとするものだ. 6) [回数の符合で・一致] *Vaya* este favor *por* los que tú me has hecho otras veces. これは君が これまで何度も私にしてくれた好意へのお返しだ. 7) 《文法》[活用で] …に準ず: El verbo "sostener" *va por* "tener" como modelo. 動詞 sostener は tener に準拠して活用する. 8) [si 条件文で] …に関することなら: Si *por* tacañería *va*, nadie más tacaño que él. もしけちのことを言うのなら, 彼を超える人はいない. ⓰ [+sobre+人] …を追討する; [+sobre+場所 を] 攻撃する: El ejército *fue sobre* el enemigo. 部隊は敵軍を追尾した. El enemigo *fue sobre* nuestra posición. 敵軍が我々の陣地を攻撃した. ⓱ [+tras] 執拗に《認に》得ようとする, 追いかける [=ir detrás de]: El pintor *va tras* el alcalde para que hiciera una exposición de sus cuadros. その画家は自分の絵の展覧会を開いてもらいたくて, 市長のところに日参している. La policía *iba tras* los atracadores del banco. 警察は銀行強盗を追い詰めていた. ⓲ [順番・行列で] Ahora *vas tú*. さあ君の番だ. ¿Quién *va* ahora? 次は誰ですか/誰が最後ですか? ⓳ 《トランプ, 賭け事》[プレイに参加する, 勝負に出る; [相手の持ち点より高く] …に応じる: No *voy*; solo tengo una pareja de ases. 僕は下りる, エースのワンペアしか持ってないぞ. 2) [+a 組札に] 集める: *ir a* picas スペードを集める. 3) [金額が] 賭けられる: ¡Ahí *van* 100 euros! そら100ユーロ賭けるぞ. No *va más*. 《ルーレット》賭

けは締め切りです. ❷ 売られる: El hierro no lo roban porque *va barato y ocupa mucho sitio.* 鉄は安いから場所を取るので盗まれない. ❹ [足し算で] 繰り上がる. ❷《南米》…に含まれている

II [助動詞的] ❶ [+a+不定詞] 1) [近接未来] …しようとしている, …するところだ: *El tren va a salir ya.* 列車は間もなく出ます. *¡Te vas a caer!* 転ぶよ! *Va a llover.* もうすぐ雨が降りそうだ. *Casi me iba a dormir del todo, cuando oí decir que ya llegábamos.* 私がほとんど眠り込んでしまうばかりの時に, もう到着するという声が聞こえた. 2) [動作実現に向けての意向・意志] *Voy a escribirle una carta a su madre ahora mismo.* 私は今彼の母親に手紙を書こう. *Dijo que iba a mirar en casa ese documento.* 彼はその書類を家で読むつもりだと言った. *Digan lo que digan, voy a apoyar esta huelga de los funcionarios públicos.* 人が何と言おうとも私はこの公務員ストを支持するぞ. *¿Tú qué carrera vas a estudiar?* ¿*Ya lo has pensado?* 君は何を専攻するつもりなのか? そのことをもう考えてあるのか? *Dijo que iba a presentar a amigas suyas.* 彼女は私に彼女の友人たちを紹介してあげると言った. 3) [実現が確実視される未来の動作] *Voy a verle mañana a las once de la mañana.* 私は彼に明日午前11時に会う. *Mejor que me escribas. Vete, van a venir.* 手紙なら書いてくれる方がいいわ. 帰って, 人が来るから. 4) [命令] *Ahora, niño, me vas a decir cómo te llamas.* さあ坊や, 君の名前を言ってごらん. *No vayas a coger frío.* 風邪を引かないでね. *No me vas a decir que no lo sabías.* 知らなかったなんて言わないでくれよ. *¿No te vas a callar de una vez?* いい加減に黙らないか.《語法》ir a+不定詞で, ir が助動詞として働くのは基本的として非完了時制 (直説法現在・未来・線過去, 接続法現在・過去, 命令法) だけで, その他の場合には ir は一般動詞としての意味を維持する. 過去について述べる場合には線過去になる: *El tren va a (iba a) salir.* 列車は発車しようとしている (していた). *No vaya (iban a) ser las ocho.* 間もなく8時だった. *No vaya usted a pensar que yo manejaba el asunto bajo cuerda.* 私が陰で糸を引いていたなんて考えないで下さい. *Ponte la bufanda, no vaya a ser que haga frío.* マフラーを引かない, 寒いといけないから. *Yo no esperaba que él fuera a terminar el trabajo en tan poco rato.* 私は彼がその仕事をそんなに短い時間で終えるだろうとは期待していなかった. 5) [危惧・懸念] *Cuidado, que [no] te vas a resbalar.* 気をつけて. 滑るよ. *Hay que quitar esta silla; no vaya a tropezar alguien.* この椅子を片付けないとだめだ. 誰かがつまずくといけないから.《語法》特に直説法未来形による否定文・疑問文で, 話者の不安・恐れなど: *¿No irás a pedirme dinero?* 私に金をせびろうというのではないか? *¿Irá a salir a la calle con esa facha?* 彼はあんな格好で外出するつもりなのだろうか? *¿Qué va a hacer en la terraza a estas horas?* 彼はこの時刻にテラスで何をしようというのかな? 6) [反語] *¿Pero cómo va a estar enamorada de él? ¿No dices que se va a casar?* どうして彼が彼に恋をしているなんて言うの(言えるわけないじゃない). 彼女は結婚するって言ったじゃない. *¡Qué voy a haber dicho yo eso!* 私がそんなことを言ったとでも言うのか(とんでもない)! *¿Qué pasa? —¡Qué va a pasar, hombre!* どうしたんだ?—ふん, どうもこうもあるもんか!《語法》ir a+不定詞複合形で未来完了などの代用: *A principios de abril todavía no voy a haber vuelto de mi viaje.* 4月初めには私はまだ旅行から帰って来ていないだろう (= …no habrán vuelto…). *¿Por qué piensas que lo va a haber visto mucha gente?* なぜ君はたくさんの人が彼の姿を見たはずだと思うのかな (=…lo habrá visto…)? ❷ [vamos a+不定詞, 自分たち自身への命令] …しよう: *Vamos a comer.* さあ食べましょう. *Vamos a ir al aula número 5.* さあ第5教室に行きましょう. *Vamos a ver* [podré hacer para ti. 私が君のために何ができるか考えてみよう. ❸ [+現在分詞, ある時点以後のゆっくりした進行・展開] …していく: *Va anocheciendo.* だんだん暗くなっていく. *El tiempo va mejorando poco a poco.* 天気は少しずつよくなっていく. *Se iban encendiendo las luces de la ciudad unas detrás de otras.* 町の明かりが次々に灯っていった. *Los invitados fueron llegando poco a poco a la sala.* 招待客は三々五々広間に集まっていった. *Ahora que te toca a ti, ve preparándote.* さあ君の番だから, 準備を始めよう. *¿Vamos empezando?* そろそろ始めようか? ❹ [+過去分詞, 状態] [estar+過去分詞 より動的] 1) *Va muy cargada de compras.* 彼女は買ったものを一杯かかえている. *Todos iban*

sentados en los asientos de business-class. 彼らは全員ビジネスクラスの席に座っていた. *El gato iba hecho un ovillo.* 猫はやせ細っていた. *Esta noche voy algo bebido, por eso no conduzco.* 私は今晩ちょっと飲んでいるので, 運転しない. *Estos sobres van marcados con el logotipo de nuestro club.* この封筒には私たちのクラブのロゴマークが押してある. *Las viejas de la aldea siempre van vestidas de negro.* 村の老婆たちはいつも黒い服を着ている.《参考》ir も「服を着ている」の意味を表わす (→I ❶ 1)): *El novio iba [vestido] de azul marino.* 新郎はネイビーブルーの服を着ていた 2) [3人称のみ. 結果としての数量など] *Van vendidos muchos ejemplares de esta novela.* この小説は多くの部数が売れている. *En la factura va detallada la consumición del otro día.* その請求書には先日の飲食代の内訳が詳しく書かれている. ❺ [+状態の形容詞, 状態の持続] …になっている: *Mi madre va muy contenta.* 私の母は大満足している. *Él iba rabioso.* 彼はかんかんに怒っていた. *La manivela de la ventanilla de mi coche va floja.* 私の車の窓のハンドルがあまい

a lo que íbamos/a lo que iba [中断した話を再開する時] 先ほどの話ですが, 本題に戻ると

A mí qué me va ni me viene (A ti que te va ni te viene …).《口語》私(君…)にとってどうでもいい, 何の関わりもない

en lo que va de…《文語》…の初めから現在までの期間内に 《⇔en lo que resta de…》: *Son ya tres los incidentes de este tipo en lo que va de año.* この種の事件は今年になって3件目だ. *en lo que va de 2015* 2015年になってから. *en lo que va de siglo* 今世紀になってから. *en lo que va de temporada* 今シーズンに入ってから

ir+数量+que… …しての数量になる: *Ya van cinco veces que voy a España.* 私がスペインに行くのはこれで5回目だ. *Ya iban tres platos de paella que se comían.* 彼らが平らげていたパエリアは3皿目だった

ir a dar a+場所 1) [ボールなどが転がって] …に行って(入って)しまう: *¿A dónde habrá ido a dar tu pelota?* 君のボールはどこへ行ってしまったのだろう? 2) [人が] 間違った所に行ってしまう: *Nos tomamos un tren equivocado y fuimos a dar a una terminal desconocida.* 私たちは間違った列車に乗り, 全く知らない終着駅に着いた

ir a dar algo a+人《戯語》[辛抱できなくなって] 気が変になる: *Si no para pronto ese ruido, me va a dar algo.* その物音が早くやまないと私の辛抱は切れてしまう

ir dado《口語》間違った考えをしている: *Si Ana cree que le van a pagar las vacaciones, va dada.* 休暇を有給にしてもらえると思っているなら, アナは間違っている

ir y +動詞《口語》[意外な・突発的な・不意の行為. ir と動詞は通常, 時制と人称・数が一致する] *Vas y habla.* さあ, お前, しゃべれよ. *Si no lo detenemos, va y le da un puñetazo.* 彼を止めなかったら, 逆上して彼を殴ってしまうぞ. *Y va y me dice: «Yumbo, ahora a dar unas cuantas hostias.»* それから彼は私に「さあユンボ, 2, 3発殴れ」などと言った. *Fue y tiró todas las cosas a su marido.* 彼女は(かっとなって)手当たりしだいに物を夫に投げつけた. *Fue y se marchó.* 彼は突然出て行ってしまった

ir y venir 1) 行ったり来たりする: *Mucha gente iba y venía por la calle.* たくさんの人が通りを行きかっていた. *Los veía ir y venir por el laberinto.* 私は彼らが迷路をうろうろするのを見ていた. 2) [手続きなどのために] あちらこちらに行く: *No pude hacer más que ir y venir de la Oficina de Inmigración para los trámites del pasaporte.* パスポートの手続きをするために私は入管事務所で右往左往させられた. 3) *Voy y vengo.* すぐ戻ってきます. 4) [+en+事 に] こだわり続ける, 拘泥()し続ける: *Si das en ir y venir en eso, perderás el juicio.* 君もそれにこだわり続けたら, 頭が変になってしまうよ

irla con+事《西. 口語; 南米》…を認める, よろしいと考える: *No la voy con tanto control de libertad de expresión en este país.* 私は当国におけるこれほどの言論統制を認めることはできない

irle a+事物・人《メキシコ. 口語》…を支持する, …の味方である

no (ni) ir a+人 ni venir a+人《口語》[+en+事 は] …にとって重要でない, 関係がない: 1) *A mí no me va ni viene nada en sus cotilleos.* 彼らの陰口なんて私には何でもない. *No te metas en un asunto que no te va ni viene.* 関係のないこと

に口をはさむな. 2)［否定の意味を帯びた疑問文で］¿Y a mí qué me *va ni viene* en sus peleas de matrimonio? 彼らの夫婦げんかなど私にはどうでもいいことだ

no irla con+事物《南米. 口語》…と一致しない

no vaya a+不定詞／**no vaya a ser que**+接続法 …するといけないので, …になったら困るので: Habrá que flanquear el huerto de tapias, *no vaya a* entrar nadie en él. 野菜畑を塀で囲っておくべきだろう. 誰も入って来ないように. Prepararemos la comida más de lo que nos han dicho; *no vaya a ser que* haya más visitantes. 言われているよりも多く料理を用意しておこう. お客が増えるといけないので.

no vayamos (**vamos**) **a**+不定詞 …しないようにしよう: *No vayamos a* meter la pata. ヘマしないようにしよう

¡No voy a...!［肯定の返事］もちろん…です!; **¿Estás serio?—¡No voy a** estarlo! 君はまじめにそう思っているのか？—もちろんそうですよ！

vamos 1) さあ行こう: Te acompaño a tu casa en el coche. *Vamos*. 車で君の家まで送るよ. さあ行こう. 2)［促して］さあ: *Vamos*, acaba pronto de comer. さあ早く食べておしまい. 3)［ためらい・思い直し］ええと, まあ: Viene mañana, *vamos*, eso creo. 彼は明日来るよ. いやまあ, そう思うんだ. 4)［怒り・抗議］Pero a los dieciséis años, resulta que no sabes saludar, y, *vamos*, digo yo que tampoco es camino. 君は16歳なのにまだ挨拶もまともにできない. そんなことでいいのか, 間違ってるぞ. 5)［前に言ったことのまとめ］*Vamos*, que no dijiste nada. つまりは, 君は何も言わなかったということだ. Las chicas sois unas criaturas tan raras, no se sabe nunca. *Vamos*, habrá excepciones. 君たち女の子は変わった生き物だな, 分からないよ. もちろん, 例外はあるだろうが

¡Vamos anda...!《口語》［疑い・排除・拒絶など］まさか, よしてくれ！

Vase《演劇》［ト書きで］退場

vaya 1)〔主に＋無冠詞名詞. 不快・幻滅・抗議など〕¡*Vaya* mujer! 何て女だ！¡*Vaya* casa que te has comprado! 君の買った家といったら！¡*Vaya* pregunta que me haces! 何を言う. Yo casi no le conozco. 私にとんな質問をするか！私はほとんど彼を知らないのに. ¡*Vaya* una prisa que te ha entrado! Tenemos tiempo. 君はまたひどく急いでいるのだな！時間はあるよ. 2)［意外性・驚き］Pablo ha aprobado todas las asignaturas.—¡*Vaya*! パブロは全科目に合格したよ.—それは, それは！Hoy no hay sesión de la tarde del cine.—¡*Vaya*! 今日は午後の部の上映はありません.—そんな！¡*Vaya*, hombre, cuánto tiempo hace que no te veía! これは君, ずいぶんと会わなかったね！3)［同情・共感など］¡*Vaya*! Anda, sécate los ojos. かわいそうに. さあ, 涙を拭きなさい. ¡*Vaya*, hombre, ha tenido usted mala suerte! お気の毒に, 不運でしたね！4)《俗用》［強調］¡*Vaya* calor! 何て暑いんだ！

¡Vaya con...!…には驚いた!: ¡*Vaya con* ese pelmazo! Todavía no acaba de vestirse. あののろまめ！まだ身支度していない

vaya (**váyase**) **lo uno por lo otro** うまく相殺し合っている, 得損なしになっている; もとの木阿弥である

Vaya por... …のお返しである, 返礼である: *Vaya* esto *por* los preciosos regalos que me habéis hecho para mi cumpleaños. これは君たちが私の誕生日にしてくれたお祝いへのお返しだ

¡Vaya que si+直説法！《俗用》=**¡Vaya si**+直説法！

¡Vaya si+直説法！《俗用》［相手の問いに対する強い肯定の返事］もちろんそんなこと分かっている, 言われるまでもないことだ: ¿Estarás al corriente de todo?—¡*Vaya si* lo estoy! 君は全部知っているのだろうね？—知っているとも！

—— **se** ❶ 立ち去る, 帰る: 行ってしまう［→**partir** 類義］: 1) ¿Pero *te vas* tan pronto? Todavía es temprano. もう帰るの？まだ早いよ. *Vámonos*, ya se nos ha hecho tarde. さあ帰ろう, もう遅くなった. ¿Buscaba usted a Pedro? *Se ha ido* hace un rato. ペドロをお捜しでしたか？少し前に帰りましたよ. Ya *se ha ido* el tren. 列車はもう出てしまった. Ya son las once; *vete* a la cama. もう11時だ, 寝なさい. *Me voy*, no *vayas*, todavía tengo algo que hablarte. まだ帰ってしまわないでくれよ, 君に話があるんだ. ¿Nos *vamos* yendo? そろそろ行きましょうか？¡*Vete*! 出て行け!!［参考］［直説法現在の形で］…しようとしている. *Se va* a los Estados Unidos. 彼はアメリカに出て行こうとしている 2)［+a に］¿*Te vas* a casa ya o damos una vuelta? もう家に帰るの, よかったら少し歩こうか？Los jóvenes *se fueron* a trabajar a la ciudad. 若い人は町に働きに出てしまった.

3)［+de から］Todos sus hijos *se han ido* de casa y ella vive sola. 子供たちはみな家を出てしまって, 彼女は一人で暮らしている. Numerosos técnicos *se han ido* de la empresa. 多数の技術者が会社を辞めた. El asesino *se fue de* ese país cuando supo que lo seguían. 殺し屋は手が回っていると知って, その国から逃亡した. ❷ 流れ出す, 漏れる: 1)［中身が］Parece que esta bolsa tiene agujero; *se está yendo* el arroz de dentro. この袋は穴が開いているようだ. 中から米がこぼれている. No me di cuenta de que la tapa del depósito del coche estuviera floja y *se le fuera* la gasolina. 車のタンクの蓋が緩んでガソリンが流れ出していることに私は気づかなかった. El agua *se va* del cubo. 水がバケツから漏れる. El vino *se va* por la grieta de la cuba. ブドウ酒が樽の割れ目から漏れる. 2)［容器が］Esta jarra *se va*. この水差しは漏れる. ❸《文語》死ぬ; 死にかけている: Nuestro gran amigo *se nos fue* en un viaje por el extranjero. 私たちの親友が外国旅行に死去した. Puede *irse* en cualquier momento. 彼はいつ死ぬか分からない. ❹［事物が］なくなる, 尽きる, 壊れる: 1) ¿Cómo *se van* los días! Ya estamos en diciembre. 日々の過ぎるのが早い！もう12月だ. Esta tela no sirve. *Se va* toda. この布は役に立たない. びりびりに破れる. llorar por sus ilusiones *idas* 夢が破れて泣く. 2)［+a+人］*Se me va* casi la mitad del sueldo en los impuestos y el alquiler de la casa. 税金と家賃とで私の給料の半分ほどが消えてしまう. *Se les fue* la luz y tuvieron que estar a oscuras hasta la madrugada. 明かりが消えてしまって, 彼らは夜明けまで暗闇の中にいなくてはならなかった. ❺［汚れ・痛み・記憶などが］消えてしまう, 見えなくなる: Estas manchas pueden *irse* con sal y vinagre. この汚れは塩と酢で取れる. *Se me van* los golondrinos. 私はわきの下の腫れ物が引いた. ¿*Se le ha ido* el dolor del estómago? 腹痛は治まりましたか？*Se me fue* de la cabeza del recado que mi madre me encargó darle. 母からあなたへの言づてを私はすっかり忘れてしまいました. ❻ 転ぶ; 滑る: Bajando por la escalera de la estación, *se me fue* un pie y me caí. 駅の階段を下りていて私は足を滑らせて転倒した. Un camión *se ha ido* en un suelo fuertemente helado y se ha dado una media vuelta. トラックがひどく凍結した地面で滑って反対向きになった. ❼ 抑えられずに…してしまう: *Se me fue* la mano y le di una bofetada. 私は手をどうにも抑えられなくなって彼を一発殴ってしまった. *Se le iban* los ojos hacia una muchacha. 彼は抑えようもなく一人の娘の方に目が向いてしまっていた. ❽［3人称単数形, 一般に人が］行く: ¿Cómo *se va* a la estación? 駅にはどうやって行ったらいいですか？¿Por dónde *se va* a la salida? どこから出口に行けますか？❾《演劇》退場する［⇔**entrar, salirse**］. ❿《トランプ》1)［+de 不要な札を］捨てる: *Se ha ido de* los ases. 彼はエースを捨てた. 2)《南米》最後の札を出す. ⓫《婉曲》放屁(♭♭). Alguien acaba de *irse*, porque aquí huele fatal. 誰かおならをしたな, ここはひどく臭いぞ. ⓬《婉曲》小便(大便)をもらす. ⓭ 射精する. ⓮《口語》［+con+人 と］性交する. ⓯《コロンビア》［ストッキングが］伝線する

ir		
現在分詞	過去分詞	
yendo	ido	
直説法現在	点過去	線過去
voy	fui	iba
vas	fuiste	ibas
va	fue	iba
vamos	fuimos	íbamos
vais	fuisteis	ibais
van	fueron	iban
命令法	接続法現在	接続法過去
	vaya	fuera, -se
ve	vayas	fueras, -ses
	vaya	fuera, -se
	vayamos	fuéramos, -semos
id	vayáis	fuerais, -seis
	vayan	fueran, -sen

——《男》［el+］El niño veía el *ir* de los zapatos que flotaban por el agua sobre las puntas de sus patas. その子はアメンボウがつま先で水に浮んで進む姿を見ていた

en un ir y venir de... a... …や…ばっかり

ir y venir [人などの] 往来: Se veía el *ir y venir* de la gente. 人々の行き来が見えていた. un *ir y venir* constante de ambulancias ひっきりなしの救急車の出入り
ir-《接頭辞》[不・無] →**in-**
-ir《接尾辞》[名詞+.動詞化] color*ir* 着色する, despavor*ir* 怯える
ira [íra]《←ラテン語》囡 ❶ [精神的動揺・暴力的衝動が起きるほどの] 怒気, 憤怒; 圈 怒りの発作, かんしゃく: José desahogó la ~ contra Maite. ホセはマイテに怒りをぶつけた. Una caricatura desata las ~s del Presidente. 一枚の戯画が大統領を激怒させた. ❷《文語》[自然現象などの] 厳しさ, 猛威: ~ del huracán ハリケーンの猛威. ❸《歴史》~ regia 王の怒り《中世の君主が不敬に対する刑罰として家臣に科する国外追放》
descargar la ~ *en*+人・動物 …に八つ当たりする, …にどなり散らす
~ *de Dios* 1) 神の怒り. 2) [間投詞的] いまいましい, ちくしょう!
montar en ~ 激怒する, かっとなる
iraca [iráka] 囡《コロンビア》❶《植物》パナマソウ《葉の繊維からバッグ・帽子・ほうきなどを作る》. ❷ 帽子
iracal [irakál] 围《コロンビア》パナマソウの原
iracundia [irakúndja] 囡《文語》❶ 短気, 怒りっぽさ. ❷ 怒り, 憤慨
iracundo, da [irakúndo, da]《←ラテン語 iracundus》圈 ❶ [ser+] 怒りっぽい: Ese profesor es ~. その先生は怒りっぽい. ❷ [estar+] 怒った, 憤慨した: Estaba tan ~*da* que empezó a recorrer la habitación a grandes pasos. 彼女は怒りのあまり部屋を大またで行ったり来たりし始めた
irade [iráđe] 围 トルコ皇帝の勅令
Irak [irák] 围 =**Iraq**
Irán [irán] 围《国名》イラン
iranés, sa [iranés, sa] 圈囝 =**iraní**
iraní [iraní] 圈 囝 圈 ~(e)s 《国名》イラン Irán [人] の; イラン人
iranio, nia [iránjo, nja] 圈 囝 =**iraní**
── 围 イラン諸語
Iraq [irák] 围《国名》イラク
iraqués, sa [irakés, sa] 圈囝 =**iraquí**
iraquí [irakí] 圈 囝 圈 ~(e)s《国名》イラク Iraq [人] の; イラク人
irascibilidad [irasθibiliđá(đ)] 囡 怒りっぽさ, 短気; かんしゃく持ち
irascible [irasθíble]《←ラテン語 irascibilis》圈 怒りっぽい, 短気な; かんしゃく持ちの
irbis [írbis] 围《動物》ユキヒョウ
irenarca [irenárka] 围《古代ローマ》[小アジア・エジプトの] 治安判事
irenismo [irenísmo] 围《文語》平和主義, 協調
irenista [irenísta] 圈囝《文語》平和主義の(主義者), 平和的な, 協調的な
Iriarte [irjárte]《人名》**Tomás de** ~ トマス・デ・イリアルテ《1750~91, スペインの寓話作家. 新古典主義を擁護し, この規範の順守を主張した. 代表作に多様な韻律で綴られた『文学寓話集』*Fábulas literarias* で, 動物界に仮託した教訓譚の一部には論戦に対する文学的な批判を読み取れるものがある》
iribú [iribú] 围《鳥》クロコンドル《=zopilote》
iridáceo, a [iriđáθeo, a] 圈 アヤメ科の
── 囡《植物》アヤメ科
íride [íriđe] 围《植物》ミナリアヤメ《=lirio hediondo》
iridectomía [iriđektomía] 囡《医学》[眼球の] 虹彩切除[術]
iríđeo, a [iríđeo, a] 圈囝《植物》=**iridáceo**
iridescente [iriđesθénte] 圈 =**iridiscente**
iridiado, da [iriđjáđo, đa] 圈 イリジウム合金の
iridio [iríđjo] 围《元素》イリジウム
iridiscencia [iriđisθénθja] 囡 虹色の光沢
iridiscente [iriđisθénte]《←ギリシア語 iris, iridos》圈 虹色の, 玉虫色の; 光沢のある, 変化して虹色に輝く
iridodiagnosis [iriđođjaɣnósis] 囡《医学》虹彩診断法
iridología [iriđoloxía] 囡《医学》虹彩診断法
Irigoyen [iriɣójen]《人名》**Bernardo de** ~ ベルナルド・デ・イリゴジェン《1822~1906, アルゼンチンの政治家・外交官》
irire [iríre] 围《ボリビア》[チチャを飲む] ヒョウタン製の椀
irirear [irireár] 圁《ボリビア》irire でチチャを飲む

iris [íris]《←ラテン語 iris < ギリシア語 iris, iridos「虹」》围《単複同形》❶《気象》虹 [=arco ~]: Ha salido un [el] arco ~. 虹が出た. ❷《解剖》[眼球の] 虹彩. ❸《鉱物》ノーブルオパール. ❹《ギリシア神話》[*I*~] イーリス《神々の使者, 虹の女神》. ❺ アヤメ科植物の根茎《香水の原料として使われる》. ❻《植物》アイリス. ❼《写真, 映画》虹彩絞り
~ *de paz* 紛争仲裁人; 紛争が終わるきっかけ
irisación [irisaθjón] 囡 ❶ 虹色に輝くこと; [主に 圈] 虹色: bellas *irisaciones* 美しい虹色[の輝き]. ❷ 圈《金属の表面の》虹色の光沢
irisado, da [irisáđo, đa] 圈 虹色の, 玉虫色の; 光沢のある: nubes ~*das* 虹色に輝く雲
irisar [irisár]《←iris》圁 虹色に輝く, 光彩を放つ
── 囮 虹色に輝かせる: La luz del sol *irisa* el cristal después de la lluvia. 雨上がりの日の光がガラスを虹色に輝かせる
iritis [irítis] 囡《医学》虹彩炎
irlanda [irlánda] 囡 羊毛と木綿の織り物; 薄いリネン地
irlandés, sa [irlandés, sa] 圈囝《国名》アイルランド Irlanda [人・語] の; アイルランド人《参》アイルランド共和国 República de Irlanda; 北アイルランド Irlanda del Norte》
── 围 アイルランド語
irodología [irođoloxía] 囡 =**iridología**
ironía [ironía]《←ラテン語 ironia < ギリシア語 eironeia「無知を装った質問」< romaí「私は問う」》囡 ❶ 皮肉, 当てこすり, 風刺; 皮肉な結果, 意外な成り行き: decir ~ 皮肉を言う. hablar con ~ 皮肉っぽい話し方をする. ~ *del destino* 運命の皮肉《いたずら》. ❷《修辞》反語[法]: ~ *socrática* ソクラテス的反語
irónicamente [irónikaménte] 副 ❶ 皮肉っぽく, アイロニカルに; 風刺的に. ❷ 反語的に
irónico, ca [iróniko, ka]《←ironía》圈 ❶ 皮肉っぽい, アイロニカルな; 風刺的な: risa ~*ca* 皮肉っぽい笑い. persona ~*ca* 皮肉屋. ❷ 反語的な
ironista [ironísta] 囲 皮肉屋; 風刺作家
ironizar [ironiθár]《←ironía》圁 皮肉を言う, 風刺する, からかう: Este escritor *ironiza* las costumbres de sus contemporáneos. この作家は同時代人の習慣を風刺している
── 圁 [+*sobre* について] 皮肉を言う; 風刺する: No *ironicéis sobre* la situación, porque es bastante grave. 君たちはその状況を皮肉ってはいけない. かなり深刻なのだから
iroqués, sa [irokés, sa] 圈囝 イロクォイ族[の], イロコイ族[の]《現在のニューヨーク州に住んでいた北米先住民》
── 围 イロクォイ語
IRPF 围《西. 略記》←impuesto sobre la renta de las personas físicas 個人所得税
irracionabilidad [iraθjonabiliđá(đ)] 囡《まれ》=**irracionalidad**
irracional [iraθjonál]《←ラテン語 irrationalis》圈 ❶ 理性を持たない, 非理性的な: seres ~*es* 非理性的な存在《人間以外の動物のこと》. animales ~*es* 理性を持たない獣. impulso ~ 非理性的な衝動. ❷ 非合理的な, 不合理な, 筋の通らない: 1) conducta ~ 筋の通らない行動. temores ~*es* 言い知れぬ不安. 2) [ser ~ que+接続法] Es ~ *que* se nieguen a creer algo tan evidente. 彼らがこれほど明らかなことを信じようとしないのは道理に合わない. ❸《数学》número ~ 無理数. ecuación ~ 無理方程式
irracionalidad [iraθjonaliđá(đ)] 囡 ❶ 非合理性, 不条理. ❷ 理性の欠如, 無分別
irracionalismo [iraθjonalísmo] 围《哲学》非合理主義
irracionalista [iraθjonalísta] 圈囝 非合理主義の(主義者)
irracionalmente [iraθjonalménte] 副 ❶ 非理性的に, 非合理的に. ❷ 無分別に
irradiación [irađjaθjón] 囡 ❶ [光・熱などの] 放射, 発光, 発熱.《医学》1) 照射: ~ *de cobalto* コバルト照射. 2) [痛みなどの] 波及, 浸透. ❸ [感情・思想などの] 発信, 伝達, 普及: Alemania fue el centro de ~ *de las ideas románticas*. ドイツはロマン主義思想普及の中心だった. ❹《光学》光渗(㴆)
irradiador, ra [iraðjađór, ra] 圈 放射する
irradiar [iraðjár]《←in- (強調)+radiar》⑽ 囮 ❶ [光・熱などを] 発する, 放射する; 輻射させる: El Sol *irradia* luz y calor sobre la Tierra. 太陽は地球に向かって光と熱を放射している. ❷《医学》1) …に放射線を照射する. 2) dolor *irradiado* 放散痛. ❸ [感情・思想などを] 伝える; 影響を及ぼす: Su expresión confiada *irradiaba* simpatía. 彼女の自信ありげな表情に

は好感が持てた. ❹《南米》[集団から]追放する: ~ un alumno de la universidad 学生を大学から除籍する
── 直 ❶ [中心から様々な方向へ]出発する; 原因となる. ❷ 広まる, 流布する
── se [影響などが余波として]広がる, 広く及ぶ
irrayable [irajáble] 形 傷のつかない
irrazonable [iraθonáble] 形 ❶ [事柄が]不合理な, 不当な: 1) temor ~ いわれのない恐怖. 2) [ser + que+接続法] Es ~ que pretendas solucionar el problema sin contar con los medios necesarios. 君が必要な手段もないのに問題を解決しようとするのは無分別だ. ❷ [人が]むちゃを言う, だだをこねる, わけの分からないことを言う: No he visto a nadie más ~ que tú. 私は君くらいわがままな人に会ったことがない
irrazonado, da [iraθonádo, da] 形 道理に基づかない, 不当な
irreal [ireál] 形 [←in-(否定)+real] 実在しない, 非現実的な; 空想の, 架空の: mundo ~ 架空の(非現実的な)世界. seres monstruosos e ~s 想像上の怪物
irrealidad [irealidá(d)] 女 非現実性, 実在しないこと, 架空性
irrealismo [irealísmo] 男《まれ》非現実主義
irrealista [irealísta] 形《まれ》非現実主義的な
irrealizable [irealiθáble] 形 [ser+] 実現(達成)され得ない: plan ~ 実現不可能な計画
irrealizar [irealiθár] 他《文語》実在しなくする, 非現実的にする
irrebatible [irebatíble] 形 反論され得ない: argumento ~ 論破できない主張
irrecognoscibilidad [irekognosθibilidá(d)] 女《文語》認識され得ないこと
irrecognoscible [irekognosθíble]《文語》=**irreconocible**
irreconciliable [irekonθiljáble] 【←in-(否定)+reconciliable】形 ❶ 和解され得ない, 相いれない: enemigos ~ 不倶戴天の敵. ❷ 両立できない: teorías ~s 両立しがたい理論, 互いに相いれない理論
irreconocible [irekonoθíble]【←in-(否定)+reconocible】形 認識(認知・識別)され得ない, 見分けられない: Ha salido tan mal en la foto que está ~. 彼は写真写りがあまりに悪く, 彼だと分からないほどだ
irrecordable [irekordáble] 形 覚えられ得ない, 思い出され得ない
irrecuperable [irekuperáble] 形【←in-(否定)+recuperable】 [ser+] 回復(回収)され得ない: Las joyas robadas parecen ser ~s. 盗まれた宝石は回収不能なようだ. crédito ~ 不良債権. error ~ 取り返しのつかない失敗
irrecurrible [irekuříble] 形 変更され得ない; 抗議され得ない: La decisión es ~. その決定は変更できない/決定に対する抗議は受け付けられない
irrecusable [irekusáble] 形 [ser+] 拒否(忌避)され得ない: invitación ~ 断り切れない誘い. prueba ~ 明白な(歴然たる)証拠
irredentismo [ireðentísmo] 男 《歴史, 政治》イレデンティズモ, 失地回復運動 [1878年イタリアで生まれた思想で, 外国の支配下にあった諸地方をイタリアへ再統一することを目指す. ある地域が他国に支配されていても民族的・文化的に自国のものと考える]; 民族統一主義
irredentista [ireðentísta] 形 名 イレデンティズモの[支持者]
irredento, ta [ireðénto, ta] 形 [領土・国民が]外国の支配下にある, 未回収の
irredimible [ireðimíble] 形 解放(救済)され得ない, 請け戻せない: Piden las penas por terrorismo sean ~s. 彼らはテロリズムに対する刑罰に軽減措置がないように要求している
irreducible [ireðuθíble] 形【←in-(否定)+reducible】[ser+] ❶ 縮小(削減)され得ない: El precio de este coche es completamente ajustado y es absolutamente ~. この車の価格はぎりぎりまで切り詰めてあるので全く値下げできない. ❷ 妥協しない, 不屈の: actitud ~ 不屈の(譲らない)態度. castillo ~ 難攻不落の城. rival ~ 手ごわいライバル. ❸ [+a に] 還元できない: La vida es ~ a la materia. 生命は物質に還元できない. ❹《数学》約せない, 既約の: fracción ~ 既約分数. ❺《医学》[ヘルニアなどが]整復不能の, 非納入[性]の
irreductibilidad [ireðuktibilidá(d)] 女 縮小(削減)されないこと
irreductible [ireðuktíble] 形 =**irreducible**

irreemplazable [ire(e)mplaθáble] 形 [ser+] 取り替え(置き換え)られ得ない: jugador ~ かけがえのない選手
irreflexión [irefle(k)sjón] 女 無思慮, 無分別; 軽率
irreflexivamente [irefle(k)síbaménte] 副 無思慮に, 無分別に; 軽率に
irreflexivo, va [irefle(k)síbo, ba] 形 [ser+. 人・言動が] 思慮のない, 分別のない, 軽率な: alumno ~ 分別のない生徒. decisiones ~vas 軽率な決定
irreformable [ireformáble] 形 改革(改善)され得ない
irrefragable [irefragáble] 形《文語》阻止(抵抗)され得ない; 圧倒的な: fuerza ~ de destino 運命のあらがいがたい力
irrefragablemente [irefragáblemente] 副 抵抗できない力で, あらがいがたく; 圧倒的に
irrefrenable [irefrenáble] 形 抑制され得ない: deseo ~ de gritar 叫びたいという抑えがたい欲求
irrefutable [irefutáble] 形 反論され得ない: teoria ~ 反論しようのない理論. prueba ~ 動かしがたい(明白な)証拠
irreglamentable [ireglamentáble] 形 規制(統制)され得ない
irregular [iregulár] 形【←in-(否定)+regular】❶ 不規則な, 一様でない: alumno ~ en matemáticas 数学の成績にむらのある生徒. polígono ~ 不等辺多角形. pulso ~《医学》不整脈. terreno ~ でこぼこの土地. verbo ~ 不規則動詞. ❷ 不正な, 不正規な: inmigrante ~ 不法入国者. negocio ~ 不正な取引. conducta ~ ふしだらなふるまい. vida ~ 乱れた生活
irregularidad [iregularidá(d)] 女 ❶ 不規則性, 一様でないこと, 不ぞろい: ~es del terreno 土地の起伏. ~ menstrual 月経不順. ❷ 不正行為, ふしだらな行為: Ha descubierto algunas ~es en las cuentas. 彼は帳簿にいくつかの不正を発見した
irregularmente [iregulárménte] 副 不規則に; 不正に
irreivindicable [ireibindikáble] 形 [権利として]要求され得ない; [名誉などが]回復(修復)不能な
irrelevancia [irelebánθja] 女 ❶ 重要性に乏しいこと, 取るに足りないこと. ❷ 的外れ, 見当違い
irrelevante [irelebánte] 形【←in-(否定)+relevante】❶ [ser+] 重要性に乏しい, 取るに足りない: datos ~s 重要でないデータ. ❷《言語》有意味でない
irreligión [irelixjón] 女 無宗教, 無信仰; 不敬虔
irreligiosamente [irelixjósaménte] 副 宗教(信仰)を持たずに; 不敬虔に
irreligiosidad [irelixjosiðá(d)] 女 宗教心(信仰)の欠如; 無宗教性; 反宗教性, 不敬虔
irreligioso, sa [irelixjóso, sa] 形《文語》無宗教の, 無信仰の; 反宗教的な, 不敬虔な
irrellenable [ireʎenáble] 形 [蓋が瓶に]はまらない
irremediable [iremeðjáble] 形 [ser+] 取り返しのつかない, どうしようもない, 不可避の: error ~ 取り返しのつかない誤り
irremediablemente [iremeðjáblemente] 副 ❶ 取り返しのつかないほど, どうしようもないほど. ❷ 必然的に, きっと
irremisible [iremisíble] 形【←ラテン語 irremissibilis】《文語》[ser+] 許され得ない: pecado ~ 許しがたい罪
irremisiblemente [iremisíbleménte] 副 許しがたいほどに
irremplazable [iremplaθáble] 形《まれ》=**irreemplazable**
irremunerado, da [iremuneráðo, da] 形 無報酬の; 報われない, 割に合わない
irrenunciable [irenunθjáble] 形 [ser+] 放棄(拒絶)され得ない: cargo ~ 放棄できない役職
irreparable [ireparáble] 形【←ラテン語 irreparabilis】形 修理(修復)され得ない; 取り返しのつかない, 償い得ない: La guerra produjo daños ~s. 戦争が取り返しのつかない被害をもたらした. avería ~ 修理できない故障
irreparablemente [ireparáblemente] 副 修理(修復)できないほどに; 取り返しのつかないほど
irrepetible [irepetíble] 形 二度とない, 比類ない: actuación ~ 二度とないほど上出来の演技
irreprehensible [irepre(e)nsíble] 形《まれ》=**irreprensible**
irreprensible [ireprensíble] 形 非難すべき点のない, 申し分のない: conducta ~ 非の打ちどころのない行動
irreprensiblemente [ireprensíbleménte] 副 非の打ちどころなく, 申し分なく
irrepresentable [irepresentáble] 形 ❶ [作品が]上演不可能な. ❷ 想像され得ない
irreprimible [ireprimíble] 形 抑制(抑止)され得ない: deseo ~ de empezar a dar saltos 跳びはねたいという抑えがたい欲求

irreprochabilidad [iřeprotʃabiliđá(đ)] 囡 非の打ちどころのないこと

irreprochable [iřeprotʃáble] 形 非の打ちどころのない, 申し分ない: comportamiento ～ 非の打ちどころのない行動

irreproducible [iřeprođuθíble] 形 再現(再生)され得ない

irrequieto, ta [iřekjéto, ta] 形《廃語》落ち着きのない

irrescindible [iřesθindíble] 形《文語》取り消され得ない: contrato ～ 解消され得ない契約

irresistible [iřesistíble] 《←in-（否定）+resistible》形 抵抗され得ない, 抑えがたい: Sus labios rojos eran ～s. 彼女の赤い唇は抗しがたい魅力があった. dolor ～ 耐えられない痛み, 激痛. encanto ～ たまらない魅力. persona ～ por su simpatía 愛想がよくてたまらなく魅力的な人

irresistiblemente [iřesistíbleménte] 副 抵抗できないほどに, 抑えがたく, いやおうなく, どうしようもなく

irresoluble [iřesolúble] 《←ラテン語 irresolubilis》形 解決（決断）され得ない; 決めかねる, 決定できない: problema ～ 解決できない問題

irresolución [iřesoluθjón] 《←in-（否定）+resolución》囡 ❶ 優柔不断, 決断力がないこと: Su ～ le ha hecho perder una buena oferta de trabajo. 彼は優柔不断だったのでよい仕事につくせっかくの機会を逃した. ❷ 未解決

irresoluto, ta [iřesolúto, ta] 《←ラテン語 irresolutus「緩くされない, 放される」》形 ❶ 優柔不断の, 決断力のない; 決心がつかない: carácter ～ 優柔不断な（煮え切らない）性格. Está ～ todavía. 彼はまだ決心がついていない. ❷《まれ》[問題が] 未解決の

irrespetar [iřespetár] 他《南米》敬意に欠ける; 冒瀆する

irrespeto [iřespéto] 男《南米》敬意に欠けること, 不謹慎, 無礼; 冒瀆

irrespetuoso, sa [iřespetwóso, sa]《←in-（否定）+respetuoso》形 [+con に対して] 無礼な, 不敬な: alumno ～ con el profesor 教師を敬わない生徒

irrespirable [iřespiráble] 形 ❶ [気体が] 吸ってはならない; [大気汚染などで] 呼吸に適さない: Los vapores de mercurio son ～s. 水銀の蒸気は吸ってはならない. ❷ 息苦しい, 息の詰まりそうな, 窒息しそうな: atmósfera familiar ～ 息苦しい家庭内の雰囲気

irresponsabilidad [iřesponsabiliđá(đ)] 囡 ❶ 無責任[な行為]: Ha sido una ～ dejarla sola en aquella situación. そんな状況下に彼女を一人で放置しておくとは無責任な行動だった. ❷ 免責; 責任能力のないこと

irresponsabilizar [iřesponsabiliθár] ⑨ 他 [人を] 無責任にする

irresponsable [iřesponsáble]《←in-（否定）+responsable》形 囲 [ser+] ❶ 無責任な[人], 責任感のない[人]: Aquel ministro es una persona ～. あの大臣は無責任だ. elección ～ 無責任な選択. ❷ 責任のない, 免責の,《法律》責任能力のない

irrestañable [iřestaɲáble] 形 流出（流入）を止められ得ない; 止血され得ない

irrestricto, ta [iřestríkto, ta]《主にメキシコ, ラプラタ》制限のない, 無条件の

irresuelto, ta [iřeswélto, ta] 形 未解決の [=irresoluto]: El problema nuclear sigue ～. 核問題は未解決のままだ

irretenible [iřeteníble] 形 抑えられ得ない

irretractable [iřetraktáble] 形 取り消され得ない

irretroactividad [iřetroaktibiđá(đ)] 囡《法律》不遡及

irrevelable [iřebeláble] 形 明らかにされ得ない, 知られ得ない

irreverencia [iřeberénθja]《←ラテン語 irreverentia, -ae》囡 無礼, 不敬[な言動], 冒瀆（{ｱｸ}）: cometer una ～ 不敬（罰当たり）なことをする

irreverenciar [iřeberenθjár] ⑩ 他 無礼に扱う, 無礼を働く; 冒瀆する

irreverente [iřeberénte]《←ラテン語 irreverens, -entis》形 囲 無礼な[人], 不敬な[人], 不遜な[人]: actitud ～ 無礼な態度

irreverentemente [iřeberénteménte] 副 無礼に, 不敬に

irreversibilidad [iřebersibiliđá(đ)] 囡 元に戻せないこと, 不可逆性

irreversible [iřebersíble] 形 [ser+] 元に戻され得ない, 取り返しのつかない, 不可逆的な: Los efectos del envejecimiento son ～s. 老化を押しとどめることは不可能である. situación ～ 取り返しのつかない状況. enfermedad ～ 不治の病

irrevertible [iřebertíble] 形《中南米》=**irreversible**

irrevocabilidad [iřebokabiliđá(đ)] 囡 取り消しできないこと,

撤回不能

irrevocable [iřebokáble]《←ラテン語 irrevocabilis》形 取り消され得ない, 撤回され得ない: La decisión del tribunal es ～. 裁判所の決定は変えられない. carta de crédito ～《商業》取り消し不能信用状

irrevocablemente [iřebokáblémente] 副 取り消し不可能という条件で

irrigable [iřigáble] 形 ❶ [土地が] 灌漑できる. ❷《医学》[傷口などが] 洗浄できる

irrigación [iřigaθjón]《←ラテン語 irrigatio, -onis》囡 ❶ 灌漑, 灌水. ❷《医学》1）[血液などの] 循環. 2）灌注[法], 洗浄[法]; 灌注液

irrigador, ra [iřigađór, ra] 形 灌漑する; 循環させる ── 男《医学》イリガートル; 灌注器, 洗浄器

irrigar [iřigár]《←ラテン語 irrigare「水をまく」》⑧ 他 ❶ [土地を] 灌漑する: Instalaron un nuevo sistema para ～ mejor los campos. 彼らは畑をよりよく灌漑するために新しい装置を取り付けた. ❷《医学》1）[血液などを体内各部へ] 循環させる. 2）灌注する, 洗浄する

irrisible [iřisíble]《←ラテン語 irrisibilis》形 嘲笑（軽蔑）に値する, ばかげた

irrisión [iřisjón]《←ラテン語 irrisio, -onis》囡《文語》嘲笑〔の的〕, あざけり: Su comportamiento provocó la ～ de todos los presentes. 彼の行動は出席者全員の嘲笑を買った

irrisoriamente [iřisórjaménte] 副 滑稽に, からかって; 取るに足りないほど

irrisoriedad [iřisorjeđá(đ)] 囡 滑稽さ; 取るに足りなさ

irrisorio, ria [iřisórjo, rja]《←ラテン語 irrisorius》形 [ser+] ❶ 滑稽な, おかしい: aspecto ～ おかしな外見. ❷ [主に金額が] 取るに足りない: Cobra un sueldo ～. 彼はばかばかしいほどわずかしか給料をもらっていない

irritabilidad [iřitabiliđá(đ)] 囡 ❶ 怒りっぽさ, 短気. ❷ [刺激に対する] 過敏, 興奮性

irritable [iřitáble] I《←ラテン語 irritabilis》形 [ser・estar+] 怒りっぽい, 短気な: Estos días está muy ～. 最近の彼は不機嫌だ. ❷ 過敏な, 炎症にかかりやすい; 興奮性の: Tiene la piel muy ～. 彼の皮膚はとても過敏だ. síndrome del intestino ～《医学》過敏性腸症候群

II 取り消され得る

irritación [iřitaθjón] I《←ラテン語 irritatio, -onis》囡 ❶ いら立ち, 立腹: La ～ de mi padre era tan grande que creí que me iba a pegar. 父はひどく怒っていたので僕は叩かれるかと思った. ❷ [軽い] 炎症, かぶれ: Las ortigas producen ～ en la piel. イラクサは皮膚に炎症を起こす

II《法律》取り消し, 無効

irritador, ra [iřitađór, ra] 形 いらいらさせる [=irritante]

írritamente [ířitaménte] 副《法律》無効に

irritamiento [iřitamjénto] 男《法律》取り消し, 無効

irritante [iřitánte]《←ラテン語 irritans, -antis》形 [ser+] いらいらさせる, 腹立たしい: Cuando se pone así de pesado, es ～. 彼がそういう風にしつこくなるのは腹立たしい. ❷ 刺激性の, 炎症を起こす: agente ～ 刺激薬, 刺激物

irritar [iřitár] I《←ラテン語 irritare「興奮させる, 刺激する」》他 ❶ いらいらさせる, 怒らせる [→enfadar] [参考]: La falta de puntualidad de la gente le irrita. 彼は人々が時間を守らないことにいらだっている. ❷ [感情を] 引き起こす: ～ los celos 嫉妬を募らせる. ❸ 軽い炎症を起こさせる, ひりひりさせる: Los gases irritan los ojos. そのガスは目をひりひりさせる
── ～se [+con・por+物/+con・contra+人 に] いらいらする, 怒る: Hay personas que se irritan por cualquier cosa. 何にでも腹を立てる人はいるものだ. Se irritó conmigo. 彼は私に腹を立てた. ❷ 炎症を起こす, ひりひりする: Se me irrita la nariz. 私は鼻がひりひりする

II《←ラテン語 irritare < irritus「無効の」》他《法律》取り消す, 無効にする

irritativo, va [iřitatíbo, ba] 形 炎症を引き起こす, ひりひりさせる

írrito, ta [ířito, ta] 形《まれ. 法律》無効の

irrogación [iřogaθjón] 囡《文語》害を与えること

irrogar [iřogár] ⑧ 他《文語》[害・損害を, +a に] 与える

irrompible [iřompíble] 形 壊れない: plato ～ 割れない皿. Con él me ligan unas relaciones indeseables pero ～s. あいつとは腐れ縁になってしまっている.

irruir [iřwír] 48 他 激しく攻める; 襲撃する, 急襲する
irrumpir [iřumpír]《←ラテン語 irrumpere < in- (中)+rumpere「壊す」》自 ❶ [+en に] なだれ込む, 押し入る: Un desconocido *irrumpió en* la habitación. 見知らぬ男が部屋に押し入った. ❷ 突然出現する: Esa moda *irrumpió en* nuestro país a principios de los noventa. その流行は我が国では90年代初頭に突然起こった
irrupción [iřup0jón]《←ラテン語 irruptio, -onis》女 ❶ 乱入, 闖入(ﾁﾝﾆｭｳ). ❷ 突然の出現: La ~ del verano trajo las noches de insomnio por calor. 突然夏がやってきて暑さで眠れない夜が続いた
irruptor, ra [iřu(p)tór, ra] 形 名 乱入(闖入)する; 乱入者
IRTP 男《西. 略記》←Impuesto sobre el Rendimiento del Trabajo Personal 源泉課税
irubú [irubú] 男《ｱﾙｾﾞﾝﾁﾝ. 鳥》ヒメコンドル
iruelense [irwelénse] 形 名《地名》ラ・イルエラ La Iruela の〔人〕《ハエン県の村》
irunés, sa [irunés, sa] 形 名《地名》イルン Irún の〔人〕《ギプスコア県の町》
irupé [irupé] 男《南米. 植物》オオオニバス
IRYDA [iřída] 男《西. 略記》←instituto de reforma y desarrollo agrario 農業改革発展公社
is [ís] 間《コスタリカ》〔軽蔑・嫌悪〕うへ!
isa [ísa]《←?語源》女 カナリア諸島の民族舞踊; その4分の3拍子の音楽・歌
Isaac [is(a)ák] 男《旧約聖書》イサク《アブラハムの子, ヤコブの父》
Isaacs [isaáks]《人名》**Jorge ~** ホルヘ・イサアクス《1837～95, コロンビアの作家. 裕福な家庭に生まれ医師を志すが, 父親が破産し, 以後職を転々とする. そうした経験をもとに牧歌的な自然を背景に, 心優しい人物が登場する悲劇的な恋の物語『マリア』*María* を書き上げる. この小説はロマン主義文学の傑作とされる
isabel [isabél] 形《馬が》真珠色の, 黄白色の
Isabel [isabél]《人名》**~ I la Católica** カトリック女王イサベル1世《1451～1504, カスティーリャ女王. 夫であるアラゴン王フェルナンド2世と共に近世スペインの基礎を築く》
~ II la de Tristes Destinos 悲運の女王イサベル2世《1830～1904, スペイン女王. カルリスタ戦争 guerra carlista やクーデターの勃発など政治的混乱を経験. 1868年の9月革命 Revolución de 1868 により亡命, 退位》
isabelino, na [isabelíno, na] 形 名 ❶《建築》イサベル様式の《ムデハル化したゴシック. ←イサベル1世 Isabel I》. ❷ イサベル2世の;《家具が》イサベル2世風の;《貨幣が》イサベル2世の胸像入りの: reinado ~ イサベル2世の治世. estilo ~《家具などの》イサベル2世様式. ❸《歴史》〔カルリスタ戦争でカルロス派 carlista に対し〕イサベル2世派〔の〕. ❹《英国の》エリザベス1世時代(1558～1603)の: teatro ~ エリザベス朝演劇. ❺《馬が》真珠色の, 黄白色の. ❻《地名》イサベラ Isabela の〔人〕《フィリピン, ルソン島の県》
isabelo, la [isabélo, la] 形《馬などが》真珠色の, 黄白色の
isagoge [isaɣóxe] 女 序文, 緒言;《演説などの》前置き
isagógico, ca [isaɣóxiko, ka] 形 序文の; 前置きの
Isaías [isaías] 男《旧約聖書》イザヤ《イスラエルの預言者》
isalóbara [isalóβara] 女《気象》イサロバール, 気圧等変化線
isaloterma [isalotérma] 女《気象》気温等変化線
isangas [isáŋgas] 女 複 ❶《ﾍﾟﾙｰ》〔エビ捕り用の〕イグサ製の仕掛け. ❷《ｱﾙｾﾞﾝﾁﾝ》1)〔スパルトなどで編んだ〕荷かご. 2) ラバの背に商品を載せる荷鞍
isanómala, la [isanómalo, la] 形《気象》等偏差線
isaño [isáno] 男《植物》マシュア〔=mashua〕
isatide [isátide] 男《植物》ホソバタイセイ
isatis [isátis] 男《単複同形》《動物》北極ギツネ〔=zorro ártico〕
isba [ísβa] 女《ロシアの》丸太小屋
iscariense [iskarjénse] 形 名《地名》=iscariote²
iscariote¹ [iskarjóte] 男《新約聖書》〔イエスを裏切った〕イスカリオテのユダ. ❷《まれ》裏切り者
iscariote², ta [iskarjóte, ta] 形 名《地名》イスカル Íscar の〔人〕《バリャドリード県の村》
iscatón [iskatón] 男《メキシコ》綿;《植物の》繊毛
iscle [ískle] 男《メキシコ》❶ リュウゼツランなどから採った繊維. ❷《隠語》恐れ, おびえ

Iseo [iséo] 女《アーサー王伝説》イゾルデ, イズー《アイルランド王の娘. トリスタン Tristan の愛人》
isiaco, ca [isjáko, ka] 形 イシス Isis 神の, イシス信仰の
isíaco, ca [isjáko, ka] 形 =isiaco
isidoreño, ña [isidoréɲo, ɲa] 形 =isidoriano
isidoriano, na [isidorjáno, na] 形《人名》❶ 聖イシドルス San Isidoro de Sevilla の. ❷ 聖イシドロ San Isidoro の
Isidoro de Sevilla [isidóro de seβíλa]《人名》**San ~** 聖イシドルス《560?～636, スペインの哲学者, セビーリャ大司教.『語源論』*Etimologías*,『ゴート人の歴史』*Historia de los godos, vándalos y suevos*》
isidrada [isidráda] 女〔マドリードの〕聖イシドロ San Isidoro 祭《5月15日》; そこで行なわれる闘牛
isidril [isidríl] 形〔マドリードの〕聖イシドロ祭の
isidro, dra [isídro, dra] 形 名 ❶《軽蔑》〔主に聖イシドロ祭にやって来た〕田舎者, お上りさん
Isidro [isídro] 男《人名》**San ~** 聖イシドロ《1070?～1130, カスティーリャの農民で, マドリードおよびスペイン農民の守護聖人. 農夫聖イシドロ San Isidro Labrador とも》
isiga [isíɣa] 女《ボリビア. 植物》マメ科 Myrocarpus 属の一種《樹脂が頭痛薬になる》
-ísimo, ma《接尾辞》〔絶対最上級〕fac*ilísimo* 非常に容易な
isipó [isipó] 男《ボリビア, ｱﾙｾﾞﾝﾁﾝ. 植物》=icipó
isípula [isípula] 女《魔語》丹毒〔=erisipela〕
Isis [ísis] 女《エジプト神話》イシス《古代エジプトの主女神, 豊饒の大母神》
isla [ísla]《←ラテン語 insula「島, 一軒家」》女 ❶ 島: ir a la ~ de Mallorca マリョルカ島に行く. vivir en una ~ desierta 無人島で暮らす. I~ de Pascua イースター島《チリ領. モアイ像 moái で名高い》. I~s Filipinas フィリピン諸島. ~ del tesoro 宝島. ❷〔周囲とはっきり区別された〕区域, 地帯: ~ peatonal/~ de peatones 歩行者天国, 車両乗り入れ禁止地帯. ~ de seguridad 安全地帯. ❸〔島のように孤立した〕草原の中の林. ❹ 街区, ブロック〔=manzana〕. ❺《ﾍﾞﾈｽﾞｴﾗ》〔高速道路の〕中央分離帯〔=mediana〕. ❻《チリ》〔川岸の〕増水時に水底になる場所
Isla [ísla]《人名》**José Francisco de ~** ホセ・フランシスコ・デ・イスラ《1703～81, スペインの小説家. 風刺的な作風を特徴とし,『フライ・ヘルンディオ』*Historia del famoso predicador Fray Gerundio de Campazas, alias Zotes* は説教師の物語を通して当時の文飾主義的な演説を揶揄し, 諧謔を交えた簡明な表現の重要性を説いている》
islam [islán] 男《←アラビア語 islam「神の意志に任せること」》❶〔主に el I~〕❶ イスラム教. ❷ イスラム世界; イスラム文明
islámico, ca [islámiko, ka] 形 イスラム教の: arte ~ イスラム美術
islamismo [islamísmo] 男 イスラム教; イスラム世界
islamista [islamísta] 形 名 イスラム教原理主義の(主義者)
islamita [islamíta] 形 名 イスラム教の, イスラム教徒
islamización [islamiθaθjón] 女 イスラム(教)化
islamizar [islamiθár] 9 他 イスラム(教)化する
islamología [islamoloxía] 女 イスラム教・文化の研究
islamólogo, ga [islamólogo, ga] 名 イスラム教・文化の研究者
islán [islán] 男《古語》〔女性が頭にかぶる〕レース飾り付きのベール
islandés, sa [islandés, sa] 形 名《国名》アイスランド Islandia〔人・語〕の; アイスランド人
── 男 アイスランド語
Islandia [islándja] 女《国名》アイスランド
islándico, ca [islándiko, ka] 形 名《まれ》=islandés
islario [islárjo] 男 島々の研究〔記録〕; 島々の地図
isleñismo [isleɲísmo] 男 島嶼(ﾄｳｼｮ)性
isleño, ña [isléɲo, ɲa]《←isla》形 名 ❶ 島の〔住民〕. ❷《ホンジュラス》ラ・バイア諸島 Islas de la Bahía の〔人〕. ❸《キューバ, ドミニカ, プエルトリコ, ベネズエラ》カナリア諸島からの〔移民〕. ❹《ドミニカ》〔首都サントドミンゴの〕サンカルロス地区 San Carlos の住民. ❺《コロンビア》サンアンドレス・イ・プロビデンシア諸島 islas de San Andrés y Providencia の〔人〕
isleo [isléo] 男 ❶〔大きな島に隣接した〕小島. ❷〔性格を異にする地区に囲まれた〕地区
isleta [isléta] 《isla の示小語》女 ❶ 小島. ❷〔道路の, 歩行者用の〕安全地帯. ❸《パナマ, プエルトリコ》〔道路の〕中央分離帯.

islilla [islíʎa] 囡《まれ》腋の下〖=sobaco〗; 鎖骨〖=clavícula〗
❹《アルゼンチン》パンパにある孤立した林
islote [islóte]〖←isla〗男 ❶ [主に無人の]小島. ❷ 海面から突き出た大岩. ❸《解剖》~s Langerhans/~s pancreáticos/~s de páncreas 膵島(ﾄｳ), ランゲルハンス島
ismael [ismaél] 男 ❶《口語》Eメール〖=email〗. ❷《旧約聖書》[I~] イスマエル〖アブラハムの息子〗
ismaelita [ismaelíta] 形 名 ❶ イスマエル Ismael の末裔〔の〕. ❷ アラブ人〔の〕
ismaili [ismaílí] 形 名 [イスラム教シーア派の] イスマイリ派〔の〕
ismo [ísmo]〖←ismo〗男 主義, イズム; [芸術などにおける] 革新的傾向
-ismo〖接尾辞〗[形容詞+. 名詞化. 抽象概念] realismo 現実主義
iso-〖接頭辞〗[同等] isomorfo 同形の
isobara [isobára] 囡〖複~s〗《気象》等圧線〖=línea ~〗
isóbara [isobára] 囡《まれ》=isobara
isobárico, ca [isobáriko, ka] 形 ❶《気象》等圧の: línea ~ca 等圧線. ❷《物理》同重体の, 同重核の, 等圧式の
isobata [isobáta] 囡《地理》[海底の] 等深線
isobática [isobátika] 形 =isobata
isoca [isóka] 囡《ラプラタ》[総称. 穀類を害する] 毛虫, 青虫
isocalórico, ca [isokalóriko, ka] 形 等カロリーの
isocianato [isoθjanáto] 男《化学》イソシアネート
isoclinal [isoklinál] 形 等傾斜の, 等伏角の;《地理》等斜褶曲の
isoclino, na [isoklíno, na] 形 等斜褶曲の〖=isoclinal〗
── 囡 等斜褶曲〔線〕
isocolon [isokólon] 男《修辞》イソコロン〖同じ長さの節の連続〗
isocora [isokóra] 囡《物理》等容変化〔曲線〕, 等容式
isocoste [isokóste] 形《経済》curva (línea) ~ 等費用線
isocromático, ca [isokromátiko, ka] 形《光学》同色の
isocronía [isokronía] 囡 =isocronismo
isocronismo [isokronísmo] 男《物理》等時性
isócrono, na [isókrono, na] 形《物理》等時の, 等時間隔の;《地理》等時線
isocuanta [isokwánta] 形《経済》curva ~ 等産出量曲線, 等量線
isodáctilo, la [isodáktilo, la] 形《動物》すべての指の長さが等しい
isodínama [isodínama] 囡 =isodinámica
isodinámico, ca [isodinámiko, ka] 形 等力の, 等強度の;《物理》等磁力の
── 囡《物理》等磁力線〖=línea ~ca〗
isódomo, ma [isódomo, ma] 形《建築》等しい切り石で作られた
isodonte [isodónte] 形《動物》等歯性の
isoédrico, ca [isoédriko, ka] 形《鉱物》[結晶の] 面がすべて等しい
isoeléctrico, ca [isoeléktriko, ka] 形《化学》等電の
isoentálpico, ca [isoentálpiko, ka] 形《物理》等エンタルピーの
isoentrópico, ca [isoentrópiko, ka] 形《物理》等エントロピーの
isoenzima [isoenθíma] 男/囡《生物》アイソエンザイム
isoetal [isoetál] 形《植物》ミズニラ目の
── 男〖複〗《植物》ミズニラ目
isófago [isófago] 男《廃語》=esófago
isofilo, la [isofílo, la] 形《植物》芽から生じた葉がすべて等しい
isoflavón [isoflabón] 男《生化》イソフラボン
isoflavonoide [isoflabonóide] 男《生化》イソフラボノイド
isofonía [isofonía] 囡 等音
isofónico, ca [isofóniko, ka] 形 等音の
isófono, na [isófono, na] 形 同音の
isofoto, ta [isofóto, ta] 形《光学》等照の; 等照性の
isogameto [isogaméto] 男《生物》同形配偶子
isogamia [isogámja] 囡《生物》同形配偶子による生殖〖⇔heterogamia〗
isogámico, ca [isogámiko, ka] 形《生物》同形配偶子で生殖する, 同配偶の〖⇔heterógamo〗;《植物》同型花を有する
isógamo, ma [isogámo, ma] 形 =isogámico
isógeno, na [isóxeno, na] 形《生物》同原の, 同生の
isogeoterma [isoxeotérma] 囡《地学》[地球内部の] 等地温線

isoglosa [isoglósa] 囡《言語》等語線
isógono, na [isógono, na] 形 ❶ 等角の; [地磁気が] 等偏角の. ❷《生物》等生長の
── 囡 等偏角線, 等方位角線
isohieta [isojéta] 囡 =isoyeta
isohipso, sa [isoí(p)so, sa] 形 等高の
── 囡 等高線〖=curva de nivel〗
Isolda [isólda] 囡《アーサー王伝説》=Iseo
isoleucina [isoleuθína] 囡《生化》イソロイシン
isólogo, ga [isólogo, ga] 形 ❶《医学》[遺伝子的に] 同種の;《生物》同形の. ❷《化学》同級体の
isomería [isomería] 囡《化学, 物理》異性
isomerismo [isomerísmo] 男《化学》[化合物などの] 異性;《物理》[核種の] 核異性
isomerización [isomeriθaθjón] 囡《化学》異性化
isomerizar [isomeriθár] 9 他《化学》異性化する
isómero, ra [isómero, ra] 形 男《化学, 物理》異性〔体〕の; 異性体
isometría [isometría] 囡 ❶ 等大, 等長, 等面積, 等体積, 等角. ❷《幾何》等長変換. ❸《地理》1) [地図の] 等距離法. 2) [海抜の] 等高
isométrico, ca [isométriko, ka] 形 ❶ 等大 (等長・等面積・等体積・等角)の. ❷《幾何》等長変換の. ❸ アイソメトリックの, 等尺運動の: entrenamiento ~ アイソメトリック・トレーニング, 等尺性の. ❹《医》[筋肉の収縮が] 等尺性の. ❺《鉱物》等軸の. ❻《詩法》等韻律の, 等長性の
isomorfismo [isomorfísmo] 男 ❶《化学, 物理》同形. ❷《鉱物》類質同像. ❸《言語》同型性
isomorfo, fa [isomórfo, fa] 形 ❶《化学, 物理》同形の. ❷《鉱物》[結晶が] 同形の, 類質同像の. ❸《言語》lenguas ~fas 同型言語
isonefa [isonéfa] 囡《気象》等雲量線
isoniacida [isonjaθída] 囡《薬学》イソニアジド
isonomía [isonomía] 囡《主に古代ギリシア》[法的な] 同権, 権利平等
isonómico, ca [isonómiko, ka] 形《主に古代ギリシア》同権の, 権利平等の
isoperimétrico, ca [isoperimétriko, ka] 形《幾何》等周の, 周囲の長さの等しい
isoperímetro, tra [isoperímetro, tra] 形《幾何》形状は違うが周囲の長さの等しい
isópodo, da [isópodo, da] 形 等脚類の
── 男〖複〗《動物》等脚類
isopreno [isopréno] 男《化学》イソプレン
isopropílico, ca [isopropíliko, ka] 形《化学》alcohol ~ イソプロピルアルコール
isópteros [isó(p)teros] 男〖複〗《昆虫》シロアリ目
isoquímena [isokiména] 囡 =isoquímena
isoquímena [isokiména] 囡《気象》等寒線
isósceles [isósθeles] 形〖単複同形〗《幾何》二等辺の: triángulo ~ 二等辺三角形
isosilábico, ca [isosilábiko, ka] 形《音声》等音節の, 等時音節の
isosilabismo [isosilabísmo] 男《音声》等音節性, 等時音節性
isosísmico, ca [isosísmiko, ka] 形 囡 =isosista
isosista [isosísta] 形《地学》等震の; 等震線
isospín [isospín] 男《物理》荷電スピン, アイソスピン
isostasia [isostasía] 囡 ❶《地学》[地殻の] 平衡, 均衡, アイソスタシー; 均衡説. ❷ [力の] 平衡
isostático, ca [isostátiko, ka] 形《物理》平衡の
isótera [isótera] 囡《気象》等暑線
isoterma[1] [isotérma] 囡《気象》等温線
isotérmico, ca [isotérmiko, ka] 形 =isotermo: traje ~ [潜水の] ウエットスーツ
── 男 保温容器, 保冷容器
isotermo, ma[2] [isotérmo, ma] 形 ❶ 等温の. ❷ 保温の, 保冷の: camión ~ 保冷車
isotónico, ca [isotóniko, ka] 形《物理》等張の;《化学》[溶液が] 等浸透圧の: bebida ~ca アイソトニック飲料, スポーツドリンク
isótono, na [isótono, na] 形 ❶《物理》同中性子核の, アイソト

ーンの. ❷ =**isotónico**

isotopía [isotopía] 囡《物理》同位性, 同位体であること; 同位体現象

isotópico, ca [isotópiko, ka] 形《物理》同位体の, 同位元素の, アイソトープの

isótopo, pa [isótopo, pa] 形 =**isotópico**
—— 男《物理》同位体, 同位元素, アイソトープ

isotrón [isotrón] 男《物理》アイソトロン

isotropía [isotropía] 囡《生物, 物理》等方位性

isotrópico, ca [isotrópiko, ka] 形《生物, 物理》等方位性の

isótropo, pa [isótropo, pa] 形 =**isotrópico**

isoyeta [isojéta] 囡《気象》等降水量線

isquemia [iskémja] 囡《医学》虚血, 乏血; 貧血

isquemiar [iskemjár] 10 他《医学》虚血(乏血)を引き起こす

isquémico, ca [iskémiko, ka] 形《医学》虚血(乏血)の: cardiopatía ~ca 虚血性心疾患

isqualgia [iskjálxja] 囡《医学》座骨神経痛

isquiático, ca [iskjátiko, ka] 形《解剖》座骨の, 腰の

isquion [ískjon] 男《解剖》座骨

isquiopubiano, na [iskjopubjáno, na] 形《解剖》座骨恥骨の

Israel [i(s)ráel] 男《国名》イスラエル

israelí [i(s)raelí] 形 名《~es》《国名》イスラエル Israel〔人〕の;〔現代の〕イスラエル人

israelita [i(s)r̄aelíta] 形 名 古代イスラエルの〔人〕, ヤコブの子孫, ヘブライ人〔の〕, ユダヤ人〔の〕; ヘブライ語の

israelítico, ca [i(s)raelítiko, ka] 形 古代イスラエル人の 〖=**israelita**〗

-ista《接尾辞》〔名詞+〕❶〔品質形容詞化. …主義の〕soci*alista* 社会主義の. ❷〔名詞化. 職業の人, 主義者〕guion*ista* 脚本家, mao*ísta* 毛沢東主義者

istacayota [istakajóta] 囡《メキシコ. 植物》カボチャの一種〖学名 Cucurbita maxima〗

istapacle [istapákle] 男《メキシコ. 植物》キョウチクトウ科の一種〖下剤として使用〗

iste [íste] 男《メキシコ》リュウゼツランから採った繊維

istia [ístja] 囡《ペルー》ユッカを発酵させて作る酒(飲み物)

istmeño, ña [i(st)méɲo, ɲa] 形 名 地峡の(出身者·住民), パナマ〔特にテワンテペック Tehuantepec 出身者〕

ístmico, ca [ís(t)miko, ka] 形 ❶ 地峡の. ❷《古代ギリシャ》juegos ~s コリント地峡で開催される競技会〖オリンピックと並ぶ四大祭典競技の一つ〗

istmo [ís(t)mo] 形〖←ラテン語 isthmus < ギリシャ語 isthmos〗男 ❶〔地理〕地峡: el ~ de Panamá パナマ地峡. el I~《メキシコ》テワンテペック Tehuantepec 地峡. ❷《解剖》峡部: ~ de las fauces 口峡峡部

-istrajo《接尾辞》→**-ajo**

istriar [is(t)rjár] 11 他〖まれ〗=**estriar**

isuate [iswáte] 男《メキシコ》マットレスを作るためのシュロ

ita [íta] 形 名 アイタ族〔の〕〖=**aeta**〗

-ita[1]《接尾辞》〔国名+. 名詞+. 形容詞化〕israel*ita* 古代イスラエルの, moscov*ita* モスクワの

itabo [itábo] 男 ❶《キューバ》沼, 湿地. ❷《ベネズエラ》〔水路を結ぶ〕天然の狭い運河

itacate [itakáte] 男《メキシコ》〔旅行の〕携行食料

itacayo [itakájo] 男《グアテマラ》〔空想上の〕川の小人

ita est [íta ést]〖←ラテン語〗そのとおり/元本に間違いなし

italianini [italjaníni] 形《軽蔑》イタリア風の

italianismo [italjanísmo] 男 ❶ イタリア語源の語; イタリア語特有の言い回し. ❷ イタリア風; イタリア好き. ❸ イタリア人らしさ

italianista [italjanísta] 名 イタリア語(文化)の専門家

italianización [italjaniθaθjón] 囡 イタリア化, イタリア語化

italianizante [italjaniθánte] 形 イタリア化する

italianizar [italjaniθár] 9 他 イタリア化する, イタリア風にする

italiano, na [italjáno, na] 形《国名》名 イタリア Italia〔人·語〕の; イタリア人; ópera ~na イタリアオペラ
—— 男 イタリア語

italianófilo, la [italjanófilo, la] 形 名 イタリアびいきの〔人〕

itálica[1] [itálika] 囡《印刷》イタリック体, 斜字体

italicense [italiθénse] 形《古代ローマ. 地名》イタリカ Itálica の;〔現在のセビリア近郊の町サンティポンセ Santiponce の〕

italicismo [italiθísmo] 男 イタリア風; イタリア好き

itálico, ca[2] [itáliko, ka] 形 ❶《文語》イタリアの〖=**italiano**〗.

Península ~ca イタリア半島. ❷ 古代イタリア〔人·語〕の; 古代イタリア人. ❸《印刷》イタリック体の, 斜字体の. ❹ =**italicense**
—— 男《言語》イタリア語派〖ラテン語, オスカン語, ウンブリア語, スペイン語, フランス語, イタリア語, ルーマニア語など〗

italiota [italjóta] 形 名〔イタリア南部の〕古代ギリシャ植民地の〔人〕

italita [italíta] 囡《鉱物》イタライト

ítalo, la [ítalo, la] 形《文語》❶ =**italiano**. ❷ 古代イタリア〔人·語〕の; 古代イタリア人〖=**itálico**〗

italoamericano, na [italoamerikáno, na] 形 名 イタリア系アメリカ人〔の〕

italohablante [italoaβlánte] 形 名 イタリア語を話す〔人〕

itapuense [itapwénse] 形 名《地名》イタプア Itapúa の〔人〕〖パラグアイ南部の県〗

ite [íte] 男《地方語》事柄, 問題

ITE 男《略語》←impuesto sobre el tráfico de empresas 取引高税

itea [itéa] 囡《植物》ユキノシタの一種

ítem [íten] 副〖←ラテン語 item〗〔文書などで〕同じく, さらに加えて〖= ~ más〗
—— 男〖複 ~s〗❶ 条項, 項目. ❷ 品目, アイテム: pedir todos ~s de un menú メニューの全品を注文する

Ite, missa est [íte mísa ést]《ラテン語》《カトリック》出て行きなさい, ミサは終わりました〖教会での司祭の決まり文句〗
—— 男《カトリック》ミサの終わりの時

itemizar [itemiθár] 9 他《中南米》個条書きにする

iterable [iteráβle] 形 繰り返され得る

iteración [iteraθjón]〖←ラテン語 iteratio, -onis〗囡《文語》繰り返し

iterar [iterár]〖←ラテン語 iterare〗他《文語》繰り返す, 反復する

iterativo, va [iteratíβo, βa]〖←**iterar**〗形 ❶《文語》反復の, 繰り返しの. ❷《文法》反復相の ~ 反復の接頭辞〖re-など〗. verbo ~ 反復動詞〖repicar など〗

iterbio [itérβjo] 男《元素》イッテルビウム

itinerancia [itineránθja] 囡 巡回

itinerante [itineránte] 形 巡回する, 移動する: exposición ~ 巡回展示会. embajador ~ 移動大使

itinerar [itinerár] 自〖まれ〗旅行する

itinerario, ria [itinerárjo, rja]〖←ラテン語 itineraius < iter, itineris「道」〗形 行程の, 道筋の
—— 男 行程, 旅程, 道順: Este es el ~ que siguieron. これが彼らがたどった道筋である. hacer el ~ 旅程を組む

-itis《接尾辞》〔炎症〕apend*itis* 盲腸炎

-itivo, va《接尾辞》〔動詞+. 品質形容詞化〕compet*itivo* 競争力のある

-ito[1]《接尾辞》〔-oso で終わる酸に由来. 塩〕sulf*ito* 亜硫酸塩〖←ácido sulfuroso 亜硫酸〗

-ito[2], ta[2]《示小接尾辞》pajar*ito* 小鳥, cuchar*ita* 小さじ

-itorio[1]《接尾辞》〔動詞+. 名詞化. 場所〕dorm*itorio* 寝室

-itorio, ria《接尾辞》〔動詞+. 品質形容詞化〕inhib*itorio* 禁止の

itria [ítrja] 囡《化学》酸化イットリウム

itrio [ítrjo] 男《元素》イットリウム

Iturbide [iturβíde]《人名》**Agustín de ~** アグスティン·デ·イトゥルビデ〖1783～1824, メキシコの軍人. 独立戦争では王党軍を率いて戦うが, 1821年イグアラ綱領 Plan de Iguala で反乱軍と手を結ぶ. 独立達成後, 皇帝アグスティン1世 Agustín I として即位するがまもなく国外へ追放される. その後いったん帰国するが銃殺される〗

Iturrigaray [iturigarái]《人名》**José de ~** ホセ·デ·イトゥリガライ〖1742～1815, スペインの軍人. ヌエバ·エスパーニャ副王. スペインから独立し, 自ら君主として即位する計画を画策するが, 露見し, 逮捕される〗

ITV 囡《西. 略語》←Inspección Técnica de Vehículos 車検

itzá [itsá] 形 名 イツァー族〔の〕《メキシコ, カンペチェ Campeche の南西地方に住んでいて, マヤ人の先祖とされる》

itzáes [itsáes] 形 名 =**itzá**

IU [iu/jú] 囡《西. 略語》←Izquierda Unida 統一左翼〖1986年結成, 左翼諸政党の連合組織〗

iure de iure

iusnaturalismo [jusnaturalísmo] 男《法律》自然法理論

iusnaturalista [jusnaturalísta] 名 自然法理論の専門家

iuxta modum [justa módun]《←ラテン語》副 形 条件付きで・の
IVA [íβa] 男《略語》←impuesto sobre el valor añadido 付加価値税: precio con ～ 付加価値税込み価格
ivernía [iβernía] 女《地方語》冬
-ivo, va《接尾辞》[動詞+. 品質形容詞化] tentat*ivo* 試しの
ixoda [i(k)sóða] 女 =**ixodes**
ixodes [i(k)sóðes] 男《動物》マダニ
ixtle [í(k)stle] 男《植物》パキン; その繊維〔製の綱〕
I. y D.《略語》=**I+D**
izabalino, na [iθaβalíno, na] 形 名《地名》イサバル Izabal の〔人〕《グアテマラ西部の州》
iza [íθa] 女 ❶ 揚げること, 掲揚. ❷《まれ》売春婦
izada [iθáða] 女 揚げること, 掲揚
izado [iθáðo] 男 掲揚
izaga [iθáγa]《←バスク語》女 イグサの群生地
-izal《接尾辞》→**-al**
izamiento [iθamjénto] 男 揚げること, 掲揚: ～ de la bandera nacional 国旗掲揚
izar [iθár]《←仏語 hisser》9 他 ❶〔旗などを〕揚げる; 〔重い物を〕引き上げる: ～ la bandera nacional 国旗を掲揚する. ～ una vela 帆を上げる. ❷《まれ》〔人・ウエイトなどを〕持ち上げる
-izar《接尾辞》[動詞化] real*izar* 実現する
izda.《略語》女 ←izquierda: Princesa, 17, 3° ～ プリンセサ通り 17番地4階左側
-izo, za《接尾辞》[名詞+. 品質形容詞化] ❶〔傾向〕enferm*izo* 病気がちの. ❷〔特質〕cal*izo* 石灰質の. ❸〔方式〕arrojad*izo* 投射式の. ❹〔…色がかった〕roj*izo* 赤みがかった
izote [iθóte] 男《中米. 植物》イトラン
izq.《略語》←izquierdo 左の

izqdo., da.《略語》←izquierdo 左の
izquierda[1] [izkjérða]《←izquierdo》女 ❶ 左, 左側《⇔derecha》; 左手: Está a la ～ del maestro. 彼は先生の左側にいる. A la ～ hay unas tiendas. 左手には商店が並んでいる. De ～ a derecha, A, B, C...〔写真などの説明で〕左から右へ, A, B, C... ir por la ～ 左側を行く. mantenerse a la ～ 左側通行する. doblar a la ～ 左折する. vivir en el quinto ～〔マンション〕の6階左側の家に住んでいる. escribir con la ～ 左手で書く. ❷ 集名〔政党・思想などの〕革新派, 左翼, 左派. ❸〔舞台の〕下手: regresar (irse) por la ～ 下手から退場する. ❹〔間投詞的〕左向け左!
a ～*s* 左回りに, 時計回りと反対に
de ～ 左翼の: partido *de* ～ 左翼政党. Es *de* ～*s*. 彼は左翼だ
izquierdazo [izkjerðáθo] 男《口語》左の一発〔殴打, 蹴り〕
izquierdear [izkjerðeár] 自 理性を失う, 常軌を逸する
izquierdismo [izkjerðísmo] 男 左翼思想, 左傾向
izquierdista [izkjerðísta] 形 名《政治》左翼の〔人〕, 左派の〔人〕: ideología ～ 左翼イデオロギー
izquierdización [izkjerðiθaθjón] 女《政治》左翼化, 左傾化
izquierdizar [izkjerðiθár] 9 他《政治》左翼化させる
—— ～*se* 左翼化する, 左傾化する
izquierdo, da[2] [izkjérðo, ða]《←?バスク語 esku「手」+ケルト語 kerros「左」》形 ❶ 左の《⇔derecho》: brazo ～ 左腕. lado ～ del camino 道の左側. orilla ～*da*〔川下に向かって〕左岸. ❷ 左ききの《=zurdo》. ❸《政治》左派の, 左翼の. ❹ ねじれた, 曲がった
izquierdoso, sa [izkjerðóso, sa] 形《軽蔑》左(左翼)がかった: intelectuales ～*s* 左翼知識人たち

J

j [xóta] 囡 アルファベットの第10字
J 《略語》←junio 6月

ja [xá]《←擬声》間 ❶[笑い声.主に繰り返す]¡Ja, ja, ja! わっはっは! ❷《西.俗語》[相手の発言に対する否定]ふん,はん ── 囡《隠語》女の子 [=jai]

jab [jáb]《←英語》男《圏 ～s》[ボクシング]ジャブ

jaba [xába]《←アラワク語》囡 ❶《中南米》[陶器などを運搬する]木箱,かご. ❷《キューバ,プエルトリコ,ベネズエラ》イグサ(ダイオウヤシ・布・厚紙)製の袋;手さげ袋. ❸《ベネズエラ》1)中空のヒョウタン. 2)貧困,困窮. ❹《チリ》1)[護岸用の]石を詰めた箱. 2)《軽蔑》[人の]口

jabado, da [xabáðo, ða] 形 ❶《聞牛》[牛の毛色が]まだらの. ❷《キューバ,ベネズエラ》[鶏の羽色が]白と茶または黒のぶちの. ❸《キューバ》1)日和見主義の,どっちつかずの. 2)[メスティーソ・ムラートが]白人のふりをする,白人気取りの
tomar la ～da《キューバ》物乞いをする

jabalcón [xabalkón] 男 ❶《建築》斜柱,すじかい. ❷《コロンビア》絶壁,崖

jabalconar [xabalkonár] 他《建築》斜柱で支える,すじかいを入れる

jabalí [xabalí]《←アラビア語 yabali < yabal「山」》男《圏 ～[e]s》❶《動物》1)イノシシ(猪). ～ de río アカカワイノシシ. ～ verrugoso イボイノシシ. 2)《中南米》ペッカリー. ❷《政治.軽蔑》融通がきかず攻撃的な人

jabalín [xabalín] 男《サラマンカ,アンダルシア》イノシシ [=jabalí]

jabalina¹ [xabalína] I《←仏語 javeline》囡 ❶《スポーツ》槍投げ[種目];その槍: lanzar la ～ 槍を投げる. ❷《古義》[狩猟用の]投げ槍
II《←jabalí》囡 雌イノシシ

jabalinero, ra [xabalinéro, ra] 形《サラマンカ》[犬が]イノシシ狩り用に訓練された

jabalinista [xabalinísta] 名《スポーツ》槍投げの選手

jabalino, na² [xabalíno, na] 形《コロンビア》イノシシの
── 男《地方語》イノシシ [=jabalí]

jabalío [xabalío] 男《プエルトリコ.俗語》叫び声,吠え声

jabalonar [xabalonár] 他 =jabalconar

jabaluna [xabalúna] 囡《鉱物》碧玉(へき)の一種

jabarda [xabárda] 囡《生成りの》粗いウールのスカート

jabardear [xabarðeár] 自《ミツバチが》分封する

jabardillo [xabarðíʎo] 男 ❶《口語》人ごみ. ❷《まれ》[昆虫などの]群れ

jabardo, ta [xabárðo] 男 ❶[ミツバチの]小さな群れ. ❷ 人ごみ

jabato, ta [xabáto, ta]《←jabalí》形 ❶《口語》勇猛な[人]: Se defendió de sus agresores como un ～. 彼は暴漢に対して勇敢に身を守った. ❷《メキシコ,カリブ》1)粗野な[人],野卑な[人],教養のない[人]. 2)不機嫌な
── 男 イノシシの子
portarse como un ～ 大変勇敢である

jabear [xabeár] 他《グアテマラ》盗む

jabeca [xabéka] 囡《古語》[鉱石を溶かす]炉

jábeca [xábeka] 囡 地引き網 [=jábega]

jábega [xábeɣa]《←アラビア語 sabaka》囡 ❶《漁業》地引き網,引き網. ❷[網を引く]手漕ぎの小型漁船

jabegote [xabeɣóte] 男 地引き網漁師,地引き網の引き手

jabeguero, ra [xabeɣéro, ra] 形 地引き網の,引き網の
── 男 地引き網漁師

jabeque [xabéke]《←アラビア語 sebbek》男 ❶《船舶》ジーベック【中世に主として地中海沿岸で使われた3檣三角帆の小型帆船】. ❷《まれ》顔の切り傷(刃物傷): pintar un ～ a+人 con unas tijeras はさみで…の顔を切る

jabera [xabéra] 囡《西.音楽》ハベラ【ファンダンゴの曲】

jabí [xabí] 男《圏 ～es》❶ 野生のリンゴの一種;グラナダ産の小粒のブドウ. ❷《キューバ》ウオトリマメ. ❸《キューバ》ケブラコ【船の建造に使う.学名 Copaifera hymenaefolia】

jabielgo [xabjélɣo] 男 漂白;[砂糖・塩などの]精製

jabilla [xabíʎa] 囡《植物》❶《アンティル諸島》=jabillo. ❷《キューバ》つる性植物の一種【油脂を採取する.学名 Feuillea cordifolia】

jabillo [xabíʎo] 男《植物》スナボクノキ(砂箱の木),カタワ【カヌーを作るのに用いられる】

jabín [xabín] 男《メキシコ.植物》ケブラコ [=jabí]

jabino [xabíno] 男《ソリア.植物》ビャクシン [=sabina]

jabirú [xabirú] 男《鳥》ズグロハゲコウ

jabladera [xablaðéra] 囡 丸鉋 [=argallera]

jable [xáble] 男 ❶桶・樽の底板をはめこむ溝. ❷《カナリア諸島》畑の土が乾燥しないように覆う火山灰

jabón [xabón]《←ラテン語 sapo, -onis》男 ❶石けん: lavarse la cara con ～ 石けんで顔を洗う. una pastilla (barra) de ～ 石けん1個. ～ blando 軟石けん,カリ石けん. ～ de afeitar シェービングフォーム. ～ de baño 浴用石けん. ～ de lavar 洗濯石けん. ～ de tocador / ～ de olor 化粧石けん. ～ duro / ～ de piedra ソーダ石けん. ～ en crema ボディシャンプー. ～ en escamas 紙石けん. ～ en polvo 粉石けん. ❷《裁縫》～ de sastre チャコ. ❸《技術》～ de vidriera ガラスの色消しに使われる軟マンガン鉱. ❹《まれ》殴打. ❺《メキシコ,アルゼンチン,ウルグアイ.口語》恐怖,驚き. ❻《キューバ.植物》セッケンノキ
dar ～ a+人《西.口語》…におべっかを使う: No se cansa de *dar ～ a su jefe*. 彼は上司にいつもおべっかを使っている
dar un ～ a+人《西.口語》…に大目玉を食らわす: Cuando se enteró de lo ocurrido, su jefe le *dio un buen ～*. 何があったかを知って上司は彼に大目玉を食らわした

jabonado, da [xabonáðo, ða] 形《チリ.口語》[副詞的に]きわどいところで
── 男 ❶ 石けんで洗うこと. ❷《集名》白い洗濯物. ❸《チリ》叱責,大目玉
── 囡 ❶ 石けんで洗うこと: dar una buena ～da 石けんでよく洗う. ❷《メキシコ》叱責

jabonador, ra [xabonaðór, ra] 形 石けんで洗う
── 囡《コロンビア》洗濯女

jabonadura [xabonaðúra] 囡 ❶ 石けんで洗うこと. ❷ 石けんの泡: hacer mucha ～ 泡立ちがいい. ❸《圏》石けん水
dar una ～ a+人 …に大目玉を食らわす

jabonar [xabonár] 他 ❶ 石けんで洗う,石けんをつける [=enjabonar]: palo *jabonado*《アルゼンチン,ウルグアイ》ククーニャ [=cucaña]. ❷《西.口語》…におべっかを使う
── *se* 自分の体を石けんで洗う: Allí todas se peinan el moño, se afeitan los sobacos, *se jabonan* las tetas. そこの女たちはみんな巻いた髪にくしを入れ,わきの下を剃り,乳房を石けんで洗う

jaboncillo [xabonθíʎo]《jabón の示小語》男 ❶《裁縫》チャコ [=～ de sastre]. ❷《植物》1)ムクロジの一種【果肉から石けんの一種が作られる】. 2)《コスタリカ》ヤマゴボウの一種【エンドウに似た実を付ける.学名 Phytolacca dodecandra】. 3)《キューバ》オクラ. ❸ 薬用石けん;《西.ボリビア》化粧石けん;《チリ》ひげそり用の粉石けん. ❹《キューバ》灰色の泥

jabonear [xaboneár] 他《グアテマラ》石けんを作る

jabonera¹ [xabonéra]《←jabón》囡 ❶ 石けん入れ,石けん置き;石けん箱. ❷《植物》サボンソウ【石けんの木】

jabonería [xabonería] 囡 石けん工場(販売所)

jabonero, ra² [xabonéro, ra]《←jabón》形 ❶ 石けんの. ❷《聞牛》[牛の毛色が]薄黄色の. ❸《エクアドル》[動物が]歩行時によく滑る
── 男 石けん製造(販売)業者

jaboneta [xabonéta] 囡《古典的》薬用(化粧)固形石けん

jabonete [xabonéte] 男 =jaboneta

jabonoso, sa [xabonóso, sa]《←jabón》形 ❶ 石けんを含む: agua ～sa 石けん水. ❷ すべすべした,滑らかな

jaborandi [xaborándi] 男《植物》ヤボランジ

jabotí [xabotí] 男《中南米.動物》ヨーロッパリクガメの一種【学名 Testudo tabulata】

jaboticaba [xabotikába] 囡《植物》ジャボチカバ [=guapurú]

jabuco [xabúko] 男《キューバ》長めのかご

jabudo, da [xabúðo, ða] 形 ❶《コロンビア》[事件などが]大きな.

jabugo ❷《ベネズエラ》空腹の

jabugo [xabúɣo] 男《料理》ハブゴ《ウエルバ産の良質なハム. =jamón de J～》

jabugueño, ña [xabuɣéɲo, ɲa] 形 名《地名》ハブゴ Jabugo の〔人〕《ウエルバ県の村》

jabutí [xabutí] 男《中南米.動物》=jabotí

jaca [xáka]《←古語 haca < 英語 hack》女 ❶ 雌馬《=yegua》;《メキシコ, ペルー》小型の雌馬. ❷ 小型の馬: ～ de dos cuerpos 普通の馬並みに働く人間. ❸《西.口語》魅力的な女性,《軽蔑》美人は上品さに欠ける女. ❹《アンダルシア, カナリア諸島; 中南米.闘鶏》蹴爪を伸ばし放しにしている英国種の鶏
para usted la ~ 〜《言い・行ないかけた相手に対し》ちょっとお待ち下さい

jacal [xakál] 男《メキシコ, ベネズエラ》[日干し煉瓦・わらぶきなどの]小屋, 粗末な家

jacalear [xakaleár] 自《メキシコ》❶[田舎で]うわさ話をして回る. ❷ 小屋 jacal を渡り歩く

jacalerio [xakalérjo] 男《メキシコ》粗末な家 jacal の小集落

jacalón [xakalón] 男《メキシコ》小屋; 倉庫

jacalosúchil [xakalosútʃil] 男《メキシコ.植物》プルメリア

jacamar [xakamár] 男《鳥》キリハシ

jacamara [xakamára] 女《鳥》=jacamar

jacana [xakána] 女《鳥》ナンベイレンカク《南米蓮鶏》
── 男《キューバ》=jácana

jácana [xákana] 男《プエルトリコ.植物》サポジラの一種《実は食用》

jacapucayo [xakapukájo] 男《アルゼンチン.植物》モンキーポッドの木《巨木で大きな果実を付ける. 学名 Lecythis ollaria》

jácara [xákara] 女《古語「いかさま師」》❶[17世紀の, ならず者の生活を題材にした戯曲的な]歌物語; [17世紀と共に演奏され・踊られる舞踏[曲]]ハカラ. ❷ 夜に街を陽気に騒いで回ること; その迷惑: estar de ～ 陽気にはしゃいでいる. ❸《口語》[長々しい]理屈, ひとりごと, 嘘, 作り事

jacaranda[1] [xakarándá] 男《植物》=jacarandá

jacarandá [xakarandá] 男《複》～(e)s《植物》ジャカランダ

jacarandaina [xakarandájna] 女《まれ》ならず者の生活; =jacarandina

jacarandana [xakarandána] 女 =jacarandina

jacarandina [xakarandína] 女 ❶ ならず者の集まり. ❷ 隠語. ❸ 歌物語《=jácara》

jacarando, da[2] [xakarándo, da] 形 ❶ 歌物語 jácara の. ❷ 夜に街を陽気に騒いで回る連中の. ❸ 厄介な, 迷惑な.❹[長々しい]理屈, ひとりごとの. ❺ 嘘の, 作り事の
── 男 虚勢をはる人

jacarandoso, sa [xakarandóso, sa] 形《西, メキシコ, キューバ, ベネズエラ》陽気な, 気楽な

jacaré [xakaré] 男《中南米》=yacaré

jacarear [xakareár] 自 ❶ 歌物語 jácara を歌う. ❷[夜に街で]騒ぎ回る
── 他 失礼なことを言って…の気分を害する

jacarero, ra [xakaréro, ra] 形 名 ❶《まれ》陽気な〔人〕, 浮かれ騒ぐ〔人〕. ❷ 歌物語 jácara を歌い歩く人

jacarista [xakarísta] 男 =jacarero

jácaro, ra[2] [xákaro, ra] 形 名《美男で》ほら吹きの〔男〕
a lo ~ 気取って; いばって; 奇妙な服装をして

jácena [xáθena] 女《←アラビア語 hasina》女《建築》大梁《ハリ》, 主桁《シュケタ》

jacerina [xaθerína] 女 鎖かたびら《=cota de malla》

jacetano, na [xaθetáno, na] 形 名《地名》ハカ Jaca の〔人〕《ウエスカ県の村, 古都》. ❷[ローマ時代以前に]ハカ周辺に住んでいた先住民の〔の〕

jachado, da [xatʃáðo, ða]《←hacha》形《ホンジュラス》顔に刃物の傷跡がある

jachalí [xatʃalí] 男《中南米.植物》ウイト《果実は食用, 材質は堅く家具用》

jache [xátʃe] 男《ボリビア》ふすま, ぬか

jachi [xátʃi] 男《ボリビア》=jache

jachudo, da [xatʃúðo, da] 形《エクアドル》強い, 屈強な

jacilla [xaθíʎa] 女《アラゴン》[物を置いた後]地面に残った跡

jacintino, na [xaθintíno, na] 形《詩語》紫色の

jacinto [xaθínto]《←ラテン語 hyacinthus < ギリシア語 hyakinthos》男 ❶《植物》1) ヒヤシンス《=～ común》: ～ silvestre イングリッシュブルーベル. 2)《プエルトリコ》キンレンカの一種. ❷《鉱物》ジルコン《=～ de Ceilán》: ～ de Compostela 紫水晶. ～ occidental 黄玉, トパズ. ～ oriental 紅玉, ルビー

jack [xák]《←英語》男《電気》ジャック

jacket [jakét]《←英語》男《メキシコ, ラブラタ》〔歯の〕被覆
── 女 海上油田塔. ❷《コスタリカ, パナマ, キューバ, プエルトリコ.服飾》ジャケット《=cazadora》

jackpot [jákpot] 男《←英語》《トランプ》=pot

jaco [xáko]《←jaca》男 ❶《軽蔑》小馬, 駄馬. ❷《西.俗語》ヘロイン. ❸ 鎖かたびら. ❹[中世の兵士の]ヤギの毛製の胴着. ❺《アンダルシア.軽蔑》痩せて老けた女. ❻《キューバ.動物》小型のアカミミガメ hicotea《淡水に棲み食用》

jacob [xakób]《男》❶《旧約聖書》[J～]ヤコブ《Issac の子で, Esaú と双子の兄弟. イスラエルの12氏族の祖》. ❷《動物》ジャコブヒツジ

jacobeo, a [xakobéo, a] 形《キリスト教》使徒ヤコブ Santiago の《スペインの守護聖人》: peregrinación ～a サンティアゴ・デ・コンポステーラへの巡礼. ❷《歴史》英国王ジェームズ1世 Jacobo I 時代の《1603～25》

jacobinismo [xakobinísmo] 男 ❶《歴史》[フランス革命時の]ジャコバン主義. ❷ 急進的平等主義, 過激共和主義

jacobino, na [xakobíno, na] 形 名 ❶《歴史》[フランス革命時の]ジャコバン派の〔人〕. ❷ 急進的平等主義の〔人〕, 過激共和主義の〔人〕

jacobita [xakobíta] 形 名 ❶《キリスト教》ヤコブ派[の]《キリスト単性説を唱えるシリア民族教会》. ❷《歴史》[英国の]ジャコバイト[の]《1688年の英国の名誉革命で追放されたジェームズ Jacobo 2世とスチュアート王家を支持する人々》

jacobitismo [xakobitísmo] 男 ❶ キリスト単性説 monofisismo を唱えるシリア民族教会. ❷ ジャコバイト jacobita の政治思想

jacobo [xakóbo] 男 昔の英国の金貨

jacón [xakón] 男《コスタリカ》小型の馬

jaconá [xakoná] 男 薄地の白綿布

jaconta [xakónta] 女《ボリビア.料理》肉・野菜・果物の煮込み《普通, カーニバルで銀の大皿で供される》

jacote [xakóte] 男《中南米.植物.果実》モンビン《=jobo》

jacquard [jakár] 男《←仏語》《繊維》ジャカード紋織地

jacra [xákra] 女 ヤシ酒から作る砂糖の一種

jactación [xaktaθjón]《←ラテン語 jactantia < jactare》女《医学》転々反側

jactancia [xaktánθja]《←ラテン語 jactantia < jactare》女 自慢, うぬぼれ: Nunca habla con ～ de sus riquezas. 彼は決して自分の富を自慢することはない

jactanciosamente [xaktanθjósaménte] 副 自慢げに

jactancioso, sa [xaktanθjóso, sa]《←jactancia》形 自慢する, うぬぼれた: No soportamos el tono ～ con que habla de sus riquezas. 彼が自分の富を自慢する声の調子に私たちは我慢がならない
── 名 うぬぼれ屋, ほら吹き

jactar [xaktár]《←ラテン語 iactare「賞賛する」》~se [+de] 自慢する: *Se jactaba de* haber superado él solo todas las pruebas. 彼はたった一人すべての試験に合格したことを自慢していた

jacú [xakú] 集名《ボリビア》料理のほかにテーブルに並べる食べ物《パン, ユッカ, バナナなど》

jaculatoria[1] [xakulatórja] 女《カトリック》射禱《シャ》《信仰のほとを表現する, 短く力強い祈り》

jaculatorio, ria[2] [xakulatórjo, rja] 形 簡素で力強い

jaculífero, ra [xakulífero, ra] 形 トゲのある

jáculo [xákulo] 男《武器》投げ槍

jacuzzi [jakúsi]《←日本語》男《複》~s ジャグジーバス

jada [xáða] 女《農業》鍬《クワ》

jade [xáðe]《←仏語 jade < 古語 ejade < カスティーリャ語〔piedra de la〕ijada》男《鉱物》翡翠《ヒスイ》
── 形 翡翠色の, 緑色の

jadeante [xaðeánte] 形 息を切らした, 息づかいの荒い: Llegó ～ a la clase. 彼は息を切らして授業にやってきた

jadear [xaðeár]《←古語 ijadear》自 息を切らす, 息が荒い, あえぐ: Llegó *jadeando* a la meta. 彼はハーハー言いながら〔息も絶え絶えに〕ゴールに着いた

jadeíta [xaðeíta] 女《鉱物》グアテマラ産の翡翠《チ》《色が変化に富んでいる》

jadeo [xaðéo] 男 息切れ, あえぎ: ~s de los perros 犬のあえぎ

jadeoso, sa [xaðeóso, sa] 形 息を切らした, 息が荒い, あえぐ

jadraqueño, ña [xaðrakéɲo, ɲa] 形《地名》ハドラケ Jadraque の〔人〕『グアダラハラ県の村』

jadón [xaðón] 男《ナバラ, アラゴン. 農業》細長く丈夫な鍬

jaecero, ra [xaeθéro, ra]《 馬具職人

jaén [xaén] 形 女〔ハエン産の〕薄くて硬い表皮の白ブドウ〔の〕

jaenero, ra [xaenéro, ra] 形 名《地名》ハエン Jaén の〔人〕『アンダルシア州の県・県都』

jaenés, sa [xaenés, sa] 形 名《地名》=**jaenero**

jaez [xaéθ]〔←アラビア語 yehez「嫁入り道具」〕男〔複 ~ces〕❶〔主に 複〕馬具. ❷《軽蔑》〔人の〕性質, 種類: No te fies de gente de ese ~. そのたぐいの人は信用するな. persona de mal ~ 性格の悪い人

jaezar [xaeθár] 9 他〔馬に〕馬具をつける

jafético, ca [xafétiko, ka] 形 ❶《旧約聖書》ヤペテ Jafet の〔ノア Noé の第三子〕. ❷〔種族が〕ヤペテの子孫の; アーリア系の

jagua [xaɣwa] 女 ❶《植物, 果実》ウィト, チブサノキ『ガチョウの卵のようで食用』.❷《キューバ. 植物》チブサノキに似た灌木『学名 Genipa clusioefolia』. ❸《コロンビア》〔金を洗う盆に残る〕鉄分を含んだ砂鉱

jagual [xaɣwál] 男《キューバ》チブサノキに似た灌木 jagua の植林地

jaguaní [xaɣwaní] 男《ベネズエラ》〔わら・アシなどで編んだ〕小型のざる

jaguar [xaɣwár] Ⅰ〔←トゥピ・グアラニー語 yaguará〕男《動物》ジャガー
Ⅱ《enjaguar の語頭音消失》他《メキシコ》すすぐ〔=enjuagar〕

jaguareté [xaɣwareté] 男《ラプラタ. 動物》ジャガー〔=jaguar〕

jaguarzal [xaɣwarθál] 男 ゴジアオイの林

jaguarzo [xaɣwárθo] 男《植物》ゴジアオイ〔= ~ blanco〕: ~ morisco ゴジアオイ属の一種『学名 Cistus salviifolius』. ~ negro ゴジアオイ属の一種『学名 Cistus salvifolius』

jaguay [xaɣwáj] 男 ❶《グアテマラ, キューバ. 植物》ピテケロビウムの一種. 学名, 果実は甘く食用. 学名 Pithecolobium dulce』.❷《ペルー》溜め池〔=jagüey〕; 水飲み場

jagüecillo [xaɣweθíʎo] 男《キューバ. 植物》クワの一種『固い材質の木. 学名 Ficus pertusa』

jagüel [xaɣwél] 男《南米》溜め池〔=jagüey〕. ❷《アルゼンチン》井筒のない井戸

jagüey [xaɣwéj] 男 ❶《キューバ》1)《植物》バンヤンノキ, ベンガルボダイジュ『家具材』. 2) 不実な人. ❷《南米》1) 溜め池『家畜の水飲み場用』. 2) 井戸, 溝

jagüilla [xaɣwíʎa] 女《アンダルシア. 鳥》ヤツガシラ〔=abubilla〕. ❷《ホンジュラス. 動物》野ブタの一種. ❸《キューバ, プエルトリコ》テムブスラーダ, ホワイトガム『建材』. 2)《キューバ》葉にとげのある灌木『学名 Bourreria callophylla』

jagüillo [xaɣwíʎo] 男《アンダルシア. 鳥》ヤツガシラ〔=abubilla〕

jaharí [xa(a)rí] 形《 higo ← アンダルシア産のイチジクの一種

jaharrar [xa(a)r̄ár] 他〔工場などの壁面に〕しっくい(モルタル)を塗る

jaharro [x(a)ář̄o] 男 しっくい(モルタル)を塗ること

jahuay [xawáj] 男《エクアドル》〔先住民の〕哀調を帯びた鼻歌

jahuel [xawél] 男《中南米》溜め池〔=jagüey〕

jai [xáj] Ⅰ〔←ジプシー語〕女《西. 軽蔑》女の子, 娘
Ⅱ《南米》上流社会

jai alai [xaj aláj]〔←バスク語〕男《スポーツ》ハイアライ『スカッシュに似た競技. =pelota vasca』

jaiba [xájba]〔←アラワコ語 saiba〕女《メキシコ, 中米, カリブ, チリ. 動物》アメリカザリガニ
—— 形 名 ❶《メキシコ, キューバ, プエルトリコ》ずる賢い〔人〕, 口のうまい〔人, 猫をかぶった〔人〕. 2)《キューバ. 軽蔑》1) 怠け者〔の〕, 怠惰な〔人〕. 2) 卑怯な; 卑怯者

jaibería [xajbería] 女《プエルトリコ》巧みさ, 巧妙さ

jaibero, ra [xajbéro, ra] 形 名《チリ》アメリカザリガニを捕る〔漁師〕
—— 男《チリ》アメリカザリガニを捕るかご

jaibol [xajból]〔←英語 highball〕女《メキシコ. 酒》ハイボール

jaibón, na [xajbón, na]〔←英語 high-born「高貴な生まれの」〕形 名《中南米》優雅な, 上流気取りの; 優美な

jailaif [xajláif]〔←英語 high life〕女《チリ. 口語》上流社会

jaileife [xajléjfe]〔←英語 high life〕形《アルゼンチン, チリ. 口語》優雅な

jailoso, sa [xajlóso, sa] 形 ❶《コロンビア》上流社会に属する. ❷《チリ. 口語》上流ぶった

jaima [xájma]〔←アラビア語〕女〔アラブの遊牧民が用いる〕革製のテント

Jaime [xájme]《人名》~ Ⅰ **el Conquistador** 征服王ハイメ1世『1208~76, アラゴン王. バレアレス諸島とバレンシア地方を再征服』

Jaimes Freyre [xájmes fréjre]《人名》**Ricardo** ~ リカルド・ハイメス・フレイレ『1868~1933, ボリビアの詩人・歴史家. ルベン・ダリーオ Rubén Darío と共にモデルニスモ modernismo の詩と理念を広めた. 北欧神話をもとに, 独自の音楽的な響きとリズムをたたえた詩『未開の霊泉』Castalia bárbara は初期モデルニスモを代表する作品. ほかに詩集『夢こそ人生』Los sueños son vida』

jaimiquí [xajmikí] 男《キューバ. 植物》アカテツ科の一種『実が家畜の飼料になる. 学名 Manilkara jaimiqui』

jaimismo [xajmísmo] 男《歴史》=**carlismo**

jaimista [xajmísta] 形 名《歴史》=**carlista**

jaimitada [xajmitáða] 女《古語的》悪ふざけ

jaimito [xajmíto] 男《古語的》❶ませてひねくれた少年. ❷ 利口ぶった男, ひょうきんぶった男

jaín [xaín] 男 =**jainista**

jaina [xájna] 形 名 =**jainista**

jainí [xajní] 形 名 =**jainista**

jainismo [xajnísmo] 男《宗教》〔インドの〕ジャイナ教, ジナ教

jainista [xajnísta] 形 名 ジャイナ教の〔教徒〕

jaique [xájke] 男《服飾》ハイク『アラビア女性が頭から身を包む〔金糸・銀糸で刺繍した〕白いベール』

jaira [xájra] 女《カナリア諸島》雌ヤギ

jairo [xájro] 男《カナリア諸島》❶ 雄ヤギ. ❷ 妻を寝取られた夫

jajá [xaxá] 形《ドミニカ》貪欲な, けちな

jajay [xaxáj] 間《アルゼンチン. 鳥》ツノサギ〔=aruco〕

jajay [xaxáj] 間《嘲笑》へっ, はは!

jal [xál] 男《メキシコ》〔主に 複〕貴金属のかけらを含んでいる軽石

jala [xála] 女《コロンビア》酔い: pegarse la ~ 酔っぱらう

jalabay [xalabáj] 男《グアテマラ》エビ捕り用の網

jalada [xaláða] 女 ❶《メキシコ. 口語》1) 大げさな言動, 虚偽の言動. 2)〔たばこの〕一吹き. 3) 引っ張り〔=tirón〕. 4) 的外れ. ❷《ペルー》1) 自動車に乗せること: pedir una ~ ヒッチハイクをする. 2) 落第
hacer una ~ a + 人《メキシコ》…に対して有害(危険)なことをする

jaladera [xaladéra] 女《ペルー. 隠語》大量の落第

jalado, da[2] [xaláðo, ða] 形 ❶《メキシコ》1) 大げさな; やたらに親切な〔気を使う〕. 2)《口語》速く. 3)《口語》夢中の. ❷《中米, コロンビア》〔顔が〕青ざめた. ❸《南米》酔った. ❹《ペルー. 口語》〔目が〕切れ長の; 〔外観が〕東洋人のような
—— 男《ペルー. 隠語》落第

jalador, ra [xalaðór, ra] 形 名 ❶《メキシコ. 口語》[共同の企てに]非常に協力的な〔人〕. ❷《コロンビア. 隠語》泥棒. ❸《ペルー. 隠語》厳しい〔教師〕
—— 男《メキシコ》1) ゴムのブラシ. 2) 水洗トイレの鎖. ❷《グアテマラ》1) ショッピングカート. 2)《自動車》ドアハンドル

jalamina [xalamína] 女《俗語》=**calamina**

jalapa [xalápa] 女〔←Xalapa(メキシコの町)〕《植物》ヤラッパ; ヤラッパ根『下剤』

jalapato [xalapáto] 男《ペルー》〔伝統的な〕アヒルの首を切る遊び

jalapeño [xalapéɲo] 男《植物》ハラペーニョ『青トウガラシの一種. =chile ~』

jalapina [xalapína] 女 ヤラッパの樹液

jalar [xalár] Ⅰ〔←サンスクリット語 kja- < kjala「彼は食べる」〕他《西. 戯語》ぱくぱく食べる
—— 自《西. 戯語》腹一杯食べる
—— **~se**《西. 戯語》《強調》がつがつ食べる
Ⅱ〔←仏語 haler〕❶《主に中米》引っ張る, たぐる〔=tirar〕. ❷《メキシコ》1) つかむ; 引きつける. 2)《隠語》盗む. ❸《コロンビア, ベネズエラ. 口語》適切に行なう(言う). ❹《ベネズエラ. 口語》大量に消費する. ❺《エクアドル, ペルー》落第させる. ❻《ペルー》自動車に乗せる
—— 自 ❶《中南米. 口語》行ってしまう; 走る, 早足で歩く. ❷《米国, 中南米. 口語》急ぐ, ひったくる. ❸《メキシコ》部屋に戻く. ❹《中米》恋をする;《口語》デートする. ❺《プエルトリコ, ベネズエラ, ボリビア》立ち去る, その場を離れる. ❻《ドミニカ》〔人が〕やせ細る. ❼《ペルー. 口語》酒を飲む; コカインを鼻から吸う

── ~ **se** 《中南米》酔っ払う. ❷《メキシコ》1)［強調］つかむ. 2)［強調］行ってしまう, 出かける; 来る. 3)《隠語》盗む. ❸《中米》言い寄る, 性交する. ❹《ドミニカ》［人が］やせ細る. ❺《コロンビア, ベネズエラ. 口語》適切に行なう（言う）. ❻《コロンビア. 口語》行なう, 実現する
 jalársela《メキシコ》大げさなことをする（言う）

jalbegador, ra [xalbeɣaðór, ra] 形 ❶《地方語》［壁などを］白く塗る〔人〕. ❷化粧をする〔人〕

jalbegar [xalbeɣár] 8 他《地方語》=**enjalbegar**

jalbegue [xalbéɣe] 男 ❶《地方語》石灰による白い上塗り; 石灰塗料, のろ. ❷《廃語》おしろい

jalbiego [xalβjéɣo] 男《地方語》石灰による白い上塗り

jalca [xálka] 女《ペルー》アンデス山脈の3500〜4000メートル地帯

jalda¹ [xálda] 女《プエルトリコ》山すそ

jaldado, da [xaldáðo, ða] 形《まれ》=**jalde**

jalde [xálde] 形《文語》濃い黄色〔の〕, 金色〔の〕

jaldo, da² [xáldo, ða] 形《文語》=**jalde**

jaldre [xáldre] 男《文語》濃い黄色, 金色

jalea [xaléa]《←仏語 gelée》女 ❶《料理》ゼリー, ジャム: 〜 de grosella スグリのジャム. ❷《薬学》ゼリー剤. ❸ゼリー状のもの: 〜 blanca 蜜パン. 〜 real ロイヤルゼリー. 〜 del agro シトロンの実の缶詰（蜜詰）. ❹《化学》コロイド溶液. ❺《プエルトリコ. 植物》ブレンシ
 hacer (volverse) una 〜 でれでれ（べたべた）する

jaleador, ra [xaleaðór, ra] 形 名 喝采する〔人〕

jalear [xaleár]《←?2語源》他 ❶《フラメンコ, 闘牛》［踊り手・歌い手・闘牛士に］喝采する, かけ声をかける. ❷《西》［声をかけて］励ます, 応援する: 〜 a los atletas 陸上選手たちに声援をおくる. ❸《狩猟》［犬を］けしかける. ❹励ます, 元気づける. ❺《メキシコ, チリ》からかう. ❻《チリ》わずらわす, 悩ます; からかう, あざける
 ── 〜 **se**《チリ》どんちゃん騒ぎをする

jaleco [xaléko] 男《メキシコ》トルコ人の召使いたちの胴着

jaleo [xaléo]《←jalear》男 ❶《口語》大騒ぎ, 混乱; お祭り騒ぎ, どんちゃん騒ぎ: En la fiesta se formó un gran 〜 y vinieron los vecinos a protestar. パーティーでうるさく騒ぎ立て, 隣人たちが文句を言いに来た. ❷もめごと: Esos chicos son unos provocadores: siempre están buscando 〜. その少年たちは挑発的な連中で, いつも騒ぎの種はないかと探し回っている. tener un 〜 もめごとを起こす, 言い争いをする. ❸《フラメンコなど》喝采, かけ声; 声援, 応援. ❹ハレオ《アンダルシア地方の民俗舞踊》; その曲と歌詞. ❺《中米》恋愛ざた, 色事
 armar 〜／andar con 〜 うるさく騒ぎ立てる: Las gallinas armaban mucho 〜. 雌鶏たちがひどく騒いでいた
 armarse un 〜 わけが分からなくなる: Me he armado un 〜 con los números. 私は数がこんがらがってしまった

jaleoso, sa [xaleóso, sa] 形 騒々しい; 口論（けんか）好きな

jalera [xaléra] 女《キューバ》酔い, 酩酊

jaletina [xaletína] 女 ❶ゼラチン《=gelatina》. ❷ゼリー菓子, フルーツゼリー

jalifa [xalífa]《←アラビア語》男《歴史》 ❶ハリファ《旧スペイン保護領モロッコの最高統治者》. ❷《モロッコで》代官

jalifato [xalifáto]《歴史》ハリファの位（職・管轄地）

jalifiano, na [xalifjáno, na]《歴史》ハリファ jalifa の

jalisciense [xalisθjénse]《地名》ハリスコ Jalisco の〔人〕《メキシコ西部の州》

jalisco, ca [xalísko, ka] 形 ❶《メキシコ, グアテマラ》酒に酔った. ❷《チリ》負けぐせの悪い; 自分の間違いをなかなか認めない
 ── 男《メキシコ》［ハリスコ州で作られる］麦わら帽子

jallo, lla [xáʎo, ʎa] 形 名《ペルー. 俗語》気取り屋の, 気取った〔人〕

jalma [xálma] 女《地方語》荷鞍《=enjalma》

jalmería [xalmería] 女 荷鞍職人の職（技術）

jalmero [xalméro] 男《地方語》=**enjalmero**

jalocote [xalokóte] 男《植物》テオコーテマツの一種

jalón [xalón] I 《←仏語 jalon》男 ❶［測量用の］標柱. ❷［歴史・人生などの］区切り, 画期的な出来事: La muerte del emperador marcó un 〜 en la historia del país. 皇帝の死去はその国の歴史の転機をなした. ❸《サッカー》ホールディング
 II 男 ❶《アンダルシア; 中南米》強く引っ張ること. ❷《メキシコ, 中米》強い酒を1杯飲むこと. ❸《メキシコ》［ストッキングの］伝線. ❹《中米, アンデス》距離, 道のり; 間隔. ❺《グアテマラ》ヒッチハイク: pedir 〜 ヒッチハイクをする. ❻《ニカラグア》恋人《男》; 伊達男
 dar 〜 a+人 1)《メキシコ》…の求愛を受け入れる. 2)《中米》［ヒッチハイカーを］車に乗せる
 dar un 〜 de orejas《コロンビア, ベネズエラ》［子供などが悪いことをしたので］叱る
 de un 〜《メキシコ, 中米》一気に, まとめて; 一気飲みで
 ir al 〜《エルサルバドル, コスタリカ》ヒッチハイクをする

jalona [xalóna] 形《中米》色っぽい〔女〕, 移り気な〔女〕

jalonamiento [xalonamjénto] 男 標柱打ち; 区画〔行為〕

jalonar [xalonár]《←jalón I》他 ❶…に標柱を立てる, [標柱で]目印をつける: 〜 un camino 道路に標柱を立てる. ❷［歴史・人生などに］区切りをつける: Diversos éxitos jalonan su carrera profesional. 彼の職業人生にはさまざまな成功が印されている. Iglesias, puentes y magníficas vistas jalonan el recorrido a lo largo de unos diez kilómetros. 約10キロにわたる行程中, 教会や橋や絶景が次々に現れる
 ── 男 標柱を立てる

jalonazo [xalonáθo] 男《メキシコ, 中米》強く引っ張ること

jalonear [xaloneár] 他 ❶《メキシコ, グアテマラ, ニカラグア, ペルー》［強く］引っ張る. ❷《メキシコ, グアテマラ, ニカラグア》値切る

jaloneo [xalonéo] 男 ❶《メキシコ, グアテマラ, ニカラグア, ペルー》引っ張ること. ❷《メキシコ, グアテマラ, ニカラグア》値引き交渉, 値切ること

jalonero, ra [xalonéro, ra] 形 名《俗語》ひったくり（かっぱらい）をする〔人〕

jaloque [xalóke] 男 地中海沿岸などの海洋性の〕南西風

jalotear [xaloteár] 7 他《メキシコ》=**jalonear**

jalpacar [xalpakár] 他《メキシコ》［鉱物の泥を］盆で洗う

jalpaita [xalpájta] 女《鉱物》ジャルパ鉱, ジャルパイト

jaltomate [xaltomáte] 男《メキシコ, コスタリカ. 植物》ナス科の一種《トマトに似た黒い果実をつける. 学名 Jaltomata procumbens》

jaluza [xalúθa] 女 空腹: tener 〜 腹ぺこである

jalvia [xálβja] 女《地方語. 植物》サルビア《=salvia》

jama [xáma] 女《ホンジュラス. 動物》小型のイグアナ

jamaca [xamáka] 女《メキシコ》=**hamaca**

jamacuco [xamakúko] 男《アンダルシア. 口語》急に気分が悪くなること, 一時的な不調

jamagoso, sa [xamaɣóso, sa]《ラマンチャ》形 ❶ねばねばした, べたべたした, 粘着性の《=pegajoso》. ❷［人が］へつらう, お世辞のうまい

jamaica [xamájka] 女 ❶ジャマイカ産の木材. ❷《植物》1)《メキシコ, 中米》コミヤマカタバミ. 2) ハイビスカス: agua de 〜《メキシコ》ハイビスカスの花を煎じた清涼飲料. ❸《メキシコ》1)《義援金などを集めるための》バザー, チャリティ販売. 2)《口語》血《=sangre》. 3)《口語》街頭でのパーティ

jamaicano, na [xamajkáno, na] 形 名《国名》ジャマイカ Jamaica〔人〕の; ジャマイカ人

jamaiquino, na [xamajkíno, na] 形 名《国名》=**jamaicano**

jamaliche [xamalítʃe] 形《キューバ》大食漢

jamán [xamán] 男《メキシコ. 繊維》白木綿の一種

jamancia¹ [xamanθja] 女《口語》食事. ❷空腹, 飢え

jamancio, cia² [xamánθjo, θja]《まれ》シャツを着ていない, 上半身裸の

jamaquear [xamakeár] 他《プエルトリコ》強く振る

jamar [xamár]《←?サンスクリット語》他《戯語》ぱくぱく食べる, たらふく食べる

jamás [xamás]《←ラテン語 jam magis「すでにもっと」》副《否定副詞》❶決して［…ない］（=nunca）（二度と）…ない《+動詞は不要. nunca よりさらに強い否定》: 1) J〜 he oído cosa igual./No he oído cosa igual 〜. 私はそんなことはかつて聞いたことがない. No viajó 〜 a ese país. 彼はその国へは一度も旅したことがない. 2)［最上級を表わす比較文で］Creo que es la flor más hermosa que vi 〜. その花は私が今まで見た中で一番美しいと思う. ❷［反語的疑問文で］かつて: ¿Has visto un juego tan apasionante como este? 今までにこれほど興奮する試合を見たことがあるか〔ないだろう〕. ❸［拒絶の強調］絶対に［…ない］: ¿Por qué no vas a bailar?―¡J〜! 踊りに行かないぞ絶対に！. ❹《古語》常に, 永遠に
 en 〜《俗用》決して［…ない］《=jamás》
 [en el] 〜 de los jamases《口語》［強調］決して決して［…ない］
 〜 en la vida 決して［…ない］
 〜 por 〜 決して［…ない］
 nunca 〜［強調］絶対に［…ない］

***para siempre* ~** 1) 永遠に: Te he perdido *para siempre* ~. 私は君を永遠に失ってしまった。 2)〖強調〗絶対に〖…ない〗
por ~ 決して〖…ない〗
por siempre ~ 1)〖強調〗絶対に〖…ない〗。2) 永遠に
siempre ~〖強調〗絶対に〖…ない〗

jamba[1] [xámba]〖←仏語 jambe「脚」〗囡 ❶〖建築〗〖戸・窓などの〗抱き, 脇柱. ❷〖グアテマラ〗エビ捕り網

jambado, da [xambádo, ða] 形〖メキシコ〗がつがつ食う, 大食いの

jambaje [xambáxe] 男〖建築〗❶ 戸枠, 窓枠; 2個の抱きと1個のめぐさ. ❷ 戸枠〖窓枠〗飾り

jambar [xambár] 他〖メキシコ, ホンジュラス. 戯語〗=**jamar**
—— **~se**〖メキシコ〗飽食する

jambazón [xambaθón] 囡〖メキシコ〗満腹, 食べ過ぎ

jambe [xámbe] 男〖グアテマラ〗〖農夫たちの踊る〗民俗舞踊の一種

jámbico, ca [xámbiko, ka] 形〖詩文〗ヤンブス詩行の〖=yámbico〗

jambo, ba[2] [xámbo, ba] 名〖隠語〗男, 女
—— 形〖ムルシア〗狡獪な
—— 男〖俗語〗主人

jambón, na [xambón, na] 形〖メキシコ〗面倒な, 厄介な

jamelgo [xamélgo]〖←ラテン語 famelicus「飢えた」〗男〖軽蔑〗痩せ馬, 駄馬: El ~ de don Quijote se llamaba Rocinante. ドン・キホーテの痩せ馬の名前はロシナンテだった

jameo [xaméo] 男〖地方語〗〖溶岩洞窟の〗陥没窪地

jamerdana [xamerdána] 囡 畜殺場の堆肥場

jamerdar [xamerdár] 他 ❶〖動物の〗臓物を洗う. ❷〖口語〗急いでいいかげんに洗う

jamete [xaméte] 男 金糸入りの絹織物, 金襴(きんらん)

jamiche [xamítʃe] 男〖コロンビア〗粉々になった原料の山; 小石, 砂利

jámila [xámila] 囡〖地方語〗オリーブの実の灰汁(あく)〖=alpechín〗

jamo [xámo] 男〖キューバ. 釣り〗たも〖=salabre〗

jamón [xamón]〖←仏語 jambon「脚」〗男 ❶〖塩漬けの〗生ハム.〖塩漬けしさらに燻製にした〗ハム〖=~ cocido〗: comprar dos *jamones* ハムを2本買う. huevos con ~ ハムエッグ. ~ serrano ハモンセラーノ〖高地で塩漬け乾燥させた生ハム〗. ~ curado 熟成ハム〖塩漬け後, 数か月保るしておく生ハム〗. ~〖de〗York 熱処理をしたハム〖成形ハム. 日本のハムに近い〗. ~ Ibérico／~ de pata negra／~ de perrota〖ドングリだけで飼育した〗イベリコ豚の生ハム. ~ de Jabugo ウエルバ Huelva 産の高級生ハム.〖en・de〗dulce 白ワインで蒸し煮したハム. ~ crudo〖ラプラタ〗生ハム. ~ de pato 鴨の生ハム. ❷ ブタのもも肉. ❸〖戯語〗大根足, 太い腕. ❹〖口語〗ピーナッツ〖=maní〗. ❺〖プエルトリコ. 戯語〗もめごと, いざこざ. ❻〖ベネズエラ〗掘り出し物, 見切り品
estar ~〖口語〗〖人が肉体的に〗魅力的である: Esa modelo está ~. あのモデルいい体をしている
¡Y un ~〖con chorreras〗!〖西. 口語〗〖依頼・申し込みなどに対する反論・拒絶〗とんでもない!

jamona [xamóna] 形 囡 ❶〖西・口語〗〖もう若くない〗太った〖女〗, 中年太りした, 太った中年女. ❷〖西・口語〗非常にグラマーな〖美人〗. ❸〖古語〗ハムなどを主体とした贈り物〖賞品〗. ❹〖アルゼンチン〗修道女〖=monja〗

jamoncillo [xamonθíʎo] 男 牛乳・砂糖・カボチャの種で作った菓子;〖メキシコ〗小型の棒状のドゥルセデレチェ dulce de leche

jamonería [xamonería] 囡 ハム〖腸詰め〗販売店

jamonero, ra [xamonéro, ra] 形 ハムの
—— 名 ハム商
—— 男 ハムを吊るす支柱

jampa [xámpa] 囡〖エクアドル〗敷居, 門口

jámparo [xámparo] 男〖コロンビア〗ボート, カヌー

jampón, na [xampón, na] ❶〖ムルシア〗頑健な; ハンサムな. ❷〖サラマンカ〗大食いの. ❸〖グアテマラ〗1) 太鼓腹の, 腹の突き出た. 2) 親切な, 心づかいの細やかな; 追従的な

jamuga [xamúɣa] 囡 =**jamugas**

jamugas [xamúɣas] 囡〖馬具〗〖婦人用・穀類の束を運ぶ〗横乗り鞍, 片鞍, サイドサドル

jamurar [xamurár] 他 ❶〖船舶〗排水する, 水をかい出す. ❷〖コロンビア〗〖洗濯物を〗すすぐ, ゆすぐ

jan [xán] 囡 ❶ 汗(ハン)〖=kan〗. ❷〖キューバ〗1) 針金の囲いの支

柱;〖柵用の〗棒, 杭. 2)〖口語〗1ペソ紙幣〖硬貨〗
dar ~〖キューバ. 口語〗頻繁に〖口づけする〖.
ensartarse en los ~**es**〖キューバ. 口語〗怪しげなことに関わる

jana [xána] 囡〖アストゥリアスとレオンの神話〗泉や山の妖精

janano, na [xanáno, na] 形 名〖ホンジュラス〗口唇裂の〖人〗

janca [xáŋka] 囡〖地理〗ハンカ地帯〖アンデスの標高約4800mm以上の氷雪地帯. プナ puna 帯の上〗

jandalesco, ca [xandalésko, ka] 形 アンダルシアなまりの人の, アンダルシア帰りの人の

jándalo, la [xándalo, la] 形 名 ❶〖西. 口語〗アンダルシアの〖人〗. ❷〖カスティーリャ, アストゥリアス〗アンダルシアの発音と習慣に染まった帰ってきた〖人〗

jane [xáne] 形〖ホンジュラス〗=**janano**

janear [xaneár] 他〖キューバ〗❶ 杭を打ち込む. ❷〖馬などに〗一っ飛びで乗る
—— 自〖キューバ〗急停止する; 急に立ち止まる

janeiro [xanéjro] 男〖エクアドル. 植物〗ヒエの一種〖家畜の飼料になる. 学名 Eriochloa subglabra〗

janga [xáŋga] 囡 大量, 大勢, 多数: por ~ ふんだんに

jangada [xaŋɡáða]〖←ポルトガル語 jangada「筏」〗囡 ❶〖口語〗場違いなこと〖考え〗. ❷〖まれ〗いたずら, 悪ふざけ. ❸〖ブラジル北部の沿岸漁業で使われる三角帆で丸太6本の〗筏船. ❹〖中南米〗〖川での原木運搬用の〗筏. ❺〖メキシコ〗愚かなこと, ナンセンス; ぶしつけ

jangua [xáŋgwa] 囡〖船舶〗ジャンク

janiche [xanítʃe] 男〖中米〗=**janano**

janiforme [xanifórme] 形〖←Jano〗双面の

janipaba [xanipába] 囡〖植物〗❶ ブラジル産の木〖実は薬用〗. ❷〖ペルー〗チブサノキ〖=**jagua**〗

Jano [xáno] 男〖ローマ神話〗ヤヌス神〖2つの顔を持ち, その神殿の扉は平和時には閉ざされ戦時には開かれる〗

jansenismo [xansenísmo] 男〖キリスト教〗ジャンセニズム, ヤンセン主義, 厳格主義〖オランダの神学者ヤンセン Jansen の厳格な教理体系〗

jansenista [xansenísta] 形 名 ジャンセニズムの, ジャンセニスト, ヤンセン主義者

janucho, cha [xanútʃo, tʃa] 形 名〖ボリビア〗愚かな〖人〗, ばかな〖人〗

jaña [xáɲa] 囡〖中米〗娘; 仲間の女性

japón, na [xapón, na] =**japonés**

japonería [xaponería] 囡〖まれ〗日本の美術品

japonés, sa [xaponés, sa] 形 名 日本 Japón〖人・語〗の; 日本人
—— 男 日本語
—— 囡〖主に 複〗草履(ぞうり)〖=zapatilla *japonesa*〗
a la japonesa 日本風の・に: cerdo cocido *a la japonesa* 豚の角煮

japónica [xapónika] 形 →**tierra** japónica

japonismo [xaponísmo] 男〖美術〗ジャポニスム〖西欧に対する日本美術の影響〗

japonización [xaponiθaθjón] 囡 日本化

japonizar [xaponiθár] 自 他 日本化する

japonófilo, la [xaponófilo, la] 形 名 日本びいきの

japonófobo, ba [xaponófobo, ba] 形 日本嫌いの

japonología [xaponoloxía] 囡 日本学, 日本研究

japonólogo, ga [xaponóloɣo, ɣa] 名 日本学者

japupa [xapúpa] 囡〖アンダルシア. 鳥〗ヤツガシラ

japuta [xapúta]〖←アラビア語 sabbut〗囡〖魚〗シマガツオ

japutamo [xaputámo] 男〖ボリビア〗寄生生物

jaque I [xáke]〖←アラビア語 sah〗男〖チェス〗〖キング・クイーンに対する〗手手, チェック: Consiguió salvar un ~ al rey y acabó ganando. 彼は王手を逃れて勝利を収めた. **¡J~〖al Rey〗!** 王手! dar ~ 王手をかける. ~ mate チェックメイト
dar ~ ***mate a*+人… を打ち負かす, 打倒する
tener〖poner・traer〗a +人 ***en*** … を脅す, 追い詰める; 心配させる
—— 形〖口語〗からいばりする〖人〗, 虚勢を張る〖人〗
II 男 昔の髪型の一種
III 男〖アラゴン〗振り分け荷物の袋

jaqué [xaké] 男〖メキシコ. まれ〗=**chaqué**

jaquear [xakeár] 他 ❶〖チェス〗~ al rey 王手をかける. ❷〖敵を〗攻撃する

jaqueca [xakéka]〖←アラビア語 saqiqa「半分, 側頭」〗囡 ❶ 偏頭

痛. ❷《口語》厄介, 面倒: dar ～ a+人［騒音やしつこくねだったり叱ったりして］…を悩ます, 迷惑をかける

jaquecón [xakekón]〔男〕《口語》ひどい偏頭痛

jaquecoso, sa [xakekóso, sa]〔形〕❶ 偏頭痛に悩まされる〔患者〕. ❷ 厄介な, 面倒な, うるさい

jaquel [xakél]〔男〕《紋章》市松模様
—〔形〕《メキシコ》naranja ～ サワーオレンジ〔=naranja amarga〕.

jaquelado, da [xakeláðo, ða]〔形〕❶《紋章》市松模様の. ❷《宝石》四角面にカットされた

jaquero [xakéro]〔男〕昔の小櫛

jaqués, sa [xakés, sa]〔形〕〔名〕《地名》ハカ Jaca の〔人〕《ウエスカ県の村》

jaquetón, na [xaketón, na]〔形〕《口語》からいばりする〔人〕, 虚勢を張る〔人〕
—〔男〕《魚》ホオジロザメ

jáquima [xákima]〔女〕❶《地方語. 馬具》綱製の面繋(おもがい). ❷《メキシコ, 中米》酔い. ❸《コスタリカ》詐欺, ぺてん

jaquimazo [xakimáθo]〔男〕《地方語》❶ 面繋 jáquima での一撃. ❷ ひどい不快(不愉快)

jaquimero [xakiméro]〔男〕《地方語》面繋の製造(販売)者

jaquimón [xakimón]〔男〕《馬具》1)《キューバ, プエルトリコ, エクアドル》面繋. 2)《キューバ》端綱を結び付ける〔金輪付きの面繋. 3)《ペルー, チリ》飾り付きの大型の面繋

jara[1] [xára]〔←アラビア語 saara「森」〕〔女〕❶《植物》ラブダナム, シスタス ゴジアオイ. =～ común, ～ de Ládano, ～ de las cinco llagas: ～ blanca ゴジアオイ. ～ cerval (cervuna・macho) ゴジアオイの一種〖学名 Cistus populifolius〗. ～ rizada シスタス〖学名 Cistus crispus〗. ❷ 棒の先を火で焦がして尖らせた投げ槍.❸《メキシコ, グアテマラ》矢. ❹《メキシコ. 隠語》〖牧童の間で〗警官. ❺《ボリビア》〖徒歩遠足で主に宿泊のための〗休憩

jarabe [xaráβe]〔←アラビア語 xarap「飲み物」〕〔男〕❶ シロップ, 糖蜜: ～ de grosella スグリのシロップ. ❷《薬学》シロップ剤: ～ para la tos 咳止めシロップ. ❸ 甘ったるい飲み物. ❹ メキシカンハットダンス〖=～ tapatío. メキシコの代表的な民俗舞踊; その曲〗
estar hecho un ～《口語》でれでれする
～ de palo《西. 戯語》〔脅し文句で〕お仕置きに棒で殴ること
～ de pico《戯語》空約束, 口先だけの約束
—〔間〕〔まれ〕〔奇異〕おやおや!

jarabear [xaraβeár]〔他〕シロップ薬をしばしば処方する
～se〔下剤として〕シロップを飲む

jarabugo [xaraβúɣo]〔男〕《西. 魚》アブラハヤのような小魚〖学名 Anaecypris hispanica〗

jaracalla [xarakáʎa]〔女〕《鳥》ヒバリ

jaracatal [xarakatál]〔男〕《グアテマラ》大勢の人; 大量のもの

jaracate [xarakáte]〔男〕《グアテマラ. 植物》パパイア科の一種〖繁殖力が旺盛で, 黄色の花をつける. 学名 Jaracatia dodecaphylla, Jaracatia heptaphylla〗

jaracolito [xarakolíto]〔男〕《ペルー》先住民の踊りの一種

jaragua [xaráɣwa]〔女〕=**jaraguá**

jaraguá [xaraɣwá]〔男〕《キューバ. 植物》イネ科の一種〖学名 Hyparrhenia rufa〗

jaraiceño, ña [xaraiθéno, na]〔形〕〔名〕《地名》ハライス・デ・ラ・ベラ Jaraíz de la Vera の〔人〕《カセレス県の村》

jaraíz [xaraíθ]〔男〕《地方語》〖ブドウなどの〗圧搾桶, 搾り桶

jarakiri [xarakíri]〔男〕=**haraquiri**

jaral [xarál]〔男〕❶《植物》シスタス jara の群生地. ❷ 込み入ったこと, ごたごた

jaramago [xaramáɣo]〔←アラビア語 sarmaq〕〔男〕《植物》エダウチナズナ: ～ amarillo de los tejados エダウチナズナ属の一種〖学名 Diplotaxis virgata〗. ～ blanco ナズナ, ぺんぺん草〖学名 Diplotaxis virgata〗

jaramagullón [xaramaɣuʎón]〔男〕《地方語. 鳥》ヒドリガモ silbón ほどの大きさの水鳥

jarameño, ña [xaraméno, na]〔形〕ハラマ川 Jarama の〖グアダラハラ県とマドリード県を流れタホ川に注ぐ〗: toro ～ ハラマ河畔育ちの闘牛〖勇猛なことで有名〗

jaramugo [xaramúɣo]〔←?語源〕〔男〕餌用の〕稚魚, 幼魚

jarana [xarána]〔←古ケチュア語 harana「妨げる手段」〕〔女〕❶《口語》どんちゃん騒ぎ, 乱痴気騒ぎ: estar (ir) de ～ どんちゃん騒ぎをしている(しに出かける). andar en ～ どんちゃん騒ぎをする. ❷

けんか, 口論; 騒音: armar ～ けんかをする; 大騒ぎする. ❸ ペテン, 詐欺. ❹《中南米》冗談, からかうこと. ❺《メキシコ》1)〔南東部の〕サパテアードを伴う民俗舞踊; その音楽. 2) ハラナ〖4弦の小型のギター〗. ❻《中米》借金. ❼《コロンビア》嘘, ごまかし: La ～ sale a la cara. 嘘はそれをつく人にとってむしろ有害である. ❽《ペルー》ダンスと音楽のある内輪のパーティー

jarandillano, na [xarandiʎáno, na]〔形〕《地名》ハランディリャ Jarandilla の〔人〕《カセレス県の村》

jaranear [xaraneár]〔自〕❶ どんちゃん騒ぎをする. ❷《メキシコ》jarana を踊る(演奏する). ❸《グアテマラ》借金する. ❹《キューバ》からかいや冗談の言い合いに参加する. ❺《コロンビア》わずらわす, つきまとう

jaranero, ra [xaranéro, ra]〔←jarana〕〔形〕〔名〕❶ どんちゃん騒ぎの; どんちゃん騒ぎの好きな〔人〕. ❷《地方語》さっそうとした. ❸《メキシコ》jarana の踊り手(演奏者)

jaranista [xaranísta]〔名〕《ペルー》内輪のパーティー jarana で演奏する〔歌う〕人

jaranita [xaraníta]〔女〕《メキシコ》小型のギター

jarano [xaráno]〔男〕メキシカンハット〖=sombrero ～〗; フェルト製のつば広帽

jaranzo [xaránθo]〔男〕《植物》ゴジアオイの一種〖=jara cerval〗

jarapa [xarápa]〔女〕《ムルシア, ムルシア》キルトの布

jarasol [xarasól]〔男〕《ムルシア》皮が黒いイチジクの一種

jaratar [xaratár]〔他〕《エクアドル》〖農地を〗囲う

jarazo [xaráθo]〔男〕投げ槍 jara の一撃, 投げ槍による傷

jarbaca [xarβáka]〔女〕《コスタリカ》砕けたトウモロコシ

jarbe [xárβe]〔男〕灌漑の順番

jarca [xárka]〔女〕❶《歴史》=**harca**. ❷《ボリビア. 植物》ネムノキ亜科の一種〖建材. 学名 Acacia visco〗

jarcha [xártʃa]〔詩法〕ハルチャ〖モアシャッハ moaxaja の連串の末尾に加えられている, 民衆語であるモサラベ語 mozárabe で書かれた2～3行の短い詩連. スペイン語最古の抒情詩とされている〗

jarcia[1] [xárθja]〔←ギリシア語 exartia < exartion「索具」〕〔女〕〔主に複〕❶《船舶》〔集合〕〔一船の〕索具, 漁具や漁網. ❷〔色々な物の〕寄せ集め. ❸《メキシコ, キューバ》釣り具. ❹《メキシコ, グアテマラ, ニカラグア. 植物》リュウゼツラン; その繊維

jarciar [xarθjár]〔他〕《船舶》=**enjarciar**

jarciería [xarθjería]〔女〕〔集合〕《メキシコ》〖リュウゼツランなどの〗繊維製の家庭用品

jarciero, ra [xarθjéro, ra]〔形〕《メキシコ》jarciería を売る(作る)人

jarcio, cia[2] [xárθjo, θja]〔形〕《メキシコ》酔っぱらった

jarda[1] [xárda]〔女〕《アンダルシア》大袋〖=harda〗

jardazo [xardáθo]〔男〕《アンダルシア》ひどい転倒による打撃

jardear [xardeár]〔他〕《コロンビア》❶〔家畜を〕追い立てる. ❷《狩猟》獲物を追いつめる

jardín [xardín]〔←仏語 jardin < フランク語 gard「囲い, 生け垣」〕❶ 庭, 庭園: jugar en el ～ 庭で遊ぶ. casa con ～ 庭付きの家. ～ japonés 日本庭園. ～ de flores 花園. ～ botánico 植物園. ～ zoológico 動物園. ～ rocoso (alpestre) ロックガーデン. ❷ ～ de infancia 《中南米》～ infantil《ラプラタ》～ de infantes 幼稚園. ❸《野球》外野〖ポジション. 陣〕 で外野全体. ⇔campo〗. ❹《船舶》便所. ❺ 宝石〖エメラルド〗のくもり
al ～ de la alegría〔遊〕al jardín de la alegría quiere mi madre que vaya 私の母が始まる女の子の遊び
～ de rosas 安楽な境遇(暮らし)

jardinear [xardineár]〔自〕《チリ》庭仕事をする

jardinera[1] [xarðinéra]〔←jardín〕〔女〕❶ プランター, フラワーポット: plantar... en ～ …をプランターに植える. ❷ 乗客を飛行機から空港ターミナルへ運ぶバス. ❸《西. 古語》4人乗り無蓋の四輪馬車;〔夏に走る〕無蓋の市電. ❹《服飾》1)《コロンビア》エプロン; 2)《チリ, アルゼンチン》オーバーオール. ❺《ウルグアイ》〖学校の〗幼児クラス
a la ～《料理》〔肉に〕温野菜を添えた

jardinería [xarðinería]〔←jardinero〕園芸, ガーデニング, 造園: centro de ～ 園芸用品店

jardinero, ra[2] [xardinéro, ra]〔←jardín〕❶ 庭師, 植木屋; 園芸家. ❷《野球》外野手: ～ central (centro) センター. ～ izquierdo (derecho) レフト(ライト)
—〔男〕❶ 庭の, 庭師の, 植木屋の. ❷《料理》sopa ～ra 野菜スープ
—〔男〕《ラプラタ. 服飾》オーバーオール, サロペット付きズボン

jardo, da[2] [xárđo, đa] 形 《地方語》[動物の毛色が] 白などの大きな水玉模様の

jarea [xaréa] 女 《メキシコ》空腹

jarear [xareár] 他 《カナリア諸島》[小魚の開きを] 日干しにする. —— 自 《ボリビア》[疲労感の仕草に] 両手を腰に当てる. ~se 《メキシコ》❶ 空腹で死にそうである. ❷ 逃げる, 脱出する. ❸ 揺らぐ

jareta [xaréta] 女 《←アラビア語 sarita「綱, リボン」》❶ 《服飾》[紐やリボンを通すための] 折り返し, 飾りひだ. ❷ 《船舶》[帆の] 締め綱. ❸ 《コスタリカ》[ズボンの] 前開き 《=bragueta》. ❹ 《ベネズエラ》逆襲, 厄介事

jaretazo [xaretáθo] 男 《←jareta》《コスタリカ. 口語》 *dar (pegar) un* ~ 〔貧乏な男が〕金目当てに結婚する

jarete [xaréte] 男 《ベネズエラ》[カヌーなどの] パドル, かい

jaretera [xaretéra] 女 =jarretera

jaretón [xaretón] 《jareta の示大語》男 [シーツなどの] 幅の広い折り返し, へり

jargo [xárɣo] 男 《地方語. 魚》=sargo

jargón [xarɣón] 男 《鉱物》ジルコン

jari [xári] 男 大騒ぎ

jarichi [xarítʃi] 男 《ボリビア》[女性の] 三つ編み髪の端を縛るリボン

jarichí [xaritʃí] 男 《ボリビア》=jarichi

jarico [xaríko] 女 《キューバ. 動物》小型のアカミミガメ hicotea 《食用》

jarife [xarífe] 男 =jerife

jarifiano, na [xarifjáno, na] 形 =jerifiano

jarifo, fa [xarífo, fa] 形 《文語》きらびやかな, 豪華な

jarilla [xaríʎa] 女 《植物》❶ テレビンノキ. ❷ 《チリ, アルゼンチン, ウルグアイ》黄色の花を付ける各種の灌木. ❸ 《チリ, アルゼンチン》ジャリラ《学名 Jarilla heterophylla》

jarillo [xaríʎo] 男 《植物》アラム 《=aro》

jaripeada [xaripeáđa] 女 《メキシコ》荒馬馴らし, ロデオ《行為, 効果》

jaripear [xaripeár] 自 《メキシコ》荒馬馴らしをする

jaripeo [xaripéo] 男 《メキシコ, ホンジュラス, エルサルバドル, ボリビア》ロデオ. ❷ 《メキシコ》[カウボーイたちの] ロデオのある祭り

Jarnés [xarnés] 《人名》*Benjamín* ~ ベンハミン・ハルネス《1888~1949, スペインの小説家. 洗練された詩的な散文を駆使し, 隠喩やイロニーの重なりに彩られた叙述によって人間の生を描いた》

jaro[1] [xáro] 男 《植物》アラム 《=aro》. ❷ やぶ, 雑木林, 茂み

jaro[2]**, ra**[2] [xáro, ra] 形 名 ❶ 《動物》[ブタ・イノシシなどの] 毛色の赤い《戯語》[人が] 赤毛の. ❷ 《闘牛》毛色が薄い. ❸ 《サラマンカ》金髪の[人]

jaroba [xaróba] 女 《ベネズエラ. 植物》ノウゼンカズラ科の一種《薬草. 学名 Tanaecium jaroba》

jarochar [xarotʃár] 自 《コロンビア》騒ぎ回る

jarocho, cha [xarótʃo, tʃa] 形 名 ❶ 粗野で横柄な[人]. ❷ 《地名》ベラクルス Veracruz の[人]《メキシコ東部の州・州都》. ❸ 《メキシコ. 廃語》黒人男性と先住民女性との混血の[人]. ❹ 《コロンビア》元気(威勢)のいい[人]

jaropar [xaropár] 他 ❶ =jarabear. ❷ 〔薬ではないリキュールを〕シロップにして与える

jarope [xarópe] 男 ❶ =jarabe. ❷ 《口語》まずい飲み物

jaropear [xaropeár] 他 =jarabear. —— 自 ~se 《メキシコ》堪能する, 満足する

jaropeo [xaropéo] 男 《メキシコ》シロップの頻繁での使用

jaropero, ra [xaropéro, ra] 形 《アンダルシア, ムルシア》シロップ好きの

jaroso, sa [xaróso, sa] 形 シスタス jara の群生した

jarra [xára] 女 《←アラビア語 yarra》❶ 〔取っ手が1つ・2つの〕水差し, ピッチャー, ジョッキ: una ~ de cerveza ジョッキ1杯のビール. vino en ~ カラフェ入りのワイン. ❷ 《メキシコ. 口語》飲んで騒ぐこと, 泥酔

agarrar la ~ 《メキシコ》=*ponerse la* ~

en ~ / *de* ~*s* 〔まれ〕=*en* ~*s*

en ~*s* 両手を腰に当てる 〔対決の意思を表わす仕草〕

ponerse la ~ 《メキシコ》酔っぱらう

jarrar [xařár] 他 《口語》=jaharrar

jarrazo [xařáθo] 男 《jarro の示大語》水差し jarra・jarro による一撃

jarrear [xařeár] 自 《←jarra》❶ 《西》[単人称] どしゃ降りの雨が降る. ❷ 水差しで水・ワインを頻繁に汲み出す. ❸ 水差し jarra・jarro で一撃を加える. —— 他 ❶ =jaharrar. ❷ 《まれ》[酒を] 飲む

jarrero, ra [xaŕéro, ra] 形 水差し jarra・jarro の製造(販売)の. ❷ 《地名》アロ Haro の[人] 《ラ・リオハ県の町》. —— 男 《ムルシア》水差し置き場

jarretar [xaŕetár] 他 衰弱させる, 気力を奪う

jarrete [xaŕéte] 男 ❶ 《料理》[牛などの] すね肉. ❷ [人の] ひかがみ, 膝窩. ❸ [馬などの] 飛節. ❹ 《牛・豚など》ふくらはぎ. ❺ 《地方語》白ワインを炭酸水で割った飲み物. ❻ 《コロンビア》踵

jarretera [xaŕetéra] 女 《←仏語 jarretière < jarret》❶ 《服飾》[膝上の輪状の] 靴下留め, ガーター. ❷ [英国の] ガーター勲章. ❸ 《コロンビア》ハトヤビムシ nigua による潰瘍

jarretudo, da [xaŕetúđo, đa] 形 《キューバ. 軽蔑》子供っぽい

jarrilla [xaříʎa] 女 ❶ 《植物》[電柱の] 碍子. ❷ 《メキシコ. 植物》ハウチワノキ《果実は芳香性でホップの代用になり, 樹皮は薬用》

jarrita [xaříta] 女 《jarra の示小語》*hacer la* ~ 《口語》[支払いをするために] ポケットに手をやる; 金を払う

jarro [xáro] 男 《←jarra》❶ [取っ手が1つで主に陶磁器製の, jarra より口が細い] 水差し, ピッチャー, ジョッキ, 壺: un ~ de cerveza ジョッキ1杯のビール. ❷ [ワインの容量の単位] =0.24リットル. ❸ 《中南米》マグカップ. ❹ 《ドミニカ》女中; 庶民の娘, 田舎娘

a ~*s* 《西》大量に, 激しく: llover *a* ~*s* 土砂降りの雨が降る

echar (lanzar) a~ *un* ~ *de agua (fría)* 《口語》…をがっかりさせる, 幻滅させる

jarrón [xaŕón] 《jarro の示大語》男 ❶ 〔装飾用の〕壺; 花瓶 《= ~ de flores》. ❷ 《建築》壺状の装飾

jarropa [xaŕópa] 男 《ヤギが》栗毛の

jartera [xartéra] 女 《コロンビア》退屈

jarto, ta [xárto, ta] 形 《コロンビア. 口語》[ser+] 退屈な; [estar+] 退屈している

jas [xás] 男 《隠語》大麻 《=hachís》

jasa [xása] 女 瀉血(しゃけつ)のための小切開

jasador [xasađór] 男 瀉血師

jasadura [xasađúra] 女 〔瀉血のための〕小切開

jasar [xasár] 他 〔瀉血のために〕小切開する《=sajar》

jaserán [xaserán] 男 〔大型のメダルやペンダント用の〕金鎖

Jasón [xasón] 男 《ギリシア神話》イアソン《アルゴー船 Argos 乗組員の指導者》

jaspe [xáspe] 男 《←ラテン語 iaspis < ギリシア語 iaspis, iaspidos》❶ 《鉱物》碧玉(へきぎょく), ジャスパー 《=piedra ~》. ❷ 縞模様の大理石

jaspeado, da [xaspeáđo, đa] 形 碧玉模様の, 縞模様の: hoja ~*da* 斑入りの葉. —— 男 碧玉模様付け; 碧玉模様

jaspear [xaspeár] 他 [+de の色で, 壁・木材などに] 碧玉のような縞模様をつける

jaspia [xáspja] 女 《グアテマラ》日々の糧; [日々の] 生計, 生活費

jaspiar [xaspjár] 自 《グアテマラ》食べる

jaspón [xaspón] 男 粒の粗い大理石

jata[1] [xáta] 女 《キューバ. 植物》カリブ海原産のヤシ

jataca [xatáka] 女 《プエルトリコ. 俗語》ヒョウタン製のしゃもじ

jatata [xatáta] 女 《ボリビア. 植物》ヤシ科の一種《組紐の材料. 学名 Geonoma deversa》

jatear [xateár] 他 《グアテマラ, エルサルバドル》[薪を] 束ねる. —— ~se ❶ 《メキシコ. 隠語》荷物を馬にくくりつける. ❷ 《コスタリカ》固執する, 執拗にがんばる; 嫌がらせに座り込む

jateo, a [xatéo, a] 形 《犬が》キツネ狩り用の. —— 名 《犬》フォックスハウンド 《=perro raposero》

jaterío [xatéɾjo] 男 《集合》《地方語》子牛

jatía [xatía] 女 ❶ 《植物》ニレの一種《家具用材. 学名 Phyllostylon brasiliensis》. ❷ 《ベネズエラ》カヌー, 丸木船

jatib [xatíb] 男 《イスラム教》[モロッコで] 金曜日の祈祷を主宰する人

jatibés, sa [xatibés, sa] 形 名 =jativés

jatico [xatíko] 男 《グアテマラ, キューバ》[新生児用の] 子守かご

jativés, sa [xatibés, sa] 形 名 《地名》ハティバ Játiva の[人]《バレンシア県の町》

jato, ta[2] [xáto, ta] 男 《地方語》子牛. —— 男 《メキシコ, グアテマラ》[身の回りの] 衣類の包み 《=hato》

en su ~《ペルー. 口語》自分のところに・で
jauca [xáuka] 囡《チリ》嘘, デマ
jaudo, da [xáuđo, đa] 形《ムルシア》味のない
jauja [xáuxa]《←?Jauja（気候が良く豊かなことで有名なペルーの都市）》囡 ❶《戯語》桃源郷【=tierra de ~】: No pidas un piso para tu cumpleaños porque esto no es ~. 誕生日祝いにマンションがほしいなどと言うな。ここは桃源郷じゃないのだから. vivir en J~ 裕福に暮らしをする. ❷《南米》嘘, デマ, うわさ
jaujau [xáuʝau]《ベネズエラ. 料理》カサベ casabe の一種
jaula [xáula]《←古仏語 jaole》囡 ❶《動物の》檻; 鳥かご: Los pájaros están metidos en una ~. 鳥たちはかごに入れられている. ❷《鉱山など》エレベーターケージ. ❸ 梱包用の大きな木枠. ❹ ベビーサークル. ❺《闘牛》刑務所. ❻《競技場などの前の》牛の囲い場. ❼《アンダルシア》《背中などの》こぶ【=joroba】. ❽《メキシコ. 鉄道》家畜車. ❾《カリブ. 口語》囚人護送車
hacer ~《メキシコ》自分の意見に固執する
~ *de grillos*《口語》大騒ぎ, 大混乱【=olla de grillos】
~ *de oro* 金はあっても自由のない境遇
tener la cabeza como una ~ 困惑している
jaulería [xauleria] 囡 檻の製造（販売）業
jaulero, ra [xauléro, ra] 名 檻の製造（販売）業者
jaulilla [xaulíʎa] 囡《古語》髪飾り
jaulón [xaulón] 男 ❶ 大型の檻. ❷《闘牛》屋根付きの一連のバルコニー《牛飼いがポール・棒を操作する場所》
jauquero, ra [xaukéro, ra] 名《ペテン師》嘘つき, ペテン師
Jáuregui [xáuregi]《人名》**Juan de** ~ フアン・デ・ハウレギ《1583~1641, スペインの詩人・批評家・画家. ゴンゴラ Góngora 風の文飾主義 culteranismo を批判したが, 後の詩作品では自著で論駁した詩法を受容している. 画家としてセルバンテスの肖像画を描いたとされる》
jauría [xauría]《←?語源》囡 集合 ❶［一人の狩猟家が率いる］猟犬の群れ. ❷［凶暴な］人の群れ; ~ de acreedores 債権者グループ
jauto [xáuto] 形 ❶《ログローニョ, アラゴン》味の薄い. ❷《アラゴン》面白みのない［人］
java [xába] 囡 ❶《舞踊, 音楽》ジャヴァ. ❷《情報》プログラミング言語の1つ
javanés, sa [xabanés, sa] 形 名《地名》ジャワ島 Java の［人］
—— 男 ジャワ語
javelizar [xabeliθár] 他《水に》ジャベル水 agua de Javel を加えて殺菌する
javera [xabéra] 囡 =**jabera**
javeriano, na [xaberjáno, na] 形 名《カトリック》聖ザベリオ宣教会 Hermanos de San Francisco Javier の《修道士・修道女》
javiense [xabjénse] 形 名《地名》ハベア Jávea の［人］《アリカンテ県の村》
javierada [xabjeráđa] 囡《聖フランシスコ・ザビエル誕生の地である, ナバラ県の》ハビエル Javier 城への巡礼
jayajabico [xajaxabíko] 男《キューバ, プエルトリコ. 植物》アカネ科の灌木《花は芳香がある. 学名 Erithalis fruticosa》
jayán, na [xaján, na]《文語》体が大きく強い人
—— ❶《ニカラグア》愚かな, ばかな
—— 男《文語》巨人【=gigante】
jayao [xajáo] 男《キューバ. 魚》ホワイトマーゲート【食用. 学名 Haemulon album】
jayapa [xajápa] 囡《エクアドル. 植物》ツツジ科の一種《アンデス地方に生育》
jáyaro, ra [xájaro, ra] 形《エクアドル》粗野の, しつけの悪い
jayeres [xajéres] 男 複《隠語》お金
jayo [xájo] 男《ベネズエラ. 植物》マランガ【=malanga】
jayún [xajún] 男《キューバ. 植物》イグサの一種
jaz [xáθ] 男 =**jazz**
jázar [xáθar] 形《歴史》=**jázaro**
jazarán [xaθarán] 男 鎖かたびら【=cota de malla】
jázaro, ra [xáθaro, ra] 形《歴史》ハザール王国 Estado Jázaro の［人］
jazmín [xaθmín]《←アラビア語 jasamin》男《植物》1) ジャスミン, ソケイ【=~ común】. ~ de Arabia マツリカ, アラビアジャスミン. ~ de España/~ real オオバナソケイ. ~ silvestre ワイルドジャスミン《学名 Jasminum fruticans》. 2)《キューバ》オオバナソケイ. 3)《ラプラタ》クチナシ【=~ del cabo, ~ de la In-

dia】
jazmíneo, a [xaθmíneo, a] 形 モクセイ科の
—— 囡《植物》モクセイ科
jazminero [xaθminéro] 男《植物》ジャスミン【=jazmín】
jazz [ʝáθ/ʝás]《←英語》男《音楽》ジャズ: banda (conjunto) de ~ ジャズバンド
jazz-band [ʝáθ ban]《←英語》囡 ジャズバンド
jazzero, ra [ʝaθéro, ra] 形《まれ》ジャズの; ジャズ演奏家
jazzista [ʝaθísta] 名 ジャズメン, ジャズ演奏家
jazzístico, ca [ʝaθístiko, ka] 形 ジャズの
jazzman [ʝaθmán]《←英語》男 複 *jazzmen* ジャズメン
J.C.（略）←Jesucristo イエスキリスト
J.D.（略）←junta directiva 役員会, 幹部会
je [xé] 間 =**ja**
jean [ʝín] 男 =**jeans**
jeans [ʝíns]《←英語》男 複《服飾》ジーンズ
jeba[1] [xéba] 囡《キューバ, プエルトリコ》若い女;《ベネズエラ. 隠語》少女
jebe [xébe] 男 ❶《俗語》肛門【=ano】. ❷《化学》明礬（みょうばん）. ❸《中南米》ゴム【=caucho】. 2)《口語》コンドーム【=condón】. ❹《ベネズエラ》棍棒. ❺《ペルー》1)《植物》パラゴム. 2)《自動車》ワイパーのブラシ
jebero [xebéro] 男《ペルー》ゴム採取人
jebo, ba[2] [xébo, ba]《ベネズエラ. 隠語》恋人
jebuseo, a [xebuséo, a] 形《旧約聖書, 地名》エブス Jebús の
jeda [xéđa] 形《カンタブリア》［雌牛が］最近子を産けで子育ての
jedar [xeđár] 自《カンタブリア》［雌牛が子牛を］最近産む
jedentina [xeđentína] 囡《メキシコ》強烈な臭い
jediondo, da [xeđjóndo, da] 形《中南米》悪臭を放つ
jedival [xeđibál] 形《歴史》ヘディーブ jedive の
jedive [xeđíbe] 男《歴史》ヘディーブ《オスマントルコのエジプト副王》
jedor [xeđór] 男《アンダルシア》大騒ぎ
jedrea [xeđréa] 囡《植物》=**ajedrea**
jeep [ʝíp]《←英語》男 複 ~s ジープ【=todo terreno】
jefatura [xefatúra]《←jefe》囡 ❶ 本部《建物, 職場》: J~ de la Aviación Civil 航空本部. J~ de Policía 警察本部. J~ de Tráfico 警察交通本部. ❷ 長 jefe の職責. リーダーシップ: alcanzar la ~ de la empresa 社長の椅子に到達する. asumir la ~ del partido 党首の地位にある. bajo la ~ de... …の［指導の］下に. ❸《カリブ》記録保管所, 登記所【=registro】
jefazo [xefáθo] 男《主に皮肉》大ボス, お偉方
jefe, fa [xéfe, fa]《←仏語 chef < ラテン語 caput「頭」》名【jefe も使われる】❶ 長, チーフ, 上司, ボス: 1) Consultaré a mi ~. 上司に相談します. ~ de bomberos 消防署長. ~ de cocina 料理長, コック長, シェフ. ~ de departamento 部長. ~ de estación 駅長. J~ de Estado 国家元首. ~ de estudios 教務主任. ~ de familia 家長, 世帯主. J~ de Gobierno 首相, 総理大臣; 大統領. ~ de la oposición 野党の党首. ~ de máquinas 主任技師, チーフエンジニア. ~ de personal 人事部長（課長）. ~ de redacción 編集長; 主筆. ~ de taller 工場長. ~ de tribu 族長. ~ de ventas 営業部長. ~ ejecutivo 最高経営責任者, CEO. ~ político（歴史）県知事. 2)［同格用法で］investigador ~ 主任研究員. redactor ~ 編集長. ❸《軍事》1) 佐官. 2) ~ de batallón 大隊長. ~ de escuadra《艦隊》の司令官. J~ Supremo 最高司令官. ❹《紋章》《盾の上3分の1の部分》. ❺《メキシコ. 若者語》《口》の父, 母;（複）両親
en ~ 長の立場にある, 主任の
~ *de fila [s]*《口》1) チームリーダー, キャプテン. 2)《口. 主に政治》リーダー, 指導者. 3)《協調融資の》幹事銀行
ser el ~ 実権を握っている, 牛耳っている
jegüite [xegwíte] 男《メキシコ. 植物》［荒れ地に自生し主に飼料となる］雑草
jegüitera [xegwitéra] 囡《メキシコ》雑草 jegüite の生い茂った畑
Jehová [xeobá] 男《旧約聖書》エホバ, ヤーウェ《イスラエルの神》
Jehovah [xeobá] 男 =**Jehová**
jehovismo [xeobísmo] 男《キリスト教》エホバの証人 Testigos de Jehová の教理
jehovista [xeobísta] 形 名《キリスト教》エホバの証人 Testigos

de Jehová の〔信者〕

jehuite [xewíte] 男《メキシコ》=**jegüite**

jeito [xéjto] 男〔カンタブリア海で〕小イワシ漁の網

jeja [xéxa] 女〔レバンテ〕上質の小麦

jején [xexén] 男 ❶《昆虫》1) ヘヘン《カリブ・南米の海岸地帯に生息する、刺されると猛烈にかゆい蚊. 学名 Accata furens》. 2)《ホンジュラス》ゴキブリの一種. ❷《メキシコ》大勢、大量: ~ de amigos 大勢の友人. ❸《コロンビア. 動物》フナクイムシ
saber hasta dónde el ~ puso el huevo 非常な物知りである

jejo [xéxo] 男《サラマンカ》石

jelengue [xelénge] 男《キューバ》騒ぎ、口論

jem [xén] 間〔咳払い〕エヘン!

jema [xéma] 女《建築》木材の不足で縁が切れる梁(はり)の一部

jemal [xemál] 形 jeme の長さの

jeme [xéme] 男 ❶《長さの単位》人さし指の先と親指の先とのあいだの長さ. ❷《口語》女性の顔立ち

jemeque [xeméke] 男《口語》めそめそ泣くこと、べそ

jemer [xemér] 形, 名 ❶ クメールの〔人〕: ~es rojos 赤色クメール、クメール・ルージュ. ❷ カンボジアの〔人〕〔=camboyano〕
―― 男 クメール語、カンボジア語

jemiquear [xemikeár] 自《チリ》=**jeremiquear**

jemiqueo [xemikéo] 男《チリ》=**jeremiqueo**

JEN [xén] 略《西. 略語》← Junta de Energía Nuclear 原子力委員会

jena [xéna] 女 =**gena**

jenabe [xenábe] 男《植物》カラシ〔=mostaza〕

jenable [xenáble] 男 =**jenabe**

jenchicero [xentʃiθéro] 男《プエルトリコ》井戸、泉

jengibre [xenxíble]〔←ラテン語 zingiber, -iberis <ギリシア語 zingiberis〕男《植物》ショウガ(生姜); その根茎

jeniquén [xenikén] 男《キューバ, プエルトリコ, コロンビア. 植物》=**henequén**

jenízaro, ra [xeníθaro, ra] 形, 男 ❶《歴史》トルコ皇帝の近衛兵〔の〕. ❷《まれ》混血の, 雑種の. ❸《中南米. 廃語》barcino の男性と zambaiga の女性との混血の〔人〕、ムラート mulato の男性と先住民女性との混血の〔人〕. ❹《メキシコ. 廃語》cambujo の男性と china (黒人とムラートの女性)との混血の〔人〕. ❺《メキシコ. 動物》クモの一種
―― 名《メキシコ. 口語》警官

jenneriano, na [xen(n)erjáno, na] 形《人名》ジェンナー Jenner の: vacuna ~na ジェンナー式種痘

jeque [xéke]〔←アラビア語 saij〕男〔イスラム教国で〕長老、族長: *es un ~ con su esposa* 彼は亭主関白だ

jera [xéra] 女 ❶《サモラ》職, 仕事. ❷《サラマンカ》一日分の仕事. ❸《エストレマドゥラ》一日の可耕面積

jerapellina [xerapeʎína] 女〔ぼろぎぬの〕古着

jerarca [xerárka]〔←ギリシア語 hierarches〕名 ❶《時に軽蔑》〔組織の〕上級幹部、お偉方. ❷ 指導者、首領
―― 男《宗教》高僧; 〔特に修道会の〕上長者

jerarquía [xerarkía]〔←ラテン語 hierarchia「聖職の位階制」<ギリシア語 hieros「聖なる」+arkhomai「私は命じる」〕女 ❶ 階級制, ヒエラルキー: 1) ascender (elevarse) en la ~ 階級が上がる、昇進する, 序列をのぼる. ~ militar 軍人の階級. 2)〔聖職者などの〕位階〔=~ religiosa〕: ~ eclesiástica 聖職位階制. ~ angélica 天使の位階. ❷〔時に集合〕高位の人、要人, 高官; 上流階級の人: Están allí el gobernador civil y otras ~s provinciales. そこには知事と地方の要人たちがいる. Es una ~ importante. 彼は重要なポストの人だ. ❸ 等級, 序列: ~ de valores 価値の等級. ❹ 高い階級(階層): persona de ~ 要人

jerárquicamente [xerárkikaménte] 副 階級的に

jerárquico, ca [xerárkiko, ka]〔←ラテン語 hierarchicus〕形 階級制の, 〔聖職者などの〕位階の: organización ~ca 階級組織. *por vía ~ca* お役所的な手続きを経て; 公式ルートを通じて

jerarquización [xerarkiθaθjón] 女 階級化, 階層化

jerarquizar [xerarkiθár] 他〔9〕〔集団・社会などを〕階級組織にする, 階層化する

jerbo [xérbo] 男《動物》トビネズミ

jeremía [xeremía] 男 ピーマンの種

jeremiaco, ca [xeremjáko, ka] 形, 名 =**jeremíaco**

jeremíaco, ca [xeremíako, ka] 形 ❶《旧約聖書》エレミヤ Jeremías の. ❷ 愚痴っぽい〔人〕, めそめそした

jeremiada [xeremjáða] 女 愚痴, 泣き言, 嘆き

jeremías [xeremías] I 男《旧約聖書》〔J~. ヘブライの預言者〕エレミヤ
II 名《単複同形》〔主に J~〕愚痴っぽい人, 泣き言ばかり並べる人, いつもめそめそしている人: Es un ~. 彼はいつも愚痴ばかり言っている. No seas ~, que con quejarse no se arregla nada. 泣き言を言うな、嘆いても何も解決しない

jeremiquear [xeremikeár] 自《アンダルシア; 中南米》愚痴をこぼす、めそめそする, べそをかく〔=jeremiqueo〕

jeremiqueo [xeremikéo] 男 ❶《アンダルシア; 中南米》愚痴をこぼすこと, めそめそすること. ❷《中南米》しつこくせがむこと

jereta [xeréta] 女《地方語》三つ編みの組み紐

jerez [xeréθ] 男《単複同形》《酒》シェリー〔カディス県のヘレス・デ・ラ・フロンテラ Jerez de la Frontera 産の白ワイン. =vino de ~〕. ~ fino 酸味がなく無色のシェリー. ~ oloroso 茶色っぽく芳醇な香りのシェリー

jerezano, na [xereθáno, na] 形《地名》❶ ヘレス・デ・ラ・フロンテラ Jerez de la Frontera の〔人〕〔カディス県の町〕. ❷ ヘレス・デ・ロス・カバリェロス Jerez de los Caballeros の〔人〕〔バダホス県の町〕

jerga [xérga] I〔←古オック語 gergon <古仏語 jargon < garg-「不明瞭に話す, 飲み込む」〕女 ❶《言語》隠語: Esos comerciantes hablan una ~. その商人たちは隠語を使う. ~ de los estudiantes 学生言葉. ❷《軽蔑》技術用語. ❸《口語》わけの分からない言葉: El hijo me habla en su ~. 息子はよく分からない言葉で話しかけてくる
II 女 ❶ 厚手の粗製毛織物. ❷ わら布団. ❸《メキシコ, エクアドル》雑巾. ❹《チリ, アルゼンチン. 馬具》鞍下敷き

jergal [xergál] 形 隠語の, 隠語めいた

jergón [xergón] 男 ❶ わら布団. ❷《鉱物》ジャーゴン. ❸《動物》カイサカ《大型の褐色の毒蛇》. ❹《まれ》だぶだぶで体に合わない服. ❺《まれ》不格好で動作の鈍い人

jergueta [xergéta] 女 厚手の粗布

jerguilla [xergíʎa] 女 ❶《繊維》サージの一種. ❷《チリ》1)《魚》スズキの一種〔学名 Aplodactylus punctatus〕. 2)《料理》リブロース〔=sobrecostillas〕

jeria [xérja] 女《メキシコ. 俗語》=**feria**

jeribeque [xeribéke]〔←?語源〕男 ❶〔主に 複〕しかめ面: hacer ~s〔無表情に〕顔をしかめる. ❷ 複雑な装飾. ❸《ログローニョ》複雑な事柄

jericaya [xerikája] 女《中米. 菓子》プリン〔=chiricaya〕

jericoplear [xerikopleár] 他《グアテマラ, ホンジュラス》うんざりさせる, 怒らせる

jerife [xerífe] 男 ❶《シャリーフ〔マホメットの娘 Fatima の子孫でアラブの君主・首長〕; マホメットの後裔. ❷《歴史》メッカ Mecca の寺院, 聖地守護者. ❸《歴史》モロッコの〕国王

jerifiano, na [xerifjáno, na] 形 ❶ シャリーフ jerife の. ❷《歴史》su Majestad J~na モロッコ王殿下. imperio ~ モロッコ王国

jerigonza [xerigónθa]〔← jerga I〕女 ❶ わけの分からない言葉: Su discurso fue una ~. 彼の演説はちんぷんかんぷんだった. ❷《まれ》隠語〔=jerga〕. ❸《まれ》奇妙でばかげた動作. ❹《チリ》幼児語

jeringa [xerínga]〔←ラテン語 syringa「注入器, 洗浄器」<ギリシア語 syrinx, -ingos「管」〕女 ❶ 注射器; 洗浄器, 浣腸器. ❷ 注入器, スポイト; 〔クリームなどの〕絞り出し器: ~ de engrase グリースガン. ❸《口語》わずらわしさ, 厄介, 迷惑
―― 形《チリ, アルゼンチン, ウルグアイ. 口語》迷惑な〔人〕, 不快な〔人〕

jeringación [xeringaθjón] 女《口語》迷惑をかけること, うんざりさせること

jeringador, ra [xeringaðór, ra] 形, 名《口語》迷惑な〔人〕, 厄介な〔人〕

jeringar [xeringár]〔← jeringa〕他 ❶《口語》悩ます, 迷惑をかける: Nos jeringan las preguntas impertinentes. ぶしつけな質問は我々をうんざりさせる. ❷《口語》壊す〔=estropear〕. ❸ 注入する; 絞り出す
―― *~se*《口語》❶〔迷惑に〕耐える, 我慢する. ❷ 壊れる

jeringazo [xeringáθo] 男〔液体などの〕注射, 注入, 洗浄. ❷ 注射液, 注入液; 洗浄液

jeringo [xeríngo] 男《地方語. 菓子》チューロ〔=churro〕

jeringón, na [xeringón, na] 形, 名《中南米》わずらわしい〔人〕, うるさい〔人〕

jeringonza [xeriŋgónθa] 囡《俗用》=**jerigonza**
jeringozo [xeriŋgóθo] 囡 =**jerigonza**;《南米》幼児語
jeringuear [xeriŋgeár] 他《メキシコ, コロンビア, チリ, アルゼンチン, ウルグアイ. 口語》悩ます〖=jeringar〗
jeringuilla [xeriŋgíʎa] 囡 ❶［小型の］注射器. ❷《植物》バイカウツギ
jeriñac [xeriɲák] 男《まれ. 時に戯語》スペイン製のコニャック
jerjén [xerxén] 男《チリ. 昆虫》ブヨ
jerma [xérma] 囡《ルンファルド語》少女
jermoso [xermóso] 男《地方語》［主に搾乳用の］両取っ手で胴のふくらんだ水差し
jeró [xeró] 男《隠語》［人の］顔
jeroglífico, ca [xeroɡlífiko, ka]《←ラテン語 hieroglyphicus＜ギリシア語 hieroglyphikos＜hieros「聖なる」+glypto「私は彫る」》形 象形文字の, 象形文字で書かれた —— 男 ❶ ［古代エジプトなどの］象形文字, 絵文字〖=escritura ～ca〗. ❷《集合》判じ物, 判じ絵. ❸《軽蔑》理解しにくい事物: Estas instrucciones son un ～. この説明はまるで判じ物だ
jeronimiano, na [xeronimxáno, na] 形 名 =**jerónimo**
jerónimo, ma [xerónimo, ma] 形 名《カトリック》ヒエロニムス会の〔修道士・修道女〕 —— 男 複 ヒエロニムス会
jerosolimitano, na [xerosolimitáno, na] 形 名《地名》［イスラエルの］エルサレム Jerusalén の〔人〕
jerpa [xérpa] 囡《ブドウの木の》下枝, つる
jerricote [xerikóte] 男《料理》アーモンド・砂糖・セージ・ショウガの鶏スープ煮込み
jerrón [xerón] 男《梁に牽引用の鎖を取り付けるための》かすがい
jersey [xerséi]《←英語》男 複 ～s/jerséis ❶《西. 服飾》［主に厚手の］セーター: Lleva un ～ de cachemir sobre la camisa. 彼はワイシャツの上にカシミアのセーターを着ている. ❷ [jérsi]《南米. 繊維》ジャージー
jertano, na [xertáno, na] 形 名《地名》ヘルテ渓谷 valle del Jerte の〔人〕《カセレス県. 桜の名所》
jerteño, ña [xerteɲo, ɲa]《地名》ヘルテ川 río Jerte の《アラゴン州》
jeruga [xerúɡa] 囡《植物》萸
jeruza [xerúθa] 囡《グアテマラ, ホンジュラス. 口語》捕虜収容所
jesnato, ta [xesnáto, ta] 形 誕生からイエスに捧げられた〔人〕
Jesucristo [xesukrísto] 男《新約聖書. 人名》イエス・キリスト: antes de ～ 紀元前. después de ～ 紀元後
jesuita [xeswíta]《←Jesu〔cristo〕》形《カトリック》イエズス会〔修道士・修道女〕の〖Ignacio de Loyola が創設した修道会〗. ❷《軽蔑》偽善的な〔人〕, ずる賢い〔人〕 —— 男 ❶《カトリック》イエズス会士: Mi tío profesó en los ～s. 私の叔父はイエズス会に入信した —— 男/囡《アルゼンチン, ウルグアイ. 料理》四角いパイ〖主にハムとチーズをはさむ〗
jesuítico, ca [xeswítiko, ka] 形 ❶ イエズス会の. ❷《建築》イエズス会様式の, ジェズ様式の. ❸《口語》偽善的な, ずるい, 策略的な
jesuitina [xeswitína]《←jesuita》形 囡 イエズス修道女会 Compañía de las Hijas de Jesús の〔修道女〕
jesuitismo [xeswitísmo] 男 ❶ イエズス会精神; イエズス会の教説〈慣行・組織など〉. ❷《軽蔑》偽善的行為, ずる賢さ
Jesús [xesús] 男《新約聖書. 人名》イエス: el Niño ～ 幼子イエスの像. Compañía de ～/Sociedad de ～ イエズス会〖→jesuita〗 —— 間 ❶《西》〔くしゃみをした人に儀礼的に〕お大事に〖「言われた人は Gracias とこたえる. 人は不吉なものとされた」〗. ❷《古語的》〔驚き・不平・安堵など〕ああ, おお!〖～!, Dios mío!/ ¡～, María y José!〗
en un {decir} ～《西》あっという間に, 即座に
hasta verte ～ mío《古語的》［一度に飲み干さなくてはならない酒を讃える言葉〕乾杯
jesusear [xesuseár] 自 ❶《主にメキシコ》イエス Jesús の名をしばしば唱える. ❷ 祈りの文句をつぶやく —— 他《グアテマラ》…のしたことにする; 中傷する
jesusito [xesusíto] ～ *de mi vida*〔この言葉で始まる子供の祈り〕大好きなイエス様
jet [jét]《←英語》男 複 ～s ジェット機 —— 囡 [la+]=**jet set**

jeta [xéta]《←古語 xeta＜seta》囡 ❶《隠語》［人の］顔: Te voy a romper la ～. お前の頭を叩き割ってやるぞ. ❷《軽蔑》厚顔無恥. ❸《豚・猪の》鼻口部, 鼻づら. ❹《俗用》［人間の］厚い唇, 突き出た口. ❺《アラゴン》鼻. ❻《ムルシア》［水道などの］栓. ❼《メキシコ, ペルー. 口語》ふくれっ面: estar de ～ 不機嫌な顔をしている. poner ～ 不機嫌な顔をする ❽《メキシコ. 口語》うたた寝, 昼寝: echarse una ～ うたた寝する
estirar la ～)《チリ, アルゼンチン, ウルグアイ》死ぬ, 往生する, くたばる. 2)《チリ》嫌な〔浮かない〕顔をする
tapar la ～《ペルー. 口語》不機嫌な顔をする
tener ～ 厚かましい, 図々しい: ¡Qué ～ *tienes*! お前何て図々しいんだ!
—— 形《西. 軽蔑》厚顔無恥な〔人〕
jetazo [xetáθo] 男《ベネズエラ, ペルー. 口語》顔への殴打
jetear [xeteár] 自《アルゼンチン》食事をおごってもらう —— *se*《メキシコ. 口語》眠り込む
jetera [xetéra] 囡《コロンビア. 馬具》端綱
jet-foil [jét foil]《←英語》男《船舶》ホーバークラフト
jet lag [jét laɡ]《←英語》男 時差ぼけ: tener ～ 時差ぼけになる
jetón, na [xetón, na] 形 ❶《まれ》口の突き出た. ❷《まれ》厚顔無恥な. ❸《メキシコ》1)［人が］眠り込んだ. 2)《口語》不機嫌な. ❹《ボリビア, ベネズエラ. 口語》［人が］口の大きな, 唇の厚い. ❺《チリ》ばかな, 間抜けな. ❻《アルゼンチン, ウルグアイ. 口語》おしゃべりで恥知らずな
jet set [jét set]《←英語》囡/男《集合》《西》［ジェット機で世界の保養地をめぐるような］大金持ちの有閑階級
jet ski [jét ski]《←英語》男《スポーツ》ジェットスキー, 水上バイク
jettatore [jetatóre]《←伊語》男《伊語》ジェッタトゥーラ〖邪眼 mal de ojo を持つ者, 災厄をふりまく者〗
jettatura [jetatúra]《←伊語》囡《伊語》ジェッタトゥーラ jettatore がふりまく〕災厄
jetudo, da [xetúðo, ða] 形 ❶［動物が］鼻の突き出た. ❷《軽蔑》厚顔無恥な. ❸ 仏頂面をした
jeva [xéβa] 囡《キューバ, プエルトリコ. 口語》若い女性, 娘
Jezabel [xeθaβél] 囡 ❶《旧約聖書. 人名》イゼベル〖イスラエル王 Ahab の妻〗. ❷ 邪悪〔凶悪〕な女; 恥知らずな性悪女
jgo《略記》=**juego** ひとぞろい
JHS《略記》←Jesus Hominum Salvator 救い主イエスキリスト
ji [xí] I 男《ギリシア文字》カイ〖X, χ〗
II ❶《擬声》間〔笑いの擬声〕何度も繰り返して, 笑い〕ひっひっひ!
no decir ni ji ni ja《キューバ, プエルトリコ, コロンビア》うんともすんとも言わない
jía [xía] 囡《キューバ. 植物》アカネ科の潅木〖棘があり黄色い花を咲かせる. 学名 Scolosanthus parviflorus〗
jibá [xiβá] 囡《メキシコ, キューバ, ドミニカ. 植物》コカノキの一種〖赤い果実は薬用. 学名 Erythroxylon havanense〗
jibán [xiβán] 男《ドミニカ. 俗語》=**jilván**
jíbara¹ [xíβara] 囡 ❶《キューバ. 植物》=**jibá**. ❷《ドミニカ》浮気な女
jibaresco, ca [xiβarésko, ka] 形《プエルトリコ》田舎者らしいふるまい
jibaresco, ca [xiβarésko, ka] 形《プエルトリコ》田舎者特有の
jibarizar [xiβariθár] 他《チリ. 口語》［数を］減らす; ［文を］省略する, 短くする
jíbaro, ra² [xíβaro, ra]《←語源》形 名 ❶ ヒバロ族〔の〕〖エクアドルとペルーのアマゾン川流域の熱帯地に居住する先住民〗. ❷《メキシコ. 歴史》lobo（黒人と先住民との混血）の男性と china（黒人とムラートとの混血）の女性との混血の〔人〕. ❸《メキシコ. 歴史》albarazado（cambujo とムラートとの混血）の男性と calpamula の女性との混血の〔人〕; calpamulato の男性と先住民女性との混血の〔人〕; grifo（縮れ毛のムラート）と zambo（黒人と先住民との混血）の男性とムラートの女性との混血の〔人〕. ❹《ホンジュラス》背の高いたくましい人. ❺《カリブ》1) 田舎の; 野性の, 野生の. 2)《口語》人間嫌いの. ❻《ドミニカ》逃げ出して野生化した〔家畜〕. ❼《プエルトリコ》白人の田舎者〔の〕; 白人農民〔の〕. ❽《南米. 隠語》麻薬の売人
—— 男 ヒバロ語
jibe [xíβe] 男 ❶《キューバ, ドミニカ》［主に建築用の］ふるい. ❷《キューバ》粗製のスポンジ
jibeonita [xiβeoníta] 囡《ホンジュラス. 動物》パカ〖=paca〗
jibero [xiβéro] 男《チリ》コウイカ用の釣針
jibia [xíβja]《←モサラベ語 xibia＜ラテン語 sepia》囡《動物》❶ イカ, コウイカ. ❷ イカの甲〖=jibión〗

jibión [xibjón] 男 ❶《動物》イカの甲. ❷《サンタンデール》イカ
jibionera [xibjonéra] 女《地方語》イカ釣り用具
jibraltareño, ña [xibraltaréɲo, ɲa] 形 名《地名》=**gibaltareño**
jicalcoate [xikalkoáte] 男《メキシコ. 動物》水生の蛇
jícama [xíkama] 女《メキシコ, ホンジュラス, エルサルバドル, キューバ, ドミニカ, エクアドル. 植物》《総称》ヒカマ《塊茎が食用・薬用の数種の芋》
jicamo [xikámo] 男 ❶《ドミニカ》細紐. ❷《プエルトリコ. 植物》=**jícama**
jicaque [xikáke] 形《グアテマラ, ホンジュラス》教養のない, 粗野な, 無骨な
jícara [xíkara]《←ナワトル語 xicálli》女 ❶［朝食などの］ココア用の小カップ. ❷《メキシコ, 中米》フクベノキの実［で作るココア用のカップ］. ❸《メキシコ》1) 容量の単位［=約1リットル］. 2)［パン・果物の］運搬用小箱. 3) 禿げ頭.《中米》［動物の］頭
jicarada [xikaráda] 女《メキシコ》運搬用小箱 jícara の容量
jicarear [xikareár] 他《メキシコ》運搬用小箱 jícara で量る
jícaro, na [xíkaro, na] 男《中米. 植物》フクベノキ［=**güira**］
── na [xikarón, na]《コスタリカ》頭でっかちの
── 男 ココア用の大カップ
jicarudo, da [xikarúđo, đa] 形《メキシコ》額が突き出た大顔の
jichi [xítʃi] 男《ボリビア》❶ カタツムリ［=**caracol**］. ❷ ヒチ《民間信仰で空想上の動物. 湖の王》
jico [xíko] 男 ❶《中米, カリブ》ハンモックを吊るす紐. ❷《コロンビア》つなげる紐
jicote [xikóte] 男《メキシコ, 中米. 昆虫》スズメバチ;《中米》スズメバチの巣
jicotea [xikotéa] 女《中米, カリブ. 動物》=**hicotea**
jicotera [xikotéra] 女《メキシコ, 中米》❶ スズメバチの巣《羽音》. ❷ けんか騒ぎ, ごたごた: armar una ～ 騒ぎたてる
jicra [xíkra] 女《コロンビア, ベネズエラ, エクアドル》=**jigra**
jiddish [xíđs] 男 =**yiddish**
jienense [xjenénse] 形 名《地名》=**jiennense**
jiennense [xje(n)nénse] 形 名《地名》ハエン Jaén の〔人〕《アンダルシア州の県・県都》
jierro [xjérro] 男《隠語》お金
jifa [xífa] 女《まれ》［畜殺場で］牛・豚などを解体した時に出る屑
jiferada [xiferáđa] 女《まれ》肉切り包丁で刺す（切る）こと
jifería [xifería] 女《まれ》畜殺人の職
jifero, ra [xífero, ra] 形《まれ》❶ 畜殺人の. ❷ 汚い, 不潔な. 下品な
── 男《まれ》❶ 畜殺人. ❷ 畜殺人用ナイフ, 肉切り包丁［= cuchillo ～］
jifia [xífja] 女《魚》メカジキ
jiga [xíga] 女 ジグ《アイルランド起源で17・18世紀に流行した速いリズムのダンス; その舞曲》
jigo [xígo] 男《コスタリカ》誕生祝いの招待客へのプレゼント
jigote [xigóte] 男 =**gigote**
jigra [xígra] 女《コロンビア, ベネズエラ, エクアドル》［リュウゼツランの繊維で編んだ］リュックサック, 袋
jiguagua [xigwágwa] 女《キューバ. 魚》アジ科の一種《学名 Caranx hippos》
jiguatera [xigwatéra] 女《コロンビア》=**ciguatera**
jiguato, ta [xigwáto, ta] 形《コロンビア》=**ciguato**
jigüe [xíɣwe] 男《キューバ》❶［田舎の民間伝承で］主に川に現われる小びと. ❷《植物》ネムノキ科の一種《学名 Lysiloma latisiliqua》
jigüera [xiɣwéra] 女《キューバ, プエルトリコ》ヒョウタンノキ güira の実で作った器
jiguillo [xiɣíʎo] 男《プエルトリコ. 植物》コショウ科の灌木《樹皮と葉は香りがよい. 学名 Ficus padifolia》
jija¹ [xíxa] 名 愚かな〔人〕
jijas [xíxas] 女 複《地方語》［ソーセージ用の］豚のひき肉
jijallar [xixaʎár] 男 オカヒジキ jijallo が生い茂る丘
jijallo [xixáʎo] 男《植物》オカヒジキ
jijez [xixéθ] 女《婉曲》汚い手段
jijo, ja² [xíxo, xa] 名《メキシコ. 軽蔑》=**hijo**
jijón, na¹ [xixón, na] 形《闘牛》毛色が鮮やかな赤の〔雄牛〕
jijona² [xixóna]《←Jijona（アリカンテ県の町）》男 ❶《菓子》アーモンド入りのヌガー［=turrón de ～］. ❷ ラ・マンチャやムルシア産の álaga 種の小麦

jijonenco, ca [xixonéŋko, ka] 形 名《地名》ヒホナ Jijona の〔人〕《アリカンテ県の町》
jijonés, sa [xixonés, sa] 形 =**jijonenco**
jila [xíla] 女《地方語》女性たちが糸を紡ぐ夜の集まり《=filandón》
jilacata [xilakáta] 男《ペルー》=**hilacata**
jilguera [xilɣéra] 女 ゴシキヒワの雌
jilguerito [xilɣeríto] 男《チリ》小さなこぶ
jilguero [xilɣéro] 男《鳥》ゴシキヒワ
jilibioso, sa [xilibjóso, sa] 形《チリ》❶［人が］理由もなく嘆く（泣く）; 上品ぶった, 気取った. ❷［馬が］神経質な, いつも体のどこかを動かしている
jilí [xilí] 形《俗語》=**gilipollas**
jilipolla [xilipóʎa] 名《俗語》=**gilipollas**
jilipollada [xilipoʎáđa] 女《俗語》=**gilipollada**
jilipollas [xilipóʎas] 名《俗語》=**gilipollas**
jilipollear [xilipoʎeár] 自《俗語》=**gilipollear**
jilipollez [xilipoʎéθ] 女《俗語》=**gilipollez**
jilmaestre [xilmaéstre] 男《古語. 軍事》馬丁頭補佐
jilo [xílo] a ～《プエルトリコ》…を求めて
de ～《コロンビア》即刻, ただちに
jilosúchil [xilosútʃil] 男《メキシコ. 植物》エリプチカム《花が美しい観葉植物. 学名 Bombax ellipticum》
jilote [xilóte] 男《メキシコ, 中米》結実前のトウモロコシの雌穂 mazorca; その薄い色の毛
jilotear [xiloteár] 自《メキシコ, 中米》[トウモロコシが] 結実し始める
jilván [xilbán] 男《ドミニカ. 俗語》マチェテ machete の一撃
jim [xim] 男《地方語》へそ［=**ombligo**］
jimagua [ximáɣwa] 形 名 ❶《メキシコ, キューバ》[動物・人が] 双子[の]. ❷《キューバ》[果実が] 互いにくっついて生った
── 男 複《キューバ》[トラックの後輪の] 複輪
jimba [xímba] 女 ❶《メキシコ》酔い, 酩酊. ❷《エクアドル》三つ編み［=**trenza**］
jimelga [ximélɣa] 女《船舶》［帆柱・帆桁などの補強用の］添え木
Jiménez [ximéneθ]《人名》**Juan Ramón ～** フアン・ラモン・ヒメネス《1881～1958, スペインの詩人. 音楽性や情感に彩られた初期の作風から, 装飾を排した深遠な精神性の希求へと詩境を深め, その詩業によって27年世代など後の詩人たちに多大の影響を与えた. 『哀しいアリア』 *Arias tristes*, 『遙かな庭』 *Jardines lejanos*, 『新婚詩人の日記』 *Diario de un poeta recién casado*, 『永遠』 *Eternidades*, 『石と空』 *Piedra y cielo*. 散文詩『プラテーロとわたし』 *Platero y yo*. ノーベル文学賞受賞》
Jiménez de Enciso [ximéneθ đe enθíso]《人名》**Diego ～** ディエゴ・ヒメネス・デ・エンシソ《1585～1634, スペインの劇作家. 巧みな人物造型を特徴とする作風で, 主に歴史的な題材を取り上げている》
Jiménez de Quesada [ximéneθ đe kesáđa]《人名》**Gonzalo ～** ゴンサロ・ヒメネス・デ・ケサダ《1509～1579, スペイン人コンキスタドール. 現在のコロンビアへの遠征を指揮, サンタ・フェ・デ・ボゴタを建設》
Jiménez Lozano [ximéneθ loθáno]《人名》**José ～** ホセ・ヒメネス・ロサノ《1930～, スペインの詩人・作家・ジャーナリスト. 宗教や歴史などに題材をとりながら, 疎外された存在に対する共感をもってその内奥を探求した. セルバンテス賞受賞》
jimerito [ximeríto] 男《グアテマラ, ホンジュラス. 昆虫》小型の蜂の一種《学名 Apis exigua》; その蜂の巣
jimilile [ximilíle] 男《中米》茎の細い草
jimio [xímjo] 男《動物》=**simio**
jimiquear [ximikeár] 自《ドミニカ, プエルトリコ》=**jeremiquear**
jimplar [ximplár] 自《地方語》=**himpar**
jincar [xiŋkár] 7 他《地方語》食べる
jinchar [xintʃár] ～se《コロンビア. 隠語》痛飲する
jinchera [xintʃéra] 女《プエルトリコ》❶《俗語》腫れ. ❷ 青白さ
jincho, cha [xíntʃo, tʃa] 形《プエルトリコ》❶《俗語》[人が] 顔が腫れて青白い. ❷ 青白い, 色あせた
jinda [xínđa] 女《隠語》=**jindama**
jindama [xindáma] 女《←ジプシー語》《隠語. 闘牛など》怖気
jiné [xiné] 男《コロンビア》かまどの石
jinebro [xinébro] 男《地方語》=**enebro**
jinestada [xinestáđa] 女《料理》牛乳・米粉・スパイスなどで作る

jineta [xinéta] I 《←アラビア語 jarnéit》囡《動物》ジェネット. II 《←jinete》囡 ❶《馬術》a la ～ あぶみを短くする. ❷《軍事》1) 軍曹の絹の肩章. 2)《歴史》[歩兵隊長の印の] 飾り房付きの短槍. 3)《アルゼンチン》階級章. ❸《中南米》乗馬婦人

jinetada [xinetáda] 囡《まれ》[ふさわしくない] 高慢な (これみよがしな) 態度

jinete [xinéte] 《←アラビア語 zeneti《軽騎兵で名高い》ベルベルの Zeneta 族》❶ 騎手, 騎馬の人. ❷ 乗馬の名手. ❸《古語》騎兵. ❹《キューバ》詐欺師, たかり屋
　 ir ～ 馬に乗って行く

jineteada [xineteáda] 囡 ❶《メキシコ, エルサルバドル, ボリビア, ラプラタ》熟達した騎乗. ❷《ラプラタ》熟達した騎乗術を見せる田舎の祭り

jinetear [xineteár] 他 ❶ [馬に] 乗る. ❷《中南米》[荒馬を] 乗りこなす, 馴らす. ❸《メキシコ, ホンジュラス》[雄牛に] 乗る. ❹《メキシコ》1) 借金を返すのが遅れる; 投機する; [他人の金を] 一時的に使う. 2) 乗馬のうまさを見せびらかす
　 ── 自 ❶ 乗馬をする; 馬で行く. ❷《キューバ》外国人相手に売春をする
　 ── **～se**《メキシコ, コロンビア》馬に乗る, 鞍にまたがる

jineteario [xineteárjo] 男《メキシコ》下手な騎手

jinetero, ra [xinetéro, ra] 男, 囡《キューバ》外国人相手に売春など違法な取引をする [人]
　 ── 囡《中南米, 軽蔑》売春婦

jinglar [xiŋglár] 自 [吊るしてあるものが] 揺れる

jingle [jiŋgle] 《←英語》男 ❶《放送》ジングル [短いCMソングなど]. ❷《コロンビア, チリ, アルゼンチン, ウルグアイ》クリスマスソング

jingoísmo [xiŋgoísmo] 《←英語 jingo》男 好戦的愛国主義, 対外強硬論

jingoísta [xiŋgoísta] 形, 名 好戦的愛国主義の [人], 対外強硬論の [人]

jinicuil [xinikwíl] 男《植物, 果実》マメ科の一種 [コーヒー園などで緑陰作りに植樹される. 学名 Inga xalapensis]

jínjol [xínxol] 男《地方語. 植物, 果実》ナツメ

jinjolero [xinxoléro] 男《植物. 植物》ナツメ

jinocal [xinokál] 男《メキシコ》[椅子の] 籐またはヤシの葉で編んだ座部

jinojo [xinóxo] 間《まれ》[驚き・怒り] あれっ, くそっ

jinotegano, na [xinoteɣáno, na] 形, 名《地名》ヒノテガ Jinotega の [人]《ニカラグア北部の県・県都》

jinotepino, na [xinotepíno, na] 形, 名《地名》ヒノテペ Jinotepe の [人]《ニカラグア, Carazo 県の県都》

jinquetazo [xiŋketáθo] 男《プエルトリコ》拳骨の一撃

jinquete [xiŋkéte] 男《プエルトリコ》=**jinquetazo**

jinquetear [xiŋketeár] 自《プエルトリコ》けんかする

jiña [xína] 囡 ❶《キューバ》人糞. ❷《チリ》ささいなこと

jiñar [xinár] 自《西. 卑語》排便する [=cagar]
　 ── ~**se**《西. 卑語》ひどく怯える

jiñicuite [xinikwíte] 男《植物》テレビントノキの一種 [生け垣に使われる. 学名 Terabinthus americana]

jiote [xjóte] 男《メキシコ》膿痂疹

jiotoso, sa [xjotóso, sa] 形, 名《メキシコ》膿痂疹のできている [人]

jipa [xípa] 囡《コロンビア》パナマ帽 [=jipijapa]

jipar [xipár] 自《口語》しゃっくりをする [=hipar]
　 ── 他《地方語》見る [=ver]

jipato, ta [xipáto, ta] 形 ❶《中米, カリブ, エクアドル, チリ》[顔色が] 青白い, 黄色みがかった. ❷《グアテマラ》酔っ払った. ❸《キューバ》1) [果実が] 本来の色と味を失った. 2)《口語》[人が] 肝臓を悪くした. ❹《メキシコ》パナマ帽 [=jipijapa]. ❺《ベネズエラ》[人が] 弱そうな, 病気がちらしい

jipe [xípe] 男《メキシコ》パナマ帽 [=jipijapa]

jipi [xípi] I 《←英語 hippie》名 ヒッピー. II ❶《古語的》パナマ帽 [=jipijapa]. ❷《植物》パナマソウ; その繊維

jipiar [xipjár] I 《←擬声》⑪ 自 ❶ [時々うめくように] 泣き叫ぶ, 泣きじゃくる. ❷《フラメンコ》うめくように歌う. ❸《まれ》しゃっくりをする
　 II ⑩ 自《西. 口語》見る, 視覚的に感知する

jipido [xipído] 男 ❶ 泣き叫ぶこと. ❷《フラメンコ》うめくように歌うこと

jipijapa [xipixápa] 《←Jipijapa (エクアドルの町)》囡 パナマソウの繊維
　 ── 男《パナマ帽》[=sombrero de ～]

jipío [xipío] 男 ❶《フラメンコ》うめき叫ぶような歌. ❷《地方語》泣き叫ぶ声. ❸《まれ》しゃっくり

jipioso, sa [xipjóso, sa] 形, 名《軽蔑》ヒッピー風の [人]

jipismo [xipísmo] 男 =**hippismo**

jipucho, cha [xipútʃo, tʃa] 形《ベネズエラ》とても顔色の悪い

jiquera [xikéra] 囡 ❶《中米》フクベノキの実 [でできたココア用のカップ] [=jícara]. ❷《コロンビア》[布製・植物の繊維製の] 袋, リュックサック

jíquera [xíkera] 囡 =**jiquera**

jiquí [xikí] 男《キューバ. 植物》ナシ属の高木 [学名 Pera bumeliaefolia]

jiquilete [xikiléte] 男《植物》コマツナギ属の一種 [学名 Indigofera argentea]

jiquima [xíkima] 囡《キューバ, エクアドル. 植物》=**jícama**

jiquipil [xikipíl] 男《メキシコ. 古語》乾量の単位

jira [xíra] I 《←古仏語 chiere「良質の食事」》囡 ❶ ピクニック, 野外での食事 (宴会): ir de ～ ピクニックに出かける. ❷ [各地を巡る] 周遊旅行, 巡業 [=**gira**]
　 II 《←jirón》[少し大きめ・長めの] 布の切れ端

jirafa [xiráfa] 《←伊語 giraffa < アラビア語 zarafa》囡 ❶《動物》キリン. ❷《映画, 放送》ブームマイク. ❸《軽蔑》のっぽの人, やせて長身の人

jiráfido, da [xiráfido, da] 形《動物》キリン科の
　 ── 男 キリン科

jirafista [xirafísta] 名《映画, 放送》ブームマイク係

jirafón, na [xirafón, na] 形 [人が] のっぽの

jirapliega [xirapljéɣa] 囡《古語》アロエ汁・蜂蜜などから作る下剤

jirasal [xirasál] 囡《果実》パンレイシ

jirel [xirél] 男 [馬・ラバの腰部を覆う] 飾り馬衣

jiribilla [xiriβíʎa] 囡 ❶《キューバ》1) [他人の言動に関する] 感激, 狂喜. 2) [女性の] 優雅さ, 魅力. ❷《プエルトリコ》tener ～ 不安である; むずがゆい

jiricaya [xirikája] 囡《中米. 菓子》=**chiricaya**

jiricua [xiríkwa] 囡《メキシコ》[疥癬など] かゆみを伴う皮膚病

jíride [xíriðe] 囡《植物》クサアヤメ

jirimiquear [xirimikeár] 自《中南米. 軽蔑》=**jeremiquear**

jirimiquiento, ta [xirimikjénto, ta] 形《グアテマラ》めそめそする

jirocho, cha [xirótʃo, tʃa] 形 ❶ 満足げな. ❷《闘牛》[毛色が単色だが] 腹部から白いまだら模様の入った

jirofina [xirofína] 囡《料理》羊の腫臓・焼いたパンなどで作るソース

jirón [xirón] 《←古仏語 giron》男 ❶ [布・衣服の] 切れ端, ぼろ: con la ropa hecha jirones ぼろぼろの服を着て. ❷ 小さな一部分: los últimos jirones coloniales del país その国の最後の小植民地群. ❸ 三角旗. ❹《紋章》ジャイロン [盾を放射状に8等分した一画]. ❺《ペルー》[いくつかの通りから成る] 大通り, 街路

jironado, da [xironáðo, ða] 形 ❶《紋章》盾を放射状に8等分した. ❷ ずたずたになった. ❸ 布などの切れ端で縁取りをした

jirpear [xirpeár] 他《農業》[ブドウの木の根元に] 保水用の溝を掘る

jirupí [xirupí] 男《ボリビア》=**girupí**

jisca [xíska] 囡《植物》アシ, ヨシ [=**carrizo**]

jiste [xíste] 男 ビールの泡

jit [xít] 《←英語 hit》男 ❶《野球》ヒット. ❷ ヒットソング

jitazo [xitáðo] 男《メキシコ. 口語》好評, 成功

jitomate [xitomáte] 男《メキシコ》トマト [メキシコでは jitomate が「赤いトマト」で, tomate は「グリーントマト」]

jiu-jitsu [jíu jítsu] 《←日本語》男 柔術

jive [xíβe] 男《舞踊》ジャイブ

jivi [xíβi] 形《若者語》ヘビメタの [=**heavy**]

jizya [jíja] 囡 =**yizia**

JJ.OO. 男《複数. 略語》←Juegos Olímpicos オリンピック大会

jo [xó] 《←擬声》間 ❶《西. 主に幼児語・若者語》[驚嘆・抗議] ええっ! [笑い声] わはっは! [=**ja**]. ❸ [馬を制して] どうどう [=**so**]

joajana [xoaxána] 囡《ベネズエラ》恐怖, 恐れ

joaquino [xoakíno] 男《チリ. 果実》ナシの一品種 [美味で大型]

job [xóβ] 男 ❶《旧約聖書》[Job] ヨブ: Libro de Job ヨブ記. ❷ 辛抱強い人, 大きな苦しみにも耐える人

tener más paciencia que Job 非常に辛抱強い，大きな苦しみにも耐える

jobá [xobá] 男《俗用》=**jobar**

jobada [xoβáða] 女《アラゴン》yunta の1日分の耕作面積〖=yugada〗

jobar [xoβár]〖*joder* の婉曲語〗間《西．口語》[驚き・賞賛・不快など] うわっ，うへっ!

jobear [xoβeár] 自《プエルトリコ》ずる休みをする

jobeo [xoβéo] 男《ペルー》[民間療法医 *curandero* の] さすりによる治療

jobero, ra [xoβéro, ra] 形《プエルトリコ》[馬が] 白毛に栗毛と鹿毛の斑点のある
—— 名《プエルトリコ》[学校などを] ずる休みする人
—— 男《コロンビア》皮膚しみができる病気

joberoso, sa [xoβeróso, sa] 形《コロンビア》皮膚しみのできる病気 jobero にかかった

jobillo [xoβíʎo] 男《カリブ．植物》=**jobo**
comer ~s《プエルトリコ．口語》ずる休みする；約束をすっぽかす
irse ~《プエルトリコ．口語》ずる休みする

jobo [xóβo] 男 ❶《中米，カリブ，エクアドル．植物》モンビン，モンビンノキ；その実．❷《グアテマラ》蒸留酒の一種．❸《コロンビア》1)[牛・馬をつないでおく] 杭，棒．2) 太い棒
comer ~s《プエルトリコ．口語》[学校などを] ずる休みする

jocalias [xokáljas] 女複《アラゴン》教会の宝飾品

jocha [xótʃa]《エクアドル》[先住民の祭りへの] 自発的な寄付
dar ~《エクアドル》親切にする，援助する；手を貸す

jochao [xotʃáo] 男《ベネズエラ》農場での早朝の仕事

jochar [xotʃár] 他《コロンビア》いやがらせをして挑発する

jochatero [xotʃatéro] 男《ボリビア》政治的指導者，政界のボス

joche [xótʃe] 男《動物》アグーティ〖=*agutí*〗

jochear [xotʃeár] 他《ボリビア》[犬・牛を] けしかける

jocifa [xoθífa] 女《アンダルシア》流し台のタオル

jocinegro, gra [xoθinéɣro, ɣra] 形《闘牛》鼻面の色が黒い〖=*bocinegro*〗

jocinero, ra [xoθinéro, ra] 形 角笛(ラッパ)を吹く

jockey [jókej]〖←英語〗男〖複 ~s〗❶《競馬》騎手，ジョッキー．❷《チリ》[帽子の] ひさし〖=*visera*〗

joco, ca [xóko, ka] 形《メキシコ，中米》[果物が] 熟しすぎた，にがい，酸っぱい
—— 男 ❶《コロンビア．俗語》くぼみ，空洞．❷《ボリビア．植物，実》ズッキーニ〖=*hoco*〗

jocó [xokó] 男〖複 *jocoes*〗《動物》オランウータン

jocoatole [xokoatóle] 男《メキシコ．料理》トウモロコシのおもゆの一種

jococuistle [xokokwístle] 男《メキシコ．植物》パイナップルの一種

jocolote [xokolóte] 男《ホンジュラス》掘っ建て小屋

jocomico [xokomíko] 男《ホンジュラス．植物》レモンドロップマンゴスチン〖学名 *Garcinia intermedia*〗

joconostle [xokonóstle] 男《メキシコ．植物》=**xoconostle**

jocoque [xokóke] 男《メキシコ》乳酸飲料；そのデザート（料理）

jocoqui [xokóki] 男《メキシコ》=**jocoque**

jocosamente [xokósaménte] 副 滑稽に，おどけて

jocoserio, ria [xokosérjo, rja] 形 本気とも冗談ともつかない，冗談半分の，悲喜劇的な

jocosidad [xokosiðá(ð)] 女 ❶ 滑稽さ，ひょうきんさ．❷ 冗談，しゃれ，からかい

jocoso, sa [xokóso, sa]〖←ラテン語 *jocosus*「冗談，楽しみ」〗形 滑稽な，ひょうきんな，おどけた：*carácter ~* ひょうきんな性格．*chiste ~* 面白いジョーク．*comentarios ~s* 滑稽な発言

jocosúchil [xokosútʃil] 男《メキシコ》タバスコ州産のトウガラシ

jocotal [xokotál] 男《中米．植物》赤（紫）モンビン〖学名 *Spondias purpurea*〗

jocote [xokóte] 男 ❶《果実》スパニッシュプラム〖*jocotal* の実．食用〗．❷《メキシコ，中米，植物》=**jocotal**

jocotear [xokoteár] 他〖~・*se*〗《人》[人を] ひどく邪魔する，困らせる，害をなす
—— 自《グアテマラ，ニカラグア，コスタリカ》スパニッシュプラム *jocote* を採取する

jocotero, ra [xokotéro, ra] 形 ❶《中米．植物》=**jocotal**．❷《ホンジュラス》雨季の到来を告げる雨〖スパニッシュプラム *jocote* の実が熟するころに降る〗

jocoyol [xokojól] 男《メキシコ．植物》スカンポの一種

jocoyote [xokojóte] 男 =**xocoyote**

jocú [xokú] 男《キューバ》マダイに似た魚〖学名 *Mesoprion jocu*〗

jocuma [xokúma] 女《キューバ．植物》アカテツの一種〖学名 *Sideroxylon foetidissimum*〗

jocundia [xokúndja] 女《まれ》=**jocundidad**

jocundidad [xokundiðá(ð)] 女《文語》[人の] 陽気さ

jocundo, da [xokúndo, da]〖←古語ラテン語 *jocundus* < ラテン語 *jucundus*〗形《文語》[人が] 陽気な，お祭り気分の〖事柄的〗楽しい

joda [xóða] 女《卑語》セックス好きの，性交するのが好きな
—— 女 ❶《メキシコ，コロンビア，チリ，アルゼンチン，ウルグアイ．口語》複雑（解決困難）な状況．❷《メキシコ．口語》迷惑．❸《アルゼンチン，ウルグアイ．口語》冗談；どんちゃん騒ぎ．❹《コロンビア》何とかというもの
agarrar (tomar) para la ~《アルゼンチン，ウルグアイ．口語》[嘘などを言って] 笑いものにする，からかう
andar (estar·irse) de ~《アルゼンチン，ウルグアイ．口語》[主に夜に] どんちゃん騒ぎに出かける
¡Qué ~!《アルゼンチン，チリ，ウルグアイ，ウルグアイ．口語》[不快な知らせ・出来事に対し] ああ，何ということだ!

jodedor, ra [xoðeðór, ra] 形《卑語》性交好きの，絶倫の

joder [xoðér]〖←古語ラテン語 *futuere*〗他《卑語》❶ ...と性交する．❷ 盗む，掏(す)る．❸ だめになる，台無しにする．❹ 傷つける，害を及ぼす．❺ うんざりさせる，困らせる，いらいらさせる〖=*fastidiar*〗
¡[Anda y] Que te jodan!《怒り・不快を伴った反論》とんでもない，反対だ!
~la《西．卑語》1) どじなことをする（言う），台無しにする．2)《地方語》[間投詞的に，同意] オケー!
No [me] jodas《卑語》=*¿No te jode?*
¿No te jode?《西．卑語》1) ふざけるな，ばかなこと言うな，冗談じゃない，いい加減にしろ，まさか．2) ざまあみろ
—— 自《卑語》性交する
—— *~se*《卑語》❶ 台無しになる：*Se ha jodido* la fiesta. パーティーはさんざんだった．❷ うんざりする，困る
¡Hay que ~se!《卑語》[+*con* と］使い，使いものにならない!
¡Jódete!《卑語》くたばれ，とっとと失せろ，くそくらえ!
¡Que te jodas!《卑語》くたばれ!
—— 間《卑語》《驚き・不快・怒り》うへっ，こいつは何と!/くそ，ちくしょう!

jodido, da [xoðíðo, ða] 形 ❶《卑語》[+名詞] つまらない，台無しの，ひどい：*¡Este ~ coche!* このいまいましい車め! ❷《卑語》[ser+] 難しい：Arreglar esta máquina es muy *~*. この機械を修理するのはひどく難しい．2) 複雑な．❸《卑語》[estar+] 1) [人が] 体調が悪い，気落ちした；運が悪い：Estoy *~*. 僕はくたくただ．Está *~da* de salud. 彼女は体を壊している．2) [物が] 壊れた，故障した：Este televisor está *~*. このテレビは故障している．3) 怒っている．❹《コロンビア．口語》[ser+] 抜け目のない
pasarlas ~das《卑語》ひどい困難に陥っている
—— 名《ベネズエラ》上品ぶった仕草の人

jodienda [xoðjénda] 女《卑語》❶ 不快，迷惑，面倒，厄介．❷《西》性交

jodío [xoðío] 男《卑語》嫌な奴

jodo [xóðo] 間《卑語》[驚き・不快・怒り] うへっ/ちくしょう!〖=*joder*〗

jodón, na [xoðón, na] 形 ❶《中南米．俗語》迷惑な，嫌な．❷《メキシコ．口語》利口な，上手な．❸《アルゼンチン，ウルグアイ．口語》冗談好きの

Joel [xoél] 男《旧約聖書》ヨエル〖書〗

jofaina [xofájna]〖←アラビア語 *yufaina*〗女 洗面器：*Los abuelos se lavaban las manos en la ~*. 祖父たちは洗面器で手を洗っていた

jofor [xofór] 男《イスラム教》予言

joggin [jóɣin] 男 =**jogging**

jogging [jóɣin]〖←英語 *jog*〗男 ❶ ジョギング〖=*footing*〗：Hago *~* por las mañanas. 私は毎朝ジョギングをする．❷《アルゼンチン，ウルグアイ》ジョギングスーツ，スウェット

John Bull [jón búl] 男 ジョン・ブル〖典型的英国人；イギリスの人格化〗

johannesburgués, sa [xoan(n)esβurɣés, sa] 形 名《地名》[南アフリカの] ヨハネスブルグ Johannesburgo の〖人〗

joint venture [jójn béntʃur]〖←英語〗女 ジョイントベンチャー

jojana [xoxána] 女《ベネズエラ》[話す時の] からかうような調子の，

ざけるような物の言い方

jojoba [xoxóba] 女《植物》ホホバ〖種子から油を採取する〗

jojoto, ta [xoxóto, ta] 形 ❶《キューバ，プエルトリコ》[果実などが一部] 傷ついた. ❷《ドミニカ》[果実が] 発育の悪い; 貧血症の. ❸《ベネズエラ》[果実が] 青い, 熟していない
¡*Ya me tienes* ~*!*《ドミニカ》うんざりさせやがって！
── 男《ベネズエラ》干してない（まだ柔らかい）トウモロコシ

jóker [jóker]《←英語》男《トランプ》ジョーカー〖=comodín〗

jol [xól] 男 ❶ ホール〖=hall〗. ❷《アメフト》ハドル. ❸《中米》複 金(かね), 硬貨, 小銭

jola [xóla] 女《メキシコ. 俗語》金(かね), 硬貨, 小銭

jolgorio [xolɡórjo]《←holgar》男 どんちゃん騒ぎ, お祭り騒ぎ: ir de ~ ばか騒ぎをする

jolgorioso, sa [xolɡorjóso, sa] 形 陽気で騒がしい

jolín [xolín] [hoder の婉曲語] 間《西. 婉曲》=**jolines**

jolines [xolínes] 間《西. 婉曲》[不快・落胆・いらだち] ひどい, あらまあ, あーあ！〖joder より上品な表現〗

jolino, na [xolíno, na]《メキシコ》形 [動物の] 尾, 尾のない

jolita [xolíta] 女《鉱物》菫青(きんせい)〖=cordierita〗

jolito [xolíto] 男 静けさ, 静穏
en ~ だまされた

jollín [xoʎín] 男《古語的》大騒ぎ, どんちゃん騒ぎ

jolón [xolón] 男 ❶《メキシコ》野生のミツバチの巣. ❷《コロンビア》1)[帆・布などの] くぼみ, たるみ. 2) 複 鞍袋. ❸《メキシコ》尾のない

jolongo [xolónɡo] 男《キューバ》リュックサック

jolote [xolóte] 男 ❶《メキシコ, グアテマラ, ホンジュラス, エルサルバドル. 鳥》シチメンチョウ〖=pavo〗. ❷《メキシコ. 魚》淡水魚の一種〖食用. 学名 Meleagris gallopus〗

joma [xóma] 女《メキシコ》背中などの〕こぶ〖=joroba〗

jomado, da [xomádo, da] 形《メキシコ》背骨の湾曲した〖=jorobado〗

jomar [xomár] 他《メキシコ》うんざりさせる, いらいらさせる〖=jorobar〗

jomeinista [xomejníʃta] 形名 [イランの旧指導者] ホメイニ Jomeini を支持する〖人〗

jomete [xométe] 男《ボリビア. 料理》[味付けなしでゆでただけの] トウモロコシ粉団子

jometoto [xometóto] 男《ボリビア》液状の物をかき回す棒

Jonás [xonás] 男《旧約聖書》ヨナ: Libro de ~ ヨナ書

jondear [xondeár] 他《中米》放り投げる
── **se** ❶《メキシコ》おじけづく; 秘密を暴く; 約束を破る. ❷《プエルトリコ, コロンビア》飛び降りる, 落ち込む

jondo, da [xóndo, da] 形 →**cante** jondo

jondura [xondúra] 女《まれ》深刻さ, 重大さ

jone [xóne] 男《ボリビア》焼いた粘土; 土器, 植木鉢

jonense [xonénse] 形 名《地名》ビリャホヨサ Villajoyosa の〖人〗〖アリカンテ県の町〗

jónico, ca [xóniko, ka] 形 ❶《歴史, 地名》=**jonio**: Mar J~ イオニア海. ❷《建築》イオニア式の
── 男 ❶ [ギリシア語の] イオニア方言. ❷《詩法》イオニア韻脚

jonio, nia [xónjo, nja] 形 名《歴史, 地名》[ギリシアの] イオニア Jonia の〖人〗

jonja [xónxa] 女《チリ》[声・仕草を真似ての] あざけり, からかい

jonjabar [xonxabár] 他《口語》へつらう, ゴマをする

jonjabero, ra [xonxabéro, ra] 名 へつらう, ゴマすりの

jonjana [xonxána] 女《古語》欺瞞

jonjear [xonxeár] 他《チリ》からかう, あざける

jonjero, ra [xonxéro, ra] 形《チリ》ばかな, 間抜けな; ふざけた
── 女《チリ》ばかげた言動

jonjolear [xonxoleár] 他《コロンビア》甘やかす, 過度にかわいがる

jonote [xonóte] 男《メキシコ. 植物》シナノキの一種

jonrón [xonrón]《←英語 home run》男《キューバ. 野球》ホームラン

jonuco [xonúko] 男《メキシコ, エルサルバドル》階段の下の押し入れ（納戸）

jopá [xopá] 間《西. 婉曲》[驚き・抗議など] うわっ, へっ！

jopar [xopár]《←jopo》~*se*〖ログローニョ, ソリア, アラゴン〗立ち去る, 逃げ去る

jopazo [xopáθo]《←jopo》男《アンダルシア》[棒・鞭などによる] 殴打

jopé [xopé] 間《西. 婉曲, 主に幼小語》[驚き・抗議など] うわっ, へっ！

jopear [xopeár] 自 ❶ しっぽを振る. ❷《ナバラ》逃げ出す, 逃げ去る
── 他 ❶《メキシコ》[jop, jop, jop と声をかけながら, 家畜を] 誘導する. ❷《グアテマラ》[動物を] 追い立てる. ❸《ベネズエラ》元気づける, せきたてる

jopelines [xopelínes] 間《西. 婉曲》[驚き・抗議など] うわっ, へっ！

jopillos [xopíʎos] →**grama** en jopillos

jopo [xópo] 男 ❶ [ふさふさした] 尻尾. ❷《植物》1) ハマウツボ〖=orobanca〗. 2) ~ de zorra ビロードモウズイカ〖=gordolobo〗. ❸《メキシコ》お尻〖=culo〗. ❹ 垣根. ❺《ボリビア, チリ, アルゼンチン, ウルグアイ》前髪〖=copete〗. ❻《ボリビア》大型のヘアピン. ❼《アルゼンチン》額の上に垂れた髪の毛
── 間 出て行け！

jopona [xopóna] 女《アンダルシア》野ウサギ

joquena [xokéna] 女《コスタリカ》[旅の食糧などを入れる] 小さな袋

jora [xóra] 女《南米》[チチャ chicha 製造用の] 発酵したトウモロコシ

jorco [xórko] 男 ❶《植物》アメリカ原産の雌雄異株の木〖実は食用. 学名 Rhedia edulis〗. ❷《エストレマドゥラ》1) 民衆の踊り（祭り）. 2) 騒ぎ, どんちゃん騒ぎ

jordán [xordán]《←el Jordán「ヨルダン川」》男《廃語》若返らせる力; 清浄力があるもの
ir al J~ 若返る, 回復する

jordano, na [xordáno, na] 形《国名》ヨルダン Jordania〖人〗の; ヨルダン人

Jordi [xórdi]《人名》San ~ サン・ジョルディ〖275?−303, カタルーニャおよびアラゴンの守護聖人. ドラゴン退治の伝説で有名. カスティーリャ語表記で San Jorge. ゲルギオス Georgios とも呼ばれる〗: Día de *San* ~ サン・ジョルディの日〖4月23日. サン・ジョルディの聖名祝日. ユネスコの定めた世界本の日 Día del Libro〗

jorear [xoreár] 他《エストレマドゥラ》ふるいにかける

jorfe [xórfe] 男 ❶〖土留めの〗石垣. ❷ 切り立った岩壁

jorga [xórɡa] 女《エクアドル》ならず者の群れ

jorge [xórxe] 男《昆虫》マルハナバチ, コフキコガネ

jorguín, na [xorɡín, na] 名《地方語》魔法使い; 呪術師; 魔女

jorguinería [xorɡinería] 女《地方語》魔法, 妖術

jorja [xórxa] 女《メキシコ》麦わら帽子

jornada [xornáda]《←プロバンス語 jornada < jorn「日」< ラテン語 diurnus「日の」》女 ❶《文語》[活動サイクルとしての] 一日: tercera ~ de la conferencia 会議の3日目. ~ de reflexión 総選挙の前日〖選挙活動をやめ選挙民に考える機会を与える〗. ❷ ~ electoral 投票日. ❷《文語》一日の行程; 旅行: Hizo el viaje en cuatro ~*s*. 彼は4日かけて旅行した. El siguiente pueblo está en dos ~*s* a caballo. 次の村は馬で2日のところにある. De Barcelona a Cádiz hay dos ~*s* de camino. バルセロナからカディスまでは2日の道のりである. tener una ~ de 30 kilómetros 一日に30キロ進む. ❸ 一日の労働: Su ~ es de seis horas. 彼の一日の労働時間は6時間だ. trabajar ~ completa (media ~)フルタイム（パートタイム）で働く. trabajo de ~ completa (entera) フルタイムの仕事. trabajo de media ~ パートタイムの仕事. trabajador en ~ parcial (reducida) パートタイマー. trabajador en ~ de ocho horas フルタイマー. ~ de trabajo [労働契約上の義務がある] 労働日. ~ laboral 労働時間. ~ laboral normal 所定（内）労働時間. ~ [laboral] de ocho horas 8時間労働制. ~ continuada (intensiva) /《チリ》~ única 集中労働〖夏期などに短時間の休憩しかせず（または休憩なしに）働き終業時間を早める〗. ~ partida 分割勤務〖昼食休憩を長くとる〗. ❹《スポーツなど》節: tercera ~ 第3節. ❺《演劇》幕, 段〖スペイン古典演劇で登場人物の一日が一幕〗: drama en tres ~ 3幕構成の劇. ❻〖文学, 映画〗エピソード. ❼ 複 会議; 講習会: Se inician unas ~*s* de Nutrición Deportiva スポーツ栄養学会が開かれる. ❽《軍事》戦闘, 遠征. ~ de Waterloo ウォータールーの戦い. ❾ 一生, 生涯, 寿命. ❿《古語》王侯貴族の夏期旅行〖期間〗. ⓫《中南米》特別な行事に当てられた日（時間）. ⓬《コロンビア》旅行
a grandes ~*s* 急ぎで, 強行軍で
de ~ 1)［省庁・大臣が］夏期に首都とは別の都市に移動する. 2)［大臣が］首相の外国公式訪問に同行する

jornadista [xornadísta] 名 会議（講習会）の参加者

jornal [xornál]《←古オック語 jornal < jorn「日」< ラテン語 diurnus

jornalar [xornalár] 他 日雇いで雇う
jornalear [xornaleár] 自 日雇いで働く
jornaleo [xornaléo] 男 日雇い労働
jornalero, ra [xornaléro, ra]［←jornal］名［主に農場の］日雇い労働者

joroba [xoróba]［←アラビア語 huduba < hadaba］女 ❶《時に軽蔑》[背中などの] こぶ; 出っ張り, ふくらみ: tener ～ 背中にこぶがある. ❷《口語》わずらわしさ, 厄介, 邪魔物
── 間《西. 口語》《驚き・抗議》大変だ/ああ困った/ああ嫌だ/こんちくしょう

jorobado, da [xorobáðo, ða] 形 名 ❶《軽蔑》背中の湾曲した [人]. ❷ わずらわしい: estar ～ de estómago 胃がもたれている. ❸［事柄］苦しみ, やりにくい. ❹《カトリック, ウルグアイ》［口語］1)［人が］信用しがたい. 2)[estar+]病気である, 体調が悪い
── 男《メキシコ, キューバ, プエルトリコ. 魚》アジ科の銀色の小魚《学名 Selene argentea》. ❷《グアテマラ. 魚》ハチクイモドキ科の一種《学名 Hylomanes gularis》

jorobadura [xorobaðúra] 女 うんざりさせること; 厄介, 面倒
jorobar [xorobár]［←joroba］他《口語》❶ うんざりさせる, いらいらさせる, 悩ませる. ❷ だめにする
No [me] jorobes.《口語》[思いがけないことについての驚き] 信じられないよ
¡No te joroba!《西. 俗語》[不快・怒り] 冗談じゃない, 頭にくるよ！
── ～se《口語》うんざりする; じっと我慢する
Hay que ~se.《口語》[制御できないことについての驚き] 何ということだ

jorobeta [xorobéta] 男《口語》背骨の湾曲した人
jorobón, na [xorobón, na] 形《アルゼンチン, ウルグアイ》❶《口語》[人が] 迷惑な, わずらわしい. ❷ 冗談好きの
jorón [xorón] 男《エストレマドゥラ》篩(ふるい)
joronche [xorón̮tʃe] 男《メキシコ. 魚》アジ科の銀色の小魚《=jorobado》
jorongo [xoróŋgo] 男《メキシコ》❶《服飾》馭夫・労働者の着る長めのポンチョ. ❷《口語》毛布, ベッドカバー
joropear [xoropeár] 自 ホロポ joropo を踊る
── 男《コロンビア, ベネズエラ》侮辱する
joropo [xorópo]［←アラビア語 xarop「シロップ」］男 ホロポ《コロンビア・ベネズエラの民俗舞踊, その陽気な音楽・歌》
jorrar [xor̄ár] 他《古語》［船］を引く, 曳航する
jorro [xór̄o] 男 红 red ～ 底引き網
a ~ 曳航して

jorungar [xoruŋgár] 他 自《ベネズエラ》邪魔をする, わずらわせる, うるさくする
jorungo, ga [xorúŋgo, ga] 形 名 ❶《カリブ》厄介な[人], わずらわしい人. ❷《ベネズエラ》よそもの, 外国人《=gringo》
josa [xósa] 女《カトリック; 中南米》[囲いのない] 果樹園, ブドウ畑
josco, ca [xósko, ka] 形 ❶《家畜の毛並みが》《グアテマラ》真珠色の; 《ベネズエラ》黒っぽい
── 名《メキシコ》臆病な馬, 驚きやすい馬
josé [xosé] 男《グアテマラ》先住民の男性
José [xosé]《新約聖書》ヨセフ《マリア María の夫. 聖ヨセフ San José と呼ばれる》
J～ I Bonaparte el Intruso《人名》闖入者王ホセ1世《1768～1844, ナポレオン Napoleón の兄ジョゼ・ボナパルト José Bonaparte, 1808年スペイン王ホセ1世となる. その侵略的支配に対してスペイン独立戦争 Guerra de la Independencia Española が勃発. 1813年退位》
joseantoniano, na [xoseanton̮jáno, na] 形《人名》ホセ・アントニオ・プリモ・デ・リベラ José Antonio Primo de Rivera [主義]の
josefinismo [xosefinísmo] 男 ヨゼフ主義《18世紀, オーストリア皇帝ヨゼフ2世 José II による, 教会と国家を優位とする考え》
josefino, na [xosefino, na] 形 名 ❶《地名》サン・ホセ San José の [人]. (1) コスタ・リカの首都, 州. 2) ウルグアイ南部の県. ❷《カトリック》聖ヨセフ修道会 las congregaciones devotas de San José の [修道士・修道女]. ❸《歴史》[スペイン独立戦争で] ジョゼフ・ボナパルト José Bonaparte 派［の］《→J～ I Bonaparte el Intruso》. ❹ ホセ José という名の人の.

❺《チリ》聖職者の, 僧職の
josefismo [xosefísmo] 男 =**josefinismo**
josefología [xosefoloxía] 女《カトリック》聖ヨセフ San José 研究
Joselito [xoselíto]《人名》ホセリート《1895～1920, セビーリャ出身の闘牛士. 本名 José Gómez Ortega. 1910年代, 闘牛の黄金世紀に活躍》
jostra [xóstra] 女《地方語》[カーニバルで互いの顔を汚し合う] 煤を付けた兄弟
jostrado, da [xostráðo, ða] 形 [投げ矢の矢じりに] 鉄のキャップがはめられた
jostrar [xostrár] 他《船舶》❶ 漕ぐペースを合わせる. ❷ [漕ぎ手を歌などで] 励ます
Josué [xoswé] 男《旧約聖書》ヨシュア《モーゼ Moisés の後継者》; ヨシュア記
jota [xóta] 女 I ❶ 文字 j の名称. ❷《トランプ》ジャック《=valet》. ❸《料理》野菜を煮込んだスープ, ポタージュ. ❹《南米. 服飾》=**ojota**
bien con ~《キューバ. 婉曲》[全般的な調子などを問われて] 全く悪い
de ~《口語》元気のいい, うきうきした; 元気よく, うきうきと
estar de ~《口語》=**tener el cuerpo de ~**
ni ~《口語》少しも［…ない］: no decir *ni* ～ 一言も言わない. no saber (entender) *ni* ～ de… …についてこれっぽっちも知らない (分からない). no ver *ni* ～ 何も見えない
no faltar una ～ 足りないものは何もない
tener el cuerpo de ~《口語》元気がいい, うきうきしている
II［←?アラビア語 satha「踊り」］女 ホタ《アラゴン・ナバラ・バレンシアの民俗舞踊・音楽》
jote [xóte] 男 ❶《鳥》ヒメコンドル. ❷《チリ》1) 四角い大きな凧. 2) 婉曲》[黒い服を着た] 司祭
jotero, ra [xotéro, ra] 形 名 ホタ jota の; ホタの踊り手 [歌い手]; ホタの作曲者
joto [xóto] 男 ❶《メキシコ, ホンジュラス. 軽蔑》女性っぽい [男], おねえ[の], ホモ[の]. ❷《アンデス》[小さな] 包み, 束. ❸《エクアドル》髪の短い [先住民]
jotraba [xotrába] 男《trabajo の音節転換》《アルゼンチン. 口語》仕事
joturo [xotúro] 男《キューバ. 魚》軟鰭類の淡水魚の一種《学名 Joturus pichardi》
──《キューバ》[動物が] 鼻面の突き出た
joule [júl]［←英語］男《物理》ジュール
jovato, ta [xobáto, ta] 形 名《ラプラタ. 軽蔑, 親愛》ひどく年をとった
Jove [xóbe] 男 =**Júpiter**
Jovellanos [xobeʎános]《人名》**Gaspar Melchor de ～** ガスパル・メルチョル・デ・ホベリャーノス《1744～1811, スペインの政治家・法律家・作家. 憂国の情をもってカンポマネス Campomanes らと啓蒙的改革を推進. 『農地法に関する報告』*Informe sobre la Ley Agraria*, 戯曲『名誉ある科人』*El delincuente honrado*》

joven [xóβen]［←ラテン語 juvenis］形 複 *jóvenes*. 絶対最上級 *jovencísimo*》❶ [ser+] 若い, 青年の《⇔viejo》: Para ser tan ～ tiene ideas muy sensatas. 彼は若いのにとても思慮深い. Él es cinco años más ～ que yo. 彼は私より5歳若い. Mi madre es una persona muy alegre, por eso aún parece ～. 私の母はとても明るく, それでまだ若く見える. clero ～ 若い聖職者たち. oficial ～ 青年将校. caballo ～ 子馬. gato ～ 若い猫. ❷ [estar+] 若々しい: Es un hombre ～, sin arrugas apenas para sus 54 años. 彼は54歳にしてはしわもあまりなく, 若々しい. A pesar de tu edad, estás ～. 君は歳のわりに若い. mantener el cuerpo ～ 若々しい体を保つ. espíritu ～ 若々しい気持ち. ❸ Eres todavía ～. 君はまだ若い. ❹［人名+定冠詞+] 年下の方の: Martín el *J*～ fue el rey de Sicilia. 若マルティンはシシリア王だった《→viejo》. Catón el *J*～ 小カトー. Séneca el *J*～ 小セネカ. ❺《文語》[事物が] 新しい: La noche es ～. まだ宵の口だ. árbol ～ 若木. ciencia ～ 新しい学問. país ～ 若い国, 新興国家. ❻《文語》[ワイン・チーズなどが] 熟成していない
── 名 若者, 青年《主に13～18歳, 時に25歳前後まで. → *edad*》❶《参考》: Los ancianos no entienden a los *jóvenes*. 年寄りには若者が理解できない. Es una ～ muy simpática. 彼女はとても感じのいい娘だ

jovenado

―― 囡 娘役の女優, 若い女性の役をする女優
de ～ 若いころの・に: *De* ～ *estaba muy delgado.* 彼は若い時とてもやせていた
desde [*muy*] ～ 〔大変〕若い時から

jovenado [xobenáðo] 男 誓約を立てた修道士(修道女)が一人の指導者の指導の下に置かれる期間

jovenazo [xobenáθo] 男《メキシコ. 口語》[男性への親愛の呼びかけ]やあ

jovencito, ta [xoßenθíto, ta] 名《口語》若者

jovenete [xoßenéte] 囮 向こう見ずな(思い上がった)若者

jovenzano, na [xoßenθáno, na] 名《口語》若い; 若者

jovenzuelo, la [xoßenθwélo, la] 名《口語》子供, ちびっこ

jovial [xoßjál]《←ラテン語 jovialis「ユピテルの」》形 ❶ 陽気な, ほがらかな, 楽しい; にこやかな, 愛想のよい. ❷《ローマ神話》ユピテル Júpiter の, ジュピターの. ❸《天文》木星の

jovialidad [xoßjaliðá(ð)] 囡 陽気さ, 陽気のよさ

jovialmente [xoßjálménte] 副 陽気に, 楽しく; 愛想よく, 気持ちよく

joviano, na [xoßjáno, na] 形《天文》木星の

joya [xója]《←古仏語 joie＝俗ラテン語 jocale＜jocus「遊び」》囡 ❶ [装身具としての]宝石, 宝飾具《［頸飾］*joya* は貴金属を使って指輪など装身具に加工したもの. 宝石自体は **gema**》: *Su mujer siempre lleva* ～*s.* 彼の妻はいつも宝石をつけている. ❷《時に皮肉》大切なもの: *Esta niña es una* ～. この娘は宝石だ. ❸ ほうび. ❹ 嫁入りに持参する衣装や装身具. ❺《建築》玉縁. ❻《プエルトリコ》川の深み《水浴びをする》
～*s de la corona*〔企業の中の〕最重要部門, 高採算部門

joyante [xojánte] 形〔絹が〕上質で光沢のある

joyel [xojél] 《→joya》男 小さな宝石・宝石類

joyelero [xojeléro] 男〔王室の〕宝石係; 宝石保管所

joyera[1] [xojéra] 囡《古語》婦人用宝石の女性職人

joyería [xojería]《→joya》囡 ❶ 宝石店, 宝飾店; 宝石・身具の細工場. ❷〔集合〕宝石・身具類. ❸ 宝石・装身具の細工(販売)

joyerío [xojerío] 男〔集合〕宝石・装身具類

joyero, ra[2] [xojéro, ra] 《→joya》名 宝石・貴金属商; 宝石・貴金属の細工職人
―― 形 宝石の, 宝飾品の
❶ 宝石箱. ❷《動物》キクザルガイ科の一種《学名 Chama gryphoides》

joyo [xójo] 男《植物》ドクムギ《＝cizaña》

joyolina [xojolína] 囡《グアテマラ》刑務所

joyón [xojón] 男 大きな宝石, 高価な宝石

joystick [jójstik]《←英語》男《儶》～*s*《情報》ジョイスティック

joyuyo [xojújo] 男《鳥》アメリカオシ

ju ju [xú xu] 間《歓喜》わあ

júa [xúa] 男《アンダルシア》わら人形《＝judas》

juácara [xwákara] 囡《コロンビア. 軽蔑》フロックコート《＝cuácara》

juácate [xwákate] 間《ペルー》[驚きの挿入語] 何と: *Pero cuando estaba a mitad de camino,* ～, *los espíritus buenos cortaron el cordón y el borracho empezó a ¡caer!* しかし途中まで来た時, 何と聖霊たちが綱を切り, 酔っぱらいは落ち始めた!

juagar [xwaɣár]《←enjuagar の語頭音消失》他《コロンビア》洗う, ゆすぐ

juagarzo [xwaɣárθo] 男《地方語》＝**jaguarzo**

juagaza [xwaɣáθa]《コロンビア》[砂糖工場のサトウキビ搾り桶に残った] 甘い汁

juaguete [xwaɣéte] 男《地方語. 製陶》色づけ用の土

juaguetear [xwaɣeteár] 他《製陶》最初に焼く

juaguilla [xwaɣíʎa] 囡《アンダルシア. 鳥》ヤツガシラ

juan, na[1] [xwán, na] 名 ❶《メキシコ, ボリビア》〔前線の〕兵士. ❷《ペルー. 料理》鶏肉のプディング

Juan [xwán] I ❶《新約聖書》ヨハネ. ❷ *fiesta de San* ～ サン・フアンの祭り《6月24日》. *fogata (hoguera) de San* ～ サン・フアンの祭りのかがり火.
Buen ～ お人好し, おめでたい男
Don ～ 1) ドン・フアン, 女たらし《←ティルソ・デ・モリナ Tirso de Molina の戯曲の主人公 *Don Juan Tenorio*: *Es un Don* ～. 彼は女たらしだ. *Don* ～ *Español*〔象徴的に〕スペイン人〔の代表的人物像〕. 2)《植物》オシロイバナ
estar (*andar*) *entre San* ～ *y Mendoza*《アルゼンチン》

〔事物・人が〕どっちつかずである, 解決困難な状況にある
hasta que San ～ *baje el dedo* 気が遠くなるほどの長時間《「聖ヨハネが指を下げるまで」とは使徒〔一説では洗礼者ヨハネ〕が彫刻や絵画で右手の人差し指を立てて描かれることが多いことから】: *Aquí nos quedamos hasta que San* ～ *baje el dedo*. 私たちはとことんここに残ることにする
～ *Bimbas*《ベネズエラ》＝**Juan Lanas**
～ *Lanas* 意志の弱い男, 人の言いなりになる男; 軟弱者
～ *Palomo* 役立たずの男
～ *Palomo, yo me lo guiso, yo me lo como*. 大丈夫, 一人でやれる
～ *perillán*《キューバ. 古語》〔歌に合わせた〕多くの男女ペアの踊り
～ *soldado* スペイン兵の代表的人物像
～ *Vainas*《中米》＝**Juan Lanas**
Para quien es don ～, *con doña María basta.*《諺》割れ鍋に綴じ蓋
ser como el agua por San ～ 害になる, ありがたくない
ser ～ *y Manuela*〔物が〕役に立たない

II《人名》～ *I de Castilla* フアン1世《1358～90, カスティーリャ王. トラスタマラ朝 Dinastía Trastámara 第2代国王. 1385年アルジュバロタの戦い Batalla de Aljubarrota に敗北後, 国王顧問会議 Consejo Real を設置》
～ *I de Navarra,* ～ *II de Aragón* ナバラ王フアン1世にしてアラゴン王フアン2世《1398～1479, アラゴン王フェルナンド1世の次男. カスティーリャ大貴族と連携してカスティーリャ王国の内政に介入. カトリック王フェルナンドの父》
～ *II de Castilla* フアン2世《1405～54, カスティーリャ王. 王権強化を実現した》
～ *III Conde de Barcelona* バルセロナ伯フアン3世《1913～93, アルフォンソ13世の子でフアン・カルロス1世の父》
～ *Jorge* ～ ホルヘ・フアン《1713～73, スペインの科学者・航海士. 地球が偏球であることを証明したフランス科学アカデミーによる子午線弧長の測量事業に加わり, キトで調査》

juana [xwána] 囡 ❶《メキシコ. 口語》マリファナ. ❷《グアテマラ》警官. ❸《コロンビア》身持ちの悪い女, 売春婦

Juana [xwána]《人名》～ *la Beltraneja* フアナ・ラ・ベルトラネハ《1462～1530, カスティーリャ王エンリケ4世の娘. カスティーリャ王位をめぐりイサベル1世と争う》
～ *I de Castilla la Loca* 狂女王フアナ1世《1479～1555, カトリック両王 Reyes Católicos の娘, カルロス1世の母. 女王になったが統治不能者とされた. トラスタマラ朝 Dinastía Trastámara 最後の王》

Juana Inés de la Cruz《人名》→**Inés de la Cruz**

juancagado [xwaŋkaɣáðo] 男《ホンジュラス. 鳥》フクロウの一種《鳴き声が juan cagado と聞こえる》

Juan Carlos [xwán kárlɔs]《人名》～ *I el Rey Paciente* 忍耐王フアン・カルロス1世《1938～, スペイン王. アルフォンソ13世の孫. 1969年フランコ総統から国家元首の継承者に指名され, 1975年即位. 2014年退位》

juanchi [xwántʃi] 男《グアテマラ. 動物》ジャガーネコ, オンキラ

Juan de la Cruz [xwán de la krúð]《人名》*San* ～ サン・フアン・デ・ラ・クルス, 十字架の聖ヨハネ《1542～91, スペインの詩人・神秘思想家・宗教家. 本名 Juan de Yepes. 代表作の3篇の詩『暗夜』*Noche oscura*, 『愛の賛歌』*Cántico espiritual*, 『愛の生ける炎』*Llama de amor viva* によって, 深遠な宗教的境地を豊かな抒情性で表現した. 1726年列聖》

juanear [xwaneár] 他《アルゼンチン》欺く, だます
――～*se* ❶《ラマンチャ》体を揺すりながら歩く. ❷《アルゼンチン》…を吐く

juanero [xwanéro] 男《隠語》教会の献金箱泥棒

Juanes [xwanés]《←トレドの有名な刀鍛冶》*la de* ～ 剣

juanés, sa [xwanés, sa]《地名》サン・フアン・デ・ロス・モロス San Juan de los Morros の〔人〕《ベネズエラ, グアリコ Guárico 州の州都》

juanesca [xwanéska] 囡 ❶ 混合, 混乱.《エクアドル》1) 主に聖木曜日に食べるごちそう. 2) 混合, 混乱

juanetazo [xwanetáθo] 男《ドミニカ, プエルトリコ. 俗語》酒の一口

juanete [xwanéte] 男 ❶《医学》〔足の親指などの〕腱膜瘤.《獣医》指骨瘤. ❷ 頬骨(ほお骨). ❸《船舶》トゲルンスル, トゲルンマスト. ❹《ホンジュラス, コロンビア》腰, ヒップ. ❺《コロンビア》儶《人の》尻

juanetero [xwanetéro] 男《船舶》トゲルンスルの掌帆係

juanetudo, da [xwanetúðo, ða] 形《医学》腱膜瘤を病む
juanillo [xwaníɫo] 男 ❶《チリ,ペルー》チップ,心付け. ❷《ペルー》1)、2)《賃貸借契約の前に徴収される】手数料;新たな借家人が元の借家人に払う金
juanita [xwaníta] 女 ❶《メキシコ.口語》マリファナ. ❷《コロンビア.植物》ベゴニアの一種. ❸《アルゼンチン.昆虫》コガネムシの一種
juanito [xwaníto] 男 腱膜瘤 [=juanete]
Juan Manuel [xwán manwél]《人名》**Infante Don ~** インファンテ・ドン・フアン・マヌエル〔1282~1348,スペインの作家. 王族にして政治に関与するかたわら,伯父である賢王アルフォンソ10世の知的営為の成果を継承し,旺盛な文筆活動を行なった. 説話集『ルカノール伯爵』*El conde Lucanor* では教化的・道徳的意図だけでなく,審美的効果も意識している〕
juanramoniano, na [xwanr̄amonjáno, na] 形《人名》フアン・ラモン・ヒメネス Juan Ramón Jiménez の
juápiti [xwápiti] 間《ベネズエラ》〖衝撃・落下〗ドスン
juarda [xwárða] 女《ベネズエラ》脂質除去が不十分な毛織物の汚れ
juardoso, sa [xwarðóso, sa] 形〔毛織物が,脂質除去が不十分で〕汚れている
Juárez [xwáreθ]《人名》**Benito ~** ベニート・フアレス〔1806~72,メキシコの自由派の政治家. フアレス法 Ley Juárez を発布し,教会特権の廃止を図る(1855). フランス干渉戦争を経て,先住民(サポテカ族 Zapoteca)出身の最初の大統領(1867~72)となる. 建国の父と讃えられている〕
Juárez Celman [xwáreθ θelmán]《人名》**Miguel ~** ミゲル・フアレス・セルマン〔1844~1909,アルゼンチンの政治家,大統領(1886~90). 教育の拡充,首都の都市基盤の整備,ヨーロッパからの移民の誘致を推進〕
juarismo [xwarísmo] 男《メキシコ》ベニート・フアレス Benito Juárez の政治姿勢,フアレス主義
juarista [xwarísta] 形《メキシコ》ベニート・フアレス Benito Juárez を支持する[人],フアレス主義の
juay [xwáj] 男《メキシコ》ナイフ,刃物
juba [xúβa] 女 =**aljuba**
jubada [xuβáða] 女 yunta の一日の可耕面積〖=yugada〗
jubete [xuβéte] 男《古語》〔スペイン兵が15世紀末まで着ていた〕鎖かたびら
jubetería [xuβetería] 女《古語》❶ 鎖かたびらの販売店. ❷ 鎖かたびら製作職人の仕事
jubetero [xuβetéro] 男《古語》鎖かたびら製作職人
jubilación [xuβilaθjón]〖←ラテン語 jubilatio, -onis「歓喜の歌」〗女 ❶ 定年退職,病気による退職,引退. ❷ 退職金,退職年金,恩給: Con la ~ que recibo, apenas puedo vivir. 私は受け取る年金だけではほとんど暮らしていけない. seguro de ~ 退職年金制度. ❸ 年金生活. ❹《古語》歓喜,喜び
~ anticipada 〔定年前の〕早期退職: La empresa lo ha retirado dándole la ~ *anticipada*. 彼は会社を早期退職させられた
jubilado, da [xuβiláðo, ða] 形 名 ❶ 定年退職した[人];病気で退職した[人]. ❷ 年金(恩給)生活者. ❸《キューバ,コロンビア.口語》明敏な,実務家の. ❹《コロンビア》1)気の狂った. 2)お人好しの;不幸な
jubilante [xuβilánte] 形《まれ》陽気な
jubilar [xuβilár] **I**〖←ラテン語 jubilare「仕事から解放されて」歓喜の叫びをあげる〗他 ❶〔老齢・病気などにより年金をつけて〕退職させる. ❷〔不用になった物を〕処分する,廃品にする: Creo que voy a ~ pronto este frigorífico. この冷蔵庫ももうすぐお払い箱だな
── 自 ❶《古語》歓喜する. ❷《南米》定年退職する
── *se* 再 ❶ 退職する,引退する: *Me jubilaré* a los sesenta años. 私は60歳で定年退職する. ❷《古語》歓喜する. ❸《メキシコ,キューバ》習熟する,精通する. ❹《グアテマラ,ベネズエラ》〔学校などを〕ずる休みする,さぼる. ❺《コロンビア》1) 気が変になる. 2) 負ける;落ちぶれる
II〖←jubileo〗形《カトリック》全贖宥(ゆう)の行なわれる: año ~ 聖年. ❷《古ユダヤ教》50年節の,ヨベルの年の
jubilata [xuβiláta] 男《口語》退職者;年金生活者
jubileo [xuβiléo]〖←ラテン語 jubilaeus「(ユダヤの)50年節」〗男 ❶《カトリック》聖年〖=año de ~〗;全贖宥: ganar el ~ 全贖宥を得る. ❷《古ユダヤ教》50年節の年,ヨベル Yovel の年. ❸《口語》大勢の人の頻繁な出入り(往来)
jubillo [xuβíɫo] 男《地方語》〔角に火をつけた牛〖夜走る,祭りの出し物.=toro〗

---

jubilo [xuβílo] 男《地方語》=**jubillo**
júbilo [xúβilo]〖←ラテン語 jubilum「歓喜」〗男 歓喜,大喜び,狂喜: abrazarse con ~ 歓喜のあまり抱き合う. mostrar ~ 大喜びする
jubilosamente [xuβilosaménte] 副 大喜びして
jubiloso, sa [xuβilóso, sa] 形《文語》大喜びしている;歓喜の
jubo [xúβo] 男 ❶《ナバラ,アラゴン》くびき〖=yugo〗. ❷《キューバ.動物》ムチヘビの一種〔学名 Coluber cantherigerus〕
jubón [xuβón]〖←アラビア語 aljuba <アラビア語 yúbba〗男《服飾》❶《古語》〔中世の,体にぴったりの〕胴着: ~ de nudillos 鎖かたびら. 2)〔女性用の〕ボディス. 3)《古語的》赤ん坊の〕袖付き肌着. ❷《古語》殴打
jubonero [xuβonéro] 男《古語》胴着 jubón 職人
jubre [xúβre] 男《ボリビア》〔汗による〕羊毛の汚れ
jucaro, ra [xukáro, ra] 形《コスタリカ.俗語》ならず者の,悪党の
júcaro [xúkaro] 男《カリブ.植物》シクンシ科の木〔学名 Terminalia hilariana〕
juco, ca [xúko, ka] 形《ホンジュラス》〔食物が〕酸っぱくなった,発酵した
── 男 ❶《ニカラグア,コロンビア》〔黒人の〕素朴な楽器. ❷《エクアドル》〔ネコ植物類の〕茎
jucó [xukó]《コスタリカ》❶ ひょうたん製の丸い器. ❷〔物を縛るのに用いる〕細く裂いた樹皮
Judá [xuðá]《旧約聖書》ユダ〔Jacob の第4子. ユダ族の祖〕
judaica[1] [xuðájka] 女 化石化したウニの棘
judaico, ca[2] [xuðájko, ka] 形 ユダヤ人の
judaísmo [xuðaísmo]〖←ラテン語 judaismus < judaeus「ユダヤ人」〗男 ❶ ユダヤ教. ❷〖集名〗ユダヤ人
judaización [xuðaiθaθjón] 女《歴史》ユダヤの戒律に従うこと
judaizante [xuðaiθánte] 形 ユダヤの戒律に従う[人]. カトリックを装ったユダヤ教徒
judaizar [xuðaiθár] 自 15 [→**enraizar**] 自 ❶《歴史》〔主に16世紀,カトリックに改宗したユダヤ人が公的・私的に〕ユダヤの戒律に従う. ❷ ユダヤ教を信奉する
── 他 ユダヤ人を植民させる
judas [xúðas]〖←キリストを裏切ったイスカリオテのユダ Judas Iscariote〗男〖単複同形〗❶《軽蔑》裏切り者: Es un ~. 彼は裏切り者だ. ❷〔聖週間に通りに飾られた後燃やされる〕わら人形. ❸ カイコの一種. ❹ 監房ののぞき窓. ❺ mano de J ~ 手の形のろうそく消し. ❻《コスタリカ,ニカラグア.口語》秘密警察. ❼《メキシコ》〔復活祭の土曜日に通りに吊るされた後燃やされる〕紙製の人形. 2)〔自分の〕守護聖人の祝日. ❽《チリ》〔鉄道・工場の〕検査官
judeoalemán [xuðeoalemán] 形 名《歴史》〔14世紀に〕ドイツから追放されたユダヤ人〔の〕.《言語》イディッシュ語〔ユダヤ系ドイツ語で,ヘブライ文字で表記する〕
judeoconverso, sa [xuðeokombérso, sa] 形 名《歴史》〔近代スペインの〕ユダヤ教からキリスト教への〕改宗者〖=cristiano nuevo〗
judeocristianismo [xuðeokristjanísmo] 男〔初期キリスト教の〕キリスト教律法遵守,ユダヤキリスト教
judeocristiano, na [xuðeokristjáno, na] 形 ❶ ユダヤ教とキリスト教に共通の. ❷ キリスト教律法遵守の,ユダヤキリスト教の
judeoespañol, la [xuðeoespaɲól, la]〖←judío+español〗形 男 ユダヤ系スペイン語[の],ジュデズモ[の]〔15世紀にスペインから追放されたユダヤ人の子孫たちの言語〕
── 形 名《歴史》〔15世紀に〕スペインから追放されたユダヤ人〔の〕
judeomasónico, ca [xuðeomasóniko, ka] 形《主に戯語》ユダヤ人とフリーメーソンの
judería [xuðería]〖←ラテン語 judaeus「ユダヤ人」〗女 ❶〔主に中世の〕ユダヤ人街,ゲットー. ❷ ユダヤ人社会,ユダヤ人. ❸《歴史》ユダヤ人の払う税金. ❹《メキシコ,グアテマラ》〔子供たちの〕悪ふざけ,乱暴
judesmo [xuðésmo] 男 ユダヤ系スペイン語,ジュデズモ〖=judeoespañol〗
judía[1] [xuðía]〖←?語源〗女 ❶《主に西.植物,豆》1) インゲンマメ: ~ blanca 白インゲンマメ. ~ pinta ぶちインゲンマメ. ~s pintas con arroz《料理》ぶちインゲンマメの煮込みとご飯. ~ verde サヤインゲン. 2) ~ de careta ササゲ. ❷《トランプ》〔モンテ monte で〕絵札
judiada [xuðjáða] 女《口語》卑劣な行為,不正行為〔かつて

ユダヤ人的であるとされた〗. ❷《まれ》[集名] 大勢のユダヤ人. ❸ インゲンマメがたっぷり入った料理

judiar [xuđjár] [男] インゲンマメ畑

judicante [xuđikánte] [形] [名]《文語》裁く〔人〕〖=juzgador〗

judicativo, va [xuđikatíbo, ba] [形]《哲学》判断の

judicatura [xuđikatúra]〖←ラテン語 judicatura < judicare「判断する」〗[女] ❶ 裁判官の職(地位・任期): Durante su ～ condenó a muchos criminales. 彼は裁判官としての任期中にたくさんの犯罪人に有罪を言い渡した. ❷ [集名]〔一国の〕裁判官: Es un miembro de la ～ japonesa. 彼は日本の裁判官だ. ❸ 裁くこと, 裁判. ❹ 裁判所の管轄地区

judicial [xuđiθjál]〖←ラテン語 judicialis < judex, -icis「裁判官」〗[形] 司法〔上〕の, 裁判の: por via ～ 裁判によって, 法的手段に訴えて. derecho ～ 司法権, 裁判権

―― [男]《メキシコ, グアテマラ》秘密警察

judicialista [xuđiθjalísta] [形] 司法上の, 法的な

judicialización [xuđiθjaliθaθjón] [女] 司法審問に付すこと

judicializar [xuđiθjaliθár] [9] [他]〔政治問題などを〕司法審問に付す

judicialmente [xuđiθjálménte] [副] 裁判によって, 法の定めるところにしたがって

judiciario, ria [xuđiθjárjo, rja] [形] [名]《古語》占星術の; 占星術師

judiego, ga [xuđjégo, ga] [形]《古語》ユダヤ人の

―― [女]〔食用よりも〕油をとるのに適したオリーブ

judiete [xuđjéte] [形] [名]《地名》アルカニス Alcañiz の〔人〕〖テルエル県の町〗

judío, a² [xuđío, a]〖←ラテン語 judaeus < ヘブライ語 yehudi「ユダ族」〗[形] [名] ❶ ユダヤ Judea〔人〕の, ユダヤ人; ユダヤ教の, ユダヤ教徒: ley ～*a* ユダヤ法. ～ de señal《歴史》服などにそれと分かる目印をつけることを条件にキリスト教徒と共棲することを許されたユダヤ教徒. ❷《軽蔑》欲ばりな, けちな. ❸《口語》高利貸し〖=usurero〗. ❹《闘牛》〔牛が〕臆病な. ❺ =**judión**

―― [男] ❶ [複] ユダヤ民族〖=pueblo ～〗. ❷《鳥》1)《ペルー, メキシコ》ヨーロッパヨタカの一種〖学名 Nyctibius jamaicensis〗. 2)《キューバ, プエルトリコ》オオハシカッコウ

judión [xuđjón] [男]《西. 植物, 豆》幅広インゲン

judo [ĵúđo]〖←日本語〗[男] 柔道

judoca [ĵuđóka] [名] =**judoka**

judogui [ĵuđógi]〖←日本語〗[男]〖[複] ～s〗柔道着

judoka [ĵuđóka]〖←日本語〗[名]〖[複] ～s〗柔道家

jue.《略語》←jueves 木曜日

juega [xwéga] [間]《中南米》〔同意〕いいとも

juego [xwégo]〖←ラテン語 jocus「冗談, 冷やかし, 楽しみ」〗[男] ❶ 遊び, 遊戯, 戯れ: 1) Los niños están jugando un ～ que no me gusta. 子供たちは私の気に入らない遊びをしている. Se acabó el tiempo de ～. 遊びはおしまいだ. No hay tiempo de ～. 遊んでいる暇なんてない. Es solamente un ～. たかが遊びだ. ～ a médicos お医者さんごっこ. ～ de palabras 駄じゃれ, 言葉の遊び, 語呂合わせ. 2)《トランプ, チェスなど》ゲーム: ～ carteado 賭けなしのトランプ. ～ de ajedrez チェスの対局. ～ de baraja/～ de cartas/～ de naipes トランプ遊び. ～ de damas チェッカー; 格子じま, 市松模様. ～ de empresa ビジネスゲーム〖経営能力開発用の企業経営シミュレーション〗. ～ de envite 賭けトランプ. ～ de ingenio〔パズル・なぞなぞなどの〕メンタルゲーム. ～ de mesa/～ de salón〔チェスなどの〕ボードゲーム. ～ de sociedad〔集まりの参加者を楽しませる〕グループゲーム, パーティーゲーム. ～ de tira y afloja ハンカチ取りゲーム. ❷《スポーツ》1) 競技, 試合: campo (terreno) de ～〔*s*〕競技場; 遊び場. tiempo de ～ 競技時間. ～ de balón〔サッカーなど大きいボールの〕球技. 2) プレー: Ahora no estamos en el ～. 今はタイムがかかっている. ～ limpio フェアプレー〖⇔～ sucio〗. ～ del equipo チームプレー. 3)〔勝負の〕…回, …本: partido de tres ～*s* 3回勝負. 4)《テニス・バレーボールなど》〔1セットを構成する〕ゲーム〖=～ terminado〗: He ganado por seis ～*s* a dos. 私は6対2でセットをとった. 5) [複]〔*J*～*s*〕競技大会〖特に古代ギリシア・ローマの競技会〗: *J*～*s* de Barcelona バルセロナ〔夏期オリンピック〕大会. ❸ 賭け事, ばくち, ギャンブル〖=～ de azar, ～ de suerte, ～ de envite〗: 1) No me gusta el ～. 私は賭け事は嫌いだ. He perdido en el ～. 私は賭博で金をすった. lugar de ～ 賭博場, カジノ〖=casino〗. teoría de〔los〕～*s* ゲームの理論. ～ de bolsa 投機. 2)《諺》Afortunado en el ～, desgraciado en amores. 賭け事に強い者は恋に恵まれない/ばくち打ちは女に好かれない. Desgraciado (Desafortunado) en el ～, afortunado en amores./De malas en el ～, de buenas en el amor. 賭け事に弱い者は恋に強い. ❹〔器具などの〕一式, 一そろい: un ～ de llaves〔家中などの〕鍵の一そろい. un ～ de naipes トランプ一組. ～ de baño フェイスタオルとバスタオル. ～ de café (de té) コーヒー(紅茶)セット〖カップと受け皿など〗. ～ de cama シーツと枕カバー. ～ de comedor (de dormitorio) 食堂(寝室)用家具一式. ❺〔動き変化する〕組み合わせ, 取り合わせ: ～ de aguas 噴水装置. ～ de colores 色彩設計, 色の取り合わせ. ～ de luces 光のカクテル. ❻〔機械・関節などの〕働き, 作用: ～ de la llave en la cerradura 鍵の回り具合い. ～ de la muñeca リストワーク. ～ de piernas フットワーク. ❼〔部品間の〕遊び, ゆとり: El volante tiene poco ～. ハンドルに遊びが少ない. ❽〔関節・ちょうつがいなどの〕連結部. ❾ 駆け引き; 策略, たくらみ: Es un ～ peligroso. それは危険な賭けだ. Sé un poco de su ～. 彼の魂胆は少し分かっている. ～ de surtidores 納入業者の争い. ❿《トランプ》1) 手, 手札: Tengo un buen ～. 私は手がいい. 2)〔ブリッジで〕ラバー. ⓫《テニスなど》右利き・左利きの別. ⓬ [複]〔児童遊園地の〕遊具〖ブランコ, 滑り台など〗. ⓭《中南米》〔祭りの〕アトラクション, 乗り物. ⓮《チリ》～ de por ver ただ楽しむだけの(金品を賭けない)遊び

a **～**《西》1)〔+con と〕調和した・して: sombrero *a* ～ *con* los zapatos 靴に合った帽子. 2) …とセットの: diadema de perlas *a* ～ *con* los pendientes イヤリングとおそろいの真珠のティアラ. corbata y pañuelo *a* ～ ネクタイとハンカチのセット

abrir **〔*el*〕～** 競技(ゲーム)を始める

coger el **～**《キューバ. 口語》人や状況を把握する

conocer a+人 ***el*** **～** …の魂胆(手の内)を見抜く

cosa de **～** お遊び, 冗談事: No es *cosa de* ～. それは笑い事ではない

dar **～** 1) 好結果を生む, 成功する; 話題になる. 2)〔+a+人に〕権限(自由)を与える;〔+para que+接続法 する〕可能性を与える

de **～** ふざけた, 不まじめな; 重要でない

descubrir a+人 ***el*** **～** =**conocer a**+人 **el ～**

doble **～** 表裏のある言行: jugar (hacer) un *doble* ～ 裏表のある行動をする, 二股をかける; 裏切る

echar... a **～** =**tomar... a ～**

en **～** 活動中の, 進行中の

entrar en el **～ *de***+人 …の勝負(事業)に参加する

entrar en **～** 影響を及ぼす, 介入する

estar en **～** 1) 命運がかかっている, 危うい状態にある: Mi reputación *está en* ～. 私の名誉がかかっている. 2)《スポーツ》〔ボールが〕生きている

estar fuera de **～** 1)《スポーツ》オフサイドである;〔ボールが〕ライン外である. 2)〔人が〕局外である, 関わりがない

hacer el **～**〔+a に〕利する行為をする, 後押しする; 敵対しない

hacer **～**〔+con と〕1) 合う, 調和する: Esta chaqueta me *haría* ～ *con* los pantalones. この上着は私のズボンに合うだろう. 2)〔部品が〕連結する. 3)〔カジノのルーレットで客が〕賭ける, チップ ficha を置く: ¡Hagan ～, señores! さあ皆さん, 賭けて下さい!

～ *de manos* 1) 手品, 奇術. 2) *J*～ *de manos*, ～ de villanos.《諺》バッグなど私物にいたずらする奴には腹が立つ

～ *de niños* 児戯: Es un ～ *de niños*. それは児戯に等しい/たやすいことだ

～*s florales* 創作詩コンクール〖最優秀作品に花が1輪与えられる〗

mostrar el **～** 手のうちを見せる, 本音を吐く

poner... en **～** 1) …を危険に陥れる. 2)〔手段などを〕用いる: *poner en* ～ toda su técnica あらゆる技術を駆使する. 3)〔機械などを〕始動させる

por **～** ふざけて, 冗談で, 遊び半分で; 軽視して

seguir el **～ *a***+人 …に協力するふりをする, 調子を合わせる

tomar... a **～** …を冗談にとる, まじめに考えない

ver a+人 ***el*** **～** =**conocer a**+人 **el ～**

juepucha [xwepútʃa] [間]《ラプラタ》おやおや〖=caramba〗

juera [xwéra] [女]《エストレマドゥラ》ふるい

juerga [xwérga]〖←huelga のアンダルシアなまり < holgar「休む」〗〔酒を飲んでの, 歌やダンスを伴った〕[女] お祭り騒ぎ, どんちゃん騒ぎ, ばか騒ぎ: Los dos artistas siguieron la ～ hasta el amane-

J

cer. 2人の画家は夜明けまで飲み歩いた. *irse de ~* 飲んで騒ぎに出かける. *estar de ~* 浮かれ騒いでいる. *llevar una vida de ~* 放蕩生活をおくる. *pasar la noche de ~* にぎやかに一夜を過ごす

armar una ~ =correrse una ~
correrse una ~ 《西》お祭り騒ぎをする
ser una ~/ser de ~ [人・事物が] 笑わせる, おかしい
tomar... a ~ …を冗談にとる

juerguear [xwerɡeár] *~se* ❶ 飲めや歌えのどんちゃん騒ぎをする, 飲んで騒ぐ. ❷ [+de] からかう, 本気でしない
juergueo [xwerɡéo] 男 =juerga
juerguista [xwerɡísta]《←juerga》形 名 《口語》飲めや歌えのどんちゃん騒ぎの好きな[人]
juerguístico, ca [xwerɡístiko, ka] 形 飲めや歌えのどんちゃん騒ぎの

jueves [xwébes]《←ラテン語 (dies) Jovis「ジュピター〔の日〕」》男《単複同形》木曜日[→semana 参考]: *~ Santo*/《古語》*~ de la cena* 聖木曜日《復活祭に先立つ木曜日》. *~ gordo (lardero)*《西》謝肉の木曜日《謝肉の火曜日の前の木曜日の1週間前の木曜日》. *~ de compadres*《西》謝肉の木曜日の2週間前の木曜日

estar en medio como el ~ [人が] 邪魔をする: *Quítate, que estás siempre en medio como el ~*. どいてくれ, いつも邪魔なんだから

haber aprendido en ~《口語》ばかの一つ覚えのように繰り返す

no ser [cosa] del otro ~《西. 口語》*=no ser nada del otro ~*

no ser nada del otro ~《西. 口語》取り立てて言うほどのことはない: *Mi computadora no es nada del otro ~*. 私のコンピュータは大したものではない

¿[Y] Cuándo no es ~?《口語》また同じことの繰り返しで

juevista [xwebísta] 形《カトリック》毎週木曜日に聖体拝領をする〔人〕

juey [xwéi] 男 名《プエルトリコ. 口語》欲ばり(貪欲)な〔人〕
── 男 名《プエルトリコ. 動物》《マンゴー園から生息する》陸生のカニ
hacerse el ~ dormido《プエルトリコ》偽善的行為をする

juez [xwéθ]《←ラテン語 judex, -icis》名《圏》*~ces* ❶ 裁判官, 判事: *~ de instrucción/~ instructor* 予審判事. *~ de menores* 少年事件担当裁判官. *~ de paz/~ municipal* 治安判事. *~ de primera instancia* [民事の] 一審担当判事. *~ ordinario* 一審担当判事. *~ a quo* 元判決を出した下級審の判事, 一審担当判事. *~ ad quem* 控訴審担当判事. *~ pedáneo*《古代ローマ》[立ったまま軽罪を扱う] 平決官,《西》助役, 区長〖=alcalde pedáneo〗. ❷《スポーツ》審判員: *~ árbitro* (arbitrador) 主審, 仲裁者, 調停者. *~ de línea/~ de banda* 線審, ラインズマン, ウルグアイ*. ~ de campo*《陸上競技》フィールド審判員, [決闘の] 立会人. *~ de raya*《アルゼンチン. 競馬》ゴール審判員;《アルゼンチン, ウルグアイ》*~ de línea*. *~ de salida* スターター. *~ de silla*《テニス, バレーボールなど》主審, ジャッジ. ❸《コンクールなどの》審査員;《採用試験の》試験官. ❹ 判断を下す人, 裁き手: *el J ~ Supremo* 神

cara de [justo] ~ 不機嫌な顔, 不愛想な顔; いかめしい顔
~ de palo《口語》へぼ裁判官
ser ~ y parte 1) 中立的でない, 当事者に近い. 2) 何でもできる立場にある

── 男《歴史》❶ 《古代イスラエルを治めた》士師(し): *libro de los Jueces*《旧約聖書》士師記. ❷ [9世紀, 領主または conde が不在後にカスティーリャ地方で選ばれた] 領袖. ❸ *~ pesquisador* 視察官《スペイン王室から植民地へ派遣されていた官吏で, 植民地統治にかかわる問題の調査とその解決を任務とした》. *~ repartidor* 先住民労働者分配官《16世紀半ばにスペイン支配下のアメリカに設けられた先住民労働の徴発割当制度 repartimiento を実行する役人. 共同体ごとに先住民を集め, スペイン人雇用者に引き渡す人数や期間などを決定し, それを実行する任務を担う》

jueza [xwéθa] 女 ❶《古語的》判事夫人. ❷《主に中南米》女性判事
juga [xúɡa] 女《コロンビア》船歌
jugada [xuɡáða]《←jugar》女 ❶ [試合などを構成する] 局面, 回; プレー《チェス》一手《ボーリング》一投《ゴルフ》ーストローク《ビリヤード》一突き: *perder todo el dinero en solo una ~*

回の勝負で有り金全部をする. *en la quinta ~* 《チェス》5手目で. *buena ~* うまいプレー; 妙手; ナイスショット. *juego de tres ~s* 3回勝負. ❷ 商売, 取引: *Hemos tenido una buena ~*. 私たちはうまい商売をやった. ❸《口語》汚い手段, 奸計〖=mala ~〗: *hacer (gastar) a+人 una ~* …に汚い手を使う, 一杯食わせる. ❹《トランプ》上がり手

hacer mala ~ a+人 …にひどい仕打ちをする
hacer su ~ 利益を得る, もうける

jugado, da[2] [xuɡáðo, ða] 形《メキシコ, コロンビア》老練な, 経験を積んだ

jugador, ra [xuɡaðór, ra]《←jugar》名 ❶《球技・ゲームなどの》競技者, 選手: *~ de ajedrez* チェスのプレーヤー. *~ de fútbol* サッカー選手. *~ de golf* ゴルファー. *~ de manos* 手品師. ❷ 賭博師, ばくち打ち, ギャンブラー: *~ de ventaja* いかさま賭博師. ❸《経済》*~ de Bolsa* 相場師
❹ 競技好きな好きな

jugar[1] [xuɡár]《←ラテン語 jocari「冗談を言う」<*jocus*「遊び」》[32] 自
❶ 遊ぶ, 戯れる; ゲームをする;《球技などの》スポーツをする: 1) *Los niños están jugando en el patio*. 子供たちは中庭で遊んでいる. *Me gusta ~ con los crucigramas*. 私はクロスワードパズルが好きだ. *Juega en la liga de baloncesto profesional*. 彼はプロバスケットボールリーグでプレーしている. *Te toca ~ a ti*. 君の〔プレーする〕番だ. *Mi amigo jugará mañana*. 私の友人が明日試合に出る. *Los zagueros del equipo visitante jugaron bien*. ビジターチームのディフェンスはいいプレーをした. *¡Bien juega, quien mira!*《諺》賭博八目. 2) [+a+(主に定冠詞)+]道具・遊び・競技》*¿A qué vamos a ~? ¿Qué tal si jugamos al ajedrez?* チェスをしようか? *Me gusta mucho ~ al fútbol*. 私はサッカーをするのが大好きだ. *~ a la guerra* 戦争ごっこをする. *~ a la pelota vasca* ペロタ競技をする. *~ a las casitas* ままごとをする. *~ a las damas* チェッカーをする. *El perro jugaba a mis pies*. 犬は私の足にじゃれていた. 3) [+de+ポジション] *~ de defensa* ディフェンスとしてプレーする. 4) [+(未来・不定詞・que)+直説法のつもりになって] *¿A qué juegas?* 何のつもりだい? *Le gusta ~ a ser la madre*. 彼女は母親になって遊ぶということにしよう. *Juguemos a que vino el profesor*. 僕が先生ということにしよう. ❷ [+a ~] 賭け事をする; 投機をする: *~ a las carreras de caballos* 競馬をする. ❸ [+con] いじる, もてあそぶ; いい加減に扱う: *Jugaba con el bolígrafo mientras hablaba*. 彼は話しながらボールペンをいじっていた. *Estás jugando conmigo*: *dime la verdad*. 僕をからかっているな. 本当のことを教えてくれ. *No juegues con tu salud*. 体を大切にしなさい. *~ con la imaginación* 想像して楽しむ. ❹ [+con] 調和する: *Esta corbata jugará bien con el traje*. このネクタイはスーツに合うだろう. ❺ [+en 取引などに] 参加する, 一枚かむ: *~ en negocios sucios* 汚い商売に手を出す. *Jugaron los aviones en la maniobra*. 作戦に航空機が加わった. ❻ [+en に] 影響を与える: *El amor jugó en su decisión*. 愛情が彼の決断に影響した. ❼ [装置・連結などが] 自由に動く, 作動する: *Este ordenador no juega bien*. このコンピュータはうまく動かない. ❽ [+de 言語技巧を] 操る. ❾《中南米》[内側と外側が密着していないで] 動く, 遊ぶ: *El pie juega a dentro del zapato*. 靴が大きすぎて足に合わない

~ a[l] todo o nada *=~se el todo por el todo*
~ fuerte 大きく賭ける; 強気に出る
~ grueso *= ~ fuerte*
~ solo 一人で遊ぶ: *El niño ha aprendido a ~ solo*. その子は一人遊びを覚えた
por ~ 冗談で, いたずらに: *Lo hice por ~*. 私は冗談でそれをやった. *Fue por ~*. それは冗談だった

── 他 ❶《ゲーム・試合を》する, プレーする: 1) *Vamos a ~ una partida de truco*.《ビリヤード》プールを1ゲームやろう. *Hemos jugado un buen partido de fútbol*. 私たちは1試合のサッカーをプレーした. 2)《トランプ, ドミノ, チェスなど》[カード・牌・駒などを] 用いる: *~ el as de trébol* クラブのエースを出す. 3)《中南米》[競技・遊びを]《=jugar a》*: ~ tenis (ajedrez)* テニス〔チェス〕をする. ❷ [金などを] 賭ける: 1) *He jugado diez euros en aquel caballo*. 私はあの馬に10ユーロ賭けた. 2) [+a que+直説法する方に] *Te juego un café a que me lo cree*. 彼が私の言うことを信じる方にコーヒー1杯賭けるよ. 失う: *Ha jugado cuanto tenía*. 彼は有り金全部すってしまった. ❸ 危険にさらす: *~ su vida* 命を賭ける. ❺ [役割を] 果たす: *Juega el defensor*. 彼はディフェンダーだ. ❻ 操作する, 動かす; 利用する:

jugar, ra

~ el freno ブレーキをかける. ~ bien sus influencias 影響力を上手に行使する. ❼《闘牛》[牛と] 闘う《=lidiar》. ❽《古語》[刀剣・火器を] 用いる: ~ la espada 剣を振る. ❾《中南米》[役割を] 果たす, 演じる
~la a+人 …をだます, 悪らつなことをする: No creo que Manola me la haya jugado. マノラが私をだましていたとは思いたくない
── **~se** ❶ [自分の…を] 賭ける, 危険にさらす: Subir esa montaña ~*se* la vida. その山に登るのは命がけだ. ❷ [賭けられる]: *Se juega* su felicidad en la colocación. 彼の幸不幸は就職にかかっている. ❸ [試合・賭け事などが] 行なわれる: *Se juega* la lotería pasado mañana. 抽選会は明後日だ. ❹ [過去時制で, 賭け金を] 失う: *Se jugó* todo el dinero que tenía. 彼は有り金残らずすってしまった. ❺《中南米. 技術》[内側と外側が密着していないので] 動く, 遊ぶ
~se el todo por el todo 一か八かの勝負に出る, 一るの望みをつなぐ
jugársela 1)《口語》危険を冒す: *Yo me la juego* por la libertad de expresión. 私は表現の自由のためにとことん闘う. 2) [+a+人] …をだます, 悪らつなことをする. 3) [配偶者・恋人を裏切って] 浮気をする
jugársela a[*l*] **todo o nada** =**~se el todo por el todo**
¿Qué te juegas a que+直説法**?** 賭けてもいいが…だ: *¿Qué te juegas a que* tengo razón? 間違いなく私が正しいよ

jugar	
直説法現在	点過去
j**ue**go	jugué
j**ue**gas	jugaste
j**ue**ga	jugó
jugamos	jugamos
jugáis	jugasteis
j**ue**gan	jugaron
命令法	接続法現在
j**ue**ga	j**ue**gue
	j**ue**gues
	j**ue**gue
	juguemos
jugad	juguéis
	j**ue**guen

jugar², **ra** [xugár, ra] 名《スポーツ. 口語》選手
jugarreta [xugaréta] 【←*jugar*】女 汚い手段, 奸計, 悪意のある言動: Me hizo una ~. 私は彼にひどいことをされた
juglandáceo, a [xuglandáθeo, a] 形《植物》クルミ科の
── 女《植物》クルミ科
juglar [xuglár] 【←ラテン語 jocularis「面白い」< jocus「遊び」】男《中世の》旅芸人, 遍歴詩人
juglara [xuglára] 女 =**juglaresa**
juglaresa [xuglarésa] 女《中世の》女の旅芸人
juglaresco, ca [xuglarésko, ka] 【←*juglar*】形《中世の》旅芸人の
juglaría [xuglaría] 【←*juglar*】女《中世の》旅芸人の芸(活動)
juglarismo [xuglarísmo] 男《まれ》=**juglaría**
jugo [xúgo] 【←ラテン語 sucus】男 ❶《中南米》[果実・野菜などの] ジュース《スペインでは zumo》: ~ de limón レモンジュース. ~ de regaliz 甘草エキス. ❷《料理》搾り汁; 肉汁: carne en su ~ グレービーソースをかけた肉. ❸《口語》興味深い内容, 本質, エッセンス: libro con mucho ~ 興味深い内容の本. ❹《解剖》~ gástrico 胃液. ~ pancreático 膵液
sacar el ~ **a** (*de*)+人・事物《口語》…から搾取する
sacar ~ **a**+事物《口語》…から利益を得る, 利用する
jugosidad [xugosiðáð] 女 ❶ 汁けの多さ, みずみずしさ. ❷ 内容の豊かさ. ❸ [仕事などの] うま味
jugoso, sa [xugóso, sa] 【←*jugo*】形 ❶ 汁けの多い, みずみずしい, ジューシーな: La naranja es una fruta ~*sa*. オレンジは汁けの多い果物だ. ❷ 内容の豊かな, 充実した: Ha hecho ~*s* comentarios. 彼は内容のある発言をした. ❸ [仕事などが] うま味のある, 割りのよい: negocios ~*s* もうかる商売. ~*sa* herencia 莫大な遺産. ❹《美術》[色彩が] みずみずしい, 潤いのある. ❺《医学》[傷口などが] じくじくしている
juguera [xugéra] 女《中南米》果汁絞り器《チリ》ジューサー

juguete [xugéte] 【←*juego*+*-ete*】男 ❶ 玩具, おもちゃ: El niño está jugando con un ~. 子供はおもちゃで遊んでいる. ~ bélico 軍事玩具. ~ educativo 教育玩具. ❷ 玩弄物, 慰みもの: La barca era ~ de olas. 船は波に翻弄されていた. ser el ~ de todos (de las pasiones) みんなのなぶりものになる (情熱のとりになる). ❸ 寸劇, 軽演劇作品: ~ lírico 抒情小歌劇
de ~ おもちゃの: avión *de* ~ おもちゃの飛行機. soldado *de* ~ おもちゃの兵隊
juguetear [xugeteár] 【←*juguete*】自 ❶ [+con ~] もてあそぶ, いじる, ~とふざける: *Jugueteaba con* las teclas de la calculadora. 彼は計算機のキーをいじっていた. ❷《闘牛》牛と正対せず(決定的な一撃を加えずに)色々な技をする
jugueteo [xugetéo] 男 もてあそぶこと, いじること, ふざけること
juguetería [xugetería] 【←*juguete*】女 ❶ 玩具店, おもちゃ屋. ❷ 玩具の製造(販売)業
juguetero, ra [xugetéro, ra] 形 名 玩具の; 玩具の製造(販売)業者, おもちゃ屋
── 男 ❶ おもちゃ箱. ❷ 陶製の人形や美術品を置く家具
juguetón, na [xugetón, na] 【←*juguete*】形 ふざけ好きの, 遊び好きの: gato ~ じゃれ好きの猫
juicio [xwíθjo] 【←ラテン語 judicium < judex, -icis】男 ❶ 判断; 見方, 意見: Me gustaría saber su ~. ご意見をうかがいたいのです
 ~ hacer un ~ apresurado sobre... …についてあわてて判断を下す. dejar a ~ de+人/someter al ~ de+人 …の判断に任せる. ❷ 判断力; 正気, 分別, 良識: Tienes poco ~. 君には良識(常識・判断力)がない. ¡Mucho ~! 分別を持て! actuar con ~ 常識的にふるまう. carecer de ~ 判断力に欠ける. tener un ~ recto 正しい判断力を持つ. edad del ~ 理性年齢《7~8歳》. falta de ~ 判断力の欠如. hombre de mucho ~ 分別のある人. ❸ 裁判, 訴訟: 1) Mañana tiene lugar el ~ contra el asesinato. 殺人事件に対する裁判は明日開かれる. llevar... al ~ …を裁判に持ち込む, 裁判に訴える. ganar (perder) un ~ 裁判に勝つ(負ける). *J*~*s* de Núremberg ニュルンベルク裁判. ~ civil 民事裁判, 民事事件. ~ penal (criminal) 刑事裁判, 刑事事件. ~ de apremio 略式手続き《公判かず書面審理で行なう》. ~ de faltas 苦情処理機関(制度)《労使の代表で構成される》. ~ de desahucio 立ち退き訴訟. ~ oral [証言が行なわれる] 公判, 審判. 2)《キリスト教》~ de Dios [中世に行なわれた] 神明裁判. ~ divino [死後の霊魂の] 神の審判 [el día del]. ~ Final (Universal) [神による] 最後の審判[の日][この世の終わり] いつか来るか分からない日; 大混雑の日, 大混乱の日. ❹ 判決,《スポーツ》判定. ❺《哲学》判断: ~ de hecho 事実判断. ~ de valor 価値判断. ❻ [占星術師の] 予言
a ~ *de*+人 …の考え(意見・判断)では: *A mi* ~ es una excelente película. それは非常にすぐれた映画だと私は思う
asentar el ~ 正気に戻る
beber el ~ **a** [+a+人] …の判断力を失わせる
convenir **a**+人 *en* ~ …を訴える
emitir un ~ [+sobre について] 意見を述べる
en ~ 裁判中の
estar en su [*sano・cabal*] ~ 正気である《主に否定文で》: Hoy no *estás en tu sano* ~. 今日君は正気じゃない
estar fuera de ~ 正気を失っている, 気が狂っている: *Estás fuera de* ~. 君は正気じゃない
hacer perder el ~ **a**+人 …の気を狂わせる
hacerle ~ **a**+人《チリ. 口語》…を重視する, …の言うことを聞く
ir a ~ 出廷する
~ *temerario* 中傷, デマ
pedir en ~ 訴訟を起こす
perder el ~ 理性を失う, まともな判断力を失う; 正気を失う, 気が狂う
poner en ~ 1) 疑いを持つ; 厳しく検討する. 2)《ホンジュラス》[子供に] おしおきする
privarse del ~ =**perder el** ~
sacar de ~ 自制心を失わせる
ser un ~《アルゼンチン》[事物が] 桁外れである
sin ~ 分別のない, 常識のない; 気の狂った
sorber el ~ **a**+人《軽蔑》…を夢中にさせる《=sorber el seso a+人》
suspender el ~ 判断を控える(延ばす)
tener sorbido (*trastornado・vuelto*) *el* ~ **a**+人 …の分

別〔正気〕を失わせる
　── *volver en su* ~ 正気に戻る，まともになる
juiciosamente [xwiθjósaménte] 副 分別をもって，思慮深く
juicioso, sa [xwiθjóso, sa]《←juicio》形 名 ❶ 分別のある〔人〕，賢明な〔人〕: El elefante es muy ~. 象はとても賢い. decisión ~*sa* 思慮深い決定. ❷ 適切な，的を射た
juico, ca [xwíko, ka] 形《ホンジュラス》耳の不自由な
juiko, ka [xwíko, ka] 形《ホンジュラス》=juico
juil [xwíl] 男《メキシコ. 魚》マスの一種〖学名 Leucus tincella〗
juilín [xwilín] 男《グアテマラ, ホンジュラス. 魚》淡水の小魚の一種
juilón, na [xwilón, na] 形《メキシコ》臆病な
juina [xwína] 女《チリ. 動物》ムナジロテン〖=garduña〗
jujeño, ña [xuxéɲo, ɲa] 形 名《地名》フフイ Jujuy の〔人〕〖アルゼンチン北部の州〗
jujubo [xuxúbo] 男《植物》ナツメ〖=azufaifo〗
jul.《略記》←julio 7月
jula [xúla] 男《西. 隠語》ホモ，男色家〖=julay〗
julái [xuláj] 男《西. 隠語》ホモ，男色家〖=julay〗
jula julas [xula xúlas] 男 複《ボリビア》先住民の踊り手の端役たち
julandrón, na [xulandrón, na] 名《西. 軽蔑》恥知らずな人
　── 男《西. 隠語》ホモ，男色家〖=julay〗
julay [xuláj]《←アラビア語》男 ホモ，男色家
　── 名《西. 隠語》❶ お人好し，だまされやすい男. ❷ つまらないやつ. ❸ 新入り. ❹《軽蔑》人，やつ
jule et facto [xúle ɛt fákto]《←ラテン語》形 れっきとした，正真正銘の
julepe [xulépe]《←アラビア語 yulleb < ペルシア語 gulab < gul「バラ」< ab「水」》男 ❶《西式トランプ》フレペ〖ホイストに似たゲーム〗. ❷《西. 口語》大変な努力，大仕事. ❸《西. 薬学》〔甘い〕水薬，シロップ. ❹《西. 口語》叱責，処罰. ❺《メキシコ, キューバ, ドミニカ, ベネズエラ》労働，骨折り，疲労. ❻《パナマ, プエルトリコ》混乱，紛糾. ❼《プエルトリコ, 南米. 口語》恐怖，おじけ
　── *dar* ~ *a*+人 1)《トランプ》…に完勝する. 2) …に大目玉をくらわす
　── *dar un* ~ *a*... 1)《西. 口語》…をすり切れるまで使う. 2)《キューバ, プエルトリコ》苦しめる
　── *darse un* ~《西. 口語》大いに働く
　── *llevar* ~《トランプ》[フレペで] 2トリック baza 以下しか取れない
　── *meter un* ~《コロンビア, ペルー》急がせる
julepear [xulepeár] 他 ❶《まれ》叱責する，殴る，鞭打つ. ❷《中南米》驚かす，苦しめる，疲れさせる. ❸《プエルトリコ》からかう，困らせる. ❹《西. 口語》怖がらせる，不安にする. ❺《コロンビア》1) 邪魔する；固執する. 2) 急がせる，速める. ❻《エクアドル》窮状から救い出す. ❼《チリ》〔危険〕に かぎつける
　── *se*《チリ, プエルトリコ》怖がる
julia [xúlja] 女 ❶《魚》レインボーラス〖=doncella〗. ❷《メキシコ, コスタリカ》囚人護送車
Julián [xuljáŋ]《人名》*conde Don* ~ ドン・フリアン伯爵〖7世紀末～8世紀初め, 西ゴート王国 reino visigodo のセウタ総督 gobernador de Ceuta. 国王ロドリゴ Rodrigo に辱められた娘の復讐のため, イスラム教徒のイベリア半島侵攻を支援したとされる〗
juliana[1] [xuljána] 女 ❶《植物》ハナダイコン（花大根）, ロケットスイートホワイト. ❷《料理》1) 千切り野菜入りのコンソメ〖=sopa ~〗. 2) 千切り: cortar en ~ 千切りにする. ❸《魚》レインボーラス〖=doncella〗
juliano, na[2] [xuljáno, na]《古代ローマ. 人名》ユリウス・カエサル Julio César の
julias [xúljas] 形 名 複《アルゼンチン》独立記念祭〔の〕〖1816年7月9日〗
Julieta [xuljéta]《文学》シェークスピア作『ロメオとジュリエット』Romeo y Julieta のヒロイン
julio [xúljo] **I**《←ラテン語 Julius》男 7月〖→*mes*〗参考
　II《←Joule（英国の物理学者）》男《物理》〔エネルギー・仕事量の単位〕ジュール
juliparda [xulipárda] 形 名《ログローニョ》ごろつき〔の〕, ずる賢い〔人〕, ぺてん師〔の〕
julo [xúlo] 男 群れを先導する馬など
jum [xún] 間《中米, ドミニカ, プエルトリコ, ペルー》あれっ, おや！
juma[1] [xúma] 女《口語》泥酔，酩酊
jumaca [xumáka] 女《メキシコ》ヒョウタン製のしゃもじ〖=jataca〗

jumar [xumár] ~ *se*《口語》酔っ払う
jumatán [xumatán] 男《キューバ》飲んだくれ
jumazo [xumáθo] 男《プエルトリコ. 俗語》葉巻，たばこ
jumbarayú [xumbarajú] 男《ボリビア》鶏糞
jumbo [xúmbo]《←英語》男 ❶《航空》ジャンボ〔ジェット〕機. ❷ 大型掘削機械
　── 大型の
jume [xúme] 男 ❶《チリ, アルゼンチン, ウルグアイ. 植物》硝石を含む土地に育つ灌木〖灰が石鹸の材料になる. 学名 Halopeplis gilliosi, Snaeda herbacea, Salicorma corticura, Lycium humile〗；《チリ》その灌木の灰；その灰から作る灰汁(*). ❷《チリ. 魚》メジロザメの一種〖学名 Carcharius glaucus〗
jumeado, da [xumeádo, da] 形《チリ》酔っ払った
júmel [xúmel] 形 algodón ~〖長繊維の〕エジプト綿
jumelage [jumeláʒ]《←仏語》男〖都市同士などの〕友好関係
jumental [xumentál] 形 ロバの
jumentizar [xumentiθár] 他《コロンビア》…の理性を鈍らせる；狂暴にする
　── ~ *se*《コロンビア》理性が鈍る，痴呆化する；狂暴になる
jumento, ta [xuménto, ta]《←ラテン語 jumentum「駄獣」》名 ロバ〖=asno〗
jumera [xuméra] 女《口語》泥酔〖=humera〗: agarrar una ~ ぐでんぐでんに酔っ払う
jumetrear [xumetreár] 他《ボリビア, アルゼンチン》不快にする，悩ませる，迷惑をかける；いらいらさせる，怒らせる
jumil [xumíl] 男《メキシコ. 昆虫》フミル〖炒めて食べる. 学名 Euchistus crenator〗
jumilla [xumíʎa] 女 ムルシアのフミリャ Jumilla 産のアルコール度の高い甘口ワイン
jumillano, na [xumiʎáno, na] 形 名《地名》フミリャ Jumilla の〔人〕〖ムルシア県の町〗
jumo, ma[2] [xúmo, ma] 形《口語》酔っぱらった，泥酔した
　── 《ドミニカ, プエルトリコ》酔い，酩酊
jumpear [jampeár]《情報》ジャンプと接続する
jumper[1] [jámper]《←英語》男《情報》ジャンパ〖回路を接続するケーブルやプラグ〗
jumper[2] [jumpér]《←英語》男／女〔複 ~s〕《服飾》❶《メキシコ, コロンビア, アルゼンチン, ウルグアイ》ジャンパースカート. ❷《チリ, アルゼンチン, ウルグアイ》袖なしのセーター
jumping [jámping]《←英語》男《馬術》障害物競走
jun.《略記》←junio 6月
junacaté [xunakaté] 男〖ホンジュラス産の〕ニンニクの臭いのする玉ネギ
junar [xunár]《ラプラタ》見つめる，熟視する；[+人. その性格・思考・意図などを] 見抜く
juncáceo, a [xuŋkáθeo, a] 形《植物》イグサ科の
juncada [xuŋkáda] 女 ❶《菓子》[イグサのような] 細長いドーナツ. ❷ イグサの群生地〖=juncal〗
juncagináceo, a [xuŋkaxináθeo, a] 形 シバナ科の
juncal [xuŋkál] 形 ❶〔人が〕すらりとした，ほっそりした；さっそうとした. ❷ イグサの
　── 男 イグサの群生地
juncar [xuŋkár] 男 イグサの群生地〖=juncal〗
júnceo, a [xúnθeo, a] 形《植物》イグサ科の
juncia [xúnθja] 女《植物》セイタカハマスゲ〖~ *de olor*, ~ *olorosa*, ~ *larga*, ~ *esquinada*〗: ~ *avellanada* ショクヨウガヤツリ. ~ *bastarda* (*morisca*) カヤツリグサ科ノグサ属の一種〖学名 Schoenus nigricans〗. ~ *negra* クロガヤツリ. ~ *redonda* ハマスゲ. ❷《グアテマラ》食べ物，食事
juncial [xunθjál] 男 セイタカハマスゲの群生地
junciana [xunθjána] 女《まれ》空いばり，虚勢，虚栄
junciera [xunθjéra] 女 アロマ容器〖素焼きで蓋に穴があいていて，酢で煎じたハーブや根を入れて芳香剤とする〗
junciforme [xunθifórme] 形〔植物が〕イグサのような形の
juncino, na [xunθíno, na] 形《植物》イグサの
junción [xunθjón] 女 接合部〖=juntura〗
junco [xúŋko] **I**《←ラテン語 juncus》男 ❶《植物》イグサ: ~ *de Indias* トウ，ラタン. ~ *florido* ハナイ. ~ *marino* ガマ〔属〕. ~ *oloroso* キャメルグラス. ~ *redondo* イグサ科の一種〖学名 Juncus acutus〗. ❷〖細身の〕杖，ステッキ. ❸《鳥》北アメリカ産のホオジロ科の一種

juncoso, sa

Ⅱ 《←ポルトガル語 junco＜マレー語 jung》男《船舶》ジャンク《〜 chino》.

juncoso, sa [xuŋkóso, sa] 形 ❶ イグサに似た. ❷ イグサの生い茂る.

jundo [xúndo] 男《隠語》治安警備隊.

jundunar [xundunár] 男《隠語》治安警備隊.

jungla [xúŋgla] 《←英語 jungle＜ヒンディ語 jangal「森」》女《アジア・アメリカ大陸の》密林, ジャングル: 〜 del asfalto コンクリートジャングル.

Juni [xúni]《人名》**Juan de 〜** フアン・デ・フニ《1506-77, フランス出身でスペインルネッサンス期の彫刻家.『キリストの埋葬』El entierro de Cristo》.

juniche [xunítʃe] 男《ボリビア. 料理》作った翌日食べる肉の煮込み jaconta.

juniense [xunjénse] 形 名《地名》=**juninense**.

juninense [xuninénse] 形 名《地名》フニン Junín の《人》《ペルー中央部の県》.

junino, na [xuníno, na] 形 名《地名》フニン Junín の《人》《アルゼンチン西部ネウケン州の村》.

junio [xúnjo]《←ラテン語 junius》男 6月《→mes 参考》.

junior¹ [xúnjor]《←英語》《〜[e]s》形《複 〜[e]s も使われる》❶《同一家族の同名の2人を区別して》若い方の, 息子《弟》の方の: Le ha llamado Juan Díaz 〜. フアン・ディアス・ジュニアから電話がありました. ❷《サッカーなど》ジュニア級の《選手》《18〜21歳. juvenil と senior の間》: equipo 〜 ジュニアチーム.

junior² [xúnjor]《←ラテン語》名《カトリック》見習い修道士・修道女《修練期を終えたがまだ修道誓願を立てていない》.

júnior [xúnjor] 形 名 ❶ =**junior**¹. ❷《メキシコ》金持ちの道楽息子《=hijo de papá》. ❸《チリ》事務所の見習い.

juniora [xúnjora] 形 →**junior**¹.

juniorado [xunjoráðo] 男《カトリック》❶ 修道士・修道女の見習い期間. ❷ 修道士・修道女の住む建物《部屋》. ❸《集名》見習い修道士・修道女.

junípero, ra [xunípero, ra] 形《コロンビア》間抜けな, うすのろの.

juníparo [xunípero] 男《植物》セイヨウネズ《=enebro》.

junker [júŋker]《←独語》男《〜s》《歴史》《プロイセンなどの》地主貴族, ユンカー.

Juno [xúno] 女《ローマ神話》ユノ《最高神 Júpiter の妻で, ギリシア神話の Hera にあたる》. ❷《天文》《小惑星の》ユノ.

junoniense [xunonjénse] 形 名《地名》《カナリア諸島の》ゴメラ島 Gomera の《人》《=gomero》.

junquera [xuŋkéra] 女 ❶《植物》イグサ《=junco》. ❷ イグサの群生地《=juncal》.

junqueral [xuŋkerál] 男 イグサの群生地《=juncal》.

junquillar [xuŋkiʎár] 男《チリ. 俗語》イグサの群生地《=juncal》.

junquillo [xuŋkíʎo] 男 ❶《植物》1) キズイセン《〜 oloroso, 〜 amarillo》. 2) トウ《藤》《=〜 de Indias》. ❷《建築》丸く細長い繰り形. ❸《まれ》棒, 杖. ❹《キューバ, プエルトリコ》金のネックレス.

junta¹ [xúnta]《←junto》女 ❶ 会, 集会, 会議, 委員会《→reunión 類語》: celebrar《hacer・tener》〜 会議を開く. J〜 de Andalucía アンダルシア自治《州政府のこと》. 〜 de educación 教育委員会. 〜 de gobierno《メキシコ》《大学の》評議会, 理事会. 〜 directiva《〜 de Directores 取締役会, 理事会. 〜 en masa《メキシコ》公的な集い. 〜 general de accionistas 株主総会. 〜 militar 軍事評議会. 〜 sindicalista 労働組合委員会. ❷《歴史》フンタ《1》19世紀初頭, ナポレオン戦争時のスペインの地方議会. 2) ナポレオンによるスペイン侵略で生じた政治的危機《スペイン国王フェルナンド7世の幽閉》に対処するため, スペイン領アメリカの重要な都市で開催された委員会. 君主不在のスペインに忠誠を守り続けるのか, 君主不在期間中のみ自立的に統治を行なうのか, それとも独立の好機ととらえるのかなど, きわめて緊急な課題が討議された》: J〜 Suprema Central 最高中央評議会《1808年フロリダブランカ Floridablanca を議長に創設された行政・立法機関. 1810年解散》. ❸《歴史》〜 de aposento 王宮での宿泊に関する問題を裁く会議. 〜 de hacienda 財務会議《植民地のアウディエンシア audiencia に財務官吏が参加する審議会》. J〜 de Valladolid バリャドリド会議《1550-51, アメリカ征服の不当性を主張するラス・カサス Las Casas と正当性を主張するセプルベダ Sepúlveda の論争》. ❹ 接合個所, 継ぎ目, 合わせ目;《技術》接合部品, 継ぎ手; ガスケット: 〜 de culata《自動車》ヘッドガスケッ

ト. 〜 de dilatación 伸縮継ぎ手. 〜 de expansión 膨張継ぎ手. 〜 de goma ゴムのパッキング. 〜 universal《cardán》ユニバーサルジョイント. ❺《建築》目地《ぢ》, 目地材. ❻《船舶》《船体の》継ぎ目《=costura》. ❼《まれ》結合, 接続. ❽《中南米》2本の川の合流《地》. ❾《ニカラグア, キューバ, アルゼンチン》パーティ. ❿《中南米. 軽蔑》付き合い: prohibir a su hijo las malas 〜s 息子が悪い仲間と付き合うのを禁止する.

juntamente [xúntaménte] 副 一緒に, まとめて
〜 **con**...〜と一緒に《=junto con...》: Entregué mi currículum 〜 con los documentos justificativos. 私は履歴書に関係書類を添えて提出した. verdura que se sirve 〜 con la carne 肉と一緒に供される野菜.

juntamiento [xuntamjénto] 男《地方語》《灌漑権の所有者などの》会議.

juntanza [xuntánθa] 女《地方語》会議《=junta》.

juntapapeles [xuntapapéles] 男《単複同形》《ウルグアイ》古新聞・段ボールなどの回収業者.

juntapuchos [xuntapútʃos] 男《単複同形》《ウルグアイ, アルゼンチン》《ごみをあさったり乞食をする》汚れた身なりの人.

juntapulpa [xuntapúlpa] 女《植物》ツタバウンラン《=cimbalaria》.

juntar [xuntár]《←junto》他 ❶《+a・con・と》合わせる, くっつける, つなぐ, 結合させる: *Junta* la mesa a la pared. 机を壁にぴったりくっつけてくれ. El amor nos *junta*. 愛が私たちをつないでいる. 〜 el cable *al* enchufe コードをコンセントに接続させる. 〜 un zapato *con* el otro 靴をそろえて置く. 〜 dos tablas《dos hilos》2枚の板《2本の糸》をつなぎ合わせる. ❷ 集める; 収集する; 召集する: *Hemos juntado* todas las sillas en un rincón. 私たちは椅子を全部隅にまとめて置いた. Me gusta 〜 sellos extranjeros. 私は外国の切手を集めるのが好きだ. 〜 a los amigos en su casa 友達を家に集める. 〜 datos データを集める. ❸ 貯める, 蓄える. ❹《観音開きの扉・窓を》細目に開けておく. ❺《中南米》収集する《=coleccionar》.
―― 〜**se** ❶ 集まる: *Se juntaron* los alumnos frente al profesor. 生徒たちは先生の前に集合した. *Júntate* más para que quepan todos. 全員が入れるようにもっと詰めて下さい. ❷《人が結果的に, +con 〜》集まる, かち合う: *Me he juntado con* tres ejemplares del mismo libro. 私は同じ本が3冊手もとにある. ❸《口語》《+con+人と》仲良くする, 付き合う: ¿Con quién *te juntas* ahora? 今は誰と仲良くしているの? ❹《口語》同棲する. ❺《口語》《+con+人と》性交する

juntera¹ [xuntéra] 女《木工》角用の仕上げかんな

junterillas [xunteríʎas] 男《複》***a pie 〜*** 1) 足をそろえて. 2) 何の疑いも抱かずに.

juntero, ra² [xuntéro, ra] 形 名《歴史》フンタ junta の《メンバー》.

juntillas [xuntíʎas] →***a pie*** juntillas.

juntismo [xuntísmo] 男 会議 junta を創設する傾向, 会議の優位傾向.

juntista [xuntísta] 名 会議 junta のメンバー.

junto¹ [xúnto] 副 ❶《+a の》すぐ近くに, 隣に: Quiero sentarme 〜 a ti. 私は君のそばに座りたい. El museo está 〜 a la universidad. 美術館は大学のすぐ横にある. ❷《+con+人 と》1) 一緒に: Voy a viajar por España 〜 *con* mi hija. 私は娘とスペイン旅行をするつもりだ. Los papeles fueron amontonados 〜 *con* los demás residuos. 書類は他のごみと一緒に山積みにされていた. 2) 並んで: El equipo japonés es, 〜 *al* australiano, el mejor de la liga. 日本チームはオーストラリアと並んでリーグ首位に立っている. 3)《師事》…について: J〜 *a* un técnico estudia su juego. 彼はコーチと一緒にプレーの検討をしている. ❸《俗用》《前置詞を伴わずに》近くに: aquí 〜 ここのすぐ近くに

de por 〜 《売買で》まとめて, 大量に

en 〜 合計して, 全部で: Teníamos *en* 〜 cien. 私たちは合わせて100ユーロ持っていた

por 〜 1)《俗用》《売買で》まとめて《=de por 〜》. 2)《まれ》卸で

todo 〜 1) 同時に: Tocaban, cantaban y bailaban, *todo* 〜. 彼らは同時に弾き, 歌い, 踊っていた. 2) 全部まとめて: Los americanos gastan más en comida rápida que en ordenadores, coches, libros juego, y discos, *todo* 〜. アメリカ人はコンピュータ, 車, ゲームソフト, レコードを全部合わせるより多くファストフードに金を費やす

junto², ta² [xúnto, ta]《←ラテン語 junctus＜jungere「合わせる」》形

❶［複数名詞・集合名詞について，estar+］一緒の，集まった: De noche estamos 〜s siempre que podemos. 夜は私たちはできるだけいつも一緒にいます. Vamos a salir todos 〜s. みんな一緒に出かけましょう. Iremos a mi despacho para revisar las cuentas 〜s. 私のオフィスに行って一緒に帳簿の計算を確かめよう. Ocurrió todo 〜. すべてが同時に起こった. La Sabiduría y el Tiempo andan siempre 〜s. 知恵と時間は切り離しがたい. rezar con las manos 〜tas 手を合わせて祈る. ❷ 同封の: Les voy a enviar la carta 〜ta con una foto. 写真を同封してお送りします. ❸ ［俗］隣り合った: Las mesas están demasiado 〜tas. 机があまりにもくっ付きすぎている. ❹《コロンビア. 誤用》[複] 両方の［=ambos］

〜s pero no revueltos《戯語》一緒だが経済的には独立して: Vivimos 〜s pero no revueltos. 私たちは一緒に住んでいるが，家計は別々だ

juntorio [xuntórjo]男《古語》租税

juntucha [xuntútʃa]女《ボリビア. 料理》肉・野菜・果物の煮込み［=jaconta］

juntura [xuntúra]女［←ラテン語 junctura］女 ❶ 接合個所, 接合部品［=junta］: 〜 p-n《電気》PN接合. ❷《解剖》関節［=articulación］: 〜 nodátil (nudosa) 小結節, 小脳の結節. 〜 serrátil 鋸歯状関節. ❸《鉄道》［レールの］継ぎ目. ❹《まれ》結合, 接続

juñidera [xuɲiđéra]女《ナバラ, ソリア, アラゴン》［牛のくびきにつける］つなぎ綱

juñir [xuɲír] 20 他 juñendo] 他《ナバラ, アラゴン》［牛などに］くびきをかける

jupa [xúpa]女 ❶《地方語》［ひどい］心労. ❷《メキシコ, ホンジュラス, コスタリカ》1) 丸いカボチャ. 2)［戯語］人の］頭

jupe [xúpe]男《アルゼンチン. 植物》キビの一種《根がすべすべしている. 学名 Panicum urvilleanum》

jupia [xúpja]女《パナマ》犬たちの吠え声をまねたリズミカルな音

jupiar [xupjár]《パナマ》❶《追跡中の犬を》励ます, けしかける. ❷［拍手・掛け声で］はやし立てる

―― **〜se**《中米》酔っぱらう

júpiter [xúpiter]男 ❶《ローマ神話》［J〜］ユピテル, ジュピター《最高神で, ギリシア神話の Zeus にあたる》. ❷《天文》［J〜］木星. ❸《コスタリカ. 植物》アセロラ《果実は食用》

jupiteriano, na [xupiterjáno, na]形 **=jupiterino**

jupiterino, na [xupiteríno, na]形《ローマ神話》ユピテル Júpiter の;《天文》木星の

jupón, na [xupón, na]男 女《中米》大頭の［人］, 頭でっかちの［人］

juque [xúke]男《エルサルバドル, コスタリカ》［先住民の作る］サンポンバ zambomba に似た素朴な楽器

jura [xúra]女［←jurar］❶ 宣誓, 誓い: 〜 de［la］bandera 国旗に対する忠誠の誓い. 〜 en Santa Gadea《歴史》サンタ・ガデアの宣誓《エル・シド el Cid が国王アルフォンソ6世に対しサンチョ2世の死に王が関わっていないことを宣誓させた》. ❷ 宣誓式: 〜 de los nuevos ministros 新任大臣たちの宣誓式. ❸《グアテマラ》巡査, 警官;《キューバ. 俗語》ポリ公. ❹《コロンビア》国家への忠誠の誓約

hacer 〜《コロンビア》分配する

juraco [xuráko]男《中米, キューバ, コロンビア. 口語》穴, 破れ目［=agujero］

juradero, ra [xurađéro, ra]形《歴史》iglesia 〜ra［中世の］宣誓式を行なう資格のある教会

jurado[1] [xuráđo]男 [集合] ❶《法律》陪審員たち, 陪審団: El 〜 se retiró a deliberar. 陪審員たちは協議のため退席した. tribunal del 〜 陪審員席;審査会;審査会: El 〜 le concedió el primer premio. 彼は審査の結果1等賞を与えられた. ❸ 〜 de empresa 労使協議会《スペインではフランコ時代の1947年に設置》. 〜 mixto 労使混成委員会《スペインではプリモ・デ・リベラ時代の1931年に設置》. ❹《歴史》食料調達委員, 防衛委員《中世, 市議会議員などの中から任命される》

jurado[2], **da** [xuráđo, đa]形 ❶［任務の遂行について］宣誓した: traductor-interprete 〜 公認の翻訳・通訳者. ❷［言明が］宣誓下にされた: declaración 〜da 宣誓下の供述. traducción 〜da 公認の翻訳文書

estar (andar) 〜《メキシコ》［神・聖母マリア・聖人などに］禁酒を誓っている

―― 名 ❶《法律》陪審員. ❷［コンクール・競技会などの］審査員. ❸［労使協議会などの］委員. ❹ 〜 de cuentas 公認

会計士. ❺《公認の》警備員［=guardia 〜］

jurador, ra [xurađór, ra]形 名 やたらに誓いを立てる悪癖のある［人］

juraduría [xurađuría]女 陪審員(審査員)の職務

juramentado, da [xuramentáđo, đa]形 誓約した, 宣誓した

juramentar [xuramentár]［←juramento］他《文語》宣誓させる, 誓わせる

―― **〜se** 誓い合う: Se juramentaron para derrocar al tirano. 彼らは独裁者を引きずり落とすことを誓い合った

juramento [xuraménto]［←ラテン語 juramentum］男 ❶ 宣誓［文］, 誓い［の言葉］: 1) Hago 〜 de amar a mis Hermanos. 私は仲間を愛すると誓う. prestar 〜 誓う. romper un 〜 誓いを破る. tomar 〜 a+人《法律》…に宣誓させる. hermano de 〜 義兄弟. 〜 a la bandera 国旗への忠誠の誓い. 〜 asertorio 真実であることを認める宣誓. 〜 de Hipócrates ヒポクラテスの宣誓《医師の職業倫理についての宣誓文》. 〜 olímpico オリンピック宣誓. 2)《法律》〜 decisorio (indecisorio) 決訟的(非決訟的)宣誓. 〜 falso 偽証[罪]. 〜 promisorio 約束条項を含む宣誓. 〜 supletorio 補足的宣誓. ❷ 冒瀆の言葉, ののしり, 悪態: soltar (decir) 〜s 悪態をつく

bajo 〜 宣誓して: Respondió bajo 〜 las consultas de la fiscal. 彼は宣誓して, 検事の質問に答えた

jurapo [xurápo]男《ベネズエラ》アボカドの芯

jurar [xurár]［←ラテン語 jurare < jus, juris《法律》］他 ❶ 誓う, 宣誓する: 1)［+por にかけて, +不定詞・que+直説法 することを］Juro por Dios no volver a hacerlo. 私は神にかけて二度としないことを誓う. Te juro que no se lo diré a nadie. 誓って誰にも言わないよ. 〜 por mi honor 私の名誉にかけて誓う. 〜 por lo más sagrado/〜 por todos los dioses 固く誓う. 〜 sobre la Biblia/〜 sobre el Evangelio 聖書にかけて誓う, 聖書に手を置いて誓う. 2)［義務・任務の遂行などについて］Le juré amor eterno. 永遠の愛を誓った. Los ministros juraron su cargo ante el rey. 大臣たちは国王の前で就任の宣誓をした. 〜 decir la verdad 真実を述べることを誓う. ❷［憲法・戒律などを］遵守する: 〜［la］bandera 国旗に忠誠を誓う. 〜 la Constitución 憲法に忠誠を誓う. ❸ 断言する: No lo juraría. 私はそうは思わない. ❹［君主の身分を］厳粛に承認する

―― 自《怒って》下品な言葉を吐く, ののしる, 悪態をつく

jurársela[s] a+人［脅し文句で］…に復讐することを誓う

jurásico, ca [xurásiko, ka]形 男《地質》ジュラ紀［の］

juratorio, ria [xuratórjo, rja]形《歴史》アラゴンの高官の宣誓を記したもの

―― 女《歴史》四福音書の冒頭を記した羊皮紙(銀板)《アラゴンの高官がこれに対して宣誓をした》

jurdano, na [xurđáno, na]形 名《地名》**=hurdano**

jurdía [xurđía]女 魚網の一種

jure →**de jure**

jurel [xurél]［←モサラベ語 surel < ギリシア語 sauros「トカゲ」］男 ❶《魚》アジ;［特に］ニシマアジ《食用》. ❷《キューバ》1) 恐怖, 怖さ. 2) 酔い, 酩酊

jurela [xuréla]女《地方語. 魚》アジ［=jurel］

jurelo [xurélo]男《地方語. 魚》アジ［=jurel］

jurero, ra [xuréro, ra]形 名《エクアドル, チリ》［金と引き換えに］偽証する［人］

jurga [xúrga]女《キューバ》こっけいな踊りの一種

jurgo [xúrgo]男《コロンビア》**un** 〜 大量, とても［=una jurgonera］

jurgonera [xurgonéra]女《コロンビア》**una** 〜 大量, たくさん; とても

juria [xúrja]女 ❶《サンタンデール》下痢. ❷《メキシコ》［結婚式・洗礼式で子供たちへの］コインやキャンディのばらまき

juriar [xurjár] 10 他 **〜se**《コロンビア》下痢をする

jurídicamente [xuríđikaménte]副 法的に, 法律上; 法的手段に訴えて; 法的に言えば, 法律用語を使えば

juridical [xuríđiθjál]形 **=judicial**

juridicidad [xuriđiθiđáđ]女 社会的・政治的な事柄を厳密に法的に解決しようとする傾向（姿勢）

juridicismo [xuríđiθísmo]男《主に軽蔑》法律至上主義

juridicista [xuriđiθísta]形 法律至上主義の

jurídico, ca [xuríđiko, ka]形［←ラテン語 juridicus < jus, juris「権利」+dicere「言う」］法的な, 法律上の: por la vía 〜ca 法的手段に訴えて. lenguaje 〜 法律用語. negocio 〜 司法取引

persona ～*ca* 法人. problema ～ 法律問題
juridizar [xuriđiθár] [9] [他] 法的性格を付与する
juriega [xurjéɡa] [女]《カナリア諸島》強い寒風を伴う霧雨
jurificar [xurifikár] [7] [他] [慣習を] 法律にする, 成文化する
jurisca [xuríska] [女]《コスタリカ》罠, 仕掛け, 策略
jurisconsulto, ta [xuriskonsúlto, ta]〖←ラテン語 jurisconsultus〗[名] 法律家, 法律顧問
—— [男]《古代ローマ》民法学者
jurisdicción [xurisđi〔k〕θjɔ́n]〖←ラテン語 juris dictio〗[女] ❶ 裁判権, 司法権: declinar la ～ [裁判官がある件について] 自分に裁判権がないことを認める. ❷ 管轄区域, 権力の及ぶ範囲. ❸ 管轄権, 権限: Los jueces no tienen ～ para elaborar las leyes. 裁判官に立法権はない. ～ eclesiástica 教会権力. ～ militar 軍事権力
jurisdiccional [xurisđi〔k〕θjonál] [形] 裁判権の, 司法権の; 管轄権の: mar ～/aguas ～*es* 領海〖=mar territorial〗
jurispericia [xurisperíθja] [女] =**jurisprudencia**
jurisperito, ta [xurisperíto, ta] [名] 法律問題の専門家, 法律家
jurisprudencia [xurispruđénθja]〖←ラテン語 jurisprudentia〗[女] ❶ 法学, 法律学. ❷ [集名] 判例; 判例研究, 法解釈: sentar ～ 判例となる. libro de ～ 法律要覧. ❸ 法律の体系
jurisprudencial [xurispruđenθjál] [形] 法学の, 法律学の
jurisprudente [xurispruđénte] [名]《まれ》法律家
jurista [xurísta]〖←ラテン語 jus, juris「権利」〗[名] ❶ 法律家, 法学者. ❷《廃語》[ある物の] 永代所有権を持っている人
juro [xúro] [男] ❶《歴史》1) [主に [複]. カスティーリャ王国時代, 国土回復運動で軍功著しい者に恩寵 Merced として与えられた] 年金, 恩給: ～ de heredad/～*s* perpetuos 世襲年金. ～*s* vitalicios 終身年金. 2) [複] 永久公債〖カトリック両王時代から戦費などの調達のために発行され始め, 王室借用証 vale real が発行される1780年まで存続. 恩寵とは無関係に売買の対象となった. =～*s* al quitar〗. ❷《廃語》永代所有権
***a* ～**《南米. 口語》無理やり
***de* ～**《まれ》1) 義務的に; 無理やり, 仕方なく. 2) 誓って, 確かに
jurón [xurɔ́n] [男]《エクアドル》大型のかご
jurria [xúr̄ja] [女]《カナリア諸島》大量, 豊富
juruminga [xurumíŋɡa] [女]《コロンビア》紛糾, 混乱
***como* ～**《コロンビア》ふんだんに
jurunera [xurunéra] [女]《グアテマラ, エルサルバドル》❶ フェレットの巣穴. ❷ 近づくのが難しい場所
jurungar [xuruŋɡár] [8] [他] ❶《プエルトリコ》怒らせる, 困らせる. ❷《コロンビア, ベネズエラ》[好奇心で] 探す; かき回す
jurungo, ga [xurúŋɡo, ɡa] [形]《ベネズエラ》外国の, 外国人の, よそ者の
jurunguear [xuruŋɡeár] [他]《ベネズエラ》探す〖=jurungar〗
juruparis [xurupáris] [男]《コロンビア》先住民の使うトランペットの一種〖尊いとされる楽器〗
jurutungo [xurutúŋɡo] [男]《プエルトリコ》遠隔地, 遠い場所
jusbarba [xusƀárƀa] [女]《植物》ナギイカダ〖=brusco〗
juscivilista [xusθiƀilísta] [形]《法律》民法の
jusello [xuséʎo] [男]《料理》肉の出し汁・パセリ・チーズ・卵のスープ
jusi [xúsi] [男] フィリピン産の絹布
justa[1] [xústa]〖←ラテン語 juxta「の近くに」〗[女] ❶ [中世, 騎士の] 馬上槍試合. ❷ 文学のコンクール〖=～ literaria〗: ～ poética 作詞コンクール
***decir* (*batir*·*cantar*) *la* ～**《アルゼンチン, ウルグアイ. 口語》確実な情報を与える; 断定的に評価を下す
***tener la* ～**《アルゼンチン, ウルグアイ. 口語》確実な情報を持っている
justador [xustađɔ́r] [男] 馬上槍試合に出場する騎士
justamente [xústaménte] [副] ❶ まさに, ちょうど: Eso es ～ lo que iba a decir. それがまさに私が言おうとしていたことです. *J*～ por eso no quiero ir al hospital. まさにその理由で私は病院へ行きたくない. ❷ ぎりぎり, ようやく: Tengo ～ para vivir. 私は生きていくのがやっとだ. ❸ 公正に, 正しく: Has obrado ～, mientras nosotros hicimos el mal. 私たちは悪事を働いたのに, 君は正しいことをしてきている. ❹ [間投詞的] おっしゃるとおりです/まさにそのとおり!
justar [xustár] [自]《歴史》馬上槍試合で闘う
justear [xusteár] [自] =**justar**
justedad [xusteđá〔đ〕] [女] ❶ 正当性, 適合性. ❷ 公正さ, 公平さ
justeza [xustéθa] [女] ❶ ちょうどであること: vivir con ～ 生きていくのがやっとである. ❷ 正確さ; 公正さ: Trató con objetividad y ～ el asunto. 彼はその件を客観的かつ公正に取り扱った
justicia [xustíθja]〖←ラテン語 justitia〗[女] ❶ 正義; 公正さ, 公平さ: No hay verdadera ～ sin bondad. 慈悲を欠いては真の正義とはならない. luchar por la ～ 正義のために戦う. por la causa de la ～ 正義のために. con ～ 公正に, 公平に. ～ poética 詩的正義〖物語で正義が必ず勝つこと〗. ～ social 社会正義. ❷ 裁き, 裁判: acudir a ～/ir por ～ 裁判に訴える. llevar a la ～ 裁判に持ち込む. someterse a la ～ 法の裁きを受ける. exigir (pedir·reclamar) ～ 裁きを求める. ～ divina 神の裁き. ❸ 法, 司法: recurrir a la ～ 法的措置をとる. Ministerio de *J*～ 司法省. ～ militar 軍法. ❹ 司直, 警察: huir de la ～ 司直の手から逃れる. ❻ 報い, 処罰. ❺《カトリック》正義〖枢要徳 virtud cardinal の一つ〗. ❼《古語的. 遊戯》*J*～*s* y ladrones 鬼ごっこ. ❽《廃語》死刑〔の執行〕: ejecutor de la ～ 死刑執行人
***administrar* ～** 裁判を行なう〖法律で民事・刑事の判断を行ない判決を出す〗: El tribunal *ha administrado* ～ con imparcialidad. 法廷は公平に法を適用した(裁判を行なった)
***de* ～** 正当に, 理性と正義にしたがって
***en* ～** 公平に見て: En verdad y *en* ～, se ha cumplido la promesa. 実際, そして公平に言って, 彼は約束を果たしている
***hacer* ～** [+a を] 公平に扱う: Pedimos que se *haga* ～. 公平な裁き(正義が行なわれること)をお願いします
***pedir en* ～** 訴訟を起こす, 告訴する
***repartir* ～** =**administrar ～**
***ser de* ～** [+不定詞·que+接続法 することは] 公正である, 公平である: *Es de* ～ reconocer su contribución. 彼の功績を認めるのが公正だ
tomarse la* ～ *por su mano 勝手に制裁を加える, リンチする
—— [男] ❶《歴史》1) [アラゴン王国の] 大法官, 大審院長官〖18世紀初頭まで. =～ mayor〔de Aragón〕〗. 2) [カスティーリャ王国の] 宮廷大法官, 大審院長官〖=～ mayor de Castilla〗. 3) 下級の警察官. ❷ [アラゴン州の] 国民擁護官〖=～ de Aragón〗
justiciable [xustiθjáƀle] [形] 起訴され得る, 裁判にかけられるべき
justicialismo [xustiθjalísmo] [男] 社会的正義〖アルゼンチンのペロン Perón 大統領が提唱〗
justicialista [xustiθjalísta] [形] [名] 社会的正義の; 社会的正義派〔の〕
justiciar [xustiθjár] [10] [他] …に有罪判決を下す
justiciazgo [xustiθjázɡo] [男] 正義の行使
justiciero, ra [xustiθjéro, ra]〖←justicia〗[形] ❶ 正義を重んじる(愛する), 厳正に正義を遂行する: Es ～. 彼は正義感が強い. espíritu ～ 正義感. ❷ 正義の, 公正な: espada ～*ra* 正義の刃
justificable [xustifikáƀle] [形] [正当性があるので] 正当化(弁明)され得る; 筋の通った, もっともな: La violencia no es ～. 暴力は正当化できない. Cerca del 20% en México cree que en algunos casos es ～ que un hombre golpee a su pareja. メキシコでは20%近くの人が夫が妻を殴るのが正しい場合があると思っている
justificación [xustifikaθjɔ́n] [女] ❶ 正当化: La ～ de la huelga fue obvia. ストライキの正当性は明らかだった. ❷ 正当化の根拠(動機・目的); [集名] 弁明, 釈明〖言葉〗: El jefe me exige la ～ de los gastos del viaje. 上司は出張費の根拠を私に問いただす. No hay ～ para tus actos. 君の行為には釈明の余地はない. ❸《印刷, 情報》字間(行間)の調整, ジャスティファイ: ～ automática 自動そろえ. ～ a la izquierda (la derecha) 左(右)そろえ. ～ centrada 中央そろえ. ❹《神学》[神が人を許す] 受け入れ, 義認
justificadamente [xustifikáđaménte] [副] ❶ 正当に. ❷ 正確に
justificado, da [xustifikáđo, đa] [形] 正当と認められた, 正当な〔理由のある〕, 正しい: A mi modo de ver su sospecha es ～*da*. 私の見るところ彼が疑うのももっともだ. homicidio ～ 正当殺人. motivo ～ 正当な動機. reproche ～ 当然な叱責
justificador, ra [xustifikađɔ́r, ra] [形] 正当性を証明する
—— [男] 神聖化するもの
justificante [xustifikánte] [形] ❶ 正当化する. ❷ 正当と認め

る, 証明する

—— [男] ❶ [主に支払い・受け渡しの] 証明書, 領収書: 1) pedir el ～ 証明書の提出を求める. presentar el ～ 証明書を出す. ～ de pago 支払い証明書. 2) ～ de asistencia 出席証明書. ～ de enfermedad 病欠証明書. ～ médico/～ del médico 医師の証明書. ❷《法律》証拠

justificar [xustifikár]〖←ラテン語 justificare〗[7] [他] ❶ 正当化する, 弁明する, 言い訳をする: Hay varias razones que *justifican* su comportamiento. 彼の行ないを正当化する理由はいくつかある. ～ sus defectos 自分の弱点を正当化する. ～ a su marido 夫のことを弁護する. ❷ [書類によって] 証明する, 立証する: Este papel *justifica* que eres diabético. この書類は君が糖尿病であることを証明している. ❸《印刷, 情報》字間(行間)を調整する, ジャスティファイする: ～ a la izquierda (la derecha) 左(右)にそろえる. ～ al centro 中央にそろえる. ❹《神学》[神が人を許して] 受け入れる, 義認する

—— **～se** 自己弁護する; 弁明する, 釈明する: *Se justificó* de la decisión tomada. 彼はその決定の言い訳をした. Intentó ～*se* por su falta. 彼は自分の誤りを釈明しようとした. ～*se* por sí mismo [事柄が] それ自体で正当性を証明している

justificativo, va [xustifikatíƀo, ƀa] [形] ❶ 正当化する, 弁明する, 弁護する: razón ～*va* de su acto 自分の行為を正当化する根拠. ❷ 証拠となる: documento ～ 関係書類, 支援文書

—— [男]《南米》欠席の理由を書いた書類

justillo [xustíʎo] [男]《古語的. 服飾》袖なしの短い胴着; ウエストニッパー

just-in-time [ʤást in táim]〖←英語〗[男]《経営》ジャストインタイム, 看板方式

justipreciación [xustipreθjaθjɔ́n] [女] [厳密な] 評価, 見積もり

justipreciar [xustipreθjár] [10] [他] [厳密に] 評価する, 見積もる

justiprecio [xustipréθjo] [男] [厳密な] 評価, 見積もり; 評価額

justito [xustíto]〖justo[1] の示小語〗[副] かろうじて, どうにか

justo[1] [xústo] [副] ❶ [時間が] ちょうど, まさに, まさしく: *J*～ cuando todo va bien, algo sale mal. ちょうどすべてうまくいっている時に何か悪いことが起きる. ～ ahora ちょうど今. ❷ ぎりぎり: Las pulseras me entran, pero muy ～. 腕輪は入るが, きつすぎる

lo ～ para+不定詞 …するのにちょうど十分なほど: Abrió la puerta *lo* ～ *para* penetrar en el cuarto. 彼は部屋にやっと入れるくらいドアを開けた

～ a tiempo 1) ちょうど間に合って. 2)《経営》[各工程で必要な部品が必要時に必要量だけそろう] ジャストインタイム〔方式〕, 看板方式

Justo [xústo]《人名》**Agustín Pedro ～** アグスティン・ペドロ・フスト〖1876～1943, アルゼンチンの政治家, 大統領(1932～38)〗 **Juan Bautista ～** フアン・バウティスタ・フスト〖1865～1928, アルゼンチンの政治家. 社会党 Partido Socialista Obrero を創設(1893)〗

justo[2]**, ta**[2] [xústo, ta]〖←ラテン語 justus「法にかなった」< jus「法」〗[形] ❶ 公正な, 公平な: Seremos ～*s*. 公正にやろう. juez ～ 公正な裁判官. distribución ～*ta* 公平な分配. precio ～ [スコラ哲学による] 公正価格. sociedad ～*ta* 公正な社会. ～ y bueno《法律》公平かつ善である. ❷ 正しい, 適正な, 正当な: 1) apreciar... en (por) su ～ valor …を正当に評価する. lo ～ y lo injusto 正義と不正義. cólera ～*ta* 正当な怒り. sentencia ～*ta* 正当な判決. 2) [ser ～ que+接続法. 主に否定文で] No es ～ *que* no me conteste mi pregunta. 彼が私の質問に答えようとしないのは不当だ. *J*～ es *que* haya salido bien en el examen. 彼が試験に合格したのは当然だ. ❸ 正義感の強い: hombre ～ 正義の人. ❹ [estar+. 時間・分量などが] ちょうどの; ぎりぎりの, 十分ではない: Tienes el tiempo ～ para ir y volver. ちょうど行って帰って来るだけの時間があるよ. Llegó a la hora ～*ta*. 彼は時刻ちょうど(ぎりぎり)に着いた. ¿Cuánto es?—Son 10 euros ～*s*. いくらですか?—ちょうど10ユーロです. Estoy ～ de dinero. 私は金はぎりぎりしかない. Tiene lo ～ para vivir, sin permitirse ningún gusto. 彼の収入は生活するのに精一杯でぜいたくは許されない. El viaje resultó ～ como me suponía. 旅行は私の想像どおりだった. ❺ [estar+. 寸法などが] ぴったりの, きっちりした: Esa chaqueta me viene (está) ～*ta*. その上着は私にぴったりだ. Este sombrero te está demasiado ～. この帽子は君にはきつすぎる. expresión ～*ta* para... …にぴったりの表現. ❻《宗教》1) 篤信の, 戒律を守る. 2) 罪のない, 正直な. ❼《音楽》intervalo ～ 完全音程. cuarta ～*ta* 完全4度

—— [名] ❶《宗教》篤信家; 正直者: Siempre pagan ～*s* por pecadores. 正直者はいつもばかを見る. ❷ 公正な人; 正義漢

al ～ 適正に; ちょうど

en ～ y creyente ただちに, すぐさま

en ～s y en verenjustos 是非はともかく

llegar a lo ～ ちょうど間に合って着く

más de lo ～ 十分に, たっぷりと

muy ～ きつい: Los pantalones me están *muy* ～*s*. そのズボンは私にはきつい. Entonces andaba *muy* ～ de dinero. 当時私はお金がなかった. vivir *muy* ～ ぎりぎりの生活をする

Pesa ～ y vende caro.《諺》正しく量って, 高く売れ〖それが商売の王道である〗

juta [xúta] [女]《エクアドル, ペルー. 鳥》ガチョウの一種〖キト Quito の先住民が飼育している〗

jute [xúte] [男]《グアテマラ, ホンジュラス. 動物》エスカルゴの一種〖食用. 学名 Helyx sylvatica〗

jutia [xútja] [女] [形] [名]《キューバ》=**jutía**

jutía [xutía] [女]《キューバ. 動物》フチア〖ネズミの一種〗

—— [形] [名]《キューバ. 口語》臆病な; 臆病者

jutiapa [xutjápa] [形] [名]《地名》フティアパ Jutiapa の〔人〕〖グアテマラ南西部の県・県都〗

jutiapaneco, ca [xutjapanéko, ka] [形] [名] =**jutiapa**

juticalpense [xutikalpénse] [形] [名]《地名》フティカルパ Juticalpa の〔人〕〖ホンジュラス, オランチョ Olancho 県の県都〗

jututear [xututeár] [自]《ドミニカ》ホラ貝 jututo を吹く

jututo [xutúto] [男]《ドミニカ》ホラ貝〖吹奏楽器〗

juvebiona [xuƀeƀjóna] [女]《化学》ジュバビオン

juvenecer [xuƀeneθér] [39] [他]《古語》若返らせる〖=rejuvenecer〗

juvenil [xuƀeníl]〖←ラテン語 juvenilis < juvenis〗[形] ❶ 若々しい: aspecto ～ 若々しい風采. corazón ～ 若々しい心. voz ～ 若々しい声. ❷ 青年の, 若者の: en sus años ～*es* 彼の青春時代に. club ～ [若者の余暇活動のための] ユースクラブ. delincuencia ～ 青少年犯罪. moda ～ 若者のファッション. ❸《サッカーなど》cadete と júnior の間の年齢層の. ❹《地質》初生の, 古い時代の: agua ～ 処女水, 初生水. ❺《医学》若年性の: diabetes ～ 若年性糖尿病

—— [男]《サッカーなど》cadete と júnior の間の年齢層の選手クラス〖15～18歳〗

juvenilidad [xuƀeniliđá(đ)] [女]《まれ》若々しさ

juvenilismo [xuƀenilísmo] [男] [社会における] 若者優先

juvenilizar [xuƀeniliθár] [9] [他]《まれ》[人・事物を] 若くする, 若々しくする

juventud [xuƀentú(đ)]〖←ラテン語 juventus, -utis < juvenis〗[女] ❶ 青春〔時代〕, 青年期〖思春期 adolescencia と成年期 edad adulta の間〗: Mozart fue un músico prodigioso desde su ～. モーツァルトは若い時から天才的な音楽家だった. ～, divino tesoro 青春, それはすばらしい宝. en su ～ 彼の若い時に. indiscreción de la ～ 若気の過ち. recuerdos de ～ 青春の思い出. ❷ 若々しさ; 若いエネルギー: conservar la ～ 若さを保つ. ❸ [集名] 青年: Son veleidades propias de la ～. それは若者にありがちな気まぐれだ. ¡Esta ～ de hoy! 今時の若い者ときたら! ❹ [複] [政党の] 青年組織: *J*～*es* Comunistas 共産主義青年同盟. ❺ 初期: ～ del año その年の始めころ

juvia [xúƀja] [女]《コロンビア, ベネズエラ. 植物》ブラジルナッツノキ〖=Castaño de Pará〗

juy [xwí] [間] [苦痛] 痛い!/[驚き] おお!〖=huy〗

juyaca [xujáka] [男]《ボリビア》[先住民式の] 棒でこすって火をつける原始的な装置

juyungo, ga [xujúŋgo, ga] [形] [名]《エクアドル》[カヤパ族 cayapa の中にいる] 黒色人種の〔人〕

juyuyo, ya [ujújo, ja] [形] [名]《キューバ. 口語》=**huyuyo**

—— [男]《鳥》アメリカオシドリ

juzgado [xuzgáđo]〖←juzgar〗[男] ❶ 裁判所〖法廷, 組織, 建物〗: El proceso se inició el 8 de septiembre en el ～ número 4. 裁判は9月8日第4法廷で始まった. disputar en el ～ 法廷で論争する. ～ de primera instancia 第一審裁判所〖現在スペインでは民事訴訟を扱う〗. ～ de instrucción 予審裁判所〖現在スペインでは刑事訴訟を扱う〗. ～ de familia 家庭裁判所. ～ de guardia 治安判事裁判所〖軽犯罪の即決裁判・拘置などをする〗. ～ de lo contencioso 行政裁判所. ～ de lo

J

juzgador, ra

social 労働裁判所. J~ General de Indios《歴史》先住民専用裁判所〖先住民による訴訟の激増に伴い,1591年の勅令で設置. 先住民のための弁護人の配備, 審理の簡素化, 先住民の負担の軽減が命じられた〗. ❷ 単一裁判官法廷. ❸ 司法管区. ❹ [集名][一裁判所の] 裁判官, 判事. ❺ 裁判官の職(職務)

de ~ de guardia《西. 口語》無法な, 犯罪的な: hacer cosas *de ~ de guardia* 無法なことをする

juzgador, ra [xuʐɡaðór, ra] 形 裁く, 判決を下す, 判断する, 審査する
── 名 ❶ 裁く人, 審査員, 審判. ❷《古語》裁判官

juzgamiento [xuʐɡamjénto] 男《まれ》裁くこと

juzgamundos [xuʐɡamúndos] 形 名〖単複同形〗《まれ. 皮肉》けちばかりつける〔人〕, やたらと批評したがる〔人〕

juzgante [xuʐɡánte] 形《まれ》裁く〖=juzgador〗

juzgar [xuʐɡár]〖←ラテン語 judicare < judex, -icis「裁判官」〗 8 他
❶ 裁判する, 裁く, 判決(採決)を下す; 判定する: Hoy *juzgan* un caso de homicidio en el tribunal. 今日裁判所である殺人事件が裁かれる. ~ a un criminal 犯罪者を裁判にかける. ❷ 判断する, 判定する: 1)[+por で] No se puede ~ al hombre *por* sus apariencias. 人を外見で判断するべきでない. 2)[+目的格補語/+como・de+形容詞・名詞 であると] El autor no *juzga* necesario meterse en debates teóricos. 著者は理論的な議論に入り込む必要があるとは考えていない. Te *juzgo como* mejor amigo. 君を最良の友人だと思うよ. 3)[+que+直説法] *Juzgo que* tu mamá es la supermujer. 私は君のお母さんは超人的だと思う. ❸《哲学》断定する. ❹《古語》没収する. ❺《グアテマラ. 俗語》うかがう, 盗み見る; 待ち伏せる

a ~ por+名詞/*a ~ por cómo* (*como*)+直説法 …から判断すると: *A ~ por* lo que ha dicho, creo que él no lo hizo. 彼が言ったことからすると彼はやっていないと私は思う. *A ~ por cómo* se vive hoy en el mundo, podemos pensar que la mayoría de los hombres no creen ya en el Infierno. 現代世界の生き方から判断すると, 人間たちの大部分は地獄の存在を信じていないだろう

~ bien 正しく判断する: No le *juzgas bien*. 君は彼をよく分かっていない

~ mal 判断を誤る: No me *juzgues mal*. 私を見損なう(見くびる)なよ

juzgar	
直説法点過去	接続法現在
juzgué	juzgue
juzgaste	juzgues
juzgó	juzgue
juzgamos	juzguemos
juzgasteis	juzguéis
juzgaron	juzguen

juzgón, na [xuʐɡón, na] 形《メキシコ》〔人が〕批判しすぎる

K

k [ká] 女 ❶ アルファベットの第11字《外来語にしか使われない》. ❷《スポーツ》カヤック 名 《=kayak》
ka [ká] 女 ❶ 文字 k の名称. ❷《トランプ》キング
—— 男《古代エジプト》霊魂
kabuki [kabúki]《←日本語》形 男 歌舞伎〔の〕: actor ～ 歌舞伎役者
kafkiano, na [kafkjáno, na] 形《人名》カフカ Kafka の; カフカ的な, 不条理な
kahlua [kálwa] 女《中米. 酒》カルア《コーヒーとカカオをブレンドしたりキュール》
kaiku [kájku] 男 ❶《バスク, ナバラ》カイク《牛乳を温める木桶》. ❷《バスク》フェルト製の上着
kainita [kajníta] 女《鉱物》カイナイト
káiser [kájser]《←独語 Kaiser < ラテン語 Caesar》男 カイゼル, ドイツ皇帝: bigote a lo ～ カイゼルひげ
kakapó [kakapó] 男《鳥》フクロウオウム
kakapú [kakapú] 男 =**kakapó**
kakemono [kakemóno]《←日本語》男 掛け軸
kaki [káki] 男 =**caqui**
kala-azar [kala aθár] 男《医学》黒熱病, カラアザール
kalashnikov [kalasnikóf]《←商標》男《単複同形》カラシニコフ《自動小銃》
kalgan [kalgán] 男《中国, 張家口 Kalgan の》子羊の革
kalium [kaljún]《元素》カリウム《=potasio》
kalka [kálka] 形 名 〔モンゴル北部の〕ハルハ族〔の〕, カルカ族〔の〕
—— 男 カルカ語
kallawaya [kaʎawája] 名《ペルー》カリャワリャ, カヤワヤ《インカ時代から続く呪術師・薬草療法医》
kalmia [kálmja] 女《植物》アメリカシャクナゲ
kamala [kamála] 女《植物》クスノハカシワ, カマラ
kamikaze [kamikáθe]《←日本語》男 ❶ 特攻機; 神風特攻隊の隊員. ❷ ウォータースライダー
—— 形 名 ❶ 命知らず〔の〕, 無鉄砲な〔人〕. ❷ 乱暴な運転をするドライバー. ❸ 自爆テロリスト
kampucheano, na [kamputʃeáno, na] 形 カンプチア Kampuchea の《カンボジアの別称》
kan [kán]《←ペルシア語 jan》男《歴史》〔モンゴルなどの〕汗(ﾊﾝ), カン, ハン: Gengis *Kan* ジンギスカン
kanamicina [kanamiθína] 女《薬学》カナマイシン
kanato [kanáto] 男《歴史》汗 kan の地位《権力・支配地域》
kanchil [kantʃíl] 男《動物》ジャワマメジカ
kanji [kánʒi]《←日本語》男〔圏 ~s〕〔時に 集名〕漢字: ¿Cómo se escribe una idea con un ～? 概念はどのようにして漢字で書き表わされるか?
kantiano, na [kantjáno, na] 形 名《人名》カント Kant の, カント哲学の〔哲学者〕
kantismo [kantísmo] 男 カント Kant 哲学
kantista [kantísta] 名 カント哲学者
kanún [kanún] 男《音楽》カーヌーン《チターの一種》
kanuri [kanúri] 形 名《単複同形》〔北アフリカの〕カヌリ族〔の〕
kaolín [kaolín] 男 =**caolín**
kaón [kaón] 男《物理》K中間子, ケーオン
kapoc [kapók] 男《繊維》カポック, パンヤ
kapok [kapók] 男 =**kapoc**
kappa [kápa] 女《ギリシア文字》カッパ《K, κ》
kaput [kapút] 形 =**kaputt**
kaputt [kapút]《←独語》形《戯語》[estar+. 人・物が] めちゃめちゃになった, 壊れた; [人が] 死んだ
karabao [karabáo] 男 =**carabao**
karacul [karakúl] 男《動物》アカギツネ
karakul [karakúl] 男〔羊の品種〕カラクール; その毛皮
karaoke [karaóke]《←日本語》男 カラオケ《装置, 店》: cantar con (en) ～ カラオケ(カラオケボックス)で歌う
karate [karáte] 男 =**kárate**

kárate [kárate]《←日本語》男 空手
karateca [karatéka] 名 =**karateka**
karateka [karatéka]《←日本語》名 空手家
kárdex [kárðe(k)s] 男《南米》ファイル; ファイルキャビネット
karma [kárma] 男 ❶《ヒンズー教》カルマ, かつ磨, 業(ｺﾞｳ). ❷《仏教》因果応報, 宿命
karst [kárst] 男《地質》カルスト[地形]: meseta de ～ カルスト台地
kárstico, ca [kárstiko, ka] 形《地理》カルスト[地形]の
kart [kárt]《←商標》男〔圏 ~s〕レーシングカート, ゴーカート《車》
karting [kártiŋ] 男 レーシングカート, カートレース《競技》
kartódromo [kartóðromo] 男 カートレース場
KAS [kás]《←バスク語》女《略語》社会主義祖国連絡会議 Coordinadora Patriota Socialista
kasba [kásba] 女 =**casbah**
kasbah [kásba] 女 =**casbah**
kasita [kasíta] 形 [紀元前2000年ごろのバビロニアの] カッシート人〔の〕
kasolita [kasolíta] 女《鉱物》カソロ石
kastán [kastán] 男《服飾》トルコ風ターバン
kata [káta]《←日本語》男《空手》型
katakana [katakána]《←日本語》男〔圏 ~s〕〔時に 集名〕カタカナ, 片仮名
katangueño, ña [kataŋɡéɲo, ɲa] 形 名《地名》[ザイールの] カタンガ Katanga の〔人〕
katangués, sa [kataŋɡés, sa] 形 名 =**katangueño**
katiuska [katjúska]《←露語》女《西》[主に 圏]. ゴム製の〕長靴, レインシューズ《=botas ～ (s)》
katún [katún] 男《マヤの暦で360日を1年とした》20年
kava [kába] 女《植物, 飲料》カバ《南太平洋産のコショウ科の灌木; その根で作った麻薬性のある飲み物》
kawa [kába] 女 =**kava**
kayac [kaják] 男 =**kayak**
kayak [kaják] 男〔圏 ~s〕❶ カヤック《イヌイットの一人乗りの小舟》: ～ de mar シーカヤック. ❷《スポーツ》カヤック競技
kayakista [kajakísta] 名 カヤック競技の選手
kayaquista [kajakísta] 名 =**kayakista**
kazaco, ca [kaθáko, ka] 形 男 =**kazako**
kazajio, jia [kaθáxjo, xja] 形 名 =**kazako**
kazajistano, na [kaθaxistáno, na] 形 名 =**kazako**
kazajo, ja [kaθáxo, xa] 形 名 =**kazako**
kazako, ka [kaθáko, ka] 形 名《国名》カザフ《カザフスタン》Kazajstán〔人・語〕の; カザフ人
—— 男 カザフ語
k/c.《略語》←kilociclos キロサイクル
kcal《略語》←kilocaloría キロカロリー
K-car [kej ká] 男 =**kei car**
kea [kéa] 男《鳥》ミヤマオウム, ケアオウム
kebab [kebáb] 男〔圏 ~s〕《料理》ケバブ, カバブ
kedive [keðíbe] 男 =**jedive**
kefia [kéfja] 女《服飾》カフィエ, クーフィーヤ《アラブの遊牧民が頭にかぶるスカーフ》
kéfir [kéfir] 男《料理》ケフィア, ケフィール《ヨーグルトの一種》
kei car [kej ká]《←日本語》男 軽自動車
keirin [kéjrin]《←日本語》男《自転車》ケイリン
kelper [kélper]《←英語》名〔圏 ~s〕マルビナス(フォークランド)諸島の住民
kelvin [kélbin] 男〔圏 ~s〕《絶対温度の単位》ケルビン
kelvinio [kelbínjo] 男 =**kelvin**
ken [kén]《←日本語》男 県
kendama [kendáma]《←日本語》男 けん玉《道具, 遊び》
kendo [kéndo]《←日本語》男 剣道
keniano, na [kenjano, na] 形 名 =**keniata**
keniata [kenjáta] 形 名《国名》ケニア Kenia〔人〕の; ケニア人
kennedismo [kenneðísmo] 男 ケネディ John F. Kennedy の政策

kenotrón [kenotrón] 男《電気》ケノトロン
kentia [kéntja] 女《植物》ケンチャヤシ《観葉植物》
kenyano, na [kenjáno, na] 形 名 =**keniata**
kenyata [kenjáta] 形 名 =**keniata**
kepí [kepí] 男 =**quepis**
kepis [képis] 男《単複同形》=**quepis**
kerigma [kerígma] 男《キリスト教》ケリグマ, ケーリュグマ《非信者に対するイエスの最初の福音の告知》
kerigmático, ca [kerigmátiko, ka] 形《キリスト教》ケリグマの
kermes [kérmes] 男 =**quermes**
kermés [kermés] 女 ❶《聖人の祝日の》野外の慈善バザー; その会場. ❷ [16世紀フランドルの絵画・タペストリーに描かれた] 野外の民衆の祭り
kermese [kermése] 女 =**kermés**
kermesse [kermése] 女 =**kermés**
kero [kéro] 男 ケロ《インカ帝国時代に儀式に用いた土器の大きなコップ》
kerodon [keróðon] 男《動物》ケロドン《カピバラの近縁種》
kerosén [kerosén] 男《中南米》=**queroseno**
kerosene [keroséne] 男《中南米》=**queroseno**
keroseno [keroséno] 男 =**queroseno**
ketch [kétʃ] 男《船舶》=**queche**
ketchup [kétʃup] 男《←英語》《料理》ケチャップ
ketoconazol [ketokonaθól] 男《薬学》ケタコナゾール
ketoprofeno [ketoproféno] 男《薬学》ケトプロフェン
kevlar [keblár] 男《←商標》《繊維》ケブラー
keynesianismo [kejnesjanísmo] 男《経済》ケインズ学派, ケインズ主義; ケインズ政策
keynesianista [kejnesjanísta] 形 ケインズ学派(主義)の
keynesiano, na [kejnesjáno, na] 形 名《人名.経済》ケインズ Keynes の; ケインズ学派(主義)の(人)
keynesismo [kejnesísmo] 男 =**keynesianismo**
keynesista [kejnesísta] 形 =**keynesianista**
kg.《略語》←**kilogramo** キログラム
kgf《略. 物理》←**kilogramo-fuerza** キログラム・フォース
Kgm《略. 物理》←**kilográmetro** キログラムメートル
khan [kán] 男 =**kan**
khasi [kási] 形 名《単複同形》[インド北東部の] カーシ族(の) ── 男 カーシ語
khedive [keðíbe] 男 =**jedive**
khmer [xemér] 形 名 (複 ~s) クメールの(人)〖=jemer〗 ── 男 クメール語
khoisánida [kojsániða] 形 名 [アフリカ南部の] コイサン族(の) ── 男 コイサン諸族
kiang [kján] 男《動物》チベットノロバ, キャン
kibbutz [kibúts] 男《複 ~s/~tzim/単複同形》[イスラエルの] キブツ
kibutz [kibúts] 男 =**kibbutz**
kick boxing [kík bó(k)siŋ]《←英語》《スポーツ》キックボクシング
kick-starter [kík estárter] 男《←英語》(複 ~s)《バイク》キックスターター
kids [kíd] 男 (複)《ボリビア》スポーツシューズ
kíe [kíe] 男《隠語》刑務所内の犯罪組織のボス
kief [kjéf] 男 陶酔, 夢心地; 至福の状態
kieselguhr [kíselgur] 男《鉱物》珪藻土
kieserita [kíserita] 女《鉱物》キーゼル石
kif [kif] 男 ❶《西. 隠語》[主に水ぎせるで吸う] ハシッシュ. ❷ =**kief**
kiko [kíko] 男《西》ジャイアントコーン〖=quico〗
kikongo [kikóŋgo] 男 コンゴ語
kikuyo [kikújo] 形 名 =**kikuyu**
kikuyu [kikúju] 形 名 [ケニアの] キクユ族(の) ── 男 キクユ語
kiliárea [kiljárea] 女 =**quiliárea**
kilim [kílin] 男 (複 ~s)《繊維》キリム《トルコ・イランなどの幾何学模様の織りつづれ》
kilitón [kilitón] 男 =**kilotón**
kilo [kílo] 男《kilogramo の省略語》(複 ~s) ❶ キログラム: ¿A cuánto está el ~ de tomates? トマトはあたりいくらですか? Te costará 250 euros/~. 1キロ250ユーロするだろう. comprar por ~s キロ[単位]で買う. dos ~s de patatas ジャガイモ2キロ. ❷《口語》俗 体重: Mis ~s me privan de correr mucho. 私は体重のせいであまり走れない. ❸《西. 古語》100万

ペセタ. ❹《キューバ. 口語》1センターボ貨: ~ prieto [米国の] 1セント貨. ❺《主にアルゼンチン, ウルグアイ. 口語》大量: Esta sopa tiene ~s de sal. このスープは非常に塩からい
al ~《キューバ. 口語》よくできた
al tres ~s《口語》非常に安価で
de a ~《口語》非常に重大(重要)な
de [a] tres ~s《キューバ. 口語》非常に品質の悪い
el ~ no tiene vuelo《キューバ. 口語》[事が] 解決しない
entrar pocos en ~《口語》ごくわずかである, 大変まれである
estar al ~《キューバ. 口語》[人が] 非常に健康である
no valer un ~ prieto《キューバ. 軽蔑》[人・事物が] 価値がない
sacar el ~《キューバ. 口語》1) 状況を最大限利用する. 2) 搾取する, こき使う
un ~《口語》大量: Tengo *un ~ de cosas que hacer.* 私はしなければならないことがたくさんある
kilo-《接頭辞》[+単位を表わす名詞. 1000] *kilogramo* キログラム
kiloamperio [kiloampérjo] 男《電気》キロアンペア
kilobit [kilobít] 男 (複 ~s)《情報》キロビット
kilobyte [kilobájt] 男《情報》キロバイト
kilocaloría [kilokaloría] 女《物理》キロカロリー
kilociclo [koloθíklo] 男《電気》キロサイクル
kilográmetro [kilográmetro] 男《仕事量の単位》キログラムメートル
kilogramo [kilográmo]《←kilo-+gramo》男《重量の単位》キログラム. ~ masa 質量キログラム. ~ peso 重量キログラム〖=kilopondio〗
kilogramo-fuerza [kilográmo fwérθa] 男《圧力の単位》キログラム・フォース, キログラム重
kilogray [kilográj] 男《物理》キログレイ
kilohercio [kiloérθjo] 男《物理》キロヘルツ
kilohertz [kiloérts] 男《単複同形》=**kilohercio**
kilojulio [kiloxúljo] 男《物理》キロジュール
kilolitro [kilolítro] 男《容量の単位》キロリットル
kilometraje [kilometráxe] 男 走行キロ数: Este coche tiene mucho ~. この車の走行キロ数は多い
kilometrar [kilometrár] 他 キロメートルで測る: ~ el nuevo tramo de la carretera 開通された道路の区間をキロメートルで測る
kilométrico, ca [kilométriko, ka] 形 ❶ キロメートルの: poste (mojón) ~ キロメートル道標. *distancia ~ca* キロメートルで測った距離. ❷《口語》[空間的・時間的に] ひどく長い: Llevaba al cuello una bufanda ~ca. 彼は途方もなく長い襟巻きをしていた. *pasillo ~* えんえんと続く長い廊下. *sermón ~* 長ったらしい説教 ── 男《鉄道》[一定キロ数以内なら何回でも乗れる] キロメートル切符〖=billete ~〗
kilómetro [kilómetro]《←kilo-+ギリシア語 metron "寸法"》男《長さの単位》キロメートル: La fábrica está a ~ quinientos de la autopista. その工場は高速道路で500キロの所にある. El coche tiene tres mil ~s. その車はまだ3千キロしか走っていない. ~ *cuadrado (cúbico)* 平方(立方)キロメートル. ~ *cero* 0キロメートル地点《スペインの各道路の起点. マドリードのPuerta del Sol 広場にある》. ~-*hora* 時速…キロ
kilopondímetro [kilopondímetro] 男 キログラムメートル〖=kilográmetro〗
kilopondio [kilopóndjo] 男《物理》[エネルギーの単位] 重量キログラム, キロポンド
kilotex [kiloté(k)s] 男 1000テックス tex
kilotón [kilotón] 男《火薬の破壊力の単位》キロトン
kilotonelada [kilotoneláða] 女 =**kilotón**
kilotónico, ca [kilotóniko, ka] 形 キロトンの
kilovatio [kilobátjo] 男《仕事量の単位》キロワット: ~ *hora* キロワット時
kilovoltio [kilobóltjo] 男《電気》キロボルト
kilowatt [kilobát] 男《複 ~s》=**kilovatio**
kilt [kílt] 男《←英語》(複 ~s)《服飾》❶ [スコットランドの男性用スカート] キルト. ❷ [女性用の] キルトスカート〖=falda ~〗
kimberlita [kimberlíta] 女《鉱物》キンバーライト
kimona [kimóna] 女《メキシコ, キューバ》=**quimono**
kimono [kimóno] 男 =**quimono**
kinasa [kinása] 女《生化》キナーゼ
kinder [kínder] 男《複 ~s》《口語》=**kindergarten**

kínder [kínder] 男《複 ~s》《メキシコ, ベネズエラ, チリ, アルゼンチン》=**kindergarten**
kindergarten [kindergárten]《←独語》男《複 ~s》幼稚園《= jardín de infancia》
kinescopado, da [kineskopáðo, ða] 形 キネスコープの
kinescopio [kineskópjo]《←商標》男 ❶ キネスコープ《受像用ブラウン管》. ❷ それを用いたテレビ映画
kinésico, ca [kinésiko, ka] 形 女 =**quinésico**
kinesiología [kinesjoloxía] 女 =**quinesiología**
kinesiológico, ca [kinesjolóxiko, ka] 形 =**quinesiológico**
kinesiólogo, ga [kinesjólogo, ga] 名 =**quinesiólogo**
kinesiterapeuta [kinesiterapéuta] 名 =**quinesiterapeuta**
kinesiterapia [kinesiterápja] 女 =**quinesiterapia**
kinesiterápico, ca [kinesiterápiko, ka] 形 =**quinesiterápico**
kinético, ca [kinétiko, ka] 形 運動の, 動的な
kinetoscopio [kinetoskópjo] 男 キネトスコープ《初期の映写機》
king size [kín sáiθ]《←英語》形 [葉巻きなどが] キングサイズの
kinkajú [kiŋkaxú] 男《動物》キンカジュー
kiosco [kjósko] 男 =**quiosco**
kioskero, ra [kjoskéro, ra] 名 =**quiosquero**
kiosquero, ra [kjoskéro, ra] 名 =**quiosquero**
kipa [kípa]《←ヘブライ語》男 キッパー《ユダヤ人男性のかぶる, つばなしの丸い帽子》
kipá [kipá] 男 =**kipa**
kiowa [kjówa] 形 名 カイオワ族〔の〕《北米先住民》
kirguís [kirgís] 形 名《国名》キルギス Kirguiztán〔人・語〕の; キルギス人
— 男 キルギス語
kirguizio, zia [kirgíθjo, θja] 名 =**kirguís**
kirguizo, za [kirgíθo, θa] 形 名 =**kirguís**
kirial [kirjál]《カトリック》ミサ通常文の聖歌集
kirie [kírje]《←ギリシア語 kyrios「主」》男《カトリック》[主に 複] キリエ, 求憐誦(グゥヮランムフ), 憐れみの賛歌《kirie eleisón「主よ, 憐れみたまえ」を意味する祈りの言葉》
　 cantar el ~《口語》慈悲を乞う
　 llorar los ~*s*《口語》胸がはりさけんばかりに泣く
kirieleisón [kirjeleisón] 男 ❶ =**kirie**. ❷ 埋葬の祈祷の言葉
　 cantar el ~《戯語》葬式の準備をする
kirsch [kírs]《←独語》男《酒》キルシュ, チェリーブランデー
kisear [kiseár] 自《中米》キスをする《=besar》
kiswahili [kiswaxíli] 男 スワヒリ語
kit [kít]《←英語》男《複 ~s》一式セット; [模型などの] 組立用キット
kitchenette [kitʃenét]《←英語》女《アルゼンチン, ウルグアイ》[アパートなどの] 簡易台所, キチネット
kitsch [kítʃ]《←独語》形《単複同形》❶ [ブルジョワ的な] 悪趣味の, キッチュ. ❷ [人・事物が] 趣味の悪い. ❸ 古くさい, 流行遅れの
kivi [kíbi] 男 =**kiwi**
kiwi [kíwi]《←英語》男《複 ~s》❶《植物, 果実》キーウィ. ❷《鳥》キーウィ
kj《略語》←**kilojulio** キロジュール
kleenex [klíne(k)s]《←商標》男《単複同形》❶ ティシュペーパー: *tomar un* ~ ティシュを1枚取る. ❷ [形容詞的に] 使い捨ての: *libro* ~ 読み捨て本
klistrón [klistrón]《←商標》男《電子》クリストロン, 速度変調器
km《略語》←**kilómetro** キロメートル《単 のみ》: 3.000 *km* 3千キロ
km/h.《略語》←**kilómetro por hora** 時速…キロメートル
knesset [nesét]《←ヘブライ語》女 [イスラエルの] 国会
knock down [nokdáun]《←英語》男《複 ~s》《ボクシング》ノックダウン
knock out [nokáut]《←英語》男《複 ~s》=**K.O.**
know how [nóuxau]《←英語》男《複 ~s》《技術》ノウハウ: *aportar un* ~ ノウハウを提供する
K.O. [káo]《←英語》男《主に西》❶《ボクシング》ノックアウト: *perder por* ~ ノックアウト負けする; 完敗する. ~ *técnico* テクニカルノックアウト. ❷《口語》手も足もでない状態; 反論できない状態
　 dejar a+人 ~）1) …をノックアウトする. 2) …を呆然とさせる, 打ちのめす: *Me dejó* ~ *con la pregunta.* 私は彼の質問に返

ってしまった
　 quedar (se) ~ 呆然とする, 打ちのめされる
koala [koála] 男 =**coala**
kobold [kobólð]《←独語》男 コボルト《ドイツの民間伝承に登場する, 子供のような姿の妖精》
kobudo [kobúðo]《←日本語》男 古武道
kodak [kodák]《←商標》女/《まれ》男 小型カメラ
kohl [kól] 男 コール墨
koiné [koiné] 女 ❶ コイネー, 標準ギリシア語《紀元前5~3世紀の共通ギリシア語. 新約聖書の言語で, 現代ギリシア語の母体》. ❷ 共通語, 標準語
kokenmodingo [koke(m)moðíŋgo] 男《考古》貝塚
kokotxa [kokótʃa] 女《←バスク語》=**cococha**
kola [kóla] 女《植物》コラノキ《=cola》, 集団農場
koljós [koljós] 男《露語》コルホーズ, 集団農場
koljosiano, na [kolxosjáno, na] 名 女 コルホーズの〔農民〕
koljoz [koljóθ] 男 =**koljós**
koljóz [koljóθ] 男 =**koljós**
Komintern [komintérn] 男《歴史》コミンテルン
kondo [kóndo]《←日本語》男 本堂
kongoni [koŋgóni] 男《動物》ハーテビースト
kopec [kopék] 男 =**kopek**
kopek [kopék] 男《複 ~s》[ロシアの貨幣単位] カペイカ, コペイカ
kora [kóra] 女《音楽》コラ
kore [kóre] 女《古代ギリシア. 美術》コレー《少女像》
koré [koré] 女 =**kore**
kosher [kóʃer]《←英語》形《複 ~s》《ユダヤ教》[食べ物が] 適法な, 清浄な
kosovar [kosobár] 形 名《国名》コソボ Kosovo の〔人〕
kostka [kóstka]《←St. Stanislaus Kostka (聖スタニスラス・コストカ)》男《カトリック》[イエズス会の] 聖マリア世俗会の青年
kraft [kráft] 形 *papel* ~ クラフト紙
kraker [krakér]《←オランダ語》名《複 ~s》[空き家の] 不法居住者
krátera [krátera] 女《古代ギリシア・ローマ》クラテル《ワインと水を混ぜるかめ》
krausismo [kraṷsísmo] 男《哲学》クラウゼ Krause 哲学, クラウゼ主義《17~18世紀ドイツの哲学. 自由教育学院 Institución Libre de Enseñanza の教育理念に影響を与えた》
krausista [kraṷsísta] 形 名 クラウゼの思想の〔信奉者〕
kremlin [krémlin] 男 ❶ [ロシアの] クレムリン宮殿. ❷ ロシア政府, ソ連政府
kremlinología [kremlinoloxía] 女 ソビエト政治研究
kremlinólogo, ga [kremlinólogo, ga] 名 ソビエト政治研究家
kril [kríl] 男 =**krill**
krill [kríl] 男《動物》オキアミ, クリル
kriptón [kri(p)tón] 男 =**criptón**
Krisna [krisná]《←インド神話》クリシュナ《ヴィシュヌ神 Vishnu の第8化身 avatar》
kronprinz [krompríntθ] 男 ドイツの皇太子の称号
krugerrand [krúgerand]《←英語》男《複 ~s》[南アフリカ共和国の] クルーガーランド金貨
kryptón [kri(p)tón] 男 =**criptón**
kuchen [kútʃen]《←独語》男《チリ. 料理》ドイツ風のパイ
kudurru [kuðúrru]《←日本語》男《メソポタミアの境界石》
kufía [kufía]《←服飾》クーフィーヤ《ベドウィンの男性がかぶる布》
Kukulkán [kukulkán] 男《マヤ神話》ククルカン《至高神, 創造神. →**Quetzalcóatl**》
kukuxklán [kuku(k)sklán] 男 [米国の秘密結社] クー・クラックス・クラン, KKK
kulak [kulák] 男《露語》男《複 ~s》[ロシア革命前の] クラーク, 富農
kulan [kúlan] 男《動物》アジアノロバ, オナガー
kumis [kúmis] 男《複 ~s》馬乳酒, クミス
kumité [kumité]《←日本語》男《空手》組み手
kummel [kuméɾ]《←独語》男 キュンメル酒
kumquat [kumkát] 男《植物, 果実》キンカン《金柑》
kunfu [kunfú] 男 =**kung fu**
kung fu [kun fú]《←中国語》男 カンフー《功夫》《kungfu とも表記する》
Kunkel [kuŋkél]《医学》クンケル: *reacción* 〔*de*〕 ~ クンケル反

kunzita

応
kunzita [kunθíta] 囡《鉱物》クンツァイト
kuomintang [kwomintán]《←中国語》男 国民党
kurdo, da [kúrđo, đa] 形 名 クルド族〔の〕
　　coger una ～da 酔っぱらう
　　── 男 クルド語
kurgan [kúrgan] 男《考古》クルガン《ロシア南部の墳丘墓》
kuriliano, na [kuriljáno, na] 形 名《地名》千島列島 islas Kuriles の〔人〕
kuriliense [kuriljénse] 形 名 =**kuriliano**
kuros [kurós] 男《単複同形》《古代ギリシア. 美術》クーロス《若者像》

kuru [kurú] 男 クール一病《パプアニューギニアの風土病》
kurus [kurús] 男《単複同形》[トルコの貨幣単位] クルシュ
kuwaití [kuwaití/-bai-] 形 名《匯》～〔e〕s》《国名》クウェート Kuwait の〔人〕
kV.《略語》←kilovoltio キロボルト
kW.《略語》←kilovatio キロワット
kW/h.《略語》←kilovatios por hora キロワット時
kwanza [kwánθa] 男 [アンゴラの貨幣単位] クワンザ
kylix [kilí〔k〕s] 囡《古代ギリシア》キュリクス《陶製の酒杯》
kyogen [kjógen]《←日本語》男 狂言
kyrie [kírje] 男《カトリック, 音楽》キリエ, 憐れみの賛歌

L

l [éle] 囡 ❶ アルファベットの第12字: edificio en forma de *L* L字形の建物. ❷ [主に大文字で] ローマ数字の50
l. 《略語》←*litro* リットル
L. 《略語》←*lira* (*italiana*) リラ
L/. 《略語》←*letra de cambio* 為替手形
la¹ [la] 《←ラテン語 *illa*》冠 《定冠詞単数女性形. →**el**》*la* chica その少女. *la* revista その雑誌
 a la+形容詞女性形…風の・に: *a la* antigua 昔風の・に
 a la+地名形容詞女性形…風の・に: jardín *a la* japonesa 日本庭園
 a la que+直説法 …すると(すぐ): *A la que* me vio, rompió a llorar. 彼女は私を見ると泣き出した
 la de+可算名詞複数形·不可算名詞単数形 [感嘆] 大量の…, 多数の…: ¡*La de* tonterías que hay que ver! 目にしなければならぬ多くのばかげたことといったら! ¡*La de* veces que me dejaron sola! 私は何度一人ぼっちにされたことか!
 ── 代《人称代名詞3人称単数女性形. →**lo**》❶ [直接目的] 1) 彼女を: Me encontré con Rosa en la librería y *la* invité a tomar café. 私は本屋でロサに出会い, コーヒーを飲もうと彼女を誘った. 2) [女性の] あなたを: ¿*La* atienden, señora? 奥さん, ご用をうけたまわっておりますか? 3) [女性名詞をうけて] それを: No encuentro la llave. ¿*La* tienes tú? 鍵が見つからない, 君がそれを持っているのか? ❷ [*fechoría*「悪事・いたずら・大騒ぎ」などの名詞を暗に示したり, 「困ったこと・嘆かわしいこと」を表す]: No quiero verle más, no tengo ganas de armar *la* otra vez. もう彼には会いたくない. またけんかになるのは嫌だ. *La* he hecho buena. He salido de casa sin cartera. 私は何てばかなんだろう, 財布を持たずに家を出て来た. ❸ [重複用法] Si se ha portado mal contigo, la culpa *la* tienes tú por darle tanta confianza. もし彼女が君にそのような仕打ちをしたのなら, それは君の方が悪いよ. 彼女に打ち明けすぎたからだよ ❹ [間接目的] 彼女に, あなたに [→*laísmo*. =*le*]: *La* cosí una falda. 私は彼女にスカートを縫ってあげた
la² [lá] 男 (圏 ~s)《音楽》[音階の] ラ, イ音
lab [láb]《略》《生化》レンネット
lábana [lábana] 囡《地方語》平らな岩
lábaro [lábaro] 男 ❶ [キリストの銘XPと十字架をあしらった, コンスタンティヌス帝以降の] ローマ帝国の軍旗. ❷ キリストの銘XPの図案. ❸《メキシコ》国旗
labe [lábe] 囡《まれ》汚れ, 傷, 欠点
labela [labéla] 囡《昆虫》唇弁(ベン)
labelo [labélo] 男《植物》ラン科の植物の上側の花びら
labeo [labéo] 男《まれ》=**labe**
laberintero, ra [laberintéro, ra] 形《ペルー》ごたごた(困惑)を起こす[人]
laberíntico, ca [laberíntiko, ka] 形 迷路の; 込み入った, 入り組んだ, 複雑な, 錯綜した: ~*cas* callejuelas 迷路のような路地
laberinto [laberínto] 男《←ギリシア語 *labyrinthos*》❶ 迷路, 迷宮: El Minotauro estaba encerrado en el ~ de Creta. ミノタウロスはクレタ島の迷宮に閉じ込められていた. adelantarse en el ~ 迷路に入り込む. ❷ 錯綜, 紛糾: Su mente es un ~ de obsesiones y miedos. 彼の頭の中では妄想と恐怖が錯綜している. ❸《解剖》内耳, 迷路. ❹ 異なる読み方のできる韻文. ❺ [ゲーム·パズルの] 迷路. ❻《菓子》ジャムとクリームを詰めたカステラ. ❼《ペルー》スキャンダル
lab-fermento [láb ferménto] 男《生化》=**lab**
labia [lábja] 囡《←ラテン語 *labia* < *labium*「唇」》《口語》巧みな弁舌: tener mucha ~ 《軽蔑》口達者である, 能弁である. vendedor con ~ 言葉巧みな店員
labiado, da [labjádo, da] 形《植物》唇状花冠の; シソ科の
 ── 囡 圏《植物》シソ科
labial [labjál] 形《音声》唇音の
 ── 囡《音声》唇子音 [=*consonante* ~. 例 *f*]
labialidad [labjalidád] 囡《音声》唇音性
labialización [labjaliθaθjón] 囡《音声》唇音化
labializar [labjaliθár] 他《音声》唇音化する

labiarriscado, da [labjařiskádo, da] 形 名《ベネズエラ》口唇裂の[人]
labiérnaga [labjérnaga] 囡《地方語》=**labiérnago**
labiérnago [labjérnago] 男《植物》モクセイの一種《学名 *Phillyrea angustifolia*》
labihendido, da [labjendído, da] 形《医学》口唇裂の, 兎唇の
lábil [lábil]《←ラテン語 *labilis*》形 ❶《文語》滑りやすい. ❷《文語》もろい, うつろいやすい. ❸《化学》[化合物が] 不安定な
labilidad [labilidád] 囡 ❶《文語》滑りやすさ. ❷《文語》もろさ, うつろいやすさ. ❸《化学》不安定さ
labio [lábjo]《←ラテン語 *labium*》男 ❶ 唇: Ana lleva los ~*s* pintados de rojo. アナは唇を赤く塗っている. apretar los ~*s* をぎゅっと結ぶ. lamerse los ~*s* 舌なめずりをする. ~*s* finos (gruesos) 薄い(厚い)唇. ~*s* cortados 荒れた唇. ❷ [主に圏] De mis ~*s* no ha salido tal cosa. 私はそんなことを口にした覚えはない. ~ de elocuencia 能弁. ❸《解剖》陰唇: ~*s* grandes (mayores) 大陰唇. ~*s* pequeños (menores) 小陰唇. ❹ 圏 傷口 [=~ *de la herida*]. ❺《植物》[唇形花冠の] 下唇弁. ❻ [容器などの] 縁
 cerrar los ~*s* 黙る, 話さない, 口をつぐむ
 colgarse de los ~*s de*+人《西. 口語》=*estar pendiente* (*colgado*) *de los* ~*s de*+人
 de ~*s afuera*《口語》口先だけの·の
 estar pendiente (*colgado*) *de los* ~*s de*+人《西. 口語》…の話を興味深く聞く, 言葉に聞き入る
 ~ *inferior* 1) 下唇: piercing en el ~ *inferior* 下唇にピアスすること. 2) あごの上部
 ~ *superior* 1) 上唇: morderse el ~ *superior* 上唇を噛む. 2) 鼻の下: depilarse el ~ *superior* 鼻の下を脱毛する
 morderse los ~*s* 言いたい(笑いたい)のを我慢する; [笑いたい·言いたいのを我慢して] 唇を噛む
 no despegar (*descoser*) *los* ~*s* 黙っている, 返事をしない
 sellar los ~*s* (*el* ~) *a*+人《口語》…を黙らせる, 話させない; 口止めする, 口封じする
labiodental [labjoðentál] 形 囡《音声》唇歯音[の]
labiosear [labjoseár] 他《中米》こびる, へつらう
labiosidad [labjosidád] 囡《中米, エクアドル》お世辞, おべっか
labioso, sa [labjóso, sa] 形《エクアドル》❶ お世辞のうまい[人], おべっか使いの. ❷ 口達者な[人], おしゃべりな[人]
labiovelar [labjobelár] 形《音声》唇軟口蓋音[の]
labor [labór]《←ラテン語 *labor, -oris*「労働, 疲労」》囡 ❶《文語》労働(trabajo): Los trabajadores desempeñan su ~ con entusiasmo. 労働者たちは熱心に働いている. día [de] ~ 平日. ~ de equipo 共同作業; チームワーク. ~ monótona 単調な労働. ~ de manos 手作業. ~ artística 芸術活動. ❷ [主に圏] 農作業, 畑仕事, 耕作 [=~*es hechas a mano*]; 針仕事 [=~*es de aguja*]; 編み物 [=~*es de punto*]: hacer ~*es* 編み物(針仕事)をする. ~*es* de gancho/~*es* de ganchillo かぎ針編み. ~ *blanca* ハンカチにする刺繡. ❹ 集 [非物質的な] 仕事の成果, 業績: desarrollar una gran ~ 大きな業績をあげる. ❺ 小農場. ❻ [主に圏] たばこ製品. ❼ 家事 [=~*es domésticas*, *del hogar*]. ❽《鉱山》[主に圏] 採掘, 採鉱. ❾《メキシコ, グアテマラ, エルサルバドル》田舎の小農園. ❿《メキシコ》農地面積の単位《=4ヘクタール強》
 de ~《西》農作業用の: caballo *de* ~ 農耕馬
 estar por la ~《西》賛成である, …する気になっている《主に否定文で》: Él no *estaba por la* ~. 彼は気乗りがしなかった
 hacer ~ 合う [=*hacer juego*]
 sus ~*es* 《公式書類で, 女性の職業欄への記入》家事, 専業主婦《*que hace sus* ~*es en casa* の略. 略語 SL》
laborable [laboráble] 形 ❶ [土地が] 耕作され得る: tierra

(terreno) ～ 耕作可能な土地. ❷［日数・時間などが］労働に当てられる: cinco días ～s a la semana 週休2日
―― 男 平日, ウィークデー ［=día ～］

laboral [laborál] 形 ❶ 労働の: contrato ～ 労働契約. derecho ～ 労働法. situación ～ 雇用情勢. ❷《古語的》職業教育の: enseñanza ～ 技術教育, 職業教育. instituto ～ 専門学校, 工業学校

laboralista [laboralísta] 形 名 労働法専門の［弁護士］, 労働弁護士

laboranta [laboránta] 女 →**laborante**

laborante [laboránte] 名《女性形 **laboranta** もある》❶［実験室・研究所の］助手. ❷《まれ》労働者. ❸《まれ》陰謀家
―― 形 働く

laborar [laborár]《←ラテン語 laborare < labor, -oris》自《文語》❶［+por～ 物事のために］力を尽くす, 努力する: ～ por el bien de su país 国家の利益のために働く. ❷［+en ～］仕事をする: ～ en tareas del hogar 家事をする
―― 他《文語》❶ 細工する, 加工する. ❷ 耕す［=labrar］: ～ los campos 畑を耕す

laboratorio [laboratórjo]《←laborar》男 ❶ 実験室; 試験所, 研究所: animal de ～ 実験動物. ～ de ideas シンクタンク. ～ de idiomas ランゲージ・ラボラトリー, LL教室. ～ espacial 宇宙実験室. ～ farmacéutico 製薬工場. ❷《写真》現像所［=～ fotográfico］

labordano, na [labɔrdáno, na] 形 名［地名］=**labortano**
labordáno, na [labɔrdáno, na] 名《アンデス》現場監督
laborear [laboreár]《←labor》他 ❶ 耕す［=labrar］. ❷《鉱山》採掘する. ❸ 細工する, 加工する
―― 自《船舶》［滑車に］ロープを通す
laboreo [laboréo] 男 ❶ 耕作, 農耕, 農作業. ❷《鉱山》採掘, 採鉱. ❸《船舶》［滑車に］ロープを通すこと
laborero, ra [laboréro, ra] 名 ❶《まれ》［女性が］裁縫の上手な人. ❷《ペルー, ボリビア, チリ》［炭鉱などの］現場監督, 親方. ❸《チリ》皮なめし職人
laborío [laborío] 男《まれ》仕事, 労働
laboriosamente [laborjósaménte] 副 勤勉に, 精を出して
laboriosidad [laborjosidá(d)] 女 勤勉, 精励: Las hormigas almacenan la comida para el invierno con gran ～. 蟻ははせっせと冬の食べ物を蓄えている
laborioso, sa [laborjóso, sa]《←ラテン語 laboriosus》形 ❶ 勤勉な, 働き者の: estudiante ～ よく勉強する学生. ❷ 骨の折れる, 手間のかかる, 困難な: Los preparativos han sido ～s. 準備は大変だった
laborismo [laborísmo] 男 ❶［英国などの］労働党の穏健な社会主義［運動］. ❷ 労働運動, 労働者優先（擁護）政策
laborista [laborísta] 形［英国などの］労働党の［党員］: partido ～ 労働党
labortano, na [labɔrtáno, na] 形 名［地名］［フランスバスク País vasco francés の］ラブール Lapurdi の［人］
―― 男 ラブールで話されるバスク語
laborterapia [labɔrterápja] 女《医学》ワークセラピー, 労働療法
labra [lábra] 女 ❶ 細工, 加工［=labrado］. ❷《アンダルシア》土地を耕すこと; 土地を耕す時期
labrada[1] [labráda] 女 翌年の種まきに備えて耕された休耕地
labradero, ra [labraðéro, ra] 形《まれ》=**labrantío**
labradío, a [labraðío, a] 形《まれ》=**labrantío**
labrado, da[2] [labráðo, ða] 形［布が］刺繍のある
―― 男 ❶［石・木材・金属などの］細工［行為］; 細工物: ～ de la madera 木彫. ❷［土地の］耕し. ❸［畑］耕地
labrador, ra [labraðór, ra] 形 名 ❶ 農民（の）,［特に］自作農［の］［→agricultor 類義］. ❷《犬》ラブラドール・レトリバー［= ～ retriever, cobrador de ～, perdiguero de ～］. ❸《まれ》原因となる［人］, 生み出す［人］. ❹《メキシコ》ラバと共に農地で日雇いされる若者［=huebrero］. ❺《キューバ, ドミニカ, パラグアイ》材木から樹皮を剥がす人
labradoril [labraðoríl] 形《まれ》農民の
labradorisco, ca [labraðorísko, ka] 形《まれ》農民の
labradorita [labraðoríta] 女《鉱物》ラブラドライト, 曹灰長石
labrandera [labrandéra] 女 裁縫（手芸）のうまい女性
labrante [labránte] 形《まれ》男 石工. ❷ 斧で木を切る（加工する）人
labrantín [labrantín] 男 小農, 貧農
labrantío, a [labrantío, a] 形［土地が］耕作に適した, 耕すのに

能な
―― 男 ❶ 耕作適地. ❷ 耕作［=labranza］
labranza [labránθa]《←labrar》女 ❶ 耕作, 農耕: instrumentos de ～ 農器具. ❷ 農場, 農園. ❸ 農地. ❸《古語》労働
labrapuntas [labrapúntas]《コロンビア》=**sacapuntas**
labrar [labrár]《←ラテン語 laborare「働く」》他 ❶［土地を］耕す, すき返す; 農作業をする: Los quechuas siguen labrando las tierras con la chaquitaclla. ケチュア人は踏み鋤で土地を耕し続けている. ❷［石・木材・金属などに］細工を施す; 彫る: ～ joyas 宝石を加工する. ～ la piedra con un cincel 石をのみで彫る. ～ en madera un busto 木の胸像を彫る. ❸ …の原因となる, 生み出す: ～ la felicidad de... ～を幸福にする. ❹ …に刺繍する. ❺［土地を］賃貸する. ❻《まれ》製造する. ❼《古語》建設する
―― 自 強い印象を与える
―― ～se …の原因となる: ～se un buen futuro 自らの将来を切り開く
labrero, ra [labréro, ra] 形 目の粗い漁網の
lábrido, da [láßriðo, ða]《魚》ベラ科の
―― 男《魚》ベラ科
labriego, ga [labrjéɣo, ɣa] 名 農民［→agricultor 類義］
labro [lábro] 男《動物》［昆虫・甲殻類の］上唇
labrusca [labrúska] 女《植物》ラブルスカブドウ［=vid americana］
laburante [laßuránte] 名《チリ, アルゼンチン, ウルグアイ. 口語》労働者
laburar [laßurár] 自《チリ, アルゼンチン, ウルグアイ. 口語》働く
laburno [laßúrno] 男《植物》キングサリ
laburo [laßúro] 男《チリ, アルゼンチン, ウルグアイ. 口語》❶ 仕事, 労働［=trabajo］. ❷ 仕事場, 職場
laca [láka]《←アラビア語 lakk < サンスクリット語 laksa》女 ❶ ヘアスプレー［=～ en spray］: poner (echar) ～ al pelo 髪にヘアスプレーをかける. ❷ 漆; ラッカー: pintar (barnizar) con ～/dar ～ 漆（ラッカー）を塗る. ❸ 漆器. ❹［マニキュア用の］エナメル［=～ de uñas］. ❺ シェラック, ラック［樹脂の一種］
lacado, da [lakáðo, ða] 形 漆塗りの, ラッカーが塗られた
―― 男 漆（ラッカー）を塗ること
lacandón, na [lakandón, na] 形 名 ラカンドン族（の）［メキシコのチアパス州とグアテマラに住む先住民］
―― 男 ラカンドン語［マヤ語族の一つ］
lacar [lakár] 7 他 …に漆（ラッカー・マニキュア）を塗る
lacaria [lakárja] 女《植物》ウラムラサキ［食用のキノコ. =～ amatista］; キツネタケ［食用のキノコ. =～ lacada］
lacaya [lakája] 女《ボリビア》屋根のない小屋
lacayo [lakájo] 男《←?語源》❶《歴史》［仕着せを着た］従僕. ❷《歴史》［騎士の］従者［徒には弓矢, 騎には弩］. ❸《軽蔑》おべっか使い, 取り巻き, 腰巾着. ❹《古語》［女性用の］リボン飾り
lacayuno, na [lakajúno, na] 形《軽蔑》おべっか使いの, 腰巾着の; 卑屈な
laceada [laθeáða] 女《アルゼンチン. 口語》［動物へのロープでの］鞭打ち
laceador, ra [laθeaðór, ra] 名《中南米》投げ縄使い
lacear [laθeár]《←lazo》他 ❶《西. 狩猟》［小型の獲物 caza menor を］罠で捕える. ❷ リボンで飾る（縛る）. ❸《メキシコ, グアテマラ》［馬に積んだ荷物を］ロープで縛る. ❹《ペルー, チリ, アルゼンチン, ウルグアイ》［家畜を］投げ縄で捕える. ❺《アルゼンチン》ロープで打つ
lacedemón [laθeðemón] 形 名 =**lacedemonio**
lacedemonio, nia [laθeðemónjo, nja] 形 名《古代ギリシア》ラケダイモン Lacedemonia の［人］《スパルタの別名》
lacena [laθéna]《alacena の語音消失》女 作り付けの食器棚
laceración [laθeraθjón] 女 ❶《医学》裂傷. ❷《文語》傷つける（ずたずたにする）こと
lacerado, da [laθeráðo, ða] 形 ❶ 病気にかかった. ❷ 不幸な, 不運な. ❸《古語》けちな, 哀れな. ❹《まれ》ハンセン病にかかった; ハンセン病者
lacerante [laθeránte] 形《文語》❶［精神的に］人を傷つける, 不愉快な: Sus palabras fueron muy ～s. 彼の言葉はとても辛辣だった. ❷［痛みが］鋭い, 刺すような. ❸ 胸を引き裂くような, 悲痛な
lacerar [laθerár]《←ラテン語 lacerare「引き裂く, 寸断する, 拷問する」》他《文語》❶ 傷つける, 引き裂く. ❷［名誉などを］傷つける: ～ la reputación 評判を傷つける. ❸ 嘆き悲しませる

—— 自 ❶ 苦しむ, 苦難にあう. ❷ 倹約する, 節約する
—— ~se …が傷つく: Me laceré las rodillas. 私は膝をけがした

laceria [laθérja] 囡 〘まれ〙 苦困, 困苦; 厄介
lacería [laθería] 囡 〘←lazo〙 ❶〘集合〙《手芸など》リボン〔飾り〕; リボン飾りのような幾何学模様
lacerio [laθérjo] 男 〘まれ〙 =laceria
lacerio [laθérjo] 男 〘集合〙《アルゼンチン》縄
lacerioso, sa [laθerjóso, sa] 形 みじめな, 不幸な
lacero, ra [laθéro, ra] 〘←lazo〙 名 ❶ 投げ縄使い. ❷《狩猟》〔小型の獲物 caza menor を罠で捕える, 特に密猟の〕罠猟師. ❸《西. 古語》野犬捕獲員
lacértido, da [laθértiðo, ða] 形 トカゲ類の
—— 男 複《動物》トカゲ類
lacerto [laθérto] 男 〘古語〙 トカゲ [=lagarto]
lacertoso, sa [laθertóso, sa] 形 〘廃語〙 筋肉隆々とした, たくましい
lacetano, na [laθetáno, na] 形《古代ローマ, 地名》ラケタニア Lacetania の 〔人〕《現在のカタルーニャ州南部》
lacha[1] [látʃa] I 囡《魚》カタボシイワシ, スプラット
II 囡 〘←ジプシー語〙《アラブ》 1) 不快な外見. 2) 器用さ. ❷《ログローニョ, アラゴン, アンダルシア》恥: tener poca ~ 恥知らずである. dar ~ a+人 …に恥ずかしい思いをさせる
poca ~ 男 恥知らずな男
lachar[1] [latʃár] 囲《チリ. 口語》〔女を〕口説く, ナンパする
lachear [latʃeár] 自《チリ. 口語》 =lachar
lachiguana [latʃiɣwána] 囡《ボリビア, アルゼンチン. 昆虫》=lechiguana
lacho, cha[2] [látʃo, tʃa] 形 ❶《主にスペイン北部》〔羊が〕長毛種の. ❷《チリ》llevar el sombrero a lo ~ 帽子を斜めにかぶる
—— 名 ❶《ペルー, チリ》 1)《口語》移り気な男, 尻軽な女. 2)《軽蔑》愛人. ❷《チリ》いやけた男, 伊達男
laciar [laθjár] 10 囲《中南米》しわを伸ばす
lacidipino [laθiðipíno] 男《薬学》ラシジピン
lacinia [laθínja] 囡《葉・花弁の》条裂
laciniado, da [laθinjáðo, ða] 形《植物》条裂状の
lacio, cia [láθjo, θja] 〘←ラテン語 flaccidus「緩んだ, 落ちた」< flaccus「縮れていない」〙形 ❶〘髪の〙ストレートな, ウエーブしていない, 直毛の; 〔直毛で〕こし・張りのない: Tiene el pelo ~. 彼は癖のない髪をしている. ❷〘葉・花が〙しおれた, しぼんだ: Las rosas del jarrón están lacias. 花瓶のバラはしおれている. ❸ 元気のない, 弱々しい, たるんだ: Tiene los músculos ~s. 彼の筋肉は弱々しい. ❹《パラグアイ》文無しの
lacolito [lakolíto] 男《地質》ラコリス, 餅盤
lacón [lakón] 男 〘←ラテン語〙《料理》〔豚の〕もも肉; 〔特にガリシアで使われる〕塩漬け肉
laconada [lakonáða] 囡《ガリシア》塩漬け肉の料理
lacónicamente [lakónikaménte] 副 簡潔に, 寡黙に
lacónico, ca [lakóniko, ka] 〘←ラテン語 laconicus「古代ギリシアのラコニア Laconia の」〙形 ❶〔文章などが〕簡潔な〔⇔verboso〕: carta ~ca 簡潔な手紙. ❷〔人が〕寡黙な, 言葉数の〔口数の〕少ない; 簡潔な文章の: Es un novelista ~. その小説家は簡潔な文章を書く. ❸《地名》=laconio
laconio, nia [lakónjo, nja] 形 名《古代ギリシア. 地名》ギリシア南部の〕ラコニア Laconia の〔人〕
laconismo [lakonísmo] 男〔文章などの〕簡潔さ, 簡潔な表現〔法〕
lacra [lákra] 〘←?lacre〙 囡 ❶〘文章〙 欠陥, 欠点: La miseria es una ~ de nuestra sociedad. 貧困は我々の社会の汚点である. ❷〘まれ〙〘病気の〙跡; 傷跡: El accidente del coche le dejó dolorosas ~s. 自動車事故で彼は痛い傷が残った. ❸《中南米》かさぶた. ❹《コロンビア. 軽蔑》変質者. ❺《ベネズエラ》小さな傷
—— 形 名《メキシコ. 口語》人生をまじめに考えない〔人〕
lacrado [lakráðo] 男 封蠟による封緘
lacrador [lakraðór] 男 封蠟用の刻印
lacrar [lakrár] I 〘←lacre〙 囲〔手紙に〕封蠟で封緘する
II 〘←lacra〙 囲 ❶ 健康を損なわせる, 病気にかからせる. ❷〔経済的に〕損害を与える
lacre [lákre] 〘←ポルトガル語 lacre〙 男 ❶ 封蠟(蝋): cerrar con ~ 封蠟で封緘する. ❷《中南米》 1)《植物》蠟に似た樹脂を出す木〔学名 Vismia brasiliensis〕. 2) 蜜蠟
—— 形《中南米》《色》ブリリアントレッドの

lacrimal [lakrimál] 〘←ラテン語 lacrima「涙」〙形 涙の: canal ~《解剖》涙管. glándula ~《解剖》涙腺
—— 男 ❶ 目がしら [=lagrimal]. ❷《解剖》涙骨 [=hueso ~]
lacrimatorio [lakrimatórjo] 男《古代ローマ》〔遺跡から発見される〕涙壺《実際には香水瓶. =vaso ~〕
lacrimear [lakrimeár] 自《文語》涙が出る [=lagrimear]
lacrimeo [lakriméo] 男《文語》涙が出ること
lacrimógeno, na [lakrimóxeno, na] 〘←ラテン語 lacrima「涙」〙形 ❶ 催涙性の: bomba ~na 催涙弾. gas ~ 催涙ガス. ❷《軽蔑》涙を誘う: novela ~na お涙ちょうだいの小説
lacrimonasal [lakrimonasál] 形 conducto ~《解剖》鼻涙管
lacrimosamente [lakrimosaménte] 副 涙ぐんで; 哀れっぽく
lacrimoso, sa [lakrimóso, sa] 〘←ラテン語 lacrimosus〙形 ❶ 涙の出る: ojos ~s《医学》涙目. ❷《軽蔑》涙を誘う, 哀れっぽい; 哀れっぽい: película ~sa 泣かせる〔お涙ちょうだいの〕映画. ❸ 涙もろい [=llorón]
lacrimotomía [lakrimotomía] 囡《医学》涙道切開
lacrosse [lakróse] 男《スポーツ》ラクロス
lactacidemia [laktaθiðémja] 囡《医学》乳酸血症
lactación [laktaθjón] 囡《生理》❶〘乳房から〙乳が出ること. ❷ 授乳, 哺乳; 授乳期
lactalbúmina [laktalbúmina] 囡《生化》ラクトアルブミン
lactancia [laktánθja] 囡 〘←lactante〙 ❶ 授乳期 [=período de ~]. ❷ 授乳, 哺乳: ~ materna 母乳哺乳. ~ artificial 人工栄養
lactante [laktánte] 〘←ラテン語 lactens, -entis〙形 ❶〔子供が〕授乳期の, 乳を飲む. ❷《文語》〔母親が〕授乳する
—— 名 乳飲み子, 乳児
lactar [laktár] 〘←ラテン語 lactare〙 囲《文語》〘動物が〙授乳する
—— 自《文語》〔動物の子が〕乳を飲む
lactario, ria [laktárjo, rja] 形 〘まれ〙 ❶ 乳の. ❷〔植物が〕乳液を出す [=lechoso]
—— 男《植物》チチタケ
—— 男 乳業, 酪農業 [=industria ~ria]
lactasa [laktása] 囡《生化》ラクターゼ
lactato [laktáto] 男《化学》乳酸塩
lacteado, da [lakteáðo, ða] 形 乳を含む: harina ~da〔乳児用の〕麦芽入り粉ミルク
lácteo, a [lákteo, a] 〘←ラテン語 lacteus〙形 ❶ 乳の; 牛乳の: industria ~a 酪農業. régimen ~ 牛乳ダイエット. ❷ 乳から作られた: bebida ~a fermentada 乳酸飲料. productos ~s 乳製品. ❸ 乳状の
lactescencia [laktesθénθja] 囡 乳汁状であること; 乳状化
lactescente [laktesθénte] 形 乳汁状の, 乳白色の; 乳状化する
lactícineo, a [laktiθíneo, a] 形《まれ》乳の
lacticinio [laktiθínjo] 男《技術》乳製品
lacticinoso, sa [laktiθinóso, sa] 形 乳状の
láctico, ca [láktiko, ka] 形 ❶《化学》ácido ~ 乳酸. ❷ 乳酸が原因の: fermento ~ 乳酸発酵. ❸《技術》乳汁の
lactífero, ra [laktífero, ra] 形《解剖》conducto ~ 乳管
lactina [laktína] 囡《生化》乳糖
lactoalbumina [laktoalbumína] 囡《生化》ラクトアルブミン
lactobacilo [laktoβaθílo] 男《生物》乳酸菌
lactobacteria [laktoβaktérja] 囡 =lactobacilo
lactodensímetro [laktoðensímetro] 男 乳調計, 乳汁比重計
lactoflavina [laktoflaβína] 囡《生化》ラクトフラビン
lactómetro [laktómetro] 男 乳脂計, 牛乳計, 乳比重計
lactoproteína [laktoproteína] 囡《生化》乳たんぱく質
lactosa [laktósa] 囡《生化》ラクトース, 乳糖
lactosérum [laktosérun] 男《生物》=lactosuero
lactosuero [laktoswéro] 男 乳清, ホエイ
lactucario [laktukárjo] 男《薬学》ラクツカリウム
lactumen [laktúmen] 男《医学》〔乳児の〕頭部湿疹
lacunar [lakunár] 形《心理》 amnesia ~ 脱落性健忘症. ❷《医学》infarto ~ ラクナ梗塞
lacunario, ria [lakunárjo, rja] 〘←laguna〙形〔知識などが〕欠落した, 空白の
—— 男《建築》〔格天井の〕鏡板 [=lagunar]
lacustre [lakústre] 〘←ラテン語 lacus「湖」〙形《文語》❶ 湖の, 湖水の: cuenca ~ 湖盆. depósito ~ 湖成層, 湖成堆積物. región ~ 湖水地方. ❷ 湖上の, 湖畔の: poblado ~ 湖上集落. vivienda ~ 湖上住居. ❸〔動植物が〕湖〔湖畔〕に生息

lada

する: aves ~s 湖に生息する鳥

lada [láđa] 囡《植物》シスタス《=jara》

ládano [láđano] 男《略語》ラブダヌム《jara から採る樹脂》

LADE [láđe] 囡《略語》←Líneas Aéreas del Estado [アルゼンチンの] 国営航空

ladeado, da [laðeáðo, ða] 形 ❶《植物》[葉・花などが] 茎の片側だけに生じる: flores ~das 側生花. ❷《側牛》[とどめの一突きが] 急所をそれた. ❸ [人に] 悪意のある: Él anda ~ conmigo. 彼は私に悪意を持っている. ❹《アルゼンチン, ウルグアイ, 口語》機嫌の悪い: José anda ~. ホセは不機嫌な顔をしている. ❺《アルゼンチン, 口語》醜い [人], 風采の上がらない [人]
—— 囡《チリ》傾ális. ❷《アルゼンチン》醜い女; 堕落した女

ladeamiento [laðeamjénto] 男 傾ける（傾く）こと《=ladeo》

ladear [laðeár]《←lado》他 ❶ 傾ける: ~ un cuadro 絵を傾ける. ❷ 避ける, 遠ざける. ❸ …の脇を通る; …の周囲を回る: ~ una montaña 山の麓を回る
—— 自 ❶ 傾く. ❷ 山腹を歩く; 脇道にそれる. ❸《航空》バンクする

—— **~se** ❶ [自分の…に] ~se el sombrero 帽子をあみだにかぶる. ❷ 傾く: La antena se ladeó por efecto del viento. アンテナは風のせいで傾いている. El cuadro está ladeado. 絵が傾いている. ❸ 体を反らす（曲げる）. ❹ 身をかわす, よける: Juan se ladeó para dejarme pasar. フアンは脇によけて私を通してくれた. ❺ [+con と] 同等になる. ❻ [+a に] 傾倒する: José se ladeó al partido contrario. ホセは対立勢力に肩入れしている. ❼《チリ, 口語》ほれる, 恋をする. ❽《アルゼンチン》堕落する

ladeo [laðéo] 男 ❶ 傾ける（傾く）こと, 傾斜. ❷ 嗜好, 傾倒. ❸《航空》バンキング [旋回時の横傾斜]

ladera[1] [laðéra]《←lado》囡 ❶ [山などの] 斜面, 山腹: Las cabras se alimentan en las ~s. ヤギたちは山腹で草をはんでいる. ❷《コロンビア》川岸

laderear [laðereár] 他《アルゼンチン》支援する

ladería [laðería]《←ladera》囡 山腹の小さな高原

ladero, ra[2] [laðéro, ra] 形 ❶ 側面の, 横の. ❷《アルゼンチン》❶ [馬車の] 補助の馬. ❷《口語》[政治指導者の] 補佐役の人
—— 男《アンダルシア》[山の] 斜面, 山腹

laderón [laðerón] 男《地方語》広い山腹

ladi [láði]《←英語 lady》囡《まれ》淑女, 婦人; 夫人

ladierna [laðjérna] 囡《植物》=aladierna

ladierno [laðjérno] 男《植物》=aladierna

ladilla [laðíʎa] 囡 ❶《動物》毛じらみ. ❷《植物》ヤバネオオムギ, 二条オオムギ. ❸《ログローニョ》卵の薄皮
pegarse como una ~《口語》くっ付いて離れない
—— 囲《メキシコ, チリ, アルゼンチン, ウルグアイ, 卑語》じっとしていない子供;《メキシコ, 卑語》いらいらさせる人, 嫌な奴

ladillazo [laðiʎáθo] 男《口語》毛じらみ症

ladillo [laðíʎo] 男 ❶《古語》[馬車の] 扉についている肘掛け. ❷《印刷》1) 小見出し, キャプション. 2) 欄外の書き込み, 傍注

ladinamente [laðínaménte] 副 ずる賢く

ladinería [laðinería] 囡 ずる賢さ

ladino, na [laðíno, na]《←ラテン語 latinus「ラテンの」》形 名 ❶《軽蔑》ずるい [人], 腹黒い [人]. ❷ ユダヤ系スペイン語の; レト・ロマン語の. ❸ 外国語が話せる. ❹《古語》アラビア語に対して] ロマンス語の, 昔のスペイン語の. ❺《メキシコ, 中米, 歴史》ラディーノ[の]《1) [父または母は先住民語を話せるのに] スペイン語しか話せない [先住民・メスティーソ]. 2) 先住民の習慣を捨てた [先住民・メスティーソ]. 3) スペイン語を話せない先住民につけ込む [先住民・メスティーソ]. 4) アフリカ生まれだが植民地文化に順応した [黒人奴隷]》. ❻《メキシコ, チリ, アルゼンチン, ウルグアイ, 卑語》狡い子供《じっとしていない, 不作法な. ❼《メキシコ》1) 声の高い [人]. 2)《卑語》しつこい [人], うるさい [人]. ❽《グアテマラ, エルサルバドル》メスティーソ[の]. ❾《キューバ》教養は技術も高いアフリカ系黒人の. ❿《ドミニカ, コロンビア》おしゃべりな
—— 男 ❶ ユダヤ系スペイン語《=judeoespañol》. ❷ レト・ロマン語

lado [láðo]《←ラテン語 latus, -eris》男 ❶ 側(がわ): 1) Los señales de tráfico se encuentran en el ~ derecho de la carretera. 交通標識は道路の右側にある. Mira a ambos ~s al cruzar la calle. 通りを渡る時は両側を見なさい. He visto una luz al otro ~ del río. 川の向こう岸に明かりが見えた. ¿De qué ~ de la ciudad está el edificio? 町のどちらの側にそのビルはあります

か? ❷ [事柄などの] 側面, 一面: Consideramos el problema por todos ~s. 私たちはあらゆる側面から問題を考える. ❸ [表・裏などの] 面: Esta moneda tiene por un ~ una cara de Bolívar. この貨幣は片面がボリーバルの顔だ. cambiar de ~ 裏表を変える. ~ A (B) [レコードの] A(B)面; [CDの] タイトル (カップリング) 曲. ❹ 場所; 余地, 空間: Quiero dormir en otro ~ de la casa. 家の別の場所で寝たい. Llévame a algún ~. どこかへ連れて行って下さい. Déjame un ~. ちょっと詰めてくれ/私に場所を空けなさい. hacer ~ 場所 (席) を作る; すきまを空ける. ❺ [腕・腰を含む体の] 側面; 横腹: Duermo del ~ izquierdo. 私は左側を下にして寝る. Tengo dolor en el ~ derecho. 私は右わき腹が痛い. inclinar su cuerpo de un ~ 体を横に曲げる. ❻ 味方: ¿De qué ~ está usted? あなたはどちらの側ですか? Somos de ~. 私たちは君の味方だ. Siempre estoy al ~ de los más desfavorecidos. 私はいつも最も恵まれない人々の味方だ. poner de su ~ a+人 …を味方につける. ponerse de ~ de+人 …の味方をする, …の側につく. ❼ [選択肢の] 方向, 道 [比喩的用法]: No me voy por este ~. 私はこっちへ行こう. ❽《幾何》1) 辺; 角を形成する半直線: dos ~s del triángulo 三角形の2辺. 2) [円錐・円柱の] 母線. ❾《スポーツ》サイド, エンド, ポジション: cambiar de ~ サイドチェンジする. ❿《軍事》側面, 翼: La ciudad está sitiada por tres ~s. 町は三方を包囲されている. ⓫ 血筋, 家系: Es el pariente mío por el ~ materno. 彼は私の母方の親戚だ. ⓬《廃語》寵愛, 好意, 庇護, 援《援護者, 支援者: tener buenos ~s よいつてがある

a su ~ 1) …の横に, そばに: Siéntate *a mi* ~. 私の隣に座れ. 2) …と比べると 3) …に師事して

a todos ~s あらゆる所に: Voy contigo *a todos* ~s. どこにでもついていくよ

¡A un ~! 通って下さい / わきによって下さい!

lado ~ y a otro/a uno y otro ~ 両側に

al ~ 横に, そばに: café *de al* ~ 隣の喫茶店

al ~ de... =**a su** ~

cada cosa por su ~/cada uno por su ~ ばらばらに; めちゃくちゃに

dar de ~ 1) =**dejar... de** ~. 2) [船を] 横転させる, 傾船する

dar por su ~《メキシコ》[喜ばせるために・議論したくないので] 同意するふりをする

de ~ 横向きに: colocar *de* ~ 横向きに置く. descansar *de* ~ 横向きに寝る. sentarse *de* ~ 横向きに座る

de ~ a ~ こちら側から向こう側へ: atravesar el río *de* ~ *a* ~ 川を渡る

de medio ~《口語》横向きに, 斜めに: Está durmiendo *de medio* ~. 彼は体をちょっと傾けて眠っている

de un ~... de otro... 一方では… また他方では…

de un ~ para (a) otro あちこちへ: Me hacen ir *de un* ~ *para otro*. 私はあちこち行かされる

dejar... de ~ [人と] 一緒になるのを避ける; [事への] 関わりを避ける, 敬遠する

dejar a un ~ 放っておく, わきに置く

echar a un ~ わきへどける; 後回しにする

echar de ~ 気にしない

echarse a un ~ わきによける, わきに寄る, 道を譲る

estar ahí al ~ すぐそばにある

estar del otro ~ 立場 (意見) が異なる

hacer... a un ~ …を片側に押しのける

hacerse a un ~ =**echarse a un** ~

inclinarse del ~ de...) 1) …の方に傾く. 2) …に賛成する, 味方する

ir cada uno por su ~《口語》各自我が道を行く; たもとを分かつ

ir de ~ 大きな思い違いをする, 間違った道を行く

~ a ~ 並んで: ir ~ *a* ~ 並んで行く. El que está ~ *a* ~ *a su derecha es mi primo.* 彼の右側にいるのは私のいとこだ

~ bueno (malo) 1) よい (悪い) 面, 長所 (短所): Carmen tiene su ~ *bueno* y su ~ *malo*. カルメンには長所も短所もある. tomarse las cosas por el ~ *bueno* 物事のよい面を見る. 2) [布地などの] 表側 (裏側)

~ fuerte (débil) 強い (弱い) 面, 美点 (弱点)

~ izquierdo《口語》心, 気持ち

mirar de [*medio*] ~ *a*+人《口語》…を見下す, 蔑視する; そっと見る
poner a un ~ わきに置く, わきに押しやる
por otro ~ 1) 別の側面から, 別のやり方で: *irse por otro* ~ 別の道を行く; 別の手段をとる. 2) 他方, его とは
por su ~ 1) 自分の責任で, 勝手に. 2) …としては
por todos ~*s* すべての側面で
por un ~, *por otro* [~] 一面では…他面では: *Por un* ~ *me interesa mucho; por otro, me parece muy peligroso.* 一方では私はとても興味があるが, 他方ではとても危険に見える. *Por un* ~ *me apetece salir a comer contigo; pero por otro* ~ *estoy algo cansado.* 君と食事に出かけたいのはやまやまなんだが, どうも少し疲れているんだ
uno al ~ *de otro* 横に並んで

ladón [laðón] 男《植物》シスタス [=*jara*]
ladra [láðra] 女 ❶ 吠えること. ❷ 集名《狩猟》獲物を見つけた猟犬たちの吠え声. ❸《地方語》順番 [=*adra*]
ladrador, ra [laðraðór, ra] 形《犬が》よく吠える
ladral [laðrál] 男《アストゥリアス, サンタンデール》荷台の側板 [=*adral*]
ladrar [laðrár]《←ラテン語 *latrare*》自 ❶《犬が》吠える: *El perro ladra fuerte.* 犬が強く吠える. *Al verme, ladró mucho el perro.* 私を見るとその犬はひどく吠えた. ❷《手は出さずに》口で脅迫する, 口先だけ脅しをかける: "*Te voy a matar*", *ladró, enfurecida.* 「殺してやる」と彼女は怒り狂って脅した. ❸《軽蔑》のしる, がみがみ言う: *No soporto que me den las órdenes ladrando.* 私は彼らにがみがみと命令されるのは我慢ならない
estar ladrando《ベネズエラ, 隠語》無一文である
── 他《軽蔑》わめきたてる: *Me ladró toda clase de improperios.* 彼はあらゆる罵詈雑言を私に浴びせかけた
ladrería [laðrería] 女《医学》囊虫症 [=*cisticercosis*]
ladrido [laðríðo]《←*ladrar*》男 ❶《犬の》吠え声: *dar* ~*s* 吠える. ❷《口語》《返答などの》わめき声, どなり声: *responder a+con* ~*s* …にどなり返す. ❸《軽蔑》批判の声, 中傷
ladrillado [laðriʎáðo] 男 煉瓦敷き
ladrillador [laðriʎaðór] 男 煉瓦敷き（積み）職人
ladrillar [laðriʎár] 男 煉瓦工場
── 他《まれ》…に煉瓦を敷く
ladrillazo [laðriʎáθo] 男 ❶ 煉瓦での一撃. ❷《口語》大変退屈（厄介）なもの・人
caer como un ~ [食べ物が] 胃にもたれる
ladrillejo [laðriʎéxo] 男 吊るした煉瓦をドアにぶつけてノックの音を真似る子供のいたずら
ladrillería[1] [laðriʎería] 女 煉瓦の型枠
ladrillería[2] [laðriʎería] 女 ❶ [時に 集名] いくつかの煉瓦. ❷ 煉瓦の建造物
ladrillero, ra[2] [laðriʎéro, ra] 名 煉瓦の; 煉瓦製造（販売）業者
── 男《地方語》煉瓦工場
ladrillo [laðríʎo]《←古語 *ladre* <ラテン語 *later*, -*eris*》男 ❶ 煉瓦 (瓦): *casa de* ~ 煉瓦造りの家. ~ *hueco* (*macizo*) 空洞（普通）煉瓦. ~ *refractario* 耐火煉瓦. ~ *visto* 模造煉瓦. ❷《口語》《分量ばかり多くて》中味のないもの, 退屈なもの; 頭の鈍い人. ❸ 煉瓦のようなもの: ~ *de chocolate* チョコレートのブロック. ❹ = *azulejo* タイル. ❺《チリ, 口語》捕虜, 囚人
── 形《単複同形》煉瓦色の
ladrilloso, sa [laðriʎóso, sa] 形 煉瓦製の; 煉瓦に似た
ladriola [laðrjóla] 女《ムルシア》貯金箱
ladrocinio [laðroθínjo] 男《まれ》= *latrocinio*
ladrón, na [laðrón, na]《←ラテン語 *latro*, -*onis*》名 泥棒: 1) ~ *de automóviles* 自動車泥棒. ~ *de guante blanco* [暴力を使わずに高価なものを盗む] 怪盗紳士. *¡Al* ~! *¡Ladrones!* 泥棒だ! *¡Cuidado con los ladrones!* 泥棒に気をつけろ! 2)《諺》*El que roba a un* ~ *tiene cien años de perdón.* 最初に悪いことをした奴が悪い/泥棒から盗むのは悪いことではない. *La ocasión hace al* ~. 誘惑の種があれば悪事に走りかねない. *Piensa el* ~ *que todos son de su condición.* 泥棒は他人も自分と同じ泥棒だと思っている/他人を疑う人は他人を同じように疑いがちである/カニは甲羅に似せて穴を掘る. 3)《新約聖書》*el buen* ~ 善き盗人《キリストの右側ではりつけになった泥棒. 後に改悛して聖ディスマス Dismas となる》. *el mal* ~ 悪しき盗人《キリストの左側ではりつけになった泥棒 Gestas》.

── 形 ❶ 泥棒の, 盗みを働く: *gato* ~ 泥棒猫. ❷《西, 親愛》[主に呼びかけで] 不良な, ワルの; いたずらな, 腕白な: *¡Bobo, lárgate! ¡L*~, *desgraciado!* ばか, 出て行け! 悪ガキ, ろくでなし!
── 男 ❶《電気, 口語》多口のコンセント. ❷ 水門, 取水口. ❸ ろうそくの芯の燃えかす
ladronamente [laðrónaménte] 副 こっそりと
ladronear [laðroneár] 自《まれ》盗みで生計を立てる
ladronera [laðronéra] 女 ❶ 泥棒の隠れ家. ❷《築城》はね出し狭間, 石落とし. ❸ 横領, 詐欺. ❹ 水門, 取水口 [= *ladrón*]. ❺《コロンビア, 口語》[数々の] 強盗, 窃盗
ladronería [laðronería] 女 ❶《まれ》= *latrocinio*. ❷《ペルー, 口語》[数々の] 強盗, 窃盗
ladronerío [laðronerío] 男《グアテマラ, アルゼンチン》❶ 集名 泥棒. ❷ 頻繁な盗み
ladronesco, ca [laðronésko, ka] 形 泥棒たちの
── 集名 泥棒
ladronicio [laðroníθjo] 男 ❶《古語》= *latrocinio*. ❷《エクアドル》泥棒の巣窟
ladronzuelo, la [laðronθwélo, la]《*ladrón* の示小語》名 ❶ [主に子供の] こそ泥, 万引き犯, すり, ひったくり犯. ❷《西》[主に親愛の呼びかけで] 不良, ワル
lady [léjði]《←英語》女《複 *ladies*》❶ [英国貴族の夫人への敬称] レディ. ❷ 淑女, 貴婦人
Laforet [laforét]《人名》**Carmen** ~ カルメン・ラフォレー《1921～2004, スペインの女性小説家. 自伝風の処女作『何もない』*Nada* によって一躍脚光を浴びる. 若い女性の視点で内戦後のスペイン社会の荒廃を赤裸々に綴ったこの小説は, 停滞していた戦後の文壇に新風を吹き込んだ》
lagaña [laɣáɲa] 女《まれ》= *legaña*
lagañoso, sa [laɣaɲóso, sa] 形 = *legañoso*
lagar [laɣár]《←*lago*》男 ❶ [ブドウ・オリーブなどを搾る] 踏み桶, 圧搾桶; ❷ 圧搾設備がある小規模なオリーブ畑
lagarear [laɣareár] ~*se*《地方語》食用のブドウが傷む
lagarejar [laɣarexár] ~*se*《サラマンカ》食用のブドウが傷む（潰れる）
lagarejo [laɣaréxo]《*lagar* の示小語》男 *hacerse* ~《サラマンカ》= *lagarejarse*
lagarero, ra [laɣaréro, ra] 名 [ブドウ・オリーブなどの] 圧搾労働者
lagareta [laɣaréta] 女 [ブドウ・オリーブなどの] 小型の踏み桶
lagarta[1] [laɣárta] 女 ❶《昆虫》マイマイガ: *falsa* ~ オビカレハ. ❷《西, 軽蔑》あばずれ女, 腹黒い女; 売春婦. ❸《動物》雌のトカゲ
lagartear [laɣarteár] 他 ❶《コロンビア》ごまをする; …を手に入れるために不正な手口を用いる. ❷《チリ》はがい締めにする
── 自《メキシコ, グアテマラ》トカゲを捕まえる
lagarteo [laɣartéo] 男《チリ》はがい締め
lagartera[1] [laɣartéra] 女 トカゲの巣
Lagarterano, na [laɣarteráno, na] 形《地名》ラガルテラ *Lagartera* の [人]《トレド県の刺繍で有名な村》
lagartero, ra[2] [laɣartéro, ra] 形 名 ❶《動物》トカゲを捕食する. ❷ トカゲを食べる人. ❸ 名 トカゲの形をした
── 男《グアテマラ》売春宿
lagartija [laɣartíxa]《←*lagarto*》女 ❶《動物》イワカナヘビ《スペインで一般的なトカゲ. 学名 *Lacerta muralis*》: ~ *de monte*《学名 *Podarcis monticola*》. ~ *ibérica*《学名 *Podarcis hispanica*》. ~ *roquera*《学名 *Podarcis muralis*》. ~ *turbera*《学名 *Lacerta vivipara*》. ❷《メキシコ》腕立て伏せ: *hacer veinte* ~*s* 腕立て伏せを20回する. ❸《アルゼンチン》やせている人
estar hecho una ~《メキシコ》やせsucceeded している
ser una ~ 1)《戯語》動きがすばやい, 動き続けている; 落ち着きがない. 2)《メキシコ》非常にやせている
lagartijal [laɣartixál] 男《乾燥した》イワカナヘビの群生地
lagartijero, ra [laɣartixéro, ra] I 形《動物》イワカナヘビを捕食する
── 女《口語》酩酊
II 《←19世紀の有名な闘牛士 Lagartijo》形《闘牛》途中までの突き刺し *media estocada* で牛を殺すことができる
lagartijo [laɣartíxo] 男 ❶《動物》イワカナヘビ [= *lagartija*]. ❷《メキシコ》きざな男, ダンディな男
lagartina [laɣartína] 女《魚》イソギンポの一種《学名 *Blennius sanguinolentus*》
lagarto[1] [laɣárto]《←俗ラテン語 *lacartus* < ラテン語 *lacertus*》男 ❶

lagarto, ta 〖動物〗1) トカゲ: ～ canarión グランカナリアアカヘビ、ジャイアントガラゴティア. ～ común〖学名 Lacerta lepida〗. ～ estrellado アガマトカゲ〖学名 Agama stellio〗. ～ ocelado ホウセキカナヘビ. ～ verde ミドリカナヘビ. 2)〖メキシコ〗カイマン、アメリカワニ〖=caimán, ～ de Indias〗. ❸〖解剖〗上腕二頭筋. ❹ サンティアゴ騎士団の記章の赤い剣 espada roja の俗称. ❺〖天文〗トカゲ座. ❻〖魚〗ネズッポの一種〖学名 Callionymus maculatus〗. 2)〖キューバ〗サケ科の一種〖学名 Synodus spixianus〗. ❻〖メキシコ, ニカラグア〗木材を運ぶその人. ❼〖ベネズエラ. 料理〗くず肉. ❽〖ウルグアイ〗小銭入れのついたベルト
—— 〖間〗〖西〗〖主に2回繰り返して魔除けのまじない〗くわばら、くわばら

lagarto², ta² [lagárto, ta] 形 ❶〖西, メキシコ. 軽蔑〗ずる賢い〔人〕、腹黒い〔人〕、悪どい〔人〕；金銭に汚い〔人〕. ❷〖コロンビア. 口語〗しつこくする人. ❸〖エクアドル〗悪徳商人

lagartón, na [lagartón, na] 形 名〖西, メキシコ. 軽蔑〗腹黒い〔人〕、悪どい〔人〕、ずる賢い〔人〕

La Gasca [la gáska] 〖人名〗**Pedro de** ～ ペドロ・デ・ラ・ガスカ（1493～1567, スペイン人行政官・軍人. リマのアウディエンシア Audiencia 長官. ゴンサロ・ピサロ Gonzalo Pizarro の反乱を鎮圧）

lagena [laxéna] 女〖生物〗壺〖魚類・両生類・爬虫類・鳥類などの内耳迷路の末端器官〗

lager [láger] **I**〖←独語〗男〖圏 ～s〗ラーゲリ、強制収容所
II〖←英語〗女〖圏〗ラガービール

lago [lágo]〖←ラテン語 lacus, -us〗男 ❶ 湖、湖沼: La familia suele ir al ～ a pasear en barca. 家族はしばしば湖にボート遊びをしに行く. L～ de Maracaibo マラカイボ湖. L～ Titicaca チチカカ湖. ～ salado (salino) 塩湖. ～ de sangre 血の海. ❷〖ゴルフ〗池

lagomorfo, fa [lagomórfo, fa] 形 ウサギ目の
—— 男〖動物〗ウサギ目

lagópodo [lagópoðo] 男〖鳥〗ライチョウ

lagotear [lagoteár] 自〖口語〗こびへつらう、おもねる

lagotería [lagotería] 女〖口語〗こびへつらい、おべっか: hacer ～s こびへつらう、おもねる

lagotero, ra [lagotéro, ra] 形 名〖口語〗こびへつらう〔人〕、おもねる〔人〕

lágrima [lágrima]〖←ラテン語 lacrima〗女 ❶ 可算〖主に 圏〗涙；泣くこと: Una ～ cayó en la arena. 涙が一粒砂の上に落ちた. Seca tus ～s. 涙をふきなさい. derramar (verter) ～s 涙を流す. enjugarse las ～s 涙をふく. correrle a uno las ～s por …の頬を伝わる. con〔grandes〕～s en los ojos 目に〔大粒の〕涙を浮かべて. bañado en ～s 涙にぬれた. Nadie soltará una ～ por eso. そんなことでは誰も涙を流さない. Lo que no va en ～s es en suspiros.〖諺〗五十歩百歩〖←泣にならないのはため息になる〗. ❷ 涙の形のもの: ～ de Batavia/～ de Holanda バタビア（オランダ）の涙〖涙形の強化ガラス〗. ❸ 涙滴型イヤリング（ペンダント）. ❹ 〖圏〗ごく少量：una ～ de vino ほんの少量のワイン. ❺〖樹木を切った時ににじみ出る〗樹液. ❻〖圏〗〖肉体的・精神的な〗苦痛、苦悩: calmar las ～s 悲しみを慰める.❼ ブドウの房を強く圧搾していない果汁で造るワイン〖vino de ～〗. ❽〖マラガ産の〗甘口のワイン. ❾〖菓子〗涙形の小粒のドロップ. ❿〖植物〗～s de Job/～ de David ジュズダマ. ～s de la Virgen 地中海沿岸に自生するネギの一種〖花が観賞用. 学名 Allium triquetrum〗. ⓫〖チリ, アルゼンチン, ウルグアイ〗～s de don Pedro〖雨期〗の長雨

beberse las ～s 泣きたいのを我慢する、涙を飲む

costar a+人 ～s …にとって大変つらい（辛い）: Me costó muchas ～s despedirme de mi madre. 私は母に別れを告げるのがとてもつらかった

costar a+人 ～s de sangre 〖警告の表現で〗…を後悔させる

derramar (echar) una ～ 〖皮肉〗涙を一粒流す

deshacerse en ～s 泣きくずれる

～s de cocodrilo そら涙: llorar (derramar) ～s de cocodrilo 嘘泣きする

～s de Moisés/～s de San Pedro 石つぶて

llorar a ～ viva おいおいと泣く、号泣する

llorar ～s de sangre〖警告の表現で〗後悔する、泣きを見る

saltar [se] a+人 las ～s …が目に涙が浮かべる、涙ぐむ: hacer saltar las ～s a+人 …の涙を誘う

lagrimacer [lagrimaθér] 63 自〖まれ〗=**lagrimar**

lagrimal [lagrimál] 形〖まれ〗〖=lacrimal〗: conducto ～ 涙管. glándula ～ 涙腺
—— 男 ❶ 目がしら. ❷〖解剖〗涙骨〖=hueso ～〗. ❸〖農業〗幹と折れた枝の間に生じる木質部の腐敗
tener flojo el ～〖口語〗涙腺がゆるい、涙もろい

lagrimar [lagrimár] 自 涙を流す、泣く

lagrimeante [lagrimeánte] 形 涙の出ている

lagrimear [lagrimeár]〖←lágrima〗自 ❶〖目が主語. 病気・痛みなどで〗涙が出る: Con el humo me lagrimearon los ojos. 私は煙で涙が出た. ❷〖人が主語〗1) 目に涙をためる、涙ぐむ. 2)〖軽蔑〗泣く. ❸〖文語〗滴る

lagrimeo [lagriméo] 男 ❶ 涙が出ること. ❷ 目に涙をためること

lagrimilla [lagrimíʎa] 女〖チリ〗発酵していないブドウ果汁

lagrimón, na [lagrimón, na] 形〖古語〗=**lacrimoso**
—— 男〖口語〗〖主に 圏〗大粒の涙

lagrimoso, sa [lagrimóso, sa]〖←lágrima〗形 ❶ 涙ぐんだ、涙を浮かべた: Tiene los ojos enrojecidos y ～. 彼は涙ぐんで充血した目をしている. ❷ 涙を誘う. ❸〖=lacrimoso〗

lagua [lágwa] 女〖ペルー, ボリビア. 料理〗〖肉・ジャガイモ・小麦粉・トウガラシなどの〗どろっとしたスープ

laguán [lagwán]〖チリ. 植物〗イトスギの一種

lagüe [lágwe]〖チリ. 植物〗アヤメ科の一種〖球根は食用. 学名 Sisyrinchium speciosum〗

laguer [lagér] 男〖キューバ. 酒〗〖軽い〗ビール

laguna [lagúna]〖←ラテン語 lacuna〗女 ❶〖地理〗潟、潟湖: La gente va a bañarse en la ～. 人々は潟湖へ泳ぎに行く. ❷ 書き漏らし: El manuscrito tenía ～s. 書き漏らしがあった. ❸〖知識・リストなどの〗欠落、空白: Su biblioteca tiene grandes ～s en materia artística. 彼の蔵書は芸術の分野が大きく欠落している. ❹ fiscal 税務署が捕捉不能な課税対象. ～ jurídica 法の抜け穴. ❺〖解剖〗窩（か）；〖生物〗骨小腔

lagunajo [lagunáxo] 男 水たまり

lagunar [lagunár] 男 ❶〖地理〗潟、潟湖の. ❷〖解剖〗窩（か）の；〖生物〗骨小腔の
—— 男〖建築〗〖格天井の〗鏡板（かがみいた）

lagunato [lagunáto] 男〖ホンジュラス, キューバ〗水たまり

lagunazo [lagunáθo] 男〖地理〗小さな潟

laguneja [lagunéxa] 女〖地方語. 鳥〗ヤマシギの一種〖学名 Scolopax gallinicula〗

lagunense [lagunénse] 形 名〖地名〗ラグナ Laguna の〔人〕〖フィリピン、ルソン島北部州〗

lagunería [lagunería] 女〖メキシコ〗沼地、沼の多い場所

lagunero, ra [lagunéro, ra] 形 名 ❶ 潟の、潟湖の. ❷〖地名〗ラ・ラグナ La Laguna の〖カナリア諸島テネリフェ島の町. 16～17世紀の邸宅が残る世界遺産〗
—— 男〖チリ〗沼の番人

lagunés, sa [lagunés, sa] 形〖地名〗ラ・ラグナの〔人〕〖=lagunero〗

lagunoso, sa [lagunóso, sa] 形〖土地が〗潟湖の多い

lahnda [lánda] 男〖パキスタン〗のラーンダ語

lahui [láwi]〖チリ. 植物〗アヤメ科の一種〖=lagüe〗

lai [lái] 男〖文学〗レー〖中世フランス、冒険や恋愛を扱った短編物語詩〗

laicado [laikáðo] 男〖宗教〗❶ 集名 一般信徒. ❷〖聖職者に対して〗一般信徒であること

laical [laikál] 形〖宗教〗在俗の、世俗に属する

laicalización [laikaliθaθjón] 女〖アンデス〗世俗化；還俗

laicalizar [laikaliθár] 9 他〖アンデス〗=**laicizar**

laicidad [laiθiðá(d)] 女 世俗性〖=laicismo〗

laicismo [laiθísmo] 男 ❶ 世俗主義、政教分離主義. ❷ 世俗性、非宗教性

laicista [laiθísta] 形 名 世俗主義の（主義者）、政教分離主義の（主義者）、非教権主義の（主義者）

laicización [laiθiθaθjón] 女 世俗化、非宗教化、脱宗教、脱宗教分離

laicizar [laiθiθár] 9 他〖組織などを〗世俗化させる、非宗教化させる、宗教から解放する
—— **～se** ❶ 世俗化する. ❷ 還俗する

laico, ca [láiko, ka]〖←ラテン語 laicus "聖職者でない" < ギリシア語 laikos "民衆の、世俗の" < laos "民衆"〗形 ❶〖キリスト教〗聖職者でない、一般信徒の；〖カトリック〗平修道士・修道女の. ❷ 宗教

から独立した, 世俗の: enseñanza ～ca 宗教色のない教育. escuela ～ca [宗教系学校に対して] 一般学校. estado ～ 世俗国家. sociedad ～ca 世俗社会
── 图 ❶ 一般信徒; 俗人: Los ～s son la base de la Iglesia. 一般信徒は教会の基盤である. ❷《カトリック》平修道士, 平修道女《=lego》
── 男《ドミニカ, ベネズエラ. 植物》ヒユ科の一種《=llerén》

laika [láika] 图 ライカ犬

Laín Entralgo [laín entrálgo]《人名》Pedro ～ ペドロ・ライン・エントラルゴ《1908~2001, スペインの医学者・思想家. 医学史のほか, スペインの社会的・文化的趨勢について多くの評論を著わした. メネンデス・ピダル, アンヘル・ガニベートとの共著《スペインの理念》*Ideairum español*》

lairén [lairén] 男《プエルトリコ. 植物》ヒユ科の一種《=llerén》

laísmo [laísmo] 男《文法》ライスモ《《俗用》で間接目的格代名詞 le[s] の代わりに la[s] を使うこと: Dígala que me llame. 彼女に私に電話するように言って下さい《←Dígale que me llame.》》

laísta [laísta] 图《文法》ライスモの[傾向の人]

laizar [laiθár] 9 图 =laicizar

laja [láxa]《←ポルトガル語》图 ❶ 石板, スラブ. ❷《船舶》小石が堆積した浅瀬. ❸ 魅力的な娘, セクシーな女. ❹《古風. 狩猟》猟犬たちをつなぐ紐. ❺《中南米》砂岩, 砥石. ❻《ホンジュラス, チリ》磨き砂. ❼《アンデス》1) 急斜面の土地. 2) [リュウゼツラン製の] 細紺

lajear [laxeár] 他 ❶《コロンビア》鞭で馬(家畜)をあしらう. ❷《アルゼンチン》石の薄板を作る

lajero, ra [laxéro, ra] 图《コロンビア》[犬が] よく走る

lakismo [lakísmo] 男 =laquismo

lakista [lakísta] 图 图 [19世紀英国の] 湖畔詩人派の; 湖畔詩人

lalación [lalaθjón] 女 [幼児の] 喃語《ஐ》

lalinense [lalinénse] 图 图 《地名》ラリン Lalín の[人]《ポンテベドラ県の村》

lalofobia [lalofóbja] 女 =glosofobia

lama [láma] I《←ラテン語 lama「泥, 水たまり」》图 ❶ [水底の] 泥, 沈泥, 軟泥. ❷《鉱物》砕かれた鉱物から遊離して水底に沈殿する泥. ❸《植物》アオサ, 緑藻類の総称. ❹《地方語》湿原. ❺《アンダルシア》石灰と混ぜるのに使われる細かい砂. ❻《メキシコ, ホンジュラス, プエルトリコ, コロンビア, チリ》こけ《=musgo》. ❼《メキシコ, コロンビア, ボリビア》かび《=moho》. ❽《ホンジュラス, チリ》アオミドロ
II《←仏語 lame》女 ❶ [よろい窓の] よろい板. ❷《繊維》ラメ《=lamé》. ❸《チリ》縁に房飾りのついた毛織物
III《←チベット語 blama》男 ラマ僧

lamaico, ca [lamáiko, ka] 形 ラマ教の

lamaísmo [lamaísmo] 男《宗教》ラマ教

lamaísta [lamaísta] 形 图 ラマ教の; ラマ教徒

lamarckismo [lamarkísmo] 男《生物》用不用説, ラマルク Lamarck の提唱した進化論

lamarckista [lamarkísta] 形《生物》用不用説の

lamartiniano, na [lamartinjáno, na] 形 图《人名》[フランスの詩人] ラマルティーヌ Lamartine の

lamasería [lamasería] 女 [チベットの] ラマ教の僧院

lambada [lambáda] 女《舞踊, 音楽》ランバダ《ブラジル起源》

lambarear [lambareár] 自《キューバ》暇そうにぶらつく; [ぶらぶらと] 歩き回る, 放浪する

lambarero, ra [lambaréro, ra] 形 图 ❶《メキシコ, キューバ》おべっかを使う[人]. ❷《キューバ》通りをぶらつく[人]; 放浪する[人]

lambayecano, na [lambajekáno, na] 形 图《地名》ランバイエケ Lambayeque の[人]《ペルー北部太平洋岸の県・町》

lambda [lámda] 女《ギリシア文字》ラムダ《Λ, λ》

lambdacismo [lamdaθísmo] 男《音声》誤って r 音を l 音で発音すること

lambdoideo, a [lamdoidéo, a] 形《解剖》ラムダ形の: sutura ～a ラムダ縫合

lambear [lambeár] 他《アラバ》なめる《=lamer》

lambeculo [lambekúlo] 图《メキシコ, アルゼンチン, ウルグアイ. 俗語》=lameculos

lambel [lambél] 男《紋章》レイベル《上部の横帯から3本の短い縦棒を下げた模様》

lambeojos [lambeóxos] 图《プエルトリコ. 俗語》=lameculos

lambeplatos [lambeplátos] 图《単複同形》《プエルトリコ. 口語》残飯を食べて暮らす人, 物乞い, 浮浪者

lamber [lambér] 他 ❶《古語》なめる《=lamer》. ❷《コロンビア》こびへつらう

lamberear [lambereár] 他《キューバ》=lambarear

lambeta [lambéta] 形《アルゼンチン. 口語》=lameculos
── 形《ウルグアイ》おいしい物に目のない, 美食家の

lambetada [lambetáða] 女《プエルトリコ》ペロリとなめること. ❷《メキシコ, アルゼンチン》お世辞; へつらい, おべっか

lambetazo [lambetáθo] 男《ログローニョ; 南米. 俗語》❶ ペロリとなめること. ❷ へつらい, おべっか

lambetear [lambeteár] 他《中南米. 隠語》なめる《=lamer》

lambiachi [lambjátʃi] 图《メキシコ. 俗語》=lambeplatos

lambiar [lambjár] 10 他《アンダルシア》なめる《=lamer》

lambiche [lambítʃe] 图《メキシコ. 俗語》お世辞, おべっか使いの; =lameculos

lambido, da [lambíðo, ða] 形 ❶《地方語》めかし込んだ, きざな. ❷《中南米》厚かましい, 恥知らずな
── 女《古語》なめること

lambión [lambjón] 形《レオン》甘い物好きの

lambiscón, na [lambiskón, na] 形 ❶《メキシコ, 中米. 俗語》=lameculos. ❷《メキシコ, ホンジュラス》告げ口屋

lambisconear [lambiskoneár] 他《メキシコ. 口語》おべっかを使う

lambisconería [lambiskonería] 女《メキシコ. 口語》お世辞, おべっか

lambisquear [lambiskeár] 他 ❶ [子供が菓子を] 探し求める. ❷《メキシコ. 口語》おべっかを使う, ごまをする. ❸《ドミニカ, コロンビア》なめる《=lamer》

lambistón, na [lambistón, na] 形《カンタブリア》甘い物好きの[人]

lambón, na [lambón, na] 形 ❶《パナマ, コロンビア. 俗語》=lameculos. ❷《コロンビア. 口語》告げ口屋

lambonear [lamboneár] 他《中南米. 口語》ごまをする, へつらう

lambraña [lambráɲa] 形《コロンビア》けちな, けちの; 卑しい

lambrequín [lambrekín] 男《紋章》マント《ヘルメットに結ばれた生地》

lambrijo, ja [lambríxo, xa] 形《メキシコ》やせた, 弱々しい
── 女 ❶《動物》ミミズ《=lombriz de tierra》. ❷ 非常にやせている人

lambrión, na [lambrjón, na] 形《レオン, サラマンカ》甘い物好きの

lambrucio, cia [lambrúθjo, θja] 形 甘い物好きの; 食い意地のはった, 大食いの

lambrusco, ca [lambrúsko, ka] 形《メキシコ, チリ》食いしん坊の, 大食漢の

lambrusquear [lambruskeár] 自《メキシコ, チリ》❶ おいしい物を求め歩く. ❷ なめ回す. ❸ おべっかを使う

lambswool [lam(b)súl]《←英語》男《繊維》ラムウール

lambucear [lambuθeár] 他《主にベネズエラ》[皿などを] 熱心に(意地汚く)なめる

lambucero, ra [lambuθéro, ra] 形 图 大食いの[人]; 甘い物好きの[人]

lambucio, cia [lambúθjo, θja] 形《ベネズエラ. 口語》いつも他人におごってもらう[人]; 居候[の]

lambuzo, za [lambúθo, θa] 形《エストレマドゥラ》❶ 甘い物好きの. ❷ でしゃばりの

lamé [lamé]《←仏語》男《繊維》ラメ

lameculos [lamekúlos]《←lamer+culo》图《単複同形》《卑語. 軽蔑》ゴマすり野郎, おべっか使い

lamedal [lameðál] 男 泥沼, 泥地, 沼地

lamedor, ra [lameðór, ra] 形 ペロペロなめる
── 男 ❶《医学》シロップ. ❷ [古語] なめること

lamedura [lameðúra] 女 ペロペロなめること

lamehuevos [lamewéβos] 图《単複同形》《中米. 卑語》=lameculos

lameira [laméira]《サモラ》ぬかるみ, 湿地

lamela [laméla] 女《生物》ラメラ, 脂質多重層構造

lamelado, da [lameláðo, ða] 形《生物》ラメラの

lamelibranquio, quia [lamelibráŋkjo, kja] 形 斧足弁鰓類の
── 男 複《貝》斧足弁鰓《ふそくべんさい》類

lamelicornio, nia [lamelikórnjo, nja] 形 鰓角上科の

lameliforme
── 男《昆虫》鰓角(さいかく)上科
lamelifórme [lamelifórme] 形 薄板状の
lamelirrostro, tra [lameliŕóstro, tra] 形 板嘴目の
── 男《鳥》板嘴(ばんし)目
lamentable [lamentáble]【←ラテン語 lamentabilis】形 ❶ 悲しむべき; 嘆かわしい, 残念な, 遺憾な: 1) La corrupción es ～. 汚職は嘆かわしい. suerte ～ 悲しい運命. 2)［ser ～+不定詞・que+接続法］Es ～ haber sido ignorado muchas décadas. 何十年も知られなかったのは残念だ. Es ～ que tengas marcharte tan pronto. 君がこんなに早く立ち去らなくてはならないのは残念だ. ❷［外見・状態が］衰弱した; みじめな, 哀れな: Al día siguiente de la fiesta tenía una cara ～. 祭りの翌日彼はげっそりした顔をしていた. ❸《まれ》痛ましい, 悲しい(苦しみ)を感じさせる: rostro ～ 痛ましい表情
lamentablemente [lamentáblemẽnte] 副 ❶ 悲しいことに, 遺憾なことに: Permítame usted que le diga que ～ no estoy de acuerdo con usted en cuál es la mejor obra. 残念ながら私はどれが最良の作品かについては, あなたと同意見ではないと言わざるを得ません. ❷ 嘆き悲しんで
lamentación [lamentaθjón] 女 ❶《主に複》嘆き〔の声・言葉〕, 悲嘆, ぐち, 不平: No quiero oír tus *lamentaciones*. 君のぐちは聞きたくない. Muro de las *Lamentaciones*〔エルサレムの〕嘆きの壁. 《旧約聖書》哀歌: las *Lamentacioes* de Jeremías エレミアの哀歌
lamentador, ra [lamentaðór, ra] 形 嘆き悲しむ〔人〕; ぐちっぽい人
lamentar [lamentár]【←ラテン語 lamentari「うめく, 嘆く」】他 ❶ 残念(気の毒・遺憾)に思う: 1) Lamento su lesión. 彼の負傷は気の毒だ. 2)［+不定詞］*Lamentamos* no poder contestar. 残念ですがお答えできません. *Lamento* no haber estudiado mucho. 私はあまり勉強しなかったことが残念だ. 3)［+que+接続法］*Lamento* que hayáis tenido perdido el dinero. お金をなくされてお気の毒です. ❷ 嘆く, 悲しく思う: *Lamento* mucho *que* no se encuentre muy bien su señora. 奥様の具合が悪くて私は悲しく思います ─ **se** ❶［+de・por］嘆く, 嘆き悲しむ: De nada sirve ～*te*. 君が嘆いても何にもならない. ¿De qué *se lamenta* usted? 何を嘆いていらっしゃるのですか？ ❷ 不平（泣きごと）を言う: *Se lamenta de* su cuatro puesto. 彼は自分が4位だったことを嘆いている

lamento [laménto]【←ラテン語 lamentum「うめき, 嘆き」】男 嘆き〔の声・ため息〕, 悲しみ: Desde que la abandonó su novio, de su boca solamente salen ～*s*. 恋人に捨てられて以来, 彼女の口からは泣き言しか出てこない. hacer un ～ 嘆く. proferir ～*s* 嘆き悲しむ
lamentoso, sa [lamentóso, sa]【←*lamento*】形 ❶ うめくような, 悲しげな, 哀れっぽい: voz ～*sa* 悲しげな声. ❷［人が］嘆く, 泣きわめくを言う
lameojos [lameóxɔs] 名《単複同形》《プエルトリコ. 俗語》=**lameculos**
lameplatos [lameplátɔs] 名《単複同形》❶ 残飯あさりをする人, 貧民者, 浮浪者. ❷《まれ》甘い物好きの人. ❸《メキシコ》1) おべっか使い; たかり屋, 居候. 2) 役立たず
lamer [lamér]【←ラテン語 lambere】他 ❶［ペロペロと］なめる: El perro *lame* el plato. 犬が皿をなめる. ～ un helado アイスクリームをなめる. ❷《詩》［水・炎などが］柔らかく触れる: El agua *lamía* la orilla. 波が岸を洗っている. Las llamas *lamen* el tronco. 炎が木を包んでいる. ❸ こびへつらう, 機嫌をとる ─ **se** ［自分の体を］なめる
que no se lama《口語》すごい, ひどい
lamerón, na [lamerón, na] 形 名《地方語》いつも何か口に入れている〔大食漢〕
lameruzo, za [lamerúθo, θa] 形《地方語》=**lamerón**
lametada [lametáða] 女《口語》=**lametón**
lametazo [lametáθo] 男《口語》=**lametón**
lametear [lameteár] 他 ペロペロなめる, なめ回す
lameteo [lametéo] 男 ❶ ペロペロなめること. ❷《口語》［下心のある］ごますり, へつらい
lametón [lametón]【←*lamer*】男 ペロペロなめること: Se ha comido el helado a *lametones*. 彼は夢中でアイスクリームを食べた
lamia [lámja] 女 ❶《魚》メジロザメの一種〔学名 Carcharhinus commersoni〕. ❷《ギリシア神話》ラミア【頭部が美しい女性で体が蛇の怪物. 人間の男を誘惑し, その精を吸う】

lamido, da [lamíðo, ða] 形 ❶《軽蔑》めかし込んだ, きざな: gente muy ～*da* ひどくめかしこんだ人々. ❷［文体などが］凝りすぎの; 《美術》手の加えすぎで活き活きとしていない. ❸［髪・布が濡れたように］ぺったりした: El pelo tan ～ no le queda bien. あんなにすてつけた髪は彼には似合わない. ❹ やせこけた: cara ～*da* げっそりとした顔. ❺《まれ》使い古した, すり切れた
── 男《技術》ラップ仕上げ, ラッピング
── 女《主に中南米. 口語》ペロペロなめること. ❷《隠語》オーラルセックス
lamiente [lamjénte] 形《まれ》なめる
lamilla [lamiʎa] 女《チリ》肥料用の海草
lamín [lamín] 男《アラゴン》甘い物 〖=golosina〗
lámina [lámina]【←ラテン語 lamina「金属の板・薄片」】女 ❶ 薄板, ボード; 薄片: ～ de plomo (madera・vidrio) 鉛（木・ガラス）の薄板. patata cortada en ～*s* finas 薄切りにしたジャガイモ. ❷《印刷》図版; その原版: libro con ～*s* 図版入りの本. ～ en blanco y negro 白黒の図版. ～ en color カラーの挿画. ❸《美術》銅版〔画〕, 版画; 写真版. ❹［人・動物の］外見, 姿: El primer toro era de bella ～. 1頭目の牛は美しい姿をしていた. ❺《解剖》薄層, 薄膜. ❻《植物》葉身, 葉片. ❼《地質》葉層
── 男《メキシコ》［女性が］大変魅力的だが体が弱い. ❷《コロンビア》悪党, ろくでなしの, ならず者
laminable [laminable] 形 薄板にされ得る, 圧延可能な
laminación [laminaθjón] 女 ❶《金属》圧延: ～ en caliente (frío) 熱間 (冷間) 圧延. ❷ 貼り合わせ, ラミネート加工
laminado [lamináðo] 男 ❶ 薄板, 圧延製品: ～ plástico プラスチックの薄板. ❷ 圧延工程: tren de ～ 圧延機. ❸ 貼り合わせ
laminador, ra [laminaðór, ra] 形 薄板にする, 圧延する
── 名 圧延工
── 男/女 圧延機, 圧延設備
laminar [laminár]【←**lámina**】他 ❶ 薄板にする, 薄く切る; 《金属》圧延する: acero *laminado* 圧延鋼. ❷ 薄板をかぶせる, 貼り合わせる: *Laminó* en oro el lomo del libro. 彼は本の背に金箔を張った. ❸《中南米》ラミネート加工する
── 形 ❶ 薄板状の, 薄片状の: recubrimiento ～ de oro 金箔張り. ❷ 層状の: corriente ～《物理》層流. estructura ～《鉱物, 生物など》層構造
laminaria [laminárja] 女《植物》コンブ（昆布）
laminariales [laminarjáles] 形 コンブ目の
── 女《複》《植物》コンブ目
laminarina [laminarína] 女《生化》ラミナリン
laminectomía [laminektomía] 女《医学》椎弓(ついきゅう)切除術
laminería [laminería] 女《アラゴン》❶ 甘い物好き. ❷ 甘い菓子
laminero, ra [laminéro, ra] 形 名 ❶ 薄板を作る; 圧延工. ❷ 聖遺物箱に金属薄板を張る〔職人〕. ❸《アラゴン》甘い物好きの〔人〕
laminoso, sa [laminóso, sa] 形 薄板(薄片)状の; 層状の
lamio [lámjo] 男《植物》～ blanco オドリコソウ
lamiosería [lamjosería] 女《地方語》ごますり, へつらい
lamiscar [lamiskár] 7 他《口語》ペロペロなめる
lamoso, sa [lamóso, sa] 形 泥に覆われた, 泥のたまった
lampa [lámpa]【←ケチュア語】女《コスタリカ, エクアドル, ペルー, チリ》鍬(くわ), 〔甲板などを〕なめる
lampacear [lampaθeár] 他《船舶》〔甲板などを〕デッキブラシで拭く
lampaceo [lampaθéo] 男《船舶》デッキブラシで拭くこと
lampadario [lampaðárjo] 男 ❶《まれ》〔枝付きの〕大燭台. ❷〔教会の〕献灯台
lampadóforo, ra [lampaðóforo, ra] 名《古代ギリシア》〔行列での〕神灯捧持者
lampalagua [lampalágwa] 女 ❶《チリ. 神話》川の水を飲み干す蛇の怪物. ❷《アルゼンチン. 蛇》ボアの一種〔学名 Boa constrictor occidentalis〕
── 形《チリ, アルゼンチン. 口語》食い意地のはった〔人〕, がつがつした〔人〕, 大食らいの〔人〕
lampallalo, lla [lampaʎáʎo, ʎa] 形《チリ. 軽蔑》いつも腹ぺこの
lampallo, lla [lampáʎo, ʎa] 形《チリ》飢えた〔人〕
lampante [lampánte] 形 灯油の
── 男《アンダルシア》最も純度の高いオリーブ油〖=aceite ～〗
lampar [lampár] 他 ❶《西. 口語》[+por］熱望する; [+por

不定詞]…したくてたまらない: José está lampando por ir al béisbol. ホセはとても野球を見に行きたがっている. ❷《西. 口語》困窮する. ❸《プエルトリコ》やくざな生活をおくる

estar lamparando 《プエルトリコ》文なしである

lámpara[1] [lámpara]【《ラテン語 lampada < lampas, -adis「たいまつ」< ギリシア語 lampas「たいまつ」< lampo「私は輝く」】 ❶ 電灯, 電球 [=~ eléctrica]. 類義 **lámpara** は主に「照明器具」「明かり」の意味では主に **luz**]: ~ colgante 吊り照明. ~ Davy/~ de mineros/~ de seguridad [鉱夫の] 安全灯. ~ de bolsillo/~ de mano 懐中電灯. ~ de cielo《グアテマラ》シャンデリア. ~ de incandescencia グローランプ. ~ de lectura 読書灯. ~ de mesa/~ de escritorio 卓上スタンド, 電気スタンド. ~ de pie フロアスタンド. ~ de rayos UVA/~ solar ultravioleta 紫外線ランプ. ~ de señales 信号灯. ~ de soldar《技術》ブローランプ. ~ de pared ウォールライト. ~ de techo 天井からの照明.《西》車内灯, ルームランプ. ~ solar《医学》太陽灯. ❷《西》シャンデリア. ❸ ランプ: encender (apagar) la ~ ランプを点す(消す). ~ de Aladino アラジンの[魔法の]ランプ. ~ de alcohol アルコールランプ. ~ de petróleo 石油ランプ. ~ de gas ガス灯. ❹ 真空管, 電子管 [=~ electrónica]. ❺《口語》[衣服の] 油じみ: Lleva la camisa llena de ~s. 彼は油じみだらけのワイシャツを着ている. ❻《生物》発光体. ❼《複》両目 [=~ ojos].

atizar la ~[酒を] 一杯やる

quebrar la ~《カリブ》すべてを失う, すべて台なしにする
―― 名《カリブ》[腕のいい] 泥棒, 盗賊; 詐欺師. ❷《キューバ》わずらわしい人, 迷惑な人

lamparazo[lampaɾáθo] 男 ❶《メキシコ, コロンビア》[強い酒を] 飲むこと, がぶ飲み. ❷《コロンビア》1) 一口で飲む量. 2) すばらしいアイディア

lamparería[lampaɾeɾía] 女 照明器具製造工場(販売店)

lamparero, ra[lampaɾéɾo, ɾa] 名 ❶ 照明器具製造工場(販売)店の従業員. ❷ ランプの清掃(点灯)係

lampariento, ta[lampaɾjénto, ta] 形《ペルー》[衣類が] 油汚れや染みのついた, 汚れた

lamparilla[lampaɾíʎa]【**lámpara** の示小語】女 ❶ 浮かし灯明, 常夜灯 [=**mariposa**]. ❷ アルコールランプの火口(ぐち); オイルライター, アルコールランプ. ❸《植物》ハゴオウギ, ポプラ. ❹《古語. 闘牛》夏用のケープの薄い毛織物. ❺《クエンカ》[カニ捕り用の] 袋網

lamparillazo[lampaɾiʎáθo] 男《地方語》[ワインなどを飲む] 大量の一口

lamparín[lampaɾín] 男 ❶ [教会用の] 火屋(ほや)のある浮かし灯明. ❷《ペルー》石油ランプ. ❸《チリ》引っかけ式のランプ [=**candil**]

lamparista[lampaɾísta] 名 =**lamparero**

lamparita[lampaɾíta] 女《ラプラタ》電球 [=**bombilla**]

lámparo, ra[2] [lámpaɾo, ɾa] 形 名《コロンビア》一文なしになった [人]

lamparón[lampaɾón] 【**lámpara** の示大語】男 ❶《口語》[衣服の] 油じみ. ❷《医学》1)《古語》[首の] 瘰癧(るいれき). 2)《キューバ. 口語》[打撲による] 血腫. 3)《チリ》主に《複》口腔カンジダ症 [=**ubrera**]. ❸《獣医》馬鼻疽. ❹ 大型のランプ(照明器具)

lampasado, da[lampasáðo, ða] 形《紋章》[獣の] 舌の色が体の色と別の

lampatán[lampatán] 男《植物》サルトリイバラ [=**china**]

lampato, ta[lampáto, ta] 形《エストレマドゥラ》甘い物好きの

lampaya[lampája] 女《チリ. 植物》クマツヅラ科の一種 [学名 Lampaya officinalis]

lampazo[lampáθo] 男 ❶《植物》ゴボウ《スペインでは薬草. =**mayor**】: ~ **menor** [学名 arctium minus]. ❷《船舶》[甲板ふきの] デッキブラシ, 棒雑巾. ❸《鉛溶解炉用の》煤払いぼうき (4).《コロンビア, ベネズエラ》殴打, 殴ること. ❺《チリ》台所巾.《アルゼンチン》モップ.《ウルグアイ》ガラスワイパー, スクイジー

lampear[lampeáɾ] 他《ペルー, チリ》鍬 **lampa** で耕す(土を掘り起こす)

lampero[lampéɾo] 男 ❶《ペルー, チリ》鍬による耕作(掘り起こし). ❷《チリ》ウニ採り用の先の尖った道具. ❸《アルゼンチン》モップ

lampiño, ña[lampíɲo, ɲa] 形【←**二語源**】❶ [男が] ひげの生えていない. ❷ 毛の薄い, 毛の少ない: brazos ~s 毛の薄い腕. ❸《植物》無毛の

---

lampión[lampjón] 男《まれ》ランタン, カンテラ

lampíride[lampíɾiðe] 女《昆虫》ホタル [=**luciérnaga**]

lampiro[lampíɾo] 男 =**lampíride**

lampista[lampísta]【←仏語 lampe】名《西》電気水道ガス工事屋
―― 男 ブリキ職人 [=**hojalatero**]

lampistería[lampisteɾía] 女 ❶ 照明器具製造工場(販売店)の従業員. ❷《西》電気水道ガス工事店; 電気水道ガス工事屋の職. ❸《鉄道》[駅の] ランプ保管所

lampistero, ra[lampistéɾo, ɾa] 名 照明器具製造(販売)店の従業員

lampo[lámpo] 男《詩語》[一瞬の] 輝き, きらめき

lampón, na[lampón, na] 形《コロンビア》空腹の, 飢えた
―― 男《エクアドル》大鍬

lampote[lampóte] 男 ❶ フィリピン産の綿布. ❷《メキシコ. 植物》ヒマワリ属の一種 [学名 Helianthus cornifolius]

lamprea[lampɾéa] 女《魚》ヤツメウナギ

lampreada[lampɾeáða] 女《グアテマラ》鞭でのめった打ち

lampreado[lampɾeáðo] 男《チリ. 料理》干し肉などの煮込み

lamprear[lampɾeáɾ] 他《料理》ヤツメウナギなどをワインで炒め煮する. ❷《中米》鞭打ちする

lampreazo[lampɾeáθo] 男《まれ》鞭打ち [=**latigazo**]

lamprehuela[lampɾeweá] 女《魚》ヨーロッパカワヤツメ, シマドジョウ《食用》

lampreílla[lampɾeíʎa] 女 =**lamprehuela**

lampridiforme[lampɾiðifóɾme] 形《魚》アカマンボウ目の

lampridiformes 男《魚》アカマンボウ目

lamprobolita[lampɾoβolíta] 女《鉱物》普通角閃石

lámpsana[lám(p)sana] 女《植物》ナタネタビラコ

lampuga[lampúɣa] 女《魚》シイラ

lampuguera[lampuɣéɾa] 女《漁業》巻き網とかごを組み合わせた漁法

lampuso, sa[lampúso, sa] 形《キューバ》無礼な, 不遜な

lamuto[lamúto] 男《言語》ラムート語《ツングース語族の一つ》

LAN[lán] 女《略記》←Línea Aérea Nacional [チリの] 国営航空

lana[lána] 女【←ラテン語】❶《不可算》羊毛: 1) batir la ~ 羊の毛を刈る. **pura** ~ **純毛**. ~ **burda** (**churra**) 粗毛. ~ **de esquileo** 刈り取られた毛. ~ **en rama** 原毛. [**pura**] ~ **virgen** 新毛. 2) 毛糸 《=**hilo** de ~]; 毛織物 《=**tejido** de ~]: **traje** **de** ~ ウールの服. **fría** [主に男性の夏服に使われる] サマーウール. ~ **peinada** 梳毛織物, ウーステッド. 3) ~ **de** **acero** スチールウール. ~ **de** **roca** ロックウール, 岩綿. ~ **de** **vidrio** グラスウール. ~ **filosófica** 亜鉛華. ❷《軽蔑》[主に《複》] ぼさぼさに伸びた髪. ❸《メキシコ, ペルー, チリ. 口語》[主に《複》] お金. ❹《メキシコ》[主に《複》] 嘘. ❺《アルゼンチン. 隠語》お札, 紙幣

cardar a+人 la ~《口語》~ を厳しく叱る

estar ahogado en ~《メキシコ》裕福である

ir por ~ y (pero) salir (volver) trasquilado もうけするつもりが大損する; ミイラ取りがミイラになる
―― 形 名《中米》盗賊, ぺてん師. ❷《グアテマラ, ホンジュラス》下層民(の)

lanado, da[lanáðo, ða] 形《植物》細毛の生えた, 繊毛状の
―― 女《砲口掃除用の》洗桿(せんかん)

lanar[lanáɾ] 形【←**lana**】形 羊の
―― 男 羊 [=**ganado** ~, **res** ~]

lanaria[lanáɾja] 女《植物》サボンソウ [=**jabonera**]

lanawense[lanaβénse] 形《地名》ラナオ地方 Lanao の[人]《フィリピン, ミンダナオ島》

lancán[laŋkán] 男《フィリピンの》荷船

lancasteriano, na[laŋkasteɾjáno, na] 形 名 ❶ [英国の] ランカスター王家 Casa de Lancaster の. ❷ [バラ戦争当時の] ランカスター王家を支持する[人]

lance[lánθe] 男【←ラテン語 lancea】男 ❶ 出来事: Es una novela llena de ~s cómicos. その小説はこっけいなエピソードが一杯だ. ~ **de** **amor** 恋愛事件. ~ **de** **fortuna** 偶然[の出来事]. ~ **de** **suerte** 思いがけない幸運. ~ **de** **armas**,口論: tener un ~ **con**... …ととんかかる. ~ **de** **honor** 決闘. ❷ 窮地, 難局, 苦境 [=~ **apretado**]. ❹《闘牛》ランセ《ケープによるかわし》. ❺《トランプ》手, ❻《チェス》コマを動かすこと, 手. ❼《スポーツ》き, プレー. ❽ 投げること, 投擲(てき). ❾《漁業》1) 投網; 一網の漁業. 2)《コロンビア》網漁の穴場. ❿《チリ, アルゼンチン, ウルグアイ》1) [捕まえられないように] すばやく身をかわすこと: **sacar** ~

lanceado, da

すばやく身をかわす. 2) 一連のもの: casa de tres ~s 三軒長屋 de ~ 中古の・で; 見切り売りの・で: libro de ~ 古本; 見切り本. librería de ~ 古書店. comprar de ~ 中古(バーゲン)で買う

tener pocos ~s 単調である, 退屈である

tirarse [a] ***un ~*** 《チリ, アルゼンチン, ウルグアイ》[一か八か]やってみる

lanceado, da [lanθeáðo, ða] 形《植物》=**lanceolado**
―― 男《アルゼンチン》槍の一突き

lancear [lanθeár] 他 ①《槍 lanza で刺す(突く)》〖=alancear〗. ②《闘牛》[牛を]ケープ capa であしらう

lancéola [lanθéola] 女《植物》ヘラオオバコ

lanceolado, da [lanθeoláðo, ða] 形《植物》hoja ~da 披針(ﾋ)形葉

lancera[1] [lanθéra] 女 槍掛け

lancería [lanθería] 女 ① 集合 槍. ② 槍陣; 槍騎兵隊

lancero, ra[2] [lanθéro, ra] 名 槍 lanza の製作者
―― 男 ① 槍兵; 槍騎兵. ②《舞踊, 音楽》複 ランサーズ『19世紀にヨーロッパで流行したカドリールの一種』. ③ 槍掛け〖=lancera〗. ⑤《アルゼンチン. 口語》女をものにしようとする男
―― 形《アルゼンチン. 口語》①[運を頼りに]行き当たりばったりにことを始める[人]. ② 勉強せずに試験を受ける[学生]

lanceta [lanθéta] 女《lanza の示小語》①《医学》ランセット; 放血針. ②《動物》ナメクジウオ〖=pez ~〗. ③《建築》arco de ~ ランセットアーチ, 尖頭アーチ. ④《闘牛》角. ⑤《メキシコ, グアテマラ, アンデス》《虫》の 針. ⑥《南米》[突き棒の]先端の金具; [家畜を追う]突き棒

lancetada [lanθetáða] 女 ①《まれ》=**lancetazo**. ②《南米》突きによる一突き

lancetazo [lanθetáθo] 男《まれ》ランセットによる切りつけ

lancetear [lanθeteár] 他《南米》突き棒で突く

lancetero [lanθetéro] 男《医学》ランセット・ケース

lancha [lántʃa] I《←ポルトガル語 lanchara < マレー語 láncar「速い」》女 ①(船舶)ランチ, はしけ; [大型の・エンジン付きの]ボート: 1) ~ a (de) motor/~ motora モーターボート. ~ de pesca 釣り舟, フィッシングボート. ~ rápida 高速艇. ~ salvavidas/~ de salvamento/~ de auxilio/~ de socorro 救命ボート. 2)《軍事》~ cañonera (bombardera・obusera) 砲艦. ~ torpedera 魚雷艇. ~ de desembarco 上陸用舟艇. 《狩猟》[ウズラ猟の]石と棒による仕掛け. ③《コロンビア. 動物》カピバラ. ④《エクアドル》霧, もや; 霜
II《←?語源》①《表面が滑らかな》薄い石板

lanchada [lantʃáða] 女《船舶》ランチ一隻の積載量

lanchaje [lantʃáxe] 男《船舶》ランチ・小型船の用船料

lanchar [lantʃár] I 自 ①《ベネズエラ》[見つけにくい物を]めざとく見つける. ②《エクアドル》〖単人称〗霧がかかる; 霜が降りる
II 男[石板の]採石場

lanchazo [lantʃáθo] 男 石板で打つこと

lanchero, ra [lantʃéro, ra] 名 石と棒による仕掛けを使うウズラ猟師
―― 男[ランチの]船長, 船主

lanchón [lantʃón] 男《船舶》大型のランチ

lancinante [lanθináte] 形《文語》① 痛みなどが]刺すような, 激しい. ② 痛みをもたらす

lancinar [lanθinár] 他 ① 突き刺す. ② 悩ませる, 苦しめる

lanco [láŋko] 男《チリ. 植物》イネ科の薬草の一種〖学名 Bromus stamineus〗

lancú [laŋkú] 男《アルゼンチン. 植物》=**lanco**

lancurdia [laŋkúrðja] 女《魚》マスの一種

land [lánd] 男《←独語》〖複 länder〗[ドイツの]連邦州

landa [lánda] 女《←仏語 lande》① 荒原, 荒れ地

Landa [lánda] 《人名》**Diego de** ~ ディエゴ・デ・ランダ (1524–79, スペイン人宣教師. メキシコ, ユカタンの宣教活動に従事『ユカタン事物記』*Relación de las cosas de Yucatán*)

lande [lánde] 男《アラブ》ドングリ

länder [lénder] land の複数形

landés, sa [landés, sa] 形 名《地名》[フランスの]ランド地方 les Landes の[人]

landgrave [landgráβe] 男《歴史》[中世ドイツの]方伯

landgraviato [landgrabjáto] 男《歴史》方伯の爵位(領地)

landó [landó] 男《←仏語 landau》《車》~s ランドー馬車『前後から幌がかかる向かい合い座席の四輪馬車』

---

landre [lándre] 女 ①《医学》[リンパ腺のどんぐり大の]腫れ; 横根. ②《服飾》隠しポケット

mala ~ te mate (***te coma・te dé***)《まれ》[軽蔑・悪意]ちくしょうめ

landrecilla [landreθíʎa] 《landre の示小語》女 ①[わきの下などの]小さな腫れ物(瘤)

landrero, ra [landréro, ra] 形 名《古語》物乞い[の]
―― 男《まれ》釣り銭詐欺師

landrilla [landríʎa] 女《生物》哺乳類の舌下や鼻腔に寄生する寄生虫; それによる腫れ物

landsturma [landstúrma] 男《←独語》《まれ》予備軍

lanera[1] [lanéra] 女 羊毛倉庫

lanería [lanería] 女 ① 羊毛販売店. ② 不可算 羊毛

lanero, ra[2] [lanéro, ra] 形《←lana》名 ① industria ~ra 毛織物業
―― 男 羊毛商

lanetón [lanetón] 男《魚》ウチワシモクザメ

langa [láŋga] 女《←英語 ling》① 塩漬けのタラ

langanazo [laŋganáθo] 男《ベネズエラ》鐘の音; 砲撃音; 大音響

lángara [láŋgara] 形《中米》① 信用できない人, ずるい人

langaro, ra [laŋgáro, ra] 形《中米》① 目的もなく]うろつく, さまよい歩く

langarucho, cha [laŋgarútʃo, tʃa] 形《メキシコ, ホンジュラス》ひょろ長い, のっぽの

langaruto, ta [laŋgarúto, ta] 形《コロンビア, ペルー. 軽蔑》やせ弱々しい[人]

langor [laŋgór] 男《古語》=**languidez**

langoroso, sa [laŋgoróso, sa] 形《古語》=**lánguido**

langosta [laŋgósta]《←ラテン語 locusta「バッタ」》女 ①《動物》ヨーロッパイセエビ, ロブスター. 〖語義〗エビ類の大きさの順: **langosta>langostino>gamba**: ~ mora ヨーロッパイセエビの一種〖学名 Palinurus mauritanicus〗. ~ verde (real) ゴシキエビ. ②《昆虫》[主に 集合 イナゴ, バッタ: plaga de ~ イナゴの害. ③《戯語》破壊的(有害)な人(事物): Juan es ~ de la familia. フアンは家族の悩みの種だ

langostero, ra [laŋgostéro, ra] 形 エビ捕りの[漁船]
―― 男 エビ捕り漁船

langostín [laŋgostín] 男=**langostino**

langostino [laŋgostíno] 男《動物》① クルマエビ, テナガエビ[→langosta]: ~ japonicus クルマエビ. ~ moruno《西》ツノナガチヒロエビ. ② ザリガニ〖= ~ de río〗

langosto [laŋgósto] 男《地方語》イナゴ, バッタ

langostón [laŋgostón] 男《昆虫》① キリギリス科の一種〖学名 Phasgonura viridissima〗. ②《ベネズエラ》大型のバッタの一種〖学名 Locusta veridissima〗

langreano, na [laŋgreáno, na] 名《地名》ラングレオ Langreo の[人]《アストゥリアス県の町》

languceta [laŋguθéta] 女《チリ》飢えた[人], 空腹の[人]

languciento, ta [laŋguθjénto, ta] 形《チリ. 口語》=**languceta**

languedociano, na [laŋgeðoθjáno, na] 形《地名》《南仏》ラングドック地方 Languedoc の[人]. ②《地名》
―― 男 オック語

lengüetear [leŋgweteár] 自《チリ》=**lengüetear**

lánguidamente [láŋgiðaménte] 副 元気なく, 活気なく: hablar ~ 元気のない話し方をする

languidecer [laŋgiðeθér] 《←lánguido》 39 自 ① 衰弱する, やつれる: Mi abuelo, a pesar de los cuidados, *languidece* de forma ostensible. 私の祖父は看病にもかかわらずはっきりと衰弱している. ② 元気(活気・勢い)がなくなる: La conversación *languidece*. 会話がだれる(はずまなくなる)

languideciente [laŋgiðeθjénte] 形《文語》衰弱する; 元気がなくなる

languidez [laŋgiðéθ] 《←lánguido》女 ① 衰弱, 憔悴: Su aspecto de extrema ~ nos hizo suponer que padecía alguna enfermedad. 彼はあまりに衰弱していたので何か病気なのだろうと私たちは思った. ② 倦怠, 無気力, 気乗りのなさ: La muerte de su padre lo dejó sumergido en una gran ~. 父の死によって彼はひどい無力感に襲われた

lánguido, da [láŋgiðo, ða]《←ラテン語 languidus「弱い, 病気がち」》形 ① 衰弱した, 憔悴した: Tras su terrible enfermedad se encuentra todavía muy ~. 彼は重い病気をわずらった後, いまだに衰弱した状態にある. ② けだるい, 無気力な: mirada ~da 生気のない目つき. mantener una conversación ~da

活気のない会話を続ける

languiso, sa [laŋǵiso, sa]形《ログローニョ》甘い物好きの

languor [laŋgwór]男《まれ》=**languidez**

langur [laŋgúr]男《動物》ラングール

languso, sa [laŋgúso, sa]形《メキシコ》❶ ずるい, 抜け目のない. ❷ ひょろ長い, のっぽの

LANICA [lánika]女《略語》←Líneas Aéreas de Nicaragua ニカラグア航空

lánido, da [lániðo, ða]形
—— 男 複《鳥》モズ科の

lanífero, ra [lanífero, ra]形《詩語》羊毛入りの

lanificación [lanifikaθjón]女 = **lanificio**

lanificio [lanifíθjo]男 ❶ 羊毛の加工技術. ❷ 羊毛製品

lanígero, ra [laníxero, ra]形《植物の毛 pelusa が》羊毛に似た

lanilla [laníʎa]《lana の示小語》女 ❶ 薄地の毛織物, サマーウール. ❷《船舶》水兵服. ❸ 〖毛織物の〗けば

lanista [lanísta]男《古代ローマ》剣闘士養成家

lanital [lanitál]男〖←商標〗《繊維》〖カゼインから作られる〗合成羊毛

lanjaronense [laŋxaronénse]形・名《地名》ランハロン Lanjarónの〖人〗〖グラナダ県の山村〗

lanolina [lanolína]女《化学》ラノリン

lanosidad [lanosiðá(ð)]女〖←lana〗〖葉・果実などの〗綿毛

lanoso, sa [lanóso, sa]形 ❶ 毛がふさふさした〖=lanudo〗. ❷ 羊毛のような, 縮れた. ❸《植物》綿毛の生えた

lansquenete [lanskenéte]男 ❶〖15~17世紀にスペインなどの傭兵となった, 槍 pica で武装した〗ドイツ人歩兵. ❷《トランプ》ランスクネ〖賭けゲームの一種〗

lantaca [lantáka]女〖1896~98年の独立戦争でフィリピン人が用いた〗小口径の大砲

lantana [lantána]女《植物》❶ ランタナ, シチヘンゲ(七変化). ❷《ボリビア, アルゼンチン》クマツヅラ科の薬草の一種〖学名 Lantana brasiliensis, Lantana camara〗

lantánido [lantániðo]男《化学》ランタニド〖元素〗. 複 ランタン系列元素

lantano [lantáno]男《元素》ランタン

lantarón [lantarón]男《地方語》海岸に現われる恐ろしい顔をした空想上の人

lantéja [lantéxa]女 =**lenteja**

lantejuela [lantexwéla]女《アンダルシア》薄片に剥がれやすい粘板岩

lantén [lantén]男《メキシコ. 植物》オオバコ〖=llantén〗

lantina [lantína]女《貝》ヒメルリガイ

lantochil [lantotʃíl]男《植物》レガリスゼンマイ〖=helecho real〗

lanudo, da [lanúðo, ða]形〖←lana〗❶ 毛がふさふさした, 毛長の: perro —— むく毛の犬, 毛むくじゃらの犬. ❷《植物》〖羊毛のような〗長く柔らかい毛のある. ❸《ベネズエラ》粗野な, 田舎者の. ❹《アルゼンチン》怠け者の, 愚鈍な

lanuginoso, sa [lanuxinóso, sa]形《植物》綿毛〖柔毛〗に覆われた

lanugo [lanúɣo]男《解剖》〖誕生後数日で消える〗産毛

lanza [lánθa]女〖←ラテン語 lancea〗男 ❶ 槍: correr ~s 馬上槍試合をする. arrojar una ~ 槍を投げる. ❷〖馬車の〗ながえ, 梶棒. ❸ 消火ホースの筒先(ノズル). ❹《技術》~ térmica 酸素ランス, ランサー棒. ❺《歴史》槍兵; 槍騎兵, 近衛騎兵. ❻《歴史》兵の拠出を免れるために貴族が王に払った金. ❼《古語》悪党

- **a la mano de** 〖la〗~ 右手の方向に
- **a punta de** ~ 厳しく, きびしく; きちんと: La prohibición de la droga se lleva a punta de ~. 麻薬の禁止は厳しく実施されている
- **con** ~ **en ristre** 攻撃の用意をして, 身構えて
- **medir** ~**s con** +人 …と剣を交える, 決闘する; 論争する
- **punta de** ~〖攻撃の〗先頭, 一番槍
- **romper una** ~/**romper** ~**s** 〖+por+事/+en favor de+事・人のために〗自分を危険にさらす, 身を挺して味方を拾う
- **ser una buena** ~《中南米. 口語》巧妙で頭がいい
- **ser una** ~ 1)《中南米. 口語》名人である, 上手である. 2)《メキシコ》性悪である

—— 名 ❶《コスタリカ, コロンビア. 口語》詐欺師; 高利貸し, 悪徳商人. ❷《チリ. 口語》すり, こそ泥

lanzabengalas [lanθaβeŋɣálas]男《単複同形》信号弾発射ピストル

lanzable [lanθáβle]形 発射され得る

lanzabombas [lanθaβómbas]男《単複同形》《軍事》グレネードランチャー〖=lanzagranadas〗

lanzacabos [lanθakáβos]男《単複同形》《船舶》救助ロープを発射する〖装置〗〖=cañón ~〗

lanzacargas [lanθakárɣas]男《単複同形》《軍事》爆雷投射機

lanzacohetes [lanθakoétes]男《単複同形》《軍事》ロケットランチャー, ロケット砲

lanzada[1] [lanθáða]女 ❶ 槍 lanza の一撃; その傷. ❷〖日干し煉瓦の販売単位〗220個

lanzadera [lanθaðéra]〖←lanzar〗女 ❶〖織機・ミシンの〗杼(ひ), シャトル. ❷《軍事, 宇宙》ロケット, スペースシャトル〖=espacial〗. ❸ ロケットの発射台〖=~ fija〗. ❹ 高速モーターボート. ❺ マーキスリング〖細長い宝石の付いた指輪. =sortija ~〗

lanzado, da [lanθáðo, ða]形 ❶《ser+. 人に対して》決然とした, 積極果敢な: Mi hermano es muy ~. 私の兄は決然とした人だ/自信家だ. Es muy ~da con los hombres. 彼女は男性に対して積極的だ. ❷《動き的》速い, 迅速な: ¿Dónde vas tan ~? そんなに急いでどこに行くの? Ella salió ~da de la habitación. 彼女は部屋を飛び出した. La moto iba ~da. バイクは猛スピードで走っていた. No deberías ir tan ~ en los negocios. 取引にはそんなに性急にことを進めるべきではないよ. ❸〖estar+〗性的に興奮した

—— 名《口語》〖主に男女関係で〗積極的な人, 向こう見ずな人
—— 男《釣り》キャスティング, 投げ釣り〖=pesca al ~〗

lanzador, ra [lanθaðór, ra]形 投げる; 打ち上げる
—— 名 投げる人: ~ de cuchillos ナイフ投げの芸人. ❷《スポーツ》1) 投擲(てき)の選手: ~ de disco (jabalina・martillo) 円盤(槍・ハンマー)投げの選手. ~ de peso《中南米》~ de bala 砲丸投げの選手. 2)《野球》投手. ❸ 販促者, プロモーター
—— 男 ロケット, スペースシャトル〖=lanzadera〗

lanzafuego [lanθafwéɣo]男《古語》〖大砲に点火する〗火縄棹

lanzagranadas [lanθaɣranáðas]男《単複同形》《軍事》グレネードランチャー, 擲弾筒(てきだんとう)〖=tubo ~〗

lanzahélices [lanθaéliθes]男 =**lanzaplatos**

lanzallamas [lanθaʎámas]男《単複同形》《軍事》火炎放射器

lanzamiento [lanθamjénto]男 ❶ 投げる(投げつける)こと, 投射, 打ち上げ: efectuar(hacer・realizar) un ~ 投下する; 発射する. base(campo) de ~〖ロケットの〗発射場, 打ち上げ場. ~ de bombas 爆弾の投下. ❷《スポーツ》1) 投擲(てき): ~ de disco(jabalina・martillo) 円盤(槍・ハンマー)投げ. ~ de peso/《中南米》~ de bala 砲丸投げ. 2)〖ペナルティなどによる〗スロー, キック, ゴール: ~ de tres puntos 3ポイントゴール. ~ libre フリースロー. ❸《船舶》進水: ceremonia de ~ 進水式. ❹〖会社などの〗創始: ~ de una nueva empresa 創業. ❺ 売り出し, 新発売; 売り出し中のもの: campaña de ~ al mercado 新発売のキャンペーン. precio de ~ 発売価格. ❻《法律》強制立ち退き: orden de ~《チリ》立ち退き命令

lanzaminas [lanθamínas]形・男《単複同形》機雷施設装置〖の〗; 機雷敷設艦〖の〗

lanzamisil [lanθamisíl]形 =**lanzamisiles**

lanzamisiles [lanθamisíles]男《単複同形》ミサイル発射装置〖のある〗: base ~ ミサイル基地. submarino ~ ミサイル潜水艦

lanzaplatos [lanθaplátos]男《単複同形》〖クレー射撃の〗クレー発射機

lanzar [lanθár]〖←ラテン語 lanceare〗9 他 ❶〖+a・contra に〗投げる〖→tirar 類義〗: Cada atleta puede ~ el martillo tres veces. 各選手はハンマーを3回投げることができる. ~ una piedra contra el enemigo 敵に石を投げつける. ❷ 発射する: ~ un cohete ロケットを発射する; 花火を打ち上げる. ~ un satélite artificial 人工衛星を打ち上げる. ~ la lava 溶岩を噴き出す. ~ una mirada de sospecha 疑いの眼を投げかける. ❸〖声・命令などを〗発する: Me lanzó una pregunta a bocajarro. 彼は出し抜けに私に質問を発した. ~ acusaciones 非難を浴びせる. ~ gritos 叫び声を上げる. ~ un bulo デマをとばす. ~ un mensaje メッセージを発する. ~ un suspiro カの息をつく. ~ una excomunión 破門を申し渡す. ~ una maldición 呪いの言葉を吐く. ❹〖体の一部を〗急速に動かす: ~ el brazo adelante 腕を突き出す. ~ un golpe 一撃を加える.

❺［船を］進水させる．**❻** 売り出す, 宣伝する: ~ un nuevo producto al mercado 新製品を市場に投入する．~ una campaña publicitaria 宣伝キャンペーンを行なう．**❼** 始める, 立ち上げる: La cadena quiere ~ un nuevo programa televisivo. テレビ局は新番組を始めようとしている．~ un portal ポータルサイトを立ち上げる．**❽**［サッカー］［フリーキック・ペナルティーキック］で蹴る．**❾**［鳥などを］放つ, 解き放つ．**❿**［農業］芽を出す．**⓫**［法律］強制的に立ち退かせる．**⓬**［古語］押しつけて, 積む．**⓭**［古語］用いる, 浪費する．
── 自《野球》投球する．**❷** 吐く〖=vomitar〗
── **~se** **❶** 飛び出す, 飛び込む; 突進する: El cohete se lanzó al espacio. ロケットは宇宙に飛び出した．~se al agua 水に飛び込む．~se sobre el ladrón 泥棒にとびかかる．~se contra la puerta ドアに体当たりする．~se hacia la salida 出口に向かって突進する．~se escalera arriba 階段を駆け上がる．**❷**［+a に］取りかかる, 開始する: La policía se lanzó a buscar al asesino. 警察は殺人犯を捜し始めた．~se al ataque 攻撃を始める．~se a la aventura 冒険に身を投じる．~se a los negocios 事業に乗り出す．**❸**《口語》1) 急ぐ: No te lances. そうせくな．2)［+a+不定詞］急に〔決然と・軽率に〕…する: Se lanzaron a comprar acciones. 彼らは急いで株を買った．**❹** デビューする: ~se como cantante de tango タンゴ歌手としてデビューする

lanzar	
直説法過去	接続法現在
lancé	lance
lanzaste	lances
lanzó	lance
lanzamos	lancemos
lanzasteis	lancéis
lanzaron	lancen

lanzaroteño, ña [lanθaroténo, ɲa] 形《名・地名》ランサロテ Lanzarote 島の〔人〕〖カナリア諸島の東端〗
lanzatorpedos [lanθatorpéðos] 男《単複同形》［軍事］魚雷発射管〖=tubo ~〗
lanzazo [lanθáθo] 男 槍の一撃〖=lanzada〗
lanzón [lanθón]〖lanza の示大語〗男［古語］［ブドウ畑の番人などが持つ］太く短い槍
laña [láɲa] 女 **❶**［割れた陶器などを修理する針金の］留め具．**❷**［医学］縫合用クリップ．**❸** 熟していないココナッツの実．**❹**〖まれ〗薄切り．**❺**［地方語］平底．**❻**［ラマンチャ］泥棒．**❼**［エストレマドゥラ］痩せた人
lañador [laɲaðór] 男［留め具 laña を使う］陶器の修理職人
lañar [laɲár] 他 **❶**［陶器などを］留め具 laña で修理する．**❷**〖ガリシア〗［塩漬けにするために］魚を開く
laocio, cia [laóθjo, θja] 形 名 =laosiano
laodicense [laoðiθénse] 形 名［歴史, 地名］古代, 小アジア, フリギア Frigia の都市］ラオディケア Laodicea の〔人〕〖Latakia の古名〗
laosiano, na [laosjáno, na] 形 名《国名》ラオス Laos〔人〕の; ラオス人
lapa [lápa] I〖←？語源〗女 **❶**〔貝〕セイヨウカサガイ．**❷** しつこく付きまとう人．**❸**［エストレマドゥラ］岩窟, 岩穴; 大石．**❹**［中米, 鳥］コンゴウインコ．**❺**［ベネズエラ, 動物］パカ．**❻**［アンデス, アルゼンチン, ウルグアイ］大型のひょうたん．**❼**［大皿や洗面器になる］．**❽**［アンデス］てっぺんが平らな帽子．**❾**［チリ］兵士の情婦
pegarse (*agarrarse*) *como una ~*《口語》［人が］しつこく付きまとう
── 男［植物］ゴボウ
II［←擬声］女［液体の表面にできる］植物性の皮膜
lapachar [lapatʃár] 男 湿地, 沼地
── 自［プエルトリコ］［人・動物・車が泥地を］歩く, 進む
lapachero [lapatʃéro] 男［プエルトリコ］泥地
lapacho [lapátʃo] 男［植物］ラパチョ, 紫イペ, タヒボ
lapalada [lapaláða] 女［メキシコ］=**lapalapa**
lapalapa [lapalápa] 女［メキシコ］霧雨
laparorrafia [laparorráfja] 女［医学］腹壁縫合術
laparoscopia [laparoskópja] 女［医学］腹腔鏡検査
laparoscópico, ca [laparoskópiko, ka] 形［医学］腹腔鏡による
laparoscopio [laparoskópjo] 男［医学］腹腔鏡

laparotomía [laparotomía] 女［医学］開腹, 腹壁切開
La Paz [la páθ] 女《地名》ラ・パス〖ボリビアの首都〘憲法上の首都はスクレ Sucre〙, 海抜3600m. 1548年にスペイン人により建設〗
lapazo [lapáθo] 男［エストレマドゥラ］石による一撃; 投石
lape [lápe] 形［チリ］**❶**［糸などが］固くもつれた, からまった．**❷**［パーティーが］大変陽気な, 盛り上がった
lapeado [lapeáðo] 男［技術］ラップ仕上げ
lapiaz [lapjáθ] 男［地理］［カルストの］ラピエ
lapicera [lapiθéra] 女 **❶**［チリ, アルゼンチン, ウルグアイ］ペン．**❷**［ペルー, チリ, アルゼンチン, ウルグアイ］~ fuente 万年筆．**❸**［アルゼンチン］ペン軸
lapicero [lapiθéro] 男 **❶**［西］シャープペンシル; その替え芯．**❷**［西］鉛筆〖=lápiz〗．**❸**［西］ホルダー, 万年筆軸．**❹**［西, 薬学］~ hemostático 口紅状止血薬．**❺**［西, 隠語］陰茎．**❻**［中米］万年筆．**❼**［グアテマラ, ベネズエラ, ペルー, チリ］ボールペン．**❽**［パナマ, プエルトリコ］ペン・インク壺・吸い取り紙のセット．**❾**［アルゼンチン］ペン軸
lapicida [lapiθíða] 男 石に碑文を刻む職人
lápida [lápiða]〖←ラテン語 lapis, -idis「石」〗女 石碑; 記念碑〖= ~ conmemorativa〗; 墓石〖= ~ sepulcral, ~ mortuoria〗
lapidación [lapiðaθjón] 女［歴史］投石による死刑, 石打ち
lapidador, ra [lapiðaðór, ra] 形 名 石を投げつけて処刑する〔人〕; 投石する人
── 女 宝石研磨機
lapidar [lapiðár]〖←ラテン語 lapidare〗他 **❶**［歴史］…に石を投げつけて処刑する．**❷** 投石する．**❸**《主にコロンビア》［宝石に］細工を施す, カットする
lapidario, ria [lapiðárjo, rja]〖←ラテン語 lapidarius〗形 **❶** 石碑の; inscripción ~ria 碑銘．**❷**［文体が碑文のように］簡潔な; estilo ~ 碑文体．**❸** 碑銘に適する; 断定的な, 痛烈な．**❹** 宝石の
── 名 宝石細工職人, 宝石商．**❷**［石碑の］石工
── 男 宝石解説書
── 女 宝石細工技術
lapídeo, a [lapíðeo, a]〖←lápida〗形 **❶** 石の．**❷**［地質］［鉱物が］金属でない
lapidícola [lapiðíkola] 形［動物］石の下に生息する
lapidificación [lapiðifikaθjón] 女 石化
lapidificar [lapiðifikár] [7] 他［化学］石化する
lapidífico, ca [lapiðífiko, ka] 形［化学］石化する
lapidoso, sa [lapiðóso, sa] 形 石の〖=lapídeo〗
lapilla [lapíʎa] 女［植物］ルリハコベ〖=alsine〗
lapilli [lapíʎi] 男 複［地質］火山礫（ﾚｷ）
lapislázuli [lapisláθuli]〖←伊語 lapislazzuli〗男［鉱物］ラピスラズリ, 青金石, 瑠璃
lapita [lapíta] 形 名〖ギリシア神話〗ラピテース族〔の〕〖アポロの子 Lapites の子孫でテッサリア Tesalia に住んでいたとされる〗
lápiz [lápiθ]〖←伊語 lapis＜ラテン語 lapis「石」〗男〖複 ~ces〗**❶** 鉛筆: Hice una señal con ~. 私は鉛筆で印をつけた．El ~ se borra solo con el roce. 鉛筆で書いたものはこすれてひとりでに消える．escribir a (con) ~ 鉛筆で書く．dibujo a (en) ~ 鉛筆によるデッサン．~ de color[es] 色鉛筆．**❷** シャープペンシル〖= ~ estilográfico, ~ de mina, lapicero〗．**❸** ボールペン〖= ~ bolígrafo, 〘チリ〙~ de pasta〗．**❹**［化粧］~ de cejas 眉墨．~ de labios／~ labial リップペンシル．~ de ojos アイライナー．**❺**［情報］~ electrónico［ペン入力の］電子ペン．~ óptico (fotosensible・luminoso) ライトペン．〖= ~ de boceto〗．**❻**［鉱物］グラファイト, 黒鉛〖= ~ de plomo〗．~ rojo 代赭（ﾀﾞ）〖=almagre〗．**❾**［薬学］桿剤, 棒状の薬剤: ~ de nitrato de plata 硝酸銀棒
lapizar [lapiθár] [9] 他 鉛筆で書く
── 男 グラファイト鉱山
lapo [lápo] 男 **❶**《西・口語》［吐かれた］つば; 痰〖=esputo〗．**❷** 鞭（棒・剣）のひら〕で打つこと．**❸**［飲み物の］一飲み, 一杯飲むこと．**❹**［アラゴン; メキシコ, アンデス］平手打ち．**❺**［ベネズエラ］だまされやすい人, カモ
lapón, na [lapón, na] 形 名《地名》ラップランド Laponia の; ラップ人
── 男 ラップ語
lapso [lá(p)so]〖←ラテン語 lapsus＜labi「滑る」〗男 **❶** 経過, 期間〖= ~ de tiempo〗: En su historia personal hay un ~ misterioso de dos años. 彼の経歴には2年間の不可解な期間がある．Transcurrió un ~ de tres años hasta que volvieron a ver-

se. 彼らが再会するまでに3年の年月が流れた. ❷ =**lapsus**
lapsus [lá(p)sus] 〖←ラテン語〗 [男] 〖単複同形〗《文語》[不注意による] 誤り: tener un ～ 1つ間違いをを犯す. ～ freudiano フロイト的失言
lapsus cálami [lá(p)sus kálami] 〖←ラテン語〗 [男]《文語》書き間違い
lapsus linguae [lá(p)sus líŋgwe] 〖←ラテン語〗 [男]《文語》言い間違い
lapsus mentis [lá(p)sus méntis] 〖←ラテン語〗 [男]《文語》思い違い
laptop [lá(p)tɔp] 〖←英語〗 [男]《情報》ラップトップ
laque [láke] [男] ❶《ボリビア. 料理》肉・チーズと一緒に挽いたトウモロコシ. ❷《チリ》ボーラ 〖=boleadoras〗
laqueado, da [lakeáđo, đa] [形] =**lacado**
—— [男] ラッカー塗装; 漆塗り
laquear [lakeár] **I** 〖←laca〗 [他] …にラッカー(漆)を塗る
II 〖←laque〗 [他]《チリ》[動物を] ボーラで捕える
Láquesis [lákesis] [女]《ギリシア神話》ラケシス 〖運命の女神 Moiras の一人で, 命の糸を縒って長さを決める〗
laqui [láki] [男]《チリ》ボーラ 〖=boleadoras〗
laquismo [lakísmo] 〖←英語 lake〗 [男] [19世紀英国の] 湖畔詩人派
laquista [lakísta] [名] ラッカーの塗装作業員; 漆塗り職人
lar [lár] [男] ❶《ローマ神話》[主に [複]] ラル 〖家庭の守り神〗. ❷《文語》かまど 〖=hogar〗. ❸《文語》[複] 家: Volvió a sus ～*es*. 彼は自分の家に戻った
Lara [lára]《人名》**Jesús ～** ヘスス・ララ 〖1898～1980, ボリビアの小説家. チャコ戦争 guerra del Chaco をテーマに, 戦闘に加わった先住民の敵はパラグアイ人だけでなく, 同国人の中にもいると語りかけ, 迫害されている先住民の姿を描いた『レペーテ』*Repete, diario de un hombre que fue a la guerra del Chaco*. ほかに先住民の救済と復権をうたった『スルミ』*Surumi*,『ヤナクナ』*Yanakuna*〗
larario [larárjo] [男]《古代ローマ》[各家庭の] ラル lares を祭る場所
larda [lárđa] [女] 鯨の脂肪
lardáceo, a [larđáθeo, a] [形] =**lardoso**; ラードのような
lardar [larđár] [自]《まれ》❶ 穴をあける. ❷ =**lardear**
lardear [larđeár] [自]《料理》[肉片などを焼く前に] ラード(脂)を塗る
lardero [larđéro] →**jueves** lardero
lardina [larđína] [女]《エストレマドゥラ》物が豊富にあること
lardizábal [larđiθáβal] [男]《植物》[チリ特有の] メギの一種
lardo [lárđo] 〖←古語 lardo「ベーコン」< ラテン語 lardum〗 [男] [不可算] [豚などの] 脂身, ラード, 獣脂
lardón [larđón] [男] ❶ 肉に差し込まれた脂身. ❷《印刷》1) [印刷漏れの原因となる] 版と紙の間にはさまった紙片. 2) 原稿・校正刷りに加えられた訂正
lardoso, sa [larđóso, sa] [形] 脂でべとついた
laredano, na [laređáno, na] [形] [名]《地名》ラレド Laredo の〔人〕〖カンタブリア県の町〗
larense [larénse] [形] [名]《地名》ララ Lara の〔人〕〖ベネズエラ北西部の州〗
larero, ra [laréro, ra] [形] かまど lar の
larga[1] [lárga] 〖←largo〗 [女] ❶《闘牛》1) 片手でケープを使ったかわし: ～ cambiada ケープと反対側に牛を通らせるかわし. 2) カポーテを使って牛をピカドールから引き離す技. ❷《自動車》[主に [複]] ハイビーム. ❸ 靴の木型の後部に入れる革(フェルト). ❹《ビリヤード》最長キュー
a la ～ 1) [直後でなく] 少し(ずっと)後になって: *A la* ～ no hay diferencia. 長い目で見れば違いはない. 2) 冗長に, だらだらと. 3)《まれ》横に 〖=a lo largo〗
cogerla ～《プエルトリコ》[労働者が] 飛び石連休の間の日や休日の前・後の日に休みを取る
dar ～《地方語》[人・物を] 放す
dar ～*s a...* [口実を設けて・注意をそらせて] …を長引かせる, 先延ばしにする: Franco *daba* ～*s a* su promesa de devolver el trono. フランコは王位を戻すという約束を先延ばしにしていた
echarla ～《口語》長い時間を費やす
largado, da [largáđo, đa] [形]《ボリビア》ひどく健康を害した(貧しい・意気消沈した)
—— [女] ❶《まれ. 競走》スタート. ❷《まれ. 船舶》少しずつ綱を繰り出すこと; 帆を広げること. ❸《地方語》長さ
lárgalo [lárgalo] [男] ❶《植物》シラホシムグラ 〖=amor de hortelano〗. ❷《地方語》[いたずらで] 背中に貼り付ける紙(布)切れ
larga manu [lárga mánu] 〖←ラテン語〗 [副]《文語》ふんだんに, 気前よく
largamente [lárgaménte] [副] ❶ 長い間, 時間をかけて; 広く: tratar ～ de un asunto 問題を長々と(広範囲に)論じる. ❷《まれ》たっぷり, 気前よく: dar ～ ふんだんに与える
largar [largár] 〖←largo〗 [8] [他] [+a に] ❶《口語》与える: 1) *Ha largado* una buena propina *al* camarero. 彼はボーイにチップをはずんだ. 2) [不作法に] Me *largó* el dinero sobre la mesa. 彼は金をテーブルに放ってよこした. ❷《口語》[殴打などを] くらわす: *Largó* un puntapié *al* gato. 彼は猫を蹴飛ばした. ❸《主に南米. 口語》[不適切・不愉快な言い方で] 言う: Me *largó* que no le daba la gana. 彼は気が向かないと放り出すように私に言った. ～ una palabrota *a*+人 …に雑言を浴びせる. Nos *largó* un discurso interminable. 私たちは彼のいつ終わるともしれない演説を聞かされた. ❹《船舶》1) [少しずつ綱を] 繰り出す, 緩める: ～ cable *al* ancla 投錨する. 2) [帆・旗を] 広げる. ❺《俗語》追い払う: ～ los demonios 悪魔を追い払う. ～ al criado 召使いを解雇する. ❻《口語》放つ: ～ humo por las narices 鼻から煙を出す. ❼ 捨てる, 処分する. ❽《中南米》急に…し始める. ❾《メキシコ, アルゼンチン, ウルグアイ》[ボールなどを] 投げる; [競走を] スタートさせる. ❿《メキシコ, アルゼンチン, パラグアイ》激しく打つ, 殴打する. ⓫《コロンビア》譲る, 渡す: *Lárga*me dos libras de su cacao. カカオを2ポンド下さい. ⓬《チリ, アルゼンチン, ウルグアイ》放す, 緩める, 落とす
—— [自] ❶《西. 口語》[面白くもないことを] よく(べらべらと)しゃべる. ❷ 秘密を漏らす: Venga, larga. さあ, しゃべってしまえよ. ❸《俗語》吐く
—— **～se** ❶《口語》[+de から, 突然・急いで] 立ち去る, 逃げ出す: *Me largo*. 僕はずらかる. ¡*Lárgate de* aquí y no vuelvas más! ここから出て行け! 二度と戻るな. ❷《船舶》出帆する, 出港する. ❸《チリ, アルゼンチン, ウルグアイ》[+a+不定詞] …し始める. ❹《ラプラタ》飛び越える
largavista [largaβísta] [男]《中南米》双眼鏡 〖=prismáticos〗
largavistas [largaβístas] [男] 〖単複同形〗《ベネズエラ, チリ, アルゼンチン, ウルグアイ》双眼鏡 〖=prismáticos〗
larghetto [largéto] 〖←伊語〗 [男] [副]《音楽》ラルゲット, ラルゴよりやや速く; その曲
largo, ga[2] [lárgo, ga] 〖←ラテン語 largus「豊富な, かなりの」〗 [形] 〖絶対最上級 lar*guísimo*〗 ❶ [ser+. +de が] 長い 〖⇔corto〗: 1) [空間] Es ～ *de* piernas. 彼は脚が長い. corredor ～ 長い廊下. cuento ～ 長い話. pelo ～ 長髪. novela ～*ga* 長編小説. ～ camino 長い道のり. [衣服. estar+] Esa falda me está ～*ga*. そのスカートは私には長すぎる. 2) [時間] Hace ～ tiempo que no me escribe. 彼は長い間私に手紙を寄こさない. Estaba enfermo ～*s* años. 彼は長年病気だった. Resultó ～*ga* la clase. 授業は長く感じられた. Es ～ *de* contar. それは話せば長いことだ. viaje ～ 長旅. ❷ 背が高い, ひょろ長い: Es mucho más ～ que los otros alumnos. 彼はほかの生徒たちよりかなり背が高い. ❸ 多い, たっぷりの: Es ～ *de* palabras y corto de hechos. 彼は口先ばかりで実行しない. joven ～ *de* promesas 将来性豊かな青年. ❹ [数詞+名詞+～/数詞+～+名詞] …を上回る: Camina diez kilómetros ～*s* al día. 彼は毎日たっぷり10キロも歩く. Tiene ochenta años ～*s*. 彼は優に80歳を越えている. una hora ～*ga*/una ～*ga* hora たっぷり1時間. veinte mil euros ～*s*/veinte mil ～*s* euros たっぷり2万ユーロ. ❺《西》気前のよい 〖=generoso〗: Siempre es ～ en dar propinas. 彼はいつも気前よくチップを渡す. ❻《西. 口語》頭の回転が速い, 抜け目のない; ずる賢い. ❼ 速い, 迅速な, 機敏な: ～ en trabajar 仕事が速い. ❽《言語》長音の. ❾《船舶》1) 緩んだ: El cabo está ～. 綱が緩んでいる. 2) ゆっくりとした: boga ～*ga* ゆっくりとした漕ぎ方
—— [副] ❶ 長々と: Habló muy ～ y profundo con Felipe. 彼はフェリペと非常に長々と突っ込んだ話をした. ❷《俗用》遠くに: El pueblo está ～ de la playa. その村は海から遠い. ❸《俗用》たくさん, 大量に. ❹《音楽》ラルゴで, ゆるやかに
—— [男] ❶ [縦の] 長さ 〖=longitud〗: ¿Cuánto tiene de ～ el cable? そのコードの長さはどれだけですか? En un tunel de 500 metros de ～. それは長さ500メートルのトンネルだ. rectángulo de diez centímetros de ～ y cinco de ancho 縦10センチ横5センチの長方形. medir el ～ de la falda スカートの丈を測る.

❷〖布地の長さの単位〗巾(幅): Para hacer ese vestido necesitarás tres ~s de tela. そのドレスを作るには3巾必要だよ. ❸《スポーツ》1)体1つの差; 1馬身差, 1艇身差: ganar por dos ~s 2馬身(艇身)差で勝つ. 2)《競泳・レガッタ》〖水路の長さ〗: Hice veinte ~s seguidos en la piscina. 私はプールで続けて10往復泳いだ. ❹《音楽》ラルゴ; その曲: tocar un ~ ラルゴの曲を演奏する

a lo ~ 1) 縦に: Corte las zanahorias *a lo* ~. ニンジンを縦に切ってちょうだい. tres metros de ancho y cuatro *a lo* ~ 横3メートル縦4メートル. 2)〖~に沿って〗: ir *a* {todo} *lo* ~ *de* un río 〖ずっと〗川に沿って行く. 3) [+de]〖~の間ずっと〗: Fue el centro de mucha atención *a lo* ~ *de* la conferencia. 彼は講演の間ずっと注目の的だった. Tropezó con algunos problemas gordos *a lo* ~ *de* la investigación. 彼は調査が進むにつれて, いくつかの大きな問題に行き当たった. *a lo* ~ *del* día 一日中. *a lo* ~ *del* año 一年間ずっと, 一年を通して. *a lo* ~ *de* su vida 生涯にわたって. *a lo* ~ *de* historia 歴史を通じて

a lo ~ *y* (*a lo*) *ancho de*... …のあちこちを, …中を: *a lo* ~ *y ancho de Europa* ヨーロッパ中を

a lo más ~ せいぜい, 多くても

a todo lo ~ *de*... …の~をずっと: *A todo lo* ~ *de* la costa hay casas provisionales. 海岸に沿ってずっと仮設住宅が建っている

al ~《船舶》112度30分の方向で・の

caer cuan ~ *es* 大の字に倒れる

cuan ~ =*todo lo* ~ *que*

¡Cuán ~ *me lo fiáis!* 〖約束などを疑って〗そんなこと信用していいのかなあ!

de ~ 1) ロングドレスを着て: ponerse (vestirse) *de* ~ ロングドレスを着る; 社交界にデビューする. 2) ずっと以前から, 昔から. 3) 止まらずに, 素通りして. 4)《俗用》たくさん, 大量に: meter azúcar *de* ~ 砂糖を大量に入れる

de ~ *a* ~/*de* ~ *en* ~ 端から端まで

echar de ~ 浪費する, 無駄づかいする

echar por ~《口語》最大限に見積もる, 上限を推定する

en ~ 遠く〖から〗の: pase *en* ~《サッカーなど》ロングパス

hilar ~ できるのに時間がかかる

ir para ~《口語》当分終わらない, だらだらと長引く; 手間取る: El traslado de la universidad *va para* ~. 大学の移転はまだまだ先のことだ. Esto *va para* ~. これはまだまだ時間がかかる

¡L~!〖*de ahí·de aquí*〗〖そこから・ここから〗出て行け!

~ *de vista* 抜け目のない, 洞察力のある

~ *y tendido* 長々と, ゆっくりと; 細部まで: Tú y yo tenemos que hablar ~ *y tendido*. 君とはじっくり話す必要がある

llevarse de ~ *a*... …しばられる

¡Muy ~ *me lo fiáis!* =*¡Cuán* ~ *me lo fiáis!*

pasar de ~ 1)〖立ち寄らずに〗通り過ぎる, 素通りする: A veces los autobuses vienen llenos y *pasan de* ~. 時にはバスが満員で来て, 通過してしまうことがある. 2) 無視して: Creí que era ella, y *pasó de* ~. 私は彼女だと思ったが, 知らぬ顔をして行ってしまった

por ~〖縦から〗の; 細部まで

seguir de ~ =*pasar de* ~

¡Si ~! *Tan* ~ *me lo fiáis!* =*¡Cuán* ~ *me lo fiáis!*

tener por ~ まだ長時間かかる

tirar de (por) ~ 1) むやみに消費する, 濫費する: Si *tiras de* ~, no hay pintura ni para la mitad de la mesa. そんなに前よく塗っていると, テーブルの半分も塗れないままでペンキがなくなってしまう. 2) 多め(高め)に見積もる, 大ざっぱに計算する

todo lo ~ *que* 長さ一杯に: Estaba tumbado *todo lo* ~ *que* era. 彼は長々と寝そべっていた

venir de ~ 遠い昔にさかのぼる: Este problema *viene de* ~. この問題は昔からある

largometraje [largometráxe] 男〖60分以上の〗長編映画〖⇔cortometraje〗

largomira [largomíra] 女 望遠鏡〖=telescopio〗

largón, na [largón, na] 形〖口語〗よくしゃべる〔人〕

—— 女《ペルー, チリ》遅延, 遅れ

darse una largona (~, チリ) 一休みする

largor [largór] 男〖まれ〗縦の長さ〖=longitud〗

largucho, cha [largútʃo, tʃa] 形《ペルー. 口語》ひょろひょろした, やせて長い

largue [lárge] 男《口語》よくしゃべること

largueado, da [largeádo, da] 形 縞模様のある

larguero¹ [largéro]〖←largo〗男 ❶〖家具などの〗縦材; 〖ベッドの〗側板; 〖建築〗縦桁: mesa con ~s〖伸張用の〗補助板つきテーブル.《サッカーなど》〖ゴールポストの〗クロスバー. ❸ 長枕. ❹《鳥》翼柱. ❺《鉱山》坑道の支柱. ❻《技術》補強剤

larguero², ra [largéro, ra] 形《チリ, アルゼンチン》❶ 長たらしい, 冗長な: discurso ~ 長たらしい演説. ❷ のろのろした〔人〕, 時間のかかる〔人〕. ❸ 寛大な; 豊富な

largueta [largéta] 女〖アーモンドの品種が〗実が長く平たい

largueto [largéto] 男 形《音楽》=larghetto

largueza [largéθa]〖←largo〗女 ❶〖与える物の〗多さ, 豊富さ; 寛大さ: Reconoceré sus favores con ~. 彼の親切には私は十分にお礼するつもりだ. ❷ 長さ〖=longitud〗

larguicho, cha [largítʃo, tʃa] 形 名《ボリビア》大変背の高い〔人〕

larguirucho, cha [largirútʃo, tʃa] 形《軽蔑》❶〖背丈が〗ひょろ長い; joven ~ ひょろっと背の高い若者. ❷〖物が〗不釣合いに長い, 長すぎる

larguncho, cha [largúntʃo, tʃa] 形 名《エクアドル》大変背の高い〔人〕

largura [largúra] 女〖幅に対して〗長さ〖=longitud〗

largurucho, cha [largurútʃo, tʃa] 形 名《ニカラグア》大変背の高い〔人〕

lárice [láriθe] 男《植物》ヨーロッパカラマツ〖=alerce〗

laricino, na [lariθíno, na] 形 ヨーロッパカラマツの

laricio [laríθjo] 男《植物》→*pino* laricio

lariforme [larifórme] 形 カモメ目の

—— 男・女《鳥》カモメ目

larije [laríxe] 形 =alarije

laringal [laringál] 形《音声》喉頭音〖の〗

laringe [larínxe] 女《解剖》喉頭(こうとう)

laringectomía [larinxektomía] 女《医学》喉頭切除, 喉頭摘出

laringectomizar [larinxektomiθár] 動 他《医学》喉頭切除手術を施す

laríngeo, a [larínxeo, a] 形 ❶ 喉頭の: cáncer ~ 喉頭癌. ❷《音声》喉頭で生じる

laringitis [larinxítis] 女《医学》喉頭炎

laringofaringitis [larinxofarinxítis] 女《医学》喉頭咽頭炎

laringófono [laringófono] 男《医学》〖喉頭切除を受けた人用の〗会話補助装置

laringología [laringoloxía] 女 喉頭学, 咽喉科

laringológico, ca [laringolóxiko, ka] 形 喉頭学の

laringólogo, ga [laringólogo, ga] 男・女 喉頭病専門医

laringopatía [laringopatía] 女《医学》咽喉疾患

laringoscopia [laringoskópja] 女《医学》喉頭鏡検査

laringoscopio [laringoskópjo] 男《医学》喉頭鏡

laringospasmo [laringospásmo] 男《医学》喉頭痙攣

laringostenosis [laringostenósis] 女《医学》喉頭狭窄

laringostomía [laringostomía] 女《医学》喉頭開口術

laringotomía [laringotomía] 女《医学》喉頭切開

lárnax [lárnaks] 男《考古》土器棺

Larra [láṙa]《人名》**Mariano José de** ~ マリアーノ・ホセ・デ・ラーラ〖1809〜37, スペインの批評家・作家. 風俗描写や政治問題, 劇評などの記事で健筆をふるった. 皮肉と諧謔でスペインの旧弊を風刺した姿勢からは, 鋭利な批判精神と厭世的な情感を読み取ることができる. 人妻への道ならぬ恋はついにピストル自殺. ロマン主義を地でゆく文学者として当時の文学青年たちのあこがれの的となった〗

Larreta [laṙéta]《人名》**Enrique** ~ エンリケ・ラレタ〖1875〜1961, アルゼンチンの小説家. モデルニスモ modernismo を代表する文学者. とりわけ古雅で叙情的な文体で16世紀後半のスペイン社会を鮮やかに描き出した. 『ドン・ラミロの栄光』*La gloria de Don Ramiro*〗

larri [láṙi] 形《地方話》衰えた, 弱った

Larrocha [laṙótʃa]《人名》**Alicia de** ~ アリシア・デ・ラローチャ〖1923〜2009, バルセロナ出身の女性ピアニスト〗

larva [lárba]〖←ラテン語 larva「幽霊」〗女 ❶《昆虫》幼虫; 幼生: La ~ se convertirá en mosca. その幼虫はハエになるだろう. ❷《まれ》幽霊; 罪人(非業の死を遂げた人・しかるべく埋葬されなかった人)の魂

larvado, da [larbáðo, ða] 形 ❶《医学》仮面性の, 潜在の: depresión ~da 仮面性鬱病. tuberculosis ~da 潜在結核. ❷[現象・感情などが]表に現れない, 潜在的な: conspiración ~da 裏で進められている陰謀. odio ~ 秘められた憎悪

larval [larbál] 形 幼虫の《=larvario》

larvado, ria [larbárjo, rja] 形 ❶《昆虫》幼虫の; 幼虫: estado ~ 幼虫段階. ❷[計画・病気などが]ごく初期の, 潜在段階の

larvicida [larbiθíða] 形 幼虫撲滅の; 殺虫剤
larvícola [larbíkola] 形 幼虫の体内に寄生する
larvíparo, ra [larbíparo, ra]《昆虫》幼虫生殖の

las [las]《←ラテン語 illas》冠 ❶ 定冠詞女性複数形. →**el**》~ chicas ~ revistas その少女たち ~ 雑誌
—— 代《人称代名詞3人称複数女性形. →**lo**》❶ [直接目的] 1) 彼女らを: Me encontré a Rosa y sus amigas y las invité a la fiesta de mi cumpleaños. 私はロサとその友人たちに出会ったので, 私の誕生パーティーに彼女たちを招いた. 2) [女性の] あなたがたを: Las creía a ustedes en Granada. あなたがたはグラナダにいらっしゃると私は思っていました. 3) [女性複数名詞をうけて] それらを: Cogí las naranjas de mi jardín y las traje aquí. 私は庭のオレンジを取って, それらをここに持って来た. ❷ [熟語で, 特に指示するものがなく] Si tú no me ayudas, ya no me las arreglaré nunca. もし君が助けてくれないなら, 私はもうこれからもやっていけないだろう《←arreglárselas》. Se las maneja bien para trabajar y estudiar a la vez. 彼は仕事と勉強をうまく両立させている《←manejárselas》. ❷ [重複用法] Las tías están en el hotel, las recogerá mi hijo. 叔母たちはホテルにいるので, 彼女たちを息子が迎えに行きます. ❹《地方語》[間接目的] 彼女らに, あなたがたに《=les. →lasísmo》: Las he dicho que no. 私は彼女らにだめだと言った

lasagna [lasáɲa] 女 =**lasaña**
lasaña [lasáɲa]《←伊語》女《料理》❶ ラザニア: ~ de verduras 野菜入りのラザニア. ❷ 細長い薄片状のドーナツ《=oreja de abad》

lasca [láska]《←?語源》女 ❶《主に古》[燧石などの] かけら, 破片. ❷ 板状の石. ❸《船舶》本結び. ❹《西, メキシコ, パナマ, キューバ, プエルトリコ》[ハム・チーズなどの] 一片, 一切れ

lascadura [laskaðúra]《メキシコ》傷, ひっかき傷

lascar [laskár] 7 他 ❶《船舶》[綱索を] 徐々に緩める, 繰り出す. ❷《メキシコ》1)[人・動物を] 傷つける. 2) 堅い表面を剥がす, かき傷をつける

Las Casas [las kásas]《人名》**Bartolomé de** ~ バルトロメー・デ・ラス・カサス《1484~1566, スペイン人宣教師. 伝道のためアメリカ大陸へ渡るが, 1514年に回心. 先住民をはじめ虐げられた人々の生命と人権を守るのに生涯を捧げる.『インディアス史』Historia general de las Indias,『インディアスの破壊についての簡潔な報告』Brevísima relación de la destrucción de las Indias》

lascivamente [lasθiβáménte] 副 好色そうに, 淫らに
lascivia [lasθíβja] 女 好色, 淫乱, 淫蕩《行為》
lascivo, va [lasθíβo, βa]《←ラテン語 lascivus》形 ❶ 好色な, 淫乱な, 猥褻な: mirada ~va いやらしい目つき. mujer ~va 淫乱な女. ❷《まれ》ふざけた, 浮かれた

láser [láser]《←英語 laser》男《物理》レーザー: operar con ~ レーザーで手術する. rayo ~ レーザー光線

laserpicio [laserpíθjo] 男《植物》セリ科の一種《学名 Laserpitium latifolium》

laserterapia [laserterápja] 女《医学》レーザー療法

lasik [lásik]《←英語》男《医学》レーシック

lasísmo [lasísmo]《文法》俗用で間接目的格代名詞 les の代わりに las を使うこと《Las di las llaves de mi casa para que la limpiaran.《=Les di...》家の掃除をしてもらうために私は彼女たちに家の鍵を渡した. A ellas las dije toda la verdad.《=A ellas les dije...》彼女たちには私は本当のことをすべて話した》

lasitud [lasitúð]《←ラテン語 lassitudo, -inis》女《文語》疲労, 倦怠, 無気力

laso, sa [láso, sa]《←ラテン語 lassus》形 ❶《文語》疲れた, 元気のない, 無気力な, 弱々しい, 体力の衰えた. ❷[糸などが] 縒(よ)りをかけてない; [髪が] 縮れていない, ウエーブのかかっていない: cabellera larga y lasa 長くまっすぐな髪

lasquenete [laskenéte] 男 =**lansquenete**

lassalliano, na [lasaljáno, na] 形《カトリック》ラ・サール会 Hermanos de las Escuelas Cristianas の《修道士・修道女》

lastán [lastán] 男《植物》カヤツリグサの一種《学名 Carex vulpina》

lastar [lastár] 他《まれ》❶ [支払い金額を] 立て替え払いする. ❷ [他の人の罪を] かぶる: ~ la pena del compañero 同僚の罪をかぶる

Lastarria [lastárja]《人名》**José Victorino** ~ ホセ・ビクトリノ・ラスタリア《1817~88, チリの思想家・小説家. 自由主義思想と実証主義を自国に紹介するかたわら, チリ独自の文学の創造を目指して活動した》

lástex [láste(k)s]《←商標》男 ラステック; ゴム芯糸

lástima [lástima]《←lastimar》女 ❶ 哀れみ, 同情; 残念, 遺憾: Sentí ~ cuando vi a un perro abandonado. 私は捨て犬を見てかわいそうに思った. ❷《西》嘆き; 不平, ぐち: Déjate de ~s. ぐちを言うのはやめろ. contar sus ~s 不平を言う. ❸ 悲惨なこと, みじめなこと. ❹ うめき声, 苦痛の声
dar ~ *a*+人 …に哀れみを起こさせる, 同情を誘う: ¡A mí me daba ~ verla tan cansada! 彼女があれほど疲れているのを見ると私は忍びがたかった
de ~ [事物が] 哀れむべき: casa *de* ~ みすぼらしい家, ぼろ家
¡*Es* [*una*] ~! [+que+接続法 とは] 残念だ!: ¡*Fue una* ~ *que* no pudieras pasar el examen! 君が試験に失敗したのは残念だった
hacer ~ *a*+人 =*dar* ~ *a*+人
hecho una ~《口語》哀れな状態になった: Este mueble está *hecho una* ~.《口語》この家具はぼろぼろになっている
inspirar una ~ *a*+人 =*dar* ~ *a*+人
¡*L*~! 残念だ!
¡*L*~ *que*+接続法! …とは残念だ!: ¡*L*~ *que* no hayas venido a la fiesta! 君がパーティーに来なかったのは残念だ!
llorar ~*s* 悲嘆に暮る
poner ~ *a*+人 =*dar* ~ *a*+人
¡*Qué* ~! [+que+接続法 とは] 何と気の毒な!: ¡*Qué* ~ *que* tengas que hospitalizarte! 君が入院しなければならないなんて, 何と気の毒な!

lastimada [lastimáða]《メキシコ, グアテマラ》傷, けが

lastimador, ra [lastimaðór, ra] 形 ❶ 傷をつけやすい, 有害な. ❷ [精神的に] 傷つける

lastimadura [lastimaðúra]《←lastimar》❶ 傷つける《傷つく》こと. ❷《中南米》ひっかき傷

lastimar [lastimár]《←ラテン語 blastemare < ギリシャ語 blasphemeo「私は冒瀆の言葉を言う」》他 ❶《軽く》傷つける, 害を与える: El sol *lastima* mis ojos. 日の光は私の目に痛い. ❷ [心を] 痛める, 侮辱する; 不快感を抱かせる: Me han lastimado mucho sus palabras. 私は彼の言葉にとても傷ついた. ❸《まれ》同情する
—— ~**se** ❶ 負傷する: *Se lastimó* en el brazo jugando al béisbol. 彼は野球で腕をけがした. ❷ [+de で] 哀れむ, 気の毒に思う. ❸《まれ》[+de・en を] 嘆く, 不平を言う: ~*se de la* noticia その知らせを嘆く

lastimero, ra [lastiméro, ra]《←lastimar》形 ❶ [表現が] 悲しみ(哀れみ)を誘う, 悲しげな, 痛々しい: Los mendigos piden limosna con voz ~ra. 乞食たちが哀れっぽい声で施しを求めている. quejido ~ 痛々しいうめき声. ❷ 傷つける

lastimón [lastimón] 男《中南米》傷, けが

lastimosamente [lastimósaménte] 副 悲しげに, 痛々しく

lastimoso, sa [lastimóso, sa]《←lastimar》形 ❶ [事物が] 悲しみ(哀れみ)を誘う, かわいそうな, 気の毒な: maullido ~ de un gato 悲しげな猫の鳴き声. mirada ~*sa* 哀れみを誘う目つき. ❷ 痛ましい, ひどい: estado ~ ひどい状態. ❸ 惜しい, もったいない; 残念な

lasto [lásto] 男 立て替え払い証書

lastón [lastón] 男《植物》イネ科ウシノケグサ属の一種《学名 Festuca granatensis》

lastonar [lastonár] 男 lastón の畑

lastra [lástra]《←伊語》女 [切られて・彫られていない大きな] 平石, 石板

lastrado [lastráðo] 男 バラストを積むこと

lastrador, ra [lastraðór, ra] 形 バラストを積む

lastrar [lastrár]《←lastre I》他 ❶《船舶》[船に] バラストを積む, 重しを置いて固定する. ❷ [質を] 悪化させる; [量を] 減少させる: El déficit financiero de los países avanzados *lastró* el mercado internacional. 先進国の財政赤字が国際市場の景

——［自］《南米. 隠語》大食いする

lastre [lástre] I《←オランダ語 last「重さ」》男 ❶《船・気球の》バラスト: tirar (largar) ~ バラストを捨てる. ❷ 邪魔, 障害: La falta de dinero les supone un ~ importante para comprar un coche. 資金不足が彼らが車を買う上での重大な障害だ. ❸ 分別: no tener ~ 分別がない. ❹《アルゼンチン. 隠語》食べ物, 食事.
en《船舶》空船で, 積み荷のない: barco en ~ 空船
II《←lastra》男〔採石場に残った〕粗石, 荒石
lastrear [lastreár]《他》《まれ》= **lastrar**
lastrón [lastrón] 男 大きな平石
lasún [lasún] 男《魚》ドジョウ《= locha》
lata[1] [láta]《←ラテン語 latta「錠剤」》女 ❶ ブリキ《= hojalata, hoja de ~》. ❷ 缶: ~ de aceite 油缶. ❸《西》缶詰《缶, 中身. ~ de conserva(s)》: abrir una ~ de sardinas イワシの缶詰を開ける. comer de ~《口語》缶詰を食べる. ❹《口語》面倒（厄介）なこと: Es una ~ que tengamos que trabajar hoy. 私たちが今日働かねばならないとは厄介だ. Ese tío es una ~. あいつにはうんざりだ. ¡Qué ~!/¡Vaya (Viva) una ~! うんざりだ! ❺《建築》屋根をふく・壁の下地の）細長い板;《船舶》短い肋骨梁. ❻《口語》お金: estar sin ~/no tener ni una ~ 一文もない. ❼《中米》出しゃばり, おせっかい, 詮索好き. ❽《コロンビア》1)《口語》食べ物, 食事. 2) ~ de hornear［オーブンの］天板. ❾《ベネズエラ》トキワガシ製の棒
barrio de las ~s スラム街, バラック地区
dar ~《ベネズエラ》罰する, こらしめる
dar〔**la**〕**~ a + 人**《口語》…をうんざりさせる; 迷惑をかける
en ~《入り缶の: cerveza en ~ 缶ビール
estar en la ~《ニカラグア, パナマ, キューバ》ひどく病んでいる《元気がない》; 一文なしである

latacungueño, ña [latakungéɲo, ɲa] 形《地名》ラタクンガ Latacunga の［人］《エクアドル, コトパクシ県の県都》
latada [latáda]《カナリア諸島. 農業》［ブドウなどの］棚; ［葦などでできたトマトの苗の］支柱
latae sententiae [láte senténtje]《←ラテン語》形《カトリック》［破門］裁判手続きの不要な《⇔ferendae sententiae》: excomunión ~ 自動破門
latamente [látaménte] 副 ❶ 幅広く. ❷ 広義に
latania [latánja] 女《植物》ラタニアヤシ
latastro [latástro] 男《建築》柱の台座, 柱礎
latazo [latáθo]《lata の示大語》男 ❶《西, メキシコ. 口語》ひどく厄介（退屈）なこと（人）: dar〔el〕~ うんざりさせる. ❷ 缶での一撃
latear [lateár]《他》《チリ》〔くだらないことを長々としゃべって〕うんざりさせる
latebra [latébra] 女《まれ》隠れ場所, 洞窟
latebroso, sa [latebróso, sa] 形 隠れた, 密かな
latencia [latenθja] 女 潜伏
latente [laténte]《←ラテン語 latens, -entis < latere「隠れている」》形〔estar+〕潜在する, 隠れた《⇔patente》: La enfermedad está ~. 病気が潜伏している. calor ~《物理》潜熱. dolor ~ 鈍痛. odio ~ 秘めた憎悪. peligro ~ 潜在的な危険
latentemente [latenteménte] 副 潜在的に
lateral [laterál]《←ラテン語 lateralis》形 ❶ 側面の; 横の: calle ~ 横道, 横丁. espejo ~ サイドミラー. luz ~《船などの》側灯. puerta ~ 横（側面側）の出入り口. ❷ 側面的な, 主でない, 副次的な: cuestiones ~es 副次的な問題. ❸〔家系などが〕傍系の: parentesco ~ 傍系親族. ❹〔あお向け・うつ伏せに対して〕横向きに寝た, 横臥した. ❺《音声》側音の
——女《サッカーなど》ウイング: ~ izquierdo レフトウイング
——男 ❶ 側面, 側部, 横; 側面板: En este ~ irá la estantería. こちら側には棚が置かれる. ❷《交通》1) 側面の, 脇道の: circular por el ~ derecho de la carretera 道路の右側の側道を通行する. 2) 取付道路, 進入路. ❸《サッカーなど》ゴールポスト. ❹《演劇》そで, 舞台脇
——男 ❶《音声》側音〔[l], [ʎ]〕. ❷《交通》側道
lateralidad [lateralidá(d)] 女《生理》側性, 左右差
lateralización [lateraliθaxjón] 女 ❶《生理》側性化. ❷《音声》側音化
lateralizar [lateraliθár]《9》《他》❶ 側面に置く. ❷《音声》側音化する
lateralmente [lateralménte] 副 ❶ 側面に, 側面から. ❷ 両側から

lateranense [lateranénse] 形［ローマの］サン・ファン・デ・レトラン教会 templo de San Juan de Letrán の
latería [latería] 女 ❶《集名》缶詰. ❷《アンダルシア; アンデス》ブリキ屋, ブリキ工場（販売店）《= hojalatería》
laterío [laterío] 男《集名》缶詰《= latería》
laterita [lateríta] 女《地質》紅土, ラテライト
latero, ra [latéro, ra] 形 名 ❶《主に中南米》うるさい［人］, うっとうしい［人］《= latoso》: Este niño es muy ~. この子は大変うるさい. ❷《アンダルシア; アンデス》ブリキ製造（販売）業者, ブリキ屋. ❸《中米. 口語》退屈な［人］
lateroabdominal [lateroaβdominál] 形《解剖》側腹部の
laterotorsión [laterotorsjón] 女《医学》外側方捻転
latescente [latesθénte] 形 = **lactescente**
látex [láte[k]s]《←ラテン語 latex, -icis》男《単複同形》《植物の》乳液, ラテックス
laticífero, ra [latiθífero, ra] 形《植物》乳液を運ぶ: vaso ~ 乳管
laticlavia [latikláβja]《古代ローマ. 服飾》《元老院議員の》赤い縁取りのあるトーガ toga; その紫の帯 faja
latida [latída]《メキシコ. 口語》《心臓の》鼓動, 動悸
latido [latído]《← latir》男 ❶《心臓の》鼓動, 動悸, 脈拍: Ahora los ~s de su corazón son fuertes. 彼の鼓動は今激しい. ❷ずきずきする痛み, 疼痛. ❸《狩猟》《猟犬の》獲物を追う吠え声; 苦痛を訴える鳴き声
latiente [latjénte]《まれ》鼓動（脈動）する, 動悸を打つ
latifolio, lia [latifóljo, lja] 形《植物》葉が広い, 広葉の《⇔angustifolio》
latifundio [latifúndjo]《←ラテン語 latifundium < latus「広い」+ fundus「地所」》男《= s/latifundia》ラティフンディオ《大私有農地, 大農園, 大農場, 大土地所有》《1) スペイン中南部で顕著な, 一人の地主が私有する概して100ヘクタール超の土地が粗放的に利用され, 未開墾地も多い. 2) スペイン領アメリカでは征服・苛酷な強制労働・疫病の蔓延などによって先住民人口が激減するにより, 植民者による不法な土地所有が常態化し, 大農園 hacienda が形成される契機となった》
latifundismo [latifundísmo] 男 大土地所有制
latifundista [latifundísta] 形 名 大土地所有の; 大地主, 大農園主
latigazo [latiɣáθo]《←látigo》男 ❶ 鞭打ち, 鞭で打つこと; その音: Recibí diez ~s como castigo. 私は罰として鞭で10回叩かれた. ❷［突然の］鋭く短い痛み: Al tocar el cable sentí un ~ en todo el cuerpo. 私は電線に触れた時, 全身に鋭い痛みを感じた. ❸［厳しい］叱責. ❹ 感動的で刺激的な言動: Los ~s de la crítica le animaron a esforzarse más. ピシッと批判され彼はもっとがんばる気になった. ❺《西. 口語》《酒の》一飲み: darse un ~ 一杯やる. ❻《キューバ. 俗語》《= figura》
látigo [látiɣo]《←ゴート語 laittug「引き綱」》男 ❶《主に馬用の》鞭《 🐎 》: chasquear (hacer・restallar) el ~ 鞭を鳴らす. azotar con un ~ 鞭で打つ. ❷ de montar 乗馬用の鞭. ❷《遊園地の》急な停車（方向転換）をする乗り物. ❸《馬具》腹帯留めの紐. ❹《玩具》〔鞭のような音を出す〕紐を束ねた物. ❺《釣》フライライン《= tralla》. ❻ 測る物を秤に結ぶ紐. ❼《ログローニョ》その年新たに生えてきたブドウの枝. ❽《中南米》鞭打ち. ❾《ペルー, アルゼンチン, ウルグアイ》騎手. ⓫《チリ》1)《競馬》ゴール. 2) 皮の切れ端, 皮紐
enseñar el ~ = **usar el ~**
sacar el ~ = **usar el ~**
salir al ~《チリ》成し遂げる
usar el ~〔+ con + 人〕に非常に厳しくする
latigudo, da [latiɣúdo, ða] 形《チリ》❶〔物が〕弾力性のある, しなりが丈夫な. ❷〔人が〕感情過多の, 感傷的な; やる気のない
latigueada [latiɣeáda] 女《中南米》鞭打ち
latiguear [latiɣeár]《自》鞭を鳴らす
——《他》《中南米》鞭で打つ
latigueo [latiɣéo] 男 鞭を鳴らすこと
latiguera [latiɣéra] 女 ❶ 鞭《= látigo》. ❷《ペルー》鞭打ち
latiguillo [latiɣíʎo]《látigo の示小語》男 ❶《軽蔑》決まり文句, 常套句: Siempre utiliza el ~ "¿me entiende?". 彼はいつも決まり文句の「分かる?」を使う. ❷《軽蔑》［役者・演説者などの］演技過剰, オーバーなジェスチャー. ❸《植物》匍匐（ほふく）枝《= estolón》. ❹《技術》［両端に継ぎ手のある］細く短い管. ❺

《自動車》ブレーキライニング. ❻ 手練手管. ❼《隠語》陰茎
latín [latín]【←ラテン語 latine】男 ❶ ラテン語: literatura en ~ ラテン文学. ~ clásico 古典ラテン語《紀元前1世紀ごろ~紀元後2世紀ごろのローマ帝国で使われていたラテン語で, ラテン文学最盛期の作家たちが文章の中で用いた言葉》. bajo ~ 低ラテン語, 後期ラテン語《ローマ帝国滅亡後中世を通じて使われていた文語. ローマ帝国末期には文化の衰退につれて文章語も不安定さを増し, 俗語表現やロマンス語などが混入していた》. ~ vulgar (rústico) 俗ラテン語《ローマ帝国内で使われていたラテン語の話し言葉. ロマンス諸語の基礎となった》. ~ medieval 中世ラテン語《中世カトリック教会・大学などで文語として用いられたラテン語》. ~ moderno 近世・近代ラテン語《近世・近代において作家たちが作品に用いたラテン語》. ~ científico 近世・近代におけるラテン語の科学・学術用語. ~ eclesiástico 教会ラテン語《中世・近世を通じて教会の典礼書や聖職者の著作に使われたラテン語》. ❷ 集合 ラテン語の語句: Saltó algunos *latines* ininteligibles. 彼は突然わけの分からないラテン語をいくつか口にした. abusar de *latines*/echar *latines* ラテン語を乱用する. ❸ 複 ラテン語文化. ❹ 複 知識, 教養
jurar en ~《口語》感じた不快(怒り)を表わす: Se pilló los dedos con una puerta y empezó a *jurar en ~*. 彼は指をドアにはさんで, のしりの言葉を発した
saber [mucho] ~《西, 口語》利発である; 抜け目がない, ずる賢い: Este niño *sabe ~* y no hay quien le engañe. この子は利口だから, 騙せなかなかいない. No te fíes de él, porque *sabe ~*. 彼を信じてはいけないよ, ずる賢いやつだから
latinado, da [latináðo, ða] 形《歴史》[イスラム支配下のスペインで] 俗ラテン語を使用する
latinajo [latináxo]【←latín+-ajo】男《軽蔑》ラテン語[風の語法], 下手な(間違いだらけの)ラテン語: decir (echar) ~s ラテン語を使う, スペイン語にラテン語を混ぜて使う
latinamente [latínaménte] 副 ラテン語で
latinar [latinár] 自《まれ》ラテン語で話し書く
latinear [latineár] 自 ❶ 下手なラテン語を頻用する, ラテン語混じりのスペイン語を使う. ❷《まれ》=latinar
latinidad [latinidáð]【←ラテン語 latinitas, -atis】女 ❶ ラテン語およびラテン文化《特に研究の対象としての》: La ~ fue muy valorada en la época renacentista. ラテン語およびラテン文化はルネサンス期にきわめて高く評価されていた. ❷ 集合 ラテン語諸国, ラテン世界《ラテン系民族あるいはラテン系言語・文化を共有している人々の国》: Roma era el centro político y cultural de la ~. ローマはラテン世界の政治・文化の中心だった. Se estima que la ~ está formada por mil millones de personas. ラテン世界は10億の人々によって形成されていると考えられている. ❸ ラテン[語]文化; ラテン民族の諸特性: baja ~ 後期ラテン文化, 俗ラテン語 bajo latín 期の文化; その時代. ~ラテン的であること. ❹《文語》[規範的な] ラテン語: estudios de ~ラテン語研究
latiniparla [latinipárla] 女《西, 皮肉, 軽蔑》ラテン語をやたらに使う話し方(文章), スペイン語化したラテン語
—— 形《西》[ラテン語を使う] 衒学的な
latinismo [latinísmo] 男 ラテン語からの借用語, ラテン語法, ラテン語的表現
latinista [latinísta] 形 名 ❶ ラテン語(文学)研究者[の]. ❷ ラテン語からの借用語の, ラテン語法の
latinización [latiniθaθjón] 女 ラテン語化, ラテン化
latinizador, ra [latiniθaðór, ra] 形 ラテン[語]化する
latinizante [latiniθánte] 形 ラテン語風の, ラテン語をまねする傾向のある人
latinizar [latiniθár]【←ラテン語 latinizare】 他 ラテン語化する, ラテン化する
—— 自 むやみにラテン語を使う
latin lover [latín lóβer]【←英語】男《複 ~s》[典型的な] ラテン系の色男《膚が浅黒く, 髪が黒く, 女たちをの, 情熱的など》
latino, na [latíno, na]【←ラテン語 latinus】形 名 ❶ ラテン語の: palabras ~*nas* ラテン語の単語. literatura ~*na* ラテン文学. ❷ ラテン系の[人]: hablar inglés con acento ~ ラテン語なまりで英語を話す. ❸ ラテンアメリカの[出身者]: países ~*s* ラテンアメリカ諸国. música ~*na* ラテン音楽. temperamento ~ ラテン気質. banda ~*na*《西》[暴力・犯罪を目的とする] 中南米人グループ. ❹《キリスト教》[東方(ギリシア)教会に対して] 西方(ラテン)教会の: Iglesia ~*na* ローマカトリック教会.

❺《歴史, 地名》古代ラティウム Lacio の; ラテン人. ❻《船舶》vela ~*na* ラテンセール, 大三角帆. embarcación ~*na* ラテン装帆の船. ❼《米国》ヒスパニックの[人]《=hispano》
—— 男[ラテン語とラテン語の古典を学ぶ] 初級の神学生
Latinoamérica [latinoamérika] 女《地名》ラテンアメリカ《かつてスペイン・フランス・ポルトガルの植民地だった国々. 19世紀のアングロサクソン系アメリカ(特に米国)に対抗して, フランス人がアメリカ大陸の中でラテン系文化を基底とする地域を指すために創出した名称》
latinoamericano, na [latinoamerikáno, na] 形 ラテンアメリカの[人]: literatura ~*na* 中南米文学. países ~*s* ラテンアメリカ諸国
latir [latír]【←ラテン語 glattire】 自 ❶ [心臓が] 鼓動する, 脈打つ: Mi corazón *late* deprisa. 私は心臓がドキドキしている. ❷《傷が》ずきずきと痛む. ❸《文語》[感情などが] 潜在する: Aunque nadie lo diga, entre los estudiantes *late* el descontento. 誰も口には出さないが, 学生の間には不満がくすぶっている. ❹《狩猟》[猟犬が] 獲物を追って吠える; 苦痛を訴えて鳴く
——《ベネズエラ》困らせる, うんざりさせる
me late... 1)《メキシコ, ベネズエラ, ラプラタ》…のような予感がする: *Me late* que va a llover. 雨が降るような気がする. 2)《メキシコ》…が好きである: Su música no *me late* mucho. 彼の音楽はあまり気に入らない
latirismo [latirísmo] 男《医学》ラチリスム《レンリソウによる中毒》
látiro [látiro] 男《まれ, 植物》レンリソウ属の一種《=almorta》; レンリソウ属
latitud [latitúð]【←ラテン語 latitudo, -inis】女 ❶ 緯度《⇔longitud》: Madrid está casi a 40,5 grados de ~ norte y 3,5 de longitud oeste. マドリードはほぼ北緯40.5度, 西経3.5度にある. ~ sur 南緯. ❷ 副 [緯度的に見た] 地域; 気候, 風土: ~*es* altas (bajas) 高(低)緯度地域. El hombre puede vivir en las más diversas ~*es*. 人間はどんな気候の下でも生活できる. ❸《口語》副 場所: ¡Cuánto tiempo sin verte por estas ~*es*! 君はこのあたりでは久しぶりだね! ❹《文語》[領土などの] 広さ: La ~ de sus tierras es tal que no se ven los límites. 彼の土地は境界が見えないほど広い. ❺《口語》許容範囲: Las reglas le permitían cierta ~ para obrar. 規則によって彼には一定の行動の自由が与えられていた. ❻《天文》黄緯. ❼《まれ》幅
latitudinal [latituðinál]【←ラテン語 latitudo】形 ❶ 緯度の. ❷ 横の, 横に広がる
latitudinario, ria [latituðinárjo, rja] 形 名《宗教》[信教上の] 自由主義の(主義者), 教義にとらわれない; [英国国教会内の] 広教派[の]
latitudinarismo [latituðinarísmo] 男《宗教》自由主義; 広教主義
lato, ta[2] [láto, ta]【←ラテン語 latus】形《文語》[+名詞] ❶ 広い: La llanura se extiende por un ~ territorio. 平野は広大な領土に広がっている. ❷ 広義の: en sentido ~ 広い意味で
latomía [latomía] 女《古代ローマ》[捕虜収容所として使われた] 採石場
latón [latón] I 【←アラビア語 latum < タタール語 altum「金」】男 ❶《金属》真鍮(しんちゅう), 黄銅. ❷《プエルトリコ》ドラム缶. ❸《コロンビア, ボリビア, 俗語》サーベル, 三日月刀
II《アルゼンチン, 植物, 果実》ヨーロピアンハックベリー
Latona [latóna] 女《ローマ神話》ラトナ《女神. ユピテルとの間にアポロンとディアナを産む》
latonado [latonáðo] 男 真鍮をかぶせること
latonar [latonár] 他 真鍮をかぶせる
latonería [latonería] 女 真鍮製品の工場(販売店)
latonero, ra [latonéro, ra] I 名 ❶ 真鍮製品の製造(販売)業者. ❷《エクアドル, ベネズエラ》車体修理工
II《アルゼンチン, 植物》ヨーロピアンハックベリー《=almez》
lato sensu [láto sénsu]【←ラテン語】 副 広義で[の]《⇔stricto sensu》: Hablando ~ puede decirse que... 広義では…だと言える
latosidad [latosiðáð] 女《まれ》厄介さ, うっとうしさ
latoso, sa [latóso, sa]【←lata】形 ❶《口語》厄介な[人], いまいましい, うっとうしい[人]: Los resfriados son ~*s*. 風邪は厄介だ. ❷《南米, 口語》退屈な
latréutico, ca [latréutiko, ka] 形《カトリック》礼拝 latría の: culto ~ 礼拝の表敬

latría [latría]【←ラテン語 latria「崇拝」< ギリシア語 latreia「礼拝」】女《カトリック》礼拝, ラトリア『神にだけ捧げる最高礼拝』: culto de ~ 礼拝の表敬

-latría【接尾辞】【崇拝】zoo*latría* 動物崇拝

latrocinar [latroθinár] 自《まれ》盗みを働く, 横領する

latrocinio [latroθínjo]【←ラテン語 latrocinium】男《文語》[主に公共財産に対する]盗み, 横領

latvio, via [látβjo, bja] 形《国名》ラトビアの(人)【=letón】

lauca[1] [láuka] 女《チリ, アルゼンチン, ウルグアイ》脱毛症

laucadura [laukadúra] 女《チリ, アルゼンチン, ウルグアイ》=lauca

laucar [laukár] 7 他《チリ, アルゼンチン, ウルグアイ》毛を刈る

laucha [láutʃa] 女《コロンビア》土地勘のある人. ②《チリ, アルゼンチン, ウルグアイ》1)《総称》ネズミ. 2)《口語》やせて顔の小さい人. ③《チリ》1)《トランプ》[数か絵札を合わせるゲーム tenderete で各組札の] 3. 2) [ブリキ職人の用語で] 刺さりやすい針金. ④《アルゼンチン》1)《口語》抜け目のない人. 2) みだら(好色)な老人

aguantar la ~《チリ》根気よく時機を待つ

lauchero, ra [lautʃéro, ra] 名《チリ》《サッカーなど》[ゲームに積極的に参加せず相手ゴールの近くにいて] ひたすらゴールのチャンスを待つ選手

lauchón [lautʃón] 男《チリ》[laucha の示大語]《チリ》背はやや高いがやせた若者

lauco, ca[2] [láuko, ka] 形《チリ》[頭の]はげた

laúd [laú(d)] 男【←アラビア語 al-ud「木材」】①《音楽》ラウード『スペイン式のリュート』. ②《船舶》[地中海の] 1檣三角帆の小型船. ③《動物》オサガメ(長亀)

lauda [láuda] 女 [碑銘・紋章などのある] 墓石, 墓碑

laudable [laudáβle]【←ラテン語 laudabilis】形《文語》[事柄が]賞賛に値する: acción ~ 賞賛すべき行為

laudablemente [laudáβleménte] 副 賞賛に値する仕方で

láudano [láudano]【←ギリシア語 ladanon】男 ①《古語的》《薬学》アヘンチキ. ② アヘン・サフラン・白ワインなどで作った鎮痛剤. ③ アヘン【=opio】

laudar [laudár]【←ラテン語 laudare】他 ① 判決を言い渡す, 裁定を下す. ②《古語》賞賛する【=alabar】

laudatio [laudatjo] 男 [名誉博士号の授与式などで述べられる] 賛辞

laudatorio, ria [laudatórjo, rja]【←ラテン語 laudatorius】形《文語》賞賛する: Habló de tu hermano en términos ~s. 彼は君の兄をほめたたえた. frases ~rias 賛辞
── 女《廃語》賛辞

laude [láude] 女 ①=lauda. ②《カトリック》復 賛課『暁時の祈り, 聖務日課の一つ』

laudemio [laudémjo] 男《歴史》[領主に納められた] 貢納地の遺産譲渡税

laudista [laudísta] 名 ラウード laúd 奏者

laudístico, ca [laudístiko, ka] 形《音楽》ラウード laúd の

laudo [láudo]【←laudar】男 ①《法律》仲裁, 裁定, 調停. ②《南米》[レストランの] サービス料

laulao [lauláo] 男《ベネズエラ》オリノコ川上流地域の先住民の舞踊・音楽

launa [láuna] 女 ① マグネシアを含んだ不透水性の粘土『アンダルシアでは屋根に使われる』. ② 金属板

laura [láura] 女《特にアトス Athos 山とロシアの》ギリシア正教の修道院

lauráceo, a [lauráθeo, a] 形 月桂樹に似た; クスノキ科の
── 女 復《植物》クスノキ科

laural [laurál] 形 復《植物》クスノキ目の

láurea[1] [láurea] 女《美術》月桂冠【=corona de laurel】

laureado, da [laureádo, da] 形《主に芸術分野で》受賞した: poeta ~ 桂冠詩人
── 聖フェルナンド勲章《軍人に与えられる. =Cruz *L*~*da* de San Fernando》

laureando, da [laureándo, da] 名 新卒業生, 卒業予定者【=graduando】

laureano [laureáno] 男《西. 古語》1000ペセタ紙幣

laurear [laureár]【←lauro】他 ① [主に芸術分野で, +con 賞を] 授ける, 授賞する. ② 月桂冠をかぶせる. ③ 聖フェルナンド勲章 laureada を与える

lauredal [lauredál]【←laurel】男 月桂樹の林

laurel [laurél]【←古オック語 laurier < ラテン語 laurus】男 ①《植物》ゲッケイジュ(月桂樹): corona de ~《月》桂冠. hoja de ~《料理》ベイリーフ, ローリエ. ~ alejandrino ナギイカダ. ~ cerezo (real) セイヨウバクチノキ. ~ rosa キョウチクトウ. ②《文語》[主に 復] 栄冠, 名誉: cosechar (ganar・conquistar) ~es de la victoria 勝利の栄冠を得る. mancillar los ~es 名誉を傷つける. saborear los ~es de la victoria 勝利の美酒を味わう

dormir[se] *en* (*sobre*) *los* ~*es* 過去の栄光の上にあぐらをかく

laurencio [laurénθjo] 男《元素》ローレンシウム

laurente [lauréne] 男 紙漉き工

laureño [lauréno] 男《パナマ. 植物》マメ科の灌木の一種『葉は皮膚病の薬. 学名 Cassia alata』

láureo, a[2] [láureo, a]【←lauro】形《文語》月桂樹の[葉でできた]: corona ~*a* 月桂冠

laureóla [laureóla] 女 ①[主に英雄的な行為・異教の聖職者に与えられる] 月桂冠. ②《植物》1) ジンチョウゲ【=~ común, ~ macho). 2) ~ hembra ヨウシュジンチョウゲ, セイヨウオニシバリ. ③ =aureola

lauretano, na [lauretáno, na] 形 名《地名》[イタリアの] ラレト Loreto の(人)

laurífero, ra [laurífero, ra] 形《文語》月桂冠をもたらす; 月桂樹に輝く: ascender por el ~ escalafón 栄光の階段をのぼる

lauríneo, a [lauríneo, a] 形 クスノキ科の【=lauráceo】

laurino, na [laurino, na] 形 月桂樹の

laurisilva [laurisílβa] 女《カナリア諸島の》月桂樹の森

lauro [láuro]【←ラテン語 laurus】男《文語》① 栄光, 名誉; 勝利. ② 月桂樹【=laurel】

lauroceraso [lauroθeráso] 男《植物》セイヨウバクチノキ

Laus Deo [láus déo]【←ラテン語】神よ讃えられよ

lause [láuse] 男《チリ》シラミ【=piojo】

Lautaro [lautáro]《人名》ラウタロ『1534?~1557?, チリの先住民マプーチェ Mapuche 族の英雄. 侵略者スペイン人とのアラウコ戦争 Guerra de Arauco で勇名をはす』

lautista [lautísta] 名 ラウード laúd 奏者

lauto, ta [láuto, ta] 形《まれ》豊かな; すばらしい, 見事な

lava [láβa] I ―【イタリア語ナポリ方言 lave < ラテン語 labes「滑ること」】女 不可算 溶岩, 火山岩: El volcán proyectó la ~. 火山が溶岩を噴出した. La ~ discurre por la ladera del volcán. 溶岩が火山の山腹を流れる. río (colada) de ~ 溶岩流. lago de ~ fundida 溶岩湖
II 【←lavar】女《鉱山》洗鉱

lavable [laβáβle] 形 [布・服が] 洗える, 洗濯のきく; 洗濯しても変色しない

lavabo [laβáβo]【←ラテン語 lavabo「私は洗うだろう」< lavare「洗う」】男 ① 洗面台: En el ~ hay unas rosas interiores en agua jabonosa. 洗面台には下着が石けん水に漬けられている. ②《時に 復》洗面所, 化粧室;《婉曲》トイレ, 便所: ¿Los ~s, por favor? トイレはどこですか? Ha ido al ~ para arreglarse un poco. 彼女は洗面所へ身支度をしに行った. ③《カトリック》洗手礼, 洗式【ミサで奉献の後, 司祭が手を洗う儀式】; それに使う手ふき布. ④ 洗面器台【=palanganero】

lavacara [laβakára] 女《コロンビア, エクアドル》洗面器

lavacaras [laβakáras] 名《単複同形》《まれ》ごますり, ついしょうを言う人

lavación [laβaθjón] 女《主に薬学》洗浄

lavacoches [laβakótʃes]【←lavar+coches】名《単複同形》[自動車修理工場・ガソリンスタンドなどの] 洗車係, 下働き

lavacristales [laβakristáles]【単複同形】《自動車》ウインドウォッシャー, 窓洗浄噴射装置

lavada[1] [laβáda] 女 ①《主に南米》洗うこと, 洗濯【=lavado】. ②《メキシコ, プエルトリコ, アルゼンチン, パラグアイ》洗濯物. ③《コロンビア. 口語》ずぶぬれになること

lavadera [laβadéra] 女《鳥》~ blanca ハクセキレイ

lavadero [laβadéro]【←lavar】男 ① 洗濯場; 洗濯室, 家事室: ~ público 共同洗濯場. ②《主に南米》[川岸の] 砂金洗鉱場【=~ de oro】; 洗鉱槽. ③《古語》トロール網漁の漁師. ⑤《メキシコ》[川岸の] 洗濯場. ⑥《コロンビア》たらい, 洗い桶

lavado[1] [laβáðo]【←lavar】男 ① 洗うこと: 1) dar un ~ 洗う; 洗濯をする. ~ de las lanas 洗毛. ~ de oro 砂金採集. ~ de platos 食器洗い. ~ de un coche 洗車. ~ del carbón

洗炭. ~ del mineral 洗鉱. 2) 洗濯〖=~ de la ropa〗. 3) 洗浄: ~ de estómago/~ gástrico 胃洗浄. 4)《美容》洗髪: ~ y marcado シャンプーとセット. 5)《技術》水で洗い流すこと、フラッシング: ~ automático セルフフラッシング; カーウォッシュ. ❷ 欠点などを取り除くこと: ~ de imagen 悪いイメージの除去. ❸ マネーロンダリング.❹《美術》淡彩画
~ *de cara* 外見の一新, 化粧直し: hacer una ~ *de cara* a...…を化粧直しする
~ *de cerebro*/〖口語〗~ *de coco* 洗脳

lavado², da² [labádo, da] 形 ❶《ホンジュラス》きわめて健康を害した (貧しい・意気消沈した). ❷《キューバ》1)《口語》〖ムラートが〗肌の色が大変薄い. 2)〖家畜が〗白っぽい赤毛の. ❸《ラプラタ. 口語》色の落ちた, 色あせた; 〖色が〗淡い;〖顔色が〗青白い

lavador, ra [labadór, ra] 名 ❶ 洗う〖人〗; 洗濯屋
—— 男 ❶〖銃の掃除用の〗洗い矢. ❷《古語》洗濯場. ❸《中南米. 動物》アライグマ. 女 ❶ 洗濯台, 洗濯場. ❷《アンデス》~ *ra* de platos 食器洗い機. ❸《コロンビア》洗濯女

lavadura [labadúra] 女 ❶ 洗うこと, 洗濯; 洗浄. ❷ 洗濯(洗浄)後の汚水〖=lavazas〗. ❸〖手袋用の革の〗水・油・卵を混ぜてなめし液. ❹《鉱山》洗鉱時に出るくず

lavafaros [labafáros]男《単複同形》《自動車》ヘッドライトウォッシャー

lavafrutas [labafrútas] 男《単複同形》〖テーブルに出される〗果物洗い用の鉢; フィンガーボール

lavagallos [labaɣáʎos] 男《コロンビア》粗悪なラム酒

lavahuesos [labawésos] 形《単複同形》《コスタリカ》こびへつらう〖人〗

lavaje [labáxe] 男 ❶ 性器洗浄. ❷ 羊毛の洗浄. ❸《中南米》洗濯, 洗浄

lavajo [labáxo] 男〖なかなか干上がらない〗水たまり

Lavalleja [labaʎéxa]《人名》**Juan Antonio** ~ フアン・アントニオ・ラバジェハ〖1786–1853, ウルグアイの軍人. 独立後, バンダ・オリエンタル Banda Oriental のブラジル支配からの解放に尽くす〗

lavamanos [labamános]男《単複同形》《まれ》❶〖小型の〗洗面台. ❷ フィンガーボール. ❸ 洗面器台〖=palangenero〗. ❹ 手の洗浄液
—— 女《まれ》洗面器

lavamiento [labamjénto] 男《まれ》❶ 洗うこと, 洗浄. ❷ 浣腸〖剤〗

lavanco [labáŋko] 男《鳥》カンムリカイツブリ〖=somormujo ~〗

lavanda [labánda] 女《~イ語》❶《植物》ラベンダー. ❷ ラベンダー香水〖=agua de ~〗
—— 形 薄紫がかった青色の

lavandera¹ [labandéra] 女 ❶ 洗濯女. ❷《鳥》セキレイ: ~ blanca ハクセキレイ. ~ boyera ツメナガセキレイ. ~ de cascada/~ cascadeña キセキレイ

lavandería [labandería] 女 ❶〖水洗い専門の〗洗濯屋, クリーニング店. ~ automática コインランドリー. ❷〖ホテル・病院などの〗洗濯室. ❸ 洗濯業

lavandero, ra² [labandéro, ra] 名 洗濯屋の従業員, 洗濯屋の人
—— 男《ベネズエラ》洗濯場

lavandina [labandína] 女《ラプラタ》漂白剤〖=lejía〗

lavándula [labándula] 女《植物》ラベンダー〖=lavanda〗

lavaojos [labaóxos] 男《単複同形》洗眼用コップ

lavaparabrisas [labaparaβrísas] 男《単複同形》《自動車》ウィンドウォッシャー〖の〗: liquido ~ ウインドウォッシャー液

lavaplatos [labaplátos]《~lavar+platos》男《単複同形》❶ 食器洗い《=máquina ~, lavavajillas》. ❷《メキシコ, コロンビア, アンデス》流し台《=fregadero》. ❸《植物》1)《グアテマラ》ナス科の一種《紫の房状花をつける野草. 学名 Solanum madrense》. 2)《ベネズエラ》ナス科の薬草の一種《学名 Hyptis suaveolens》
—— 名 皿洗い〖人〗

lavar [labár]《~ラテン語 lavare》他 ❶ 洗う: 1) El labrador siempre *lava* su caballo en un río. その農夫はいつも川で馬を洗う. ~ un coche 車を洗う. ~ los minerales 洗鉱する. ~ platos 食器を洗う. ~ a+人 el pelo …の髪を洗う. 2)洗濯する: echar a ~ a [洗濯物を] 洗濯機に入れる. ~ la ropa 洗濯物を洗う. ~ la sábana シーツを洗う. ❷《罪・汚名などを》すすぐ, 晴らす; 一掃する. ❸ マネーロンダリングする. ❹《美術》〖淡彩で〗〖さっと〗塗る: ~ el dibujo 絵に淡彩を施す. ❺

❺〖左官が〗最後の仕上げをする. ❻《医学》〖胃などを〗洗浄する
—— 自 ❶ 洗う, 洗濯する; 洗浄する. ❷《西》〖衣服が〗洗いがきく: Esta camisa *lava* muy bien. このシャツはよく洗える. ❸《美容》洗髪する: ~ y marcar シャンプーしてセットする
—— ~*se* ❶ 自分の体を洗う: 1) *Se lavó* con jabón. 彼は石けんで体を洗った. 2)〖体の一部を〗*Me lavo* la cara. 私は顔を洗う. ~*se* el pelo (la cabeza) 髪を洗う. ❷《コロンビア. 口語》ずぶぬれになる

lavareto [labaréto] 男《魚》シナノユキマス

lavarropa [labařópa] 男《チリ, アルゼンチン, ウルグアイ》=**lavarropas**

lavarropas [labařópas] 男《単複同形》《主にチリ, アルゼンチン, ウルグアイ》洗濯機〖=lavadora〗

lavasecadora [labasekadóra] 女 洗濯乾燥機

lavaseco [labaséko] 男《チリ》クリーニング店

lavativa [labatíβa]〖←lavar〗女 ❶ 浣腸; 浣腸剤, 浣腸液; 浣腸器: Le pusieron una ~. 彼は浣腸された. ❷《軽蔑》まずいスープ (飲み物). ❸《口語》迷惑, 不快. ❹《ベネズエラ. 口語》わずらわしい人 (もの), 迷惑な人 (もの); 何か名前を知らない (言いたくない)もの
echarse una ~ *encima*《ベネズエラ. 口語》厄介な責任を引き受ける

lavatorio [labatórjo]〖←lavar〗男 ❶ 洗うこと, 洗濯; 洗浄: Con sus ~*s* no nos dejaba pegar ojo en toda la noche. 彼が洗濯するので私たちは一晩中眠れなかった. ❷《カトリック》〖聖木曜日の〗洗足式〖のミサ〗. ❸ ~ de [los] pies. 2)《ミサの》洗手式〖=lavabo〗. ❹《医学》洗浄剤. ❺《中南米》洗面器. ❻《メキシコ, エルサルバドル, ペルー, チリ, アルゼンチン, ウルグアイ》洗面台, 化粧台. ❼《コスタリカ》ビデ〖=bidé〗. ❽《チリ》〖台所の〗流し, シンク

lavavajillas [lababaxíʎas]〖←lavar+vajillas〗男《単複同形》❶ 食器洗い機. ❷ 食器洗浄剤

lavazas [labáθas] 女 複 洗濯(洗浄)後の汚水. ❷《エクアドル》〖食べ物〗まずい〖味付けの悪い〗スープ

lave [láβe] 男《鉱山》洗鉱〖=lava〗

lávico, ca [láβiko, ka] 形 溶岩の

lavotear [laβoteár]〖←lavar〗他《西. 軽蔑》❶ 急いで雑に洗う, ざっと洗う. ❷ 頻繁に洗濯する
—— ~*se*《西. 軽蔑》〖自分の体を〗急いで雑に洗う, ざっと洗い流す

lavoteo [laβotéo] 男《西. 軽蔑》急いで雑に洗うこと

lawrencio [laurénθjo] 男 =**laurencio**

laxación [la(k)saθjón]〖←ラテン語 laxatio, -onis〗女 ❶ 緩めること. ❷ 緩下剤の使用

laxamiento [la(k)samjénto] 男〖←ラテン語 laxamentum〗男 =**laxación**

laxante [la(k)sánte] 形〖腸の〗通じをよくする
—— 男《薬学》緩下剤, 下剤, 通じ薬: tomar un ~ 下剤を飲む

laxar [la(k)sár]〖←ラテン語 laxar「緩める」< laxus「緩んだ」〗他 ❶ 緩める, 弛緩させる: ~ un arco 弓を緩める. ❷《医学》〖腸の〗通じをつける, 便秘を治す: tomar unas hierbas para ~ el vientre 通じをつけるために数種の薬草を飲む
—— ~*se* 緩下剤を飲む

laxativo, va [la(k)satíβo, ba]〖←ラテン語 laxativus〗形 下剤の, 通じに効く
—— 男 下剤, 通じ薬

laxidad [la(k)sidá(d)] 女 =**laxitud**

laxismo [la(k)sísmo] 男《宗教など》寛解(寛容)主義; 甘やかし

laxista [la(k)sísta] 形《宗教など》寛解(寛容)主義の(主義者)

laxitud [la(k)situ(d)] 〖←laxo〗女 ❶ 緩み, たるみ; だらしなさ: Me preocupa la ~ de las costumbres actuales. 私は最近の風紀が心配だ. ❷《医学》〖組織の〗弛緩

laxo, xa [lá(k)so, sa]〖←ラテン語 laxus「緩んだ」〗形 ❶《主に比喩》緩んだ, たるんだ 〖=flojo〗: músculo ~ 弛緩した筋肉. ley *laxa* ザル法. ❷ だらけた: conducta *laxa* だらしない行ない. opinión *laxa* 不健全な意見. moral ~ 乱れた道徳. ❸〖人が〗道徳的に厳格でない. ❹〖意味が〗広い, 幅のある: en sentido ~ 広義の

lay [lái] 男〖~s〗《まれ》=**lai**

laya [lája] I 〖←バスク語 laia〗女《農業》鋤〖⑪〗

layador, ra

II 〖←ポルトガル語 laia〗囡《軽蔑》種類, 質, 性質: Todas las gentes de esa (otra) 〜. あの姉妹はみな似たり寄ったりだ. gentes de esa (otra) 〜. あの姉妹はみな似たり寄ったりだ. 《俗語》面目, 体面, 羞恥心

layador, ra [lajadór, ra] 图 鋤く人

layar [lajár] 他 〖土地を〗鋤で掘り返す, 鋤(す)く

layetano, na [lajetáno, na] 形图《歴史, 地名》ライエタニー Layetania の〔人〕《現在のカタルーニャ州の沿岸部》

Layo [lájo] 男《ギリシア神話》ライオス Laius《テーバイの王. オイディプス Oedepus の父》

lazada [laθáda]〖←lazo〗囡 ❶ 蝶結び: hacer una 〜 en el cordón del zapato 靴紐を蝶結びにする. doble 〜/dos 〜s 外科医結び. ❷《南米. 競馬》たてがみ, 前髪の毛. ❸ 滑目縫め

lazador [laθaðór]〖←キューバ〗男 投げ縄で家畜を捕える人

lazar [laθár] 9 他 ❶《主にメキシコ》投げ縄で捕える. ❷《メキシコ》〖縄などで〗結ぶ, 縛る

lazareto [laθaréto]〖←伊語 lazzaretto〗男 ❶ 伝染病院, 隔離病院, 避病院; ハンセン病病院. ❷〖動物の〗検疫所. ❸ 隔離状態

lazarillo [laθaríʎo] 男 ❶《文学》L〜 de Tormes『ラサリーリョ・デ・トルメスの生涯』《ピカレスク小説 novela picaresca の嚆矢とされるスペイン小説. 作者不詳で, 確認されている最古の版は1554年のもの. 卑賎の生まれである主人公ラサリーリョが糊口をしのぐために様々な階層の人間に仕え, 処世術を学んでゆく過程が自伝の形で語られる. ユーモアを交えて写実的な物語からは, 当時の社会に対する風刺的な意図を見て取ることができる』. ❷ 盲人の手を引く少年. ❸ 盲導犬《=perro 〜》. ❹ 介助人; 介助犬

lazarino, na [laθaríno, na] 形图 ハンセン病の〔患者〕

lazarista [laθarísta] 男《カトリック》ラザリスト会 orden hospitalaria de san Lázaro の〔修道士・修道女〕

lázaro [láθaro] 男 ❶〖ぼろを着た〗乞食, 非常に貧しい人. ❷《新約聖書》〖ルカによる福音書の登場人物〗ラザロ. ❸《ベネズエラ》ハンセン病の患者《=lazarino》

estar hecho un 〜 腫れものだらけになっている

lazaroso, sa [laθaróso, sa] 形图 =lazarino

laze [láθe] 形图《地名》〖トルコとロシアにまたがる〗ラジスタン地方 Lazistán の〔人〕
—— 男 ラズ語

lazo [láθo] 男 ❶〖←ラテン語 laqueus〗男 ❶ 蝶結び: Até el paquete haciendo un 〜 con la cuerda. 私は小包を紐で縛り蝶結びにした. 〜 de zapato 蝶結びにした靴紐. ❷ 蝶ネクタイ《=corbata de 〜》〖蝶結びにした〗腕輪. ❸ リボン飾り, 蝶結び形のもの: recogerse el pelo con un 〜 髪をリボンで束ねる. 〜 de embalaje 包装用のリボン. 〜 de hojaldre リボン形のパイ菓子. ❹ 投げ縄; 投げ縄型の罠, 輪差《=〜 corredizo》: echar el 〜 a... 〜に投げ縄をかける; 〖+人〗〜の気持ちを捕える. tender un 〜 罠を仕掛ける. ❺《主に 複》絆(きずな), 結びつき, 束縛: Les unen fuertes 〜s de amistad. 彼らは友情の固い絆で結ばれている. Los dos intensificaron sus 〜s afectivos con el tiempo. 時間と共に2人の愛の絆は強まった. La costumbre crea los 〜s. 習慣は束縛を生み出す. ❻〖道・線路などの〗カーブ, 〜 cerrado《鉄道》ループ線. ❼《計略》caer en el 〜 罠にかかる, 騙される. ❽《フィギュアスケート》ループ. ❾《建築》〖線・花などの〗組み合わせ模様. ❿《メキシコ, ホンジュラス, コロンビア. 口語》縛るための網. ⓫《キューバ. 舞踊》フィギュア《=figura》. ⓬《コロンビア》縄跳びの縄. ⓭《ベネズエラ》〖人を指す〗鋭く長い叫び

cazar a 〜 罠で捕える, 〜《口語》〖話に〗釣り込む

echar el 〜 *a* + 人 …〖の心〗を捕らえる

poner como 〜 *de cochino* 《メキシコ. 口語》ひどく悪口を言う

servir de 〜 *entre...* …の間の仲介役をつとめる

tirar un 〜 《メキシコ. 口語》引っ掛ける, 注目する

lazulita [laθulíta] 囡《鉱物》天藍石

lazurita [laθuríta] 囡《鉱物》青金石

lb.《略記》←libra ポンド

Ldo.《略記》←Licenciado 学士

le [le]〖←ラテン語 illi〗代〖人称代名詞3人称単数〗❶〖間接目的〗1) 彼に, 彼女に: Le presté el dinero que necesitaba. 私は彼/彼女に必要としている金を貸してやった. Dígale la verdad. 彼/彼女に本当のことを言いなさい 〖対応〗No le diga la verdad. 彼/彼女に本当のことを言ってはいけない. Voy a preguntarle (Le voy a preguntar) el camino. 彼・彼女に道を尋ねてみよう.

2)〖男性・女性の〗あなたに: No sé por qué le he dicho estas cosas. 私はなぜこうしたことをあなたに言ったのか分かりません. Le agradezco a usted sus finas atenciones. あなたの丁重なお心遣いに感謝します. 3)〖男性・女性名詞をうけて〗それに: El mago le dio unos golpecitos a la caja y esta se abrió por dentro. 手品師がその箱をトントンと叩くと箱は内側から開いた. Yo estaba dándole (Yo le estaba dando) de pintura a una silla. 私は椅子にペンキを塗っていた. 4)〖中性〗そのことに: A todo aquello no le veíamos solución. あのこと全体に対して私たちには解決策が見当たらなかった.《語法》〖重用用法〗〖「a+前置詞格人称代名詞」と le の重複. →a¹ II〖語法〗〗, le の意味の明示, 特別なニュアンスの付加〗1) Le llevé una botella de vino a él, no a ella. 私はワインを1本, 彼女にではなく, 彼に持って行った. El profesor le dijo a ella que se callara. 先生は黙るようにと彼女〖だけ〗に言った. 2)〖出所・損失・奪取〗…から: Siempre le compro flores a esa chica. 私はいつもその少女から花を買う. Le robaron la cartera en el metro. 彼は地下鉄で財布を盗まれた. Le quitamos la chaqueta y la corbata para que respirara fácilmente. 私たちは彼が楽に息ができるように, 上着を脱がせネクタイを外してやった. 3)〖所有〗…の: Le lavé la cara y las manos. 私は彼の顔と手とを洗ってやった. La niña le acariciaba la cabeza a un gato. その子は猫の頭を撫でていた. Una señora le dio la enhorabuena y le estrechó la mano. 一人の女性が彼におめでとうと言って彼の手を握った. Se le han echado a perder los melocotones. 彼の桃が腐ってしまった. 4)「a+名詞・代名詞」でも「a+前置詞格人称代名詞」と同様の重複が行なわれる〗A Elvira no le molestó lo más mínimo que fuera Emilio el que venía. エルビラにすれば, やって来たのがエミリオだったことは何ら迷惑なことではなかった. 〖文法〗1) 間接目的語が動詞の前に置かれる時, 「a+前置詞格人称代名詞」との重複が義務的である: Me dijo que a ella las matemáticas se le dan fatal. 彼女は自分は数学が全くだめだと私に言ったことがある. A mamá le he dicho la verdad. 私はお母さんには本当のことを言った. 2) 間接目的語が動詞に後置される時, 重複は任意だが, 《口語》では重複を好む傾向が大きい: Entrégale esta carta al jefe. 課長にこの手紙を渡してくれ. Me voy. Dile a Teo que me telefonee, por favor. 私は帰る. テオに電話するように言ってくれ, 頼む. 3)《西. 中南米. 口語》この重複用法では, le が後ろに来る複数名詞を表わすことがある: Odio darle vueltas a las complicaciones de la vida. 私は人生の煩瑣な問題に悩むのはご免だ. ❷《主にカスティーリャ以北》〖人(男性)を表わす直接目的〗彼を, あなたを《=lo. 〜leísmo》: En el grupo había un militar. Le llamaban Luis. グループ内に一人の軍人がいた. 彼はルイスと呼ばれていた. Este señor era amigo de papá. Atiéndele tú, por favor. この方はお父さんの友人だったの. おもてなしてね, お願い

lea [léa] 囡《隠語》売春婦

leacril [leakríl]〖←商標〗男 アクリルの一種

lead [líd]〖←英語〗男《複 〜s》《新聞》リード《=entradilla》

leader [líder]〖←英語〗男 =líder

leadhillita [leaðiʎíta] 囡《鉱物》レッドヒル石

leal [leál]〖←ラテン語 lagalis < lex, legis〗形图 ❶〖ser+. +a+人・事 に〗忠実な〔人〕, 忠誠心の厚い〔人〕: Los ministros son 〜es al presidente. 大臣たちは大統領に忠実である. mantenerse 〜 a sus convicciones 信念を曲げない. corazón 〜 忠誠心. perro 〜 忠実な犬. sentimientos 〜es 忠誠心. ❷〖+(para) con+人・事 に〗忠実な〔人〕: Sé 〜 conmigo, como yo lo soy contigo. 私に嘘をついたり隠し事をしたりしないでね, 私もそうするから. amigo 〜 誠実な友人. palabra 〜 誠実な言葉. ❸《歴史》〖スペイン内戦で〗共和国政府を支持する

lealmente [leálménte] 副 忠実に; 誠実に

lealtad [lealtáð]〖←ラテン語 lagalitas〗囡 ❶ 忠実, 忠誠; 誠実: El perro es un animal de gran 〜. 犬はとても忠実な動物だ. jurar 〜 a…に忠誠を誓う. obrar con 〜 誠実な行動をする. ❷《文語》〖主に 複》忠誠の対象. ❸《商業》〜 en el consumo del mismo producto 商標忠実性, ブランド・ロイヤルティ. 〜 en el consumo de la misma tienda ストア・ロイヤルティ. ❹《歴史》忠誠の誓い

leandra [leándra] 囡《西. 古語》ペセタ《=peseta》

Leandro [leándro] 男《ギリシア神話》レアンドロス《ヘーローHero と恋に落ち, 彼女と会うために毎夜5キロあまりもある海峡を泳いで渡った》. ❷《人名》**San** 〜 聖レアンドロ《スペイン, 6世

紀の高位聖職者》

Lear [leár]《文学》リア王《シェークスピアの『リア王』*El rey Lear* の主人公》

leasing [lísiŋ]《←英語》男《腹》~s《商業》リース

leba [léba] 女《ベネズエラ. 植物》ホウライチクの一種

lebanense [lebanénse] 形 名 **=lebaniego**

lebaniego, ga [lebanjégo, ga] 形《地名》リエバナの La Liébana の〔人〕《カンタブリア州西部の山間地方》

lebeche [lebétʃe]《←アラビア語 labach》男《スペインの地中海岸に吹く》南東風

lebello [lebéʎo]《ホンジュラス. 動物》海蟹の一種

lebení [lebení] 男 レベニ《モロ人の乳酸菌飲料》

leberquisa [leberkísa] 女《鉱物》磁硫鉄鉱《=pirita magnética》

lebisa [lebísa] 女《キューバ. 魚》**=levisa**

lebistes [lebístes] 男《単複同形》《魚》グッピー

lebrada [lebráda] 女《料理》野ウサギ肉の煮込み

lebranca [lebráŋka] 女《ムルシア》❶ 野ウサギの子. ❷ 尻軽女

lebrancho [lebrántʃo] 男《カナリア諸島; キューバ. 魚》ボラ《=mújol》

lebrato [lebráto] 男 生まれたばかりの野ウサギ

lebratón [lebratón] 男《少し大きくなった》子供の野ウサギ

lebrejear [lebreχeár] 自《ドミニカ》浮かれ騒ぐ, どんちゃん騒ぎをする

lebrel, la [lebrél, la]《←カタルーニャ語 llebrer < ラテン語 lepus, -oris》名 ❶《犬》ハウンド《ウサギ狩り用, 競走用. =perro 〜》: 〜 afgano アフガンハウンド. 〜 de carrera グレーハウンド. 〜 inglés ディアハウンド. 〜 irlandés アイリッシュウルフハウンド. 〜 ruso ボルゾイ. pequeño 〜 italiano イタリアン・グレイハウンド. ❷《猟犬のように》鼻のきく人

lebrero, ra [lebréro, ra]《←ラテン語 leporarius》形 ❶《犬》ウサギ狩り用の, ハウンドの. ❷〔人が〕野ウサギ狩りが好きな; ドッグレース好きの

lebrijano, na [lebriχáno, na] 形 名《地名》レブリハ Lebrija の〔人〕《セビーリャ県の村. ネブリハ Nebrija の生誕地》

lebrilla [lebríʎa] 女《ムルシア》小型のたらい

lebrillo [lebríʎo]《←ラテン語 labrum》男〔洗濯・洗面・足湯など用の〕陶器・金属製の〕鉢, たらい

lebrón, na [lebrón, na]《liebre の示大語》形 名《メキシコ》❶〔なかなか捕まえられない〕人生経験に富んだ〔人〕; 海千山千の〔人〕. ❷ ほら吹きの〔人〕
── 男 臆病者

lebroncillo [lebronθíʎo] 男 生まれたばかりの野ウサギ

lebruno, na [lebrúno, na] 形 野ウサギの, 野ウサギのような

lebuino, na [lebwíno, na] 形 名《地名》**=lebulense**

lebulense [lebulénse] 形 名《地名》レブ Lebú の〔人〕《チリ, アラウコ県の県都》

lecanomancia [lekanománθja] 女 皿占い《水を張った洗面器 zafa の中に宝石などを落とし, その音で運勢を占う》

lecanomancía [lekanománθía] 女 **=lecanomancia**

lección [le(k)θjón]《←ラテン語 lectio, -onis < lectum < legere「読む」》女 ❶〔教科書・参考書の〕…課. ¿En qué 〜 estamos? 今日は何課からですか? 〜 primera 第1課. ❷ 授業, 講義, レッスン, 稽古: 1)〔教えられ・学ぶ知識などの総体〕Recibió *lecciones de piano desde que tenía cinco años*. 彼は5歳からピアノのレッスンを受けた. 2)〔教える・説明すること〕La 〜 de hoy tratará de la historia del siglo XVI. 今日の授業は16世紀の歴史です. Hoy no hemos tenido 〜 de francés. 今日はフランス語の授業はなかった. 〜 magistral 特別講義. 3)〔教えられ・学ばれる内容〕El maestro preguntó la 〜 a sus alumnos. 先生は教えたことを生徒たちに質問した. ❸ 戒め, 教訓, 忠告: El accidente fue una 〜 para él. 事故は彼にとって教訓になった. 〜 histórica 歴史の教訓. ❹《カトリック》《聖書》誦読《㌍》, 読経文. ❺ 読むこと, 読解. ❻ 口述試験
dar la 〜〔生徒が〕学課を暗唱してみせる
dar lecciones 1)〔+de で〕誇示する. 2) 教える
dar una 〜 *a* +人 …に教訓を与える, …を懲〔⁻〕らしめる: ¿Cómo se puede *dar una* 〜 *a un hombre machista?* どうしたら男性優位主義の男を懲らしめることができるだろうか?
〜 *de cosas*《古語》《主》《腹》実物教育
tomar la 〜〔先生が, +a 生徒などに対して〕学んだことを尋ねる, おさらいさせる

leccionario [le(k)θjonárjo] 男《カトリック》読誦集

leccionista [le(k)θjonísta] 名《腹語》家庭教師

lecha [létʃa]《←leche》女 ❶〔魚の〕白子, 魚精. ❷《地方語. 魚》カンパチ《=serviola》

lechada [letʃáda]《←leche》女 ❶《建築》漆喰《㌵》; 石灰乳, ろ《〜 de cal》. ❷《製紙の〕薄い液状のパルプ. ❸ 白濁液, 懸濁液. ❹ 石灰塗料. ❺《腹》乳状液

lechal [letʃál]《←leche》形 ❶ 哺乳期の〔動物〕; 〔特に〕子羊《=cordero 〜》: 〜 *asado*《料理》子羊の丸焼き. ❷《植物》乳液を出す
── 男《植物》乳液

lechar [letʃár] 形 ❶〔動物〕授乳期の. ❷《植物》乳液を出す. ❸〔家畜が〕乳の出る: *vaca* 〜 乳牛
── 他《中南米》〔牛や羊の〕乳を搾る. ❷《メキシコ》〔壁などを〕白く塗る. ❸《コロンビア, エクアドル》哺乳する, 乳をやる

lechaza [letʃáθa] 女 **=lecha**

lechazo [letʃáθo] 男 ❶《地方語》乳飲み期《生後4週間前後》の子羊. ❷《南米. 口語》思いがけない幸運

leche [létʃe]《←ラテン語 lac, lactis》女 ❶ 不可算 乳, ミルク; 牛乳《〜 *de vaca*》: En este barrio el lechero reparte 〜 a domicilio a las seis de la mañana. この地区の牛乳屋は朝6時に各戸に牛乳を配達している. *criar con la* 〜 *de la madre* 母乳で育てる. *echar* 〜 *al café* コーヒーにミルクを入れる. *primer* 〜 初乳. 〜 *de cabra* ヤギの乳. 〜 *de pantera* ミルクとジンのカクテル; 《ペルー. 料理》イカ墨入りのセビーチェ cebiche. 〜 *desnatada* 脱脂乳, スキムミルク. 〜 *en polvo* 粉ミルク. 〜 *entera*〔脱脂乳に対して〕全乳. 〜 *malteada*《南米》泡立てた牛ミルク. 〜 *frita* レチェフリータ, 揚げミルク《冷やしたカスタードクリームに衣をつけて揚げた菓子》. 〜 *merengada* メレンゲで作ったアイスクリーム. ❷ 不可算《植物からとれる》乳液; ラテックス; 植物性のもの: 〜 *de almendras*《薬学》アーモンドミルク, アーモンド乳. 〜 *de paloma* ピジョンミルク《ひなを養う乳状液》. ❸《化粧》不可算 〜 *corporal* ボディー乳液. 〜 *hidratante* モイスチャーミルク. 〜 *limpiadora* クレンジングミルク. ❹《植物》〜 *de gallina*／〜 *de pájaro* オオアマナ. ❺《卑語》精液《=semen》. ❻《卑語》気質. ❼《西. 俗語》強烈な殴打: *dar una* 〜 強く殴る. *liarse a* 〜*s* ひどい殴り合いをする. ❽《西. 俗語》ばかげた〔こと, もの〕; 面倒《厄介》なこと: Es una 〜 + 不定詞 …とはばかげている《面倒だ》. ❾《俗語》《特に意味なく》1)〔la+ 比較文で強調〕Estoy más liado que la 〜. 私はめちゃくちゃ頭が混乱している. 2)〔主に 感嘆文・感嘆文で軽蔑〕¿Qué 〜*s es eso?* それがどうした? ❿《西, アンデス. 口語》幸運, つき: *tener* 〜 運がいい. ⓫《ボリビア》生ゴム

a toda 〜《卑語》大急ぎで, 全速力で

cagando 〜*s*《西. 俗語》大急ぎで

como la 〜〔料理が〕非常に柔らかい

darse una 〜《口語》びっくりする

de la 〜《俗語》すごい, かなりの, ひどい, どうしようもない

de 〜 1)〔牛などが〕乳用の. 2)〔動物の子が〕乳離れしていない

echando 〜*s*《西. 卑語》**=a toda** 〜

echar 〜*s*《俗語》ひどく怒っている

en la quinta 〜《俗語》はるか遠くに

estar con la 〜 *en los labios* まだ乳臭い, 若くて知識《経験》が足りない

estar en 〜〔果実などが〕まだ熟していない

estar que echa 〜*s*〔事が〕紛糾している

¡La 〜《俗語》**=¡L**〜**{s}!**

〜 *de los viejos*《口語》ワイン

〜*s*《俗語》〔断定的な否定〕違う: *decir que* 〜*s* きっぱりノーと言う

¡L〜**{s}!**《西. 俗語》〔驚き・怒り〕おやおや; こんちくしょう!

mala 〜《主に西. 口語》1) 意地の悪さ; 悪意: *tener mala* 〜 意地が悪い. Lo hizo con *mala* 〜. 彼は悪意があってそうしたのだ. 2)《口語》意地悪な〔人〕. 3)〜 *機嫌*: *estar de mala* 〜 機嫌が悪い. *con mala* 〜 腹立ち紛れに

mamar... en la 〜〔物心がつかないうちから〕…が身にしみ込んでいる

mandar a+人 *a hacer* 〜*s* …を追い払う, 相手にしない

¡Me cago en la 〜*!*《俗語》こんちくしょう/何てひどいんだ!

mil 〜*s* 形〔種類も限りない〕通りをうろつく《動物》; 浮浪者

ni... ni 〜*s*〔強い否定〕全く…ない

lechecillas

oler a ~《コロンビア. 口語》未熟である, 経験がない
pegar una ~ 殴りつける
¡Por la ~ *que mamé* (*mamaste*)*!*《西》[脅迫・約束したことなどを] 絶対にやるぞ, きっと果たすぞ!
¡Qué ~[*s*]*!*《西. 俗語》=¡L~[s]!
ser la ~《西. 俗語》すばらしい, すごい; ひどい, どうしようもない, 我慢ならない; 厄介者である
traer (*tener*) *la* ~ *en los labios* =*estar con la* ~ *en los labios*
[y] *una* ~《俗語》[否認・反論] 全く違う

lechecillas [letʃeθíʎas] 囡 覆《料理》❶《西》[子牛・子ヤギ・子羊の] 胸腺肉: ~ *de ternera* リードヴォー. ❷ 臓物

lechecino [letʃeθíno] 男《植物》ノゲシ [=lechuguilla]

lechera[1] [letʃéra] 囡 ❶ 乳を入れる容器, 牛乳缶(瓶); 牛乳沸かし. ❷ [小さな] ミルクピッチャー. ❸《俗語》パトロールカー. ❹《植物》ヒメハギの一種《学名 Polygala vulgaris》; ~ *amarga* ヒメハギの一種《学名 Polygala amara, Polygala calcarea》. ❺《アルゼンチン》乳牛
cuento de la ~/*cuentas de* ~ 取らぬ狸の皮算用

lecherear [letʃereár] 圓《ベネズエラ》値切る, 倹約する

lechería [letʃería] 囡 ❶ 牛乳販売店. ❷《俗語》売春宿. ❸《メキシコ, コロンビア, ベネズエラ》吝嗇(けち), しみったれ. ❹《コロンビア. 口語》搾乳所

lecherillas [letʃeríʎas] 囡 覆《ログローニョ》=**lechecillas**

lecherina [letʃerína] 囡《地方語. 植物》❶ トウダイグサ [=lechetrezna]. ❷ ノゲシ [=lechuguilla]

lechero, ra[2] [letʃéro, ra] 形 ❶ 乳の, 牛乳の; 酪農の: *central* (*cooperativa*) ~*ra* 酪農協同組合. *industria* ~*ra* 酪農業, 乳業. *producción* ~*ra* 牛乳製造. ❷《植物》乳液(乳状液)を含む. ❸《植物》乳液の. ❹《口語》けちな, しみったれた. ❺《キューバ, プエルトリコ》日和見主義の, ご都合主義の. ❻《南米. 口語》幸運な
— 图 牛乳売り, 牛乳配達員; 酪農家
— 男《中南米. 植物》トウダイグサ属の一種《学名 Euphorbia lactifluua》. ❷《チリ》牛乳のジョッキ

lecherón [letʃerón] 男《植物》トウダイグサ科の一種《学名 Sapium aucuparium, Sapium stenophyllum》

lecheruela [letʃerwéla] 囡 =**lechetrezna**

lechetrezna [letʃetrézna] 囡《植物》トウダイグサ, ユーフォルビア: ~ *arbórea* ジュヨウキリン(樹豊麒麟). ❷ ~ *enana* (*romeral*) ドワーフスパージ

lechigada [letʃigáda] 囡 集《❶[犬・豚などの] 一腹の子, 一緒に生まれた子. ❷《まれ》[主に悪者の] 一団

lechiguana [letʃigwána] 囡《アルゼンチン, パラグアイ. 昆虫》小型の黒いハチ《学名 Nectarina mellifica》; その巣

lechín [letʃín] 男 形 ❶《植物, 果実》レチン種の[オリーブ]. ❷《獣医》膿腫 [=lechino]

lechina [letʃína] 囡《ベネズエラ》水疱瘡, 水痘

lechino [letʃíno] 男 ❶《医学》栓塞栓 [=clavo]. ❷《獣医》[馬の] 膿腫

Lechín Oquendo [letʃín okéndo]《人名》Juan ~ フアン・レチン・オケンド『1914〜2001, ボリビアの労働運動指導者』

lecho [létʃo] 男《←ラテン語 lactus》❶《文語》寝床, 寝台, ベッド [=cama]: *abandonar el* ~ 床離れする, 全快する. ~ *de muerte*/~ *mortuorio* 死の床. ❷ 河床 [=~ *fluvial*]; 水底, 湖底, 海底: El ~ *de este río es muy profundo*. この川はとても深い. ❸ [物を上に載せる・敷く] 台, 床: ~ *de colada* 鋳台. ~ *del camino* 道床. ❹《建築》[柱などの] 石の土台(基部). ❺《地質》地層: ~ *de roca* 基盤岩. ❻ [家畜の] 寝場所, 寝わら

~ *de rosas* 安楽な暮らし: *Ya no estoy en un* ~ *de rosas*. 私はもはや安楽な身分ではない. *A partir de ahora tu vida será un* ~ *de rosas*. 君にはバラ色の未来が開けている

~ *del dolor* 重病の床, 長患いの床: *Pocas personas va a visitarle en el* ~ *del dolor*. 長患いの彼を見舞いに来る人はほとんどいない

lechocino [letʃoθíno] 男《植物》トウダイグサ; キバナノアザミ; ノボロギク; ハルノノゲシ

lechón, na [letʃón, na]《←leche》形 名 ❶《農業》[主に若い] 豚. ❷《口語》[豚のように] 汚い, 不潔な[人]
— 男《主に料理》乳飲み豚 [=cochinillo]

lechoso, sa [letʃóso, sa]《←leche》形 ❶ 乳のような, 乳状の; 乳液状の; 乳白色の: *loción* ~*sa*《化粧》乳液. *color* ~ 乳 色. ❷ [植物・果実が] 乳液を出す. ❸《ベネズエラ》幸運な
— 男《ドミニカ. 植物》パパイヤ [=papayo]
— 囡《カリブ, ベネズエラ. 果実》パパイヤ [=papaya]

lechucear [letʃuθeár] 圓 ❶《西. 口語》[ひっきりなしに] 甘い物をつまむ. ❷《ペルー. 口語》[タクシー運転手などが] 夜間勤務する. ❸《アルゼンチン, ウルグアイ. 口語》詮索する, かぎ回る
— 他《アルゼンチン. 口語》…に不運をもたらす, けちをつける; 悪口を言う

lechucero, ra [letʃuθéro, ra]《←lechuza》形 名《アンデス. 口語》夜働く, 夜動のタクシー運転手
— 男《アンデス》夜のタクシー

lechudo, da [letʃúdo, da] 形《メキシコ, ベネズエラ, アルゼンチン. 俗語》幸運のいい

lechuga [letʃúga]《←ラテン語 lactuca》囡 ❶《植物》1) レタス, サニーレタス: *ensalada de* ~, *tomate y atún* レタス・トマト・ツナのサラダ. ~ *repollada* 葉が丸く巻いたレタス. ~ *cos*/~ *romana*/《チリ》~ *costina* ロメインレタス, タチヂシャ. ~ *azul* ブルーレタス《学名 Lactura perennis》. ~ *escalora* トゲヂシャ. ~ *silvestre* ワイルドレタス, ビターレタス. ~ *de mar* オオバアオサ. ❷《服飾》❶《古語》ひだ襟, ひだ袖口 [=lechuguilla]. ❷《まれ》[サニーレタスの葉のような] プリーツ.《西. 古語》千ペセタ札
como una ~ [人が] 生き生き(はつらつ)とした, 元気一杯の
más fresco que una ~《口語》1) [信じられないほど] 厚かましい, 涼しい顔の, 平然としている. 2) とても健康な
~ 恥知らずな

lechugado, da [letʃugádo, da] 形 [サニーレタスの葉のように] 縮れた

lechugín [letʃuxín] 男《エクアドル》レタスに似た野生植物

lechuguero, ra [letʃugéro, ra] 名 レタス売りの人

lechuguilla [letʃugíʎa]《←lechuga の示小形》囡《植物》1) ノゲシ. 2)《メキシコ》レチュギヤ《学名 Agave lechuguilla》.《古語. 服飾》[16〜17世紀に流行した, 糊付けした] ひだ襟, ラフ, ひだ袖口

lechuguino, na [letʃugíno, na] 形 名《軽蔑》❶ おしゃれに気を遣いすぎる[若者]. ❷ 一人前を気取る[若者]
— 男 ❶ レタスの苗. ❷ [バリャドリード特産の] 上質のふわふわのパン [=pan ~]

lechuza[1] [letʃúθa]《←古語 nechuza (leche の影響)》囡 ❶《鳥》フクロウ; メンフクロウ [=~ *común*]: ~ *campestre* コミミズク. ~ *gavilana* オナガフクロウ. ~ *mora* アフリカコミミズク. ❷《口語》夜ふかしする人, 宵っぱりの人, 夜型の人; 夜遊びする人. ❸《口語》《陰険》[陰険な] 醜い女, ブス. ❹《米国, メキシコ. 動物》コウモリ. ❺《メキシコ, カリブ》売春婦. ❻《メキシコ, チリ, アルゼンチン, ウルグアイ》金髪で色白の人, 白子. ❼《ベネズエラ》がたがたの荷車. ❽《チリ. 鉱山》不発の爆薬

lechuzo, za[2] [letʃúθo, θa] 男 名 ❶《西. 軽蔑》間抜け[な], あほう[な]. ❷ いつも甘い物をつまんでいる[人]. ❸ 1歳以下の[ラバ]. ❹ どこかフクロウを思わせる[人]
— 男 ❶《西》急送便屋, バイク便屋, サイクル便屋

lecitidáceo, a [leθitiðáθeo, a] 形 サガリバナ科の
— 囡 覆《植物》サガリバナ科

lecitina [leθitína] 囡《生化》レシチン

leco, ca [léko, ka] 形 ❶《メキシコ. 口語》頭のおかしい, 気のふれた
— 男《ベネズエラ. 口語》[人を呼ぶ] 長くて鋭い叫び声

lectisternio [lektistérnjo] 男《古代ローマ》非キリスト教徒・異教徒が神々に捧げた儀式の宴

lectivo, va [lektíβo, βa]《←ラテン語 lectum < legere「読む」》形《教育》授業のある: *período* ~ 授業期間, 学期. *días* ~*s* 授業のある日, 休みでない日. *año* ~ 学年

lectoescritura [lektoeskritúra] 囡《教育》読み書き

lector, ra [lektór, ra]《←ラテン語 lector, -oris》形 ❶ 読書の, 読書をする: *aficiones* ~*es* 読書の趣味. ❷ [仕事として] 読む
— 名 ❶ 読者, 閲覧者: *Esta revista tiene muchos* ~. この雑誌は読者が多い. ❷《西. 教育》[母国語を教える] 外国人の語学教師: *Fue* ~ *de japonés en España*. 彼はスペインで日本語の教師をしていた. ❸《出版社》原稿を読んで出版可否を判断する人
— 男《情報》読み取り装置: ~ *óptico* 光学スキャナー. ❷《カトリック》読師 [=órden ~]

lectorado [lektoráðo] 男 集《母国語を教える》外国人語学教師. ❷ 外国人語学教師の職.《カトリック》読師 lector の地位

lectoral [lektorál] 男《カトリック》司教座聖堂参事会員〖=canónigo～〗
lectoría [lektoría] 女《カトリック》読師 lector の職
lectura [lektúra]〖←ラテン語 lectura〗女 ❶ 読書; 朗読: Tiene afición a la ～. 彼は読書が趣味だ. La ～ del periódico puede servirte mucho. 新聞を読むのは大変役に立つよ. sumergirse en la ～ de una novela 小説を読みふける. enseñar la ～ a los niños 子供たちに読み方を教える. sala de ～ 読書室, 閲覧室. ～ de la tesis doctoral 博士論文の公開審査. ～ de los poemas 詩の朗読. ～ en silencio (en voz alta) 黙読(音読). ～ detenida (cuidadosa) 熟読. ～ rápida (veloz) 速読. ❷ 読むこと: ～ de la sentencia 判決の読み上げ. ～ de labios 読唇術. ❸ 講義, 講読, 解釈; 解説: Esa frase tiene una ～ distinta de la que le han dado los profesores. その文には先生たちが提示したのとは異なる解釈の仕方がある. libro de ～ de francés フランス語読本, フランス語のリーダー. ～ de un texto テキストの解釈. Sus palabras tuvieron diferentes ～s. 彼の発言は色々に解釈できた. ❹ 読み物: Selecciona las ～s de sus nietos. 彼は孫たちの読む本を選ぶ. Las novelas rosas son su ～ favorita. 恋愛小説が彼女のお気に入りの読み物だ. ❺ 〖主に 複. 読書による〗教養: ～s clásicas 古典の教養. Es hombre de mucha ～. 彼は非常に教養がある/博識だ. ❻ 講義, 講演. ❼ 〖計器〗表示; 表示度数: ～ hora (minutos) 〖デジタル時計の〗時間(分)表示. ❽《情報》読み取り: ～ óptica 光学式読み取り. ❾ 《印刷》パイカ活字; 12ポイント. ❿ 《廃語》大学教授が講義に使う文献
dar ～ a a... 〖大勢の前で〗大きな声で…を読む: Dio ～ a la carta. 彼はその手紙を読み上げた
LED [lé(d)]〖←英語〗男 発光ダイオード〖led とも表記さ〗: lámpara ～ LED電球
ledamente [ledaménte] 副《詩語》陽気に, 快く
ledanía [ledanía] 女《地方語》期限, 期日
ledeburita [ledeβuríta] 女《金属》レーデブライト
ledo, da [lédo, da] 形《詩語》陽気な, 快い
leedor, ra [le(e)dór, ra] 形 名《古語》❶ 読む(人): Es poco ～. 彼はほとんど本を読まない. ❷ 読者〖=lector〗
leer [le(é)r]〖←ラテン語 legere〗22 他 ❶ 読む: 1) Leí en el periódico que murió el novelista. その小説家が死んだことを私は新聞で読んだ. No hablo ruso, pero lo leo. 私はロシア語は話せないが, 読める. ～ una novela 小説を読む. revista muy leída en los medios intelectuales インテリ層によく読まれている雑誌. 2) [...の作品を] Me recomendaron que leyera a Vargas Llosa. 私にバルガス・リョサの本を読むように勧められた. ❷ 声に出して読む, 朗読する: ～ un discurso 演説を読み上げる. ～ cuentos a sus hijos 子供たちに物語を読んでやる. ❸ 解読する; [+en から] 察知する: Mi hija está enamorada, lo leo en sus ojos. 私の娘は恋をしている, 私は目を見てそれが分かる. ～ el pensamiento de+人 ...の考えを見抜く. ～ la mano de+人 ...の手相を見る. ～ los labios 読唇する. ～ una sonata ソナタ〖の楽譜〗を読む. ❹《情報》読み込む, 読み取る: ～ los códigos de barras バーコードを読み取る. ❺《教育》〖修士・博士論文の審査会で論文の〗紹介・弁護をする. ❻ 講義する, 講演する
――自 ❶ 読む, 読書する: enseñar a+人 a ～ y escribir ...に読み書きを教える. ～ mucho 多読する. ❷ 字が読める: Ese anciano no sabe ～. その老人は字が読めない
――～se ❶ ～を読みふける: Me he leído el versículo. 私はその聖句をきちんと読んだ. ❷ 完読する. ❸《俗用》婚姻公告される〖=amonestarse〗
léase つまり…, …と理解して下さい
poder ～〖廃語〗精通する

leer	
現在分詞	過去分詞
leyendo	leído
直説法点過去	接続法過去
leí	leyera, -se
leíste	leyeras, -ses
leyó	leyera, -se
leímos	leyéramos, -semos
leísteis	leyerais, -seis
leyeron	leyeran, -sen

lefa [léfa] 女 ❶ [砂漠に生息する]小型の毒蛇. ❷《俗語》精液
lefio, fia [léfjo, fja] 形《メキシコ》ばかな, 間抜けな
legacía [legaθía] 女 使節 legado の職(任務・管轄・任期)
legación [legaθjón] 女 ❶ 使節 legado の任務, 使節に託されたメッセージ: exponer la ～ 任務の内容(メッセージ)を公表する. ❷ 公使館. ❸《集合》公使館員
legado [legáðo]〖←ラテン語 legatus〗男 ❶ 遺産, 形見; 文化財: dejar un ～ a+人 ...に遺産を残す. ～ cultural de los incas インカ族の文化遺産. ❷ 使節, 特使. ❸ 教皇特使, 遠外使節〖=apostólico, ～ pontificio〗 ❹《古代ローマ》1)～ 軍団長. 2)～ romano 皇帝属州の総督
legadura [legaðúra] 女 [網など]縛るもの
legajador [legaxaðór] 男《コロンビア》ファイル, フォルダー
legajar [legaxár] 他《メキシコ, コロンビア, エクアドル, チリ》綴じる
legajo [legáxo] 男《集合》❶ 書類の束, [関連の]書類一式. ❷《中米》報告書
legal [legál]〖←ラテン語 legalis〗形 [ser+] ❶ 法律の, 法的な, 法律上の: acudir a los medios ～es 法的手段に訴える. procedimientos ～es 法的手続き. término ～ 法律用語. ～ 法的な〖⇔ilegal〗: seguir la vía ～ 合法的な手続きをとる. por vía ～ 合法的に. contrato ～ 合法的な契約. trampa ～ 合法性を装った詐欺. ❸ 法定の: ～ interés ～ 法定利息. precio ～ 定価相場. ❹《西. 文脈》[テロリストなどの]前科のない. ❺ [隠語]誠実な, 信頼のおける; [仕事に]忠実な. ❻《南米. 隠語》優秀な, すばらしい
――副〖=bien〗; しかるべく
legalidad [legaliðá(d)] 女 ❶ 合法性, 適法性: salirse de la ～ 合法的範囲から逸脱する. dentro de la ～ 法律に触れない範囲内で. ❷ [一国の現行の]法体系; [法体系に基づく]政治制度
legalismo [legalísmo] 男 ❶ 法律万能(尊重)主義. ❷ [法的な]形式主義, 細かい点へのこだわり
legalista [legalísta] 形 法律万能(尊重)主義の(人)
legalizable [legaliθáβle] 形 ❶ 合法化され得る. ❷ 正当と認定され得る
legalización [legaliθaθjón] 女 ❶ 合法化: ～ del aborto 中絶の合法化. ❷ [文書の]認証, 公証: ～ de un contrato 契約書の認証. ～ de un testamento 遺言書の検認. ～ de una copia 写しの認証. ❸《商業》査証
legalizar [legaliθár] 9 他〖←legal〗 ❶ 法律上正当と認める, 合法化する: ～ a los inmigrantes mexicanos メキシコ人移民を合法化する. ～ el divorcio 離婚を合法化する. ❷ [文書・署名の] 真正を認証する: Legalizaron la copia del documento. 書類の写しは真正と認められた. ～ el contrato ante notario 公証人立会いの下で契約書を真正と認める. ❸《商業》査証する
legalmente [legálménte] 副 ❶ 法律上, 法的に; 合法的に. ❷ [隠語]誠実に; 忠実に
legamente [legaménte] 副 知識(教養)なしに, 門外漢として
légamo [légamo]〖←ケルト語 legamo〗男 ❶ [水底の]ぬるぬるした泥, 軟泥, 軟土. ❷ 粘土質の土
legamoso, sa [legamóso, sa] 形 ❶ 泥の, どろどろの. ❷ 粘土質の
leganal [leganál] 男《まれ》ぬかるみの水たまり, 泥地
leganense [leganénse] 形 名 =**leganiense**
leganiense [leganjénse] 形 名《地名》レガネス Leganés の(人)〖マドリード県の村〗
légano [légano] 男《まれ》=**légamo**
leganoso, sa [leganóso, sa] 形《まれ》=**legamoso**
legaña [legáɲa]〖←古語 lagaña〗女 ❶ 〖主に 複〗目やに: tener ～s 目やにがついている. levantarse con los ojos llenos de ～s 目やにだらけの目をして起きる. ❷ 〖隠語. 古語〗ペセタ〖=peseta〗
legañil [leganíl] 形《まれ》=**legañoso**
legañoso, sa [leganóso, sa] 形 名 目やにだらけの(人): ojos ～s 目やにのたまった目
legar [legár]〖←ラテン語 lagare「送る, 派遣する」< lex, legis〗 8 他 ❶ [+a に] 遺贈する: Ha legado todos sus bienes a un pariente lejano. 彼は財産をすべて遠い親戚に遺した. ❷ [文化などを後世・外国などに]伝える: Los griegos legaron su cultura a todos los pueblos mediterráneos. ギリシア人はすべての地中海民族に文化的遺産を残した. ❸ 派遣する: El rector legó a su secretaria para que la sustituyera en la reu-

nión. 学長は代理として秘書を会議に派遣した. ❹《地方語》縛る

legatario, ria [legatárjo, rja]〖←legar〗名《法律》受遺者: ~ universal 包括受遺者

legato [legáto]〖←伊語〗男《音楽》=ligado

Legazpi [legázpi]《人名》**Miguel López de ~** ミゲル・ロペス・デ・レガスピ〖1503?~72, スペイン人コンキスタドール. フィリピン諸島を征服し, マニラ市 Manila を建設〗

legenda [lexénda]〖〔カトリック〕〗《典礼に基づき祭式で読誦される》聖人伝, 聖人伝説

legendario, ria [lexendárjo, rja]〖←ラテン語 legenda「読まれるべきもの」< legere「読む」〗形 ❶ 伝説の: Roldán es un héroe ~. ローランは伝説上の英雄である. personaje ~ 伝説上の人物. ❷ 有名な: Muere un actor ~ del cine. 伝説的な映画俳優が死去する
——男《宗教》聖人伝

Lege, quaeso [lége kwaesó]〖←ラテン語〗ご一読願いたい

legging [légins] 男 複/単 =leggings

leggings [légins]〖←英語〗男 複/単〖単複同形〗《西. 服飾》スパッツ, レギンス

legía [lexía] 男〖隠語〗=legionario

legibilidad [lexibiliða(d)] 女 読みやすさ, 可読性

legible [lexíble]〖←ラテン語 legibilis〗形〖字が〗読み取れる, 判読可能な: Tiene una letra poco ~. 彼の字はほとんど読めない

legiferante [lexiferánte] 形〖まれ〗=legislativo

legífero, ra [lexífero, ra] 形〖まれ〗法を制定する

legio [léxjo] 男《古代ローマ》軍団, レギオン〖=legión〗

legión [lexjón]〖←ラテン語 legio, -onis < legere「徴兵する, 選ぶ」〗女 ❶〖文語〗〖主に無冠詞で〗大勢: Son ~ las moscas. ハエがうようよいる. en ~ 大勢で, 大群となって. ❷〖主に L~. 選抜された〗部隊: L~ extranjera francesa フランス外人部隊. L~ de Honor〖フランスの〗レジオン・ドヌール勲章. ❹《古代ローマ》軍団, レギオン
una ~ de... 大勢の…, 多数の…: Aquí hay *una ~ de* admiradores. ここにはファンの大軍がいる

legionario, ria [lexjonárjo, rja] 形 ❶〖選抜された〗部隊の〖兵士〗. ❷《古代ローマ》軍団の; 軍団兵. ❸《医学》enfermedad del ~ 在郷軍人病〖=legionella〗

legionela [lexjonéla] 女 =legionella

legionella [lexjonéla] 女《医学》レジオネラ菌; レジオネラ症, 在郷軍人病

legionense [lexjonénse] 形《地名》レオン León の〖人〗〖=leonés〗

legislable [lexisláble] 形 法律として制定され得る, 法制化され得る, 立法可能

legislación [lexislaθjón]〖←ラテン語 legislatio, -onis〗女 ❶〖集名〗〖一国・一分野の〗法律, 法: historia de la ~ 法制史. ~ laboral 労働法. ~ vigente 現行法. ❷ 法律の制定, 立法. ❸ 法学

legislador, ra [lexislaðór, ra]〖←ラテン語 legislator < legis「法律」+lator「運ぶ者」〗形 立法する; 立法の
——名 立法者, 法律制定者

legislante [lexislánte] 形 =legislador

legislar [lexislár]〖←legislador〗自 立法する: Los parlamentos son los encargados de ~. 議会は立法を担当する
——他〖…について法律を制定する〗

legislativo, va [lexislatíβo, βa]〖←legislar〗形 ❶ 立法する; 立法権のある: asamblea (cámara) ~va 立法議会. cuerpo ~ 立法府. procedimiento ~ 立法手続き. poder ~ 立法権. ❷ 法令の, 法律の: orden ~ 法令
——女 複 議会選挙

legislatura [lexislatúra]〖←legislar〗女 ❶ 立法期〖立法議会の任期存続期間〗〖立法議会の〗会期: mantenerse en el poder durante tres ~s 3 立法期間政権の座にとどまる. ❷《主に南米》立法府, 立法議会
agotar la ~〖議員としての〗任期を勤めあげる

legisperito [lexispeɾíto] 男 法律専門家

legista [lexísta]〖←ラテン語 lex, legis「法律」〗名 ❶ 法律家, 法学者. ❷《メキシコ, コロンビア, アルゼンチン》法医学者〖=médico ~, forense〗

legítima[1] [lexítima] 女《法律》〖遺産の〗遺留分

legitimación [lexitimaθjón] 女 ❶〖書類・署名の〗本物(真正)と認めること. ❷ 認知. ❸ 合法化. ❹ ~ procesal activa

訴訟の能動適格〖原告になれる適格性〗

legitimador, ra [lexitimaðór, ra] 形 合法と認める, 合法性を与える

legítimamente [lexítimaménte] 副 合法的に, 正当に

legitimante [lexitimánte] 形 =legitimador

legitimar [lexitimár]〖←legitimo〗他 ❶〖書類・署名を〗本物(真正)と認める: El notario *legitimó* el contrato. 公証人は契約書を認証した. ❷〖自分の子として〗認知する, 嫡出子とする. ❸ 合法化する, 正当なものと認める: ~ el partido comunista 共産党を合法化する. ❹〖資格・責任を〗与える

legitimario, ria [lexitimárjo, rja] 形《法律》遺留分の; 遺留分を受ける権利のある, 遺留分権利者

legitimidad [lexitimiða(d)] 女 ❶ 合法性, 正当性. ❷ 嫡出性. ❸ 真正. ❹〖王位継承の〗正統性

legitimismo [lexitimísmo] 男 正統王朝主義

legitimista [lexitimísta] 形 正統王朝主義の, 正統王朝派の〖の〗

legítimo, ma[2] [lexítimo, ma]〖←ラテン語 legitimus < lex, legis「法律」〗形〖ser+〗合法的な, 法に基づいた, 正当な〖⇔ilegítimo〗: [en] defensa ~*ma* 正当防衛〖で〗. dueño ~〖法律上〗正当な所有者. esposa ~*ma* 正妻. gobierno ~ 合法政府, 正当な政府. matrimonio ~ 正式な結婚, 法律上の結婚. ❷ 嫡出の: hijo ~ 嫡出子. ❸ 真正の: Es un Murillo ~. それは本物のムリーリョ〖の絵〗だ. cuero ~ 本革. oro ~ 純金
ser ~ que+接続法 …するのは正当(当然)である: *Es ~ que* dos partidos tras las elecciones pacten un gobierno. 両政党が総選挙後に政権協定を結ぶのは正当だ. *Es ~ que* te enfades. 君が腹を立てるのももっともだ

lego, ga [légo, ga]〖←ラテン語 laicus <ギリシア語 laikos「民衆の」〗形 ❶《宗教》〖聖職者に対して〗一般信徒の, 俗人〖の〗: persona *lega* 平信徒.《キリスト教》受階していない〖人〗. ❸《カトリック》平修道士, 助修士〖=hermano ~〗, 平修道女, 助修女〖=hermana *lega*〗. ❹〖ser+. +en の〗門外漢〖の〗: Soy ~ *en* arquitectura. 私は建築は門外漢だ. ❺《法律》[escabinado の] 非法律家の陪審員. ❻《コロンビア》呪術医, 民間療法医

legocha [legótʃa] 女《エストレマドゥラ》小型の鍬

legón [legón] 男《地方語. 農業》小型の唐鍬

legona [legóna] 女《ムルシア》鍬

legra [légra] 女 ❶《医学》掻爬(きゅうはつ)器, キュレット; 骨膜剝離子. ❷〖木靴・木馬などを〗くり抜く道具

legración [legraθjón] 女 =legrado

legrado [legráðo] 男《医学》〖子宮の〗掻爬; 骨膜を剝がすこと

legradura [legraðúra] 女《医学》=legrado

legrar [legrár] 他《医学》掻爬する; 骨膜を剝がす

legrón [legrón] 男《獣医》大型の掻爬器〖骨膜剝離子〗

legua [légwa]〖←ラテン語 leuga〗女 ❶〖昔の距離の単位〗レグワ〖=約5572m〗: ~ de posta 里〖=約4km〗. ~ marina (marítima)/~ al viento al grado 海里〖=約5555m〗. ❷〖古語〗cómico de la ~ 旅芸人, 旅回りの役者. compañía de la ~ 旅回りの一座
a cien ~s〖口語〗=*a la ~*: Conoce a todo el mundo *a cien ~s* a la redonda. 彼はかなり遠くまで周辺の人たちをみんな知っている
a la ~〖口語〗〖遠くからでも〗はっきりと; はるか遠くに: Noté *a la ~* que estaban todos algo bebidos. みんなが少し酔っているのが私にははっきりと分かった
a ~/a mil ~s/a una ~〖口語〗=*a la ~*

leguaje [legwáxe] 男《ペルー》❶ レグワ単位の移動距離. ❷ 国会議員の出張旅費

leguario, ria [legwárjo, rja] 形 レグワ legua の: poste ~ 里程標
——男《ボリビア, チリ》道標, 里程標

legui [légi] 男 複 ~s《軍事》〖主に 複〗革・布製の〖ゲートル, 脚当て

Leguía [legía]《人名》**Augusto Bernardino ~** アウグスト・ベルナルディノ・レギア〖1864~1932, ペルーの政治家, 大統領(1908~12, 1919~30). 近代化政策を推進するが, 軍部のクーデターで失脚〗

leguleyo, ya [leguléjo, ja]〖←ラテン語 leguleius〗形《軽蔑》へっぽこ(いんちき・悪徳)弁護士〖の〗

legumbre [legúmbre]〖←ラテン語 legumen, -inis〗女 ❶〖植物〗

[複で総称] マメ(豆), 豆類; ~s verdes 青いままの豆類【サヤインゲン, ソラマメ, グリーンピースなど】. ~s secas 干し豆, 乾燥させた豆類【インゲンマメ, エジプトマメ, レンズマメなど】. ❷《まれ》野菜〖=hortaliza〗. ❸《チリ. 料理》野菜の煮込み

legumbrera [leɡumbréra] 囡 豆料理の取り分け用の大きな深皿

legume [leɡúme] 囡《カナリア諸島》=legumbre

legumina [leɡumína] 囡《生化》レグミン

legúmina [leɡúmina] 囡 =legumbre

leguminal [leɡumináɫ] 形 マメ目の
—— 囡 [複]《植物》マメ目

leguminoso, sa [leɡuminóso, sa] 形《植物》マメ科の
—— 囡 [複]《植物》マメ科

lehendacari [lendakári] 男 =lendakari
lehenkari [lendakári] 男 =lendakari

lei [léi] leu の複数形

leíble [leíβle] 形 =legible

leída[1] [leíða] 囡《主に中南米. 口語》読むこと; 読書: Le he dado una ~ al periódico. 私はその新聞を一息に読んだ. de una ~ 一気の読み方で

leído, da[2] [leíðo, ða] [leer の 過分] 形 読書家である, 教養のある, 博識の: Es una mujer muy ~da y de mucho mundo. 彼女は物知りで世慣れている
~ y escribido《軽蔑》教養人気取りの, 物知りぶった

leila [léila] 囡 モーロ人の夜会

leima [léima] 囡 [ギリシア音楽で使われる] 半音

Leishmania [lejʃmánja] 囡《生物》リーシュマニア

leishmaniasis [lejʃmanjásis] 囡 =leishmaniosis

leishmaniosis [lejʃmanjósis] 囡《医学》リーシュマニア症

leísmo [leísmo] 男《文法》レイスモ〘主に南部を除くスペインで, 直接目的人称代名詞 lo[s] の代わりに le[s] を使うこと〙: He buscado a Juan, pero no le he encontrado. 私はフアンを探したが見つけられなかった. Este cuaderno no te le doy. このノートは君にはあげない〙

leísta [leísta] 形 レイスモの〔傾向のある人〕

leitmotiv [lejtmotíf]《←独語》男 [複 ~s] ❶《音楽》ライトモチーフ, 示導動機. ❷ [文学作品・演説などに一貫する] 中心思想, 反復される主題

leja [léxa]《文語》*de* ~*s tierras* 遠いところの〔から〕
—— 囡《ムルシア》棚〖=anaquel〗

lejanía [lexanía] 囡 ❶ 遠さ; 遠方. ❷ 遠景. ❸ 遠い所
en la ~ 遠くに, はるか彼方に: Oíamos gritos *en la* ~. 遠くの方で叫び声が聞こえた

lejano, na [lexáno, na]《←lejos》形〘主に付加形容詞として, +de から〙遠い, はるかな〖⇔cercano〗: 1) país ~ 遠い国. lugar ~ de mi casa 私の家から遠い場所. Nuestra universidad está ~na del centro de la ciudad. 我々の大学は市の中心から遠い. 2) [時間的に] en épocas ~nas 遠い昔に. 3) [親族関係] pariente ~ 遠い親類

lejía [lexía] I《←ラテン語 [aqua] lixiva》囡 ❶《西》漂白剤〖=agua de ~〗; 灰汁(ぁく): lavar con ~ 漂白剤で洗う. ❷ 叱責, 小言: dar a+人 una buena ~ …を叱りつける. ❸《アンダルシア》洗濯
II 男《隠語》兵士〖=legionario〗

lejiadora [lexjaðóra] 囡《パルプ製造の》蒸し煮釜

lejío [lexío] 男《地方語》染色用の灰汁. ❷《地方語》共有地

lejísimos [lexísimos] 副 lejos の絶対最上級

lejitos [lexítos] 副 かなり遠くに, ずっと遠くに; いくぶん遠くに, 少し遠くに

lejonés, sa [lexonés, sa] 形 名《地名》レホナ Lejona の〔人〕〖ビスカヤ県の町〗

lejos [léxos]《←ラテン語 laxius「広い」》副《絶対最上級 lejísimos》
❶《←⇔cerca》1) El lago está demasiado ~ para ir andando. その湖は歩いて行くには遠すぎる. irse ~ 遠くに行ってしまう. 2) [+de から] El profesor vive ~ *de* la universidad. 先生は大学から遠い所に住んでいる. 3) [時間] Queda ya ~ la muerte de mi padre. 私の父の死はもうだいぶ前のことだ. La crisis en la eurozona todavía está ~ *de* terminar. ユーロ圏の危機が終わるのはほど遠い. ❷ ある程度の距離に: Si quieres salir en la foto, tienes que ponerte un poco más ~. 写真に写りたいなら, もう少し離れなさい. ❸《←仏語》《チリ, アルゼンチン》〖+de の〗代わりに

—— 男 ❶《美術, 写真》背景. ❷ [遠目で見た] 外見. ❸

類似

a lo ~ 遠くに: Muy *a lo* ~ vemos venir un hombre. はるかかなたから一人の男がやって来るのが見える

de ~ 1) 遠くから: Vigilan *de* muy ~ a los niños. 彼らはずっと遠くから子供たちを見守っている. 2) ひどく離れた: Esta decisión fue *de* ~ la más fácil. この決定は容易とはほど遠い. 3)《中南米》はるかに, ずっと

desde ~ 遠くから

ganar por ~《アルゼンチン》[相手に] 楽勝する

ir demasiado ~ ゆきすぎる, 度を越す; 言いすぎる: Se teme que esta prohibición *vaya demasiado* ~. この禁止措置はゆきすぎではないかと危惧される. *Has ido demasiado* ~ con tus repetidas mentiras. 君の度重なる嘘は度を越している

ir ~ 成功をおさめる; [将来] 伸びる: Su hijo *irá* ~ como director de orquesta. 彼の息子は指揮者として大成するだろう

ir muy ~ =*ir demasiado* ~

~ *de*+不定詞〘主に文頭で〙…するどころか: *L*~ *de* huír, se enfrentó a la fiera. 逃げるどころか彼は猛獣に立ち向かった

¡*L*~ *de*+人称代名詞…! [否定・皮肉] …とはとんでもない!: ¡*L*~ *de* mí el pensar en tal cosa! 私がそんなことを考えるなんてとんでもない!

~ *de eso* それどころか, 逆に: *L*~ *de eso* es una muy mala película. それどころか, その映画はひどい駄作だ

llegar demasiado ~ =*ir demasiado* ~

llegar ~ [未来形で] 偉くなる, 伸びる: *Llegará* ~ en la vida. 彼は出世するだろう

llevar demasiado ~ 度を過ごす

ni ~ ~ 全く…ない, 少しも…ない

sin ir más ~ [強調] たまたま; 最近のこととして言えば, 手近な例として: Ayer, *sin ir más* ~, me puse mala y me llevó al hospital. たまたま昨日, 私は具合が悪くなって病院へ連れて行かれた. *Tú, sin ir más* ~, me has dado plantón más de una hora. 君は先日も私に1時間以上も待ちぼうけをくわせたじゃないか

venir de ~ [事が] 昔からある: El descontento *viene de* ~. その不満はずっと以前から存在する

lejuelos [lexwélos] 副 少し遠くに

lejura [lexúra] 囡《コロンビア, エクアドル》〘主に 複〙非常に遠いところ, 遠方

lek [lék] 男《アルバニアの貨幣単位》レク

lele [léle] 形《中南米》=lelo

lelera [leléra] 囡《キューバ》困惑, 当惑

lelilí [lelilí] 男《モーロ人が戦闘や祭りであげる》鬨(ときの)声

lelo, la [lélo, la]《←擬態》形《口語》❶ 呆然とした: quedarse ~ 呆然とする. ❷ 愚鈍な〔人〕, 薄らばかな〔な〕

lema [léma]《←ラテン語 lemma ←ギリシア語「前提」》男 ❶ 標語, モットー; スローガン: El ~ de Las Olimpiadas es "más rápido, más alto, más fuerte". オリンピックの標語は「より速く, より高く, より強く」である. ~ publicitario 宣伝スローガン. ❷ [辞書の] 見出語〖=entrada〗. ❸ [本・章などの最初に置かれる] 内容の概要. ❹《西》[コンクールで使う] 仮名(かめい). ❺ テーマ, 主題: El ~ de la conferencia es el bilingüismo en Galicia. 講演のテーマはガリシアの2言語使用だ. ❻ [紋章・記念碑などの] 銘. ❼《数学, 論理》補助定理. ❽《植物》[イネ科の小穂の] 外花頴(ぐわえい). ❾《ウルグアイ. 政治》立候補

lemanita [lemaníta]《?》囡 翡翠の一種

lemario [lemárjo] 男《集名》[辞書の] 見出語: Esa palabra no aparece ni en el ~ ni en los definiciones. その単語は見出語にも語義にも出てこない

lembario [lembárjo] 男《古語》海兵

lembé [lembé] 男《ドミニカ》幅広で長いナイフ

leming [lémin] 男 =lemming

lemingo [lemínɡo] 男 =lemming

lemming [lémin]《←英語》男《動物》レミング

lemnáceo, a [lemnáθeo, a] 形 ウキクサ科の
—— 囡 [複]《植物》ウキクサ科の

lemnícola [lemníkola] 形《地名》=lemnio

lemnio, nia [lémnjo, nja] 形 名《地名》[エーゲ海の] レムノス島 Lemnos の

lemniscata [lemniskáta] 囡《幾何》双葉曲線, 8字状(連珠形)曲線, レムニスケート

lemon [lémon] →**gin** lemon

lemosín, na [lemosín, na] 形 名《地名》[フランス, リムーザン地

方の〕リモージュ Limoges の〔人〕
—— 男 オック語のリムーザン方言; オック語
lempira [lempíra]《←先住民の旗長 Lempira (1497～1537)》男 〔ホンジュラスの貨幣単位〕レンピラ
lempo, pa [lémpo, pa] 形 ❶《コスタリカ》〔鳥が〕黒い, 黒っぽい. ❷《コロンビア》大きい; 不相応な
—— 男《コロンビア, エクアドル》破片, かけら
lemur [lemúr] 男 =**lémur**
lémur [lémur] 男 ❶《動物》キツネザル: ～ volador ヒヨケザル. ❷《ローマ神話》複 レムレース, 悪霊〔騒々しく有害な死者の霊〕
lemurias [lemúrjas] 女 複《古代ローマ》レムーリア〔レムレース lémures を家から追い払う祭り〕
lemúrido, da [lemúriðo, ða] 形 キツネザル亜目の
—— 男 複《動物》キツネザル亜目
Lemus [lémus]《人名》**José María** ～ ホセ・マリア・レムス〔1911～93, エルサルバドルの軍人・大統領〕
len [lén] 形〔リネン・絹などが〕繊維がねじれていない, 滑らかな
lena [léna] 女《まれ》❶ 元気, 活力. ❷ ポン引きの女
lencería [lenθería]《←古語 lencero「リネン商」》女 《集名》〔女性用の〕下着類, ランジェリー: ～ fina 高級下着. ❷ ランジェリーショップ, 下着売り場; ランジェリー産業. ❸《集名》シーツ・テーブルクロス・タオルなど(のリネン製品). ❹〔病院・学校などの〕リネン室
lencero, ra [lenθéro, ra] 名 ❶ ランジェリーの製造(販売)業者. ❷《古語》リネン商
lenco, ca [léŋko, ka] 名《ホンジュラス》吃音の; 吃音者
lendakari [lendakári] 男 バスク州政府の首相
lendel [lendél] 男〔臼などの上の馬が地面に残す〕足跡
lendrera [lendréra] 女〔両側に歯のある〕目の細かい櫛(⼫)
lendroso, sa [lendróso, sa] 形 シラミの卵を一杯付けた
lene [léne] 形《まれ》❶ 軽い. ❷ 手触りが滑らかな. ❸ 好意的な; 快い
leneas [lenéas] 女 複《古代ギリシア》ディオニソス祭〔アテネで催されるバッカス Baco に捧げる祭り〕
lenense [lenénse] 形 名《地名》ポラ・デ・レナ Pola de Lena の〔人〕,《アストゥリアス県の村》
lengón, na [leŋgón, na] 形 名《コロンビア》口から出任せを言う〔人〕, 常習的に噓をつく〔人〕
lengua [léŋgwa]《←ラテン語 lingua》女 ❶ 舌: sacar la ～ 舌を出す《時に侮辱の仕草》. ～ de ternera estofada《料理》子牛のタンシチュー. Hay que darle siete vueltas a la ～ antes de hablar.《諺》話す前にじっくり考えろ. ❷〔体系としての〕言語.《言語》ラング〔独特の〕言い回し, 言葉: El español es una de las ～s más hermosas del mundo. スペイン語は世界で一番美しい言語の一つである. Solo conociendo una obra en ～ original, puede darse de ella apreciación cabal y exacta. 作品を原語で読んで初めてそれについて完全で正確な評価を下すことができる. dominar una ～ 言語をマスターする. estudiar una ～ 外国語を学ぶ. don de ～ 語学の才能. segunda ～〔母語に次ぐ〕第二の言語. ～ española スペイン語. ～ japonesa 日本語. ～ extranjera 外国語. ～ de Cervantes セルバンテスの(時代の)言葉, スペイン語. ～ de cultura 教養語. ～ de destino (de origen)〔翻訳の〕目標(起点)言語. ～ de la gente de mar 船乗り独特の言葉. ～ de oc オック語. ～ de oïl (oïl) オイル語. ～ de trabajo 業務用語《↔ oficial 公用語》. ～ escrita 文語, 文書語, 書き言葉. ～ hablada 口語, 話し言葉. ～ estándar 標準語. ～ franca〔様々な言語が混ざり合った〕国際語, 通商語. ～ madre 祖語. ～ muerta (viva) 死語(現用語). ～ nacional 国語, 国家語. ～ patria (nativa) 母国語. ～ paterna 父方の言語. ～s hermanas 兄弟語. ❸《植物》～ canina/～ de perro オオルリソウ. ～ de buey ウシノシタ. ～ de ciervo/～ cerval (cervina) コタニワタリ. ～ de oveja シャクトリムシマメ; =～ de perro. ～ de pájaro ミチヤナギ. ～ de perro オオルリソウ《学名 Cynoglossum officinale》. ～ de serpiente ヒロハナヤスリ. ～ de vaca《キューバ》アンチューサ. ❹《魚》ニシマガレイ. ❺〔鐘の〕舌. ❻〔天秤の〕指針. ❼ 鯨の背脂. ❽《獣医》azul ブルータング〔病〕. virus de la ～ azul ブルータングウイルス. ❾《南米先住民語》=**quechua**. ❿ パラグアイのチャコ Chaco の先住民の言語. ⓫《ペルー内陸部》hablar en ～ ケチュア語で話す
aflojar la ～《キューバ. 口語》言うべきでない(言いたくない)ことを言わせる

andar en ～**s**《口語》うわさになる, 取りざたされる
atar la ～ **a**+人《口語》に口止めする, 箝口(ぎ)令を敷く. 2) El miedo le ató la ～. 彼女は恐怖で言葉が出て来なかった
buscar la ～ **a**+人 …に言いがかりをつける
calentarse la ～ **a**+人 …が激怒する: Se le calentó la ～. 彼はかんかんに怒った
comer ～《口語》〔完了時制で〕よくしゃべる: Ya me callo, que hoy parece que he comido ～. Un saludo. もう黙ります. 今日はしゃべりすぎましたので. さようなら
con la ～ **fuera** [**de un palmo**]《口語》へとへとになって, 息を切らして; 死ぬような思いをしながら: Los soldados novatos fueron con la ～ fuera por el campo densamente nevado. 新兵たちは深く雪の積もった平原を必死の思いで行った
dar a la ～《口語》ぺちゃくちゃしゃべる
darse a la ～《口語》舌を触れ合ってキスする
de ～ **en** ～ 口から口へと
echar la ～ へとへとになる, 息切れがする
echar ～《米国, メキシコ》働きすぎる; 無駄足を踏む
escaparse la ～ **a**+人《口語》=**irse a**+人 **la** ～
haber comido a+人 **la** ～ **el gato**《口語》…が話をするのを断わる, 沈黙を保つ
hablar con ～ **de plata** 袖の下を使う
hacerse ～**s de...**《口語》…をほめそやす
irse a+人 **la** ～《口語》…が口をすべらす, 言いすぎる: Se le fue la ～. 彼はうっかり口をすべらせた
irse de la ～《口語》口をすべらす, 言いすぎる: Se ha ido de la ～. 彼は一言多かった
largo de ～《口語》うわさ好きの, 口さがない, おしゃべりな
～ **afilada** =～ **viperina**
～ **de doble filo**/～ **de dos filos**《口語》=～ **viperina**
～ **de estropajo** =**media** ～
～ **de fuego** 火炎
～ **de gato** 1)《西, メキシコ, 中米, チリ. 菓子》ラングドシャ. 2)《植物》カノシタ〔食用のキノコ〕;《チリ》アカネ科の一種
～ **[de] glaciar**《地理》氷舌
～ **de hacha** =～ **viperina**
～ **de serpentina**/～ **de serpiente** =～ **viperina**
～ **de tierra** 半島, 岬; 地峡
～ **de trapo**〔幼児の〕喃(ﾅﾝ)語, 片言
～ **de víbora** =～ **viperina**
～ **larga** 1)《口語》口数の多さ. 2)《口語》けんか腰の口調. 3)《メキシコ, アルゼンチン, ウルグアイ》=～ **viperina**
～ **materna** 母国語, 母語, 祖語: El español es su materna. スペイン語は彼の母語だ
～ **natural** =～ **materna**
～ **viperina** 毒舌〔家〕, 中傷〔家〕: tener la ～ viperina 口が悪い
ligero de ～《口語》口の軽い, おしゃべりな: No seas ligero de ～. 口を慎め
llevar la ～ **fuera** =**echar la** ～
mala ～ =～ **viperina**
malas ～**s**《集名》口の悪い人々, 毒舌家たち: según malas ～s 口の悪い連中によると
media ～ 舌足らず, 口ごもり: El niño me dijo en su media ～ que quería beber agua. その子は片言で水が飲みたいと私に言った. hablar a (en・con) media ～ 舌足らずな話し方をする
meterse la ～ **en el culo**《卑語》黙る
morderse la ～ 口を慎む, 言いたいのを我慢する, 言いたいことを言わない
mover la ～《口語》話す
no entrar la ～ **en el paladar**《地方語》よくしゃべる
parecer que ha comido ～《口語》よくしゃべる, 多弁である
pegarse a+人 **la** ～ **al paladar**〔感動などで〕…の口がきけない: Se me pegó la ～ al paladar. 私は言葉が出て来なかった
sacar la ～ **a**+人〔主に子供を〕嘲笑する, からかう
soltar la ～/**soltarse de la** ～ 放言する, 不用意に言ってしまう
soltarse a+人 **la** ～ …が放言する, 不用意に言ってしまう: Se le soltó la ～. 彼は口をすべらした
suelto de ～《口語》=**ligero de** ～
tener... en [la punta de] la ～ …を言いそうになる, …が喉

まで出かかっている〔のだが思い出せない〕: *Tengo el nombre en la* ~. 私はその名前が喉まで出かかっている
tener la ~ *gorda* 1) べろべろに酔う. 2) 舌に苔が生えている
tener la ~ *muy larga* 《口語》余計なことまで言ってしまうちである, おしゃべりである
tener ~ *suelta* 《口語》=tener la ~ muy larga
tener mucha ~ 《口語》=tener la ~ muy larga
tirar a+人 *de la* ~ 1) …の口を割らせる, 聞き出す. 2) …に言いがかりをつける
trabarse a+人 *la* ~ [興奮などで] …がうまく話せない, 舌がもつれる, どもる: *Se le trabó la* ~. 彼は言いよどんだ
traer en ~*s a*+人 …を批判する
tragarse la ~ 黙っている
trastrabarse a+人 *la* ~ =trabarse a+人 la ~
venirse a la ~ *a* ~ …の頭に浮かぶ: *Se me vino algo a la* ~. ある考えが私の頭に浮かんだ
volar la ~ 《ホンジュラス. 口語》[秘密など] 言ってはならないことを言う

lenguachuta [leŋgwatʃúta] 形《ボリビア》吃音の
lenguadeta [leŋgwaðéta] 女《魚》小型のシタビラメ
lenguado [leŋgwáðo] 《←lengua》男《魚》シタビラメ
lenguadociano [leŋgwaðoθjáno] 男 オック語【=lengua de oc】

lenguaje [leŋgwáxe] 《←lengua》男 ❶ 言葉づかい, 用語, 文体: *Es un hombre de* ~ *agresivo*. 彼は言葉づかいが荒っぽい. *emplear un* ~ *afectado* 気取った話し方をする. *gastar un* ~ *soez* 言葉づかいが下品である. ~ *cotidiano* 日常語. ~ *escrito* (*hablado*) 書き(話し)言葉. ~ *grosero* 卑語, 下品な言葉づかい. ~ *conciso* 簡潔な文体. ~ *literario* 文語〔体〕. ~ *técnico* 技術用語; 専門用語, 術語. ~ *vulgar* 俗語. ❷ 言語, 言葉: *El* ~ *no es privativo de un solo pueblo*. 言語は特定の民族の専有物ではない. ~ *cifrado* 暗号. ~ *de la fuerza* 暴力による意志表示. ~ *de las flores* 花言葉. ~ *de los animales* 動物の言葉. ~ *de los códigos* コード言語. ~ *de los labios* 読唇言語. ~ *de los ojos* 目くばせ. ~ *de los signos* 記号言語. ~ *de los sordomudos* 手話. ~ *del cuerpo*/~ *corporal* 身体言語, ボディランゲージ. ~ *gestual*/~ *de gestos* 身振り言語. ~ *natural* 自然言語. ❸ 言語能力〔=facultad de ~〕: *desarrollo del* ~ 言語能力の成長. ❹《情報》言語. ~ *cobol* コボル言語. ~ *informático* コンピュータ言語. ~ *máquina* 機械語. ~ *objeto* 目的言語
~ *coloquial* 口語〔体〕, くだけた言葉づかい: *Isabel nos explicó sus ideas en un* ~ *coloquial*. イサベルは自分の考えを平易な言葉で説明した

lengualarga [leŋgwalárɣa] 形《無思慮に・話すべきでないことを》しゃべってしまう〔人〕, おしゃべりな〔人〕
lenguarada [leŋgwaráða] 女 =lengüetazo
lenguaraz [leŋgwaráθ] 形〔複 -ces〕❶ 生意気なしゃべり方をする〔人〕, 口汚い〔人〕, 口達者. ❷ うわさ好きの, おしゃべりな. ❸《地方語》数か国語を話せる〔人〕
lenguarico, ca [leŋgwaríko, ka] 形《メキシコ》おしゃべりな; 口の悪い
lenguatero, ra [leŋgwatéro, ra] 形《地方語》=lenguaraz
lenguatón, na [leŋgwatón, na] 形《サンタンデール》生意気なしゃべり方をする; 口の悪い
lenguaz [leŋgwáθ] 形〔まれ〕内容のないことをぺらぺらしゃべる
lenguaza [leŋgwáθa] 女《植物》アンチューサ
lenguazo [leŋgwáθo] 男《グアテマラ》中傷, 陰口
lengudo, da [leŋgúðo, ða] 形〔まれ〕生意気なしゃべり方をする; 口の悪い
lengüeta [leŋgwéta] 《←lengua》女 ❶ 舌状のもの; [靴の] 舌革. ❷《解剖》喉頭蓋. ❸〔楽器の〕リード: *instrumento de* ~ *リード楽器*. ~ *simple* (*doble*)/*simple* (*doble*) ~ 一枚(二枚)リード. ~ *de metal* (*de madera*) 金属(木製)リード. ❹〔技術〕さね, 柄〔柄〕. ❺〔ブローチなどの〕留め金. ❻〔矢じりなどの〕かえし; 〔錐などの〕穂先. ❼〔天秤の〕指針. ❽〔蜂などの〕吻(ふん). ❾《中南米》口さがない人, おしゃべりな人. ❿《メキシコ》アンダースカートのひだ飾り. ⓫〔チリ〕ペーパーナイフ
lengüetada [leŋgwetáða] 女 =lengüetazo
lengüetazo [leŋgwetáθo] 男〔舌先で〕なめること: *El perro zampó el pastel de un* ~. 犬はケーキを一なめで平らげてしまった. *limpiar el plato a* ~*s* 皿をぺろぺろなめてきれいにする
lengüetear [leŋgwetéar] 自 ❶ ぺろぺろと舌を出す. ❷ なめる.

❸《中南米. 口語》[意味のない・くだらないことを] しゃべりまくる
❹《アルゼンチン》もぐもぐ言う
── 他 [ぺろぺろと] なめる
── ~*se* [自分の体をぺろぺろと] なめる
lengüeteo [leŋgwetéo] 男《カリブ》ぺろぺろなめること
lengüetería [leŋgwetería] 女 ❶《音楽》〔集合〕[パイプオルガンの] リードストップ, リード音栓. ❷《ドミニカ》〔俗〕おしゃべり; うわさ話
lengüetero, ra [leŋgwetéro, ra] 形《カリブ》よくしゃべる, 口の減らない
lengüicorto, ta [leŋgwikórto, ta] 形《口語》口数の少ない, おとなしい
lengüilargo, ga [leŋgwilárɣo, ɣa] 形《口語》口汚い, 口さがない
lengüisucio, cia [leŋgwisúθjo, θja] 形《メキシコ, プエルトリコ》おしゃべりな; 口の悪い
lenguón, na [leŋgwón, na] 形名《メキシコ. 口語》うわさ話好きで無遠慮な, 口さがない
lenidad [leniðáð] 女《文語》[義務・処罰などにおける] 過度の寛容, 甘さ: *Hay delitos tan graves que deben ser castigados sin* ~. 容赦なく罰せられなければならない重大な犯罪もある
lenificación [lenifikaθjón] 女《文語》[痛みなどを] 和らげること, 鎮静化
lenificar [lenifikár] 《←ラテン語 lenis「柔らかい, 滑らかな」+facere》他《文語》[痛みなどを] 和らげる, 鎮める, 緩和する: ~ *el picor* かゆみを和らげる
lenificativo, va [lenifikatíβo, βa] 形《痛みなどを》和らげることができる
leningradense [leniŋɡraðénse] 形《歴史, 地名》[ロシアの] レニングラード Leningrado の〔人〕
leninismo [leninísmo] 男 ❶ レーニン Lenin 主義. ❷〔集合〕レーニン主義的政治的実践
leninista [leninísta] 形名 レーニン主義の(主義者): *marxista-~* マルクス=レーニン主義の(主義者)
lenitivo, va [lenitíβo, βa] 《←ラテン語 lenire》形男 ❶《医学》鎮痛作用のある, 鎮痛性の, 緩和性の; 鎮痛剤, 緩和剤: *crema* ~*va* 鎮痛クリーム. ❷《文語》苦痛(心痛)を和らげる〔もの〕: *La lectura es un buen* ~ *para sus preocupaciones*. 読書は彼の心配を和らげるのに役立つ
lenocinio [lenoθínjo] 《←ラテン語 lenocinium》男《文語》売春斡旋: *casa de* ~〔古語〕娼家
lenón [lenón] 男〔まれ〕売春宿の主人
lentamente [léntaménte] 副 ゆっくりと, のろのろと: *Una tortuga cruza* ~ *la carretera*. 一匹の亀が国道をゆっくりと横切る
lente [lénte] 《←ラテン語 lens, lentis「レンズマメ」(形が似ていることから)》女/男 ❶ レンズ〔目に装着するレンズは主に〕: ~*s de contacto* (*blandas · duras*) 〔ソフト・ハード〕コンタクトレンズ. ~ *convergente* (*divergente*) 収斂(発散)レンズ. ~ *electrónica* 電子レンズ. ~*s progresivas* プログレッシブレンズ, 多重焦点レンズ. ❷ ルーペ, 拡大鏡〔=~ *de aumento*〕. ❸ 片眼鏡, モノクル. ❹《天文》~ *gravitacional* 重力レンズ
mirar con ~*s de aumento* 過大評価する
── 男 ❶〔俗用; 中南米〕眼鏡〔=gafas〕. ❷〔古語〕鼻眼鏡〔=~*s de pinza*〕

lentecer [lenteθér] 自 · ~*se*〔まれ〕柔らかくなる
lenteja [lentéxa] 《←ラテン語 lenticula》女 ❶《植物, 豆》レンズマメ, ヒラマメ〔豆は食用〕. ❷《植物》~ *de agua*/~ *acuática* アオウキクサ. ❸〔時計の〕振り子の重り
esto son ~*s* 〔後に *si quieres las comes y si no las dejas* と続き, ある状況を前にし・決断をせまられたら〕選択すべき道は一つしかない
ganarse las ~*s* 《口語》生計を立てる, 生活の資を得る
lentejal [lentexál] 男 レンズマメ畑, ヒラマメ畑
lentejar [lentexár] 男 =lentejal
lentejil [lentexíl] 男《地方語. 植物》レガリスゼンマイ〔=helecho real〕
lentejuela [lentexwéla] [lenteja の示小語] 女 ❶《服飾》スパンコール: *vestido de* ~*s* スパンコールの付いたドレス. ❷《アンダルシア. 獣医》炭疽症の黒いかさぶた
lentibularia [lentiβulárja] 女《植物》タヌキモ
lentibulariáceo, a [lentiβularjáθeo, a] 形《植物》タヌキモ科の
── 女〔複〕《植物》タヌキモ科
lenticela [lentiθéla] 女《植物》皮目(ひもく)
léntico, ca [léntiko, ka] 形《生態》静水の, 静水性の〔⇔*lóti-*

lenticular [lentikulár] ❶ 形 レンズマメ形の, レンズ状の. ❷《自転車》rueda ～ ディスクホイール
—— 男《解剖》レンズ状骨

lentificar [lentifikár] 他［進行を］遅らせる, 速度を落とす: ～ la aprobación de la nueva ley en las Cámaras 議会での新しい法律の可決を遅らせる

lentigo [lentíγo] 男 ほくろ［＝lunar］; そばかす［＝peca］

lentilla [lentíʎa]《lente の示小語》女《西》［主に 複］コンタクトレンズ［＝lente de contacto］: llevar (ponerse) ～s コンタクトレンズをしている (入れる). Se me cayó una ～. 私はコンタクトレンズを落とした. ～s blandas (duras) ソフト(ハード)コンタクト

lentinelo [lentinélo] 男《植物》ミニナミハタケ

lentino [lentíno] 男《植物》マツオウジ

lentisca [lentíska] 女《地方語. 植物》モクセイの一種［＝labiérnaga］; ＝**lentisco**

lentiscal [lentiskál] 男 ＝**lentiscar**

lentiscar [lentiskár] 男《植物》lentisco の林

lentisco [lentísko] 男《植物》❶ マスディックツリー《学名 Pistacia lentiscus》. ❷ ～ de Perú コショウボク. ❸《地方語》モクセイの一種《学名 Phillyrea latifolia, Phillyrea media, Phillyrea angustifolia》

lentisquilla [lentiskíʎa] 女《地方語. 植物》モクセイの一種［＝labiérnaga］; ＝**lentisco**

lentisquina [lentiskína] 女 マスディックツリーの実

lentitud [lentitú(d)]《←ラテン語 lentitudo》女 遅さ; 緩慢: En la isla las horas pasaban con ～. 島では時間はゆっくりと進んでいた. comer con mucha ～ 非常にゆっくりと食べる

lento[1] [lénto]《←伊語》男《音楽》レント; レントの曲

lento[2], **ta** [lénto, ta]《←ラテン語 lentus < lenire「静める」》形 ❶［ser＋］遅い, ゆっくりした［⇔rápido］: 1) Es ～ andando como tortuga. 彼は歩くのが亀のように遅い. a paso ～ ゆっくりした歩調で. marcha ～ta ゆっくりした歩み. río ～ 流れの緩やかな川. veneno ～ 遅効性の(効き目の遅い)毒. ～ de reflejos 反射神経の鈍い. 2) [＋en・para が] Es ～ta en el trabajo diario. 彼女は日々の仕事が遅い. 3) [＋en・para＋不定詞] Eres ～ en comer. 君は食べるのが遅い. Es ～ para tomar decisiones. 彼は物分かりが悪い. Es ～ para comprender. 彼は物分かりが悪い. ❷［火力などが］勢いがない, 弱い. ❸《医学》粘着性の, 粘質の. ❹《古語》［樹木が］曲げやすい, しなやかな
—— 副 ゆっくりと: El tiempo pasaba ～ cuando era joven. 若いころは時はゆっくりと過ぎた. caminar ～ ゆっくり歩く

～ **pero constante** ゆっくりとしかし着実な・に: Registra aumento ～ pero constante. ゆっくりとしかし着実に増加している

～ **pero seguro** ゆっくりとしかし確実な・に

lentor [lentór] 男《医学》［チフス患者の歯・唇の内側を覆う］ぬめり

lenzón [lenθón] 男《まれ》［オリーブの収穫などに使う］つなぎ合わせた大きな麻布

lenzuelo [lenθwélo] 男《まれ》［わら運びなどに使う］シーツ大のキャンバス地

leña [léɲa]《←ラテン語 ligna < lignum「木材」》女 ❶《集名》［細く割った］薪, 焚き木: Necesitaremos una reserva de ～ para este invierno. 私たちはこの冬に備えて薪を蓄えておかねばならない. hacer ～ 薪を作る; 焚き木を拾う. ir por ～ 焚き木拾いに行く. ～ menuda たきつけ. ❷《口語》殴打; 罰: Hubo ～ en la romería. 祭りで殴り合いがあった. dar (repartir) ～ 殴る.《スポーツ》ラフプレーをする. ❸《ラプラタ》～ de oveja (de vaca) 羊 (牛) の乾いた糞《燃料に使われる》
echar (**añadir**・**poner**) ～ **al fuego** 火に油をそそぐ
hacer ～ **del árbol caído** 落ち目の人を寄ってたかって痛めつける
～ **al mono, que es de goma**［その人には］何をしても痛くもかゆくもない
llevar ～ **al monte** 余っているものをさらに増やす, よけいな骨折りをする

leñador, ra [leɲaðór, ra]《←ラテン語 lignator, -oris》名 きこり, 木こり; 薪取り, 薪売り
—— 形《文語》きこりの

leñame [leɲáme]《←伊語 legname》男《まれ》❶ 木材. ❷ 薪の蓄え

leñar [leɲár] 他《アラゴン; アルゼンチン》［薪を］割る, 薪にする

leñatero, ra [leɲatéro, ra] 名 きこり
—— 男《キューバ. 植物》カズラの一種《学名 Gouania domingensis》

leñazo [leɲáθo]《←leña》男 ❶［太い棒などによる］殴打: De ～ lo dejé inconsciente. 私は彼を棒で殴って気絶させた. ❷《西. 口語》激しい衝突: ¡Menudo ～ se dieron dos camiones! 2台のトラックがすごい勢いで衝突した!

leñe [léɲe]《leche の婉曲表現》間《西. 口語》［奇異・賛嘆・不快］おや, わあ, ちくしょうめ!

leñero, ra [leɲéro, ra] 名 ❶ たきぎ売り. ❷［家・共同体などの］薪購入係
—— 男《サッカー. 口語》相手の選手をよく蹴る: equipo ～ ラフなチーム
—— 女／男 たきぎ置き場

leño [léɲo]《←ラテン語 lignum》男 ❶ 丸太. ❷《植物》1)《集名》導管. 2) ～ gentil ヨウシュジンチョウゲ［＝lauréola hembra］. ❸《西. 口語》間抜けの, とんま: Ese hombre es un ～. あの男は間抜けだ. ❹《詩語》船
dormir (**estar**) **como un** ～／**ser un** ～《口語》ぐっすり眠る: Por las noches duerme como un ～. 彼は毎晩ぐっすり眠る
hacer ～ **del árbol caído** 落ち目の人を寄ってたかって痛めつける
～ **de la Cruz** 十字架の木［＝lignum crucis］

leñoso, sa [leɲóso, sa]《←leña》形 木質の, 木の部の
—— 女 木本植物［＝planta ～sa］

leo [léo] 男《占星》［主に Leo］獅子座［→zodíaco］《参考》

león, na [león, na]《←ラテン語 leo, -onis》名 ❶《動物》1) ライオン: valiente como un ～ ライオンのように勇敢な. No es tan fiero (bravo) el ～ como lo pintan.《諺》それは思われているほど大したことはない. 2) ～ marino オタリア《特に ～ de Otaria jubata》. ～ marino suramericano《学名 Otaria byronia》. 3)《中南米》ピューマ［＝～ americano, ～ de montaña］. ❷ 大胆な人, 勇敢な人: Los soldados eran unos leones. 兵士たちは大胆で勇敢だった

arrojar a 人 **al foso de leones** …を窮地に追い込む
como un ～／**como una leona／como leones** 激しく
estar hecho un ～ 怒り狂っている
parte del ～ 一番いい(重要な)部分: En el reparto de producto del robo, el jefe de la banda se llevó la parte del ～. 盗品の分配では, 一味の首領が一番いいところを取った
ponerse como un ～ 怒り狂う
tirar a 人 **de a** ～《メキシコ. 口語》…を無視する, 注目しない
—— 男 ❶《天文》[L～]獅子座,《占星》＝**leo**. ❷《サッカー》複 ビルバオ・アスレチッククラブの選手. ❸ 複［鉛を詰めた］いかさまのさいころ. ❹《アルゼンチン. 口語》複 ズボン
—— 女 ❶ 女傑, 烈女; 勇敢な(エネルギッシュ・情熱的)な女性. ❷ 魅力的で性欲的に積極的な女性. ❸《ペルー》歓楽, 騒ぎ

León [león] I《人名》**Nicolás** ～ ニコラス・レオン《1859～1929, メキシコの医師・博物学者・歴史家.『18世紀メキシコの書誌』Bibliografía mexicana del siglo XVIII》
II《地名》レオン《カスティーリャ＝レオン州の県・県都. 中世レオン王国の首都》. ❷［フランスの］リヨン《L～ de Francia》

leonado, da [leonáðo, ða] 形 ❶［ライオンの毛色に似た］黄褐色の. ❷ 髪が長くふさふさとして縮れた

León de la Barra [león de la βára]《人名》**Francisco** ～ フランシスコ・レオン・デ・ラ・バッラ《1863～1939. ポルフィリオ・ディアス Porfirio Díaz の退陣後, マデーロ Francisco I. Madero 政権誕生までの間, メキシコの臨時大統領をつとめる》

leonera[1] [leonéra] 女 ❶ ライオンの檻, ライオンを飼っている場所. ❷《西. 口語》いつもひどく乱雑な住居(部屋): Tienes este rincón hecho una ～. この隅をひどく乱雑にしているね. ❸《西. 口語》納戸, 物置. ❹ 賭博場. ❺《プエルトリコ, エクアドル, アルゼンチン》［刑務所の］大部屋, 雑居房. ❻《コロンビア》道徳的に怪しげな人たちの集い. ❼《ペルー》騒がしい会合

leonería [leonería] 女 勇敢さ; 空いばり

leonero, ra[2] [leonéro, ra] 名 ❶《まれ》ライオンの飼育係. ❷《口語》ばくち打ち
—— 男 ❶ perro ～ ピューマ狩りの猟犬. ❷《チリ》騒がしい, 騒ぎの好きな
—— 男《メキシコ》無秩序(放埒)な家

leonés, sa [leonés, sa] 形 名《地名》レオン León の〔人〕

〖(1) カスティーリャ=レオン州の県・県都. 2) ニカラグア西部の県・県都〗. ❷〖歴史〗レオン王国の. ❸《西》lucha *leonesa* [レオン独特の〕相撲に似た格闘技
── 男《言語》レオン方言
leonesismo [leonesísmo] 男 ❶ レオン方言；レオン・アストゥリアスなどで話されていた後期ラテン語. ❷ レオンらしさ；レオン好き
leonesista [leonesísta] 形 名 レオンらしい；レオン好きの〔人〕
leónica [leónika] 形《解剖》vena ～ 舌下静脈
Leónidas [leónidas] 女 複《天文》獅子座流星群
leonino, na [leoníno, na] 形 ❶ ライオンの. ❷ 〖契約などが〗片方だけに有利な, 不公平な: hacer un reparto ～ 一方だけが得するように分ける. ❸ 〖教皇が〗レオ León と名のつく. ❹《詩法》verso ～ レオ詩体. rima ～*na* レオ体押韻
── 女《医学》獅子面〖=facies ～*na*〗；〖まれ〗獅子面病〖= lepra ～*na*〗
León-Pinelo [león pinélo]《人名》**Antonio de** ～ アントニオ・デ・レオン=ピネロ〖1595?～1660, スペイン生まれの歴史家・法学者. ペルーのサン・マルコス大学に学ぶ. 帰国後, 『インディアス法令集』 *Recopilación de las Leyes de Indias* を編纂〗
leontina [leontína] 〖←仏語 Léontine (女性名)〗女 懐中時計の鎖
leontopodio [leontopódjo] 男《植物》エーデルワイス〖=edelweiss〗
leonuro [leonúro] 男《植物》レオノティス, タマザキメハジキ
leopardo [leopárdo] 〖←ラテン語 leopardus < leo「ライオン」+ギリシア語 pardalis, -eos「クロヒョウ」〗 男《動物》〖斑点のある〗ヒョウ(豹)： abrigo de ～ ヒョウ皮のコート
leopoldina [leopoldína] 〖←el general Leopoldo O'Donnell (オドネル将軍)〗女 〖耳覆いのない〗普通よりも高さの低い筒型軍帽ros
leotardo [leotárdo]〖←J. Léotard (19世紀フランスのアクロバット芸人)〗男《西. 服飾》❶〖主に 複〗タイツ. ❷ レオタード
Leovigildo [leoβixíldo]《人名》レオビヒルド〖?～586, 西ゴート王. イベリア半島の統一を目指してビザンツ bizantinos, スエビ suevos, バスク vascos などの諸勢力と対峙. アリウス Arrio 派を支持しカトリック教徒を迫害〗
lepanto [lepánto] 男 水夫帽, 水兵帽
lepe [lépe] **I** 〖←Don Pedro de Lepe (17世紀の博学で有名な司教)〗 *ir donde las L*～〖チリ, アルゼンチン, ウルグアイ〗簡単な問題を間違える
saber más que L～〖, *Lepijo y su hijo*〗《西》大変物知りである；悪賢い, 非常に抜け目ない
II 男 ❶《メキシコ》〖母牛を失って〗他の雌牛から乳をもらう子牛. ❷《ベネズエラ》1) 耳を爪ではじくこと. 2) 〖酒の〗一飲み, 一口
leperada [leperáda] 女《メキシコ, 中米》卑劣な行為；粗野 〖下卑た・淫らな〗な言葉
leperaje [leperáxe] 男《メキシコ》下卑た人の集まり；下賤, 品のなさ
lepero, ra [lepéro, ra] 形 名《地名》レペ Lepe の〔人〕〖ウエルバ県の町〗
lépero, ra [lépero, ra] 形 名 ❶《メキシコ, 中米. 軽蔑》下層階級の〔人〕, 無頼漢(の), 粗野な〔人〕, 下品な〔人〕, 下卑た〔人〕, 卑しい〔人〕. ❷《キューバ》ずるい〔人〕, 抜け目のない〔人〕. ❸ ──男《エクアドル》メキシコ人の下賤民に対する蔑称
leperuza [leperúθa] 女《メキシコ》❶ よくない連中のグループ. ❷ 売春婦
leperuzco, ca [lepeɾúθko, ka] 形《メキシコ》下層の, 身分の卑しい；げせな
lepidia [lepídja] 女《チリ》消化不良；風土病的なコレラ
lepidio [lepídjo] 男《植物》ペンケイナズナ
lepidodendron [lepidodéndron] 男《古植物》リンボク(鱗木)
lepidolita [lepidolíta] 女《鉱物》リシア雲母
lepidóptero, ra [lepidóptero, ra] 形 名《昆虫》鱗翅目の
── 男 複《昆虫》鱗翅目(º^)目
lepidosirena [lepidosiréna] 女《魚》レピドシレン
lepiota [lepjóta] 女《植物》キツネノカラカサ 〖キノコの一種〗
lepisma [lepísma] 男《昆虫》セイヨウシミ〖=pececillo de plata〗
lepisosteiforme [lepisosteifórme] 形 ガー目の
── 男 複《魚》ガー目
lepórido, da [lepórido, da] 形 ウサギ科の

leporino, na [lepoɾíno, na] 〖←ラテン語 leporinus < lepus, -oris「野ウサギ」〗形 ❶ ウサギの. ❷《医学》labio ～ 口唇裂
lepra [lépɾa]〖←ラテン語・ギリシア語〗女 ❶《医学》1) ハンセン病. 2) ～ mutilante 麦角中毒. ❷ 〖急速に広がり抑制するのが困難な〗道徳的腐敗, 堕落
leprocomio [leprokómjo] 男《文語》=leprosería
leprógeno, na [lepróxeno, na] 形 ハンセン病を引き起こす
leprología [leproloxía] 女 ハンセン病学
leprológico, ca [leprolóxiko, ka] 形 ハンセン病学の
leprólogo, ga [leprólogo, ga] 名 ハンセン病学者
leproma [lepróma] 男《医学》らい腫
lepromatoso, sa [lepromatóso, sa] 形《医学》らい腫のような
leprosario [leprosárjo] 男《南米》=leprosería
leprosería [leprosería] 女 ハンセン病の病院(療養所)
leproso, sa [lepróso, sa]〖←ラテン語 leprosus〗形 ❶ ハンセン病の〔患者〕. ❷〖壁などが〗汚れた
leptinita [le(p)tiníta] 女《鉱物》砕粒岩〖=granulita〗
leptocéfalo [le(p)toθéfalo] 男《医学》レプトセファルス
leptón [le(p)tón] 男 ❶《物理》軽粒子. ❷〖通貨〗レプトン〖1/100ドラクマ〗. 2) 古代ギリシアの小銭〗
leptorrino, na [le(p)toříno, na] 形 ❶《人類学》狭鼻の. ❷《動物》くちばし(鼻面)の細長い
leptorrizo, za [le(p)toříθo, θa] 形《植物》根が細長い
leptosomático, ca [le(p)tosomátiko, ka] 形 名《心理》やせ型の〔人〕
leptosomía [le(p)tosomía] 女《心理》やせ型
leptospira [le(p)tospíra] 女《医学》レプトスピラ属〖菌〗
leptospirosis [le(p)tospirósis] 女《医学》レプトスピラ症
lequeleque [lekeléke] 男《ボリビア. 鳥》タゲリの一種〖学名 Charadrius resplendens〗
lera [léra] 女 腫れ〖=helera〗
lercha [lértʃa] 女 獲った魚・鳥を刺しておく棒
lerda¹ [lérda] 女 =lerdón
lerdear [lerdeár] 自 ～*se* ❶《中米, コロンビア, アルゼンチン》ゆっくりと行なう, 手間どる；のろのろと動く；怠ける. ❷《中米》遅刻する
lerdera [lerdéɾa] 女《中米》怠惰；うっというさ
lerdeza [lerdéθa] 女《中米》怠惰, のろまさ
lerdo, da² [lérdo, da]〖←?語源〗形 ❶〖軽蔑〗〖動作などが〗のろい〔人〕, ぐずな〔人〕；愚鈍な: Mis padres dicen que soy ～ y que no aprenda la tabla de multiplicar. 両親は私のことをぐずで九九も覚えられないと言う. tortuga ～*da* のろま亀
Lerdo de Tejada [lérdo de texáda]《人名》**Miguel** ～ ミゲル・レルド・デ・テハダ〖1812～61, メキシコの自由主義派の政治家. 1856年財務大臣の時, レルド法 Ley Lerdo を発令〗
lerdón [lerdón] 男《獣医》〖馬の〗飛節後腫
lerén [lerén] 男 ❶《ドミニカ》1) 非常に背の低い人. 2) 誰かさん. ❷《プエルトリコ. 植物》=llerén
lerense [lerénse] 形 名《地名》❶ ポンテベドラ Pontevedra の〔人〕〖ガリシア州南西部の県・県都〗. ❷〖ガリシア州の〗レレス川 Lérez の
leria [léɾja] 女《地方語》無駄口, 駄弁
leridanismo [leridanísmo] 男 レリダ Lérida らしさ；レリダ好き
leridano, na [leridáno, na] 形 名《地名》レリダ Lérida の〔人〕〖カタルーニャ州の県・県都〗
── 男 カタルーニャ語のレリダ方言
Lerma [lérma]《人名》**duque de** ～ **Francisco Gómez de Sandoval y Rojas** レルマ公爵フランシスコ・ゴメス・デ・サンドバル・イ・ロハス〖1553～1625, 政治家. フェリペ3世の寵臣〗
lerneo, a [lernéo, a] 形《古代ギリシア. 地名》アルゴリダ Argólida の〔人〕
lerrouxismo [leřu(k)sísmo] 男 レルーシュ Lerroux 主義〖カタルーニャの分離主義的思想・傾向・グループ〗
les [les]〖←ラテン語 illis〗代《人称代名詞3人称複数. →le〗 ❶ 〖間接目的〗 1) 彼らに, 彼女らに: Les escribí una carta. 私は彼ら・彼女らに手紙を書いた. 2)《男性・女性の》あなたがたに: Señores, les doy a ustedes la llave de la habitación. 皆さん, 部屋の鍵をおわたしします. 3)《男性・女性名詞をうけて》それらに: Algunos manifestantes no les hicieron caso a las advertencias de la policía. デモ参加者の一部は警察の警告を無視した. ❷ 〖重複用法〗A ellos no les gustó la propuesta. 彼らにはその提案が気に入らなかった. ❸ 〖主にカスティーリャ以北〗〖人(男性)を表わす直接目的〗彼らを, あなたがたを《『直接目的の le

より使用され《まれ》. =los. →leísmo: Vi a tus padres y les encontré bien. 君の両親に会ったが,元気そうだった

lesbianismo [lesbjanísmo] 男［女性の］同性愛[の関係・行為]

lesbiano, na [lesbjáno, na]《←Lesbos「レスボス島」》形 同性愛の[女性], レズビアン[の] ── 形 名《地名》レスボス島の[人]《=lesbio》

lésbico, ca [lésbiko, ka] 形［女性の］同性愛の[の人]《=lesbiano》 ── 男 古代ギリシア語のレスボス方言

lesbio, bia [lésbjo, bja] 形 名《地名》［ギリシアの］レスボス Lesbos の[人] ── 形 男 レスビアン[の]《=lesbiano》

lesear [leseár] 自《ペルー, ボリビア, チリ. 口語》❶ ばかなことを言う(する), おどける, 冗談を言う. ❷ 気のあるそぶりをする. ❸ 時間を無駄にする

lesena [leséna] 女《建築》付け柱, 扶壁柱

lesera [leséra] 女《ペルー, ボリビア, チリ. 口語》［主に 複］愚かな言動

lesión [lesjón]《←ラテン語 laesio, -onis < laedere「傷つける」》女 ❶《医学》1) 傷, 障害［→herida］類語］: sufrir (tener) una ~ en la pierna 脚を負傷する(している). ~ cerebral 脳損傷. ~ de corazón 心臓障害. ~ en la rodilla 膝の傷. ~ grave (leve) 重(軽)傷. ~ interna 体の内部損傷. 2) 病変: primaria (secundaria) 1(2)次性病変. ❷［非物質的な］損傷: Estas fotos comprometedoras suponen una seria ~ de su fama. この問題写真で彼の名声に深刻な傷がつく. ❸《法律》損害; 侵害: ~ a los derechos de otro 他者の権利の侵害

lesionado, da [lesjonádo, da] 形 負傷した, 損傷した

lesionador, ra [lesjonadór, ra] 形 ❶ 傷つける. ❷ 損害を与える

lesional [lesjonál] 形《医学》傷の, 障害の; 病変の

lesionar [lesjonár]《←lesión》他 ❶ 傷つける, 損傷を与える: el hígado 肝障害を引き起こす. ❷ 損害を及ぼす, 侵害する: ~ los intereses de+人 …の利益を侵害する ── ~se …にけがをする, 負傷する: El futbolista se lesionó una pierna. そのサッカー選手は片足を負傷した

lesividad [lesibiðáð] 女 有害性

lesivo, va [lesíbo, ba]《←leso》形 [ser+, para にとって/+a に対し, 主に法律・道徳上] 損害を与える, 侵害する: Su decisión es ~va para mis intereses personales. 彼の決定は私の個人的利益を損なう

lesna [lésna] 女《まれ》=lezna

lesnordeste [lesnorðéste] 男 ❶ 東北東の風. ❷ 東北東《=estenoreste》

leso, sa [léso, sa]《←ラテン語 laesus < laesum < laedere「損害を与える, 侮辱する」》形 名 ❶《法律》[+名詞] 侵害された: delito de lesa majestad 大逆罪. delito de lesa patria (nación) 反逆罪. crimen de lesa humanidad 人権侵害罪. ❷ [精神的に] 混乱した, 錯乱した. ❸《ボリビア, チリ, アルゼンチン. 口語》愚かな[人], ばかな[人]

hacerse el ~《キューバ, チリ》［返事などをしなくてすむように］見えない[聞こえない]ふりをする

lesquín [leskín] 男《ホンジュラス. 植物》フウ(楓), アメリカフウ

lessueste [les(s)wéste] 男 =lesueste

leste [léste] 男《船舶》東, 東風《=este》

lestear [lesteár] 自《船舶》東風である, 東風になる

lestrigón, na [lestrigón, na] 男《ギリシア神話》[主に 複] ライストリュゴネス《オデュッセウスが出会うシチリア島とカンパニア Campania の人食い巨人族》

lesueste [leswéste] 男 ❶ 東南東の風. ❷ 東南東《=estesudeste》

lesura [lesúra] 女《チリ》=lesera

let [lét] 男《テニスなど》レット

letal [letál]《←ラテン語 letalis < letum「死」》形《文語》致死の, 致死的な, 命にかかわる: arma ~ ［毒ガスなどの］殺戮(殺傷)兵器, 凶器. gas ~ 致死性ガス, 毒ガス

letalidad [letaliðáð] 女 致死性

letame [letáme] 男 堆肥にする泥土・ごみ

letanía [letanía]《←ラテン語 letania < ギリシア語 litaneia》女 ❶《キリスト教》[主に 複] 1) 連祷(れんとう): ~ de la Virgen 聖母のための連祷. 2)《カトリック》連祷を唱える行列: ~s mayores 4月25日の行列. ~s menores 4月22～24日の行列. ❷ くどくどしい

述べ立てること: Los adolescentes tuvieron una ~ de quejas acerca de las escuelas y maestros. 若者たちは学校と先生について延々と苦情を述べた

letargia [letárxja] 形《まれ》=letargo

letárgico, ca [letárxiko, ka]《←ラテン語 lethargicus》形 ❶《動物》冬眠の;《植物》休眠の: estado ~ 冬眠状態; 昏睡状態. ❷《医学》昏睡の; 嗜眠性の: encefalitis ~ca 嗜眠性脳炎. ❸《文語》眠らせる

letargo [letárɣo]《←ラテン語 lethargus < ギリシア語 lethargos < lethe「忘却」+argos「不活発」》男 ❶《動物》冬眠;《植物》休眠: La lagartija pasa el invierno en ~. トカゲは冬は冬眠する. ❷《医学》昏睡[状態]; 嗜眠(しみん): caer en ~ 嗜眠状態に陥る. ❸《文語》無気力(不活発)になる. ❸《文語》無気力, 倦怠; [活動の] 麻痺状態, 不活発: La nueva novela de esta autora rompe un período de ~ de 3 años. この小説家の新作は3年の沈黙を破るものだ

letargoso, sa [letarɣóso, sa] 形《まれ》眠気を起こさせる; 無気力な

Lete [léte] 男《ギリシア神話》レーテ川, 忘却の川《飲むと生前のすべてを忘れるという黄泉の国 Hades の川》

leteo, a [léteo, a] 形《ギリシア神話》レーテ川 Lete の [L~]=Lete

leticiano, na [letiθjáno, na] 形 名《地名》レティシア Leticia の[人]《コロンビア, アマソナス県の町》

letífero, ra [letífero, ra] 形《まれ》死すべき; 致命的な

letificante [letifikánte] 形《文語》喜ばせる, 元気づける

letificar [letifikár]《←ラテン語 laetificare》[7] 他《文語》喜ばせる, 元気づける

letífico, ca [letífiko, ka] 形《文語》楽しい, 愉快な, 元気づける

letón, na [letón, na] 形 名《国名》ラトビア Letonia [人・語] の; ラトビア人 ── 男 ラトビア語

letra [létra]《←ラテン語 littera「文字」》女 ❶ 文字: 1) El alfabeto español consta de 27 ~s. スペイン語のアルファベットは27文字ある《ñを含めて》. La palabra 'casa' tiene cuatro ~s. casa という単語は4文字から成っている. Este niño ya sabe escribir (leer) ~s. この子はもう字が書ける(読める). ~ mayúscula (capital・versal) 大文字. ~ minúscula 小文字. ~ versalita スモールキャピタル. ~ doble 複文字《ll, rr など. ひと文字扱いとなる》. La ~ con sangre entra.《諺》学問は厳しさによって身につく. 2) 字体, 筆跡: Tiene buena (mala) ~. 彼は字がきれいだ(汚い). Esta no es mi ~. これは私の筆跡ではない. leer entre ~s de imprenta (de molde) 活字体で書く, ブロック体で書く《一字一字を離して書く》. en ~s de mano 手書きの. ~ manuscrita/~ de mano 手書き文字. ~ tirada 同じ大きさ, 草書体. ~ corrida 手書き書体, 走り書きの文字. 3) 活字: imprimir con ~ grande 大きな活字で印刷する. ~ agrifada (aldina) アルドゥス版イタリック活字. 4) 書体: ~ gótica (negrita・negrilla) ゴシック体, ボールド体; ブラックレター, 黒体文字. ~ cursiva イタリック体; 崩し字, 草書体. ~ itálica イタリック体. ~ redonda 円書体. ~ inglesa イタリック体よりさらに傾いた書体. ~ española 垂直で丸みのある体. ❷《内容・精神に対して》文字どおりの意味, 字句, 字義, 字面(じづら): atenerse (atarse) más a la ~ que al espíritu 内容より字句にこだわる. tras la ~ del discurso 演説の言葉の裏に. ~ de la ley 法律の条文. ~ muerta [法律などの] 死文, 空文. ❸ 歌詞: No me gusta la ~ de esta canción. 私はこの曲の歌詞が好きではない. escribir la ~ ~ 作詞する. autor de la ~ 作詞者. canción con ~ de+人 …の作詞の歌. ❹ 詩; ［主にL~》文学, 文芸《歴史学・地理学などを含む. =bellas ~s, buenas ~s］: dedicarse a las ~s 文芸活動(著述業)にいそしむ. estudiar ~s 文学を専攻する. facultad de ~s 文学部. licenciado en L~s 文学士. ❺［複］学問, 学識, 教養: seguir las ~s 学問に打ち込む, 勉学に精を出す. hombre de ~s 博学の人, 教養人, 学者; 文学者. primeras ~s 初等教育《特に読み書き》. ❻《商業》1) ~ de+人 …を手形受取人とする手形を振り出す. protestar una ~ 手形の支払いを拒絶する. ~ a cargo propio/~ al propio cargo 約束手形《=pagaré》. ~ a cobrar 受取手形; 取立手形, 逆為替. ~ a pagar 支払手形, 支払為替. ~ comercial 貿易手形. ~ cruzada/~ de pelota 馴合(なれあい)手形. ~ de cambio 為替手形. ~ de cambio comercial 商業手形. ~ de cambio doméstica 内国為替. ~ de cambio extranjera 外国為替. ~ de empresa《歴史》約束手

形の一種〖pagaré de empresa の前身〗. ~ de favor 好意手形. ~ documentaria 荷〔付き〕為替手形〖貨物引換証・船荷証券などが添付されている〗. ~ limpia/~ sin condiciones 荷落し為替手形, クリーンビル. ~ financiera 融通手形. 2) ~ de crédito 信用状〖=carta de crédito〗. ~ del Tesorería/《西》~ del Tesoro 国債, 財務省証券, 国庫証券, TB〖スペインでは額面100万ペセタで12か月物が1987年から発行され始めた〗. 短い手紙: Le mandaré unas ~s de felicitación. 彼に一言二言祝いの言葉を書いて送ろう

a la ~ =**al pie de la** ~: Tomó *a la* ~ lo que le dije. 彼は私の言ったことを額面どおりに受け取った. copiar *a la* ~ 一字一句正確に書き写す

al pie de la ~ 文字どおりに, 一字一句正確に: Cumplió todas las instrucciones *al pie de la* ~. 彼はすべての指示を正確に守った

apretar la ~ 字を詰めて書く

con todas las (*sus*) ~*s* 1) 略字を使わずに; 〔数字でなく〕文字で. 2) 率直に

cuatro ~*s* 短い文章: Cuando llegue a España, le pondré *cuatro* ~*s*. スペインに着いたら彼に短い手紙を出そう

¡Despacio (*Despacito*) *y buena* ~*!* ゆっくり丁寧にやれば出来映えはよくなる!

dos ~*s* =**cuatro** ~*s*

~ *de imprenta* 〔大文字で分かりやすい〕手書きの活字体: Hay que rellenar el formulario con ~ *de imprenta*. ブロック体で欄に記入しなければならない

~ *dominical* 主日記号〖一年の初めの日から順にアルファベットの最初の7文字A~Gを当てはめ, 最初の日曜日の記号がその年の記号となる〗

~ *menuda* =~ *pequeña*

~ *pequeña* 細字部分〖契約書などで本文より小さな字で印刷された事項〗; 隠れた不利な条件

~ *por* ~ 逐語的に, 一語一語

L~*s divinas* 聖書

~*s humanas* 文学; 〔特に〕古典文学

~*s puras* 〔自然科学と無縁の〕純粋学問

L~*s sagradas* =**L**~*s divinas*

tener ~ *menuda* ずる賢い

tener ~*s gordas* 学がない; 才能が乏しい

letrado, da [letráðo, ða] 形 ❶ 学問のある, 博識の, 文学通の: gente ~*da* 学者連中. ❷《口語》ペダンチックな, 知ったかぶりの, 学者ぶる
── 名《文語》法律家; 弁護士〖=abogado〗; 判事〖=juez〗
── 女 弁護士の妻

letraherido, da [letraeríðo, ða] 形 名《地方語》文学〔読書〕好きの〔人〕

letraset [letrasét]〖←商標〗男 レターセット印刷

letrería [letrería] 女〖集合〗《印刷》活字セット

letrero [letréro]〖←letra〗男 ❶ 掲示, 張り紙〖大きな文字による通知・指示などの短い文章〗; 立て札, 張り紙: El ~ pone (dice) "Prohibido fumar". 張り紙には「禁煙」と書いてある. ❷ 看板, 広告〖=~ publicitario〗. ❸ レベル, レッテル

letrilla [letríʎa] 女 ❶《詩法》ロンデル. ❷ 歌詞

letrina [letrína]〖←ラテン語 latrina〗女 ❶〔主に 複〕野営地などの簡単な〕便所. ❷ 汚らしい場所〔もの〕; 風紀の乱れた場所

letrisado, da [letrisáðo, ða] 形〔特に韻文で〕すべての単語が同じ文字で始まる

letrista [letrísta] 名 作詞家

letrudo, da [letrúðo, ða] 形〖まれ〗教養のある

letuario [letwárjo] 男 ❶〖廃語〗ジャムに似た菓子. ❷《地方語・料理》〔時に 集合〕ブドウシロップ arrope に入れるカットしたカボチャやメロン

leu [léu] 男〖圏 lei〗〔ルーマニアの通貨単位〕レウ

leucemia [leuθémja] 女《医学》白血病

leucémico, ca [leuθémiko, ka] 形 名《医学》白血病の〔患者〕

leucina [leuθína] 女《化学》ロイシン

leucisco [leuθísko] 男《魚》デイス〖=~ común〗: ~ cabezudo チャブ

leucita [leuθíta] 女《鉱物》白榴石

leucito [leuθíto] 名《植物》色素体〖=plasto〗

leucocitario, ria [leukoθitárjo, rja] 形 白血球の

leucocitemia [leukoθitémja] 女《医学》白血病〖=leucemia〗

leucocito [leukoθíto] 男《解剖》白血球

leucocitoide [leukoθitóiðe] 形《解剖》白血球様の

leucocitolisis [leukoθitolísis] 女《医学》白血球溶解

leucocitoma [leukoθitóma] 男《医学》白血球腫

leucocitosis [leukoθitósis] 女《医学》白血球増加〔症〕

leucoencefalitis [leukoenθefalítis] 女《医学》白質脳炎

leucofeo, a [leukoféo, a] 形〖廃語〗灰色の

leucoma [leukóma] 女《医学》〔角膜の〕白斑

leucón [leukón] 男《生理》ロイコン

leuconiquia [leukoníkja] 女《医学》爪甲白斑症

leucopenia [leukopénja] 女《医学》白血球減少〔症〕

leucoplaquia [leukoplákja] 女《医学》白板〈症〉症

leucoplasia [leukoplásja] 女 =**leucoplaquia**

leucoplasto [leukoplásto] 男《植物》白色体

leucopoyesis [leukopojésis] 女《生理》白血球の形成

leucorrea [leukorréa] 女《医学》帯下〈下〉

leucosis [leukósis] 女《獣医》ロイコーゼ

leucotomía [leukotomía] 女《医学》白質切断術

leudante [leuðánte] 形 男 発酵させる; ふくらす粉

leudar [leuðár] 他 パン種でふくらませる, 発酵させる

leude [léuðe] 男《歴史》家臣, 封臣, 領臣

leudo, da [léuðo, ða] 形〖まれ〗〔生地・パンが〕パン種でふくらんだ, 発酵した

lev [léβ] 男〖圏 leva〗〔ブルガリアの通貨単位〕レフ

leva[1] [léβa] I 〖←lat. levare〗女 ❶ 徴兵, 動員. ❷ 出港, 出帆. ❸〔技術〕1) カム: árbol de ~*s* カム軸. 2) レバー〖=palanca〗. 3)〔タービンなどの〕羽根, 翼板. ❹《経済》~ *de capitales* 資本課徴〖異常事態に際して資本〔収益でなく〕自体に租税を課す〗. ~ *sobre el capital*〔不定期の〕資本税. ❺《中米, キューバ. 口語》だまし, 策略, 陰謀. ❻《パナマ. 音楽, 舞踊》タンボリート *tamborito* の曲. ❼《キューバ. 服飾》〔男性用の〕ジャケット, ブレザー. ❽《コロンビア》脅し, 脅迫; echar ~*s* 脅す. ❾《チリ. 服飾》古いコート

bajar la ~《ボリビア, チリ. 口語》〔人を〕傷つける

cortar una ~《キューバ. 口語》〔人の〕悪口を言う

echar la ~《ホンジュラス》盗む, かすめる

encender a〔人〕*la* ~《キューバ》殴る

ponerse la ~《コロンビア. 口語》〔場所から〕逃げる

sobar la ~《ホンジュラス, エルサルバドル. 口語》ごまをする, おべんちゃらを言う

II 男 *lev* の複数形

levada[1] [leβáða] 女 ❶ 蚕が持ち上げ動かす〔自らの体の〕部分. ❷《ロゴローニョ》灌漑用の溝. ❸《パナマ. 音楽, 舞踊》タンボリート *tamborito* のチーム

levadera, ra [leβaðéro, ra] 形〖まれ〗請求〔徴収〕すべき

levadizo, za [leβaðíθo, θa]〖←levar〗形 上げ下げできる: puente ~ 昇開橋;〔城などの〕はね橋, 吊り上げ橋

levador [leβaðór] 男 ❶《製紙》巻取り工. ❷〔タービンの〕羽根〖=álabe〗

levadura [leβaðúra]〖←levar〗女 ❶ パン種, 酵母〔菌〕, イースト: pan sin ~ 種なしパン. ~ *de cerveza* ビール酵母. ~ *de panadero* ビール酵母, 粉用ベーキングパウダー. ~ *industrial* 培養酵母. ~ *seca* ドライイースト. ❷《比喩》種, 元になるもの, 萌芽: ~ *de la vida* 生命の種

levantado, da [leβantáðo, ða] 形 ❶ 高尚な, 崇高な. ❷《アンダルシア》〔動物の雌が〕さかりのついた
── 女 ❶《主に南米》起床. ❷〖まれ〗〔病後の〕離床

levantador, ra [leβantaðór, ra] 形 名 ❶ 持ち上げる〔人〕: ~ *de pesos* 重量挙げ選手, ウェイトリフター. ❷ 扇動する; 扇動者

levantamiento [leβantamjénto] 男 ❶ 持ち上げる〔持ち上がる〕こと, 上昇: ~ *de cejas* 眉を上げること. ~ *de baldosas* タイルが持ち上がること. ~ *de la corteza terrestre* 地殻の隆起. ~ *del cadáver*《法律》遺体移送. ❷ 起床: *hora de* ~ 起床時間. ❸ 蜂起, 決起: ~ *militar* 軍部の反乱. ❹ *popular* 民衆の蜂起. ❺ 除去; 取消し, 解禁: ~ *de la veda de caza* 猟の解禁. ❻ 測量: ~ *topográfico* 土地測量. ❻ 建設, 建造

levantamuertos [leβantamwértos] 男〖単複同形〗賭けてもいない金を取り立てようとする博打うち. ❷〖闘牛〗〔瀕死の牛を再び立ち上がらせる〕腕の悪い介添え闘牛士

levantapesos [leβantapésos] 男〖単複同形〗〖まれ〗重量挙げ選手, ウェイトリフター

levantar [leβantár]〖←ラテン語 levans, -antis < levare「上げる」〗他

❶ 上げる, 高くする: 1) No pudo ~ el martillo y lo dejó donde estaba. 彼はハンマーを持ち上げられず, その場に置いたままにした. ~ un palo 棒を振り上げる. ~ la persiana ブラインドを上げる. ~ los brazos 両腕を高く上げる. ~ a+人 en brazos …を抱き上げる. ~ al bebé en alto 赤ん坊を高い高いする. ~ la vista de un libro 本から視線を上げる. 2)［強さ・水準などを］~ el tono de la voz 声の調子を上げる. ~ el volumen de la televisión テレビの音量を上げる. ~ el nivel de estudio 研究のレベルを上げる. 3)［士気などを］Esta música levanta los ánimos. この音楽を聞くと気分が高揚する(元気が出る). ~ el corazón 気力を高める. ❷［物を］立てる；［人を］起こす: ~ un pilar 柱を立てる. ~ a+人 …を助け起こす. ❸ 建てる, 建造する: ~ una pared 壁を作る. ~ una fábrica 工場を建設する. ~ una estatua 像を建てる. ❹ 創設する: A mi empresa la levanté de cero. 私の会社は私がゼロから立ち上げた. ~ un negocio 商売を始める. ~ una ciudad universitaria 大学都市を創る. ❺ 生じさせる, 引き起こす: Sus palabras levantaron una polémica. 彼の言葉が論争を引き起こした. ~ falsas acusaciones contra+人 …を誤って非難する. ~ a+人 dolor de estómago …に腹痛を起こさせる. ❻ 反乱を起こさせる, 蜂起させる, 反目させる: El general levantó al pueblo contra el gobierno. 将軍は民衆を政府に対して立ち上がらせた. ~ al alumno contra su profesor 教師と生徒を仲違いさせる. ❼ 取り除く: 1) ~ un obstáculo 障害物を取り除く. ~ el cadáver 死体を片付ける. ~ el vendaje 包帯を取る. 2)［…から上に載っているものを］~ la cama［ベッドを風にさらすために］毛布・シーツ類を取り去る. ~ la mesa《中南米》食卓を片付ける. ❽［包囲・禁止・処罰などを］解く, 解除する: ~ el asedio (el sitio) 包囲を解く. ~ la restricción de las importaciones 輸入制限を解除する. ~ a+人 el castigo …の罰を解く. ~ la veda 猟(漁)を解禁する. ❾ 閉会にする: El presidente levantó la sesión. 議長は会議の終了を宣した.《口語》盗む, 奪う: Me levantaron la cartera en el tren. 私は電車で財布を盗まれた. ⓫《狩猟》[隠れ場所から獲物を]狩り出す: ~ la liebre ウサギを追い立てる. ⓬《文語》徴兵を, 徴募する. ⓭［作物を]取り入れる: ~ el trigo 小麦を収穫する. ⓮［地図・図面を]書き上げる, 作成する. ⓯［情報]アップロードする. ⓰《トランプ》1) カットする. 2)［場札より]高位の(より強い)札を出す. ⓱ ふくらます: ~ un chinchón こぶを作る. ~ una ampolla まめを作る. ⓲［料理][卵の白身を8･9分に]泡立てる. ⓳［場所を]離れる. ⓴ 称揚する, 賞賛する: Lo has levantado demasiado. 君は彼を持ち上げすぎた. ㉑《馬術》1) ギャロップで走らせる. 2) 後ろ脚で立たせる. ㉒《ベネズエラ, ラプラタ. 口語》ナンパする, 求愛する. ㉓《チリ》耕す, 鋤く. ㉔《アルゼンチン, ウルグアイ. 口語》ヒッチハイカーを乗せる

❶ 朝になる, 明るくなる；[雲が]切れる；[霧が]晴れる. ❷［通常などより]上にある: La falda levanta por este lado. スカートのこちら側が持ち上がっている. ❸ 高さに達する: El sol levanta ya una cuarta sobre el horizonte. 太陽が4分の1地平線から出ている. ❹《トランプ》カットする

—— ~se 立ち上がる［⇔sentarse］: El público se levantó de sus asientos al finalizar la obra. 芝居が終わると観客は席を立った. Levántate. 立ちなさい;起きなさい. ~se de la mesa テーブルを離れる, 席を立つ. ~se de la silla 椅子から立つ. ❷［ベッドから］［⇔acostarse］1)［起床］Me levanté a las siete. 私は7時に起床した. 2)［病床から］Si no tienes fiebre, ya puedes ~te. 熱がなければもう起きていいよ. ❸ 上がる, 上昇する: Se le levantó la falda con el viento. 風で彼女のスカートがめくれた. Se levantó el sol. 太陽が昇った. Se le levantó un chichón. 彼はこぶができた. ❹ 建つ, そびえる: En la colina se levanta una torre de televisión. 丘にテレビ塔が立っている. ❺ 剥がれる: Se ha levantado la pintura por la causa de la humedad. 湿気で壁のペンキが剥がれている. ❻ 発生する: De repente se levantó un viento muy fuerte. 突然強風が起こった. Se levanta un dolor de estómago. 胃が痛くなる. ❼ 蜂起する, 決起する: ~se contra la dictadura 独裁に反対して立ち上がる. ❽《隠語》[陰茎が]勃起する. ❾《まれ》不当に自分のものにする(所有する). ❿《ベネズエラ, ラプラタ.口語》性交する

levante [lebánté] I ［←levar (太陽の上がる方位)] 男 ❶［しばしば L~］東, 東方; 東部地方. ❷ 東風: Sopla el ~. 東風が吹く. ❸《地名》[L~] 1) レバンテ《スペインの東部地中海岸, 特に Valencia と Murcia. =L~ español》. 2) 中近東, レバント

［=L~ mediterráneo］. ❹《ホンジュラス》悪意の中傷, 誹謗. ❺《プエルトリコ》反乱, 蜂起. ❻《コロンビア》1) 離乳している前の牛. 2) 傲慢. ❼《ベネズエラ.牧畜》移動のため追い立てられる家畜. ❽《アルゼンチン. 口語》1) ナンパ；ナンパでものにした女(男). 2) 懲罰: dar (pegar) un ~ ひどく叱る

de ~ まさに出発しようとしている時に

hacer un ~《中南米》くどき落とす, なびかせる

—— 形《ドミニカ.口語》ぶらぶらしている, 仕事のない

—— 形《キューバ》身元不明のよそ者

II［←levantar］男 ❶《商業》船側受取. ❷《鉱山》炉の蒸留管を外して水銀を除去する作業. ❸《まれ》持ち上げること. ❹《チリ》[山林所有者に支払う］伐採料

levantino, na [lebantíno, na] 形 名《地名》❶ レバンテ地方 Levante の［人］《スペイン東部地中海岸》. ❷［中近東の］レバントの［人］

levantisco, ca [lebantísko, ka] I［←Levante］形 名《古語. 地名》=levantino

II［←levantar］形 名 騒乱を好む［人］, 不穏な, 反逆的な

levar [lebár] 他 ❶《船舶》~ anclas 錨を上げる, 出航する.《古語》徴兵する

—— 自 ❶《船舶》出航する, 出帆する. ❷《まれ》[発酵して] ふくらむ

leve [lébe]［←ラテン語 levis「軽い」］形 ❶［重さが］軽い［=ligero］: paquete ~ 軽い包み. velo ~ 薄いベール. ❷［程度が］軽い, 重要(大)でない, 軽微な, ささいな: falta ~ ささいな過ち. herida ~ 軽傷. pecado ~ ささいな罪. ❸ 弱い, かすかな: Se oye un ~ ruido. かすかな音が聞こえる. Esbozó una ~ sonrisa. 彼はかすかに微笑んだ. toque ~ そっと触れること, 軽いタッチ. brisa ~ かすかなそよ風. ❹《メキシコ. 口語》容易に見える

llevarla ~《メキシコ. 口語》[熟慮の上で冷静に]軽々とやってのける

¡Qué te sea ~*!*［これから困難なことをしようとしている人に］うまくいきますように！

levedad [lebeðáðd]［←ラテン語 levitas, -atis］女 ❶ 軽さ. ❷ 軽微, 軽微；弱さ: Se ríe con ~, pero inconteniblemente. 彼はかすかではあったが, 抑えきれない微笑をもらしている

levemente [lébeménte] 副 軽く；軽微に；かすかに, そっと；少し

leviatán [lebjatán] 男 ❶［旧約聖書］レヴィアタン, リバイアサン【ヨブ記で, 海中に棲む巨大怪獣. 悪の象徴］. ❷《政治》全体主義的(抑圧的)な国家機関

levigación [lebiɣaθjón] 女《化学》水簸

levigar [lebiɣár] 他《化学》液体に沈殿させて軽い粒子を重い粒子から分離する, 水簸(ひ)する

levirato [lebiráto] 男 レビラト婚, 逆縁婚《死亡した夫の代わりに夫の兄弟が未亡人と結婚する》

levirrostros [lebirróstros] 男複《古語. 鳥》軽嘴(けいし)類

levisa [lebísa] 女《キューバ. 魚》エイの一種《学名 Dasybetus torrei》

levístico [lebístiko] 男《植物》ロベッジ［食用］

levita [lebíta] I［←ラテン語 levita < ヘブライ語 levi］男 ❶［旧約聖書］レビ人, レビ族の人《ユダヤの神殿の祭司を補佐する》神官. ❷［司祭より下級の］聖職者

II［←仏語 lévite］女《服飾》フロックコート. ❷［フロックコート風の］女性用の上着

tirar de la ~ *a+人*《口語》…におべっかを使う

levitación [lebitaθjón] 女《磁力・心霊術などによる》空中浮揚: tren de ~ magnética リニアモーターカー

levitar [lebitár] 自 空中浮揚する

—— 他 空中浮揚させる

levítico, ca [lebítiko, ka] 形 ❶［旧約聖書］レビ人の. ❷ 信心家ぶった, 抹香くさい, 非常に教会(聖職者)的な《時に偽善やピューリタニズムを暗に指す》

—— 男［旧約聖書］［L~］レビ記

levitín [lebitín] 男《海事》海軍が着る）ピーコート

levitón [lebitón] 男《服飾》❶［外套として着る, 厚手の］長くゆったりしたフロックコート. ❷《軽蔑》長くてだぶだぶの外套

levógiro, ra [lebóxiro, ra] 形《化学, 光学》左旋（さ）性の［⇔dextrógiro］

levoglucosa [leboɣlukósa] 女《化学》L型（左旋性）グルコース

levulosa [lebulósa] 女《化学》果糖；左旋糖, レブロース

lewisita [lebisíta] 女《化学》ルイサイト

lexema [le(k)séma] 男《言》語彙素
lexemático, ca [le(k)semátiko, ka] 形《言》❶ 語彙素の. ❷ 語彙の内容 contenido の —— 女《言》語彙の内容研究
lexía [le(k)sía] 女《言》語単位
lexical [le(k)sikál] 形 語彙の《=léxico》
lexicalización [le(k)sikaliθaθjón] 女《言》語彙化
lexicalizar [le(k)sikaliθár] 他《言》語彙化する
léxico[1] [lé(k)siko]《←ギリシア語 lexis「言葉・一作家・一分野などの」語彙》男 ❶ [集名] [一言語・一作家・一分野などの] 語彙: El ～ de Quevedo es culto. ケベードの語彙は高尚である. ～ japonés 日本語の語彙. ～ de la caza 狩猟用語. ～ [一般に] 辞書, 語彙集: ～ francés フランス語の辞書. ❸ 古典語の辞書
léxico[2], **ca** [lé(k)siko, ka] 形 語彙の: significado ～ 語彙的意味
lexicografía [le(k)sikoɣrafía] 女 ❶ 辞書編纂法. ❷ 辞書学, 語彙研究(調査). ❸ [集名] 辞書, 語彙集: ～ española de los Siglos de Oro 黄金世紀スペイン語の辞書
lexicográfico, ca [le(k)sikoɣráfiko, ka] 形 ❶ 辞書編纂の. ❷ 辞書学の; 語彙研究の
lexicógrafo, fa [le(k)sikóɣrafo, fa] 男女 辞書編纂者; 辞書学者
lexicología [le(k)sikoloxía] 女《言》語彙論, 語彙学
lexicológico, ca [le(k)sikolóxiko, ka] 形 語彙論の, 語彙学の
lexicólogo, ga [le(k)sikóloɣo, ɡa] 男女 語彙学者
lexicón [le(k)sikón] 男 ❶ [一地域・一作家・一分野などの] 語彙集; [ギリシア語・ヘブライ語・アラビア語などの] 辞書. ❷《言》語彙目録
lexigrafía [le(k)siɣrafía] 女《漢字のような》一字一語法
ley [léi] I《←ラテン語 lex, legis》女 ❶ 法, 法律: 1) respetar (observar) la ～ 法を守る. violar (infringir) la ～ 法を犯す. estudiar ～es 法律学を学ぶ. conforme a la ～/según la ～ 法に従って. contra la ～ 法に反して. al margen de la ～/fuera de la ～ 法の枠外で. hombre (persona) de ～es 法律家. derecho de ～ 法をつかさどる人. ～ de divorcio 離婚法. ～es del Parlamento Británico regulando las condiciones de trabajo [イギリスの] 工場法. ～ escrita 成文法. ～ fundamental《国の重要分野について国の基本方針を明示する. スペインではフランコ時代, 憲法に該当した》基本法. ～ natural 自然法; 自然法則, 自然律. ～ orgánica [組織] 組織法《憲法の規定を明確化し補完する》. ～ social 社会的立法. 2) 法案: aprobar una ～ 法案を可決する. 3) 法の支配. 4)《歴史》*Leyes* de Burgos ブルゴス法《1512年, スペイン王室が新大陸 Indias 征服・支配の基本政策を規定した最初の植民法典》. *Ley* Juarez フアレス法《1855年, メキシコ. 軍部や教会の権力を排除し, 司法制度の確立をめざして編纂された自由主義的な法律》. *Ley* Lerdo レルド法《1856年, メキシコ. レフォルマ法の一部. カトリック教会の全財産の強制売却と永久大地所有の廃止を定めた法令》. *Ley* Moyano モヤーノ法《1857年制定の初等義務教育などに関する法令の通称. 1970年に教育一般法 Ley General de Educación が制定されるまでスペインの教育制度の基盤をなした》. *Leyes* de Indias インディアス法《16世紀, アメリカ先住民を守るための法律》. *Leyes* Nuevas インディアス新法《1542年, スペイン王室が新大陸 Indias 支配を確立するために制定した植民法典. エンコミエンダ制 Encomienda の段階的撤廃や先住民の奴隷化禁止などを謳ったもの, 45年に一部が撤回された》. ～ seca [米国の] 禁酒法. 5)《諺》Allá van ～es do quieren reyes. 権力の前に法を作り, 好きなように運用する. Hecha la ～, hecha la trampa. いかなる法にも抜け穴がある. ❷ 法則 [題義] **ley** は科学的な考察で導き出された・天与の法則, **regla** は単なる経験則]: primera (segunda ～ del movimiento) de Newton ニュートンの第1(運動の第2)法則. ～ de Gresham グレシャムの法則《La moneda mala expulsa a la buena. 悪貨は良貨を駆逐する》. ～ de la gravedad 重力の法則. ～ de oferta y demanda 需要供給の法則. ～ de Say《経済》セーの法則. ～es de Mendel メンデルの法則. ❸ 規則, 規定, 決まり: ～ de la ventaja《スポーツ》アドバンテージルール. ～ del juego 運命の定め. ～ del juego ゲームのルール. ❹《宗教》1) 戒律, 教え: ～ de Dios 《神がモーセに与えた》神の掟, 律法. ～ antigua (vieja) 古い戒律《= ～ de Moisés. キリスト教から見たモーセの律法》. ～ nueva/～ de gracia 新しい教え《イエスの教え》. ～ de los mahometanos/～ de Maho-

ma イスラム教の戒律. 2) [la *Ley*] 神の掟. ❺《口語》忠誠 (心), 情愛: Los compañeros le tienen mala ～. 同僚は彼に悪い感情を抱いている
a ～《まれ》正当なやり方で
cobrar ～ *a*+人 =*tener* (*tomar*) ～ *a*+人
con todas las de la ～ 規定(型)どおりの・に, 申し分のない, 本物の: Está actuando *con todas las de la* ～. 彼は規則どおりに行動している. profesor *con todas las de la* ～ れっきとした教授
dictar la ～ 高飛車に命令する
dictar sus propias ～*es* 自分勝手なことをする
en buena ～ 正しく, 正当に
fuera de la ～ 名《単複同形》法律の恩恵・保護を奪われた人; 無法者, アウトロー
   ～ *de fugas*《中南米》=～ *de fugas*
   ～ *de fugas* 逃亡しようとした罪《犯人射殺の口実》
   ～ *de [la] selva* ジャングルの掟, 弱肉強食
   ～ *de vida* 人生の法則: Es ～ *de vida*. それが人生というものだ
   ～ *del embudo*《軽蔑》一部の人だけが利益を受ける《相手次第で適用の仕方が変わる》不公平な規則: No exige lo mismo a otros sino que aplica la ～ *del embudo*. 彼は全員に同じことを求めず, さじ加減をする
   ～ *del hielo*《メキシコ》[人に対する] 無視, 知らんぷり
   ～ *del más fuerte* 強者の法則《強者は弱者の利益を考慮しない》
   ～ *del silencio* [犯罪を警察に通報しない] 沈黙の掟
   ～ *marcial* 戒厳令: proclamar (decretar・quitar) la ～ *marcial* 戒厳令を敷く(布告する・解く)
tener (*tomar*) ～ *a*+人 …に愛情を抱く; …に忠実である
venir contra la ～ 法を破る
II《←古仏語 ley》❶《貨幣の》金位《= ～ de oro》; 銀位《= ～ de plata》: bajar (subir) de ～ 金位を下げる(上げる)
de buena ～ [人が] 信頼できる, 純粋な, 善良な; [行為が] 正しい: Tú eres un amigo *de buena* ～. 君はすばらしい友人だ
de ～ 1) 当然の, 正当な; 善良な. 2) 法定金(銀)位の: El oro bajo es más barato que el *de* ～. 混ざり物のある金は純金よりもずっと安い. plata *de* ～ 法定銀位の銀, 純銀
de mala ～ [人が] 信頼できない, 悪質な: Godoy es *de mala* ～: Te ha ocultado una derrota. ゴドイはひどい奴だ, おまえに敗北を隠している

leyenda [lejénda]《←ラテン語 legenda「読まれるもの, 読まれるべきもの」》女 ❶ 伝説: ～ áurea (dorada) 黄金伝説《聖人伝記集. 13世紀》. *L*～ Negra 黒い伝説《16世紀, ハプスブルク朝スペインの覇権に敵対するヨーロッパ諸国における残忍な拷問やインディアス Las Indias 征服における非人道的な行為を引用しスペインに対して行なったネガティブキャンペーン, およびその言説》, 特に, 主に根拠のない「悪いうわさ」(評判). ～ urbana 都市伝説. ❷ [貨幣・メダル・紋章・記念碑などの] 銘[句]. ❸ [挿絵などの] キャプション, 説明文. ❹ [地図などの] 凡例. ❺《まれ》読むこと; 読み物

leyendario, ria [lejendárjo, rja] 形《まれ》伝説の《=legendario》
leyente [lejénte] 形 名《まれ》読む[人]《=lector》
leyteño, ña [lejtéɲo, ɲa] 形《地名》レイテ Leyte の[人]《フィリピン中部の群島・州》
Lezama Lima [leθáma líma]《人名》**José** ～ ホセ・レサマ・リマ《1910〜76, キューバの詩人・作家. ネルーダ Neruda, パス Paz, ボルヘス Borges と共に20世紀ラテンアメリカを代表する詩人で, ヨーロッパ文学についての該博な知識をもとに神秘的で難解な詩を書いた. 詩集『ナルキッソスの死』*Muerte de Narciso*, 形而上学的な思索をちりばめた饒舌な小説『パラディソ』*Paradiso*》
lezna [léθna] 女《革に穴を開ける》突き錐《﹅》
lezne [léθne] 形《まれ》壊れやすい, ばらばらになりやすい
lía [lía] 女 ❶《アフリカハネガヤ esparto を編んだ》荒縄. ❷ [主に複] ワインのおり(﹅) 沈澱物, 澱(﹅), かす
liado, da [ljádo, da]《←liar》形《西》《estar+》❶ [事柄・状況が] 複雑な, こみ入った: La relación entre los dos está bastante ～*da*. 両者の関係は相当に複雑だ. ❷《西. 口語》[+con で] 友情で結ばれた; [性的に] 親密な, 情交関係にある. ❸《西. 口語》[+con で] 用事がたくさんある, とても忙しい: Ando muy ～ *con* el traslado. 私は引っ越しで忙しい

—— [男] たばこを巻くこと

liana [ljána] 〖←仏語 liane〗 [女] ［ジャングルなどの］つる植物

liante, ta [ljánte, ta] [名] 〖[女] liante もある〗《西. 口語》うまいことを言ってだます人; 厄介な人

lianza [ljánθa] [女]《チリ. まれ》当座勘定

liar [ljár] 〖←仏語 lier「結ぶ」< ラテン語 ligare〗 [11] [他] ❶ 縛る: ～ la maleta スーツケースを縛る. ～ leña〔en un haz〕まきを〔1つに〕束ねる. ❷ 包む: ～ unos libros en papel 本を紙で包む. ～ un cigarrillo たばこを巻く. ❸［糸などを玉状に］巻き取る. ❹《西》［問題を］複雑にする, もつれさせる: Su intervención *lió* el problema más. 彼の介入で問題がさらにややこしくなった. ❺《西. 口語》［だまして事件などに］巻き込む: ～ a+人 en el negocio de la droga …を麻薬商売に引き入れる. ❻［+a+不定詞. 激しく］…し始める. ❼ 殴る; 蹴る: ～ a bofetadas 平手打ちする. ❽《古語》同盟を結ぶ

～la《西. 口語》1) 事態を困難にする: *La has liado* con lo que has dicho. 君の発言で事が面倒になった. 2) へまをする, 失言する

～las 急いで逃げる;《口語》死ぬ

—— ***～se*** ❶［問題が］もつれる, 混乱する, 紛糾する. ❷《西. 口語》1)［+a+不定詞. 衝動的に・激しく/長くかかることを］…し始める: *Me lié a* comprobar los datos. 私はデータのチェックにのめり込んでしまった. 2)［+a 殴打などを］始める: ～*se a* golpes con+人 …と殴り合いを始める. 3)［+con 楽しいことを］始める;［+con+人 と］話し込む: ～*se con* la radio ラジオをいじくり始める. *Me lié con* un amigo y perdí el autobús. 私は友人と話し込んでいてバスに乗り遅れた. ❸《西》［問題などに］首を突っ込む. ❹《西. 口語》［+con+人 と］不倫な関係を結ぶ, 情交する. ❺ 頭が混乱する, 気が転倒する. ❻ 身を包む: ～*se* en la manta 毛布にくるまる. ❼《西. 口語》だまされる; 巻き込まれる. ❽ 忙殺されている. ❾ 冗漫になる

liara [ljára] [女]《地方語》雌牛の角製の杯

lías [lías] [男]《地質》ライアス統, リアス紀, 黒ジュラ紀

liásico, ca [ljásiko, ka] [形]《地質》ライアス統の

liatón [ljatón] [男]《まれ》［アフリカハネガヤ esparto を編んだ］細縄

liaza [ljáθa] [女] [集名] ❶ 革袋 corambre を縛る荒縄 lía. ❷《アンダルシア》ワイン樽 bota 造り用の籐

lib《略語》←libra ポンド

liba [líƀa] [女]《地方語. 魚》マダラの一種〖学名 Gadus merlangus〗

libación [liƀaθjón] 〖←ラテン語 libatio, -onis〗 [女] ❶［昆虫が］蜜を吸うこと. ❷《歴史》［古代の］地面・火・生贄などに酒を振りかける儀式. ❸《文語》［酒の］試飲;《時に皮肉》飲酒

libamen [liƀámen] [男]［古代の儀式の］生贄(いけにえ)

libamiento [liƀamjénto] [男] ❶《まれ》=**libación**. ❷《歴史》［古代の儀式で酒を振りかけた後］生贄として捧げられるもの

libán [liƀán] [男]《まれ》アフリカハネガヤ製の縄

libanés, sa [liƀanés, sa] [形] [名]《国名》レバノン Líbano〔人〕の; レバノン人

libanizar [liƀaniθár] [9] [他]［レバノン紛争(1975～)のように, 政党・軍に］内紛を生じさせる

libar [liƀár] 〖←ラテン語 libare〗 [他] ❶［昆虫が］蜜を吸う. ❷《歴史》［古代の神官がブドウ酒を］儀式にのっとって飲む. ❸《歴史》［古代の儀式で］生贄として捧げる. ❹《文語》［酒を］試飲する;《戯語》［酒を］かなり飲む

libatorio, ria [liƀatórjo, rja] [形]《まれ》libación の

—— [男]《歴史》酒を振りかける儀式 libación に用いる杯

libela [liƀéla] [女]《古代ローマ》1アス as と同価値の銀貨

libelar [leƀelár] [他]《法律》［起訴状・請願書を］作成する

libelático, ca [liƀelátiko, ka] [形] [名]［原始教会 Iglesia primitiva で, 迫害を免れるためにローマ帝国の司法官から］偶像崇拝証明 libelo をもらった〔キリスト教徒〕

libelista [liƀelísta] [名] 中傷文書の作者

libelo [liƀélo] 〖←ラテン語 libellus < liber「本」〗 [男] ❶《法律》誹毀(ひき)文書. ❷［一般に］中傷文書. ❸《法律》正式申し立て書. ❹《古代ローマ》司法官がキリスト教徒に発行した偶像崇拝証明書〖これを持っていると迫害を免れることができた〗

libélula [liƀélula] 〖←ラテン語 libellula < libella「バランス」〗 [女]《昆虫》❶［一般に］トンボ. ❷ ヨツボシトンボ;［特に］ベッコウトンボの一種〖学名 Libellula depressa〗. ❸ ～ emperador コウテイギンヤンマ〖学名 Anax imperator〗

líber [líƀɛr] [男]《植物》篩(し)管部

liberación [liƀeraθjón] 〖←liberar〗 [女] ❶ 解放; 釈放: Ejército de *L*～ Popular 人民解放軍. guerra de ～ 解放戦争. ～ de esclavos 奴隷解放. ～ de la mujer 女性解放〔運動〕, ウーマンリブ. ～ de Palestina パレスチナ解放. ❷［エネルギー・熱量の］放出: ～ de electrones 電子の解放. ❸ 免除; 解除: ～ de la hipoteca 抵当解除. ❹［不動産の］課税免除, 免税. ❺［価格の］統制解除. ❻《口語》［問題・困難の］解決. ❼ 領収書. ❽《コロンビア》分娩, 出産. ❾《チリ》関税免除

liberado, da [liƀeráđo, đa] [形] [名] ❶［社会的・道徳的な束縛・制限などから］自由な〔人〕;［人が義務・約束などから］自由になった; ブルジョア的偏見のない〔人〕: mujer ～*da* 自由な女性. país ～ 自由な国. ❷《西》［政党・労働組合などの］専従の; 専従活動家: ～ sindical 組合活動家. ❸《商業》無償の, 支払い免除の; 免税の: acción ～*da* ボーナス株〖会社の役職者などに無償で交付される〗

liberador, ra [liƀerađór, ra] [形] [名] 自由にする, 解放する; 解放者〖=libertador〗

liberal [liƀerál] 〖←ラテン語 liberalis「自由な, 高貴な」< liber, -era, -erum〗 [形] ❶ 自由主義の: ideas ～*es* 自由主義思想. partido ～ 自由党. régimen ～ 自由主義体制. ❷［考え方が］自由な; 寛容な, 寛大な: padre muy ～ 非常に物分かりのいい父親. ❸《文語》［+con に対して］気前のよい〖=generoso〗: Es ～ *con* sus amigos. 彼は友人たちに気前がいい. ❹［医者・弁護士など知的で独立した］自由業の: profesión ～ 自由業. ❺《歴史》反カルリスタの, 自由党の. ❻《まれ》速い, 軽快な

—— [名] ❶ 自由主義者, 自由党員;《歴史》反カルリスタ派. ❷《歴史》［ナポレオン軍とゲリラの戦禍を逃れ, 自由を求めてカディスに集まった］自由主義派, リベラレス. ❸ 自由業者〖=profesional ～〗

liberalesco, ca [liƀeralésko, ka] [形]《軽蔑》自由主義の

liberalidad [liƀeraliđá(đ)] 〖←ラテン語 liberalitas〗 [女] ❶《文語》寛容さ, 寛大さ; 気前のよさ. ❷《法律》無償譲与

liberalismo [liƀeralísmo] [男] ❶ 自由主義, リベラリズム: ～ económico 経済的自由主義. ❷ 寛容

liberalista [liƀeralísta] [名] リベラリスト

liberalización [liƀeraliθaθjón] [女] 自由化: ～ de los precios 価格の自由化. ～ del comercio 貿易の自由化〖輸入数量制限 contingente de importación の撤廃のこと〗

liberalizar [liƀeraliθár] 〖←ラテン語 liberal〗 [9] [他] ❶［禁止・制限されていたものを］自由化する: ～ la economía 経済を自由化する. ～ la importación de naranjas オレンジの輸入を自由化する. ❷〔より〕自由にする: La democracia *liberaliza* a las gentes. 民主主義は民衆を自由にする

—— ***～se*** 自由化される; 自由になる

liberalmente [liƀerálménte] [副] 寛容に, 寛大に; 気前よく

liberalote, ta [liƀeralóte, ta] [形] [名]《古語的. 軽蔑》自由主義の(主義者)

liberar [liƀerár] 〖←ラテン語 liberare < liber, -era, -erum〗 [他] ❶ 解放する, 自由の身にする; 釈放する: *Han liberado* al detenido. 彼らは逮捕者を釈放した. esclavo *liberado* 解放奴隷. zona *liberada* 解放区. ～ un dedo cogido en un engranaje ギアにはさまれた指を外す. ❷［+de を］…に免除する: ～ a+人 *de*l cumplimiento de su palabra …との約束を果たさなくてもよいことにする. *liberado de*l servicio militar 兵役を免除された, 除隊した. ❸［気体・熱などを］発する, 放つ: ～ energía エネルギーを放出する. ～ mal olor 悪臭を放つ. ❹ …の規制を解除する

—— ***～se*** ❶［+de から］自身を解放する, 自由になる; 逃れる: Intentó de ～*se de* la cautividad. 彼は捕虜の身から自由になろうとした. Quiere ～*se de*l temor a la operación. 彼は手術の恐怖から逃れたい. ❷ 免除される: Cree que con confesarlo *se librará de*l castigo. 彼は自白すれば罰を受けないと思っている

liberatorio, ria [liƀeratórjo, rja] [形]［負担・義務などから］免れさせる, 免除する, 解放する: fuerza ～*ria*［紙幣の］強制通用力. movimiento ～ 解放運動

liberiano, na [liƀerjáno, na] [形] [名] ❶《国名》リベリア Liberia〔人〕の; リベリア人. ❷《地名》リベリア Liberia の〔人〕〖コスタリカ, グアナカステ Guanacaste 州の州都〗. ❸《植物》篩管部 liber の

Liber ludiciorum [líƀer juđikjórun] [男] リーベル・ユディキオルム, 西ゴート統一法典〖西ゴート王レケスヴィント Recesvinto により654年に公布された属地主義の法典. 西ゴート人とローマ系住民との法的統合に寄与. →El **Fuero** Juzgo〗

Liber Judiciorum [libér xuðiθjórun] 男《歴史》[西ゴート時代のイベリア半島の] 裁判法

liberna [libérna] 女《地方鳥. 魚》ホウボウの一種《=rubio》

líbero [líβero]《←伊語 liber, -era, -erum》男《スポーツ》リベロ

liberoleñoso, sa [liβeroleɲóso, sa] 形《植物》篩管部と木部の

libérrimo, ma [libérrimo, ma]《←ラテン語 liberrimus. libre の絶対最上級》形 por su ~ma voluntad 全くの自由意志で

libertad [liβertáð]《←ラテン語 libertas, -atis ←liber, -era, -erum》女 ❶ 自由: Las leyes garantizan la ~ y la justicia. 法律は自由と正義を保証する. dar a+人 ~ para+不定詞 …に…する自由を与える. ~ de circulación 〖財・サービス・資本・労働の国際間の〗移動の自由. ~ de comercio 自由貿易. ~ de culto/~ religiosa/~ de conciencia 信仰の自由. ~ de elección 自由選挙. ~ de expresión 表現の自由. ~ de información 情報公開制度. ~ de los mares 公海自由の原則. ~ de pensamiento/~ de opinión 思想の自由. ❷ 釈放《=puesta en ~》: Tengo que presentarme al juez todas las semanas porque tengo la ~ condicional. 私は仮釈放中なので毎週判事のところに顔を出さなければならない. poner a+人 en ~ …を釈放する. en ~ vigilada 保護観察〖処分〗中の. ~ provisional/~ bajo fianza 保釈. ❸ 自由さ, 束縛がないこと: Tienes plena ~ para llegar tarde a casa. 帰宅時間が遅かろうと全く君の自由だ. ~ de espíritu 精神の自由, 自由な精神. ❹ 〖動作などの〗軟軽さ: Se mueve con gran ~ sobre el escenario. 彼は舞台の上でのびのびと動いている. tener ~ de pincel 筆さばきが自在である. ~ de movimientos 体の動きの柔軟さ. ❺ 暇, 自由な時間: una tarde de ~ 自由な午後. ❻ 気軽さ, 放縦, 放逸; 無節操;なれなれしさ,あつかましさ. ❼《政治》自主権

apellidar ~ 〖不当に奴隷状態に置かれた人が〗解放を求める

con ~ 遠慮なく, 気軽に; 自由に: Puedes hablar *con* toda ~. 遠慮なく〖自由に〗話しなさい. Realizó su función *con* absoluta ~. 彼は全く自分の思いどおりに職務を実行した

nacido a la ~ 自由の身に生まれた

poner a+人 *en* ~ 〖義務・責任などから〗…を解放する

tomarse la ~ *de*+不定詞 〖1人称で丁寧〗遠慮なく…する, あえて…する: *Me tomo la* ~ *de* dirigirme a usted. 一筆啓上申し上げます. *Me he tomado la* ~ *de* leer tu informe. 報告書を読ませてもらいました

tomarse ~*es con*+人 …になれなれしくする: *Se toma* muchas ~*es con* el jefe. 彼は上司にひどくなれなれしい

tomarse una ~ 勝手なことをする

libertadamente [liβertáðaménte] 副 ❶ 自由に. ❷ 大胆に, 無謀に

libertado, da [liβertáðo, ða] 形 ❶ 自由な, 抑圧のない. ❷ 大胆な, 無謀な

libertador, ra [liβertaðór, ra] 形 名 ❶ 解放する〖人〗, 解放者. ❷ [el L~] ラテンアメリカ独立運動の指導者シモン・ボリーバル Simón Bolívar

libertano, na [liβertáno, na] 形 名《地名》ラ・リベルタッド La Libertad の〖人〗〖ペルー北部の県〗

libertar [liβertár]《←ラテン語 liberto》他 ❶《文語的》[+de を] 解放する《=liberar》: ~ a los esclavos 奴隷を解放する. zona *libertada* 解放地区. ~ los electrones 電子を解放する. ❷《まれ》[+de を] …に免除する; 免じさせる. ❸ ~ a+人 *de* su deuda …の債務を免除する

—— *se*《文語的》自身を解放する; 解放される: *~se de* los prejuicios 偏見から自らを解放する. *Se ha libertado de* las preocupaciones de la vida actual. 彼は現在の生活の心配事から解放された. ❷《まれ》免除される; 免れる: *~se de un* accidente 事故を免れる

libertario, ria [liβertárjo, rja]《←libertad》形 名 ❶ 絶対自由主義の〖主義者〗; 無政府主義の, 無政府主義者《=anarquista》. ❷《中南米》解放者

libertarismo [liβertarísmo] 男《政治》絶対自由主義; 無政府主義

libertenense [liβerteténse] 形《地名》ラ・リベルタッド La Libertad の〖人〗〖エル・サルバドル中部の県〗

liberticida [liβertiθíða] 形 名 自由を攻撃する〖奪う〗; 自由破壊者

libertinaje [liβertináxe]《←libertino》男 ❶〖他人の権利・法律を尊重しない〗勝手気まま, 放縦, 放埒〖勝〗. ❷〖性的抑制のない〗放蕩: vivir en el ~ 放蕩生活をする. ❸ 不信心, 無信仰

libertinismo [liβertinísmo] 男《まれ》性的放縦, 放蕩

libertino, na [libertíno, na]《←ラテン語 libertinus》形 名 ❶ 勝手気ままな〖人〗, 放埒な, 放縦な. ❷ 放蕩な〖人〗. ❸ 不信心な〖人〗, 無信仰の. ❹《古代ローマ》解放奴隷〖の子〗

liberto, ta [liβérto, ta]《←ラテン語 libertus》形 名《古代ローマ》解放奴隷〖の〗, 自由民〖の〗. ❷ 解放された, 自由の身になった

libes [líβes] 男複《南米》〖小鳥を捕えるための〗小さな玉付きの投げ縄

líbico, ca [líβiko, ka] 形 名 =libio

—— 男 ❶〖地中海で〗南東風. ❷〖アフリカ北部で話された〗リビア語《ベルベル語に近い》

LIBID [líβid]《←英語》男《商業》ロンドン銀行買いレート《ユーロ通貨市場を代表する》

libidinal [liβiðinál] 形《心理》リビドーの: fase de la evolución ~ [フロイト Freud の主張する]リビドー発達段階

libídine [liβíðine]《←ラテン語 libido, -inis》女《文語》淫蕩, 淫乱《=lujuria》

libidinógeno, na [liβiðinóxeno, na] 形 性欲を刺激する

libidinosamente [liβiðinosaménte] 副 みだらに, 淫乱に, 好色に

libidinosidad [liβiðinosiðáð] 女《まれ》淫乱, 好色

libidinoso, sa [liβiðinóso, sa] 形 ❶《文語》好色な, みだらな《=lujurioso》. ❷《心理》リビドーの

libido [liβíðo]《←ラテン語 libido, -inis》女《心理》リビドー;《文語》性的衝動

libio, bia [líβjo, βja] 形《国名》リビア Libia〖人〗の; リビア人

—— 男 現代アラビア語のリビア方言

libón [liβón] 男《アラゴン》泉, 渇湖, 貯水池

LIBOR [liβór]《←英語》男《商業》リボレート, ロンドン銀行間取引金利

libra [líβra]《←ラテン語 libra「天秤」》女 ❶〖英国・シリアなどの貨幣単位〗ポンド: ~ esterlina スターリングポンド, 英ポンド《=~ inglesa》. ❷〖重量の単位〗1)〖英国などで〗ポンド《=~ inglesa》. 2)《西旧》リブラ《=300〜600グラム. 地域によって重さが異なり, カスティーリャでは =460グラム》: ~ carnicera 肉や魚の重量単位. 3) ~ troy《貴金属の重量単位》トロイポンド. 4) チョコレートの重量単位. ❸〖占星〗〖主に L~〗天秤座〖→zodíaco〗〖参考〗. ❹《西.古語》100ペセタ. ❺《キューバ》〖植物の下部から採取する〗上質のタバコの葉. ❻《ペルー》ピスコ pisco 用の大型のグラス

entrar pocos en ~〖良い意味で, 人・物が〗まれである: De estos *entran pocos en* ~. こういう人たち〖これら〗はことのほかまれだ. Es un profesor de los que *entran pocos en* ~. 彼はまれに見ない先生だ

las ~*s*《西.隠語》お金

libración [liβraθjón] 女 ❶ 揺れ, 振動. ❷《天文》〖月の〗秤動〖揺〗

libraco [liβráko] 男《軽蔑》くだらない本, つまらない本, 取るに足らない本

librado, da [liβráðo, ða] 形 *salir bien* ~ うまくいく, うまく切り抜ける

salir mal ~ 失敗する

—— 名《商業》〖手形などの〗振りあて人, 名宛人

—— 女《チリ》〖危機一髪の〗救出, 脱出

librador, ra [liβraðór, ra]《←ラテン語 liberator, -oris》形 名 ❶《商業》〖手形などの〗振り出し人〖の〗. ❷ 解放する人

—— 男 ❶〖計り売りの食料品をすくう〗小型スコップ. ❷〖王室厩舎の〗飼料調達係

libramiento [liβramjénto] 男 ❶《商業》支払い命令〖書〗. ❷〖義務・危険・面倒などからの〗解放, 免れること. ❸《古語》判断, 決定. ❹《古語》しつこいからかい《冗談》. ❺《中米》環状線, バイパス

librancista [liβranθísta] 名《商業》〖手形などの〗持参人, 所持人

libranza [liβránθa]《←librar》女 ❶《西》〖労働者の〗週休: sistema de ~ 週休制. ❷《商業》〖第三者への〗支払い命令〖書〗. ❸《古語》解放, 自由

librar [liβrár]《←ラテン語 liberare》他 ❶ [+de 義務・危険・面倒などから] 解放する, 救い出す; 免れさせる: ~ el pueblo *del* yugo del tirano 国民を独裁者の圧制から解放する. ~ *de un*

peligro 危険から救う. ~ del impuesto 税金を免除する. ~ de una preocupación 心配事を取り除いてやる. ❷《商業》[+contra に, 手形・為替・小切手などを] 振り出す: ~ un cheque contra... …あてに小切手を振り出す. ~ carta de pago 受領書を発行する. ❸《法律》宣告する, 発布する: ~ sentencia 判決を宣告する. ~ decretos 政令を発布する. ❹[戦を] 交える: Ese grupo libra una nueva batalla contra la globalización. そのグループは新たにグローバル化と戦いを交えている. ❺ [信頼などを, +en+人・物 に] 持つ, 寄せる, 託す. ❻《古語》判断する, 決定する. ❼《メキシコ, コロンビア》[狭いところを] 通り抜ける; [障害を] すり抜ける
¡Dios me libre!/¡Líbreme Dios! くわばら, くわばら!
¡Dios nos libre! 神よ許したまえ/そんなことのないように!
── 自 ❶ 出産する. ❷《西》[労働者が一日・半日など] 休みの日である: Trabaja los domingos, pero los lunes libra. 彼は毎週日曜日に働くが月曜日は休みだ. [出産で] 胎盤が脱落する. ❹《魔語》修道女が面会室へ行く
a bien ~/a buen ~ 不幸中の幸いに
~ bien (mal) うまくいく (失敗する)
── ~se ❶ 自身を解放する. ❷ [+de で] 免れる: No puede ~se del servicio militar. 彼は兵役から逃げられない. ~se de la responsabilidad 責任を免れる. ~se de la gripe インフルエンザにかからなくてすむ. ❸《アルゼンチン》投降する, 降伏する
~se de buena うまく切り抜ける: ¡De buena me he librado! [やれやれ] 助かった!

librario, ria [librárjo, rja] 形 ❶ 本の. 《古語》[古写本で用いられた] 筆記体の

libratorio [libratórjo] 男 [修道院・刑務所などの, 鉄格子のある] 面会室

librazo [libráθo] 男 本による打撃

libre [líbre] 《←ラテン語 liber, -era, -erum》形《絶対最上級 libérrimo》❶ [ser+] 自由な, 拘束されない: 1) Todos los hombres son ~s. すべての人は自由である. Esos gatos viven ~s. それらの猫は自由に生きている. empresa ~/~ empresa [資本主義経済下の] 自由企業. espíritu ~ 自由な精神 (の持ち主). hombre ~ 自由人. mundo ~ 自由世界, 自由主義諸国. país ~ 自由の国, 独立国. ~ cambio (comercio) 自由貿易. ~ mercado 自由市場 [利潤動機が貫徹する]. ~ precio 市場価格. 2) [+de+para+不定詞] 自由に…できる: Eres ~ de hacer lo que deseas. 君はしたいことをしていい. Somos ~s para decidir nuestra religiosidad. 私たちは自由に宗教を選びることができる. ❷ [estar+. +de で] 免除された, …のない: Vivió feliz mientras se vio ~ de responsabilidades. 彼は様々な責任から解放された時期は幸せに過ごした. estar ~ del servicio militar 兵役を免除されている. ~ de derechos (de aduana)[関税が] 免税の. ~ de cuidado (deudas) 心配事 (借金) のない. ❸ [estar+. 場所が] 空いた: Está ~ este asiento. この席は空いている. Nunca hay un taxi ~ cuando lo necesito. タクシーがいる時間に限ってつかまらない. Deje ~ la habitación enseguida. すぐチェックアウトして下さい. Parking. ~《表示》駐車場: 空有. ❹ [estar+. 道路が] 通れる, 通じる: ¡Paso ~!. ¡Vía ~! 通して下さい! Esta chaqueta deja los brazos ~s. この上着は腕が楽だ. [estar+. 仕事・先約などがなくて] 暇な: ¿Estás ~ este fin de semana? 今週末は暇ですか (空いていますか)? Me aconsejan estudiar en mis ratos ~s. 私は空いた時間に勉強するように勧められている. día ~ 非番 (休み) の日; 空いている日. horas ~s/tiempo ~ 自由時間, 暇, 余暇. ❻ [レストランが] バイキング式の. 7《商業》~ a bordo 本船渡し [条件] [=franco a bordo]. ❽ [+en で] 遠慮のない, 節度のない. ❾ 放縦な, 破廉恥な: palabras ~s 淫らな言葉. vida ~ ふしだらな生活. ❿ まだ結婚の約束をしていない, 独身の. ⓫ 奴隷の身分でない; 囚われていない, 服従しない. ⓬ [場所・建物が] 独立した, 孤立した, 隣がない. ⓭《感覚・肢体が》思うままになる. ⓮ 無罪の. ⓯《化学》遊離した: ácido cítrico ~ 遊離クエン酸. ⓰《スポーツ》フリースタイルの: los 100 metros ~s 100メートル自由形. pistola ~ フリーピストル. ⓱《西. 教育》1) [国立大学で, 学生が] 授業への出席が義務づけられていない, 自由聴講の [試験を受けるだけで単位を取ることができる の oficial]: estudiar por ~ 自由聴講する. 2)《古語的》[学校が] 試験を受けるだけで単位を取ることができる
── 名《スポーツ》リベロ [=defensa ~]
── 男 ❶《スポーツ》フリーキック, フリースロー: ~ directo (in-directo) 直接 (間接) フリーキック. ❷《メキシコ, ベネズエラ. 口語》タクシー
estar ~ de+人 …を厄介払いしてある
ir por ~ 好きなようにやる
por ~《フリーランスで, 自由契約で

librea [libréa]《←仏語 livrée》女 ❶ [従僕・ドアマンなどの] 制服, 仕着せ. ❷《動物》[特徴づける] 毛並み, 外見

librear [libreár] 他 ❶ [ポンド libra で] 計り売りする, 計り分ける. ❷《まれ》飾り立てる

librecambio [librekámbjo] 男 自由貿易

librecambismo [librekambísmo] 男 自由貿易主義《⇔proteccionismo》

librecambista [librekambísta] 形名 自由貿易主義の (主義者): ideas ~s 自由貿易思想

librejo [libréxo] 男《軽蔑》くだらない本 [=libraco]

libremente [libreménte] 副 自由に; のびのびと

librepensador, ra [librepensaðór, ra] 形名 自由思想の; 自由思想家

librepensamiento [librepensamjénto] 男 自由思想

librera[1] [libréra] 女《グアテマラ, パナマ》本棚

librería [librería]《←librero》女 ❶ 本屋, 書店. ❷ 書店業; 書店員の職. ❸《西》本棚. ❹《古語》プログラム総体. ❺《まれ》蔵書. ❻《米》図書館. ❼《アルゼンチン, ウルグアイ》文房具店

libreril [libreríl] 形 書籍販売の

librero, ra[2] [libréro, ra]《←ラテン語 librarius》名 書店主, 書店員
── 形 本の
── 男《メキシコ, 中米, キューバ, ペルー, ボリビア》本棚, 本箱

libresco, ca [librésko, ka]《←libro》形《軽蔑》書物の上だけの: conocimientos ~s 本から得た (現実離れした) 知識. educación ~ca 書物から得た教養; [作者が現実よりも書物からイマジネーションを得ている] 机上の学問. ~《軽蔑》

libreta [libréta] I《←libro》女 ❶ 手帳, メモ帳 [=agenda]: ~ de direcciones 住所録. ❷ 通帳: abrir una ~ de ahorro 預金口座を開設する. ~ de ahorro(s)/~ de banco/~ de depósitos 預金通帳. ~ de cheques 小切手帳 [=talón de cheques]. ❸ ~ de calificaciones《中南米. 教育》成績表. ~ de casamiento《南米》個人の結婚・出産などを記した小冊子 [=libro de familia]. ~ de enrolamiento《アルゼンチン》軍隊手帳. ~ de familia/~ de matrimonio《チリ》個人の結婚・出産などを記した小冊子 [=libro de familia]. ~ de manejar《ウルグアイ》運転免許証
II《libra の示小語》女 1ポンド分のパン, パンの一片

libretazo [libretáθo] 男《キューバ. 口語》反概成

librete [libréte] 男 足温器, あんか

libretear [libreteár] ~se《ニカラグア》ずる休みする, 授業をサボる

libretero, ra [libretéro, ra] 形《キューバ. 口語》権威に反抗する (人)

libretín [libretín] 男《古語的》[足用の] 火鉢

libretista [libretísta] 名 台本作者, 作詞家

libreto [libréto]《←伊語 libretto》男 ❶ [オペラ・歌劇の] 台本. ❷《中南米. 映画, テレビ》脚本. ❸《チリ》~ de cheques 小切手帳

librillo [libríʎo] I《libro の示小語》男 ❶ 巻きたばこ用の紙の束; ちり紙の束. ❷ [反芻動物の] 第3胃. ❸ 非常に小型のちょうつがい. ❹《建築》[折り戸などの] 戸化: puerta de ~ 折り戸, 折畳み戸. ❺《集名》~ de oro (plata) 金箔 (銀箔) の箔打紙
II 男 =lebrillo

librista [librísta] 名《競泳》自由形泳者

librito [libríto] 男 巻きたばこ用の紙の束 [=librillo]

libro [líbro]《←ラテン語 liber, -bri『植物の皮 (古代ローマで紙の材料として使われた)』》男 ❶ 本, 書物: ¿Qué ~ lees ahora? 今何の本を読んでいるの? escribir un ~ 本を書く. ~ de cocina 料理の本. ~ de cuentos 物語 (童話) の本. ~ de música 楽譜. ~ de poemas 詩集. ~ de sociología 社会学の本. ~ electrónico 電子ブック. ~ de guía ガイドブック, 手引き書. ~ juego ゲームブック《~s juego》. ~ mecánico (móvil・animado・pistola) とび出す絵本. ~ usado 古本. L~ Rojo de Mao 毛沢東語録. ❷ [記録, 記録簿 ~ de actas 議事録. ~ de escolaridad)/~ escolar 成績通知表, 通信簿. ~ de matrícula《西》[入社・退社を記録した] 従業員名簿. L~ Guinness ギネスブック. ~ maestro 家計簿;《軍事》兵籍簿. ~ ritual 典礼書. 2)《日本の外交白書に相当する》~ amarillo [フランス

の]黄書. ~ azul [英国の]青書. ~ rojo [スペイン の]赤書. ❸ 旧約聖書のテキスト: L~ de los Reyes 列王紀略. L~ de Josué ヨシュア記. ~ sagrado 教会が認めたテキスト. ❼《商業》[主に複]営業上の財産を明らかにするための]会計帳簿《=~ de cuentas, ~ contables, ~ de contabilidad》: llevar los ~ 帳簿をつける. ~ borrador 下書き帳. ~ de caja 現金出納帳. ~ [de] diario 仕訳帳. ~ [de] pedidos 注文控え帳. ~ de surtido 在庫帳. ~ mayor 元帳. ~ talonario 控え付きの帳簿. ❺ [分冊の]巻. ❻ [分厚い]科学書, 文学書. ❼ [反芻動物の]第3胃. ❽《戯曲》~ de las cuarenta hojas 西式トランプ《=baraja》. ❾ [家具などについて, 主に不変化で, 同格名詞的に]折り畳み式の: mesa ~ 折り畳み式のテーブル. ❿ 税金

a ~ abierto 1) いきなり本を開いて. 2) 準備なしに: cantar *a ~ abierto* 即興で歌う. 3) すらすらと, 難なく
ahorcar los ~s《口語》=*colgar los ~s*
colgar los ~s《口語》勉学を放棄する
como un ~ [*abierto*]《時に皮肉》上手に; 正確に; 優雅に: hablar *como un ~ abierto* 学のある話し方をする
cortar un ~ 本のページを切る
de ~《口語》1) 完璧な, 模範的な. 2) 非常に明らかな
hacer ~ nuevo《口語》新規まき直しをする, 心機一転する
~ blanco 1) [各省が発表する]《西》*Libro Blanco de la Educación Ambiental en España* スペイン環境教育白書. 2) [EU委員会の, 所期の目標を実現するための]政策綱領からなる白書
~ de cabecera 就寝前に読む本, 座右の書, 愛読書
~ de honor =*~ de oro*
~ de oro 1) [訪問客の]記帳簿, 芳名帳. 2)《歴史》[ベネチアの]紳士録
~ verde 1) [EU委員会の]緑書《白書の叩き台として関係諸機関の見解を提示する際に役立つ資料集》. 2)《歴史》[家系などに関する]身上調査書
meterse en ~s de caballerías《口語》出しゃばる《主に否定文で》
No es menester abrir ni cerrar ningún ~ para eso.《口語》一目瞭然である
no estar en los ~ [事が, +de+人の] 全く知らないことである; 同意見ではない
quemar los ~《口語》=*colgar los ~s*
un ~ abierto 1) 周知のこと, 明白なこと; 容易に理解できること. 2) 物知りな人

librofórum [libroforúm]《男》《~s》書籍フォーラム
librojuego [libroxwégo]《男》ゲームをしながら読んでいく児童書
Lic.《略語》←*Licenciado* 学士
licantropía [likantropía]《女《←ギリシア語 lykos「狼」+anthropos「人」》》❶ 狼つき《妄想》;《医学》狼狂(ﾛｳｷｮｳ). ❷ [伝説上の]狼男への変身
licantrópico, ca [likantrópiko, ka]《形》狼つきの;《医学》狼狂
licántropo [likántropo]《男》❶ 狼つき《人》;《医学》狼狂患者. ❷ [伝説上の]狼男
licaón [likaón]《男》《動物》リカオン
liceal [liθeál]《名》《ウルグアイ》中学生, 高校生
liceano, na [liθeáno, na]《名》《チリ》中学生, 高校生
liceísta [liθeísta]《形》《名》❶ 同好会 *liceo* の会員. ❷《バルセロナの》リセオ大劇場 Gran Teatro del Liceo の《観客》. ❸《ベネズエラ》中学生, 高校生
licencia [liθénθja]《←ラテン語 licentia「自由, 能力, 許可」< licere「適法である」》《女》❶ [~+名詞・不定詞/+para+不定詞. 主に公的な・法律上の]許可書, 免許証: El policía le pidió que le enseñara la ~. 警官は彼に許可書(免許証)の提示を求めた. renovar la ~ 免許を更新する. sacar la ~ internacional 国際免許を取る. sin ~ 無免許の・で. ~ de armas 銃砲所持許可. ~ de caza 狩猟のライセンス. ~ de conducción/~ de conducir/~ de conductor/《中南米》~ de manejar 運転免許証. ~ de exportación (importación) 輸出(輸入)許可. ~ de construcción/~ de obras/~ de edificación 建築許可. ~ de matrimonio 結婚許可書. ~ de piloto/~ de vuelo パイロット・ライセンス. ❷《文語》許可《=permiso》: Solicitamos ~ *para* entrar en el interior del edificio. 私たちは建物の内部に入るための許可を申請した. Isabel se retiró de la oficina antes de la hora con ~ del jefe. イサベルは上司の

許可を得て会社を早退した. dar su ~ 許可を与える, 許可する. pedir ~ 許可を申請する. sin su ~ …の許可なしに. derechos de ~ ライセンス料. producción *por* ~ ライセンス生産. ❸ 休暇: Mi compañera de la escuela está con ~ *por* maternidad. 私の学校の同僚が産休に入っている. Le dieron una semana de ~ en el trabajo. 彼は1週間の労働休暇をもらった. Todo trabajador tiene derecho a 20 días de ~ anual. すべての労働者が年次有給休暇20日の権利を持っている. ~ de maternidad 出産休暇. ~ *por enfermedad*/~ *por enfermo* 療養休暇. ~ sin sueldo 無給休暇. ❹《軍事》1) 一時休暇: Los soldados se fueron a casa con ~ de Navidad. 兵士たちはクリスマス休暇で家に帰った. Al soldado le dieron ~ *para* asistir al funeral de su padre. 彼の兵士に父親の葬儀に出席するための一時休暇が与えられた. tener una ~ de diez días 10日間の休暇を取っている. 2)《西》兵役解除, 除隊《=~ absoluta》: Obtuvo la ~ absoluta después de cumplir el servicio. 彼は兵役をつとめ上げて除隊になった. ~ honrosa 名誉除隊. ❺ 無遠慮, 遠慮のなさ, わがまま. ❻《文語》[主に性的に] 放縦, 放埓: comportarse con excesiva ~ 過度に放縦にふるまう. ❼《商業》代理権, 販売権. ❽《カトリック》《複》1) ミサ《伝道》を行なう許可. 2) [宗教書の]出版許可. ❾《詩法》破格, 許容: ~ *métrica* 韻律の破格. ~ *poética* 詩的許容, 詩形破格. ❿《古語》的学士号《=licenciatura》: ~ en letras 文学士号. ⓫《まれ》背任, 背信

conceder ~ a terceros サブライセンスを与える
estar de ~ 休暇中である
ir de ~ 休暇で出かける
~ fiscal《西》[医業・弁護士業などを営む許可を得るために政府に支払う]認可料; その支払い証明書
permitirse la ~ de +不定詞 勝手に…する: *Me he permitido la ~ de* usar tu ordenador. 勝手だったが君のコンピュータを使わせてもらったよ
tomarse la ~ 無遠慮にふるまう; [+de+不定詞] 勝手気ままに…する: *Me he tomado la ~ de* hacer este programa para la reunión de hoy. 私は勝手でしたが今日の会合の予定をこのように作ってみました
tomarse ~ con+人 …に対して遠慮がない, 態度が大きい: El dueño *se toma* muchas *~s con*migo. Me conoce desde cuando nací. 店主は私に遠慮のない話し方をする. 生まれた時から私を知っている. Para ser joven, *se toma* demasiadas *~s con* los mayores. 彼はまだ若いのに年長者に対して態度が不遜に過ぎる

licenciado, da [liθenθjáðo, ða]《←*licenciar*》《形》《名》❶ [+de+*por*+大学, +en+専門の] 大学卒業者, 学士: Es ~ *por* la Complutense. 彼はマドリード大学卒だ. Su hermana es ~*da en* Biología *por* la Universidad de Madrid. 彼の妹はマドリード大学出の生物学士だ. ~ *vidriera* 心配性で臆病な人《←セルバンテスの小説『びいどろ学士』》. ❷ 薬剤師《=farmacéutico》: Farmacia del ~ Jaime Obregón《表示》薬剤師ハイメ・オブレゴンの薬局. ❸《西》除隊した[兵士], 退役兵: Fuimos ~s del mismo año. 我々は同じ年に除隊した. ❹《敬称》《西》博士;《メキシコ, 中米》弁護士. ❺ 知ったかぶりの, 衒学的な. ❻ 自由になった, 解放された
── 《男》《古語》長い制服を着た大学生
licenciador, ra [liθenθjaðór, ra]《形》《名》特許権を所有する; 特許権所有者
licenciamiento [liθenθjamjénto]《男》❶《西. 軍事》除隊. ❷ 学士号の取得, 大学卒業;《まれ》学士号授与式《=licenciatura》. ❸《まれ》解雇
licenciando, da [liθenθjándo, da]《名》学士号を取得しようとしている人
licenciar [liθenθjár]《←*licencia*》⑩ ⓔ ❶《西. 軍事》除隊させる; 一時休暇を与える. ❷ 学士号を与える: La Facultad de Filosofía y Letras *ha licenciado* este año ochenta estudiantes. 文学部は今年は80人の学生に学士号を授与した. ❸ 特許権の使用許可を与える. ❹《文語》許可する. ❺《まれ》解雇する
── *~se* ❶《西》兵役を終える: Mi hijo *se licenció* hace un año. 私の息子は1年前に兵役を終えた. ❷ [+de・*por*+大学, +en+専門の] 学士号を得る, 大学を卒業する: *Me licencié en* Filosofía y Letras. 私は文学士号を取った/文学部を卒業した
licenciatario, ria [liθenθjatárjo, rja]《形》《名》ライセンスを取得し

ている〔人〕

licenciatura [liθenθjatúra]【←licencia】囡 ❶ [+en の] 学士号: obtener la 〜 por la Universidad de Oviedo オビエド大学で学士号をとる. 〜 en ciencias 理学士号. ❷ 学士課程: abandonar la universidad antes de terminar la 〜 大学を中退する. ❸ 学士号授与式

licenciosamente [liθenθjósaménte] 副 放縦に, ふしだらに

licencioso, sa [liθenθjóso, sa]【←licencia】形 放縦な, ふしだらな: mujer 〜sa 身持ちの悪い女, ふしだらな女. vida 〜sa 放縦(自堕落)な生活. cuentos 〜s 猥談

liceo [líθeo]【←ラテン語 lyceum < ギリシア語 Lykeion「アリストテレスの学校」】男 ❶《メキシコ・ベネズエラ・チリ・ウルグアイ・米国・フランスなどの》中学, 高校. ❷《文学などの》同好会; 文化団体. ❸ [El L〜] リセウ大劇場〔バルセロナのオペラ劇場. =Gran Teatro del L〜〕. ❹《哲学》アリストテレス学派

lichi [lítʃi]【植物, 果実】ライチ

líchigo [lítʃiɣo] 男《コロンビア》食料, 糧食

lichiguero, ra [litʃiɣéro, ra] 形 名《コロンビア》[経営者・上司に] 食事を運ぶ人

licio, cia [líθjo, θja] 形 名《歴史, 地名》[小アジアの] リュキア Licia の〔人〕

lición [liθjón] 囡《メキシコ, コロンビア》=**lección**

licitación [liθitaθjón]【←ラテン語 licitatio, -onis】囡《主に中南米》競売, 入札: sacar... a 〜 …を競売にかける, せり売りする. fase de 〜 入札期間. 〜 pública 公開入札

licitador, ra [liθitaðór, ra] 名《主に中南米》入札者

lícitamente [líθitaménte] 副 合法的に; 正当に

licitante [liθitánte] 形 名《主に中南米》入札に参加する; 入札者

licitar [liθitár]【←ラテン語 licitari】他 自《主に中南米》❶ [競売・入札で] [せり] 値をつける, 入札する: Se llevó la mesa la persona que licitó la cantidad más elevada. 最高値をつけた人がその机を手に入れた. ❷ 競売にかける

licitatorio, ria [liθitatórjo, rja] 形《主に中南米》競売の, 入札の

lícito, ta [líθito, ta]【←ラテン語 licitus < licere「許す」】形 ❶ 適法の, 合法的な: negocio poco 〜 いかがわしい商売. ❷ 容認できる, 正当な
  ser 〜+不定詞·que+接続法 …して構わない: Es 〜 querer vivir mejor. よりよい生活を望むのは正当なことだ

licitud [liθitú(ð)] 囡 適法性, 合法性: Tiene que mostrar al Ministerio de Hacienda la 〜 de sus negocios. 彼は取引の合法性を財務省に対して証明せねばならない

licnobio, bia [liknóbjo, bja] 形 名 夜間に活動する〔人〕

lico [líko] 男《ボリビア. 植物》オカヒジキ

licopeno [likopéno] 男《生化》リコピン

licoperdal [lokoperðál] 男《植物》ホコリタケ目

  ——男 複《植物》ホコリタケ目

licoperdón [likoperðón] 男《植物》ホコリタケ

licopina [likopína] 囡《生化》=**licopeno**

licopodiáceo, a [likopoðjáθeo, a] 形《植物》ヒカゲノカズラ科の
  ——囡《植物》ヒカゲノカズラ科

licopodial [likopoðjál] 形《植物》ヒカゲノカズラ目の
  ——男 複《植物》ヒカゲノカズラ目

licopodio [likopóðjo] 男《植物》ヒカゲノカズラ

licópside [likó(p)side] 男《植物》アレチウシノシタグサ

licor [likór]【←ラテン語 liquor, -oris < liquere「液状である, 自由に吸う」】男 ❶ リキュール; 蒸留酒〔ウイスキー, ブランデー, ラムなど〕: 1) 〜 con sabor a fruta 果物味のリキュール. 〜 de huevo アドヴォカート〔卵黄入りのリキュール〕. 〜 de naranja オレンジキュラソー. 2)《ペルー》ブドウから作る蒸留酒. ❷《総称》アルコール飲料, 酒. ❸《化学》溶液: L〜 de Schweitzer シュバイツァー試薬. L〜 de fehling フェーリング液

licorera[1] [likoréra] 囡 ❶ [装飾のある] リキュール瓶. ❷ リキュール瓶とリキュールグラスのセット

licorería [likorería] 囡 蒸留酒の製造所 (販売所)

licorero, ra[2] [likoréro, ra] 名《チリ》=**licorista**
  ——男 リキュール瓶 [=licorera]

licorista [likorísta] 名 蒸留酒の製造 (販売) 業者

licoroso, sa [likoróso, sa] 形 [ワインの] アルコール度が高く香りの良い

licosa [likósa] 囡《動物》コモリグモ

licra [líkra] 囡 =**lycra**

lictor [liktór] 男《古代ローマ》警士〔執政官の前を行く〕

---

licuable [likwáble] 形 液化(融解)され得る

licuación [likwaθjón]【←ラテン語 liquatio, -onis】囡 ❶ 液化, 融解. ❷《金属》溶離

licuado [likwáðo] 男《メキシコ, ホンジュラス, エルサルバドル, アルゼンチン, ウルグアイ》[果実・シリアル入りの] ミルクセーキ. ❷《中米. 隠語》他人をしらけさせること

licuadora [likwaðóra] 囡《料理》ジューサー
  ——囡 液化装置

licuante [likwánte] 形 ❶ 液化する. ❷《音声》[子音が] 流音の

licuar [likwár]【←ラテン語 liquare「液体に変える」< liquor, -oris】[12] /[14] 他《料理》[果物・野菜を] ジュースにする. ❷ [固体を] 溶解させる; [気体を] 液化させる: gas licuado del petróleo 液化石油ガス, LPG. ❸《金属》溶離させる
  ——自 溶解する; 液化する

licuecer [likweθér] [39] 他《古語》=**licuar**

licuefacción [likwefa(k)θjón] 囡 [気体などの] 液化 [=licuación]: 〜 del suelo [地面の] 液状化 [現象]

licuefacer [likwefaθér] [63] 他《廃語》[固体を] 溶解する; [気体を] 液化する [=licuar]

licuefactible [likwefaktíble] 形 =**licuable**

licuefactivo, va [likwefaktíbo, ba] 形 液化する, 融解性の

licuoso, sa [likwóso, sa] 形《まれ》=**acuoso**

licurcia [likúrθja] 囡《古語的》ペセタ [=peseta]

licurgo, ga [likúrɣo, ɣa]【←人名 Licurgo (スパルタの律法者)】名《文語》律法者, 立法者
  ——形《文語》利口な, 抜け目のない

lid [lí(ð)]【←ラテン語 lis, litis「議論, 訴訟」】囡《文語》❶ [スポーツなどの] 戦い, 争い. ❷ 論戦. ❸ 業務, 活動: No es experto en estas 〜es. 彼はこの問題の専門家ではない
  en buena 〜 正々堂々と, 正当に: Consiguió el puesto en buena 〜. 彼はそのポストを正当な方法で手に入れた

lida [líða] 囡《昆虫》ヒラタハバチ

líder [líðer]【←英語 leader】名 ❶ 指導者, リーダー: 〜 de la oposición 野党の党首. 〜 de opinión/〜 en opiniones オピニオンリーダー. 〜 de precios 価格設定者, プライスメーカー. ❷《スポーツなど》第1位の人: 1) convertirse en 〜 首位に立つ. 〜 de la carrera de maratón マラソンのトップを走る選手. 〜 de torneo トーナメントリーダー. 2) [形容詞的] empresa 〜 [複 empresas 〜(es)] トップ企業. marca 〜 リーディングブランド. ❸《舞踊》リーダー, リード役
  ——形《スポーツ》1位(首位)のチーム [=equipo 〜]. ❷ 新聞の社説

liderar [liðerár]【←líder】他 …の指導的地位にある, リーダーの役割を果たす, トップに立っている: Ha liderado varios partidos políticos. 彼は様々な政党を率いてきた. Tiene el propósito de 〜 el acuerdo. 彼はその協定の主導権を握ろうとしている. La empresa lidera el sector de las ventas de coches. その会社は自動車販売業界のトップだ. 〜 el pelotón 集団の先頭を走る

liderato [liðeráto]【←líder】男 ❶ 指導者の地位 (身分); トップ (1位) であること: Ostenta el 〜 en este partido. 彼はこの政党の党首の肩書きを持っている. obtener el 〜 de...〜 の指導的地位に立つ; トップになる. mantener el 〜 指導的地位 (首位) を保つ. ❷ 指導力, リーダーシップ

liderazgo [liðeráθɣo] 男 =**liderato**

lideresa [liðerésa] 囡《メキシコ》女性リーダー

lidia[1] [líðja]【←lidiar】囡 ❶ 闘牛 [をすること]〔一頭の牛に対する各種の闘い suerte の全体〕: toro de 〜 闘牛用の牛. ❷ 戦闘
  dar 〜《コロンビア》困らせる

lidiable [liðjáble] 形 [牛が] 闘牛可能な

lidiadero, ra [liðjaðéro, ra] 形 [牛が] 闘牛に適した
  ——囡《グアテマラ, エクアドル》口げんか, 口論: andar en 〜ras 言い争う

lidiador, ra [liðjaðór, ra] 形 ❶ 闘牛士 [=torero]. ❷ 闘う; 闘士, 戦士. ❸ 論客, 論争者

lidiar [liðjár]【←ラテン語 litigare「議論する, 口論する」< lis, litis「議論, 訴訟」】[10] 他《闘牛》[牛と] 闘う: El torero lidió dos miuras en la feria. その闘牛士は闘牛試合で2頭のミウラ牛と闘った
  ——自《文語》❶ [+con·contra と] 闘う [=luchar]: 〜 por

la fe 信仰のために闘う. ❷ [厄介な人・問題に] 立ち向かう: María ha tenido que ~ *con (contra)* los clientes más pesados. マリアは最も厄介な客の相手をしなければならなかった. Tuvo que ~ *con* un serio problema. 彼はある深刻な問題に立ち向かわねばならなかった. Hay que ~ serenamente *con* las preocupaciones de día a día. 日々の悩みには冷静に対処しなければならない

lidio, dia[²] [líðjo, ðja] 形 名 ❶《歴史, 地名》[小アジアの] リディア Lidia の. ❷《音楽》modo ~ リディア旋法
lidioso, sa [liðjóso, sa] 形 ❶《メキシコ》争いの原因になりかねない. ❷《ベネズエラ》怠惰な; 間抜けな
lidita [liðíta] 女《化学》リダイト
lido [líðo] 男《地理》リド《潟の外の砂洲》
liebanense [ljebanénse] 形《地名》=**lebaniego**
liebrastón [ljebrastón] 男 =**lebratón**
liebratón [ljebratón] 男 =**lebratón**
liebre [ljébre] [←ラテン語 lepus, -oris] 女 ❶《動物》ノウサギ《野兎》: 1) correr como una ~ 脱兎のごとく走る. 2)《諺》Donde (Cuando) menos se piensa, salta la ~. 物事は予期せぬ時に起こるものだ/藪から棒. Galgo que muchas ~s levanta, ninguna mata. 二兎を追う者は一兎をも得ず. ❷《動物》~ de mar/~ marina アメフラシ. ❸《競走》ラビット, ペースメーカー: ~ mecánica [ドッグレースの] 電動ラビット. ❹ 臆病者. ❺《俗語》女性の陰部. ❻《天文》[L~] 兎座. ❼《チリ》マイクロバス
coger una ~/cazar la ~《口語》[滑ってつまずいたりして] 倒れる
correr la ~《アルゼンチン, ウルグアイ. 口語》[貧しくて] 飢える
levantar la ~《口語》[秘密などを] うっかり漏らす, 寝た子を起こす
~ corrida《中米》熟練者, ベテラン
ser más listo que una ~《口語》非常に利口である

liebrecilla [ljebreθíʎa] 女《動物》ヤグルマソウ [=aciano]
lied [líð] [←独語] 男《楽》 lieder [líðer]《音楽》リート, 歌曲
liederista [ljeðerísta] 名《音楽》リートの作曲家《歌手》
liederístico, ca [ljeðerístiko, ka] 形《音楽》リートのもの
liencillo [ljenθíʎo] 男《ベネズエラ, チリ, アルゼンチン, ウルグアイ》薄くて粗い綿布
liendra [ljéndra] 女《メキシコ》=**liendre**
liendre [ljéndre] 女 シラミの卵
*cascar (machacar) las ~s a+*人 [棍棒などで] …をひどく殴る; 強く叱る
*sacar a+*人 *hasta las ~s* …から搾れるだけ搾り取る
lientera [ljentéra] 女 =**lientería**
lientería [ljentería] 女《医学》不消化下痢
lientérico, ca [ljentériko, ka] 形《医学》不消化下痢の[患者]
liento, ta [ljénto, ta] 形《まれ》湿った, じめじめした
lienza [ljénθa] 女 ❶ 細い布切れ. ❷《キューバ》寸法を測るための紐. ❸《釣り》細い綱紐; 釣り糸
lienzo [ljénθo] [←ラテン語 linteum] 男 ❶《美術》1) カンバス, 画布: Colocó el ~ en el caballete. 彼はイーゼルにカンバスを置いた. 2) [カンバスに描いた] 油絵: pintar un ~ 油絵を描く. ~ de Picasso ピカソの油絵. ❷ [毛織物に対して, 麻・木綿の] 布, 粗布. ❸《建築》壁面の一画《= ~ de pared》. ❹《築城》幕壁. ❺ ハンカチ. ❻《中南米》柵囲いの一画. ❼《キューバ》昔の農地面積の単位

liero, ra [ljéro, ra] 形《アルゼンチン, ウルグアイ》冗談好きの[人], ごたごたを起こす[人]
lifara [lifára] 女《アラゴン》宴会
liftado, da [liftáðo, ða] 形 男《テニス》トップスピン[のかかった]
liftar [liftár] 他《テニス》トップスピンをかける
lifting [líftin] [←英語] 男 しわとり美容, 美容整形
liga [líɣa] I [←ligar] 女 ❶《服飾》靴下留め, ガーター: ponerse la ~ ガーターをする. ❷《スポーツ》リーグ[戦]; 競技連盟: ganar la ~ リーグ戦に優勝する. campeón de ~ リーグチャンピオン. sistema de ~ リーグ戦システム. L~ Española《サッカー》リーガ・エスパニョーラ, スペインリーグ. L~ Japonesa《サッカー》Jリーグ. ❸ 連盟, 同盟: 1) formar una ~ para luchar contra... …と闘うために同盟を結ぶ. L~ Árabe アラブ連盟. L~ en defensa de los derechos del hombre 人権擁護連盟. 2)《歴史》L~ de Naciones 国際連盟 [=Sociedad de Naciones]. L~ Lombarda ロンバルディア同盟. ❹《技術》結合材, ボンド. ❺《金属》合金 [=aleación]. ❻ [金貨・銀貨の] 銅《普通の金属》の含有量.

❼ 包帯, 帯. ❽ ヒッチハイカー, 便乗者. ❾《メキシコ, 中米》結合, きずな. ❿《メキシコ》輪ゴム [=gomita]. ⓫《コロンビア》窃盗. ⓬《アンデス》親友. ⓭《アルゼンチン, パラグアイ》[賭け事での] 運, つき: estar de ~ ついている
hacer buena (mala) ~ [+con+人 と] 折り合いがよい(悪い)
II [←?語源] 女 ❶《植物》ヤドリギ [=muérdago]. ❷ [ヤドリギの汁で作られる] 鳥もち

ligación [liɣaθjón] 女《まれ》縛ること, 結ぶこと
ligada [liɣáða] 女 結ぶ《結ばれている》こと
ligado [liɣáðo] 男 ❶ 字をつなげて書くこと,《印刷》合字. ❷《音楽》レガート [⇔picado]; スラー(タイ)で結ばれた音符: hacer un ~ レガートにする
ligadura [liɣaðúra] 女 [←ligar] ❶ 結ぶ《結ばれる》こと, 縛ること. ❷ [主に 複. 縛る] 紐, 綱, 縄: Se ha roto la ~ del paquete. 小包の紐が切れた. desatar a+人 las ~s de las muñecas …の手首を縛った紐をほどく. ❸ 束縛, 拘束; きずな: romper la ~ con+人 …との関係を断つ, 手を切る. ❹《音声》渡り音. ❺《音楽》[記号] スラー, タイ. ❻《医学》1) 結紮 ([けっさつ]); ~ de trompas 輸卵管結紮. ~ de vasos 脈管結紮. 2) 結紮用の糸・器具. ❼《船舶》繁結, ラッシング
ligamaza [liɣamáθa] 女 ❶ [ある種の植物の種のまわりの] ねばねばした物質. ❷ アリマキが尻から出す甘い液
ligamen [liɣámen] [←ligar] 男 ❶《文語》結びつき, きずな: Existía un ~ entre gobierno y religión. 政治と宗教の間にはある結びつきが存在した. ❷《法律》[以前の結婚が法律的に解消されていないことによる] 絶対的婚姻障害
ligamentario, ria [liɣamentárjo, rja] 形《解剖》靭帯の
ligamento [liɣaménto] [←ラテン語 ligamentum「結ぶこと」] 男 ❶《解剖》靭帯《[じんたい]》: cortarse un ~ 靭帯を切る. sufrir (tener) rotura de ~ 靭帯を損傷する. [rotura del] ~ cruzado anterior 前十字靭帯[損傷]. ❷《繊維》[縦糸・横糸の] 交錯[法], 織り方, 編み方. ❸ 縛ること, くくること; 結びつき, きずな
ligamentoso, sa [liɣamentóso, sa] 形《解剖》靭帯の
ligamiento [liɣamjénto] 男 ❶ 縛ること. ❷《判断・考えの》一致, 調和

ligar [liɣár] [←ラテン語 ligare] 8 他 ❶ 結ぶ, 縛る: 1) ~ un paquete 小包を縛る. ~ a+人 los brazos a la espalda (por detrás) …を後ろ手に縛る. ~ la vena 血管を結紮《[けっさつ]》する. 2) [+a に] 結びつける: ~ una tira de latas vacías al coche de los novios recién casados 新婚者の車に空き缶の紐を結びつける. 3) [+con で] Vi en la mesa un fajo de billetes *ligados con* una goma. 私は机の上に輪ゴムで束ねてある札束を見た. Les *ligaron* las manos *con* una cuerda gruesa. 彼らは太い綱で両手を縛られた. ❷ [関係などを] 結びつける, 関係づける; 結束させる: Nos *liga* una amistad de veinte años. 20年来の友情が我々を結びつけている. Ese día el destino me *ligó a* ella. その日, 運命の力で私は彼女に出会った. Los *liga* su afición al baile. ダンス好きなところが彼らを結びつけている. novios *ligados* por amor 愛によって結ばれた恋人たち. ❸ 束縛する, 拘束する: El contrato del profesor extranjero con esa universidad le *liga* por un período de tres años de permanencia en ella. その大学と交わした外国人教員契約によって, 彼は大学に3年間勤務することが義務づけられる. Esta promesa la hice con el director anterior, pero todavía me siento *ligado* por ella. この約束は先代社長としたのだが, 私はまだそれに縛られていると思っている. ❹ 関連づけて考える, 脈絡をつける: ~ la enfermedad mental *con* las experiencias infantiles del paciente 精神病を患者の幼児体験に結びつけて考える. ❺《言語, 音声》~ las letras 前の語の最後の文字と次の語の最初の文字をつなげて発音する《書く》. ❻《音楽》~ las notas 音をつなげて弾く, レガートにする. ❼《料理》つなぐ, とろみをつける: ~ la mayonesa マヨネーズを作る. ~ vinagre, aceite y algunos otros ingredientes para hacer una vinagreta 酢, オイルその他の材料を混ぜてフレンチドレッシングを作る. ❽ [貨幣造りなどで, 金・銀などと] 合金にする: ~ cobre con oro 銅と金を混ぜる. ❾《西. トランプ》[手を] 作る[ために必要なカードを集める]: ~ un trio (una escalera) スリーカード(ストレート)を作る. ❿《西. メキシコ. 口語》[異性を] ナンパする. ⓫《闘牛》[パセなどの技を] つなげる, 連続させる, 中断しない. ⓬ うまく手に入れる: ~ localidades de los toros 闘牛の切符を手に入れる. ⓭ だまし取る, 買う. ⓮ 逮捕する. ⓯《隠語》つかむ. ⓰《俗語》[麻薬を] 手

に入れる. ⑰《古語》製本する. ⑱《メキシコ, 中米》じろじろ見る. ⑲《中米, ペルー》望みをかなえる. ⑳《カリブ》あらかじめ契約する;《キューバ》青田買いをする. ㉑《コロンビア》盗む, くすねる
── 自 ❶《西, メキシコ. 口語》[+con 異性を] ナンパする; 付き合い始める: Salieron dispuestas a ~. 彼女たちは男を引っかけに外出した. Pepe y Ana han ligado. ペペとアナは付き合い始めた. Es muy guapa y *liga* mucho. 彼女は美人でもててもてだ. ~ *con* una chica *que* se fue をひっかける. ❷ [+con *と*] 符号する, 脈絡がつく: Su actitud no *liga con* lo que dijo. 彼の態度は言ったことと矛盾する. ❸《料理》よく混ざる, とろみがつく: batir los ingredientes hasta que *liguen* よくなじむまで材料をかき混ぜる. Esta mayonesa no *liga*. このマヨネーズはよく混ざらない. ❹《トランプ》同じ組のカードがそろう. ❺《地方語》[植物が] 花びらが落ちて果実が付き始める. ❻《メキシコ, カリブ》1)［賭け事などで］運がいい, ついている. 2) じっと見る. ❼《中米, アンデス》[+a+人 *にとって*] うまくいく;［望みが］かなう. ❽《チリ. 口語》1) 気のあるそぶりをする. 2) [+a+人 *が*]…する番になる. ❾《アルゼンチン》1) 理解し合う. 2) 触れる, 対応する
── ~se ❶［人間同士が］結ばれる: *Me ligué a* él desde joven. 私は彼とは若いころからの親友だ. Por la fuerza del destino extraña *me ligué a* ella. 不思議な運命の力で私は彼女と結ばれた. ❷《西. 口語》[+a・con 異性を] ナンパする; 付き合い始める: *Se ligó a* María desde el año pasado. 彼は去年からマリアと親密な関係だ. ❸［法的・道徳的・心情的に］束縛（拘束）される; 参加する, 加入する: No quiero ~*me a* ese tipo de responsabilidad. 私はそんなたぐいの責任は負いたくない. *Se ha ligado a* esa asociación. 彼はその協会に入会した. ❹［互いに］同盟を結ぶ, 提携する. ❺《料理》よく混ざる, なじむ, とろみがつく. ❻《南米. 電話》混線する
ligarla/*ligársela*《遊戯》［隠れんぼなどで］鬼になる: ¿Quién se *la liga*? 誰が鬼?
ligarza [ligárθa]《アラゴン》書籍の束
ligaterna [ligatérna] 女《ラマンチャ. 動物》小トカゲ《=lagartija》
ligazón [ligaθón][←ligar] 女 ❶［事物の密接な］つながり, 結びつき, きずな: Existe una ~ evidente entre los dos sucesos. 2 つの出来事の間には明らかな関連がある. ~ *de los hermanos* 兄弟のきずな. ❷ 縛ること; 結合. ❸《船舶》de ~ ハトックの, 中間肋材の《=enlace》. ❹《音楽》連音符
ligera[1] [lixéra] 女 尻軽女, 浮気女
ligeramente [lixéraménte] 副 ❶ 軽く, そっと: Me tocó el brazo ~. 彼は私の腕にそっと触れた. soldado ~ armado 軽装備の兵士. ❷ 軽快に; す早く: huir ~ す早く逃げる. ❸ 軽やかに, わずかに: Carlos cojea ~. カルロスはかすかに脚を引きずっている. ❹ 軽率に, 軽々しく: obrar ~ 軽率に行動する. ❺《古語》容易に
ligerear [lixereár] 自《チリ》急ぎ足で歩く, 軽快に歩く; 急いで行なう
ligereza [lixeréθa] [←ligero] 女 ❶ 軽さ: Las plumas tienen una gran ~. 羽根は大変軽い. ❷ 軽快さ; 敏捷さ, 機敏さ: Con sus ochenta años todavía tiene mucha ~ al andar. 彼は80歳だが, まだ軽やかに歩いている. Estos días mis piernas ya han perdido ~. 最近私の脚は敏捷性を失ってしまった. bailar con ~ 軽やかに踊る. ~ *de mano* 手先の器用さ. ❸ 速さ: Los rumores se propagan con la ~ del viento. うわさ話は風のように早く広がるものだ. ❹ 軽率さ: Fue una ~ para el ministro aceptar dinero de procedencia incierta. 出所不明の金を受け取ったのは大臣として軽率だった. cometer una ~ 軽率なことをする. hablar con ~ 軽々しく話す. ❺ 移り気, むら気; 不まじめさ. ❻ 心の軽やかさ, 幸福感《=~ *de espíritu*》
ligero, ra[2] [lixéro, ra][←仏語 léger <俗ラテン語 leviarius < levis] 形 [ser+]《重量が》[⇔*pesado*]: 1) Esta camisa de seda es muy ~*ra*. この絹のシャツはとても軽い. equipaje ~ 軽い荷物. armazón de hierro ~ 軽量鉄骨. 2) [+de ~] Esta chica suele ir muy ~*ra de* ropa. この子はいつもごく薄着でいることが多い. viajar ~ *de* equipaje わずかな荷物で旅行する. ❷［濃度が］薄い: café ~ 薄い（浅煎りの）コーヒー. ❸ 薄い霧. vino ~ アルコール度の低いワイン. niebla ~ 薄い霧. vino ~ アルコール度の低いワイン. ❹［程度・内容などが］軽度の, 軽微な, 浅い: Es una ~*ra* importancia. それは大した重要でない. Tiene un sueño muy ~. 彼は眠りが大変浅い. Un viento ~ acaricia mi rostro. 弱い風が私の顔をなぜる. Tuen un ~ acento andaluz. 彼には軽度のアンダルシアなまりがある. castigo ~ 軽い罰. conocimiento ~

浅い知識. ~ *dolor*/*dolor* ~ かすかな痛み. enfermedad ~*ra* 軽い病気. idea ~*ra* 漠然とした考え. música ~*ra* 軽音楽. ruido ~ かすかな物音. trabajo ~ 楽な仕事, 軽労働. ❹［食事・料理が］消化の早い（良い）, 少ない: En un restaurante pedí algo ~, pero me sirvieron una tortilla gruesa. 私はレストランで何か軽いものを頼んだが, 分厚いトルティージャが出てきた. ❺《口語》軽快な, すばやい, 敏捷な: Es un caballo ~ como el viento. この馬は風のように速い. ~ *de manos*. 彼は手先が器用だ. Tú eres muy ~ *para* comer. 君は食べるのがひどく早い. ~*mente* ~*ra y lúcida* 明敏な頭脳. movimiento ~ 敏捷な動作. paso ~ 軽快な足取り. ❻ 浅薄な, 軽薄な: Es muy ~ hablando. 彼は口が軽い. carácter ~ 浮ついた性格. conducta ~*ra* 軽々しいふるまい, 軽はずみな行動. ❼［女性的］尻軽な: mujer ~ *ra* 浮気女; 高級娼婦. ❽ 気楽な, 気軽な: conversación ~ *ra* ざっくばらんな会話. ❾《軍事》軽装備の: con armamento ~ 軽装備の・で. división ~ *ra* 軽師団. tanque ~ 軽戦車. ❿《スポーツ》軽量級の
a la ~*ra* 1) 軽率に, 軽々しく; 急いで, ぞんざいに: juzgar *a la* ~ *ra* 軽々しく判断する. opinar *a la* ~ よく考えずに意見を言う. tomar... *a la* ~ …を軽く考える, 軽く考えて~する. 2) 浅薄に. 3) 質素に, 手軽に: Por de momento vamos a comer *a la* ~ *ra*. 今は簡単な食事で済ませておこう
de ~ 1) 軽率に, 無思慮に: creer *de* ~ 軽々しく信じる. A mí me parece que tú has obrado *de* ~ al aceptar ese compromiso. 君がその取り決めを承認したのは軽率ではなかったと私は思える. 2)《古語》容易に
── 副 1) すぐに, 手早く, さっさと: Hazlo ~. 手早くやりなさい. 2) 速く: Mi mujer camina ~. 私の妻は足が速い. 3) 軽装で
── 男《ボクシング》ライト級《=peso ~》
ligeruela [lixerwéla]《植物》白ブドウの一種《=uva ~》
light [láit][←英語] 形《単複同形》[+名詞] ❶［たばこが］軽い, タールの少ない［食品が］低カロリーの, 糖分の少ない. ❷《時に戯語. 軽蔑》［内容的に］軽い;［政策などが］極端でない, 穏健で, 妥協的な
── 男 集名 低カロリーの食品や飲み物
lighter [láitər][←英語] 男《パナマ》ライター
ligio [líxjo] 形 →**feudo** ligio
lignario, ria [lignárjo, rja] 形《主に技術》木材の
lignificación [lignifikaθjón] 女《植物》木化, 木質化
lignificar [lignifikár] 7 →*se* 形《植物》木化する, 木質化する
lignina [lignína] 女《植物》リグニン, 木質素
lignito [ligníto] 男 亜炭, 褐炭
lignívoro, ra [lignívoro, ra] 形《動物》木食性の
lignocelulosa [lignoθelulósa] 女《化学》リグノセルロース
lignosa [lignósa] 女 集名 木本植物
lígnum [lígnun] 男《古語》=**lignum** crucis
lignum crucis [lígnun krúθis] 男《ラテン語》形 十字架の木《キリストが磔刑に処せられた十字架の聖遺物》
ligón[1] [ligón] 男 鍬の一種
ligón[2], **na** [ligón, na] [←ligar] 形 名《西. 主に軽蔑》［異性に］すぐ声をかける［人］, ナンパ好きの［人］; 女たらし, 男好き. ❷［物が］結ぶ, 縛る
ligotear [ligoteár] 自 他《西. 主に軽蔑》ナンパする
ligoteo [ligotéo] 男《西. 主に軽蔑》ナンパ
ligroína [ligroína] 女《化学》リグロイン
ligtú [ligtú] 男《チリ, アルゼンチン. 植物》ヒガンバナ科の一種《=liuto》
ligua [líɣwa] 女《フィリピン》［武器として使われる］斧
liguano, na [liɣwáno, na] 形《チリ》［羊の品種で］毛が太く長い
ligue [líɣe][←ligar] 男《西, メキシコ. 口語》❶［異性を］ナンパすること: ir de ~ ナンパしに出かける. ❷ 情事, 恋愛ざた: ~ *de una noche* 一夜限りの情事
── 男 ナンパした相手; [性関係のある] 恋人
liguero, ra [liɣéro, ra] [←ligar] 形《スポーツ》リーグ［戦］の: campeonato ~ リーグ選手権. calendario ~ リーグ戦の日程
── 男《服飾》ガーターベルト, 靴下留め
liguilla [liɣíʎa] 女《スポーツ》予選リーグ, ミニリーグ; リーグ戦
lígula [líɣula] 女 ❶《植物》葉舌, 小舌; 舌状花冠. ❷《解剖》喉頭蓋《=epiglotis》
ligulado, da [liɣuláðo, ða] 形《植物》葉舌のある; 舌形の: hoja ~*da* 舌状葉

ligur [ligúr] 形 名《歴史, 地名》[イタリア北部の] リグリア Liguria の[人]
ligurino, na [ligurino, na] 形 名 =**ligur**
ligustral [ligustrál]《植物》イボタノキ属の
—— 女 複《植物》イボタノキ属
ligustre [ligústre] 男《まれ》イボタノキ [=aligustre]; イボタノキの花
ligustrino, na [ligustríno, na] 形《植物》イボタノキの
—— 女《アルゼンチン, ウルグアイ》イボタノキ [=aligustre]
ligustro [ligústro] 男《まれ》イボタノキ [=aligustre]
Lihn [lín]《人名》**Enrique** ~ エンリケ・リン《1929～88, チリの詩人. ネルーダ Neruda の影響を受けて詩作を始めるが, やがて口語体の平易な文体を用いた叙情味豊かな詩風に変化した》
liillo [líʎo] 男《アンダルシア》手巻きの葉巻たばこ
lija [líxa]《←?語源》女 ❶ 紙やすり, サンドペーパー [=papel de ~]; lijar con ~ fina (gruesa) 細かい(粗い)紙やすりで磨く. ❷《魚》トラザメ [=pintarroja]. ❸《研磨用の》鮫皮. ❹《南米. 隠語》まずいワイン. ❺《ベネズエラ》爪やすり
 dar ~《キューバ, ドミニカ. 口語》ごまをする, おべっかを使う
 darse ~《キューバ, ドミニカ. 口語》自慢する
lijado [lixádo] 男 紙やすりをかけること, 磨き
lijador, ra [lixadór, ra] 形 磨く[人]
—— 女 やすり; ~ra de disco ディスクサンダー
lijar [lixár]《←**lija**》他《動物》ナメクジ, 紙やすりをかける; Hay que ~ la silla antes de pintarla. 椅子を塗る前に紙やすりをかけねばならない
lijón, na [lixón, na] 形《サラマンカ》ヘルニアを患った
lijosamente [lixosaménte] 副《古語》不潔に
lijoso, sa [lixóso, sa] 形 ❶ ざらざらした. ❷《古語》不潔な. ❸《キューバ》虚栄心の強い
lijuana [lixwána] 女《ペルー》[先住民が畑を耕す先に使うとった] 掘り棒
likear [likeár] 自《米国》漏れる
lila [líla] **I**《←仏語 lilas < ペルシア語 lilak》女《植物》リラ, ライラック, その花
—— 男 ❶ 薄紫色[の]. ❷《隠語》ホモ[の], 男性同性愛者[の]
 II 形《擬声》ばかな[人], 単純な
 III《←Lille (フランドルの町)》女《古語》薄い毛織物, 絹織物
lilac [lilák] 女 複 lilaques《植物》ライラック [=lila]
lilaila [liláila] **I**《←モーロ人の声》女 ❶ lelilí の声 [=lelilí]
 II 形 ❶ 悪だくみ, 陰謀. ❷《古語》薄い毛織物, 絹織物 [=fileli]
lile [líle] 形《チリ》[動物・人が] 虚弱で元気のない
lilequear [lilekeár] 自《チリ》[動物・人が弱って・寒くて] 震える
liliáceo, a [liljáθeo, a] 形 ユリ科の
—— 女 複《植物》ユリ科
lilial [liljál] 形 ❶《文語》ユリ花のように純白な. ❷《軽蔑》[詩人が] モダニズムの
liliputiense [liliputjénse]《←Liliput「リリパット」(『ガリバー旅行記』Viajes de Gulliver の小人国)》形 名 こびと[の]; [物が] ひどく小さい
lilo [lílo] 男 ❶《地方語. 植物》リラ [=lila]. ❷《メキシコ》ホモ, 男性同性愛者
lima [líma] **I**《←アラビア語》女《植物, 果実》ライム; ライムジュース
 II《←ラテン語》女 ❶ やすり: pasar (dar con) la ~ sobre.../limar... con una ~ …にやすりをかける. ~ de (para) uñas 爪やすり. ~ muza 油目やすり. ~ plana やすり. ❷ 仕上げ; 推敲: A este artículo le falta la ~ de un corrector de estilo. この記事は文体校閲係の校閲を受ける必要がある. ❸ 気づかれないでじわじわと侵食していくもの. ❹《口語》大食漢: Juan es una ~ con los pasteles. フアンはケーキを食いする. ❺《貝》ウスキヌミノ
 comer como ~ **nueva**《プエルトリコ, ベネズエラ, アルゼンチン》大食いである
 comer como una ~《西》大食いである
 ~ **sorda** 1) 目の細かいやすり. 2) じわじわと侵食していくもの
—— 名《メキシコ, グアテマラ, パナマ, プエルトリコ, ペルー, ボリビア》研ぎ師
 III《←ラテン語 limus「斜め」》女《建築》~ **hoya** [屋根の] 谷. ~ **tesa** 隅棟
 IV《隠語》ワイシャツ [=camisa]
 V《地名》[L~] リマ《ペルーの首都. 1535年, ピサロ Pizarro が建設》

limaco [limáko] 男《動物》ナメクジ [=babosa]
limado [limáðo] 男 やすりがけ, 磨き上げ
limador, ra [limadór, ra] 形 名 やすりをかける[人]; やすりがけ係
—— 女《技術》型削り機
limadura [limadúra] 女 ❶ 複 やすりの削り屑: ~s de hierro 鉄粉. ❷ やすりがけ, 磨き上げ
limahoya [limaójá] 女 [屋根の] 谷 [=lima hoya]
limalla [limáʎa] 女 不可算 やすりの削り屑
limanda [limánda] 女《魚》ニシマガレイ: falsa ~ レモンガレイ
Limantour [limantúr]《人名》**José Yves** ~ ホセ・イベス・リマントゥル《1854～1935, メキシコの政治家. ポルフィリオ・ディアス Porfirio Díaz 政権下で財務大臣》
limantria [limántria] 女《昆虫》ノンネマイマイ
limar [limár]《←**lima II**》他 ❶ …にやすりをかける: ~ una llave 鍵にやすりをかける. ~ los barrotes de la ventana de la cárcel 牢獄の窓の鉄格子をやすりで切る. ❷《文語》念入りに仕上げる; 推敲する: ~ una novela 小説を推敲する. ❸《文語》[欠点などを] 弱める, 取り除く: ~ asperezas ことを丸く収める. ~ diferencias 対立を克服する, 小異を捨てて大同につく
limatón [limatón] 男 ❶ 丸やすり. ❷《中南米. 建築》隅棟. ❸《ホンジュラス, コロンビア, チリ》荒やすり
limaza [limáθa] 女《動物》ナメクジ [=babosa]
limazo [limáθo] 男 粘り, 粘液
limbar [limbár] 形《植物》葉身の, 葉辺の
límbico, ca [límbiko, ka] 形《解剖》sistema ~ 大脳辺縁系
limbo [límbo] **I**《←ラテン語 limbus「衣服の縁, あの世の辺土」》男 ❶《カトリック》リンボ, 辺獄, 地獄の辺土 (1) 地獄と天国との中間にあり, キリスト以前に生まれた者・異教徒・幼児など洗礼を受けずに死んだ善人の霊魂が行く場所. 2) 聖人や大司教の魂が人類の救済を願望する場所】: ~ de los justos [キリストの贖罪以前の] 義人たちの行く辺獄. ❷《文語》世界の果て. ❸《植物》葉身, 葉辺. ❹《服飾》縁飾り. ❺《分度器などの》目盛り縁. ❻《天文》[太陽などの] 周縁
 estar (**vivir**) **en el** ~ [人が周囲のこと・論じられていることと無関係に] ぼんやりしている
 II《アンティリャス諸島の》リンボーダンス
limburgués, sa [limburgés, sa] 形 名 ❶《地名》[オランダ・ベルギーの] リンブルフ Limburgo の[人]. ❷ queso ~ リンバーガー[チーズ]
limen [límen] 男《詩語》敷居; [知識などの] 出発点
limense [liménse] 形《まれ》=**limeño**
limeño, ña [liméɲo, ɲa] 形 名《地名》リマ Lima の[人]《ペルーの首都》
limera[1] [liméra] 女《船舶》舵の先を通す穴
limerick [limerík]《←英語》男《詩法》リメリック, 5行墜詩
limero, ra[2] [liméro, ra] 名 ライム売り
—— 男《植物》ライム
limes [límes] 男《古代ローマ》防衛線, 国境線
limeta [liméta] 女《フランスの》首が細長く胴の丸い瓶
limícola [limíkola] 形《動物》[海底・湖底の] 泥の中に生息する
—— 女 複 泥の中に生息する動物
limícolo [limíkolo] 男《動物》泥の中に生息する鳥
liminal [liminál] 形 ❶ 始まりの. ❷《文語》敷居の, 入り口の. ❸《心理》閾(θ)の: valor ~ 閾値
liminar [liminár] 形 ❶《文語》[章などの] 冒頭の, 巻頭の: advertencia ~ 序言. ❷ 敷居の, 入り口の
—— 男《文語》冒頭の章
límiste [límiste] 男 セゴビア産の毛織物
limitable [limitáble] 形 限定され得る
limitación [limitaθjón]《←ラテン語 limitatio, -onis》女 ❶ 制限[行為]; 限度: Tengo poder de decisión sin *limitaciones*. 私には無制限の決定権がある. imponer *limitaciones* 制限を設ける. tener *limitaciones* 制限がある. sin ~ de tiempo 時間制限なしに, 時間の制約なしで. ~ de edad 年齢制限. ~ de peso de la carga 積荷の重量制限. ~ de velocidad 速度制限. ❷ [主に 複. 能力的な] 限界, 向き不向き; 欠点: Cada uno debe reconocer sus propias *limitaciones*. めいめいが自分の限界を認めなければならない. Para vivir esta vida el hombre tiene una serie de *limitaciones* que debe salvar. この人生を生きるには乗り越えなければならない一連の壁がある.

❸《古語》土地の境界

limitadamente [limitáđaménte] 副 限定的に

limitado, da [limitáđo, đa] 形 ❶ 制限のある〖⇔ilimitado〗: dentro del tiempo ~ 限られた時間内に. un ~ número de personas 限られた人数、わずかな人数. ~ da cantidad de dinero 限られた金額. edición ~ da 限定版. oferta ~ da 限定販売. recursos ~ s 限られた資源. ❷ [ser] 少ない, わずかな: No fue mucho, o más bien ~, el número de asistentes. 出席者の数は多くはなかった、いや、少ない方だった. Pasada la temporada del veraneo, el consumo de agua ya es muy ~. 避暑の時期が終わると水の消費量は非常に少なくなる. La venta de este mes ha sido bastante ~ da. 今月の売り上げはかなり落ちた. ❸《婉曲》知能の劣った, 頭の働きの鈍い: Es un poco ~, quizá no lo comprenderá. 彼は頭がちょっと弱いから、たぶんそれを理解できないだろう

limitador, ra [limitađór, ra] 形 制限する
—— 男《技術》リミッター

limitáneo, a [limitáneo, a] 形《まれ》国境〔付近〕の

limitante [limitánte] 形 制限する〖=limitador〗
—— 女《南米》制限《行為》

limitar [limitár]《←ラテン語 limitare < limes, -itis「境界」》他 ❶ …の境界を定める (示す); 境界をなす: Los obreros *limitaron* el terreno con vallas. 作業員たちがその土地の境を柵で囲った. ~ las fronteras de ambos países 両国の国境を定める. ❷ 制限する, …の範囲内にとどめる: 1) Las autoridades *han limitado* el consumo de electricidad. 当局は電力消費量を抑えた. ~ el poder de la iglesia fueron *limitadas* por el comité revolucionario. 教会の権限は革命委員会によって制約された. ~ la velocidad スピード制限をする. 2) [+a に] Antes la vida de la mujer casada estaba *limitada* al cuidado de los niños y a los quehaceres de casa. かつて既婚女性の生活は育児やその他の家事に限られていた. La posesión de inmuebles está *limitada* a los ciudadanos japoneses. 不動産の所有は日本国民のみに限られている. ~ los gastos a sus ingresos 出費を収入の範囲内におさえる
—— 自 [+con と] 境界を接する, 隣接する: El Perú *limita con* Ecuador al norte. ペルーは北部でエクアドルと国境を接している
—— ~ se ❶ [+a+不定詞] ただ…するだけにとどめる: Yo, en silencio, *me limité* a obedecerle. 私は黙って彼に従っておくより. *Se limitó* a leer la carta y no dio ningún comentario. 彼は手紙を読むだけで、何も感想をもらさなかった. ❷ [+a+名詞 だけに] 自分を制限する: Tengo que ~ *me a mi* sueldo. 私は給料だけでやっていかねばならない. ~ *se a* sus obligaciones 自分の義務だけをきちんと果たす. ❸ 制限される: *Se deben* ~ esos abusos del alcohol. そうしたアルコール飲料の乱用は制限されるべきである

limitativo, va [limitatíβo, ba] 形 制限する, 限定的な: disposiciones ~ *vas* 制限措置

límite [límite]《←ラテン語 limes, -itis》男 ❶ 境界, 端の部分: 1) Estas montañas constituyen el ~ de las provincias. この山々が県境になっている. ~ de las propiedades 地所の境界線. tierra sin ~ 果てしない大地. 2) 覆 国境〖=frontera〗: Hasta ahora no he visto los ~ s que separan los dos países. 私は今まで2つの国を分ける国境を見たことがない. buscar los ~ s de España en el mapa 地図でスペイン国境を探す. ❷ 限界, 極限, 制限; 限度, 範囲: 1) Si accediéramos una vez a la exigencia de ellos, no tendrían ~ las posteriores. もし我々が一度でも彼らの要求をきいれたとしたら、その後に際限がなくなってしまうだろう. Todo tiene un ~ (sus ~ s). 何事にも限界がある. pasar el ~ 限度を超える. rebasar (sobrepasar) el ~ de velocidad establecida 制限速度を超える. correr hasta el ~ de sus fuerzas 力の限り走る. sin ~ de tiempo 時間制限なしに・の. ~ de crédito《商業》信用限度, クレジットの限度額. ~ de edad 年齢制限; 定年. ~ de gastos 使用限度額. ~ de las posibilidades 可能性の極限. ~ de resistencia 耐久性の限度. ~ de su experiencia 経験の範囲. ~ forestal (~ boscoso)《植物》/ del bosque 森林限界. ~ presupuestario 予算の制限〖範囲〗. 2) ~ *al* crecimiento [ローマクラブの報告 (1972) にある]成長の限界. 2) [数値化せず同格] caso ~ 極端な場合, 極端な例, ぎりぎりのケース. concentración ~ 限界濃度. dimensiones ~ 限界規模. fecha ~ 締め切り日. jornada ~ semanal 最高週給額. peso ~ 限界重量. precio

~[値幅制限の上限・下限の]ストップ値段. prueba ~ 限界試験. tiempo ~ 制限時間. velocidad ~ 制限速度. ❸《相場》指し値. ❹《賭け金の》制限額. ❺《数学》極限〔値〕; 〖定積分の さ〕の〕端: ~ inferior 下限値; 下端. ~ superior 上限値; 上端. ❻《物理》capa ~ 境界層. ❼《情報》~ de página ページの区切り, 改ページ

como (*de*) ~ 1) 最高でも: Para el préstamo de crédito nos concedieron *como* ~ la cantidad de cinco millones yenes. 貸付け限度額として500万円が我々に認められた. 2) 遅くても: En cuanto al vencimiento del giro nos han dado *como* ~ el día 5 del mes próximo. 当社の手形支払い期限は来月5日になっている

no tener ~ s 限界を知らない, 無限である

poner [*un*] ~ [a に] 制限を設ける: Han puesto un ~ a la entrada de inmigrantes con la excusa de la lengua. 言語を理由に移民の入国が制限されている. Me *pusieron un* ~ de dinero para gastar. 私は使える金額が制限された

rebasar los ~ s 1) 限度を越える. 2) 大げさに言う

sin ~ s 1) 限りない, 無限如の: ambiciones *sin* ~ s とどまるところを知らない野望. bondades *sin* ~ s 無限の善意. 2) 限りなく, 無制限に: La libertad de empresa garantiza el ejercicio de la actividad económica *sin más* ~ s que los que protegen el bien común. 企業の自由は公共の利益を損なわない限りにおいて経済活動を行なうことを保障する

limítrofe [limítrofe]《←ラテン語 limitrophus < limes, -itis「境界」+ ギリシャ語 trepho「私は食べさせる」》形 [+de·con と, 国・領土が]隣接する: España es un país ~ *de* Francia. スペインはフランスの隣国である. Alemania y países ~ s ドイツおよび隣接諸国

limnea [límnéa] 女《貝》モノアラガイ

limnobiología [limnoβjoloxía] 女 湖沼生物学

limnobios [limnóβjos] 男《集名》湖沼に生息する生物

limnógrafo [limnóγrafo] 男〖湖・河川の〗水位測定装置

limnología [limnoloxía] 女 湖沼学, 陸水学

limnológico, ca [limnolóxiko, ka] 形 湖沼学の

limnometría [limnometría] 女〖湖の〗水位測定

limnoplancton [limnoplánkton] 男《生物》淡水性プランクトン, 湖沼プランクトン

limo [límo]《←ラテン語 limus》男 ❶ 泥; [水が運ぶ] 沈土, 沈泥, ローム. ❷《地質, 土木》シルト. ❸《コロンビア. 植物》ライム

limolita [limolíta] 女《地質》シルト岩

limón [limón] I《←アラビア語 laimun》男 ❶《果実》1) レモン〖《中南米》= francés, 《中米》= dulce〗: jugo *de* ~ レモンジュース. 2)《中南米》ライム〖=~ agrio〗. ❷《植物》1) hoja (hierba) *de* ~《中南米》レモンバーム〖=melisa〗. 2)《中南米》レモン色; レモンイエロー〖=amarillo ~〗. ❹《飲料》レモネード〖=agua *de* ~〗: ~ frío 冷たいレモネード. ❺《隠語》覆 [女性の] 乳房
—— 形 ❶ レモン色の, 淡黄色の. ❷《魚》pez ~ カンパチ

estrujar a+人 *como un* ~ …から搾れるだけ搾り取る

II 男 ❶《荷車の》梶棒, ながえ. ❷ 階段の横木. ❸ 荷車の側板

limonada[1] [limonáđa]〖←limón I〗女 ❶《飲料》1) レモネード. 2) サングリア〖=~ *de* vino, sangría〗. ❷《薬学》レモン味の水薬. 2) ~ purgante クエン酸マグネシウム溶液

limonado, da[2] [limonáđo, đa] 形 レモン色の, 淡黄色の

limonar [limonár] 男 ❶ レモン畑. ❷《グアテマラ. 植物》レモン

limoncillo [limonθíʎo] 男 ❶《植物》1) インドシスボク. 2) サンショウの一種《学名 Fagara pterona, 《キューバ》Fagara limoncello》. ❷《闘牛》[ピカドールの槍の, 牛に深く刺さるのを防ぐ] 小レモン形の穂先

limoneno [limonéno] 男《化学》リモネン

limonense [limonénse] 形 名《地名》リモン Limón の〖人〗〖コスタリカ西部の州〗

limonero, ra [limonéro, ra] I 男 名 レモンの; レモンの生産 (販売) 者
—— 男《植物》レモン
—— 女 ❶《植物》セイヨウヤマハッカ, メリッサ, レモンバーム. ❷《昆虫》蝶の一種《雄はレモンイエロー, 雌は緑がかった白色. 学名 Gonepteryx rhamni》

II 形《馬など》2本の梶棒の間で荷車を引く
—— 男《荷車の》梶棒

limonio [limónjo] 男《植物》イソマツ属の一種〖学名 Limonium vulgare〗

limonita [limoníta] 囡《鉱物》褐鉄鉱
limosidad [limosidá(d)] 囡 ❶ 泥土の多いこと. ❷ 歯石
limosín, na [limosín, na] 形《まれ》=**lemosín**
limosna [limósna]《←古語 alimosna < ラテン語 eleemosyna < ギリシア語 eleemosyne < eleeo「私は同情する」》囡 ❶〔貧者への〕施し《金・物, 行為》: Al salir de la iglesia, una anciana me pidió ~. 教会を出る時, 一人の老婆が私に施しを乞うた. ¡Una ~, señor! 旦那様, お恵みを! dar ~ a los mendigos 乞食に施し物を与える. hacer ~ a uno de~s 施しを受けて暮らす. ❷〔軽蔑〕わずかな報酬, 薄謝: Cuando me pagó, le dije que no quería sus ~s. 私は支払いを受ける段になって, 施し物はいらないと言った. ❸ ミサを行なった聖職者に対する謝礼
limosnear [limosneár] 自 施しを乞う, 施しを乞う
limosneo [limosnéo] 男 物乞いをすること
limosnero, ra [limosnéro, ra] 名 ❶ しばしば施しをする〔人〕; 慈悲深い. ❷ 施し物を, 施し物を集める〔分け与える〕〔担当者〕. ❸《修道院の》施し物を集める〔分け与える〕〔担当者〕. ❹《カナリア諸島, 中南米》施しを乞う; 物乞い, 乞食
―― 男《西》《歴史》〔宮廷の〕施しを分配する役人
―― 男《古語》施し用の金を入れる巾着
limosnita [limosníta]《limosna の示小語》囡 Una ~ por amor de Dios. どうかお恵みを
limoso, sa [limóso, sa] 形 泥土 limo の多い, 泥土に覆われた
limousine [limusín]《←仏語》囡《自動車》リムジン《=limusina》
limpeño, ña [limpéɲo, ɲa] 形《地名》リンピオ Limpio の〔人〕《パラグアイ, セントラル県の町》
limpia¹ [límpja] 囡 ❶ 清掃: hacer una ~ 掃除をする;〔試験で〕落とす. ❷ 一掃: Tiré mucha ropa vieja después de la ~ que hice en los armarios. 私はたんすを徹底的に片付けて古着をたくさん捨てた. ❸《俗語》ワインの一飲み〔一杯〕. ❹《ログローニョ》剪定期. ❺《メキシコ, 中米, キューバ》草い落として悪運をはらう厄よけ
―― ❻《西. 口語》❶ 靴磨き《人》. ❷ フロントガラス磨き《=limpiacoches》
limpiabarros [limpjabárros] 男《単複同形》〔玄関に敷く, 靴の〕泥落とし用マット, ドアマット
limpiabotas [limpjabótas] 男《←limpiar+bota》《単複同形》靴磨き《人》
limpiabrisas [limpjabrísas] 男《単複同形》《コロンビア》=**limpiaparabrisas**
limpiachimeneas [limpjatʃimenéas] 男《単複同形》《まれ》煙突掃除人
limpiacoches [limpjakótʃes] 男《単複同形》《西. 口語》フロントガラス磨き《車が信号待ちしている時などに磨いて金をせがむ人》
limpiacristales [limpjakristáles]《←limpiar+cristal》男《単複同形》ガラスクリーナー《液, 道具》
―― 窓ガラス拭き《人》
limpiada [limpjáda] 囡《口語》清潔にすること; 掃除
limpiadera [limpjaðéra] 囡 ❶《木工》かんな《=cepillo》. ❷ 鋤から泥を落とす道具
limpiadientes [limpjaðjéntes] 男《単複同形》爪楊枝《=mondadientes》
limpiado [limpjáðo] 形《まれ》=**limpiada**
limpiador, ra [limpjaðór, ra] 形 ❶ 掃除する. ❷ 化粧落とし用の: crema ~ra クレンジングクリーム, 洗顔クリーム. leche ~ 洗顔乳液
―― 清掃員: ~ de cristales 窓ガラス拭きの作業員
―― 男 ❶ 掃除機: ~ de alfombras じゅうたん掃除機. ❷ 洗剤: ~ para fregar los suelos 床掃除用洗剤. ❸ ~ de metales 金属磨き剤. ❹《グアテマラ, パナマ》洗車
limpiadura [limpjaðúra] 囡《まれ》❶ 清掃, 清拭. ❷ 囡〔掃除によって出た〕ごみ, くず
limpiafondos [limpjafóndos] 男《単複同形》プールの底の清掃装置
limpiahogar [limpjaoɣár] 男 住まいの洗剤
limpiahogares [limpjaoɣáres] 男《単複同形》=**limpiahogar**
limpialuneta [limpjaluɲéta] 囡《自動車》リアウインドウのワイパー
limpiamanos [limpjamános] 男《単複同形》手を洗浄する: crema ~ ハンドソープ
limpiamente [limpjaménte] 副 ❶ 見事に, 鮮やかに: Saltó ~ los dos metros. 彼は2メートルをきれいにクリアするジャンプをした. El mago hizo aparecer ~ una paloma de dentro de un pañuelo. 手品師はハンカチの中から鮮やかに一羽の鳩を取り出した. ❷ 公正に, 正々堂々と: actuar ~ con... …に対して誠実にふるまう. jugar ~ きれいな勝負をする, フェアプレイをする. ❸《まれ》清潔に, きれいに: El niño siempre viste ~. その子はいつもこざっぱりした服を着ている. ❹《まれ》純粋に

limpiametales [limpjametáles] 男《単複同形》〔金属用の〕光沢剤
limpiamiento [limpjamjénto] 男《廃語》清掃, 掃除
limpiamuebles [limpjamwéβles] 男《単複同形》家具のつや出し剤
limpiaparabrisas [limpjaparaβrísas]《←limpiar+parabrisas》男《単複同形》《自動車》ワイパー
―― 《西. 口語》フロントガラス磨き《=limpiacoches》
limpiapeines [limpjapéines] 男《単複同形》櫛の掃除道具
limpiapiés [limpjapjés] 男《単複同形》《チリ》ドアマット
limpiapipas [limpjapípas] 男《単複同形》〔喫煙用の〕パイプを掃除する道具, パイプクリーナー
limpiaplumas [limpjaplúmas] 男《単複同形》ペンを掃除する布〔ブラシ〕
limpiar [limpjár]《←limpio》⑩ 他 ❶ 掃除する, 清掃する, 拭く, 洗う, 掃く, 磨く, 清潔にする: 1) Mi madre limpia la casa y prepara la comida. 私の母は家を掃除し食事を作る. Esta chica debe ~ el patio de su casa. この少女は家の中庭を掃かなければならない. ~ la calle 通りの清掃をする. ~ el coche 車を洗う. ~ la mesa con un trapo 布巾でテーブルを拭く. ~ la plata 銀食器を磨く. ~ los zapatos 靴を磨く. ~ los platos 皿を洗う. 2)《比喩》~ el honor 名誉を挽回する. 3)〔洗濯〕~ a (en) seco ドライクリーニングする. 4)〔+体の一部+a+人〕Límpiale la cara al niño, que estaba llorando. 赤ん坊の顔を拭いてやりなさい, 泣いていたから. 5)《料理》下ごしらえをする〔魚のうろこ・内臓を取る, など〕: ~ las escamas del pescado 魚のうろこを取る. ~ el hilo de la vaina del guisante インゲンのすじの筋を取る. ~ el patio de hierba. 彼は中庭の草むしりをした. ~ la blusa de manchas ブラウスのしみをとる. ~ la ciudad de mendigos 町から乞食を一掃する. ~ el alma de pecados その罪を清める. ❷《農業, 園芸》剪定する, 刈り込む, 不要な枝・茎・芽を払う: Mañana limpiaré los tomates de mi huerto. 明日は畑のトマトの余計な芽を切ってやろう. ❹《口語》〔+a+人〕盗む, だまし取る: Me limpiaron la cartera en el metro. 私は地下鉄で財布をすられた. Los ladrones le limpiaron la casa. 泥棒たちは彼の家から家財道具を盗み去った. ❺〔賭け事で〕一文なしにする, 金を巻き上げる: En un partido de póquer me limpiaron. ポーカーの勝負で私はすっからかんにされた. ❻《まれ》訂正する. ❼《メキシコ, パナマ》罰する, 罰として〔鞭で〕打つ. ❽《キューバ, アルゼンチン, ウルグアイ. 口語》〔人を〕殺す. ❾《キューバ. 口語》1) 身ぐるみ剥ぐ. 2) 草でなでて悪運をはらう. ❿《チリ》雑草を抜く
―― 自 きれいになる
―― 再 ❶〔自分の体〔の一部〕・衣類などを〕きれいにする, 清潔にする: Límpiate las narices con el pañuelo. ハンカチで鼻をかみなさい. Debes ~te muy bien los dientes. 歯をよく磨かなくてはいけない. Se limpió las botas de barro con una tela. 彼女は布でブーツの泥を落とした. ~se el sudor de la frente 額の汗を拭く. ~se las uñas 爪の手入れをする. ~se las gafas 眼鏡を拭く. ~se los zapatos 靴を磨く. ❷ きれいになる, 清潔になる: Respira hondo, que se te limpien los pulmones. 深く息を吸って, 肺の中がきれいになるように. ❸〔+de〕取り除かれる: Para la celebración de la Exposición Mundial, a esta ciudad se le ha limpiado de edificios viejos medio arruinados. 世博の開催に向けて, この町から壊れかけた古い建物が取り払われた. ~se de fiebre 熱が下がる. ~se de pecados con la confesión 告白によって罪が許される. ❹《農業, 園芸》剪定する: Todos los años en setiembre se limpian los árboles de la avenida. 毎年9月には大通りの木々が刈り込まれる
Límpiate.《古語的》夢のようなことを言うな/夢からさめろ
limpiauñas [limpjaúɲas] 男《単複同形》爪磨き《道具》
limpiavajillas [limpjaβaxíʎas] 男《単複同形》食器洗浄剤
limpiavías [limpjaβías] 男《単複同形》《古語》市電の線路の掃除人
limpiavidrios [limpjaβíðrjos] 男《単複同形》《中南米》窓ガラス拭き《人》

limpidez ──男《メキシコ.自動車》ワイパー.

limpidéz [limpidéθ] 囡《文語》清澄さ

límpido, da [límpido, da] 形《文語》清らかな、清澄な、澄んだ: mirada ～da 清らかなまなざし

limpieza [limpjéθa] 【←limpio】囡 ❶ 清潔さ: A mí me gusta esta calle por su ～. きれいなので私はこの街が好きだ. ❷ きれいにすること、掃除、洗濯: Hay que hacer ～ de la habitación. 部屋を掃除しなければならない. Esta casa necesita algunas manos de ～ antes de ponerla de alquiler. この家は貸しに出すまでに少し掃除の手を入れる必要がある. hacer trabajos de ～ en unas oficinas いくつかの事務所で清掃の仕事をする. hacerse una ～ de boca〔歯医者で〕口腔清掃をしてもらう. artículo de ～ 掃除用具. estación de ～ 洗車場. ～ general de casa 家の大掃除. ～ en (a) seco ドライクリーニング. ❸ 高潔さ、公正さ: actuar con ～ 誠実にふるまう. ～ de corazón 正直、心の清らかさ. ～ de manos 手を汚していないこと. ❹ フェアプレー: jugar con ～ フェアプレーをする. ❺ 見事さ、巧みさ: El doctor resucitó al ahogado con una ～ profesional, con un masaje cardiaco. 医者は溺れた人を見事な心臓マッサージで蘇生させた. saltar con ～ 鮮やかに跳ぶ. ❻ 盗難にあうこと: Mientras yo estaba fuera, me hicieron una ～ de la casa. 留守中に私の家が泥棒に入られた. ❼〔賭け事で〕無一文にすること: En el casino me hicieron una ～. カジノで私は身ぐるみ剝がされた. ❽《軍事.政治》作戦の粛清: ～ étnica 民族浄化. ❾《歴史》～ de sangre〔血統などの〕純血性、血の純潔《→limpio de sangre》. ❿《廃語》〔聖母マリアの〕無原罪のお宿り《=inmaculada concepción》.

hacer una ～ 大掃除をする

limpio, pia² [límpjo, pja]【←ラテン語 limpidus】形《絶対最上級 limpísimo》 ❶ 清潔な、汚れ(しみ)のない《⇔sucio》: La habitación está ～pia.〔掃除して〕部屋はきれいになっている. Estas toallas están ～pias.〔洗濯して〕これらのタオルはきれいだ. El río está ～ y han vuelto varias peces. 川はきれいになって、色々な魚が帰ってきている. Antes de salir, me daré una ducha y me pondré ～. 出かける前に私はシャワーを浴びてさっぱりとしてきます. aire ～ きれいな(澄んだ)空気. cielo ～ 晴れ(澄み)わたった空. cristal ～ 曇りのないガラス. energía ～pia クリーンエネルギー. ❷ [ser+. 人・動物が] 清潔好きな; [服装などが] さっぱりとした、清楚な: Es un hombre ～ y siempre cuida su apariencia. 彼は清潔感があり、いつも身なりに気を配っている. El gato es un animal ～. 猫はきれい好きな動物だ. anciana ～pia 清楚な老婦人. ❸ [ser+. 物が] 汚れのない、くもりのない: Este suelo es muy ～. この床は大変清潔だ. ❹ [ser+. 人・行動が] 清廉な、公正な、慎みのある: Es un hombre ～ e incapaz de hacer mal a nadie. 彼は心が清く、人を傷つけることなどできない. Su intención era ～, libre de toda impureza. 彼の意図は純粋で、邪心など全くなかった. alma ～pia 清らかな心. conducta ～pia 慎みのある行動. conversación ～pia 慎みのある会話. funcionario ～ 公正な役人. intenciones poco ～pias 汚い意図. relaciones ～pias [男女の] 清い関係. vida ～pia まっとうな暮らし. ❺ [estar+. 人が] 責任(罪)のない: Salió ～ de la acusación en juicio. 彼は裁判において訴えられたが無実だった. ❻ 鮮明な: imagen ～pia 鮮明な映像. silueta ～pia くっきりした輪郭. ❼ [estar+. 余分などを] 取り除いた、混ざり物のない: 1) Estos pescados ya están ～s, ya buenos para guisar. これらの魚はもう下ごしらえ済みで、このまま料理できる. grano ～ 脱穀した粒. langosta ～pia 殻を取ったイセエビ. 2) [+de を] El agua sale del grifo, ～pia de impurezas. 水は蛇口から、不純物を取り除かれて出てくる. árbol ～ de ramas secas 枯れ枝を払われた木. terreno ～ de escombros 瓦礫を取り払った土地. ❽ [重量・利益などが] 正味の: pesar la carne ～pia 肉だけの重さを計る. ganar tres mil euros ～s al mes 月に手取りで3千ユーロ稼ぐ. cien mil dólares ～s 正味10万ドル. beneficio ～ 純益. ❾《口語》[+de を] ない: Está ～ de toda sospecha. 彼に何の嫌疑もかかっていない. ～ de culpa 罪のない. ～ de duda 疑いのない. ❿《口語》[estar+. 賭け事で] 有り金をなくした: En el póquer me dejaron ～. 私はポーカーですってんてんにされてしまった. quedarse ～ からっけつになる. ⓫《西. 口語》[estar+.人が] 無知の. 2)《学生語》[試験に] 準備不足の: Estaba ～ cuando fue al examen. 彼は何の勉強もせずに試験にのぞんだ. ⓬《口語》無防備の: a mano ～ 素手で. ⓭ [血統が] 純粋な『**a** ～ **de sangre**』. ⓮ [名詞+. プレー・動作が]

見事な、巧みな: salto ～ 鮮やかなジャンプ. ⓯《パナマ》[人が] 一文なしの

a + 動詞名詞 + ～ 《口語》力一杯…して、むりやり…: llamar *a* grito ～ 大声で叫ぶ. arrancar *a* tirón ～ ぐいっと引っぱる

de ～ 1) [ノートなどが] 清書用の. 2) 清潔な服を着て: Los hombres vienen hoy vestidos *de* ～. 男たちは今日はさっぱりした服を着てやって来た

en ～ 1) 正味で;手取りで: ganar... *en* ～ 純利益は…である. a tres euros el kilo *en* ～ 正味1キロにつき3ユーロで. 2) 余分なものなしで: Déjate de explicaciones y dime, *en* ～, en qué has quedado. 説明はもういい. 君がどうなったのかだけを言え. 3) 清書した・して

escribir **en** ～ =**pasar a** (**en**) ～

～ *de manos* 清廉な、高潔な: Te puedo asegurar que soy ～ *de manos* en este caso. 私はこの件では潔白だと君に断言できる

～ *de sangre* 1)《歴史》[血統が] 純粋な、純血の《祖先にユダヤ・イスラム・異端者がいないこと. スペインでは貴族になる・職につくためには4代にわたって純血のキリスト教徒であることが要求された》: Era un cristiano viejo, ～ *de sangre*. 彼は血統の正しい旧キリスト教徒だった. 2) 人を傷つけたことがない: tener las manos ～s *de sangre* 傷害や殺人の犯歴を持たない

pasar a (**en**) ～ [手書き原稿などを] 清書する. 浄書する: Hay que *pasar a* ～ el manuscrito del discurso. スピーチ原稿を清書しなければならない

poner en ～ =*pasar a* (**en**) ～

quedar en ～ *que* + 直説法 …ということは明らかである

sacar en ～ 明らかにする、解明する; はっきりと理解する: Hablé una hora con él y conseguí *sacar en* ～ lo que quería de mí. 彼と1時間話をして、彼が私にどうしてほしいのかやっと分かった

── 副 正々堂々と《=limpiamente》: jugar ～ フェアプレーをする、きれいな試合をする

── 男《メキシコ》[森の中の] 空き地

limpión, na [limpjón, na] 名《まれ》清掃員

── 男 1)《口語》簡単な掃除(清掃): dar un ～ a los zapatos 靴をざっときれいにする. 2)《コスタリカ、パナマ、コロンビア、ベネズエラ》[台所用の] 布巾

limpiotear [limpjoteár] 他《軽蔑》[主に繰り返し] 掃除する、清掃する

límulo [límulo] 男《動物》カブトガニ

limusín, na [limusín, na] 形 リムーザン Limousin 牛の

limusina² [limusína] 囡 ❶《自動車》リムジン. ❷[空港の] リムジンバス《=autobús ～》. ❸ 後部座席に覆いのある馬車

lín.《略語》──línea 航路

lina [lína] 囡《チリ》粗毛

lináceo, a [lináθeo, a] 形 アマ科の

囡 複《植物》アマ科

linaje [lináxe] 男【←カタルーニャ語 llinatge < 古カタルーニャ語 llinyatge < llinya < ラテン語 linea「線」】 ❶ [貴族などの] 血筋、血統、家柄: una familia de ～ ilustre 名門の一家. ❷《文語》種類: personas de todo ～, lengua y nación あらゆる人種・言語・国家の人々. ～ humano 人、人類. ❸《集》ある場所に住む貴賤階級の人々

linajista [linaxísta] 名 血統(家柄)に詳しい人

linajudo, da [linaxúdo, da] 形 家柄の良い、名門の〔人〕; 貴族の家柄を鼻にかける〔人〕

lináloe [lináloe] 男《植物》リナロエ《学名 Bursera aloexylon》

linar [linár] 男《植物》

linarense [linarénse] 形《地名》リナレス Linares の〔人〕《1) ハエン県の町. 2) チリ中部の県・郡都》

linaria [linárja] 囡《植物》リナリア、ヒメキンギョソウ

linaza [lináθa] 囡 アマ lino の種、亜麻仁(に): aceite de ～ 亜麻仁油

lince [línθe]【←ラテン語 lynx, lyncis < ギリシア語 lynx, lynkos】 男 ❶《動物》オオヤマネコ: ～ ibérico イベリコスペインオオヤマネコ. ～ rojo ボブキャット、アカオオヤマネコ. ❷ [洞察力・観察力の] 鋭い人: Su madre es [un] ～ para los negocios. 彼の母親は商売に抜け目がない. con ojos [un] ～ 鋭い目で. vista de ～ 鋭い洞察力. ❸《天文》[L～] 山猫座

lincear [linθeár] 他《まれ》[発見しにくいものを] 見つける; [気づきにくいものに] 気づく

línceo, a [línθeo, a] 形 《まれ》❶ オオヤマネコの. ❷《文語》ojos ~s 鋭い目. vista ~a 鋭い洞察力

linchador, ra [lintʃaðór, ra] 形 名 リンチにかける〔人〕

linchamiento [lintʃamjénto] 男 私刑, リンチ: ~ moral 精神的リンチ, バッシング

linchar [lintʃár]〔←Lynch（18世紀米国のリンチ法 ley de Lynch の創始者〕他 リンチにかける; 大勢で殴る: La multitud ha linchado al asesino. 大勢の人が殺人犯をリンチにかけた

lincomicina [liŋkomiθína] 女《薬学》リンコマイシン: antibiótico ~ リンコマイシン系抗生物質

lincrusta [liŋkrústa] 女 リンクラスタ, 厚手の壁紙

lincurio [liŋkúrjo] 男《鉱物》大山猫石, リュンクリウム〔昔の人が山猫の尿が石になったものと考えた宝石〕

linda[1] [línda] 女《古語》ペセタ: sin [una] ~ 一文なしの・. ❷《カナリア諸島》畑の縁

lindamente [líndamente] 副《口語》見事に, 手際よく: Me engañó ~. 私は彼にまんまとだまされた

lindano [lindáno] 男《化学》リンデン〔殺虫剤, 除草剤〕

lindante [lindánte] 形 隣接する, 隣り合った: Todos aquellos terrenos ~s son de su abuelo. あの隣の土地はすべて彼の祖父のものだ

lindar [lindár]〔←linde〕自〔+con と〕隣接する, 隣り合う, 境界を接する: Su casa linda con una pista de tenis. 彼の家はテニスコートに隣接している. Esto linda con lo ridículo. これはこっけいに近い

lindazo [lindáθo] 男《まれ》〔特に境界石で示された〕境界

linde [línde]〔←ラテン語 limes, -itis〕男 女 ❶ 境界線: Su casa está justo en la ~ del término municipal. 彼の家は町の境界ぎりぎりにある. ❷ 限度, 限界: Nuestra paciencia ya ha llegado a su ~. 我々の我慢もいよいよ限度に達した

lindero, ra [lindéro, ra]〔←linde〕形《まれ》隣接する〔=lindante〕: camino ~ con la huerta 畑沿いの道
―― 男 ❶〔主に 複〕現実の・想像上の〕境界: ~s de la locura 狂気と紙一重の状態にある. ❷《ホンジュラス》境界標
―― 女〔土地の〕境界

linderón [linderón]《サンタンデール》=linde

lindeza [lindéθa]〔←lindo〕女 ❶ きれいさ, かわいさ, 愛らしさ: Las muchachas de Vermeer son ~s. フェルメールの描いた娘たちはかわいい. ❷ 《los hoyuelos えくぼの愛らしさ. ❷ 面白い言動; 機知に富んだ表現, しゃれ: decir ~ 気のきいたことを言う. ❸《西, 皮肉》ののしり, 罵詈雑言〔婉〕; 甘い言葉, ほめ言葉: Me dijo unas cuantas ~s. 彼は私に二言三言ひどいことを言った. deshacerse en elogios y ~s 言葉や口説き文句を乱発する

lindo, da[2] [líndo, da]〔←lidmo（子音の音位転換）<ラテン語 legitimus〕形《主に中南米・女性語》❶〔主に +-es 人・物の, 主に様子・顔かたちが〕きれいな, 美しい〔→hermoso〔類義〕〕; かわいらしい; 気持ちのいい: 1) Estoy enamorado de una ~da muchacha. 私は一人の美少女に恋してる. Mi niño ~ hoy se cumple un año. 私のかわいい赤ちゃんは今日1歳になる. ¡Qué vestido tan ~! 何てすてきなドレスだこと！ Una ~da casa se levantaba junto a la playa. 一軒のすてきな家が海岸近くに建っていた. Es un ~ atardecer. 美しい日暮れだ. El amor inspira ~das músicas. 恋は美しい曲を生み出す力になる. Es un partido ~. すばらしい試合だ. 2)〔+ser・estar〕Esta melodía es muy ~da. このメロディーは美しい. ¡Qué ~da estás con ese traje de noche! 君はそのイブニングドレスできれいだよ！ ❷《皮肉》すばらしい; ずるい; ¡L~ amigo! 結構な友達だ！

de lo ~ 1) 見事に: Jugaron de lo ~. 彼らはすばらしい試合をした. 2) 大いに〔楽しく〕, ひどく: En la fiesta me divertí de lo ~. 私はパーティーで大いに楽しんだ. aburrirse de lo ~ ひどく退屈する
―― 男《中南米》見事に, 上手に: Cantó ~ un ranchero. 彼は見事にランチェロを歌った
―― 男《古語》伊達男, ダンディー〔=~ don Diego〕.

lindón [lindón] 男〔農業〕アスパラガスなどの〕作物の支柱. ❷《地方語》〔特に斜めの〕境界線

lindura [lindúra] 女 ❶ =lindeza. ❷《コロンビア》歓笑

línea[1] [línea]〔←ラテン語 línea「線, 亜麻糸」〕女 ❶ 線 ⓐ 線で幾何・技術関係の使用が多く, 日常では raya が多く使われる〕: El médico le dijo al paciente que trazara en el papel una ~ y un círculo. 医者は紙に1本の線と丸を書くように患者に言った. La flecha trazó una ~ curva en el aire. 矢は空中に曲線を描いて飛んだ. Sigue la ~ que hay en el suelo. 床の線をたどって行きなさい. ~ abierta (cerrada) 開かれた〔閉じられた〕線. ~ mixta 直線と曲線〔で構成された線〕. ~ central〔道路の〕センターライン. ~ de flotación／~ de agua〔船の〕喫水線. ~ de las aguas 分水嶺. ❷《交通》〔定期的な〕路線: 1)《鉄道, バス》El servicio del tren está suspendido por ahora en toda la ~. 列車は今のところ全線にわたって運休している. Cambiamos a la ~ 2 del metro. 私たちは地下鉄2号線に乗り換える. final de ~ 終点. ~ de circunvalación 環状線; 循環路線. ~ de ferrocarril directa de Madrid a París マドリード=パリ間直通鉄道路線. 2)《航空, 船舶》Esta isla tiene una ~ marítima regular establecida con la principal y llega un barco los lunes. この島は本土との間に定期航路が開かれていて, 毎週月曜に船が入ってくる. avión de ~ 定期旅客機. buque de ~ 定期船. ❸ 電線, 送電線: ~ eléctrica]: Este pueblo carece de ~ eléctrica. この村には電気が来ていない. ~ de alta tensión 高圧線. ❹ 電話線, 電話回線〔=~ telefónica〕: Este teléfono no tiene ~. この電話は外線につながらない. No puedo llamar por teléfono, porque han cortado la ~. 線が切れていて私は電話をかけられない. Me he quedado sin ~. 私は電話が切られている. Debido al terremoto las ~s de telecomunicación están interrumpidas en distintas partes. 地震のために各地で通信回線が途絶えている. La ~ está ocupada.〔交換手が〕お話し中です. ~ caliente = ~ roja; テレホンセックス; ~ derivada 内線. ~ exterior 外線. ~ roja ホットライン, 直通電話. ❺ 境界線: ~ de demarcación〔~ divisoria〕: El río marca la ~ que divide los dos municipios. 川が両市を隔てる境界線になっている. ~ de frontera 国境線. Es muy difusa la ~ de división entre el amor y el odio. 愛と憎しみとを分ける境は定かでない. ❻〔主に 複〕人・物の〕輪郭, 姿: Las ~s de nuevo modelo son algo aerodinámicas. ニューモデルは少し流線型になっている. cara de ~s angulosas 角ばった顔.〔主に女性の〕体の線, 体形, スタイル: 1) Cuida la ~ con una dieta equilibrada. バランスの取れた食事でスリムな体形を維持しなさい. Ya tiene más de cincuenta años, pero todavía mantiene (guarda・conserva) bien la ~ de cuando joven. 彼女はもう50歳を過ぎているが, 若い時のスタイルを立派に保っている. perder la ~ 体の線が崩れる, 太る. 2)《服飾》〔流行婦人服の〕型, ライン: vestido elegante de ~ 優雅なラインのドレス. la ~ de 2012 2012年の流行. ❽〔人・物の〕列〔=fila〕: ~ de casas 家並み. ~ de montaje 組立ライン. ❾〔文章の〕行〔=renglón〕: ~ corta 短い手紙〔印刷物〕. En la ~ diez de esta página hay un error ortográfico. このページの10行目に綴りの間違いがある. Me ha escrito (puesto) unas (algunas・dos・cuatro) ~s. 彼は私に一筆書いてよこした. ❿ 家系; 血統〔=~ de sangre〕: Somos parientes por ~ materna. 我々は母方の親戚になる. Desciende de Colón por ~ paterna. 彼の父方の先祖はコロンブスだ. sus ascendentes en ~ directa (recta) 彼の直系尊属. ~ transversal (colateral) 傍系. ⓫ 方針, 方向, 路線; 傾向: Valoran positivamente la ~ que lleva el partido. 党の方針は肯定的に評価されている. El nuevo gobierno va a seguir al anterior en sus principales ~s de la política financiera. 新内閣は財政政策では前内閣の基本的な方針を踏襲することになろう. Estas biquinis están en la ~ de la moda del año. このビキニは今年の流行に乗ったものだ. ~ de cooperación 協調路線. ~ del diálogo 対話路線. ~ dura 強硬論. ~ general 一般方針. ⓬〔人の生きる〕道, 生き方〔= ~ de conducta〕: Tienes que cambiar de actitud, no puedes seguir en esa ~. 態度を改めなさい, そんな生き方は続けられないよ. ⓭〔需要や製品の特性に共通性がある, または同じ販売経路をもつ〕製品〔プロダクト〕ライン〔= ~ de productos〕: Nosotros no trabajamos en esta ~ de productos. 弊社はこの方面の製品は取り扱っておりません. Es el diseñador de la ~ de deportivos. 彼はスポーツカー部門のデザイナーだ. Es la mejor computadora en su ~. それはこのタイプでは最良のコンピュータだ. ~ deportiva スポーツタイプ. ~ blanca〔冷蔵庫・洗濯機など〕白物家電製品. ~ marrón テレビ・オーディオなど茶系家電製品. ⓮ 限度,〔商業〕クレジットライン, 貸出限度. ~ de pobreza《統計》貧困ライン. ⓯《軍事》1)〔しばしば 複〕戦線〔=~ de batalla〕, ~ de combate]: atravesar las ~s enemigas 敵陣を突破する. primera ~ 最

前線. ~ de fuego 火線, 砲列. ~ Maginot マジノ線. 2)戦列, 縦隊《=~ de columnas》: infantería de ~ 突撃歩兵隊. 3)[塹壕の]包囲線. ~ de contravalación 対塁. ⑯《スポーツ》1) ~ de banda/~ lateral サイドライン, タッチライン. ~ de centro/~ central/~ media センターライン, ハーフライン. ~ de fondo《テニス》ベースライン/《バスケットボール》エンドライン. ~ de salida/~ de partida スタートライン. ~ de llegada《競走》ゴールライン, 決勝線. 2)《サッカーなど》[集名]選手たち: La ~ defensiva estuvo muy bien y evitó la derrota del equipo. ディフェンス陣がしっかりしていてチームの敗北を防いだ. ~ delantera/~ de ataque フォワード陣. ~ de contacto/~ de golpeo《アメフト》スクリメージライン. ⑰[人・事物の]等級, ランク: Fue derrotado por un boxeador de segunda ~. 彼は二流のボクサーに負けた. ⑱《天文, 地理》昼夜平分線, 赤道《=~ equinoccial, ~ ecuatorial》: Está debajo de la ~. そこは赤道直下にある. cruzar la ~ 赤道を越える. ⑲[手相]線: leer a+人 las ~s de la mano …の手相を観る. ~ de la vida (del corazón・de la cabeza) 生命(感情・頭脳)線. ~ de la salud (del sol) 健康(太陽)線. ⑳[顔にある]すじ: Tiene una ~ honda en la frente. 彼の額には一本深いしわがある. ㉑《魚》~ lateral 側線. ㉒《美術》[色に対して]線: Maneja la ~ mejor que el color. 彼は色よりデッサンに優れている. ㉓[譜面の]線. ㉔[音階] 2)一連の音(音符). ㉔《情報》 ~ de estado/~ de situación ステータス[表示]行. ㉕《ビンゴ》cantar ~ ビンゴができる, ビンゴと叫ぶ. rellenar una ~ de números 1列1行. ㉖[長さの単位]ライン《=12分の1インチ, 2.12mm》. ㉗[隠語][コカインなど]線状に盛った1服分. ㉘《地方語; アルゼンチン》釣り糸, ライン

── 名 ❶《スポーツ》線審, 副審. ❷《ラグビー》tercera ~ バッククロー, ナンバーエイト

a ~s generales =en ~s generales
cerrar ~s 隊列を詰める; 団結を固める
correr la ~《主に軍》各部隊を回る
cruzar una ~ 一線を越える
darse la ~《チリ》期待したことが起きる
de ~ 1)《軍事》正規軍の;[最]前線の. 2)《歴史》navío de ~ 戦列艦. 3)[バス路線が]都市間の, 長距離の
elegir la ~ de menor resistencia 最も安易な道を選ぶ
en ~ 1)並べられた: árboles plantados en ~ 1列に植えられた木. estacionamiento en ~ 縦列駐車. 2)[+形容詞]Fue *en ~* sinuosa hacia la puerta. 彼はよろよろしながら戸口の方に行った. 3)《電話》接続した・して: Espere *en ~*. 切らずにお待ち下さい. すぐご用件をおうかがいします. 4)《情報》オンラインの・で: apoyo *en ~* オンラインヘルプ. 5)《自転車》[タイムトライアルに対し]追い抜きの・で: carrera *en ~* 追い抜きレース
en ~ recta 1)まっすぐ: mirar a+人 *en ~ recta* …を真正面から見つめる. 2)直接的に, 単刀直入に: No sería mejor dar un poco de rodeo en lugar de ir *en ~ recta* al grano. 直線的に本題に入らずに, 少し遠回しに言うのがいいのではないでしょうか
en ~s generales 大筋において, 概して: *En ~s generales*, el clima de las costas es suave y agradable. 概して, 沿岸地方の気候は穏やかで快適だ
en toda [la] ~ 完全に: Tiene razón en toda la ~. 彼は全面的に正しい. ganar en toda la ~ 完勝する
entre ~s 言外に: Hay que ver lo que hay (se dice) entre ~s. 行間(隠れた意味)を読み取らなくてはいけない
fuera de ~《情報》オフラインの・で
leer entre ~s 行間を読む, 言外の意味を読み取る
~ aérea 1)航空路: Por ahora no hay ~s aéreas regulares entre España y Japón. 今のところスペインと日本の間では定期航空路がない. 2)[集]航空会社;[一国の]航空業界
~ de puntos 点線: cortar por la ~ *de puntos* 点線に沿って切る
~ recta 1)直線. 2)[人として]とるべき道: perder la ~ *recta* del hombre 人の道を踏み外す. seguir la ~ *recta* 正道を歩む
primera ~ 1)《軍事》[最]前線の: estar en la *primera ~* 最前線にいる. 2)[建築できる]海辺ぎりぎりの場所: El hotel está en primera ~ de playa. ホテルは海岸ぎりぎりに建っている. 3)第一陣: La *primera ~* de metro está en marcha este año. 地下鉄の第一期分は今年開業する. 4)第一級, 最上級: Este vaso merece el galardón de arte de *primera ~*. この器は第一級の芸術品と呼ぶにふさわしい. acción de *primera ~* 優良株, ブルーチップ. autores de *primera ~* 一流の作家たち
ser de una [sola] ~《カリブ, チリ, アルゼンチン, ウルグアイ》真っ正直である
una ~ de... 一連の…, 一続きの: Una larga ~ de camiones cargados de socorros marchaba en dirección a la zona damnificada. 救援物資を積んだトラックの長い列が被災地に向かって進んでいた

lineación [lineaθjón] 女 ❶《地質》[岩石構造の][平行]線構造, リニエーション. ❷《美術》輪郭

lineal [lineál] [←ラテン語 linealis] 形 ❶ 線の, 線状の, 線形の: A lo largo de la vía férrea hay un terraplén ~ que llega hasta el puente. 線路に沿って橋までずっと細長い盛り土が続いている. ciudad ~ 線状都市. forma ~ 線形形式. hoja ~《植》線形葉. ❷ 線(のみ)による: dibujo ~ 線画. descripción ~ 線描法. perspectiva ~ 線遠近法. ❸[賃上げなどが]一律の: aumento ~ de los salarios 賃金の一律引上げ. impuesto ~ フラットレート税制, 一律課税. ❹ 直線的な: La película tiene un argumento ~, la historia se desarrolla sin saltos en el tiempo. その映画の筋は直線的で, ストーリーは時間の飛躍なしに進行する. ❺ 長さの: medida ~[面積・体積に対する]長さの尺度(単位・測定). ❻《数学》1)線形の: geometría ~ 線形幾何学. 2)一次の: combinación ~ 一次結合. ecuación ~ 一次方程式. función ~ 一次関数. ❼《物理》dilatación ~ 線形的膨張. velocidad ~ 線速度. ❽《情報》オンラインの. ❾《生物》糸状の
──(男) ~ A (B)[クレタ文字の]線文字A(B)

linealidad [linealiðáð] 女 ❶ 直線性, 線状性, 線形性. ❷《言語》線状性
linealmente [lineálménte] 副 線的に
lineamento [lineaménto] [←ラテン語 lineamentum] 男 輪郭
lineamiento [lineamjénto] 男 ❶ 輪郭《=lineamento》. ❷《南米》[主に 複] 大筋, 大枠
linear [lineár] 形[葉が]糸状の
──他 ❶ 素描する, 線で描く. ❷ 線を引く
linense [linénse] 形 名《地名》ラ・リネア(・デ・ラ・コンセプシオン) La Línea de la Concepción《カディス県の町》
líneo, a[a] [líneo, a] 形 名 アマ科(の)《=lináceo》
──男《地方語》つる cepa の連なり
liner [lájner][←英語] 男[複 ~s]《船舶》定期船
linero, ra [linéro, ra] 形 亜麻 lino の
linfa [línfa] [←ラテン語 lympha「水の神」<ギリシア語 nymphe「泉の神」] 女 ❶《解剖, 生理》リンパ(液). ❷《医学》ワクチン; 痘苗. ❸《詩》[主に 複] 水
linfadenitis [linfaðenítis] 女《医学》リンパ節炎
linfangioma [linfaŋxjóma] 男《医学》リンパ管腫
linfangitis [linfaŋxítis] 女《医学》リンパ管炎
linfático, ca [linfátiko, ka] [←ラテン語 lymphaticus] 形 名 ❶ リンパ(液)の: sistema ~ リンパ系. tejido ~ リンパ組織. vaso ~ リンパ管. ❷ 粘液質の[人], 無気力な[人]《→temperamento 参考》: carácter ~ 粘液質
linfatismo [linfatísmo] 男《医学》リンパ体質
linfoblástico, ca [linfoβlástiko, ka] 形《医学》leucemia ~ *ca* aguda 急性骨髄性白血病
linfocitario, ria [linfoθitárjo, rja] 形《解剖》リンパ球の
linfocítico, ca [linfoθítiko, ka] 形 =linfocitario
linfocito [linfoθíto] 男《解剖》リンパ球
linfocitosis [linfoθitósis] 女《医学》リンパ球増加症
linfógeno, na [linfóxeno, na] 形《解剖》リンパ行性の
linfoglándula [linfoɣlándula] 女《解剖》リンパ節
linfografía [linfoɣrafía] 女《医学》リンパ系造影(法)
linfogranuloma [linfoɣranulóma] 男《医学》リンパ肉芽腫
linfogranulomatosis [linfoɣranulomatósis] 女 悪性リンパ芽腫
linfohistiocitosis [linfojstjoθitósis] 女《医学》~ hemofagocítica 血球貪食症候群
linfoide [linfójðe] 形 ❶ リンパ球の; リンパ組織の. ❷ リンパ(液)の
linfoideo, a [linfojðéo, a] 形 =linfoide
linfología [linfoloxía] 女《医学》リンパ学

linfoma [linfóma] 男《医学》[悪性]リンパ腫: ~ no-Hodgkin 非ホジキンリンパ腫
linfopatía [linfopatía] 女《医学》リンパ管症
linfopenia [linfopénja] 女《医学》リンパ球減少症
linfuria [linfúrja] 女《医学》リンパ尿症
linga [línga] 女《まれ》陰茎
lingala [lingála] 男［バントゥー語族の］リンガラ語
língam [língan] 男［複~s］《まれ》陰茎
lingo [língo] 男《ペルー. 遊戯》馬跳び
lingotazo [lingotáθo] 男《西. 口語》[酒の]一飲み
lingote [lingóte] 男《←仏語 lingot》男 インゴット, 鋳塊: oro en ~ 金地金, 金塊
lingotera [lingotéra] 女《金属》インゴット用の鋳型
linguado, da [lingwáðo, ða] 形《紋章》[動物が]舌を出した
linguae [lingwáe] →**lapsus linguae**
lingua franca [língwa fránka]《←ラテン語 lingua franca「フランク王国の言葉」》[言語] リングフランカ《イタリア・ギリシア・スペイン語などの混成の共通語》;[一般に] 共通語
lingual [lingwál] 形 ❶ 舌の: músculos ~es《解剖》舌筋. ❷ —— 女《音声. 古語の》舌音 [t, d, k, l など]
linguete [lingéte] 男《技術》歯止め, つめ
lingüiforme [lingwifórme] 形 舌形の, 舌状の
lingüista [lingwísta] 男《←ラテン語 lingua》名 言語学者
lingüística[1] [lingwístika]《←ラテン語 lingua》女 言語学: ~ aplicada 応用言語学. ~ comparada 比較言語学. ~ contrastiva 対照言語学. ~ del texto テキスト言語学. ~ descriptiva 記述言語学. ~ general 一般言語学. ~ histórica 歴史言語学
lingüístico, ca[2] [lingwístiko, ka]《←lingüística[1]》形 ❶ 言語の, 言葉の: desarrollo ~ 言葉の発達. estructura ~ca 言語構造. política ~ca 言語政策. ❷ 言語学の: estudio ~ 言語学的研究
linier [linjér]《←英語》男［サッカーなど］線審, ラインズマン
Liniers [linjérs]《人名》**Santiago de** ~ サンティアゴ・デ・リニエルス《1753~1810, フランス生まれのスペインの軍人で, イギリス軍によるブエノス・アイレス侵攻を防いだ. リオ・デ・ラ・プラタ副王》
linimento [liniménto] 男《薬学》[筋肉痛などを和らげる]塗布剤, リニメント薬
linina [linína] 女《生物》リニン, 核線
linio [línjo] 男 =**liño**
links [líŋks]《←英語》男 複 ゴルフ場
lino [líno]《←ラテン語 linum》男 ❶《植物》アマ(亜麻). ❷《繊維》1) 亜麻布, リネン, リンネル: traje de ~ リネンのスーツ. 2)《俗用》麻: pañuelo de ~ 麻のハンカチ. ❸《詩語》帆布, 白帆. ❹《中南米》アマニ(亜麻仁): aceite de ~ アマニ油
linografía [linografía] 女 布地への印刷
linolénico, ca [linoléniko, ka] ácido alfa ~ α-リノレン酸
linóleo [linóleo]《←英語 linoleum》男 ❶ リノリウム: suelo de ~ リノリウムの床. ❷《美術》リノリウムカット, リノリウム版画
linoleografía [linoleografía] 女《美術》リノリウム版画の技法
linóleum [linóleun] 男［複~s］=**linóleo**
linón [linón] 男《繊維》ローン, 寒冷紗《←仏語》
linotipia [linotípja] 女《←商標》《印刷》ライノタイプ
linotípico, ca [linotípiko, ka] 形《印刷》ライノタイプの
linotipista [linotipísta] 名《印刷》ライノタイピスト
linotipo [linotípo] 男 ❶《時に》女 ライノタイプ. ❷ ライノタイプ活字
linte [línte] 男/女《サンタンデール》=**linde**
lintel [lintél] 男《建築》まぐさ [=**dintel**]
linterna [lintérna]《←ラテン語 lanterna》女 ❶ 懐中電灯 [= ~ eléctrica, ~ a pilas]: alumbrar con una ~ 懐中電灯を向ける, 懐中電灯で照らす. ❷ カンテラ, ランタン; 鑑よけ(☆)[= farol]. ~ chinesca 飾りちょうちん. ~ sorda 龕灯(がんどう). ❸ 映写機, プロジェクター [= ~ de proyección]: ~ mágica 幻灯機. ❹《建築》頂塔, 越し屋根. ❺《技術》ちょうちん歯車. ❻《昆虫》ホタル. ❼《動物》~ de Aristóteles アリストテレスのランタン (ちょうちん) 《ウニの咀嚼器》. ❽《古語》灯台. ❾《中米. 口語》複 両眼 [=**ojos**]
linternazo [linternáθo] 男 ❶ 懐中電灯による殴打. ❷《まれ》[一般に] 打撃, 一撃
linternero, ra [lintenéro, ra] 名 ランタン製造(販売)者
linternón [linternón] 男《船舶》船尾灯

linudo, da [linúðo, ða] 形《チリ》[動物が]毛深い
linyera [linjéra] 女 ❶《ラプラタ. 口語》浮浪者. ❷《ラプラタ》[衣類などの]小さな包み
linzuelo [linθwélo] 男《地方語》遺体を包む敷布
liña [lína] 女《地方語》釣り糸
liño [líno] 男［木々など植物の]列, 並木
liñuelo [linwélo] 男［縄・綱の]より糸
lío [lío] 男［←**liar**] ❶《口語》混乱: ¡Vaya ~ en su habitación! 彼の部屋はひどい散らかりようだ! 面倒なこと(事態): Esto del bienestar es un ~. この福祉という問題は厄介だ. Juan tiene ~s con sus hijas. フアンは娘たちのことで頭を悩ませている. En buen ~ se ha metido. 彼は厄介なことになった. ❸［衣類などの]包み: hacer un ~ con sus pertenencias 身の回り品を［荷物に]まとめる. ~ de ropa sucia 汚れ物の束. ❹ 陰口, うわさ話, ゴシップ: A mí no me vengas con ~s. いいかげんなうわさ話をするな. ir y venir con ~s 陰口をまわって回る. ❺《西. 軽蔑》[正式でない]色恋沙汰, 不倫な関係: Tiene un ~ con una cantante. 彼はある女性歌手と男女の関係にある
armar un ~ 騒ぎ(もめごと・スキャンダル)を起こす
armarse un ~ 騒ぎ(もめごと・スキャンダル)が起きる: Se armó un ~ entre ambos equipos. 両チームの間でもめごとが起きた
hacerse (estar hecho) un ~《口語》頭の中が混乱する(している)
~ de faldas《西》［男にとっての]女性関係
¡Qué ~!/¡Vaya ~! 厄介だ, うんざりだ!
liofilia [ljofílja] 女《化学》親液性
liofilización [ljofiliθaθjón] 女 凍結乾燥, フリーズドライ
liofilizado [ljofiliθáðo] 男 フリーズドライ製品
liofilizar [ljofiliθár] 他 凍結乾燥する, フリーズドライ加工する: alimento liofilizado フリーズドライ食品
liófilo [ljófilo] 男《植物》ハタケシメジ《食用のキノコ》
liofilo, la [ljofilo, la] 形《植物》葉がすべすべした
lionés, sa [ljonés, sa] 形 名《地名》[フランスの]リヨン Lyon の [人] —— 女《西》クリームなどを詰めた揚げ菓子
liorna [ljórna] 女《まれ》騒ぎ, 混乱
lioso, sa [ljóso, sa]《←**lío**》形《西》❶ [理解・解決が]困難な, ややこしい; 悶着(ごたごた)を起こす. ❷ [ser+] 陰口(うわさ)好きの[人], ゴシップ屋
liosorción [ljosorθjón] 女《化学》溶媒吸収
liotab [ljotáb] 男 口の中で溶ける錠剤
lipa [lípa] 女《ベネズエラ》[突き出た]腹
liparita [liparíta] 女《地質》流紋岩 [=**riolita**]
lipasa [lipása] 女《生化》リパーゼ
lipata [lipáta] 女《フィリピン. 植物》トウダイグサ科の灌木
lipemanía [lipemanía] 女《医学》鬱病
lipemaniaco, ca [lipemanjáko, ka] 形 名 鬱病の[患者]
lipemaníaco, ca [lipemaníako, ka] 形 名 =**lipemaniaco**
lipemia [lipémja] 女《医学》脂肪血
lipémico, ca [lipémiko, ka] 形《医学》脂肪血の
lipendi [lipéndi] 形《口語の俗》ばかな, 間抜けな
lipes [lípes] 男《単複同形》piedra ~ 胆礬, 硫酸銅
lipidemia [lipidémja] 女 =**lipemia**
lipidia [lipídja] 女 ❶《メキシコ, 中米》貧困. ❷《エクアドル, ペルー》消化不良
lipidiar [lipidjár] 自《キューバ. 口語》しつこく議論する —— 他《メキシコ, キューバ, プエルトリコ》うんざりさせる, 不快にする
lipídico, ca [lipíðiko, ka] 形《生化》脂質の
lipidioso, sa [lipiðjóso, sa] 形《メキシコ, キューバ, プエルトリコ. 口語》うんざりさせる[人]
lípido [lípiðo] 男《生化》[主に複] 脂質, リピド: ~s séricos 血清脂質
lipiria [lipírja] 女《まれ》間欠熱, 悪寒
lipis [lípis] 男《単複同形》=**lipes**
lipo-[接頭辞] ❶《医学》[脂肪] liposucción 脂肪吸引. ❷ [欠如] lipograma リポグラム
lipocromo [lipokrómo] 男《生化》脂肪色素, リポクローム
lipodistrofia [lipoðistrófja] 女《医学》脂肪異栄養
lipodistrófico, ca [lipoðistrófiko, ka] 形《医学》脂肪異栄養症の
lipoescultura [lipoeskultúra] 女 脂肪吸引による痩身

lipófilo, la [lipófilo, la] 形《生化》脂肪親和性の

lipograma [lipográma] 男《文学》リポグラム, 字忌み文, 除字体の文《特定の文字の意図的な不使用》

lipoide [lipóide] 男《生化》リポイド, 類脂質

lipoideo, a [lipoiðéo, a] 形《生化》類脂質の: neumonía ~a《医学》リポイド肺炎

lipolisis [lipólisis] 女 = **lipólisis**

lipólisis [lipólisis] 女《生化》リポリーシス, 脂肪分解作用

lipoma [lipóma] 男《医学》脂肪腫

lipoproteína [lipoproteína] 女《生化》脂たんぱく質, リポたんぱく

lipoquímica [lipokímika] 女 脂肪化学

lipori [lipóri] 男《口語》他人の言動を自分のことのように恥ずかしく思う気持ち《= vergüenza ajena》

liposarcoma [liposarkóma] 男《医学》脂肪肉腫

liposolubilidad [liposolubilidá(d)] 女《生化》溶脂性

liposoluble [liposolúble] 形《生化》溶脂性の

liposoma [liposóma] 男《生化》リポソーム

liposucción [liposuk(k)θjón] 女 脂肪吸引

liposuccionador [liposuk(k)θjonaðór] 男 脂肪吸引器

lipotimia [lipotímja] 女《文語》突然の一時的な気絶, 卒倒, 人事不省

lipotrópico, ca [lipotrópiko, ka] 形《生化》脂向性の, 脂肪親和性の, 抗脂肝性の

liq.《略語》← liquidación 決算, 清算

lique [líke] 男《西. 遊戯》《馬跳び pídola》かかと(つま先)で馬の尻を蹴ること
  dar el ~《西. 口語》首にする
  darse el ~《西. 口語》立ち去る

liquefacción [likefa(k)θjón] 女 = **licuefacción**

liquen [líken] 男《植》(líquenes) ❶《植物》地衣; 地衣類.《医学》苔癬 (蘚): ~ plano 扁平苔癬

liquenáceo, a [likenáθeo, a] 形《植物》地衣状の

liquenificación [likenifikaθjón] 女《医学》苔癬化

liquenoide [likenóide] 形《医学》苔癬様の

liquenología [likenoloxía] 女《植物》地衣類学

liquenológico, ca [likenolóxiko, ka] 形 地衣類学の

líquida[1] [líkiða] 女《音声》流音《l, r など》

liquidable [likiðáble] 形 ❶ 液体される得る. ❷《商業》base ~ 純課税標準. impuesto ~ 課税金

liquidación [likiðaθjón] 女 ❶《商業》清算, 決算〔勘定〕: hacer ~ de una cuenta 勘定を清算する. casa de ~ クリアリング・ハウス《商品取引の清算業務を行なう》. ~ de averías 共同海損〔分担分〕の清算. ~ de una sociedad 会社の清算〔解散〕. ~ judicial 会社更生法による清算. ~ de impuestos 納税. ~ del impuesto 納税額の査定. ~ de投げ売り, バーゲンセール《= venta de ~》; 棚ざらえ, 在庫一掃セール《= total》: La zapatería está de ~. その靴屋はバーゲンをしている. comprar en ~ バーゲンセールで買う. ~ por reforma 店内改装のためのバーゲンセール. ❷ 弁済, 支払い: Hoy ha hecho ~ del libro que encargó. 今日彼は注文していた本の支払いをした. ❹〔不動産などの〕売却. ❺〔関係の〕解消;〔活動の〕終了. ❻《化学》液化《= licuacion》. ❼《メキシコ》解雇手当. ❽《キューバ》賃金

liquidacionista [likiðaθjonísta] 形 清算主義的な〔人〕

liquidador, ra [likiðaðór, ra] 名《商業》清算する; 清算人, 支払人

liquidámbar [likiðámbar] 男 ❶《植物》フウ, モミジバフウ. ❷ 楓香脂.

líquidamente [likiðáménte] 副 清算によって

liquidar [likiðár] 他《= líquido》❶《商業》清算する, 決済する: Todavía está por ~ [la cuenta] al mueblista. まだ家具屋の勘定が未払いになっている. ~ una sociedad 会社を清算〔解散〕する. ❷ 投売する〔安売り・見切り売り〕する, 在庫一掃のためバーゲンで売る: *Liquidamos* todas las mercancías. 全品大安売します. ❸ 弁済する, 支払う: ~ una deuda 借金を弁済する〔全額返済する〕. ❹〔不動産などの〕を現金化する, 現金化する. ❺〔金を短期間に〕使い果たす, 浪費する: *Liquidó* su herencia en menos de un año. 彼は遺産を1年足らずで使い果たしてしまった. ❻〔違反を〕終止符を打つ, 廃止する, 始末する: *Han liquidado* sus diferencias. 彼らは意見の対立に終止符を打った. ~ las relaciones con+人 …との関係を清算する. ~ una cuestión difícil 難問を解決する. ❼《口語》邪魔者など》を殺す, 消す: *Ha liquidado* al soplón. 彼は密告者を始末した. ❽《化学》液化させる《= licuar》. ❾《メキシコ》(合理化)を理由に〕解雇する

—— **~se** ❶ 液化する: El plomo *se liquida* con poco calor. 鉛はわずかな熱で溶ける. ❷《口語》使い果たす, 消費し尽くす

liquidativo, va [likiðatíβo, βa] 形 清算の: valor ~ 清算価値〔価格〕; 評価額

liquidez [likiðéθ] 女《← líquido》❶《商業》〔資産などの〕流動性: Falta ~. 現金が足りない/流動性資産が不足している. no tener ~ 流動性資産がない. bonos con una gran ~ 換金性の高い債券. situación (posición) de ~ 流動性ポジション. ~ internacional 国際流動性《本来は世界貿易能に対する支払準備比率. 現在では一般に対外支払準備金(金・外貨準備金などを指す》. ❷〔物質の〕流動性, 液体性: La salsa tiene excesiva ~. このソースは水っぽすぎる

líquido, da[2] [líkiðo, ða]《← ラテン語 liquidus》形 ❶ 液体の, 液動状の《⇔ sólido》: aire ~ 液体空気. alimento ~ 流動食. estado ~ 液状. ❷《商業》1)〔資産〕流動性のある, すぐ現金化できる: activo ~ 流動資産. ~ disponible 現金. 2) 正味の: Gana al mes cinco mil euros ~s. 彼は手取りで月に5000ユーロ稼ぐ. saldo ~ 正味残高. sueldo ~ 手取り給与. ❸《音声》流音の: letra ~ da 流音文字

—— 男 ❶ 液体, 流動体《= cuerpo ~》: Dos quintos de este ~ es agua. この液体の5分の2は水だ. ~ de frenos ブレーキ液. ~ seminal 精液. ❷ 飲み物. ❸《料理》〔dieta a base de ~s〕. ❹《商業》正味額; 純益, 正味利益《= beneficio ~》, ganancia ~ da》; 純所得: ~ imponible 課税対象所得. 2) 決算高, 清算残高. 3) 流動資産額; 現金: La empresa dispone de ~ disponible de dos millones de euros. その会社には200万ユーロの可処分流動資産がある

liquilique [likilíke] 男 = **liquiliqui**

liquiliqui [likilíki] 男《コロンビア, ベネズエラ》〔リャノ Llanos 独特の, 男性用の〕人民服風の白い木綿の上着

lira [líra] I《← ラテン語・ギリシア語 lyra》女 ❶《音楽》竪琴(たてごと), リラ, ライアー, リュラー. ❷《詩法》リラ〔抒情的な詩型. 5行連を基本とし, 2・5行目は11音節, 1・3行目と2・4・5行目がそれぞれ7音韻. イタリア詩を手本にガルシラソ・デ・ラ・ベガ Garcilaso de la Vega がスペインに移入した. フライ・ルイス・デ・レオン Fray Luis de León, サン・フアン・デ・ラ・クルス San Juan de la Cruz など16世紀の詩人の作品でよく知られる〕. ❸ 琴形のランプ台. ❹ 詩的感興, 詩的霊感, 詩人のインスピレーション. ❺《天文》〔L ~〕琴座

II《← 伊語 lira < ラテン語 libra》女〔トルコの貨幣単位・イタリアの旧貨幣単位〕リラ

lirado, da [liráðo, ða] 形《植物》〔葉などの〕竪琴形の

liria [lírja] 女《まれ》粘液, 鳥もち

liriano, na [lirjáno, na] 形 名《地名》リリア Liria の〔人〕《バレンシア県の町》

lírica[1] [lírika]《← ラテン語 lyrica》女 抒情詩《= poesía lírica》

liricidad [liriθiðá(d)] 女 叙情性

lírico, ca[2] [líriko, ka]《← ラテン語 lyricus < ギリシア語 lyrikos "竪琴の"》形 ❶《詩》抒情的な, 抒情詩の; 抒情詩人《= poeta ~》: composición ~ ca 抒情的な作品. ❷《演劇》歌や音楽のある, オペラの: compañía ~ ca 歌劇団. ❸ 熱情的な. ❹ インスピレーションに満ちた. ❺《メキシコ, ペルー, アルゼンチン》夢想家〔の〕

lirio [lírjo]《← 古語 lilio < ラテン語 lirium < ギリシア語 leirion》男《植物》1) アヤメ, アイリス, ユリ〔= ~ cárdeno〕: azul (común) ドイツアヤメ, ジャーマンアイリス. ~ blanco ニオイイリス. ~ de agua/~ amarillo キショウブ. ~ hediondo ミナリアヤメ. ~ tigrado オニユリ. Mirad los ~s del campo.《新約聖書》野の百合を見よ. 2) ~ de los valles/~ del valle スズラン. ❷《動物》~ de mar ウミユリ. ❸《地方語. 魚》ブルーホワイティング《= bacaladilla》

—— 男《俗語》ばかな, 間抜けな

lirismo [lirísmo]《← lírico》男 ❶ 抒情性, リリシズム. ❷ 感情の発露, 熱情. ❸《詩法》叙情詩体

liróforo, ra [liróforo, ra]《まれ》詩人《= poeta》

lirón [lirón] I《← 古語 lir < ラテン語 glis, gliris》男 ❶《動物》オオヤマネ《~ gris》: ~ careto (común) メガネヤマネ. ❷《口語》よく眠る人, 寝つきのいい人
  dormir como un ~《口語》ぐっすり眠る

II 男《植物》❶ サジオモダカ. ❷《地方語》ヨーロピアンハックベリー

lirondo [lirón̄do] →**mondo** y lirondo
lironero [lironéro] 男《地方語. 植物》ヨーロピアンハックベリー
lis [lís]《←仏語》女《園 ~es》《紋章》ユリの花形『フランス王室の紋章. =flor de ~》. ❷《文語. 植物》アヤメ, ユリ《=lirio》. ❸《地方語》貨幣の裏面《=cruz》
lisa[1] [lísa] 女 ❶《魚》1)《総称》ボラ: ~ de cabeza plana 金色の斑点のあるボラ『学名 Liza ramada』. ~ negrona ボラ『学名 Mugil cephalus』. 2) タイリクシマドジョウ《=colmilleja》. 3) ~ aguda 細身のボラ《=galúa》. ~ dorada ボラの一種《=galupe》. ❷《カナリア諸島. 動物》サンショウウオ. ❸《ベネズエラ. 隠語》生ビール
lisado, da [lisáðo, ða] 形 ユリの花で飾られた
lisamente [lísaménte] 副 平らに; なめらかに
 lisa y llanamente 1) 率直に〔言って〕. 2)《法律》文字どおりに
lisboeta [lisboéta] 形 名《地名》リスボン Lisboa の〔人〕『ポルトガルの首都』
lisbonense [lisbonénse] 形 名 =lisboeta
lisbonés, sa [lisbonés, sa] 形 名《文語》=lisboeta
lisencéfalo, la [lisenθéfalo, la] 形《医学》滑脳症〔の〕
lisera [liséra] 女〔城壁と堀の間の〕犬走り, 崖径《(農)》《=berma》
lisérgico, ca [lisérxiko, ka] 形《化学》ácido ~ リゼルグ酸
lisiado, da [lisjáðo, ða] 形 名 ❶《時に軽蔑》〔主に四肢に〕障害のある〔人〕, 身体障害者: ~ de guerra 傷痍軍人. ❷ 過度に夢中になる, 渇望する〔人〕
lisiadura [lisjaðúra] 女 身体障害; 不具にする(なる)こと
lisiar [lisjár]《←古語 lisión < ラテン語 laesio, -onis < laedere「傷つける」》⑩ 他〔身体を永久的に〕傷つける, 不自由にする, 不具にする: Lo *lisiaron* en la guerra. 彼は戦争で不具になった
—— **se** 身体が不自由になる, 不具になる
lisimaquia [lisimákja] 女《植物》クサレダマ(草連玉)《=~ amarilla, ~ vulgar》
lisímetro [lisímetro] 男 ライシメーター, 浸漏計
lisina [lisína] 女《医学, 生化》リシン, 溶解素
lisis [lísis] 女 ❶《医学》〔熱・疾患の段階的な〕消散, 逸散《(気)》. ❷《医学, 生化》〔細菌・細胞の〕溶解, 溶菌
-lisis《接尾辞》〔女性名詞化,《医学》hidró*lisis* 加水分解
liso, sa[2] [líso, sa]《←ギリシャ語》形 ❶ 平らな《=llano》: terreno ~ 平坦な土地. mar ~ 静かな(波一つない)海. ❷ なめらかな: cutis ~ なめらかな肌. papel ~ つるつるした紙(床). ❸〔髪の毛が〕ちぢれ〔ていない(カールして)いない, まっすぐな, 直毛の: María tiene el pelo ~. マリアはまっすぐな髪をしている. ❹〔服が〕飾りのない: vestido ~ シンプルなドレス. ❺〔布が〕単色の, 柄のない: camisa *lisa* 無地のワイシャツ. corbata de color azul ~ 青一色のネクタイ. ❻《スポーツ》〔障害競走 obstáculos に対して〕障害のない: carrera de cien metros ~*s* 100メートル競走. ❼《口語》〔女性が〕胸が小さい(ペちゃんこの). ❽〔酒場のグラスが〕円筒形の, ずんどうの. ❾《植物》〔根などが〕凹凸のない. ❿《解剖》músculo ~ 平滑筋. ⓫《ペルー. 口語》厚かましい
 ~ y llano 平易な, 単純な, 回りくどくない; 誇張のない: hablar en lenguaje ~ y llano 率直〔端的〕に言う. verdad lisa y llana 単純明快〔明々白々〕な真実
 tenerla ~《俗語》運がいい
—— 男 ❶《鉱物》1) 岩石の広く平らな面. 2) 岩石の亀裂. ❷〔酒場の〕円筒形のグラス
lisol [lisól]《←商標》男 ライゾール『消毒液』
lisonja [lisóŋxa]《←古オック語 lauzenja < 俗ラテン語 laudemia「賞賛」< laudare「賞賛する」》女《文語》へつらい, おべっか, 甘言: tributar halagos y ~*s* しきりにおべっかにつとめる
lisonjeador, ra [lisoŋxeaðór, ra] 名《文語》へつらう, おべっかつかい《=lisonjero》
lisonjeante [lisoŋxeánte] 形《文語》快い, 楽しい《=lisonjero》
lisonjear [lisoŋxeár] 他 ❶《文語》へつらう, おべっかをつかう, ちやほやする: Aunque te pases el día li-*sonjeándo*me, no vas a conseguir nada de mí. 君が一日中 私におべっかをつかっていても, 何も私から得られるものはないよ. ❷ 喜ばせる: Mucho le *lisonjeaba* haber ganado las oposiciones. 彼は試験に受かったことに喜んでいた. ❸ 得意がらせる, 自尊心をくすぐる
—— **se** 喜ぶ; 自慢する, 得意になる

lisonjeramente [lisoŋxéraménte] 副《文語》❶ へつらって, おべっかを使って. ❷ 心地よく, 楽しく
lisonjero, ra [lisoŋxéro, ra] 形《文語》❶ へつらう, おべっかを使う, ちやほやする: palabras ~*ras* お世辞, 追従. ❷ 快い, 楽しい; 満足させる: música ~*ra* 耳に快い音楽. resultado ~ 好成績. ❸ 自尊心をくすぐるような
—— 名《文語》おべっかつかい
lisosoma [lisosóma] 男《生化》リソソーム
lisozima [lisoθíma] 女《生化》リソチーム
lisote, ta [lisóte, ta] 形《ボリビア. 口語》横柄な〔人〕
lista[1] [lísta]《←独語 lista「細長い布, 帯」》女 ❶ 表, 一覧表, リスト, 名簿: Esta ciudad no está en mi ~ de preferencias. この町は私の好きな町の中には入らない. borrar de la ~ リストから抹消する. poner (incluir) a+人 en la ~ …をリストにのせる. ~ de boda[s]〔新郎新婦があらかじめ希望を出す〕結婚祝いのリスト. ~ de comidas/~ de platos メニュー. ~ de pagos/《メキシコ》~ de raya 給料支払い簿; 従業員名簿. ~ de precios 価格表, 値段表. ~ de premios 叙勲者名簿; 優等生名簿. ~ de tandas 勤務表, 当番表. ~ de viajeros 乗客名簿. ~ de vinos ワインリスト. 2)《情報》~ de correo/~ de distribución〔電子メールの〕アドレス帳. ~ de direcciones アドレスリスト. 3)《政治》~ cerrada 厳正拘束名簿式. ~ de candidatos 候補者名簿. ~ electoral 選挙人名簿. ❷〔宝くじの〕当たり番号表: ~ grande 全当たり番号表. ❸ 細長い布(紙)切れ, テープ. ❹ 縞《(j)》, ストライプ: tela con (a・de) ~*s* verdes y rojas 緑と赤の縞模様の布. ❺ ~ civil〔英国の〕王室費
 hacer una ~ リストを作る: Hizo una ~ de la compra del día y fue al supermercado. 彼女は一日の買い物リストを作って, スーパーへ行った
 ~ de correos 局留め〔郵便〕: escribir a la ~ *de correos* 局留めで手紙を出す. recibir las cartas en la ~ *de correos* 局留めで手紙を受け取る
 ~ de espera キャンセル(空席)待ち名簿, ウェイティングリスト: Usted hace el número 10 en la ~ *de espera*. あなたはウェイティングリストで10番目になっています. Estoy en la ~ *de espera*. 私はキャンセル待ちしている
 ~ negra ブラックリスト: pasar a (figurar en) la ~ *negra* ブラックリストに載る(載っている)
 pasar la ~ =**pasar** ⓘ
 pasar ~〔+a+人 の〕点呼をとる: Al empezar la clase, el profesor *pasa* ~ *a* los alumnos. 教師は授業の始めに生徒の出席をとる
 segunda ~《軍事》不時点呼, 再点呼
listado, da [listáðo, ða] 形 縞《(j)》のある: jersey ~ de blanco y negro 黒と白の縞模様のセーター
—— 男 ❶《情報》〔主にプリントアウトされた〕表, リスト. ❷ 名簿, リスト《=lista》: ~ electoral《南米》選挙人名簿. ❸《魚》ハガツオ
listador, ra [listaðór, ra] 形 名《まれ》リストを作る〔人〕
listán [listán] 男《農業》〔Jerez de la Frontera 特有の〕リスタン種の〔ブドウ〕
listar [listár]《←lista[1]》⑩ ❶《情報》表示する, プリントアウトする: ~ los ficheros ファイルをプリントアウトする. ❷ リストに載せる, 一覧表に記入する《=alistar》
Lista y Aragón [lísta i aragón]《人名》**Alberto** ~ アルベルト・リスタ・イ・アラゴン『1775～1848, スペインの詩人. セビーリャ派 Escuela Sevillana の詩人を範とし, 格調高く技巧的な詩風を特徴とする. 新古典主義に共鳴する一方で, 前ロマン主義的な詩も残している』
listeado, da [listeáðo, ða] 形 =listado
listear [listeár] 他《まれ》=listar
listel [listél] 男 ❶《建築》平縁《=filete》. ❷《紋章》〔モットーの書かれた〕リボン
listeria [listérja] 女《医学》リステリア菌
listeriosis [listerjósis] 女《医学, 獣医》リステリア症, 回旋病
listero, ra [listéro, ra] 名《西》〔建築現場・作業場などの〕点呼係, 監督
listeza [listéθa] 女 ❶ 利口さ; 抜け目なさ: ~ para el negocio 商売上手. ~ para hacer dinero 金もうけのうまさ. ❷ 機敏さ, すばしこさ
listillo, lla [listíʎo, ʎa] 形 名《西. 軽蔑》知ったかぶりをする〔人〕, 利口ぶる〔人〕

—— 男 小リスト
listín¹ [listín]〖lista¹の示小語〗男 ❶ 〖より大きいリストから抜粋した〗小リスト. ❷《西》アドレス帳, 住所録, 電話帳
listo, ta [lísto, ta]〖←?俗ラテン語 lexitus < legere「読む, 選ぶ」〗形 ❶〖ser+〗利口な, 頭の回転が速い: 1) El niño más ～ del colegio y obtiene las mejores notas. その子は学校で最も頭がよく一番成績がいい. Es tan ～ que capta la más ligera insinuación. 彼はとても鋭敏で, ちょっとしたほのめかしにも気づいてしまう. Se cree ～. 彼は自分が賢いと思っている. 2)《軽蔑》抜け目のない, ずるい: el ～ de Juan ずる賢いフアン. 〖estar+. 完全に〗用意のできた: 1) ¿Estás ～? 用意はいいか? Estoy ～. 私は用意が整っている(身仕度を終えた). Me pongo las lentillas y ～. コンタクトレンズをつけて用意オーケーだ. La comida está ya ～ta. 昼食の用意ができた. 2)〖+para+名詞・不定詞〗Todo está ～ para la fiesta. パーティーは準備万端整っている. Ya estamos ～s para salir. 私たちはもう出かける用意ができている. ～ para usar〖表示〗使える, 使用準備済み. ❸ 終わっている, できている: El trabajo estará ～ para el lunes. 仕事は月曜日までには終わっているだろう. ❹《口語》〖ドーナツ rosquilla が, 聖イシドロ San Isidro 祭独特の〗白い糖衣のかかった. ❼《キューバ. 口語》疲れ果てた
—— 名 ❶ 賢い人. ❷《軽蔑》ずるい奴
andar ～ 1)《西》用心している. 2)《口語》**=estar (ir)**
echárselas (dárselas) de ～ 知ったかぶりをする
¡Estamos ～s! 困ったことに (よく住生したよ!) El avión va con retraso.—¡Pues estamos ～s! 飛行機が遅れるらしい.—それは困ったことになった!
estar (ir) ～ 1) きっと失敗する, 確実に期待外れに終わる; 心得違いをしている: Si piensas que vas a pasar el examen sin prepararlo bien, vas ～. もし十分準備もしないで試験にパスするつもりなら, ひどい目にあうよ
ir de ～ por la vida 何でも知っていると思っている
¿L～? 用意はいいですか?
¡L～! 1)〖用意に〗いいぞ/さあ (やりなさい): ¡L～!, ya podemos empezar. 始められるぞ. 2)《コンビア, ペルー, チリ》〖同意〗オーケー!; ¿Vamos al cine?—¡L～! 映画に行かないか?—いいよ!
～ de manos《口語》盗みの手が速い; 不法な利益を手に入れるのが上手である
～ el pollo《中南米. 口語》それで問題は解決だ
¡L～s!《スポーツ》用意!; ¡En sus marcas, ～s, ya! 位置について, 用意, ドン!
más ～ que Cardona 大変頭の切れる; 非常にずるい
más ～ que el hambre 非常にさとい, 利発な, 目から鼻へ抜けるような
pasarse de ～《口語》〖自信過剰・邪推・悪意などで〗間違いを犯す, 失敗する: Tú crees que los demás somos tontos y te pasas de ～. 君は他人はみんなばかだと思っているから, 間違いをしでかすだ. Haz caso de mí y no te pases de ～. 私の言うことを聞け. 知ったかぶりをするな

listón¹ [listón]〖lista¹の示大語〗男 ❶ 細長い板: hacer el marco del cuadro con cuatro listones 4枚の細長い板で額縁を作る. ❷《スポーツ》〖走り高跳び・棒高跳びの〗バー: El ～ está a cinco metros. バーの高さは5メートルだ. ❸ 目標: poner el ～ alto ハードルを高くする, 目標を高く設定する, 多くを求めすぎる, 期待しすぎる. ❹ 水準, レベル: ～ de la pobreza 貧困線. ～ de los precios 価格水準. ❺《建築》薄い木片, 木摺. ❻《手芸》リボン. ❼《メシコ, アルゼンチン, ウルグアイ》テープ

listón², **na** [listón, na] 形《闘牛》〖牛が〗背中にはっきりとした白い筋模様のある
listonado [listonádo] 男《建築》木摺打ち, ラス貼り
listonar [listonár] 他《建築》木摺を打ちつける
listonería [listonería] 女〖集合〗木摺, 木舞
listonero, ra [listonéro, ra] 名 木摺職人
listorro, rra [listórro, rra] 形《西. 軽蔑》**=listillo**
listorrón, na [listorrón, na] 形 名《西. 軽蔑》**=listillo**
listura [listúra] 女 **=listeza**
lisura [lisúra]〖←liso〗❶ 平坦さ: La ～ del terreno permitió que plantaran allí la tienda de campaña. 地面が平らなので彼らはそこにテントを張ることができた. ❷ なめらかさ. ❸〖髪の〗縮れていないこと. ❹ 率直さ: Tuvo la ～ de decir lo que pensaba. 彼は率直に考えていることを言った. ❺《グアテマ

ラ, ホンジュラス, パナマ, エクアドル, ペルー, ボリビア》悪意. ❻《グアテマラ, パナマ, ペルー》下品な(無礼な)言動. ❼《ペルー》機知, しゃれ
lisuriento, ta [lisurjénto, ta]名《ペルー. 口語》粗野な人, 言葉づかいの悪い人
lit-〖接頭辞〗**=lito-**
litio [lítjo] 名《生物》犬の舌下や鼻腔内に寄生する寄生虫
-lita〖接尾辞〗〖石〗anfibolita 角閃岩
litación [litaθjón] 女〖まれ〗神に良い生贄を捧げること
litar [litár] 他〖まれ〗神に良い生贄を捧げること
litarge [litárxe] 男 **=litargirio**
litargirio [litarxírjo] 男《化学》リサージ, 一酸化鉛, 密陀僧
lite [líte] 女 ❶《文語》論争; 紛争. ❷《法律》訴訟, 係争
litera [litéra]〖←カタルーニャ語 llitera < llit「寝台」〗女 ❶ 二段ベッド: Mi hermano menor duerme en la ～ de abajo y yo en la de arriba. 弟は二段ベッドの下に寝て, 私は上に寝ている. ❷〖船・列車などの〗簡易寝台〖参考〗cama より等級が低い〗. ❸《古語》〖人・馬が運ぶ〗輿(i), 担い駕籠(iu)
literal [literál]〖←ラテン語 litteralis < littera「文字」〗形 ❶ 文字(字義)どおりの, 言葉本来の意味での: No te debes tomar sus piropos en sentido ～. 彼のほめ言葉を真に受けてはいけないよ. ❷ 逐語的な: cita ～ 一字一句違わぬ引用. traducción ～ 逐語訳, 直訳. ❸《言語, 論理, 数学》文字上)の: cultura ～ 文字文化. expresión ～ 文字式
literalidad [literalidá(d)] 女《文語》字義の尊重, 文字どおり(逐語的)であること
literalismo [literalísmo] 男 直解主義, 文字どおりに解釈すること
literalmente [literálménte] 副 ❶ 逐語的に: traducir ～ 直訳する. ❷ 文字どおり. Estoy ～ molido. 私はまさにくたくただ
literariamente [literárjaménte] 副 文学的に; 文学的側面では
literario, ria [literárjo, rja]〖←ラテン語 litterarius < littera「文字」〗形 ❶《文語》 historia ～ 文芸史. ❷ 文科系の〖⇔científico〗: tener vocación ～ria 文系に向いている. ❸《言語》文語の〖⇔coloquial〗: estilo ～ 文語体
literato, ta [literáto, ta] 名 ❶〖時に軽蔑〗〖現代の〗文学をやる(人), 作家, 文筆家, 文学者. ❷《まれ》文学に通じた(人), 文学研究者
literatura [literatúra]〖←ラテン語 litteratura < littera「文字」〗女 ❶ 文学, 文芸; 文学作品: dedicarse a la ～《職業として》文学をやる. vivir de la ～ 文学で暮らしを立てる. ～ japonesa 日本文学. ～ medieval 中世文学. ❷ 文学研究: libro de ～ universal 世界文学の研究書. ❸〖一分野の〗文献, 全著作: 1) No hay mucha ～ sobre el cáncer en esta biblioteca. この図書館には癌に関する文献があまりない. ～ matemática 数学に関する文献. 2)〖ジャンルの〗全作品: ～ orgánica オルガン曲の全作品. ❹ 文学の素養(教養). ❺《軽蔑》駄弁, 空論: hacer ～ 駄弁を弄する; 口先だけで話す ❻〖医薬品の〗説明書
literaturesco, ca [literaturésko, ka] 形《まれ. 軽蔑》文学特有の
literaturizar [literaturiθár] 他〖人・事を〗文学的にする
literero [literéro] 男《廃語》 ❶ 輿(i)商人, 貸し輿屋. ❷ 輿の先導者
literista [literísta] 名《鉄道》簡易寝台系
litiásico, ca [litjásiko, ka] 形 結石症の
litiasis [litjásis] 女《医学》結石症: ～ vesical 膀胱結石
lítico, ca [lítiko, ka] 形 ❶《技術》石の. ❷《歴史》石器〖時代〗の. ❸《医学》結石の. ❹《生理》溶菌作用のある
litificación [litifikaθjón] 女《地質》石化作用
litigación [litigaθjón] 女 訴訟〖**=pleito**〗. ❷ 弁論
litigante [litigánte]〖←ラテン語 litigans, -antis〗形 名 訴訟を起こしている; 係争の: partes ～s 訴訟当事者
litigar [litigár]〖←ラテン語 litigare「議論する, 口げんかする」〗自 …について裁判で争う, 訴訟を起こす: Litigará la cuestión de la herencia. 彼は遺産問題を訴訟に持ち込むだろう
—— 自 ❶〖+contra に・+por・sobre について〗訴訟を起こす: ～ contra la empresa 会社を訴える. ❷《まれ》論争する
litigiar [litixjár] 自他《まれ》**=litigar**
litigio [litíxjo]〖←ラテン語 litigium〗男 ❶ 訴訟〖**=pleito**〗; 係争: Han comenzado un ～ por unas tierras. 彼らは土地をめぐる訴訟を始めた. en ～ 係争中の. ❷ 論争; 紛争, 争い: entrar

en ～ con... …と争いを始める
litigiosidad [litixjosiá(d)] 女 ❶ 訴訟となること. ❷ 議論の余地があること
litigioso, sa [litixjóso, sa] 形 ❶ 訴訟の; 係争中の: cuestión ～sa 訴訟になっている問題. ❷ 議論の余地のある. ❸ 訴訟好きの
litina [litína] 女《化学》酸化リチウム
litínico, ca [litíniko, ka] 形 リチウムを含有する
litio [lítjo] 男《元素》リチウム
litis [lítis] 女《単複同形》=**lite**
litisconsorte [litiskonsórte] 名《法律》共同訴訟人
litiscontestación [litiskontestaθjón] 女《法律》弁明, 弁疏（ベンソ）
litisexpensas [litise(k)spénsas] 女 複《法律》訴訟費用
litispendencia [litispendénθja] 女《法律》❶ 事件係属; 訴訟係属. ❷ 結審していないこと
lito [líto] 男《隠語》リトグラフ〔=litografía〕. ❷ 光沢紙の一種
lito-〔接頭辞〕[石] *litografía* 石版印刷
-lito〔接尾辞〕[石] *aerolito* 石質隕石
litocálamo [litokálamo] 男 化石化した葦
litoclasa [litoklása] 女《地質》[岩石の] 亀裂
litocola [litokóla] 女《古語》[石工用の] 接着剤
litódomo [litóðomo] 男《貝》イガイ科の一種〔学名 Lithophaga lithophaga〕
litofacies [litofáθjes] 女《地質》岩相
litófago, ga [litófago, ga] 形 男《動物》石を穿って住む; 穿石（センセキ）動物
litofanía [litofanía] 女《美術》透かし彫刻磁器製造技術
litofánico, ca [litofániko, ka] 形 透かし彫刻磁器製造技術の
litófilo, la [litófilo, la] 形《化学》elemento ～ 親石元素
litófito [litófito] 男《植物》岩生植物
litofotografía [litofotografía] 女 =**fotolitografía**
litofotografiar [litofotografjár] 他 =**fotolitografiar**
litofragmentación [litofragmentaθjón] 女 =**litotricia**
litofragmentador [litofragmentaðór] 男 =**litotritor**
litofragmentadora [litofragmentaðóra] 女 =**litotritor**
litogenesia [litoxenésja] 女《地質》岩石生成論
litogénesis [litoxénesis] 女《単複同形》《地質》岩石の生成過程
litografía [litografía] 女 ❶ 石版印刷〔術・画〕, リトグラフ. ❷ リトグラフ工房
litografiar [litografjár] 他 石版刷りにする
litográfico, ca [litográfiko, ka] 形 石版〔印刷〕の, リトグラフの
litógrafo, fa [litógrafo, fa] 名 石版工, 石版画家
litolátrico, ca [litolátriko, ka] 形《宗教》岩石信仰の
litología [litoloxía] 女 岩石学
litológico, ca [litolóxiko, ka] 形 岩石学の
litólogo, ga [litólogo, ga] 名 岩石学者
litopón [litopón] 男《化学》リトポン
litoral [litorál]《←ラテン語 litoralis < litus, -oris「海岸」》形 沿岸の: corriente ～ 沿岸流. zonas ～es 沿岸地帯
—— 男 沿岸地帯・地方]: tener un largo ～ 海岸線が長い. país sin ～ 内陸国. ～ mediterráneo 地中海の沿岸地帯
litosfera [litosféra] 女《地質》岩石圏, 地殻
litote [litóte] 女 =**lítote**
lítote [lítote] 女《修辞》緩叙法, 曲言法〔控え目な表現を用いて逆に印象を強める. 例 no está mal =está muy bien〕
litotes [litótes] 女 =**lítote**
litotomía [litotomía] 女《医学》切石術, 結石摘出
litótomo [litótomo] 男《医学》切石術用具
litotricia [litotríθja] 女《医学》砕石術, 結石破砕
litotripsia [litotrí(p)sja] 女 =**litotricia**
litotriptor [litotri(p)tór] 男 =**litotritor**
litotritor [litotritór] 男《医学》砕石器
litráceo, a [litráθeo, a] 形 ミソハギ科の
—— 女 複《植物》ミソハギ科
litrarieo, a [litrarjéo, a] 女 =**litráceo**
litre [lítre] 男《植物》ウルシの一種〔学名 Lithraea caustica〕; それによる発疹
litri [lítri] 形《西. 古語的》おしゃれな〔人〕, 気取った〔人〕, きざな〔人〕

litro [lítro]《←ラテン語 litre》男〔容量の単位〕リットル: En esta vaquería se producen más de quinientos ～s de leche al día. この牛舎では一日に500リットル以上の牛乳が生産される. botella de ～ 1リットル瓶. botella de dos ～s 2リットル瓶. medio ～ de gasolina ガソリン半リットル
litrona [litróna] 女《西. 口語》[ビールの] 1リットル瓶
lituano, na [litwáno, na] 形 名《国名》リトアニア Lituania〔人・語〕の; リトアニア人
—— 男 リトアニア語
lituo [lítwo] 男《古代ローマ》❶〔軍隊の〕ラッパ. ❷ ト占官の権威を象徴する杖
liturgia [litúrxja]《←ラテン語 liturgia < ギリシア語 leiturgia「公的業務」< leiturgos「役人」》女《宗教》礼拝〔の儀式〕; 典礼学: ～ católica カトリック典礼
litúrgico, ca [litúrxiko, ka] 形《宗教》礼拝の; 典礼の: libros ～ 典礼書. ornamentos ～s 祭服; 祭壇飾り
liturgismo [liturxísmo] 男《軽蔑》典礼形式厳守
liturgista [liturxísta] 名 ❶ 典礼学者. ❷ 典礼形式厳守者
liudo, da [ljúðo, ða] 形 =**leudo**
liuto [ljúto] 男《チリ. アルゼンチン. 植物》ヒガンバナ科の一種〔球根から澱粉をとる. 学名 Alstroemeria ligtu〕
liviana[1] [libjána] 女《フラメンコ》リビアナ〔トナ toná から派生した歌〕. ❷《ドミニカ》米・インゲン・肉を一皿に盛った料理〔=mixta〕
livianamente [libjánamente] 副 ❶ 軽々しく. ❷ 不誠実に
liviandad [libjandáð] 女 ❶《主に中南米》軽さ; 軽薄さ. ❷ たわいなさ. ❸ 軽率な行為; 淫乱, 浮気
liviano, na[2] [libjáno, na]《←俗ラテン語 levianus < levis「軽い」》形 ❶《主に中南米》1) 軽い〔=ligero〕: tejido ～ 軽い布. trabajo ～ 軽作業, 簡単な仕事. 2)〔お茶などが〕濃くない. ❷ ささいな, 重要でない, たわいない: obras ～nas たわいない作品. ❸《文語》移り気な, 気まぐれな. ❹ 慎しみのない, 淫らな, 浮気な: mujer ～na 尻軽女. ❺《南米》peso ～ 軽量級
—— 男 ❶《主に複. 食用獣》肺. ❷ 先導するロバ. ❸《ドミニカ. 料理》内臓の煮込み
lividecer [libiðeθér] 自《まれ》❶〔顔面が〕蒼白になる. ❷〔打撲・寒さなどで〕暗紫色になる
lividez [libiðéθ] 女《文語》❶ 蒼白. ❷ 暗紫色であること
lívido, da [líbiðo, ða]《←ラテン語 lividus「青黒い」》形 ❶〔顔面・光などが〕青白い, 蒼白の, 土気色の: Al recibir la noticia se quedó ～. 彼はその知らせを聞いて顔面蒼白になった. ～ luz de la Luna 月の青白い光. ❷〔打撲・寒さなどで〕暗紫色の: A causa del frío mis manos estaban ～das. 寒さのせいで私の手は紫色になっていた
living [líbin]《←英語》男 ~s ❶《西, チリ, アルゼンチン, ウルグアイ》居間〔= リビングダイニング, 食堂兼居間〕. ❷《チリ, アルゼンチン, ウルグアイ》応接三点セット
livonio, nia [libónjo, nja] 形 名《歴史, 地名》〔北ヨーロッパの〕リボニア地方 Livonia の〔人〕
—— 男 リーブ語
livor [libór] 男 ❶ 暗紫色. ❷ ねたみ; 憎悪
lixiviación [li(k)sibjaθjón] 女《化学》浸出〔処理〕, リーチング
lixiviar [li(k)sibjár] 他《化学》浸出する
liza [líθa] I《←仏語 lice》女 ❶《文語. 主に比喩》決闘, 戦い, 試合; 論争: entrar en ～ 試合に出る; 論争に加わる. ❷《歴史》騎士の〕闘技場, 試合場
II《←ラテン語 licia》女 麻の太い繊維
III 女《魚》金色の斑点のあるボラ〔=lisa de cabeza plana〕
lizarra [liθárra] 女《植物》エリカの一種〔学名 Erica vagans〕
lizo [líθo]《←ラテン語 licium「横糸」》男 ❶〔織機の〕綜絖（ソコウ）: telar de alto ～ 水平織機, 水平機（ハタ）. telar de bajo ～ 垂直織機, 竪機（タテハタ）. ❷《チリ》〔上質の毛布を織る時の〕杼（ヒ）の代わりに使う小さな棒

ll [éʎe] 女 スペイン語の旧アルファベットの一字〔大文字は Ll〕
llábana [ʎábana] 女《アストゥリアス》すべすべした石板
llaca [ʎáka] 女《チリ. 動物》小型のイタチの一種〔学名 Didelphys elegans〕
llacsa [ʎáksa] 女《チリ》溶解した金属
lladre [ʎáðre] 男《ムルシア. 俗語》泥棒; 悪党, ずる賢い人
Lladró [ʎaðró]《←商標》男 リヤドロ〔バレンシアの陶磁器製の人形〕
llaga [ʎága]《←ラテン語 plaga「傷」》女 ❶《医学》[目に見えるところの] 潰瘍: tener una ～ 潰瘍がある. Dios, que da la ～, da

la medicina.《諺》捨てる神あれば拾う神あり. ❷《文語. 比喩》傷, 心痛, 心の傷: ～ de amor 恋の痛手. ～*s* de la guerra 戦争の傷跡. ❸《新約聖書》聖痕. ❹《建築》[煉瓦などの] 目地

¡Por las ～s* 〔*de Cristo*〕*!《諺》一難去ってまた一難

renovar la ～ 古傷を開く

llagar [ʎaɡár]〖←ラテン語 plagare「傷つく」〗[8] [他]《医学》[目に見えるところに] 潰瘍をつくる: Cinco meses en la cama *han llagado* su cuerpo. 彼は5か月寝たきりで床ずれができた

llagoso, sa [ʎaɡóso, sa] [形]《まれ》潰瘍のある

llalla [ʎáʎa] [男]《チリ》小さな傷; 軽い痛み

llallí [ʎaʎí] [女]《チリ. 料理》❶ 炒ったトウモロコシ粒; それから作る粉. ❷ ポップコーン

hacer ～+物《チリ》…を粉々にする

llama [ʎáma] **I**〖←ラテン語 flamma〗[女] ❶ 炎, 火炎: arder sin ～ いぶる, くすぶる. entregar+物 a las ～*s* …を火中に投じる, 焼き捨てる. estallar en ～*s* ぱっと燃え上がる. estar en ～*s* 燃えさかっている, 炎に包まれている. resultar herido por las ～*s* 火傷を負う. ～ auxiliar 補助バーナー. ～ olímpica オリンピックの聖火. ～ solar 太陽フレア. Salir de las ～*s* caer en las brasas.《諺》一難去ってまた一難. ❷ 熱情, 激情, 情熱: ～ de amor 愛の熱情. ～ de esperanza 希望の炎. ❸ 炎のような輝き. ❹ 火責め, 業火: ～*s* eternas 地獄の業火

II〖←ケチュア語〗[女]《動物》リャマ, ラマ

llamada[1] [ʎamáđa]〖←llamar〗[女] ❶ 呼ぶこと, 呼びかけ; 呼び声, 呼びかけの合図: Él iba por la otra acera y no se dio cuenta de mis ～*s*. 彼は向こう側の歩道を歩いていて, 私が何度も呼んだのに気がつかなかった. Esta es la última ～ para los pasajeros con destino a Barcelona. バルセロナ行きご搭乗の最終案内です. ～ a la movilización de los trabajadores 労働者たちのデモへの動員の呼びかけ. ～ al orden 静粛を求めること. ～ de alerta《文語》警報. ～ de atención 注意を促すこと, 警鐘. ～ de auxilio 助けを求めること, 助けを呼ぶ声. ～ de socorro 遭難信号, SOS; 助けを呼ぶ声. ～ de la Patria 祖国の要請. ～ del deber 義務(使命)感に駆られること. ～ para ayudar a los pobres 貧しい人たちを救うための呼びかけ. ❷ 通話〖=～ telefónica〗: Da la señal de ～. 電話が鳴っている. Hay una ～ para ti. 君に電話がかかっているよ. Gracias por su ～. お電話ありがとうございます. Ahora le paso la ～. ただ今おつなぎします. ～ a cobro revertido/《メキシコ, チリ》～ por cobrar コレクトコール. ～ a larga distancia/《中南米》～ de larga distancia 長距離電話. ～ internacional 国際電話. ～ interurbana (interprovincial) 市外通話. ～ personal/～ de persona a persona 指名通話. ～ urbana (local) 市内通話. ❸ 出席をとること, 点呼. ❹《軍事》1) 召集〖=～ a filas〗. 2) 集合; その合図: tocar (batir) ～ [栄誉礼などで] 太鼓を連打する, ラッパを吹き鳴らす. ～ a las armas 出動命令. 3) 交渉の合図. ❺ [ドアへの] ノック〖=～ a la puerta, ～ con el puño〗; 呼び鈴を鳴らすこと〖=～ con el timbre〗. ❻ 誘惑, 誘いかけ: Sintió la ～ de la naturaleza y se marchó a vivir a la montaña. 彼は自然の魅力を感じ, 山での生活に出かけた. ～ del mar 海の魅力. ～ de la sangre 血の欲求. ❼ 仕草, 合図. ❽《印刷》[欄外記事への] 送り記号, 参照記号, 注意記号〖*, § など. =～ a pie de página〗: hacer una ～ al margen 欄外への参照記号を付ける. ❾《情報, 電話》呼び出し: instrucción de ～ 呼び出し命令. ～ desconocida 非通知〔の呼び出し〕. ❿ フェイント. ⓫ 移民の招致. ⓬《メキシコ》臆病, 卑怯. ⓭《ウルグアイ》[主に *L*～*s*] ジャマーダ〖カーニバルでのカンドンベ Candombe の踊りや仮装行列〗

***acudir a la ～ de*+人** …の呼び声を聞いて駆けつける: La enfermera *acudió* rápidamente *a mi* ～. 看護師は私のナースコールにすぐ駆けつけた

devolver una ～ 電話をかけ直す

hacer una ～ [+a+人・場所 に] 電話をかける: ¿Puedo *hacer una* ～? 電話してもいいですか/電話を使ってもいいですか?

llamadera [ʎamađéra] [女] 突き棒〖=aguijada〗

llamado, da[2] [ʎamáđo, đa] [形] ❶ …という〔名の〕: El monasterio está en una aldea ～*da* Peñafiel. その修道院はペニャフィエルという村にある. un chico ～ José ホセという名の一人の少年. ❷ [+名詞] いわゆる…: el ～ Tercer Mundo いわゆる第三世界. ❸ 本名…: El Greco, ～ Doménikos Theotokópoulos エル・グレコ, 本名ドメニコス・テオトコプーロス. ❹ [estar+. +a] …という運命にある: Esta ley está ～*da a* desaparecer. この法律は消える運命にある. estar ～ *a*l fracaso 失敗するように運命づけられている

mal ～ 不適切な名称の: La doctrina católica desaprueba el *mal* ～ “matrimonio” gay. カトリックの教義では同性愛者同士のいわゆる「結婚」は認めていない

—— [名] 呼ばれた人, 招かれた人: Muchos son los ～*s*, pocos los escogidos.《新約聖書》招かれる人は多いが, 選ばれる人は少ない

—— [男] ❶《主に中南米》呼びかけ〖=llamamiento〗. ❷《主にアルゼンチン》通話〖=llamada〗

llamador, ra [ʎamađór, ra] [名] 訪問者, 来客; 呼ぶ人

—— [男] ❶ [ドアの] ノッカー; 呼び鈴, ベル〖=timbre〗. ❷ [電信局で] 着信を知らせる装置. ❸《まれ》使者. ❹《コロンビア. 音楽》ジャマドール〖小型の太鼓〗

llamamiento [ʎamamjénto] [男] ❶ [+a への・するようにとの] 呼びかけ, 訴え: Hacemos un ～ *a* la buena voluntad de la gente. 私たちは人々の善意に訴える. El partido de la oposición ha dirigido un ～ *a* la población para que voten por sus candidatos. 野党は自分たちの候補者に票を投じるように国民に呼びかけた. ～ de socorro 援助(救助)要請. ❷ 呼び出し;《軍事》召集〖=～ a filas〗. ❸ 神のお召し; 召命. ❹《法律》[保護者・後見人などの] 任命, 指名

llamar [ʎamár]〖←ラテン語 clamare〗[他] ❶ 呼ぶ, 呼び出す: *Llamó* al camarero y pidió un café. 彼はボーイを呼んでコーヒーを注文した. Me *llamó* con la mano para que me acercara. 彼は私を手招きした. Oiga..., señor..., usted.—¿Qué? ¿Me *llamaba* a mí? ちょっと, もし, あなた.—え, 何でしょう? 私を呼びましたか? Si no se soluciona el problema tendremos que ～ a un programador informático. トラブルが解決しないようなら, コンピュータ・プログラマーに来てもらう必要がある. No te metas donde no te *llaman*. 呼ばれもしないのに鼻を突っ込むな. La oficina está en el décimo piso. Hay que ～ al ascensor. 事務所は11階だ. エレベーターに乗らねばならない. ～ a su perro 犬を呼ぶ. ❷ …に電話をかける, 電話口に呼び出す〖=～ por teléfono〗: Le *llaman* al teléfono.—¿Quién es? 電話がかかってますよ.—誰からですか? ¿Quién me *llama*? どちらさまですか? Le *llamaré* por la noche. 私は夜彼に電話をしよう. Que me *llamen* a las nueve. 9時に電話を下さい. Te *han llamado* desde Barcelona. バルセロナから電話があったよ. Teo quedó en ～me por teléfono, después de treinta minutos. テオが30分後に私に電話をくれることになった. ❸ [+目的格補語 と] 名づける, 呼ぶ: 1) En Japón *llamamos* “shabon” a lo que en español se llama jabón. スペイン語で jabón と呼んでいるものを我々は日本で「シャボン」と呼んでいる. A Gustavo en casa le *llamaron* Tavito. グスタボは家ではタビトと呼ばれていた. Me *llamó* imbécil. 彼は私をばか者呼ばわりした. Castilla, así *llamada* porque había muchos castillos 城がたくさんあったことからそう呼ばれるカスティーリャ地方. 2) [強調] 正に…と呼ぶ: Eso yo lo *llamo* una auténtica estafa. それこそ私に言わせれば正真正銘の詐欺だ. ❹ [気持ち・興味などを] 引きつける: Su vestimenta *llamó* la atención del público. 彼女の衣装に観衆は目を奪われた. Parece que ya no le *llamaba* mucho el negocio y reanudó su antiguo estudio en la universidad. 彼はもう商売への関心がなくなったようで, また大学で昔やっていた勉強を始めた. El café no me *llama* en absoluto. 私はコーヒーは全く好きでない. La violencia *llama* a la violencia. 暴力は暴力を呼ぶ. ❺ …の援助(加護)を求める: *Llamó* a Dios y le escuchó. 彼は神の加護を求め, 神はその願いを聞き届けた. ❻ 召喚する, 出頭要請する: Le *llamaron* a declarar como testigo. 彼は証人として証言するよう出頭を要請された. ～ a Cortes《西》国会を招集する. Dios lo *ha llamado* a su lado.《婉曲》彼は神に召された. ❼《軍事》召集する: El ejército *llamó* a los reservistas para luchar contra los terroristas. 軍はテロリストと戦うために予備役の兵士を召集した. El ejército *llama* a muchos jóvenes. 軍隊は多くの若者を求めている. ❽《まれ》連れて行く. ❾《まれ》傾ける

—— [自] ❶ [戸口で] ノックする, 呼び鈴を鳴らす: *Llaman* (Están *llamando*・Alguien está *llamando*) a la puerta. 玄関に誰か来ましたよ! 〔Entren・Pasar〕Sin ～.《掲示》ノック無用. ¿Quién *llama*? どちらさまですか? ❷ 電話をかける: *Llamé* para que me repararan la avería de la luz. 私は電気の故障を直してもらうために電話した. *Ha llamado* Juan. フアンから電話があった. *He llamado* dos veces, pero no contestan. 私は2度電話したが, 出ない. ¿Por quién *llama*? [受話器をとった

人に尋ねて］誰への電話ですか? ~ a casa 家に電話する. ~ al cero noventa y uno《西》091に電話する《091は日本の110番に相当》. ❹《船舶》風向が変わる. ❺《フェンシング》フェイントをかける. ❺《まれ》〘塩辛い食べ物で〙喉が渇く
—— **~se** ❶ …という名前である, …と呼ばれる: 1) ¿Cómo *se llama* usted?—*Me llamo* Jorge Martínez. 何というお名前ですか?—私はホルヘ・マルティネスといいます《対面》線過去を使うと名前の度忘れ: ¿Cómo *se llamaba* usted? お名前は何でしたっけ?〛. ¿Sabes cómo *se llama* el libro? その本は何という題名か知っている? Este fruto *se llama* aguacate en España, pero en Perú palta. この果実(アボカド)はスペインでは aguacate というが, ペルーでは palta と呼ばれる. 2)〚強調〛正に…と呼ばれる: Eso sí que *se llama* el tango. それが正にタンゴというものだ. A eso no *se le llama* vivir. それをもって生きることではない. ❷〚相互〛呼び合う: En esta vecindad todos los chicos *se llaman* por el apodo. この近所では子供はみなあだ名で呼び合っている. ❸《西》〚値段・費用が〛かかる: ¿Cómo *se llama* esto? これはいくらですか? ❹《メキシコ》堅く約束したことを実行しない; 怖じ気づく
como me llamo... que+直説法〚自分の名前が…であるように〛必ず…する
decir ~se... …と自称する
lo que se llama〚強調〛正に…というもの: José ha escrito *lo que se llama* un artículo. ホセは正に論文というべきものを書いた

llamarada [ʎamaráða]〚← llama 1〛(女) ❶ ぱっと燃え上がってすぐに消える大きな炎: El edificio ardía y salían ~s por ventanas. 建物が燃えて炎が窓からのぞいていた. ❷〚顔が〛ぱっと赤らむこと, 紅潮: Cuando ella le dijo que le quería, una ~ cubrió su rostro. 彼女が彼に好きだと言うと彼の顔がさっと紅潮した. ❸ 突然の感情の高ぶり(噴出): ~ de ira 怒りの発作
ser ~ de petate《メキシコ》〚物事が〛つかの間である, はかない

llamaritada [ʎamaritáða](女)《アンダルシア, ラマンチャ; コロンビア, エクアドル》大きな火炎

llamarón [ʎamarón](男)《南米》〚燃え上がった〛大きな炎

llamativo, va [ʎamatíβo, βa]〚← llamar 1〛(形) ❶〚外見が〛目を引く, 派手な: vestido ~ 目立つ(派手な)ドレス. colores ~s けばけばしい色, 際立った派手な色. ❷〚重要性などが〛注目に値する. ❸《まれ》〚食べ物が〛喉の渇きを起こし; 辛い, 塩辛い

llamazar [ʎamaθár](男)《地方語》沼地

Llamazares [ʎamaθáres]《人名》**Julio** ~ フリオ・リャマサーレス《1955~, スペインの作家. 彫琢された散文を駆使し, 詩情をたたえた小説やエッセイなどを著わす『狼たちの月』*Luna de lobos*, 『黄色い雨』*La lluvia amarilla*》

llambo, ba [ʎámbo, ba](形)《コロンビア》なめらかな, すべすべした

llambrega [ʎambréga](女)《魚》小型の海魚〘学名 Symphodus melanocercus〙

llambria [ʎámbrja](女)《地方語》岩山の急斜面

llambrial [ʎambrjál](男)《地方語》険しい岩山だらけの土地

llame [ʎáme](男)《地方語》〚鳥を捕える〙罠

llameante [ʎameánte](形)《主に比喩》炎を上げる; 燃え立つような: horizonte ~ 赤く染まった地平線

llamear [ʎameár]〚← llama 1〛(自) ❶ 炎を上げる: 1) El fuego *llameaba* alegre en la chimenea. 火は暖炉の中で陽気に燃えていた. 2)《比喩》めらめらと燃える: Sus ojos *llameaban* de rabia. 彼の目は怒りに燃えていた. ❷ ついたり消えたりしながら燃える: La candelita *llamea* intermitentemente. 小ろうそくがちりちりしている
—— (他) ❶《医学》〚器具を〙炎で焼く. ❷《まれ》炎を上げて燃やす

llamo [ʎámo](男)《ペルー. 動物》ラマ〖=llama〗

llamón, na [ʎamón, na](形)《メキシコ》臆病な, 小心な

llampear [ʎampeár](自)《ムルシア. 俗語》稲妻が光る〖=relampaguear〗

llampo [ʎámpo](男) ❶《ムルシア, アンダルシア. 俗語》稲妻. ❷《ムルシア》雪の輝くような白さ. ❸《チリ》〚鉱石を取り除いた後の〙砂くず

llampuga [ʎampúga](女)《魚》シイラ〖=dorado〗

llampuguera [ʎampugéra](女)《漁業》シイラ漁用の網〖=red〗

llana[1] [ʎána](女) ❶〚左官〛こて: dar de ~ こてで平らにする(ならす). ❷ 平原〖=llanura〗. ❸〚新聞の〛…面〖=plana〗

llanada [ʎanáða](女) 平原〖=llanura〗

llaneamente [ʎaneámente](副) ❶ 平易に, はっきりと〚誇張や婉曲なしに〛: hablar clara y ~ 明瞭に話す. ❷ 気さくに, 飾り気なく, 率直に, 隠し立てせずに: Nos explicaron la situación ~. 我々は状況をありのままに説明された. ❸ 平らに; なめらかに

llanca [ʎáŋka](女) ❶《ペルー. 動物》ミミズ. ❷《チリ》青緑色の銅鉱石; その鉱石のかけら〚先住民が首飾りなどに使う〛

llancha [ʎántʃa](女)《南米. 料理》エンパナーダ〖=empanada〗

llande [ʎánde](女) ドングリ〖=bellota〗

llaneador, ra [ʎaneaðór, ra](形) ❶〚自転車など〛〚選手が〛平地に強い; 平地のスペシャリスト. ❷ 平地を進む[人]; 平地を歩くのが好きな[人]

llanear [ʎaneár](自) ❶〚坂道を避けて〛平地を進む: Me gusta más ~ que subir a las cumbres. 私は頂上を目指すより平地を歩く方が好きだ. ❷〚自転車など〛平地を得意とする
—— (他) 平らにする

llanería [ʎanería](女)《ベネズエラ》〚総称〛リャノ los Llanos とその住民

llanero, ra [ʎanéro, ra](形) ❶ 平原 llanura の住民. ❷《地名》1) リャノ Los Llanos の[人];《歴史》リャネロ〖リャノの牧童. 南米の独立戦争で中心的役割を果たした〙. 2)《コロンビア》Llanos Orientales 地方の[人]. ❸《放送》~ solitario 『ローン・レンジャー』. ❹《カリブ》牧童, カウボーイ. ❺《コロンビア》〚メタ県・バウペス県の〛アラウコ族

llaneza [ʎanéθa](女) ❶ 飾り気のなさ: tratar a la gente con mucha ~ 人々と気さくに接する. ❷ 平易さ: ~ del estilo de su lenguaje 彼の言葉づかいの分かりやすさ. ❸〚文体の〛簡潔さ. ❹ 誠実さ, 善意. ❺〚古語〛平地
alabo la ~〚皮肉〛〚目上の人に対して〛なれなれしい, 敬意を払わない

llanía [ʎanía](女) 平原

llanisco, ca [ʎanísko, ka](形)(名)《地名》ジャネス Llanes の[人]《アストゥリアス県の町》

llanito, ta [ʎaníto, ta](形)(名)《西. 口語》ジブラルタルの[人]〖=gibraltareño〗

llano, na[2] [ʎáno, na]〚←ラテン語 planus〛(形) ❶ 平らな, 平たい, 平坦な: camino ~ 平坦な道. tierra ~*na* 平坦な土地. ❷ 気さくな, 飾り気のない: Es un actor ~ que habla con todos. その俳優は誰とでも話をする気さくな人だ. lenguaje ~ 気取らない言葉づかい. ❸〚文体などが〛平易な, 分かりやすい: Usen ustedes palabras ~*nas* y claras que puedan entender todos. 誰でも理解できる易しい明解な言葉を使って下さい. consejo ~ 明解なアドバイス. ❹ 平民の; 庶民の: pueblo ~ 平民. gente ~*na* 庶民. ❺《音声》最後から2番目の音節にアクセントのある;〚詩法〛〚行が〛最後から2番目の音節にアクセントのある語で終わる. ❻《音楽》canto ~/música ~ 単旋律聖歌. ❼《売春婦の》: casa ~*na* 娼家, 売春宿. ❽ 自由な, 率直な. ❾〚衣服が〛飾り気のない, 高価でない. ❿ 明らかな. ⓫ 去勢された羊. ⓬《南米. 競走》障害物のない〖=liso〗
a la ~na 率直に, 飾らずに, 気取らずに, 気さくに; 平易に
estar ~ a+不定詞 …する用意ができている
—— (男) ❶ 平原, 平地〖=llanura〗: descender de la montaña al ~ 山から平地へ降りる. ❷《地名》(複) [Los L~s] リャノ《ベネズエラ, コロンビアにまたがる平原》. ❸〚手芸〛〚増し目や減らし目もない〛直線編み
de ~ あからさまに, 率直に, はっきりと
de ~ en ~ 簡単明瞭に
estar perdido en el ~《キューバ. 口語》〚ある分野で〛新しいことを何も知らない

llanote, ta [ʎanóte, ta]〚llano の示大語〛(形) ❶ 〚人が〛開けっぴろげな, 率直な

llanque [ʎáŋke]《アンデス》〚ゴム製の〛粗末なサンダル;《ペルー》なめしていない牛皮製のサンダル

llanquete [ʎaŋkéte](男)《魚》小型のウナギの稚魚

llanquihuano, na [ʎaŋkiwáno, na](形)(名)《地名》ジャンキウエ Llanquihue の[人]《チリ南部の県》

llanta [ʎánta] I (女) ❶〚車輪の〛リム, 輪金: ~ (andar) en ~ タイヤがパンクしている. ~ de oruga キャタピラートラック. ❷ 幅広の鉄器具. ❸《主に中南米》タイヤ〖=neumático〗: ~ de refacción《メキシコ》スペアタイヤ. ❹《プエルトリコ, ペルー》幅広の指輪

llantear

II 〖←ラテン語 planta〗《女》《植物》ケール
III 〖←ケチュア語〗《女》《メキシコ, 中米, コロンビア. 口語》腹部の贅肉. ❷《ペルー, ボリビア》《女性露天商が使う》日よけ

llantear [ʎanteár] 《自》《まれ》泣く
llantén [ʎantén] 《男》《植物》1) オオバコ: ~ alesnado オオバコ科の一種《学名 Plantago subulata》. ~ de mar オオバコ科の一種《学名 Plantago maritima》. ~ mayor セイヨウオオバコ. ~ mediano プランタゴ・メディア. ~ menor (lanceolado) ヘラオオバコ. 2) ~ acuático シュロガヤツリ. ❷《キューバ. 口語》《人・動物の》長く続く泣き声(鳴き声), 泣き叫び, 嗚咽.
llantera [ʎantéra] 《女》《口語》=llantina
llantería [ʎantería] 《女》《チリ》《複数の人による》泣き叫び
llanterío [ʎanterío] 《男》《チリ》=llantería
llantina [ʎantína] 《女》《口語》《長く続く》大泣き
llanto [ʎánto] 〖←ラテン語 planctus「嘆き」< plangere「叩く, 嘆く」〗《男》❶ 泣くこと, 号泣; 嘆き: estallar (romper・prorrumpir) en ~ わっと泣き出す. tener la voz ahogada en ~ 嗚咽で声を詰まらせている. ~ del bebé 赤ん坊の泣き声. ❷ 涙: secar (enjugar) el ~ de+人 …の涙をぬぐう; …を慰める. ❸《文語》哀悼; 挽歌, 葬送歌. ❹《キューバ》美しい旋律の民謡. ❺《アルゼンチン》踊り手が泣き真似をする舞踊

deshacerse (anegarse) en ~ 泣きくずれる

llantón [ʎantón] 《男》《ベネズエラ》板金, 鉄板
llanura [ʎanúra] 〖←llano〗《女》❶ 平原, 平地, 平野: ~ castellana カスティーリャ平原. ~ de marea 干潟. ❷ 平らなこと, 平坦さ: La ~ del terreno permite hacer carreteras rectas. 土地が平坦なのでまっすぐな道路を造ることができる. ❸《手相》~ de Marte 火星平原

llapa [ʎápa] 《女》《南米》おまけ, 景品〖=yapa〗
llapana [ʎapána] 《女》《ペルー》ゆっくりとした土砂崩れ〖=illanco〗
llapango, ga [ʎapáŋgo, ga] 《形》素足の: indio ~ 素足の先住民
llapar [ʎapár] 《他》《南米》《おまけで》買い物の分量を増やす〖=yapar〗
llapingacho [ʎapiŋgátʃo] 《男》《エクアドル, ペルー. 料理》チーズ入りのジャガイモのトルティーリャ
llaqué [ʎaké] 《男》《メキシコ, エクアドル》モーニングコート〖=chaqué〗
llar [ʎár] 《男》《アストゥリアス, サンタンデール》❶ かまど〖=lar〗; かまどの火. ❷ =llares
llares [ʎáres] 《女》《複》自在鉤⁽⁻⁾〖暖炉の上部から吊るし, 鍋などを掛ける〗
llareta [ʎaréta] 《女》❶《アンデス. 植物》セリ科の一種《樹脂は薬用. 学名 Laretia acaulis》. ❷《ボリビア, チリ》リャマの糞〖燃料用〗
llaucana [ʎaukána] 《女》《チリ. 鉱山》《鉱脈を探る鉄製の》短い棒
llaucar [ʎaukár] 《自》《チリ. 鉱山》短い棒 llaucana を使う
llaullau [ʎáuʎáu] 《男》《チリ. 植物》キッタリア科の一種《食用のキノコ. 学名 Cyttaria darwini》
llaupangue [ʎaupáŋge] 《男》《チリ. 植物》《総称》ユキノシタ科の数種《根にタンニンを多く含み花は赤い. 学名 Francoa sonchifolia など》
llauquear [ʎaukeár] ~*se*《チリ》精神的に崩壊する
llavazo [ʎabáθo] 《男》鍵による打撃
llave [ʎábe] 〖←ラテン語 clavis〗《女》❶ 鍵⁽⁻⁾: 1) Guardan las joyas bajo (debajo de) ~s. 彼らは鍵をかけて宝石を保管している. La caja está cerrada con ~. 箱には鍵がかかっている. echar (poner) la ~ a la puerta/cerrar la puerta con ~ ドアに鍵をかける. abrir la puerta con ~ ドアの鍵を開ける. doblar (torcer・girar) la ~ 鍵を回す. ~ duplicada 合鍵. ~ maestra マスターキー. ~ falsa こっそり作った合鍵. ~ inteligente《自動車》スマートキー. ~ de oro〖名誉市民の印の〗黄金の鍵. L~ en mano.《広告》即入居(納車)可.《比喩》Sólo él tiene la ~ para resolver el conflicto. 彼だけが紛争解決の鍵を握っている. ~ de la solución 解決の鍵(手がかり). ~ del éxito 成功の鍵(秘訣). ~ del reino 国境の要地. ❷〖鍵型のもの〗1) ~ de contacto〖車の〗イグニション キー. ~ de fusil 銃の引き金. 2) ねじ: Con una ~ da cuerda a su cajita de música. 彼はオルゴールのねじを巻く. ~ de reloj 時計のねじ. ❸ スパナ, レンチ: ~ de Allen アレンレンチ, 六角レンチ. ~ inglesa 自在スパナ. ~ de carraca ラチェットレンチ. ~ de codo〖メキシコ〗ボックスレンチ. ~ de tubo ソケットレンチ.《メキシコ》ボックスレンチ. ~ de tuercas モンキーレンチ. ~ dinamométrica トルクレンチ. ~ de torsión トルクレンチ. ❹〖電灯の〗スイッチ〖=~ de luz〗. ❺〖ガス・水道の〗元栓; 〖ガス器具の〗コック〖=~ de paso〗: abrir (cerrar) la ~ de(l) gas ガス栓を開ける(締める). ~ de bola/~ de flotador 浮き玉コック. ~ de cierre 水道の元栓. ~ de paso de tres vías《化学》三方活栓. ~ de riego 給水栓. ❻〖記号〗角かっこ, ブラケット [ ]; 中かっこ, 連鎖記号 { }. ❼《音楽》1)〖管楽器の〗弁, バルブ, キー. 2)〖パイプオルガンの〗音栓, ストップ. 3) 音部記号: ~ de fa (sol) ヘ(ト)音記号. ❽《レスリング》ロック;《柔道》固め;〖一般に〗技, 決まり手. ❾ ~ de (la) mano〖開いた手の〗親指の先から小指の先までの長さ〖=palmo〗. ~ del pie 足の甲の最高部からかかとの端までの長さ. ❿《建築》〖アーチの〗要石; くさび栓, こみ栓. ⓫《医学》抜歯鉗子. ⓬《メキシコ》牛の角. ⓭《南米》1) 権利金, 敷金. 2)《競馬》連勝式. ⓮〖コロンビア. 口語〗親友, 仲間

bajo ~ =*bajo siete* ~*s*
bajo siete ~*s* 安全な場所に; しっかり鍵をかけて: Guardan las joyas *bajo siete* ~*s*. 彼らは宝石を厳重に保管している
cerrar con siete ~*s* 安全な場所にしまう; しっかり鍵をかける
debajo de siete ~*s* =*bajo siete* ~*s*
la[s] ~*[s] de la despensa*《口語》生活手段
~ *en mano*《商業》ターンキー方式: contrato ~ *en mano* ターンキー契約. operación ~ *en mano* ターンキー操作. proyecto ~ *en mano* ターンキープロジェクト
――《形》《南米. 口語》親友の, 仲のよい

llavear [ʎabeár] 《他》❶《キューバ》〖自由と義務を厳しく分けて〗行動を規制する. ❷《アルゼンチン, パラグアイ》鍵をかける
llavero¹ [ʎabéro] 〖←ラテン語 clavarius〗《男》❶ キーホルダー: ~ de cartera キーケース. ❷ 鍵かけボード. ❸ ~ abrepuertas por radio〖ガレージなどの〗リモコンシャッター
llavero², ra [ʎabéro, ra] 《名》鍵番
llavín [ʎabín]〖llave の示小語〗《男》❶〖掛けがねの〗鍵. ❷ 小さな鍵. ❸《ホンジュラス》錠前
llavusco [ʎabúsko] 《形》《ラマンチャ》大きな鍵
lleco, ca [ʎéko, ka] 《形》未開墾の(土地)
llega [ʎéga] 《女》《アラゴン》〖祭りでの〗募金
llegada [ʎeǧáda] 〖←llegar〗《女》❶《⇔partida》: Vamos a hacer una fiesta para celebrar vuestra ~. 君たちの到着を祝ってパーティーを開きましょう. esperar la ~ del tren 列車の到着を待つ. ❷ 到来, 到達: El problema de la sequía se agravó con la ~ del verano. 夏の到来とともに水不足の問題が深刻化した. ❸《スポーツ》ゴールライン〖=línea de ~〗: En la ~ había muchos periodistas esperando. ゴール地点では大勢の新聞記者が待ち構えていた. ❹《複》〖EU 域内における加盟諸国間の商品の〗移入〖⇔envíos〗
llegador, ra [ʎeǧaðór, ra] 《形》《自転車》ゴールスプリントが得意な;《名》ゴールスプリントのスペシャリスト
llegar [ʎeǧár] 〖←俗ラテン語 plicare < applicare「近づく, 近づける」〗《自》❶ 着く, 到着する《⇔partir》: 1) Papá *ha llegado* hoy temprano y mamá está muy contenta. 今日はパパが早く帰って来たのでママはとてもうれしそうだ. Su tren *llega* a la una. 彼の乗った列車は1時に着く. 2) [+a 目的地に] *Llegaremos* a Madrid una hora después. 1時間後にマドリードに到着します. Pronto *llegará* a España una serie de coches japoneses de lujo y refinamiento mecánico. デラックスで技術の粋を集めた日本車のシリーズがまもなくスペインでも発売される. ~ a casa 家に着く, 帰宅する. 3) [時期・季節などが] Ya *llega* la primavera. もう春になった. ~ la noche. 夜になる. Parece que a él le *llega* por fin su oportunidad. 彼にとうとう運が巡って来たようだ. *Llegará* un día en que se arrepienta. 彼が後悔する日がいつかは来るだろう. La Baja Edad Media *llega* hasta el Renacimiento. 中世後期はルネサンスにまで至る. 2)〖手紙・知らせなどが〗Le *llegó* una tarjeta postal. 1枚の絵葉書が彼に届いた. La noticia del terremoto no *había llegado* a Casa de Gobierno antes de que en la radio la dieran. ラジオで地震のニュースが報道されるまでの情報は首相官邸に届いていなかった. ❸ 到達する: 1)〖高さなどが〗La falda le *llega* a los tobillos. スカートは彼女のくるぶしまで届いている. Ella estaba completamente junto a mí. *llegaba al* hombro. 彼女は私にぴったりと寄り添っていた. 私の肩までの背丈だった. El agua desbordada del río nos *llegaba* casi a la cintura. あふれた川の水が私たちの腰まで上がって来るようだった. Los ruidos de la calle *llegan* hasta aquí. 通りの騒音がここまで聞こえてくる. 2)〖金額などが〗Los gastos de luz

lleno, na

y gas de casa *han llegado a* cincuenta mil yenes este mes. 今月，家の光熱費は5万円にもなった．3）［時間的に］Su matrimonio no *llegó a* los dos años. 彼の結婚生活は2年ともたなかった．El gobierno no *llegará a* las próximas elecciones. 政府は次の選挙までもたないだろう．4）《比喩》*Llegué a* una conclusión. 私は一つの結論に到達した．Siendo muy joven, *llegó a* gerente de esa cadena de hoteles. 彼は若くして，そのホテルチェーンの支配人の地位に昇った．Sé algo de computadora, pero *a* tanto no *llego*. 私はコンピュータのことを少し知っているが，大したことはない．❹ ［心に］届く；受け入れられる： Sus palabras me *llegaron* muy hondo. 彼の言葉は私に深い感銘を与えた．Emplea un lenguaje que no *llega a* la gente. 彼は人々に受け入れられない言葉づかいをする．❺ ［費用などが，+para に］足りる： Mi sueldo no *llega* tanto como *para* ir a cenar fuera dos o tres fines de semana. 私の給料は週末2, 3回外に夕食に行けるほど高くはない．No le *llega* el dinero. 彼はお金が十分でない．Estas botellas de agua nos *llegan* por lo menos *para* tres días. この瓶入りの水で私たちは少なくとも3日はもつ．❻ ［変化の結果］1）…になる: *Llegó a* médico. 彼は医者になった．～ *a* la ruina 廃墟と化す．2）［助動詞的．+a+不定詞］…することになる；…するまでに至る: Con el tiempo *llegarás a* saber mucho. いずれは君も色々知るようになるさ．Mi madre *llegó a* ver casados todos sus nietos. 私の母は孫全員が結婚するのを目にすることができた．Las aves pican los higos del jardín antes de que *lleguen a* madurar. 鳥が庭のイチジクを熟する前にについてしまう

El que primero llegue, ese la calza. 早い者勝ちだ／先着順である

estar al ～ 今にも来そうである: Miguel debe de *estar al* ～. ミゲルはもう来るはずだ．La primavera *está al* ～. 春はすぐそこまで来ている

¡Hasta ahí (aquí) podíamos ～*!* 1）いくらなんでもそれは言いすぎ〔やりすぎ〕だ! 2）［拒絶］とんでもない，絶対いやだ!

~ *a ser* + 名詞 ［困難などを乗り越えて・長い経過を経ての変化］…になる: Juana *llegó a ser* profesora de matemáticas. フアナはとうとう数学の先生になった

~ *y besar* 物事が速く達成される

llegarle 《中南米》死ぬ: Le *llegó* el mes pasado. 彼は先月死んだ

los llegados de fuera よそから来た人々

Me llega. 《アンデス》私は構わない，痛くもかゆくもない

Todo llega. いつかはそうなるものだ／あわてなくても大丈夫だ: *Todo llega* con el tiempo. 時が熟せば物事は成就するものだ

—— 自《まれ》集める；近づける

—— ~*se* 《口語》❶ …に近づく，接近する: Un hombre desconocido *se llegó a* mí y me entregó una hoja volante. 知らない人が私に近づいてきて，私にビラを渡した．Estoy al lado; puedo ~*me* hasta ahí enseguida. 私は近くにいます．そちらまですぐに行けます．❷ 寄る: *Llégate* hasta la panadería y compra unas barras. パン屋まで行ってバゲットを何本か買って来て ちょうだい．Tengo que ~*me a* casa de mi madre. 私は母の家にちょっと寄ってこないといけない

llegar	
直説法点過去	接続法現在
llegu**é**	llegu**e**
llegaste	llegu**es**
llegó	llegu**e**
llegamos	llegu**emos**
llegasteis	llegu**éis**
llegaron	llegu**en**

lleísmo [ʎeísmo] 男《音声》リェイスモ［y を ll［ʎ］の音で発音すること］

lleivún [ʎeibún] 男《チリ．植物》カヤツリグサ科の一種［茎を縄にする．学名 Cyperus laetus］

llena[1] [ʎéna] 女 ［川の］増水，出水

llenado [ʎenáðo] 男 満たす（満ちる）こと，充填

llenador, ra [ʎenaðór, ra] 形 ❶ 一杯にする．❷《南米》［食物が］詰め込み式の．《口語》人を悩ませる，嫌な

—— 男／女 詰め込み機，充填機

llenamente [ʎenaménte] 副 ふんだんに，十分に

llenante [ʎenánte] 女《ベネズエラ》満潮《=marea alta》

llenar [ʎenár] 《← lleno》他 ❶ 一杯にする，満たす: 1)［容器・場所で］*Llenó* tanto la maleta que no podía cerrarla. 彼はスーツケースに詰め込みすぎて閉められなかった．No me *llene* la taza, por favor; no tomo mucho café. カップ一杯に入れないで下さい，コーヒーをたくさん飲みませんので．El Presidente saludó a la multitud que *llenaba* la plaza. 大統領は広場を一杯に埋めた大観衆に挨拶をおくった．Los coches *llenan* el centro de la ciudad. 都心部は車であふれている．2)［+de・con で］*Llené* el depósito de gasolina en la estación de servicio. 私はサービスステーションでガソリンを満タンにした．Su respuesta me *llenó de* satisfacción. 彼の返事に私は大いに満足した．Su ocurrente charla *llenó* la sala de risas. 彼の機知に富んだトークで会場は笑いに包まれた．～ *a* + 人 *de* cosas …を …をいっぱいにぎる．❷ ［穴などを］埋める《=rellenar》: Hay que ～ los baches del camino producidos por las lluvias torrenciales. 大雨で道にできた穴をふさがなければいけない．Llenó el hueco dejado por su antecesor. 彼は前任者の穴を埋めることができなかった．❸ ［空欄に］書き込む: ～ un formulario para inscribirse. ❹ ［条件などを］満たす: Los que soliciten la visa de residencia permanente en este país deben ～ las condiciones siguientes. この国の永住ビザを申請する者は以下の条件を満たしていなければならない．❺ 満足させる，納得させる: Nuestra relación no me *llena*. 私は私たちの関係に満足していない．No me *ha llenado* la película. 私はその映画を好きになれなかった．❻ ［大勢の人・物が］占める，堂々と占拠する. No tiene perdón las maletas *llenen* los asientos en lugar de las personas. 人が座らないで鞄が座席を占領しているのは許せない．❼ ［食べ物・飲み物で］満腹にする．❽《西．口語》［雄が雌を］妊娠させる

—— 自 ❶［食べ物・飲み物で］満腹にする: *Llenan* las patatas fritas. フライドポテトは腹がふくれる．❷［バルで］¿Puede ～ aquí? お代わりを下さい．❸《まれ》［月が］満ちる，満月になる

—— ~*se* ❶ ～ *de* cosas *lleno de* agua en un santiamén. バケツはすぐに水で一杯になった．Los libros *se han llenado de* polvo. 本はほこりまみれになっている．El autobús siempre *se llena* en esta parada. バスはいつもこの停留所で満員になる．*Se me llenaron los* ojos de lágrimas. 私は目が涙で一杯になった．En un año *se llenó de* deudas. 彼は1年で借金だらけになった．❷［食べ物・飲み物で］満腹になる: *Me he llenado de* tapas y ya no puedo comer más. 私はおつまみで腹がふくれてしまって，もう何も食べられない．Con una sopa ya *se llena*. スープ一皿で彼はもう満腹する．❸《口語》立腹する，いらだつ

llenazo [ʎenáθo] 男《西．口語》［劇場などの］満席，大入り満員

llenazón [ʎenaθón] 女《メキシコ．口語》胃のもたれ，満腹感

llenero, ra [ʎenéro, ra] 形《廃語》完璧な，完全な

llenito, ta [ʎeníto, ta] 形 太り気味の: Esa chica está algo ～*ta*, ¿verdad? あの子ちょっと太っているわね．cara ～*ta* ふっくらした顔

lleno, na[2] [ʎéno, na] 《←ラテン語 plenus》形 ［estar+］❶ ［+de で］一杯の，満ちた《⇔vacío》: El vaso está ～ *de* agua. グラスには水が一杯に注がれている．Se le cayó la bandeja ～*na de* platos. 彼は皿を一杯のせたお盆を落としてしまった．Su chaqueta estaba ～*na de* barro. 彼の上着は泥だらけだった．Cuando llegamos, ya estaba ～ el teatro. 私たちが着いた時には，劇場はすでに満員だった．Tiene ochenta años, pero está ～ *de* ganas de investigación. 彼は80歳だが，研究心は旺盛だ．❷ 腹一杯の: Ya estoy ～, no quiero más. もう私は十分満腹だ，これ以上入らない．❸《西．婉曲》太り気味の，小太りの《=llenito》: ser de cara ～*na*. ❹《医学》異状が認められない: pulso ～ 正常な脈拍．❺ 物知りの: hombre ～ 博学の人．❻《天文》満月の．❼ 満潮の: aguas ～*nas*/mar ～*na* 満潮．❽ ［紋章］中抜きの

—— 男 ❶《西》満席，満員: Hay un ～ en este cine. この映画館は大入り満員だ．❷ 豊富．❸《船舶》船体の中腹部．❹《まれ》満月

de ～ 1)完全に，全面的に: Se ha dedicado *de* ～ a la investigación de los dialectos. 彼は方言研究に没頭してきた．Las ondas de explosión han alcanzado *de* ～ a la distancia de un kilómetro o algo más. 爆風はゆうに1キロかそれ以上離れた所まで届いた．afectar *de* ～ もろに影響する．2）真っ向から: El sol le da *de* ～ en la cara. 日光が彼の顔にまともに当たっている

llenura [ʎenúra] 囡 ❶ 豊富, ふんだんにあること; 満杯, 一杯; 充実. ❷《キューバ, ベネズエラ. 口語》食べすぎ感, 飽食感
llera [ʎéra] 囡《アストゥリアス, アラゴン》石ころだらけの土地
llerado [ʎeráðo] 男《地方語》石ころだらけの土地
Lleras Camargo [ʎéras kamárɣo]《人名》**Alberto ~** アルベルト・リェラス・カマルゴ〖1906〜90, コロンビアのジャーナリスト・外交官・大統領. 米州機構の初代事務総長〗
llerén [ʎerén] 男《キューバ. 植物》ヒユ科の一種〖白い花で塊根は澱粉が豊富〗
llerenense [ʎerenénse] 形名《地名》リェレナ Llerena の〔人〕〖バダホス県の町〗
lleta [ʎéta] 囡《地方語》新芽, 幼芽; 若枝
lletear [ʎeteár] 自 ❶《地方語》新芽が出る. ❷《ムルシア. 俗語》あえぐ, 息を切らす
lleudar [ʎeuðár] 他 =leudar
lleulle [ʎéuʎe] 形《チリ》役に立たない, 無能な
lleuque [ʎéuke] 男《チリ. 植物》針葉樹の一種〖種はサクランボ大で食用. 学名 Podocarpus andina, Prumnopitys Elegans〗
lleva [ʎéba] 囡 ❶ =llevada. ❷《ウルグアイ. 口語》[la+] 鬼ごっこ
llevable [ʎebáble] 形 着用可能な; 耐えられる
llevada[1] [ʎebáða] 囡《まれ》❶ 運搬; 着用, 携行, 所持. ❷［荷物に貼付する］受領証を兼ねた発送伝票, タグ
llevadero, ra [ʎebaðéro, ra]〖←llevar〗形 [ser+] 我慢できる, 辛抱できる; trabajo ~ 我慢できる仕事
llevado, da[2] [ʎebáðo, da] 形名 ❶《メキシコ》無遠慮な〔人〕. ❷《コロンビア》酔っぱらい〔の〕
llevador, ra [ʎebaðór, ra]〖←llevar〗形名《まれ》運ぶ〔人〕, 運搬する〔人〕
llevándola [ʎebándola] 副《ベネズエラ. 口語》まあまあ, まずまず
llevanza [ʎebánθa] 囡《まれ》帳簿づけ; 賃借り
llevar [ʎebár]〖←ラテン語 levare「起こす, 軽くする」〗他 ❶［荷物などを］持つ: Llevaba la cartera en una mano y el abrigo bajo el brazo. 彼は書類鞄を片手に持ち, オーバーを脇に抱えていた. Al cruzar la calle, la madre llevó a la niña de la mano. 通りを渡る時に, 母親は女の子の手を取った. 2)［身につけて］Siempre lleva mucho dinero en el bolsillo. 彼はいつも大金をポケットに入れて持ち歩いている. ❷ 運ぶ, 持って行く《⇔traer》: El avión caído llevaba lingotes de oro. 墜落した飛行機は金塊を積んでいた. Deja ahí ese equipaje; yo te lo llevo arriba. その荷物はそこに置いておきなさい. 私が上に持って行ってあげるから. 2) [+a] Tengo que ~ este paquete a Correos. 私はこの小包を郵便局に持って行かねばならない. Mi mujer me dijo que le llevara la compra a casa de su madre. 家内は買い物を彼女の母の家に運んでおいてと私に言った. Ella me llevaba el desayuno, comida, once y cena. 彼女は私に朝食, 昼食, おやつ, 夕食を運んでくれていた. ~ la cuchara a la boca スプーンを口に運ぶ. ~ un mensaje a+人 …に伝言を伝える. 3) [+a+不定詞+que+接続法するように] Hay que ~ el coche a arreglar el freno. ブレーキを直してもらに車を持って行かないといけない. Tenemos que ~ el coche a que lo reparen. 私たちは車を修理に出さなければならない. ❸［人・動物を］連れて行く,［乗り物に］乗せる: Llevo a mis hijos a jugar en el parque. 私は子供たちを公園で遊びに連れ出す. Al día siguiente de la llegada, llevaron a los alumnos a dar una vuelta para que conocieran la ciudad. 到着の翌日, 生徒たちは町を知るために散歩に連れて行ってもらった. ❹［衣服などを］身につけている, 着ている: En este país las muchachas también llevan vaqueros. この国では娘たちもジーンズをはく. La mujer llevaba demasiadas joyas. その女性は宝石をつけすぎだった. El boxeador lleva un protector bucal para evitar accidentes. ボクサーは事故防止のためマウスピースをつける. Este perro lleva muchas pulgas. この犬はノミがたくさんたかっている. ~ un sombrero 帽子をかぶっている. ~ un anillo 指輪をはめている. ~ uniforme 制服を着ている. ~ barba ひげを蓄える. ~ gafas 眼鏡をかけている. ❺ 付属 (含有) している: Su colgante lleva muchas perlas. 彼女のペンダントにはたくさんの真珠が付いている. Mi coche lleva alarma. 私の車には警報装置が付いている. ¿Qué lleva la paella? パエリヤには何が入っ

ていますか? Todos los platos de carne llevan ensalada y patatas fritas. 肉料理にはすべてサラダとフライドポテトが付いてくる. ❻ 管理する, 経営する; 担当する: Llevaba la tienda muy bien el negocio. 彼の奥さんは上手に商売を切り盛りしている. Tiene buena mano para ~ asuntos delicados. 彼は微妙な問題をさばくのが上手だ. El inspector lleva el asunto. 警部がその事件を担当する. ❼ 耐える; 我慢する: Llevo la enfermedad con paciencia. 私は辛抱強く病気に耐えている. Perdió a su esposo a los treinta y cinco años y después llevó la viudez solitaria hasta que falleció a los ochenta. 彼女は35歳で夫を失い, その後は寂しい寡婦の生活をおくり, 80歳で死去した. Su madre lleva muy bien los noventa años. 彼の母親はすでに90歳には見えない. ~ una enfermedad incurable 不治の病にかかっている. ❽［身体などをある状態に］している: 1) Lleva las manos sucias. 彼の手が汚い. Lleva la chaqueta arrugada. 君の上着はしわだらけだ. ~ el pelo largo 長髪でいる. 2)［感情・意志などを］抱く: ~ mucha alegría 大変喜んでいる. ❾［収穫・影響などを］産する, もたらす: Este olivar lleva cada año de cinco a seis quintales por término medio. このオリーブ畑からは毎年平均5, 6キンタルの収穫がある. La inundación lleva la ruina a mucha gente. 洪水は多くの人々にひどい被害を及ぼす. Ese hombre llevó la intranquilidad a la casa. その男のせいで家の中が落ち着かなかった. tierra de pan ~ 小麦畑. ❿ 導く: 1)［道が］Esta calle te lleva al muelle. この通りを行けば波止場に出る. 2)［結果に］Los celos la llevaron a la locura. 嫉妬のあまり彼女は狂乱状態になった. ¿Adónde nos lleva el ordenador? コンピュータは私たちをどこへ向かわせるのだろうか? 3) [+a+不定詞] Estos hechos me llevan a pensar que ella no me quería. これらの事実からして, 私は彼女が私を愛していなかったことに思い至る. ⓫［乗り物を］操る, 運転する: La niña ya llevaba con facilidad el caballo. その女の子はすでに難なく馬を乗りこなしていた. Lleva la moto con seguridad. 彼は慎重にバイクを運転した. Hoy llevaremos su coche. 今日私たちは彼の車を使う. ⓬［人と］うまく接する: Entre los hermanos él es la única que sabe ~ la abuela. 兄弟姉妹のうちで祖母を上手に扱えるのは彼女だけだ. ⓭ [+時間の名詞. 不完了時制でのみ] 1)［場所で］過ごす: ¿Cuánto tiempo lleva usted aquí? —Llevo bastante tiempo. 当地に来てけっこうな月日になります. Llevo en Madrid dos años. 私はマドリードに2年います. 2)［持続された動作・状態で］…し続ける: Llevo dos meses enfermo. 私は2か月前から病気だ. Llevo una hora esperándola. 彼は1時間ずっと君を待ち続けている. Llevaba tres semanas sin ir a verle. 私は3週間彼に会いに行かなかった. La habitación llevaba mucho tiempo sin limpiar. その部屋は長い間掃除されないままだった. ⓮［時間・労力が］かかる: Este trabajo no me llevará tanto tiempo. この仕事はそれほど時間をとるまい. Me llevó muchas horas acabarlo. 私はこれの完成にするのに大変時間がかかる. ~ mucho trabajo かかる手間がかかる. ⓯《西》[代金] をとる, 要求する: Antes yo iba por mil yenes, pero ahora me llevan tres mil en la peluquería. 以前は千円だったが, 今は私の散髪代は3千円する. Me llevó bien por arreglármelo. 彼はそれを修理する代で私に100ユーロ要求した. ⓰ 奪う, 取り去る: La bala le llevó el brazo. 彼は銃弾で片腕を失った. El viento me llevó el pañuelo. 私は風にスカーフを飛ばされた. ⓱［調子・拍子を］: Lleva muy bien el ritmo. 彼はとてもうまくリズムをとる. ⓲［身長・年齢などで, +人 より］多い, 上回る: Mi hijo me lleva cinco centímetros. 息子は私より5センチ高い. Me lleva un año. 彼は私より1歳年上だ. ⓳［ダンスで］リードする: Siempre la lleva. いつも彼女をリードしている. ⓴［助動詞的. +他動詞の過去分詞 (直接目的語と性数一致)]［完了の状態］…してしまってある: ¿Llevás estudiadas las lecciones? 予習してありますか? Llevo atrasado el libro. 私は本を読むのが遅れている. Ayer llevaba vendidos más de cien ejemplares. 昨日私は100部以上も売った. 2)［反復］Lleva leídas varias novelas. 私はもう数冊の小説を読んできた. Te llevo dicho esto mismo sin fin de veces. 私はお前にこのことは嫌になるほど言ってきている. ㉑［数学］［計算で使用］繰り上げる〖=~se〗. ㉒ 達成する, 獲得する. ㉓［不動産で］賃借する. ㉔《ベネズエラ》[不快・驚きを] 感じる

en lo que llevamos de...《文語》…の初めから現在までの期

間内に《=en lo que va de...》
~ consigo 1) 連れて行く: El escritor salió de viaje de conferencia *llevando consigo* a una secretaria joven. その作家は若い秘書を伴って講演旅行に出かけた. 2) 携行する: No *llevo* dinero *conmigo*. 私は金の持ち合わせがない. 3)《必然的に事柄を》伴う: La felicidad *lleva* la desgracia *consigo*. 幸福はそれ自体不幸を伴っている
~ en sí a... …を結果として(必然的に)伴う
~ las de ganar 有利(有望)な状況にある; 勝ちそうである
~ las de perder 不利(絶望的)な状況にある: El sindicato *lleva las de perder*. 組合は惨憺たる状況だ
~ lo mejor (peor) 有利(不利)に進む
~ y traer《口語》1) 陰口をきく, うわさ話をする. 2) 使い古す
~las bien (mal) con+人《口語》…と折り合いがよい(悪い) 《=~se bien (mal) con+人》
no ~las todas consigo 危惧の念を抱く
para ~〔食品が〕持ち帰り用の, テイクアウトの: Es una comida para ~. それはお持ち帰り用です
── ⓐ ❶ [+a に] 通じる: Esta carretera *lleva* a la aldea. この国道は村に通じている. Ese proceder no *lleva* a nada, más bien nos perjudica. そんなやり方は何にもならない, かえって私たちを害する. ❷ [助動詞用法. +現在分詞. 過去から継続してきた事柄がこれからも継続する]…し続けている《不完了時制でのみ》: *Lleva* viviendo diez años en esta casa. 彼はこの家に10年は住んでいる. 2)《口語》[継続期間を表わす名詞なしに, +desde]*Lleva* estudiando *desde* por la mañana. 彼は朝からずっと勉強している. ❸ 暮らす, 居続ける: Juana *lleva* en el hospital desde marzo. フアナは3月から入院している
── **~se** ❶ […を一緒に連れて行く, 連れ去る: *Llévese* a los niños de aquí. 子供たちをここから連れ出して下さい. ❷ …を持って行く, 携行する: Será mejor que te *lleves* paraguas por si acaso. 万一のことを考えて傘を持って行く方がよい. ¿Puedo ~*me* estos pantalones al probador? このパンツを試着してもいいですか? ❸ …を獲得する, 独り占めする; 買う: *Se* ha *llevado* un millón de yenes con la bolsa. 彼は株で100万円もうけた. Esta película *se llevó* todos los premios. この映画はすべての賞を独占した. *Me llevo* este jersey. このセーターを買います. Yo me llevo siempre las culpas. 私はいつも責任を取らされるはめになる. ~*se* como esposa a una mujer extraordinaria 非凡な女性を妻に得る. ~*se* el castigo 罰を受ける. ❹ …を持ち去る, 奪い去る: Alguien *se ha llevado* por equivocación mi sombrero. 誰かが間違って私の帽子をかぶっていってしまった. Los ladrones *se llevaron* todo el dinero. 私は泥棒に有り金全部盗まれた. La riada *se ha llevado* el puente. 洪水で橋が流された. ❺〔喜び・驚き・不快などを〕感じる: *Se llevó* un enorme disgusto. 彼はとても不快感を感じた. Al saber el diagnóstico de mi mujer *me llevé* un susto muy grande. 妻の診断結果を知って私はひどく驚いた. ❻ 流行している: Este año *se llevan* las faldas cortas. 今年は短いスカートがはやっている. ❼ 〔年齢・外見などに〕差異がある: Las dos hermanas *se llevan* tres años. 2人の姉妹は3歳違いだ. Los dos *se llevan* poco de torpes. 無器用な点では2人はどっこいどっこいだ. ❽ 体調が…である: ¿Cómo *se lleva* su señora?—Muy bien. 奥様はお元気でいらっしゃいますか?—大変元気です. ❾ [事態などが] 進む: La empresa no *se lleva* de una manera económica. 会社は安くは上がらない. ❿ [計算で桁を] 繰り上げる: Dieciséis por tres; seis por tres y *me llevo* una, uno por tres y una, cuatro. 16掛ける3では, 6×3 (=18) で1繰り上がり, 1×3に1を足して4とする. ⓫《アルゼンチン》前年に1科目落第している
~se bien (mal) con+人…と折り合いがよい(悪い): *Se lleva bien con* la familia de su mujer. 彼は妻の家族とうまくやっている

llicla [ʎíkʎa] 安《エクアドル, ペルー, ボリビア. 服飾》 [先住民女性が使う] 毛布状のショール
llicta [ʎíkta] 安《ボリビア, アルゼンチン》ゆでたジャガイモ・塩・植物の灰を混ぜた塊《コカの葉を嚙んでいて味がなくなったら口に入れる》
lligues [ʎíges] 男 圈《チリ》[ゲームでコイン代わりに使われる] 色を塗ったソラマメ
llipta [ʎí(p)ta] 安《ペルー, ボリビア》=**llicta**
lliviense [ʎiβjénse] 形《地名》リビア Llivia の〔人〕《フランスにあるスペインの飛び地》

llocántaro [ʎokántaro] 男《アストゥリアス. 動物》ロブスター《=bogavante》
llocantru [ʎokántru] 男《アストゥリアス. 動物》ロブスター《=bogavante》
llocla [ʎókʎa] 安《ペルー》河川の急な増水, 激流
criarse en la ~《ペルー》浮浪児として育つ
llocura [ʎokúra] 安 [雌鳥の] 抱卵状態
llodiano, na [ʎoðjáno, na] 形《地名》リョディオ Llodio の〔人〕《アラバ県の町》
lloica [ʎójka] 安《チリ. 鳥》=**loica**
lloque [ʎóke] 男《ペルー. 植物》バラ科の低木の一種《杖の材料になる. 学名 Kageneckia lanceolata》
lloquena [ʎokéna] 安《ペルー, ボリビア. 漁業》 [チチカカ湖で使われる] 銛(もり), やす
llora [ʎóra] 安《ベネズエラ》通夜; その時の踊り
lloradera [ʎoraðéra] 安《南米. 口語》=**llorera**
llorado [ʎoráðo] 男《コロンビア, ベネズエラ》リャノ los Llanos の民謡
llorador, ra [ʎoraðór, ra] 形 图 泣く〔人〕
lloraduelos [ʎoraðwélos] 图《単複同形》愚痴っぽい人, いつも自分の不運を嘆いている人
llorar [ʎorár]《←ラテン語 plorare》ⓐ ❶ 泣く, 涙を流す: 1) El bebé *llora* mucho cuando quiere leche. 赤ん坊はお乳がほしいと大泣きする. Al oír la noticia, me entraron ganas de ~. そのニュースを聞いて私は泣きたくなった. El que no *llora* no mama. 《諺》黙っていては〔願望・要求は〕分からない. 2) [+de] Estaba que *lloraba de* [la] rabia. 彼は怒りの涙を流していた. ~ *de alegría* うれし泣きする. ~ *de* [la] risa あまりに笑いすぎて涙が出る; 泣き笑いする. ~ *de* [la] risa 〔笑いすぎて涙が出る; 泣き笑いする. ~ *de despecho* くやし涙を流す. 3) [+por のために] Este niño *llora por* cualquier cosa. この子はすぐ泣く. *Lloraba* él *por* la muerte del amigo. 彼は友の死に泣いた. ~ *de*: Le *lloran* los ojos *por* la polinosis. 彼は花粉症で涙が出る. 5) [+a+人に] 泣いて頼む, 泣きつく: ~ *al jefe* 上司に泣きつく. ❷《口語》後悔する, 嘆く; 不平を言う: Te digo esto para evitar que *llores* en el futuro. 私はお前が将来泣きを見ることのないようにこのことを言っているのだ. ❸ 水が滴る: El cielo quiere ~. 今にも雨が降りそうだ
── ⓣ ❶ [死・人] 嘆く, 悼む: *Lloró* la muerte de su mujer./*Lloró* muerta a su mujer. 彼は妻の死を嘆き悲しんだ. Nadie le *llorará*. 誰も彼のことを悲しまないだろう. ~ *una desgracia* 不幸を嘆く. ❷ [涙を] 流す: ~ *lágrimas de tristeza* 悲しみの涙を流す. ❸ 後悔する: *Llorarás* tu pereza. 君は怠け癖を後悔することになるだろう. ❹ [水を] 滴らす. ❺《チリ》…によく似合う: Ella tiene un lunar que le *llora*. 彼女にはチャーミングなほくろがある
lloredo [ʎoréðo] 男 月桂樹の林
llorera [ʎoréra] 安《口語》大泣き, 号泣: Cuando recuerdo el suceso desastroso de ese día me da una ~. その日のひどい出来事を思い出すと, 私はわっと泣いてしまう. Le entró una ~. 彼女は大泣きした
lloretas [ʎorétas] 图《単複同形》《コロンビア. 口語》泣き虫の人
lloretense [ʎoreténse] 形 图《地名》リョレット・デ・マル Lloret de Mar の〔人〕《ヘロナ県の村》
llorica [ʎoríka] 图《西. 軽蔑》泣き虫, ちょっとしたことで泣く人; 泣き言を言う人: Mi madre es una ~ y siempre se le *lloran* los ojos cuando habla con sus conocidas. 私の母は涙もろくて, 知り合いと話すといつも目をうるませる
lloricón, na [ʎorikón, na] 图 泣き虫の人
llorido [ʎoríðo] 男《メキシコ》うめき, 泣くこと
lloriqueante [ʎorikeánte] 形《軽蔑》めそめそする
lloriquear [ʎorikeár]《←llorar》ⓐ《軽蔑》めそめそする, すすり泣く; [赤ん坊が] ぐずる: El bebé *lloriquea* para que lo coja en brazos. 赤ん坊は抱いてもらいたくて泣く. No *lloriquees* más. めそめそするのはやめろ
lloriqueo [ʎorikéo] 男《軽蔑》めそめそすること; ぐずること
lloriquera [ʎorikéra] 安《ベネズエラ》=**lloriqueo**
llorisquear [ʎoriskeár] ⓐ《カリブ, チリ, アルゼンチン, ウルグアイ. 軽蔑》=**lloriquear**
lloro [ʎóro]《←llorar》❶ 泣くこと: Se despertó por el ~ de la criatura. 彼は赤ん坊の泣き声で目を覚ました. ❷ 泣き言, 嘆き: Ya estoy harto de sus ~s. 私は彼の泣き言にはもううんざりだ

llorón, na [ʎorón, na]《←llorar》形 名 ❶ 泣き虫(の), めそめそする；〔赤ん坊が〕よく泣く: No seas *llorona*. めそめそしてはだめだよ. Hoy está muy *llorona* esa niña. 今日はその子は泣いてばかりいる. ❷ 泣き言ばかり言う〔人〕, ぐちっぽい〔人〕, いつも不平を言う〔人〕. ❸ 泣くことの; 泣の: mirada *llorona* うるんだまなざし
── 男〔帽子の〕長い羽飾り
── 女❶《口語》泣き上戸. ❷〔葬儀に雇われる〕泣き女. ❸《メキシコ, コロンビア, ベネズエラ. 口語》〔La+〕通りを泣きながら歩き回る女の幽霊;《メキシコ, ペルー》亡霊. ❹《コロンビア, アルゼンチン, ウルグアイ》覆《牧童の》大型の拍車

llorosamente [ʎorósaménte] 副 涙を流して, 泣いて; 悲しげに

lloroso, sa [ʎoróso, sa]《←lloro》形 ❶ 泣きぬれた, 涙ぐんだ; 今にも泣きそうな: Está muy ~*sa*, porque su perrito se ha muerto. 小犬が死んで, 彼女は涙で一杯だ. tener los ojos ~*s* 目に涙を浮かべている; 目を泣きはらした. cara ~*sa* 泣き顔. ❷〔話などが〕涙をそそる, 泣かせる, 悲しませる: Es una historia de amor ~*sa*. それは涙をそそる悲恋物語だ

llosa [ʎósa] 女《アストゥリアス, サンタンデール, ビスカヤ》〔主に住居の近くにある〕小さな畑

llosco [ʎósko] 男《地方語. 料理》豚の膀胱に肉を詰めたソーセージ

llovedera [ʎobeðéra] 女《コロンビア. 口語》長雨

llovedero [ʎobeðéro] 男《アルゼンチン》長雨

llovedizo, za [ʎobeðíθo, θa] 形 ❶〔屋根が〕雨漏りのする. ❷ agua de ~*za* 雨水, 天水

llover [ʎobér]《←俗ラテン語 plovere < ラテン語 pluere》29 自 ❶ 雨が降る: 1)〔単人称〕Llueve, *llueve* sin parar. ひっきりなしに雨が降っている. Está *lloviendo*. 今雨が降っている. Empieza a ~ un poco. 少し雨が降り出した. Deja (Cesa) de ~. 雨がやむ. Ha *llovido* mucho esta semana. 今週はよく雨が降った. Nunca *llueve* a gusto de todos.《諺》あちら立てればこちらが立たぬ. 2)〔一般動詞として〕Estaba *lloviendo* una lluvia fina. こぬか雨が降っていた. ❷ 大量に落ちてくる(生じる): *Llovían* las aguas de las cataratas sobre nosotros. 我々の上に滝の水が降ってきていた. *Llovieron* desgracias sobre esa familia real. その王家に不幸が降りかかってきた. A ella le *llovieron* piropos. 彼女はほめ言葉を浴びせかけられた. Le *llovieron* las ofertas. 彼に申し込みが殺到した
── 他《文語》降らせる: Los días *llueven* dolores, los días *llueven* soledad. 日々は苦痛を降らせ, 日々は孤独を降らせる
── ~*se* 雨漏りがする: El tejado *se llueve*. 屋根が雨漏りする

a todo ~ 土砂降りで: Está lloviendo *a todo* ~. 土砂降りの雨が降っている

como llovido 降ってわいたように, 突然

como llovido del cielo 棚からぼた餅のように

como quien (el que) oye (ve) ~《皮肉》馬耳東風のように, 聞き流して, 全く知らん顔で: No escucha las represiones de su padre, lo oye *como quien oye* ~. 彼は父の叱責を聴こうとしない. 全く蛙の面に水だ

haber llovido 〔*mucho*〕[+desde から]《口語》長い時間が経過する: No nos veíamos desde que nos graduamos. — Ha *llovido* mucho desde entonces. 卒業以来会わなかったな. ―あれからずいぶん時間がたったな

~ *sobre mojado* 〔不幸が〕逆さまに起こる, 泣き面に蜂: En la montaña se nos echó la noche y encima se pinchó una rueda del coche. Era ~ *sobre mojado*. 山の中で夜になってしまい, おまけに車がパンクした. 泣き面に蜂だった

llueva o truene 雨が降ろうが雷が鳴ろうが

ver ~ 〔*y no mojarse*〕 高見の見物をする

llover	
現在分詞	過去分詞
lloviendo	llovido
直説法現在	接続法現在
llueve	llueva

llovido, da [ʎobíðo, ða] 形《南米》やせた, ひょろ長い
── 男 密航者
── 女《南米. 口語》どしゃ降りの雨

llovioso, sa [ʎobjóso, sa] 形《←lloviznar》女 ❶ 小雨, 霧雨, 小ぬか雨;

llovizna [ʎobíθna]《←lloviznar》女 ❶ 小雨, 霧雨, 小ぬか雨;

Cae ~. 霧雨が降っている. ❷《コロンビア》巻き毛, カール; 前髪, 額髪

lloviznar [ʎobiθnár]《←llover》自〔単人称〕小雨が降る: *Lloviznó* todo el día. 一日中霧雨が降っていた

llovizneár [ʎobiθneár] 自《地方語》=lloviznar

lloviznoso, sa [ʎobiθnóso, sa] 形《まれ》〔時期・場所が〕霧雨の多い

llubina [ʎubína] 女《魚》=lubina

llucho, cha [ʎútʃo, tʃa] 形《エクアドル》裸同然の; 裸の

llucta [ʎúkta] 女《ペルー, ボリビア》=llicta

llueca [ʎwéka] 形 女《地方語》抱卵期の〔雌鶏〕: echar ~*s* 卵を抱かせる

llufa [ʎúfa] 女《地方語》〔いたずらで〕背中に吊り下げた人形
hacer ~《地方語》〔爆弾・かんしゃく玉が〕不発に終わる

lluqui [ʎúki]《ケチュア》形 左ききの

lluro, ra [ʎúro, ra] 形《エクアドル》あばたのある

lluvia [ʎúbja] 女《←ラテン語 pluvia < pluere「雨が降る」》女 ❶ 不可雨; 降雨: 1) Me cogió la ~. 私は雨に降られた. La ~ ha mojado la ropa. 雨が服を濡らした. Cae una ~ fina. 霧雨が降っている. andar bajo la ~ 雨の中を歩く. agua de ~ 雨水. gota de ~ 雨粒, 雨滴. día de ~ 雨の日. ~ nuclear (radiactiva) 放射能雨. 2) 雨期 長く続く雨, 降り止まぬ雨: Las lluvias *han retrasado* las obras. 雨が続いたので工事が遅れた. ~*s torrenciales* 豪雨. 3)《天文》~ *de meteoritos*/~ *de estrellas*/~ *de cometas* 流星雨, 流星群. ❷ 大量: El apagón ha provocado una ~ de quejas de los usuarios. 停電のため利用者のクレームが殺到した. De sus labios brotó una ~ de preguntas. 彼の口から雨あられと質問が飛び出した. ~ *de proyectiles* 銃弾の雨. ❸《植物》~ *de oro* キングサリ. ❹《性俗》~ *dorada* 相手の体への放尿. ❺《ニカラグア, チリ, アルゼンチン》シャワー《器具, 水, 行為. =ducha》

lluvioso, sa [ʎubjóso, sa]《←ラテン語 pluviosus》形〔時期が, ser・estar+/気候・地域が, ser+〕雨がちな, 雨の多い: En Madrid la primavera es muy ~*sa*. マドリードの春は雨がよく降る. la época más ~*sa* del año 一年で最も雨の多い時期. clima ~ 雨の多い気候. país ~ 雨の多い国

lo[1] [lo]《←ラテン語 illum》冠《定冠詞中性形. 圖 el のみ. 形容詞などを抽象名詞化する》❶ …のこと: 1)〔+形容詞〕A mí me encanta *lo* japonés. 私は日本的なものが好きだ. Ha sido una experiencia que me ha descubierto *lo* hermoso y alegre de la vida. それは人生の美しさとか喜びというものを私に発見させてくれた経験だった. *Lo* peor es que tendremos que rehacerlo todo. 最悪の事態としては私たちは全部やり直さなければならないだろう. ¿Estoy en *lo* correcto? 私は間違っていませんか? *lo* funcional 機能性. 2)〔+de+名詞・不定詞・que+直説法〕Gracias por *lo* de ayer. 昨日はありがとう. Suena interesante *lo* de viajar en buque carguero. 貨物船で旅行するのも面白そうだ. ¡Qué verdad es *lo* de que es más densa la sangre que el agua! 血は水より濃しとは本当だね! 3)〔+副詞〕Es un inconveniente *lo* lejos que viven. 彼らが遠くに住んでいるのは不便だ. Es impresionante *lo* bien que habla japonés. No parece extranjero. 彼があんなに上手に日本語を話すなんて実に驚くべきことだ. 外国人とは思えない. ~〔+所有形容詞完全形/+de+所有者〕…の事物・場所: He puesto *lo* mío en esta caja. 私のものはこの箱に入れてある. Oye, te quería hablar un momento de *lo* de Juan. ねえ, フアンのことでちょっと君に話したいんだが. Fui a *lo* de Paco. 私はパコの所(家・店)へ行った. ❸〔部位・部分〕…のところ: Podemos subir hasta *lo* más alto de la torre. 塔の一番高い所まで上ることができる. *Lo* esencial de su teoría está en la sintetización de varias proteínas. 彼の理論の最も重要な点は各種タンパク質の合成にある. ❹〔+過去分詞〕…した(された)こと: Soy de parecer que *lo* pasado fue siempre hermoso. 私にとって過ぎ去ったことは常に美しかった. *lo* ocurrido 起こったこと, 事件. *lo* prohibido 禁止事項. ❺〔+名詞〕…らしさ: Es difícil ser *lo* profesor. 教師らしくあることは難しい. Algunos jóvenes subieron al autobús *a lo* bruto. 何人かの若者が乱暴にバスに乗り込んだ. *a la bestia* 獣のように. *lo* mujer〔一人前の〕女らしさ. ❻〔+que/+所有形容詞・副詞+名詞〕=**que I ❷**. ❼《南米》〔+de+人名〕…が今いる(住んでいる)家

a lo+形容詞 …らしい・らしく: *a lo chico* 男の子らしい・らしく
── 代《人称代名詞3人称単数》〔直接目的〕❶〔男性形〕1) 彼を, あなたを《スペインでは lo・los の代わりに le・les を使う

ことが多い．→leísmo]: He visto a Claudio hace poco, pero no lo encuentro．ちょっと前にクラウディオを見かけたが，今は見つからない．*Lo quise．*私は彼を愛した．¿*Usted por aquí?* *Lo creía en Madrid．*あなたはここですか？マドリードにいらっしゃると思っていました．Encantado, mucho gusto de conocer*lo．*初めまして，お知り合いになれてうれしいです．《俗用では間接目的の le に代わって使われる．→loísmo] 2）[男性名詞を受けて] それを：No encuentro el bolígrafo．¿*Lo* tienes tú? ボールペンが見つからない，君は持っている？Ten. 取りなさい．¶【重複用法】A José *lo* vi ayer．ホセには昨日会ったよ．《文法》間接目的 le の場合と同じように，「a+前置詞格人称代名詞」および「直接目的の名詞・代名詞」との重複用法はあるが，間接目的の場合ほど頻繁ではない．1) 直接目的では，間接目的に見られるような前置詞格人称代名詞との重複用法は認められていない．特に次のような用法は (誤り) である：(誤) Lo conoces a él, tan amigos como habéis sido? 君は彼をよく知っているね，ずっとあんなに親しくしているのだから．2)「a+前置詞格人称代名詞」が動詞の前に置かれる時は，直接目的人称代名詞との重複が義務的になる：A él hace años que no *lo* veo．彼にはもう何年も私は会っていない．「直接目的の名詞・代名詞」の場合も同じ：Este libro *lo* compro yo．この本は私が買う． ❸ [中性の代名詞] 1) [既知のこと，前文の内容を受けて] そのことを：¿Hay algo que decir? ―Sí, *lo* hay, y mucho．何か言うことがありますか？―はい，あります，しかもたくさん．Pues está aquí Manolo．―¿Cómo *lo* sabes tú? あのう，ここにマノロが来ているよ．―どうしてそんなこと知っているの？¿Qué es lo que es verdad? Todavía no *lo* sé．Explíca*lo*．何が本当のこと？私はまだ知らないんだ．説明してくれないか．2) [ser・estar・parecer と共に，既出の名詞・形容詞の代わりに主格補語として用いられ] そのように：Presumes de listo, pero no *lo* eres tanto．君は機転がきくのを自慢しているが，実際はそれほどでもない．Dios *lo* es por su imparcialidad．神のその公平さ故に神なのである．Estoy contenta y *lo* estarán ustedes también．私は満足です，あなたがたもそうでしょう．¿Estás cansado? ―Sí, *lo* estoy．疲れた？―はい，疲れています．No es vieja, pero *lo* parece．彼女は年寄りではないが，年寄りくさく見える

lo² [ló] 男《船舶》《帆の》縁索(読), ポルトロープ

loa [lóa] 女《←loar》 ❶《文語》賞賛: Todas sus palabras han sido ~s para sus profesores．彼の言葉は先生たちの賞賛で埋め尽くされていた．❷《歴史・演劇》スペイン古典劇で開幕前の前口上．作品を献呈する人物などへの頌辞や祝辞の形で行われる．1) 詩劇の導入部としての寸劇．当初は口上のみだったが，後に寸劇化した．黄金世紀の予が結縁劇，カルデロン・デ・ラ・バルカ Calderón de la Barca の聖体神秘劇 auto sacramental などでは寓意的な幕開劇としての例を見ることができる．❸《歴史》[人・出来事を讃える] 短い詩．❹《メキシコ, 中米》叱責: echar la ~ 叱責する

loable [loáble] 形《文語》賞賛に値する, 立派な: acción muy ~ 大いに賞賛すべき行為

loablemente [loáblemènte] 副《文語》賞賛に値する仕方で

loador, ra [loaðór, ra] 形 男女《文語》賞賛する[人], ほめたたえる[人]

loam [lóan] 男《←英語》《地質》ローム

loamiento [loamjénto] 男《古語》=loa

loán [loán] I《←アラウコ語 luan》 ❶《チリ》[グワナコ guanaco の毛色が] 黄色っぽい, 薄い灰色の

II 女《まれ》耕地面積の単位 《=約279平方メートル》

loanda [loánda] 女《医学》壊血病の一種

loanza [loánθa] 女《古語的》賞賛 《=loa》

loar [loár] 他《←ラテン語 laudare》《文語》賞賛する, ほめたたえる: El discurso *loaba* el valor de los bomberos．その演説は消防士たちの勇気をほめたたえていた

lob [lób] 男《←英語》《テニスなど》ロブ

loba¹ [lóba] I《←ラテン語 lupa》 ❶《農業》畝(音). ❷ したたかで挑発的な女. ❸《昆虫》蝶の一種《学名 Maniola jurtina》

II 女《まれ》司祭の平常服, スータン

lobada [lobáða] 女《方言語》狼の群れ; 狼たちの攻撃. ❷《ムルシア》犂返されていない畝

lobado, da [lobáðo, ða] 形 =**lobulado**
—— 男《獣医》[牛・馬などの] 疔

lobagante [loβaγánte] 男《動物》ロブスター 《=bogavante》

lobanillo [loβaníʎo] 男 ❶《医学》皮脂囊腫. ❷ [樹皮の] こぶ

lobar [loβár] 形《解剖》葉の: neumonía ~ 大葉(談)性肺炎

lobato [loβáto] 男《←lobo I》 ❶ オオカミの子. ❷ カブスカウト《8

〜12歳のボーイスカウト》

lobazo, za [loβáθo, θa] 男女 lobo の示大語
—— 男《アンダルシア, 口語》泥酔

lobbista [lobísta] 形 男女 圧力団体の; ロビイスト

lobby [lóbi] 男《←英語》《複 lobbies》 ❶《政治》圧力団体. ❷《まれ》[ホテルの] ロビー

lobbysmo [lobísmo] 男《政治》ロビー活動

lobear [loβeár] 自 ❶《オオカミのように》獲物を待ち伏せる. ❷《アルゼンチン》アザラシ猟をする

lobectomía [loβektomía] 女《医学》肺葉(詩)切除

lobelia [loβélja] 女《植物》ロベリア

lobeliáceo, a [loβeljáθeo, a] 形《植物》ミゾカクシ科の
—— 女 複《植物》ミゾカクシ科

lobelina [loβelína] 女《薬学》ロベリン

lobera [loβéra] 女《←ラテン語 luparia》 ❶ オオカミの巣穴; オオカミが生息する森. ❷ オタリア lobo marino の生息地

lobería [loβería] 女《ペルー, アルゼンチン》[海岸の] アザラシの生息地

lobero, ra [loβéro, ra] 形《←lobo I》 ❶ オオカミの: piel ~*ra* オオカミの皮. ❷《狩猟》[猟犬が] オオカミと闘うのに適した; [猟銃の弾が] オオカミ狩り用の. ❸ オオカミがたくさん生息する. ❹ [馬の] 鹿毛の
—— 男 ❶ [賞金目当ての] オオカミ狩り猟師. ❷ ペテン師; [物乞いを目的にした] まじない師. ❸《チリ, アルゼンチン》アザラシ猟師

lobezno [loβéθno] 男 ❶ オオカミの子 《=lobato》. ❷ 小型のオオカミ

lobina [loβína] 女《魚》ニシスズキ 《=lubina》

lobinsón [lobinsón] 男《アルゼンチン, パラグアイ, ウルグアイ》=**lobizón**

lobisón [loβisón] 男《ラプラタ》=**lobizón**

lobito [loβíto] 男《←lobo 小さい語》 ❶《動物》~ de río オナガカワウソ. ❷《昆虫》蝶の一種《学名 Hyponephele lycaon》

lobizón [loβiθón] 男 ❶《チリ, ウルグアイ》人づきあいの悪い人. ❷《ラプラタ》[民間伝承で] 満月の夜に獣に変身する男

lobo, ba² [lóβo, ba] I《←ラテン語 lupus》形 男 ❶《動物》オオカミ (狼) 《= ~ común》: 1) ~ de crin タテガミオオカミ. ~ marsupial/~ de Tasmania フクロオオカミ, タスマニアタイガー. ~ pintado リカオン. ~ rojo アカオオカミ. 2)《比喩》Juan es un ~ solitario. フアンは一匹狼だ. ser un ~ con piel de oveja 羊の皮をきた狼である. 3)《諺》Un ~ no muerde a otro. 悪者同士は争わない. 4)《紋章》~ cebado 獲物をさらう狼. ❷《動物》1) ~ cerval (cervario) オオヤマネコ; 高利貸し, 欲深い人. ~ acuático カワウソ. ~ marino オタリア. 2)《メキシコ, 中米》コヨーテ; キツネの一種 《=aguarachay》. ❸ ずる賢い[人], 用心深い[人]. ❹《口語》泥醉. ❺《メキシコ, 古語》黒人男性と先住民女性との混血の[人]; 先住民男性と tornatrás の女性との混血の[人]; tornatrás の女性と mulato の女性との混血の[人]; lobo と先住民女性との混血の[人]; ムラートと china (黒人男性とムラートの女性との混血の女性) との混血の[人]; chino cambujo (zambaigo と中国人との混血) の男性と先住民女性との混血の[人]. ❻《ドミニカ》経験のない[人], 新米の[人]. ❼《コロンビア》趣味の悪い[人]. ❽《チリ》人間嫌いの[人], 人見知りする
—— 男 ❶《獣医》牛の酩酊. ❷ ドジョウ 《=locha》. ❸ 綿打ち機. ❹《天文》[L ~] 狼座. ❺《ペルー》水道の蛇口

coger un ~《西, 口語》酔っぱらう

dormir (desollar) ~《西, 口語》寝て酔いをさます

gritar ¡el ~! むやみに警告を発する《←狼が来たと叫ぶ》

~ de mar 1) 老練な船乗り. 2)《動物》~ = marino

~ feroz 脅威となる人・事物

¡Menos ~s (, Caperucita)!《西, 皮肉》[大げさな相手に対して] それは大変だね／大げさなことを言うな!

meter el ~ en el redil 悪い奴にしたい放題にさせる

noche de ~ 真っ暗な夜

pillar un ~《西, 口語》=**coger un ~**

ser ~s de una (la) misma camada 同じ穴のむじなである

II 男 ❶《解剖》葉(話): ~ frontal 前頭葉. ❷《植物》裂片

loboso, sa [loβóso, sa] 形 [土地の] オオカミがたくさん生息している

lobotomía [loβotomía] 女《医学》ロボトミー《前頭葉白質切截

lobotomizar [lobotomiθár] ⑨ 他 …にロボトミーを施す

lóbrego, ga [lóbrego, ga]《←?ラテン語 lubricus「滑りやすい」》《文語》❶ 暗い《そして薄気味悪い》; 陰気な: Ha bajado al ~ sótano del edificio. 彼はこの建物の暗い地下室へ降りた. ❷ 悲しい, 憂鬱な: cara ~ 憂鬱そうな顔

lobreguecer [lobregeθér] ㊴ 他《まれ》暗くする
—— 自 日が暮れる

lobreguez [lobregéθ] 女《文語》暗さ, 暗やみ: La ~ del bosque me hizo sentir miedo. 私は森が暗いので怖かった

lobregura [lobregúra] 女《まれ》=**lobreguez**. ❷《古語》悲しみ, 憂鬱

lobulado, da [lobuláðo, ða] 形 裂片 lóbulo 状の: hoja ~da《植物》裂片葉. arco ~《建築》小葉状アーチ

lobular [lobulár] 形《解剖》葉(½)の: neumonía ~《医学》気管支肺炎

lobulillo [lobulíʎo] 男 小葉片

lóbulo [lóbulo]《←ギリシア語 lobos「耳たぶ」》男 ❶ 耳たぶ (= ~ de la oreja). hacerse agujeros en los ~s 自分の耳たぶに穴を開ける. ❷《解剖》葉(½): ~ del cerebro 頭葉. ~ frontal (occipital・parietal・temporal) 前頭 (後頭・頭頂・側頭) 葉. ~ del hígado 肝葉. ~ del pulmón 肺葉. ❸《建築》「アーチの」花弁形切れ込み模様. ❹《植物》裂片, 葉

lobuloso, sa [lobulóso, sa] 形《解剖》葉(½)のある

lobuno, na [lobúno, na] 形名 ❶ オオカミ lobo の.❷《アルゼンチン》背中は灰色がかっていて股間と鼻口部がより明るい色で顔・たてがみ・尾・脚は黒色の[馬]

loc.《略語》←locución 句

loca [lóka] 女 ❶ 《俗》女役のゲイ, ニューハーフ: Él es una ~ que vive con su marido. 彼はゲイで夫と暮らしている. ❷《中南米》尻軽女, すぐ男の誘いにのる女. ❸《チリ, アルゼンチン, ウルグアイ》1)売春婦. 2)不機嫌, 怒り: dar (venir) a+人 la ~ … にかんしゃくを起こす. 3)狂気

locación [lokaθjón]《←ラテン語 locatio, -onis》女 ❶《法律》賃貸借, リース: ~ y conducción 賃貸借契約. ❷《メキシコ》場所, 位置

locadio, dia [lokáðjo, ðja] 形《メキシコ. 口語》気の狂った (= loco)

locador, ra [lokaðór, ra]《ベネズエラ, チリ, ラプラタ》[家・土地の] 貸し主

local [lokál]《←ラテン語 localis < locus「場所」》形 ❶ [比較的狭い] 地方の; その土地の, 現地の 1) costumbre ~ その土地の習慣. coordinador ~ 現地コーディネーター. empleado ~ 現地採用の職員. equipo ~ ホームチーム. 地元チーム. estación de radio ~ ラジオの地方局. noticias ~es ローカルニュース. periódico ~ 地方紙. tren ~ 地方列車. 2)《国に対し市・県の》administración ~ 地方行政. economía ~ 地方経済. elecciones ~es 地方選挙. ❷ [全体に対し] 1)局地的な: fuerte nevada ~ 局地的な豪雪. guerra ~ 局地戦争. 2)局部の: anestesia ~ 局部麻酔. dolor ~ 局所的な痛み. ❸《情報》licencia ~ サイトライセンス. ❹《まれ》場所の
—— 男 ❶ [建物内の] 場所, 部屋: Han abierto el supermercado en un ~ del edificio. 彼らはこの建物内のスペースで店舗がオープンした. desalojar el ~ 場所を明け渡す. ❷《施設; 店舗》comercial 事務所; 店舗用スペース. ~ público 公共施設; 公会堂. ~es nocturnos ナイトスポット, 夜間営業の飲食店. ❸ 本部; 所在地
en el ~ その場所で: No pudimos entrar en el ~, estaba abarrotado de gente. ひどく人一杯で私たちはそこに入れなかった

localidad [lokaliðáð]《←local》女 ❶ [人の住む] 場所, 土地, 町, 村: Esta es una ~ pequeña alejada de la ciudad, de trescientos habitantes. ここは町から離れた, 住民300人の寒村だ. en esta ~ この土地で. ❷ [劇場などの] 席, 観客席: Este teatro tiene mil ~es. この劇場は1000席ある. sentarse por equivocación en la ~ del otro 間違って他の人の席に座る. ~es numeradas (sin numerar) 番号のついた(ついてない)座席. ❸ [催し物の]切符, 入場券: Ya no hay ~es por hoy. 本日の入場券は売り切れです. Se han agotado todas las ~es. 入場券は完売しました. sacar una ~ 入場券を買う. venta de ~es 入場券販売. ❹《まれ》店舗

localismo [lokalísmo] 男 ❶ [排他的な] 地方主義, 郷土愛: No tengo simpatía con su ~ extremado. 私は彼の極端な地方

主義には共感できない. ❷ 地方色, 地方性: ~ de esas canciones infantiles それらの童謡の地方色. ❸ 地方なまり, 地方語法, 方言

localista [lokalísta] 形 ❶ 地方主義的な, 郷土愛の: prejuicio ~ 地方主義的な偏見. ❷ 地方的な, 地方色のある: cultura ~ 地方色の濃い文化. historiador ~ 郷土史家. ❸ [物の見方が] 偏狭な. ❹ 地方なまりの, 方言の
—— 名 地方の文化・伝統を愛する人

localizable [lokaliθáble] 形 捜し当てられ得る

localización [lokaliθaθjón] 女 ❶ 位置の測定(確認): Hoy día la ~ de la llamada no es difícil. 今日では通話の位置測定は難しくない. ❷ 局地化, 局部化. ❸ 場所の決定: No se ha decidido todavía la ~ de la nueva estación. 新駅の場所はまだ決まっていない

localizar [lokaliθár]《←local》⑨ 他 ❶ […の位置・居場所を] 捜し当てる, 特定する; 位置を示す: No hemos podido ~ el avión perdido. 私たちは行方不明の飛行機を発見できていない. Notaba cierto malestar que no podía ~. 彼は何かよく分からない不快感を感じた. ❷ [+a・en に] 局地(局部)化させる: ~ el fuego 火事が広がるのを食い止める, 延焼を防ぐ. ~ la epidemia en el área de origen 伝染病をその発生地域だけに抑え込む
~ se ❶ [痛みなどが] 位置する: El dolor se me ha localizado en el brazo derecho. 私の痛みは右腕だけに留まった. ❷ 局地化する: El gobierno va a tomar unas medidas urgentes muy localizadas para las áreas damnificadas. 政府は被災地だけに限定された緊急措置を実施する予定である. ❸ [位置・居場所が] 特定される: El epicentro del último terremoto se localizó en el Pacífico, bastante cerca de la costa del nordeste de Japón. 今度の地震の震源地は太平洋の, 日本東北地方の沿岸部から近いところに特定された. Según las noticias difundidas, se ha localizado al dictador huido en su pueblo natal. 報道によれば, 逃亡中の独裁者がその生まれ故郷にいることが判明した

localmente [lokálménte] 副 局地的に: Se preven precipitaciones ~ fuertes. 所により強い雨が降るとの予報が出ている

locamente [lókaménte] 副 ❶ 狂ったように. ❷ 夢中で: La he amado ~. 私は彼女を夢中で愛した. sentirse ~ enamorado de... …にぞっこん惚れている. ❸ 過度に, 無分別に

locario, ria [lokárjo, rja] 形 ❶《口語》無鉄砲な, やんちゃな. ❷《方言; チリ. 皮肉》気の狂った (= loco)

locatario, ria [lokatárjo, rja] 名《主に中南米》賃借人 (= arrendatario)

locateli [lokatéli] 形 名《南米. 口語》=**locatis**

locatis [lokátis]《←loco+-is》形 名《単複同形》《西. 戯語》気が変な[人]

locativo, va [lokatíβo, βa] 形 ❶《言語》所格の, 位置格[の]. ❷ 場所の. ❸ 賃貸借[契約]の

locato, ta [lokáto, ta] 形《西, コロンビア, ベネズエラ. 口語》気が変な[人]

locaut [lokáut]《←英語 lock-out》男 (複 ~s) ロックアウト, 工場閉鎖

loc.cit.《略語》←loco citato 上記引用文中に

locería [loθería] 女《アンダルシア; 中南米》❶ 陶器工場. ❷《集名》陶器

locero, ra [loθéro, ra]《アンダルシア; 中南米》陶器製造(販売)業者

locha[1] [lótʃa] 女 ❶《魚》1)ドジョウ. 2)イトヒキダラ. ❷《コロンビア. 口語》怠惰. ❸《ベネズエラ. 古語》[少額の] ニッケル硬貨
hacer ~《コロンビア》[授業などを] サボる

lochar [lotʃár] 自《コロンビア. 口語》のらくらと(怠惰に)暮らす

loche [lótʃe] 男 ❶ ドジョウ (=locha). ❷《コロンビア. 動物》鹿の一種《毛並みは赤く艶やか. 学名 Cariacus rufus; Cervus nemorivagus》

locho, cha[2] [lótʃo, tʃa] 形《コロンビア》❶《口語》怠け者の. ❷ [鹿の一種 loche の毛色が] 赤みを帯びた, 朱色の

loción [loθjón]《←ラテン語 lotio, -onis < lotus < lavare 洗う》女 ❶ 化粧水, ローション: ~ capilar ヘアローション. ~ para después de afeitarse (del afeitado) アフターシェイビングローション. ~ para después de sol アフターサンローション. ❷《医学》外用水薬, 洗浄液: ~ base ローション基剤. ❸ [主に複] 医薬品・化粧品を使った] 洗浄, マッサージ: darse lociones de leche hidratante [自分で] モイスチャーミルクを塗り込

lock-out [lokáṷt]《←英語》男 ロックアウト, 工場閉鎖

loco, ca² [lóko, ka] **I**《←古カスティーリャ語 loco, lauco》形 ❶ [ser+] 狂気の: Un primo suyo es ~. 彼のいとこの一人が精神に異常をきたしている. ❷ [estar+] 気が変になった《⇔cuerdo》; 狂気じみた, 無分別な: Estás ~ si crees que te van a regalar un coche. 車をもらえると思っているとしたら君はどうかしている. Estáis ~s para ir sin abrigo con este frío que hace. こんなに寒いのにオーバーなしで行くなんて君たちはどうかしている. alegría loca 狂喜. amor ~ 盲目的な愛. risa loca ばか笑い, 大笑い. ❸ [+de·con·por] 1) …で気が変になりそうな: Estoy ~ de dolor de muelas. 私は歯痛で気が変になりそうだ. Estaba loca de celos por la rival de amor. 彼女は恋敵に嫉妬して悶々としていた. ponerse ~ de ira 怒りに我を忘れる, 逆上する. 2) …に夢中な, 大好きの: Está ~ de amor por María. 彼女はマリアのことが好きで好きでたまらない. Está loca por el baile. 彼女はダンスに熱中している. 3) [+por+不定詞·que+接続法] Estoy ~ por ir a Machu Picchu. 私はマチュピチュに行きたくてうずうずしている. 4) 度を越している: Ese chico está ~ de alegría. その少年は異常なほどはしゃいでいる. tener un interés ~ por…《口語》…に異常なほど関心がある. ❺ 目が回るほど忙しい: He tenido un día ~ hoy. No he podido comer. 今日は目が回るような一日で, 私は昼飯が食べられなかった. ❻ 軽率な: No seas ~. ばかなことを言う(する)な. ❼ 並外れた: 1) Tiene una ilusión loca con hacer ese viaje. 彼はその旅行に大きな夢をふくらませている. hacer un negocio ~ すごい大もうけをする. cosecha loca 大収穫. precio ~ 法外な値段. suerte loca 非常な幸運. 2) [+名詞, 感情が] ~ 非常に強い欲望. ❽ [機械·計器が] 狂っている: Esta radio está loca; se enciende sola. このラジオはおかしい. 勝手にスイッチが入る. aguja loca [時計などの] 狂った針. brújula loca 狂った磁石. rueda loca 空回りする車輪. ❾ 野生の: higuera loca 野生のイチジク. ❿ [木の枝が] 繁茂した

── 名 ❶ 気が変な人; 狂気じみた人, 変人: 1) Anda como ~ con los problemas. 彼は色々な問題で頭がおかしくなっている. Conduce como un ~. 彼は狂ったような運転をする. El ~ de Juan ha venido corriendo. フアンのばかが走ってきた. 2)《諺》Cada ~ con su tema. 誰にも得意なものがある／人それぞれ意見は自由だ. Más sabe el ~ en su casa que el cuerdo en la ajena. 餅は餅屋. ❷ 軽率な人

a lo ~ 1) 無謀なように: Conducen *a lo* ~, tened cuidado. 彼らは無謀な運転だ, 君らは気をつけるんだよ. 2) 軽率に, よく考えないで, 行きあたりばったりに, むやみに: Deja de preguntar *a lo* ~ y piensa un poco. 何でも質問すればいいというものではない. 自分で考えなさい

a locas でたらめに

~ de atar ／ *~ de remate*《口語》完全に正気を失った[人]

~ de verano《アルゼンチン》奇抜な, とっぴな

hacer el ~ ばか騒ぎ(どんちゃん騒ぎ)をする

hacerse el ~ 気づかない(分からない·聞こえない)ふりをする: No *te hagas el ~*. 知らんぷりするな

la loca de la casa 空想, 想像力

~ perdido《口語》=~ *de atar*

~ perenne 常に正気でない人; いつも冗談を言う人.

ni ~ 決して[…ない]: No me pongo esta falda *ni loca*. 間違ってもこんなスカートをはくもんですか

tener a+人 ~ =*volver a*+人 ~: Los chicos me *tienen* ~ con sus gritos. 子供たちが騒々しくて私は頭が変になってしまう

tirar al ~ =*hacerse el* ~

traer a+人 ~ =*volver a*+人 ~

volver a+人 ~ 1) …を狂わせる. 2) 夢中にさせる: *A* mi mujer la *vuelve loca* kabuki. 私の妻は歌舞伎に目がない. 3) 激しい恋心を生じさせる. 4) 困惑させる

volverse ~ 錯乱する, 気が変になる. [+por+] 夢中になる

── 男 ❶《チリ, 貝》ロコ貝《アワビに似て食用》. ❷《アルゼンチン. 隠語》やつ《=tío, tipo》

II《←ケチュア語》男《ペルー, ボリビア》[炭鉱労働者のかぶる] 垂れ付きの帽子

loco-《接辞》[場所] *locomotora* 機関車

loco citato [lóko θitáto]《←ラテン語》副 上記引用文中の, 前掲箇所に

locoide [lokóiðe] 形《口語》少し気の変な[人]

locomoción [lokomoθjón]《←loco-+ラテン語 motio, -onis「動き」》女 ❶ 移動, 輸送: gastos de ~ 輸送費. medios de ~ 輸送方法, 交通手段. ❷《生物》運動; 移動様式

locomotor, va [lokomotór, ßa]《←locomotor

locomotor, ra¹ [lokomotór, ra]《←loco-+ラテン語 motio, -onis「動き」》形《女性形 locomotriz もある》移動の; 運動の: aparato ~ 運動器官; 運動装置

locomotora² [lokomotóra]《←loco-+motora》女 機関車: 1) ~ eléctrica (de diesel·de vapor) 電気(ディーゼル·蒸気)機関車. ~ de maniobras《構内の》入換え機関車. 2)《比喩》La industria automovilística es la ~ de la economía. 自動車産業は経済の牽引役だ

locomotriz [lokomotriθ] 形《擬》~*ces*》=**locomotora**: ataxia ~《医学》[歩行性] 運動失調症. energía ~ 運動エネルギー. fuerza ~ 原動力, 推進力

locomovible [lokomoßíßle] 形《まれ》移動し得る

── 女《古語》=**locomóvil**

locomóvil [lokomóßil] 形《動力機関が》移動可能な, 自動推進式の: Aquellas grúas son ~es. あれらのクレーンは移動式だ

── 女《古語》移動式蒸気機関, 蒸気自動車

locorregional [lokořexjonál]《医学》主病巣およびその周囲に限局した

locote [lokóte] 男《パラグアイ》=**locoto**

locoto [lokóto] 男《植物》ロコト《アンデス山地産で肉厚のトウガラシ》

locrense [lokrénse] 形 名《歴史, 地名》[古代ギリシア中部の] ロクリス Lócrida の[人]

locrio, cria [lokrjo, krja] 形 名《ドミニカ. 料理》肉入りの炊き込みご飯

locro [lókro] 男《南米. 料理》ロクロ《肉と野菜·ジャガイモとトウモロコシまたはインゲン豆の煮込み. 国により材料が異なる》

locuacidad [lokwaθiðáð] 女 口数が多いこと, 多弁, 饒舌

locuaz [lokwáθ]《←ラテン語 loquax, -acis「話し手」< loqui「話す」》形《擬》~*ces*》口数の多い, 多弁な, おしゃべりな: Es un hombre que ríe mucho, pero no es muy ~. 彼はよく笑うが, 口数はそれほど多くない

locución [lokuθjón]《←ラテン語 locutio, -onis < loqui「話す」》女 ❶《文法》フレーズ, 句; 熟語: ~ adverbial 副詞句 ❷ [ある言語に特徴的な] 表現, 言い回し: ~ castiza 生粋の表現. ~ coloquial 口語表現. ❸ 話し方: Su ~ es perfecta. 彼の言葉づかいは完璧だ. ❹《放送》アナウンサーの仕事. ❺ 話すこと

locuela¹ [lokwéla] 女《文語》[各人に特徴的な] 話し方

locuelo, la² [lokwélo, la]《←loco》形《口語》向こう見ずな[子], 無鉄砲な[子], やんちゃな[子]: Su hija es una ~*la*. 彼の娘はとてもやんちゃだ

locuente [lokwénte] 名《まれ》話す人

loculicida [lokuliθíða] 形《植物》[被子植物の果実が] 胞背裂開の

lóculo [lókulo] 男 ❶《生物, 解剖》室, 房. ❷ 墳墓内の死体室

locumba [lokúmba] 女《酒》ペルーのロクンパ Locumba 産のブドウのブランデー

locumbeta [lokumbéta] 名《ペルー》精神に異常をきたした[人]

locura [lokúra]《←loco》女 ❶ 狂気, 精神錯乱; 狂気じみたこと, 愚行: ¡Qué ~! 何とばかげていることか／どうかしてる! Es una ~ salir con este tiempo. こんな天候で出かけるなんてとんでもない. hacer (cometer) ~[s] ばかげたことをする. ataque de ~ 精神錯乱の発作. ❷《口語》熱愛, 熱狂: tener ~ por… …に夢中でいる. ❸ 並外れていること: Esos precios son una ~. その値段はめちゃくちゃだ

con ~ [主に gustar·querer と共に] 非常に: Ella me gusta *con* ~. 私は彼女がめちゃめちゃ好きだ

de ~《口語》並外れた: Es una casa *de* ~. それは桁外れの豪邸だ

~ de atar《口語》完全な狂気

locus [lókus] 男《単複同形》❶《生物》[染色体内である遺伝子が占める] 座. ❷《音声》ローカス《フォルマント formante の集まる点》. ❸《まれ》場所

locutivo, tiva [lokutíßo, ßa] 形 話す: acto ~ 話すという行為

locutor, ra [lokutór, ra]《←ラテン語 locutor, -oris < loqui「話す」》名《放送》アナウンサー, キャスター

locutorio [lokutórjo]《←ラテン語 locutorium < loqui》男 ❶ [刑

務所・修道院の]面会室. ❷ 電話ボックス〚=cabina〛. ❸〚ラジオ放送局の〛スタジオ

lodacero [loðaθéro] 男《エクアドル》=**lodazal**

lodachar [loðatʃár] 男 =**lodazal**

lodar [loðár] 他《地方語》泥などでふさぐ

lodazal [loðaθál]〚←lodo〛男 ぬかるみ, 泥地

lodazar [loðaθár] 男 =**lodazal**

loden [lóðen] 男《繊維》ローデン〚撥水性のコート用布地〛; ローデン地のコート〚主に緑色〛

lodo [lóðo]〚《ラテン語 lutum「泥」》〛❶ 不可算〚雨などによる〛泥: Me he manchado de ~. 私は泥で汚れてしまった. zapatos cubiertos de ~ 泥だらけの靴. ❷ 不名誉, 悪評: Su acción indigna cubrió de ~ nuestro apellido. 彼のあるまじき行ないは私たちの家名に泥を塗った. ❸《鉱山》スラッジ
sacar a+人 el pie del ~《口語》…を窮地から救い出す
salir del ~ y caer en el arroyo《ニカラグア, パナマ, キューバ, ボリビア. 口語》一難去ってまた一難, 危険を避けたらもっとひどい危険が待ちかまえている

lodoñero [loðoɲéro] 男《植物》ユウソウボク

lodoño [loðóɲo]《ナバラ. 植物》ヨーロピアンハックベリー〚=almez〛

lodoso, sa [loðóso, sa] 形 泥だらけの, ぬかるみの

lódrega [lóðreɣa] 女《ガリシア, バリャドリード. 動物》カワウソ〚=nutria〛

LOE [lóe]《西. 略語》←Ley Orgánica de Educación 教育基本法〚2006年制定〛

loes [lóes] 男 =**loess**

loésico, ca [loésiko, ka] 形《地質》黄土の

loess [lóes] 男《地質》黄土, レス: meseta de ~ 黄土台高原

lófido, da [lófiðo, ða] アンコウ科
—— 男《魚》アンコウ科

lofiforme [lofifórme] 形《魚》硬骨類

lofiro [lofíro] 男《昆虫》マツノキハバチ

loforado, da [loforáðo, ða] 形《動物》触手冠動物の

lofóforo [lofóforo] 男《鳥》ニジキジ

loft [lóft] 男〚←英語〛〚単複同形〛《建築》ロフト

loganiáceo, a [loɣanjáθeo, a] 形 マチン科の
—— 女 複《植物》マチン科

logarítmico, ca [loɣarítmiko, ka] 形《数学》対数の: tabla ~ca 対数表

logaritmo [loɣarítmo] 男《数学》対数: tabla de ~ 対数表. ~ decimal (vulgar) 常用対数. ~ natural 自然対数

loggia [lójja]〚←伊語〛女《建築》ロッジア〚=logia〛

logia [lóxja]〚←フリーメーソンの〛支部, 集会所; 集会. ❷《歴史》L~ Lautaro/L~ Lautariana ラウタロ結社〚1817年, スペインからの新大陸独立を目指してチリのサンティアゴで結成された秘密結社〛. ❸《建築》ロッジア, 開廊, 涼み廊下

-logía《接尾辞》〚科学〛mineral*ogía* 鉱物学

lógica[1] [lóxika]〚《ラテン語 logica＜ギリシア語 logike》〛女 ❶ 論理学; 論理: formal (matemática) ~ 形式(数理)論理学. ~ inductiva (deductiva) 帰納(演繹)論理学. ❷ 論理, 論法. ❸ 論理性, 理にかなった推論: usar la ~ 論理的な考え方をする, 筋道立てて考える. ¶ A su proyecto le falta (carece) ~. 彼の計画は筋が通っていない. ❹《情報》論理〚回路〛
~ parda《まれ》臨機応変の才, 抜け目のなさ〚=gramática parda〛
por ~ 理屈から言って, 当然なことに

lógicamente [lóxikaménte] 副 論理的に; 当然, 明らかに, もちろん

logicial [loxiθjál] 男《情報》ソフトウェア

logicidad [loxiθiðáð] 女《哲学》論理性

logicismo [loxiθísmo] 男《数学など》論理主義

logicista [loxiθísta] 形《数学など》論理主義(主義者)の

logicizar [loxiθiθár] 自 他 論理的にする

lógico, ca[2] [lóxiko, ka]〚《ラテン語 logicus＜ギリシア語 logikos「論理の」》〛形 ❶〚論理上〛当然の, 理にかなった〚⇔ilógico〛: 1) Esta pregunta solamente tiene una respuesta ~ca. この問題には一つしか論理正しい答はない. Los soldados no hacían más que beber y beber. Y, como es ~, acababan peleando. 兵士たちはひたすら酒を飲み続け, 当然のことながら, 最後には殴り合いになった. 2)〚ser ~ que+接続法〛Es ~ que tenga ganas de ver a su hijo después de tantos años. 何年も会っていないのだから, 彼が息子に会いたがるのは当然のだ. ❷ 論理的な: consecuencia ~ca 論理的帰結; 当然の結果. pensamiento ~ 論理的思考. ❸ 論理学上の: leyes ~cas 論理法則. operación ~ca 論理学的操作. ❹《情報》論理の: circuito ~ 論理回路
—— 名 論理学者

logística[1] [loxístika]〚←仏語 logistique〛女 ❶《軍事》兵站(へいたん)学; 兵站業務, 後方支援. ❷《経済》物流管理, ロジスティックス. ❸ 記号論理学. ❹《幾何》ロジスティック曲線

logístico, ca[2] [loxístiko, ka] 形 ❶《軍事》兵站学の; 兵站の. ❷《経済》物流管理の. ❸ 記号論理学の. ❹《幾何》〚曲線が〛ロジスティックな

logo [lóɣo] 男 ロゴ〚タイプ〛〚=logotipo〛

-logo, ga《接尾辞》❶〚言葉〛pr*ólogo* 序文. ❷〚研究者〛ge*ólogo* 地質学者

logocéntrico, ca [loɣoθéntriko, ka] 形《まれ》ロゴス中心主義の

logocentrismo [loɣoθentrísmo] 男《まれ》ロゴス中心主義

logógrafo [loɣóɣrafo] 男《古代ギリシア》❶ 散文史家, 年代記作者. ❷〚職業としての〛演説(弁明)起草者

logograma [loɣoɣráma] 男 表意文字, 語標〚%, $, ¥など〛

logográfico, ca [loɣoɣráfiko, ka] 形 語捜し謎の

logogrifo [loɣoɣrífo] 男 ❶ 語捜し謎〚与えられた単語の綴りを組み替えて別の語を作り出す言葉遊び〛. ❷《皮肉》わけの分からない話

logomaquia [loɣomákja] 女《文語》〚本質でなく〛言葉に関する論争

logopeda [loɣopéða] 名 言語治療の専門家

logopedia [loɣopéðja] 女 言語医学, 言語治療

logopédico, ca [loɣopéðiko, ka] 形 言語医学の, 言語治療の

logopedista [loɣopeðísta] 名 =**logopeda**

logorrea [loɣoréa] 女《文語》過度の多弁

logos [lóɣos]〚←ギリシア語〛男〚単複同形〛❶《哲学》ロゴス, 理法; 理性. ❷《キリスト教》1)神の言葉. 2)〚L~. 三位一体の第二位としての〛キリスト

logoterapeuta [loɣoterapéuta] 名 ロゴセラピーの専門家

logoterapia [loɣoterápja] 女《心理》ロゴセラピー

logoterápico, ca [loɣoterápiko, ka] 形 ロゴセラピーの

logotipo [loɣotípo] 男 ❶〚企業・団体などの〛ロゴ〚タイプ〛, 社章;〚商標として〛シンボルマーク. ❷《印刷》連字活字

lograble [loɣráble] 形 達成され得る

logrado, da [loɣráðo, ða] 形〚estar+〛よく出来た: imitación ~da よくできた模倣

logrador, ra [loɣraðór, ra] 形 達成する

lograr [loɣrár]〚《ラテン語 lucrari「利益を得る」》〛他 ❶〚+不定詞 que+接続法〛達成する, 成し遂げる, 何とかやり遂げる: *Logró* encontrarlo. 彼はついにそれを発見した. Por fin *logró* que le aceptara. ついに彼は受け入れてもらうのに成功した. ❷ 獲得する, 手に入れる〚→obtener 類義〛: *Logra* cuanto quiere. 彼は欲しいものなら手も手に入れる. ~ el primer puesto 1位になる. ❸《まれ》享受する
—— ~**se** ❶ 完全に成功する: Se *logró* terminar el trabajo en la fecha prevista. 彼は期日に仕事を終えることができた. ❷〚子供が〛無事に生まれる

logrear [loɣreár] 自《まれ》高利貸しをする

logrería [loɣrería] 女 ❶ 金貸し業, 高利貸し業. ❷《古語》〚高利貸しによる〛暴利, 不当利益(収益)

logrerismo [loɣrerísmo] 男《チリ》〚やり方の汚い〛高利貸し

logrero, ra [loɣréro, ra] 形 ❶《軽蔑》高利貸しの; 買い占めをする(人). ❷《中南米》高利の; 居候. ❸《コロンビア, チリ, パラグアイ》金もうけのためには手段を選ばない(人). ❹《チリ. 軽蔑》ご都合主義の(主義者)の

logro [lóɣro] 男 ❶ 達成, 成就: El alunizaje fue un gran ~ para la humanidad. 月面着陸は人類にとって偉大な成果だった. conseguir un ~ 成功する. ❷《古俗的》利益, もうけ. ❸ 高利, 暴利: prestar a (con) ~/dar a ~ 高利で貸す

logrón, na [loɣrón, na] 形《アルゼンチン》高利貸しの

logroñés, sa [loɣroɲés, sa] 形 名《地名》ログローニョ Logroño の(人)〚ラ・リオハ州の州都〛

LOGSE [lógse] 囡《西. 略語》←Ley de Ordenación General del Sistema Educativa 一般教育制度調整法《1990年制定. 2006年教育基本法制定に伴い廃止》

loica [lóika] 囡《チリ. 鳥》オナガマキバドリ《鳴鳥. 飼い馴らせる》

loina [lóina] 囡《バスク. 魚》コイの一種《学名 Chondrostoma toxostoma》

loísmo [loísmo] 男《文法》ロイスモ《1) 間接目的人称代名詞 le[s] の代わりに lo[s] を不正に使うこと: Le dio una bofetada a ese gamberro. 彼はそのチンピラに一発パンチを見舞った. 2)《西》人が直接目的の場合は, 直接目的人称代名詞として le[s] を使ってもよいのに, 本来の lo[s] を使うこと: Ayer lo visité. 私は昨日彼を訪ねた》

loísta [loísta] 形・名《文法》ロイスモの《傾向のある人》

loja [lóxa] 囡《キューバ》蜂蜜・スパイス入りの清涼飲料《=agua ～》

lojeño, ña [loxéɲo, ɲa] 形・名《地名》ロハ Loja の《人》《グラナダ県の町》

lola[1] [lóla] 囡《主に南米. 戯語》[主に 複] 女性的]乳房

lolerío [lolerío] 男《チリ. 口語》若者たち

lolingita [loliŋxíta] 囡《鉱物》砒鉄鉱

lolita [lolíta] 囡《←Lolita (ナボコフ Nabokov の小説の題名)》《口語》[魅力的な]好色な少女

lolo, la[2] [lólo, la] 名《チリ. 口語》若者, 少年, 少女

loma [lóma] 囡《←lomo》《長く続く》丘
mandar a la ～《ホンジュラス》きっぱりと拒絶する

lomada [lomáða] 囡《南米》[小さな] 丘

lomaje [lomáxe] 男《チリ》丘 loma の連なる土地

lomazo [lomáθo] 男《地方語》大きな丘

lombarda[1] [lombárða] 囡《←?語源》《植物》紫キャベツ. ❷《歴史》射石砲

lombardada [lombarðáða] 囡《歴史》射石砲の射撃

lombardero [lombarðéro] 男《歴史》射石砲の砲手

lombardo, da[2] [lombárðo, ða] 形・名《地名》[イタリア北部の] ロンバルディア Lombardia の《人》. ❷《歴史》=longobardo. ❸ [牛が] 栗毛で胴体上部の色が薄い —— 男 ❶ ロンバルド語. ❷ 商品を担保にとって貸し付ける銀行

lombillo [lombíʎo] 男《地方語》[鎌で刈った左側に積み重なる] 草の山

lombío [lombío] 男《エストレマドゥラ》=lomo

lombo [lómbo] 男《エストレマドゥラ》=lomo

lombricera [lombriθéra] 囡《植物》❶ タンジー《=hierba ～, lombriguera》. ❷《コロンビア》藩木の一種《=viborán》

lombricero [lombriθéro] 男《ムルシア》ミミズの穴

lombricida [lombriθíða] 形・男 虫下し[の]

lombriciento, ta [lombriθjénto, ta] 形《中南米》[人が] 回虫のいる

lombricultor, ra [lombrikultór, ra] 名 ミミズを飼育する人

lombricultura [lombrikultúra] 囡 ミミズの飼育

lombriguera [lombriɣéra] 囡《植物》タンジー, ヨモギギク《=hierba ～》. ミミズの巣穴

lombriz [lombríθ] 囡《←俗ラテン語 lumbrix, -icis》[複 ～ces]《動物》ミミズ《～ de tierra》. ❷ 回虫《～ intestinal》: ～ blanca ギョウチュウ《=oxiuro》. ～ solitaria サナダムシ

lomear [lomeár] 自 ❶ [馬が乗り手を振り落とそうと] 背中を丸めて激しく揺る. ❷《ボリビア》分からないふりをする. ❸《アルゼンチン》肩をすぼめて無関心を表わす

lomera [loméra] 囡《←lomo》❶ [本の] 背革, 背クロス. ❷《馬具》尻繫(しりがい). ❸《建築》隅棟《=caballete》

lomerío [lomerío] 男《主にメキシコ, グァテマラ》丘の連なり

lometa [lométa] 囡《←lomo の示小語》《地方語》小さな丘

lometón [lometón] 男《キューバ》=lometa

lomienhiesto, ta [lomjenxjésto, ta] 形《まれ》❶ 高慢な, 気取った. ❷ [動物が] 背の高い

lomillería [lomiʎería] 囡《ラプラタ》❶ 馬具製作所, 馬具販売店. ❷ 馬具類

lomillo [lomíʎo] 男《←lomo の示小語》《服飾》クロスステッチ. ❷《馬具》1) [荷鞍の] 鞍尾. 2) [複] [荷鞍の] 下敷き. 3)《中南米》鞍下の上に置くパッド. ❸《料理》《アラゴン》サーロイン《=solomillo》. ❹《中南米》ステーキ[=filete]

lomihiesto, ta [lomjésto, ta] 形《まれ》=**lomienhiesto**

lomita [lomíta] 囡 tras ～《メキシコ》ある程度離れて

lomo [lómo] 男《←ラテン語 lumbus》❶ [動物の] 背: a ～ [s] de un burro ロバの背に乗って (積んで). arquear el ～ [猫などが] 背を丸くする. ❷ [本の] 背; [紙などの] 折り目, 折り山: La novela que buscas tiene ～ rojo. 君の探している小説は背の色が赤い. ❸ [刃物の] 峰. ❹ [山の] 尾根. ❺《農業》畝(うね). ❻《料理》1) [豚・牛の] 背肉, ロース: punta de ～ リブアイ, ロース芯. 2)《西》[高級なロース肉の腸詰め. =～ embuchado]: un ～ ibérico イベリコ豚のロモ1本. ❼《口語》[主に 複] 人の] 腰部: dolor de ～ s 腰痛
agachar (doblar) el ～ 1) 懸命に努力する(働く). 2) 屈従する
jugar de ～《中米. 口語》怠惰にしている
～ de burro《ラプラタ》[道路の] スピード防止帯; 小さな溝
～ de toro《チリ》[道路の] スピード防止帯
medir el ～《口語》殴る
partirse el ～ 懸命に働く
sacudir el ～ a+人 …をひっぱたく
sobar el ～《口語》殴る. 2)《中南米》お世辞を言う, ごまをする
sobarse los ～s《口語》一所懸命働く

lompa [lómpa] 囡《魚》ランプサッカー

lomudo, da [lomúðo, ða] 形 [動物が] 背の広い; [人が] 腰の大きい

lona [lóna] 囡《←Olonne (フランスの町)》❶ 帆布, キャンバス; その製品 [帆, 日よけ, テント, シートなど]: bolso de ～ キャンバスバッグ. ciudad de ～ テント村. ❷《ボクシング, レスリングなど》マット: caer en la ～ マットに倒れる. ❸《南米》小マット《=esterilla》. ❹《ラプラタ. 古語》麻の粗布
besar la ～ ノックアウトされる, マットに沈む; たたきのめされる, 敗北する
estar (irse・quedarse) en la ～《アルゼンチン, ウルグアイ. 口語》無一文である(になる)

Lonardi [lonárði]《人名》**Eduardo ～** エドゥアルド・ロナルディ《1896–1956, アルゼンチンの軍人. 1943年ラモン・カスティーリョ Ramón S. Castillo 大統領の失脚に加わり, 1955年にはペロン Perón 大統領を打倒. 同年11月まで暫定大統領となる》

lonch [lóntʃ] 男《メキシコ》=**lunch**

loncha [lóntʃa] 囡《←?語源》薄切り, スライス: cortar en ～s el tomate トマトを薄切りにする. una ～ de jamón ハムの薄切り1枚

lonchar [lontʃár] 自《米国, メキシコ》軽い昼食 lonche をとる

lonche [lóntʃe] 男《←英語 lunch》男 ❶《米国, メキシコ》[軽い] 昼食. ❷《米国》食料品. ❸《南米》パーティー. ❹《ペルー》おやつ《=merienda》

lonchera [lontʃéra] 囡《米国, メキシコ, 中米, アンデス》弁当 [箱]

lonchería [lontʃería] 囡《米国, メキシコ》軽食堂

lonchite [lontʃíte] 男《植物》ヒリュウシダの一種《学名 Blechnum spicant》

loncho [lóntʃo] 男《コロンビア》一片, ひとかけら

lonco [lóŋko] 男《チリ. 口語》❶ [人・動物の] 首. ❷ 反芻動物の第2胃

loncotear [loŋkoteár] 他《チリ, アルゼンチン》[相手の抵抗力を試すために] 互いの髪の毛を引っぱり合う; …の髪の毛を引っぱる

londinense [londinénse] 形・名《地名》ロンドン Londres の《人》

londrina [londrína] 囡《繊維》[ロンドンで製造されていた] キャンバス地

loneta [lonéta] 囡《繊維》❶ [lona より薄い] キャンバス地. ❷《キューバ, ペルー》[テント・作業服用の] 厚手の白い布地. ❸《チリ, アルゼンチン》薄い木綿地

longa[1] [lóŋga] 囡《古語. 音楽》ロンガ《二全音符 breve 2つ分に相当する長さの音》

longánime [loŋɡánime] 形《まれ》=**longánimo**

longanimidad [loŋɡanimiðá(ð)] 囡《文語》寛大さ, 辛抱強さ

longánimo, ma [loŋɡánimo, ma] 形《文語》寛大な, 辛抱強い

longaniza [loŋɡaníθa] 囡《←Lucania (イタリア南部の地名)》《料理》ロンガニーサ《生または加熱した少しピリ辛の細長いソーセージ》
haber (tener) más días que ～s《西. 口語》たっぷり余裕がある, 急ぐ必要はない

long drink [lóŋ dríŋk]《←英語》男 長いグラスで供されるソーダ入りの酒《ノンアルコール飲料》

longevidad [loŋxeβiðá(ð)]《←longevo》囡 長寿, 長命: No aspiro a la ～. 私は長生きしたくはない

longevo, va [loŋxéβo, βa]《←ラテン語 longaevus》形 長寿の, 非

longicorne [lɔŋxikórne]《男》[甲虫などが] 触角の長い
longilíneo, a [lɔŋxilíneo, a]《形》❶《文語》縦長の. ❷《心理》やせ型の
longincuo, cua [lɔŋxíŋkwo, kwa]《形》《まれ》離れた, 遠い
longísimo, ma [lɔŋxísimo, ma]《形》luengo の絶対最上級
longitud [lɔŋxitúᵭ]《女》[←ラテン語 longitudo, -inis < longus, -a, -um]《名》❶ [空間の] 長さ: El puente tiene 70 metros de ~. その橋の長さは70メートルある. ❷ 縦《長方形の長い方の辺. ⇔anchura》: Esta piscina tiene cincuenta metros de ~ y quince de anchura. このプールは縦50メートル, 幅15メートルある. ❸《地理》経度, 経線《⇔latitud》: a 35 grados de ~ este 東経35度のところに. ❹《天文》黄経. ❺《物理》波長《=~ de onda》: Los rayos gamma tienen menor ~ de onda que los rayos X. ガンマ線はX線よりも波長が短い. ❻ [時間の] 長さ: ~ de un día en Venus 金星の一日の長さ
longitudinal [lɔŋxituðinál]《形》縦の, 縦方向の
longitudinalmente [lɔŋxituðinálménte]《副》縦に
longo, ga² [lóŋgo, ga]《形》《文語》=largo
── 《名》《エクアドル》=longuito
longobardo, da [lɔŋgobárᵭo, ᵭa]《形》❶《歴史》[ゲルマン の] ランゴバルド族 [の].❷《地名》[イタリアの] ロンバルディアの [人]《=lombardo》
longorón [lɔŋgorón]《男》《メキシコ, パナマ, キューバ. 貝》ニオガイ《食用》
longorones [lɔŋgorónes]《間》《キューバ》とんでもない, そんなばかな!
long play [lɔn pléi/lɔn plái]《[←英語]》《男》《複 ~s》LPレコード《=elepé》
longuera [lɔŋgéra]《女》細長い帯状の土地
longuería [lɔŋgería]《女》《まれ》冗長
longuerón [lɔŋgerón]《男》《地方語. 貝》マテガイ
longuetas [lɔŋgétas]《女》《複》《医学》[骨折・切断手術用の] 包帯
longui [lóŋgi]《名》《西. 口語》=longuis
longuipeciolado, da [lɔŋgipeʝoláᵭo, ᵭa]《形》《植物》葉柄の長い
longuis [lóŋgis]《名》《西. 口語》*hacerse el ~* 気づかない(知らない)ふりをする
longuísimo, ma [lɔŋgísimo, ma]《形》=longísimo
longuito, ta [lɔŋgíto, ta]《[エクアドル]》先住民の若者(娘)
longura [lɔŋgúra]《女》長さ
lonilla [loníʎa]《女》=loneta
lonja [lóŋxa] **I**《[←仏語 longe]》《女》❶ [肉などの] 薄片, スライス: cortar en ~ s el jamón ハムを薄切りにする. dos ~s de jamón ハム2切れ. ❷《古語. 鷹狩り》鷹の足に結びつけた長い紐. ❸《メキシコ》ぜい肉のたるみ. ❹《コロンビア》~ de propiedad raíz 不動産仲介業者組合. ❺《ラプラタ》革紐; 鞭の先
sacar **a**+~ **s**《ラプラタ》皮膚が裂けるまで ~ を鞭打つ
II《[←バレンシア・マヨルカ語 llonja < 古仏語 loge < フランク語 laubia]》《女》《西》[主に卸売りの] 市場, 商品取引所《中世地中海交易の拠点として繁栄し, バルセロナ(1350年創立)を皮切りにマヨルカ・バレンシア・サラゴサなどアラゴン連合王国に点在した. カスティーリャ王国主導による大航海時代の幕開けと共に衰退》: la L~ de la Seda『バレンシアの』絹取引所《15世紀後半に建設. 世界遺産》. ~ de pescado 魚市場. ❷《古語》食料品店. ❸《建築》[公共建造物の, 入り口の高くなった] ホール
lonjear [lɔŋxeár]《他》《ラプラタ》❶ [牛皮から] 革紐を作る. ❷《口語》鞭で打つ
── ~**se**《ラプラタ》[人・動物が] 皮膚が紐状に裂ける
lonjeta [lɔŋxéta]《女》[lonja の示小語]《女》庭のあずまや
lonjista [lɔŋxísta]《名》《まれ》食料品店主, 食料雑貨店主
lontananza [lɔntanánθa]《女》《[←伊語]》《女》❶ 遠方. ❷《美術》遠景, 背景: difuminar la ~ 背景をぼかす
en ~《文語》はるか遠くで
lontano, na [lɔntáno, na]《形》《文語》遠い
lóntriga [lóntriga]《女》《アストゥリアス. 動物》カワウソ《=nutria》
look [lúk]《[←英語]》《男》《複 ~s》❶ 外見, 様子. ❷ [ファッションの] 型, 装い
looping [lúpin]《[←英語]》《男》[アクロバット飛行の] 宙返り
loor [l(o)ór]《[←loar]》《男》《文語》賞賛, 賛辞: en ~ de... ...を賞賛して
en ~ *de multitudes* 大勢の熱狂的な観客の間で

Lope de Vega [lópe de béga]《人名》→Vega Carpio
lopesco, ca [lopésko, ka]《形》=lopista
López [lópeθ]《人名》**Alfonso** ~ アルフォンソ・ロペス《1886~1959, コロンビアの実業家・政治家, 大統領》
Carlos Antonio ~ カルロス・アントニオ・ロペス《1790~1862, パラグアイの初代大統領, その後2度再選》
Francisco Solano ~ フランシスコ・ソラノ・ロペス《1827~70, カルロス・アントニオ・ロペスの息子でパラグアイの軍人, 第2代大統領で独裁者》
Oswaldo ~ オズワルド・ロペス《1921~2010, ホンジュラスの軍人, 大統領》
López Albújar [lópeθ albúxar]《人名》**Enrique** ~ エンリケ・ロペス・アルブハル《1872~1966, ペルーのジャーナリスト・小説家. 過酷な状況下に生きる先住民の姿を, 社会批判を込めて写実的に描いた短編集および長編 *Matalaché* を代表作とする. インディヘニスモ文学 literatura indigenista の先駆的作家として知られる》
López Aranguren [lópeθ araŋgúren]《人名》**José Luis** ~ ホセ・ルイス・ロペス・アランゲレン《1909~96, スペインの哲学者. 内戦後フランコ体制下で文筆活動を行なうも, その後, 体制を批判.『哲学と宗教』*Filosofía y religión*,『倫理学』*Ética*》
López Contreras [lópeθ kɔntréras]《人名》**Eleazar** ~ エレアサル・ロペス・コントレラス《1883~1973, ベネズエラの軍人, 大統領》
López de Ayala [lópeθ de ajála]《人名》**Adelardo** ~ アデラルド・ロペス・デ・アヤラ《1828~79, スペインの劇作家. 同時代の社会生活を描き, 道徳的・教化的な意図を込めた, いわゆる上流喜劇 alta comedia を代表する一人》
Pero ~ ペロ・ロペス・デ・アヤラ《1332~1407, スペインの詩人・作家. 一業4行単韻詩 cuaderna vía によって当時の社会に対する痛烈な批判を綴っている. ペドロ1世以下4代のカスティーリャ王に仕え, 年代記も著した》
López de Gómara [lópeθ de gómara]《人名》**Francisco** ~ フランシスコ・ロペス・デ・ゴマラ《1511?~66?, スペイン人聖職者・年代記作者. コルテス Cortés の従軍司祭となりアステカ王国の征服などの記録を執筆.『インディアス史』*Historia general de las Indias*》
López de Santa Ana [lópeθ de sánta ána]《人名》**Antonio** ~ アントニオ・ロペス・デ・サンタ・アナ《1794~1876, メキシコの政治家・軍人. 政界からの退陣と復帰を繰り返し, 大統領を11回務める. 1846年, 米墨戦争 intervención estadounidense en México に敗れて亡命》
López García [lópeθ garθía]《人名》**Antonio** ~ アントニオ・ロペス・ガルシア《1936~, リアリズムを代表するスペインの画家・彫刻家.『日と夜』*Día y Noche*,『便器と窓』*Taza de water y ventana*》
López Mateos [lópeθ matéos]《人名》**Adolfo** ~ アドルフォ・ロペス・マテオス《1910~69, メキシコの大統領》
López Portillo [lópeθ pɔrtíʎo]《人名》**José** ~ ホセ・ロペス・ポルティリョ《1920~2004, メキシコの弁護士・作家, 大統領》
López Soler [lópeθ solér]《人名》**Ramón** ~ ラモン・ロペス・ソレール《1806~36, スペインの小説家. ロマン主義文学を創始, かつスコットやユゴーの作品を模した歴史小説を著わし, スペインにおけるこの分野の先駆けとなった》
López Velarde [lópeθ belárᵭe]《人名》**Ramón** ~ ラモン・ロペス・ベラルデ《1888~1921, メキシコの後期モデルニスモの詩人. ボードレールからシュルレアリスムに至るフランス詩と, ルゴネス Lugones の影響を受けて創作を行なった. 生前は注目されなかったが, メキシコをうたった詩や神秘的で謎に満ちた作品が死後高く評価されるようになった. 詩集『不安』*Zozobra*,『優しい祖国』*La suave patria*》
López y Fuentes [lópeθ i fwéntes]《人名》**Gregorio** ~ グレゴリオ・ロペス・イ・フエンテス《1897~1966, メキシコの小説家. 1930年代に数多く書かれたメキシコ革命小説を代表する作家.『野営』*Campamento*, 先住民をテーマにした小説『インディオ』*El indio*》
lopista [lopísta]《形》《名》❶《人名》ロペ・デ・ベガ Lope de Vega の. ❷ ロペ・デ・ベガの演劇の支持者 [の]; ロペ・デ・ベガ研究者 [の]
lopolito [lopolíto]《男》《地質》ロポリス, 盆状岩体, 盆盤
loquear [lokeár]《[←loco]》《他》気を狂わせる
── 《自》❶ 愚かな言動をする; ばかげた大騒ぎをする. ❷ 気が変になる. ❸《中南米. 口語》ふざけて騒ぐ
── ~**se**《ペルー. 口語》気が変になる

loqueo [lokéo] 男 愚かな言動; 大騒ぎ
loquera[1] [lokéra] 女 ❶《古語》精神病院の檻. ❷《中南米. 皮肉》1) 狂気《=locura》. 2) へま, 的外れ
loquería [lokería] 女《主に中南米》精神病院
loquero, ra [lokéro, ra] 名 ❶ 精神病患者の看護人. ❷《メキシコ. 隠語》精神科医
—— 男 ❶《軽蔑; チリ, アルゼンチン, ウルグアイ》精神病院〖=manicomio〗. ❷《アルゼンチン》大騒ぎ
loquesco, ca [lokésko, ka] 形《まれ》❶ 気の変な. ❷ ひょうきんな
loquina [lokína] 女《コロンビア》狂気; でたらめ
loquinario, ria [lokinárjo, rja] 形 名 不分別な〔人〕, 軽率な〔人〕
loquincho, cha [lokíntʃo, tʃa] 形《アルゼンチン. 口語》頭が少しおかしい, 変人の
loquios [lókjos] 男 複《医学》悪露(おろ); 産褥排泄物
loquitonto, ta [lokitónto, ta] 形 気が変で愚かな
lora[1] [lóra] 女 ❶《メキシコ, チリ, アルゼンチン, ウルグアイ》雌のオウム; 《中米, コロンビア, エクアドル, ペルー》オウム《=loro》. ❷《南米. 口語》おしゃべりな女. ❸《コロンビア》1) 緑色の小型のオウム. 2)〔治りにくい・急速に広がる〕化膿した傷. ❹《チリ, ラプラタ》醜い女. ❺《チリ》拷問
vender la ~ por (para) no cargarla《コロンビア》〔頼ってくる人への不快の表明〕肩の荷を下ろしたい
loran [lóran] 〖←英語〗男《航空》ロラン
lorantáceo, a [lorantáθeo, a] 形《植物》ヤドリギ科の
—— 男 複《植物》ヤドリギ科
lorca [lórka] 女《エストレマドゥラ》水中の岩穴
Lorca [lórka] 〈人名〉→**García Lorca**
lorcha [lórtʃa] 女 ❶《船舶》〔中国の〕はしけ. ❷《魚》1) アシロ目の一種〖学名 Ophidion barbatum〗. 2)《ガリシア》カタクチイワシ
lorcho [lórtʃo] 男《地方語. 魚》ブラックゴビー〖=chaparrudo〗
lord [lór(d)] 〖←英語〗男《複 lores》〔英国の〕貴族, 上院議員;〔敬称〕卿: *L~ Mayor* ロンドン市長. *primer ~ del Almirantazgo* 第一海軍卿
lordosis [lordósis] 女《医学》脊柱前湾
loreaṛ [loreár] 他 ❶《チリ》見る〖=mirar, observar〗. ❷《ウルグアイ. 口語》密告する
lorenés, sa [lorenés, sa] 形 名《地名》〔フランスの〕ロレーヌ地方 Lorena の〔人〕
lorenzana [lorenθána] 女《ガリシアの Lorenzana 製の》厚手の木綿〖リンネル〗の布
lorenzo, za [lorénθo, θa] 形 名 ❶《西》粗野な, 田舎者の. ❷《地方語》注意力が散漫な, 間の抜けた: *hacerse ~* ぼけっとする. ❸《メキシコ. 口語》頭のおかしい, 気のふれた
—— 男《西. 口語》〔主に *L~*〕太陽《天体, 光, 熱》; *¡Cómo pica L~! 何て日ざしがきついんだ!*
loreño, ña [loréno, ɲa] 形 名《地名》ロラ・デル・リオ Lora del Río の〔人〕《セビーリャ県の村》
loretano, na [loretáno, na] 形 名《地名》ロレト Loreto の〔人〕《ペルー北東部の県》
lori [lóri] 男《動物》アカホソリス
lorica [loríka] 女〖複 *~s*〗=**loriga**
loricaria [lorikárja] 女《魚》ロリカリア
loriga [loríγa] 女《古語》❶ ロリカ《小型の鉄板を重ねた鎧》. ❷ 馬甲(ばこう)〔兵士〕
lorigado, da [loriγáðo, ða] 形 名《古語》ロリカ loriga を着けた〔兵士〕. ❷《プエルトリコ》〔鋼の〕灰色地に白い斑点のある
lorigón [loriγón] 男《古語》袖が肘までの大型のロリカ loriga
loriguero, ra [loriγéro, ra] 形 名《古語》ロリカ loriga の
loriguillo [loriγíʎo] 男《植物》ヨウシュジンチョウゲ〖=lauréola hembra〗
loro[1] [lóro] 〖←カリブ語 roro〗男 ❶《鳥》オウム, インコ: *~ del Brasil*〖学名 *Psittacidae Illiger*〗. ❷《口語》醜い女, ブス. ❸《口語》盗聴団の見張り役. ❹《植物》セイヨウバクチノキ〖=lauroceraso〗.《カナリア諸島》ゲッケイジュ. ❻《西. 口語》ラジオ, ラジカセ. ❼《チリ》仮歯. ❽《コロンビア, ベネズエラ》刃が湾曲した〕折り畳み式ナイフ. ❾《チリ》溲瓶(しびん). ❿ 鼻水. 3) 秘密調査員, スパイ. 4) 拷問
al ~《西》〔相手の注意を喚起する〕ほら, ねえ
como un ~ おうむ返しに; 意味がわからず: *hablar como*
un ~ 内容のないことをのべつ幕なしにしゃべる
estar al ~《西. 口語》〖+de を〗知っている
hablar más que ~ en ayunas《ベネズエラ. 口語》長々とおしゃべりする
ni ~《アルゼンチン. 口語》誰も〔…ない〕
quedarse como ~ en estaca《ベネズエラ. 口語》一人きりになる
loro[2], **ra**[2] [lóro, ra] 形《まれ》こげ茶色の, 黒ずんだ
—— 男《ウルグアイ. 口語》密告版
loroco [loróko] 男《グアテマラ, エルサルバドル. 植物》キョウチクトウ科の灌木の一種《花は食用. 学名 *Echites caxacana*》
lorquear [lorkeár]《エストレマドゥラ》水中の岩穴で漁をする
lorquiano, na [lorkjáno, na] 形《人名》フェデリコ・ガルシア・ロルカ *Federico García Lorca* の
lorquino, na [lorkíno, na] 形 名《地名》ロルカ Lorca の〔人〕《ムルシア県の町》
lorro, rra [lóro, ra] 形《地方語》アラゴンの平原の
lorza [lórθa] 女 ❶《←アラビア語 huzza》名 ❶《裁縫》縫い込み; 〔裾の〕上げ
los [los]〖←ラテン語 *illos*〗 ❶《定冠詞男性複数形. →**el**》❶ 名. **árboles** 木々. *Los Pepes, que levanten las manos.* ぺぺという名前の人は手を挙げて下さい
—— 代《人称代名詞3人称複数男性形. →**lo**》〔直接目的〕❶ 彼らを, あなたがたを: *Los conozco muy bien.* 私は彼らをとてもよく知っている. 〔俗用では間接目的の *les* に代わって使われる. →**loísmo**》❷〔男性複数名詞を受けて〕それらを: *Los compré.* 私はそれらを買った. それらを買いなさい. *¿Hay relojes?—Los hay.* いくつか時計はありますか?—はい, あります
losa [lósa]〖←前ローマ時代語 *lausa*〗女 ❶ 板石, 平石; 舗石, 敷石, 〔床用の〕タイル: *~ radiante* 床下暖房. ❷《墓穴を覆う平らな》墓石〖=*~ sepulcral*〗: *Él ya está bajo la ~.* 彼はもう死んでいる. ❸ 平石で作った鳥(ネズミ)用の罠. ❹《地方語》洗濯板
pesar como una ~ 重荷になる, 重くのしかかる
ser una ~ 口が堅い
losado [losáðo] 男 タイル張りの床, 板石舗道〖=enlosado〗
losange [losánxe] 男 菱形; 《紋章》菱形紋
losar [losár]〖←losar〗タイルを張る, 板石で舗装する〖=enlosar〗
losera [loséra] 女《地方語》粘板岩の採石場
loseta [loséta] 女〖losa の示小語〗❶ 小板石, 小敷石. ❷ 小さな平石で作った小鳥用の罠
losilla [losíʎa] 女《狩猟》小さな平石で作った罠
lóstrego [lóstreγo] 男《地方語》稲妻〖=relámpago〗
Lot [lót] 男《旧約聖書》ロト《アブラハム *Abraham* の甥で義人》
andar como ~ 振り返らずに歩く
lota [lóta] 女 ❶《魚》ロタ科タラ, カワメンタイ《食用》. ❷《アンダルシア》魚市場
lote [lóte] 男 ❶〔商品などの〕一口, 一山, ロット: *Regalamos un ~ de vasos por la compra de una bicicleta.* 自転車1台お買い上げにつきグラス1セット差し上げます. *en un ~* ひとまとめで; 一回の船積みで. ❷ 分け前, 割り当て: *El abuelo repartió la herencia en seis ~s.* 祖父は遺産を6つに分けた. ❸ 当たりくじ; 宝くじの当選金: *Le ha tocado el ~.* 彼に宝くじが当たった. ❹《株式》*~ incompleto (suelto)*〔取引所の売買単位に満たない〕端株, 単位未満株. ❺ *~ redondo* 単位株. ❻《メキシコ, コロンビア, ラプラタ》一区画の土地, 分譲地. ❼《チリ. 口語》たくさん, 大量
al ~《チリ. 口語》形がだらしのない; 混乱した
darse el ~《西. 口語》1)〖+con+人 と〗いちゃつく, 愛撫する. 2)〖+a+人 に〗長時間激しく行なわせる
darse un ~ de comer たらふく食う
pegarse (meterse) el ~《西. 口語》=*darse el ~*
un ~ 大量に;〖+de〗たくさんの…
—— 形《アルゼンチン. 口語》ばかな, 間抜けな
lotear [loteár] 他《主に南米》〔売りやすくするため, 土地を〕区画分けする
lotería [lotería]〖←lote〗女 ❶ 宝くじ: 1) *Jugaremos (Echaremos) a la ~.* 宝くじを買おうよ. *sacarse el gordo de la ~* 宝くじの1等が当たる. *~ de la Organización Nacional de Ciegos*《西》盲人宝くじ. *~ primitiva*《西》ロト6, ナンバーズくじ. 2) 宝くじの券〖=billete de ~〗: *Nunca he comprado ~. 私は一度も宝くじを買ったことがない.* ❷〔宝くじの〕当たり,〔特

に〕大当たり: Se sacó la 〜. 彼は宝くじを当てた. ❸ [公認の] 宝くじ販売店. ❹ [宝くじのように] 当たり外れのある事柄: El matrimonio es una 〜. 結婚には当たり外れがある. ❺ 幸運な出来事(状況): Ese puesto es una auténtica 〜. その地位につくのは幸運中の幸運だ. ❻ ビンゴ『ゲーム, 集名』道具. =〜 de cartones』
sacar (tocar) la 〜 *a*+人［思いがけず］…にいいことがある

lotero, ra [lotéro, ra]《←*lotería*》形 宝くじの
── 名 宝くじ売り〔人〕

lótico, ca [lótiko, ka] 形《生態》動く水の, 動水性の《⇔*léntico*》

lotificación [lotifikaθjón] 女《メキシコ, グアテマラ》区画分け

lotificar [lotifikár] 7 他《メキシコ, グアテマラ》=**lotear**

lotiforme [lotifórme] 形《建築》ロートス式の《柱頭に蓮の形をつける》

lotino, na [lotíno, na] 形《地名》ロタ Lota の〔人〕《チリ中部の町》

lotización [lotiθaθjón] 女《ペルー》区画分け; 区画地, 分割地

lotizar [lotiθár] 9 他《ペルー》=**lotear**

loto [lóto] I 《←ラテン語 lotus》男 ❶《植物》1) ハス(蓮), 睡蓮; その花・実. 2) セイヨウミヤコグサ. 3) トゲナツメ; その実. ❷《美術》蓮花文. ❸《ギリシア神話》ロトス《食べると憂き世の辛さを忘れるという果実》. ❹［ヨガで］蓮の花のポーズ《=*posición del* 〜》
II 名/男《西》ロト6《=*lotería primitiva*》

lotófago, ga [lotófago, ga] 名《ギリシア神話. 地名》ロトパゴスの〔人〕《アフリカ北部沿岸に住み, ロトス loto を食べて安楽に暮らしている》

loughlinite [loxuliníte] 女《鉱物》ラフリナイト, トリウム含有海泡石

lovaniense [lobanjénse] 形 名《地名》［ベルギーの］ルーバン Louvain の〔人〕

loxodroma [lo(k)sođróma] 女 =**loxodromia**

loxodromia [lo(k)sođrómja] 女《船舶》航程線

loxodrómico, ca [lo(k)sođrómiko, ka] 形 女《船舶》航程線〔の〕

loyo [lójo] 男《チリ. 植物》ヤマドリタケ属のキノコの一種《大型で美味. 学名 Boletus loyo》

loza [lóθa]《←ラテン語 lautia <下宿人用の家具>》女 ❶ 陶土［材料］; plato de 〜 陶器の皿. ❷《集名》陶器類: Hay que fregar la 〜. 皿洗いをしなければならない

lozanamente [loθánaménte] 副 はつらつと

lozanear [loθaneár] 自 ・〜*se* はつらつとしている

lozanecer [loθaneθér] 39 自 元気さを誇示する; はつらつとしている
── 〜*se* 元気さを誇示する

lozanía [loθanía] 女《←*loza*》❶［人・動物が］はつらつとしていること. ❷［植物が］青々としていること: El abono proporcionará 〜 a las plantas. 肥料をやれば草花は元気よくなるだろう. ❸ 高慢, 横柄

lozano, na [loθáno, na]《←?ラテン語 lautius < lautus「豪奢な」》形 [estar+] ❶［人・動物が］はつらつとした, 元気そうな: Sus hijas son unas niñas 〜*nas y sonrosadas*. 彼の娘たちははつらつとして肌がバラ色だ. ❷［植物が］青々とした, みずみずしい《⇔*marchito*》: Tienen un jardín lleno de plantas 〜*nas*. 彼らの庭は青々とした植物で一杯だ. ❸ 自信のある; 高慢な, 横柄な

lozoya [loθója] 女《地方. 戯語》水; 水の入ったコップ

LRU,《西. 略記》←*Ley para la Reforma Universitaria* 大学改革法

LS,《略記》←*locus sigilli* 切手貼付場所《=*lugar del sello*》

LSD [éle ése đé]《←*独語*》男 LSD

Ltda.,《略記》←*limitada* 有限責任の

lúa [lúa] 女 ❶ ［エスパルト製の］馬の手入れ用のミトン. ❷《古語》手袋. ❸《ラマンチャ》サフランを運搬するためのヤギ皮製の革袋

luan [lwán] 形《チリ》黄色っぽい《=*loán*》

luanquín, na [lwaŋkín, na] 形 名 =**luanquino**

luanquino, na [lwaŋkíno, na] 形 名《地名》ルワンコ Luanco の〔人〕《アストゥリアス県の村》

luar [lwár] 男《地方語》月光

luarqués, sa [lwarkés, sa] 形 名《地名》ルワルカ Luarca の〔人〕《アストゥリアス県の村》

lubigante [lubigánte] 男《動物》ロブスター《=*bogavante*》

lubina [lubína] 女《魚》スズキ目モロネ科の一種《学名 Morone labrax》: 〜 *atruchada*《地方語》スポッテッドシーバス《=*baila*》

lubio [lúbjo] 男《エストレマドゥラ》轅(ながえ)が一本の四頭立て馬車

lubricación [lubrikaθjón] 女 =**lubrificación**

lubricador, ra [lubrikađór, ra] 男 =**lubrificador**

lúbricamente [lúbrikaménte] 副 淫らに

lubricán [lubrikán] 男《文語》[明け方・夕暮れの] 薄明かり, 曙, 黄昏(たそがれ)

lubricante [lubrikánte] 形 男 =**lubrificante**

lubricar [lubrikár] 7 他 =**lubrificar**

lubricativo, va [lubrikatíbo, ba] 形 潤滑性の

lubricidad [lubriθiđá(đ)] 女 ❶ 淫乱, 淫奔. ❷ 滑りやすさ, なめらかさ

lúbrico, ca [lúbriko, ka]《←ラテン語 lubricus「滑りやすい」》形 ❶《文語》みだらな, 淫乱な, 淫奔な, 好色な: mirada 〜*ca* いやらしい目つき. película 〜*ca* みだらな映画. ❷ 滑りやすい, なめらかな

lubrificación [lubrifikaθjón] 女 注油

lubrificador, ra [lubrifikađór, ra] 形 潤滑にする, 潤滑性の: aceite 〜 潤滑油
── 男 潤滑装置; 注油器

lubrificante [lubrifikánte] 形 潤滑にする, 潤滑性の
── 男 潤滑油《=*aceite* 〜》; 潤滑油

lubrificar [lubrifikár] 7 他［機械などに］潤滑油をさす, 注油する: 〜 *el motor* エンジンに潤滑油をさす

lubrigante [lubrigánte] 男《地方語. 動物》ロブスター《=*bogavante*》

luca [lúka] 女《ベネズエラ》500ボリバル《紙幣》;《ペルー》5千ペソ《紙幣》;《チリ, アルゼンチン, ウルグアイ》1千ペソ《紙幣》

lucano, na [lukáno, na] 形 名《歴史. 地名》［イタリア南部の］ルカニア地方 Lucania の〔人〕

── 男《昆虫》ミヤマクワガタ

Lucano [lukáno]《人名》**Marco Anneo** 〜 マルクス·アンナエウス·ルカヌス《39〜65, ヒスパニア出身の古代ローマの詩人. 小セネカ Séneca el Joven の甥. 叙事詩「ファルサリア」*Farsalia*》

Lucas [lúkas] 男《新約聖書, 人名》ルカ《イエスの弟子. =*San* 〜》

lucecita [luθeθíta]《*luz* の示小語》女 *encenderse a*+人 *una* 〜 ［解決法などを］…が突然思いつく

lucense [luθénse] 形 名《地名》ルゴ Lugo の〔人〕《ガリシア州の県・県都》

lucentino, na [luθentíno, na] 形 名《地名》ルセナ Lucena の〔人〕《コルドバ県の町》

lucentísimo, ma [luθentísimo, ma] 形 *luciente* の絶対最上級

lucentor [luθentór] 男《古語》［女性が用いる］顔用化粧品

lucera[1] [luθéra] 女 ［建物の］天窓

lucería [luθería] 女《地方語》=**lucerío**

lucerío [luθerío] 男《地方語》明かり, 光

lucerna [luθérna] 女 ❶ 明かり取り窓, 天窓. ❷ シャンデリア《=*araña*》. ❸《古代ローマ》ランプ. ❹《魚》セミホウボウ科の淡水魚

lucernario [luθernárjo] 男《建築》❶ ［壁上部の］天窓; 地下墳墓の明かり取り. ❷ 頂塔《=*linterna*》

lucérnula [luθérnula] 女《植物》ムギセンノウ, ムギナデシコ

lucero[1] [luθéro]《←*luz*》男 ❶ ［太陽月を除く］大きく輝く星,《特に》金星: 〜 *del alba*/〜 *de la mañana*/〜 *matutino* 明けの明星, 暁星. 〜 *de la tarde*/〜 *vespertino* 宵の明星. ❷ ［親愛の呼称］お星. ❸ ［馬·牛の］額の星. ❹《文語》[複] 美しく大きな目. ❺ 窓の鎧戸. ❻ 輝き
al 〜 *del alba*《口語》［たとえ尊敬すべき人でも］誰にでも

lucero[2], **ra**[2] [luθéro, ra] 形 ［馬·牛の額に］星のある
── 男 電気技術者《=*electricista*》

lucha [lútʃa]《←*luchar*》女 ❶ 闘争, 戦い《→*guerra*類義》; [主に暴力·武器を使う] 争い, 抗争, けんか: Tras una fuerte 〜 *electoral el partido de oposición acabó por conseguir el poder político del país*. 激しい選挙戦を経て野党はついに国の政治権力を獲得した. En esa 〜 *los habitantes del país se enfrentaron en dos bandos*. その戦いでは国民の2派に分かれて対立した. 〜 *armada* 武装闘争. 〜 *contra la pobreza* 貧困との闘い. 〜 *contra la SIDA* エイズとの闘い. 〜 *de clases* 階級闘争. 〜 *interior* 内部抗争, 葛藤. 〜 *interna* 精神的葛藤. 〜 *por el poder* 権力闘争. 〜 *por la existencia*/〜

por la vida/~ por la supervivencia 生存競争. ~ por la independencia 独立を求めての戦い. ~ por la mayoría de votos［株主総会で議決権を代理行使するための］委任状獲得工作. ❷ レスリング; ［格闘技］試合: ~ libre フリースタイル; プロレス. ~ grecorromana グレコローマン. ~ americana プロレス. ~ canaria カナリア諸島古くからふるま相撲とレスリングを合わせたような格闘技. videojuego de ~ 対戦型格闘ゲーム. ❸ 論争. ❹ 努力, 挑戦: Después de tres años de ~ incesante en este instituto, sacó el título de perfumista profesional. 彼はその専門学校での3年間のたゆまざる努力を経て, 調香師の資格を取った

hacer la ~《メキシコ. 口語》努力する

luchadero [lutʃaðéro]《男》《船舶》櫂が舷縁と擦（ﾌ）れる部分

luchador, ra [lutʃaðór, ra]《←ラテン語 luctator, -oris》《名》❶ 闘士, 努力家. ❷ 格闘技の選手, レスラー

luchana [lutʃána]《名》《廃語》ひげを剃った顎

luchar [lutʃár]《←ラテン語 luctari》《自》❶ 戦う, 闘争する: 1) Cervantes *luchó* en la batalla de Lepanto, donde fue herido en la mano izquierda. セルバンテスはレパントの海戦で戦い, 左手を負傷した. *Luchó* en el bando republicano. 彼は共和国側で戦った. 2)［+con と/+contra に対して］Los campesinos *lucharon* valientemente *con* los bandidos para defender las cosechas del año. 農民たちは一年の収穫物を守るために勇敢に盗賊たちと戦った. ~ *con* las desigualdades sociales 社会的不平等と闘う. ~ *contra* (*con*) obstáculos 障害と闘う. ~ *con* la muerte 死と闘う; 苦しい死に方をする. ~ *contra* los invasores 侵略者たちと戦う. ~ *contra* la tempestad 嵐に立ち向かう. 3)［+por・para のために・を求めて］~ *por* la libertad (la paz) 自由 (平和) のために闘う. ~ *por* liderar... …の先頭（主導権）争いをする. ❷ 非常な努力をする: 1) Su madre *ha luchado* mucho en la vida *para* darle buena educación a su hijo. 彼の母は息子に立派な教育を受けさせるために人生で大変苦労をしてきた. El alcalde *luchó para* que la ciudad fuera declarada Patrimonio de la Humanidad por la Unesco. 市長はその町がユネスコから世界遺産として認められるように力を尽くした. 2)［+por・para のために・を求めて］~ *por* dejar el alcohol 禁酒しようとして努力する. 3)［格闘技の］試合をする; レスリングをする: Los boxeadores empezaron a ~ y justo al final del primer round cayó el joven. ボクシングが始まり, 第1ラウンドの終わり際に若い方がダウンした. ❹ けんかをする

lucharniego, ga [lutʃarnjéɣo, ɣa]《形》《まれ》perro ~ 夜間の狩りが得意な猟犬

luche [lútʃe]《男》《チリ》❶《植物》アオサの一種《食用. 学名 *Ulva latissima*》. ❷《遊戯》石けりの一種

como ~《チリ. 口語》しわの寄った

luchicán [lutʃikán]《男》《チリ. 料理》アオサの一種 *luche* の煮物

luchón, na [lutʃón, na]《形》《メキシコ. 口語》努力する, がんばり屋の

lucianesco, ca [luθjanésko, ka]《形》《人名》《ギリシアの作家》ルキアノス Luciano《風》の

lucidamente [luθiðaménte]《副》見事に, 華々しく

lúcidamente [lúθiðaménte]《副》聡明なことに, 明敏に

lucidez [luθiðéθ]《←lúcido》《女》❶ 明快さ: explicar con ~ 明快に説明する. ❷《医学》明瞭期. ❸《中米, チリ, アルゼンチン, ウルグアイ》光輝, 光沢

lucido, da [luθíðo, ða]《←lucir》《形》❶ 輝かしい, すばらしい: Fue un festejo muy ~. とても華やかなパーティーだった. *discurso* ~ 見事な演説. espectȧculo muy ~ 豪華絢爛たるショー. ❷［人・服などが］美しい, 上品な: Vas ~ con tu traje nuevo. 新調の服で決めてるね. ¡Qué arreglada y ~*da* viene! 彼女は何て着飾ってるんだ. corbata ~ ~da 上品なネクタイ. ❸《皮肉》［estar・quedar[se]+］がっかりするような: Hemos quedado ~s con la nueva criada. 私たちは今度の家政婦にはがっかりさせられた. ¡Estamos ~s! 困ったことになったぞ! Estás ~ si te vas a pagar hoy. 今日金を払ってもらえるなんて思っていたら, ひどい目にあうぞ. ❹［人が］元気のいい: niño ~ 元気のいい子

—— ~ しっくいを塗ること《=enlucido》

lúcido, da [lúθiðo, ða]《←ラテン語 *lucidus*「明るい」< *lux, lucis*》《形》❶［ser+］聡明な, 明敏な; 頭のいい: Es un estudiante ~ y aprende muy bien. 彼は頭の回転の速い学生でよく勉強する.

1371 · lucir

mente ~*da* 明晰な頭脳. ❷［説明などが］明快な, 明解な: decisión ~ *da* 明快な決定. ~ *da* 分かりやすい言葉. ❸ (estar+. 患者が)正気の, 意識がはっきりしている: intervalo ~ 《医学》［正気に戻る］覚醒期, 明解期

lucidor, ra [luθiðór, ra]《形》《まれ》光り輝く

lucidura [luθiðúra]《女》《壁を》白く塗ること

luciente [luθjénte]《形》❶ 輝く, ぎらぎら光る: ojos ~*s* 輝く目. sol ~ 輝く太陽. ❷ 輝かしい, すばらしい

luciérnaga [luθjérnaɣa]《←古語 luziérnaga < ラテン語 *lucerna*「浮かし灯明, ランプ」》《昆虫》［雄・雌の］ホタル

Lucifer [luθifér]《男》❶《旧約聖書》ルシファー, 反逆天使, 堕天使《Satán と同一視される》. ❷ 傲慢で意地悪ですぐ怒る人, 邪悪な人. ❸［詩語］明けの明星《=lucero de la mañana》

luciferiano, na [luθiferjáno, na]《形》《名》ルシファー Lucifer 崇拝の（崇拝者の）, 悪魔を信仰する［人］

luciferino, na [luθiferíno, na]《形》ルシファー Lucifer の; 悪魔的な, 悪魔のような

luciferismo [luθiferísmo]《男》ルシファー崇拝, 悪魔信仰

lucífero, ra [luθífero, ra]《形》《詩語》輝く, 光る

—— 《男》❶《詩語》明けの明星《=lucero de la mañana》. ❷《コロンビア》マッチ

lucífilo, la [luθífilo, la]《形》《生物》日光を求める, 向日性の, 向光性の

lucífugo, ga [luθífuɣo, ɣa]《形》《生物》日光を避ける, 背光性の, 嫌光性の

lucilina [luθilína]《女》石油《=petróleo》

lucillo [luθíʎo]《男》《美術》［高貴な人の］石棺

lucímetro [luθímetro]《男》光度計, 露出計《=fotómetro》

lucimiento [luθimjénto]《男》❶ 輝かしさ; 華美で celebrar con gran ~ 華やかに祝う. ❷ 成功, 栄光: hacer... con ~ …を見事にやり遂げる. quedar con ~ 事がうまく運ぶ, 成就（成功）する. ❸ 際立つこと: Esta partitura está escrita para facilitar el ~ del solista. この楽譜はソリストの技能を際立たせるために書かれている

lucinio, nia [luθínjo, nja]《形》《まれ》出産の

lucio[1] [lúθjo]《形》❶《魚》カワカマス: ~ común ノーザンパイク. ❷《海岸近くの》潟（ﾘ）, 潮だまり

lucio[2], **cia** [lúθjo, θja]《形》光沢のある: pelaje ~ del caballo つやつやした馬の毛並み

lución [luθjón]《男》《動物》アシナシトカゲ

lucioperca [luθjopérka]《男》《魚》ザンダー《食用. 学名 *Lucioperca sandra*》

lucir [luθír]《←ラテン語 *lucere* < *lux, lucis*「光」》《40》《自》❶ 輝く, きらめく, 光る《→brillar》《類義》: 1)［天体が］*Lucían* las estrellas con resplandor. 星が燦々（ﾎﾟ）ときらめいていた. *Luce* la luna llena. 満月が輝いている. Todavía eran las diez de la mañana, pero el sol *lucía* con toda fuerza. まだ朝の10時だったが, 太陽はぎらぎらと輝いていた. 2)［物が］Esta bombilla *luce* mucho. この電球はとても明るい. Ahora *luce* mi bicicleta como si fuera nueva. 僕の自転車は新品のようにピカピカだ. ❷ 傑出する, 抜きん出る: El alumno no *luce* en los estudios, pero tiene buen corazón. その生徒は勉強では目立たないが, 心の優しい子だ. ❸ 役に立つ, 得になる; やりがいがある: Me he esforzado mucho, pero no me *luce*. 私はがんばったのだが, 結果が出ていない. *Luce* mucho saber manejar la computadora. コンピュータを使えると大いに役に立つ. Me paso todo el día trabajando de un sitio a otro, pero no me *luce* nada. 私は日がな一日あちこち行って働いているが, 何の得にもならない. He preparado bastante los exámenes de selectividad, pero no me *ha lucido* tanto como esperaba. 私は大学入学資格試験の準備をかなりしたのだが, 思っていたほどの成果が出ていない. ❹《口語》［事柄が, +a+人 にとって］喜びである, 楽しい: A los padres les *luce* decir que su hijo mayor está estudiando en España. その両親にとって長男がスペインで勉強しているのが自慢なのだ. ❺《まれ》［+叙述補語］目立つ: La torre *lu* ~ alta en el cielo de otoño. 塔は秋の空に高くそびえていた. ❻《中南米》良く見える: Te *luce* bien. それは君に似合う

así *a*+人 *luce*《西. 皮肉》…にとってありがたいことに

—— 《他》❶《文語》［これ見よがしに］身につける, 見せびらかす: 1) *Luce* un vestido de última moda. 彼女は最新流行のドレスを自慢げに着ている. ~ las joyas 宝石をこれみよがしに身につける. ~ una maravillosa dentadura 見事な歯並びを見せる. ~ sus conocimientos 知識をひけらかす. ~ sus dotes de ma-

temático 数学に強いところを自慢する。2)《皮肉》Ese tío *luce* una auténtica obesidad. あの男はまぎれもない肥満の見本だ。~ las canas かなり歳をとっている。❷《壁などを》白く塗る、しっくいを塗る。❸《まれ》照らす: La luna *lucía* el jardín con sus reflejos plateados. 月はその銀色の反射光で庭を照らしていた
── ~*se* ❶ 見事に成功する: 1) El jugador *se lució* al marcar el gol de la victoria. その選手は決勝ゴールを蹴り込んで名を上げた。Los alumnos de su clase *se lucieron* sacando un puntaje más alto que el del promedio provincial. 彼のクラスの生徒たちは県平均より高い成績を取って名を上げた。2) 抜きん出る、目立つ: Esos anoraks *se lucen* finos y ligeros. それらのアノラックは薄くて軽いところが長所だ。3)《皮肉》Quiere ~*se* siempre que pueda. あいつは機会さえあればいつもいばりたがる。Seguramente *se ha lucido*, después de tanto presumir. 彼はあんな大きなことを言ってしまい、失敗したと思っているに違いない。❷ [これ見よがしに] 着飾る、見せびらかす: Muchas mujeres *se lucían* con sus lujosas joyas en esa fiesta. そのパーティーでは大勢の女性が高価な宝石で身を飾っていた。~*se* con sus mejores galas 一張羅を着込む。❸ 輝く、光を放つ: Las avenidas *se lucen* con las bombillas colocadas en las ramas de los árboles. 並木道は木々の枝に付けられた電球の明かりで輝いている

lucrar [lukrár]《←ラテン語 lucrari「もうける」》他 手に入れる: Hoy los fideles pueden ~ indulgencia plenaria. 今日、信者たちは全免償を受けることができる
── ~*se*《西》❶ [+de・con から] 利益を得る: *Se ha lucrado con* la información privilegiada. 彼は特別な情報で得をした。❷ 金をもうける、金持ちになる: Se meten en política con el único afán de ~*se*. 彼らは金もうけのために政界に入る

lucrativo, va [lukratíβo, βa]《←ラテン語 lucrativus》形 ❶ もうけの多い; 利益を産む: negocio ~ もうかる商売。❷ 営利を目的とした: organización (sociedad) no ~*va* 非営利団体、NPO

Lucrecia [lukréθja]《女性洗礼名》*ser una* ~ 純潔(貞節)である

lucro [lúkro]《←ラテン語 lucrum》男《時に軽蔑》もうけ、利益《→ganancia》《類義》: afán de ~ 欲得ずく。deseo demasiado de ~ 過度な営利欲。organización sin ánimo (fines) de ~ 非営利団体、NPO。~*s y daños* 損益。~ *cesante*《法律》逸失利益

lucroso, sa [lukróso, sa]《まれ》利益を産む《=lucrativo》

luctuosa¹ [luktwósa] 女《歴史》中世スペインの領主が小作人に対し小作権の相続を認める見返りに遺産の中から一番値打ちのある物を要求することができる権利

luctuosamente [luktwósaménte] 副 悲しく、痛ましく

luctuoso, sa² [luktwóso, sa]《←ラテン語 luctuosus》形《文語》悲しむべき、哀れな、悲惨な: ~ accidente aéreo いたましい飛行機事故。La muerte de un ser querido es siempre un hecho ~. 愛する者の死は常に悲しい出来事だ

lucubración [lukuβraθjón] 女《文語》=**elucubración**

lucubrar [lukuβrár] 他《文語》=**elucubrar**

Lúculo [lúkulo]《男性洗礼名》*ser un* ~ 食通である

lúcuma [lúkuma]《←ケチュア語 rucma》女《植物、果実》カニステル、エッグフルーツ、ルクマ《サポジラの一種で食用》

lúcumo [lúkumo] 男《植物》カニステル

ludada [luðáða] 女 [古代の女性がつける] 鉢巻

ludia [lúðja]《エストレマドゥラ》パン種、イースト

ludibrio [luðíβrjo]《文語》嘲笑、愚弄: hacer ~ de... …をあざける、物笑いの種にする

lúdico, ca [lúðiko, ka]《←ラテン語 ludus》形《文語》遊びの: actividades ~*cas* 遊戯活動

lúdico, cra [lúðikro, kra]《まれ》=**lúdico**

ludimiento [luðimjénto] 男 こすること、摩擦

ludión [luðjón] 男《物理》浮沈子

ludir [luðír] 他《文語》[物で物を]こする
── 自《文語》こすれる

ludismo [luðísmo] 男 ❶《歴史》ラッダイト運動。❷《文語》遊び

ludista [luðísta] 形 ラッダイト運動の

ludo¹ [lúðo] 男《南米、遊戯》すごろく《=parchís》

ludo², da [lúðo, ða] 男 リュード語《(族)》

ludólogo, ga [luðóloɣo, ɣa] 名《医学》ギャンブル中毒研究者

ludomanía [luðomanía] 女《医学》=**ludopatía**

ludopata [luðópata] 名《医学》ギャンブル中毒の(中毒者)

ludopatía [luðopatía] 女《医学》ギャンブル中毒

ludoteca [luðotéka] 女 おもちゃライブラリー

ludria [lúðrja] 女《アラゴン, 動物》カワウソ《=nutria》

lúdrico, ca [lúðriko, ka]《まれ》=**lúdico**

luego [lwéɣo]《←ラテン語 loco < ラテン語 ilico < in loco「その場所に、まさにそこで」》副 ❶ [時間] 後で、後になって: Le llamaré ~. 後でお電話します。Nos vemos ~. じゃまた後で。Se dio una ducha y ~ se metió en la cama. 彼はシャワーを浴びて、その後ベッドに入った。❷ [順序] その後に、それから; [空間] その隣に: En la procesión primero viene la imagen de María y ~ vienen los patrones de la villa. 行列には最初に聖母像が来て、次にその町の守護聖人達が続く。Miré las fotos despacio una por una, y ~ las metí en el bolso abierto. 私はゆっくりと1枚ずつ写真を見て、次にそれらの写真を開いているハンドバッグに入れた。Primero está el banco y ~ el hotel. まず銀行があって、その横にホテルがある。❸《中南米》すぐに: L~ acudieron varias vecinas que solían ir juntas. いつも一緒にいる近所の女たちが何人かすぐに駆けつけてきた。❹《メキシコ》1) 時々: Lo conozco porque ~ pasa por aquí. 彼女も時々ここを通るので私は知っている。❺《パラグアイ》すでに、前もって《腔》《文語》[推論の結果] したがって、それ故に: Ha llovido, ~ el suelo está mojado. 雨が降った、したがって地面が濡れている。Pienso, ~ existo. 我思う、故に我在り
con tres ~*s* すぐやく、全速力で
de ~ *a* ~ =~ *a* ~
dejar para ~ 後にまで残しておく: A mí no me gusta *dejar para* ~ el libro que se pueda leer de un tirón. 私は一気に読んでしまえる本を読まずに置いておくのは好きでない
desde ~ →**desde**
hasta ~ [主にすぐに会える時の別れの挨拶] じゃあまた; ごきげんよう: ¿Nos vemos mañana?—Sí; entonces, *hasta* ~. 明日会えますか—ええ。では、また明日。Vuelvo dentro de dos horas, *hasta* ~. 2時間したらまた来ます。では、その時に
~ a ~ 早速、すぐに
~ como+直説法《廃語》…するとすぐに
~ de...《口語》…の後で; [+不定詞] …した後で、…してから: L~ de ese breve desayuno, cada uno se fue a su oficina. その短い朝食会の後は、それぞれ自分の事務所に向かった。L~ de comer, siempre me tumbo un rato. 昼食後は、私はいつもしばらく横になることにしている
~ es tarde《口語》[決心を促して] 早くしなさい、後では遅い
~《主に中米》早速、すぐに
~ que+直説法《文語》…するとすぐに: L~ *que* me enteré, te lo comuniqué. 私はことの次第が分かるとすぐ君に伝えた
más ~《地方語; グアテマラ》後で、のちほど: y *más* ~ で、それから
muy ~《文語》すぐに
para ~ *es tarde*《口語》=~ *es tarde*
tan ~《地方語》すぐに: *tan* ~ *como*... …するとすぐに
¿Y ~*?* それで?: ¿Y ~, qué te pareció la habitación?—Resultó pequeña. ところで部屋どうだった?—結局小さかった

lueguito [lweɣíto] 副《中南米》❶ すぐに、ただちに: Hasta ~.《挨拶》さようなら/ではまたあとで/また近いうちに。❷ すぐ近くに、目と鼻の先に

luengo, ga [lwéŋgo, ɣa]《←ラテン語 longus, -a, -um》形《文語》長い《=largo》: ~*gas barbas* 長いひげ。hace ~*s años* はるか昔に。de ~*gas tierras* はるかなる彼の地の

lueñe [lwéɲe]《文語》遠い

lúes [lúes] 女《まれ》梅毒《=sífilis》

luético, ca [lwétiko, ka] 形 名《まれ》梅毒の[患者]《=sifilítico》

lufrazo [lufráθo] 男《ベネズエラ, 口語》[拳骨による] 殴打

lugano [luɣáno] 男《鳥》マヒワ

lúgano [lúɣano] 男 =**lugano**

lugar [luɣár]《←ラテン語 localis「地方の、場所の」< locus「場所」》男 ❶ 場所、所、個所《類義》*lugar* は *sitio* よりも場所の限定性が強い》: 1) Voy a devolver las tijeras a su ~. 元あった場所にはさみを戻しておこう。Dime en qué ~ he de poner estas flores. これらの花をどこに置いたらいいか教えてくれ。Cambiamos de ~ los muebles. 私たちは家具の配置を変えた。Visitó los ~*es* de interés turístico de la ciudad. 彼はその町の観光地

所を訪ねた. En el ～ del artículo "comer" de este diccionario pone el sentido de esa expresión. この辞書の comer の項にこの表現の意味が載っている. Los dos cuerpos no pueden ocupar el mismo ～ al mismo tiempo. 2つの物体が同時に同一の場所を占めることができない. ～ de encuentro 出会いの場. ～ de trabajo 仕事場, 作業場. ～ del suceso [事件・出来事の]現場. ～ religioso 墓地. ～ santo 聖所[寺院, 教会のこと]. los Santos L～es 聖地パレスチナ; [キリストの]聖跡, 聖地. ❷) 座席, スペース: Aquí hay tres ～es libres. ここに空席が3つある. Una anciana buscaba un ～ donde sentarse. 老女が座るところを探していた. En la estantería todavía quedan ～es, si son para libros de bolsillo. 本棚には文庫本ならまだ入るスペースがある. ❸ 土地, 区域, 地域, 地方: en un ～ de Asia アジアのある地域で. habitantes del ～ その土地の住民. ❸ 位置: medir el ～ de... …の位置を測定する. ❹ 順位, 順番: En el maratón llegó en quinto ～. 彼はマラソンで5位に入った. En la clínica me han atendido en el último ～ en la consulta de la mañana. 病院で私は午前の診察の最後に診てもらえた. ❺ 地位, 身分, 立場, 職: Este empleo no corresponde al ～ que él ocupaba en su país de origen. この仕事は彼が母国で占めていた地位にそぐわない. Todo hombre tiene su ～ en la sociedad. すべての人が社会で各自の場を持っている. ❻ [時間的な]余地: Siguió hablando sin dejarme ～ para hacerle preguntas. 彼は私に質問をする暇も与えずしゃべり続けた. ❼《文語》[よい]機会《=ocasión》: Ahora no es ～ para decírselo. 今は彼にそれを言う時ではない. Si se me da el ～, la invitaré a un concierto. もし私に機会があれば, 彼女を音楽会にでも誘ってみよう. ❽《幾何》軌跡《=～ geométrico》. ❾《古語》[小さな]町, 村: A su familia la conocen todos los habitantes del ～. 彼の家族のことを知っている. en un ～ de La Mancha ラ・マンチャのある村に[『ドン・キホーテ』の冒頭部分]. ❿ 一節《=pasaje》. ⓫《古語》[神学校などの]便所: En un ～ ～s 便所に行く. ⓬《ガリシア》1) 貸し農家. 2) ～ acasarado 小作農家のまわりの土地

a como dé (diera) ～《メキシコ, 中米》万難を排して, ぜひとも
cierto ～《婉曲》お手洗い, トイレ
dar ～ *a...* …の原因(動機・口実)になる: 1) No tiene pelos en la lengua, lo que *da* ～ a menudo *a* los enfados de la gente. 彼はずけずけ口に出して言うたちなので, 人の怒りを買うことがしばしばある. 2) [+que+接続法] El incumplimiento de esas normas *dio* ～ *a que* le sancionaran al banco. れらの規則不履行が原因で銀行に罰則が科せられた.
dejar a+人 en buen (mal) ～ …の信用・評判を高める(落とす)
en buen (mal) ～ 高い(低い)地位・信用・評価の
en ～ de... 1) …の代わりに《頻語 en lugar de は en vez de と同義だが文語的》: i) Asistirá mi hermana *en mí* ～. 妹が私に代わって出席する予定です. ii) [+不定詞] *En* ～ *de* descansar, deberíamos trabajar. 休憩どころか, 我々は働かないといけないだろう. 2) …の立場にいれば: Yo *en su* ～, no le diría a María. 私があなたなら, マリアにそのことは言わないでしょうね
en primer ～ まず第一に: *En primer* ～, vamos a ir a saludarle. 何はともあれ, 彼に挨拶に行きましょう
en último ～ 最後に: El director apareció *en último* ～. 社長が最後に姿を見せた
estar [puesto] en su ～ [場所的・時間的に]適切である, 時宜を得ている: *Estuvo* muy *puesta en su* ～ la mediación de España en esas negociaciones de paz. その和平会議でのスペインの仲介は時宜を得たものであった
fuera de ～ [場所的・時間的に]不適当な, そぐわない, 場違いの: 1) Sonó el teléfono a una hora *fuera de* ～. 時ならぬ時刻に電話が鳴った. sentirse *fuera de* ～ 場違いに感じる. 2) [estar+] Esos chistes estuvieron *fuera de* ～, especialmente delante de los niños. そうした冗談は, 特に子供たちの前ではふさわしくなかった. A mí me parece que las últimas palabras del Ministro estuvieron *fuera de* ～. 大臣の最後の言葉は不適切であったと私には思われる
ha ～ a (para)... 《法律》…の余地がある《主に否定文で》: Parece que no *ha* ～ *para* adoptar medidas legales. 法的措置をとる必要はないと思われる. No *ha* ～ a deliberar.［審議途中の打ち切り提案］これ以上審議の必要

haber ～ 空きがある: Aquí *hay* tres ～*es* libres. ここに空席が3つある. No *hay* ～*es* donde practicar deportes. スポーツをする場所がない
haber ～ a (para) +名詞・不定詞・*que*+接続法 1) …の余地(理由・必要)がある《主に否定文で》: No *hay* ～ a reclamación contra la decisión. 決定に対して異議を申し立てる理由はない. No *hay* ～ *para* vacilaciones. 躊躇している時間なんてない. Pero aún *hay* ～ *para* ser optimistas. とはいっても, まだ楽観できる余地はある. En este caso, no *habría* ～ a reclamar el reembolso del importe total de la factura. この場合には請求書全額の払い戻し要求をする根拠はないように思われる. No *hay* ～ *para* que te enfades. お前が怒る理由なんかない. 2) …するまでもない, 必要ない: No *hubo* ～ *para* expulsarlo porque él mismo se marchó de la escuela. 彼自らやめていったまでもなかった
hacer ～ 1) 場所を空ける: *Hazme* ～ junto a ella, te lo pido. 彼女の隣に僕が座る席を作ってくれ, お願いだ. 2) 時間を作る: Si puedo *hacer* ～, le atenderé esta tarde. もし時間が作れるようなら, 今日の午後に彼の話を聞いてみよう
hacerse [un] ～ 1) 敬愛(尊敬)される: Tiene un carácter tan grato que siempre *se hace* ～ por todos quienes lo tratan. 彼はとても愉快な性格なので, 付き合う人みんなから好かれる. 2) 相当な地位につく, 出世する: Mira, hijo; tú puedes ser algo grande, *hacerte un* ～ en la vida. いいかね, 息子よ; お前は偉い人にもなれる, 人生で成功できる子だよ
～ a duda[s] 疑いの余地《否定文で使われる》: sin ～ *a dudas* 間違いなく, 疑いの余地なく. No dejaba ～ *a dudas*. それは疑いの余地がなかった
～ común ありふれた言葉(表現・考え), 決まり文句, 言い古された話: Es una poesía mediocre, llena de ～*es comunes*. それは常套表現を散りばめた凡庸な詩だ. Decir que "hay que fomentar el diálogo" está hecho un ～ *común*. 「対話を深めなければならない」という言葉は今では陳腐な言い方になってしまっている. 2) 便所
ponerse en ～ *de*+人 …の立場になってみる: *Pongámonos en* su ～. 彼の身にもなってやろう
salvo sea el ～《西. 婉曲》お尻《=culo》
tener ～ 1)《←仏語》[事柄が主語]起こる, 催される: El sismo *tuvo* ～ en la madrugada. 地震は明け方に起こった. La conferencia *tiene* ～ en el salón de actos. 講演会は講堂であります. 2) [人が主語]暇(時間)がある: Si *tengo* ～ esta tarde, te haré lo que te prometí. 午後暇があれば君との約束を果たそう. 3) [事柄に]可能である
lugareño, ña [luɣaréɲo, ɲa]《←lugar》[形][名] 村の; 村人[の]: costumbres ～*ñas* 村の習俗
lugarero [luɣaréro][男]《トレド, シウダレアル. 鳥》スズメ
lugartenencia [luɣartenénθja][女] 副責任者の職
lugarteniente [luɣartenjénte][男]《←lugar+teniente》[名] 副責任者, 次席者, 《軍》副官
lugdunense [luɣðunénse][形]《地名》リヨン Lyon の《人》《=lionés》
luge [lúʒ]《←仏語》[男]《スポーツ》リュージュ《競技, そり》
lugo [lúɣo][形]《ペルー》《雄羊が》角のない
Lugones [luɣónes]《人名》**Leopoldo** ～ レオポルド・ルゴネス《1874～1938, アルゼンチンの作家・詩人. バロック風のソネットから科学的な用語を交えた斬新な作品に至るまで数々の詩を書く. ルベン・ダリーオ Rubén Darío と並ぶモデルニスモの詩人としてラテンアメリカ文学に影響を与えた. 詩集『黄金の山々』*Las montañas del oro*,『感傷的な暦』*Lunario sentimental*. ほかに短編集もある》
lugre [lúɣre]《←英語 lugger》[男]《船舶》ラガー《主に英仏海峡で使われた小型帆船》
lúgubre [lúɣuβre]《←ラテン語 lugubris < lugere「泣く, 嘆く」》[形] 陰気な, 陰鬱な, 悲しげな; 死(あの世)を思わせる: No pongas esa cara con ～. そんな暗い顔をするな. historias ～s 怖い話
lúgubremente [lúɣuβreménte][副] 陰気に, 悲しげに
lugués, sa [luɣés, sa][形][名] *=lucense*
luir [lwír] 48 [他] ❶《法律》賃貸借契約を解除する. ❷《メキシコ》[こすって]すり減らす. ❸《チリ》1) しわを寄せる. しわくちゃにする. 2)《製陶》つや出しする
—— *se*《メキシコ》[こすって]すり減らす
luis [lwís][男] ❶《歴史》[フランスの]ルイ金貨. ❷《カトリック》[イ

エズス会付属の]聖マリア在俗会 congregacion seglar mariana の若者

luisa [lwísa] 囡《西. 植物》ボウシュウボク《=hierbaluisa》

luismo [lwísmo] 男《歴史》貢納地の遺産譲渡税《=laudemio》

luisón [lwisón] 男《アルゼンチン》[夜になると人から獣に変わる] お化け

lujación [luxaθjón] 囡《まれ》=luxación

lujar [luxár] 他《アラバ, サラマンカ; ホンジュラス, キューバ, エクアドル》[靴などを] ピカピカに磨く

lujear [luxeár] ~**se**《ボリビア》これ見よがしに着飾る

lujo [lúxo] [←ラテン語 luxus「過剰, 放縦」] 男 ❶ [時に 複] ぜいたく, 豪華: Le gusta mucho el ~. 彼は大変ぜいたく好きだ. Tenía una casa plena de ~s y comodidades. 彼は贅を尽くした快適な家を持っていた. Eso de veranear son demasiados ~s. 避暑なんてぜいたくすぎる. ¿A dónde vas con esos ~s? そんなに着飾ってどこへ行こうというの. vivir con mucho ~ ぜいたくな暮らしをする. impuesto de ~ 奢侈 (しゃし) 税. ❷ ゆとり, 余裕. ❸ 豊富

con [*todo*・*gran*] ~ *de*... …すぎるくらい: explicar con ~ de detalles くどいほど細かく説明する

darse el ~ *de*+不定詞 =permitirse el ~ de+不定詞

de ~ 1) 豪華な, デラックスな: artículo de ~ ぜいたく品, 高級品. barco de ~ 豪華客船. coche de ~ 高級車. edición de ~ [本の] 豪華版. modelo de ~《自動車など》デラックスモデル. 2) [人が] 有名な, 重要人物の

~ *asiático*《時に複詞》極度なぜいたく: vivir con ~ asiático ぜいたくざんまいに暮らす

permitirse el ~ *de*+不定詞 1) …というぜいたくをする: Ramón no se permite permitir el ~ de ir cada día a comer al restaurante. ラモンは毎日レストランで昼食をとるゆとりはなかった. 2) あえて…する, 思い切って…する: Vamos a permitirnos el ~ de pedirle un favor. 思い切って彼に頼んでみよう

lujosamente [luxósamènte] 副 ぜいたくに, 豪華に

lujosidad [luxosiðá(ð)] 囡《まれ》ぜいたく

lujoso, sa [luxóso, sa] [←lujo] 形〈ser+. 物が〉ぜいたくな, 豪華な: El interior del hotel no es ~ pero tiene encanto. ホテルの内部は豪華ではないが魅力的だった. ~ palacio 豪華な邸

lujuria [luxúrja]《←ラテン語 luxuria「豊かさ, 放縦」< luxus, -us》囡 ❶《文語》邪淫(じゃいん), 色欲, 好色, 淫乱《キリスト教の7つの大罪 siete pecados の一つ. ⇔castidad》: pecado de ~ 色欲の罪. ❷ 繁茂; 過剰

lujuriante [luxurjánte] 形《文語》❶ 繁茂した: vegetación ~ 生い茂った草木. ❷ =lujurioso

lujuriar [luxurjár] 圁 ❶ [動物が] 交尾する. ❷《廃語》色欲の罪を犯す

lujuriosamente [luxurjósaménte] 副 好色に, 淫乱に

lujurioso, sa [luxurjóso, sa] 形 名 ❶ 淫乱な [人], 好色な [人]: mirada ~sa いやらしい目つき. ❷《文語》繁茂した

lula¹ [lúla] 囡《ガリシア》イカ《=calamar》

lule [lúle] 形 名 ルレ族 [の]《アルゼンチン北部にいた先住民》

lulero [luléro] 男《チリ. 料理》めん棒, のし棒

luliano, na [luljáno, na] 形《人名》ライムンド・ルリオ Raimundo Lulio の

lulio [lúljo] 男《エストレマドゥラ》荷車の前部に突き出た軛(くびき)

Lulio [lúljo]《人名》**Raimundo** ~ ライムンド・ルリオ《1235-1315, マジョルカ島出身の哲学・神学者. カタルーニャ名 Ramón Llull》

lulismo [lulísmo] 男 ルリオ Lulio の哲学体系

lulista [lulísta] 形 名 ルリオ Lulio の思想に傾倒する [人]; ルリオ研究者

lulístico, ca [lulístiko, ka] 形 ルリオ Lulio の哲学体系の

lullir [luyír] 他《コスタリカ, コロンビア》=ludir

lulo, la² [lúlo, la] 形《チリ》❶ のっぽの [若者]. ❷ 間抜けな, 鈍い

—— 男 ❶《植物, 果実》ルロ《南米産. 果実は黄緑色のトマトに似て食用》. ❷《チリ》1) 円筒形の小さな包み. 2) こぶ. 3) [額の] 巻き毛

lulú [lulú] 囡《西. 犬》ポメラニアン, スピッツ

luma [lúma]《←アラウコ語》囡《植物》フトモモ科の高木《堅い材質で建材用. 実はチチャの味付けに使う. 学名 Amomyrtus luma》. ❷《チリ》国境警備隊員の警棒

lumaquela [lumakéla] 囡《地質》貝殻マール, ルマシェル

lumazo [lumáθo] 男《チリ》警棒による殴打

lumbago [lumbáɣo] [←ラテン語 lumbago, -inis] 男《医学》[激しい] 腰痛, ぎっくり腰

lumbalgia [lumbálxja] 囡 =lumbago

lumbar [lumbár]《←ラテン語 lumbare < lumbus「背」》形《解剖》腰の, 腰椎の: ~es 腰椎

lumbero, ra [lumbéro, ra] 形《エストレマドゥラ》甘いもの好きの, 甘党の

lumbeta [lumbéta] 囡《チリ. 製本》折りべら

lumbociático, ca [lumboθjátiko, ka] 形《医学》腰部と座骨神経の [疾患]

lumbosacro, cra [lumbosákro, kra] 形《解剖》腰仙の, 腰椎と仙椎部の

lumbostato [lumbostáto] 男《医学》腰仙椎装具

lumbrada [lumbráða] 囡 =lumbrarada

lumbral [lumbrál] 男《家の戸口の》段

lumbrarada [lumbraráða] 囡 ❶ 大きな炎. ❷《地方語》強い輝き

lumbre [lúmbre]《←ラテン語 lumen, -inis「発光体, 光」》囡 ❶ [かまど・暖炉などの] 火, 炎: Aún queda ~ en el fogón. かまどにはまだ火が残っている. hacer (encender) una ~ 火をつける. ❷《古語》[たばこをつける] 火《=fuego》: ¿Me da usted ~?/¿Tiene ~? 火を貸してくれませんか. ❸ 複 火打ち石 (鉄) の道具一式. ❹ 光, 明かり, 輝き: ~ de los ojos 眼の輝き. ~ de agua 水面. ❺《建築》[ドア・窓など明かりが入り込む] 開口部. ❻《馬具》蹄鉄の先端. ❼《コロンビア》カヌーの船べり. ❽《ベネズエラ》敷居

a la ~ 火にあてて (あたって): sentarse a la ~ 火のそばに座る

a ~ *de pajas* またたく間に

echar ~ かんかんに怒る, 激怒する

ni por ~ 決して [… ない]

ser la ~ *de los ojos de*+人 …の非常に大事にしているものである

lumbrera [lumbréra] [←lumbre] 囡 ❶《建築》[屋根の] 明かり取り [窓], 天窓. ❷《口語》[知的に] 傑出した人, 指導者: Es una ~ en su especialidad. 彼はその分野の第一人者だ. ❸《技術》~ de admisión 吸気口. ~ de escape 排気口. ❹《船舶》舷窓 (げんそう). ❺ 発光体, 明かり, 光. ❻《メキシコ》[闘牛場・劇場の] 桟敷席

lumbrerada [lumbreráða] 囡 =lumbrarada

lumbreras [lumbréras] 囡《単複同形》《建築》明かり取り [窓]《=lumbrera》

lumbrerear [lumbrereár] 圁《地方語》輝く, 光を発する

lumbrical [lumbrikál] 男《解剖》músculo ~ 虫様筋

lumear [luméar] 他《チリ》強く叱る

lumen [lúmen] 男《単複同形／複 lúmenes》《物理》[光束の単位] ルーメン

lumi [lúmi] 囡《西. 隠語》売春婦

lumia [lúmja] 囡 ❶《西. 隠語》売春婦. ❷《サンタンデール》魔女

lumiaco [lumjáko] 男《カンタブリア》ナメクジ《=babosa》

lumilla [lumíʎa] 囡《ペルー, チリ》フトモモ科の高木 luma の木材《馬車の梶棒・ながえに使われる》

luminal [luminál] [←商標] 男《薬学》ルミナール

luminancia [luminánθja] 囡《物理》輝度

luminar [luminár]《←ラテン語 luminare》男《まれ》❶ 星, 発光する天体. ❷ [徳・知識などが] 傑出した人物

luminaria [lumanárja]《←luminar》囡 ❶《文語》[主に 複. 祭り・クリスマスなどで街路を飾る] 点灯装飾, イルミネーション. ❷《カトリック》[教会の聖体前の] 灯明. ❸《文語》光, 輝き. ❹《技術》ランプ. ❺《中南米》たき火

—— 男《中南米》❶ 有名人, スター. ❷ 物知り

lumínico, ca [lumíniko, ka] 形《技術》光の: fenómeno ~ 発光現象

—— 男《物理》発光体, 発光物

luminiscencia [luminisθénθja] 囡《物理》ルミネセンス

luminiscente [luminisθénte] 形《物理》ルミネセンス発光する

luminismo [luminísmo] 男《美術》光彩主義《スペインではホアキン・ソローリャ Joaquín Sorolla など. = valenciano》: ~ americano, ~ estadounidense

luminista [luminísta] 形 名《美術》光彩主義の [画家]; ルミニスモの [画家]

luminóforo, ra [luminóforo, ra] 形《化学》燐光の, 蛍光の

luminol [luminól] 男《化学》ルミノール: prueba de ~ ルミノール

試験. reacción de ～ ルミノール反応
luminosamente [luminósaménte] 副 輝かしく
luminosidad [luminosidá(d)] 女 ❶ 明るさ, 明度, 輝き. ❷《天文》光度;《テレビ》輝度
luminoso, sa [luminóso, sa]《←ラテン語 luminosus < lumen, -inis「光」》形 ❶ 光る, 光を発する, 輝く: bomba ～sa 照明弾. cuerpo ～ 光体. esfera ～sa [時計の] 夜光文字盤. fuente ～sa 光源; 照明噴水. pintura ～sa 夜光塗料. ❷ 明るい: Esta habitación es ～sa. この部屋は明るい. ❸ [色が] 明るい, 輝く: verde ～ 明るい緑色. ❹ 光の: energía ～sa 光エネルギー. onda ～sa 光波. rayo ～ 光線. ❺ 明快な; すぐれた: explicaciones ～sas 明解な説明. Tiene una idea ～sa. 彼にはすばらしい考えがある. ❻《口語》陽気な, 生き生きとした: ojos ～s 生き生きとした目. sonrisa ～sa 輝くような笑顔
── 男 ネオンサイン, 電光看板, 電光掲示板《=letrero ～, anuncio ～, cartel ～》
luminotecnia [luminotéknja] 女 照明技術
luminotécnico, ca [luminotékniko, ka] 形 名 照明技術の〔専門家〕, 照明技師
── 女 =**luminotecnia**
lumpen [lumpén]《←独語 Lumpenproletariat の省略語》男《単複同形》ルンペンプロレタリアート
lumpen-proletariado [lumpén proletarjádo] 男 集名 ルンペンプロレタリアート
lumpo [lúmpo]《魚》ランプサッカー, ヨコヅナゴウオ, セッパリダンゴウオ《卵はキャビアの代用品とされる》
lun.《略語》←lunes 月曜日
luna [lúna]《←ラテン語》女 ❶〔主に la+. 天体の〕月《天文学では主に L～》: Hay ～. 月が出ている/月夜である. Ha salido la ～. 月が出ている. Brilla la ～. 月が輝いている. La L～ es un satélite de la Tierra. 月は地球の衛星である. a la luz de la ～ 月明かりに, 月光を受けて. cara visible (oculta) de la L～ 月の表(裏)側. exploración de la L～ 月探査. superficie lunar de la L～ 月面. viaje al L～ 月世界旅行. ～ llena/～ en lleno 満月. La ～ está llena. 満月だ. ～ nueva 新月. de sangre 赤い月. ❷ 衛星: Ese astro tiene dos ～s. その天体には2つの衛星がある. ❸ 月, 月明かり; La ～ entra por la ventana. 窓から月の光が入ってくる. Al claro de ～ el jardín parece irreal. 月明かりに照らされて庭が現実離れして見える. ❹ 月期〔=lunación〕: Hace ya tres ～s. もうほぼ3か月も前になる. ❺〔大型の〕鏡: armario (ropero) de ～ 鏡付きの洋服だんす, ドレッサー. ❻〔ショーウィンドウなどの〕ガラス, フロントガラス〔=parabrisas〕.〔眼鏡の〕レンズ. ❼ むら気, 一時的な気持ちの乱れ, 突然の精神的不安定, 精神錯乱. ❽ 爪半月〔=media ～, lúnula〕. ❾《鉱物》piedra de la ～ 曹灰長石. ❿〔隠語〕シャツ. ⓫〔隠語〕〔丸形の〕盾. ⓬《まれ. 魚》マンボウ〔=pez ～〕. ⓭《アラゴン》覆いのない中庭. ⓮《キューバ. 口語》月経. ⓯《南米. 口語》不機嫌
a la ～ =**a la ～ de Valencia**
a la ～ de Paita《ペルー, ボリビア, チリ》=**a la ～ de Valencia**
a la ～ de Valencia がっかりした・して; dejar a+人 *a la ～ de Valencia* …をがっかりさせる. quedarse *a la ～ de Valencia* がっかりする
cambiar la ～《すぐに》気が変わる: No hay manera de tratar con ese tipo; cambia la ～ cada cinco minutos. あんな奴とは付き合いきれない, くるくると機嫌が変わるのだから
coger la ～ 不機嫌になる: Cuando ella coge la ～, yo no le llevo la contraria en lo que diga. 彼女が不機嫌なときは, 何を言おうと私は逆らったりしない
en la ～〔*de Valencia*〕うわのそらの; 現実離れした: ¿Acaso estás *en la ～ de Valencia*? もしかして君は心ここにあらずか? Esos jóvenes viven *en la ～ de Valencia*. あの若者たちは現実離れしている
estar con la ～《アルゼンチン, ウルグアイ》不機嫌である
estar de buena (mala) ～ 機嫌がよい（悪い）
ladrar a la ～ いたずらにわめき立てる
levantarse con la ～《アルゼンチン》=**estar con la ～**
～ de miel 1) ハネムーン, 蜜月時代; 新婚旅行: ir de ～ de miel a... 新婚旅行で…に行く. 2)《比喩》Las relaciones entre los dos países están de ～ de miel. 両国間の関係は非常に良好だ

media ～ 1) 半月. 2) 半月形のもの: cortar en *media ～*《料理》櫛形に切る. 3) [*Media L～*] i) イスラム諸国;《特に》オスマントルコ. ii) 肥沃な三日月地帯〔地中海南東岸のイスラエルからティグリス川・ユーフラテス川流域を経てペルシャ湾北岸に至る農耕地帯〕. 4)《料理》クロワッサン. 5)《築城》半月堡
pedir la L～《口語》不可能なことを願う, ないものねだりをする
tener ～s 気まぐれである
Luna [lúna]《人名》**Álvaro de ～** アルバロ・デ・ルナ《1390～1453, カスティーリャ王フアン2世の寵臣. 王権の強化に尽力》
lunación [lunaθjón] 女《天文》月期
lunado, da [lunádo, ða] 形 半月形の
── 女《メキシコ》[満月の時の] 野外での夜のパーティー（集まり）
lunanco, ca [lunáŋko, ka] 形 [馬などが] 片方の尻の方がもう一方よりも高い
lunar [lunár]《←luna》形 ❶ 月の: tomar tierra en la superficie ～ 月面に着陸する. roca ～ 月の石. ❷《文語》月のような: paisaje ～ 〔月世界のような〕荒涼たる景色. ❸ 太陰の〔⇔solar〕
── 男 ❶ ほくろ: Tiene un ～ en el medio de la barbilla. 彼はあごの真ん中にほくろがある. ～ postizo 付けぼくろ. ❷ [主に 複] 水玉模様: a (de) ～es 水玉模様の. vestido de ～es rojos sobre fondo blanco 白地に赤の水玉模様のワンピース. ❸《文語》[主に 複] 軽度の] 欠点, きず: La redacción de ese chico no tiene ningún ～. その子の作文は手直しするところがどない. ❹《動物》斑点
lunarcito [lunárθito] 男 lunar の示小語
lunarejo, ja [lunaréxo, xa] 形 ❶《中南米》斑毛のある〔動物〕. ❷《メキシコ, ペルー. 古語》スペイン人男性と先住民女性との混血の〔人〕. ❸《コロンビア, ペルー》顔にほくろのある〔人〕
── 男《コロンビア. スポーツ》ボール
lunario, ria [lunárjo, rja] 形《天文》月期の; 太陰月の
── 男 ❶ 暦, カレンダー. ❷《天文》月と太陽の会合
── 女《植物》ギンセンソウ, ルナリア
lunático, ca [lunátiko, ka]《←luna》形 名 [ser+] 精神異常の; 精神異常者: Una o dos veces por año fue ～ y dijo fuertes blasfemias a sus colegas. 彼は年に1, 2度狂ったみたいになって, 同僚をひどくののしることがあった. A veces es como un ～; en esos casos me da miedo. 彼が気がふれたようになることがあり, そんな時は怖い. comportamiento ～ 狂気の行動. ❶ 夢見湯がちな〔人〕, 現実離れした〔人〕; 気まぐれな〔人〕. 気分の変わりやすい〔人〕; 変人〔の〕, 奇人〔の〕
lunatismo [lunatísmo] 男《まれ》[ある種の精神病に対する] 月の満ち欠けの影響
lunch [lántʃ/lúntʃ]《←英語》男 ❶ [昼のパーティーなどで出す立食式の] 軽食, スナック: servicio de ～《南米. 表示》仕出し. ❷《メキシコ》[学校・仕事場へ持っていく] 弁当
lunecilla [luneθíʎa]《luna の示小語》女 半月（三日月）形の装飾品
lunel [lunél] 男《紋章》4つの三日月を花形に並べた図形
lunero, ra [lunéro, ra] 形 ❶ 月曜日にきちんと働く. ❷《アンダルシア》[人が] 気まぐれな; [馬などが] 悪い癖のついた. ❸《グアテマラ, アルゼンチン》休日の翌日は仕事をしない
lunes [lúnes]《←俗ラテン語 (dies) lunis < ラテン語 (dies) lunae「月(の日)」》男《単複同形》月曜日《→semana 参考》: *L～* de Pascua 復活祭の翌日の月曜日
cada ～ y cada martes《口語》ひんぱんに, 毎日のように; しつこく
hacer ～ de zapatero《中南米. 口語》=**hacer san ～**
hacer san ～《メキシコ, ペルー, ボリビア, チリ. 口語》週末と月曜を休む
luneta [lunéta]《luna の示小語》女 ❶《自動車》リアウィンドー《= ～ trasera》: ～ térmica《西》熱線入りリアウィンドー, デフォッガー. ❷《西》〔眼鏡・望遠鏡の〕レンズ. ❸《建築》1) =**luneto**. 2)《西》眼鏡, 眼鏡架, 片眼鏡. ❹《築城》眼鏡堡. ❺《建築》[旋盤の] バックレスト. ❻《古語; コロンビア》[劇場の] 1階前方の一等席. ❼《アルゼンチン》[潜水用の] ゴーグル, フェイスマスク
luneto [lunéto] 男《建築》[ドアの上の] 半円形の採光窓, ルネット
lunfa [lúnfa] 男《アルゼンチン. 隠語》法律の埒外（超）で生きる人, 泥棒, ならず者
lunfardismo [lunfarðísmo] 男 ルンファルド lunfardo の語・表

現

lunfardo, da [lunfárðo, ða]《←伊語の地方語 lombardo「ロンバルディアの」》形 ❶ ルンファルド［の］《19世紀末から20世紀初頭にブエノスアイレスの犯罪者や下層民が使った言葉が起源で, その後ラプラタ諸国に広がった俗語・隠語の総称. イタリア語からの借用語と先住民語が多い. 大半のタンゴ tango で用いられている》. ❷《南米》泥棒, ならず者, ごろつき, よた者

lungo, ga [lúngo, ga] 形《チリ, アルゼンチン, ウルグアイ》背が非常に高い[人], のっぽの

lunilla [luníʎa] 女 三日月(半月)形の装飾品《=lunecilla》

lunisolar [lunisolár]《天文》月と太陽の: año ～ 太陰太陽年. calendario ～ 太陰太陽暦

lúnula [lúnula]《←ラテン語 lunula》女 ❶ 爪半月, 小爪. ❷ 半月形の汚れ(しみ). ❸《幾何》月形. ❹《カトリック》三日月形の聖体納器

lupa [lúpa]《←仏語 loupe》女 ❶ ルーペ, 拡大鏡, 虫めがね: leer el periódico con ～ 拡大鏡で新聞を読む. ❷《まれ》[木の]こぶ《家具製造で使われる》

mirar con ～ 徹底的に調べる

Lupaca [lupáka]《歴史, 国名》ルパカ《チチカカ湖 Titicaca 湖南西岸にあったアイマラ語系民族の王国. 12～13世紀ごろに始まり1470年のインカ帝国による併合後も首長国として存続》

lupanar [lupanár] 《←ラテン語 lupanar, -aris》男《文語》売春宿: barrio de ～es 売春地区

lupanario, ria [lupanárjo, rja] 形《文語》売春宿の

lupercales [luperkáles] 女 複《古代ローマ》[2月の] パン Pan 神の祭り

lupia [lúpja] 女 ❶《医学》囊胞(%), 皮脂囊腫(%). ❷《ホンジュラス》祈禱師; 偽医者. ❸《コロンビア》[主に 複] ごく少額の金, はした金, 小銭

lupicia [lupíθja] 女 脱毛症《=alopecia》

lupino, na [lupíno, na]《←伊語 lupino》形《文語》オオカミの. ──男《植物》ルピナス《=altramuz》

lupular [lupulár] 形 ホップ lúpulo の

lupulero, ra [lupuléro, ra] 形 ホップ lúpulo の

lupulina [lupulína] 女 ❶《植物》コメツブウマゴヤシ. ❷《生化》ルプリン

lupulino [lupulíno] 男 ホップ粒

lúpulo [lúpulo] 男《植物, 実》ホップ

lupus [lúpus] 男《医学》狼瘡(%): ～ eritematoso sistémico 全身性エリテマトーデス

luquear [lukeár] 他《チリ, 口語》見つめる

luqueño, ña [lukéɲo, ɲa] 形 名《地名》ルケ Luque の[人]《コルドバ県の村》

luquete [lukéte] 男 ❶《建築》丸天井の頂部. ❷ [パンチ用のワインに入れる] レモン・オレンジの輪切り. ❸ [ワイン樽の消毒に使う] 硫黄を塗ったわら束. ❹《チリ》1)《休耕地に残った》耕してないわずかな土地. 2) 円形脱毛のはげ; [衣類にできた] 丸い染み, 丸い穴. 3) 輪切り

lura [lúra] 女《動物》アメリカオオアカイカ《=pota》

lúrex [lúre[k]s]《←商標》ルレックス《アルミ被覆したラメ用の金属糸》

luribañeño, ña [luribaɲéɲo, ɲa] 形 名《地名》ルリバイ Luribay の[人]《ボリビア, ラ・パス県の郡・町》

lurio, ria [lúrjo, rja] 形 名 ❶《メキシコ》1) 気の変な[人], 非常識な[人]. 2) 恋に夢中で気がふれた. ❷《ベネズエラ》睡眠不足 (飲みすぎ) のように見える[人]

lurte [lúrte] 男《アラゴン》雪崩(%), 土砂崩れ

lusaciano, na [lusaθjáno, na] 形 名《歴史. 地名》[ドイツ北部の] ラウジッツ Lusacia の[人]

lusismo [lusísmo] 男 ポルトガル語特有の語法《=portuguesismo》

lusista [lusísta] 名 ❶ ポルトガル語(文化)研究者. ❷ ポルトガル語を考慮に入れてガリシア語の規範を作ろうとする人

lusitánico, ca [lusitániko, ka] 形 名《まれ》**=lusitano**

lusitanidad [lusitaniðáð] 女 ルシタニアの特性, ルシタニア的であること

lusitanismo [lusitanísmo] 男《ポルトガル語以外の言語に見られる》ポルトガル語風の表現, ポルトガル語からの借用語

lusitanista [lusitanísta] 名 **=portuguesista**

lusitano, na [lusitáno, na] 形 名《古代ローマ, 地名》ルシタニア Lusitania の[人]《現在のポルトガル中央部とスペイン南西部》. ❷《文語》ポルトガルの, ポルトガル人の《=portugués》

luso, sa [lúso, sa] 形 名《文語》ポルトガルの, ポルトガル人《=portugués》

lusofilia [lusofílja] 女 ポルトガルびいき, ポルトガル文化への愛好

lusófilo, la [lusófilo, la] 形 名 ポルトガルびいきの[人]

lusofrancés, sa [lusofranθés, sa] 形 ポルトガルとフランスの

lustrabotas [lustrabótas] 名《単複同形》《チリ, アルゼンチン, ウルグアイ》靴磨き《=limpiabotas》

lustración [lustraθjón] 女 ❶《古代ローマ》清めの儀式. ❷《主に中南米》磨き, つや出し

lustrado, da [lustráðo, ða] 形《プエルトリコ》ピカピカ光る, つやのある
 ── 男 [糸・織物の] つや出し
 ── 女《中南米》靴磨き; つや出し

lustrador, ra [lustraðór, ra] 磨く, つやを出す
 ── 名 ❶《メキシコ, グアテマラ, ニカラグア, チリ, アルゼンチン, ウルグアイ》靴磨き《=limpiabotas》. ❷《ペルー, ボリビア, チリ, アルゼンチン, ウルグアイ》家具を磨く職人
 ── 女《主に南米》ワックスがけ機

lustral [lustrál] 形《文語》清めの: agua ～ 清めの水. baño ～ みそぎ

lustramuebles [lustramwébles] 男《単複同形》《南米》家具用のワックス

lustrar [lustrár]《←ラテン語 lustrare》他 ❶《主に中南米》[靴を] 磨く; [床・家具などを磨いて] つやを出す. ❷ 清める. ❸《まれ》[国・地方などを] 巡る, 巡礼する
 ～**se** 《主に中南米》[自分の靴を] 磨く

lustre [lústre]《←伊語 lustro < lustrare「光沢を与える」< ラテン語 lustrare「清める」< lustrum「清め」》男 ❶ つや, 光沢: dar (sacar) ～ a... …のつやを出す, 光沢を与える. ❷ 光沢剤: ～ para metales 金属用のつや出し. ❸《文語》栄誉, 社会的名声: La presencia de tantos famosos dio mucho ～ a la fiesta. たくさん有名人が出席していたのでパーティーの格が上がった. ❹《地方語》[主に人・動物の] よい外見: ¡Qué ～ tiene ese niño! この子は何て[血色がよくて]かわいいのだろう!

darse ～ 偉そうにする

lustrear [lustreár] 他《チリ》[靴を] 磨く; [床・家具などを磨いて] つやを出す《=lustrar》

lústrico, ca [lústriko, ka] 形 ❶《古代ローマ》清めの儀式 lustración の. ❷《詩語》5年[ごと]の

lustrín [lustrín] 男 ❶《ペルー, 繊維》ラメ. ❷《チリ, アルゼンチン》靴磨きのスタンド;《チリ》靴磨き[人]

lustrina [lustrína] 女 ❶《歴史》[教会装飾用の] 金糸・銀糸で飾られた豪華な絹織物. ❷ 光沢のある絹(毛・木綿)の布地. ❸《チリ, アルゼンチン》靴墨

lustro [lústro]《←ラテン語 lustrum「5年ごとの清めの儀式」》男 5年間: Se fue con 30 años y, después de dos ～s, volvió para celebrar los 40. 彼は30歳で出て行き, 10年後に戻って40歳を祝った. hace muchos ～s ずっと昔に

lustrosamente [lustrósaménte] 副 元気そうに

lustroso, sa [lustróso, sa] 形 ❶ [estar+] つや(光沢)のある: zapatos ～s ピカピカの靴. ❷ 血色のいい, 元気そうな: niños ～s 元気そうな子供たち

lútea [lútea] 女《鳥》ニシコウライウグイス

lutecio [luté0jo] 男《元素》ルテチウム

luteína [luteína] 女《生化》ルテイン

lúteo, a [lúteo, a] 形 ❶ → **cuerpo** lúteo, **mácula** lútea. ❷《まれ》泥の

luteranismo [luteranísmo] 男《キリスト教》❶ ルター主義, 福音主義《マルティン・ルター Martín Lutero のプロテスタント教義》. ❷ ルーテル教会

luterano, na [luteráno, na] 形 名《人名》マルティン・ルター Martín Lutero の. ❷ ルター派の[信者]: iglesia ～na ルーテル教会

luthería [lutería] 女 弦楽器製作の職

luthier [lutjé]《←仏語》弦楽器製作者

luto [lúto]《←ラテン語 luctus「泣くこと」< lugere「泣く, 嘆く」》男 ❶ 喪, 喪服, 喪中, 忌中: Están de ～. 彼らは喪中である/喪に服している. decretar un día de ～ 服喪日の布告をする. aliviar el ～ 半喪にする; 略式の喪服にする. riguroso ～ 正式の喪服《黒色のみ》. alivio de ～/medio ～ 半喪; 略式の喪服《黒を基調とした色》. ❷ 喪服《=vestido de ～》. ❸ 喪章: llevar ～/ir de ～ 喪服を着ている; 喪に服している. ponerse de

lutocar [lutokár] 男《チリ》ごみ収集用の手押し車
lutona [lutóna] 女《エクアドル》黒い服を着た女の幽霊
lutoso, sa [lutóso, sa] 形 ❶《まれ》喪の. ❷ =**luctuoso**
lutria [lútrja] 女《動物》=**nutria**
luvia [lúbja] 女《メキシコ，エルサルバドル》=**lluvia**
lux [lú(k)s] 男《単複同形》［照度の単位］ルクス
luxación [lu(k)saθjón] 女《←ラテン語 luxatio, -onis < luxare「関節を外す」》 ❶《医学》脱臼. ❷《格闘技》関節技
luxar [lu(k)sár] 他 関節を引き起こす
—— **~se** 脱臼する: *~se el codo* 肘を脱臼する
luxemburgués, sa [lu(k)semburɣés, sa] 形《ルクセンブルクの》 男女《国名》ルクセンブルク Luxemburgo〔人〕の; ルクセンブルク人
luxómetro [lu(k)sómetro] 男 照度計
luz [lúθ] 女《←ラテン語 lux, lucis》 (複 **luces**) ❶ 不可算 光, 光線 《→**rayo** 類語》: 1) La ~ se propaga en el vacío a una velocidad de 300.000 km por segundo. 光は秒速30万キロで真空を伝わる.〔*espectáculo de* ~〕 y *sonido* 光と音のショー. ~ *artificial* 人工の光; 人工照明. ~ *fría* 冷光. ~ *negra* ブラックライト, 黒光; 不可視光線. ~ *secundaria (refleja)* 反射光. *luces y sombras*/~ *y sombra* 光と影, 明暗. ~ *de la razón/luces naturales* 理性の光. 2)《旧約聖書》Hágase *la* ~. 光あれ. Y Dios dijo: Haya ~. Y hubo ~. 神は言われ, 「光,あれ」と. すると光が現われた. 3) 自然光《=~ *natural*》: ~ *del sol, ~ solar*》: Apenas había ~ en la calle. 通りには日ざしはほとんどなかった. En esta zona del país hay ~ solo por las mañanas. 国のこの地域では日が照るのは午前中だけ. ~ *de día* 昼(日中)の光. ~ *de la Luna/~ lunar* 月の光, 月光. ~ *de las estrellas* 星の光. ❷《複》Hay demasiada ~ en esta habitación. この部屋は明るすぎる. Necesito más ~ para leer el periódico. 私はもっと明るくないと新聞が読めない. ❸［光源としての］明かり, 灯火: 1) He estado contemplando *las luces de la ciudad*. 私は町の明かりをみつめていた. No des la ~, que todavía veo bien. まだよく見えるから, 明かりをつけないでおいて. *encender (prender) la* ~ 明かりをつける. *apagar la* ~ 明かりを消す. *calle falta de* ~ 街灯のない通り. 2)《交通》*luces de tráfico* 交通信号. ~ *roja* 赤信号. 3)《自動車》~ *de carretera/~ larga* ハイビーム. ~ *corta/~ de cruce* ロービーム. ~ *de ciudad/~ de estacionamiento/~ de situación* 駐車灯. ~ *de cortesía/~ de estribo*［ドアを開けるとつく］室内灯. ~ *de emergencia* ハザードランプ. ~ *de freno/~ de frenado* ブレーキランプ. *luces de gálibo*［大型車の］上部灯. ~ *de posición* サイドマーカーランプ. ~ *trasera* テールライト. ~ *de giro*《南米》ウインカー -［=intermitente］. ~ *de vía*《コスタリカ》=~ *de giro*. ~ *de viraje*《チリ》=~ *de giro*. 4)《航空》~ *de aterrizaje* 着陸灯. 5)《船舶》~ *de navegación* 航海灯. ❹ 不可算 電灯《→**lámpara** 類語》;［一般的に］電気《=~ *eléctrica*》: Se ha ido la ~. 停電だ. Aún no había ~ en este pueblo de la aldea. その村にはまだ電気がなかった. *poner (cortar) la* ~ 電灯のスイッチを入れる(切る). *pagar la* ~ 電気料金を払う. *no tener* ~ 電気が来ていない. ❺ 複 知性, 教養: Es un escritor *con muchas luces*. その作家は教養が高い. *hombre de [muchas] luces* 知識人, 教養人. *hombre de pocas (escasas) luces* 教養のない人. 2)《歴史》[las *Luces*] 啓蒙思想, 啓蒙主義, 啓蒙運動《=la Ilustración》. 模範, 手本; 導き手, 指導的人物: La Revolución Francesa fue la ~ de las burguesas posteriores de toda Europa. フランス革命は全ヨーロッパのその後のブルジョア革命の導きとなった. ❼［問題などの解決のための］情報, 手掛かり. ❽《建築》1)［建物の］採光部, 明かり取り窓: En las casas antiguas las *luces son* muy escasas. 昔の家では採光窓がとても少ない. 2)［窓などの］内径. 3)［橋の］開口部. ❾《天文》~ *ceniciencia* 地球照. ❿《美術》［表現としての］光; 明るさ: ~ *primaria* 原色光源; 原色光. ⓫《宗教》神を知った状態, 神に近づいている状態: *reino de la* ~ 光の王国. ⓬《メキシコ》［主に昔, 12月に行なわれる宗教的な］祭り. ⓭《アンデス》お金. ⓮《チリ, アルゼンチン, ウルグアイ》1) 距離: ~ *al suelo*《自動車》最低地上高. 2)《スポーツ》ハンディキャップ: Te doy diez metros de ~. 10メートルのハンディをあげよう

a buena ~ 慎重に; 注意して
a dos luces あいまいに

luz

a la ~ *de...* 1) …の光の下で: *estudiar a la* ~ *de la vela* ろうそくの明かりで勉強する. 2)［知識・情報・データなどに］照らして考えて: *A la* ~ *de* estos documentos creo que él tiene razón. これらの書類を見ると私は彼の言い分が正しいと思う. El comité decidirá *a la* ~ *de las pruebas*. 委員会は証拠にのっとって決定を下すだろう

a la ~ *del día* 1) 白昼堂々と, おおっぴらに: Una anciana sufrió un atraco en la calle, *a la* ~ *del día*. 老婦人が白昼, 街頭で強盗に襲われた. 2) 日の光の下で: Quiero ver la ciudad mañana *a la* ~ *del día*. 明日私は日の光の下で町を見てみたい. 3) 白日のもとに

a media ~ 薄暗い明かりの下で: El dormitorio está *a media* ~. 寝室は薄明りだ. Bajé la persiana y el cuarto quedó *a media* ~. 私がブラインドを下ろしたら, 部屋は薄暗くなった

a plena ~ [*del día*] 真っ昼間に: Han robado la estatua *a plena* ~. その像は白昼盗まれた

a toda ~ =**a todas luces**

a todas luces どこから見ても, 明らかに, 疑いなく: Eso es *a todas luces* improbable. それはどう見てもありそうにない. Su excusa de que el banco estaba cerrado es, *a todas luces*, falsa. 銀行が閉まっていたという彼の言い訳はどう考えても怪しい

arrojar ~ *sobre*... …に解明の光を投げる: Las cámaras de vigilancia *han arrojado* ~ *sobre* la identificación del asesino. 防犯カメラがその殺人犯の特定に大きく役立った

brillar con ~ *propia* めざましい働きをする

claro como la ~ *del día* 明々白々な: Eso es *claro como la* ~ *del día*. それは火を見るより明らかだ

con ~ まだ(もう) 明るいうち: Regresaron de la excursión todavía *con* ~. 彼らはまだ明るいうちに遠足から帰ってきた

conocer la ~《文語》出版される

corto de luces 1) 薄明り. 2) 鈍感な, 頭の悪い

dar a la ~ [*pública*] =**sacar a la** ~ [**pública**]

dar a ~ 1) 出産する: Quiero estar presente cuando mi mujer *dé a* ~. 私は妻の出産に立ち会いたいと思っている. *dar a* ~ *un niño* 男の子を出産する. 2)《文語》出版する

dar ~ 1) 光る: Esa bombilla *da poca* ~. その電球は暗い. La luciérnaga *da* ~ *de la parte posterior de su cuerpo*. ホタルは体の後部から光を放つ. 2)《文語》=**echar** ~

dar ~ *sobre*... =**arrojar** ~ **sobre**...

de luces［衣装が］闘牛士の: *vestirse de luces* 闘牛士の衣装を着る; 闘牛士になる

echar ~ 1) 元気を取り戻す. 2) 啓蒙する, 啓発する

echar ~ *sobre*... =**arrojar** ~ **sobre**...

en plena ~ 真っ昼間に, 白昼に

encenderse la ~ *en* [+人 **una**] ～［解決方法などに］…が突然思いつく

entre dos luces 1) 夕暮れに; 夜明けに: Cada mañana los campesinos ya salían al campo *entre dos luces*. 毎朝農夫たちは明け方にはすでに畑に向かっていた. 2)《口語》ほろ酔い機嫌で: Llega a veces a casa *entre dos luces*. 彼は酔って帰ってくることが時々ある

hacer dos luces 同時に2か所を照らす

hacer la ~ *sobre*... …を明らかにする

hacer ~ *de gas*《文語》[+a+人] 頭のおかしい人扱いする

hacerse la ~ *a*+人 …に明らかになる

~ *de mis ojos*［呼びかけ］いとしいあなた: Ella es la ~ *de mis ojos*. 彼女は私の愛する人だ

~ *mala*《アルゼンチン, ウルグアイ》鬼火《=*fuego fatuo*》

~ *verde*》青信号: La ~ *verde* del semáforo indica que puedes pasar. 青信号は通っていいということを表わしている. 2)《文語》許可: El ayuntamiento dio ~ *verde* a un nuevo desarrollo urbanístico. 市当局は新都市開発にゴーサインを出した

~ *y taquígrafos*《西》[公の事柄の] 透明性

primera ~ 1) 夜明け: *a primera* ~ 夜明けに. 2) 外からの直接の明かり

primeras luces 曙光(しょこう), 夜明けの光: Al asomar las *primeras luces* del alba, salimos de la cabaña. 明け方の光が射し始めると我々は山小屋を出発した. *con las primeras luces del día* 夜明けに

quitar la ~ 1) 日ざしを奪う. 2) [+a+人 の] 名声を奪う(汚す)

rayar la ~ 1）夜が明ける．2）*rayar la* ~ de la razón 理性が開花し始める
sacar a la ~ 〔*pública*〕1）［秘密などを］明るみに出す: *Saqué a la* ~ *un caso de corrupción del ministro.* 私は大臣の汚職事件を白日のもとにさらした．2）出版する: *Sacan a la* ~ *textos inéditos del filósofo.* その哲学者の未刊の著述が出版される
salir a la ~ 〔*pública*〕1）明るみに出る: *Un grupo de empresas ilegales mafiosas han salido a la* ~ *y la policía empieza a extremar la vigilancia de ellas.* 暴力団系の非合法企業グループの存在が明らかになり，警察はそれらの監視を強化し始めている．2）出版される: *La primera parte del Quijote sale a la* ~ *en 1605.*『ドン・キホーテ』前編は1605年に出版された
ser de pocas luces =tener pocas luces

tener pocas luces 頭が悪い，愚鈍である
ver la ~ 1）《文語》［人が］生まれる．2）《文語》出版される．3）難事を解決してほっとする
ver la primera ~《文語》［人が］生まれる

Luzán y Claramunt [luθán i klaramúnt]《人名》**Ignacio de** ~ イグナシオ・デ・ルサン・イ・クララムント【1702〜54, スペインの文学理論家. 新古典主義の理論的支柱となる『詩論』*Poética* を著わした. アリストテレスに依拠した芸術観や教育的な主題の必要性などを文学理論としてまとめる】
luzángano [luθángano] 男《ムルシア. 昆虫》ホタル《=luciérnaga》
Luzbel [luzbél] 男《旧約聖書》=**Lucifer**
luzma [lúzma] 形 女《チリ》醜い［女］; 愚かな［女］
luzula [luθúla] 女《植物》スズメノヤリ
lycra [líkra]【←商標】女《繊維》ライクラ

M

m [éme] 女 ❶ アルファベットの第13字. ❷ [主に大文字で] ローマ数字の1000
m (略語)←mega メガ, metro メートル, minuto 分
M (略語)←Majestad 陛下, marzo 3月, metro 地下鉄
m. (略語)←muy 非常に
M. (略語)←Majestad 陛下
m/ (略語)←mi[s] 当方の, 私の; mes[es] 月
m/a. (略語) =m/acep.
m² (略語)←metro cuadrado 平方メートル
m³ (略語)←metro cúbico 立方メートル
M-19 (略語)←Movimiento 19 de Abril [コロンビアの左翼ゲリラ] 4月19日運動
ma [má] (アルゼンチンなど)《軽蔑・拒絶・不快の表現の導入》へっ, ふん
mabí [mabí] 男《カリブ》マビ《bejuco de Indio の樹皮を煎じて発酵させた甘い飲料》; その原料の木
mabinga [mabíŋga] 女 ❶《メキシコ, キューバ》1) 低級なたばこ. 2) [動物の] 糞. ❷《キューバ. 料理》肉とマランガ malanga の煮込み
mabita [mabíta] 女《ベネズエラ》不運; 不運をもたらす人, ついていない人
mabitoso, sa [mabitóso, sa] 形《ベネズエラ》不運をもたらす(知らせる)
mable [máble] 《←英語》男《中米》ビー玉 〖=canica〗
mabolo [mabólo] 男《フィリピン. 植物》カキノキ《果実はモモに類似し, 果肉は硬く味がない》
mabre [mábre] 男《地方語. 魚》タイの一種〖=herrera〗
mabuya [mabúja] 女《キューバ》❶ 悪魔. ❷《動物》トカゲの一種《学名 Hemidactylus mabuia》
maca [máka] 女 I 《←擬声》《まれ》❶ [果物の] 傷, 傷み. ❷ [布地・陶製などの] 軽微な傷(汚れ). ❸ 隠蔽, 詐欺. ❹ 道徳的欠陥, 悪徳
II [hamaca の語頭音消失] 女《まれ》ハンモック
III 女《隠語》=macarra
IV 男《地方語》店員(見習い)の少年
V 女《ペルー. 植物》マカ《根は薬用; 学名 Lepidium meyenii》
macá [maká] 男《ラプラタ. 鳥》カイツブリ科の一種《学名 Aechmophorus major》
macabeo, a [makabéo, a] 形 名 ❶《旧約聖書. 人名》マカバイ兄弟 los Macabeos の《紀元前167年シリアに反乱を起こし, ユダヤ王国を作った》: guerra ～a マカバイ戦争. ❷《口語》《巻物・書物が》非常に膨大な. ❸《地名》マカス Macas の〔人〕《エクアドル, モロナ・サンティアゴ県の県都》
— 男《農業》ビウラ種のブドウ〖=viura〗. ❷《旧約聖書》複 [M～s] マカバイ記
macabí [makabí] 男 ❶《キューバ, プエルトリコ. 魚》ソトイワシ科の一種《学名 Albula conorhyncus》. ❷《コロンビア》だまされにくい人
macabisa [makabísa] 女《ボリビア》陽気な娘
macabro, bra [makábro, bra] 《←仏語 macabre》形 ❶ 死の; (醜い) 死骸の: danza ～bra 死の舞踏《ヨーロッパ中世末期の美術(詩・舞踊など)の, 特に死の不気味な・醜い面についてのモチーフ》. ❷ 不気味な, 背筋の凍るような; 陰鬱な, 陰気な: cuento ～ 薄気味悪い(ぞっとするような)物語
macaca¹ [makáka] 女《チリ》❶ 大型の甲虫. ❷《口語》酔い, 酩酊
macacada [makakáða] 女《チリ, アルゼンチン》汚いやり口, 卑劣な行為
macachín [makatʃín] 男《ウルグアイ. 植物》オキシランの一種《塊茎は食用; 学名 Oxalis sellowiana》
macacinas [makaθínas] 女 複《中米》〔畑で用いる, かかとのない革製の〕粗末な履き物
macacinear [makaθineár] 他《グアテマラ》盗む
macacino, na [makaθíno, na] 形 名《グアテマラ》盗みを働く, 盗人の; 泥棒
macaco, ca² [makáko, ka] 《←ポルトガル語》形 ❶《動物》マカク〔属のサル〕: ～ japonés ニホンザル. ❷ いたずらっ子,《親愛》〔呼びかけ〕坊や, おちびさん. ❸《西. 俗語》ポン引き. ❹《西. 俗語》取るに足りない〔やつ〕. ❺《地方語》〔子ヒツジが〕牧草を食べ始めた. ❻《メキシコ, キューバ, プエルトリコ, チリ. 軽蔑》醜い〔人〕. ❼《中米, カリブ》ばかな, 間抜けな. ❽《ペルー. 軽蔑》中国〔人〕について〕ブラジル生まれの
— 男 ❶《隠語》ポン引き. ❷《メキシコ》お化け. ❸《ホンジュラス. 歴史》縁にぎざぎざのない1ペソ金貨. ❹《カリブ, ベネズエラ》有力者, 重要人物. ❺《チリ, ラプラタ. 軽蔑》[主に黒人の] ブラジル人
macacoa [makakóa] 女 ❶《プエルトリコ》不運. ❷《コロンビア, ベネズエラ》意気消沈, 悲しみ, 寂しさ
macadam [makadán] 男 =macadán
macadamia [makaðámja] 女《植物, 果実》マカダミアナッツ 〖=nuez de ～〗
macadamizar [makaðamiθár] 他 マカダム舗装をする
macadán [makaðán] 男〖複 ～es〗砕石舗装, マカダム舗装
macaense [makaénse] 形 名《地名》〔中国の〕マカオ Macao の〔人〕
macagua [makáɣwa] 女 ❶《キューバ. 植物》クワ科の木《硬い材質で木工に用いられる. 学名 Exostemma caribaeum》. ❷《南米. 鳥》ワライハヤブサ. ❸《ベネズエラ. 動物》カイサカ《毒蛇. =jergón》: ～ terciopelo カイサカの一種《黒色の毒蛇. 学名 Bothrops colombensis》
macagüil [makaɣwíl] 男《アステカ族の》細石具を付けた棍棒
macagüita [makaɣwíta] 女 ❶《植物》イチジク属の一種. ❷《ベネズエラ》オビレハリクジャクヤシ; そのヤシの実
macahuite [makawíte] 男《メキシコ, グアテマラ, ニカラグア. 植物》イチジク属の一種〖=macagüita〗
macal [makál] 男 ❶《メキシコ. 植物》ココヤム, アメリカサトイモ. ❷《チリ》ホルトノキ科の灌木 maqui の林
macana [makána] 女 ❶《まれ》嘘っぱち; ばかげたこと; 悪ふざけ. ❷《まれ》[不具合・陳腐化などのため] 売れ残った商品. ❸《中南米》1) 警棒. 2) [先住民が畑を耕す] 棒《火を使って硬くしてある》. 3) [先住民の使った太く硬く重い] 棍棒. ❹《メキシコ》ドゥーロ金貨. ❺《南米. 口語》1) [メスティーソの女性が使う主に木綿製の] ショール, 短いケープ. 2) がらくた, 不用品. ❻《ペルー, ボリビア, チリ, アルゼンチン, ウルグアイ. 口語》誤った言動, 的外れ. ❼《メキシコ, チリ, アルゼンチン, ウルグアイ. 口語》1) いい加減な話, でたらめ. 2) 出来損ない. ❽《アルゼンチン》1) ちょっとしたプレゼント. 2) うんざりする会話
¡Qué ～!《ペルー, チリ, アルゼンチン, ウルグアイ. 口語》[障害] 何とひどい, 残念だ!
macanada [makanáða] 女《アルゼンチン》でたらめ, ばかげた言動
macanazo [makanáθo] 男 ❶《唐突な行動》. 2)《口語》厄介, 面倒. ❷《ペルー》棍棒 macana による殴打. ❸《ラプラタ》ばかげた言動
macancear [makanθeár] 他《ラマンチャ》迷惑をかける, 悩ませる
macanche [makántʃe] 形《サラマンカ》健康状態に不安がある, 病弱な
macandá [makandá] 男 ❶《プエルトリコ, コロンビア》魔法, 妖術. ❷《コロンビア》実際的な解決策
macaneador, ra [makaneaðór, ra] 形 名《ラプラタ. 口語》ほら吹きの〔人〕, 大嘘つきの〔人〕. ❷ へまな
macanear [makaneár] 他 ❶《ニカラグア, ホンジュラス, コロンビア》一所懸命働く. ❷《南米. 口語》嘘をつく, デマを飛ばす, でたらめを言う; くだらないことを言う. ❸《ボリビア, チリ, アルゼンチン, ウルグアイ》的外れな言動をする
— 他 ❶《メキシコ, キューバ, ドミニカ, プエルトリコ》棍棒 macana で殴る. ❷《メキシコ》鍬で耕す. ❸《ホンジュラス》〔棒などで〕強く打つ. ❹《ニカラグア, コロンビア, ベネズエラ》〔山刀で〕下生えを切り払う. ❺《ボリビア, チリ, アルゼンチン》〔物事を〕処理する, うまく運ぶ. ❻《チリ. 口語》うんざりさせる
macaneo [makanéo] 男《主にラプラタ》嘘をつくこと; くだらないことを言うこと

macanero, ra [makanéro, ra] 形 名《チリ, アルゼンチン》でたらめを言う[人]

macano [makáno] 男 ❶《植物》1)《エルサルバドル, コスタリカ》木の一種〖学名 Diphisa robinioides〗. 2)《パナマ》アカシアの一種〖学名 Acacia guachapele〗. ❷《チリ》羊毛を染めるのに使う黒褐色の染料

macanudo, da [makanúðo, ða]〖←macana〗形 ❶《まれ》驚くほど大きい, すばらしい. ❷《中南米.口語》[物が]上質の, すばらしい; [人・行為が] 良い, 立派な, 親切な. ❸《コロンビア, エクアドル》困難な, 骨の折れる. ❹《チリ》かさばった
—— 男《コロンビア, エクアドル》有力な人

macao [makáo] 男《キューバ》❶《動物》ホンヤドカリ属の一種. ❷《口語》蔑称

macaoense [makaoénse] 形《地名》[中国の] マカオ Macao の

macaón [makaón] 男《昆虫》キアゲハ

macaquear [makakeár] 自《南米.口語》ばか騒ぎをする. ❷《アルゼンチン》サル macaco の真似をする
—— 他《中米》盗む

macar [makár] 7 他《まれ》❶ 打つ, 打撲傷を負わせる. ❷ 傷つける, 害する
—— ~se [果実が] 傷み始める

macarela [makaréla] 女《ベネズエラ.魚》マサバ

macarelo [makarélo] 男《まれ》けんか好きな人, けんか早い人

macareno, na [makaréno, na] 形 名 ❶《地名》マカレナ la Macarena の〖人〗〖セビーリャ市北部の地区〗. ❷《まれ》気取り屋[の], はったり屋[の], けんか早い[人]. ❸《地方語》おとなしい[牛]

macareo [makaréo] 男 川を逆流する潮流

macaronésico, ca [makaronésiko, ka] 形《地名》マカロネシア Macaronesia の〖ヨーロッパ・アフリカに近接する大西洋の島々〗

macarra [makářa]〖←仏語 maquereau「サバ」〗形《西.軽蔑》❶ 趣味の悪い; 《身なりの》 けばけばしい[人], ごろつき[の], よた者[の]. ❷ [人が] 見せつける. ❸ あまり意味なく, 侮辱して] 野郎め
—— 男《西.軽蔑》ポン引き

macarro [makářo] 男 ❶ [重さ1ポンドの] 細長いパン. ❷ 細長い揚げパン

macarrón [makářón] 〖←伊語 maccherone〗男 ❶《料理》〖主に複〗マカロニ: macarrones al horno (al gratín) マカロニグラタン. ❷《菓子》マカロン〖~ de almendras〗. ❸《電線の》ビニール被覆. ❹《船舶》舷牆, ブルワーク
II 男《西.隠語.軽蔑》ポン引き[の]

macarronada [makařonáða] 女《コロンビア.料理》マカロニの煮込み

macarronea [makařonéa] 女《詩法》雅俗混交体狂詩〖ラテン語とロマンス語の単語を混ぜ合わせて作ったラテン語風狂詩〗

macarronear [makařoneár] 他《隠語》みつがせる

macarrónicamente [makařónikaménte] 副 片言で, ブロークンに

macarrónico, ca [makařóniko, ka]〖←伊語 maccheronico〗 ❶《軽蔑》[ラテン語が] 崩れた, でたらめな, 不正確な; [ロマンス語が] 片言の, ブロークンな: catalán ~ ブロークンなカタルーニャ語. ❷ 雅俗混交体狂詩の

macarronismo [makařonísmo] 男《口語》❶《言語》[言葉を] ブロークンに話すこと, ラテン語とロマンス語の混交

macar [makár] 7 ~se《まれ》[果物がぶつかったりして] 傷み始める, 腐り始める

macartismo [makartísmo]〖←McCarthy マッカーシー(人名)〗男《政治》マッカーシズム

macartista [makartísta] 形《政治》マッカーシズムの: caza de brujas ~ 赤狩り

macasar [makasár] 男 ❶《まれ》[椅子の] 背カバー. ❷《古語》整髪油

macasino, na [makasíno, na] 名《エルサルバドル》泥棒
—— 男《メキシコ》粗末な履き物〖=macacinas〗

macateta [makatéta] 女《エクアドル.遊戯》女の子がいくつかのビー玉を使って手の器用さを競う遊び, その遊びに使うビー玉

macatrullo, lla [makatrúʎo, ʎa] 形《メキシコ.アルゼンチン》ばかな, 間抜けな

macaurel [makaurél] 女《動物》❶《ベネズエラの》無毒の大蛇. ❷ 体長1.5mくらいの毒蛇〖学名 Bothrops atrox〗

macaz [makáθ] 男《中南米.動物》パカ paca の一種〖肉は食用. 学名 Coelogenys fulvus〗

maceador [maθeaðór] 男 木槌で打つ人

macear [maθeár] 他 木槌 mazo・maza で打つ
—— 自《まれ》しつこく食い下がる

macedón, na [maθeðón, na] 形 名《歴史》マケドニア王国の〖人〗〖=macedonio〗

macedonia[1] [maθeðónja] 女《西.料理》❶ マセドニアンサラダ: ~ de legumbres ビーンズサラダ. ❷ フルーツポンチ〖= ~ de frutas〗

macedónico, ca [maθeðóniko, ka] 形《歴史》マケドニア王国の〖人〗〖=macedonio〗

macedonio, nia[2] [maθeðónjo, nja] 形 名《国名》マケドニア Macedonia の〖人〗;《歴史》マケドニア王国 reino de Macedonia の〖人〗
—— 男 マケドニア語

macedonismo [maθeðonísmo] 男《カトリック》マケドニア異端〖聖霊の神性を否定する〗

macegual [maθeɣwál] 男《メキシコ.歴史》=**macehual**

macehual [maθewál] 男《メキシコ.歴史》プエブロの構成員〖共有地の使用が認められる一方, 一定の義務を負う〗

macelo [maθélo] 男《まれ》畜殺場〖=matadero〗

macello [maθéʎo] 男 肉片

maceo [maθéo] 男 木槌で打つこと

m/acep.《略語》←mi aceptación 当方の引受け

maceración [maθeraθjón] 女 ❶《料理など》漬けること; 浸漬, 浸軟: dejar en ~ 溶液に漬けておく. ❷ 苦行

macerado [maθeráðo] 男《料理など》漬けた物

macerador, ra [maθeraðór, ra]《料理など》漬ける
—— 男 漬ける道具
—— 女 漬ける機械(装置)

maceramiento [maθeramjénto] 男 =**maceración**

macerar [maθerár] 〖←ラテン語 macerare〗他 ❶《料理》1) [+en に]; 漬ける: *Hemos macerado* los filetes de ternera con vino tinto y especias. 我々は子牛肉を赤ワインとスパイスに漬けた. ~ *las cerezas en* aguardiente サクランボを蒸留酒に漬ける. 2) 叩いて柔らかくする; [ニンニクなどを] つぶす. ❷《化学》[溶液に浸して] 可溶性の部分を取り出す. ❸ [苦行のために肉体を] 痛めつける; 苦行を課す
—— ~se 苦行する. ❷ 浸されて柔らかくなる

macerina [maθerína] 女《まれ》=**mancerina**

macero [maθéro] 男《西.軽蔑》[行列・儀式の] 職杖 maza 捧持者

maceta [maθéta] I 〖←?mazo「花束」〗女 ❶ 植木鉢: Tiene el balcón lleno de ~s con geranios. 彼はゼラニウムの鉢でバルコニーを一杯にしている. flores en ~s 鉢植えの花. ❷ 不可算《植木鉢の》土と植物. ❸《植物》散房花序〖=corimbo〗. ❹《グラナダ》大型のワイン用カップ. ❺《中米》1) プランター〖= jardinera〗. 2) [革ひもなどを柔らかくするのに使う] 棒切れ. ❻《メキシコ, 中米, アンデス.口語》頭〖=cabeza〗. ❼《プエルトリコ》棍棒. ❽《チリ》1) 木槌. 2) 花束
II 〖maza の示小語〗女 ❶ [石工などの] 槌(?), ハンマー. ❷ [道具の] 取っ手, 柄〖 〗
—— 形《中南米》❶ 老いぼれ馬, 駄馬. 2) [老齢などのため] 歩きづらい人: ponerse ~ 老人になる. ❷《プエルトリコ》みじめな, 貧しい

macete [maθéte] 男《地方語.魚》マダイ〖=pargo〗

maceteado, da [maθeteáðo, ða] 形《ペルー.口語》頑丈な, たくましい

macetear [maθeteár] 他《コロンビア, アルゼンチン》[人を] 植木鉢 maceta で殴る

macetero [maθetéro] 男 ❶ 植木鉢台, フラワースタンド. ❷《南米》大型の植木鉢, プランター

macetón [maθetón] 男《メキシコ, アルゼンチン》プランター

macetudo, da [maθetúðo, ða] 形《アルゼンチン》1) 脚が太くて短い. 2) [馬などが] 歩幅の大きな. ❷《ボリビア, チリ, ラプラタ》[過労・老齢・病気などで] 脚が不自由になった

macfarlán [makfarlán] 男《まれ》=**macferlán**

macferlán [makferlán] 男《服飾》インバネス

mach [mátʃ] 男《音速の単位》マッハ: volar a dos ~ マッハ2で飛ぶ

macha[1] [mátʃa] 女 ❶《地方語》きね〖=mano del mortero〗. ❷《中南米》男勝り. ❸《チリ.貝》ナンベイチドリマスオの一種〖

用. 学名 Mesodesma donacia]. ❹《アルゼンチン》冗談, からかい

machaca [matʃáka] ❶ 粉尾機. ❷《メキシコ. 料理》乾燥ひき肉と卵・玉ねぎのいためもの
── 形 名《口語》1 [繰り返しが多くて] うんざりさせる; しつこい[人]: música 〜 しつこい音楽. ❷《口語》繰り返しの多い(退屈な)作業をする人: hacer de 〜 単純労働をする
¡Dale, 〜! この石頭(頑固者)め!
── 男《隠語》従兵, 従卒 [=machacante].

machacadera [matʃakadéra] 女 粉砕機

machacado [matʃakáðo] 男 不可算 砕かれたもの

machacador, ra [matʃakaðór, ra] 形 名 砕く[人]
── 女 粉砕機, クラッシャー

machacamiento [matʃakamjénto] 男 粉砕

machacante [matʃakánte] 男 ❶《西. 古語》5ペセタ硬貨. ❷《軍事. 隠語》[軍曹付きの] 従兵, 当番兵. ❸ [ふざけて] 運転助手, 車掌

machacar [matʃakár] 《*machucar* の語尾変化》[7] 他 ❶ [叩いて] つぶす, 砕く: 〜 ajos ニンニクをつぶす. 〜 avellanas ヘイゼルナッツを砕く. carne *machacado* ひき肉. ❷ [敵軍など を] 打ち負かす, やっつける: Nuestro equipo *machacó* al contrario con un ocho a uno. 我がチームは相手を8対1で叩きつぶした. ❸《西》しつこく(繰り返し)主張する: No *machaques* ese asunto. その件はうるさく言う(蒸し返す)な. ❹《西》粘り強く研究する, 頭に叩き込む: *Machaca* bien la geografía. 地理を頭に叩き込みなさい. ❺ [大幅に価格を] 引き下げる. ❻《口語》疲労 [困憊] させる; 痛めつける: Estudiar tantas horas seguidas *machaca* a cualquiera. そんなに何時間も続けて勉強すれば誰でもへとへとになる. Estos zapatos *machacan* los pies. この靴は足が痛くなる. ❼《バスケットボール》ダンクシュートする
── 自 ❶《西. 口語》[+en/sobre について] うるさく言う, 執拗に食い下がる. ❷《西. 口語》猛勉強する, 詰め込む: *Machacando se aprende el oficio.*《諺》習うより慣れろ. ❸《隠語》姦淫する
── 〜*se*《口語》❶ 非常に努力する. ❷ [自分の身体の一部を] つぶす, 痛める. ❸ [飲食物を] きれいに平らげる; [仕事を] 手早く片づける; [金・時間を] 浪費する

machacársela《卑語》自慰する

machacón, na [matʃakón, na] 形 名《西. 口語》しつこい[人], うるさい[人]: Esa vendedora es muy *machacona*. あの売り子はとてもしつこい. Está muy 〜 últimamente con sus consejos. 彼は最近やたらと教えたがってうるさい. ❷ [事柄が] 繰り返しが多い, くどい: ritmo 〜 繰り返しの多いリズム. ❸《西. 口語》がり勉の[人]

machaconear [matʃakoneár] 自《西》しつこく主張する

machaconeo [matʃakonéo] 男《西》しつこく主張すること

machaconería [matʃakonería] 女《西》しつこさ, くどさ: repetir la misma frase con 〜 同じせりふをしつこく繰り返す

machada[1] [matʃáða] 女 ❶《時に皮肉》勇敢な行為. ❷《軽蔑》派手だが意味のない行動, ばかげた言動, 愚行. ❸ 雄ヤギの群れ

machadiano, na [matʃaðjáno, na] 《人名》マチャード Machado の

machado, da[2] [matʃáðo, ða] 形《エクアドル》酔っ払った
── 男 斧

Machado [matʃáðo]《人名》**Antonio 〜** アントニオ・マチャード《1875–1939, 98年世代を代表するスペインの詩人. 哀感をたたえた心象を簡素な詩語で叙情豊かに表現, カスティーリャの風景を荘重な精神性でうたい上げている.『畫廊』*Soledades, galerías y otros poemas*,『カスティーリャの野』*Campos de Castilla*》
Gerardo 〜 ヘラルド・マチャード《1871–1939, キューバの軍人, 大統領. 独裁者となり, 1933年に亡命》
Manuel 〜 マヌエル・マチャード《1874–1947, スペインの詩人. アントニオ・マチャードの兄. 華やかな装飾性を特徴とする詩風でスペインにおけるモダニスモを代表する》

machaje [matʃáxe] 男 集名《チリ. 口語》[家畜の, 特にラバの] 雄

machaleño, ña [matʃaléno, ɲa] 形 名 =**machalero**

machalero, ra [matʃaléro, ra] 形《地名》マチャラ Machala《エクアドル南部, エル・オロ県の町》

machamartillo [matʃamartíʎo] 男 *a* 〜 {a macha martillo とも表記} 1) 確固とした・とした, 徹底して・した, 確信して: casa construida *a* 〜 頑丈な建て方をされた家. ser cristiano *a* 〜 敬虔

なキリスト教徒である. llevar el régimen de adelgazamiento *a* 〜 徹底して痩身食餌療法を守る. conservadurismo *a* 〜 強固な保守主義. 2) しつこく, 執拗に: repetir *a* 〜 執拗に繰り返す

machango, ga [matʃáŋgo, ga] 形 ❶《キューバ》[人が] あかぬけない, さえない. ❷《チリ, アルゼンチン, ウルグアイ》退屈な, 飽き飽きする, 冗漫な
── 男《地方語》少年 [=niño]. ❷《ホンジュラス》駄馬, 痩せ馬. ❸《キューバ. 動物》フサオマキザル [=mono maicero]
── 女《キューバ》男まさり. ❸《チリ》くどさ, しつこさ

machaque [matʃáke] 男 ❶《バスケットボール》ダンクシュート [=mate]. ❷ 叩くこと, 叩きつぶすこと. ❸《西》叩きつぶすもの(道具). ❹《ボリビア》しつこさ, うるささ

machaquear [matʃakeár] 他 =**machacar**

machaqueo [matʃakéo] 男 ❶ 叩くこと, 叩きつぶすこと: 〜 de las gotas de lluvia en la ventana 窓に叩きつける雨. ❷ しつこい, 執拗な繰り返し, 強請: El 〜 de sus preguntas me estaba poniendo nerviosa. 彼のしつこい質問で私はいらいらしていた. ❸ 打ち負かすこと. ❹ 極度の疲労: ¡Menudo 〜 ayer en la piscina! 昨日はプールでくたくたになった!

machaquería [matʃakería] 女 =**machaconería**

machaquero, ra [matʃakéro, ra] 形《プエルトリコ》うるさい, しつこい, 厄介な

machaquín [matʃakín] 男《地方語》石割り職人

machar [matʃár] 他《地方語》[食品を叩いて] つぶす
── 自《キューバ》[女の子が] 男の子の習慣の真似を好む
── 〜*se*《ボリビア, アルゼンチン》酔っ払う, 酩酊する

machascar [matʃaskár] [7] 〜*se*《ペルー》酔っ払う

machazo, za [matʃáθo, θa] 形 ❶《西》大変男らしい. ❷《コロンビア. 口語》巨大な. ❸《エクアドル》大変勇敢な[人]

maché [matʃé] → **papel** maché

machear [matʃeár] 他 [人がヤシの雄花から雌花に] 受粉させる
── 自 ❶ [動物が] 雌よりも雄を多く産む. ❷ [西] 男らしいところを見せる. ❸ [主にコロンビア] [女の子が] 男の子の習慣や遊びを好む

machembé [matʃembé]《ドミニカ》*¡Qué* 〜! すごい人だ!

machembrar [matʃembrár] 他 =**machihembrar**

machero, ra [matʃéro, ra] 形 名《プエルトリコ. 俗語》冗談好きな[人]
── 男 ❶《エストレマドゥラ》未利用の(若木の)コルクガシ. ❷《メキシコ》ラバの厩舎
── 女《エストレマドゥラ》コルクガシの苗床

macheta[1] [matʃéta] 女 ❶ 肉切り包丁. ❷《レオン, サラマンカ》手斧

machetazo [matʃetáθo] 男 マチェテの一撃; マチェテによる傷

machete[1] [matʃéte] {*macho*[1] II の示小語} 男 ❶ マチェテ《1) 片刃で幅広の剣. 2) 道を切り開いたりサトウキビを切り倒す山刀》. ❷《メキシコ, コロンビア, ベネズエラ, ラプラタ. 卑語》陰茎. ❸《メキシコ. 口語》[記憶するために] しつこく繰り返すこと. ❹《プエルトリコ. 口語》暇ぐらし. ❺《コロンビア》[衣類の] ひだ飾り. ❻《アルゼンチン. 口語》カンニングペーパー. ❼《ウルグアイ》卑しい人, けちな人
amarrar 〜《キューバ, プエルトリコ》[男の子が] もう一人前である

machete[2], **ta**[2] [matʃéte, ta] 形 ❶《ベネズエラ. 口語》すごい, すばらしい. ❷《ウルグアイ. 口語》けちな, 締まり屋の

machetear [matʃeteár] 他 ❶ マチェテで一撃する. ❷《船舶》杭を打ち込む. ❸《闘牛》[何度も無駄に角で突かせて, 牛を] 弱らせる. ❹《ペルー. 隠語》愛撫する. ❺《チリ》[人に] せがむ. ❻《ウルグアイ. 口語》[ワイン・料理に] けちけちする
── 自 ❶《メキシコ》1) 働く. 2) 詰め込み勉強をする, 猛勉強する. 3) 物事を中途半端にする. ❷《コロンビア》1) 安売りする. 2) 固執する; 口論する. ❸《ウルグアイ. 口語》しつこく言い張る
── 〜*se*《メキシコ》猛勉強する; 懸命に働く. ❷《アルゼンチン》[カンニングペーパーで] カンニングする

macheteo [matʃetéo] 男 マチェテによる一撃

machetería [matʃetería] 女《エクアドル》マチェテを使ったけんか

machetero, ra [matʃetéro, ra] 形 名 ❶ マチェテで道を切り開く人; サトウキビを切り倒す人. ❷《メキシコ》1) 荷揚げ作業員; 引っ越しの作業員. 2) よく働く人. 3)《愚鈍だが》よく勉強する学生. ❸ 植字工. ❹《キューバ》精糖工場でサトウキビを裁断する労働者. ❺《ベネズエラ. 軽蔑》軍人
── 形《メキシコ, ニカラグア》[仕事・学習などで] ゆっくりしているが努力する

machetín [matʃetín] 男《カリブ》短い山刀
machetón [matʃetón] 男《中米. 軽蔑》無教養で横柄な軍人
machetona [matʃetóna] 女 ❶《メキシコ》男のような〔女〕, 女らしくない〔女〕. ❷《コロンビア》[折り畳み式の] 大型ナイフ
machi [mátʃi] 名 ❶《チリ, アルゼンチン, ウルグアイ》❶《アラウコ族の》呪術医. ❷ 民間療法医
machí [matʃí] 名《チリ, アルゼンチン, ウルグアイ》=**machi**
machía [matʃía] 女《ベネズエラ》男らしさ
machial [matʃjál] 男《ペルー》ヤギの牧草地として利用される山
machica [matʃíka] 女《ペルー》[先住民の食べる] 砂糖とシナモンを混ぜたトウモロコシ粉
machicha [matʃítʃa] 女《ペルー》スペイン起源のブラジルの民俗舞踊〖20世紀初頭ヨーロッパと米国で流行した〗
machiche [matʃítʃe] 女《ベネズエラ. 口語》マリファナ
machicuepa [matʃikwépa] 女《メキシコ》❶ 宙返り. ❷ 政策の変更, 政党の鞍替え: dar la ～ 政党の鞍替えをする
machiega [matʃjéga] 女 →**abeja** machiega
machigay [matʃigáj] 男《コロンビア》❶ 小柄な人. ❷[羊・豚など] 小型の家畜
machigua [matʃígwa] 女《中南米》トウモロコシの挽き石を湿らすための水〖トウモロコシのかすが混じっている〗
machihembrado [matʃjembráđo] 男《木工》ほぞ継ぎ, さねはぎ, 蟻継ぎ
machihembradora [matʃjembrađóra] 女《チリ. 木工》ほぞ継ぎ用のかんな盤
machihembrar [matʃjembrár] 他 ❶《木工》ほぞ継ぎ〔さねはぎ・蟻継ぎ〕にする. ❷ 性交する
—— ～**se**《プエルトリコ》同棲する, 内縁関係を持つ
machimbrar [matʃimbrár]=**machihembrar**
machín [matʃín] 男 ❶《ローマ神話》el Dios M～ キューピッド. ❷《古語》田舎者. ❸《ビスカヤ》鍛冶屋の少年. ❹《コロンビア, ベネズエラ, エクアドル》シロガオオマキザル〖=capuchino de frente blanca〗. ❺《コロンビア》同棲
machina [matʃína] 女《←仏語 machine》❶《港湾・造船所などの》大型クレーン. ❷《プエルトリコ》メリーゴーランド, 回転木馬
machinar [matʃinár] 他 =**maquinar**
—— ～**se**《中米》同棲する, 内縁関係を持つ
machincuepa [matʃinkwépa] 女《メキシコ》[頭を床につけてかの] とんぼ返り
machín-machón [matʃín matʃón] 男《コロンビア》シーソー
machío, a [matʃío, a] 形《まれ》[植物が] 実を結ばない
machiris [matʃíris] 男 複《隠語》身分証明書
machismo [matʃísmo]《←macho¹》男 マチスモ〖女性に対する男性優位の態度〗; 男らしさの誇示, 男尊女卑
machista [matʃísta] 形 名 男らしさを誇示する〔人〕, 男尊女卑の〔人〕: sociedad ～ 男社会
machito [matʃíto] 男 ❶《メキシコ. 料理》[羊・ヤギ・豚の] 内臓; その揚げ物. ❷《グアテマラ》パンのかけら
ir a gusto en el ～《コロンビア》[+de 恵まれた・法外な・ふさわしくない環境を] 快適に感じている, ぬくぬくしている, 居座る
machitucar [matʃitukár] 7 他《チリ》呪術医が患者に》悪魔払いをする
machitún [matʃitún] 男《チリ》❶ 呪術医の儀式. ❷《口語》にぎやかなパーティー, どんちゃん騒ぎ
macho¹ [mátʃo] I《←ラテン語 masculus「男性」< mas, maris「雄」》男 ❶[動物の] 雄《⇔hembra》: Los ～s de los mamíferos se aparean con las hembras. 哺乳類の雄は雌と交尾する. ❷ 雄性植物; 雄花. ❸《口語》1) 男; 男らしい男, 男っぽい男. 2)[主に友人への呼びかけ] お前. ❹《技術》1)[部品の] オス, 凸型, 雄ねじ; [ホックの] 雄(♂) ～ de aterrajar/～ de roscar ねじタップ. 2) 大型のハンマー. ❺《船舶》ロワーマスト, 下檣. ❻《建築》石造りの支柱, 石柱; バットレス〖=machón〗. ❼《地質》岩塊. ❽《西》[闘牛士のズボンの膝下に] 房飾り. ❾《口語》間抜け. ❿《グアテマラ, キューバ, コロンビア》[米の] もみ. ⓫《グアテマラ》煮糖果. ⓬《ホンジュラス. 料理》チーズ入りのトルティーヤ〖子供のおやつ〗. ⓭《コスタリカ. 口語》金髪の外国人. ⓮《キューバ》豚
—— 形 ❶ 雄の〖語尾形で雌雄を表わさない場合に使う〗: una pantera ～ 一頭の雄豹〖複 panteras ～〗. ❷ たくましい, 男らしい. ❸《軽蔑》マッチョな;《マチスモの《女性に対する男性優位の態度》. もともと先スペイン期のメキシコ文化では macho は「大きい物; 優れた者, 力のある者」という意味で用いられていた〖マリアニスモ marianismo の裏返しという説もある〗. その後, ア

メリカ英語に取り入れられた〗: Se cree más ～ que nadie. 彼は自分が一番男らしいと思っている. ❸《植物》雄性の: flor ～ 雄花. ❹《技術》オスの, 差し込む方の: enchufe ～ プラグ. ❺ 強い, 頑丈な: palo ～ 丈夫な棒. pelo ～ こわい毛. vino ～ 強いワイン. ❻ とんま, 間抜けの
—— 間［驚き・怒り］うわっ, ちくしょう!
a lo ～《メキシコ. 口語》正直に, 嘘偽りなく
atarse (apretarse) los ～s《口語》[難事を前に] ふんどしを締め直す
no apearse del ～ 自分の誤りを認めない, あきらめない
II《←?語源》男《まれ》❶[鍛冶屋の] 大槌. ❷ 金床台; 四角い金床
III《←ポルトガル語》男《動物》ラバ〖=mulo〗
no bajarse de su ～《メキシコ. 口語》強情な態度をとる, かたくなになる
parar el ～/parar los ～s《中米, カリブ, エクアドル, ペルー》危険〔不適切〕な言動をやめさせる
macho², cha [mátʃo, tʃa] 形《コロンビア》すばらしい
machón, na [matʃón, na]《macho¹ の示大語》形 ❶《中南米》男まさりの. ❷《プエルトリコ, ウルグアイ》ばかでかい
—— 男 ❶ 雄のラバ. ❷《建築》1) バットレス, 控え壁. 2) 長さ5メートルの角材
—— 女《カリブ, アンデス, ラプラタ》[男の子のような遊びをする] おてんば娘.《時に軽蔑》男のような女
machonear [matʃoneár] 自《アルゼンチン, ウルグアイ》[女の子が] 男の子の習慣や遊びを好む; [女が] 男のようにふるまう
machonga [matʃónga] 女《コロンビア》黄鉄鉱
machorrear [matʃořeár] 自・～**se**《ベネズエラ》台なしにする, 無駄にする
machorro, rra [matʃóřo, řa] 形《動物の雌が》不妊の《《俗用》で人間についても〗
—— 女 ❶ 不妊の雌羊. ❷《口語》[外見・物腰が] 男のような女
machorrucio [matʃořúθjo] 男《コロンビア. 料理》トウモロコシのスープ
machota [matʃóta] I 女 ❶《軽蔑》男のような女, おてんば娘. ❷《アンダルシア; メキシコ》男勝り. ❸《プエルトリコ》つらつらとした美女
a la ～ 1)《中米》荒々しく, 乱暴に. 2)《カリブ, アンデス》不注意に
II 女 大槌〖=mazo〗; [土を突き固める] たたき, タンパ
machote [matʃóte] I《macho¹ の示大語》男 ❶《親愛. 時に軽蔑》男らしい〔男〕, たくましい〔男〕. ❷《チリ》[動物の雄が] 生殖能力のない
—— 男《メキシコ》❶ 記入用紙, 申込書. ❷ 草稿, 下書き. ❸《鉱山》[出来高払いのための] 仕事量の印
II《macho¹ II の示大語》男 =**machota** II
a ～《地方語》槌で叩く
machuca [matʃúka] 女《エストレマドゥラ》まだ実が十分についていないうちに脱穀される麦
—— 形《チリ. 口語》執拗な, しつこい
machucada [matʃukáđa] 女《チリ. 歴史》従軍慰安婦
machucador, ra [matʃukađór, ra] 形 [果物などを] 傷める
machucadura [matʃukađúra] 女 ❶[果物などの] 傷み. ❷ 打撲傷, あざ
machucamiento [matʃukamjénto] 男 傷めること
machucangú [matʃukaŋgú] 男《パナマ》木の臼(?)
machucante [matʃukánte] 男《コロンビア. 少し軽蔑》奴(♂), やから
machucar [matʃukár]《←macho¹ II》7 他 ❶[果物などを] 傷める; [指などを] 打ちつぶす. ❷《メキシコ, プエルトリコ, コロンビア》[競走の前の準備運動で馬を] 疲れさせる. ❸《メキシコ》1) 打きつぶす. 2)《野球》[打球を] 高くバウンドさせる. ❹《キューバ》[洗濯物を] 雑に洗う
machucárselas《チリ. 口語》ひどい目にあう
machucazo [matʃukáθo] 男 ❶《地方語》傷めること. ❷《プエルトリコ》打撲傷, あざ〖=machucadura〗
machucho, cha [matʃútʃo, tʃa] 形《←?アラビア語「北方の人」》❶《軽蔑》かなりの年齢の, 年増の: Siendo ya ～*cha*, ha tenido una hija. 彼女は高齢になって娘を産んだ. ❷ 落ち着いた, 冷静な, 慎重な
—— 男 複《ペルー》[靴底の] スパイク
machuco [matʃúko] 男《エストレマドゥラ》木槌
machucón [matʃukón] 男 ❶《中南米》打撲傷, あざ〖=machu-

cadura〗. ❷《メキシコ. 野球》[打球を] 高くバウンドさせること
machucona [matʃukóna] [女]《キューバ》雑な洗い方をする洗濯女
machuelo [matʃwélo] [男] ❶ 芽. ❷《チリ. 魚》ニシン属の一種
machuna [matʃúna] [形] [雌ヤギが] 角がまっすぐ上向きに生えた
machuno [matʃúno] [形]《ソリア. 軽蔑》雄の, 男の
Machu Picchu [mátʃu píktʃu] [男]/[女]《地名》マチュ・ピチュ〖ペルー南部, アンデス山脈の標高2500mに位置し, 15世紀インカ帝国時代に建設された石造の都市.「老いた山」の意〗
machuquillo [matʃukíʎo] [男]《キューバ. 料理》つぶしたバナナと塩豚またはベーコンの炒め物
machurar [matʃurár] [他]《コロンビア, ペルー》[肉体的・精神的に] 痛めつける
machusca [matʃúska] [女]《ボリビア. 口語》太った女
macia [máθja] [女] =**macis**
Macías [maθías]《人名》マシアス〖14世紀のガリシアの詩人. 通称 Macías el Enamorado〗
estar más enamorado que ～ 深く恋に落ちている
Macías Picavea [maθías pikaƀéa]《人名》**Ricardo** ～ リカルド・マシアス・ピカベア〖1847～99, スペインの作家.『スペインの課題: その現実・原因・対策』*El problema nacional. Hechos, causas, remedios*〗
macica [maθíka] [女]《植物》ハルシメジ〖食用のキノコ〗
macicez [maθiθéθ]〖←macizo〗[女] 中身が詰まっていること
maciega [maθjéga] [女] ❶《中南米》[畑に生える] 雑草. ❷《ボリビア, アルゼンチン, ウルグアイ》[様々な種類の] ハーブ. ❸《ラプラタ》[ブラジルとの国境近くの] 背の高い草が生い茂った湿地帯
maciegal [maθjegál] [男]《アルゼンチン》雑草の生い茂った土地
macilento, ta [maθilénto, ta] [形] ❶ [人が] やつれた, 青白い: rostro ～ やつれた表情. piel ～ 青白い肌. ❷ [光が] 弱々しい, 乏しい, かすかな
macillo [maθíʎo]〖mazo の示小語〗[男] ❶《音楽》1) [ピアノの] ハンマー. 2) [太鼓などの] ばち. ❷《古語》紙巻きたばこ14本の束
macío [maθío] [男]《キューバ. 植物》=**masío**
macis [máθis] [女]《単複同形》ナツメグの種皮
maciza[1] [maθíθa] [女]《メキシコ. 料理》[煮込みやタコスに使われる] 骨と皮を取り除いた肉
macizamente [maθíθaménte] [副] 堅固に, どっしりと
macizar [maθiθár] [9] [他] ❶《建築》空洞を埋める, 中身を詰める. ❷《地方語》[魚に] 餌を与える
macizo, za[2] [maθíθo, θa]〖←古語 masizo < masa〗[形] ❶ [ser+] 中身が詰まった, 空洞でない, 中まで同一物質の; めっきでない: estatua de oro ～ 金むくの像. mueble ～ むく材の家具. ❷ [ser+] 頑丈な, しっかりした. ❸ [ser+] 堅固な: argumento ～ ゆるぎない論拠. ❹《口語》[estar+. 人が] 頑健な, 丈夫な, たくましい: ponerse ～ たくましい体になる. hombre ～ がっしりとした男. ❺《口語》[estar+. 女性が]《西》性的魅力のある, グラマーな
—— [男] ❶《地理》山塊〖=～ montañoso, ～ de montañas〗: *M*～ Guayanés/*M*～ de las Guayanas [ベネズエラの] ギアナ高地. ❷ [装飾用植物の] 小さな寄せ植え, 植え込み: ～ de flores 花壇. ❸《建築》1) [2つの vano 間の] 壁, 窓間壁. 2) ビル群, 建物群. ❹ 塊. ❺《カンタブリア》樽で塩漬けにしたイワシ. ❻《ドミニカ》小さな花かご
macla [mákla] [女]《鉱物》双晶
maclado, da [makláđo, đa] [形]《鉱物》cristal ～ 双晶
maclascal [maklaskál] [男]《メキシコ》リュウゼツランの柔らかい部分を使ったトルティーヤ
maco [máko] [男] ❶《隠語》刑務所. ❷《隠語》背嚢〖=macuto〗. ❸《キューバ. 貝》タカラガイ科の一種〖ガチョウの卵ほどの大きさがある. 学名 Cyprea cereus〗. ❹《プエルトリコ. 戯語》人間の目. ❺《コロンビア》猿
macoco, ca [makóko, ka] [形] 熟しすぎた
—— [男] ❶《コロンビア》使えなくなった山刀〖=macoca〗. ❷《ベネズエラ》棍棒
—— [女] ❶ [夏に採果した] 干しイチジク〖=breva seca〗. ❷《サラマンカ》拳骨で頭を殴ること. ❸《コロンビア》使えなくなった山刀
macocoa [makokóa] [女]《コロンビア》不機嫌
macolla [makóʎa] [女] [集名]《農業》[1本の茎から] 叢生したもの
macollado, da [makoʎáđo, đa] [形]《チリ》ぎっしり詰まった, あふれそうな
macollar [makoʎár] [自]《農業》[1本の茎から] 叢生する
—— [他]《チリ》蓄える, 蓄蔵する
macollo [makóʎo] [男]《グアテマラ, ホンジュラス》=**macolla**
macón, na [makɔ́n, na] [形]《コロンビア》非常に大きな
—— [女] 大きなかご banasta
macondo [makɔ́ndo] [男]《コロンビア》❶《植物》パンヤ科の高木〖学名 Cavanillesia platanifolia〗. ❷ 運任せの勝負事
maconear [makoneár] [他]《パナマ》芽を剪定する
macono [makóno] [男]《ボリビア. 鳥》鳴禽(めいきん)の一種
macoquear [makokeár] [他]《コロンビア》山刀 macoca で殴る
macota [makóta] [女]《ウルグアイ》[農民の間で] 都会の人間
—— [形]《ボリビア, アルゼンチン》大きな, 頑丈な
macote [makóte] [形]《アルゼンチン》非常に大きな
macramé [makramé]〖←仏語〗[男]《手芸》❶ マクラメ. ❷ マクラメ編み用の糸
macro [mákro] [女]《情報》マクロ
macro-《接頭辞》[大]〖⇔micro-〗*macro*cosmos 大宇宙
macró [makró] [男]《隠語》ポン引き, 女衒(ぜげん)
macrobio, bia [makróƀjo, ƀja] [形] 長寿の
macrobiótico, ca [makroƀjótiko, ka] [形] [名] 長寿法の〔実践者〕, 自然食の: alimentos ～*s* 長寿(自然)食品. restaurante ～ 自然食レストラン
—— [女] 長寿法, 自然食: practicar ～*ca* 長寿法(自然食)を実践する
macrobiotismo [makroƀjotísmo] [男] 長寿食餌法
macroblasto [makroƀlásto] [男]《医学》大赤芽球
macrocarpa [makrokárpa] [女]《植物》モントレーイトスギ
macrocefalia [makroθefálja] [女]《医学》大頭症
macrocefálico, ca [makroθefáliko, ka] [形]《医学》大頭症の
macrocefalismo [makroθefalísmo] [男] =**macrocefalia**
macrocéfalo, la [makroθéfalo, la] [形] [名] ❶《医学》大頭症の〔患者〕. ❷ 頭でっかちの, 指導部が大きすぎる, 経営陣が多すぎる: grupo de empresas ～ 頭でっかちの企業グループ
macrocentro [makroθéntro] [男] 大型センター: ～ comercial 大型商業施設. ～ de ocio 大型レジャー施設
macrocito [makroθíto] [男]《医学》大赤血球
macrocolon [makrokólɔn] [男]《医学》大結腸症
macroconcierto [makrokɔnθjérto] [男]《音楽》[スタジアムなどでの] 大規模コンサート
macrocontexto [makrokɔnté〔k〕sto] [男]《言語》マクロコンテキスト〖⇔microcontexto〗
macrocosmo [makrokɔ́smo] [男] =**macrocosmos**
macrocosmos [makrokɔ́smɔs] [男]《単複同形》《哲学》大宇宙
macrodactilia [makrođaktílja] [女]《医学》巨指症
macrodáctilo, la [makrođáktilo, la] [形]《医学》巨指症の
macroeconomía [makroekonomía] [女] マクロ経済; マクロ経済学〖⇔microeconomía〗
macroeconómico, ca [makroekonómiko, ka] [形] マクロ経済の; マクロ経済学の: doctrina ～*ca* de la oferta サプライサイド・エコノミックス
—— [女] マクロ経済学
macroencuesta [makroeŋkwésta] [女] マクロ調査
macroestructura [makroestruktúra] [女] ❶ マクロ構造(組織). ❷《言語》[辞書の] マクロ構造
macrófago, ga [makrófago, ga] [形] [男] ❶《生物》大食細胞〔の〕, マクロファージ〔の〕. ❷《動物》大食動物の
macrofauna [makrofáuna] [女]《生態》マクロファウナ
macrofito, ta [makrofíto, ta] [形] [女]《植物》肉眼的植物〔の〕
macrofósil [makrofósil] [女]《地質》大型化石
macrofotografía [makrofotografía] [女] 拡大写真
macroftalmía [makrɔftalmía] [女]《医学》巨眼症
macrofunción [makrofunθjɔ́n] [女]《情報》マクロ
macrogameto [makrogaméto] [男]《生物》雌性生殖体, マクロガメート
macrogametocito [makrogametoθíto] [男]《生物》マクロガメトサイト
macroglosia [makroglósja] [女]《医学》巨大舌
macrografía [makrografía] [女] 肉眼図, 拡大図
macroinstrucción [makrɔinstru〔k〕θjɔ́n] [女]《情報》マクロ命令
macrólido [makróliđo] [男]《医学》マクロライド
macromagnitud [makromagnitú〔đ〕] [男]《経済》マクロマグニチュード, 巨視的集計概念
macromolécula [makromolékula] [女]《化学》巨大分子, 高分

macromolecular [makromolekulár] 形《化学》巨大分子の, 高分子の
macronúcleo [makronúkleo] 男《動物》大核
macroplancton [makroplánkton] 男《生物》マクロプランクトン, 大型浮遊生物
macropodo, da [makropóðo, ða] 形《植物》大きい胚軸を有する, 長い果柄を有する
macroproyecto [makroproʝékto] 男《経済など》大規模計画
macropsia [makró(p)sja] 女《医学》巨視症
macroquímica [makrokímika] 女 マクロ化学
macrorredada [makroředáða] 女 大規模な手入れ(一斉検挙)
macroscópico, ca [makroskópiko, ka] 形 ❶ 肉眼で見える: parásitos ～s 肉眼で見える寄生虫. ❷ 巨視的な《⇔microscópico》
macroseísmo [makroseísmo] 男 =**macrosismo**
macrosismo [makrosísmo] 男 有感地震
macrosmático, ca [makrosmátiko, ka] 形《動物》嗅覚が非常に発達した
macrosociología [makrosoθjoloxía] 女 マクロ社会学
macrosociológico, ca [makrosoθjolóxiko, ka] 形 マクロ社会学の
macrospora [makrospóra] 女《植物》大胞子
macrosporangio [makrosporánxjo] 男《植物》大芽胞嚢, 大胞子嚢
macrosporofila [makrosporofíla] 女《植物》心皮, 大胞子葉
macrostomía [makrostomía] 女《医学》大口症
macrotúnel [makrotúnel] 男 大型トンネル
macrovertedero [makroβerteðéro] 男 大規模ごみ廃棄場
macrozoom [makroθún] 男《写真》マクロズーム
macruro, ra [makrúro, ra]《動物》長尾類の
— 男《動物》長尾類
macsura [maksúra] 女《イスラム教》❶ [モスク内の]教主·導師用の仕切席. ❷ 修道僧の墓
macuá [makwá] 男《パナマ》魔法, 妖術
macuache [makwátʃe] 形《メキシコ》粗野な
— 男 何の教育も受けていないメキシコの先住民
macuahuitl [makwawítl]《メキシコ》細石刃をつけた棍棒《=macagüil》
macuare [makwáre] 男《ベネズエラ》❶ [ヤシの葉の芯で作った]鞭. ❷《ビリヤード》プレー
macuba [makúba] 女 ❶《西インド諸島マルティニーク島la Martinica 産の高級な香りのよいたばこ. ❷《昆虫》ジャコウカミキリ
macuca[1] [makúka] 女《植物》❶ ベニバナ. ❷ ドロップワート, ロクベンシモツケ. ❸ アヤメ科の一種《学名 Moraea sisyrinchium》
macuche [makútʃe] 男《メキシコ》メキシコ北部産のタバコ
— 形《メキシコ》できの悪い, 並の質の
macuco, ca[2] [makúko, ka] 形 ❶《コロンビア, ペルー, アルゼンチン》[若者が]のっぽの, ばかでかい. ❷《エクアドル》役に立たない, 古い. ❸《チリ. 口語》狡猾な, ずる賢い
macucón, na [makukón, na] 形《コロンビア》ばかでかい
macuculito [makukulíto] 男《地方語. 植物》サクラソウ《=prímula》
macuenco, ca [makwénko, ka] 形 ❶《キューバ, プエルトリコ》やせた, 弱い. ❷《ドミニカ》役に立たない. ❸《コロンビア》ばかでかい
macuito, ta [makwíto, ta] 形《ペルー. 古語》黒い; 黒人
macujear [makuxeár] 自《キューバ》もぐもぐ言う, つぶやく
mácula [mákula] 女《←ラテン語 macula》❶《文語》[皮膚などの]しみ, 斑点. 《=mancha》. ❷《天文》[太陽の]黒点《～ solar, ～ del sol》. ❸《解剖》[網膜の]黄斑《=～ lútea》. ❹《文語》欺瞞, 罪. ❺《文語》[経度などの]汚点. ❻《印刷》刷り損じ, 二重刷り
sin ～ 汚れのない, しみ一つない; ミスのない; 汚点のない
maculación [makulaθjón] 女《印刷》汚すこと, しみをつけること
maculado, da [makuláðo, ða] 形 汚れのある
— 女《昆虫》キマダラジャノメ《蝶》
macular [makulár] 他 ❶《文語》汚す, しみをつける. ❷ 刷り損なう
— 形《解剖》網膜の黄斑の
maculatura [makulatúra] 女《集合》❶《印刷》刷り損じの紙. ❷《文語》汚れ, しみ

macumba [makúmba] 女 マクンバ ❶ アフリカ起源のブラジルの黒人宗教·呪術. キリスト教とも混交している. ❷ その祭礼の踊り·音楽》
macumbé [makumbé] 形《ボリビア》大きな
macún [makún] 男《チリ. 服飾》ウールの袖なしのアンダーシャツ
macundales [makundáles] 男 複《ベネズエラ》[各自の]道具: con todos sus ～ あらゆる道具持参で
macundos [makúndos] 男 複《ベネズエラ》道具, 用具
macupa [makúpa] 女《フィリピン. 植物》フトモモ
macuquear [makukeár] 自《南米. 口語》策謀をめぐらす
macuquero, ra [makukéro, ra]《←口語源》名[廃坑の]盗掘者
— 形《プエルトリコ》ずるい, 抜け目のない
macuquino, na [makukíno, na] 形 ❶《中南米》[19世紀半ばまで流通していたペルー鋳造の]縁にぎざぎざのない[金貨·銀貨]. ❷《ボリビア》ばかでかい
macurca [makúrka] 女《チリ》筋肉痛, 凝り
macurije [makuríxe]《キューバ. 植物》ムクロジ科の木《学名 Cupania oppositofolia》
macurque [makúrke] 男《ペルー》手足の引きつり, 痙攣
macutazo [makutáθo] 男《軍事. 隠語》流言, デマ
macuteno, na [makuténo, na] 名《メキシコ. 古語》泥棒, こそ泥, すり
macuto [makúto]《←コンゴ語 kutto「袋」》男 ❶ [主に兵士の]背嚢. ❷《キューバ, ドミニカ, ベネズエラ》[乞食が施し物を集めるのに使う蔓などに]かご, ずだ袋: no faltar a+ sino ～ 赤貧の状態にある. ❸《キューバ》[肉やたばこを入れておく]ダイオウヤシの包み. ❹《ベネズエラ》ヤシの仏炎苞
madagascareño, ña [maðagaskaréɲo, ɲa] 形 名《国名》マダガスカル Madagascar の(人)
madalena [maðaléna] 女《菓子》マドレーヌ《=magdalena》
madaleno [maðaléno] 男《隠語》秘密警察
madam [maðám] 女 ❶ 売春宿の女主人《=madama》. ❷ 警察《=policía》
madama [maðáma] 女《←仏語 madame》❶《隠語》売春宿の女主人. ❷ まれ. 少し皮肉》奥さん, ご婦人. ❸《キューバ. 植物》ホウセンカ. ❹《南米. 俗語》産婆, 助産婦
madame [maðám] 女《隠語》売春宿の女主人《=madama》
madamero [maðaméro] 男 女好きの(聖職者)
madamisela [maðamiséla] 女《廃語》=**damisela**
madapolán [maðapolán] 男《糊付きの》白い平織り綿布
Madariaga [maðarjáɣa]《人名》**Salvador de ～** サルバドル·デ·マダリアガ《1886～1978, スペインの外交官·歴史家·作家. 内戦勃発後に亡命. 主にスペインの歴史や文学をテーマとした文筆活動に従事した.『コロンブス正伝』*Vida del Muy Magnífico Señor don Cristóbal Colón*,『ドン·キホーテの心理学』*Guía del lector del Quijote*,『イギリス人, フランス人, スペイン人』*Ingleses, franceses y españoles*》
madefacción [maðefa(k)θjón] 女《薬学》[調合するために]薬の原料を湿らせること
made in [méjd in]《←英語》形 …製の
madeira [maðéjra] 男《ポルトガル領マデイラ島 Madeira 産の》マデイラワイン, マデイラ酒
madeja [maðéxa] 女《←ラテン語 mataxa》❶ [糸の]一かせ, 糸束; [糸の長さの単位]かせ. ❷《毛髪の》房. ❸《解剖》～ de nervios 怠け者, 神経線維束. ❹《地方語. 料理》[丸く束ねられた]子羊の腸. ❻《ホンジュラス》[小作人などの資産の]家畜
enredar (*liar*) *la* ～ 紛糾させる, もつれさせる
～ *sin cuenda* こんがらがったもの
madejo [maðéxo] 男《サラマンカ》気を失うこと, 気分が悪くなること
mademoiselle [maðmwasél] 女《←仏語》❶ [フランスなど外国人の]お嬢さん. ❷《古謙的》フランス人の子守り娘
madera[1] [maðéra] 女《←ラテン語 materia「物質, 材木」》❶ 木材, 材木: aguar la ～ [輸送のために]流木する. caja de ～ 木造，木造家屋. ～ anegadiza 水に浮かばない木材. ～ blanda (dura) 軟材(硬材). ～ de (para) construcción 建築用材. ～ de hilo 角材. ～ en rollo 丸太材. ～ de raja へぎ材. ～ en blanco／～ sin pintar 白木. ～ plástica プラスチックウッド. ～ preciosa 高級材. ～ prensada (aglomerada, conglomerada) 樹脂合板. ～ serradiza／～ de sierra ひき材. ❷ 素質, 才能, 適性: Tiene ～ de orador. 彼は弁論の才

がある. Son de la misma 〜. 彼らは同じような性格だ. ❸《ゴルフ》ウッド. ❹《西. 俗語》警察[=policía]. ❺《音楽》木管楽器의. ❻《建築》a media 〜 〜そぎ継ぎの. ❼[馬の蹄の]角質. ❽《化学》木精
de buena 〜《メキシコ,アルゼンチン.口語》[体質的に]健康(丈夫)である
ser de 〜《ウルグアイ. 口語》頭が悪い; 適性がない, 向いていない
tocar 〜 [*sin pata*] [不吉なことに対して]くわばらを唱える, 厄払いをする《『木製品に触れながら唱える』: *Toquemos* 〜./ Habrá que *tocar* 〜. くわばら, くわばら
── 男 =madeira

maderable [maðeráßle] 形 用材となる: bosque 〜 用材林, 伐採林
maderación [maðeraθjón] 女《まれ》=**maderamen**
maderada [maðeráða] 女《集合》[川をいかだなどで運ばれる]材木, 原木, 流木
maderaje [maðeráxe] 男 =**maderamen**
maderamen [maðerámen] 男 ❶《集合》[一つの建築に使う]材木, 用材. ❷[建物の]木造部分, 木造部
maderamiento [maðeramjénto] 男《まれ》=**enmaderamiento**
maderar [maðerár] 他 ❶[木々から]木材をとる: 〜 un bosque 森から木材をとる. ❷《古語》=**enmaderar**
maderería [maðerería] 女 材木店; 材木置き場, 貯木場, 木場
maderero, ra [maðeréro, ra]《←madera[1]》形 ❶ 木材の, 製材の: industria 〜*ra* 製材業; 木工業. producción 〜*ra* 木材を産出する: bosque 〜 用材林. país 〜 木材輸出国. propietario de montes 〜*s* 山林地主
── 男 ❶ 材木商, 製材業者. ❷ 木材運搬業者; いかだ師. ❸ 大工
── 男 材木運搬船
maderiense [maðerjénse] 形 名《地名》[ポルトガルの]マデイラ Madeira 諸島の(人)
maderismo [maðerísmo] 男《歴史》[メキシコの]フランシスコ・マデロ Francisco Madero に率いられた自由主義的な革命運動
maderista [maðerísta] 形《アラゴン》木材の, 木材業, 製材業の
── 形《歴史》maderismo の, maderismo を支持する
maderizado, da [maðeriθáðo, ða] 形 [ワインがマデイラ酒特有の]オークの風味がある
madero[1] [maðéro] 男《←madera[1]》男 ❶ 角材, 丸太. ❷ 船
madero[2]**, ra**[2] [maðéro, ra] 名 ❶《西. 俗語》警官. ❷ 間抜け, うすのろ
Madero [maðéro]《人名》 Francisco 〜 フランシスコ・マデロ『1873〜1913, メキシコの実業家・政治家. 1910年のメキシコ革命後大統領に選出されるが, クーデターにより暗殺』
madi [máði] 男 [ウガンダ北西部の]マディ語. ❷《チリ. 植物》キク科の一種『実から食用油がとれる. 学名 Madia sativa』
madia [máðja] 女《チリ. 植物》キク科の一種《=madi》
madianita [maðjaníta] 形 名《旧約聖書》ミディアン Medián 族(の人)『古代アラビアの砂漠地帯の遊牧民』
madison [máðison] 形《←英語》[舞踊, 音楽]1960年代米国南部に始まる」マジソンダンス
madona [maðóna] 女《←伊語 madonna》❶《美術》マドンナ『聖母マリアの絵・像』. ❷ [M〜] 聖母マリア
¡a la 〜*!*《ラプラタ. 口語》[思いがけないことに対する驚き・賞賛]すごい!
hermosa como una 〜 息をのむほど美しい
madonna [maðóna] 女 =**madona**
mador [maðór] 男《文語》薄く汗ばむこと
madoroso, sa [maðoróso, sa] 形《文語》薄く汗ばんだ
madrás [maðrás] 男《繊維》[主に格子縞の]薄手の木綿の布地, マドラス木綿
madrasta [maðrásta] 女《俗語》=**madrastra**
madrastra [maðrástra] 《←madre》女 ❶ まま母, 継母: 〜 de Blancanieves 白雪姫の継母. El padre no se volvió a casar por no darles 〜 a los hijos. 父親は子供たちに継母を作らないように再婚しなかった. ❷《軽蔑》子供をいじめる母親. ❸《まれ》不都合なもの, やっかいなもの
madraza [maðráθa] 女 I《madre の示大語》《親愛》子供を甘やかす過保護な母親; 子供一筋の母親: 〜: nunca regaña a sus hijas. あれは甘い母親だ. 娘を叱ったことがない
II 《←アラビア語 madrasa「学ぶ場所」》女《イスラム教》マドラサ『モスクに付属する神学校, 高等教育機関』

madrazo [maðráθo] 男《メキシコ. 口語》殴打, 強打
madre [máðre]《←ラテン語 mater, -tris》女 ❶ 母, 母親《⇔padre》: 1) Es 〜 de dos hijos. 彼女は2児の母だ. Asociación de M〜*s* y Padres de Alumnos 父母会, PTA. día de la 〜 母の日. futura 〜/〜 futura 妊婦. su señora 〜 ご母堂. M〜 de Dios/M〜 Pía 聖母マリア. 〜 de familia[*s*] 家庭の主婦, 一家の母親. 〜 de leche 乳母. 〜 naturaleza 母なる大地. 〜 suplente/〜 de alquiler/〜 alquilada《医学》代理母. 〜 [親愛の呼びかけ] お母さん 〜, ¿puedes venir un momento? お母さん, ちょっと来てくれない? 3)［動物の雌親］Es 〜 de cinco cachorros. この雌犬は5匹の子犬の母親だ. 4)[形容詞的] zorra 〜 母狐. barco 〜 母船. roca 〜 母岩. 5)《俗語》[相手の母親を淫売呼ばわりした強い侮辱]¡Tu 〜! こんちくしょう! ❷《カトリック》1)[修道女に対する敬称]マザー: Las 〜*s* de la guardería son monjas franciscanas. その保育園のマザーたちは皆フランシスコ会の修道女だ. 〜 Teresa de Calcuta マザーテレサ. 2)[時に敬称]女子修道院長《=〜 abadesa, 〜 superiora》. ❸[病院・養老院などの]婦長. ❹ [老齢の女性への親愛の呼びかけ]おばあさん: 〜 Carmen カルメンばあさん. ❺[戯画, 時に皮肉][+con 子供などに]優しすぎる人, 親切すぎる人『男性を指す場合もある』: Nuestro profesor es una auténtica 〜, no nos reprende por nada. 僕らの先生は本当に優しいよ, 何をしても叱らないんだから. ❻源, 起源: Grecia es la 〜 de la cultura occidental. ギリシャは西欧文化の発祥地である. La ociosidad es 〜 de todos los vicios. 閑居は諸悪の根源である. ❼《化学》aguas 〜*s* 母液. 〜 de vinagre 酢母. ❽《医学》1) 〜 de niños てんかんの一種. 2)《古語》dura 〜 硬脳膜. pía 〜 軟脳膜. 3)《地方語》子宮[=matriz]: dolor de 〜 子宮の痛み. mal de 〜 ヒステリー. ❾ 下水の本管; 用水路の本流《=acequia》. ❿ 河床, 川床. ⓫《建築》心柱: Por ser la 〜, no se puede quitar este pilar. 心柱になっているので, この柱は取り外せない. ⓬ 機器の主要部: 〜 del timón 主舵. 〜 del tajamar 主水切り. ⓭［ワイン・酢の］沈殿物, おり: Queda la 〜 en el fondo de la botella. 瓶の底におりがたまっている. ⓮《遊戯》親. ⓯《地方語. 養蜂》[分封蜜蜂の]元の巣. ⓰《メキシコ. 植物》〜 de mil クサヨシ. ⓱《キューバ》炭焼き用の薪
a toda 〜《メキシコ》すばらしい
buscar la 〜 *gallega/irse con su* 〜 *gallega*《口語》一山当てようとする; 生計を立てる
como su 〜 *lo echó (trajo) al mundo/como su* 〜 *lo parió*《口語》丸裸の・で, 生まれたままの姿の・で: Posó para una revista *como su* 〜 *la echó al mundo*. 彼女は全裸写真をある雑誌に撮らせた
dar en la 〜 1)《卑語》殴る. 2)《メキシコ》[人を]ひどく傷つける
echar 〜*s a*+人《メキシコ, コロンビア》=**mentar la** 〜 **a**+人
estar hasta la 〜《メキシコ》1) [+de に] うんざりしている. 2) 酔っぱらっている, 麻薬でラリっている
importar 〜 [*s*]《メキシコ. 俗語》=**valer** 〜[*s*]
irse con su 〜 *de Dios* 腹を立てて退席する
la 〜 *del cordero*《口語》1) キーポイント, 要点; 難しい点: Ahí está la 〜 *del cordero*. そこにこそ問題の核心がある. 2)［驚き・賛嘆］何とまあ!
¡La 〜 *que le parió (trajo·echó)!*《俗語》1)［不快・怒り］…のちくしょう, くっそたれめ; 親の顔が見たいものだ!: *¡La* 〜 *que le parió! ¡Qué trabajo me da!* 本当に腹が立つ. あいつにひどく面倒をかけられて. 2)［賛嘆］すごい, よくやった!
¡M〜*!/¡M*〜 *de Dios!* =*¡M*〜 *mía!*
〜 *de los alquilados*《コロンビア》雨
¡M〜 *mía!*［驚き・賛嘆］何とまあ!: *¡M*〜 *mía! ¿Cómo puede suceder esto?* 大変だ! どうしてこんなことが起こるのだろう?
〜 *patria* 1) 母国, 祖国, 生まれた国. 2)[旧]植民地にとって]の本国
mentar la 〜 **a**+人*/mentar* 〜*s* **a**+人《メキシコ, コロンビア》［強い侮辱］人を淫売の息子呼ばわりする: Me *mentó la* 〜 y le di una bofetada. あいつは俺をばかにしやがったので, 平手打ちを食らわせてやった
¡Mi 〜*!* =*¡M*〜 *mía!* *¡Mi* 〜*! ¡Qué grandote es ese luchador!* わあ, でっかいな! あのレスラーすごい
¡Ni la 〜 *que le parió!*《俗語》=*¡La* 〜 *que le parió!*
ni 〜*s*《メキシコ》[強い否定] とんでもない
no saber ni 〜[*s*]《メキシコ. 俗語》全く知らない, ほとんど何も知ら

madrear

ない
no tener 〔*ni*〕 ~《メキシコ. 口語》1) 恥知らずである: *Ese no tiene* ~. あいつは恥知らずだ. 2) 悪感情を抱く
nombrar a la ~ *a*+人 =*mentar la* ~ *a*+人
¡Qué poca ~*!*《メキシコ. 口語》〔不快・怒り〕ちくしょうめ!
saber a la ~ 朱(しゅ)に染まる
sacar de ~ *a*+人《口語》…を不安にさせる, 勘忍袋の緒を切らせる: *Me saca de* ~ *verte pasando todo el día sin hacer nada.* お前が一日中何もしないでぶらぶらしているのを見ると, こっちがいらいらしてくる
sacarse la ~《ホンジュラス, パナマ, ベネズエラ》がんばる, 努力する
salir〔*se*〕 *de* ~《口語》1)〔通常の〕限度を越える. 2)〔川が〕氾濫する: *El río se iba a salir*〔*se*〕*de* ~. 川があふれそうになっていた. 3) 冷静さを失なう: *En la fiesta los jóvenes se salieron de* ~. パーティーで若者たちがはめを外した
ser ~ 出審する, 母親である
¡Su ~*! ¡M*~ *mía!*: *Me han dicho que la sorprendieron robando.—¡Su* ~*!* 彼女は盗みの最中に捕まったんだって.—何というこった!
tener poca ~《メキシコ. 口語》=*no tener*〔*ni*〕 ~
¡Tu ~*!* こんちくしょうめ!
valer ~〔*s*〕《メキシコ. 俗語》〔事を〕大事と思わない, 気にしない
―― 形《チリ. 口語》ひどい, すごい

madrear [maðreár]〔←*madre*〕 自. ~*se*〔パン種・ワインが〕腐敗する
―― 他《メキシコ. 口語》〔棒などで〕殴る, ひっぱたく

madrecilla [maðreθíʎa] 女〔鳥〕卵管〔=*huevera*〕

madreclavo [maðreklábo] 男《香辛料》2年間木に生っていたクローブ

madrejón [maðrexón] 男《アルゼンチン》〔主に雨水でできる川の〕乾いた河床

madreña [maðréɲa] 女 木靴〔=*almadreña*〕

madreñero, ra [maðreɲéro, ra] 名 木靴の製造(販売)者

madreperla [maðrepérla] 女 ❶〔貝〕シンジュガイ(真珠貝); その貝殻: *de río* カワシンジュガイ. ❷《宝飾》マベ〔パール〕. ❸《植物》グラパラリーフ〔食用〕

madrépora [maðrépora] 女《動物》イシサンゴ, ミドリイシ

madreporario, ria [maðreporárjo, rja] 形 イシサンゴの
―― 男《動物》イシサンゴ目

madrepórico, ca [maðrepóriko, ka] 形《動物》イシサンゴの, ミドリイシの

madrero, ra [maðréro, ra] 形 母親べったりの, 母親に甘えた

madreselva [maðresélba] 女《植物》スイカズラ

Madrid [maðríð] 男《地名》マドリード《スペインの首都, 州・県・県都. マドリード州の正式名称 *Comunidad de* ~》
adiós, ~ *¡que te quedas sin gente!*〔失われたり・離れたりすることに対し〕残念だ
por aquí se va a ~〔拒絶・否定〕もうごめんだ, 消えてなくなれ

madridejense [maðriðexénse] 形 名《地名》マドリデホス *Madridejos* の〔人〕《トレド県の村》

madridista [maðriðísta] 形 名《サッカー》レアル・マドリー *el Real Madrid C. F.* の〔ファン〕

madrigado, da [maðriɣáðo, ða] 形 ❶〔女性が〕再婚の. ❷〔主に雄牛が〕子供のいる. ❸〔人が〕経験豊かな

madrigal [maðriɣál] 男〔←伊語 *madrigale*〕男 ❶《文学》マドリガル《16～17世紀のヨーロッパで好まれた叙情短詩》. ❷《音楽》マドリガル《16世紀にイタリアで生まれ, スペインに伝わった無伴奏多声の声楽曲》

madrigaleño, ña [maðriɣaléɲo, ɲa] 形 名《地名》マドリガル・デ・ラス・アトラス・トレス *Madrigal de las Atlas Torres* の〔人〕《アビラ県の村》

madrigalesco, ca [maðriɣalésko, ka] 形 ❶ マドリガル〔風〕の. ❷〔愛情表現が〕繊細で甘美な

madrigalista [maðriɣalísta] 名 ❶ マドリガルの作詩家〔作曲家〕. ❷ マドリガルの歌手

madrigalizar [maðriɣaliθár] 自 他 ❶ マドリガルを作詩〔作曲〕する. ❷〔女性の〕美を讃える

madriguera [maðriɣéra] 女 ❶〔←ラテン語 *matricaria* < *mater, matris*「母」〕❶〔ウサギなどの〕巣穴. ❷ 悪者たちの巣窟(ねぐら). ❸〔静かで守られた感じのする〕逃げ込み場所

madrileñamente [maðrileɲaménte] 副 マドリード風に

madrileñismo [maðrileɲísmo] 男 ❶ マドリード的な性格. ❷ マドリードの人たちに特有の単語, 言い回し, 話し方など. ❸ マドリードびいき

madrileñista [maðrileɲísta] 形 名 マドリード的な〔人〕

madrileñizar [maðrileɲiθár] 自 他 マドリード化する

madrileño, ña [maðriléɲo, ɲa] 形 名《地名》マドリード *Madrid* の〔人〕
―― 男 マドリードなまり

madriles [maðríles] 男 (複)〔単複同形〕=*madrileño*
―― 男 複〔*los M*~. 市の各地域をまとめて〕マドリード

madrilla [maðríʎa] 女《アラゴン. 魚》コンドゥロストマ〔=*boga*〕

madrillera [maðriʎéra] 女《アラゴン》小魚用の釣り具

madrina [maðrína] 女〔←*madre*〕❶《カトリック》〔洗礼・結婚式に立会う〕代母, 《プロテスタント》教母《⇔*padrino*》: *La* ~ *cogió al niño en los brazos para que lo bautizara el sacerdote.* 代母は司祭に洗礼してもらうため赤ん坊を抱いた. *El novio y la* ~ *esperan a la novia y al padrino.* 花婿と代母は花嫁と代父を待つ. ~ *de guerra* 戦時代母〔前線の兵士に慰問品を贈る〕. ❷〔開会式などの〕主賓: *La alcaldesa fue la* ~ *de la inauguración del museo.* 市長夫人が美術館の開館式の主賓をつとめた. ❸〔進水式の〕命名者〔=~ *de (en) la botadura*〕: *La* ~ *rompió una botella de cava en el casco del barco.* 命名者はカバの瓶を船体にぶつけて割った. ❹〔授賞式・社交界デビューなどの〕後見役の女性. ❺ 後援者の女性. ❻ 群れを率いる雌馬. ❼〔船舶〕支え, 添え柱. ❽ 2頭の馬をつなぐ皮ひも. ❾《エストレマドゥラ》揚水機にむなぐ棒. ❿《メキシコ》1) 警察の協力者(スパイ). 2)《口語》護送車. ⓫《ホンジュラス》〔荒馬を馴らすためにつながれる〕おとなしい馬. ⓬《コロンビア, ベネズエラ》〔人に馴れない動物を集めるのに使われる〕おとなしい家畜の小さな群れ

madrinazgo [maðrináθɣo] 男 *madrina* であること; *madrina* としての役割, *madrina* として出席すること

madrinero, ra [maðrinéro, ra] 形《コロンビア, ベネズエラ》〔家畜の群れが〕人に馴れない動物を集めるのに使われる

madrino [maðríno] 男《コロンビア, アルゼンチン》❶ 誘導役の家畜. ❷ 他の木を倒すのに使われる木

madriza [maðríθa] 女《メキシコ. 俗語》殴打

madrona [maðróna] 女 ❶ 下水幹線. ❷〔まれ〕子を甘やかす母親〔=*madraza*〕. ❸《古語》=*matrona*

madroncillo [maðronθíʎo] 男《果実》イチゴ〔=*fresa*〕

madroña [maðróɲa] 女《地方語. 植物》イチゴノキ〔=*madroño*〕

madroñal [maðroɲál] 男 ❶ イチゴノキ畑. ❷〔まれ. 植物〕イチゴノキ〔=*madroño*〕

madroñera [maðroɲéra] 女 ❶《植物》イチゴノキ〔=*madroño*〕. ❷ イチゴノキ畑〔=*madroñal*〕. ❸〔まれ. 服飾〕房飾りmadoroñoの付いたマンティーリャ

madroñero [maðroɲéro] 男《ムルシア. 植物》イチゴノキ〔=*madroño*〕

madroño [maðróɲo] 男〔←?語源〕❶《植物, 果実》イチゴノキ, ストロベリーツリー《マドリードのシンボル》. ❷ *canario/* ~ *de Canarias* ツツジ科の一種《学名 *Arbutus canariensis*》. ~ *de Levante* イチゴノキの一種《学名 *Arbutus andrachne*》. ❷ イチゴノキの実または似た房飾り

madrota [maðróta] 女《メキシコ》売春宿のおかみ

madrugada [maðruɣáða] 女〔←*madrugar*〕❶ 夜明け, 明け方. ❷ 真夜中から明け方までの時間, 深夜: *Volvió a casa a las dos de la* ~. 彼は午前2時に帰宅した. *a las tantas de la* ~ 真夜中すぎに, 深夜に. ❸《ムルシア》マラゲーニャに似た民謡 *de* ~ 夜明けに: *Era ya de* ~. もう夜明けだった. *levantarse* 〔*salir*〕 *con* ~ 夜明けとともに出発する

madrugador, ra [maðruɣaðór, ra] 形 名 ❶〔習慣として〕早起きの〔人〕: *Don Quijote es un gran* ~ *y amigo de la caza.* ドン・キホーテは大変な早起きで狩りが大好きだった. ❷ 何事も早めにすませる〔人〕, 機先を制する〔人〕, ずる賢い〔人〕. ❸ 非常に早い時期に発生(実現)する, 早期の: *gol* ~ あっという間のゴール
―― 《メキシコ. 鳥》タイランチョウ科の一種《学名 *Tyrannus vociferus*》

madrugar [maðruɣár]〔←古語 *madurgar* < ラテン語 *maturicare* < *maturare*「熟させる, 速める」〕❶ 早起きする: *Esta mañana he tenido que* ~. 今日, 私は早起きしなければならなかった. 2)〔諺〕*A quien madruga, Dios le ayuda.* 早起きは三文の得. *No por mucho* ~ *amanece más temprano.* 果報は寝

て待て/先走っても何も得られない/何事にも時機というものがあ
る. ❷ 非常に早い時期に発生(実現)する: El primer premio
de la lotería *madrugó* mucho en el sorteo de ayer. 宝くじ
の一等は昨日の抽選の早い時期に出た. ❸《隠語》先んじる, 機
先を制する, 先手を打つ: Sus competidores han *madruga-
do* más que ellos y han llevado el pedido. 彼らの競争相手は
機先を制して注文をとってしまった
—— 他《隠語》…に先んじる, …の先手を打つ

madrugón, na [maðɾuɣón, na] 早起きの《=madrugador》
madruguero, ra [maðɾuɣéro, ɾa] 《まれ》早起きの《=ma-
drugador》
madruguete [maðɾuɣéte] 男 *hacer un* ~《メキシコ. 口語》機
先を制する, 出し抜く
maduración [maðuɾaθjón]《ラテン語 maturatio, -onis》安 ❶
[果実などの] 成熟: En esta finca las verduras se cogen en
su punto de ~. この農場では野菜がちょうど食べごろに収穫さ
れる. ❷ [精神的・肉体的な] 成熟, 円熟. ❸ [ブドウ酒などの,
樽での] 熟成期間. ❹ 膿むこと, 化膿
maduradero [maðuɾaðéɾo] 男 [果物の] 熟成場
madurador, ra [maðuɾaðóɾ, ɾa] 熟させる
—— 男 熟成器
maduramente [maðúɾamente] 副 念入りに, 熟慮して
madurar [maðuɾáɾ]《ラテン語 maturare》他 ❶ [果実などを]
成熟させる: El sol *madura* las frutas de la huerta. 太陽は果
樹園の果実を成熟させる. El calor de estos días *ha madu-
rado* los plátanos que compré en estado algo verde. この2,
3日の暑さで, 買った時はまだ少し青かったバナナが熟した. ❷ [計画
などを] 練る: La comisión ha decidido ~ otra vez el infor-
me final antes de entregárselo al alcalde. 委員会は最終報
告を市長に提出する前に再度熟考することに決めた. ~ *la idea
de instalar la facultad de medicina* 医学部設置構想を練る.
❸ 化膿させる
—— 自 ❶ [果実などが] 成熟する: Gracias a la abundante
luz del sol *maduran* rápido los frutos de esta tierra. 豊富
な日照のおかげで, この土地の果実は成熟が早い. Este año *ha
madurado* bien el arroz. 今年は米の生育がよかった. ❷ [精
神・肉体などが] 十分に発達する: En estos tiempos
los hijos *maduran* pronto. 現今では子供たちは早く大人に
なってしまう. Desde que murió su padre, el chico *ha madu-
rado* mucho. 父親が亡くなってから, その子はずいぶんしっかり
してきた. ❸ 化膿する: Cuando esa herida tenga pus y *madu-
re*, vete inmediatamente al médico. その傷が膿をもって腫れ
ているなら, すぐ医者に行きなさい
—— *se* [果実などが] 成熟する: Este año el tiempo ha
sido bastante lluvioso y no *se maduran* bien las naranjas.
今年はかなり雨が多かったので, オレンジの成熟がよくない. ❷ 化
膿する
madurativo, va [maðuɾatíβo, βa] 形 ❶ 成熟させる; 熟成用の.
❷ 化膿させる
—— 男《まれ》懐柔策
madurez [maðuɾéθ]《←maduro》安 ❶ [果実などの] 成熟[期]:
El tomate está en su punto de ~. トマトは食べごろだ. *plena
~ de las uvas* ブドウの熟成期. ❷ [精神的・肉体的な] 円熟
[期]; 壮年期: Está en [su] plena ~. 彼は身 (分別) 盛んに
alcanzar la ~ 円熟の域に達する. ❸ 良識, 分別: Tengo
duda de dejarle toda la dirección del negocio, porque me
preocupa su falta de ~. 事業の舵取りすべてを彼に任せるか
どうか私は迷っている. 彼には分別がないのが心配なのだ
madureza [maðuɾéθa] 安 =madurez
maduro, ra [maðúɾo, ɾa]《ラテン語 maturus》形 ❶ [estar+]
[果実などが] 熟した: Estas naranjas no están ~*ras*. これら
のオレンジはまだ熟していない. El trigo está ~. 小麦が実っている.
uvas ~*ras* 熟したブドウ. ❷ [ser+. 人などが] 成熟した, 円熟
した, 分別(判断力)のある; 熟年の, 壮年の: El muchacho es
muy ~ para su edad. その青年は年に似合わず, なかなかの大
人だ. Se casó con un hombre ya ~, mucho mayor que
ella. 彼女は自分よりずっと年上の熟年男性と結婚した. Es
poco ~ en la comida y come sin cuidado. 食事に慎重さを欠く.
Este almendro ya es ~ y florece a finales de invierno. この
アーモンドの木はもう成木で, 冬の終わりに花が咲く. *artista* ~ 円
熟した芸術家. *político* ~ 熟練の政治家. ❸ [estar+] 機

熟した; [+para への] 準備の整った: Cuando el proyecto es-
tuvo ~, lo llevaron a cabo. 計画は機が熟した時に実行された.
El guión de una nueva película aún no está ~ para publi-
cación. 新作映画の台本はまだ発表の段階になっていない. ❹
[計画などが] 念入りな, 慎重な: de ~ra consideración
熟慮の末に. *actitud* ~*ra* 慎重な態度. *idea* ~*ra* よく
練られた考え. *persona de* ~ *juicio* 思慮深い人. ❺《医学》
化膿した: *absceso* ~ 膿み切った腫れ物. ❻《メキシコ》痛い; 損
傷を負う: Estoy ~ de tanto caminar. 私は歩きすぎて体が
痛い. ❼《プエルトリコ》[ミルクなどが] 分離しかけている
estar a las duras (las verdes) y a las ~*ras/tomar
las duras con (por) las* ~*ras* 幸運も不運も合わせ迎え
る, 良い目にも悪い目にも遭う
—— 男《コロンビア》料理用バナナ

maelstrom [máɛlstɾon]《ノルウェー語》男 [腹] ~*s* [海の] 竜
巻
maequi [maéki] 名《隠語. 医学》[手術チームの] 助手の医師
maesa [maésa] 形 →**abeja**
maese [maése]《←古語 magister》男 ❶ ~ *coral* 手品, 奇術.
❷《古語》[+男性名. 尊称] …親方, …師. ❸《メキシコ. 口語》
親友; 先生
maesil [maesíl] 男 =**maestril**
maesilla [maesíʎa] 安 [主に 腹. 飾り紐の糸巻きの] 綜絖(そうこう)
を動かす紐
maeso [maéso] 名《古語》=**maestro**
maestoso [maestóso]《←伊語》副《音楽》マエストーソ, 荘厳に,
堂々と
maestra[1] [maéstɾa] 安《建築》木ずり
maestral [maestɾál] 形 ❶ 騎士団長の地位(管轄区)の. ❷《船
舶》北西[風]の. ❸《まれ》=**magistral**
—— 男 =**maestril**
maestralizar [maestɾaliθáɾ] 9 自《船舶》[地中海で, 方位・風
が] 北西に変わる
maestramente [maéstɾamente] 副 上手に, 巧みに
maestrante [maestɾánte] 形 男 ❶ 乗馬クラブ maestranza
の [メンバー]. ❷《植物》~ *del Brasil* ランタナ, シチヘンゲ
maestranza [maestɾánθa]《←maestre》安 ❶ 貴族の乗馬クラ
ブ, 騎士養成学校《調教と軍事教練を目的に編成された》. ❷
軍器工場. ❸ 軍需工場の工員. ❹[集名] 船舶の
建造と修理; 船舶工. ❺ 匠の仕事. ❺《ペルー. 植物》クマツヅラ科ランタ
ナ属の一種
maestrazgo [maestɾáθɣo]《←maestre》男 騎士団長の地位; そ
の管轄地区
maestrazguero, ra [maestɾaθɣéɾo, ɾa] 形 名《地名》エル・マ
エストラスゴ el Maestrazgo の[人]《カステリョン県とテルエル県
の山岳地域》
maestre [maéstɾe]《←古カタルーニャ語 maestre<ラテン語 magister
「教える人」》男 ❶ 騎士団長, 騎士修道会会長: ~ *de la orden
templaria* テンプル騎士団長. *gran* ~ 騎士修道会総長. ❷
《古語. 軍》~ *de campo* 連隊長. ~ *de campo general* 総
司令官. ❸《古語. 船舶》1) [商船の] 事務長. 2) ~ *de plata*
[インディアス Indias 航路の船に乗り組み] 銀の受け取り・輸送
の任に当たる役人. ❹《古語》親方, 教授. ❺《古語》~ *racio-
nal* [アラゴン王国の] 財政総監, 大蔵卿
maestrear [maestɾeáɾ] 他 ❶《親方 maestro として作業の》指
図をする, 監督する. ❷《ブドウのつるを》剪定(せんてい)する, 刈り込む. ❸《建
築》[壁に] 木ずりを置く
—— 自 ❶《口語》教師面をする. ❷《古語》=**maestralizar**
maestreescuela [maestɾe[e]skwéla] =**maestrescuela**
maestresala [maestɾesála] 男《まれ》給仕長. ❷《古語》毒
味役
maestrescolía [maestɾeskolía] 安《古語》神学教師の権威;
大学事務局長の権威
maestrescuela [maestɾeskwéla] 男 ❶《カトリック》[教
会の] 神学教師. ❷ [大学の] 事務局長
maestría [maestɾía]《←maestro》安 ❶《文語》熟練, 熟達; 名
人芸: tener una ~ extraordinaria para domar caballos 馬
を馴らすのに特別優れた腕を持っている. *tocar la guitarra con
gran* ~ 非常に巧みにギターを弾く. ~ *de tal* [+先人などの での] マエ
ストロ(親方)の身分, 《西》職業資格: obtener la
~ *en zapatería* 製靴マイスターの資格を取る. *presentarse a
las oposiciones de* ~ *de industrial turístico* 旅行業務取扱
者の試験に応募する. ❸《古語》一等航海士の職. ❹《古語》

欺瞞; 策略. ❺《古語》薬. ❻《中南米》修士課程《=curso de ~》; 修士号: hacer una ~ en Filosofía 哲学の修士課程に在籍する. obtener la ~ en Lingüística General 一般言語学で修士号を取る

maestril [maestríl] 男 女王蜂の巣房, 王台

maestrillo [maestríʎo] 男 Cada ~ tiene su librillo.《諺》誰しも一家言ある

maestrito [maestríto] 男 =maestrillo

maestro, tra² [maéstro, tra]《←ラテン語 magister, -tri「教える人」》図 ❶ [小・中学校の] 先生, 教諭, 教師《=~ de escuela. →profesor [類義]: 1) El ~ nos mandó unos deberes. 先生は僕たちに宿題を出した. Mi madre fue, con su título oficial, fue ~tra en un colegio de monjas. 私の母は教員免許を持っていて, 女子修道院付属学校で教えていた. ~ de primera enseñanza [教員免許を持った] 小・中学校の先生. ~ de primeras letras/~ [一般に] 小・中学校の先生. Me ha gustado ser ~ de escuela. 私は学校の先生になりかった. ~ de niños 幼稚園の先生; 小・中学校の先生. 2)《諺, 成句》El ~ de Ciruela (Siruela), que no sabe leer y pone escuela. 知ったかぶりはいけない. ~ de todo, oficial de nada 能書きばかりで実際の役に立たない人. ❷ [技能・習い事などの] 師匠: 1) ~ de armas/~ de esgrima フェンシングの教師. ~ de baile ダンス教師. ~ de piano ピアノの先生. ~ de novicios《カトリック》修道者教育係. Tuvo por ~ a Menéndez Pidal y estudió en la universidad de Madrid. 彼はメネンデス・ピダルを師として, マドリード大学で研鑽を重ねた.《比喩》Mi hermano era mi ~ en picardías. 兄は悪いことを色々私に教えてくれた. La experiencia es la mejor ~tra. 経験は最高の師である. 3) 専門家, 権威: ~ en cuestiones financieras internacionales 国際金融の専門家. ❸ 大芸術家, 巨匠; 名人: 1) Cervantes es un ~ de la novela. セルバンテスは小説の巨匠である. gran ~ de la pintura japonesa 日本画壇の大家. ~tra de la moda italiana イタリアモード界の重鎮. ~ de cocina del famoso restaurante 有名レストランの名シェフ. Es un ~ en el Karate. 彼は空手の名人だ. 2) マエストロ, 音楽家, 作曲家, 指揮者: Al terminar su discurso, el alcalde pidió: "¡Música, ~!" 市長はスピーチを終えると, 「では先生, 演奏をお願いします!」と言った. Los ~s cantores de Núremberg『ニュルンベルクのマイスタージンガー』. ~ de coros/~ de capilla 聖歌隊指揮者. 3) [音楽家に対する敬称. +名前] el gran ~ Karajan y la Orquesta Filarmónica de Berlín 巨匠カラヤンとベルリンフィル. ~ Falla 大作曲家ファリャ. ❹ [職人の] 親方: ~ albañil 煉瓦職人の親方. ~ [de] carpintero 棟梁. ~ panadero パン屋の親方. ~ sastre 仕立屋の主人. ❺《主に中南米》[熟練した] 職人: ~ de caminos 道路工事職人. ~ de coches 車修理工. ❻ [工事などの] 請負者: ~ de obras 施工者; 左官の親方. ~ aguañón 水道工事の施工者. ~ de hacha《まれ》~ de aja 河川工事の請負人. ❼《闘牛》[主に呼びかけで] マスター. ~ [=matador]《チェス》マスター. ❾ (船舶) 1) 漁労長. 2) ~ de aja 船大工. ~ de la nave《古語》水先案内人. ❿ [儀式・宴会などの] 司会者; [宮廷などの] 儀典長《=de ceremonias》. ⓫ [いくつかの国で] 修士: ~ en artes 文学修士.《古語》[大学での] 哲学最高学位取得者. ⓬《古語》~ de balanza 検量官《=balanzario》. ~ de caballería/~ de los caballeros 騎兵隊長. ~ de hernias y roturas ヘルニア専門医. ~ del sacro palacio 教皇庁の出版検閲係. ~ de llagas 外科医. ~ de obra prima《廃語》靴製造職人. ~ de obras 現場監督, 工事請負人;《廃語》設計士. ~ de ribera 水利用工事の技師. ~ racional《古語》アラゴンの財務長官

 beber (leer) en los grandes ~ その道の大家の教えを汲んで学ぶ
 ~ de chasquillas《チリ. 軽蔑》おざなりな仕事をする人
 ser [un] ~ consumado en... …に熟達している: Es un ~ consumado en el arte de bailar. 彼はダンスの名人だ
 —— 形 ❶ すぐれた, 完璧な: obra ~tra 傑作, 名作. ❷ 主要な, 基本となる: llave ~tra マスターキー, 親鍵. pared ~tra 主壁. plan ~ マスタープラン, 基本計画. ❸《まれ》[動物が] 訓練された: halcón ~《猟学》訓練された鷹. perro ~ 芸を仕込まれた犬
 línea ~tra 1) 基本的な考え, 大綱, 大筋: línea ~tra de la argumentación del abogado 弁護側の議論の基本線. 2) [設計図などの] 主線, 基準線

—— 男 ❶《船舶》メインマスト. ❷《古語》1) 外科医. 2) 騎士団長. ❸《南米. 戯語》[親愛の呼びかけで] やあ, おい

Maeztu [maéztu]《人名》**Ramiro de** ~ ラミロ・デ・マエストゥ《1874〜1936, スペインの作家. ジャーナリズムを中心に執筆活動を行ない, 反伝統主義 antitradicionalismo から伝統主義へと思想を転換させながら, 98年世代の一人としてスペインの復興を主張した.『ドン・キホーテ, ドン・フアン, セレスティーナ』 *Don Quijote, don Juan y la Celestina*, 『スペイン性の擁護』 *Defensa de la hispanidad*》

mafia [máfja]《←伊語》囡 ❶ [主に M~] マフィア: M~ siciliana シチリアマフィア. ❷ [一般に] 暴力団, 犯罪組織. ❸ 目的達成のために非合法的手段に訴えるグループ;《軽蔑》支配者集団. ❹《プエルトリコ》計略, 罠

mafioso, sa [mafjóso, sa] 形 名 マフィア (犯罪組織) の [構成員]

mafle [máfle]《ペルー》排気管《=tubo de escape》

magacín [magaθín] 男 =magazine

magadhi [magádi]《言語》プラークリット《の》《サンスクリット語に対して口語》

Magallanes [magaʎánes]《人名》**Fernando de** ~ フェルナンド・デ・マガリャネス《1480?〜1521, 英語名マゼラン. ポルトガル人航海者. スペイン国王に仕えて世界周航を企てたが, 途中フィリピン諸島のセブ島で戦死》

magallánico, ca [magaʎániko, ka] 形 名《地名》❶ マゼラン海峡 estrecho de Magallanes の. ❷ マガリャネス Magallanes の [人]《チリ南端部の町》

magancear [maganθeár] 自《コロンビア, チリ》のらくら暮らす, 怠ける

magancería [maganθería] 囡《廃語》詐欺, 詐取; いかさま, ごまかし

magancés, sa [maganθés, sa] 形《廃語》裏切り者の; 有害な; ひねくれた, つむじ曲がりの

magancia [magánθja] 囡《チリ》=magancería

maganciero, ra [maganθjéro, ra] 形《チリ》=magancés

maganel [maganél] 男《古語. 軍学》大石で城壁を破壊する器械《=almajaneque》

magano [magáno] 男《サンタンデール. 動物》イカ《=calamar》

magante [magánte] 形《チリ》物悲しい, 憂鬱な《=magantо》

maganto, ta [magánto, ta] 形 ❶《闘牛》[牛が] 病気の. ❷《古語》物悲しい, 憂鬱な
—— 男《アストゥリアス, サンタンデール. 動物》アカザエビ《=cigala》

maganza [magánθa] 囡《コロンビア, エクアドル》怠惰, ぐうたら: hacer ~s 怠ける

maganzón, na [maganθón, na] 形 名《コスタリカ, コロンビア》怠け者 [の], ぐうたら

maganzonear [maganθoneár] 自《コロンビア》怠ける, ごろごろしている

maganzonería [maganθonería] 囡《コロンビア》怠惰, 不精

magaña [magáɲa]《←伊語 magagna》囡 ❶ 計略, 策略. ❷ 砲身の鋳造上の欠陥. ❸《サンタンデール, アンダルシア》目やに

magarza [magárθa] 囡《植物》マーガレット

magarzuela [magarθwéla] 囡《植物》カミツレモドキ《=manzanilla hedionda》

magaya [magája] 囡 ❶《中米》[たばこの] 吸い殻. ❷《ベネズエラ》[旅の食糧を入れる] ずだ袋

magazín [magaθín] 男 =magazine

magazine [magaθín]《←英語》男 ❶ 写真 (イラスト) 入りの雑誌. ❷《テレビ》ワイドショー. ❸《南米》[スライドの] マガジン

magdalena [magðaléna] 囡 ❶《菓子》マドレーヌ. ❷《新約聖書》悔悟した罪女, 淫らな生活や罪を悔い改めた女: Santa María M~ マグダラのマリア
 llorar como una ~/estar hecha una ~ おいおいと泣く, 大泣きする
 no estar la M~ para tafetanes 不機嫌である

magdalenense [magðalenénse] 形 名《地名》マグダレナ Magdalena の [人]《コロンビア北部の県》

magdalénico, ca [magðaléniko, ka] 形《コロンビア》マグダレナ Magdalena 川の

magdaleniense [magðalenjénse] 形 男《考古》[時に M~] マドレーヌ期《の》: cultura M~ マドレーヌ文化

Magdaleno [magðaléno]《人名》**Mauricio** ~ マウリシオ・マグダレノ《1906〜86, メキシコの劇作家・小説家. 劇作家として出

発するが, その後小説や映画の脚本を書く. メキシコ革命に翻弄される先住民を描いた小説『輝き』*El resplandor*〗

magdaleón [maǥđaleón] [男]《薬学》[膏薬にする前の] 細長い円筒形の塗り薬

magenta [maxénta]〖←伊語〗[形] [男] マゼンタ色〔の〕, 紫紅色〔の〕

magia [máxja]〖←ラテン語 magia < ギリシア語 mageia < magos「魔術師」〗[女] ❶ 魔法; 魔力: emplear ～ 魔法を使う. 〔como〕por arte de ～ まるで魔法のように. ～ blanca (natural) 白魔術. ～ negra 黒魔術. ❷ マジック, 奇術: espectáculo de ～ マジックショー. ❸ [不思議な] 魅力: Todos se quedan callados ante la ～ del lugar. その場所の魅力にみんな言葉を失う. ❹《演劇》comedia de ～ 夢幻劇〖18～19世紀のからくりを多用する魔法や悪魔をテーマにした芝居〗

magiar [maxjár] [形] [名] ❶ マジャール〔人・語〕の; マジャール人. ❷《文語》ハンガリーの(人)

—— [男] マジャール語; ハンガリー語

mágica[1] [máxika] [女] ❶ 魔法〖=magia〗. ❷ 魔女. ❸ 魅惑的な女性

magicidad [maxiθiđá(đ)] [女]《まれ》魔術性

mágico, ca[2] [máxiko, ka]〖←ギリシア語 magikos < magos〗[形] ❶ 魔法の, 魔術の: alfombra ～*ca* 魔法のじゅうたん. pócima ～*ca* 魔法の薬. poder ～ 魔力. ❷ 魅惑的な: noche ～*ca* 魅惑の夜

—— [名] 魔術師, 魔法使い

magín [maxín]〖←古語 maginar〗[男]《西. 口語》❶ 空想, 想像〖=imaginación〗: Todas esas historias son obra de su ～. その物語はみな彼の空想の産物だ. ❷ 頭脳; 知恵, 分別: Todas las ideas las ha sacado de su ～. すべてのアイディアは彼が自分の頭からひねり出したものだ

maginar [maxinár] [他]《古語》=**imaginar**

magismo [maxísmo] [男] 魔術師が魔法を使うこと

magíster [maxíster] [男] ❶《まれ》教師〖=maestro〗. ❷《中南米》修士

Magister dixit [maǥíster diksít]〖←ラテン語〗師はこう言われた

magisterial [maxisterjál] [形] 教職の, 教育の

magisterio [maxistérjo]〖←ラテン語 magisterium < magister「教師」〗[男] ❶ 教員の仕事, 教育, 教職: Llevo ejerciendo el ～ más de diez años. 私は教職について10年以上になる. ❷ [集名] [一地域の小学校の] 教員, 教諭: El ～ está de acuerdo con la nueva legislación sobre la enseñanza. 教員たちは新教育法に賛成している. ❸ 教職課程, 教員教育: estudiar ～ 教職課程で学ぶ. ❹ もったいぶった話し方. ❺《カトリック》教導権. ❻《古語. 化学》沈殿物

magistrado, da [maxistráđo, đa]〖←ラテン語 magistratus〗[名] ❶ 司法官〖判事, 検事など〗: ～ del Tribunal Supremo 最高裁判事. ～ supremo《歴史》大審院長官. ❷ 行政官〖領事, 市長など〗

magistral [maxistrál]〖←ラテン語 magistralis < magister「教師」〗[形] ❶ 見事な, 巧みな, 名人芸の: Las ～*es* obras de Goya pueden verse en El Prado. ゴヤの見事な作品はプラド美術館で見ることができる. ❷ 教師の, 教師にふさわしい, 教師としての; [言葉づかいが] 気取った, わざとらしい: en (con) tono ～ もったいぶった(尊大な・教師然とした)口調で. clase ～ 一流音楽家の指導, マスタークラス. ❸ 完璧な: reloj ～ 基本時計. ❹ [参事会教会 iglesia colegial が] 神学博士で構成される. ❺ [司教座聖堂参事会員が] 説教をする. ❻《薬学》処方箋による

—— [男] ❶《薬学》処方箋による薬剤. ❷《鉱山》銅を含む黄鉄鉱を焼いてできる酸化第二鉄と硫化第二銅の混合物〖銀鉱石をアマルガム法で精製するのに用いる〗

magistralía [maxistralía] [女] 司教座聖堂参事会の説教師の職〖=canonjía magistral〗

magistralidad [maxistraliđá(đ)] [女]《まれ》完璧さ

magistralmente [maxistrálménte] [副] ❶ 巧みに, 見事に. ❷ 教師ぶって, もったいぶって, 尊大に

magistratura [maxistratúra]〖←ラテン語 magistratus〗[女] ❶ 司法官(行政官)の職務(権威・任期). ❷ [集名] [一国の] 司法官, 行政官. ❸《西》[労使紛争を調停する] 労働裁判所〖=*M*～ del Trabajo〗: llevar a *M*～ 労働裁判所に企業を訴える

maglemosiense [maǥlemosjénse] [形] [男]《考古》マグレモーゼ Maglemose 期の: cultura ～ マグレモーゼ文化. período ～ マグレモーゼ期

maglia rosa [máǥlia r̄ósa]〖←伊語〗[女] マリア・ローザ〖イタリア一周自転車ロードレース Giro de Italia の1位が着るジャージ〗

magma [máǥma]〖←ギリシア語 magma「絞り出された生地」〗[男] ❶《地質》岩漿, マグマ: ～ eruptivo 溶岩. ❷《薬学》マグマ剤. ❸《文語》[どろどろの] 混合物

magmático, ca [maǥmátiko, ka] [形] ❶《地質》マグマの: cámara ～*ca* マグマ溜まり. roca ～*ca* 火成岩. ❷《文語》マグマのような

magmatismo [maǥmatísmo] [男]《地質》火成活動

magnalio [maǥnáljo]〖←商標〗[男]《金属》マグナリウム

magnálium [maǥnáljun] [男] =**magnalio**

magnánimamente [maǥnánimaménte] [副] 寛大に

magnanimidad [maǥnanimiđá(đ)]〖←ラテン語 magnanimitas, -atis〗[女]《文語》寛大, 寛容

magnánimo, ma [maǥnánimo, ma]〖←ラテン語 magnanimus < magnus「大きい」+animus「心」〗[形]《文語》寛大な, 寛容な, 心の広い, 度量の大きい: El rey es ～ con sus súbditos. 王は家来に寛大である

magnate [maǥnáte]〖←ラテン語 magnates, -tum < magnus「大きい」〗[男] ❶ [主に経済界の] 大物, 実力者: ～ petrolero 石油王. ❷《歴史》上級貴族

magnavoz [maǥnaƀóθ] [男]《メキシコ》メガフォン

magnesia [maǥnésja] [女]《化学, 薬学》マグネシア, 酸化マグネシウム〖=～ efervescente〗: ～ blanca ホワイト・マグネシア. ～ hidratada 水酸化マグネシア. leche de ～《薬学》マグネシア乳

magnesiano, na [maǥnesjáno, na] [形]《化学》マグネシアを含む

magnésico, ca [maǥnésiko, ka] [形]《化学》マグネシウムを含む, マグネシウムの

magnesio [maǥnésjo] [男]《元素》マグネシウム: luz de ～ マグネシウム光

magnesita [maǥnesíta] [女]《鉱物》マグネサイト, 菱苦土鉱

magnético, ca [maǥnétiko, ka]〖←ラテン語 magneticus < ギリシア語 magnetikos「磁石の」< magnes, -etos「マグネシア Magnesia (地名)の」〗[形] ❶ 磁石の, 磁力の, 磁気の; 磁性の, 磁気を帯びた: atracción (fuerza) ～*ca* 磁力. cinta ～*ca* 磁気テープ. tempestad ～*ca* 磁気嵐. ❷ 磁石の付いた: ajedrez ～ de viaje 旅行用のマグネット式チェス盤. ❸ [人・事物が] 魅力のある, 人を引き付ける

magnetismo [maǥnetísmo]〖←ギリシア語 magnes, -etos〗[男] ❶ 磁気, 磁力, 磁性: tener ～ 磁性がある. ～ terrestre 地磁気. ❷ 磁気学. ❸ 魅力, 人を引き付けるもの; 影響力: ～ de Cataluña カタルーニャの魅力. ejercer un ～ sobre+人 …を魅了する. ❹ 動物磁気〔による催眠術〕〖=～ animal〗

magnetita [maǥnetíta] [女]《鉱物》磁鉄鉱

magnetizable [maǥnetiθáble] [形] 磁化されやすい

magnetización [maǥnetiθaθjón] [女] 磁化

magnetizador, ra [maǥnetiθađór, ra] [形] [名] ❶ 磁化する. ❷ 魅了する〔人〕

—— [男] 磁化器

magnetizante [maǥnetiθánte] [形] 磁化する

magnetizar [maǥnetiθár]〖←magnético〗[9] [他] ❶ 磁化する: ～ el hierro 鉄を磁化する. ❷ 催眠術にかける: dejarse ～ 催眠術をかけられる(かけてもらう). ❸ 魅了する: María me *magnetizó* con su encanto. マリアはその魅力で僕を引き付けた

magneto [maǥnéto] [女]/[男]〖主に《西》では [女],《中南米》では [男]〗マグネト発電機

magneto-《接頭辞》[磁気, 磁石の] *magneto*terapia 磁気治療

-magneto《接尾辞》[磁気, 磁石の] electro*magneto* 電磁石

magnetodinámica [maǥnetođinámika] [女] ～ de los gases 磁気気体力学

magnetoelectricidad [maǥnetoelɛktriθiđá(đ)] [女]《物理》磁電気

magnetoeléctrico, ca [maǥnetoeléktriko, ka] [形]《物理》磁電気の

magnetofón [maǥnetofón] [男] =**magnetófono**

magnetofónico, ca [maǥnetofóniko, ka] [形] テープレコーダーの: cinta ～*ca* 録音テープ

magnetófono [maǥnetófono] [男] テープレコーダー

magnetohidrodinámico, ca [maǥnetoi̯đrođinámiko, ka] [形] [女] 磁気流体力学〔の〕

M

magnetometría [maǥnetometría] [女] 磁気測定
magnetómetro [maǥnetómetro] [男] 磁気探知器, 磁気計, 磁力計
magnetón [maǥnetɔ́n] [男]《物理》磁子
magnetoóptico, ca [maǥnet〔o〕ɔ́〔p〕tiko, ka] [形] 光磁気の: disco ～ MOディスク
—— [女]《物理》磁気光学
magnetopausa [maǥnetopáu̯sa] [女]《天文》磁気圏界面
magnetoquímica [maǥnetokímika] [女] 磁気化学
magnetoscópico, ca [maǥnetɔskópiko, ka] [形]《文語》ビデオレコーダーの
magnetoscopio [maǥnetɔskópjo] [男]《文語》ビデオレコーダー
magnetosfera [maǥnetɔsféra] [女]［地球の］磁気圏
magnetostático, ca [maǥnetɔstátiko, ka] [形] [女] 静磁気の, 静磁場の; 静磁気学
magnetoterapia [maǥnetoterápja] [女]《医学》磁気療法
magnetrón [maǥnetrɔ́n] [男]《電気》磁電管, マグネトロン
magnicida [maǥniθíđa] [形] [名] 要人暗殺の(暗殺者)
magnicidio [maǥniθíđjo]〘←magnus「大きい」+ラテン語 caedere「殺す」〙[男]［国家元首など］要人の暗殺
magnificación [maǥnifikaθjɔ́n] [女] 賞賛
magnificador, ra [maǥnifikađɔ́r, ra] [形] 賞賛する
magníficamente [maǥnífikaménte] [副] すばらしく, 完璧に
magnificar [maǥnifikár]〘←ラテン語 magnificare〙[7] [他] ❶ 賞賛する, 称揚する: El crítico *magnificó* la novela. 評論家はその小説を賞賛した. ❷ 誇張する: Estos recuerdos *magnifican* una realidad mediocre. これらの回想は平凡だった現実を誇張している
—— **～se** 自賛する
magníficat [maǥnífika〔t〕] [男]《キリスト教》［主に *M*～. 晩課に歌われる］マニフィカト, 聖母マリア讃歌
magnificencia [maǥnifiθénθja] [女] ❶ 壮麗, 豪華絢爛(けんらん): ～ de la catedral 大聖堂の荘厳さ. ❷《文語》寛大さ, 気前のよさ: pagar dinero con ～ おうように金を払う
magnificente [maǥnifiθénte] [形]《文語》壮麗な, 豪華な
magnificentísimo, ma [maǥnifiθentísimo, ma] [形] magnífico の絶対最上級
magnífico, ca [maǥnífiko, ka]〘←ラテン語 magnificus < magnus「大きい」〙[形] ❶［建造物・景色などが］堂々とした, 壮大な, 荘厳な, 華麗な, 雄大な: Vivió unos años en una ～*ca* mansión. 彼は何年か豪邸に住んでいた. ～ Palacio Real 壮大な王宮. sala ～*ca* 豪華な広間. panorama ～ 絶景, 雄大な景観. ❷［同類の中で傑出して］すばらしい, 見事な; 驚くべき: Esto es un sitio ～ para pasar un fin de semana. ここは週末を過ごすのに絶好の場所だ. Tu charla ha sido ～*ca*, verdaderamente excelente. 君の話は本当によかった, 立派だった. día ～ すばらしい天気の日. fiesta ～*ca* 豪華なパーティー. ～ corredor すごく速いランナー. ❸《西》［主に *M*～. 学長に対する敬称］*M*～ y Excelentísimo Señor Rector de la Universidad Complutense de Madrid マドリード大学学長閣下. ❹［ser+. 人として］立派な, 特に優れた: Su esposa es una mujer ～*ca*. 彼の奥さんは本当にすばらしい女性だ. ～ profesor 優秀な先生. ❺［estar+. 行動などが］堂々とした, 鮮やかな: El primer ministro ha estado ～ en su rueda de prensa, puntualizando la política interna y exterior de su gobierno. 首相は記者会見で堂々と自らの内閣の内外政策を明確に説明した. estar ～ en su intervención televisiva テレビ出演を鮮やかにこなす. ❻［間投詞的］¡*M*～! すばらしい!
magnitud [maǥnitú〔đ〕]〘←ラテン語 magnitudo < magnus「大きい」〙[女] ❶ 大きさ〘長さ, 重さ, 速度など〙; 単位: La temperatura es una ～. 温度は単位である. ❷ 重要性: de gran ～ 非常に重要な. ～ del problema del terrorismo テロ問題の重要性. ～ de una catástrofe 災害の規模. ❸［地震の規模の単位］マグニチュード: terremoto de ～ mayor de 7 マグニチュード7以上の地震. ❹《天文》［星の］光度, 等級: estrella de primera ～ 一等星. ❺《数学》大きさ: ～ escalar スカラー量. ～ vectorial ベクトル量
magno, na [máǥno, na]〘←ラテン語 magnus〙[形]《文語》［非物質的に］大きい, 重要な; 偉大な: ～ acontecimiento 重大事件
magnolia [maǥnólja] [女]《植物》モクレン;［特に］タイサンボク〘=～ grandiflora〙: ～ japonesa ホオノキ. ～ de hojas pequeñas オオヤマレンゲ
magnoliáceo, a [maǥnoljáθeo, a] [形] モクレン科の
—— [女] [複]《植物》モクレン科
magnolio [maǥnóljo] [男]《植物》モクレン, タイサンボク〘=magnolia〙
magnoliófito, ta [maǥnoljófito, ta] [形] [女]《まれ》被子植物〔の〕〘=angiospermo〙
magnox [maǥnɔ́ks]〘←英語〙[男]〘単複同形〙《物理》［主に *M*～］マグノックス〘=reactor ～〙
mágnum [máǥnun] [男]［ワインなどの, 容量1.5リットルの］マグナム瓶〘botella ～〙
mago, ga [máǥo, ǥa]〘←ラテン語 magus < ギリシア語 magos「魔術師, 呪術師」〙[名] ❶ 魔術師, 魔法使い; 手品師. ❷ すご腕の持ち主, 奇才: Es un ～ de las finanzas. 彼は金融の天才だ. ❸ ゾロアスター教の祭司, マギ. ❹《新約聖書》天文学者: los Reyes *M*～*s* 東方の三博士. el día de los Reyes *M*～*s* 主の御公現の祝日〘1月6日. カトリックでは子供たちがクリスマスプレゼントをもらう日〙
—— [形] ❶ 魔法を使う. ❷《カナリア諸島》［貧しくて教養のない］田舎者の
magosta [maǥɔ́sta] [女]《カンタブリア》=**magosto**
magostal [maǥɔstál] [形]《地方語》栗を焼くたき火の
magostar [maǥɔstár] [他]《西》たき火で栗を焼く
—— [自]《西》焼き栗パーティをする
magosto [maǥɔ́sto] [男]《地方語》❶［栗を焼くための］たき火. ❷ たき火で焼いた栗
Magoya [maǥója]《アルゼンチン, ウルグアイ. 口語》***andá a contárselo a*** ～［確言されたことへの不信］まさか, ありえない
magra[1] [máǥra] [女]《料理》❶ スライスハム, ハムの薄切り. ❷《コロンビア》[複] チーズ・トマト入りのハムエッグ
magrear [maǥreár] [他]《西. 口語》愛撫する
—— **～se**《西. 口語》互いに愛撫し合う
magrebí [maǥreƀí] [形] [名]〘[複] ～〔e〕s〙《地名》［アフリカ北西部の］マグレブ Magreb の〔人〕
magrebino, na [maǥreƀíno, na] [形] [名]《まれ》=**magrebí**
magrecer [maǥreθér] [39] [他]・[自]・**～se**《古語》=**enmagrecer**
magreo [maǥréo] [男]《西. 口語》愛撫, ペッティング
magrez [maǥréθ] [女]《まれ》❶［肉が］脂身のない(少ない)こと. ❷［人が］やせていること
magribí [maǥriƀí] [形] [名] =**magrebí**
magro, gra[2] [máǥro, ǥra]〘←ラテン語 macer, -acra, -crum「やせた」〙[形] ❶《料理》［肉が］脂身のない(少ない). ❷《文語》［人が］脂肪の少ない, やせた: El gimnasta tiene un cuerpo ～ y musculoso. 体操選手はやせて筋肉質の体をしている. ❸《文語》［土地が］やせた. ❹［期待していたより］貧弱な, 乏しい, 中身のない. ❺《鉱物》［石炭が］揮発成分の少ない
—— [男]《西》豚肉の赤身〘=carne *magra*〙
magrura [maǥrúra] [女]《まれ》=**magrez**
magua [máǥwa] [女] ❶《キューバ, プエルトリコ, ベネズエラ》失望, 落胆. ❷《キューバ》失敗; 悲しみ
maguar [maǥwár] [13] **～se**《キューバ, プエルトリコ, ベネズエラ. 口語》❶ がっかりする. ❷［パーティーなどが］台なしになる, 白ける
maguarí [maǥwarí] [男]《中南米. 鳥》コウノトリに似た渉禽類〘学名 Euxenura maguar〙
magué [maǥé] [男]《隠語》陰茎
maguer [maǥér] [接]《古語》…だけれども〘=aunque〙
maguera [maǥéra] [接]《古語》…だけれども〘=aunque〙
magüeto, ta [maǥwéto, ta] [名]《地方語》［おとなしい］2・3歳の子牛
maguey [maǥéi̯]〘←カリブ語〙[男] ❶《中南米. 植物》［総称］リュウゼツラン〘メスカル mezcal・プルケ pulque・テキーラ tequila などアルコール飲料が作られるもの, サイザル麻のような繊維をとるために栽培されるものがある〙: ～ de pulque《グアテマラ》=～ manso. ～ manso《メキシコ》メスカルの原料のリュウゼツラン〘学名 Agave atrovirens〙. ❷《メキシコ》酔い, 酩酊. ❸《コロンビア》リュウゼツラン agave の太くない茎
maguillo [maǥíʎo] [男]《植物》野生のリンゴ〘学名 Malus sylvestris〙
magüira [maǥwíra] [女]《キューバ. 植物》野生のヒョウタンノキ güira
magüite [maǥwíte] [女]《メキシコ, グアテマラ, ニカラグア. 植物》イチジク属の一種〘=macagüita〙
magujo [maǥuxo] [男]《船舶》槇皮 estopa の除去具
magullado, da [maǥuʎáđo, đa] [形] 打撲傷のある, あざのある

magulladura [maɣuʎaðúra] 囡 打撲傷, 打ち身, あざ
magullamiento [maɣuʎamjénto] 男 =**magulladura**
magullar [maɣuʎár]《←古語 magular+abollar》他 ❶ [体に] 打撲傷を負わせる, あざをつける: Juan le *magulló* la nariz de un puñetazo. フアンが彼の鼻を殴って打撲傷を負わせた. ❷ [果物・野菜などをぶつけて] 傷める. ❸《カリブ, アンデス》くしゃくしゃにする, しわくちゃにする
—— **～se** ❶ 打撲傷を負う: Jorge *se magulló* el brazo cuando se cayó. ホルヘは倒れた時に腕に打撲傷を負った. ❷ [果物・野菜などに] 傷がつく
magullón [maɣuʎón] 男《チリ, アルゼンチン, ウルグアイ》=**magulladura**
maguntino, na [maɣuntíno, na] 厖 名《地名》[ドイツの] マインツ Maguncia の [人]
magyar [maɟjár] 厖 名 =**magiar**
maharajá [ma(a)raxá]《←ヒンディー語》男《匿 ～jaes／《口語》～s》[インドの] 王侯, マハラジャ
maharaní [ma(a)raní]《←ヒンディー語》囡 マハラジャの妻
maharastri [ma(a)rástri] 男《インドの》マハラシュトラ Maharastra 州のプラークリット語
maharrana [ma(a)řána] 囡《アンダルシア. 料理》新鮮なベーコン
mahatma [maxátma]《←サンスクリット語》男 [敬称. インドの] 聖者, 大聖: ～ Gandhi マハトマ・ガンジー
mahayana [maxajána]《←サンスクリット語》男 大乗仏教
mahayaniano, na [maxajanjáno, na] 厖 大乗仏教の
mahdí [maxðí]《←アラビア語》男《イスラム教》マフディ, 神に導かれた人
mahdismo [maxðísmo] 男《政治》マフディ mahdí の導く政教運動
mahdista [maxðísta] 厖《政治》マフディの導く政教運動の
mahjong [maɟjón]《←中国語》男 麻雀
Mahoma [maóma]《人名》ムハンマド, マホメット (570?～632, イスラム教の開祖)
mahometano, na [maometáno, na] 厖 ❶《人名》ムハンマド Mahoma の, マホメットの ❷ イスラム教の
—— 名 イスラム教徒 {=musulmán}
mahomético, ca [maométiko, ka] 厖 =**mahometano**
mahometismo [maometísmo] 男 イスラム教 {=islamismo}
mahometista [maometísta] 厖 名 イスラム教徒 [の]
mahometizante [maometiθánte] 厖《歴史》[隠れて] イスラム教を信仰する
mahometizar [maometiθár] 自 イスラム教を信仰する
mahomía [maomía] 囡《アンダルシア》悪事, 悪行
mahón [maón] 厖《繊維》ナンキン木綿
—— 厖 [つなぎの労働者の] 紺色の, 藍色の
mahona [maóna] 囡《古語》トルコの輸送船
mahonés, sa [maonés, sa] 厖 名《地名》マオン Mahón の [人]《バレアレス諸島メノルカ島の港町》
mahonesa² [maonésa] 囡 ❶《植物》バージニアストック, ヒメアラセイトウ. ❷《西. 料理》マヨネーズ [ソース]; その料理
mahonia [maónja] 囡《植物》ヒイラギメギ
mai [máj] 男《西. 隠語》マリファナたばこ
maiceado, da [majθeáðo, ða] 厖 ❶《ホンジュラス》ほろ酔いの. ❷《ベネズエラ》栄養のいい, 丈夫な
maicear [majθeár] 他《キューバ, グアテマラ》[動物を] トウモロコシで飼う
maicena [majθéna] 囡《←商標 Maizena》囡《料理》コーンスターチ
maiceño, ña [majθéɲo, ɲa] 厖 トウモロコシ色の
maicerada [majθeráða] 囡《コロンビア》誇張, おおざけな表現
maicería [majθería] 囡《メキシコ, キューバ》トウモロコシの貯蔵場所 (販売店)
maicero, ra [majθéro, ra] 厖《←maíz》厖 ❶ トウモロコシの [栽培者・取引業者]. ❷《キューバ》トウモロコシの販売者の. ❸《コロンビア》アンティオキア州の [人] {=antioqueño}
—— 男《メキシコ》トウモロコシの貯蔵所. ❷《コロンビア. 鳥》オオハシカッコウの一種
maicillo [majθíʎo] 男 ❶《植物》1)《中南米》キビに似たアヤメ科の一種 [学名 Solenomelus pedunculatus]. 2)《ホンジュラス》キビ. ❷《チリ》黄色がかった粗い砂《庭・中庭の舗装面を覆う》
maiden [méjðen]《←英語》厖《競馬》未勝利の, 未勝利馬
maído [maíðo] 男《まれ》猫が鳴くこと
mail [májl] 男《←英語》男《匿 ～s》《情報》Eメール {=correo electrónico}

mailear [majleár] 他《米国》郵送する; Eメールで送る
mailing [májliŋ] 男《←英語》男《匿 ～s》[宣伝物の] 郵送, メーリング
maílla [maíʎa] 男《地方語. 果実》野生のリンゴ {=maguillo}
maillechort [majʃór]《←仏語》男《金属》洋銀
maíllo [maíʎo] 男《地方語. 植物》野生のリンゴ {=maguillo}
maillot [majó(t)]《←仏語》男《匿 ～s》《服飾》❶《自転車》[勝者が着る] ジャージ: ～ amarillo [ツールドフランスの] マイヨジョーヌ. ～ de la montaña 山岳 (水玉) ジャージ. ～ arco iris 世界選手権 (虹色) ジャージ. ❷ レオタード. ❸《古語的》[主に女性用の] ワンピース水着
maimón [majmón] 男 ❶《動物》オナガザル {=mico}. ❷《アンダルシア. 料理》酵母パン入りのスープ
Maimónides [majmóniðes]《人名》マイモニデス (1135～1204, コルドバ出身のユダヤ人思想家. ラビで医師.『不決断者の手引』*Guía de descarriados* はキリスト教世界の哲学者に深い影響を与えた)
maimonismo [majmonísmo] 男 マイモニデス Maimónides の哲学
mainatá beo [majnatá béo] 男《鳥》=**miná**
mainate [majnáte] 男《鳥》=**miná**
mainato [majnáto] 男《鳥》=**miná**
mainel [majnél]《←中世仏語 mayneaulx》男《建築》❶ マリオン [窓の縦仕切りの]. ❷ 中方 (ⁿ⁰) 立て [円窓の放射状区切り]
maipure [majpúre] 男《古語》アラワク語 {=arahuaco}
mairal, mairalesa [majrál, majralésa] 名《地方語. カトリック》信心会の会長 {=mayoral}
—— 囡《地方語》祭りの名誉司宰者 (選ばれた若い娘)
maistate [majstáte] 男《グアテマラ, エルサルバドル. 服飾》[先住民女性の] 腰布
maitén [majtén]《チリ. 植物》ニシキギ科の木 [学名 Maytenus boaria]
maitencito [majtenθíto]《チリ. 遊戯》目隠し鬼の一種
maitinada [majtináða] 囡 ❶ 夜明けの演奏. ❷《まれ》夜明け
maitinante [majtinánte] 厖《カトリック. 古語》朝課に出席する義務を負う大聖堂の聖職者
maitines [majtínes] 男《カタルーニャ語》《匿》《カトリック》朝課 [夜明け前の祈り]: tocar a ～ 朝課の鐘を鳴らす
maître [métre]《←仏語》男 [レストランの] 給仕長 [時に =～ d'hôtel]
maíz [maíθ]《←タイノ語 mahís》男《植物》トウモロコシ; その粒 [粉用, 飼料用. そのまま焼いたりゆでたりしたものを食べるのは中南米のみ]: harina de ～ トウモロコシ粉. rosetas de ～／《コロンビア》 pira (tote) ポップコーン {=palomita}. ～ de Guinea モロコシ. ～ morado パープルコーン, ムラサキトウモロコシ. ～ tierno チョクロ {=choclo}. ～ tostado 炒ったトウモロコシ粒
coger a+人 *asando* ～《カリブ》…の悪事の現場を見つける, 現行犯で捕える
dar a+人 ～ *tostado*《アンデス》…に当然の罰 (報い) を与える
maizal [majθál] 男 ❶ トウモロコシ畑. ❷《中南米》[司祭がミサで用いる] 肩衣 (ⁿ⁰)
maizena [majθéna] 囡《中南米》=**maicena**
maízu [maíθu]《アストゥリアス》=**maíz**
maizudo, da [majθúðo, ða] 厖《グアテマラ》金持ちの, 裕福な
maja¹ [máxa] 囡 ❶《レオン》すりつぶすこと. ❷《マドリード》[選ばれて] 祭りを主催する美しい娘. ❸《アンダルシア》乳棒, すりこぎ
majá² [maxá] 男 名《キューバ. 動物》怠け者 [の], 怠惰な
—— 男《キューバ. 動物》キューバンボア [無毒の大蛇]
hacerse el ～ *muerto*《キューバ》知らぬ顔をする
tirar un ～《キューバ. 口語》のらくらする, 怠ける
majada [maxáða] 囡 ❶ [夜間用の] 家畜小屋, 牧舎. ❷ 厩肥 (ⁿ⁰). ❸《チリ, アルゼンチン, ウルグアイ》[羊・ヤギの] 群れ
majadal [maxaðál] 男 ❶《羊などの小型の家畜用の》牧草地, 放牧地. ❷ 夜間用の] 家畜小屋 {=majada}
majadear [maxaðeár] 自 ❶ [家畜が小屋 majada などで] 夜を過ごす. ❷ [家畜小屋に集められた羊の糞が] 土地の肥料になる
majaderear [maxaðereár] 他《中南米》邪魔する, うんざりさせる; うるさく言う, からむ
majadería [maxaðería] 囡 ❶《口語》愚かな言動, ばかげたこと: *decir* ～s たわごとを言う. ❷《まれ》愚かさ
majaderico [maxaðeríko] 男 ❶《古語》《服の》装飾品. ❷《まれ》=**majaderillo**

majaderillo [maxaðeríʎo] 男 [レース編みなどの] ボビン, 糸巻き

majadero, ra [maxaðéro, ra] 【←*majar*】形 名 ❶《軽蔑》愚かな[人], 間抜けな[人]; くだらない[人]. ❷《南米. 口語》人を悩ます, 迷惑な
── 男 ❶ すりこぎ, 乳棒. ❷ =*majaderillo*

majado [maxáðo] 男 ❶ すりつぶしたもの, 砕いたもの. ❷ すりつぶすこと, 砕くこと. ❸《料理》1)《アンダルシア》ニンニク・サフラン・パプリカをすりつぶしたもの. 2)《ボリビア》干し肉と米を煮たもの. 3)《チリ, アルゼンチン》マメ科の小麦またはすりつぶしたトウモロコシにジャガイモ・カボチャ・叩いた肉または干し肉を加えたスープ. 4)《チリ》[デザート用の] トウモロコシをすりつぶしたもの

majador, ra [maxaðór, ra] 形 名 すりつぶす[人], 砕く[人]
── 男 すりつぶし機

majadura [maxaðúra] 女 すりつぶすこと, 砕くこと, 碾(ひ)くこと

majagranzas [maxaɣránθas] 男《単複同形》《軽蔑》間抜けでうっとうしい人, どじな人, のろまな人

majagua [maxáɣwa] 女 ❶《植物》1) オオハマボウ《キューバ原産》. 2)《コロンビア》シナノキ科の木; アカネ科の木. 3)《ベネズエラ》マメ科の灌木. 4)《パナマ》バナナの茎の繊維. ❷《キューバ. 服飾》上着

majagual [maxaɣwál] 男《キューバ》オオハマボウの群生地

majagüero, ra [maxaɣwéro, ra] 名《キューバ》[縄を作るために] オオハマボウの樹皮を取る職人

majagüilla [maxaɣwíʎa] 女《キューバ》アオイ科の一種《オオハマボウに似た灌木. 学名 Pavonia racemosa》

majagüillo [maxaɣwíʎo] 男《コロンビア. 植物》ハネセンナ《=*acapulco*》

majal [maxál] 男 魚群

majalulo [maxalúlo] 男《地方語》若いラクダ

majamama [maxamáma] 女《チリ》悪だくみ, 陰険な計略; 混乱

majamente [máxaménte] 副《口語》良く, 完璧に

majamiento [maxamjénto] 男 =*majadura*

majano [maxáno] 男 石の山; [特に境界を示す] 石積み

majar [maxár] 【←古語 majo「鉄の槌」< ラテン語 malleus】他 ❶ すりつぶす, 砕く, 碾(ひ)く; すり鉢ですりつぶす. ── las almendras en el mortero アーモンドをすり鉢ですりつぶす. ❷ 叩いて脱穀する (実を落とす). ❸ うんざりさせる, 困らせる; こっぴどくやっつける; 叩いのめす: ── a+人 a palos …を棒で叩きのめす

majara [maxára] 形 名《西. 口語》=*majareta*

majareta [maxaréta] 形 名《西. 口語》頭が少しおかしい[人]: Es de ~s bañarse con este tiempo. こんな天気に泳ぐなんて狂ってる

majarete [maxaréte] 男 ❶《キューバ》女たらし. ❷《ドミニカ》巧妙な計略. ❸《プエルトリコ》混乱, 騒ぎ. ❹《ベネズエラ. 菓子》トウモロコシ・ココナッツミルクのプディング

majaretear [maxareteár] 他《ドミニカ》巧妙な手を打つ

majariego, ga [maxarjéɣo, ɣa] 形《地名》マハダオンダ Majadahonda の[人]《マドリード県の町》

majarón, na [maxarón, na] 形《西. 口語》=*majareta*

majasear [maxaseár] 自《キューバ》怠ける, さぼる

majasera [maxaséra] 女《キューバ》❶ 怠惰, 無為. ❷ 楽なもうけ仕事

maje [máxe] 形 名《メキシコ, コスタリカ. 口語》お人好しの[人], すぐ信じる[人]
hacerse el ~ 《エルサルバドル》しらばくれる

majencia [maxénθja] 女《口語》=*majeza*

majería [maxería] 女 ❶ 集名 マホ majo・マハ maja たち. ❷ マホ・マハたちの集まり

majestad [maxestáð] 女【ラテン語 majestas, -otis < major, -oris magnus「大きい」】 ❶《文語》威厳, 荘厳, 壮大: ~ del rostro 威厳のある顔つき. ~ del porte 堂々たる立ち居るふるまい. ~ Vuestra *M*~! Su *M*~ 陛下. Su *M*~ el Rey de España スペイン国王陛下. Sus *M*~*es* los Reyes de España スペイン国王陛下ご夫妻. ¡Su *M*~ Real!/¡Su Real *M*~! 国王陛下! Su Divina *M*~《カトリック》[主に聖体の秘跡における] 神. ❷《美術》1) en ~《キリスト・聖母が》栄光の座についている. 2) [主としてビザンチン彫刻の] 王衣・王冠をまとった磔刑のキリスト

majestoso, sa [maxestóso, sa] 形《まれ》=*majestuoso*

majestuosamente [maxestwósaménte] 副 威厳を持って, 堂々と

majestuosidad [maxestwosiðáð] 女 威厳があること, 荘厳

さ: ~ del vuelo de las águilas ワシたちの堂々たる飛翔

majestuoso, sa [maxestwóso, sa] 【←*majestad*】形 威厳のある, 荘厳な: con aire ~ 堂々たる様子で. paisaje ~ 壮大な景観

majeza [maxéθa] 女《西》❶《主に闘牛士の》堂々とした勇敢さ. ❷《まれ》粋, 格好よさ

majismo [maxísmo] 男《西》マホ majo らしさ, マハ maja らしさ

majo, ja[máxo, xa] 形【←?語源】《西》❶《口語》[人が] 感じのいい, 魅力的な: Es un chico muy ~. 彼はいいやつだ/とってもすてきな. ❷ 粋な, 伊達(だて)な: novio ~ 美男子の恋人. ❸《口語》[物が豪華でなく] 感じのいい, 魅力的な: Su casa es *maja*. 彼の家はすてきだ. coche ~ かっこいい車. cartera *maja* しゃれた財布. ❹ 勇敢な
¡Qué ~s! 《時に皮肉》かっこいいことだ!
── 名《西》❶ 《時に呼びかけで》粋な人; 美男, 美女: ¡Anda *maja*! やあ, べっぴんさん! ❷ マホ, マハ《18〜19世紀マドリードの伊達を気取った下層民》: La *maja* desnuda (vestida) 『裸 (着衣) のマハ』《ゴヤ Goya の作品》

majolar [maxolár] 男 ヒトシベサンザシ (紅花八重サンザシ) の群生地

majoleta [maxoléta] 女《地方語》ヒトシベサンザシ (紅花八重サンザシ) の実《=*majuela*》

majoleto [maxoléto] 男《植物》❶ セイヨウサンザシ. ❷《地方語》ヒトシベサンザシ, 紅花八重サンザシ《=*majuelo*》

majomia [maxómja] 女《キューバ》でたらめ, ばかげたこと

majomita [maxomíta] 女 *jugar* [*a*] *la* ~《コロンビア》約束を果たさない

majón [maxón] 男《コスタリカ》❶ [足を] 踏みつけること. ❷ 圧搾, 締めつけ

majorca [maxórka] 女 =*mazorca*

majorero, ra [maxoréro, ra] 形 名 ❶《地名》フエルテベントゥーラ島 isla de Fuerteventura の[人]《カナリア諸島の一つ》. ❷ 高慢な, 尊大な

majorette [maʃorét] 女《←仏語》バトンガール

majúa [maxúa] 女 ❶《魚》イワシの一種. ❷《キューバ》取るに足りない女

majuana [maxwána] 女 *hacer* (*amarrar*) ~《プエルトリコ》仮病を使ってサボる, 働くふりをする

majuela [maxwéla] 女 ❶ ヒトシベサンザシ (紅花八重サンザシ) の実. ❷《廃語》靴ひも

majuelo [maxwélo] 男 ❶《植物》ヒトシベサンザシ《学名 Crataegus monogyna》; 紅花八重サンザシ《学名 Crataegus oxyacantha》. ❷ 実をつけ始めた若いブドウの畑. ❸ 靴ひも. ❹《リオハ》新しい根株

majuga [maxúɣa] 女《ウルグアイ》小魚, 雑魚

majunfia [maxúnfja] 女《ペルー》いかさま

majzén [maxθén] 男《古語》[モロッコ] 政府, 当局

majzeniano, na [maxθenjáno, na] 形《古語》[モロッコの] 政府の, 当局の

makemono [makemóno] 男《←日本語》巻物

maketo, ta [makéto, ta]《バスク語》形 名 =*maqueto*

make up [méjkap]【←英語】男 化粧品《=*cosmético*》
── メイキャップ係《=*maquillador*》

makonde [makónde] 形 名 タンザニアとモザンビークの国境地帯に住む[マコンデ族[の]

makuta [makúta] [ザイールの旧貨幣単位] マクタ

mal [mál] I 【*malo* の語尾脱落形】形 →*malo*
── 男 I ❶ [善に対する] 悪; 悪事, 悪行: El robo es un ~ contra el orden social. 盗みは社会秩序に反する悪事である. En este país cunde la corrupción sin conciencia del ~. この国では悪いことだという意識なしに汚職が横行している. distinguir el bien del ~ 善と悪を区別する. luchar contra el ~ 悪と闘う. el bien y el ~ 善悪. ❷ 害悪, 害毒, 迷惑: No le deseo ningún ~. 私はあなたに悪いことがあればと思ってもいません. La abuela le hace un ~ a su nieto consintiéndoselo todo. 祖母は孫の言うことは何でも聞いてやるので, 孫のためによくない. ❸ 不幸, 不運; 災難: 1) Cuando el ~ alcanza a todos por igual es más fácil la resignación. 不幸がみんなに同じように起こったら, あきらめもつきやすい. Los ~*es* suelen sobrevenir cuando menos se piensan. 災難は思わぬ時に降りかかってくるものだ. alegrarse del ~ ajeno 他人の不幸を喜ぶ. 2)《諺, 成句》A grandes ~*es* grandes remedios. 重病には荒療治が必要だ. *Mal* de muchos, consuelo de todos. 苦しみも

分け合えば半分の苦しみ. *Mal* de muchos, consuelo de tontos. 苦しみも分け合えば楽になるとは愚かなことだ. No hay ~ que dure cien años. 待てば海路の日和あり. No hay ~ que por bien no venga. 禍福はあざなえる縄のごとし. Quien canta, sus ~*es* espanta. 笑う門には福来る/嫌なことを忘れるには楽しみを捜すのがよい. Quien ~ anda, ~ acaba. 因果応報. ❹ 不都合: El ~ está en que olvidamos el verdadero significado de la Navidad. 具合の悪いことに私たちはクリスマスの本当の意味を忘れている. Parece que no se ve ningún ~ en suspender las negociaciones para el establecimiento de relaciones diplomáticas entre ambos países. 両国間の外交関係樹立交渉を一時中断しても何ら不都合はないように思われる. Los graves ~*es* que aquejan actualmente a nuestro país son la incompetencia absoluta de la política y la perturbación del orden público. 現在我が国を苦しめている重大な病根は政治の完全な無能化と治安の悪化である. ❺ 病気, 痛み; 精神的苦痛: 1) 《文語》 [一般的な意味での病] No se sabe qué ~ tiene. 彼がどんな病気なのか分かっていない. El cáncer es un ominoso ~ que aqueja a la humanidad. 癌は人類を苦しめている忌むべき病である. La depresión es un ~ psíquico que afecta a muchas personas en la sociedad contemporánea. 鬱病は現代社会において多くの人がかかる心の病だ. padecer de un ~ de la piel 皮膚病にかかっている. quejarse de sus ~*es* あちこち体が悪いとこぼす. sufrir de un ~ de estómago 胃が弱い, 胃病である. tener un ~ cardíaco 心臓に障害がある. tener ~ de mar 船酔いする. ~ británico 《経済》英国病. ~ de amores 恋わずらい, 恋の病. ~ de la tierra 郷愁, ホームシック. 2) 《医学》 ~ de Bright ブライト病, 腎炎. ~ de Chagas アメリカトリパノソーマ症, シャーガス病《眠り病の一種》. ~ de la rosa ペラグラ, ナイアシン欠乏症. ~ de Loanda 壊血病. ~ de madre 《古語》 ヒステリー. ~ de San Lázaro 象皮病. 3) てんかんの発作 [=gran ~ comicial]. ❻ ~ de la piedra [湿気・大気汚染などによる] 石材の風化 (崩壊). ❼ 《中米, ペルー》 1) 《医学》 てんかん. 2) 不機嫌, かんしゃく

a ~ 悪く; 敵対して; 怒って
dar ~ *a*+人 …を苦しめる: Su esposa le *dio* mucho ~ con sus caprichos. 妻はその気ままな行動で彼をとても悩ませた
darse ~ 1) 自分を責める, 悩む, くよくよする: *Se dio* mucho ~ por preocupaciones irracionales. 彼はしなくてもいい心配をして自分自身を苦しめた. 2) [+a+人 にとって] 不得意である: *Se me dio* ~ la música en la escuela primaria. 小学校では私は音楽が苦手だった
de ~ *a* ~ 1) 力ずくで. 2) 仕方なく: Tuve que aceptarlo *de* ~ *a* ~, porque no había otra opción. 私はどうしてもそれを受け入れなければならなかった, 他に選択の余地がないから
Del ~*, el menos.* 不幸中の幸いだった/悪は最小限にとどめよ: Hace calor, pero hay viento. *¡Del* ~*, el menos!* 暑いけれど風がある. まあ, よしとしておこう
echar a ~ *con...* …を軽蔑する; …とそりが合わない; …を悪意に解釈する
estar a ~ *con*+人 …と仲が悪い; …のことを怒っている
hacer ~ [+a+人 に] 悪いことをする, 傷つける, 迷惑をかける: Quería *hacer*me ~, pero no lo consiguió. 彼は私に嫌がらせをしようとしたが, 果たせなかった. Esos rumores le *hicieron* tanto ~ que se marchó del pueblo. 彼はそれらのうわさにひどく傷つけられ, 生まれ故郷を出て行ってしまった. No vayas mucho a ese local. *Hace* siempre algún ~. そんな所にあまり行かないでね. ためにならない所だから. 2) 《主に中南米》 …の健康に悪い: Esa medicina le *ha hecho* mucho ~ a mi padre. その薬は私の父に大きな害を及ぼした
hacer ~ *en*+不定詞 …するのは正しくない: He hecho ~ en venir aquí. 今日ここに来たのは失敗だった
hacérsele a+人 *de* ~ …にとって不快に思える
llevar a ~+事物 …をじっと耐える, 苦々しい思いをする
~ *a* ~=de ~ *a* ~
~ *menor* [二者択一で] 少ない方の悪: Eso fue un ~ *menor*. それは不幸中の幸いだった/まだましだった. llevar *a* ~ *menor* 少ない方の悪を選ぶ, まだましな方をとる
no hacer a ~ *un gato* 優しい
parar [*en*] ~ [最後には] ひどい目に会う, 不幸に終わる; 病気になる
poner [*a·en*] ~ *a*+人 *con*+人 …を敵対 (仲違い) させる

ponerse a ~ *con*+人 …と仲違いする
ponerse ~ 1) 気分が悪くなる, 吐き気がする. 2) つらい思いをする
por ~ 力ずくで
por ~ [*es*] *de mis pecados* 私のせいで
ser un a medias まんざら捨てたものでもない
tener a ~*...* …を非難する, とがめる: Si rechazara su invitación, me lo *tendrían a* ~. 彼らの招待を断ったら私は悪く言われるだろう
tomar a ~*...* …を曲解する, 悪意にとる: No tomes *a* ~ mis palabras. 私の言葉を悪くとらないでくれ
tomarse a ~ 肝に銘じる
tomarse el ~ *por su mano* 人の注意を聞かずに悪事を働く
traer a ~+人 [人・事物が] …をつらい目に会わせる; 腹立たしい思いをさせる: El primo aquel siempre me *trae a* ~ pidiéndome dinero. あのいとこの奴は金の無心ばかりして, しょっちゅう私に迷惑をかける
traer ~ *a...* …に害 (災い) をもたらす

II 【←ラテン語 male】 副 ❶ 悪く 〈⇔bien. 比較級 peor〉. 1) 不正に: Se portó ~. 彼は行ないが悪かった. Vive ~. 彼はよくない生き方をする. Yo no quiero el dinero ~ adquirido. 私はそんな汚い金は欲しくない. Usted ha conducido ~ y ha hecho caso omiso de la indicación del semáforo tres veces hasta que vino aquí. あなたは間違った運転をして, ここに来るまでに3回信号無視をしています. 2) 不適切に, 不都合に: Lo he hecho muy ~. それはひどい失敗でした. ¿Por qué haces ~ lo que puedes hacer bien? ちゃんとできるのになぜいい加減にやるんだ? comportarse ~ en público 公衆の面前で恥ずかしいふるまいをする. 3) 下手に: Ella conduce muy ~. 彼女は運転がひどく下手だ. Habla ~ el japonés. 彼は日本語がたどたどしい. Este anillo está ~ labrada. この指輪は細工が悪い. 4) [期待・要求などに反して] Para ser principiante, no lo haces ~ del todo. 君は初心者にしては, それほど悪くない. Esta tortilla de seta no está ~. このキノコのオムレツはなかなかいける. 5) [体調・気分が] Estoy ~. 私は体の具合が悪い/病気だ. Me siento ~. 私は気分が悪い. ❷ 不十分に, よく…できない: 1) Desde aquí se oye ~ lo que dicen. ここからは人の言っていることがよく聞こえない. 2) 《文頭, +動詞》 *Mal* puedo yo explicarlo si no lo he visto. 私はそれを見たのではないのだから, どんなものか説明のしようがない. ❸ 不快に: oler ~ 嫌な (変な) 臭いがする. saber ~ 嫌な味がする. Estoy ~ en este coche. この車は乗り心地が悪い. No me mires tan ~; yo no tengo nada que ver con lo que ha sucedido. そんな変な目で見ないでくれ. 私は起こったこととは何の関わりもないのだから

bien que ~ = ~ *que bien*
estar ~ *que*+接続法 …するのはよくない: Está ~ *que* les mientas a tus padres. 親に嘘をつくのはよくないね. Aunque *esté* ~ *que lo diga yo...* こう言っては何ですが...
ir de ~ *en peor* ますます悪くなる, 悪化の一途をたどる: Carlos sufre de demencia senil; *va de* ~ *en peor*. カルロスは老人性認知症を患っていて, だんだん悪くなっている. Las relaciones de los dos países *fueron de* ~ *en peor*. 両国間の関係は悪化の一途をたどった
ir ~ [+a+人 にとって] 1) 元気でない. 2) [人・事が] 不調である, うまくいかない: Las cosas *van* ~. 国連の採択した平和措置にもかかわらず状況は思わしくない. 3) 具合 (都合) が悪い. 4) [服・色などが] 似合わない
~ *habido* 不正な手段で手に入れた: dinero ~ *habido* 不正な手段で得た金
¡Mal haya! ちくしょう!
~ *que*+接続法 …とはいえ, たとえ…でも [=aunque]
~ *que bien* 細々と, かろうじて; [色々あったが] どうにかこうにか: Con esta pensión nos manejamos ~ *que bien*. この年金で何とか暮らしている. *Mal que bien*, lo terminé. 私は何とか終わった
~ *que* ~ 《チリ》 どうにかこうにか
~ *que*+人 …にとって残念でも, 好むと好まざるとにかかわらず: *Mal que te pese*, deberías seguir su consejo por esta vez. 不本意だろうが, 君は今回は彼の忠告に従っておくべきではないか
quedar ~ 面目を失う, 恥をかく

mala¹ [mála] 女 ── 間 だめだ/へたくそ!

mala² [mála] 女 ❶《英国・フランスの》郵便業務;郵便かばん,郵袋. ❷《西st トランプ》2番目に強い札〖=malilla〗. ❸《隠語》左,左側. ❹《エルサルバドル》複 マラス《主に若者たちの武装集団》

malabar [malabár] 《←Malabar(インドの地名)》名 ❶ juegos 〜es〖お手玉のような〗軽業, 曲芸, ジャグリング. hacer juegos 〜es 曲芸をする; ごまかす. hacer juegos 〜es con las palabras しゃれを言う.《地名》[インド南部の] マラバル Malabarの〖人〗
── 名 ❶ 複 軽業〖=juegos 〜es〗. ❷ マラヤーラム語, マラバル語

malabárico, ca [malabáriko, ka] 形《地名》マラバルの〖人〗〖=malabar〗

malabarismo [malabarísmo] 男《主に比喩》軽業〖技術, 行為〗〖=juegos malabares〗: hacer 〜s en política 政治的曲芸をやってのける

malabarista [malabarísta] 名 ❶ 軽業師, ジャグラー. ❷《チリ》悪賢い〖巧妙な〗泥棒

malabsorción [mala(b)sorxjón] 女《医学》[栄養物の] 吸収不良

malaca [maláka] 女 ❶《中南米》杖を作る葦. ❷《メキシコ.古語》三つ編みを頭に巻き付ける髪形

malacara [malakára] 名《アルゼンチン》〖幅5センチほどの, 額から鼻にかけて〗顔に白い筋のある〖馬〗

malacariento, ta [malakarjénto, ta] 形《メキシコ》むっつりした, 無愛想な

malacate [malakáte] 男 ❶《主にメキシコ.鉱山》巻上げ機. ❷《メキシコ, ホンジュラス, ニカラグア, コロンビア》紡錘〖=huso〗

malacatoso, sa [malakatóso, sa] 形《チリ.口語》見た感じの悪い; 不正直な; 犯罪者

malacia [maláθja] 女《医学》異物嗜好症, 異食症

malacitano, na [malaθitáno, na] 形 名《文語.地名》=**malagueño**

malacodermos [malakoðérmos] 男 複《動物》軟皮類

malacófilo, la [malakófilo, la] 形《植物》多汁の軟葉を持つ

malacología [malakoloxía] 女 軟体動物学

malacológico, ca [malakolóxiko, ka] 形 軟体動物学〖上〗の

malacólogo, ga [malakólogo, ga] 名 軟体動物学者

malaconsejado, da [malakonsexáðo, ða] 形 [estar+] 口車に乗せられた〖人〗; 思慮のない〖人〗, あさはかな〖人〗

malacopterigio, gia [malakopteríxjo, xja] 形《魚類》軟鰭類の
── 男 複《魚》軟鰭類

malacostráceo, a [malakostráθeo, a] 形 軟甲綱の
── 男 複《動物》軟甲類

malacostumbrado, da [malakostumbráðo, ða] 形 ❶〖甘やかされて〗わがままな. ❷ 悪癖のある, 悪習に染まった

malacostumbrar [malakostumbrár]《←mal II+acostumbrar》他《悪い癖〖習慣〗をつけさせる》. ❷ 甘やかす: Malacostumbraron a su hija de pequeña. 彼らは娘が小さいころ, 甘やかして育てた

malacrianza [malakrjánθa] 女《中南米》無作法, 粗野

malacuenda [malakwénda] 女 ❶ 麻布, ズック〖=arpillera〗. ❷ 粗い麻糸

maladaptación [malaða(p)taθjón] 女《医学》順応不良, 不適応

malafa [maláfa] 女 =**almalafa**

málaga [málaga] 男 マラガワイン《マラガ Málaga 産の甘口のワイン. =vino de Málaga》: 〜 virgen 上質のマラガワイン

malagana [malagána] 女《←mala²+gana》《口語》❶ 失神, 気絶; 心身の不調, めまい: Tengo 〜; voy a prepararme una manzanilla. 私は気分が悪い. カミツレ茶をいれよう. ❷ 気力の衰え, 無気力; 嫌気
── 男《エクアドル》のろま, ぐず

malagaña [malagáɲa] 女《アラゴン.養蜂》丸太とハリエニシダの枝を組み合わせた蜜蜂の巣

malagata [malagáta] 女《植物》カミツレモドキ〖=manzanilla hedionda〗

malage [maláxe] 形《アンダルシア》❶ 面白みのない〖人〗, 退屈な〖人〗. ❷ 邪悪な〖人〗, 悪人〖の〗

malagestado, da [malaxestáðo, ða] 形《チリ》気難しそうな, とげとげしい

malagonense [malagonénse] 形《地名》マラゴン Malagón の〖人〗《シウダ・レアル県の村》

malagradecido, da [malagraðeθíðo, ða] 形 恩知らずな, 感謝することを知らない

malagueño, ña [malagéɲo, ɲa] 形《地名》マラガ Málaga の〖人〗《アンダルシア地方の県・県都》
── 女 ❶ マラゲーニャ《マラガの民謡・舞踊. フラメンコの一つ》. ❷ カナリア諸島の民謡

malagueta [malagéta] 女《植物》ショウガの一種《香辛料. 学名 Arbutus andrachne》

malaisio, sia [maláisjo, sja] 形 名《国名》マレーシアの〖人〗〖=malayo〗

malaje [maláxe] 名《アンダルシア.まれ》=**malage**

malají [malaxí] 男《地方語》[海岸で買い付ける] 魚の仲買人

malajoso, sa [malaxóso, sa] 形《地方語》=**malage**

malal [malál] 男《チリ, アルゼンチン》家畜の囲い場, 牧場

malaleche [malaléche] 名《俗語》性格の悪い人, 腹黒い人

malamadre [malamáðre] 女《植物》ムラサキツユクサ

malamañado, da [malamaɲáðo, ða] 形《まれ》不器用な, うすのろの

malamañoso, sa [malamaɲóso, sa] 形《プエルトリコ, コロンビア》悪い癖のある

malambo [malámbo] 男 ❶《中南米.植物》オンブー〖=ombú〗. ❷《ラプラタ》マランボ《サパテアードに似たガウチョの民俗舞踊》

malamente [málaménte] 副《口語》悪く, 下手に〖=mal〗

malamistado, da [malamistáðo, ða] 形《チリ》❶《軽蔑》同棲している, 内縁関係にある. ❷ 仲違いした

malamujer [malamuxér] 女《メキシコ.植物》ポイズンアイビー《学名 Rhus radicans》

malamute [malamúte] 名《犬》〖アラスカン・〗マラミュート《=〜 de Alaska》

malandante [malandánte] 形《文語》不運な, 不幸な

malandanza [malandánθa] 女《文語》不運, 不幸〖⇔bienandanza, buenandanza〗

malandar [malandár] 男《地方語》どんぐりの割り当て vara に入らない豚

malandra¹ [malándra] 名《ラプラタ.口語》ろくでなし, 犯罪者

malandrín, na [malandrín, na] 《←伊語 malandrino》形 名 ❶《主に戯runi, 時に軽蔑》悪党〖の〗, 悪者〖の〗. ❷《ラプラタ.口語》ろくでなし, 犯罪者

malandro, ra² [malándro, ra] 名《ベネズエラ.口語》〖盗みなどをする〗ちんぴら

malanga [malánga] 女 ❶《キューバ》1)《植物》マランガ《サトイモ科の一種で塊茎は食用》. 2) げんこつ. 3) 麦わら帽. ❷《ベネズエラ.口語》マリファナ
── 形 ❶《キューバ, プエルトリコ》不器用な. ❷《キューバ》小心な, 臆病な

malangar [malaŋgár] 男《キューバ》マランガの畑

malangay [malaŋgái] 男《コロンビア.植物》サトイモ科の一種《根茎は食用. 学名 Xanthosoma sagittifolium》

malange [malánxe] 形《アンダルシア》=**malage**

malangón, na [malaŋgón, na] 形《キューバ》怠惰な, 不精な

malanochar [malanotʃár] 〜se《エクアドル》徹夜で遊ぶ

malapata [malapáta] 名《西》❶〖動作の〗鈍い人. ❷ 不運をもたらす人

Malaquías [malakías] 名《旧約聖書》〖預言者〗マラキ; マラキ書

malaquita [malakíta] 女《鉱物》❶ くじゃく石, マラカイト: verde 〜 マラカイトグリーン. ❷ 〜 azul 藍銅鉱〖=azurita〗

malar [malár] 形《解剖》頬の
── 男 頬骨〖=pómulo〗

malaria [malárja]《←伊語 mala aria》女 ❶《医学》マラリア〖=paludismo〗. ❷《アルゼンチン, ウルグアイ.口語》極貧, 貧窮

malárico, ca [maláriko, ka] 形《医学》マラリアの

malario, ria² [malárjo, rja]《アルゼンチン》=**malárico**

malariología [malarjoloxía] 女 マラリア学

malariólogo, ga [malarjólogo, ga] 名 マラリア専門医

malarrabia [malarrábja] 女《カリブ, ベネズエラ》バナナやサツマイモで作る菓子. ❷《エクアドル》バナナ・チーズ入りのケーキ

malasangre [malasáŋgre] 形 腹黒い〖人〗, 悪意のある〖人〗, よこしまな〖人〗

malasio, sia [malásjo, sja] 形 名《国名》マレーシアの〖人〗〖=malayo〗

malasombra [malasómbra] 名 ❶ 腹黒い人, 悪意の持ち主. ❷〖自分はユーモアのセンスの持ち主だと思っているが実は〗面白

味のない人. ❸［動作の］鈍い人. ❹ 不運をもたらす人
malatería [malatería]〈女〉《古語》ハンセン病院
malatía [malatía]〈女〉《古語》ハンセン病〔=lepra〕
malatión [malatjón]〈男〉《一商標》［殺虫剤の］マラチオン
malato[1] [maláto]〈男〉《生化》リンゴ酸塩
malato[2], **ta** [maláto, ta]〈形〉〈名〉《古語》ハンセン病の〔患者〕〖=leproso〗
malatoba [malatóba]〈女〉《中南米》赤色の鶏〖=malatobo〗
—— 薄い代赭(ｼｬ)色の,赤土まじり
malatobo [malatóbo]〈男〉《中南米》赤色の鶏
malauiano, na [malawjáno, na]〈形〉〈名〉《国名》マラウイ Malaui の〔人〕
malaúva [malaúba]〈女〉《西.口語》悪意: tener una 〜 悪意がある
　¡Qué 〜 tiene! 彼は何と手間のかかる〔厄介な〕奴だ!
—— 〈形〉《西.口語》悪意のある〔人〕,性格の悪い〔人〕
malavenido, da [malabeníđo, đa]〈形〉❶ 仲の悪い, うまが合わない. ❷ 不平不満を言う
malaventura [malabentúra]〔←mala[2]+ventura〕〈女〉《文語》不運, 不幸: Tuve la 〜 de caerme por las escaleras. 私は運悪く階段から落ちてしまった
malaventurado, da [malabenturáđo, đa]〈形〉《文語》不運な, 不幸な; 哀れを誘う
malaventuranza [malabenturánθa]〈女〉不幸, 不運
malavi [malábi]〈形〉〈名〉=**malauiano**
malaviano, na [malabjáno, na]〈形〉〈名〉=**malauiano**
malawi [maláwi]〈形〉〈名〉=**malauiano**
malawiano, na [malawjáno, na]〈形〉〈名〉=**malauiano**
malaxación [mala(k)saθjón]〈女〉こねること, 練ること
malaxador, ra [mala(k)sađór, ra]〈形〉こねる, 練る
—— 〈男〉こね器, 練り器
malaxar [mala(k)sár]〈他〉こねる, 練る
malaya[1] [malája]〈女〉《ベネズエラ,ペルー,チリ.料理》フランクステーキ, 脇腹肉ステーキ
—— 〈間〉《メキシコ,中米》何てこった, いまいましい!
malayálam [malajálan]〈男〉［インド南部ケララ州で話される］マラヤーラム語
malayo, ya[2] [malájo, ja]〈形〉〈名〉❶《国名》マレーシア Malayasia の, マレーシア人. ❷《地名》マレー半島 península de Malaca の〔人〕
—— 〈男〉マレー語
malayopolinesio, sia [malajopolinésjo, sja]〈形〉〈言語〉マレーポリネシア語族の〔の〕
malbaratador, ra [malbaratađór, ra]〈形〉〈名〉❶ 投売りする〔人〕. ❷ 浪費する〔人〕, 無駄づかいする〔人〕
malbaratar [malbaratár]〔←mal II+barato〕〈他〉❶ 投売りする, 安値で売る. ❷ 浪費する, 無駄づかいする: Juan *malbarató su fortuna*. フアンは財産を散財した
malbaratillo [malbaratíʎo]〈男〉《まれ》安物（投売品）を商う店
malbarato [malbaráto]〈男〉《まれ》❶ 投売り, 安売り. ❷ 浪費, 無駄づかい
malcaliente [malkaljénte]〈男〉《コロンビア》牛の丹毒
malcarado, da [malkaráđo, đa]〈形〉《地方語》人相の悪い〔人〕; 仏頂面の〔=malencarado〕
malcasado, da [malkasáđo, đa]〈形〉〈名〉❶ 夫婦仲の悪い〔人〕; 不貞な〔妻・夫〕. ❷ 別居した〔人〕, 離婚した〔人〕
malcasar [malkasár]〈自〉〜**se**《文語》不幸（不釣り合い）な結婚をする
—— 〈他〉《文語》不幸（不釣り合い）な結婚をさせる
malcaso [malkáso, sa]《古》《廃》裏切り; 破廉恥な行為
malcocinado [malkoθináđo]〈男〉《まれ》動物の内臓; その販売店
malcomer [malkomér]〔←mal II+comer〕〈自〉❶［量的・質的に］貧弱な食事をする, 食べ物に不自由する: 〜 en un restaurante de carretera 街道のレストランでひどい食事をする. ❷ いやいや食べる; 食欲がない: Durante su enfermedad *malcomía* lo poco que le daban. 彼は病気の間, 少ししか与えられない食べ物を食べるのにも苦労していた
malcomido, da [malkomíđo, đa]〈形〉悪い食生活の, 栄養状態の悪い
malconsiderado, da [malkonsiđeráđo, đa]〈形〉配慮が足りない, 無分別な, 軽率な
malcontado [malkontáđo]〈男〉《チリ》勘定間違えの補填準備金

malcontentadizo, za [malkontentađíθo, θa]〈形〉気難しい, 不平がましい, 好みのうるさい
malcontento, ta [malkonténto, ta]〈形〉〈名〉❶ 不満な: 〜 con su suerte 自分の運に満足していない. ❷ 反乱を起こす〔人〕, 不満分子
—— 〈男〉❶《トランプ》エースが一番弱いゲーム. ❷《まれ》不満
malcoraje [malkoráxe]〈男〉《植物》ヤマアイ〖=mercurial〗
malcorazón [malkoraθón]〈形〉《中米》残酷な
malcorte [malkórte]〈男〉不正伐採, 盗伐
malcote [malkóte]〈男〉《ホンジュラス》コナラ属の一種〖学名 Quercus cortesii〗
malcrecer [malkreθér]〈自〉十分に成長しない
malcriadez [malkrjađéθ]〈女〉《中南米》粗野, 下品, 不作法
malcriadeza [malkrjađéθa]〈女〉《中南米》=**malcriadez**
malcriado, da [malkrjáđo, đa]〈形〉〈名〉❶ 自分勝手な〔人〕; 行儀の悪い〔人〕. ❷ 甘やかされた〔人〕, しつけの悪い〔子〕
malcriar [malkrjár]〔←mal II+criar〕〈他〉甘やかして（しつけもせずに）育てる: 〜 a los hijos 子供を甘やかして育てる
maldad [maldáđ]〔←ラテン語 malus「悪い」(bondad の影響)〕〈女〉❶ 邪悪, 悪意: 〜 de sus comentarios 彼のコメントにこめられた悪意. ❷ 悪事, 悪行: Esto es una 〜. それは悪いことだ. cometer 〜*es* 悪事を働く; planear 〜 悪だくみをする. ❸ 悪さ: 〜 del tiempo 天候の悪さ. ❹《地方語》病気;［傷口からの］膿. ❺《メキシコ》いたずら, 悪ふざけ
maldadoso, sa [maldađóso, sa]〈形〉《まれ》悪い, 邪悪な. ❷《メキシコ,チリ》悪さをする, 悪事を働く
maldecido, da [maldeθíđo, đa]〈形〉《まれ》❶ 悪意のある. ❷ 忌まわしい, 憎むべき
maldecidor, ra [maldeθiđór, ra]〈形〉〈名〉悪口を言う〔人〕, けなす〔人〕
maldecir [maldeθír]〔←ラテン語 maledicere < male「悪」+dicere「言う」〕〈他〉《過去分詞と直説法未来・過去未来以外, 命令法単数は規則変化. 過分 maldícindo. 命 →**bendecir**》❶［人・事物を］呪う: ¡Te *maldigo*! お前を呪ってやる! 〜 su mala suerte 自分の不運を呪う. 〜 la guerra 戦争を呪う. ❷ ののしる, 非難する, けなす: 〜 de su madre 自分の母親を非難する
—— 〈自〉［+de］を悪く言う, けなす, 中傷する; 嘆く: *Maldice de* todo el mundo. 彼は誰からともなく悪口を言う. 〜 *de* su juventud 青春時代のことを嘆く
maldentados [maldentáđos]〈男複〉《動物》貧歯類〖=desdentados〗
maldiciente [maldiθjénte]〔←ラテン語 maledicens, -entis〕〈形〉悪口ばかり言う〔人〕, 中傷する〔人〕, 毒舌の〔人〕
maldición [maldiθjón]〔←maldecir〕〈女〉❶ ののしり, 悪口: soltar una 〜 ののしりの言葉を吐く, 悪口を言う. ❷ たたり, ばち, 災い: haber caído a+人 (sobre+人・物) una 〜 …に不幸（悪いこと）が続く
　¡*M*〜! ［不快・怒り］ちくしょう!
maldispuesto, ta [maldispwésto, ta]〈形〉❶ やる気のない. ❷ 体調の悪い, 気分のすぐれない〖=indispuesto〗
maldita[1] [maldíta]〈女〉❶《キューバ,プエルトリコ》根太, 吹き出物. ❷《プエルトリコ,ベネズエラ》足の小さな傷; 虫刺されによる潰瘍
malditismo [malditísmo]〈男〉《社会・権力からの》排斥
maldito, ta[2] [maldíto, ta]〔←ラテン語 maledictus < male「悪」+dictum < dicere「言う」〕〈形〉❶ 呪われた, 天罰を受けた: tierra 〜*ta* de Dios 神からの呪われた土地. ❷［+名詞］性悪な, 邪悪な: Este 〜 gato me ha vuelto a arañar. この性悪猫がまた私をひっかいた. ❸［+名詞］いまいましい, 腹立たしい, 不快な: Estoy harta de sus 〜*s* consejos. 私は彼の腹立たしい忠告にはうんざりだ. ¡*M*〜 viento! いまいましい風だ! ❹ 劣悪な, 質の悪い: esta 〜*ta* cama このひどいベッド. ❺［+冠詞+名詞］少しも…ない: *M*〜 el caso que me hace. 彼は私のことを何とも思っていない. *M*〜 la gana que tengo de ir al cine. 映画館へ行く気などまるでならない. ❻《文語》［主に芸術家が社会・権力から］排斥された, 非難された: Se le considera un pintor 〜. 彼は誰からも受け入れられない芸術家とみなされている. ❼《南米.口語》利己主義の, あさましい
　〜*ta la falta* [que hace] ［軽蔑的な応答］大したことではない
　¡*M*〜*ta sea*! ［口語］［不快・不同意］ちくしょうめ!
　no hacer 〜 *caso* 全く気にしない
—— 〈名〉❶ 意地の悪い人; 悪人, 悪党. ❷ 呪われた人; 天罰を受けた人

──［男］❶ [el+] 悪魔. ❷《演劇》エキストラ. ❸《メキシコ》ごろつき,ろくでなし

maldivo, va [maldíβo, βa]［形］《国名》モルディブ Maldivas の〔人〕

maldonadense [maldonaðénse]［形］《地名》マルドナド Maldonado の〔人〕《ウルグアイ南部の県・県都》

maldormidor, ra [maldormiðór, ra]［名］=**maldurmiente**

maldormir [maldormír] 34 ［自］よく眠れない,不眠症である

maldoso, sa [maldóso, sa]［形］《メキシコ》いたずらっ子の; ずる賢い

maldurmiente [maldurmjénte]［形］［名］よく眠れない〔人〕,不眠症の〔人〕

maleabilidad [maleaβiliðáð]［女］《金属》可鍛性, 展性

maleabilizar [maleaβiliθár] 9 ［他］《金属》可鍛性(展性)を与える

maleable [maleáβle]【←ラテン語 malleus「かなづち」】［形］❶《金属》可鍛(たん)性の, 展性のある. ❷ 成型(細工)が容易な. ❸［人が］従順な, 他人に影響されやすい

maleado, da [maleáðo, ða]［形］堕落した, ゆがんだ

maleador, ra [maleaðór, ra]［名］《魔語》=**maleante**

maleamiento [maleamjénto]［男］堕落, ゆがみ, 頽廃, 損傷

maleancia [maleánθja]［女］ごろつき(ならず者)であること

maleante [maleánte]【←malear】［形］ごろつき〔の〕, ならず者〔の〕, 法に反した生き方をしている〔人〕

malear [maleár]【←mal I】［他］❶［物に］損傷を与える: El granizo maleó la cosecha. ひょうが作物を台無しにした. ❷［人を］堕落させる: Los amigos le han maleado a Paco. 友人たちがパコを堕落させた
── ［自］《エストレマドゥラ》病気になる, 具合が悪くなる
── ～se ［人が］悪くなる, 堕落する

malecón [malekón]【←?語源】［男］❶ 堤防, 防波堤, 桟橋. ❷《鉄道》〔線路の〕土手. ❸《中南米》海岸遊歩道

maledicencia [maleðiθénθja]【←ラテン語 maledicentia】［女］悪口, 中傷, 陰口《行為》

maledicente [maleðiθénte]［形］=**maldiciente**

maleducado, da [maleðukáðo, ða]【←mal II+educado】［形］しつけの悪い〔人〕, 行儀の悪い〔人〕, 粗野な〔人〕

maleducar [maleðukár] 7 ［他］…の育て方を間違える《過保護, 甘やかすなど》

maleficencia [malefiθénθja]【←ラテン語 maleficentia】［女］《文語》悪行の習慣

maleficiar [malefiθjár]【←maleficio】 10 ［他］❶［人・事物に］害を与える, 傷つける. ❷ 魔法をかける, 呪いをかける

maleficiente [malefiθjénte]［形］有害な, 邪悪な

maleficio [malefíθjo]【←ラテン語 maleficium】［男］❶ たたり『魔術 magia の被害』. ❷《集名》呪詛, 呪い. ❸《古語》損害

maléfico, ca [maléfiko, ka]【←ラテン語 maleficus】［形］❶ 損害を与える: Temo que su amistad ejerza sobre mi hijo una influencia ~ca. 彼との付き合いが息子に悪い影響を及ぼすのを私は恐れている. ❷ たたりのある; 呪いをかける: tener poderes ~s たたりを及ぼす力がある
──［男］呪術師

malegrar [malegrár] ～se 《エストレマドゥラ》人の不幸を喜ぶ

maléico, ca [maléiko, ka]［形］《化学》ácido ～ マレイン酸

malembo, ba [malémbo, ba]［形］《キューバ》気分が悪い, 調子が良くない; 病気がちな

malencachado, da [maleŋkatʃáðo, ða]［形］《チリ. 口語》[人が] 醜い

malencarado, da [maleŋkaráðo, ða]［形］❶ 無作法な; 横柄な. ❷ 人相の悪い, 仏頂面の

malenseñado, da [malensenjáðo, ða]［形］《南米》しつけの悪い, 粗野な

malenseñar [malensenjár]［他］《南米》甘やかす

malentender [malentendér] 24 ［他］誤解する: Malentendiste sus palabras. 君は彼の言葉を誤解した

malentendido [malentendíðo]【←francés malentendu】［男］誤解, 曲解: Hubo un ～ entre ellos. 彼らの間に誤解があった

malentendimiento [malentendimjénto]［男］《まれ》誤解《行為》

maleolar [maleolár]［形］《解剖》くるぶしの

maléolo [maléolo]［男］《解剖》くるぶし〘=tobillo〙

malero [maléro]［男］《ペルー》まじない師, 呪術師

malespín [malespín]［男］《コスタリカ》[一定の法則に従って文字を入れ替えて作る, 若者同士の] 隠語

malestar [malestár]【←mal II+estar】［男］❶ [肉体的・精神的な] 不調, 不快感: Tengo fiebre y ～ general. 私は熱があって体全体に調子が悪い. Sus palabras causaron ～ entre nosotros. 彼の言葉に私たちは不快感をおぼえた. sentir ～ 気持ちが悪い, 気分が悪い. ～ general《医学》不定愁訴. ❷ 不満, 不穏な空気〘⇔bienestar〙: Existe el ～ entre los campesinos. 農民の間に不穏な空気(動き)が存在する

maleta [maléta]【←古仏語 malete < malle「トランク」< ゲルマン語 malha「旅行の袋」】［女］❶ スーツケース〘=～ rígida〙: meter la ropa en la ～ 服をスーツケースに入れる. ～ con ruedas キャリーバッグ, キャスター付きの～ スーツケース. ❷［短期の旅行のために急いで用意した］衣類の包み. ❷ わずらわしさ, 不快. ❸《グアテマラ, チリ》振り分け袋. ❹《キューバ, プエルトリコ, コロンビア. 戯語》背中のこぶ, 猫背. ❺《ベネズエラ, チリ. 自動車》トランク〘=maletero〙

andar como ～ de loco《アルゼンチン, ウルグアイ. 口語》行き当たりばったりである

deshacer la ～ 荷物をスーツケースから取り出す

estar de ～《チリ, アルゼンチン. 口語》不機嫌である

hacer la[s] ～[s] 1) 荷物をスーツケースに詰める; 旅行の支度をする. 2) 退職する, 現役を引退する

largar la ～《チリ. 口語》死ぬ

preparar la[s] ～[s] 旅行の支度をする

soltar la ～《チリ. 口語》=**largar la ～**

──［男］❶《西. 軽蔑》下手な闘牛士《スポーツ選手》; 不器用な人, 下手くそ. ❷《中南米》悪い, 手に負えない. ❸《中米. 口語》軽蔑すべき〔人〕, 性悪の〔人〕. ❹《チリ》愚鈍な, 間抜けの

maletear [maleteár]［他］《チリ》[他人のポケットに] 指を突っ込む, 財布を盗む

maletera [maletéra]［女］《アンデス. 自動車》トランク〘=maletero〙

maletería [maletería]［女］《集名》スーツケース

maletero[1] [maletéro]［男］❶《=maleta》❶ 車のトランク. ❷［駅・空港・ホテルなどの］ポーター, 赤帽〘=mozo de cuerda〙. ❸［部屋の］スーツケース置き場, クローゼット. ❹《ホンジュラス》[旅行中に] 旅行鞄の世話をする下男; その下男が乗る馬. ❺《エクアドル》雑嚢

maletero[2], ra[2] [maletéro, ra]［名］❶ スーツケース製造(販売)業者. ❷《隠語; チリ》すり, 置き引き犯

maletía [maletía]［女］❶《古語》病気. ❷《ムルシア》気分の悪さ

maletilla [maletíʎa]【maleta の示小語】［名］闘牛士志望の若者

maletín [maletín]【maleta の示小語】［男］❶ ブリーフケース, アタッシェケース; 小型のスーツケース, 手さげかばん. ❷《軍事. 古語》～ de grupa 騎兵の雑嚢(のう). ❸《メキシコ, グアテマラ, キューバ, ペルー, チリ》[主に革製の, 旅行用の] 手提げ袋, ショルダーバッグ

maletón, na [maletón, na]［形］《コロンビア》背中にこぶのある人, 猫背の人
──［男］❶ 大型のスーツケース. ❷《ベネズエラ》乳離れした雄の子牛. ❸《エクアドル》[旅行用の] 夜具入れ

maletudo, da [maletúðo, ða]［形］《メキシコ, キューバ, コロンビア, エクアドル》背骨の湾曲した〘=jorobado〙

malevaje [maleβáxe]［男］《集名》《ラプラタ. 古語》悪い連中

malevo, va [maléβo, ba]［形］［名］《ラプラタ. 古語》悪人〔の〕

malevolencia [maleβolénθja]【←ラテン語 malevolentia】［女］悪意, 敵意, 害意; 憎悪: con ～ 悪意で; 憎々しげに

malevolente [maleβolénte]［形］《文語》悪意(敵意)のこもった

malévolo, la [maléβolo, la]【←ラテン語 malevolus < malus「悪」+volo「私は欲する」】［形］❶ 悪意のある〔人〕, 底意地の悪い〔人〕, 邪悪な〔人〕〘⇔benévolo〙: comentario ～ 悪意のこもったコメント. mirada ~la 敵意のこもったまなざし. pensamiento ～ 邪心

maleza [maléθa]【←ラテン語 malitia「悪, 悪事」】［女］❶ 不可算《灌木・草の》茂み, 下生え: avanzar entre la ～ 茂みをかき分けて進む. ❷［畑などを害する］雑草: Creció ～ en el jardín. 庭に雑草が生えた. ❸《エストレマドゥラ》病気. ❹《チリ, アルゼンチン》膿

malezal [maleθál]［男］《中南米》イバラなどが生い茂った土地

malfachado, da [malfatʃáðo, ða]［形］《地方語》容姿の悪い

malfamado, da [malfamáðo, ða]［形］評判の悪い

malformación [malformaθjón]［女］《医学》[先天的な] 奇形

malfuncionamiento [malfunθjonamjénto]［男］機能不全

malgache [malgátʃe]［形］［名］《国名》マダガスカル Madagascar の

（人）
―― 男 マダガスカル語, マルガシュ語
malgacho, cha [malɣátʃo, tʃa] 形 名 =**malgache**
malgastador, ra [malɣastaðór, ra] 形 名 無駄づかいする〔人〕, 浪費する〔人〕
malgastar [malɣastár]《←mal II+gastar》他 無駄づかいする, 浪費する: ~ el dinero en tonterías つまらないことに金を使ってしまう. ~ su tiempo 時間を浪費する. ~ su mejor ocasión 絶好の機会をみすみす逃す. ~ la salud 健康を損ねる. ~ el talento 才能を無駄にする
malgasto [malɣásto] 男 無駄づかい, 浪費
malgeniado, da [malxenjáðo, ða] 形《中南米》怒りっぽい, 気難しい
malgenio [malxénjo] 男《中南米》かんしゃく持ちなこと, 気難しさ
malgenioso, sa [malxenjóso, sa] 形 名《中南米》《ささいなことで》すぐ怒る〔人〕, 怒りっぽい〔人〕
malgeniudo, da [malxenjúðo, ða] 形 名《中南米》=**malgenioso**
malgré lui [malɣré lwí]《←仏語》形 副 意に反した・反して, 不承不承〔の〕
malhablado, da [malaβláðo, ða] 形 名 言葉づかいのよくない〔人〕, 下品な言葉を使う〔人〕《⇔bienhablado》
malhablar [malaβlár] 自 [+de の] 悪口を言う
malhadado, da [malaðáðo, ða] 形《←mal I+hado》❶ 運の悪い《⇔bienhadado》: El ~ Cid partió lloroso camino del destierro. 不運なシッドは泣く泣く追放の旅へと出発した. ❷ [事物が] 不吉な
malhaya [malája] 形《中米》¡M~ sea! くそっ, ちくしょう!
―― 《ラプラタ, 廃語, ガウチョ語》どうか…であってほしい!《=ojalá》
malhayar [malajár] 自《グアテマラ, コロンビア》熱望する, 渇望する
malhecho, cha [maléʧo, ʧa] 形 ❶《まれ》奇形の, 不格好な. ❷《ロゴーニョ》庶民の
―― 男《まれ》悪事, 悪行, 恥ずべき行為
malhechor, ra [maleʧór, ra]《←ラテン語 malefactor, -oris》形 名《常習的に》悪事をはたらく〔人〕, 犯罪常習者: Fue malherido por unos jóvenes ~es. 彼は数人の不良にひどいけがを負わされた
malherbología [malerβoloxía] 女《植物》雑草学
malherido, da [maleríðo, ða] 形 重傷を負った
malherir [malerír]《←mal II+herir》33 他 ひどく傷つける, 重傷を負わせる: Quedó *malherido* por las astas de un toro. 彼は闘牛の角でひどい傷を負った
malhojo [malóxo] 男 落ち葉, 枯葉《=marojo》
malhora [malóra] 形《メキシコ. 口語》=**malora**
malhumor [malumór] 男 不機嫌で, 機嫌の悪い
―― 《mal humor》: estar de ~ 機嫌が悪い
malhumorado, da [malumoráðo, ða] 形 ❶ [ser+. 人が] 怒りっぽい, 気難しい. ❷ [態度が] 不機嫌な, 気分を害した: responder con tono ~ ぶっきらぼうに答える. voz ~da 機嫌の悪い声. ❸ [estar+. 人が] 機嫌が悪い: El profesor está ~. 先生は機嫌が悪い
malhumorar [malumorár]《←mal I+humor》他 …の機嫌を損ねる
―― **~se** 機嫌が悪くなる
malí [malí] 形《諱》名《e〔s〕》《国名》=**maliense**
maliano, na [maljáno, na] 形 名《国名》=**maliense**
malicia [malíθja]《←ラテン語 malitia "悪"》女 ❶ 性悪さ, 悪賢さ, 狡猾〔さ〕, ずる賢さ; 悪意〔のある言動〕: Esa niña tiene mucha ~ para hacerse consentir de sus abuelos. その女の子は祖父母からちやほやしてもらうように仕向けるのが非常に上手だ. ❷ 悪意, 下心; 邪心, 邪心, 邪念: Es algo ligero de lengua, pero no tiene ~. 彼は少し口が軽いほうだが, 悪気はない. En los niños no hay ~. 小さな子供に邪心はない. con ~ 悪意で, 下心があって. sin ~ 悪意なしに; 悪意のない, 純朴な ❸ [時に 複] 曲解, 邪推〔=celos〕: 1) Es una ~ tuya; todo el mundo sabe que te encuentras en una etapa de dificultades económicas. それは君の邪推だよ. 皆は君が経済的に困っていることを知っている. 2) [+de que+接続法] Tiene sus ~s *de que* los suyos no le digan la verdad. 彼はまわりの人たちが自分に本当のことを言っていないのではないかと猜疑心を抱いている.
❹ 性的な経験〔知識〕《主に否定文で》: Aquella chica no tiene ninguna ~. あの娘はうぶな娘だ. tener demasiada ~ para su edad 年齢のわりにませている. Contó un chiste con mucha ~. 彼は恥ずかしくもなく卑猥な冗談を言った. ❺ [病気などの] 悪性: Esta calentura tiene ~. この発熱は質〔た〕がよくない. ❻《歴史》casa a la ~ 〔16～18世紀マドリードで〕一部屋を仕切って2家族用とした建物. ❼《古語》辛辣な言葉.《トリ》1)《口語》強い酒の一口. 2)〔カクテル用の〕蒸留酒; 〔紅茶・コーヒーなど〕飲み物に少量加えるリキュール
maliciable [maliθjáβle] 形 邪推され得る
maliciar [maliθjár]《←malicia》10 他 [悪意をもって] 疑う, 邪推する《主に ~**se**》: *Malician* que el matrimonio no está en buenas relaciones. その夫婦はうまくいっていないのではないかと疑われている
―― **~se** ❶ [悪意をもって] …を疑う, 邪推する: 1) *Se malició* un artículo publicado sobre él en una revista y le mandó una fuerte protesta. 彼は雑誌に載った自分に関する記事を邪推して, その雑誌に強い抗議文を送りつけた. 2) [+que+直説法] Me *maliciaba* que hablaban mal de mí. 私は悪口を言われているのではないかと疑っていた. ❷ [人が] 悪くなる, 堕落する《=malearse》: *Se le malicia* al niño si se le da todo lo que quiera. 子供の欲しがるものを何でも与えていたら子供はだめになってしまう
maliciosamente [maliθjósaménte] 副 悪意を込めて, 意地悪く
malicioso, sa [maliθjóso, sa]《←ラテン語 malitiosus》形 名 ❶ 性悪な〔人〕, 邪悪な〔人〕; 悪賢い〔人〕, 狡猾な〔人〕: Eres ~, y siempre piensas mal de la gente. お前は性悪で, いつも人を悪意で見ている. Me parece que estos chicos están tramando otra travesura ~sa. 私にはこの子供たちはまたからかいのずらをたくらんでいるように思える. ❷ 悪意のある〔人〕, 悪意による: Me lanzó una mirada ~sa. 彼は意地悪な目つきでじろっと私を見た. Hay ~s que dicen que es homosexual. 彼はホモだと悪意をもって言う人たちがいる. interpretación ~sa ひねくれた解釈. ❸ 淫らな
málico, ca [máliko, ka] 形《生化》ácido ~ リンゴ酸
maliense [maljénse] 形 名《国名》マリ Malí の〔人〕
maligna[1] [maliɣna] 女《キューバ》〔一番高くなった時の〕熱
malignamente [maliɣnaménte] 副 よこしまに, 邪悪に
malignar [maliɣnár] 他《まれ》❶ 堕落させる. ❷ 〔物を〕汚す, 損なう
malignidad [maliɣniðá(ð)]《←ラテン語 malignitas, -atis》女 ❶ 悪意〔下心〕があること: Ese asesinato muestra la gran ~ del autor. その殺人は犯人が非常な悪意を抱いていたことを示している. ❷《医学》悪性: ~ del tumor 腫瘍が悪性であること
malignización [maliɣniθaθjón] 女《医学》悪性化
malignizar [maliɣniθár] 9 他《医学》悪性化させる
―― **~se** 悪性化する
maligno, na[2] [malíɣno, na]《←ラテン語 malignus》形 ❶《文語的》[ser+] 悪意のある, 邪悪な: influencia ~na 有害な影響. intención ~na 悪意, 邪悪な意図. ❷ [病気が] 悪性の《⇔benigno》: gripe ~na 悪性の感冒. tumor ~ 悪性の腫瘍
―― 男《婉曲》[主に el M~] 悪魔《=demonio》
malilla [malíʎa] 女《西洋トランプ》❶ 2番目に強い札. ❷ [ゲームの一種] マニラ
malillero, ra [maliʎéro, ra] 形《ペルー》[物事をだめにする] おせっかい焼きの
Malinche [malínʧe]〔人名〕マリンチェ《1502?～29?, マリナ Marina とも, マリンツィンとも. アステカの貴族の出身といわれる先住民女性. コルテス Cortés によるメキシコ征服に通訳として協力, 彼との間に一子をもうける》
malinchista [malinʧísta] 形 名《メキシコ》❶ 外国好きの〔人〕. ❷ 外国のものに卑屈な態度をとる
malinké [malinké] 形 名《単複同形》[マリなどの] マリンケ族〔の〕
malinformar [malinformár] 他《南米. 文語》…に誤った情報を伝える
malingrar [maliŋɡrár] 他《まれ》=**malignar**
malino, na [malíno, na] 形《廃語》=**maligno**
malintencionado, da [malintenθjonáðo, ða]《←mal II+intención》形 悪意のある〔人〕: comentarios ~s 悪意のあるコメント
malinterpretar [malinterpretár] 他 誤解する
malla [máʎa]《←仏語 maille < ラテン語 macula "網目"》女 ❶《服

飾)1) レオタード; [主に 複] タイツ, スパッツ. 2)《メキシコ, ペルー, ボリビア, ウルグアイ, パラグアイ》[ワンピースの] 水着《=～ de baño》. ❷ 網状のもの, メッシュ, ネット: 1) bolsa de ～ ネット袋. portamonedas de ～ メッシュの小銭入れ. red en ～《通信》メッシュネット. ～ metálica/《メキシコ, パナマ, プエルトリコ》～ ciclónica 金網, 針金フェンス. ～ (gruesa) 目の細かい(粗い). 3) 漁網: salir a la ～ 投網に出かける. 4)《スポーツ》 複 ゴールネット. ❸ 鎖かたびら. ❹《歴史》カスティーリャの銅貨《=meaja》. ❺《メキシコ, パナマ, コロンビア, ボリビア》網戸《=puerta con ～》. ❻《ペルー, チリ. 植物》ノウゼンハレン科のイモの一種 《学名 Tropaeolum brachyceras》.

caer en las ～s de... ～の網にかかる, えじきになる

hacer ～ 編物をする, 網状のものを編む

mallaje [maʎáxe] 男 網目の幅

mallar [maʎár] 自 ❶ 編物をする, 網状のものを編む. ❷ [魚などが] 網にかかる

── 他《アストゥリアス, サラマンカ》すりつぶす

mallazo [maʎáθo] 男《建築》網サッシ

Mallea [maʎéa]《人名》Eduardo ～ エドゥアルド・マジェア 《1903～82, アルゼンチンの作家. 不条理な世界に生きる人間の孤独と不安をテーマに, 痛烈な社会批判を行なった. アルゼンチン実存主義文学と呼ばれることもある. 小説『緑はすべて消えるだろう』*Todo verdor perecerá*, 『沈黙の入江』*La bahía del silencio*》

malleo [maʎéo] 男 網の製造

mallequense [maʎekénse] 形 名《地名》マリェコ Malleco の[人]《チリ中部, la Araucanía 州の県》

mallero, ra [maʎéro, ra] 名 網状のものを編む人, 網を作る人

── 男 編み型

malleta [maʎéta] 女《漁業》[引き網の] 引き綱

mallete [maʎéte] 男 ❶ 小槌. ❷《船舶》1) 円材を固定するくさび. 2) 鎖の環

malleto [maʎéto] 男 製紙用の槌

mallín [maʎín] 男《アルゼンチン》《パタゴニアの》ぬかるんだ牧場

mallo [máʎo]《←ラテン語 malleus》男 ❶ [種こき用などの] 槌 ⑫. ❷ ペルメル球技. ❸《地方語》高く切り立った岩. ❹《チリ. 料理》マッシュポテト

mallorquín, na [maʎorkín, na] 形 名《地名》マヨルカ島 Mallorca の[人]《バレアレス諸島の一つ》

── 男 カタルーニャ語のマヨルカ方言

mallorquinidad [maʎorkiniðá(ð)] 女 マヨルカ島らしさ

mallorquinismo [maʎorkinísmo] 男 ❶ マヨルカ方言からの借用語. ❷ マヨルカ島の風物に対する愛好

mallorquinizar [maʎorkiniθár] 他 マヨルカ島[の人]らしくする

mallugadura [maʎuɣaðúra] 女《中南米》打撲傷

malmadurillo [malmaðuríʎo] 男《植物》セイヨウイボタ

malmandado, da [malmandáðo, ða] 形 [人が] 言うことをきかない, 反抗的な

malmaridada [malmariðáða] 形 女《文語》不幸な結婚をした[女]

malmarriento, ta [malmarjénto, ta] 形《テルエル》少し病気の, 病気をし始めた

malmeter [malmetér]《←mal II+meter》他 ❶ 仲たがいさせる: Le gusta ～ a los demás contando chismes. 彼は中傷によって人を仲たがいさせるのが好きだ. ❷ [+a+不定詞]《…させる》: Unos amigos le *malmetieron* a robar. 数人の友人が彼をそそのかして盗みを働かせた. ❸ 浪費する

malmignate [malmiɲnáte] 女《動物》クモの一種 《学名 Latrodectes tredecimguttatus》

malmirado, da [malmiráðo, ða]《←mal II+mirado》形 ❶ [他人から] 悪く思われる; 信用されない: Era ～ por todos. 彼は皆によく思われていなかった. ❷ 礼儀知らずの, 無礼な

malmirar [malmirár] 他 ひねくれた目で見る

malmodado, da [malmoðáðo, ða] 形《キューバ》行儀の悪い

malnacido, da [malnaθíðo, ða] 形《軽蔑》見下げはてた[やつ], 下劣な[人]

malnutrición [malnutriθjón] 女《医学》栄養不良, 栄養失調

malnutrido, da [malnutríðo, ða] 形《医学》栄養不良の, 栄養失調の[人]

malo, la[2] [málo, la]《←ラテン語 malus, -a, -um》[語尾]《+形容詞》+男性単数名詞で **mal** になる. 比較級: peor; 道徳的な意味では通常 más malo. 絶対最上級:《文語》pésimo, 《口語》malísimo》[主に +名詞] ❶ [ser+] 悪い, よくない《⇔bueno》: 1) [事物が一般的な基準から見て] El resultado es ～. 結果はよくない. *mal* clima よくない気候. *mala* noticia 悪い知らせ. *mala* postura 悪い姿勢. *mala* señal 悪い兆候. 2) [+para に] 有害な; 不適切な, 都合の悪い: El tabaco es ～ *para* la salud. たばこは健康によくない. Es ～ *para* la piel tomar tanto sol. 日光浴のし過ぎは肌に悪い. Las circunstancias son *malas para* celebrar un banquete tan lujoso. 諸事情を考えれば, そんぜいたくな披露宴をするのはよくない. Ahora no es *mal* momento *para* llevar a cabo el plan. 今はこの計画を実行するのに悪い時期ではない. Es una herramienta *mala para* esa tarea. その道具はこの仕事には使えない. *mala* explicación 不適切な説明. 3) [質の] 悪い, 粗悪な: La comida es *mala* en esta pensión. この下宿は食事が悪い. La paella de la comida no estuvo *mala*. 昼食のパエーリャは悪くなかった. *mal* vino/vino ～ 安物のワイン, 質の悪いワイン. *mala* poeta へっぽこ詩人. 4) [下手な, 無能な: Habla en un *mal* español. 彼は下手くそなスペイン語で話す. *mal* actor 大根役者. *mal* alumno ～ 出来の悪い生徒. *mal* bailador 下手なダンサー. *mal* poeta へっぽこ詩人. 5) [感覚的に] 不快な: *mal* olor 悪臭. *mal* sabor 嫌な味. 6) 不道徳な, 不正な: *malas* costumbres 悪習. 7)《口語》[人格的に] 悪い, 邪悪な, 性悪な: Ese político tiene cara de *mala* persona. あの政治家は悪人の相をしている. No entiendo cómo puede ser tan ～ un hombre. 人間がどうしてそこまで悪くなれるのか私には理解できない. ¡Qué ～ eres! お前は何て悪いやつだ[意地が悪い]だ! ¡No seas ～! 意地悪はやめなさい. *mal* amigo 悪友. tipo ～ 悪いやつ. 8)《口語》[子供が] いたずらな, 言うことを聞かない: Esta niña es muy *mala* y no hace caso a sus padres. この娘はとても悪い子で, 両親の言うことを聞かない. 9) 不運な, 不幸な: pasar una *mala* niñez 不幸な幼少期をおくる. 10) [程度が] ひどい: tener una *mala* caída ひどい転び方をする. ❷ 困難な: 1) tener un *mal* parto 難産である. 2) [+de+不定詞 するのが] Este libro es ～ *de* entender. この本は理解するのが難しい. potro ～ *de* domesticar 馴らすのが難しい若馬. ❸ [estar+] 病気の: 1) Mi padre está ～. 父は病気だ. Está desanimado; de *mal* color. 彼は元気がないし, 顔色が悪い. ponerse ～ 病気になる. estar ～ con la gripe 風邪で具合が悪い. 2)《西. 婉曲》[女性が] 生理中の: Estoy *mala*. 私は今生理です. ponerse *mala* 生理になる. *mala* semana 月経期間. ❹ [物が] 悪い: La leche está *mala*. この牛乳は腐っている. Esta chaqueta no está tan *mala*. この上着はそれほど着古してはいない. ❺ [宝石などが] 偽物の: Esta perla es *mala*. この真珠は模造品だ. ❻ [+de+] 不足した: Estoy ～ *de* fondos. 今は資金がない. Mi calle anda muy ～ *de* luces. 私の住んでいる通りはひどく暗い. ❼ [結果的に] 間違った: *mal* consejo 誤った忠告. *mal* elección 間違った選択. ❽ [間投詞的]《それはよくない(ひどい), ついてない》 ❾《チリ. 口語》醜い

a las malas =por las malas

a malas 1) 仲違いして, 敵対して《=de malas》: ponerse *a malas* con+人 …に敵意を見せる, けんか腰になる. estar (andar) *a malas* con+人 …と反目している, 仲が悪い. 2) =*por las malas*

a una mala 万一の場合でも: *A una mala*, también podemos comer aquí. 何があっても心配はない, 私たちはここで食事することもできる

de mala =de malas

de malas 1) 仲違いして, 敵対して: Estamos *de malas* y no nos hablamos. 私たちはけんかしていて, お互い口もきかない. 2) 不機嫌な, 怒っている: Papá está *de malas*, así que no le digas nada hoy. パパは機嫌が悪いので, 今日は何もねだったりしてはいけないよ. 3) 調子の悪い; 不運な, ついていない: Esta tarde estoy *de malas*; no hago más que despistes. 今日の午後は私はどうかしている. ぽかりばかりしている. 4) [+con に対して] 気乗りしない: Estoy *de malas con* el estudio. 私は勉強する気が起こらない

la mala ついてない時, 物事がうまくいかない時: Estamos pasando *la mala*. No hay más remedio que esperar con paciencia. 今はついていない時だ. 辛抱して待つしかない

lo ～ [ser+. +que+直説法. 目的にとっての] 障害, 困難: Para nosotros hoy es el último día del viaje; lo ～ es *que* va a llover. 今日は私たちの旅行の最終日なのに, 悪いことに雨が降りそうだ. Lo ～ es *que* no tengo dinero encima. まずいこと

に金の持ち合わせがないのです
~ de pelar [事柄が] 難しい; [人が] 説明困難な《=duro de pelar》
M~ ha de ser =M~ será
M~ será 1) 《+que+接続法》よもや…にはならないだろう: *M~ será que* no lleguen a tiempo. よもや彼らが遅刻することはないでしょうね. *M~ será que* llegues tarde a clase. 授業に遅刻なんかするなよ. 2) [+si no...] …でないはずはない, きっと…だ
M~ sería que+接続法 よもや…しませんように: *M~ sería que* lloviera. よもや雨なんて降りませんように
ni un ~+名詞 [否定の強調] …すら[も…ない]: No me ofreció *ni un mal* café. 彼は1杯のコーヒーも出さなかった
no decir ~ ni bueno 1) 答えない, 返事しない. 2) 自分の考えを言わない, 何とも言わない
poner ~ a~ [人《口語》[不快な言動で] …で精神的に苦しめる
ponerse ~ 病気になる; 傷む
por las malas/por la mala/por malas 1) 力ずくで, 意志に反して: A mí me llevaron a la policía *por las malas*. 私は無理やり警察に連れて行かれた. 2) 怒って; やむを得ず, いやいや
por las malas o por las buenas/por malas o por buenas 好むと好まざるとに関わらず: Tenemos que atender a razones *por las malas o por las buenas*. 好き嫌いには関係なく道理には従うべきだ
ser ~ [para] con... 1) …と仲が悪い: *Es ~ con* su familia. 彼は家族と折り合いが悪い. 2) …が苦手である: *Soy* muy *~ con* las matemáticas. 私は数学が大の苦手だ
ser más ~ que arrancado 《口語》[子供が] 根性が腐っている
tener mala a... 《チリ. 口語》…に反感を持っている, 嫌悪している
un ~+名詞 =**ni un ~**+名詞
—— 名 [映画などの登場人物] 悪役, 悪玉: Siempre hace el papel de *~* en las películas. 映画では彼はいつも悪役として出てくる
—— 男 ❶《口語》いたずら, やんちゃ. ❷《文語》[El ~] 悪魔
—— 間 [叱責・期待外れ・疑念・嘆きなど] このきめが; いやはや; 引っ込め, くたばれ: Todavía no me ha devuelto el dinero. —¡*M~*! 彼はまだ金を返してくれないんだ. —困ったやつだ

maloca [malóka] 女《南米. 歴史》1) [先住民による] 奇襲, 不意の攻撃. 2) [白人による] 先住民の土地への略奪と絶滅を伴った侵入. 3) 《コロンビア》[高地の先住民の伝統的な] わらぶき屋根の家屋
maloclusión [malokluslón] 女《医学》歯列不正, 咬合(こうごう)異常
malófagos [malófagos] 男 複《昆虫》[旧分類で] シラミ目
malogrado, da [malográdo, da] 形 ❶ [芸術家などが] 若くして死んだ. ❷《コロンビア, ペルー》[器具が] 故障した, 壊れた
malogramiento [malogramjénto] 男 挫折, 失敗 [行為]
malograr [malográr] 《←mal II+lograr》他 ❶ [機会などを] 逸する, 逃す; 無駄にする: *~ la ocasión* de ascender en la empresa. 昇任の機会を逃す. *~ la vida* 人生を棒にふる. ❷《ベネズエラ. 婉曲》処女を奪う
—— *~se* ❶ [計画などが] 挫折する; [願望などが] 達せられない: El viaje *se malogró*. 旅行は中止になった. La cosecha *se ha malogrado* por las heladas. 霜で収穫がだめになった. ❷ 夭折(ようせつ)する: El prometedor pintor *se malogró* a los 25 años. 将来有望だったその画家は25歳で夭折した. ❸《ペルー》[器具が] 故障する, 壊れる
malogro [malógro] 男 ❶ 挫折, 失敗: tener un *~* 失敗する. ❷ 夭折. ❸ 不作
maloja [malóxa] 女 集名《キューバ, ベネズエラ》[熟さないうちに刈り取られる] 飼料用のトウモロコシ
malojal [maloxál] 男《キューバ, ベネズエラ》飼料用のトウモロコシ畑
malojear [maloxeár] 他《キューバ》飼料用のトウモロコシを刈り取る
malojero [maloxéro] 男《キューバ》飼料用のトウモロコシを売る(刈り取る)人
malojo [malóxo] 男 集名《ベネズエラ》=**maloja**
maloláctico, ca [maloláktiko, ka] 形 fermentación *~ca* マロラクティック発酵
maloliente [maloljénte] 《←mal II+oliente》形 悪臭を放つ: casa sucia y *~* 汚れて臭い家

malón[1] [malón] 《←アラウコ語》男 ❶《メキシコ》農地の広さの単位 《=1600平方メートル》. ❷《南米》1)《歴史》[先住民による] 奇襲, 不意の攻撃《19世紀, チリやアルゼンチンで, 先住民が食料や物資, 特に若い女性を奪うために戦術. 敵を急襲し, 目的を達成するや即座に引き上げる》. 2)《口語》[催し物・集会などで] 騒いで混乱を引き起こす若者グループ. 3) 想定外の裏切り. ❸《チリ, アルゼンチン, エクアドル》[食べ物や酒を持参して] 数人で友人などの家に不意に押しかけること
malón[2], **na** [malón, na] 形 ❶《時に軽蔑》ひどく悪い. ❷《チリ. 口語》醜い
malonear [maloneár] 自《ウルグアイ》急襲する, 不意打ちをかける
maloquear [malokeár] 自《南米》❶ 急襲する, 不意打ちをかける. ❷ 密輸で商売する
maloquero, ra [malokéro, ra] 形 名《南米》急襲する[人]
malora [malóra] 女《メキシコ. 口語》悪さ(いたずら)をするのが好きな人
malorear [maloreár] 自《メキシコ》悪さをする, いたずらをする
maloso, sa [malóso, sa] 形 名《口語》邪悪な[人], 悪事を働く[人]
malpagar [malpagár] 8 他 …への支払いが悪い, まれに(不十分に)しか支払わない
malpaís [malpaís] 男《カナリア諸島》❶ [急勾配で] 水が不足し耕作に適さない土地. ❷ 最近の溶岩 [の覆われた土地]
malparado, da [malparádo, da] 形 ❶ 大損害をこうむった, ひどい目にあった: Ha salido *~ del negocio*. 彼は商売で痛手をこうむった. ❷《ベネズエラ. 口語》盗むのが容易な
malparanza [malparánθa] 女 損傷, 損傷
malparar [malparár] 他 ひどい目に合わせる, 虐待する
malparido, da [malparído, da] 形 名《卑語. 軽蔑》見下げはてた[やつ], 下劣な[人]; 悪徳のある[人]
malparir [malparír] 自 流産する《=abortar》
—— 他《軽蔑》[怪物を] 産む
malparto [malpárto] 男 流産《=aborto》: tener un *~* 流産する
malpasar [malpasár] 自《まれ》貧乏に苦しむ, 貧しい暮らしをする
malpensado, da [malpensádo, da]《←mal II+pensado》形 名 他人を信用しない[人], 邪推する[人], ひねくれた物の見方をする[人]《mal pensado》: ¡No seas *~*! 邪推する(勘ぐる)のはよせ
malpensar [malpensár] 23 自 邪推する, ひねくれた物の見方をする
malperder [malperdér] 24 他《地方語》無駄づかいする, 利用し損なう
malpigiáceo, a [malpixiáθeo, a] 形 キントラノオ科の
—— 女 複《植物》キントラノオ科
malposición [malposiθjón] 女《医学》[主に歯の] 位置異常
malqueda [malkéda] 名 複 s/単複同形《口語》約束を守らない人, いいかげんなやつ
malquerencia [malkerénθja]《←malquerer》女 [人・事物への] 悪意, 敵意, 恨み, 反感, 嫌悪: Este tipo de reuniones engendran muchas *~s*. このような集まりから多くの敵対関係が生まれる
malquerer [malkerér]《←mal II+querer》57 他 [人・事物に] 悪意を抱く, 嫌う
—— 男 =**malquerencia**
malquistar [malkistár]《←malquisto》他《文語》[+con と] 仲違いさせる, 反目させる: La *malquistaron* con la reina. 彼女は女王と仲違いさせられた
—— *~se* 不和になる
malquisto, ta [malkísto, ta]《←mal II+quisto》形《文語》[+por·de に] 嫌われた, 反感を持たれた: Es una persona *~ta* de todos en la escuela. 彼は学校じゅうで嫌われている人物だ
malrayo [ma[l]rájo] 男《プエルトリコ》ココナッツの菓子
malro [má[l]ro] 男《チリ》[主に馬の] 尾の基部
malrotador, ra [ma[l]r̄otaðór, ra] 形 名 浪費家[の]
malrotar [ma[l]r̄otár] 他《財産を》浪費する
malsano, na [malsáno, na]《←mal II+sano》形 [ser+] ❶ 健康に悪い: clima *~* 体に悪い気候. vida *~na* 不健康な生活. ❷ 病気がちな, 病弱の, 虚弱な. ❸ 不健全な, 病的な: curiosidad *~na* 病的な好奇心. idea *~na* 不健全な考え

malsín [malsín] 男 ❶《文語》悪者, 悪党. ❷《古語》告げ口屋, 悪口を言い回る人; 不和の種をまく人

malsonancia [malsonánθja] 女 [言葉・表現の] 下品さ, 汚さ

malsonante [malsonánte] [←mal II+sonar] 形 ❶ [言葉・表現が] 下品な, 聞くに耐えない, 卑語の: palabra ～ 汚い言葉, 卑語. ❷《まれ》耳ざわりな

malsonar [malsonár] 28 自《まれ》耳ざわりである, 不快な音を出す

malsufrido, da [malsufrído, ða] 辛抱のない, 忍耐力に欠ける

malta [málta] [←英語 malt] 女 ❶ 麦芽, モルト; 麦芽飲料. ❷ コーヒーの代用にする炒った大麦や小麦. ❸ [M～]《国名》マルタ;《地名》マルタ島: orden de M～ マルタ騎士団. ❹《医学》 fiebre de M～/fiebres ～s マルタ熱. ❺《酒》1)《まれ》モルトウイスキー. 2)《チリ》ビール [=cerveza]. 3)《アルゼンチン》黒ビールの一種. ❻《エクアドル》[水・牛乳を背負って運ぶ] 陶製の壺

maltasa [maltása] 女《生化》マルターゼ

malte [málte] 男 麦芽, モルト [=malta]

malteado, da [malteáðo, ða] 形 麦芽製造中の
── 男 麦芽製造工程
──《南米. 飲料》ミルクシェイク [=leche ～]

maltear [malteár] ❶ 麦芽にする. ❷ コーヒーの代用品を混ぜる

maltería [maltería] 女 麦芽製造装置

maltés, sa [maltés, sa] 形 名《国名》マルタ Malta の (人);《地名》マルタ島 isla de Malta の (人)
── 男 マルタ語

malthusianismo [maltusjanísmo] 男 =maltusianismo

maltón, na [maltón, na] 形 名《エクアドル, ペルー, ボリビア, チリ》[動物・人が] 早熟すぎる: niña *maltona* 早熟な女の子

maltosa [maltósa] 女《生化》マルトース, 麦芽糖

maltrabaja [maltraβáxa] 名《口語》怠け者

maltraer [maltraér] 45 他《まれ》虐待する
traer (*llevar*·*tener*) *a*+人 *a* ～ 悩まし続ける, 常に…をひどい目にあわせる: Este niño me *tiene a* ～. 私はこの子にはいつもひどい目にあわされている

maltraído, da [maltraíðo, ða] 形《ペルー, ボリビア, チリ》服装がだらしない, 身なりをかまわない

maltrapillo [maltrapíʎo] 男 ぼろを着た腕白小僧; 不良

maltratador, ra [maltrataðór, ra] 名 虐待する [人]

maltratamiento [maltratamjénto] 男 虐待

maltratar [maltratár] [←mal II+tratar] 他 ❶ むごく扱う, 虐待する: No debes ～ a los animales. 動物を虐待してはいけないよ. ～ a su mujer 妻に暴力をふるう. ❷ 損害を与える, 損なう: edificio *maltratado* por el terremoto 地震で被害を受けた建物

maltrato [maltráto] 男 虐待: ～ a los niños/～ *infantil* 児童虐待. ～ *animal* 動物虐待

maltrecho, cha [maltrétʃo, tʃa] [←古語 maltraer「虐待する, 叱る」] 形 [estar+. 物質的・精神的に] みじめな状態の, ひどい目にあった: Volvieron de la pelea ～s. 彼らはひどい目にあわされてけんかから戻って来た. *recomponer las* ～*chas relaciones con vecinos* 隣人ともめている関係を修復する. *edificio* ～ 傷んだ建物

maltusianismo [maltusjanísmo] 男 ❶《経済》マルサス Malthus 主義. ❷《文語》自発的人口制限

maltusianista [maltusjanísta] 形 名 マルサス主義の (主義者) [=maltusiano]

maltusiano, na [maltusjáno, na] 形 名 ❶《人名》マルサス Thomas R. Malthus の. ❷《経済》マルサス主義の (主義者)

malucho, cha [malútʃo, tʃa] [←malo] 形《口語》[人が] 少し病気の, 体調不良の

maluco, ca [malúko, ka] 形 名 ❶《地名》[インドネシア東部の香料の産地として有名な] モルッカ諸島 islas Malucas の [人]. ❷ =malucho

maluino, na [malwíno, na] 形 名《フランスの港町》サン・マロ Saint Malo の [人]

malumacas [malumákas] 女《ドミニカ》お世辞, へつらい

malungo, ga [malúŋɡo, ɡa] 形《プエルトリコ》❶ 大型の [鶏]. ❷ 太った

maluquera [malukéra] 女 ❶《キューバ, コロンビア》[病気による] 気分の悪さ, めまい; 体の不調, 軽い病気. ❷《コロンビア》[人の] 醜さ; 卑劣さ

maluqueza [malukéθa] 女 ❶《パナマ》気分の悪さ. ❷《コロンビア, ベネズエラ》卑劣さ, 邪悪. ❸《コロンビア》醜さ

malura [malúra] 女《チリ. 口語》気分の悪さ; 体の不調

malus [malús] 男《自動車》[事故回数による] 保険料の割増

malva [málβa] 女《植物》ウスベニアオイ, ゼニアオイ, ブルーマロウ [=～ común]: infusión de ～ ブルーマロウ《ハーブティーの一種》. ～ de África フクロソウ科の一種《学名 Erodium malacoides》. ～ *de olor* アップルゼラニウム, シロバナニオイテンジクアオイ《学名 Pelargonium odoratissimum》. ～ *real* (*loca*·*rósea*·*arbórea*) =malvaloca. ❷《メキシコ. 口語》マリファナ
estar como una ～ 非常におとなしい
estar criando ～*s*《口語》既に死んで埋葬されている, 草葉の陰にいる
mandar a criar ～*s*《口語》殺す
ser (*como*) *una* ～ 非常におとなしい
── ❶ 藤色 [の], 薄紫色 [の]: falda ～ 薄紫色のスカート [複 faldas ～{s}]. ❷《隠語》[男性が] 同性愛の

malváceo, a [malβáθeo, a] 形 アオイ科の
── 女《植物》アオイ科

malvadamente [malβáðamente] 副 邪悪にも, 非道なことに

malvado, da [malβáðo, ða] [←俗ラテン語 malifatius＜malus「悪い」+fatum「運命」] 形 ❶ 邪悪な, 悪事を働く [人], 凶悪な [人], 悪者, 悪人: La madrastra de Blancanieves era ～*da*. 白雪姫の継母は悪女だった. ❷《映画, 演劇》悪役 [の]

malval [malβál] 男《植物》アオイ目の
── 複《植物》アオイ目

malvaloca [malβalóka] 女《植物》タチアオイ

malvar [malβár] I [←*malvado*] ❶《廃語》[人・事物に] 害を及ぼす. ❷《アラゴン》[食品などの] 質を落とす, 損なう
──*se* 堕落する, 損害を被る
II [←*malva*] 男 ゼニアオイの群生地

malvarrosa [malβar̄ósa] 女《植物》=malvaloca

malvasía [malβasía] 女 ❶《植物, 果実》マルヴァジア《ギリシア原産の甘く大粒のブドウ》; それから作る甘口の白ワイン. ❷《鳥》カオジロオタテガモ

malvavisco [malβaβísko] 男《植物》ウスベニタチアオイ, ビロードアオイ

malvender [malβendér] 他 安売りする, 投げ売りする, 見切り売りする

malversación [malβersaθjón] 女 公金横領 [罪] [=～ *de fondos*]

malversador, ra [malβersaðór, ra] 形 公金を横領する [人]

malversar [malβersár] [←mal II+ラテン語 versare] 他 [公務員が] 横領する, 着服する: ～ *fondos públicos* 公金を横領する

malvestir [malβestír] 35 他 服をなおざりに着せる
──*se* 着こなしが下手である

malvezar [malβeθár] 9 他 [人に] 悪い癖をつける

malvinense [malβinénse] 形 名《地名》[現在イギリス領の] マルビナス諸島 islas Malvinas の [人]《英語名ではフォークランド諸島》

malvinero, ra [malβinéro, ra] 形 名 =malvinense

malvinés, sa [malβinés, sa] 形 名 =malvinense

malvino, na [malβíno, na] 形 名 =malvinense

malvís [malβís] 男《単複同形》《鳥》ワキアカツグミ

malvisco [malβísko] 男《南米》=malvavisco

malvivir [malβiβír] [←mal II+vivir] 自 [主に不定詞で] ひどく貧しい暮らしをする: Con lo que cobro en mi nuevo trabajo apenas puedo ～. 私の今度の職の給料では最低の生活もおぼつかない

malviz [malβíθ] 男 =malvís

malvón [malβón] 男《メキシコ, ラプラタ. 植物》ゼラニウム

mama [máma] [←ラテン語 mamma] 女 ❶《解剖》乳房: cáncer de ～ 乳癌. ❷《俗称》=mamá. ❸《南米》乳母 [=nodriza]

mamá [mamá] [←ラテン語 mamma「乳房」] 女 [複 ～s] ❶《親愛》[主に無冠詞で. 家族内でのみ] ママ, お母さん [⇔papá]: Hoy es el cumpleaños de ～. 今日はお母さんの誕生日だ. ❷《主にメキシコ, 中米, カリブ. 丁寧》母親《madre が侮辱の表現で使われるのでその代用》
～ *grande*《コロンビア》祖母 [=abuela]

mamacallos [mamakáʎos] 男《単複同形》《口語》ばかやろうのろ (役立たず) の男

mamacita [mamaθíta] 女《中南米. 口語》ママ, 母

mamacona [mamakóna] 囡 ❶《古語》インカの太陽神に仕える巫女().❷《ボリビア.馬具》[列にになった馬につける]ねじった皮の面繁().❸《チリ,アルゼンチン.戯談》太った年輩の婦人

mamada¹ [mamáda] 囡《←mamar》❶ 乳を飲むこと;[一回に飲む]乳の量.❷《俗語》酔い.❸《卑語》フェラチオ《=felación》.❹《中南米.口語》ぼろもうけ,楽な仕事.❺《メキシコ.隠語》でたらめ,ばかげた言動.❻《ニカラグア,ペルー.口語》配酒

mamadera [mamaðéra] 囡《←mamar》❶《母乳の》吸乳器,搾乳器.❷《中南米》哺乳瓶《=biberón》.❸《キューバ,プエルトリコ》哺乳瓶の乳首.❹《南米.口語》役得,容易な仕事
~ de gallo《コロンビア,ベネズエラ》繰り返しのしつこい}からかい,冗談

mamado, da² [mamáðo, ða] 形 ❶《俗語》酔っぱらった: ir ~ 酔っ払っている.❷《口語》簡単な,容易な: Esto está ~. それはとても簡単な.❸《メキシコ.口語》筋骨たくましい.❹《キューバ》間抜けな,愚かな.❺《中南米.口語》[酒・麻薬の過剰摂取などに]飽きた
tener+事 ~《まれ》…を引き受けている,納得している
── 男《キューバ》[子供が作る]角笛の一種

mamador, ra [mamaðór, ra] 形《まれ》乳を吸い出す[人].❷《コロンビア.口語》非常に退屈な
── 男《キューバ,コロンビア》哺乳瓶の乳首

mamagrande [mamaɣránde] 囡《中南米》祖母《=abuela》
mamaíta [mamaíta] 囡《口語》ママ,お母さん《=mamá》
mamalón, na [mamalón, na] 形《キューバ,プエルトリコ》怠惰な,怠け者の
mamama [mamáma] 囡《ホンジュラス》祖母
mamamama [mamamáma] 囡《ペルー.口語》祖母
mamancona [mamaŋkóna] 囡《チリ.皮肉》太った老女
mamancia [mamánθja] 囡《まれ》乳を吸うこと
mamandurria [mamandúrja] 囡《主に南米.軽蔑》ぼろもうけ,楽な仕事
mamangulina [mamaŋɡulína] 囡《ドミニカ》民謡の一種
mamante [mamánte] 形《まれ》乳を吸う,乳を飲む
mamantear [mamanteár] 他 ❶《中米》1)授乳する《=amamantar》.2)[子供を]甘やかして駄目にする.❷《コスタリカ,ベネズエラ》[乳搾りを楽にするために子牛に]乳を自由に飲ませる
mamantón, na [mamantón, na] 形《主に動物の子が}まだ乳を飲んでいる

mama pacha [mama pátʃa] 囡《ペルー》=Pachamama
mamar [mamár] 他《←ラテン語 mammare》 ❶[乳房から]乳を吸う: ~ a su madre 母乳を飲む.❷[主に過去時制で,幼児期から習慣などを]身につける,体得する: Ha mamado el español. 彼は小さいころからスペイン語を身につけた. Han mamado democracia desde la cuna. 彼らは幼いころから民主主義を身につけている.❸ 飲み込む,飲み干す.❹《卑語》フェラチオをする
~la《卑語》フェラチオをする
── 自 ❶ 乳を飲む: La niña mama bien. その子はよく乳を飲む.❷[習慣的に]酒を飲む
dar de ~《動物・人が}授乳する: dar de ~ a un niño 赤ん坊に乳を飲ませる
── ~se ❶ 労せずして手に入れる,不相応なものを手に入れる: Se ha mamado un buen destino. 彼は努力せずに高い職にありついた.❷《俗語》酔っぱらう.❸[+a+人 を]やっつける,手ひどくます.❹《パナマ》殺す.❺《南米.口語》我慢する,耐える.❻《コロンビア,ベネズエラ》疲れる.❼《コロンビア》1)《口語》勝つ,上回る.2)取り引きから手を引く.3)疲れてしまう.❽《チリ》がつがつ食べる

mamario, ria [mamárjo, rja] 形《解剖》乳房の: glándula ~ria 乳腺. cáncer ~. 《医学》乳癌.❷《獣・雌の》乳首の
mamarón [mamarón] 男《まれ》そ知らぬ顔をして他人のパーティーなどにもぐり込む人
mamarracha [mamařátʃa] 囡《まれ》風変わりな女;尊敬に値しない女
mamarrachada [mamařatʃáða] 囡《口語》❶[主に笑わせるための]ばかげた(くだらない)行為.❷がらくた,出来損ない.❸《集合》ばかげた人々,くだらない奴
mamarrachero, ra [mamařatʃéro, ra] 形《まれ》風変わりな,尊敬に値しない
mamarrachista [mamařatʃísta] 图《まれ》ばかげたことをする人
mamarracho [mamařátʃo] 男《←古語 moharrache <アラビア語 muharray》❶《時に軽蔑》[外見・態度が]風変わりな人;尊敬に値しない人,くだらない奴: Iba hecha un ~. 彼女はきてれつな格好をしていた.❷ 醜いもの,めちゃくちゃなもの

mamá-señora [mamá seɲóra] 囡《南米》祖母
mamaúvas [mamaúβas] 男《単複同形》❶ 腕白坊主,いたずらっ子.❷ ごくつぶし《=pinchaúvas》
mamba [mámba] 囡《動物》マンバ《アフリカ産の毒蛇》
mambear [mambeár] 自《コロンビア》コカを嚙む
mambí, bisa [mambí, bísa] 名《稀》mambíses, bisas}《キューバ.歴史》1868年独立運動の闘士
mambís, sa [mambís, sa] 图 =**mambí**
mambiseño, ña [mambiséɲo, ɲa] 形《キューバ.歴史》1868年独立運動の闘士の
mambisería [mambisería] 囡《集合》《キューバ》1868年独立運動の闘士
mambla [mámbla] 囡 ❶[乳房の形をした]丘,小山.❷《中南米》墓,墳墓
mambo [mámbo] 男 ❶《音楽,舞踊》マンボ《キューバ起源》.❷《古語的》《主に派手な色の}ゆったりしたブラウス.❸《アルゼンチン,ウルグアイ.口語》[酒・麻薬の過剰摂取などによる]混乱
── 囡 ブードゥー教の女性聖職者
mamboretá [mamboretá] 男《ラプラタ.昆虫》カマキリの一種《学名 Mantis religiosa》
mambrú [mambrú] 男《稀 ~es》《船舶.俗語》煙突
mambulita [mambulíta] 囡《チリ.遊戯》鬼ごっこ
mamela [maméla] 囡《まれ》リベート,袖の下
mamella [maméʎa] 囡《雄ヤギなどの}首の下の突起
mamellado, da [mameʎáðo, ða] 形《雄ヤギなどが}首の下に突起のある
mamelón [mamelón] 男 ❶《解剖》乳頭.❷《医学》[傷跡にできる]乳房形の肉の盛り上がり.❸《口語》乳房.❹ 乳頭形の丘(山頂);《地質》円錐溶岩小丘.❺《動物の}乳首
mamelonado, da [mameloráðo, ða] 形《医学》乳頭形の肉の盛り上がりのある
mameluco, ca [mamelúko, ka] 《←アラビア語 mamluk「奴隷」》形 名 ❶《口語》愚か者[の],あほう[の].❷《まれ》白人と先住民との混血のブラジル人
── 男《歴史》1)[ナポレオン1世の]エジプト人近衛騎兵.2)[イスラム教国の]マムルーク,奴隷傭兵.❷《服飾》《中南米》{主に子供用の}ロンパース;オーバーオール.2)《メキシコ》[幼児用の足まで覆う]つなぎのパジャマ.3)《ホンジュラス》ズロース
── 囡《チリ》売春婦
mamengue [maméŋɡe] 形《アルゼンチン》意気地のない;無気力な;臆病な
mamerro, rra [mamérro, řa] 形《プエルトリコ》❶ 優秀な,ずばぬけて良い.❷ 一杯の,満ちあふれた.❸ 臆病な
mamerto, ta [mamérto, ta] 形 ❶《コロンビア,エクアドル》愚か者,能なし.❷《コロンビア.口語》共産党員
mameso [maméso] 男《ボリビア》予感,懸念
mamey [maméj] 男《←カリブ語》❶《中南米.植物,果実》マメイ・アップル《果実は食用.学名 Mammea americana》.❷《カリブ.植物》アカテツ科の一種《学名 Calocarpum mammosum》.❸《キューバ,プエルトリコ.転義》もうけ仕事
── 形 ❶《プエルトリコ,ペルー》仕事嫌いの[人],怠け者[の].❷《エクアドル》ばかな,間抜けな
mameyero [mamejéro] 男《南米.植物》マメイ・アップル《=mamey》
mameyes [mamejés] 形《キューバ》とんでもない,そんなばかな!
mami [mámi] 囡《幼児語》ママ《=mamá》
mamía [mamía] 囡《ペルー》[雌ヤギが]乳房が1つしかない
mamífero, ra [mamífero, ra] 《←mama+ラテン語 ferre「持つ」》形 哺乳類の: animal ~ 哺乳動物
── 男《動物》哺乳類
mamiforme [mamifórme] 形 乳房状の,乳房形をした
mamila [mamíla] 囡 ❶《解剖》男性の乳頭.❷[乳頭を除く]乳房.❸《メキシコ,ペルー》ゴムの乳首.❹《メキシコ》哺乳瓶
mamilar [mamilár] 形《解剖》男性の乳頭の.❷ 乳頭を除く乳房の
mamita [mamíta] 囡《中南米.口語》ママ《=mamá》
mamitis [mamítis] 囡 ❶《医学》乳腺炎.❷《口語》[幼児の]母親に対する過度の執着《⇔papitis》
mamma mía [máma mía] 《←伊語》間《驚き》えっ!
mamo [mámo] 男《ホンジュラスなど》刑務所,留置場

mámoa [mámoa] 囡 ❶ ドルメン〖=dolmen〗. ❷《地方語》=**mambla**

mamografía [mamografía] 囡《医学》乳房X線撮影, マンモグラフィー

mamográfico, ca [mamográfiko, ka] 形 乳房X線撮影の

mamógrafo [mamógrafo] 男《医学》乳房X線撮影装置

mamola [mamóla] 囡〔かわいがって・からかって, 主に子供の〕あごの下を指でなでる(はじく)こと: hacer la ~ a+人 …のあごの下をくすぐる; あごの下を指でなでる; あごをくすぐる

mamón, na [mamón, na]《←mamar》❶《軽蔑, 時に親愛》1) どうしようもない〔やつ〕, 下劣な〔人〕, 悪者. 2) だまされやすい, いいカモ. ❷ 乳離れしていない〔子〕. ❸〔普通より〕多く〔長く〕乳を飲む〔子〕. ❹《中南米, 口語》酔っ払い. ❺《メキシコ. 軽蔑》高慢な〔人〕. ❻《コロンビア》退屈で, 飽き飽きさせる
—— 男《農業》吸い枝〔果樹で実をつけない枝〕. ❷《植物, 果実》ムクロジ科の一種〔果肉は食用. 学名 Melicocca bijuga〕. ❸《メキシコ. 菓子》スポンジケーキの一種. ❹《グアテマラ》ゴムの乳首. ❺《ホンジュラス》棍棒. ❻《キューバ》1) 二度摘みの葉のタバコ. 2) 吸い込み, 吸引
—— 囡〔隠語〕売春婦.〔隠語〕密告者. ❸《エクアドル》酔い, 酩酊

mamoncillo [mamɔnθíljo] 男《中南米. 植物, 果実》マモンチロ〔学名 Melicoccus bijugatus〕

mamoncito, ta [mamɔnθíto, ta] 名 ❶《メキシコ, プエルトリコ》体格のよい幼児. ❷《プエルトリコ》子豚

mamoneada [mamoneáda] 囡《ホンジュラス》棍棒での殴打

mamonear [mamoneár] 他 ❶《グアテマラ, ホンジュラス》棍棒で叩く. ❷《ドミニカ》1) 何度も叩く. 2) 遅らせる. 3)〔時を〕無駄に過ごす

mamoneo [mamonéo] 男《ドミニカ》あいまいな返事による責任逃れ

mamoplastia [mamoplástja] 囡《医学》乳房〔乳〕形成

mamoso, sa [mamóso, sa] 形《まれ》乳をたくさん飲む

mamotreto [mamotréto] 男 ❶《軽蔑》分厚い本. ❷《軽蔑》〔機械・家具などについて〕ばかでかい物. ❸《廃語》手帳, 雑記帳. ❹《ドミニカ, プエルトリコ》歪んだ物, 変形した物

mampara [mampára] 囡《←古語 mamparar「庇護する」》 ❶ ついたて, 間仕切り, スクリーン: dividir una habitación con ~ ついたてで部屋を仕切る. ❷《ペルー, チリ》〔消音のための〕クッション付きドア. ❸《ペルー》ガラス戸

mamparo [mampáro] 男 ❶〔船舶など〕隔壁: ~ estanco 水密隔壁. ~ estanco de presión《航空》圧力隔壁. ❷《まれ》ついたて, 間仕切り〖=mampara〗

mamparra [mampára] 囡《漁業》❶ 集魚灯を使う漁法. ❷ 集魚灯を搭載した漁船

mampato, ta [mampáto, ta]《チリ》❶〔動物が〕脚の短い, 背の低い;〔馬が〕小型の. ❷ 背の低い

mamperlán [mamperlán] 男 階段の手すり

mamplé [mamplé] 男《プエルトリコ》最低級のラム酒

mamplora [mamplóra] 形《中米》両性的, 両性具有の

mamporra [mampóra] 形《ウルグアイ》くだらない人, 下劣な人

mamporrero, ra [mampořéro, ra] ❶ 馬の種付けで脚を導く人. ❷《軽蔑》ごまかす人, でっちあげる人

mamporro [mampóřo] 男《←mano+porra》❶《西. 口語》殴打, 衝突; 打ち身: dar a+人 un ~ …を殴る. Me di (Me pegué) un ~ contra la puerta. 私はドアにぶつかった

mamposta [mampósta] 囡《ドミニカ》名うわの, うわのろ

mampostear [mamposteár] 他《建築》〔壁などを〕荒石で築く

mampostería [mamposteríá]《←mampuesto》❶《建築》荒石(粗石)積み: ~ en seco しっくい(セメント)で固めない荒石積み. ❷ 荒石積み職人の職

mampostero [mampostéro] 男 ❶ 荒石積み職人. ❷〔十分の一税などの〕徴収人

mampresar [mampresár] 他〔野生馬の〕調教を始める

mampuche [mampútʃe] 男《コロンビア》ずんぐりした人. ❷《エクアドル》しゃがれ人, おせっかい

mampucho [mampútʃo] 男 ❶《コロンビア》ずんぐりした人〖=mampuche〗. ❷《パナマ. 口語》女のような男

mampuesto, ta [mampwésto, ta]《←mano+puesto》形〔材料などが〕荒石積み用の
—— 男 ❶〔基礎工事用の〕荒石, 粗石. ❷ 胸壁, 防壁. ❸《中南米》〔狙いを正確にするための〕銃架
de ~ 予備の
—— 囡 積まれた荒石の層

mamúa [mamúa] 囡《アルゼンチン, ウルグアイ. 隠語》酔い

mamuchi [mamútʃi]《時に戯語》ママ〖=mamá〗

mamujar [mamuxár] 他〔乳房をたびたび口から離して〕いやいや乳を飲む

mamullar [mamuʎár] 他 ❶〔乳を飲むように〕もぐもぐ噛む(食べる). ❷〔口語〕〔口の中で〕ぶつぶつ言う

mamulón, na [mamulón, na] 形《コスタリカ》怠惰な, 怠け者の

mamut [mamút]《←独語 mamot》男〔複 ~[e]s〕《古生物》マンモス

mana[1] [mána] 男〔原始的な宗教での〕超自然的能力
—— 囡 ❶《中南米》マナ〖=maná〗. ❷《コロンビア》泉. ❸《ベネズエラ》〔2つの川をつなぐ〕導水管. ❹《ボリビア》ピーナッツの菓子

maná [maná]《←ラテン語 manna < ヘブライ語 man》男 ❶《旧約聖書》〔面のみ〕マナ〔与えられた奇跡の食物〕. ❷《文語》思いがけない〔天の〕恵み. ❸〔トネリコの甘い〕樹液, マンナ〔緩下剤になる〕. ❹ 安価で豊富な食物. ❺《パナマ》〔農民が着る〕麻布シャツの飾り. ❻《ペルー》カボチャの種を使った菓子. ❼《ボリビア》ピーナッツ菓子
—— 囡《コロンビア》泉

manabita [manabíta] 形《地名》マナビ Manabi の〔人〕《エクアドル中部の県》

manaca [manáka] 囡《中米. 植物》ヤシの一種〔学名 Calyptronoma rivalis〕

manacate [manakáte] 男《メキシコ》キノコ

manaco [manáko] 男《グアテマラ. 植物》=**manaca**

manada [manáda]《←mano》❶〔主に野生動物の〕群れ, パック: vivir en ~s 群れを成して暮らす. una ~ de lobos オオカミの一群.《軽蔑》人の群れ, 大勢の人々: Las turistas entran en ~. 観光客がぞろぞろ入ってくる. ❸〔刈り取った草・穀物の〕一つかみ, 一握り: una ~ de mies 一つかみの麦. ❹ 8~12歳のボーイスカウト. ❺《キューバ. 古語》〔葉巻の中身の〕一握り分のタバコ

manadero, ra [manaðéro, ra] I《←manar》形 湧き出る, あふれ出る
—— 男 湧き水, 泉
II《←manada》名 羊飼い

manador, ra [manaðór, ra] 形《まれ》湧き出る, あふれ出る

management [mánaθmen] 男《←英語》〔複 ~s〕マネージメント, 経営〔職, 活動〕

manager [mánajer] 男《←英語》〔複 ~s〕❶〔企業の〕経営者. ❷〔芸能人・スポーツ選手などの〕マネージャー. ❸《野球》監督. ❹《米国》支配人

managua [manáywa] 形 名《地名》=**managüense**
—— 囡《地名》〖M~〗マナグア〔ニカラグアの首都〕

managuá [manaywá] 男《チリ. 口語》水夫, 船乗り

managuaco, ca [manaywáko, ka] 形《キューバ》❶ 田舎者〔の〕, 粗野な〔人〕. ❷〔動物が脚や顔に〕白い斑点のある

managüense [manaywénse] 形 名《地名》マナグア Managua の〔人〕《ニカラグアの首都》

manajú [manaxú] 男《キューバ. 植物》オトギリソウ科の木〔学名 Rheedea aristata〕

manante [manánte]《文語》湧き出る, あふれ出る

manantial [manantjál]《←manantío》❶ 泉: agua [de] ~ 湧き水. ~ de Lourdes ルルドの泉. ❷ 水源, 源泉. ❸ 源, 起源: ~ de información 情報源

manantío, a [manantío, a]《←manar》形 湧き出る, あふれ出る
—— 男 湧き水, 泉

manar [manár]《←ラテン語 manare》自 ❶〔+de から〕湧き出る, 吹き出る: El agua mana de la tierra. 地中から水が湧き出る. La sangre mana de la herida. 血が傷口からあふれ出る. Las palabras manaban de su boca. 彼の口から言葉がすらすら出てきた. ❷〔+en が〕豊富である: El campo mana en agua. その畑は水が豊富だ
—— 他 湧き出させる: La herida mana sangre. 傷口から血が出る

manare [manáre] 男 ❶《コロンビア, ベネズエラ》〔野菜・衣類の運搬・保存用の〕かご. ❷《ベネズエラ》〔ユッカの粉・糊を選別する〕ふるい

manatí [manatí]《←カリブ語》男〔複 ~[e]s〕《動物》マナティー;

の皮で作った鞭
manato [manáto] 男 =**manatí**
manaza [manáθa]《**mano**の示大語》女 大きな手
manazas [manáθas] 名《単複同形》《西.口語》[手先が] 不器用な人; ¡Eres un ~! このぶきっちょめ!
manazo [manáθo] 男《西.口語》手のひらによる殴打
manca[1] [máŋka] 女 ❶ [隠語] 左手; 左側. ❷《ボリビア, アルゼンチン》大鍋
mancaballo [maŋkakabáʎo] 男《メキシコ.植物》サボテンの一種《学名 Echinocactus horizonthalonius》
mancacaballos [maŋkakabáʎos] 男《単複同形》《チリ.昆虫》[蹄を刺す] 甲虫《学名 Amapollodes scabrosus》
mancadura [maŋkaðúra] 女 [主に手の] 不自由, 不具
mancal [maŋkál] 男《エストレマドゥラ》日干し煉瓦を作る木型
mancamiento [maŋkamjénto] 男 ❶ 不具にする(なる)こと. ❷ 不足
mancamula [maŋkamúla] 女 =**mancacaballo**
mancaperro [maŋkapéro] 男《植物》❶ マメ科の一種《園芸植物. 学名 Erinacea anthyllis》. ❷《ムルシア》アザミの一種《学名 Eryngium ilicifolium》
mancar [maŋkár] 7 他 [主に手を] 傷つけて不自由にする, 不具にする
―― 自《地方語》不具になる
―― ~**se**《地方語》[主に手が] 傷ついて自由に使えなくなる, 不具になる. ❷《南米.隠語》見込み違いをする
mancarrón, na [maŋkarón, na] 形 名《中南米》1) 仕事に向かない〔人〕. 2) 駄馬.《ペルー.口語》ずるくてしつこい人
―― 男《南米》[灌漑用水を導く] 盛り土, 畝(ぅ)
mancebo[1] [manθéba] 女《古語. 軽蔑的》愛人, 情婦, めかけ《=concubina》
mancebía [manθebía] 女《文語》❶ 売春宿《=**casa de ~**》. ❷ 若者特有の放縦(自堕落)
mancebo, ba[2] [manθébo, ba]《←ラテン語 mancipium「奴隷」》形《廃語》若い《=**juvenil**》
―― 男 ❶《古語的, 文は戯語》[大人になりきれていない] 若者. ❷《西》[薬剤師の資格のない] 薬局の助手《= ~ de farmacia, ~ de botica》
máncer [mánθer] 形《まれ》売春婦の子〔の〕
mancera [manθéra] 女 犂(ﾁ)
mancerina [manθerína] 女〔ココア用カップ jícara の〕受け皿
mancha [mántʃa] I《←ラテン語 macula「しみ」》女 ❶ しみ, 汚れ: Llevas una ~ de tinta en la camisa. 君のシャツにインクのしみがあるよ. Estas ~**s** no saltan. これらのしみは取れない. Ojo, 《表示》ペンキ塗りたて注意. hacerse una ~ しみをつくる. quitar una ~ しみを取る. ~ **de sangre** 血痕. ~ **en los dientes**〔歯の〕斑点. ~ **negra**: gato blanco con ~ negras 白と黒のぶちの猫. ~ **amarilla**〔解剖〕〔網膜の〕黄斑. ~ **de hielo** 薄氷. ~ **de petróleo** [水面の] 油膜. ~ **luminosa** [技術] 光点. ❸ [人間の] しみ, あざ: Le han salido unas ~s en la piel. 彼女は肌にしみができた. tener unas ~s rojas en el brazo 腕に赤いあざがある. ❹《文語》汚点, 欠点: Esta sanción es una ~ en su carrera. この処罰は彼の経歴の汚点だ. conducta sin ~ 非のうちどころのない生き方. ❺ [太陽の] 黒点《= ~ **solar**》: teoría de las ~**s** solares 太陽黒点説【黒点の出現と景気循環を関連づける】. ❻ [レントゲン写真の] 影の部分. ❼《美術》[明暗・配色の具合を見るための] 習作. ❽《西.印刷》ページの印刷面. ❾《植物》病気による葉・果実の] しみ, 斑点. ❿ 周囲と様子が違う土地. ⓫ 魚群. ⓬《地名》La M ~ ラ・マンチャ《スペイン中央部.→Castilla〔参考〕》. ⓭《地方語》山積み, 大量. ⓮《エストレマドゥラ》ゴジアオイなどの] 草地, 雑草地. ⓯《エルサルバドル》[畑を襲う] 昆虫の群れ. ⓰《ホンジュラス》[こま回しをする地面に描いた] 小さな円. ⓱《アルゼンチン, ウルグアイ. 口語》[la+] 鬼ごっこ. ⓴《アルゼンチン》1) [危険な] 牛の化膿性症炎. 2) 石投げ遊び
cundir (**extenderse**) **como ~ de aceite** 〔うわさなどが〕ぱっと広まる, あっという間に知れ渡る
~ negra《米国, メキシコ》一家の厄介者
II 女《アラゴン, ムルシア》[炉・オルガンの] ふいご
manchadizo, za [mantʃaðíθo, θa] 形 汚れやすい, しみがつきやすい
manchado, da [mantʃáðo, ða] 形 [動物の毛色などの] 斑点のある, ぶちの, まだらの

―― 男 ❶ コーヒーをほんの少し入れたカフェオレ《=**café ~**》. ❷ 汚すこと
manchador, ra [mantʃaðór, ra] I 形《まれ》しみをつける〔人〕, 汚す〔人〕
II 男《アラゴン》[炉・オルガンの] ふいご係
manchal [mantʃál] 男《ペルー》5～40本のゴムの木の木立
manchalienzos [mantʃaljénθos] 名《単複同形》《軽蔑》へぼ絵描き
manchancha [mantʃántʃa] 女《アルゼンチン》[祝い事で] 子供たちにコインや飴などを投げ与えること: **tirar a la ~** コインや飴などを投げ与える
manchar [mantʃár] I《←ラテン語 maculare》他 ❶ [+**de**・**con**・**en** の] しみをつける, 汚す 〔類義〕 **manchar** は少し汚す, **ensuciar** はひどくまたは抽象的に汚す〕: La moto le **ha manchado** de lodo. バイクが彼に泥をはねかけた. No vayas a mancharte **de** tinta (**en** aceite). 本をインク(油)で汚すな. El vino **manchó** el mantel. ワインでテーブルクロスにしみがついた. ❷ [名声などを] けがす: Con esa mentira **has manchado** tu reputación. その嘘で君は自分の評判に傷をつけた. ~ **el honor de**+人…の面目を失わせる. ❸ [液体に, +**con** 他の液体を, 色が変わるくらい] ほんの少量入れる: **Mánch**ame la leche **con** un poco de café, por favor. ミルクにほんの少しコーヒーをたらしてくれ. ❹《美術》[明暗・配色の具合を見るために] 習作を描く. ❺《ホンジュラス》[こま回しで] 心棒を相手のこまにぶつける
―― ~**se** 自 [自分の] に傷がつく: **Te has manchado** la chaqueta **con** la salsa. 君はジャケットにソースをつけてしまった. ❷ 汚れる: Mis manos **se mancharon de** la pintura. 私はペンキで手が汚れた
II 女《アラゴン》[炉・オルガンの] ふいごに風を送る
mancharrealeño, ña [mantʃareléño, ɲa] 形 名《地名》マンチャ・レアル Mancha Real の〔人〕〔ハエン県の村〕
manchego, ga [mantʃégo, ga] 形 名《地名》ラ・マンチャ La Mancha の〔人〕
―― 男 マンチェゴチーズ《ラ・マンチャ産のヤギ乳チーズ. =**queso ~**》
mancheguismo [mantʃegísmo] 男 ラ・マンチャらしさ〔への愛好〕
manchesteriano, na [mantʃesterjáno, na] 形 名《自由主義経済を主張する》マンチェスター Manchester 学派〔の〕
mancheta [mantʃéta] 女《印刷》発行人欄〔新聞・雑誌の名称, 発行人などを印刷した欄〕
manchita [mantʃíta]《**mancha**の示小語》女《ボリビア, アルゼンチン. 遊戯》特定の物を持っている子を皆が追いかけて取り上げる遊び
manchón [mantʃón] 男 ❶ 大きなしみ(汚れ). ❷ 畑の作物が密生している部分, 茂み. ❸ [1年間牧草地となっている] 休耕地. ❹《ホンジュラス》インジゴ畑, 藍(ﾇ)栽培地. ❺《南米.服飾》マフ《=**manguito**》
manchonero, ra [mantʃonéro, ra] 名《ホンジュラス》インジゴ業者
manchoso, sa [mantʃóso, sa] 形 しみをつける, 汚す
manchú [mantʃú] 形 名《複~〔e〕s》《歴史, 地名》満州 Manchuria の〔人〕
―― 男 満州語
manchuriano, na [mantʃurjáno, na] 形 名 満州の〔人〕《=**manchú**》
manchurrón [mantʃurón] 男《口語》大きなしみ(汚れ)
-mancia《接尾辞》[占い] biblio**mancia** 書籍占い
-mancía《接尾辞》=**-mancia**
mancilla [manθíʎa] 女《文語》[名誉・純潔などの] 汚点, 不名誉
mancillamiento [manθiʎamjénto] 男《文語》[名誉などを] 傷つけること
mancillar [manθiʎár]《←俗ラテン語 macellare》他《文語》❶ [名誉などを] 傷つける, 汚点を残す: ~ **el buen nombre de la familia** 家族の名声に傷をつける. **hijo mancillado** 私生児, 非嫡出子. ❷ [印などをつけて] 汚す
mancipación [manθipaθjón] 女《古代ローマ. 法律》財産権譲渡手続き. ❷《まれ》売買
mancipar [manθipár] 他《まれ》奴隷にする, 隷属させる
manclenco, ca [maŋklénko, ka] 形《コロンビア, エクアドル》弱い, 痩せけた. ❷《エクアドル》[支え・柱などが] しっかりしていない
manco, ca[2] [máŋko, ka]《←ラテン語 mancus「四肢に障害のある,

不完全な〕[形] [名] ❶《時に軽蔑》手・腕が不自由な[人], 片手・片腕の無い[人]: Es 〜 de la mano izquierda. 彼は左手がない(不自由だ). el 〜 de Lepanto レパントの片手男《セルバンテスの異名. レパントの海戦で左手の自由を失った》. ❷ [estar+] 不完全な, 欠陥のある: obra 〜ca 出来損いの作品. verso 〜 押韻が不完全な詩
no quedarse 〜 para (en)...《西》…に遅れない
no ser 〜 para (en)...《西. 皮肉》1) [主に悪い意味で] …に長(た)けている, …に巧みである: Ese tipo *no es 〜* en el arte de copiar en los exámenes. あいつはカンニングがうまい. 2) 平気で…を横取りする
❷《チリ. 口語》駄馬, やせこけた馬
Manco Cápac [máŋko kápak]《人名》〜 **I** マンコ・カパック1世《生没年不詳. 伝承によればクスコ Cuzco に都を建設した初代インカ王. 太陽の御子 hijo del Sol と呼ばれる》〜 **II** マンコ・カパック2世《1500?〜44, ワイナ・カパック Huayna Cápac の嫡男でインカ帝国最後の王. ピサロ Pizarro により王位についたが, スペイン人と戦い殺害される》
mancomún [maŋkomún]《←mano+común》*de 〜* 合意の上で, 協力して
mancomunación [maŋkomunaθjón] [女]《文語》団結させること
mancomunadamente [maŋkomunáđaménte] [副]《文語》= *de mancomún*
mancomunado, da [maŋkomunáđo, đa] [形] ❶《文語》合意の上の, 力を合わせての. ❷《法律》連帯責任の: obligación 〜*da* 連帯債務
mancomunal [maŋkomunál] [形]《チリ》集結した, 団結した
mancomunar [maŋkomunár] [他]《←mancomún》[他]《文語》[一つの目的のために, 人・力・資金などを] 集める, まとめる, 団結させる: 〜 sus esfuerzos 努力を結集する. 〜 su dinero 金を持ち寄る. 〜《法律》連帯責任とする, 共同管理する: los bienes 財産を共同管理する
—— 〜se 団結する, 連帯する; [+con と] 協力する: *Se mancomunaron para explotar la pedrera del pueblo.* 彼らは村の採石場開発に協力し合わせた
mancomunidad [maŋkomuniđá(đ)] [女]《←mancomunar》❶《文語》協力, 協同, 団結, 連帯. ❷ [地域の] 連合体, 共同体; *M*〜 Británica de Naciones イギリス連邦. 〜 de vecinos 町内会. ❸《歴史》[カタルーニャ地方の] 自治団体連合. ❹ 共同責任
mancorna [maŋkórna] [女]《中南米》❶ ボタンの2個セット. ❷ [複] カフスボタン《= *gemelos*》
mancornar [maŋkornár] [28] [他] ❶ [子牛を] 角をつかんで地面にねじり倒す. ❷ [牛の左右同じ側の] 角と前足を縛って逃げないようにする. ❸ [倒れた牛の] 前足を角の上に置いて立ち上がれないようにする. ❹ [2頭の牛を] 縛って一緒に歩くようにする. ❺《まれ》[同種の2つを] 対にする, 組にする. ❻《まれ》動けなくする, 押さえつける
mancornas [maŋkórnas] [女] [複]《コロンビア, チリ》カフスボタン《= *gemelos*》
mancornear [maŋkorneár] [他]《プエルトリコ》= *mancornar*
—— 〜se《プエルトリコ》一緒になる; 共謀する. ❷《チリ》けんかする, 争う
mancornera [maŋkornéra] [女]《チリ. 馬具》あぶみの高さを調節するベルト
mancuerda [maŋkwérđa] [女]《古語》囚人を縛った綱を少しずつ締め付けていく拷問
mancuerna [maŋkwérna] [女] ❶《スポーツ》[主に [複]] ダンベル, ウェイト. ❷ [角固士を結ばれた牛の] ペア, 一組. ❸ [2頭の牛の] 角をつなぐ皮ひも. ❹《カナリア諸島, メキシコ, キューバ, コロンビア, ベネズエラ, チリ》タバコの葉の一対の葉のある部分. ❺ [2頭の牛の葉を得られるような茎の切り方. ❺《メキシコ》[目的があって組んだ] ペア; [刑事の] コンビ, チーム. ❻《中米, コロンビア, ベネズエラ, ボリビア》[複] カフスボタン《= *gemelos*》
mancuernillas [maŋkwerníʎas] [女] [複]《中米》[複] カフスボタン《= *gemelos*》
mancuso [maŋkúso] [男]《歴史》11世紀イスラムスペインとバルセロナ伯爵領の金貨
manda [mánda] [女] ❶《法律》[遺書による] 遺産. ❷ 贈与, 贈呈. ❸《古語》遺言. ❹《地方語》約束. ❺《メキシコ, チリ, アルゼンチン》[神・聖母・聖人に対してなされる] 誓い, 祈願
mandación [mandaθjón] [女]《歴史》[王の代官が統治する] レ

オン・アストゥリアス王国の行政区
mandadero, ra [mandađéro, ra] [名]《主に南米》[会社の] 使い走りの子, お使いさん
—— [女]《地方語》[パートタイムの] 家政婦, ホームヘルパー
mandado, da [mandáđo, đa] [名]《主に西》部下: *Yo no soy más que un 〜.* 私はただの使いの者です. enviar un 〜 en su nombre 部下を自分の代理として派遣する
—— [男] ❶《主に中南米》用事, 使い《= *recado*》: *Nos pidieron un 〜.* 我々は一つ用事を頼まれた. hacer un 〜 お使いをする. ir a un 〜 お使いに行く. ❷《隠語》陰茎. ❸《まれ》命令《= *mandato*》: cumplir el 〜 del jefe 上司の命令を実行する. ❹《古語》知らせ, 便り. ❺《メキシコ, コロンビア, ラプラタ》[時に [複]] 日々の] 買い物, 買ったもの: *Voy a hacer los 〜s.* 私は買い物に行こう
bien 〜 = bienmandado
comer a+人 el 〜《メキシコ》[試合などで] …に勝つ
comerse el 〜《メキシコ. 口語》婚前性交する
como está 〜 [正しくて・適していて・習慣となっていて] そうあるべき, しかるべき
estar 〜 recoger [人・物が] 古くなった, 時代遅れである: *Eso está 〜 recoger.* そんなのもう古くさい
hacer a+人 los 〜s《メキシコ》…にとって少しも重要でない
mal 〜 = malmandado
ser como 〜《南米. 口語》…の素質がある
mandador [mandađór] [男] ❶《中南米》[棒の握りのある] 鞭. ❷《ベネズエラ》[穀粒を叩いてきれいにする] 殻竿
mandala [mandála] [女]《仏教》曼陀羅
mandamás [mandamás] [名]《←mandar+más》[名] [単複同形/[複] 〜*mases*] ❶《口語》チーフ, ボス, お偉方. ❷《軽蔑》いばりちらす[人], 権威を振りかざす[人]《= *mandón*》
mandamiento [mandamjénto] [男]《←mandar》❶ [神・教会の] 掟(おきて), 戒律: *Los Diez M*〜s《旧約聖書》十戒. *El Octavo M*〜 盗みを禁止する戒律《十戒の第8番目》. ❷ [当局の] 命令. 〜 de arresto/〜 de detención 逮捕令状. 〜 de embargo 仮差し押さえ[令状]. 〜 judicial [執行官の] 令状, 執達状. 〜 judicial para registrar el piso 家宅捜索令状. ❸《口語》[複][手の] 指: comer con los cinco 〜s 5本の指で食べる
mandanga [mandáŋga] [女]《←?語源》❶《口語》怠惰, 無気力: tener 〜 やる気がない. ❷《口語》冗長, ばかなこと: *No me vengas con 〜s.* くだらない話はやめろ. ❸《口語》厄介事, 問題. ❹《闘牛》闘牛士として働く意欲がないこと. ❺《隠語》マリファナ, 弱い麻薬
... ni 〜s/... qué 〜s [意味なしに強調] …だと!
mandanguero, ra [mandaŋɡéro, ra] [形] [名] ❶《口語》怠惰な[人], 無気力な[人]. ❷《隠語》マリファナ(弱い麻薬)の常用者
mandante [mandánte] [形] 命じる; 指揮する
—— [名]《法律》委託者, 委任者《⇔ *mandatario*》: conforme a lo acordado con mis 〜s 私の委任者との取り決めに従い. ❷ 指揮者
mandapa [mandápa] [女]《建築》[仏塔 *pagoda* の] 柱付きの入口
mandar [mandár]《←ラテン語 *mandare*「託す, 使命を与える, 任せる」》[他] ❶ [+*a*+人 に] 命令する, 命じる《⇔ *obedecer*》: 1) [+名詞] *El comisario mandó al detective la presentación de un informe sobre el homicidio.* 署長は刑事に殺人事件に関する報告書の提出を命じた. 〜 *una tarea a los alumnos* 生徒に宿題を出す. 2) [+不定詞・*que*+接続法 するように] *Le mandé trabajar mucho.* 私は彼に大いに働くように命じた. *El mandé que limpiara la habitación.* 私は彼に部屋を掃除するように命じた. 3) [間接目的語を明示せずに] *He mandado llamar al mecánico, pero todavía no viene.* 私は修理業者を呼ばせたのだが, まだ来ない. *He mandado que traigan una garrafa de agua a la oficina.* 私は事務所に水を1瓶持ってくるように言ってある. ❷ [軍隊などを] 指揮する: *El general manda los ejércitos de los países aliados.* 将軍は同盟国軍の指揮をとっていた. ❸ 発送する, 送る: *¿Le has mandado esa carta?* 彼にその手紙を出したの? *Mi tío me ha venido mandando dinero con regularidad desde Suiza.* 伯父はスイスから定期的に送金してくれた. *Mándenmelo a mi casa.* 家まで

配達して下さい．*Mandaré* el coche para que lo reparen. 車を修理に出そう．❹［伝言などを］伝える：Te *manda* saludos. 彼から君によろしくとのことです．❺［人を］出向かせる，派遣する：1) Te *mando* un taxi para que puedas venir pronto. 君を早く来てもらえるようにタクシーを行かせるよ．Me *mandaron* en busca del policía. 私は警官を呼びに行かされた． 2)［+a に］*Mandaron* al botones *a* la habitación para recoger las maletas. ボーイはスーツケースを取りに部屋に行くように言われた．～ a su hijo *al* colegio 息子を小学校に送り出す．3)［+de として］Al conde al *mandaron al* ejército enemigo *de* emisario de la paz. 和平の使者として侯爵が敵軍に派遣された．4)［+por を迎えに・取りに・買いに］La *mandé por* el médico. 私は医者を迎えに彼女をやった．Me *mandó a* la aduana *por* los equipajes. 彼は荷物の引き取りに私を税関に行かせた．Lo mandé *por* vino. 私は彼をワインを買いにやらせた．5)［+a +不定詞 するように］*He mandado a* llamar al mecánico, pero todavía no viene. 私は修理業者を呼びに〔誰かに〕行ってもらったのだが，まだ来ない．6)《主に中南米》［+con+人 のところへ］Le mandé *con* el enfermo. 私は彼を病人のところへ行かせた．❻［文章に：¿Quieres ～me un café? コーヒーを注文してくれる？❼［法律などが］規定する：En estos casos la ley *manda que* el inquilino indemnice los deterioros que se hayan producido. このような場合，法律は借家人が発生した損害の補償を行なうように規定している．❽ 追い出す，追放する：Me *mandaron* de la fábrica. 私は工場を首になった．❾ 遺贈する．❿［薬を］処方する《=recetar》．⓫［馬術］［馬を］御する．⓬［廃語］提供する．⓭《中南米》仕向ける．⓮《カリブ，ベネズエラ》見渡す，見下ろす：Es una altura que *manda* a toda la campaña. そこは平地全体を見渡せる高台だ．⓯《キューバ》礼を失する．⓰《南米．口語》投げる：［殴打を］与える．⓱《チリ．競馬など》［スタートの］声を出す，サインを出す

¡A ～!《西．古酒的．丁寧，皮肉》かしこまりました，承知しました：La criada, al verla, dijo: —¡A ～, señora! 家政婦は彼女を見て，「奥様，何かご用は」と言った．Muchas gracias.—De nada, *u* ～． どうもありがとう．—いいえ，どういたしまして

Lo que usted mande.［使用人など が］何なりとお申し付け下さい《時に冗談で》

¡Mande!《口語》1)［親しい間柄で，名前を呼ばれた時］はい：Profesor Álvarez.—*¡Mande!* アルバレス先生．—はい《どうしょうか》! 2) はい《何なりとお言いつけ下さい》《←*lo que usted mande*》

¿Mande?《口語》1)［質問・依頼に対する懐疑］何でしょうか？ 2)《主に中米》［聞き返し］すみません，もう一度おっしゃって下さい/《返事》はい，何でしょう？: ¿Tienes frío?—*¿Mande?*—Que si tienes frío. 寒いのかい？—何だって？—寒いのかって聞いてるの

Ni lo mande Dios. そんなこと嫌です/お断わりします

para lo que usted guste ～《古語》［紹介の時，自分の名前の後に述べて］どうぞよろしくお願いします

— 圓 ❶［+en で］指揮をする，支配する，命令する：Ahora la que *manda en* el país es la junta revolucionaria. 今この国で権力を持っているのは革命委員会だ．*En* su casa *manda* su señora. 彼の家では奥さんが仕切っている．*En* su corazón *mandaba* una repugnancia hacia el rival de amor. 恋敵への憎しみが彼の心を支配していた．～ *sobre* los súbditos 家臣の上に君臨する．tener dotes para ～ 人の上に立つ才能がある．❷《軽蔑》いばりちらす，親分風を吹かせる：Es una persona que *manda* mucho en su organización. あの人は自分の組織でひどくいばりちらしている．❸［+con+人 を迎えにやる］: Mandé *por* el médico. 私は医者を迎えにやった．❹《中南米》行ってしまう．❺《チリ》仕事を買って出る

— *~se* ❶ 自分のために…を作る，都合する；［+不定詞 自分のために…させる］: *~se* un delicioso postre おいしいデザートを作る．*Se* mandó hacer un traje. 彼は服を一着あつらえた．❷［病人などが］自分で自分の面倒を見る，自分のことは自分でやる：Está enfermo, pero *no se* puede. 彼は病気だが，自分では動けない．❸［部屋同士が/+con と］つながっている，通じている．❹［+por+人］を迎えにやる．❺《まれ》［ドア・階段などを］使う．❻《中南米》［口語］手に入れる；作る，生産する．❼［+con+人に対し］無礼である，いばる．3)《中南米》［むさぼり食う，がつがつ食べる；［飲み物を］がぶがぶ飲む，ぐいぐい飲む．❼《メキシコ．口語》1)［言動が］やりすぎる．2)［状況を］利用する．❽《中米》…して下さる．❾《カリブ，チリ，アルゼンチン，ウルグア

イ》立ち去る，そっと消える．❿《ドミニカ》逃げる，走り出す．⓫《アンデス》《スポーツ》得点する．⓬ 嘘をつく

~se abajo《チリ》［ドスンと］落ちてくる

~se cambiar《アンデス，チリ，アルゼンチン，ウルグアイ》逃げ出す: *¡Mándate cambiar!* さっさと出て行け!

~se mudar《アルゼンチン，ウルグアイ》=*~se cambiar*

Mándese entrar (pasar).《中南米》お入り下さい

mandarín, na［mandarín, na］《←ポルトガル語 mandarim <マレー語 mantari <サンスクリット語 mantrinah「顧問，大臣」》 圏 ❶ 標準中国語の．❷《まれ》中国清朝の

— 男 ❶ 標準中国語，北京語，北京官話．❷《歴史》［中国清朝の］大官《文官，軍官》．❸《軽蔑》［学界・政界などの］大物，有力者

mandarina[2]［mandarína］囡 ❶《果実》マンダリンオレンジ，ミカン《=naranja ～》．❷ 標準中国語《=madarín》

¡Chúpate esa ～!《西．口語》［ライバルの失敗などに満足して］ほら見たことか

ser una buena ～《アルゼンチン．口語》いたずらっ子である，腕白である；［大人が］まじめでない，素行が悪い

— 圏 オレンジ色の

mandarinato［mandarináto］男 ❶［中国清朝などの］大官の職《任期・管轄地域》．❷ 集合 大官

mandarinero［mandarinéro］男《植物》=mandarino

mandarinesco, ca［mandarinésko, ka］圏［中国清朝などの］大官の

mandarinismo［mandarinísmo］男 官僚政治，恣意的な政治

mandarino［mandaríno］男《植物》クネンボ《ミカン科》

mandarria［mandárja］囡《船舶》造船用の大槌

mandatar［mandatár］他《主に中南米》命令を与える

mandatario, ria［mandatárjo, rja］《←mandato》图 ❶《法律》受任者，受託者《⇔mandante》: país (Estado) ～ 委任統治国．❷ 国家元首［=primer ～, máximo ～ del Estado］．❸ 行政機関の長：máximo ～ de la diplomacia española スペイン外交機関の最高責任者．～ municipal 地方自治体の首長．❹ 指導者：altos ～s de la Iglesia 教会指導者たち．❺《中南米》政治指導者

mandato［mandáto］《←ラテン語 mandatum》男 ❶ 命令《内容》: por ～ del juzgado 裁判所の命令により．～ divino 神の掟．Es una forma verbal que expresa un ～ o un deseo. これは命令または願望を表わす動詞の形である．No soy más que un ～. 私は命令に従うだけだ/責任者ではない．❷［議員などの］職務，任期：El ～ de concejal no es nada cómodo. 市会議員の仕事は気楽なものではない．En el ～ del alcalde anterior se construyó un estadio municipal. 前市長の時代に市営競技場が建てられた．cumplir el ～ como diputado 下院議員としての職務を全うする．❸《法律》委任，委託；委任状：revocar el ～ 委任《状》を取り消す．~ legal 法定委任．~ representativo 代理委任．~ tácito 暗黙委任．❹《歴史》委任統治《= ～ internacional》: territorio bajo ～ 委任統治領．❺《カトリック》《聖木曜日に行われる》洗足式

manderecha［manderétʃa］囡《まれ》右手《=mano derecha》

buena ～《まれ》幸運

mandí［mandí］男《アルゼンチン．魚》ナマズ目の一種《食用．学名 Pimelodus albicans》

mandible［mandíble］圏《地方語》従順な，親切な

mandíbula［mandíbula］《←ラテン語 mandibula < mandere「噛む」》 囡 ❶ あご，《解剖》下顎《ガ》骨《=~ inferior》．❷［鳥類の］くちばし；［節足動物の］大腮，大腮《ダイ》．❸［万力など締め具の］あご；*et gai* ジョー

reír (se) a ~ batiente げらげら笑う，大笑いする，あごが外れるほど笑う：Los espectadores *se reían a ~ batiente* con los payasos. 観客はピエロに腹を抱えて笑った

mandibulado, da［mandibuládo, da］圏 ❶ 大腮類の．❷［人が］あごの長い《突き出た》

— 男《動物》大腮《ガ》類

mandibular［mandibulár］圏 あごの，下顎骨の；くちばしの

mandil［mandíl］《←アラビア語 mandil <ラテン語 mantele》男 ❶［主に職人の使う，皮・丈夫な布地製の，胸から膝までの］前掛け．❷《漁業》目の細かい網．❸ 馬の毛並みの手入れをするための布．❹ フリーメーソンの記章．❺《地方語》［繁殖を防ぐために］種羊の生殖器を覆う布．❻《アンダルシア，チリ，アルゼンチン》《うまやなどで》馬に掛ける布

mandilar［mandilár］他 ぼろ布 mandil で馬の毛並みを整える

mandilete [mandiléte] 男 ❶ [甲冑の]籠手(ﾝ). ❷ 砲口栓, 砲口蓋. ❸《地方語》前掛け

mandilón [mandilón]《mandil の示小語》男《口語》意気地なし, 臆病者

mandinga [mandínga] 形 女 ❶ [アフリカ西部の] マンディンゴ族[の]. ❷《ペルー》黒人系の人
── 男 ❶ マンディンゴ語. ❷《中南米.口語》悪魔. ❸《コスタリカ》女っぽい男. ❹《アルゼンチン》1)《口語》いたずらっ子. 2) 老練なやり手の男
── 女 ❶《ベネズエラ》投網. ❷《アルゼンチン》魔法, 妖術

mandioca [mandjóka]《←グアラニー語 mandiog》女 ❶《植物》キャッサバ, マンジョーカ. ❷ キャッサバの根からとれる食用澱粉, タピオカ《=tapioca》

mando [mándo]《←mandar》男 ❶ 操縦装置, 制御装置: ～ a distancia リモコン装置. ～ de radiofrecuencia 無線周波数コントロール装置. ❷ [器具・装置の] ボタン, スイッチ, コック: Pulsar el ～ verde para poner en marcha el aireacondicionador y, para pararlo, el rojo. エアコンを入れるには緑のボタンを, 止めるには赤のボタンを押して下さい. ❸ 指揮, 支配; 指揮権: El comandante de regimiento pasó revista a las tropas bajo su ～. 連隊長は指揮下の部隊を閲兵した. Tiene el ～ de (Tiene bajo su ～) una compañía. 彼は中隊の指揮をとっている. El Primer Ministro tiene ～ sobre todos los ejércitos del Estado. 首相は国軍すべてに対する指揮権を有している. El ～ de la investigación recayó en ella. 研究の指揮は彼女がとることになった. asumir (tomar) el ～ 指揮権を握る. estar al ～ de+人 …の指揮下にある. pedir el ～ de la expedición 遠征隊の指揮権を要求する. escala de ～s 命令系統. M― Estratégico de las Fuerzas Aéreas 戦略空軍. ❹ [軍隊・警察などの] 指揮権を持つ人;《集合》幹部: Gonzalo es un ～ de la policía. ゴンサロは警察の偉いさんだ. Los ～s del regimiento hicieron presencia en la inauguración del cuartel nuevo. 連隊の幹部が新兵舎の落成式に出席した. los ～s policiales 警察幹部. ～ supremo 最高司令官; 最高司令部. ❺ [議員などの] 任期
alto ～ 総司令官; 総司令部
～s medios (*intermedios*) 中間管理職
tener el ～ y el palo《口語》牛耳る

mandoble [mandóble]《←mano+doble》男 ❶ 平手打ち, びんた; 殴打. ❷ [両手で持つ] 大剣; その切りつけ. ❸《まれ》強い叱責

mandolín [mandolín] 男《キューバ》=**bandolín**

mandolina [mandolína]《←仏語 bandoline ← 伊語 bandolino》《音楽》❶ マンドリン. ❷《中南米》=**bandolín**

mandolino [mandolíno] 男《チリ》=**bandolín**

mandón, na [mandón, na]《←mandar》形 名 ❶《軽蔑》いばりちらす[人], 権威を振り回す[人]; 命令好きな[人]: ¡Qué estás últimamente! Esta días tú me estás pesado cuando mucho. Mi jefe es un ～. 私の上司は非正規軍の隊長. ❸《中南米》坑夫の親方. ❹《チリ.競馬》スタートの声を出す係

mandorla [mandórla]《←伊語》女《美術》中世の宗教画で, キリストなどの全身を包む》アーモンド形の光輪

mandra [mándra]《←ラテン語》女《廃語》牧夫の小屋

mandrachero [mandratʃéro] 男 賭博場の経営者

mandracho [mandrátʃo] 男 賭博場

mandrágora [mandráɣora] 女《植物》マンドレイク, マンドラゴラ [根は催眠剤や惚れ薬に使われた]

mandria [mándrja]《←mandra》形 名《軽蔑》❶ 役立たずな[人], やる気のない[人]. ❷ 臆病な[人], いくじなし[人]

mandril [mandríl] I《←英語 mandril》男《動物》マンドリル
II《←仏語 mandrin》男《技術》心棒, マンドリル, マンドレル: ～ del embrague スプライン軸

mandrilado [mandriláðo] 男《技術》マンドリルで穴を開けること; 整孔

mandrilador, ra [mandrilaðór, ra] 名 ブローチ盤の操作係
── 女《技術》ブローチ盤

mandrilar [mandrilár] 他《技術》❶ マンドリルで穴を開ける. ❷ 整孔する, 穴を広げたり磨いたりする

mandrinado [mandrináðo] 男 =**mandrilado**

mandrinador, ra [mandrinaðór, ra] 名 =**mandrilador, ra**

mandrinar [mandrinár] 他 =**mandrilar**

mandrón [mandrón] 男《古語.軍事》❶ 手で投げる砲丸. ❷ 投石機

mandubí [manduβí] 男 ❶《ボリビア, アルゼンチン》ピーナッツ《=cacahuete》. ❷《アルゼンチン.魚》ナマズ目の一種《学名 Ageneiosus valenciennesi》

manduca [manduka] 女《口語》食べ物, 食事. ❷《ドミニカ》トウモロコシの小さなケーキ

manducación [mandukaθjón] 女 食べること

manducante [mandukánte] 形 食べる

manducar [mandukár] 7 自他 食べる《=comer》

manducatoria [mandukatórja] 女 =**manduca**

manduco [mandúko] 男 ❶《口語》=**manduca**. ❷《パナマ》[洗濯の] 叩き棒

mandulete [manduléte] 男《プエルトリコ》ばかな, 間抜けな

manduquear [mandukeár] 自《チリ》腹一杯食べる

mandurria [mandúrrja] 女《音楽》=**bandurria**

manea [manéa] 女 動物の両前脚を縛る綱

maneado, da [maneáðo, ða] 形《チリ.口語》ぎこちない, 不器用な

maneador [maneaðór] 男《中南米》馬の両前脚を縛るために使う革ひも

meneallo [meneáʎo]《古語》→**Peor** es meneallo.

manear [maneár] 他 ❶ [馬の] 両前脚を縛る. ❷《狩猟》[獲物を] 追い立てる. ❸《地方語》手で触れる
── *～se*《メキシコ, チリ》自分の足につまずく

maneche [manétʃe] 男《ボリビア.動物》ホエザルの一種《学名 Mycetes seniculus》

manecilla [maneθíʎa]《←俗ラテン語 manicella < ラテン語 manicula < manus 「手」》女 ❶ [時計・計器の] 針: Las ～s dan las dos de la tarde. 時計の針は午後2時を指している. ～ grande (pequeña) 長針(短針). ～ de las horas 時針. ❷ [本, 特に祈禱書の] 留め金. ❸《印刷》インデックス《☞》. ❹ [器具の] レバー. ❺ [つる植物の] 巻きひげ

manejabilidad [manexaβiliðáð] 女 扱いやすさ, 御しやすさ

manejable [manexáβle] 形 扱いやすい, 操縦しやすい; 御しやすい: coche ～ 操縦性のよい車. computadora ～ 扱いやすいコンピュータ. pelo ～ 整えやすい髪. persona ～ 扱いやすい人

manejado, da [manexáðo, ða] 形 bien ～ 自在に描かれた. mal ～ ぎこちなく描かれた

manejadora [manexaðóra] 女《キューバ》子守女

manejar [manexár]《←伊語 maneggiare < ラテン語 manus 「手」》他 ❶ [手で] 操る, 扱う: 1) Hay dos maneras de ～ el cuchillo y el tenedor: al estilo Europeo y al estilo Americano. ナイフとフォークの使い方にはヨーロッパ式とアメリカ式の2通りがある. Ese pintor *maneja* los colores a su modo peculiar. その画家は独特の色使いをする. ～ sustancias peligrosas 危険物を取り扱う. ～ las herramientas con cuidado 道具類を丁寧に扱う. ～ bien la espada 剣の達人である. 2) 操作する, 操縦する: Estas máquinas no son fáciles de ～. これらの機械は扱いが簡単ではない. ～ el volante ハンドルを操作する. ❷ 管理する, 運用する: Es jefe de contaduría y *maneja* gran cantidad de fondos. 彼は経理課長で大金を扱っている. ～ el dinero de la familia 家族みんなの金を管理する. ～ el negocio 商売を切り回す. ❸《時に軽蔑》[人・言葉などを] 操る: Un capital extranjero *maneja* tres importantes empresas del país. ある外国資本が国内の3つの大企業を支配下に置いている. Ella *maneja* bien varios idiomas. 彼女は巧みに数か国語を使う. ～ las masas 大衆を動かす. ～ a su esposo 夫を操縦する. ～ algo de inglés 英語がいくらか話せる. ～ cifras *maneja* con una amplia bibliografía para su tesis 広範な参考文献を使って論文を作成する. ❹ [馬を] 乗りこなす. ❺《中南米》[車を] 運転する《=《西, メキシコ》conducir》: ～ un camión de carga トラックを運転する. ～ la bicicleta 自転車に乗る
── 自《中南米》車を運転する: Mi mujer todavía no *maneja* bien. 妻はまだ運転が上手でない
── *～se* ❶《口語》[問題・状況などについて] うまく処理する, やっていく: 1) Acabo de comprar una nueva computadora y aún no *me manejo* bien. 私は新しいコンピュータを買ったばかりで, まだうまく使いこなせない. 2)《+con+名》Estudiando el español solo dos meses, ya *se maneja* muy bien *con* (*en*) él. 彼はたった2か月勉強しただけで, もうとてもうまくスペイン語を操る. No *se maneja* bien *con* los colegas (*en* nuevos ambientes). 彼は同僚とうまくやっていけない(新しい雰囲気になじ

manejo [manéxo]《←manejar》男 ❶ 取り扱い；操作，操縦: de fácil ～ 使いやすい. instrucciones de ～ 取り扱い説明書，使用説明書. buen ～ del español スペイン語の上手な使い方. ～ de las cámaras digitales デジカメの上手な取り扱い方. ❷《主に複》術策，計略，小細工: emplear todo tipo de ～s para salir del aprieto 難局から脱するためにあらゆる種類の汚い手を使う. descubrir los ～ y engaños de uno 陰謀と欺瞞を暴く；～s turbios 策略，陰謀. ❸ 自在に操れること，手際のよさ；如才のなさ: Aquí tienen buen ～ con los clientes. ここは客あしらいが丁寧だ. ❹ 管理，運営，経営. ❺《中南米》［車の］運転: escuela de ～《メキシコ》自動車学校. ～ de la moto バイクの運転

maneota [maneóta] 女 =**maniota**

manera [manéra]《←ラテン語 manuaria < manuarius「操作できる，巧みな」》女 ❶ やり方，方法，仕方《類語》**manera** と **modo** はほとんど同義「やり方，方法」で、熟語にいたるまで入れ替えがきく場合が多ある。しかし，両者に微妙な違いがあるとすれば，**modo** があくまでも本来の意味である「物事を行なう具体的な順序・方法・手段」の意味を堅く守り通しているのに対して，**manera** は「やり口・手口」といった「特殊で癖のあるやり方」のニュアンスで用いられる傾向にある: Hay muchas ～s de guisar el arroz. 米の料理法は色々ある. No sé de qué ～ he de darle las gracias. 私はどのようにお礼を言ったらいいのか私は分からない. ～ de actuar/～ de vivir ふるまい，行動の仕方；行状. ～ de leer el libro 本の読み方. ～ de pensar 考え方，意見. ～ de ver las cosas 物の見方. ～ de vivir 生き方，暮らし方. ❷［画家・作家などの，流派・時代に特有の］手法，作風: Ese poeta cultivó una ～ y propios en el romanticismo. その詩人はロマン主義において独自の世界と作風を開拓した. El uso del colage es una ～ de expresión típicamente cubista. コラージュの使用はキュビズムに典型的な表現手法の一つである. distintas ～s de Picasso ピカソの様々な画風. ❸《複》 ふるまい，品行；礼儀: Niños, cuidad vuestras ～s. 子供たち，お行儀よくしなさい. Tengo mucha simpatía con él; siempre me habla de muy buenas ～s. 私は彼がとても好きだ，いつも私に親切に言葉をかけてくれるので. El tío no se disculpó y se fue de malas ～s. その男は謝りもせず，無礼にも立ち去ってしまった. ～《s》en la mesa テーブルマナー. ❹《文語》[+de+名詞]…の一種；…と同じようなもの: El silencio es una ～ de afirmación. 沈黙は肯定の一種である. La costumbre es una ～ de regla. 習慣は決まりのようなものだ. ❺［人の］性格，性質. ❻《古語》体型，外観. ❼《古語》ポシェット. ❽《古語》巧みさ；策略，計略. ❾《廃語》スカートの脇のスリット，ズボンのチャック

a la ～+形容詞 (**de**+名詞)…風の，…式の・に；…に似せて: jardín a la ～ inglesa 英国式庭園. ataviarse a la ～ de princesa 王女様みたいに着飾る. usar una revista a la ～ de abánico 雑誌を扇子代わりに使う

a ～ de...「…のような」で: Llevan en la cabeza un a ～ de turbante. 彼らはターバン状のものを頭にかぶっている. Alguien usó un instrumento cortante a ～ de machete para cortar este árbol. 誰かが山刀のような刃物を使ってこの木を切った. Vamos a citar el caso de Japón a ～ de ejemplo. 日本の場合を好例として取り上げてみよう. Se puso una toalla al cuello, a ～ de bufanda. 彼はタオルを首に，マフラーのように巻いた

a su ～…の［好きな・特有の］やり方で: Procuré ser buena a mi ～. 私は私なりに，いい子になろうとしたのよ. Hazlo a tu ～. 君なりのやり方でやれ. A mi ～ de ver 私の見たところ，私の意見では，言わせてもらえば

con mala ～ 乱暴に: sentarse con mala ～ en la butaca 安楽椅子に乱暴に座る

de alguna ～ 何らかの方法で: Ahora no puedo ir, por eso te pido que me guardes la comida de alguna ～. 今は行けないので，何とか私の分の食事を取っておいて下さい

de cualquier ～ 1) 何がどうあろうと，ともかく: De cualquier ～, existe un problema, sobre el cual tengo mis reservas. とにかく一つ問題があって，それに関しては私なりに懸念しているのだ. 2) いい加減に，ぞんざいに: Hace las cosas deprisa y de cualquier ～. 彼は物事をばたばたといい加減にする. 3) 特別の注意を払わないで: Esta camisa es de algodón y se lava de cualquier ～. このシャツは木綿だから，どんな洗い方をしてもいい

de esta（esa）～ 1) この（その）ようにして: Haciéndolo de esta ～ se ahorra el tiempo. こうしたら時間が節約できる. 2) そうならば: De esa ～, no voy. それなら私は行かない

de igual ～ 1)［+que と］同じように: Lo harás todo de igual ～ que él. すべて彼と同じようにするのだ. 2) 同様にまた: De igual ～ que usted, yo no llevo móvil. あなたと同じく，私も携帯を持ちません

de la ～ que sea 何がどうあろうと: De la ～ que sea el alumno, claro está que tiene mucho ingenio. その生徒がどうあろうとも，豊かな才能の持ち主であることははっきりしている

de la misma ～ =**de igual ～**

de mala ～《西》1) ひどく，途方もないやり方で；ぶざまに，不器用にも；ぞんざいに: Me resbalé en la acera helada y me caí de mala ～. 私は凍った歩道で滑って，ぶざまにひっくりかえった. Es un grosero; me contestó de muy mala ～. 彼は礼儀を知らない男だ. 私に全く失礼な返事をした. 2)［特にacabar+人が］哀れな死に方をする. 3)［事物が］さんざんな終わり方をする: La reunión acabó de mala ～. 会合は混乱して終わった

de ～+形容詞 [形容詞の副詞化] Camina de ～ lenta. 彼はゆっくりと歩く《=lentamente》

de ～ que... 1)［結果，+直説法］だから…: Ya era de noche, de ～ que no fuimos a verle. もう夜だったので，私たちは彼に会いに行かなかった. 2)［目的・様態，+接続法］…するように: Salí de casa temprano, de ～ que no me cogiera la lluvia. 私は雨に降られないように，早く家を出た

de ninguna ～［強い否定］決して（…ない）: De ninguna ～ pienso verle. 私は彼に会うつもりは全くない. De ninguna ～ dejaré a mi hija que salga a estas horas. 私は何があってもこんな時間に娘を外出させはしない. ¿Me acompañas a hablar con él?—No, de ninguna ～. 彼と話をするのに付き合ってくれないか？—嫌だ，ぜったいに

de otra ～ 1)［仮定］もしそうでなければ: Come despacio; de otra ～, te vas a atragantar. ゆっくり食べるんだよ. さもないと喉に詰まるよ. Llegasteis tarde; de otra ～, a estas horas, ya estaríamos en el hotel. 君たちが遅れた. そうでなかったら，今ごろはもうホテルに入っているのに. 2) 違ったやり方で，別のやり方で: Pienso pasar este verano de otra ～. 私はこの夏を違ったやり方で過ごすつもりだ. A mí me parece que no se podrá hacer eso de otra ～. それは他のやり方ではできないように私には思える

de ～ それほど多く

de tal ～ que... 1)［+直説法. 結果］そういう風に…だから；それほどので…: Te lo expliqué de tal ～ que lo entendiste. 私がそういう風に説明したので君は理解できた. Bebió de tal ～ que no se pudo levantar de la silla. 彼はひどく飲んだ，椅子から立てなくなってしまった. De tal ～ se enfadó que casi se desmayaba. 彼はひどく腹を立てて，気を失わんばかりだった. 2)［+接続法. 目的・様態］…のように: Te lo expliqué de tal ～ que lo entendieras. 君が理解できるように私は説明した. Hasta ahora no ha hecho tanto frío aquí, de tal ～ que se necesite la estufa. 今までここはそれほど，ストーブが必要になるほどには寒くならなかった

de todas ～s とにかく，いずれにしても: De todas ～s pienso salir. どっちにしても私は出かけるつもりだ. Ya estará en casa; de todas ～s llama por teléfono para confirmarlo. 家にいるだろうが，一応電話で確かめてくれ. Pero, de todas ～s, creemos que una política para trabajar juntos es muy importante. しかし，どちらにしても，我々は共同作業をするための方策が重要だと思う

de una ～...［形容詞を表に出さずにその意味を想像させて］…の仕方（様子）といった: Nevaba de una ～... 何というか…，ひどい雪だった. No salgas ahora, porque está lloviendo de una ～... 今は外に出るな，とにかくひどい雨だから

de una ～+形容詞 =**de**～+形容詞: vivir de una ～ alegre 楽

manero, ra

しく生きる. *de una* ~ *arbitraria* 勝手気ままに
de una ~ **u** (**o de**) **otra** 何がどうあろうと,何らかの方法で: Habrá que localizar al remitente de este paquete *de una* ~ *u otra*. 何とかしてこの小包みの送り主を突き止めないといけないだろう. *De una* ~ *u otra* ella se saldrá con la suya. 彼女は欲しいと思ったものを何としてでも手に入れるだろう
en cierta ~ ある程度は: Hay que reconocer que hemos tomado parte, *en cierta* ~, *en lo ocurrido*. 私たちがその出来事にある程度関与したことを認めなくてはならない
en gran ~ 《文語》非常に,とても: Me asusté *en gran* ~. 私はびっくり仰天した. Agradecemos *en gran* ~ *su precioso regalo*. あなたの結構な贈り物に心から感謝しております. En su modo de andar, se parece *en gran* ~ *a su madre*. 彼女は歩き方が母親にとてもよく似ている
en ~ **alguna** 決して〔…ない〕〖=de ninguna〗: Yo no quiero aceptar *en* ~ *alguna* sus disculpas. 彼の謝罪なんて絶対に受け付けたくない
en ~ **que**... 《古語》〖+直説法〗だから…;〖+接続法〗…するように
mal y de mala ~ でたらめに,めちゃくちゃに
~ **de hacer** やり方,作り方: Es su ~ *de hacer* de siempre. それが彼のいつものやり方だ. Me gustaría aprender su ~ *de hacer* la tortilla española. 私はあなたのトルティージャの作り方を習いたいのですが
~ **de ser** あり方;性格;生き様: Es algo indeciso, pero me gusta su ~ *de ser*. 彼はちょっと優柔不断だが,私は彼の人柄が好きです
no haber ~〖+de は〗不可能である,どうしようもない: Hay mucha inundación y *no hay* ~ *de acercarse allí*. ひどい洪水で,そこには近づけない. No hay ~ *de remediar la muerte*. 死を免れる術はない. Traté de reconciliarlas, pero *no hubo* ~. 彼女たちを仲直りさせようとしたが,無理だった
por ~ **que** 〖+直説法〗だから…;〖+接続法〗…するように
¡Qué ~ **de**...! 1)〖程度〗何と…だ!: ¡Qué ~ *de llover*! 何というひどい雨だ! 2)〖怒り〗¡Qué ~ *de comer de los jóvenes*! 若い人たちの何と行儀の悪い食べ方だ!
si, de la misma ~ **que**+直説法,+接続法 もしも…する代わりに…していたら: Si, *de la misma* ~ *que* llovió, hubiese nevado, se hubieran paralizado la circulación de los trenes en varios ramales. 雨でなく雪が降っていたとしたら,電車の運行があちこちの支線で麻痺していたことだろう
sobre ~ きわめて〖=sobremanera〗: La grave crisis política de Ucrania nos preocupa *sobre* ~. 我々はウクライナの政治危機をきわめて憂慮している
¡Vaya una ~ **de**...! =**¡Qué** ~ **de**...!

manero, ra[2] [manéro, ra] 形 ❶《鷹狩り》〖鷹に〗手にとまるように調教された. ❷《まれ》取り扱いやすい
manes [mánes] 男 複 ❶《ローマ神話》マネス,死者たちの魂. ❷《文語》〖主に感嘆文で. 死者の〗魂
maneto, ta [manéto, ta] 形 ❶《グアテマラ,ベネズエラ》X脚の〖=patizambo〗. ❷《ホンジュラス》両手が奇形の〖人〗. ❸《エクアドル》不器用な
—— ❹《コロンビア. 昆虫》ケジラミ
manezuela [maneθwéla] 女 ❶ 留め金〖=manecilla〗. ❷=**maniota**
manfla [mánfla] 女 ❶《まれ. 隠語》売春婦. ❷《まれ》不倫相手の女性. ❸《ラマンチャ》子を産んだ年取った雌ブタ
manflora [manflóra] 男 女 ❶《まれ;中南米》女のような男. ❷《まれ》両性具有者〖=hermafrodita〗. ❸《メキシコ. 口語》同性愛者,レスビアン,ゲイ
manflórico [manflóriko] 男《コロンビア,ベネズエラ》=**manflorita**
manflorita [manflorita] 形 男 女《俗語》❶ 女のような〖男〗. ❷《グアテマラ,ウルグアイ》❷ 両性具有の〖=hermafrodita〗
manfloro [manflóro] 男《ドミニカ》=**manflorita**
manflota [manflóta] 女《まれ. 隠語》売春宿
manga[1] [mánga] I 〖←ラテン語 manica < manus「手」〗女 〖覆 ≒s〗
❶《服飾》1) 袖: Súbete las ~*s*. 袖をまくりなさい. en ~*s de camisa* ワイシャツ姿で,上着を脱いで. sin ~*s* ノースリーブの. de ~ *larga* (*corta*) 長袖 (半袖) の. de ~ *tres cuartos* 七分袖の. ~ *de ángel* フリル袖. ~ *dolman* ドルマンスリーブ. ~ *japonesa* (*murciélago*) バットウィングスリーブ. ~ *perdida* (*boba*) 筒袖. ~ *raglán* (*ranglan*) ラグラン袖. 2)《メキシコ》雨がっぱ. 3)《中米》ポンチョ〖=poncho〗;〖貧乏人が羽織る〗厚手のマント. ❷《ホース》ホース: ~ *de incendio* 消火ホース. ~ *de riego* 水まき用ホース. ❸ 通風筒,通風管〖=~ *de ventilación*〗. ❹《スポーツ》…回戦,本目: ganar la primera (segunda) ~ 1(2)回戦を勝ち抜く;第1(2)本目を取る. Una carrera de esquí consta de dos ~*s*. スキー競技では2本滑る. ❺《トランプ》〖ブリッジの〗トリック. ❻ 海峡〖=estrecho〗. ❼《船舶》船幅〖⇔eslora〗. ❽ 吹き流し〖=~ *de viento*〗. ❾《料理》〖クリームなどの〗絞り袋〖=pastelera〗;〖布製の〗濾し袋. ❿〖両側が開き,紐で締める〗雑嚢. ⓫《カトリック》〖小教区ごとの〗十字架の筒型の覆い. ⓬《漁業》1) たも. 2) 投網〖=esparavel〗. ⓭ 竜巻〖=tromba〗. ⓮ ~ *de agua* スコール, にわか雨. ⓯《軍事》分遣隊. ⓰《技術》ジャーナル,回転軸の軸受内の部分〖=~ *del eje*〗. ⓱《地名》La M~ ラ・マンガ〖ムルシア州の潟湖 Mar Menor と地中海を隔てる砂州〗. ⓲《動物》おまけ;利益. ⓳《アンダルシア;中南米》〖囲い場・桟橋への,柵にはさまれ先が細くなった〗家畜の通路. ⓴《中南米》多数. ㉑《コロンビア. 口語》強い人. ㉒《チリ,アルゼンチン,ウルグアイ》〖小さな〗群れ,グループ. ㉓《アルゼンチン》イナゴの大群
andar ~ **por hombro** 《口語》ほったらかし〔乱雑なまま〕になっている
bajo ~ 《まれ》密かに;袖の下を使って
estar ~ **por hombro**《口語》=**andar** ~ **por hombro**
guardar... **en la** ~《口語》=**tener**... **en la** ~
hacer ~*s* **y capirotes en**...〖思いつきで〗自分勝手に…する
ir ~ **por hombro**《口語》=**andar** ~ **por hombro**
llevar... **en la** ~《口語》=**tener**... **en la** ~
~ **ancha**《口語》〖自分・他人の過ちに対する〗寛容: El padre tiene (es de) ~ *ancha* con sus hijos. その父親は自分の子供に甘い
~ **de**+複数名詞《チリ,アルゼンチン,ウルグアイ. 軽蔑》…な連中: Son una ~ *de vagos*. 彼らはぐうたら者たちです
ni más ni ~*s*《戯語》まさに〖=ni más ni menos〗
sacarse... **de la** ~〖驚くような解答などを〗取り出して見せる;発明する
tener... **en la** ~《口語》〖人を驚かせるような〗何かを隠している,奥の手として持っている
tirar de la ~ **a**+人 …に影響を及ぼそうとする,圧力をかけようとする
tirar la ~ **a**+人《アルゼンチン. 口語》…に借金を申し込む
II 〖←ポルトガル語〗男《植物,果実》マンゴー〖=mango〗
III 〖←日本語〗男〖単複同形〗漫画,アニメ

mangaba [maŋgába] 女《南米. 植物》キョウチクトウ科の一種〖学名 Hancornia speciosa〗
mangachapuy [maŋgatʃapúj] 男《フィリピン. 植物》フタバガキ科ホペア属の一種〖造船用材〗
mangada [maŋgáda] 女 ❶《地方語》家畜の通路〖=manga〗. ❷《サラマンカ》細長い牧草地 (耕地)
mangajarro [maŋgaxárro] 男《まれ》汚れて長すぎる袖
mangajo, ja [maŋgáxo, xa] 形 名 ❶《エクアドル,ペルー》自分の意志を持たない〖人〗, 他人に影響されやすい〖人〗. ❷《エクアドル. 軽蔑》恥知らずな〖人〗, 自堕落な〖人〗. ❸《ペルー》大変貧暮っている〖人〗
mangana [maŋgána] 女 ❶〖牛・馬の前脚にからませて捕まえる〗投げ縄. ❷《中米》人を失脚させる策略: echar ~ *a*+人 …を罠にかけて失脚させる
manganato [maŋganáto] 男《化学》マンガン酸塩
mangancé [maŋgaŋθé] 男《パナマ. 鳥》ツグミの一種
mangancia [maŋgánθja] 女 ❶《西. 口語》盗み. ❷《集合》泥棒
manganear [maŋganeár] 他 ❶〖牛・馬などに〗投げ縄 mangana を投げる. ❷《アルゼンチン,ウルグアイ》盗む. ❸《ペルー. 口語》不快にする,うんざりさせる
manganesa [maŋganésa] 女《化学,鉱物》二酸化マンガン,軟マンガン鉱
manganesia [maŋganésja] 女 =**manganesa**
manganesífero, ra [maŋganesífero, ra] 形《鉱物》マンガンを含む
manganeso [maŋganéso] 男《元素》マンガン
manganeta [maŋganéta] 女 ❶《アラゴン》捕鳥網. ❷《中南米. 口語》ぺてん,策略
mangangá [maŋgaŋgá] 男 ❶《南米. 口語》しつこい人,うるさ

人. ❷《ボリビア, アルゼンチン》泥棒. ❸《ラプラタ. 昆虫》[総称] マルハナバチに似た蜂の俗称

mangánico, ca [maŋgániko, ka] [形]《化学》マンガンを含む, マンガンの

manganilla [maŋganíʎa] [女] ❶《まれ》計略, 策略. ❷《古語. 軍事》大石で城壁を破壊する器械〘=almajaneque〙. ❸《エストレマドゥラ》[オークの実を叩き落とすのに使われる] 殻竿(からざお)

manganina [maŋganína] [女]《金属》マンガニン, 銅・マンガン・ニッケルの合金

manganita [maŋganíta] [女]《鉱物》水マンガン鉱

manganoso, sa [maŋganóso, sa] [形]《化学》マンガンの

mangante [maŋgánte] [形] [名]《西. 口語》❶ 盗みを働く; 泥棒. ❷ 恥知らずの怠け者〔の〕

manganzón, na [maŋganθón, na] [形] [名]《中南米. 軽蔑》怠け者〔の〕, ほとんど仕事をしない〔人〕

manganzonería [maŋganθonería] [女]《中南米》怠惰

mangar [maŋgár]〘←ジプシー語 mangar「頼む」〙[8] [他] ❶《西. 俗語》盗む, くすねる: Le *han mangado* la cartera. 彼は財布をすられた. ❷《地方語》1) 取る, 持つ. 2) [騒ぎを] 起こす. ❸《ガリシア, アストゥリアス, レオン》…に取っ手を付ける. ❹《アストゥリアス, レオン, サラマンカ》接続する, はめる. ❺《アルゼンチン》…から金をせしめる, 借金を申し込む, たかる

—— **～se**《まれ》袖のある服を着る

mangarrán, na [maŋgar̄án, na] [形] [名] ❶ 怠け者〔の〕, 役立たずの〔人〕. ❷ 恥知らずな〔人〕, 厚顔無恥の〔人〕〘この意味から離れて単なる悪口として使われる〙

mangazo [maŋgáθo] [男] ❶《地方語》腕による一撃. ❷《パナマ, ベネズエラ》拳骨での殴打, 手の甲での平手打ち. ❸《ベネズエラ》非常に容姿端麗な若者. ❹《アルゼンチン, ウルグアイ. 口語》上手にしつこく金などをせびること

mangla [máŋgla] [女]《植物》黒オリーブ〘=negrilla〙

manglano [maŋgláno] [男]《植物》ザクロ〘=granado〙

manglar [maŋglár] [男] マングローブの林(密林)

mangle [máŋgle]〘←?語源〙[男]《植物》マングローブ

mango [máŋgo] **I**〘←俗ラテン語 manicus < manica「柄」〙[男] ❶ [ナイフ・傘などの] 柄(え), 取っ手: ～ de escoba ほうきの柄;《航空》操縦桿. ～ de pluma ペン軸. ❷ [弦楽器の] 棹(さお). ❸《貝》～ de cuchillo マテガイ. ❹《俗語》陰茎

II〘←英語 mango < ポルトガル語 manga〙[男] ❶《植物, 果実》マンゴー. ❷《カリブ》掘り出し物. ❸《ドミニカ》御しやすい人. ❹《メキシコ, グアテマラ, ホンジュラス. 婉曲》魅力的な人. ❺《ラプラタ. 俗語》[わずかばかりの] お金

no tener un ～/estar sin un ～《ラプラタ》ひどく金に困っている

mangón, na [maŋgón, na] [形] [名] ❶ 転売する人. ❷《地方語》勝手に取り仕切る〔人〕. ❸《ムルシア》1) [普通より] 身体の大きな〔人〕. 2) 怠け者〔の〕

—— [男]《コロンビア, ボリビア, アルゼンチン》[家畜を入れる] 囲い

—— [女] [ウズラのひなを入れる] 大型の鳥かご

mangonada [maŋgonáđa] [女] 腕による一撃

mangoneador, ra [maŋgoneađór, ra] [形] [名]《軽蔑》出しゃばる〔人〕, 口出しする〔人〕; 取り仕切る〔人〕

mangonear [maŋgoneár]〘←ラテン語 mango, -onis「取引業者」〙[自] ❶《軽蔑》[+en・sobre に] 口出しする, 介入する: Ni yo me meto en sus vidas ni les voy a dejar ～ *en* la mía. 私は彼らの生き方に口出ししないし, 彼らに私の生き方を指図されるつもりもない. ❷《軽蔑》[+con+人・事 を] 取り仕切る, 命令する. ❸《まれ》ぶらぶらする, のらくらする. ❹《中南米》不正利得を得る, 汚職をする

—— [他] ❶《軽蔑》こき使う, 酷使する; いばり散らす, 偉そうに命令する. ❷ くすねる, 盗む. ❸《中南米》略奪する

mangoneo [maŋgonéo] [男]《軽蔑》出しゃばること, 口出し; 取り仕切ること

mangonero, ra [maŋgonéro, ra] [形]《口語》出しゃばりの, おせっかい焼きの

mangorrero, ra [maŋgor̄éro, ra] [形] ❶ [刃物が] 切れ味の悪い. ❷《まれ》役に立たない, 価値の低い

mangorrillo [maŋgor̄íʎo] [男] 犂(すき)の柄

mangosta [maŋgósta]〘←仏語 mangouste〙[女] ❶《動物》マングース. ❷ =**mangostán**

mangostán [maŋgostán] [男]《植物, 果実》マンゴスチン

mangote [maŋgóte] [男] ❶ 広く長い袖. ❷ [事務員用の] 袖カバー〘=manguito〙

mangría [maŋgría] [女]《地方語》[植物に付く] 小型の害虫

mangrino, na [maŋgríno, na] [形] ❶《ドミニカ》厚かましい, 失敬な. ❷《コロンビア》虚弱な, 弱々しい

mangrullar [maŋgruʎár] [他]《ラプラタ. 古語》見張り塔から見張る

mangrullero [maŋgruʎéro] [男]《ボリビア, ラプラタ. 古語》スパイ; 探検家

mangrullo [maŋgrúʎo] [男] ❶《ラプラタ. 魚》ナマズの一種〘学名 Bagrus sp.〙. ❷《アルゼンチン. 古語》[平原地帯で小砦・農園・集落の] 見張り塔

mangú [maŋgú] [男]《ドミニカ. 料理》青いバナナをゆでて練ったもの

mangual [maŋgwál] [男] ❶《古語》棒の先に鎖と鉄球を付けた武器. ❷《エストレマドゥラ》[オークの実を叩き落とすのに使われる] 殻竿(からざお)

manguala [maŋgwála] [女]《コロンビア. 口語》[違法な目的の] 密謀

manguara [maŋgwára] [女]《地方語》蒸留酒用のグラス

manguardia [maŋgwárđja] [女]《土木》橋脚を支える控え壁

manguaré [maŋgwaré] [男]《ペルー》[先住民の] 木の幹で作る太鼓

manguarear [maŋgwareár] [自]《ベネズエラ》仕事をしているふりをする, 怠ける, サボる

mangue [máŋge] [代]《俗語》誰か〘=menda〙

manguear [maŋgeár] [他] ❶《中南米》1)《狩猟》[獲物を] 狩り出す; [猟師の方に] 追い立てる. 2)《口語》[おだてたり手管を使って人を] 引き付ける. ❷《メキシコ, チリ, アルゼンチン》[家畜を] 通路 manga に入れる. ❸《ラプラタ. 隠語》金をたかる, せしめる

—— [自] ❶《カリブ, アンデス》仕事をしているふりをする, 怠ける, サボる. ❷《キューバ, ドミニカ, ベネズエラ》遠くから手を振って挨拶する

mangueo [maŋgéo] [男]《口語》盗み

manguera[1] [maŋgéra]〘←manga〙[女] ❶ [散水・消防用などの] ホース: ～ de incendios 消防ホース. ～ antidisturbios [警察の] 放水車. ❷ [空港の] ボーディングブリッジ. ❸《船舶》1) 通風管; 排水用のホース. 2) [水上の] 竜巻. ❹ 袖用のアイロン台〘=manguero〙. ❺《まれ. 植物》マンゴーの木〘=mango〙. ❻《アンデス. 自転車》[タイヤの] チューブ. ❼《チリ, アルゼンチン, ウルグアイ》[家畜の] 囲い場. ❽《チリ, アルゼンチン》[消防の] ホースを積んだ車

M

manguerazo [maŋgeráθo] [男]《口語》ホースからまかれた水

manguerear [maŋgereár] [他]《チリ. 口語》ホースで水をまく

manguero, ra[2] [maŋgéro, ra] [名] ❶ 散水作業員. ❷《アルゼンチン. 口語》いつもたかる(借金を頼む)人

—— [男] ❶ 袖用のアイロン台, 馬. ❷《メキシコ. 植物》マンゴーの木〘=mango〙

mangueta [maŋgéta] [女] ❶《建築》クイーンポスト, 対束(ついづか). ❷ 排水管のU字形管. ❸《自動車》ナックル・スピンドル. ❹ てこ, レバー. ❺《廃語》浣腸器

mangui [máŋgi] [名]《西. 隠語》❶ こそ泥, すり. ❷《軽蔑》人, やつ

manguián [maŋgján] [形] [名] [フィリピンの] マンギャン族〔の〕

manguilla [maŋgíʎa] [女] ❶《カトリック》十字架の筒型の覆い〘=manga〙. ❷《チリ》[事務員用の] 袖カバー〘=manguito〙

manguillero [maŋgiʎéro] [男]《古語的》ペンホルダー, ペン軸

manguillo [maŋgíʎo] [男]《古語的》=**manguillero**

manguindó [maŋgindó] [男]《キューバ》怠惰な男, 怠け者

manguita [maŋgíta] [女] ケース〘=funda〙

manguitería [maŋgitería] [女]《古語》毛皮店〘=peletería〙

manguitero [maŋgitéro] [男]《古語》毛皮加工(販売)業者〘=peletero〙

manguito [maŋgíto]〘manga の示小語〙[男] ❶《服飾》1) マフ. 2) [事務員用の] 袖カバー. ❷《技術》1)〔管〕継ぎ手, スリーブ. 2) 入れ子, ブッシュ. ❸ 腕浮き輪, アームリング浮き輪. ❹ [血圧測定の] 加圧帯. ❺《菓子》リング型のスポンジケーキ. ❻《解剖》～ rotador 回旋筋腱板. ❼《闘牛》[複] 馬の胸のプロテクター

mangulina [maŋgulína] [女]《ドミニカ》=**mamangulina**

mangurrino, na [maŋgur̄íno, na] [形] [名]《軽蔑》無知な〔人〕

manguruyú [maŋgurujú] [男]《ラプラタ. 魚》ジャウー〘大型のナマズ. 食用〙

manguta [maŋgúta] [男]《隠語》泥棒

manguzada [maŋguθáđa] [女]《まれ》平手打ち

manhattan [maŋxátan]〘←英語〙[男]〘[複] ～s〙《酒》[カクテルの]

マンハッタン

mani [máni]《manifestación の省略語》囡《擬》〜s《西. 若者語》デモ, 集会

maní [maní]《←カリブ語》男《擬》〜[e]s/《誤用》manises ❶《主に南米. 植物, 実》ピーナッツ, 落花生《=cacahuete》: manteca (mantequilla) de 〜 ピーナッツバター. ❷《カリブ》お金
── 圖《チリ, アルゼンチン, ウルグアイ》決して!

mani-《接頭辞》[手] *mani*diestro 手先の器用な

manía [manía]《←ラテン語 mania＜ギリシア語 mania「狂気」》囡 ❶ 嫌悪: Juan tiene 〜 a los pepinos. フアンはキュウリを毛嫌いしている. No sé por qué, pero María me ha cogido mucha 〜. なぜかマリアは私を毛嫌いしている. ❷ 熱中: A él le ha entrado la 〜 del béisbol. 彼は野球に熱中し始めた. tener la 〜 del fútbol サッカー狂である. ❸ 変わった習慣, 奇癖: Tiene la 〜 de levantarse a beber agua a las cinco de la mañana. 彼には朝5時に起きて水を飲む習慣がある. ❹《心理》躁病. ❺ 妄想: Tiene la 〜 de que la leche le sienta mal. 彼は牛乳が体質に合わないと思い込んでいる. 〜 de grandezas 誇大妄想. 〜 persecutoria/〜 de persecución 被害（迫害）妄想

-manía《接尾辞》[熱狂] biblio*manía* 愛書狂

maniabierto, ta [manjaβjérto, ta] 形 名《まれ》気前のいい [人], 物惜しみしない [人]

maniaco, ca [manjáko, ka] 形 名＝**maníaco**

maníaco, ca [maníako, ka]《←ラテン語 maniacus》形 名《心理》躁病の〔患者〕;《口語》偏執的な〔人〕: 〜 sexual 色情狂の人. 〜 depresivo＝**maniacodepresivo**

maniacodepresivo, va [manjakoðepresíβo, ßa] 形 名《心理》躁鬱病の〔患者〕

manialbo, ba [manjálbo, ßa] 形《馬が》脚の下半分が白い

maniatar [manjatár]《←mano+atar》他 …の両手を縛る; 手錠をかける: El atracador *maniató* a los empleados de la tienda. 強盗は店の従業員の手を縛った

maniate [manjáte] 男《エクアドル》＝**maniota**

maniático, ca [manjátiko, ka]《←maníaco》形 名 偏執的な〔人〕; マニア〔的な〕: Era un 〜 de la limpieza. 彼は異常なほど清潔好きだ. 〜 de la velocidad スピード狂[の]

maniblanco, ca [maniβlánko, ka] 形＝**manialbo**

manicato, ta [manikáto, ta]《キューバ》力強い, 勇ましい

manicero, ra [maniθéro, ra] 形 名＝**manisero**

manicoba [manikóβa] 囡《植物》ゴムの木

manicomial [manikomjál] 形 ❶ 精神病院の. ❷《口語》事が〕愚かしい

manicomio [manikómjo] 男《軽蔑》精神病院. ❷《口語》騒がしい所

manicorto, ta [manikórto, ta]《←mano+corto》形 けち〔な〕, しみったれた〔人〕

manicuerno [manikwérno] 男《自転車》空力ハンドル, エアロバー

manicura¹ [manikúra]《←mano+ラテン語 cura「手入れ」》囡 マニキュア; 爪（手）の手入れ: hacerse la 〜 [自分で] マニキュアをする
── 囡 マニキュア師《＝manicuro》

manicurar [manikurár] 他《人・手・指に》マニキュアをする

manicure [manikúre] 囡《コロンビア》＝**manicura**

manicurista [manikurísta] 名《メキシコ, パナマ, カリブ, コロンビア, エクアドル, ペルー》マニキュア師《＝manicuro》

manicuro, ra² [manikúro, ra] 名 マニキュア師

manida¹ [maníða] 囡《人・動物の》すみか

manidiestro, tra [manijéstro, tra] 形 手先の器用な

manido, da² [maníðo, ða]《←カスティーリャ語 manir「しわくちゃにする」＜古語 maner「マリネーする」＜ラテン語 manere「とどまる」》形 ❶ [estar+] 古くさい, 陳腐な, 新鮮味のない: asunto 〜 ありふれた事柄. tema 〜 ありきたりのテーマ. ❷ 使い古した. ❸《食べ物が》腐りかけた, 傷みかけた;《肉が熟成して》柔らかくなった

maniego, ga [manjéɣo, ɣa] 形《まれ》両手ききの《=ambidextro》

manierismo [manjerísmo]《←伊語 maniera》男 ❶《美術》マニエリスム, マニエリズム. ❷ マンネリズム. ❸《心理》衒奇症

manierista [manjerísta] 形 ❶《美術》マニエリスムの〔芸術家〕. ❷ マンネリの, 同工異曲の; マンネリに陥った芸術家, 独創性に欠ける芸術家

manifa [manífa] 囡《西. 若者語》＝**manifestación**

manifacero, ra [manifaθéro, ra] 形《アラゴン, ムルシア》おせっかいで面倒を起こす

manifactura [manifaktúra] 囡 ❶＝**manufactura**. ❷ [事物の] できばえ

manifestación [manifestaθjón]《←ラテン語 manifestatio》囡 ❶ デモ, 示威行動: una 〜 para protestar contra el racismo. 今日, 人種差別反対のデモがある. hacer una 〜 をする. organizar una 〜 contra la guerra 戦争反対のデモを組織する. 〜 naval 海軍の示威行動. ❷ [感情・意志の] 表現, 表れ: El ministro del gobierno ha hecho unas *manifestaciones* en contra del proyecto. 首相はその計画に反対を表明した. Es muy interesante observar las distintas *manifestaciones* de la religiosidad popular. 民間信仰が様々な形をとって現れるのを観察するのは実に興味深い. 〜 de alegría 喜びの表現. ❸ カミングアウト: 〜 gay ゲイであることのカミングアウト. ❹《文語》声明

manifestador, ra [manifestaðór, ra] 形 名＝**manifestante**
── 男《カトリック》聖体顕示台

manifestante [manifestánte] 名 デモの参加者;《擬》デモ隊

manifestar [manifestár]《←ラテン語 manifestare「明らかにする」》②⑥ ❶ 表明する, 宣言する: María *manifestó* su decisión de marcharse del grupo. マリアはグループを脱退するという意思を表明した. El presidente *manifestó* que... 大統領は…という声明を発した. ❷ 明示する: Juan *manifestó* su sorpresa. フアンは驚きを露わにした. ❸《キリスト教》〜 el Santísimo 聖体を顕示する
── **〜se** ❶ デモをする: *〜se* en contra de la congelación de salarios 賃金凍結反対のデモをする. ❷ 自分の立場（態度）を明らかにする: 1) José *se manifestó* contrario a la política armamentista. ホセは軍拡政策に反対の立場を明らかにした. *〜se* simpatizante del partido その政党のシンパであることを表明する. 2) カミングアウトする: *〜se* como lesbiana レスビアンであるとカミングアウトする. ❸ 現れる, 明らかになる: Su bondad *se manifiesta* en sus obras de caridad. 彼の善意はその慈善活動に現れている. *Se manifestaba* la pena en sus ojos. 彼の目には悲しみの色が浮かんでいた

manifestativo, va [manifestatíßo, ßa] 形 表明する, はっきりと表わす

manifestódromo [manifestóðromo] 男《戯語》デモ会場

manifiestamente [manifjéstaménte] 副 はっきりと, 明らかに

manifiesto, ta [manifjésto, ta]《←ラテン語 manifestus「明らかな」》形 ❶ 明らかな, はっきりした: Es un hecho 〜 que… …ということは明白な事実だ. verdad 〜a 明白な事実. ❷ 明示された, 公表された: opinión 〜ta 公表された意見. ❸《キリスト教》[聖体が] 顕示した, 現れた
── 男 ── 面前で
poner... de 〜 …を明らかにする: Esas palabras *ponen de 〜* sus intenciones. その言葉で彼の意図は明らかだ
── 男 ❶ 声明文, 宣言書: M〜 Comunista 共産党宣言. M〜 de los Persas ペルシア人の声明《1814年, カディス憲法 Constitución de Cádiz の廃止とフェルナンド7世による絶対君主制復活を求める守旧派が唱える》. ❷《航空, 船舶》乗客名簿;《商業》積荷目録. ❸《キリスト教》聖体の顕示

manigero [manixéro] 男＝**manijero**

manigordo [maniɣórðo] 男《コスタリカ. 動物》オセロット《=ocelote》

manigua [maníɣwa]《←タイノ語》囡 ❶ 雑多な寄せ集め. ❷《主に中南米》1)《雑草のはびこる》沼地. 2)《沼地で入りにくい》熱帯の森, ジャングル. 3) 田舎
agarrar 〜 おろおろする, しどろもどろになる
irse a la 〜《古諺的》政府に対し武装蜂起する

manigual [maniɣwál] 男《メキシコ, 中米, カリブ》沼地《=manigua》

manigüero, ra [maniɣwéro, ra] 名《メキシコ, 中米, カリブ》沼地 manigua の; そこの住民

manigueta [maniɣéta] 囡 ❶ [工具などの] 柄(え), 取っ手. ❷《船舶》繋柱《=bita》. ❸《自動車》1)《メキシコ》窓を上げるハンドル. 2)《パナマ》ドアハンドル. ❹《パナマ, キューバ, プエルトリコ. 技術》クランク

manija [maníxa]《←ラテン語 manicula＜manis「手」》囡 ❶ [ドア・窓を開閉する] ノブ, ハンドル, レバー. ❷《主に中南米》[工具などの] 柄(え), 取っ手. ❸ [動物用の] 足かせ. ❹ [鎌で傷つけないように左手にはめる] 麦刈り用の皮手袋. ❺《ラプラタ》1) 人

首に鞭をくくり付けるひも. 2)［ボーラ boleadoras の3個の鉄球のうち］一番軽い球
dar ～ *a*+人《ラプラタ. 口語》…を励ます, 激励する; 宣伝する
darse ～《ラプラタ. 口語》不安に取りつかれる
tener la ～《メキシコ, ラプラタ. 口語》決定権を持っている

manijear [manixeár] 他《ラプラタ. 口語》慎重に影響を及ぼして利益を得る

manijera [manixéra] 女 ❶《メキシコ》鞭の握り. ❷《アルゼンチン》［ボーラ boleadoras の3個の鉄球のうち］一番軽い球

manijero [manixéro] 男 ❶《地方語》農場労働者の監督. ❷《エストレマドゥラ》村の広場で日雇い労働者を雇う係

manila [maníla] 女 ❶ フィリピン産の葉巻(タバコ). ❷ 太い糸

manilano, na [maniláno, na] 形 =**manilense**

manilargo, ga [manilárgo, ga] 形 ❶ 手の長い. ❷ 盗癖のある, 手癖の悪い. ❸ 気前のよい, 寛大な

manilense [manilénse] 形《地名》マニラ Manila の［人］《フィリピンの首都》

manileño, ña [maniléɲo, ɲa] 形 名 =**manilense**

manilla [maníʎa] 《←カタルーニャ語 manilla (mano の示小語)》女 ❶［ドア・窓などの］ノブ, ハンドル. ❷ 手かせ, 足かせ; 手錠 [=esposas]: poner ～ *a*+人 …に手かせをはめる. ❸ 腕輪, ブレスレット [=brazalete]. ❹［時計の］針 [=manecilla]. ❺ 20～30枚に束ねられたタバコの葉. ❻［トランプ］マニラ [=malilla]. ❼《カナリア諸島, プエルトリコ, ベネズエラ》5枚折りの投げ込み用. ❽《メキシコ》［縄による擦り傷を避けるための］手袋. ❾《グアテマラ, ホンジュラス》［ハンモックの］織られていない端. ❿《コロンビア》1)《野球》グローブ. 2)［穀粒をつぶす大臼の］杵. ⓫《ベネズエラ, ボリビア》［工具などの］柄(²), 取っ手. ⓬《ベネズエラ, チリ, アルゼンチン. 自動車》ドアハンドル

manillar [maniʎár] 《←manilla》男《主に西》［自転車・オートバイの］ハンドル

manilleta [maniʎéta] 女《コスタリカ. 自動車》ドアハンドル

manilo, la [maníni, la] 形《メキシコ, ドミニカ, プエルトリコ》❶ 鶏の. ❷ 臆病な

maniluvio [manilúβjo] 男《医学》［主に複数］手浴(ﾖｸ)

maniobra [manjóβra] 《←mano+obra》女 ❶ 操作, 制御, 運転, 操縦: Tuve que hacer una brusca ～ para no chocar con el autobús. 私はバスにぶつからないように急ハンドルを切らねばならなかった. 2)［船舶］操舵, 操船. 3)［鉄道］複 操車. ❷《時に軽蔑》術策, かけひき: conseguir su fin por ～*s* 自分の手この手を使って目的を達する. ～ política 政略. ❸《軍事》演習, 機動演習 [=～*s* militares]: estar de ～*s* 演習中である. campo de ～*s* 演習場. ❹《船舶》[集名] 索具. ❺《医学》巧みな手術

maniobrabilidad [manjoβraβiliðáð] 女 ❶ 操作性, 操作のしやすさ. ❷ かけひきの可能性

maniobrable [manjoβráβle] 形 操作(運転)しやすい

maniobrar [manjoβrár] 《←maniobra》自 ❶ 操作する, 運転する: Tuve que ～ mucho para aparcar en el hueco. 狭い所に駐車するために私は何度もハンドルを切り返さねばならなかった. ❷《船舶》操舵する, 操船する; 操帆する. ❸《軍事》演習する. ❹ 策略をめぐらす: Han estado *maniobrando* a escondidas para hundirle. 彼を倒すための計画が密かにめぐらされていた

maniobrero, ra [manjoβréro, ra] 形 ❶ 操作しやすい; 操船しやすい. ❷《時に軽蔑》術策を弄する; かけひきの. ❸《軍事》機動力のある

maniobrista [manjoβrísta] 形 名《船舶》❶ 操船(操舵)できる［人］. ❷ 帆操手; 操舵手

manioc [manjók] 男《まれ》=**mandioca**

manioca [manjóka] 女《まれ》=**mandioca**

maniota [manjóta] 女《動物の両前脚を縛る》綱, 足かせ

manipulable [manipuláβle] 形 手で取り扱われ得る; 操作され得る

manipulación [manipulaθjón] 女 ❶ 取り扱い, 操作: ～ de alimentos 食品の取り扱い. ～ biogenética 遺伝子操作. ❷［利益目的の］不正な操作, 工作: El presidente denunció la ～ de sus declaraciones por parte de la oposición. 大統領は野党によって自分の発言がゆがめられたと告発した. ～ de la contabilidad 粉飾決算. ～ del mercado 不正な市場操作. ～ de precios 価格操作. ～ de votos 票の操作. ❸《医学》手技

manipulado [manipuláðo] 男 取り扱い, 操作

manipulador, ra [manipulaðór, ra] 形 名 ❶ 取り扱う［人］, 操作する［人］: ～ de alimentos 食品を取り扱う人. ～ de marionetas 人形使い. ❷ 勝手に仕切る［人］[=mangoneador]
—— 男 ❶ 電信機のキー, 電鍵. ❷ マニピュレーター, マジックハンド [=～ remoto]. ❸《情報》～ de arranque ブートドライブ

manipulante [manipulánte] 形 名 ❶ 取り扱う［人］, 処理する［人］. ❷［市場などを］操作する［人］

manipular [manipulár] 《←ラテン語 manipulare》他 ❶［手で］取り扱う, 操作する: ～ un microscopio 顕微鏡を操作する. ～ explosivos 爆発物を取り扱う. ❷《軽蔑》［利益目的で不正に］操作する, 工作する: El aceite estaba *manipulado*. その油は不正に加工されていた. ～ las estadísticas 統計を不正に操作する. ❸［情報を操作する］: ～ la información 情報を操作する. ❸［市場などを操作する］: ～ el precio de... …の価格操作をする. ❹［人に］不正な圧力をかける: ～ al electorado 有権者を操作する. ❺［電信機の］キーを打つ. ❻ いじくりまわす. ❼［事業などを］操業する, 管理する: ～ la fortuna 財産を管理する. ❽［他人事に］口をはさむ, おせっかいをやく
—— 自. **~se** [+en･con] 取り扱う; 操作する

manipuleo [manipuléo] 男《軽蔑》不正な操作, 裏工作

manípulo [manípulo] 男 ❶《カトリック》マニプルス, 腕帯(ﾀｲ)《ミサで司祭が左腕につける飾り帯》. ❷ 古代ローマ歩兵中隊の隊旗). ❸《医学》［薬品の量］一つかみ, 一握り

maniqueísmo [manikeísmo] 男《軽蔑》［善悪の］二元論. ❷ マニ教

maniqueo, a [manikéo, a] 形 名《軽蔑》［善悪の］二元論の. ❷ マニ教の; マニ教徒

maniquete [manikéte] 男《服飾》［黒いチュール地で透かし編みや刺繍のある］指先のない手袋

maniquí [manikí] 《←仏語 mannequin < 蘭語 mannekijn「小男」》男 (複 ~[e]s) ❶ マネキン人形. ❷《服飾》ドレスフォーム, 人台. ❸ 身なりのきちんとした人: Esa chica siempre va hecha un ～. あの娘はいつもきちんとしたおしゃれをしている
—— 名 ファッションモデル

manir [manír]《欠如動詞: 語尾に i の残る活用形のみ. →**abolir**》他 ❶［肉を］熟成させる, 柔らかくする. ❷《古語》とどまる, そのままいる

manirrotismo [manirotísmo] 男《まれ》浪費癖

manirroto, ta [maniróto, ta] 形《←mano+roto》❶ 浪費家の: No seas tan ～. そんなに浪費するのはやめなさい. ❷《コロンビア, ベネズエラ》寛大な

manís [manís] 男《メキシコ. 俗語》仲間, 同僚

manisero, ra [maniséro, ra] 形 名 ❶《地名》マニセス Manises の［人］《バレンシア県の町》. ❷《南米》［呼び売りの］ピーナッツ売り

maniso, sa [maníso, sa] 形《ラマンチャ》手先が不器用な

manisuelto, ta [maniswélto, ta] 形《プエルトリコ》=**manirroto**

manista [manísta] 形 名［ペロータで］手でボール pelota を打つ［人］

manita[1] [maníta] 《mano の示小語》女 ❶《西. 口語》複［恋人同士の］手への愛撫: hacer ～*s* 手を握り合う. ❷《西. 料理》複 ～*s* de cerdo 豚足の煮込み. ❸《化学》マンニトール, マンニット
estar (andar) hasta las ～*s*《メキシコ. 口語》泥酔している; ラリっている
～ *de gato*《メキシコ》表面的な繕い
ser de ～ *caída*《メキシコ. 口語》［男が］女性的である

manitas [manítas] 形 名《単複同形》《西, メキシコ. 口語》手先の器用な［人］
～ *de plata* / ～ *de oro*《西》1) 手先の技術が非常に熟達した人; ［ギターなどの］名手. 2) 有能な人, やり手

manito[1] [maníto] 男《古語》［子供用の］下ручки
manito, ta[2] [maníto, ta]《hermanito の語開音消失》男 ❶《戯語》メキシコ人. ❷《メキシコ. 口語》［庶民階級の呼称］君, あんた: Ven acá, ～. 君, こっちにおいで

manitol [manitól]《化学》マンニトール

manitú [manitú] マニトゥ《北米先住民の神; 超自然的な力の総称》

manituoso, sa [manitwóso, sa] 形《ドミニカ. 農民語》大胆な

manjuí [manxuí] 男《チリ, アルゼンチン. 植物》=**mañiú**

manivacío, a [maniβaθío, a] 形 土産что来ない(行かない), 手ぶらの

manivela [manibéla]〖←仏語 manivelle〗女 ❶《技術》クランク, クランクハンドル: girar la ～ クランクを回す. teléfono (cámara) de ～ 手回し式電話(撮影機). ❷《メキシコ.自動車》ドアハンドル

manizaleño, ña [maniθaléɲo, ɲa] 男 女《地名》マニサレス Manizales の「人」〖《コロンビア, Caldas 県の町》

manizuela [maniθwéla] 女《チリ》〖樽・皮袋の〗栓の取り付け用の穴

manjaferro [manxaférro] 男《まれ》虚勢をはる男

manjar [maŋxár]〖←カタルーニャ語 manjar＜ラテン語 manducare「食べる」〗男 ❶ ［おいしい・おいしそうな］料理: ～ exquisito ごちそう. ～ blanco 鶏のささみ・砂糖・牛乳・米粉などで作る料理;《パナマ, ペルー, チリ. 菓子》〖《文語》〗一般に］食べ物: ～ espiritual 心の糧. ❷《菓子》1) ～ de ángeles 牛乳と砂糖で作るデザート. ～ lento 牛乳・卵の黄身・メレンゲ・砂糖などで作る菓子. 2)《グアテマラ》カスタードクリームのムース. 3)《パナマ》ドゥルセデレチェ〖=dulce de leche〗. 4)《アンデス》dulce ファッジ. ❹《メキシコ, 中米. 服飾》スーツ. ❺《チリ, アルゼンチン, ウルグアイ》練乳〖=leche condensada〗
~ **de dioses** すばらしい料理, 豪勢な料理

manjarete [maŋxaréte] 男《キューバ, ベネズエラ. 菓子》すりおろした生のトウモロコシに牛乳・砂糖を入れて焼いたもの〖ベネズエラではココナッツの果肉も入れる〗

manjarria [maŋxárja] 女《キューバ》=mijarra

manjelín [maŋxelín] 男《東インドで, ダイヤモンドの重量単位》=254ミリグラム

manjorrada [maŋxořáda] 女《廃語. 軽蔑》大量のありふれた食物

manjúa [maŋxúa] 女 ❶《カンタブリア》魚群. ❷《キューバ. 魚》イワシに似た小魚〖学名 Pellona bleckeriana〗

manjuarí [maŋxwarí] 男《キューバ》アリゲーター・ガー〖学名 Lepisosteus spatula〗

manlieva [manljéba] 女《古語》❶ 直接手渡しで集められる税. ❷ 貸付金

mano[1] [máno]〖←ラテン語 manus〗女 ❶ ［人の］手: Lávate las ～s antes de comer. 食事の前に手を洗いなさい. alzar las ～s al cielo 両手を上げて神に祈る. hacerse un corte en la ～ derecha 右手を切り傷を作る. pelar las naranjas con las ～ 手でオレンジをむく. sostener la mesa con una ～ 片手でテーブルを支える. con la ～ abierta 手を開いて, 掌を見せて. con la ～ cerrada 手を閉じて, 拳を握り締めて. Que tu ～ izquierda no sepa lo que hace tu derecha.《新約聖書》右手のしていることを左手に知らせるな. ～s blancas no ofenden.〖諺〗女性に侮辱されても男の名誉は傷つかない. ❷《動物》前脚;《料理》前脚の膝から下: El mono se agarra con ～s y pies. サルは手と足とで物につかまる. comer ～s de cerdo 豚足を食べる. 2)《鳥》脚;《古語》猛禽類の鉤爪. 3)《象》足. ❸ ［主に 複〗所有・管轄］ El título de campeón se le ha ido de las ～s. チャンピオンのタイトルは彼の手を離れた. abandonar (dejar) en ～s de＋人 ～のに委ねる, …に任す.《介入・策動》Se ve una ～ de la banca internacional en la compra de las acciones de estas empresas. これらの企業の株式買い入れには国際銀行筋の介入が見えている. ❺ ［+en における］影響, 支配; 権限, 責任: tener mucha ～ en los círculos financieros 金融界で強大な力を持っている. tener ～ con el ministro de hacienda 財務大臣に影響力がある. poner en las ～s a+人 la negociación ～に交渉の権限を与える. ❻〖la・su+. 女性・その両親による〗結婚の承諾: José visitó a los padres de María para pedir su ～. ホセはマリアの両親に結婚の申し込みをするために彼女の家を訪ねた. conceder la ～〖男性からの結婚申し込みに対して, 女性の両親が〗結婚を許す. ❼〖複〗人手, 働き手: Se necesitaban ～s para construir el puente. 橋を架けるための人手が必要だった. Faltan ～s. 人手が足りない. Hay ～s. 人手は足りている. contratar ～s 労働者と契約する, 労働者を雇い入れる. ❽ 腕前, 熟練: Tiene ～ para peinar. 彼女は髪のセットが上手だ. José tiene mucha ～ con los niños. ホセは子供の扱いが上手だ. ¿Qué ～ tiene para la jardinería? 彼の造園の腕はどの程度だろう. de ～ firme 腕の確かな, 手腕のある. ❾ 片側: El edificio de Correos está en esta calle, a ～ izquierda. 郵便局はこの通りの左手にある. A ～ derecha de la comisaría hay un edificio antiguo. 警察署の右側に古い建物がある. A esta ～ está el riel del ferrocarril y por la otra

corre la carretera. こちら側には鉄道の線路があって, 向こう側には国道が走っている. ❿ 塗り; 洗い; 拭き: Como los bancos estaban despintados, los di una ～ de pintura del mismo color. ベンチのペンキが剥げていたので私は同じ色のペンキを塗り直した. El cuadro tiene varias ～s de barniz superpuestas. その絵にはニスが数回重ね塗りしてある. Como el parabrisas estaba sucio, le di una ～ con un paño humedecido. フロントガラスが汚れていたので, 私は濡らした布で何度か拭いた. Lavé mi coche y le di una ～ de cera. 私は車を洗い, ワックスをかけた. una ～ de jabón 石けんの一塗り. ⓫ 叱責, 罰: Te espera buena ～ de tu padre. お父さんに大目玉を食らうぞ. ⓬〖トランプなど〗1) 手, 持ち札, 手札: tener un as en la ～ 手にエースを持っている. tener una buena ～ 手がよい. 2) ［一回ごと・全体としての］勝負: echar una ～ de ajedrez チェスを1局する. ganar la primera ～ 1回戦を勝つ. Al final de la ～ perdí. 私は結局負けてしまった. ⓭ ［手での一連の］殴打: dar a+人 una ～ de bofetadas ～を何度も平手打ちする. recibir una ～ de tortas en la cara 顔に何発もビンタを食らう. ⓮《口語》［主に感嘆文で］大量: ¡Qué ～ de comer nos hemos dado! すごい量の料理だ! ⓯ 紙1帖〖=25枚〗. ⓰ すりこぎ, 乳棒: ～ de almirez ; きね〖=～ de mortero〗.［石製の］麺棒: ～ de mortero para coctelería マドラー. ⓱《印刷》インデックス〖=manecilla〗.［《サッカー》ハンドリング. ⓲《狩猟》猟師. ⓳《猟師たちが》獲物を探すこと. ⓴〖飲食店で一回にゆきわたる, 酒などの〗一回分の注文〖=ronda〗. ㉑《船舶》突風. ㉒《動物》～ de metate マムシの一種〖学名 Porthidium olmeca〗. ㉓ 34個のプチパン〖小麦の量にして ～4分の1ファネガ fanega〗. ㉔ 後援; 好意; 慈悲. ㉕《地方語》〖畝に沿っての〗刈り入れ. ㉖《古語》親指を除いた残り4本の指をそろえた幅の長さ〖=palmo menor〗. ㉗ 音階.［《中南米》カリブ》1) 音色. 2) 思いがけない出来事; 冒険. 2) 幸運: ¡Qué ～! 何という幸運! 4)《自動車》方向: ～ única 一方通行路. ㉙《中米, カリブ, エクアドル, ペルー》1房. ㉚《メキシコ, チリ》4個組のセット;《ホンジュラス》5個組のセット. ㉛《プエルトリコ, ドミニカ》トウダンス. ㉜《コロンビア》機会, 好機
―― 男《トランプなど》親, 先手〖最初にプレイする人. ⇔pie〗: Ahora tú eres ～. 今は君が先手だ
a dos ～s 1) 両手で;《テニス》両手打ちで. 2) 喜んで, 進んで
a la ～ 1) 手近な所に, 手もとに: Tiene *a la* ～ muchas fotos de sus difuntos padres. 彼は亡くなった両親の写真をたくさん手もとに置いている. El manual debe estar *a la* ～ permanentemente. マニュアルはずっと手もとに置いておくべきである. ¡Obras *a la* ～! 仕事にとりかかろう(かかれ)! ¡Eso está *a la* ～! それは出来上がっている! 2) 自身で, 本人が: Le llevaré a usted el documento *a la* ～. 私自身が書類をお届けします. 3) 思いどおりに: Me tiene *a la* ～ para lo que quiera. 彼は私の意のままに動いてくれます. 4)《地方語》右手に
a la ～ de Dios 意を決して
a ～ 1) ［機械でなく］手で, 手製の〖⇔a máquina〗: La mantelería está bordada *a* ～. テーブルクロスとナプキンは手で刺繍が施されている. escribir *a* ～ 手書きする. jersey hecho *a* ～ 手編みのセーター. 2) 手近な所に, 手もとに〖=a la ～〗: ¿Tienes *a* ～ unas tijeras? 手の届く所にはさみがある? Ahora no tengo *a* ～ ningún diccionario. 手もとには今辞書がない. tema [que está] *a* ～ 身近な話題. 3) 手に持って: El científico fue al campo con una red para cazar mariposas *a* ～. 科学者は捕虫網を手に持って野原に出かけた. 4) わざと; 人工的に. 5) 思いどおりに: No siempre tienes *a* ～ a alguien a quien consultar. 相談相手がいつもいるとは限らない. 6)《中南米》貸し借りなしで
a ～ abierta 物惜しみせずに
a ～ alzada 1) ［投票で］挙手による: votar *a* ～ *alzada* 挙手で採決する. 2) ［線描が］フリーハンドで: dibujo *a* ～ *alzada* 自由画
a ～ real《法律》強制的に, 権限をもって; 差し押さえをして
a ～ salva 確実に, 何の危険もなく〖=a mansalva〗: disparar a los enemigos *a* ～ *salva* 安全な場所から敵を射つ
a ～ suelta 平手打ちで
a ～s abiertas =a ～ abierta
a ～ de＋人 1) …の手によって: Murió *a* ～*s de* los terroristas. 彼はテロリストの手にかかって死んだ. 2) …に迎えられて: Llegué a la terminal de autobuses a las dos de la madrugada, *a* ～*s de* mis primos. 私は午前2時にバスターミナル

着いたが、いとこたちが迎えに来てくれていた。Llegó tarde *a mis* ~*s*. 彼は遅くなって私の家に着いた
a ~*s llenas* 気前よく: gastar dinero *a* ~*s llenas* 金をどんどん使う。repartir beneficios *a* ~*s llenas* 惜しげもなく利益を分配する
a una ~ 1) 右から左へ(左から右へ)円を描く。2)《まれ》同意を得て
abandonarse a (*en*) ~*s de*+... に身を委ねる: *Se abandonó a* (*en*) ~*s de la suerte*. 彼は運命の手にその身を委ねた
abrir la ~ [口語] 1) [制限などを] 緩和する: *abrir la* ~ *en el régimen* 食餌制限を緩める。*abrir la* ~ *al caballo*《馬術》手綱を緩める。2) [湯水のように] 費消する
aflojar la ~《口語》=*abrir la* ~
agarrar la ~ *a*+事《アルゼンチン,ウルグアイ,チリ》...のこつを覚える
alzar la ~ 1) 手を上げる: *Alcé la* ~ *para hacer pregunta al profesor*. 私は先生に質問をしたくて手を上げた。*alzar la* ~ *para votar* 挙手をして採決する。2) [+*a*+*contra*+人に対して] こぶしを振り上げる《脅す、殴る》: *alzar la* ~ *a sus hijos* 子供たちに手を上げる。*alzar la* ~ *contra la propia patria* 祖国を脅すような行動をする。3) [+*de*+人を] 捨てる、放置する
andar en ~ *de todos* 全員に知れ渡っている; 通俗的である
apartar la ~《古語》手を上げる
apretar la ~ *a*+人 1) [力強く]...の手を握る;...と握手する: *Se me acercó y me apretó la* ~ *cordialmente*. 彼は近づいてきて、丁重に私に握手をした。2) ...に厳しい要求をする、ねじを巻く、はっぱを掛ける《引き締めを求める、急(せ)かす: Tengo que *apretarle la* ~ *para poner fin a este estado de confusión*. 私ははっぱを掛けて、この混乱状態を収束させねばならない
asentar la ~ *a*+人 ...を殴る; 厳しく扱う、こらしめる、矯正する
atar a+人 *de* ~*s*/*atar a*+人 *las* ~*s* ...を制約する、自由を奪う; 邪魔をする: *Con tan poco apoyo, me atan de* ~*s*. こんなわずかな支持しかないようでは、私は手かせをはめられたようなものだ
atarse de ~*s*/*atarse las* ~*s* 自制する、行動しない
bajar la ~ [商品の] 値段を下げる
bajo ~ ひそかに、隠れて: *pagar dinero bajo* ~ *a los funcionarios de aduana* ひそかに税関職員に金をつかませる
buena[*s*] ~[*s*] 器用、熟達、上手: *Mi sastre tiene muy buenas* ~*s*. 私の仕立屋は腕がとてもいい。*Mi madre tiene buena* ~ *para el gazpacho*. 母はガスパチョを作るのが上手だ。*tener buena* ~ *con los negocios* 商売上手である、やり手である
caer a ~ [+*a*+人で] 近くにいる・ある; 都合がよい: *Te acompaño hasta Correos, me cae a* ~. 郵便局まで一緒に行くよ、私も近くに行くから
caer en buenas ~*s* ひどい目に遭う: *¡En buenas* ~*s has caído!* 君はとんだ目に遭ったね
caer en ~*s de*+人 ...の手に渡る(落ちる): *Como consecuencia de la derrota de Japón, las cuatro islas cayeron en* ~*s de Rusia*. 日本の敗戦の結果、4島はロシアの手に入った
caerse a+人 *de las* ~*s* 1) ...を退屈させる、うんざりさせる: *Esta película se me cae de las* ~*s como las anteriores*. この映画はこれまでのものと同じで、退屈そのものだ。2) [*no*+で]...の手から離れない、常に手もとに置く
caerse la ~ *a*+人 [メキシコ、軽蔑]...は女性的である、女性みたいである
cambiar de ~ 所有者が変わる、他の人の手に移る: *Este parque de atracciones ha cambiado de* ~*s hace poco*. この遊園地は最近経営者が変わった
cantar en la ~ [口語] 狡猾である、悪知恵が働く
cargar la ~ [口語, +*en*+人] 過度にする: Es contraproducente *cargar la* ~ *de* (*en*) *el castigo*. 罰が厳しすぎると逆効果になる。Si *cargas más la* ~, *sonará a peloteo*. それ以上言うと、ごますりのように聞こえる。*cargar la* ~ *en* (*con*) *la sal* 塩を入れすぎる
cazar con ~ 小型の獲物 *caza menor* の狩猟をする
cerrar la ~ 1) [自分の] 手を握り締める。2) [制限などを

cogidos de la ~ [運動の動詞と共に] 手をつないで: *Cruzaron la calle, cogidas de la* ~. 彼女たちは手をつないで通りを横切った
comer a+人 *en la* ~《地方語》...に親近感と信頼感を持つ
comerse las ~*s* 1) 飢えている、非常に空腹である。2)《口語》[+*tras*+を] 全部平らげる
como con la ~ 容易に、やすやすと
como por la ~《地方語》容易に、やすやすと
con franca ~ 気前よく、たくさんに
con la ~ *en el corazón* 誓って、正直に、誠実に: *He disfrutado mucho con este viaje, lo digo con la* ~ *en el corazón*. 今度の旅行はとてもよかった、心からそう言える。*Con la* ~ *en el corazón digo que no comprendo lo que opinas de esta obra*. 正直言って、私はこの作品についての君の意見が理解できない
con larga ~ =*con franca* ~
con las dos ~*s* =*a dos* ~*s*
con las ~*s* 汗水たらして、額に汗して: *ganarse la vida con las* ~*s* 生きるために汗水たらして働く
con las ~*s cruzadas* 腕組みをして; 手をこまねいて: *quedarse con las* ~*s cruzadas* 傍観する
con las ~ *en la cabeza*《口語》[*salir*+] 損害を受けて、負けて; 幻滅して; 思い(意図)がかなわずに
con las ~*s en la cinta*《古語》腕組みをして
con las ~ *en la masa*《口語》[主に悪いことの] 最中に、犯行中に、現行犯で: *Cogieron al ladrón con las* ~*s en la masa*. 泥棒は現行犯で捕えられた
con las ~*s limpias* (*lavadas*) 努力なしに、全く容易に
con las ~*s vacías* 1) 何の成果もなく、目的を遂げることなく: *Fracasó en su intento de explotar la mina, y se vino con las* ~*s vacías*. 彼は鉱山開発のもくろみに失敗して、空手で帰ってきた。2) 贈り物を持たずに: A veces aparecen por la casa de sus padres *con las* ~*s vacías*. 彼らは何の土産も持たずに両親の家にやって来ることがよくある
con ~ *escasa* わずかに
con ~ *pesada* 厳しく
con una ~ *atrás* (*detrás*) *y otra delante*/*con una* ~ *delante y otra atrás* (*detrás*)《口語》無一文で; 得るところなく: *En total, he salido con una* ~ *atrás y otra delante*. 私は結局くたびれもうけに終わった
con una sola ~ 1) 片手で。2)《婉曲》マスターベーションしながら
conocer como a sus ~*s*/*conocer como* [*a*] *la palma de la* ~《口語》とてもよく知っている、熟知している
correr la ~ 1) [書く・描く] 手が早い。2)《フェンシング》剣の引き際に打撃を与える。3)《チリ》[+*a*+人を] 愛撫する、まさぐる
correr por la ~ *de*+人《まれ》...の責任である
cruzar las ~*s* 1) 手を組み合わせる: *Ella se sentó y cruzó las* ~*s sobre las rodillas*. 彼女は座って、膝の上で手を組んだ。2) 手をこまねく
dar de ~ 1) [漆喰などを] 仕上げに塗る。2) 放棄する;[+を] 見限る。3)《地方語》一日の仕事を切り上げる; 仕上げる
dar de ~*s* 1) [地面・床に] 手をついて倒れる。2)《まれ》誤りに陥る
dar en ~*s de*+人 =*caer en* ~*s de*+人
dar la ~ [+*a*+人に] 手を差し出す《握手》: *Al entrar la Secretaria de Estado dio la* ~ *a los que la esperaban allí*. 国務長官が入って来て、そこで待ち受けていた人たちと握手をした。*¡Da la* ~! [犬に向かって] お手! El perro sabe *dar la* ~. 犬はお手ができる。2) [婚約の式で女性が] 結婚を承諾する。3) 手を貸す、助ける、援助する: *Di la* ~ *a mi abuela para subir la escalera*. 私は祖母が階段を上るのに手を貸した。*Dame la* ~ *cuando crucemos la calle*. 通りを渡る時は私に手を貸してちょうだい。*Le he dado la* ~ *cuanto podía*. 私はできるだけ彼女に手を貸して助けてきた。手を引かれて: *La niña dio la* ~ *a su madre para subir al tren*. 女の子は母親に手を引かれて電車に乗った
dar la primera ~ *a*... 最初の一塗り (一拭き) をする;...を始める;...の素案を作る
dar la última ~ *a*... に最後の手を加える、最終仕上げをする

dar ～ y palabra/dar palabra y ～ 婚約する; 約束の履行を確約する
dar su ～ a+男《女性が》…と結婚する, 結婚の承諾を与える
dar una ～ a+人《中南米》…を手伝う, 手を貸す
dar una ～ por... [過去未来形で]…を強く望む: *Yo daría una ～ por* tener un deportivo como este. 私はこんなスポーツカーが欲しくてたまらない
darse a ～s 譲る, 固執せずに折れる; 降参する
darse buena ～ en+事《口語》…をすばやく(手際よく)処理する; …が上手である
darse la ～ 1) 互いに握手する: Las visitas *se dieron la ～* para saludar. 訪問客たちは互いに握手をし, 挨拶を交わした. 2) [2つの物が] 一致する, 互いに似ている; 関係がある. 3) [物が, +con+物 の] すぐ近くにある, 隣り合っている
darse las ～s《主語は複数》和解する, 仲直りする; 提携する, 力を合わせる
darse una ～ de... …をしすぎる
de la ～ 1) 手をつないで; 一緒に: Los novios iban *de la ～*. 恋人たちは手をつないでいた. 2) [+de+人に] 手を引かれて: La niña va *de la ～* de su madre. 女の子は母親に手を引かれている. 3) [+de+人] …の手になる『→de su ～』; …の指導(支配)下で: Esta nota no es *de la misma ～* que esta otra. このメモはこちらのもう1枚とは書いた人が違う. dibujo *de la ～ de* Picasso ピカソが描いたデッサン
de la ～ y pluma 自分の署名の
de ～ 1) 手で運ぶ(動かす), 手による: bomba *de ～* 手押しポンプ. carretón *de ～* 手押し車. herramienta *de ～* 手で持つ道具. libro *de ～* 写本. 2) 《まれ》すぐに
de ～ armada 武器を用いて; 決然と
de ～ derecha (izquierda) [ドアが] 右(左)開きの
de ～ en ～ 手から手へ, 人から人へ: Los cubos de agua pasaban *de ～ en ～* para apagar el incendio. 水の入ったバケツは火事を消すために手から手へリレーされていた. Los textos tienen las esquinas dobladas por el uso, pues van pasando *de ～ en ～*, año tras año. その教科書は使い古されて角が折れているのは, それは人の手から手へと年を経てきているためである
de ～[s] a boca 不意に, 思いがけず: Nos encontramos *de ～ a boca* con tus padres cuando salíamos del supermercado. 私たちはスーパーから出ようとしていたら, 思いがけなく君の両親に出会った
de ～[s] a bruces《まれ》=*de ～[s] a boca*
de primera ～《⇔de segunda ～》: Me compré una bicicleta *de primera ～*. 私は新品の自転車を買った. 2) 直接に; 自身体験して得た; 確かな情報源からの; オリジナルの: comprar el piso *de primera ～* 建設業者からじかにマンションを買う. Allí vi *de primera ～* tan terribles consecuencias de la guerra. 私はその地で, 実体験で戦争の恐ろしい結果を知った. Lo sé *de primera ～*. 私はそれを確かな筋から聞いて知っている. El periodista tiene información *de primera ～*. 記者は確かな筋からの情報を得ている
de segunda ～ 1) 間接の. 2) 中古の: coche *de segunda ～* 中古車
de su ～ …の手になる; 直筆の: Es un escrito hecho *de su ～*. これは彼の直筆の書面だ.
de una ～ a otra《売買で》わずかな時間に
debajo de ～《まれ》隠れて; 秘密裏に
dejado de la ～ de Dios《口語》神に見放された, 救いようのない; 荒れ果てた; 世の中から置き去りにされた
dejar de la ～ [人・事物を] 脇におきにする, 放っておく, 手放す《主に否定文で》: No dejaré este asunto *de la ～*. この件は絶対にあきらめないぞ
dejar en las ～s [事柄を, +de+人に] 任せる
dejarse cortar la ～ [確信の強調] 賭けてもいい
descargar la ～ sobre+人 …を罰する
desenclavijar la ～《まれ》[強く握り締めていたものから] 手を放す
desenclavijar las ～s《まれ》組んでいた手を放す; からめていた指を解く
deshacerse entre las ～s《口語》1) 無駄づかいする, もったいない使い方をする. 2) [物が] ばらばらになる, 分散(分離)してしまう
echar [la] ～ a... 1) [+人] …をつかまえる; 匹敵する: La se-

creta *ha echado ～* al grupo terrorista. 秘密警察はテログループを逮捕した. 2) [+物] …を手に取る, つかむ, 使う: *Echó la ～ a* la espada. 彼は剣に手をかけた
echar las ～s a... [取る・つかむ・支えるために] …に手を伸ばす: *Échale las ～s al* cuadro, que se está cayendo de la pared. 絵を持ってくれ, 壁から外れそうだ
echar las ～s a la cabeza 頭を抱える, 困惑する, 途方に暮れる
echar ～ de+人・物 …を使う, 利用する: *echar ～ de* un analgésico 鎮痛剤を使う
echar una ～ a+人 …に手を貸す, 助ける: *Échame una ～* para llevar esta caja a la oficina. この箱を事務所に運ぶのを手伝ってくれ
embarrar la ～ a+人《メキシコ. 口語》…を買収する
en buenas ～s しかるべき人の手に: No te preocupes, que los hijos están *en buenas ～s*. 心配することはないよ, 子供たちは安心できる人に預けてきたから
en la ～《口語》現金で: Pagué un millón de yenes *en la ～* y el resto en cheque. 私は100万円を現金で, 残りを小切手で払った
en [las] ～s de+人 …の手に委ねられた, …の管理・責任の下に
en malas ～s 安心(信頼)できない人の手に
en ～ 1) 直接本人に: entregar el paquete *en ～* 荷物を本人に手渡しする. 2)《商業》dinero *en ～* 手元現金. haberes *en ～* 手元資産. 3)《口語》現金で
en ～ común《地方語》[山林が] 共有の
en su ～ 直接本人に, 手渡しで
en [su] propia ～《手紙》本人の手に直接に『受取人の名前の下に書く』: Profesor Luis Hernández, *en propia ～* ルイス・エルナンデス先生, 机下(㐃)
ensortijar las ～s [同情・悲しみの表現] 指をからめ合わせる
entre las ～s 即興で; 方法が分からずに
escaparse a+人 *de las ～s* =*irse a*+人 *de las ～s*
escaparse a+人 *la ～* =*irse a*+人 *la ～*
escribir a la ～《廃語》口述筆記する
estar a ～ あいこである, 貸し借りなしである
estar con las ～s en el seno 怠けている; いい目だけを見ようとする
estar dejado de la ～ de Dios 1) 罪(過ち)を繰り返す, ばかなことばかりする, 役立たずである. 2) [人・事物が] 次々と不幸な目に遭う, 運が悪い, つきに見放されている: El equipo *estuvo dejado de la ～ de Dios* y siguió perdiendo los primeros diez encuentros. チームは運に見放されて, 最初の10試合を連続して負けた
estar en la ～ [事柄が, +de+人 にとって] 可能である
estar en ～ de+人 …の手に委ねられている, 管理・責任の下にある: La economía de casa *está en ～s de* mi hija. 家計は私の娘が取り仕切っている
estrechar la ～〔+a・de+人 と〕握手する, …の手を握る: *Estreché la ～ al* anciano. 私はその老人と握手をした
extender la ～ [物乞い・挨拶のために] 手を差し出す: Un vagabundo *extendió la ～* para pedirme limosna. 浮浪者が私に施しを求めて手を出した
forzar la ～ [+a+人 に] 決心させる: Le *forzaron la ～ al* testigo para que mintiera. 偽証するように証人に圧力がかかった
frotarse las ～s 1) 両手をこすり合わせる: Como tenía los dedos entumecidos, *me froté las ～s*. 私は指がかじかんでいたので, 手をこすり合わせた. 2)《軽蔑》[悪意のある満足・期待] *Se frotaba las ～s* al ver el fracaso del proyecto del vecino. 彼は隣人の計画の失敗を見てほくそ笑んでいた. *Se frotaba las ～s* pensando en las ganancias. 彼はもうけのことを考えて悦に入っていた
ganar a+人 *por la ～*《口語》…の機先を制する, 先手を打つ, 出し抜く: Un estudiante quería alquilar la habitación, pero yo le *gané por la ～*. 大学生がその部屋を借りようとしていたが, 私が彼よりも早く借りた
haber a las ～s《まれ》探していたものを見つける
haber a ～ 持っている
hablar a la ～《廃語》横から邪魔をする, 茶々を入れる
hablar con la ～ (las ～s) 手話で話す; 話しながら手をよく動かす

hablar por la ~ 手話で話す
hacer a dos ~s/hacer a todas ~s 二股をかける, ずる賢く立ち回る
hacer la ~ 蹄鉄を打つために馬の蹄を磨く
hacer lo que está en su ~ 手を尽くす: *Haré lo que esté en mi ~ para sacarlo de ese apuro.* 私は彼をその窮状から救うためにできるだけのことをしよう
hacer ~[s] [手を使う仕事で] 遂行する, 手をつける
hacerse las ~s マニキュアをする
ir a la ~ a+人 …を制止する, 抑える
ir a parar a [las] ~[s] de+人 [物で] …の手中に入る, …の所有になる: *Esa isla fue a parar a las ~s del ejército inglés en el siglo XVI.* その島は16世紀にイギリス軍の手に落ちた. *La herencia fue a parar a las ~s de los sobrinos.* 遺産は甥たちが受け取ることになった
ir por su ~ 1) 道の決められた側を通行する《スペインは右側通行》: *Chocarás sino si no vas por tu ~ [derecha].* 右側車線を走行しないとぶつかるよ. 2) 自分にふさわしい道を進む
irse a+人 *de entre las ~* =*irse a*+人 *de las ~s*
irse a+人 *de las ~s* 1) もう少しのところで手に入れ損なう, 最後の最後に失敗する: *La pelota se me fue de las ~s.* ボールは私の手から落ちてしまった. *La suerte se le fue de las ~s.* 幸運は彼の手から抜けていった. 2) 抑え切れなくなる, 分からなくなってしまう: *Se le fue de las ~s el dominio de siempre y estalló en gritos.* 彼はいつもの自己抑制がきかずに, 大声を上げた
irse a+人 *la ~* 1) …が自制できない: *Se le fue la ~ y salió de la habitación.* 彼は我慢できなくなって部屋から出て行った. 2) 《口語》理由もなく人を殴る: *Cuidado con ese hombre, que se le va la ~ en seguida.* あいつは気をつけろよ, すぐに人を殴るから. 3) [+en・con の] 度を過ごす: *Esta sopa está rica pero se le fue un poco la ~ con la sal.* このスープはおいしいが, 塩加減が少し過ぎた. *Se me fue la ~ con los gastos anuales.* 私は年間経費が足りなくなってしまった
irse a las ~s 殴り合いのけんかをする
irse de la[s] ~[s] [+de の] 手をすり抜ける, 逃れる: *Los ladrones se fueron de las ~s de la policía en un coche robado.* 盗賊たちは盗んだ車で警察の手を逃れた
lanzar ~s en+人 *la ~* [古語] …を捕まえる
largo de ~s 《口語》 1) けんか早い, 手の早い, すぐ殴る. 2) 手癖の悪い, 盗癖のある
¡Las ~s quietas! =*¡M~s quietas!*
lavarse las ~s 1) 手を洗う. 2) 《婉曲》 トイレに行く: *Quería lavarme las ~s.* 《婉曲》 お手洗いに行きたいのですが. 3) [+en の] 責任をとらない; [+de から] 手を引く (切る), 関わり合いにならない: *Yo me lavo las ~s de este negocio, así que, de hoy en adelante, ya no me hago responsable de pérdida alguna.* 私はこの仕事から手を引く. だから今日以降はどんな損失が出ようとも私は責任を負わない
levantar la ~ 1) 手を上げる, 挙手をする: *Levanten la ~ los que estén de acuerdo./Los que estén de acuerdo, que levanten la ~.* 賛成の人は手を上げて下さい. 2) [+a・contra+人 に対して] こぶしを振り上げる [脅す, 殴る]. 3) [+a+人 のために] 労を取る, 助けようとする. 4) 《口語》 やさしくふるまう, 寛大な措置をとる. 5) [+de+人・物 を] 見捨てる, 放置する
levantar ~ [+de+人・物 を] 見捨てる, 放置する
listo de ~s =*largo de ~s*
llegar a las ~s [口論のあげく] 殴り合いになる: *Estuvieron a punto de llegar a las ~s por una pequeña cosa.* 彼らはささいなことで危うく殴り合いになるところだった
llegar a ~s de+人 …の手もとに届く: *Su carta fecha 3 del mes en curso llegó a mis ~s.* 本月3日付けの貴信拝受いたしました. *llegar a ~s de* una persona equivocada 間違った人に届く
llevar a+人 *(por) la ~* 1) …の手を引く: *La madre llevaba a ~ a su hijo.* 母親は息子の手を引いていた. 2) 教え導く, 指導する: *Necesito a alguien que me lleve de la ~ en esta materia.* この問題について教えてくれる人が私には必要だ
llevar a+人 *la ~* [書き方・描き方などを] 手を取って…に教える: *Déjame que te lleve la ~ para hacer el dibujo.* 手を取って絵の描き方を教えてあげよう

llevar entre ~s 策略 (計画) を練る
llevar la ~ blanda (ligera) 寛大に扱う, 穏やかな処置をする
llevar las ~s a la cabeza 1) [驚き・怒りなどで] 両手を頭にやる; びっくりする; 憤慨する. 2) [困惑して] 両手で頭を抱え込む; 困惑する
llevar su ~ 自分にふさわしい道を進む
llevarse las ~s a la cabeza =*llevar las ~s a la cabeza*
Mal me andarán las ~s./Mal me han de andar las ~. 《口語》 よほどのことがない限り約束が果たされるだろう (願っているものが得られるだろう)
mala[s] ~[s] 1) 不器用, 下手: *Tengo mala ~ para cultivar flores.* 私は花を育てるのが下手だ. 2) 的外れ
manchar las ~s [違法・不名誉なことに関わって] 自分の手を汚す
~ a 1) 《口語》 一緒に, 親しげに; 対等に; 協力して: *Anoche cené ~ a ~ con mi novia.* 私は昨晩恋人と夕食を共にした. *Lo disputaron ~ a ~.* 我々2人の間でそれを争った. *beberse una botella de whisky ~ a ~* 2人でウイスキーを1本飲んでしまう. 2) 《闘》 2人 [話し合い・対戦]: *La entrevista fue un ~ a ~ entre el embajador y el periodista.* インタビューは大使と新聞記者の2人の間で行なわれた. *decidir en un ~ a ~* 二者会談で決定する. 3) 《闘》 《闘牛》 2人のマタドールによる闘牛 [通常は3人]
~ blanda 寛容; 物腰の柔らかさ
~ de gato 《口語》 1) 顔の皮膚の手入れ, 化粧 [直し]. 2) 猫の毛を用いた化粧用ブラシ. 3) 応急処置
~ de hierro =*~ dura*
~ de [la] rienda 左手
~ de obra 1) [集合] 人手, 労働力: *necesitar ~ de obra barata* 安い労働力を必要とする. *exceso de ~ de obra* 労働力過剰. *~ de obra asegurada* [社会保険の] 被保険労働者. *~ de obra cualificada* 熟練労働者. *~ de obra especializada* 特殊専門労働者. 2) 手仕事, 手作業. 3) 労賃 [=*coste de ~ de obra*]
~ de santo 《口語》 極めて有効な手段 (解決法), 即効薬, 妙薬: *Esta medicina ha sido ~ de santo.* この薬は効果抜群 (霊験あらたか) だった
~ derecha 1) 右手; 右方向. 2) 《比喩》 右腕, 片腕: *Es la ~ derecha del Presidente.* 彼は大統領の右腕だ
~ diestra =*~ derecha*
~ dura [人に対する] 厳格さ, 厳しい措置 (対応): *En esta escuela nos enseñan con ~ dura.* この学校は教え方が厳しい. *¿A qué viene esa ~ tan dura?* 何のためにそのような厳しい処置をとるのか?
~ fuerte 1) 《法律》 [裁判官の命令の] 武装執行官. 2) 《ま》 =*~ dura*
~ izquierda 1) 左手; 左方向. 2) 《口語》 [問題解決の] 巧妙さ, ずるさ: *Ese político tiene ~ izquierda.* その大臣は根回しが上手だ. 3) *de la ~ izquierda* 《まれ》 私生の, 庶出の
~ muerta 《歴史》 [農奴が領主に支払う] 相続税
~ negra 1) [汚れて] 黒い手. 2) 大規模な犯罪組織, マフィア, シンジケート; 黒幕, 裏社会, 闇の勢力. 3) 《歴史》 [秘密結社の一種] 黒い手, ブラックハンド 《スペインでは19世紀末, アンダルシアの農民暴動を政府がアナーキストのブラックハンドによるものだと弾圧された》. 4) *Aquí hubo ~ negra.* [何か事件が起きた時, 当局者の言う決まり文句] これは陰謀だ. 《メキシコ》 《口語》 不正な介入
~ oculta 陰の力, 黒幕 [人]
~ santa 《メキシコ》 抽籤の数を引く子供 (邪念のない人); 利害関係のない人
~ sobre 《口語》 何もしないで: *Me pasé todo ese día ~ sobre ~.* 私はその日は一日中ぼっと過ごした
¡M~s a la obra! さあ, 仕事を始めよう!
~s atadas 行動の自由がないこと
~s de plata 手先の技術が特に熟達した人, 名手; 有能な人, やり手 [=*manitas de plata*]
~[s] larga[s] 1) けんか早い, すぐ殴ること; けんか早い, すぐ殴る人. 2) 手癖の悪さ; 手癖の悪い人, 盗癖のある人
~s libres 自由裁量 [権], フリーハンド: *dar a*+人 *~s libres* …の自由裁量に任す. *dejar las ~s libres a*+人 …の自由裁量を認める, 自由裁量に委ねる. *tener las ~s libres* 自由

mano, na

量権を持っている; 制約されていない, 自由に行動（裁量）できる
~s limpias 廉直
~[s] lista[s]《口語》=**~[s] larga[s]**
~s muertas《法律》死手譲渡; 永久土地所有『宗教団体などに寄進・贈与された土地や不動産が永久に他に譲渡できない状態。スペインでは19世紀中ごろまで, 教会所有地・町村共有地・長子相続地などが譲渡不能とされて集中・集積し, 土地市場の形成と資本主義の発展を妨げた』: bienes de *~s muertas* 死手譲渡財産
¡M~s quietas! 1) 手を触れるな, 手を出すな！ 2)［前脚をかけようとする犬に対して］お座り!
meter la ~ en+物 …の一部を盗む
meter la ~ (las ~s) en...《口語》1)…に手を出す, 介入する 2) …に襲いかかる; 殴る
meter ~ a... 1)［+物］をつかむ, 握る 2)《口語》［仕事・作業］を始める, 取りかかる, 手をつける 3)《口語》［+人 の］仕事上の疑惑を調べる;［調査の］手を伸ばす: *Por fin han metido ~ a esa compañía.* とうとうその会社は株式市場での不正取引に関して調査を受けた 4)《俗語》［性的な目的で］…の体を触る; 愛撫する〘=magrear〙
meter ~ en...《口語》=**meter la ~ (las ~s) en...**
morderse las ~s［好機を逃して］くやしがる, 後悔する, ほぞをかむ
mudar de ~s =**cambiar de ~s**
no caerse a+人 **de [entre] las ~s**［物が］…の手にしっかりと保持(所有)されている
no dejar+事物 **de la ~** …をずっと手放さないで(放棄しないで・関係を断たないで)いる
no saber lo que lleva entre ~s/no saber cuál es (dónde tiene) su ~ derecha［事態・状況を］よく分かっていない, 十分にのみこめていない
no tener [tantas] ~s para... 一時にそれほど多くの…はできない: *No tengo ~s para tanto trabajo.* それだけの仕事を私一人では無理だ
pasar la ~ por el lomo (el cerro) a+人《口語》…におもねる(お世辞)を言う, ごまをする
perder la ~ 腕が鈍る(落ちる)
poner ~ en [las] ~s de+人 1) …に…を提供する, …の便宜をはかる 2) …に…を任せる: *Pongo en tus ~s la dirección de la fábrica.* 工場の経営を君の手に委ねよう
poner a+人 **la ~ encima** …を殴る; 触る
poner la ~ 金を要求する, 金を受け取る
poner la ~ derecha《まれ》=**poner la ~ (las ~s) en el fuego**
poner la ~ (las ~s) en...《口語》=**meter la ~ (las ~s) en...**
poner la ~ (las ~s) en el fuego［+por について］保証する, 請け合う
poner ~s a la obra 着手する, 仕事を始める
ponerse de ~s［馬などが興奮して］後ろ脚をはね上げる
ponerse en ~s de+人 …に自分のことを任せる, …の世話になる
ponerse las ~s en la cabeza =**echar las ~s a la cabeza**
ponerse ~s a la obra =**poner ~s a la obra**
por debajo de ~ =**bajo ~**
por su [propia] ~ 自分自身で: *Se cortó la muñeca por su ~.* 彼は自分で自分の手首を切った. *tomarse la justicia por su propia ~* 自分の勝手な判断で制裁を加える
prestar la ~ de+人 …の手を貸す, 助力する: *Me tendrás que prestar tu ~.* 君の力を貸してもらいたい
prestar una ~ a+人 =**echar una ~ a**+人
quitar a+人 **de las ~s**［商品が］…の買い気をそそる: *Este teléfono móvil tuvo mucho éxito, nos lo quitaban de las ~s.* この携帯は評判が良くて, 私たちは我先にと買っていた
quitarse... unos a otros de las ~s …を奪い合う
renunciar a la ~ de Doña Leonor《皮肉》［欲しいが手の届かないものについて］どうせ高嶺の花だ
saber dónde tiene la ~ derecha/saber lo que se trae entre ~s［仕事などにおいて］有能である, 精通している〘主に否定文で〙
sentar la ~ a+人 …を殴る; 厳しく罰する, 厳重注意する;

から高い罰金をとる
ser ~ ancha《アルゼンチン》寛大である
si a ~ viene/si viene a ~［前述のことと逆の内容を表わして］ところが, いざとなると; ひょっとして
sobre las ~s 逆立ちして: *andar sobre las ~s* 逆立ちして歩く
soltar la ~ en...［練習を積んで］…が上手になる
tender una ~ a+人**/tender la ~ (las ~s a)**+人 1)［握手のために］手を差し出す 2) …に手を貸す: *Dios nos tendió la ~.* 神は我々に救いの手を差しのべられた 3) …に助けを求める
tener... al alcance de la ~ …をほぼ手中にしている
tener... en sus ~s (su ~) …を自由にできる, ほぼ手中にしている: *Tiene mi vida en sus ~s.* 私の命運は彼の手の中にある. *Tienes en tu ~ sacar buenas notas.* いい成績をとるかは君次第だ
tener buena ~ 上手である
tener de su ~［人が人の］面倒を見る
tener entre ~s =**llevar entre ~s**
tener la ~ blanda (ligera) =**llevar la ~ blanda (ligera)**
tener las ~s limpias《口語》潔白(無実・廉直)である: *En el juicio se demostró que tenía las ~ limpias.* 裁判で彼が潔白であることが証明された
tener ~ con+人 …に影響力がある, 顔がきく
tener ~ en+事 …に介入する
tener mucha ~ 手腕がある, 上手である; やり手である
tenerse entre ~s =**llevar entre ~s**
tocar... con la ~ (las ~s) =**tener... al alcance de la ~**
tomar a+人 **de la ~** …の手を取る
tomar... en sus ~s …を引き受ける
traer a la ~［猟犬が獲物を］取ってくる
traer entre ~s《口語》1) =**llevar entre ~s** 2) …に従事している, 取りかかっている
untar la ~ (las ~s) a+人 …を買収する: *Se le ha acusado de untar la ~ al guardia.* 彼は警官を買収しようとして告発された
venir a+人 **a la ~ (las ~s)** 労せずして(たなぼた式に)…の手に入る: *Se sorprendió gratamente cuando supo que vino a sus ~s un premio de la lotería.* 彼は宝くじが当たったと知ってうれしい驚きだった
venir a+人 **a la ~** …にとって都合がよい, ついでがある: *Compro en esta tienda, porque me viene muy a ~.* ついでがあるので, この店で買いものをします. *Te llevaría a la estación con gusto, pero ahora no me viene a ~.* 本当なら喜んで君を駅まで連れて行くのだが, 今は都合がつかない
venir a las ~s =**llegar a las ~s**
venir con las ~s en el seso =**estar con las ~s en el seno**
venir con sus ~s lavadas［+en 仕事などが］終わった後で利益だけかすめ取りに来る
venirse a la ~ (las ~s) de+人 労せずして(たなぼた式に)…の手に入る
vivir de (por) sus ~s 自活する

mano², na² [máno, na]『hermano・hermanito の語頭音消失』图《中米, キューバ, プエルトリコ, 口語》❶［親愛の呼びかけ］やあ. ❷ 友達, 同僚, 仲間
-mano, na［語尾辞］［熱狂, 奇癖］*bibliómano* 愛書狂の人, *cleptómano* 盗癖のある人
manobra [manóbra] 囡《ムルシア》［資格を持たない］建築作業員
manobrar [manobrár] 他《チリ》［車を］運転する;［機械を］操作する
manobre [manóbre] 囡《ムルシア》=**manobra**
manobrero [manobréro] 囝 用水路の清掃作業員
manodón [manoðón] 囝《コロンビア》manada の示大語
manojear [manoxeár] 他《メキシコ, カリブ, コロンビア》[タバコの葉を]束にする
manojeo [manoxéo] 囝《メキシコ, カリブ, コロンビア》[タバコの葉を]束にする作業
manojera [manoxéra] 囡 集名 薪用のブドウのつる
manojo [manóxo] 囝『一俗ラテン語 *manuculus* < ラテン語 *manipulus*

「一握り」〗男 ❶ 一握り, 一つかみ, 束: 1) un ~ de perejil 1束のパセリ. ~ de llaves 鍵束. 2)《口語》[人について] un ~ de torpes 一握りの愚か者. ~ de ignorantes 無知な連中.《ムルシア》ウズラの群れ. ❸《キューバ, プエルトリコ》重さ約2ポンドのタバコの葉の束
a ~s 豊富に, 大量に, ふんだんに, たくさん
estar hecho un ~ de nervios/ser un ~ de nervios 非常に神経質になっている, 神経がひどく高ぶっている, いら立っている

manola[1] [manóla]《地方語》一頭立てで無蓋の貸し馬車〖=manuela〗

manolarga [manolárga] 形 名 ❶《ペルー》けんか好きな, けんか早い. ❷《アルゼンチン, ウルグアイ.口語》横取りする(人). ❸ いじめっ子の

manolería [manolería] 女《集名》《古語》マドリードの下町っ子

Manolete [manoléte]《人名》マノレテ【1917～47, 1940年代に活躍したコルドバ出身の闘牛士. 本名 Manuel Laureano Rodríguez Sánchez】

manoletina [manoletína]《←Manolete(闘牛士マノレテ)》女 ❶《闘牛》ムレタを背後に構えるパセ. ❷ [主に 履]闘牛士の靴に似た] 女性用のヒールのない靴

manolo, la[2] [manólo, la]《古語》《粋で同じ》マドリードの下町っ子
—— 男《口語》太陽〖=Sol〗

manomanista [manomanísta] 形 男 手で打つペロータ pelota の (競技者)

manometría [manometría] 女 [気体・蒸気の] 検圧法, マノメトリー

manométrico, ca [manométriko, ka] 形 検圧計の, マノメーターの

manómetro [manómetro] 男 [気体・蒸気の] 検圧計, マノメーター

ma non troppo [ma nón trópo]《←伊語》副《音楽》しかしあまりはなはだしくなく〖一般用語としても用いられる〗

manopla [manópla]《←?俗ラテン語 manopulus》女 ❶《服飾》ミトン, 親指だけ分かれた手袋, 鍋つかみ. ❷《フェンシング・ボウリングなど》[よろいの] 籠手(ご). ❸ 浴用のミトン. ❹ 短い鞭. ❺《地方語》大きな手. ❻《ペルー, チリ, アルゼンチン》メリケンサック, ブラスナックル

manorreductor [manor̃eduktór] 男 [導管内・噴出口の] 圧力調節器具

manoscopio [manɔskópjo] 男《物理》気圧計

manoseador, ra [manoseaðór, ra] 形 名《主に軽蔑》いじくり回す(人)

manosear [manoseár]《←mano》他 ❶ いじくり回す, 触りまくる: No manosees la fruta. 果物をさわるな. ❷ 繰り返し利用する (取り組む). ~ el diccionario 辞書を何度も引く. El tema está muy manoseado. そのテーマは使い古されて (手垢がついて) いる

manoseo [manoséo] 男 ❶ いじくりまわすこと. ❷ 繰り返し使うこと

manóstato [manóstato] 男《技術》マノスタット

manotada [manotáða]《←mano》女 ❶ 強い平手打ち〖=manotazo〗: dar una ~ a+人 …に平手打ちをくらわせる. ❷《コロンビア》一握り〖=puñado〗

manotazo [manotáθo]《←mano》男 強い平手打ち, 強く叩くこと: dar una ~ a+人 …に平手打ちをくらわせる. de un ~ 強く平手打ちをして, 強く叩いて (突いて)
quitar... a+人 de un ~ …(の手)から…をひったくる

manoteado, da [manoteáðo] 形=**manoteo**

manotear [manoteár]《←mano》他 ❶ [話しながら大げさな] 手ぶりをする
—— 他 ❶ 両手で打つ. ❷《中南米》ひったくりをする

manoteo [manotéo] 男 手ぶりを交えて話すこと

manotón [manotón] 男 強い平手打ち〖=manotazo〗

manoya [manója] 女《グアテマラ》祖母

manque [mánke]《口語.俗用》=**aunque**

manquear [maŋkeár] 自 [手・腕が不自由なため] 手・腕がぎこちない動きをする

manquedad [maŋkeðáð]《←manco》女 ❶ 手・腕の不自由. ❷ 身体の障害

manquera [maŋkéra]=**manquedad**

manquito [maŋkíto] 男《コスタリカ》発芽したコーヒーの種

manresano, na [manr̃esáno, na] 形 名《地名》マンレサ Manresa の (人)《バルセロナ県の町》

Manrique [manr̃íke]《人名》**Gómez ~** ゴメス・マンリケ【1412?～90?, スペインの詩人・劇作家. サンティリャーナ侯爵 Marqués de Santillana の甥で, ホルヘ・マンリケの叔父】
Jorge ~ ホルヘ・マンリケ【1440?～79, スペインの詩人.『父の死に寄せる詩』Coplas por la muerte de su padre は中世スペイン最高の抒情詩とされる. 簡素で直截的な文体による40連の哀詩に, はかなさ, 現世の富と栄光に続き, 父の武勲と死を迎える荘厳な瞬間が語られる. 中世的な主題や修辞および美徳と名声の賞賛などルネサンスの影響を見ることができる】

Manriqueño, ña [manr̃ikéɲo, ɲa]《人名》マンリケ Jorge Manrique (風)の: copla (estrofa) ~ña マンリケ風の詩 (詩節)

mansada [mansáða] 女《闘牛.軽蔑》臆病な牛の闘牛

mansaje [mansáxe] 男《アルゼンチン》[馬・ロバの隊列で] 予備の馬・ロバの群れ

mansalino, na [mansalíno, na] 形《チリ》とても大きい, 並外れた; すばらしい

mansalva [mansálba]《←mano+salva》女 **a ~** ❶《西.口語》たくさん: ganar dinero a ~ 大金を稼ぐ. 2) 何の危険もなく; 確実に

mansamente [mánsaménte] 副 ❶ [人・動物が] 静かに, 物音を立てずに. ❷ [主に自然現象が] 穏やかに

mansarda [mansárða]《←仏語 mansarde》女《建築》❶ マンサード屋根. ❷《中南米》広い屋根裏, 屋根裏部屋

mansear [manseár] 自《闘牛》[牛が] おとなしい

mansedad [manseðáð]=**mansedumbre**

mansedumbre [mamseðúmbre]《←ラテン語 mansuetudo, -inis》女 おとなしさ, 我慢強さ: La ~ del caballo hace que sea fácil de montar. 馬がおとなしいと乗りやすい

mansejón, na [mansexón, na] 形《動物が》とてもおとなしい, 飼い馴らされた

manseque [manséke] 男《チリ》幼児の踊り

mansera [manséra] 女《キューバ, プエルトリコ, コロンビア》[サトウキビの圧搾機の] 汁受け槽

mansero [manséro] 男《地方語》おとなしい家畜を担当する若い飼育員

mansillés, sa [mansiʎés, sa] 形 名《地名》マンシリャ・デ・ラス・ムラス Mansilla de las Mulas の (人)《レオン県の村》

mansión [mansjón]《←ラテン語 mansio, -onis》女 ❶ 邸宅, 豪邸, 館: ~ señorial 大邸宅. ~ de terror 恐怖の館. ❷ 滞在, 逗留: hacer ~ en… …に滞在する. ❸ 住まい, 滞在場所: ~ de los bienaventurados/~ de los justos 天国. ❹《歴史》[ローマ街道の宿場の] 宿駅

mansito [mansíto]《manso の示小語》形 おとなしい, 温和な
—— 副 ゆっくりと, 穏やかに

manso, sa [mánso, sa]《←俗ラテン語 mansus < ラテン語 mansuetus < mansus「手」+suetus「飼い主の手に慣れた」》形 I ❶ [動物が] おとなしい, 従順な《⇔bravo》: perro ~ おとなしい犬. ❷《文語》1) [人が. ser+] 温和な; [estar+] おとなしいしている: Es tan ~ que da gusto hablar con él. 彼はとても温和なので話していて楽しい. Ahora está ~. 彼は今はおとなしくしている. 2) [水・空気が. ser+] ゆっくり動く: ¡Guárdate del agua ~sa! 緩やかな流れにこそ気をつけろ! río ~ 緩やかに流れる川. ❸《闘牛》[牛が] 臆病な. ❹《チリ.口語》[+名詞] 巨大な, 異常な, すごい
—— 男《闘牛など》群れを先導する雄の家畜《特に牛》
II《←俗ラテン語 mansus「修道院の所有地」》男 ❶《アラゴン》農家〖=masía〗. ❷《歴史》1) [封建時代, 家屋と農地から成る] 農民保有地, 託営地. 2) [教会・修道院などの所有する] 無税地所

mansonia [mansónja] 女《植物》マンソニア

mansuelto, ta [manswélto, ta] 形《文語》=**manso**

mansurrear [mansur̃eár]=**mansurronear**

mansurrón, na [mansur̃ón, na] 形《軽蔑》❶ [動物・特に闘牛の牛が] 非常におとなしい, 猛々しさに欠ける. ❷ [人が] 従順すぎる, 意気地のない

mansurronear [mansur̃oneár] 自《闘牛》[牛が] おとなしい, 勇猛でない

manta [mánta]《←manto》女 ❶ 毛布: dormir con ~ 毛布をかけて寝る. dormir tapado con (envuelto en) la ~ 毛布にく

mantaca

まって寝る. ～ de viaje 旅行用の携帯毛布, ひざかけ毛布. ～ eléctrica (térmica) 電気毛布. Este jersey es una ～. このセーターは暖かい. ～ de pared《古語》タペストリー【＝tapiz】. ❷《服飾》1) ゆったりとした服: ～ real［高位聖職者用の］ケープ. 2)《チリ》ポンチョ【＝poncho】. ❸ 殴打: dar una ～ de palos (de azotes) 棒（鞭）で打つ.《魚》イトマキエイ, マンタ【～ raya】. ❺《馬具》1) ～ estribera 騎手が鞍の前部にかける毛布. 2) 馬衣. ❻ 一面藻に覆われた海. ❼《軍事》［携帯式・移動式の］防盾. ❽《南米. 服飾》ポンチョ.《トランプ》ゲームの一種.《中南米. 鉱山》［鉱石を運ぶ］リュウゼツラン製の大袋. ❿《メキシコ. 繊維》1) キャリコ. 2) ～ de cielo モスリン. ⓫《キューバ》1) 大型のハンカチ. 2) 干し肉の一種. ⓬《コロンビア》民俗舞踊の一種. ⓭《エクアドル》［畑の］種をまいた区画. ⓯《ボリビア》［鉱石の］銀を含む斑点
—— 图《西. 口語》役立たず, 怠け者
a ～ (de Dios)/*a ～s*《西. 口語》1) 大量に, 豊富に: He recogido setas *a ～*. 私はたくさんキノコを採った. 2)《農業》regar *a ～* まんべんなく水をまく. semblar *a ～* 一種をばらまく
liarse la ～ a la cabeza《西. 口語》思い切ってやる, 一か八か勝負を賭ける
tirar de la ～《西. 口語》「秘密を」あばく, かぎつける
parar la ～《コスタリカ》逃げる

mantaca [mantáka] 囡《チリ. 服飾》太い糸で織ったポンチョ

mantada [mantáda] 囡《チリ》毛布一抱えの量

mantadril [mantaðríl] 男《グアテマラ, ホンジュラス》［青か白の］並の綿布

mantaterilla [mantateríʎa] 囡《繊維》麻の縦糸・毛の横糸で織った布

mantazo [mantáθo] 男 ❶《闘牛. 軽蔑》でたらめなムレータさばき. ❷ 毛布による打撃. ❸《地方語》大雪

manteada [manteáda] 囡《アルゼンチン, グアテマラ》＝**manteamiento**

manteado [manteádo] 男 ❶《メキシコ》日除け, カンバスのひさし. ❷《中米》テント

manteador, ra [manteaðór, ra] 形 毛布で胴上げをする［人］

manteamiento [manteamjénto] 男 毛布で胴上げする行為

mantear [manteár]《←manta》他 ❶［人・動物などを, 遊びで・からかって］毛布で胴上げする. ❷《闘牛. 軽蔑》でたらめなムレータさばきをする. ❸《プエルトリコ, アルゼンチン》［集団で1人を］いじめる
—— 自《ムルシア》［女性が］しきりに外出する
—— *se*《チリ》［鉱脈が］層 manto になっている

manteca [mantéka] 囡《←ラテン語 mantica「皮袋」》［不可算］❶［動物の］脂肪;［特に］ラード【＝ ～ de cerdo］: cocinar con ～ ラードで調理する. untar en... ...にラードを塗る. color ～ 黄色味がかった白. ❷《主に南米》バター【＝mantequilla, ～ de vaca】.［植物の］脂肪質: ～ de cacao カカオバター. ～ de cacahuete《ラプラタ》～ de maní ピーナッツバター.《西. 俗語》金.《主に戯語》贅肉: tener buenas ～s 肥満体である. ❻ 軟膏. ❼《口語》お金. ❽《アンダルシア》真髄. ❾《コロンビア. 口語》家政婦
como (una) ～ 非常に柔らかい; おとなしい, 従順な
el que asó la ～ 愚の骨頂: Eso no se le ocurre ni *al que asó la ～*. それは愚の骨頂だ. Es más tonto que *el que asó la ～*. 彼はひどいばかだ
pasar por ～《ホンジュラス, コスタリカ, パナマ, キューバ, コロンビア》だます, からかう
sacar ～《エクアドル》［多くの人が入れるように］詰め合う

mantecada [mantekáda] 囡 ❶《西》1)《菓子》［四角い］マドレーヌ状の菓子. 2)《メキシコ, コロンビア, ベネズエラ》スポンジケーキ. ❷ バターと砂糖を付けたパン

mantecado [mantekádo] 男《菓子》❶《西》マンテカド［ラードを使ったクリスマス用の焼き菓子］.《西》［カスタードに似た］アイスクリーム.《ラプラタ》マドレーヌ

mantecón [mantekón] 形《廃語》❶ 甘ったれの［男］, 女々しい［男］. ❷ 肥満体の［男］

mantecosidad [mantekosiðáð] 囡 脂肪分が多いこと

mantecoso, sa [mantekóso, sa]《←manteca》形 ❶ 脂肪分の多い: queso ～ 脂肪分の多いチーズ. ❷ 脂肪のような;［感触が］バターのような, 油っこい味の

manteísta [manteísta] 男 ❶ 寄宿舎以外から通っている神学校生. ❷《古語》［奨学生に対し］スータン sotana と長マント manteo を着て公立校に通う学生

mantel [mantél]《←ラテン語 mantele「タオル」》男 ❶ テーブルクロス: poner el ～ テーブルクロスを掛ける. ～ individual プレースマット, ランチョンマット. ❷《カトリック》祭壇布.《ペルー, ボリビア》～ de cocina 布巾. ❹《チリ》丘にかかる厚い雲
alzar los ～es ＝levantar los ～es
comer a ～es［レストランなどで］ごちそうを食べる
levantar los ～es［食事の後で］テーブルの上を片付ける

mantela [mantéla] 囡《地方語》マンティーリャ【＝mantilla】

mantelado [manteládo] 形《紋章》escudo ～ 先端が2つにのびた盾

manteladura [manteladúra] 囡［哺乳類の］体の他の部分と色が異なる背中の毛

mantelería [mantelería] 囡 ❶ テーブルリネン, テーブルクロスとナプキンのセット. ❷《カトリック》［集合］祭壇布

manteleta [manteléta] 囡《古語的. 服飾》［婦人用の, 薄い布の・透かし編みの］マント

mantelete [manteléte] 男 ❶《軍事》［大砲・機関銃の］防盾（楯）. ❷《カトリック》［司教など高位聖職者の］袖なし上着

mantelillo [mantelíʎo] 男［刺繍のある］テーブルセンター

mantellina [manteʎína] 囡 ❶《頭にかぶる》マンティーリャ【＝mantilla】. ❷《ムルシア》蜂蜜・蒸留酒・レモンのカクテル

mantelo [mantélo] 男《地方語》黒色のラシャのマンティーリャ mantilla

mantención [mantenθjón] 囡《俗用》＝**manutención**

mantenedor, ra [manteneðór, ra] 形 图 ❶ 維持する［人］: fuerzas ～ de la paz 平和維持軍. ～ de familia 一家の大黒柱. ～ de la medicina homeopatía ホメオパシー療法を続けている人. ❷［文学コンクールなどの］主催者, 審査員. ❸［器具・道具などの］保守係
—— 男 ❶《歴史》［馬上槍試合などの］審判. ❷《古語》擁護者

mantenella [manteneʎa] ～ *y no emendalla*《西》［かたくなに］言説を曲げない, 頑迷固陋（ろう）な

mantenencia [mantenénθja] 囡 ❶《俗用》＝**manutención**. ❷［複］食糧

mantener [mantenér]《←ラテン語 manus+tenere》58《命令法単数 mantén/manten》他 ❶ 維持する, 保つ: 1) La policía se encarga de ～ el orden público y la seguridad de los ciudadanos. 警察は公共の秩序と市民の安全を維持する役目を担っている. Es una tradición *mantenida* a lo largo de los siglos. それは何世紀も続けられてきた伝統だ. Tengo que pagar un elevado impuesto sobre la vivienda para ～ esta casa. 私はこの家を維持するために高額の家屋税を払わなければならない. ～ la economía casera 家計を守る. ～ la salud 健康を維持する. ～ una máquina 機械を保守する. 2) ［+en の状態に］El ejercicio físico la *mantiene en* forma durante estos diez años. 運動によって彼女はこの10年間ずっと体形を保っている. ～ los alimentos *en* buenas condiciones 食料品を良好な状態に保っておく. ～ a+人 *en* el poder ...を権力の座にとどめる. 3)［+目的格補語］La tormenta ha *mantenido* a los pesqueros amarrados en el puerto. 嵐のため漁船は港に係留されたままだった. Un té verde cargado me *mantiene* despierto toda la mañana. 濃い緑茶一杯で私は午前中ずっとぱっちりと開いている. ❷［経済的に］支える, 扶養する; 費用を負担する: 1) Tú tienes que ganarte la vida; yo no puedo ～te toda la vida. お前も自活しなければいけない. 私がお前を一生養うなんてできないことだ. ～ a la orquesta municipal 市立交響楽団を維持する. 2)［食べさせるなど］Su marido la *mantiene*, pero ella se viste y se costea otros gastos. 彼女は母親に食べさせてもらっているが, 着る物やその他の物は自分で負担している. ❸［行為・動作を］続ける: ～ una conversación 会話をずっと続ける. ～ correspondencia con un antiguo compañero de clase 昔の同級生とずっと手紙のやり取りをしている. ❹［意見・考えなどを］固持する; 遵守する: Muchos investigadores *mantienen* que la vida empezó en el mar. 多くの研究者は生命が海から始まったと主張している. ～ firmemente su opinión 自説を曲げない. ～ su promesa 約束を忠実に守る. ～ la ley 法律を遵守する. ❺ 支える; 固定する: *Mantén* esta rama en alto hasta que yo la corte del tronco. 私が幹から切り落とすまで枝を上げていてくれ. Los viejos cimientos ya no pueden ～ todo el edificio de la iglesia. 古くなった土台はもう教会の建物全体を支え切れない. La *mantenía* un hilo de esperanza. 一縷の望みが彼女を支えていた. ❻

[選手権などを]保持する. ❼ 栄養(食物)を与える: La savia *mantiene* a los vegetales. 樹液が植物の命を支えている. ❽《法律》…の所有権を保護する. ❾[馬上槍試合などを]催す, 開催する. ❿《まれ》[文学コンクールの]主催者(審査員)をつとめる

—— ~se ❶[倒れそうになっても]持ちこたえる: El espantapájaros *se mantiene* sin caerse contra el viento. かかしは風を受けても倒れないで立ち続けている. Lo único que *se mantiene* del antiguo paisaje es un pino alto. かつての風景で唯一残っているのは一本の背の高い松の木だけだ. La inflación se acelera en Francia y *se mantiene* en Alemania. インフレはフランスでは加速しドイツでは横ばいである. ❷[姿勢・態度を]取り続ける: *Se mantiene* quieto e inmutable ante los insultos. 彼は侮辱されても冷静で表情を変えないでいる. ❸ 自分を養う, 食べる: La modelo *se mantiene* tan solo de fruta y verduras. そのモデルは果物と野菜しか食べない. ~se con poca pensión わずかな年金で暮らしている. ❹ 維持される, 保持される: Es una de las tradiciones que *se mantienen* de generación a generación. それは何世代も維持されている伝統の一つである. Con palabras dulces no *se mantiene* la disciplina. 優しい言葉では規律は維持されない. Desde hace años en nuestra escuela *se mantienen* cinco gatos y tres tortugas. 何年も前から私たちの学校では5匹の猫と3匹の亀を飼っている

mantenible [manteníƀle] 形 維持的(継続)される

mantenido, da [mateníðo, ða] 形[努力・緊張などが]一定の, 不変の
—— 名《主に軽蔑》[結婚せずに一緒に住む]愛人, 妾
—— 男《メキシコ, 中米》女を働かせて食べている男, ひも, ぽん引き

manteniente [mantenjénte] 男 *a* ~ 1)[手の]ありったけの力で. 2) 両手で

mantenimiento [mantenimjénto] 男 ❶ 維持, 保持, 継続: ~ de los precios agrícolas 農産物価格支持[政策]. ~ de sus promesas 約束の遵守. ~ de una empresa 会社の維持. ~ de una relación 関係の継続. ~ del orden 秩序の維持. ❷《スポーツ》フィットネス運動[=ejercicio de ~]: clase de ~ フィットネスクラス. ❸ 整備, メンテナンス: ~ de las instalaciones 設備のメンテナンス. ❹ 維持費[=gastos de ~]. ❺ 養育, 扶養: ~ de una familia 家族の扶養. ❻ 食糧. ❼ 生計, 生活費

manteo [mantéo] 男 I[←仏語 *manteau*]《服飾》❶《カトリック》[聖職者の]長マント. ❷[農婦の]前合わせスカート. ❸《西.古語》学生が用いるマント
II [←*mantear*]《まれ》=**manteamiento**

mantequear [mantekeár] 自《ベネズエラ》役職を利用してもうける

mantequera[1] [mantekéra]《←*manteca*》女 ❶[食卓用の]バター入れ. ❷[バター製造用の]チャーン, 攪拌器

mantequería [mantekería] 女 ❶ 乳製品の製造工場(販売店). ❷《集名》バター. ❸《マドリード》高級食品店

mantequero, ra[2] [mantekéro, ra] 形 バターの: industria ~ra バター製造業
—— 名 バター製造(販売)業者

mantequilla [mantekíʎa]《*manteca*の示小語》女《不可算》❶ バター: 1)[食卓用に小さく切られた] untar pan con ~ パンにバターを塗る. pan con ~ バターつきパン. tostadas con ~ バタートースト. 2)[種類] ~ salada 加塩バター. ~ sin sal 無塩バター. ~ fresca フレッシュバター. 3)[調理] ~ derretida 溶かしバター. ~ requemada 焦がしバター. ❷ バタークリーム
mano de ~ [*de Soria*] [すぐに物を落としてしまう]不器用さ

mantequillazo [mantekiʎáθo] 男《プエルトリコ》平手打ち

mantequillero, ra [mantekiʎéro, ra]《中南米》バター製造(販売)業者[=*mantequero*]
—— 名《中南米》バター入れ《=*mantequera*》

mantequilloso, sa [mantekiʎóso, sa] 形《プエルトリコ》気難しい, 怒りっぽい

mantero, ra [mantéro, ra] 名 毛布の; 毛布製造(販売)業者

mantés, sa [mantés, sa] 名形《まれ》ずる賢い[人], 悪漢

mántica [mántika] 女 秘教主義, 神秘学

mantilla [mantíʎa]《*manto*の示小語》《服飾》1) マンティーリャ《スペインなどの女性が頭・肩を覆う黒い絹の薄布》: ir a la iglesia con la ~ マンティーリャをつけて教会に行く. ~ española[晴れ着用の]大きなマンティーリャ. ~ de encaje レースのマンティーリャ. ~ de《ボリビア, チリ》肩かけ, ショール. ❷《時以降》乳児用の》おくるみ: tapar al niño con la ~ 赤ん坊をおくるみでくるむ. niño de ~s 乳飲み児. ❸《馬具》馬衣(ごろも). ❹《印刷》ブランケット, 圧胴. ❺《ホンジュラス》臆病な男
en ~*s* 1)《西》[人が]まだ駆け出しの: El nuevo médico aún está *en* ~. 新任の医師はまだ経験不足だ. 2) 初期の段階にある: A pesar de ser un proyecto todavía *en* ~*s*, lo apoyó sin reservas. その企画はまだ初期段階に過ぎなかったが, 彼はためらうことなく支援した
haber salido de ~*s* もう一人前である

mantillo [mantíʎo] 男 ❶ 腐植土[層], 腐葉土. ❷ 堆肥. ❸《地方語》[絹・ベーズの] マンティーリャ *mantilla*

mantillón, na [mantiʎón, na] 形《メキシコ》恥知らずな, 厚顔な
—— 男《中南米. 馬具》[縁飾りなどを施した]厚手の敷物

mantilloso, sa [mantiʎóso, sa] 形 腐植土[層]の, 腐葉土の

mantis [mántis] 女《単複同形》《昆虫》ウスバカマキリ[=*santateresa*, ~ *religiosa*]

mantisa [mantísa] 女《数学》[常用対数の]仮数

manto [mánto] 男[←ラテン語 *mantum*] ❶《服飾》1)[頭・肩から足まで届く]マント, ケープ, 儀式用ガウン: ponerse el ~ マントを着ける. ~ capitular[騎士修道会の]会議用マント. 2)[聖母マリア像の]頭から台座までのマント. 3)[女性が葬儀などで用いる]黒く長いベール. 4)[女性用の頭から腰までの]ショール. ❷ 保護: proteger a los necesitados bajo su ~ 困っている人々を助ける. ❸ 覆い隠すもの: El ~ de la noche les impedía ver el camino. 彼らは夜の闇のせいで道が見えなかった. El país se encuentra bajo el ~ de la represión. その国は圧政下にある. ❹ 暖炉の横木, マントルピース[~ *de chimenea*]. ❺《地質》1) マントル. 2) ~ acuífero 地下水面. ~ freático 帯水層. ~ vegetal 植物層. ❻《鉱物》[薄い]地層. ❼《解剖》含油層. ❽《動物》外套膜. ❽《植物》~s de la Virgen カラー[=*cala*]. 2)《メキシコ》フウリンソウ. ❾《アルゼンチン. 犬》~ *negro* ジャーマンシェパード

mantón[1] [mantón]《*manto*の示大語》男《服飾》1)《華やかな刺繍入りで周囲にフリンジの付いた]大型の絹のショール[~ *de Manila*]. 2)《古語的》ショール, 肩掛け: La abuela acudió a recibirnos envuelta de ~. 祖母は肩掛けをまとって私たちを迎えに出てきた. 3)《地方語》[乗馬・農作業用の]マント. ❷《古語》女性用胴着 *jubón* のリボン飾り. ❸《古語》新婚の若者

mantón[2], **na** [mantón, na] 形《まれ》=**mantudo**

mantoncita [mantonθíta] 女《エクアドル. 口語》先住民の娘

mantra [mántra] 女《複 ~s》《宗教》マントラ

mantuano, na [mantwáno, na] 形 名《地名》[イタリアの]マントヴァ Mantua の[人]: el ~ 古代ローマの詩人ウェルギリウス Virgilio のこと. ❷《ベネズエラ》1)《歴史》名門の貴族(の), 寡頭支配者の一員. 2) 先住民とスペイン人貴族との混血の[子孫]

mantudo, da [mantúðo, ða] 形 名 ❶[鳥などが] 翼を垂れた[悲しげに見える]. ❷《中米》仮面で変装した[人]

mantúo [mantúo] 男 熟する前の摘み取り *verdeo* 向きのブドウ

manuable [manwáƀle] 形《まれ》扱いやすい

manual [manwál][←ラテン語 *manualis* < *manus*「手」] 形 ❶ 手の; 手を使う, 手作業による, 手動の; 肉体労働の: Ese japonés tiene habilidad ~. その日本人は手先が器用だ. trabajo ~ 手仕事, 手作業. obrero (trabajador) ~ 肉体労働者, ブルーカラー. ❷ 扱いやすい, 軽便な: diccionario ~ 小辞典. ❸ 理解しやすい
—— 男 ❶ 手引書, 便覧, マニュアル: ~ de instrucciones 取扱説明書. ~ de historia 歴史の教科書. ❷《商業》取引日記帳. ❸《カトリック》祈禱書, 礼拝式書. ❹《聖職隊に参加する聖職者の報酬. ❺《ムルシア》[宗教行列を照らすための]手に持つろうそく

manualidad [manwaliðað] 女 ❶[主に複] 手仕事. ❷《教育》[小学校の]工作

manualización [manwaliθaθjón] 女[小学校の]工作

manualizar [manwaliθár] 自[小学校で]工作をする

manualmente [manwálmente] 副 手で, 手製で, 手動で

manuar [manwár] 男《繊維》ドロー織機

manubrio [manúƀrjo] 男 ❶《技術》クランク[ハンドル]. ❷《動物》胸骨柄(へい). ❸《隠語》陰茎. ❹《ドミニカ, エクアドル. 自動車》

manucodiata

ドアハンドル. ❺《チリ. 自転車》ハンドル

manucodiata [manukoðjáta]〖女〗《鳥》ゴクラクチョウ〖=ave del Paraíso〗

manudo, da [manúðo, ða]〖形〗《中米, アルゼンチン》手の大きな

manuela [manwéla]〖女〗[20世紀初頭マドリードの]一頭立てで無蓋の貸し馬車
  hacerse una ~ 《メキシコ, ベネズエラ. 俗語》マスターベーションをする

manuelino, na [manwelíno, na]〖形〗《建築》マヌエル Manuel 様式[の]《ポルトガルでマヌエル1世時代(1469～1521)に流行した》

manuella [manwéʎa]〖女〗《船舶》キャプスタン cabrestante を回す棒

manufactura [manufaktúra]〖←mano+ラテン語 factura「製作」〗〖女〗❶[分業と職人的技術に基づく] 工場制手工業, マニュファクチュア. ❷[主に industrial での] 製品: ~ de fibra 繊維製品. ❸[手工業的の] 工場: ~ de papel 製紙工場

manufacturable [manufakturáble]〖形〗手工業で製造され得る

manufacturación [manufakturaθjón]〖他〗製造

manufacturado, da [manufakturáðo, ða]〖形〗手工業で製造された; 工業製品

manufacturar [manufakturár]〖←manufactura〗〖他〗[主に手工業で] 製造する, 加工する: En esta ciudad se *manufacturan* muchos zapatos. この町ではたくさんの靴が製造される

manufacturero, ra [manufakturéro, ra]〖形〗製造[業]の: industria ~ra 製造業. clase ~ra 工場主階級
  ~ra〖主に中南米〗製造業者, 工場主

manu longa [mánu lónga]〖←ラテン語〗〖副〗《法律》大量に, たくさん

manu militari [mánu militári]〖←ラテン語〗〖副〗《文語》武力で

manumisión [manumisjón]〖←ラテン語 manumissio, -onis〗〖女〗[黒人奴隷や農奴の] 解放

manumiso, sa [manumíso, sa]〖形〗解放された: esclavo ~ 解放奴隷

manumisor [manumisór]〖男〗[奴隷の] 解放者

manumitir [manumitír]〖←ラテン語 manumittere〗〖他〗[奴隷を] 解放する

manús [manús]〖←ジプシー語〗〖男〗[単複同形]《隠語》野郎, 奴〖〗

manuscribir [manuskribír]〖他〗《過去》manuscrito 《まれ》手書きする

manuscrito, ta [manuskríto, ta]〖←mano+ラテン語 scriptus. manuscribir の 《過去》〗〖形〗手書きの〖=en letra ~ta〗: carta ~ta 手書きの手紙
  ——〖男〗❶ 手稿[本], 手写本: *M~s del Mar Muerto* 死海文書. ~ ilustrado 装飾写本. ❷[出版のための, 手書きの] 原稿: preparar los ~s 原稿を書く

manutención [manutenθjón]〖女〗❶ 養うこと, 扶養: ~ de los hijos 息子たちを扶養すること. gastos de ~ 生活費. ❷[工場内など短距離の] 運搬, 移送. ❸《まれ》[機械設備などの] 維持, 保全

manutener [manutenér] 58〖他〗《法律》扶養する

manutergio [manutérxjo]〖男〗《カトリック》ミサで聖職者が手を拭く布〖=cornijal〗

manutigio [manutíxjo]〖男〗《まれ》手で軽く擦ること

manutisa [manutísa]〖女〗《植物》=minutisa

manvacío, a [mambaθío, a]〖形〗《廃語》=manivacío

manyareja [manjaoréxa]〖形〗《アルゼンチン. 口語》おべっかを使う[人]

manyar [manjár]〖←伊語 mangiare〗〖自〗〖他〗《南米. 隠語》食べる

manyata [manjáta]〖女〗《ドミニカ》食事, 料理

manzana [manθána]〖←古語 mazana＜俗ラテン語 mattiana＜ mala mattiana「リンゴの一種」〗〖女〗❶《果実》リンゴ: pastel de ~ (de la) discordia 《ギリシャ神話》争いの種〖トロヤ戦争の発端となった黄金のリンゴ〗. Gran *M~* ビッグアップル〖米国のニューヨーク市のこと〗. ❷ 街区, ブロック: Vaya dos ~s. 2街区先へいらっしゃい. Está tres ~s más abajo. それは3ブロック下ったところにある.〖剣の〗柄頭(ﾂｶｶﾞｼﾗ); [ステッキの] 丸い握り; [階段などの柱の] 飾り玉. ❹《中南米》のどぼとけ〖= ~ de Adán〗. ❺《中米》[面積の単位] =1万平方バーラ vara. ❻《コロンビア》[車輪の] ハブ〖=cubo〗
  estar sano como una ~/*estar más sano que una* ~ 大変健康である, ぴんぴんしている: Ya es bastante mayor, pero *está sano como una* ~. 彼は相当な年配だが, しゃく

manzanal [manθanál]〖男〗❶ リンゴ畑. ❷《植物》リンゴ〖= manzano〗

manzano [manθanár]〖男〗リンゴ畑

manzanareño, ña [manθanaréɲo, ɲa]〖形〗〖名〗《地名》マンサナレス Manzanares の[人]〖シウダー・レアル県の町〗

manzanazo [manθanáθo]〖男〗《ベネズエラ》見返りを期待しての贈り物

manzanear [manθaneár]〖他〗❶《メキシコ, グアテマラ》[土地を] 1万平方バーラ manzana に区分する. ❷《ベネズエラ》贈り物をしてへつらう

manzanero, ra [manθanéro, ra]〖形〗リンゴの
  ——〖男〗《エクアドルなど. 植物》リンゴ〖=manzano〗
  ——〖女〗《植物》野生のリンゴ〖=maguillo〗. ❷《地方語》リンゴの貯蔵場所

manzanil [manθaníl]〖形〗[果実の色・形が] リンゴのような

manzanilla [manθaníʎa]〖←manzana〗〖女〗❶《植物》カミツレ〖= ~ común, ~ de Aragón〗: ~ bastarda ムギワラギクの一種〖学名 Helichrysum stoechas〗. ~ hedionda カミツレモドキ. ~ loca イワコマギクの一種〖学名 Anacyclus clavatus〗. ~ real ヨモギの一種〖学名 Artemisia granatensis〗. ~ romana ローマンカモミール. ~ silvestre キゾメカモミール. ~ yesquera ハマギクの一種〖学名 Phagnalon saxatile〗. ❷《飲料》カモミール茶, カミツレ茶, マンサニーリャ〖サンルーカル・デ・バラメーダ産の辛口の白ワイン〗. ❹《果実》小オリーブ. ❺[柱の] 飾り玉. ❻[哺乳動物の] 肉趾(ﾆｸｼ). ❼顎先. ❽《服飾》くるみボタン

manzanillero, ra [manθaniʎéro, ra]〖名〗《アンダルシア》[売るために] カミツレを採集する人

manzanillo, lla[2] [manθaníʎo, ʎa]〖形〗[オリーブの実が] 小粒の, 小オリーブの
  ——〖男〗《植物》マンチニール〖学名 Hippomane mancinella〗

manzanillón [manθaniʎón]〖男〗《地方語. 植物》ムギワラギクの一種〖=manzanilla bastarda〗

manzano [manθáno]〖男〗❶《植物》リンゴ[の木]. ❷《カナリア諸島; メキシコ, プエルトリコ. 植物, 果実》アップルバナナ〖小型の甘いバナナ. =guineo ~〗

maña[1] [máɲa]〖←俗ラテン語 mania「手の器用さ」＜ラテン語 manus「手」〗〖女〗❶ 器用さ, 巧みさ; こつ: Es una chica con ~ para tratar a los críos. その女の子は子供を扱うのが巧みだ. tener ~ para (en) ~不定詞 巧みに~する, するこつをのみこんでいる. Más vale ~ que fuerza.《諺》技は力に勝る／柔よく剛を制す. ❷[主に《複》] 抜け目のなさ, ずる賢さ; 術策: No se puede seguir gobernando con las ~s de la vieja política. 昔の政治家の権謀術策で支配し続けることはできない. emplear las ~s 策[計略]を用いる. ❸[主に《複》] ちょっとした] 悪癖, 悪習〖= malas ~s〗; 気まぐれ: Le han quedado las ~s. 彼は悪い癖がついてしまった. ❹[麻などの] 一つかみ, 一束. ❺《中南米. 口語》奇癖〖=manía〗
  darse ~ 〖+para+不定詞 するのが／+con+名詞 を扱うのが〗巧みである: *Se da* mucha ~ *con* el trabajo. 彼は仕事の切り盛りを大変うまくやってのける

mañaco, ca [maɲáko, ka]〖形〗《ムルシア》小さい[子供]

mañán [maɲán]〖男〗《ムルシア》錠前商〖=cerrajero〗

mañana [maɲána]〖←俗ラテン語〖hora〗maneana＜mane「朝に」〗〖女〗朝〖スペインでは夜明けから3時(昼食時)まで〗; 午前〖⇔tarde〗: Esta ~ me levanté a las seis. 今朝私は6時に起きた. Da un paseo por las ~s. 彼は朝はいつも散歩する. Hace una ~ muy clara. よく晴れた朝だ. Era una ~ hermosa. 美しい朝だった. desde por la ~ 朝のうちから. desde la ~ hasta la noche 朝から晩まで. ayer [por la ~] 昨日の朝[の中]. el lunes por la ~ 月曜日の午前中に. una ~ ある朝. todas las ~s 毎朝
  a la ~ 《アルゼンチン》朝に, 午前中に〖=por la ~〗: los sábados *a la* ~ 毎週土曜日の午前中に
  de buena ~ 朝早く, 早朝に〖=muy de ~〗: Ayer *de buena* na ~ apareció por mi casa. 昨日の早朝彼が私の家にやって来た
  de gran ~ 《口語》朝早く, 早朝に〖=muy de ~〗
  de la ~ [時刻の] 午前の: El avión llega a las dos *de la* ~. 飛行機は午前2時に着く. tren de la ~ 午前の列車
  de la ~ *a la noche* 一日中, 朝から晩まで
  de ~ 朝早く〖=muy de ~〗

en la ～《中南米》朝に, 午前中に〖=por la ～. ただし, +de+補語 では《西》でも: *en la ～ del lunes* 月曜日の午前中に〗
hacer la ～ 《中南米》朝食前に酒を飲む
media ～ 1) 10時の軽食(おやつ). 2) *a media ～* 午前10時ごろに
muy de ～ 朝早く, 早朝に, 未明に: *Ha llovido un poco muy de ～.* 早朝に小雨が降った
por la ～ 朝に, 午前中に: *No trabajo por la ～.* 私は午前中は仕事をしない
primera ～/prima ～ 《文語》早朝
tomar la ～ 1) 夜明けと共に起床する. 2) 断食中の朝に蒸留酒を飲む
―― 男《文語》[el+. 近い] 未来: *Es inscrutable lo que nos depara el ～.* 明日という日が何を我々にもたらすか計り知れない. *ahorrar pensando en el ～* 将来のことを考えて貯金をする
―― 副 ❶ 明日, あした〖⇔*ayer*〗: 1) *Hoy no puedo ir a verte, pero ― iré.* 今日は君に会いに行けないが, 明日は行くともM ～ *es domingo.* 明日は日曜日だ. *M ～ hará tres años que nos casamos.* 私たちが結婚して明日で3年になる. *Los periódicos de ～ recogerán la noticia del accidente de la central.* 明日の新聞は発電所の事故のニュースを取り上げるだろう. ～ *por la mañana* 明日の午前中に(朝に). ～ *por la tarde* 明日の午後に. ～ [*por la*] *noche* 明晩. *pasado ～* 明後日, あさって. *después de pasado ～* しあさって. *de ～ en ocho días* 明日から1週間後に, 来週の明日. *a partir de ～* 明日から. *ya ～* 明日には. 2) 《諺, 成句》*Antes hoy que ～.* 早ければ早いほどよい. *M ～ será otro día./M ～ Dios dirá.* 明日は明日の風が吹く/しばらく様子を見るとよい. *No dejes para ～ lo que puedas hacer hoy.* 今日できることを明日に延ばすな. ❷ [近い] 将来に; いつかは: *Las investigaciones de hoy serán la base de muchos adelantos de ～.* 今日の研究が明日の多くの進歩の礎となることだろう. ❸《皮肉》[間投詞的. 否定] 嫌だね, とんでもない!: *¿Vas a esperarme?―¡M～! 待っててくれるかな―嫌だね!*

mañanada [maɲanáða] 女《地方語》早朝
mañanear [maɲaneár] 自《まれ》❶ [習慣的に, 主に夜明けと共に] 早起きする. ❷ 早朝から働く
mañanero, ra [maɲanéro, ra] 形 ❶ 朝の: *fresco aire* ～ 朝のすがすがしい空気. *sol* ～ 朝日. *achaques* ～*s* [主につわりによる] 朝の吐き気. ❷ [主に習慣的に] 早起きする[人]; 早朝から働く[人].
―― 男《グアテマラ. 服飾》ポンチョ
mañanica [maɲaníka] 女 夜明けから正午までの時間
mañanita [maɲaníta] 女 ❶《*mañana* の示小語》❷《服飾》[女性の] ベッドジャケット. ❷複 マニャニータ《メキシコで誕生日などに歌われる4分の3拍子の短い民謡》
mañé [maɲé] 男《コロンビア》[主に農民が使う] 粗布
―― 形 ❶《ドミニカ. 軽蔑》ハイチの. ❷《コロンビア》庶民の
mañear [maɲeár] 他 器用にこなす, 巧みにやってのける
―― 自 抜け目なく行動する
mañerear [maɲereár] 自《チリ, アルゼンチン, ウルグアイ》命じられたことをしない, 自分勝手にのろのろする. ❷《チリ》[動物が] 策略を用いる
mañería [maɲería] 女 ❶ [雌の] 不妊; [土地の] 不毛. ❷《歴史》断絶家産収容権《継嗣なく断絶した臣下家系の財産を領主が没収する権利》
mañero, ra [maɲéro, ra] 形 ❶ 抜け目のない, 狡猾な. ❷ 扱いやすい. ❸ [雌が] 不妊の; [土地の] 不毛の. ❹《チリ》小心な, 臆病な. ❺《アルゼンチン, ウルグアイ. 口語》[人が] 態度が悪く自分勝手で反抗的な. ❻《アルゼンチン. 口語》[馬などが] 従順でない
mañigal [maɲiɣál] 男《チリ》マキ科マキ属の一種 *mañíu* の林
mañiú [maɲjú] 男《チリ, アルゼンチン. 植物》= **mañíu**
mañíu [maɲíu] 男《チリ, アルゼンチン. 植物》マキ科マキ属の一種〖用材. 学名 Podocarpus saligna〗
maño, ña[1] [máɲo, ɲa] 男・女《口語》[<*mano < hermano*] 形 名 ❶《西. 口語》アラゴンの, アラゴン人[=*aragonés*]. ❷《アラゴン; チリ, アルゼンチン》[親愛の呼びかけ] やあ君, お前
mañoco [maɲóko] 男《中南米》タピオカ[=*tapioca*]. ❷《ベネズエラ. 料理》トウモロコシ粉の生の生地
mañón [maɲón] 男《ロゴーニョ》縄のライ麦の束

mañosa[1] [maɲósa] 女《隠語》[マドリード独特の] 千鳥格子模様の上着
mañosamente [maɲósaménte] 副 ❶ 器用に, 巧みに. ❷ 抜け目なく, ずる賢く
mañosear [maɲoseár] 自 ❶《コロンビア, ベネズエラ》悪癖がつく. ❷《ペルー, チリ. 口語》抜け目なくふるまう; 媚びを売る
mañosería [maɲosería] 女 器用さ, 巧みさ; こつ[=*maña*]
mañoso, sa[2] [maɲóso, sa] [←*maña*[1]] 形 ❶ [人が] 器用な, 巧みな: *fontanero* ～ 腕のいい水道工事屋. ❷ 抜け目ない, ずる賢い. ❸ 巧みさの, こつの. ❹《中米》❶) 頑固な, 気難しい; 恥ずかしがり屋の, 神経質な; 臆病な. 2) [動物が] 荒々しい. ❺《アンデス》怠け者の. ❻《チリ, アルゼンチン, ウルグアイ》[食べ物などに] 好き嫌いの激しい
―― 男《中米》すり, 泥棒
mañuela [maɲwéla] 女 ずる賢さ, 狡猾さ
―― 名複 [主に商売で] ずる賢い人, 狡猾な人
mao [máo] 形《時に *Mao*》《服飾》マオカラーの, チャイニーズカラーの
maoísmo [maoísmo] 男 毛沢東 Mao Ze Dong 主義
maoísta [maoísta] 形 名 毛沢東主義の(主義者)
maorí [maorí] 形 名複 ～[*e*]*s*》[ニュージーランドの] マオリ族[の]
―― 男 マオリ語
mapa [mápa] 男 [←*mapa*[*mundi*] <ラテン語 *mappa* [*mundi*]「[世界] 地図」< *mappa* 「ハンカチ, ナプキン」] ❶ 地図〖類語 **mapa** は主に地形図, **plano** は市街地図〗: ～ *de carreteras/*～ *de rutas* 道路地図. ～ *de Japón* 日本地図. ～ *de riesgos* ハザードマップ. ～ *del tiempo* 天気図. ～ *en relieve* 起伏図. ～ *físico* 地勢図. ～ *lingüístico* 言語地図. ～ *mudo* 白地図. ～ *mural* 掛け地図. ～ *celeste* (*astronómico*) 星座表, 星図. ～ *genético* 遺伝子地図. ～ *político* [政治的]境界線図; 政界の勢力図. ❸《まれ》市街図

borrar del ～ 《口語》この世から消し去る, 抹殺する: *Los supermercados grandes están borrando del ～ a los pequeños comerciantes.* 大型スーパーの進出で小さな商店が閉店しつつある
desaparecer del ～ 《口語》[意図して・意図せずに] 消える: *Cuando él venga desaparezco del ～.* 彼が来る時は私はどっかへ行っている
eliminar del ～ 《口語》=*borrar del ～*
no estar en el ～ 通常でない, 風変わりである
perderse del ～ 《口語》=*desaparecer del ～*
poner la cara como un ～+*a*+人 …を殴る, ひっぱたく
―― 女《まれ》卓越しているもの: *Cuba es la ～ de cigarros.* キューバは葉巻の名産地だ. ❷《ドミニカ》[la+] 何にでも精通した方, 詳しい情報
llevarse la ～ 抜群である

mapache [mapátʃe] 男《動物》アライグマ
mapachín [mapatʃín] 男《中米》=*mapache*
mapamundi [mapamúndi] 男 ❶《球形平面図による》世界地図. ❷《戯語》尻
mapana [mapána] 女《コロンビア》=**mapanare**
mapaná [mapaná] 女《コロンビア. 植物》チトセラン属の一種〖学名 Sansevieria guyanensis〗. ❷《ベネズエラ. 動物》=**mapanare**
mapanare [mapanáre] 女《ベネズエラ. 動物》フェルドランス《大型の毒蛇》
mapasúchil [mapasútʃil] 男《メキシコ. 植物》アオイ科の一種〖実は飲み物の香料になる. 学名 Chinanthodendron pentadactylon〗
mapeango, ga [mapeáŋgo, ga] 形《メキシコ, キューバ》軟弱な, 無能な
mapeado [mapeáðo] 他《情報》マッピング: ～ *nominal* 法線マッピング
mapear [mapeár] 他 ❶《情報》マッピングする; [データを] 地図にする. ❷《生物》[遺伝子を] 染色体上に位置づける
mapelo [mapélo] 男《カナリア諸島. 植物》トリカブト〖=*acónito*〗
mapeo [mapéo] 男 地図化
mapiango, ga [mapjáŋgo, ga] 形《メキシコ, キューバ》=**mapeango**
mapire [mapíre] 男《コロンビア》ヤシの葉で編んだかご
Maples Arce [máples árθe]《人名》**Manuel ～** マヌエル・マプ

レス・アルセ〘1898～1981, メキシコの詩人. 1920年代に前衛詩運動 Estridentismo を提唱. 詩集『大都会』*Urbe*,『内なる足場』*Andamios interiores*〙

mapo [mápo] [男]《キューバ, プエルトリコ. 魚》ハゼ科の淡水魚の一種〘学名 Gobius lacertus〙

mapola [mapóla] [女]《コロンビア, ベネズエラ》[こま回しで] 心棒を相手のこまにぶつけること

mapolear [mapoleár] [他]《コロンビア》[こま回しで, 相手のこまに] 心棒をぶつける

mapón [mapɔ́n] [男] [郵便物などの] 発送一覧表

mapora [mapóra] [女]《ベネズエラ. 植物》ヤシ科の一種〘学名 Oenocarpus mapora〙

maporal [maporál] [男]《ベネズエラ》ヤシ科の一種 mapora の林

mapuche [mapútʃe] [形] [名] マプーチェ族〔の〕〘チリの先住民. 植民地時代はスペインの支配を拒否し続け, 独立後チリ国民として統合される〙
—— [男] マプーチェ語

mapudungun [mapuđúŋgun] [男] マプーチェ語

mapuey [mapwéi̯] [男]《プエルトリコ, ベネズエラ. 植物》ヤマノイモ科の一種〘薬用. 学名 Dioscorea trifida〙

mapurite [mapuríte] [男]《中米. 動物》アマゾンスカンク

mapurito [mapuríto] [男] =**mapurite**

mapuy [mapúi̯] [男]《中米》=**mapuey**

maque [máke]〘←日本語 蒔絵〙[男] 漆, ラッカー, ワニス

maquear [makeár] [他] ❶ 漆(ラッカー・ワニス)を塗る. ❷《口語》飾り立てる
—— [自] 身支度をする, 身なりを整える

maqueño [makéɲo] [男]《ボリビア. 植物》大型のバナナの一種

maqueo [makéo] [男]《口語》飾り立てること; 身支度

maquero [makéro] [男]《ペルー》[様々な形の] 揺りかご

maqueta[1] [makéta]〘←伊語 macchietta < macchia < 仏語 maquette〙[女] ❶ 模型, ひな型; プラモデル: montar una ～ 模型(プラモデル)を組立てる. ～ de la catedral de Barcelona バルセロナ大聖堂の模型. ❷《西. 印刷》束(つか)見本; 割付け, レイアウト. ❸《西. 音楽》デモテープ〔への吹き込み〕

maquetación [maketaθjɔ́n] [女]《西. 印刷》ページレイアウト

maquetado [maketáđo] [男] =**maquetación**

maquetador, ra [maketađɔ́r, ra] [名] =**maquetista**

maquetar [maketár] [他]《西. 印刷》割付ける, レイアウトをする

maquetería [maketería] [女] =**maquetismo**

maquetismo [maketísmo] [男] 模型製作技術

maquetista [maketísta] [名] ❶ 模型製作者. ❷《西. 印刷》割付け(レイアウト)をする人. ❸《映画》装置家

maqueto, ta[2] [makéto, ta] [形] [名]《バスク. 軽蔑》[スペインの別の地域からの] バスク地方への移民〔の〕

maqui [máki] [名]〘[複] ～s〙《俗用》=**maquis**
—— [男]《チリ. 植物》ホルトノキ科の灌木〘学名 Aristotelia chilensis〙

maquia [mákja] [女] 雑草の密生地

maquiavélico, ca [makjaƀéliko, ka]〘←Maquiavelo マキャベリ(イタリアの政治思想家)〙[形] ❶ マキャベリズムの. ❷ 権謀術数を弄する, 老獪(ろうかい)な

maquiavelismo [makjaƀelísmo] [男] ❶ マキャベリズム. ❷ 権謀術数

maquiavelista [makjaƀelísta] [形] [名] マキャベリスト〔の〕

maquila [makíla]〘←アラビア語 makila〙[女] ❶ [水車・風車などの] 使用料〘粉挽きや搾油の際に現物(小麦粉・油)で支払われる〙; [使用料の小麦粉・油を計る] 枡(ます). ❷ régimen de ～s マキラ制〘原油を精製してその一定割合を石油を輸入した相手国に再輸出する. EC加盟前のスペインで盛んに行われた〙. ❸ [乾量の単位] 2分の1 celemín. ❹《主にメキシコ》保税加工〔の工場〕. ❺《ホンジュラス》[重量単位] =5アロバ arroba

maquilador, ra [makilađɔ́r, ra] [形]《主にメキシコ》保税加工の
—— [女]《メキシコ》マキラドーラ, 保税輸出加工区〘1960年ごろからメキシコが米国との国境地帯に設けた. 輸入原材料への保税措置などにより外国企業を誘致し, 製品は再輸出される〙

maquilar [makilár] [他] ❶ [粉引き業者・搾油業者が粉引き・搾油の代償として] 小麦粉・油の一部を受け取る. ❷《主にメキシコ》保税加工をする

maquilero, ra [makiléro, ra] [名] [粉引き・搾油の代償の] 小麦粉・油の徴収人; 粉引き業者, 搾油業者

maquil-ishuat [makíl iswát] [男]《エルサルバドル. 植物》キダチベニノウゼン, モモイロノウゼン〘エルサルバドルの国の木〙

maquillador, ra [makiʎađɔ́r, ra] [名]《映画, 演劇》メーキャップ係, メーキャップアーティスト
—— [男]《ボリビア, アルゼンチン》コンパクト〘=polvera〙

maquillaje [makiʎáxe]〘←仏語 maquillage < maquiller〙[男] ❶ 化粧, メーキャップ〘行為, 技術〙: darse ～ [自分で] メーキャップする. ～ natural ナチュラルメイク. ❷ [時に [集名]] 化粧品〘=cosmético〙: ～ de fondo ファウンデーション. ❸ ～ del balance 粉飾決算

maquillar [makiʎár]〘←仏語 maquiller〙[他] ❶ …に化粧を施す, メーキャップをする: *Maquillaron* a la actriz. 女優はメーキャップしてもらった. ❷ [外見を] ごまかす, 粉飾する, 擬装する: ～ la verdad 真実を隠す
—— **～se** [自分に] 化粧する: Las actrices *se maquillaron*. 女優たちは自分でメーキャップをした

maquillista [makiʎísta] [名]《メキシコ》=**maquillador**

máquina [mákina]〘←ラテン語 machina < ギリシア語 makhana「発明品」〙[女] ❶ 機械: civilización de ～s 機械文明. sala (cuarto) de ～s 機関室; 機械室. ～ de afeitar 電気かみそり〘=maquinilla〙. ～ de calcular/～ calculadora 計算機. ～ de guerra [攻城用などの] 大型兵器. ～ de lavar 洗濯機; 食器洗い器. ～ de oficina 事務機器. ～ de vapor 蒸気機関. ～ eléctrica 電気機械. ～ herramienta 工作機械. ～ humana 人体. [viajar en la] ～ del tiempo タイムマシーン〔で旅行する〕. ❷ タイプライター〘=～ de escribir〙. ❸ ミシン〘=～ de coser〙: coser a ～ ミシンで縫う. ❹ 自動販売機〘=～ expendedora〙: ～ de tabaco たばこの自動販売機. ～ de billetes 切符自動販売機. ❺ [自動車・オートバイ・自転車レースの] マシーン. ❻《自動車, 船舶》エンジン, モーター;《鉄道》機関車〘=～ del tren〙: jefe de ～s《船舶》機関長. sala de ～s《船舶》機関室, エンジンルーム. ❼ カメラ〘=cámara, ～ fotográfica, ～ de fotografiar〙. ❽ スロットマシーン〘=～ tragaperras, ～ de frutas〙. ❾《音楽》ピアノ・オルガンの機構. ❿《演劇》[場面転換の] 仕掛け. ⓫ 組織, 機構〘=maquinaria〙: ～ del Estado 国家機構. ～ electral 集票マシーン. ⓬ 空想, 計画. ⓭ 壮大な建物. ⓮《中米, キューバ》自動車. ⓯《チリ》[複数の人による] 襲撃

a ～ 機械で, 機械によって〘⇔a mano〙: Se puede lavar *a* ～. 洗濯機で洗えます. No sabe escribir *a* ～. 彼はタイプライターが打てない. pasar una carta *a* ～ 手紙をタイプする. hecho *a* ～ 機械加工の

a toda ～ 全速力で: Mi hermano salió de aquí *a toda* ～ para llegar a tiempo. 私の兄は遅刻しないようにここを全速力で飛び出した

como una ～ [人が] 機械のような・に〘速い, 正確な; 人間味のない, 冷たい〙

entrar en ～ 印刷に回される

forzar la ～ 1) エンジンを酷使する. 2) [人が] 働きすぎる, 無理をする

maquinación [makinaθjɔ́n] [女] 陰謀, 奸策, たくらみ: Todo lo que hace es pura ～ para hacerse con el poder. 彼がすることはすべて権力を握るための策略だ

maquinador, ra [makinađɔ́r, ra] [形] [名] 陰謀を巡らす〔人〕, 策士〔の〕

máquina-herramienta [mákina ɛr̄amjénta] [女]〘[複] ～s-～s〙工作機械

maquinal [makinál]〘←máquina〙[形] ❶ 機械的な, 自動の. ❷ 無意識の: gesto ～ 機械的な仕草

maquinalmente [makinálménte] [副] 機械的に; 無意識に

maquinar [makinár]〘←ラテン語 machinari〙[他] ❶ [陰謀などを] たくらむ: ～ una conspiración contra el presidente 大統領に対して陰謀を企てる. ❷《金属》機械加工する. ❸《アンダルシア》耕した農地を平らにする

maquinaria [makinárja]〘←máquina〙[女] [集名] ❶ 機械類, 機械装置, 機械設備: Japón produce ～ electrónica. 日本は電子機器を生産している. ～ agrícola 農業機械. ～ industrial 工業用機械. ❷ 仕組み, メカニズム: desmontar la ～ de un reloj 時計を分解する. ～ celular 細胞メカニズム. ❸ 機械製造技術. ❹ 組織, 機構: ～ de la justicia 司法組織. ～ electoral 集票マシーン. ～ de guerra 戦争マシーン

maquinero, ra [makinéro, ra] [名] 機械工

maquinilla [makiníʎa]〘máquina の示小語〙[女] ❶ 電気かみそり〘=～ eléctrica〙; 安全かみそり〘=～ de afeitar〙. ❷ バリカン〘=～ para cortar el pelo〙. ❸ 小型機械. ❹《船舶》ウィンチ,

巻き上げ機. ❺《中米》タイプライター
maquinillero [makiniʎéro]《男》《船舶》ウィンチ係
maquinismo [makinísmo]《男》❶ 「手作業に対して，産業の」機械化. ❷ 工場制機械工業《産業革命期に発展し，蒸気機関を動力源とする》
maquinista [makinísta]《名》❶ [機械の] 操作係, 運転者. ❷ [鉄道] 運転士. ❸《船舶》機関士: primer (segundo) ~ 一等 (二等) 機関士. ❹《演劇》舞台係, 道具方, 裏方. ❺《映画》撮影助手
maquinización [makiniθaθjón]《女》機械化, 機械の導入
maquinizar [makiniθár]《他》機械化する, 機械を導入する
maquiritare [makiritáre]《形》《名》マキリタレ族［の］《ベネズエラ, オリノコ川上流の先住民》
── 《男》マキリタレ語
maquis [mákis]《←ラテン語》《男》《単複同形》❶《歴史》マキ《第2次大戦期フランスの反independentゲリラ; スペインの反フランコゲリラ》. ❷《植物》マキ, 地中海性気候特有の低木林
── 《名》マキの隊員
maquisapa [makisápa]《男》《女》《ペルー. 動物》クモザル
maquisard [makisár]《←フランス語》《名》《複 ~s》《歴史》マキ maquis の隊員
mar [már]《←ラテン語 mare》《男》《船舶用語》《名》《ただし《海》では男性形; los mares》❶ ［海］ 海: 1) Me bañó en el ~. 私は海で泳いだ. Los inmigrantes ilegales entran por ~. 不法入国者たちは海から入ってくる. al otro lado del ~ 海の向こうに; 海外で. agua de ~ 海水. aire de ~ 海風, 潮風. hombre de ~ 海の男. productos del ~ 海の産物, 海の幸. viaje por ~ 船旅. 2)《諺, 成句》El que no se aventura no pasa la ~. 虎穴に入らずんば虎子を得ず. Hay un ~ de esto a eso. これとそれとは大違いだ. arar en el ~ · ぬかに釘, 焼け石に水. meter la ~ en un pozo 不可能なことを試みる. 3) ［特定の］ Mar Amarillo 黄海. Mar Caspio カスピ海. ~ de las Antillas アンティル海《カリブ海 Mar Caribe のこと》. Mar del Japón 日本海. Mar del Norte 北海. Mar Negro 黒海. Mar Rojo 紅海. los Siete Mares 七つの海《南・北太平洋, 南・北大西洋, インド洋, 南氷洋, 北極海》. 4) 大洋《=océano》: Mar Atlántico 大西洋. ❷ ［湖］ ［=lago］: Mar Menor マル・メノール《ムルシア州の潟湖》. Mar Muerto 死海. Mar de Galilea ガリラヤ湖. ❸ 大波, うねり《=~ montañosa》: 1) Hay demasiada ~ para zarpar. 船を出すにはうねりが高すぎる. Se picó (Se levantó) la (el) ~. 海が荒れ始めた／うねりが出始めた. 2) ［程度］ ~ arbolada ［波高6m以上の］ 荒海. ~ gruesa ［波高6m以下の］ 荒海. ~ picada ［mar gruesa と mar rizada の中間の］ 荒海. ~ rizada ［さざ波程度の］ 少し荒い海. ❹《天文》［月などの］ 海: Mar de la Tranquilidad 静かの海
a ~es《口語》たくさん: llorar *a ~es* おいおいと泣く, 大泣きする. llover *a ~es* 大雨が降る. sudar *a ~es* 大汗をかく
alta ~ 1) 沖合: Los buques pescan en *alta ~*. 船は何艘か沖に出て漁をしている. 2) 公海; 外洋, 遠洋: Todos los Estados tienen el derecho de que los buques naveguen en *alta ~*. あらゆる国の船は公海上を航行する権利を有する. pescar en *alta ~* 公海で漁をする
hablar de la ~ 絵空事の《夢みたいなこと》を言う
hablar de la ~ y sus peces ほとんど興味のないことについて話す
hacerse a la ~ 船を出す, 出航する: El pescador *se hizo a la ~*. 漁師は舟を出した
la ~ de + 名詞《西. 口語》=*un ~ de* + 名詞: Tengo *la ~ de* cosas que hacer. 私は多くのことをしなければならない
la ~ de + 形容詞《西. 口語》非常に…な: Estoy *la ~ de* contento. 私は大変満足だ
la ~ de bien《西. 口語》非常によく (上手に): Bebe *la ~ de bien*. 彼はすごく飲む. ¿Qué tal?—*La ~ de bien*. 調子はどう?—すごくいい
la ~ en coche《南米. 口語》何もかもすべて
mala ~ 時化（しけ）, 荒海
~ abierto 1) 公海. 2) 外洋, 外海: Las ballenas nadaban y cazaban en *~ abierto*. クジラたちは外洋で泳ぎ, 狩りをしていた
~ afuera 沖に
~ ancha 外洋《=*alta ~*》
~ cerrada 内海
~ de fondo 1)《船舶, 気象》うねり: Hay una *~ de fondo* de 5 metros. 5メートルのうねりがある. 2) ［内部の］ 潜在的な不満 (不安): provocar una *~ de fondo* 不満を醸成する. 3) 深い事情: Detrás de ese antagonismo hay *~ de fondo*. その対立は根が深い
~ de leche 穏やかな海, 凪（なぎ）いだ海
~ de leva うねり《=~ de fondo》
~ de viento 荒海
~ en leche =*~ de leche*
~ en lecho =《古語》*~ de leche*
~ fuerte 荒海
~ interior 内海: *Mar Interior* de Seto 瀬戸内海. *Mar Interior* Occidental《考古》西部内陸海道
~ larga 外洋《=*alta ~*》
~ llana 穏やかな海
~ tendida うねり《=~ de fondo》
Me cago en la ~. くそくらえ!
Mecachis en la ~. くそくらえ!《Me cago en la ~. より語調が柔らかい》
nadar en un ~ de leche《パナマ, キューバ, コロンビア. 口語》非常に裕福である
picarse el (la) ~ ［人が］ 変わり始める
un ~ de + 名詞 大量の…: Bajo sus pies hubo *un ~ de* ciruelas. 彼の足下には大量のプラムが転がっていた. Hay *un ~ de gente*. たくさんの人が出ている. Hay *un ~ de diferencia* entre las dos expresiones. 2つの表現の間には大きな違いがある. estar hecho *un ~ de* lágrimas 大泣きしている. tener *un ~ de* dudas (*de* confusiones) ひどく当惑している, わけが分からなくなっている. *un ~ de* sangre 血の海; 大虐殺
──《軍事》［号令の直後に実行を命じる］Media vuelta, *¡Mar!* 回れ, 右! Derecha, *¡Mar!* 右向け, 右!
mar.《略語》←martes 火曜日; marzo 3月
mara [mára]《女》❶《俗語》連中, 仲間, やから. ❷《コロンビア》ガラス玉
mará [mará]《男》《ペルー. 動物》パンパウサギ, マーラ
marabino, na [marabíno, na]《形》《名》《地名》=**maracaibero**
marabú [marabú]《男》《複 ~[e]s》❶《鳥》アフリカハゲコウ, マラブー; その羽毛の飾り. ❷《服飾》マラブー糸. ❸ ［北アフリカの］ イスラム教の隠者 (聖者). ❹《キューバ. 植物》マメ科の一種《雑草. 学名 Dichrostachys cinerea》
──《名》《主に服飾》アフリカハゲコウの白い羽毛: boa de ~ マラブーフェザー・ボア
marabullo, lla [marabúʎo, ʎa]《形》《名》《地方語》粗野な ［人］
marabunta [marabúnta]《←?語源》《女》❶ ［通り道にあるものを食べ尽くす］ アリの集団移動; グンタイアリ. ❷《口語》大騒ぎしている群衆
marabuto [marabúto]《男》=**morabito**
maraca[1] [maráka]《←カリブ語・アラワコ語 maraka》《女》《複 ~s》❶《音楽》《主に 複》マラカス: mover las ~s マラカスを振る. ❷《プエルトリコ》1)《玩具》がらがら. 2)《複》ばかなこと. ❸《ペルー, チリ》丸の代わりに絵の描かれた3個のさいころを使う賭博. ❹《チリ》売春婦
──《名》《プエルトリコ, コロンビア, ベネズエラ. 口語》鈍い人, 役立たず
pasarse de ~《コロンビア》ぼうっとする, きょとんとする. 2)《ベネズエラ》度を超す, やり過ぎる
maracaibero, ra [marakaiβéro, ra]《形》《名》《地名》マラカイボ Maracaibo の ［人］《ベネズエラ, スリア州の州都》
maracaná [marakaná]《←カリブ語》《男》《ベネズエラ, アルゼンチン, パラグアイ. 鳥》コンゴウインコ《=**guacamayo**》
maracayá [marakajá]《男》《南米. 動物》［オセロットに似た］ 斑点のあるヤマネコ《学名 Felis maracaya》
maracayero, ra [marakajéro, ra]《形》《名》《地名》マラカイ Maracay の ［人］《ベネズエラ, アラグア州の州都》
maraco, ca[2] [maráko, ka]《名》《ベネズエラ》末っ子
──《名》❶《ボリビア. 音楽》マラカス《=**maraca**》. ❷《チリ. 軽蔑》男色家
maracón [marakón]《男》《コロンビア. 音楽》大型のマラカス
maracucho, cha [marakútʃo, tʃa]《形》《名》《ベネズエラ. 軽蔑》マラカイボ Maracaibo の ［人］《=**maracaibero**》
maracure [marakúre]《男》《植物》クラーレ《つる植物. 毒 curare が採取される》
maracuyá [marakujá]《男》《植物, 果実》クダモノトケイソウ, パッションフルーツ
Maragall [maraɣáʎ]《人名》**Joan ~** ジュアン・マラガイ《1860~1911, カタルーニャの詩人》

maragalliano, na [maraɡaʎjáno, na] 形《人名》ジュアン・マラガイ Joan Maragall の

maragatería [maraɡatería] 女《集合》マラガテリアの人

maragato, ta [maraɡáto, ta] 形名《地名》マラガテリア La Maragatería の〔人〕《レオン県の一部で地形が険しい》
── 男《古語》女性用の首飾り

maragota [maraɡóta] 女《魚》ベラ科の一種《学名 Labrus berggylta》

marajá [maraxá] 男 =**maharajá**

marajaní [maraxaní] 女《文語》=**maharaní**

marallo [maráʎo] 男《地方語》刈られたばかりの草（穀類）の列

maramaral [maramarál] 男《ベネズエラ》低木林, 潅木地《= monte bajo》

maranchonero [marantʃonéro] 男《地方語》馬商人

maranguango [maraŋɡwáŋɡo] 男《コロンビア》魔法；媚薬

maranta [maránta] 女《植物》クズウコン

marantáceo, a [marantáθeo, a] 形 クズウコン科の
── 女《複》《植物》クズウコン科

maraña [maráɲa] 女《←語源》❶《不可算》茂み《=maleza》: cortar la ～ 下生えを刈る. ❷《糸などの》もつれ；ぼさぼさの髪: ～ de cables もつれたケーブル. ❸ 混乱, 紛糾: ¡Qué ～! 何でこっちゃごちゃしてるんだ! Hay una ～ de garabatos en la pared. 壁は落書きだらけだ. meterse en una ～ ごたごたに巻き込まれる. ～ legal ごちゃごちゃした法律. una ～ de mentiras 嘘のかたまり. ❹ 絹糸のくず〔で作った織物〕. ❺《俗語》奴ら, 連中. ❻《地方語, 植物》ケルメスナラ《=coscoja》. ❼《コロンビア》チップ, 心付け; 小額のボーナス

marañal [maraɲál] 男《まれ》ケルメスナラ林《=coscojal》

marañero, ra [maraɲéro, ra] 形名 面倒を起こす〔人〕, 面倒を起こすのが好きな〔人〕

maraño [maráɲo] 男 鎌 guadaña で刈り取った草の山〔列〕

marañón[1] [maraɲón] 男 ❶《植物》カシューナットノキ;《果実》カシューナット. ❷《地方語》=**garañón**

Marañón [maraɲón]《人名》Gregorio ～ グレゴリオ・マラニョン《1887~1960, スペインの作家・医学者. 専門の医学のほか, 該博な知識をもとに独創的な視点で歴史や文化を論じ, 数多くの人物評伝も著わした》

marañón[2], **na** [maraɲón, na] 形名 ❶《中南米》マラニョン川・アマゾン川付近の住民の〔人〕. ❷《コロンビア, ベネズエラ》《雄鶏が》赤い羽の混じった白い

marañoso, sa [maraɲóso, sa] 形 狡猾な〔人〕, ずるい〔人〕

marañuela [maraɲwéla] 女《植物》❶《植物》セイヨウヒルガオ, キンレンカ. ❷《アストゥリアス, 菓子》8の字形のケーキ

marapa [marápa] 女 ❶《メキシコ》モンビン jobo の実. ❷《ベネズエラ》モンビンの実で作る清涼飲料水

maraquear [marakeár] 他《ドミニカ, ベネズエラ》〔物を〕揺り動かす
── **~se**《ドミニカ, ベネズエラ》左右に揺れる

maraquero, ra [marakéro, ra] 形名《カリブ, アンデス》マラカス奏者

maraquito, ta [marakíto, ta] 形名《ベネズエラ》末っ子
── 女《ベネズエラ》子供をあやす玩具

marasmo [marásmo] 男《←ギリシア語 marasmos < maraino「しびれる」》男 ❶ 衰弱, 憔悴;《医学》〔特に幼児の〕消耗症: sumirse en un ～ letárgico 昏睡状態に陥る. ❷ 不振, 衰微: en ～ de los negocios 事業の不振. ❸ 大混乱, 紛糾: un ～ de voces 喧々囂々, 騒然. ❹《植物》〔総称〕ホウライタケ《このうち一部のキノコは食用》

marata [maráta] 形名《インドの》マラータ族〔の〕
── 男 =**maratí**

maratí [maratí] 男《インドの》マラータ語

maratobo [maratóbo] 形《キューバ》赤色の鶏《=malatobo》

maratón [maratón] 男《←ギリシア語 Marathon（地名）》❶《時に女》《スポーツ》マラソン〔競走〕: correr un (una) ～ マラソンをする. media ～/medio ～ ハーフマラソン. ～ alpino 山岳マラソン. ❷ 耐久競技: asistir al ～ de baile マラソンダンスに参加する. ❸ 長時間の活動: Su trabajo es un continuo ～ para entregar los expedientes a tiempo. 時間に合うように一件書類を提出するのが彼の延々と続く仕事だ

maratoniano, na [maratonjáno, na] 形 ❶《スポーツ》マラソンの; 耐久競技の. ❷ ひどく長い, 非常に疲れる: negociación ～*na* 長々と続く交渉
── 名 マラソン走者

maratónico, ca [maratóniko, ka] 形《メキシコ, キューバ, ボリビア,

アルゼンチン, ウルグアイ》耐久競技の

marattiales [maratjáles] 女《集合》リュウビンタイ科

maravedí [maraβeðí] 男《複》～[e]s/*maravedises*《西. 歴史》〔アルフォンソ8世時代 (1172)~イサベル2世時代 (1854) の通貨単位》マラベディ: ～ burgalés 銅貨1銀1の合金の貨幣《=6分の1マラベディ》. ～ = 2ブランカ blanca. ～ de oro マラベディ金貨《ムラビト朝のディナール金貨を模倣して鋳造された. 13世紀初めドブラ金貨 dobla の登場により流通過程から消えたが, 貨幣単位としては残った》

maravedinada [maraβeðináða] 女《古》昔の軽量単位

maravilla [maraβíʎa]《←ラテン語 marabilia「不思議」》女 ❶ 驚異, 驚嘆: 1) 〔すばらしい人・事物, 不思議な人・事物〕El concierto fue una verdadera ～. コンサートは本当にすばらしかった. Mi mujer era una ～. 私の妻はとてもすばらしかった. Ella lleva una ～ de sortija. 彼女はすばらしい指輪をはめている.《語法》不定冠詞+評価名詞=不定冠詞+名詞+無定冠詞+評価形容詞: una sortija *maravillosa*) ¡Qué ～! すばらしい/すごい! ～*s* de la naturaleza 大自然の驚異. las siete ～*s* del mundo 世界の七不思議〔Pirámides de Egipto エジプトのピラミッド, Faro de Alejandría アレクサンドリアの灯明台, Jardines y murallas de Babilonia バビロンの吊り庭, Templo de Diana エフェソスのディアナ神殿, Júpiter Olímpico オリンピアのゼウス神像, Sepulcro de Mausolo マウソロスの霊廟, Coloso de Rodas ロードスのヘリオスの巨像》. la octava ～ del mundo〔ほめ言葉で〕8番目の不思議. Alicia en el país de las ～*s*『不思議の国のアリス』. No diga ～ sin ver Sevilla./Quien no ha visto Sevilla no ha visto ～.《諺》日光見ずして結構と言うなかれ. 2)〔感情・行為〕causar ～ a+人 …を驚嘆させる. temblar de ～ 感動に震える. ❷《料理》〔スープに入れる〕粒状のパスタ. ❸《植物》マリーゴールド;《=～ del Perú》; サンシキヒルガオ; キンセンカ

a las ～*s*《まれ》=**a las mil** ～*s*

a las mil ～*s*《口語》非常によく, すばらしく, 完璧に: Aquí todo marcha *a las mil* ～*s*. ここでは すべて非常に順調にいっている. Todo resultó *a las mil* ～*s*. 事は何もかも嘘のようにうまくいった

a ～《まれ》=**a las mil** ～*s*

a mil ～*s*《まれ》=**a las mil** ～*s*

contar ～*s de*... …を絶讃する: Cuenta ～*s de* su nieto. 彼は孫をほめちぎっている

de ～*s*《口語》=**a las mil** ～*s*: Toca la guitarra *de* ～*s*. ギター演奏はすばらしい

de ~s《まれ》=**a las mil** ～*s*

decir ～*s de*... =**contar** ～*s de*...

hablar ～*s de*... =**contar** ～*s de*...

hacer ～*s* すばらしいことをやってのける: Hace ～*s* con la flauta. 彼のフルート演奏はすばらしい

ir de ～ 1) おあつらえ向きである, ぴったりである. 2) 非常にいい, すばらしい: ¿Cómo te ha ido el examen oral?—Regular, no me *ha ido de* ～. 口頭試問はどうだった？—まあまあだ, 取り立ててよくもなかった

para ～ *de todos* みんなが驚いたことに: Para ～ *de todos* se puso a cantar. みんなが驚いたことに彼が歌い出した

pasarlo en (de) ～ 大いに楽しく過ごす; いい暮らしをする

por ～ 偶然に

salir de ～ =**ir de** ～

ser la octava ～ きわめて特別ですばらしいことである

ser una ～ 非常に変わっている: Mi hijo *es una* ～, no llora nunca. 私の息子は変わっていて, 一度も泣いたことがない

venir de ～ =**ir de** ～

maravillado, da [maraβiʎáðo, ða] 形 驚嘆を示す

maravillante [maraβiʎánte] 形《まれ》驚嘆させる

maravillar [maraβiʎár]《←maravilla》他 驚嘆させる, 感嘆させる: Siempre me *maravilla* la imaginación de los escritores. 作家の想像力にはいつも感心させられる. El malabarista *maravilló* a los niños. ジャグラーは子供たちをびっくりさせた
── **~se**〔+de・con に〕驚嘆する, 感嘆する; 不思議に思う: Nos *maravillamos con* el paisaje del horizonte. 私たちは地平線の景観に驚嘆した

maravillosamente [maraβiʎósamente] 副 すばらしく, 驚くほど

maravilloso, sa [maraβiʎóso, sa] 形《←maravilla》❶ 驚異的な, すばらしい: Hace un día ～. すばらしい一日だ. chica ～*sa* すてきな女の子. paisaje ～ 絶景. ❷ 不思議な: fenómino ～

不思議な現象. Aladino y su lámpara ~*sa* アラジンと魔法のランプ

maray [maráj] 男《チリ》[2枚の石の] 石臼; 臼石

maraya [marája] 女 ❶ 《コロンビア. 植物》丈の低いヤシ科の一種《バクトリス Bactris 属, ゲオノマ Geonoma 属》. ❷ 《ボリビア》[バナナやマンジョカの] 濃粉

marbella [marbéʎa] 女 《キューバ. 鳥》アメリカヘビウ

marbellí [marbeʎí] 形 名 《陽》─[e]s]《地名》マルベジャ Marbella の[人]《マラガ県の町, 地中海岸の保養地》

marbete [marbéte]《←アラビア語》男 ❶ ラベル, 《文語》値札, 荷札《=etiqueta》. ❷ 縁(ち): tarjeta de visita con el ~ dorado 金の縁取りのある名刺. ❸ 《比喩》レッテル, 烙印

marca [márka] 女 ❶ 《識別用の》印, 符号, マーク, 刻印: 1) poner una ~ a un pañuelo ハンカチに目印をつける. poner su ~ en los novillos 若牛に焼き印を押す. ~ de ley [金などの] 純分認証極印. 2) 《情報》~ de posición ブックマーク. ❷ 商標《=~ de fábrica》, 銘柄: ~ registrada (patentada) 登録商標. ¿De qué ~ es tu ordenador? 君のコンピュータはどこのメーカーのですか？ ~ de prestigio 有名ブランド. ❸ 跡, 痕跡: El cuadro ha dejado una ~ en la pared. 絵を掛けていた跡が壁に残っている. seguir las ~s de un fugitivo 逃亡者を追跡する. ~ del traje de baño 水着の跡. ❹ 明らかな特徴: Esa música tiene la ~ de los años cincuenta. その音楽は50年代の特色が出ている. ❺《スポーツ》1) 《最高》記録: establecer una ~ mundial 世界記録を樹立する. tener la mejor ~ en... …の最高記録を持っている. batir (superar; mejorar) una ~ 記録を破る, 記録を更新する. 2) ~ central センターマーク. ❻《言語》標識. ❼《船舶》目標, 陸標. ❽ 国境地域; 辺境, 境界: M~ Hispánica《歴史》スペイン辺境領《イスラムの進出を阻むためにフランク王カール大帝 Carlomagno がスペイン北東部に設置した, バルセロナ伯領を中心とする後のカタルーニャ公国 Principado de Cataluña へと発展》. ❾ 身長計. ❿ 刻印器. ⓫《隠語》売春婦. ⓬ 点数; 評点. ⓭ 影響

de ~ 1) ブランド品の, 銘柄品の: artículo *de* ~ 銘柄品, ブランドもの, 一流メーカー品. ropa *de* ~ ブランドものの服. 2) 桁外れの: personaje *de* ~ 傑物. tonto *de* ~ 大変なばか

de ~ *mayor* 1) 桁外れの, すさまじい: idiota *de* ~ *mayor* ひどい愚か者. 2) 極上の: whisky *de* ~ *mayor* 極上のウイスキー

de más ~《口語》桁外れの

~ *de agua* 1) [紙の] 透かし. 2) 量水標, 水位標

MARCA [márka] 女 マルカ《スペインのスポーツ紙. 1938年に週刊紙として創刊, 1942年に日刊紙となる. 主にサッカー関連の記事を掲載》

marcación [markaθjón] 女 ❶《建築》扉枠, 窓枠. ❷ 電話番号を押す[回す]こと. ❸《船舶》方位[記録]. ❹《中南米》[家畜用の] 焼き印用の鉄; 焼き印を押す作業

marcada[1] [markáða] 女《アルゼンチン》[家畜に] 焼き印を押す作業

marcadamente [markáðaménte] 副 著しく, 目立って: acento ~ andaluz 強いアンダルシアなまり

marcado, da[2] [markáðo, ða] 形 ❶ 著しい, 顕著な, 目立つ; あからさまな: ~ acento argentino 顕著なアルゼンチンなまり. ~ contraste 強いコントラスト. ~ optimista 著しい楽天主義者. ❷《言語》有標の: no ~ 無標の
 ── 男《美容》髪のセット. ❷ [家畜の] 焼き印押し. ❸《情報》lenguaje de ~ マークアップ言語

marcador, ra [markaðór, ra] 形 名 ❶ 印を付ける[人]. ❷《スポーツ》1) 相手をマークする選手. 2)《西》記録員; スコアラー. ❸《印刷》紙差し工
 ── 男 ❶《スポーツ》1) 得点標示板, スコアボード; 電光掲示板《=~ electrónico》: ¿Cómo va el ~? スコアはどうなっている？ El ~ va tres a uno. 3対1だ. ~ simultáneo 他の試合の結果. 2) 得点: Dieron la vuelta al ~. 彼らは逆転した. abrir (inaugurar) el ~ 初得点を入れる. adelantarse (ponerse por delante·ir por delante) en el ~ 相手の得点を上回る. igualar el ~ 同点にする. ❷ 標識: ~ de caminos 道路標識. ❸ [本の] しおり《=~ de página》. ❹ ゴルフ·マーカー. ❺《ビリヤード》ビリヤードマーカー. ❻《生物, 医学》遺伝標識, マーカー: ~ tumoral 腫瘍マーカー.《通信》ダイアル. ❽《言語》~ sintagmático 統語マーカー. ❾《中南米. 文房具》マーカー《=rotulador》

── 女 印付け機, マーキングマシーン

marcaje [markáxe] 男《←marcar》《スポーツ》[相手選手への] マーク: ~ individual/~ al hombre マンツーマンディフェンス. ~ por zonas ゾーンディフェンス

marcapágina [markapáxina] 男 [本の] しおり

marcapáginas [markapáxinas] 男《単複同形》=**marcapágina**

marcapaso [markapáso] 男 =**marcapasos**

marcapasos [markapásos] 男《単複同形》《医学》ペースメーカー: ~ cardíaco 心臓ペースメーカー

marcar [markár]《←伊語 marcare》他 ❶ …に印をつける, 印で示す: Marque con X la respuesta adecuada. 正しい答えに×印をつけなさい. ~ a fuego/~ con hierro [家畜に] 焼き印を押す. ~ la ropa 服にネームを入れる. ❷ 表示する: El termómetro *marca* treinta grados. 温度計は30度を指している. El reloj *marcaba* las horas implacables. 時計は無情に時を刻んでいた. ❸ [電話番号を] 押す, 回す: ~ un número equivocado 間違った番号を押す. ~ el 061《西》061を押す《日本の119番に相当》. ~ el 091《西》091を押す《日本の110番に相当》. ❹ …に痕跡をとどめる: La caída me *marcó* en el brazo. 私は転んで腕に傷跡が残った. Ese acontecimiento *marcó* mi vida. その出来事が私の人生に大きな影響を与えた. ❺ 目立たせ, 際立たせる: Este vestido me *marca* el pecho. このドレスは私の胸の線が強調される. ❻《商品に》定価を表示する: *Marcó* las manzanas a 7 euros el kilo. 彼はリンゴを1キロユーロの値段で店頭に並べた. ❼《スポーツ》1) [得点などを] 記録する: *Marcó* un tiempo de 2:07:43. 彼は2時間7分43秒の記録を出した. 2) [シュートなどを] 入れる, 得点する. 3) [相手を] マークする. ❽《音楽など》[拍子·リズムを] とる. ❾《動物》~ su territorio 自分のテリトリーにマーキングをする. ❿《地理》…に標識を付ける, マークする. ⓫ [+por] 自分のものと思う: Lo *marqué por* mío. 私はこれを自分のものと思った. ⓬《情報》タグをつける. ⓭《トランプ》ビッドする. ⓮《刃物で》傷跡をつける. ⓯《隠語》監視する, スパイする. ⓰《南米》~ un billete 切符を切る

 ── 自《スポーツ》得点する; 得点をつける. ❷《電話》番号を押す, ダイアルする. ❸《美容》髪をセットする: Quiero solo lavar y ~. 洗ってセットするだけして下さい

 ~*se* 1) [自分の髪を] セットする, セットしてもらう. ❷《口語》[勝利などを] 獲得する. ❸《スポーツ》…を行なう《華やかな行為など》: Me he *marcado* un tango con una guapa. 私は美人とタンゴを一曲踊った. ❹《船舶》方位を測定する. ❺《隠語》目立つ, 派手なことをする. ❻《隠語》[酒を] 飲む; [たばこを] 吸う

marcar	
直説法点過去	接続法現在
marqué	marque
marcaste	marques
marcó	marque
marcamos	marquemos
marcasteis	marquéis
marcaron	marquen

marcasita [markasíta] 女《鉱物》マーカサイト, 黄鉄鉱; 白鉄鉱

marceador, ra [marθeaðór, ra] 形 名《西》[羊などの] 毛を刈る人

marcear [marθeár]《←marzo》自《西》[主に単人称] 3月のような気候である

 ── 他《西》[春になって羊などの] 毛を刈る

marcela [marθéla] 女《ラプラタ. 植物》マセラ《薬用. 学名 Achyrocline satureoides》

marcelianismo [marθeljanísmo] 男《キリスト教》マルセロ Marcelo によって唱えられた異端思想《4世紀 Ancira の司教. 父·子·聖霊の3つのペルソナを混同したとされる》

marcelianista [marθeljanísta] 形 名 marcelianismo を信奉する[人]

marcen [márθen] 男《農業》畝を立てた畑《=amelga》

márcena [márθena] 女 ❶《農業》畝を立てた畑《=amelga》. ❷《アラブ, ログローニョ》縁, 余白

marcenar [marθenár] 他《農業》畝を立てる《=amelgar》

marceño, ña [marθéɲo, ɲa]《←marzo》形《西》3月の: clima ~ 3月らしい気候

marceo [marθéo] 男《養蜂》[初春に巣箱を清掃するための] 巣

marcero, ra [marθéro, ra] 形《西》3月の《=marceño》
marcescente [marθesθénte]《←ラテン語 marcescens, -entis》形《植物》〔葉・花などが〕落ちずに枯れる(しおれる), 枯凋(こちょう)する, 凋萎(ちょうい)する
marcescible [marθesθíble] 形《植物》〔葉・花が〕しおれ得る
marcha [mártʃa]《←marchar》女 ❶ 進むこと, 進行; 歩くこと, 歩み, 歩行: La tormenta causa inundaciones en su ~ lenta. 彼の歩みが遅いために洪水を引き起こした. Iniciamos la ~ a las seis de la mañana. 私たちは朝6時に歩き始めた. ❷ 立ち去ること, 出発; 出立: Su ~ repentina nos dejó preocupados. 彼が突然去ったので私たちは心配した. No sé su ~ a otro equipo. 彼が他のチームに移ることを私は知らなかった. ❸ 行進, 行軍; デモ行進: ~ campestre 徒歩遠足. ~ triunfal 凱旋行進; ウイニング・ラン. ❹《乗り物での》進行; 速度: Aceleró la ~ del coche. 彼は車のスピードを上げた. ~ moderada《表示》スピード落せ. dirección de la ~ de un tren 列車の進行方向. ❺《機械などの》運転, 稼動. ❻《物事の》経過, 進展: Es peligrosa la ~ que ha tomado el asunto. 事件のどっした経過は危険である. La vida continúa su ~. いつもと変わらない生活が続く. ~ del tiempo 時の流れ, 時代の歩み. ❼《音楽》行進曲: ~ nupcial (fúnebre・militar) 結婚(葬送・軍隊)行進曲. 2)《西》M~ Real 国王行進曲《スペイン国歌. 1770年カルロス3世が採用. 歌詞はない》. M~ Real Fusilera 古い国王行進曲《宮廷の内々の儀式で演奏された》. ❽《軍事》進軍の合図の太鼓・ラッパ: batir la ~, 進軍太鼓を鼓打ち鳴らす, 進軍ラッパを吹き鳴らす. ❾《自動車, 自転車》ギア: cambiar la ~ ギアを入れる. cambiar de ~ ギアチェンジをする. tener cinco ~ s 5段変速である. la primera (segunda・tercera・cuarta) ~ ロー(セカンド・サード・フォース). ~ directa トップ. ❿《スポーツ》競歩〔= ~ atlética, ~ de competición〕: 50 km ~ 50キロ競歩. ⓫《西. 若者語》〔夜の盛り場などの〕活気, にぎわい: En este barrio hay mucha ~. この地区は大変にぎわっている. ⓬《西. 若者語》〔何をする時の〕元気: Hoy no tengo ninguna ~. 今日私は何もする元気がない. ⓭《メキシコ. 自動車》セルフスターター, 自動始動機. ⓮《カリブ. 馬術》並足, ゆっくりしたトロット

a buena ~ 順調に, 迅速に
a largas ~s =*a toda* ~
a ~s forzadas《西》強行軍で; 大急ぎで, 時間に追われて: trabajar *a ~s forzadas* 強行軍で働く
a toda ~ 大急ぎで, 全速力で: ir *a toda* ~ con el coche 車を全速力で走らす
abrir la ~ 先頭に立つ, 先頭を行く
cerrar la ~ しんがりをつとめる, 最後尾を行く: *La* ~ *la cerraban* un grupo de niños del jardín de infancia. 行列の最後は幼稚園児の一団だった
coger la ~《西》[+de・a の] 扱い方を習得する, こつをつかむ
con mucha (poca) ~《若者語》[主に男性を]性的に興奮させる
dar ~《若者語》[主に男性を]性的に興奮させる
doblar las ~s 〔一日で〕2日分の行程を進む
en ~ 1) 進行中の, 作動(稼働)している: La reforma está *en* ~. 改革は進行中だ. Tiene un buen negocio *en* ~. 彼の商売は順調だ. subir al autobús *en* ~ 走っているバスに飛び乗る. bajar del tren *en* ~ 走行中の列車から飛び下りる. 2)《号令》¡*En* ~! 前に進め!／さあ行こう! 3)《号令》《経済》empresa *en* ~ 継続企業《概念》, ゴーイングコンサーン《企業は永続的であるとする》
encabezar la ~ =*abrir la* ~
ir (gustar) a+la ~《西. 皮肉》…は苦しむ(虐待される)のを好む
~ *atrás* 1)《自動車》バック〔ギア〕: poner (meter・dar・echar・hacer) la ~ *atrás* ギアをバックに入れる, 車をバックさせる; [+en について] 後退させる. Han dado ~ *atrás* al proyecto. 計画は後退された. 2)《熟慮の上の》変更: A última hora dio ~ *atrás*. 彼は最後になって心変わりした. 3)《口語》腟外射精: dar ~ *atrás* 腟外射精する
llevar buena ~ 順調に進む
poner en ~ 始動させる; 始める; 発進させる: poner el coche *en* ~ 車を発進させる. poner *en* ~ un negocio 商売を始める, 創業する. 2) 作動させる, 起動させる: poner *en* ~ el dispositivo de seguridad 安全装置をかける
ponerse en ~ 1) 動き出す, 始動する: Se puso *en* ~ una

reforma del sistema de pensiones. 年金制度の改革が始まった. 2) 出発する
romper la ~ =*abrir la* ~
sobre la ~ 1) 必要に応じて, なりゆきを見て: Es difícil tomar decisiones *sobre la* ~. 臨機応変に決断を下すのは難しい. 2) 即座に, その場で
tener mucha ~ 1)《人が》元気である, 活発である. 2)《音楽が》陽気な. 3)《町が》活気がある, にぎわっている
marchado [martʃádo] 形《アルゼンチン. 馬術》軽快な歩調
marchador, ra [martʃaðór, ra] 形 ❶《動物》歩行性の. ❷《中南米》1)《馬術》側対歩の. 2) 健脚の
—— 名《スポーツ》競歩の選手
marchamar [martʃamár] 他《西》〔検査済の印を押す; 〔税関で貨物に〕通関証票を貼る
marchamero [martʃaméro] 男《西》検査済の印を押す係官
marchamo [martʃámo]《←アラビア語 marsam》男《西》〔税関・食肉などの〕検査済の印. 2)《西》特徴〔づけるもの〕. ❸《ボリビア, アルゼンチン》〔公設屠殺場での〕屠殺一頭分の税金
marchantaje [martʃantáxe] 男《プエルトリコ, ウルグアイ》常連客, 顧客
marchante, ta [martʃánte, ta]《←仏語 marchand》名 [marchante 女 もある] ❶ 美術商, 画商. ❷ 行商人. ❸《地方語》家畜商. ❹《アンダルシア; 中米》〔商店の〕常連客, 顧客. ❺《メキシコ》1) 市場の露天商. 2) 恋人〔=amante〕. ❻《プエルトリコ, コロンビア, エクアドル, ペルー. 戯語》愛人, 情婦, 情夫
—— 形《まれ》=mercantil》
a la ~ta《ボリビア, アルゼンチン, ウルグアイ. 口語》1) いい加減に, 不注意に. 2) 奪い合って
tirarse a la ~ta《アルゼンチン, ウルグアイ》あきらめる, あるがまま
—— 男《プエルトリコ》〔女性の〕飾り櫛(くし)
marchanteo [martʃantéo] 男《まれ》商活動, 商売
marchantería [martʃantería] 女 ❶ 行商. ❷《中米, ベネズエラ》顧客〔=clientela〕
marchanterío [martʃanterío] 男《コロンビア》顧客〔= clientela〕
marchantía [martʃantía] 女《中米, プエルトリコ, ベネズエラ》顧客〔=clientela〕
marchapié [martʃapjé] 男《船舶》〔帆を操るための〕足場綱, フットロープ
marchar [martʃár]《←仏語 marcher < ゲルマン語 markon》自 ❶ 進む; 歩いて行く, 歩く〔= ~ a pie〕: Tiene costumbre de ~ un rato alrededor de la laguna por la mañana. 彼は朝, 潟湖のまわりをしばらく歩く習慣にしている. ❷《機械などが》動く;《乗り物》走る: Este reloj no marcha bien. この時計は狂っている. Este tren marcha a 300 kilómetros por hora. 列車は時速300キロで走る. Este coche marcha muy lentamente. この車はとてもゆっくり走っている. ❸《物事などが》うまく運ぶ, 順調である, 進展する: Apenas marchan las negociaciones para la fusión de los dos bancos. 銀行合併のための話し合いはほとんど進んでいない. Les marcha muy bien la vida de matrimonio. 彼らの結婚生活は非常にうまくいっている. El niño marcha bien en la nueva escuela. その子は今度の学校でうまくいっている. ❹《軍隊が, +sobre に向かって》進軍する, 行軍する〔= ~ en fila〕: Los soldados marcharon y entraron en la plaza de armas. 兵士たちは行進して, 練兵場に入った. ¡Marchen!《号令》進め! ❺《口語》〔+para 時点・状態に〕近づく: ~ *para* viejo 老化する. ❻《地方語》〔どこかに〕行く, 行ってしまう, 去る〔=marcharse〕: Marchamos a campo travieso hasta el pueblo. 私たちは畑を横切って村まで行った. ❼《メキシコ》兵役に服する. ❽《カリブ, チリ, アルゼンチン. 馬術》並足で進む. ❾《ボリビア, アルゼンチン》軽くする
ir marchando〔人が〕まあまあの暮らしをしている; 〔事が〕何とか進行している
Marchando/*Marche*[n]《バルなどで, 注文を受けて》1)《客に》かしこまりました: Dos cafés. —¡Marchando! コーヒー2つ下さい. —かしこまりました. 2) [+食前. 調理場に]…の注文が入りました: ¡Marchando una ensalada! オーダー入りました, サラダ1つ!
~ *a una*《複数の人が》心を一つにして行動する
—— *se*《主に西》〔どこかに〕行く, 行ってしまう, 去る〔→ partir 類義〕: 1) Me marcho, señores. Tengo prisa para tomar el avión. 皆さん, 失礼します. 飛行機に乗るので急いでいま

すので. ¿*Ya te marchas*? ¿Por qué no te quedas una noche más? もう行ってしまうのかい？もう一晩泊まっていったらどうなの？ 2) [+de から] Ya pienso ~*me de* casa e independizarme. 私はそろそろ家を出て，独立するつもりだ． 3) [+a に] Nació en Londres y *se marchó a* Nueva York a los veinte años. 彼はロンドンに生まれて，20歳でニューヨークに出た．*Se ha marchado a* su casa. 彼は家に帰った． 4) El hombre *se marchó de* vacaciones dejando a sus perros encerrados en la terraza sin comida ni agua. その男は犬をテラスに閉じこめ食べ物も水も与えないまま休暇に出かけてしまった．~*se de viaje* 旅に出る

marchenero, ra [martʃenéro, ra] 形 名《地名》マルチェナ Marchena の〔人〕《セビーリャ県の村》
marchista [martʃísta] 名 競歩の選手〔=marchador〕
marchitable [martʃitáble] 形〔植物が〕しおれ得る
marchitamiento [martʃitamjénto] 男 ❶〔植物が〕しおれること，しなびること． ❷ 減退，衰弱: Las decepciones conducen al ~ de los ideales. 幻滅は理想の後退を生む
marchitar [martʃitár]〔←ラテン語 marcere〕❶〔植物を〕しおらせる，しなびさせた: El calor ha marchitado las flores. 暑さで花がしおれた． ❷《文語》やつれさせる: La vejez ha marchitado su belleza. 老いが彼女の容色を衰えさせた． ❸ 減退させる，衰弱させる
——~*se* ❶ しおれる，しなびる: *Se han marchitado* las hojas. 葉がしおれた〔枯れた〕． ❷《文語》やつれる． ❸ 減退する，衰弱する: Las ilusiones de mis padres *se han marchitado* por el sufrimiento. 私の両親の夢は苦しみによってしぼんでしまった
marchitez [martʃitéθ] 女 ❶ しおれていること，しなびていること． ❷ 減退，衰弱
marchito, ta [martʃíto, ta] 形 ❶ [estar+. 植物が] しおれた，しなびた〔⇔lozano〕: rosas ~*tas* しおれたバラ． hojas ~*tas* 枯れ葉． ❷〔人が〕やつれた: rostro ~ やつれた顔． ❸ 減退した，衰弱した: Sus esperanzas están *marchitas*. 彼の夢はしぼんでしまった
marchosería [martʃosería] 女 ❶ しおれて〔しなびて〕いること；《文語》やつれていること． ❷ 減退，衰弱
marchosidad [martʃosiðá(ð)] 女 =**marchosería**
marchoso, sa [martʃóso, sa]〔←marcha〕形 名 ❶《西．若者語》〔人が〕遊び好きな；〔音楽などが〕ノリの良い． ❷《口語》きっそうとした，粋な． ❸《軽蔑》生意気な〔人〕，高慢な〔人〕
marcial [marθjál]〔←ラテン語 martialis「戦争の神マールの」〕形 ❶ 戦争の，軍隊の: disciplina ~ 軍隊式の規律． ❷ 軍人らしい，断固とした，きっそうとした: Tiene andares ~*es*. 彼はきびきびとした歩き方をする． ❸ artes ~*es*〔東洋起源の〕武道，武術，格闘技，マーシャルアーツ． artes ~*es* mixtas 総合格闘技． ❹〔薬剤に〕鉄分を含む
—— 男《古語》〔砂状の〕手écus芳香剤
Marcial [marθjál]《人名》**Marco Valerio** ~ マルクス・ウァレリウス・マルティアリス《40～104，ヒスパニア出身の古代ローマの詩人．『警句集』*Epigramas* は今日のエピグラムの祖とされる》
marcialidad [marθjaliðá(ð)] 女 軍隊調，好戦性，勇壮さ；軍人気質: desfilar con gran ~ 堂々と行進する
marcianitos [marθjanítos] 男 複 インベーダーゲーム
marciano, na [marθjáno, na] 形 名 火星 Marte の；火星人，宇宙人
—— 男 複 インベーダーゲーム
marcido, da [marθíðo, ða]《アラゴン，アンダルシア》❶ しおれた，張りを失った． ❷ 元気のない，病気の
marcino, na [marθíno, na] 形 =**marcial**
marcionismo [marθjonísmo] 男《キリスト教》マルキオン主義《2世紀のグノーシス的異端者マルキオン Marción によって唱えられた》
marcionista [marθjonísta] 形 名 マルキオン主義の〔信奉者〕
marcir [marθír] 他 =**marchitar**
marco [márko]〔←ゲルマン語 mark〕男 ❶ 枠: quedarse en el ~ de la puerta とドアの戸口で立ち止まる． ~ de la ventana 窓枠． ❷ 縁縁: poner un cuadro en un ~/poner ~ a un cuadro 絵を額に入れる． ~ con (para・de) foto 写真立て，フォトフレーム． ❸〔現実を限定・理解するための〕枠組み，文脈: 1) Adoptamos acuerdos dentro del ~ de la Constitución y de las leyes vigentes. 私たちは憲法と現行法の枠組み内で協定を結ぶ． ~ de referencia 準拠枠，基準系；見解，理論；《数学，物理》〔準拠〕座標系． ~ hipotético〔仮説に基づく〕理論的

モデル，シナリオ． ~ jurídico 法的枠組み． ~ político 政治情勢，政治的枠組み． 2) 〔形容詞的〕acuerdo ~ 大枠の〔大まかな〕合意，大枠合意． ley ~ 法制度． plan ~ 草案． programa ~ 枠組み計画． ❹ 雰囲気，情景: El jardín ofreció un ~ muy adecuado para celebrar la fiesta. その庭はパーティーを催すのに非常に好適な舞台だった． ❺《スポーツ》ゴールポスト． ❻ 物差し，三角定規． ❼《農業》1) 苗同士の間隔． 2)《農業》~ real〔農地面積の単位〕=400平方エスタダル estadal． ❽〔フィンランドの旧貨幣単位〕マルッカ〔ドイツの旧貨幣単位〕マルク；《古語》〔ドイツの〕マルク銀貨． ❾《古語》〔金・銀の重量単位〕半ポンド〔=約230グラム〕． ❿《古語》度量衡の原器． ⓫《コロンビア，チリ．自転車》フレーム
marcofilia [markofílja] 女 郵便の消印の収集〔研究〕
márcola [márkola] 女《主にアンダルシア》〔オリーブの刈り込み用などの，2.5メートルほどの〕柄の長い鎌
marcomano, na [markománo, na] 形 名《歴史》〔古代ゲルマンの〕マルコマンニ族〔の〕
marcona [markóna] 形《農業》〔アーモンドの〕マルコナ種の
marconi [markóni] 男 ❶《船舶》通信士． ❷ aparejo ~ 無線電信機． sistema ~ 無線電信
marconigrama [markonigráma] 男 無線電信文
Marcos [márkos] 男《新約聖書》聖マルコ〔San ~〕
mardano [marðáno] 男《アラゴン》種羊〔=morueco〕
mare [máre] 男《ベネズエラ》❶《植物》アシ，ヨシ〔=carrizo〕． ❷ アシ笛のバグパイプ
marea [maréa]〔←仏語 marée〕女 ❶ 潮（しお）〔の干満〕，潮汐（ちょうせき）: Sube (Baja) la ~. 潮が満ちる〔引く〕． ~ creciente (entrante・ascendiente) 上げ潮． ~ menguante (saliente・descendente) 引き潮． ~ alta 満潮〔時〕〔→pleamar 類義〕． ~ baja 干潮〔時〕〔→bajamar 類義〕． ~ viva (muerta) 大潮（小潮）． ~ negra 海に流出した重油，石油で汚染された海． ~ roja 赤潮． ❷ 出漁；〔一回の〕漁獲量，水揚げ． ❸ 人波，人の流れ《=~ humana》: ~ de amas de casa 大勢の主婦たち． ❹ 潮時，時機． ❺ 干潟． ❻〔まれ〕夜露；霧雨． ❼《地方語》海風，潮風〔→viento de ~〕 ❽《地方語》海〔川・沼〕から生じる露． ❾《古語》通りのごみを流し去る水
aguantar ~ 逆境に逆らう
mareaje [maréaxe]〔←marear〕男 ❶ 航海術，航法． ❷〔船の〕針路，航路
mareal [mareál]〔←marea〕形 潮〔の干満〕の
mareamiento [mareamjénto] 男 乗り物酔い，吐き気
mareante [mareánte]〔←marear〕形 ❶ うんざりさせる：persona ~ うんざりさせる人． conversación ~ わずらわしい会話． ❷ 乗り物酔いさせる，吐き気を催させる；めまいを起こさせる
—— 名 船乗り，航海者
marear [mareár]〔←mar〕他 ❶ 乗物酔いさせる，吐き気を催させる: Leer en el coche le *marea*. 彼は車の中で本を読むと気分が悪くなる． ❷ めまいを起こさせる． ❸〔役所などで，あちこち行かせて〕へとへとにさせる． ❹《口語》うんざりさせる: La niña me *marea*. この女の子は私をうんざりさせる． ❺《口語》少し酔わせる． ❻〔船を〕操縦する． ❼《アンダルシア》蒸し焼きにする． ❽《メキシコ，プエルトリコ，アルゼンチン》〔布地が〕色あせする
que marea〔人・事物が〕すごい，すばらしい
—— 自 ❶ うるさい，うんざりさせる；目を回させる． ❷《古語》航海する
——~*se* ❶ 乗物酔いする，吐き気を催す；〔酒で〕軽く酔う: No bebo vino blanco porque *me mareo*. 私は気分が悪くなるので白ワインは飲まない． ❷ めまいがする: *Me mareo* con tanto ruido. あまりうるさいので私は目が回ってしまう． ❸ よくよく考える《主に否定文で》: No *te marees* sobre lo de mañana. 明日のことを思いわずらうな． ❹〔船荷が〕海損を受ける． ❺《キューバ，プエルトリコ，アルゼンチン》〔布地が〕色あせする
Marechal [maretʃál]《人名》**Leopoldo** ~ レオポルド・マレチャル《1900～70，アルゼンチンの詩人・小説家．前衛詩運動に加わるが，古典に回帰して哲学的・形而上学的な作風に変わる．大都市ブエノスアイレスの実存的彷徨と冥府下りのモチーフをからめた『アダン・ブエノスアイレス』*Adán Buenosayres*》
marejada [marexáða]〔←ポルトガル語〕女 ❶〔海の〕うねり． ❷〔人心の〕動揺，不満の声；暴動の気配（予兆）: ~ de protestas 抗議の高まり
marejadilla [marexaðíʎa] 女〔海の〕小さなうねり
marelo, la [marélo, la] 形〔ガリシア特有の牛が〕明るい栗色の
maremagno [maremágno] 男 =**maremágnum**

maremágnum [maremágnun]《←ラテン語 mare magnum「大きな海, 荒海」》男《単複同形》たくさんのもの(人); 混乱《mare mágnum とも表記する》: Su escritorio es un ～ de papeles. 彼の机は書類の山だ

maremare [maremáre]男《ベネスエラ》❶ =**maremágnum**. ❷ 騒ぎ, どんちゃん騒ぎ. ❸ 先住民の踊りと歌

maremoto [maremóto]《←ラテン語 mare, maris「海」+motus「揺き」》男 ❶ [一般の用語として] 津波; 海底地震. ❷《チリ》[海の] うねり《=marejada》

maremotor, triz [maremotór, tríθ]形 =**mareomotor**

marengo [maréŋgo]形 男 ❶ 暗灰色[の], チャコールグレー[の]《=gris ～》. ❷ [交織布 mezclilla のように見える] 様々な色の糸で織った布. ❸《アンダルシア》地引き網を引く漁師

mare nostrum [máre nɔ́strun]《←ラテン語「我々の海」》男 ❶ [国同士の協定による] 領海. ❷《古代ローマ》地中海

mareo [maréo]《←marear》男 ❶ 乗り物酔い, 吐き気を催すこと, むかつき: Ya se me ha pasado el ～. 私はもう吐き気がおさまったとある. ❷ めまい; 頭がぼんやりすること: Si miras hacia abajo desde una altura, te dan ～s. 高いところから下を見るとめまいがするよ. ❸ 面倒, 困惑: ¡Vaya ～ estar todo el día con esta niña llorona! 一日中この泣き虫といるのは何て厄介なんだ!

mareográfico, ca [mareográfiko, ka]形 検潮器の, 検潮計の

mareógrafo [mareógrafo]男 検潮器, 検潮計

mareómetro [mareómetro]男《船舶》潮幅計測機

mareomotor, triz [mareomotór, tríθ] 潮力の: central ～*triz* 潮力発電所. energía ～*triz* 潮力, 潮汐力

mareoso, sa [mareóso, sa]形 困惑させる, 厄介な

marero [maréro]男《船舶》viento ～ 海から吹く風

marés [marés]男 もろい砂岩

mareta [maréta]女《船舶》❶ [嵐の前後の] 起こり(おさまり)かかっているうねり. ❷ どめき. ❸ 感情の変化

maretazo [maretáθo]男《船舶》[船・岩に打ちつける] 大波の衝撃

maretón [maretón]男《船舶》大波

márfaga [márfaga]女 ❶ 粗布《=marga》. ❷《リオハ》ベッドカバー

márfega [márfega]女《アラゴン》わら布団

marfil [marfíl]《←古語 almarfil <アラビア語 azm al-fil「象の骨」》男 ❶ 象牙(ゲ); 象牙製品: estatua de ～ 象牙製の彫像. negro de ～ [顔料の] アイボリーブラック. Costa de M～《国名》コートジボワール. exposición de ～*es* chinos 中国の象牙製品の展覧会. ❷ 象牙色《黄色みがかった白色. =color ～》. ❸ [歯の] 象牙質. ❹ ～ vegetal 1) 植物象牙, アイボリーナット《ゾウゲヤシ tagua の実》. 2)《中南米. 植物》サゴヤシ属の一種《学名 Coelococcus americanus》
―― 象牙色の, アイボリーの
torre de ～ 象牙の塔: Vive encerrada en su *torre de* ～. 彼は象牙の塔に閉じこもっている

marfilado, da [marfiládo, ða]形 =**marfileño**

marfilense [marfilénse]形 名《国名》コートジボワールの(人)《=marfileño》

marfileño, ña [marfiléɲo, ɲa]形 ❶ 象牙の, 象牙製の; 象牙質の, 象牙のような; 象牙色の. ❷《国名》コートジボワール Costa de Marfil の(人)

marfilería [marfilería]女 象牙産業

marfilina [marfilína]女 人造象牙

marfuz, za [marfúθ, θa]形《古語》❶ 拒絶された, 捨てられた. ❷ 虚偽の

marga [márga]女 ❶《鉱物》泥灰土, 泥灰岩, マール. ❷《古語》[袋用の] 粗布

margajita [margaxíta]女 ❶《鉱物》黄鉄鉱《=marcasita》. ❷《メキシコ. 古語》[砂入れ salvadera の] 細かい砂

margal [margál]男《地方語》泥灰土を多い土地

margallón [margaʎón]男《地方語. 植物》パルメットヤシ《=palmito》

margar [margár]他 [肥料として土地に] 泥灰土(マール)を入れる

margárico, ca [margáriko, ka]形《化学》ácido ～ マルガリン酸

margarín [margarín]男《ムルシア》小指

margarina [margarína]女《料理》マーガリン

margarita [margaríta]《←ラテン語 margarita <ギリシア語 margarites「真珠」》女 ❶《植物》1) マーガレット《=～ común》: deshojar la ～ マーガレットの花びらをむしって恋占いをする. echar ～*s* a los puercos (los cerdos)《諺》豚に真珠.《EU の》エコマーク. mayor フランスギク. ～ media ヒナギク属の一種《学名 Bellis sylvestris》. ～ menor/～ de prados ヒナギク, デージー. ～ hedionda カミツレモドキ. ～ olorosa (blanca) チューベローズ, ゲッカコウ(月下香). 2)《エクアドル》ヒヤシンス. ❷ 真珠《=perla》. ❸《貝》タカラガイ, コヤスガイ; 真珠のある貝. ❹《鉱物》真珠雲母;《地質》鉛状晶子, マーガライト. ❺《歴史》カルリスタ《carlista の婦人組織の一員》. ❻《アラバ, レオン, サラゴサ, カディス. 昆虫》テントウムシ《=mariquita》
―― 男《酒》[カクテルの] マルガリータ

margaritas ante porcos [margarítas ante pórkos]《←ラテン語. 新約聖書「マタイによる福音書」》《諺》豚に真珠

margarite [margaríte]男《ラマンチャ》小指[の]

margariteño, ña [margariténo, ɲa]形 名《地名》マルガリータ島 isla Margarita の(人)《ベネスエラ, ヌエバ・エスパルタ州》

margen [márxen]《←ラテン語 margo, -inis「縁」》女《稀》《複 *márgenes*》❶ 河岸, 岸辺: Paseamos entre los álamos de las *márgenes* del río. 私たちは川岸のポプラ林の中を散歩した. ～ derecha (derecho) del río 川の右岸. ❷ 道端: en los *márgenes* del camino 道の両側. ❸ 周辺部: ～ del campo de fútbol サッカーグラウンドの周囲. ❹《建築》建物と公道の間のスペース. ❺《農業》～ de cultivo 耕作の周辺, 耕境
andarse por las márgenes 枝葉末節にこだわる
―― 男 ❶ [ページ・書類などの, 特に左右の] 余白, 縁: escribir unas notas en el ～ derecho superior 右上の余白にメモを書き込む. firmar al ～ inferior 下の余白に署名する. dejar ～ 余白を残す. ❷ 欄外の書き込み, 傍注: Vea el ～. 傍注参照. ❸ [時間・行動などの] 余裕, 余地, ゆとり; 許容範囲: Tenéis un ～ de dos meses para terminar el trabajo. 作業を終えるのに君たちに与えられている余裕は2か月だ. Se duda de la representatividad del presidente que ha ganado las elecciones por tan poco ～. 大統領は大変な僅差で当選したので国民の代表としての資格が疑問視されている. tener en cuenta un ～ de error 誤りの発生する余地を考慮に入れる. ～ de tolerancia 許容範囲[品質管理上の] 公差, 許容差. ❹《商業》マージン, 利幅, 利鞘(ざや); 売買差益, スプレッド《=～ comercial, ～ de beneficio, ～ de ganancias》: Los productos de los almacenes tienen mucho ～. デパートの商品のマージンは大きい. La venta apenas deja ～ alguno. 売ってももうけはほとんどない. vender con mucho ～ もうけを大きくとって売る. ～ de aumento sobre el coste マークアップ[率]《ある利益率を確保するために原価に上乗せされる》. ～ de explotación 営業利益率《=営業利益÷売上高》. ❺ チャンス, 機会, 口実, きっかけ: Tienes que darle ～ para que te demuestre lo que es capaz de hacer. 君は彼が自分の能力を示すチャンスを与えるべきだ
al ～ 1) 欄外に: firmar *al* ～ 欄外に署名する. 2) [+*de* の] らち外に・で: vivir *al* ～ *de* la sociedad 社会から疎外されて生きる; 世間と絶縁した生活をする. mantenerse *al* ～ 部外者の立場でいる, 傍観する; らち外にいる. dejar a+人 *al* ～ …をのけ者にする, 無視する
dejar ～ a+人 [選択肢などの] 余地を…に与える
los [*señores*] *del* ～《まれ》裁判官たち
～ *de confianza* [信頼して] 許容する範囲
por un escaso (*estrecho*) ～ 小差で, わずかで

margesí [marxesí]男《ペルー》国家・教会・公的機関の財産目録

marginación [marxinaθjón]女 のけ者にすること, 差別: ～ social 社会的疎外, 差別

marginado, da [marxinádo, ða]形 男 ❶ 社会からのけ者にされた[人], 疎外された[人]; [社会の] 周辺の[人], 落伍者, 落ちこぼれ[人]; アウトサイダー《=grupo social 疎外から疎外された集団》. población ～*da* 貧困人口. ❷《植物》縁取りのある

marginador, ra [marxinaðór, ra]形 疎外する
―― 男《タイプライター》マージンストップ

marginal [marxinál]形 ❶《←margen》[社会から] のけ者にされた, 孤立した; アウトサイダー的な; 少数派の: grupo ～ マージナル・グループ. partido ～ 少数派の政党. ❷ [+*a* の] 周辺にある; 二義的な, 副次的な: Solo podemos prestar un apoyo ～ a la conservación de la fauna silvestre. 我々は野生動物の

保護に対して補助的な援助しかできない. asuntos ～*es* 本質的ではない問題. producto ～ 副産物. ❸ 欄外の, 余白の: tecla ～ タイプライターのマージンストップキー. ❹《経済》ajustes ～*es* 限界調整. costo ～ 限界原価. productividad ～ del trabajo (del capital) 労働(資本)の限界生産力. utilidad ～ 限界効用. ❺《社会学》境界的な: clase ～ 周辺階級. medios ～*es* 貧困層

marginalidad [marxinaliđá〔đ〕] [女] ❶ 社会からの孤立, 疎外; 少数派であること. ❷ [社会的な] 辺境, 周辺

marginalismo [marxinalísmo] [男]《経済》限界効用理論; 限界分析手法, 限界主義

marginalización [marxinaliθaθjɔ́n] [女]《主に中南米》=**marginación**

marginalizar [marxinaliθár] [9] [他]《主に中南米》=**marginar**

marginamiento [marxinamjénto] [男] =**marginación**

marginante [marxinánte] [形] [社会から] のけ者にする, 疎外する

marginar [marxinár] 〖←ラテン語 margo, -inis「縁, 岸」〗[他] ❶ [社会から] のけ者にする, 疎外する, 周辺に追いやる: ～ a un grupo social ある社会集団を差別する. ❷ 余白をあける; 傍注をつける: ～ un texto 本文に傍注をつける. ❸ 無視する, 取り合わない: El presidente *ha marginado* a los asesores. 大統領は顧問たちを無視した. ❹《まれ》縁を飾る. ❺《まれ》縁を歩く

margoso, sa [marǥóso, sa] [形] 泥灰土質の, 泥灰土(マール)を含む

margrave [marǥráƀe] [男]《歴史》[神聖ローマ帝国の] 侯爵; [ドイツの] 辺境伯

margraviato [marǥraƀjáto] [男]《歴史》侯爵(辺境伯) margrave の権威(領地)

marguay [marǥwái̯] [男]《中南米. 動物》マーゲイ〖学名 Leopardus wedii〗

marguera [marǥéra] [女] ❶ 泥灰土の堆積層; 泥灰岩の採石場. ❷ [肥料用の] 泥灰土置き場

margullar [marǥuʎár] [他] ❶《カナリア諸島》潜水する. ❷《キューバ, ベネズエラ》[根が出るように, ブドウなどの若枝を] 幹から切り離さずに地面に埋める

margullo [marǥúʎo] [男]《キューバ, ベネズエラ》地面に埋められた若枝

marhojo [marɔ́xo] [男] 落ち葉, 枯葉〖=marojo〗

mari [mári] [女]《西. 隠語》マリファナ

marí [marí] [男] チェレミス cheremis 語

mari-《接頭辞. 皮肉, 軽蔑》[女性の] *mari*macho 男のような女

maría [maría] [女] ❶《新約聖書》1) [*M*～] 聖母マリア〖=Santa *M*～〗. 2) *M*～ Magdalena マグダラのマリア. ❷《西. 隠語》及第の楽な課目. ❸《西. 隠語》マリファナ. ❹《口語. 鳥》カササギ〖=urraca〗. ❺《西. 軽蔑》[掃除ばかりしている] 人はいいが愚鈍な女性. ❻《軽蔑》下女〖=ama de casa〗. ❼《カトリック》[聖週間の三角形の大燭台 tenebrario の] 一番上の白いロウソク. ❽《隠語》金庫. ❾《菓子》丸いビスケット〖=galleta ～〗. ❿《天文》[複] オリオン座の剣帯にある3つの星. ⓫《メキシコ. 口語》[*M*～] 街頭で生産物を売る先住民の女性. ⓬《アルゼンチン》[複] ボーラ〖=boleadoras〗

todo ～ santísima《口語》みんな〖=todo el mundo〗

mariachi [marjátʃi] 〖←仏語 mariage「結婚」〗[男] ❶ マリアッチ〖メキシコ, ハリスコ州起源の民俗音楽・舞踊〗. ❷ マリアッチの楽団〔員〕

mariachis [marjátʃis] [男]〖単複同形〗=**mariachi**

María Cristina [maría kristína]《人名》**～ de Borbón-Dos Sicilias** マリア・クリスティーナ・デ・ボルボン・ドス・シシリアス〖1806～78, スペイン王フェルナンド7世の妃でイサベル2世の母親. 1833～40年にイサベル2世の摂政を務め, 王位を主張する亡夫の弟カルロスとの間に第一次カルリスタ戦争 primera guerra carlista を招く〗

～ de Habsburgo-Lorena マリア・クリスティーナ・デ・ハプスブルク・ロレナ〖1858～1929, スペイン王アルフォンソ12世の2番目の妃. 1885～1902年にアルフォンソ13世の摂政を務める〗

marial [marjál] [形]《キリスト教》[書物が] 聖母マリアを讃美する

marialuisa [marjalwísa] [女] ❶ [ボール紙製の簡単な] 写真立て. ❷《植物》レモンバーベナ

mariana[1] [marjána] [女]《フラメンコ》ハンガリー人の放浪生活をテーマにした歌

Mariana [marjána]《人名》**Juan de ～** フアン・デ・マリアナ〖1536～1624, スペインの歴史家・イエズス会士. 主にラテン語で執筆し, *Historiae de rebus Hispaniae libri XXX* は史書としての厳密性に欠けるものの, スペインの歴史的偉業を紹介する書として広く読まれた〗

marianismo [marjanísmo] [男]《カトリック》❶ 聖母マリア信仰. ❷《主にメキシコ》マリアニスモ〖特にメスティソの間で, 女性の自己犠牲を美徳とし, 女性を男性より優位におく考え〗

marianista [marjanísta] [形] [男]《カトリック》マリア会 Compañía de María de Burdeos の〔修道士〕

mariano, na[2] [marjáno, na] [形]《キリスト教》聖母マリア〔信仰・崇拝〕の: culto ～/devoción ～*na* マリア信仰. teología ～*na* マリア神学

—— [男] ❶《軽蔑》父親. ❷《服飾》[複] ズボン下

Marías [marías]《人名》**Julián ～** フリアン・マリアス〖1914～2005, スペインの哲学者・随筆家. 師のオルテガ Ortega と共に人文学研究所 Instituto de Humanidades を設立. 『ミゲル・デ・ウナムノ』*Miguel de Unamuno*〗

Mariátegui [marjáteǥi]《人名》**José Carlos ～** ホセ・カルロス・マリアテギ〖1894～1930, ペルーの思想家・政治家. 評論集『ペルーの現実解釈のための7試論』*Siete ensayos de interpretación de la realidad peruana* ではインカ時代の原始共産主義に注目, マルクス主義に依拠しつつ先住民共同体の文化構造も重視し, ペルー型社会主義とインディヘニスモ indigenismo を提唱した〗

marica [maríka] 〖←María (女性名)〗[形] [男]/《まれ》[女]《軽蔑》女みたいな〔男〕; ホモ〔の〕, 男色家〔の〕

—— [女] ❶《鳥》カササギ〖=urraca〗. ❷《西式トランプ》金貨のジャック

maricallo [marikáʎo] [形] [男]《地方語》ホモ〔の〕; 女みたいな〔男〕

maricangalla [marikaŋgáʎa] [女]《船舶》スパンカー cangreja の補助帆

Maricastaña [marikastáɲa] [女] ***del tiempo de ～*** はるか昔に, 大昔に

el año de ～ 昔々その昔

en tiempos de ～《軽蔑》大昔に・の

maricela [mariθéla] [女]《ベネズエラ》民俗舞踊の一種

mariche [marítʃe] [形] [名]《歴史》マリチェ族〔の〕〖ベネズエラ, カラカスの絶滅した先住民〗

marico [maríko] [形] [男] ❶《地方語》女みたいな〔男〕. ❷《ボリビア》革の背負い紐

maricón, na [marikɔ́n, na] 〖←marica〗[形] [男]《卑語. 軽蔑》❶ ホモ〔の〕, 男色家〔の〕; 女みたいな〔男〕. ❷ 下劣な〔男〕, 軽蔑すべき男: No seas ～. いやらしいことしないで. ❸《中南米》弱虫の, いくじのない

—— [女] ❶《卑語. 軽蔑》女役のホモ〖特に意味なく軽蔑語として使われる〗. ❷《エストレマドゥラ》陶器の壺

mariconada [marikonáđa] [女]《卑語. 軽蔑》❶ [男の] 女っぽい言動, ホモっぽさ. ❷ 悪意のある行為, 卑劣な行為. ❸ 無意味な(愚かな)行為, ばかげたこと

mariconear [marikoneár] [自]《卑語. 軽蔑》❶ [男が] 女っぽくふるまう. ❷ 無意味な(愚かな)ことをする

mariconeo [marikonéo] [男]《卑語. 軽蔑》[男の] 女っぽいふるまい

mariconera [marikonéra] [女]《西》[男性用の] セカンドバッグ, ポーチ

mariconería [marikonería] [女]《卑語. 軽蔑》❶ [男の] 女っぽい言動, ホモっぽさ. ❷ めめしさ, 意気地のなさ

maricueca [marikwéka] [女]《チリ. 軽蔑》女みたいな男, ホモ

maricuela [marikwéla] [形] [男]《戯語》女みたいな〔男〕; ホモ〔の〕

maricultura [marikultúra] [女] 海洋植物(生物)の養殖

maridable [mariđáƀle] [形]《廃語》夫婦の, 結婚〔生活〕の: vida ～ 結婚生活. unión ～ 夫婦の結びつき

maridablemente [mariđáƀleménte] [副]《廃語》結婚生活をする上で, 夫婦として

maridada [mariđáđa] [女]《エストレマドゥラ》結婚祝いの品

maridaje [mariđáxe] 〖←marido〗[男] ❶ 夫婦生活, 所帯; 同棲, 内縁の生活. ❷ 組合わせ, 調和: ～ entre la ciencia y el arte 科学と芸術の結合(調和). ❸ 結託, 共謀

maridar [mariđár] 〖←marido〗[自]《文語》❶ 結婚する: *Maridó* al cumplir diecinueve años. 彼女は19歳になってから結婚した. ❷ 夫婦生活をおくる: *Maridan* bien. 彼らの結婚生活はうまくいっている. ❸ 同棲する

—— [他]《文語》組合わせる, 結合(合体)させる, 調和させる

maridazo [mariđáθo] [男] 恐妻家

M

maridillo [mariðíʎo] 男《古語》[女性用の] 足温器

marido [maríðo]《←ラテン語 maritus < mas, maris「雄, 男」》男 夫 《⇔mujer. →esposo》[類義]: Ya no somos ~ y mujer. 私たちはもう夫婦ではない. tomar ~ [女性が] 結婚する. tomar a+人 por ~ …を夫にする

mariega [marjéɣa] 女《中南米》雑草〖=maciega〗

marienglás [marjeŋɡlás] 女《鉱物》透明石膏〖=espejuelo〗

marifinga [marifíŋɡa] 女《プエルトリコ. 料理》トウモロコシ粉のかゆ

mariguana [mariɣwána] 女 =**marihuana**

mariguanza [mariɣwánθa] 女《チリ》[主に 複] ❶[呪術医の行なう] 儀式的な手ぶり. ❷《舞踊など》爪先旋回. ❸ からかい (あざけり) の身ぶり

mariguí [mariɣí] 男《ボリビア. 昆虫》ヘベン jején の一種

marihuana[1] [mariwána]《←メキシコの先住民語》女 マリファナ: fumar ~ マリファナを吸う

marihuanero, ra [mariwanéro, ra] 形 名 マリファナ常用者 〔の〕

marihuano, na[2] [mariwáno, na]《メキシコ》マリファナ中毒の

marijuana [marixwána] 女 =**marihuana**

marijuanero, ra [marixwanéro, ra] 形 名 =**marihuanero**

marimacha [marimátʃa]《チリ, ペルー》男のような女

marimacho [marimátʃo]《←mari+macho》男 ❶《軽蔑》男のような女, 男勝りの女: Es un ~. 彼女は男みたいな女だ. ❷《軽蔑》[主に男役の] レズビアン. ❸《カナリア諸島》両性具備の子羊

marimandón, na [marimandón, na] 形 名《特に 西》横柄な [人], 居丈高な [人], がみがみ言って口うるさい [人]

marimanta [marimánta] 女《地方語》[子供を脅かす] お化け

marimarica [marimaríka] 男《口語》女みたいな男, ホモ〖=marica〗

marimba [marímba]《←? アフリカの言語》女 ❶《音楽》1) マリンバ〖木琴; アフリカの木製打楽器〗. 2)《カリブ, チリ, アルゼンチン, ウルグアイ》音の外れた楽器. ❷《アンデス》肥大した甲状腺腫. ❸《コロンビア. 隠語》マリファナ. ❹《チリ, アルゼンチン, ウルグアイ》殴打, めった打ち ── 形《中米, カリブ》臆病な, 小心の

marimbear [marimbeár] 自《グアテマラ》[馬が] 耳を動かす

marimbero, ra [marimbéro, ra] 形《中米》へまな, 不器用な

marimbo [marímbo] 男《プエルトリコ》ヒョウタン;《音楽》ギイロ, ギロ〖=güiro〗

marimonda [marimónda] 女 ❶《中南米. 動物》クモザル〖=mono araña〗. ❷《コロンビア, ベネズエラ》酔い, 酩酊. ❸《ベネズエラ》[クモザルのように] 髪を乱している女

marimono [marimóno] 男《ボリビア. 動物》クモザル〖=mono araña〗

marimoña [marimóɲa] 女《植物》ハナキンポウゲ〖=francesilla〗

marimorena [marimoréna]《←mari+morena》女《西. 口語》[主に 単] 騒ぎ, けんか, 口論

  armarse la ~ 《西. 口語》騒ぎ (けんか) が始まる: Se armó la ~ entre los dos. 2人の間でけんかがおっぱじまった

marina[1] [marína]《←ラテン語 marinus, -a, -un「海の」》女 [集名] ❶ [一国全体の] 船舶: ~ mercante 商船隊, 海運力. ❷ 海軍〖=~ de guerra〗: ingresar en la M~ 海軍に入る. servir en la M~ 海軍に勤務する. Ministerio de M~ 海軍省. oficial de ~ 海軍士官. ❸ 航海術, 海事. ❹ 海岸, 海辺. ❺ ヨットハーバー, マリーナ. ❻《美術》海洋画

Marina [marína]《人名》マリナ〖→**Malinche**〗

marinada [marináða] 女 ❶《料理》[肉などの] 漬け汁; マリネー. ❷《アラゴン》海風. ❸《アンダルシア》船員風料理

marinaje [marináxe] 男《まれ》❶ [集名] 水夫. ❷ 船員としての仕事; 操船術

marinamo, ma [marinámo, ma] 形《チリ》[人が] 指が1本多い; [鶏が] 5本指の

marinante [marinánte] 男《アルゼンチン. 動物》アシカ〖=lobo de mar〗 ── 形《アルゼンチン. 船舶》大変耐久力のある: embarcación ~ 丈夫な船

marinar [marinár]《←marino》他 ❶《料理》1) マリネにする. 2)《中南米》carne marinada 塩漬け肉. ❷ [船に] 乗り込ませる

marinara [marinára] 形《料理》salsa ~ マリナラソース

marinduqueño, ña [marindukéɲo, ɲa] 形《地名》マリンドゥケ Marinduque の [人]《フィリピン北部の州・島》

marine [maríne]《←英語》[米国などの] 海兵隊員; 複 海兵隊

marinear [marineár]《←marino》自 ❶ 船員として働く. ❷ [船が] 平穏に航行する. ❸ よじ登る, はい上がる ── 他 [船に] 乗り組む, 操縦する

marinense [marinénse] 形《地名》マリン Marín の [人]《ポンテベドラ県の村》

marinera[1] [marinéra]《←marino》女 ❶《服飾》船員服; セーラー服〖=blusa ~〗. ❷ マリネラ《チリ・ペルー・エクアドルの民俗舞踊・音楽. 観客の手拍子を伴う》

  a la ~ 《料理》マリネーにした: salsa a la ~ 白ワイン・玉ネギ・魚の出し汁を煮詰めたソース

marinerado, da [marineráðo, ða] 形 [船が] 乗組員のそろった, 出帆準備のできた

marinerazo [marineráθo] 男 海事に通じた人

marinería [marinería]《←marino》女 ❶ 船員としの職業 (生活). ❷ [集名] [一隻の船の] 船員, 乗組員, クルー. ❸《海軍》[集名] [下士官より下の] 水兵

marinerismo [marinerísmo] 男《言語》船員言葉

marinero, ra[2] [marinéro, ra]《←marino》形 ❶ 船舶の, 海運の, 航海の: disciplina ~ra 海の掟. ❷ 船員の, 水夫の. ❸ [船が] 耐航性のある, 操船しやすい. ❹ 船員服の・セーラー服の. ❺ 海岸の, 沿岸の: pueblo ~ 海岸の村 ── 男 ❶ 船乗り, 水夫, 水兵: hacerse ~ 船乗りになる. sindicato de ~s 海員組合. traje de ~ 船員服; セーラー服. ~ de agua dulce 素人(新米)の船乗り. ~ de primera (segunda) 熟練した (未熟練な) 船員. ~ de cubierta 甲板部乗組員, 甲板水夫. ~ distinguido 一等水兵. ❷《動物》アオイガイ, カイダコ〖=argonauta〗

  cantar el ~ 《キューバ》死ぬ

marinesco, ca [marinésko, ka] 形 船乗りの; 水兵の: a la ~ca 船乗り風に

marinismo [marinísmo] 男 [17世紀イタリアの詩人] マリーニ Marini 風の気取った文体, 虚飾体, マリニスモ

marinista [marinísta] 形 名 ❶ 海洋画家 [の]. ❷ marinismo の [詩人]

marino, na[2] [maríno, na]《←ラテン語 marinus, -a, -um》形 海の, 海洋の: animal ~ 海産動物. planta ~na 海生植物, 海藻. productos ~s 海産物 ── 男 ❶ [主に士官クラスの] 船乗り: buen ~ 腕ききの船乗り. ~ mercante 商船員. ❷ 海軍士官. ❸《中南米》複 海兵隊

mariña [maríɲa] 女《地方語》海岸, 海辺〖=marina〗

mariología [marjoloxía] 女《カトリック》聖母マリア学

mariológico, ca [marjolóxiko, ka] 形《カトリック》聖母マリア学の

mariólogo, ga [marjóloɣo, ɣa] 名《カトリック》聖母マリア学者

marión [marjón] 男《まれ. 魚》チョウザメ〖=esturión〗

mariona [marjóna] 女《古語》舞踏の一種; その曲

marioneta [marjonéta]《←仏語 marionnette < Marion < Marie (マリア)》女 ❶ マリオネット, あやつり人形〖比喩的にも〗: régimen ~ 傀儡(かいらい)政権. ❷ 複 あやつり人形劇: ir a las ~s 人形劇を見に行く

marionetista [marjonetísta] 名 あやつり人形使い

maripérez [maripéreθ] 男《フライパンの端を固定する》五徳 trébedes の曲がった金具

maripi [marípi] 男《ボリビア》小型のひょうたん製の容器 matato

mariposa [maripósa]《←María+posa[r]《子供の歌》》女 ❶《昆虫》チョウ (蝶)《~ diurna》; ガ (蛾)《~ nocturna, ~ de la luz》: ~ de calavera/~ de la muerte メンガタスズメの一種〖学名 Acherontia atropos〗. ~ de la col モンシロチョウの一種〖学名 Pieris brassicae〗. ~ de la seda カイコ. ~ monarca オオカバマダラ. ~ Morpho モルフォチョウ. ❷ 浮かむ灯明《油の上に芯を浮かべて火を点ず》. ❸《服飾》蝶ネクタイ. ❹《技術》蝶ナット〖=tuerca ~〗; 蝶ネジ. ❺《水泳》バタフライ〖=braza ~〗: nadar [a] ~/《メキシコ》nadar de ~ バタフライで泳ぐ. ❻《魚》チョウチョウウオ. ❼《ログローニョ》からみ合ったブドウの若木. 2)《メキシコ, エクアドル》ラン科の一種〖学名 Oncidium krameriamum〗. 3)《キューバ》ジンジャー, ハナシュクシャ〖学名 Hedychium coronarium〗. 4)《キューバ》フクロソウ目の一種〖学名 Oxalis plumieri〗. ❽ 散光機. ❾ バタフライナイフ〖=cuchillo

～, navaja ～〕. ❿《闘牛》[牛と正対し] カポーテを背後で振って牛を操る技. ⓫《玩具》1)《ホンジュラス, コロンビア》風車. 《ホンジュラス》紙鉄砲〔=tronera〕. ⓬《キューバ. 鳥》ゴシキノジコ. ⓭《コロンビア》鬼ごっこ. ⓮《ベネズエラ》[サトウキビの圧搾機で]糖蜜を煮込む温度

A otra cosa, ～. 何かほかのことをしよう〖mariposa は単なる語呂合わせ〗

correr tras las ～s 〔くだらないことで〕暇つぶしをする

～ nocturna 売春婦

── 囡／伖《口語》女みたいな男, ホモ〔=marica〕

mariposado [mariposáðo] 形《紋章》=**papelonado**
mariposeador, ra [mariposeaðór, ra] 形《ペルー》[主に男が] 浮気な
mariposeante [mariposeánte] 形 ❶ 移り気な; 浮気な. ❷ しつこく付きまとう
mariposear [mariposeár]《←mariposa》自 ❶ よく気が変わる, 移り気《気まぐれ》である; [男が] 浮気である. ❷ 後をつけ回す, しつこく付きまとう: Me pones nerviosa que *mariposees* a mi alrededor. あなたに付きまとわれて私は気持ちが悪い. ❸ [男が] 女っぽい仕草をする
mariposeo [mariposéo] 男 ❶ 気まぐれな行動をとること. ❷ 浮気であること. ❸ 後をつけ回すこと. ❹ [男が] 女っぽい仕草をすること
mariposista [mariposísta] 名《水泳》バタフライの泳者
mariposo [mariposo] 男《口語》女みたいな男, ホモ〔=marica〕
mariposón [mariposón]《←mariposa》男 ❶《口語》浮気性の男, 戯れに恋する男. ❷《軽蔑》女みたいな男; ホモ, ゲイ
mariquilla [marikíʎa] 男《まれ》女みたいな男〔=mariquita〕
── 囡《ホンジュラス》[片方がやもめのカップルを祝福する] 鐘や太鼓の騒々しい楽団
mariquita [marikíta]《←marica》囡 ❶《昆虫》1) テントウムシ: ～ *de siete puntos* ナナホシテントウ. 2) カメムシ. ❷《鳥》インコ〔=perico〕. ❸《地方語》切り抜き人形. ❹《キューバ. 料理》1)《口語》バナナチップス. 2) フレッシュチーズを混ぜた蜂蜜《シロップ》. ❺《プエルトリコ》洗礼のコインの贈り物. ❻《アルゼンチン》白いハンカチを持ってペアで踊る民俗舞踊; その音楽と歌
── 囡《婉曲. 主に軽蔑》〖言言葉を使うなど〗女みたいな男, おかま〔=marica〕
marisabidilla [marisabiðíʎa]《←mari+sabidilla》囡《西. 軽蔑》インテリ(才女)ぶった女; おしゃまな女の子
marisca [maríska] →**trucha** marisca
── 囡《ホンジュラス》異性愛; 性的魅力
mariscada [mariskáða]《←marisco》囡 海の幸料理, シーフード
mariscador, ra [mariskaðór, ra] 名 エビ・カニ・貝類を採る〔漁師〕
mariscal [mariskál]《ゲルマン語 marahskalk < marah「馬」+shalk 「世話をする」》男 ❶《陸軍》1) 元帥, 軍最高司令官. 2) ～ *de campo* 少将. 3)《中世の》副最高司令官. ❷《アメフト》クォーターバック. ❸《米国の》警察署長. ❹《軽蔑. 古語》獣医〔=veterinario〕. ❺《チリ. 料理》シーフードミックス
mariscala [mariskála] 囡 元帥夫人
mariscalato [mariskaláto] 男 =**mariscalía**
mariscalía [mariskalía] 囡 元帥の権威(職)
mariscar [mariskár] 自 他 エビ・カニ・貝類を採る
marisco [marísko]《←古語 marisco「海の」》男《料理》[主に 複. 時に 集名] 海の幸〔エビ・カニ, 貝類と時にタコ, イカ. まれに魚も含まれる〕: restaurante de ～*s* シーフードレストラン. sopa de ～*s* 魚貝類のスープ
marisma [marísma]《←ラテン語 maritima〔ora〕「海の〔岸〕」》囡〔主に 複〕海岸近くの沼地: *Las M～s* グワダルキビル川 Guadalquivir 河口の湿地〔米作地帯〕
marismeño, ña [marismeɲo, ɲa] 形《海岸近くの》沼地〔の〕〔人〕
marismo [marísmo] 男《植物》ハマアカザ〔=orzaga〕
marisquear [mariskeár] 自 =**mariscar**
marisqueo [mariskéo] 男 エビ・カニ・貝類などを採ること
marisquería [mariskería]《←marisquero》囡 シーフードレストラン, 海鮮料理店
marisquero, ra [mariskéro, ra]《←marisco》名 形 エビ・カニ・貝類などの〔漁師・販売者〕
marista [marísta] 形 男《カトリック》マリスト会 *Instituto de Hermanos Maristas* の〔修道士〕
marital [marital]《←ラテン語 maritalis < maritus》形 ❶《文語》

婚の, 夫婦の; 同棲の: El matrimonio contrajo nupcias el año 2008, pero desde hace un año no hacen〔vida〕～ ni residen bajo el mismo techo. その夫婦は2008年に結婚したが, 1年前から夫婦生活をおくらず同居もしていない. *problemas ～es* 夫婦間の問題. *relaciones ～es* 夫婦関係. ❷ 夫の: autorización ～ 夫権
maritalmente [maritálménte] 副 結婚生活の上で, 夫婦として
maritata [maritáta] 囡 ❶《メキシコ, ボリビア, チリ》〔鉱石の粉を洗い流すために〕その奥に羊皮を積んでおく小水路; 〔鉱山で用いられる〕金属製の網のふるい. ❷《グアテマラ, ホンジュラス》複 がらくた, 安物
maritates [maritátes] 男 複《アンダルシア; メキシコ, 中米》古いがくた, 古道具
marítimo, ma [marítimo, ma]《←ラテン語 maritimus < mare》形 ❶ 海の, 海上の: *bloqueo ～* 海上封鎖. *correo ～* 郵便. *derecho ～* 海事法, 海商法. *Día M～ Europeo* 欧州海洋記念日〔5月20日〕. *nación ～ma* 海国国. *poder ～* 海軍力. *seguro ～* 海上保険. ❷ 海に面した: *ciudad ～ma* 臨海都市. *paseo ～* 海沿いの遊歩道. *zona ～ma* 海岸部
maritornes [maritórnes]《←『ドン・キホーテ』の登場人物》囡《単複同形》[粗野で醜い] 宿屋の女中
marizápalos [mariθápalos] 囡《単複同形》だらしない身なりの女, 粗野な女
marjal [marxál]《←アラビア語 mary「牧草地」》男 ❶ 低湿地. ❷ 〔農地の面積単位〕= 5.25アール
marjalería [marxalería] 囡 低湿地帯
marjoleta [marxoléta] 囡《果実》セイヨウサンザシの実
marjoleto [marxoléto] 男《植物》セイヨウサンザシ
marjor [marxór] 男《動物》マーコール〔学名 *Capra falconeri*〕
marketa [markéta]《←英語 market》囡《米国》❶ 市場(いちば). ❷ スーパーマーケット
marketing [márketiŋ]《←英語》男《単複同形》マーケティング〔リサーチ〕, 市場調査
marketizar [marketiθár] 9 他 マーケティングリサーチする, 市場調査する
marlín [marlín]《←英語 marlin》男《魚》マカジキ
marlo [márlo] 男 ❶《南米》〔粒を除いた後の〕トウモロコシの穂軸. ❷《アルゼンチン》〔馬の〕尾根
marlota [marlóta] 囡 アラブ人のスモック風の服
marlotar [marlotár] 他《まれ》=**malrotar**
marmaja [marmáxa] 囡 ❶《メキシコ, コロンビア》マーカサイト, 黄鉄鉱〔=marcasita〕. ❷《ホンジュラス》複〔金や銀を含むこともある〕硫化物
marmajera [marmaxéra] 囡《メキシコ》砂入れ〔=salvadera〕
marmella [marméʎa] 囡 =**mamella**
marmellado, da [marmeʎáðo, ða] 形 =**mamellado**
marmenorense [marmenorénse] 形《地名》マル・メノール *Mar Menor* の《ムルシア県の地中海岸》
marmita [marmíta]《←仏語 marmite「鍋」》囡 ❶〔金属製で蓋付きの〕鍋; 圧力鍋. ❷《軍事》野営用の食器, 飯盒(はんごう). ❸《地質》 ～ *de gigante* 甌穴(おうけつ), ポットホール
marmitaco [marmitáko] 男 =**marmitako**
marmitada [marmitáða] 囡《地方語》鍋料理; その鍋
marmitako [marmitáko] 男《バスク》カツオとジャガイモの煮込み料理
marmitón, na [marmitón, na]《←marmita》名 ❶〔調理場の〕下働き, 見習いコック, 皿洗い. ❷〔船舶〕〔商船の〕調理場の助手
mármol [mármol]《←ラテン語 marmor, -oris》男 ❶ 大理石〔=*piedra de ～*〕; その彫像(作品・製品): *cantera de ～* 大理石の採石場. *estatua de ～* 大理石像. *exposición de ～es* italianos イタリアの大理石作品の展覧会. *～ de Carrara* 〔イタリアの〕カラーラ産の大理石. ❷〔ガラス工場の鉄製の〕作業台
de ～ 冷酷な, 冷たい
frío como el ～ 氷のように冷たい
quedarse de ～ ～*ma* びっくり仰天する
Mármol [mármol]《人名》*José ～* ホセ・マルモル〔1817～71, アルゼンチンの作家・政治家. ロサス *Rosas* 政権下で投獄された経験から, 独裁批判の論客として活躍の一方で当時のヨーロッパ文学とりわけバイロンの影響を受けて戯曲や詩を書く. 圧政下の悲劇的な事件を描いたロマン主義の小説『アマリア』*Amalia*〕
marmolado, da [marmoláðo, ða] 形 マーブル模様〔の〕, 大理石模様〔の〕; マーブリング, 墨流し

marmolán [marmolán] 男《カナリア諸島. 植物》アカテツ科の木《学名 Sideroxylon marmulano》

marmolear [marmoleár] 他 マーブル（大理石）模様をつける

marmolejeño, ña [marmolexéno, ɲa] 形 名《地名》マルモレホ Marmolejo の〔人〕《ハエン県の村》

marmolejo [marmoléxo] 男《古語》小さい柱

marmoleño, ña [marmoléɲo, ɲa] 形 名 大理石の

marmolera[1] [marmoléra] 女 大理石の採石（販売）会社

marmolería [marmolería]〖←mármol〗女 ❶ 大理石加工工場: ~ funeraria《表示》墓石屋. ❷《集名》大理石の作品（製品）

marmolero, ra[2] [marmoléro, ra] ❶ 大理石の. ❷ 大理石の採石（販売）業の（業者）

marmolillo [marmolíʎo] 男 ❶《軽蔑》うすのろ, とんま. ❷《闘牛》〔闘牛士と闘うのを避ける〕慎重で動きの鈍い牛. ❸ 車道の縁石; 建物の隅石

marmolina [marmolína] 女 人工（模造）大理石, テラゾー

marmolista [marmolísta] 名 大理石加工（販売）業者;〔大理石の〕墓石業者

marmolita [marmolíta] 女《鉱物》マーモライト

marmoración [marmoraθjón] 女 化粧しっくい, スタッコ

marmóreo, a [marmóreo, a]〖←ラテン語 marmoreus〗形 大理石の,（色・色合など）大理石のような: frialdad ~a 大理石のような冷たさ

marmórico, ca [marmóriko, ka] 形《まれ》=**marmóreo**

marmorizar [marmoriθár] 自 ~se〔石灰岩が〕大理石化する

marmoroso, sa [marmoróso, sa] 形 大理石の

marmosa [marmósa] 女《動物》マウスオポッサム

marmosete [marmoséte] 男《印刷》〔章末・巻末などの〕寓意的な版画（カット）

marmota [marmóta]〖←仏語 marmotte〗女 ❶《動物》マーモット. ❷《口語》よく眠る人. ❸《古語的. 軽蔑》下女, 女中. ❹〔婦人・子供用の〕毛糸の帽子

dormir como una ~ ぐっすり眠る

marmotear [marmoteár]〖アラゴン〗〔小声で〕ぶつぶつ言う

maro [máro] 男《植物》❶ キャットタイム. ❷ オニサルビア〖=amaro〗

marocha [marótʃa] 女《ホンジュラス》無思慮な（分別のない）若い女性

marojal [maroxál] 男 トルコナラ（ピレネーナラ）の林

marojo [maróxo] 男 ❶《植物》トルコナラ〖学名 Quercus cerris〗; ピレネーナラ〖学名 Quercus pyrenaica〗. ❷ 落ち葉, 枯葉

marolo [maróio] 男《貝》ザルガイの一種〖学名 Cardium aculeatum〗

maroma [maróma]〖←アラビア語 mabruma「編んだ綱, ひねった」〗女 ❶（主に船舶）太綱, ケーブル.《中南米》❶〔主に〖稀〗〕綱渡り, 曲芸. 2)《婉曲》変節, 日和見. ❸《中米》宙返り

hacer ~s《アンデス. 口語》奇跡を起こす
se viene la ~《アルゼンチン. 口語》正念場（困難な状況）が近づく

maromear [maromeár] 自 ❶《中南米》1) 綱渡りを演じる. 2)《軽蔑》日和見する, 巧みに党派を渡り歩く. ❷《チリ》バランスをとる練習をする
—— 他《ホンジュラス》ハンモックを揺らす

maromero, ra [maroméro, ra] 形 名 ❶《中南米》曲芸師.《中南米. 政治家》日和見する者;〔政治的〕変節する, 変節者. ❷《プエルトリコ》悪意で行動する〔人〕

maromo [marómo] 男《西. 口語》❶〔誰だか知らない・言いたくない〕男, ヤツ. ❷《時に軽蔑》〔女の〕愛人, 恋人. ❸《軽蔑》役立たずの男, 間抜け. ❹ 警備員

marón [marón] 男《まれ》❶ チョウザメ〖=esturión〗. ❷ 種羊〖=morueco〗

maronita [maroníta] 形 名《宗教》マロン派〔の〕〔レバノンのキリスト教徒〕

marosca [maróska] 女 *¡a la ~!*《アルゼンチン. 口語》〔驚き〕まさか!

marota [maróta] 女 ❶《メキシコ》男のような女. ❷《ベネズエラ》〔群れから逃げないように〕角（ﾂﾉ）に交差させて付けられた棒

marote [maróte] 男 ❶《メキシコ》大波, 強いうねり. ❷《アルゼンチン, ウルグアイ》〔人の〕頭; 知性. ❸《アルゼンチン》民俗舞踊の一種

marotear [maroteár] 自 ❶《ドミニカ》近所に金の無心に行く. ❷《アルゼンチン. サッカー》ヘディングする

—— 他《ベネズエラ》〔家畜に〕足枷をつける

maroto [maróto] 男《地方語》種羊〖=morueco〗

marplatense [marplaténse] 形 名《地名》マル・デル・プラタ Mar del Plata の〔人〕《アルゼンチン, ブエノスアイレス州の町》

marquear [markeár] 他〔樹木などを植えるために土地に〕印をつける

marquense [markénse] 形 名《地名》サン・マルコス San Marcos の〔人〕《グアテマラ北西部の県・県都》

marqueo [markéo] 男〔樹木などを植えるために〕土地に印をつける作業

marqués [markés]〖←古オック語 marqués「辺境領主」〗男 ❶ 侯爵〖女 marquesa. →nobleza《参考》〗: M~ de Astorga アストルガ侯爵. ❷《歴史》〔カロリング王朝の〕辺境領侯主. ❸ 女侯爵の夫. ❹〖稀〗侯爵夫妻

vivir como un ~ ぜいたく（優雅）に暮らす

Marqués [markés]《人名》**René** ~ レネ・マルケス『1919～79, プエルトリコの劇作家・短編作家. 懸命に生きる自国の人々の姿を口語表現や卑語・俗語を交えて描いた. 『太陽とマクドナルド家の一族』*El sol y los Macdonald*, 『荷車』*La carreta*』

marquesa [markésa] 女 ❶ 侯爵夫人. ❷ 女侯爵. ❸ テントの入り口のひさし.《中南米. 建築》ひさし. ❺《プエルトリコ, ペルー, チリ》女性の指輪にはめ込む, 細長い宝石. ❻《チリ》〔細かい彫刻のある〕寝椅子

dárselas de ~ 大家の奥様然とかまえる

marquesado [markesáðo] 男 ❶ 侯爵位. ❷ 侯爵領

marquesal [markesál] 形 侯爵の

marquesina [markesína]〖←仏語 marquise〗女〔入り口・ホーム・停留所などの〕ひさし, 張り出し屋根

marquesita [markesíta] 女《鉱物》=**marcasita**

marquesota [markesóta] 女 ❶《古語》〔男性用の〕糊を利かせた白い飾り襟. ❷《コロンビア》〔川の, 魚を止める〕堰

marquesote [markesóte] 男《ホンジュラス, ニカラグア. 菓子》米またはトウモロコシの粉・卵・砂糖などの菱形のパイ

marqueta [markéta] 女 ❶ 生蠟（ﾛｳ）. ❷《メキシコ》1) 板チョコレート. 2) 誤用》市場. ❸《グアテマラ》〔塩・砂糖などの〕角柱形の塊

marquetería [marketería]〖←仏語 marqueterie〗女 寄せ木（はめこみ）細工, 象眼〔技術, 作品〕: mesa de ~ 寄せ木細工のテーブル

marquetero, ra [marketéro, ra] 形 名 寄せ木細工の〔職人〕

marquilla [markíʎa] 女 papel de ~ デマイ判の用紙

marquismo [markísmo] 男 ブランド指向

marquista [markísta] 形 商標の, 銘柄の
—— 名 ❶ 商標の持ち主;《ヘレス》醸造所を持たないワインの商標の持ち主. ❷《自転車》メーカー専属の選手

marra[I] [mára] 女〖主にブドウ・オリーブの幹の列で〕途切れたところ; 欠落, 欠如
II〖←ラテン語 marra〗女 石割りハンマー〖=almádena〗

márraga [máraga] 女〔袋・わら布団用の〕粗布

marrajera [maraxéra] 女 アオザメ漁船

marrajo, ja [maráxo, xa]〖←擬態〗形 ❶《闘牛》〔牛が〕癖の悪い, 危険な. ❷〔人が〕ずる賢い, だますのがうまい; 悪意のある. ❸《メキシコ》けちな, 欲の深い. ❹《アルゼンチン》言うことを聞かない, 従順でない

—— 男《魚》アオザメ

marramao [maramáo] 男〔主に発情期の猫の鳴き声〕ニャオー, ギャア

marramáu [maramáu] 男 =**marramao**

marramiau [maramjáu] 男 =**marramao**

marramizar [maramiθár] 自〔発情期の猫が〕ギャアギャア鳴く

marramuncia [maramúnθja] 女《アルゼンチン, ベネズエラ. 口語》甘言, おだて

marrana[1] [marána] 女 水車の回転軸

marranada [maranáða] 女 ❶《西》1) 汚らしさ, 乱雑: cuarto hecho una ~ 汚し（散らかし）放題の部屋. hacer ~s con la comida 食べ物で汚す, 食事を粗末にする. 2) 卑劣な行為;〔意図した・しない〕不快（危険）な行為: Me hizo una ~. 彼は私に卑劣なことをした. ❸ 下品な言動. ❹ 汚いもの, 汚物. ❺ 性的な行為, 性交

marranalla [maraɲáʎa] 女《口語》下層民, 下種（ｹﾞｽ）

marranar [maranár] 他《エストレマドゥラ》〔肉を売るために豚を〕殺す

marranchón, na [mařantʃɔ́n, na] 名 豚, 子豚
marranear [mařaneár] 他 ❶《西》汚す, 乱雑にする. ❷《コロンビア》…にひどい仕打ちをする; 欺く, だます
── 自《西》汚い(卑劣な)ことをする
marranera [mařanéra] 女《ムルシア》豚小屋《=pocilga》
marranería [mařanería] 女 =**marranada**
marranil [mařaníl] 形《まれ》豚の
marranillo [mařaníʎo] 男 子豚《=cochinillo》
marrano, na[2] [mařáno, na] 男《←アラビア語 mahram「禁じられたこと」》形 ❶《西, メキシコ. 軽蔑》[豚のように] 汚い, 不潔な; だらしない: niño ～ 汚らしい子供. ❷ 卑劣な: Es tan ～ que puede que traicione a su padre. 彼は汚い男で父親さえ裏切りかねない
── 名 ❶ 豚《=cerdo》.《西, メキシコ. 軽蔑》汚らしい人; だらしない人. ❸《コロンビア》軽蔑すべき人; 品行の悪い人. ❹《歴史. 軽蔑》非改宗ユダヤ教徒, 隠れユダヤ〔表面的にはキリスト教徒を装いながら秘かにユダヤ教を信仰し続けたユダヤ人〕
joder (jorobar) la ～na《卑語》1) ひどく不快にする. 2) 台なしにする, 壊す
── 男 ❶ [水車などの] 軸, 心棒. ❷《コロンビア》豚肉
marraqueta [mařakéta] 女《ペルー, チリ》ロールパン
marrar [mařár]《←アラビア語 marrjan「迷路をかける」》他 ❶ …に失敗する: El cazador *marró* el tiro. 猟師は的を外した. ～ el disparo 撃ち損なう. ～ el golpe de estado クーデターに失敗する
── 自 ❶ [狙いが] 外れる; 失敗する. ❷ 正道を外れる, 道を踏み外す
marras [mářas]《←アラビア語 marra「一度」》*de* ～《軽蔑, 親愛》例の, ご存知の: el asunto *de* ～ 例の件. el cuento *de* ～ 昔からよくある話. lo *de* ～ 例のあのこと
hace ～ *que*…《コロンビア. 口語》長い間…
marrasquino [mařaskíno] 男《←伊語 maraschino》《酒》マラスキーノ《サクランボの一種から作るリキュール》
marrayo [mařájo] 男《プエルトリコ》=**malrayo**
marrazo [mařáθo] 男 ❶《古語》両刃の斧. ❷《メキシコ》銃剣
marrido, da [maříðo, ða] 形《まれ》悲嘆に暮れた
marrilla [maříʎa] 女《地方語》杖《=cayado》
marrillo [maříʎo] 男 棍棒
marrir [maříɾ] 他《アラゴン》[種羊が雌羊と] 交尾する
marro[1] [mářo] 男 ❶《遊戯》1) 陣取り遊び《2チームに分かれて捕まえ合う》. 2) ピン当て《地面に刺したピンに向かって石を投げる》. 3) 棒打ち遊び *tala* の棒. ❷ 間違い, 失敗. ❸ 言わないように身をひねること. ❹《地方語》棒, 棍棒. ❺《アンダルシア; メキシコ》槌
marro[2]**, rra**[2] [máɾ, řa] 形 名《メキシコ》けちな; けちんぼ
marroca [mařóka] 女《アルゼンチン. 口語》[時計の] 鎖
marroco [mařóko] 男《アルゼンチン. 口語》《=pan》
marrón [mařón] I《←仏語 marron》形 ❶ 茶色の, 栗色の《顔色・髪や目には castaño を使う》: zapatos ～ oscuro 焦げ茶色の靴. ❷《スポーツ》[選手が] アマチュアを名乗りながらスポーツで生計を立てている
── 男 ❶《西. 口語》嫌なこと, 厄介, やりがいのない仕事: Tener que hacer lo que no me gusta es un ～. やりたくないことをやらねばならないのは不愉快だ. ❷《菓子》マロングラッセ《=～ glacé》. ❸《古語》100ペセタ札. ❹《カナリア諸島; 中南米》石割りハンマー. ❺《プエルトリコ》[鐘などの] 舌. ❻《コロンビア》ヘアカーラー《=rulo》, カール・ペーパー
comerse el ～《西. 口語》望ましくない仕事をする番になる
comerse un ～ 洗いざらい白状する
de ～《隠語》非合法に; 厄介な状況に
meter un ～ *a*+人《西. 口語》…を罰する
pillar de ～ *a*+人《西. 口語》…の不意をつく; …を現行犯で逮捕する
tragarse el ～《西. 口語》=*comerse el* ～
II《←marro》男 ❶ ピン当て marro で使う石. ❷《中米, プエルトリコ》鉄の大槌
marronazo [mařonáθo] 男《闘牛》[ピカドールの] 槍の刺し損じ
marroquí [mařokí] 形 名《複 ～[e]s》《国名》モロッコ Marruecos〔人〕の; モロッコ人
── 男 モロッコ革
marroquín, na [mařokín, na] 形 名《まれ》=**marroquí**
marroquinería [mařokinería] 女 ❶ モロッコ革の加工[業]. ❷ モロッコ革の加工工場(製品販売店). ❸《集名》モロッコ革製品

marroquinero, ra [mařokinéro, ra] 形 名 モロッコ革の加工(製品販売)の〔業者〕
marroquinidad [mařokiniðá(ð)] 女 モロッコらしさ, モロッコ風
marroquinización [mařokiniθaθjón] 女 =**marroquización**
marroquinizar [mařokiniθáɾ] 他 =**marroquizar**
marroquización [mařokiθaθjón] 女 モロッコ風にすること
marroquizar [mařokiθáɾ] 他 モロッコ風にする
marrosidad [mařosiðá(ð)] 女《コロンビア》[味の] 渋さ
marroso, sa [mařóso, sa] 形《コロンビア》[味が] 渋い
marrotar [mařotáɾ] 他《地方語》だめにする, 壊す
marrubial [mařubjál] 男 マルビウムの群生地
marrubio [mařúbjo] 男《植物》マルビウム《=～ blanco》. ❷ ～ acuático ジプシーワート. ～ negro (bastardo・fétido・hediondo) ブラック・ホアハウンド
marrucino, na [mařuθíno, na] 形 名 [古代イタリア南部の先住民] マルキニ族〔の〕
── 男 マルキニ語
marrueco, ca [mařwéko, ka] 形 名 ❶《まれ》=**marroquí**. ❷《プエルトリコ》臆病な; 臆病者
── 男《チリ》[ズボンの] 前開き
Marruecos [mařwékos] 男 ❶《国名》モロッコ. ❷《地名》スペイン領モロッコ《セウタ Ceuta・メリーリャ Merilla などから成る州》
marrulla [mařúʎa] 女 =**marrullería**
marrullar [mařuʎáɾ] 自《まれ》[猫が] 喉をゴロゴロ鳴らす《=ronronear》
marrullería [mařuʎería] 女《西》甘言, おだて
marrullero, ra [mařuʎéro, ra] 形 名《西》甘言を弄する〔人〕, おだてる〔人〕, 口のうまい〔人〕
marrumancia [mařumánθja] 女《パナマ》=**marrullería**
marrumañoso, sa [mařumaɲóso, sa] 形《パナマ》腕のいい, 器用な; ずる賢い, 抜け目のない
marrutar [mařutáɾ] 他《セゴビア》台なしにする, ずたずたにする
marsala [marsála] 女《マルサラ《シチリア島産のワイン》
Marsé [marsé]《人名》Juan ～ フアン・マルセー《1933～, スペインの小説家. 内戦後の混乱によって生じた社会の軋轢やモラルの欠如を風刺的で写実的に描いた. 『テレサとの最後の午後』*Últimas tardes con Teresa*, 『ロリータ・クラブでラブソング』*Canciones de amor en Lolita's Club*》
marsellés, sa [marseʎés, sa] 形 名《地名》[フランスの] マルセイユ Marsella の〔人〕
── 男《服飾》[コーデュロイの飾りのある] 粗い布地のジャケット
── 女 ❶ [*la Marsellesa*] ラ・マルセイエーズ《フランス国歌》. ❷《まれ》横縞の薄いセーター
mársico, ca [mársiko, ka] 形《マルシ族の《=marso》
marsileal [marsileál] 男 デンジソウ目の
── 女 複《植物》デンジソウ目
marso, sa [márso, sa] 形 名 ❶《地名》[古代イタリアの先住民] マルシ族〔の〕. ❷ [ゲルマン人の一部族] マルシ族〔の〕
marsopa [marsópa] 女《動物》ネズミイルカ
marsopla [marsópla] 女 =**marsopa**
marsupial [marsupjál] 形 有袋類の: bolsa ～ 育児嚢《(**)》
── 男 複《動物》有袋類
marsupio [marsúpjo] 男《動物》育児嚢
mart.《略記》←**martes** 火曜日
marta [márta] 女《動物》テン; その毛皮: ～ cebellina (cibelina) クロテン. ～ europea マツテン. ～ pescadora フィッシャー. ❷《新約聖書》*M*～ y María マルタとマリア《姉マルタはイエスの接待に立ち働き, 妹マリアはイエスの説教に聴き入る》. ❸《チリ》[修道院の] 雑役婦
mártaga [mártaɣa] 女 面懸《(**)》《=almártaga》
martagón, na [martaɣón, na] 形 名《口語》用心深くて容易にだまされない人, 抜け目のない人
── 男《植物》マルタゴンリリー
martajar [martaxáɾ] 他《中米, エクアドル, ペルー, ボリビア》[トウモロコシなどを石で] 叩きつぶす
Marte [márte] 男 ❶《天文》火星. ❷《ローマ神話》マルス〔軍《(*)》の神〕. ❸ 戦争. ❹《錬金術で》鉄
marteja [martéxa] 女《コロンビア. 動物》ヨザル
martela [martéla] 女《地方語. 魚》ベラ科の一種《=maragota》
martelo [martélo] 男 ❶《まれ》恋愛, 求愛. ❷《廃語》嫉妬, 妬み

martellina [marteʎína] 囡 石工用のハンマー

marteño, ña [martéɲo, ɲa] 形 名 《地名》マルトス Martos の〔人〕〖ハエン県の町〗

martes [mártes] 〖←ラテン語 Martis〔dies〕「軍神マルスに捧げられた日」〗: ~ de carnaval 謝肉の火曜日〖謝肉祭の最終日〗. En ~, ni te cases ni te embarques. 《諺》火曜日には結婚も船出もするな〖スペインでは火曜日が不吉な日とされていた〗. ~ y trece 13日の火曜日〖二重に不吉な日〗

martí [martí] 男 《キューバ》金貨

Martí [martí] 《人名》**José** ~ ホセ・マルティ〖1853～95, キューバの詩人・思想家・革命家. モデルニスモの先駆的詩人. 米国在外国からキューバ独立運動を支援する文筆活動を続け, やがて自らも独立革命に身を投じ, スペイン軍との戦闘中に死亡. カストロ Castro やゲバラ Guevara に先行する建国の父として賞される. 息子への愛を切々と語りかける『イスマエリーリョ』 *Ismaelillo*, 美しい旋律で自由・希望を希求する『素朴な詩集』 *Versos sencillos*, 『自由詩集』 *Versos libres*, 短編集『黄金の時代』 *La edad de oro*, 『我らのアメリカ』 *Nuestra América*〗

martiano, na [martjáno, na] 形 《人名》ホセ・マルティ José Martí の

martiguar [martigwár] 13 他 《キューバ, プエルトリコ》和らげる, 緩和する〖＝amortiguar〗

martillado, da [martiʎáðo, ða] 形 《動物》ハンマーの形をした ── 男／女 ハンマーで叩くこと

martillador, ra [martiʎaðór, ra] 名 ❶ 槌(ハンマー)で叩く〔人〕. ❷《エクアドル》競売人

martillar [martiʎár] 〖←martillo〗 他 自 槌(ハンマー)で叩く

martillazo [martiʎáθo] 男 ハンマーの一撃

martilleador, ra [martiʎeaðór, ra] 名 槌(ハンマー)で繰り返し叩く

martilleante [martiʎeánte] 形 ＝martilleador

martillear [martiʎeár] 〖←martillo〗 他 ❶〔ハンマーなどで〕繰り返し叩く. ❷ 繰り返しぶつかる: La lluvia *martilleaba* las tejas. 雨が屋根を叩いていた. ❸ 悩ます, さいなむ: El dolor de cabeza le estaba *martilleando* las sienes. 彼は頭痛でこめかみがズキズキしていた ── 自〔＋en を〕槌(ハンマー)で叩く

martilleo [martiʎéo] 男 ❶〔繰り返し叩く〕槌打ち; その音. ❷ 繰り返しぶつかること

martillero, ra [martiʎéro, ra] 名《ペルー, チリ, アルゼンチン》競売人

martillo [martíʎo] 〖←俗ラテン語 martelus〗 男 ❶ ハンマー; かなづち, 槌(ｼ): golpear un clavo con el ~ かなづちで釘を打つ. a ~ ハンマーで打ち. ~ de carpintero〔～ sacaclavos クローハン, 釘抜き付きのかなづち. ~ de hielo アイスピック. ~ de madera 木槌. ~ de orejas 釘抜きハンマー. ~ de remachar リベットハンマー. ~ mecánico パワー・ハンマー. ~ neumático 空気ハンマー. ~ perforador ハンマードリル. ~ pilón〔鍛造機〕打ち金, 杭打ち用パイルハンマー.《スポーツ》ハンマー投げの〕ハンマー; ハンマー投げ. ❸〔ピアノの〕ハンマー. ❹《解剖》〔中耳の〕槌骨.《医学》〔足の〕槌鉛(ゲ). ❻〔時計の〕打ち子. ❼〔＋de を悪と考えて〕迫害する人: ~ de herejías 邪教を打ち砕く人. ❽《カトリック》〔聖ヨハネ会の〕片腕の十字架. ❾ 競売場. ❿《中南米》〔建物の〕翼
a macha ~《西》＝**machamartillo**

martín [martín]《鳥》~ pescador カワセミ〖圏 ~ pescadores〗. ~ del río ゴイサギ

Martín [martín]《人名》**San** ~ 1) 聖マルティヌス〖316～397, フランスの守護聖人〗. 2) 豚を殺す時期〖参考 聖マルティヌスの日 Día de *San* ~（11月11日）のころに豚を殺してハムやチョリソを作り, 冬の食糧とした〗: llegar (venir) a ~ a *San* ~ の〜…に生者必滅の時が訪れる. A cada cerdo (cochino, puerco) le llega su *San* ~.《諺》誰も罰を逃れることはできない
~ **I el Humano** 人情王マルティン1世〖1356～1410, アラゴン王. バルセロナ朝 dinastía barcelona 最後の君主〗

martina [martína] 囡《魚》ヒレナゴ属の一種〖学名 Echelus myrus〗

Martín de Porres [martín de póɾes]《人名》**San** ~ 聖マルティン・デ・ポレス〖1579～1639, ペルーのリマ生まれの聖職者. ラテンアメリカで最初の黒人の聖人. 数多くの奇跡を行ったことで有名〗

martineta [martinéta] 囡《鳥》シギダチョウ

martinete [martinéte] I 〖←?Martín（人名）〗 男 《鳥》ゴイサギ; その冠羽
II 〖←仏語 martinet〗 男 ❶ 杭打ちハンマー, パイルドライバー. ❷〔鍛造用の〕ドロップハンマー, そのハンマーがある鍛造所. ❸〔ピアノの〕ハンマー. ❹〔銃の〕打ち金, 撃鉄. ❺《フラメンコ》マルティネーテ〖無伴奏で歌われる cante jondo の一つ〗
picar de ~《馬の》わき腹をかかとで蹴る

Martínez de Irala [martíneθ de iɾála]《人名》**Domingo** ~ ドミンゴ・マルティネス・デ・イララ〖1509～56, スペイン人コンキスタドール. パラグアイ総督〗

Martínez de la Rosa [martíneθ de la rósa]《人名》**Francisco** ~ フランシスコ・マルティネス・デ・ラ・ロサ〖1787～1862, スペインの劇作家. 新古典主義から出発し, 三一致の法則を無視するなどロマン主義の先駆けとなる作品を発表した. 1808年カディス憲法制定後, 政界でも活躍した. 自由主義的思想によりフェルナンド7世時代は亡命を余儀なくされるが, 帰国後は国会議長などの要職に就く〗

Martínez de Rozas [martíneθ de róθas]《人名》**Juan** ~ フアン・マルティネス・デ・ロサス〖1759～1813, チリの法律家・政治家. チリ独立の中心人物〗

Martínez de Toledo [martíneθ de toléðo]《人名》**Alfonso** ~ → **Arcipreste de Talavera**

Martínez Estrada [martíneθ estɾáða]《人名》**Ezequiel** ~ エセキエル・マルティネス・エストラダ〖1895～1964, アルゼンチンの詩人・作家. 若いころは難解な詩を書いていたが, 散文に転向した. 自国の歴史・文化に潜む諸問題を詳細に分析した評論『パンパのレントゲン写真』 *Radiografía de la pampa*〗

Martínez Moreno [martíneθ moɾéno]《人名》**Carlos** ~ カルロス・マルティネス・モレノ〖1917～86, ウルグアイの小説家. 自国の政治に失望した主人公がキューバを訪れ, 革命がもたらした光と影を織り込む注目した. 自らのスペイン系の政治のあり方にも一石を投じた小説『刑場の壁』 *El paredón*. 中編小説『原住民』 *Los aborígenes*〗

Martínez Sierra [martíneθ sjéra]《人名》**Gregorio** ~ グレゴリオ・マルティネス・シエラ〖1881～1947, スペインの劇作家・演出家. 『ゆりかごの唄』 *Canción de cuna* など女性的な情愛を特徴とする作品は, 妻 María との共作とされる. モデルニスモの普及に努めた〗

Martín Fierro [martín fjéro] 《文学》『マルティン・フィエロ』〖1872, ホセ・エルナンデス José Hernández による8音節詩行の長編叙事詩で, ガウチョ文学 literatura gauchesca の代表的作品. 19世紀後半, 近代化が進むパンパ Pampa を舞台に主人公のガウチョ, マルティン・フィエロが自らの生活を語る〗

Martín Gaite [martín gájte]《人名》**Carmen** ~ カルメン・マルティン・ガイテ〖1925～2000, スペインの小説家. 孤独や不安を省察する作風. 『昔話』 *Retahílas*, 『奥の部屋』 *El cuarto de atrás*〗

martingala [martiŋɡála] 〖←仏語 martingale〗 囡 ❶《口語》策略, 欺瞞; トリック, 仕掛け. ❷《口語》嫌なこと, 不快なこと. ❸《口語》ばかげたこと, ささいなこと. ❹《馬具》むながい, また綱. ❺ 倍賭法;《確率論で》マルチンゲール. ❻《服》よろいの下にはく半ズボン. ❼《プエルトリコ》吉水色のもの. ❽《ラプラタ》1)〔上着などの〕腰のあたりに付ける飾り帯. 2)〔試合などに勝つ〕戦略, 陰謀

martingalero, ra [martiŋɡaléɾo, ra] 形《まれ》策略を用いる, トリックを使う

martini [martíni] 〖←商標〗 男《酒》❶ マティーニ: ~ americano ドライマティーニ. ❷《プエルトリコ》[＝vermú]

martinicano, na [martinikáno, na] 形《地名》＝**martiniqués**

martinico [martiníko] 男《まれ》小鬼〖＝duende〗

martiniega [martinjéɡa] 囡《歴史》マルティニエガ税, 開墾税〖聖マルティヌス San Martín の日（11月11日）に支払われる封建的貢租の一種〗

martiniqués, sa [martinikés, sa] 形 名《地名》〔西インド諸島, フランス領〕マルティニク Martinica 島の〔人〕

martinismo [martinísmo] 男 神秘主義的教義

Martín Santos [martín sántos]《人名》**Luis** ~ ルイス・マルティン・サントス〖1924～64, スペインの小説家. 医師としてのかたわら, 『沈黙の時』 *Tiempo de silencio* を発表. 内戦後のスペインを内的独白など実験的手法を駆使して描き, 社会派写実主義に代わる新たな潮流を拓いた. 遺作となった未完の小説『崩壊

の時』*Tiempo de destrucción*〗
martiño [martíɲo] [男]《地方語. 魚》マトウダイ
mártir [mártir]〘←ラテン語 martyr, -yris < ギリシア語 martys, -yros「(信仰の堅さについて証言する)証人」〙[名] ❶ 殉教者: ～*es* cristianos キリスト教の殉教者たち. ❷ 主義(大義)に殉じた人: ～ de una revolución 革命のために命を捧げた人. ❸ [不正·病気などの] 犠牲者
dárselas de ～ 被害者(犠牲者·殉教者)ぶる
hacerse el ～《軽蔑》自分ばかりが辛い目に遭っていると考える(言う), 被害者ぶる
traer ～ *a*+人 …をひどく心配させる, 迷惑をかける
martirial [martirjál] [形] 殉教者の: iglesia ～ 殉教者教会
martirio [martírjo]〘←ラテン語 martyrium < ギリシア語 martyrion「証言」〙[男] ❶ 殉教: sufrir el ～ 殉教する. ❷ [誇張して] 苦痛, 苦難: Trabajar hasta las once de la noche es un ～. 夜11時まで働くのは苦痛だ
martirizador, ra [martiriθađór, ra] [形] [名] ❶ 殉教させる. ❷ 迫害する〔人〕; 苦しめる〔人〕, 責めさいなむ〔人〕
martirizante [martiriθánte] [形] =**martirizador**
martirizar [martiriθár]〘←mártir〙[9] [他] ❶ 殉教させる. ❷ 迫害する; 苦しめる, 責めさいなむ: ～ un animal 動物を虐待する. Estos condenados zapatos me van *martirizando*. このいまいましい靴は痛くてたまらない
martirologio [martiroló xjo] [男] ❶ 殉教者名簿, 聖人列伝. ❷ [訴訟の] 被害者リスト, 犠牲者名簿
martorellense [martoreʎénse] [形] [名]《地名》マルトレル Martorell の〔人〕〘バルセロナ県の村〙
maruca [marúka] [女] ❶《魚》クロジマナガダラ. ❷《エストレマドゥラ》妻の言いなりになる夫
marucha [marútʃa] [女]《アンデス. 料理》ランプ·ステーキ
maruga [marúga] [女]《キューバ》❶《音楽》マラカス〘=maraca〙. ❷《植物》マメ科タヌキマメ属の一種〘学名 Crotalaria anagyroides〙
maruguito [marugíto] [男]《ベネズエラ. 植物》マメ科タヌキマメ属の一種〘=maruga〙
maruja [marúxa] [女] ❶《西. 軽蔑, 戯語》[時に *M*～] 主婦, おばさん〘家事に熱心だが, 社会性がなく, ゴシップ好きなど〙. ❷《植物》クレソンに似たサラダ用の香草
marujear [maruxeár] [自]《西. 軽蔑, 戯語》主婦(おばさん)をやる
marujeo [maruxéo] [男]《西. 軽蔑, 戯語》主婦(おばさん)をやること
marujil [maruxíl] [形]《西. 軽蔑, 戯語》主婦の, おばさんの
marujona [maruxóna] [女]《西. 軽蔑, 戯語》主婦, おばさん〘=maruja〙
marullero, ra [maruʎéro, ra] [形]《チリ. 口語》いかさまをする, ずるい
marullo [marúʎo] [男] ❶ [嵐による] 波のうねり, 波立ち. ❷《チリ. 口語》いかさま; 奸計
marunga [marúŋga] [女]《プエルトリコ》[総称] 民俗舞踊
marunguero, ra [maruŋgéro, ra] [名]《プエルトリコ》民俗舞踊 marunga の愛好者
marusa [marúsa] [男] ❶《戯語》ホモ〘=marica〙. ❷《ベネズエラ》[植物の繊維で編んだ] 背負い袋
maruso [marúso] [男]《戯語》ホモ〘=marica〙
marxiano, na [mar〔k〕siáno, na] [形]《人名》カール·マルクス Karl Marx の
marxismo [mar〔k〕sísmo] [男] マルクス Marx 主義
marxismo-leninismo [mar〔k〕sísmo leninísmo] [男] マルクス=レーニン主義
marxista [mar〔k〕sísta] [形] [名] マルクス主義の(主義者)
marxista-leninista [mar〔k〕sísta leninísta] [形] [名] マルクス=レーニン主義の(主義者)
marxistización [mar〔k〕sistiθaθjón] [女] マルクス主義化
marxistizante [mar〔k〕sistiθánte] [形] マルクス主義化する
marxistizar [mar〔k〕sistiθár] [9] [他] マルクス主義化する
marxistoide [mar〔k〕sistóiđe] [形]《軽蔑》少しマルクス主義者らしく見える
marxistología [mar〔k〕sistoloxía] [女] マルクス主義の理論的研究
marxistológico, ca [mar〔k〕sistolóxiko, ka] [名] マルクス主義の理論的研究者
marzada [marθáđa] [女]《ラマンチャ》3月特有の天候の変化
marzadga [marθá〔đ〕ga] [女]《歴史》マルサスガ税〘3月に支払われる封建的貢租の一種〙
marzal [marθál] [形]《西》3月の
marzante [marθánte] [男] marzas を歌う若者
marzas [márθas] [女] [複]《カンタブリア》[春を祝って] 若者たちが夜家々を巡って歌う歌; その若者たちへのもてなしの食べ物〘腸詰など〙
marzo [márθo]〘←ラテン語 martius < Mars, -tis「軍神マルス」〙[男] 3月〘→mes [参考]〙: Cuando ～ mayea, mayo marcea.《諺》3月が5月の天候だと5月は3月の天候になる. *M*～ ventoso y abril lluvioso traen a mayo florido y hermoso.《諺》風の強い3月と雨の多い4月は花咲く美しい5月をもたらす
marzoleta [marθoléta] [女] ヒトシベサンザシの実
marzoleto [marθoléto] [男]《植物》ヒトシベサンザシ〘=majuelo〙
mas[1] [mas]〘←ラテン語 magis〙[接]《文語》しかし〘=pero〙: Quise hacerlo, ～ no pude. 私はしたかったが, できなかった
mas[2] [más] **I** [男]《フィリピン》[貴金属の重量単位] =約3.322g
II [男]《アラゴン, カタルーニャ》[畑·牧場に囲まれた] 農家
más [más]〘←ラテン語 magis〙[副]〘mucho の比較級. ⇔menos〙
❶ もっと; より多く: 1) [+形容詞] Las uvas estarán ～ maduras con esta lluvia. ブドウはこの雨でもっと熟すだろう. 2) [+副詞] Habla ～ despacio. もっとゆっくり話しなさい. Estos días van ～ a menudo a la iglesia. このごろ彼らはより頻繁に教会に行く. Póngalo ～ a la derecha. もっと右に置いて下さい. 3) [動詞+] Comed ～ y trabajad ～. もっと食べてもっと働け. ❷ [優等比較級. +que より] もっと…: 1) [+形容詞] Juan es tres años ～ joven *que* yo. フアンは私より3歳若い. Aristóteles es ～ grande *que* Alejandro el Magno. アリストテレスはアレキサンダー大王より偉大である. El cielo está ～ nublado *que* antes. 空は前よりももっと曇っている. No hay hombre ～ guapo *que* él. 彼ほどの美男子はいない. 2) [+副詞] Él se marchó a la ciudad ～ pronto *que* sus amigos. 彼は友人たちよりも早く都会に出た. Rosa vive ～ cerca del colegio *que* nosotros. ロサは私たちよりも学校の近くに住んでいる. 3) [動詞+] Ese chico estudia ～ *que* los demás. この子は他の子よりもよく勉強する. ❸ [数量·程度の比較. +de] …以上: 1) [比較の対象が名詞] Miguel come ～ *de* tres veces al día. ミゲルは一日に3回より多く食事をする〘[語法] 年齢と時刻を除き, de+数詞の数を含まない. この例文ではミゲルの食事回数は4回以上ということになる〙. Ya son ～ *de* las cinco. もう5時を過ぎている. Puede tener ～ *de* sesenta años. 彼は60歳を超えているかもしれない. *Más de* cien personas resultaron heridas. 100人以上が負傷した. 2) [比較の対象が節] El viaje me ha costado ～ caro *de* lo que creía. 旅行は私が考えていたよりも高くついた. Ya había echado ～ gasolina *de* la que necesitaba para ese día. もう私はその日必要とする量以上のガソリンを入れておいた. La cosa es ～ grave *de* lo que parece. 事は見かけよりもっと深刻だ. La destrucción que causó la inundación era ～ devastadora *de* lo que se temía. 水害のもたらした荒廃は危惧されていた以上に激しかった.〘[語法] 1) 2者の間での比較では 定冠詞+más: Ella es *la* ～ alta de las dos hermanas. 2人の姉妹のうちで彼女の方が背が高い. ¿Cuál de estos dos cuadros es *el* ～ conocido y *el* ～ caro? この2枚の絵のうちでより有名でより高価なのはどちらですか? 2) 数量·程度の修飾語句+más: Tengo *mucha* ～ prisa que tú. 僕は君よりずっと急いでいる. Ella es *diez centímetros* ～ alta *que* su madre. 彼女は母親より10センチ背が高い. Este año las manzanas cuestan 20 *por ciento* ～ caro *que* el año pasado. 今年はリンゴが去年より2割がた高い. Ellos saben *mucho* ～ *que* yo. 彼らは私よりずっと多くのことを知っている. Vivir en la ciudad cuesta *algo* ～ caro *que* en el campo. 都会に住むのは田舎に住むよりもやや高くつく. 3) 比較の対象は省略されることが多い: En este jardín de infancia hay ～ niñas. この幼稚園では〔男の子より〕女の子の方が多い. Hoy esta calle tiene ～ circulación de coches. 今日この道路は車の通行量が〔いつもより〕多い〙 ❹ [優等最上級] 最も: 1) [形容詞の最上級. 定冠詞·所有形容詞+. +de·en·entre の中で] El monte Fuji es *la* montaña ～ alta *de* Japón. 富士山は日本で一番高い山だ. Tú eras *el* ～ travieso *entre* todos los primos. お前は従兄弟みんなの中で一番やんちゃだった. Las cigüeñas anidan en *lo* ～ alto *de* la torre. コウノトリは塔の一番高いところに巣を作る. Mostró *su* ～ profundo condolencia por la muerte del Presidente. 彼は大統領の死に対し最も深い哀悼の意を表した. 2) [副詞の最上級] Mamá es la más trabajadora de todos nosotros; se acuesta ～ tarde y se levanta ～ temprano. 母は私たち皆の

más

中で一番の働き者だ. 一番遅く寝て, 一番早く起きる.〘語法〙1) 副詞の最上級は比較級と同じ形式で表現されるので, 比較級か最上級かは文脈から判断する: Tú vives ~ cerca. 君はより近くに/一番近くに住んでいる. El chico estudia ~. その子はよりよく/一番よく勉強する. 2) 最上級の範囲「…の中で」を表現しようとする時は, ser+定冠詞[+名詞]+que+直説法 の形式が使われる: Tú eres el que vive[s] ~ cerca de todos. 君は皆の中で一番近くに住んでいる. Esta alumna es la que estudia ~ en el grupo. この生徒はグループの中で一番よく勉強する. Él es el alumno que estudia ~ en la clase. 彼はクラスで一番よく勉強する生徒だ. Esta sección es la que produce ~ en nuestra empresa. この部門が我が社で一番収益を上げている. El invierno es la estación que ~ me gusta. 冬は私が一番好きな季節だ. 3) 最上級の範囲「…の中で」を表現する語句は省略されることが多い: Este es el tren que recorre ~ rápido el trayecto de París a Madrid. これはパリ—マドリード間を一番速く走る列車だ. Es el corredor de maratón que ~ veces ha ganado hasta el momento. 彼は今までに優勝した回数の一番多いマラソン選手だ. Vosotros estáis en la ~ brillante de la vida y rebosáis de energía. 君たちは今人生の最も華やかな時代にいて, 力にあふれている〙❺［比較の対象に否定語を用いて意味上の最上級］Me gusta el chocolate ~ que nada. 私はチョコレートが何よりも好きだ. Ese día me desperté ~ temprano que nunca. 私はその日にいなく早く目が覚めた. Este libro es ~ complicado que ninguno de los que he leído de filosofía. この本は私がこれまで読んだどんな哲学書よりも難しい. ❻［副詞・形容詞・動詞など同種概念間の比較］［…というよりは］むしろ: 1) Es ~ chismosa que habladora. 彼女はおしゃべりというよりうわさ好きなのだ. Gasta ~ que gana. 彼は稼ぐより使う方が多い. Es una provocación ~ que otra cosa. これは挑発以外の何物でもない. 2)《諺, 成句》*Más* vale antes *que* después. 下手な考え休むに似たり. *Más* vale callar *que* mal hablar. 話すのが下手な者は黙っている方がいい. ❼ 特に, とりわけ: Lo acepto con agrado, ~ viniendo de ti. 特に君からの話なので, 私は喜んで引き受ける. Iré a donde me digas, ~ si tú me invitas. 君が招待してくれるならなおさら, 私は君の言う所へどこにでも行くし, ましてや君が招待してくれるならなおさら.❽［否定文などで］(…以上はない): No insisto ~. これ以上しつこくは言いません. Ya no hay ~ remedio. もうこれ以上は打つ手がない. Ya no puedo correr ~. 私はもうこれ以上走れない. Él no tenía ~ alternativa que dimitir. 彼には辞職する以外に方法はなかった. Estaba demasiado cansado para caminar aún ~ lejos. 彼はあんまり疲れていたので, もう以上遠くへは歩けなかった. ❾［感嘆文で］とても［比較の意味なしに, 数の多さ・程度の大きさを表わす. =tan］: ¡Qué maleta ~ pesada! 何て重いスーツケースだ! ¡Qué gente ~ salvaje! 何と野蛮な奴らだ! ❿［発音は[mas]］1)《数学》プラスして: Dos ~ dos igual a cuatro. 2足す2は4. 2) 足して, 加えて: Me debes tres mil yenes, ~ mil de ayer. 君は私に3000円と昨日の1000円の借りがある.［発音は[másmilde ájer]］. Por esto, ~ por otras razones, se retiró de la vida política. このことや, また他の理由もあって, 彼は政界から引退した. el matrimonio ~ sus dos hijos 夫婦と子供2人.⓫《地方語》その上, さらに［=además］

a lo ~《口語》1) 多くても, せいぜい: Tardará dos días o tres *a lo* ~. それはかかってもせいぜい2日か3日だろう. 2) 全部で

a ~ 1)［=además］: Tiene cien mil yenes de pensión mensual y *a* ~ algunas otras rentas. 彼は月10万円の年金と, それに加えて他に何かの収入がある. Es un alumno estudioso y *a* ~ muy dócil. 彼はよく勉強するし, その上とてもおとなしい生徒だ. 2)《口語》［+不定詞］最大限に…して: *a* ~ ahorrar できるだけ節約しても, *a* ~ tardar どんなに遅くても. 3)《文語》［+de］…の上に, …に加えて

a ~ a《地方語》［=además］

a ~..., menos... …が多いほど…が少なく: *A* ~ gente, *menos* sueldo. 人が多ければ多いほど給料が減る

a ~ y mejor［動作・行為について］大いに, 大量に: nevar *a* ~ *y mejor* ひどい大雪が降る

aún ~ = aún: El gas ha subido un diez por ciento y la electricidad *aún* ~. ガス料金は10%上がったが, 電気料金はもっと上がった

como el que ~ 人並みすぐれて: Mi padre ha contribuido *como el que* ~ para la buena marcha del colegio. 私の父は学校の発展のために人一倍力を尽くしてきた

cuál ~ cuál menos → ***cuál***

cuando ~ 多くても, せいぜい［=a lo ~］: Te esperaré *cuando* ~ diez minutos. 待つことは待つが, せいぜい10分だぞ

cuanto ~...［*tanto*］+比較級 → ***cuanto***[2]

de lo ~ 1) Esta película es *de lo* ~ interesante. この映画はとても面白い. Está *de lo* ~ lejos. そこはとても遠い. manual de instrucciones *de lo* ~ complicado 非常にややこしい使用説明書

de ~ 1)〘=de sobra〙: Aquí hay un plato de bistec *de* ~. ここにステーキが1皿余っている. He hecho una copia *de* ~. 私は1枚余分にコピーをとった. dar a+人 diez mil yenes *de* ~ 1万円余分にやる. 2)〘=demasiado〙: Los zapatos me aprietan *de* ~. 靴がきつすぎる. petición *de* ~ 法外な要求. 3)《俗用》不要で, 邪魔になって: 失業して: Están *de* ~ explicaciones prolijas. くどくどしい説明は不要で. *De* ~ está decir que os ayudaré en todo lo que necesitéis. 言うまでもなく, 君たちに必要なことは何でも助けてやる. Estoy aquí *de* ~. 私はここでは邪魔者だ/あぶれている

de ~ a その上〘=además〙: Es pobre y *de* ~ *a* ~ está enfermo. 彼は貧乏で, その上, 病気だ

de ~ en ~ さらに, 次第に, だんだんと: El número de parados irá aumentando *de* ~ *en* ~. 失業者の数はますます増加することだろう

echar de ~《戯語》余っていることに気づく

el no va ~《口語》「望みうる・想像できるものの中で」最良のもの, 最高の人・事物〘el no-va-~ とも表記〙: Él es *el no va* ~ de los cantantes de ópera de la actualidad. 彼は現代のオペラ歌手の中で最高の存在だ. Esta novela es *el no va* ~ en género policíaco. この小説は刑事物で最高だ

el que ~ y el que menos 皆［多かれ少なかれ］: *El que* ~ *y el que menos* tiene sus problemas. 人はみな悩みを抱えているものだ. *El que* ~ *y el que menos* lo pasó muy bien. 皆大いに楽しく過ごした

El que puede lo ~ puede lo menos. 《諺》大事を成し得る者は小事をも成し得る

en ~ 1)［評価］大いに, より以上に: La suegra agradecía *en* ~ el atento miramiento de su yerno. 姑は娘婿の優しい心づかいにとても感謝していた. La policía estimaba *en* ~ la vida de los rehenes. 警察は人質の生命をより大切だと考えた. 2)［間違って］余分に: Como no sabía bien el tipo de cambio, pagué tres dólares *en* ~ que el precio del menú. 私は為替レートをよく知らなかったもので, メニューの値段より3ドル余計に払ってしまった

es ~［強調］さらに言えば; それだけでなく, それどころか: Les dieron visa de tránsito a los refugiados políticos; *es* ~, les concedieron permiso de estancia temporal a los que lo quisieran. 政治亡命者には通過ビザが与えられた. それに加えて, 希望者には一時滞在許可も出された

hasta ~ ver［別れの挨拶］また近いうちに, では また: Me voy, ¡hasta ~ ver! 私は帰るよ, じゃあまたね!

hasta no ~ この上なく

ir a ~《西》前進する, 向上する; 増加する: El consumo de bebidas alcohólicas va *a* ~ entre los jóvenes. アルコール飲料の消費量が若者の間で増えている

lo ~+形容詞 この上なく…な: río *lo* ~ caudaloso きわめて水量の多い川. 2)［形容詞の名詞化］この上なく…なもの・場所・時: Hay una imagen de Santa María en *lo* ~ alto y escarpado de la montaña. 山の一番高く険しい場所に聖母マリアの像がある

lo ~+形容詞/副詞+*posible* (*que poder*) 可能な限り…なに: Que seas *lo* ~ breve *posible* (*que puedas*) en tu comunicación. 君の発表はできるだけ短くするように. Ese día salimos del hotel *lo* ~ temprano *posible* (*que pudimos*). その日私たちはできるだけ早くホテルを出った

lo ~ posible (***que poder***) 可能な限り: Juan desea acelerar *lo* ~ *posible* el lanzamiento de su empresa. フアンは自社の立ち上げをできるだけ急ぎたいと望んでいる. Iba corriendo *lo* ~ *que podía*. 彼は全力で走っていた

lo que es ~ さらにこの上: Dijo que no quería desayunar; *lo que es* ~, se negó a ir a la escuela. 彼は朝食を食べたくないと言い, その上, 学校に行くのも嫌だと言った

~ aún 1) まして, なおさら: En las calles hay bastantes ba-

ches; ~ *aún*: algunos son grandes y peligrosos. 通りにはかなりたくさん穴ぼこがある。しかも、そのいくつかは大きくて危険だ。2) さらに言えば [《=es ~》]: Me gusta la música barroca; ~ *aún* si es de Vivaldi. 私はバロック音楽が好きで、さらに言えばビバルディが大好きだ
~ bien 1) [+*que* より] むしろ: *Más bien* corre *que* camina. 彼は歩くというより走っている。Estoy ~ *bien* triste *que* alegre. 私はうれしいというよりは悲しい。No es indolente, sino ~ *bien* callado. 彼は無気力ではなくて、むしろ無口なのだ。No es roñoso; es ~ *bien* frugal en la mesa. 彼はけちん坊ではない。むしろ食事に質素なのだ。2) おそらく; かなり
Más eres tú. [けんか で] 悪いのはお前だ
¡Más lo eres tú! [けんかで] お前こそが悪い!
~ o menos 1) 多かれ少なかれ: ¿Hablas inglés?—Sí, ~ *o menos*. 英語を話せるかい?—はい、多少。2) ほぼ、およそ: Serán las diez ~ *o menos*. 今10時ごろだろう。Ella mide ~ *o menos* lo igual que su esposo. 彼女は夫と大体同じくらいの身長だ
~ que... 1) …以外は: No lo he dicho a nadie ~ *que* ti. 私は君のほかには誰にも言っていない。No lo sabe nadie ~ *que tú*. 君以外は誰もそのことを知らない。2)《地方語》[+接続法、譲歩] …とはいえ: ~ *que* te pese 君には気が重くとも
~ que nada 何にもまして: Lo que me gusta ~ *que nada* es leer. 私が何にもまして好きなのは読書だ。De los cuadros expuestos en esta sala me gusta ~ *que nada* su primer autorretrato. この部屋に展示されている絵のうちで彼の最初の自画像ほど私の気に入っているものはない
~ que nunca かつてなかったほど; この上もなく: La educación y la comunicación son necesarias, ahora ~ *que nunca*. 教育とコミュニケーションは今やかつてなかったほど必要とされている。Hablando con ella, me he dado cuenta que está cambiada *que nunca*. 私は彼女と話していて、彼女がこの上なく変わってしまったことに気づいた
~ y ~ ますます: Ella ha aumentado ~ *y* ~ de peso. 彼女は最近ますます体重が増えてきた。El coste de la vida sigue siendo ~ *y* ~ caro. 生活費は高くなる一方だ
ni ~ ni menos 1) まさに: Llegó *ni* ~ *ni menos* cuando salíamos a buscarlo. 私たちが彼を迎えに行こうとしていたまさにその時に彼がやって来た。Es *ni* ~ *ni menos* una declaración de amor. それはとりもなおさず愛の告白だ。3)[強い驚き] 何としたことか: Algunos turistas aparecieron en la misa *ni* ~ *ni menos* en trajes llamativos. 一部の観光客はこともあろうに派手な服を着てミサに現われた。3) [+*que*. esse 以下の要素を強調して] ほかならぬ ~: El futbolista fue a ver y animar *ni* ~ *ni menos que* a los niños hospitalizados. サッカー選手はほかならぬその入院中の子供たちを慰問に出向いた。4) [返答] そうだ: ¿Es que hay que aguantarse?—*Ni* ~ *ni menos*. 辛抱せよということなのか?—まあ、そういうことだ
no hacer ~ que+不定詞 …してばかりいる: No hace ~ *que* quejarse. 彼は文句ばかり言っている
no ~ 1)《主に中南米》[主に強めた語の直後に置いて] ただ…だけ: Quiero un café *no* ~. 私はコーヒーを1杯欲しいだけ。Hace dos días *no* ~ *que* se fueron. 彼らが出て行ってからの2日しか経っていない。Esta vez te ayudo a salir de ese aprieto, pero ahora *no* ~. 今回はお前がその難儀から逃れるのを助けてやるが、後は知らないぞ。Vienen ahí, *no* ~, son cientos. もうちょっとあそこで。数百人だ。2) …はもうたくさんだ: *No* ~ guerras. 戦争はもうたくさんだ/戦争反対。¡*No* (Nunca) ~ Hiroshima! ノーモア・ヒロシマ!*No* ~ llorar inútilmente. 泣いても無駄だから、泣くのはよしなさい。*No* ~ discusiones, vamos a comer. 議論はもういい、食事しよう。3)《メキシコ》…するとすぐ: Al *no* ~ salir a la calle, se echó a correr. 通りに出るとすぐに、彼は駆け出した。*No* ~ verla y la reconocerás. 君が会ったら、すぐに彼女だとわかるだろう。~ [*que*] tenga dinero, te pagaré. 金ができたらすぐ君に払うよ。4)《主に南米》[主に命令形の動詞+で、その行為を促す] Diga *no* ~. さあ、[安心して] 言いなさい。Siéntate, *no* ~. さあ、座って
no ~ de... わずか…の、たった…の: Había *no* ~ *de* diez invitados. わずか10人ほどの招待客しかいなかった
no ~ que... …だけ: En este coche *no* caben ~ *que* dos personas. この車には2人しか乗れない。Lo que te digo ahora *no* es ~ *que* una suposición. 今から君に言うことは

一つの推測にすぎない。Estos días *no* hace ~ *que* leer y trabajar en el huerto. 最近では彼は読書と畑仕事しかしていない。Teniendo *no* ~ *que* diez años, ella tocó ante el público. 彼女はたった10歳で聴衆を前に演奏した
no va ~ 1)《賭博》そこまで/締め切りです。2) →**el no va ~**
por lo ~ =**a lo** ~: Es una reparación muy sencilla y solo costará diez euros *por lo* ~. これは簡単な修理だから、せいぜい10ユーロしかかからないだろう
por ~ que... どんなに…しても [=*aunque* …] [《=*por* ⓬》]
¿Qué ~? 1) [ほしいもの・必要なもの・話すことなどが] ほかに何かありますか?: ¿Qué ~ queréis comer, niños? 坊やたち、ほかに何が食べたい? ¿Qué ~ podéis deducir de estos datos, señores? 皆さん、この資料からほかに何が推測できますか? 2) [店で] ほかに [ご入り用なもの] は?
¿Qué ~ da? どうと言うことはない、それがどうだと言うのだ、そんなことどうでもいいじゃないか: ¿Quién te lo ha contado?—*Qué* ~ *da*, lo he sabido por ahí. 誰がそんなことを話したんだ?—そんなことは関係ないだろう、どこかで聞いたんだよ。Que él venga o que no venga, ¿*qué* ~ *da*? 彼が来ても来なくても、そんなことどうでもいいじゃないか
si ~ no《地方語》少なくとも [=*al menos*]; 多くても [=*a lo menos*]
sin ~ ni ~《口語》=**sin ~ ni ~**: llorar *sin* ~ 理由もないのに泣く
sin ~ ni ~《口語》1) これといった理由もなく。2) 予告 (前兆) などなしに、突然、いきなり: *Sin* ~ *ni* ~, mi marido se fue de casa. 何も言わずに彼女の夫は家を出て行ってしまった。Anoche muy tarde apareció él en mi casa *sin* ~ *ni* ~. 昨夜とても遅く突然彼が私の家にやって来た
sobre poco ~ o menos《口語》多かれ少なかれ [=*poco más o menos*]: La función de esa ópera terminó a las dos de la madrugada *sobre poco* ~ *o menos*. そのオペラの公演は午前2時ごろに終わった
¿[Y] [A ti] Qué ~ te da? 君には関係ないだろう?
y lo que es ~ さらに、加えて: Me asombré mucho cuando me dijeron la verdad, *y lo que es* ~, cuando supe que los otros ya la sabían. 私は本当のことを聞いた時驚いたが、他の人たちがすでにそのことを知っていると分かった時はもっとだった
¿Y qué ~? [相手の理不尽な要求・主張への反論] それはあんまりだ: Eres perezoso, ladrón, un sinvergüenza, y encima *no* quieres hacer contigo.—¿*Y qué* ~? お前は怠け者で、泥棒で、恥知らずで…、どうしようもない奴だ。—その言い方はひどすぎる
── 形《性数無変化》❶ [+不可算名詞/+可算名詞複数形] Los invitados quieren ~ vino. 招待客はもっとワインが欲しいと言っている。¿No quiere usted ~ café? コーヒーをもっといかがですか? He decidido no comprarme ~ libros, porque ocupan mucho espacio. 場所を取るので、私はもうこれ以上本を買うのをやめることにした。Me gustaría tomarme ~ vacaciones este verano. できたら今年の夏はもっと長く休暇をとりたい。2) [+*que* より] En febrero hace ~ frío *que* en marzo. 2月は3月よりも寒い。Carlos tiene ~ años *que* Ignacio. カルロスはイグナシオより年上だ。Javier leía ~ novelas *que yo*. ハビエルは私よりたくさん小説を読んでいた。3) [程度・数量の表現+] En la plaza hay mucha ~ gente *que* ayer. 広場には昨日よりもっと大勢の人が出ている。Quiero verte una vez ~. もう一度君に会いたい。El rey seguirá ingresado unos días ~ en el hospital. 国王は数日入院するだろう。Échame dos cucharadas ~ de azúcar. 砂糖をあと2さじ入れて下さい。4) [不定代名詞+] ¿Quiere algo ~, señora?—Nada ~, gracias. 他に何かお入り用ですか?—ありがとう、これだけで結構です。Pronto nació algo ~ *que* una simple relación cordial entre él y ella. 彼と彼女の間にはすぐに単なる儀礼的な付き合い以上のものが生まれた。¿Puede venir alguien ~? 他に誰か来ることができますか? ❷《口語》もっと優れた、とても立派な: Esta es ~ casa *que* la otra. この家はもう一軒のよりいい。*Más* mujer *que* ella no conocí. 彼女ほどよくできた女性を私は知らない。Es ~ hombre. 彼はとても男らしい。❸ [定冠詞+] ありふれた、ごく普通の: Soy un vecino ~ del pueblo. 私は町の一住民にすぎない。❹ [定冠詞・所有形容詞+. 優等最上級] Toñuca es *mi* ~ amiga. トニュカが私の一番の友達です
ser ~ que... …以上の存在である: Yo quiero *ser* ~ *que* tu amigo. 僕は君の友達以上の間柄になりたい。*ser* ~ *que* los demás 他人より出世する、衆に抜きん出る

—— 代 ❶《口語》[定冠詞+] 大多数, 大部分: Los ~ de los habitantes son descendientes de los sefardíes. その住民の大多数はスペイン系ユダヤ人の子孫である. Las ~ votaron en contra. たいていの女性は反対票を投じた. Los presentes, los ~, eran antiguos alumnos de don José Luis. 出席者は, その大多数がホセ・ルイス先生の古い教え子だった. Las ~ de las veces acierta ese adivino. たいていの場合あの占い師の言うことは当る. Lo ~ del tiempo lo paso trabajando en el huerto. たいていの時間, 私は畑仕事をする. Las ~ de los días ~ de las noches たいていの日, たいていの夜.《語法》定冠詞+más は人について使われることが多く, 人以外の場合は la mayor parte が普通の表現: la mayor parte de los días, la mayor parte del tiempo. ❷《無冠詞》もっと多数; これ（ぞれ）以上: Pensé que solo vendrían unos cuantos amigos, pero llegaron ~. 私は何人かの友達が来るだけだと思っていたが, もっと大勢の人が来た. ¿Le sirvo ~? —Sí, un poco ~, por favor. もっと注ぎましょうか？—ええ, もう少し下さい. Ya hay ~ de veinte personas esperando. もう20人以上の人が待っている

—— 男 ❶《数学, 物理》プラス [記号][+]; 正数, 正量《例》+4 es un número positivo. +4は正の数である]. ❷ より多いこと: 1) Es cuestión de ~ o de menos. それは多いか少ないかの問題だ. 2)《諺, 成句》Más hace el querer que el poder. 権力よりも意欲がより多くを成し遂げる. Quien ~ pone, ~ pierde. 努力や自己犠牲はほどほどにしておくのがよい
el ~ y el menos 損得, 利害: calcular *el ~ y el menos* 損得計算をする. 2) 長所と短所
sus ~ y sus menos [haber・tener+] ごたごた, 厄介な問題, 難題: Cuando se casaron, los dos tenían *sus ~ y sus menos* en casa. 結婚した時, 2人の家には何かと問題があった. 2) 長所と短所: Tiene *sus ~ y sus menos*. それにはいいところもあればよくないところもある

masa [mása] 《←ラテン語 massa「塊, 山積み」》女 ❶《料理》1)［パンなどの] 生地: ~ de hojaldre パフペースト, パイ生地. ~ frita 揚げ菓子. 2)《エクアドル, チリ》パイ. 3)《ラプラタ》[小型の] ケーキ: ~s secas クッキー. ❷［物の] 塊: ~ de hierro 鉄の塊. ~ de aire frío《気象》寒気団. índice de ~ corporal ボディマス指数, 体格指数. ❸ 総体; 総量: 1) Desde lejos se ve la ~ del castillo. 遠くから城の全容が見える. Esto es la ~ de mi fortuna. これが私の全財産だ. 2)《経済》~ crítica 最低需要規模, クリティカルマス. ~ de capital 資本ストック. ~ monetaria マネーストック. ❹ 多数, 多量: Una ~ de escombros obstaculizaba la entrada. 大量の瓦礫が入り口をふさいでいた. una ~ humana 大群衆. una ~ ruidosa 騒々しい一団. ❺ [主に 複] 大衆, 民衆; 民衆: política para la[s] ~[s] 民衆 (庶民) のための政治. cultura de ~s 大衆文化. ❻《物理》1) 質量: centro de [s] 重心, 質量中心. número de ~ 質量数. ~ atómica 原子質量. ~ molecular 分子質量. 2) ~ crítica 臨界質量[しきい結果を出すために] 必要な数量. 2) ~ específica (volúmica) 比容量. ❼《美術》マッス. ❽《電気》アース, 接地 [=tierra]. ❾ 性質 [=carácter]: Este chico es de buena ~. この子は性格がいい. ❿《医学》しこり. ⓫《建築》モルタル, しっくい
con las manos en la ~［犯罪などの] 現行犯で: coger a+人 *con las manos en la ~* …を現行犯で捕まえる
en ~ 1) まとめて, 全体として: plantear *en ~* los problemas 問題を一度に提起する. 2) 群れをなして; 集団的な, 大衆の: Se presentaron *en ~* todos los obreros reivindicando sus derechos. 労働者全員は自らの権利を要求して, 集団で訴えた. viajar *en ~* 団体で旅行する. suicidio *en ~* 集団自殺. 3) 大量の: producción *en ~* 大量生産
hacer ~《電気》接地させる
la gran ~ 大多数: *La gran ~* de la exportación la constituyen los productos agrícolas. 輸出の中心は農産物だ
~ coral 合唱団

masacaya [masakája] 女《アルゼンチン》ふるい cedazo の音を真似るブリキ製の楽器

masaco [masakó] 男 ❶《ボリビア, 料理》チーズ・挽肉入りの潰した焼きバナナ. ❷《アルゼンチン》[水を加えた] カラスノエンドウの精製粉

masacoate [masakóate] 男《メキシコ, 動物》ボア boa の一種〖家畜を襲う大型の蛇. アステカ人はその肉を媚薬と考えた〗

masacotudo, da [masakotúđo, đa] 形《ペルー, チリ》=**amazacotado**

masacrador, ra [masakrađór, ra] 形 名 大虐殺する[人], 大量殺人を行なう[人]

masacrar [masakrár] 他 大虐殺する, 大量殺人を行なう

masacre [masákre]《←仏語 massacre》女 大虐殺, 大量殺人, 殺戮

masacuate [masakwáte] 女《エルサルバドル, 動物》ボア boa の一種

masaculo [masakúlo] 男《チリ》転倒, 尻もち

masada [masáđa] 女《アラゴン, カタルーニャ》農家 [=masía]

masadero, ra [masađéro, ra]《アラゴン, カタルーニャ》[masía に住む] 農民

masageta [masaxéta] 形 名《歴史, 国名》[中央アジアの] マッサゲタイの[人]

masagrán [masagrán] 男 =**mazagrán**

masai [masái] 形 名《単複同形/複 ~s》[アフリカの] マサイ族の[人]
—— 男 マサイ語

masaje [masáxe]《←仏語 massage》男 マッサージ, 按摩 (ﾍﾞ): dar a+人 ~s (un ~) a (en) la pierna …の足をマッサージする. hacerse dar ~s マッサージしてもらう. ~ cardíaco 心臓マッサージ. ~ tailandés タイ式マッサージ

masajear [masaxeár] 他 [人・部位を] マッサージする

masajista [masaxísta] 名 マッサージ師; トレーナー

masaliota [masaljóta] 形 名《歴史, 地名》[現在のマルセイユ マッサリア Massalia の [人], マッシリア Massilia の [人]

masamuda [masamúđa] 形 名 [ベルベル人の] マスムダ Masmuda 族の

masapuri [masapúri]《ボリビア, 料理》煮込んで潰したバナナ

masar [masár] 他《まれ》=**amasar**

masato [masáto] 男 ❶《メキシコ》[携帯食糧の] トウモロコシ粉. ❷《中米》マサト〖先住民がトウモロコシ・バナナおよびユッカまたはマンジョーカで作るスープの一種〗. ❸《南米》マサト〖トウモロコシ・バナナ・ユッカ・米などを発酵させて作る, チチャに似た酒・飲み物〗. ❹《コロンビア, アルゼンチン》ココナッツの菓子. ❺《ベネズエラ》[トウモロコシで作る] かゆ

masayense [masajénse] 形 名《地名》マサヤ Masaya の[人]〖ニカラグア西部の県・県都〗

masbatense [masbaténse] 形 名 =**masbateño**

masbateño, ña [masbatéɲo, ɲa] 形 名《地名》マスバテ Masbete の[人]〖フィリピン中部の島〗

mascabado, da [maskabréđas, đa] 形 →**azúcar** mascabado

mascabrevas [maskabréβas] 名《単複同形》《地方語》単純な人, お人好し

mascada[1] [maskáđa] 女 ❶ 噛むこと, 咀嚼. ❷《アンダルシア, 俗語》アッパーカット. ❸《中南米》一回分の噛みたばこの分量. ❹《メキシコ》1) [主に絹の, 飾り用の] ハンカチ. 2) 拳骨での殴打. ❺《中米, アンデス》[埋蔵された] 宝物. ❻《中米》1) 蓄え, 貯金. 2) 吃責. ❼《キューバ, コロンビア, チリ》[似た物の] ひと口. ❽《チリ, アルゼンチン, ウルグアイ》1) [違法に] もうけ. 2) 切り傷. ❾《アルゼンチン, ウルグアイ》有用な物

aflojar (soltar) la ~《コロンビア》白状する; 譲歩する. 2)《アルゼンチン》吐く

dar una ~《中南米》[相手の言動について] 叱る

mascadero [maskađéro] 男《ベネズエラ》おしゃれな青年, 伊達男

mascado, da[2] [maskáđo, đa] 形 [難しそうなことが] 実現(理解)しやすくなった

mascadón [maskađón] 男《メキシコ》[絹の] ハンカチ

mascador, ra [maskađór, ra] 形 名 噛む[人]

mascadura [maskađúra] 女 ❶ 噛むこと, 咀嚼. ❷《ホンジュラス》コーヒーなどと食べるパン (菓子パン). ❸《プエルトリコ》一回分の噛みたばこの分量

mascar [maskár]《←ラテン語 masticare》[7] 他 ❶ 噛 (ｶ) み砕く, 噛む, 咀嚼 (ﾁｬｸ) する [=masticar]: ~ chicle ガムを噛む. ❷ [口の中でぶつぶつ (もぐもぐ) 言う: ~ insultos 悪口をぶつぶつ言う. ❸《口語》理解しやすくする: ~ las lecciones 学課を噛み砕いて説明する. Hay que dárselo todo *mascado*. 彼には何でも丁寧に説明して (段取りをつけて) やらなければならない

—— *~se*[緊急事態などが] 予感される: *Se mascaba* la revolución. 革命の気配があった

máscara [máskara] 〖←?アラビア語 masjara「おどけ, 覆面」〗[女] ❶ 仮面, マスク: ponerse una ～ 仮面をかぶる; マスクをつける. llevar ～ 仮面をかぶっている. quitar[se] la ～ 仮面をとる; 正体を現わす. quitar a+人 la ～ …の仮面を剝ぐ; 正体を暴く. baile de ～*s* 仮面舞踏会. ～ antigás/～ de gas 防毒マスク. ～ de oxígeno 酸素マスク. ❷ 仮装, 変装: traje de ～ 仮装服. ❸ [複] 仮装パーティー, 仮装行列 〖=mascarada〗. ❹《化粧》パック 〖=mascarilla〗: ～ facial 美顔用パック. ❺ 見せかけ, うわべ, ごまかし: Quítate la ～. 正体を現わせ. ❻ 口実, 言い訳. ❼ [複] 道化寸劇; 茶番. ❽《昆虫》[トンボ類の幼虫の] マスクのような下唇のはさみの部分. ❾《情報》マスク. ❿《ペルー》シジュウカラに似た小鳥. ⓫《チリ. 自動車》ルーフラック

—— [名] [カーニバルなどで] 仮面をつけた人

mascarada [maskaráđa] 〖←máscara〗[女] ❶ 仮装パーティー, 仮装行列. ❷ まやかし, 偽り

mascarar [maskarár] [他] ❶《まれ》マスクをつけさせる. ❷《アラゴン》[顔を] すすけさせる

mascarero, ra [maskaréro, ra] [名] 仮装服の販売(賃貸)業者

mascarilla [maskaríʎa] 〖máscara の示小語〗[女] ❶ [鼻と口を覆う, 麻酔用などの] マスク: ～ facial フェースマスク. ❷《化粧》パック 〖=～ de belleza, ～ cosmética〗: ～ capilar ヘアパック. ❸ デスマスク. ❹《チリ》シジュウカラに似た小鳥

mascarita [maskaríta] [名]《ラプラタ》[カーニバルなどで] 仮面をつけた人

***te conozco* ～**《ラプラタ. 主に戯語》君のこと(意図)はよく分かっている

mascarón [maskarɔ́n] 〖máscara の示大語〗[男] ❶《船舶》船首像, フィギュアヘッド 〖=～ de proa〗. ❷《建築》[装飾用の] 怪人面, マスカロン. ❸ 仮面をつけた人

mascate [maskáte] [男]《地方語. 鳥》シロカツオドリ 〖=alcatraz〗

mascato [maskáto] [男]《地方語. 鳥》シロカツオドリ 〖=alcatraz〗

mascatrapos [maskatrápɔs] [男] 〖単複同形〗《ベネズエラ》放浪者; 怠け者

mascletá [maskletá] [女] [集名] ❶ [祭りの] 祝砲. ❷《バレンシア》[祭りで鳴らされる] 爆竹

mascletada [masketáđa] [女] [集名] [祭りの] 祝砲

mascon [máskɔn] 〖←英語〗[男] 〖[複] ～s〗《天文》マスコン

mascón, na [maskɔ́n, na] [名] ❶《メキシコ》掘り出し物の好きな人. ❷《ホンジュラス》役立たず. ❸《ベネズエラ》ほら吹き

—— [男]《ホンジュラス》ケーキの一種

mascota [maskóta] 〖←仏語 mascotte < オック語 masca「魔女」〗[女] ❶ [魔除けの・幸運を呼ぶ] お守り 〖人, 動物, 物〗: Este perro es el ～ del equipo. この犬はチームに幸運を呼ぶ. ❷ マスコット: ～ de los juegos olímpicos オリンピックのマスコット. ❸ ペット 〖=animal doméstico〗: tener... de ～ ペットとして…を飼う. tienda de ～*s* ペットショップ. ❹《アンダルシア》ソフト帽. ❺《メキシコ》ギンガムチェックの綿布

mascujada [maskuxáđa] [女] ❶ つぶやき. ❷ 苦労して噛むこと

mascujador, ra [maskuxađɔ́r, ra] [形]《まれ》❶ つぶやく. ❷ 苦労して噛む

mascujar [maskuxár] [他]《口語》=**mascullar**

masculillo [maskulíʎo] [男] ❶《主に比喩》衝撃, ショック: dar ～ ショックを与える. ❷《遊戯》[2人が2人を捕まえ] 互いに尻と尻をぶつけさせる遊び

masculinidad [maskuliniđá(đ)] [女] ❶ 男性であること, 男らしさ. ❷《医学》[肉体的・精神的な] 男性的特徴;《心理など》男性性;《生物》雄性

masculinización [maskuliniθaθjɔ́n] [女] ❶ 男性化. ❷《生物》雄性化. ❸《文法》男性形にすること

masculinizante [maskuliniθánte] [形] 男性化する

masculinizar [maskuliniθár] [9] [他] ❶ 男性的にする, 男性化する. ❷《生物》雄性化する. ❸《文法》男性形にする

masculino, na [maskulíno, na] 〖←ラテン語 masculinus < masculus「男性」< mas, maris「雄の」〗[形] 〖⇔femenino〗❶ 男の, 男性の: población ～*na* 男性人口. ropa ～*na* 紳士服. salto de longitud ～ 男子走り幅跳び. ❷ 男らしい, 力強い, 雄々しい: actitud ～*na* 力強い態度. colonia muy ～*na* 男性的な香りのオーデコロン. ❸《生物》雄の. ❹《文法》男性の: nombre ～ 男性名詞

—— [男]《文法》男性〔形〕〖=género ～〗

mascullar [maskuʎár] 〖←古語 mascujar < mascar〗[他] ❶ ぼそぼそ(もぐもぐ)言う, つぶやく: ～ un insulto ぶつぶつと侮辱の言葉を言う. ❷ 苦労して噛む, ぐちゃぐちゃと噛む

másculo, la [máskulo, la] [形]《まれ》男の 〖=masculino〗

masecoral [masekorál] [男] 手品, 奇術 〖=maese coral〗

masejicomar [masexikomár] [男] 手品, 奇術 〖=maese coral〗

máser [másɛr] [男]《物理》メーザー

masera [maséra] 〖←masa〗[女] ❶《料理》1) [パン生地の] 練り桶, こね桶. 2) パン生地を発酵させる時に上に掛ける布. ❷《カンタブリア. 動物》オマールエビ 〖=buey〗. ❸《メキシコ》トルティージャの生地を売る女

masería [masería] [女]《アラゴン》農家 〖=masía〗

masetero [masetéro] [男]《解剖》咬(こう)筋

mashua [máθwa] [男]《植物》ノウゼンハレン科の一種 〖アンデス原産でイモは食用. 学名 Tropaeolum tuberosum〗

masi [mási] [女]《ボリビア. 動物》リス科 Hadrosciurus 属の一種

masía [masía] [女]《アラゴン, カタルーニャ》[畑・牧場に囲まれた] 農家

másico, ca [másiko, ka] [形]《物理》質量 masa の

masicoral [masikorál] [男] 手品, 奇術 〖=maese coral〗

masicote [masikóte] [男]《化学》マシコット, 一酸化鉛

masiega [masjéga] [女]《植物》ミコシガヤ, オオシマカンスゲ

masieno, na [masjéno, na] [形] [名]《古代ローマ》[イベリア半島南部] ベティカ Bética に住んでいた先住民〔の〕

masificable [masifikáble] [形] 画一化(大衆化)され得る

masificación [masifikaθjɔ́n] [女] ❶ [人々の] マス化, 画一化. ❷ [人の] 過密化, 集中: la ～ de las playas 海水浴客であふれた浜辺. la ～ de las grandes ciudades 都市への人口集中. ❸ 大衆化, 普及, 一般への開放: la ～ de la universidad 大学のマスプロ化. la ～ de la cultura 文化の大衆化

masificador, ra [masifikađɔ́r, ra] [形] 画一化する; 過密化する; 大衆化する

masificante [masifikánte] [形] =**masificador**

masificar [masifikár] 〖←masa+ラテン語 facere「する」〗[7] [他] ❶ [人々を] マス masa 化する, 個性をなくさせる, 画一化する: La televisión *masifica* los gustos de la gente. テレビは人々の好みを画一化する. sociedad *masificada* 大衆化社会. ❷ [場所を] 人で一杯にする: La emigración desde el campo *masifica* las ciudades. 農村からの移住者が都市にあふれる. ❸ [施設・機関などを] 大衆に開放する, 大衆化する

—— **～se** マス化する; 大衆化する

masílico, ca [masíliko, ka] [形] =**masilio**

masiliense [masiljénse] [形] [名] マルセイユの〔人〕〖=marsellés〗

masilio, lia [masíljo, lja] [形] [名] ❶《歴史》[北アフリカ, ヌミディアの] マッシュリー族〔の〕. ❷《国名》モーリタニアの(人) 〖=mauritano〗

masilla [masíʎa] 〖masa の示小語〗[女] ❶ [窓ガラスなどを固定するための] パテ; [穴の] 充塡剤. ❷《釣り》[パン・小麦粉などを練った] 餌

masillar [masiʎár] [他] [窓ガラスなどを固定するために] パテを塗る

masío [masío] [男]《キューバ. 植物》ヒメガマ

masita [masíta] [女] ❶《古語. 軍事》[兵士の給料から差し引かれる] 被服代. ❷《中南米》小型のケーキ

masitero, ra [masitéro, ra] [名]《中南米》ケーキ職人

masito [masíto] [副]《コロンビア》ほとんど; すんでのところで, もう少しで

masivamente [masíbaménte] [副] 大量に: abstenerse ～ 大量の棄権票が出る

masivo, va [masíbo, ba] 〖←仏語 massif〗[形] 大量の, 多量の, 大規模な; 大勢の: a escala ～*va* 大規模に. armas de destrucción ～*va* 大量破壊兵器. asistencia ～*va* 大勢の参加. ataque ～ a una posición enemiga 敵陣への大攻勢. dosis ～*va* de un medicamento 薬の大量投与(服用). manifestación ～*va* 大規模なデモ. producción ～*va* 大量生産

maslo [máslo] [男] ❶《動物》尾根. ❷《植物》茎

masoca [masóka] [形] [名]《若者語》=**masoquista**

masón, na [masɔ́n, na] 〖←仏語 〔franc〕maçon〗[形] [名] フリーメーソンの〔会員〕

—— [男] 鳥の練り餌

masonería [masonería] 〖←masón〗[女] フリーメーソン 〖国際的な秘密結社〗

masónico, ca [masóniko, ka] [形] フリーメーソンの

masoquear [masokeár] **～se**《若者語》マゾヒスト的に行動する

masoquismo [masokísmo] 〖←〔Sacher-〕Masoch マゾッホ (小説家)〗[男] マゾヒズム, 被虐趣味, 被虐性愛 〖⇔sadismo〗

masoquista [masokísta] 形 名 ❶ マゾヒズムの; マゾヒスト, 被虐性愛者. ❷ 自虐的な[人]

masora [masóra] 女《ユダヤ教》[主に M~] マソラ《ヘブライ語旧約聖書の注解》

masoreta [masoréta] 男《ユダヤ教》[主に M~] マソラ博士

masorético, ca [masorétiko, ka] 形《ユダヤ教》マソラ[博士]の
── 男 複 ヘブライ語聖書で母音を表わす点《=puntos ~s》

masoterapia [masoterápja] 女《医学》マッサージ療法

masovería [masobería] 女《アラゴン, カタルーニャ》[masía と] ❶ 集合 小作地, 農地. ❷ 分益小作

masovero, ra [masobéro, ra] 《アラゴン, カタルーニャ》[masía の] 小作人

massai [massáj] 形 名 =masai

mass-media [más médja]《←英語》男 複 マスメディア《=medios de comunicación de masas》
── 女《文語》マスメディア

mastaba [mastába] 女《考古》マスタバ《古代エジプトの台形墳墓》

mastalgia [mastálxja] 女《医学》乳房痛

mastate [mastáte] 女《メキシコ, 中米. 歴史》[アステカ人の] ふんどし

mastectomía [mastektomía] 女《医学》乳房切除[術]

mástel [mástel] 男 支柱《=mastil》

mastelería [mastelería] 女 集合《船舶》[一隻の船の] マスト

mastelerillo [masteleríʎo] 男《船舶》トゲルマスト, 上檣

mastelero [masteléro] 男《船舶》トップマスト, 中檣《= ~ de gavia, ~ mayor》

master [máster] 男《←英語》形《男~s》 ❶ 修士課程; 修士号. ❷ マスターテープ
── 名 修士

máster [máster] 男 =master

masters [másters] 男《←英語》複《スポーツ》マスターズ競技, マスターズトーナメント

mástic [mástik] 男 =mástique

masticable [mastikáble] 形 咀嚼され得る

masticación [mastikaθjón] 女 咀嚼

masticador, ra [mastikaðór, ra] 形 ❶ 噛み砕く, 咀嚼する. ❷《動物》[器官が] 咀嚼に適した; [動物が] 咀嚼器官を持つ ── 男《料理》フードプロセッサー. ❷ =mastigador

masticadura [mastikaðúra] 女《まれ》=masticación

masticar [mastikár]《←ラテン語 masticare》他 他 噛み砕く, 咀嚼する《tec》: Come masticando bien. よく噛んで食べなさい. ~ [un] chicle チューインガムを噛む. ~ …について思案する: ~ su derrota 敗北の味を噛みしめる

masticatorio, ria [mastikatórjo, rja] 形 咀嚼する;《薬学》咀嚼剤

masticino, na [mastiθíno, na] 形 マスチック mástique の

mástico [mástiko] 男 =mástique

mastieno, na [mastjéno, na] 形《歴史》カルタヘナからジブラルタルに至る海岸部に住んでいた先住民[の]

mastigador [mastigaðór] 男《馬具》唾液の分泌を促す器具

mástil [mástil] I 男《←古仏語·ゲルマン語 mast》男 ❶《船舶》マスト: ~ de antena アンテナマスト. ~ trípode 三脚マスト. 2) 帆柱. ❷ 支柱. ❸ 長い棒. ❹ [道具の] 柄. ❺ [弦楽器の] 棹(さお); ~ de cuello: doble ~ ダブルネック. ❻《植物》[植物の] 茎. ❼ [羽毛の] 軸
II 男《メキシコ, 中米. 歴史》[アステカ人の] 端に飾りの付いたふんどし

mastín, na [mastín, na] 形 名《犬》マスティフ種の[犬]: ~ danés グレートデーン. ~ de los pirineos ピレニアン·マスティフ

mastingal [mastingál]《←仏語》男《メキシコ. 馬具》むながい

mastique [mastíke] 男 =mástique

mástique [mástike] 男《建築, 美術》マスチック

mastitis [mastítis] 女《医学》乳腺炎

masto [másto] 男《ログローニョ》種豚. ❷《アラゴン》1) 接ぎ木の台木. 2) 雄の家禽

mastocito [mastoθíto] 男《生物》マスト細胞, 肥満細胞

mastodonte [mastoðónte] 男 ❶《古生物》マストドン. ❷《口語》大男, 巨人; 巨大なもの

mastodóntico, ca [mastoðóntiko, ka] 形 巨大な

mastografía [mastografía] 女 =mamografía

mastoideo, a [mastojðéo, a] 形《解剖》乳様突起の

mastoides [mastójðes] 形 女/男《単複同形》《解剖》乳様突起

mastoiditis [mastojðítis] 女《医学》乳様突起炎

mastología [mastoloxía] 女 乳房疾患学

mastólogo, ga [mastólogo, ga] 名 乳房疾患の専門医

mastopatía [mastopatía] 女《医学》乳腺炎

mastoplastia [mastoplástja] 女《医学》乳房(ぼう)成形術

mastozoología [mastoθo(o)loxía] 女 哺乳動物学

mastranto [mastránto] 男《植物》❶ =mastranzo. ❷ カッコウアザミ

mastranzo [mastránθo] 男《植物》マルバハッカ《= ~ común》; ナガバハッカ, ケハッカ《= ~ silvestre, ~ nevado》

mastuerzo [mastwérθo] 男《植物》1) コショウソウ《食用》. 2) ~ acuático/~ de agua オランダガラシ. ~ de piedras/~ de peñas アブラナ科の一種《学名 Hornungia petraea, Hutchinsia petraea》. ~ de prado/~ de [los] prados ハナタネツケバナ《学名 Cardamine pratensis》. ~ marino (marítimo) スイートアリッサム, ニワナズナ. ~ menor ミチタネツケバナ. ~ verdugoso アブラナ科の一種《学名 Coronopus squamatus, Senebiera coronopus》. 3)《エクアドル, ペルー》キンレンカ(金蓮花). ❷《軽蔑》間抜けな[男], 愚かな[男]

masturbación [masturβaθjón] 女 自慰, マスターベーション, オナニー

masturbador, ra [masturβaðór, ra] 形 名 ❶ 自慰の. ❷ 自慰をする[人]

masturbar [masturβár]《←ラテン語 masturbari》他 [他人に] 手淫をする
── ~se 自慰(マスターベーション·オナニー)をする

masturbatorio, ria [masturβatórjo, rja] 形 自慰の

masvale [masβále] 男《植物, 果実》マルヴァジア《=malvasía》

mata [máta] I《←俗ラテン語 matta「むしろ」》女 ❶ 小灌木, 草: En la ladera solo crecen ~s de tomillo. 斜面にはタイムだけが生えている. ❷ [主に 複] 茂み, 草むら: esconderse en unas ~s 茂みに隠れる. ❸《植物》1) マスディックツリー《=lentisco》. 2) ~ de la seda フウセントウワタ. ~ parda ヒイラギガシ. ~ rubia ケルメスナラ. ❹ 集合 刈り取られた草(小灌木). ❺ [一種類の木の] 林: ~ de olivos オリーブの林. ❻ [ハッカ·バジルなどの] 茎, 軸. ❼《キューバ, コロンビア, ベネズエラ, ペルー》植物《=planta》. ❽《キューバ》木, 低木. ❾《ベネズエラ》[平原にぽつぽつとある] 林, 立ち木群
ir a la ~《メキシコ》どうでもいい(つまらない)ことばかり問題にする
la mera ~《メキシコ》本物
~ de agua《中南米》どしゃぶり[の雨]
~ de pelo [主に女性の] 長く豊かな髪
II《←仏語 matte》《金属》マット, かわ
III 女《西式トランプ》ゲームの一種; そのゲームで剣·金貨の7の札《=matarrata》. ❷《エクアドル》鞍ずれ

matabuey [mataβwéj] 女《植物》セリ科ミシマサイコ属の一種《学名 Goetzea elegans》
── 男《アルゼンチン》❶ [主に 複]. 荷車の[軸を固定する紐. ❷ [牛車の] 御者席

mataburro [mataβúro] 男 ❶《キューバ. 戯語》字引き, 辞典. ❷《コロンビア, エクアドル》[度の高い] 蒸留酒

mataburros [mataβúros] 男《単複同形》《ラプラタ. 戯語》辞書; マニュアル

matacaballo [matakaβáʎo] 男《コロンビア. 昆虫》トンボ
a ~ 大急ぎで[ざっと], 大あわてで: Visité la exposición *a ~*. 私は大急ぎで展覧会を見た

matacaballos [matakaβáʎos] 男《単複同形》《植物》キキョウ科ミゾカクシ属の一種《学名 Lobelia urens》

matacabras [matakáβras] 男《単複同形》強く冷たい北風

matacaballos [matakaβáʎos] 男《単複同形》《エクアドル, チリ. 植物》ムラサキウマゴヤシ《葉はうおのめの治療に用いられる》

matacán [matakán] 男 ❶《築城》石落とし, 出し狭間. ❷ 犬殺しの毒薬. ❸《植物》ガガイモ科の一種《学名 Cynanchum acutum》. 2) マチン《=nuez vómica》. 3)《ムルシア》encina の若木. ❹ [こぶし大の] 丸石. ❺ 犬たちに追われる野ウサギ. ❻《西式トランプ》[cuca y matacán で] 棍棒の20札. ❼《ホンジュラス》[まるまると太った] 大きな子牛. ❽《ドミニカ. 戯語》ドル, ペソ. ❾《ベネズエラ, エクアドル. 狩猟》子鹿

matacandelas [matakandélas] 男《単複同形》ろうそく消し《=apagavelas》

matacandil [matakandíl] 男 ❶《植物》ムスカリの一種〖学名 Muscari neglectum〗. ❷《ムルシア》ロブスター〖=langosta〗.

matacandiles [matakandíles] 男〖単複同形〗《植物》ササクレヒトヨタケ〖食用のキノコ〗.

matacano, na [matakáno, na] 形《グアテマラ》元気のいい子牛

matachín[1] [matatʃín] 男 ❶ 畜殺業者〖=matarife〗. ❷ けんか早い男. ❸《古語》昔の出陣の踊りを滑稽化した踊り；その踊り手

matachín[2], **na** [matatʃín, na] 形《メキシコ. 口語》不安な, そわそわしている

mataco, ca [matáko, ka] 形 名 ❶ マタコ族〖の〗〖チャコ Chaco の先住民〗. ❷《アルゼンチン》非常に強情な人 ── 男 ❶《南米. 動物》ミツオビアルマジロ. ❷《ペルー》尻

matacucarachas [matakukaratʃas] 形 男〖単複同形〗殺ゴキブリ剤〖の〗

matadero [matadéro] 男〖←matar〗 ❶ 畜殺場, 食肉処理場. ❷ ひどく骨の折れる仕事. ❸《南米》豚〖の〗. ❹《メキシコ, アルゼンチン, パラグアイ》売春宿. ❺《チリ. 闘鶏》前額部, 眉間
ir al ~ 〖人が〗死地（戦場）におもむく
llevar a + 人 al ~ …を死地（戦場）に送り込む
venir al ~ =ir al ~

matado, da [matádo, da] 形 ❶《西. 軽蔑》〖貧乏・不運・やる気のなさなどで〗どうしようもないやつ. ❷《メキシコ》ガリ勉屋
— 名《メキシコ. 俗語》腹ぺこ

matador, ra [matadór, ra] 形〖←matar〗❶ 殺す. ❷《西. 口語》不格好な, 趣味の悪い: Este color es ~. これはひどい色だ. traje ~《西》《口語》骨の折れる, ひどく疲れさせる: trabajo ~ 骨の折れる仕事
— 名 ❶《闘牛》マタドール〖牛にとどめを刺す闘牛士〗: ~ de toros〖成牛と闘う〗正マタドール; ~ de novillos〖若牛と闘う〗見習いマタドール〖→alternativa[1]〗. ❷《古語》殺し屋: ser el ~ de su padre 父親殺しである
❸《トランプ》〖オンブレ〗切り札

matadura [matadúra] 女 ❶〖馬にできる〗鞍ずれ傷. ❷《主に戯語》〖人の〗小さな傷, かすり傷. ❸《プエルトリコ, エクアドル》〖抱えている〗借金, 負債. ❹《エクアドル》出来の悪い学生

matafuego [matafwéɣo] 男 ❶〖銃の〗消火器. ❷ 消火器.
❸ 消防士

matagallego [mataɣaλéɣo] 男《キューバ. 菓子》=matahambre

matagallegos [mataɣaλéɣos] 男〖単複同形〗❶《西. 植物》トゲオナモミ. ❷《地方語. 植物, 果実》アンズ〖=albaricoque〗. ❸《キューバ》甘ったるい大型のビスケット

matagallina [mataɣaλína] 女 ❶《リオハ》ジンチョウゲ〖=torvisco〗. ❷《メキシコ》マメ科の木の一種〖学名 Apoplanesia paniculata〗. ❸《ドミニカ, プエルトリコ》ヤマノイモ科の一種〖学名 Dioscorea polygonoides〗

matagallinas [mataɣaλínas] 男〖単複同形〗《植物》❶ ビタースイート〖=dulcamara〗. ❷《リオハ》ジンチョウゲ〖=torvisco〗

matagallo [mataɣáλo] 男《植物》フロミス属の各種; ゴジアオイ属の一種

matagallos [mataɣáλos] 男〖単複同形〗=matagallo

matagalpino, na [mataɣalpíno, na] 形 名《地名》マタガルパ Matagalpa の〖人〗〖ニカラグア中部の県・県都〗

matagigantes [mataxiɣántes] 男〖単複同形〗❶《スポーツ》大物キラー, 自分より実力が上の相手を負かす選手・チーム. ❷ 強がりを言う人, 空いばりをする人

matagusano [mataɣusáno] 男《グアテマラ, ホンジュラス》オレンジの皮と蜂蜜のマーマレード

matahambre [mat(a)ámbre] 男 ❶ 空腹を満たすだけで栄養の少ない食べ物. ❷《料理》1)《地方語》〖小斎の日特有の〗パンくずと卵を混ぜて焼いた料理. 2)《中南米》あばら肉. 3)《キューバ》ユッカの粉または小麦粉・卵・黒砂糖で作る甘いマジパン. 4)《ドミニカ》シロップにサツマイモを加えたココナッツの菓子. 5)《キューバ. 戯語》バナナの一種. ❸《エクアドル》小粒のインゲン豆

matahambres [mat(a)ámbres] 男〖単複同形〗=matahambre

matahombres [mataómbres] 男〖単複同形〗❶《主な地方語. 植物》イボタノキ〖=aligustre〗. ❷《セゴビア》〖サマラマラ Zamarramala の〗サンタ・アゲタ祭の髪飾り. ❸《ムルシア. 昆虫》ツチハンミョウ

matahormigas [mataormíɣas] 形 男〖単複同形〗殺アリ剤〖の〗

mataje [matáxe] 女 集名《地方語》〖メロン・スイカの〗草むら

matalahúba [matalaúba] 女 =matalahúva

matalahúga [mataláuɣa] 女《西》=matalahúva

matalahúva [matalaúβa] 女《西. 植物》アニス〖=anís〗; その実

mátalas callando [mátalas kaλándo] 名 形〖単複同形〗《口語》=matalascallando

matalascallando [mataλaskaλándo] 形《←新約聖書マタイ伝》《口語》羊の皮を着た狼; 狡猾な〖人〗, 猫かぶり〖の〗

matalobos [matalóβos] 男〖単複同形〗《植物》ヨウシュトリカブト, アコニット〖=~ azul, ~ de flor azul〗

matalón, na [matalón, na] 形 名〖主に鞍ずれだらけで〗やせて虚弱な〖馬〗, やせ馬

matalotaje [matalotáxe] 男〖←仏語 matelot「船員」〗集名 ❶〖一隻の船の〗食糧, 貯蔵品. ❷ 馬などに積んだ荷物（食糧）. ❸ ごちゃごちゃの寄せ集め

matalote [matalóte] 形 男 =matalón
— 名《船舶》〖戦列の〗僚艦: ~ de proa 先行艦. ~ de popa 後続艦

matamaleza [matamaléθa] 女《コロンビア》除草剤

matamata [matamáta] 女《動物》マタマタ〖亀の一種〗

matambre [matámbre] 男《ラプラタ》❶ 牛のあばら肉. ❷ 牛のあばら肉で野菜とゆで卵を巻いた料理〖=~ arrollado〗

matamoros [matamóros] 男〖←matar+moro〗形 名〖単複同形〗❶ 空いばりをする〖人〗. ❷ Santiago ~ モーロ人殺しの聖ヤコブ〖レコンキスタ Reconquista の象徴〗

matamoscas [matamóskas] 男〖←matar+mosca〗男〖単複同形〗❶ ハエ叩き〖=pala ~〗; ハエ取り紙〖=papel ~〗; ハエ取り器. ❷ 殺虫スプレー〖=spray ~〗

matancero, ra [matanθéro, ra] 形 名 ❶《西》豚の畜殺 matanza の; 豚を畜殺する人. ❷《地名》マタンサス Matanzas の〖キューバ西部の州・州都〗
— 名《南米》畜殺場人

matanga [matáŋɡa] 女《メキシコ》〖相手の手を叩いて〗その手に持っている物をもぎ取る子供の遊び
~ de la changa《メキシコ. 口語》相手から物をもぎ取る時の言い回し

matanza [matánθa] 女〖←matar〗❶〖人・動物の〗〖大量〗虐殺, 殺戮. ❷ ~ de ratones 殺鼠（ｻﾂ）; その時期〖11月11日ごろ. →San Martín〖参考〗: hacer la ~ 畜殺をする. ❸《西》集名〖ハム・ソーセージなどの〗豚肉製品. ❹《まれ》心配事. ❺《中米》〖小売りの〗肉屋. ❻《ベネズエラ》畜殺場

mataojo [mataóxo] 男《ラプラタ. 植物》アカテツ科の一種〖学名 Lucuma neriifolia〗

matapalo [matapálo] 男《植物》クワ科の寄生植物〖学名 Ficus dendrocida〗

mataparda [matapárda] 女《まれ. 動物》セイヨウヒイラギガシ

mataparientes [mataparjéntes] 男〖単複同形〗《メキシコ. 植物》ヤマドリタケ属の各種〖毒キノコ, 食用に適さないキノコ〗;〖特に〗ウラベニイロガクリ, ウラベニイグチ

matapasiones [matapasjónes] 男〖単複同形〗《メキシコ, キューバ, チリ. 戯語》トランクス〖下着〗

matapeces [matapéθes] 男〖単複同形〗《植物》ルリマツリ〖=belesa〗

mataperico [mataperíko] 男《中南米》〖頭への〗拳骨での殴打. ❷《キューバ, コロンビア》〖頭などを〗爪ではじくこと〖=papirotazo〗

mataperrada [mataperáda] 女 ❶《地方語》悪さ, いたずら, 腕白ぶり. ❷《ペルー, ボリビア. 口語》汚い手段, ずる

mataperrear [matapereár] 自《キューバ, 南米》❶〖わんぱく小僧のように〗いたずらをする. ❷《エクアドル, ペルー, ボリビア》〖幼児が〗あちこち動き回る. ❸《ペルー, ボリビア. 口語》のらくらする

mataperros [matapéros] 男〖単複同形〗《地方語》悪童, いたずら坊主, わんぱく小僧

matapiojos [matapjóxos] 男〖単複同形〗❶《植物》1) ヒトシベサンザシ〖=majuelo〗. 2) ヒエンソウ〖=albarraz〗. ❷《コロンビア, チリ. 昆虫》トンボ

matapolilla [matapoλíλa] 男 殺イガ剤

matapolillas [matapoλíλas] 男〖単複同形〗=matapolilla

matapollo [matapóλo] 男《植物》ジンチョウゲ〖=torvisco〗; ヨウシュジンチョウゲ〖=laureola hembra〗

matapolvo [matapólβo] 男〖←matar+polvo〗にわか雨, 通り雨, 夕立

matapulgas [matapúlɣas] 形 男〖単複同形〗《植物》❶ マルバハッ

mataquintos

カ《=mastranzo común》. ❷ ドワーフエルダー《=yezgo》

mataquintos [matakíntos] 男《単複同形》《西. 古語的. 戯語》[品質の悪い] 匂いの強烈な紙巻きたばこ

matar [matár]《←?俗ラテン語 mattare「打つ」< mattus「愚かな,獣じみた」》他 ❶ [人・動物を] 殺す: *Mató a su vecino.* 彼は隣人を殺した. *Van a ~ un pavo por Navidad.* 彼らはクリスマスに七面鳥をつぶす予定だ. *Los gusanos mataron las lechugas de mi huerto.* 虫に畑のレタスが食われてしまった. *Entre todos la mataron y ella sola se murió.*《諺》一人に責任を負わせて,あとは知らんぷりをする. ❷ [口語] 悩ます, 不快にする, 辟易させる; へとへとにする: *Me mata tener que trabajar tanto.* 私はそんなに働かなくてはならないなんてうんざりする. *Este alumno siempre me mata con tantas preguntas.* この生徒はいつも私を質問攻めにする. *La humedad como la de hoy me mata.* 今日のような湿気には私は参ってしまう. *Este pantalón me mata.* このズボンは履き心地が悪い. ❸ [渇き・飢えを] やす: *Se ha tomado un botellín para ~ la sed.* 彼は喉の渇きを癒やすためにビールの小瓶を飲んだ. *~ el hambre* 空腹を癒やす. ❹ …の輝きを奪う: *El sol ha matado los colores del tapiz y papeles pintados de mi habitación.* 日光のために私の部屋の壁掛けと壁紙の色が焼けてしまった. *El ácido puede ~ el brillo de los cubiertos.* 酸はナイフ・フォーク類の光沢を失わせてしまうことがある. ❺ [時間・暇を] つぶす: *Pienso ~ el tiempo tomando café en una terraza.* 私はどこかのテラスでコーヒーを飲んで時間つぶしをするつもりだ. ❻《文語》[非物質的なものを] 壊す, 消す: *~ la ilusión* 夢を打ち砕く. ❼ [輪郭を] 丸みをつける, 角を落とす: *~ los picos de un mueble* 家具の角を丸くする. ❽ [火・明かりなどを] 消す: *~ el cigarrillo* たばこの火を消す. *~ el fuego de la estufa de gas antes de acostarse* 寝る前にガスストーブの火を消す. ❾《美術》強い色を弱める: *~ un poco la intensidad del color negro* 黒の色調を少し落とす. ❿《トランプ》1)《より強いカードを出して相手のカードを》取る: *Me has matado el tres con el as.* 君のエースで私は3のカードを取られてしまった. 2) [いかさまで] トランプに印を付ける. ⓫ [口語] [人の愛情などを] 獲得する. ⓬ [口語] [思いがけないことで] 失望させる, 驚かす. ⓭《口語》認める, 許す

así le maten =*aunque le maten*

así me maten 死んでもかまわない: *Así me maten si pudiera ser su pareja en la fiesta de baile de mañana.* 明日のダンスパーティーで彼女と踊れるなら死んでもいい

aunque le maten [口語] [否定の強調] 絶対に…ない

entre todos la matamos [口語] [起こったトラブル や事件は] 一人だけのせいではない, まわりの人も関わり合っている《戯語》《+ y ella sola se murió》

~ las callando《口語》《羊の皮を着た狼のように》善意を装ってひそかに悪いことをする [人]: *Ese hombre es un ~ las callando.* あの男は見えないところで悪いことをする奴だ. *No se fie usted de ese hombre, que las mata callando.* あの男を信用してはだめです, 陰で悪いことをする人ですから

¡No [me] mates!《口語》まさか!: *¿Sabes que un chico encontró un paquete de un millón de yenes en el banco del parque.—¡No [me] mates!* あのね, 男の子が公園のベンチで100万円の包みを拾ったんだって.—冗談でしょう!

nos han matado /*¿no te mata!*《口語》[拒絶・驚き] 考えられない!

para ~ lo /*para ~ la* [口語] [態度・外見が] ひどく悪く

¡Que me maten si+直説法!《口語》…ならば死んでもかまわない, 誓って…でない: *¡Que me maten si no es verdad!* 命を賭けて言うが, それは本当だ!

ser para ~ a + 人 [非難して] …はひどい奴だ: *Es para ~ los, me hicieron esperar una hora.* ひどい奴らだ, 私は1時間も待たされた

— 自 ❶ 人を殺す: *No matarás.*《旧約聖書》なんじ殺すなかれ. ❷ 豚を畜殺する. ❸《ラプラタ. 口語》《服装が》悩殺的である

a ~《口語》殺意をもって: *Los pistoleros disparaban a ~ contra los policías.* ピストル強盗たちは警官に抵抗して激しい銃撃戦を交わしていた

entrar a ~ [闘牛士が] とどめの体勢に入る

estar a ~ con + 人 …と険悪な関係にある: *estar a ~ con su suegra* 姑と非常に仲が悪い

llevarse a ~ 非常に仲が悪く: *No se hablan porque se llevan a ~.* 2人は仲がとても悪く, お互い口もきかない

— *~ se* ❶ [事故などで] 死ぬ, 命を落とす: *Casi se mata pilotando una avioneta.* 彼は小型機で飛んでいて, 危うく死にかけた. この車で自動車事故で死ぬと思う. ❷ 自殺する: *Se mató pegándose un tiro.* 彼はピストル自殺した. ❸ 殺される: *Recogiendo informaciones en el campo, se le mató de un balazo en la cabeza.* 彼は戦場で取材中に, 頭に銃弾が当たって殺された. ❹ [+現在分詞 /+por·a+不定詞 /+que+接続法] がんばって…する, 身を粉にして…する; 疲れ果てる: *Mamá siempre se mata preparando algo de comer para mí cuando voy a verla.* 母は私が会いに行くと, いつも私のために何か食べる物を用意しようと気をつかってくれる. *Me mataba por aprobar todo el curso de lengua y cultura árabes en el que me había inscrito ese año.* 私はその年登録したアラビア語アラビア文化の全科目に合格しようと必死だった. *Se mata cantando.* 彼は歌いすぎてへとへとだ. ❺ [+por のために] 懸命になる, 欲しがる; けんかしても…する, 腕ずくでも…する: *Se mata por llegar el primero.* 彼は一番に到着しようと必死だ. En el metro, *se matan por el asiento.* 地下鉄ではみんな席の取り合いをする. *~ se por los amigos* 友達を欲しがる. ❻ [+con+人 と] 争う, けんかする, 仲違いする: *~ se con los otros por conseguir la subvención* 助成金獲得のために他の候補としのぎを削る. *~ se con sus hermanos* 兄弟とけんかする. ❼ [色が] 調和しない: *El verde del calcetín se mata con la corbata roja.* 靴下の緑色は赤いネクタイとは合わない

ir que se mata《西. 口語》もう十分 (大丈夫) である《=ir que chuta》

que se mata《西. 口語》[動作・速度が] とても速く, 大変急いで: *El tiempo corre que se mata.* 時間はどんどん過ぎていく. *Este coche corre que se mata.* この車はめちゃくちゃ速い

matarife [matarífe]《←matar》男 畜殺業者, 畜殺職人

matarile [mataríle] 男 [matarile, rile, rile のリフレインのある] 子供の遊び歌

dar ~ a +人 [隠語] …を殺す

mataronense [mataronénse] 形 =**mataronés**

mataronés, sa [mataronés, sa] 形 名 [地名] マタロ Mataró の [人] [バルセロナ県の町]

matarrata [mataráta] 女《西式トランプ》❶ ゲームの一種. ❷ そのゲームで剣・金貨の7の札

matarratas [matarátas]《←matar+rata》男《単複同形》❶ 猫いらず《=raticida》. ❷《西. 口語》質が悪く強い蒸留酒, 安酒

matarrotos [matarótos] 男《単複同形》《チリ》❶ 質屋. ❷ 非常に質の悪い蒸留酒

matarrubia [matarúbja] 女 [植物] ケルメスナラ《=coscoja》

matasano [matasáno] 男 [植物, 果実] ホワイトサポテ, シロサポテ《中米産. 果実は食用》

matasanos [matasános]《←matar+sano》名《単複同形》《軽蔑, 戯語》医者, やぶ医者

matasapo [matasápo] 男《チリ. 遊戯》apatusca に似た遊び

matasarna [matasárna] 女《エクアドル, ペルー. 植物》マメ科デイコ属の一種《樹皮を煎じて疥癬の薬にする. 学名 Piscidia erythrina》

matasellado [mataseʎádo] 男 消印を押すこと

matasellar [mataseʎár] 他 消印を押す

matasellos [mataséʎos]《←matar+sello》男《単複同形》消印; スタンプ: *carta con ~ de Londres* ロンドンの消印のある手紙

matasiete [matasjéte] 男《軽蔑》空いばりする人, 虚勢をはる人

matasuegra [matoswéɣra] 女《チリ. まれ》[男が恋人とゆっくり話ができるようにその娘の] 母親の話し相手になる人

matasuegras [matoswéɣras]《←matar+suegra》男《単複同形》[玩具] 紙らせ, 蛇腹笛《吹くと伸びて音を出す》

matasuelo [mataswélo] 男《チリ》横倒れ

matate [matáte] 男《メキシコ, 中米》1) [リュウゼツランなどの繊維で編んだ, 果実などを運ぶ] 網状の袋. 2) [オレンジクロドリ ドキ trupial の] ぶら下がった巣. ❷《コロンビア》俗 がらくた

matatena [mataténa] 女《メキシコ》ゴムボールをつきながら地面から物を拾い上げる子供の遊び

matatías [matatías] 名《単複同形》《西. 皮肉》高利貸し

matato [matáto] 男《ボリビア》《注ぎ口のある》ひょうたん製の器物のような容器

matatoros [matatóros] 男 複《プエルトリコ》《農夫たちの》タップダンスに似た踊り

matatudo, da [matatúðo, ða] 形 ❶《グアテマラ》勇敢な, 巧妙な

matazón [mataθón] 男《ボリビア》鼻面の尖った な. ❷《ボリビア》鼻面の尖った
matazón [mataθón] 男 ❶《中米, キューバ, コロンビア, ベネズエラ. 口語》
❶ 虐殺. ❷ [住民に供給するための] 畜殺
matazonero [mataθonéro] 男《キューバ》肉屋《人》
match [mát∫]《←英語》男《廃》〜[e]s《スポーツ》試合, 競技: 〜 race マッチレース
mate [máte] I 《←仏語 mat「しなびた」＜俗ラテン語 mattus》形 ❶ く すんだ, 艶のない; 艶消しの: oro 〜 マット・ゴールド. plata 〜 い ぶし銀. fotografía 〜 艶消し仕上げ (網目) の写真. ❷ [音が] こもった: sonido 〜 鈍い音
II 《←アラビア語 mat「(王が) 驚いた, 何をしたらいいか分からない」》男
❶《チェス》詰み, メイト: dar 〜 al rey キングを詰ます. ❷《バスケ ットボール》ダンクシュート; 《バレーボール》アタック; 《テニス》スマッシュ. ❸《トランプ》切り札. 《まれ》畜殺. 《まれ》殴打
dar 〜 *a*+人 …をからかう, 嘲笑する
III《←ケチュア語 máti「ズッキーニ」》男 ❶ ❶ マテ茶《葉, 飲み物》: cebar 〜 マテ茶をいれる. tomar 〜 マテ茶を飲む. barajar el 〜 マテ茶を回し飲む. 〜 cocido (yerbeado) ハーブティーのよ うにいれたマテ茶. 〜 amargo (cimarrón)《ラプラタ》[砂糖なしの] にがいマテ茶. 〜 dulce《ラプラタ》[砂糖入りの] 甘いマテ茶. ❷《植物》マテチャノキ. ❸《グアテマラ, キューバ》インゲンマメなどの 丸い種《子供の遊び道具など》. ❹《南米》1) [マテ茶を飲んだ めどの] ひょうたん製の入. 2) マテ茶をいれること; 薬草を煎じ ること. 3) 〜 de coca コカ茶. 〜 de menta ミントティー. ❺ 《エクアドル, ボリビア, チリ, ラプラタ. 口語》[人間の] 才能, 能力. ❻ 《ボリビア, チリ, ラプラタ. 口語》[人間の] 頭; 《チリ》はげ頭
andar mal del 〜《アルゼンチン, ウルグアイ》精神的(感情的)に 少し不安定である
pegar 〜《中米》気が変になる
romperse el 〜《ラプラタ》[問題などについて] 粘り強く考える: Llevo días *rompiéndome el* 〜 pensando dónde estabas. 君がどこにいたか私は何日も頭を絞って考えている
tener dolor de 〜《中米》頭痛がする
tener mucho 〜《中米》鋭敏になる
mateada [mateáda] 女《南米. 口語》❶ マテ茶を飲む集まり. ❷ マテ茶を飲むこと
mateado [mateáðo] 男 艶消し[仕上げ]
matear [mateár] I 他 ❶《写真など》艶消し[仕上げ]にする
II 自 ❶ [種を] まく. ❷ 間隔を空けて株を植える
—— 自 ❶ [小麦などの穀物が] 密生する. ❷ [猟犬が] 茂み を探る
—— *se* [小麦などの穀物が] 密生する
III 自《南米》[時間をかけて] マテ茶を飲む. ❷《チリ》液体 を混ぜる
IV 他《チリ. チェス》詰ます
—— *se*《チリ. 口語》ガリ勉をする, 一夜漬けの勉強をする
matemática[1] [matemátika]《←ラテン語 mathematica ＜ ギリシア語 mathematike》女 [主に 複] 数学: ¿Para qué sirve estudiar 〜s? 数学の勉強は何の役に立つのだろうか？ Dice que cayó en 〜. 数学で失敗したと彼は言っている. 〜s altas 〜s 高等数学. 〜s aplicadas (mixtas) 応用数学. 〜s puras 純粋数学
si las 〜*s no fallan*《戯語》計算に従えば, 計算違いでなけれ ば
matemáticamente [matemátikaménte] 副 ❶ 数学的に. ❷ 正確に, 厳密に
matematicismo [matematiθísmo] 男《哲学》数学説. ❷ 正確さ, 厳密さ
matematicista [matematiθísta] 形《哲学》数学説の
matemático, ca[1] [matemátiko, ka]《←ラテン語 mathematicus ＜ ギリシア語 mathematikos「勉強好きな」＜ mathema「知識」＜ mantha- no「私は学ぶ」》形 ❶ 数学の, 数学的な: estadística 〜*ca* 数理 統計学. operaciones 〜*cas* 数学的演算. ❷ 正確な, 厳密な: lle- gar con exactitud 〜*ca* 定刻ちょうどに到着する. Mañana 〜 llueve 〜.《口語》明日は必ず雨が降る
—— 名 数学者
matematismo [matematísmo] 男《哲学》数学説
matematización [matematiθaθjón] 女 数式化
matematizar [matematiθár] 9 他 数式化する
Mateo [matéo]《新約聖書》聖マタイ《=San 〜》
mateo, a [matéo, a] 男《チリ》聖マタイの; 聖マタイ祭の. ❷《チリ》 ガリ勉家の; がんばり屋の
matera[1] [matéra] 女《コロンビア, ベネズエラ》プランター, フラワーポッ ト

materia
materia [matérja]《←ラテン語 materia「木材, 物質」》女 ❶ 不可算 物質, 物体: El cristal es una 〜 frágil. ガラスはもろい物質であ る. apegarse a la 〜 物質的なものに執着する. huir de la 〜 物質的な世界から逃れる. la 〜 y el espíritu 物質と精神. 〜 pegajosa 粘着物. 〜 médica 薬物. 〜 oscura《天文》暗黒 物質. 〜 prima 原料, 素材. ❷ 材料, 素材: ¿Con qué 〜 se hace un chorizo? チョリソーはどんな材料で作られますか？ ❸《美術》マチ エール. ❹ 事柄, 事項: Eso es otra 〜. それは別問題だ. 〜 de Estado 国務, 国事. 〜 reservada 機密[事項]. ❺ [作品な どの] 題材, 題目, テーマ; 分野: Tengo 〜 para escribir tres libros. 私は本を3冊書くだけの材料を持っている. Esa es 〜 larga. それはじっくり取り組むべきテーマだ. ❻《主に中南米》教 科, 科目《=asignatura》: ¿Qué 〜s vas a estudiar? どんな科 目を勉強するつもりなの？ Con estudiar más, sacas todas las 〜s. もっと勉強すれば全科目合格するよ. 〜 obligatoria 必修 科目. ❼《哲学》質料《⇔forma》. ❽《医学》膿, 膿汁(分). ❾《古語》[学校の] 習字の手本
en 〜 *de…* …に関して: *En* 〜 *de* toros, pregúntale a él. 闘 牛のことなら彼に聞け
entrar en 〜 [話の] 本題に入る
〜 *gris* 1)《解剖》[脳の] 灰白質. 2)《口語》脳みそ, 知能, 頭
〜 *prima/primera* 原料, 資源: España ha sido un país muy rico en 〜*s primas*. スペインは資源に恵まれた国だった. 〜*s primas básicas* 主要生産物, ステープルグッズ
material [materjál]《←ラテン語 materialis ＜ materia》形 ❶ 物質 の, 物質的な, 物質からなる《⇔espiritual》: ayuda 〜 物質的(経済 的)援助. civilización 〜 物質文明. daño 〜 物の損害. prueba 〜 物的証拠. ❷ 肉体の, 肉体的な: dolor 〜 肉体の 苦痛. goce 〜 肉体の快楽. ❸ 物質主義的な: Es demasia- do 〜 su modo de pensar. 彼の考え方は即物的すぎる. per- sona muy 〜 物欲の強い人. ❹ 具体的な, 実際上の: autor 〜 del crimen 犯罪の実行犯. resultado 〜 具体的(実質的) な成果. no tener el tiempo 〜 para hacer… …をする時間が 実際にない. ❺《ベネズエラ》詳しい; 冗長な
—— 男 ❶ [時に 複] 材料, 素材: Este edificio es de buen 〜. この建物はいい材料を使っている. nuevo 〜 新素材. 〜*es* de construcción 建築資材. ❷ [作品・研究などの] 資料, 素 材: reunir los 〜*es* para escribir un artículo 記事を書くため の資料を集める. 〜 informativo 情報[資料]. ❸ 集合 機材 (用具) 一式: 〜 agrícola 農業機械. 〜 de dibujo 絵の道具. 〜 de guerra/〜 bélico 軍需品. 〜 de laboratorio 実験室の 設備(機材). 〜 de oficina 事務用品. 〜 deportivo スポーツ 用品. 〜 didáctico 教材. 〜 móvil (rodante)《鉄道》車両. 〜 quirúrgico 手術器具. ❹ なめし革《=cuero curtido》. ❺ 《メキシコ》建築資材運搬用のトラック
arrimar a+人 〜《隠語》…をいやらしく触る
de 〜《プエルトリコ, コロンビア, ラプラタ. 建築》堅材でできた, 煉瓦 造りの
materialidad [materjaliðáð] 女 ❶ 物質性《⇔idealidad》; 具体性; [事実の] 重要性, 実在性. ❷ 外見, 外面: Lee solo la 〜 de las palabras. 彼は字面しか読まない
materialismo [materjalísmo] 男 ❶ 物質主義, 実利主義 《⇔idealismo》. ❷ 唯物論: 〜 histórico 史的唯物論
materialista [materjalísta] 形 名 ❶ 物質主義(主義者), 実 利主義の(主義者): civilización 〜 物質文明. ❷ 唯物論の (論者). ❸《メキシコ》1) トラック運転手. 2) 建設業者[の]; camión 〜 建設資材を運ぶトラック
materializable [materjaljáble] 形 物質化(具体化)され得る
materialización [materjaliθaθjón] 女 ❶ 物質化; 具体化, 実 現: inmediata 〜 de un proyecto 計画の即座の実行. ❷ [霊 魂の] 顕現. ❸ 物質(実利)主義者的になること
materializar [materjaliθár]《←material》9 他 ❶ 物質化する, 具象化する, 有形化する: 〜 su ilusión con la compra de un coche deportivo スポーツカーを買うことで自分の成功を形で示 す. 〜 un esquema en la pizarra 略図を黒板に描く. ❷ 具 体化する, 遂行する: 〜 un proyecto 計画を実現する. ❸ [物質的・具体的でないものを] 物質(具体物) とみなす: 〜 el alma 魂を物質視する. ❹ 物質主義者にする. ❺ [霊魂 を] 顕現する
—— *se* ❶ 物質化される; 具体化される, 実現される: *Se han materializado sus esperanzas.* 彼の希望が実現した. ❷ 物質(実利)主義的になる
materialmente [materjálménte] 副 物質的に, 肉体的に; 具

体的に, 実質的に: Es una cosa ～ imposible. それは実際上は(物理的に)不可能だ

maternal [maternál]《←materno》形 母親の, 母親としての, 母親らしい: cariño (amor) ～ 母としての愛情, 母性愛. escuela ～ マタニティ・スクール. instinto ～ 母性本能

maternalmente [maternálménte] 副 母親として, 母親らしく, 母性愛をこめて

maternidad [materniðáð]《←materno》女 ❶ 母親である(になる)こと, 母性: Todos felicitaron su futura ～. みんな彼女の妊娠を祝福した. permiso (licencia) de ～ 出産休暇, 産前産後休暇. protección de la ～ 母性保護. ❷ 産院, 産科病院《=clínica de ～, hospital de ～》; [病院の]産科: ingresar en la ～ 産院(産科)に入院する. casa de ～ 産科病院;《古語》産婦養護施設. ❸《美術》母子像

maternizar [materniθár] 9 他 ❶ 母親として扱う, 母親としての資格を与える. ❷ [牛乳に]母乳の成分を含ませる: leche *maternizada* 母乳と同じ成分にした牛乳

materno, na [matérno, na]《←ラテン語 maternus「母の」< mater「母」》形《まれ》母の, 母親の, 母親としての, 母親らしい: amor ～ 母性愛. leche ～*na* 母乳. papel ～ 母の役割. ❷ 母系の, 母方の: abuelo ～ 外祖父

materno-infantil [matérno infantíl] 形 新生児と母親の: hospital ～ 産婦人科病院

matero, ra[2] [matéro, ra] 形《南米》マテ茶好きの
―― 男 ❶《コロンビア, ベネズエラ》=matera[1]. ❷《ベネズエラ》灌木, 草むら

matete [matéte] 男《チリ, アルゼンチン, ウルグアイ》❶ [大量の]混乱したもの, 入り混じり, ぐちゃぐちゃ. ❷ 争い, 無秩序

mates [mátes] 女《隠語》数学《=matemáticas》

matico [matíko] 男《南米. 植物》コショウ科の一種《学名 Piper angustifolium》

matidez [matiðéθ] 女 ❶ くすんでいること; [音が]鈍いこと. ❷《医学》打診で聞こえる胸部などの濁音

Matienzo [matjénθo]《人名》**Juan de** ～ フアン・デ・マティエンソ《1520–79, スペインの法学者. ペルー副王領の聴訴官 oidor.『ペルー統治論』*Gobierno de Perú*》

matierismo [matjerísmo] 男《美術》盛り上げ画法

matihuelo [matiwélo] 男《まれ》起き上がりこぼし《=tentetieso》

matilde [matílde] 女《口語》スペイン電話公社 Compañía Telefónica Nacional de España の株式

matinal [matinál]《←伊語 mattinale》形 朝の: luz ～ 朝の光. ～ de sesión 午前の興行《=sesión ～》

matiné [matiné]《←仏語 matinée》男《圏 ～s》❶《古語的》昼興行, 昼の部, マチネー《⇔soirée》; 昼の集まり. ❷《メキシコ》午前の興行. ❸《チリ》infantil 子供のためのパーティー

matinée [matiné]《←仏語》女《古語的》=matiné

matiz [matíθ]《←matizar》男《圏 ～ces》❶ [同色間の]色合い, 濃淡; [調和のとれた]配色: dos *matices* de azul 色調の違う2つの青. vestido con varios *matices* de verde 緑の色調でまとめたドレス. ❷ ニュアンス, 意味合い; [表現などの]微妙なあや(趣): Con algunos *matices*, los dos están diciendo lo mismo. ニュアンスは異なるが, 2人は同じことを言っている. captar los *matices* ニュアンスをつかむ. tener un cierto ～ enigmático 何やら謎めいたところがある. ～ de las palabras 言葉のあや

matización [matiθaθjón] 女 ❶ 配色, 色の調和. ❷ ニュアンスを付け加えること: La ～ de sus palabras deshizo el malentendido. 彼の言葉に微妙な含みをもたせることで誤解が解けた

matizado, da [matiθáðo, ða] 形 ❶ 色合いに違いのある, 濃淡のある; 微妙なニュアンスのある, 含みのある. ❷《植物》モザイク病にかかった
―― 男 ❶ 色合いの違いをつけること; 微妙なニュアンスをもたせること. ❷《植物》モザイク病

matizador, ra [matiθaðór, ra] 形 名 色合いの違いをつける[人], 微妙なニュアンスをつける[人]

matizar [matiθár]《←?俗ラテン語 matizare < ギリシャ語 lammatizo < lamma「色合い」》9 他 ❶ [+de・con の] 色合いをつける, 濃淡をつける; [色を]組み合わせる: ～ el dormitorio *de* (*con*) azul 寝室を青色でまとめる. ～ una pared *de* verde *y* azul 壁に緑と青を配色する. ❷ 微妙なニュアンス(変化)をつける, 含みをもたせる: ～ el tono de voz 声の調子を変える. ～ sus palabras *de* (*con*) ironía 言葉にかすかな皮肉を込める

mato [máto] 男 ❶《地方語》小灌木[の茂み]. ❷《地方語》小農園, 小さな畑. ❸《プエルトリコ》[遊びで使う]卵型の種. ❹《ベネズエラ. 動物》テグー《=tejú》: ～ de agua イグアナに似た大トカゲ

matoco [matóko] 男《チリ》[民家文化で]悪魔, 悪

matojal [matoxál]《←mata》男 小灌木;《生い茂った》やぶ, 草むら

matojo [matóxo]《←mata》男 ❶ 小灌木; [生い茂った]やぶ, 草むら. ❷《植物》アカザ科ハロキシロン属の灌木《学名 Haloxylon articulatum》. ❸《キューバ》[剪定後に出てくる]新芽

matón, na [matón, na]《←matar》形《軽蔑》❶《主に男》けんか早い[人], 気性の荒い[人]; がき大将, いじめっ子; やくざ, ちんぴら; 殺し屋, 用心棒. ❷《エクアドル》ガリ勉家[の]; がんばり屋[の]
―― 男 ❶ 灌木. ❷《コロンビア》底の薄い素焼きの器

matonear [matoneár] 自 ❶ 腕力にものを言わせる. ❷ 格好をつける, 気取る
―― 他《中米》❶ 暗殺する. ❷ こする; 雑草を取る

matonería [matonería] 女 =matonismo

matonesco, ca [matonésko, ka] 形 暴力や脅しで言うことを聞かせようとする

matonil [matoníl] 形《エクアドル》けんか早い

matonismo [matonísmo] 男 ❶ 暴力や脅しで言うことを聞かせようとする態度; [乱暴な]いじめ. ❷ 虚勢, 空いばり

matorral [matořál]《←mata》男 ❶ 小灌木の茂み, やぶ. ❷ やぶに覆われた未開墾地

matorro [matóřo]《←mata》男 ❶《地方語》小灌木. ❷《コロンビア》=matorral

matoso, sa [matóso, sa] 形 小灌木で覆われた

matra [mátra] 女《チリ, アルゼンチン, ウルグアイ. 馬具》厚手の毛布

matraca [matráka]《←アラビア語 mitraqa「かなづち」》女 ❶ マトラカ《回すとカラカラという音を出す楽器. 聖週間に使われる》. ❷《口語》話題・主張の]しつこさ. ❸《西. 隠語》圏 数学《課目. =matemáticas》. ❹《口語》棍棒. ❺《メキシコ. 口語》ぼろ自動車. ❻《ベネズエラ》金をもらって役所の手続きを速める役人グループ
dar ～+人 [*la*·*una*] ～《口語》…をうるさがらせる; しつこく…に主張する
ser [*un*·*una*] ～《口語》[人が] しつこい

matracalada [matrakaláða] 女 [無秩序な] 群集

matraco, ca[2] [matráko, ka] 形 名《アラゴン》田舎者[の]《=baturro》

matraquear [matrakeár] 自 ❶ マトラカ matraca を鳴らす; カラカラ[ガタガタ]と音を立てる

matraqueo [matrakéo] 男 マトラカ matraca を鳴らすこと

matraquista [matrakísta] 名 しつこく言う人

matraz [matráθ] 男《圏 ～ces》長首フラスコ

matreraje [matreráxe] 男《アルゼンチン, ウルグアイ》盗み, 略奪

matreramente [matreráménte] 副《まれ》ずる賢く, 抜け目なく

matrerear [matrereár] 自 ❶《アルゼンチン, ウルグアイ》[犯罪者などが]山や無人地帯に逃げ込む. ❷《アルゼンチン. 蜘蛛》1)[子供たちが]自由に遊ぶ. 2) 放浪する

matrero, ra [matréro, ra] 形 ❶ ずる賢い, 抜け目ない. ❷《ホンジュラス, エクアドル. 闘牛》[牛が]油断ならない, 手ごわい. ❸《コロンビア》裏切り者の. ❹《ペルー, チリ, アルゼンチン, ウルグアイ》1) 盗賊[の]. 2) 放浪の; 放浪者の. 3) 逃亡中の; 逃亡者の, お尋ね者. ❺《アルゼンチン, ウルグアイ》[牛・馬が] 牧場を逃げ出した, 野生化した

matriarca [matrjárka]《←matriarcado (patriarca の影響)》女《社会学》女族長《⇔patriarca》

matriarcado [matrjarkáðo]《←ラテン語 mater, -tris「母」+ギリシャ語 arkho「私が治める」》男《社会学》母権制, 女家長制, [原始]母系家族制

matriarcal [matrjarkál] 形《社会学》母権制の, 女家長制の, [原始]母系家族制の

matriarcalismo [matrjarkalísmo] 男《まれ》母権制的傾向

matricaria [matrikárja] 女《植物》シカギク, ナツシロギク

matricería [matriθería] 女《型を使う》浮き出し加工

matricero, ra [matriθéro, ra] 名 鋳型(金型)製造職人

matricial [matriθjál] 形 ❶《印刷》ドット式の. ❷《数学》行列の: álgebra ～ 行列の演算, 行列代数

matricida [matriθíða] 名 形 母親殺しの[犯人]

matricidio [matriθíðjo] 男 母親殺し

matricio, cia [matríθjo, θja] 形《文語》母親的な, 母体となる

matrícula [matríkula]《←ラテン語 matricula「リスト, カタログ」》女 ❶《自動車》ナンバープレート; 登録ナンバー: coche con ～ de Barcelona バルセロナナンバーの車. ❷ 登録; 入学手続き: Se ha cerrado el plazo de ～. 登録期間が終了した. abrir la ～ 授業登録の受付を開始する. ～ derecho de ～ de ～ 入学金. ～ de mar 船員登録. ～ gratuita 授業料免除. ❸《集合》登録者（総数）, 登録したもの: ～ de alumnos 在籍生徒数. ❹ 登録簿, 名簿: ～ de estudiantes 学籍簿. ～ de enseñanza 指導要録. ❺ 登録証. ❻《船舶》船名簿: puerto de ～ 船籍港
～ *de honor* 授業料免除つきの優等賞［→calificación 参考］

matriculación [matrikulaθjón] 女 登録; 入学手続き

matriculado, da [matrikuláðo, da] 形 名 登録されている［人］, 名簿に載っている［人］; 在籍者

matriculador, ra [matrikulaðór, ra] 名 登録する人

matricular [matrikulár]《←matrícula》他［+en +］登録する, 名簿に載せる: *Matriculé* a mi hija *en* un curso de natación. 私は娘を水泳教室に入れた. ～ un coche 車を登録する.
―― ～se 入学手続きをする; 入学する: *Me matriculé en la Facultad de Filología Catalana.* 私はカタルーニャ語学科に入学手続きをした. ～*se de oyente* 聴講生になる

matrilineal [matrilineál] 形［相続・出自などが］母系の

matrimonesco, ca [matrimonésko, ka] 形《戯語》= **matrimonial**

matrimonial [matrimonjál] 形 結婚の; 夫婦の: contrato ～ 結婚前契約. vida ～ 結婚生活

matrimonialista [matrimonjalísta] 形 名 結婚（離婚）問題専門の〔弁護士〕: despacho ～ 結婚問題専門の弁護士事務所

matrimonialmente [matrimonjálmente] 副 結婚によって, 夫婦の習慣に従って

matrimoniar [matrimonjár] 10 自 結婚する
―― ～**se**《メキシコ, チリ》結婚する

matrimonio [matrimónjo]《←ラテン語 matrimonium < mater, matris「母」》男 ❶ 結婚, 婚姻: contraer ～ con... …と結婚する, 婚姻を取り結ぶ. pedir a+人 en ～ …にプロポーズする. dar palabra de ～ 結婚の約束をする. llevar vida de ～ 結婚生活をおくる. partida de ～ 婚姻証明書. petición de ～ 求婚. ～ civil［市役所などで手続きをする］民事婚, 民法上の結婚《⇔～ religioso》. ～ clandestino / ～ a yuras《カトリック》［司祭も証人もいない］秘密結婚. ～ de conciencia［民事・教会の承認の下での］秘密結婚. ～ de conveniencia / ～ de interés 打算的結婚, 政略結婚. ～ de la mano izquierda / ～ morganático 貴賤結婚［王族と身分の低い者との結婚, 結婚後もそれぞれの身分は変更されない］. ～ in artículo mortis / in extremis 臨終結婚. ～ mixto［異宗教・異種族間の］雑婚. ～ por detrás de la iglesia 内縁関係. ～ rato《法律》［法律上だけの・結婚式だけの］性関係のない結婚. ～ religioso / ～ canónico / ～ eclesiástico / ～ por la iglesia 教会結婚《⇔～ civil》. ❷ 夫婦: En este piso vive un ～. このマンションには夫婦ものが住んでいる. Denunciaron a un ～. 彼らはある夫婦を告発した. Asistió el ～ Pérez. ペレス夫妻が出席した. pelea de ～ 夫婦げんか. ❸［企業などの］合併. ❹《南米》結婚式《=bodas》
fuera del ～ 婚外の, 庶出の: Tuvo una hija *fuera del* ～, pero nunca la reconoció. 彼は婚外の娘を1人もうけたが, 決して我が子とは認知しなかった. hijo habido *fuera del* ～ 婚外の息子

matrioska [matrjóska]《←露語》女 マトリョーシカ, 入れ子式の人形

matritense [matriténse] 形 名《地名》❶《文語》= **madrileño**. ❷ マドリス Madriz の［人］《ニカラグア北西部の県》

matriz [matríθ]《←ラテン語 matrix, -icis < mater, matris「母」》女 ［複 ～ces］ ❶《解剖》子宮;《比喩》母胎, 母体. ❷ 親会社《=casa ～. ⇔filial》;《宗教》本山. ❸ 原簿, 台帳, 原本; 雛型などの］オリジナル. ❹［小切手帳などの］控え, 割り符. ❺《数学》マトリックス, 行列: ～ inversa 逆行列. ❻［技術］型, 鋳型, 金型;［印刷機の］抜き型;［活字の］母型;［レコード型の］原盤, 原型. ❼《印刷》［スペースも含めた］文字数. ❽《情報》マトリックス. ❾ 雌ねじ《=tuerca》. ❿《鉱物》基質, 石基. ⓫《女性名詞+》主な, 母体となる: empresa ～ 親会社, 親企業. oración ～《言語》母文

matrizar [matriθár] 9 他［部品を］型から作る

matrona [matróna]《←ラテン語 matrona「婦人, 既婚女性」< mater, matris「母」》女 ❶［威厳のある］年配の婦人;《文語》《名家の》女家長. ❷《軽蔑》太った中年女. ❸《美的》成熟した女性像. ❹［税関・刑務所などの］女性の身体検査係.《法的な資格のある》助産婦, 産婆

matronal [matronál] 形 ❶ 威厳のある年配の婦人の;《文語》名家の女家長然とした. ❷《軽蔑》太った中年女の

matronaza [matronáθa] 女 肥って威厳のある母親

matroneo [matronéo] 男《建築》❶［原始キリスト教時代の宗教建築物で］女性しか立ち入りを許されない部分. ❷［初期キリスト教会で側廊の上の］女性専用の歩廊（礼拝所）

matronil [matroníl] 形 肥った中年女の［ような］

matrónimo, ma [matrónimo, ma] 形《名字が》母方の

matropa [matrópa] 女《ホンジュラス》心気症の病気の ヒステリー

matroz [matróθ] 男《コロンビア, ベネズエラ》空いばり屋, ほら吹き
―― 形《コロンビア》すごい, とてつもない, とてもよい

Matto de Turner [máto de túrner]《人名》**Clorinda** ～ クロリンダ・マット・デ・トゥルネル《1854～1909, ペルーの作家. 迫害・抑圧されて生きる先住民の世界を描き, 腐敗・堕落した判事や長官, 司祭などの非道ぶりを告発した小説『巣のない鳥』*Aves sin nido* によって, インディヘニスモ indigenismo の先駆的な作家とされる. アンデスの民間伝承を集めた『クスコ伝説集』 *Tradiciones cuzqueñas*》

matuasto [matwásto] 男《チリ, アルゼンチン. 動物》ガラパゴスヨウガントカゲ

matucho, cha [matútʃo, tʃa] 形《チリ》❶［寄宿生もいる学校で］通学生の. ❷ 狡猾な, 抜け目のない
―― 男 ❶《南米》1) 新米; 青二才. 2) やせ馬. ❷《チリ》悪魔

matuco [matúko] 男《プエルトリコ》杖の一種

matufia [matúfja] 女《アルゼンチン, ウルグアイ. 隠語》詐欺

matujo [matúxo] 男 小潅木

matul [matúl] 男 ❶《エルサルバドル》マチェテ machete を吊り下げる革帯. ❷《キューバ》1)［枝付きの］葉タバコの束. 2) ずんぐりした人

matula [matúla] 女《まれ》灯心, ろうそくの芯

matulanga [matulánga] 女《キューバ》葉タバコの束

matulo [matúlo] 男《キューバ. 古語》葉タバコの束

matungo, ga [matúngo, ga] 形《カリブ, チリ, ラプラタ》❶《軽蔑》［主に 蔑］やせ馬, 老いぼれ馬. ❷ のっぽの［人］. ❸ やつれた, 年をとった

matunguera [matungéra] 女《キューバ. 口語》持病, 体の不調

maturín, na [maturín, na] 形 名《地名》マトゥリン Maturín の［人］《ベネズエラ, モナガス州の州都》

maturinés, sa [maturinés, sa] 形 名 = **maturín**

maturraca [maturáka] 女《キューバ》おで, 甘言

maturrango, ga [maturángo, ga] 形《←matrango》❶《中南米》スペインの, ヨーロッパの. ❷《アンデス, チリ, アルゼンチン, ウルグアイ》乗馬の下手な. ❸《チリ, アルゼンチン, ウルグアイ》のろまな;［太って］動きの鈍い
―― 男《ペルー》やせた駄馬
―― 女 ❶［主に 蔑］策略, たくらみ: malas ～*gas* 悪だくみ. ❷《まれ》売春婦

maturranguear [maturangeár] 自《ラプラタ》乗馬する

maturranguero, ra [maturangéro, ra] 形《中南米》口先でだます, ずるい, 卑劣な

matusa [matúsa] 女《隠語》老人

matusalén [matusalén] 名《主に軽蔑》老人, おいぼれ
―― 男 ❶《旧約聖書》[M～] メトセラ《ノアの時代のユダヤの族長》
ser más viejo que M～《主に軽蔑》ひどく年老いている

matute [matúte] 男《←?matutino（夜明けに行なわれることから）》男《西》❶ 密輸入. ❷ 密輸入品. ❸《まれ》非合法の賭博場
de ～《西》密輸で; 禁制の, 不法に

Matute [matúte]《人名》**Ana María** ～ アナ・マリア・マトゥーテ《1926～2014, スペインの小説家. 過酷な現実や錯綜した愛憎を, 主観性を特徴とする幻想的な視点で描いた. 三部作『最初の思い出』*Primera memoria*,『兵士たちは夜に泣く』*Los soldados lloran de noche*,『罠』*La trampa*. 児童文学者でもある》

matutear [matuteár] 自《西》密輸する

matutero, ra [matutéro, ra] 名《西》密輸業者

matutinal [matutinál] 形 = **matutino**

matutino, na [matutíno, na]《←ラテン語 matutinum [tempus]

mau

「朝の〔時間〕」]形 朝の, 朝行なわれる〖⇔vespertino〗: sol ～ 朝日. sesión ～na 午前中の公演
── 男 朝刊〖=periódico ～〗

mau [máu] 間 =**miau**

maula [máula]〖←mau (猫の鳴き声)+maullar〗 名 ❶《軽蔑》怠け者〔の〕, 役立たず〔の〕: Soy una ～ para la cocina. 私は料理がまるでできない. hacer el ～ のらくらする. ❷ぺてん師. ❸《ペルー, アルゼンチン, ウルグアイ. 軽蔑》臆病な, 気力のない〔人〕; 卑劣な〔人〕, げすな〔人〕
── 女 ❶《軽蔑》役に立たないもの, がらくた: Esta batidora es una ～, porque siempre está estropeada. このハンドミキサーはいつも故障していて役に立たない. ❷いかさま, ぺてん, 欺瞞. ❸《まれ》〔布・紙・金属などの〕切れ端
buena ～ 腹黒い人
── 男《歴史》〔イスラム・スペイン時代に〕イスラム教に改宗したキリスト教徒

maular [maulár] 16 自 →**paular** II

maulear [mauleár] 自 ❶《キューバ, チリ》〔ゲームで〕いかさまをする. ❷《コロンビア, アルゼンチン》サボる, 怠ける

maulería [maulería] 女《まれ》❶ 策略, いかさま, ペテン. ❷ 端切れ店

maulero, ra [mauléro, ra] 名 ❶《まれ》策略を弄する人, ぺてん師. ❷《まれ》端切れ屋. ❸《エクアドル》手品師. ❹《チリ. 地名》=**maulino**

maulino, na [maulíno, na] 形 名《地名》マウレ Maule の〔人〕〖チリ中部の州〗
── 男《チリ》縁なしとんがり帽子

maullador, ra [mauʎaðór, ra] 形《猫が》よく鳴く, うるさく鳴く

maullar [mauʎár]〖←擬声〗16 自〔猫が〕ニャオと鳴く, ニャーニャー鳴く

maullido [mauʎíðo] 男〔猫の〕鳴き声: dar ～s〔猫が〕鳴く

maúllo [maúʎo] 男 =**maullido**

maulón, na [mauʎón, na] 形《闘牛》臆病で攻撃にむらのある〔牛〕

mauloso, sa [mauʎóso, sa] 形《チリ. 口語》大嘘つきの〔人〕, ぺてん師

Maura y Montaner [máura i montanér]《人名》**Antonio** ～ アントニオ・マウラ・イ・モンタネール〖1853～1925, スペインの政治家. 保守党 Partido Conservador の党首として政権を担当〗

maure [máure] 男 ❶《南米》腰帯. ❷《ベネズエラ》ズボン用の太い綾の布地

mauriceño, ña [mauriθéno, ɲa] 形 名 =**mauriciano**

mauriciano, na [mauriθjáno, na] 形 名《国名》モーリシャス Mauricio の〔人〕

mauriciense [mauriθjénse] 形 名 =**mauriciano**

mauricio [mauríθjo] 男《コロンビア. 戯語》熟したバナナ

maurismo [maurísmo] 男 アントニオ・マウラ・イ・モンタネール Antonio Maura y Montaner の政策・思想

maurista [maurísta] 形 名 アントニオ・マウラ・イ・モンタネール Antonio Maura y Montaner を支持する〔人〕; マウラ政府の

mauritano, na [mauritáno, na] 形 名《国名》モーリタニア Mauritania の〔人〕

mauro, ra [máuro, ra] 形 名 モーロ人〔の〕〖=moro〗

mauseolo [mauseólo] 男《まれ》=**mausoleo**

máuser [máuser]〖←Mauser〔人名〕〗男 〖廳〕～〔e〕s〗モーゼル銃

mausoleo [mausoléo] 男 霊廟 (ᵇᵢᵢ) 〖→**tumba**【類義】〗: ～ imperial 天皇陵. los M～s マウソロス Mausolo 霊廟〖古代ペルシア, カリア Caria の王〗

maute [máute]《コロンビア, ベネズエラ》1・2歳の子牛

mavacure [mabakúre]《ベネズエラ》ストリキニーネノキ, マチン〖先住民が毒矢に使った〗

mavorcio, cia [maβórθjo, θja] 形《詩語》戦争の

mavorte [maβórte] 男《詩語》❶ 戦争. ❷ 軍神, 戦争の神

maxi [má(k)si] 形 男 ❶《服飾》マキシの. ❷《船舶》大型艇〔の〕, マキシ
── 男 =**maxifalda**

maxi-〖接頭辞〗〔大, 長〗*maxifalda* マキシスカート

maxifalda [ma(k)sifálda] 女《服飾》マキシコート

maxila [ma(k)síla] 女《動物》上顎〔骨〕; 〔節足動物の〕小顎

maxilar [ma(k)silár] 形《解剖》上顎 (ᵢ ᵢ) の; 顎骨の
── 男 顎骨〖=hueso ～〗: ～ superior 上顎骨. ～ inferior

下顎骨

maxilípedo [ma(k)silípeðo]《解剖》顎脚

maxilofacial [ma(k)silofaθjál] 形《医学》顎顔面の

máxima¹ [má(k)sima]〖←古語〖規定〗máxima〗女 ❶ 格言, 金言: ～s de los filósofos griegos ギリシアの哲学者たちの格言. ❷ 原則, モットー, 主観的な実践原則: Mi ～ es intentar hacer felices a los que me rodean. 私のモットーはまわりの人たちを幸せにしようとすることだ. ～s de buen bibliotecario よい司書になるための手引き. ❸ 最高気温: En Murcia se alcanzan en Murcia ～s superiores a los 40 grados. 夏にはムルシアの最高気温は40度を超える. ❹《古語. 音楽》長音 longa 2つ分

maximalismo [ma(k)simalísmo] 男《主に政治》最大限綱領主義, 極左主義

maximalista [ma(k)simalísta] 形 名《主に政治》最大限綱領主義の(主義者), 極左主義の(主義者)

máximamente [má(k)simaménte] 副 まして, とりわけ, 第一に

máxime [má(k)sime]〖←ラテン語 maxime「主に」〗副《文語》まして, とりわけ: Siempre debemos ayudar a los demás, ～ si está en dificultades. いつも人を助けねばならない. まして人が苦境にある時は

Maximiliano [maksimiljáno]《人名》**archiduque de** ～ マキシミリアノ大公〖1832～67, ハプスブルク家出身. フランスのナポレオン3世が軍事介入を目的にメキシコ第二帝政の第2代皇帝 (1864～67) として送り込むが, 自由主義勢力に敗れて銃殺される〗

maximización [ma(k)simiθaθjón] 女《技術》極大化

maximizar [ma(k)simiθár] 9 他 ❶《技術》極限まで増加(拡大)させる. ❷《数学》〔関数の〕最大値を求める

máximo, ma² [má(k)simo, ma]〖←ラテン語 maximus〗形 ❶〔量・程度が可能な限り大きい〕最大の, 最高の〖文法的には数・大きさの最上級は el mayor·el más grande. ⇔mínimo〗: La altura ～ma desde la que tú puedes caer es de medio metro. 君がどんなに高い所から落ちても大丈夫なのはせいぜい50センチだ. El control se cumplió con la ～ma severidad. 統制が最も厳格な形で敷かれた. Su padre es el ～ responsable del cuartel de bomberos de esta ciudad. 彼の父親は市の消防本部の最高責任者だ. autoridad ～ma 最高権威. líder ～ 最高指導者. temperatura ～ma 最高気温. ～ galardón 最高の栄誉. M～ Jefe de Estado 最高国家元首. ❷ 最大限度の, 極大の: Me pusieron una multa por exceso de la velocidad ～ma permitida. 最高制限速度を超えたことで私は罰金を課された. Fijaron el límite ～ de los intereses de los préstamos. 貸出利子の最高限度が設定された. Llegó al punto ～ su paciencia y acabó por pegarle. 彼の忍耐は限界に達し, とうとう相手を殴ってしまった

── 男 最大〔限〕, 最高〔点〕, 極大: La presa estaba al ～ de su capacidad. ダムは最大貯水量になっていた. A veces tuve que trabajar un ～ de doce horas al día. 私は時には一日最高12時間働かねばならないこともあった. aguantar al ～ 極限まで耐える. aprovechar las vacaciones al ～ 休暇を最大限満喫する. esforzarse al ～ 最大限の努力をする

como ～ 最大限; せいぜい, できる限り: Podemos solicitar *como* ～ quince días de vacaciones. 私たちは最長2週間の休暇を申請することができる. *Como* ～, llegaremos a las diez de la noche. どんなに遅くとも夜の10時には着けるだろう

estar en el ～ 〔機械装置などが〕最大出力を出している
hacer el ～ 全力を尽くす
hasta el ～ 極限まで: cansarse *hasta el* ～ くたくたに疲れる
llegar al ～ 〔+de ～〕最大限に到達する: La excitación de los espectadores *llegaba* al (a su) ～. 観客の興奮は最高潮に達していた. Las centrales hidroeléctricas *llegaron al* ～ *de* sus posibilidades en la producción de energía en el mes de agosto. 水力発電所は8月に電力生産能力の極限に達した

máximum [má(k)simun]〖←ラテン語 maximum〗男 =**máximo**
al ～ 最大限〖=como máximo〗

maxiproceso [ma(k)siproθéso] 男《口語》被告が大人数の裁判

maxisencillo [ma(k)sisenθíʎo] 男 EPレコード

maxisengle [ma(k)siseŋle] 男 =**maxisencillo**

maxisingle [ma(k)sisíŋgle] 男《音楽》マキシシングル

maxmordón [masmorðón] 男《廃語》❶ 動作が緩慢な人. ❷ ずる賢い人

maxura [maʃkʼsúra] 女 [モスク内の] 教主・導師用の仕切席 《=macsura》
maxvelio [masbéljo] 男《物理》マクスウェル
maxwell [masbél] 男《物理》**=maxvelio**
may.《略語》←**mayo** 5月
maya [mája] I 《←ナワトル語》形 名《歴史》マヤ[人・語]の; マヤ人《ユカタン半島を中心に現在のメキシコ南東部, グアテマラおよびベリーズ Belice 一帯に居住する先住民. 紀元前1800年ごろに出現し, 紀元前400年ごろから16世紀のスペイン人による征服までに高度な天文学知識や建築様式を持つ先住民文明 (マヤ文明) が栄えた. 17世紀後半までスペインの支配を拒否し続けた》: civilización ~ マヤ文明
—— 男 ❶ マヤ語. ❷ 女 マヤ族
II 《←mayo》 女 ❶《植物》1) ヒナギク, デージー. 2)《キューバ, プエルトリコ》プロメリア属のパイナップル《学名 Bromelia pinguin》.
❷ 5月の祭りの女王 (女王). 3)《服飾》スパッツ《=pantalón ~》.
❸《古語》見世物で》仮装をして観客を楽しませる人
III 名《アラブ》缶蹴りに似た遊び
IV 女 《←サンスクリット語 maya「幻」》[インド哲学で] マーヤー, 幻

mayador, ra [majaðór, ra] 形 **=maullador**
mayagua [majáɣwa] 女《ホンジュラス》吸い殻
mayagüezano, na [majaɣweθáno, na] 形 名《地名》マヤグエス Mayagüez の(人)《プエルト・リコ西岸の町》
mayal [majál] 男 ❶ 殻竿 (から棹). ❷ [馬などが引いて] 石臼を回す棒
mayar [majár] 自 **=maullar**
—— **~se**《コスタリカ》[植物・花が] しおれる
mayate [majáte] 男《メキシコ. 昆虫》スカラベの一種《学名 Scarabaeus stercorius》
mayear [majeár] 《←mayo》自《西》❶ [単人称] 5月のような気候である. ❷ [野原が5月のように] 緑に覆われ花々が咲く
mayeque [majéke] 男《中南米. 古語》スペイン人の召使いをする先住民
mayero, ra [majéro, ra] 形《まれ》5月の
—— 男 5月ごろに房ができる小型のバナナ
mayestático, ca [majestátiko, ka] 形 《←独語 majestätisch》威厳のある, 堂々とした
mayeta [majéta] 女《地方語》野イチゴ
mayetado [majetáðo] 《キューバ》空缶で作った囲い, 棒などを斜めに組んで作った垣根
mayeto [majéto] 男《カディス》❶ 小規模なブドウ栽培者. ❷ 農民〔=labrador〕
mayeuta [majéuta] 女《まれ》[思考・研究の手助けをする] 教師
mayéutico, ca [majéutiko, ka] 形《哲学》[ソクラテスの] 産婆術(の)
mayido [majíðo] 男 **=maullido**
mayismo [majísmo] 男 マヤ語特有の表現・言い回し
mayista [majísta] 形 名《政治》[1968年パリの] 5月革命の精神に賛同する(人)
mayo [májo]《←ラテン語 majus》 男 ❶ 5月《→**mes** 参考》: 1) el primero (uno) de ~ メーデー. flores de ~ 聖母月《5月のこと》. 2) 諺 Agua de ~, pan para todo el año. 5月に雨が降れば1年分のパンができる. Hasta el cuarenta de ~ no te quites el sayo. 5月が終わるまではコートを脱ぐな. ❷ メイポール《5月に広場などに立てられる飾り付きの柱. そのまわりで着飾って踊る》. ❸《メイポールのように》背の高い人. ❹《古語》5月1日に男が恋人の戸口に置く枝飾り. ❺《古語》複 4月30日に若者たちが独身女性たちに捧げる音楽と歌. ❻《古語》5月の祭りの女王 maya で扮装した若者. ❼《キューバ. 鳥》チャガタハゴロモガラス, クロズキンムクドリモドキ
como 〔**el**〕 **agua de ~**《西》干天の慈雨のように; タイミングよく: esperar *como* 〔*el*〕 *agua de* ~ 首を長くして待つ
para ~《チリ. 皮肉》[実現に疑いがある] ずっと先に, いつになるか分からない
—— 形《アルゼンチン》5月の
mayocol [majokól] 男《メキシコ》[ユカタン半島の] 執事; 監督, 親方
mayólica [majólika] 女《←伊語 majolica》 マジョリカ焼《陶器の一種》
mayonesa [majonésa] 女《料理》マヨネーズ[ソース]《=salsa ~, mahonesa》
mayor [majór]《←ラテン語 major, -oris》形《grande の比較級》

mayor

⇔**menor**》❶ [質・量・程度などが] もっと大きい: 1) Estas inversiones podrán reportar beneficios ~*es* a ambos países. これらの投資は両国により大きな利益をもたらすだろう. Deberíamos dar ~ importancia a estos hechos históricos. 私たちはこれらの歴史的事実をもっと重視してしかるべきだろう. 2) [+que の節] El índice de paro es ~ *que* el de hace un año. 失業率は去年より高い. Algunas veces la influencia del consejero es ~ *que* la del ministro mismo. 補佐官の影響力が大臣のそれよりも強いことがある. Estamos enfrentados con una ~ crisis financiera *que* la de hace cinco años. 私たちは5年前の危機より大きな金融危機に直面している. La superficie de este país es dos veces ~ *que* la del vecino. この国の面積は隣国の面積より2倍大きい. 3) [+de+名詞・数量・程度 より] El daño ha sido mucho ~ *de* lo que temíamos. 損害は私たちが危惧していたよりはるかに大きかった. Si la cifra es ~ *de* 140mg/dl, usted es una persona diabética. 数値が140mg/dlを超えていればあなたは糖尿病です. 4) [最上級. 定冠詞・所有形容詞+. +de・en・entre の中で] Es *el* ~ ordenador *del* mundo. これは世界最大のコンピュータだ. *Su* ~ aspiración es llegar a ser director de orquesta como Karajan. 彼の最大の願望はカラヤンのような指揮者になることだ. 《語法》**mayor** と **más grande** 1) 抽象的な大きさの比較では主に mayor: Cada año es *mayor* en nuestro país el número de personas que viven solas. 我が国では一人暮らしをする人の数が毎年増えている. Madrid es *mayor* que Barcelona. マドリードはバルセロナより大きい. 2) 物理的な大きさの比較では主に más grande: Su mesa es *más grande* que la mía. 彼の机は私のより大きい. Necesitamos un almacén *más grande*. 私たちはもっと大きな倉庫を必要としている. Mayorca es la isla *más grande* (*la mayor* isla) de las Baleares. マヨルカ島はバレアレス諸島の中で最大の島である. 3) 抽象的な大きさの比較でも más grande が使われることがある: Estamos haciendo una reforma político-económica *más grande* que los gobiernos anteriores. 我々は従来の政府よりも大規模な政治的経済的改革をしているところだ. 4) 物理的な大きさの比較でも mayor が使われることがある: ¿Tienen calcetines de talla *mayor*? もっと大きなサイズの靴下はありませんか? Su casa es *mayor* que la mía. 彼の家は私の家よりも大きい(立派だ) ❷ 年上の: Ella es mucho ~ que él, pero no tanto como para ser su madre. 彼女は彼よりずっと年上だが, 母親というほどではない. Mi padre es cinco años ~ *que* mi madre. 私の父は母より5歳年上だ. María es la ~ *de* los hijos del pintor. マリアはその画家の一番上の子だ. 《誤用》*más* ~ ×Pedro es *más* ~ *que* tú./○Pedro es ~ *que* tú. ペドロは君より年上だ》❸ 成人の, 大人の: En España se es ~ a los dieciocho años. スペインでは18歳で成人になる. Eres ~ y debes ser responsable de tus palabras y tus acciones. 君は大人なのだから自分の言動に責任を持たなければならない. ¿Qué quieres ser cuando seas ~? 大きくなったら何になりたいの? ~ edad 成人《=mayoría de edad》. ❹《婉曲》年配の, 年老いた《=viejo》: He entregado los documentos, no a ella sino a otra bibliotecaria ~ que estaba allí. 私は書類を, 彼女ではなく, そこにいたもう一人の年配の図書館員に渡した. ❺ 主要な, 中心となる, とても大切な: Es el cocinero ~ del hotel. 彼はホテルのコック長だ. montero ~ 猟師の長《→**montero**》. ❻《音楽》1) 長調の: en sol ~ ト長調の. 2) hexacordio ~ 6度メジャー. ❼《数学》a es ~ *que* b. a はb より大である《a>b》. ~ o igual *que*... ...より大きまたは等しい《≥》

a ~es《地方語》1) その上《=además》. 2) 特に, 主に《=mayormente》

al por ~《商業》卸の・で, 大口の・に: precio al por ~ 卸売り価格. tienda al por ~ 問屋. tienda de venta de ropa al por ~ 衣料品の問屋. vender al por ~ 卸売りする; 大量に売る. venta al por ~ 卸売り, 大口の売り

de ~ 大人になったら: Yo, de ~, quiero ser arquitecto. 僕は大きくなったら建築家になりたい

de ~ a menor 大から小へ, 大きさ順に: Pónganse en fila, *de ~ a menor*, de acuerdo a su estatura. みなさん, 背の高い順に並んで下さい

ir a ~es《口語》[事柄が] 大ごとになる, 重大化する《主に否定で》: Los dos chicos llegaron a las manos, pero una persona intervino. No *fue a ~es*. 2人の男の子は殴り合いを始めたが, 大人が止めに入った. 大事にならなくてよかった

llegar a ~es《口語》1）=**ir a ~es**. 2) =**pasar a ~es**
pasar a ~es《口語》1）=**ir a ~es**. 2) 性的関係を持つに至る: Luisito y Carmencita *pasaron a ~es* en ese viaje, y poco tiempo después supo que estaba embarazada. ルイシートとカルメンシータはその旅行で交わりをもち, その後しばらくして彼女は妊娠しているのに気づいた.
persona ～ 1）大人；年長者. 2) 年配の人：plazas para *personas ~es* シニア席
por ～ 1)《商業》**al por** ～. 2)《古語》おおよそ，簡潔に, 略して. 3)《地方語》特に, 主に《=mayormente》
ser de ～ 大人になる
—— 圐 ❶ 年上の人, 目上の人；先輩：¿Quién de los tres es el ～? 3人の中で誰が一番年上ですか？ Los menores deben respetar a *~es*. 年少者は年長者を敬うべきだ. Gratis: los *~es* de setenta años《表示》70歳以上の方は無料. ❷ 成人, 大人《=～ de edad》；《親愛, 蜿曲》［時に ya を伴って］老人：Callaos, niños, cuando hablan los *~es*. 坊やたちよ, 大人が話している時は黙っていなさい. Mis padres ya son *~es*. 私の両親も年をとった. ❸《軍事》1)［中南米・イギリスなどの陸軍の］少佐. 2) *general* 幕僚長；《海軍》海軍基地司令官
—— 圕 ❶ 領主, ボス：Los *~es* de la aldea decidieron reconstruir la iglesia. 村の長老たちは教会を再建することに決めた. ❷《文語》先祖, 祖先；先達：tradiciones que heredamos de nuestros *~es* 私たちの先祖から受け継いだ伝統. ❸《船舶》大檣帆, 主帆《=vela ～》. ❹《簿記》元帳《=libro ～》：llevar en el libro ~ los ingresos y salidas del dinero de la tienda 店の金の出入りを元帳につける. ～ *auxiliar* (subsidiario) 補助元帳. ～ *general* 総勘定元帳. ❺《音声》韻律素論. ❻ 圐《ラテン語古典教育の》最上級課程. ❼ 《論理》［三段論法の］大命題《=proposición ～》；大前提《=premisa ～》.

mayora [majóra] 圐《古語》司令官夫人
mayoral [majorál]《←*mayor*》圐 ❶ 牧童頭；［農場の］監督, 作業員頭. ❷《闘牛》飼育場の監視人. ❸ 現場主任, 職工長. ❹［駅馬車の］御者. ❺［十分一税などの］取立人. ❻《地方語. カトリック》信心会の会長. ❼《アルゼンチン》市電の運転士
mayorala [majorála] 圐 *mayoral* の妻
mayoralesa [majorálesa] 圐《地方語. カトリック》婦人信心会の会長
mayoralía [majoralía] 圐 ❶ 牧童頭の管理下にある家畜の群れ. ❷ 牧童頭の給料
mayorana [majorána] 圐《植物》=**mejorana**
mayorante [majoránte] 圐《数学》［集合の］上界
mayorazga [majorázga] 圐 ❶ 長子相続人（長男）の妻. ❷ 長子相続権を持つ女性
mayorazgo [majorázgo]《←*mayor*》圕 ❶《歴史》長子相続制度, 限嗣相続制；長子相続権［カタルーニャで古い伝統を持つ長子相続制度が1505年にカスティーリャ王国にも導入された結果, 不動産は長子に のみ限嗣相続されて譲渡不能の大土地所有形成の一因となった］. ❷《集合》［長子相続する］世襲財産. ❸ 長子相続人. ❹ 長男, 嫡男. ❺ 長男（嫡男）の権利
mayorazguista [majorazgísta] 圐 世襲財産の所有者
mayordoma¹ [majorðóma] 圐 ❶ 執事（家令・財産管理委員）の妻. ❷《料理》パセリソース《=salsa ～》
mayordomear [majorðomeár] 他《財産を》管理する；［屋敷を］差配する
mayordomía [majorðomía] 圐 ❶ 執事（家令・財産管理委員）の職. ❷《古語》家令の執務室. ❸《航空》機内サービス
mayordomo, ma² [majorðómo, ma] 圕《←俗ラテン語 *mayor domus*「家の責任者」》❶ 執事；給仕頭. ❷［信徒会・修道会などの］財産管理委員：~ *de fábrica* 教区財産の管理委員. ❹《チリ》［アパートなどの］財産管理人.
—— 圕 ❶《船舶》調理長, 烹炊長. ❷《歴史》1) 家令：*mayor* ［スペイン王室の］内大臣. 2) 市有財産の管理者《司法官 *alcalde* などと共に *ayuntamiento* を構成する下級公務員》. ❸《ペルー》下男, 召使い. ❹《チリ》現場監督
mayoreo [majoréo] 圕 卸売り；*medio* ～《表示》大口割引き
mayorgano, na [majorgáno, na] 厖 图《地名》マヨルガ Mayorga の［《バリャドリード県の村》］
mayoría [majoría]《←*mayor*》圐 ❶ ［+de+冠詞+名詞 の］大部分, 大多数, 大半《⇔*minoría*》：La ～ *de* los habitantes son Islam 住民の大部分はイスラム教徒である. La ～ *de*

los accionistas no aprobó la propuesta de la fusión. 株主の大部分は合併の提案を承認しなかった. en la ～ *de* los casos ほとんどの場合. la ～ *de* las veces ほとんどいつも.《語法》+集合/不可算 は《文語》：Estoy solo la ～ *del tiempo*. 私はほとんどいつも一人だ. 2) +de... が人の場合は省略されることがある：A la ～ nos molesta el humo de tabaco. 私たちの大半の者にはたばこの煙が迷惑になる ❷ 大半の人；～ *silenciosa* 声なき声, 物言わぬ大衆. ❸［投票による］過半数《=～ *de votos*》；多数派：Esa propuesta fue aprobada por la ～. その提案は過半数を得て可決された. obtener la ～ 過半数を得る. tener una ～ 過半数を得ている. decisión por ～ 多数決. un voto *de* ～ 1票差の優勢. ～ *cualificada* ［有効投票の3分の2や4分の3のような］絶対多数. ～ *relativa* 相対多数. ～ *simple* 単純多数. ❹ 成年《=～ *de edad*》：La ～ *de edad* en España se alcanza a los 18 años. スペインでの成年は18歳になってである. cumplir (llegar a) la ～ *de edad* 成年になる. ❺《軍事》1) 曹長室. 2)《海軍》海軍基地司令官室. ❻ より大きいこと
en su ～ その大半は: La población de esta isla, *en su* ～, son asiáticos. この島の住民は, その大部分がアジア系だ
estar en ～ 多数派である：*Están en* ～ en el Parlamento. 彼らは議会の多数派だ
～ absoluta 絶対過半数：Ninguno de los candidatos pudo obtener la ～ *absoluta*. 候補者の誰も絶対多数を獲得できなかった
mayoridad [majoriðáð] 圐 成人であること《=～ *de edad*》
mayorista [majorísta]《←*mayor*》厖 圐 卸しの；卸売り業者, 問屋《⇔*minorista*》：～ *de estanterías* ラックジョバー《小売店から棚の管理を任され巡回販売を行なう卸売商》. ～ *sin almacén* 移動販売商《小型トラックでほぼ定まった順路をたどる》
mayoritariamente [majoritárjaménte] 副 多数派を占めて：Los sin techo son ～ *hombres*. ホームレスはその多くが男性である
mayoritario, ria [majoritárjo, rja]《←*mayoría*》厖 多数派の［人］, 多数派を占める《⇔*minoritario*》：*decisión ~ria* 多数決. *partido* ～ 多数党. *religión ~ria* 多数派を占める宗教
mayormente [majórménte] 副 特に, 主に, もっぱら：Quería verle para aclarar algunos asuntos, ～. 私は特にいくつかの件を明らかにするために彼に会いたかったのだ. Conozco bien México, ～ *Yucatán*. メキシコはよく知っています. 特にユカタン半島は
mayu [máju] 圕《チリ. 植物》《総称》マメ科ナンバンサイカチ属などの樹木
mayuato [majwáto] 圕《アルゼンチン. 動物》アライグマ《=*mapache*》
mayueta [majwéta] 圐《カンタブリア》野イチゴ
mayús [majús] 厖 圐 *mayúscula* の省略語
mayúsculo, la [majúskulo, la]《←ラテン語 *maiusculus*「少し大きい」*major*》厖 ❶ 大文字の：Venezuela se escribe con V ～*la*. Venezuelaは大文字のVで書かれる. ❷［非物質的なものについて］巨大な, 途方もない：*error* ～ とんでもない間違い. *susto* ～ びっくり仰天
—— 圐 大文字《=*letra* ～. ⇔*minúscula*》：Escriba su nombre en *~s*. お名前を大文字で書いて下さい
con ～ 非常な：*amistad con* ～ 厚い友情. *celos con* ～ 激しい嫉妬
en ~s 本物の, 全くの：Es una aventura *en ~s*. それは正真正銘の冒険だ
maza [máθa]《←俗ラテン語 *mattea*》圐 ❶《武器の》棍棒《=主に圈. 新体操・ジャグリングの》クラブ, 棍棒. ❸《料理》肉叩き. ❹ 大槌, かけや, きね. ❺［麻などを打つ］ブレーカ. ❻《音楽》［大太鼓などの］ばち《=*mazo*》；［マリンバなどの］マレット. ❼《チリ》キュー尻. ❽ ［権威を表わす, 頭部が金・銀の］職杖, 権標, 儀杖《(*.)*》. ❾［言動が］迷惑な人, うんざりさせる人. ❿ いたずらで服の裾などに縛り付けるもの. ⓫《メキシコ, キューバ, プエルトリコ, コロンビア》［サトウキビの］圧搾器のシリンダー. ⓬《チリ, アルゼンチン》車輪の中心, ハブ
mazacote, ta [maθakóte, ta]《←伊語 *mazzacotto*》厖《口語》=*amazacotado*
—— 圕 ❶《料理》［煮出来損いの］かちかちの固まりになったご飯. ❷《美術》不格好に出来損い, 失敗作. ❸ コンクリート《=*hormigón*》. ❹ 海藻灰《=*barrilla*》. ❺ 嫌な奴, 厄介者. ❻《メキシコ, 中米》菓子（の取り合わせ）. ❼《メキシコ. 動物》ポアコン

ストリクター〖=boa constrictor〗. ❽《カリブ》尻, 肛門〖=culo〗. ❾《アルゼンチン》砂糖の精製かすから作ったクッキー

mazacotudo, da [maθakotúđo, đa] [形]《まれ》=**amazacotado**

mazacuate [maθakwáte] [男] ❶《メキシコ》[ボアコンストリクターに似た] 太くて長いもの. ❷《ホンジュラス. 動物》ボアコンストリクター〖=boa constrictor〗

mazada [maθáđa] [女] =**mazazo**

mazagrán [maθagrán] [男] コーヒー・レモン・水で作る飲み物〖時に蒸留酒を加える〗

mazahua [maθáwa] [形] [名] マサワ族〔の〕〖メキシコ西部の先住民〗

mazajón [maθaxɔ́n] [男]《地方語. 貝》ムール貝〖=mejillón〗

mazamorra [maθamɔ́r̄a]〖←?語源〗[女] ❶ パン(ビスケット)のくず(かけら). ❷ 細かく砕けたもの. ❸《料理》1)《南米》トウモロコシのプディング. 2)《ペルー》[砂糖・蜂蜜入りの] トウモロコシ粉のかゆ. ❹《コロンビア, ペルー》[考えなどの] 雑多な寄せ集め. ❺《コロンビア》1) 牛のひづめの潰瘍. 2) [主に [複]. 人の] 足指の炎症. ❻《ボリビア》[なだれに似た] 泥流

mazamorreo [maθamɔr̄éo] [男]《コロンビア》砂金の洗鉱

mazamorrero, ra [maθamɔr̄éro, ra] [形] [名] ❶《中南米》トウモロコシ粉のかゆ mazamorra の販売人. ❷《コロンビア》もめごとを起こす. ❸《アンデス》[ペルーの] リマ Lima 出身の; リマの住民

mazapán [maθapán]〖←古カスティーリャ語 maçapán「櫃」〗[男] ❶《菓子》マジパン〖アーモンド粉などを色々な形に固めたもので, 特にクリスマスに食べる. スペインではトレド産が有名〗; マジパンペースト. ❷ [王侯の洗礼の後] 司教が指をぬぐうパンのかけら

mazapanero, ra [maθapanéro, ra] [形] [名] マジパンの〔製造職人〕

mazar [maθár]〖←maza〗[9] [他] [乳脂肪を分離するためにミルクを] 攪拌する

mazarí [maθarí] [男]〖[複] ～es〗《古語》床張り用の平石

mazarico [maθaríko] [男]《地方語. 鳥》ハマシギ; シロハラチュウシャクシギ

mazarota [maθaróta] [女]《金属》ばり

mazarrón [maθar̄ɔ́n] [男] 代赭(たいしゃ)〖=almagre〗

—— [形]《アラゴン. 古語》通行料を払わない

mazarronero, ra [maθar̄ɔnéro, ra] [形] [名]《地名》マサロン Mazarrón の〔人〕〖ムルシア県の町〗

mazas [maθás] [形]〖単複同形〗《地方語》強くたくましい

mazateco, ca [maθatéko, ka] [形] [名] ❶ マサテコ族〔の〕〖メキシコ, オアハカ州などの先住民〗. ❷《地名》マサテナンゴ Mazatenango の〔人〕〖グアテマラ, スチテペケス Suchitepéquez 県の県都〗. ❸《地名》=**mazatleco**

mazatleco, ca [maθatléko, ka] [形] [名]《地名》マサトラン Mazatlán の〔人〕〖メキシコ北東部, シナロア Sinaloa 州の町〗

mazazo [maθáθo] [男] ❶ 棍棒 maza・大槌 mazo による一撃. ❷ 強い印象を与えるもの, 衝撃的なもの

mazdeísmo [mazđeísmo] [男] マズダ Mazda 教, ゾロアスター教

mazdeísta [mazđeísta] [形] [名] マズダ教の(教徒)

mazmodina [mazmođína] [女] ムワッヒド朝 almohade の金貨

mazmorra [mazmɔ́r̄a]〖←アラビア語 matmura〗[女] 地下牢, 土牢

maznar [maznár] [他] ❶ こねる, もむ. ❷ [鉄を] 熱いうちに打つ

mazo [máθo]〖←maza〗[男] ❶ 大槌, かけや: A Dios rogando y con el ～ dando.《諺》天は自ら助くる者を助く/人事を尽くして天命を待つ. ❷ [機械・器具の] ハンマー. ❸ [大太鼓の] ばち. ❹《スポーツ》1) クロッケーの槌. 2)《野球》バット〖=bate〗. ❺《主に中南米》束: ～ de billetes 札束. ～ de llaves 鍵束. ❻ うるさい人, しつこい人. ❼《ログローニョ》[複数の自治体が交代で得る, 一本の川の] 灌漑権. ❽《チリ, アルゼンチン, ウルグアイ》一組のトランプ

dar ～《ニカラグア》価値の高い物の代わりに価値の非常に低い物を渡してだます

mazonado, da [maθonáđo, đa] [形]《紋章》異なった色の線で切り石積みを表わした

mazonería [maθonería] [女] ❶ 石と石灰による建造物. ❷ レリーフ, 浮き彫り

mazonero [maθonéro] [男]《アラゴン》石工〖=albañil〗

mazorca [maθɔ́rka]〖←アラビア語 masúrqa「紡錘」〗[女] ❶ [トウモロコシなどの] 雌穂〖実と包葉〗: Los españoles asan una ～ de maíz al horno, y comen tal cual o con un poco de aceite por encima. スペイン人たちはトウモロコシをオーブンで焼いて, そのままかオリーブ油を少しかけて食べる. maíz en la ～ 軸付きトウモロコシ. ❷ カカオ豆. ❸ 1錘分の糸. ❹《メキシコ. 口語》口〖=boca〗: pelar la ～ ニタッと(顔中で)笑う. ❺《チリ》1) 独裁的政府の組織者たち. 2) 強盗団. ❻《アルゼンチン. 歴史》[la *M*～] ロサス Rosas の独裁時代の秘密警察

mazorcar [maθɔrkár] [7] [自]《キューバ》[トウモロコシが] 穂を出す

mazorquear [maθɔrkeár] [自]《メキシコ》[トウモロコシなどが] 穂を出す

mazorquero, ra [maθɔrkéro, ra] [名]《アルゼンチン》❶《歴史》秘密警察 la Mazorca の一員. ❷ 暴力的手段の賛成者

—— [男]《チリ》山賊グループの一員

mazorral [maθɔr̄ál] [形] ❶《文語》粗野な; 粗末な. ❷《印刷》段落を入れない, べた組みの

mazorralidad [maθɔr̄aliđá〔đ〕] [女]《まれ》粗野さ

mazorralismo [maθɔr̄alísmo] [男]《まれ》粗野さ

mazorralmente [maθɔr̄álménte] [副] 粗野に

mazote [maθóte] [男]《コロンビア》❶ [子供たちが2・3本の指でする] 手首への打ちつけ, しっぺ. ❷ [遊戯の勝者が行なう敗者への] 手の甲への平手打ち

a ～《ベネズエラ》無駄に

mazudo, da [maθúđo, đa] [形]《植物》棍棒状の

mazuela [maθwéla] [女] マスエラ〖リオハ地方のワイン用黒ブドウの品種〗

mazuelo [maθwélo] [男] ❶ [楽器の乳鉢 morterete を叩く] 棒. ❷ =**mazuela**

mazurca [maθúrka] [女]《音楽, 舞踊》マズルカ

mazut [maθút]〖←ロシア語〗[男]《化学》燃料油

mbicuré [mbikuré] [男]《中南米. 動物》シロミミオポッサム

mbocayá [mbokajá] [男]《ラプラタ. 植物》ヤシ科の一種〖=corojo〗

mburucuyá [mburukujá] [男]《ラプラタ. 植物, 果実》トケイソウ

m/c.《略語》←mi cargo 当方の債務; mi cuenta 当方の勘定; moneda corriente 流通貨幣

MCCA [男]《略語》←Mercado Común Centroamericano 中米共同市場

MCM [男]《略語》←Montante Compensatorio Monetario 国境調整金

me [me]〖←ラテン語 me〗[代]〖人称代名詞1人称単数. →**se**〗❶ [直接目的] 私を: Las tres señoras *me* miraban con atención. 3人の女性がじっと私を見ていた. Van a llevar*me* al parque de atracciones. 私は遊園地に連れて行ってもらうだろう. Espére*me*. 待ってて下さい. ❷ [間接目的] 私に: *Me* dio un pastel. 彼は私にケーキを1つくれた. *Me* robaron el monedero. 私は財布を盗まれた. Se *me* murió mi perro. 私は犬に死なれた. ❸ [再帰代名詞] *Me* siento en esta silla. 私はこの椅子に座る. *Me* lavo los dientes tres veces al día. 私は日に3回歯を磨く

m/e《略語》←mi entrega 当方の引渡し

mea culpa [méa kúlpa]〖←ラテン語〗[男] わが過ちによりて〖祈りの一節. 唱えながら自分の胸を叩く〗

entonar el ～ 自分の過ちを認める

meada [meáđa]〖←mear〗[女]《俗語》❶ 小便の跡(染み). ❷ 放尿: echar una ～ 小便をする. ❸《チリ》～ de araña 唇の吹き出物. ～ de sangre [ヘルペスなどの] 牛の病気

meadero [meađéro] [男]《俗語》小便所

meadita [meađíta] [女]《俗語》[液体の] ごく少量: una ～ de vinagre ごく少量の酢

meado [meáđo] [男]《俗語》[主に [複]] 小便

meaja [meáxa] [女] ❶《歴史》カスティーリャの銅貨. ❷《俗語》小片, かけら〖=migaja〗

meajuela [meaxwéla] [女]《馬具》[唾液の分泌を促すために] はみに付ける輪

meandrinoso, sa [meandrinóso, sa] [形]《まれ》蛇行した, 曲がりくねった

meandro [meándro]〖←ラテン語 maeander〗[男] ❶ [川や道の] 蛇行. ❷《建築》雷紋, 稲妻模様

meandroso, sa [meandróso, sa] [形]《まれ》蛇行した, 曲がりくねった

meano [meáno] [形]《闘牛》[牛の] 亀頭を覆う皮が腹部よりも白い

meaperros [meapɛ́r̄ɔs] [男]〖単複同形〗《ログローニョ, 植物》マルビウム, 野生ニガハッカ〖=marrubio〗

meapilas [meapílas] [形] [名]〖単複同形〗《軽蔑》信心家ぶった〔人〕, よく教会に行く〔人〕; 偽善者

M

mear [meár] 〖←俗ラテン語 mejare〗 [自] 《俗語》 ❶ 小便をする. ❷ [恐怖で] ちびりそうになる
—— [他] 《俗語》 小便でぬらす, 小便をかける
—— **~se** ❶ 《俗語》 小便をもらす. ❷ 《口語》 大笑いする 〖=~*se* de risa〗
¿No te mea? [主に驚いて] 冗談だろう?
measalves [measálbes] [名] 〖単複同形〗 《軽蔑》 =**meapilas**
meato [meáto] [男] ❶ 《解剖》 道: ~ auditivo 耳道. ~*s* nasales 鼻道. ~ urinario 尿管. ❷ 《植物》 細胞間隙
meauca [meáuka] [女] 《西. 鳥》 ミズナギドリ属の一種
meca[1] [méka] [女] ❶ 《地名》 [La *M*~] メッカ 〖サウジアラビアの都市. イスラム教徒の聖地〗: la ~ del cine 映画のメッカ. ❷ 《地方語》 [遊びに使う] 小石. ❸ 《ペルー. 口語》 売春婦. ❹ 《チリ》 1) 不器用な人, 未熟練者. 2) 《婉曲》 うんこ
mecá [meká] [間] 《西. 口語》 ちぇっ, ちくしょう! 〖=mecachis〗
mecachis [mekátʃis] 〖←擬態〗 [間] ❶ 《西. 口語》 [不機嫌] ちぇっ, ちくしょう! ❷ くそっ! 〖=¡Me cago en...!〗
mecada [mekáđa] [女] 《メキシコ》 ばかげたこと; 野卑なこと
mecagüen [mekágwen] [間] くそっ! 〖=¡Me cago en...!〗
mecánica[1] [mekánika] 〖←mecánico〗 [女] ❶ 力学: ~ celeste 天体力学. ~ de la política 政治力学. ❷ 仕組み 〖=mecanismo〗: revisar la ~ de un coche 車の機械部分を点検する. ~ digestiva 消化機構. ❸ 《軍事》 [身の回り品の管理などの] 内務. ❹ 《廃語》 下品な行為, 破廉恥行為
mecánicamente [mekánikaménte] [副] ❶ 機械によって. ❷ 機械的に, 無意識に
mecanicismo [mekaniθísmo] [男] ❶ 《哲学》 機械論. ❷ [あらゆる人間活動に機械を導入する] 機械化主義
mecanicista [mekaniθísta] [形] [名] 《哲学》 機械論の(論者)
mecánico, ca[2] [mekániko, ka] 〖←ラテン語 mechanicus < ギリシア語 mekhanikos〗 [形] ❶ 機械の, 機械による: avería ~*ca* 機械的な故障. civilización ~*ca* 機械文明. rendimiento ~ 機械効率. taller ~ 修理工場. trabajo ~ 機械仕事. ❷ 力学の, 力学的な: leyes ~*cas* 力学の法則. principio ~ 力学的原理. ❸ [動作などが] 機械的な, 無意識的な: Escribo a máquina de una manera ~*ca*. 私は無意識的にタイプを打つ. reacción ~*ca* 無意識の反応. saludo ~ 通りいっぺんの挨拶. ❹ 機械的労働の, 単純作業の. ❺ 《廃語》 下品な, 破廉恥な
—— [名] ❶ 《自動車など》 整備士, 修理工: ~ de vuelo 航空機関士. ❷ ~ dentista (dental) 歯科技工士. ❸ 《古語》 自動車の運転手
mecanismo [mekanísmo] 〖←ラテン語 mechanisma〗 [男] ❶ 装置, 仕組み, メカニズム: ~ de disparo 発射装置. ~ de un juguete おもちゃの仕組み. ❷ 構造, 機構; 手順: ~ de un departamento ある部署の機構. ~ administrativo 行政機構. ~ automático de comercio exterior por libre movimiento de oro [金本位制のもとでの] 正貨流出入機構. ~ de defensa 《生理》 防衛機構; 《心理》 防衛機制. ~ de la vida 生命のメカニズム. ~ de precios 価格メカニズム. ~ del préstamo de libros 本の貸出し法. ~ mental 心的機制. ❸ 《音楽》 技巧, テクニック
mecanización [mekaniθaθjón] [女] 機械化, 自動化: ~ de empaquetado 包装の機械化. ~ administrativa オフィス・オートメーション
mecanizado [mekaniθáđo] [男] 《まれ》 機械加工
mecanizar [mekaniθár] 〖←mecánico〗 ⑨ [他] ❶ 機械化する, 自動化する: ~ una fábrica 工場を機械化する. ❷ 《軍事》 機甲化する: tropa *mecanizada* 機械化部隊. ❸ 機械加工する. ❹ [行為を] 機械的に繰り返す: ~ el saludo 機械的に挨拶する, 通りいっぺんの挨拶をする
mecano[1] [mekáno] 〖←商標〗 [男] 《玩具》 組立てブロック
mecano[2], **na** [mekáno, na] [形] [名] 《地名》 メッカ La Meca の〔人〕
mecanografía [mekanoɡrafía] [女] ❶ タイプ技術. ❷ タイプライターを打つこと
mecanografiado [mekanoɡrafjáđo] [男] タイプライターを打つこと
mecanografiar [mekanoɡrafjár] ⑪ [他] タイプライターで打つ: ~ una carta 手紙をタイプで打つ. cuartilla *mecanografiada* a doble espacio ダブルスペースでタイプ印字された原稿用紙
mecanográfico, ca [mekanoɡráfiko, ka] [形] タイプライターの
mecanógrafo, fa [mekanóɡrafo, fa] [名] タイピスト
mecanograma [mekanoɡráma] [男] 《医学》 メカノグラム, 運動記録図
mecanorreceptor [mekanɔr̄ɛθɛ(p)tór] [男] 《生理》 機械的受容器
mecanoterapia [mekanoterápja] [女] 《医学》 機械的療法
mecapacle [mekapákle] [男] 《メキシコ. 植物》 サルトリイバラ 〖=zarzaparrilla〗
mecapal [mekapál] [男] 《メキシコ, 中米》 [額に掛けて荷物を背負う] 革ひも 〖スペインによる征服以前から20世紀中ごろまで使われた〗
mecapalero, ra [mekapaléro, ra] [名] 《メキシコ, 中米》 革ひも mecapal で荷物を背負う荷役作業員
mecasúchil [mekasútʃil] [男] 《メキシコ. 植物》 バニラの一種
mecatazo [mekatáθo] [男] ❶ 《中南米》 鞭打ち. ❷ 《メキシコ, 中米. 口語》 一杯〔飲むこと〕. ❸ 《ベネズエラ》 ごますり, へつらい
mecate [mekáte] 〖←アステカ語〗 [男] ❶ 《メキシコ, 中米, ベネズエラ》 [リュウゼツランの繊維などの] ロープ, 綱. ❷ 《メキシコ. 古語》 [面積の単位] =404.50平方メートル
a todo ~ 《メキシコ. 口語》 すばらしく, 非常に良く
jalar el ~ 《ベネズエラ. 口語》 おべっかを使う
—— [名] 《メキシコ》 野卑な人
mecateada [mekateáđa] [女] 《メキシコ, 中米. 口語》 殴打
mecatear [mekateár] [他] ❶ 《メキシコ, 中米. 口語》 ひっぱたく. ❷ 《ベネズエラ》 へつらう
—— [自] 《コロンビア》 かじる
mecateárselas 《メキシコ》 逃げる
mecatiar [mekatjár] ⑩ [他] 《コロンビア》 [軽いものを] 食間に食べる
mecatiza [mekatíθa] [女] 《メキシコ》 殴打, 鞭打ち
mecato [mekáto] [男] 《コロンビア》 ❶ [おやつの] 甘い物, 菓子. ❷ [仕事場へ持っていく] 弁当
mecatona [mekatóna] [女] 《メキシコ. 口語》 [下層民の] 日々の食事
mecedero [meθeđéro] [形] ❶ [ワイン樽・石鹸工場の] 攪拌棒. ❷ 《アンダルシア》 ブランコ
mecedor, ra [meθeđór, ra] 〖←mecer〗 [形] 攪拌する
—— [男] ❶ [ワイン樽・石鹸工場の] 攪拌棒. ❷ 《まれ》 ブランコ. ❸ 《主にメキシコ, パナマ, キューバ, ベネズエラ》 =**mecedora**
—— [女] ロッキングチェア, 揺り椅子
mecedura [meθeđúra] [女] ❶ 揺すること; 揺れ. ❷ 攪拌
mecenas [meθénas] 〖←Mecenas (古代ローマの人名)〗 [男] 〖単複同形〗 文芸(学術)の庇護者, メセナ
mecenazgo [meθenáθɡo] [男] 文芸(学術)の庇護; メセナ, 文化活動への企業の支援
mecénico, ca [meθéniko, ka] [形] 《まれ》 メセナ mecenas の
mecenismo [meθenísmo] [男] 《まれ》 =**mecenazgo**
mecer [meθér] 〖←ラテン語 miscere 「混ぜる」〗 ① [他] ❶ 揺する: La madre *mece* al bebé en sus brazos. 母親が赤ん坊を抱いて揺すっている. ~ la cuna 揺りかごを揺する. ~ el columpio ブランコをこぐ. ❷ 攪拌(かくはん)する: ~ el vino [発酵中の] ぶどう酒を攪拌する
—— **~se** ❶ [ロッキングチェアを] 揺する; [ブランコを] こぐ. ❷ 揺れる; [風に] そよぐ: Las flores *se mecían* en (con) el viento. 花が風に揺れていた
mecéreo [meθéreo] [男] 《植物》 ヨウシュジンチョウゲ 〖=lauréola hembra〗
mecetas [meθétas] [女] [複] 《地方語》 [いくつかの] 守護聖人の祝日
mecha [métʃa] 〖←仏語 mèche < 俗ラテン語 mecca〗 [女] ❶ [ろうそく・ランプの] 灯心. ❷ 導火線; 信管. ❸ 《料理》 ラーディング用の背脂. ❹ [複] [髪の] 部分染め, メッシュ: hacerse ~*s* メッシュにする. ❺ 髪の房. ❻ 《医学》 綿撒糸(めんさんし). ❼ 《隠語》 [自分の服や持ち物を使った] 万引き. ❽ 《船舶》 1) [部材を固定する] 木釘. 2) [帆柱の] 心材. ❾ 《中南米. 軽蔑》 [複] ぼさぼさの髪. ❿ 《メキシコ》 恐怖. ⓫ 《ホンジュラス》 不快, 不機嫌. ⓬ 《コスタリカ》 嘘. ⓭ 《南米》 ドリルの先端, ビット. ⓮ 《コロンビア, ベネズエラ, エクアドル》 冗談, からかい, 冷やかし. ⓯ 《コロンビア》 安物商品. ⓰ 《ベネズエラ》 [複] 掘り出しもの
a toda ~ 《西. 口語》 全速力で, 大急ぎで; 全能力を発揮して
aguantar (la) ~ 《西. 口語》 辛抱する, 耐え忍ぶ
irse a las ~s 《コロンビア, チリ》 殴り合いになる
reventar la ~ 《コロンビア. 口語》 欲しがっていたものを手に入れる
mechadera [metʃađéra] [女] 《コロンビア, ペルー, チリ》 [2人以上の]

M

mechado [metʃáðo] 男《料理》ラーディングした肉の煮込み
mechador, ra [metʃaðór, ra] 形《料理》ラーディング用の; ラーディング・ニードル《=aguja ～ra》
mechar [metʃár] 他《料理》[肉に]背脂を刺し込む, ラーディングする: aguja de ～ ラーディング・ニードル. ❷ 混ぜる. ❸《ラプラタ》挿入する, 差し込む
── ～**se**《コロンビア, ペルー》けんかし合う
mechazo [metʃáθo] 男《鉱山》[発破の]不発: dar ～ 不発を起こす
mechera[^1] [metʃéra] 女《料理》ラーディング・ニードル
mechero[^1] [metʃéro] 男《←mecha》男《西》《主に携帯用の》ライター: poner fuego a un cigarrillo con un ～ ライターでたばこに火をつける. ～ de gasolina オイル・ライター. ～ de gas ガスライター; ガスバーナー. ～ de coche (自動車) シガーライター. ～ de yesca 火口《主に》式の点火器. ～ Bunsen ブンゼンバーナー. ～ piroto パイロット・ライター. ❸ 燭台のろうそく刺し. ❹《メキシコ, グアテマラ, コロンビア, ベネズエラ. 軽蔑》ぼさぼさの髪, もじゃもじゃ頭. ❺《コロンビア》ランプ《=candil》
mechero[^2], **ra**[^2] [metʃéro, ra] 名《西. 隠語》万引き犯
── 形《ベネズエラ. 口語》冗談好きの, ふざけた
mechificar [metʃifikár] 他《南米》からかう, 愚弄する
mechinal [metʃinál] 男 ❶《建築》足場用の横木を差し入れる壁の穴. ❷《まれ》非常に狭い部屋
mechinascle [metʃináskle] 男《メキシコ》[苗床用の]リュウゼツランの新芽
mecho [métʃo] 男《グアテマラ, コロンビア》間に合わせの燭台; 残りわずかなろうそくの芯, 燭涙
apagar el ～ a...《コロンビア》…を当惑させる; 辱める; 殺す
mechoacán [metʃoakán] 男《メキシコ. 植物》❶ ヒルガオ科のつる植物の根. ❷ ～ negro ヤラッパ《=jalapa》
mechón[^1] [metʃón] 男《mecha の示大語》❶《髪・毛の》房: Su madre lo separó el pelo en tres mechones y le hizo una trenza. 母親は彼女の髪を三つ編みにした(3つの房に分けそれを1つに編んだ). ❷《グアテマラ》松明《゚》. ❸《コロンビア》俗《髪の毛》房
mechón[^2], **na** [metʃón, na] 名《チリ》新入生, 1年生
mechoneada [metʃoneáða] 女《グアテマラ, コロンビア, エクアドル, チリ. 口語》髪を引っ張ること
mechonear [metʃoneár] 他《南米. 口語》…の髪を引っ張る
── ～**se** ❶《キューバ》髪を整える; 着飾る, めかしこむ. ❷《南米. 口語》自分の髪を引っ張る
mechoso, sa [metʃóso, sa] 形 ❶ 髪・毛が 房のある. ❷《コロンビア》ぼろを着た(まとった)
mechudo, da [metʃúðo, ða] 形《中米, コロンビア, チリ, アルゼンチン, ウルグアイ》髪がぼさぼさの
── 男《メキシコ》モップ
mecida [meθíða] 女 ❶ 揺らすこと; 揺れ. ❷ 攪拌
mecimiento [meθimjénto] 男 =mecida
meción [meθjón] 男《中米, プエルトリコ. 俗語》揺らすこと, 揺れ
meco, ca[^2] [méko, ka] 形 ❶《estar+》洗礼を受けていない. ❷《地方語》陰毛のない. ❸《メキシコ, 中米》下品な, 野卑な. ❹《メキシコ, カリブ》金髪の. ❺《メキシコ》《牛などが》黒の混じった鮮紅色の
── 男《メキシコ》❶《植物》アオノリュウゼツラン. ❷《古語》メコ《主にメキシコ北部の未開で反抗的な先住民族》
mecómetro [mekómetro] 男《医学》新生児身長測定器
mecón [mekón]《me condenara の語尾脱落形》間《チリ》[罵倒]こんちくしょう!
meconio [mekónjo] 男 ❶《医学》[新生児の]胎便. ❷《薬学》メコニン
mecópteros [mekó(p)teros] 男複《昆虫》シリアゲムシ類
mécora [mékora] 女《パナマ》軽い嘘, ちょっとした嘘
mecuate [mekwáte] 男 リュウゼツランの新芽
meda[^1] [méða] 女《ガリシア, アストゥリアス, レオン, サモラ》《円錐形の》干し草(わらなど)の山
medalla [meðáʎa] 女《←伊語 medaglia＜俗ラテン語 medalia＜media-le》《金属》❶ 賞牌, 勲章: conseguir una ～ en la carrera レースでメダルを獲得する. Le han concedido la ～ al mérito militar. 彼は戦功章を授与された. ～ de oro (plata・bronce) 金(銀・銅)メダル. ❷《聖人の像を刻んだ》メダユ, お守り, 護符. ❸ 古銭. ❹《コロンビア. 古語》1オンス金貨

ponerse (colgarse) ～s/sacar lustre a las ～s 偉そうにする
── 名 メダル受賞者: Él fue ～ de oro en las Olimpiadas de 2004. 彼は2004年オリンピックのゴールドメダリストだった
medallar [meðaʎár] 他 メダルを授与する
medallería [meðaʎería] 女 集合 メダル
medallero [meðaʎéro] 男 ❶《スポーツ》メダル獲得数[の表]. ❷ メダルを並べて収納・展示するケース
medallista [meðaʎísta] 名 ❶ メダリスト, メダル獲得者. ❷ メダル製作者
medallístico, ca [meðaʎístiko, ka] 形 メダルの, 勲章の
── 男 勲章・メダル研究
medallón [meðaʎón]《medalla の示大語》男 ❶ メダイヨン, 大型メダル; 円形の台に描かれた絵画・彫刻. ❷《建築》円形浮き彫り装飾. ❸《装身具》ロケット. ❹《メキシコ・魚・肉などの》輪切り, メダイヨン. ❺《メキシコ. 自動車》リアウィンドー
medal-play [meðál pléi]《←英語》男《ゴルフ》ストローク・プレー
medanal [meðanál] 男《メキシコ, チリ》泥沼地
médano [méðano] 男《←古カスティーリャ語 meda「山積み」》❶ 砂丘《=duna》. ❷ 砂州《=banco de arena》
medanoso, sa [meðanóso, sa] 形 ❶ 砂丘のある. ❷ 砂州のある
Medea [meðéa] 女《ギリシア神話》メディア, メデイア《コルキス王アイエテスの娘》
medellinense [meðeʎinénse] 形 名《地名》メデジン Medellín の[人]《コロンビア, アンティオキア県の県都》
medersa [meðérsa] 女《イスラム教》マドラサ《=madraza》
media[^1] [méðja] **I**《←medias (calzas)》女 ❶《服飾》《主に複》1)《西》ストッキング, 長靴下: ponerse (calzarse) las ～s ストッキングをはく. ～s de punto 網タイツ; 毛糸のタイツ. ～s elásticas サポート(着圧)ストッキング. 2)《主に中南米》パンティーストッキング《=《アルゼンチン, パラグアイ》～[s] bombacha[s],《プエルトリコ, コロンビア, ボリビア》～ pantalón,《コロンビア》～ velada,《アルゼンチン, ウルグアイ》～s cancán》. 3)《南米》ソックス《=calcetín》. 4) ハイソックス. ❷《手芸》メリヤス編み, 編み物《=punto de ～》: Mamá solía sentarse aquí a hacer [punto de] ～. 母はいつもここに座って編み物をしていた. aguja de ～ 編み棒
chupar las ～s《中南米》おべっかを使う
coger los puntos (las carreras) a las ～s 編み目をほどく, かがり直す

II《←medio》女 ❶《時》30分: Son las seis y ～. 6時半だ. Ya es la ～. もう半だ. Empiezo a la ～ en punto. 半ちょうどに始めます. dar (tocar) la ～ [時計などが] 半を打つ. ❷《数学》平均《=promedio》: calcular (sacar) la ～ 平均を出す. dormir una ～ de ocho horas 平均で8時間寝る. ～ de alumnos por aula 一教室当たりの平均生徒数. ～ de edad 平均年齢. ～ mundial 世界平均. ～ aritmética 算術(相加)平均. ～ simple 単純平均. ～ ponderada 加重平均. ～ móvil 移動平均. ～ proporcional 比例中項. ～ diferencial 等差中項. ～ geométrica 等比中項; 相乗平均. ❸《サッカーなど》ハーフバック. ❹《トランプ》複《mus で》スリーカード. ❺《de cerveza》ビールの4分の1リットル瓶. ❺《地方語》《容量の単位》=6セレミン celemín, 2分の1ファネガ fanega; その計量容器
a ～s 1) 半々に・の, 折半して; 《何人かで》割って: La comida la pagaremos a ～s entre los dos. 食事代は割り勘に. comprar a ～s 共同購入する. a ～s 共同所有者. propiedad a ～s 共同所有. 2) 中途半端に・な; でもなく不可もなく・ない: A mi padre no le gustaba dejar las cosas a ～s. 父は物事を中途半端にしておくのが嫌いだった. La suya fue una renuncia a ～s porque no estaba absolutamente convencido. 彼は完全に納得してはいなかったので, あきらめたは半々だった. dormir a ～s 居眠りする. levantarse a ～s 中腰になる. escritor a ～s 三文文家. medidas a ～s その場しのぎ[の手段]. 3)《過去分詞+/+過去分詞. 仕事などが》…しかけて・の, …途中で・の: Está escrito a ～s. それは書きかけだ. La carta está a ～s escrita. 手紙は書きかけだ
a una ～ 平均して: El tren circula a una ～ de 48 km/h. 列車は平均時速48キロで走る
de ～ 平均して: De ～ el 77% de los alumnos consigue un aumento salarial tres años después de graduarse. 平均して生徒の77%が卒業後3年で給与の増額を実現している
entre ～s 1) [空間的・時間的に] その間に《=entremedias》: En el cesto hay naranjas y, entre ～s, algunas manzanas.

mediacaña

かごにはオレンジが入っているが、それに混ざってリンゴもいくつか入っている。Plantamos bulbos del tulipán *entre* ～s de los cerezos. 私たちは桜の木の間にチューリップの球根を植える。El director tiene una visita a las diez y otra a las cuatro, pero *entre* ～s tiene una hora libre. 社長は10時と次は4時に来客があるが、その間に1時間あきがある。2) しかしながら *una ～ de...* 平均… : El arroz cuesta *una ～ de* doscientos yenes por kilo en este país. 米はこの国ではキロ平均200円する
III →**medias**

mediacaña [međjakáɲa] 囡 ❶《建築》凹面縁形(⁽⁰⁾). ❷《技術》丸のみ、半円やすり. ❸《製本》小口『=canal》. ❹《印刷》子持ち罫(⁽⁾). ❺《美容》カール鏝(⁽⁾) ; ヘアアイロン

media-cinta [međja θínta] 男《ドミニカ》山刀『=machete》

mediación [međjaθjón] 囡 仲裁, 調停, 斡旋: pedir la ～ de un juez 判事の調停を要請する. por ～ de... …の仲介で. ～ de otra nación 第三国の斡旋

mediado, da [međjáđo, đa] 形 ❶ [estar+] 半分満ちた, 半分空いている: Está el jarro ～. 水差しは半分入っている. El aula está ～*da*. 講堂は[席が]半分埋まっている. Llevo ～ el trabajo. 私は仕事を半分終えた. radioactividad ～*da* 半減期の放射能. ～ el camino 途中で. 2) 時が半ばに達した: ～ *da* la tarde 午後の半ばに. ～*da* la noche 夜半に
—— 男 複 中ごろ
a (hacia) ～s de... [時間] …の中ごろに: *a ～s de* mayo 5月なかばに. *a ～s del* siglo XV 15世紀中ごろに

mediador, ra [međjađór, ra] 形 間に入る, 仲介の, 調停する
—— 图 ❶ 争いごとの〕仲裁人, 調停者: Un profesor actuó de ～ entre los dos partidos. 一人の教師が両党間の橋渡しをつとめた. ❷《宗教》[神と人との] 仲介者. ❸[株式・外国為替などの売買に携わる] ディーラー
—— 男 《化学》媒介物

mediafuente [međjafwénte] 囡《地方語》大皿, 深皿

mediagua [međjágwa] 囡《中南米》掘立小屋 ; 片面の屋根, 片屋根の建物

medial [međjál] 形 ❶《音声》[子音が] 語中の. ❷ 真ん中の, 真ん中にある

medialínea [međjalínea] 囡《コロンビア. 印刷》[活字の] スモールキャピタル

medialuna [međjalúna] 囡《複 media[s] lunas》❶ 半月形のもの: pendientes de ～ de plata 銀の半月形のイヤリング. ～ creciente イスラム教. ～ roja 赤新月『イスラム圏で赤十字に相当するマーク・組織』. ❷《築城》半月堡. ❸《闘牛》[牛の] ふくらはぎを切る半月形のナイフ. ❹《キューバ, ペルー, ボリビア, チリ, アルゼンチン, ウルグアイ》クロワッサン『=cruasán』. ❺《チリ》[家畜を見せるための] 囲い場.《アルゼンチン. 体操》側転

mediana[1] [međjána] 《←ラテン語 medianus, -a, -um》囡 ❶ [道路の] 中央分離帯: chocar contra la ～ 中央分離帯に衝突する. ❷《幾何》中線, 正中線. ❸《統計》中央値. ❹《ビリヤード》通常より長いキュー. ❺ 犂(⁽⁾)のながえに輪 barzón を縛りつける丈夫な紐. ❻《地方語》[hogaza より小型の] 円形のパン. ❼《地方語》ふすま入りのパン

medianamente [međjánaménte] 副 ほどほどに, あまり良くなく: ¿Salió bien en el examen? —No, ～. 試験はうまくいった? —いや, あまり良くなかった

medianedo [međjanéđo] 男《古語》[境界石 mojón が置かれている] 境界線

medianejo, ja [međjanéxo, xa] 形《軽蔑》並以下の

medianera[1] [međjanéra] 囡 境界壁『=medianería』

medianería [međjanería] 囡《←medianero》❶ 境界壁 ; 柵, 垣根: pozo de ～ [境界線上の] 共有井戸. ❷《メキシコ. 農業》分益小作

medianero, ra[2] [međjanéro, ra] 《←mediano》形 ❶ 2つのものの間にある, 境界の: pared ～ 境界壁. ❷ 間に入る, 仲介する
—— 图 ❶ 仲裁人『=mediador』. ❷ 壁を境に家を共有する人. ❸ 分益小作人『=mediero』

medianía [međjanía] 囡《←mediano》❶ ❶《軽蔑》凡庸, 平凡さ: Se queja de la ～ de los empleados. 彼は社員たちの凡庸さを嘆いている. ❷ 人生の活動期. 演技の平凡さ. ❸ 《建築》凡庸な, 無能な人: Como redactor no pasó de ser una ～. 彼は編集者としてもなにもなしえなかった. ❹ 平均, 中くらい: vivir en la ～ 中流の生活をおくる. ❺ 中心, 中央: construir una choza en la ～ de la tierra 土地の真ん中に小屋を建てる.

❺ [島の] 山頂と海岸の中間地帯. ❻《商業》中間商人, ブローカー. ❼《地方語: アンデス》境界壁, 仕切り壁

medianidad [međjaniđá[đ]] 囡《まれ》=**medianía**

medianil [međjaníl] 男 ❶ 道路の中央分離帯. ❷ 耕地の一番盛り上がった部分 hondonada の間の部分

mediano, na[2] [međjáno, na]《←ラテン語 medianus, -a, -um < medius「中央にある」》形 ❶ [大きさ・量・質が] 中くらいの: Fue una persona de ～*na* estatura. その人は中背だった. empresas de ～*na* y pequeña escala 中小企業. paño de ～*na* calidad y bajo precio 中くらいの品質で低価格のタオル. de ～*na* edad 中年の. de tamaño ～ 中くらいの大きさの. 2) [+de·en が] Mi padre es ～ de estatura. 私の父は中背だ. ～ de cuerpo 中肉中背の. ❷《婉曲》1) 凡庸な, 中くらいより悪い: Tiene un genio ～. 彼は平凡な才能の持ち主だ. novela ～*na* 凡庸な小説. 2) [+名詞] 良くない, 悪い: La comida de esta pensión es de ～*na* calidad. この下宿の食事はひどい. cámaras de ～*na* categoría. これらは安物のカメラだ. ❸ [内の焼き方が] ミディアムの. ❹《幾何》línea ～*na* 中線, 正中線. ❺《建築》pared ～ ～*na* 『=pared medianera』

medianoche [međjanóʧe] 《←medio+noche》囡 ❶ 真夜中[ごろ] ; 午前零時《⇔mediodía》.〔参考〕 話し言葉ではふつう午前零時を表わすのに medianoche は使わず, las doce de la noche と言う}: Es la ～. 真夜中だ. Es la una de la ～. 真夜中の1時だ. El niño se despertó a ～ y empezó a llorar. その子は真夜中に目を覚まして, 泣き始めた. Volvió a casa pasada la ～. 彼は午前様をした. ❷ sol de ～ 真夜中の太陽, 白夜. ❸《西. メキシコ. 料理》ボカディージョ用のプチパン ;《キューバ》ボカディージョ

medianos [međjános] 男 複 品詞の用法・構造を扱う文法の授業

mediante[1] [međjante] 前 …を通じて, …を介して, …によって: He conseguido el trabajo ～ María. 私はマリアのおかげで仕事につくことができた. M～ la colaboración de todos se abrió de nuevo el camino. 皆の協力によって再び道が開通した. M～ un método de fermentación se producen yogures. 発酵という方法によってヨーグルトが作られる. Removimos las piedras grandes ～ unas palancas. 私たちはてこを使って大きな石を取り除いた

mediante[2] [međjánte] 囡《音楽》中音

mediantín, na [međjantín, na] 形 名《地方語》極貧の[人], 生活困窮者

mediar [međjár] 《←ラテン語 mediare < medius「真ん中」》10 自 ❶ [+en 事にごとなどに] 介入する ; [+por·en favor de 第三者のために]/+entre の間に] 仲介に入る: No medies en el asunto de otro. 他人のことには口をはさむな. Le agradecí que *hubiera mediado por mí* ante el presidente. 私のために社長との間に立ってくれたことを私は彼に感謝した. ～ en una riña けんかの仲裁をする. ～ *entre* los contrarios 対立する両者の仲介に入る. ❷ [+entre の間に] 起こる, ある ; [事情などが] 介在する: *Entre* las dos paredes *media* una cámara de aire. 2つの壁の間に空気室がある. *Mediaba entre* ellos una violenta discusión. 彼らの間で激論があった. Media el hecho de que+直説法・接続法 …という事実がある. ❸ [2つの事柄の間に] 時が経つ: *Entre* las dos guerras *mediaron* cincuenta años. 2つの戦争の間に50年の時が流れていた. ❹ [月・季節などの] 半ばに達する《主に 過分. →**mediado**》: *Mediaba* el mes de agosto y el calor era sofocante. 8月も半ばとなりうだるような暑さだった. ❺ *Mediaron* la botella entre los dos. 彼らは2人でボトルを半分あけた

media-rosca [međja róska] 囡《ベネズエラ》大衆舞踊

medias [méđjas] 男 複《←ラテン語 medium》メディア, マスメディア『=medios de comunicación』: En secretos de Estado de esta especie, los ～ se deben hilar muy delgado al difundir la noticia. この種の国家機密についてはメディアはきわめて慎重に報道しなければならない. manipulación de los ～ メディア操作, 世論操作

mediasnueves [međjasnwébes] 囡 複《コロンビア》午前10時の軽食

mediastino [međjastíno] 男《解剖》縦隔(⁽⁾)

mediatamente [međjátaménte] 副 間接的に

mediateca [međjatéka] 囡 メディアテーク, 様々なメディアを収蔵・閲覧・鑑賞する場所

mediatez [međjatéθ] 囡《まれ》間接性

mediático, ca [međjátiko, ka] 形 メディアの: guerra ～*ca* メ

ディア戦
mediatinta [meðjatínta] 女《美術》ハーフトーン, 半濃淡
mediatización [meðjatiθaθjón] 女 影響力の行使, 間接支配
mediatizador, ra [meðjatiθaðór, ra] 形 男女 影響力を行使する〔人〕, 間接支配の
mediatizar [meðjatiθár] 《←mediato》9 他［人・組織の自由を束縛する形で〕影響を及ぼす, 間接支配する, 牛耳る: El ejército *mediatizaba* la autoridad del gobierno. 軍が政府の権限に干渉していた
mediato, ta [meðjáto, ta] 《←ラテン語 mediatus < medius 真ん中》形《文語》間接的な: comunicación ~*ta* 間接的コミュニケーション. Martes y jueves son días ~*s*. 火曜と木曜の間にはもう一日はさまっている
mediator [meðjatór] 男《西式トランプ》オンブル hombre に似たゲーム
mediatriz [meðjatríθ] 女《幾何》垂直二等分線
media-tuna [méðja túna] 女《ドミニカ》〔プロの歌手2人による〕掛け合い歌
medibacha [meðibátʃa] 女《アルゼンチン. 服飾》パンティストッキング
medible [meðíble] 形 測定され得る
médica[1] [méðika] 女《口語》医者の妻
medicable [meðikáble]《←ラテン語 medicabilis》形《文語》［病気が〕薬で治療可能な: Su enfermedad es ~. 彼の病気は薬で治せる
medicación [meðikaθjón]《←ラテン語 medicatio, -onis》女《文語》❶ 投薬, 薬物治療: ~ eficaz 有効な投薬. ❷《集合》医薬品
medical [meðikál]《←仏語》形《まれ》医学の〔=médico〕
medicalizar [meðikaliθár] 9 他 医療設備を施す: helicóptero *medicalizado* ドクターヘリ
medicamentar [meðikamentár]《=**medicinar**
medicamente [meðikaménte] 副 医学的に, 医学面で
medicamento [meðikaménto]《←ラテン語 medicamentum < medicare < mederi「治す」》男《文語》薬剤, 医薬《=medicina》: ~ de uso interno 内服薬. ~*s* falsificados カウンターフィット薬
medicamentoso, sa [meðikamentóso, sa] 形 ❶ 薬剤の: alergia ~*sa* 薬アレルギー. ❷ 薬効のある, 薬用の: sustancias ~*sas* 薬効のある物質. vino ~ 薬用酒
medicar [meðikár]《←ラテン語 medicare》7 他《文語》…に薬を飲ませる, 投薬する, 薬剤治療する; 処方箋を与える
── ~**se** 薬を飲む: ~*se* sin contar con el médico 医者に相談せずに薬を飲む
medicastro [meðikástro] 男《軽蔑》やぶ医者
medicatura [meðikatúra] 女《ベネズエラ》救急病院
mediceo, a [meðiθéo, a] 形《歴史》メディチ Medici 家の
medicina [meðiθína]《←ラテン語 medicina「医学, 治療」》女 ❶ 医学; 医療: ejercer la ~ 医業に従事する; 医療行為をする. estudiar ~ 医学を勉強する. doctor en ~ 医学博士. estudiante de ~ 医学生. Facultad de M~ 医学部. ~ alternativa 代替医療, 代替医学. ~ china 漢方, 中国医学. ~ clínica 臨床医学. ~ del trabajo/~ laboral 産業医学, 労働医学. ~ deportiva スポーツ医学. ~ estatal (socializada) 公営医療制度. ~ general 一般医学. ~ interna 内科〔学〕. ~ legal (forense) 法医学. ~ natural 自然医学. ~ tropical 熱帯医学. ❷ 薬, 医薬 ~ administrar (prescribir) una ~ 薬を処方する. tomar ~ 薬を飲む. ~ contra la gripe 風邪薬. ~ para el estómago 胃の薬. ~ de uso interno (externo) 内服(外用)薬. ~ en polvo 粉薬. ~ falsificada 偽造医薬品, カウンターフィット薬. ❸ 解決法, 対処法: La mejor ~ para su aburrimiento es viajar. 彼の退屈の最善の解決法は旅行することだ
medicinal [meðiθinál]《←medicina》形《ser》❶ 医学の. ❷ 薬効のある, 薬用の: agua ~ 薬用鉱泉水. planta ~ 薬用植物
medicinalmente [meðiθinálménte] 副 医学的に, 医学上
medicinamiento [meðiθinamjénto] 男《廃語》❶ 薬の処方, 投薬. ❷ 薬の効果
medicinante [meðiθinánte] 男《まれ》無免許の医者
medicinar [meðiθinár] 他《=**medicar**
medición [meðiθjón]《←medir》女 測定
médico, ca[2] [méðiko, ka] I《←ラテン語 medicus < mederi「治す」, 世話する」》形 医学の; 医療の: centro ~ 医学界; 病院. cui-

---

medida

dados ~*s* 治療. examen (reconocimiento) ~ 健康診断. revista ~*ca* 医学雑誌
── 男 医者, 医師: Como la abuela tenía fiebre, llamamos al ~. 祖母は熱があったので, 私たちは医者を呼んだ. consultar al ~ 医者にかかる(みてもらう). enviar a buscar al ~/mandar por el ~ 医者を呼びにやる. ir al ~ 医者(病院)に行く. ~ consultor/~ de consulta/~ de apelación 立会い医師. ~ de familia/~ de cabecera 一般医《専門医 médico especialista に対して, 全科を診療する》; ホームドクター, 家庭医, かかりつけの医者. ~ deportivo スポーツドクター. ~ general 一般医; 内科医. ~ militar (castrense) 軍医. ~ particular 保険医療をしない医師. ~ rural 村医者
ponerse en manos de un buen ~ 名医にその身を委ねる
visita de〔l〕 ~ ごく短時間の訪問
── II《歴史, 地名》メディア Media の〔人〕: guerras ~*cas* ペルシア戦争
medicolegal [meðikolegál] 形 法医学の
medicucho [meðikútʃo] 男《軽蔑》=**medicastro**
medida[1] [meðíða]《←medir》女 ❶ 大きさ, 寸法: Hay dos ~*s* 140 ml y 240 ml. 大きさは140ccのと240ccの2つがある. La modista le tomó las ~*s* de su busto y sus caderas. デザイナーは彼女のバストとヒップを採寸した. ~ de capacidad 容積. ~ de superficie 面積. ~ de volumen 体積. ~ de un traje 服のサイズ. ~ del cuello 首回り. ❷ 度量の単位, 目盛り; 尺度: La milla es una ~ de longitud. マイルは長さの単位である. añadir dos ~*s* de agua y una de aceite 水2油1の割合で加え る. añadir una ~ de leche en polvo el primer día dos ~*s* el segundo día 最初の日は粉ミルク1目盛り, 2日目は2目盛り加える. pesos y ~*s* 度量衡〔器〕. ~ del valor 価値尺度. ❸ 測定, 計測, 計量: realizar la ~ de un terreno 地所〔の広さ〕を測定する. instrumento utilizado para la ~ de líquido 液量を測るための器具. ~ de la estatura 身長測定. ~ de la temperatura 温度測定. ❹ 〔測定する〕計器. ❺ 《主に複》措置, 対策: Son ~*s* necesarias para ahorrar energía eléctrica. それらは電力を節約するために必要な対策だ. El municipio ha tomado ~*s* de precaución para evitar los posibles daños que puedan causar las lluvias torrenciales. 市当局は豪雨が引き起こすかもしれない被害に備えて予防措置を講じている. tomar ~*s* contra... …に対処する, 対抗措置をとる. adoptar ~*s* enérgicas 強硬な手段をとる. ~ de estabilización de la coyuntura 景気安定化策. ~ de prevención contra la SIDA エイズの予防対策. ~*s* de seguridad 安全措置. ❻ 節度, 適度: actuar con ~ 節度ある行動をする. comer con ~ 控え目に食べる. ❼ 程度, 範囲; 限度: ¿En qué ~ puede afectarnos? それは我々にどの程度の影響を与えるだろうか? ❽ 《詩》韻律〔の単位〕: versos sin ~ 韻律を使わない詩. ❾ 聖人の姿や文字が押印されたリボン
a [*la*] ~ 1)《服飾》寸法に合わせて: Como es tan obeso, necesita hacerse el traje *a* ~. 彼はあんなに太っているから特別あつらえで作らなければならない. mueble *a* [*la*] ~/mueble hecho *a* ~ オーダーメイドの家具. 2)〔+de に〕釣り合った, 相応の: Este trabajo es *la* ~ de Carlos. この仕事はカルロスにおあつらえ向きだ. Pienso comprar una casa *a la* ~ de mis posibilidades. 私は分相応の家を買うつもりだ. Deseo de todo corazón que mi hijo encuentre una novia *a* su ~. 息子が似合いのパートナーを見つけることを私は心から願っている. *a la* ~ *de* su capacidad 能力に見合った. ocupación *a* *su* ~ 彼にぴったりの職. piso *a la* ~ 手頃な大きさのマンション. 3)〔+para に〕合わせて, 合わせた: La empresa ha elaborado un programa *a* ~ *para* cada cliente. その会社は顧客一人一人に即したプランを立てた. Encontramos un hotel *a la* ~ *para* lo que queríamos. 私たちの希望にぴったりのホテルが見つかった
a [*la*] ~ *del (de su) deseo* 望みどおりの, 気に入って: Tu peinado está *a* ~ *de mi deseo*. 君の髪型は私の好みに合っている
a [*la*] ~ *del (de su) pladar* =*a* [*la*] ~ *del (de su) deseo*
a ~ *que*+直説法 …するのに応じて; につれて: *A* ~ *que* se mejoraba, mi madre estaba más alegre y charlatana. 回復するにつれて母はお機嫌が良くなりおしゃべりになっていた
colmar[*se*] *la* ~ 度が過ぎる; 限界に達する: Este insulto *colma la* ~. こんな侮辱には我慢も限界だ. Eso *colma la*

~. それはあんまりだ
en buena ~ =**en gran ~**
en cierta ~ ある程度は
en gran ~ 大いに, とても: Valoran *en gran ~* los esfuerzos de la fundación empleados para la difusión de la cultura japonesa. 日本文化普及のために示した財団の努力が高く評価されている
en la ~ de lo posible できるだけ, できる範囲で
en la ~ de mis fuerzas 私の力の及ぶ限り
en la ~ en (de) que... …である限りにおいて, …という点で: A mí ese periódico me gusta *en la ~ en que* con frecuencia presentan opiniones personales. しばしば個人的な意見を掲載するといういう点で私はその新聞が好きなのだ
en mayor ~ もっと大きく: La inundación reciente afectó *en mayor ~* a la producción agrícola del país. 最近の洪水はその国の農業生産にさらに大きな被害を与えた
en menor ~ もっと小さく: Hay que bajar *en menor ~* el consumo de electricidad. 電力の消費をもっと抑える必要がある
hasta cierta ~ ある程度まで: La actitud desobediente del niño es comprensible *hasta cierta ~*. その子の反抗的な態度はある程度は理解できる
llenar[se] la ~ =**colmar[se] la ~**
sin ~ 度を越して・越した: Come *sin ~*. 彼はひどい大食漢だ. Al gastar lo hace *sin ~*. 彼は金を使うとなると見境がつかない. bebedor *sin ~* 度を越した大酒飲み
sobre ~ 《文語》=**a [la] ~**
tomar a+人・事物 *la[s] ~[s]* 〖適切に対応するため〗…よく知る
tomar sus ~s 物事がうまく運ぶように条件整備をしておく: Tomé mis ~s para que no nos faltara agua ni alimentos. 私らに水と食糧が不足しないよう対策をとった

medidamente [međíđaménte] 副 慎重に
medido, da² [međíđo, đa] 形〘チリ,アルゼンチン,ウルグアイ〙〖行為が〗控えめな, 節度のある, 冷静な
medidor, ra [međiđór, ra] 形 測定の, 計量用の: cuchara (jarra) ~*ra* 計量スプーン(カップ)
── 名〖主に中南米〗計量器, メーター《=contador》: ~ de agua 水道メーター. ~ de lluvia 雨量計. ~ de presión 圧力計. ~ Geiger ガイガーカウンター
── 名〘エクアドル〙〖容量単位〗=2分の1ファネガ fanega
mediería [međjería] 名〘チリ,農業〙分益小作
mediero, ra [međjéro, ra] 名 ❶ 折半小作人《分益小作農で取り分が50%》. ❷ 靴下製造(販売)業者
medieval [međjeβál] 形《←medievo》中世の: época ~. el español ~ 中世スペイン語. historia ~ 中世史
medievalidad [međjeβaliđá(đ)] 名 中世的なこと
medievalismo [međjeβalísmo] 男 ❶ 中世的なこと, 中世の特徴. ❷ 中世研究. ❸ 中世趣味
medievalista [međjeβalísta] 名 中世研究家
medievalizar [međjeβaliθár] 自 他 中世風にする
mediévico, ca [međjéβiko, ka] 形《まれ》中世の
medievo [međjéβo] 《←ラテン語 medievum aevum》男《文語》中世《=Edad Media》
medina [međína] 名 ❶ 〖北アフリカの都市のヨーロッパ人街に対して〗イスラム教徒居住地区, 旧市街. ❷〘文語〙イスラム教徒の町. ❸ 〖地名〗*M~ del Campo* メディナ・デル・カンポ《バリャドリード県の町. 中世後期以来,市が開催されれ, 羊毛の取引のためヨーロッパの重要な金融市として機能した》
medinense [međinénse] 形 名 =**medinés**
medinés, sa [međinés, sa] 形 名〖地名〗Medina の〖人〗《Medina と名の付く様々な地名》
mediní [međiní] 形 名〖地名〗〖サウジアラビアの〗メディナ Medina の〖人〗
medio¹ [méđjo] 《←ラテン語 medius》男 ❶ 真ん中, 中間〖点〗: Justo en el ~ del patio hay una fuente. 中庭のちょうど真ん中に噴水がある. Mi lápiz se está rompiendo por el ~. 私の鉛筆は真ん中で折れかかっている. No puedes empezar por el ~, ...途中から始めることはできないよ. cortar una sandía por el ~ スイカを真っ二つに切る. Un hombre empezó a gritar en el ~ de la plaza. 一人の男が広場の中央で叫び始めた. El coche lo cogió en el ~ de la calle. 彼は通りの真ん中で車に

ひっかけられた. dar en el ~ del blanco 的の真ん中に当たる. ❷ 半分, 2分の1《=mitad》: 1) Repartiendo el pastel entre nosotros dos, te corresponde un ~. ケーキを私たち2人で分けたら, 君の分は2分の1になる. tres ~*s* [分母]2分の3. 2) 半キログラム: Déme ~ de queso. チーズ500グラム下さい. 〖対照〗Déme *medio* queso. チーズ半分下さい. ❸〖主に複〗手段, 方策: Hay que buscar algún ~ de salir de aquí. ここから出る方策を何とか探し出さないといけない. A esta hora el taxi es el único ~ para volver a mi casa. この時間帯ではタクシーが家に帰る唯一の手段だ. Llevo una tarjeta de crédito como ~ de pago. 私は支払いの(決済)手段としてクレジットカードを持っている. No se resuelve nada con ~s violentos. 暴力的な手段では何も解決しない. tomar los ~s necesarios 必要な手段をとる. por ~s pacíficos 平和的手段で. ~ de cambio 交換手段. ~s de producción 生産手段. ~s de transporte 輸送手段, 交通機関. ~ de vida 生活手段. ❹〖主に複〗環境, 〖動植物に〗生息域: La genética y el ~ condicionan el desarrollo del individuo. 遺伝と環境が個体の発達を条件づける. El agua es el ~ en que viven los peces. 水は魚が生息する環境である. vivir en un ~ miserable 劣悪な環境で生活する. presión del ~ social 社会(環境)からの圧力. ~ interno《生》内部環境. ~ gaseoso (líquido・sólido) 気体(液体・固体). ❺〖時に複〗社会階層: Esta obra de teatro se desarrolla en un ~ rural. この芝居は農村部(農民社会)を舞台にして展開する. ~s aristocráticos 貴族層, 貴族社会. ~s intelectuales インテリ層. ~ urbano 都市部, 都市社会. ~s de cultivo. ❻ [主に複]. 人の活動領域としての〗…界: Según ~s bien informados, puede haber una reorganización de gobierno el mes que viene. 消息筋によれば, 来月内閣改造があるかもしれない. ~s financieros 金融界. ~s literarios 文学界. ~s políticos 政界. ❼ 資産, 財産, 資金: El Ayuntamiento no dispone de ~s para construir otro puente. 市役所にもう一本架橋するための費用を捻出できない. No tengo ~s. 金がない. corto (escaso・estrecho) de ~s 金に不自由して・した. hombre de (muchos) ~s [大]資産家. ❽ 中指《=dedo ~》. ❾ 〖ボクシングなど〗ミドル級. ❿ 〖闘牛場を3分割した〗中央部: El torero salió a saludar a los ~. 闘牛士が闘牛場の真ん中に出て挨拶をした. ⓫《フェンシング》 ~ de proporción 攻撃・防御に適切な距離. ⓬《生物》培地, 培養基《=~ de cultivo》. ⓭ 〖情報など〗媒体: ~ electrónico 電子媒体. ~s audiovisuales 視聴覚教具. ⓮《美術》 1) 〖テンペラ画・フレスコ画で〗 キャンバスにパックとして塗っておく薄淡い色. 2) [明暗の] 中間色. ⓯《数学》[比例式の] 内項《↔extremo》. ⓰《論理》媒名辞, 媒辞. ⓱ 霊媒, 巫女《=médium》. ⓲《まれ》双生児. ⓳《キューバ,ベネズエラ》〖洗礼式で〗硬貨の贈り物. ⓴《ペルー》5センチボ硬貨
atrasado de ~s 金(財源)のない; 零落した
coger a+人 *en ~ de...* …が…している最中を捕まえる(目撃する)
de ~ a ~ 完全に: Me he equivocado *de ~ a ~*. 私は完全に間違ってしまった
de por ~ 1) ~を間にして: Hablaban con la mesa *de por ~*. 彼らはテーブルをはさんで話していた. Entre tu casa y la mía hay un río pequeño *de por ~*. 君の家と私の家との間には小さな川が流れている. Con el verano *de por ~*, la convocatoria se trasladaría hasta octubre. 夏休みが間に入るので公募は10月まで延びるだろう. 2) 邪魔して, 障害となって: Tuvimos problemas de dinero *de por ~* y no pudimos reanudar nuestra amistad. 私たちの間に金の問題が起こって, 友達づきあいを回復することができなかった. 3) 半分に: cortar un papel tamaño A3 *de por ~* A3用紙をちょうど半分に切る. partir un melón *de por ~* メロンを真っ二つに割る
en ~ 《まれ》の中に
en los ~s allegados a... …に関係する人々の間では
en ~ 1)〖+de の〗間に; 中央に: Un coche patrulla estaba parado justo *en ~* de la calle y no nos dejó ir más allá. 道のちょうど真ん中にパトカーが止まっていて, 私たちはそれ以上向こうに行かせてもらえなかった. Está sentado *en ~* de sus dos hijas. 彼は2人の娘の間に座っている. Mira esta foto; la niña de *en ~* es mi madre. この写真を見てごらん. 真ん中の女の子が私の母なんだ. Recuerdo que mis padres iban por el parque llevándome de la mano *en ~* de ellos. 私は両親が, 私を真ん中にして手を引いて, 公園を歩いていたのを思

出す. *en 〜 de* la multitud 人込みの中に. 2) 邪魔をして: No te metas *en 〜*, que es un asunto delicado de marido y mujer. お節介はするなよ. これは夫婦の間の微妙な問題だから. Cuando queríamos hacer algo nuevo, él estaba siempre *en 〜*, estorbando. 私たちが何か新しいことをしようとすると, いつも彼が口を出して邪魔をした. 3) 二分して: dividir *en 〜* al grupo de visitantes 見学者のグループを2つに分ける
en 〜 de todo 1) あらゆることを考慮して. 2) [不幸や不測の事態かもしれないが] それも考えようで: *En 〜 de todo*, más vale que lo hayas sabido ahora que después. それも考えようだ, 君がそれを後で知るよりも今知っておいた方がいい
en 〜s allegados a... = en los 〜s allegados a...
en su 〜 自分の本領内で: No me encuentro *en mi 〜* con tantos desconocidos. こんなに大勢の知らない人たちといると, 私は肩が凝ってしようがない. vivir *en su 〜* 好きなように暮らす, 気ままに暮らす
entrar por 〜 邪魔をする; 手助けをする
estar de por 〜 間に入っている, 真ん中にある; 介在(介入)している
〜 ambiente 自然環境: El *〜 ambiente* de esa región se ha contaminado a causa de la radiación. この地方の自然環境は放射能によって汚染された. dañar (destruir) el *〜 ambiente* 環境を傷つける(破壊する)
〜s de comunicación / 〜s de difusión / 〜s informativos / 〜s de información メディア, 情報伝達媒体(手段) 【陽】で総称, 【圧】では新聞社・テレビ局などの一社】: La radio sigue siendo uno de los *〜s de comunicación* más fáciles para nosotros. ラジオは私たちにとって最も手軽な情報伝達手段であり続けている. Casi todos los *〜s de comunicación* acudieron a la rueda de prensa del ex primer ministro. 〜 *de comunicación* 前首相の記者会見にはほとんど全部のメディアが詰めかけた. 〜*s de comunicación de* masas マスメディア, マスコミ
〜s económicos 1) 経済的手段, 経済力, 資産. 2) 経済界
〜s escasos 希少資源
meterse de por (en) 〜 1) けんかの仲裁をする. 2) 実現(進行)を妨げる
no ahorrar (economizar・excusar・perdonar) 〜 [+para+不定詞 するために] 少しも労を惜しまない
No tengo ni 〜. 《ラプラタ》私は一文なしだ
partir en 〜 二分する
partir por [el] 〜 …に大損害を与える, ひどい迷惑をかける
partir por en 〜 = partir en 〜
poner [todos] los 〜s para... …に全力を尽くす, あらゆる手段を用いる: *Ha puesto todos los 〜s para dar la educación a sus hijos*. 彼は息子たちに教育を受けさせるために全力を尽くしてきた
ponerse por 〜 邪魔(妨げ)になることが起きる
por en 〜 1) 半分ずつに: El autopista pasa *por en 〜* del pueblo. 高速道路がその町を二分して走っている. 2) 乱雑に: Con los preparativos del traslado, tengo todo *por en 〜*. 転勤の準備で色々と散らかっています. No dejes tus juguetes *por en 〜*. おもちゃを散らかしたままにしてはいけない. 3) 邪魔して, 障害となって: Estando su niño *por en 〜* no podía pensar en irse de casa. 彼女は子供がいるので家を出ることなど考えられなかった
por 〜 1) 乱雑に: Por reformas de la tienda, tenemos todo *por 〜*. 店内改装のため取り散らかしております. 2) 邪魔して, 障害となって: Estando *por 〜* su familia, no puede dedicarse de lleno al trabajo. 家族のことが障害になって, 彼は仕事に集中できないでいる. 3) 《中南米》mes (semana) *por 〜* 隔月(隔週). día *por 〜* 一日おきに
por 〜 de... 1) …を介して: Se lo envié *por 〜 de* su hermano. 私は彼の兄にことづけて彼に送った. Me llegó la noticia *por 〜 de* una agencia de mensajería internacional. その知らせは国際宅急便で私に届いた. Le pagué esa cantidad *por 〜 de* un banco español. 私はスペインの銀行を通じてその金額を彼に支払った. La televisión se transmite *por 〜 de* ondas hertzianas. テレビはヘルツ波で放送されている. 2) …の助けを借りて: He podido reservar un hotel en Madrid *por 〜 de* un amigo que vive allí. 私はマドリードに住む友人を通じてマドリードのホテルを予約することができた. Consiguió el puesto *por 〜 de* su profesor. 彼は先生の世話でそのポストを手に入れた

por todos los 〜s あらゆる手段を用いて: Hemos intentado contactar con él *por todos los 〜s*, pero fue inútil hasta ahora. 私たちは色々と手を尽くして彼と連絡を取ろうとしてきたが, 今のところ成功していない
quitar de en 〜 [+a 邪魔者を] 遠ざける, 排除する; 殺す: La mafia *ha quitado de en 〜* a los testigos protegidos por la policía. マフィアは警察に保護されていた証人たちを消した
quitarse de en 〜 1) [邪魔にならないように] 姿を消す, 逃げる: *Quítate de en 〜* para no interrumpir tu estudio. 私は君の勉強の邪魔にならないように, そこを出た. ¡*Quítate de en 〜*! 邪魔だ. どけ! 2) 自殺する: *Se quitó de en 〜* tomando cianuro potásico. 彼は青酸カリを飲んで自ら命を絶った
sin un 〜 《エクアドル》無一文の
tomar el 〜 (los 〜s) [目的達成のために] 手段を講じる: La policía está *tomando los 〜s* a su alcance para saber el paradero de los secuestradores. 警察は誘拐犯たちの居場所を突き止めるため, できる限りの手段を講じている

medio² [médjo] 【形】❶ 半ば, 中途半端に: La niña está *〜* dormida. その子はまだ半分眠っている. Está *〜* muerto. 彼は死にかけている. estar *〜* borracho 少し酔っている. *〜* asado《料理》ミディアムの. *〜* loco 半狂乱の. 【語法】1) 完了形に挿入可能: Se ha *〜* despertado. 彼(彼女)は半分目覚めた. 2) 再帰代名詞・目的代名詞と動詞の間に挿入可能: Se *〜* despertó. 彼(彼女)は半分目覚めた. Lo *〜* maté. 私は彼を半殺しにした. この medio は接頭辞的な働きをしている: *medio despertar* 半分目覚めさせる, *medio matar* 半殺しにする ❷《演劇》[観客席から見て奥 *arriba* と手前 *abajo* の中間の] 舞台中ほどの ❸《中南米》かなり【=bastante】
〜... 〜... 半に…半に…: Me lo preguntó *〜* en broma *〜* en serio. 彼は私に半分冗談, 半分まじめに質問した
ni 〜 〈口語〉[+副詞] 少しも[…ない]: Eso no está *ni 〜* bien. そんなことといえるはずがない. *Ni 〜* estoy bien. / No estoy *ni 〜* bien. 僕は全然元気じゃないよ

medio³, dia² [médjo, dja] 【←ラテン語 medius】【形】❶ [主に +名詞. 数量の単位・容器・物などについて] 半分の: Compré *media* docena de huevos. 私は卵を半ダース買った. El árbol mide ya *〜* metro. その木はもう50センチの高さになっている. *Media* botella de vino, por favor. ワインのハーフボトルを下さい. *〜* kilo de leche 牛乳0.5リットル. *〜* kilo de arroz 米0.5キロ. *media* hora 半時間. *media* manzana リンゴ半分. 【語法】+不可算名詞は不可: ×*media* arena / ○*la mitad de la arena* 砂の半分 ❷ [名詞の省略] Deme kilo y *〜* de uvas. ブドウを1.5キロ下さい【→**medio¹**】. Queda vaso y *〜* de vino. ワインが1杯半残っている. La conferencia duró dos horas y *media*. 講演会は2時間半続いた【→**media**¹ ❶】. un metro y 1.5メートル. tres millones y *〜* de habitantes 350万の人口. ❷ [正常・普通の] 半分の: Los niños pagan *〜* pasaje (*media* entrada). 子供は運賃(入場料)半額だ. estar desnudo de *〜* cuerpo para arriba 上半身裸でいる. *media* manga 半袖. ❸ 中途の, 途中の, 中途半端な: *media* sonrisa 薄笑い. ❹ 中間の, 真ん中の: línea *media* 中間線.《スポーツ》ハーフライン. *〜* tiempo《スポーツ》ハーフタイム. solución *〜* 中間的な(妥協できる)解決策. ❺ 平均の: La temperatura *media* anual de esta zona es de 20 grados. この地域の年間平均気温は20度である. La inflación crece anualmente a un ritmo *〜* del 3 por ciento. インフレは平均3%のペースで上昇している. estatura *media* 平均身長. velocidad *media* 平均速度. ❻ 中くらいの; 普通の, 並の; 平均的な: el español *〜* 今日の平均的スペイン人. la mujer *media* de nuestro tiempo 今日の平均的女性. un día *〜* 平均的な一日. ❼ [誇張して] 多数の, 大量の, 大部分の: M*〜* Toledo fue a la fiesta. トレド市民の大部分が祭りに行った. Parece que *media* agua del cielo ha caído sobre esta región. まるで大空の雨の大半がこの地方に降り注いだようだった. Hemos visitado *〜* Japón (Kyoto, Nara, Osaka, Tokyo, Yokohama, Nikko...). 私たちは日本のほとんどあらゆる場所を訪れた(京都, 奈良, 大阪, 東京, 横浜, 日光…). ❽ [文体など] ある程度優雅な. ❾《考古, 地質》中期の: Paleolítico *〜* 中期旧石器時代中期. jurásico *〜* ジュラ紀中期. ❿《音声》[調音点が口腔の] 中央の, [開口度が] 中間の. ⓫《文法》[能動態と受動態の] 中間態の, 中動態の: construcción *media* 中間態構造. voz *media* 中間態【例】El barco se hundió en altamar. その船は外洋で沈没した〕. ⑫《狩猟》親ウサギと子ウサギ gazapo の中間の. ⑬《まれ》双生児の〔=gemelo〕. ⑭《中南米》〔副詞的に +形容詞〕半ば…: Es *media* tonta. 彼女は半ばばかだ. Son ～s tontos. 彼らは半ばばかだ

a ～+不定詞 …途中の, …しかけの: El pescado está *a* ～ asar. 魚は生焼けだ. Este coche está *a* ～ pintar. この車は塗装がやりかけだ. Estoy *a* ～ comer. 私はまだ食事を終わっていない／食べている途中だ. Salió a la calle *a* ～ vestir. 彼は服を着ながら通りへ飛び出した. Siempre os digo que no dejéis las cosas *a* ～ hacer. 私はいつも君たちに物事を中途半端にしておかないようにと言っている. Hay casas *a* ～ construir. 建築中の家がある. *a* ～ abrir 半開きの. puro *a* ～ fumar 吸いかけの葉巻

a ～+名詞 半分の…の: El bajo de la falda le llega *a media* pantorrilla. スカートの裾が彼女のふくらはぎの半分のところまで届いている. manga *a* ～ brazo 五分袖. pantalón *a media* pierna 半ズボン

ni ～… 〔人・事物の欠如の強調〕全く…ない: Hasta ahora no he recibido *ni* ～ virus. 私は〔コンピュータ〕ウイルスなど一個も受け取っていない

—— 名 ❶《サッカー》ミッドフィルダー, ハーフ〔バック〕: ～ derecho〔izquierdo〕ライト〔レフト〕ハーフ. ❷《ラグビー》～ apertura スタンドオフ. ～ del melé スクラムハーフ

medioambiental [meðjoambjentál] 形 環境の: deterioro ～ 環境破壊. política ～ 環境政策

medioambiente [meðjoambjénte] 名 自然環境, 環境〔=medio ambiente〕

mediocampista [meðjokampísta] 名《サッカー》ミッドフィルダー

mediocre [meðjókre]〔←ラテン語 mediocris "中位の質の"〕＜ medius "中位の"〕形 ❶ 凡庸な, 平凡な, 月並みな: llevar una vida ～ 平凡な生活をする. cosecha ～ 平年作. ❷ 中くらいより悪い, あまり良くない〔=mediano〕: estudiante ～ できの悪い生徒. obra ～ つまらない作品. 《メキシコ》中くらいの, 普通の —— 名 凡人, 凡庸な人

mediocremente [meðjókreménte] 副 凡庸に, 平凡に, 月並みに

mediocridad [meðjokriðáð]〔←ラテン語 mediocritas, -atis〕女 ❶ 平凡, 凡庸: vivir en la ～ 平凡に暮らす. ❷ 凡人; 凡庸なもの

mediocrizar [meðjokriθár] 9 他 平凡にする, 凡庸にする

mediodía [meðjoðía] 〔←medio+día〕男 ❶《主に文語》正午, 午後零時, 真昼〔⇔medianoche〕.《参考》話し言葉では ふつう 午後零時を表すのに mediodía は使わず, las doce del mediodía／las doce de la tarde と言う: Es el ～. 正午だ. antes del ～ 正午前に. a[l] ～, al ～; 昼12時, 昼12時〔瞬間〕. ❷ 昼食時〔午後零時から2時, 3時ごろまで〕: Es la una del ～. 昼の1時だ. Te veré a ～ en el bar de siempre. 昼にいつものバルで会おう. comer a ～ 昼食をとる. ❸〔北半球から見て〕南〔=sur〕: Andalucía está en el ～ español. アンダルシアはスペインの南部にある. La casa mira al ～. 家は南向きだ *hacer* ～ 〔旅行中に〕昼食のために休息する〔立ち寄る〕

medioeval [meðjoebál] 形 =**medieval**

medioevo [meðjoébo] 男 =**medievo**

mediofondista [meðjofondísta] 名《スポーツ》中距離走者

mediofondo [meðjofóndo] 男《スポーツ》中距離走

medioluto [meðjolúto] 女《昆虫》《蝶々》シロジャノメ

mediometraje [meðjometráxe] 男〔55分前後の〕中編映画

mediomundo [meðjomúndo] 男《カンタブリア. 釣り》たも

mediooriental [meðjo[o]rjentál] 形《地名》中東 Oriente Medio の

mediopalatal [meðjopalatál] 形 女《音声》中部硬口蓋調音の; 中部硬口蓋音

mediopaño [meðjopáno] 男 薄手の毛織物

mediopelo [meðjopélo] 形 名《メキシコ, コロンビア》ムラート mulato〔の〕

mediopensionado [meðjopensjonáðo] 男 ❶ 学校給食; 集合 学校で給食を受ける生徒・教師など. ❷ 二食付きの下宿; 集合 二食付きの下宿人

mediopensionista [meðjopensjonísta] 名 ❶ 学校で昼の給食が出る〔通学生〕. ❷ 二食付きの下宿人〔…〕

mediopié [meðjopjé] 男《解剖》中足部

medioriental [meðjorjentál] 形 =**mediooriental**

mediquillo, lla [meðikíʎo, ʎa] 名 ❶《軽蔑》やぶ医者〔=medicastro〕. ❷《フィリピン》〔医師免許は持っていないが〕医療に従事することを認められている人

medir [meðír]〔←ラテン語 metiri〕35 他 ❶ 測る, 測定する: *Medí a mis hijos*. 私は息子たちの身長を測った. En el chequeo periódico siempre me *han medido* la capacidad respiratoria. 定期検診で彼はいつも肺活量を測ってもらっている. ～ el ángulo〔la línea・la superficie・la tensión・la temperatura・la intensidad de una corriente eléctrica〕角度〔線の長さ・面積・張力・温度・電流の強さ〕を測る. ～ una habitación con el metro 部屋の寸法をメートル尺で測る. ～ la tela 布地の長さを測る. ～ la tierra 土地を測量する. ～ la inteligencia 知能を測る. ～ sus fuerzas con+人 …と力比べをする. ❷ 推しはかる: ～ las consecuencias 結果を推測する. ～ las fuerzas 力量をはかる. ～ el cariño 優しさを推しはかる. ❸〔言動を〕控え目にする: *Mide* tus palabras. 言葉に気をつけなさい. Bajo ese tipo de régimen militar es aconsejable ～ las acciones políticas. そのようなタイプの軍事体制下では, 政治的な行動は控えめにしておくのが無難である. ❹ 熟慮する; 計算する: ～ los pros y los contras de comprarse una casa en este momento 今家を買うことの是非をよく考える. ～ las ventajas y los inconvenientes de… …の得失を考える. ❺〔詩法〕韻律を調べ; 脚韻をそろえる. ❻《音楽》拍数の配分をする

—— 自 身長・寸法が…である: 1) ¿Cuánto *mides*?—*Mido* un metro ochenta. 身長はどのくらいですか—1メートル80です. Algunas rayas pueden llegar a ～ hasta dos metros y medio de largo. エイの中には体長が2.5メートルに達するものもいる. Su finca *mide* cinco hectáreas. 彼の農場は5ヘクタールある. Este coche *mide* más de lo corriente. この車は普通より大きい. 2)〔+de el〕*Mido* 70 cm. *de* cintura. 私はウエストが70センチだ. La parcela *mide* quince metros *de* ancho por treinta *de* largo. その地所は縦15メートル横30メートルある

—— ～**se** ❶ 自分〔の身長〕を測る〔測ってもらう〕: Me *medí* sin zapatos ni calcetines. 私は靴と靴下を脱いで身長を測った. ❷ 測られる, 測定される: La presión arterial *se mide* con el manómetro. 血圧は血圧計で測られる. No *se* puede ～ a todos con la misma vara. 人を皆同じ尺度で測ることはできない. Su magnitud es tan grande que no *se* puede ～ o contar. それはあまりに巨大で測ったり数えたりできない. ❸〔+con〕力を競う, 戦う; 雌雄を決する: Juan y Pedro *se midieron* en la pelea y ninguno quería darse por vencido. フアンとペドロはけんかをして, どちらも降参と言わなかった. ～*se con* el equipo… …チームと対戦する. ～*se con* un rival del amor 恋敵と張り合う. ❹ 言動を控え目にする: ～*se en* sus actos 行動を慎む. ～*se al* hablar 言葉を慎む. ❺《メキシコ, コロンビア》試着する

medir		
現在分詞	過去分詞	
midiendo	medido	
直説法現在	直説法点過去	命令法
mido	medí	
mides	mediste	mide
mide	midió	
medimos	medimos	
medís	medisteis	medid
miden	midieron	
接続法現在	接続法過去	
mida	midiera, -se	
midas	midieras, -ses	
mida	midiera, -se	
midamos	midiéramos, -semos	
midáis	midierais, -seis	
midan	midieran, -sen	

meditable [meðitáble] 形 熟考され得る

meditabundo, da [meðitabúndo, da]〔←ラテン語 meditabundus < medita(ri)+-bundus〕形《時に戯謔》物思いにふける, 考え込んだ, 沈思黙考している: en actitud ～*da* 考え込んでいる様子

meditación [meðitaθjón]〔←ラテン語 meditatio, -onis〕女 瞑想, 黙想; メディテーション: absorberse (sumergirse) en la ～ 瞑想にふける, 沈思黙考する. ～ trascendental 超越瞑想法

meditador, ra [meðitaðór, ra] 形 名 瞑想にふける〔人〕
meditante [meðitánte] 形 瞑想にふける
meditar [meðitár]〖←ラテン語 meditari「熟考する，学ぶ」〗自 ❶ 思索にふける，瞑想する: ponerse a ～ 黙想に入る．❷ [+sobre+en について] 思いを巡らす: Se quedó un rato *meditando sobre* lo que le había dicho su profesor. 彼は先生に言われたことについてしばらく思いを巡らせていた
── 他 …について熟考する《→pensar [類義]》: Después de ～ las posibilidades he llegado a una conclusión. それらの可能性についてよく考え，私はある結論に達した．Respondió a las objeciones con argumentos muy *meditados*. 彼は反対意見に対して，考え抜いた論拠をもって応じた．～ un proyecto 計画を練る
meditativo, va [meðitatíβo, βa]〖←ラテン語 meditativus〗形 ❶ 考え込みがちな; 瞑想的な．❷ 瞑想の，思索の: actividad ～va 瞑想活動
mediterraneidad [meðiteřaneiðá(ð)] 女 地中海らしさ
mediterráneo, a [meðiteřáneo, a]〖←ラテン語 mediterraneus < medius「真ん中」+terra「土地」〗形 ❶《地名》地中海の Mar Mediterráneo〔沿岸〕の: países ～s 地中海諸国．❷ [海などの] 陸地に囲まれた: mar ～ 内海
el (un) ～《口語》みんながよく知っていること: descubrir el M～ すでに知られていることを新事実のように発表する
médium [méðjun]〖←ラテン語 medium〗名〔単複同形/複 ～s〕霊媒
mediúmnico, ca [meðjúmniko, ka] 形 霊媒の
mediumnidad [meðjumniðá(ð)] 女 霊媒能力，霊能
mediumnismo [meðjumnísmo] 男 霊媒性
medo, da² [méðo, ða][meðujuðá(ð)]〖歴史, 地名〗[中近東の古代王国] メディア Media の〔人〕
medra [méðra] 女 ❶ 成長; 繁栄．❷《ベネズエラ》[動物が] 雑食性の高いこと
medrada [meðráða] 女《ログローニョ》氾濫
medrador, ra [meðraðór, ra] 形 名 出世する〔人〕; 繁栄する
medraje [meðráxe] 男《まれ》=medra
medrana [meðrána] 女《隠語》恐れ [=miedo]
medrar [meðrár]〖←ラテン語 meliorare「良くなる」〗自 ❶ 出世する; 繁栄する: José ha *medrado* con la protección de un antiguo profesor suyo. ホセは昔からの教師の引き立てで出世した．*Medró* utilizando a sus amigos. 彼は友人を利用してのし上がった．❷ [動植物が] 成長する: Dale vitaminas al gato para ver si *medra* algo. 猫にビタミン剤をやってごらん．少しは成長するかもしれない
medrados estamos 困ったことになる; [間投詞的. 不快] これは困った: Si siguen los días tan calurosos, *medrados estamos*. こんなに酷暑の日が続いたら，ちょっと厄介なことになるぞ．
medriñaque [meðriɲáke] 男 ❶ [服地の芯に使われる] マニラ麻の布．❷ 短いペチコート
medro [méðro]〖←medrar〗男 ❶ 出世; 繁栄: Está muy satisfecho de sus ～s personales en el trabajo. 彼は自分が仕事で成功していることに満足している．❷ [動植物の] 成長
medrón [meðrón] 男《狩猟》[アイベックスの] 角の節〔=〕
medrosamente [meðrósaménte] 副 怖がって，びくびくと
medrosidad [meðrosiðá(ð)] 女《文語》怖がり, 臆病
medroso, sa [meðróso, sa]〖←俗ラテン語 metorosus <ラテン語 metus「恐怖」〗《文語》❶ [ser+] 怖がりの，臆病な; [estar+] 怖がっている，びくびくしている: Los ratones son animales muy ～s. ハツカネズミはとても臆病な動物だ．❷ 恐ろしい
── 名 臆病者
meducar [meðukár] 7 自《チリ》=**meucar**
medula [meðúla] 女 =**médula**
médula [méðula]〖←ラテン語 medulla「髄, 真髄」〗女 ❶《解剖》1) 髄: ～ oblonga (oblongada) 延髄．2) 骨髄 [=～ ósea]: ～ roja 赤色骨髄．～ amarilla 黄色骨髄．3) 脊髄 [=～ espinal]．❷《植物》髄．❸ 真髄, 本質: Los principios del fundador siguen siendo la ～ de la escuela. 創立者の信条がこの学校の真髄であり続けている．llegar a la ～ de las cosas 事態の本質に触れる
hasta la ～ *(de los huesos)*《口語》すっかり, 徹底的に: Sus palabras me han llegado *hasta la* ～ *de los huesos*. 彼の言葉は私の身身にしみた．Es ateo *hasta la* ～. 彼は心底からの無神論者だ．mojarse *hasta la* ～ ずぶぬれになる

medular [meðulár]〖←ラテン語 medularis〗形 ❶《解剖》髄の; 骨髄の: transplante ～ 骨髄移植．❷《植物》髄の．❸ 本質的な．❹《サッカーなど》línea ～ [フロントラインとディフェンスラインの間の] ミドルライン
── 他 本質をなす
meduloso, sa [meðulóso, sa]《まれ》髄のある, 髄質の
medusa [meðúsa] 女 ❶《動物》クラゲ．❷《ギリシア神話》[M～] メドゥーサ《髪の毛が蛇で，のぞき込むと石になるという瞳を持つ女の怪物》
meduseo, a [meðuséo, a] 形《ギリシア神話》メドゥーサ Medusa の: cabello ～ メドゥーサの蛇髪
mefenámico, ca [mefenámiko, ka] 形 ácido ～《薬学》メフェナム酸
MEFF [méf] 男《略語》←Mercado Español de Futuros Financieros スペイン金融先物市場
mefistofélico, ca [mefistoféliko, ka] 形 [ファウスト Fausto 伝説の登場人物] メフィストフェレス Mefistófeles のような, 悪魔的な
mefítico, ca [mefítiko, ka]〖←ラテン語 mefiticus〗形 [空気・ガスが] 有毒な, 悪臭のある
mefitismo [mefitísmo] 男 有毒ガスによる空気の汚染
mega¹ [méga] 男《略》[複 ～s] 《情報》メガバイト [=megabyte]
mega-《接頭辞》❶ [大] *megá*fono メガホン．❷ [10^6] *mega*ciclo メガサイクル
megabit [megaβít] 男〔複 ～s〕《情報》メガビット
megabyte [megaβájt]〖←英語〗《情報》メガバイト
megacariocito [megakarjoθíto] 男《生物》巨大細胞
megaciclo [megaθíklo] 男《物理》メガサイクル
megaciudad [megaθjuðá(ð)] 女 百万都市, 大都市
megacolon [megakólon] 男《医学》巨大結腸
megaconstrucción [megakonstru(k)θón] 女 巨大建築〔物〕
megaesófago [megaesófago] 男《医学》巨大食道
megafonía [megafonía] 女 ❶ 音響技術．❷〔集名〕音響装置: por ～ スピーカーで
megafónico, ca [megafóniko, ka] 形 音響技術の; 音響装置の
megáfono [megáfono] 男 メガホン; [増幅器を内蔵した] 拡声器, トラメガ: hablar por un ～ メガホンを使って話す
megahercio [megaérθjo] 男《物理》メガヘルツ
megahertzio [megaér(t)θjo] 男 =**megahercio**
-megalia《接尾辞》[「異常に」大きい] acro*megalia* 先端巨大症
megalítico, ca [megalítiko, ka] 形 巨石 megalito の: monumento ～ 巨石建造物
megalitismo [megalitísmo] 男《考古》巨石文化
megalito [megalíto]〖←mega-+ギリシア語 lithos「石」〗男《考古》巨石, メガリス
megalo-《接頭辞》[大] *megaló*polis 超巨大都市
megaloblástico, ca [megaloβlástiko, ka] 形 赤芽球の
megaloblasto [megaloβlásto] 男《生物》赤芽球
megalocardia [megalokárðja] 女《医学》心〔臓〕肥大
megalocefalia [megaloθefálja] 女《医学》巨大頭蓋症
megalocéfalo, la [megaloθéfalo, la] 形《医学》巨大頭蓋症の
megalocito [megaloθíto] 男《医学》巨大赤血球
megalocitosis [megaloθitósis] 女《医学》巨大赤血球症
megalomanía [megalomanía] 女《医学》誇大妄想
megalómano, na [megalómano, na] 形 名《医学》誇大妄想の〔人〕
megalopólico, ca [megalopóliko, ka] 形《まれ》超巨大都市の
megalópolis [megalópolis] 女〔単複同形〕❶ 超巨大都市．❷《古代ギリシア》[M～] メガロポリス
megalópteros [megaló(p)teros] 男〔複〕《昆虫》ヘビトンボ亜目
mégano [mégano] 男 砂丘 [=duna]
megapodio [megapóðjo] 男《鳥》ツカツクリ: ～ maleo セレベスツカツクリ
megapólico, ca [megapóliko, ka] 形《まれ》超巨大都市の
megápolis [megápolis] 女〔単複同形〕❶ 超巨大都市 [=megalópolis]
megapolitano, na [megapolitáno, na] 形《まれ》超巨大都市の
megaproyecto [megaprojékto] 男 巨大計画, メガプロジェクト

megáptero [meɣá(p)tero] 男《動物》ザトウクジラ
megarense [meɣarénse] 形 名《古代ギリシア.地名》メガラ Megara の〔人〕
megárico, ca [meɣáriko, ka] 形 名 =**megarense**
megarón [meɣarón] 男 =**mégaron**
mégaron [méɣarɔn] 男《古代ギリシア.建築》メガロン〔大邸宅の中央に炉がある部屋・建物〕
megaterio [meɣatérjo] 男《古生物》オオナマケモノ, メガテリウム
megatón [meɣatón] 男《核兵器の爆発力の単位》メガトン
megatonelada [meɣatoneláða] 女 =**megatón**
megatónico, ca [meɣatóniko, ka] 形 メガトン〔級〕の
megavatio [meɣaßátjo] 男《電気》メガワット
megavoltio [meɣaßóltjo] 男《電気》メガボルト
mego, ga² [méɣo, ɣa] 形《まれ》温和な, 柔和な, おとなしい
megohmio [meɣómjo] 男《電気》メガオーム, メグオーム
meguez [meɣéθ] 男《まれ》愛撫; へつらい
mehala [meála] 女《歴史》〔モロッコの〕正規軍
mehari [meári] 男《動物》ヒトコブラクダ
meiga¹ [méjɣa] 女《魚》ニシマトウダイ《=pez de San Pedro》
meigallo [mejɣáʎo] 男《ガリシア,レオン》まじない, 呪術
meigo, ga² [méjɣo, ɣa] 名《ガリシア,レオン》まじない師《=brujo》
meila [méjla] 女《地方語》野生のリンゴ
meiofauna [mejofáwna] 女 ❶《生態》メイオファウナ. ❷ 中型動物〔類〕
meionita [mejoníta] 女《鉱物》灰柱石
meiosis [mejósis] 女《単複同形》《生物》減数分裂
meiótico, ca [mejótiko, ka] 形 減数分裂の
meistersinger [majstersíŋxer]《一独語》男 複 マイスタージンガー, 職匠歌人
mejana [mexána] 女〔川の中の〕小島, 中洲
mejenga [mexéŋɡa] 女《コスタリカ, キューバ》酔い, 酩酊《俗》
mejengue [mexéŋɡe] 男《ドミニカ, プエルトリコ》1) お金. 2) 才能. ❷《キューバ, プエルトリコ.戯語》難しさ, 困難
 tener ~《ドミニカ, プエルトリコ》〔事が〕難しい, 困難である
mejer [mexér] 他《まれ》攪拌する
Mejía Sánchez [mexía sánʧeθ]《人名》**Ernesto ~** エルネスト・メヒア・サンチェス〔1923～85, ニカラグアの詩人・文芸評論家. 先住民の血と言葉による悪魔祓いをテーマにした詩集『祈禱と呪文』*Ensalmos y conjuros*. 文芸評論『ダリーオとモンタルボ』*Darío y Montalvo*〕
mejica [mexíka] 形 名 アステカ族〔の〕《=azteca》
mejicanada [mexikanáða] 女 誇張なだけのメキシコらしさ
mejicanidad [mexikaniðá(ð)] 女 メキシコ気質, メキシコ性
mejicanismo [mexikanísmo] 男 ❶ メキシコ特有の語彙〔言い回し〕. ❷ メキシコびいき
mejicano, na [mexikáno, na] 形 名 男 =**mexicano**
Méjico [méxiko] 男 =**México**
mejido, da [mexíðo, ða] 形《飲料》huevo ~ / yema ~ *da* エッグノッグ
mejilla [mexíʎa]《←ラテン語 maxilla「あご」》女 頬《体》〔目の下から顎までの横顔全体〕: apoyar las ~s en las manos (la ~ en un puño) 両手で〔片方のこぶしで〕頬杖をつく. besar en la ~ 頬にキスをする. con las ~s ruborizadas 頬を赤らめて
mejillón [mexiʎón]《←ポルトガル語 mexilhao》男《貝》ムール貝, ムラサキイガイ
mejillonada [mexiʎonáða] 女 ムール貝料理
mejillonero, ra [mexiʎonéro, ra] 形 名 ❶ ムール貝を採る〔人〕, ムール貝を養殖する〔人〕. ❷ ムール貝の──── ムール貝の養殖場〔養殖業〕. ムール貝採りの漁船
mejilludo, da [mexiʎúðo, ða] 形《まれ》頬の大きな
mejor [mexór]《←ラテン語 melior, -oris》形〔bueno の比較級. ⇔peor〕❶ ❶ もっとよい: 1)〔+que より〕Tu coche es ~ *que* el mío. 君の車は私のよりも上等だ. Tengo un diccionario mucho ~ *que* ese. 私はそれよりもずっといい辞書を持っている. La comida de hoy está mucho ~ *que* la de ayer. 今日の料理は昨日のよりずっとおいしい. El resultado ha sido ~ *de* lo esperado. 結果は期待を上回る成功だった. La película ha sido ~ *de* lo que yo pensaba. その映画は思っていたよりも面白かった. 3)〔+que 接続法〕〔意味上の最上級〕Él sabe de Elvira ~ *que* nadie. 彼はエルビラのことを誰よりもよく知っている.〖語法〗1) 道徳的な善さを比較する場合は más bueno も使う: Es *mejor* que su hermano./Es *más bueno que* su hermano. 彼は兄よりいい人だ. 2)〔2つのものの比較では

〔定冠詞+〕Julia es *la* ~ cocinera de las dos hermanas. その姉妹2人の中でフリアの方が料理が上手だ〕❷〔最上級. 定冠詞・所有形容詞+.+de·en·entre の中で〕Es *el* ~ alumno de la clase. 彼はクラスで一番よくできる生徒だ. De todas las cantantes de ópera que he escuchado, no dudo que ella es la ~. 私が聴いたあらゆる女性オペラ歌手のうちで, 疑いなく彼女が最高だ. Es uno de *mis* ~*es* amigos. 彼は私の親友の一人だ. Es *la* ~ novela que he leído jamás. それは今までに読んだ一番いい小説だ. En *el* restaurante es su bistec a la parrilla. そのレストランで最高の料理は網焼きステーキだ. Hizo lo ~ que pudo. 彼は最善を尽くした
 ── 副〔比較級〕❶〔+que より〕もっと良く: 1) Ella canta ~ *que* yo. 彼女は私より歌が上手だ. ¿Cómo te encuentras hoy?―Estoy mucho ~ *que* ayer. 今日は気分はどう?―昨日よりずっといい. Gracias a Dios, mi madre ya está ~ de salud. おかげさまで, 母は健康を回復している. Tocas la guitarra cada vez ~. 君はだんだんギターが上手になるね. José trabaja ~ *que* nadie. ホセは誰よりもいい仕事をする. 2)〔最上級. +de·en·entre の中で〕〔意味上の最上級〕Tu hijo hizo ~ el examen. 君の息子が試験で1番だった. De todos los que participaron en el concurso, Victoria recitó ~. コンクールの全参加者のうちでビクトリアが一番上手に朗読した. Todos trabajaron bien, pero José lo hizo ~. 皆がいい仕事をしたが, ホセが中でも一番よかった. Él es el que habla español ~ *de* todos nosotros. 彼は私たち全員の中でスペイン語を一番上手にしゃべる. Ella es la que sabe ~ *de* ordenadores *en* nuestro grupo. 彼女は私たちのグループの中でコンピュータに一番詳しい. ❷〔間投詞的. 事態の変化に対する満足・承認〕結構なことだ!: He decidido suspender el viaje. ¡M~! 私は旅行を中止することに決めたよ.―それはよかった. ¡Mucho ~! 大変結構なことだ! ❸〔挿入句的〕より正確に言えば〖=~ dicho〗; 言い換えたら: Me llevas tres años, ~, dos años y ocho meses. 君は私より3歳, いや正確に言えば2年8か月年上だ. むしろ: M~ quiero morir *que* pedir limosna. 私は施しを乞うよりも死んだ方がいい

a lo ~〔主に+直説法現在.危惧・期待〕もしかすると; たぶん: 1) Puede venir a tu cumpleaños, todavía no lo sé. たぶん私は君の誕生日に来ることができるかもしれないが, まだ何とも言えない. *A lo* ~ este invierno voy a Suiza a esquiar. もしかしたらこの冬スイスにスキーに行くかもしれない. *A lo* ~ no sabe llegar hasta aquí. ひょっとしたら彼はここまでの道が分からないかもしれない. *A lo* ~ ya ha vuelto a casa. もう彼は家に帰っているだろう. *A lo* ~ fue otra persona. たぶん彼は他の人だったのだ. 2)〔質問への答え〕¿Crees que vendrá?―*A lo* ~. 彼は来ると思うかい?―たぶん

así es ~〔満足・承認〕それでいい, それがいい: Mi padre no quiere venirse a la ciudad a vivir con nosotros.―*Así es* ~, para los ancianos. 町に来て私たちと一緒に住むのは嫌だと父は言っている.―それでいいのだよ, お年寄りには

de lo ~ 非常にすばらしく

en el ~ de los casos よくても, せいぜい: *En el* ~ *de los casos*, este no es más que un arreglo provisional. どう見ても, これは応急的な措置でしかない. Se trata, *en el* ~ *de los casos*, de una negligencia imperdonable. それはどう見ても許しがたい怠慢だ. *En el* ~ *de los casos* el consumo de tabaco no cambiará. どちらにしてもたばこの消費量は変わらないだろう

eso está (es) ~ =**así es** ~

hacer lo ~ ***posible*** ベストを尽くす

ir a ~ よくなる: Las cosas parece que *van a* ~. 事態は好転しているようだ

lo ~ de lo ~ 最高〔極上〕のもの: El vino de este pueblo es *lo* ~ *de lo* ~. この村のワインは最高級品だ

Lo ~ es que +接続法 一番いいのは…だ: *Lo* ~ *es que* tú digas la verdad. 一番いいのは君が真実を言うことだ

lo que es ~ さらによいことには: Le nacieron mellizos y, *lo que es* ~, al esposo lo ascendieron a jefe de exportaciones. 夫婦に双子が生まれ, おまけでたいことに夫は輸出課長に昇進した

~+直説法・命令法〔ser ~ que+接続法 に近い意味〕M~ vamos mañana. 私たちは明日行くことにしよう〖=*Será* ~ que vayamos mañana.〗. M~ cállate. 黙ってくれないか〖=*Es* ~ *que te calles.*〗

~ así =**así es** ~

melatonina

~ *dicho* より正確に言えば、むしろ; 言ってみれば: Tu manera de pensar es bastante inflexible, ~ *dicho*, intransigente. 君の考え方はかたくなだ。言い換えれば融通がきかない。Ayer fui a la pelea de gallos, ~ *dicho*, me llevaron a verlos. 昨日私は闘鶏に行った、というか連れて行ってもらった

o ~ peor 良くても悪くても[どちらにしても]: Ese problema se solucionará, ~ *o peor*. その問題はともかくも片がつくだろう

~ que+接続法 …する方がよい: ¿Dónde ~ *que* nos veamos? どこで会うのがいいのだろう? M~ *que* nos retiremos. おいとまさせていただきます

~ que = 結構この上ない, 大変よい: Puedo venir a Japón otra vez, pero si tú vas a Chile, ~ *que* ~. 私はもう一回日本に来れるが, もし君がチリに行けるのなら, この上なくうれしいことだ

o ~ dicho =**~ dicho**

ser ~ +不定詞**·que**+接続法 …する方がよい: *Es* ~ *olvidarlo*. そのことは忘れてしまう方がいい。*Sería* ~ *irnos*. 私たちは帰った方がいいのではないか。*Habría sido* ~ *no decírselo a su madre*. 彼の母親にはそのことを言わない方がよかった。*Es* ~ *que no hables más*. 君はもうそれ以上しゃべらない方がいい。*Tanto será* ~ *que te disculpes con él por no haber podido asistir a la fiesta*. パーティーに出席できなかったことを彼に謝っておくのがいいのではないか

―― 男 晴れ着

mejora [mexóra] 《←*mejorar*》 女 ❶ 改良, 改善: ~ *del suelo* 土壌の改良. ❷ 改修, 修繕: *hacer* ~*s en el piso* マンションの改修をする. ❸ 進歩, 発展: *Si comparas sus dos exámenes, verás su* ~ *en el último mes*. 彼の2回の試験を比べてみれば、ここ1か月の進歩が分かるだろう. ❹ [給料などの] 増額: ~ *de salarios*/~ *laboral* 賃上げ. ❺ [競売での] 競り上げ 《=puja》: ¿*Alguien ofrece una* ~ *al valor establecido*? 設定金額に上乗せする方はいらっしゃいますか? ❻ 《法律》 1) 法定相続分への上乗せ. 2) [不動産の] 改良, 改修

mejorable [mexoráble] 形 改良(改善)され得る; 向上し得る

mejorador, ra [mexoraðór, ra] 形 改良する, 改善する

mejoramiento [mexoramjénto] 男 改良, 改善: Para el domingo habrá un ~ *de la situación atmosférica*. 日曜日は気象状況はよくなるだろう. ~ *de calidad* 品質向上. ~ *de las condiciones de trabajo* 労働条件の改善

mejorana [mexorána] 女 ❶ 《植物, 香辛料》 マジョラム, マヨラナ. ❷ 《パナマ》 民俗舞踊の一種

mejoranera [mexoranéra] 女 《パナマ》 小型の5弦ギター 《民俗舞踊 *mejorana* の伴奏に使われる》

mejorante [mexoránte] 形 =**mejorador**

mejorar [mexorár] 《←ラテン語 *meliorare*》 他 ❶ もっとよくする, 改良する, 改善する: *Esos abonos mejoran la productividad de los frutales*. その肥料は果樹の生産力を高める働きがある. *El jogging de media hora al día mejora mucho el estado de salud*. 一日30分のジョギングで健康状態が大いに改善される. ~ *el camino* 道路をよくする. ~ *el rendimiento de la máquina* 機械の性能を上げる. ~ *la calidad de la tierra* 土壌を改良する. ~ *el sistema de telecomunicación del país* 国の電気通信システムを改善する. ~ *sus notas en matemáticas* 数学の成績を上げる. ❷ [病人·病気を] 快方に向かわせる; [+de から] 治す: *Un tratamiento de acupuntura mejoró visiblemente al enfermo*. はり治療で病人は目立ってよくなった. *El clima seco de aquí me ha mejorado bastante el (del) asma*. この乾燥した気候で私のぜんそくはかなりよくなった. ❸ [+de について] 上回る, しのぐ: *Sucede a menudo que el discípulo mejore a su maestro*. 弟子が師匠を超えることはよくある. *Mi amigo me ha mejorado de escalón en la compañía*. 私の友人は会社での地位が私より上になった. ❹ [記録を] 更新する, 破る: ~ *su marca en el maratón de Nueva York* ニューヨークマラソンで自己記録を更新する. ❺ [競売で値を] 競り上げる. ❻ 《法律》 法定外の遺産を贈与する

―― 自 ❶ 上回る, しのぐ, 勝る: *Esta novela ha mejorado mucho respecto de las anteriores*. この小説はこれまでのものに比べずっとよくなっている. ❷ [+de 病状などが] 快方に向かう, 回復する: *Ha mejorado de aspecto*. 彼は顔色がよくなった. ~ *de salud* 健康状態がよくなる, 元気になる. ❸ [天候が] よくなる: *El tiempo va a* ~ *por la tarde*. 午後には天気が回復するだろう. ❹ [地位·経済状態などが] 向上する: *Los obreros mejoran de posición*. 労働者の社会的地位が向上する.

Cada día que pasa, su español mejora. 日ましに彼のスペイン語は上達している

―― **~se** ❶ もっと良くなる, 改良される, 改善される: *En los últimos años se ha mejorado mucho el medio higiénico de este país*. 近年この国の衛生環境は大いに改善された. ❷ 病気が治る, 快方に向かう: *Con solo una inyección se mejoró*. 注射一本で彼の病気はよくなった. *¡Que te mejores!* お大事に! ~*se de la gripe* インフルエンザが快方に向かう. ❸ [天候が] よくなる: *Se ha mejorado el día*. 天気がよくなった. ❹ [地位·経済状態などが] 向上する

mejoría [mexoría] 《←*mejor*》 女 ❶ [病状の] 改善: *Ha experimentado una gran* ~. 彼の病状は大幅に改善した. ❷ [天候の] 回復: *Mañana habrá una* ~ *del tiempo*. 明日は天気が回復するだろう. ❸ 《まれ》 改善, 改良, 向上, 進歩; 有利, 優位

mejunje [mexúnxe] 男 ❶ 《軽蔑》 [飲料·薬·化粧用の怪しげな] 調合物. ❷ 《中南米》 1) まずい飲み物. 2) 混乱, 紛糾

mela [méla] 女 ヒンズー教の祭り

melado, da [meláðo, da] 形 ❶ 蜂蜜色の: *caballo* ~ 薄茶色の毛の馬. ❷ [菓子が] 蜂蜜入りの
―― 男 《カナリア諸島; 中南米》 サトウキビのシロップ
―― 女 《料理》 蜂蜜を塗ったトースト

meladora [meladóra] 女 《メキシコ, キューバ, プエルトリコ》 [砂糖を煮込む時の] 最後の平鍋

meladucha [meladútʃa] 女 [ハロン Jalón 川流域特産の] 甘味の強いリンゴの一品種

meladura [meladúra] 女 サトウキビのシロップ

meláfido [meláfiðo] 男 《鉱物》 黒ひん岩, メラフアイア

melamina [melamína] 女 《化学》 メラミン

melampo [melámpo] 男 《演劇, 諺語》 プロンプター用のランプ

melancolía [melaŋkolía] 女 《←ラテン語 *melancholia* <ギリシャ語 *melankholia < melas* 「黒い」+*khole* 「胆汁」》 ❶ 憂鬱, 憂愁: *sentir (tener) la* ~ 物憂い, 気分が沈む, ふさぎこむ. *caer en un estado de* ~ 憂鬱な状態になる. ❷ 《医学》 抑鬱症, 鬱病

melancólicamente [melaŋkólikaménte] 副 憂鬱そうに, 物憂げに, 悲しそうに

melancólico, ca [melaŋkóliko, ka] 《←ラテン語 *melancholicus*》 形 ❶ 憂鬱な, わびしい, 気を滅入らせる: *música* ~*ca* 物悲しい音楽. *carta de despedida* ~*ca* 悲しげな別れの手紙. ❷ ふさぎこんだ, 憂鬱そうな: *Hoy está* ~. 今日彼は沈んでいる. *mirada* ~*ca* 物憂げな眼差し. ❸ 《医学》 抑鬱症 (鬱病) にかかった

melancolizar [melaŋkoliθár] 9 他 ❶ …の気分を滅入らせる, 憂鬱にする. ❷ [事物を] わびしげにする, 憂鬱な雰囲気にする

melanesiano, na [melanesjáno, na] 形 名 《まれ》 =**melanesio**

melanésico, ca [melanésiko, ka] 形 名 =**melanesio**

melanesio, sia [melanésjo, sja] 形 名 《地名》 メラネシア Melanesia の(人)

melánico, ca [melániko, ka] 形 ❶ 《生化》 メラニンの. ❷ 《医学》 黒色症の. ❸ 《動物》 黒化した

melanina [melanína] 女 《生化》 メラニン

melanismo [melanísmo] 男 《動物》 黒化, メラニン沈着

melanita [melaníta] 女 《鉱物》 黒ざくろ石

melanocito [melanoθíto] 男 《動物》 メラニン [形成] 細胞

melanóforo [melanóforo] 男 《動物》 メラニン保有細胞

melanoma [melanóma] 男 《医学》 黒色腫, メラノーマ

melanosis [melanósis] 女 《医学》 黒色症

melanterita [melanteríta] 女 《鉱物》 緑礬(りょくばん)

melanuria [melanúrja] 女 《医学》 黒尿症

melapia [melápja] 女 リンゴの一品種 《*camuesa* と *manzana asperiega* の中間と考えられる》

melapórfido [melapórfiðo] 男 《鉱物》 =**meláfido**

melar [melár] 《←ラテン語 *mel, mellis*》 23 自 ❶ [ミツバチが] 蜜を作る. ❷ 《製糖》 糖蜜をさらに煮詰める. ❸ 《エクアドル》 易々と金をもうける
―― 他 蜂蜜で甘くする
―― 形 蜂蜜のように甘い

melariense [melarjénse] 形 名 《文語. 地名》 フエンテ·オベフナ Fuente Obejuna の(人)《コルドバ県の村》

melarquía [melarkía] 女 《廃語》 =**melancolía**

melastomatáceo, a [melastomatáθeo, a] 形 ノボタン科の
―― 女 複 《植物》 ノボタン科

melatonina [melatonína] 女 《生化》 メラトニン

melaza [meláθa] [女] 糖蜜〘製糖の副産物で, 蒸留するとラム酒ができる〙
melazar [melaθár] [9] [他] [家畜の飼料に] 糖蜜を混ぜる
melca [mélka] [女]《植物》ソルガム〘=zahína〙
melcocha[1] [mɛlkótʃa]〘←ラテン語 mel, mellis「蜜」+古カスティーリャ語 cocho「煮た」〙[女] ❶《西》あめ状にした蜂蜜; その菓子. ❷《メキシコ》ノパルサボテンの汁を煮て作るクッキー. ❸《コロンビア》1) 黒砂糖を溶かして作る菓子. 2) [見返りを期待する] お人好し. ❹《チリ. 口語》垢, 汚れ. ❺《アルゼンチン》混乱, もつれ
melcochar [mɛlkotʃár] [他]《中南米》=**amelcochar**
melcochero, ra [mɛlkotʃéro, ra] [形] [名]《西》蜂蜜の菓子 melcocha の製造(販売)業者
melcocho, cha[2] [mɛlkótʃo, tʃa] [形]《グアテマラ, コロンビア》赤黒い
melcochoso, sa [mɛlkotʃóso, sa] [形]《中米》=**melcochudo**
melcochudo, da [mɛlkotʃúđo, đa] [形]《中南米》弾力性のある, 柔らかい
melé [melé]〘←仏語 melée〙[女]/[男] ❶《ラグビー》スクラム〘=～ organizada〙; ラック, モール〘=～ libre〙. ❷ [群衆による] 混乱
Meleagro [meleáɡro] [男]《ギリシア神話》メレアグロス〘アルゴナウタイ argonauta の一人〙
melear [meleár] [自]《ボリビア, アルゼンチン》蜜を集める
meleguín, na [meleɡín, na] [形]《コロンビア》へつらう, おべっか使いの
melena [meléna]〘←?語源〙[女] ❶ [まとめていない] 長髪, ロングヘア: Da pena cortar una ～ tan larga como la suya. 彼女の髪ほどの長い髪を切るのは残念だ. apartar su ～ de la cara 髪をかき上げる. ❷《軽蔑》[複] 乱れた髪: Arréglate esas ～*s*. 髪をきちんとしなさい. ❸ [ライオンの] たてがみ. ❹ 鐘を支える梁. ❺《医学》下血, メレーナ. ❻《ナバラ》2軒の家の間の空間
andar a la ～ 取っ組み合いのけんかをする
soltarse la ～《口語》思い切って話す; あけすけに話す
melenas [melénas] [男]〘単複同形〙長髪の若者
melenche [meléntʃe] [男]《ログローニョ》若いロバ
melenchón [melentʃɔ́n] [男]《ハエン》輪になって踊る民俗舞踊; その音楽・歌詞
Meléndez Valdés [meléndeθ baldés]《人名》**Juan** ～ フアン・メレンデス・バルデス〘1754～1817, スペイン新古典主義の詩人. 初期の作品はアナクレオン Anacreonte 風の牧歌的な官能性を特徴とする. 啓蒙主義に傾倒して詩風を変化させ, 哲学的・道徳的な主張をうたい上げた詩には前期ロマン主義的な傾向も見ることができる〙
melenera [melenéra] [女] ❶ 去勢牛の額の上部〘くびきが当たる〙. ❷ [くびきを固定する紐でこすれないように] 去勢牛の額に付ける当て布(革)
melenita [meleníta] [女]《髪型》ボブ
meleno [meléno] [形] [雄牛が] 額の上に毛の房がある
―― [男] 田舎者
melense [melénse] [形] [名]《地名》メロ Melo の〔人〕〘ウルグアイ, セロ・ラルゴ Cerro Largo 県の県都〙
melenudo, da [melenúđo, đa]〘←melena〙[形] [名]《主に軽蔑》[不潔感を与えるような] 長髪の〔若者〕, ぼさぼさの髪の〔若者〕
melera[1] [meléra] [女] ❶ [長雨や雹による] メロンの傷み. ❷《植物》ウシノシタグサ〘=lengua de buey〙
melero, ra[2] [meléro, ra] [形] 蜂蜜の
―― [名] ❶ 蜂蜜販売業者. ❷ 蜂蜜好きの人
―― [男] 蜂蜜の貯蔵所
melga[1] [mélɡa] [女] ❶《中南米》種まき用に区画された農地. ❷《ホンジュラス》未完の仕事のほんの一部. ❸《チリ》溝, 畝
melgacho [mɛlɡátʃo] [男]《魚》ハナカケトラザメ
melgar [mɛlɡár] **I** [男] ウマゴヤシの群生地
II [8] [他]《チリ》=**amelgar**
melgarejo [mɛlɡaréxo]〘←Mariano Melgarejo〙[男] ボリビアの銀貨
Melgarejo [mɛlɡaréxo]《人名》**Mariano** ～ マリアノ・メルガレホ〘1820～71, ボリビアの大統領で独裁者〙
melgo, ga[2] [mélɡo, ɡa] [形] [名]《地方語》双生児〔の〕
melguizo, za [mɛlɡíθo, θa] [形] [名]《ラマンチャ, アンダルシア, ムルシア》双生児〔の〕
meliáceo, a [meljáθeo, a] [形] センダン科の
―― [女] [複]《植物》センダン科
mélico, ca [méliko, ka] [形]《古代ギリシア》[叙情詩が] 歌唱用で詩人の内面を表現した
melífero, ra [melífero, ra] [形] ❶《文語》蜜を作る, 蜜を出す. ❷《詩語》蜜の入った, 蜜を含んだ
melificación [melifikaθjɔ́n] [女] 蜂が蜜を集める(蜂蜜を作る)こと
melificado, da [melifikáđo, đa] [形] =**melifluo**
melificador [melifikađɔ́r] [男]《チリ》[蜂蜜を入れる] ガラスのふた付きのブリキ缶
melificar [melifikár] [7] [自] [蜂が] 蜜を集める, 蜂蜜を作る
―― [他] ❶《文語》甘くする. ❷ [蜂が花から] 蜜を集める
melífico, ca [melífiko, ka] [形] 蜜を作る, 蜜を出す
melifluamente [melíflwaménte] [副] 甘く, 優しく, 甘美に
melifluencia [meliflwénθja] [女] =**melifluidad**
melifluidad [meliflwiđá(đ)] [女] 甘美さ
melifluo, flua [melíflwo, flwa]〘←ラテン語 mellifluus〙[形] ❶《時に軽蔑》[話し方・態度が] 甘美な, 甘ったるい: conversación ～*flua* 甘美な会話. voz ～*flua* 甘い声. ❷ 蜜を出す; 蜜に似た
melilita [melilíta] [女]《鉱物》黄長石, メリライト
melillense [meliʎénse] [形] [名]《地名》メリージャ Melilla の〔人〕〘北アフリカ, モロッコ内にあるスペイン領の自治都市〙
melillero, ra [meliʎéro, ra] [形] [男] メリージャ Melilla 航路の〔船〕
meliloto[1] [melilóto] [男]《植物》シナガワハギ: ～ blanco シロバナシナガワハギ, コゴメハギ. ～ oficinal セイヨウエビラハギ, メリロット
meliloto[2]**, ta** [melilóto, ta] [形] [名] 愚かな〔人〕, うすのろの〔人〕
melindre [melíndre]〘←?古仏語 Melide < ラテン語 Melita (マルタ島にある地名)〙[男] ❶《西. 料理》1) 蜂蜜のかかった揚げパン〘=melindro〙. 2) 糖衣のかかったマジパン. ❷ [主に [複]] 過剰な上品さ(気配り), 気取り: No te andes con ～*s*. 気取るのはよせ. hacer ～*s* 上品ぶる, 気取る. ❸ 細いリボン
melindrear [melindreár] [自] 上品ぶる, 気取る
melindrería [melindrería] [女] 上品ぶること, 気取り
melindrero, ra [melindréro, ra] [形] [名] 上品ぶる〔人〕, 気取った〔人〕
melindres [melíndres] [名]〘単複同形〙こだわり屋
melindrizar [melindriθár] [9] [自] =**melindrear**
melindro [melíndro] [男]《西. 料理》[朝食・おやつに食べる] 蜂蜜のかかった揚げパン(フリッター)
melindrosamente [melindrósaménte] [副] 上品ぶって, 気取って
melindroso, sa [melindróso, sa]〘←melindre〙[形] ❶ 上品ぶった, 気取った. ❷《メキシコ》多くを要求する, 満足させるのが困難な, 気難しい
melinita [meliníta] [女] メリナイト〘爆薬〙
melino, na [melíno, na] [形] [名]《地名》[エーゲ海の] ミロス島 Milo の〔人〕
melión [meljɔ́n] [男]《鳥》トビ(鳶)〘=milano〙
meliorativo, va [meljoratíƀo, ƀa] [形] プラスイメージの〘⇔peyorativo〙
melis [mélis] [男]《植物》テーダマツ〘=pino ～〙
melisa [melísa] [女]《植物》❶ レモンバーム, メリッサ, セイヨウヤマハッカ. ❷ ～ bastarda (silvestre) メリティス, バスタードバーム. ～ de Canarias バームオブギリアド
melisana [melisána] [女] レモンバーム酒
melisca [melíska] [女]《アルゼンチン》トウモロコシの落穂拾い
melisma [melísma] [男]《音楽》メリスマ〘一音節に多数の音符を当てる〙
melismático, ca [melismátiko, ka] [形]《音楽》メリスマの
melisofobia [melisofóƀja] [女] ミツバチ恐怖症
melito [melíto] [男]《薬学》蜂蜜入りの水薬
melívora [melíƀora] [女]《動物》ラーテル
mella [méʎa]〘←?語源〙[女] ❶ 刃こぼれ; [縁の] 欠け: La espada se hizo una ～ al golpear la roca. 剣は岩を打って刃こぼれした. Este plato tiene una ～. この皿は縁が欠けている. ❷ 空隙, すきま; [特に] 歯の抜け跡: Tiene varias ～*s* en los dientes. 彼は歯が何本かない. ❸ [物質的・精神的な] 損害, 痛手: ～ de los bienes 財産の減少. Los disgustos no han hecho ～ en su alegría. 嫌な思いをしても彼の陽気さは変わらなかった
hacer ～ ***a*** (*en*)+人 1) [忠告・懇願などが] 効を奏する; [叱責・喪失などが] こたえる: Le *ha hecho* ～ el consejo de su padre. 父親の忠告は彼に効果があった. 2) 損害を与える

mellado, da [meʎáðo, ða] 形 ❶ 刃こぼれした; 縁の欠けた. ❷ 歯の抜けた: boca ～da 歯の欠けた口. ❸ 口唇裂の
melladura [meʎaðúra] 女 刃こぼれ, 欠け [=mella]
mellar [meʎár] 【←mella】他 ❶ [刃・縁を] 欠く: ～ un vaso コップの縁を欠く. ❷ 損なう, 傷つける: ～ la honra 名誉を傷つける
── ～se 刃 (縁) が欠ける
melliza[1] [meʎíθa] 女 《料理》蜂蜜入りの腸詰
mellizo, za[2] [meʎíθo, θa] 【←俗ラテン語 gemellicius < gemellus】形 名 ❶ 双生児 [の] [=gemelo]: Felipe y Manuel nacieron ～s. フェリーペとマヌエルはともに生れた. ❷ 同じ, 対(?)の
melloco [meʎóko] 男《植物》オジュウコ《食用の芋. 学名 Ullucus tuberosus》
mellón [meʎón] 男 [たいまつ用の] わら束
mellotrón [meʎotrón] 男《音楽》=melotron
melo [mélo] 男《映画》メロドラマ
melo-〖接頭辞〗《音楽》*melomanía* 音楽マニア
melocotón [melokotón] 【←ラテン語 malum「果物」+cotonium「マルメ」】男 ❶《果実》1) 《主に西》モモ (桃) 《ただし白桃ではなく黄桃》. 2) 《中米》ゴレンシ. 《西. 植物》モモ [=melocotonero].
── 形 ❶ オレンジがかった黄色の. ❷《聞 》[牛が] 明るい金色の
melocotonar [melokotonár] 男《西》桃畑
melocotonero, ra [melokotonéro, ra] 形 モモの
── 《西. 植物》モモ (の木)
melodía [meloðía] 【←ラテン語 melodia < ギリシア語 melodia < los「伴奏付きの歌」+aeido「私は歌う」】女《音楽》メロディー, 旋律: ～ móvil 着メロ. ❷ [快い] 調べ: dulce ～ del canto de los pájaros 鳥のさえずりの甘い調べ
melódico, ca [melóðiko, ka] 【←melodía】形 ❶ メロディーの, 旋律的な: línea ～ca メロディーライン. ❷ 旋律の美しい
melodiosamente [meloðjosaménte] 副 美しい旋律で; メロディアスに
melodioso, sa [meloðjóso, sa] 【←melodía】形 ❶ 美しい調べの, 旋律的な: canto ～ de unos pájaros 鳥の美しい歌声. ❷《音楽》旋律が先行する〈⇔rítmico〉: instrumento ～ 旋律楽器. música ～*sa* メロディアスな音楽
melodismo [meloðísmo] 男 旋律重視
melodista [meloðísta] 名 [専門知識を持たずに] 短い旋律を作曲する人. ❷ メロディスト, 旋律の美しい(旋律を重視する) 作曲家
melodrama [meloðráma] 【←ギリシア語 melos「伴奏付きの歌」+drama「行為, ドラマ」】男 ❶《演劇, 映画. 主に軽蔑》メロドラマ. ❷《演劇》[17世紀の] 音楽劇. ❸ [実生活で] ひどく悲しい (悲劇的な) 出来事
melodramáticamente [meloðramátikaménte] 副 メロドラマ調で, 大げさに感情を表わして
melodramático, ca [meloðramátiko, ka] 形 ❶ メロドラマの. ❷ メロドラマ的な, 大げさに感情を表わす, 感傷的な
melodramatismo [meloðramatísmo] 男 メロドラマ調
melodramatizar [meloðramatiθár] 9 他 メロドラマ調にする
melodreña [meloðréɲa] 形 《西》砥石
meloe [meloé] 男《昆虫》オオツチハンミョウ
melografía [melografía] 女 写譜法
meloja [melóxa] 女 ❶ 蜂蜜入りの化粧水. ❷ 刻んだ果物の蜂蜜漬け
melojar [meloxár] 男 ピレネーオークの林
melojo [melóxo] 男《植物》ピレネーオーク [=roble negral]
melólogo [melólogo] 男《古語. 演劇など》メロローグ, 伴奏付きの独白 (口上)
melolonta [melolónta] 女《昆虫》コフキコガネ
melomanía [melomanía] 【←melos「歌」+mania「偏愛, 熱狂」】女 ❶《過度な》音楽愛好, 音楽狂, 音楽マニア. ❷ 集合 音楽愛好家
melómano, na [melómano, na] 形 名《過度な》音楽愛好家 [の], 音楽狂 [の]
melón [melón] I 《←ラテン語 melo, -onis < ギリシア語 melopepon < melon「リンゴ」+pepon「メロン」】男 ❶《植物, 果実》1) メロン. 2) ～ amargo ツルレイシ, ニガウリ, ゴーヤー. ～ de agua《地方語》スイカ [=sandía]. ～ loco ウンデュラータ《学名 Apodanthera undulata》. ～ tropical パパイア ❷《戯語》頭, 頭部. ❸《俗語》複 乳房

empezar (comenzar) el ～《口語》その事態を招く
estar entre ～ *y sandía*《メキシコ》対立する二者択一を迫られている
～ *y tajada en mano*《地方語. 皮肉》いらいらしている
── 形 名《軽蔑》能なしの[人], ばか者[の]
II 男《動物》エジプトマングース [=meloncillo]
melonada [melonáða] 女 ばかげたこと, 愚行, へま
melonar [melonár] 男 ❶ メロン畑. ❷《まれ》集合 能なし, ばか者
meloncillo [melonθíʎo] I 【melón の示小語】男《植物》❶《メキシコ》ウンデュラータ [=melón loco]. ❷《アルゼンチン》ナス科の灌木《学名 Solanum oleagnifolium, Solanum leprosum》
II 男《西. 動物》エジプトマングース
melonero, ra [melonéro, ra] 形 名 メロンの; メロン栽培 (販売) 者
melopea [melopéa] 【←melopeya】女 ❶《西. 口語》酔い: coger (agarrar) una ～ 酔っぱらう. ❷ 単調で繰り返しの多い歌. ❸ [伴奏のある] 朗吟
melopeico, ca [melopéiko, ka] 形 単調で繰り返しの多い歌の
melopeya [melopéja] 【←ギリシア語 melopoiia】女 ❶ 作曲法. ❷ 朗吟
melosa[1] [melósa] 女《チリ. 植物》キク科の一種 [=madi]
melosidad [melosiðáð] 女 ❶ 甘ったるさ. ❷ 甘い言葉, へつらい
melosilla [melosíʎa] 女 [実が落ちてしまう] カシの木の病気
meloso, sa[2] [melóso, sa] 【←ラテン語 mel, mellis「蜜」】形 ❶《時に軽蔑》非常に甘美な (優しい・柔らかい): voz ～*sa* 甘い (甘ったるい) 声. persona ～*sa* 優しい人. carne ～*sa* 柔らかい肉. ❷ 蜂蜜のような, べとべとした
melote [melóte] 男 ❶ 廃糖蜜. ❷《ムルシア》刻んだ果物の蜂蜜漬け
melotrón [melotrón] 男《音楽》メロトロン
Melpómene [melpómene] 【←ギリシア神話】メルポメネー《ミューズ musa の一人》
melquisedeciano, na [melkiseðeθjáno, na] 形 名《ユダヤ教》メルキゼデク Melquisedec (エルサレムの王) をあがめる宗派の[信者]
melquita [melkíta] 形《キリスト教》[シリア・エジプトの] メルキト派の
melsa [mélsa] 女 ❶《アラゴン》脾臓, 内臓. ❷《アラゴン, ラマンチャ, ムルシア》沈着, 冷静; 鈍重
melteigita [melteiʝíta] 女《地質》メルタイグ岩
melting-pot [méltin pot] 【←英語】男《趣》～s〖人種・社会・文化などの〗るつぼ
melton [mélton] 男《趣》～s〖繊維〗メルトン
melva [mélβa] 女《魚》ヒラソウダ
mema[1] [méma] 女《ホンジュラス》[人の] 頭
memada [memáða] 【←memo】女《口語》ばかげた言動
membrado, da [membráðo, ða] 形《紋章》[ワシなどの脚の] 色が本色と異なった
membráfono [membráfono] 男 =membranófono
membrana [membrána] 【←ラテン語 membrana「羊皮紙」】女 ❶《生物》[薄い] 膜: ～ celular 細胞膜. ～ mucosa 粘膜. ～ del oído 鼓膜. ❷ [太鼓などの] 皮: ～ de la pandereta タンバリンの皮. ❸ 薄い膜 (板), 皮膜. ❹《チリ. 医学》ジフテリア
membranáceo, a [membranáθeo, a] 形 膜状の
membranácidos [membranáθiðos] 男 複《昆虫》ツノゼミ科
membranófono [membranófono] 男《音楽》膜鳴楽器
membranoso, sa [membranóso, sa] 形 膜の, 膜のある; 膜質の: alas ～*sas* 膜翅
membranza [membránθa] 女《まれ》=remembranza
membresía [membresía] 女《中南米》[クラブ・政党などへの] 加入, 所属; 集合 加入者, 会員
membrete [membréte] 【←?仏語 brevet < brief「手紙」< ラテン語 brevis「短い」】男 ❶ レターヘッド《便箋の上部に印刷した社名・住所など》. ❷ [手紙の末尾に書かれる] 受取人の住所・氏名. ❸《廃語》メモ書き
membreteado, da [membreteáðo, ða] 形《アンデス》レターヘッドのある
membrilla [membríʎa] 女《植物》マルメロの一種
membrillada [membriʎáða] 女《エクアドル》=membrillete
membrillar [membriʎár] 男 ❶ マルメロ畑. ❷ マルメロ [=membrillero]

membrillate [membriʎáte] 男《メキシコ. 料理》マルメロのジャム
membrillero, ra [membriʎéro, ra] 形 マルメロの
── 男《植物》マルメロ〔の木〕
membrillete [membriʎéte] 男《ペルー. 植物》葉がマルメロに似た黄色い花をつける木
membrillo [membríʎo]《←ラテン語 melimellum「甘いリンゴ」<ギリシア語 melimelon < mel「蜂蜜」+melon「リンゴ」》男 ❶《植物, 果実》マルメロ, カリン. ❷《植物》~ del Japón ボケ. ❸《料理》マルメロのジャム《=carne de ~》. ❹《口語》お人好し, だまされやすい人, ばか, 間抜け. ❺《隠語》殺し屋; スパイ, 密告者
del ~ 秋の
membrudamente [membrúðamente] 副 力強く, 頑強に
membrudo, da [membrúðo, ða]《←membrum「membrum」》形 筋骨たくましい: muchacho ~ たくましい若者. brazos ~s たくましい腕
meme [méme] 女《メキシコ. 幼児語》**hacer la ~** 眠る
memeches [memétʃes]《グアテマラ》**a ~** 馬乗りになって
memela [meméla] 女《料理》❶《メキシコ》[トウモロコシ粉の] 大型で厚く楕円形のトルティーヤ. ❷《グアテマラ, ホンジュラス》生のバナナの葉にはさんで蒸したトルティーヤ
memento [meménto]《←ラテン語》男 ❶《カトリック》メメント, 記念誦《「主よ, お覚え下さい…」の形式で, ミサ典文の後半に生ける者と死せる者のために捧げる祈り》. ❷《まれ》記憶《行為, 内容》
memez [memeθ]《←memo》女《複 -ces》❶ 愚かさ; 愚かな言動: decir *memeces* くだらないことを言う. ❷ 取るに足りないこと
memiso [memíso] 男《カリブ. 植物》ナンヨウザクラ
memnónida [memnóniða] 女《ギリシア神話》メムノニス《エジプトからトロイのメムノン Memnón の墓へ向かったとされる鳥》
memo, ma[2] [mémo, ma]《←擬態》形 名 ばかな〔人〕, 愚かな〔人〕
memorable [memoráble]《←ラテン語 memorabilis》形 記憶すべき, 記憶に値する; 忘れがたい: Nuestra luna de miel fue ~. 私たちのハネムーンは忘れがたいものだった. hecho ~ 記念すべき〔忘れられない〕出来事
memoración [memoraθjón]《まれ》記憶〔行為〕
memorando, da [memorándo, da]《まれ》記憶すべき《=memorable》
── 男 =**memorándum**
memorándum [memorándun]《←ラテン語 memorandum「記憶すべきこと」< memorare「覚える」》男《単複同形 /複 ~s》❶《外交》覚書. ❷《商業》注文書. ❸ メモ; メモ帳. ❹《チリ》[銀行の] 預金証書
memoranza [memoránθa] 女《まれ》記憶
memorar [memorár] 他《まれ》思い出させる
memoratísimo, ma [memoratísimo, ma] 形《まれ》非常に有名な, 記憶されるに値する
memorativo, va [memoratíβo, βa] 形《まれ》記念の, 思い出となる
memoria [memórja]《←ラテン語》女 ❶ 記憶力: Le falla la ~. 彼は物覚えが悪くなっている. tener buena (mala) ~ 記憶力がよい(悪い). tener mucha (poca) ~ 記憶量が多い(少ない). tener una ~ como un colador 非常に忘れっぽい. pérdida (falta) de ~ 物忘れ. ❷ 記憶, 覚え, 思い出《→recuerdo《類義》》: 1) Si la ~ no me falla... 私の記憶違いでなければ…/確か…. No me queda (No tengo) ~ del accidente. 私は事故のことを覚えていない. tener claro en la ~ 鮮明に記憶している. de buena (grata・feliz) ~ 良い思い出の. de mala (ingrata・infausta) ~ 悪い思い出の. libro de ~ 備忘録. 2)《心理》~ colectiva 集団記憶. declarativa 宣言的記憶. ~ procedimental 手続き記憶. ❸〔遺贈による〕寄付財団. ❹ 記念碑; 記念塔, 記念品. ❺ 報告書, リスト: ~ anual 年次報告書, 年報. ~ del material de laboratorio 実験室の備品目録. ❻ 研究報告, 論文《=tesina, tesis》: presentar una ~ de la asignatura 小論文を提出する. ❼《外交》覚え書き. ❽《複》回想録, 手記: escribir sus ~s 回想録を書く. ❾《情報》記憶装置, メモリー: ~ interna (externa) 内部(外部)記憶装置. ~ muerta/~ ROM 読み出し専用メモリー, ROM. ~ no volátil フラッシュメモリー. ~ virtual 仮想メモリー. ~ viva/~ RAM ランダムアクセスメモリー, RAM. ~ USB USBメモリー. 2) メモリー容量《=capacidad de ~》. ❿《古語的》《複》よろしく〔伝えるなどの挨拶・伝言〕《=recuerdos》: Déle a su madre muchas ~s de mi parte. お母様によろしくお伝え下さい. M~s a tu tío. 君の叔父さんによろしく. ⓫《カトリック》記念日《→fiesta ❷》. ⓬ 遺言による遺産;《古語》遺言補足書《=~ testamentaria》. ⓭《歴史》追悼作品. ⓮ 明細書
a la ~ de... の記念に: levantar un monumento *a la ~ de los caídos* 戦没者の慰霊碑を建てる
acudir a la ~ de+人 ...に思い出される: *Acudió a su ~ el recuerdo de su infancia.* 彼に幼い日の思い出がよみがえった
aprender de ~ 暗記する: *Más vale acostumbrarse que aprender de ~.*《諺》習うより慣れよ
borrarse (caerse) de la ~ 記憶から消える: *Se borraron de su ~ las recomendaciones.* 彼は忠告を忘れてしまった
conservar la ~ de... ...を覚えている, 忘れない
de feliz ~《文語》[故人の名前+. 故人への愛情を表わして] 良い思い出の方
de ~ 1) 暗記して, そらんじて: *Se sabe de ~ todos los elementos químicos.* 彼はすべての元素をそらで言える. tocar de ~ 暗譜で演奏する. 2)《アラゴン, ムルシア》あお向けに
de santa ~《文語》=**de feliz ~**
decir de ~ =**hablar de ~**
en ~ de... ...の記念に; ...をしのんで
encomendar a la ~ 暗記する
flaco de ~ 忘れっぽい: *Eres flaco de ~ cuando te conviene.* 君は都合のいい時に物忘れする
guardar ~ de... ...を覚えている
hablar de ~ うろ覚えで話す, 出任せを言う
hacer ~ [+de を] 思い出そうとする
irse a la ~ de 人 ...に忘れられる
manchar la ~ [+de 故人の] 悪口を言う, けなす
~ de elefante 抜群の記憶力: *Tiene una ~ de elefante.* 彼は信じられないほど記憶力がいい
~ de gallo/**~ de grillo**《口語》記憶力の悪い人
perder la ~ de+事 ...を忘れる
profanar la ~ =**manchar la ~**
recorrer la ~ 回想する
reducir... a+人 **a la ~** =**traer...a**+人 **a la ~**
refrescar (renovar) la ~ de... ...の記憶を新たにする; 思い出させる; [自然と] 思い出させる
traer ~ a+人 **a la ~** ...に...を思い出させる: *La miserable comida me trajo a la ~ mi niñez.* 粗末な食事で私は子供のころのことを思い出した
tener en ~ 記憶にとどめる
venir a+人 **a la ~** ...に思い出される: *Me ha venido a la ~ la muerte de mi padre.* 私は父の死のことを思い出した
memorial [memorjál]《←ラテン語 memoriale, -is》男《文語》❶ 記念行事,《スポーツ》記念大会, 記念試合. ❷ メモ帳, 備忘録: anotar en el ~ メモ帳に書き込む. ❸ 会報. ❹《古語的》請願書, 建白書. ❺ 記念碑. ❻《口語》perder los ~es 物忘れする. ❼《カトリック》記念《神の業の想起・再現》: La Eucaristía es el ~ de la Pascua de Cristo. 聖体拝領はキリストの復活を記念する
── 形 ❶ 記念の. ❷ 嘆願書の
memorialesco, ca [memorjalésko, ka] 形 嘆願書の
memorialismo [memorjalísmo] 男 代書
memorialista [memorjalísta] 共 ❶《古語的》代書人. ❷《古語的》嘆願書の作成者. ❸ 回想録の書き手
memorieta [memorjéta] **de ~**《口語》暗記して, そらんじて
memorión, na [memorjón, na]《*memoria* の示大語》形 名 非常に記憶力のよい〔人〕;《軽蔑》記憶魔〔の〕
── 男 驚異的な記憶力
memorioso, sa [memorjóso, sa] 形《主に中南米》記憶力のよい〔人〕
memorismo [memorísmo]《←*memoria*》男 詰め込み主義, 暗記主義
memorista [memorísta] 形 名 ❶ [教育方法・知識が] 詰め込み主義の〔の〕, 暗記主義の〔の〕: enseñanza ~ 詰め込み教育. ❷《主に中南米》=**memorioso**. ❸《中南米》[学生が] 暗記するばかりで考えない
memorístico, ca [memorístiko, ka] 形 ❶ [教育方法・知識が] 暗記主義の, 暗記による: enseñanza ~*ca* 暗記主義の教育. prueba ~*ca* 記憶力テスト. ❷ 記憶の
memorizable [memoriθáβle] 形 暗記され得る

memorización [memoriθaθjɔ́n] [女] ❶〔丸〕暗記. ❷《情報》記憶: ～ temporal 一時記憶
memorizador, ra [memoriθađɔ́r, ra] [形] [名] 暗記させる〔人〕
memorizar [memoriθár]〘←memoria〙[9] [他] ❶〔丸〕暗記する. ❷《情報》記憶する
—— [自]《エクアドル》暗記を偏重する
mena [ména] [女] ❶《鉱物》[主に鉄の] 原鉱. ❷《魚》棘鰭類の一種〘地中海産. あまりおいしくない〙. ❸《船舶》綱索の太さ
Mena [ména]《人名》**Juan de ～** フアン・デ・メナ〘1411～56, スペインの詩人. 人文学的教養に基づく格調高い詩語を用いて,『運命の迷宮』*El laberinto de Fortuna*（別名 *Las trescientas*）を著わした. 様々な修辞を駆使し, 誇飾主義 culteranismo の先駆とされる〙
Pedro de ～ ペドロ・デ・メナ〘1628～88, バロック期スペインの聖像彫刻家.『罪深き女マグダラ』*Magdalena penitente*,『この人を見よ』*Ecce Homo*. 唯一の世俗的作品『カトリック両王像』*Los Reyes Católicos*〙
ménade [ménađe] [女] ❶《ローマ神話》[*M*～] マイナデス〘酒神バッカスに付き従う狂女たち〙. ❷《文語》狂乱する女, 怒り狂った女: Está hecha una ～. 彼女は狂乱している
ménage à trois [menaθ a trwá]〘←仏語〙[男] 3人でする性交, 3P
menaje [menáxe]〘←仏語 ménage〙[男] ❶ [集名] [一軒の家の] 家具, 調度品. ❷ [集名] 家庭用品; [特に] 台所用品〘=～ de cocina〙. ❸ [集名] [いくつもの家で共有する] 家具・衣類・什器. ❹ [集名] [一つの学校の] 教育用備品, 教材. ❺《軍事》士官の会食用制服
menalgia [menálxja] [女]《医学》月経痛
menar [menár] [他] ❶ [縄跳びの縄を] 回す. ❷《ムルシア》[生糸を] 糸車から回し取る
menarquía [menarkía] [女]《医学》初潮, 初経
mencal [meŋkál] [男]《建築》[煉瓦・瓦の] 型
mencey [menθéi̯] [男]《歴史》グアンチェ guanche 族の族長
menchevique [mentʃebíke] [形] [名]《歴史》[ロシアの] メンシェヴィキ〔の〕
Menchú [mentʃú]《人名》**Rigoberta ～** リゴベルタ・メンチュ〘1959～, グアテマラの先住民キチェ族 quiche の女性. 先住民の人権擁護運動の指導者. 1992年ノーベル平和賞受賞〙
menchuca [mentʃúka] [女]《チリ. 口語》嘘, 作り話
mencía [menθía] [形] [女]《農業》[レオン・ガリシア特有の] メンシア種の〔ブドウ〕
menciano, na [menθjáno, na] [形] [名]《地名》ドニャ・メンシア Doña Mencía の〔人〕〘コルドバ県の村〙
mención [menθjɔ́n]〘←ラテン語 mentio, -onis < mens, mentis「精神」〙[女] ❶ 言及; 記載: La sola ～ de su madre conmovió al productor. 自分の母親のことをちょっと言われただけでその製作者は心が動揺した. hecho digno de ～ 言及するに足る事実. ❷《地方語》態度: hacer ～ 態度をとる
hacer ～ de (a)... …に言及する: En el discurso *hizo ～ de* mi nombre. 彼はスピーチで私の名前を出した
～ honorífica/～ de honor/～ especial 選外佳作
merecer ～ [人・物を記憶に留めるため] 言及するにふさわしい: Su familia *merece ～* por su gran contribución a la fundación de este pueblo. 彼の一家はこの村の建設に大きく貢献したので, その点言及しておくべきである
mencionable [menθjonáble] [形] 言及に値する
mencionar [menθjonár]〘←mención〙[他] …に言及する; 記載する: No *menciones* mi nombre delante de ellos. 彼らの前で私の名を出すな. Cuando la volví a ver nunca se refirió a aquella noche y yo tampoco lo *mencioné* siquiera. 私が彼女に再会した時, 彼女はあの夜のことを一切話題にしなかったので, 私もそれには触れなかった. Sus publicaciones son numerosas, de ellas *mencionamos*: ... 彼にはたくさんの著作がある. その一部を挙げると…. anteriormente *mencionado* 上述の
sin ～ a... …は言うまでもなく, もちろん
—— **～se** 言及される; 記載される
menda [ménda]〘←ジプシー語〙[代]《西. 軽蔑》[不定代名詞. 誰だか知らない・言いたくない] 誰か: Me lo ha dicho un ～. 誰かが私にそう言った
—— [男]《西. 戯語》[3人称単数扱い. el・mi・este+] 私自身〘=～ lerenda〙: Mi ～ no piensa irse de aquí. 私はここを出て行くつもりはない. Esto se lo comerá mi ～ lerenda. これは私が食べてしまおう

mendacidad [mendaθiđá(đ)]〘←ラテン語 mendacitas, -atis〙[女]《文語》虚言癖
mendas [méndas] [代] 私自身〘=menda〙: El ～ no dice nada. 私は何も言わない
mendaz [mendáθ]〘←ラテン語 mendax, -acis〙[形] [名]《軽蔑》嘘つきの〔人〕〘=mentiroso〙
mendelevio [mendelébjo] [男]《元素》メンデレビウム
mendeliano, na [mendeljáno, na] [形]《人名》メンデル Johann Mendel の; メンデルの法則の
mendelio [mendéljo] [男]《まれ》=**mendelevio**
mendelismo [mendelísmo] [男]《生物》メンデルの遺伝法則
mendelssohniano, na [mendɛls[s]onjáno, na] [形]《人名》[作曲家] メンデルスゾーン Mendelssohn の
Méndez Montenegro [méndeθ mɔntenégro]《人名》**Julio ～** フリオ・メンデス・モンテネグロ〘1916～96, グアテマラの法学者・大学教授, 大統領〙
mendi [méndi] **I** [形] [男] [シエラ・レオネで使用されている] メンデ語〔の〕
II [代]《西. 軽蔑》誰か〘=menda〙
mendicación [mendikaθjɔ́n] [女]《まれ》物乞い〘=mendicidad〙
mendicante [mendikánte]〘←ラテン語 mendicans, -antis〙[形] [名] ❶ 物乞いをする〔人〕. ❷《宗教》托鉢(たくはつ)をする〔人〕; 托鉢修道士: órdenes ～*s*《カトリック》托鉢修道会
mendicidad [mendiθiđá(đ)]〘←ラテン語 mendicitas, -atis〙[女] ❶ 物乞い, 乞食〘境遇, 行為〙: vivir de la ～ 物乞いをして暮らしを立てる. En este barrio hay mucha ～. このあたりは乞食が多い. ❷《宗教》托鉢
mendigador, ra [mendigađɔ́r, ra] [形] [名]《まれ》施しを乞う〔人〕
mendiganta [mendigánta] [女]《廃語》女乞食〘=mendiga〙
mendigante [mendigánte] [形] [名]《まれ》=**mendicante**
mendigar [mendigár]〘←ラテン語 mendicare〙[8] [他] ❶ [施しを] 乞う: ～ una comida 食べ物を乞う. ❷ [屈辱的な態度で] 懇願する: ～ el amor de+人 …の愛を求める
—— [自] 物乞いをする: Una mujer *mendigaba* a la entrada de la iglesia. 一人の女が教会の入り口で物乞いをしていた
mendigo, ga [mendígo, ga]〘←ラテン語 mendicus〙[名] 乞食(こじき): Hay ～*s* a la entrada del metro. 地下鉄の入り口に乞食たちがいる
—— [形]《メキシコ. 軽蔑》❶ けちん坊な, しみったれの. ❷ [人・事物が] 悪い, 悪意のある: ¡Qué ～ calor hace! ひどい暑さだ. ❸ みすぼらしい
mendiguez [mendigéθ] [女]《まれ》物乞い〘=mendicidad〙
mendipita [mendipíta] [女]《鉱物》メンディパイト
mendo [méndo] [男]《魚》タイセイヨウヒレグロ〘学名 Glyptocephalus cynoglossus〙
mendocino, na [mendoθíno, na] [形] [名]《地名》メンドサ Mendoza の〔人〕〘アルゼンチン中西部の州・州都〙
mendosamente [mendósaménte] [副] 偽って; 誤って
mendoso, sa [mendóso, sa] [形] 虚偽の, 嘘の; 誤った
Mendoza [mendóθa]《人名》**Antonio de ～** アントニオ・デ・メンドサ〘1490～1552, スペイン生まれ. 初代ヌエバ・エスパーニャ副王を経て第2代ペルー副王〙
Pedro de ～ ペドロ・デ・メンドサ〘1487～1537, スペイン人コンキスタドール. リオ・デ・ラ・プラタ総督. ブエノス・アイレスの建設者〙
mendrugo [mendrúgo]〘←?語源〙[男] ❶ 固くなった(捨てられた)パンのかけら〘=～ de pan〙. ❷《西. 軽蔑, 時に親愛》鈍感な人, 頭の悪い人
menduna [mendúna] ***mi (su) ～***《隠語》[3人称で] 私
mene [méne] [男]《ベネズエラ》瀝青, チャン〘=neme〙
meneado, da [meneáđo đa] [形] ❶《古語的. 闘牛》[牛が] 先にあしらい torear の終わった. ❷《ベネズエラ》酔っ払った
meneador, ra [meneađɔ́r, ra] [形] [名]《まれ》動かす〔人〕, 振る〔人〕
—— [男]《メキシコ》火かき棒
meneallo [meneáʎo] ***Mejor es no ～./Más vale no ～./Peor es ～.*** いまさら何を言っても無駄だ〘=Mejor es no menearlo.〙
menear [meneár]〘←古語 manear < mano（カタルーニャ語 menar「導く」の影響）< ラテン語 minari「家畜を導く」〙[他] ❶ [左右に] 動かす, 振る, 揺する: El perro *meneaba* la cola de contento.

犬は喜んでしっぽを振っていた. El viento *meneaba* las hojas del árbol. 風が木の葉を揺らしていた. ❹《口語》[問題などを解決するために] 積極的な手を打つ: Debes ～ tu solicitud. 君は申請手続きを積極的に進めるべきだ. ❺ [状態・位置を] 変える. ❹ [液体を] かき混ぜる. ❺ [商売を] 営む
Mejor es no ～lo. いまさら何を言っても無駄だ／もう過ぎた (嫌な) ことには触れるな
Peor es ～lo. =**Mejor es no ～lo.**
── ～se ❶ 動く, 揺れる. ❷《口語》[しばしば命令で] 急ぐ: *Menéate* o llegaremos tarde. 急げ, さもないと遅れるぞ. ❸《口語》何とかする: Si no *te menees,* será difícil que se solucione el asunto. 君が何とかしなければ問題の解決は困難だろう. ❹ 腰を振って歩く: ～*se* con gracia 魅力たっぷりに腰を振って歩く. ❺ 動き回る, そわそわする
de ～ de no te menees《西. 口語》すごい, 重大な, ひどい: Me dio un susto *de no te menees*. 私はひどく驚いた. fiesta *de no te menees* 大変盛大なパーティー. problema *de los de no te menees* 大変な問題. dar a+人 una paliza *de las de no te menees* ⋯を叩きのめす
meneársela《西. 口語》1) [男性が] マスターベーションをする. 2) [+a+人] にとって] 全く重要でない

menegilda [menejílda]【Hermenegilda の語頭音消失】《古語的. マドリード. 軽蔑》女中, 下女
Menelao [meneláo] 男《ギリシア神話》メネラオス『アガメムノン Agamenón の弟でヘレナ Helena の夫』
Menéndez de Avilés [menéndeθ de abilés]《人名》**Pedro** ～ ペドロ・メネンデス・デ・アビレス『1519～74, スペイン人コンキスタドール. フロリダの初代総督の後, キューバ総督』
Menéndez Pelayo [menéndeθ peláfio]《人名》**Marcelino** ～ マルセリーノ・メネンデス・ペラヨ『1856～1912, スペインの哲学者・歴史家. 該博な知識と優れた眼識によってスペインの文芸研究に新たな地平を拓いた. 初期の著作ではカトリックの復権と伝統文化の正当性を主張し, その後は近代思想を含めた幅広い視点で主に文学を論じた』『スペイン異端者の歴史』*Historia de los heterodoxos españoles,*『スペイン芸術思想史』*Historia de las ideas estéticas en España*』
Menéndez Pidal [menéndeθ piðál]《人名》**Ramón** ～ ラモン・メネンデス・ピダル『1869～1968, スペインの言語学者・文学史家. 言語学的分析と文献学的考証に基づきスペインの言語史・中世文学・歴史学などの研究を発展させた』『スペイン語起源論』*Orígenes del español,*『わがシッドの歌』*Cantar de Mio Cid; texto, gramática y vocabulario,*『エル・シッドのスペイン』*La España del Cid*』
meneo [menéo] 男 ❶ [左右に] 動かす (動く) こと: dar un ～ a la mesa テーブルを揺らす. ❷《西. 口語》[激しい] 殴打; 叱責, 非難: Si vuelve a llegar tarde te voy a dar un ～. 今度彼が遅刻したらひどい目に遭わせてやるぞ. ❸ 取引, 商売. ❹《演劇. 隠語》[観客の不満の表明] 足踏み. ❺《隠語》姦淫, 性交
menéon [menéon]《プエルトリコ, コロンビア》[急速の] 回し
menequear [menekeár] ～*se*《チリ, アルゼンチン》やたらと動かす
menequeteo [meneketéo] 男《チリ》[腰を] 気取って振ること, くねくねさせること
menescal [meneskál] 男《地方語》獣医
menesiano, na [menesjáno, na] 形 名 キリスト教教育修士会 Congregación de Hermanos de la Instrucción Cristiana の [会員]
menester [menestér]【←ラテン語 ministerium「勤務, 職」← minister, -tri「召使い, 士官」】男 ❶《文語》[主に 複] 職業, 仕事; 活動: Para estos ～*es* no hace falta estudiar mucho. この職業につくにはそんなに勉強しなくてもいい. ❷《口語》複 道具, 用具: ～*es* de carpintería 大工道具. ❸ 必要性. ❹ 複 生理的欲求: hacer sus ～*es* 用便を足す
haber [de] ～ [+de ～] 必要とする: ayudar a los que *han [de] ～* de ello 援助が必要な人を援助する
ser ～ +不定詞・*que*+接続法《文語》⋯することが必要である: Sería ～ darse prisa. 急がねばならないようだ. No *es ～ que* nos reunamos mañana. 明日我々が集まる必要はない
menesterosidad [menesterosiðáð] 女
menesteroso, sa [menesteróso, sa] [←**menester**] 形 名《文語》❶ 困窮している [人]. ❷ [+de 〜] 必要としている
menestra [menéstra] [←イタリア語 minestra] 女《西. 料理》 ❶ ミネストローネ. ❷ [主に 複] 乾燥豆. ❸ [兵士・囚人の給食の] 乾

燥豆の煮込み
menestral[1] [menestrál] 形 職人の, 手工業者の
menestral[2]**, la** [menestrál, la]【←ラテン語 ministerialis】名 職人, 手工業者
menestralería [menestralería] 女 =**menestralía**
menestralía [menestralía] 女《集名》職人, 手工業者
menestrete [menestréte] 男《建築. 船舶》釘抜き
menestrón [menestrón]《ペルー. 料理》=**minestrone**
menfita [menfíta] 形 名《古代エジプト. 地名》メンフィス Menfis の [人]
menfítico, ca [menfítiko, ka] 形 メンフィスの【=**menfita**】
mengajo [mengáxo] 男《ムルシア》ぼろ布
mengala [mengála] 女《中米》[田舎出で下働きの, 独身の] 若い女性
menganito, ta [menganíto, ta] 名 =**mengano**
mengano, na [mengáno, na]【←アラビア語 man kan「誰でも」】名 誰それ【→**fulano**】: M～ y Zutano 誰かと誰か
mengibareño, ña [menxibaréɲo, ɲa] 形 名《地名》メンヒバル Mengíbar の [人]『ハエン県の村』
mengua [méŋgwa]【←俗ラテン語 minua < ラテン語 minuere「減少する, 低下する」】女《文語》❶ 減る (減らす) こと; 減少: ～*s* en los beneficios 大幅な減益. ❷ 不足, 欠乏, 不十分: ～ *de cualidades* 資質に欠けること. ❸ 信用の下落, 不名誉: constituir una ～ *para+*人 ⋯にとって不名誉となる. ir en ～ *del prestigio de+*人 ⋯の権威を失墜させる. ❹ 落ちぶれること, 衰退
sin ～ 完全な, 完璧な: honradez *sin* ～ 誠実そのもの
sin ～ *de...* ⋯にかまわず, 減らさずに: *sin* ～ *de sus actividades normales* 通常の活動を妨げずに
menguadamente [meŋgwáðaménte] 副 ❶ 意気地なく, 卑怯にも. ❷ けちけちと
menguado, da [meŋgwáðo, ða] 形《文語》❶ 意気地のない [人], 臆病な [人]. ❷ ささいな, 取るに足りない: ～*s éxitos* ささいな成果. ❸ ばかな, 愚かな. ❹ みじめな, 不運な; けちな
── 男《編み物》減らし目
menguamiento [meŋgwamjénto] 男《廃語》=**mengua**
menguante [meŋgwánte] 形 ❶《文語》減少する. ❷ luna ～ 欠けていく月 [⇔luna creciente]. luna en cuarto ～ 下弦の月
── 女 ❶ [川の] 渇水, 減水: En agosto, la ～ deja el río casi seco. 8月には減水で川はほとんど干上がる. *estar en la* ～ 渇水している. ❷ 引き潮《=aguas de ～》. ❸ 衰退, 衰弱, 低下: ～ *de las ventas* 売上げの低下. ❹ ～ *de la Luna* 満月から新月までの期間
❺《紋章》両端が下向きの三日月
menguar [meŋgwár]【←俗ラテン語 minuare < ラテン語 minuere 「減少する」】❶ 自《文語》減少する: El número de niños en esta ciudad *mengua* cada año. この市内の子供の数は年々減っている. ❷ [月が] 欠ける: La Luna mañana empezará a ～. 明日, 月が欠け始める. ❸ [編み物で] 減らし目をする. ❹ 落ちぶれる; [評判などが] 落ちる. ❺ 衰える, 弱まる: En octubre *mengua* el calor. 10月には暑さも弱まる
── 他《文語》減らす: ～ *un punto cada dos vueltas* [編み物で] 2段ごとに1目減らす. ❷ [評判などを] 落とす: Esto *ha menguado* su fama. このことが彼の評判を落とした
mengue [méŋge]【←ジプシー語】男《口語》悪魔, 魔物, 死霊: *¡Malos ～s te lleven!* くたばれ, ちくしょう!
menhir [menír]【←仏語】男《考古》メンヒル
meniantáceo, a [menjantáθeo, a] 形 ミツガシワ科の
── 女《植物》ミツガシワ科
menina [menína] [←**menino**] 女 ❶《古語》[スペイン宮廷で 王・王女付きの] 若い女官. ❷《まれ》少女
meninge [menínxe] 女《解剖》[脳脊] 髄膜
estrujarse (*exprimirse*) *las* ～*s*《戯語》熟考する, 脳みそを絞る
meníngeo, a [menínxeo, a] 形 [脳脊] 髄膜の
meningítico, ca [meninxítiko, ka] 形 ❶ 髄膜炎の [患者の]. ❷《軽蔑》ばか, 間抜け
meningitis [meninxítis] 女《医学》[脳脊] 髄膜炎
meningococo [meningokóko] 男《医学》髄膜炎菌
meningoencefalitis [meningoenθefalítis] 女《医学》髄膜脳炎
menino [meníno]【←ポルトガル語】男《古語》[スペイン宮廷で女

王・王子付きの]小姓

menipeo, a [menipéo, a] 形《人名》メニッポス Menipo の『古代ギリシアの作家』

menique [meníke] 形 名《廃語》=**meñique**

meniscal [meniskál] 形《解剖》半月板の: legiones ~es 半月板損傷

menisco [menísko] 男 ❶《解剖》[関節内の] 半月板: ~ medial 内側（の）半月. ~ lateral 外側（の）半月.《光学》凹凸レンズ. ~ convergente 収束メニスカスレンズ. ~ divergente 発散メニスカスレンズ. ❸《物理》メニスカス

menispermáceo, a [menispermáθeo, a] 形《植物》ツヅラフジ科の —— 女 複《植物》ツヅラフジ科

menjuí [meŋxwí] 男 複 =es《植物》ベンゾイン『安息香が採れる』

menjunje [meŋxúŋxe] 男《まれ》=**mejunje**

menjurje [meŋxúrxe] 男《まれ》=**mejunje**

menologio [menolóxjo] 男《ギリシア正教》メノロギオン, 聖者暦集

menomini [menomíni] 形 名〔北米先住民の〕メノミニ族〔の〕—— 男 メノミニ語

menonia [menónja] 女 =**memnónida**

menonita [menoníta] 形 名《プロテスタント》メノー派の〔教徒〕, メノナイト〔の〕『16世紀オランダの再洗礼派』

menopausia [menopáwsja]『ギリシア語 men「月」+pausis「中止」』 女《医学》閉経; 更年期: llegar a la ~ 更年期に入る. ~ masculina 男性更年期

menopáusico, ca [menopáwsiko, ka] 形 更年期の;〔女性が〕更年期にある

menor [menór]『ラテン語 minor, -oris』形《pequeño の比較級. ⇔mayor》❶ もっと小さい: 1) Ana ha adelgazado y necesita una talla ~. アナはやせたので, 一回り小さいサイズが必要だ. 2) [+que より] El número de alumnos es ~ que el de alumnas. 男子生徒の数は女子生徒の数よりも少ない. Este año mis ingresos serán ~es que los del año pasado. 今年の私の収入は去年よりも少ないだろう. 3) [+de+名・数量・程度 より] El protón es ~ de lo que se creía. 陽子は考えられていたよりも小さい. Somos ~es de sesenta años y podemos trabajar más. 私たちは60歳になっていないので, 旅行の費用は予定額を下回った. 語法 **menor** と **más pequeño** 1) 抽象的な大きさの比較では主に menor: El presupuesto de este año es 10 por ciento ~ que el del año pasado. 今年の予算は去年より10%減っている. Los puestos que me ofrecieron fueron de ~ categoría de la que esperaba. 私に提示されたポストは期待していたより下位のものだった. 2) 物理的な大きさの比較では主に más pequeño: Quiero una taza más pequeña para el café. コーヒー用にもっと小さなカップが欲しい. 3) 抽象的な大きさの比較でも más pequeño が使われることがある: Yo desearía montar un negocio de ordenadores a una escala más pequeña. 私はもっと小規模なパソコンの店を始めたいと思っているのだが. 4) 物理的な大きさの比較でも menor が使われることがある: Mi casa es menor [en espacio] que la tuya. 私の家は君の家より狭い. Este violín es de menor tamaño que el mío. このバイオリンは私のより小型だ. La superficie de Japón es menor que la de España. 日本の面積はスペインの面積よりも小さい. 4)[最上級. 定冠詞や所有形容詞+. +de・en・entre の中で] Este dinosaurio es el ~ de los conocidos. この恐竜は知られているものの中で一番小さい. Es la ~ de todas las tallas. これが一番小さいサイズだ. La densidad demográfica de esta región es la ~ de todo el país. この地域の人口密度は全国で最低である. ❷ [否定文で, 定冠詞+~+名詞] 少しの〔…もない〕: No hizo el ~ comentario. 彼は一ノーコメントだった. La declaración del presidente del país vecino no ha tenido la ~ importancia en nuestro país. 隣国の大統領の声明は我が国では全く重要視されなかった. ❸ 年下の: Ana es dos años ~ que yo. アナは私より2歳年下だ. Yo soy el ~ de los graduados que hay aquí. 私はここにいる卒業生たちのうちで最年少だ. ❹ [法的に] 未成年の: Sois ~es de edad y no podéis entrar solos en este local. 君たちは未成年だからここに一人では入れない. ~ edad 未成年『=minoría de edad』. ❺ 主要でない, あまり重要でない, 大したことのない: gastos ~es 雑費. pecado ~ 微罪. ❻《音楽》1) 短調の: en do ~ ハ短調の. 2) hexacordio ~ 6度マイナー. ❼《数学》a es ~ que b. aはbより小

ある『a<b』. ~ o igual que… より小または等しい『≦』. ❽《詩法》8音節以下の: verso de redondilla ~ 8音節4行詩

al por ~ 1)《商業》小売りの・で, 小口の・で: En este mercado no se vende al por ~. この市場では小売りはしていない. precio al por ~《商業》小売価格. 2) [+副] =por ~: Esta relación está hecha al por ~ con datos muy recientes. この報告書は最新のデータも加えて, 詳しく作成されている

de ~ *a mayor* 小から大へ, 小さい順に: Niños, ordenad los cubos que veis aquí por su tamaño de ~ a mayor capacidad. 子供たち, ここにあるバケツをその容量が小さいものから順に並べなさい

por ~ 1) 詳細に: Este manual se refiere por ~ al modo de trasplantar los rosales. この手引書にはバラの植え替え法について詳しく書いてある. 2)《商業》小売りの・で『=al por ~』

sin el ~… 全く…なく, 全く…のない: El chico me dijo, sin la ~ vacilación, lo que pensaba. その子は少しもためらうことなく, 自分の考えを私に言った

—— 名 ❶ 年下[目下]の人, 後輩. ❷ 未成年者『=~ de edad. スペインでは18歳未満』: Los ~es de edad no pueden consumir alcohol en los bares. 未成年者はバルで酒を飲むことはできない. delitos cometidos por los ~es 未成年者による犯罪. película no apta (recomendada) para ~es 成人映画. tribunal de ~es 少年裁判所

—— 男《カトリック》1) フランシスコ会の修道士. 2) clérigo de ~es 下級叙階の修道士. 2)《建築》切り面の小さな切り石. ❸ 複 [ラテン語文法教育の] 最下級課程

—— 女《論理》[三段論法の] 小名辞; 小前提『=premisa ~』

menorah [menóra] 女 [ユダヤの] 7本枝の燭台, メノラー

menorero, ra [menoréro, ra] 形 名 児童との性交を好む〔人〕

menoría [menoría] 女《まれ》❶ 未成年『=minoría de edad』. ❷ 下位, 隷属

a ~《中南米》小売りで『=al por menor』

menoridad [menoriðáð] 女《まれ》未成年『=minoría de edad』

menorista [menorísta] 男《古語》未成年の文法クラスの学生

—— 名《メキシコ, コロンビア》小売商『=minorista』

menorquín, na [menorkín, na] 形 名《地名》メノルカ島 Menorca の〔人〕『バレアレス諸島の一島』

menorragia [menoráxja] 女《医学》月経過多

menos [ménos]『ラテン語 minus < minor, -oris』副『poco の比較級. ⇔más』❶ より少なく: 1) [+形容詞] Comeremos juntos cuando estés ~ ocupado. 君がこんなに忙しくない時に, 一緒に食事をしよう. 2) [+副詞] Los trenes van por aquí ~ rápido. 列車はこのあたりで速度を落として走る. Ese chiste es ~ a propósito para esta ocasión. その冗談はあまりこの場にふさわしくない. 3) [動詞+] Hablad ~ y trabajad más. おしゃべりを控えて, もっと仕事をしなさい. Hay que comer ~ para mantener la salud. 健康維持のためには食べる量を少なくしなければならない. ❷ [劣等比較級. +que] …より少なく, …ほど…ない: 1) [+形容詞] Es ~ alta que su madre. 彼女は母親ほど背が高くない. La iluminación de la calle está ~ luminosa que antes. 通りの照明は以前ほど明るくない. 2) [+副詞] Esta mañana me he levantado ~ temprano que de costumbre. 今朝私はいつもより遅く起きた. Él vive ~ lejos de la oficina que yo. 彼は私と比べて事務所から遠くない所に住んでいる. A veces salgo a ver las películas, pero ~ a menudo que antes. 時々私は映画を見に出かけるが, 以前ほど頻繁ではなくなった. 3) [動詞+] Gano ~ que los demás. 私は他の人ほどに稼がない. Viajar en tren cuesta ~ que en avión. 列車で旅行する方が飛行機より金がかからない. ❸ [+de+名・数量・程度 より] …以下: Ese chico es ~ listo de lo que parece. その子は見かけほど賢くない. Las cosas me parecen ~ enrevesadas de lo que pensaba. 私には状況は思っていたほど複雑には見えない. Este examen ha sido ~ difícil de los que he hecho de formación profesional. この試験は私が職業訓練課程で受けた試験ほど難しくなかった. En ~ de tres días lo acabaremos. 3日もかからないで終わるだろう『年齢と時刻を除き, de+数詞 の数を含まない. この例文では「2日以内で」』. Había en total ~ de treinta personas incluyendo niños. 小さな子供を入れても30人はいなかった. Llegaron en ~ de media hora. 彼らは30分もしないうちに来た. Todavía son ~ de las

menos

ocho. まだ8時になっていない. 〘語法〙 1) 2者の間での比較では 定冠詞+: Rosa es la ~ alegre de las dos hermanas. ロサは2人の姉妹のうち陽気でない方だ. 2) 比較級に数量・程度の修飾語句を加えることができる: Hay mucha ~ gente *que* ayer. 今は昨日よりもずっと少ない人しかいない. Que seas *un poco* ~ exigente contigo mismo. 君はもう少し自分自身に対して優しくなったらどうだ. Tomando esa medicina, el dolor de cabeza se me hacía *cada vez* ~ fuerte. 私はその薬を飲むと頭痛がだんだん治まっていった. 3) 比較の対象は省略されることが多い: Mi madre era ~ indulgente con los criados. 母は召使いに対してはさほど寛大でなかった. Este año nieva ~. 今年は(例年より)雪が少ない. En esta habitación hay ~ luz. この部屋は〔他の部屋と比べると〕日当たりが悪い(薄暗い). Estos días nos visita con ~ frecuencia. このごろ彼は〔前ほど〕頻繁には訪ねて来なくなった. Gasta ~. 無駄づかいを減らしなさい〗 ❹ 〔劣等最上級. +de・en・entre で〕最も少なく: 1) 〔形容詞の最上級. 定冠詞・所有形容詞+〕 Es *la* chica ~ divertida *de* las compañeras de clase. 彼女はクラスの仲間の中で一番面白うきんではない. *Entre* los aspirantes él será el ~ apto para ocupar el puesto. 志願者の中で彼が一番そのポストにつくのに不向きだろう. 2) 〔副詞の最上級〕 No es admisible trabajar ~ y cobrar más. 最も少ししか働かないで最も多く給料を取るなんて許されない. 〘語法〙1) 副詞の最上級は比較級と同じ形式で表現されるので, 比較級か最上級かは文脈から判断する: El chico estudia ~. その子は〔あまり勉強しない/一番勉強しない〕. 2) 最上級の範囲「…の中で」を表現しようとする時は, ser+定冠詞〔+名詞〕+que+直説法 の形式が使われる: Este chico es el que ~ estudia en la clase. この子はクラスで一番勉強しない子だ. Este pantalón es el que cuesta ~ de todos. このズボンが全部の中で一番値段が安い. 3) 最上級の範囲「…の中で」を表現する語句は省略されることが多い: El invierno es *la* estación que ~ me gusta. 冬は私が一番好きでない季節だ〗 〔副詞・形容詞・動詞など同種概念間の比較〕〔…というよりは〕むしろ: Esa vecina era ~ chismosa *que* entrometida. その隣人はうわさ好きというよりはおせっかいやきだった. ❻ 〔否定. 「…に劣らず…: Algunas películas del Oeste fueron unas maravillas, pero sus canciones no fueron ~ hermosas. いくつかの西部劇はすばらしいできばえだったが, その歌もそれに劣らずすてきだった. Eso no es ~ que una estafa. それは詐欺同然だ. ❼ 特に, とりわけ: No quiero verle y ~ visitarle. 私は彼に会いたくないし, まして彼を訪ねるなんてまっぴらだ. ❽ 《西, ラプラタ》〔時刻〕…分前: Son las doce ~ ocho. 12時8分前です. ¿*Tienes* hora?—*M*~ cinco. 今何時?—5分前だ. ❾ 〔前置詞的〕…以外, を除いて〔発音は [menos]〕: Se han ido todos ~ él. 彼を除いてみんな行ってしまった. *M*~ bailar, haré cualquier cosa. 私はダンス以外なら, どんなことでもやってみよう. ❿ 〘数学〙マイナスして〔発音は [menos]〕: Nueve ~ seis igual a tres. 9引く6は3

━━ 形 〔単複同形〕 ❶ より少ない: 1) Manuel tiene ~ años *que* Carlos. マヌエルはカルロスよりも年下だ. Hace ~ frío en marzo *que* en febrero. 3月は2月ほど寒くない. Desde hace dos años trato de comer ~ carne *que* pescado. 私は2年前から肉より魚を多く食べるようにしている. El viaje en autobús costará ~ dinero *que* en tren. バス旅行は鉄道ほど金がかからない. Tengo ~ libros *que* mi maestro. 私は先生ほど本を持っていない. Este espacio de televisión es ~ popular entre los jóvenes. このテレビ番組は若者の間でだんだん人気をなくしてきている. 2) 〔程度・数量の表現+〕Había mucha ~ gente *que* la *que* decía que iba a ir. 行くと言った人よりはるかに少ない人しかいなかった. El Real Madrid ganó con un jugador ~. レアル・マドリードは選手が1人欠けて勝った. ❷ 〘口語〙より劣った: Esta es la ~ montaña *que* la que subimos el año pasado. この山は去年登った山に比べれば大したことはない. ❸ ~ uno (dos) 地下1階の(2階の). ❹ 〘数学〙マイナスの, 負の〔発音は [menos]〕: Nueve menos quince igual a ~ seis. 9引く15はマイナス6

━━ 代 〔que・de より, 数量・程度が〕少ない人・もの: Hoy vendrán ~ *que* ayer. 今日は昨日よりも来る人は少ないだろう. Yo deseaba que vinieran muchos visitantes, pero en realidad llegaron ~ *de* los que pensaba. 私は大勢の客に来てほしかったが, 実際には思っていたほどの人は来なかった. Pensé que quedaban unas docenas de huevos, pero había ~. 私は卵が2, 30個残っていると思ったが, 実際はそんなになかった

━━ 男 《数学, 物理》マイナス〔記号〕; 負数, 負量. ❷ 複 [los+] 少数派: En la vecindad los que hacemos deportes son los ~. 近所では私たちのようにスポーツをしている人はごく少ない

a lo ~ 《まれ》少なくとも〔=al ~〕: Vale *a lo* ~ cien euros. それは少なくても100ユーロはする

a ~ que+接続法 …でなければ, …でない限り: *A* ~ *que* nieve mañana, iremos de excursión. 明日雪が降らなければ遠足に行きましょう. No volverán a trabajar aquí *a* ~ *que* les ofrezcan viviendas. 彼らは住宅が提供されない限り, ここでの仕事には戻って来ないだろう

al ~ 少なくとも; せめて: 1) Nadie ha venido para preguntar por ti, *al* ~ mientras he estado aquí. 誰も君を訪ねて来なかったよ, 少なくとも私がここにいる間はね. Déjame *al* ~ descansar unos minutos. せめて少しだけ休ませて. *Al* ~ podía haberme dicho unas palabras de disculpa. せめて彼から私に謝罪の言葉があってしかるべきだった. 2) [+que+接続法] No está enfermo, *al* ~ *que* yo sepa. 少なくとも私の知る限り, 彼は病気ではない

aún ~ 〔否定の強調〕なおさら…ない: No se lo diré y *aún* ~ después de que me dio tanto disgusto. 私は彼に言うつもりはない. あんな嫌な思いをさせられた後ではなおさらだ

cuando ~ 1) 少なくとも〔=al ~〕: Yo necesitaría *cuando* ~ cinco días para podar el jardín. 私なら庭木の剪定に少なくとも5日は欲しい. Se me olvidó traer la comida, pero *cuando* ~ traje el agua. 私は弁当を持ってくるのを忘れたが, 何とか水は持ってきた. Estamos de acuerdo en que la situación del país es, *cuando* ~, difícil. 国内の状況が少なくとも難しくなっているという点では私たちは考えを同じくしている. 2) 全く…しない時に: Llamará *cuando* ~ me lo espero. 彼は私の全く予想しない時に電話してくるだろう. *Cuando* ~ se piensa ocurren estos accidentes. 思いがけない時にこのような事故が起きるものだ

cuanto ~ ... 〖*tanto*〗+比較級 →**cuanto**²

darse de ~ 〘俗語〙〔+de 比〕低く見られる, 侮辱される

de lo ~ 〔+形容詞・副詞〕非常に…ない・なく

de ~ 1) 不足して, 不足して: Todavía hay cinco personas *de* ~. まだ5人足りない. Al comprar tabaco, me dieron la vuelta *de* ~. 私がたばこを買った時, おつりが足りなかった. 2) 差し引いて: Me han pagado diez euros *de* ~ por haber llegado al trabajo con dos horas de retraso. 私は2時間の遅刻で給料は10ユーロ引かれた

doblar las ~ 《メキシコ》負けを認める

echar de ~ 1) 〔人がいないのを, 物・事がないのを〕寂しく思う, 物足りなく感じる; 懐かしがる: *Echa* muy *de* ~ a su madre. 彼はひどく母親に会いたがっている. ¿Cómo estás, querida? Te *echo* mucho *de menos*. ねえ, どうしている? 君がいなくてとても寂しい. Ahora *echo de* ~ la cama que yo usaba en casa. 私は家で使っていたベッドが懐かしい. Para esta sopa *echo de* ~ unos picantes. このスープは香辛料が足りない. 2) …がないのに気づく

echarse ~ 〘古語〙寂しく思われる: *Se echa* ~ esa corriente columna del periódico. その気のきいたコラムがなくなったのが惜しまれる

en ~ 1) 〔評価〕より低く, 下に: Tú no debes estimar *en* ~ la buena voluntad de esta gente. 君はこの人たちの善意をおろそかにすべきでない. Se dice que el Gobierno ha evaluado *en* ~ los daños causados por el último ciclón. 政府は今度のサイクロンによる被害額を少なめに見積もっていると言われている. estimar *en* ~ su propia vida 自分自身の命を軽んじている. tener *en* ~ a los asiáticos アジア人を低く見る. tomar *en* ~ la influencia del enemigo político 政敵の影響力をあなどる. 2) 〔数量. +de より〕少なく: Llegaré *en* ~ *de* una semana. 私は1週間たたないうちに着きます

en ~ de nada 《口語》あっという間に, たちまち: El maremoto se llevó esos edificios *en* ~ *de nada*. 津波はそれらの建物をあっという間に流し去った

hacer [*de*] ~ **a**+人 …を軽視する, 軽蔑する; 無視する: *Hace de* ~ a los que no han ido a la universidad. 彼は大卒でない人を見下している

hacerse ~ 卑下する, 卑屈になる

ir a ~ 1) 〔地位・重要度などが〕下がる: Su salud *ha ido a* ~. 彼の健康が衰えた. A finales del siglo IV, el imperio romano empezó a *ir a* ~. 4世紀末、ローマ帝国は衰え始めた. 2) ［経済状態などが］破綻する、困窮する. 3) ［腫れなどが］引く、小さくなる

lo de ~ es que... ⋯は些細なことですが: *Lo de* ~ *es que* ese hospital producía apenas; más bien tenía carácter benéfico. その病院は利益をほとんど出さなかったが、それは問題ではなかった. むしろ慈善的な性格の病院だったから

lo ~ ［口語］少なくとも〖=al ~〗

lo ~ ［+形容詞・副詞］ *posible* できるだけ少なく⋯: En esta clase tratemos de utilizar el japonés *lo* ~ *posible*. この授業ではできるだけ日本語を使わないようにしよう

~ aún なおさら⋯ない〖=aún ~〗: El índice de alfabetización del pueblo no es alto y lo es ~ *aún* entre las mujeres. 国民の識字率は高くないし、女性の識字率はなおさら低い

~ mal 1) ああ、良かった(助かった)／不幸中の幸いだ: Perdí a mis hijos en el parque de atracciones, pero aparecieron a unos diez minutos.—*M*~ *mal*. 私は遊園地で子供たちを見失ったが、10分ほどで姿を現わした.—それはよかった. 2) ［+que +直説法 なので］よかった、幸いにも: *M*~ *mal que* el invierno ha pasado. 冬が去って助かった. *M*~ *mal que* encontré mi bolso, aunque sin el dinero que llevaba en él. 中に入れておいた金はなくなっていたが、幸いハンドバッグは見つかった

mientras ~... [*tanto*] +比較級 →**mientras**

mirar en ~ 見下す、軽視する

ni mucho ~ →**mucho**

no... ~ de... ［数量・程度］⋯ぐらいの: No había en total ~ *de* treinta personas. 全部で(せいぜい)30人ぐらいいた

no ~ de... ［反意的に多数・多量］⋯も、⋯までも: Me multaron *no* ~ *de* quince mil yenes por infracción de aparcamiento. 私は駐車違反で罰金を1万5千円も取られた

no ~ que... ［強調］⋯以上；⋯と同じくらい: Este chico es *no* ~ *travieso que* José. この子はホセに負けないいたずらっ子だ. Le estafaron *no* ~ *que diez* mil euros. 彼は1万ユーロもの詐欺に引っかかった

no ser ~ 劣らない、引けを取らない: La madre es derrochadora, pero *no* lo *es* ~ su hija. 母親は浪費家だが、娘も母親に負けていない

no ser para ~ 1) それもそのはずである、無理もない；［そうなって］仕方がないだろう: El hombre estaba muy furioso, pero *no era para* ~, porque le habían echado del trabajo sin ninguna indemnización. その男はかんかんに怒っていたが、それも無理ない話で、何の補償もなしに首を切られたのだから. 2) ［強調］それはすごいものである: Se llevó un susto muy grande con la noticia, *no era para* ~. 彼はその知らせにひどく驚いた、なまやさしい驚き方ではなかった

pero ~ ［戯謔］何と言ってもすばらしい: ¡Qué maravilla de líder tenemos!—Bueno, pues sí..., *pero* ~. うちのリーダーはすばらしいね!—うーん、まあそうだけど⋯、それほどでも

por lo ~ 少なくとも〖=al ~〗: Siéntate a estudiar todos los días *por lo* ~ una hora. 毎日少なくとも1時間は腰を落ち着けて勉強しなさい. *Por lo* ~, habrá un servicio de transporte público para llegar hasta allí. 少なくともそこまでは列車かバスの便があるだろう

¡Qué ~! ［不十分・不適切］それは少なすぎる!: Le he dado un euro de propina.—¡*Qué* ~! 私は彼にチップを1ユーロあげた.—そんなの足りないよ! ¡*Qué* ~! Yo agradecerte todo el favor que has hecho por mí! 君が私にしてくれた親切にはいくら感謝しても足りない!

¿Qué ~? ［それ以下ではふさわしくないを表わして］大したことはありません、せめてそれくらい: Habrá que darle las gracias.—¿*Qué* ~? お礼を申し上げないといけません.—いいえ、大したことはありません

Qué ~ que... +接続法 せめて⋯であればよいのに: ¿*Qué* ~ *que* me entres y tomes un café? せめて入ってコーヒーでも飲んでってくれてもいいだろう?

ser lo de ~ ［他の重大事と比べて］重要でない、ささいなことである: Pero eso *ha sido lo de* ~, porque no ha habido ninguna pérdida humana. しかしそれは大したことではなかった. 人的被害は何もなかったのだから

ser ~ que+接続法 ⋯より社会的地位が低い

tener a+人 en ~ ⋯を軽んじる、軽く見る: No *tengas a* ~ *a* ese muchacho; es el que va a suceder a su padre en la administración de una gran empresa turística. あの青年を軽く見ていけないよ. 彼は父親の跡を継いで大手旅行会社の経営責任者になるのだから

tener a ~ +不定詞 ⋯するのは恥だと思う、沽券(こけん)に関わると考える

¡Todo ~ eso! それだけは勘弁して下さい

venir a ~ =ir a ~: Su negocio *ha venido a* ~. 彼の事業は破綻した. Es una familia *venida a* ~. それは零落した一族だ

y ~ ［否定を重ねて強調］ましてや(⋯ない): No aguanto el fastidio del traslado *y* ~ *que* me envíen a una nueva escuela. 僕は引っ越しの面倒くささには我慢できないし、ましてや新しい学校に行かされるのはもっと嫌だ

y ~ aún =y ~

ya será ~ ［口語］［相手の言葉に対し］それはちょっと言いすぎだろう、それほどではないだろう: Mi mujer se ha ido de casa y creo que se quiere separar.—*Ya será* ~. 妻が家を出て行ったんだが、別居するつもりだと思う.—それは考えすぎだよ

menoscabador, ra [menɔskabaðór, ra] 形 減らす、損なう

menoscabar [menɔskabár] 〖←?俗ラテン語 minuscapare < minuscaput「市民権を奪われた人」〗他 減らす、損なう: ~ su prestigio 権威を失墜する. ~ los derechos del propietario 地主の権利を抑える. ~ su hacienda 財産を減らす
―**se** 減る、損なわれる: Su belleza se menoscabó debido a la vida que llevaba. そんな生活をしていたので彼女の美しさは損なわれた

menoscabo [menɔskábo] 男 減少、低下、損傷: Su capital no sufrió ~. 彼の資本は減少を免れた. ir en ~ de+人 ⋯の損害につながる. sin ~ [+de ~] 損なわずに. con ~ de... ⋯を犠牲にして

menoscuenta [menɔskwénta] 女〖まれ〗借金の一部返済

menospreciable [menɔspreθjáble] 形 ❶ 見下げ果てた、軽蔑に値する: acción ~ 軽蔑すべき行為 ❷ 取るに足りない: Su capacidad no es nada ~. 彼の能力は決してみるべきでない

menospreciablemente [menɔspreθjábleménte] 副 見下げ果てたことには

menospreciador, ra [menɔspreθjaðór, ra] 形 名 軽視する〔人〕、軽蔑する〔人〕

menospreciar [menɔspreθjár] 〖←menos+preciar〗10 他 ❶ 軽視する、あなどる；低く評価する: No lo *menosprecien* como enemigo. 彼を敵としてあなどらないで下さい. ❷ 軽蔑する、見下げる: ~ a los compañeros de clase クラスメートを見下す

menospreciativo, va [menɔspreθjatíβo, βa] 形 軽蔑的な、さげすみの、見下した、傲慢な、あなどった: gestos ~s 軽蔑的な態度

menosprecio [menɔspréθjo] 男〖←menospreciar〗❶ ［+por ～］軽視、過小評価: ~ *por* la vida 命を軽んじること. ❷ 軽蔑: Me tratan con ~. 彼らは私を軽蔑している

mensafónico, ca [mensafóniko, ka] 形 ポケベルの

mensáfono [mensáfono] 男 ポケベル

mensaje [mensáxe] 〖←古語 mesaje < オック語 messatge < mes「使者」< ラテン語 missus < mittere「送る」〗男 ❶〖主に中南米〗伝言、ことづけ〖=recado〗: Hay un ~ para usted. あなたあての伝言があります. dejar un ~ 伝言を残す. dejar un ~ en el contestador 留守番電話にメッセージを残す. ❷ メッセージ: El Rey dirige todos los años un ~ navideño a los españoles. 国王は毎年クリスマスのメッセージをスペイン国民に贈る. enviar un ~ al ministro expresando su protesta 大臣に抗議文を渡す. ~ de calma 沈黙のメッセージ. ~ de la corona ［国王］議会開会(閉会)の言葉. ~ del rey 国王の親書. ~ del presidente 大統領の教書. ~ general (especial) ［米国大統領の］一般(特別)教書. ~ divino 神のお告げ. ~ publicitario コマーシャル・メッセージ、CM. ❸ 通信内容: ~ en clave (cifrado) 暗号文. ❹［芸術作品などの］意図. ❺［情報］1) メッセージ: ~ de error エラーメッセージ. ~ de petición プロンプト. 2) Eメール. ❻〖生化〗伝達暗号: ~ genético 遺伝子暗号

mensajería [mensaxería] 〖←mensajero〗女 ❶ 宅配便: enviar... por ~ 宅配便で⋯を送る. ❷ 宅配会社. ❸ 運送会社、運送会社. ~ marítima 海運会社. ❹ 定期船. ❺〖情報〗~ electrónica メールサービス. ❻〖古語〗駅馬車

mensajero, ra [mensaxéro, ra] 〖←mensaje〗形 伝言する、使者の；到着を告げる: RNA 〖生物〗伝令RNA
――名 ❶ 使者、伝令；先ぶれ: enviar ~ a+人 ⋯に使者

を送る. enviar a+人 de 〜 …を使者に立てる. 〜 de la paz 平和の使者. las golondrinas, 〜ras de la primavera 春を告げるツバメ. ❷ [バイク便・自転車便などの] メッセンジャー; [宅配便の] 配達員. ❸《古語》駅馬車の御者
matar al 〜《文語》死人に口なし
——男《生化》伝達子

menso, sa [ménso, sa] 形《中南米. 軽蔑》知能程度の低い, ばかな

Mens sana in corpore sano [méns sána in kórpore sáno]《←ラテン語》健全な精神は健全な身体に宿る

menstruación [menstrwaθjón] 女《医学》月経, 生理; その出血(分泌物)

menstrual [menstrwál]《←menstruo》形 月経の, 生理の: ciclo 〜 月経周期. dolores 〜es 生理痛. irregularidades 〜es 生理不順

menstrualmente [menstrwálménte] 副 毎月, 月々

menstruante [menstrwánte] 形 月経中の, 生理中の

menstruar [menstrwár]《←menstruo》14 自 月経がある, 生理がある

menstruo, trua [ménstrwo, trwa]《←ラテン語 menstruum < mensis「月」》月経の, 生理の: sangre 〜trua 月経血
—— 男《医》月経; 生理の《=menstruación》; 月経血. ❷《化学》溶媒, 溶剤

menstruoso, sa [menstrwóso, sa] 形《まれ》月経の

mensú [mensú] 名《アルゼンチン》[主に北東部のマテ茶農園の] 農業労働者

mensual [menswál]《←ラテン語 mensualis < mensis「月」》形 月1回の, 毎月の, 月ぎめの; 1か月の: 50,000 euros 〜es 月に5万ユーロ. temperatura media 〜 月間平均気温. abono 〜 月ぎめ料金. reunión 〜 月例会議. gastos 〜es 月々の出費
—— 名《ラプラタ》[月給制の] 農業労働者, 牧畜

mensualidad [menswaliðáð] 女《まれ》月ぎめ (月給制) にすること

mensualización [menswaliθaθjón] 女《まれ》月ぎめ (月給制) にすること

mensualizar [menswaliθár] 9 他《まれ》[支払いなどを] 月ぎめにする, 月給制にする

mensualmente [menswálménte] 副 月1回, 毎月, 月ごとに

mensuario [menswárjo] 男《主に中南米》月刊誌

ménsula [ménsula] 女《建築》装飾用持ち送り, コンソール

mensura [mensúra]《←ラテン語》女《文語》計測, 測定, 測量

mensurabilidad [mensurabiliðáð] 女《文語》計測 (測量) 可能性

mensurable [mensuráble]《←ラテン語 mensurabilis》形《文語》計測 (測量) 可能な

mensuración [mensuraθjón] 女《文語》計測

mensurador, ra [mensuraðór, ra] 形 名《まれ》計測する [人]

mensural [mensurál] 形《文語》計測用の

mensurativo [mensuratíβo] 形《文語》計測する

mensurar [mensurár]《←ラテン語 mensurare》他《文語》計測する《=medir》

menta [ménta] **I**《←ラテン語》女 ❶《植物》ハッカ, ペパーミント《= 〜 piperita》;《香料》ミント: caramelos de 〜 ハッカあめ. chicle de 〜 メントールガム. 〜 de agua/〜 acuática ウォーターミント, ヌマハッカ. 〜 de gato イヌハッカ, キャットニップ. 〜 de lobo ヒメサルダヒコ. 〜 romana (verde) ミドリハッカ.《香料》スペアミント. 〜 silvestre ケハッカ, ナガバハッカ. ❷《酒》ペパーミントリキュール《=licor de 〜》. ❸《飲料》ミントティー
—— 形 男 ミントグリーン(の)
II《←mentar》女 ❶《南米》評判, 名声;《複》うわさ話. ❷《ウルグアイ》陰口, 中傷

-menta《接尾辞》[集合名詞化] cornamenta 角

mentada[1] [mentáda] 女《メキシコ, コロンビア, ベネズエラ, ペルー. 婉曲》[相手の母親を淫売呼ばわりした] 強い侮辱《= 〜 de madre》: hacer una 〜 [de madre] a+人 …をひどく侮辱する
ser una 〜 de madre《メキシコ》[事柄が] 侮辱的である

mentado, da[2] [mentáðo, ða]《←mentar》形 有名な: muy 〜 poeta 著名な詩人

mental [mentál]《←ラテン語 mentalis》形 ❶ 精神の, 心の: padecer una enfermedad 〜 精神病を患う. control 〜 マインドコントロール. ❷ 知的能力の: edad 〜 精神年齢. fuerza 〜 精神力. prueba 〜 メンタルテスト. ❸ 頭の中で行なう, 頭脳活動の: cálculo 〜 暗算

mentalidad [mentaliðáð]《←mental》女 ❶ [個人・集団の] ものの考え方, 精神状態, 気質, 心性, メンタリティー: Tiene 〜 infantil. 彼の考え方は子供っぽい. 〜 española スペイン人のメンタリティー. renacentista ルネサンス期のものの考え方. 〜 exportadora《経済》輸出マインド. ❷ 知, 知力

mentalismo [mentalísmo] 男 ❶《哲学》唯心論. ❷《心理, 言語》メンタリズム, 意識主義. ❸ 読心術

mentalista [mentalísta] 形 名 ❶《哲学》唯心論の (論者). ❷《心理, 言語》メンタリズムの, 意識主義の [人]. ❸ 読心術師

mentalización [mentaliθaθjón] 女 ❶ 自覚, 納得. ❷ 覚悟, 心の準備, 心構え: Necesitáis una buena 〜 para intentar dejar de fumar. たばこを止めるとうなら君たちは相当な覚悟が必要だ

mentalizador, ra [mentaliθaðór, ra] 形 名 納得させる [人], 自覚させる [人]

mentalizar [mentaliθár]《←mental》9 他 ❶ [+de・sobre+名詞/+de que+直説法 を] …に納得させる, 自覚させる: 〜 a la gente de la situación 人々に状況を理解させる. Hay que 〜 a los estudiantes de que la ciudad debemos cuidarla entre todos. 町は皆で大切にしなければならないということを学生に理解させねばならぬ. ❷ [+para+名詞・不定詞・que+接続法 を] 覚悟させる
——se ❶ 納得する, 自覚する, 悟る. ❷ [+para の] 覚悟を決める: ¿Ya te has mentalizado para dejar de fumar? 君はもうたばこを止める覚悟ができたか? 〜se para lo peor 最悪の事態を覚悟する

mentalmente [mentálménte] 副 ❶ 知的に, 精神的に: 〜 atrasado 知恵遅れの. ❷ 頭の中で, 心の中で: calcular 〜 暗算をする

mentar [mentár]《←mente》23 他 …の名前をあげる, …に言及する: A lo largo de la conferencia ha mentado a todos los presidentes de la época. 講演中で彼はその時代の大統領全員の名を挙げた
——自《中南米》あだ名をつける, あだ名で呼ぶ

mentas [méntas] 女《複》《アルゼンチン. 口語》名声, 評判
de 〜《アルゼンチン, ウルグアイ. 口語》うわさで

mentastro [mentástro] 男 マルバハッカ《=mastranzo》

mente [ménte]《←ラテン語 mens, mentis》女 ❶ [合理的に思考する能力としての] 頭の働き, 頭脳, 知性: Todo es producto de su 〜. すべて彼の想像の産物だ. quedarse con la 〜 en blanco 頭の中が真っ白になる. 何も考えられなくなる. chico de 〜 lúcida 頭脳明晰な少年. poderes de la 〜 humana 人間の知的能力. ❷ 精神, 心: M〜 sana en cuerpo sano. 健全な精神は健全なる肉体に宿る. ❸ 考え方: Tiene una 〜 abierta. 彼は開けた考え方ができる. Tiene una 〜 analítica. 彼は分析的な考え方をする. ❹《まれ》考え, 意図: No estaba en mi 〜 enojarte. 君を怒らせるつもりはなかった
irse de la 〜 うっかり失念する, 思わず忘れてしまう: Se me ha ido de la 〜 su nombre. 私は彼の名前を忘れてしまった
tener en [la] 〜 …を意図する; …を心に留める: Tiene en la 〜 estudiar otra carrera. 彼はもう一つ学位を取ろうと思っている. El presidente respondió que él no tenía esa solución en 〜. 大統領はその解決策を今は持ち合わせていないと答えた
traer a la 〜 頭によみがえらせる, 想起させる: Esta foto me trae a la 〜 felices días. 私はこの写真を見ると幸福だった日々が思い出される
venir a la 〜 心に浮かぶ, 思いつく, ひらめく

-mente《接尾辞》[形容詞に付けて副詞化] claramente 明らかに《←claro 明らかな》

mentecatada [mentekatáða] 女 ばかげた言動

mentecatería [mentekatería] 女 愚かさ

mentecatez [mentekatéθ] 女 愚かさ, ばかげた言動

mentecato, ta [mentekáto, ta]《←ラテン語 mente captus》形 ❶《軽蔑, 時に親愛》愚かな [人], ばかな [人], 間抜けな [人]

mentidero [mentiðéro]《←mentir》男《口語》[バルなど] いつも集まって雑談をする場所

mentido, da [mentíðo, ða] 形《文語》[主に +名詞] 嘘の, うわ

べだけの: ~ amor 偽りの愛. ~da esperanza 虚しい希望

mentidor, ra [mentidór, ra]《まれ》ふりをする[人]
mentir [mentír]《←ラテン語 mentiri》㉝ ❶ 嘘をつく, 欺く: Siempre me *has mentido* y ya no confío más en ti. 私は君にずっと嘘をつかれてきたので, もはや君の言うことは信用しない. Aunque no lo crea, fue él quien los delató.—¡*Miente!* あなたは信じないかもしれませんが, それを密告したのは彼です.—嘘だ! ¡No *mientas*: lo has hecho a propósito! 嘘をつくな, わざとやったんだろう! Está permitido ~ en lo referente a la cuestión de uno. 年齢のことで嘘をつくのは許されている. Me *mintió* al decirme que no se quedaba en casa. 彼は家にいないと言って私をだました. ❷ [事柄が] 誤りを生じさせる: Las apariencias *mienten*. 見かけはあてにならない. La cantidad de la factura no *miente*, pero no corresponde a nuestra consumición. 請求書の金額は間違っていないが, 私たちの飲食費ではない. ❸《西》約束を破る

~ más que departe《古語》=*~ más que habla*
~ más que habla 嘘の常習犯である, 大嘘つきである
~ más que la gaceta =*~ más que habla*
Miento [自分の誤りに気づいて] 間違えました: El viernes la vi; *miento*, fue el sabado. 金曜日に彼女に会いました. いや, 失礼, 土曜日でした
No me dejará ~.[証人・証拠について] 誓います: Aquí está una carta escrita de su puño y letra que *no me dejará ~*. 誓って申しますが, ここにあるのはまぎれもなく彼の直筆の手紙です
── 他 ❶《文語》[約束を] 破る: *Ha mentido* la promesa de pagarme. 彼は私に払うと言ったのに約束を破った. ❷《文語》[欺いて存在を] 信じ込ませる: La mucha sed me *mintió* el murmullo del agua del río. 喉の渇きのあまり私には空耳で川のせせらぎが聞こえた. ❸《まれ》だます; 偽造する

mentir		
現在分詞	過去分詞	
mintiendo	mentido	
直説法現在	直説法点過去	命令法
miento	mentí	
mientes	mentiste	miente
miente	mintió	
mentimos	mentimos	
mentís	mentisteis	mentid
mienten	mintieron	
接続法現在		
mienta	mintiera, -se	
mientas	mintieras, -ses	
mienta	mintiera, -se	
mintamos	mintiéramos, -semos	
mintáis	mintierais, -seis	
mientan	mintieran, -sen	

mentira [mentíra]《←mentir》女 ❶ 嘘, 虚言: Siempre me has dicho ~*s* hasta ahora y ya no te puedo creer. 私は今までずっと嘘ばかり聞かされてきたので, もうお前のことは信用できない. Solo cuenta ~*s*. 彼は嘘ばかりいう. ¡Eso es ~, imbécil! ばかめ, それは嘘だ! ¡*M~*! 嘘だ! Las ~*s tienen patas cortas.*《諺》真実は必ず現れる. ❷ 偽り, 虚偽, 虚構: Ella me parece un ser de ~ con tanta pintura. 厚化粧でごてごてと化粧をして, 実在の人でないように私には見えた. vivir en la ~ 偽りの生活をおくる. ❸《口語》爪半月. ❹《まれ》書き誤り; 誤植. ❺《チリ, アルゼンチン》指関節の鳴る音

aunque parezca ~ 信じられないかもしれないが: *Aunque parezca ~* tiene ochenta y ocho años. 嘘みたいだけれど, 彼は今88歳だ
coger a+人 en ~ …の嘘を見破る
de ~《口語》冗談のつもりで・で, 遊びで・で; 嘘の [=*de mentirijillas*]: dinero *de ~* おもちゃの金. teléfono *de ~* おもちゃの電話. No lo tomes en serio; lo dije *de ~*. まじめに取らないでくれ, 私はそれを冗談で言ったのだ
decir ~ para sacar verdad かまをかける; 誘いをかけて相手に本音を言わせる
~ oficiosa 方便による嘘
meter una ~ 嘘を言ってだます
parecer ~ [驚き・非難] 嘘のようだ, 信じられない: 1) ¡Cómo vuela en el aire esta enorme masa de metales! ¡Parece ~! よくもこのような金属の巨大な塊が空を飛ぶものだ. 嘘みたいだ! 2) [+que+接続法] *Parece ~ que* ningún vecino haya ido a preguntar por el estado del enfermo. 近所の人が誰も病人の容態を尋ねに行かなかったとは信じられない. *Parece ~ que* su esposa le haya sido infiel. 彼の奥さんが不倫をはたらいていたなんて嘘みたいだ
ser ~ que+直説法・接続法 …は嘘である: *Es ~ que* el dueño quiere cerrar el restaurante. オーナーがレストランを閉めたがっているというのは嘘だ
una ~ como una casa(*una catedral・un templo*)《口語》真っ赤な嘘, 大嘘

mentirijillas [mentirixíʎas]《←mentir》女《西》ささいな嘘
de ~《西》[言ったこと・行なったことは] 冗談のつもりで・で, 遊びで・で; 嘘の, だますつもりで: Creo que lo dijo *de ~*. あれは彼が冗談で言ったんだと思う. toro *de ~* ぬいぐるみの牛. boxear *de ~* ふざけてボクシングをする

mentirillas [mentiríʎas] 女 複 *de ~* =*de mentirijillas*
mentirón [mentirón] 男 mentira の示大語
mentirosamente [mentirósaménte] 副 偽って
mentiroso, sa [mentiróso, sa]《←mentir》形 ❶ 嘘つきの: Si sigues siendo tan ~, ya no te creerá nadie. 君がそんなに嘘ばかりつき続けていたら, 誰からも信用されなくなるよ. ¡*M~*! この嘘つきめ! ❷ 嘘の, 偽りの; 見せかけの: Salió a la luz la vida ~*sa* y poco honrada del político. その政治家の嘘にまみれた汚れた生活が明るみに出た. ❸《書誌》誤植(誤植)の多い
── 名 嘘つき: Es un gran ~. 彼は大嘘つきだ. Más presto se coge al ~ que al cojo.《諺》嘘はすぐばれるものだ. ~ *profesional* (*compulsivo*) 虚言癖のある人, 病的(強迫性)虚言者

mentís [mentís] 男 [単複同形]《文語》[きっぱりとした] 否認, 打ち消し: El primer ministro ha dado un ~ rotundo a los rumores. 首相はうわさにきっぱりと反論した

-mento《接尾辞》[動詞+. 名詞化. 動作・結果] salva*mento* 救助, funda*mento* 基礎

mentol [mentól] 男《化学》メントール, ハッカ脳
mentolado, da [mentoládo, da] 形 メントール入りの, ハッカ味の: caramelo ~ ハッカあめ. cigarrillo ~ メントールたばこ
mentón [mentón]《←仏語 menton < ラテン語 mentum「ひげ」》男《解剖》[下]顎 [=*barbilla*]
mentoniano, na [mentonjáno, na] 形《解剖》[下]顎の
mentor, ra [mentór, ra]《←Méntor(オデュッセウスの息子テレマコスの指導者)》名《文語》❶ [よい] 助言者, 指導者. ❷ 教育係, 家庭教師
menú [menú]《←仏語 menu》男《複 ~s》❶ コース料理, 定食: ~ del día《西》日替わり定食《当店の》おすすめ定食. ~ de la casa 当店の得意料理を少しずつ盛り合わせた定食. ❷ [レストランの] メニュー, 献立表 [=*carta*]: ¿Puede traerme el ~? メニューを見せて下さい. ❸《情報》メニュー: barra de ~ メニューバー. ~ desplegable/~ desenrollable プルダウンメニュー. ❹ 集合 選択可能性

menuarria [menwárja] 女《地方語》[選ばれた後の] くず
menudamente [menuðáménte] 副 ❶ 非常に小さく: Las semillas se ven ~ en la tierra. 種子は土の中に小さく見えている. ❷ 詳細に: analizar ~ las causas del clima anormal 異常気候の原因を綿密に分析する. ❸ 仮に; 一時的に

menudear [menuðeár]《←menudo》他 ❶ 何度も繰り返す: Desde hace una semana *menudea* sus visitas. 1週間前から彼は何度も訪ねてくる. ❷《メキシコ, コロンビア, チリ》小売りする
── 自 ❶ 何度も起こる, たびたび起こる: Últimamente *menudean* los accidentes de tráfico. 最近交通事故が頻発する. ❷ [ささいなことを] 詳細に語る(書く). ❸《中南米》数が増える, 増加する. ❹《パナマ》[鶏が] 朝を告げて鳴く

menudencia [menuðénθja]《←menudo》女 ❶ ささいなこと, つまらないこと: Ganó cien millones de yenes.—Para él eso es una ~. 彼は1億円もうけたよ.—彼にとっては大したことではないさ. El regalo es una ~, pero espero que te guste. このプレゼントはつまらないものだけど, 気に入ってくれるとうれしい. ❷ 複 [動物の] 臓物. ❸《まれ》詳細さ, 細かさ. ❹《まれ》小ささ

menudeo [menuðéo] 男 ❶ 小売り [=*venta al por menor*]. ❷ 何度も繰り返すこと, 頻発. ❸ 集合 ささいなこと, 取るに足りないこと
al ~ 1) 小売りで・の. 2) 詳細に

menudero, ra [menudéro, ra] 名 [動物の] 臓物売りの人

menudico [menudíko] 男 集合 《地方語》 [子羊・子ヤギの] 臓物・脚・血; その煮込み

menudillo [menudíʎo] 《menudo の示小語》 男 ❶ 複 [家禽の] 肉以外の部分 [臓物, 頭, 脚など]. ❷ [馬などの] 球節

menudo, da [menúðo, da] 《←ラテン語 minutus < minuere「減る」》形 ❶ 非常に小さい, 微小な: Esas perlas son ~das. それらの真珠は小粒だ. lluvia ~da 霧雨. piedras ~das 細かい石. ❷ [人が] 小柄な, 小さな: Es una mujer ~da y vivaracha. 彼女は小柄だが元気はつらつとした女性だ. niño ~ ちっちゃな子. ❸ 少額の: Deme cinco billetes de diez dólares y lo demás en billetes o monedas ~das. 10ドル札5枚と残りは少額の札か小銭で下さい. ahorro ~ わずかな貯え. ❹ 些細な, 重要でない, 取るに足らない: cosas ~das de la vida 人生の些細なこと. detalles ~s 重要でない細部. pelea ~da くだらない争い. problemas ~das 取るに足らない問題. trabajo ~ つまらない仕事. ❺ [細部まで] 正確な: hacer una ~da relación de quesos y vinos producidos en el convento 修道院で製造されるチーズとワインを細々と報告する. ❻ [間投詞的] ひどい; すごい: ❶ [+名詞] ¡M~ viento está haciendo! ひどい風が吹いている! ¡M~ profesor tenéis! 君たちの先生は立派だ! ¡M~ coche te has comprado! 君はすごい車を買ったな! 2) [+ser] ¡M~s son! ひどい奴らだ! 3) [意味のない la を伴って] ¡M~da la han hecho! ひどいことになってるぞ! 4) [主に女性形で賞賛] すばらしい! 5) [まれ] [女性形で返答] Una bronca me ha metido el jefe. ―¡M~da! 課長にひどく叱られたよ. 一気の毒だに. ❼ 平凡な, 凡庸な

a la ~da) 1) 詳細に, 綿密に: comentar el incidente *a la* *~da* 出来事を詳しく解説する. 2) 《商業》 小売りで 《=al por menor》
a ~ しばしば, 頻繁に: Voy al cine muy *a ~*. 私はしょっちゅう映画を見に行く
al por ~ =por ~
por la ~da 《商業》 小売りで 《=al por menor》
por ~ 詳細に: Mi padre me lo contó *por ~*. 父はそのことを詳しく私に語った
―― 男 ❶ [主に 複] 小銭 《=suelto》: No tengo ~s. 私は細かいのがない. ❷ [主に豚・牛・鶏の] 臓物, 肉以外の部分 [内臓, 頭, 足など]; 《地方語; メキシコ》 その煮込み料理: Con los ~s se pueden hacer diferentes guisos. 臓物で色々な煮込み料理ができる
―― 副 ほとんど…ない 《=poco》
llover ~ 霧雨が降る

menuzar [menuθár] 他 《アルゼンチン》 切り刻む, 小さくちぎる

menuzo [menúθo] 男 《まれ》 小片

meñique [meɲíke] 形 《←古語 menino「幼児, 小指」+mermelliquer <古仏語 margariz「裏切り者」》 小指 [=dedo ~]
―― 形 《まれ》 非常に小さい

meo [méo] 男 《植物》 セリ科の一種 《学名 Meum athamanticum》. ❷ 《地方語》 [主に: 複]

meocuil [meokwíl] 男 《メキシコ》 リュウゼツランの木にいる虫の幼虫 《=gusano de [l] maguey》

meódromo [meóðromo] 男 《西. 俗語. 戯語》 小便所 《=urinario》

meoguil [meogíl] 男 《メキシコ》 リュウゼツランの木にいる虫の幼虫 《=gusano de [l] maguey》

meollada [meoʎáða] 女 《アンダルシア》 [四足獣の] 脳みそ

meollar [meoʎár] 男 《船舶》 紡績糸, 撚り縄

meollo [meóʎo] 男 《←俗ラテン語 medullum < medulla「髄, 核心」》 ❶ 実質, 真髄: Este es el ~ de la cuestión. これが問題の核心だ. ❷ [解剖] 髄: ~ de hueso 骨髄. 2) 脳みそ. ❸ パンの柔らかい中身. ❹ 知性, 理解力

meolludo, da [meoʎúðo, ða] 形 《まれ》 髄の多い

meón, na [meón, na] 形 ❶ 《時に軽蔑》 小便をもらす [人]; 頻繁に小便に行く [人]. ❷ 赤ん坊. ❸ lluvia ~na 《西. 口語》 霧雨. niebla ~na こぬか雨, 霧雨

meperidina [meperiðína] 女 《薬学》 メペリジン

meque [méke] 男 《キューバ》 つねること; 殴打

mequés, sa [mekés, sa] [地名 《サウジアラビア》 メッカMeca の [人]

mequetrefe, fa [meketréfe, fa] 名 [mequetrefe 女 もある] ❶ 《軽蔑》 [肉体的・精神的に] 取るに足らない人; [根拠もないのに] 口を出す人. ❷ 《親愛》 幼児

mequí [mekí] 形 《複 ~es》 =mequés
mequiote [mekjóte] 男 《メキシコ》 =quiote
Mera [méra] 《人名》 **Juan León de** ~ フアン・レオン・デ・メラ 《1832～94, エクアドルの作家・批評家. ジャングルとそこに生きる人々の姿を描いた小説『クマンダ』*Cumandá o un drama entre salvajes*》

meraklón [meraklón] 《←商標》 男 《繊維》 メラクロン

meralgia [merálxja] 女 《医学》 ~ parestésica 知覚異常性大腿神経痛

meramente [merámente] 副 単に, 単純に: Este no es un problema ~ técnico. これは単なる技術的な問題ではない

merar [merár] 他 [酒を水などと] 混ぜる

merc. (略語) =**mercancía** 商品

merca [mérka] 女 ❶ 《文語》 購入. ❷ 《ラプラタ. 隠語》 コカイン

mercachifle [merkatʃífle] 名 《軽蔑》 ❶ 小商人; [香物売りの] 行商人. ❷ 悪徳商人, もうけ主義の人

mercachiflería [merkatʃiflería] 女 《軽蔑》 ❶ 小商い. ❷ [小商人の扱う] 安物, 安ピカ物

mercadante [merkaðánte] 名 《まれ》 =**mercader**

mercadear [merkaðeár] 自 商売をする, 取引をする 《=comerciar》
―― 他 売る; 値引き

mercadeo [merkaðéo] 男 ❶ 買取, 取引. ❷ 集合 [一つの商品が生産者から消費者の手に渡るまでの] 売買, 流通

mercader, ra [merkaðér, ra] 《←カタルーニャ語 mercader < cat「市場」》 名 [女は 《まれ》] 《古語. 現在では 《軽蔑》 商人 《=comerciante》: El ~ de Venecia 『ベニスの商人』
hacer oídos (orejas) de ~ 聞こえないふりをする
―― 女 ❶ 商人の妻. ❷ 《キューバ. 植物》 キンセンカ

mercadería [merkaðería] 女 《主に南米》 商品 《=mercancía》

mercaderil [merkaðeríl] 形 商人 mercader の

mercadillo [merkaðíʎo] 《mercado の示小語》 男 [衣類・装身具・果物などの売る, 主に露天の, 決まった日にだけ立つ] 小規模な市, のみの市

mercadista [merkaðísta] 男 ❶ 《歴史》 ヨーロッパ共同市場 Mercado Común Europeo の [賛同者]. ❷ **mercado**

mercado [merkáðo] 《←ラテン語 mercatus》 男 ❶ 市(いち), 市場(ば) 《→feria 類義》: El domingo hay ~ en esta plaza. 日曜にはこの広場に市が立つ. ir al ~/hacer el ~ 市場へ買い物に行く. ~ de abastos/《南米》 ~ de abasto [生鮮] 食料品市場. ~ de flores 花市場. ~ de viejo 古物市, 骨董(とう)市. ~ sobre ruedas 巡回市場. ❷ 市場(じょう): Estados Unidos es un gran ~ para automóviles. 米国は車の大きな市場である. Hay mucho ~ para.... ...の需要がある. sacar al ~ 市場に出す. salir al ~ 市場に出回る. estudio (investigación) de ~s 市場調査, マーケットリサーチ. ~ abierto 公開 (オープン) 市場. ~ al contado/~ de entrega inmediata 直物(じきもの)市場, スポット市場. ~ a plazo/~ futuro 先物市場. ~ de capitales 資本市場. ~ de trabajo/~ laboral 労働市場. ~ de valores 証券市場. ~ del petróleo 石油市場. ~ exterior (interior) 国外 (国内) 市場. ~ libre 自由市場. ~ financiero 金融市場. ~ monetario/~ de dinero 貨幣市場; 短期金融市場, マネーマーケット. ~ secundario [証券の] カーブ (場外) 取引所. ~ secundario de deuda pública (anotada) 登録公債の大口 (卸売) 市場; 公債の消化 (小売) 市場. *M*~ Común Andino アンデス共同市場 《自立した共同市場の形成と域内格差是正を目指し1969年ベネズエラ・コロンビア・エクアドル・ペルー・ボリビア・チリで結成 (チリ76年に脱退)》. *M*~ Común Centroamericano 中米共同市場, CACM 《域内貿易の自由化・共通関税・産業統合を目指し, 1961年グアテマラ・ホンジュラス・エルサルバドル・ニカラグアで結成 (コスタリカ63年に参加)》. *M*~ Común del Sur 南米南部共同市場, メルコスール 《1995年アルゼンチン・ブラジル・パラグアイ・ウルグアイの4か国で発足した関税同盟. 将来は単一市場を構想》. *M*~ Común Europeo 《歴史》 欧州共同市場. *M*~ Español de Futuros Financieros スペイン金融先物市場. *M*~ Interior Único 欧州単一市場 《1992年EU12か国で誕生. 財・サービス・資本・労働が域内を自由に移動できる》. ❸ 市況, 相場, 売買: El ~ de oro ha aumentado considerablemente. 金市場はかなり活発だった. ~ bursátil alcista (bajista) 強気 (弱気) 相場. ~ fuerte (débil) 強含み (弱含み) 市場. ~ encalmado 横ばい市況. ~ sostenido 堅調な市況

Mercado [merkáðo] 《人名》 **Tomás de** ~ トマス・デ・メルカド

〖1525?～75, スペインのドミニコ会修道士. 貨幣数量説や購買力平価説などを唱えた〗
mercadología [mɛrkađolɔxía] [女] マーケット研究
mercadotecnia [mɛrkađotéknja] [女] 市場調査, マーケティング
mercadotécnico, ca [mɛrkađotékniko, ka] [形] 市場調査の, マーケティングの
mercaduría [mɛrkađuría] [女]《廃語》=**mercancía**
mercal [mɛrkál] [男] ❶ =**metical**. ❷《中南米. 酒》テキーラ
mercallita [mɛrkaʎíta] [女]《鉱物》硫酸水素カリウム
mercancía [mɛrkanθía]〖←伊語 mercanzia〗[女] ❶［時に [複]］商品: Este año la ～ ha sido muy buena. 今年は品物が大変よい. comprar (vender) ～*s* 商品を買う(売る). ～*s* muertas (inmovilizadas) 死蔵品, 退蔵品. ～*s* tiradas al mar por la borda《船舶》投げ荷〖座礁・荒天の際などに行なう〗. ❷《まれ》商売, 取引
mercancías [mɛrkanθías] [男]〖単複同形〗貨物列車〖=tren de ～〗
mercante [mɛrkánte]〖←伊語〗[形] ❶ 海運の: buque (barco) ～ 商船. marina ～［ある国の］全商船. ❷《地方語》買う, 購入する
—— [男] ❶ 商船, 貨物船. ❷《まれ》商人
mercantil [mɛrkantíl]〖←mercante〗[形] 商業の: actividad ～ 商業活動. asociación ～ 商店会. derecho ～ 商法. espíritu ～ 金もうけ主義
mercantilismo [mɛrkantilísmo] [男] ❶《主に軽蔑》営利主義, 金もうけ主義. ❷《歴史》重商主義〔政策〕
mercantilista [mɛrkantilísta] [形] [名] ❶ 営利主義の〔人〕, 金もうけ主義の〔人〕. ❷《歴史》重商主義の(主義者). ❸ 商法専門の弁護士〖=abogado ～〗
mercantilizable [mɛrkantiliθáble] [形] 営利化(商業化)され得る
mercantilización [mɛrkantiliθaθjɔ́n] [名] 営利化, 商業化
mercantilizar [mɛrkantiliθár]〖←mercante〗[9] [他] ❶［+人・事物. 主に否定的な意味で, 本来は商売にすべきではないものを］商売にする, 金もうけに使う, 営利化する, 商業化する: Él *mercantiliza* todas las relaciones con sus conocidos. 彼は知人との関係をことごとく金もうけに結びつける. ❷ 金(かね)に換算する
mercantilmente [mɛrkantílménte] [副] 商業的に; 拝金主義で
mercantivo, va [mɛrkantíƀo, ƀo] [形]《まれ》=**mercantil**
mercaptano [mɛrka〔p〕táno] [男]《化学》メルカプタン
mercar [mɛrkár]〖←ラテン語 mercar〗[7] [他]《文語. 時に戯語》買う〖=comprar〗;［特に日用品の］買い物をする
—— **～se**［自分のために］買う: *Se mercó* unos zapatos nuevos. 彼は新しい靴を買った
merced [mɛrθé(đ)]〖←ラテン語 merces, -edis「支払い」〗[女] ❶《文語》1)［神からの］恩恵, 厚意, 好意: Me han hecho la ～ de buscarme en el aeropuerto. ありがたいことに彼らは私を空港まで迎えに来てくれた. pedir la ～ a la Virgen María マリア様のご加護を請う. 2)［国王などが与える］恩恵: El rey otorgó la ～ del indulto al condenado. 国王はその受刑者に恩赦を与えた. ❷［日雇いの農夫に支払われる］報酬. ❸《カトリック》［*M*～］メルセス会〖=orden〔de Santa María〕de la *M*～〗. ❹《歴史》賃貸契約における地代. ❺《歴史》恩賞地〖植民地時代のスペイン領アメリカで, 王室が功績と身分に照らして臣下に下賜した土地〗. ❻《古語》慈悲, 許し. ❼《古語》［間投詞的］ありがとうございます〖=Gracias〗: ¡Muchas ～*es*! どうもありがとうございます. *M*～ por recibirme en su casa. お邪魔させていただきありがとうございます. ❽《古語. 料理》～ de Dios 卵と三枚肉の細切れを甘く炒めたもの
a ～ 1) 任意に, 好きなように. 2)［estar・servir+］手当(報酬)を受けずに
a〔la〕～ de... …のなすがままに, 意のままに; …に左右されて: Está *a* ～ *de* su familia. 彼は家族の言うままになっている. Allí dejan el cuerpo *a* ～ *de*l viento. そこでは死体は野ざらしにする. flotar *a* ～ *de* las olas 波のまにまに漂う
～ a... …のおかげで〖=gracias a...〗: Hemos ganado ～ *a* su esfuerzo. 私たちは彼の努力のおかげで勝った
vuestra (vuesa・su) ～《古語》あなた〖usted の先行形〗: No se enfade *vuestra* ～. どうかお怒りにならないで下さい
mercedar [mɛrθeđár] [他]《メキシコ, キューバ》恩恵を与える
mercedario, ria [mɛrθeđárjo, rja] [形] [名] ❶《カトリック》メルセス会 orden〔de Santa María〕de la Merced の〔修道士・修道女〕. ❷《地名》メルセデス Mercedes の〔人〕〖ウルグアイ, ソリアーノ県の県都〗
Mercedes [mɛrθéđes] [男]《自動車》メルセデス・ベンツ: Tiene *un* ～. 彼はベンツを1台持っている
mercenario, ria [mɛrθenárjo, rja]〖←ラテン語 mercenarius < merces「支払い」〗[形] [名] ❶ 外国の軍隊に雇われた; 傭兵〖=soldado ～〗: tropas (fuerzas) ～*rias* 傭兵部隊, 外人部隊. ❷《軽蔑》報酬目当ての〔人〕, 金で雇われた〔人〕; 金で動く〔人〕: Ese médico es ～. その医者は金だけが目当てだ. asesino ～ 殺し屋. manos ～*rias* 金で汚れ仕事をする人たち. ❸［農場の］日雇いの農夫. ❹《カトリック》メルセス会の〔修道士・修道女〕〖=mercedario〗
—— [女]《貝》ホンビノス
mercenalismo [mɛrθenalísmo] [男] 傭兵主義
mercería [mɛrθería]〖←カタルーニャ語 merceria < ラテン語 merx, mercis「商品」〗[女] ❶ 手芸(裁縫)材料店, 衣料小物店. ❷ 手芸品販売. ❸ [集名] 手芸材料, 衣料小物. ❹《中南米》服地店. ❺《チリ》金物雑貨店
mercerización [mɛrθeriθaθjɔ́n] [女] =**mercerizado**
mercerizado [mɛrθeriθáđo] [男] マーセライズ加工, シルケット加工; マーセライズ加工による光沢
mercerizar [mɛrθeriθár] [9] [他]《繊維》マーセライズ加工する, シルケット加工する
mercero, ra [mɛrθéro, ra] [名] ❶ 手芸(裁縫)材料商, 衣料小物商. ❷《中南米》服地商
merchán [mɛrtʃán] [形]《廃語》merchante の語尾脱落形
merchandía [mɛrtʃandía] [名]《古語》=**mercancía**
merchandiser [mɛrtʃandáįsɛr]〖←英語〗[名]〖[複] ～s〗《商業》マーチャンダイザー
merchandising [mɛrtʃandáįsin]〖←英語〗[男]《商業》マーチャンダイジング, 市場調査を元にした計画的な販売促進; 商品化
merchaniego, ga [mɛrtʃanjégo, ga] [形]《古語》［家畜が］市で売るための
merchant bank [mɛrtʃan báŋk]〖←英語〗[男]〖[複] ～ ～s〗《経済》マーチャントバンク
merchante [mɛrtʃánte] [形] ❶ 海運の〖=mercante〗. ❷ 商業の, 商売の〖=mercantil〗
—— [名]《地方語》行商人, 露天商
merchantería [mɛrtʃantería] [女]《古語》❶ 行商人(露天商)の職. ❷ =**mercancía**
merchero, ra [mɛrtʃéro, ra] [名]《隠語》こそ泥
merco [mérko] [男]《ペルー. 口語》食べ物; 給食
mercocha [mɛrkótʃa] [女]《チリ. 口語》ネバネバしたもの; 垢
Mercosur [mɛrkosúr] [男]《略語》←Mercado Común del Cono Sur メルコスル, 南米南部共同市場〖アルゼンチン, ブラジル, パラグアイ, ウルグアイで構成〗
mercromina [mɛrkromína]〖←商標〗[女]《薬学》マーキュロクロム, 赤チン
merculino, na [mɛrkulíno, na] [形]《古語》水曜日の
mercurial [mɛrkurjál]〖←ラテン語 mercurialis〗[形] ❶ 水銀の, 水銀を含む: pomada ～ 水銀軟膏. sales ～*es* 水銀塩. ❷《ローマ神話》メルクリウス Mercurio の. ❸《天文, 占星》水星の. ❹ 気の変わりやすい, 移り気の
—— [男]《薬学》水銀剤
—— [女] ❶［時に [男]］《植物》ヤマアイ. ❷《古語》［毎週発行の］市場価格表
mercurialismo [mɛrkurjalísmo] [男]《医学》水銀中毒
mercúrico, ca [mɛrkúriko, ka] [形]《化学》第二水銀の
mercurio [mɛrkúrjo]〖←ラテン語 Mercurius〗[男] ❶《元素》水銀: barómetro de ～ 水銀気圧計. luz de ～/lámpara de vapor de ～ 水銀灯. pila de ～ 水銀電池. ❷［*M*～］1)《ローマ神話》メルクリウス, マーキュリー〖ギリシア神話の Hermes にあたる. 商売の神〗. 2)《天文, 占星》水星. ❸《歴史》*M*～ Peruano メルクリオ・ペルアノ〖18世紀末, 啓蒙主義の影響下, ペルーのリマで出版された新聞. ラテンアメリカで広く読まれた〗
mercurioso, sa [mɛrkurjóso, sa] [形]《化学》第一水銀の
mercurizado [mɛrkuriθáđo] [男] 水銀めっき
mercurocromo [mɛrkurokrómo]〖←商標〗[男]《薬学》マーキュロクロム, 赤チン: ～ transparente 白チン
merdé [mɛrđé] [男]《地方語》混乱
merdellón, na [mɛrđeʎɔ́n, na] [名]《文語. まれ》汚らしい召使い;《地方語》汚らしい人
merdoso, sa [mɛrđóso, sa] [形] ひどく汚れた, 胸のむかつくような: No quiero dormir en este lugar tan ～. こんなに汚いところで

mere [mére] 副《廃語》=**meramente**

merecedor, ra [mereθeđór, ra] 形 功績のある，賞賛(表彰)に値する，感心な；[+de に] ふさわしい：Su labor, difícil pero eficaz, la hizo ~*ra de* un reconocimiento unánime. 困難な仕事を手際よくやり遂げたことは万人が認めるところだ． Fue un dictador ~ *de* los odios de todos. 彼は皆の憎しみを受けてしかるべき独裁者だった． hacerse ~ *de*... …にふさわしい人物になる

merecer [mereθér]《←ラテン語 merere》39 他 ❶ [賞罰などに] 値する，当然…を受けるべきである：1) Su conducta *mereció* un castigo. 彼の行動は罰せられて当然だった/当然処罰されるべきだった． La ciudad *merece* una visita. その町は一見の価値がある． *Merece* agradecimiento de todo el pueblo. 彼は全国民からの感謝を受けるにふさわしい． Usted *merece* nuestro respeto unánime y nuestro sincero homenaje. あなたに私たち一同の敬意と心からの賞賛を送ります． El director lo privó de su *merecido* ascenso. 彼は当然昇任すべきところ，社長は認めなかった． No *merece* la suerte que tiene. 彼は今の幸せを受け取る資格などない． No *merece* respuesta. 返事するには及ばない． 2) [+不定詞・que+接続法] Él *merece* recibir el Premio Nobel. 彼はノーベル賞を受賞するにふさわしい． *Merece* que a ella le den la mitad de la herencia. 彼女は遺産の半分をもらってしかるべきだ． ❷ [ごほうび・おしおきを] もらう：Mi hijo pasó sin el tratamiento de una muela cariada y *mereció* una cajita de caramelos del dentista. 私の息子は痛いとも言わずに虫歯の治療を受けて，歯医者さんからあめ1箱ごほうびにもらった． Si no os laváis las manos antes de comer, *mereceréis que* os den azotes en el trasero. もし食事の前に手を洗わなかったら，君たちはお尻を叩かれることになるよ． ❸《古語》獲得する，達成する：El caballero combatió en duelo dos veces para ~la. 騎士は彼女の心をつかむため2回決闘した．

―― 自 ❶ 自分の能力(真価)を発揮する：El alumno está intentando ~. その生徒は成績を上げようとがんばっている． ❷《宗教》功徳を施す，善いことをする

en edad (*estado*) *de* ~ 年ごろの，結婚適齢期の：Ella ya está *en edad de* ~. 彼女はもう結婚適齢期だ

Lo tienes merecido. いい気味だ/当然の報いだ

~ *bien* [+de+人 の] 感謝を受けるにふさわしい；[+de+事物に] 値する，ふさわしい：Merece bien de la patria. 彼は祖国の感謝の念を受けるにふさわしい．

No las merece.《古語的》[gracias に対して] どうぞよろしく

―― ~*se* [+直接目的 が，自分に] 値する，ふさわしい：1) *Te mereces* un cachete.〔そんな言動をして〕君は叩かれて当然だ． Yo creo que *se merece* un regalo mejor. 私は彼はもっと上等な贈り物をすべきだと思う． *Me lo merecí* por estúpido. 私がばかでこんなことを招いてしまった． 2) [+不定詞・que+接続法] *Se mereció* recibir el primer premio. 彼は一等賞を受けるにふさわしかった． *Se mereció que* le diesen ese puesto. 彼はそのポストを与えられるにふさわしかった

¡Te lo mereces! それはまさに君にふさわしい/いい気味だ！

merecer	
直説法現在	接続法現在
merezco	merezca
mereces	merezcas
merece	merezca
merecemos	merezcamos
merecéis	merezcáis
merecen	merezcan

merecida [mereθíđa] 女《プエルトリコ》報い，罰

merecidamente [mereθíđaménte] 副 当然受けるべくして：Ese valiente acto fue ~ reconocido por el alcalde. その勇敢な行為に対して市長からふさわしき謝意が表された

merecido [mereθíđo] 男 当然の罰(報い)｛=castigo ~｝：Lleva su ~. 彼は当然の報いを背負っている． recibir su ~ 当然の罰(報い)を受ける． dar a+人 su ~ …に当然の報いを与える

mereciente [mereθjénte] 形《まれ》功績のある〔賞賛に値する〔人〕

merecimiento [mereθimjénto] 男 ❶ 功績，実績：Mi hijo está haciendo ~ para colocarse en una oficina de abogacía. 私の息子は弁護士事務所に就職するための実績作りをしている． ❷ 値すること

merejo, ja [meréxo, xa] 形《エクアドル》ばかな，愚かな

meremere [meremére] 男《ベネズエラ》殴打，叩くこと

merendar [merendár]《←ラテン語 merendare》23 自 他 ❶ [午後に] 軽食・おやつ・弁当 merienda を食べる：Siempre *meriendo* a las siete de la tarde. 私はいつも午後7時に軽食をとる． tomar buñuelos para ~ おやつにブニュエロを食べる． salir a ~ al campo 野原にピクニックに出かける． ❷ [他人の書いているものを] のぞきこむ． ❸《トランプ》相手のカードをのぞく． ❹《地方語》昼食をとる

―― 他 おやつ(間食)に…を食べる：Los chicos *meriendan* pan y chocolate. 子供たちはパンとココアのおやつを食べる

―― ~*se*《時に軽蔑》❶《競争などで, +a+人 を》打ち負かす；〔論争で相手を〕煙に巻く：Aquel equipo de baloncesto *se merendó* al contrario. あのバスケットボールチームは相手チームを打ち負かした． ❷《口語》…をさっさと終わらせる：*Se merendó* la novela en dos noches. 彼はその小説を2晩で仕上げた． ❸《望んでいたものを》手に入れる：~*se* el puesto de director 重役の椅子を手に入れる． ❹《義務的なことを》途中でやめてしまう：~*se* una clase 授業を中途でやめる． ❺《中南米》《+a+人 を》殺す

merendera [merendéra] 女《植物》ネギ属の一種

merendero [merendéro] 男 ❶ [観光地などにある] 軽食堂，茶店． ❷ [野外で食事のできる] 休憩所，場所

merendilla [merendíʎa] 女 merienda の示小語

merendillar [merendiʎár] 自《エストレマドゥーラ》おやつを食べる

merendita [merendíta] 女 merienda の示小語

merendola [merendóla] 女《←merienda》女《西. 口語》[主に大人数での] 量・種類の多い間食；野外パーティー

merendona [merendóna] 女《西. 口語》=**merendola**

merengada [meren̠gáđa] 女《ベネズエラ》ミルクセーキ｛=batido｝

merengar [meren̠gár] 8 他《料理》攪拌して）メレンゲ状にする：leche *merengada* ミルクセーキ． ❷《口語》迷惑をかける，不快にする；台なしにする：El muy pelma nos *merengó* la fiesta. そのうるさい奴のおかげでパーティーが台なしになった

merengón [meren̠gón] 男《コロンビア. 料理》[ワインを少し加えた] 半生のメレンゲ

merengue [meren̠ge]《←仏語 meringue》男 ❶《料理》1) メレンゲ：punto de ~ 卵白を泡立てて最も固くなった状態． 2) メレンゲの菓子． ❷《口語》虚弱な人，ひ弱な人． ❸《舞踊, 音楽》メレンゲ〔ドミニカ起源のカリブ海諸国・ベネズエラなどの民俗舞踊・音楽〕． ❹《チリ, ラプラタ. 口語》騒ぎ，もめごと，紛糾；混乱，乱雑：armarse un ~ 激しい口論(けんか)が起こる；ごちゃごちゃになる． ❺《チリ. 軽蔑》病気がちの人

―― 形 名《サッカー》レアルマドリード Real Madrid の〔選手・ファン〕

merenguero, ra [meren̠géro, ra] 形 名《音楽》メレンゲの〔歌手・作曲家〕：orquesta ~*ra* メレンゲのバンド

merequetén [merekeŧén] 男《キューバ. 俗語》最高． ❷《プエルトリコ. 俗語》混乱，騒動，スキャンダル

de ~《キューバ. 俗語》すばらしい，とてもよい

tener ~《キューバ. 俗語》困難である

meretricio, cia [meretríθjo, θja] 形 売春婦の

―― 男 ❶ 買春，売春婦との肉体関係． ❷《集合》売春婦． ❸ 売春業

meretriz [meretríθ]《←ラテン語 meretrix, -icis》女《雅》〔~*ces*〕《文語》売春婦：casa de *meretrices* 売春宿

merey [meréi] 男《植物》カシューナットノキ

mergánsar [mergánsar] 男 =**mergo**

mergo [mérgo] 男《鳥》アイサ

mergollina [mergoʎína] 女《パナマ》金｛=dinero｝

mergón [mergón] 男 ブドウの芽(つる)

mérgulo [mérgulo] 男《鳥》ヒメウミスズメ

mericarpio [merikárpjo] 男《植物》分果

maricarpo [merikárpo] 男 =**mericarpio**

meridano, na [meriđáno, na] 形 名《地名》メリダ Mérida の〔人〕《メキシコ, ユカタン州の州都》

meridense [meriđénse] 形 名《地名》メリダ Mérida の〔人〕《ベネズエラ西部の州・州都》 =**merideño**

merideño, ña [meriđéɲo, ɲa] 形 名《地名》メリダ Mérida の〔人〕《スペイン, エストレマドゥーラ州の州都；ベネズエラ西部の州・州都》

meridiano, na [meriðjáno, na]〖←ラテン語 meridianus < meridies「正午」〗形 ❶ 正午の，真昼の：a la hora ～ 正午に，真昼に．sol ～/～-cena 子午線の太陽．❷ きわめて明白な：claridad ～na［言むがもがの］明々白々なこと．verdad ～na 明々白々な事実
── 男 ❶〘天文，地理〙子午線，経線〖=línea ～na．⇔paralelo〗：～ de cero/～ de Greenwich グリニッジ子午線．❷［指圧などの］経絡
── 女 ❶《古》［19世紀初頭の］寝椅子．❷《まれ》昼寝〖=siesta〗

meridiem [meríðjen]〖←ラテン語〙《文語》ante ～ 午前［に］．post ～ 午後［に］

meridión [meriðjón]《古語》正午

meridional [meriðjonál]〖←meridiano〗形 南の，南部の，南方の〖⇔septentrional〗：América ～ 南アメリカ，南米．Europa ～ 南ヨーロッパ，南欧
── 名 南部の人

merienda [mjrjénda]〖←ラテン語 merenda〗女 ❶［午後の］軽食，おやつ，間食：A las seis nos sirvieron la ～. 6時に軽い食事が出た．～-cena 早めの軽い夕食．❷［ピクニック・野外での仕事用の］弁当：～ campestre ピクニック，野外パーティー．ir de ～ ピクニックに行く．llevar de ～ a+人 …をピクニックに連れて行く．❸《地方語》昼食．❹《エクアドル》夜遅くの食事，夜食．❺《ラプラタ》［学校に持って行き休み時間に食べる］弁当，軽食
juntar ～《口語》一致協力する；蓄財する
～ *de negros* 1)《西，口語》いいかげんな分配〔物事の決着〕，不当な配分；奪い合い．2)《ベネズエラ，口語》大騒ぎ，大混乱

merillo [meríʎo] 男《魚》ハタ科の一種〖学名 Paracentropristis hepatus, Serranus hepatus〗

merindad [merindáð] 女《歴史》❶ 地方管区〖中世後期カスティーリャ王国のタホ川以北に設置された5つの管区〗．❷ 地方官 merino の職

merinero, ra [merinéro, ra] 形［主にメリノ種の羊の］放牧の群れの：pastor ～ 放牧をする羊飼い．perro ～ 放牧牧羊犬

merino, na [meríno, na]〖←古語 mairino < ラテン語 majorinus「大半」〗形 ❶ メリノ種の［羊］．❷ メリノ毛の．❸ cabello ～ 濃く縮れた毛
── 男 ❶ メリノ毛．❷《歴史》1)［中世スペインで羊の遊牧と牧草の配分などを指導する］代官，代官：～ chico 執行官．～ mayor 地方長官 merindad の長．国王に直接任命される．～ menor 地方官〖地方長官に任命される〗．❷［家畜・牧草地の］管理者

meriñaque [merináke] 男《服飾》=miriñaque

meristema [meristéma] 男 =meristemo

meristemático, ca [meristemátiko, ka] 形《植物》分裂組織の，成長点の

meristemo [meristémo] 男《植物》分裂組織，成長点：～ apical 頂端分裂組織

meritado, da [meritáðo, ða] 形《プエルトリコ，ペルー》前記の，上述の

méritamente [méritamén̦te] 副《まれ》=merecidamente

meritar [meritár] 自《まれ》いいところを見せる；ちゃんとふるまう；埋め合わせをする

meritísimo, ma [meritísimo, ma] 形 大変ふさわしい

merito, ta [mérito, ta]〖mero の示小語〗形《メキシコ，ホンジュラス》ほかならない：Es la ～ta verdad. それは真実にほかならない

mérito [mérito]〖←ラテン語 meritum < merere「値する」〗男 ❶ 賞賛に値する点，価値，長所，取り柄〖⇔demérito〗：Tiene mucho ～ que lo hayas hecho sin ayuda. 君がそれを助けなしにやったのは立派だ．Tiene muchos ～s. 彼には長所が多い．El ～ de este trabajo está en la copiosa información que aporta. このレポートのいい点は情報をたくさん提供してくれていることだ．concurso de ～s 一定の基準を満たせば合格する試験〖⇔concurso de oposición〗．❷ 功績，手柄：Le concedieron una medalla como reconocimiento a sus ～s en la empresa. 会社での功績をたたえ，彼にメダルが与えられた．Ha realizado un trabajo digno de ～. 彼は功績に値する仕事をした．atribuirse el ～ de... …を自分の手柄にする．encumbrarse por ～s propios 自力で出世する．❸ 功労章，勲章：～ militar (civil) 軍事（市民）功労章．～s de guerra 武勲，勲功．❹《宗教》功徳：conseguir ～s 功徳を積む；善いことをする
de ～ 目覚ましい，立派な，大変価値のある：Es un escritor de ～. 彼はすばらしい作家だ．persona *de* ～ 立派な人，すぐれた人．obra *de* ～ すばらしい作品，秀作．novela *de poco* ～ つまらない小説
hacer ～*s* いいところを見せる，自分の真価を示す；ちゃんとふるまう；埋め合わせをする：El subdirector está *haciendo* ～*s* para que lo asciendan. 副部長は出世するためにがんばっている．Tendrá que *hacer* ～*s* si quiere que lo perdonen. もし許してもらいたいなら，彼は埋め合わせをしなければならないだろう

meritocracia [meritokráθja] 女 ❶ 能力主義〖社会〗．❷［あめと鞭による］褒賞政治

meritoriaje [meritorjáxe] 男〖無給の〗研修〖期間〗

meritoriamente [meritórjamén̦te] 副 賞賛に値するもの（こと）として，ふさわしく

meritorio, ria [meritórjo, rja]〖←ラテン語 meritorius〗形〖ser+〗賞賛に値する，価値のある，ふさわしい；勲功のある：Sus acciones son ～*rias* de las mayores alabanzas. 彼の行ないは最高の賛辞に値する．Consiguió una ～*ria* medalla de oro. 彼の金メダル獲得は〔実力から見て〕当然の結果だった．labor ～ 立派な仕事．logro ～ 価値ある成果．servicio ～ 功労
── 名 ❶〖無給の〗研修生，実習生，見習い社員：Mi amiga entró de ～*ria* en una compañía. 友人はある会社に実習生として入った．❷ 欲得抜きで働く人

merituado, da [meritwáðo, ða] 形《ペルー》前記の，上述の

merla [mérla] 女《鳥》=mirlo

merláchico, ca [merlátʃiko, ka]《メキシコ》顔色が悪い；病気の

merlán [merlán] 男《魚》ホワイティング〖学名 Merlangius merlangus〗

merleta [merléta] 女《紋章》くちばしと脚のない水鳥紋

merlín [merlín] 男《船舶》マーリン〖2つ・3つ縒りの細い麻綱〗

Merlín [merlín] 男 マーリン，メルラン〖アーサー王伝説の魔法使い・予言者〗
saber más que ～ 悪賢い，抜け目ない

merlino, na [merlíno, na] 形《エクアドル》すぐ笑う，よく笑う

merlo [mérlo] 男 ❶《魚》1) メルルーサ．2) ベラ．❷《鳥》=mirlo
── 形 名《アルゼンチン》ばかな；ばか者

merlón [merlón]〖←伊語 merlone〗男 ❶《築城》［銃眼間の］凸壁．❷《地方語．魚》ベラ

merlot [merló] 男 メルロー種のブドウ；メルローワイン

merlucero, ra [merluθéro, ra] 形 メルルーサ漁の：buque ～ メルルーサ漁船

merlúcidos [merlúθiðos] 男 複《魚》メルルーサ科

merlucilla [merluθíʎa] 女《地方語．魚》中型メルルーサ

merluza[1] [merlúθa] 女〖←?語源〗❶《魚》メルルーサ：～ del cabo ケープヘイク〖学名 Merluccius capensis〗．～ de cola ホキ．～ mauritana モーリタニアメルルーサ〖学名 Merluccius cadenati〗．～ senegalesa セネガルヘイク〖学名 Merluccius senegalensis〗．❷《西，口語》酔い：Estuvo toda la noche bebiendo ron y [se] cogió una ～ tremenda. 彼は一晩中ラム酒を飲んでいて，ひどく酔っぱらってしまった

merluzo, za[2] [merlúθo, θa] 形 名《西．軽蔑》ばかな〔人〕，間抜けな〔人〕

merma [mérma]〖←mermar〗女 ❶《文語》減少：En verano se produce una ～ en el caudal del río. 夏になると川の水量が減少する．～ de los bienes 財産の減少．～ del prestigio 名誉を損なうこと，評判を落とすこと．～ de la salud 健康を損なうこと．❷《商業》［製造・輸送中の商品の］目減り，欠損；［商品が消費されたり盗まれたりして］欠損

mermador, ra [mermaðór, ra] 形 目減りする

mermar [mermár]〖←ラテン語 minimare < minimus〗自・～*se*《文語》［分量などが］減る：La carne *ha mermado* al freírla. 揚げると肉は分量が減った．*Mermó* la luz. 暗くなった．El frío *ha mermado*. 寒さが和らいだ．Su vitalidad no *ha mermado* con los años. 彼の活力は年齢による衰えを知らない
── 他［分量を］減らす：～ la paga (la ración) 給料（配給）を減らす．La edad *merma* la capacidad retentiva. 年をとると記憶力は低下する

mermasangre [mermasángre] 男《植物》キンミズヒキ〖=agrimonia〗

merme [mérme] 男《地方語》=merma

mermelada [mermeláða]〖←ポルトガル語 marmelada「マルメロのジ

mero

ャム」】女《料理》ジャム, マーマレード: ~ de naranja〔amargas〕オレンジマーマレード. ~ de albaricoques アプリコットジャム. ~ de ciruela 梅ジャム
brava ~ 《まれ》出来の悪いこと

mero[1] [méro] 男《魚》ハタ科の一種〖学名 Serranus guaza〗; ダスキーグルーパー〖学名 Epinephelus marginatus〗

mero[2], **ra** [méro, ra] 〔←ラテン語 merus「純粋な」〕形 ❶〔+名詞〕〔主に非物質的なことについて〕単なる, ただの, ほんの: Pinto por el ~ placer de pintar. 私は描きたいという喜びだけで絵を描いている. por el ~ hecho de... という事実だけで. *mera* casualidad 全くの偶然. *mera* verdad 真実そのもの. ❷ 取るに足りない, 重要でない. ❸〔メキシコ, 中米. 口語〕〔強調〕まさに: Me dejas en el ~ centro de la ciudad. 町のちょうど中心で降ろしてくれ. Llegó a la *mera* hora. 彼はちょうど定刻に着いた. ❹《メキシコ》主要な; 正確な, ちょうどの: Pedro es el ~ malo. ペドロが悪い人だ. ❺《グアテマラ》全くの: Este libro es ~ malo. この本は本当にひどい. ❻《コロンビア, ベネズエラ》一つだけの, たった一つの: Una *mera* vino de las chicas. 娘たちの中ではただ一人しか来なかった
── 副《メキシコ》もうすぐ, 間もなく: Ya ~ llega el fin de mes. もうすぐ月末だ. ❷〔強調〕全く, まさに
ya ~ 《メキシコ. 皮肉》決して…ない

meroblástico, ca [meroblástiko, ka] 形《生物》〔卵が〕部分割の

merodeador, ra [merodeaðór, ra] 形 名 徘徊する〔人〕, うろつく〔人〕. ❷《古語》略奪する, 略奪者

merodear [merodeár]〔←古語 merode <仏語 maraude〕自 ❶〔悪い目的があって, +por に〕うろつく: Tres individuos andan *merodeando* por la plaza. 3人の人物が広場のあたりをうろついている. ❷〔兵士が隊列を離れて〕略奪に行く. ❸《米国, メキシコ》不正をはたらく; 物色する

merodeo [merodéo] 男 ❶ 徘徊, うろつきまわること. ❷《古語》〔兵士たちの〕略奪

merodista [merodísta] 名《まれ》徘徊者;《古語》略奪者

meroedría [meroeðría] 女《鉱物》欠面

meroédrico, ca [meroéðriko, ka] 形《鉱物》欠面の, 欠面像の

meroedro [meroéðro] 男《鉱物》欠面形

merolico, ca [merolíko, ka] 名《メキシコ》❶〔薬用品などの〕呼び売り人, 香具師. ❷ 呪術医. ❸ おしゃべりな人

meroplancton [meroplánkton] 男《生物》一時性プランクトン

merostomas [merostómas] 男 複《動物》節口綱

merotomía [merotomía] 女《生物》〔細胞などの〕分割

merovingio, gia [meroßínxjo, xja] 形《歴史》メロヴィング王朝の〔人〕
── 男 複 メロヴィング王家

merquén [merkén] 男《チリ》〔旅行用の調味料の〕塩入りのトウガラシソース

mersa [mérsa] 形 名《ラプラタ. 軽蔑》粗野な〔人〕, 下品な〔人〕
la ~ 《ラプラタ. 軽蔑》下層民, ぞう連中

merseguera [merseɣéra] 女 メルセゲラ種の〔ブドウ〕〖トゥリア川 Turia 上流産. 辛口の白ワイン用〗

mes [més]〔←ラテン語 mensis〕男 ❶ 1か月, 月: ¿En qué ~ empieza el año escolar? 学年度は何月から始まりますか? La producción industrial se enfría en el ~ de mayo. 5月に工業生産が冷え込んだ. Hace seis ~es que estudio español. 私はスペイン語の勉強を始めて6か月になる. este ~ 今月. el ~ pasado 先月. el ~ que viene/el ~ próximo/el ~ entrante 来月. ~ mayor (menor) 大(小)の月. ~ solar 太陽月. ~ lunar (astronómico) 太陰月.〔参考〕enero 1月, febrero 2月, marzo 3月, abril 4月, mayo 5月, junio 6月, julio 7月, agosto 8月, septiembre 9月, octubre 10月, noviembre 11月, diciembre 12月 (すべて男性名詞). En España el año escolar empieza en *octubre*. スペインでは学年度は10月から始まる. Hoy es [el] 7 de *mayo*. 今日は5月7日だ. Nació el 12 de *agosto*. 彼は8月12日生まれだ. De todo el año, *agosto* es el mes más caluroso. 一年中で8月が一番暑い. 月を表す不定冠詞がつくことがある: Aquel fue *un* abril lluvioso. あれは雨の多い4月だった. ❷ 月給〔=mensualidad〕; 月ごとの支払い額: Me debes dos ~es. 君は2か月分払ってくれていない. pagar (cobrar) el ~ 月給を払う(受け取る). ❸〔口語〕〔el+〕月経〔=menstruación〕: tener el ~ 生理がある. llevar retraso en el ~ 生理が遅れている. ~ mayor 臨月. ❹〔妊娠が+

月〕Está〔embarazada〕ocho ~es. 彼女は妊娠9か月だ〖日本との数え方の相違 →embarazada〗. ❺〔生後…か月〕Tiene diez ~es. 彼は生後10か月だ. niño de ~es ゼロ歳児. ❻《商業》30日間

al ~ 1) 1か月に, 月に: una vez *al* ~ 月に1度. 2) 月ぎめで
caer en el ~ ***del obispo*** 望んでいたものを手に入れるのに都合のいい時が来る
~ ***de María***《キリスト教》5月
~***es mayores*** 1) 臨月のころ. 2)《農業》〔4～6月など〕穀物の収穫直前の月
por ~ = *al* ~ : alquilar una habitación *por* ~ 月ぎめで部屋を借りる
por ~*es* 月割りで: pagar *por* ~*es* 月賦で払う

mes-〔接頭辞〕=meso-

mesa [mésa]〔←ラテン語 mensa〕女 ❶ テーブル, 食卓〔= ~ de comedor〕, 机, 事務机〔= ~ de trabajo〕, 勉強机〔= ~ de estudio〕: 1) Hay un florero en la ~. テーブルの上に花瓶がある. En mi ~ todavía queda tanto que solucionar. 私の机には解決すべきことがまだたくさんある. Lo siento, pero esta ~ está reservada. 申し訳ありませんが, このテーブルは予約済みです. 2)〔卓上〕arreglar la ~ 机の上を整理する. 3)〔種類〕~ auxiliar サイドテーブル. ~ de alas バタフライテーブル. ~ de centro/《アルゼンチン》~ de hall/《ラプラタ》~ ratona センターテーブル, ローテーブル, ティーテーブル. ~ de noche/《ラプラタ》~ de luz ナイトテーブル. ~ extensible 伸縮自在式テーブル. ~ nido〔テーブルの下にもう一つ組み込まれている〕二段式テーブル. ~ plegable/~ de tijera 折畳式テーブル. ~ redonda 円卓, 円形テーブル;〔席の上下の区別のない〕円卓会議, パネルディスカッション. ~ rodante〔お茶用の〕ワゴン. ~ de batalla〔郵便物の〕仕分台. ~ de billar ビリヤード台. ~ de cocina 調理台, キッチンテーブル. ~ de diablo ドルメン〔=dolmen〕. ~ de dibujo 製図台, 画板. ~ de juego〔賭博の〕ゲーム台. ~ de lavar《鉱山》選鉱板. ~ de mezclas《放送など》ミキシングコンソール. ~ de operaciones 手術台. ~ de partos 分娩台. ~ petitoria〔教会などに置かれる〕募金台; 募金運動. ❸〔日々の〕食事, 料理: En su casa siempre hay buena ~. 彼の家はいつもごちそうが出る. Su ~ es muy pobre. 彼の家は大変貧しい. ~ y cama 食事付き宿泊. ❹ 執行部, 事務局. ~ de congreso《西》議会の事務局. ~ de examen《ラプラタ》試験官. ~ directiva 議長団; 取締役会. ~ electoral 選挙管理委員会. ❺〔宝石の〕テーブル. ❻〔弦楽器の〕表板, 共鳴板. ~ de armonía. ❼《カトリック》~ *la sagrada*/~la *del Señor* 聖体の秘跡. ❽〔神秘神学で〕信者が聖体を受ける儀式. ❾《地理》1) 台地, 高原. 2)《米国》テーブルマウンテン, テーブルロック. ❿〔階段の〕踊り場〔=descansillo〕. ⓫ 丈の低い植え込み. ⓬〔教会などの〕多額の収入. ⓭ 刃物の平面. ⓮《ビリヤード》試合, その点数. ⓯《隠語》台上に上向きに寝かせ頭を下に吊り下げる拷問. ⓰《まれ》職務

¡A la ~**!** 食卓につきなさい/ご飯ですよ!
a ~ *puesta*《西》毎日無料で食事をふるまわれて; 安楽に: estar (vivir) *a* ~ *puesta* いつも只飯(ただめし)を食う; 左うちわで暮らす
alzar la ~ = *quitar la* ~
arreglar la ~〔=《ニカラグア, パナマ》=*poner la* ~
buena ~ ごちそう, 美食: amante de *buena* ~ 美食家
cubrir la ~ =《まれ》= *poner la* ~
dar [*la*] ~ *a*+人《まれ》…を食事に招く
de ~ 卓上用の; 食卓用の: calendario *de* ~ 卓上カレンダー. uva *de* ~〔ワイン用や干しブドウ用に対し〕生食用のブドウ. vino *de* ~ テーブルワイン
estar a ~ *y mantel en casa de*+人 …に寄食している, 居候をしている
hacer ~ ***gallega***〔賭け事で〕相手の金を巻き上げる
~ ***franca*** 1) 訪れた者は誰でもふるまわれる食事. 2) Cuando quieras tienes ~ *franca* en mi casa. いつでも家に食事に来てください
~ ***gallega***/~ ***de gallegos***〔口語〕小麦のパンのない食事
~ ***revuelta*** ごちゃごちゃ, めちゃくちゃ; 雑録
~ ***traviesa***〔会食で〕上座, 上座に座る人たち
levantar la ~ = *quitar la* ~
levantarse de la ~ 食卓を離れる
poner la ~ 食卓の用意をする, 食器を並べる

mesomorfia

preparar ～ =*poner la* ～
quitar la ～ 食卓を片付ける; 閉会する
recoger la ～ =*quitar la* ～
saber comportarse en la ～ テーブルマナーを心得ている
sentar a su ～ *a*+人《語》…に食事と泊まる所を提供する
sentarse a la ～ 食卓につく
sentarse a la ～ *de negociaciones* (*la* ～ *negociadora*) 交渉の席につく
servir [*a*] *la* ～ 給仕をする
tender la ～《中南米》=*poner la* ～
tener a+人 *a* ～ *y mantel*《西》…を養っている, 十分に面倒を見ている, ただで食べさせている

mesada [mesáđa]《←*mes*》囡 ❶《歴史》教会税 [植民地時代のスペイン領アメリカで, 叙任された教会関係者が支払わなければならなかった税. 税額は1か月分の俸禄]. ❷《中南米》月ぎめの金; 月給; おこづかい. ❸《チリ, アルゼンチン, ウルグアイ》調理台

mesadura [mesađúra] 囡《まれ》[髪・ひげを] 引っ張ること, かきむしること

mesalina [mesalína]《←Mesalina (ローマ皇帝クラウディウス Claudio の妻メサリーナ)》囡 [権力があって・尊大で] 自堕落な女, 放埒な女

mesamiento [mesamjénto] 男《まれ》=**mesadura**

mesana [mesána]《←伊語 mezzana》囡《船舶》ミズンマスト [の帆]

mesapio, pia [mesápjo, pja] 名《歴史, 地名》[イタリアのアプリア Apulia の]

mesar [mesár]《←ラテン語 messare》他《文語》[侮辱として相手の] 髪・ひげを] 引っ張る
—— *se*《文語》[絶望・怒りなどで自分の髪・ひげを] かきむしる, 引き抜く

mesaraico, ca [mesarájko, ka] 形 =**mesentérico**

mesca [méska] 囡《隠語》=**mescalina**

mescabar [meskabár] 他《古語》=**menoscabar**

mescabo [meskábo] 男《古語》=**menoscabo**

mescal [meskál] 男《メキシコ, 植物, 酒》メスカル [=*mezcal*]

mescalero, ra [meskaléro, ra] 形名 メスカレロ族 [の]《米国テキサス州とニューメキシコ州の先住民. アパッチの支族》

mescalina [meskalína] 囡《薬学》メスカリン

mesclador, ra [meskláđor, ra] 形名《古語》誹謗・中傷する [人]

mesclamiento [mesklamjénto] 男《古語》誹謗, 中傷 [行為]

mesclar [msklár] 他《古語》❶ =**mezclar**. ❷ 誹謗・中傷する [=*calumniar*]

mescolanza [meskolánθa] 囡《口語》=**mezcolanza**

mese [mése] 囡《古語》熟した穀類 [=*mies*]

meseguería [meseɣería] 囡 ❶ 熟した穀類の見張り. ❷ 穀類の見張りの費用を農民間で分けて負担すること

meseguero, ra [meseɣéro, ra] 形 熟した穀類の
—— 名 ❶ 熟した穀類の番人. ❷《アラゴン》ブドウ畑の番人

mesencéfalo [mesenθéfalo] 男《解剖》中脳

mesenio, nia [mesénjo, nja] 形名《古代ギリシア, 地名》メッセニア Mesenia の [人]

mesentérico, ca [mesentériko, ka] 形 腸間膜の, 腹膜の

mesenterio [mesentérjo] 男《解剖》腸間膜

mesenteritis [mesenterítis] 囡《医学》腸間膜炎

meseraico, ca [meserájko, ka] 形 =**mesentérico**

mesero, ra [meséro, ra] 形 I《←*mes*》《古語》[見習い期間を終え親方の下で食事付きで月給をもらう] 職人
II《←*mesa*》名《メキシコ, グアテマラ, コロンビア, エクアドル, チリ》ウェイター, ウェイトレス

meseta [meséta]《*mesa* の示小語》囡 ❶《地理》台地, 高原, 卓状地; [スペイン中央部の] 高原台地, メセタ: ～ *de Castilla* カスティーリャ台地, ～ *Central de México* メキシコ中央高原. ❷ [階段の] 踊り場 [=*descansillo*]. ❸《闘牛》～ *del toril* 囲い場 chiquero の上の平らな場所; そこの席

mesetario, ria [mesetárjo, rja] 形 台地の, 高原の; メセタの: *ciudad* ～*ria* 高原都市
—— 名 台地 (メセタ) に住む人

meseteño, ña [meseténo, na] 形 =**mesetario**

mesetón [mesetón] 男 ❶ 大テーブル. ❷ [図書館の] 貸し出しカウンター

mesiado [mesjáđo] 男《まれ》メシア (救世主) の威厳

mesiánico, ca [mesjániko, ka] 形 ❶ メシア mesías の, 救世主の; メシア思想の: *mensaje* ～ メシアのメッセージ. ❷《時に軽蔑》救世主待望論の; 絶対的信念の: *líder* ～ 絶対的信念を持つ指導者

mesianismo [mesjanísmo] 男 ❶ [メシアの到来・存在を信じる] メシア思想, 救世主待望論. ❷ [主義主張などの] 絶対的信念

mesías [mesías]《←ラテン語 messias <ヘブライ語 mesih「塗油された」》男《単複同形》❶《ユダヤ教》救世主, メシア;《キリスト教》[*El M*～] イエス・キリスト. ❷《運動・計画の》熱心な推進者

mesiazgo [mesjáθɣo] 男《まれ》=**mesiado**

mesidor [mesiđór] 男《古語》収穫月《フランス共和暦の第10月》

mesilla [mesíʎa]《*mesa* の示小語》囡 ❶《西》ナイトテーブル [=～ *de noche*]. ❷ ～ *de chimenea* マントルピース. ❸《建築》1) 踊り場 [=*descansillo*]: ～ *corrida* 直線的に続く階段の途中の踊り場. ～ *quebrantada* 正方形の踊り場. 2) 手すりの上の石; かさ木. ❹ [学生などに対する冗談めいた] 叱責. ❺《歴史》[遠征中の国王が従者に渡す] 日給

mesillo [mesíʎo] 男 出産後の初月経

mesinés, sa [mesinés, sa] 形名《地名》[シチリア島の] メッシナ Mesina の [人]

mesingo, ga [mesíŋɡo, ɡa] 形《サラマンカ》❶ 体の弱い, 病弱な. ❷ 上品ぶった

mesino, na [mesíno, na] 形《ホンジュラス》未熟児の

mesita [mesíta]《*mesa* の示小語》囡 ナイトテーブル [=～ *de noche*, ～ *de luz*]

mesmedad [mesmeđá(đ)] 囡《口語》*por su propia* (*misma*) ～ ひとりでに, 自然に

mesmeriano, na [mesmerjáno, na] 形名 メスメリズムの; メスメリズムを支持する [人]

mesmérico, ca [mesmériko, ka] 形《まれ》催眠術の [=*hipnótico*]

mesmerismo [mesmerísmo]《←Mésmer (ドイツの医師)》男 メスメリズム, 動物磁気説

mesmerización [mesmeriθjón] 囡《まれ》催眠 [=*hipnosis*]

mesmerizar [mesmeriθár] 他《まれ》催眠術をかける [=*hipnotizar*]

mesmo, ma [mésmo, ma] 形《古語》=**mismo**
eso ～《古語》…もまた, 同様に, 同じく

mesnada [mesnáđa] 囡[集名] ❶《歴史》[中世後期, カスティーリャなどで王・大貴族・有力な騎士に仕えた] 親衛隊. ❷ [主に複] 取り巻き

mesnadería [mesnađería] 囡《歴史》親衛隊員の給料

mesnadero [mesnađéro] 男《歴史》親衛隊員

meso-《接頭辞》[中央の, 中間の] *mesocarpio* 中果皮, *mesolítico* 中石器時代

Mesoamérica [mesoamérika] 囡《考古》メソアメリカ《メキシコ, 中米, アンティル諸島. マヤやアステカの文明圏》

mesoamericano, na [mesoamerikáno, na] 形名《考古》メソアメリカ Mesoamérica の [人]

mesoblasto [mesoblásto] 男《植物》原中胚葉細胞

mesocardia [mesokárđja] 囡《解剖》心間膜

mesocarpio [mesokárpjo] 男《植物》中果皮

mesocarpo [mesokárpo] 男 =**mesocarpio**

mesocefalia [mesoθefálja] 囡《人類学》中頭;《解剖》中脳

mesocéfalo, la [mesoθéfalo, la] 形《人類学》中頭の;《解剖》中脳の

mesocracia [mesokráθja]《←*meso*-+ギリシア語 kratos「力, 権力」》囡《文語》❶ 中産階級. ❷ 中産階級による政府

mesocrata [mesokráta] 形《まれ》中産階級の [人]

mesocrático, ca [mesokrátiko, ka] 形《文語》❶ 中産階級の. ❷ 中産階級による政府の

mesodérmico, ca [mesođérmiko, ka] 形 中胚葉の

mesodermo [mesođérmo] 男《生物》中胚葉

mesofilo, la [mesofilo, la] 形《生物》中等温度好性の, 中温性の

mesófita [mesófita] 囡《生態》中生植物, 適潤植物

mesoglea [mesoɣléa] 囡《動物》間充ゲル, 中膠

mesolítico, ca [mesolítiko, ka] 形名 中石器時代の [の]

mesomería [mesomería] 囡《化学》メソメリー, メソメリズム

mesómero, ra [mesómero, ra] 形《化学》メソメリー [状態] の

mesomorfia [mesomórfja] 囡《心理》中胚葉型

mesomorfo, fa [mesomórfo, fa] 形 名 《心理》中胚葉型の〔人〕

mesón [mesón] I 〖←ラテン語 mansio, -onis〗 男 ❶ [昔風・田舎風の] 居酒屋, レストラン. ❷《古語》宿屋. ❸《コロンビア》固定されたテーブル. ❹《チリ》[商店・バーなどの] カウンター
  estar como ~/parecer un ~ [家が] 客がよく来る, 長屋をする
  II 〖←ギリシア語 mesos「中間」〗 男《物理》中間子

mesonaje [mesonáxe] 男《まれ》宿屋の多いところ (通り)

mesonero, ra [mesonéro, ra] 形 居酒屋の; 宿屋の
  —— 名 ❶ 旅館 (料理屋) の主人. ❷《ベネズエラ》ウェイター, ウェイトレス

Mesonero Romanos [mesonéro r̃omános]《人名》Ramón de ~ ラモン・デ・メソネロ・ロマノス〘1803?〜82, スペインの風俗写生主義作家. 筆名 El Curioso Parlante. もっぱらマドリードを描いた〙

mesonil [mesoníl] 形 居酒屋の, 宿屋の; その主人の

mesonista [mesonísta] 形 =mesonero

mesonoto [mesonóto] 男《昆虫》中胸背板

mesopausa [mesopáusa] 女《気象》中間圏界面, メゾポーズ

mesopelágico, ca [mesopeláxiko, ka] 形《地理》中深海の

mesopotámico, ca [mesopotámiko, ka] 形 名《地名》メソポタミア Mesopotamia の〔人〕〘(1)《西アジアの》チグリス川・ユーフラテス川流域. (2)《南アメリカの》パラナ川・ウルグアイ川流域〙

mesosfera [mesosféra] 女《気象》中間圏

mesosiderito [mesosiđeríto] 男《地質》メソシデライト

mesotelio [mesotéljo] 男《解剖》中皮, 体腔上皮

mesotelioma [mesotelióma] 男《医学》中皮腫

mesoterapeuta [mesoterapéuta] 名 メソセラピーの専門家

mesoterapéutico, ca [mesoterapéutiko, ka] 形 =**mesoterápico**

mesoterapia [mesoterápja] 女《医学》メソセラピー, 脂肪溶解注射

mesoterápico, ca [mesoterápiko, ka] 形 メソセラピーの

mesotermal [mesoter̃mál] 形《地質》中熱水の

mesotórax [mesotóra(k)s] 男《単複同形》《昆虫》中胸

mesotorio [mesotórjo] 男《化学》メソトリウム

mesotrofia [mesotrófja] 女《生態》中栄養型

mesotrófico, ca [mesotrófiko, ka] 形《生態》中栄養型の

mesotrón [mesotrón] 男《物理》中間子

mesozoico, ca [mesoθóiko, ka] 形《地質》中生代〔の〕

mesozona [mesoθóna] 女《地質》メソ帯

mesozoo [mesoθó(o)] 男《動物》中生動物

mesquino, na [meskíno, na]《古語》=**mezquino**

messidor [messiđór] 形《古語》=**mesidor**

mesta [mésta]〖←[animalia] mixta 混ざり合った〔動物たち〕〗女 ❶《歴史》[M~], メスタ, 移動牧羊業者組合 (ギルド)〘1273−1836, カスティーリャ王アルフォンソ10世によって設立された移動牧羊業者の全国的組織. 牧羊業者に特権を与え, 羊群の通行の自由・牧羊移動組合の維持保全・牧草地での滞在なしを保証し, スペインの羊毛産業の発展に貢献. =(Honrado) Concejo de la M~, Consejo de la M~〙. ❷《地方語》複 河川の合流〔点〕

mestal [mestál] 男 コナラ mesto などの雑木林

mestenco, ca [mesténko, ka] 形《古語》所有者のない, 所有者不明の

mestengo, ga [mesténgo, ga] 形《古語》[牛・馬などが] 所有者不明の

mesteño, ña [mesténo, ɲa] 形 ❶ 移動牧羊業者組合 Mesta の. ❷ [牛・馬などが] 所有者不明の

mester [mestér]〖←menester〗 男 ❶《文学》~ de clerecía 教養派俗語文芸〘13〜14世紀に聖職者や文人たちによって平俗に調子で書かれた詩・物語. 歴史譚や聖人を中心とした啓蒙的な内容の一連4行単韻詩 cuaderna vía の詩型を特徴とする. 代表的な作品はゴンサロ・デ・ベルセオ Gonzalo de Berceo の『聖母の奇跡など』〙. ~ de juglaría 遍歴芸人の文芸〘12〜13世紀に遍歴芸人によって吟じられた民衆的な俗語の文芸. 口伝の伝承を基本とした韻文の作品群で, 作者不詳のものが多い. 教養派俗語文芸のような定型的な形式を持たず, 不規則な韻律を特徴とする. ジャンルとしては『わがシッドの歌』など武勲詩・叙事詩のほか, 抒情詩, 笑劇風のものもある〙. ❷《古語》手仕事〔の職〕; 技術, わざ

mesticia [mestíθja] 女《まれ》悲しみ, 悲嘆

mestindio, dia [mestíndjo, dja] 形 名《メキシコ. 古語》先住民の男性とスペインの女性との間の混血の〔人〕

mestique [mestíke] 男 ❶《中米》[ココヤシの内部にできる] 石のような凝結物. ❷《ドミニカ》木材の裂け目をふさぐペースト状のもの

mestización [mestiθaθjón] 女 =**mestizaje**

mestizaje [mestiθáxe]〖←mestizo〗 男 ❶ 混血, 異種族混交, 雑婚; 複 混血の人. ❷ [文化などの] 混交: ~ cultural 文化的混交

mestizar [mestiθár] 9 他 混血させる;《生物》交配させる

mestizo, za [mestíθo, θa]〖←ラテン語 misticius < mixtus「混合の」〗 形 ❶ メスティーソ〔の〕(白人 (特にスペイン人) とアメリカ先住民との混血の〔人〕. 植民地時代を通じてメスティーソの人口は増え続け, 人種的・社会的差別の対象となり, 数々の社会問題を引き起こした}: cultura ~za メスティーソ文化. ❷ 生物 交配した, 雑種の. ❸《メキシコ》1) 先住民の男性とメスティーソの女性との混血の〔人〕. 2) 朱色の. 3) [ユカタンで] 先住民. ❹《プエルトリコ》[雌鶏が] 中型でよく卵を生む
  —— 男 ❶《コロンビア. チリ. 料理》ふすま入りのパン

mesto¹ [mésto] I 男 ❶《植物》1) コナラ 〔=rebollo〕. 2) クロウメモドキ 〔=aladierna〕. ❷《アストゥリアス》ソラマメ・エンドウなど数種の豆のミックス
  II 男《医学. 隠語》正式な資格のない専門医

mesto², ta² [mésto, ta] 形 ❶《まれ》悲しい. ❷《地方語》濃い

mestrual [mestrwál] 形《古語》=**menstrual**

mestruo, trua [méstrwo, trwa] 形《古語》=**menstruo**

mestuerzo [mestwérθo] 男《古語》=**mastuerzo**

mestura [mestúra] 女 ❶《古語》=**mezcla**. ❷《アラゴン》ライ麦を混ぜた小麦

mesturar [mesturár] 他《古語》❶ =**mezclar**. ❷ [打ち明けられた秘密を] 暴露する; [犯罪・犯人を] 密告する, 暴く

mesturero, ra [mesturéro, ra] 形《まれ》もめごとを起こす〔人〕; うわさ話の好きな〔人〕. ❷《古語》[打ち明けられた・守るべき] 秘密をばらしてしまった〔人〕

mesura [mesúra]〖←ラテン語 mensura〗 女 ❶ 節度, 慎しみ: conservar la ~ 気持ちを抑える. comer (beber) con ~ ほどほどに食べる (飲む). ❷ 重々しさ, 壮重さ. ❸ 丁寧さ, うやうやしさ. ❹《まれ》措置, 方策

mesurable [mesuráble] 形《まれ》測定され得る

mesuradamente [mesuráđaménte] 副 節度をもって, ほどほどに, 控え目に

mesurado, da [mesuráđo, da] 形 ❶ 節度のある, 控え目な; 慎重な. ❷ 丁寧な. ❸《古語》中くらいの, 並の

mesuramiento [mesuramjénto] 男《古語》=**mesura**

mesurar [mesurár]〖←ラテン語 mensurare〗 他 ❶《まれ》測定する, 検討する. ❷《古語》考慮する, 熟考する; 計る, 測る
  —— **~se** [+en を] 控え目にする: *~se en las acciones* 行動を慎む

meta [méta] I 〖←ラテン語〗女 ❶《スポーツ》1)《競走》ゴール: alcanzar la ~/llegar a la ~ ゴールに入る. ~ volante《自転車》スプリントポイント. 2)《球技》ゴール: ganar la ~ 決勝点をあげる. área de ~ ゴールエリア. propia ~ オウンゴール. 3)《野球》本塁. ❷ 目的, 目標: Su ~ es llegar a abogado. 彼の目標は弁護士になることだ. ❸ [トランプなど] 上がり: llegar (alcanzar) la ~ 上がる. ❹《古代ローマ》円形競技場の中仕切りの柱
  línea de ~ 1)《サッカー》ゴールライン. 2)《競走》ゴールライン, 決勝線
  —— 男《西. スポーツ》ゴールキーパー
  —— 形《カンタブリア》野イチゴ

meta-《接頭辞》I 〖←ギリシア語 meta〗 ❶ [後] *metatórax* 後胸. ❷ [変化] *metamorfosis* 変容, *metáfora* 隠喩
  II《化学》[ベンゼン等の六員環の化合物で1位と3位に置換基が結合している] *metasfato* メタ燐酸塩

metábasis [metábasis] 女《単複同形》❶《修辞》主題転移. ❷《文法》品詞転換 [el azul del cielo「空の青さ」の azul のように形容詞を名詞として用いられうること]

metabiósis [metabjósis] 女《単複同形》《生物》変態共生

metablástesis [metablástesis] 女《単複同形》[鉱物の変成による] 再結晶, 変成結晶

metabólico, ca [metabóliko, ka] 形《生理》代謝の

metabolimetría [metabolimetría] 女《医学》基礎代謝測定

metabolímetro [metabolímetro] 男《医学》基礎代謝測定器

metabolismo [metabolísmo] 男《生理》[物質]代謝, 新陳代謝: ~ basal 基礎代謝《同化 anabolismo と異化 catabolismo からなる》. ~ celular 細胞代謝

metabolito [metabolíto] 男《生理》代謝物質, 代謝産物

metabolización [metaboliθaθjón] 女 新陳代謝《行為》

metabolizar [metaboliθár] 他 ❶《生理》新陳代謝させる. ❷ 物質交代によって変化させる

metabús [metabús] 男 ヘロイン中毒者をメタドン metadona で治療して回るバス

metacarpiano, na [metakarpjáno, na] 形《解剖》中手の, 中手骨の: huesos ~s 中手骨, 掌骨

metacarpiofalángico, ca [metakarpjofalánxiko, ka] 形《解剖》articulación ~ca 中手指節関節

metacarpo [metakárpo] 男《解剖》中手《第 1, 中手（2º）, 中手（5º）骨, 掌骨

metacéntrico, ca [metaθéntriko, ka] 形《物理》傾心の

metacentro [metaθéntro] 男 ❶《物理》傾心, メタセンター. ❷《情報》情報センター

metacognición [metakoɡniθjón] 女《心理》メタ認知

metacrilato [metakriláto] 男《化学》メタクリル酸塩; メタクリル樹脂

metacrílico, ca [metakríliko, ka] 形《化学》ácido ~ メタクリル酸

metacronismo [metakronísmo] 男《史実より年代を後にする》時代考証の誤り

metada [metáða] 女《リオハ》半分, 中間

metadona [metaðóna] 女《薬学》メタドン

metafase [metafáse] 女《生物》[有系分裂の]中期

metafísica[1] [metafísika]《←ギリシア語 meta ta physika「物理学の後」》女 ❶ 形而上学, 思弁哲学. ❷ 観念論, 抽象論, 抽象的論議

metafísicamente [metafísikaménte] 副 形而上学的に; 観念的に

metafísico, ca[2] [metafísiko, ka] 形 ❶ 形而上学の, 形而上学的な: tema ~ 形而上学的な主題. ❷ 抽象的な, 観念的な, ひどく分かりにくい: explicación ~ca 難解な説明 ―― 名 形而上学者

metafita [metafíta] 形 多細胞植物の ―― 女《植物》多細胞植物

metafonía [metafonía] 女《音声》母音変異《隣接母音の影響による母音の音色の変化》

metáfora [metáfora]《←ラテン語 metaphora < ギリシア語 metaphorá「輸送」》女 ❶《修辞》隠喩, 暗喩, メタファー《例》las perlas del rocío 露の珠, la primavera de la vida 人生の春》: ~ continuada 連喩, 諷喩, 寓話. ❷ 比喩, たとえ

metafóricamente [metafórikaménte] 副 隠喩的に, 比喩的に

metafórico, ca [metafóriko, ka] 形 ❶ 隠喩的の; 隠喩のある: estilo ~ 隠喩的文体. expresión ~ca 隠喩的な表現. sentido ~ 隠喩的な意味. ❷ 転義的な. ❸ 隠喩（比喩）の多い: expresiones ~cas 比喩に富んだ表現

metaforismo [metaforísmo] 男 隠喩の多用

metaforizar [metaforiθár] 他 隠喩で（比喩的に）表現する, 隠喩化する ―― 自 隠喩を使う; 隠喩を作る

metafosfato [metafosfáto] 男《化学》メタ燐酸塩

metafosfórico, ca [metafosfóriko, ka] 形《化学》ácido ~ メタ燐酸

metagénesis [metaxénesis] 女《生物》真正世代交代

metagnómico, ca [metaɡnómiko, ka] 形 超感覚の

metagnómo, ma [metaɡnómo, ma] 名《予知・透視などの》超感覚者

metagoge [metaɡóxe] 女《修辞》擬人法, 擬人化

metagrama [metaɡráma] 男《ある単語の1文字を変えて別な単語を作り, それを繰り返して目的の単語を作る言葉遊び》

metahemoglobina [metaemoɡlobína] 女《生化》メトヘモグロビン

metahemoglobinemia [metaemoɡlobinémja] 女《医学》メトヘモグロビン血[症]

metal [metál]《←カタルーニャ語 metall < ラテン語 metallum》男 ❶ 金属: no ~ 非金属. placa de ~ 金属プレート. ~ básico 卑金属地金. ~ blanco 洋銀, ホワイトメタル. ~ común 卑金属.

~ laminado/~ en lámina 板金. ~ ligero (pesado) 軽(重)金属. ~ machacado 薄片状の天然金属. ~ noble《化学》貴金属. ~ precioso 貴金属. ~es no ferrosos 非鉄金属. ~es raros 希少金属, レアメタル. ❷［声の金属的な］音色: tener una voz de ~ estridente 甲高い声をしている. ❸《音楽》[時に 複]金管楽器; そのパート. ❹ 真鍮《=latón》. ❺《印刷》活字金属《=~ de imprenta》. ❻《歴史》de los ~es 金属器時代の. ❼《紋章》金色, 銀色. ❽ 性質, 特質: ser de otro ~ 質が違う. ❾ 12世紀モロッコの貨幣 *el vil ~*《戯語》お金

metalado, da [metaláðo, ða] 形 ❶《古語》金属の. ❷ 混ぜた, 不純な

metalario [metalárjo] 男《まれ》=**metalista**

metaldehído [metaldeíðo] 男《化学》メタアルデヒド

metalengua [metaléŋɡwa] 女《言語》[自動翻訳に用いられる]人工言語

metalenguaje [metaleŋɡwáxe] 男《言語》記述用言語, メタ言語

metalepsis [metalé[p]sis] 女《修辞》転喩

metalergía [metalerxía] 女《医学》抗原抗体反応によるアレルギー

metalero, ra [metaléro, ra] 形《チリ》金属の ―― 男 =**metalista**

metalgráfico, ca [metalɡráfiko, ka] 形《印刷》金属板印刷の

metálico, ca [metáliko, ka] 形《←metal》❶ 金属の; 金属性の: cama ~ca 金属製ベッド. tela ~ca 金網. ❷ 金属特有の, 金属的な: ruido ~ 金属音. voz ~ca キンキン響く声, 甲高い声; [ロボットのような]合成した声. ❸［色が］メタリックの ―― 男《時に 複》現金; 硬貨: pagar (cobrar) en ~ 現金で支払う(受け取る). premio en ~ 賞金 ―― 女《廃語》冶金《=metalurgia》

metalífero, ra [metalífero, ra] 形《鉱物》金属を含む: terreno ~ 金属含有量の多い地層

metalingüístico, ca [metaliŋɡwístiko, ka] 形 女《言語》メタ言語[の]

metalino, na [metalíno, na] 形《古語》金属の

metalismo [metalísmo] 男《経済》[貨幣論における] 金属主義

metalista [metalísta] 男 金属細工師, 金属[加工]職人

metalistería [metalistería] 女 ❶ 金属細工技術. ❷ [集名] 金銀細工品

metalización [metaliθaθjón] 女 金属化, 金属被覆; メタリック塗装

metalizado, da [metaliθáðo, ða] 形 ❶［色・音などが］金属的な, メタリックな; 金属のような輝きの: coche de gris ~ メタリックグレーの車. ❷ 金銭に執着した, 守銭奴の ―― 男 金属化, 金属被覆; メタリック塗装

metalizar [metaliθár]《←metal》他 ❶ 金属化させる, 金属で被覆する: ~ los plásticos プラスチックに金属を被覆する. ❷ メタリック塗装する: ~ la pintura del coche 車をメタリック塗装する ―― ~se ❶ 金属化する, 金属で被覆される. ❷ 金銭に固執(執着)する, 守銭奴になる

metalla [metáʎa]《←ラテン語》女［補塡・補修用の］金箔

metalmecánico, ca [metalmekániko, ka] 形 ❶ industria ~ca 金属機械工業. ❷《チリ, アルゼンチン, ウルグアイ》冶金の ―― 女 装置の金属化

metalocromía [metalokromía] 女 金属への着色技術

metalófono [metalófono] 男《音楽》鉄琴

metalogénesis [metaloxénesis] 女《地質》鉱脈の形成

metalogenético, ca [metaloxenétiko, ka] 形 鉱脈形成学の

metalogenia [metaloxénja] 女《地質》鉱脈形成学

metalogénico, ca [metaloxéniko, ka] 形 =**metalogenético, ca**

metalografía [metaloɡrafía] 女 ❶ 金属組織学. ❷《美術》金属版印刷

metalográfico, ca [metaloɡráfiko, ka] 形 金属組織学の

metaloide [metalóiðe] 男《化学》メタロイド, 半金属

metaloídico, ca [metalóiðiko, ka] 形 メタロイドの

metaloplástico, ca [metaloplástiko, ka] 形 金属プラスチックの

metaloterapia [metaloterápja] 女《医学》金属療法

metalurgia [metalúrxja]《←metal+ギリシア語 ergon「労働」》女

metalúrgico, ca
❶ 冶金〔学〕, 金属工業. ❷ 冶金学; 冶金術
metalúrgico, ca [metalúrxiko, ka] 形 冶金の
―― 名 ❶ 冶金工; 金属工. ❷ 冶金学者
metalurgista [metalurxísta] 名《まれ》冶金工〔=metalúrgico〕
metamatemática [metamatemátika] 女 超数学
metamería [metamería] 女《動物》体節制
metamérico, ca [metamériko, ka] 形《動物》体節の
metamerización [metameriθaθjón] 女《動物》体節分化
metamerizado, da [metameriθáðo, ða] 形《動物》体節からなる
metámero [metámero] 男《動物》体節
metamórfico, ca [metamórfiko, ka] 形《地質》変成の: roca ~ca 変成岩
metamorfismo [metamorfísmo] 男《地質》変成〔作用〕
metamorfizar [metamorfiθár] 他《地質》変成させる
metamorfosear [metamorfoseár]《←metamorfosis》他〔形態などを〕変化させる, 変形させる, 変身させる
―― ~se〔+en に〕変化する, 変身する: El renacuajo se metamorfosea en rana. オタマジャクシはカエルになる
metamorfóseos [metamorfóseos] 男《廃語》=**metamorfosis**
metamorfosi [metamorfósi] 女《まれ》=**metamorfosis**
metamorfósico, ca [metamorfósiko, ka] 形 変形の, 変身の,《生物》変態の
metamorfosis [metamorfósis]《←ラテン語・ギリシア語 metamorphosis》女《単複同形》❶ 変形, 変身, 変貌, 変容: sufrir una 〔gran〕〔大きな〕変化を経験する. La niña ha experimentado una ~. その少女は変貌をとげた. ❷《生物》変態, 脱皮: ~ completa (complicada) 完全変態. ~ incompleta (sencilla) 不完全変態
metamórfosis [metamórfosis] 女《まれ》=**metamorfosis**
metanal [metanál] 男《化学》メタナール
metanero, ra [metanéro, ra] 形《船舶》液化メタン運搬用の; 液化メタン運搬船
metanfetamina [metanfetamína] 女《薬学》メタンフェタミン
metanífero, ra [metanífero, ra] 形《化学》メタンを含む(生じる)
metano [metáno] 男《化学》メタン〔ガス〕
metanoia [metanója] 女《文語》回心, 改宗
metanoico, ca [metanójko, ka] 形《化学》ácido ~ メタン酸
metanol [metanól] 男《化学》メタノール
metanovela [metanobéla] 女 メタ小説
metapaso [metapáso] 男《遊戯》❶《コロンビア》水切り. ❷《ボリビア》跳躍
metaplasia [metaplásja] 女《生理》化成, 変質形成
metaplásico, ca [metaplásiko, ka] 形《生理》化成の, 変質形成の
metaplasma [metaplásma] 男《生物》後形質
metaplasmo [metaplásmo] 男 ❶《言語》語形変異, 語音変異. ❷《修辞》文彩〔=~ de dicción〕
metapneumovirus [meta(p)neumobírus] 男《医学》〔infección por〕~ humano ヒトメタニューモウィルス〔感染症〕
metapolítico, ca [metapolítiko, ka] 形 政治批評の
metapsicología [meta(p)sikoloxía] 女 メタ心理学
metapsicológico, ca [meta(p)sikolóxiko, ka] 名 形 メタ心理学の
metapsicólogo, ga [meta(p)sikólogo, ga] 名 メタ心理学者
metapsíquico, ca [met(p)síkiko, ka] 形《心霊現象〔の〕, 超心理現象〔の〕; 心霊研究〔の〕
metasecuoya [metasekwója] 女《植物》メタセコイア
metasomatismo [metasomatísmo] 男《地質》〔岩石・鉱床の〕交代作用, 変質作用
metastásico, ca [metastásiko, ka] 形《医学》転移の
metástasis [metástasis] 女《単複同形》❶《医学》転移: ~ del cáncer 癌の転移. ❷《修辞》〔話題の〕急転換
metastatizar [metastatiθár] 自 他《医学》転移する: El cáncer ha metastatizado a los ganglios linfáticos. 癌がリンパ節に転移した
metatarsalgia [metatarsálxja] 女《医学》中足〔骨〕痛
metatarsiano, na [metatarsjáno, na] 形《解剖》中足の, 中足骨の: huesos ~s 中足骨
metatarso [metatárso] 男《解剖》中足〔骨〕: 5º ~ 第5中足骨

metate [metáte]《←ナワトル語 metatl》男 メターテ〔上部がへこんだ四角い挽き臼. メキシコ・グアテマラではトウモロコシなどを挽き, スペインではカカオ豆を挽くのに使われた〕
metaterios [metatérjos] 男《複》《動物》後獣下綱
metátesis [metátesis] 女《単複同形》《音声》音位転換〔例 cocodrilo←crocodilo〕
metatizar [metatiθár] 自 他《音声》音位を換えて発音する(書く)
metatonía [metatonía] 女《音声》単語内の強勢位置の交替
metatorácico, ca [metatoráθiko, ka] 形《昆虫》後胸の
metatórax [metatóra(k)s] 男《単複同形》《昆虫》後胸
metazoo [metaθó(o)] 男 後生動物の
―― 男《複》《動物》後生動物
meteco, ca [metéko, ka] 形《古代ギリシア》〔主に 複〕市民権を持たない〕居留外国人〔の〕
―― 男《軽蔑》〔主に 複〕よそ者, 流れ者
metedero [meteðéro] 男《コロンビア》いかがわしい場所
metedor, ra [meteðór, ra] 形 名 ❶〔何かを〕持ち込む〔人〕. ❷ 密輸入する; 密輸入業者
―― 男 ❶ おむつ〔=pañal〕. ❷《印刷》印刷用紙を置く板
metedura [meteðúra] 女《←meter》❶《口語》入れること, 挿入; 導入. ❷《口語》へま, どじ〔=~ de pata〕: Ha sido una ~ tremenda no respetar su opinión. 彼の意見を尊重しないのは大変な間違いだった
meteduría [meteðuría] 女《まれ》密輸入
metegol [metegól] 男《アルゼンチン》サッカー盤ゲーム
metejón, na [metexón, na] 形 名《ペルー》〔権限もないのに〕口出しする〔人〕
―― 男 ❶《コロンビア》混乱, 紛糾. ❷《ラプラタ. 口語》1) 恋慕: primer ~ 初恋. 2) 熱中: tener un ~ con... ...に夢中である. ❸《アルゼンチン》賭け事での大損
metelinense [metelinénse] 形 名《地名》メデリン Medellín の〔人〕〔バダホス県の村. Hernán Cortés の故郷〕
melón, na [melón, na] 形 名《メキシコ. 口語》おせっかいな〔人〕. ❷《コロンビア. 口語》マリファナを吸う〔人〕
metementodo [metementóðo] 形 名《単複同形》《口語》=**metomentodo**
metempírico, ca [metempíriko, ka] 形《哲学》先験哲学の, 超経験論の
metempsicosis [metem(p)sikósis] 女《単複同形》《宗教》輪廻, 輪廻転生; 霊魂転体
metempsícosis [metem(p)síkosis] 女 =**metempsicosis**
metemuertos [metemwértos] 男《単複同形》❶《まれ》おせっかいな人. ❷《古語. 演劇》〔場面転換で〕大道具を運び出す係の人
metense [meténse] 形 名《地名》メタ Meta の〔人〕〔コロンビア中部の県〕
meteórico, ca [meteóriko, ka] 形 ❶ 大気現象の, 気象現象の. ❷ 流星の: piedra ~ca 隕石. ❸ 流星のような, つかの間の〔光芒を放って消える〕, 一時的にはなばなしい
meteorismo [meteorísmo] 男《医学》鼓腸
meteorítico, ca [meteorítiko, ka] 形 隕石の
meteorito [meteoríto]《←meteoro》男《天文》隕石
meteorización [meteoriθaθjón] 女《地質》風化作用
meteorizar [meteoriθár] 自 他 ❶《地質》〔岩石を〕風化させる. ❷《医学》鼓腸を起こさせる
―― ~se ❶《地質》風化する. ❷《農業》〔土地が〕大気現象の影響を受ける. ❸《医学》鼓腸を起こす
meteoro [meteóro]《←ギリシア語 meteoros 「高い, 空中の」》男 ❶ 大気現象〔雨, 風, 嵐, 虹など〕. ❷《天文》隕星体, メテオロイド. ❸ 一時的に評判になった人(事物)
météoro [metéoro] 男 =**meteoro**
meteorofobia [meteorofóbja] 女 隕石恐怖症
meteorología [meteoroloxía] 女《←meteoro+ギリシア語 logos》❶ 気象学. ❷《集名》大気現象
meteorológico, ca [meteorolóxiko, ka] 形 気象の, 大気現象の: mapa ~/carta ~ca 天気図. informe (boletín) ~ 気象通報. observación ~ca 気象観測
meteorologista [meteorolox ísta] 名《まれ》=**meteorólogo**
meteorólogo, ga [meteorólogo, ga] 名 ❶ 気象予報官, 気象予報士. ❷ 気象学者
meteoropatía [meteoropatía] 女《医学》気象病
metepatas [metepátas] 形 名《単複同形》《口語》どじな〔人〕, へ

まな〔人〕, 間の悪い〔人〕
meteprisas [meteprísas] 形《単複同形》《口語》いつも急がせる〔人〕
meter [metér]《←ラテン語 mittere》他 ❶ [物を, +en の中に] 入れる《⇔sacar. 類義 **meter** は中の方に入れる. **echar** は投げ(そそぎ・振り)入れる. **poner** は両者にまたがる]: 1) El abuelo metió la mano en el bolsillo y sacó un monedero. 祖父は手をポケットに入れ, 小銭入れを取り出した. ~ monedas en el expendedor automático 自動販売機に硬貨を入れる. ~ el coche en el garaje 車をガレージに入れる. ~ aire en el balón 風船に空気を入れる. 2) [収納] Mete los calcetines en el cajón. 靴下を引き出しにしまいなさい. ~ los juguetes en la cesta かごに玩具をしまう. 3) [挿入] ~ la llave en el ojo de la cerradura 鍵穴に鍵を差し込む. ~ la tarjeta en la ranura スロットにカードを差し込む. 4) [部品を] はめ込む: ~ una tuerca en el tornillo ナットをボルトにはめる. ❷ [人を, +en 組織・場所・状況に] 入れる, 置く: Metió a su hija interna en un colegio. 彼は自分の娘を寄宿生として入学させた. La mujer, metida en la cárcel, pensaba en sus hijas. その女性は牢屋に入れられ, 子供たちのことを思っていた. No podemos ~te en nuestro grupo. 君を我々の仲間に入れる訳にはいかない. Le metí en mi fábrica. 私は彼を自分の工場に就職させた. No la metas en tus asuntos. 君の問題に彼女を巻き込むな. ~ a un herido en la ambulancia 救急車に負傷者を乗せる. ~ a+人 en un equipo de investigación medioambiental …を環境調査チームに加える. ❸ 預金する; 投資する, 金をつぎ込む: ~ mucho dinero en la cuenta corriente 当座勘定に大金を入れる. ~ la mitad de sus bienes en las acciones de una empresa textil 繊維会社の株式に自分の財産の半分をつぎ込む. ❹ [+a+人 に, 感情などを] 引き起こす; [考えなどを] 吹き込む, 分からせる: Nos metieron miedo con sus amenazas. 彼らは脅して私たちを怖がらせた. No me metas tanta prisa. 私をそんなに急がせないでくれ. ¿Quién le ha metido esa idea en la cabeza? 誰がそんな考えを彼の頭に吹き込んだのか? No hay quien le meta que hay que luchar. がんばらないといけないことを彼に言ってやる者はいない. ~ a+人 los conceptos básicos …に基本概念を与える. dar a correr con el miedo metido en el cuerpo 怖くなって走り出す. ❺ [時に軽蔑][+a+不定詞/+de+名詞]…の仕事をさせる, 修業に出す: Sus padres le metieron a trabajar de auxiliar en una zapatería a los doce años. 両親は12歳の時に彼を靴屋の下働きに出した. La metieron de aprendiza de una modista de París. 彼女はパリのデザイナーのところの見習いに出された. ❻ [自動車] [ギアを] 入れる: Quería reducir a segunda y metió la cuarta. 彼はセカンドに落とすつもりがトップに入れてしまった. ❼ [裁縫] [縫い込んで] 詰める: Metí un poco estos pantalones porque me venían largos. 私はこのズボンが長かったので裾を少し詰めた. Según veo, al vestido habrá que ~le la cintura dos centímetros. 見るところ, そのドレスはウエストを2センチ詰めないといけないようだ. ❽ [行間・字間などを] 狭める: Tienes que ~ el espacio para que la página tenga cuarenta líneas. 君は一ページ40行になるように行間を詰めないといけない. letras metidas 詰めて書いた文字. ❾《口語》[うわさ・もめごとを] まき散らす: ¿Quieres ~nos más mentiras? 君はさらに我々に嘘をつくつもりか? ❿《口語》[殴打を] 加える: Le metí un buen puñetazo y di con él en el suelo. 私は彼に一発パンチをお見舞いして, 地面に倒した. ⓫ [騒音・騒ぎなどを] 引き起こす: El muchacho mete mucho ruido de moto cuando llega por las noches. その男の子は夜帰りする時に, ひどいバイク音をさせる. ~ un jaleo tremendo どんちゃん騒ぎをやらかす. ⓬《口語》[無理やり嫌な物事を] させる, 押しつける; [良くない物を] 買わせる: Le han metido diez años de cárcel. 彼は10年も投獄されていた. Les han metido un trabajo de quince horas seguidas. 彼らは15時間連続して働かされていた. Va a ~nos, como siempre, su discurso. まだいつものように彼の御説を拝聴させられるぞ. En el mercado me han metido unas peras podridas. 私は市場で腐ったナシをつかまされた. ⓭《口語》[嘆願・請求などを] 提出する: ~ un memorial de la disminución de la pena 減刑嘆願書を提出する. ~ una querella por difamación 名誉毀損の告訴状を提出する. ⓮ [船型] [帆を] 巻く. ⓯《古語》用いる; 割り当てる, 捧げる. ⓰《古語》費やす. ⓱《コロンビア, 隠語》[コカイン・マリファナを] 吸う
a todo ~《口語》全力で, 全速力で: Comeremos a todo

y nos iremos. さっさと飯食って, 出ていこう. Pasó un coche a todo ~. すごいスピードで車が通り過ぎた
mete y saca 男 出し入れ
~ a+人 con otro …を仲間に入れて自分の責務の一部を助けてもらう
~ y sacar 出し入れする: Por todo el mundo hay paraísos fiscales donde la gente adinerada puede ~ y sacar su dinero. 世界中に金持ちが金を出し入れできるタックスヘイブンがある
~la 1)《口語》とんでもない(失礼な)ことをする〖=meter la pata〗. 2)《隠語》私通する〖=fornicar〗
——自 ❶《隠語》私通する〖=fornicar〗. ❷《コロンビア. 隠語》マリファナを吸う
——**~se** ❶ [場所に] 入る: 1) Se metió en la cama. 彼はベッドにもぐり込んだ. Métete por la primera calle a la izquierda. 最初の通りを左に入りなさい. El conejo se metió en su madriguera. ウサギは巣穴に入った. Metidos en una cueva, pasamos una noche. 洞窟の中に入り, 私たちは一晩を過ごした. No sé dónde ~me de vergüenza. 私は穴があったら入りたい. 2) [主に完了時制で, 人・物が] 姿を消してしまう: ¿Dónde se habrá metido? 彼はどこへ行ってしまったのだろうか? ¿Dónde se habrán metido mis gafas? 私の眼鏡はどこに行ってしまったのか? ¿Por dónde andará metido mi gato? 私の猫はどこをほっつき歩いているのか? ❷ [自分の…の中に] 入れる: No es bueno ~se el dedo en la nariz. 鼻に指を入れるのはよくない. ❸ [+間接目的 の…の中に, 自然に・勝手に] 入ってしまう, 入り込む: Se me ha metido una china en el zapato. 靴に石が入った. Se me ha metido un bicho en la boca. 私の口に虫が飛び込んだ. ❹ 介入する, おせっかいをやく: Tú no te metas en lo que no te llaman. 関係ないことに口を出すな. ❺ 就職する; [[+a・de]+職業・身分]…になる; 装う, 格好をする: Me metí en el ministerio de Defensa. 私は防衛省に入った. Se metió de funcionario. 彼は公務員になった. ~se fraile (monja・soldado) 修道士(修道女・兵士)になる. ~se a labrador 農夫になる. ❻ [+a+不定詞. 能力などもなく]…をしようとする, …を始める: Pero, ¿quién eres tú que te metas a darme consejos? 私に忠告しようだなんて, お前は何様だ. Como te metas a arreglar el coche, no sabemos cuándo arrancará. お前が車を直すと言うなら, いつ走るようになるかおぼつかない. ❼ 夢中になる; 関わる, 巻き込まれる: Se ha metido en negocios de paneles solares. 彼はソーラーパネルの商売を一所懸命やってきた. No quiero ~me en los problemas difíciles. 私は難しい問題に巻き込まれたくない. Está metido en un negocio sucio. 彼はいかがわしい商売に手を出している. ❽ [招かれていないのに] 入り込む: Se ha metido en el banquete. 彼は宴会にもぐり込んだ. ❾ [+en に]…を入れる: Se metió dinero en el banco. 彼は銀行に預金した. Se ha metido en el dinero que pertenecía al erario público. 彼は公金を横領した. ❿ [地形が] 突き出る, 入り込む: El cabo se mete en el mar. 岬は海に突き出ている. El mar se mete profundamente en la tierra por diez kilómetros. 海は陸地に10キロにわたって深く入り込んでいる. El río se mete en el mar. 川は海に流れ込んでいる. ⓫ 入れられる: Al final se mete aceite en la mayonesa y se le bate bien. 最後にマヨネーズに油を加え, よく混ぜなさい. Se han metido materiales y fuerzas humanas para acelerar el trabajo de rescate de los damnificados. 被災者の救出作業をスピードアップするため, 資材と人手が投入された. ⓬ [+con+人 と] もめる; 邪魔をする, 挑発する, いじめる: Siempre se mete conmigo. 彼はいつも私にちょっかいを出す. ⓭《口語》[考えが, +a+人 の] 頭にこびりつく: En una secta religiosa se le metió una idea estrafalaria en la cabeza. ある新興宗教で彼の頭におかしな考えが植え付けられた. ⓮ 手に武器を持って襲いかかる. ⓯《口語》[麻薬を] 使用する. ⓰《南米》[服を] 着る
~se+物 donde le quepa《口語》拒否・忌避》…なんか欲しくない, 願い下げだ: Métete tu dinero donde le quepa. お前の金などもらう気はない
~se donde no le llaman《口語》[donde no le importa・en lo que ni le va ni le viene] 他人事に首をつっこむ, しゃばる
~se en sí mismo 1) 没頭する: El pintor se está metiendo en sí mismo para darle la última mano a su obra. その画家は作品を仕上げるのに没頭している. 2) 自分の中に閉じこもる, 殻にこもる; 世間との交渉を断つ: El muchacho se mete en sí mismo y no quiere tratar con nadie. その若者

は自分の殻に閉じこもって，誰とも付き合おうとしない
~ **en todo** おせっかいである: Tiene que ~ *se en todo.* 彼はおせっかいやきに違いない
~ **se por medio**［争いなどに］介入する，干渉する; 割り込む; 邪魔をする
no ~ **se en nada** 何にも関わらない，関わりたくない
¡**Que se lo meta ahí mismo!**/¡**Que se lo meta por dónde quepa!**《怒り・拒絶》さっさと引っこめろ，もうたくさんだ!

meterete, ta [metetéte, ta] 形 名《ラプラタ. 口語》=**meticón**
metesillas [metesíʎas] 女《単複同形》~ **y metemuertos**《まれ》=**metemuertos**
metete [metéte] 形 名《中南米》=**meticón**
metformina [metformína] 女《薬学》メトホルミン
metical [metikál] 男 ❶ 13世紀スペインの銅貨. ❷ モロッコの貨幣
metiche [metítʃe] 形 名 ❶《メキシコ, コロンビア, チリ》=**meticón**. ❷《ニカラグア, コスタリカ》告げ口をする［人］. ❸《メキシコ》おべっか使いの［人］
meticilina [metiθilína] 女《薬学》メチシリン
meticilinorresistente [metiθilinor̄esisténte] 形《薬学》メチシリン耐性のある
meticón, na [metikón, na] 形 名《口語》おせっかいな［人］，差し出がましい［人］: ¡Qué hombre tan ~! 何てでしゃばりな男だ
meticulosamente [metikulósaménte] 副 丹念に, 綿密に
meticulosidad [metikulosiðáð] 女 細心さ: con ~ 細心の注意を払って
meticuloso, sa [metikulóso, sa]《←ラテン語 meticulosus < metus「恐怖」》 形 名 [ser・estar+. 人・行為・成果が]細心の, 細かい［人］: Es muy ~*sa* en (con) la limpieza. 彼女は掃除がきちょうめんだ. *trabajo* ~ 丹念な仕事
metida[1] [metíða] 女 ❶《西. 口語》進捗: Le hemos dado una buena ~ a la limpieza de la casa. 私たちは家の掃除がとてもはかどった. ❷ 一部をかすめ取ること〔=metido〕
metidillo [metiðíʎo] 男 おしめの下に当てる布〔=metedor〕
metido, da[1] [metíðo, ða]《←-meter》形 ❶《口語》［主に人が, +en に］多い: Isabel es una chica joven, pero ~*da en* carnes. イサベルは若い娘だが, 太っている. *mujer* ~*da en años* 年増の女. ❷《南米. 軽蔑》[ser+] おせっかいな, でしゃばりな. ❸《カリブ, チリ, コロンビア, ウルグアイ》半ば酔っ払った. ❹《チリ, アルゼンチン, ウルグアイ. 口語》[estar+. +con+人 に] ほれ込んだ. ❺《チリ. 口語》[estar+] 好奇心をそそられる
estar (*andar*) *muy* ~ *con+*人 …と非常に親しい
estar muy ~ *en+*事 …に深く関わっている: *estar muy en* su lectura 本を読むのに夢中になっている. *estar muy en* el movimiento ecologista 活発に環境運動をしている
~ **para adentro**［人が］内向的な
—— 名《チリ, アルゼンチン, ウルグアイ. 口語》けんか早い人
—— 男 ❶《西. 口語》［主に腹部への］殴打. ❷《西. 口語》使い切り, ほぼ完全な消費. ❸《西. 口語》進捗〔=metida〕. ❹《西. 口語》激しい非難, 厳しい叱責. ❺ 金をせびること, 巻き上げること. ❻ 一部をかすめ取ること: Le he pegado un buen ~ a la tarta. 私はあなたのケーキをちょっとばかりいただきました. ❼《裁縫》タック, 縫い込み部分. ❽ おむつカバー. ❾［鳥の糞などから作る］洗濯用の漂白剤
metijón, na [metixón, na] 形《口語》差し出がましい［人］
metilación [metilaθjón] 女《化学》メチル化
metilamina [metilamína] 女《化学》メチルアミン
metilcelulosa [metilθelulósa] 女《化学》メチルセルロース
metileno [metiléno] 男《化学》メチレン
metílico, ca [metíliko, ka] 形《化学》メチル［基］の; メチル基を含んだ
metilo [metílo] 男《化学》メチル［基］
metilprednisolana [metilprednisolána] 女《生化》メチルプレドニゾロン
metimiento [metimjénto] 男 ❶《口語》コネ, つて. ❷ 差し込むこと, 挿入
metionina [metjonína] 女《生化》メチオニン
metisaca [metisáka] 女《闘牛》とどめの剣を牛に刺す時を離さずにそのまま抜いてしまう失敗技. ❷《隠語》性交
metlapil [metlapíl] 男《メキシコ》［トウモロコシを挽く］ローラー, シリンダー
metlapilli [metlapíʎi] 男《メキシコ》=**metlapil**

metódica[1] [metóðika] 女《集名》［研究の］手法: ~ *fenomenológica* 現象学的手法
metódicamente [metóðikaménte] 副 秩序立てて, 体系的に, 整然と: *proceder* ~ 整然と行動する
metódico, ca[2] [metóðiko, ka]《←ラテン語 methodicus》形 [ser+] 一定の方法に従った, 秩序（系統）立った, 体系的な: Debes ser más ~ en tus investigaciones. 君は系統立てて調査をしなければいけない. *estudio* ~ 体系的な研究. ❷ 方法論的な, 方法のある. ❸ きちょうめんな, きちんとした, 規律正しい: Es muy ~*ca* y realiza concienzudamente todo lo que se le encarga. 彼女はきちょうめんで, 頼まれた仕事はすべてきちんとこなす. *vida* ~*ca* 規則正しい生活
metodismo [metoðísmo] 男 ❶《プロテスタント》メソジスト派［の教義］. ❷ 一定の方法を遵守する傾向
metodista [metoðísta] 形 名《プロテスタント》メソジスト派の, メソジスト教徒［の］; ~ メソジスト派信徒
metodizar [metoðiθár] 他《9》［仕事などを］順序（組織）立て, 方式化する: ~ *la forma de estudio* 研究を体系化する
método [métoðo] 男《←ラテン語 methodus < ギリシャ語 methodos < meta「によって」+hodos「道」》❶［体系的な］方法, 方式, やり方: *Tiene un buen* ~ *de enseñar.* 彼は教え方がうまい. *seguir un* ~ ある方法に従う. ~ *para+*不定詞 …する方法. ~ *aproximado* 経験則. ~ *audiovisual* 視聴覚方式. ~ *de lectura* 読書法. ~ *de Monte Carlo*《数学》モンテカルロ法. ~ *de participación*《会計》持分法. ~ *del camino crítico*《情報》クリティカル・パス技法. ~*s indirectos de producción* 迂回生産方法. *M*~ *Lamaze*《医学》ラマーズ法. ~《教育》オーラルメソッド. ❷ 手順: ~ *de trabajo* 作業手順. ❸ ［思考の］筋道: ~ *deductivo* (*inductivo*) 演繹（帰納）法. ❹ 教則本, 入門書: ~ *de piano* ピアノの教則本. ❺《演技》メソッド［演技法］〔=actuación de〕
con ~ 一定の方法に従って; 順序（組織）立てて, 手順よく: ¿*Por qué no obraste con* ~? なぜ筋道を立ててやらなかったのか?
metodología [metoðoloxía] 女 ❶ 方法学, 方法論. ❷ 教育方法論, 教授法. ❸《集名》［研究の］手法
metodológico, ca [metoðolóxiko, ka] 形 ❶ 方法論的な. ❷ 教授法上の
metol [metól] 男《←商標》男《写真》メトール
metomentodo [metomentóðo]《←*métome en todo*》形 名《単複同形》《軽蔑》いらぬおせっかいする［人］, でしゃばりな［人］: Su hermana es una ~ y quiere gobernar a toda la familia. 彼の姉はでしゃばりで, 家族みんなを言いなりにしたがる
metonimia [metonímja] 女《修辞》換喩〈一つの言葉の意味をその語が象徴する別の意味に換えること. *corona*「王冠」に「王」, *madero*「丸太」に「船」の意味を付与したり, *una buena pluma* で *un buen escritor*「優れた作家」を表わしたり, *Jerez* が「シェリー酒」のように産地名を産物の名称などとするなど〉
metonímico, ca [metonímiko, ka] 形《修辞》換喩の
metonomasia [metonomásja] 女《言語》固有名詞の他国語化; その際の間違い
metopa [metópa] 女《建築》メトープ
métopa [métopa] 女《まれ》=**metopa**
metoposcopia [metoposkópja] 女 観相学, 面相学, 骨相学
metra [métra] 女 ❶《カンタブリア, アラバ》野生のイチゴ. ❷《ベネズエラ》1) ビー玉. 2) 嘘, 誤報
metraje [metráxe]《←-*metro*》男［映画の］長さ: *obra de gran* ~ 大作映画. *largo* (*corto*) ~ 長（短）編映画
metralgia [metrálxja] 女《医学》子宮痛, 子宮疼痛
metralla [metráʎa]《←仏語 mitraille》女 ❶ 散弾, ばら玉, ぶどう弾: *granada de* ~ 榴散弾. ❷《集名》無駄なもの, 廃品. ❸《金属》［流し込みで鋳型から飛びはねる］鋳鉄の細かい破片
metrallazo [metraʎáθo] 男《医学》散弾の発射; 散弾による傷
metralleta [metraʎéta] 女《←*metralla*》軽機関銃, 自動小銃
metrar [metrár] 他 計測する, 寸法をとる
metrectomía [metrektomía] 女 子宮切除, 子宮摘出
metreta [metréta] 女 ❶《古代ギリシャ・ローマ》［液量単位］=12コンギウス *congio*. ❷ ワインやオリーブオイルを入れる瓶
-**metría**《接尾辞》［寸法, 測定］*bati metría* 海深測量, 水深
métrica[1] [métrika]《←ラテン語 metrica》女 韻律論法, 韻律学, 詩法〈詩文を構成する韻律の規範および理論. 規範となる要素は言語によって異なり, スペイン詩では音節数・強勢・押韻

métricamente [métrikaménte] 副 メートル法で
métrico, ca² [métriko, ka] 形 ❶ メートル〔法〕の: sistema ~ メートル法. ❷ 韻律の, 韻文の
metrificación [metrifikaθjón] 女 韻文で書くこと, 作詩
metrificador, ra [metrifikaðór, ra] 形 =**metrista**
metrificar [metrifikár] 7 自 韻文を作る, 詩作する
—— 他 …に韻律を施す, 韻文に訳す
metrista [metrísta] 名 作詩者, 韻文作家; 韻文学者
metritis [metrítis] 女《医学》子宮筋層炎
metro [métro] I《←ラテン語 metrum <ギリシア語 metron「寸法」》男 ❶〔長さの単位〕メートル: La parada de autobús está a cien ~s de aquí. バス停はここから100メートルのところにある. Él tiene 1,80 ~ de altura. 彼の身長は1メートル80センチだ.〔un metro ochenta と読む〕. Esta mesa mide dos ~s de ancho. このテーブルは幅2メートルだ. comprar cinco ~s de una tela 布を5メートル買う. por ~s メートル単位で. ~ cuadrado 平方メートル. Este terreno vale a cien euros el ~ 〔cuadrado〕. この土地は1平方メートル100ユーロする. ~ cúbico 立方メートル. ❷〔巻尺; 巻き尺〕[=~ en cinta]: Tomé las medidas de la cama con el ~. 私は巻き尺でベッドの寸法を測った. ~ de carpintero/~ plegable 折り尺. ❸《詩法》韻律〔詩行に諧調を与えるリズム. 詩行中の音節あるいは韻脚の数, 強勢の配列などによって種別される. 詩的律動としての意味以外に, 詩行の音節数や, 古典語の詩における韻脚の単位としても解される〕
II〖metropolitano の省略語〗男 地下鉄〔時に地上に出て高架を走る. 車両名, 駅などの施設名を指す〕: ir en ~ 地下鉄で行く. tomar (coger) el ~ 地下鉄に乗る. montar en ~ 地下鉄に乗り込む. boca (entrada) de ~ 地下鉄の入り口. ~ aéreo 高架鉄道. En el ~ hay escaleras mecánicas. 地下鉄の駅にはエスカレーターがある
metro-〖接頭辞〗〔寸法〕*metro*logía 度量衡学
-metro〖接尾辞〗〔測定器〕taquí*metro* タコメーター
metrobús [metroβús] 男〔10枚綴りの〕市営バスと地下鉄の共通回数券
metrología [metroloxía] 女 度量衡学
metrológico, ca [metrolóxiko, ka] 形 度量衡学の
metromalacia [metromalàθja] 女《医学》子宮軟化症
metromanía [metromanía] 女 作詩狂
metrón [metrón] 男《チリ. 植物》メマツヨイグサ属の一種〔薬草. 学名 Oenothera berteriana〕
metrónomo [metrónomo] 男《音楽》メトロノーム
metropatía [metropatía] 女《医学》~ hemorrágica 出血性メトロパチー
metrópoli [metrópoli] 《←ラテン語 metropolis <ギリシア語 metropolis「母国である都市国家」》女 ❶ 大都市, 中心都市, 主要都市: En 1992 han convertido a Sevilla en una ~ moderna. 1992年セビーリャは近代的な大都市に生まれ変わった. ❷〔植民地に対して〕内地: España fue la ~ de gran parte de América del Sur. スペインは南米の大半の本国だった. ❸《カトリック》大司教区, 首都司教区; 大司教管区. ❹《古語》首都〔=capital〕
metrópolis [metrópolis] 女〔単複同形〕《まれ》=**metrópoli**
metropolita [metropolíta] 男 ❶《東方正教会》府主教. ❷《まれ, カトリック》首都大司教
metropolitano, na [metropolitáno, na]〔←metrópoli〕形 ❶ 大都市の, 首都の: área ~*na* 首都圏, 大都市圏. transportes ~s 首都圏交通網. ❷〔植民地に対して〕本国の. ❸《カトリック》大司教座の: diócesis ~*na* 大司教区. iglesia ~*na* 大司教座聖堂
—— 男 ❶ 地下鉄〔=ferrocarril ~, metro〕. ❷《カトリック》〔尊称〕大司教, 首都大司教: el ~ de Zaragoza サラゴサ大司教
metrorragia [metroráxja] 女《医学》不正子宮出血
metrorrágico, ca [metroráxiko, ka] 形《医学》子宮出血の: trastornos ~*s* 子宮出血による不具合
metrorrea [metroréa] 女《医学》子宮漏〔異常な子宮分泌物排泄〕
meublé [mweßlé/meßlé]《←仏語》男 ラブホテル〔=casa de citas〕
meuca [méwka] 女《地方語》売春
meucar [mewkár] 7 自《チリ》〔居眠りで〕船をこぐ

mexcalina [mɛ(k)skalína] 女《まれ》=**mezcalina**
mexica [mexíka] 形 名 メシーカ族〔の〕, メシーカ人の一部族. 先スペイン期の12世紀初頭, メキシコ中央高原の北部から南下を始め, 様々な民族集団と接触しながらその文化を積極的に取り込みアステカ王国を築いた〕
mexicalense [mexikalénse] 形 名《地名》メヒカリ Mexicali の〔人〕《メキシコ北部, バハ・カリフォルニア州の州都〕
mexicanada [mexikanáða] 女 =**mejicanada**
mexicanismo [mexikanísmo] 男 =**mejicanismo**
mexicanizar [mexikaniθár] 9 他 メキシコ化する, メキシコっぽくする
mexicano, na [mexikáno, na] 形 名《国名》メキシコ México の〔人〕; メキシコ人
—— 男 ❶ メキシコのスペイン語. ❷ ナワトル語〔=nahua〕
México [méxiko] 男 ❶《国名》メキシコ〔正式名称 Estados Unidos de ~ メキシコ合衆国. 人口の大半がメスティーソ mestizo〕. ❷《地名》メキシコシティー〔メキシコの首都. =Ciudad de ~〕
mexiquense [mexikénse] 形 名《地名》❶ メヒコ州 Estado de México の〔人〕《メキシコシティー周辺部の州》. ❷ メキシコシティー Ciudad de México の〔人〕《メキシコの首都》
meya [méja] 女《動物》ヨーロッパイチョウガニ〔=noca〕
meyba [méjßa]《←商標》男〔トランクス型の男性用の〕水着
meyolote [mejolóte] 男《メキシコ》リュウゼツランの中心部〔食用〕
meyor [mejór] 形《古語》=**mejor**
meyoramiento [mejoramjénto] 男《古語》=**mejoramiento**
meyosis [mejósis] 女 =**meiosis**
meyótico, ca [mejótiko, ka] 形 =**meiótico**
mezanín [meθanín] 男《ベネズエラ》=**mezanine**
mezanine [meθaníne] 男《ベネズエラ》中二階
mezcal [meθkál] 男 ❶《植物》メスカル〔リュウゼツランの一種〕. ❷〔酒〕メスカル〔テキーラの一種〕. ❸《ホンジュラス》リュウゼツランの繊維〔縄を作る〕
mezcalería [meθkalería] 女《メキシコ》メスカル mezcal の蒸留所; メスカルの売店
mezcalina [meθkalína] 女《薬学》=**mescalina**
mezcla [méθkla] 女〔←mezclar〕❶ 混合: ~ de la cultura española y la indígena スペイン文化と先住民文化の混交. ~ de dialectos 方言の混じり合い. ~ de políticas〔経済〕ポリシーミックス. ❷ 混合物: El color gris es una ~ de blanco y negro. 灰色は白と黒を混ぜ合わせたものだ. ~ explosiva (detonante) 爆発性混合物. ❸《映画, 放送など》[主に 複] ミキシング: técnico de ~s ミキサー. ❹〔コーヒー豆・原酒などの〕ブレンド. ❺〔繊維〕交織. ❻ モルタル, しっくい〔=algamasa〕. ❼《自動車》混合ガス
mezclable [meθkláβle] 形 混合可能な
mezcladamente [meθkláðaménte] 副《まれ》混ぜて
mezclado, da [meθkláðo, ða] 形 混ざった;《動物》交配した
—— 男 ❶ 混ぜること. ❷《繊維》交織布
mezclador, ra [meθklaðór, ra] 名 ❶《映画, 放送など》ミキシングをする; 録音技師, ミキサー: trabajar de ~ ミキサーの仕事をする. ❷ ブレンドする人; ブレンダー. ❸ 混合に役立つ
—— 女/男 ❶《建築, 技術》攪拌(¾)機: ~*ra* de concreto《中南米》コンクリートミキサー. ❷《映画, 放送など》ミキシング装置, ミキサー
mezcladura [meθklaðúra] 女 混ぜること
mezclamiento [meθklamjénto] 男 混ぜること
mezclar [meθklár]〔←俗ラテン語 miscuare < miscere〕他 ❶ 混合する, 混ぜる: *Mezcló* piedras de distintos tamaños en la misma caja. 彼は同じ箱に異なる大きさの石を混ぜて入れた. ~ la leche y la harina 牛乳と小麦粉を混ぜ合わせる. ~ agua en el vino ワインに水を混ぜる. ~ diferentes colores en la paleta パレットで異なる色を混ぜる. 2) [+con と] ~ vinagre *con* aceite 酢と油を混ぜる. ❷〔コーヒー豆・原酒などを〕ブレンドする. ❸ まぜこぜにする, もつれさす: ~ la baraja (las cartas) トランプを切る. ~ los documentos 書類をごちゃまぜにする. ❹〔人を, +en に〕巻き込む, 引きずり込む: No *mezcles* a nadie *en* este asunto muy delicado. このとてもデリケートな件には誰も巻き込むな. ~ a su amigo *en* el negocio 友人をビジネスに引っ張り込む
—— ~*se* ❶ 混ざり合う; もつれる: : Los colores no *se han mezclado* bien. 色はよく混ざらなかった. No *se mezclan* el

mezclilla

agua y el aceite. 水と油は混じらない. *Se mezclaron informaciones contradictorias*. 矛盾した情報が入り乱れた. ❷ 紛れ込む: *Se mezcló entre los invitados a la fiesta*. 彼はパーティーの招待客の中に紛れ込んだ. ❸ [+en に] 介入する, 首を突っ込む, 口を出す: ~*se en los sucios negocios* 汚い仕事に首を突っ込む. ❹ [+con 好ましくない人と] 交際する, 付き合う: *No es bueno ~se con los tipos como esos*. あのような奴らと付き合うのはよくない. ❺ [家系同士が] 縁戚関係を結ぶ

mezclilla [mezklíʎa] 囡 ❶ [軽い] 交織(混紡)の織物. ❷《メキシコ, チリ》ジーンズ地, デニム: *pantalón de ~s* ジーンズ

mezcolanza [mezkolánθa]《←伊語 mescolanza》囡《軽蔑, 時に戯語》[雑多な] 寄せ集め: *~ de datos sin sentidos* 無意味なごたまぜのデータ

mezéreon [meθéreon] 男 =**mecéreon**

meznada [meznáða] 囡《古語》=**mesnada**

mezontete [meθontéte] 男《メキシコ》リュウゼツランの乾いた空洞の幹

mezote [meθóte] 男《メキシコ》枯れたリュウゼツラン〖根元から切って薪にする〗

mezquinamente [meʒkínaménte] 副 ❶ 貧しく, みすぼらしく. ❷ けちくさく, さもしく

mezquinar [mezkinár] 他 ❶《中南米》…にけちけちする. ❷《アンデス》…の刑罰を免除する; [人を] 許す, 擁護する. ❸《チリ, アルゼンチン, ウルグアイ》[体を] よける; 避ける, 距離を置く
── 自《中南米》けちけちする

mezquindad [mezkindá(d)] 囡 ❶ けち, 狭量〖態度, 行為〗: *cometer una ~* けちくさい(こせこせした)ことをする. ❷ さもしさ, 卑しさ. ❸ 乏しさ, 貧しさ: *~ de un sueldo* 薄給. ❹ 不十分さ, 貧弱さ; つまらなもの, 取るに足らないもの: *~ de la vivienda* みすぼらしい住居. ❺ つまらない贈り物: *~ de un regalo* つまらない贈り物

mezquinería [mezkinería] 囡《まれ》=**mezquindad**

mezquino, na [mezkíno, na]《←アラビア語 miskin「貧しい, 不運な」》[ser+] 形 ❶ けちな, しみったれた; 狭量な: *No seas ~*. けちけちするな. *actitud ~na* こせこせした態度. *acto ~* けちくさい行為. ❷ さもしい, 卑しい: *~na costumbre* 卑しい習慣. *~s sentimientos* さもしい気持ち. ❸ 乏しい, わずかな, わずかばかりの; 取るに足らない, 不十分な: *de una cantidad ~na* ほんのわずかな量の. ❹《文語》貧乏な;《まれ》不運な, 恵まれない: *~na vivienda* みすぼらしい住まい
── 男 ❶《歴史》中世, キリスト教徒の] 世襲農奴. ❷《メキシコ》いぼ 〖=**verruga**〗

mezquita [mezkíta]《←アラビア語 masyid「イスラム教寺院」》囡 ❶ メスキータ, モスク〖建物〗. ❷《婉曲》男性用トイレ, 小便所〖=*~ de Benamear*〗

mezquital [mezkitál] 男 メスキート mezquite の林

mezquitamal [mezkitamál] 男《メキシコ. 料理》メスキート mezquite の種を挽いて作る練り物・菓子

mezquite [mezkíte] 男《メキシコ. 植物》メスキート〖ゴムの木の一種. 学名 *Prosopis juliflora*〗

mezzanine [metsanine/-θa-]《←伊語》男/囡《中南米》中二階

mezzo [métso]《←伊語》男 メゾソプラノの歌手〖=**mezzosoprano**〗

mezzo forte [metso fórte]《←伊語》副 男《音楽》メゾフォルテ〖で〗, やや強く

mezzo piano [metso pjáno]《←伊語》副 男《音楽》メゾピアノ〖で〗, やや弱く

mezzosoprano [metsosopráno]《←伊語》男 メゾソプラノ
── 囡 メゾソプラノの歌手

m/f《略》←*meses fecha* 日付後…月払い

m/fac.《略》←*mi factura* 当方の送り状

mg ミリグラム miligramo の略号

m'hijo [míxo] = **mijito**

mi¹ [mi]《←*mío*》形《所有形容詞1人称単数短縮形. 数変化のみ. →**su**》[+名詞] ❶ 私の: *mi coche* 私の車. *mi hija* 私の娘. *mi Toledo* 私のトレド. *mis padres* 私の両親. *mis libros* 私の本. ❷ [強調] Yo tengo *mi* mérito. これは私なりのいい点がある. ❸ [親愛の呼びかけ] ¿*Qué te pasó, mi amigo?* 君, どうしたのか. Sí, *mi amor*. はい, あなた. ¡*Mi capitán*! 大尉殿〖語法〗スペインでは, 呼びかけでは「名詞+**mío**」がより多く使われる: *Hijo mío*, *tienes que estudiar*. おい息子, 勉強するんだよ

mi² [mi] 男《音楽》[音階で] ミ, ホ音: *en ~ mayor* Eメジャーで

mí [mí]《←ラテン語 mihi < ego「私」》代《前置詞格の人称代名詞1人称単数. *con+* は *conmigo* となる》私: 1) *Mi abuela ya se ha olvidado de mí*. 私の祖母はもう私のことを忘れてしまっている. *Esta carta es para mí*. この手紙は私あてだ. 〖語法〗他の前置詞格人称代名詞と等位接続では使用できない: ×*para ella y mí*/○*para ella y yo* 彼女と私のために. ○*para ella y él*/○*para ella y para él* 彼女と彼のために. ×*entre ella y mí*/○*entre ella y yo* 彼女と私の間に) 2) [再帰前置詞格] *Lo he hecho para mí*. 私は自分のためにそれをした. 3) [a+.目的代名詞と重複させて強調] *Él me mira a mí*. 彼は私を見ている. *A mí no me gusta ese tipo*. 私はああいう奴が嫌いだ. 〖語法〗*me* の重複用法の *a mí* は, 述語動詞が省略された場合には, *a mí* だけが単独で現れる: *Le llamaban al teléfono*.—*¡A mí?* ¿*Quién es?* あなた電話ですよ.—私に？ 誰からですか？
¡A mí! 助けて！
¡A mí con esas!［私に向かって〗いばるのはやめたまえ!
A mí qué. 私がどうしたというのか/私には関係ない
para mí (que) +直説法《口語》私には…と思える: *Para mí que va a bajar la temperatura*. 今日は気温が下がりそうだな
por mí《口語》私としては, 私のことなら: *He comido mucho*; *por mí ya es suficiente*. たくさん食べました. 私ならもう十分です. *Te acompaño a tu casa*.—*No*; *por mí no te molestes*. 家まで送って行くよ.—いいえ, けっこう. 私のことなら気をつかわないで

mía¹ [mía] 囡《歴史》[旧スペイン保護領の] モロッコ人正規軍

miador, ra [mjaðór, ra] 形《まれ》=**maullador**

miagar [mjaɣár] 自《カンタブリア》=**maullar**

miagro [mjáɣro] 男《植物》アブラナ科の一種〖学名 *Chamaelina sativa*〗

miaja [mjáxa] 囡 ❶《口語》=**migaja**. ❷《歴史》カスティーリャの銅貨〖=**meaja**〗

miajón [mjaxón] 男《地方語》内容, 実質

mialgia [mjálkja] 囡《医学》筋肉痛, 筋痛症

mialmas [mjálmas] 囡 複 *como unas ~*《まれ》大喜びで, 満足して

miamense [mjaménse] 形 名《地名》[米国の] マイアミ Miami の〖人〗

miañar [mjaɲár] 自《まれ》=**maullar**

miar [mjár] 11 自《地方語》=**maullar**

miargirita [mjarxiríta] 囡《鉱物》輝安銀鉱

miasis [mjásis] 囡《医学》蝿蛆(ようそ)症

miasma [mjásma]《←ギリシャ語》男/《まれ》囡《主に複》瘴気(しょうき), 毒気

miasmático, ca [mjasmátiko, ka] 形 ❶ 瘴気の; 瘴気を含む, 瘴気を発散する: *laguna ~ca* 瘴気の出る渇湖. ❷ 瘴気が原因から起こる: *fiebre ~ca* 瘴気熱, マラリア熱

miastenia [mjasténja] 囡《医学》筋無力症

miasténico, ca [mjasténiko, ka] 形 筋無力症の

miau [mjáw] 《擬声》男 ❶ [猫の鳴き声] ニャー, ニャオ. ❷《俗》不信・からかい] *¡M~*, *qué bonito!* ほう, これはすばらしい! *Ahora mismo me vas a pagar*.—*¡M~!* 今すぐ払ってくれ.—嫌だね!
── 男《~s》❶ ニャーという猫の鳴き声: *Me despertó el ~ del gato*. 猫の鳴き声で私は目を覚ました. ❷《幼児語》猫〖=**gato**〗

MIBID [míbið]《Madrid Inter-Bank Bid Rate の略記》囡《西》マドリード銀行間買いレート

MIBOR [míβor]《Madrid Inter-Bank Offered Rate の略記》囡《西》マドリード銀行間取引金利

mica¹ [míka] 囡 ❶《鉱物》雲母: *~ blanca (negra)* 白(黒)雲母. ❷《中南米》時計のガラス. ❸《中米》酔い, 酩酊: *ponerse una ~* 酔っ払う. ❹《グアテマラ》色っぽい女, コケティッシュな女. ❺《コロンビア》[子供用の] おまる, 寝室用便器

micáceo, a [mikáθeo, a] 形 ❶《鉱物》雲母の; 雲母を含む. ❷ 雲母質の, 雲母のような; *brillo ~* 雲母状の輝き

micacita [mikaθíta] 囡《鉱物》雲母片岩

micado [mikáðo]《←日本語》男 帝, 天皇

micción [mi(k)θjón] 囡《生理》排尿

miccional [mi(k)θjonál] 形 排尿の

miccionar [mi(k)θjonár] 自《まれ》排尿する

micela [miθéla] 囡《生物など》ミセル, 膠質粒子

micelar [miθelár] 形《生物など》ミセルの

micelio [miθéljo] 男《植物》菌糸〖体〗

micena [miθéna] 女《植物》ハイイロナメアシタケ
micénico, ca [miθéniko, ka] 形《古代ギリシア.地名》ミケーネ(ミュケナイ) Micenas の〔人〕; ミケーネ文明の: civilización ～*ca* ミケーネ文明
micer [miθér]《←伊語 messer》男《古語》❶[アラゴン王国で]学者に対する敬称. ❷《カリブ》弁護士
micetología [miθetoloxía] 女 =**micología**
micetoma [miθetóma] 男《医学》菌腫
michay [mitʃái] 男《チリ,アルゼンチン.植物》メギ科の一種《=calafate》
miche [mítʃe] ❶《コスタリカ》けんか, いさかい, 騒動. ❷《ベネズエラ》蒸留酒. ❸《チリ》[ビー玉の上にのっている硬貨を枠の外に出す]ビー玉遊び
── 形《ボリビア》[羊の目印で] 耳の欠けた
michelín [mitʃelín]《←Michelín (タイヤメーカーの商標)》男《口語》[主に 複].腹などの] 皮下脂肪, ぜい肉
michi [mítʃi] 名《ペルー》猫[インカ帝国には猫がおらず, コンキスタドールたちが猫を持ち込み, それを mishi, mishi と呼んだことから. =gato]
── 男《アンデス》三目並べ《=tres en raya》
── 女《メキシコ.料理》魚の煮物
── 副《アルゼンチン》少ししか
michicato, ta [mitʃikáto, ta] 形《コロンビア.口語》けちな
michino, na [mitʃíno, na] 名《口語》猫《=gato》
michirón [mitʃirón] 男《ムルシアなど.料理》ゆでたソラマメ
micho, cha [mítʃo, tʃa] 名《口語》猫《=gato》
── 男《ペルー》三目並べ《=tres en raya》
michó [mitʃó] 男《チリ.口語》猫《=gato》
michoacán [mitʃoakán] 男《メキシコ.植物》=**mechoacán**
michoacano, na [mitʃoakáno, na] 形 名《地名》ミチョアカン Michoacán の[人]《メキシコ中西部の州》
micifuz [miθifúθ] 男《口語》猫《=gato》
mico, ca² [míko, ka] 形《←トゥマナゴ語》名《動物》❶ オナガザル. ❷ ～ león =**micoleón**
── 男 ❶《親愛》[子供・背の低い男への呼称]ちび. ❷《軽蔑》醜男. ❸《軽蔑》淫乱者, スケベ. ❹《中米.卑語》女性器
dar el ～ だます, 約束を違える; 予想を裏切る
dejar hecho un ～ 物笑いの種にする
estar con el ～ al hombro [人が] 機嫌が悪い
hacer el ～ [サルのまねをするように]ばかげた仕草をする
ir (quedarse) hecho un ～ 物笑いの種になる: Con ese maquillaje *vas hecho un ～*. その化粧じゃ笑いものになるよ
ser el último [人が] 見向きもされない, 取るに足らない
volver ～ +現在分詞《口語》…していてわけが分からなくなる, お手上げになる
volverse ～ para +不定詞《口語》…するのに大変な手間と時間がかかる
micoate [mikoáte] 男《メキシコ.動物》ナミヘビ科レーサー属の一種[樹上から獲物に飛びかかる飛び蛇. 学名 Colueber obsoletus]
micobacteria [mikobaktérja] 女《生物》マイコバクテリア
micobacteriano, na [mikobakterjáno, na] 形 マイコバクテリアの: enfermedad ～*na* マイコバクテリア症
micoderma [mikoðérma] 男《植物》ミコデルマ[酵母菌の一種]
micodermatitis [mikoðermatítis] 女《医学》真菌性皮膚炎
micofágico, ca [mikofáxiko, ka] 形 キノコを常食する
micófago, ga [mikófago, ga] 形《生物》食菌性の
micófilo, la [mikófilo, la] 形《めれ》キノコ好きの
micógeno, na [mikóxeno, na] 形《植物》菌類によって作られた
micoleón [mikoleón] 男《メキシコ, グアテマラ.動物》キンカジュー《=quincajú》
micología [mikoloxía] 女 菌学, 菌類学
micológico, ca [mikolóxiko, ka] 形 菌学の
micólogo, ga [mikólogo, ga] 名 菌学者
micoplasma [mikoplásma] 男《生物》マイコプラズマ
micorriza [mikoříθa] 女《植物》菌根
micosis [mikósis] 女《医学》真菌症
micótico, ca [mikótiko, ka] 形《医学》真菌性の
micotrófico, ca [mikotrófiko, ka] 形《植物》菌根によって栄養を得る[植物]
micra [míkra] 女 [長さの単位]ミクロン

micrero, ra [mikréro, ra] 名《チリ》バスの運転手
micro [míkro] **I**《micrófono の省略形》男 マイクロフォン: ～ direccional (ambiental) 指向性(無指向性)マイク
II《microbús の省略語》男《自動車》マイクロバス. ❷《チリ》バス《=autobús》;《アルゼンチン》長距離バス《=autocar》
III《microordenador の省略語》男《まれ》マイクロコンピュータ, マイコン
IV《microscopio の省略語》男《隠語》マイクロスコープ
micro-《接頭辞》❶《小》《macro-》*microscopio* 顕微鏡, *micro*ordenador マイクロコンピュータ. ❷[100万分の1] *micro*segundo マイクロセカンド
microalga [mikroálga] 女《植物》微小藻類
microamperio [mikroampérjo] 男《電気》マイクロアンペア
microanálisis [mikroanálisis] 男《単複同形》《化学》ミクロ分析, 微量分析
microauricular [mikroaurikulár] 男 超小型イヤホン
microbacteria [mikrobaktérja] 女《生物》マイコバクテリア
microbalanza [mikrobalánθa] 女《化学》微量天秤
microbiano, na [mikrobjáno, na] 形 微生物の, ばい菌の, 細菌の
microbicida [mikrobiθíða] 形 殺菌の; 殺菌剤
micróbico, ca [mikróbiko, ka] 形 =**microbiano**
microbio [mikróbjo] ❶[病原としての] 微生物, 細菌, 病原菌; ばい菌: ～ tuberculoso 結核菌. ❷《戯語》背の低い人; 子供
microbiología [mikrobjoloxía] 女 微生物学, 細菌学
microbiológico, ca [mikrobjolóxiko, ka] 形 微生物学の, 細菌学の
microbiólogo, ga [mikrobjólogo, ga] 名 微生物学者, 細菌学者
microbús [mikrobús] 男 ❶ マイクロバス. ❷《チリ》バス《=autobús》
microcasete [mikrokaséte] 男 マイクロカセット
microcatéter [mikrokatéter]《医学》マイクロカテーテル
microcefalia [mikroθefálja] 女《医学》小頭症
microcéfalo, la [mikroθéfalo, la] 形 小頭の; 小頭症の人
microcensor [mikroθensór] 男 マイクロセンサー
microchip [mikrotʃíp] 男《複 ～s》《情報》マイクロチップ
microcima [mikroθíma] 女 =**microzima**
microcinematografía [mikroθinematografía] 女《映画》顕微鏡撮影[技術]
microcinta [mikroθínta] 女 マイクロカセットテープ
microcircuito [mikroθirkwíto] 男《情報》集積回路, 超小型回路
microcirculación [mikroθirkulaθjón] 女《生理》微小循環
microcirugía [mikroθiruxía] 女《医学》顕微手術; 微小外科, マイクロサージャリー
microcirujano, na [mikroθiruxáno, na] 名 顕微外科医
microcito [mikroθíto] 男 ❶《医学》小赤血球. ❷《生物》微小細胞, 微小体
microclima [mikroklíma] 男《気象》小気候, 微気候
microclimático, ca [mikroklimátiko, ka] 形 小気候の, 微気候の
microclimatología [mikroklimatoloxía] 女 微気候学
microclina [mikroklína] 女《鉱物》微斜長石
microcoche [mikrokótʃe] 男 超小型車
micrococo [mikrokóko] 男《生物》単球菌, 微球菌, ミクロコッカス
microcomponente [mikrokomponénte] 男《音響》マイクロコンポ
microcomputador [mikrokomputaðór] 男 =**microordenador**
microcomputadora [mikrokomputaðóra] 女 =**microordenador**
microcontexto [mikrokonté[k]sto] 男《言語》マイクロコンテキスト《⇔macrocontexto》
microcopia [mikrokópja] 女 マイクロコピー, 縮小複写
microcósmico, ca [mikrokósmiko, ka] 形 小宇宙の, 小世界の
microcosmo [mikrokósmo] 男 =**microcosmos**
microcosmos [mikrokósmɔs] 男《単複同形》❶ 小宇宙, 小世界. ❷《哲学》[宇宙の縮小体としての] 人間
microcristal [mikrokristál] 男 微結晶

microcristalino, na [mikrokristalíno, na] 形 微晶性の, 微晶質の
microdepuradora [mikroðepuraðóra] 囡 小型浄化装置
microdesplazamiento [mikrodesplaθamjénto] 男 [筋肉の] 微細な動き
microeconomía [mikroekonomía] 囡 ミクロ経済, ミクロ経済学《⇔macroeconomía》
microeconómico, ca [mikroekonómiko, ka] 形 ミクロ経済の, ミクロ経済学の
microelectrónico, ca [mikroelektróniko, ka] 形 囡 マイクロエレクトロニクス[の]
microelemento [mikroeleménto] 男《生化》微量元素, マイクロ素子
microencefalia [mikroenθefálja] 囡《生化》小脳髄症
microentorno [mikroentórno] 男 ミクロ環境, 極小環境
microespacio [mikroespáθjo] 男《放送》小番組, 小プログラム
microestructura [mikroestruktúra] 囡 ❶ 微構造, ミクロ組織. ❷《言語》ミクロ構造, 小構造
micrófago [mikrófaɣo] 男《生物》小食細胞, ミクロファージ; 食微生動物
microfalda [mikrofálda] 囡《服飾》超ミニスカート
microfaradio [mikrofarádjo] 男 [静電気容量の単位] マイクロファラッド
microfauna [mikrofáuna] 囡 ❶《生態》ミクロフォーナ, 微小動物相. ❷ 微小動物
microfibra [mikrofíbra] 囡《繊維》マイクロファイバー
microficha [mikrofítʃa] 囡《写真》マイクロフィッシュ
microfilm [mikrofíln] [←英語] 男 [覆 ~s] =**microfilme**
microfilmación [mikrofilmaθjón] 囡 マイクロフィルムを作ること
microfilmado [mikrofilmáðo] 男 =**microfilmación**
microfilmador, ra [mikrofilmaðór, ra] 形 囡 マイクロフィルムに撮る; マイクロフィルムカメラ
microfilmar [mikrofilmár] 他 マイクロフィルムに撮る: ~ los manuscritos antiguos 古い写本をマイクロフィルムに写す
microfilme [mikrofílme] 男 マイクロフィルム
microfísica [mikrofísika] 囡 微視的物理学
micrófito [mikrófito] 男《植物》微細植物, 矮小植物
microflora [mikroflóra] 囡《生》ミクロフローラ, 微小植物相
microfonía [mikrofonía] 囡《医学》マイクロフォンの使用
microfónico, ca [mikrofóniko, ka] 形 マイクロフォンの
microfonista [mikrofonísta] 囲 マイク係
micrófono [mikrófono] [← micro-+ギリシア語 phoneo] 男 マイクロフォン: hablar ante un ~ マイクの前で話す. ~ oculto 盗聴器
microfósil [mikrofósil] 男《古生物》微化石
microfotografía [mikrofotoɣrafía] 囡 マイクロ写真; 顕微鏡写真: ~ electrónica 電子顕微鏡写真
microfotográfico, ca [mikrofotoɣráfiko, ka] 形 マイクロ写真の; 顕微鏡写真の
microfragmento [mikrofraɣménto] 男 微小破砕片
microfundio [mikrofúndjo] 男 [minifundio より狭い] 極零細農地
microfundista [mikrofundísta] 形 囡 極零細農地の; 極零細農家
microgameto [mikroɣaméto] 男《生物》小配偶子
microglia [mikróɣlja] 囡《解剖》小膠細胞
microglía [mikroɣlía] 囡 =**microglia**
micrograbador [mikroɣrabaðór] 男 超小型録音機
micrografía [mikroɣrafía] 囡 顕微鏡写真撮影[法]; ミクロ組織検査法
micrográfico, ca [mikroɣráfiko, ka] 形 顕微鏡写真の
micrógrafo, fa [mikróɣrafo, fa] 囲 顕微鏡写真の専門家
microgramo [mikroɣrámo] 男 [重量の単位] マイクログラム
microgranito [mikroɣraníto] 男《鉱物》微細花崗岩
microgranudo, da [mikroɣranúðo, ða] 形《鉱物》微細結晶で構成された
microgravedad [mikroɣrabeðá(d)] 囡 微[小]重力状態
microhmio [mikrómjo] 男《電気》マイクロオーム
microincineradora [mikroinθineraðóra] 囡 小型焼却炉
microinformático, ca [mikroinformátiko, ka] 形《情報》マイコン制御[の]
microinyección [mikroinjekθjón] 囡 顕微注射, ミクロ注入

microinyectar [mikroinjektár] 他 …に顕微注射する, ミクロ注入する
microinyector [mikroinjektór] 男 顕微注射器
microlente [mikrolénte] 囡 ❶《写真》マイクロレンズ. ❷《まれ》コンタクトレンズ〖=lente de contacto〗
microlentilla [mikrolentíʎa] 囡 コンタクトレンズ〖=lente de contacto〗
microlesión [mikrolesjón] 囡 微細な傷
microlina [mikrolína] 囡《鉱物》カリ長石
microlingüística [mikrolingwístika] 囡 ミクロ言語学
microlita [mikrolíta] 囡《鉱物》マイクロライト〖=microlito〗
microlítico, ca [mikrolítiko, ka] 形 ❶《鉱物》マイクロライトの. ❷《考古》細石器の
microlitismo [mikrolitísmo] 男《考古》細石器文化
microlito [mikrolíto] 男 ❶《鉱物》マイクロライト, 微晶. ❷《考古》細石器
microlux [mikrolú(k)s] 男《光学》単眼鏡
micromamífero [mikromamífero] 男《動物》小型哺乳類
micromanipulador [mikromanipulaðór] 男 極微操作装置, マイクロマニピュレーター
micromáquina [mikromákina] 囡 微小機械, マイクロマシン
micrometeorito [mikrometeoríto] 男《天文》微小隕石
micrometría [mikrometría] 囡 測微法
micrométrico, ca [mikrométriko, ka] 形 マイクロメーターの, 測微計の: calibrador ~ 測微カリパス, マイクロメーター. tornillo ~ 測微ねじ, マイクロメーターねじ
micrómetro [mikrómetro] 男《技術》マイクロメーター, 測微計
micromicete [mikromiθéte] 男《植物》青カビの一種〖学名 Penicillium candidum〗
micromilímetro [mikromilímetro] 男 マイクロミリメートル
micrómnibus [mikrómnibus] 男 =**microbús**
micromódulo [mikromóðulo] 男《情報》マイクロモジュール
micromotor [mikromotór] 男 超小型モーター
micrón [mikrón] 男 =**micra**
micronacionalismo [mikronaθjonalísmo] 男 マイクロナショナリズム, 少数民族ナショナリズム
micronacionalista [mikronaθjonalísta] 形 マイクロナショナリズムの
micronesio, sia [mikronésjo, sja] 形 名《地名》ミクロネシア Micronesia の[人]
micronización [mikroniθaθjón] 囡 微粉化
micronizador [mikroniθaðór] 男 微粉機
micronizar [mikroniθár] 9 他 [ミクロンほどの] 微粉にする
micronúcleo [mikronúkleo] 男《動物》小核
micronutriente [mikronutrjénte] 男《生化》微量元素
microonda [mikro(o)ónda] 囡 マイクロ波
microondas [mikr(o)oóndas] [← micro-+onda] 男 [単複同形] 電子レンジ〖=horno [de] ~〗: calentar la comida en el ~ 電子レンジで食事を温める
microordenador [mikr(o)orðenaðór] 男 マイクロコンピュータ, マイコン
microorgánico, ca [mikr(o)orɣániko, ka] 形 微生物の
microorganismo [mikr(o)orɣanísmo] 男 微生物〖=microbio〗
micropaleontología [mikropaleontoloxía] 囡 微古生物学
micropene [mikropéne] 男《医学》小陰茎症
micropilo [mikropílo] 男 =**micrópilo**
micrópilo [mikrópilo] 男 ❶《動物》卵門, 受精孔. ❷《植物》[胚珠先端の] 珠孔
microplaca [mikropláka] 囡《地質》マイクロプレート
micropliegue [mikropljéɣe] 男《地質》微小褶曲
micropolítico, ca [mikropolítiko, ka] 形 囡 ミクロ政治の; ミクロ政治学[の]
microprocesador [mikroproθesaðór] 男《情報》マイクロプロセッサー
microprograma [mikroproɣráma] 男《情報》マイクロプログラム
microprogramación [mikroproɣramaθjón] 囡《情報》マイクロプログラミング
micropropagación [mikropropaɣaθjón] 囡《生物》微細繁殖
micropropagar [mikropropaɣár] 8 他《生物》微細繁殖させる
micropsia [mikró(p)sja] 囡《医学》小視症

micropunto [mikropúnto] 男《写真》マイクロドット
microquímica [mikrokímika] 女 微量化学
microquirúrgico, ca [mikrokirúrxiko, ka] 形 顕微鏡手術の, マイクロサージカルの
microrreemisor [mikrorˉe(e)misór] 男《放送》超小型テレビ中継機器
microrregionalismo [mikrorˉexjonalísmo] 男 小地域主義
microsatélite [mikrosatélite] 男 ❶ 小型宇宙船. ❷《生物》análisis del ~ マイクロサテライト分析
microscopia [mikroskópja] 女 顕微鏡使用[法]; 顕微鏡検査
microscopía [mikroskopía] 女 =microscopia
microscópico, ca [mikroskópiko, ka] 形 ❶ 顕微鏡の; 顕微鏡による: observación ~ca 顕微鏡観察. examen ~ 顕微鏡検査. ❷ 顕微鏡でしか見えない, 極微の, 微小な
microscopio [mikroskópjo]《←micro-＋ギリシア語 skopeo》男 ❶ 顕微鏡: examinar a ~ 顕微鏡で検査する. ~ electrónico 電子顕微鏡. ❷《天文》[M~] 顕微鏡座
microsegundo [mikroseɣúndo] 男［時間の単位］マイクロセカンド, マイクロ秒
microsievert [mikrosjébert] 男《物理》［放射線の線量当量］マイクロシーベルト
microsismo [mikrosísmo] 男《地質》［地殻の］脈動
microsmático, ca [mikrosmátiko, ka] 形《生物》低度嗅覚性の
microsoma [mikrosóma] 男《生物》ミクロソーム
microspora [mikrospóra] 女《植物》小胞子
microsporangio [mikrosporánxjo] 男《植物》小胞子嚢
microsporidia [mikrosporíðja] 女《動物》微胞子虫
microsporofila [mikrosporofíla] 女《植物》小胞子葉
microsurco [mikrosúrko] 男 微細溝[のレコード], LPレコード
microtaxi [mikrotá(k)si] 男［料金の低い］小型タクシー
microtecnología [mikroteknoloxía] 女 微小技術, マイクロ・テクノロジー
microteléfono [mikroteléfono] 男《西》❶ 受話器, 送受話器. ❷ 携帯電話
microtermia [mikrotérmja] 男 =1カロリー
microtomo [mikrótomo] 男 =micrótomo
micrótomo [mikrótomo] 男 ミクロトーム〘顕微鏡用切片切断器〙
microtono [mikrótono] 男《音楽》微分音
microtransmisor [mikrotransmisór] 男 マイクロ送信機
microtraumatismo [mikrotraumatísmo] 男《医学》マイクロトラウマ, 微小な傷
microtúbulo [mikrotúbulo] 男《生物》微小管
microtul [mikrotúl] 男 極微メッシュ
microvascular [mikrobaskulár] 形《解剖》微小血管の
microvoltio [mikroβóltjo] 男《電気》マイクロボルト
microzima [mikroθíma] 女 ミセル〘=micela〙
microzoario [mikroθoárjo] 男 微小動物
microzoo [mikroθó(o)] 男 微小動物; ［特に］原生動物
micuré [mikuré] 男《ペルーなど. 動物》ヨツオオポッサム
mida [míða] 女《昆虫》カシの木の葉を食べる鱗翅目の幼虫〘=brugo〙
Midas [míðas] 男《ギリシア神話》ミダス〘フリギアの王. 触る物すべてを金に変えてしまう〙: ¿Crees que soy el rey ~? 私を金の木とでも思っているのか？
  ser un rey ~ 大金を得るこつを知っている
midi [míði] 形 ❶《服飾》［スカートなどが］ミディの. ❷ 中くらいの大きさの
midriasis [miðrjásis] 女《医学》散瞳, 瞳孔散大〘⇔miosis〙
midriático, ca [miðrjátiko, ks] 形《医学》散瞳[性]の
miéchica [mjétʃika]《ペルー. 婉曲》［不快］ちくしょうめ; ［意味のない言葉］一体全体
miectomía [mjektomía] 女《医学》筋切除, 筋切開
miedica [mjeðíka] 形 名《西. 軽蔑》臆病な[人], 怖がりの[人]
mieditis [mjeðítis] 女《←miedo》女《複》［戯語］恐れ, 怖がり心〘=miedo〙: tener ~ 恐れている, 怖がっている; 怖がりである. ¿Te da ~? 怖い？
miedo [mjéðo]《←ラテン語 metus》男 ［+a・de・por の現実・可能性への］恐怖, 恐れ, おびえ, 心配 〖類〗恐怖の程度: **temor**＜**miedo**＜**espanto**・**pavor**・**terror**＜**pánico**》 1) Tengo ~ a la altura. 私は高い所が怖い. sentir ~ おじけづく, びくびくする.

película de ~ ホラー映画. 2)［+de+不定詞・que+接続法］Un niño tiene ~ de quedarse solo. 子供は一人ぼっちでいるのが怖い. Tengo ~ de que diga tonterías. 私は彼がばかなことを言わないか心配だ. 3)〖諺, 成句〗El ~ guarda la viña. 刑罰への恐怖が秩序を保つ.〖悪事をやりかねない人に向かって言う言葉〗怖がり屋の恥知らず
  a ~[s]〖古語〗すごい, すごく; すばらしい, すばらしく〖=de ~〗
  caerse de ~ いいようのない恐怖に襲われる
  cagarse (ciscarse) de ~《卑語》ひどく怖がる: Estaba que se cagaba de ~. 彼は脅えきっていた
  con ~ すごい, すごく; すばらしい, すばらしく〖=de ~〗
  dar ~ a+人 …を怖がらせる: No le dé ~. 彼を怖がらせるな. Me da ~ dormir solo. 私は一人で寝るのが怖い. Cuando eras pequeña, te daba ~ la oscuridad. 君は幼いころ, 暗い所を怖がっていた
  de ~《主に西. 口語》すごい, すごく; すばらしい, すばらしく: Hace un calor de ~. とても暑い. En la fiesta de baile lo pasé de ~. 今日のダンスパーティで私はとても楽しかった. jugar de ~ ファインプレーをする
  ir con ~ おびえている
  meter el ~ en el cuerpo《口語》［+a+人 に］不安(恐怖)を感じさせるようなことを言う
  meter ~ a+人 …を怖がらせる: El viaje en avión siempre me mete ~. 私はいつも飛行機に乗るのが怖い. No me gustan los lugares altos; me meten ~. 私は高い所が嫌いだ. 怖いので
  morirse de ~ 恐くて死にそうである; 恐ろしさのあまり死ぬ
  pasar mucho ~ ひどく怖い思いをする, 恐ろしい経験をする: Pasó mucho ~ antes de su operación. 彼は手術前とても怖れていた
  por ~ すごい, すごく; すばらしい, すばらしく〖=de ~〗
  por ~ a... …を恐れて
  por ~ de que+接続法 …しないように
  ¡Qué ~! ああ恐い!
  sin ~ y sin tacha 完全無欠の・に
  temblar de ~ 恐怖に震える, 恐れおののく
  tener más ~ que vergüenza (que once viejas) 恥も外聞もなく怖がる
miedoso, sa [mjeðóso, sa]《←miedo》形［ser+］怖がりの, 臆病な, 小心な;［estar+］おじけづいた: ¡Qué ~ es! 彼は何て臆病なのだろう! ¡No seas ~! No te va a hacer daño. そんなに怖がらないで! 痛くしないから. Es ~ con los perros. 彼は犬が怖い
  ── 名 怖がりの人, 臆病者, 小心者
  ── 男《ベネズエラ. 動物》クモザル〖=mono araña〗
mieja [mjéxa] 女《地方語》=**migaja**
miel [mjél]《←ラテン語 mel, mellis》女 ❶ 蜂蜜(蜜), 蜜: 1) dulce como la ~ 蜜のように甘い. ~ de caña/~ negra/~ de caldera 糖蜜; ラム酒. ~ de maíz コーンシロップ. ~ de palma パームシロップ. ~ de romero ローズマリーシロップ. ~ virgen 巣から自然に流れ出る蜂蜜. 2)《諺, 成句》Más moscas se cogen con ~ que non con hiel. 厳しいやり方(言葉)より優しくした方が効果がある. No hay ~ sin hiel. 楽あれば苦あり. No se hizo (No es) la ~ para la boca del asno. 猫に小判/豚に真珠. vender ~ al colmenero 蜂を飼う人に蜂蜜を売る〖無駄なことをする, 釈迦に説法〗. ❷ 甘さ, 優しさ: palabras de ~ 優しい言葉, 甘い言葉. Es todo ~. 彼は優しい(親切だ). ❸ 複 満足感〖⇔hieles〗: saborear las ~es del triunfo 勝利の喜びをかみしめる. ❹《南米》サトウキビの糖蜜
  dejar a+人 con la ~ en los labios 享受する寸前で…から取り上げる, …をぬか喜びさせる
  hacerse de ~ a (con)+人 …に優しくしすぎる
  ~ sobre hojuelas さらにいい, ますます結構だ
  quedarse a media ~ ぬか喜びする
mielado, da [mjeláðo, ða] 形 蜂蜜のような色(味)の
mielero, ra [mjeléro, ra] 形 蜂蜜の
  ── 名 蜂蜜を作る(売る)［人］
  ── 女 蜂蜜を入れる容器
mielga[1] [mjélɣa] 女 ❶《魚》アブラツノザメ. ❷《植物》アルファルファ〖=alfalfa〗. ❸《農業》1) すき鍬, フォーク. 2) 畝を立てた畑〖=amelga〗
mielgo, ga[2] [mjélɣo, ɣa] 形《まれ》双子の〖=mellizo〗
mielina [mjelína] 女《解剖》ミエリン, 髄鞘

mielinado, da [mjelináðo, ða] 形《解剖》ミエリンで覆われた
mielínico, ca [mjelíniko, ka] 形《解剖》ミエリンの; 髄鞘のある: nervios ～s 有髄神経
mielítico, ca [mjelítiko, ka] 形 脊髄炎の
mielitis [mjelítis] 女《医学》脊髄炎
mielizar [mjeliθár] 他《解剖》ミエリンで覆われる 〜**se**《解剖》ミエリンで覆われる
mielocito [mjeloθíto] 男《解剖》骨髄球
mielografía [mjelografía] 女《医学》脊髄造影〔法〕
mielograma [mjelográma] 男《医学》脊髄像
mieloide [mjelóide] 形 骨髄〔性〕の, 骨髄〔性〕の
mieloma [mjelóma] 男《医学》骨髄腫
mielomalacia [mjelomaláθja] 女《医学》脊髄軟化症
mielopatía [mjelopatía] 女《医学》ミエロパシー, 脊髄症
mieloproliferativo, va [mjeloproliferatíβo, βa] 形《医学》síndrome 〜 骨髄増殖性症候群
mielsa [mjélsa] 女《アラゴン》脾臓; 落ち着き, 冷静
miembro [mjémbro]【←ラテン語 membrum】男 ❶ 一員, 会員, メンバー, 構成員: 1)《M〜s de la familia real asistirán al acto. その式典には王室の人々が臨席する予定だ。Se reunieron casi todos los 〜s del comité. ほぼすべての委員の顔ぶれがそろった。María es 〔un・una〕 〜 del equipo. マリアはそのチームのメンバーだ。〜 de un partido político 党員。〜 con plenos poderes/〜 de pleno derecho 正会員。〜 honorario 名誉会員。〜 podrido 〔団体からの〕脱落者。2)〔形容詞的〕estado 〜 de una federación 連邦内の一国。país 〜 加盟国。❷ 肢体, 手足: cuatro 〜s 四肢, 手足。〜 superior (inferior) 上(下)肢。❸《婉曲》陰茎〔= 〜 viril〕。❹〔全体の〕一部, 部分: 〜 de una oración 文の一部。❺《数学》〔方程式の〕辺: primer (segundo) 〜 左(右)辺。❻《建築》部材, 構材。❼《地質》部層
-mienta《接尾辞》〔集合名詞化〕=**menta**: herra*mienta* 道具
miente [mjénte]【←ラテン語 mens, mentis】女《文語》〔主に 複〕思考, 考え〔=pensamiento〕: caer en las 〜s すぐ思い出す, ふと気づく。parar (poner) 〜s en... …のことを考えてみる。traer a las 〜s 思い出す
ni por 〜*s* 絶対に…ない
pasarse a+人 *por las* 〜*s*+不定詞 …は…することが思い浮かぶ: No se le pasó por las 〜s llamar la policía. 警察を呼ぶという考えが彼には浮かばなかった
mientes [mjéntes] 男〔単複同形〕《トランプ》ページワン
-miento《接尾辞》=**-mento**〔自動詞・再帰動詞からの派生が多い〕: fingi*miento* 偽り, movi*miento* 動き
mientras [mjéntras]【←古語 demientras < ラテン語 dum interim】 副 ❶〔先行文の後に休止を置く〕その間に〔=entretanto〕: Voy a bajar a comprar un periódico; tú, 〜, prepárame el té. 下まで新聞を買いに行ってくるから, その間にお茶をいれておいて。Tú ve a buscar agua y, 〜, yo voy sacando el hornillo de gas. 君は水を汲みに行ってくれ, その間に私はガスコンロを出しておく。❷《口語》〔前置詞的に, +限定された名詞〕…の間に: Escucho la radio 〜 la comida. 私は食事の間ラジオを聴く。Para dar ánimo a los jugadores, gritamos a voz en cuello 〜 el partido. 選手たちを励ますために, 試合の間じゅう私たちは声を張り上げて叫んだ
—— [mjentras] 接 ❶〔+直説法〕1)〔主動詞の動作と同時的な現在・過去の事柄〕…している間: Yo limpio la casa, 〜 tú lavas los platos. 君が皿を洗っている間に, 私は家の掃除をしよう。M〜 yo estudiaba, él jugaba. 私が勉強している間も, 彼は遊んでいた。Espérame aquí, 〜 voy de compras. ここで私を待っていて。ちょっと買い物をして来るから。Siéntate aquí 〜 llegan los demás. ここに座っていて, そうするうちに他の人たちがやって来るから。M〜 duraron las vacaciones, sus relaciones fueron más íntimas. 休暇が続いている間に, 2人の関係はさらに親密になった。2)〔習慣的な事柄〕Siempre pongo la televisión 〜 como. 私は食事の間はいつもテレビをつけている。❷〔+接続法。未来の事柄で, 同時に条件を表わす〕もし…ている限り: Seguiré viviendo en esta casa 〜 pueda caminar. 私は歩くことができるうちは, この家に住み続けよう。No podemos empezar nada 〜 no venga ella. 彼女が来ない限り, 何も始められない。❸〔対立。主に +que+直説法〕…の一方で, …に反して: M〜 que tú juegas, nosotros estudiamos. 君は遊んでいるが, 私たちは勉強する。Tú trabajas, 〜 que yo estoy en el paro. 君は仕事をしているが, 私は失業中だ。Ella trabaja, 〜 el no hace nada. 彼女は働いているのに彼は何もしない。❹《主に中南米》〔比例比較。+比較級+直説法・接続法〔tanto〕+比較級〕…すればするほどそれだけますます…する〔=cuanto〕: M〜 más se tiene, más se desea. 人は持てば持つほどますます欲しくなる。M〜 más pienses en ello, menos la entenderás. 彼女のことを考えれば考えるほど, 君は彼女が分からなくなるだろう
〜 *tanto* そうこうするうちに; その一方で: Yo me daré una ducha, tú 〜 *tanto* puedes ver la televisión. 私はシャワーを浴びるから, その間君はテレビを見ていていい
y 〜〔対立の強調〕…なのに一方で: Y 〜 el padre está preocupado por su hijo, este no le hace caso. 父親は心配しているのに, 息子はそんなことを気にもかけていない
miera [mjéra] 女 ❶ 杜松(ネズ)油。❷ 松やに, テレペンチン
mierc.《略語》←**miércoles** 水曜日
miércoles [mjérkoles]【←ラテン語〔dies〕Mercuri「メルクリウスの〔日〕」】男〔単複同形〕水曜日【→semana 参考】: 〜 de ceniza/〜 de corvillo《カトリック》灰の水曜日〔四旬節の第一日, 復活祭前46日目の水曜日。信者は灰による十字の印を受ける〕
—— 間《中南米。婉曲》〔怒り・驚き〕くそっ, 何てこった!〔=mierda〕
mierda [mjérða]【←ラテン語 merda】女 ❶《口語》糞(くそ)〔=excremento〕。❷ 汚れ: La casa es una verdadera 〜. その家は汚れほうだいだ。La calle está llena de 〜. 通りは汚れっぱなしだ。❸《軽蔑》くだらないもの, がらくた: La película es una 〜. その映画はひどいものだ。❹《隠語》大麻〔=hachís〕; 麻薬。❺《隠語》性病。❻《西。俗語》酔い。❼〔疑問詞+。行為に対する否定的見解〕一体…?: ¿Qué 〜 hacen? 彼らは一体何をやっているんだ?
—— 名《軽蔑》見下げはてたやつ, 人間のくず
—— 間〔憤慨・落胆〕くそっ, ちぇっ, 何てこった!
¡*A la* 〜! =*Vete* (*Váyase*) *a la* 〜!
agarrarse (*cogerse*) *una* 〜《西》酔っぱらう: Se agarró una 〜 de ron. 彼はラム酔っぱらってしまった
de [*la*] 〜《軽蔑》ひどい: mueble *de* 〜 ぼろ家具
de pura 〜 全くの偶然で
dejar hecho una 〜 ひどく疲れさせる, 打ちのめす
enviar a la 〜 =*mandar a la* 〜
estar hecho una 〜 ひどく疲れている, 打ちのめされている
irse a la 〜〔事物が〕めちゃくちゃになる
hecho una 〜 ひどく疲れた
llenarse de 〜 *hasta la nuca* 悪事にどっぷりつかる
mandar a la 〜〔人に〕くたばれと言う, 追い払う;〔事物に〕くそ食らえと言う, 捨て去る
ni 〜 絶対に…ない
no comerse una 〜《アルゼンチン》失敗する
no tener ni 〜 *en las tripas* きわめて貧しい, 赤貧の, 極貧の
pillarse una 〜《西》=*agarrarse una* 〜
quedarse hecho una 〜 =*estar hecho una* 〜
tener 〜《アルゼンチン》運がいい
una 〜〔否定の強調〕importar *una* 〜 少しも重要でない。valer *una* 〜 少しも価値がない
¡*Vete* (*Váyase*) *a la* 〜!〔人に対して〕くそでも食らえ!
¡[*Y*] *Una* 〜!〔排斥・不同意・否定・憤慨〕くそっ, とんでもない!
mierdacruz [mjerðakrúθ] 女《植物》ジンチョウゲの一種〔花は下剤として使われる。学名 Thymelaea tinctoria〕
mierdecilla [mjerðeθíʎa] 名《俗語》取るに足りない小心な人
mierdero, ra [mjerðéro, ra] 形 名《俗語》見下げ果てた〔奴〕, 軽蔑すべき〔人〕
mierdoso, sa [mjerðóso, sa] 形《俗語》軽蔑すべき〔人〕, ひどく嫌な〔奴〕
mierense [mjerénse] 形 名《地名》ミエレス Mieres の〔人〕〔アストゥリアス県の町〕
mierla [mjérla] 女《廃語》=**mirlo**
mierra [mjéra] 女 そり具【=narria】
mies [mjés]【←ラテン語 messis】女 ❶〔主に 不可算〕熟した穀類: segar la 〜 (las 〜es)〔麦の〕刈り入れをする。❷ 収穫期: Para la 〜 volveré al pueblo. 収穫期までには私は村に戻るだろう。❸《カンタブリア》複〔種をまいた〕谷間の畑。❹ キリスト教への改宗者たち
miga [míga]【←ラテン語 mica】女 ❶《料理》パンの柔らかい中身

milagro

Él nunca se come la ~. 彼は決してパンの柔らかい部分は食べない. ❷ [料理][しばしば 複]パンくず, パン粉;[ビスケットなどの]小さなかけら;[魚などの]身をほぐしたもの. ❸ [料理][複]パンくずを湿らせ揚げたもの. ❹ [しばしば 複]くず, かけら, 切れ端. ❺ 実質;[重要・複雑な]内容: discurso de ~ 内容のある演説. hombre de ~ 有徳の人. El asunto tiene ~. この件には裏がある. ❻ 困難.❼《アンダルシア》女子小学校
hacer buenas (*malas*) *~s con*+人 …とうまが合う(合わない)
hacer ~s a... 1) …をめちゃめちゃにする; さんざんな目にあわせる, 打ちのめす. 2) うまが合う
hacerse ~s [物が] めちゃめちゃになる
hecho ~s めちゃめちゃになった; さんざんな目にあった;《口語》痛めつけられた, 疲れ果てた
ni una ~ 全然, これっぽっちも
poderse comer ~s en un rincón [部屋が] きれいである
tener ~ 複雑である, 見た目ほどは楽ではない

migaja [migáxa] 女 ❶ [←miga] [パン・菓子などの] かけら, くず. ❷ [複] つまらない物; 余り物:~s de su pasado 彼が昔使ったがらくた. Comió la carne y le dio las ~s al perro. 彼は肉を食べ, 残りを犬にやった. ❸ 少量: Dame una ~ más de pan. パンをもう少し下さい. Hay una ~ de luz. かすかな光がしている. No tiene ni una ~ de paciencia. 彼には忍耐心のかけらもない

migajada [migaxáða] 女 少量

migajo [migáxo] 男 パンの柔らかい中身 [=miga]

migajón [migaxón] 男 ❶ パンの柔らかい中身 [=miga]. ❷ 実質, 内容, 中身. ❸《チリ》[卵の] 胚盤 [=prendedura]

migala [migála] 女《動物》トリクイグモ

migar [migár] 他 [パンなどを]細かくちぎる; 細かくちぎって…に浸す: ~ el pan en la leche/~ la leche パンを(ちぎって)ミルクに浸す

migmatitas [migmatítas] 女《地質》混成岩, ミグマタイト

migollo [migóʎo] 男《エストレマドゥラ》クルミの芯

migoso, sa [migóso, sa] 形 [パンが] 柔らかい中身の多い; 内容のある

migote [migóte] 男《口語》大きなパンくず

migra [mígra] 女 *la* ~《メキシコ. 軽蔑》[米国との国境の] 出入国警察

migración [migraθjón]《ラテン語 migratio, -onis》女 ❶ [民族などの] 移動, 移住: El pueblo se quedó vacío por las *migraciones* a (hacia) la ciudad. その村は都市への移住で人がいなくなった. *migraciones* de los pueblos germanos ゲルマン民族大移動. ❷《動物》[鳥・魚などの] 渡り, 回遊;《植物》移動. ❸《化学》[分子・基の] 移動; 泳動, イオン移動

migrador, ra [migraðór, ra] 形 [鳥などが] 渡る

migrante [migránte] 形 =migrador

migraña [migráɲa] 女《医学》片(偏)頭痛, 激しい頭痛

migrañoso, sa [migraɲóso, sa] 形 名 片頭痛の(患者)

migrar [migrár] 自《ラテン語 migrare》《文語》移動する, 移住する [=emigrar]

migratorio, ria [migratórjo, rja]《ラテン語 migrator》形 ❶ 移動の, 移住の. ❷《動物》[鳥・魚などが] 渡る, 回遊する: ave ~ria 渡り鳥. ave no ~ria 留鳥. movimiento ~ de aves 鳥の渡り. pez ~ 回遊魚

miguelear [migeleár] 他《中米》口説く; へつらう, ご機嫌をとる

migueleño, ña [migeléɲo, ɲa] 形《ホンジュラス》無礼な, 礼儀を知らない; 無愛想な

miguelete [migeléte] 男《歴史》❶ [17～19世紀カタルーニャ地方の] 山岳ゲリラ兵. ❷ [ギプスコアの] 民兵隊の隊員

miguelino, na [migelíno, na] 形《地方語》[イチジク・プラムなどが] 聖ミゲル San Miguel の日(9月29日)のころに熟す

miguelitos [migelítos] 男《チリ, アルゼンチン, ウルグアイ》通行を妨害するために道路上にまかれる鉄菱

miguero, ra [migéro, ra] 形 ❶ パンくず[で作った食べ物]の. ❷ lucero ~ 明けの明星[←明けの明星が見えると羊飼いがパンを起きて食事 migas を作った]

mihrab [mirább] 男 [複 ~s]ミフラーブ[イスラム教寺院でメッカの方向を示す壁面のくぼみ]

Mihura [mjúra]《人名》**Miguel** ~ ミゲル・ミウラ《1905～77, スペインの劇作家. 不条理なユーモアで因習的な社会を風刺した『三つの山高帽』*Tres sombreros de copa* によって戦後のスペイン喜劇に新たな潮流を生み出した.『マリベルと奇妙な家族』*Maribel y la extraña familia*》

mijar [mixár] 男 キビ畑

mijarero [mixaréro] 男《ベネズエラ》陰茎

mijarra [mixára] 女 ❶《中米, ベネズエラ》[粉引き小屋で馬が臼を挽く] 引き棒. ❷《パナマ》1) [牛・馬などの] 牽引具. 2) 悲惨(不幸)な状況; 貧困
estar pegado a la ~《中米, ベネズエラ》仕事に精を出している

mije [míxe] 男《メキシコ》質の悪いたばこ

mijediega [mixeðjéɣa] 女《植物》マメ科の一種〖学名 Dorycnium pentaphyllum〗

mijeño, ña [mixéɲo, na] 形 名《地名》ミハス Mijas の(人)《マラガ県の市》

mijero [mixéro] 男《古語》❶ マイル [=milla]. ❷ [道路脇のマイルごとの] 里程標

mijilla [mixíʎa]《口語》女 ごく少量 [=mijita]

mijilote [mixilóte] 男《メキシコ. 動物》ヤマネコの一種〖学名 Felis tigrina〗

mijita[1] [mixíta] 女《口語》ごく少量

mijito, ta[2] [mixíto, ta] 名《メキシコ, 中米, ベネズエラ, アルゼンチン, ウルグアイ》[親から息子など, 若い人への親愛の呼びかけ] ねえ

mijo[1] [míxo] 男《植物》❶ キビ; その種子. ❷ ~ ceburro クラブ小麦〖=trigo candeal〗. ~ de[l] sol ムラサキの一種〖学名 Lithospermum officinale〗. ~ silvestre ハマヒエガエリ. ~ turquesco トウモロコシ

mijo[2]**, ja** [míxo, xa] 名《メキシコ, 中米, ベネズエラ, ウルグアイ》[親愛の呼びかけ] ねえ〖=mijito〗

mikado [mikáðo] 男 [←日本語] 男《文語》帝, 天皇

mil [míl]《ラテン語 mille》形 ❶ [単複同形]《基数詞》1000 (の): dos ~ euros 2千ユーロ. diez ~ 1万. cien ~ 10万. ~ uno 1001. ~ novecientos 1900. el año ~《西暦1000年《世界の終末が来るとされた》. ❷ 1000番目の. ❸ 多数の, 数限りない: ~ veces/~es de veces 何度も何度も [=mil]. 複 数千: ~es de pájaros 数千羽の鳥. muchos ~es de dólares 何千ドルもの金. varios ~es de millones 数十億. ❺ 複 1000の位の数 [=millares]
a las ~ y quinientas (*y gallo y pico y una y monas*)《口語》とんでもない遅い時刻に, ひどく遅く
a ~《西. 口語》興奮した; 怒った〖=a cien〗
a ~es たくさん
estar a ~《南米》緊張している; 怒り狂っている
~ por ~ 100パーセント〖=cien por cien〗
~ y un [+名詞] 多数の, 数千もの: ~ y un libros 万巻の書. Las ~ y una noches『千夜一夜物語』
~es y ~es 多数く; [+de] 多数の, 数千もの
ponerse a ~《南米》緊張する; 怒り狂う
por ~ 千分の, パーミル: el tres *por* ~ de la población 人口千人につき3人

milady [miléjðj]《英語》女 ❶ [呼称] 奥様, お嬢様. ❷《まれ》=lady

milagrado, da [milaɣráðo, ða] 形 名 奇跡的に回復した[人]

milagrear [milaɣreár] 自 奇跡を行なう

milagrería [milaɣrería]《軽蔑》女 ❶ 自然の出来事を奇跡と考えたがる傾向, 奇跡信仰; 奇跡話: contar ~s 奇跡話をする. ser dado a la ~ 何でも奇跡だと考えたがる

milagrero, ra [milaɣréro, ra] 形 名 [ser+] ❶ 奇跡を起こす [人], 霊験あらたかな. ❷《軽蔑》何でも奇跡だと考えたがる [人]. ❸《軽蔑》偽りの奇跡を起こす[人]

milagro [miláɣro] 男《古語 miraglo<ラテン語 miraculum「すばらしい出来事」》❶ 奇跡: ~s de la Virgen 聖母マリアの奇跡. hacer un ~ 奇跡を起こす. Hágase el ~ y hágalo el diablo.《諺》実現してくれるなら誰の手であっても構わぬ/目的は手段を正当化する. ❷ [+que+接続法] 驚異: Es un ~ *que* hayas ganado un premio. 君が賞を取ったなんて驚きだ. ❸《宗教》[中世の] 奇跡劇. ❹《地方語》奉納物〖=exvoto〗
de ~ 奇跡的に: Se salvó *de* ~ del accidente. 彼は事故で奇跡的にも助かった. escaparse *de* ~ 奇跡的に逃れる
hacer ~s 驚異的な成果を上げる
la vida y ~s de+人 …のこまごまとした経歴: Conozco toda su vida y ~s de+人. 私は彼のことなら何でも知っている
~ [sería] que+接続法 …とは不思議だ
¡Qué ~! 何とお珍しい!
vivir de ~ [貧しいながらも] どうにか生きている

milagrón [milagrón] 男 《まれ》大げさな表現
milagrosamente [milagrósaménte] 副 奇跡的に
milagroso, sa [milagróso, sa] 形 ❶《←milagro》奇跡の, 奇跡による: aguas ~sas 霊水. curación ~sa/remedio ~ 奇跡による治療. ❷ 驚異的な, 超自然的な, 不思議な: 1) cura ~sa 奇跡的な回復. imagen ~sa 超自然像, 不思議なイメージ. 2) [ser ~ que+接続法] Es ~ que saliera ileso del accidente. その事故で無傷だったのは奇跡的だ. ❸ 奇跡を起こす〖=milagrero〗
milamores [milamóres] 女《単複同形》〖植物〗ベニカノコソウ
milán [milán] 男〖繊維〗ミラノ製の麻織物
milana [miláma] 女《地方語. 魚》トビイエイ
milanés, sa [milanés, sa] 形 名《地名》[イタリアの] ミラノ Milán の〔人〕
  —— 男 ミラノ方言
  —— 女《料理》ミラノ風カツレツ〖=escalope a la milanesa〗. ❷《南米》milanesa de pollo チキンカツ
Milanesado [milanesádo] 男《歴史》ミラノ公国
milano [miláno] 男 ❶〖鳥〗1) トビ〔鳶〕〖=~ negro〗: ~ real アカトビ. 2) オオタカ〖=azor〗. ❷〖魚〗セミホウボウ. ❸ 冠毛, うぶ毛
milaña [miláɲa] 女〖ドミニカ〗少し, 少量
milañero, ra [milaɲéro, ra] 形〖ドミニカ〗けちな, しみったれた
milara [milára] 女〖カナリア諸島〗〖ノパルサボテンからカイガラムシを採集するための〗柄の長いスプーン
milcao [milkáo] 男《チリ. 料理》マッシュポテトの一種
mildeu [míldeu̯] 男 =**mildiú**
mildio [míldjo] 男 =**mildiú**
mildiú [míldjú] 男《←英語 mildew》〖農業〗べと病, うどん粉病
milefolio [milefóljo] 男〖植物〗=**milenrama**
milenario, ria [milenárjo, rja] 形《←ラテン語 millenarius》❶ 千年〔以上〕の, 千年ごとの; とても古い: cultura ~ria 非常に古い文化. ruinas ~rias ~rias 古い遺跡. ~ria Roma 古代ローマ. ❷ reino ~ 千年王国. ❸ 千の: una suma ~ria 総計1千. ❹《キリスト教》至福千年〔千年王国・世界終末〕説を信じる
  —— 男 ❶ 至福千年〔千年王国・世界終末〕説信仰者
  —— 男 ❶ 千年〔間〕; 千年紀〔の祭典〕: Estamos en el segundo ~ desde el nacimiento de Cristo. キリスト生誕から2000年たっている. ❷ 祭り: el ~ de Castilla カスティーリャの祭り
milenarismo [milenarísmo] 男《キリスト教》至福千年説, 千年王国説; 世界終末説
milenarista [milenarísta] 形 名 至福千年〔千年王国・世界終末〕説の〔信仰者〕
milengrana [milengrána] 女〖植物〗コゴメビユ〔利尿剤に使われる〗
milenio [milénjo] 男〖←ラテン語 mille「千」+annus「年」〗 ❶ 千年間; 千年紀, ミレニアム; hace muchos ~s 大昔に. el tercer ~ 紀元2000年代. ❷ el ~ 千年王国
mileno, na [miléno, na] 形〖繊維〗〔布が〕縦糸が1000本の
milenrama [milenráma] 女〖植物〗セイヨウノコギリソウ
milenta [milénta] 形〖口語〗1000の〖=mil〗
mileón [mileón] 男〖鳥〗ノスリ
milésimo, ma [milésimo, ma] 形〖←ラテン語 millesimus〗形《序数詞》1000番目の;《分数詞》1000分の1〔の〕
  —— 女《度量単位などの》 1000分の1
milesio, sia [milésjo, sja] 形 名 ❶《歴史. 地名》[小アジアの] ミレトス Mileto の〔人〕. ❷《文学》〔物語などが〕気晴らしのための: fábula ~sia 〔2世紀ギリシアで書かれた〕猥談
milflores [milflóres] 女《単複同形》〖キューバ. 植物〗クマツヅラ科クサギ属の一種〔強烈なにおいを発する. 学名 Volkameria fragans〗
milgrana [milgrána] 女〖古語. 果実〗ザクロ〖=granada〗
milgranar [milgranár] 男 ザクロ畑
milgranero [milgranéro] 男〖ムルシア. 植物〗ザクロ〖=granado〗
milgrano [milgráno] 男〖植物〗ザクロ〖=granado〗
milhoja [milóxa] 女/男〖菓子〗ミルフィーユ〖=milhojas〗
milhojas [milóxas] 男/女《単複同形》〖菓子〗ミルフィーユ. ❷〖植物〗=**milenrama**
milhombres [milómbres] 男《単複同形》〖皮肉. 戯言〗強さ〔たくましさ〕を見せびらかす小男
mili [míli]《milicia の略語》〖西. 口語〗兵役〖=servicio militar〗: hacer la ~ 兵役をつとめる. estar en la ~ 兵役中である.

ir a la ~ 軍隊に行く
  tener mucha ~ 経験が豊富である
  —— 形 軍隊の
  —— 名 ETAの軍事部門要員
mili-《接頭辞》〖1000分の1〗*milímetro* ミリメートル
miliamperímetro [miljamperímetro] 男〖電気〗ミリアンペア計
miliamperio [miljampérjo] 男〖電流の単位〗ミリアンペア
miliar [miljár] 形 ❶〖歴史〗マイル milla の: columna (poste) ~ マイル標, 里程標. piedra ~ マイル標石; 画期的な出来事. ❷〖医学〗粟粒〔状〕状の: tuberculosis ~ 粟粒結核. ❸ キビの粒大の
  —— 女《医学》汗疹, あせも, 粟粒疹〖=fiebre ~〗
miliárea [miljárea] 女〖面積の単位〗ミリアール
miliario, ria [miljárjo, rja] 形〖歴史〗マイルの
  —— 男〖歴史〗〔ローマ街道の〕里程標
milibar [milibár] 男〖気圧の旧単位〗ミリバール
milibaro [milibáro] 男《まれ》=**milibar**
milicia [milíθja]《←ラテン語 militia》女 ❶《文語》軍隊〖=ejército〗: jefe de la ~ enemiga 敵軍の隊長. ❷ [主に 複]民兵〔部隊〕〖=~s populares〗; 義勇軍: ~s concejiles 市民兵. ~ urbana (nacional) 国民軍〔時代によって名称が異なる〗. ❸ 兵役〖=servicio militar〗: 1) Pasó veinte años en la ~. 彼は20年間軍隊にいた. 2) [主に 複]学生兵役〖=~(s) universitaria〗. ❹ 兵学, 兵法. ❺ 聖歌隊〖=la ~ angélica〗
milicianada [miliθjanáda] 女《集名. 軽蔑. 古語的》〔主にスペイン内戦時の〕義勇軍
miliciano, na [miliθjáno, na]《←milicia》形 名 民兵〔の〕; [スペイン内戦時の] 義勇兵〔の〕
milico [milíko] 男《主に南米. 軽蔑》兵士, 軍人
  de ~《南米》制服の
milicurio [milikúrjo] 男〖物理〗〔放射性物質の量の単位〗ミリキュリー
miliequivalente [miljekibalénte] 男〖化学〗ミリグラム当量
milieu [miljú] 男《←仏語》男 社会環境
miligramo [milígrámo] 男〖重さの単位〗ミリグラム
mililitro [mililítro] 男〖容積の単位〗ミリリットル
milimetrado, da [milimetrádo, da] 形 ミリメートル単位の
milimétricamente [milimétrikaménte] 副 ❶ ミリ単位で. ❷ 非常に精密に. ❸ ごくわずかに, ほとんど
milimétrico, ca [milimétriko, ka] 形 ❶ ミリメートルの. ❷ 非常に精密な: con precisión ~ca 非常に正確に
milímetro [milímetro] 男〖長さの単位〗ミリメートル
  al ~ きわめて精密に: Los entrenamientos están programados *al* ~. 練習の予定は細かく決められている
milimicra [milimíkra] 女〖長さの単位〗ミリミクロン
milirem [miliřén] 男《複 ~s》〖物理〗〔被ばく線量の単位〗ミリレム
milisegundo [miliseɣúndo] 男〖時間の単位〗ミリセカンド, ミリ秒
militancia [militánθja] 女 ❶ 活動家〔党員〕であること. ❷ 好戦性. ❸ 戦うこと
militante [militánte]《←ラテン語 militans, -antis》形 名 ❶〖政党などの〗活動家〔の〕, 闘士, 党員: ~ de base 平党員. ❷ 戦闘的な, 行動的な
militantismo [militantísmo] 男《まれ》〖活動家・党員の〗活動; 熱心な勧誘〔活動〕
militar [militár] I《←ラテン語 militaris「兵士の, 戦争の」》軍隊の, 軍人の:《⇔civil》saludar a lo ~ 〔軍隊式に〕敬礼する. arte ~ 戦術. avión ~ 軍用機. código ~ 軍法. gobierno ~ 軍政, 軍事政権. industria ~ 軍需産業. objetivo ~ 軍事目標. poder ~ 軍事力. ruta ~ 軍用道路. tribunal ~ 軍法廷
  —— 名 兵士, 軍人; 職業軍人〖=~ de carrera〗
  II《←ラテン語 militare》自 ❶ [+en. 党員などとして]活動する, 闘う: ~ *en* el partido socialista 社会党員として活動する. ❷ 兵役をつとめる: ~ *en* infantería 歩兵部隊に入る. ❸《文語》戦う. ❹《文語》〔証拠などが〕作用する: Su testimonio *militó* en favor del acusado. 彼の証言が被告に有利に働いた
militara [militára] 女《主に軽蔑》❶〔将校などの〕妻, 未亡人, 娘. ❷ 女性の軍人
militarada [militaráda] 女《軽蔑》軍事クーデター, 軍部の蜂起
militarismo [militarísmo] 男 軍国主義; 軍部の支配, 軍事優先

militarista [militarísta] [形] [名] 軍国主義の; 軍国主義者
militarización [militariθaθjón] [女] 軍国化; 軍国主義化, 軍国主義鼓吹
militarizar [militariθár] 〘←militar I〙 [9] [他] ❶ 軍国化する; …に軍国主義を鼓吹する. ❷ [兵士を] 訓練する, 軍人精神をたたき込む; 軍隊化する, 軍隊的性格を与える. ❸ 軍用化する; 軍隊を配備する
militarmente [militárménte] [副] 軍事的に
militarote [militaróte] [男] 《軽蔑》職業軍人
mílite [mílite] [男] 《文語》軍人, 兵士
militermia [militérmja] [男] =1000カロリー
militronche [militróntʃe] [男] =**militroncho**
militroncho [militróntʃo] [男] 《西. 軽蔑, 戯語》兵士, 軍人
milivoltímetro [miliƀoltímetro] [男] 《電気》ミリボルト計
milivoltio [miliƀóltjo] [男] 《電気》ミリボルト
miliweber [miliƀéƀer] [男] 〘[複] ~s〙 [磁束の単位] ミリウェーバー
milk [mílk] 〘←英語〙 [女] 《主に戯語》牛乳 〘=leche〙
milla [míʎa] 〘←ラテン語 milia 〔passuum〕「千〔歩〕」〙 [女] [長さの単位] ❶ 《航空》マイル 〘=1609m〙. ❷ 《船舶》海里 〘=1852m. =~ náutica, ~ marina〙: 200 ~*s* 200海里漁業水域(排他的経済水域). ~ náutica inglesa 英海里 〘=1853m〙. ❸ 《古代ローマ》マイル 〘=1000歩, 4分の1レグア, 約1479m〙
hacer ~s 《テニス》相手の打つボールを拾うためにかけずり回る
tirar ~s 《口語》車で行く
millaca [miʎáka] [女] 《植物》ヨシ, アシ 〘=carrizo〙
millar [miʎár] 〘←ラテン語 miliare〙 [男] [集名] ❶ 千〔のまとまり〕: un ~ de coches 約1千台の車, たくさんの車. 〔varios〕 ~*es* de personas 数千人. ❷ [複] 1000の位の数: En el número 2015, el 2 representa las ~*s*. 2015という数で2は1000の位の数である. ❸ piedra ~ マイル標石, マイルストーン. ❹ [カカオ豆の単位] 3ポンド半. ❺ 千頭の羊が入れるほどの牧草地の広さ
a ~es 何千となく, 無数に
millarada [miʎaráđa] [女] 約1千
a ~s 何千となく, 無数に; 数え切れないほど頻繁に
millaraje [miʎaráxe] [男] 《エストレマドゥラ》査定〔表〕
millardo [miʎárđo] [男] 10億 〘=mil millones〙: 1,7 ~*s* de dólares 17億ドル. de 30 a 40 ~*s* de liras 300億から400億リラ
Millares Carlo [miʎáres kárlo] 《人名》 **Agustín** ~ アグスティン・ミリャレス・カルロ 〘1893~1980, スペイン人の歴史家・古文書学者〙
millatún [miʎatún] [男] 《チリ》=**guillatún**
millca [mílka/míʎka] [女] 《ペルー》スカートで受けて運べる量
millcayac [milkaják] [男] ミルカヤック語 〘アルゼンチン, メンドーサ州の先住民の言語〙
millerita [miʎeríta] [女] 《鉱物》針ニッケル鉱
millero, ra [miʎéro, ra] [名] ❶ 《競馬》1マイルレース専門の馬. ❷ 《陸上》1500メートル(1マイル)競走専門の選手
—— [男] 《地方語. 鳥》アトリ 〘=pinzón real〙
millo [míʎo] [男] ❶ 《レオン, サモーラ, サラマンカ, カナリア諸島》トウモロコシ 〘=maíz〙. ❷ 《中南米》キビ 〘=mijo〙
millón [miʎón] 〘←伊語 millione〙 [男] ❶ 《基数詞》100万: un ~ de dólares 100万ドル. cien *millones* 1億. mil *millones* 10億. 1,5 *millones* de yenes 150万円. ganar medio ~ 50万ユーロかせぐ. partes por ~ [微量な物質の単位] ppm. ❷ 無数, 多数: un ~ de mariposas 無数のチョウ. Un ~ de gracias. 大変ありがとうございます. ❸ [複] 非常な大金: ganar *millones* 莫大な金を稼ぐ. tener *millones* 億万長者である. valer *millones* とても値段が高い. ❹ [複] ミリョネス税 〘16~17世紀, カスティーリャでワイン・酢・油・肉・石けん・獣脂ろうそくの消費税. 1590年フェリペ2世により創設〙
a ~ 《口語》とても高い値段で
del ~ [質問が] 答えるのが非常に困難な
millonada [miʎonáđa] 〘←millón〙 [女] ❶ 非常な大金: costar una ~ 目の玉が飛び出るほど高くつく. ❷ 約百万, 百万もの数
millonario, ria [miʎonárjo, rja] 〘←millón〙 [形] [名] ❶ 億万長者〔の〕, 大金持ち〔の〕, 大富豪〔の〕: Se hizo ~. 彼は大金持ちになった. ❷ 大金の: contrato ~ 高額の契約. juego ~ 高額賞金のゲーム
millonésimo, ma [miʎonésimo, ma] [形] [男] 100万番目の; 100万分の1〔の〕
milloneti [miʎonéti] [形] [名] 《戯語》億万長者〔の〕, 大金持ち〔の〕, 大富豪
milmillonésimo, ma [milmiʎonésimo, ma] [形] [男] 10億番目の; 10億分の1〔の〕
miloca [milóka] [女] 《鳥》エジプトハゲワシ
milocha [milótʃa] [女] 《地方語》凧(たこ) 〘=cometa〙
miloguate [milogwáte] [男] 《メキシコ》トウモロコシの茎
milonga [milóŋga] 〘←バンツー語「言葉」〙 [女] ❶ ミロンガ 〘アルゼンチン・ボリビア・ウルグアイの民俗舞踊・音楽; それから生まれたアンダルシアのフラメンコ音楽〙. ❷ 《口語》ぺてん, 嘘, ごまかし. ❸ 《メキシコ》言い訳, 逃げ口上. ❹ 《ラプラタ. 口語》複雑な状況, もつれ. ❺ 《アルゼンチン. 口語》踊れる場所; [家族的な] ダンスパーティー
milonguear [miloŋgeár] [自] 《ラプラタ》ミロンガを踊る
milonguero, ra [miloŋgéro, ra] [名] ❶ 《南米》1) ミロンガの愛好者. 2) [ギターを使う] ミロンガの歌い手; ミロンガの踊り手. ❷ 《アルゼンチン. 口語》しばしばダンスに出かける人; ダンスの好きな人
milonita [miloníta] [女] 《地質》マイロナイト
milord [milór] 〘←英語 my lord〙 [男] 〘[複] milor*es*〙 ❶ [英国貴族への敬称] 閣下; 《まれ》=**lord**. ❷ 《古語》幌付きの小型荷馬車
milpa [mílpa] 〘←ナワトル語 milipa〙 [女] 《メキシコ, 中米》トウモロコシ畑
llover a+人 en la ~ 《メキシコ, 中米》…が繁盛する, 繁栄する
milpear [milpeár] [自] 《メキシコ, 中米》❶ [トウモロコシの] 種をまく; トウモロコシ畑を耕す. ❷ [トウモロコシが] 芽を出す
—— [他] 《メキシコ, 中米》[トウモロコシを] 栽培する
milpero, ra [milpéro, ra] [名] 《メキシコ, 中米》トウモロコシの栽培者
milpesos [milpésos] [男] 〘単複同形〙《コロンビア. 植物》ヤシ科サケミヤシ属の一種 〘学名 Oenocarpus bataua〙; ヤシ科サケミヤシモドキ属の一種 〘学名 Jessenia polycarpa〙
milpiés [milpjés] [男] 〘単複同形〙《動物》ワラジムシ 〘=cochinilla de humedad〙
milrayas [mi〔l〕r̄ájas] [男] 〘単複同形〙 ピンストライプ(細かい縞柄)の布地(服)
milreis [mi〔l〕r̄éi̯s] [男] 〘単複同形〙 [ブラジル・ポルトガルの旧貨幣単位] ミルレイス
miltomate [miltomáte] [男] 《中米. 植物, 果実》ミルトマテ, パープルベリー, ストロベリートマト, オオブドウホオズキ 〘果実は白っぽく小型のトマトに似ている. 学名 Physalis ixocarpa〙
miltoniano, na [miltonjáno, na] [形] 《人名》[英国の詩人] ミルトン Milton の, ミルトン風の
mimado, da [mimáđo, đa] [形] 甘やかされて駄目になった, だだっ子の
mimador, ra [mimađór, ra] [形] 甘やかす, ひいきする
mimar [mimár] 〘←mimo〙 [他] ❶ 甘やかす, ちやほやする, ひいきする: Ana *mima* demasiado a sus hijos. アナは自分の息子を甘やかしすぎる. hombre *mimado* por la fortuna 幸運に恵まれた男. ❷ パントマイム(身ぶり)で表現する: ~ su canción 歌に振りをつける. ❸ …の真似をする. ❹ 大切に扱う: Procure ~ la ropa, por favor. その服は大切に扱って下さい
mimbar [mimbár] 〘←アラビア語〙 [男] [イスラム教寺院の] 説教台
mimbral [mimbrál] [男] ヤナギ mimbrera の林
mimbrar [mimbrár] [他] 《まれ》悩ます, いらいらさせる, 邪魔する
mimbrazo [mimbráθo] [男] ヤナギ mimbrera の枝での一撃
mimbre [mímbre] [男]/[女] ❶ 《植物》ヤナギ 〘=mimbrera〙. ❷ ヤナギの長く細い枝; [編む材料としての] 籐: silla de ~ 籐椅子. ❸ 《文語》[一般に] 編む材料
mimbrear [mimbreár] [他] [ヤナギ mimbrera の枝のように] 揺らす
—— [自]・**~se** [ヤナギの枝のように] しなやかに動く; [柔らかく] しなう, ゆらゆら(なよなよと)揺れる
mimbreño, ña [mimbréɲo, ɲa] [形] ヤナギ mimbrera のような; しなやかな
mimbrera[1] [mimbréra] [女] ❶ 《植物》ヤナギ科ヤナギ属の一種 〘その枝が mimbre. 学名 Salix viminalis〙; [総称] ヤナギ〔属〕 〘学名 Salix〙. ❷ [川岸などの] ヤナギの林(並木)
mimbreral [mimbrerál] [男] ヤナギ mimbrera の林(並木)
mimbrero, ra[2] [mimbréro, ra] [名] 籐製品作りの職人
—— [男] 《地方語》ヤナギ 〘=mimbrera〙
mimbrón [mimbrón] [男] 大きなヤナギ mimbrera
mimbroso, sa [mimbróso, sa] [形] ❶ ヤナギ mimbrera の. ❷ 籐製の. ❸ ヤナギの多い
mime [míme] [男] 《ドミニカ, プエルトリコ. 昆虫》ハマダラカ
caer ~s a+人 《プエルトリコ》…は運が悪い, つきがない

M

mimeografía [mimeoɡrafía] [女] 謄写版印刷; その印刷物
mimeografiar [mimeoɡrafjár] [11] [他] 謄写版で刷る
mimeográfico, ca [mimeoɡráfiko, ka] [形] 謄写版印刷の
mimeógrafo [mimeóɡrafo] [男] 謄写版〖器械〗
mimería [mimería] [女]《ドミニカ》子供じみたふるまい
mimesis [mimésis] [女] =**mímesis**
mímesis [mímesis]〖←ギリシア語 mimesis〗[女]〖単複同形〗❶《詩法, 修辞》模倣. ❷《文語》[人をからかう] 物まね
mimético, ca [mimétiko, ka] [形] ❶ 物まね(模倣)をする. ❷《生物》擬態の
mimetismo [mimetísmo] [男] ❶《生物》擬態. ❷ [表情・意見・態度の] まね, 物まね; [無意識の] 模倣
mimetista [mimetísta] [形]《まれ》擬態の; 物まねの
mimetización [mimetiθaθjón] [女] 擬態; 物まね
mimetizador, ra [mimetiθađór, ra] [形] 擬態をとる; 物まねをする
mimetizar [mimetiθár] [9] [他] …の物まねをする
—— [自]・~**se**《生物》擬態をとる; [境界が分からないように] 溶け合う: La mariposa *se ha mimetizado* en el suelo. チョウは地面と見分けがつかなくなってしまった
mímica[1] [mímika]〖←mímico〗[女] ❶ 身ぶり〔による〕表現, ジェスチャー: actuar solo con ~ 身ぶりだけで演技する. ❷ [集名] 身ぶり
mímico, ca[2] [mímiko, ka]〖←mimo〗[形] 身ぶりによる, パントマイムの: lenguaje ~身ぶり言語
mimo [mímo]〖←ラテン語 mimus < ギリシア語 mimos〗[男] ❶ [主に [複]] 甘やかし, 過保護; 愛玩, 溺愛; 甘言, うれしがらせ: El niño se ha convertido en un malcriado con tanto ~. その子は甘やかされてわがままになった. dar ~*s* a+人 …を甘やかす, ちやほやする. ❷ [主に [複]] かわいがり, 愛撫: hacer ~*s* a un niño 赤ん坊をかわいがる. ❸《口語》繊細さ: realizar su trabajo con ~ 入念に仕事をする. ❹ 身ぶり, ジェスチャー〖=mímica〗; パントマイム〔劇〕〖=pantomima〗. ❺《古代ギリシア・ローマ》ミモス劇〖主に身ぶりによる道化芝居〗. ❻《エストレマドゥラ. 菓子》メレンゲ〖=merengue〗
—— [名] ❶ パントマイム俳優; [面白おかしく] 他人の物まねをする人. ❷《古代ギリシア・ローマ》[物まねのうまい] ミモス劇の役者
mimodrama [mimođráma] [女] パントマイム劇〖=pantomima〗
mimógrafo, fa [mimóɡrafo, fa] [名] パントマイム劇の作者
mimología [mimoloxía] [女] [声・身ぶりの] まね
mimosa[1] [mimósa] [女]《植物》ミモザ
mimosáceo, a [mimosáθeo, a] [形] ネムノキ科の
—— [女] [複]《植物》ネムノキ科
mimosamente [mimósaménte] [副] 甘やかして, 過保護に
mimosear [mimoseár] [他]《ラプラタ》甘える
mimoso, sa[2] [mimóso, sa]〖←mimo〗[形] ❶ [ser+] 甘ったれた, 甘えん坊の: Es una chica ~*sa* con su abuela. 彼女はおばあちゃんによく甘える子だ. pequeñín ~ 甘えん坊. ❷ [estar+] 甘えている. ❸ [ser+] 甘やかす, 甘い
mimula [mimúla] [女]《ボリビア》[先住民の] 象徴的な古い舞踊
mina [mína] **I**〖←ケルト語 mina「鉱物」〗[女] ❶ 鉱山: denunciar una ~ 鉱山の所有権を登記する. ~ de carbón/~ hullera 炭鉱. ~ de uranio ウラニウム鉱山. ❷ 坑道, 採掘坑. ❸ 宝庫, 宝の山〖=~ de oro〗; 掘出物, もうけもの: 1) Si tuviera las ~*s* del rey Salomón, haría lo que quisiera. もし私がソロモン王の財宝ほどの金を持っていたら, したいことをするのだが. 2)《比喩》Este libro es una ~ de noticias. 本書は知りたいことがたくさん載っている. Este negocio es una ~. このビジネスはドル箱だ. ~ de información 知識(情報)の宝庫. ❹《軍事》1) 地雷〖=~ terrestre〗: pisar la ~ 地雷を踏む. sembrar ~*s* 地雷を敷設する. ~ antipersona (antitanque) 対人(対戦車)地雷. 2) 機雷〖=~ submarina〗: fondear ~*s* 機雷を敷設する. ~ durmiente 係留機雷. ~ flotante 浮遊機雷. ~ magnética 磁気機雷. ❺ [鉛筆の] 芯(しん). ❻ 泉〖=manantial〗. ❼《チリ, アルゼンチン, ウルグアイ. 男性の隠語》[若くきれいな] 女. ❽《アルゼンチン. 古語》[ミシオネス misiones で育てられた] マテチャ林
encontrar una ~ 苦労せず裕福になる方法を見つける
volar la ~ 隠されていたものを発見する
II〖←ラテン語 mina < ギリシア語 mna〗[女] [古代ギリシアの貨幣単位] =100ドラクマ
miná [miná] [男]《鳥》キュウカンチョウ(九官鳥)
minado [mináđo] [男] 採掘; 地雷(機雷)の敷設
minador, ra [minađór, ra] [形] [名] ❶ 坑道を掘る〔人〕; 掘削技師. ❷ 穴を掘る〔動物〕. ❸《軍事》爆破専門の兵士
—— [男] ❶《土木》掘削機, ロードヘッダー. ❷ 機雷敷設艦〖=buque ~〗
minal [minál] [形]《まれ》鉱山の: agua ~ 鉱泉水
minambre [minámbre] [形] [名]《サモラ, サラマンカ, カセレス》ひ弱な〔人〕, 体の弱い〔人〕
minar [minár]〖←mina〗[他] ❶ …に地雷(機雷)を敷設する; 爆発物を仕掛ける: ~ el campo de batalla 戦場に地雷を敷設する. ~ el puente 橋に爆薬を仕掛ける. ❷ 徐々に破壊する: ~ la salud 徐々に健康をむしばむ. ~ el prestigio 権威を少しずつ崩す. ❸ 坑道を掘る
minarete [minaréte]〖←仏語 minaret < アラビア語 manara「灯台」〗[男] ミナレット〖イスラム教寺院の尖塔〗
minaz [mináθ] [形]《古語》脅迫的な, おどしの
mincha [míntʃa] [男]《地方語. 貝》ヨーロッパタマキビ〖=bígaro〗
minchar [mintʃár] [他]《地方語》食べる
mincio [mínθjo] [男]《古語》=**luctuosa**
minción [minθjón] [女]《古語》=**luctuosa**
mindanense [mindanénse] [形] [名]《地名》ミンダナオ島 Mindanao の〔人〕〖フィリピン諸島南部の島〗
mindango, ga [mindáŋɡo, ɡa] [形] [名]《ムルシア》怠け者〔の〕, ぐうたらな〔人〕, むとんちゃくな〔人〕
mindanguear [mindaŋɡeár] [自]《ムルシア》怠ける
mindanguería [mindaŋɡería] [女]《ムルシア》怠惰, 安逸
mindoniense [mindonjénse] [形] [名]《地名》モンドニェド Mondoñedo の〔人〕〖ルゴ県の町〗
mindoreno, na [mindoréno, na] [形]《地名》ミンドロ島 Mindoro の〔人〕〖フィリピン諸島, ルソン島の南隣の島〗
minear [mineár] [自]《コロンビア. 鉱山》採掘する, 採鉱する
minera[1] [minéra] [女]《アンダルシア》ミネラ〖鉱夫たちの, ゆっくりした悲しい歌 cante〗
mineraje [mineráxe] [男] 鉱山労働
mineral [minerál]〖←mina〗[形] ❶ 鉱物の, 鉱石の. ❷ 無機物の
—— [男] ❶ [不可算] 鉱石, 鉱物〖=sustancia ~〗; 原鉱: extraer ~ 鉱石を採掘する. ~ de hierro 鉄鉱石. ❷ 無機物: suplementos de vitaminas y ~*es* ビタミンとミネラルの補助食品. ❸ 源泉〖比喩的にも〗: ~ de conocimiento 知識の泉. ❹《地方語》鉱油, 石油. ❺《メキシコ》鉱山町, 鉱山のある村. ❻《チリ》鉱山
mineralero, ra [mineraléro, ra] [形] 鉱物の, 鉱石の
—— [男] 鉱石運搬船
mineralización [mineraliθaθjón] [女] 鉱化; 無機物化
mineralizador, ra [mineraliθađór, ra] [形] 鉱化させる
mineralizar [mineraliθár] [9] [他] ❶ 鉱化させる; 無機物化させる. ❷ 鉱物質を含ませる
—— ~**se** ❶ 鉱化する; 無機物化する. ❷ 鉱物質を含む
mineralogía [mineraloxía] [女] 鉱物学
mineralógico, ca [mineralóxiko, ka] [形] 鉱物学の
mineralogista [mineraloxísta] [名] 鉱物学者
mineraloide [mineralóiđe] [男]《鉱物》ミネラロイド, 準鉱物
mineralurgia [mineralúrxja] [女] 選鉱
minería [minería]〖←mina〗[女] ❶ 鉱業, 採掘. ❷ [集名] [一国・一地方の] 鉱山. ❸ [集名] 鉱山労働者; 鉱山技師
minerista [minerísta] [男]《廃語》山師, 鉱山を探す人
minero, ra[2] [minéro, ra]〖←mina〗[形] 鉱業の, 鉱山の, 採掘の: compañía ~*ra* 鉱山会社. concesión ~*ra* 採掘権. explotación ~*ra* 鉱山開発. industria ~*ra* 鉱業. región ~*ra* 鉱山地方
—— [名] ❶ 鉱山労働者, 鉱夫, 坑夫. ❷ 鉱山経営者, 山元. ❸ 山師, 鉱山を探す人
—— [男] ❶《文語》起源, 誕生. ❷ 鉱山の開発, 鉱脈探し. ❸《アルゼンチン》ハツカネズミ〖=ratón〗
mineromedicinal [mineromeđiθinál] [形] agua ~ 薬効のある鉱水
minerva [minérƀa] [女] ❶《ローマ神話》[*M*~] ミネルバ〖知恵の女神〗. ❷ 小型印刷機. ❸《昆虫》フクロウチョウの一種〖学名 Opsiphanes blythekitzmillerae〗
de propia ~《文語》自分の知識で, 自分で考えて
minervista [minerƀísta] [名] 小型印刷機 minerva を扱う人
minestrón [minestrón] [男]《中南米. 料理》=**minestrone**
minestrone [minestróne]〖←伊語〗[女]《西. 料理》ミネストローネ

〖=sopa ～〗
minga [mínga] **I** 囡《西. 卑語》陰茎
II 〖←ケチュア語 minc'ay「賃貸借する」〗❶《主にアンデス》ミンガ, 結(ﾕｲ)〖先スペイン期から先住民社会で行われていた公益を目的とする相互扶助的協働制度. 主に農作業で, その後に食事がふるまわれる〗; その一団. ❷《ペルー》〔農場労働者の〕休日のちょっとした作業〖チチャ・コカ・蒸留酒が報酬〗. ❸《アルゼンチン》〔一般に〕援助
── 聞《アルゼンチン, ウルグアイ. 口語》〔否定・拒絶〕絶対ない; まっぴらだ
mingaco [miŋgáko] 囡《チリ》〔農作業などの〕相互扶助〖=minga〗
mingamuerta [miŋgamwérta] 男《西. 卑語》性的不能の男性
mingar [miŋgár] [8] 自 ❶《コロンビア》〔数人が1人を〕襲う. ❷《エクアドル, チリ》〔労働者が臨時仕事のために〕無償で参加する; 〔共同作業のために〕労働者の参加を求める
mingitorio, ria [miŋxitórjo, rja] 形 排尿の
── 男〔公衆用の〕男子用小便所
mingo [míŋgo] 男 ❶《ビリヤード》赤玉. ❷《文学》[copla de M～] Revulgo 悪政に対する風刺的な俗謡. ❸《ホンジュラス》〔石投げ遊びの〕的, 標的. ❹《キューバ, コロンビア》ビー玉遊び. ❺《コロンビア》1)《トランプ》オンブル tresillo の3人目. 2)《闘鶏》〔訓練用としてのみ使われる〕雄鶏. ❻《ベネズエラ》ペタンクに似たゲーム bolas criollas で使われる白い球
más galán que M～〔ひどく〕めかし込んだ
poner ⟨plantar⟩ el ～ 目立つ
tomar a+人 de ～ …を嘲笑の対象にする
mingón, na [miŋgón, na] 形《ベネズエラ》〔子供が〕非常に甘やかされた, 気むずかしい
mingonear [miŋgoneár] 自《ベネズエラ》甘えん坊のようにふるまう
mingrana [miŋgrána] 囡《果実》ザクロ〖=granada〗
mingrano [miŋgráno] 男《植物》ザクロ〖=granada〗
minguí [miŋgí] 男《ホンジュラス》〔パイナップルの果汁を発酵させて作る〕チチャよりやや弱い酒
mingurria [miŋgúrrja] 囡《ラマンチャ》ささいなこと, 取るに足らないこと
mini [míni] 囡〔腰～s〕ミニスカート〖=minifalda〗
── 男 ❶〔ビールなどの〕1リットル入りジョッキ. ❷ =minicomputadora. ❸ コンパクトカー
mini-〔接頭辞〕〔小〕*mini*moto ミニバイク
miniacería [minjaθería] 囡 小さな製鋼所
miniar [minjár]〖←伊語 miniare〗 [10] 他 ❶ 細密画法で描く. ❷ 鉛丹で描く
miniatura [minjatúra]〖←伊語 miniatura＜カスティーリャ語 miniar〗囡 ❶ ミニチュア, 模型. ❷ 小さなもの: Este cuarto es una ～. この部屋はすごく狭い. ❸《美術》細密画, ミニアチュール〖=pintura de ～〗; 細密画法. ❹《文学, 音楽》小品. ❺ デリケートな人
en ～ ミニチュアの: avión *en ～* 模型飛行機
miniaturesco, ca [minjaturésko, ka] 形 ❶ ミニチュアの, 模型の. ❷ 細密画の
miniaturista [minjaturísta] 名 細密画家
miniaturístico, ca [minjaturístiko, ka] 形 ❶ ミニチュアの, 模型の. ❷ 細密画の
miniaturización [minjaturiθaxjón] 囡 小型化
miniaturizar [minjaturiθár] [9] 他 小型化する
minibar [minibár] 男 ミニバー〔ホテルの部屋の飲み物入りの冷蔵庫〕
minibase [minibáse] 囡《軍事》小規模基地
minibásket [minibásket]〖←英語 minibasket〗男《スポーツ》ミニバスケットボール
minibús [minibús] 男 =microbús
minicadena [minikaðéna] 囡《音響》ミニコンポ
minicalculadora [minikalkuðaðóra] 囡 小型電卓, ポケット電卓
minicalzón [minikalθón] 男《服飾》半ズボン
minicámara [minikámara] 囡 小型カメラ
minicamiseta [minikamiséta] 囡《服飾》Tシャツ
minicardiógrafo [minikarðjográfo] 男 小型心電計
minicentral [miniθentrál] 囡 小型発電所
minichip [minitʃíp] 男《情報》ミニチップ
minicine [miniθíne] 男〔座席数の少ない〕小映画館, ミニシアター

miniclima [miniklíma] 男 地域的な気候
minicomputadora [minikomputaðóra] 囡 小型コンピュータ
miniconcierto [minikonθjérto] 男 ミニコンサート
minicrisis [minikrísis] 囡《政治》〔わずかな政府機関に影響を及ぼす〕小危機
minicrucero [minikruθéro] 男《船舶》短期間のクルージング
minicumbre [minikúmbre] 囡《政治》小規模サミット
minidespacho [miniðespátʃo] 男 小事務所
minidirigible [miniðirixíble] 男 小型飛行船
minidisco [miniðísko] 男《音響》ミニディスク, MD
miniespacio [minjespáθjo] 男《放送》〔番組の〕ショートコーナー
miniestuche [minjestútʃe] 男 ミニケース
minifábrica [minifábrika] 囡 小工場, ミニ工場
minifalda [minifálda]〖←mini+falda〗囡 ミニスカート
minifaldero, ra [minifaldéro, ra] 形 ミニスカートの; ミニスカート姿の
minifractura [minifraktúra] 囡《医学》小骨折
minifundio [minifúndjo] 男 ❶ 零細農場, 小土地所有〖⇔latifundio. 1) スペインでは北部で顕著. 2) ラテンアメリカでは植民地時代の土地譲渡制度によって生じ, 独立後, 農村人口の増加に伴い細分化がさらに進むと共に, 土地のない農民が生まれる〗. ❷ 小農制度〖=minifundismo〗
minifundismo [minifundísmo] 男 小農制度
minifundista [minifundísta] 名 小農, 小規模自作農
minifurgoneta [minifurgonéta] 囡《自動車》ミニバン, ワゴン車
minigabinete [minigaβinéte] 男《政治》少人数による内閣: ～ de crisis 危機管理内閣
minigira [minixíra] 囡 数ヵ所だけの遠征(遊説)
minigolf [minigólf]〖←英語〗男 ミニゴルフ, パターゴルフ
miniguerra [minigérra] 囡 小規模な戦闘
miniharaquiri [minixarakíri]〖←日本語〗男《比喩》腹切りも辞さない態度
minihidráulica [mini(i)ðráulika] 囡 小規模水力発電所
minihockey [minixókei]〖←英語〗男《スポーツ》ミニホッケー
miniholding [minixóldiŋ]〖←英語〗男〔少数の企業による〕持ち株会社
minihortaliza [minjortalíθa] 囡 ミニ野菜
minihospital [minjospitál] 男 診療所, 診療室
minijuego [minixwégo] 男《スポーツ》ミニゲーム
minijugador [minixuγaðór] 男《スポーツ》幼児サッカー選手
minilab [minilá β] 男《写真》ミニラボ, 現像室
mínima[1] [mínima] 囡 ❶ 最小, 極小; 最小値, 最低値: termómetro de ～ 最低温度計. ❷《音楽》ミニマ
minima de malis [mínima de mális]〖←ラテン語〗不幸のうちは最小限〔がよい〕
minimalismo [minimalísmo] 男《美術》ミニマルアート; ミニマリズム
minimalista [minimalísta] 形 名 ❶《美術》ミニマルアートの〔芸術家〕; ミニマリズムの. ❷《歴史》最小綱領主義者
mínimamente [mínimaménte] 副 少なくとも, 最低でも
minimanifestación [minimanifestaxjón] 囡 小規模なデモ
minimáquina [minimákina] 囡 小型機器
minimización [minimiθaxjón] 囡 ❶ 過小評価. ❷ 数量を最小限に抑えること
minimizador, ra [minimiθaðór, ra] 過小評価する
minimizar [minimiθár]〖←*mínimo*〗[9] 他 ❶ 過小評価する, 見くびる: ～ el efecto del paro 解雇の影響を軽視する. ❷〔数量を〕最小限に抑える
mínimo, ma[2] [mínimo, ma]〖←ラテン語 minimus〗形 ❶〔量・程度が〕最小の, 最低の〖⇔máximo. 数・大きさは el menor・el más pequeño〗. ❷ 必要最小限の: El gasto ～ necesario para mantener una vida. それは生活を維持するのに必要最低限の費用だ. La diferencia es ～ma. 違いはごくわずかだ. la temperatura ～ma 最低気温. ley del ～ 最小努力の法則. 2)〔否定文で〕少しの〔…もない〕: No hace el ～ caso de lo que le dicen los demás. 彼は他の人に何を言われても全く気にしない. ❷ 非常に小さい: casa de proporciones ～mas ごく小さな家. ❸ 細心の, 詳細の. ❹《カトリック》ミニモ会 Orden de los Mínimos の. ❺《コスタリカ》怠惰な; 臆病な
el más ～ 1) 最小の, 最低の: Es un poco suspicaz y le saca punta al *más ～* comentario. 彼は少し疑い深くて, ちょっと

話題にされても悪くとる. 2)［否定文で］少しの〔…もない］: No tengo *la más* ~ *ma* idea. 私には何の考えもない

lo más **~**〔口語〕［否定文で］少しも〔…ない］: ¿Se merece el Nobel?—No, ni *lo más* ~. 彼はノーベル賞に値するだろうか?—いや, 全然. No se inmutó *lo más* ~. 彼は顔色一つ変えなかった. No me interesa en *lo más* ~. 私は全く興味ない
—— 名 ミニモ会の修道士・修道女
—— 形 ❶ 最小, 最低［区］: El rendimiento no llega a ~ exigido. 収益が必要最低以下のレベルにしかならった. ~ de actividad económica 景気循環の谷. ~ de Maunder《天文》マウンダー極小期. ~ de precipitaciones mensuales 最少月別降水量. ~ de subsistencia 最低生存水準. ~ exento 課税最低限. método de ~s cuadrados《数学》最小二乗法. ❷《ホンジュラス. 果実》ギネオ〘=guineo〙

bajo **~s** 1)《航空》［離着陸］最低気象条件以下で. 2)要求されている最低水準に達しない状態で

como **~** 最小限, 少なくとも: Costará mil euros *como* ~. 少なくとも千ユーロはかかるだろう

minimosca [minimóska] 囡《ボクシング》ライトフライ級〘=peso ~〙
minimoto [minimóto] 囡〖複 ~s〗ミニバイク
mínimum [mínimum] 男〖複 ~s〗=**mínimo**
minino, na [miníno, na]〘擬声〙〔口語〕猫〘=gato〙
—— 囡〘婉曲〙［主に幼児の］陰茎, おちんちん
minio [mínjo] 男《化学》酸化鉛, 鉛丹
miniordenador [minjorðenaðór] 男《西.本》小型コンピュータ
minipalanca [minipaláŋka] 囡 小型のレバー（ハンドル）
minipantalla [minipantáʎa] 囡 小型のディスプレー（画面）
minipímer [minipímer] 囡《商標》男《西》ハンドミキサー
miniplanta [miniplánta] 囡 ミニプラント
minipull [minipúl] 男〖複 ~s〗古語的. 服飾〗腰までのぴったりしたセーター
minirretrospectiva [miṛṛetrospektíβa] 囡《美術》小回顧展
minirrobot [miṛṛoβó(t)] 男〖複 ~s〗小型ロボット
minisatélite [minisatélite] 男 小型（宇宙）衛星
miniscooter [miniskúter] 男 ミニスクーター
miniserie [minisérje] 囡《テレビ》短期の連続番組, ミニシリーズ
mini-short [minisórt] 男〖複 ~s〗《服飾》［女性用の］ショートパンツ
ministerial [ministerjál]〘←ministerio〙形 ❶ 大臣の, 閣僚の, 省の: banco ~ 閣僚席. cargo ~ 大臣職. conferencia de nivel ~ 閣僚級会談. ❷ 政府（側）の, 内閣の; 与党の: círculos ~*es* 政府筋. diputado ~ 与党議員. ❸《歴史》農奴が〕封建領主の用をつとめる
—— 名 政府（与党）支持者; 与党議員
ministerialismo [ministerjalísmo] 男〘まれ〙政府支持
ministerialista [ministerjalísta] 形〘まれ〙政府を支持する
ministerialmente [ministerjálménte] 副 省として, 政府として, 行政上
ministerio [ministérjo]〘←ラテン語 ministrium < minister「召使」〙 男 ❶ ~省〖機構, 建物〗: M~ del Interior 内務省. M~ de Educación, Cultura y Deporte《西》教育・文化・スポーツ省. ~ de la guerra《歴史》国防省. ❷ 大臣職, 大臣の任期（総称）閣僚: formar el ~ 組閣する. ocupar el ~ de Industria 通産大臣になる. Dimitió el ~ en pleno. 内閣は総辞職した. ❸ *M*~ Público (Fiscal)〔最高〕検察庁. ❹《文語》［主に高貴な］職務, 責務: ~ sacerdotal 聖職, 司祭職. ~ sagrado 聖職. ~ fiscal (público) 検事の職務. ❺ 用途
ministra[1] [minístra] 囡〔口語〕大臣の妻
ministrable [ministráβle] 形 大臣候補の〔人〕
ministración [ministraθjón] 囡〘古語〙職務; 奉仕
ministrador, ra [ministraðór, ra] 形 職務を遂行する〔人〕
ministrante [ministránte] 形 職務を遂行している
ministrar [ministrár] 自 職務を果たす, 奉職する
—— 他〘まれ〙❶〖職務を〗果たす. ❷ 供給する, 調達する
ministrer [ministrér] 男〘古語〙〖教会の〗弦楽器奏者, 管楽器奏者
ministril [ministríl] 男 ❶〖下級の〗司法官, 執行官. ❷《古語》〖教会の〗弦楽器奏者, 管楽器奏者. ❸〖教会などの〗管楽器奏者
ministro, tra[2] [minístro, tra]〘←ラテン語 minister, -tri「召使」〙 ❶ 大臣: primer ~ 首相, 総理大臣〖女性が首相の場合は la primera *ministra*/la primer[a] *ministro*〗. ~ de Asuntos Exteriores 外務大臣. ~ de Justicia 法務大臣. ~ de Educación〔y Cultura〕文部科学大臣, 教育大臣. ~ de Transporte 運輸大臣. ~ de la guerra《歴史》国防大臣. ❷ 公使: ~ plenipotenciario 特命全権公使. ~ residente 弁理公使. ❸《キリスト教》1) 神の僕（しもべ）, 聖職者〘= de Dios, ~ de la Iglesia, ~ del Señor〙. 2) 修道院長; 高位聖職者. 3)〘イエズス会の〙教会などの経営責任者. 4)〘ミサの〙助祭: ~ anglicano 聖公会司祭. ❹ ~ de Justicia 司法官; 裁判官. ❺〘古〙〔手】公証人〘=notario〙

minisubmarino [minisuβmaríno] 男 小型潜水艦
minisupermercado [minisupermerkáðo] 男 コンビニ〘エンスストア〙〘=~ abierto 24 horas〙
minitransbordador [minitransβorðaðór] 男《宇宙》ミニシャトル
minitrasvase [minitrasβáse] 男 川からの小さい引き込み〔川〕
miniturismo [miniturísmo] 男《アルゼンチン》小旅行
minivacación [miniβakaθjón] 男〖主に 複〗短い休暇
minivan [minibán]〘←英語〙男〖複 ~s〗《自動車》ミニバン
miniverdura [miniβerðúra] 囡 ミニ野菜
minivestido [miniβestíðo] 男〖ひざに届かない〗短い衣服; ミニのドレス
minivolín [miniβolín] 男《音楽》ミニバイオリン
minnesinger [mínesiŋxer]〘←独語〙男〖中世ドイツの〗宮廷詩人
mino [míno] 間〔口語〕〖繰り返して, 猫を呼ぶ語〗猫ちゃん
minoca [minóka]《アストゥリアス》ミミズ
minoico, ca [minójko, ka]《歴史》ミノス（ミノア）Minos 文明の, 古代クレタ島の〔人〕
minoración [minoraθjón] 囡 減少, 軽減, 緩和
minorado, da [minoráðo, ða]〘まれ〙〖人が〗障害のある
minorador, ra [minoraðór, ra] 形 減少させる, 軽減させる; 緩和させる
—— 男 軽減剤; 緩和剤
minorante [minoránte] 男《数学》〖集合の〗下界
minorar [minorár] 他〖ものの量・大きさ・価値・強さを〗減少させる, 軽減させる; 緩和させる
minorativo, va [minoratíβo, βa] 形 ❶ 減少させる, 軽減させる, 緩和させる. ❷《薬学》軽い下剤の
minoría [minoría]〘←古語 menoría < ラテン語 minor, -oris〙囡 ❶ 少数〘⇔mayoría〙; 少数派, 非主流派: formar una ~ 少数派を形成している. ~ parlamentaria 議会内少数派, 野党. ~ selecta 少数精鋭. ❷〖一国の中の〗少数民族: ~s marginadas 被差別民族. ❸ ~ de edad 未成年
minoridad [minoriðá(ð)] 囡 未成年
minorista [minorísta]〘←minoría〙名 ❶《商業》小売りの; 小売り商, 小売り業者〘⇔mayorista〙. ❷《カトリック》下級聖職者
minorita [minoríta] 男《カトリック》聖フランシスコ会修道士
minoritario, ria [minoritárjo, rja] 形〘←minoría〙少数派の〘⇔mayoritario〙: grupo ~ 少数グループ. opinión ~*ria* 少数意見. partido ~ 少数党, 野党. raza ~*ria* 少数民族
Minos [mínos] 男《ギリシャ神話》ミノス《クレタ島の王》
Minotauro [minotáuro] 男《ギリシャ神話》ミノタウロス《ミノス Minos の息子で牛頭人身の怪物》
minoxidil [minok̥síðil] 男《薬学》ミノキシジル
minstral [minstrál] 男〖複 ~s〗=**maestral**
mintroso, sa [mintróso, sa] 形〘廃語〙=**mentiroso**
minuano, na [minwáno, na] 形 名〘地名〙ミナス Minas の〔人〕〘ウルグアイ南部, ラバジェハ Lavalleja 県の県都〙
minucia [minúθja]〘←ラテン語 minutia < minutus「小さい」〙囡 ささいなこと, 取るに足らないこと, 小事: preocuparse por los ~s つまらないことにこだわる. ❷〘まれ〙詳細: con ~ 詳細に, 細部にわたって. ❸〘古〙〖複〗〖果物などちょっとした産物で支払う〗十分の一税
minuciosamente [minuθjósáménte] 副 綿密に, 事細かに
minuciosidad [minuθjosiðá(ð)] 囡 綿密さ, 細心: con ~ 綿密に, 細部にわたって
minucioso, sa [minuθjóso, sa]〘←minucia〙形〘ser〙❶ 綿密な, 細心の: El proceso de revelado es ~. 現像は細かい作業だ. análisis ~ 精密検査. examen ~ 綿密な検査. investigación ~*sa* 精緻な調査. trabajo ~ 綿密な仕事. ❷ 細部にこだわる: No seas tan ~. 細かいことをそんなに気にするな
minué [minwé]〘←仏語 menuet〙男〘古語. 舞踊, 音楽〙メヌエット,

その舞曲・歌

minuendo [minwéndo] 男《数学》被減数

minuete [minwéte] 男 =**minué**

minueto [minwéto] 男《←伊語 minuetto》男 ❶《音楽》メヌエット《舞曲》. ❷《古語. 舞踏》メヌエット《=menué》

minúsculo, la [minúskulo, la]《←ラテン語 minusculus < minus+スティーリャ語接尾辞 -culo》形 ❶ 小文字の: con p ~la 小文字のpで. ❷ ごく小さい, 微小の: casa ~la ウサギ小屋のような家 ── 男 ❶ 小文字《=letra ~la. ⇔mayúscula》: escribir con ~la 小文字で書く

minusvalía [minusbalía] 女 ❶《経済》価値の減少, 価格の下落; [資産の譲渡に伴う] 資本損失, キャピタル・ロス《⇔plusvalía》: ~ de las acciones 株価の下落. ❷《身心の》障害

minusvalidez [minusbalidéθ] 女《身心の》障害

minusválido, da [minusbáliðo, ða]《←ラテン語 minus+válido》形 名 身心に障害のある[人], 身障者

minusvalorar [minusbalorár] 他 過小評価する

minuta[1] [minúta] 女 ❶《弁護士・医者などの》料金請求書. ❷《古語的》メニュー《=menú》. ❸[契約書などの] 下書き, 草稿. ❹ ~ de discusiones 合意議事録. ❺ 名簿, リスト. ❻《まれ》メモ. ❼《キューバ. 料理》魚の開き. ❽《ラプラタ》簡単に短時間でできる料理

minutación [minutaθjón] 女 進行予定を分きざみで組むこと

minutada [minutáða] 女 数分という[かなりの]時間

minutado [minutáðo] 男 進行予定を分きざみで組むこと

minutaje [minutáxe] 男 =**minutado**

minutar [minutár] 他 ❶[番組・公演などの進行予定を] 分きざみで組む. ❷[法律などの] 草案を作る, 起草する

minutario [minutárjo] 男《公証人などの》控え簿

minutero, ra [minutéro, ra]《←minuto》形《古語的》写してすぐ現像・焼付けする[写真屋] ── 男 ❶《時計の》分針. ❷ キッチンタイマー ── 女《地方語》分針《=minutero》

minutisa [minutísa] 女《植物》アメリカナデシコ, ビジョナデシコ

minuto[1] [minúto]《←ラテン語 minutus「小さい」》男 ❶[時間の単位] 分《→**hora** 参考》: Está a cinco ~s de su casa. そこは彼の家から5分の所にある. Se tarda treinta ~s a la escuela. 学校まで30分かかる. ❷[un+] ごく短時間: No hay ni un ~ que perder. 一刻も無駄にはできない; 一刻を争う. ちょっと待ってくれ. ❸[角度・経緯度の単位] 分: 9 grados 18 ~s 9度18分

al ~ すぐに, ただちに: Pedimos calamares a la romana y las trajeron al ~. 私たちがイカフライを注文すると, すぐ持って来た

cada cinco ~s しばしば, しょっちゅう

dentro de un ~ 1分以内に; すぐに

en dos ~s 数分で; すぐに: Su asesor ventiló el problema en dos ~s. 彼のアドバイザーはその問題をたちまち解決してくれた

en el último ~ 最後の瞬間に・の, 土壇場で[の]

~ a ~ 刻一刻と

~ de silencio 黙禱: Se guardó un ~ de silencio por la muerte de… …の死に対して1分間の黙禱が捧げられた

no tardar un ~ すぐにする, ただちにする

por ~s 1) 急速に, 続けざま, 刻一刻と: La tensión se crece por ~s. 緊張が刻一刻と高まっていく. 2) 分単位で

sin perder un ~ ただちに, すぐに: Hazlo sin perder un ~. すぐにそれをしなさい

minuto[2], **ta**[2] [minúto, ta]《文語》非常に細かい, 微小な

miñambre [minámbre] 形《サモラ, サラマンカ, カセレス》体が弱く病気がちな[人]

miñango [miṇáŋgo] 男《ボリビア, アルゼンチン, ウルグアイ》小さなかけら, 小片

miñaque [miṇáke] 男《チリ》レース編みの

miñardi [miṇárði] 男《←仏語 mignardise》男《チリ》レース編みの一種

miño [míṇo] 男《地方語》刺し網に似た漁網

miñoca [miṇóka] 女《地方語》ミミズ《=lombriz》

miñoco [miṇóko] 男《コロンビア》気取り, しぐさ, 身振り

miñón [miṇón] 男 ❶ 泥棒・密輸業者の捜索や王領林の監視にあたる軽武装の兵士. ❷[アラバやビスカヤ地方の] 兵士. ❸ 鉄の鉱滓. ❹《ビスカヤ》[外観は土の] 鉄の原鉱 ── 形《中南米》かわいい

miñona [miṇóna] 女《印刷》ミニオン《7ポイント》活字

miñoquear [miṇokeár] 自《コロンビア》身振り《ジェスチャー》をする

miñosa [miṇósa] 女 ミミズ《=lombriz》

mío, a[2] [mío, a]《←ラテン語 meus, -a, -um》形《所有形容詞1人称単数完全形. →**suyo**》私の: 1)[名詞+] i) Esta bolsa mía es muy cara. この私のバッグはとても高い. Me visitó un amigo ~. 私の友人の一人が訪ねてきた. ii)[感情的表現で, 無冠詞名詞+][Hijito ~![自分の子に] 2)[主語補語] Esas maletas son mías. それらのスーツケースは私のです ── 代[定冠詞+] 私のそれ: Tu ordenador no es igual al ~. 君のコンピュータは私のと違う

a mía sobre tuya 強引に, 力づくで; 争って; 急いで

de ~ 自力で; 私の性格からして, 生来

la mía 1) 私の家族. 2)《口語》私の好機: He visto la mía. Voy a invertir en la bolsa. チャンスだ. 株に投資するぞ. Ahora es la mía. 今が私のチャンスだ. 3)《口語》私の言い分

lo ~ 1) 私のこと《もの》: No te metas en lo ~. 私のことに口を出すな. 2) ~ es mío. 私のものは私のものだ. Con lo ~ me ayude Dios.《諺》自分だけを頼りにする. 2)《口語》私の得意《本分》: Ese trabajo es lo ~. その仕事は私はお手のものだ. 3)《私の言い分》Suelo meter lo ~ en los asuntos ajenos. 私はよく他人のことに口を出す. 4)[副詞的] かなり, とても: Aquí me aburro lo ~. ここはとても退屈だ

los ~s 私の家族《仲間・味方》

[*una*] *de las mías* 私のいつもの悪ふざけ《失敗》: He hecho otra de las mías. またへまをやってしまった

¡Ya es ~![喜び] やったぞ!

miocardial [mjokarðjál] 形 =**miocárdico**

miocárdico, ca [mjokárðiko, ka] 形《解剖》心筋の

miocardio [mjokárðjo] 男《解剖》心筋; 心筋層

miocardiopatía [mjokarðjopatía] 女《医学》心筋症

miocarditis [mjokarðítis] 女《医学》心筋炎

mioceno, na [mjoθéno, na] 形《地質》中新世[の]

mioclonía [mjoklonía] 女《医学》間代性筋痙攣

miodinia [mjoðínja] 女《医学》筋痛

mioeléctrico, ca [mjoeléktriko, ka] 形《医学》筋電気の, 筋電性の: prótesis ~ 筋電義肢

miofibrilla [mjofiβríʎa] 女《解剖》筋原線維

mioglobina [mjoɣloβína] 女《生化》ミオグロビン

miografía [mjoɣrafía] 女《生理》筋運動記録法, ミオグラフィー

miógrafo [mjóɣrafo] 男《生理》筋運動記録器, ミオグラフ

miolema [mjoléma] 男《解剖》=**sarcolema**

miollo [mjóʎo] 男《地方語》パンの柔らかい中身《=miga》

miología [mjoloxía] 女《医学》筋学

mioma [mjóma] 男《医学》筋腫: ~ del útero 子宮筋腫

miomatosis [mjomatósis] 女《医学》多発性筋腫症

miomio [mjómjo] 男《アルゼンチン, ウルグアイ. 植物》キク科の灌木《学名 Baccharis coridifolia》

mionca [mjóŋka] 女《ペルー, チリ, アルゼンチン, ウルグアイ. 口語》トラック《=camión》

mioncillo [mjonθíʎo] 男《チリ》[動物の] 腿の内側の肉

miopatía [mjopatía] 女《医学》ミオパシー, 筋疾患

miope [mjópe]《←ラテン語 myops < ギリシア語 myops, -opos < myo「私は閉める」+ops「眼」》形 名 ❶ 近視の[人], 近眼の[人]: Soy ~. 私は近視だ. ❷ 近視眼的な, 先見性のない, 視野の狭い: punto de vista ~ 近視眼的な物の見方

miopía [mjopía] 女《←miope》❶《医学》近視, 近眼: ~ falsa 仮性近視. ❷《比喩》視野の狭さ

miópico, ca [mjópiko, ka] 形《医学》近視の

miorrelajante [mjorrelaxánte] 形 男《薬学》筋肉を弛緩させる; 筋弛緩剤

miosina [mjosína] 女《生化》ミオシン

miosis [mjósis] 女《医学》縮瞳, 瞳孔縮小《⇔midriasis》

miosota [mjosóta] 女 =**miosotis**

miosotis [mjosótis]《←仏語》男《単複同形》《植物》ワスレナグサ《=nomeolvides》

miotomía [mjotomía] 女《医学》筋切離術

miotrofia [mjotrofía] 女《医学》筋栄養

miquear [mikeár] 自 ❶《グアテマラ》媚びを売る. ❷《コロンビア》[子供が] いたずらをする, ふざける

Miqueas [mikéas] 男《旧約聖書》ミカ書

miquelete [mikeléte] 男《カタルーニャ, ギプスコア》=**miguelete**

miquillo, lla [mikíʎo, ʎa] 名《プエルトリコ.軽蔑》子供
miquilo [mikílo] 男《西》《アルゼンチン.動物》カピバラ
mir [mír] **I**《médico interno residente の略語》名《単複同形》《西》[時に MIR と表記] インターン
── 《西》**❶** 医師試験. **❷** インターンの期間
II《-露語》《歴史》ミール, 農村共同体
III《チリ.略語》[MIR] ←Movimiento de Izquierda Revolucionaria 左翼革命運動党《1965年, チリで創設された左翼政治組織》
mira [míra]《←mirar》女 **❶**《銃の》照準器, 照星: con ~ telescópica 望遠照準器付きの. línea de ~ 照準線. **❷**《主に複》狙い, 目標; 意向, 意図; 動機: Esa empresa ha puesto sus ~s en el mercado internacional. その会社は海外市場に狙いを定めている. No tienen ~s de divorciarse. 彼らは離婚する意志がない. Es amplio (ancho) de ~. 彼は心が広い, 寛容. Sus ~s son muy egoístas. 彼の動機はとても利己的だ. llevar (ir con) la ~ de conseguir un puesto mejor 出世を狙っている. con ~s desinteresadas 欲得を離れて. alteza de ~s 目標の高さ. amplitud de ~s (視野)の広さ, 寛容さ. estrechez (pequeñez) de ~s 心(視野)の狭さ, 狭量. **❸**《測量》箱尺, 標尺《=~ taquimétrica》. **❹**《テレビ》テストパターン. **❺**《船舶》《昔の》船首《追撃砲》. **❻** 盾 adarga の上部の角. **❼**《昔の要塞の》望楼;《築城》突き出た堡塁
a la ~ [なりゆきなどを] 注意深く見守って, 警戒して: andar (estar.quedar) *a la ~ de...* を注意深く見守って, に気をつける
a la ~ y a la maravilla すばらしく
con la ~ puesta en... …のことを考えて
con ~s a... [+事物] …を目標にして; [+不定詞] …する目的で
estar en la ~ de + 人 …に目をつけられている; 監視されている: Portugal vuelve a *estar en la ~ de* los inversionistas. ポルトガルは再び投資家たちに目をつけられている
poner la ~ en... …を目標にする, 目指す, 狙いをつける
punto de ~ 標的, 目標: *punto de ~ del* terrorismo テロの標的. Fui el *punto de ~* de todos. 私は皆の注目の的になった
mirabel [mirabél] 男 **❶**《植物》1) ホウキギ(箒木). 2)《西》ヒマワリ》《=girasol》. **❷**《ガリシア. 植物, 果実》プラムの一種
mirabilita [mirabilíta] 女《鉱物》ミラビル石
mirabili visu [mirábili bísu]《←ラテン語》形 見てすばらしい: Era un espetáculo ~. とてもすばらしい光景だった
mirable [miráble] 形《古語》=**admirable**
mirabolano [mirabolano] 男《植物》ペニスモモ
mirabrás [mirabrás] 男《フラメンコ》ミラブラス(歌, 踊り)
miracielos [miraθjélos] 男《単複同形》**❶**《まれ》ポインセチア《=flor de Pascua》. 2)《ログローニョ》シマトウガラシ. **❷**《ラマンチャ》頭をあげて歩く人; 怠け者, 浮浪者
miraclo [miráklo] 男《古語》=**milagro**
mirada[1] [miráða]《←mirar》女 **❶** 視線; 注視, 注目: 1) Tenía la ~ fija en el suelo. 彼は床をじっと見つめていた. Nunca aparte la ~ de su oponente. 相手から決して目をそらしていない. Huyó de las ~s curiosas de los alumnos. 彼は学生たちの好奇の目から逃れた. dirigir (encaminar.clavar) la ~ hacia... …の方に視線を向ける, 見る. fijar la ~ a (en)... …をじっと見る, 凝視する. levantar (bajar) la ~ 視線を上げる (落とす). con la ~ fija en... …をじっと見つめて. 2) [una+] Le basta una ~ para darse cuenta de todo. 彼は一目ですべてに気付く. lanzar (echar) una ~ a... …をちらっと見る, 一瞥する. **❷** 目つき, まなざし: Tiene una ~ dulce. 彼は優しい目をしている. ~ perdida (vaga) 遠くを見るような目つき, うつろな目
aguantar la ~ = *sostener la ~*
medir con la ~ a + 人 [とがめるように] …を頭のてっぺんからつま先まで見る
resistir la ~ = *sostener la ~*
sostener la ~ 見つめ返す, 視線をそらさない
Mira de Amescua [míra de améskwa]《人名》Antonio ~ アントニオ・ミラ・デ・アメスクア《1574?~1644, スペインの劇作家. ロペ・デ・ベガによるコメディア comedia の様式を踏襲し, 宗教・歴史・風俗などに題材をとった60篇ほどの作品を遺している.『悪魔の奴隷』*El esclavo del demonio* では自由意志や魂の救済を主題に聖人の劇的な変節を描いている》

miradero [miraðéro] 男 **❶**《廃語》注目の的. **❷**《主にコロンビア》展望台, 見晴らし台
miradita [miraðíta] 女 一瞥, ちらっと見ること
mirado, da[2] [miráðo, ða] 形 **❶** [estar+. bien・mal+] よく・悪く見られた(思われた): 1) Está muy mal ~ en la empresa. 彼は会社ではひどく評判が悪い. 2) [+que+接続法] No estaba bien ~ que llevaran falda corta. 短いスカートをはくのはよくないとことされた. **❷** [ser~. +en・para・con ~] 気配りをする, 思いやりのある: Es muy ~ con los seres vivos. 彼は生きものをとても大切にする. 2)《口語》注意深い, 慎重な: Es muy ~ en el dinero. 彼はお金に慎重だ.
bien ~ [前言の打ち消し] よく考えてみると: *Bien ~*, el viaje no me conviene. よく考えてみると, その旅行は私には都合が悪い
── 男《古語》見ること
mirador, ra [miraðór, ra] 形《まれ》見る
── 男 **❶** [ビルの最上階などの] 展望台; [山頂などの] 見晴らし台. **❷** 張り出し窓, 出窓; [ガラスのはまった] バルコニー. **❸**《船舶》船尾回廊
miradura [miraðúra] 女《廃語》=**mirada**
miraguano [miraɣwáno] 男《植物》カポックノキ; その実の繊維
miraje [miráxe]《←fr. mirage》男 蜃気楼《=espejismo》
miralejos [miraléxos] 男《単複同形》《メキシコ》双眼鏡《=prismáticos》
miramamolín [miramamolín] 男《歴史》[ムワッヒド朝 almohades の] カリフ califa に対する称号
miramelindo [miramelíndo] 男《植物》バルサミナ《=balsamina》
miramelindos [miramelíndos] 男《単複同形》《植物》=**miramelindo**
miramiento [miramjénto]《←mirar》男 [主に 複] **❶** 考慮, 配慮. 思いやり, 心づかい. **❷** [consideración]: El gobierno no tiene ~s con los más necesitados. 政府は最貧困層に対する配慮がない. El alcalde no tuvo ~s en gastar dinero público en una estatua. 市長は一個の像に惜しげもなく公金を支出した. Las unidades policiales no se andan con ~s a la hora de reprimir manifestaciones. 警官隊はすぐさまデモ隊を鎮圧する. tratar con ~s 心配りをする. sin ningún ~ 何の配慮もなしに. **❷** 遠慮: No tenga usted ~s. どうか遠慮なさらないで下さい. **❸**《まれ》見ること
sin ~s 1) 無慈悲に, 容赦なく; 無神経に. 2) 不注意に, 軽はずみに
Miramón [miramón]《人名》Miguel ~ ミゲル・ミラモン《1831~67, メキシコの保守派の軍人. ベニート・フアレス Benito Juárez 大統領と対立, 敗れてヨーロッパへ逃れた. 後に帰国しマクシミリアノ Maximiliano 皇帝の下で戦ったが, 捕られ皇帝と共に銃殺される》
miranda [miránda] 女 **❶** 展望台《=mirador》. **❷**《隠語》監視, スパイ. **❸** 出窓
estar de ~ 何もせず他人の仕事を傍観している
Miranda [miránda]《人名》Francisco de ~ フランシスコ・デ・ミランダ《1750~1816, ベネズエラの将軍. スペインからの独立を目指した先駆者》
mirandés, sa [mirandés, sa] 形 名《地名》ミランダ Miranda の[人]《ベネズエラ中北部の州》
mirante [miránte] 形《まれ》見る[人]
mirar [mirár]《←ラテン語 mirari "賛嘆する, 驚く"》他 **❶** [注意して] 見る, 視線を向ける; [じっくり] 眺める [→ver 類義]: 1) Estaba mirando el cuadro. 彼は絵を眺めていた. *Míreme* a los ojos. 私の目を見ろ. Parece que alguien *miró* la escena e informó a la policía. 誰かがその光景を見て警察に通報しただ. ~ las estrellas con un telescopio 望遠鏡で星たちを見る. 2) [色々な見方で] *Miró* fijamente al hombre. 彼はその男をじっと見つめた. Me *miró* indiscretamente. 彼は私をじろじろ見た. El guardia me *miró* la cara de hito en hito. ガードマンは私の顔を穴のあくほどじろじろ見た. No me *mire* así. 私をそんな風に見ないで下さい. *Mire* usted con atención a las personas del foto. 写真の人物たちをよく見て下さい. *Miró* la hora de reojo. 彼は横目で時間を見た. **❸** [+不定詞. 無意識的な動作をするのを] *Miraba* a Doña Tere mover su boca y sus ojos, explicar su memoria serenamente. 彼はドニャ・テレの口を目を動かし, その思い出を静かに説明するのをじっと見ていた. **❷** 調べる, 探る: El policía *miró* el cadáver y encontró que te-

nía una herida en el costado derecho. 警官は死体を調べて, 右脇腹に傷があるのを見つけた. En la aduana me *miraron* todo el equipaje. 私は税関で荷物全部を調べられた. ~ el mapa 地図を見る. ❸ 検討する: Ya *miraré* tu informe cuando tenga tiempo. 時間がある時に君のレポートを読んでおこう. ❹ じっくり考える, 考慮する: Hay que ~ de nuevo si merece la pena hacer tantos sacrificios. それほどの犠牲を払う価値があるかどうか再考する必要がある. *Míralo* desde otro punto de vista. 問題を別の角度から考え直してごらん. ❺ [+que+接続法 しないように] 注意する, 気をつける: Mira que no hiervas el agua. 湯を沸騰させないようにしなさい. *Mira que* no te engañen. だまされないように気をつけたまえ. ❻《まれ》ぼんやりと見る. ❼《まれ》評価する; 尊敬する

de mírame y no me toques《口語》[人・事物が] 繊細な, 壊れやすい: Cierra suavemente la ventana porque el cristal está *de mírame y no me toques*. ガラスが割れやすいからそっと窓を閉めてくれ

¡Mira!《口語》[感嘆・驚き・落胆・奇異・不快など] おや!: Nos hemos casado.—¡Mira!, no lo sabía. 私たち結婚しました.—そう! 知らなかったよ. *¡Mira!* Por allí viene mamá. おや! あそこにお母さんが来た. *¡Mira!*, no me metas prisa! やめて! 急がせないで. *¡Mira!* Ahora dices que no puedes ir! だめだよ! 今になって行けないと言うのは

Mira a quién se lo cuentas (*dices*)./*Mira a quién se lo vas a contar* (*decir*). [言われるように] そんなことよく分かっているよ/そんなこと心得ているとも: Julián es muy agarrado; nunca nos invita ni al café.—*¡Mira a quién se lo vas a decir!* フリアンはとてもけちだ. コーヒーさえごちそうしてくれたことがない.—そんなことは百も承知

¡Mira con...! [驚き・反論] *¡Mira con* lo que nos sale! 何ということだ!

Mira por dónde (*cuánto*).《西》[予期せぬことへの驚き] これは驚き/びっくりだな: *¡Mira por dónde!* Precisamente ahora iba a llamarte. これは驚いた, ちょうど君に電話しようと思っていたところだ. El pronóstico del tiempo dice que subirá más la temperatura, *mira por cuánto*. 天気予報によると気温がもっと上昇するようだ, 一体どれほど上がることやら. ¡Buscaban a un intérprete y *mira por dónde* me llamaron a mí! 彼らは通訳を探していて, 何と私が呼ばれた!

¡Mira que+直説法!* 1) [意外性・不可解・不信・いら立ちなど] …だとは!: *¡Mira que* no sabe dónde está Madrid! おかしいよ, マドリッドがどこにあるか知らないなんて! *¡Mira que* no te avisado! 君には知らせておいたのに! *¡Mira que* todavía estáis levantados, ya son las once! 君たちはまだ起きているのか, もう11時じゃないか! 2) [注意・忠告] だよ!: *¡Mira que* mañana hay huelga de medios de transporte por todo el país! ちょっと, ちょっと, 明日は全国的に交通機関のストがあるんだよ!

Mira que si+直説法・接続法 [期待・恐れ] …ならなあ/ひょっとして…かも知れない/…なら嫌だなあ: *¡Mira que si* es mentira! 嘘だったらどうしよう! *¡Mira que si* estará lleno el concierto a estas horas! 今ごろはこの窓は満席になっているかも知れないよ! *¡Mira que si* te tocara la lotería! 宝くじが当たったらいいのにね!

¡Mira quién fue a hablar! =*¡Mira quién habla!*

¡Mira quién habla! 人ごとじゃない/自分も同じくせに/自分のことは棚に上げてよくも人を悪く言えたものだ/君にそんなことを言う資格はない!: Ella es muy mimosa con su madre.—*¡Mira quién habla!* Tú también lo eres. 彼女はお母さんに甘えてるね.—人のことは言えないよ! 君だってそうだよ

Mira si... 何と…であることか: *¡Mira si* es buena persona! 何て優しい人なのだろう! *¡Mira si* es rica esa familia, que cada hijo ya tiene coche propio! あの家は金持ちで, 息子一人一人がもう自分の車を持っているんだ

¡Mira tú!《口語》=*¡Mira!*

Mira tú por dónde (*cuánto*).《西》=**Mira por dónde** (**cuánto**).

mirándolo bien よく考えてみると〖=bien mirado〗

~ *bien a*+人 …に好意を持つ, かわいがる

~ *cómo* (*con quién*) *se habla*《口語》自分の発言に注意すべきである; 人のことは言えない, 口を慎しむ

~ *lo que hace* 1) [実際に始める前に] 慎重に考える, 熟慮する: Es una persona tan cautelosa que siempre quiere ~ *lo que hace* antes de decidirse. 彼はとても慎重な人で, 物事を決める前にいつもじっくりと考える. 2) [命令形で, 脅すような注意・忠告] [自分のしようとしていることを] よく考えてみろ/後悔するからやめておけ: *¡Mira lo que haces*: es la última vez que te ayudo! いいかね, 忘れてはだめだぞ. これでお前を援助するのも最後だぞ!

~ *lo que se habla*《口語》=~ *cómo* (*con quién*) *se habla*

~ *mal a*+人 …を悪意をもって見る, 嫌う: Ese profesor *miraba mal* a los jóvenes que llevaban el pelo largo. その先生は長髪の若者に好感を持っていなかった

~ *mucho* 1) じっと見る: *Mira mucho* el reloj. 彼は時計とにらめっこをしている. 2) よく考える, 求める: *Mira mucho* eso de vivir aquí en invierno; hace un frío insoportable. 冬をここで暮らすということをよく考えてみなさい. 本当に寒いよ. *Mira mucho* el dinero. 彼は金にこまかい (きちんとしている)

~ *si...* …かどうか見て (探して) みる: *Miraré si* tengo algún libro que te interese. 君のために何か本がないか見てみよう

¡Mire a quién se lo cuenta! 君に言われなくても百も承知だ!

no ~ *nada*《口語》[不都合・困難などを考えずに] 衝動的に行動する, 傍若無人のふるまいをする: Muchas veces los jóvenes *no miran nada*. 若い人は衝動的に行動することが多い

poderse ~《口語》[人が床など] ぴかぴかな所にいる

quedarse mirando [あわて・どぎまぎして] 茫然とする

── 自 ❶ [じっと] 見る, 視線を向ける: 1) Julia *miraba* alrededor, con sus enormes ojos negros. フリアはその大きな目で見回していた. 2) [+a を] Ella siempre habla sin ~ a los ojos. 彼女はいつも相手の目を見ないで話をする. *Miró a* todas partes. 彼は四方に目をやった. Julia *miró* de nuevo al techo. フリアはもう一度天井を見た. 3) [+hacia・para の方を] *Miremos hacia* el norte. 北の方を見てみよう. *Mira hacia* tu alrededor. 自分のまわりを見てごらん. Él se encoge de hombros y *mira para* el suelo. 彼は肩をすくめ, 床に目を落とした. ❷ [+en・por を] 捜す, 求める: La policía *miró en* (*por*) toda la casa, pero no pudo encontrar ni una pista de los secuestradores. 警察は家中を捜したが誘拐犯の手掛かりを発見できなかった. Solo *mira a* su provecho. 彼はただ自分の利益を求めるだけだ. Este impuesto *mira a* paliar la desigualdad. この税金は不平等をなくすことを目指したものだ. ❸ [建物などが, +a・hacia・para に] 面している, 向いている: Mi ventana *mira a* la calle. 私の部屋の窓は通りに面している. El hotel *mira hacia* el mar. ホテルは海を望んでいる. ❹ [+por に] 気を配る, 世話をする: *Mira por* la salud de sus hijos. 彼は子供たちの健康のことを心配している. ¿Quién *mira por* su madre? 誰がお母さんの面倒を見ているのですか? ~ *por* sus amigos 友達を大切にする ❺ [3人称単数で, +a に] 関係がある: No hay nada nuevo en (por) lo que *mira* al aumento del sueldo. 昇給の件に関しては新しい話はない. ❻ 〖地方語〗 [+de+不定詞] …しようとする

mirando a (*de*)... …に向かって (…から見て): La televisión está *mirando de* frente a la derecha. テレビは正面から見て右手にある

mirando hacia... 1) …に向いて: Ponte *mirando hacia* mí. 私の方を向いて立ち (座り) なさい. 2) …の方を見たら; 振り返った: *Mirando hacia* donde venía la voz, encontré a una mujer pidiéndome limosna. 声のする方を振り返ると, 私に物乞いをしている女がいた

~ *a ver si...*《口語》…かどうか見て (探して) みる〖=~ *si...*〗: *Mira a ver si* hay algo que picar en la nevera. 冷蔵庫に何かつまむものがないか, 見てくれないか. *Miraré a ver si* tengo algún disco que te sirva. 何か君の役に立つCDを持っていないか見てみよう

~ *atrás* 過去を振り返る (思い出す)〖主に否定文で〗

── ~*se* ❶ 自分自身を見る, 自分の姿 (顔) を見る: *Mírate* en el (al) espejo. 鏡〖で自分の姿〗を見なさい. 2) […をする前に] 熟慮する: *Mírate* mucho lo que vas a hacer. 何をしようとしているかよく考えなさい. ❸ [+de+不定詞] …しようとする. ❹ [+en+人 を] あがめる, 範 (手本) にする: *Mírate en* tu hermana. 君の姉さんを手本にしなさい. ❺ [+en+人 を] ほれぼれと見入る, 愛情をもって見る, かわい (いとし) く思う: ~*se en* su hijo 息子をかわいがる. ❻ [自分の持ち物などを] 捜す: *Mírate en* los bolsillos. ポケットを捜してごらん. ❼ 互いに見る: Al verse después de veinte años, él y ella *se miraron* un momento emocionados. 20年ぶりに会った時, 彼と彼女は一瞬感激して顔を見合わせた. ❽ 見られる: Que no haya noticias *se mira* en general como buena señal. 知らせがないのは普通は良いしると見なされる. ❾ [主に女性が] 慎ましくふるまう

~se a sí [分不相応なことをしないように] 控え目に行動する
~se [los] unos a [los] otros [困惑して・どぎまぎして] 顔を見合わせる: *Se miraron unos a otros*, en silencio. 彼らは声もなく互いに顔を見合わせた
quedarse mirando unos a [los] otros =~se [los] unos a [los] otros
se mire por donde se mire/se mire como se mire どう考えてみても: *Se mire por donde se mire* este problema no tiene solución. どう考えてもこの問題は解決しない. *Se mire como se mire*, este proyecto ha sido un fracaso. どう見てもこの企画は失敗だった
si bien se mira よく考えてみると [=bien mirado]: *Si bien se mira*, el examen oral no será tan sencillo. よく考えてみると口頭試問は生易しいものではないようだ

mirasol [mirasól] 男 《地方語. 植物》ヒマワリ [=girasol]. ❷ 《アルゼンチン. 鳥》ダイサギ

miria- 《接頭辞》❶ [1万] *miriagramo* 1万グラム, *miria*litro 1万リットル, *miria*metro 1万メートル. ❷ [多数, 無数] *miri*ápodos 多足類

miríada [miríaða] 女 [←ギリシア語 myrias, -ados < myrioi [無数の, 1万]] 《文語》無数, 数え切れないほどの数: una ~ de estrellas 無数の星

miriagramo [mirjagrámo] 男 1万グラム, 10キログラム
mirialitro [mirjalítro] 男 1万リットル
miriámetro [mirjámetro] 男 1万メートル, 10キロメートル
miriápodo, da [mirjápoðo, ða] 形 多足類の
—— 男 複 《動物》多足類
miricáceo, a [mirikáθeo, a] ヤマモモ科の
—— 女 《植物》ヤマモモ科
miricales [mirikáles] 男 複 《植物》ヤマモモ目
mirificar [mirifikár] 他 《文語》賛美する, 称揚する
mirífico, ca [mirífiko, ka] [←ラテン語 mirificus] 形 《文語》すばらしい, 驚くべき, 驚嘆に値する
mirilla [miríʎa] 女 《指小形》❶ [ドアなどの] のぞき穴: *mirar por la ~* のぞき穴からのぞく. ❷ [測定器などの] 視準穴. ❸ [カメラの] ファインダー
miringitis [mirinxítis] 女 《医学》鼓膜炎
miriñaque [miriɲáke] 男 [←?語源] ❶ 《服飾》クリノリン [スカートをふくらませておくためのペチコート, 腰枠]. ❷ 安物の装身具. ❸ 《地方語》[馬車の] 追加して広げた車台. ❹ 《キューバ》綿布. ❺ 《ベネズエラ》いかさま, ぺる. ❻ 《アルゼンチン. 鉄道》カウキャッチャー
miriófilo [mirjófilo] 男 《植物》フサモ
miriónimo, ma [mirjónimo, ma] 形 《まれ》無数の
mirió́podo, da [mirjópoðo, ða] 形 **=miriápodo**
miriquiná [mirikiná] 男 《動物》ヨザル
mirística [mirístika] 女 《植物》ナツメグ《香辛料は nuez moscada》
misticáceo, a [miristikáθeo, a] 形 ニクズク科の
—— 女 複 《植物》ニクズク科
miristicina [miristiθína] 女 《生化》ミリスチシン
mirla [mírla] 女 **=mirlo**
mirlado, da [mirláðo, ða] 形 《まれ》お高くとまった [人]
mirlamiento [mirlamjénto] 男 《まれ》偉そうにすること
mirlar [mirlár] ~se 《まれ》[顔が] 偉そうにする, お高くとまる
mirliflor [mirliflór] 形 名 《まれ》気取っている [人]
mirlo [mírlo] 男 ❶ 《鳥》クロウタドリ [= ~ común]. 2) ~ acuático ムナジロカワガラス. ~ capiblanco/~ de collar クビワツグミ. ❷ 《口語》舌 [=lengua]. ❸ 《まれ》だまされやすい人, ばか正直な人

achantar el ~ =sortar el ~
ser un ~ blanco 毛色の違った (非常に珍しい) 人・物である
sortar el ~ おしゃべりを始める

mirlona [mirlóna] 女 **= curruca** mirlona
mirmecófago, ga [mirmekófaɣo, ɣa] 形 《動物》アリを食べる, アリ食の, 食蟻性の
mirmecófilo, la [mirmekófilo, la] 《植物》アリ共生の, 好ア性の

Miró [miró] 《人名》**Joan ~** ジョアン・ミロ [1893~1989, カタルーニャ出身の画家・彫刻家. スペイン語読みでホアン・ミロ. 独自のシュルレアリスムを表現. 連作絵画『農園』*La Masía*, 『星座』*Constelaciones*]
mirobálano [miroβálano] 男 《植物》**=mirabolano**
mirobálanos [miroβálanos] 男 《植物》**=mirabolano**
mirobolán [miroβolán] 男 《植物》**=mirabolano**
mirobrixense [miroβriksénse] 形 《地名》シウダー・ロドリゴ Ciudad Rodrigo の [サラマンカ県の町]
Miró Cardona [miró karðóna] 《人名》**José ~** ホセ・ミロ・カルドナ [1902~74, キューバの弁護士, キューバ革命期の首相]
mirón, na [mirón, na] [←*mirar*] 形 《軽蔑》❶ ひどく好奇心の強い [人]: ojos *mirones* 好奇の目. ❷ [他人が働いているところなどの] 見物人; 物見高い [人], やじ馬; [ゲームの] 見物人, 観戦者. ❸ のぞき魔
mironiano, na [mironjáno, na] 《人名》ジョアン・ミロ Joan Miró の [ような]
mironismo [mironísmo] 男 のぞき見の愛好, 窃視症
mirotón [mirotón] 男 《チリ》[主に怒った時に] すばやく密かに見ること, 盗み見
mirra [mírra] 女 [←ラテン語・ギリシア語 myrrha] ❶ ミルラ [樹脂], 没薬. ❷ 《ベネズエラ》パンくず
mirrado, da [miráðo, ða] 形 没薬の入った
mirranga [mirráŋga] 女 《中米, キューバ, コロンビア》小片, ほんの少量
mirrauste [mirráuste] 男 《料理》アーモンドミルク・パン粉・砂糖・シナモンのソース
mirria [mírja] 女 《メキシコ. 口語》ごく小さな部分, 取るに足りない部分
mirrimucio, cia [mirrimúθjo, θja] 形 《ベネズエラ. 口語》ごく小さい
—— 女 《ベネズエラ. 口語》取るに足りないこと (もの), 価値のないこと (もの)
mirringo, ga [mirríŋgo, ɣa] 名 《コロンビア》子供, 少年, 青年
—— 形 《キューバ, コロンビア》小片, ごく小さい部分
mirrino, na [mírrino, na] 形 没薬の, 没薬に似た
mirriñaca [mirriɲáka] 女 《コロンビア》パンくず; 小片, ほんの少量
mirruña [mirrúɲa] 女 《メキシコ. 口語》小片, ごく小さい部分
mirrusca [mirrúska] 女 《メキシコ, コロンビア》小片, ごく小さい部分
mirsináceo, a [mirsináθeo, a] 形 ヤブコウジ科の
—— 女 複 《植物》ヤブコウジ科
mirtáceo, a [mirtáθeo, a] 形 フトモモ科の
—— 女 複 《植物》フトモモ科
mirtal [mirtál] 形 フトモモ目の
—— 男 複 《植物》フトモモ目
mirtídano [mirtíðano] 男 《植物》ギンバイカの若木
mirtilo [mirtílo] 男 《植物》ギンバイカ [=arrayán]
mirtillo [mirtíʎo] 男 《植物》ビルベリー [=arándano]
mirtino, na [mirtíno, na] 形 ギンバイカの
mirto [mírto] 男 《植物》❶ ギンバイカ [=arrayán]. ❷ ~ de Brabante シロヤマモモ [=arrayán de Brabante]
miruella [mirwéʎa] 女 《アストゥリアス, カンタブリア. 鳥》クロウタドリ [=mirlo]
miruello [mirwéʎo] 男 《アストゥリアス, カンタブリア. 鳥》クロウタドリ [=mirlo]
mirza [mírθa] 男 [ペルシアで, 男性同士の敬称] …氏
mis- 《接頭辞》**=miso-**: *mis*ántropo 人間嫌いの人
misa [mísa] 女 [←ラテン語 missa < [ite], missa [est] (祭式最後の決まり文句)] ❶ 《カトリック》ミサ [動詞の目的語として使われる場合は無冠詞]: ¿Ves con qué religiosidad está mi abuela en la ~? 私の祖母がどんなに信心深くミサの勤めを果たしているか分かったろう? celebrar (decir) ~ ミサを行なう. oír ~ ミサにあずかる. ayudar a ~ [助祭などが] ミサに仕える. cantar ~ [新任の司祭が] 初ミサを行なう. día de ~ ミサに行くべき日. libro de ~ ミサ典書. ~ cantada 歌ミサ [1人の司祭だけで行なう歌の入ったミサ]. ~ conventual [修道院などで] 全員の集まる毎日のミサ. ~ de ángel 幼児の葬式. ~ de campaña/~ campal [軍隊などの] 屋外 (野外) ミサ. ~ de catecúmenos 洗礼志願者のための典礼. ~ de cuerpo presente 葬式. ~ de difuntos/~ de réquiem 死者のためのミサ. ~ de [los] presantificados 聖週間の金曜日の聖体拝領式. ~ del alba 早朝ミサ. ~ de[l] gallo [クリスマスイブの] 深夜ミサ. ~ ma-

yor (solemne) 荘厳ミサ. ~ negra 黒ミサ, 悪魔のミサ. ~ nueva 初ミサ. ~ parroquial 教区のミサ. ~ pontifical 司教ミサ. ~ rezada (privada)［通常の］読誦ミサ. ~ sacrificial/~ de los fieles ミサのうちの奉献 ofertorio・聖別 consagración・聖体拝領 comunión の部分. ~s gregorianas［埋葬後の］グレゴリオミサ. ❷《音楽》ミサ曲
como si dicen ~ 我関せずに, 何と言われても構わない
estar como en ~ 静粛にしている, 静まり返っている
estar en todo menos en ~ 人の世話を焼いてばかりいる
ir a ~ 1) ミサに行く, ミサにあずかる. 2)［事柄が］明らかである, 確かである, 議論の余地がない
no saber de la ~ *la media (la mitad)*《口語》無知である, 事情を知らない
que digan ~ =*como si dicen* ~
ser de ~ *y olla*［神父が］無知(無学)である, 粗末である
ver en qué paran estas ~*s* いまひどい目に遭う
ya te dirán de ~*s* いまにしっぺ返しを食わされるぞ
misacantano [misakantáno] 男 初めてミサを執り行なう司祭
misachico [misatʃíko] 男《アルゼンチン》［田舎の］巡礼祭
misal [misál]《←misa》《カトリック》ミサ典書, 祈禱書
―― 女/男《印刷》20ポイントと26ポイントの中間の活字
misamiseño, ña [misamiséɲo, ɲa] 形《地名》西ミサミス Misamis Occidental の〔人〕《フィリピン南部, ミンダナオ島の州》
misandria [misándrja] 女《女性の》男嫌い
misangó [misaŋgó] 男《ドミニカ》［子供がとても怖がる］おばけ
misantropía [misantropía] 女 人間嫌い［の性格］, 厭世的気分
misantrópico, ca [misantrópiko, ka] 形 人間嫌いの; 厭世的な
misántropo, pa [misántropo, pa]《←仏語 misanthrope》男 人間嫌いの人, つきあい嫌いの人; 厭世家
misar [misár] 自《口語》ミサを行なう; ミサにあずかる
misario [misárjo] 男《まれ》［ミサでの司祭の］侍者
miscelánea[1] [misθelánea]《←ラテン語 miscellanea》女 ❶ 種々雑多なものの寄せ集め. ❷《文学・科学関係の》論叢(叢), 論文集; 雑録, 雑文集: ~ literaria 文学選集. ❸《メキシコ》小商店
misceláneo, a[2] [misθeláneo, a] 形 種々雑多な, 寄せ集めの
misciadura [misθjaðúra] 女《アルゼンチン. 口語》極度の貧困
miscibilidad [misθiβiliðáð] 女 混合可能性, 混和性
miscible [misθíβle]《←ラテン語 miscere「混ぜる」》形 混合可能な, 混合しやすい
miserabilísimo, ma [miseraβilísimo, ma] 形 miserable の絶対最上級
miserable [miseráβle]《←ラテン語 miserabilis「同情に値する」》❶ わずかな, 些少の: Su padre le dejó una herencia ~. 彼の父は彼にわずかな遺産しか残さなかった. dar una cantidad ~ de dinero ほんの少しの金を与える. propina ~ わずかなチップ. sueldo ~ わずかな給料. 極貧の: Mi casa es muy ~. 私の家はとてもみすぼらしい. familia ~ 極貧の家族. mesa ~ 貧しい食事. mujer ~ ひどく貧しい女; 貧しい女. ropa ~ みすぼらしい服. ❷ 気力・体力の失われた: Está muy deprimido y se siente ~. 彼はひどく落ち込んで立ち直れないでいる. ❹《文語》みじめな, 悲惨な, 不幸な, 哀れな: Llevó una vida ~. 彼はみじめな一生をおくった.《*¡M~ de mí!*》かわいそうな私! ❺ けちな, 欲しがりの. ❻《軽蔑》下劣な, 邪悪な, 情けない
―― 名 ❶ 極貧の人; みじめな人, 哀れな人. ❷ けちな人, 欲しがり, しみったれ. ❸《軽蔑》下劣な人, 見下げ果てた奴, あさましい奴: Eres un ~. けちな奴め
miserablemente [miseráβleménte] 副 ❶ 哀れに, みすぼらしく. ❷ 下劣に; けちに, 欲しがって
miseración [miseraθjón] 女 慈悲, 憐憫
miseraico, ca [miserájko, ka] 形《古語》腸間膜の, 腹膜の〔=mesentérico〕
míseramente [míseraménte] 副 哀れに, みすぼらしく
miserando, da [miserándo, da] 形 同情すべき, 哀れむべき
mísere [mísere] 名《エストレマドゥラ》病弱な人, 健康のすぐれない人
miserear [misereár] 自《口語》哀れにふるまう
miserere [miserére]《←ラテン語》男《新約聖書》ミゼレーレ《「主よ我を哀れみたまえ」で始まる詩編; その楽曲》
miseria [misérja]《←ラテン語 miseria「不運」》女 ❶ 貧窮, 極貧: Nació en la ~ y hoy es multimillonaria. 彼は極貧の家に生まれたが今では大金持ちだ. vivir en la ~ ひどく貧しい暮らしをする. ~ negra 赤貧. ❷［主に 複］みじめさ, 悲惨, 不幸, 苦難: Ha pasado muchas ~s en su vida. 彼は人生で多くの不幸を経験してきた. La guerra dejó a todos en la ~. 戦争はすべての人を不幸にした. En este país hay pobreza, pero no hay ~. この国には貧しさはあっても, みじめさはない. contar sus ~s y problemas ぐちをこぼす. ❸《口語》わずかばかりのもの: Nos dejó una ~ como herencia. 彼は私たちにわずかな遺産しか残さなかった. regalar una ~ 安物を贈る. trabajar por una ~ わずかな金のために働く. ❹ けち: Su gran ~ terminó alejándolo de todos. 彼はひどくけちで結局みんな彼から離れていった. ❺《婉曲》シラミ〔=piojo〕
―― 名［複］または［集名］取るに足らない連中; ずる賢い奴ら; 哀れな人たち
a la ~《ラプラタ. 口語》ぼろぼろの
caer en la ~ 零落する
comerse de ~ 赤貧洗うがごとき生活をする
con ~ 哀れに, みすぼらしく
hundir a+人 en la ~《人》…を劣等感に襲わせる, 屈辱を与える
~ *y compañía*《口語》［列挙して］取るに足らないものたち, ぱっとしないものたち
misericordia [miserikórðja] 女《←ラテン語 misericordia < miser「不幸な」+cor, cordis「心」》❶ 慈悲, 憐憫, 哀れみ: pedir ~ (許し)を乞う. ❷［生き物の罪悪を許す］神の哀れみの心. ❸［中世の騎士が倒れた敵に与える, 短剣での］とどめの一突き. ❹ ミゼリコード《大聖堂の聖歌隊席の畳み込み椅子の裏に取り付けられた出っぱり》
misericordiosamente [miserikorðjósaménte] 副 慈悲深く, 哀れみ深く
misericordioso, sa [miserikorðjóso, sa] 形 名［ser+. +con・para に］慈悲深い〔人〕, 哀れみ深い〔人〕: Es ~ *con* los pobres. 彼は貧しい人々に情け深い
misero, ra [mísero, ra]《口語》ミサに〔行くのが〕好きな
mísero, ra [mísero, ra] 形《絶対最上級 misérrimo》哀れな, 貧しい〔=miserable〕
misérrimo, ma [misérrimo, ma] 形 mísero の絶対最上級
misgeta [misxéta] 形 名《歴史》ミスヘタ族の〔前ローマ時代のイベリア半島の先住民〕
mishiadura [misjaðúra] 女《アルゼンチン. 口語》=misciadura
Mishná [misná] 女 ミシュナー《ユダヤの口伝律法》
misiá [misjá] 女《南米. 敬称》…夫人, …奥様
misiadura [misjaðúra] 女《アルゼンチン. 口語》=misciadura
misil [misíl]《←英語 missile》男 ミサイル: ~ antibalístico 対弾道弾ミサイル. ~ autodirigido［自動装置により誘導される］誘導弾. ~ [de] crucero 巡航ミサイル. ~ teledirigido 誘導弾
mísil [mísil] 男 =misil
misino[1] [misíno] 男《口語》猫
misino[2], **na** [misíno, na] 形 名《イタリアの》ネオファシズムの社会運動の〔運動家〕
misio, sia [mísjo, sja] 形 名 ❶《歴史. 地名》［小アジア北西部の］ムシヤ Misia の〔人〕. ❷《ペルー》〔人が〕金のない
misión [misjón]《←ラテン語 missio, -onis》女 ❶ 使命, 任務;［特に］外交任務: Fue enviado a París con una ~ muy delicada. 彼は非常に難しい任務でパリに派遣された. en ~ de paz 平和任務の. ~ científica 科学ミッション. ~ de la ingeniería 工学ミッション. ~ diplomática 外交任務, 外交使節団; 在外公館. ❷［果たすべき］役割, 天職: Cada hombre tiene su ~ sobre la Tierra. 人はそれぞれこの世で果たすべき役割を持っている. cumplir con su ~ de estudiante 学生としての本分を尽くす. ~ como abogado 弁護士としての使命. ❸［主に 複］主にキリスト教の］布教, 伝道: Está en las *misiones* de África. 彼はアフリカでの布教活動に参加している. ❹［主に 複］伝道館, 伝道村;《歴史》ミシオン, ミシオネス《16世紀パラグアイに作られたイエズス会の布教集落. =*misiones jesuíticas del Paraguay*》. ❺ 使節団, 代表団; 派遣隊: ~ económica 経済使節団. ~ médica 医療班. ❻［研究・開発のための］科学調査団: ~ científica ~ arqueológica 発掘(考古学)調査団. ❼ 派遣. ❽《古語》費用, 経費. ❾《廃語》［刈り取り労働者の一定作業量に対する］パン・肉・ワインの割当

misional [misjonál] 形 布教の, 伝道の; 伝道師の, 宣教師の

misionar [misjonár] 自 他 ❶ 布教する, 伝道する; 布教（伝道）に赴く. ❷《まれ》任務を任せる, 委任する

misionario, ria [misjonárjo, rja] 名《まれ》❶ 伝道師, 宣教師 《=misionero》. ❷ 使者, 使節

misionerismo [misjonerísmo] 男《主にキリスト教の》布教運動, 伝道活動

misionero, ra [misjonéro, ra] 《←misión》形 名 ❶《主にキリスト教の》布教の, 伝道の;《海外への》伝道師, 宣教師: irse de ～ a Extremo Oriente 宣教師として極東に赴く. ❷《歴史》ミシオネス misiones の《住民》. ❸《地名》ミシオネスの《人》《パラグアイ南部の県; アルゼンチン北東部の州》

Misiones [misjónes]《地名》ミシオネス《アルゼンチン北東部, 西はパラグアイ, 北と南はブラジルに隣接する, 自然資源に恵まれた広大な地域》

misionología [misjonoloxía] 女《カトリック》伝道学, 宣教学

misivo, va [misíβo, βa] 形《文語》送付される, 書状の
—— 女《文語》書状, 書簡, 手紙

mismamente [mísmaménte] 副《俗用》❶ ちょうど, きっちり: Ayer ～ le vi. 私はまさに昨日彼に会った. ❷ 同様に: Puede hacerlo uno cualquiera: Juan ～. それは誰にでもできる. 例えばファンだって

mismidad [mismiðá(ð)] 女《哲学》自己同一性, アイデンティティ

mis-mis [mis mís] 男《アルゼンチン, ウルグアイ. 舞踊, 音楽》ガト《=gato》

mismísimo, ma [mismísimo, ma]《mismo の絶対最上級》形 まさに同じ, 全く同じ: Vi al ～ presidente. 私は大統領その人に会った. en ese ～ momento まさにくその瞬間に

estar hasta los ～s うんざりしている, 飽き飽きしている

salir a+人 de los ～s が好き勝手なことをする

mismito, ta [mismíto, ta]《mismo の示小語》形《中南米》《強調》他でもない: Yo ～ lo vi. 私がこの目で見た

mismo, ma [mísmo, ma]《←ラテン語 medipsimus < ipsimus < ipse》形 ❶ [+名詞. +que と] 1) [定冠詞+] i) 同じ, 同一の: Tenemos el ～ apellido. 私たちは姓が同じだ. Estas novelas son del ～ autor. これらの小説は同じ作家のものだ. Están a la venta muchos vestidos del ～ color. 同じ色のドレスがたくさん売り出ている. Esta es la ～ma niña que vino ayer. この子は昨日来たのと同じ子だ. Paramos en el ～ hotel que tú. 私たちは君と同じホテルに泊まった. El índice de inflación subió un 2 por ciento con respecto al del ～ mes del año anterior. インフレ率は前年同月比で2%上昇した. ii) 同種の; 同じような, そっくりの: Tiene la ～ma nariz que su padre. 彼は父親とそっくりの鼻をしている. Mi hermano se ha comprado el ～ coche que tú. 私の兄は君と同じ車を買った. Es un verano bochornoso que hemos experimentado en varias partes de Asia. 私たちがアジア各地で経験したのと同じような蒸し暑い夏だ. ¡Qué raro que suceda una ～ma cosa en un lugar! 同じ場所で同じようなことが起こるなんて妙だ. 2) [不定冠詞+] 同じ一つの: Somos de una ～ma opinión. 私たちは同じ意見だ. Los dos son nombres diferentes para una ～ma cosa. その2つの名前は同じ一つのものに対する違った名前だ. Lucharon por una ～ma causa. 彼らは同じ理想のために戦った. guerrear bajo una ～ma bandera 同じ旗の下に戦う. 3) [同等比較] Estos zapatos son del ～ tamaño que los tuyos. この靴は君のと同じサイズだ. Tengo la ～ma edad que él. 私は彼と同い年だ. ❷ [強調] 同じその, …そのもの, 全くの: [+名詞/名代名+. +場所・時] Me ha invitado a su ～ma casa. 彼は私を家にまで招いてくれた. La ciudad ～ma es como un museo. 都市そのものが美術館のようなものだ. En este ～ instante los niños estarán para llegar a Los Ángeles. ちょうど今子供たちがロサンジェルスに着くころだろう. Gustavo ～ puede explicártelo. まさにグスタボその人が君にそれを説明できます. 2) [指示形名前+] Por eso ～ las mujeres embarazadas no deben fumar. だからこそ妊婦はたばこを吸ってはいけないのです. Habiendo ruidos horrendos y agitación, aquello ～ fue un infierno. 轟音と喧噪で, あそこはまさに地獄だった. Esto ～ lo esperaba yo. これこそ私の待っていたものだ. 3) [コロンビア]《名詞+》Es un burro ～. これはロバそのものだ. ❸ [人称代名詞+. 再帰など] …自身: 1) Yo ～ he ido a verle. 私自身が彼に会いに行ってきた. Hazlo tú ～. 自分でやりなさい. Se la entregué a ella ～ma. 私は彼女に直接それを渡した. Está muy contento con él ～. 彼は自分自身に満足している《=contento consigo ～》. 2) [再帰代名詞の重用法で・単独で, 前置詞格再帰代名詞+] Viéndolo todo, me dije a mí ～ que el mundo no es justo. そんなことをすべて見て, 世の中は公平でないと私自身思った. Con lo que acabas de decir, se ve que te contradices a ti ～. 今君が言ったことで, 君が自己矛盾に陥っていることが分かる. No se ayudan a sí ～s. 彼らは自助努力しない. La araña avanzó girando sobre sí ～ma. クモはクルクル回転しながら進んだ. ❹ [定冠詞・所有形容詞+] 当の…《である》: Lo saben los ～s empleados. 従業員たちでさえそのことを知っている. Sus ～s hijos lo dicen. 当の息子たちがそう言っている. ❺ [例示・無関心] Vamos a investigarlo en la biblioteca ～ma. とりあえず図書館ででも調べよう

—— 副 ❶ [強調. 副詞など+] まさに…, …そのもの, …でさえ: Vi ese accidente desde aquí ～. 私はまさにここからその事故を見た. ¿Dónde está ese museo? —Ahí ～ está. その美術館はどこにありますか? —ちょうどそこです. Delante ～ del edificio había una fuente. 建物の真ん前に泉があった. ¡Qué extraño que no encontrar mi reloj! Lo he dejado hace poco encima ～ de la mesa. おかしいな, 時計をどこにやったのかな. ちょっと前に間違いなくテーブルの上に置いておいたのに. Lo vi desde el balcón ～. バルコニーからでさえそれは見えた. 《語法》地名+mismo では地名の性数に mismo を一致させるのがより好ましい表現とされる: en España ～ma まさにスペインにおいて, de Sevilla ～ma まさにセビーリャから》❶ Mañana ～ nos pagan el sueldo. 明日こそ給料を払ってもらえるよ. Ayer ～ me dijo que no se quería ir, y hoy se ha ido. つい昨日は出て行きたくないと言ったのに, 今日は出て行ってしまった. Déjalo así ～. そのままにしておけ. ❷ [例示・無関心] Ven cuando quieras: mañana ～. いつでも来たまえ. 明日だっていいよ. ❸《地方語》ちょうど, まさに《=justamente》. ❹《地方語; ラプラタ》…さえも《=incluso》

—— 代 [定冠詞+] ❶ 同じ人・もの: Su madre no es *la* ～ma conmigo. 彼の母は《以前と》同じようには私に接してくれない. Yo no soy *el* ～ que antes. 昔の私とは違う. Esta cazadora es *la* ～ma *que* me robaron en la estación. このジャンパーは私が駅で盗まれたのと同じものだ. La vida es *la* ～ma. 生活はあいかわらずだ. Se prohíbe la entrada en esta oficina a toda persona ajena a *la* ～ma. 部外者の事務室への立ち入り禁止. ❷ [返答などで] まさにそれ: ¿Hablan de las Olimpiadas de 1992 de Barcelona? —Sí, *de las* ～mas. 1992年バルセロナオリンピックの話ですか? —はい, まさにそうです. El "Libro del Idioma" es el texto de español que leímos en el segundo año. —Yo también estudié con *el* ～. 『国語の本』は私たちが2年生で読んだ教科書です. —私もそれで勉強しました. ❸ [lo+] 同じこと・もの; 同量: Me causa hastío oír siempre *lo* ～. 私はいつも同じことを聞かされうんざりだ. Pide de postre *lo* ～ *que* vosotros. デザートには君たちと同じものを頼んでくれ. *Lo* ～ da esa cosa que la otra. どちらも代わり映えしない. En esta empresa cada ejecutivo cobra *lo* ～ *que* corresponde a los sueldos de cien empleados. この会社では各重役は社員100人分に相当する給料を取っている

con las ～mas《口語》即時に: En la rueda de prensa, el entrenador dijo que toda la culpa la había tenido él, y *con las* ～*mas* se fue. 記者会見で, 監督はすべて自分のミスだと述べ, すぐ立ち去った

dar lo ～ 1) 同じことである, かまわない: Me *da lo* ～. 私にすればどうってことだ. *Da lo* ～ *que* corras, no los alcanzarás. 走っても同じだよ, 彼らには追いつけないよ. ¿En qué vamos, en tren o en avión? —Me *da lo* ～. どちらで行くの, 列車それとも飛行機? —どちらでもいいよ. 2) 大したことではない, どうでもいいことである: Se me olvidó avisarte que había una fiesta. —*Da lo* ～, no hubiera podido ir. パーティーがあることを君に伝えるのを私は忘れてしまった. —そんなことはいいよ, どうせ行けないから

el ～ que viste y calza まさしく本人: ¿Quién te llamó? ¿Manolo? —Sí, fue él, *el* ～ *que viste y calza*. 誰が君に電話をしてきたの, マノロかな? —そう, 彼だ, まさしく彼だ

en las ～mas [estar・seguir など+. +状況は変わるのかと思ったが] あい変わらずである, 前と同じ状態・態度である: Me prometió que se avendría con su esposo, pero me han dicho que están *en las* ～*mas*. 彼女は夫と和解すると私に約束したが, あいも変わらずだという話を聞いた

lo ~《口語》ひょっとしたら, 案外: *Lo ~ llueve esta noche.* ひょっとしたら今夜は雨かもしれない ∥ *Lo ~ vuelve esta tarde.* 彼は案外今日の午後には帰って来るかもしれない

lo ~... como...《まれ》=**lo ~... que...**

lo ~ que... …かあるいは…: *Lo ~ ya puede tener sesenta que sesenta y cinco años.* 彼は60歳かそれとも65歳になっているのかもしれない. *Trae lo ~ unas tijeras que un cortaplumas.* はさみか小刀を持って来てくれ

Lo ~ le digo. 1)［話相手への丁寧な返答］*¡Que te vaya bien!—Lo ~ te digo.* 気をつけてね！—君もね. 2)［相手の乱暴な発言への返答］*¡Vete a fregar los platos!—Lo ~ te digo.* 皿でも洗っていろ！—お前こそ／よくもそんなこと言えたな

lo ~ que... …と同様に；同様にまた…: *Ella come poco lo ~ que su madre.* 彼女は母親と同じように小食だ. *Eso es lo ~ que decirme que me muera.* それは私に死ねというのも同然だ. *A mi madre, lo ~ que a mi padre, le gustó mucho la música.* 母は父と同じで, とても音楽が好きだった

lo ~ que si+接続法過去・過去完了 まるで…であるかのように: *Te quiere lo ~ que si fueras su hijo.* 彼は君が息子のように愛している. *Los niños estaban entusiasmados lo ~ que si hubieran ido a un país de las maravillas.* 子供たちは不思議の国に行ったみたいに興奮していた

lo ~ si+直説法 *que* (*como・o*) *si*+直説法［譲歩］…も～と同様に: *Lo ~ si tienes ganas que si no tienes ganas, debes comer lo mínimo para mantenerte.* 食欲があってもなくても同じことだ, 体を維持するには最少限のものは食べないといけない. *Hago jogging de media hora en el parque lo ~ si llueve que si hace sol.* 雨が降っても晴れても, 私は公園で30分ジョギングをする. *Lo ~ si viene o si no viene, le esperaré hasta las once de la noche.* 彼が来ようと来るまいと, 私は夜11時まで彼を待っていよう

lo ~ uno que otro どちらも代わり映えしない

~ que《メキシコ》その…【=el cual】

o lo que es lo ~ つまり（…ということだ）: *Hace mucho tiempo que dice que irá de viaje a Perú cuando tenga tiempo, o, lo que es lo ~, no irá nunca.* 暇ができたらペルーに旅行に行くと言っているが, それはつまりは絶対に行かないということだ

por eso ~ =por lo ~: *Hay huelgas de los medios de transporte en muchas partes y por eso ~ he cancelado mi viaje a Europa.* 各所で輸送機関のストがあるので, 私はヨーロッパ旅行を取りやめた

por lo ~ それ故に: *Este año no hay mucho trabajo; por lo ~ la gente está en un serio prieto.* 今年はあまり仕事がない. そのため人々はひどい状況に追いつめられている

por sí ~ 独力で: *Quisiera conseguirlo por mí ~.* 私は独力でそれを手に入れたいのだ. *Mi madre se enseñó el piano por sí ~ma.* 母はピアノを独学した. *¿No estáis acostumbradas a resolver esos problemas por vosotros ~s?* 君たちはそんな問題は自分で解決する習慣がついていないのか？

qué ~ da《地方語》どうと言うことはない, それがどうした言うんだ

ser+形容詞 *como*+人 **~**《口語》［人が］とても…である: *Eres terco como tú ~.* 君って奴は全く頑固だ

ser lo ~ =dar lo ~

si, lo ~ que...+直説法, +接続法 もしも…する代わりに…していたら: *Si, lo ~ que me levanté a las diez, me hubiera levantado a las ocho, ¿qué me habría pasado?* 私が10時に起きないで8時に起きていたら, 私に何が起こっただろうか？ *Habría tomado, quizá, ese avión que se estrelló en el mar.* 海に墜落したあの飛行機におそらく乗っていただろう

venir a ser lo ~ 同じことである；かまわない: *A estas alturas ya es inútil consultar con el abogado; el resultado vendría a ser lo ~.* もう今となっては弁護士に相談しても無駄だ. 結果は同じことになるだろうから

volver a lo ~mas 元どおりになる: *Las zonas damnificadas por los maremotos están volviendo a las ~mas.* 津波の被害区域は元に戻りつつある. *Los dos, que vivían separados durante unos cuantos años, han vuelto a las ~mas hace poco.* 2人は何年か別居していたが, 最近よりを戻した

miso-［接辞語］［嫌悪］*misoginia* 女嫌い

misofobia [misofóbja] 女 不潔恐怖症, 細菌恐怖症

misogamia [misogámja] 女《文語》結婚嫌い

misógamo, ma [misógamo, ma] 形 名《文語》結婚嫌いの［人］

misoginia [misoxínja] 女《文語》女嫌い

misogínico, ca [misoxíniko, ka] 形《文語》女嫌いの

misógino, na [misóxino, na] ［←ギリシア語 *mysogynes*］形 名《文語》女嫌いの［人］

misoneísmo [misoneísmo] 男《文語》新しいもの嫌い

misoneísta [misoneísta] 形 名《文語》新しいもの嫌いの［人］

míspero [míspero] 男《アラブ, ブルゴス, ログローニョ, アラゴン. 植物, 果実》セイヨウカリン【=níspero】

mispiquel [mispikél] 男《鉱物》硫化鉄鉱

misqueño, ña [miskéɲo, ɲa] 形 名《地名》ミスコ Mixco の［人］《グアテマラ, グアテマラ県の町》

misquiligrifo [miskiligríʝo] 男《エストレマドゥラ》幼児のトランプ遊びの一種

misquito, ta [miskíto, ta] 形 名 ミスキート族〔の〕《ニカラグアとホンジュラスの大西洋岸の先住民》

miss [mís] ［←英語］女 [mis(s)es] ❶［美人コンテストなどの］ミス…: *concurso de ~es* ミスコン. *M~ España* ミススペイン. *M~ Mundo* ミスワールド. *M~ Universo* ミスユニバース. ❷ 英語圏出身の女性教師への敬称. ❸ 英語圏の独身女性への呼びかけ

missi dominici [mísi domíniki]《←ラテン語》男 複［カロリング王朝時代の］巡察使

missile [mísil] 男《古語的》=**misil**

missing [mísiŋ] ［←英語］形《戯語》行方不明の【=desaparecido】

mistacocetos [mistakoθétos] 男 複《動物》セミクジラ科

mistagógico, ca [mistaɣóxiko, ka] 形 ❶《古代ギリシア》秘儀伝授者の. ❷［演説・文書が］秘密の教義を明かす

mistagogo [mistaɣóɣo] 男《古代ギリシア》秘儀伝授者, 密教解説者

mistar [mistár] 自［主に否定文で］ささやく, つぶやく【=musitar】

mistear [misteár] 他《ウルグアイ》からかう, 笑い物にする

mistela [mistéla] 女《酒》❶ 蒸留酒・水・砂糖・シナモンで作った飲み物. ❷ ミステル《発酵させないブドウ果汁にアルコールを添加した甘味ワイン》. ❸《チリ》ホットワイン

míster [míster] ［←英語 *mister*］男 ❶《西. サッカー》監督, コーチ. ❷ 男性美コンテストの優勝者. ❸［英語圏の男性への呼びかけ］ミスター. ❹《俗語》［ゲルマン系の容貌の］外国人男性

mistérico, ca [mistériko, ka] 形《文語》秘儀の, 密儀の, 神秘的な: *religión ~ca* 秘教

misterio [mistérjo] ［←ラテン語 *mysterium* < ギリシア語 *mysterion*「秘密, 神殿の儀式」 < *myo*「私は閉じる」］男 ❶ 神秘, 不可解［なこと］, 謎: *Es un ~ de dónde saca tanto dinero.* 彼がどこからそんなに金を持ってくるのか謎だ. *No hay en el mundo ~ alguno, sino problemas irresueltos.* この世には不可解なことなど何もない, 未解決の問題があるだけだ. *~ del universo* 宇宙の神秘. ❷ 隠し事, 秘密: *Llevan con mucho ~ los preparativos de la fiesta.* 祭りの準備は秘密裏に運ばれる. *contar con gran ~* こっそり話す. ❸［キリスト教の］玄義: *~ de la Trinidad* 三位一体の玄義. ❹ 複［古代宗教の］秘儀, 密儀: *~s de Eleusis* エレウシスの秘儀. ❺《カトリック》複 秘跡, 聖餐式. ❻［ロザリオの］十五玄義. ❼《キリストの生涯の一場面『生誕・受難・死などを瞑想する』; その聖画（聖像）. ❽［演劇］聖史劇, 神秘劇: *M~ de Elche* エルチェの神秘劇《バレンシア州エルチェで中世から受け継がれた聖母マリアの昇天を題材にした神秘劇. バレンシア語表記 Misteri d'Elx》. ❾《メキシコ》パーティー音楽

que tiembla el ~《口語》巨大な

misteriosamente [misterjósaménte] 副 神秘的に；密かに

misteriosidad [misterjosidáð] 女《まれ》不思議さ, 神秘性, 不可解さ

misterioso, sa [misterjóso, sa] [←*misterio*] 形 不［可］思議な, 神秘的な；謎の, 不可解な: *En su casa ocurre algo ~.* 彼の家では何か不思議なことが起きている. *decir unas palabras ~sas* 謎めいたことを言う. *mundo ~* 神秘の世界. *persona ~sa* 謎の人物. *sonrisa ~sa* 謎の微笑

misteriosófico, ca [misterjosófiko, ka] 形《まれ》=**mistérico**

misterismo [misterísmo] 男《まれ》神秘的傾向

mística[1] [místika] 女 ❶ 霊性神学, 神秘神学. ❷ 神秘［主義］

文学〖16世紀スペイン。フライ・ルイス・デ・グラナダ Fray Luis de Granada, サンタ・テレサ Santa Teresa, サン・フアン・デ・ラ・クルス San Juan de la Cruz などに代表される〗

místicamente [mistikaménte] 副 神秘主義的に; 神秘的に

misticetos [mistiθétos] 男 複 《動物》ヒゲクジラ亜目

misticismo [mistiθísmo] 男 ❶《哲学, 宗教》神秘主義, 神秘思想. ❷ 神秘体験. ❸ 信仰への没頭. ❹ 神秘文学.

místico, ca[2] [místiko, ka] 《←ラテン語 mysticus < ギリシア語 mystikos「秘儀の」< myo「私は閉じる」》形 ❶ 神秘主義の(主義者), 神秘学の. ❷ 神秘文学の〔作家〕. ❸ 信仰に没頭する〔人〕; 信仰に凝り固まった〔人〕. ❹《まれ》不[可]思議な, 神秘的な. ❺《アンダルシア, ホンジュラス, パナマ, キューバ, プエルトリコ, コロンビア, ベネズエラ, エクアドル》気取った〔人〕, 上品ぶった〔人〕. —— 男《船舶》〖地中海の沿岸航行用の〗ラテン帆装の3(2)檣帆船.

misticón, na [mistikón, na] 形 名《まれ》信仰に凝り固まった〔人〕

mistificación [mistifikaθjón] 女 歪曲, 偽り

mistificado, da [mistifikáðo, ða] 形 欺瞞的な, 偽りの

mistificador, ra [mistifikaðór, ra] 形 名 歪曲する〔人〕; 偽る〔人〕

mistificar [mistifikár]《←仏語 mystifier》[7] 他 ❶ 事実などをゆがめる, 偽る: Con sus palabras *mistificó* el mensaje. 彼の口から伝言は歪曲されて伝わった. ❷ だます, 欺く. —— **se** 〔受け身〕En ese tratado *se mistifica* la doctrina. この論文では主義主張が曲げられている

mistifori [mistifóri] 男 =**mixtifori**

mistilíneo, a [mistilíneo, a] 形《廃語》=**mixtilíneo**

mistión [mistjón] 女《廃語》= **mixtión**

mistiquería [mistikería] 女《プエルトリコ》気取り, 上品ぶること

mistiquez [mistikéθ] 女《コロンビア》気取り, 上品ぶること

mistol [mistól] **I** 男《アルゼンチン, パラグアイ. 植物, 果実》ナツメの一種〖薬用. 学名 Ziziphus mistol〗
II《←商標》男《西》食器洗い用の洗剤

mistongo, ga [mistóŋgo, ga] 形《アルゼンチン. 口語》❶〔ものが〕みすぼらしい, さえない, 見栄えのしない;〔人が〕貧しい, 貧相な

mistonguería [mistoŋgería] 女《アルゼンチン》みすぼらしいもの, さえないこと; 貧しい人

mistral [mistrál]《←オック語》男 ミストラル〖フランスの地中海岸に吹く冷たく乾いた北西風〗

Mistral [mistrál]《人名》*Gabriela* 〜 ガブリエラ・ミストラル〖1889〜1957, チリの女性詩人. 本名 Lucila Godoy Alcayaga. 恋人の死を悼んで書いた『死のソネット』*Sonetos de la muerte*を含む詩集『荒廃』*Desolación*で注目された. その後も領事として世界各地を転々としながら創作を続け, 社会的弱者や子供たちを温かい眼差しで見つめつつ, 民族感覚とアメリカ大陸の歴史への批判的視座を合わせもつ独自の詩的世界を作り上げる. ノーベル文学賞受賞〗

mistura [mistúra] 女 ❶《文語》混合〖=mixtura〗. ❷《ペルー, ボリビア, チリ》花束. ❸《ボリビア》1) 紙吹雪. 2) 郷土料理の一種

misturar [mistur̄ár] 他《文語》混合する, 混ぜる〖=mixturar〗

misturero, ra [mistuɾéɾo, ra] 形 名《文語》混合する〔人〕〖=mixturero〗
—— 女《ペルー》花売り娘

mita [míta] 《←ケチュア語》女 ❶《歴史》ミタ〖制〗(1) インカ帝国の輪番制の労役. 2) 植民地時代, 特に16世紀後半以降の先住民に課せられた鉱山やオブラヘ obraje での強制的な労役. ❷《ペルー》コカの2回目以降の剪定. 2)《ペルー》先住民が納める年貢. ❸《ボリビア》コカの葉の収穫. ❹《チリ, アルゼンチン. 口語》順番, 番. ❺《アルゼンチン》列車で運ばれる家畜の群れ

mitá [mitá] 名 =**mitaí**

mitaca [mitáka] 女《コロンビア, ボリビア》❶ 収穫, 取り入れ. ❷ 時期外れの種まき

mitad [mitáð]《←ラテン語 medietas, -atis》女 ❶〖集合〗半分, 半数: Dame la 〜 de esa naranja. そのオレンジを半分下さい. Le corresponde la 〜 de la herencia. 彼には遺産の半分が相当する. Se pasó a la casas. 家々の半分が焼けた. La 〜 de los estudiantes están ausentes. 半数の学生が欠席している〘語法〙動詞が複数形なのは主語の意味に引きずられたため. la primera (segunda) 〜 del año 一年の前半(後半). en la primera (segunda) 〜 del partido 試合の前半(後半) に. ❷ 中間〔点〕; 中央: quedarse a la 〜 del camino 中間地点にとどまる 〖対義〗厳密に中間 ❶ a 〜 del camino〖漠然と中間のり半ば〗. en la 〜 del camino 道の真ん中に
—— 副〖時に la+〗その半分は
a 〜 *de...*〖商〗cuenta *a* 〜 共同計算, プール計算
a 〜 *de...* …の半分で; 中間で: *a* 〜 *de* precio 半値で, 半額で. *a* 〜 *de* invierno 真冬に
en 〜 *de...* 1) …の中ほどに: *en* 〜 *de* la cuesta 坂の途中に. 2) …の最中に: *En* 〜 *de* la función se apagó la luz. 公演の途中で停電した
engañarse en la 〜 *del justo precio* ひどくだまされ方をする
la 〜 *y otro tanto*《口語》〖金額・数量について明確な答を避けて〗それくらい: Así que necesitas diez millones.—¡Hombre! Me conformo con la 〜 *y otro tanto*. では千万必要なの? ——そうですね! そのくらいで我慢しておきます
〜*+形容詞・名詞* 〔*y*〕〜+形容詞・名詞 半分は…で半分は…: La bandera es 〜 blanca *y* 〜 roja. その旗は半分が白で半分が赤. 〜 caballo *y* 〜 hombre 半人半馬〖ケンタウロスのこと〗
〜 *por* 〜 ちょうど真ん中で, 真二つに
〜 *y* 〜《口語》半々に: ¿Quiere usted mucha leche en el café?—*M* 〜 *y* 〜. ミルクをたっぷりコーヒーに入れる? —半々で. repartir el pastel 〜 *y* 〜 ケーキを半分に分ける. ¿Estás contento con tu nombramiento?—*M* 〜 *y* 〜. 指名に満足しているかい? —ちっとも言えない
partir a+*la* 〜 *por la* 〜 …に大損害を与える, ひどい迷惑をかける; …の計画を台なしにする: El accidente del metro de esta mañana nos *ha partido por la* 〜; yo, para llegarme a la oficina, tuve que ir andando casi una hora. 今朝の地下鉄の事故で私たちはひどい目にあった. 私などは会社に行き着くのに1時間も歩かされた
por [*la*] 〜 中間で, 真ん中あたりで: dividir una tarta *por* [*la*] 〜 ケーキを半分ぐらいに切る. El autocar iba *por* 〜 de la línea México=Acapulco. バスはメキシコ=アカプルコ線の中ほどを走っていた
por 〜*es* 半分ずつ: repartir (mezclar) *por* 〜*es* 半分ずつに分ける(混ぜる)

mitaí [mitaí] 名《アルゼンチン, パラグアイ》子供, 若者

mitayo, ya [mitájo, ja] 形 ❶《歴史》ミタ制 mita で働く〔アメリカ先住民〕. ❷《エクアドル. 軽蔑》先住民たち〔の〕
—— 男《ペルー》狩猟

mitcal [mitkál] 男《歴史》〖アルフォンソ8世の〗マラベディ maravedí 金貨

mite [míte] 男《エルサルバドル》サトウキビの花茎

mitena [miténa] 女《カタルーニャ》〔指のない〕長手袋

míticamente [mítikaménte] 副 神話的に

mítico, ca [mítiko, ka]《←mito》形 神話の, 神話に出てくる; 神話的な, 想像上の: viaje 〜 de Hércules 神話に出てくるヘラクレスの旅. edad 〜*ca* 神話時代, 神代. personaje 〜 架空の人物. 〜 grupo de rock 神話的なロックグループ

miticultura [mitikultúɾa] 女 =**mitilicultura**

mitificación [mitifikaθjón] 女 神話化; 偶像視

mitificador, ra [mitifikaðór, ra] 形 名 神話化する〔人〕; 偶像視する〔人〕

mitificar [mitifikár] [7] 他 神話化する; 偶像視する

mitigación [mitiɣaθjón] 女 緩和, 軽減

mitigado, da [mitiɣáðo, ða] 形 適度な

mitigador, ra [mitiɣaðór, ra] 形 軽減する, 緩和する

mitigamiento [mitiɣamjénto] 男 =**mitigación**

mitigante [mitiɣánte] 形 軽減する, 緩和する

mitigar [mitiɣár]《←ラテン語 mitigare「和らげる」< mitis「柔らかい, 優しい」+agere「する」》[8] 他 〔苦しみ・刑罰などを〕軽減する, 和らげる: Hay que 〜 el hambre de los refugiados. 難民たちの飢えを癒やさなくてはならない. Esta terapia *mitiga* el dolor. この治療法は痛みを和らげる. 〜 una pena 刑を軽くする. 〜 la luz 光を和らげる
—— **se** 軽減される, 和らぐ

mitigativo, va [mitiɣatíβo, ba] 形 軽減する, 緩和作用のある

mitigatorio, ria [mitiɣatóɾjo, rja] 形 =**mitigativo**

mitilenio, nia [mitilénjo, nja] 形 名《歴史. 地名》〖エーゲ海の〗ミティリーニ島の〔人〕〖レスボス島のこと〗

mitilicultura [mitilikultúɾa] 女 ムール貝の養殖

mitimaes [mitimáes] 男 複《ペルー. 歴史》❶〖インカ帝国時代

mitin [mítin]《←英語 meeting》男《複 mítines》❶ [主に政治的な]集会; そこでの演説. ❷ [体操などの]競技会. ❸ 小言, お説教《=sermón》
dar (armar) el ~ 1) お説教する. 2)《闘牛》大成功(失敗)をして注目になる. 3) 注目を浴びる
dar (armar) un ~ 1) 弁舌を振るう, アジる. 2) =*dar el ~*
mitinear [mitineár]自《まれ》[集会で]弁舌を振るう, アジる
mitineo [mitinéo]男《口語》政治集会への参加
mitinero, ra [mitinéro, ra]形 集会の; 集会で演説する[人]
mitinesco, ca [mitinésko, ka]形 集会の; そこでの演説の, 演説口調の
Mitla [mítla]女 ミトラ《メキシコ, オアハカ州にあるサポテカ zapoteca 文化の遺跡. 壁画で有名》
mitmakuna [mitmakúna]男 =**mitimaes**
mito [míto] I《←ギリシア語 mythos「寓話, 伝説」》男 ❶ 神話, 伝説: El caballo Pegaso era un ~. ペガサスの馬は神話だった. ~ de Fausto ファウスト伝説. ~ de la Atlántida アトランティス伝説. ~ de la creación 創造神話. ~ de Prometeo プロメテウス神話. ~ del sol 太陽神話. ❷ 架空のこと, 作り話: Toda su fortuna es un ~. 彼の財産はすべて作り話だ. ❸ 伝説的な人・事物: Después de su muerte Gardel se convirtió en el ~ del tango. ガルデルは死後タンゴ界の伝説的な人物となった. ~ de Eva Perón エバ・ペロン神話. ~ de la grandeza del imperio 帝国は偉大であるという神話
II《←?語源》男《鳥》エナガ
III 男《アルゼンチン》イナゴマメの木の樹脂
mitocondria [mitokóndrja]女《生物》ミトコンドリア
mitocondrial [mitokondrjál]形《生物》matriz ~ ミトコンドリア基質
mitofobia [mitofóbja]女 神話(作り話)恐怖症
mitogénesis [mitoxénesis]女《生物》有糸分裂生起
mitógeno, na [mitóxeno, na]形《生物》有糸分裂を誘発する
mitografía [mitografía]女 ❶《記述》神話学. ❷ 神話集
mitográfico, ca [mitográfiko, ka]形《記述》神話学の
mitógrafo, fa [mitógrafo, fa]男女《記述》神話学者
mitología [mitoloxía]《←mito+ギリシア語 logos》女 ❶《集合》[一民族・一文化の]神話, 伝説; [特に]ギリシア・ローマ神話: ~ griega ギリシア神話. ~ nórdica (escandinava) 北欧神話. ❷ 神話学
mitológico, ca [mitolóxiko, ka]形 神話[上]の: ser ~ 神話上の存在
mitologista [mitoloxísta]男女 =**mitólogo**
mitologización [mitoloxiθaθjón]女 神話化
mitologizar [mitoloxiθár]7 他 神話化する
mitólogo, ga [mitólogo, ga]男女 神話学者
mitomanía [mitomanía]女 ❶《医学》虚言症, 虚言癖. ❷《まれ》[有名人などを]偶像視する癖
mitómano, na [mitómano, na]形 男女 ❶ 虚言症の[患者], 虚言癖の[人]. ❷《まれ》偶像視する[人]
mitón [mitón]《←仏語 miton》男《服飾》指なし手袋
mitósico, ca [mitósiko, ka]形《生物》有糸分裂の
mitosis [mitósis]女《生物》有糸分裂, 間接[核]分裂
mitosoma [mitosóma]男《生物》マイトソーム
mitote [mitóte]《←アステカ語 mitoll》男 ❶《中南米》1) [家庭での]ダンスパーティー. 2) 上品ぶること, 気取り. ❷《メキシコ》1) アステカ族の踊り《中央に立てた旗の横に酒を置き, その周囲を輪になって踊りながら酔いつぶれるまで飲む》. 2)《口語》もめごと, 口論; 騒ぎ: armar (hacer) un ~ もめごとを起こす. 3) うわさ話, 陰口
mitotear [mitoteár]自《メキシコ》❶ 上品ぶる, 気取る. ❷ うわさ話をする, 陰口をきく
mitotero, ra [mitotéro, ra]形《中南米・口語》よくもめごとを起こす[人]; 騒ぐのが好きな[人]/パーティー(遊び)好きな[人]
mitótico, ca [mitótiko, ka]形《生物》有糸分裂の, 間接[核]分裂の
mitra [mítra]《←ラテン語・ギリシア語 mitra「髪を縛るリボン」》女 ❶《カトリック》1) 司教冠. 2) 司教・大司教の位(職務). 3) 司教区, 大司教区; 司教区・大司教区の歳入. ❷《鳥》尾羽の付け根《=rabadilla》. ❸《古代ペルシア》円錐形のかぶりもの. ❹《昔の軍隊の》円錐形の軍帽. ❺《ペルー. 口語》[人の]頭
mitrado [mitrádo]形 司教冠をかぶる地位にある, 司教位を授かった
—— 男 司教, 大司教
mitral [mitrál]形《解剖》僧帽弁の《=válvula ~》
—— 男 僧帽弁の: estenosis ~ 僧帽弁狭窄症
mitrar [mitrár]自《口語》司教位を得る
Mitre [mítre]《人名》Bartolomé ~ バルトロメ・ミトレ《1821〜1906, アルゼンチンの軍人・政治家・歴史家. 軍人として輝かしい経歴を持ち大統領にまで昇り詰める. 一方歴史家として『ベルグラーノと独立史』*Historia de Belgrano y de la independencia* などを書いた》
mitridatismo [mitridatísmo]男《医学》ミトリダート法
mitridato [mitridáto]男《古語》解毒剤, 抗毒剤
mitú [mitú]男《アルゼンチン. 鳥》メスグロホウカンチョウ
mituano, na [mitwáno, na]形 男女 =**mituense**
mituense [mitwénse]形 男女《地名》ミトゥ Mitú の[人]《コロンビア, Vaupés 県の県都》
mítulo [mítulo]男《まれ》ムール貝《=mejillón》
MIU 男《略認》←Mercado Interior Único 欧州単一市場
miura [mjúra]女《西》❶ 男 ミウラ牛《アンダルシアの Miura 牧場産の闘牛》; 獰猛な牛. ❷《口語》乱暴者, 悪党
con la intención de un ~ 悪意で
miurada [mjuráda]女 ミウラ牛の闘牛
miureño, ña [mjuréno, ɲa]形 ミウラ牛の
mix [mí(k)s]男《単複同形》❶ 合金. ❷ 色々な曲を寄せ集めて収録したCD(レコード)
mixe [míxe]形 男女 ミヘ族[の]《メキシコ, オアハカ州北部の先住民》
—— 男《メキシコ》=**mije**
mixedema [mi(k)sedéma]男《医学》粘液水腫
mixedémico, ca [mi(k)sedémiko, ka]形 粘液水腫の
mixiniformes [mi(k)sinifórmes]男《複》《動物》ヌタウナギ目
mixino [mi(k)síno]男《動物》ヌタウナギの一種《学名 *Myxine glutinosa*》
mixiote [mi(k)sjóte]男《メキシコ》❶ リュウゼツランの葉の透明な皮. ❷《料理》ミショテ《マリネした鶏肉や豚肉をリュウゼツランの葉の皮で包み蒸し焼きにしたもの》
mixofíceas [mi(k)sofíθeas]女《複》《植物》藍藻類の旧名
mixofito, ta [mi(k)sofíto, ta]男 =**mixomiceto**
mixografía [mi(k)sografía]女《美術》ミクソグラフィー《メキシコの画家ルフィノ・タマヨ Rufino Tamayo の創出した立体画法》
mixomatosis [mi(k)somatósis]女《獣医》[ウサギの]粘液腫症
mixomatoso, sa [mi(k)somatóso, sa]形 粘液腫症にかかった
mixomicete [mi(k)somiθéte]男 =**mixomiceto**
mixomiceto, ta [mi(k)somiθéto, ta]形 変形菌類の, 粘菌類の
—— 男《植物》変形菌類, 粘菌類
mixoploidía [mi(k)soplojdía]女《生物》混数性
mixta[1] [mí(k)sta]女《ドミニカ, プエルトリコ. 料理》米・インゲン・肉を一皿に盛ったもの
mixtamente [mí(k)staménte]副《法律》聖俗両方の裁判権の下に
mixteco, ca [mistéko, ka]形 男女 ミステカ族の[の]《メキシコ, オアハカ州などの先住民》: cuentos ~s ミステカ族の民話
mixtela [mi(k)stéla]女 =**mistela**
mixtificación [mi(k)stifikaθjón]女 =**mistificación**
mixtificador, ra [mi(k)stifikaðor, ra]形 =**mistificador**
mixtificar [mi(k)stifikár]7 他 =**mistificar**
mixtifori [mi(k)stifóri]男 ❶《口語》ごちゃ混ぜ; 紛糾, 不明確. ❷《法律》聖俗両法廷での審理対象となる犯罪
mixtilíneo, a [mi(k)stilíneo, a]形《幾何》[図形が]直線と曲線で構成された
mixtión [mi(k)stjón]男 ❶ 混合. ❷《紋章》紫色
mixto, ta [mí(k)sto, ta]《←ラテン語 mixtus < miscere「混ぜる」》形 ❶ 混成の, 混合の: comisión ~*ta* 合同委員会. cultivo ~《農業》混作. ensalada ~*ta* ミックスサラダ. 男女混成の: colegio ~ 男女共学の学校. ~《スポーツ》混合の. ❷《動植物が》雑種の, 異種交配の. ❸《相場が》高値安値が交錯した, 動きがまちまちの
hacer ~s a...《古語的》…をめちゃめちゃにする; さんざんな目に

mixtolobo

あわせる
── 男 ❶ 貨客混成列車《=tren ～》．❷ [トーストした] ミックスサンドイッチ《=sandwich ～》．❸《古語的》マッチ《=cerilla》．❹《軍»火薬．❺《ウルグアイ》[不幸な・貧しい] 哀れな奴．❻《プエルトリコ》複《農業などの》初期費用

mixtolobo [mi(k)stolóβo] 男 オオカミ犬

mixtura [mi(k)stúra]《←ラテン語》女 ❶《文語》混合，混合物《=mezcla》．❷《料理》数種の種入りのパン．❸《古語．薬学》混合薬．❹《ペルー，ボリビア》花束の贈り物

mixturar [mi(k)sturár] 他《まれ》混ぜる，混合する

mixturero, ra [mi(k)sturéro, ra] 形 名 ❶《まれ》混合する〔人〕．❷《古語》もめごとを起こす〔人〕
── 女《ペルー》花売り娘

miz [míθ] 間 ネコを呼ぶ時の声
── 女《口語》ネコ《=gato》

Mizar [miθár] 女《天文》《大熊座の》ζ星〕ミザール

mízcalo [mízkalo]《植物》アカハツタケ《=níscalo》

mizo, za [míθo, θa] 名 ❶《地名》[インドの] ミゾラム Mizoram の〔人〕．❷《口語》ネコ《=gato》．❸《隠語》[手・腕が] 不具の，左の

mizque [mízke] 男《アルゼンチン》燕麦のアルコール

mizqueño, ña [mizkéɲo, ɲa] 形 名《地名》ミスケ Mizque の〔人〕《ボリビア，コチャバンバ県の町》

MKS [éme ká ése] 形 **=MKSA**

MKSA [éme ká ése á] 形 sistema ～ MKS単位系

mm.《略語》←milímetro ミリメートル

m/m《略語》←más o menos 約…

mn.《略語》←minuto 分

m/n.《略語》←moneda nacional 自国通貨

mnémico, ca [némiko, ka] 形 記憶の

mnemónico, ca [nemóniko, ka] 形 **=mnemotécnico**

Mnemosine [nemosíne] 固 女《ギリシア神話》ムネモシュネ《記憶の女神．ミューズたち Musas の母》

mnemotecnia [nemoteknja] 女 記憶術《=nemotecnia》

mnemotécnico, ca [nemotékniko, ka] 形 女 記憶を助ける，記憶術の

MNR 男《略語》←Movimiento Nacionalista Revolucionaria 民族革命運動党《1942年，チャコ戦争 guerra del Chaco 後にボリビアで結成された中道政党》

m/o.《略語》←mi orden 当方の注文

moabita [moaβíta] 形 名 ❶《歴史，国名》モアブ Moab の〔人〕．❷《古語》アルモラビド族〔の〕《=almorávide》
── 男 モアブ語

moabdita [moaβδíta] 形 名 男 **=moabita**

moái [moái] 男 複 ～s] [イースター島の] モアイ像

moañés, sa [moaɲés, sa] 形 名《地名》モアーニャ Moaña の〔人〕《ポンテベドラ県の町》

moaré [moaré] 男 **=muaré**

moaxaja [moaʃáxa] 女《詩法》モアシャッハ，ムワッシャハ《中世イスラムスペインの詩．教養語であるアラビア語またはヘブライ語で書かれ，末尾に民衆的なハルチャ jarcha が加えられている》

móbil [móβil] 男 携帯電話《=móvil》

mobiliar [moβiljár] 他《まれ》家具を備えつける

mobiliario, ria [moβiljárjo, rja] 形 ❶《経済》1) [有価証券が] 持参人払いの，譲渡可能な．2) 動産の．❷ 家具の，移動できる
── 男《集合》[一軒の家・一部屋の] 家具，調度: renovar el ～ del salón 広間の調度を新しくする．～ de cocina [レンジ・流し台などの] システムキッチン
～ urbano [ベンチ・くずかご・街灯などの] 街路備品

moblaje [moβláxe] 男《集合》家具，調度《=mobiliario》

moblar [moβlár] 28 他《廃語》**=amueblar**

moble [móβle] 形《廃語》動かせる，移動できる

moca [móka] I《←Moca (アラビアの町)》男 ❶ **=moka**; 上質のコーヒー．❷《まれ》鼻水《=moquita》
II 男《エクアドル》沼地，湿地

mocador [mokaδór] 男《地方語》涙ふき用のハンカチ《=moquero》

mocán [mokán] 男《植物》ツバキ科の一種《学名 Visnea mocanera》

mocar [mokár]《←moco》7 他《地方語》…の涙をかんでやる
── se《地方語》涙をかむ

mocárabe [mokáraβe] 男《美術》モカラベ《アラブ建築で丸天井やアーチの先細の角柱を下向きにはめ込んで並べた鍾乳石状の装飾》

mocarra [mokářa] 名《口語》小生意気な子供，腕白小僧《=mocoso》

mocarrera [mokařéra] 女《まれ》多量の涙

mocarro [mokářo]《←moco》男《鼻から》たれた涙(ৃ)

mocasín [mokasín]《←英語 moccasin》男 ❶《服飾》[靴] モカシン．❷《動物》アメリカマムシ; ～ acuático ヌママムシ

mocato, ta [mokáto, ta] 形《ドミニカ》腐敗した，腐りかけの

mocear [moθeár]《←mozo》自 ❶ 若い人ふる まう．❷《まれ》[若者が] 悪ふざけをする

mocedad [moθeδáδ]《←mozo》女 ❶《文語》青年期，青春時代; 若さ: en su ～ 彼の若い時に．❷《集合》若者，若い連中．❸《まれ》[若者の] 悪ふざけ; 放蕩，道楽

mocejón [moθexón] 男《地方語》貝. ムール貝《=mejillón》

moceril [moθeríl]《←mozo》形 若者〔たち〕の; 若者らしい，若々しい; 青年期の

mocerío [moθerío] 男《集合》若者，若い連中で: El ～ se divierte mucho. 若者たちはとても楽しくやっている

mocero, ra [moθéro, ra] 形《まれ》❶ 青年期の．❷ [男が] 好色な，淫蕩な

mocete, ta [moθéte, ta] 名《リオハ，アラゴン》少年，少女

mocetón, na [moθetón, na]《←mozo》肥満体の (体の大きな) 若者

mocezuelo [moθeθwélo] 男《中南米》[新生児がよく起こす] けいれん，ひきつけ

mocha¹ [mótʃa]《←mocho》女 ❶《西. 口語》[人の] 頭．❷《古語》お辞儀．❸《地方語》[小山の] 頂上．❹《キューバ》[サトウキビ伐採用の] 幅広の山刀．❺《ベネズエラ》トラックの超低速ギア．❻《チリ》1)《口語》けんか．2) 一般信徒
hecho la ～/a toda ～《メキシコ. 口語》全速力で

mochada [motʃáδa] 女《まれ》頭突き; 角(${}^{\circ}_{\circ}$)での突き

mochales [motʃáles] 形《単複同形》《西》[estar+, +por・con で] 頭がおかしくなっている;《口語》恋に狂っている

mochar [motʃár] 他 ❶ 頭突きする; 角(${}^{\circ}_{\circ}$)で突く．❷ 先端を切り落とす．❸《メキシコ，コロンビア》[手足などを] 切断する．❹《プエルトリコ，ペルー》いいかげんに切る．❺《アルゼンチン》こっそり盗む，くすねる
── se ❶《メキシコ. 口語》1) [+con と, 金を] 出し合う．2) 逃げ出し，立ち去る．❷《ベネズエラ. 口語》散髪してもらう．❸《アルゼンチン》間違う，誤る

mochazo [motʃáθo] 男 ❶ [棒などの] 太い部分 mocho による殴打．❷ 頭突き

moche [mótʃe] 形《歴史》**=mochica**
a troche y ～ でたらめに，めちゃくちゃに; あわてふためいて: derrochar toda su fortuna *a troche y ～* 全財産をぱあっと使い果たす

mocheó [motʃeó] 形《コロンビア，ボリビア》黄緑色の; 青ざめた，死体のような色の

mocheta [motʃéta] 女 ❶《建築》1) [二壁面の間の] 凹角．2) [戸口・窓の] 抱き《=telar》; 水切り縁．❷ [鍬・斧などの刃の] 背

mochete [motʃéte] 男《鳥》チョウゲンボウ《=cernícalo》

mochica [motʃíka] 形 名《歴史》モチェ族の《ペルー北部海岸地帯の先住民》: cultura ～ モチェ文化《先インカ期，紀元前200年ごろ〜後700年ごろの高度な文明》

mochicuán, na [motʃikwán, na]《メキシコ》自分本位の，わがままな; けちな

mochil [motʃíl]《バスク語 motxil》男《農場労働者間の》使い走りの少年

mochila [motʃíla]《←バスク語 motxil「使い走りの少年」》女 ❶ リュックサック，バックパック: cargarse una ～ リュックをかつぐ．con una ～ a hombros リュックを背負って．❷《学生の》背負う通学鞄．❸《軍》背嚢(ಓ).❹《赤ん坊の》おぶいひも．❺《アンダルシア》[従軍する各兵士に支給される] 食糧とまぐさ．❻《メキシコ》蓋付きの箱 cofre 型のスーツケース．❼《中南米》肩掛けかばん
de ～ 背負って運ぶのに適した: extintor *de ～* 背負い型消火器
hacer ～ [猟師などの] 弁当を用意する

mochilá [motʃilá] 女《ホンジュラス. 飲料》ココナッツミルクに熟したバナナを混ぜたもの

mochilazo [motʃiláθo] 男 *hacer un ～*《コロンビア》[福祉ك

mochiler [motʃilér]《メキシコ. 闘鶏》❶ [その日の] 最初の試合. ❷ 初めて登場する鶏《性格が分からない》

mochilero, ra [motʃiléro, ra] 名 バックパッカー, リュックサックを背負って旅行する人
―― 名 ❶《古語》背嚢を背負って従軍する兵士. ❷《地方語》徒歩の密輸業者. ❸《地方語》クリスマスの仮装をして出かける人. ❹《コロンビア. 鳥》カンムリオオツリスドリ
―― 女《コロンビア. 鳥》吊り巣

mochilón [motʃilón] 男《コロンビア》アオイ科植物の繊維で編んだかご

mochín [motʃín] 男《古語》死刑執行人; [鞭打ち・拷問などの] 執行人

mocho, cha[２] [mótʃo, tʃa] 《←?語源》形 ❶ 角(ｶﾄﾞ)のない: vaca mocha 角のない雌牛. ❷ 先の丸くなった: cuerno ～ 先を丸くした角. torre mocha 先端の丸い塔. ❸ 通常より短い. ❹ [小麦が] arista のない. ❺《まれ》頭の回転が鈍い, 愚かな. ❻《西, チリ. 口語》髪の非常に短い, 丸坊主の. ❼《メキシコ, グアテマラ. 政治》保守派[の]. ❽ 右翼[の]. ❾《メキシコ, ペネズエラ. 口語》手足などが欠損した[人], 身障者[の]. ❿《メキシコ》1) 信心家ぶった[人], 偽善者[の]. 2) カトリック教徒(の). ⓫《中米》孤児. ⓬《エルサルバドル》祖父; 先祖. ⓭《アンデス》巨大な. ⓮《ベネズエラ》[髪が] 短い. ⓯《アルゼンチン》天井のない; 帽子をかぶっていない
―― 副 *hablar medio ～*《メキシコ. 口語》はっきり発音しない
―― 男 ❶ [長い器具の] 太い端: ～ de una ballesta 弩(ﾄﾞ)の端(ﾊｼ). ❷ モップ. ❸《まれ》厄介な仕事, 面倒事《=mochuelo》. ❹《まれ》[誰もかぶりたがらない] 罪, 責任. ❺《主にグアテマラ, チリ. カトリック》助修士. ❻《カリブ, アンデス》駄馬. ❼《チリ》丸坊主の宗教家
meter a+人 *los ～s*《ドミニカ, プエルトリコ》脅す, 怖がらせる
～ de tabaco《キューバ》たばこの吸いさし

mochoco [motʃóko] 男《メキシコ》トウモロコシの切り株

mochón [motʃón] 男《魚》トウゴロウイワシ科の一種《学名 Atherina mochon》

mochongada [motʃoŋgáda] 女《メキシコ. 口語》おどけた言動

mochongo, ga [motʃóŋgo, ga] 形《メキシコ. 口語》嘲笑的の, 笑いもの

mochuelo [motʃwélo]《←?mocho+-uelo》 男 ❶ [鳥] [ユーラシアに住む] フクロウ, コキンメフクロウ: Cada ～ a su olivo.《西. 諺》相応であれ, 分をわきまえよ《フクロウはそれぞれ自分のオリーブの木に》. ❷《西. 口語》[人の嫌がる] 厄介な仕事, 面倒事: Siempre cargo yo con el ～. 私はいつも厄介事を背負い込む. sacudirse el ～ 厄介事を避ける. caer a+人 el ～ …に面倒事が持ち込まれる. ❸《西. 口語》[誰もかぶりたがらない] 罪, 責任: Le echaron el ～. 彼は責任を取らされた. ❹ [印刷] 組み落とし, 脱落. ❺《まれ》無能な人, 役立たず. ❻《古語》[家庭用の] 容器

mocil [moθíl] 形《西》=**moceril**

moción [moθjón]《←英語 motion》女 ❶ 動議, 発議: Se ha aprobado la ～ de censura contra el gobierno. 内閣不信任案が可決された. hacer (presentar) una ～ 動議を提出する. ～ de confianza 信任投票. ❷《言語》[名詞の男性形から女性形への] 変化語尾, 屈折語尾; その語尾付加. 2) [セム語における] 母音; 子音に付く母音記号. ❸ 動き, 運動, 移動: ～ aparente《天文》視運動. ～ compuesta 合成運動. ❹ [物事に対する] 心の傾向, 同意. ❺ 霊感, 神感

mocionar [moθjonár] 自《メキシコ, 中米》動議を提出する, 提議する

mocito, ta [moθíto, ta]《*mozo* の示小語》形 名 ❶《時に軽蔑》[青年期に入った] 少年[の], 少女[の]: Ya está hecha una ～*ta* y preciosa. 彼女はもう立派に成長して美しくなった. ～*ta* casadera 結婚適齢期の娘. ❷《地方語》独身者《主に女性》: 処女, 童貞

moco [móko]《←ラテン語 mucus》男 ❶ [主に 複] 洟(ﾊﾅ), 鼻汁: Se le caen (Le cuelgan) al niño los ～*s*. その子は洟をたらしている. sorberse los ～ 洟を吸う. ❷ [洟のような] 粘液. ❸ [ろうそくを伝って] 固まったろう, 溶けたろう. ❹ [技術] 金屎(ｸｿ). ❺ [点灯した明かりの] 灯心の先端. ❻ [船舶] マーチンゲール《バウスプリットの途中から下に突き出している円材》. ❼《口語》殴打, 強打. ❽《俗語》酔い, 酩酊. ❾《動物》サルパ《=salpa》. ❿《チリ》[ポプラなどの] 小穂
a ～ de candil ろうそくの明かりで

caerse a+人 *el ～* 1) [人が] 単純である, 抜けている. 2)《ドミニカ》気力を失う
doblar el ～《メキシコ, ペルー》眠り込む
limpiar a+人 *los ～s* 1) …の洟をかんでやる. 2) …に平手打ちを食らわす
llorar a ～ tendido/llorar a ～ y baba《口語》わあわあ泣く, 派手に泣く
～ de elefante《エルサルバドル》陰茎
～ de pavo 1)《植物》ケイトウ. 2) 七面鳥のとさか
no ser ～ de pavo《口語》軽視すべきものではない, かなりのである: Mil euros no son ～ de pavo. 1千ユーロといえばわずかな金ではない
quitar a+人 *los ～s* …に平手打ちを食らわす
tirarse el ～《隠語》自慢する, ほらを吹く

mocoano, na [mokoáno, na] 形 名《地名》モコア Mocoa の [人]《コロンビア Putumayo 県の県都》

mococoa [mokokóa] 女《コロンビア, ボリビア》憂鬱; 不機嫌
―― 形《メキシコ. 俗語》病気の

mocontullo [mokontúʎo] 男《ペルー》スープをとるための骨

mocora [mokóra] 女《エクアドル. 植物》ブラックナッツ・パーム《その葉パナマ帽を作る. 学名 Astrocaryum standleyanum》

mocoso, sa [mokóso, sa]《←moco》形 ❶ [estar+] 鼻水が出る: Estoy ～: debo haberme resfriado. 洟が出る. 私は風邪をひいたに違いない. ❷《軽蔑》[ser+] 小生意気な
―― 名《軽蔑》小生意気な子供, 腕白小僧; 青二才: ¿Has visto las cosas que dice este ～? この洟れ小僧の言い草はどうだい?

mocosuelo, la [mokoswélo, la] 形 名 *mocoso* の示小語

mocosuena [mokoswéna] 副《西. 戯語》❶ [意味を考慮せずに] 音を似せて: traducir ～ 音訳する ❷ いい加減に, おざなりに

mocoví [mokoβí] 形 名 モコビ族[の]《アルゼンチン北部, Bermejo 川と Salado 川の間に住んでいた先住民》

Moctezuma [mokteθúma]《人名》= **II** モクテスマ2世《1466～1520. Montezuma, Motecuhzoma とも呼ばれる. アステカの君主. コルテス Cortés 麾下でスペイン軍を首都テノチティトラン Tenochtitlan《現メキシコ市》へ迎え入れた後, 殺された》

mocuño [mokúpo] 男《コロンビア》[キツネ・シカなどを獲る] 罠

mod [mo(d)] 男《←英語》モッズ《1960年代イギリスの凝った服装の若者たち; その流行》

moda [móda]《←仏語 mode》女 ❶ 流行; モード, ファッション: Estos cuadros permiten ver las ～*s* de las mujeres japonesas de hace cien años. これらの絵によって100年前の日本女性の風俗を見ることができる. corbata a la ～ de Milán ミラノ・ファッションのネクタイ. revista de ～*s* ファッション雑誌. tienda de ～*s* ブティック. de este año ～ de este año 今年の流行. de el miriñaque クリノリンの流行. ～*s literarias del siglo XIX* 19世紀の文学的流行. La ～ *no incomoda*.《諺》流行遅れでも着心地よえすればよい. ❷ ファッション業界. ❸《統計》並数(ﾅﾐ), 最頻値, モード
a la ～ 流行の, 流行している: ir *a la ～* 流行のスタイルをする. sombrero *a la ～* 流行の帽子
a la última ～ 最新流行の: Lola encanta vestir siempre *a la última ～*. ロラはいつも最新流行の服を着るのが好きだ
de ～ 流行の: color *de ～* 流行色
entrar en la ～ 流行し始める
entrar en [las] ～s 流行に染まる
estar de ～ 流行している: La minifalda *estaba* muy *de ～*. ミニスカートが大はやりだった
pasado de ～ 流行遅れの, すたれた
pasar de ～ =*pasarse de ～*
pasarse de ～ 流行遅れになる, すたれる
poner... de ～ …を流行させる
ponerse a la ～ 流行についていく
ponerse de ～ =*entrar en la ～*
ser [de] ～ 流行している

modado, da [moðáðo, ða] 形《コロンビア》[bien・mal+] 行儀の良い・悪い

modal [moðál]《←*modo*》形 ❶《文法》叙法の: verbo ～ 法動詞, 法助動詞 [poder, deber など]. ❷《音楽》音階の. ❸ 様式の
―― 男 複 行儀[作法], マナー, 物腰: Tiene ～*es toscos*. 彼の物腰は洗練されていない. tener [buenos] ～*es* 行儀が良い.

tener malos ~es 行儀が悪い. perder los ~es たしなみを忘れる. con buenos ~es 丁重に, 礼儀正しく. ~es de mesa テーブルマナー. ~es comunes 無作法. ~es finos 上品なマナー. **¡Vaya ~es!** 何という無作法だ!

modalidad [moðaliðáđ]《←modal》囡 ❶ 型, タイプ: El producto es el mismo, pero se presenta en varias ~es: en botella o en caja de cartón. 製品名は同じだが, 瓶入りだったり箱入りだったり外側が何種類かある. nueva ~ de contrato 新しいタイプの契約. ❷《スポーツ》カテゴリー: Es campeón de Europa en la ~ de salto de altura. 彼は走り高跳びのヨーロッパチャンピオンだ. ❸《法律》[実施条件・期限などの] 態様; 限定条項. ❹《言語》叙法, 法範疇. ❺《情報》モード: ~ de texto テキストモード.

modalismo [moðalísmo] 男《カトリック》様態論《三位一体論に対し, 父・子・聖霊は一つの神の様態の変化したものであると考える》.

modéjar [moðéxar] 形《廃語》= **mudéjar**

modelable [moðeláβle] 形 形作られ得る

modelación [moðelaθjón] 囡 形作り

modelado [moðeláðo] 男 ❶ 形作り; 造形, 塑像術;《美術》[彫塑などの] 肉づけ. ❷《地質》浸食地形: ~ glaciar (fluvial・marino) 氷食 (河食・海食) 地形

modelador, ra [moðelaðór, ra] 形 形を作る[人], 造形する[人]
—— 男《ラプラタ》❶《服飾》コルセット. ❷ [整髪用の] ドライヤー.

modelaje [moðeláxe] 男 ❶ 形作り. ❷《化粧》スタイリング

modelamiento [moðelamjénto] 男 ~ del pecho 豊胸

modelar [moðelár]《←modelo》他 ❶《+en 粘土・蠟など》…の形を作る, 造形する: ~ una estatua *en* barro 粘土で像を作る. ~ el carácter de sus discípulos 弟子の個性を伸ばす. ~ su conducta según la de sus padres 両親の行ないをまねる
—— 自 ❶ 造形する. ❷《アンデス》[美術・ファッションの] モデルをする

modélico, ca [moðéliko, ka] 形 模範的な, 手本となる: Hasta ahora siempre había tenido un comportamiento ~. 彼は今まで常に模範となるようなふるまいをしてきた

modelismo [moðelísmo] 男 模型製作[術]

modelista [moðelísta] 共 ❶ [機械などの] 模型製作者. ❷ 鋳型工; 型枠工. ❸ 服飾デザイナー

modelización [moðeliθaθjón] 囡 模式化

modelizar [moðeliθár] 他 …の模式 (理論モデル) を作る

modelo [moðélo]《←伊語 modello ←俗ラテン語 modellus》男 ❶ 模範, 手本, 典型, 1) tomar... como ~ …を手本 (モデル) にする. servir de ~ 手本になる. según el ~ 手本に従って. ~ a imitar 人生などの お手本, 役割モデル, ロールモデル. ~ de caligrafía 習字の手本. ~ de corrección 模範解答. ~ de factura 送り状 (インボイス) の様式. Es un ~ de andaluz. 彼はアンダルシア人の典型だ. ~ de belleza 美人の典型. Es un ~ de belleza. 彼は典型的な美人だ. 2) [性数変化せずに形容詞的. 名詞+] Es una madre ~. 彼女は母親の鑑 (ﾇﾉ) だ. unas granjas ~ いくつかのモデル農場. alumno ~ 模範的な生徒. empresa ~ 模範企業. ❷《製品などの》❶ 型, 型式;《機械》Han lanzado un nuevo ~ de coche. 新型車が市場に投入された. En la urbanización hay viviendas de distintos ~s. 団地には様々なタイプの住居が並んでいる. auto ~ 2015 2015年型車. lavadora último ~ 最新型の洗濯機. ❷ 模式 (的な仮説), 理論モデル; [数学的な] モデル: ~ económico 経済モデル. ❸ ひな型; [彫刻などの] 原型, 鋳型: ~ de madera 木型. ❹ [縮小した] 模型《=~ reducido, ~ a escala》. ❻《服飾》[服は新デザイナーの] オリジナル作品, 一点物. ❼《キューバ》記入用紙
—— 共 ❶《美術・ファッション》モデル: Ella trabaja de publicitaria. 彼女はCMモデルとして働いている. ~ de portada カバーガール. ~ desnuda ヌードモデル. ~ vivo《美術》[主に裸体の] 人物モデル. ❷ [作品などの] モデル, 題材: tomar a+人 como ~ 人をモデルにする

módem [móðem]《←英語 modem》男《腕》~s》《情報》モデム, 変復調装置: ~ interno (externo) 内蔵 (外付け) モデム

modenés, sa [moðenés, sa] 形《地名》《イタリアの都市》モデナ Módena の [人]

moderable [moðeráβle] 形 調節 (緩和) され得る

moderación [moðeraθjón] 囡《←ラテン語 moderatio, -onis》❶ 節度, 穏健, 中庸, 程よさ: obrar con ~ 節度をもって行動する.

beber con ~ 飲酒をほどほどにする. ❷ 軽減, 緩和: ~ de la velocidad 減速. ~ salarial [賃金・物価高騰の悪循環を防ぐための] 賃上げ抑制

moderadamente [moðeráðaménte] 副 控え目に, 節度をもって; 適度に, 程よく

moderado, da [moðeráðo, ða] 形 ❶ 中庸の, 節度ある: actitud ~da 控え目な態度. pretensiones ~das 高望みでない目標. ❷ 穏健派の: 1) partido ~〔izquierdas〕中道〔左派〕政党. 2)《歴史》[特にイスパニア2世時代の] 穏健派自由主義者の: década ~da 穏健派の10年間《サルトリウス Sartorius の率いる穏健派政党が活躍した1844～54年の間の時代》. ❸ 手ごろな, 適度の: marcha ~da 中ぐらいの速さ;《表示》スピード落とせ. precio ~ 手ごろな値段. temperatura ~da 適温, 暑くも寒くもない気温
—— 男 穏健な考えの人, 穏健派
—— 男《音楽》モデラート《= moderato》

moderador, ra [moðeraðór, ra] 形 調節する, 調停する, 緩和する: hacer un papel ~ 調停役を果たす. poder ~ [国家元首の] 統治権. ❷ 抑制力
—— 男 ❶ [ニュース番組の] 総合司会者, キャスター; [討論会などの] 司会, まとめ役. ❷《情報》[掲示板の] 管理人. ❸ 調停者, 仲裁者
—— 男《物理》減速材.《プロテスタント》長老派教会会議議長

moderante [moðeránte] 形《まれ》控え目にする, 緩和する

moderantismo [moðerantísmo] 男 ❶《歴史》穏健思想, 中道主義. ❷《まれ》節度ある習慣

moderantista [moðerantísta] 形《歴史》穏健思想の, 中道主義の

moderar [moðerár]《←ラテン語 moderari「範囲内にとどめる」》他 ❶ 控え目にする, 調節する, 緩和する; 和らげる, 静める: Tenemos que ~ la fuerza al abrir esta puerta. このドアを開く時は力を加減しなければならない. *Has moderado* tu lenguaje. 君は言葉を選んだな. ~ el tono de su voz 声を抑える. ~ la velocidad 速度を抑える. ~ sus ganas 欲望を抑える. ❷ 司会 (まとめ役) をつとめる: presidir y ~ la asamblea 会議の議長とまとめ役をつとめる
—— *~se* 自制する: Voy a *~me* con los dulces. 甘い物は控えよう. *~se* en las palabras 言葉を慎む, 丁寧に話す. *~se* en las pasiones 情熱を抑える. ❷ 和らぐ: *Se ha moderado* el tiempo. 天候が穏やかになった

moderativo, va [moðeratíβo, βa] 形 調節する; 緩和する

moderato [moðeráto]《←伊語》副《音楽》モデラート, 中くらいの速さで

moderatorio, ria [moðeratórjo, rja] 形 [ゆきすぎを] 緩和する, 加減する

modería [moðería] 囡《まれ》流行

modernamente [moðernaménte] 副 ❶ 近ごろ, 最近では. ❷ 今は, 現在では, 現代において. ❸ 現代的に, 今風に: ir ~ vestido 流行の服を着ている

modernez [moðernéθ] 囡《軽蔑》当世風, モダン好み; 現代性, 近代性; 現代 (近代) 的なもの

modernidad [moðerniðáð] 囡 ❶ 現代性, 近代性, 近代的な特質: Este coche demuestra la ~ del diseño. この車にはデザインの現代性が見てとれる. ❷《集名》現代的なもの《思想, 習慣など》: El mayor vicio de la ~ es el individualismo. 現代の最大の悪は個人主義である. ❸ 現代《= edad moderna》

modernismo [moðernísmo] 男 ❶ 当世風, 現代趣味, モダン好み.《時に軽蔑》現代性, 近代性;《軽蔑》現代 (近代) 的なもの. ❷《文学》[主に M~] モデルニスモ, 近代派《19世紀末から20世紀前半にかけて, ルベン・ダリーオ Rubén Darío を中心にラテンアメリカ文学に決定的な影響を与え, スペイン, ヨーロッパに広がった文学運動. フランス高踏派やフランス詩の影響を受け, 該博な知識に裏付けられたエキゾチシズム, あえかなエロティシズムやアンニュイをたたえた世界を, 絢爛たる措辞と音楽的な階律を備えた言語によって創造した》. ❸ M~《catalán》カタルーニャモデルニスモ《19世紀末から20世紀初頭のカタルーニャ独自の芸術運動. アール・ヌーボー Art Nouveau の影響下, カタルーニャの伝統や精神性, 経済的発展を反映. ガウディ Gaudí, ラモン・カサス Ramón Casas など》

modernista [moðernísta] 形 ❶ モデルニスモの[作家・詩人], 近代派の; 近代主義の (主義者) の.《古語》現代的な, 近代の. ❸《まれ》当世風の, 現代趣味の [人], モダン好みの

〔人〕

modernizable [moðerniθáble] 形 近代化(現代化)され得る

modernización [moðerniθaθjón] 女 現代化, 近代化: ~ de estilo de vida 生活様式の近代化

modernizador, ra [moðerniθaðór, ra] 形 名 現代化(近代化)させる〔人〕: proceso ~ 近代化プロセス

modernizante [moðerniθánte] 形 現代化(近代化)する, 近代化(現代化)傾向の

modernizar [moðerniθár] [←moderno] 9 他 ❶ 現代化させる, 近代化する: *Hemos modernizado* la maquinaria de la fábrica. 我々は工場の機械を時代に合わせて新しくした. ~ la agricultura 農業を近代化する. ~ el sistema de gobierno 政治の仕組みを近代化する. ~ los sistemas de suministro de energía エネルギー供給システムを近代化する. ❷ 現代風にする: Hay que ~ el mobiliario de la oficina. 事務所の調度を新しいものに入れ替える必要がある. ~ la tienda 店をモダンに改装する. ❸〔衣服などを〕仕立て直す: ~ un vestido de novia antiguo 昔のウエディングドレスを仕立て直して新しくする
—— **~se** ❶ 近代的になる; 現代風になる. ❷ 自分を時代に合わせる: *Hemos de ~nos* para entender mejor a nuestros hijos. 私たちは子供のことをもっと理解できるように, 考えを新しくするべきだ. ❸ 現代化される, 近代化される: *Esa obra clásica se ha modernizado* para la versión inglesa. その古典作品は英語版によって現代のものとなった

moderno, na [moðérno, na] 〖←ラテン語 modernus < modo「たった今, 今すぐ」〗 形 ❶ 現代の, 現代的な (⇔antiguo): 1) Mi padre se afana por parecer ~. 私の父は現代的な人間に見られたがっている. ciencia ~*na* 現代科学. hombre ~ 現代人. modo de vivir a la ~*na* 現代的な生活様式の. 2) 最新の, 先端的な: maquinaria ~ *na* 最新機器. ~ *s* sistemas de seguridad 最新のセキュリティシステム. el modelo más ~ de vehículos eléctricos 電気自動車の最新モデル. ❷〔時代区分としての〕近代の; 近世の: estados ~*s* 近代国家. historia ~ *na* 近代史. literatura ~ *na* 近代文学. juegos olímpicos ~ *s*/Olímpicos de la era ~ *na* 近代オリンピック. 〖参考〗修飾する名詞によって意味する年代が異なることがある: español ~ y contemporáneo 現代および現代スペイン語 (1800年以降). inglés ~ 近代英語 (1700年以降). ❸ 最近の. No es invento ~. それは最近の発明ではない. Los habitantes ~ *s* de la localidad difieren algo genéticamente de los primitivos. その地域の今の住民は原初の人々と少し遺伝学的に違っている. la edición más ~ *na* 最新版. ❹〔学校・クラブなどで〕新入りの, 新参者の. ❺ 最新流行の; 流行を追いかける: llevar una ropa muy ~ *na* 最新流行の服を着ている. Es una señora muy ~ *na*. 彼女はとても今風の奥さんだ. ❻ 革新的な. ❼〘ホンジュラス〙動作の鈍い, 愚鈍な

a la ~na 現代的な・に, 今風に・の
—— 名 女 ❶ 流行の先端をいく人. ❷ 新入り, 新参者
—— 名 男 複 現代人

modes [modés]〖←商標〗 男〔単複同形〕《ベネズエラ》生理用ナプキン

modess modés 男〔単複同形〕《ベネズエラ》=modes

modestamente [modestaménte] 副 ❶ 慎ましく, 控えめに, 慎み深く: Clara siempre habla de sí ~. クララはいつも自分のことを控えめに話す. ❷ 質素に, つつましく: Sus padres viven ~. 彼の両親はつつましやかに暮らしている

modestar [modestár] 他《まれ》〔事物を〕控え目にする

modestia [modéstja] 〖←ラテン語 modestia, -ae「規範への服従」〗 女 ❶ 謙遜, 謙虚; 控えめ, 慎み深さ: Habla de sí mismo con ~ y nunca se alaba. 彼は自分のことは控えめに話し, 決して自慢しない. con una falsa ~ うわべだけ謙遜して. ❷ 質素; みすぼらしさ: vivir con ~ つつましく暮らす. vestir con ~ 地味な(みすぼらしい)服装をする. ❸〔経済的〕欠乏: ~ de recursos económicos 資金不足. ❹《古語的》しとやかさ, 貞淑

en su ~《口語》謙虚に; 控えめに
~ aparte 自慢ではないが: La tortilla me quedó estupenda, ~ *aparte*. 自慢ではないがトルティージャはおいしくできた

modesto, ta [modésto, ta] 〖←ラテン語 modestus, -a, -um「中庸の, 節度のある」〗 形 〖ser+〕 ❶ 謙虚な, 慎み深い: Es tan ~ *ta* que nunca habla de sus premios. 彼女は遠慮がちで, 決して自分の受賞について語らない. Es un hombre de ambiciones ~ *tas*. 彼はあまり欲の深い人だ. Mis pretensiones son ~ *tas*. 私の望みはささやかだ. En mi ~ *ta* opinión... 私の意見を言わせてもらえば…. ❷ 質素な, つつましい; うらぶれた, みすぼらしい: barrio ~ うらぶれた地域, 裏町. casa ~ *ta* 質素な家, みすぼらしい家. sueldo ~ 薄給. vida ~ *ta*つつましい(うらぶれた)暮らし. ❸〔経済的・社会的地位が〕低い: Era un hombre de origen ~. 彼は低い身分の生まれだった. ❹〔主に+名詞〕劣った, 重要度の低い: ~ entallador 北仕込みの彫り師. ~ piso 安マンション. ❺《古語的》〔女性が〕しとやかな, 貞淑な
—— 名 ❶ 謙虚な人, 控えめな人. ❷ 経済的・社会的地位の低い人

módicamente [móðikaménte] 副 ❶ まずまず, そこそこ. ❷ 不足して, 乏しく

modicidad [moðiθiðá(ð)] 女《まれ》〔金額が〕まずまずであること; 安さ, 低廉

módico, ca [móðiko, ka]〖←ラテン語 modicus < modus「大きさ, 様式」〗 形〔金額が〕手ごろな, まずまずの; 低い, 安い: Por un precio ~ esta casa será suya. 手ごろな値段でこの家はあなたのものです. ~ margen de ganancias わずかな利ざや

modificable [moðifikáble] 形 修正(変更)され得る

modificación [moðifikaθjón] 〖←ラテン語 modificatio, -onis〗 女 ❶ 修正, 変更, ~ de órbita 軌道修正. ~ en una carta de crédito 信用状の条件変更. ~ parcial 部分改造: ~ en la casa 改築. ❸《文法》修飾. ❹《生物》環境異変, 一時変異

modificador, ra [moðifikaðór, ra] 形 名 修正(変更)する〔人〕
—— 名 男《文法》修飾語

modificante [moðifikánte] 形 修正する, 変更する

modificar [moðifikár]〖←ラテン語 modificare「調整する」〗 7 他 ❶ 修正する, 変更する: El jefe *ha modificado* el proyecto. 上司は計画を変えた. La organización de la carrera tiene intención de ~ el recorrido. レースの組織委員会はルートの変更を考えている. ~ el horario de los trenes 列車ダイヤを改正する. ~ la ley electoral 選挙法を改正する. ~ la conducta 行ないを改める. capitalismo *modificado* 修正資本主義. presupuesto *modificado* 修正予算. ❷ 部分改造する: ~ la decoración de un salón 広間の内装を変える. ❸《文法》修飾する, 限定する: El adverbio *modifica* al verbo. 副詞は動詞を修飾する 〖*a* は目的語の明示〗. ❹《生物》環境異変を起こさせる, 一時変異させる. ❺《まれ》〔区別するため, 状態などを〕限定する, 制限する. ❻《まれ》抑制する, 緩和する
—— **~se** ❶ 変わる, 変化する 〔→cambiar 類義〕: La fecha no *se ha modificado*. 日付けは変更になっていない. ❷《生物》環境異変を起こす, 一時変異する. ❸《まれ》限定(制限)される. ❹《まれ》自制する; 緩和される

modificativo, va [moðifikatíβo, ba] 形 ❶ 修正(変更)するための. ❷《法律》〔刑で〕加重減軽する: circunstancia ~ *va* 酌量すべき状況

modificatorio, ria [moðifikatórjo, rja] 形 修正する, 変更する

modillón [moðiʎón] 〖←イタリア語 modiglione〗 男《建築》〖軒蛇腹の下の, 渦巻き形の〗飾り持ち送り, モディリオン

modio [móðjo] 男《古代ローマ》〔主に乾量の単位〕モディウス 〖=8.75リットル〗

modiolo [moðjólo] 男《解剖》モダイオラス, 口角結節 〖=~ del ángulo de la boca〗

modis [moðís] 女《古語的》ドレスメーカーの助手(見習い)〖=modistilla〗

modismo [moðísmo] 〖←modo〗 男《文法》〔ある言語に特有の〕熟語, 慣用句, イディオム 〖例 a manos llenas 気前よく, no dar pie con bola へぼばかりする〗

modista [moðísta] 名 ❶ ドレスメーカー, 婦人服デザイナー. ❷《古語》流行を追う(創る)人

modistería [moðistería] 女 ❶ ドレスメーカーの仕事(職業). ❷《中南米》婦人服店. ❸《コロンビア》衣服の製造; 衣料品店, 衣料品工場

modistil [moðistíl] 形《口語》ドレスメーカーの, 婦人服デザイナーの

modistilla [moðistíʎa] 女《西・古語的》❶ ドレスメーカーの助手(見習い). ❷ 未熟(下手)なドレスメーカー

modisto [moðísto] 男〔男性の〕ドレスメーカー, 婦人服デザイナー

modo [móðo]〖←ラテン語 modus「尺度」〗 男 ❶ やり方, 方法, 仕方〔→manera 類義〕: 1) Hay tres ~ *s* de hacerlo. それをするには3通りの方法がある. No tenemos ~ de saber qué nos espera en el futuro. 未来に何が私たちを待ち受けているかを知る方法などない. No lo digas de ese ~. そんな言い方をしてはいけ

ない. No me gustó el ~ en que me lo dijo. 彼の私への言い方が私は気に入らなかった. ~ de actuar de los adolescentes 青少年の行動形態. ~ de comportarse con los demás 人に対する接し方(処し方). ~ de adquirir 取得方法. ~ de articulación 調音方法. ~ de empleo [ラベルなどに書かれている] 使用法. ~ de hablar 話し方. ~ de pagar 支払い方法. ~ de pensar 考え方; 意見. 2) [+que+接続法] Hazlo del ~ que quieras. 好きなようにやりたまえ. ❷ ⟦儀⟧ 行儀, 作法: Contestó con buenos ~s. 彼は礼儀正しく答えた. El empleado le recibió con malos ~s. 使用人は彼に失礼な迎え方をした. Pórtate de buenos ~s en casa de los abuelos. おじいさんの家では行儀よくしなさい. aprender los ~ 行儀作法を学ぶ. ❸ [行動・言葉における] 節度, 自制, 控え耳; 注意, 丁寧さ: Me gusta de ver su gentileza y su ~ con los mayores. 彼の年長者に対する心づかいと配慮には感心する. Me gusta comer, pero con ~. 私は食べるのは好きだが, 控え目にしている. Se debería beber con ~. 酒は控え目にすべきだろう. tratar los libros con ~[s] 本を丁寧に扱う. ❹ ⟦文法⟧ 1) [動詞の] 法, 叙法: ~ indicativo (subjuntivo·imperativo) 直説(接続·命令)法. ~ infinitivo 不定法 [叙法·人称·時制に関係なく動詞をその基本的意味の側面からだけ見た場合の呼称]. ~ optativo 希求法 [ギリシア語などで行為·状態の実現を願望するための叙法]. ~ potencial 可能法 [行為·状態を可能なこととして表現するための叙法]. 2) 様態: adverbio de ~ 様態の副詞 《例 Habló claramente.》. 3) 句 [=locución]: ~ adverbial 副詞句. ~ conjuntivo 接続詞句. ~ prepositivo 前置詞句. 4) ~ de acción 動作態様 [動詞の語彙的意味に基づく動作の起こり方]: disparar 「撃つ」は完結的, vivir 「生活する」は継続的, frecuentar 「通う」は反復的. ❺ ⟦音楽⟧ 1) 音階; 調: ~ mayor (menor) 長(短)音階. 2) 旋法: ~ dórico ドリア旋法. ~ frigio フリギア旋法. ~s gregorianos/~s eclesiásticos/~ de la iglesia 教会旋法. maestro 主旋法. ❻ ⟦論理⟧ 1) 様式, 論式. 2) 様相, 様態. ❼ ⟦数学⟧ 並数, 最頻値, モード.

a ~ ⟦口語⟧ ⟦強調⟧ 1) 適当に·な: dar una batida *a ~* 適当に捜索する. 2) 非常に, 強く

a ~ de... 1) …のような·に: algo *a ~ de saco* 袋のようなもの. 2) …として: En verano uso esta camiseta *a ~ de pijama*. 私は夏にはこのTシャツをパジャマ代わりに着ている. Usando su cazadora *a ~ de paraguas*, se lanzó a la calle. 彼はジャンパーを傘代わりにして, 通りに飛び出した. Él tenía en casa a una sobrina trabajando *a ~ de criada*. 彼は姪を女中代わりに家に置いていた. 3) …に似た·似て·似せて: con su mano *a ~ de pistola* 手をピストルの形にして

a su ~ 自分なりの方法で, 自分なりに, 自己流で: 1) Haz el trabajo *a tu ~*. 君の考えたやり方で仕事しなさい. El profesor ha dejado a los alumnos comentar la película libremente *a su ~*. 先生はその映画について生徒たちに自由に自分なりの意見を発表させた. 2) [+de+不定詞] *a su ~ de pensar* 彼の考えでは. *a mi ~ de ver* 私の見方(意見)では

al ~... ⋯の方法(やり方)で: Es un acueducto construido *al ~ romano*. それはローマ式に作られた水道橋だ. labrar el campo *al ~ de sus abuelos* 祖父たちのしていた方法で農地を耕作する

con esos (aquellos) ~s ⟦そんな⟧ よくないやり方で
con ~s よいやり方で

de cualquier ~ 1) とにかく; どうにかして, 何がどうあろうと, いずれにしても: *De cualquier ~ ven aquí mañana*. 明日ここへ来なさい. Tengo que ir a Tokio hoy mismo *de cualquier ~*. 私はどうしても今日中に東京に行かなければならない. *De cualquier ~ que sea*, me gustaría terminar esta relación para el fin de esta semana. どんなやり方であれ, 私はこの報告書を今週末までに仕上げたい. 2) 無造作に, 気づかいなく: Las bicicletas están dejadas en las esquinas de la calle *de cualquier ~*. 自転車が乱雑に街角に放置されている

de este ~ このようにして: Vamos a ponernos de acuerdo *de este ~*. このようにして交渉をまとめましょう

de igual ~ 1) [+que と] 同じく… ⟦=del mismo ~⟧: *De igual ~ que llega el otoño siguiendo al verano, la vejez sigue a la madurez*. 夏に続いて秋が来るように, 老いが熟年に続いてやって来る. Se portarán contigo *de igual ~ que te portes con los demás*. 君が他人にするのと同じように, 君は他人から

扱いを受けるだろう. 2) 加えて, それにまた: *De igual ~*, hay que vigilar a los niños para que no se caigan del tobogán. それにまた, 子供たちが滑り台から落ちないよう見張っていないといけない

de mal ~ 《中南米》ぞんざいな·に, 粗野な·に, 不作法な·に: Me lo pidió *de muy mal ~*. 彼は乱暴な調子で私に求めた. Me replicó *de muy mal ~* que me metiera en mis cosas y que la dejara en paz. 無礼にも彼女は, 人のことに構わず放っておいてと私に言い返した. Un hombre me dijo *de mal ~* que quitara mi equipaje, que estorbaba el paso. 一人の男が私にぞんざいな口調で, 歩くのに邪魔だから荷物をどけるように言った

de ~ +形容詞 [形容詞の副詞化] Mi madre trataba estas porcelanas *de ~ cuidadoso*. 母はこれらの陶器を大切に扱っていた ⟦=cuidadosamente⟧

de ~ que... 1) [+直説法] それで…, だから…: ¿De ~ que se van? すると, あなたがたは帰ってしまうのですか? ¡De ~ que sí fuiste tú! 結局それは君だったのだ! Ha vivido varios años en París, *de ~ que* ya conoce la ciudad con todo detalle. 彼は何年も住んでいるので, パリを本当に詳しく知っている. 2) 《まれ》[目的. +接続法] …するように: Coloca esas antigüedades en el escaparate *de ~ que* se puedan ver bien desde fuera. 外からよく見えるようにそれらの骨董品を陳列窓に置きなさい

de ningún ~ [強い否定] 決して[…ない]: *De ningún ~* iré a su casa aunque me invitaran. たとえ招かれても, 私は決して彼の家へは行かない. No lo volveré a hacer *de ningún ~*. 私は絶対に二度とそのようなことはしない. No puede ser posible *de ningún ~*. そんなことは決してあり得ない

de otro ~ 1) 別な様子で·の: Deseo que las cosas sean *de otro ~*. 私は状況が変わってほしいと願っている. 2) さもないと: Tendrás que trabajar más; *de otro ~* te echarán de la fábrica. 君はもっと働かないといけない. そうしないと工場を首になるかもしれない

de tal ~ que +直説法 あまり…なので…; そういう風に…して: Llovía *de tal ~ que* decidí quedarme en casa. あまりにも雨がひどかったので, 私は家にいることに決めた. *De tal ~* habló, *que* nos conmovió a todos. 彼はそのような話し方をしたので, 私たち皆感動させられた

de tal ~ que +接続法 [目的·様態] …のために; …のように: Las ayudas deben ser dirigidas *de tal ~ que* repercutan en beneficio de los sectores de población más desfavorecidos. 援助は最も恵まれない階層の人の利益になるような形で届けられるべきである

de todos ~s [それでも] とにかく: *De todos ~s* iré a visitarle al hospital. とにかく私は彼を病院に見舞いに行くことにする. *De todos ~s* creo que es la mejor opción que se pueda tomar por el momento. とにかく私はこれが今とりうる最上の選択肢だと思う

de un ~... [わざと形容詞を表に出さずにその意味を想像させて] …の仕方といったら: El desenlace de la película me pareció algo trágico, *de un ~...* その映画の結末は私には少し悲劇的に, 何と言うか…に思える. Era un capo de la mafia que mataba *de un ~...* 彼はあんな…なやり方で人を殺したマフィアの親分だった

de un ~ +形容詞: Él se negó a ceder *de un ~ enfático*. 彼は語気を強めて譲歩することを拒絶した ⟦=enfáticamente⟧. Lo dijo *de un ~ muy enérgico*. 彼はそれを力強い口調で言った ⟦=muy enérgicamente⟧

de un ~ o de otro ~ 何とかして; とにかく: *De un ~ o de otro*, nos veremos otra vez antes de que te vayas. 君が行ってしまう前に何とかしてもう一度会うことにしよう. *De un ~ o de otro*, tenemos que buscar donde parar esta noche. いずれにしても私たちは今夜泊まる場所を探さないといけない

de un ~ que +直説法 =*de tal ~ que* +直説法: Corrí *de un ~ que* no se me calmaba la palpitación. 私は一所懸命走ったので動悸が治まらなかった

de un ~ u otro 何とかして; とにかく: Llevé mi coche a un taller *de un ~ u otro* y conseguí que lo arreglaran. 私は何とかして車を修理工場まで持って行って, やっと修理してもらった

del mismo ~ [+que と] 同様に: El discípulo disecó un ave *del mismo ~ que* su maestro. 弟子は師匠と同じ方法

で鳥の剝製を作った

en cierto ~ ある程度は; ある意味では: Eso es verdad *en cierto* ~. ある意味では彼の言うのはもっともだ. *En cierto* ~ él tiene razón. ある意味で彼の言うのはもっともだ.

en ~…〔情報など〕…モードに・の: Su teléfono móvil está *en* ~ silencioso. 彼の携帯電話はマナーモードになっている. poner *en* ~ vibrador バイブモードにする

en ~ alguno《文語》〔強い否定〕決して〔…ない〕: Nuestro partido no puede aceptar *en* ~ *alguno* esa política. 我が党はそのような政策を絶対に受け入れることはできない

***mal* ~**《まれ》粗野なふるまい, 不作法

~ *de ser*〔人の〕あり方, 人となり: El profesor tiene un ~ *de ser* muy raro. その先生はとても変わった人だ

***ni* ~**《メキシコ》1) 〔要求などに対して〕それは無理だ, それはだめだ: ¿Pudieron entrar?—No, *ni* ~, las entradas se habían acabado. あなたがたは入れたんですか?—とんでもない, 切符が売り切れだったのです. 2) 〔…したが〕無理です, だめだった: Traté de persuadirlo para que fuera pero *ni* ~. 私は行くように彼を説得しようとしたが, 全くだめだった. 3) 〔+que+接続法するのは〕無理である: Tienes que regresar a tu casa, *ni* ~ *que* te quedes aquí. 君は帰宅しなければならない, 決してここに居続けることのないように. 4) 仕方がない: *Ni* ~, yo soy como soy. 仕方がない, 私はこんな性分なのだから

no haber ~《口語》〔+de+不定詞・que+接続法 するのは〕無理である: *No hay* ~ *de* convencerle. 彼には説得のしようがない

¡Qué ~ de…! 何という…のしようだ!: *¡Qué* ~ *de* llover! No es de esta estación. 何という雨だ! この季節ではあり得ない. *¡Qué* ~ *de* hablar! 何という話し方だ!

si, del mismo ~ que… もし…の代わりに…していたら: *Si, del mismo* ~ *que* viajaste solo por Francia, hubieras venido conmigo, habrías podido ir hasta Marruecos. もし君がフランスを一人旅する代わりに私と一緒に来ていたら, モロッコまで行けたのに!

sobre ~ とても, 大変: Ella ha engordado *sobre* ~. 彼女はとても太った. Me disgustó *sobre* ~ su actitud. 私は彼の態度がしゃくにさわった

un a ~ de+名詞 一種の…: *un*[*a*] *a* ~ *de* iluminación 一種の天啓

modorra[1] [moðóřa]《←*modorro*》女 ❶〔時に病気による〕ひどい眠り, 睡魔: Me entra (invade) ~ *con el calor*. 私は暑さのでひどく眠い. ❷《獣医》〔羊などの〕旋回病, 暈倒(ﾝ)病. ❸《軍学》〔歩兵などの担当する, 夜を四分した〕2番目の時間帯〔午後11時～午前2時〕

***cogerla* ~**《地方語》しつこくする

modorrar [moðořář] 他 うとうとさせる, 眠気を起こさせる
——**se**〔果物が, 腐ったように〕変色して柔らかくなる

modorrera [moðořéřa] 女《地方語》ひどい眠け〔=*modorra*〕

modorrez [moðořéθ] 女《まれ》ぼけっとしていること

modorrilla [moðoříʎa] 女《軍学》〔歩兵などの担当する, 夜を四分した〕3番目の時間帯〔午前2時～5時〕

modorrillo [moðoříʎo] 男《古語》容器の一種

modorro, rra[2] [moðóřo, řa]《バスク語 *mutur*「腹を立てた」》形名 ❶ 睡魔に襲われた. ❷《口語》〔*estar*+〕ぼけっとした〔人〕. ❸〔果実が〕色が抜けて発酵し始めた: pera ~*rra* 柔らかくなったナシ. ❹ 水銀中毒にかかった〔鉱夫〕. ❺《古語》〔*ser*+〕気のきかない, 繊細でない
——男《地方語》ワイン用のジョッキ

modosidad [moðosiðá(ð)] 女 礼儀, 分別; 〔女性の〕しとやかさ, 慎み深さ

modoso, sa [moðóso, sa]《←*modo*》形 ❶ 礼儀正しい, 分別のある; 〔女性の〕しとやかな, 慎み深い. ❷《メキシコ》家事(家政)にうるさい

modrego [moðréɣo] 男《口語》気のきかない人, 人づきあいが不器用な人, 退屈な人

modulable [moðuláβle] 形 調節(変調)され得る

modulación [moðulaθjón]《←ラテン語 *modulatio, -onis*》女 ❶ 変化, 抑揚. ❷《音楽, 美術》転調. ❸《ラジオ》変調: ~ *de amplitud* 振幅変調. ~ *de frecuencia* 周波数変調, FM〔放送〕

modulado, da [moðuláðo, ða] 形 組立て式の

modulador, ra [moðulaðóř, řa] 形 変化(抑揚)をつける; 変調する, 変調用の; 転調の

——男 変調器
——男 変調管

modular [moðulář]《←ラテン語 *modulari*「拍子をとる, 調節する」》 他 ❶〔声などに〕抑揚をつける, 調子を変える: ~ *su voz efectivamente* 声にめりはりを利かせる. ❷ 調節する: ~ *el volumen de una música* 音楽の音量を調節する. ❸《ラジオ》変調する
——自《音楽》転調する
——形 ❶ 基準寸法の, 基本単位の. ❷ 組立てユニットの: *mueble* ~ ユニット家具
——男《ラプラタ》組立式の家具

modulatorio, ria [moðulatórjo, rja] 形《音楽》転調の

módulo [moðulo]《←ラテン語 *modulus* < *modus*》男 ❶ 基準寸法, 基本単位; 基本要素. ❷〔プレハブ住宅の〕基本タイプ. ❸〔家具などの〕組立てユニット: *estantería por* ~*s* 組立て式の棚. ❹〔宇宙船の〕モジュール. ~ *de maniobra y mando* 司令船. ~ *lunar* 月着陸船. ❺《西. 教育》学習単位. ❻《物理》1) 係数, 率: ~ *de elasticidad* 弾性係数, 弾性率. 2)〔流水測定の単位〕モジュール. ❼《数学》1) 加群. 2)〔複数形の〕絶対値. ❽《情報》モジュール. ❾《建築》〔柱式の割合測定の単位・円柱基部の半径など〕度. ❿〔水路・管などの〕水量調節器(装置). ⓫〔川・水路の〕年間平均流量. ⓬《古銭学》で貨幣(メダル)の直径. ⓭《音楽》転調〔=*modulación*〕

modulómetro [moðulómetro] 男《音響》音量計

moduloso, sa [moðulóso, sa] 形《まれ》律動的な, 耳に快い

modus [móðus]《←ラテン語》男《言語》言表様態〔話し手のとる態度. ⇔*dictum*〕

modus faciendi [móðus faθjéndi]《←ラテン語》男《単複同形》ふるまい: El ~ *denota su intensión*. そのふるまいに彼の意図がはっきり分かる

modus operandi [móðus operándi]《←ラテン語》男《単複同形》〔仕事の〕やり方, 手続き; 〔犯行の〕手口

modus vivendi [móðus biβéndi]《←ラテン語》男《単複同形》 ❶ 暫定協定, 一時的妥協. ❷ 生き方, 生活態度

mofa [mófa]《←*mofar*》女〔敬意を払うべき事物・人に対する〕愚弄, からかい, あざけり: *Hace* ~ *de la religión*. 彼は宗教をちゃかす

mofador, ra [mofaðóř, řa] 形名 愚弄するような; 愚弄する人

mofadura [mofaðúřa] 女《まれ》=*mofa*

mofar [mofář]《←擬態》他《まれ》愚弄する, からかう
——**se**〔+de+事物・人 を〕愚弄する, からかう, あざける

mofeta [moféta] 女 ❶《動物》スカンク〔=~ *común*〕. ❷〔鉱山・火山などの〕有毒ガス; 《地理》〔低温の〕噴気

mofle [mófle] 男《メキシコ, パナマ, ドミニカ, プエルトリコ. 自動車》マフラー, 排気管〔=*tubo de escape*〕

moflete [mofléte]《←擬態》男《口語》 ❶〔主に 複〕丸々とした頬: El bebé tenía unos ~*s muy rosados*. 赤ん坊はピンク色の丸々とした頬をしていた. ❷ 複〔丸々とした頬から見て取れる〕肥満

mofletudo, da [mofletúðo, ða] 形《口語》頬のふくれた, 下ぶくれの

moflo [móflo] 男《地方語》〔苔・海草の〕層

mofongo [mofóŋɡo] 男《ドミニカ, プエルトリコ. 料理》モフォンゴ〔すりつぶしたバナナに豚肉の揚げかす *chicharrones* を混ぜたもの〕

mofrado [mofráðo] 男《ホンジュラス》女性的な男, めめしい男

mofuco [mofúko] 男《キューバ. 口語》品質が悪く強い酒

mogataz [moɣatáθ] 男《歴史》〔アフリカの駐留部隊で〕スペインの兵役に服するモーロ人兵士〔=*moro* ~〕

mogate [moɣáte] 男《まれ》塗り, コーティング; 《製陶》釉薬(ﾜｸ)

***de* (*a*) *medio* ~** 1)〔器が〕片面だけ釉のかかった. 2)《地方語》無造作に, ぞんざいに

mogato, ta [moɣáto, ta] 形名《まれ》わざとへりくだる〔人〕, 臆病なふりをする〔人〕〔=*mojigato*〕

mogo, ga [móɣo, ɣa] 形名 ❶《エストレマドゥラ, パナマ》片方しか角のない〔動物〕. ❷《パナマ》1) 大ばかの〔人〕, 白痴的な〔人〕; 知的障害のある. 2) 気の弱い, 臆病な; 卑屈な. 3) ダウン症候群の〔患者〕
——男 ❶《キューバ》=*mogomogo*. ❷《パナマ》青い果実. ❸《コロンビア, チリ. 俗語》かび〔=*moho*〕

mogol, la [moɣól, la] 形名《女性形 *mogol* もある》 ❶ =*mongol*. ❷《歴史》ムガール帝国の〔人〕: *Gran M*~ ムガール帝国皇

mogólico, ca [moɣóliko, ka] 形 名 ❶ =**mongólico**. ❷《歴史》ムガール帝国皇帝

mogolla [moɣóʎa] 女 ❶《中南米》ただで(苦労せずに)得られるもの. ❷《キューバ》タバコの葉の切りくず《=mogollo》. ❸《ペルートリコ 1)》[離乳食の]野菜の牛乳煮. 2) 混乱, ごたごた. ❹《コロンビア》ふすま製の黒パン
 estar hecho una ~《プエルトリコ》ひどく柔らかい

mogollar [moɣoʎár] 他 ❶《コロンビア, ボリビア》[家を]掃除する. ❷《ボリビア》[人を] 罠にはめる, だます. 2)［困難を] 巧みに避ける
 ―― ~*se*《プエルトリコ》❶［野菜の牛乳煮 mogolla のように] 柔らかくなる. ❷ こんがらがる

mogollo [moɣóʎo] 形《コロンビア》容易な, 簡単な
 ―― 男 ❶《キューバ》[上質な] タバコの葉の切りくず. ❷《コロンビア 1)》[粉状の] ふすま, ふすま製のパン. 2)［ビリヤードの] つき, 幸運

mogollón, na [moɣoʎón, na] 形 名 ❶《まれ》怠け者の. ❷《キューバ, エクアドル》他人にたかる[人], 他人の懐にする[人]
 ―― 男 ❶《西. 口語》大量, 多数: Al concierto fue un ~ de gente. コンサートには聴衆が大勢来た. ❷《西. 口語》大混雑; 騒ぎ, もめごと. ❸《まれ》おせっかい, 口出し
 a ~ 大量に, 数多く; 突然, 急に
 de ~ 1) 無料で; 他人の払いで. 2) 努力(苦労)せずに: No creas que te van a aprobar en los exámenes de ~. 簡単に試験に受かるだろうと思うなよ. 3) ぞんざいに, おろそかに
 ―― 副 多く; 非常に: Este disco me gusta ~. 私はこのレコードが大変好きだ

mogolludo, da [moɣoʎúðo, ða] 形《エクアドル》他人にたかる[人], 他人の懐にする[人]

mogomogo [moɣomóɣo] 男《ホンジュラス》青バナナ・カボチャ・その他の果物で作るクレオル風料理

mogón, na [moɣón, na] 形［牛などが] 角(つの)の折れた, 一本しか角のない

mogosiar [moɣosjár] 10 他《コロンビア. 口語》かびさせる; 錆びさせる
 ――《コロンビア. 口語》~*se* かびる; 錆びる

mogota [moɣóta] 女《地方語》=**mogote**

mogotal [moɣotál] 男《コロンビア》芝の生えた湿地

mogote [moɣóte]《バスク語 mokoti「尖った」》男 ❶［海から見え, 円錐形で頂上の丸い] 丘, 小山. ❷ 山のように盛り上がった土地. ❸［麦束などの, 円錐形の] 山積み. ❹［鹿の] 若角(つの). ❺《まれ》こんもり茂る木. ❻《プエルトリコ》雑多な山積み, ごちゃごちゃ. ❼《コロンビア》[一塊の] 芝, 切り芝

mogrebí [moɣreβí] 形 名 =**magrebí**

mogrebino, na [moɣreβíno, na] 形 名《まれ》=**magrebí**

mogrollo [moɣróʎo] 名《まれ》❶ 他人にたかる人, 他人の懐にする人. ❷ 粗野(不作法)な人

mogüereño, ña [moɣereɲo, ɲa] 形 名《地名》モゲル Moguer の[人]《ウエルバ県の町》

moguillo [moɣíʎo] 男《ボリビア. 闘鶏》蹴爪

mohada [moáða] 女《カタルニャ》[農地面積の単位] =約49アール

mohair [moér]《←英語》男《繊維》モヘア

mohán [moán] 男《コロンビア, エクアドル》❶ =**moján**. ❷ 境界石, 堆積物

moharra [moářa] 女 ❶ 槍の穂. ❷《ペルー. 闘牛》短槍

moharrache [moářátʃe] 名《まれ》=**moharracho**

moharracho [moářátʃo] 名《まれ》❶ 道化師, 奇妙な服装やこっけいな仕草で人を笑わす人. ❷ 何ら尊敬に値しない人, くだらない奴; おかしな形, 出来損ない

mohato, ta [moáto, ta] 形《キューバ》薄チョコレート色の

mohatra [moátra] 女 ❶［法外な値段での] 虚偽販売. ❷《まれ》不正, 詐欺, 欺瞞. ❸《歴史》モアトラ契約 [農民の収穫を担保にとった, 商品の掛売りを装った高利貸し. 16世紀末カスティーリャで横行]
 de ~ 虚偽の, にせ物の

mohatrar [moatrár] 自《まれ》虚偽販売をする; 不正(詐欺)を働く

mohatrero, ra [moatréro, ra] 形 名《まれ》虚偽販売をする人; 不正(詐欺)を働く人

mohatrón, na [moatrón, na] 名《まれ》=**mohatrero**

mohawk [mɔxák]《←英語》名［北米先住民の] モホーク族

mohecer [moeθér] 39 他《まれ》=**enmohecer**

moheda [moéða] 女 草木の密生した高い山

mohedal [moeðál] 男《まれ》=**moheda**

moheña [moéɲa] 形 ortiga ~《植物》ヒメイラクサ

mohicano, na [moikáno, na] 名［北米先住民の] モヒカン族[の]

mohiento, ta [mojénto, ta] 形《廃語》=**mohoso**

mohín [moín]《←? 伊語 moine》男［主に唇をゆがめて怒り・不快を表わす. 時に冗談・物まねで] しかめっ面: Hizo un ~ de desagrado. 彼は不快そうに顔をゆがめた

mohína¹ [moína] 女 ❶ いらだち, 不快感; 意気消沈, 憂鬱, 淋しさ. ❷ 口論, けんか. ❸ しかめっ面

mohindad [moindá(ð)] 女《廃語》=**mohína**

mohíno, na² [moíno, na]《←ポルトガル語 mofino「不幸な」》形 ❶ [*estar*-] 寝起きなどで] 不機嫌な, 不機嫌な. ❷ 雄馬と雌ロバとの雑種の. ❸［牛・馬が] 黒毛の(鼻面)の
 ―― 男 ❶［鳥] オナガ. ❷《まれ》[ゲームで] 一人で数人を相手にする人

moho [mó(o)]《←擬態》男 [不可算] ❶ かび: Al pan le ha salido ~. パンにかびが生えた. cubierto de ~ かび(さび)だらけの. oler a ~ かび臭い. ~ blanco 白カビ. ~ común ケカビ. ~ verde 青カビ. ~ *[=orín]*. 緑青. ❸［休み後の] 怠け心, 労働不能
 criar ~ 1) かびが生える; さびる, さびつく. 2) 無為に暮らす
 no criar ~《西》絶えず活動している, 働きづめである; 絶えず機会をうかがっている
 no dejar criar ~ *a*+人《西》… を絶えず働かせ続ける

mohosear [mo(o)seár] ~*se*《コロンビア, ペルー》かびが生える《= enmohecerse》

mohoso, sa [m(o)óso, sa]《←**moho**》形 ❶ かびの生えた: El pan estaba ~. パンにかびが生えていた. Los zapatos se han puesto ~s. 靴にカビが生えていた. ❷ さびた; 緑青の出た

moína [moína] 女《エストレマドゥラ》❶ 小麦(大麦)の殻. ❷ 無価値なもの

Moiras [mójras] 固《ギリシア神話》モイラ[運命をつかさどる3人の女神. 人間の生命の糸を紡ぐクロト Cloto, 糸の長さを決めるラケシス Láquesis, 糸を断ち切るアトロポス Atropos]

moiré [mwaré]《←仏語》男《まれ》=**muaré**

moisés [mojsés] 男《単複同形》❶［運搬式の] 赤ん坊を寝かすかご; 赤ん坊用の携帯ベッド. ❷《旧約聖書》[*M*~] モーセ: los cinco libros de *M*~ モーセの五書

moishe [mójʃe] 形《アルゼンチン, ウルグアイ. 軽蔑》ユダヤ人の. ❷《アルゼンチン. 軽蔑》けちな坊[な]

Moix [mój]《人名》**Terenci** ~ テレンシ・モシュ [1942～2003, スペインの小説家. カタルーニャ語とスペイン語で執筆し, 伝統や時流にとらわれない独自の物語世界で数々の文学賞を獲得した]

mojá [moxá]《コロンビア, ベネズエラ》男 =**moján**

mojábana [moxábana] 女《まれ》チーズケーキ《=almojábana》

mojable [moxáβle] 形 濡れ得る

mojabobos [moxaβóβos] 男《単複同形》《中南米》小ぬか雨, 霧雨《=calabobos》

mojada¹ [moxáða] **I**《←mojar》女 ❶ =**mojadura**. ❷《隠語》[鋭利な刃物による] 刺し傷. ❸《ムルシア》[何かの液に] 浸したパン切れ
 II《←カタルニャ語》女［カタルニャの農地面積の単位] =約49アール

mojadedo [moxaðéðo] *disparar a* ~《狩猟》至近距離から発射する

mojado, da² [moxáðo, ða] 形 ❶ 湿った《⇔seco》: trapo ~ 湿ったぼろ切れ. ❷《音声》湿音の, 硬口蓋音の. ❸《戯語》打ちひしがれた, みじめな
 ―― 名《メキシコ. 口語》[リオ・グランデを渡って] 米国に不法入国するメキシコ人
 ―― 男 濡らすこと

mojador, ra [moxaðór, ra] 形 濡らす
 ―― 男 ❶［切手用の] 指濡らし器, 切手濡らし. ❷《印刷》用紙を濡らす水槽

mojadura [moxaðúra] 女 濡らす(濡れる)こと

mojama [moxáma]《←アラビア語 musamma「干し肉」》女《料理》モハマ［マグロのジャーキー. バルのおつまみ]

moján [moxán] 男 ❶《コロンビア, ベネズエラ》[空想上の] 田畑の守護神; 呪術師, 魔法使い. ❷《コロンビア》飲用の隠れた湧き

molde

水

mojanazo [moxanáθo] 男《ベネズエラ》たたり, 呪い; 邪眼〖=mal de ojo〗

mojaquero, ra [moxakéro, ra] 形 名《地名》モハカル Mojácar の〔人〕〖アルメリア県の町〗

mojar [moxár] 他〖←俗ラテン語 molliare「柔らかくする, 湿らす」〗濡(ぬ)らす, 湿らす: ~ un pañuelo con agua ハンカチを水で濡らす. ~ la cama《口語》寝小便をする. ❷〖パンなどを, +en スープなどに〗浸す: Me gusta ~ el pan *en* la salsa de tomate. 私はパンをトマトソースにつけて食べるのが好きだ. ❸《口語》〖酒を飲んで, +con〗祝う, 祝杯をあげる: Hay que ~ el triunfo de nuestro equipo con cerveza. 我がチームの勝利にビールで祝杯をあげなければならない. ❹《物理》…と親和性がある: El mercurio no *moja* el vidrio. 水銀はガラスに付着しない. ❺《音声》湿音化する, 硬口蓋音化する. ❻《まれ》〖短刀などで〗刺す. ❼《キューバ》買収する, 賄賂を使う
── 自《口語》〖+en に〗介入する, 参加する. ❷《俗語》=mojar 性行為をする. ❸《口語》〖良い意味で, 得点・金などを〗得る, 稼ぐ: En este negocio *mojan* todos los hermanos. この商売で兄弟全員が潤っている. ❹《口語》飲む
── ~se ❶ 濡れる, 湿る; 自分の体を濡らす: *Se han mojado* los pies con la lluvia. 雨で足が濡れた. Llegamos a casa completamente *mojados*. 私たちはすっかり濡れて帰宅した. ~*se* con la colonia オーデコロンをたっぷりふりかける. ❷ …に雨が降る: ¡Qué nubes! Nos vamos a ~. すごい雲だ! 雨が降るだろう. ❸《婉曲》寝小便をする: Mi hijo *se moja* de noche. 私の息子はおねしょをする. ❹《口語》〖+en に〗介入する, 参加する; 掛かり合いになる: No quiso decir su opinión, porque no le gusta ~*se*. 掛かり合いになりたくなくて意見を言わない. ❺《キューバ》〖取引で, 不正に〗もうける

mojardón [moxarðón] 男《植物》ヒカゲウラベニタケ〖食用のキノコ〗

mojarra [moxárra] 女 ❶《魚》1) アフリカチヌ. 2)《アルゼンチン, ウルグアイ》〖各種の〗揚げて食べる小魚. ❷ 小型のマグロ漁船. ❸《隠語》舌〖=lengua〗. ❹《中南米》太身のナイフ

mojarrilla [moxarríʎa] 共《まれ》陽気な人

mojasellos [moxaséʎos] 男〖単複同形〗切手濡らし

moje [móxe] 男〖←mojar〗❶〖肉料理などの〗汁, ソース〖パンに付けて食う〗. ❷《地方語》ソースのかかった料理. ❸ 濡れること. ❹《俗語》性行為

mojel [moxél] 男《船舶》〖錨綱の巻き上げ時に用いる〗先細の綯(な)り索

mojera [moxéra] 女《植物》ホワイトビーム

mojete [moxéte] 男《地方語》ソースのかかった料理〖=moje〗

mojeteo [moxetéo] 男《地方語》ソースのかかった料理〖=moje〗

mojí [moxí] 男〖覆 ~es〗顔への殴打

mojicón [moxikón] 男〖←?語源〗❶《菓子》1) 小さく切って糖衣をかけたスポンジケーキ. 2) 直径8〜10cmの逆円錐台形をしたスポンジケーキ. 3)〖ココアに浸して食べる〗細い パン. ❷《口語》顔への殴打: pegar a+人 un ~ 人の顔を殴りつける. ❸《口語》からかい, 冗談. ❹ どんちゃん騒ぎ. ❺《ドミニカ, プエルトリコ》空約束; 空脅し

mojiganga [moxiɣáŋga] 女 ❶《文学》〖黄金世紀 Siglo de Oro の〗短い道化芝居. ❷ からかい. ❸《古語》〖主に動物の仮装をする〗仮面舞踏会, 仮装パーティー. ❹《ドミニカ, プエルトリコ》〖口先だけの〗脅し; 空(から)約束

mojiganguero, ra [moxiɣaŋɡéro, ra] 形 名《ドミニカ》自慢する, うぬぼれる人, うぬぼれ屋

mojigatería [moxiɣatería] 女《軽蔑》気取りすまし, 偽善. ❷ 猫かぶり, 偽りの卑下〔臆病さ〕

mojigatez [moxiɣatéθ] 女 = **mojigatería**

mojigato, ta [moxiɣáto, ta] 形〖←古語 mojo+gato〗❶《軽蔑》道徳に凝り固まった人, 信心家ぶった〔人〕; 上品ぶった〔人〕; 偽善的な〔人, 偽善者: Ha llevado una vida bastante seria, aunque no haya sido un ~. 彼は信心家ぶってはいなかったが, とてもまじめな生活をおくってきた. ❷ 猫かぶりの〔人〕, わざとへりくだる〔人〕, 臆病屋ぶりする〔人〕

mojiles [moxíles] 男〖単複同形〗《エストレマドゥラ. 植物》種が大きく金色で細長いプラムの一種

mojín [moxín] 男《隠語》お尻

mojinete [moxinéte] 男 ❶《建築》1)〖屋根の〗棟; 〖塀の〗笠石. 2)《チリ, ラプラタ》切妻, 破風. ❷《愛情表現として》

子供の顔を軽く叩くこと. ❸《キューバ》大きな尻

mojino [moxíno] 男《地方語. 鳥》サンジャク〖=rabilargo〗

mojike [moxíke] 男《エストレマドゥラ》背の低い男

mojito [moxíto] 男《酒》モヒート〖ラム酒・砂糖・レモンジュース・炭酸水・ミントのカクテル〗

mojo¹ [móxo] 男〖←mojar〗❶《料理》1) = **moje**: ~ verde コリアンダーとニンニク入りのソース. 2)《カナリア諸島》ピリ辛ソース〖~ picón〗. 3)《メキシコ》~ de ajo 白身魚のトマト・ニンニク炒め. ❷《まれ》= **remojo**. ❸《キューバ》= **mojito**

mojo², ja [móxo, xa] 形 名 モホ族の〔ボリビア, Mamoré 川中流の谷に住む先住民〗

mojón [moxón] 男 I〖←俗ラテン語 mutulo, -onis「丸太」〗❶ 境界標, 道標. ❷《口語》〖一塊の〗人糞. ❸〖積まれた〗山積み. ❹《地方語》〖道標に似た形で〗ソースなどにつけて食べるパンの一片. ❺《ベネズエラ. 口語》大嘘, 荒唐無稽な話
II〖←mojar〗男 ❶ ワインテイスター〖=catavinos〗. ❷《古語》= **mojonero**

mojona [moxóna] 女 ❶ 境界決め, 地割り. ❷《古語》〖ワインなど生産量に応じて支払われた〗地代

mojonación [moxonaθjón] 女 ❶ 境界決め, 地割り

mojonar [moxonár] 他 ❶《まれ》境界を設ける, 境界標を打ち込む. ❷《地方語》…の境界標となる

mojonera [moxonéra] 女 ❶ 境界標の設置個所. ❷《まれ》一連の境界標

mojonero [moxonéro] 男《まれ》〖商品・在庫などの〗査定人, 評価人, 点検人

mojosado [moxosáðo] 男《アルゼンチン》短剣〖=facón〗

mojosear [moxoseár] ~se《中南米》かびが生える〖=enmohecerse〗

mojosera [moxoséra] 女《コロンビア. 俗語》ひどい空腹, ぺこぺこ

mojoso [moxóso] 男《ボリビア》短剣〖=facón〗

moka [móka] 男 ❶〖コーヒーの〗モカ. ❷ コーヒークリーム
── コーヒー色の

mokini [mokíni] 男《アルゼンチン》トップレス水着

mol [mól] 男《化学》モル, グラム分子〖=molécula gramo〗

mola [móla] 女 ❶《医学》胞状奇胎〖=~ hidatiforme〗. ❷ 丸い塊. ❸《魚》マンボウ〖=pez luna〗. ❹ 炒った大麦粉と塩を混ぜた物. ❺〖パナマ, コロンビア〗〖色とりどりの布で作られた〗ブラウス状の婦人服; [San Blas 諸島のクナ cuna 族が作る] その布の装飾

molada [moláða] 女〖絵具などの, 乳棒 moleta で〗一度にすりつぶす分量

molalidad [molaliðáð] 女《化学》= **molaridad**

molano [moláno] 形《エストレマドゥラ》歯の抜けた

molar [molár] I〖←ラテン語 molaris〗形 ❶ ひき臼の: piedras ~es ひき臼. ❷〖大〗臼歯の: caries ~ 奥歯の虫歯. ❸《まれ》挽(ひ)くのに適した
── 男《解剖》〖大〗臼歯, 奥歯〖=diente ~〗
II〖←mol〗形 ❶《化学》モルの. ❷〖個別でない〗総合的な, 全体的な: perspectiva ~ 全体的な視点
III〖ジプシー語〗自《西. 俗用》❶〖+a+人 の〗気に入る: Me *molan* tus zapatos, son chulísimos. 君の靴最高だね, とてもかっこいい. Esa chica me *mola* cantidad. 僕はあの娘がすごく気に入った. ❷ 流行している. 高級である, すてきである. ❸ OKである: Por partes iguales, ¿*mola?* 割り勘でどう? ❹ 順調である

molaridad [molariðáð] 女《化学》モル濃度

molasa [molása] 女《地質》〖石灰質の〗砂岩

molave [molábe] 女《植物》クマツヅラ科の一種, チェストツリー〖学名 Vitex geniculata〗

molcajete [molkaxéte] 男《主にメキシコ》〖3本足の〗すり鉢

molcajetear [molkaxeteár] 他《主にメキシコ》すり鉢 molcajete でする

molcate [molkáte] 男《メキシコ》〖完全に成長していない〗トウモロコシの小穂

moldado [moldáðo] 男 金属を鉄床の上で叩いて凹ませる作業

moldar [moldár] = **amoldar**. ❷ = **moldurar**

moldaviano, na [moldabjáno, na] = **moldavo**

moldavo, va [moldábo, ba] 形 名《国名》モルドバ Moldavia の〔人〕
── 男 モルドバ語

molde [mólde] 男〖←ラテン語 modulus「寸法」〗男 ❶〖成型用の〗型, 金型; 鋳型: El dentista me ha tomado un ~ para un

moldeabilidad

puente. 歯科医はブリッジを作るために私の[歯の]型をとった. ❷［ケーキなどを作る］型，抜き型：~ savarín/~ chimenea/~ de corona リング型. ❸ 規範，規準，模範(手本)となる人：escapar a ~s 決まり事(既成概念)にとらわれない. ❹［印刷］版. ❺《中南米. 服飾》パターン，型紙

como de ~ 非常に適切な，大変都合よく[=de ~]

de ~ 1)［手書きでなく］印刷された. 2) 非常に適切に，大変都合よく：Ese sombrero te está de ~. その帽子は君にぴったりだ(とても似合っている)

quedarse en el ~《アルゼンチン，ウルグアイ. 口語》［厄介事を避けて］手を出さない，介入しない

romper ~s［人・事物が］大変ユニークである，型破りである

moldeabilidad [moldeabiliðáð] 囡 ❶ 型に入れて作りやすいこと. ❷ 扱いやすさ，素直さ

moldeable [moldeáble] 形 ❶ 型に入れて作られ得る. ❷［人が］扱いやすい：carácter ~ 素直な性格

moldeado, da [moldeáðo, ða] 形 型に入れて作られる
—— 男 ❶ 型に入れて作られるもの. ❷ 鋳造；型に取ること. ❸《西. 美容》ソフトパーマ，スタイリング：Voy a hacerme un ~. 私にソフトパーマをかけてもらおう

moldeador, ra [moldeaðór, ra] 形 名 鋳造する[人]，型に入れて作る[人]；型を取る[人]
—— 男 ヘアアイロン

moldear [moldeár]《←molde》他 ❶ 鋳造する，型に入れて作る：~ una estatua 像を鋳造する. ❷ …の型を取る：~ la cabeza de un muerto デスマスクを取る. ❸［性格などを］形作る，［人格を］陶冶する：El ambiente doméstico moldeó su espíritu. 家庭環境が彼の精神を形作った. ❹《西. 美容》［髪に］ソフトパーマをかける，スタイリングする. ❺《まれ》= **moldurar**

moldeo [moldéo] 男 鋳造，型に取ること

moldista [moldísta] 名 型作り(型取り)の専門家

moldura [moldúra] I《←molde》囡 ❶［建物・家具の］刳(く)り形，❷［装飾を施した］額縁. ❸［継ぎ目隠しの］装飾板
II《←moler》《アラバ》［穀物など現物で支払われる］挽(ひ)き料

molduración [molduraθjón] 囡 刳り形装飾を施すこと

molduraje [moldurá̍xe] 男 = **molduración**

moldurar [moldurár] 他 刳り形装飾を施す

moldurera [moldurera] 囡《チリ》❶ 巨大で派手な刳り形装飾. ❷ こば削り鉋

moldurón [moldurón] 男《主に軽蔑》［縁用の］仕上げ鉋(かんな)

mole [móle] I《←ラテン語 moles「塊，体積」》囡 ❶ 大きな塊，巨体；巨大さ：la enorme ~ del buque 巨大な船体. Ese hombre es una ~. あの男はでかい図体をしている. Se me sentó encima con toda su ~. 彼は巨体で私の上に座った
II《←ラテン語 mullis》形 柔らかい，ふわふわした
III《←アステカ語 mulli》男《メキシコ，ホンジュラス》❶《料理》モーレ《肉のトウガラシ・チョコレート煮込み》；チリソース：~ poblano 鶏肉にチリソースをかけたもの. ~ verde 青トウガラシのチリソース. ❷《口語》血《←sangre》

estar en su mero ~《メキシコ》［人が］楽な(適した)状況にある

~ de olla《メキシコ. 口語》1) 肉の煮込み，シチュー. 2)［何かをする］理想的な時

ser el ~ de+人《メキシコ》…の強み(得意)である

molear [moleár]《エストレマドゥラ》噛み砕く，噛む

molécula [molékula]《←ラテン語 molecula》囡 ❶《化学》分子：número de ~s 分子数. ~ gramo グラム分子. ❷《料理》チリソース《チョコレートやピーナッツを入れることがある》；肉のチリソース煮込み

molecular [molekulár] 形 ❶ 分子の：atracción ~ 分子引力. fórmula ~ 分子式. imagen ~ 分子イメージング. ❷《論理》proposición ~ 分子的命題

moledera¹ [moleðéra] 囡 ❶ 挽(ひ)き石，臼石. ❷《まれ》不快，迷惑

de ~《チリ. 口語》不快

moledero, ra² [moleðéro, ra] 形《まれ》挽くことのできる，粉にできる
—— 男《地方語》堆肥の集積場

moledor, ra [moleðór, ra] 形 名 ❶ 挽く，砕く. ❷《口語》うるさい[人]，うんざりさせる[人]
—— 男《サトウキビ・オリーブなどの》圧搾機，圧搾ローラー

moledura [moleðúra] 囡 ❶ 麦などを］挽くこと，製粉［= molienda］. ❷《口語》迷惑，面倒. ❸ 疲労

molejón [molexón] 男 ❶《水で濡らす》回転砥石. ❷《キューバ》［海上に高く突き出た］尖鋭岩

molendería [molendería] 囡《グアテマラ》トウモロコシの粉挽き場

molendero, ra [molendéro, ra] 名 ❶ 粉に挽(ひ)く人；挽き物を製粉所へ持って行く人. ❷ チョコレートの磨砕職人
—— 形《コロンビア》lucero ~ 明けの明星
—— 男《中米》粉挽き台

moleño, ña [moléɲo, ɲa] 形《まれ》［岩石が］挽き石(臼石)に適した
—— 囡《まれ》火打ち石

moler [molér]《←ラテン語 molere》[29] 他 ❶ 挽(ひ)く，搗(つ)く，細かく砕く；粉にする：~［el］trigo 小麦を挽く，小麦粉にする. carne molida《南米》挽き肉［= carne picada］. pan molido《南米》パン粉［= pan rallado］. ❷《口語》ひどく疲れさせる：Me muelen de andar. 私は歩き疲れている. ❸《口語》ひどい目に会わせる：~ a+人 a golpes (a palos) …をボカボカ殴る. ❹［+con ~］しつこく悩ます，うるさがらせる：Me muele con impertinencias. 彼は不作法で私を困らせる. ❺《キューバ》［サトウキビを］圧搾する
—— 自《コロンビア. 口語》懸命に働く

~se くたくたに疲れる：Estoy molido de trabajar. 私は仕事で疲れている

molero, ra [moléro, ra] 名 挽き石職人(売り)

moles [móles] 男《メキシコ》衝撃音

molesquín [moleskín]《←英語 moleskin》男《服飾》モールスキン

molestador, ra [molestaðór, ra] 形 名 邪魔な[人]，迷惑な[人]

molestamente [moléstamente] 副 うるさく，執拗に；不快で，腹立たしく

molestar [molestár]《←ラテン語 molestare》他 ❶ …の邪魔をする，迷惑をかける，わずらわせる，不快感を与える，気分を損なう，調子を狂わす：1)［人が］¿Molesto?—No, pase, por favor. ご迷惑でしょうか?—いいえ，どうぞ，お入り下さい. Perdone que le moleste. ご迷惑をおかけして申し訳ありません. No quiero ~ a nadie. 私は誰の不作法もしたくない. No me moleste, que estoy trabajando. 仕事をしているんだから，邪魔しないでくれ. [Se ruega] No ~. [ホテルの部屋のドアに掛ける札] 邪魔しないでお断り. 2)［事物が］Siempre me molesta el ruido de los coches. 私はいつも車の騒音に閉口している. Me molestan estas gafas; aprietan por los lados. この眼鏡は具合が悪い，両側がきついのだ. 3)［+en/+para］Sentimos haberle molestado en la siesta. お昼寝の邪魔をして申し訳ありません. Las mangas me molestan para lavar platos. 皿を洗うのに袖が邪魔です. Estos pantalones me aprietan tanto que me molestan para andar. このズボンはきつくて歩くのに具合が悪い. 4)［不定詞・que+接続法 が主語］¿Le molesta venir aquí mañana a la una? 明日1時にここへ来ていただけませんか? Me molesta hacerlo otra vez. もう一度それをするのは面倒だ. ¿Te molesta que ponga música? 音楽をかけて構いませんか? ❷ 立腹させる，いらだたせる［→enfadar］［参考］: Lo ha dicho a propósito para ~me. 彼は私を困らそうとしてわざとそう言った. Siempre me molesta la falta de cortesía de ese joven. 私はいつもあの若者の礼儀知らずな態度にむかつとする. Me molestó que me respondiera tan secamente. 彼が木で鼻をくくったような返事をしたので私はむっとした. A nadie le molesta que le digan que siempre se mantiene joven. いつも若々しいですねと言ってもらうと，誰も悪い気はしない. ❸ 軽い痛み(違和感)を与える：Los días de lluvia y mucho frío me molesta la antigua fractura del pie. 雨でひどく寒い日には昔足を骨折したところが少し痛む. ¿Le duele esta parte del cuello?—No tanto; pero me molesta con una rigidez bastante fuerte. 首のこの部分は痛みますか?—いいえ，大して. でもかなり強いしこりがあって違和感があります. ❹《口語》［男が女に］言い寄る：Un hombre la molesta con frecuentes telefonazos. 一人の男が彼女に頻繁に電話をかけて言い寄っている. ❺《口語》からかう，いたずらを仕掛ける
—— 自 ❶ 不快感を与える：El ruido molesta mucho. 騒音はひどく不快だ. ❷ 邪魔になる：Una grúa ha retirado el camión que molestaba. クレーン車が邪魔になっていたトラックを撤去した

~se ❶ 気をつかう：No se moleste usted, me marcho

en seguida. どうぞそのままで(お構いなく), すぐおいとましますから. ❷ [+en+不定詞] わざわざ…する: *Se molestó en enviarme un correo electrónico para avisarme de la llegada de mi hija.* 彼はわざわざ私にメールをよこし, 娘の到着を知らせてくれた. *No se moleste en acompañarme, conozco esto bastante bien.* わざわざご一緒いただくことはありません, このあたりはかなりよく知っていますので. ❸ [+por のことを] 心配する: *No te molestes por mí dando un rodeo para llevarme a mi casa.* 心配しないでくれ, わざわざ遠回りして家まで送ってもらうことはない. ❹ [+por+事 に] 傷つけられると感じる, 不快(迷惑)に思う: *Siempre se molesta por las palabras de los jóvenes.* 彼はいつも若い連中の言葉づかいに腹を立てている

molestia [molést̪ja] [←ラテン語] 囡 ❶ 迷惑, 厄介, 面倒, 障害: *El retraso del tren nos causó muchas ~.* 列車の遅延で私たちは非常に迷惑した. *Es una gran ~ andar con muletas.* 松葉杖をついて歩くのはわずらわしい. *¿Le causo ~?* ちょっといいですか? *Si no es una ~, me podrías llevar a casa.* 面倒でなければ, 家まで乗せて行ってくれないか. *Perdonen las ~s.*《表示》ご迷惑をおかけして申し訳ありません. *Rogamos disculpen las ~s ocasionadas por la avería.* 故障によりご迷惑をおかけしたことをおわび申し上げます. *¡No es ninguna ~, estaré encantado de ayudarte!* 何でもありません. お役に立てれば幸いです! *¡Qué ~! 何と面倒な!* ❷ [主に] 軽い痛み, 違和感, 不快感: *Tengo ~s en el estómago.* 私は胃に不快感がある. *Todavía no me pasa la ~ del dolor de los riñones.* 私は腰の軽い痛みがまだとれない. *Estos zapatos me producen unas ~s enormes.* 私はこの靴をはくと足が痛くてたまらない. *A la primera ~ avísame.* 違和感を感じたらすぐに. ❸ 立腹, いらだち; 不愉快

ahorrarse ~s 手間を省く
tomarse la ~ de+不定詞 わざわざ…する: *Gracias por haberse tomado la ~ de venir.* わざわざ来ていただきありがとうございます

molesto, ta [molésto, ta] [←ラテン語 molestus] 形 ❶ [ser+] 迷惑な, 厄介な, 面倒な, わずらわしい: *El humo del tabaco es ~ para mí.* たばこの煙は私にとって迷惑だ. *Lo ~ es que tengo que cocinar yo mismo.* 面倒なのは私自身で料理をする必要があることだ. *¿Podría cerrar la ventana, si no es ~?* 迷惑でなければ窓を閉めていただけませんか? *ruido ~* 迷惑な騒音. *vecinos ~s* 近所迷惑な人たち. *~ dolor de diente* 不快な歯痛. *~ ta mosca* うるさいハエ. ❷ [estar+encontrarse+. 人が] 迷惑(不快)に思う, 不満な, 立腹した: *Estoy muy ~ por lo de hoy.* 私は今日のことがきわめて不愉快だ. *Estoy ~ con ella.* 私は彼女に腹を立てている. *Me encuentro ~ en este lugar.* ここは私には不愉快だ

molestoso, sa [molestóso, sa] 形《アンダルシア; 中南米. 口語》=**molesto**

moleta [moléta] 囡 ❶《技術》[鋸歯状の] ローラー. ❷《紋章》星形紋. ❸《古語》[インクなどをすりつぶす] 乳棒. ❹《古語》ガラス研磨器

moletas [molétas] 形《コスタリカ》歯の抜けた

molibdato [molibdáto] 男《化学》モリブデン酸塩

molibdenita [molibdenita] 囡《鉱物》輝水鉛鉱, モリブデナイト

molibdeno [molibdéno] 男《元素》モリブデン

molibdomancia [molibdománθja] 囡《まれ》鉛占い

molicie [moliθje] [←ラテン語 mollities < mollis「柔らかい」] 囡 ❶ 過度な安楽さ(華美), 逸楽: *El refinamiento puede degenerar en ~.* 洗練は堕落して逸楽となる. *vivir en la ~ de ~* 享楽的な生活をおくる. ❷《文語》柔らかさ [=**blandura**]

molido, da [molído, da] 形 ❶《口語》[estar+. +de·por で] 疲れ果てた, くたくたの: *dejar a+人 ~* …をひどく疲れさせる. ❷《アンデス. 口語》筋肉痛がする
—— 男 ❶ 挽(ひ)くこと. ❷《地方別》[荷物が運ぶ人・動物を傷つけないように敷く] 当て布. ❸《チリ. 口語》小銭
—— 囡《コスタリカ, コロンビア》=**molienda**

molienda [moljénda] 囡 [←moler] ❶ [麦などを] 挽(ひ)くこと, 製粉; その時期; 一回に挽く粉の量. ❷ [サトウキビ・オリーブなどを] 搾ること, [果実などを] 搾る時期. ❸ 疲労困憊. ❹ 厄介事: *¡Menuda ~!* ひどい面倒事だ! ❺《口語》製粉機, 粉砕機; 圧搾機, 搾油機

moliente [moljénte] →**corriente** y moliente

molificable [molifikáble] 形《文語》柔らかくなり得る, 和らぎ得る

molificación [molifikaθjón] 囡《文語》軟化; 緩和

molificar [molifikár] 他 [7]《文語》柔らかくする; 和らげる
—— ~**se**《文語》柔らかくなる; 和らぐ

molificativo, va [molifikatíβo, ba] 形《文語》柔らかくする;和らげる

molimiento [molimjénto] [←moler] 男 ❶ 挽くこと, 製粉 [=**molienda**]. ❷ 不快, 迷惑

molina [molína] 囡《アンダルシア》オリーブ油工場; 搾油機

Molina [molína] 《人名》**Cristóbal de ~** [**el chileno**] クリストバル・デ・モリナ [通称, チリ派]《通称, アルマグロ派 el Almagrista とも. 1495~1578, スペイン人聖職者・年代記作者.『ペルーの征服・支配に関する報告書』*Relación de la conquista y población del Perú*》
Cristóbal de ~ [**el cuzqueño**] クリストバル・デ・モリナ [通称, クスコ派]《生没年不詳. 17世紀後半ペルー生まれ. ケチュア語に通じた混血の年代記作者・聖職者.『インカの神話と儀礼に関する報告書』*Ritos y Fábulas de los Incas*》

molinada [molináda] 囡 ❶ [一家族が一時期に必要な量の] 小麦を一度に挽くこと. ❷《アンダルシア》 集合 一度に搾るオリーブを入れたかご

molinaje [molináxe] 男《ムルシア》[穀物など現物で支払われる] 挽き料

molinar [molinár] 男 風車・水車の集まっている場所
—— 形 風車の, 水車の

molinense [molinénse] 形 名《地名》モリナ・デ・セグラ Molina de Segura の(人)《ムルシア県の村》

molinera[1] [molinéra] 囡 ❶ 粉屋の妻. ❷《植物》ヒカゲウラベニタケ《食用のキノコ》

molinería [molinería] 囡 ❶ 製粉業. ❷ 集合 製粉所

molinero, ra[2] [molinéro, ra] [←molino] 形 ❶ 製粉の: industria ~*ra* 製粉業. ❷《地方別》[水車の] 平屋の
—— 名 粉屋, 製粉業者; 風車屋, 水車屋

molinés, sa [molinés, sa] 形 名《地名》モリナ・デ・アラゴン Molina de Aragón の(人)《グワダラハラ県の町》

molinete [molinéte] 男 ❶《molino の示小語》❷ ベンチレーター, 換気扇, 換気装置. ❸《玩具》風車(かざぐるま). ❹《闘牛》牛と逆方向に体を回転させるパセ. ❹《体操》*gran ~* 大車輪. ❺ 剣などを頭上で回転させること. ❻《闘牛》全員が手をつないで輪になり左右に回る動作. ❼《船舶》揚錨機, ウインドラス. ❽《メキシコ》回転花火. ❾《コロンビア》[鉱山の] ウインチ. ❿《アルゼンチン》[1人ずつ通すための] 回転式改札機

molinetear [molineteár] 自《闘牛》牛と逆方向に体を回転させるパセをする

molinillo [moliníʎo] [*molino* の示小語] 男 ❶ [小型の] 挽(ひ)く器具. *~ de café* コーヒーミル. *~ de carne* 肉挽き器. ❷ [ココアなどを攪拌し溶かす] ギザギザのある棒. ❸《西. 玩具》風車(かざぐるま). ❹《仏教》~ *de oración / ~ de oraciones* 転経器, マニ車. ❺ ひっきりなしに動く人. ❻《まれ. 闘牛》牛と逆方向に体を回転させるパセ [=**molinete**]. ❼《古語》ドレス飾りの一種. ❽《ムルシア》[タンポポ・アザミなどの種子の] 冠毛, うぶ毛. ❾《メキシコ, コロンビア》ハンドミキサー

molinismo [molinísmo] 男《カトリック》モリナ主義《16世紀, イエズス会士 Luis Molina の提唱した自由と神の恩恵に関する考え. ドミニコ会との論争になった》

molinista [molinísta] 形《カトリック》モリナ主義の(主義者). ❷《まれ》=**molinosista**

molino [molíno] [←俗ラテン語 molinum < ラテン語 molinum [saxum]「臼の(挽き石・臼)」< molere「挽く」] 男 ❶ 風車, 風車小屋《*~ de viento*》. 水車, 水車小屋《*~ de agua, ~ hidráulico*: *Agua pasada, no mueve ~.*《諺》覆水盆にかえらず》. ❷ [穀物などを] 挽(ひ)く機械, 製粉機《*~ harinero*》; 圧搾機, 圧延機, 粉砕機. *~ de arroz* 精米機. *~ aceitero / ~ de aceite* 搾油機. *~ de la moneda* 貨幣鋳造機. ❸ 製粉所; 搾油所. ❺《動物》~ *gástrico* 胃咀嚼(そしゃく)器. ❻《動物》落ち着きのない人; うるさい人, 厄介な人. ❼《まれ》[動物の] 口 [=中で食物が噛み砕かれる]

ir al ~《まれ》[賭け事などで] 共謀する
llevar el agua a su ~ 自分の利益になることを言う(する), 我田引水である
luchar contra ~s de viento 一人相撲をとる《←『ドン・キホーテ』》
~ de papel 風車(かざぐるま); 製紙機

molinología [molinoloxía] 囡 風車・水車の研究

molinosismo [molinosísmo] 男 モリノス主義《17世紀スペイン

molinosista [molinosísta] 形 モリノス主義の(主唱者)
molismofobia [molismofóbja] 女 不潔恐怖症 〖=misofobia〗
molisol [molisól] 男 〘地質〙軟土壌, モリソル
molitivo, va [molitíbo, ba] 形 〘まれ〙柔らかくする, 和らげる; 軟化(緩和)し得る
molla [móʎa] 女 〖←カタルーニャ語 molla「髄」〗 女 ❶ [体の]肉づきがよくて柔らかい部分; [肉・果物などの]一番食べやすい(柔らかい)部分, 中身: ~ de la sandía スイカの身の部分. ❷ 《西. 口語》ふくらはぎの筋肉; [時に 複] 贅肉. ❸ [肉の]骨のない赤身の部分. ❹ 《西》パンの柔らかい部分 〖=miga〗. ❺ [物の]最上(最良)の部分
mollaca [moʎáka] 女 《ペルー, チリ. 植物》タデ科の一種〖薬用の灌木. 実は食用. 学名 Muehlenbeckia chilensis〗; その種子から作った飲料
mollar [moʎár] 形 〖←ラテン語 mollis「柔軟な, 機敏な」〗 ❶ [果実が]柔らかく, 皮がむきやすい: almendra ~ 殻が柔らかいアーモンド. ❷ 《西. 俗語》[女性が]セクシーな. ❸ [肉の, 脂・筋がなく]骨のない赤身の. ❹ [土地が]肥沃な. ❺ 良質の. ❻ 〘まれ〙[羊毛が]油分がなくぞろぞろの. ❼ 〘まれ〙濡れ手で粟の, もうけものの. ❽ 〘まれ〙[人が]だまされやすい; 説得されやすい. ❾ 〘地方語〙[一般に]柔らかい
mollate [moʎáte] 男 《俗》普段用のワイン
molle [móʎe] 男 〘植物〙❶《南米》コショウボク. ❷《チリ》サンショウモドキの一種〖学名 Schinus latifolius〗
mollear [moʎeár] 自 〘まれ〙[圧力に負けて・柔らかいために]曲がる, たわむ, 壊れる
molledo [moʎédo] 男 ❶ パンの柔らかい中身 〖=miga〗. ❷ [腕・腿・ふくらはぎなどの]手足の肉づきの良い部分
molleja [moʎéxa] 女 〖←カタルーニャ語 molla「髄」〗 女 ❶ [鳥類などの]砂嚢(の), 砂袋. ❷ 〘生物〙[主に]胸腺〘料理〙では子牛・子羊の〗. ❸ 〘昆虫〙前胃. ❹ 《ベネスエラ. 口語》厚顔無恥, ずうずうしさ
  criar ~ 《口語》ぐうたらに育つ
mollejo, ja [moʎéxo, xa] 〖←ラテン語 molliculus〗形 触ると柔らかい
  ── 男 柔らかい部分
mollejón, na [moʎexón, na] 女 《軽蔑》太ってだらしない; ひどく気の弱い
  ── [水で濡らす] 回転砥石
mollera [moʎéra] 女 〖←mollar〗女 ❶ 《口語》知性, 知能; 分別, 良識: No cabe a+人 en la ~ que+接続法 …など…の思いも及ばない. ❷ 頭部; 〘解剖〙頭頂部; [新生児の]泉門, ひよめき
  cerrado de ~ 《口語》[ser+] 愚鈍な, もの分かりの悪い
  cerrarse la ~ ひよめきが閉まる; 物心のつく年齢になる
  duro de ~ 《口語》[ser+] 頑固な, 強情な
  meterse a+人 en la ~ 《まれ》…の頭に浮かぶ
  secar la ~ ばか(狂人)になる
  tener ya cerrada la ~ もう物を覚えられる年齢ではない
móllera [móʎera] 女 《魚》コマイ型のタラ〖学名 Trisopterus minutus〗
mollero [moʎéro] 男 〘まれ〙❶ [腕・腿・ふくらはぎなどの]手足の肉づきの良い部分. ❷ 肉の柔らかい部分. ❸ パンの柔らかい中身
mollet [moʎét] 〖←仏語〗形 〘複〙~s 〖卵が〙半熟の
molleta [moʎéta] 女 ❶ 《料理》[主に牛乳でこねた]丸く柔らかいパン. ❷ 《西》粗悪な黒パン. ❸ 〘まれ〙〘複〙[ろうそくの] 芯切りばさみ 〖=despabiladeras〗
mollete [moʎéte] 〖←仏語 mollet < ラテン語 mollis「柔らかい」〗 男 ❶ 〘料理〙1) 《西》ロールパン. 2) 《ラパス》水平に切って中にバターあるいはチーズを塗ったパン. 3) 《ボリビア》軍隊用のパン. ❷ [腕の]贅肉. ❸ 〘まれ〙丸々とした頬 〖=moflete〗
molletense [moʎeténse] 形 《地名》モレット Mollet の〔人〕〖バルセロナ県の村〗
molletudo, da [moʎetúdo, da] 頬のふくれた, 下ぶくれの 〖=mofletudo〗
mollicio, cia [moʎíθjo, θja] 形 〘廃語〙柔らかい, ふわふわした 〖=muelle〗
mollificar [moʎifikár] 7 他 〘まれ〙柔らかくする
mollina[1] [moʎína] 女 小雨, 霧雨 〖=llovizna〗
mollinica [moʎiníka] 女 《ムルシア》小雨, 霧雨 〖=llovizna〗
mollino, na[2] [moʎíno, na] 形 霧雨の, 小ぬか雨の
mollito [moʎíto] 男 《ボリビア. 服飾》スパンコール

mollizna [moʎíθna] 女 小雨, 霧雨 〖=llovizna〗
mollizar [moʎiθnár] 自 小雨が降る 〖=lloviznar〗
molliznear [moʎiθneár] 自 小雨が降る 〖=lloviznear〗
mollón [moʎón] 男 〘まれ〙大きな肉づきがよくて柔らかい部分 molla
molo [mólo] 男 ❶《エクアドル. 料理》マッシュポテト. ❷《チリ》堤防: **~ de abrigo**].
moloc [molók] 男 〘動物〙モロクトカゲ, トゲトカゲ
móloc [móloc] 男 《エクアドル. 料理》マッシュポテト
Moloch [molók] 男 〘旧約聖書〙モロク, モレク〖子供をいけにえとする古代セム族の神〗
mologote [mologóte] 男 《コスタリカ》騒動, 暴動
mololoa [mololóa] 女 《グアテマラ, ホンジュラス》騒々しい会話
molón, na [molón, na] 形名 ❶《西. 若者語》すてきな, しゃれた, かっこいい; 楽しい, 面白い. ❷《メキシコ. 口語》わずらわしい〔人〕, しつこい〔人〕
  ── 男 《ナバラ, ムルシア》[主に搾油機の]挽き石, 臼石. ❷《アラゴン》[採石場から切り出された]丸い大石. ❸《アラゴン; エクアドル, ペルー》彫っていない石のかけら
molondra[1] [molóndra] 女 《アラゴン, ラマンチャ, ムルシア》頭; 大頭
molondro, dra[2] [molóndro, dra] 形名 《地方語》怠け者〔の〕, 役立たずの〔人〕
molondrón [molondrón] 男 〘まれ〙=molondro. ❷ 《アラゴン》頭突き; 頭への打撲. ❸《ベネスエラ》遺産; 大金
molonquear [moloŋkeár] 他 ❶《メキシコ, 中米》[人を]ボカボカ殴る. ❷《エルサルバドル》揺さぶる
moloso, sa [molóso, sa] 形 《地名》古代ギリシア, エピロス Epiro の〕モロシア Molosia の〔人〕. ❷ モロシア犬
  ── 男 〘詩法〙ギリシア・ラテン語詩の〕長長長格
molote [molóte] 男 ❶ 《メキシコ, 中米, カリブ》混乱した状況, 騒ぎ; けんか. ❷ 《メキシコ, 中米. 料理》モロテ〖肉・玉ネギ・ピーマン・ジャガイモ・チーズをはさんだトルティーヤ〗. ❸《メキシコ, コロンビア》不正な手口, 汚い手段; 悪だくみ. ❹《メキシコ》1) アップにしてまとめた髪. 2) 束, 包み. 3) [毛糸・紐などの] 玉. 4) もつれ, 紛乱, けんか. ❺《キューバ》一か所に集まった人々
molotera [molotéra] 女 ❶ 《メキシコ》モロテ molote 売りの女. ❷《グアテマラ, ホンジュラス》けんか; 混乱した状況, 騒ぎ. ❸ 《キューバ》一か所に集まった人々
molquite [molkíte] 男 《メキシコ》実がなる前に腐ってしまったトウモロコシの穂
  ── 形 《メキシコ》小さい, 発育不良の
molso, sa [mólso, sa] 形 ぶざまな, むさくるしい, 不潔な. ❷ 《ビスカヤ, アラバ》でかくて不格好な
moltura [moltúra] 女 ❶ 挽くこと, 製粉 〖=molienda〗. ❷《アラゴン》[穀物などの現物で支払われる]挽き料
molturación [moltuarθjón] 女 挽くこと, 製粉 〖=molienda〗
molturador, ra [molturadór, ra] 形 粉を挽く〔人〕
molturar [molturár] 他 〘穀物を〙挽(ひ)く
moluquense [molukénse] 形名 《地名》=moluqueño
moluqueño, ña [molukéɲo, ɲa] 形名 《地名》モルッカ諸島 islas Molucas の〔人〕
moluqués, sa [molukés, sa] 形名 《地名》=moluqueño
moluria [molúrja] 女 〘医学〙尿濃度
molusco [molúsko] 男 〖←ラテン語 molluscus「柔らかい」〗 男 ❶ 〘料理〙貝〖中身〙: No hay para mí marisco comparable a este sabroso ~. 私にとってこの貝くらいおいしい魚介類はない. ❷ 〘生物〙軟体動物, 軟体動物門
molusquicida [moluskiθída] 男 ナメクジ〖軟体動物〙駆除剤
molysita [molisíta] 女 〘鉱物〙モリサイト
moma [móma] 女 ❶ 《地方語. 魚》イソギンポ科の一種〖学名 Blenius montagui〗. ❷ 《メキシコ. 遊戯》目隠し鬼遊び 〖=gallina ciega〗
momeador, ra [momeadór, ra] 形 《まれ》おどける
momear [momeár] 自 〘まれ〙おどける
momentáneamente [momentaneaménte] 副 ❶ 〘動詞+〙しばらくの間, 一時的に: Me retiro ~. ちょっと寝てきます. Esta medicina le alivia el dolor ~. この薬は彼の痛みを一時的に和らげる. ❷ さしあたり 〖=por el momento〗: M~ no necesito ese dinero. 今のところその金はいりません. ❸ 〘まれ〙瞬時に; 即時に, 即座に
momentaneidad [momentaneiðáð] 女 〘まれ〙一時的であること, 一時性, 一過性
momentáneo, a [momentáneo, a] 〖←momento〗 形 ❶ 一時

的な, つかの間の; さしあたりの: Se encontraba en un apuro ～ de dinero. 彼は一時的に金に困っていた. placer ～ つかの間の快楽. solución ～*a* 暫定的な解決策. ❷《まれ》瞬時の; 即時の, 即座の: vacilación ～*a* 一瞬の迷い

momento [moménto]〖←ラテン語 momentum〗[男] ❶ [un+. 副詞的] 一瞬, 瞬間, 短時間: Espere un ～, por favor. ちょっと待って下さい. Dejó de hablar un ～. 彼は一瞬話を止めた. ❷ [時に [複]. 幅のある] 時間, 時期: 1) Atravesamos un ～ difícil. 私たちは困難な時期に直面している. Para ellos fueron ～*s* muy pasionados de recién casados. 彼らにとって新婚熱々の日々だった. Ese futbolista está en su mejor ～. そのサッカー選手は絶好調だ. Ha pasado su ～. 彼の〔全盛〕時代は終わった. 2) [el+] 時代〖=época〗: en el ～ de más esplendor de la civilización 文明の最盛期に. ❸ 時機, 機会; 好機: 1) No creo que es ～ adecuado para discutir. 今は議論している時ではないと私は思う. Es buen ～ para cambiar de trabajo. 転職するいい機会だ. Me gusta dar un paseo, pero este no es el ～ a propósito. 散歩は好きだが今はタイミングが悪い. Este es nuestro ～. 今がチャンスだ. cuando llegue el ～ 時が来たら. ～ crucial 重大な時機, 危機. ～ propicio (fatídico) よい(悪い)時機. 2) [+de+不定詞·que+接続法] Ha llegado el ～ *de* tomar (*de que* tomemos) una decisión. 決定を下すべき時が来た. ❹ 現在〔の状況〕: Hasta el ～ no ha ocurrido nada. 現在まで何も起きていない. política del ～ 現在の政治情勢. ❺ 要因: ～ psicológico 心理的要因; 絶好の機会. ❻《物理》モーメント: ～ angular 角運動量. ～ de inercia 慣性モーメント. ❼《文語》重要性, 意義: cosa de poco ～ ささいなこと, 取るに足りないこと

a cada ～ 絶えず: No podía estudiar porque *a cada* ～ sonaba el teléfono. 絶えず電話が鳴っていたので, 私は勉強できなかった

a cualquier ～ いつでも: Puedes llamarme por teléfono *a cualquier* ～. いつでも私に電話していいよ

a partir de ese ～ =**desde ese ～**

a los pocos ～s わずかな時間で: Conocemos *a los pocos* ～*s* lo que pasa en cualquier parte del mundo. 我々は世界中の出来事を瞬時に知ることができる

al ～ 直ちに: No tuvimos que esperar porque nos recibió *al* ～. すぐに応対してもらったので, 私たちは待つ必要がなかった. ¡Voy *al* ～! いま行きます!

cada ～ =**a cada ～**

de ～ 1) 目下, 今のところ: *De* ～, no puedes hacer otra cosa que esperar. さしあたり君は待つこと以外何もできない. *De* ～ no la he visto. 今までのところ私は彼女に会えていない. 2) 最初は: No los vi *de* ～. 私は最初彼らが見えなかった

de poco ～ [事柄が] あまり重要でない

de un ～《地方語》すぐに

de un ～ a*〔*l*〕*otro 1) 今にも: Esperamos su llegada *de un ～ a*〔*l*〕*otro*. 私たちは彼の到着を今か今かと待っている. 2) すぐに: Cambia de opinión *de un ～ al otro*. 彼はころころと意見を変える

del ～ 現在の, 最新の: Ahora es un personaje *del* ～. 彼は今や時の人だ. música *del* ～ 今どきの音楽. noticia *del* ～ 最新のニュース

dentro de un ～ すぐに: Empieza *dentro de un* ～. すぐ始まります

***desde el ～*〔*en*〕*que*+直説法** …してから: *Desde el* ～〔*en*〕*que* la conoció, se enamoró de ella. 彼は彼女を知ると恋に落ちた

desde el ～ que...《チリ, アルゼンチン, ウルグアイ》=**dado que...**

desde ese ～ その時から: *Desde ese* ～ no se volvió a saber nada del barco. それ以来船の行方はようとして知れなかった

en buen ～ 折よく, 都合のよい時に: Llegas *en buen* ～. 君はいい時に来た

en cualquier ～ いつでも: 1) Puedes llamarme *en cualquier* ～. いつでも私を呼んでくれていいよ. La casa amenaza ruina, y *en cualquier* ～ puede derrumbarse. 家は壊れそうだ. いつ倒れてもおかしくない. 2) [+que+接続法 の時は] Puedes visitarme *en cualquier* ～ *que* me necesites. 君が私を必要とする時にはいつでも訪ねて来てくれていいよ

en el mejor ～ 最盛期に

en el ～ 即座に: Me los arreglaron *en el* ～. 私はそれらをすぐに修理してもらった

en el ～ actual 目下, 現在〖=por ahora〗

en el ～ menos pensado 思いがけない時に: He recibido la noticia *en el ～ menos pensado*. 私は思いもかけない時にその知らせを受けた

en el ～ oportuno 都合の良い時に: Pude encontrarle *en el ～ oportuno*. 私は絶好のタイミングで彼に会えた

en el ～ presente 目下, 現在〖=por ahora〗

en el primer ～ =**en un primer ～**

en el último ～ 最後のところで: Agarramos el avión *en el último* ～. 私たちはぎりぎり飛行機に間に合った

en este ～ 1) たった今: *En este* ～ acaba de irse. 彼は今しがた出かけたところだ. 2) 現在: *En este* ～ no está. 彼は今いない

en estos ～s 現在: Los alumnos no estudian *en estos* ～*s*. 最近の学生たちは勉強しない

en los ～s actuales (***presentes***) =**en estos ～s**

en mal ～ 折悪しく, 都合の悪い時に

en su ～ [過去·未来の] しかるべき時に: No pudo venir *en su* ～. 彼はしかるべき時に来ることができなかった

en todo ～ いつも, 絶えず

en un ～ すぐに: Eso te lo arreglo yo *en un* ～. 私がすぐ解決してあげよう. Comí *en un* ～ para volver al trabajo. 私は仕事に戻るためにすぐ食事を終えた

en un ～ dado 1) 一定の時に: Está permitido *en un ～ dado*. それは特別な場合には認められている. 2) たまたま, ある時

en un primer ～ 最初の瞬間に: *En un primer* ～ pensé que era mentira. 最初の瞬間, 私は嘘だと思った

hace un ～ 少し前に: La vi por aquí *hace un* ～. 私は少し前にここらへんで彼女を見た

hasta el último ～ 死ぬまで, 最期まで

ni un ～ 片時も: No para *ni un* ～. 彼は片時も休まない

no tener un ～ libre 非常に忙しい

no ver el ～《口語》[+de+名詞·不定詞 を] 強く望む

por el ～ 目下, 今は: *Por el* ～ voy a ir a vivir con mi hermano. 私はさしあたり兄のところで暮らすつもりだ

por ～s 刻々と, 次第に: El fuego aumentaba *por* ～*s*. 火は刻一刻と激しくなっていった

por un ～ 一瞬, 短時間

sin perder un ～ 一刻も無駄にせずに, 直ちに: *Sin perder un* ～ le avisé. 私はすぐさま彼に知らせた

¡Un ～! ちょっと待って!

momería [momería] [女]《まれ》おどけ, ふざけ

momero, ra [moméro, ra] [形] [名]《まれ》おどけた表情(仕草)をする〔人〕

momia[1] [mómja]〖←アラビア語 mumiya「エジプト人が死体の防腐処理に使った混合物」< ペルシア語 mun「蠟」〗[女] ❶ ミイラ: 1) hacerse ～ ミイラ化する. 2)《比喩》Pareces una ～. 君はすっかりふぬけになっている. No te quedes ahí como una ～. ばかみたいに突っ立っているんじゃない. ❷《軽蔑》ミイラのようにやせこけた人

momiaje [momjáxe] [男]《チリ. 軽蔑》[el+] 右翼反動派

momificación [momifikaθjón] [女] ミイラ化

momificar [momifikár] [7] [他] ミイラにする

—— **～se** ミイラになる

momio, mia[2] [mómjo, mja]〖←momia[1]〗[形] ❶《西》赤身肉の. ❷《チリ. 軽蔑》[+名詞] 保守派の, 反動派の

—— [名]《チリ. 軽蔑》保守(反動)派の人; 古くさい人, 堅苦しい人

—— [男]《西》❶ 掘出物, 買得品〖=ganga〗; 楽で報酬のいい仕事; すばらしいもの, 特別なもの. ❷《口語》赤身肉

de ～《口語》無料で, ただで; 苦労せずに

momita [momíta] [女]《遊戯》❶《メキシコ》隠れん坊. ❷《コロンビア》こま回し

momo [mómo]〖←擬態〗[男] ❶ [祭り·ダンスなどでの] おどけた表情(仕草). ❷ [*M*～] カーニバル〖=carnaval〗: reinado del *M*～ カーニバルのたけなわの時

momona [momóna] [女]《植物》チェリモヤ〖=chirimoyo〗

momoroco, ca [momoróko, ka] [形]《グアテマラ》粗野な, 不作法な

momoscle [momɔ́skle] [男]《メキシコ》[ワカ huaca に似た] 墳墓

Mompou [mómpɔu]《人名》**Federico ～** フェデリコ·モンポウ〖1893～1987, カタルーニャ出身の作曲家. ピアノ独奏曲で知られる. 『子供の情景』*Escenas de niños*, 『ひそやかな音楽』

Música callada〗

mon [món] 形《単複同形/複 ~s》[東南アジアの] モン族〔の〕
—— 男 モン語

mon-《接頭辞》=**mono-**

mona¹ [móna] I 女《動物》1) 雌猿《→mono²》: Aunque la ~ se vista de seda, ~ se queda. どんなに着飾ってもお里は知れるものだ. 2) バーバリーマカク. ❷《口語》酔い《=borrachera》; 酔っ払い: coger (pillar) una ~ 酔っぱらう. ❸《トランプ》ばば抜き, ばばのカード. ❹ 人まねをする人(子供). ❺《闘牛》ピカドールが右脚に付ける防具. ❻《アラゴン, ムルシア》繭を作らない蚕, 不吐糸蚕. ❼《メキシコ, ドミニカ》闘鶏》挑発などに用いる雄鶏. ❽《メキシコ》臆病者, いくじなし. 2)《鉱山》発破式. ❾《中米, コロンビア》壊れた独楽. ❿《ホンジュラス》下等な人, 見劣りのする人; 低級品. ⓫《キューバ》房のない凧. ⓬《コロンビア》《収集用の》フィギュア. ⓭《チリ, アルゼンチン, ウルグアイ. 口語》女性のデッサン. ⓮《チリ》女性用服用のマネキン
como la ~《ペルー, ラプラタ. 口語》悪い結果(状態)の
corrido como una ~《口語》=**hecho como una ~**
dormir la ~《口語》酔っぱらって眠り込む
estar como una ~ 酔っぱらっている
hecho una ~《口語》赤面した, 恥じ入った
más asustadizo que una ~《口語》大変びくびくしている
pintada como una ~ [主に年老いた女性が] 厚化粧をした, 滑稽な化粧をした
II《←アラビア語 *nuna*》女《西. 菓子》[一部の地域で復活祭に食べる] モナ《殻に入ったままのゆで卵を飾ったリングケーキ.《カタルーニャなど》糖蜜またはゆで卵を飾り付けたパン. *= de Pascua*》
a freír ~s《西》[拒絶・無関心] mandar (enviar) a+人 *a freír ~s*: ~を追い払う. 《Vete・Anda》*A freír ~s*. 向こうへ行ってろ/とっとと消え失せろ

monacal [monakál]《←ラテン語 *monachalis < monachus*「隠者」←ギリシャ語 *monakhos*「唯一の, 孤独な」》形 修道士・修道女の《=*monástico*》: vida ~ 修道生活

monacato [monakáto] 男 ❶ 修道院制度. ❷ 修道士・修道女の身分. ❸ 修道院生活

monacillo [monakíʎo] 男《地方語》=**monaquillo**

monacordio [monakórðjo] 男《音楽》大型のスピネット espineta

monada [monáða] 女《←*mono* I》❶ [主に 複 猿の] おどけた身ぶり, ふざけ回ること, ふざけた(おかしな)身ぶり: Deja de hacer ~*s* y toma la comida. ふざけてないで, ご飯を食べなさい. ❷ [主に 複 子供の] かわいらしい仕草(行為). ❸《軽蔑》[主に 複 気取った仕草, 媚態, 甘言. ❹《主に女性言葉. 時に 複 美しい(かわいい)もの: Tiene un perrito que es una ~. 彼女の子犬はかわいい. Es una ~ de chica. 彼女はとてもかわいい. ¡Qué ~ [de...]! 何てかわいい(美しい)［…だこと］! ❺《主にラプラタ》魅惑的な人; ¡Hola, ~! やあ, いい女だね!

mónada [mónaða] 女 ❶《哲学》単子, モナド. ❷《生物》単細胞生物. ❸《動物》[淀みに生息する] 鞭毛虫

monadelfo, fa [monaðélfo, fa] 形《植物》単体(一束)雄蕊 (♂) の

monádico, ca [monáðiko, ka] 形《哲学》単子の, モナドの; 単子論の, モナド論の

monadismo [monaðísmo] 男《哲学》単子論, モナド論

monadista [monaðísta] 形 単子論の(論者), モナド論の(論者)

monadofito, ta [monaðofíto, ta] 形《植物》単体(一束)雄蕊 (♂) の

monadología [monaðoloxía] 女《哲学》単子論, モナド論

monago [monáɣo] 男《←ラテン語 *monachus*「隠者」》男《西. 口語》=**monaguillo**

monaguense [monaɣénse] 形《地名》モナガス Monagas の〔人〕《ベネズエラ西部の州》

monaguillo [monaɣíʎo] 男《*monago*の示小語》男 [ミサで] 司祭を手伝う少年, 侍祭, 侍者

monandria [monándrja] 女《植物》単一雄蕊 (♂)

monandro, dra [monándro, dra] 形《植物》一造精器の; 一雄蕊の

monaquismo [monakísmo] 男 =**monacato**

monarca [monárka]《←ラテン語 *monarcha < ギリシャ語 monarkhes < monos*「1, 唯一の」*+arkho*「私は統治する」》男 ❶ 君主, 帝王: ~ asturiano Alfonso II アストゥリアス王アルフォンソ2世. ❷《文章》 複 君主夫妻: ~*s suecos* スウェーデン国王夫妻. ❸《昆

虫》オオカバマダラ《メキシコからカナダまで渡りをする蝶》

monarquía [monarkía]《←ラテン語 *monarchia < ギリシャ語 monarkhia < monos+arkho*》女 ❶ 君主政, 君主政治. ~ constitucional 立憲君主制. ~ absoluta 絶対君主制. ~ constitucional 立憲君主制. ~ parlamentaria 議会君主制. ❷ 君主国, 王国. ❸ 君主制時代

monárquico, ca [monárkiko, ka]《←ギリシャ語 *monarkhikos*》形 ❶ 君主制の, 王政の: régimen ~ 君主政体, 王政. instituciones ~*cas* 君主制. ❷ 君主制擁護の: ideas ~*cas* 王党派の思想
—— 名 君主制擁護者

monarquismo [monarkísmo] 男 君主制主義, 王政主義

monarquizante [monarkiθánte] 形 君主制的傾向の

monasterial [monasterjál] 形 修道院の

monasterio [monastérjo]《←ラテン語 *monasterium < ギリシャ語 monasterion*「一人住まい」*< monos*「1, 唯一の」》男 修道院, 僧院 《類語》主に **monasterio** は創設時期の古い修道会の修道院. 自給自足的な生活をおくり, 人里離れた所にある. **convento** は托鉢修道会の修道院で都市部にある》: ~ de Cluny クリュニー修道院. ~ budista 仏教僧院

monasti [monásti] →**nasti**

monásticamente [monástikaménte] 副 修道院の規則に従って

monástico, ca [monástiko, ka]《←ラテン語 *monasticus*》形 修道士・修道女の; 修道院の: orden ~*ca* 修道会. vida ~*ca* 修道生活

monastrell [monastrél] 形 男/女 モナストレル種の〔ブドウ〕

monazita [monaθíta] 女《鉱物》モナザイト

Moncada [monkáða]《人名》**Sancho de ~** サンチョ・デ・モンカダ《17世紀前半スペインの夢想的社会改革論者. 原材料・貴金属の外国商人による持出(輸出)禁止と外国製品の輸入禁止(国産化)を提言した》

moncheta [montʃéta]《地方語》インゲンマメ《=*judía*》

monclovita [monklobíta] 形《戯語》モンクロア宮殿 Palacio de la Moncloa の《スペインの首相官邸》

monda [móndá]《←*mondar*》女 ❶ 皮むき; 複 むいた皮: Siempre pela la naranja en una ~. 彼女はいつもオレンジの皮を一つにむく. ~*s* de patatas ジャガイモの皮. ❷ 剪定(の時期)《=*poda*》. ❸ [水路などの底の] 浚(さら)い; 清掃. ❹ [墓地・納骨所へ移すための] 遺骨の発掘. ❺《メキシコ, キューバ》[罰として人を繰り返し] 叩くこと
ser la ~《西. 口語》1)〔人・事物が〕笑わせる, おかしい: Este niño *es la ~*, siempre me río con él. この子は面白い, いつも私を笑わせてくれる. 2)〔良くも悪くも〕並外れている: Estos bailes *son la ~*. このダンスパーティーはすごいぞ. Estos tíos *son la ~*. この連中にはいやはや参ったよ

mondá [mondá] 女《コロンビア. 俗語》ペニス

mondaderas [mondaðéras] 女 複 [ろうそくの] 芯切りばさみ《=*despabiladeras*》

mondadientes [mondaðjéntes]《←*mondar+dientes*》男《単複同形》つまようじ《=*palillo*》

mondador, ra [mondaðór, ra] 形 男 皮をむく〔人〕
—— 名 皮むき女

mondadura [mondaðúra] 女 皮むき; 複 むいた皮

mondante [mondánte] 形《西》とても楽しい

mondaoídos [mondaoíðos] 男《単複同形》《古語》耳かき《道具》

mondaorejas [mondaoréxas] 男《単複同形》《古語》=**mondaoídos**

mondapozos [mondapóθos] 男《単複同形》《古語》井戸の水替え人

mondar [mondár]《←ラテン語 *mundare*「掃除する」》他 ❶〔野菜・果物などの〕皮をむく: ~ una manzana リンゴの皮をむく. ~ guisantes エンドウマメのさやをとる. ❷ 剪定する《=*podar*》. ❸ [水路などの底の] 浚(さら)う: ~ las acequias 用水路を浚う. ~ un pozo 井戸の水替えをする. ❹ [+*de* から, 余分・汚れを] 取り除く: ~ y pulir el informe 報告書を短くきっちりとまとめる. ❺ [サフランの] おしべを摘み取る. ❻《軽蔑》[人の] 髪を切る. ❼ [喉・胸を] 咳払いですっきりさせる. ❽ [金銭などを] 巻き上げる. ❾ 鞭(棒)で打つ. ❿《キューバ》決定的な勝利を収める
—— *~se* ❶《西. 口語》[+*con* のことを] 大笑いする《=*~se de risa*》. ❷ *~se los dientes* 歯をほじくる, ようじを使う. ❸《キューバ》丸もうけする

mondarajas [mɔndaráxas] [女] [複] 《まれ》むいた皮
mondejo [mɔndéxo] [男] 豚(羊)の腹に詰め物をした料理
monderizano, na [mɔnderiθáno, na] [形] [名] 《地名》モンダリス Mondariz の〔人〕『ポンテベドラ県の村』
mondingo, ga [mɔndíŋgo, ga] [形] 《メキシコ》[馬などが] 歩幅が短くチョコチョコ歩く
mondiola [mɔndjóla] [女] 《アルゼンチン, ウルグアイ. 料理》 =**bondiola**
mondo, da[2] [mɔ́ndo, da] 『←ラテン語 mundus, -a, -um「きれいな, 上品な」』 [形] ❶ 余分なもののない, すっきりした: Dejó ～ el esqueleto del pollo. 彼は鶏をきれいさっぱり骨だけにした. ❷ [estar+] 髪のない: Su cabeza está ～*da* como una calvera. 彼の頭はつるつるの丸坊主だ. ❸ [estar+] 文無しの: Se ha quedado ～ después de pagar la deuda. 借金を返すと彼は一銭もなくなった. ❹ ちょうどの, ぎりぎりの: No tiene más que diez euros ～*s*. 彼は10ユーロぽっきりしか持っていない
～ y lirondo 《口語》きれいさっぱりとした: Lleva un vestido ～ *y lirondo*. 彼女は何の装飾もないドレスを着ている. Viven del sueldo de ella ～ *y lirondo*. 彼らは彼女の給料にすっかり頼って暮らしている. Esta es la verdad ～*da y lironda*. これは全く偽りのない真実である
mondón [mɔndɔ́n] [男] 樹皮を剝いだ幹
mondonga [mɔndɔ́ŋga] [女] 《廃語. 軽蔑》不作法(下品)な女中
mondongo [mɔndɔ́ŋgo] 『←?語源』 [男] ❶ [動物の] 胃, 臓物; 《軽蔑》[人間の] 腸, 内臓. ❷ 《料理》 1) 《西》[主に豚を殺した時に出る] 臓物・脂身と香辛料を混ぜたもの; [それを詰めた] 血入りの腸詰(ソーセージ), モルシージャ: hacer el ～ [臓物で] 腸詰を作る. 2) 《メキシコ, コロンビア, チリ, アルゼンチン, ウルグアイ》モンドンゴ『牛の胃や臓物と野菜・豆などの煮込み・スープ』. ❸ 《グアテマラ, プエルトリコ. 口語》奇妙な服(飾り). ❹ 《ボリビア》[馬に与える] ふすまをこねたもの
mandar a freír ～ 《キューバ, アルゼンチン, パラグアイ. 口語》きっぱりと断わる
mondonguera[1] [mɔndɔŋgéra] [女] ❶ 《キューバ》不作法(下品)な下女. ❷ 《プエルトリコ》でぶで動きの鈍い女
mondonguería [mɔndɔŋgería] [女] ❶ 臓物店, 腸詰店. ❷ [畜殺場の] 臓物を洗う(腸詰を作る)場所
mondonguero, ra[2] [mɔndɔŋgéro, ra] [形] 臓物の, 腸詰の
—— [名] 腸詰製造業者
mondonguil [mɔndɔŋgíl] [形] 《まれ》臓物の, 腸詰の
mondragonés, sa [mɔndragonés, sa] [形] [名] 《地名》モンドラゴン Mondragón の〔人〕『ギプスコア県の村』
móndrigo, ga [mɔ́ndrigo, ga] [形] 《メキシコ. 俗語》卑劣な, 卑怯な
mondrigón [mɔndrigɔ́n] [男] ごろつき, くだらない奴
monear [moneár] [自] ❶ 《口語》猿の身ぶりをする; かわいらしい仕草をする; 気取った仕草をする. ❷ 《ベネズエラ》よじ登る. ❸ 《エクアドル》もてあそぶ. ❹ 《チリ, アルゼンチン》自慢する, うぬぼれる
—— **～se** ❶ 《メキシコ》気取って歩く. ❷ 《ホンジュラス》 1) たゆまず働く. 2) 殴り合う
monecillo [moneθíʎo] [男] =**monaguillo**
moneda [monéđa] 『←ラテン語 moneta (古代ローマ人が女神ユノ Juno に付けたあだ名. その神殿のそばに貨幣の鋳造所があった)』 [女] ❶ 貨幣, 硬貨; 通貨『=～ corriente』: ¿Tiene ～ suelta? 小銭をお持ちですか? La ～ mala expulsa a la buena. 悪貨は良貨を駆逐する. emitir una ～ nueva 新しい貨幣を発行する. acuñar (batir·labrar) ～ 貨幣を鋳造する. pagar con (en) ～*s* de oro 金貨で支払う. Casa de la *M*～ 造幣局. ～ agropecuaria 緑の平価, グリーン・カレンシー『農産物価格表示用の計算単位. 米ドルと等価』. ～ blanda (débil) ソフト・カレンシー, 軟貨『金または米ドルと交換不能』. ～ fuerte (dura) ハード・カレンシー, 硬貨『金または米ドルと交換可能』. ～ controlada 管理通貨. ～ de cuenta/～ imaginaria 計算貨幣『通貨として使用されない』. ～ [de curso] legal/～ de ley 法貨. ～ falsa 贋造貨幣, 偽金. ～ de oro (plata·cobre) 金(銀・銅)貨. ～ de papel/papel ～ 紙幣. ～ de reserva 準備通貨. ～ española スペインの通貨. ～ fiduciaria 信用貨幣, 名目貨幣. ～ patrón (intrínseca) 本位貨幣, 正貨. ❷ 《歴史》 1) 人頭税『国王が都市民の各世帯に対して一律に行なう臨時課税』. 2) ～ forera 都市特別献金『中世カスティーリャ・レオンのコルテス Cortes において, 国王が貨幣の悪鋳を行わないことを約束する引き替えに都市民が国王に支払った特別税』. ❸ 《チリ》 [La *M*～] 大統領官邸
buena ～ 本物; 誠実な人
～ divisionaria (fraccionaria) 補助通貨; 小銭: Se ruega ～ *fraccionaria*. 釣銭のいらないように(小銭のご用意を)お願いします
pagar a+人 en buena ～ …[の労苦]に十分報いる: Si él me da buen género, yo también le *pago en buena* ～. 彼が良い品をくれれば, こちらも十分な代金を支払う『比喩的にも』
pagar a+人 en (con) la misma ～ …にお返しをする, 復讐する
ser ～ corriente よくあることである
monedaje [moneđáxe] [男] 《歴史》 ❶ [王に対して支払われた] 貨幣鋳造税. ❷ 《アラゴン, カタルーニャ》[ペドロ2世が課した] 資産税
monedar [moneđár] [他] =**amonedar**
monedear [moneđeár] [他] =**amonedar**
monedería [moneđería] [女] 貨幣鋳造職人の職
monedero, ra [moneđéro, ra] 『←moneda』 [形] 貨幣の
—— [男] ❶ 小銭入れ, 財布『=sobre ～』. ❷ 貨幣鋳造職人: ～ falso 偽金作り. ❸ 硬貨投入口『=ranura』. ❹ 《ウルグアイ》 ～ público 公衆電話
monegasco, ca [monegásko, ka] [形] [名] 《国名》モナコ Mónaco の(人)
monegrino, na [monegríno, na] [形] [名] 《地名》ロス・モネグロス los Monegros の(人)『サラゴサ県とウエスカ県にまたがる地方』
monema [monéma] [男] 《言語》記号素, モネーム
Moneo [monéo] 《人名》**José Rafael ～** ホセ・ラファエル・モネオ『1937～, スペインの建築家. 批判的地域主義 regionalismo crítico に立脚. アトーチャ駅 *Estación de ferrocarril de Atocha* の拡張計画, ストックホルムの近代美術館 *Museo de Arte Moderno y Arquitectura* の設計』
monera [monéra] [女] =**mónera**
mónera [mónera] [女] 《生物》モネラ; [複] モネラ界
monería [monería] [女] 《口語》=**monada**
monesco, ca [monésko, ka] [形] 《まれ》猿の; [身ぶり・顔つきが] 猿のような, 猿に似た
monetal [monetál] [形] 貨幣の, 通貨の
monetario, ria [monetárjo, rja] 『←ラテン語 monetarius < moneta』 [形] 貨幣の, 通貨の: crisis ～*ria* 通貨危機, 金融危機. política ～*ria* 通貨政策. sistema ～ europeo 欧州貨幣制度. valor ～ 貨幣価値
—— [男] コインのコレクション; その収納箱(棚)
monetarismo [monetarísmo] [男] 《経済》マネタリズム, 貨幣主義, 新貨幣数量説
monetarista [monetarísta] [形] [名] ❶ マネタリズムの; マネタリスト, 貨幣主義者. ❷ 貨幣の, 通貨の『=monetario』
monetización [monetiθaθjɔ́n] [女] ❶ [国債の] 貨幣化: ～ de la deuda 公社債の貨幣化(償還). ❷ 通貨(法貨)の制定. ❸ 貨幣の鋳造
monetizar [monetiθár] [9] [他] ❶ 貨幣化する. ❷ 通貨と定める, 法貨にする. ❸ [金属を] 貨幣に鋳造する
money [mɔ́ni] 『←英語』 [男] 《口語》お金
monfí [mɔnfí] 『←アラビア語 monfi』 [男] 《歴史》[主に [複]] レコンキスタ後にアンダルシアで山賊団を形成したモーロ人(モリスコ)
monfortino, na [mɔnfɔrtíno, na] [形] [名] 《地名》モンフォルテ Monforte の〔人〕『ルゴ県の町』
mongo, ga [mɔ́ŋgo, ga] [形] ❶ 《キューバ》ばかな, 愚かな. ❷ 《プエルトリコ》麻痺した; 衰弱した
—— [男] ❶ 《パナマ》[顔などへの] こぶしによる殴打. ❷ 《フィリピン. 植物》ケツルアズキ
～ aurelio 《アルゼンチン》誰それ, 何のなにがし
—— [女] 《プエルトリコ》インフルエンザ, 風邪
mongó [mɔŋgó] [男] 《ドミニカ》太鼓
mongol, la [mɔŋgɔ́l, la] [形] [名] 『女性形 mongol もある』 《国名》モンゴル Mongolia 〔人・語〕の; モンゴル人
—— [男] モンゴル語
mongolfier [mɔŋgɔlfjér] [男] =**montgolfier**
mongólico, ca [mɔŋgóliko, ka] [形] [名] ❶ 《俗用》ダウン症候群の〔患者〕. ❷ =**mongol**; **mongoloide**: mancha ～*ca* 蒙古斑
mongolismo [mɔŋgolísmo] [男] 《俗用》ダウン症候群『=síndrome de Down』
mongoloide [mɔŋgolɔ́i̯đe] [形] [名] 《人類学》モンゴロイド〔の〕

mongoloidismo [moŋgoloidísmo] 男 モンゴロイドであること

monguear [moŋgeár] 他《パナマ》[顔などを] こぶしで殴る

monguera [moŋgéra] 女《プエルトリコ》❶ 麻痺の一種. ❷ 無気力; 衰弱

monguto, ta [moŋgúto, ta] 形《パナマ》角(²)の萎縮した

moni [móni]《←英語 money》男《俗》[～s]《主にアンダルシア; 中南米》[主に 複] 金 [=dinero]

moniato [monjáto] 男《俗》サツマイモ [=boniato]

monicaco, ca [monikáko, ka]《←monigote+macaco》名 ❶《軽蔑》つまらない人, 影の薄い人. ❷《親愛》[年齢・身長の低い] 小さい子. ❸《コロンビア》信心家ぶった人, 偽善者

monición [moniθjón] 女 ❶ たしなめること, 訓誡; 叱責, 説教. ❷《キリスト教》戒告状

monicongo [monikóŋgo] 男《口語》= **monigote**

monifato [monifáto] 男 ❶《軽蔑, 親愛》取るに足らない人. ❷《キューバ, プエルトリコ》でたらめに塗った (形作った) 人形. ❸《ベネズエラ》うぬぼれ屋の若者, 気取った青年

monigote [monigóte] 男 ❶ グロテスクな人形; でたらめに塗った (形作った) 人形: ～ de nieve 雪だるま. ～ de paja わら人形. ❷ [人・動物の] 下手な絵 (彫像); いたずらがき; 漫画: ～ de tebeo [無邪気な] 漫画の主人公. ❸《軽蔑, 親愛》[肉体的・精神的に] 取るに足らない人; 個性のない人. Es un ～ de su mujer. 彼は奥さんの操り人形だ. ❹《軽蔑, 親愛》[子供への呼びかけ] 小僧, 坊主. ❺《軽蔑》修道士. ❻ 無知で粗野な人. ❼《キューバ, ペルー, アルゼンチン》[ミサで] 司祭を手伝う少年. ❽《キューバ》[植物] 1) キンギョソウ; その花. 2) 凧の糸を巻くための木の切れ端. ❾《ペルー, チリ》神学生

hacer el ～ おどける, ふざけ回る

monigotear [monigoteár] 自《地方語》おどける, ふざけ回る

moniliasis [monilijásis] 女《医学》モニリア症

moniliforme [monilifórme] 形《動物》数珠形の: antena ～ 数珠状の触角

monilla [monílla] 女 ❶《闘牛》[ピカドールが槍を持つ手の] 手首から肘に着けた鉄製防具. ❷《エクアドル》[菌類による] カカオの病気

monillo [monílo] 男 ❶《船舶》槇皮(まいはだ)詰めの道具. ❷《地方語》[袖のない] 女性用胴着

monimiáceo, a [monimjáθeo, a] 形 モニミア科の
— 男《植物》モニミア科

monín¹ [monín] 形《トランプ》ジョーカー [=comodín]

monín², na [monín, na]《mono の示小語》形 かわいい, すてきな

monino, na [moníno, na]《mono の示小語》形 = **monín**

monipodio [monipódjo] 男《セルバンテスの小説『リンコネテとコルタディリョ』*Rinconete y Cortadillo* の登場人物》❶ [ごく少数のグループの] 詐欺師たち, 泥棒たち: patio de M～ 悪党たちのたまり場. ❷《悪党たちの》相談, 密談

monís [monís]《←英語 money》男《口語》[主に 複] 金 [=dinero]: *tener monises* 金持ちである
— 女《アラゴン, 菓子》卵と砂糖でできた生地

monises [monises] 男 複 真鍮; 現金, 金銭

monismo [monísmo] 男《哲学》一元論

monista [monísta] 形 一元論の; 一元論者

monístico, ca [monístiko, ka] 形 一元論の

mónita [mónita] 女《まれ》甘言で釣ること, 親切ごかし, おためごかし

monitor, ra [monitór, ra]《←ラテン語 *monitor, -oris* 「思い出させるもの, 知らせるもの」》名 ❶ [水泳・スキー・絵画教室や自動車教習所などの] コーチ, 指導員, 先生: ～ de esgrima フェンシングの教師. ❷《まれ》警告 (忠告) する人. ❸《コロンビア》[大学で] 助手の役を果たす学生. ❹《ラプラタ》学級委員
— 男 ❶ モニター装置, 監視 (検出・検波・探知) 装置: ～ del paciente《医学》生体情報モニタ, 患者モニタ. ❷ モニターテレビ. ❸《船舶》モニター艦. ❹《軍事》訓練の補助教育. ❺《古代ローマ》ノーメンクラートル;《街で行きあう人の名を主人に思い出させる役目の奴隷》
— 女《ペルー》[蓋付きの] 湯沸かし鍋

monitorear [monitoreár] 他 = **monitorizar**

monitorio, ria [monitórjo, rja] 形 ❶ 警告 (忠告) を与える, 戒告の
— 男 ❶《キリスト教》戒告 (状). ❷ 破門の警告. ❸ 叱責, 忠告

monitorización [monitoriθaθjón] 女 モニタリング, モニター監視

monitorizador, ra [monitoriθaðór, ra] 形 モニターする

monitorizar [monitoriθár] 他 ❶ モニターする, モニターで監視する. ❷ モニター装置を設置する (装着させる)

monitos [monítos] 男 複《メキシコ, チリ》戯画, 漫画: película de ～ 漫画映画

mónitum [mónitun]《キリスト教》= **monición**

monje, ja [mónxe, xa]《←ラテン語 *monachus*「隠者」<ギリシャ語 *monakhos*「孤独な」》名 ❶ [ベネディクト会・シトー会などの] 修道士, 修道女《*monasterio* に住んでいる》: meterse a (de) ～ja 修道女になる. ❷ [仏教などの] 僧, 尼僧

ir a las ～jas 女子修道会経営の学校に通う

— 男 ❶《鳥》1) シジュウカラ [=*paro carbonero*]. 2) 雌が抱卵中の雄ヤマウズラ.《昆虫》ドクガ科マイマイガ属の蛾の一種. ❷《廃語》隠者, 隠士. ❸《メキシコ. 古語》円形の甘いパン. ❹《カリブ》5ペソ銀貨. ❺《植物》ミツビシラン《エクアドルの国花》: ～ blanca シロバナミツビシラン《グアテマラの国花》. ❷《まれ》[紙の燃えた] 残り火. ❻《メキシコ. 古語》円形の甘いパン

mon-jemer [monxemér] 男《東南アジアの》モン・クメール語派の

monjerío [monxerío] 集名 修道女

monjía [monxía] 女 ❶ [修道院における] 修道士の地位 (職禄); 修道士・修道女の身分 (生活). ❷《まれ》修道院, 僧院 [=*monasterio*]

monjil [monxíl] 形 ❶ 修道女の (ような): llevar una vida ～ 修道女の (ような) 生活をおくる. ❷《軽蔑》[女性が] いやに堅い, やけにとりすました. ❸ [白い鳩が] 長い羽毛が頭から垂れている
— 男 ❶ 女子修道服. ❷《古語》ウールの婦人用喪服;《その喪服などの》筒袖

monjío [monxío] 男 ❶ 修道女の身分 (生活). ❷ 女子修道会への入信. ❸ 集名 修道女. ❹ 女子修道院

monjita [monxíta] 女 ❶《チリ. 植物》ニーレンベルギアの一種《学名 *Scyphanthus elegans*》. ❷《アルゼンチン. 鳥》シロタイランチョウ属の一種

mono, na² [móno, na] I ❶《動物》サル (猿); ～ araña (americano) クモザル. ～ aullador ホエザル. ～ capuchino《コロンビア》= *negro* ノドジロオマキザル. ～s de nuevo (viejo) mundo 新 (旧) 世界ザル. ～ maicero フサオマキザル. ～ rhesus アカゲザル. ～ nudo 裸のサル《人間のこと》. ～ sabio = **monosabio**. Tres M～s Sabios 見ザル言わザル聞かザル. ❷ 他人のまね (猿まね) をする人 [=～ *de imitación*, ～ *de repetición*]; 身ぶり手ぶりの激しい人. ❸ 知性のない気取った利口者. ❹《親愛, 軽蔑》[子供への呼びかけ] Oye, *mona*, ¿a mí en qué clase me colocas? じゃあ, お前, 俺はどんな種類の人間だと思ってるんだ？ ❺《コロンビア》金髪の人.《ペルー》中国人
— ❶《口語》きれいな, かわいい, すてきな: ¡Qué muchacha más *mona*! 何てきれいな女の子だ！ muchacho muy ～ かわいらしい男の子. llevar un traje ～ すてきな服を着ている. ❷《コロンビア》金髪の
— 男 ❶《西. 服飾》オーバーオール, つなぎの服: ～ de aviador/～ de vuelo 飛行服. ～ de trabajo 作業服. ❷ [主に若い男女の愛情表現で] 下着身ぶり [como: hacer ～s a+人 …に合図を送る]. ❸《口語》[人・動物の] 戯画, 漫画, 像: pintar ～s en la pared 壁に漫画を描く. ❹ 欲求, 必要性: Tengo ～ de playa y de sol. 私は海と太陽に焦がれている. ❺《トランプ》ジョーカー [=*comodín*]. ❻《西. 俗語》[麻薬中毒の] 禁断症状: tener el ～/estar con el ～ 禁断症状にある. ❼《隠語. 軽蔑》[制服の] 警官, でか. ❽《闘牛》ピカドールの介添え [=*monosabio*]. ❾《アラゴン, ムルシア》さじ. ❿《中南米》[ブドウを圧搾場に運ぶ] 木桶. ⓫《メキシコ》1) レオタード;《複》漫画. 3) 刈り取った穀物の束を積み重ねた山. ⓬《グアテマラ》尾のない猿. ⓭《ドミニカ, ベネズエラ》[スポーツ用の上下の] ジャージ, スウェットスーツ [～ *deportivo*].《ドミニカ》積み上げたトウモロコシ. ⓯《コロンビア》アンティオキア県の踊りと歌.《ベネズエラ》❶ 貧しい若者; 若い犯罪者. 2)《賭博場で客を誘う》おとり.《エクアドル, ペルー》公衆用便器, 便所. ⓲《チリ》1) ～ de nieve 雪だるま. ～s animados 漫画. 2) [果物など] 商品の山

como la ～《チリ, アルゼンチン, ウルグアイ. 口語》[体調などが] ひどく悪く

el último ～《口語》[ある場所で] 最も取るに足らない人, 一番下っ端の人

estar de ~*s*《口語》［恋人同士などが］仲たがいしている
hacer el ~《口語》［笑わせるために］滑稽なことをする（言う）
mandar a freír ~*s a África*《チリ．口語》頭からはねつける
meter a+人 *los* ~*s*《キューバ，プエルトリコ，コロンビア》…を怖がらせる，おびえさせる
para la ~《チリ，アルゼンチン，ウルグアイ．口語》=*como la* ~
¡Qué ~*!* 何てきれいな（かわいい）のだろう！/《皮肉》何とすごい（ひどい）！
quedarse hecho un ~ 恥ずかしく思う，恥じ入る
ser el último ~《口語》一番下っ端である，ほとんど力がない
¿Tengo ~*s en la cara?*《口語》［ぶしつけな視線に抗議して］私の顔に何かついてるのか？
II《*monofónico* の短縮語》[形]《[単複同形]》《音響》モノラルの
── [男] en ~ モノラルの・で

mono-［接頭辞］［単一］*monótono* 単調な，*monopolio* 独占
monoácido, da [monoáθiðo, ða] [形]《化学》一塩基酸の
monoandria [monoándrja] [女]《社会学》一妻一夫［制］
monoatómico, ca [monoatómiko, ka] [形]《化学》一原子からなる，単原子の: *molécula* ~*ca* 単原子分子，一原子分子
monoaural [monoaurál] [形]《音響》モノラルの
monobásico, ca [monobásiko, ka] [形]《化学》《酸》一塩基の
monobikini [monobikíni] [男] =**monoquini**
monobiquini [monobikíni] [男] =**monoquini**
monobloc [monoblók] [形] [男]《~s》一体型（の），一体鋳造〔の〕
monobloque [monoblóke] [形] 一体鋳造の〔=monobloc〕
── [男]《アルゼンチン》［団地の同じ形の］住宅棟
monocable [monokáble] [形]《技術》モノケーブルの
monocameral [monokamerál] [形] 一院制の〔=unicameral〕
monocameralismo [monokameralísmo] [男] ［議会の］一院制
monocarpelar [monokarpelár] [形]《植物》単子房の
monocárpico, ca [monokárpiko, ka] [形]《植物》一回結実性の，一稔性の
monocarril [monokaříl] [男] [形]《鉄道》モノレール〔の〕
monocasco [monokásko] [形] [男] ❶《航空，自動車》モノコック〔の〕，単体構造（の）．❷《船舶》単胴船
monocelular [monoθelulár] [形] =**unicelular**
monoceronte [monoθerónte] [男] 一角獣〔=unicornio〕
monocerote [monoθeróte] [男] 一角獣〔=unicornio〕
monociclo [monoθíklo] [形]《←mono-+ギリシャ語 kyklos「輪」》[男] 一輪車: *montar* (*ir*) *en* ~ 一輪車に乗る
monocigótico, ca [monoθigótiko, ka] [形]《生物》一卵性の
monocilíndrico, ca [monoθilíndriko, ka] [形]《技術》単一シリンダーの
monocito [monoθíto] [男]《生物》単球，単核白血球
monoclamídeo, a [monoklamíðeo, a] [形]《植物》単花被の〔植物〕
monoclinal [monoklinál] [形]《地質》単斜［層］の
monoclínico, ca [monoklíniko, ka] [形]《鉱物》単斜の，単斜晶系の
monoclonal [monoklonál] [形]《生物，医学》単クローン性の: *anticuerpo* ~ 単クローン抗体
monocolor [monokolór] [形] ❶ 単色の，モノクロームの．❷ ［政権が］単一政党の
monocorde [monokórðe] [形] ❶ 同じ調子の，単調な．❷《音楽》1) 一弦の．2) 同音を繰り返す
monocordio [monokórðjo] [男]《音楽》モノコード，一弦琴
monocotiledón [monokotileðón] [男]《植物》単子葉の
monocotiledóneo, a [monokotileðóneo, a] [形]《植物》単子葉植物の
── [女][複]《植物》単子葉植物
monocracia [monokráθja] [女] 独裁政治
monocrático, ca [monokrátiko, ka] [形] 独裁政治の
monocristal [monokristál] [男]《鉱物》単結晶
monocristalino, na [monokristalíno, na] [形]《鉱物》単結晶の
monocromático, ca [monokromátiko, ka] [形] ❶ =**monocromo**．❷《物理》《放射》同一振動周波数の
monocromía [monokromía] [女] ❶ 単色性，モノクロであること．❷《美術》単彩，単彩画
monocromo, ma [monokrómo, ma] [形] 単色の，モノクロの，白黒の

monocular [monokulár] [形] ❶ 単眼の．❷ ［器具が］単眼用の
monóculo, la [monókulo, la] [形]《まれ》片目の，隻眼の
── [男] ❶ 単眼鏡，モノクル．❷《医学》［片目の］眼帯
monocultivo [monokultíβo] [男]《←mono-+cultivo》［開発途上国などに特徴的な］モノカルチャー，単一栽培，単式農法
monodia [monóðja] [女]《音楽》モノディ，単声歌
monodía [monoðía] [女] =**monodia**
monódico, ca [monóðiko, ka] [形]《音楽》モノディの
monodrama [monoðráma] [男]《演劇》一人芝居
monoétnico, ca [monoétniko, ka] [形] 単一民族の: *estado* ~ 単一民族国家．*sociedad* ~*ca* 単一民族社会
monoexportador, ra [monoe(k)sportaðór, ra] [形] *país* ~ 単一輸出品国
monófago, ga [monófago, ga] [形]《生物》単食の
monofásico, ca [monofásiko, ka] [形]《電気》単相［交流］の
monofilamento [monofilaménto] [男]《繊維》モノフィラメント，単一フィラメント，単繊維
monofilético, ca [monofilétiko, ka] [形]《生物》単一系統の
monofilo, la [monofílo, la] [形]《植物》単葉の
monofisismo [monofisísmo] [男]《神学》キリスト単性説〔神性しかないとする〕
monofisista [monofisísta] [形] =**monofisita**
monofisita [monofisíta] [形] [名] キリスト単性説の〔論者〕
monofisitismo [monofisitísmo] [男] =**monofisismo**
monofito, ta [monofíto, ta] [形]《植物》単一種の: *bosque* ~ 単一種の森
monofobia [monofóbja] [女] 孤独恐怖症
monofonía [monofonía] [女]《音響》モノラル
monofónico, ca [monofóniko, ka] [形]《音響》モノラルの
monogamia [monogámja] [女]《←mono-+ギリシャ語 gamos「結婚」》❶ 一夫一婦制，単婚制．❷《動物》一雌一雄；《植物》雌雄異株
monogámico, ca [monogámiko, ka] [形] 一夫一婦制の，単婚制の
monógamo, ma [monógamo, ma] [形]《←ラテン語 monogamus》[形] [名] ❶ 一夫一婦［主義］の（主義者）；結婚歴が1回だけの〔人〕，男女関係の相手が1人だけの〔人〕: *familia* ~*ma* 単婚家族．❷《動物》一雌一雄の；《植物》雌雄異株の．❸ 一夫一婦制の，単婚制の
monogástrico, ca [monogástriko, ka] [形]《動物》単胃の
monogenismo [monoxenísmo] [男] 人類同一祖先説，人類一元説
monogenista [monoxenísta] [形] [名] 人類単一起源説の〔論者〕
monografía [monografía] [女]《←mono-+ギリシャ語 grapho「私は書く」》[女] モノグラフ『限定された問題についての詳細な研究・専攻論文』
monográfico, ca [monográfiko, ka] [形]《←monografía》[形] ❶ モノグラフの（的な），専門研究の: *estudio* ~ *sobre la movilidad laboral* 労働力移動に関する研究．❷ 単一のテーマに関する: *Museo M*~ *del Azafrán* サフラン博物館．*número* ~ *de la Revista Teorema* テオレマ誌の特集号
── [男] ❶《雑誌》特集号，特集記事: ~ *dedicado a la poetisa argentina Alfonsina Storni* アルゼンチンの女性詩人アルフォンシナ・ストルニの特集．❷ 研究論文；［単一のテーマでの］研究書: *Publicaron un* ~ *sobre computación ubicua*. ユビキタスコンピューティングの研究書が出た
── [女] ［単一のテーマでの］美術展: ~*ca de la obra de Antonio Saura* アントニオ・サウラ作品展
monografista [monografísta] [名] モノグラフの執筆者
monograma [monográma] [男]《←mono-+ギリシャ語 gramma「書かれた，文字」》モノグラム，組み合わせ文字
monohidratado, da [monoiðratáðo, ða] [形]《化学》一水化の
monoico, ca [monóiko, ka] [形]《植物》雌雄同株の
monokini [monokíni] [男] =**monoquini**
monolingüe [monolingwe] [形] 単一言語の〔人〕: *diccionario* ~ 一か国語辞典，自国語辞書
monolingüismo [monolingwísmo] [男] ［複数言語地域における個人・集団の］単一言語使用；単一言語主義，モノリンガリズム
monolingüístico, ca [monolingwístiko, ka] [形] 単一言語使用の
monolítico, ca [monolítiko, ka] [形] ❶《建築》モノリスの，一本

monolitismo

石(一枚岩)でできた. ❷ [集団が] 融通の利かない; [団結い] 一枚岩の. ❸《技術》一体の: circuito ～ モノリシック回路

monolitismo [monolitísmo] 男 [集団の] 融通の利かなさ; 画一性, 統一性

monolito [monolíto]【←mono-+ギリシア語 lithos「石」】男《建築》モノリス, 一本石, 一枚岩

monologal [monologál] 形 モノローグの, 独白の; ひとりごとの

monologar [monoloɣár] 8 自 独白する; ひとりごとを言う

monólogo [monóloɣo]【←mono-+ギリシア語 logos「演説, 物語」】男 ❶《文学》モノローグ, 独白; 一人芝居: ～ interior 内的独白. ❷ ひとりごと

monologuismo [monoloɣísmo] 男《まれ》ひとりごとを言う傾向

monologuista [monoloɣísta] 形 名《まれ》ひとりごとを言う傾向の〔人〕

monomando [monomándo] 形 男《単複同形》単一装置(の): grifería (grifo・llave) ～ ワンレバーの水栓具, 混合弁

monomanía [monomanía]【←mono-+ギリシア語 mania「狂気」】女 ❶《心理》偏執狂, 部分的狂気: ～ de grandeza 誇大妄想狂. ❷ 一つのことへの執着 (熱中): Le ha entrado la ～ de leer solo biografías. 彼は伝記物ばかり読む凝り性になった

monomaníaco, ca [monomaníako, ka] 名 =**monomaníaco**

monomaníaco, ca [monomaníako, ka] 形 名 偏執狂の〔人〕; 偏執狂的な, 極度に凝り性の〔人〕

monomaniático, ca [monomanjátiko, ka] 形 名 =**monomaníaco**

monomaquia [monomákja] 女 ❶ 一騎打ち, 一対一の闘い 〖=desafío singular〗. ❷《キューバ》猿のような仕事

monómero, ra [monómero, ra] 形《化学》モノマー〔の〕, 単量体〔の〕

monometálico, ca [monometáliko, ka] 形《経済》単本位制の

monometalismo [monometalísmo] 男《経済》単本位制

monometalista [monometalísta] 形 名 単本位制論の〔論者〕

monomiario [monomjárjo] 形 [二枚貝] が [閉殻筋の]

monomio, mia [monómjo, mja] 形《数学》単項の, 単項式〔の〕

monomolecular [monomolekulár] 形《化学》単分子の

monomorfo, fa [monomórfo, fa] 形 単一形の;《情報》単相型の

monomotor [monomotór] 男《航空》単発機

monona [monóna] 形《口語》[少女・若い女性が] 愛らしい, 魅力的な

mononuclear [mononukleár] 形《生物》一核性の, 単核の

mononucleosis [mononukleósis] 女《医学》単球増加症: ～ infecciosa 伝染性単球増加症

monoparental [monoparentál] 形《文語》片親の: familia ～ 父子 (母子) 家庭

monopartidismo [monopartiðísmo] 男 一党独裁〔制〕

monopartidista [monopartiðísta] 形 一党独裁の

monopastos [monopástos] 男《単複同形》単滑車

monopatín [monopatín]【←mono-+patín】男 ❶《西. スポーツ》スケートボード: montar en ～ スケボーに乗る. ❷《アルゼンチン, ウルグアイ. 玩具》キックスクーター

monopétalo, la [monopétalo, la] 形《植物》単花弁の, 単弁の

monoplacóforo, ra [monoplakófòro, ra] 形 単板綱の
—— 男 複《動物》単板綱

monoplano [monopláno] 男《航空》単葉機〖=avión ～〗

monoplaza [monopláθa] 形 一人乗りの, 単座の
—— 男 ❶《航空》単座機〖=avión ～〗. ❷ 一人乗りのレーシングカー〖=～ de carreras〗

monoplejía [monoplexía] 女《医学》単麻痺

monopolar [monopolár] 形 単極の

monopolio [monopóljo]【←ギリシア語 monopolion < monos「1, 唯一の」+poleo「私は売る」】男 ❶《経済》独占, 専売; [狭義で] 売り手独占〖=～ de vendedores, ～ de oferta〗: En España, la venta de tabaco es un ～. スペインではたばこは専売である. ～ del Estado 国家独占, ～ de compradores (= ～ de demanda) 買い手独占. ～ público (estatal) 専売制度. ❷ 独占権, 専売権. ❸ 独占企業. ❹〔売り手間の〕販売価格協定. ❺ [市場の] 独占状態. ❻ 〔一般に〕占有, 一人占め: Cree que tiene el ～ del buen gusto. 彼は自分だけが趣味がいいと思って

いる. atribuirse el ～ de la verdad 自分一人が正しいと思い込む. ❼《廃語》=**monipodio**

monopolismo [monopolísmo] 男 ❶ 独占性. ❷ 独占擁護論

monopolista [monopolísta] 形《経済》独占の: capital ～ 独占資本. capitalismo ～ 〔de Estado〕〔国家〕独占資本主義
—— 名 独占者, 独占する人
—— 男 独占企業

monopolístico, ca [monopolístiko, ka] 形 ❶ =**monopolista**: capitalismo ～ de estado 国家独占資本主義. ❷ 独占的な: privilegio ～ 独占的な権利

monopolización [monopoliθaθjón] 女 独占化; 占有化

monopolizador, ra [monopoliθaðór, ra] 形 独占する; 独占者

monopolizar [monopoliθár]【←monopolio】9 他 ❶《経済》独占する, 専売する: En ese país una sola empresa monopoliza la distribución del petróleo. その国ではただ一社が石油の供給を独占している. ～ el mercado 市場を独占する. precio monopolizado 独占価格. ❷ 一人占めする: ～ el coche を一人だけで使う. ～ la atención 注目を集める. ～ las miradas de+人 …の視線を一身に集める. ～ el favor ひいきされる

monopolo [monopólo] 男 単極, 一極, モノポール

monopsonio [monɔ(p)sónjo] 男《経済》[市場における] 買い手独占, 需要独占

monóptero, ra [monɔ́(p)tero, ra] 形《建築》[円形の堂などが] 単列周柱式の

monoptongación [monɔ(p)toŋɡaθjón] 女《音声》単母音化

monoptongar [monɔ(p)toŋɡár] 8 他《音声》[二重・三重母音を] 単母音化する
—— 自・～se 単母音化する

monoptongo [monɔ(p)tóŋɡo] 男《音声》単母音

monoquini [monokíni] 男《服飾》トップレス水着

monorquidia [monɔrkíðja] 女《解剖》単睾丸

monórquido [monɔ́rkiðo] 形《解剖》単睾丸の〔の〕

monorraíl [monorraíl] 男《西. 鉄道》モノレール〔の〕

monorreactor [monɔrreaktór] 男《航空》[ジェット機が] 単発の; 単発ジェット機

monorrefringencia [monɔrrefriŋxénθja] 女《物理》単屈折〔性〕

monorrefringente [monɔrrefriŋxénte] 形《物理》単屈折〔性〕の

monorriel [monɔrrjél] 男《中南米. 鉄道》モノレール

monorrimo, ma [monɔrrímo, ma] 形《詩法》単韻の, 各行同韻の

monorrítmico, ca [monɔrrítmiko, ka] 形 単律動の

monosabio [monosábjo]【←mono sabio】男 ❶ [サーカスなどの] 訓練されたサル. ❷ [大人のことに口を出す] 生意気な子. ❸《闘牛》ピカドルなどの介添え

monosacárido [monosakáriðo] 男《化学》単糖〔類〕

monosémico, ca [monosémiko, ka] 形《言語》単義の

monosépalo, la [monosépalo, la] 形《植物》単一萼片の

monosilábico, ca [monosilábiko, ka] 形 ❶ 単音節[語・言語]の: palabra ～ca 単音節語. idioma ～ 単音節言語. ❷ [返事などが] 非常に短い, そっけない

monosilabismo [monosilabísmo] 男 単音節性

monosílabo, ba [monosílabo, ba] 形 ❶《音声》単音節の; 単音節語. ❷ [sí・no だけの] そっけない返事: Contestó a mi pregunta con un ～. 彼は私の質問にそっけなく答えた

monospastos [monospástos] 男 単滑車

monospermo, ma [monɔspérmo, ma] 形《植物》[果実が] 単種子の

monostrofe [monóstrofe] 女《詩法》単律詩

monostrófico, ca [monɔstrófiko, ka] 形 単律詩の

monote [monóte] 男《まれ》❶ けんか, 騒動. ❷ 呆然としている人

monoteísmo [monoteísmo] 男 一神教, 一神論

monoteísta [monoteísta] 形 名 一神教の〔信者〕: religión ～ 一神教

monoteístico, ca [monoteístiko, ka] 形《まれ》一神教の

monoteleta [monoteléta] 形 名 =**monotelita**

monotelismo [monotelísmo] 男 キリスト単意論〔7世紀の異端〕

monotelita [monotelíta] 形 名 キリスト単意論の(論者)
monotema [monotéma] 形 《主に軽蔑》話題が一つしかないこと; 単主題
monotemático, ca [monotemátiko, ka] 形 《主に軽蔑》話題が一つしかない; 単主題の
monoterapia [monoterápja] 女 《医学》モノセラピー, 単独療法
monotipia [monotípja] 女 ❶《印刷》モノタイプによる植字(印刷). ❷ モノタイプ [=monotipo]
monotipo [monotípo] 男 ❶《印刷》モノタイプ, 自動鋳造植字機. ❷ 単刷り版画
monótonamente [monótonaménte] 副 単調に, 平板に
monotonía [monotonía] 女 単調さ, 平板さ, 一本調子: Quería acabar con la ~ de su vida. 彼は生活の単調さを終わらせたかった
monotonizar [monotoniθár] 9 他《まれ》単調にする
monótono, na [monótono, na] 《ギリシア語 tonos「音」》形 ❶ [音が] 単調な, 抑揚のない: melodía ~na 単調なメロディー. ❷ [人・事物が] 変化に乏しい: orador ~ 一本調子の演説者. paisaje ~ 変化に乏しい景色. trabajo ~ 単調な仕事. ❸《服飾》モノトーンの. ❹ 退屈な. ❺《数学》función ~na 単調関数
monotrema [monotréma] 形《動物》単孔類の
—— 男 複《動物》単孔類
monótropa [monótropa] 女《植物》シャクジョウソウ
monousuario, ria [monousuwárjo, rja] 形 一回限り使用の
monovalente [monobalénte] 形 ❶《化学》一価の: metal ~ 一価金属. ❷《医学》anticuerpo ~ 一価抗体. suero ~ 一価抗血清
monovero, ra [monobéro, ra] 形 名《地名》モノバル Monóvar の〔人〕《アリカンテ県の町》
monoviga [monobíga] 形 モノレール〔の〕 [=monorraíl]
monovolumen [monobolúmen] 男《西, 自動車》ワンボックスカー, ワゴン車
monoxeno, na [mono(k)séno, na] 形《動物》寄生虫が単宿主性の
monóxido [monó(k)siðo] 男《化学》一酸化物: ~ de carbono 一酸化炭素
monóxilo, la [monó(k)silo, la] 形 [丸木舟などが] 一本の材で作った
monozigótico, ca [monoθiɣótiko, ka] 形 =**monocigótico**
monra [mónra] 女《アンデス, 口語》ドアを押し破る行為
monrero, ra [monréro, ra] 名《アンデス》家財道具をごっそり持ち去る泥棒
monroísmo [monroísmo] 男《歴史》モンロー Monroe 主義
Mons. 《略語》←**monseñor** 猊下, 閣下
monseñor [monseɲór] 《←仏語 monseigneur》男 ❶《高位聖職者に対する敬称》猊下(げいか). ❷ [フランスの王太子・貴族に対する敬称] 殿下, 閣下
monserga [monsérɣa] 《←?語源》女《西, 口語》❶《主に複》ごちゃごちゃとうんざりさせる要求(説明): No me vengas con ~s. しつこく言うな/お説教はいらない. Explícame sin ~s. 簡潔に説明してくれ. ❷ 退屈でわずらわしい事柄: dar la ~ a+人 …を退屈させる, いらいらさせる
monstro [mónstro] 男《廃語》=**monstruo**
monstrua [mónstrwa] 女 →**monstruo**
monstruizar [monstrwiθár] 9 他 [人・物を] 怪物に変える
monstruo [mónstrwo] 《←俗ラテン語 monstruum < monstrum「驚異」》男 ❶ [神話・伝説上の] 怪物, 化け物, 怪獣; Frankenstein es un ~. フランケンシュタインは怪物である. el ~ del lago Ness ネス湖の怪獣. ❷ 巨大な物・動物: ¡Mira, vaya ~ de camión! 見て, 怪物みたいなトラックだ! Este perro es un ~. この犬はひどく大きい. ❸ [時に形容詞的] 並外れた事物: Tengo un plan ~. 私にはすばらしい計画がある. ❹《音楽》[作曲家がメロディーにつける] 無意味な歌詞. ❺《印刷》束(つか)見本
—— 名 **monstrua** 女 もあるが《まれ》❶《軽蔑》[肉体的・精神的に] 醜悪な人; 残虐な人, 極悪非道な人: Es un ~ de maldad. 彼は悪の権化だ. ❷ [時に形容詞的] 並外れた人: Lope de Vega fue un ~ de la literatura. ロペ・デ・ベガは文学の怪物だ. Esta niña será una pianista ~. この少女はすばらしいピアニストになるだろう
~ sagrado 大物スター, 神話化された芸術家
monstruosamente [monstrwósaménte] 副 ❶ 大いに, すごく, 大変, 非常に, すごく, 途方もなく, 並外れて. ❷ 醜悪に, 奇怪に; 残虐に
monstruosidad [monstrwosiðá(ð)] 女 ❶ 醜悪さ, 奇怪さ; 残虐さ. ❷ 醜悪な事物; 非道な行為: cometer ~es ひどい悪事をはたらく. ❸ 途方もないこと; 並外れた事物
monstruoso, sa [monstrwóso, sa] 《←ラテン語 monstruosus》形 ❶ [時に戯言] 怪物のような, 奇形の: Ella lleva un peinado ~. 彼女はひどく不格好な髪型をしている. mujer ~sa ひどく醜い女. ❷ とてつもなく大きい, 巨大な, 途方もない: edificio ~ 巨大なビル. gasto ~ 巨額の出費. ❸ 恐るべき, 極悪非道の; 非理性的な, 非道徳的な: 1) El comercio de negros era ~. 奴隷売買は醜悪だった. crimen ~ 恐るべき犯罪. 2) [ser+不定詞~que+接続法] Es ~ que le hagan a uno levantarse a las cinco. 人を5時に起こすなんてひどい
monta [mónta] 《←**montar**》女 ❶《古》合計, 総額; 価値, 重要性. ❷《文語》乗馬; 乗ること. ❸《口語》貨物用エレベーター; 配膳用昇降リフト. ❹ [動物の] 交尾; [馬・ロバの] 交配場, 交配時期. ❺ 馬の飼育. ❻《軍事》乗馬ラッパ. ❼《アルゼンチン》要点, 炭心. ❽《ウルグアイ, 競馬》騎手
de poca ~ 取るに足りない: negocio de poca ~ ちっぽけな取引. libro (persona) de poca ~ つまらない本(人物)
montacamillas [montakamíʎas] 男《単複同形》ストレッチャー camilla 用のエレベーター
montacargas [montakárɣas] 男《単複同形》貨物用エレベーター, 荷揚げ機, リフト; フォークリフト; ターレット〔トラック〕, ターレー
montacoches [montakótʃes] 男《単複同形》自動車用エレベーター(リフト)
montada¹ [montáða] 女 ❶《馬具》大勒衛(たいろく衛). ❷《メキシコ, 中米》騎馬警官隊
montadero [montaðéro] 男 [馬にまたがる時に使う] 踏み台
montadito [montaðíto] 男《西, 料理》ローストポークをはさんだホットサンド [=~ de lomo, montado de lomo]
montado, da² [montáðo, ða] 形 ❶ [兵士・警官が] 騎乗の: policía ~da 騎馬警官隊. ❷《西, 料理》[生クリーム・卵白が] 泡立てられた. ❸ [馬が] 鞍をつけた, 乗る用意のできた. ❹ 必要なものを備えた; [器具などが] セットされた, 据え付けられた: Tiene la tienda ~da con mucho lujo. 彼の店は豪華な内装だ. casa ~da 家具付きの家. máquina ~da 組立て済みの機械
estar ~《西, 口語》裕福である, たくさん金がある
—— 男 ❶《西, 料理》小型のサブマリンサンドイッチ: ~ de lomo ローストポークをはさんだホットサンド. ❷《服飾》袖を身頃の肩の外側に縫い付けること. ❸ 騎兵. ❹《歴史》[騎士団の騎士が戦いに派遣する] 代理の兵
montador, ra [montaðór, ra] 形 組立てる, 据え付ける
—— 名 ❶ [機械などの] 組立工: ~ mecánico electricista 電気配線工. ❷《映画》フィルム編集係. ❸《演劇》~ de escena 舞台装置家. ❹ [馬・乗物に] 乗る人
—— 男 ❶ =**montadero**. ❷《ホンジュラス》婦人乗馬服
montadura [montaðúra] 女 ❶ 乗馬〔行為〕. ❷ =**montura**
montaje [montáxe] 《←**montar**》男 ❶ 組立て; 据え付け: ~ de un reloj 時計の組立て. ❷ [洋服の肩と上着の袖付け. ❷《映画, 放送》[フィルムや録画・録音テープなどの] 編集. ❸《写真》モンタージュ〔写真〕[=~ fotográfico]. ❹《演劇》[作品の] 舞台化, 上演. ❺ でっち上げ, やらせ: Todo era un ~ policial. すべて警察のでっち上げだった. publicitario 売名行為, 人気取り. ❻《電気》~ en serie (en paralero) 直列(並列). ❼ [宝石の] セッティング. ❽ 砲架. ❾《まれ》総額
montalbanense [montalbanénse] 形 名《地名》モンタルバン Montalbán の〔人〕《テルエル県の村》
montallantas [montaʎántas] 男《単複同形》《コロンビア》タイヤを再生する人(工場)
Montalvo [montálbo] 《人名》**Juan** ~ フアン・モンタルボ《1832-89, エクアドルの自由主義思想家・作家. 火を噴くような文章で独裁者と独裁制を批判した. 論文 *Siete Tratados* は高尚さ・美しさ・天才・解放の英雄をテーマにしたもの》
montanchego, ga [montantʃéɣo, ɣa] 形 名《地名》モンタンチェス Montánchez の〔人〕《カセレス県の村・山地》
montanear [montaneár] 自《西》[豚で] 放牧地でどんぐりを食べる
montanero, ra [montanéro, ra] 名《西》山番; 牧草地の番人

—— 囡《西》❶ どんぐりを食べさせる豚の放牧地．❷ どんぐりを食べさせる豚の放牧(期)

montanismo [montanísmo] 男《キリスト教》モンタニズム《2世紀にモンタノス Montano が創始したキリスト教の刷新運動》

montanista [montanísta] 形 名《キリスト教》モンタニズムの; モンタノス派[の]

montano, na [montáno, na] 形 山 monte の; 山に住む

montada [montáða] 囡《廃語》❶ 虚勢, 空いばり．❷ おびただしい数《の人・物》

montante [montánte] [←montar] 男 ❶ 合計, 総計, 総額: el ～ de sus ingresos 収入の合計額．M～ Compensatorio Monetario [EU] 国境調整金, MCA. ❷《機械・枠組》支柱, 縦材．❸《ドア上部の》明かり取り窓．❹《建築》《窓の》中方立《'en》, マリオン．❺《大きな鰐》gavilanes で, 両手で握る》大剣．❻《まれ》満潮, 上げ潮．❼《ホンジュラス》騒動, 大騒ぎ．❽《ドミニカ》花火

meter el ～ 1)《剣術の教師が大剣 montante を対戦者同士の間に入れて》試合を終わらせる．2)《争いごと・けんかなど》に入る；《人が間に入って議論などを》中止させる, 中断させる

—— 囡《男》《まれ》上げ潮；満潮

—— 囡《紋章》❶《紋章の両先端がチーフ jefe を向いた》．2)《蜜蜂・蝶が》上方を飛んでいる．❷《金額が, +a に》達する

montaña [montáɲa]《←俗ラテン語 montanea < mons, montis「山」》囡 ❶ 山: El Everest es la ～ más alta del mundo. エベレストは世界一高い山である. ir de ～ 山登りをする. mal de ～ [s] 高山病. Si la ～ no viene a Mahoma, Mahoma va a la ～.《諺》先方が来ないならこちらから出向かねばならない／情勢によっては方針を転換しなければならない. 山岳地方, 山地；複 山脈: ir[se] a la ～ 山に行く. pasar sus vacaciones en la ～ 山で夏休みをとる. las M～s Rocosas (Rocallosas) ロッキー山脈．❷ 堆積；山ほどの量, 多量: Los residuos de la fábrica forman una ～. 工場からの廃棄物で山になっている．❸ 山のような, 大量の問題山積した問題．❹ 《口語》困難, 難問．❺《西》[La M～] サンタンデール地方の別名．❻《コスタリカ, コロンビア, ペルー, チリ》山林

hacer una ～ *de un grano de arena / hacer de todo una* ～ 針小棒大に言う, 大げさに考える

～ *rusa* ジェットコースター: montar en (subir a) la ～ *rusa* ジェットコースターに乗る

mover ～ *s* 山を動かす《とてつもないことを成し遂げる》

montañero, ra [montaɲéro, ra] 形 ❶ 山の; 登山用の．❷《コロンビア》田舎風の, 素朴な

—— 名 山登りをする人, 登山家: escuela de ～s 登山学校

montañés, sa [montaɲés, sa] 形 名 ❶ 山地に住む人．❷《地名》[カンタブリア州の] サンタンデール地方 La Montaña の [人]; カンタブリア州の[人]．❸《ペルー. 軽蔑》メスティーソ[の]《=mestizo》

—— 囡《歴史》[フランス革命で] 山岳党．❷《エストレマドゥラ, 鳥》ズアオアトリ．❸《アンダルシア》居酒屋の主人(給仕)《=tabernero》

montañesismo [montaɲesísmo] 男 サンタンデール地方 La Montaña の風土; その愛着

montañeta [montaɲéta] 囡 小山

montañismo [montaɲísmo] 男《遊戯》登山, 登山《→alpinismo 類義》: practicar el ～ 登山をする. técnica del ～ 登山技術

montañón [montaɲón] 男 大きな山, 高山

montañoso, sa [montaɲóso, sa] 形 ❶ 山の多い: terreno ～ 山岳地域．❷ 山の: clima ～ 山岳性気候．❸《海が》非常に荒れている《波高 9～14m》

montaplatos [montapláto̞s] 男《単複同形》配膳用昇降リフト

montar [montár] [←仏俗 monter「乗る」] 自 ❶ 乗る, 乗って行く; 乗り込む: 1) [+en 乗り物に] Fallece arrollado por un coche una joven mientras montaba en bicicleta. 一人の少年が自転車に乗っていた時, 自動車にひかれて死亡した. Me gusta ～ en avión. 私は飛行機に乗るのが好きだ. galera montada por 400 soldados 兵士が400人乗ったガレー船. 2)《遊具》en el columpio ブランコに乗る．❷ 馬に乗る, 乗馬をする《= a caballo》: Antes montaba mucho pero ya no puedo. 私は以前は乗馬をしたものだが, もうできない. Miguel monta bien. ミゲルは乗馬がうまい. ～ sobre un caballo 馬に乗る．❸ [+sobre の上に] 重なる: El abrigo mon-

ta mucho (poco). このオーバーは打ち合わせが深い(浅い)．❹《金額・数量が, +a に》達する: Los perjuicios del incendio *montan a* más de veinte mil euros. 火災の被害額は2万ユーロ以上にのぼる．❺《俗語》私通する《=fornicar》．❻《まれ》上昇する

—— 他 ❶《馬に》乗る; 乗って行く: Él *montaba* un caballo mejor que el mío. 彼は私よりいい馬に乗っていた. ～ un alazán 栗毛の馬に乗る．❷ [+en・encima de・sobre の上に] 乗せる: *Montó* al niño en el poni. 彼は子供をポニーに乗せた. ～ a+人 *encima de* la tapia …を塀にまたがらせる．❸ 組み立てる; 取り付ける, 据え付ける: Cuesta mucho dinero ～ una casa. 家を建てるには大金が必要だ．～ el andamiaje 足場を組む．～ un coche 車を組み立てる．～ un ordenador コンピュータをセットアップする．～ una rueda *en* su eje 車輪を取り付ける．～ las mangas *en* el vestido ドレスの袖付けをする．❹《調度品などを》にそろえる, あつらえる: Ya tenemos la casa *montada*. もう私たちは家に家具を入れてある．❺ [店などを] 設置する; [事業などを] 立ち上げる: Han *montado* una tienda de descuento. ディスカウントショップがオープンした. Mi esposo *montó* este negocio de flores. この花屋業は私の夫が始めた．～ una empresa 会社を設立する．❻《部隊などを》指揮する《= capitanear》．❼《船舶》1)《船の》指揮をとる. 2)《砲を》……門搭載している; 搭載可能である. 3) 岬などを》回る．❽ [宝石を] 台にはめ込む: perla *montado sobre* un anillo de oro 金の指輪にはめ込まれた真珠．❾《銃の》撃鉄を起こす．～ un reloj 時計のぜんまいを巻く．⓫《西. 料理》[卵白・生クリームを] 泡立てる．⓬《金額・数量》に達する: La venta *monta* cien mil euros. 売り上げは10万ユーロにのぼった．⓭《演劇など》1) 上演する: *Montaron* la obra con gran éxito. 彼らはその作品を上演し大成功をおさめた. 2) ～ un decorado 《舞台の》背景をセットする．⓮《映画》[フィルムを] 編集する．⓯《写真》写真・スライドを》マウントする．⓰《手芸》編み始めの目を作る．⓱《作戦などを》実施する, [措置を] 講じる．⓲ [+sobre の上に] 重ねる: Cuida de no ～ unos colores *sobre* otros. 色を重ねないように気をつけなさい．⓳《行事などを》催す．⓴《誰が誰に》乗りかかる, 交尾する．㉑《俗語》《人が》……と性交する．㉑《トランプ》《相手のカードを》取る《=matar》．㉒《口語》金持ちになる．㉓《家畜が山林に入ったことで》罰金を科する．㉔《まれ》～ las pilas en serie (en paralelo) 電池を直列(並列)につなぐ

—— ～*se* [+en に] 乗る; 乗り込む: Los ladrones *se montaron en* el coche y salieron a toda velocidad. 泥棒たちは車に乗り込み, 全速力で走り去った. ¿Os hacéis *montado alguna vez en* avión? 君たちは飛行機に乗ったことがあるかい? Los niños *se montaron en* las atracciones del parque. 子供たちは遊園地の乗り物に乗った. *Se montó en* el caballo blanco. 彼は白い馬に乗った．❷ [人を, +sobre 自分の膝の上などに] 乗せる．❸ [+sobre の上に] 重なる: *Se monta el mapa sobre* el texto. 地図が本文[の一部]に重なっている．❹《西》騒ぎなどが》引き起こされる．❺《作戦などが》実施される; [措置を] 講じられる: La operación de policía *se montó para* castigar a los culpables. 警察の作戦は犯人たちを罰するために行われた

¡Monta! ¡monta!《間投詞的》おや, さあ!《=¡Anda!》

monta y cabe《遊戯》[echar a piea で]《相手と足を踏まる時に自分の足と相手の足との間隔が足幅以上あることを確認する》掛け声

～ *tanto como...* ……でも同じことである

montárselo 1)《西. 口語》うまくやる; [+mal] 下手にやる: *Se lo ha montado* de tal manera que solo trabaja por las mañanas. 彼はうまく立ち回って午前中だけ働けばいいようにした. *Montételo* como pueda. できるだけうまくやりなさい. Estas vacaciones *se lo ha montado* muy mal. 今年の夏休みはさんざんだった. *Se lo ha montado* muy mal con sus amigos. 彼は友人たちに非常にひどいことをした. 2)《口語》性的関係をもつ

montaracía [montaraθía] 囡《まれ》❶ 山に生息(自生)していること．❷ 粗野, 野蛮

montaraz [montaráθ] [←*monte*] 形 [複 ～*ces*] ❶《文語》[動植物が] 山に生息(自生)している, 野生の: hierbas *montaraces* 山草. caballo ～ 野生馬．❷ [人が] 山家育ちの, 山出しの; 粗野な, 野蛮な; 社交的でない, 人見知りする

—— 男 ❶ 山番; [地所の] 管理人, 地守. ❷《サラマンカ》農場の監督
montarral [montarál] 男 ❶《地方語》高く密生した小灌木の茂み. ❷《中米, ベネズエラ》灌木（雑草）に覆われた荒れ地
montarrón [montařón] 男《コロンビア》広大な森林（密林）
montazgar [montaӡɣár] 他《歴史》通行料 montazgo を徴収する
montazgo [montáӡɣo]《歴史》《牧羊移動路の》通行料〖14世紀の初めから牧草地使用料と合体され, Servicio y Montazgo なる租税が移動路の要衝（峠のふもと・橋のたもと）で徴収された〗
monte [mónte]《←ラテン語 mons, montis「山」》男 ❶《主に固有名詞として》山: 1) M～ Blanco モンブラン. M～ Fuji 富士山. M～ Perdido〖ピレネー山脈の〗ペルデュ山. ～s altos 高い山々. ～ marino 海山. 2) 圏 山脈: los ～s Pirineos ピレネー山脈. ❷ 山林, 原野: administración de ～s 営林署. escuela de ～s 林業高校. ～ alto 高木林. ～ bajo 低木林, 灌木林. ～ hueco [雑木・灌木のない] 木ばかりの山. ～ de caza 狩り場. ❸《口語》障害, 困難: Todo se le hace un ～. 彼にはすべてがうまくいかなかった. ❹《ゲーム》1) [トランプ, ドミノ] 1) 積み札, 山. 2) [トランプゲームの一種] モンテ, バカラ. 3) 胴元（にある金）. ❺ [手相] 宮（^{きゅう}）: ～ de Júpiter 木星宮. ❻《天文》～ de la Tabla テーブル山座. ❼ ～ de piedad. ❽《メキシコ》～ Albán モンテ・アルバン〖メキシコ, オアハカ州にあるサポテカ zapoteca 文化の祭祀センター〗. ❾《まれ》濃いぼさぼさの頭髪. ❿《古語》=montería. ⓫《アラゴン, 菓子》～ nevado メレンゲ. ⓬《メキシコ》草, 牧草. ⓭《中米, コロンビア, ベネズエラ, 口語》マリファナ. ⓮《ラプラタ》低林
batir el ～ 狩猟（山狩り）をする
echarse al ～ 1) [盗賊・ゲリラが] 山 (法の手の及ばない所に) 逃げ込む. 2) 過激な手段を取る: La oposición *se ha echado al* ～ *y no cumple la más mínima cortesía parlamentaria.* 反対派は過激になり, 議会での礼儀も少しも守ろうとしない
～ de piedad《西》1) [低利の] 公益質店〖貯蓄金庫 Caja de Ahorros の通称〗. 2)《歴史》[非営利の] 信用機関〖15世紀のはじめマドリードを中心に無利子の慈善的な信用機関となり, 19世紀に貯蓄金庫と提携・合併した〗
～ de Venus 1) 恥丘〖=pubis〗. 2) [手相] 金星宮
～ pío 1) =～ **de piedad**. 2) =**montepío**
no todo el ～ es orégano 事はそうたやすくない, いつもうまくいくとは限らない
no todo el ～ es orgasmo《俗語》=**no todo el ～ es orégano**
tirarse al ～ =**echarse al** ～
todo el ～ es orégano 事はたやすい: *Se han creído que todo el ～ es orégano.* 彼は事を甘く見ていた
montea [montéa] I《←montear》女《狩猟》[獲物の] 狩りたて, 山狩り
II《←仏語 montée》女《建築》❶ [地面・壁に描かれる, 建築物の] 原寸図; その作図. ❷ [アーチ・丸天井の] 迫高（^{せりだか}）. ❸ 切石（^{きりいし}）法〖=estereotomía〗
monteador [monteaðór] 男 [地面・壁に, 建築物の] 原寸図を描く人
montealegrino, na [montealeɣríno, na] 形 名《地名》モンテアレグレ Montealegre の名の付く各地〗の〖人〗
montear [monteár] I《←monte》他《狩猟》[獲物を] 狩りたてる, 山狩りをする. ❷《ウルグアイ》伐採する
—— 男 ❶《地方語》[家畜が] 山へ行く. ❷《コロンビア》探鉱のために山を巡る
II《←仏語 monter》他《建築》❶ [地面・壁に, 建築物の] 原寸図を描く. ❷ アーチを作る
Monteforte Toledo [monteforte toléðo]《人名》**Mario ～** マリオ・モンテフォルテ・トレド〖1911～2003, グアテマラの作家. 圧倒的な自然の力とそこに生きる人々, 搾取される先住民の悲劇を描いた〗
montefrieño, ña [montefrjéɲo, ɲa] 形 名《地名》モンテフリオ Montefrío の〖人〗〖グラナダ県の村〗
Montejo《人名》**Francisco de ～** フランシスコ・デ・モンテホ〖1479～1553, スペイン人コンキスタドール. 同名の息子と共にユカタンを征服, メリダ Mérida 市を建設〗
Montemayor [montemaʝór]《人名》**Jorge de ～** ホルヘ・デ・モンテマヨール〖1520?～61?, ポルトガル出身の作家. 牧人小説 novela pastoril の嚆矢となる『ディアナの七つの書』*Los siete libros de Diana* を著わし, セルバンテスなど後の作家に影響を与えた〗
montenegrino, na [monteneɣríno, na] 形 名《国名》モンテネグロ Montenegro の〖人〗
monteo [montéo] 男《まれ》[獲物の] 狩りたて, 山狩り
montepiado, da [montepjáðo, da] 形《チリ》孤児（寡婦）年金の受給者〖の〗
montepío [montepío]《←monte+pío》男 ❶ 互助資金; それによる年金. ❷ 互助会. ❸ 公益質店〖=monte de piedad〗. ❹《チリ》孤児年金, 寡婦年金
montera[1] [montéra]《←montero》女 ❶《服飾》1) 闘牛士の帽子 [布製, 黒色で両側に玉房付き]. 2) [皮・布製の] 縁なし帽. 3)《ボリビア》[先住民の] 飾りの付いた円錐形の帽子. ❷ [中庭・回廊などの] ガラス屋根. ❸ [蒸留器 alambique の] 凸状の覆い. ❹ 鉱床の表層. ❺ 勢子 montero の妻. ❻《船舶》補助三角帆〖=monterilla〗. ❼《ホンジュラス》酔い, 酩酊
ponerse... por ～ …を気にかけない, 無視する
ponerse el mundo por ～《口語》世評を気にかけない, 世の中に対して挑戦的である
monterería [monterería] 女 帽子製造所（販売店）
monterero, ra [monteréro, ra] 男 帽子職人, 帽子売り
montería [montería] 女 ❶ [鹿・猪など大物の] 狩猟; その獲物, 狩猟術, 狩猟規則. ❷ 圏 狩猟家グループ. ❸ 狩猟場. ❹《美術》狩りの場面. ❺《メキシコ》木材切り出しの野営地. ❻《メキシコ》肉を細かく切る（切り出す）人. ❼《キューバ, 料理》煮込んだ鳥の冷製. ❽《アンデス》[急流下りの] 舟, カヌー
monteriano, na [monterjáno, na] 形 名《地名》モンテリア Montería の〖人〗〖コロンビア, コルドバ県の県都〗
monteriense [monterjénse] 形 名《地名》モンテロ Montero の〖人〗〖ボリビア, サンタクルス県 Santisteban 郡の郡都〗
monterilla [monteríʎa] 女 ❶《軽蔑》[小農の・粗野な] 村長〖=alcalde de ～〗. ❷《船舶》[トゲルンマストの] 補助三角帆
montero, ra[2] [montéro, ra]《←monte》形 勢子（^{せこ}）の
—— 名 ❶ [主に王侯貴族の狩猟の] 勢子: ～ mayor 勢子頭. ❷《メキシコ》[銘木を切る（切り出す）人. ❸《キューバ》家畜の様子を見に山を巡る人
monterrey [monteřéj] 男《料理》筒型のミートパイ
Monterroso [monteřóso]《人名》**Augusto ～** アウグスト・モンテローソ〖1921～2003, グアテマラの作家. 犀利な知性と独自の風刺が特徴. 短編集『全集 その他の物語』*Obras completas (y otros cuentos)*, 『黒い羊 その他の寓話』*La oveja negra y demás fábulas*. 小説『永久運動』*Movimiento perpetuo*, 『残るは静寂』*Lo demás es silencio*〗
montés [montés]《←monte》形《女性形 **montesa** もある》[他種のものと区別して] 野生の: cabra ～ 野生のヤギ. gato ～ 山猫. macho ～ 野生の雄ヤギ
montesa [montésa] 形 →**montés**
—— 女《歴史》[M～] モンテサ騎士団〖=Orden de *M*～〗
montesino, na [montesíno, na] 形 ❶ 山の; 野生の. ❷《古語》人嫌いの, 非社交的な
Montesinos [montesínos]《人名》**Antonio de ～** アントニオ・デ・モンテシノス〖1475?～1540, スペイン人聖職者. カリブ海のエスパニョーラ島 La Española に渡り, 先住民に対するスペイン人植民者の非道な行為を厳しく糾弾する説教を行なう (1511)〗
montevideano, na [monteβiðeáno, na] 形 名《地名》モンテビデオ Montevideo の〖人〗〖ウルグアイの首都〗
Montevideo [monteβiðéo] 男《地名》モンテビデオ〖ウルグアイの首都. 18世紀に建設〗
montgolfier [moŋɡolfjér]《←仏語》男〖圏 ～[e]s〗熱気球
montgomery [moŋɡómeri]《←英語》男《チリ, アルゼンチン, ウルグアイ, 服飾》ダッフルコート
montícola [montíkola] 形《動物》山地に生息する
montículo [montíkulo] 男 ❶ [自然・人工の] 小山, 丘陵: *M*～ de Montjuic 〖バルセロナの〗モンジュイックの丘. ❷《野球》マウンド
montieleño, ña [montjeléɲo, ɲa] 形 名《地名》❶ モンティエル Montiel の〖人〗〖シウダー・レアル県の村〗. ❷ カンポ・デ・モンティエル Campo de Montiel の〖人〗〖シウダー・レアル県南東部の地方〗
montijano, na [montixáno, na] 形 名《地名》モンティホ Montijo の〖人〗〖バダホス県の村〗
montilla [montíʎa] 男《酒》モンティーリャ〖コルドバ県の町 Mon-

montillano, na tilla 産の辛口の白ワイン〕

montillano, na [montiʎáno, na] 形 名 《地名》モンティーリャ Montilla の〔人〕〖コルドバ県の町〗

montisonense [montisonénse] 形 名《文語》=**monzonés**

montmorillonita [mo(m)moriʎoníta] 女《鉱物》モンモリロナイト, モンモリロン石

monto [mónto] 男 総額〖=monta〗: ～ de ingresos 収入の合計額

montón [montón]〖←**monte**〗男 ❶《集名》山積み: Sobre la mesa había un ～ de libros. 机の上は本の山になっていた. ～ de tierra 土（泥）の山. ❷《口語》大量: Tengo un ～ de cosas que decirte. 私は君に言いたいことが山ほどある. Hay un ～ de gente. 人がたくさんいる.〘＊de＋限定詞＋名詞 は不可: ×Hay un ～ de *la* gente.〙 Se gastó un ～ de dinero en regalos para su novia. 彼は恋人への贈り物に大金を費やした. ❸《遊》山. トランプ 賭 バカラ〖=**banca**〗. ❹《チリ》4個のクルミを積み, 離れた所から別のクルミを投げてそれを崩す子供の遊び〖=**castillejo**〗

a ～）=**a montones**. 2) 大ざっぱに, おおよそ

a montones《口語》多量に: Hace promesas *a montones*. 彼は約束をやたらに並べてる

del ～《口語》平凡な, ありふれた, 特に優れた点のない: Es una chica *del* ～, ni guapa ni fea. 彼女はごく普通の少女だ, 美人でもないし醜くもない. Es un empleado *del* ～. 彼は平凡なサラリーマンだ

echar ～《メキシコ》［からかい・非難・攻撃などで］寄ってたかってする

en ～ 乱雑に集められて, いっしょくたにされて; ごちゃごちゃ集まって

montones《口語》非常に: Me aburrí *montones*. 私はひどく退屈した

salirse del ～ 抜きん出る, 傑出する

un ～《口語》非常に〖=**mucho**〗: ¿Te gusta?—¡Un ～! 気に入った？—とっても！

montonero, ra [montonéro, ra] 形 名 ❶《ドミニカ, 南米. 歴史》騎馬のゲリラ兵〔の〕. ❷《チリ, アルゼンチン, ウルグアイ》都市ゲリラ〔の〕. ❸《アルゼンチン》ペロン主義ゲリラ運動の〔支持者〕
—— 形 ❶《歴史》［脱穀場で十分の一税 diezmo を算定する］束にする. ❷《主にメキシコ. 口語》寄ってたかって攻撃する; 一騎打ちのできない臆病者. ❸《中南米》威圧的な, 横柄な. ❹《ベネズエラ》闘鶏に不向きな〔雄鶏〕. ❺《ボリビア, チリ》入り乱れて戦う人
—— 名 ❶《口語》大量, 山積み〖=**montón**〗. ❷《自転車など》［レースで］折り重なって倒れた選手. ❸《ドミニカ, 南米. 歴史》反乱騎馬隊, 騎馬のゲリラ部隊. ❹《コロンビア》1) 麦わら（干し草）の山〖=**almiar**〗. 2) 大量の草. 5) 行進する群集

montoreño, ña [montoréɲo, ɲa] 形 名《地名》モントロ Montoro の〔人〕〖コルドバ県の町〗

montoso, sa [montóso, sa] 形《まれ》=**montuoso**

montpellierense [montpeʎerénse] 形 名《地名》［フランスの］モンペリエ Montpellier の〔人〕

montrealés, sa [montrealés, sa] 形 名《地名》［カナダの］モントリオール Montreal の〔人〕

montserratino, na [monseratíno, na] 形 名 ❶《地名》モンセラット Montserrat の〔人〕〖バルセロナ県の山〗. ❷ モンセラット修道院 Monasterio de Montserrat の

Montt [mónt]《人名》Jorge ～ ホルヘ・モント〘1845〜1922, チリの大統領〙
Manuel ～ マヌエル・モント〘1809〜80, チリの大統領. 在任中, 共和体制を脅かす政変が続発した〙

montubio, bia [montúbjo, bja] 形 名 ❶《中南米》無愛想な, 粗野な. ❷《コロンビア, エクアドル, ペルー》［海岸地方の］田舎者〔の〕

montuca [montúka] 女《ホンジュラス. 料理》［成熟前のトウモロコシを使った］豚肉入りのタマル tamal

montunería [montunería] 女《コロンビア》内気, 弱気, 臆病

montuno, na [montúno, na] 形 ❶ 山の: gato ～ 山猫. ❷《主にアンダルシア; 中南米》〔人が〕粗野な, 田舎くさい
—— 男《キューバ》〔歌と踊りの曲の〕繰り返し部分

montuosidad [montwosiðá(ð)] 女 山の多い（起伏に富む）こと

montuoso, sa [montwóso, sa] 形 山地の, 山の多い〖=**montañoso**〗: región ～*sa* 山岳地帯

montura [montúra]〖←**montar**〗女 ❶〔眼鏡の〕縁, フレーム: Lleva gafas con ～ metálica. 彼はメタルフレームの眼鏡をかけている. ❷ 支えるもの; ［支えの］骨組み: El espejo tenía la ～ rota. 鏡は支えの部分が壊れていた. ❸〔宝石の〕台座. 〔望遠鏡の〕架台. ❹ 乗用の動物［馬, ロバ, ラクダなど］: El camello es allí la ～ más usada. 乗用にはそこではラクダが一番使われる. ❺〔特に〕鞍: cabalgar sin ～ 裸馬に乗る. ❻〔機械・器具の〕部品の組立て

montuvio, via [montúβjo, βja] 形 =**montubio**

monuca [monúka] 女《サンタンデール. 動物》イタチ〖=**comadreja**〗

monuelo [monwélo] 男 形 きざで軽薄な〔若者〕

monumental [monumentál] 形 ❶ 記念建造物の; 記念碑的な, 不朽の: catálogo ～ de Jaén ハエンの歴史的建造物一覧. conjunto ～ 歴史的建造物群. inscripción ～ 碑銘. ❷〔特に〕巨大な, 壮大な: edificio ～ 巨大な建物. ❸《口語》［良くも悪くも］途方もない: Cometió un error ～ al fallar el penalti. 彼はペナルティゴールを外し損なうというひどいミスをした. Ella tiene un cuerpo ～. 彼女は見事なプロポーションをしている

monumentalidad [monumentaliðá(ð)] 女 ❶ 記念碑的なこと, 不朽性: Las fuentes de Roma destacan por su ～. ローマの泉はその歴史的古さで際立っている. ❷《口語》巨大さ; 途方もないこと

monumentalismo [monumentalísmo] 男〔建築物・彫像などの〕巨大さ・壮大さを求める傾向.《建築》記念碑様式

monumentalista [monumentalísta] 形〔建築物・彫像などの〕巨大さ・壮大さを求める.《建築》記念碑様式の

monumentalización [monumentaliθaθjón] 女 永久に伝えること, 記念

monumentalizar [monumentaliθár] 他 永久に伝える, 記念する

monumentera [monumentéra] 女 ［カセレス県の］アルカンタラ Alcántara 特産の菓子

monumento [monuménto]〖←ラテン語 monumentum「記念建造物」< monere「知らせる」〗男 ❶ 記念建造物〔碑, 像など〕: ～ a los Caídos 戦没者慰霊碑. ～ a la paz 平和記念碑. ～ funerario 墓碑, 慰霊碑. ❷〔歴史的・芸術的価値のある〕建造物: La Puerta de Alcalá es uno de los ～s de Madrid. アルカラ門はマドリードの歴史的建造物の一つである. Visitaremos los ～s prehistóricos. 先史時代の遺跡を見に行こう. ～ nacional 国の文化財. ❸〔芸術などの〕不巧の作品（業績）: "El Quijote" es el mayor ～ de la literatura española. ド・キホーテはスペイン文学最大の金字塔である. ❹ 史料; 事実確認資料. ❺《口語》スタイルのよい美人（美男子）. ❻《カトリック》仮祭壇〖聖体行列の時に臨時に聖体を安置する〗

monumentum [monuméntum]〖←ラテン語〗男 記念建造物, 祈念碑; 形見

monuro [monúro] 形 →**té** monuro

monzón [monθón]〖←アラビア語 mawsim「航海に適した季節」〗男/《まれ》女《気象》モンスーン, 季節風: El ～ de verano es cálido y húmedo, el de invierno es seco y frío. 夏の季節風は暑く湿っていて, 冬の季節風は乾いていて寒い

monzonés, sa [monθonés, sa] 形 名《地名》モンソン Monzón の〔人〕〖ウエスカ県の町〗

monzónico, ca [monθóniko, ka] 形《気象》モンスーンの: Asia ～*ca* モンスーンアジア. estación ～ (húmeda) 乾季（雨季). lluvias ～*cas* 雨季に降る雨

moña[1] [móɲa] I〖←**moño**〗女 ❶〔髪・服に付ける〕リボン飾り, 花飾り: El vestido lleva una ～ en el pecho. そのドレスは胸のところにリボンが付いている. ❷《闘牛》1)〔牧場を示す〕牛の首の色リボン（羽根・花）. 2)〔闘牛士の弁髪を留める〕黒リボン. ❸ 頭の横にまとめて巻いた髪.《アンダルシア》〔乳児用の〕飾り付きの帽子. ❹《コロンビア》尊大, 高慢
II〖←?語源〗女《地方語》❶〔女性の・女の子の〕人形. ❷ マネキン人形
III〖←**mohíno**〗女 ❶《西. 口語》酔い〖=**borrachera**〗: pillar (agarrar・coger) una ～ 酔っぱらう. ❷《古語》怒り, 不快; 悲しみ

moñar [moɲár] ~**se**《地方語》酔っぱらう

moñato [moɲáto] 男《ウルグアイ. 植物》サツマイモ〖=**batata**〗

moñiga [moɲíga] 女《西. 俗用》=**boñiga**

moñigo [moɲígo] 男《西. 俗用》=**boñigo**

moñita [moɲíta] 女《メキシコ, ドミニカ, ペルー, ボリビア, ウルグアイ》蝶ネクタイ

moñito [moɲíto] 男《アルゼンチン》蝶ネクタイ〖=corbata ～〗

moño[1] [móɲo]〖←古代ローマ以前の語根 monn- (ふくらみ)〗男 ❶

アップにしてまとめた髪型、束ねて巻いた髪、シニョン: Su madre se peina con un ～ alto. 彼の母は髪をきつくまとめ上げている. hacerse [un] ～ 髪をアップにする. ❷《口語》《くしなどに》からんだ髪. ❸《集名》《鳥の》冠毛: La garza tiene ～. サギには冠毛がある. ❹ リボン飾り: Ella se hizo un ～ para el cabello. 彼女は髪にリボンを付けている. ❺《複》《女性の》ごてごてした（悪趣味な）装飾品. ❻《裸》自慢、うぬぼれ. ❼《婉曲》《間投詞的》そっ、一体全体《=coño》. ❽《中南米》誇り、高慢. ❾《メキシコ、ペルー、ボリビア、ラプラタ》蝶ネクタイ. ❿《植物、植物》ヒユ科の一種. ⓫《ドミニカ、チリ》頂上、頂点. ⓬《コロンビア》気まぐれ、わがまま. ⓭《チリ、アルゼンチン、ウルグアイ》バル《=bar》. ⓮《チリ》男の頭髪、馬の前髪

agachar el ～《ホンジュラス、キューバ、ドミニカ、ボリビア、チリ、アルゼンチン、ウルグアイ》1)［+a+人］面目を失わせる. 2 屈服する

agarrarse del ～［女性の］髪をつかみ合う; つかみ合いのけんかをする

bajar el ～《ホンジュラス、キューバ、ドミニカ、ボリビア、チリ、アルゼンチン、ウルグアイ》**=agachar el ～**

estar con el ～ torcido《メキシコ、カリブ》日ごろとは違うことをする

estar hasta el ～《口語》うんざりである: ¡Estoy hasta el ～ de tus quejas! 君のぼやきにはうんざりだ!

pasar por arriba del ～《ウルグアイ、口語》何の影響もない

ponerse a+人 en el ～《口語》［考えが］…の頭にこびりつく: Se le ha puesto en el ～ salir. 彼はどうしても出かけたくなった

ponerse ～s《メキシコ、ホンジュラス、アルゼンチン、口語》高慢になる、お高くとまる

ponerse sus (los) ～s《メキシコ》頑固になる

moño², ña² [móɲo, ɲa]《形》《アルゼンチン》灰色の

moñón, na [moɲón, na]《形》❶［鳥の］冠毛のある《=moñudo》. ❷《コロンビア、口語》わがままな、気まぐれな. ❸《エクアドル》髪を三つ編みにした
── 図《コロンビア、口語》社会的反響

moñudo, da [moɲúðo, ða]《形》❶［鳥の］冠毛のある. ❷［動物が］頭に長い毛のある
── 図《地方語、鳥》カンムリヒバリ《=cogujada》

mopa [mópa] 図《西》［からぶき用の］モップ: pasar la ～ モップをかける

mopear [mopeár]《他》《米国》…にモップをかける

MOPU [mópu]《男》《西、略語》←Ministerio de Obras Públicas y Urbanismo 建設省

moque [móke] 図《コロンビア、植物》樹脂《=resina》

moquear [mokeár]《←moco》《自》❶［風邪などで］鼻水が出る: No paro de ～. 私は洟(は)が止まらない. ❷ 泣く

moqueguano, na [mokeɣwáno, na] 図《地名》モケグア Moqueguaの〔人〕《ペルー南部の県・県都》

moqueo [mokéo]《男》鼻水が出ること

moquera [mokéra] 図《tener ～》《チリ、アルゼンチン、ウルグアイ》風邪を引いている

moquero [mokéro]《←moco》《男》《西、口語》洟ふき用のハンカチ

moqueta [mokéta]《←仏語 moquette》 図《西》❶［敷き込み式の］じゅうたん: piso de ～ じゅうたんを敷き込んである床. ❷《繊維》モケット

moquetar [moketár]《他》《まれ》**=enmoquetar**

moquete [mokéte]《←moco》《男》❶［顔、特に鼻への］殴打. ❷《アルゼンチン》［2人が］互いに頭がぶつかること. ❸《ウルグアイ》平手打ち

moquetear [moketeár]《自》《まれ》［主に泣きながら］鼻水がしきりに出る
── 《他》❶《まれ》…の顔（鼻）を殴る. ❷《コスタリカ》［主に棒で、人を］打つ、叩く

moquete [mokét]《←仏語》図《ラプラタ》［敷き込み式の］じゅうたん《=moqueta》

moquillanto [mokiʎánto]《男》めそめそすること

moquillento, ta [mokiʎénto, ta]《形》《コロンビア、ペルー》《獣医》ジステンパーにかかった. ❷ 鼻風邪を引いた

moquillo [mokíʎo]《moco の示小語》《男》《獣医》ジステンパー. ❷［飼い鳥の］舌の病気

moquilloso, sa [mokiʎóso, sa]《形》《プエルトリコ、ペルー》**=moquillento**

moquingana [mokiŋɡána] 図《エクアドル、養蜂》［上質の蜂蜜の採れる］巣房

moquita [mokíta]《moco の示小語》図 鼻水、水洟

moquiteair [mokiteár]《自》［主に泣きながら］鼻水がしきりに出る

moquiteo [mokitéo]《男》［主に泣きながら］鼻水がしきりに出ること

mor [mór]《amor の語頭音消失》*por ～ de...*《文語》［原因・理由］…のために、…を考えて: Lo hice *por ～ de* la amistad. 私は友情のためにそうした

mora¹ [móra] **I**《←俗ラテン語 mora < ラテン語 morum》図 ❶ クワの実; キイチゴの実. ❷《植物》1)《メキシコ》クワ（桑）. 2)《ホンジュラス》ラズベリー、ラプラズベリー、フランボアーズ. 3)《コスタリカ、プエルトリコ、アルゼンチン》ハリグワ属の一種《黄色の染料を採る. 学名 Maclura tinctoria》. ❸《ボリビア》銃撃
II《←ラテン語 mora < morari「止まる」》図 ❶《法律、経済》遅延、延滞: crédito en ～ 延滞債権、焦げつき. ❷《音声》［音の分節単位］モーラ

Mora [móra]《人名》*José María Luis ～* ホセ・マリア・ルイス・モラ《1794～1850, メキシコの司祭・政治家・歴史家. 教会と国家との分離を求めた》

morabetí [moraβetí]《男》《歴史》**=maravedí**

morabetín [moraβetín]《男》《歴史》**=maravedí**

morabetino [moraβetíno]《男》《歴史》［ムラービト朝 maravedíの］ごく小型の銀貨

morabito [moraβíto]《←アラビア語 morábit「隠者」》《イスラム教》❶ 隠者、聖者. ❷ 隠者の庵（僧堂）

morabuto [moraβúto]《男》**=morabito**

moráceo, a [moráθeo, a]《形》クワ科の
── 図《複》《植物》クワ科の

moracho, cha [morátʃo, tʃa] **I**《形》《まれ》くすんだ紫色の
II《地名》モラ Mora の〔人〕《トレド県の村》

moraco, ca [moráko, ka]《形》《軽蔑》モーロ人（の）、ムーア人〔の〕《=moro》

morada¹ [moráða]《←morar》図《文語》住居、滞在地、逗留: El Olimpo es la ～ de los dioses. オリンポス山は神々のすみかである. *hacer ～ en...* …に滞在する. *humilde ～* みすぼらしい家. *última ～* eterna《文語》墓

morado, da² [moráðo, ða]《←mora I》《形》❶ 紫色（の）、暗紫色（の）: ojo ～［打撲による］目のまわりの赤黒いあざ. ❷《西; ベネズエラ》青あざ. ❸《アルゼンチン》1) 臆病な. 2)［ワインが］赤

pasarlas ～das《西、口語》ひどい目に会う

ponerse ～《西、口語》［+de を］腹一杯食べる（飲む）: Se pusieron ～ de vino. 彼らはワインをがぶ飲みした

morador, ra [moraðór, ra]《←ラテン語 morator, -oris》《形》《文語》居住している; 滞在している
── 図《文語》住人、居住者; 滞在者: antiguos ～es de España スペインの先住民 ～es de esta casa この家の住人

moradura [moraðúra] 図 青あざ《=cardenal》

moradux [moraðú(k)s]《男》《植物》マジョラム、マヨラナ《=mejorana》

moraga [moráɣa]《←アラビア語 múhraqa「焼却」》❶《地方語》刈り取った小麦の束《刈り取りの最終日にその周りで踊る》; 落ち穂の束. ❷《植物》1) 豚の畜殺. 2) 畜殺の時期にバーベキューで焼く》豚肉ヒレ肉の切り身. ❸《アンダルシア》［乾燥果実・イワシなどを薪で焼く］バーベキュー; 畑で食べる食事

morago [moráɣo]《男》❶《地方語》落ち穂の束. ❷《リオハ》豚ヒレ肉の切り身の

moral [morál] **I**《←ラテン語 moralis < mos, moris「使用、習慣」》《形》❶ 道徳の、倫理の: 1) principio ～ 道徳律. valores ～es 価値観、価値規準. ❷ 道徳規準. ❸ 道徳にかなった: Esta película no es ～. この映画は良俗に反する. conducta ～ 道義にかなった行ない. espectáculo ～ まじめなショー. ❷［肉体・物質に対して］心の、精神の: facultades ～es 精神的能力. Tengo la convicción ～ de que es inocente. 彼は無罪だとの心証は私にはある. ❸［知的に対して］人格的な；［法的に対して］道義的な: No tengo la obligación, pero sí por el deber ～ de ayudarle. 私は彼を助ける義務はないが道義的にはそうしなければならない. ❹《旧約聖書》*libro ～* 知恵の書
── 図 ❶ 道徳、倫理: La ～ de la población ha sufrido un rudo golpe. 住民の倫理観はひどい打撃を受けた. *faltar a la ～* 道義に反する、不道徳なことをする. *velar por la ～ de las costumbres*［教会・政府が］風俗が乱れないように監視する. ～ *relajada* 厳格でなくなった道徳. ～ *en la política*／～ *de los políticos* 政治倫理. ❷ 倫理学、道徳論. ❸ 気力、士気;

勤労意欲: Aunque el tiempo es malo, la ～ del equipo es excelente. 天候は悪いが, チームの士気は高い. Los soldados no estaban bajos de ～. 兵士たちの士気は落ちていなかった. Desde que lo traicionó su novia, tiene la ～ por el suelo. 妻に浮気されてから, 彼は元気がない. levantar (elevar) a+人 la ～ …の士気を高める. ❹ [物語などの] 教訓 〖=moraleja〗
comer a+人 la ～《口語》…の士気をくじく, 意気阻喪させる
doble ～ 二重規範, ダブル・スタンダード
tener más ～ que el Alcoyano《西. 口語》気力が充実している, やる気一杯である
trabajar la ～《アルゼンチン》士気を高める, やる気を起こさせる
II 〖←mora I〗 [男]《植物》❶ 欧州桑 〖果実は食用. =～ negro, ～ común〗: ～ blanco マグワ, クワ 〖=morera〗. ～ papelero/～ de la China カジノキ 〖=morera del papel〗. ❷《エクアドル》オウボク(黄木)

moraleda [moraléđa] [女] 桑畑

moraleja [moraléxa] 〖←moral I〗 [女] [物語などの] 教訓

Morales [moráles]《人名》**Ambrosio de ～** アンブロシオ・デ・モラレス 〖1513～91, スペインの歴史家. 多様な資料を駆使した近代的な歴史記述を年代記作家として初めて実践した〗

Morales Bermúdez [moráles bermúđeθ]《人名》**Francisco ～** フランシスコ・モラレス・ベルムデス 〖1921～, ペルーの軍人・政治家. ベラスコ Velasco 軍事政権を倒し大統領に就任. 1979年, 新憲法を発布〗

moralidad [moraliđá(đ)] 〖←ラテン語 moralitas, -atis〗 [女] ❶ 道徳性, 徳性, 徳義: juzgar la ～ de una acción 行為の徳性を判断する. obra de ～ dudosa 道徳的に疑わしい作品. ❷ 品行, 品位: Nadie dudaba de su ～. 彼の品位を疑うものは誰もいなかった. ❸ [物語などの] 教訓 〖=moraleja〗. ❹ [複] [中世の] 道徳劇, 教訓劇

moralina [moralína] [女]《軽蔑》うわべだけの道徳心

moralismo [moralísmo] [男] 道徳主義, 倫理主義

moralista [moralísta] [形] 道徳主義の, 倫理主義の
—— [名] ❶ モラリスト, 人間探究家. ❷ 道学者, 道徳家. ❸ 道徳論(倫理学)の教師; 道徳(倫理)書の著者. ❹ [演説・著作などによる] 道徳実践者
—— [男]《廃語》ラテン語と倫理学しか学ばずに叙階された聖職者

moralización [moraliθaθjón] [女] 教化, 徳育

moralizador, ra [moraliθađór, ra] [形] [名] 教化する〔人〕, 人の道を説く〔人〕, 説教する〔人〕

moralizante [moraliθánte] [形] [道徳的に] 教化する: alegoria ～ 教訓的な寓話. literatura ～ 勧善懲悪的な文学

moralizar [moraliθár] [9] [他] [道徳的に] 説く, 教化する; 道徳的にする: ～ un espectáculo 芝居を良俗に反しないものにする
—— [自] 道徳的教訓をたれる, 説教する

moralmente [morálménte] [副] ❶ 道徳的に; 道徳的に見て. ❷ 精神的に, 士気的に

moralo, la [morálo, la] [形] [名]《地名》ナバルモラル・デ・ラ・マタ Navalmoral de la Mata の〔人〕〖カセレス県の村〗

moranco, ca [moráŋko, ka] [形] [名]《軽蔑》モーロ人〔の〕, ムーア人〔の〕 〖=moro〗

morángano, na [moráŋgano, na] [形] [名]《軽蔑》モーロ人〔の〕 〖=moro〗

moranza [moránθa] [女]《まれ》居住; 滞在, 逗留

morapio [morápjo] 〖←アラビア語 murabbi〗 [男]《西. 口語》[大衆向けの] 赤ワイン

morar [morár] 〖←ラテン語 morari「止まる」〗 [自]《文語》[+en に] 住む 〖=habitar〗: Los que *moran en* palacios y los que *moran en* cabañas. 宮殿に住む人々と粗末な小屋に住む人々. ～ *en* despoblado 廃村に住む. ～ *en* la mansión de los justos 天国に住む, あの世にいる

moratallero, ra [morataʎéro, ra] [形] [名]《地名》モラタリャ Moratalla の〔人〕〖ムルシア県の村〗

Moratín [moratín]《人名》**Leandro Fernández de ～** レアンドロ・フェルナンデス・デ・モラティン 〖1760～1828, スペインの劇作家. ニコラス・フェルナンデス・デ・モラティンの息子. 新古典主義演劇を代表する一人. 端整で洗練された文体を駆使し, 三一致の法則などの規範を順守した喜劇を著した. 『娘たちの「はい」』 *El sí de las niñas*〗
Nicolás Fernández de ～ ニコラス・フェルナンデス・デ・モラティン 〖1737～80, スペインの劇作家・詩人. バロック演劇などそれまでの伝統を否定し, 新古典主義の導入を主張した〗

moratiniano, na [moratinjáno, na] [形]《人名》モラティン Moratín〔の作品〕の 〖スペインの作家 Nicolás Fernández de Moratín; Leandro Fernández de Moratín〗

moratón [moratón] [男]《西. 口語》[打撲による] あざ

moratoria [moratórja] 〖←ラテン語 mora「遅延」〗 [女]《法律》モラトリアム, 支払い猶予〔令・期間〕

Mora Valverde [móra balƀérđe]《人名》**Manuel ～** マヌエル・モラ・バルベルデ 〖1909～94, コスタリカの政治家. コスタリカ国民党 Partido del Pueblo Costarricense を創設〗

moravo, va [moráƀo, ƀa] [形] [名]《地名》[チェコの] モラビア Moravia の〔人〕

Morazán [moraθán]《人名》**Francisco ～** フランシスコ・モラサン 〖1792～1842, ホンジュラスの軍人・大統領. 中米連邦共和国 República Federal de las Provincias Unidas del Centro de América を再興しようとした〗

morazenense [moraθenénse] [形] [名]《地名》モラサン Morazán の〔人〕〖エル・サルバドル東部の県〗

morbidez [morƀiđéθ] [女] 繊細さ, 柔らかさ; 虚弱さ

morbideza [morƀiđéθa] [女]《廃語》=**morbidez**

morbididad [morƀiđiđá(đ)] [女] =**morbilidad**

mórbido, da [mórƀiđo, đa] 〖←ラテン語 morbidus < morbus「病気」〗 [形] ❶《文語》[特に女性の肉づきが官能的で] 繊細な, 柔らかな: pecho ～ 柔らかな乳房. ❷ 病気にかかっている; 病気の, 病的な, 疾患性の. ❸ 身の毛のよだつ, 陰惨な

morbífico, ca [morƀífiko, ka] [形]《医学》病気を引き起こす

morbígeno, na [morƀíxeno, na] [形]《医学》病気を引き起こす

morbilidad [morƀiliđá(đ)] [女] ❶ 罹病(りびょう)率, 罹患率, 疾病率: Esa enfermedad presenta (causa) una gran ～ y mortalidad. その病気は罹病率が高く死亡率も高い. ❷ 病気にかかっている状態

morbiliforme [morƀilifórme] [形]《医学》はしかに似た

morbinatalidad [morƀinataliđá(đ)] [女]《医学》病死者数

morbo [mórƀo] 〖←ラテン語 morbus〗 [男] ❶《口語》不健全な好奇心: Ese programa alimenta el ～ de la gente. その番組は民衆の病的な好奇心を刺激する. ❷《口語》性的な魅力: No es guapa pero tiene ～. 彼女は美人ではないがセクシーだ. ❸《文語》病気 〖=enfermedad〗: ～ comicial てんかん. ～ gálico 梅毒. ～ regio 黄疸(おうだん)

morbosidad [morƀosiđá(đ)] [女] ❶ 病的(不健全)であること; 病的好奇心. ❷《文語》罹病者数, 罹病率

morboso, sa [morƀóso, sa] 〖←morbo〗 [形] [名] ❶ 病的な〔人〕, 不健全な〔人〕: Su obsesión por la muerte parece ～*sa*. 彼の死に対する強迫観念は病的だ. Siente un placer ～ en torturar a los perros. 彼は犬をいじめることに不健全な喜びを感じる. Es un ～. 彼は病的だ. ❷《文語》病気にかかっている, 病気の: proceso ～ 病気の進行. ❸《文語》病気を起こす: clima ～ 健康に悪い気候

morca [mórka] [女]《アラゴン》油かす

morcada [morkáđa] [女]《アンダルシア》衝突 〖=topetazo〗

morcajo [morkáxo] [男] =**tranquillón**

morcal [morkál] [男] ❶《料理》[腸詰用の] 太い腸; それで作った腸詰. ❷ 大粒のオリーブ

morcar [morkár] [7] [他] [雄牛などが] 角で突く; 頭突きをする

morceguila [morθegíla] [女] [肥料にする] コウモリの糞

morcella [morθéʎa] [女] [灯心の] 火花; [かまど・たき火などの] 火の粉

morciguillo [morθigíʎo] [男]《まれ》コウモリ 〖=murciélago〗

morcilla[1] [morθíʎa] 〖←?morcón〗 [女] ❶《料理》1) モルシージャ 〖豚の血にタマネギや香辛料を加えた黒いソーセージ. 米・パン・松の実を入れたものもある〗: ～ de arroz (de cebolla) 米(玉ネギ)入りのモルシージャ. 2)《メキシコ》もつ煮込み. ❷《演劇》アドリブ. ❸《口語》[贅肉など] 不格好なもの, 出来損い. ❹《俗語》陰茎. ❺《古語》[野犬退治に用いられる] 毒入りの餌. ❻《アンダルシア. 料理》太い腸. ❼《キューバ. 俗語》嘘
¡Que te (me) den ～!《西. 口語》くたばれ; もう縁切りだ!

morcillero, ra [morθiʎéro, ra] [名] ❶ モルシージャ作り職人, モルシージャ売り. ❷《軽蔑》アドリブの多い役者
—— [形]《キューバ. 俗語》嘘つきの
—— [女] ❶《アンダルシア》[モルシージャ用の] 太い(細い)腸. ❷《ベネズエラ》1) 迷惑, わずらわしさ; 不機嫌. 2) 大げさな失神. 3)《闘鶏》蹴爪による一撃

morcillo[1] [morθíʎo] [男] ❶《料理》すね肉 〖=～ delantero〗: ～

posterior もも肉. ❷《建築》隅棟

morcillo², lla² [morθíλo, ʎa]《方》[馬などが] 赤みがかった黒色の

morcillón, na [morθiʎón, na] 形《口語》[体の部分などが] 太い, 分厚い, ふくれた
—— 男 ❶《料理》[豚などの胃袋で作った] 大型のモルシージャ. ❷ ムール貝《=mejillón》

morcón [morkón]《←?語》男 ❶《西. 料理》[腸詰め用の] 太腸;《チョリッソに似た》太い腸詰め. ❷《まれ》ずんぐりして不格好な人. ❸《まれ》不潔で身なりを構わない人

morcuero [morkwéro] 男 [境界を示す] 石積み《=majano》

morda [mórda] 他《バレンシア》羨望《=envidia》

mordacear [mordaθeár] 他《アルゼンチン》木製の円筒 mordaza で革を柔らかくする

mordacidad [mordaθiðá(ð)]《←mordaz》女 辛辣さ: comentar con ~ 辛辣にコメントする

mordaga [mordáɣa] 女《口語》酔い, 酩酊: coger (pillar) una ~ 酔っぱらう

mordaguera [mordaɣéra] 女《まれ》酔い, 酩酊

mordante [mordánte]《←仏語 mordant》男《印刷》植字工が原稿を押さえて植字箇所を示すのに使う定規

mordaz [mordáθ]《←ラテン語 mordax, -acis》形《複 ~ces》❶ 辛辣な, 痛烈な: crítica ~ 痛烈な批評. periodista ~ 辛辣なジャーナリスト. ❷ 腐食性の. ❸ [味が] 舌を刺す, 刺激のある

mordaza [mordáθa]《←俗ラテン語 mordacia < mordax, -acis「辛辣な」》女 ❶ 猿ぐつわ《粘着テープ, 布など》: poner una ~ a+人 …に猿ぐつわをかませる. La amenaza fue una ~ que le impidió confesar lo que sabía. 彼は脅迫によって口を封じられ, 知っていることを話せなかった. ❷ 挟み工具, やっとこ. ❸《自動車》ブレーキシュー《=zapata de freno》. ❹《大砲の》駐退機, 駐退装置. ❺《獣医》[去勢用の] 止血具. ❻《船舶》制鎖器. ❼《ホンジュラス,アルゼンチン. 馬具》[木片の端に紐を付けた] 口籠(゛): hacer ~ に 口籠で馬を操る. ❽《アルゼンチン》[革片を溝に通して柔らかくする] 木製の円筒

mordazmente [mordáθménte] 副 辛辣に, 手厳しく

mordedor, ra [morðeðór, ra] 形 ❶ 噛む; [犬が] 噛みつき癖のある. ❷ 口の悪い, いつも他人の悪口を言う
—— 名 毒舌家
—— 男 [赤ん坊用の] 歯がため

mordedura [morðeðúra] 女 ❶ 噛むこと, 噛みつき. ❷ [動物による] 噛み跡, 噛み傷

mordelón, na [morðelón, na] 形 名 ❶《メキシコ, 中米》わいろを受け取る《役人・警官》, 買収されやすい. ❷《コロンビア, ベネズエラ》[犬が] 噛みつき癖のある

mordente [morðénte]《←伊語》男 ❶《音楽》モルデント. ❷ 媒染剤《=mordiente》

morder [morðér]《←ラテン語 mordere》29 他 ❶ 噛(゛)む, かじる: 1) Un perro me *mordió* el brazo. 私は犬に腕を噛まれた. Eva *mordió* la manzana. イブがリンゴをかじった. ~ su fortuna 財産を食いつぶす. 2)《毒蛇が噛む》[道具などが] はさむ, 締めつける: No tires del cierre porque está *mordiendo* la tela. ファスナーを引っ張らないで, 布を噛んでいるから. ❸ [やすりなどで] 削る, [酸などが] 侵す, 腐食させる: El ácido *muerde* el metal. 酸は金属を冒す. ❹《口語》ひどく怒る; 非攻撃する: No puede hablar sin ~. 彼は口を開くと人の悪口を言う. ❺《口語》[なめかしく] キスする. ❻《隠語》気づく, 分かる. ❼《メキシコ》[警官などが] わいろを要求する. ❽《キューバ, プエルトリコ, ベネズエラ》金をだまし取る, ぺてんにかける. ❾《ベネズエラ. 口語》理解する
—— 自 ❶ 噛む, 噛みつく: Este perro *muerde*. この犬は噛みつく. ❷《アルゼンチン, ウルグアイ》1) 罠にかかる, だまされる. 2) [車が] 歩道の縁に接触する (乗り上げる)
estar que muerde《口語》ひどく怒っている
——~se 自分の…を噛む; ~*se* las uñas 爪を噛む

mordicación [morðikaθjón] 女 [舌などを] 刺すこと, ピリピリ (チクチク) する (させる) こと

mordicante [morðikánte] 形 ❶ 腐食性の. ❷《まれ》[体面を傷つけない程度に] 他人を批判する

mordicar [morðikár] 7 自 ピリピリする, チクチクする
—— 他 ピリピリさせる, チクチクさせる

mordida¹ [morðíða] 女 ❶《主に南米. 口語》噛むこと, かじること; 噛み跡. ❷《主に中米. 口語》わいろ, 鼻薬; わいろの見返り, お目こぼし. ❸《メキシコ》複 こそどろ, すり, 引ったくり《小規模な盗み》

mordido, da² [morðíðo, ða] 形 毀損( )した, 欠落した

mordidura [morðiðúra] 女《メキシコ》噛むこと, かじること《=mordedura》

mordiente [morðjénte]《←morder》形 ❶ 噛む〔人〕, かじる〔人〕. ❷ 攻撃的な, 感情を傷つける; 辛辣な《=mordaz》. ❸ 力強い, 効果的な
—— 男 ❶ 箔下ワニス, 印刷ワニス; 媒染剤. ❷ [エッチングの] 腐食剤. ❸ 挟み工具, やっとこ《=mordaza》. ❹ 獰猛さ; 攻撃性; 辛辣さ. ❺ 興味 (好奇心) をかりたてるもの

mordihuí [morðiwí] 男《複 ~es》ゾウムシ《=gorgojo》

mordimiento [morðimjénto] 男 噛むこと, かじること

mordiscar [morðiskár] 7 他 ❶《繰り返し軽く》噛む, かじる《=mordisquear》: ~ un lápiz 鉛筆を噛む. ~ una manzana リンゴをかじる. ❷ [舌などを] 刺す, ピリピリ (チクチク) させる. ❸ [道具などが] 挟みつける, 締めつける. ❹《徐々に》削る, すり減らす; 取り除く. ❺ [エッチングで], 硝酸液が腐食させる. ❻ 非難する, 悪口を言う

mordisco [morðísko]《←morder》男 ❶ 噛むこと, かじること: arrancar... de un ~ 一噛み (食い) ちぎる. dar un ~ a una manzana リンゴをかじる. ❷ 噛み切った一片: El perro huyó llevándose el ~. 犬は切れ端をくわえて逃げた. ❸ 軽く噛むこと; 軽い噛み跡: Mostró el ~ del perro en su pantorrilla. 彼はふくらはぎにある犬の噛み跡を見せた. ❹ [ちぎった, 主に食品の] 一片, 一口: Solo ha tomado un ~ de pan. 彼はパンを一口食べただけだった. un ~ de pan パン一切れ. ❺ [取引による] 利益, もうけ, 分け前: Como intermediario en la transacción, él se sacó un buen ~. 彼は取引の仲介料としてかなりの分け前を得た. ❻《西. 口語》ディープキス. ~ del diablo セイヨウマツムシソウ《=escabiosa》. ~ de rana アジアトチカガミ

mordiscón [morðiskón] 男 =mordisco

mordisquear [morðiskeár]《←mordisco》他 ❶《繰り返し軽く》噛む, かじる: Un caballo *mordisqueaba* hierbas del prado. 馬が牧場の草を食んでいた
——~se [自分の] …を噛む: Se está *mordisqueando* las uñas. 彼は爪を噛んでいる

mordisqueo [morðiskéo] 男 噛むこと, かじること

mordoré [morðoré] 形《まれ》[キラキラした] 赤みがかった栗色の

moré [moré] 男《オート・ボルタ》モレ語

moreda [moréða] 女《植物》❶ マグワ, クワ《=morera》. ❷ 桑畑《=moreral》

morel de sal [morél de sál] 男《美術》[フレスコ画に用いる] 深紅色の絵具

morelense [morelénse] 形 名《地名》モレロス Morelos の〔人〕《メキシコ南東部の州》

moreliano, na [moreljáno, na] 形 名《地名》モレリア Morelia の〔人〕《メキシコ, Michoacán 州の州都》

morellano, na [moreʎáno, na] 形 名《地名》モレリャ Morella の〔人〕《カステリョン県の町》

Morelos [morélos]《人名》**José María ~** ホセ・マリア・モレロス《1765～1815, メキシコの司祭で愛国者. イダルゴ Hidalgo 亡き後, メキシコ独立戦争を指揮. 1813年, アパチンガン憲法 Constitución de Apatzingán を発布》

morena¹ [moréna] **I**《←ラテン語 muraena》女《魚》ウツボ《食用》; チチュウカイトラウツボ
II《←先ローマ時代語》女 ❶《地質》[氷] 堆石, モレーン《=morrena》. ❷ [畑・脱穀場に積まれた] 穀物の山. ❸ 口論, けんか. ❹《地方語》山積み
III《←moro》女 [円形の] 大きなパン; [全粒の] ブラウンブレッド

morenata [morenáta] 女《魚》ウナギ目の一種《学名 Caecula caeca, Apterichthus caecus》

moreneo [morenéo] 男《剪毛業》泥膏 moreno を切り傷に塗る男

morenez [morenéθ] 女 浅黒さ

morenillo [moreníʎo] 男 ❶ 泥膏《=moreno》. ❷《ログローニョ》[ココアを溶かす] ギザギザのある攪拌( )棒

morenito [moreníto] 男《アンダルシア》コーヒー・ラム酒・砂糖の入った飲み物

Moreno [moréno]《人名》**Mariano ~** マリアノ・モレノ《1778～1811, アルゼンチン生まれの弁護士・政治家. スペインからの独立運動で中心的役割を果たす》

moreno, na² [moréno, na]《←moro》形 名 ❶ [ser+. 白人種

について, 肌が〕浅黒い〔人〕;〔髪・目が〕褐色の〔人〕, 栗色の〔人〕, ブルネット〔の〕: Es 〜*na*, pero de piel blanca. 彼女は髪がブルネットで肌は白い. ❷〔estar+〕日焼けした: Volvió muy 〜*na* de las vacaciones. 彼女はとても日焼けして休暇から帰って来た. ❸〔口語. 婉曲〕黒人〔の〕〔=negro〕;〔中米〕ムラート〔の〕. ❹〔同種の他のものより〕濃色の: pan 〜〔全粒の〕ブラウンブレッド, 黒パン. ❺ 黒ずんだ, 褐色の. ❻〔古語. 闘牛〕日なた席 sol の観客. ❼〔古語的. 演劇〕口笛を吹いたり足を踏み鳴らす観客. ❽《キューバ. 古語》黒人解放奴隷の子孫〔の〕

como no, 〜na〔口語〕〔言われたことについて〕断じて違う, ありえない

sobre ello (eso), 〜na〔口語〕断固として, どんな犠牲を払っても

Y lo que te rondaré 〜na〔口語〕〔現在継続中のことが〕長く続くだろう: La crisis económica todavía persiste *y lo que te rondaré 〜na*. 不況はまだ続いているし, これからもずっと続くだろう

── 男 ❶ 褐色, 栗色, タン色. ❷〔羊などの剪毛時の切り傷を治す, 炭の粉と酢を混ぜた〕泥膏

morense [morénse] 形 名《地名》モラ・デ・エブロ Mora de Ebro の〔人〕《タラゴナ県の村》

morenura [morenúra] 女《口語》浅黒さ〔=morenez〕

morera [moréra] 女 ❶《植物》1) マグワ, クワ(桑);《養蚕用. = blanca, 〜común》: 〜 negra 欧州クワ《学名 Morus nigra》. 2) 〜 del papel/〜 del Japón カジノキ. 3)《エクアドル》オウボク(黄木). ❷《農業》〔脱穀場へ運ぶ前に乾燥させるための〕穀物の束の山

moreral [moreál] 男 桑畑

morería [morería] 女《歴史》〔中世の〕モーロ人街, モーロ人の居住地域. ❷《軽蔑》モーロ人の国(領土)

mores [móres] 男《まれ》〔俗語〕《社会学》しきたり

morete [moréte] 男《メキシコ》=**moretón**

moretear [moreteár] 自 ❶《中南米》〔体の一部が〕紫色になる, 青あざができる. ❷《メキシコ》顔を青あざだらけにする

Moreto [moréto] 男《人名》Agustín 〜 アグスティン・モレト〖1618〜69. スペインの劇作家. カルデロン・デ・ラ・バルカの作風を踏襲し, 人物の軽妙なやり取りを特徴とする機知に富んだ優雅な作品を残している. モリエールに影響を与えた『蔑みには蔑みで』*El desdén con el desdén*, 『凛々しいドン・ディエゴ』*El lindo Don Diego*〗

moretón [moretón] 男《口語》青あざ〔=cardenal〕

morfa [mórfa] 女《植物》モルファ〖オレンジやレモンの木に寄生して傷めるキノコ〗

morfar [morfár] 他《ラプラタ. 口語》食べる, 飲み込む
── 〜**se**《ラプラタ. 口語》〔不快な状況・意に染まないことにも〕我慢する, 甘んじて耐える

morfe [mórfe] 男《ラプラタ. 口語》=**morfi**

morfema [morféma] 男《言語》形態素〖文法関係を示す構成要素〗: 〜 derivativo 派生形態素. 〜 gramatical 文法的形態素. 〜 independiente (dependiente) 独立(非独立)形態素. 〜 léxico 語彙的形態素. 〜 libre (ligado) 自由(拘束)形態素

morfemático, ca [morfemátiko, ka] 形 =**morfémico**

morfémico, ca [morfémiko, ka] 形《言語》形態素の

Morfeo [morféo] 男《ギリシア神話》モルペウス〖夢の神, 眠りの神〗: en brazos de 〜 眠り込んで, ぐっすり眠って

morfi [mórfi] 男《ラプラタ. 口語》〔主に昼と夜の決まった時間にとる〕食事, 食事

morfía [morfía] 女《エストレマドゥラ》〔料理用の〕土鍋

mórfico, ca [mórfiko, ka] 形《化学》sulfato 〜 モルヒネ硫酸塩

morfina [morfína] 女〔←Morfeo〕《化学, 薬学》モルヒネ

morfínico, ca [morfíniko, ka] 形 モルヒネの

morfinismo [morfinísmo] 男 モルヒネ中毒

morfinomanía [morfinomanía] 女 モルヒネ常用(中毒)

morfinómano, na [morfinómano, na] 形 名 モルヒネ常用(中毒)の; モルヒネ常用(中毒)者

-morfismo《接尾辞》polimorfismo 多形性, antropomorfismo 神人同形論

morfo [mórfo] 男《言語》形態〖形態素 morfema の具体的な表われ〗

morfo-《接頭辞》〔形態〕morfología 形態学, 形態論

-morfo, fa《接尾辞》〔形態〕isomorfo 同形の, heteromorfo 異形の

morfofonología [morfofonolɔxía] 女 =**morfonología**

morfogénesis [morfoxénesis] 女 ❶《生物》形態形成, 形態生成. ❷《地質》地形形成, 地形発達

morfogenético, ca [morfoxenétiko, ka] 形 ❶《生物》形成の. ❷《地質》地形形成の

morfología [morfolɔxía] 女 ❶《生物》形態学. ❷《言語》形態論, 語形論

morfológico, ca [morfolóxiko, ka] 形 形態学の; 形態論の, 語形論の

morfón, na [morfón, na] 形《アルゼンチン. 俗語》大食の; 欲ばりの

morfonología [morfonolɔxía] 女《言語》形態音韻論, 形態素論

morfopsicólogo, ga [morfo(p)sikólogo, ga] 名 形態心理学者

morfosintáctico, ca [morfosintáktiko, ka] 形《言語》形態統語論の, 形態統語的な

morfosintaxis [morfosintá(k)sis] 女《言語》形態統語論

morga [mórga] 女 ❶ オリーブの実の汁〔=alpechín〕. ❷《地方語. 植物》ビロードモウズイカ〔=gordolobo〕; アナミルタ〔=coca de Levante〕

morgalla [morɣáʎa] 女《ベネズエラ》くず, 残り物

morganáticamente [morganátikaménte] 副 貴賤相婚の形で

morganático, ca [morganátiko, ka]〔←ラテン語 matrimonium ad) morganaticam〕形 ❶〔結婚が〕身分違いの;〔人が〕貴賤結婚をする: matrimonio 〜 貴賤相婚の夫婦. ❷〔貴賤相婚の結果〕王族と縁故を結んだ

morganita [morganíta] 女《鉱物》モルガナイト

morgaño [morɣáɲo] 男 ❶《アラゴン. 動物》ノネズミの一種. ❷《エストレマドゥラ》1) クモ〔=araña〕. 2) 罠

morgue [mórɣe] 女〔←仏語〕《主に中南米》〔身元確認・解剖などが済むまでの〕死体保管所

morguera [morɣéra] 女 マテガイ採取用の鋤(⁇)

moriángano [morjángano] 男《カナリア諸島. 植物》野生のイチゴ

moribundo, da [moribúndo, da]〔←ラテン語 moribundus〕形 名〔estar+〕危篤の,〔人〕死に瀕した〔人〕: La herida le ha dejado 〜. 負傷して彼は危篤状態だった. acudir al lecho del 〜 死の床にかけつける. cisne 〜 瀕死の白鳥. El régimen está 〜. 体制は瀕死の状態にある

morichal [moritʃál] 男 ❶《キューバ, コロンビア, ベネズエラ》オオミテングヤシの林. ❷《ベネズエラ》1) 泉. 2) 別荘

moriche [moritʃe] 男 ❶《中南米. 鳥》キボウシムクドリモドキ. ❷《キューバ, コロンビア, ベネズエラ. 植物》オオミテングヤシ; その繊維で作ったハンモック

moricho [morítʃo] 男《カリブ》ハンモック

moridera [moridéra] 女 ❶〔病人が味わう〕迫る死の予感. ❷《メキシコ》〔戦争・疫病などによる〕多数の死亡者. ❸《ベネズエラ》深い悲しみ; 気絶, 失神

moridero [moridéro] 男 ❶《動物》死に場所. ❷《コロンビア, エクアドル. 軽蔑》不健康で(不衛生で)な場所

moriego, ga [morjégo, ga] 形《まれ》モーロ moro 人〔の〕

morigeración [morixeraθjón]〔←ラテン語 morigeratio, -onis〕女 節制: 〜 en la comida 節食. 〜 en las bebidas 節酒

morigerado, da [morixeráðo, da] 形 控え目な, 節度のある: persona 〜*da* 節度のある人. vida 〜*da* きちんとした生活

morigerar [morixerár]〔←ラテン語 morigerari「してあげる」< *mo-rem gerere* 「好まれる」〕他〔欲望などを〕抑える, 節制する: 〜 las bebidas 飲酒を控える
── 〜**se** 自制する

moriles [moríles] 男〔単複同形〕〔スペイン, コルドバ県の〕モリレス Moriles 産の軽いワイン

morilla [moríʎa] 女《植物》アミガサタケ

morillero [moriʎéro] 男 使い走りの少年〔=mochil〕

morillo [moríʎo] 男 ❶〔暖炉の〕たき台. ❷ 土鍋の蓋. ❸《闘牛》牛の首周辺の盛り上がった筋肉. ❹《メキシコ》〔田舎の建物の屋根板を支える〕梁, 桁

moringa [morínga] 女 ❶《中南米. 植物》ワサビノキ〔=ben〕. ❷《キューバ》お化け

morio [mórjo] 男《地方語》しっくいやセメントで固めない荒石積みの壁

moriondo, da [morjóndo, da] 形 [羊が] 発情期にある
morir [morír] 《←ラテン語 mori》 34 自 ❶ [+de で] 死ぬ 《⇔nacer》: Mi abuelo *murió de* un ataque al corazón. 私の祖父は心臓麻痺で死んだ. ~ *de* la peste ペストで死ぬ. ~ *de* viejo 老衰で死ぬ. ~ *en* un accidente 事故で死ぬ. ~ *por* la patria 祖国のために命を落とす. ~ ahogado 溺死する. ~ helado 凍死する. ~ joven (anciano) 若くして (年老いてから) 死ぬ. [語法] 病死・老衰の場合は morir, morirse のどちらでもよいが, 事故・殺人・戦争などによる死亡の場合は morir のみ: ~ *en* el hundimiento del Titánic タイタニック号の沈没で死ぬ, ~ *a mano airada de*+人 …の手にかかって死ぬ, ~ *en* la guerra 戦死する] ❷ [+por が] 欲しくて (好きで) たまらない: *Muere por* ella. 彼は彼女にぞっこんだ. ❸ 《文語》終わる, 消滅する: *Muere* el día. 日暮れになる. *Muere* la luz de una vela. ろうそくの明かりが消えた. Las olas venían a ~ *a* sus pies. 波は彼の足下まで来て砕けた. El Ebro nace en tierras extrañas y *muere* en el Mediterráneo. エブロ川は外国で生まれ地中海で消える. El camino *muere* en una cascada. 道は滝のところで終わる. Dios nunca *muere*. 神は不滅である. ❹ [植物が] 枯れる. ❺ [すごろくで] 振り出しに戻る. ❻ 《賭博》[勝負・場が] 流れる. ❼ 《キューバ, ビリヤード》ゲームを放棄して賭け金を失う
—— 他 《まれ》[複合時制でのみ] 殺す 《=matar》: He muerto una liebre. 私は1匹のウサギを殺した
—— **~se** [語法] 死ぬ, 死んでしまう) 1) Su padre *se murió* tras una larga enfermedad. 彼の父は長患いの末, 亡くなった. Está *muriéndose*. 彼は今にも死にそうだ. ¡Ojalá *se muera*! あいつなんか死んでしまえばいい! *Se moría por* momentos. 彼は刻々と死に向かっていた. 2) [+a+人 にとって] *Se le ha muerto* su mujer. 彼は妻に死なれた. 3) [誇張] Por poco *me muero* cuando le perdí su cámara. 彼のカメラを無くした時, 私は死ぬほどつらかった. 《+de+感覚・感情で》死ぬ思いである: En esta habitación *me muero de* frío. この部屋は寒くて死にそうだ. *Se moría de* envidia. 彼はうらやましくてたまらなかった. *Nos vamos a* ~ *de* risa. 私たちは笑い死にそうだ. ❸ [口語] [+por が] 欲しくて (好きで) たまらない: ¡*Me muero por* una cerveza fresca! 私は冷たいビールが飲みたくてたまらない! *Se muere por* esa chica. 彼はその少女が好きできてたまらない. *Se muere por* el fútbol. 彼はサッカーが好きだ. 2) [+不定詞] *Me muero por* verla. 私は彼女に会いたくてたまらない. ❹ 《文語》[火・光などが] 消える. ❺ 枯れる. ❻ [手足が] しびれる, 麻痺する
a ~ 1) 重態の, 死にかけの: Me puse *a* ~. 私は死にかけた. 2) 非常に [強く]: Te quiero *a* ~. 私は死ぬほど君を愛している. 3) すべて失って・手段が尽きて] もうだめだ
ayudar a bien ~ 《宗教》臨終の秘跡をさずける; [臨終の床にある人を] 祈りなどで慰める
como para ~*se* 非常に: Con solo mirar las escorpiones es *como para* ~*se* de miedo. サソリを見るだけですごく怖い
de ~*se* 《口語》=*para* ~*se*: Juana ha sido *de* ~*se* de guapa. フアナはものすごい美人だった
echarse a ~ 《口語》1) [絶望して計画などを] あきらめる, 投げ出す. 2) 恐怖におびえる
irse muriendo 《口語》[歩き方などが] ゆっくりすぎる, ゆっくり歩く; [気を失っているように] ふらふら歩く
~ *vestido* 変死する
¡*Muera*! [人を殺す時など] 死ね, くたばれ!: Los manifestantes gritaban: ¡Mueran los dictadores! デモ隊は「独裁者たちを倒せ!」と叫んでいた
¡*Muérete*! 《口語》[人への拒絶] ふざけるな, 君なんかに分かるものか!
¡*Murió*! 《キューバ, プエルトリコ》[間投詞的. 用件が終了したことを知らせる] さあ終わったよ!
¡*No se va a* ~ *por*+不定詞*!* …してくれてもいいじゃないか, …しても罰は当たるまいに!
para ~*se* 《口語》1) [+de+形容詞・名詞] 非常に…: La comedia era *para* ~*se* de risa. その喜劇はものすごくおかしかった
¡*Que me muera!* 《口語》本当だよ, 嘘じゃないよ, もし嘘だったら命をやるよ! 《=¡Que me muera si miento!》
¡*Que se muera!* 《口語》=¡*Muera*!
que te mueres 《口語》すばらしく, すばらしい

y allí muere 《中南米》[困難だと思われているが] ごく簡単だ, それだけのことだ

morir		
現在分詞	過去分詞	
m**u**riendo	m**ue**rto	
直説法現在	点過去	命令法
m**ue**ro	morí	
m**ue**res	moriste	m**ue**re
m**ue**re	murió	
morimos	morimos	
morís	moristeis	morid
m**ue**ren	murieron	
接続法現在	接続法過去	
m**ue**ra	muriera, -ses	
m**ue**ras	murieras, -ses	
m**ue**ra	muriera, -se	
muramos	muriéramos, -semos	
muráis	murierais, -seis	
m**ue**ran	murieran, -sen	

morisco, ca [morísko, ka] 《←moro》形 名 ❶ 《歴史》モリスコ [の] 《再征服された土地で, イスラム教からキリスト教に改宗したモーロ人》: novela ~*ca* モーロ小説《16世紀前半のスペインでモーロ人の勇敢な騎士たちを主人公とした小説のジャンル》. ❷ 《建築》モーロ式の. ❸ 《メキシコ, 廃語》ムラート mulato とヨーロッパ人との混血の〔人〕. ❹ 《チリ》[痩せた人・動物が] 食べても太らない
—— 女 [ログローニョ] 深掘り鍬

morisma [morísma] 《←moro》女 ❶ 《軽蔑》[集名] [la+] モーロ人 〔の群衆〕. ❷ モーロ人の宗派
a la ~ モーロ人風に

morisqueta [moriskéta] 女 ❶ ペテン, 詐欺. ❷ 《主にラプラタ》[人を笑わせる・からかう] おどけ顔. ❸ [モーロ人特有の] 計略, たくらみ. ❹ 《まれ》塩を入れないで炊いたご飯

morito [moríto] 男 《鳥》ブロンズトキ

morivivi [moribibí] 男 ❶ 《キューバ, プエルトリコ. 植物》1) オジギソウ, ネムリグサ 《=sensitiva》. 2) —— bobo 《プエルトリコ》イビレイビレ, ギンネム 《=tamarindillo》. ❷ 《プエルトリコ》発病と回復を始終繰り返す人

morlaco, ca [morláko, ka] 形 名 ❶ すっとぼけた〔奴〕. ❷ 狡猾な, ずるい〔奴〕. ❸ 《地名》[アドリア海東岸の] モルラキアMorlaquia の〔人〕
—— 男 ❶ 《口語》闘牛用の牛. ❷ 《中南米》紙幣, お金; 《歴史》1ペソ銀貨. ❸ 《コロンビア》老馬

morlón, na [morlón, na] 形 名 =**morlaco**

mormar [mormár] ~*se* 《メキシコ》風邪を引く

mormera [morméra] 女 《レオン, サラマンカ》鼻づまり

mormojear [mormoxeár] 自 《地方語》ぶつぶつ不平を言う, ぐちを言う

mormón, na [mormón, na] 形 名 モルモン教の(教徒)

mormónico, ca [mormóniko, ka] 形 モルモン教の

mormonismo [mormonísmo] 男 モルモン教 Mormón

mormullar [mormuʎár] 自 =**murmurar**

mormullo [mormúʎo] 男 =**murmullo**

mormurar [mormurár] 自 《メキシコ》=**murmurar**

Moro [móro] 《人名》César ~ セサル・モロ《1906~56, ペルーの詩人. 20歳前にフランスへ行き, シュルレアリスムsurrealismoの詩人たちと親交を結び, 主にフランス語で詩作した. スペイン語で書かれた詩集としては『馬上の亀』*La tortuga ecuestre*》

moro, ra² [móro, ra] 《←ラテン語 maurus》形 名 ❶ モーロ人〔の〕, ムーア人〔の〕《モロッコ・アルジェリア・チュニジア・モーリタニアなどの北西アフリカのイスラム教徒; 8~15世紀にイベリア半島に居住していたイスラム教徒》. ❷ 《西. 口語》イスラム教徒〔の〕. ❸ モロ族〔の〕《フィリピン, ミンダナオ島などの先住民》. ❹ [馬が] 1) 黒毛で額に白毛のある. 2) 《メキシコ, 南米》葦毛の. ❺ [人が] 洗礼を受けていない. ❻ [ワインが] 水で薄められていない
—— 男 ❶ 《西. 軽蔑》1) [男性優位主義・嫉妬深い心から] 妻や恋人を自分の思いどおりにしようとする男, 嫉妬深い男. 2) 男性優位主義者, 性差別主義者. ❷ 《西. 口語》[el+] モロッコ人たち. ❸ 《フィリピン》ミンダナオ島方言. ❹ 《メキシコ》紫色. ❺ 《エクアドル. 料理》[香辛料やチーズを入れた] レンズマメまたはインゲンマメの炊き込みご飯

morocada

bajar [*se*] *al* ~ 《西. 隠語》モロッコ・北アフリカに麻薬を買いに行く
el M~ Muza 《古語的》[名前を明かさず] 誰か, ある人: *contárselo al M~ Muza* 誰かに話す. *¿Quién lo hizo?—El M~ Muza.* 誰がやったのか？―誰かがやった
haber ~s en la costa 近くに危険な人物がいる
haber ~s y cristianos 一悶着ある, 騒動がある
ir al ~ 《西. 隠語》=**bajar**[**se**] **al ~**
~ de paz 1)［アフリカにおけるスペインの刑務所で] 他のモーロ人との仲介に当たったモロッコのモーロ人. 2) 仲裁人
~ y cristianos 1) レコンキスタでの闘いを擬した祭り. 2)《料理》ぶちインゲンマメの炊き込みご飯 [=*judías pintas con arroz*]
¡O todos ~s o todos cristianos! えこひいきはやめろ!
viajar al ~ 《西. 隠語》=**bajar**[**se**] **al ~**

morocada [morokáda] 女 雄羊の角突き

morocazo [morokáθo] 男 《カンタブリア》=**morocada**

morocho, cha [morótʃo, tʃa] 形 ❶《中南米. 口語》1)［髪が縮れて] 肌が浅黒い［人］; ブルネットの［人］. 2) 家族などへの親愛の呼びかけ語. 3) 体格のがっしりした［人］, タフな［人］. ❸《ホンジュラス》ウサギのような［人］ ❹《ベネズエラ》ふたご［の］. 2)［物理的・心理的に] 強烈な: *Hace un frío* ~. ひどく寒い. ❺《エクアドル》［薪が] 乾いて固い. ❻《チリ》1) 粗雑な, 粗野な. 2) 坊主刈りの
── 男《中南米》アズキモロコシ [=*maíz ~*]

moroco [moróko] 男 ❶《中南米》ふくらはぎ [=*pantorrilla*]. ❷《メキシコ, ボリビア》メターテ［石臼の一種. =*metate*］. 2)《動物》マムシの一種 [=*mano de metate*]

morocota [morokóta] 女《コロンビア. 歴史》1オンス金貨

morocoto [morokóto] 男《ベネズエラ. 魚》ブラックコロソマ

morojo [moróxo] 男《果実》マドローニョ

morolo, la [morólo, la] 形《ホンジュラス》お人好しの, 素朴な

moro-moro [móro móro] 男《フィリピン》モロモロ《イスラム教徒とキリスト教徒の争いを主題とする芝居》

morón, na [morón, na] 形［?語源］[オリーブの品種が] カミツレに似た
── 男 ❶ 小山, 円山. ❷ 脳の弱い人, うすのろ. ❸ 穀物の病気の一種. ❹《キューバ. 魚》カワアナゴ科の一種 [=*guabina*]; ニベ [=*corvina*]
── 女《コロンビア》パンのかけら(くず) [=*migaja*]

moroncho, cha [morónt∫o, tʃa] =**morondo**

morondanga [morondáŋga] 女 ❶《まれ》《軽蔑》がらくたの山, ごちゃごちゃとしたもの. ❷ もつれ, 紛糾
de ~《軽蔑》軽蔑すべき, 価値のない, くだらない

morondo, da [moróndo, da] 形［髪・草などが] 短く刈られた

moronense [moronénse] 形 名《地名》モロン・デ・ラ・フロンテラ Morón de la Frontera［の人］《セビーリャ県の町》

Morones [morónes] 《人名》**Luis ~** ルイス・モロネス《1890～1964, メキシコの政治家. メキシコ労働党 Partido Laborista Mexicano を創設》

moronga [morónga] 女《メキシコ, 中米. 料理》モルシージャ [=*morcilla*]

moronía [moronía] 女《料理》アルボロニア [=*alboronía*]

morónico, da [moróniko, da] 形 モロネ科の
── 男 複《魚》モロネ科

moroporán [moroporán] 男《ホンジュラス》てんかんに効く薬草

morosamente [morósamente] 副 悠長に, ぐずぐずと, 怠惰に, いやいやながら

morosidad [morosidá(d)] 女 ❶ 支払いの遅れ, 滞納;《金融》[3か月以上返済の遅れた] 不良貸出し. ❷《文語》遅延, 悠長; 無精

moroso, sa [moróso, sa]［←ラテン語 *morosus*「不機嫌な」］形 名 ❶ 金払いの悪い［人], 返済の遅れがちな; 返済滞納者, 債務の遅滞: *deudas ~sas* 不良債権, 貸し倒れ(金). ❷《文語》［動作が] ぐずぐずした, ゆっくりとした, 緩慢な, 悠長な

moroquera [morokéra] 女《植物》キダチハッカ, シソ [=*ajedrea*]

morra[1] [móra]［←伊語 *mora*] 女 ❶ 丸い小山;《地方語》頂上で平らに切り立った小山. ❷［2人でする] 数字を使う指遊び. ❸ 雌猫を呼ぶ声. ❹《まれ》頭頂, 頭のてっぺん
andar a la ~ 殴り合う

morrada [moráda] 女《口語》頭突き, 頭をぶつけること; 平手打ち, びんた

morragute [moragúte] 男《魚》ボラの一種

morral [morál]［←*morro*] 男 ❶ 羊飼い・猟師・兵士などが食糧・衣類などを入れる布製の］肩掛けかばん: *El pastor lleva en su ~ comida para todo el día.* 羊飼いは肩掛けかばんに1日の食べ物を入れている. ❷［馬の首に掛ける] まぐさ袋, 飼い葉袋. ❸ 粗野な男, がさつ者, うすのろ. ❹《グアテマラ, ベネズエラ, ペルー》リュックサック [=*mochila*]

morralada [moraláda] 女 肩掛けかばん *morral* に入る分量

morralero, ra [moraléro, ra] 猟師の助手(荷物持ち)

morralla [moráʎa]［←*morro*] 女 ❶《料理》小魚, 雑魚: ~ *frita* 小魚のフライ. ❷ 烏合の衆, 野次馬; くず・がらくたの寄せ集め. ❸《メキシコ》小銭

morrazo [moráθo] 男《口語》図々しさ, 厚かましさ: *¡Tienes un ~!* 君は図々しいね! =**morrada**

morrear [moreár] 自／他《西. 俗語》濃厚なキスをする, ディープキスをする, ネッキングをする
── 自《ログローニョ》❶ ワインを飲む. ❷ 甘いものを食べる

morrena [moréna] 女《地質》[氷] 堆石, モレーン

morrénico, ca [moréniko, ka] 形《地質》[氷] 堆石の, モレーンの

morreo [moréo] 男《西. 俗語》濃厚なキス, ディープキス, ネッキング

morreras [moréras] 女 複《医学》唇にできる膿疱

morrilla [moríʎa] 女 ❶《植物》チョウセンアザミ, アーティチョーク [=*alcachofa*]. ❷《メキシコ》小銭

morrillo [moríʎo]［←*morro* の示小語] 男 ❶《西》[牛などの] 首; [人の] 太い首, 肉づきのよい首. ❷ 石ころ;《地方語》砂利. ❸《メキシコ》[荷役作業員の] てんびん棒

morrina [moréna] 女《地方語》[家畜の首取りの] 疫病

morriña [moréɲa]［←ポルトガル・ガリシア語 *morrinha*] 女 ❶ [主にガリシア人の] 郷愁, 憂愁: *sufrir* [*de*] ~／*tener* ~ ホームシックにかかる. *Me entró* ~. 私はホームシックになった. ❷ 家畜の伝染病, 水腫の一種

morriñento, ta [moriɲénto, ta] 形《地方語》ホームシックになった; 憂愁の

morriñoso, sa [moriɲóso, sa] 形 ❶ ホームシックになった; 憂愁の. ❷ くる病の, ひ弱な

morrión [morión]［←*morro*] 男 ❶《歴史》モリオン《16～17世紀の帽子型兜》. ❷《歴史》[ひさし付きの円筒形] 軍帽. ❸《鷹狩り》鷹がみまわれるめまい. ❹《地方語》[連山などの] 突き出た小山

morrionera [morionéra] 女《植物》ランタナ

morris [móris] 男《まれ》伸ばせる肘掛け椅子

morrisqueta [moriskéta] 女《コロンビア, ベネズエラ》おどけ顔, しかめ面; おべっか, 媚び

morro[1] [móro]［←?語源] 男 ❶［時に 複］豚などの］鼻面 [=*hocico*];《料理》その肉. ❷《西. 口語》［人間の, 特に分厚い] 唇. ❸［鼻面のように] 突き出ているもの; [機首などの] 先端. ❹［航海の目印となる, 海岸の] 小高い丘, 岩山. ❺《西. 口語》厚かましさ, 恥知らず: *tener mucho ~* ひどく厚かましい, 図々しい. ❻ 雌猫を呼ぶ時の声 [=*morra*]. ❼ 小さな丸石. ❽《エルサルバドル. 植物》ノウゼンカズラ科クレスセンティア属の木《実は食用》. ❾《ドミニカ》頭
arrugar el ~ =*torcer el* ~
asomar el ~ 顔を出す, 現われる
beber a ~《西. 口語》ラッパ飲みする
caer de ~*s* 頭から飛び込む
calentarse a+人 *el* ~ …は夢中になって話す [=*calentarse a*+人 *la boca*]
dar a+人 *en los* ~*s* [自慢して] …をうんざりさせる
darse a ~《西. 口語》[互いに] 唇にキスする
echarle ~ *a*+人 …に厚かましい(図々しい)ことをする
estar de ~[*s*]《西. 口語》機嫌の悪い;［+*con*+人 に] 腹を立てている
hacer ~[*s*]《西. 口語》機嫌が悪い, 腹を立てる
partir a+人 *los* ~*s* (*el* ~) =*romper a*+人 *los* ~*s*
pasar+事物 *por los* ~*s* [うんざりさせるほど] …を自慢する
poner ~ =*torcer el* ~
ponerse de [*s*]《西. 口語》機嫌が悪くなる
por el ~《西. 口語》代金を払わずに; 苦労せずに; 厚かましく
romper a+人 *los* ~*s* (*el* ~)［時に脅し文句で] …の鼻をひどく殴る: *Como vuelva a hacerme una misma faena, le*

romperé el ~. 私にまた同じ汚い手を使ったら、あいつの鼻柱をぶちのめしてやる
sobar a+*los ~s* (*el ~*) …を殴る
tener ~ 《口語》厚かましい
tener un ~ que se lo pisa =*tener ~*
torcer el ~ 《西. 口語》しかめ面をする

morro², rra² [móřo, řa] 形《コロンビア. 俗語》刃先の丸い, 刃のついていない

morrocota [mořokóta] 女《コロンビア》=**morocota**

morrocote [mořokóte] 男《アラブ》❶ 喪中の家に供するパン. ❷ 頑丈な体格の子供

morrocotudo, da [mořokotúðo, ða] 形《←*morrocota*》❶《西. 口語》[あらゆる意味で] すごい, とてつもない; 大変な, 困難な: banquete ~ 大宴会. disgusto ~ 大嫌い. susto ~ びっくり仰天. ❷《プエルトリコ, コロンビア》1) 金持ちの, 裕福な. 2) 均整のとれていない, 不格好な. ❸《チリ》[文学作品などが] 単調な, 退屈な

morrocoy [mořokój] 男《キューバ, ベネズエラ》❶ アカアシガメ〔= morrocoyo〕. ❷ のろまな

morrocoyo [mořokójo] 男 ❶《カリブ》醜い人. ❷《キューバ, プエルトリコ. 動物》アカアシガメ. ❸《プエルトリコ》[井戸などの] 清掃業者

morrón [mořón] 形〔←*morro*〕男 ❶《西. 口語》[思いがけない] 強打: Resbaló y se dio un ~. 彼は滑ってばったり倒れた. ❷ 赤ピーマン〔=pimiento ~〕. ❸ bandera ~ 救援信号旗. ❹《ログローニョ》甘党. ❺《エストレマドゥラ》小山, 岩山

morroncho, cha [mořóntʃo, tʃa] 形《ムルシア》おとなしい

morrongo, ga [mořóŋgo, ga] 形 ❶《口語》子猫, 猫. ❷《口語》[人に対する親愛の呼びかけ] 子猫ちゃん. ❸《メキシコ》召使い, 下女
—— 男《メキシコ》❶ 手巻きの葉たばこ. ❷ ロールパン

morronguear [mořoŋgeáɾ] 自《中南米. 口語》1) 酒を飲みすぎる. 2) 吸う, 飲む. ❷《チリ, アルゼンチン, ウルグアイ. 口語》[主に朝目が覚めてから] 再びうとうとする, 二度寝する

morronguería [mořoŋgería] 女《キューバ》下劣な行為

morronguero, ra [mořoŋgéɾo, ɾa] 形《キューバ》❶ けちな, さもしい. ❷ 卑怯な

morroño, ña [mořóɲo, ɲa]《口語》子猫, 猫

morroñoso, sa [mořoɲóso, sa] 形 ❶《中米》1) 粗い, ごつごつした. 2) けちん坊の, エゴイストの. ❷《ペルー》ひ弱な

morrosco, ca [mořósko, ka] 形《地方語》ひどく人嫌いな, 非社交的な
—— 名《地方語》肥満体の (体の大きな) 若者

morrudo, da [mořúðo, ða] 形 ❶ 唇の厚い. ❷ 鼻の突き出た. ❸《アルゼンチン, ウルグアイ》[動物が] 体格のがっしりした, いかつい

morsa [mórsa] 名 ❶《動物》セイウチ. ❷《アルゼンチン, ウルグアイ. 木工, 技術》部品を押さえる締め具, 万力

morsana [morsána] 女《植物》ハマビシ

morse [mórse] 男《時に M~》モールス式電信方式; モールス符号〔=alfabeto ~〕

morsolote [morsolóte] 男《メキシコ. 俗語》陰茎, ペニス

mors ultima ratio [mórs última rátjo]〔←ラテン語〕死こそ最後の道理/すべては死によって消される

mortadela [moɾtaðéla]〔←イタリア語 *mortadella*〕女《料理》モルタデラ〔イタリア, ボローニャ産の太いソーセージ〕

mortaja [moɾtáxa] **I**〔←ラテン語 *mortualia*〕女 ❶ [埋葬用の] 白布, 経帷子 (${}^{ﾋﾞﾗ}_{ﾀﾋﾞﾗ}$). ❷《中南米》たばこ用の巻紙
II〔←仏語 *mortaise*〕女《技術, 建築》ほぞ穴

mortajar [moɾtaxáɾ] 他《技術, 建築》ほぞ穴を開ける

mortal [moɾtál]〔←ラテン語 *mortalis*〕形〔ser+〕❶ 死すべき: Todos los seres son ~es. 生きるものすべて死ぬ運命にある. vida ~ 限りある命. ❷ 致命的な, 命取りの: accidente ~ 死亡事故. enfermedad ~ 死に至る病, 死病. golpe ~ 致命的な一撃, 壊滅的な打撃. heridas ~es 致命傷. restos ~es 遺体, 遺骸. veneno ~ 猛毒/致命毒. ❸ [死ぬほど] ひどい, 耐え難い; ひどく退屈な: Anduve diez ~es kilómetros. 私は うんざりするような10キロもの道を歩いた. Esperamos dos horas ~es. 私たちは2時間も待たされうんざりした. aburrimiento ~ 死ぬほどの退屈. dolor ~ 猛烈な痛み. desprecio ~ 激しい憎悪. odio ~ 強い憎悪. susto ~ ひどい驚き. ❹《キリスト教》[罪が] 永遠の死を招く.
❺《まれ》死人のような; 今にも死にそうな

~ de necesidad [傷・病気が] 致命的な: herida ~ *de necesidad* 致命傷

quedarse ~ 神経が高ぶる, 動悸が高まる; 度肝を抜かれる, ひどく驚く
—— 男〔主に 複〕人間;《皮肉》[有名人などと比べて] ただの人: Somos simples ~es. 私たちはただの人間にすぎない. pobre ~ 哀れな人, 不幸 幸運な人

mortaladad [moɾtaláð(d)] 女《古語》=**mortandad**

mortalidad [moɾtaliðá(d)]〔←ラテン語 *mortalitas, -atis*〕女 ❶ 死亡率〔=índice de ~, tasa de ~. ⇔*natalidad*〕; 死亡者数: 1) ~ infantil 乳幼児死亡率. 2)《保険》tabla de ~ 死亡率表, 生命表. ~ esperada 平均余命表. ❷ 死すべき運命, 死を免れないこと

mortalmente [moɾtálménte] 副 死ぬほど, ひどく: herir ~ 致命傷を負わす. odiar ~ 殺しいほど憎む. pecar ~ 大罪を犯す. novela ~ aburrida ひどく退屈な小説

mortandad [moɾtandá(d)]〔←*mortalidad*〕女《戦争や疫病による》多数の死亡者: producir (causar) una (gran) ~ 多数の死者を出す

mortar [moɾtáɾ] 他《メキシコ》[臼で・槌で叩いて穀粒の] 殻を取り除く

mortecino, na [moɾteθíno, na]〔←ラテン語 *morticinus*〕形 ❶ [光・火などが] 消えかかった, 弱々しい; おぼろげな: brillo ~ 地味な輝き. color ~ 地味な色, 淡い色. expresión ~*na* 力のない表情. fuego ~ 消えかかった火. luz ~*na* del atardecer 夕暮れの光. ❷ [動物が] 死にかけた. ❸ 畜殺された, 食肉用の
—— 男《コロンビア》腐肉〔=*carroña*〕

mortera [moɾtéɾa] 女《地方語》[おやつを入れる・酒を飲むための] 木製の 丼, 鉢

morterá [moɾteɾá] 女《アンダルシア》大量

morterada [moɾteɾáða] 女 ❶ 臼砲の発射; [石など] 臼砲で撃つ一発分. ❷ 乳鉢ですりつぶす一杯分

morterazo [moɾteɾáθo] 男 ❶ 臼砲の発射; 発射音. ❷ 臼砲の砲撃による負傷・被害

morterete [moɾteɾéte] 男 ❶ 小臼砲; [祝砲用の] 臼砲; 祝砲, 号砲. ❷《楽器として使う》乳鉢. ❸ 浮かし灯明, かがり

mortero [moɾtéɾo]〔←ラテン語 *mortarium*〕男《建築》モルタル: pared de piedras y ~ 石を積んでモルタルで固めた壁. ~ bastardo 石灰モルタル, 石灰との. ~ de barro 粘土質モルタル.
❷ 乳鉢; 臼;〔ニンニクをすりつぶす〕モルテーロ: moler las salsas en el ~ 塩を乳鉢ですりつぶす. ❸《軍事》臼砲; 迫撃砲〔=~ de trinchera〕: granada de ~ 臼砲弾. ❹ 祝砲. ❺《聖職者などがかぶった》繻な帽. ❻ 花火の打ち上げ装置

morterón [moɾteɾón] 男《エストレマドゥラ. 料理》モルシージャ〔= *morcilla*〕

morteruelo [moɾteɾwélo] 男《ラ・マンチャ. 料理》モルテルエロ〔豚のレバー・野ウサギ・山ウズラなどのパテ〕

mortífero, ra [moɾtífeɾo, ɾa]〔←ラテン語 *mortirerus < mors, mortis* "死"+*ferre* "持つ"〕形 殺人 [用] の; 命取りの, 致命的な〔= letal〕: arma ~*ra* 凶器; 大量殺人兵器. enfermedad ~*ra* 死に至らしめる病. fuego ~ 砲撃. gas ~ 毒ガス. trampa ~*ra* 致命的な罠

mortificación [moɾtifikaθjón] 女 ❶ 禁欲, 苦行: Los ascetas se imponen voluntariamente la ~. 苦行者は自らの意志で自分に苦行を課す. ❷ 苦痛. ❸ 屈辱

mortificador, ra [moɾtifikaðóɾ, ɾa] 形 苦行を与える; 屈辱を与える

mortificante [moɾtifikánte] 形 =**mortificador**

mortificar [moɾtifikáɾ]〔←ラテン語 *mortificare*〕[7] 他 ❶ [肉体的・精神的に] 苦しめる, さいなむ: Sus hermanos le *mortificaron* con crueldad. 兄弟たちは彼を残酷に扱った. Me han *mortificado* toda la noche los mosquitos. 私は一晩中蚊に苦しめられた. Estos zapatos me *mortifican*. この靴は痛い. ~ al caballo con la fusta 馬に鞭を入れる. ❷ 屈辱を与える, くやしがらせる: Le *mortificaba* no poder viajar como los otros. 他の人たちと同じように旅行できず, 彼はみじめに思っていた. ❸《宗教》苦行・禁欲で肉体を〕痛めつける. ❹《医学》重大な損傷を与える
—— ~*se* ❶ 自分を痛めつける (責める); [+con で] 心を傷つけられる. ❷《宗教》苦行する: Por las mañanas *se mortificaba con* ayuno riguroso. 毎朝彼は厳しい断食の行をおこなっていた. ❸《医学》壊疽 (${}^{え}_{そ}$) にかかる. ❹《料理》[肉が] 腐りかける. ❺《メキシコ, 中米》恥じる, 屈辱を感じる

mortificativo, va [moɾtifikatíβo, βa] 形 =**mortificador**

mortinatalidad [mɔrtinatalidá(d)] 囡《医学》死産率
mortinato, ta [mɔrtináto, ta] 形《医学》死産の
—— 图 死産児
mortineonatalidad [mɔrtineonatalidá(d)] 囡 =**mortinatalidad**
mortiño [mɔrtíɲo] 男《コロンビア, エクアドル. 植物》ブルーベリーの一種《学名 Vaccinium mortinia》
mortis causa [mɔ́rtis káu̯sa]《←ラテン語》形 副《法律》死亡によって・より: donación ～ 死後贈与
mortual [mɔrtwál] 男《メキシコ, 中米》[相続された] 遺産; 遺産相続
mortuorio, ria [mɔrtwórjo, rja]《←ラテン語 mortuus「死んだ」》形 死〔者〕の; 葬儀の, 葬式の: cámara ～*ria* 遺体安置室. casa ～*ria* 最近死亡者のあった家, 喪中の家. esquela ～*ria* 死亡通知〔状〕; 死亡広告. lecho ～ 死〔臨終〕の床. paño ～ 棺を覆う黒布. rito ～ 葬式
—— 男 ❶《病院の》霊安室. ❷ 葬式の準備. ❸《アラバ》[完全に消え去った]かつて何かのあった場所
moruchada [mɔrutʃáda] 囡《サラマンカ. 闘牛》片方の親が純血種の牛〔の闘牛〕
morucho, cha [mɔrútʃo, tʃa] 形 ❶《口語》皮膚の浅黒い〔人〕. ❷《サラマンカ. 闘牛》片方の親が純血種の〔牛〕
—— 男《闘牛》素人の闘牛用の若牛
morueco [mɔrwéko]《←?語源》男 種羊
morugo, ga [mɔrúɣo, ɣa] 形《カンタブリア, レオン, ソリア》交際嫌いの, 非社交的な. ❷《ナバラ》無口な
moruja [mɔrúxa] 囡《エストレマドゥラ》[水の] 泡
mórula [mórula] 囡《生物》桑実胚《^{おうじつはい}》
morular [mɔrulár] 形《生物》桑実胚の
morulla [mɔrúʎa] 囡《メキシコ. 料理》モルシージャ《=morcilla》
moruno, na [mɔrúno, na]《←moro》形 モーロ人〔式〕の: alfanje ～ 三日月刀. pincho ～《料理》ピンチョ・モルノ《モーロ風串焼き》
—— 男《キューバ》農民の履き物
moruro [mɔrúro]《キューバ. 植物》❶ 白花ネムノキ《樹皮は皮をなめすのに使われる. 学名 Calliandra portoricensis》
morusa [mɔrúsa] 囡 ❶《口語》金《=dinero》. ❷《プエルトリコ, ベネズエラ》からまった髪の毛
mosaico, ca [mosái̯ko, ka] I《←伊語 mosaico < ギリシア語 museios「ミューズの」》形《まれ》モザイク〔風〕の
—— ❶ モザイク〔模様〕: pintura de ～ モザイク画. ❷ 寄せ木細工《= ～ de madera, ～ vegetal》; モザイク張り〔の床〕《entarimado》. ❸ 寄せ集め: un ～ de culturas 寄せ集め的な文化; 諸文化のるつぼ. un ～ de grupos étnicos 様々な種のるつぼ. ❹: epistolar 書簡集. ❺《植物》= ～ genético 遺伝子モザイク.《植物》モザイク病, ウイルス病. ❻《テレビ》モザイク面. ❼《主にメキシコ, ラプラタ》タイル. ❽《コロンビア》生徒たちの写真.
II《←ラテン語 mosaicus < Moses「モーゼ」》形《人名》モーゼ Moisés の: ley ～*ca* モーゼの律法. religión ～*ca* ユダヤ教
mosaiquista [mosaikísta] 名 モザイク(寄せ木細工)の製作者
mosaísmo [mosaísmo] 男《宗教》[集合] モーゼ Moisés の教え(律法). ❷ ユダヤ[教]文化
mosaísta [mosaísta] 名 モザイク(寄せ木細工)の製作者
mosano, na [mosáno, na] 形《中世マース Mouse 川流域で発達した》モザン美術 arte mosano の
mosca[1] [móska] I《←ラテン語 musca》囡 ❶《昆虫》1) ハエ(蠅): ～ azul アオバエ. ～ de burro/～ de mula ウマバエ. ～ de la carne ニクバエ. ～ de la fruta ショウジョウバエ. ～ doméstica イエバエ. 2) ～ de España アオカンミョウ. ❷《口語》金《=dinero》;《まれ》硬貨《=moneda》. ❸《口語》酔い: ¡Vaya ～ que lleva ella! 彼女酔ってるな! ❹《口語》うるさい人, しつこい人: ¡Qué ～ eres tú! 君は何てしつこいんだ! ❺《口語》不快感: estar con ～ 機嫌が悪い. ❻ [下唇と顎の間の] 小さなひげ. ❼《釣り》毛針, フライ《= ～ artificial》: pescar a ～ ～ フライフィッシングをする. caña de ～ フライフィッシング用釣り竿. ❽《テレビ》[画面に現れる] 放送局のロゴマーク. ❾《ボクシング》フライ級《=peso ～》. ❿《医学》[主に 複] 飛蚊症《による黒い点》《= volante》. ⓫《口語》数週間前から ～*s*. 私は数週間前から飛蚊症が出ている. ⓬ 花火, 火の粉. ⓭《天文》[M～] 蠅座. ⓮《メキシコ》怠け者, たかり屋. ⓯《ベネズエラ. 口語》ボディーガード. ⓰《チリ》[鏡面を曇らせる] 小さなしみ. ⓰《ウルグアイ》いつもおごってもらう人

—— 形《西. 口語》[estar+] ❶ 腹を立てた, いらだった: Está ～, porque no lo has saludado. 彼は君が挨拶しなかったので機嫌が悪い. ❷ 心配(用心)している: Anda un poco ～ con ese negocio. 彼はその取引を少しうさんくさく思っている
acudir como ～*s*《口語》大勢押しかける
aflojar la ～ =**soltar la** ～
Átame esa ～ *por el rabo.* それは的外れだ/何てばかなことを言ってるんだ
caer como ～*s*《口語》バタバタと[大勢]死ぬ
cazar ～*s*《口語》無益なことにかかずらう, 小事にかかずらう
espantarse las ～*s* =**sacudirse las** ～*s*
estar con la ～ *en (detrás de·tras) la oreja*《口語》心配(警戒)している; 気分が落ち着かない
hacer ～《メキシコ》[2人の仲を]邪魔する
matar una ～《否定文などで》誰にも害を及ぼさない: Usted es incapaz de *matar una* ～. あなたは虫一匹殺せやしない
morir como ～*s*《口語》=**caer como** ～*s*
～ *cojonera* 悩みの種
～ *muerta* 1) =**mosquita** muerta. 2)《メキシコ》信仰で固まった人
no oírse (el vuelo de) una ～《口語》全く音が聞こえない: En la sala de clase *no se oía el vuelo de una* ～. 教室の中はしーんと静まりかえっていた
papar ～*s*《主に現在分詞で》口をポカンと開けて空を見ている; ぼうっと時を過ごす: ¿Qué haces ahí *papando* ～*s*? そこで何をぼんやりしているんだ?
picar [la] ～ *a*+人《口語》[主に疑問文で]…が不安になる, 疑い始める, 不機嫌になる: ¿Qué ～ te *ha picado*? どうしただい?/何が神経にさわったんだ?
por si las ～*s [pican]*《口語》万が一《=por si acaso》
sacudirse las ～*s* 問題(障害)を取り除く
ser una ～ *blanca* 毛色の違った(非常に珍しい)人・物である《=ser un mirlo blanco》
soltar la ～《口語》[頼まれて]金を出す, いやいや金を出す: No hay quien que le haga *soltar la* ～. 彼は財布の紐が固い
tener la ～ *en (detrás de·tras) la oreja*《口語》=**estar con la** ～ **en (detrás de·tras) la oreja**
tener la ～ *loca*《ラプラタ》大金持ちである
tener ～ *a*+人 …の心配(疑惑)の種になる
viajar de ～ 密航する; 無賃乗車をする
II《源》チブチャ族の《=chibcha》

moscabado, da [moskabáðo, ða] 形 →**azúcar** moscabado
moscada [moskáða] 形 →**nuez** moscada
moscadero [moskaðéro] 男 ❶《植物》ナツメグ《=mirística》. ❷《古語》ハエ叩き
moscar [moskár] 他《破裂しないように栗に》切れ目を入れる
moscarda [moskárða]《←mosca》囡《昆虫》ニクバエ《= ～ de la carne》: ～ azul (verde) ミヤマクロバエ《学名 Calliphora vomitoria》
moscardear [moskarðeár] 自 ❶《ミツバチが》産卵する. ❷ 詮索する, かぎ回る
moscardón [moskarðón]《moscarda の示大語》男 ❶《昆虫》=**moscarda**. ❷《口語》しつこい人, うるさい人, 嫌な奴《=moscón》. ❸《まれ》スズメバチ《=avispón》
moscardonear [moskarðoneár] 自 しつこくつきまとう《=mosconear》
moscardoneo [moskarðonéo] 男 つきまとうこと《=mosconeo》
moscareta [moskaréta] 囡《鳥》ハシグロヒタキ, ムナブヒタキ
moscarrón [moskařón] 男 ❶《口語》しつこい人《=moscón》. ❷《口語》=**moscarda**
moscatel [moskatél]《←カタルーニャ語 moscatell》形 ❶ [ブドウの]マスカット[の]; マスカットワイン[の]. ❷《まれ》うっとうしい男, しつこい男. ❸《方言》ばか, お人好し
moscella [mosθéʎa] 囡《まれ》火の粉《=morcella》
mosco, ca[2] [mósko, ka]《←?語源》形《チリ》[馬の毛色が]漆黒に少し白色の混ざった
—— 男 ❶ 蚊《=mosquito》. ❷《釣り》フライ, 蚊針《=mosca》
moscóforo [moskóforo] 男《美術》犠牲の動物を担ぐ男の彫刻
moscón [moskón]《mosca の示大語》男 ❶《昆虫》=**moscarda**.

moscona [moskóna] 女 厚かましい女, うるさい女

mosconear [moskoneár] 自 ❶ しつこくつきまとう, うるさくせがむ. ❷ [ハエのように] ブンブンと音をたてる

mosconeo [moskonéo] 男 つきまとうこと; ブンブンと音をたてること

moscorra [moskóřa] 女 《アラバ》酩酊

moscorrofio [moskoříofjo] 男 ❶ 《ホンジュラス, コロンビア》ひどく醜い人. ❷ 《ペルー》[ブドウの] ブランデー

moscoso [moskóso] 男 《西. 口語》[公務員の] 有給休暇

moscote [moskóte] 男 《地方語. 動物》ハンドウイルカ《=tursio》

moscovia [moskóbja] 女 《キューバ》[一頭分の] なめされた一枚革

moscovita [moskobíta] 形 名 ❶ 《地名》モスクワ Moscú の 〔人〕. ❷ ロシア〔政府〕の; ソ連体制の
── 女 《鉱物》白雲母

moscovítico, ca [moskobítiko, ka] 形 モスクワ人の; モスクワ風の

mosén [mosén] 《←カタルーニャ語 mossèn「ご主人」》男《アラゴン; 古語》[中級貴族・聖職者への尊称] …様, …殿

mosolina [mosolína] 女 《カンタブリア》アグワルディエンテ《=aguardiente》

mosqueado, da [moskeáðo, ða] 形 ❶ まだら［模様］の, 斑点のある. ❷《口語》うるさい, 腹立しい

mosqueador [moskeaðór] 男 ❶ ハエを追い払うためのうちわ, ハエたたき. ❷ [馬・牛の] しっぽ

mosqueante [moskeánte] 形 《西. 口語》不審を抱かせる

mosquear [moskeár] 《←mosca》他 ❶《西. 口語》不審を抱かせる. ❷《西. 口語》いらだたせる, うるさがらせる. ❸《まれ》怒って答える, 切り返す. ❹《まれ》[ハエを] 追い払う. ❺《まれ》繰り返し強く打つ. ❻《グアテマラ, キューバ, コロンビア》[ハエが] 汚す
── 自 ❶《メキシコ》密航する; 無賃乗車をする《=viajar de mosca》. ❷《キューバ》1) ハエだらけになる. 2) ややこしくなる, 複雑化する. ❸《コロンビア, アルゼンチン》ハエのように動く; [悪い癖で] 馬がハエを追うように耳や尾を動かす
── ~se《西. 口語》不審を抱く, 怪しむ. ❷《西. 口語》[す ぐに] いらだつ, むっとする, [他人の言葉を] 不快に思う. ❸《まれ》[障害を] 払いのける. ❹《コロンビア》[しばらくじっとしていた後] 動く. ❺《チリ》[女性が] 悪評を受ける

mosqueo [moskéo] 男 ❶《西. 口語》不審を抱かせる［抱く］こと. ❷《西. 口語》いらだたせること, いらだち. ❸《まれ》ハエを追い払うこと

una (dos·...) de ~ からかい, 冷やかし, 冗談

mosquera [moskéra] 女 ❶ [おもにやくざ者の足の下に付ける] ハエを追い払うための房. ❷《植物》原種バラの一種《学名 Rosa sempervirense》

mosquerío [moskerío] 男《南米》ハエの大群

mosquero [moskéro] 男 ❶ [ハエを追い払う・捕まえるための] 草の束; ハエとり紙. ❷《アンダルシア》馬がハエを追うために鼻勒やおもがいに付ける紐製の房. ❸《中南米》ハエの大群

mosqueróla [moskeróla] 女 =**mosqueruela**

mosqueruela [moskerwéla] 形《果実》pera ~ 黒ずんだ赤色と黄緑色の甘いナシ

mosqueta [moskéta] 女 ❶《植物》各種の原種バラ. ❷《地方語》[打撃による] 鼻血; その打撃. ❸《パナマ》[民族衣装の] 耳飾り

mosquetazo [mosketáθo] 男 マスケット銃 mosquete による射撃; その傷

mosquete [moskéte] 《←伊語 moschetto》男 ❶ マスケット銃. ❷《メキシコ》1)《演劇》平土間の立ち見席. 2) 陰茎

mosquetear [mosketeár] 自《南米》[パーティーなどに] 会費を払わずに参加する. ❷《ボリビア, アルゼンチン》詮索する

mosquetería [mosketería] 女 ❶《集合》マスケット銃隊. ❷《古語》平土間の立ち見客. ❸《ボリビア, アルゼンチン》祭りの見物人

mosqueteril [mosketeríl] 形 ❶ マスケット銃兵の. ❷《まれ. 演劇》平土間の立ち見客の

mosquetero [mosketéro] 男 ❶ マスケット銃兵, 近衛騎兵: Los tres ~s『三銃士』❷《古語. 演劇》[17・18世紀の] 中庭 corral の立ち見客. ❸《ボリビア, アルゼンチン》[祭りに参加せず見ているだけの] 見物人. ❹《ペルー》暇人, 怠惰な人

mosquetón [mosketón]《mosquete の示大語》男 ❶ 短身の大口径銃, 小型カービン銃. ❷《登山》カラビナ

mosquil [moskíl] 形 ハエ mosca の
── 男《サラマンカ》[馬が] 夏の暑い時間に逃れる場所

mosquino, na [moskíno, na] 形 =**mosquil**

mosquita[1] [moskíta] 女《鳥》ズグロムシクイ
~ *muerta*《口語》油断のならない人, 猫かぶり; 腹黒い人, 悪知恵の働く人, 偽善者: hacerse la ~ *muerta* 偽善者ぶる

mosquitera[1] [moskitéra] 女 蚊帳, 網戸《=mosquitero》

mosquitería [moskitería] 女《集合. まれ》蚊

mosquitero, ra[2] [moskitéro, ra] 《←mosquito》形 蚊の; 蚊よけの
── 男 ❶ 蚊帳 (帳), モスキートネット; 網戸. ❷《鳥》チフチャフ《=~ común》: ~ *musical* キタヤナギムシクイ. ~ *papialbo*《学名 Phylloscopus bonelli》~ *silbador* モリムシクイ

mosquito[1] [moskíto] 《mosca の示小語》男 ❶《昆虫》1) カ (蚊): Me han picado los ~s. 私は蚊に刺された. ~ *de trompetilla* ブンブンいう蚊. 2) バッタ (イナゴ) の幼虫. 3) [ブヨ・ハムシなど] 蚊に似た双翅類. ❷《船舶》カタマラン, 双胴船. ❸《釣り》毛針, フライ《=mosca》. ❹《まれ》[居酒屋などの] 常連客. ❺《キューバ》手品の一種

mosquito[2], **ta** [moskíto, ta] 形 =**misquito**

mosso d'esquadra [mósu daskwáðra] 《←カタルーニャ語》男 [カタルーニャ自治警察 Mossos d'Esquadra の] 警察官

mostacera [mostaθéra] 女 カラシ入れ《=mostacero》

mostacero [mostaθéro] 男 ❶《食卓用の》カラシ入れ, カラシ壺. ❷《ペルー》ホモとデートする男

mostacho [mostátʃo] 《←伊語 mostaccio》男 ❶《時に 複》大きな] 口ひげ. ❷ [口のまわりなどの] 汚れ. ❸《船舶》横静索

mostachón [mostatʃón] 男《菓子》マカロン

mostachoso, sa [mostatʃóso, sa] 形 =**mostachudo**

mostachudo, da [mostatʃúðo, ða] 形 口ひげ mostacho を生やした

mostacilla [mostaθíʎa] 女 ❶《植物》グンバイナズナの一種《学名 Thlaspi alliaceum, Thlaspi perfoliatum. =~ *brava*, ~ *salvaje*》. ❷ [鳥や小型動物用の] 狩猟用散弾. ❸ 細かいビーズ［玉］

mostadiecha [mostadjétʃa] 女《アストゥリアス. 動物》イタチ

mostadilla [mostadíʎa] 女《サンタンデール. 動物》イタチ

mostagán [mostagán] 男 ❶《口語》ワイン, 酒. ❷《地方語》[少し愚鈍な] 怠け者

mostajo [mostáxo] 男《植物》ナナカマドの一種《実は食用. 学名 Sorbus aria》

mostayal [mostajál] 男《地方語》=**mostajo**

mostaza [mostáθa] 女《←mosto》❶《植物》カラシナ; その種: ~ *negra* クロガラシ. ~ *blanca* 白カラシ, シロガラシ. ~ *silvestre* ノハラガラシ. ❷《料理》カラシ, マスタード: pasta de ~ 練りカラシ. polvo de ~ カラシ粉. ❸《化学》gas ~ マスタード (イペリット) ガス. ~ *nitrogenada* ナイトロジェンマスタード, 窒素マスタード. ❹ 狩猟用散弾《=mostacilla》

subirse a ~ *a la* ~ *a las narices*《俗語》…が腹を立てる
── 形 カラシ色［の］, 緑がかった黄色［の］

mostazal [mostaθál] 男 カラシナ畑

mostazo [mostáθo] 男 ❶ 濃厚でべとべとしたモスト mosto. ❷ =**mostaza**

moste [móste] 間 =**moxte**

mosteador [mosteaðór] 男《地方語》[ワイン醸造所の] 職人 arrumbador の助手

mostear [mosteár] 自 ❶ ブドウが搾汁 mosto を出す. ❷ 樽にブドウの搾汁を入れる. ❸ 古酒にブドウの搾汁を混ぜる

mostela [mostéla] 女《穀類の》束

mostelera [mostéera] 女 穀類の束 mostela の置き場所

mostellar [mosteʎár] 男《植物. まれ》=**mostajo**

mostén [mostén] 男 =**mostense**

mostense [mosténθe] 形《カトリック》プレモントレ修道会の《修道院・修道女》

mosteyal [mostejál] 男《地方語. 植物》=**mostajo**

mostillo [mostíʎo] 男 ❶《菓子》ブドウの搾汁入りのケーキ: ~ *agustín* mosto agustín. ❷《料理》1) アニス・シナモン・クローブを入れて煮たブドウの搾汁. 2) ブドウの搾汁とカラシで作ったソース

mosto [mósto] 《←ラテン語 mustum》男 ❶《発酵前の》ブドウ搾汁, モスト, [酒造用の] 果汁: ~ *agustín*《菓子》フルーツケーキ. ❷ ワイン, 酒. ❸ [サトウキビの搾汁の, くさい] かす, 澱 (☆)

mostoleño, ña [mostoléɲo, ɲa] 形 名 《地名》モストレス Móstoles の〔人〕《マドリード県の町》

mostolilla [mostolíʎa] 女 《サンタンデール. 動物》イタチ

mostoso, sa [mostóso, sa] 形 ❶ 《まれ》〔ブドウ汁が〕ほとんど発酵していない. ❷ 《地方語》〔ブドウなどが〕べとべとした

mostra [móstra] 《←伊語》女〔イタリアで開催される〕展覧会, 展示会

mostrable [mostráβle] 形 見せられ得る, 示され得る

mostración [mostraθjón] 女 《文語》見せること, 示すこと

mostrado, da [mostráðo, ða] 形 《まれ》❶〔+a に〕慣れた. ❷ 熟練した; 鍛えられた

mostrador [mostraðór]《←mostrar》男 ❶〔バル・受付などの〕カウンター: Apoyándose en el ~ se sirvió un whisky. 彼はカウンターに寄りかかってウイスキーを1杯ついだ. El registro de los congresistas se hace en aquel ~. 会議出席者の登録はあのカウンターで行なっている. formar cola en el ~ de la aduana 税関カウンターに並ぶ. ~ de caja レジ. ~ de facturación チェックインカウンター. ~ de tránsito トランジットデスク.〔商品の〕陳列台, ショーケース. ❸ 調理台. ❹〔時計などの〕文字盤; 計器板, 表示板. ❺《口語》〔女性の〕乳房: con mucho ~ 胸の大きい

mostrar [mostrár]《←ラテン語 monstrare》28 他 ❶〔目の前に〕見せる, 示す: 1) Muéstrame las fotos de ahí. そこの写真を見せて下さい. Si vienes, te mostraré mi nueva bici. もし君が来たら, 私の新しい自転車を見せてあげる. 2)〔提示〕Tenemos que ~ el pasaporte al funcionario de Inmigración. 私たちは入国管理官にパスポートを見せなければならない. 3)〔展示〕Nuestra fábrica muestra todos sus productos en la sala de exposición del segundo piso. 当工場では全製品を3階の展示室でお見せしております. 4)〔教示〕Te mostraré cómo funciona el sistema de alarma. 警報装置がどう作動するか見せてあげよう. Muéstreme, por favor, dónde está el hospital. 病院がどこにあるか教えて下さい. ❷〔感情・態度などを〕表わす, 明らかにする: Mi perro muestra su alegría moviendo la cola. 私の犬はしっぽを振ってうれしさを表わす. Ella mostró su tristeza por la muerte de su gato. 彼女は猫が死んで悲しそうにしていた. En un festival de cine internacional mostraron mucho interés por ese documental. ある国際映画祭でその記録映画に対して大きな興味が示された. Mi padre ha mostrado siempre una intachable rectitud profesional. 父はいつも仕事の上で公明正大さを貫いてきた.〔liberalidad 寛大さを示す. ~ valor 勇気を見せる. ❸〔+que+直説法 であることを〕証明する: Estos datos muestran que es verdad lo que digo. これらのデータから私の言っていることが本当だということがはっきり分かる. ❹〔狩猟〕〔猟犬が獲物を発見して〕立ち止まる
—— **~se** ❶ 姿を見せる: La Reina se mostró al balcón del Palacio Real. 女王は王宮のバルコニーに姿を現わした. ❷〔態度などを〕見せる, ふるまう: 1) Prácticamente Miguel no ha estudiado bajo mi orientación, pero siempre se muestra como uno de mis alumnos. ミゲルは実際に指導を受けてはいないが, いつも私の弟子の一人のようにふるまっている. 2)〔+主格補語〕Se mostró simpático conmigo. 彼は私に親切にしてくれた. Se mostró un buen profesor. 彼は身をもって良い先生であることを示した. En contra de todas las predicciones, se mostró muy resolutivo. 彼は予想とは全く逆に非常に決断力のある人物だった. ❸ 示される, 明らかにされる: En los escaparates se muestran muchas mercancías. ショーウィンドーにはたくさんの商品が陳列されている. En el folleto se muestra con detalle el manejo de esta cámara digital. 小冊子にはこのデジタルカメラの取り扱い方が詳しく説明されている

mostrar		
直説法現在	命令法	接続法現在
m**ue**stro		m**ue**stre
m**ue**stras	m**ue**stra	m**ue**stres
m**ue**stra		m**ue**stre
mostramos		mostremos
mostráis	mostrad	mostréis
m**ue**stran		m**ue**stren

mostrativo, va [mostratíβo, βa] 形 見せる, 示す

mostrenco, ca [mostréŋko, ka] 形 名 ❶《法律》bienes ~s 所有者のない(不明の)財産. ❷ 住むところのない〔人〕, 根無し草の〔人〕. ❸《西. 軽蔑》愚鈍な〔人〕, 理解の遅い〔人〕, 無知な〔人〕. ❹《西. 軽蔑》〔人・動物が〕とても太っている, 体重の重い;〔物が〕大きい, 重い. ❺ 不明確な, 固有の性質を持たない. ❻《セゴビア》頑固者. ❼《コロンビア, ベネズエラ》背が高く格好のがっしりした〔人〕

mota¹ [móta] 《←?語源》女 ❶ 毛玉;〔糸・布の〕節, 節玉, 織りむら. ❷ ごく小さな破片(汚れ): Se me ha metido una ~ de polvo en el ojo. 私は目にほこりが入った. ❸〔主に 複数〕水玉模様《=lunares》: El vestido es blanco con ~s azules. そのドレスは白地に青の水玉模様である. ❹〔平原にある, 自然・人工の〕小丘, 高台《=motilla》. ❺〔否定文で〕全然…ない, 少しも…ない: No hace [ni] una ~ de aire. 全く風がない. ❻〔柱頭をとった〕サフランの花. ❼ ささいな欠点(欠陥・間違い). ❽《歴史》航海への出資. ❾《アンダルシア》銅貨;〔主に否定文で〕わずかな金銭: no tener una (ni) ~ 一銭も持っていない. ❿《ムルシア》〔川の〕岸, 川端. ⓫《メキシコ, 中米, ボリビア. 口語》マリファナ. ⓬《メキシコ. 化粧》パフ. ⓭《南米. 口語》〔黒人のような〕短い縮れ毛. ⓮《ベネズエラ, ペルー》〔綿の種の〕綿毛. ⓯《ペルー》黒板ふき. ⓰《チリ》〔羊の〕短い巻き毛

motacén [motaθén] 男 ❶《アラゴン. 古語》度量衡器の検査人. ❷《アルヘンティン》=**almotacén**

motacilla [motaθíʎa] 女《鳥》セキレイ《=lavandera》

motacú [motakú] 男《ボリビア. 植物》モタクヤシ《芽と果実は食用. 学名 Scheelea princeps》

motano, na [motáno, na] 形 名《地名》モタ・デル・マルケス Mota del Marqués の〔人〕《バリャドリード県の村》

motar [motár] 他《隠語》盗む

motard [motár]《←仏語》名〔⚥ ~s〕バイク乗り, オートバイ愛好者

motate [motáte] 男《ホンジュラス. 植物》ブロメリア属のパイナップル《=piñuela》

mote [móte] I《←仏語 mot》男 ❶ あだ名, ニックネーム《=apodo》: Le pusieron el ~ de "el abuelo". 彼は「おじいさん」というあだ名をつけられた. ❷ 標語, モットー《=lema》; 警句. ❸〔騎士の〕紋章, 盾の引用句. ❹《エクアドル》話題, 題名. ❺《ペルー, チリ, アルヘンティン》〔書いた物の〕文法的誤り; 欠陥のある話し方
II《←ケチュア語 mutti》男《中南米. 料理》❶ ゆでたトウモロコシ粒《地域によっては塩ゆでする》. ❷ モテ〔ゆですりつぶした大麦・小麦〕: ~ con huesillos 乾燥した桃と大麦のモテの入った甘い飲み物
como ~《チリ, アルヘンティン, ウルグアイ》たくさん, 数多く
pelar ~《チリ, アルヘンティン, ウルグアイ》うわさ話をする

moteado, da [moteáðo, ða] 形 水玉模様の
—— 男 水玉模様にすること. ❷《植物》ナシ黒星病

motear [moteár] I《←mota》他〔布地などを〕水玉模様にする
II 自 ❶《ドミニカ》〔商人が〕安物を売る; 安売りする. ❷《ペルー》ゆでたトウモロコシ粒を食べる. 2)聞きづらい話し方をする

motejador, ra [motexaðór, ra] 形 名 非難する人

motejar [motexár]《←mote I》他〔+de と〕非難する; あだ名をつける: Le motejaron de ingrato. 彼は恩知らずだ呼ばわりされた

motejo [motéxo] 男 非難; あだ名をつけること

motel [motél]《←英語》男 モーテル

motaño, ña [motáɲo, ɲa] 形 名《地名》モタ・デル・クエルボ Mota del Cuervo の〔人〕《クエンカ県の村》

motero, ra [motéro, ra] I 形 名 ❶ オートバイに乗るのが好きな〔人〕, オートレース好きな〔人〕. ❷ オートバイの
II《←mote II》❶《ペルー》〔先住民が〕正しいスペイン語を話せない. ❷《チリ》モテ mote 売りの; モテを食べるのが好きな
—— 女《キューバ》おしろい瓶

moteta [motéta] 女《エクアドル》頭; 頭脳

motete [motéte] I《←古オック語 motet》男《音楽》モテット《聖書などを歌詞にした声楽曲》
II 男 ❶《メキシコ, 中米, ドミニカ, プエルトリコ》1)〔田舎で両取っ手付きの〕大型の背負いかご. 2) 騒ぎ, ごたごた. ❷《中米》包み, 束. ❸《ドミニカ, プエルトリコ》面 がらくた

moth Europa [móθ európa] 男《船舶》ヨーロッパモス級のヨット

motil [motíl] 男《まれ》農民の手伝いをする少年. ❷《地方語》船の少年料理人

motilar [motilár] 他〔髪を〕切る, 丸坊主にする

motilidad [motiliðáð] 女《生理》固有運動性, 自動運動性, 能動性

motilla [motíʎa] 囡〔平原にある, 自然・人工の〕小丘, 高台
motillano, na [motiʎáno, na] 圏〖地名〗モティリャ・デル・パランカル Motilla del Palancar の〔人〕〖クエンカ州の村〗
motillón [motiʎón] 男〔平原にある, 自然・人工の〕大きな丘, 広い高台
motilón, na [motilón, na] 〖←motilar〗形 名 ❶ モティロン族〔の〕〖コロンビアとベネズエラの国境地帯の先住民〗. ❷ 丸坊主の〔人〕, はげ頭の〔人〕. ❸《カトリック》平修道士, 助修士 〖=lego〗. ❹《アラゴン》でぶの, 小太りの
motín [motín]〖←古仏語 mutin < muete「反乱」< ラテン語 movita「動き」〗男〔限られた範囲・地域での〕反乱, 暴動, 騒動: 1) Organizaron un ～ en la cárcel. 刑務所内で暴動が企てられた. ～ a bordo 船内の謀反. 2)《歴史》M～ de Esquilache 反エスキラーチェ暴動〖1766年, カルロス3世の側近エスキラーチェ・エスキラーチェの経済・社会政策に対する民衆の反乱が原因でマドリードから全国に広がった〗. ～ del arrabal 郊外区の反乱〖818年, コルドバで起きたハカム1世 Al-Hakam I に対する暴動〗. M～ del Té ボストン茶会事件〖1773年イギリス船の船荷の紅茶が海に投棄された. アメリカ独立戦争の引き金の一つ〗
motivación [motibaθjón] 囡 ❶〔時に〖集名〗〕動機, 理由, 目的; やる気: ¿Qué *motivaciones* le llevaron al suicidio? 彼はどんな動機で自殺したのか？ Fue asesinado por *motivaciones* políticas. 彼は政治的理由で殺された. No tiene ～ para trabajar. 彼には働く気がない. ～ turística 観光目的. ❷ 動機付け: El niño necesita una ～ para estudiar. 幼児が勉強するには動機づけが必要だ. ❸ 刺激, 誘導
motivacional [motibaθjonál] 形《心理》動機づけの
motivador, ra [motibaðór, ra] 形 名 ❶ 動機となる, 理由になる. ❷ 発奮させる〔人〕, やる気を与える〔人〕
motivar [motibár]〖←motivo〗他 ❶ …の動機〔理由〕になる; 口実を与える; …の原因となる, 引き起こす: Su tardanza me *motivó* una gran inquietud. 彼が遅れて私はとても不安になった. Para él fue un contratiempo *motivado* por circunstancias ajenas a su voluntad. 彼にしてみれば, それは彼の意思とは無関係な状況に引き起こされた突発事件だった. ❷ やる気を起こさせる, 発奮させる, 動機づけをする: El nuevo policía parece muy *motivado*. その新人警官はやる気満々のようだ. Los estudios de la universidad ya no me *motivaban* y me decidí por dejarla en 1998. 大学の勉強がつまらなくなって, 私は1998年に大学をやめた. ❸ 動機〔理由〕を説明する: Esperamos que *motives* tu decisión de divorcio. 君が離婚を決意したわけを説明してほしい
——～**se** 発奮する: Mi hijo se *motivó* mucho al saber que había hecho bien los exámenes. 息子は試験の成績が良かったことを知って, がんばるぞという気持ちになった
motívico, ca [motíβiko, ka] 形《音楽》主題の, モチーフの
motivo[1] [motíβo]〖←ラテン語 motivus < movere「動かす」〗男 ❶ 動機, 理由, 原因, 目的: ¿Cuál es el ～ de la enemistad? 敵対の原因は何ですか？ El rector dimitió por ～s personales (de salud). 学長は個人的〔健康上の〕理由で辞任した. Ser joven no es ～ para violar la ley. 若いからといって法を破る理由にはならない. ser ～ de risa 物笑いの種になる. ❷ 口実, 弁解. ❸《音楽, 美術など》主題, モチーフ; 絵柄: ～ decorativo, ～ ornamental; 〔広く〕題材: El paisaje era su ～ principal. 風景が彼の主なモチーフだった. variaciones sobre un ～ de una conocida ópera 有名なオペラを主題にした変奏曲. tapices con ～s alegóricos 寓意的な絵柄のタペストリー. ❹《経済》〖貨幣保有の〗動機: ～〔de〕transacción 取引動機. ～〔de〕especulación 投機的動機. ～〔de〕precaución 予備的動機. ❺《チリ》〖女性の〗気取り
con ～ *de*... 1)〔…のために〕: Fui a París *con* ～ *de* una inspección. 私は視察でパリへ行った. *Con* ～ *del* centenario se le otorgó el diploma de mérito. 百周年を記念して彼に表彰状が授与された. 2)〔…の機会に〕: Se encontraron *con* ～ *de* una reunión. 彼らはある集会でばったり顔を合わせた
dar a+～*s a*～〔人に〕理由を与える, 理由を作る: No le *des* ～*s* para que te falte al respeto. 彼につけ込まれるような原因を作らないことだ. La nueva directora no nos *ha dado* ～*s* de queja. 新しい女性上司に私たちは何の不平も不満もない
de su ～ *propio* …の自由意志で; 率先して
..., ～ *por el cual*.../..., *por cuyo* ～... …, それ故に: Había erratas, *por cuyo* ～ no me aceptaron la solicitud. 誤記があったので私は願書を受理してもらえなかった

por qué ～ どういう理由で, なぜ？〖=por qué〗: Aún no sé *por qué* ～ ha venido. 私はまだ彼がなぜ来たのか知らない
tener〔*sus*〕～*s para*... …にはそれなりの理由がある: Tengo ～*s para* no casarme. 私が結婚しないのにはそれなりの理由がある. Tiene ～*s para* estar orgulloso de ti. 彼が君のことを自慢するだけのことはある
motivo[2], **va** [motíβo, βa] 形《技術》動く; 動かす
moto[1] [móto] 男 ❶《motocicleta の省略語》囡 オートバイ, バイク: montar en la ～ バイクに乗る. ir en ～ バイクで行く. ～ acuática/～ náutica/～ de agua ジェットスキー. ～ de nieve スノーモービル
como una ～《西. 口語》1) いらいら〔そわそわ〕した; ひどく腹を立てた. 2)〔性的に〕興奮した. 3) 頭が変な, いかれた
ir como una ～ 急いでいる
vender la ～ 説得する
II〖←?mota〗男《文語》❶ モットー, スローガン〖=lema〗. ❷ 巻頭の引用句〖=mote〗. ❸ 道標, 境界標〖=mojón〗
moto[2], **ta** [móto, ta] 形 名 ❶《メキシコ. 口語》マリファナ中毒者. ❷《中米》孤児〔の〕. ❸《アンデス》尾のない, 尾の短い. ❹《チリ》刃の欠けた
moto-〖接頭辞〗〖動力〗motocicleta オートバイ
motoazada [motoaθáða] 囡《農業》小型の耕耘機
motobol [motoβól] 囡《スポーツ》バイクサッカー
motobomba [motoβómba] 囡 消防車; 消防ポンプ
moto-caca [motokáka] 囡〖囲 ～～s〗犬の糞を吸引して清掃するオートバイ
motocarro [motokářo] 男/囡 三輪トラック, オート三輪
motocicleta [motoθikléta] 囡〖←moto-+ラテン語 cyclus〗囡 オートバイ, バイク
motociclismo [motoθiklísmo] 男 オートバイ競技, オートバイレース
motociclista [motoθiklísta] 名 ❶ オートバイ運転者, ライダー. ❷ オートバイレーサー
—— 形 オートバイの; オートバイ競技の
motociclístico, ca [motoθiklístiko, ka] 形《まれ》オートバイレーサーの
motociclo [motoθíklo] 男《行政》〖総称〗自動二輪
motocine [motoθíne] 男 ドライブイン・シアター
motocompresor [motokompresór] 男 コンプレッサー, 圧縮機
motocross [motokrós]〖←moto+cross〗男〖単複同形〗《スポーツ》モトクロス
motocultivador [motokultiβaðór] 男 =motocultor
motocultivo [motokultíβo] 男 機械化農業, 動力耕作
motocultor [motokultór] 男《農業》小型の耕耘機
motoesquí [motoeskí] 男 スノーモービル
motofurgón [motofurɣón] 男〔運転席が覆われた〕三輪トラック
motoguadañadora [motoɣwaðaɲaðóra] 囡《農業》草刈り機
motola [motóla] 囡《コロンビア. 戯語》頭
Motolinía [motolinía]《人名》**Toribio de** ～ トリビオ・デ・モトリニア〖1482?～1569?, 本名 Toribio de Benavente. スペイン人聖職者・年代記作者. ヌエバ・エスパーニャ Nueva España の布教に尽くす. 『ヌエバ・エスパーニャ布教史』*Historia de los Indios de la Nueva España*〗
motolito, ta [motolíto, ta] 形 名 ばかな〔人〕, 愚鈍な〔人〕, 間抜けな〔人〕
vivir de ～ 寄食する
—— 囡《鳥》ハクセキレイ〖=lavadera blanca〗
motolo, la[2] [motólo, la] 形 名 ❶《中米》猫かぶりの〔人〕, 腹黒い〔人〕. ❷《エクアドル》〔刃物・工具の〕刃のない; 切れ味の鈍い, なまくら
motomáquina [motomákina] 囡 耕耘機〖=motocultor〗
motón, na [motón, na] 形《ドミニカ》角〔つ〕のない, 角が生えかけの
—— 男《船舶》滑車〖=polea〗
motonauta [motonáwta] 名 ❶ モーターボートレースの参加者. ❷ ジェットスキーに乗る人
motonáutico, ca [motonáwtiko, ka] 形 囡 ❶ モーターボートレース〔の〕. ❷ ジェットスキー〔の〕
motonave [motonáβe] 囡〔内燃機関・電動機で動く, 主に人・貨物を運ぶ〕船
motonería [motonería] 囡〖集名〗《船舶》滑車〖装置〗
motoneta [motonéta] 囡《中米》スクーター

motoneurona [motoneuróna] 囡《解剖》運動ニューロン
motonieve [motonjéβe] 圐 スノーモービル
motoniveladora [motoniβelaðóra] 囡 ブルドーザー, 地ならし機
motopesquero [motopeskéro] 圐 エンジン付きの漁船
motopropulsión [motopropulsjón] 囡《技術》モーターによる推進
motopropulsor, ra [motopropulsór, ra] 形《技術》動力推進の
motor, ra [motór, ra]《←ラテン語 motor, -oris < movere「動かす」》形《女性形 motriz もある》❶ 動力を起こす, 発動の, 動かす: fuerza ~ra (motriz) 原動力, 推進力. potencia ~ra 動力, エネルギー源. freno ~ エンジンブレーキ. ❷《生理, 解剖》運動の, 運動性の, 動的な: nervios ~es 運動神経. neurona ~ra 運動ニューロン. órgano ~ 運動器官. ❸《物理》移動の 圐 ❶ モーター, エンジン, 発動機: poner el ~ en marcha エンジンをかける, モーターを回す. con ~ 動力駆動の. avión con cuatro ~es 4発機. avión sin ~ グライダー. barco a ~ モーターボート. ~ de (a) reacción/~ de explosión ジェットエンジン. ~ de explosión レシプロエンジン. ~ de explosión/~ de combustión [interna] 内燃機関. ~ de combustión externa 外燃機関. ~ eléctrico 電動機. ~ de gasolina ガソリンエンジン. ~ fuera [de] borda/~ fuera [de] bordo 船外機. ~ hidráulico 水力原動機. ~ lineal リニアモーター. ~ radial (estrella) 星形エンジン. ~ rotativo ロータリーエンジン. ~ de vapor 蒸気機関. 〔発展などの〕原動力: El capital es el ~ de la economía. 資本は経済の原動力である. ~ impulsor 推進力. el primer ~ 〔哲学〕第一動者, 神, 創造主. ❸《情報》~ de búsqueda サーチエンジン *calentar ~es* 開始の準備をする
—— 囡 モーターボート〔=lancha ~ra〕
motorbote [motorβóte] 圐 モーターボート〔=motora〕
motórico, ca [motóriko, ka] 形《生理, 解剖》運動器の
motorismo [motorísmo] 圐 自動車レース;〔特に〕オートバイレース
motorista [motorísta] 图 ❶ =motociclista. ❷ 白バイ警官〔= ~ de policía〕. ❸ オートバイレースのファン. ❹ メカニック, モーター(エンジン)の修理者. ❺《コロンビア》〔自動車の〕運転手
motorístico, ca [motorístiko, ka] 形 自動車(オートバイ)レースの
motorizable [motoriθáβle] 形《軍事》〔歩兵部隊が〕車両を備え得る
motorización [motoriθaθjón] 囡 ❶ モータリゼーション; 機械化, 自動化. ❷《西》エンジンの仕様
motorizado, da [motoríθáðo, ða] 形《軍事》〔歩兵部隊が〕車両を備えた: división ~da 自動車(機械)化部隊
—— 图《ベネズエラ》バイク便業者
motorizar [motoriθár]《←motor》29 他 ❶〔機械・車に〕モーター(エンジン)を装備する. ❷ 動力化する, 機械化する〔=mecanizar〕. ❸ …に自動車を備える. ❹《軍事》自動車化する, 車両化する
—— *~se* ❶ 機械化する: La fábrica *se ha motorizado* para aumentar su producción. その工場は生産拡大のため機械化した. ❷ 自動車を保有する: Aquí la mayor parte de la población *se ha motorizado* en los últimos años. ここでは住民の過半数が近年車を持つようになった
motorola [motoróla]《←商標》囡 携帯電話〔=teléfono móvil〕
motorreactor [motorːeaktór] 圐 ジェットエンジン〔=motor de reacción〕
motosegadora [motoseɣaðóra] 囡 電動芝刈機
motoserrista [motoser̄ísta] 圐 チェーンソーで切る人
motosierra [motosjér̄a] 囡 チェーンソー, 電動鋸
motosierrista [motosjer̄ísta] 圐 =motoserrista
motoso, sa [motóso, sa]《←mota》形 ❶ モテ族〔の〕《ペルーの先住民》. ❷《南米. 口語》〔髪が〕縮れた;〔人が〕縮れ毛の. ❸《コロンビア》1)〔セーターに〕毛玉がついた. 2)〔子供が〕へそのような, 出べその. ❹《ペルー》1) 粗野な, 田舎者の. 2)〔先住民が〕スペイン語の下手な. ❺《ボリビア. 口語》刃のあまい, 刃の潰れた
—— 图《コロンビア. 口語》昼食: echar un ~ 昼寝をする
mototanque [mototáŋke] 圐《船舶》石油タンカー〔=petrolero〕
mototractor [mototraktór] 圐《農業》耕転機, トラクター
motovelero [motoβeléro] 圐 エンジン付き帆船, 機帆船.〔離陸用の〕エンジン付きグライダー
motovolquete [motoβolkéte] 圐 =autovolquete
motricidad [motriθiðá(ð)] 囡 ❶《生理》運動機能;〔運動時の〕器官機能. ❷ 動力
motril [motríl] 圐《地方語》〔使い走りの〕少年〔=mochil〕
motrileño, ña [motriléɲo, ɲa] 形 图《地名》モトリル Motril の〔人〕《グラナダ県の町》
motrilillo [motrilíʎo] 圐《エストレマドゥラ》〔思春期の〕少年
motrilo, la [motrílo, la] 形 肥えた
motrilón [motrilón] 圐《エストレマドゥラ》〔農作業に従事する〕少年
motriz [motríθ] 形 ❶〔女性形〕→**motor**. ❷〔男女同形〕《文語》=**motor**: sistema ~ 動力システム
motua [mótwa] 囡《コロンビア. 植物》アオノリュウゼツラン〔=pita〕
motudo, da [motúðo, ða] 形《南米. 口語》〔髪が〕縮れた;〔人が〕縮れ毛の
motu propio [mótu própjo] 副《文語》=motu proprio
motu proprio [mótu próprjo]《←ラテン語》副 自発的に〔《文語》de ~〕
—— 圐《カトリック》自発教令「『わが意志のもとに』と書かれたローマ教皇の大勅書》
mountain bike [móntan báik]《←英語》囡〔単複同形/圐 ~s〕マウンテンバイク〔=bicicleta de montaña〕
mouse [máys]《←英語》圐《情報》マウス〔=ratón〕
mousse [mús]《←仏語》囡《料理, 化粧》ムース: ~ de chocolate チョコレートムース
mouton [mutón]《←仏語》圐《服飾》ムートン
movedizo, za [moβeðíθo, θa]《←mover》形 ❶ よく動く, 常に動く: El hombre se ha sumido en el ~ mar de las multitudes. 男は揺れ動く群集の海にのみ沈まれた. ❷〔子供が〕じっとしていない, 落ち着きのない. ❸ 不安定な: suelo ~ 不安定な床. ❹ 意見が変わりやすい, 優柔不断な, 移り気の: El joven tiene un espíritu ~. その若者は気が変わりやすい. ❺ 可動〔式〕の: paneles ~s 移動可能なパネル. ❻ 動きやすい
movedor, ra [moβeðór, ra] 形 图 動かす〔人〕
mover [moβér] 《ラテン語 movere》29 他 動かす: 1)〔移動〕No puedo ~ la mesa, porque es demasiado pesada. テーブルはあまりに重くて, 私には動かせない. Una grúa *ha movido* los coches mal aparcados y los ha llevado al estacionamiento de la Jefatura de Policía. レッカー車が違法駐車の車を移動させ, 警察本部の駐車場に運んだ. 2)〔動力源などが〕El vapor *mueve* el émbolo. 蒸気がピストンを動かす. La locomotora *mueve* el tren. 機関車が列車を動かす. 3)〔体の一部を〕Ella *movía* las manos para decirme adiós. 彼女は私にさようならを言うために手を振った. Parece que los niños ya no pueden estarse quietos y empiezan a ~ el cuerpo y los pies impacientemente. 子供たちはもうじっとしていられなくなったようで, そわそわと体や足を動かし始めた. El perro *mueve* la cola siempre que me ve. その犬は私を見るといつもしっぽを振る. El viento *movía* su cabello. 髪が風にたなびいていた. かき混ぜる: Me falta cucharilla para ~ el café. コーヒーをかき混ぜるのにスプーンがない. ❷ …の気持ちを動かす, かり立てる, 動機(理由)になる: 1) [+a+不定詞 するように] Lo bajo del sueldo le *movió a* buscar otro empleo. 給料が低いので彼は他の仕事を探そうという気になった. Su sentido de justicia le *movió a* enfrentarse con el facineroso. 彼は正義感に駆られてならず者に立ち向かった. ¿Qué le *movió a* suicidarse? 何が彼を自殺に追い込んだのか? 2) [+a+名詞] La imagen de esos niños hambrientos nos *mueve a* lágrimas y compasión. うえた餓えに苦しむ子供たちの姿は我々に涙を流させ同情を生む. ~ a+人 a risa …の笑いを誘う. ❹〔対立などを〕引き起こす. ~ discordia 不和を生む. ~ guerra 戦争を引き起こす. ❺〔事態を〕進展させる, 展開を早める. ❻《チェス》〔駒を〕動かす: ~ el rey キングを動かす. ❼《商業》動かす: Miguel *mueve* enormes cantidades de dólar todos los días. ミゲルは毎日巨額のドルを動かしている
—— 自《チェス》駒を動かす, 一手指す: Ahora te toca ~. 今度は君の指す番だ. ❷ [+a+名詞] かり立てる: Su pobreza *mueve a* compasión. 彼の貧しさは同情を呼ぶ. Sus palabras pueden ~ *a* engaño. 彼の言うことを聞いているとだまされそうな気がする. ❸〔植物が〕芽を出す. ❹《建築》アーチが始まる. ❺《医学》流産する, 早産する. ❻《廃語》席を立って立ち去る

—— ~se ❶ 動く: 1) [自然に] En la inundación las piedras que había en la parte de arriba del río *se movieron* hasta aquí. 洪水で川の上流にあった石がここまで動いた. 2) [自分の意志で] No *me muevo* de aquí hasta que me llamen. 私は呼ばれるまでここを動かないぞ. viajar sin ~ いながらにして旅行する. No *se muevan* ustedes, les hago fotos. 動かないで下さい, 写真を撮りますから. Deja de ~*te* tanto, me pones nervioso. そんなにもぞもぞしないで, いらいらするから. Aun viendo que estoy tan ocupado, ella no *se mueve* ni a echarme una mano. 私がこんなに忙しくしているのを見ているのに, 彼女は手伝おうとする気配も見せない. ❷ [家具などが] がたつく. すばやく行動する, すみやかに行なう: Si no *te mueves*, Rosa será de otro. 君が早く動かないとロサは別の男のものになってしまうよ. Él *se movió* y lo despachó eficazmente. 彼はすみやかに動いて, その件を効果的に処理した. ❸《口語》[主に命令形で] 急ぐ: *Muévete*, que el timbre está tocando. 急ぎなさい, ベルが鳴っているよ. Si no *te mueves*, vas a perder el último metro. 急がないと, 地下鉄の終電に乗り遅れるよ. ❹ [ある環境下で] 何とかやっていく, しばしば出入りする: Tú *te mueves* en las esferas acaudaladas. 君は金持ち連中とうまくやっている. *Se mueve* en círculos políticos. 彼は政界に出入りしている. ❺ 動かされる: 1) [主語+ de + 物などで] これらは estas maderas con la fuerza humana. 人の力ではこれらの木材を動かすのは無理だ. El mundo *se mueve* por el dinero. 世界は金で動いている. ❼ [天候が] 荒れる, 時化(しけ)る: A esta temporada de año el mar *se mueve* con muchas inclemencias. 一年のこの時期には海はひどく時化る. ❽《廃語》席を立って立ち去る

mover		
現在分詞		過去分詞
moviendo		movido
直説法現在	命令法	接続法現在
m**ue**vo		m**ue**va
m**ue**ves	m**ue**ve	m**ue**vas
m**ue**ve		m**ue**va
movemos		movamos
movéis	moved	mováis
m**ue**ven		m**ue**van

movible [moβíble]《←mover》形 ❶ 動かされ得る, 可動性の; 移動できる. ❷ 不安定な, 変わりやすい: carácter ~ 移り気な性格. ❸《占星》signo ~ 活動星座《おひつじ座, かに座, てんびん座, やぎ座》. ❹《まれ》動く

movición [moβiθjón] 女《俗用》❶ 動き《=movimiento》. ❷ 堕胎《=aborto》

movida[1] [moβíða] 女《西. 若者語》1) [大勢が参加する無秩序で活気のある] 遊び, 面白いこと: Aquí es donde está la ~. ここで面白いことがある. 2) [事件などによる] 騒ぎ, 混乱: Se organizó una gran ~ cuando llegó la policía. 警察が到着した時, 大混乱が起きた. ~ electoral 選挙騒ぎ. 3) 喧騒, にぎわい; 盛り場: Ese ciudad tiene una famosa ~ nocturna. その都市には有名な夜の歓楽街がある. Hay un bar en el centro de la ~. 盛り場の中心に一軒のバルがある. 4) けんか, 修羅場: Cuando vuelva a casa me espera una buena ~. 私が帰宅したら大げんかが待ち構えている. ❷ [芸術などの] 活動: Ahora la ~ cultural está en la costa. 海岸地域がいま文化的な活動では面白い. ❸《歴史》モビーダ《1979～88, マドリードを中心に音楽・絵画・写真・映画などの分野で起きたサブカルチャー運動》: ~ madrileña》その若者たちの文化的雰囲気. ❹ 事柄: A mí no me va esa ~. その件については私は詳しくない. Ese tío anda en ~s raras. あいつはとんでもないことに手を出している. ❺《政治》運動《チェス》駒を動かす, 手: ~ clave 大事な一手. ❻《メキシコ, ベネズエラ》怪しげなこと, いかがわしい商売. ❼《メキシコ. 口語》情事, 浮気. ❽《ベネズエラ》[ダンス] パーティー. ❿《チリ》大打撃
~ *chueca*《メキシコ》不正な行為, 違法な行為

movido, da[2] [moβíðo, ða] 形 ❶ [人が] 活発な, 落ち着きのない: Es un niño muy ~. その子はちっともじっとしていない. ❷ 忙しい, 慌ただしい: El día de la mudanza fue muy ~. 引っ越しの日はとてもあわただしかった. mañana ~*da* 忙しい朝. encuentro ~ 気ぜわしい出会い. ❸《写真》ぶれた, ピンぼけの. ❹《音楽》リズムが速くて陽気な. ❺ [海などが] 荒れ模様の. ❻ [会議などが] 白熱した. ❼《中南米. 口語》虚弱な, 発育不全の; 病弱な

な外見の. ❽《メキシコ》[集まりが] にぎやかな, 騒々しい. ❾《中米, アンデス》huevo ~ 軟殻卵, 軟卵. ❿《中米》遅い; 優柔不断な
agarrar ~《ニカラグア. 口語》失敗の最中に捕らえる, 現行犯でつかまえる

moviente [moβjénte] 形 ❶ 動く; 揺れ動く, 不安定な. ❷《歴史》[領地・国が] かつて他の領地・国に帰属していた. ❸《紋章》縁から始まり中央に向かう

móvil [móβil]《←ラテン語 mobilis「可動の」》形 ❶ 動く, 移動する, 移動性の, 移動式の; 可動性の; 機動性のある: biblioteca ~ 移動図書館. clínica ~ 移動診療所. ❷ [estar+] 不安定な, 変わりやすい《=movible》: clima ~ 不安定な気候. precio ~ 不安定な価格. ❸ carga ~ 移動荷重. contacto ~《電気》可動接触子
—— 男 ❶《文語》[+de 犯罪などの] 動機, 理由: ¿Cuál fue el ~ del crimen? 犯行の動機は何だったのか? ~ oculto 秘められた動機. ❷ 印紙, 証紙《=timbre ~》. ❸《西》携帯電話: llamar a+人 al ~ …の携帯電話にかける. hablar por el ~ 携帯電話で話す. ❹《美術》モビール. ❺《物理》動体: velocidad de un ~ 動体速度. ❻ 動かすもの; 原動力

movilidad [moβiliðá(ð)]《←ラテン語 mobilitas, -atis》女 ❶ 運動性, 可動性: Cervantes perdió la ~ de la mano izquierda en la batalla de Lepanto. セルバンテスはレパントの海戦で左手の自由を失った. Mi padre ya tiene poca ~, pasea poco. 父はもううまり動けない, 散歩もあまり行かない. ~ ascendente 社会的レベルの向上, 出世コース. ~ laboral [転職・出向による] 労働移動. ~ social 社会移動. ❷ 移動手段: Tengo ~, y con mucho placer lo llevaré a su casa. 車がありますから, 喜んでお宅までお送りします. ❸《物理, 化学》iónica イオン移動性

movilista [moβilísta] 形 女 ❶《養蜂》移動可能な[巣箱]. ❷《地質》大陸移動説の

movilización [moβiliθaθjón] 女 ❶ 動員; 召集《~ general 総動員. ❷ デモ《=manifestación》: Los sindicatos acordaron *movilizaciones* para el día siguiente. 労働組合は翌日の動員を決めた. ❸《経済》~ de capital 資本調達. ~ de recursos 資源の投入. ❹ 流動性: ~ social 社会的流動性. ❺《チリ》公共輸送

movilizador, ra [moβiliθaðór, ra] 形 移動させる

movilizar [moβiliθár]《←móvil》他 ❶《軍隊などを》動員する; [兵を] 召集する: 1) ~ a los reservistas 予備役を召集する. 2)《比喩》~ todas sus influencias para... …のために全影響力を使う. ❷ 資金を調達する. ❸ 流動性を持たせる

—— ~*se* ❶ 奔走する, 努力する. ❷《チリ, アルゼンチン, ウルグアイ》移動する

movimentista [moβimentísta] 形 名 =**movimientista**

movimientista [moβimjentísta] 形 名 [社会的・芸術的な] 運動の; 運動家

movimiento [moβimjénto]《←mover》男 ❶ [物体の] 動き, 運動: ~ continuo/~ perpetuo 永久運動. ~ browniano/~ de Brown《物理》ブラウン運動. ~ de olas 波の動き. ~ de tierras 地震. ~ uniforme 等速運動. ❷ [体の] 動き, 動作: Es excesivo el ~ de sus caderas al andar. 彼女は歩く時お尻を振りすぎる. ser torpe en sus ~*s* 動作が鈍い. ❸ [感情の] 動き; 動揺, 衝動: Nunca he observado en él el ~ de compasión. 彼が人に同情するのを私は一度も見たことがない. primer ~ 最初の衝動. ~ del ánimo 心の動揺. ❹ 変動, 変化: ~ de la Bolsa 相場の動き. ~ de precios 値動き. ~ de una cuenta corriente 当座預金の動き. ~ en las humedades 湿度の変化. ❺ 移動: ~ de capital (de la población) 資本[人口]の移動. ~ [del] personal 人事異動; 人の往来 (出入り). ❻ [人などの] 往来: Hay mucho ~ en las calles. 通りは大変な人出だ. Esta estación tiene mucho ~. この駅は乗降客が多い. zona de mucho ~ 大変にぎわっている地区. ~ de un puerto 港の船の出入り (貨物取扱量). ~ en un hotel ホテルの利用客 [の多さ]. ~ máximo ピークの交通量. ❼ [社会的・芸術的な] 運動: ~ artístico 芸術運動. ~ de liberación femenina 女性解放運動. ~ laboral 労働運動. ~ literario 文学運動. ~ por los derechos civiles [米国の] 公民権運動. ~ revolucionario 革命運動. ~ romántico ロマン主義運動. ❽《歴史》[M~] 国民運動《フランコ体制下の単一政党. =*M* ~ Nacional》. ❾ 決起, 蜂起: ~ militar 軍部の反乱. ❿《軍事》guerra de ~*s* 機動

戦. ⓫ [主に囲. 作品などの] 勢い, 活気. ⓬《音楽》1) 楽章: 1er ~ 第1楽章. 2) 進行: ~ contrario 反進行. ~ oblicuo 斜進行. 3) テンポ. 4) ~ perpetuo 常動曲, 無窮動. ⓭《美術》動き, 動的効果. ⓮《チェス》手. ⓯《建築》[基礎部分の] ゆがみ, ずれ: hacer ~垂直から少しずらす. ⓰《植物》運動: ~ nástico 傾性運動. ~《天文》~ de traslación 天体の運行. ~ directo 順行. ~ propio 固有運動. ~ retrógrado 逆行. ⓲《技術》[集名] [時計などの] 仕掛け. ⓳《哲学》変化
El ~ se demuestra andando.《諺》論より証拠
estar en ~ 動いている; 活動している:*Está en ~ toda la policía.* 警官全員が出動している
~ lento スローライフ
poner... en ~ …を動かす
ponerse en ~ 奔走する, 努力する; 動き出す

moviola [moβjóla] [←日本語] 囡《映画》ムービオラ〖フィルム編集用の映写装置〗. ❷《テレビ》即時再生, リプレイ
moxa [mó(k)sa] [←日本語] 囡 ❶ もぐさ. ❷ お灸
moxibustión [mo(k)siβustjón] 囡 灸療法
moxiterapia [mo(k)siterápja] 囡 =moxibustión
moxte [mó(k)ste] →sin decir oxte ni moxte
—— 囲 [追い払う時の] しっ, しっ
moya [mója] 囡 ❶《キューバ. 植物》ヒナギク, マーガレット. ❷《コロンビア》1) 塩焼き用の土器. 2) 渦. ❸《チリ. 口語》[知らない・関心のない] 何とかという人, 某
Pregúntaselo a ~.《チリ》[そんなことは] 誰にも分からない
moyamoya [mojamója] [←日本語] 囡《医学》もやもや病, ウィリス動脈輪閉塞症
moyana [mojána] [←仏語 moyenne「中程度の」] 囡 ❶ [カルバリン culebrina 砲に似た, それより口径の大きい] 大砲. ❷ 嘘, 偽り. ❸ [犬に与える] ぬか製のパン
moyo [mójo] 男 ❶ 液・穀物の容量単位〖=258リットル〗. ❷《コロンビア》フラワーポット
moyobambino, na [mojobambíno, na] 形 名《地名》モヨバンバ Moyobamba の[人]〖ペルー, サン・マルティン県の県都〗
moyocuil [mojokwíl] 男《メキシコ》[人に皮膚病を起こさせる] ハエの幼虫
moyote [mojóte] 男《メキシコ》蚊〖=mosquito〗: *Toda la noche me picaron los ~s.* 私は一晩中蚊に刺された
moyuelo [mojwélo] 男 [粉状の] ふすま, 穀粉
moyuna [mojúna] 囡《ペルー》渦
moza[1] [móða] 囡 ❶ 女中; ~ de cámara 小間使い. ~ de cántaro 水汲み女. ❷ 洗濯用の叩き棒. ❸ [フライパンの柄を固定する] 五徳の爪. ❹《ゲーム》最後の一手. ❺《エストレマドゥラ》[暖炉のそばで] 湯をためておく土器. ❻《チリ》最後の歌 (踊り)
~ de fortuna《文語》売春婦
~ de guiñón《地方語》港で漁師の手伝いをする女性
~ del partido《文語》~ = *de fortuna*
ser ~《俗用》初潮を迎える
mozada [moθáða] 囡[集名] 少年たち, 子供たち
mozalbeta [moθalβéta] 囡《西. 軽蔑》[年少の] 少女
mozalbete [moθalβéte] [←mozo+albo「白い」(ひげのないので)] 男《西. 軽蔑》[年少の] 少年, 子供; がき
mozalbillo [moθalβíʎo] 男 [まれ] =mozalbete
mozalbón, na [moθalβón, na] 形 [まれ] 体格のがっしりとした若者
mozamala [moθamála] 囡《ペルー. 舞踊》クエカ〖=cueca〗
mozambicano, na [moθambikáno, na] 形 名 =mozambiqueño
mozambiqueño, ña [moθambikéɲo, ɲa] 形 名《国名》モザンビーク Mozambique の[人]
mozancón, na [moθaŋkón, na] 形《ペルー》背が高くたくましい若者
mozandero [moθandéro] 形《ペルー》惚[っ]れっぽい, 気の多い
mozárabe [moθáraβe] [←アラビア語 mustarab「アラブ人に似てきた人」] 形 名《歴史》モサラベの〖西ゴート王国 reino visigodo 滅亡後のイベリア半島において, イスラム教徒に征服された土地に残留し混住したキリスト教徒〗: arte ~ モサラベ芸術. canto ~ モサラベ聖歌. cultura ~ モサラベ文化. rito ~ モサラベの典礼
—— 男 [ロマンス語の] モサラベ方言, モサラベ語
mozarabía [moθaraβía] 囡[集名] [一地域・都市の] モサラベ
mozarabismo [moθaraβísmo] 男 ❶ モサラベ特有の語法. ❷ モサラベ芸術特有の様式. ❸ モサラベの社会的文化的特徴

mozarabista [moθaraβísta] 名 モサラベ語 (モサラベ文化) 研究者
mozarela [moθaréla] 囡 =mozzarella
mozarrón, na [moθarón, na] 名 たくましい若者
mozartiano, na [moθartjáno, na] 形《人名》モーツァルト Mozart の: ópera ~ *na* モーツァルトのオペラ
mozcorra [moθkóra] 囡 [まれ] 売春婦
mozo, za[2] [móθo, θa] [←古カスティーリャ語 moço] 形 ❶ [ser+] 若い: en sus años ~s 若いころに. ❷ [誤用] 独身の; 処女の, 童貞の ❸《地方語》[木が] 高くよく成長した
—— 名 ❶ 青年, 若者, 少女〖=chico, muchacho〗: buen (real) ~ 立派な若者〖背が高く健康そうな若者〗. guapo ~ (guapa *moza*) [健康美の] 美青年 (少女)〖繊細な・洗練された美ではない〗. ❷ [肉体労働の] 作業員: ~ de almacén 倉庫番. ~ de campo y plaza 農作業も家事もする使用人. ~ de carga [市場などの] 荷おろし作業員. ~ de cuerda/~ de esquina《古語》~ de cordel ポーター, 人足. ~ de espuela/~ de cuadra 馬丁, 馬の口取り. ~ de estación 赤帽. ~ de estoques《闘牛》マタドールの付き人. ~ de labranza 農場労働者, 作男. ~ de paja y cebada [宿屋などの] まぐさ番. *moza* de cántaro 水汲み女; 粗野な女. ❸ [誤用] 独身者; 処女, 童貞. ❹《主にアルゼンチン, ウルグアイ》ボーイ, メード, ウエーター, ウエートレス〖=camarero〗: ~ de café 喫茶店のボーイ.《カタルーニャ》~ de escuadra 警官. ❺《コロンビア》恋人
—— 囡 ❶《西》新兵. ❷ 支え, つっかえ棒. ❸ コート掛け. ふいごの支え
mozón, na [moθón, na] 形 名 ❶《地方語》中年の独身者. ❷《ペルー》冗談好きの[人], ひょうきんな[人]
mozonada [moθonáða] 囡 ❶《エクアドル》大勢の子供たち. ❷《ペルー》冗談; いたずら
mozonear [moθoneár] 自《ペルー》冗談を言う; いたずらをする
mozorro [moθóro] 男《ナバラ》[聖週間の行列で, 悔悛の証として] 大ろうそくを持って行列に参加する人
mozote [moθóte] 男 ❶《植物》~《メキシコ》キツネノマゴ科の一種〖学名 Jacobinia spicigera〗. ❷《グアテマラ》アオイ科の一種〖学名 Pavonia rosea〗. ❸《ホンジュラス》コセンダングサ. ❹《コスタリカ》アワユキセンダングサ
mozuco, ca [moθúko, ka] 形《エルサルバドル》縮れ毛の
mozuelo, la [moθwélo, la] [←mozo] 名 若輩者, 青造, 小娘
mozzarella [motsaréla] 囡《伊語》《料理》モッツァレラチーズ
ms./M.S.《略語》←manuscrito 写本
mstr.《略語》maestro 見本
m.t.s.《略語》←el metro, la tonelada y el segundo 度量および時間の基本単位
mu [mú] I 間《牛の鳴き声》モー
ni mu《口語》少しも…ない: no decir *ni mu* うんともすんとも言わない. no entender *ni mu* さっぱり分からない
II 囡《隠語》舌〖=lengua〗
III 囡《廃語. 幼児語》おねんね, おねむ: hacer *mu*/ir a la *mu* おねんねする
IV 副《俗用》とても, 大変〖=muy, mucho〗
mua [mwá] 囲《キスの音》チュッ
muaré [mwaré] [←仏語 moiré] 男 ❶《繊維》モアレ, 波文織り. ❷《印刷など》モアレ, 干渉縞
muble [múble] 男《地方語. 魚》ボラ〖=lisa〗
muca[1] [múka]《ペルー》一文なしの
—— 《ペルー》フクロネズミ, イタチ
mucamo, ma [mukámo, ma] 名《南米》召使い, 家政婦; [ホテルの] ボーイ, メード; [病院・ホテルの] 洗濯係
mucamuca [mukamúka]《ペルー》中国人の男性とサンボの女性 zamba との混血の[人]
múcara [múkara] 囡 ❶《船舶》[水面上に現れない] 暗礁, 浅瀬. ❷《キューバ》地面に出ている石〖耕作の妨げになる〗
mucarna [mukárna] 囡《美術》モカラベ〖=mocárabe〗
mucepo [muθépo] 男《ホンジュラス》悲しみ, 落胆
muceta [muθéta] 囡《服飾》モゼタ〖高位聖職者・博士などが着る腕半ばまでの小ケープ〗
mucha[1] [mútʃa] 囡 ❶《グアテマラ》[集名] 友人たち, 仲間たち. ❷《エクアドル》キス〖=beso〗
muchacha[1] [mutʃátʃa] 囡《西; コロンビア》家政婦, お手伝いさん〖~ = de servicio〗
~ de entrada por salida《メキシコ》[住み込みでない, 個人宅の] 掃除婦

muchachada [mutʃatʃáða] 女 ❶ 名 大勢の子供たち。❷ 子供っぽい言動。❸《アルゼンチン，ウルグアイ》集名 子供っぽい言動

muchachear [mutʃatʃeár] 自《まれ》子供っぽい言動をする

muchachería [mutʃatʃería] 女 ❶ 大勢の子供たち《=muchachada》。❷ 子供っぽい言動

muchacherío [mutʃatʃerío] 男《ドミニカ, プエルトリコ》=**muchachería**

muchachez [mutʃatʃéθ] 女 青春期, 思春期《=adolescencia》

muchachil [mutʃatʃíl] 形 子供の, 少年・少女の

muchacho, cha[2] [mutʃátʃo, tʃa]《←古語 mochacho < mocho「毛を短く刈った」》名 ❶ 少年, 少女; 青年, 若者《主に成人まで。時に幼児・乳児あるいは30歳くらいまでを指す。《口語》では chico が優勢》: Ese ~ es muy inteligente. その少年はとても頭がいい。Tu amigo es un gran ~. 君の友人は立派な若者だ。Se casó con una ~cha de 16 años. 彼は16歳の娘と結婚した。No quise estudiar de ~. 私は少年時代は勉強が嫌いだった。❷《主に呼びかけで, かなり年配の人までに》¡Adelante, ~s! 諸君, 前進! ❸ ボーイ, ウエイトレス
—— 男 ❶《中南米》締め金具。❷《アンデス》鉱山労働者のランプ。❸《エクアドル》1) カンテラ置き棚。2) 食卓のナイフ・フォーク置き台。❹《ペルー》ろうそく立て;《鉱山》カンテラ。❺《チリ, アルゼンチン, ウルグアイ》~ de zapato 靴べら。❻《チリ, 木工》木材を作業台に固定する留め金。❼《アルゼンチン》支え, 支柱;［荷車の］つっかい棒

muchachuelo, la [mutʃatʃwélo, la] 名 少年, 少女

muchamiel [mutʃamjél] 形《トマトの品種が, アリカンテ県の》ムチャミエル Muchamiel 原産の

mucharejo, ja [mutʃaréxo, xa] 形《コロンビア》若い《=joven》

muchedumbre [mutʃeðúmbre]《←ラテン語 multitudo, -inis < mulus, -a, -um「多くの」》女 集名 ❶ 群衆; 人込み, 雑踏: En el aeropuerto esperaba su llegada una gran ~. 空港では大群衆が彼の到着を待ち受けていた。Había una ~ en los grandes almacenes. デパートはすごい人出だった。❷ 多数《それぞれが分かれているもの使う》: una ~ de pájaros (árboles・barcos) たくさんの鳥 (木・船)

muchedumbroso, sa [mutʃeðumbróso, sa] 形 非常に多くの, おびただしい

mucheta [mutʃéta] 女《アルゼンチン》［戸口・窓の］抱き《=telar》

muchi [mútʃi] 男《チリ》猫を呼ぶ時の声《=miz》

muchico [mútʃiko] 男《エクアドル》猫を呼ぶ時の声《=miz》

muchigay [mutʃigái] 男《コロンビア》❶《軽蔑》背の低い人;［羊・豚など］小型の家畜。❷ にせがね

muchísimo, ma [mutʃísimo, ma]《mucho の絶対最上級》形 非常に多くの: M~mas gracias por su colaboración. ご協力ありがとうございます
—— 副 非常に: Me gusta ~ esa flor. 私はその花がとても好きだ。El zumbido sonó ~ más alto. その振動音はもっともっと高い音を立てた

muchitanga [mutʃitáŋga] 女 ❶《キューバ》19世紀の民俗舞踊。❷《プエルトリコ, ペルー》集名 社会の最下層; 下衆(げす)な人, 大衆。❸《プエルトリコ》1) 集名 ［騒ぎを起こす］少年たち。2) 子供っぽい言動

mucho, cha [mútʃo, tʃa]《ラテン語 multus, -a, -um》形 ［+名詞］❶［数量］たくさんの, 多くの, 多量の《⇔poco》: 1) Hay *mucha* gente en la habitación. 部屋には大勢の人がいる。Tengo ~s vaqueros. 私はジーンズをたくさん持っている。Faltan ~s días para las vacaciones. 夏休みまではだ何日もある。M~s son *muchos* han comido un mucho.《諺》ちりも積もれば山となる。2) [ser+] M~s son los que han visitado el Museo del Prado. プラド美術館を訪れた人は大勢いる。❷［程度］大変な, 大きい: 1) Hace ~ calor hoy. 今日はとても暑い。Aquí hay *mucha* comida. ここには食べ物がたっぷりある。2) [ser+] Es *mucha* su responsabilidad. 彼の責任は重大だ。Es ~ lo que se espera para el nuevo alcalde. 新しい市長に期待されるところは大きい。［否定文で］あまり［…ない］, それほど［…ない］: Tengo que llamar a los parientes que viven aquí; no son ~s. 私はこの町に住む親戚に電話をしないといけない。だが多くはない。No tengo ~s los partidarios de la pena capital. 今でも死刑に賛成する人はあまり多くない。Yo no tengo ~ talento para hacer dinero. 私には大した利殖の才能はない。No es ~ lo que él ha pedido. 彼の頼んだことは大したことではない。❸ [no ~+名詞] ごくわずかの…: Vivió aquí hasta hace no ~ tiempo. ごく最近まで彼はここに住んでいた。No ~ descuido puede provocar grandes desastres. わずかな不注意が大惨事を引き起こしかねない。No *muchas* personas pueden afrontar un despido. 解雇されても平気な人はあまりいない。❺［+para にとって］過度の: 1)［数量］Es *mucha* comida para tan poca gente. こんなわずかな人数に対して食事がたくさんありすぎる。Hay ~s libros para un solo estante. 本箱が1つしかないのに本がたくさんありすぎる。2)［程度］Es ~ trabajo para ti solo. 君一人には手に余る仕事だ。Es *mucha* casa esta para usted. この家はあなたには大きすぎます。❻［主に直説法現在で, 人・事物の特徴が］すてきな, 立派な, すばらしい; ひどい: Diez hijos son ~s. 子供が10人とはすごい。Es *mucha* mujer la suya. 彼の奥さんはとてもすてきな人だ。Era ~ profesor don José Luis. ホセ・ルイスさんは教師のかがみのような人だった。¡Es ~ tu papá! 君のお父さんは本当にいいお父さんだ。Esta es *mucha* vida para nosotros, es por encima de nuestras posibilidades. この暮らしは私たちには分不相応だ。❼［限定詞+］非常に多い: Gastó en pocos años la *mucha* fortuna heredada de sus padres. 彼はわずか数年で両親から受けついだ莫大な財産を使ってしまった。❽《口語》［非難・軽蔑］1)［単数形を複数形の意味で］Hoy día hay ~ bruto por ahí. このごろあちこちに礼儀知らずな奴が多い。2) [+不定詞] Aquí ~ discutir sobre este problema, pero nada se lleva a la acción. この問題についての議論はやたらと多いが, 何も行動に移されない
—— 代［不定代名詞］❶ 多くの人・物, 多数, 大量: M~s llegan puntualmente, pero algunos siempre con retraso. 多くの人は時間どおり来るが, 何人かはいつも遅れる。M~s de los vecinos lo saben. 近所の人の多くはそれを知っている。M~s de los que habían votado por el partido socialista se sintieron defraudados después de un año. 社会党に投票した人の多くは1年もすると期待を裏切られたと感じた。*Muchas* de las frutas se echaron a perder por las lluvias persistentes. 果物の多くは長雨のために腐ってしまった。No tengo ~ que hacer hoy. 私は今日しなければならないことは多くない
—— 副 ❶ 長い時間(期間): ¿Falta ~ para la Semana Santa? 聖週間まではまだ何日もありますか? Claudio lleva ~ aquí. クラウディオはここに長くいる。Hace ~ que nos conocimos; éramos estudiantes universitarios. 私たちは知り合ってから長い。当時は大学生だった。❸ [+para には] 過度の［なもの］: Eso es ~ para ti. それは君には多すぎる(強すぎる)。El presupuesto no será ~ para el resultado que se espera. 予算は得られるほど大きな額ではない。Por aquel entonces una entrada de concierto costaba ~. 当時はコンサートのチケットはあまりに高価だった。Te pago treinta dólares por el trabajo que hiciste. —Gracias, pero pienso que es ~. 君の仕事に30ドル払うぞ。—ありがとうございます。でも, 多すぎると思います
—— 副 ❶［動詞を修飾して］多く; 大変, 非常に: 1) Hoy he trabajado ~. 私は今日はよく働いた。Todavía me acuerdo ~ de todo lo de ese año cuando nos hicimos novios. 私たちが恋人同士になったあの年のことを私は今でもよく覚えている。M~ me temo que vendrán más tifones. これからもっとたくさんの台風が来るのではないかと非常に懸念している。2)［否定文で］あまり［…ない］, それほど［…ない］: No me gusta ~. 私はあまり好きではない。❷［質問への肯定の返事］¡Estás contento?—M~. 君は満足かな?—とても。［参考］この場合, muy は使えない。¿Te gusta el tango?—Sí, ~. タンゴは好きかい?—え, とても。2)［sí の代用］¿Te apetece tomar algo?—M~. 何か飲むかい?—とても。❸ 長い間, 久しく: Te ~ que te quiero. ずっと前から私は君が好きだよ。El tren ya no va a tardar ~. 汽車はもう間もなく来るだろう。❹ [+antes・después] Ha llegado ~ antes. 彼はずっと前に到着している。~ después ずっと後で。❺ [+比較級] はるかに, ずっと《→muy》［参考］: Hoy hace ~ más calor que ayer. 今日は昨日よりずっと暑い。Estos pasteles son ~ más dulces que los de la otra pastelería. これらのケーキはもう一軒の店のものよりはるかに甘い。Me gusta ~ más la cerveza. 私はビールの方がずっと好きだ。Es ~ menor yo. 彼は私よりはるかに年下だ。Estas telas son ~ mejores que las del escaparate. この布地はショーウインドーのものよりずっと上等だ。［語法］mucho が *más*・*menos*+名詞 に先行する場合, mucho はその名詞の性数に一致して語尾変化する: Se necesitan *muchos* más materiales de construcción. もっとたくさんの建築資材が必要だ。Ayer vinieron *muchos* más clientes. 昨日ははるかに客が多かった。Los jóvenes tienen *muchas* más posibilidades que nosotros. 若者たちは

muciforme

私たちよりはるかに多くの可能性を持っている. mayor・menor・mejor・peor+名詞 の前では mucho は語尾変化しないことがある. Goza de *mucha*(*mucho*) mejor posición económica que su hermano. 彼は弟よりずっと経済的に恵まれている. Algunas alumnas tienen *mucha*(*mucho*) mayor fortaleza física que los alumnos. 一部の女子生徒は男子よりはるかに体力的に優れている. ❻ しばしば: Viaja ~ al extranjero. 彼はよく外国旅行をする. ¿Vais ~ al béisbol?—Sí, ~. よく野球を見に行きますか?—ええ, よく行きます. ❼ [奇異・嫌悪. 単数形を複数形の意味で] Hoy día hay ~ sinvergüenza por ahí. 近ごろはあちこちに恥知らずな奴が多すぎる. ❽ [賞賛] Fue ~ cantante de ópera nacido de padres panaderos. 彼はパン屋の両親から生まれた出色のオペラ歌手だった.

como ~ 多くても, せいぜい: Asistieron unos veinte personas *como* ~. 出席したのは多くて20人ぐらいだった. Los más jóvenes tienen doce años, y los mayores, veinte *como* ~. 一番小さい子は12歳で, 一番上でも20歳である

con ~ [主に +最上級. 比べて] はるかに, ずっと: El esquí es, *con* ~, el deporte más popular de la temporada de invierno. スキーはウインタースポーツで断然人気がある. Su acción ha sido, *con* ~, la más desinteresada. 彼の行動は私心のかけらもないものだった. Su decisión fue, *con* ~, la más responsable. 彼の決意は責任感があふれていた

cuando ~ =como ~

en ~ 大幅に, はるかに: La venta de productos ha excedido *en* ~ las previsiones. 製品の売れ行きは予想をはるかに上回った

Es ~ que no+接続法 **=M~ es que no**+接続法

hacer ~ 有用である: Tener una buena preparación *hace* ~. 十分な準備をすることだ

los ~s que+直説法 …する人はみんな

¡M~! 1) 《口語》[賞賛] すばらしい! 2) **=¡M~, ~!**

M~ es que no+接続法 [不快なこと・わずらわしいことについて] どうせ…である, …でないなどありえない: *M~ es que no* haya venido ya por aquí a husmear lo que pasa. あいつはどうせ事件のことを嗅ぎ回って, またこの辺にやって来ているに違いない. *M~ será que no* salga con una de las suyas. 彼はどうせ突拍子もないことをやらかすのだろう

¡M~, ~! 《戯語, 皮肉》1) [同意・承認] そのとおり/ごもっとも!: Le voy a reprender.—¡M~! ¡~! 彼を叱ってやろう.—そうだ, そうだ! 2) [激励] やれやれ!

~ muy 《口語》[+形容詞・副詞. muy の強調] En fotos se le ve ~ *muy* guapo. 写真では彼はものすごく美男子に見える

¡M~ que sí! 《まれ》**=¡M~, ~!**

muy ~ 《口語》[mucho の強調. 動詞を修飾] Ya te guardarás *muy* ~ de contarle a nadie lo que viste. いいか, 見たことを誰にも絶対に言うんじゃないぞ

ni con ~ [二者を比べて] とうていだめだ, 比べものにならない: Este bistec no está, *ni con* ~, tan bueno como el de hace unos días. この肉は数日前のステーキよりもおいしくない, 全くだめだ. La hermosura de María no llega *ni con* ~ a la de Carmen. マリアの美しさはカルメンの美しさには全く及ばない

ni ~ menos 1) [否定の強調] 全然…いい: i) En cuanto a la destreza del piano, no estoy *ni* ~ *menos* a su nivel. ピアノの上手さでは私は彼の足もとにも及ばない. No se han logrado los objetivos, *ni* ~ *menos* resuelto los problemas. まだ目的も達成されていないし, それどころか問題も解決していない. ii) [+que+接続法] No quiero ir a su casa y *ni* ~ *menos que* vayas tú. 私は彼の家に行きたくないし, まして君が行くなんて嫌なことだ. 3) [前出の内容を強く否定する] そんなことは決してない, 正反対に: No es pobre, *ni* ~ *menos*, es un derrochador. 彼は貧しいのではない. 全く反対に, 浪費家なのだ. 3) [間投詞的. 前出の内容への反論] それはだめだ, それはいけない: 3) [¿Estás contento con tu nota del examen?—¡*Ni* ~ *menos*! 君は試験の成績に満足したか?—とんでもない! ¿Tan absurda le parecí?—No, no absurda precisamente, *ni* ~ *menos*. 私がそんなに非常識な人間に見えましたか?—いや, 非常識だなんてとんでもありません

ni ~ ni poco 《中米》[程度の大小が] どちらでもない: *Ni* ~ *ni poco*, quiero un término medio. [ステーキの焼き方について] 焼きすぎでも生焼けでもなくて, 私は中くらいがいい. No le sirvas *ni* ~ *ni poco*, sírvele lo que normalmente comería un niño de su edad. その子には多くても少なくてもいけない, その年齢の子供が普通食べるぐらいをあげなさい

No es ~ decir que+直説法 …と言っても言いすぎではない

no es para ~ [価打ち] 大したことはない

por ~ que+接続法 →**por**

¿Qué ~ que...? …なんて分かりきっている, 何の不思議もない

ser ~ 1) 立派な人である, 重要人物である: Su padre *es* ~, todo el mundo le respeta. 彼のお父さんは大物だ, 皆が尊敬している. 2) 桁外れである: Durante la guerra un tazón de arroz *era* ~. 戦争中は茶碗一杯のご飯も大変貴重だった. *Es* ~ equipo de España. Ha ganado el campeonato europeo. スペインチームは大したものだ, ヨーロッパ選手権を取ったぞ

si no es ~ pedir... もし無理なお願いでなければ...

tener en ~ a+人 …を高く評価する, 重用する; 慈しむ

tener ~ de+人 …に似ている

tener ~ de aquí [頭を指しながら] 頭がいい

muciforme [muθifórme] 形 粘液のような, どろっとした

mucilaginoso, sa [muθilaxinóso, sa] 形 ❶ 粘液質の, 粘着性の, ねばねばした. ❷ 粘着物の, 粘液の

mucílago [muθílaɣo] 男 **=mucílago**

mucílago [muθílaɣo] 【←ラテン語 mucilago, -aginis「粘液」】男 [植物性の] 粘着物, 粘液

mucina [muθína] 女 《生化》ムチン, 粘液素

mucle [múkle] 男 《ホンジュラス》新生児がミルクを消化できない病気

muco, ca² [múko, ka] 形 《中米》[動物が] 角(②)のない ── 男 《ボリビア》[チチャ chicha 製造用の] 噛んだトウモロコシ

mucocele [mukoθéle] 男 《医学》粘液嚢腫

mucociliar [mukoθiljár] 形 《解剖》粘膜[繊毛]の

mucocutáneo, a [mukokutáneo, a] 形 《解剖》皮膚と粘膜との

mucoide [mukóiðe] 形 《解剖》粘液 mucus 状の ── 男 《生化》ムコイド

mucolítico, ca [mukolítiko, ka] 形 《生化》粘液分解の, ムコ多糖類を加水分解する ── 男 《薬学》粘液溶解薬, ムコリチック

mucomembranoso, sa [mukomembranóso, sa] 形 《解剖》粘膜の

mucopolisacárido [mukopolisakáriðo] 男 《生化》ムコ多糖[類]

mucopolisacaridosis [mukopolisakariðósis] 女 複 《医学》ムコ多糖症

mucopurulento, ta [mukopurulénto, ta] 形 《医学》粘液と膿の

mucosa¹ [mukósa] 女 粘膜 [=membrana ~]: ~s nasales 鼻の粘膜

mucosidad [mukosiðáð] 女 [粘膜から分泌する] 粘液; [特に] 鼻粘液, 鼻汁

mucoso, sa² [mukóso, sa] 形 【←ラテン語 muccosus < mucus「鼻汁」】❶ 粘液の, 粘液状の, 粘液性の, 粘液を分泌する. ❷ 粘性のある: substancia ~sa 粘着物

mucre [múkre] 形 《チリ》手触りの粗い; 味のまずい, 苦い, 酸っぱい; においの悪い

mucrón [mukrón] 男 《植物》剣状突起

mucronado, da [mukronáðo, ða] 形 **=mucronato**

mucronato, ta [mukronáto, ta] 形 ❶ 《植物》剣状突起の. ❷ 《文語》先端が突起[状]の

múcura [múkura] 女 ❶ 《キューバ, コロンビア, ベネズエラ, ボリビア》[水の運搬・保存用の] 素焼きのつぼ. ❷ 《キューバ》大きな尻 ── 男 《コロンビア》不器用な, 下手な; 愚かな, ばかな

mucure [mukúre] 男 《チリ》[味・においが] きつい

mucurí [mukurí] 男 《ボリビア》蒸留酒

mucurita [mukuríta] 女 《コロンビア》蒸留酒の瓶

mucus [múkus] 【←ラテン語】男 [単複同形] 粘液, 鼻汁 [=mucosidad]

mucuto [mukúto] 男 《コロンビア》貯金箱 [=hucha]

mucuy [mukúi] 男 《メキシコ. 鳥》キジバト

muda¹ [múða] 女 【←*mudar*】❶ 替えの下着[ひとそろい]: llevarse dos ~s para el viaje 下着の替えを2回分旅行に持って行く. ❷ [羽毛の] 抜け替わり; そのための巣: Los pollos salen de ~ la segunda ~. 鶏たちは2度目の羽毛の抜け替わりが終わる. ❸ [蛇などの] 脱皮. ❹ 羽毛の抜け替わりや脱皮の期間. ❺ 声変わり [= ~ de la voz]: estar de ~ 声変わり中である. ❻ 女

えること; 転居, 引っ越し
mudable [muðáβle] 形 変わりやすい, よく変わる: tiempo ~ 変わりやすい天気. carácter ~ 気の変わりやすい性格
mudada [muðáða] 女《中南米》❶ 替えの下着《=muda》. ❷ 引っ越し《=mudanza》
mudadizo, za [muðaðíθo, θa] 形 変わりやすい, 不安定な
mudamente [múðamente] 副《まれ》黙って, 無言で
mudamiento [muðamjénto] 男《廃語》変わること, 変化
mudanza [muðánθa]《←mudar》女 ❶ 変わること, 転居: Échame una mano en la ~. 引越しに手を貸してくれ. hacer la ~ 引っ越しする. estar de ~ 引っ越し中である. camión de ~s 引っ越し用トラック. empresa de ~s 引っ越し業者. ❷ [羽毛]の抜け替わり; 脱皮《=muda》. ❸《舞踊》[昔の踊りの]一連の動作, フィギュア. ❹ 移り気, 心変わり. ❺ 変わること, 変化
mudar [muðár] I《←ラテン語 mutare「変える」》他 ❶ 変える《=cambiar》: 1) El acusado no *mudó* el semblante durante el juicio. 被告は審理のあいだ表情を変えなかった. Me *mudan* las sábanas todos los días. 私は毎日シーツを取り替えてもらう. El chico ya *ha mudado* la voz. 少年はもう声変わりした. 2) [+de] Las desgracias le *han mudado* de carácter. 不幸の連続が彼の性格を変えた. ❷ 着替えさせる: Al nene le *mudan* [de vestido] varias veces al día. 赤ん坊は日に何回も着替えさせられる. ❸ [動物が] ~ la piel 脱皮する. ~ las plumas 羽が生え替わる. ❹ 移動させる: Le *mudaron* de oficina. 彼を転勤させられた. ~ a+人 a otra sección …を他の課へ異動させる
—— 自 ❶ [+de が] 変わる: Los políticos a veces *mudan* de parecer. 政治家はしばしば考えを変える. Su cara *mudó* de color al oír la noticia. ニュースを聞いて彼の顔色が変わった. ~ de asiento 別の席に移る. ~ de domicilio 引っ越しする, 移転する. ~ de gustos 趣味が変わる. ~ de hoja 新しい葉に変わる. ~ de piel 脱皮する. ~ de pluma 羽が抜け替わる. ❷《メキシコ》[子供が] 歯が生え替わる
—— ~se ❶ [+en に] 変わる: Se ha mudado la alegría en tristeza. 喜びが悲しみに変わった. ❷ [清潔な服に] 着替える: Siempre *se muda* antes de bañarse. 彼はいつも入浴後に着替えをする. ❸ 引っ越す《=~se de casa》: *Se mudaron* a un pequeño pueblo costero. 彼らは海辺の小さな村に引っ越した. ❹ 転勤する. ❺ 声変わりする
mandarse a ~《ラプラタ》逃げ出す, 立ち去る
II 男《植物》カロトロピス《ガガイモ科の低木》
muday [muðái] 男《チリ》トウモロコシまたは大麦のチチャ chicha
mudéjar [muðéxar]《←アラビア語 mudéyren「残ることを許された者」< dáyan「とどまる」》形 名《歴史》ムデハル[の]《キリスト教徒に再征服された土地に残留したイスラム教徒》: arte ~ ムデハル美術, estilo ~ ムデハル様式《キリスト教建築にアラビア建築の装飾要素を加味した建築様式. 幾何学文様などの壁面装飾が特徴》
mudejarismo [muðexarísmo] 男 ムデハル建築的特徴・傾向
mudejarista [muðexarísta] 形 ムデハル建築的特徴・傾向の
mudenco, ca [muðéŋko, ka] 形 ❶ どもりの, 吃音の. ❷《中米》ばかな, 愚かな
mudengo, ga [muðéŋgo, ga] 形《ペルー》ばかな, 愚かな
mudez [muðéθ] 女 ❶ 口が不自由なこと. ❷ 無言, 沈黙
mudo, da² [múðo, ða] I《←ラテン語 mudus, -a, -um》形 ❶ [ser+] 口がきけない, 口の不自由な: Era ~ de nacimiento. 彼は生まれつき口がきけなかった. ❷ [estar+] 無言の: Permaneció ~ durante la reunión. 彼は会議のあいだじゅう黙っていた. quedarse ~ de admiración 感嘆のあまり声が出ない. ~ como un muerto (una tumba) 押し黙って. ❸《映画, 演劇》cine ~/película muda 無声映画. escena muda 無言劇. personaje ~ [せりふのない] 端役, だんまり役. ❹《文法》無音の, 無発音の, 発音されない: letra muda 無音文字《スペイン語では h と qu の u》. ❺《エクアドル, ラプラタ》大ばかの
—— 名 口のきけない人, 唖者
estar en ~ 黙り込んでいる
mué [mwé] 男 =muaré
muebda [mwéβða]《古語》動揺, 衝動
mueblaje [mweβláxe]《←mueble》男《集名》家具《=mobiliario》
mueblar [mweβlár]《古語》他 =amueblar
mueble [mwéβle]《←ラテン語 mobilis》男 ❶ [動かすことのできる] 家具, 調度, 備品: habitación con (sin) ~s de alquiler 家具付き(なし)の貸し部屋. fábrica de ~s 家具製作所.

tienda de ~s 家具店. ~ de elementos adicionables 家具ユニット. ~s de cocina システムキッチン. ~s de oficina 事務所の家具・調度・備品. ~s y enseres 家具什器. ❷《紋章》模様, 紋様. ❸《テルエル》絹羊, ヤギ. ❹《メキシコ》自動車. ❺《グアテマラ, プエルトリコ》無能な人, 不適格な人. ❻《ホンジュラス, プエルトリコ》がらくた, 古い残り物品
~ bar《圏 ~s ~[es]》[可動式の] サイドボード, カクテルキャビネット
~ cama《圏 ~s ~[s]》ユニット式折り畳みベッド
~ librería《圏 ~s ~[s]》本箱
salvar los ~s 体面を保つ
—— 形《法律》[資産が] 可動の, 移動できる: bienes ~s 動産
mueblería [mweβlería] 女 ❶ 家具製造所; 家具店. ❷ 家具製造(販売)業
mueblero, ra [mweβléro, ra] 形 家具の
mueblista [mweβlísta] 名 家具製造者, 家具職人, 指物師; 家具商
mueca [mwéka]《←古仏語 moque「からかい」》女 ❶ [からかうための] おどけ顔: El padre hacía ~s a su niño para hacerle reír. 父親は赤ん坊を笑わせようとして面白い顔をして見せていた. ❷ しかめ面, 渋面: Hizo una ~ de dolor. 彼は痛みで顔をゆがめた. ❸ ~ de disgusto 不快の表情. ~ de desprecio 軽蔑の表情
muecín [mweθín]《←仏語 muezzin》男《イスラム教》[モスクの] 祈禱時報係《=almuédano》
mueco [mwéko] 男 ❶《闘牛》牛をつないでおく木の柱. ❷《コロンビア》[首筋・頭への] 殴打《=pescozón》
muega [mwéga] 女《地方語. 植物》ゴマノハグサ科の一種《学名 Scrophularia auriculata》
muégano [mwégano] 男《メキシコ. 菓子》カラメルソースをかけたルティーヤ
muela [mwéla]《←ラテン語 mola》女 ❶ 歯; [特に] 白歯, 奥歯: Tengo dolor de ~. 私は歯が痛い. A mi niño le están saliendo las ~s./Mi niño está echando las ~s. 私の子は歯が生えている. empastar una ~ 歯に詰め物をする. sacar a+una ~ …の歯を抜く. ~ del juicio/~ cordal 親知らず. ~ picada 虫歯. ~ postiza 義歯, 入れ歯. ❷ 挽臼(う゚). ❸ [回転式の] 砥石(いし). ❹ [頂上が平らな] 切り立った丘; [人工の] 築山. ❺ [水車を動かすことのできるだけの] 水量. ❻《植物》レンリソウ《=almorta》. ❼《遊戯》子供たちの輪. ❽《アラゴン》一秒260リットルの水量. ❾《コロンビア》街路の駐車区域; 幹線道路の休憩所. ❿《ベネズエラ》嘘
bajarle (bajarla)《キューバ》性的に誘惑する
costar ~s《ボリビア》非常に困難である
echar las ~s 激怒する
estar que echa las ~s《西. 口語》激怒している
haber salido a+人 la ~ del juicio …が慎重になった, 用心深くなった
no haber ni para una ~ 食べるものがとんとない
rebajar a la ~ …を虐げる, 圧迫する
reírse las ~s《西. 口語》大笑いする
muelar [mwelár] 男 レンリソウの畑
muelense [mwelénse] 形 名《地名》ムエル Muel の[人]《サラゴサ県の町》
muelero [mweléro] 男《グアテマラ, ペルー. 軽蔑》歯医者《=sacamuelas》
muellaje [mweʎáxe] 男 桟橋使用料
muelle [mwéʎe] I《←ラテン語 mollis「柔軟な, 柔らかい」》《文語》❶ 柔らかい, ふわふわした: asiento ~ 柔らかい座席. ❷ 快適な, 安楽な: llevar una vida ~ [何の苦労もない] 恵まれた生活をする. ❸ 快楽的の, 官能的の
—— 男 ❶ ばね, スプリング; ぜんまい: colchón de ~s スプリングマットレス. ~ antagonista/~ de retorno 引き戻しばね. ~ en espiral 渦巻きばね. ~ real 時計のぜんまい. ❷《戯語》肛門括約筋: tener los ~s flojos 肛門括約筋が緩んでいる. ❸《古語》[貴婦人が腰から吊るす] 小さな宝飾品
II 男《←ラテン語「塊」》男 桟橋, 埠頭《~ de atraque》; 波止場: El barco está atracado en el ~. 船は桟橋に着いている. arrimar el barco al ~ 船を桟橋に着ける. en ~《商業》埠頭渡し. ❷ [鉄道貨物用の] プラットホーム; [トラックの] 荷積み場《~ de carga》
muellemente [mweʎéménte] 副《文語》❶ 柔らかく. ❷ 快適に

muelo [mwélo] 男 ❶ [脱穀場で脱穀した後の] 穀物の山. ❷《エストレマドゥラ》大量の魚

muenda [mwénda] 女《コロンビア》殴打; 鞭打ち

muengo, ga [mwéŋɡo, ɡa] 形《キューバ, プエルトリコ》耳の欠けた; 耳の垂れた
— 男《チリ. 口語》軽い痛み, 違和感; 厄介事, 迷惑

muequear [mwekeár] 自 おどけ顔をする; しかめ面をする
— 他《まれ》…の顔をする

muer [mwér] 男 モアレ《=muaré》

muera [mwéra] **I** 間 →**morir**
II 女 塩, 食塩

muercillo [mwerθíʎo] 男《プエルトリコ》新生児の熱病

muérdago [mwérðaɣo] 男《←?語源》《植物》[オウシュウ] ヤドリギ《クリスマス飾りに用いられる》

muerdo [mwérðo] 《←morder》男《西》❶《俗用》噛むこと. ❷《隠語, 戯語》ディープキス. ❸《地方語》一口《=mordisco》; 一口分の食べ物

muerganear [mwerɣaneár] ~**se**《ベネズエラ》=**muerganizarse**

muerganizar [mwerɣaniθár] 自 ~**se**《コロンビア》売れなくなる, 売れ残る

muérgano, na [mwérɣano, na] 形 名《コロンビア, ベネズエラ, エクアドル. 軽蔑》ばかな[人], 頭の悪い[人]; 邪悪な[人]
— 男 ❶《貝》マテガイ《=navaja》. ❷《廃語. 音楽》オルガン. ❸《コロンビア, ベネズエラ》1) 無駄なもの, がらくた; 売れ残り品. 2) 人相の悪い人, 見かけの悪い人

muergo [mwérɣo] 男《地方語. 貝》マテガイ《=navaja》

muermera [mwerméra] 女《植物》クレマチス《=clemátide》

muermo [mwérmo] 《←ラテン語 morbus「病気」》男 ❶《馬などの病気》鼻疽. ❷《西. 口語》1) 沈滞, 退屈, 倦怠; iQué pe-de película! 何てつまらない映画だ! 2) [麻薬の効果に似た] 眠気, だるさ. ❸ 面倒なもの, 嫌なもの. ❹ うるさい人. ❺《チリ. 植物》ウルモ《=ulmo》.
agarrarse un ~《西. 口語》=*tener un* ~
ser un ~《西. 口語》[人・事物が] 面白くない, 退屈である
tener un ~《西. 口語》無気力である, 落ち込んでいる, 何もしたくない気持ちである

muermoso, sa [mwermóso, sa] 形 退屈な, 落ち込んだ, 無気力な

muerte [mwérte]《←ラテン語 mors, mortis》女 ❶ 死《⇔vida》: Murió de ~ natural. 彼は自然死を遂げた. Está entre la vida y la ~. 彼は生死の境をさまよっている. Muchas religiones sostienen que existe una vida después de la ~. 多くの宗教が死後の世界の存在を主張している. ser una cuestión de vida o ~ 死活問題である. hasta que la ~ nos separe 死が私たちを分かつまで. condenado a ~ 死刑を宣告された. ~ aparente 仮死状態; 人事不省. ~ cerebral 脳死. ~ clínica 臨床死. ~ de cuna 揺りかご死. ~ dulce 苦痛なしの死. ~ por exceso de trabajo 過労死. ~ repentina (instantánea) 急死, 突然死. ~ senil 老衰死. ~ violenta [殺人・事故による] 変死, 横死, 非業の死. ~ súbita, 終焉(しゅうえん)の: La ~ del Imperio Romano ローマ帝国の崩壊. ~ del Antiguo Régimen 旧体制の終焉. ~ de una civilización 文明の消滅. ~ de un amor 愛の破局. ~ de un traje 服の寿命が切れること. ❸ [主に la M~] 死神: tener sobre sí la mano de la M~ 死神に取りつかれている. ❹ 殺人 [=homicidio]: Fue declarado culpable de tres ~s. 彼は3件の殺人で有罪を宣告された. hacer una ~ 殺す. ❺ [釣り針の] かえし. ❻《廃語》死ぬほどの…: ~ de risa 死ぬほどの笑い. ~ de amor 命がけの恋
a la ~ 今にも死にそうな, 死にかけた: Se puso a la ~. 彼は死にかけた. *estar a la* ~ 今にも死にそうである
a ~ 1) [戦いなどが] 死ぬまで(の): Mantuvo una guerra a ~ con la enfermedad. 彼は病気と死ぬまで戦った. Defenderé mis derechos a ~. 私はあくまで自分の権利を守るつもりだ. desafiar a ~ 決死の覚悟をする. golpear a ~ 殴り殺す. luchar a ~ 死闘する, とことん戦う. combate (guerra) a ~ 死闘. 2) 心底から, 容赦なく, 徹底的に; ひどく: Se odian a ~. 彼らは互いにひどく嫌っている. amar a ~ 死ぬほど愛する. persecución a ~ ひどい迫害. 3)《口語》完全に, 絶対に. 4)《口語》壊す(壊される時)
a ~ *o vida* 生きるか死ぬかの [=a vida o muerte]
acusar a ~《古語》死刑の宣告をする
buena ~ 1) 安楽死 [=eutanasia]. 2)《キリスト教》霊魂が永遠に救済される死, 悔い改めたキリスト者としての死: Tuvo una buena ~. 彼は大往生を遂げた
cada ~ *de obispo*《中南米》きわめてまれに
causar la ~ *a+人* …に死をもたらす: Las heridas le causaron la ~. 負傷が原因で彼は死んだ
dar la ~ *a*… …を殺す
de mala ~《軽蔑》取るに足りない, くだらない, 程度の落ちる: Tiene un cargo de mala ~ en su empresa. 彼は会社でくつまらない仕事についている. Estuvimos en un pueblo de mala ~. 私たちはどうということのない田舎町にいた. artículo de mala ~ どうしようもない記事. sueldo de mala ~ ひどい低賃金
de ~ 1)《西. 口語》致命的な. 2)《西. 口語》非常に大きい: Me llevé un susto de ~. 私は腰を抜かすほどびっくりした. 3)《西. 口語》ひどく悪い: La comida estaba de ~. 料理は最悪だった. disgusto de ~ ひどい不快感. 4)《西. 口語》とても良い: Ese flor huele de ~. その花は香りがすばらしい. 5)《闘牛》i) [牛が] 殺されることが決まっている. ii) [槍 rejón が] 牛を殺すための. 6)《まれ》容赦のない
debatirse con la ~ = *luchar con la* ~
encontrar la ~ 死ぬ
estar a la ~ 今にも死にそうである, 死にかけている
estar de ~《西. 口語》[事物が感覚的に] すばらしい: El postre estaba de ~. デザートは非常においしかった
hasta la ~ 死ぬまで, いつまでも; 断じて, 徹底的に
herir de ~ 致命傷を負わせる: La democracia estaba herida de ~. 民主主義は致命的な打撃を受けた
luchar con la ~ 死にかけている, 断末魔の苦悶に長く耐える
~ *a mano airada* 非業の死
~ *chiquita*《口語》[主に寒さによる] 身震い, 震え; 戦慄(せんりつ)
~ *civil*《法律》公権剥奪, 私権喪失
~ *pelada*《口語》丸坊主の人, はげ頭の人
~ *súbita* 1)《テニス》タイブレイク;《ゴルフ》サドンデス;《サッカー》Vゴール. 2)《文語》急死, 突然死
ser la ~ 1) ひどい: Este calor es la ~. この暑さは最悪だ. 2) すばらしい: Esa noria es la ~. あの観覧車はすごい
ser una ~ [事柄が] つらい, 重荷(面倒)である: Para ella las faenas domésticas eran una ~. 彼女にとって家事は苦痛だった
tomarse la ~ *por su mano* 自殺する
volver de la ~ *a la vida* 死の淵から生還する

muertejo, ja [mwertéxo, xa] 形《エクアドル》仮病を使う

muertería [mwertería] 女 ❶《エクアドル》仮病. ❷《チリ》葬儀社

muerto, ta [mwérto, ta]《←ラテン語 mortuus < mori「死ぬ」》形 ❶ [estar+] 死んだ《⇔vivo》: Cuando llegué al hospital, ya estaba ~. 私が病院に着いた時, 彼はもう死んでいた. Mis padres ya están ~s. 私の両親はもうこの世にはいない. Han encontrado en el río un hombre ~. 川で男の死体が見つかった. ¡Si no te rindes eres hombre ~! 降伏しないと殺すぞ. nacido ~ 死産の. ~ en el acto 即死の. ❷ [植物が] 枯れた: árbol ~ 枯れ木. ❸ 生命のない: materia ~ta 無機的な物質. ❹ 生気のない, 死んだような, 活動していない: Los pueblos de la sierra están ~s en invierno. 山の中の村は冬には死んだようになっている. ciudad ~ta 活気のない町, さびれた町. color ~ くすんだ色. ❺《誇張》[+de ~] 死にそうな, …したくてたまらない: Estoy ~ del aburrimiento. 私は退屈で死にそうだ. Estaba ~ de la envidia. 私はひどくうらやましかった. Estoy ~ de sed. 私は喉がからからだ. Me voy a la cama, que estoy ~ de sueño. 私は眠たくてもう寝ます. Después del viaje estábamos ~s. 旅行以来私たちはくたくたに疲れている. Trasnochar me deja ~. 徹夜で私はくたくただ. ❻ [腕・手が] だらりとした, ぐったりした: Se quedó la mano ~ta. 彼は手に力が入らない. Deja el brazo ~. 腕をだらっとさせなさい. ❼ 役に立たない. ❽ [+por+人・物に] 情熱を感じる, 欲しくて(好きで)たまらない. ❾《文語》[人が] 殺された: Los narcos fueron ~s a tiros. 麻薬密売人たちが射殺された. ❿《スポーツ》1)《サッカーなど》dejar la pelota ~ta ボールの勢いを殺す. 2)《バスケットボール》tiempo ~ タイムアウト. ⓫ [石灰が] 消石灰された. ⓬《法律》廃止された, 無効の
— 名 死者, 死人, 故人; 遺体: 1) Ha habido ~s en el accidente. 事故で死者が数人出た. La batalla ha causado 2.000 ~s. 戦闘で2千人の死者が出た. Han encontrado un

～ en el bosque. 森で遺体が発見された. El ～ fue trasladado en avión. 遺体は飛行機で運ばれた. día de los ～*s*《中南米》死者の日, 万霊節〖11月1日, 2日〗. 2)《諺》El ～ al hoyo y el vivo al bollo. 故人のことをいつまで悔んでも仕方がない/残された者はせいぜい人生を楽しむべきだ. Espantóse la ～*ta* de la degollada. 自分のことを棚に上げる. Los ～*s* no hablan. 死人に口なし

—— [男] ❶《口語》厄介(不愉快)な仕事, 貧乏くじ: ¡Vaya ～ que nos ha caído encima!《西》嫌な役目が私たちに回ってきたなあ! Todos guardamos un ～ en el ropero (el placard). 誰でも一つは厄介なことを背負っている. tocar a+人 el ～ de... …という嫌な役目が…に回ってくる. ❷ [複] [ある人の] 死んだ家族(仲間)たち: Lo juro por mis ～*s*. 死んだ家族にかけて誓うよ. ❸《口語》退屈な人, しつこい人. ❹《船舶》ブイ: ～ de las agujas 主浮標. ❺《トランプ》ダミー. ❻《メキシコ》[客が支払いをするまでテーブルの上に残される] 空のビール瓶(缶). ❼《中米》[自動車を減速させるための] 道路上の突起

caer como un ～ ばったりと倒れる, 倒れ込む

caer ～ 1) 死ぬ. 2) どさっと横になる, 倒れ込む

callarse como un ～ [貝のように] 黙り込む; 秘密を漏らさない: Cuando le pregunté, *se calló como un* ～. 私が質問した時, 彼は押し黙ってしまった

cargar a*+人 〔*con*〕 *el ～ 《口語》…にぬれぎぬを着せる; 貧乏くじを引かせる, 嫌な役目を押しつける: Siempre me *cargan con el* ～ de cuidar a los niños. 子供たちの面倒を見るのはいつも私に押しつけられる. Si esto sale mal, le echaremos el ～ al jefe. これが失敗したら, 責任は課長にとってもらおう

contar a*+人 *en los ～s …を無視する, 相手にしない; …を軽蔑する

***dar por ～ a*+人** …を死んだものと思う(見なす・あきらめる)

doblar a ～ 1) 弔鐘が鳴る. 2) =**tocar a ～**

echar a*+人 *el ～ 《口語》=**cargar a+人 〔con〕 el ～**

en ～ 《まれ》死んだ, 死んで

***endosar los ～s a*+人** …にうまく売りつける

estar más ～ que una piedra/estar más que ～ =**estar ～ y enterrado**

estar ～ y enterrado 完全に死んでいる; 作動しない, 壊れている

hacer el ～ 1) 水面にあお向けに浮く: Sé *hacer el* ～ boca arriba./Sé flotar *haciendo el* ～. 私は浮き身ができる. 2) 死んだふりをする

hacerse el ～ 死んだふりをする

levantar el ～ 《俗用》勘定(費用)を持つ; 借金の肩代わりをする

levantar un ～ 《口語》賭け金をくすねる

los ～s vivientes 生ける屍(しかばね)

más ～ que vivo 《口語》1) [恐怖で] 生きた心地がしない, 心臓が飛び出しそうな: Esa película de terror me ha dejado *más ～ que vivo*. そのホラー映画は死ぬほど怖かった. 2) [肉体的に] ぼろぼろの状態の, 廃人同様の; 疲れ果てた

¡Me cago en los ～s! 《西》こんちくしょうめ!

medio ～ 《時に誇張》1) 今にも死にそうな, ぐったりした, 半死半生の: El golpe lo dejó *medio* ～. 彼は殴られて死にかけた. estar *medio* ～ de hambre 腹ぺこで死にそうである. 2) 疲れ果てた

～ de hambre 1)《軽蔑》飢餓線上の, 極貧の〔人〕: Es un ～ *de hambre*. 彼はひどい貧乏人だ/ろくな稼ぎもない. 2) [estar+] 腹ぺこの, ひどく空腹の: Come como si estuviera ～ *de hambre*. 彼は飢えていたみたいに食べている. 3)《軽蔑》哀れな〔奴〕: Vete de aquí, ～ *de hambre*. 出て行け, くずめ

～ de risa 1)《皮肉》何の役にも立たない, 無駄な: Tiene todos los libros ～*s de risa*. 彼の蔵書はすべて飾り物だ. Estuvimos una hora ～*s de risa*, esperándote. 私たちは君を待って無駄な時間を費やしたよ. 2) [estar+] 大笑いする: Eva estaba ～ *de risa* escuchando sus historias. エバは彼の話を聞いて爆笑した

～ y enterrado 完全に死んだ; 完全に効力をなくした; すっかりすたれた

ni ～ 《口語》死んでも〔…しない〕: No me pondría ese traje *ni* ～. その服は死んでも着ない

ni ～ ni vivo 《口語》1) 死んでも〔…しない〕. 2) [捜しても] どこにも〔…ない〕: No aparece *ni ～ ni vivo*. 彼は全く行方が分からない/影も形も見えない

no tener donde caerse ～/no tener sobre qué caer 〔se〕 ～ 《口語》素寒貧である, 極貧である

por sus ～s 《西. 口語》[断言・請願で] 命を賭けて, 誰が何と言おうと, 絶対に: Lo juro *por mis ～s*. 誓って/誰が何と言おうと私は断言する. Le aseguro *por mis ～s*. 絶対に本当です

quedarse como un ～ 何も言わない, 反論しようとしない

quedarse más ～ que vivo 《口語》=**estar más ～ que vivo**

quedarse ～ 呆然とする

resucitar a un ～ 《戯語》申し分ない: Esta sopa *resucita a un* ～. このスープは当たりだ

resucitar de entre los ～s 死者のうちから蘇る, 復活する

ser ～ a tiros 撃たれて死ぬ

tocar a*+人 *el ～ de... …が…という貧乏くじを引く: Me *ha tocado el ～ de* decírselo. そのことを彼に告げる役目が私に当たった

tocar a ～ 弔鐘が鳴る

Tus ～s. 《俗語》[不快・怒りの返答] とんでもない, 冗談じゃない: ¿No sabes conducir, cabrito?—¡*Tus ～s!* 君, 運転できないの?—ばかな!〔運転ぐらいできるさ〕

muesca [mwéska] 〖←moscar〗 [女] ❶ [端の] 切り込み, 刻み目: ～ de flecha 矢筈(やはず). ❷《技術》ほぞ穴: hacer ～ en... …にほぞ穴を開ける. ❸ 割れ目, 傷: ～ en la tabla 板のひび. ❹ [羊や牛につける] 耳印

muescar [mweskár] [7] [他]《サラマンカ》[牛に] 耳印 muesca を付ける

muesili [músili] 〖←独語〗 [男]《料理》ミューズリー〖大麦・ドライフルーツなどのシリアル食品〗

mueso [mwéso] [男] ❶ [口に入る] 一口〔分〕. ❷ 少量の食べ物. ❸ 咀嚼(そしゃく). ❹ [口で引きちぎった] 断片. ❺《馬具》馬銜(はみ). ❻《医学》1) 後陣痛. 2)《地方語》髄膜炎

muestra [mwéstra] 〖←mostrar〗 [女] ❶ [商品などの] 見本, サンプル: La casa le manda las ～*s* de sus productos. 当社製品の見本をお送りいたします. En la farmacia me han regalado una ～ gratuita. 薬局で無料サンプルをくれた. piso de ～ モデルルーム. ❷ [習字・手芸などの] 手本, ひな型: Ella bordó el mantel siguiendo la ～ que había en la revista. 彼女は雑誌に載っていた型見本に従ってテーブルクロスに刺繍をした. ～ de dibujo デッサンの見本. ～ de escritura 書き方の手本. ～ del punto 編み物のお手本. ❸ 証拠, あかし: No asistir es ～ de desprecio. 欠席は軽く見ている証拠だ. Es 〔una〕 ～ de cariño. それは愛情の印だ. Eso es 〔la〕 ～ de que estaba mintiendo. それは彼が嘘をついていた証拠だ. En el español americano han quedado ～*s* de las lenguas precolombinas. アメリカ大陸のスペイン語にはコロンブス到着以前の言語の跡が残っている. Por la ～ se conoce el paño.《諺》論より証拠. ❹ [感情などの] 表われ; 態度表明: Quiere dar al mundo una ～ de su poder. 彼は世の中に自分の力を示そうとしている. Las respetuosas ～*s* de dolor se repitieron ante el féretro durante todo el día. 参列者が棺の前でうやうやしく弔意を表す る様子が終日繰り返された. Mis palabras son una ～ de apoyo. 私の言葉は支持の態度を表明するものである. ❺ 生(な)り始めの果実: Hay poca ～ de manzana. リンゴは少ししか実がついていない. ❻ [味見用の] 一部: Me dio solo una ～ de paella. 彼はパエーリャをほんの少しくれた. ❼ [検査用の] 試料, サンプル;《医学》検体;《統計》標本: Necesitamos unas ～*s* de orina para unos análisis. 分析には尿の試料が必要である. escoger una ～ de población 住民のサンプルを抽出する. ～*s* de sangre 血液サンプル. ～ aleatoria/～ al azar 無作為標本. ～ representativa 代表試料; 代表標本. ❽《繊維》[メーカー名などの入った] 布地の耳, 織り端. ❾ 展示会, フェア: Se abre la ～ de material informático. 情報機器の展示会が開かれる. ❿《狩猟》猟犬が獲物を発見して立ち止まること: perro de ～《犬》ポインター. ⓫《トランプ》[切り札を決めるために] 山札を一枚めくること, ターンアップカード. ⓬ [時計などの] 文字盤. ⓭ 標識. ⓮《古語的》[店の入り口の] 看板: ～ de una taberna 食堂の看板. ⓯《古語》閲兵; 観閲式, 観艦式. ⓰《廃語》[主に手作りの] 時計

dar ～s de... …を表わす: *Daba ～s de* irritación. 彼はいらだちの色を見せていた

hacer la ～ 《口語》少しだけして見せる

hacer ～ 表明する; 装う; 例を見せる

ni para ～ 《口語》全く〔…ない〕: No se veía un gato *ni*

muestral

para ~. 猫の子一匹見えなかった
Para ~ [*basta*] *un botón.* 1)《諺》証拠は一つで十分である。2) 例えば〔以下の一例だけで十分だろう〕; ¿Que si es listo? *Para* ~ *un botón,* ha sacado un diez en el examen. 彼が利口かどうか? 例えばテストで満点を取ったことで分かるだろう
pasar ~ 閲兵する; 記録する
ser buena ~ *de*+不 …を十分に証明する
tomar ~《古語》閲兵する

muestral [mwestrál]形《統計》標本の, サンプルの
muestrario [mwestrárjo]〔←*muestra*〕男〈集合〉❶ 見本: ~ de colores 色見本. ~ de encajes レースの見本. ~ de telas 生地見本. ❷《戯語》まちまちなもの: Pusieron en la mesa un ~ de cubiertos. 〔いくつものセットからの〕不ぞろいな食器がテーブルの上に並べられた
muestrear [mwestreár]他〈まれ〉見本を選ぶ
muestreo [mwestréo]男〔←*muestra*〕サンプリング;《医学》検体検査;《統計》標本抽出: método de ~ サンプリング法. ~ aleatorio/~ al azar 任意抽出, 無作為抽出. ~ estratificado 層別(化)抽出. ~ por universos/~ en racimo 集落(クラスター)抽出
muestrero, ra [mwestréro, ra]名〔砂糖産業で〕ビートのサンプル抽出係
muévedo [mwébeðo]男〈まれ〉死産児, 水子
muezín [mweθín]男 =**muecín**
muezzin [mweθín]男 =**muecín**
mufa [múfa]女《アルゼンチン, ウルグアイ. 口語》不機嫌, 不快感 ―― 名《アルゼンチン, ウルグアイ. 口語》悪運をもたらす〔人〕
MUFACE [mufáθe]女《西. 略語》←Mutualidad General de Funcionarios Civiles del Estado 国家公務員共済組合
mufar [mufár] ~*se*《アルゼンチン, ウルグアイ. 口語》不機嫌になる, 腹を立てる
muffin [máfin]〔←英語〕男《圏》~s《料理》マフィン
mufla [múfla]女 ❶〔窯の中の〕間接加熱室, マッフル炉(窯). ❷〔加熱用の〕土皿
mufle [mófle]〔←英語 muffle〕男《パナマ, ドミニカ, ペルー》排気管, マフラー〔=tubo de escape〕
muflón [muflón]男《動物》ムフロン〔野生のヒツジの一種〕; その毛〔の織物〕: ~ de Alaska ドールビッグホーン, ドールシープ
muflona [muflóna]女 雌のムフロン
muftí [muftí]男〔圏 ~es〕《イスラム教》ムフティ〔戒律・教義上の問題を裁く法学者・法官〕
mug [mág/múg]〔←英語〕男 マグカップ
muga [múga]女《地方語》❶〔土地の〕境界〔標〕, 道標, 境石. ❷〔魚の〕産卵;〔魚・両生類の〕卵の受精
mugar [mugár]自《地方語》❶ 境を区切る; 境を接する. ❷ 産卵する
múgel [múgel]男《地方語. 魚》ボラ〔=*mújol*〕
mugido [muxíðo]男〔←ラテン語 mugitus〕男 ❶〔牛の〕モーという鳴き声. ❷ うなり; うめき
mugidor, ra [muxiðór, ra]形 ❶〔牛が〕鳴く. ❷ うなる; うめく
mugiente [muxjénte]形 =**mugidor**
múgil [múxil]男《地方語. 魚》ボラ〔=*mújol*〕
mugilicultura [muxilikultúra]女《漁業》ボラ〔科の魚〕の養殖
mugílido [muxíliðo]男《魚》❶ ボラの一種. ❷《圏》ボラ科
mugir [muxír]〔←ラテン語 mugire〕自 ❶〔牛が〕モーと鳴く. ❷〔人が牛のように〕怒っている; 苦痛にうめく. ❸〔風・海の〕うなる. ❹《メキシコ》悪臭がする
mugor [mugór]男 油汚れ, 垢〔=mugre〕
mugre [múgre]〔←ラテン語 mucor, -oris「かび」< mucere「かびる, 失われる」〕女 ❶〈不可算〉1)〔台所などの〕油汚れ: Las paredes de la cocina están llenas de ~. 台所の壁は油でべっとりと汚れている. 2)〔脂じみた〕〔衣服の〕汚れ; piel llena de ~ 垢だらけの皮膚. ❸《アンダルシア》ごみ〔=basura〕. ❹《メキシコ. 口語》役に立たないもの, 取るに足りないもの
sacar la ~*a*+人《中米. 口語》…をひっぱたく
sacarse la ~《チリ, アルゼンチン, ウルグアイ》1)〔仕事・勉強で〕一所懸命がんばる. 2) 思いがけない支障にぶつかる. 3) 互いに激しく衝突する
―― 形《メキシコ. 口語》役に立たない, 取るに足りない
mugrería [mugrería]女《ペルー, チリ》油汚れ, 垢〔=mugre〕
mugriento, ta [mugrjénto, ta]形 油でひどく汚れた; 垢だらけの

mugrón [mugrón]男 ❶《農業》〔ブドウなどの〕取り木した枝. ❷《植物》〔一般に〕新芽, 若枝. ❸ =**murgón**
mugroso, sa [mugróso, sa]形 =**mugriento**
muguasaja [muguáʃaxa]女《詩》=**moaxaja**
muguet [mugé(t)]男《医学》鵞口瘡(がこうそう). ❷《主にラプラタ》スズラン〔=muguete〕
muguete [mugéte]男〔←仏語 muguet〕男 ❶《植物》スズラン. ❷《医学》鵞口瘡〔=muguet〕
muharra [mwára]女 =**moharra**
mui [mwí]女《西. 口語》[la+]舌〔=lengua〕; 口〔=boca〕
achantar la ~《西. 口語》黙る
irse de la ~《西. 口語》白状する, 密告する
muidera [mwiðéra]女《地方語》〔羊の〕乳搾り場, チーズ工場
muil [mwíl]男《地方語. 魚》ボラ〔=*mújol*〕
muimuy [mwimúj]男《ペルー》=**muy muy**
muina [mwína]女《メキシコ》[主に圏] 怒り, 不快
hacer ~*s* 怒る: No *hagas* ~*s.* そう怒るなよ
muiñeira [mwiɲéira]女《地方語》=**muñeira**
muir [mwír]48 他《アラゴン》❶ …の乳を搾る. ❷〔実などを取るために木の枝を〕しごく
muisca [mwíska]形 チブチャ族(の)〔=chibcha〕
mujada [muxáða]女〔カタルーニャの農地面積の単位〕=約49アール〔=mojada〕
mujaidín [muxajðín]形男 =**muyahidín**
mujalata [muxaláta]女〔モロッコのイスラム教徒とキリスト教徒またはユダヤ教徒で作る〕農業組織
mújel [múxel]男《西. 魚》ボラ〔=*mújol*〕
mujer [muxér]〔←ラテン語 mulier, -eris〕女 ❶〔男に対して〕女, 女性〔⇔hombre〕: 1) Es una ~ muy guapa. 彼女はすごい美人だ. Ya es toda una ~.〔初潮が来て〕彼女はもう完全に女だ. vestido de ~*se* 婦人服. 2)〔+同格名詞. この複数形は〕~ であることを表示している〕 ~ empresaria 女性実業家. ~ piloto 女性パイロット. ~ policía 婦人警官. ~ sacerdote 女性聖職者, 女祭司. ~ soldado 女性兵士. ~ taxista 女性タクシー運転手. ~ trabajadora 女性労働者. 3)《諺》La ~ honrada, la pierna quebrada y en casa. 貞淑な女性は外を出歩いたりしないものだ. M~, enferma, ~ eterna. いつも病気を訴える女は長生きする. M~, viento y ventura pronto se mudan. 女と風と運は移りやすい. ❷〔主に18歳以上の〕成人した女, 一人前の女: Su niña ya es una ~. 彼女の娘はもう一人前の女だ. Las ~*es* de los pueblos llevan todavía pañuelo en la cabeza. 村の婦人たちはいまだにスカーフをかぶっている. ❸〔主に西〕妻〔主に自分・相手の妻. →esposo 類図. ⇔marido〕: Les presento a mi ~. 私の妻をご紹介します. Ayer vi a tu ~. 昨日君の奥さんに会ったよ. mi futura ~ 私の将来の妻. tomar ~〔男が〕結婚する. tomar a+人 por ~ …を妻にする. ~ golpeada (maltratada) 夫からしばしば暴力を受ける妻. ❹《婉》愛人. ❺《婉曲》売春婦: casa de ~*es* 娼家, 売春宿. ❻ 下働きの女: ~ de la limpieza 掃除婦. ~ de gobierno 家政婦
buena ~《古語的, 丁寧》〔自分より身分の低い見知らぬ女性に対して〕ご婦人
de ~ *a* ~ 女同士率直に言って
hacerse ~/*estar hecha una* ~ 1) 一人前の女になる: Su hermana está *hecha una* ~. 彼の妹は大人の女性になった. 2) 女になる〔初潮が来る, 処女を失う; 女装する, 女性に性転換する〕
mala ~ 売春婦; 身持ちの悪い女: Por una *mala* ~ perdió mucho dinero. 彼は悪い女に引っかかって大金を失った
~ [*de*] *bandera*/~ *de tronío*《古語的》魅惑的な女
~ *de digo y hago* 強い女, 果断な女
~ *de la calle*/~ *de la vida*《婉曲》売春婦, 街娼: Por sus necesidades se hizo ~ *de la vida*. 貧困のために彼女は売春婦になった
~ *de mala vida*/~ *de mal vivir*/~ *de mala nota* 尻軽女, 身持ちの悪い女; 売春婦
~ *de su casa* 家事の好きな女
~ *de vida airada* (*alegre*)《婉曲》売春婦
~ *del arte*/~ *del partido* (~ *del* (*l*) *punto* 売春婦
~ *fatal* 魔性の女, 男を惑わす女, 妖婦, 毒婦
~ *galante* 尻軽女, 身持ちの悪い女; 売春婦
~ *mayor* 熟女; 年上の女
~ *mundana* 売春婦
~ *objeto*〔圏 ~*es* objeto〕物(性的対象)としての女性, 快楽の

ための女: Aquellas son 〜*es objeto*. あの女たちは性を売り物にしている
〜 orquesta [仕事も家事・子育てもこなす] 超人的な女性
〜 perdida 売春婦
〜 pública《古語》売春婦
〜 rana《[圖] 〜*es rana*(s)》女性ダイバー, 女性潜水士
ser toda una 〜 いかにも女性らしい
—— [形] ❶ 女らしい, グラマーな: Es muy 〜. 彼女はいかにも女性らしい. ❷ [ser+] 初潮を迎えた: Fue 〜 a los diez años. 彼女は10歳で初潮を迎えた. ❸ [古] 成人した: Tiene dos hijas ya 〜*es*. 彼にはもう大きい娘が2人いる. ❹ [ser+. 少女が] 生理になった
—— [間]《主に西》[女性の女性に対する親愛の呼びかけ・説得・抗議・叱責・疑問] ¡M〜, no grites tanto! ねえ, そんなにわめかないで! No sé qué te diga, 〜. さあね, 何とあんたに言ったらいいのだろうね

mujercilla [muxerθíća] [女] ❶ つまらない女. ❷ 小柄な女. ❸ 売春婦, 娼婦
mujerear [muxereár] [自]《プエルトリコ, コロンビア》女性たちと飲み歩いて浮かれ騒ぐ
mujerengo [muxeréŋgo] [形]《中米》女性的な[男]
mujerero [muxeréro] [形]《中南米. 口語》女好きな[男]《=mujeriego》
mujeriego, ga [muxerjégo, ga]《←mujer》[形] ❶ 女好きな[男], 漁色家[の], 女たらし, 色事師. ❷《まれ》女性の
a 〜gas/a la 〜ga《馬術》横座りで
mujeril [muxeríl]《←mujer》[形] [主に欠点について] 女性[特有]の: habladurías 〜*es* 女たちのおしゃべり. atavíos 〜*es* 女性らしい衣装
mujerilmente [muxerílménte] [副] 女性らしく, 女らしく
mujerío [muxerío]《←mujer》[男] [集合. 時に軽蔑][大勢の] 女たち: el 〜 de esta aldea この村の女たち. ¡Qué 〜 aquí! ここには何と大勢の女がいるのだろう!
mujerona [muxeróna] [女] [mujer の示大語] [中年の背が高く] たくましい(太った)女性
mujerota [muxeróta] [女] 粗野で大柄な女
mujeruca [muxerúka] [女]《軽蔑》老いた女; 卑しい女
mujerzuela [muxerθwéla] [女]《軽蔑》[mujer の示小語] ❶ 売春婦. ❷ あま, 女
mujic [muxík] [男] =**mujik**
Mujica Láinez [muxíka lájneθ]《人名》Manuel 〜 マヌエル・ムヒカ・ライネス《1910〜84, アルゼンチンの作家で, 新旧両大陸の歴史・文学・芸術に精通. 短編集『神秘なブエノスアイレス』*Misteriosa Buenos Aires* では首都の神話的世界を再構築した. ルネサンスの貴族を主人公にした長編小説『ボルツォ公の回想』*Bomarzo* はオペラ化されている. 小説『甲虫』*Escarabajo* はエジプトの王妃がのちにラピスラズリの甲虫が現在の持ち主に自分のたどってきた3千年以上の歴史を語るという趣向》
mujik [muxík] [男] [〜s] [帝政ロシアの貧しい] 農民
mújil [múxil] [男]《魚》ボラ《=mújol》
mújol [múxol] [男]《魚》ボラ
mukarna [mukárna] [女]《美術》モカラベ《=mocárabe》
mula[1] [múla]《←mulo》[女] ❶ 雌のラバ 〜 *s* ラバ飼い, ラバ追い. 〜 de paso 乗用のラバ. 〜 mecánica 耕耘機. ❷《口語》強情な女, 頑固な女; 理解力のない女, 頭の悪い女: Es una 〜. 彼女はひどく頑固(間抜け)だ. ❸《魚》ヨウジウオ(楊枝魚). ❹《[圖]ローマ教皇の》白いスリッパ. ❺《古代ローマ》靴《=múleo》. ❻《隠語》[女性の] 麻薬の運び屋. ❼《メキシコ》1) 売れ残りの商品. 2)《ドミノ》ダブル. 3) 悪人, 邪悪な人. 4) [人足などの] 荷運び. ❽《中米, コロンビア》フォークリフト; トレーラー. ❾《グアテマラ, ホンジュラス》恥, 不名誉. ❿《コスタリカ》酔い. ⓫《ベネズエラ》[旅行用の] 酒瓶. ⓬《ペルー》瓶の4分の1の量. ⓭《ボリビア》幼児の遊び. ⓮《パナマ》もつれ, 紛糾
bajarse de la 〜《ベネズエラ. 口語》お金をあげる
devolver la 〜《中米》仕返しをする, 復讐する
echar la 〜《メキシコ》叱る, 毒づく
en la 〜 *de San Francisco* 徒歩で
estar hecho una 〜《口語》強い
hacer la 〜《口語》仕事に関して不平を言う, するべきことをしない
irse la + *a la* 〜 …がうっかり口をすべらせる
llevar a la una mi 〜《キューバ. 口語》[人を] 無視する, 冷淡に扱う

meter una (la) 〜《チリ, アルゼンチン, ウルグアイ. 口語》1) だます, だまし取る. 2) [賭け事で] はったりをかける
montar 〜《グアテマラ》腹を立てる
ser la 〜 **de carga** 他人の仕事まで背負い込む
ser terco (tozudo) como una 〜 ひどく頑固である
trabajar como una 〜 黙々と働く
mulá [mulá]《イスラム教》[法・教義に深く通じた人に対する尊称] ムッラー: 〜 Omar オマル師
mulada [muláda] [女] ❶ ラバの群れ. ❷《口語》ばかげたこと, 愚行; 無茶なこと
muladal [muladál] [男] =**muladar**
muladar [muladár] [男] ❶ ごみため, むさ苦しい場所. ❷ [物質的・精神的に] 汚すもの
muladí [muladí]《←アラビア語 muwalladí「アラブ人と外国人との混血の人」》[名] [〜*es*]《歴史》ムラディー《[e]s[形]《イスラム教徒に征服された土地に残留し, イスラム教に改宗したキリスト教徒》
mulante [mulánte] [男]《古語》ラバ追い, ラバ引き, ラバ飼い
mular [mulár]《←ラテン語 mularis》[形] ラバの: ganado 〜 家畜としてのラバ. ❷《魚》pez 〜 ネズミイルカ
mulata[1] [muláta] [女] ❶《植物》サルスベリ, 百日紅. ❷《地方語. 動物》十脚類・短尾類の甲殻類《はさみが大きい》
mulatear [mulateár]《チリ》[黒色の果実が] 熟し始める
mulatero [mulatéro] [男] ❶ ラバ貸し業者. ❷ ラバ引き《=mulero》
mulatizar [mulatiθár] [自] 浅黒くなる
mulato, ta[2] [muláto, ta]《←mulo》[名] ❶ ムラート[の] (1) 黒人と白人(特にスペイン人)の混血の人. カリブ海やブラジルに多く居住. 2)《メキシコ. 古語》ムラートの男性とメスティーソの女性の混血の人. 3)《キューバ. 古語》ムラートの男性と中国人の女性との混血の人. 4)《ドミニカ. 古語》ムラートの男女の子孫. 5)《ペルー》先住民と白人の混血の人;《古語》黒人男性と先住民女性との混血の人;《古語》サンボ zambo の男性と白人女性との混血の人]: En los países de América Central hay mucha población 〜 *ta*. 中米諸国ではムラートの人口が多い. 〜 oscuro (prieto) 先住民男性とムラートの女性との混血の人]. ❷ [皮膚の] 浅黒い. ❸《闘牛》[牛が] くすんだ黒色の
—— [男]《中南米》[暗黒色の] 銀鉱石
mulcar [mulkár] [7] [他]《チリ》❶ [土器に] 脂を塗って焼きを入れる. ❷《衣類の》焦がす
mulco [múlko] [男]《グアテマラ》十分に成熟しなかったトウモロコシ
mule [múle] [男]《サンタンデール. 魚》ボラ《=mújol》
mulé [mulé] [男] *dar* 〜《隠語》殺す, バラす
muleco, ca [muléko, ka] [名]《キューバ》=**muleque**
mulecón, na [mulekón, na] [名]《キューバ》=**muleque**
muleles [muléles] [男] [複]《キューバ》がらくた
muleño, ña [muléɲo, ɲa] [形] [名] [地名] ムラ Mula の[人]《ムルシア県の町》
múleo [múleo] [男]《古代ローマ》[貴族の] とんがり靴
muléolo [muléolo] [男]《古代ローマ》=**múleo**
muleque [muléke] [名] ❶《キューバ, アルゼンチン, ウルグアイ》黒人(ムラート)の若者. ❷《キューバ. 歴史》[7〜10歳の] アフリカ人奴隷
mulero, ra [muléro, ra] [名] ❶ ラバ引き, ラバ追い, ラバ飼い. ❷《地方語》二頭立てのラバで日雇い仕事をする人. ❸《ラプラタ. 口語》いかさま師, 嘘つき[の]. ❹《アルゼンチン》ほら吹き, 空いばり屋
—— [男]《パナマ》鞭
muleta[1] [muléta]《←muleto》[女] ❶ 松葉杖; 支えになる棒: andar (caminar) con 〜*s* 松葉杖をついて歩く. ❷ [主に [複]] 支え, 助け: No sabe hacer nada sin 〜*s*. 彼は手伝ってもらわないと何もできない. ❸ [食事前の] おつまみ. ❹《闘牛》ムレータ[棒に赤い布をつけたもの]; その赤い布: pasar de (con la) 〜 ムレータで牛をあしらう
muletada [muletáda] [女] [若い] ラバの群れ《=mulada》
muletazo [muletáθo] [男]《闘牛》ムレータさばき
muletear [muleteár] [他] ❶《闘牛》[牛を] ムレータであしらう. ❷《メキシコ》嘘をつく, だます
muleteo [muletéo] [男]《闘牛》牛をムレータであしらうこと
muletería [muletería] [女]《まれ》ラバ引きの仕事
muletero, ra [muletéro, ra] ❶ [名] ラバ引き, ラバ追い, ラバ飼い《=mulatero》. ❷《闘牛》ムレータを持ったマタドール
—— [形] ❶《闘牛》ムレータの; ムレータで牛をあしらうのが上手な. ❷《まれ》ラバ引きの

muletilla [muletíʎa]【muleta の示小語】囡 ❶ [口癖のような合いの手の, 意味のない] はさみ言葉, 冗語 [例 es decir, o sea]. ❷《服飾》トグルボタン. ❸ 撞木(ﾄﾞｳﾓｸ)形握りの杖. ❹ [昔の闘牛の] 小型のムレータ

muletillero, ra [muletiʎéro, ra] 名 [会話に] はさみ言葉の多い人

muleto, ta[2] [muléto, ta]【←mulo】囮 ❶ [飼い馴らされていない] 若いラバ
—— 男《カーレースの》予備車

muletón [muletón] 男《繊維》メルトン

muley [muléj] 男 モロッコのスルタンに与えられる称号: M〜 Hacén《アブルハサン・アリー Abul Hasan Ali のこと》

múlido, da [múliðo, ða] 囮 ヒメジ科の
—— 男《複》《魚》ヒメジ科

mulier [muljér] 囡《古語》=mujer

mulila [mulíla] 囡《古ﾛｰﾏ》=múleo

mulilla [mulíʎa] 囡 ❶《闘牛》《複》死んだ牛・馬を引くラバ. ❷《古代ﾛｰﾏ》=múleo

mulillero [muliʎéro] 男《闘牛》死んだ牛・馬を引くラバの担当者

muliso, sa [mulíso, sa] 囮 蜂蜜と砂糖を混ぜた

—— 囡《ペル》[先住民の] 単調で悲痛な歌

mulita [mulíta] 囡 ❶〜 mecánica 耕転機. ❷《ペル》1)《酒の》ポケット瓶. 2)《酒の容量単位》=4分の1リットル. 3) ピスコ pisco を1杯飲むこと. ❸《チリ, 昆虫》イトアメンボ科の一種《学名 Hydrometra stagnorum》. ❹《ラプラタ, 動物》アルマジロ
—— 囡《アルゼンチン》臆病な, 気の弱い

mulito [mulíto] 男《メキシコ》七面鳥

mullar [muʎár] 他《隠語》殺す

mullicar [muʎikár] 7 他《サラマンカ》ブドウの木のまわりを掘り返す

mullido, da [muʎíðo, ða] 囮 柔らかい: cama 〜da ふかふかのベッド. 〜da hierba 柔らかい草
—— 男 ❶ [布団・ソファなどの] 詰め物. ❷ 柔らかくすること
—— 囡 ❶《家畜の》寝わら. ❷《地方語》詰め物 [=mullido]

mullidor, ra [muʎiðór, ra] 囮 柔らかくする
—— 囡《古語》世話人, 裏工作をする人 [=muñidor]

mullir [muʎír] [←古語 mollir < ラテン語 mollire < mollis「柔らかい」] 21 他 ❶ 柔らかくする, ふっくらさせる: 〜 la lana de un colchón 布団の打ち直しをする. ❷ [土を] ほぐす: 〜 los campos con la azada 鍬で畑を耕す. ❸ 裏工作をする, 画策する [=muñir]. ❹《隠語》殴る. ❺《地方語》《家畜の》寝わらを敷く

mullírselas a+人《口語》…を懲らしめる, 罰する

mullo [múʎo] 男 ❶《魚》ヒメジ [=salmonete]. ❷《エクアドル》ビーズ [=abalorio]

mulo, la[2] [múlo, la]【←ラテン語 mulus】囡 ❶《動物》ラバ. ❷ 辛抱強い人, よく働く人; 頑健な人. ❸ 粗野な人, けだものような人

estar hecho un 〜《西》非常に力が強い
〜 de carga《口語》馬車馬のように働く人
trabajar como un 〜 わき目もふらずに働く, 黙々と働く

mulón, na [mulón, na]《チリ》❶ [人が] どもる; 舌足らずな話し方をする, たどたどしく話す. ❷ [幼児が] 言葉を話し始めるのがとても遅い
—— 名《ペル》不器用な人

mulquía [mulkía] 囡 [モロッコで] 土地の所有を示す書類, 土地所有証

mulquite [mulkíte] 男《グアテマラ》トウモロコシの小穂

mulsión [mulsjón] 囡 搾乳 [=ordeñamiento]

mulso, sa [múlso, sa] 囮 蜂蜜 (砂糖) を混ぜた: vino 〜 甘くしたワイン

multa [múlta]【←ラテン語】囡 ❶ 罰金; 罰金刑: Le pusieron una 〜 de 50 euros porque viajaba en el metro sin billete. 切符なしで地下鉄に乗っていたので彼は50ユーロの罰金を取られた. Tienen problemas para cobrar las 〜s. 彼らは罰金を徴収するのに苦労している. pagar una 〜 罰金を払う. ❷ 交通違反の切符 (ステッカー)

multa paucis [múlta páuθis]【←ラテン語】囮 わずかな言葉で多くのことを

multar [multár]【←ラテン語 multare】他 …に罰金を科す: La policía lo multó con (en) cien euros. 警察は彼に100ユーロの罰金を科した

multazo [multáθo] 男《口語》高額の罰金

multero, ra [multéro, ra] 囮《まれ》罰金を科す人

multi-《接頭辞》[多] *multi*nacional 多国籍の, *multi*color 多彩色の

multiacceso [multia(k)θéso] 囮《情報》マルチアクセスの

multiárabe [multjárabe] 囮 アラブ諸国の

multiárea [multjárea] 囮《情報》マルチタスク処理, マルチタスキング

multibarra [multibárra] 囮《自動車》多連結棒の

multicable [multikáble] 囮 マルチケーブルの

multicanal [multikanál] 囮《放送》マルチチャンネルの

multicapa [multikápa] 囮 多層の

multicasco [multikásko] 囮《船舶》多胴船

multicaule [multikáule] 囮《植物》多茎の

multicelular [multiθelulár] 囮《生物》多細胞の

multicéntrico, ca [multiθéntriko, ka] 囮 多中心の

multicentro [multiθéntro] 男 複合商業施設, 大型ショッピングセンター

multicine [multiθíne] 男《映画》[主に《複》] シネマコンプレックス

multicolor [multikolór] 囮 多彩色の; 多彩の配色の

multicomando [multikomándo] 囮 多機能対応 [の]

multicopia [multikópja] 囡 コピー, 複写

multicopiado [multikopjáðo] 男 =multicopia

multicopiador, ra [multikopjaðór, ra] 囮 =multicopista

multicopiar [multikopjár] 10 他 コピーする

multicopista [multikopísta] 囮 コピーする
—— 囡 複写機, コピー機 [=fotocopiadora]

multicorte [multikórte]《髪型》様々な形のカット [方法]

multicultural [multikulturál] 囮 多文化の, 多文化 [主義] 的な

multiculturalismo [multikulturalísmo] 男 多文化共生, 多文化主義, 異文化の共存

multidimensional [multiðimensjonál] 囮《哲学など》多次元の; 多様な

multidireccional [multiðire(k)θjonál] 囮 多方面の; 多角的な

multidisciplinar [multiðisθiplinár] 囮 多くの専門分野にわたる, 学際的な: análisis 〜 学際的な分析

multidisciplinariedad [multiðisθiplinarjeðá(ð)] 囡 多くの専門分野にわたること, 学際性

multidisciplinario, ria [multiðisθiplinárjo, rja] 囮 =multidisciplinar

multidivisa [multiðibísa] 囮《経済》多種の通貨による

multiempresarial [multjempresarjál] 囮 多企業の

multiespectral [multjespektrál] 囮《写真》多スペクトル感応性の

multiestándar [multjestándar] 男 マルチスタンダード

multiétnico, ca [multjétniko, ka] 囮 多民族の: estado 〜 多民族国家. sociedad 〜ca 多民族社会

multifacético, ca [multifaθétiko, ka] 囮 多くの側面を持つ, 多面的な

multifactorial [multifaktorjál] 囮 多要素の, 多因性の

multifamiliar [multifamiljár] 男《中南米》[数階の] アパート, マンション [=edificio 〜]

multifario, ria [multifárjo, rja] 囮 種々の, 多種多様の

multifibra [multifíbra] 囮《まれ》多繊維の

multifloro, ra [multifóro, ra] 囮《植物》多花の, 房状に咲く: pedúnculo 〜 多花の花柄

multifocal [multifokál] 囮《光学》多焦点の: lente 〜 多焦点レンズ

multiforme [multifórme]【←ラテン語 multiformis, -e】囮 多形の, 色々な形をした; 多 [方] 面の: La vida es 〜. 人生は色々な形をとる

multifunción [multifunθjón] 囮 =multifuncional

multifuncional [multifunθjonál] 囮 多機能の: asiento 〜 多機能チェア

multifuncionalidad [multifunθjonaliðá(ð)] 囡 多機能性

multigrado, da [multigráðo, ða] 囮《自動車》aceite 〜 マルチグレードオイル

multígrafo [multígrafo] 男《メキシコ, ベネズエラ》謄写版

multiinstrumentista [multiinstrumentísta] 名《音楽》いくつもの楽器を演奏する (できる) 演奏家

multilaminar [multilaminár] 囮 madera 〜 合板

multilateral [multilaterál] 囮 ❶ 多面的な, 多角的な. ❷《政治》多数の国が参加する, 多国間の: acuerdo 〜 多国間協定

multilateralidad [multilateraliðáð] 囡 多面性; 多数の国が参加すること
multilateralismo [multilateralísmo] 男 多国間共同政策; 多国間外交; 多国間の相互自由貿易[主義]
multilateralizar [multilateraliθár] 9 他 多面化する, 多角化する; 多国化する
multilátero, ra [multilátero, ra] 形 [5角形以上の]多角[形]の
multilingüe [multilíŋgwe] 形 多言語併用の, 多言語を話す《= plurilingüe》
multilingüismo [multiliŋgwísmo] 男 =**plurilingüismo**
multilobulado, da [multilobuláðo, ða] 形《植物》多小葉性の
multilocular [multilokulár] 形《生物》多胞(多室・多房)性の
multimedia [multiméðja]《←ラテン語》男《単複同形》マルチメディア[の]: computadora ~ マルチメディアコンピュータ. servicios ~ マルチメディアサービス
multímetro [multímetro] 男《電気》マルチメーター
multimilenario, ria [multimilenárjo, rja] 形 数千の
multimillonario, ria [multimiʎonárjo, rja] 形 億万長者[の], 大金持ち[の], 大富豪[の]
multimodal [multimoðál] 形 マルチモードの, 複数方式の: sistema de transporte ~ 複数の輸送手段で構成される輸送システム
multimolecular [multimolekulár] 形《化学》多分子の
multimotor [multimotór] 形《航空》多発機 [= avión ~]
multinacional [multinaθjonál] 形《←multi-+nacional》多国籍の, 多くの国に関係のある: fuerza ~ 多国籍軍
—— 囡 多国籍企業 [= empresa ~]
multinuclear [multinukleár] 形 多核[性]の
multiorgánico, ca [multjorɣániko, ka] 形 多臓器の, 多器官の
multípara [multípara] 形 ❶《動物》一度に多くの子を産む, 多重産の. ❷《生理》2人以上出産経験のある
—— 囡 経産婦
multipartidario, ria [multipartiðárjo, rja] 形 多政党の
multipartidismo [multipartiðísmo] 男 多政党制, 複数政党制
multipartidista [multipartiðísta] 形 多政党制の
múltiple [múltiple]《←ラテン語 multiplus》形 ❶ [複数名詞と共に]多数の, 様々な: Tiene ~s actividades. 彼は色々な活動をしている. opiniones ~s 様々な意見. ❷ [単複名詞と共に]複式の, 多重の, 多極の《⇔simple》: accidente ~ 多重事故. dibujo ~ 多重模様. eco ~ 多重反響. error ~ 複合ミス. estrella ~ 多重星. sistema ~ 複合系
múltiplemente [múltiplemén̯te] 副 様々に; 複式に, 多重に
multiplete [multipléte] 男《物理》多重線
múltiplex [múltiple(k)s] 形《単複同形》《通信》多重送信システム
multiplexor [multiple(k)sór] 男《通信》多重送信装置
multiplicable [multiplikáble] 形 増加〔倍増〕され得る
multiplicación [multiplikaθjón]《←ラテン語 multiplicatio, -onis》囡 ❶《数学》乗法, 掛け算. ❷ 増加; 繁殖: el milagro de la ~ de los panes y los peces《新約聖書》パンと魚が増える奇跡
multiplicador, ra [multiplikaðór, ra] 形 囡 増加〔増大〕させる〔人〕: poder ~《経済》乗数[効果], レバレッジ効果
—— 男 ❶《数学》乗数. ❷《経済》~ de la inversión 投資乗数. ~ del comercio exterior 貿易乗数. ~ del crédito 信用〔創造〕乗数
multiplicando [multiplikán̯do] 男《数学》被乗数
multiplicante [multiplikán̯te] 形《まれ》増加〔増大〕させる
multiplicar [multiplikár]《←ラテン語 multiplicare < multum「多く」+plicare「折る」》7 他 ❶ [数・量を]増やす; 繁殖させる. Este año debemos ~ los beneficios de la tienda. 今年は店の利益を増やさなければならない. El mal tiempo *multiplican* los accidentes automovilísticos. 悪天候は自動車事故を増大させる. ~ el esfuerzo もっと努力する. ❷《数学》掛ける: ~ 3 por 4 3に4を掛ける [3×4]. Cinco [*multiplicado*] por siete son treinta y cinco. 5掛ける7は35 [5×7 = 35]
—— ~**se** ❶ 増加する, 増大する: Se *multiplican* las posibilidades. 可能性が増す. ❷ 繁殖する: Las ratas se *multiplican* con facilidad. ネズミはすぐに増える. ❸ 身を粉にする; 他人の分まで働く: La anfitriona se *multiplica* para complacer a todos sus invitados. 女主人は客全員を満足させようと努めた. Se *multiplicaba* para trabajar 12 horas al día. 彼は一日12時間も身を粉にして働いた. No puedo ~*me*. 私には2本の手しかない〔同時にいくつものことはできない〕

multiplicativo, va [multiplikatíβo, ba] 形 ❶ 倍加する. ❷《数学》乗法の. ❸《文法》倍数詞の
—— 男《文法》倍数詞《doble, triple など》
multíplice [multípliθe] 形《まれ》=**múltiple**
multiplicidad [multipliθiðáð]《←ラテン語 multiplicitas, -atis》囡 多数であること; 多様性, 複雑さ
múltiplo, pla [múltiplo, pla]《←ラテン語 multiplus》形 男 ❶《数学》倍数[の]: Ocho es ~ de dos. 8は2の倍数である. mínimo común ~ 最小公倍数. ❷《文法》adjetivo numeral ~ 倍数[形容]詞
multipolar [multipolár] 形 ❶《政治》多極化した. ❷《生物》neurona ~ 多極ニューロン
multipremiado, da [multipremjáðo, ða] 形 多数の受賞歴がある, 受賞経験の多い: escritor ~ 数々の受賞歴のある作家
multiprocesador [multiproθesaðór] 男《情報》マルチプロセッサ, 多重プロセッサ
multiproceso [multiproθéso] 男《情報》マルチプロセッシング
multiprofesional [multiprofesjonál] 形 様々な専門家からなる
multiprogramación [multiproɣramaθjón] 囡《情報》多重プログラミング
multipropiedad [multipropjeðáð] 囡 [休暇施設など, 交代で利用する]共同所有[物]
multipuesto, ta [multipwésto, ta] 形 =**multiusuario**
—— 男《情報》マルチシート, マルチステーション
multipunto [multipún̯to] 形《情報》マルチポイントの
multirracial [multirraθjál] 形 多民族の: sociedad ~ 多民族社会
multirradicular [multirraðikulár] 形《歯科》多根の
multirregulable [multirreɣuláble] 形 様々に調節〔調節〕可能な
multirrepetido, da [multirrepetíðo, ða] 形 何度も何度も繰り返された
multirriesgo [multirrjésɣo] 形《保険》マルチ対応の, 様々な事故に対応した: seguro ~ 総合保険
multisala [multisála] 形 =**multicine**
multisatélite [multisatélite] 形 antenas ~ 複数の衛星からの電波を受けることのできるアンテナ
multisectorial [multisektorjál] 形 多部門(分野・業種・部局)にわたる: desarrollo ~ 他部門成長
multisecular [multisekulár] 形 何世紀にもわたる, 大変古い: tradición ~ 数世紀にわたる伝統
multitarea [multitaréa] 囡《情報》マルチタスク
multitratamiento [multitratamjén̯to] 男《情報》マルチウィンドウ
multitud [multitúð]《←ラテン語 multitudo, -inis》囡 集名 群衆, [一般]大衆: El ministro saludó a la ~. 大臣は群集に挨拶した. aplausos de la ~ 群衆の喝采
~ **de...** 多数の…: Tengo ~ de ocupaciones. 私は用事がたくさんある. Existen ~ de posibilidades. 多くの可能性が存在する. una ~ de libros 多数の本. una gran ~ de pájaros 鳥の大群
multitudinario, ria [multituðinárjo, rja] 形 群衆の, 大衆の; 多数の: asamblea ~*ria* 大衆集会. concierto ~ 大規模コンサート. manifestación ~ *ria* 大規模なデモ. ulbanismo ~ 大規模な都市計画
multitudinoso, sa [multituðinóso, sa] 形《まれ》=**multitudinario**
multiuso [multjúso] 形 多目的の: navaja ~ 万能ナイフ
multiusuario [multjuswárjo] 形《情報》マルチユーザー[の]: sistema ~ マルチユーザーシステム
multivalente [multibalén̯te] 形《化学》多原子価の;《生物》多価の
multiválvula [multibálbula] 形 男《自動車》[一シリンダーに]複数のバルブの[エンジン]
multiviaje [multibjáxe] 形 billete ~ 定期券
multivisión [multibisjón] 形《放送》マルチビジョン
multivisor [multibisór] 男《写真》マルチファインダー; [スライドの]マルチビューアー

multivitamínico, ca [multibitamíniko, ka] 形 マルチビタミンの: suplementos ~s マルチビタミン剤

mumuga [mumúga] 女《ホンジュラス》たばこのくず

muna [múna] 女 ❶《歴史》[モロッコで] スルタンなどからの使者に捧げられる食糧. ❷《ベネズエラ. 口語》お金

munare [munáre] 男《チリ》篩

muncho [múntʃo] 形 副《古語》=**mucho**

munda [múnda] 形 名[インドの] ムンダ族[の]

mundana[1] [mundána] 女《まれ》売春婦 [=mujer ~]

mundanal [mundanál] 形《文語》世俗の, 俗世間の[=mundano]: huir (lejos) del ~ ruido 俗塵を逃れる(離れて). placeres ~ 世俗の喜び. vida ~ 世俗の生活

mundanalidad [mundanalidá(d)] 女 世俗的なこと

mundanamente [mundanáménte] 副 世俗的に

mundanear [mundaneár] 自 俗事にかまける, 世俗的なことに気をとられる

mundanería [mundanería] 女《まれ》❶ 現世, 世俗; 世俗的なこと. ❷ 世俗的な行ない

mundanidad [mundanidá(d)] 女 世俗(世間)的なこと; 人間社会の事物(環境)

mundanismo [mundanísmo] 男 現世(世俗)的なこと

mundanizar [mundanidár] 9 他 俗っぽくする, 世俗的にする; 社交好きにする

mundano, na[2] [mundáno, na] [←*mundo*] 形 ❶ この世の, 現世の, 世間の: Ha viajado y ha leído mucho, es muy ~. 彼はたくさん旅行もした本もたくさん読んできて, 世間をよく知っている. amor ~ 世俗的な愛. placeres ~s 世俗の喜び. ❷ 社交界の, 上流社会の: Son gente muy ~na. 彼らは上流社会の人たちだ. hombre ~ プレーボーイ, 遊び人, 社交的紳士. reunión ~na 社交界の集まり. ❸ 社交界好きの: artista ~ 社交界によく出入りする芸術家. ❹ 社交の: llevar una vida muy ~na 積極的な社交生活をする. fiesta ~na 有名人のパーティー, 社交パーティー. ❺ 人間社会の — 名 [社交界の] 名士, 淑女

mundaria [mundárja] 女《まれ》売春婦

mundear [mundeár] 自《コロンビア》放浪する, 流れ者の生活をする

mundial [mundjál] [←*mundo*] 形 ❶ 全世界の, 世界的な: estreno ~ 世界的デビュー. fama ~ 世界的名声. organización ~ 世界的な組織. paz ~ 世界平和. ❷《古語》人類の — 男 [時に 複] 世界選手権[大会] [=campeonato ~]: M~ de fútbol サッカーワールドカップ. M~ juvenil 世界ユース選手権大会

mundialismo [mundjalísmo] 男 世界連邦主義, 世界政府主義

mundialista [mundjalísta] 形 名 ❶ 世界選手権大会出場者[の]; 世界選手権大会の. ❷ 世界連邦主義(の主義者), 世界政府主義者(の主義者)

mundialización [mundjaliθaxjón] 女 世界化, 国際化

mundialmente [mundjálménte] 副 世界的に: ~ famoso 世界的に有名な

mundicia [mundíθja] 女《古語》清潔さ, 公正さ[=limpieza]

mundificación [mundifikaθjón] 女《まれ》きれいにすること, 清掃, 洗浄, 浄化

mundificar [mundifikár] 9 他《まれ》きれいにする, 清掃する, 洗浄する, 浄化する

mundificativo, va [mundifikatíβo, βa] 形《薬学》[傷などを]洗浄する

mundillo [mundíʎo] [*mundo* の示小語] 男 ❶《口語》[個人を取り巻く]…界, …仲間: en el ~ periodístico 新聞記者仲間で, ジャーナリズム業界の. ~ bursátil 証券業界. ~ financiero 金融界. ~ literario 文壇. ~ político 政治家仲間. ~ teatral 芝居仲間, 演劇界. ❷《西. 手芸》[ボビンレース編みの円筒形の] 編み台. ❸《植物》カンボク(肝木); その花. ❹ 洗濯物を上に置いて乾燥させる火鉢, 干し物掛け; あんか

mundinoví [mundinoβí] 男《まれ》[=s]=**mundonuevo**

mundivisión [mundiβisjón] 女 =**mundovisión**

mundo [múndo] [←ラテン語 mundus] 男 ❶ 世界: 1) Es el edificio más alto del ~. それは世界で一番高い建物だ. La vuelta al ~ en ochenta días『80日間世界一周』. correr (rodar・ver・recorrer) ~ 世界を駆け巡る(旅する). mapa del ~ 世界地図. 2)《諺》El ~ es de los audaces. 運命は勇者に味方する. ¡M~ mundillo, nacer en Granada, morir en Bustillo! 世の中とはそんなものだ. 3)[特定の地域] Nuevo M~ 新世界, 新大陸『アメリカ』. viejo ~ 旧世界『ヨーロッパ, アジア, アフリカ』. primer ~ 先進諸国. tercer ~ 第三世界. ~ antiguo 古代社会; 旧世界[=viejo ~]. ~ moderno 近代社会. ~ cristiano キリスト教世界. ~ hispánico スペイン語圏. ~ occidental 西欧諸国. ❷ 地球; 地球儀: El ~ es redondo. 地球は丸い. ❸ 分野: ~ animal 動物界. ~ de los negocios 実業界. ~ del deporte スポーツ界. ~ físico (espiritual) 物質的(精神的)な世界. ~ literario 文学の世界. ❹[精神的]世界: Su lúcida mirada revela un rico ~ interior. 彼の瞳の輝きは, 彼が豊かな内面世界を持っていることを示している. ~ de las ideas 観念の世界. ~ de recuerdos 思い出の世界. ~ externo 外界. ❺ 世の中, 世間;《まれ》上流社会: No es fácil vivir en este ~. この世を生きていくのは容易ではない. ¡Qué pequeño (chico) es el ~! 世間は狭い! Así va la ~. 世の中はこういうものだ. El ~ está (anda) al revés. めちゃくちゃだ/非常識だ. No conoce nada del ~. は世間知らずだ. salir al ~ 社会に出る. ancho ~ 広い(可能性がある)の中. el gran ~ 上流社会. ~ pequeño[情報など]スモールワールド[現象]. ❻《宗教》1) 現世, 俗界, 世俗: en este [bajo] ~/en este ~ de Dios この世. abandonar el ~ 世を捨てる; 修道院に入る. 2)《キリスト教》[精神生活・禁欲生活における] 魂の敵. ❼《哲学》mayor (menor) 大(小)宇宙. ❽ 世渡り, 処世: 莫大な(広大な)もの: ¿Has visto la estación de Chamartín? Es un ~. チャマルティン駅を見たことがあるか? 大きいぞ. ❿ El M~『エル・ムンド』『1989年創刊のスペインの日刊全国紙』. ⓫《植物》カンボク[=mundillo]. ⓬《古語的》大型トランク[=baúl ~]. ⓭《ペルー. 遊戯》地面に描かれた13個の枠を片足で跳び進む遊び; その枠

al fin del ~ =**en el fin del ~**

arreglar el ~《口語》世の中を良くしようとする

caerse a+人 el ~ encima《口語》=**venirse a+人 el ~ encima**

caerse el ~《口語》=**hundirse el ~**

comerse el ~《口語》大事を成し遂げる

correr ~ =**ver ~**

dar un ~ por... …のためにはいかなる犠牲もいとわない

de ~ 世慣れた: Es un hombre de ~. 彼は世慣れている

dejar el ~ 1) 世俗を捨てる. 2)[+de から]引退する. 3) 死ぬ

del otro ~《口語》並外れた, 途方もない

desde que el ~ es ~ 天地開闢(そうせい)以来ずっと

despachar al otro ~《口語》=**mandar al otro ~**

echar a+人 al ~《俗用》…を産む

echarse al ~《婉曲》売春婦になる

el otro ~ あの世: Las angustias le van a llevar al otro ~. 彼は思いわずらった末に死んでしまうだろう

en el fin del ~ 地の果ての・に

en el ~ entero 世界中で

entrar en el ~ 社交界にデビューする

enviar al otro ~《口語》=**mandar al otro ~**

estar todavía en el ~ de los vivos まだ生きている

este ~ この世の中; 現世: En este ~ hay de todo. 世の中には色々なことがある. dejar este ~/irse (salir) de este ~ この世を去る, 死ぬ. en este ~ traidor このままなら浮世で

este ~ y el otro《皮肉》生と死なこと: Me ha prometido este ~ y el otro. 彼はとんでもないことを私に約束した. Nos habló de este ~ y el otro. 彼はあることないことを私たちに話した

este pícaro ~《戯語》娑婆(しゃば), この無法な世の中

hacer ~ nuevo 新たなことを導入する

hacer un ~ de... …を過大視する

hacerse un ~ a+人 …にあまりに重視される: Cualquier pequeño contratiempo se le hace un ~. 彼はささいな障害のことも大げさに考えてしまう

hundirse el ~ 1) 大災害が起きる: Ustedes hagan lo que quieran, que hemos tomado una decisión tan minúscula no se va a hundir el ~ por eso. 好きなことをしてくれ. ささいな決定ぐらいで, この世が終わってしまうわけではないから. aunque se hunda el ~ たとえ何が起ころうと. 2) [+人 に] 乗り越えがたい難事が生じる(苦悩が訪れる): Se les hundió el ~. 彼らに破局が訪れた

irse al otro ~《口語》死ぬ

irse por esos ~s あちこち出かける
lejos del ~ 俗世間から離れて, 俗塵を逃れて
llevar al otro ~ 《口語》=**mandar al otro ~**
mandar al otro ~ 《口語》殺す
medio ~ 1) 広範囲; 多くの人(国): Ha corrido *medio ~* buscándote. 彼は君を捜してあちこち駆け巡った. Ha trabajado con portavoz de gobierno y conoce *medio ~* del periodismo. 彼は政府スポークスマンの仕事をしたので, 大勢のジャーナリストと知り合いだ. 2)《アルゼンチン, ウルグアイ. 釣り》た も
meterse en su ~ 自分の世界に入り込む, 殻に閉じこもる
~ al revés 通常とは逆の世界: Goytisolo sueña un *~ al revés* en el que los piratas son honrados y los brujas hermosas. ゴイティソロは海賊が誠実で魔女が美人のようなさかさまな世界を思い描いている
nada del ~ 何も…ない
nada del otro ~《口語》普通のこと, 当たり前のこと
ninguna cosa del otro ~《口語》=**nada del otro ~**
no acabarse el ~ この世の終わりというわけではない, 悲観することはない
no ser de este ~ 仏様のような人である, 大変慈悲深い; 浮き世離れしている
no ser del otro ~ [事物が] 特に変わったものではない, 当たり前のことである
no ser el fin del ~ =**no acabarse el ~**
no ser [nada] del otro ~《口語》普通(ありきたり)である, 大したことはない
otros ~s 地球以外の星: Una vez le preguntaron al maestro si había vida en *otros ~s*. 私たちは一度, 地球以外の星に生命はあるのかどうか, 先生に尋ねた
pedir este ~ y el otro ~《ホンジュラス, パナマ, ベネズエラ, ボリビア》不可能なことを願う
ponerse el ~ por montera《口語》他人に言われたことはせずに自分のしたいことをする
por el ~ =**por esos ~s de Dios**
por el ~ entero =**en el ~ entero**
por esos ~s de Dios《口語》色々な所で, ここかしこで, あちらこちらを: Va tocando la guitarra *por esos ~s de Dios*. 彼はギターをひきながら各地を回っている
por nada del ~《否定の強調. 過去未来+》どんなことがあっても: Mi madre no quería venirse a vivir a la ciudad *por nada del ~*. 私の母は都会に移り住むのは絶対に嫌だと言っていた
recorrer ~ =**ver ~**
reírse del ~ 世評を気にしない, 世間の人の言うことをばかにする
rodar ~ =**ver ~**
sacar a+人 de su ~ …を自分の世界(仲間)から引き離す
ser de ~ 世慣れている
tener mucho (poco) ~ 世慣れている(いない)
todo el ~ 1) 世界中: Quiero viajar por *todo el ~*. 私は世界中を旅行したい. Los científicos han venido de *todo el ~*. 科学者たちは世界中からやって来た. 2) すべての人, みんな [話し手・聞き手は含まないことが多い]: *Todo el ~* lo sabe. みんなそのことを知っている. Habla mal de *todo el ~*. 彼は誰についても悪く言う
traer al ~ 1)[+a+人 を] 出産する. 2)[男が] 生命を与える
tragarse el ~《まれ》=**comerse el ~**
un ~ 1) 大勢の人: Había *un ~* en la plaza de toros. 闘牛場には *un ~* が大勢いた. 2)《口語》大変[=mucho]. 3) 大きな違い: Hay *un ~* entre las dos opiniones. 両者の意見には大きな違いがある
un ~ de...《中南米》[+人・事物] たくさんの…
valer un ~ 大変価値がある: El Carácter tan alegre que tiene él *vale un ~*. 彼の陽気な性格はとても貴重だ
venir [se] al ~ 1) 生まれる: Soy un hombre sin más riqueza que las manos, como *se viene al ~*. 私は生まれた時のまま, 2本の手しか持たない一貫の男だ. tal y como *vino al ~*《口語》全裸で, 生まれたままの姿で
venirse el ~ encima《口語》…が破滅する;《中南米》悲嘆に暮れる, 絶望する
ver ~ 色々な国を旅行する

munúsculo

vivir en el otro ~ 地の果て(へんぴな場所)に住む
vivir en otro ~《口語》浮き世離れしている, 世情にうとい; 身の回りのことを気にしない
volver al ~ 俗世間に戻る; 修道院を出る

mundología [mundoloxía] 囡《皮肉》世故, 処世術
mundólogo, ga [mundólogo, ga] 图《まれ》世故にたけた人, 処世術を心得た人
mundonón [mundonón] 男《コロンビア》豊富, 大量
mundonuevo [mundonwébo] 男《まれ》コズモラマ, 世界風物のぞき眼鏡. ❷《プエルトリコ》トウモロコシ粉の菓子
mundovisión [mundobisjón] 囡《テレビ》衛星中継
munición [muniθjón]【←ラテン語 munitio, -onis < munitum < munire「防備を施す」】囡 ❶《時に》[時に 複]弾薬: Se ha quedado sin *municiones*. 彼は弾がなくなった. agotarse las *municiones* 弾薬が尽きる.〔disparar con〕~ de fogueo 空包[を撃つ]. ~ menuda 散弾. ❷ [主に 複] 軍需品, 軍需物資: *municiones* de boca 糧食.《ホンジュラス》軍服[ズボンと上着 blusa]. ❹《ドミニカ》[黒人の] 縮れた髪. ❺《チリ》圏 散弾. ❻《アルゼンチン. 菓子》圏 小麦粉のクッキー
de ~ 1)[私物でなく] 軍が支給する: botas *de ~* 軍靴. ropa *de ~* 軍用衣類, 軍服. pan *de ~* 軍隊のパン. 2) 急ごしらえの
municionamiento [muniθjonamjénto] 男 軍需物資の補給(調達)
municionar [muniθjonár] 他…に軍需物資を補給する, …への軍需物資を調達する
municionero, ra [muniθjonéro, ra] 图[軍需物資の] 補給係, 調達係
—— 囡《中南米》[散弾] 弾入れ
municipal [muniθipál] 厖 自治体の, 市(町・村)の: fuera del término ~ 市(町・村)域外で. administración (gobierno · política) ~ 市政. colegio ~ 市立(町・村立)小・中学校. concejo ~ 市(町・村)議会. corporación ~ 市庁, 地方公共団体, 自治体. elecciones ~es 自治体選挙, 地方選挙. funcionario ~ 市役所(町村役場)職員. hospital ~ 市立病院. ley ~ 市(町・村)条例. maratón ~ 市民マラソン. régimen ~ 市(町・村)制. universidad ~ 市立大学
—— 图 ❶《西》[市警察 guardia municipal の] 警官. ❷《チリ》[市の] 議会議員
municipalidad [muniθipalidád] 囡 ❶ 地方自治体, 市(町・村)当局. ❷《南米》市役所[=ayuntamiento]
municipalismo [muniθipalísmo] 男[中央集権に対し] 地方自治主義
municipalista [muniθipalísta] 厖 图 地方自治主義の(主義者)
municipalización [muniθipaliθaθjón] 囡 ❶ 市(町・村)営化, 市(町・村)有化. ❷ 市制を敷くこと, 市制化
municipalizar [muniθipaliθár] [9] 他 ❶ 市(町・村)営化する, 市(町・村)有化する: ~ la recogida de basuras ごみの収集を市営にする. ❷ 市制を施行する
munícipe [muníθipe] 图《文語》❶ [自治体の] 住民. ❷ 市(町・村)議会議員[=concejal]
municipio [muniθípjo]【←ラテン語 municipium < munus「職務, 義務」+capere「とる」】男 ❶ [地域としての] 自治体, 郡, 市, 町, 村[スペインでは行政上は市・県・市(町・村)の区別がない]: Las provincias se componen de ~s. 県は市町村で構成される. ❷ [集名] 市(町・村)の住民. ❸ [市(町・村)当局; 市役所, 町(村)役場. ❹ 市(町・村)議会. ❺《古代ローマ》地方自治体, 自治都市
munido, da [muníðo, ða] 厖 ❶ [人・事物が, 必要なもの を], 備わった. ❷《チリ, アルゼンチン》用意(準備)された; 武装した
munificencia [munifiθénθja]【←ラテン語 munificentia】囡《文語》気前のよさ, 寛大さ: por la ~ de+人 …のご好意により
munficente [munifiθénte] 厖《文語》[ser+. +con に] 気前のよい, 出し惜しみしない
munífico, ca [munífiko, ka] 厖 [絶対最上級 munificentísimo]《文語》=**munificente**
muniqués, sa [munikés, sa] 厖 图《地名》[ドイツの] ミュンヘン Munich の(人)
munir [munír] 他《まれ》[必要なものを, 人・事物に] 備える
munitoria [munitórja] 囡 築城法, 築城学
munúsculo [munúskulo] 男《まれ》つまらないプレゼント, くだら

muña [múɲa] 女《植物》ムニャ《アンデス原産の薬草、ヤク・チュペ yacuchupe 用の調味料として使われる。学名 Minthostachys mollis》

muñeca[1] [muɲéka]《←前ローマ時代の語 bonnica < bodinica < Bodenecas (古地名)》女 ❶《解剖》手首: Se ha torcido la ~. 彼は手首を捻挫した. llevar el reloj en la ~ izquierda 時計を左手にはめている. ❷［塗布用の］タンポン, ばれん: barnizar una mesa a ~ タンポンでテーブルのニスを塗る. ❸［人形のような・頭のからっぽな］美少女, かわいこちゃん. ❹《まれ》コイン(石)を投げる遊び《=rayuela》. ❺《メキシコ》新トウモロコシの柔らかい穂軸. ❻《ペルー, ボリビア, ラプラタ》コネ, 縁故: tener ~ コネがある. ❼《ボリビア. 電気》コンセント. ❽《チリ, アルゼンチン, ウルグアイ》1)腕前, 上手さ. 2)［完熟前の］トウモロコシ《=choclo》. ❾《ウルグアイ》影響力; 有力者

menear las ~*s* 手際よく仕事をする

muñeco, ca[2] [muɲéko, ka]《←muñeca》名 ❶ 人形: casa de ~cas ドールハウス. comprar un ~ y una ~ca 男の子の人形と女の子の人形を買う. jugar a las ~cas 人形遊びをする. ~ de guante 指人形. ~ de papel［いたずらで他人の背中に貼り付ける］紙人形. ~ de trapo 縫いぐるみの人形. ~ca hinchable ダッチワイフ. ~ca rusa マトリョーシカ《ロシアの入れ子式の人形》. Esa niña parece una ~ca. その子はお人形さんみたいにかわいい. ❷ マネキン人形
—— 男 ❶ 動物 (人間) の形のおもちゃ; かかし: ~ de nieve 雪だるま. ❷《口語》他人の言če(い)なりになる人: Ese es un ~［del pim pam pun］. あいつは意志薄弱だ. ❸ 下手な絵. ❹《アンデス. 口語》覆 不安: Me entraron los ~s. 私は胸騒ぎがした. estar con los ~s 不安で落ち着かない, 異常に神経質になっている

muñeira [muɲéira] 女 ムニェイラ《ガリシアとアストゥリアスの民俗舞踊・音楽》

muñequear [muɲekeár] 自《フェンシング》手首を動かす. ❷《コロンビア, ウルグアイ》うまくいく. ❸《ボリビア, ラプラタ》コネを探す(使う). ❹《チリ》［トウモロコシなどが］穂を出す. ❺《アルゼンチン, パラグアイ》事を上手に運ぶ; はばをきかせる. ❻《ウルグアイ》［他人の］手首を乱暴につかむ
—— ~*se*《ペルー》びくびくする, おじけづく. ❷《ボリビア, ラプラタ》コネで…を手に入れる

muñequera[1] [muɲekéra]《←muñeca》女 ❶《スポーツ》手首のサポーター, リストバンド. ❷《まれ》腕時計のバンド

muñequería [muɲekería] 女《集合》人形. ❷ 人形の製作技術; 人形製造業. ❸《まれ》［女性用の衣服が］ごてごてと飾り過ぎること

muñequerío [muɲekerío] 男《集合》《口語》人形

muñequero, ra[2] [muɲekéro, ra] 形 名 人形の; 人形職人

muñequilla [muɲekíʎa] 女 ❶［ニス塗布用などの］タンポン, ばれん. ❷《チリ》［トウモロコシなどの］若い穂

muñequillar [muɲekiʎár] 他 タンポンでニスを塗布する

muñequitos [muɲekítos] 男 覆《キューバ, プエルトリコ》［子供向けの］漫画本

muñidor, ra [muɲiðór, ra] 名《軽蔑》裏工作をする人: ~ electoral 選挙で裏工作をする人
—— 男［教区・教団の］用務員, 世話人

muñiga [muɲíga] 女《中南米》=**boñiga**

muñir [muɲír] 20《異分 muñendo》他 ❶ 操作する, 裏工作する. ❷《まれ》［教区・教団の］人々を［に］呼び集める

muño [múɲo] 男《チリ》《料理》小麦粉・炒ったトウモロコシに塩とトウガラシで味付けしたもの《労働者の朝食》. ❷ 小麦粉と炒ったトウモロコシを持ち運ぶ袋

muñón [muɲón]《←仏語 moignon》男 ❶［切断された手足の］付け根; 萎縮したままの四肢. ❷《軍事》砲耳. ❸《解剖》［肩の］三角筋. ❹《チリ》ベアリング

muñonera [muɲonéra] 女《軍事》砲耳の受け溝

muñoz [muɲóθ] 男《キューバ》へつらってその真似をする人

Muñoz Molina [muɲóθ molína]《人名》Antonio ~ アントニオ・ムニョース・モリーナ《1956~, スペインの小説家. 架空の都市などを舞台に, 現実に根ざした物語世界を流暢かつ明瞭な文体で情感豊かに描いた.『リスボンの冬』*El invierno en Lisboa*,『ポーランドの騎手』*El jinete polaco*》

muón [mwón]《物理》ミュー粒子

muónico, ca [mwóniko, ka] 形 ミュー粒子の

muquear [mukeár] 自《ボリビア》［チチャ chicha を作るために］トウモロコシを噛みつぶす

muquir [mukír] 6 他《隠語》食べる

mur [múr] 男《古語》ハツカネズミ《=ratón》

muradal [muraðál] 男 =**muladar**

muradano, na [muraðáno, na] 名《地名》ムロス Muros の〔人〕《ラ・コルーニャ県の村》

murador, ra [muraðór, ra] 形《古語》［猫が］よくネズミを捕まえる

muraje [muráxe] 男《植物》❶ 覆 ルリハコベ. ❷ ~*s amarillos* オカトラノオ. ~ *de hoja estrecha (de lino)* ルリハコベの一種《学名 Embothrium coccineum》. ~ *de los pájaros* コハコベ

mural [murál]《←muro》形 壁の, 壁上の: decoración (adorno) ~ 壁画装飾. periódico ~ 壁新聞. planta ~ 壁面植物
—— 男 ❶ 壁画《=pintura ~》. ❷ 壁上の掲示《=letrero ~》. ❸ 壁面収納家具

muralismo [muralísmo] 男《美術》壁画運動, 壁面芸術, 壁画法《1920～30年代, 民衆にメキシコ革命の意義を伝え, メキシコ人としての自覚を促すことを目的とした文化運動. 代表的な画家にシケイロス Siqueiros, オロスコ Orozco, リベラ Rivera など》

muralista [muralísta]
—— 形 壁面芸術の, 壁画法の
—— 名 壁画家

muralla [muráʎa]《←ラテン語 muralia < muralis》女 ❶ 城壁, 防壁《→muro 類義》: 1) Las ~*s rodean la ciudad*. 城壁が町を囲んでいる. *Gran M~* / *M~ China* 万里の長城. 2) ~*s chinas*《証券》チャイナウォール, 情報障壁. ~*s (de) contrafuego*《情報, 証券》ファイアーウォール. ❷《メキシコ》1) 高く厚い壁. 2)［通りに面して入口が一つだけの］共同住宅. ❸《グアテマラ, プエルトリコ, エクアドル, チリ》壁

murallón [muraʎón] 男 高く頑丈な壁, 城壁, 市壁

murano [muráno] 男［ベネチアの Murano 島製の］ムラーノガラス

murar [murár] 他 ❶ 壁で囲う (ふさぐ), 塀を巡らす. ❷《まれ》［ネズミを］捕まえる. ❸《アストゥリアス, レオン, バレンシア》［猫がネズミを］つかまえる

murceguillo [murθeɣíʎo] 男《動物》=**murciélago**

Murcia [múrθja] 女《地名》ムルシア《スペイン東南部の自治州, 正式名称 Región de ~. その州都》

murciana[1] [murθjána] 女［マラゲーニャに似た］ムルシア舞踊(楽)

murcianismo [murθjanísmo] 男 ムルシア方言; ムルシア地方主義

murciano, na[2] [murθjáno, na] 形 名《地名》ムルシア Murcia の〔人〕
—— 形 男 ❶ ムルシア方言(の). ❷《地方語》1)《軽蔑》［カタラン語を話せない地方からの, 特にスペイン南部からの］カタルーニャ地方への移民の］. 2) 建設作業員

murciar [murθjár] 10 他《隠語》盗む

murciégalo [murθjéɣalo] 男《動物》=**murciélago**

murciélago [murθjélaɣo]《←ラテン語 mus, muris「ハツカネズミ」 +caeculus「目の見えない」》男《動物》コウモリ: ~ *bigotudo* ホオヒゲコウモリ. ~ *común* ヨーロッパアブラコウモリ. ~ *de bosque* チチブコウモリ. ~ *de herradura* キクガシラコウモリ. ~ *hortelano* コウライビワコウモリ. ~ *pescador* ウオクイコウモリ. ~ *ratero* オオオヒゲコウモリ. ~ *troglodita* / ~ *de cueva* ユビナガコウモリ

murcielaguina [murθjelaɣína] 女《不可算》［洞穴に積もった］コウモリの糞《肥料となる》

murcigallero [murθiɣaʎéro] 男《隠語》宵の口の泥棒

murciglero [murθiɣléro] 男《隠語》深夜の泥棒

murcio [múrθjo] 男《隠語》泥棒, こそ泥

murecada [murekáða] 女《地方語》羊の群れ

murecillo [mureθíʎo] 男《解剖》筋肉

mureco [muréko] 男《地方語》=**morueco**

murena [muréna] 女《魚》ウツボ(科)

murénidos [murénidos] 男 覆《魚》ウツボ科

murense [murénse] 形 名《地名》ムロス Muros の〔人〕《ラ・コルーニャ県の村》

mureño [muréɲo] 男 石の山, 石積み《=majano》

murete [muréte] 男［低い・薄い］塀, 土塁

múrex [múre(k)s] 男《貝》=**múrice**

murga [múrga]《←古語 musga < ギリシア語 musique「音楽」》女 ❶ 流しの音楽隊. ❷《西. 口語》うるさいこと, 面倒: dar la(~) ~ a+人 …をうるさがらせる, 困らせる. ¡Qué ~!うるさいなあ! ❸ オリーブの実の汁《=alpechín》. ❹《コロンビア》［カーニバルの時期

に行なわれる]音楽コンクール

murgaño [murgáɲo] 男《動物》❶ ヤモリ. ❷《マドリード, リオハ》黒色で脚の長いクモ. ❸《アラゴン》ノネズミの一種

murgón [murɣón] 男 鮭の稚魚

murguista [murɣísta] 形 流しの音楽隊 murga の[一員]

muria [múrja] 女《レオン》大量の石ころ, 石標

muriacita [murjaθíta] 女《鉱物》硬石膏, 無水石膏

muriático, ca [murjátiko, ka] 形《化学》塩の, 塩化の: ácido ~ 塩酸

muriato [murjáto] 男《化学》塩化物

múrice [múriθe] 男《貝》ホネガイ, アクキガイ
—— 形《詩語》赤紫色の, 紫色の

múrido, da [múriðo, ða] 形 ネズミ類の
—— 男《動物》ネズミ類

murino, na [muríno, na] 形 ネズミ亜科の
—— 男 複《動物》ネズミ亜科

muriente [murjénte] 形《文語》死ぬ

Murillo [muríʎo]《人名》**Bartolomé Esteban ~** バルトロメー・エステバン・ムリーリョ［1617—82, バロック期スペインの画家.『無原罪の御宿り』*Inmaculada Concepción*］

muriña [muríɲa] 女《ホンジュラス》風邪〖=gripe〗

múrmel [múrmel] 男《服飾》マーモットの毛皮〖ミンクに類似〗

murmujear [murmuxeár] 他《まれ》ざわめくこと

murmujeo [murmuxéo] 男《まれ》ざわめくこと

murmullar [murmuʎár] 自《まれ》ざわめく

murmullear [murmuʎeár] 自《まれ》ざわめくこと

murmulleo [murmuʎéo] 男《まれ》ざわめき

murmullo [murmúʎo] 〖←ラテン語 murmurium〗男 ざわめき: 1) Se oyen ~s en el pasillo. 廊下でささやき声が(ひそひそ話をしているのが)聞こえる. Se oye un ~ de aprobación ante la propuesta. その提案に対して口々に同意する声が聞こえる. 2)《文語》《風・水などの》~ de las hojas 葉のそよぐ音. ~ del río 川のせせらぎ

murmuración [murmuraθjón] 〖←ラテン語 murmuratio, -onis〗女 ［主に 複］陰口, 中傷, うわさ話: Son *murmuraciones* para desacreditarlo. それは彼をおとしめる中傷だ

murmurante [murmuránte] 形《文語》ささやくような, ざわめく

murmurar [murmurár] 〖←ラテン語 murmurare〗他《主に不満の言葉などを》ぶつぶつ言う: El viejo *murmuró* unas palabras de queja. 老人はぶつぶつ不平を言った. *Murmuraba* una oración. 彼は祈りの文句をつぶやいていた
—— 自 1)《~》ぶつぶつ[不平を]言う; [+de の] 陰口を言う, 中傷する: No hace más que ~ acerca de sus compañeros. 彼は同僚に対する陰口しか言わない. Siempre están *murmurando* del jefe. 彼らはいつも上司の悪口を言う. 2) ひそひそ話をする. ❸《文語》《風・水などが》サラサラ音を立てる: Las hojas *murmuran* por el viento. 葉が風にそよいでサラサラ鳴っていた

murmurear [murmureár] 自《まれ》ざわめく

murmureo [murmuréo] 男《まれ》ざわめくこと

murmurio [murmúrjo] 男《文語》=**murmullo**

murmurón, na [murmurón, na] 形 名《エクアドル, チリ》=**murmurador**

muro [múro] 〖←ラテン語 murus〗男 ❶ 塀(ヘイ), 壁〖類義〗**muro** は土地の周囲にめぐらした石塀などの厚い壁, **tapia** は土塀・板塀・囲い, **pared** は建物の壁, **muralla** は城壁〗: 1) Saltó el ~ de la prisión y escapó. 彼は刑務所の塀を乗り越えて逃亡した. ~ de carga 耐力壁. ~ de cerramiento カーテンウォール. ~ de contención 擁壁, 土留め壁. ~ de defensa 堤防. ~ de revestimiento 土壁. ~ de Berlín ベルリンの壁. ~ de las Lamentaciones/~ de los Lamentos ［エルサレムの］嘆きの壁. 2)《比喩》~ del sonido[=(super)sónico] 音速の壁. Un gran ~ los separa. 厚い壁が彼らを隔てている. Entre los dos se levantó un ~ de silencio. 2人の間には沈黙の壁ができた. ❷ [主に 複] 城壁, 防壁〖=**muralla**〗: Las tropas derribaron los ~s del castillo. 軍勢は城壁を破壊した. ❸《鉱山》鉱床の底面

murque [múrke] 男《チリ》炒めた小麦粉

murria[1] [múrja] 〖←morriña〗女《西. 口語》悲しみ, 意気消沈, 憂鬱, 不機嫌: tener ~ 気分が晴れない. ❷《古語》《化膿を止める》膏薬の一種

murriada [murjáða] 女《コロンビア》水セメント比の高いコンクリートを表面にしみこませること

murriar [murjár] 10 他 ❶《地方語》悲しませる, 意気消沈させる, 憂鬱にする. ❷《コロンビア》水セメント比の高いコンクリートを表面にしみこませる

múrrino, na [múrrino, na]《古代ローマ》[器が] ムリーナの, 蛍石製の: vaso ~ ムリーナの壺

murrio, rria[2] [múrjo, rja] 形《西. 口語》[estar+] 悲しい, 意気消沈した, 憂鬱な

murrión [murrjón]《セゴビア》[荷車の車軸を固定する] 鉄製のくさび

murrioso, sa [murrjóso, sa] 形《地方語》=**murrio**

murro [múrro]《チリ》しかめ面

murrundanga [murrundáŋɡa] 女《中米》=**morondanga**

murruñoso, sa [murruɲóso, sa] 形《キューバ》小さい

murruz [murrúθ] 男《ホンジュラス》頭髪の縮れた〖=**musuco**〗

murta [múrta] 女《植物》=**arrayán**; その実

murtal [murtál] 男 ギンバイカの畑

murtela [murtéla] 女 =**murtal**

murtilla [murtíʎa] 女《植物》フトモモ科の一種〖学名 Ugni molinae〗. ❷《酒》その実から作ったリキュール

murtina [murtína] 女《チリ》=**murtilla**

murto [múrto] 男《植物》ギンバイカ〖=**arrayán**〗

murtón [murtón] 男 ギンバイカの実

murucuntuyo [murukuntújo] 男《ボリビア》骨付き肉〖=**pangador**〗

murucuyá [murukujá] 女《ベネズエラ, アルゼンチン. 植物》トケイソウ〖=**pasionaria**〗

murueco [murwéko] =**morueco**

murumaca [murumáka] 女《キューバ》おどけた仕種

murusa [murúsa] 女《ベネズエラ》=**morusa**

murviedrés, sa [murβjeðrés, sa] 形 名《歴史. 地名》ムルビエドロ Murviedro の〖人〗〖現在のバレンシア県 Sagunto〗

mus [mús] 〖←フランス語 mux < 仏語 mouche「ハエ」〗男《西式トランプ》ムス〖札を捨てる時に mus と言うからか〗
ni ~《口語》少しも…ない〖=**ni mu**〗
No hay ~. おいしくさま!

musa [músa] 女 ❶《ギリシア神話》［主に *M~*s］ミューズ, ムーサ〖学問・芸術を司る女神たち〗. ❷ 詩神, 詩的霊感: ~ de Calderón カルデロンの詩才. ❸ [=**poesía**]: ~ española スペイン詩. ❹ 複 創作活動: dedicarse a las ~s 詩作に専念する
***soplar** a+人 **la ~**…*に詩想が湧く: Hoy no me *sopla* la ~. 今日はインスピレーションが湧かない

musaca [musáka] 女《料理》=**musaka**

musáceo, a [musáθeo, a] 形 バショウ科の
—— 女 複《植物》バショウ科

musaico, ca [musájko, ka] 形《廃義》モザイクの〖=**mosaico**〗

musaka [musáka] 女《料理》ムサカ

musar [musár] 他《古語》[何もせずに] 待つ

musaraña [musaráɲa] 女 ❶《動物》トガリネズミ: ~ acuática ミズトガリネズミ. ~ campesina コジネズミ. ~ común オオマシオコウモリ. ~ de cola cuadrada ヨーロッパトガリネズミ. ~ enana ヨーロッパヒメトガリネズミ. ❷《口語》虫けら, 小動物. ❸《口語》[風の] 風刺画, 似顔絵. ❹《医学》[眼の] 飛蚊(ﾋﾞﾝｶ)症. ❺《エルサルバドル, ニカラグア, ドミニカ, チリ. 口語》こっけいな顔, おどけ顔
mirar a las ~s/pensar en las ~s《口語》ぼんやり[と考え事を]している, 上の空である: Su hermana se pasó los días *pensando en las ~s*, sin hacer nada. 彼の妹は何もせずに, ただ漫然と日々を過ごしていた

musarañita [musaraɲíta] 女《動物》小型のトガリネズミ〖学名 Sunrus etruscus〗

muscardina [muskarðína] 女 キノコが寄生して起きる蚕の病気

muscardino [muskarðíno] 男《動物》ヤマネ, オオヤマネ

muscaria [muskárja] 女 =**muscícapa**

muscarina [muskarína] 女《化学》ムスカリン

muscarínico, ca [muskarínico, ka] 形《化学》ムスカリンの

muscícapa [musθíkapa] 女《鳥》ハイイロヒタキ

múscidos [músθiðos] 男 複《昆虫》イエバエ科

musciforme [musθifórme] 形 ハエの形をした

muscimol [musθimól] 男《薬学》ムシモール

muscínea [musθínea] 女《植物》コケ類〖の〗〖=**briofita**〗

musco, ca [músko, ka] 形 暗褐色の
—— 男《植物》コケ〖=**musgo**〗

muscogi [muskóxi] 形 名 ムスコギ族〔の〕『北米先住民』
muscoviscidosis [muskoβi(s)θiðósis] 女 〖医学〗嚢胞(のう)性線維症
musculación [muskulaθjón] 女 ❶ 筋肉の強化. ❷《中南米》=musculatura
musculado, da [muskuláðo ða] 形 筋肉隆々とした
muscular [muskulár]〖←músculo〗形 筋肉の: agotamiento ～ 筋肉疲労. contracción ～ 筋収縮. desarrollo ～ 筋肉の発達. dolor ～ 筋肉痛
—— 他［+部位 に］筋肉を鍛える
—— ～se 筋肉隆々となる
muscularidad [muskulariðá(d)] 女 強健, 強壮
musculatura [muskulatúra]〖←músculo〗女〖集名〗筋肉, 筋組織; 筋肉のつき具合: tener una gran ～ 筋肉隆々としている
músculo [múskulo]〖←ラテン語 musculus「筋肉」〗男 ❶ 筋肉; 筋力: 1) hacer ～s/desarrollar (reforzar) los ～ 筋肉を鍛える. sacar ～ 筋肉を誇示する. tener ～s 腕力がある, 力が強い. hombre de ～s 腕っぷしの強い男. 2)〖解剖〗～ cardíaco 心筋. ～ dorsal 背筋. ～ glúteo 臀筋. ～ recto 大腿直筋. ～ sartorio／～ del sastre 縫工筋. ～s internos インナーマッスル, 深層筋肉, 体幹筋. ❷〖動物〗ナガスクジラ〖=rorcual〗
musculoso, sa [muskulóso, sa]〖←músculo〗形 ❶ 筋組織の: órgano ～ 筋肉質の器官. ❷ 筋肉の発達した, 屈強な: Es ～ y bien proporcionado. 彼は筋肉質で均整がとれている. hombre ～ 筋骨たくましい男
—— 名《チリ, アルゼンチン, ウルグアイ》ノースリーブのシャツ
museable [museáβle] 形 博物館(美術館)の展示にふさわしい
museal [museál] 形 博物館の, 美術館の
musear [museár] 他 博物館(美術館)に収蔵する
museísticamente [museístikaménte] 副〖文語〗博物館(美術館)の面で
museístico, ca [museístiko, ka] 形〖文語〗博物館の, 美術館の
muselina [muselína]〖←仏語 mousseline <アラビア語 mausili < Mosul (メソポタミアの町)〗女〖繊維〗モスリン, メリンス
—— 〖料理〗オランデーズソースにクリーム(卵白)を加えた
museo [muséo]〖←ラテン語 museum <ギリシア語「詩神に捧げる場所」〗男 博物館; 美術館〖= ～ de las bellas artes〗: visitar un ～ 博物館(美術館)を見学する. Su casa es un ～. 彼の家はまるで美術館のようだ『すばらしい美術品がある』. ～ Británico 大英博物館. M～ de Antropología 人類学博物館. M～ del Prado プラド美術館『1785年建設, マドリードにある世界有数の美術館. 歴代のスペイン王家の所有だった』. M～ Guggenheim de Bilbao ビルバオ・グッゲンハイム美術館『1997年ビルバオに開設された近現代専門の美術館. 船のような外観が特徴的』. M～ Nacional Centro de Arte Reina Sofía ソフィア王妃芸術センター『1992年マドリードに開設された美術館. ピカソの『ゲルニカ』など近現代の作品を展示』
de ～［博物館行きになるほど］すばらしい, 古色蒼然とした: El teatro es como una pieza de ～. その劇場は博物館行きの代物だ
museografía [museoɣrafía] 女 ❶ 博物館資料記録技術, 博物館(美術館)展示物学. ❷ 博物館学〖=museología〗
museográfico, ca [museoɣráfiko, ka] 形 博物館資料記録技術の
museógrafo, fa [museóɣrafo, fa] 名 博物館資料記録技術に従事する人
museología [museoloxía] 女 博物館学
museológico, ca [museolóxiko, ka] 形 博物館学の
museólogo, ga [museólogo, ga] 名 博物館学者
musequí [musekí] 男〖歴史〗〖鎧の〗背甲
muserola [museróla] 女〖馬具〗鼻革, 鼻勒(ろく)
muserón [muserón] 男〖動物〗ユキワリ, ハタケシメジ; カヤタケ属の一種〖学名 Clitocybe geotropa〗
musgaño [musɣáno] 男〖動物〗トガリネズミ; ～ de Cabrera スペインコガリガリネズミ. ～ patiblanco ミズトガリネズミ
musgo[1] [músɣo]〖←ラテン語 muscus〗男 ❶〖植物〗1) コケ(苔); cubierto de ～ 苔むした. ～ de Islandia イスランドゴケ. ～ marino サンゴモ. ～ de Irlanda トチャカ. ～ terrestre ヒカゲノカズラ. 2) 藻類, コケ類. ❷〖化学〗～ de platino スポンジ状白金. ❸〖色〗モスグリーン
musgo[2], **ga** [músɣo, ga] 形〖まれ〗暗褐色の〖=musco〗
musgoso, sa [musɣóso, sa]〖←ラテン語 muscosus〗形 ❶ 苔の

生えた, 苔に覆われた. ❷ コケの

música[1] [músika]〖←ラテン語 musica <ギリシア語 musike「詩神」〗女 ❶ 音楽; ［時に〖集名〗〗楽曲, 音楽作品: Esta ～ me sugiere el mar embravecido. この曲は荒れ狂う海を思わせる. escuchar (oír) ～ 音楽を聞く. hacer ～ 演奏する, 歌う. estudiar ～ 音楽の勉強をする. ～ absoluta 絶対音楽. ～ andina アンデス音楽, フォルクローレ『インカ帝国の領土だった地域の民俗音楽. この地域の伝統音楽とスペインなどの西洋音楽の2要素から成る』. ～ antigua 古楽. ～ clásica (culta) クラシック音楽. ～ de las esferas／～ de los planetas 天球の音楽. ～ contemporánea 現代音楽. ～ dramática 劇音楽. ～ española スペイン音楽. ～ étnica 民族音楽. ～ ligera 軽音楽. ～ programática (descriptiva) 標題音楽. ～ sacra (sagrada・religiosa) 宗教音楽. ❷ 曲; 楽譜; 作曲: escribir ～ 作曲する. poner ～ a un poema 詩に曲をつける. saber ～ 楽譜が読める. papel de ～ 五線紙. ～ y letra 曲と歌詞; 作詞作曲. ❸ 楽団: contratar la ～ 楽団と契約する. ～ del regimiento 軍楽隊. ～ de la Capilla Real 王室礼拝堂音楽隊. ❹ 快い音: ～ del río 川のせせらぎ. ～ del viento 風のささやき. ❺〖皮肉〗騒音: ¡Vaya ～ que tiene el niño! あの子は何てうるさいんだ! ❻〖軽〗長ったらしい話: No estoy para ～s. たわごとは聞きたくない. ❼《西. 古風的》財布; お金. ❽《チリ. 口語》ハーモニカ. ❾《ラプラタ》～ funcional 音楽の有線放送

irse (marcharse) con la ～ a otra parte《口語》［皮肉・怒り］逃げ出す: Vámonos con la ～ a otra parte, puesto que aquí no nos hacen caso. ここでは相手にされないから退散しよう

mandar a+人 con la ～ a otra parte …を追い払う, 厄介払いする

Me suena a ～ de caballitos. それはあまりにありふれている

～ celestial 1)《皮肉》空(そら)念仏, 誰も聞き入れない言葉: Sus ideas me suenan a ～ celestial. 彼の考えは私にはちんぷんかんぷんだ. 2) 耳に心地よいもの

no entender la ～ 聞こえても分からないふりをする

poner ～ 1) 音楽をかける: ¡Pon ～, por favor! 音楽スタート! No sabía qué ～ poner en la fiesta. パーティーでどんな音楽をかけたらいいか分からなかった. 2)［+a に］音楽を付ける: Quiero saber cómo poner ～ a mi blog. 私のブログにどうやって音楽を付けるか知りたい

siempre la misma ～ あいかわらず同じ話だ

venir con ～s でたらめを言う

—— 形《メキシコ. 口語》［ser+］感じの悪い; [+para に] 無能な

musicable [musikáβle] 形 音楽になり得る
musicación [musikaθjón] 女〖詩などに〗曲を付けること
musical [musikál]〖←música〗形 ❶ 音楽の; 音楽的な: programa ～ 音楽番組. velada ～ 音楽の夕べ. ❷ ミュージカルの: película ～ ミュージカル映画
—— 男 ミュージカル〖=comedia ～〗
musicalidad [musikaliðá(d)] 女 音楽性, 音楽的であること
musicalización [musikaliθaθjón] 女 音楽的にすること; =musicación
musicalizar [musikaliθár] 他 音楽的にする; 曲を付ける〖=musicar〗
musicalmente [musikálménte] 副 音楽的に; 音楽と共に
musicanga [musikánga] 女《キューバ》下手(耳ざわり)な音楽
musicante [musikánte] 名 楽器をひく(人). ❷《チリ, アルゼンチン, ウルグアイ. 隠語》駆け出しの音楽家
musicar [musikár] 他［詩などに］曲を付ける
musicasete [musikaséte] 女 音楽テープ, ミュージックテープ
musicassette [musikasét] 女 =musicasete
musicastro [musikástro] 男 下手な演奏家, へぼ楽士
music-hall [mjúsik xol]〖←英語〗男〖単複同形／～s〗❶ バラエティーショー. ❷ 演芸劇場, ミュージックホール
músico, ca[2] [músiko, ka]〖←ラテン語 musicus <ギリシア語 musikos「詩神」〗形 ❶ 音楽の: composición ～ca 作曲. instrumento ～ 楽器
—— 名 ❶ 音楽家, 演奏家, 楽士; 作曲家: Es un gran ～. 彼は大音楽家だ. ～ mayor 楽団指揮者, 首席奏者, バンドマスター. ～ de iglesia 教会楽士. ❷《中米》下手な賢い; こっけいな
musicografía [musikoɣrafía] 女〖集名〗音楽解説(評論)
musicógrafo, fa [musikóɣrafo, fa] 名 音楽解説(評論)家, 音楽史家

musicología [musikoloxía] 囡 音楽学, 楽理; 音楽史
musicológico, ca [musikolóxiko, ka] 形 音楽学の, 楽理の; 音楽史の
musicólogo, ga [musikólogo, ɡa] 名 音楽学研究者; 音楽史家
musicomanía [musikomanía] 囡 =**melomanía**
musicómano, na [musikómano, na] 名 =**melómano**
musicoterapeuta [musikoterapéuta] 囲 音楽療法の専門家
musicoterapia [musikoterápja] 囡 音楽療法
musico-vocal [musikobokál] 形 [グループで] 弾き語りの
musino [musíno] 形《動物》=**muflón**
musiquero, ra [musikéro, ra] 形 音楽の: cafetín ～ ナイトクラブ
── 男 楽譜棚
musiquilla [musikíʎa] 囡 ❶《軽蔑, 親愛》単純な (覚えやすい) 音楽. ❷ 口調, 語気
musir [musír] ～**se**《アラブ》かびが生える
musista [musísta] 形 名 ムス mus の; ムス競技者
musitación [musitaθjón] 囡 もごもご言うこと, 吃語(ᵗᵅ)
musitante [musitánte] 形《文語》ささやく, つぶやく
musitar [musitár] 自《←ラテン語 mussitare》《文語》ささやく, つぶやく: ～ algo al oído de+人 …の耳に何事かをささやく. *Musitó* una oración. 彼は祈りの文句をつぶやいた
── 他《文語》ささやく, つぶやく
musiú, siúa [musjú, sjúa] 名《ベネズエラ. 口語》[非スペイン語圏の白人, 主に金髪の] 外国人
musivario, ria [musiβárjo, rja] 形《美術》[技術・作家が] モザイクの
musivídeo [musiβíðeo] 男 音楽ビデオ
musivo, va [musíβo, βa] 形《美術》[作品が] モザイクの
muslada [musláða] 囡《口語》[女性の] 腿
muslamen [muslámen] 男《西. 口語》[主に女性のたくましい] 腿
muslari [muslári] 名《地方語》=**musista**
muslera [musléra] 囡 ❶ [腿用の] サポーター. ❷ [ズボンの] 腿の部分
muslim [muslín] 名《文語》ムスリム [の] (=**musulmán**)
muslime [muslíme] 形《文語》=**muslim**
muslímico, ca [muslímiko, ka] 形《文語》=**muslim**
muslo [múslo] 男《←ラテン語 musculus》❶《解剖》腿(ᵗᵅ), 大腿部: Sufrió una herida en el ～. 彼は腿を負傷した. medias a medio ～ ハーフストッキング. ❷《料理》腿肉: ～ de pollo 鶏の腿肉
musmé [musmé] 囡《←日本語》《古語的》日本娘
musmón [musmón] 男《動物》=**muflón**
musofobia [musofóβja] 囡 ネズミ嫌い
musola [musóla] 囡《魚》ホシザメ
muspar [muspár] 自《アルゼンチン》寝言を言う, うわごとを言う
musquerola [muskeróla] 囡《果実》=**mosqueruela**
mussoliano, na [musoljáno, na] 形《人名》[イタリアの] ムッソリーニ Mussolini の; ムッソリーニ政権の; ファシスト党支持の
must [músto]《←英語》男 [圏 ～s]《最新であるために》絶対必要なもの
mustaco [mustáko] 男《料理》モスト mosto や乳脂肪入りのパンケーキ
mustadiella [mustaðjéʎa] 囡《アストゥリアス. 動物》イタチ (=**comadreja**)
mustang [mustáŋg]《←英語》男 [圏 ～s]《動物》ムスタング 《メキシコなどの半野生馬》
mustango [mustáŋgo] 男《動物》=**mustang**
muste [múste] 間 出ていけ (=**oxte**)
mustela [mustéla] 囡 ❶《西. 動物》イタチ. ❷《魚》シロザメ《食用》
mustélidos [mustéliðos] 男圏《動物》イタチ科
musteriense [musterjénse] 形《考古》ムスティエ文化期 [の]
mustiamente [mústjaménte] 副 もの悲しく, しょげ返って, 元気なく; しなびて
mustiar [mustjár]《←mustio》 他 ❶ しおれさせる, なえさせる. ❷ 意気消沈させる, 元気をなくさせる
── ～**se** ❶ しおれる, しなびる. ❷ しょげ返る, 意気消沈する, 元気をなくす
mustio, tia [místjo, tja]《←?俗ラテン語 mustidus「ぬるぬるした, 湿った」》 形 ❶ [草花が] しおれた: Los claveles están ～s. カーネーションがしおれている. ponerse ～ しおれてしまう. cutis ～ 張りのない肌. ❷ 意気消沈した, 悲しそうな, 憂鬱な: Al saber el resultado se puso ～. その結果を聞いて彼はしょげてしまった. ❸《メキシコ》偽善者の, 本心を隠した
hacerse el ～《メキシコ》見て見ないふりをする, 分からないふりをする

musuco, ca [musúko, ka] 形《ホンジュラス》頭髪の縮れた
musulmán, na [musulmán, na]《←ペルシア語 musulman < アラビア語 muslim < aslam「神の意志に従う」》 形 イスラム教の; イスラム教徒 [の], ムスリム [の]: cultura *musulmana* イスラム文化
muta [múta] 囡 ❶《まれ》猟犬の群れ (=**jauría**). ❷《グアテマラ》イトスギの実
mutabilidad [mutaβiliðá(ð)] 囡《文語》変わりやすさ; 無常
mutable [mutáβle]《←ラテン語 mutabilis》 形《文語》変わりやすい, よく変わる (=**mudable**)
mutación [mutaθjón]《←ラテン語 mutatio, -onis》 囡 ❶《文語》変化: ～ de temperatura 気温の変化. ❷《生物》突然変異 (= ～ de genes) = cromosómica 染色体異常. ❸《演劇》 ～ de los decorados [幕間での] 舞台装置の転換. ❹《音声》音推移, 母音変化
mutacional [mutaθjonál] 形《生物》突然変異の
mutacionismo [mutaθjonísmo] 男《生物》突然変異説
mutagene [mutaxéne] 男《生物》突然変異源, 突然変異誘発要因
mutagénesis [mutaxénesis] 囡《生物》突然変異生成, 突然変異誘発
mutágeno, na [mutáxeno, na] 形《生物》突然変異を起こさせる
Mutamid [mútamið]《人名》アルムスタミド《1040～95, セビーリャのタイファ taifa 王で詩人. 北アフリカからムラービト朝 almorávides をアンダルス Al-Ándalus に招き入れた》
mutante [mutánte] 形《生物》突然変異の; 突然変異体, 変種, ミュータント
mutar [mutár]《←ラテン語 mutare》 他 ❶《文語》変化させる. ❷《生物》突然変異させる. ❸《音声》母音変化させる
── 自 ~**se** ❶《文語》変化する. ❷《生物》突然変異する. ❸《音声》母音変化する
mutarrotación [mutařotaθjón] 囡《化学》変旋光
mutatis mutandis [mutátis mutándis]《←ラテン語》副 必要な変更 (更改) を加えて
mutato nomine [mutáto nómine]《←ラテン語》副 名こそ違え: Es ～ siempre la misma cosa. それは名前こそ変わっているが, いつも同じものだ
mute [múte] 男《料理》❶《コロンビア》トウモロコシ粉のかゆ. ❷《ベネズエラ》トウモロコシと煮た羊肉
mutilación [mutilaθjón] 囡 ❶ [四肢などの] 切断. ❷ 破損, 損壊; 削除, カット, 改竄
mutilado, da [mutiláðo, ða] 形 名 [事故・戦争などで] 手足を失った [人]: ～ de guerra 傷痍(ᵗᵅ) 軍人
mutilador, ra [mutilaðór, ra] 形 名 切断する [人]; 破損する [人]
mutilante [mutilánte] 形《文語, 技術》切断する
mutilar [mutilár]《←ラテン語 mutilare》 他 ❶ [四肢などを] 切断する: Le *mutilaron* el brazo. 彼は片腕を切断された. ❷ [美術品などを] 破損する; [原文を] 削除する, カットする, 改竄 (ᵗᵅ) する: La película quedó bastante *mutilada* por la censura. 映画は検閲によってかなりカットされた. ～ el texto テキストを改竄する (一部削除する)
── ～**se** [四肢などを] 失う: *Se mutiló* un dedo. 彼は指を切断してしまった
mutil-danza [mutildánθa] 囡《ナバラ》男性たちが笛吹き chistulari を中心に輪になって踊る民俗舞踊
mútilo, la [mútilo, la] 形 四肢などを失った; 不完全な
mutis [mútis]《←オック語 mutus < ラテン語 mutus「無言の」》 男 [単複同形]《演劇》退場: 退場させて再登場すること *hacer* ～ 1) 黙る. 2) 退場する: hacer ～ por la izquierda 下手から退場する
hacer ～ *por el foro* [気づかれないように] そっと立ち去る
── 間 黙れ, しっ!
Mutis [mútis]《人名》 **Álvaro** ～ アルバロ・ムティス《1923～2013, コロンビアの詩人・作家. 現代文学ではほとんど用いられない叙事詩のスタイルで物語詩を書き, その後小説にも手を染めた.

セルバンテス賞受賞》
José Celestino ~ ホセ・セレスティノ・ムティス《1732～1808, スペイン生まれの司祭・植物学者・数学者. 学術遠征隊を指揮し, 南米北部を調査》

mutisia [mutísja] 囡《植物》ムティシア《南米産のつる性の灌木. 学名 Mutisia decurrens》

mutismo [mutísmo]《←ラテン語 mutus, -a, -um》男 [自発的・強制的な] 沈黙, 無言: Prosigue en su ~. 彼は黙秘を続けている

mutón [mutón] 男《まれ》=**mouton**

mutorrotación [mutorrotaθjón] 囡《化学》変旋光

mutoscopio [mutoskópjo] 男《古語》ミュートスコープ, のぞきめがね式活動映写機

mutre [mútre] 形《チリ》❶ =**mutro**. ❷ ばかな, 頭の悪い. ❸ 酸っぱい, 渋い, 苦い

mutro, tra [mútro, tra] 形《チリ》❶ 口の不自由な; どもりの; 発音の悪い. ❷ [動物が] 角の生えない, 角の大きくならない
—— 图《チリ》スペイン語を話せない人

mutua[1] [mútwa]《←mutuo》囡 ❶ 共済組合《=asociación de socorros mutuos》. ❷ 相互保険会社《=compañía mutua de seguros》: hacerse socio de una ~ médica 医療保険に加入する

mutual [mutwál]《←mutuo》形 相互の, お互いの
—— 囡《ペルー, チリ, アルゼンチン, ウルグアイ》相互扶助組織, 共済組合;《ラプラタ》医療保険相互組織

mutualidad [mutwaliðáð] 囡 ❶ 相互関係, 相関; 相互扶助, 相互依存. ❷ 相互扶助組織, 共済組合, 互助会: ~ de funcionarios 公務員共済組合

mutualismo [mutwalísmo] 男 ❶《生物》相利共生. ❷ 相互主義, 相互扶助論

mutualista [mutwalísta] 形 相互扶助〔主義〕の: sociedad ~ 共済組合
—— 图 共済組合員
—— 囡《ウルグアイ》共済組合

mutualización [mutwaliθaθjón] 囡 相互化

mutualizar [mutwaliθár] 他 相互的にする

mutuamente [mútwaménte] 副 相互に, 互いに: Estos tres pilares se sustentan ~. この3本の柱は互いに支え合っている

mutuante [mutwánte] 图《法律》貸与者, 貸し主

mutuario, ria [mutwárjo, rja] 图《法律》借り手, 借り主

mutuatario, ria [mutwatárjo, rja] 图 =**mutuario**

mútulo [mútulo] 男《建築》[ドーリア式の] 飾り軒持ち送り

mutún [mutún] 男《ボリビア. 鳥》ホウカンチョウ

mutuo, tua[2] [mútwo, twa]《←ラテン語 mutuus < mutare「変わる」》形 相互の, 相互関係の: Se tienen mutua confianza. 彼らは互いに信頼しあっている. La fidelidad de esposos es mutua. 夫婦間の貞節は相互的である. divorcio de ~ acuerdo/divorcio por ~ consentimiento 互いに合意の上での離婚. tratado de defensa mutua 相互防衛条約. amor ~ 相思相愛. enseñanza mutua 相互教育. inducción mutua《電気》相互誘導. odio ~ 反目. seguro ~ 相互保険

muwassaha [mwáʃaxa] 囡《詩法》=**moaxaja**

muy [múj]《←古語 muito「たくさん」<ラテン語 multum》副 ❶ 非常に, とても, 大変: 1)[+形容詞] Tu amigo es ~ simpático. 君の友人はとても感じのいい人だ. Esta ciudad es ~ hermosa. この町はとても美しい. 2)[+副詞] Un autobús pasó ~ rápido. バスがスピードを上げて通り過ぎた. Habló ~ breve y claramente. 彼はとても短くはっきりと話した. 3)[+無冠詞名詞] Es ~ hombre. 彼はとても男らしい. 4)[+代名詞] La realidad es ~ otra. 現実は全く違う. 3)[+a・de+名詞] Corre ~ a prisa. 彼はとても早く走る. Paseo por la calle ~ de mañana. 私は朝早く通りを散歩する. Lo siento ~ de veras. 心からお気の毒に思います.《語法》+比較級は muy ではなく mucho: mucho mayor が「年をとった, 老年の」の意味の場合には muy: Tu abuela es muy mayor para ir en bicicleta. 君のおばあさんは自転車に乗るには年をとりすぎている. exterior・inferior, interior・superior が muy superior (inferior) きわめて優れた(劣った), muy exterior (interior) ずっと外側(内側)の》❷ [否定文で] あまり[…ない]: Él no es ~ competente. 彼はあまり能力が高くない. Mi casa no está ~ lejos, o mejor, algo cerca. 私の家はあまり遠くはありません, いや, まあ近い方です. No voy ~ a menudo a la iglesia. 私はあまり頻繁には教会に行かない. Él ha hecho esfuerzos no ~ despreciables hasta elevarse a este más alto puesto. 彼はこの最高のポストに昇り詰めるまでに並々ならぬ努力をしてきている. ❸ [定冠詞+~+名詞. 軽蔑・非難など] 何という…, 困った…: Está bebido otra vez el ~ sinvergüenza. あの恥知らずはまた酔っぱらっている. La ~ traidora lo abandonó. あの不実な女は彼のもとを去った. ¡Los ~ traviesos de los chicos! Otra vez están maltratando al perro. あのいたずらっ子たちめ! また犬をいじめている. ❹ [挨拶の表現. 丁寧さを加える] 1) Muy buenos días, padre Domingo.—Hola, muy buenos, Tavito, hijo. おはようございます, ドミンゴ神父様.—やあ, おはよう, タビト君. 2)[手紙の冒頭] Muy señor mío: 拝啓. Muy señora mía: 拝啓, 奥様. Muy señores míos: [団体に宛てて] 拝啓

~ **poco** ごくわずかな~に: Voy ~ poco a misa. 私はほとんどミサに行かない. Bebe ~ poco. 彼はほとんど酒を飲まない

por ~+形容詞・副詞 **que...** →**por**

ser ~ de... きわめて…らしい: Eso es ~ de ella. それはいかにも彼女らしい

muyahid [mujaxíd]《←アラビア語》男《軍》muyahidin》戦士

muyahidin [mujaxídin]《muyahid の複数形》形 男 =**muyahidín**

muyahidín [mujaxídín] 形 男《アフガニスタンなどのイスラム原理主義組織》ムジャヒディン〔の〕

muy muy [mwimúj] 男《ペルー. 動物》ムイムイ《波打ち際の砂の中に住む甲殻類》

muyos [mújos] 男《アルゼンチン》料理用の内臓, 内臓料理

muz [múθ] 男《船舶》舳先の突端

muzárabe [muθárabe] 形 =**mozárabe**

muzo, za [múθo, θa] lima muza 仕上げヤスリ

mV《略語》=milivoltio ミリボルト

MW《略語》=megavatio メガワット

my [mí] 囡《ギリシャ文字》ミュー《M, μ》

Myanmar [mjanmár] 男《国名》ミャンマー

mylar [milár]《←商標》男 マイラー《テープや絶縁膜に用いられるポリエステルフィルム》

Mzo《略語》=marzo 3月

N

n [éne] 图 ❶ アルファベットの第14字. ❷ [大文字で, 未知・不定の固有名詞] la señora N 某夫人. la ciudad N 某市. ❸《数学》不定整数: 8ⁿ 8のn乗 [=ocho a la potencia N]

N [éne] 图《西. 略語》❶ ←carretera nacional 国道. N-III 国道3号線. N-401 国道401号線. ❷ ←noviembre 11月: 20-N 11月20日《フランコ Franco の命日》

n.《略語》←nacido …生まれの

N.《略語》←norte 北

n/.《略語》←nuestro 弊社の, 我々の

N.A.《略語》←Norte América 北アメリカ

na [ná] 代《俗用》=nada

naba¹ [nába]《←nabo¹》图《植物》❶ アブラナ科の各種《カブ, コマツナ, ナノハナなど. 食用, 飼料用》. ❷ ハクサイ(白菜)

nabab [nabáb] 男《圏 ~s》❶《歴史》[インドの] 太守, ナワーブ. ❷ 大金持ち, 大富豪

nababo [nabábo]《まれ》=nabab

nabaco [nabáko] 男《植物》❶ ヤコウカ(夜香花), ヤコウボク. ❷ アカネ科の薬草《学名 Faramea vaginata》

nabal [nabál] 形《まれ》カブ nabo の
—— 男 カブ畑

nabar [nabár] 形 =nabal

nabateo, a [nabatéo, a] 图《歴史》[ペトラ Petra (現在のヨルダン西部)を建設した] ナバテア人(の)
—— 男 ナバテア語

nabería [nabería] 图 ❶《集名》カブ. ❷《料理》カブのスープ

nabero [nabéro] 男 革ひも zurriago を使う子供の遊び

nabí [nabí] 男《美術》ナビ派(の)

nabí [nabí] 男《圏 ~[e]s》❶ [ヘブライの] 預言者. ❷ =nabi

nabicol [nabikól]《←nabo y col》《植物》=naba¹

nabiforme [nabifórme] 形《植物》[根が] 紡錘形の

nabina [nabína] 图 菜種, アブラナの種子

nabiza [nabíθa] 图 ❶ [主に 圏] カブの若葉 [食用]. ❷ アブラナの根

nabizal [nabiθál] 男《地方語》カブ畑

nabla [nábla] 图《音楽》ネーベル《古代ヘブライのハーブ》

nabo¹ [nábo]《←ラテン語 napus》男 ❶《植物, 根》1) セイヨウアブラナ; カブ [食用]: Cada cosa en su tiempo y los ～s en Adviento.《諺》果報は寝て待て/何事にも潮時というものがある. 2) ～ del diablo セリ科の毒草《学名 Oenanthe crocata》. ～ gallego (silvestre). ～ japonés ダイコン(大根). ～ sueco スウェード, スウェーデンカブ. ❷《建築》らせん階段などの支柱. ❸《隠語》陰茎. ❹《船室》マスト. ❺ [馬の] 尾の心部. ❻《植物の》太い主根

nabo², **ba**² [nábo, ba] 形 图《ラプラタ. 口語》愚かな[人], ばかな[人]

naboncio, cia [nabónθjo, θja] 形 图《ラプラタ. 口語》愚かな[人], ばかな[人]

naborí [nabórí] 图《圏 ~es》=naboría

naboría [nabória]《←ラテン語》图 ❶《中米. 歴史》先住民の召使い《1) 先スペイン期, タイノ族 taíno で首長などに仕えた特殊な身分の人. 2) スペイン支配下のヌエバ・エスパーニャで, 出身の共同体を自発的に離れ, 自由な身分として征服者や植民者の召使いとして働くようになった先住民》
—— 图 その割り当て [人数]

Nabucodonosor [nabukoðonosór]《人名》[新バビロニア王国の] ネブカドネザル2世 [在位, 紀元前605～562]

nabuda [nabúða] 形 图《ベネズエラ》ヒップの大きい [女]

nabumetona [nabumetóna] 图《薬学》ナブメトン

nacaomense [nakaoménse] 形 图《地名》ナカオメ Nacaome (の)《ホンジュラス, バジェ県の町》

nácar [nákar]《←アラビア語 nápar 「ホラガイ, 狩りのラッパ」》男 ❶ [アコヤ貝などの] 真珠層: botones de ～ 真珠貝の貝ボタン. ❷ 真珠色, 美しいつやのある真珠色

nácara [nákara]《古語》❶ 騎兵隊の大鼓 timbal の一種. ❷《カンタブリア, レオン》=nácar

nacarado, da [nakaráðo, ða] 形 ❶ 真珠[のような] 光沢のある, 真珠層で飾った: cajita ～da 螺鈿(らでん)をはめ込んだ小箱
—— 图《昆虫》ヒョウモンチョウ

nacáreo, a [nakáreo, a] 形 =nacarino

nacarigüe [nakarígwe] 男《ホンジュラス. 料理》ピノレ pinole のソース; そのソースで肉を煮込んだもの

nacarile [nakaríle] 副《プエルトリコ. 戯語》[否定] そんなこと冗談でしょう

nacarino, na [nakaríno, na] 形 真珠層の; 真珠のような光沢の: cutis ～ 玉のような肌
—— 图 人造の真珠層

nacarón [nakarón] 男 質の低い真珠層

nacascolo [nakaskólo] 男《中米. 植物》ジビビビ《=dividivi》

nacascolote [nakaskolóte] 男《中米. 植物》ジビビビ《=dividivi》

nacatamal [nakatamál] 男《メキシコ, 中米. 料理》豚肉入りのタマル tamal

nacatamalero, ra [nakatamaléro, ra] 图《ホンジュラス, ニカラグア. 料理》豚肉入りのタマル nacatamal 売り

nacatete [nakatéte] 男《メキシコ》まだ羽毛が生えていないひよこ

nacazcol [nakaθkól] 男《コスタリカ. 植物》=nacascolo

nacedero, ra [naθeðéro, ra] 形《まれ》生まれ得る
—— 男 ❶ 生まれるところ, [川の] 水源地. ❷《コロンビア. 植物》ミカンの一種《学名 Trichanthera gigantea》

nacedizo, za [naθeðíθo, θa] 形 [岩が] 地面に固定された

nacedor, ra [naθeðór, ra] 形《まれ》[食品が] 腐る, かびが生える

nacedura [naθeðúra] 图《地方語》[植物が] 生えること

nacela [naθéla] 图《建築》葱花じょう形. ❷《解剖》[尿道の] 舟状窩(か)

nacencia [naθénθja] 图 ❶《俗用》誕生 [=nacimiento]. ❷《軽蔑》生まれ; 家系; 家族. ❸ 腫瘍, はれもの. ❹《キューバ》生後1年以下の動物

nacer [naθér]《←ラテン語 nasci》39 自 ❶ 生まれる [⇔morir]: 1) Cervantes nació en 1547 en Alcalá de Henares. セルバンテスは1547年アルカラ・デ・エナレスに生まれた. Yo pesaba tres kilos al ～. 私は生まれた時3キログラムだった. niño nacido de padres humildes 貧しい両親から生まれた子供. nene que acaba de ～ 生まれたばかりの赤ん坊. ～ con un defecto físico 肉体的欠陥をもって生まれる. ～ de padres japoneses 日本人の両親のもとに生まれる. ～ en buena familia 上流家庭に生まれる. 2) [+主格補語] Nació enfermizo. 彼は病弱に生まれた. Este chico ha nacido artista. この子は生まれつきの芸術家だ. Las crías de las ballenas nacen vivas. クジラは胎生である. Yo nací primero. 私の方が経験豊富だ. ～ muerto 死産である. 3). 1) [+間接目的語 le] Al matrimonio le nació una niña que deseaba. その夫婦に待望の女の子が生まれた. 4)《諺, 成句》No con quien naces, sino con quien paces. 氏より育ち. Nadie nace enseñado. 誰でも生まれた時は何も知らない《学ぶことが必要だ》. No le pesa haber nacido. 彼はこの世に生を受けたことを苦にしていない《うぬぼれが強い》. No nací ayer. 私はそれほどうぶ(世間知らず)ではない. 5) [卵から] 生まれる, 雛がかえる: Un pollo nació del huevo. 雛が卵から かえった. Muchas crías de ave, nada más ～, echan a andar. 多くの鳥の雛は生まれるとすぐに歩き始める. ❷ [植物が] 芽を出す, 発芽する; 開花する: Nacen las patatas. ジャガイモが芽を出す. Las flores del cerezo nacen a principios de la primavera. 桜の花は春の始めに咲き始める. Tú eres como una rosa que naces en el alba. 君は夜明けと共に同じくして咲く, バラの花のような人だ. ❸ [体毛・羽などが] 生える: A mi hijo ya le empieza a ～ vello en las piernas. 私の息子は脚にすね毛が生え始めた. Todavía no le nacen plumas a los pollos de las águilas. 鷲の雛にはまだ羽が生えていない. ❹ [技術・思想・慣習などが] 生まれる, 発祥する, 起源をもつ: El judo nació en Japón. 柔道は日本で生まれた. El vicio nace de la ociosidad. 悪徳は怠惰から生じる/小人閑居して不善をなす. ¿Cómo nació la costumbre de pedir deseos a estrellas fugaces? どのようにして流れ星に願いを込める習慣が生まれたのだろうか？ ❺ [河川・道路などが] 生まれる, 発する: El río Amazonas *nace* en los Andes, en el Perú. アマゾン川はアンデス山脈のペルーから流れ出ている. La calle de la Sal es una pequeña calle que *nace* en la Plaza Mayor. サル通りはマヨール広場を起点とする小さな通りである. ❻ [意識・感情などが] 生じる: A raíz de la trágica calamidad, *nació* un espíritu de solidaridad entre los habitantes de esa región. 悲劇的な惨事に乗じ, その地方の住民の間に連帯感が生まれた. La sed de venganza *nació* entre las dos familias. 復讐心が両方の家族の間に生まれた. ❼ [隠れていた・知らなかったものが] 突然現れる: No le *nace* ser amable conmigo. 彼が私に親切にするなんてあり得ない. ❽《天体が地平線・水平線上に》現れる, 昇る: El Sol *nace* bastante tarde en invierno. 冬の日の出はかなり遅い. ❾ [+a] 1) 生まれつき…である: Los gitanos *nacen* a la libertad. ジプシーは生まれながらにして自由の民である. 2) [芸術・趣味などの] 活動を始める: Luís Cernuda *nació* a la poesía a sus once años. ルイス・セルヌーダは11歳にして詩人であった. ❿ [+para に] 生まれつく; …の素質がある: *Nació para* futbolista. 彼は生まれながらのサッカー選手だ. He nacido como *para* sufrir. 私は苦労するために生まれたようなものだ. Creyó haber *nacido para* salvar el mundo lleno de desigualdades. 自分は不平等に満ちたこの世を救うために生を受けたのだと彼は考えた. ⓫《口語》命拾いをする, 九死に一生を得る. ⓬ 推論される

haber nacido《口語》[+en ...día に] 命拾いをする
haber nacido tarde 未熟である, 未経験である
hacer ~ 生む; 生じさせる
~ de nuevo/~ otra vez《口語》=volver a ~
volver a ~《口語》九死に一生を得る, 命拾いをする, 生き返る: El accidente fue muy grave, pero él *ha vuelto a ~*. 事故はひどかったが, 彼は九死に一生を得た
—— 他《文語》生む; 生じさせる
—— **~se ❶** [縫い目が] ほころびる: *Se han nacido* las costuras de la falda. スカートがほころびた. ❷ 芽を出す, 茎が伸びる. ❸ [地方語] [食べ物などが] 悪くなる, かびが生える

nacer	
直説法現在	接続法現在
nazco	nazca
naces	nazcas
nace	nazca
nacemos	nazcamos
nacéis	nazcáis
nacen	nazcan

nacero [naθéro] 男《エストレマドゥラ》泉 [=manantial]
Nacho [nátʃo] 洗礼名 Ignacio の愛称
nacho, cha [nátʃo, tʃa]《アストゥリアス》鼻の低い, 鼻ぺちゃの
—— 男《メキシコ・料理》ナチョ《小型の焼いたトルティーヤ tortilla》
nachole [natʃóle] 男《メキシコ》ウチワサボテンの果汁の発酵飲料
nacianceno, na [naθjanθéno, na] 形 名 [歴史, 地名] [トルコ, カッパドキアの] ナジアンゾス Nacianzo の [人]
nacido, da [naθído, ða] 形 ❶ [赤ん坊が] 生まれたばかりの: Regalamos libros a los niños ~s esta semana. 今週生まれた赤ちゃんにこの本をプレゼントします. ❷ [法律] 生まれて24時間の. ❸《まれ》生まれつきの, 生得の; 特有の: Es la señora de Fernández, ~da Gómez. 彼女はフェルナンデス夫人で, 本姓ゴメスさんです
bien ~ 高潔な; 高貴な生まれの
mal ~《軽蔑》1) 見下げ果てた, 人と言えない, 下劣な, 卑劣な: Es un padre mal ~ y ha abandonado a sus hijos. あいつは見下げ果てた父親で, 子供を見捨ててしまった. 2) 卑しい生まれの
ningún ~ 誰も […ない]
—— 名 [主に 複] 生まれた人: los ~s el año pasado 昨年生まれた人. recién ~ [生後3週間までの] 新生児
Todos los ~s すべての人: *Todos los ~s* han de morir. 人はみな死ぬ運命にある
—— 男《まれ》ねぶと, 腫瘍
naciente [naθjénte] 形 [←nacer] ❶ 生まれかけの; 現れ始めの: día ~ 黎明の, 夜明け(^黎). guerra ~ 戦争の芽. ~ amor 生ま

れつつある愛. ~ interés por el baile 芽生え始めたダンスへの興味. ❷ [化学] 発生期の. ❸ [紋章] [動物が] 上半身だけの, 上半身のぞきの
—— 男《文語》[el+] 東 [=oriente. ⇔poniente]
—— 女《チリ, アルゼンチン, ウルグアイ》[主に 複] 水源

nacimiento [naθimjénto] 男 [←nacer] ❶ 誕生, 出生: fecha de ~ 生年月日. lugar de ~ 出生地. de nuevo ~ 更生; 再生, 復活. ❷ 生まれ, 出自, 血統, 家柄: Es de noble (humilde) ~. 彼は高貴な(卑しい)生まれだ. ❸ 生じること, 始まり, 出現, 起源, 発祥: ~ de vello en las axilas わき毛が生え始めること. ~ de una nación 新国家の誕生. ~ de una duradera enemistad 長い敵対関係の始まり. mi ~ al amor 私の初恋. ❹ 水源, 泉. ❺ [身体部分の] 付け根: ~ del pelo 髪の生え際. ~ de la uña 爪の付け根. ~ del pecho 胸元. ❻ [主に N~] 馬槽 (^{まぐさおけ}) [=Belén]. ❼ [主に彫刻で] キリストの生誕. ❽ [鳥の] 孵化
dar a... …を引き起こす
de ~ 生まれつきの: Esta mancha es *de ~*. このあざは生まれつきだ. Es tonto *de ~*. 彼は根っからの愚か者だ

nación [naθjón]《ラテン語 natio, -onis < nasci「生まれる」》女 ❶ 国家, 国 [類義] **nación** は「制度・政治体制および言語など文化的固有性を共有する人間の一団としての国」, **país** は主に「地理的・経済的領域としての国」, **estado** は「政治的観点からの国・政府」]: gran ~ 偉大な国. crisis de la ~ 国家の危機. ~ minera 鉱業国. [Organización de las] Naciones Unidas 国際連合. Sociedad de Naciones 国際連盟. ❷ [集名] 国民 [類義] **pueblo** は「文化的社会的統一体としての国民」, **nación** は「政治的統一体としての国民」]: La española no es un monolito homogéneo. スペイン国民は均質の一枚岩ではない. voz de la ~ 国民の声, 世論. ❸ 民族 [類義] 一般的には **pueblo** も **nación** も同じ意味「共通の歴史・文化・言語・宗教・生活習慣を持つ一地域あるいは一国家を形成する民族」で使われる. しかし教養のある人が意識的に使い分ける場合, **pueblo** は「ある場所・地域・国に共に住む人たち」という意味が強調されているのに対し, **nación** は「一つの共通základ意識によって結束した集団」の意味が強調されている (例外は **pueblo** judío ユダヤ民族)]: La ~ judía vive dispersa por todo el mundo. ユダヤ民族は世界中に散らばって暮らしている. ❹《俗用》出生 [=nacimiento]
... de ~ 1) …国籍の: Es alemán *de ~*. 彼はドイツ人だ.《俗用》生まれつきの…: ciego *de ~* 生まれながらに盲目の
—— ❶《ボリビア》外国人. ❷《アルゼンチン》スペイン語を話せない外国人《特にイタリアからの移民》

nacional [naθjonál] [←nación] 形 ❶ 国家の, 国の: árbol ~ 国の木. colores ~es 国旗. compañía aérea ~《航空》フラッグ・キャリア. territorio ~ 国土. ❷ 国立の; 国有の: Biblioteca N~ 国立図書館. bienes ~es 国有財産. hospital ~ 国立病院. ❸ [地方に対し] 国全体の, 全国的な: programa de difusión ~ 全国放送の番組. ❹ 国民の, 国民的な: carácter ~ 国民性, 民族性. héroe ~ 国民的英雄. sentimiento ~ 国民感情. ❺ [外国・世界に対して] 国内の, 自国の, 一国の; 地元の: economía ~ 国民経済. industria (mercado) ~ 国内産業(市場). productos ~es 国内製品. vuelo ~ 国内航空, 国内便. ❻ 民族の: guerra de liberación ~ 民族解放戦争. ❼《西·歴史》[内戦時の] 国民戦線派の: zona ~ 国民戦線派占領地域
—— 名《西·歴史》国民戦線派の一員, 国民戦線軍兵士. ❷《文語》国民, 市民
—— 男《西·歴史》[主に 複] 国民戦線派, 国民戦線軍
—— 女 国道 [=carretera ~]

nacionalcatolicismo [naθjonalkatoliθísmo] 男 国家カトリック主義《フランコ時代の, カトリック教会と政治権力の結合思想》
nacionalcatólico, ca [naθjonalkatóliko, ka] 形 国家カトリック主義の
nacionalidad [naθjonaliðá(ð)] [←nacional] 女 ❶ 国籍: Es paquistaní de ~ británica. 彼はイギリス国籍のパキスタン人だ. Este niño es de (tiene) ~ española. この子はスペイン国籍だ. adquirir (obtener) la ~ chilena チリ国籍を取得する. hombre de ~ desconocida 国籍不明の男. doble ~ 二重国籍. ❷ 国民性, 国民感情, 民族意識. ❸ [国家を形成するに至ない] 民族. ❹ 船籍 [=~ del buque]
nacionalismo [naθjonalísmo] 男 ナショナリズム, 民族主義, 民

族意識; 国家主義, 国粋主義: ～ musical 国民楽派

nacionalista [naθjonalísta] [形] [名] 民族主義の(主義者); 国家主義の(主義者), 国粋主義の(主義者)

nacionalización [naθjonaliθaθjón] [女] ❶ 国営化, 国有化: ～ de la enseñanza 教育の国家管理. ❷ 帰化: obtener su ～ 国籍を取得する. carta de ～ 帰化承認状. ❸《歴史》国民形成

nacionalizador, ra [naθjonaliθađór, ra] [形] 国営化する, 有化する

nacionalizar [naθjonaliθár] 〖←nacional〗 [9] [他] ❶ 国営化する, 国有化する;《経済》民族資本化する: El gobierno *ha nacionalizado* unos terrenos para construir un aeropuerto. 政府は空港建設のためにいくつかの土地を国有化した. ～ el transporte 運輸業を国営化する. empresa *nacionalizada* 国有企業. ❷ 帰化させる: ～ a su hijo en Francia 息子をフランス国籍にする. ❸ [外国の文化などを] 自国に定着させる, 取り入れる: ～ un término [外国の] 言葉を国語化する. ❹《歴史》国民を形成する

—— **～se** ❶ 国営になる. ❷ 帰化する 〖=naturalizarse〗: *Se ha nacionalizado* española. 彼女はスペイン国籍を取得した

nacionalmente [naθjonálménte] [副] 国家的に, 国民的に, 国内的に

nacionalsindicalismo [naθjonalsindikalísmo] [男] [ファランヘ党の] 国家主義的サンディカリズム

nacionalsindicalista [naθjonalsindikalísta] [形] [名] 国家主義的サンディカリスト(の)

nacionalsocialismo [naθjonalsoθjalísmo] [男] 国家社会主義

nacionalsocialista [naθjonalsoθjalísta] [形] [名] 国家社会主義の(主義者)

nacismo [naθísmo] [男] =**nazismo**

nacista [naθísta] [名] ナチス 〖=nazi〗

naco[1] [náko] [男] ❶《中南米》嚙みたばこ. ❷《中米》臆病者; 女みたいな男. ❸《コロンビア. 料理》マッシュポテト; 塩ゆでしたトウモロコシ. ❹《アルゼンチン, ウルグアイ》恐怖, 驚き

parar los ～s《ホンジュラス》[人が] 死ぬ

naco[2]**, ca** [náko, ka] [形]《地方語》小さい

—— [名]《メキシコ. 軽蔑》趣味の悪い, 野暮ったい人; 先住民系の人

nacra [nákra] [女]《動物》ハボウキガイの一種 〖学名 Pinna nobilis〗

nacrita [nakríta] [女]《鉱物》ナクル石, ナクライト

nacuma [nakúma] [女]《植物》パナマソウ

nada [náđa] 〖←ラテン語 [res] nata「生まれた(もの)」〗 [代] [否定の不定代名詞] ❶ 何も(…ない), 何物(何事)も(…ない) 〖+動詞 では no は不要であり, 否定の程度が強く表現される. →ninguno [類義]. ⇔algo〗: 1) ¿Ves algo?—No veo ～./*N*～ veo. 何か見えるか?—何も見えない. ¿Tienes algo?—No, no tengo ～./No, ～ tengo. どうかしたのか?—いや, どうもしないよ. *N*～ hago los domingos. 私は日曜日には何もしない. *N*～ le complace como tus regalos. 君のプレゼントほど彼を喜ばせるものはない. Dijo que no quería tomar ～. 彼は何も飲みたくないと言った. Más vale algo que ～./Peor es ～. わずかでも何もないよりはましだ. No. No vamos a esperar ～. Nos casamos en seguida. いいえ. 私たちは何を待つというのでもないのです. すぐに結婚します. 〖[語法] 一つの否定文で, nada を含めて3つかそれ以上の否定語が使われることがある: *No* le digas ～ a *nadie*. お前は誰にも何も言うな. Parece que ～ le interesa, *ni* poesía *ni* música. 何事も, 詩も音楽も, 彼には興味がないようだ〗 2) [+que+不定詞・接続法] A estas alturas no tenemos ～ *que* hacer. 今となっては私たちに打つ手はない. Aquí no hay ～ *que* me guste. ここには私に気の入ったものは何もない. No he tenido intención de hacer ～ *que* hiriera su sentimiento. 私はあなたの気持ちを傷つけるようなことをするつもりは全くありませんでした. 3) [+形容詞] Aquí no ocurre ～ nuevo. ここでは新しいことなど何も起こらない. No me despertó ～ sospechoso la declaración de esa mujer. その女性の供述には何も疑わしいところはないと私には思えた. 〖[語法] nada が tener・hay の直接目的の場合は +de+形容詞 が普通: El estado del enfermo sigue igual; no tiene ～ *de* particular. 病人の様子はずっと同じで, 変わったところは何もない〗 4) [+de+名詞] No tiene ～ *de* conciencia. 彼には良心のかけらもない. Eso no tiene ～ *de* gracia. それは何の面白味もない. No tiene ～ *de* inteligencia. 彼には知性のかけらもない. Los nobles ya no tienen ～ *de* esos privilegios. 貴族はもはやそのような特権を何一つ有していない. 5)《口語》[+副詞/《まれ》+de+副詞] No viven ～ mal. 彼らの暮らし向きは決して悪くない. No se encuentra ～ *de* bien. 彼は体調がかんばしくない. ❷ [否定の意味が弱められて肯定的な意味で使われる] 1) 何でもないこと, わずかなもの: Eso no es ～. それは何でもないことだ. Con ～ queda satisfecha. 彼女はわずかなことで満足する. 2) 少しの時間: No hace ～ que la procesión pasó por aquí. つい先ほど行列がここを通った. ❸ [反語的疑問文で] 何か: ¿Has visto ～ igual? 君はこれまでにこんなことを見たことがあるか. ¿Será posible ver ～ *que* se esté pensando en la mente ajena? 他人の頭の中で考えられていることを見ることができるというのか. ❹ [意味的には肯定だが, 先行する否定的意味に影響されて nada が使われる] 何か: Yo trataba en vano de recordar ～. 私は何か思い出そうとしたが, だめだった. Dudo mucho que quieran ayudarme en ～. 私は彼らが何かで私を助けてくれるとは思えない. ❺ [比較の対象として用い, 比較の意味を強める] 何よりも: Estimo este alfiler más que ～ porque es el primer regalo de mi mujer. 私はこのネクタイピンを愛用している. 妻からの最初の贈り物なので. De los vinos me gusta este más que ～. ワインのうちで私はこれが何より好きだ. Primero que ～, le entregaré a mamá mi regalo de cumpleaños. 何をおいてもまずはお母さんに誕生日プレゼントを渡しておこう

—— [副] 決して(…ない), 全く(…ない) 〖nada が動詞の前に置かれると no は不要で, 否定の程度が強く表現される〗: 1) No estoy ～ cansado. 私は全然疲れていない. No estoy ～ seguro de eso. 私はそれについては確かなことは何も言えない. No es ～ extraño. それは不思議でも何でもない. No me parece ～ bien lo que hace. 私には彼のしていることが決していいとは思えない. *N*～ nos importa el frío. 寒さなど私たちには何でもない. La boina no le sentaba ～ mal. ベレー帽は彼に何となく似合っていた. 2) [時に +de+形容詞] No es ～ *de* raro que venga aquí sola. 彼女がここに一人で来るのは何も珍しいことではない 〖=No es ～ raro que...〗

—— [女] ❶ [la+] 無: Tras la muerte está la ～. 死の後には無の世界がある. crear de la ～ 無から創造する. disolverse en la ～ 溶けて無となる. reducir a la ～ 無に帰する. salir de la ～ y crear un imperio empresarial 無一文から始めて企業帝国を創り上げる. ❷ 虚無[感]: Desde que se murió su mujer, no le quedó más que la ～. 妻が死んでから, 彼には空しさしか残らなかった. ❸《メキシコ, ラプラタ》少量

—— [間] ❶ [疑問文の答えなどで, 返事を濁す時など] ¿Qué llevas en esa bolsa?—¡*N*～! その袋に何を入れているの?—いや, 別に. Dime lo que te pasa.—*N*～, estoy cansado; tengo un poco de despiste. どうしたの, 言ってごらん.—何というかな, 疲れてしまって, ちょっとぼんやりしてるんだ. ❷ [繰り返して, 強い拒否など] A lo mejor voy.—*N*～, ～ de «a lo mejor». たぶん行くかも.—だめだ,「たぶん」なんてだめだ. ❸《西. 口語》[否定表現の前に置かれ, 否定の強調] Pero ～, no hemos conseguido entradas para el concierto. 本当にだめだ, コンサートのチケットは手に入らなかった

a cada ～《主に中南米》絶えず, しょっちゅう: *A cada* ～ me sablea. 彼は何かといえば, 私に金をせびる

aunque ～ más sea... せめて…だけでも: Quédate *aunque* ～ *más sea* una o dos noches. せめて一晩か二晩でも泊まっていきなさい

como si ～《口語》問題にせずに, 何事もなかったように: Mi hija nada kilómetros *como si* ～. 私の娘は何キロでも楽に泳ぐ. Permaneció immutable, *como si* ～, ante los insultos del público. 彼は人々の雑言を前にしても, 平然とした態度をとり続けた

con ～ 1) 少しのことで, 何でもないことで: *Con* ～ se caerá aquella casa. 少しでも何かあればあの家は倒れるだろう. 2) 何も(…ない) 〖=de ～〗

de eso ～《口語》=**～ de eso**

de ～ 1) 取るに足らない, 何の値打ちもない, 無価値の, 重要でない: Seguramente para vosotros será una cuestión *de* ～. きっと君たちにとってはそれは取るに足らない問題だろう. hombre *de* ～ 貧しくて素性の知れない人/どこの馬の骨か分からない奴. 2) [感謝・謝罪への返事] どういたしまして; 何でもありません 〖[類義] **no hay de qué** は感謝に対してだけの, やや固い表現. 普通は **de nada**〗: Muchas gracias.—*De* ～. どうもありが

とう.—どういたしまして. Perdóneme.—De ～. ごめんなさい.—いや, 何でもありません. Dispénsame por haberte hecho esperar.—Hombre, de ～. 待たせて悪かったね.—いや, 何でもないよ. 3) 何も[…ない]: No he bebido de ～. 私は何も飲まなかった

dejar a+人 **sin ～** …を無一文にする: La inundación le *ha dejado sin* ～. 洪水で彼は無一文になった

estar en ～ que+接続法《口語》もう少しで…するところである: *Estuvo en* ～ *que* perdiéramos el tren. 私たちは危うく列車に乗り遅れるところだった

～ como… [人・物の良さなどを取り上げて力説] …ほどいいものはない, …に勝るものはない: Ya a esta edad no hay ～ *como* vivir tranquilo y libre de toda obligación. もうこの年齢になると静かに何の束縛もなく生活するのが一番いい. *N*～ *como* la "Pastoral" de Beethoven cuando se está triste y deprimido. 悲しい気分が落ち込んだ時にはベートーヴェンの『田園』はどいいものはない

¡N～ de…! …してはいけない; …なんてとんでもない!: ¡*N*～ *de excusas!* 言い訳無用だ! ¡*N*～ *de bromas!* 冗談を言うなんてとんでもない! ¡*N*～ *de marcharte ahora!* 今帰ったりしたらだめだよ!

～ de eso [相手の言葉の強い否定] そんなことはない; [頼みの拒絶] それはお断りだ: ¿No quieres verla otra vez? ¡*N*～ *de eso!* 彼女に二度と会いたくないって, そんなことを言ってはだめだ! ¿Vas a irte sin cenar con nosotros? ¡*N*～ *de eso!* 私たちと夕食をしないで帰るだって, そんなことさせないよ!

～ de ～《口語》全然[…ない]: Todo es niebla, no se ve ～ *de* ～. 一面霧がかかっている. 全く何も見えない

～ malo 悪くはない; [控えめに] ちょっといい: No sería ～ *malo* que, además de darte casa, te pagarán algo. 家をあてがわれた上に給料をくれるというなら, 悪くない話じゃないか

～ más 1) ただ, …だけ: Asistieron diez personas ～ *más*. 出席したのは10人だけだった. Tengo ～ *más* diez euros. 私はわずか10ユーロしか持っていない. ¿Quieres algo más?—No, ～ *más*. 何か欲しいものは?—いいえ, それで結構です. [質問への返答で] ¿Alguna otra pregunta?—*N*～ *más* por hoy, muchas gracias. 他に何か質問はあるかな?—今日のところはこれだけです. ありがとうございました. De los libros de bolsillo, no hay ～ *más* que este. ポケット版の本といえば, これ以外にはない. 2) [+不定詞・過去分詞・que+直説法] …するとすぐに: *N*～ *más* venir a casa, se metió en la cama. 彼は家に帰るとすぐベッドにもぐり込んだ. Salí de casa ～ *más* levantarme. 私は起きるとすぐに家を出てた. 3) [報告・演説などを終えて] 以上です/これで終わります: Estas son mis divagaciones del viaje y ～ *más*. 以上たわいのない私の旅行談でした. これでおしまいです. 4)《メキシコ》…だけ[…する]

～ más que… ただ…しか[…ない]: Tengo ～ *más que* mil yenes en la cartera. 私は財布にたった千円しかない《=No tengo *más que* mil yenes》. No hay ～ *más que* añadir al guiso. これ以上シチューに入れるものはない. Hoy no ha venido ～ *más que* un paciente. 今日は患者は1人しかなかった

～ más y ～ menos [強い賞賛など. 主に +que] まさしく: Él es ～ *más y* ～ *menos que* una persona desinteresada e imparcial. 彼は公平無私そのものと言っていい人物だ. La prima ofrecida a los ganadores de la victoria ha sido ～ *más y* ～ *menos que* tres millones de yenes, indiferentemente de los juegos. 優勝賞金は, 競技の区別なく何と300万円だった. まさにそうだ

～ mejor que… = ～ como…: No hay ～ *mejor que* una cerveza enfriada después del baño. 一風呂浴びた後の冷えたビールほどよいものはない. Como alimento no hay ～ *mejor que la soja*. 食品として大豆に勝るものはない

～ menos [que…]《口語》[多量・重要さなどの強調] …ほども, まさに…: Le tocó ～ *menos que* cien mil euros. 彼に10万ユーロも当たった. Vino cuarenta veces, ～ *menos*. 彼は何と40回も来ている. Fue ～ *menos que* el rector. まさにその人が学長だった

～ que…《アンデス. 口語》まだ…ない

ni… ni ～ …も…も[…ない]: Ya no eres *ni* amigo *ni* ～; no te metas donde no te llaman. お前なんてもう友人でも何でもない. 関係のないところに首を突っ込まないでくれ! Pero *ni* por eso *ni* por ～, podían regateársele sus cualidades de se-

riedad y discreción. しかしそれやこれやで彼のまじめさや思慮の深さといった長所が傷つくかといえば, あながちそうではない

ni 1)《口語》[否定表現に付加して強調] …なんてない: i) ¡Y que no quieren estarse quietos los niños *ni* ～! だめだ, 子供たちはじっとしていない! No quiere trabajar *ni* ～. 彼は働く気なんて全くない. ii)《皮肉》No sabe leer *ni* ～. 彼は字も読めないか何もできないわだ. 2) **=ni… ni ～**

ni ～ de ～ [否定表現に付加して強調] …なんてない《=ni ～》

ni ～ que lo valga [否定の強調] そのようなものは何もない

no darse a+人《口語》…にとって少しも重要でない, 構わない

no decir ～ 興味をそそらない, 感銘を与えない: *No me dice* ～ este libro. この本は面白くない

No es por ～. [反論・警告・忠告・勧告] *No es por* ～, pero me estás cansando. 言いたくないけど, こっちはあきあきさせられているんだ. *No es por* ～, pero hueles a tabaco. つまらないことだが, 君はたばこのにおいがするよ. *No es por* ～, pero deberías ir con traje largo. 差し出がましいかもしれないが, ロングドレスで行った方がいいようだよ

no hay ～ como… …ほどのものはない, …が一番である: *No hay* ～ *como* beber para olvidar. 忘れるには一杯飲むのが一番いい

no hay ～ que hacer 何もすることはない, 何をしても無駄である

no querer ～ con+人 …と関わりたくない, 親しくなりたくない: *No quiero* ～ *con* ese engreído; presume de ser de sangre azul. あんな高慢な奴とは関わりたくない. 貴族の出だといってばかりやがる

no ser ～ [事物・人が] 何でもない, 取るに足らない: La herida *no es* ～. 傷は何でもない

no tener ～ 仕事も財産もない

no tener ～ que hacer 1) 何もすることがない: Como *no tengo* ～ *que hacer* esta tarde, me voy al cine. 今日の午後は仕事もないので, 映画に行ってこよう. 2) 何もできない: En Madrid *no tienes* ～ *que hacer*. マドリードではお前なんかお呼びじゃない

no tener ～ que ver [+con と] 何も関係がない: *No tengo* ～ *que ver con* eso. 私はそれとは何も関係がない. El general *no tiene* ～ *que ver con* esta conspiración. 将軍はこの陰謀とは何の関係もない

no tener ～ suyo ひどく気前がよい, 浪費家である

para ～《口語》1) [否定の強調] 少しも…ない: ¿Te gusta el ballet?—*Para* ～. バレエは好きですか?—全然. Aquel diccionario no sirve *para* ～. あの辞書は何の役にも立たない. *Para* ～ he instigado a la violencia. 私は暴力をあおった覚えは全くない. 2) 無駄に: Fui a la Facultad *para* ～; no sabía que era fiesta. 私は大学に行ったが, ばかをみた. 休日とは知らなかったのだ

poco más de ～ 1) 決して[…ない]《=por ～》. 2) ごくわずか, ほとんど…ない: Él no aparece por aquí *poco más de* ～. 彼はここにはほとんど顔を出さない

por menos de ～ 何でもないことで《=por ～》: *Por menos de* ～ llora. 彼は何でもないのにすぐ泣く

por ～ 1) 決して[…ない]: Ella dice que no consentirá *por* ～ en divorciarse. 彼女は何があろうとも離婚に同意しないと言っている. 2) 何でもないことで, ささいなことで: Se echó a llorar *por* ～ y salió de la habitación. 彼女はちょっとしたことで泣き出し, 部屋から出て行った. 3) 無料で: Da clase de inglés *por* ～ a los niños de la vecindad. 彼は近所の子供たちに無料で英語を教えてやっている. Te darán *por* ～ una cámara digital si compras este televisor. このテレビを買うとただでデジカメがもらえるはずよ. 4)《中南米》どういたしまして《=de ～》: Gracias.—*Por* ～. ありがとう.—いいえ

pues ～ [間投詞的] 1) よろしい, 構わない: *Pues* ～, quedemos en eso. ええ, そういうことにしましょう. Bueno, pero ven con nosotras, ¿eh?—*Pues* ～, de ir iré luego. いいわ, でも私たちと一緒に来たらどう?—そうね, 行くのなら後から行くわ. 2) [特に南米《口語》] *Pues* ～, adiós. Hasta la próxima. じゃあ, さようなら. また今度ね

¡Pues no es ～…! [考え・物事などを評して] …は立派さ/すばらしい!: ¡*Pues no es* ～ lo que pretende! なるほどね, あの人の目指していることは半端じゃないね!

quedarse en ~ ほとんどなくなる; ほとんどだめになる: Hice un pastel, pero lo tuve tanto tiempo en el horno que *se me quedó en ~*. 私はパイを作ったが, 長くオーブンに入れすぎて, ほとんどだめにした
quedarse sin ~ 全財産をなくす, 無一物になる: Un banco quebró y mucha gente *se quedó sin ~ ni* dinero. 一銀行が破産して, 多くの人が無一文になった
sin venir a ~ 《口語》理由もなく, 根拠なく: Se enfadó *sin venir a ~*. 彼はわけもなく腹を立てた
tener en ~ [人・事物を] 軽視する: La compañía de seguros no *tuvo en ~* las joyas que le robaron. 保険会社は彼女が盗まれた宝石類は計算に入れなかった
un ~《まれ》何でもないこと, わずかなもの: *Un ~* la aflige. 彼女はちょっとのことで悲しがる

nadada [naðáða]《地方語》ちょっと泳ぐこと
nadadera [naðaðéra] 囡《水泳練習用の》浮き
nadadero [naðaðéro] 男 水泳に適した場所, 水泳場
nadador, ra [naðaðór, ra] 形《鳥などが》泳ぐ, 遊泳性の
── 名 泳ぐ人, 泳ぎ手, 水泳選手: Mi hija es (una) buena *~ra*. 娘は泳ぎがうまい. El mejor *~* se ahoga.《諺》河童の川流れ
nadadura [naðaðúra] 囡《古語》泳ぐこと, 水泳
nadal [naðál] 男《古語》❶ クリスマス〔=Navidad〕. ❷《アストゥリアス》クリスマスの前後
nadante [naðánte] 形《紋章》泳ぐ
nadar [naðár] 自《←ラテン語 natare》❶ 泳ぐ, 水泳をする: 1) No sabe *~*. 彼は泳げない. Mi abuelo *nada* muy bien. 祖父は泳ぎが上手だ. 2)〔+en で〕*~ en* la piscina (el lago・el mar) プール(湖・海)で泳ぐ. ❷ 浮かぶ〔=flotar〕; つかる: Las hojas secas *nadaban en* el estanque. 池には枯葉が浮かんでいた. Con las reformas en casa estamos *nadando en* mugre. 家の改築で私たちは汚れまみれになっている. ❸ 〔+a+人〕にとって, 衣類・履き物が〕大きすぎる: Esta camisa me *nada*. このシャツは私にはぶかぶかだ. ❹〔人が主題. +en+場所 が〕広すぎる: Yo solo *nado en* esta casa antigua. 私一人ではこの古い家は広すぎる. ❺〔+en+物〕豊富である, 有り余っている: *Nada en* dinero. 彼は金が有り余っている. *~ en* la abundancia 何不自由なく〔ぜいたくに〕暮らしている
── 他 ❶〔距離を〕泳いで渡る. ❷ …の泳ぎ方をする: *~ el* crawl クロールで泳ぐ
nadear [naðeár] 自 =anadear
nadería [naðería]〔←nada〕囡 何でもないこと, ささいなこと: enfadarse por *~s* つまらないことで腹を立てる
nadgada [naðɣáða] 囡《古語》尻への平手打ち〔=nalgada〕
nadi [náði]代《古語》=nadie
nadie [náðje]〔←古語 naid < ラテン語〔homines〕nati 〔non fecerunt〕「生まれた〔人々〕〔はそれをしなかった〕」〕代《否定の不定代名詞. 無性単数扱いだが, 女性であることを示したい時は+形容詞女性形は可: No hay *~* más *guapa* que ella. 彼女よりきれいな人は誰もいない〕❶ 誰も〔…ない〕〔+動詞 では no は不要であり, 否定の程度が強く表現される. →ninguno〕〔類義〕⇔alguien〕: 1) ¿Quién te ayudó?—A mí no me ayudó *~/N~* me ayudó. 誰が君を助けたの?—誰も私を助けてくれなかった. *N~* vive en esta casa. この家には誰も住んでいない. No había *~* sospechoso. 疑わしい人は誰もいなかった. No soy *~* de importancia. 私は重要人物などではありません. 2)〔動詞の直接目的語では, 普通は 前置詞 a+〕¿Buscas a alguien?—No, no busco a *~*./A *~* le busco. 君は誰かを捜しているの?—いいえ, 誰も捜していません. No encuentro a *~* en la calle. 通りには人っ子一人見当たらない.〔語法〕1)一つの否定文で, nadie を含めて3つかそれ以上の否定語が使われることがある: *No* pude encontrar *a ninguna* parte a *~* que me sirviera de guía en ese viaje a las ruinas. 私は遺跡への旅行にガイドになってくれそうな人を誰一人どこにも見つけ出せなかった. 2) nadie には全体の者を表わす働きはない: ×*nadie* de nosotros/○*ninguno* de nosotros. 3)〔+que+接続法〕Aquí no hay *~ que* me conozca. ここには私を知っている人は誰もいない. No tenía *~ que* le acompañara al hospital. 彼には病院まで付き添ってくれる人が誰もいなかった.《時に肉 扱》No soy *~* para ti. 俺なんて, 君には取るに足りない, 無能な人; 地位の低い人: 1) No somos *~* en este cosmos. 私たちは宇宙においては取るに足らない存在だ. No es *~* a nivel mundial. 世界的なレベルでは彼は取るに足りない人物だ. 2)〔時に un+〕Lo dijo un *~*. 誰かつまらない奴がそう言った

た. ❸《文語》〔反語的疑問文で〕誰か: ¿Habrá *~* tan miserable como yo? 私ほど哀れな人間がいるだろうか. ❹〔意味的には肯定だが先行する否定的意味に影響されて nadie が使われる〕誰か: Niego que *~* tenga autoridad sobre mí. 誰かが私に対して権威を振りかざすなんて, 私はお断りだ. Nunca te pido que *~* se marche sin decir adiós, como lo hace él. いつも彼がしているように, さようならを言わずに帰ってしまうのはまともではない. ❺〔比較の対象としてを用い, 比較の意味を強める〕誰よりも: Ella canta mejor que *~*. 彼女は誰よりも上手に歌う. A ella la quiero más que a *~*. 私は誰よりも彼女を愛している
como ~ 誰よりも上手に: Baila *como ~*. 彼のダンスは並外れてうまい
~ más 誰もほかに〔…ない〕: Ya no vendrá *~ más*. もうこれ以上は誰も来ないだろう. En este local no cabe *~ más*. この店にはもうひとりも入れない
no ser ~《反語》ひとかどの人物である: Tú *no eres ~* para hablarme con palabras tan insolentes. 私にそんな横柄な口をきくなんて, お前も偉くなったな
nadificar [naðifikár] 他 *~se*《哲学》無に帰する
nadir [naðír] 男《天文》天底〔⇔cenit〕
nadir [naðír] 男《モロッコ》慈善施設の資産を管理する官吏
nadita [naðíta]《主に中南米》少しも…ない: Yo no me llevo *~* de bien con Fausto. 私はファウストとはどうもうまが合わない
nado [náðo]〔←ラテン語 natus〕男《メキシコ, ベネズエラ》水泳, 泳法
a ~《メキシコ, ベネズエラ》泳いで: atravesar el río *a ~* 泳いで川を渡る
nadorita [naðoríta] 囡《鉱物》ナドライト
nafa [náfa]《ムルシア》agua de *~* 橙花〔とう〕水
nafra [náfra] 囡《アラゴン》すり傷
nafrar [nafrár] 他《アラゴン》すり傷をつける
nafre [náfre] 男《ボリビア》粗雑な作りの短刀
nafta [náfta]〔←ラテン語・ギリシア語 *naphtha*〕囡 ❶《化学》ナフサ. ❷《ラプラタ》ガソリン: cargar *~*/tomar *~* ガソリンを補給する
naftaceno [naftaθéno] 男《化学》ナフタセン
naftaleno [naftaléno] 男 =naftalina
naftalina [naftalína] 囡〔←nafta〕《化学》ナフタリン
naftenos [nafténos] 男 複《化学》ナフテン
naftol [naftól] 男《化学》ナフトール
naga [náɣa] 形 名《地名》〔インドの〕ナガ Naga の〔人〕
Naga jolokia [náɣa ȝolókja] 男《植物, 香辛料》ブートジョロキア
nagana [naɣána] 囡《獣医》ナガナ病
nagra [náɣra] 囡《商標》テープレコーダー
nagua [náɣwa] 囡《服飾》❶《まれ》〔主に 複〕ペチコート, アンダースカート. ❷《メキシコ》複 スリップ
── 名《メキシコ, 中米》❶ 臆病で, 卑怯な; 卑怯者. ❷《コスタリカ》複 臆病な, 小心な, 意気地のない
naguado [naɣwáðo] 男《カナリア諸島》洗礼の際に着る服
nagual [naɣwál] 男 ❶《アステカ神話》ナグワル《鳥や動物の姿をして人間各自の運命を司る精霊》. ❷《メキシコ》魔法使い, まじない師. ❸《グアテマラ, ホンジュラス》人間が生涯の仲間にする動物
── 囡《メキシコ》嘘
── 形《メキシコ, 軽蔑》野蛮な
naguatear [naɣwaleár] 自 ❶《メキシコ》嘘をつく; 盗む. ❷ どんちゃん騒ぎをする; 女に言い寄って夜遊びする
naguapate [naɣwapáte] 男《中米, 植物》オトギリバニシウ, ダイアモンドフロスト
naguatato, ta [naɣwatáto, ta] =nahuatlato
náguatl [náɣwatl] 形 名 男 =nahua
naguatlato, ta [naɣwatláto, ta] 形 =nahuatlato
náguatle [náɣwatle] 形 名 =nahua
nagüe [naɣwé]《キューバ》〔友人などへの呼びかけ〕君
nagüeta [naɣwéta] 囡《中米, 服飾》オーバースカート
nagüilón [naɣwilón] 形《グアテマラ》女性っぽい〔男〕; お母さんっ子
nahua [náwa] 形 名 ❶ ナワ族〔の〕《中米先住民の一種族》. ❷ ナワトル語の
── 男 ナワトル語〔=náhuatl〕
náhuatl [náwatl] 形 名 =nahua
── 男 ナワトル語《ナワ族 nahua の言語. 7世紀以来, メキシコ中央高原地帯で話されていた. ユト・アステカ語族 utoazteca に属し, アステカ王国で使われていた. 例 cacao「カカオ」, chocolate「チョコレート」, tomate「トマト」》

nahuatlatismo [nawatlatísmo] 男 ナワトル語特有の言い回し; ナワトル語起源の語
nahuatlato, ta [nawatláto, ta] 形 ナワトル語を話す
── 名《メキシコ. 歴史》[スペイン人との間で] ナワトル語の通訳をする先住民
náhuatle [náwatle] 男 ナワトル語《=náhuatl》
nahuatlista [nawatlísta] 名 ナワトル語研究者
nahuila [nawíla] 形《メキシコ》女性っぽい《男》
nahuo [náwo] 男《メキシコ》穂軸の柔らかいトウモロコシ
naibí [naibí] 男《コロンビア. 昆虫》赤いダニ《人や動物についてかゆくする》
naiboa [naibóa] 女 ❶《キューバ》濃い野菜ジュース. ❷《南米. 料理》砂糖・チーズ入りのキャッサバのパン. ❸《ベネズエラ》1) ユッカの有毒な果汁. 2)《隠語》[返答] いや, 決して…ない
naide [náide] 代《地方語》=**nadie**
naif [náif]《←仏語 naif》形《美術》素朴芸術《=arte ～》; 素朴派《の》.《文語》無邪気な, ばか正直な
naife [náife] 男《高品質石》ダイヤモンド
nailon [náilon] 男 ナイロン《=nylon》
naipe [náipe]《←カタルーニャ語 naip》男 ❶ [トランプ・タロットの] カード・トランプ ── カードを1枚引く. ── de figura 絵札. ❷《集合》[主に 複] 主にスペイン式の 1 トランプ: jugar con los ～s. トランプをする. una baraja de ～s 一組のトランプ. ❸ 複 トランプゲーム
dar a+人 *el ～ por...*…が…を趣味とする; …をこなせる
dar bien (*mal*) *el ～* [ゲームなどで] つきが来る (来ない)
estar como el ～ 痩せた; 乏しい
～ de mayor [少し大きい] いかさまカード.
tener buen (*mal*) *el ～* [ゲームなどで] ついている (いない)
naipear [naipeár] 自《南米》トランプゲームをする
naipero, ra [naipéro, ra] 名 トランプ製造業者
── 女《アラバ》トランプ工場で働く女性
naipesco, ca [naipésko, ka] 形 トランプの
naira [náira] 男 [ナイジェリアの貨幣・貨幣単位] ナイラ
naire [náire] 男 象使い
naitica [naitíka] 女《ベネズエラ》重要性のないこと, 何でもないこと
naja [náxa] 女《動物》フードコブラ
darse de ～《西. 隠語》=*salir de ～*
darse de ～s《まれ》=*salir de ～s*
salir de ～《西. 隠語》大急ぎで逃げる
salir de ～s《まれ》大急ぎで逃げる
najadáceo, a [naxaðáθeo, a] 形 イバラモ科の
── 男《植物》イバラモ科
najar [naxár] ~se《西. 隠語》逃げる
najencia [naxénθja] 名《俗語》あっちへ行け!
najerano, na [naxeráno, na] 名《地名》ナヘラ Nájera の《人》《リオン県の町》
najerense [naxerénse] 形 名 =**najerano**
najerino, na [naxeríno, na] 形 名 =**najerano**
najesí [naxesí] 男《キューバ. 植物》クラブウッド
nal [nál]《nacional の語頭音消失》《アルゼンチン. 口語》ペソ, 貨幣
nalca [nálka]《チリ》グネラ pangue の葉柄《食用》; グンネラ
nalga [nálɣa]《←俗ラテン語 natica < nates》女 ❶ 尻: 1) 単 尻の片側: poner a+人 una inyección en la ～ …の尻に注射する. 2)《複》臀部《ˋ》: dar una palmada a su hijo en las ～s 息子の尻を叩く. ❷《ラプラタ. 料理》腰肉
nalgada [nalɣáða] 女 ❶《主にメキシコ》尻への平手打ち: Cuando se portaba mal le daba una ～. 彼は悪いことをするとお尻を叩かれたものだ. ❷ 尻による打撃. ❸《廃語》[豚の] 腿
nalgamen [nalɣámen] 男《西. 口語》尻, 臀部《=nalgas》
nalgar [nalɣár] 形 尻の, 臀部の
nalgario [nalɣárjo] 男《地方語》尻, 臀部《=nalgas》
nalgatorio [nalɣatórjo] 男《口語》尻, 臀部《=nalgas》
nalgón, na [nalɣón, na] 形 名《メキシコ, 中米》尻の非常に大きな《人》
nalgudo, da [nalɣúðo, ða] 形 名 ❶ 尻の太った. ❷《メキシコ》=**nalgón**
nalguear [nalɣeár] 自 尻を大きく振って歩く
── 他《メキシコ, コスタリカ》…の尻に平手打ちする
nalgueo [nalɣéo] 男 尻を大きく振って歩くこと
nalguiento, ta [nalɣjénto, ta] 形《ペルー》=**nalgón**
nalorfina [nalórfina] 女《薬学》ナロルフィン
nambí [nambí] 形《アルゼンチン》[動物が] 耳が垂れている

nambimba [nambímba] 女《メキシコ. 飲料》トウモロコシ・蜂蜜・カカオ・トウガラシのポソレ pozole
nambira [nambíra] 女《ホンジュラス》ヒョウタンを半分に割った容器
nambiro [nambíro] 男《コスタリカ》=**nambira**
namibio, bia [namíβjo, βja] 形《国名》ナミビア Namibia の《人》
nana[1] [nána] I《←擬声》女 ❶ 子守歌《=canción de cuna》. ❷《口語》おばあさん《=abuela》. ❸《中南米》子守女. ❹《中米. 幼児語》[母親への呼称] ママ
el año de la ～ 昔々その昔
II《←ケチュア語 nanay「痛い」》女 ❶ おくるみ, 寝袋状の防寒着. ❷《南米. 口語》複 [主に老婦による] 体の不調. ❸《チリ, アルゼンチン, ウルグアイ. 幼児語》痛み, けが: hacer ～ 痛くする, けがする
nanacate [nanakáte] 男《メキシコ》[食用の・幻覚作用のある] キノコ
nanay [nanái]《←ケチュア語》間 副《西. 口語》[しつこくせがまれた時などの拒絶] とんでもない《＝～ de la China》
nanaya [nanája] 女 子守歌
el año de la ～ 昔々その昔
nance [nánθe] 男《中米, 中米. 植物, 果実》ナンセ《果実は食用. 学名 Byrsonima crassifolia》: chicha de ～ ナンセのジュース
nancear [nanθeár] 他 ❶《中米》[ナンセ nance の実を] 収穫する. ❷《ホンジュラス》取る, つかむ
náncer [nánθer] 男《キューバ》=**nance**
nanche [nántʃe] 男《メキシコ》=**nance**
nancite [nanθíte] 男《中米. 果実》=**nance**
nandi [nándi] 男《ウガンダ・ケニアの》ナンディ語《の》
nandiroba [nandiróba] 女《植物》❶《カリブ》ウリ科の一種《種からは油が採取される. 学名 Fevillea cordifolia, Fevillea trilobata》. ❷《南米》センダン科の一種《学名 Carapa guianensis》
nandrolona [nandrolóna] 女《薬学》ナンドロロン《アナボリック剤》
nanear [naneár] 自 よちよち歩きをする《=anadear》
nango, ga [nángo, ga] 形《メキシコ》❶ 外の, よその, 外国の. ❷ ばかな, 頭の弱い
nanismo [nanísmo] 男《医学》こびと症
nanita [naníta] 女 ❶ 子守歌. ❷《グアテマラ》祖母, おばあちゃん
el año de la ～ 昔々その昔
nanjea [naŋxéa] 女《植物》[フィリピン原産の] クワ科の一種
nano-《接頭辞》❶《極微小の》*nanotecnología* ナノテクノロジー. ❷《10億分の1》*nanómetro* ナノメーター.
nano, na[2] [náno, na]《西》❶ [主に呼びかけ] ぼうや, おちびさん. ❷ とても小さい; こびと
nanogramo [nanoɣrámo] 男《重さの単位》ナノグラム《10億分の1グラム》
nanoingeniería [nanoiŋxenjería] 女 ナノエンジニアリング
nanómetro [nanómetro] 男《長さの単位》ナノメーター《10億分の1メートル》
nanorobot [nanoroβó(t)] 男《主に 複》《医学》ナノロボット
nanosegundo [nanoseɣúndo] 男《時間の単位》ナノセカンド, ナノ秒《10億分の1秒》
nanotecnología [nanoteknoloxía] 女 ナノテクノロジー, 超微小技術
nanotubo [nanotúβo] 男 ナノチューブ: ～ de carbono カーボンナノチューブ
nanoya [nanója] 女《グアテマラ. 口語》祖母, おばあちゃん
nanquín [naŋkín]《繊維》[18〜19世紀, 南京産の] 黄色がかった薄い綿布
nansa [nánsa] 女《地方語》❶ 魚をとるためのかご《=nasa》. ❷ 生け簀
nansouk [nansúk] 男《複 ～s》=**nansú**
nansú [nansú]《←英語 nainsook》男《繊維》ネーンスック, 薄地の平織り綿布
nantar [nantár] 他《アストゥリアス, アラゴン》増やす
nao [náo] 女 ❶ ナオ船《大航海時代の, カラベラ船よりも大型の帆船. スペイン建造のキャラック船》. ❷《文語》船《=nave》
naochero [naotʃéro] 男《古語》船主; 航海士
naonato, ta [naonáto, ta] 形 名 船中で (航海中に) 生まれた《人》
naos [náos] 女/男《単複同形》《考古》ナオス《古代ギリシアの神殿》
napa[1] [nápa]《←Napa 米国カリフォルニア州の町》女 ❶ ナッパ革

〖子羊や羊のなめした皮革. 衣服用〗. ❷ [保護のためなどの] 覆い. ❸《地質》帯水層〖=～ de agua〗; ガス層〖=～ de gas〗

napa[2] [nápa] [男]《チリ. 動物》釣りなどの餌として使われるカニ

napalm [napál〔n〕]〖←英語〗[男]《軍事》bomba de ～ ナパーム弾

napar [napár] [他]《料理》[+con ソースなどで] 全面的に覆う

napea[1] [napéa] [女]《ギリシア・ローマ神話》ナパイア〖森や谷間の精〗

nápel [nápɛl] [男] [ナッパ革 napa を真似た] 模造皮革

napelo [napélo] [男]《植物》トリカブト〖=acónito〗

napeo, a[2] [napéo, a] [形] ナパイア napea の, 森の精の

napia [nápja]〖←ジプシー語〗[女]《軽蔑, 戯語》[主に [複]. 大きな] 鼻

napie [nápje] [女]《軽蔑, 戯語》=**napia**

napiforme [napifɔ́rme] [形]《植物》[根が] カブ nabo の形の

napo[1] [nápo] [男]《古語, 俗語》1000ペセタ札

napo[2], **pa**[3] [nápo, pa] [形] [名] ナポ族〔の〕〖エクアドルの先住民〗

napoleón [napoleɔ́n] [男] ❶ 5フランのナポレオン銀貨〖スペインでも流通し, =19レアル〗. ❷ 20フランのナポレオン金貨

napoleónico, ca [napoleóniko, ka] [形] [名] ❶《人名》ナポレオン Napoleón Bonaparte の: código ～ ナポレオン法典. guerras ～*cas* ナポレオン戦争. ❷ ナポレオン支持派〔の〕. ❸ [政治・支配が] ナポレオン的な

napoleonismo [napoleonísmo] [男] ナポレオン的政治, ナポレオン的支配

napolitano, na [napolitáno, na] [形] [名]《地名》[イタリアの] ナポリ Nápoles の〔人〕: canción ～*na* ナポリ民謡

—— [男] イタリア語のナポリ方言

—— [女] ❶《西. 料理》[四角い] クリームパン. ❷《トランプ》[21で] 同じ組札のエース・2・3の組合わせ

nappa [nápa]〖←伊語〗[女]《まれ》ナッパ革〖=napa〗

naproxeno [naprɔ〔k〕séno] [女]《薬学》ナプロキセン

naque [náke] [男]《古語》[二人組の] 道化役者〖=ñaque〗

naquear [nakeár] [自] [他]《西. 隠語》話す〖=hablar〗

narango [naráŋgo] [男]《中米. 植物》ワサビノキ

naranja [naráŋxa]〖←アラビア語 naranya < ペルシア語 narang〗[女] ❶《果実》オレンジ: 1) pato a la ～《料理》鴨のオレンジソース. vodka con ～ ウオッカとオレンジジュースのカクテル. 2) [種類] ～ agria ダイダイ. ～ amarga (cajel・zajarí) サワーオレンジ. ～ china クネンボ(九年母); 温州ミカン. ～ dulce アマダイダイ. ～ mandarina (tangerina) マンダリンオレンジ. ～ nável ネーブル. ～ sanguina/～ de sangre ブラッドオレンジ. ～ valenciana バレンシアオレンジ. ❷《動物》～ de mar ユズダマカイメン

de **～** [蜂巣炎特有の, 皮膚に] ぶつぶつができた

media **～** 1) [名]《戯語》[理想的な] 伴侶, 夫, 妻〖主に妻〗: María es mi *media* ～. マリアは私の妻です. Todavía ella no ha encontrado a su *media* ～. 彼女はまだいい伴侶を見つけていない. 2) [女]《建築》ドーム, 丸天井〖=bóveda de *media* ～〗

¡N～s **[*de la China*]*!***《西. 口語》[不信・拒絶] まさか, とんでもない!

—— [形] [男] ❶ オレンジ色〔の〕: unos manteles ～ 数枚のオレンジ色のテーブルクロス. ❷ [信号] 黄色

naranjada[1] [naraŋxáđa]〖←naranja〗[女] ❶《飲料》オレンジエード. ❷ 野暮(野卑)なこと

naranjado, da[2] [naraŋxáđo, đa] [形] オレンジ色の〖=anaranjado〗

naranjal [naraŋxál] [男] ❶ オレンジ畑. ❷《グアテマラ》オレンジの木

naranjazo [naraŋxáθo] [男] オレンジによる打撃

naranjel [naraŋxɛ́l] [男]《地方語》オレンジ畑〖=naranjal〗

naranjero, ra [naraŋxéro, ra] [形] ❶ オレンジの. ❷《技術》内径が8～10センチの

—— [名] オレンジ販売(栽培)者, オレンジ業者

—— [男] ❶《植物》オレンジ〖=naranjo〗. ❷《西. 俗語》[昔の] 軽機関銃

naranjilla [naraŋxíʎa] [女] ❶ [保存用の] 熟していないオレンジ. ❷《エクアドル. 植物, 果実》ナス科の一種〖果実の中身はオレンジ色で食用. 学名 Solanum quitoense〗

naranjillada [naraŋxiʎáđa] [女]《エクアドル. 飲料》ナス科の一種 naranjilla 製のエード

naranjillo [naraŋxíʎo] [男]《南米. 植物》❶ ナス科の一種〖=naranjilla〗. ❷ ミカン科サンショウ属の一種〖学名 Zanthoxylum naranjillo〗; オトギリソウ科の一種〖学名 Platonia esculenta〗; クロタキカズラ〖学名 Citronella mucronata〗; フウチョウソウ科の一種〖学名 Crataeva gynandra〗

naranjito [naraŋxíto] [男]《コロンビア》=**naranjillo**

naranjo [naráŋxo]〖←naranja〗[男] ❶《植物》オレンジ〔の木〕: ～ amargo ビターオレンジ, ダイダイ. ❷ 粗野で無学な男

narbonense [narƀonénse] [形] [名] =**narbonés**

narbonés, sa [narƀonés, sa] [形] [名]《地名》[フランス南部の] ナルボンヌ Narbona の〔人〕

narceína [narθeína] [女]《生化》ナルセイン

narcisismo [narθisísmo] [男]《心理》ナルシシズム, 自己陶酔症

narcisista [narθisísta] [形] [名]《心理》ナルシシズムの; ナルシシスト

narciso [narθíso] **I**〖←ラテン語 narcissus < ギリシア語 narkissos〗[男]《植物》❶ スイセン: ～ de lechuguilla クチベニズイセン〖=tragapán〗. ～ trombón ラッパズイセン. ❷《メキシコ, ホンジュラス》キバナキョウチクトウ属の一種〖学名 Thevetia neriifolia〗

II〖←Narciso ナルキッソス（ギリシア神話の登場人物）〗[男] ナルシシスト; おしゃれな男

narco [nárko] [名]《口語》=**narcotraficante**

—— [形]《メキシコ, コロンビア. 口語》麻薬取引の

narco-《接頭辞》❶ [麻薬] *narco*traficante 麻薬密売人. ❷ [麻酔] *narco*tizar 麻酔をかける

narcoanálisis [narkoanálisis] [男]〖単複同形〗《医学》麻酔分析

narcodinero [narkođinéro] [男] 麻薬マネー

narcodólar [narkođólar] [男] [主に [複]] 麻薬取引で得たドル, 麻薬マネー

narcolepsia [narkolɛ́〔p〕sja] [女]《医学》睡眠発作

narcomanía [narkomanía] [女]《医学》麻薬常用癖, 麻薬中毒

narcosala [narkosála] [女] 麻薬患者の治療施設〖医師の管理下で麻薬を使用する〗

narcosis [narkósis] [女]〖単複同形〗《医学》麻酔状態; 昏睡

narcoterapia [narkoterápja] [女]《医学》麻酔療法

narcoterrorismo [narkotɛr̄ɔrísmo] [男] 麻薬テロ

narcoterrorista [narkotɛr̄ɔrísta] [形] [名] 麻薬テロの; 麻薬テロリスト

narcótico, ca [narkótiko, ka]〖←ギリシア語 narkotikos < narke「眠り」〗[形] ❶ [薬品が] 麻酔性の. ❷ 麻酔状態の

—— [男] 麻酔剤, 麻酔薬, 麻薬

narcotina [narkotína] [女]《薬学》ナルコチン

narcotismo [narkotísmo] [男] ❶ 麻酔状態. ❷ 麻酔薬中毒

narcotización [narkotiθaθjɔ́n] [女] 麻酔をかけること, 麻酔薬を打つこと

narcotizador, ra [narkotiθađɔ́r, ra] [形] 麻酔をかける

narcotizante [narkotiθánte] [形] 麻酔性の, 麻酔状態をもたらす

narcotizar [narkotiθár]〖←narcótico〗[9] [他] …に麻酔をかける, 麻酔薬を打つ

narcotraficante [narkotrafikánte] [名] 麻薬密売(密輸)人

narcotráfico [narkotráfiko] [男] 麻薬取引, 麻薬の密売(密輸)

nardino, na [narđíno, na] [形] 甘松香の

nardo [nárđo] [男] ❶《植物》1) チュベローズ, 月下香. 2) ～ coronado (marino) ヒガンバナ科の一種〖学名 Pancratium maritimum〗. ～ de monte/～ montano オミナエシ科の一種〖学名 Valeriana montana, Valeriana tuberosa〗. ❷ 甘松(かんしょう)香

tirarse el **～** ***de***+事物《西. 口語》…を自慢する

narguile [narǥíle]〖←アラビア語 narayila「ヤシの実」〗[男] 水タバコ, 水パイプ, 水ぎせる〖器具〗

nariceado [nariθeáđo] [男]《ベネズエラ》[牛の] 鼻輪

naricear [nariθeár] [他] ❶《ホンジュラス, コロンビア, ベネズエラ》鼻輪を付ける. ❷《ペルー》嗅ぎ回る〖比喩的にも〗

naricera [nariθéra] [女]《ホンジュラス, コロンビア, ベネズエラ》=**nariguera**

narigada [nariǥáđa] [女]《エクアドル》嗅ぎたばこの一つまみ分

narigón, na [nariǥɔ́n, na]〖←nariz〗[形] [名]《戯語, 軽蔑》鼻の大きな〔人〕

—— [男] ❶ 鼻飾りを通す穴. ❷《中南米》[家畜の] 鼻輪, 鼻綱. ❸《キューバ》[引き綱を通す] 材木の穴

narigonear [nariǥoneár] [他] ❶《メキシコ, キューバ》[牛に鼻輪をつけるために] 鼻に穴をあける. ❷《キューバ》[引き綱用に材木に] 穴を開ける

narigudo, da [nariǥúđo, đa] [形] [名]《軽蔑》鼻の大きな〔人〕〖=narigón〗

nariguera [nariǥéra] [女] 鼻輪

narigueta[1] [nariǥéta] [女] nariz の示小語

—— [形]《チリ, アルゼンチン. 皮肉》鼻の大きな

nariguetas [nariǥétas] [形] [名]〖単複同形〗鼻の大きな〔人〕〖=

N

narigón}
narigueto, ta[2] [nariǥéto, ta] 形 名 鼻に欠陥のある〔人〕
nariguilla [nariǥíʎa] 女 nariz の示小語
narina [narína] 女《解剖》鼻孔
narinal [narinál] 形《文語》鼻の: pelo ～ 鼻毛
nariñense [nariɲénse] 形 名《地名》ナリニョ Nariño の〔人〕〔コロンビア南西部の県〕
Nariño [naríɲo]《人名》Antonio ～ アントニオ・ナリニョ〔1765～1823, 現在のコロンビア生まれのジャーナリスト・政治家・軍人. ヌエバ・グラナダ副王領の独立を目指した先駆者〕
nariz [naríθ]《←俗ラテン語 naricae <ラテン語 nares》女[腹]～ces》
❶《時に[腹]》鼻; 1)〔人の〕鼻. Tiene la ～ grande. 彼は大きな（高い）鼻をしている. hablar con (por) las narices (la ～) 鼻声で話す. tener la ～ tapada (taponada) 鼻が詰まっている. ～ aguileña (aquilina) わし鼻. ～ caída 下向きに突き出た鼻. ～ chata 低い鼻, 低鼻. ～ griega〔横から見て額から鼻筋がまっすぐに通った〕ギリシア鼻;《形》形のよい鼻. ～ perfilada (correcta) 形のよい鼻, 端正な鼻. ～ pronunciada 長い鼻. ～ respingona (respingada・remangada・arremangada) 上を向いた鼻. Si la ～ de Cleopatra hubiese sido más corta, toda la Historia hubiese cambiado. クレオパトラの鼻がもう少し低かったら歴史は変わっていただろう. 2)〔動物の〕鼻面. ❷ 嗅覚; tener buena ～ 鼻がきく. ❸ 鼻先《主に熟語として》. ❹ 船首, 機首 ❺〔道具などの〕突出部, 先端;〔折り目などの〕盛り上がり: Esa costura hace una ～. その縫い目は厚ぼったい. ❻《西. 口語》[腹]気力, 勇気. ❼ 噴射口, ノズル. ❽《まれ》鼻の穴. ❾《まれ》〔ワインの〕香り, ブーケ: vino de buena ～ 香りの良いワイン
—— 男 1)〔香水業界で〕調香師, パヒューマー〔＝hombre ～〕. ❷ 香水製造業者
名詞＋**de [tres pares de] narices**《西. 口語》すごい…: Hace un frío *de tres pares de narices*. すごく寒い. *película de narices* 大変面白い映画
asomar las narices/asomar la ～ [+en を] 詮索する, かぎ回る; 鼻を突っ込む
caerse de narices うつ伏せに倒れる, つんのめる;〔飛行機が〕垂直降下する
dar a+**en la ～** 1)《西》[疑惑] …と思われる: Me *da en la* ～ que esa pareja es un lío. そのカップルはどうもしっくりいっている感じだ. 2)…と臭う: Me *da en la ～* la sopa que he comido. 私は食べたスープの臭いが鼻につく
dar a+**en las narices** 1)〔人の〕鼻の先であしらう, 軽視する. 2)《口語》…をあっと言わせる, 見せびらかす. 3)《西》[疑惑]…と思われる
dar de narices [+con・contra に] ぶつかる
darse de narices 1) [+con・contra に] ぶつかる, 顔をぶつける; ばったり出会う: *Se dio de narices contra* el suelo. 彼は床にうつぶせに倒れた. *Se dio de narices contra* la farola. 彼は街灯にぶつかった. Cuando el ladrón intentaba huir *se dio de narices con* el dueño de la casa. 泥棒は逃げようとした時, 家の主人と鉢合わせした. 2) [+en 困難などに]ぶつかる
de las narices《西. 口語》嫌な, 不快な: Otra vez está sonando el timbre *de las narices*. またあの嫌なベルが鳴っている
dejar a+**con tantas narices**《口語》…の期待を裏切る
delante de las [mismas・propias] narices/en las [mismas・propias] narices [+de+人の] 鼻先に, すぐ目の前に, 目の前に: No la tenía *delante de las narices* y no la veía. それは私のすぐ目の前にあったのに見えなかった. Me acusó, *en mis propias narices*, de haber cometido el hurto. 彼は私が盗んだと面と向かって私を非難した. cerrar a+**la puerta *en las narices*** …の目の前でドアを閉める
estar hasta las narices de+物・人《口語》…にあきあき（うんざり）している: Estoy *hasta las narices de* esta moto. このオートバイにはもう飽きた
ganar por una ～ 僅差で勝つ
hacer lo que le sale de (por) las narices《口語》好きなことをする
hinchar las narices《西. 口語》[怒って] つんとする
hincharse a+**las narices**《西. 口語》…が忍耐心を失う, いらいらする, 腹を立てる: *Se me hincharon las narices*. 私は頭にきた

importar tres narices《西. 口語》〔事物が, +a+人 にとって〕全く重要でない
¡Manda narices!《西. 口語》=¡**Tócate las narices!**
mandar narices《口語》=**tener narices**
meter las narices/meter la ～《口語》〔好奇心で, +en 関係ないことに〕首を突っ込む, かぎ回る
¡Narices!《口語》[否定・拒絶・怒り・抗議] とんでもない, 下らない, ばかな!
¡[Ni...] Ni narices!《西》[怒った拒絶・否定] ¡*Ni* postre *ni narices*! デザートなんかいらない!
no haber más narices《口語》他に方法がない, 仕方がない
no saber dónde tiene las narices《口語》間抜けである
no tener más narices《口語》=**no haber más narices**
no ver más allá de sus narices《口語》〔頭が悪くて〕一つの考えに囚われて前のことに気づかない
pasar... a+**por las narices** =**restregar...** a+人 **por las narices**
por las narices《西. 口語》無理やり, 何としても; やむを得ず, 仕方なく
¡Qué narices!《口語》[怒り・抗議] ばかな, まさか!: No pienso ser su criado, *¡qué narices!* とんでもない! 私は彼の召使になる気なんか毛頭ない
refregar... a+**por (en) las narices** =**restregar...** a+人 **por las narices**
refrotar... a+**por las narices** =**restregar...** a+人 **por las narices**
restregar... a+**por las narices**《口語》[嫌がらせで] …を…にしつこく言う, 見せつける; 当てこする
romper a+**las narices**《西. 口語》[脅し文句] …の鼻をへし折る, ひどい目にあわせる
romperse las narices《口語》ばったり倒れる
salir a+**de las narices**《口語》…がしたい気持ちになる: No lo hago porque no me *sale de las narices*. 私はやりたくないからやらないのだ
tener a+**agarrado por las narices** …を牛耳る, 意のままにする
tener a+**hasta las narices**《口語》…にあきあき（うんざり）している
tener a+**montado en las narices**《口語》…にいつもわずらわされる, 我慢がならない
tener largas narices《口語》鼻が利く
tener narices《西. 口語》勇気がある, 大胆である; 驚きである; 腹立たしい
tener narices de perro perdiguero《口語》=**tener largas narices**
tocar a+**las narices**《西. 口語》=**hincharse** a+人 **las narices**
tocarse las narices《西. 軽蔑》怠ける, ぶらぶらする
¡Tócate las narices!《西. 口語》[不快・よくないことへの驚き] 冗談じゃないか, まさか!
topar de narices =**darse de narices**
¡Unas narices!《口語》[否定・拒絶] とんでもない!
narizón, na [nariθón, na] 形《口語》鼻の大きな
—— 男 大きな鼻
narizota [nariθóta] [nariz の示小語] 女 大きな鼻, 大鼻
narizotas [nariθótas] 名〔単複同形〕《戯謔, 軽蔑》鼻の大きな人
narizudo, da [nariθúðo, ða] 形 名《メキシコ, ホンジュラス》鼻の大きな〔人〕
narpias [nárpjas] 女 [腹]《戯謔》鼻
narra[1] [nářa] 女《フィリピン. 植物》サンダルシタン
narrable [nařáble] 形《文語》物語られ得る
narración [nařaθjón]《←ラテン語 narratio, -onis》女 ❶〔口頭・文字による〕物語, 話: No me gustan las *narraciones* largas. 私は長話は嫌いだ. La ～ de hoy será sobre la amistad. 今日のスピーチは友情についてです. ❷ 語り, 叙述; ナレーション. ❸《文》地の文《⇔coloquio 会話の文》
narrador, ra [nařaðór, ra]《←ラテン語 narrator, -oris》形 物語る; 叙述する
—— 名 ❶ 語り手, ナレーター〔＝personaje ～〕; 話者: ～ de "El Quijote"『ドン・キホーテ』の語り手. ❷ 物語作家: Es ensayista, ～*ra* y traductora. 彼女はエッセイストで物語作家でまた翻訳家でもある
narrar [nařár]《←ラテン語 narrare》他《文語》❶〔物語を〕語る,

物語る. ❷ [出来事・経験を] 話す: El capitán narró sus aventuras. 船長は冒険談をした

narratario, ria [naṛatárjo, rja] 名 [語り手 narrador に対し, 実在・非実在の] 聞き手

narrativa¹ [naṛatíβa] 《←narrar》女 ❶ [ジャンルとしての] 物語, 小説; [集名] [一人の作家・時代・場所の] 文学作品. ❷ 話術, 叙述力

narratividad [naṛatiβiðáð] 女 物語性

narrativo, va² [naṛatíβo, βa] 形 物語風の, 物語体の, 叙述的な

narratología [naṛatoloxía] 女 物語論, 物語学

narratológico, ca [naṛatolóxiko, ka] 形 物語論的な

narratorio, ria [naṛatórjo, rja] 形 =narrativo

narria [nárja] 《バスク語》女 ❶ [重い荷物を引きずるための] 運搬具, そり具. ❷ [まん] [動つらい苦労する] 太って重い女

narro, rra² [náro, ra] 形 《メキシコ》 [主に豚が] 毛のない

nártex [nárte(k)s] 男 [単複同形] 《建築》ナルテックス, 拝廊 [古代の教会堂の本堂前の広間]

Narváez [narβáeθ] 人名 **Pánfilo de ~** パンフィロ・デ・ナルバエス《1470?〜1528, スペイン人コンキスタドール. キューバ征服に参加後, コルテス Cortés 追討軍の指揮官としてアステカへ向かうが, 捕えられる. のち, 国王の命令でフロリダへ遠征》

Ramón María de ~ ラモン・マリア・デ・ナルバエス《1800〜68, スペインの軍人・政治家. カルリスタ戦争 guerra carlista などで戦功をあげる一方, 革命反動派の指導者であり, 自由主義運動を阻止するために強権的独裁政治を行なう》

narval [narβál] 男 《動物》 イッカク (一角)

narvaso [narβáso] 男 《アストゥリアス, カンタブリア》 トウモロコシの茎と葉 [牛の飼料用]

nasa [nása] 《←ラテン語 nassa》女 ❶ かごを仕掛ける漁法. ❷ 魚籠(ぴく)

nasal [nasál] 《←ラテン語 nasus「鼻」》形 ❶ 鼻の: cavidad ~ 《解剖》鼻腔(びこう). ❷ 鼻にかかった: voz ~ 鼻にかかった声. ❸ 《音声》鼻音の: consonante ~ 鼻音, 鼻子音 [m], [n], [ɲ], [ŋ]]
—— 男 《音声》鼻音 [=sonido ~]

nasalidad [nasaliðáð] 女 ❶ 声が鼻にかかること. ❷ 《音声》鼻音性: ~ de las vocales 母音の鼻音性

nasalización [nasaliθaθjón] 女 鼻音化

nasalizar [nasaliθár] 9 他 ❶ 《音声》鼻音化する. ❷ 鼻にかけて発音する

nasardo [nasárðo] 男 《音楽》 五度管

nasauense [nasawénse] 形 名 [地名] [大西洋の] ナッソー・Nasau 島の [人]

nascencia [nasθénθja] 女 《農業》芽を出すこと

nascente [nasθénte] 形 《文語》生まれること

nasciturus [nasθitúrus] 男 [単複同形] 《法律》 [生まれる前の, 母胎内にいる人, 胎児

Nascuntur poetae, fiunt oratores [naskúntur poetáe fjúnt oratóres] 《←ラテン語》詩人は生まれ, 雄弁家は作られる

násico [násiko] 男 《動物》 テングザル

naso [náso] 男 ❶ 《口語》大きな鼻. ❷ 《ロゴローニョ》飼料入れのかご. ❸ 《プエルトリコ. 漁業》かご型の仕掛け. ❹ 《ラプラタ. 戯語》鼻 [=nariz]

naso- [接頭辞] [鼻] nasofaringe 鼻咽頭

nasofaringe [nasofarínxe] 女 《解剖》鼻咽腔, 鼻咽頭

nasofaríngeo, a [nasofarínxeo, a] 形 《解剖》鼻咽頭の

nasofaringitis [nasofarinxítis] 女 《医学》鼻咽腔炎

nasogástrico, ca [nasogástriko, ka] 形 《医学》 [管を] 鼻から胃に通した

nasolabial [nasolaβjál] 形 《解剖》鼻と唇の: pliegue ~ ほうれい線. surco ~ 鼻唇溝(ミラミ), 人中(ミラミ)

Nasr [násr] 人名 ナスル《1287〜1322, ナスル朝 Dinastía Nazarí グラナダの第4代スルタン sultán》

nasserismo [naserísmo] 男 [元エジプト大統領の] ナセル・Nasser 主義

nasti [násti] 副 《西. 戯語》=nada
~ de plasti/~, monasti [提案に対する断固とした拒絶] とんでもない

nastia [nástja] 女 《←?語源》《植物》傾性

nasún, na [nasún, na] 形 《ウルグアイ. 口語》鼻の大きな [人]

nata¹ [náta] 《←俗ラテン語 natta < matta「ござ」》女 ❶ 《料理》1) 《西》乳脂, 生クリーム《=crema》: ~ batida 泡立てた生クリー

ム. ~ de cocina ホイップクリーム, 低脂肪生クリーム. ~ líquida シングルクリーム, 脂肪分のごく少ない生クリーム. ~ montada 固くなるまで泡立てた生クリーム. ~ para montar ホイップクリーム, 乳脂肪含有量の多い生クリーム用の生クリーム. 2) ~ de coco ナタデココ. 3) クリーム色 《=natillas》. ❷ [液体の表面にできる] 上皮; 乳皮. ❸ えり抜き, 精鋭; 最良の部分: [crema y flor y] ~ de la sociedad 名士, 社交界の花形. ❹ 《隠語》精液. ❺ 《メキシコ. 冶金》鉱滓 [=escoria]
hacer ~ 《チリ. 口語》あふれさせる, 大勢で押しかける

natacha [natátʃa] 女 《ペルー》家政婦

natación [nataθjón] 《←ラテン語 natatio, -onis < natare》女 泳ぎ, 水泳, 競泳: practicar la ~ 水泳 [の練習] をする. ~ artística (sincronizada) シンクロナイズドスイミング

natal [natál] 《←nato》形 ❶ 生まれた所の, 生地の: ciudad (pueblo) ~ [生まれた] 故郷. país ~ 故国, 生国. suelo (tierra) ~ 生地. ❷ 《メキシコ》…生まれの, ネイティブの [=nativo]
—— 男 《廃語》❶ 出生 [=nacimiento]. ❷ 誕生日; 出生日

natalicio, cia [natalíθjo, θja] 《←ラテン語 natalicius》形 《まれ》誕生日の: fiesta ~cia 誕生パーティー
—— 男 《文語》 [人の] 誕生; 誕生日; 誕生祝: celebrar el ~ de + 人 …の誕生日を祝う

natalidad [nataliðáð] 《←natal》女 出生者数; 出生率 《=índice de ~, tasa de ~. ⇔mortalidad》: La ~ disminuye mucho. 出生率は著しく低下している. bajar el índice de ~ 少子化する. control (restricción) de ~ 産児制限. premio (permiso) de ~ 出産手当. sociedad de baja ~ 少子化社会

natalista [natalísta] 形 出生率増加を支持する

natátil [natátil] 形 泳ぐことのできる; 浮遊性の

natatorio, ria [natatórjo, rja] 形 ❶ 水泳の; 水泳用の: aleta ~ria 潜水用の 足ひれ, フィン. artículos ~s 水泳用品. ❷ 《魚》 vejiga ~ria うきぶくろ. ❸ 《アルゼンチン. 口語》 [水泳の] プール

natero, ra [natéro, ra] 形 乳脂の, 生クリームの
—— 名 乳脂 (生クリーム) の製造 (販売) 者
—— 男 クリーム入れ

naterón [naterón] 男 凝乳 [=requesón]

natillas [natíʎas] 《nata の示小語》女 複 《料理》カスタードクリーム: ~ de caramelo プリン

natío, a [natío, a] 《まれ》形 ❶ 生まれた所の. ❷ [金属が] 天然の
—— 男 《まれ》❶ 生誕. ❷ 本性
de su ~ 1) 当然. 2) 自然に

natividad [natiβiðáð] 《←ラテン語 nativitas, -atis < nativus》女 《文語》 [特にキリスト・聖母マリア・洗礼者ヨハネの] 誕生 [祭] [それぞれ12月25日, 9月8日, 6月24日]; [N~] クリスマス 《=Navidad》

nativismo [natiβísmo] 男 ❶ 《哲学》1) 生得性 [=innatismo]. 2) 〜 psicológico 生得論, 生得主義. ❷ 《米国, 中南米》土着主義, 先住民保護主義《1560年代, アンデスで勃発したタキ・オンコイ taqui onquoy 運動のように, スペイン領アメリカで被征服者の先住民の権利擁護, 伝統的な土着文化や権威の復活をめざした運動》

nativista [natiβísta] 形 名 ❶ 《哲学》生得論の (論者), 生得主義の (主義者). ❷ 《米国, 中南米》先住民保護主義の [人]

nativitate [natiβitáte] 《←ラテン語》**a** ~ 生まれつきの [=de nacimiento]

nativo, va [natíβo, ba] 《←ラテン語 nativus < nasci「生まれる」》形 ❶ 生まれた所の: ~ de 〜 生まれた故郷. lengua ~va 母 [国] 語. hablante (parlante) ~ del quechua ケチュア語の母語話者. profesor ~ ネイティブの先生. ❷ 生まれつきの. ❸ [金属が] 天然の: oro ~ 自然金
—— 名 ❶ 現地の人. ❷ [+de] …の人: Los ~s de esta región no comen la carne de vaca. この地方の人々は牛肉を食べない

nato, ta [náto, ta] 《←ラテン語 natus「生まれた」< nasci「生まれる」》形 ❶ 生まれつきの, 生まれながらの, 生来の: Es un actor ~. 彼は天性の役者だ. enemigo ~ 天敵. ❷ [地位・職務が] 職権上兼帯する: El ministro es presidente ~ de esta junta. 大臣が職権上この会議の議長を兼務する. En el consejo hay tres miembros ~s los demás son por elección. 会議には職権上出席するメンバーが3人いて, 残りのメンバーは選挙で選ばれる

natoso, sa [natóso, sa] 形《まれ》乳脂の［ような］, 生クリームの［ような］

natral [natrál] 男《チリ》ナス科の灌木 natri の林

natri [nátri] 男《チリ. 植物》ナス科の灌木《薬用. 学名 Solanum crispum》

natrices [natríθes] 女《複》《植物》化石の大部分を占める裸子植物

natrita [natríta] 女《鉱物》ナトライト

natrolita [natrolíta] 女《鉱物》ソーダ沸石, 天然アルミノ珪酸ソーダ

natrón [natrón] 男 ソーダ石, ナトロン; 海藻灰《=barrilla》

natura [natúra]《←ラテン語》女 ❶《まれ》生殖器. ❷《古語》［無冠詞］=naturaleza
 a ~ =de ~
 contra ~ 1) 自然に反する, 不自然な: pecado *contra ~* 自然律に反する罪; 性的倒錯. 2) 非常に奇妙な, 思いがけない
 de ~ 生まれつき; 本来

naturaca [naturáka] 副《戯語》当然, もちろん

natural [naturál]《←ラテン語 naturalis》形［ser+］❶ 自然の《⇔social》; 天然の《⇔artificial》: 1) El amor es ~ entre padres e hijos. 親子の愛は自然なものである. belleza ~ （人の手を加えていない）美しさ. café ~ ブラックコーヒー. día ~ 自然日《日の出から日没まで》; 暦日 [=día civil]. flores ~es〔造花に対して〕本物の花. luz ~ 自然光. perla ~ 天然真珠. vida ~ 自然のままの生活, 自然に開かれた生活. zumo de naranja ~ 生のオレンジジュース. 2) 自然を模した, 自然らしく見える: maquillaje ~ ナチュラルメーク. ❷《文語》［+de］…生まれの, …出身の: Goya es ~ de Fuendetodos. ゴヤはフエンテトドス生まれである. María Gómez, de 20 años, ~ de Madrid. マリア・ゴメス, 20歳, マドリード出身. ❸［+en・a に］生来備わった, 本来の: La modestia es ~ en él. 謙虚なのは彼の生来の性質だ. La enfermedad es ~ al hombre. 人間ならば病気になるのが当たり前である. La dureza es ~ en la piedra. 硬いのは石の特質だ. Tiene una inteligencia ~. 彼は生まれつき頭がいい. bondad ~ 持って生まれた善良さ. ❹ 当然の, もっともな: 1) Esas cosas son tan ~es como que el sol asome cada mañana. それは太陽が毎日昇るくらい当たり前のことだ. 2)［ser ~ que+接続法］*Es ~ que* haga frío en invierno. 冬寒いのは当然である. ❺ ありのままの, 気取らない; 裏表のない: Habla de forma ~. 彼は自然な話し方をしている. Es una persona muy ~. 彼は全く飾り気がない. ~ en el trato 対人関係に裏表がない. ❻ 自然発生的な; 本能的な: sonrisa muy ~ とても自然な微笑. parpadeo ~ 本能的なまばたき. ❼ 庶出の: hijo ~ 庶子, 私生児. ❽《法律》derecho ~ 自然法, 自然権. ❾《音楽》本位の: «la» ~ シャープもフラットもついていない♭ nota ~ 本音. ❿《歴史》〔封建領主〕農奴に対し代々の支配権を持つ. ⓫《フィリピン》〔子供が〕先住民の両親から生まれた, 混血でない
 como es ~ 当然, もちろん: *Como es ~*, hablar de mujeres, *como es ~*. あなたがたは若いから, 当然のことだが, 女性の話をしたいでしょう
 ¡Es ~! 当然だ, もちろんだ!
 ser lo más ~ del mundo きわめて当然（もっとも）であること
 —— 名 現地の住民: Quiero hablar con los ~*es* de los países que visito. 私は訪れた国の人々と話がしたい. ~*es* de Córdoba コルドバの人たち
 —— 男 ❶［生来の］性格, 気質: Es de ~ mezquino./Tiene un ~ mezquino. 彼は卑しい性格である. ❷《歴史》封建領主が代々の支配権を持つ農奴. ❸《闘牛》ムレータを持つ手と同じ側に牛を誘導するパス《基本的パス. =pase ~》. ❹［動物の］本能. ❺《古語》祖国; 故郷. ❻《古語》物理学者, 占星術師, 博物学者
 al ~ 1) 自然のままの: No es bonita al ~. 彼女は素顔は美人でない. 2)《料理》調味していない, 水煮の: lata de tomates *al ~* トマトの水煮の缶詰. 3)《美術》dibujar *al ~* 写生［画］. 4)《紋章》本来の色で・の
 de ~ 生まれつき
 del ~ 実物どおりの: pintar (copiar・dibujar) *del ~* 写生する
 —— 副《口語》［返答で］もちろん: ¿Tienes ahí los gemelos? —N~. 今双眼鏡を持っているかい?—当然だ

naturaleza [naturaléθa]《←natural》女 ❶ 集合［時に N~］自然, 天然; 自然の風物, 田舎: La ~ se opone al arte. 自然は人工の反対である. La ~ es monótona en invierno. 冬の自然は単調だ. La ~ le ha dotado espléndidamente. 天は彼に豊富な資質を与えた. El hábito es una segunda ~. 習慣は第二の自然である. vivir en contacto con la ~ 自然と共に暮らす. vivir en plena ~ 自然の中で暮らす, 全くの田舎に住む. N~/gran ~ 大自然. estado de ~ 自然状態. leyes de la ~ 自然の法則, 自然律. vuelta a la ~ 自然への回帰. ❷ 集合［存在の本質を構成する］本性; 性質, 気質: Tuvo desde niño una ~ enfermiza. 彼は子供のころから病弱な体質だった. enfermedad de ~ desconocida 正体不明の病気. trabajo de ~ delicada 細かい（性質の）仕事. ~ del terreno 土質. ~ divina 神性. ~ humana《神学》人性, 人間性; 人類. ❸［ある土地で］生まれたこと, 土着: Era argentino de ~. 彼はアルゼンチン生まれだった. ~ es oscuro. 彼の出身地ははっきりしていない. ❹《美術》~ muerta 静物［画］[=bodegón]. ❺［主に女性の］性器. ❻ 種類, ジャンル. ❼《まれ》分別, 理性. ❽《歴史》〔家系に基づく, 封臣に対する領主の〕支配権. ❾《古語》〔帰化した人の〕国籍
 carta de ~ 1) 帰化承認状: adquirir (tomar) *carta de ~ del país* その国の国籍を取る. 2) 認知
 contra la ~ 自然の摂理に背いた・背いて
 ...de esta ~ この種の…
 dejar obrar a la ~ 自然の力（治癒力）に任せる
 forzar la ~ 無理をする
 poco favorecido por la ~ 自然の恩恵に浴していない
 por ~ 生まれつき; 本来: Nadie es, *por ~*, violento. 生まれつき暴力的な人などいない. Los niños son traviesos *por ~*. 子供は本来やんちゃなものだ
 romper la ~《古語》初潮を見る

naturalidad [naturalidá(d)]《←ラテン語 naturalitas, -atis》女 ❶ 自然さ, さりげなさ; 率直さ: estar (encontrarse) con ~ 自然にふるまう; 平然としている. hablar con ~ 自然（率直）に話す. con la mayor ~ [del mundo]/con mucha (toda) ~/con total ~ ごく自然に; いかにも当然かのように, 平然と; さりげなく. no tener ~ ぎこちない. ❷《廃語》市民権, 国籍

naturalismo [naturalísmo] 男《文学, 美術, 哲学》自然主義: ~ francés フランス自然主義

naturalista [naturalísta] 共 ❶《文学, 美術, 哲学》自然主義の（主義者）: novela ~ 自然主義小説. ❷ 博物学者; ナチュラリスト. ❸《まれ》自然科学の. ❹ ヌーディスト［=naturista］

naturalístico, ca [naturalístiko, ka] 形 自然のままの; 自然主義の

naturalización [naturaliθaθjón] 女 帰化, 移入, 定着；《生物》馴化

naturalizar [naturaliθár]《←natural》9 他 ❶［外国人を］帰化させる; 市民権を与える. ❷［外国の言語・風俗などを］移入する, 定着させる; 国語化する: ~ una voz inglesa ある英単語を取り入れる. ❸［動植物を］［動物地理（区）の］馴化する
 —— ~*se* 帰化する; 定着する: *Se ha naturalizado* chilena. 彼女はチリに帰化した. El béisbol no *se ha naturalizado* en España. 野球はスペインに取り入れられていない. ❷《生物》馴化する

naturalmente [naturálménte] 副 ❶ 当然, もちろん: 1) N~ aceptó mi oferta. もちろん彼は私の申し入れを承諾した. Se empeñó en ir a pie; ~, llegará cansado. 彼は歩いて行こうとしている. きっと着いた時にはへとへとだろう. 2)［間投詞的に返答で］Le habrás dado las gracias.—¡N~! ちゃんとお礼を言っただろうね.—もちろん! ❷ 自然に, ひとりでに: Eso se explica ~. それは自明の理だ. ❸ 生まれつき: Ana es ~ bonita. アナは生まれつき美人だ. ❹［態度などが］普段どおりに, 飾り気なしに, さりげなく: En la fiesta debes comportarte ~. パーティーでは自然にふるまいなさい. ❺ 自然の法則で: Es un fenómeno que no se puede explicar ~. それは自然の法則では説明できない現象だ

nature [natúr]《←仏語》形 ❶ →brut nature. ❷ 自然のままの

naturismo [naturísmo]《←natura》男 ❶ 自然療法; 自然志向, 自然回帰主義, 自然崇拝説. ❷ 裸体主義

naturista [naturísta] 共 ❶ 自然（療法の）; 自然志向の［人］, 自然回帰主義の（主義者）, 自然崇拝説の（論者）. ❷ 裸体主義の（主義者）, ヌーディスト

naturópata [naturópata] 共 自然療法医

naturopatía [naturopatía] 女 自然療法

nauchel [nau̯tʃél] [男]《古語》船主; 航海士
naucher [nau̯tʃér] [男]《古語》=**nauchel**
nauclero [nau̯kléro] [男]《古語》=**nauchel**
naucoria [nau̯kórja] [女]《植物》チャニセムクエタケ属のキノコ
naucóride [nau̯kóriđe] [女]《昆虫》コバンムシ
naufragante [nau̯fraǥánte] [形][名] =**náufrago**
naufragar [nau̯fraǥár]〖←ラテン語 naufragare〗[8][自] ❶ 難破する; [人が] 難船する: barco *naufragado* 難破船. ❷ [事業などが] 失敗する; 破産する: *Ha naufragado* el negocio. 商売は失敗した
naufragio [nau̯fráxjo]〖←ラテン語 naufragium〗[男] ❶ 難船, 難破, 海難〔事故〕. ❷ [事業などの] 失敗; 破産: hacer ～ 失敗する. ❸《まれ》不幸, 災難
náufrago, ga [náu̯fraǥo, ǥa]〖←ラテン語 naufragus〗[形][名] 難船した〔人〕, 難破した: buque ～ 難破船
—— [男]《魚》サメ〖=tiburón〗
naumanita [nau̯maníta] [女]《鉱物》セレン銀鉛鉱
naumaquia [nau̯mákja] [女]《古代ローマ》模擬海戦〔場〕
nauplio [náu̯pljo] [男]《動物》ノープリウス
nauplius [náu̯pljus] [男] =**nauplio**
naura [náu̯ra] [女]《ベネズエラ》トウモロコシの開花期の実
naurar [nau̯rár] [自]《ベネズエラ》[トウモロコシが] 実をつけ始める
nauruano, na [nau̯rwáno, na] [形][名]《国名》ナウル Nauru の〔人〕
náusea [náu̯sea]〖←ラテン語 nausea「船酔い」< navis「船」〗[女] ❶ [主に [複]] 吐き気, むかつき: tener (sentir) ～*s* 吐き気がする. dar a+人 ～*s* …に吐き気を催させる. ❷ [主に [複]. 強い] 嫌悪感, 不快感: Su descaro me da ～*s*. 彼の厚かましさには胸が悪くなる. ❸ 船酔い. ❹ [フランス実存主義で] 嘔吐
de **～** 嫌悪感を催させる, 不快な
hasta la **～** 嫌悪感を催させるほど〔の〕
nauseabundo, da [nau̯seaƀúndo, da]〖←ラテン語 nauseabundus〗[形] 吐き気を催させる; 嫌悪感を生じさせる: hedor ～ むかつくような悪臭. comportamiento ～ 胸くその悪くなるような態度
nauseante [nau̯seánte] [形]《まれ》=**nauseabundo**
nausear [nau̯seár] [自]《まれ》吐き気を催す; 嫌悪感が生じる
nauseativo, va [nau̯seatíƀo, ƀa] [形]《廃語》=**nauseabundo**
nauseoso, sa [nau̯seóso, sa] [形] ❶《医学》吐き気の. ❷《まれ》=**nauseabundo**
Nausica [nau̯síka] [女]《ギリシア神話》ナウシカア〖ケルキラ Corcira 島の王女〗
nausiento, ta [nau̯sjénto, ta] [形]《ペルー》吐き気がする
nauta [náu̯ta]〖←ラテン語〗[男]《文語》船乗り, 海の男〖=navegante〗
náutico, ca [náu̯tiko, ka]〖←ラテン語 nauticus, -a, -um〗[形] ❶ 航海に関する: escuela ～*ca* 商船学校. ❷ 水上の: club ～ ヨットクラブ. deporte ～ [ボート・ヨットなどの] ウォータースポーツ. policía ～*ca* 沿岸警備隊
—— [女] 航海術
nautilo [nau̯tílo] [男]《動物》❶ オウムガイ〖=nautilus〗. ❷ アオイガイ〖=argonauta〗
nautiloideo, a [nau̯tilɔi̯đéo, a] [形] オウムガイ亜綱の
—— [男][複]《動物》オウムガイ亜綱
nautilus [nau̯tílus] [男]《動物》オウムガイ
nauyaca [nau̯jáka] [女]《メキシコ. 動物》中央アメリカハブ〖毒蛇〗
nava [náƀa]〖←?印欧基語 naus「船」〗[女] [山間部の, 時に沼地状の] 低地, くぼ地, 盆地
navacero, ra [naƀaθéro, ra] [名] [海岸地帯の耕地 navazo の] 農民
navaja[1] [naƀáxa]〖←ラテン語 navacula〗[女] ❶ [折畳み式の] ナイフ, 小刀, ポケットナイフ, ジャックナイフ: abrir (cerrar) una ～ 折畳み式ナイフを開く(閉じる). ～ automática/～ de botón/～ de muelle/～ de resorte 飛び出しナイフ. ～ de cabritera 皮はぎナイフ. ～ de injertar 接ぎ木用ナイフ. ～ suiza アーミーナイフ, 万能ナイフ. ❷ [ひげ剃り用の] かみそり, レザー〖=～ de afeitar, ～ barbera〗: cortar el pelo a 〔la〕 ～ レザーカットする. ❸《貝》マテガイ. ❹ 毒舌, 悪口. ❺ [イノシシなどの] 牙(きば). ❻ [昆虫の] 毒針. ❼《プエルトリコ, ペルー》[相手の凧の糸を切るため凧の尻尾に付ける] ガラスのかけら
afilar sus **～*s*** 手ぐすねを引く
amarrar **～*s***《メキシコ. 口語》対立を起こしかねない状況をわざと生み出す
comer de **～**《廃語》[干し肉・チーズ・ソーセージなどの] 乾き物で食事をすませる
navajada [naƀaxáđa] [女] =**navajazo**
navajazo [naƀaxáθo]〖←navaja〗[男] ナイフの一刺し; ナイフによる傷, かみそり傷
navajear [naƀaxeár] [他] [人を] ナイフで刺す
navajeo [naƀaxéo] [男] ❶ ナイフで刺すこと. ❷ 口頭での攻撃
navajería [naƀaxería] [女] ❶ ナイフ製造業. ❷ ナイフ製造所(販売店)
navajero, ra [naƀaxéro, ra]〖←navaja〗[形] ❶ ナイフの. ❷ ナイフで武装した強盗の
—— [名] ❶ ナイフで武装した強盗. ❷《ラマンチャ》ナイフの生産(販売)者. ❸《コロンビア. 口語》[ある事に] 非常に上手な人
—— [男] ❶ かみそりケース. ❷ かみそりを拭う布(ゴムの器). ❸ [気の荒い] イノシシ
navajo[1] [naƀáxo] [男] 水たまり〖=lavajo〗
navajo[2]**, ja**[2] [naƀáxo, xa] [形][名] ナバホ族〔の〕〖北米先住民〗
navajudo, da [naƀaxúđo, đa] [形] ❶《まれ》ナイフを持った. ❷《メキシコ》口のうまい, 甘言で釣る; 腹黒い, 抜け目のない
navajuela [naƀaxwéla] [女]《貝》マテガイに似た貝〖学名 Tagelus dombeii〗
naval [naƀál]〖←ラテン語 navalis < navis「船」〗[形] ❶ 船の: ingeniería ～ 造船学. ingeniero ～ 造船技師. mecánico ～ 機関士. ❷ 航海の: avería ～ 海難. ❸ 海軍の: combate ～ 海戦. Escuela *N*～〔Militar〕海軍兵学校
navalcarnero [naƀalkarnéro] [男] [マドリード県の] ナバルカルネーロ Navalcarnero 産ワイン
navallón [naƀaʎɔ́n] [男]《貝》マテガイダマシ
navanco [naƀáŋko] [男] [気性の荒い] アヒル
navarca [naƀárka] [女] ❶《古代ギリシア》艦隊司令官. ❷《古代ローマ》艦長
navarijo [naƀaríxo] [男]《ドミニカ》下層民の居住地
navarín [naƀarín] [男]《料理》子羊肉の煮込み
navarra[1] [naƀár̄a] [女]《闘牛》牛と正対し牛が通り過ぎるとその方向に向き直るランセ lance
Navarra [naƀár̄a] [女]《地名》ナバラ〖スペイン北東部の自治州. 正式名称 Comunidad Foral de ～〗
navarrés, sa [naƀar̄és, sa] [形][名]《地名》ナバ・デル・レイ Nava del Rey の〔人〕〖バリャドリード県の町〗
navarrico [naƀar̄íko] [男]《ログローニョ》[ナバラから吹く] 北東風
navarrisco, ca [naƀar̄ísko, ka] [形] =**navarro**
navarrismo [naƀar̄ísmo] [男] ナバラの事物への愛好
navarrizar [naƀar̄iθár] [9][他] ナバラ風にする
navarro, rra[2] [naƀár̄o, r̄a] [形][名]《地名》ナバラ Navarra の〔人〕
—— [男] ナバラ方言
navarroaragonés, sa [naƀar̄ɔaraǥonés, sa] [形][名] ナバラとアラゴンの〔人〕
—— [男] ナバラ・アラゴン方言
navazo [naƀáθo] [男] ❶ 狭いくぼ地 nava. ❷ 水たまり〖=lavajo〗. ❸《アンダルシア》[沼地 marisma を掘り下げて作った] 海岸地帯の耕地
nave [náƀe]〖←ラテン語 navis「船」〗[女] ❶ [昔の] 大型帆船; [櫓や櫂で進む以外の] 船, 船舶: ～ mercante 商船. ❷ [教会堂の] 外陣; [特に中央の] 身廊〖=～ central, ～ principal〗: ～ lateral (colateral) 側廊. ～ de crucero 翼廊. ❸ [工場・倉庫の] 建物〖=～ industrial〗: construir dos ～*s* más 2棟増築する. ～ de laminación 圧延棟. ❹ [建物内の壁などで仕切られた] スペース, 部屋. ❺ 宇宙船〖=～ cósmica, ～ espacial, ～ del espacio〗: ～ azul 青い宇宙船〖地球のこと〗. ❻《メキシコ》自動車. ❼《コロンビア》[ドア・窓の] 扉
N～ de San Pedro カトリック教会
quemar las **～*s*** 背水の陣をしく
navecilla [naƀeθíʎa]〖nave の示小語〗[女]《カトリック》香をつぎ足すための容器〖=naveta〗
navegabilidad [naƀeǥaƀiliđá(đ)] [女] ❶ 航行可能性: ～ de un estrecho 海峡の航行可能性. ❷《廃語》[船の] 耐航性
navegable [naƀeǥáƀle]〖←ラテン語 navigabilis〗[形] ❶ [川・湖などが] 航行可能な: río ～ 航行可能河川. ❷《廃語》耐航性のある
navegación [naƀeǥaθjɔ́n]〖←ラテン語 navigatio, -onis〗[女] ❶ 航行; 航海〖=～ marítima〗; 航空〖=～ aérea〗: abierto a la ～ 航行可能な. certificado de ～ 航行証明書. línea de ～ 航路. ～ a vela 帆走. ～ de altura 遠洋航海. ～ de bajura/

N

navegado

～ de cabotaje/～ costera 沿岸航海. ～ fluvial 河川航行. ～ submarina 潜航. ❷《自動車》sistema de ～ para automóvil カーナビシステム. ❸ 航海術《=náutica》. ❹ 航法: astronómica 天文航法. ～ de estima 船位推算航法, 推測航法. ～ electrónica 電波航法. ～ inercial 慣性航法. ～ loxodrómica 航程線航法. ～ ortodrómica 大圏航法. ～〔por〕costera 地文航法, 推測航法. ❺《情報》ネットサーフィン, ナビゲーション

navegado [naβeɣáðo] 男《チリ. 酒》[赤ワインに砂糖・オレンジ・シナモン・クローブを加えた] ホットパンチ

navegador, ra [naβeɣaðór, ra] 名《古語》船乗り
── 男《情報》ブラウザ《=～ web, ～ de Internet》

navegante [naβeɣánte] 形 船乗りの; 船上〔機上〕勤務の
── 名 ❶《自動車》ナビゲーター;《航空》航空士. ❷《情報》ネットサーファー. ❸《古語》船乗り

navegar [naβeɣár]《←ラテン語 navigare < navis「船」》[8] 自 ❶ 航行する, 航海する; 飛行する: Su barco navegaba por el Mediterráneo. 彼の船は地中海を航行していた. ～《飛行機》を操縦する. ❷《情報》ネットサーフィンをする, ネット上をナビゲートする: Con la tarifa plana se puede ～ por la red las veinticuatro horas. 基本料金でネットが24時間見放題だ. ❹〔あちらこちらを〕巡る. ❺《メキシコ》こうむる, 思う; 耐える, 何とか持ちこたえる
── 他《文語》〔海を〕航行する

navego [naβéɣo] 男《地方語》活動, 運動
nável [náβel] 男《植物, 果実》ネーブル《=naranja ～》
navelina [naβelína] 女《西. 植物, 果実》スイートオレンジ〔ネーブルの一種〕
navero, ra [naβéro, ra] 形 名《地名》ナバ Nava の〔人〕; ナバス Navas の〔人〕〔地名に Nava・Navas の付く場所〕
naveta [naβéta] 《nave の示小語》女 ❶《考古》舟を逆さまにした形の墳墓. ❷《カトリック》香をつぎ足すための容器. ❸ 引き出し《=gaveta》
navicert [naβiθér(t)] 男 封鎖海域通過許可書
navícula [naβíkula] 女《植物》ハネケソウ
navicular [naβikulár] 形《解剖》舟状の: hueso ～ 舟状〔足〕骨. fosa ～ 舟状窩
navicularlo [naβikulárjo] 男《古代ローマ》商船の船主〔船長〕
Navidad [naβiðá(ð)]《←natividad》女《キリスト教》1)[男]〔N～〕クリスマス, キリスト降誕祭《=Pascua de N～》.《西》〔公現祭1月6日までの〕クリスマス〔と新年の〕シーズン, クリスマス休暇: ¡Feliz N～!; ¡Felices N～es! メリークリスマス！ 2) 〔キリストの〕降誕. solemos celebrar las N～ en familia. 私たちはクリスマスはいつも家族でお祝いする. pasar las N～es en su casa クリスマス〔休暇〕を家で過ごす. felicitar las N～es クリスマスを祝う. en N～ クリスマスに. por ～/por las ～es クリスマスのころに. árbol de N～ クリスマスツリー. tarjeta 〔de felicitación〕 de N～ クリスマスカード. 2) 〔キリストの〕降誕. ❷ [稀] 年齢: Tengo ya muchas ～es. もう私はずいぶん年をとっている. No alabes ni desalabes hasta siete ～es.《諺》性急な判断は間違いの元
── 男《菓子》栗とチョコレートのケーキ

navideño, ña [naβiðéɲo, ɲa]《navidad》形 クリスマスの: árbol (abeto) ～ クリスマスツリー. canción ～ña クリスマスソング. fiestas ～ñas クリスマスの祝日. fruta ～ña クリスマス用の果物〔オレンジ, リンゴ, ブドウ, サクランボ, バナナなど.〕〔稀〕そのサラダ〕
naviego, ga [naβjéɣo, ɣa] 形 名《地名》ナビア Navia の〔人〕〔アストゥリアス県の町〕
naviero, ra [naβjéro, ra]《←navío》形 船の, 航海の
── 名 船主, 艤装〔(gu)〕業者
── 女 海運会社, 船会社《=compañía ～ra, empresa ～ra》
naviforme [naβifórme] 形《文語》船の形の
navío [naβío]《←ラテン語 navigium》男 ❶〔大型の〕船《500トン以上》; 〔特に〕軍艦《=～ de guerra》: ～ de transporte 輸送船. ～ de carga 貨物船. ～ mercante 商船. ～ Espacial Tierra〔生態〕宇宙船地球号. ❷〔3隻で1〜3層の砲列甲板を持つ〕帆走軍艦: ～ de línea 戦列艦. ❸〔天文〕N～ Argos アルゴ座
naya [nája] 女《地方語》〔闘牛場の〕屋根のない最上階席
náyade [nájaðe] 女《ギリシア・ローマ神話》ナイアデス, ナイアス〔河川や泉のニンフたちの総称〕
nayarita [najaríta] 形《地名》ナヤリト Nayarit の〔人〕〔メキ

シコ西部の州〕
nayuribe [najuríβe] 女《植物》ヒユ科の一種〔灰から赤い染料を採る〕
Nazaré [naθaré] 女《地名》=**Nazaret**
nazareno, na [naθaréno, na] 形 ❶《地名》〔イスラエルの〕ナザレ Nazaret の〔人〕: el N～ ナザレ人〔?〕〔ユダヤ人によるキリストの呼称〕. el Divino N～ イエス・キリスト. ❷ ナザレ教徒, 初期キリスト教徒
── 男 ❶〔聖週間の行列で, 長頭巾をかぶって〕受難者の仮装をした人. ❷《美術》〔稀〕ナザレ派. ❸《植物》1)〔稀〕ハネムスカリ. 2)〔稀〕ハアザミ《=～s de Andalucía》. 3)《中南米》クロウメモドキ科の一種《家具用材》. ❹《西. 隠語》未払いの商品を転売する詐欺
nazareo, a [naθaréo, a] 形 名 ナゼレの〔人〕《=nazareno》
Nazaret [naθarét] 男《地名》〔イスラエルの〕ナザレ〔イエス・キリストが幼少期から公生涯 vida pública に入るまでを過ごした町〕
nazaretano, na [naθaretáno, na] 形 名 ナゼレの〔人〕《=nazareno》
nazarí [naθarí] 形 名《～[e]s》《歴史》〔グラナダの〕ナスル朝の〔人〕〔1238年から約250年間のイスラム王朝〕
nazarita [naθaríta] 形 名 =**nazarí**
Nazca [náθka] 女《歴史》ナスカ族の〔1〜8世紀にペルー南部で栄えた先住民〕: cultura ～ ナスカ文化. líneas de N～ ナスカの地上絵
nazi [náθi] 形 名《～s》ナチスの, 国家社会主義ドイツ労働者党の〔党員〕: Alemania ～ ナチスドイツ
nazismo [naθísmo] 男 ナチズム, 国家社会主義
nazista [naθísta] 形《まれ》ナチズムの
názula [náθula] 女《古語. トレド》凝乳《=requesón》
názura [náθura] 女《アンデス》凝乳《=requesón》
názuras [náθuras] 女《地方語》凝乳《=requesón》
nazurón [naθurón] 男《地方語》凝乳《=requesón》
N.B.《略語》←nota bene 注意せよ; 注, 注記
n/c.《略語》❶ ←nuestro cargo 弊社債務. ❷ ←nuestra cuenta 弊社勘定
n/cta.《略語》←nuestra cuenta 弊社勘定
N.D.《略語》←no disponible〔データ〕入手〔利用〕不能
ndowe [endóβe] 形 名《赤道ギニアの》ンドウェ族の〔人〕
NE《略語》←nordeste 北東
nea[1] [néa] 女《地方語. 植物》ガマ《=enea》
neandertal [neandertál] 形 男 =**neandertalense**
neandertalense [neandertalénse] 形 男《考古》ネアンデルタール人の〔人〕
neánico, ca [neániko, ka] 形《動物》青年期の, 若い
nearca [neárka] 男 艦隊司令官, 艦長《=navarca》
nébeda [néβeða] 女《植物》イヌハッカ
nebel [neβél] 男《音楽》ネーベル《=nabla》
nebí [neβí] 男《～[e]s》《鳥》ハヤブサ
nebladura [neβlaðúra]《←ラテン語 nebla「霧」》女 ❶〔農作物の〕霧による被害. ❷〔羊などの〕回旋病
neblear [neβleár] 自《エストレマドゥラ》〔単人称〕霧雨が降る《=lloviznar》
neblí [neβlí] 男《～es》《鳥》ハヤブサ
neblina [neβlína]《←niebla》女 ❶ かすみ, もや〔niebla より薄い〕; スモッグ: Hay una capa de ～. 少しもやがかかっている. ❷ ガス(煙)の充満した空気; ミスト
neblinear [neβlineár] 自《チリ》〔単人称〕霧雨が降る
neblinero [neβlinéro] 男《チリ. 自動車》〔主に〕〔稀〕フォグランプ
neblinoso, sa [neβlinóso, sa] 形 かすみのかかった; 霧の深い: un día ～ 霧の深い一日
neblumo [neβlúmo] 男《気象》スモッグ《=smog》
nebral [neβrál] 男 =**nebreda**
nebreda [neβréða] 女 セイヨウネズ林《=enebral》
Nebrija [neβríxa]《人名》**Elio Antonio de ～** エリオ・アントニオ・デ・ネブリハ〔1444～1522, 本名は Antonio Martínez de Cala. スペインの人文学者・言語学者. ロマンス語で世界最初の文法書『カスティーリャ語文法』*Gramática castellana*, 『羅西辞典』*Diccionario latino castellano*〕
nebrina [neβrína] 女 セイヨウネズ enebro の漿果〔(ざ)〕
nebrisense [neβrisénse] 形 ❶《地名》=**lebrijano**. ❷〔人名〕ネブリハ Nebrija の
nebro [néβro] 男《植物》=**enebro**
nebú [neβú] 男《チリ. 植物》ハシバミ《=avellano》

nébula [nébula] 〖女〗《医学》角膜白濁

nebular [nebulár]《←nebuloso》〖形〗《天文》星雲の: anillo 〜 環状星雲. hipótesis 〜 星雲説

nebulización [nebuliθaθjón] 〖女〗 ❶《薬学》霧状化. ❷《医学》噴霧療法

nebulizador [nebuliθaðór] 〖男〗《医療用》噴霧器, ネブライザー

nebulizar [nebuliθár] 〖自〗〖他〗《薬学》霧状にする, 噴霧する

nebulón [nebulón] 〖男〗《まれ》腹黒い男

nebulosa[1] [nebulósa]《←nebuloso》〖女〗 ❶《天文》星雲: la gran 〜 Andrómeda アンドロメダ大星雲. 〜 en espiral 渦状星雲. 〜 gaseosa ガス状星雲. 〜 oscura 暗黒星雲. ❷ 不明確, あいまい

nebulosamente [nebulósaménte] 〖副〗あいまいに, あいまい模糊として, 不明瞭に, 不鮮明に

nebulosidad [nebulosiðáð] 〖女〗 ❶ 曇り〔具合〕, 曇り空. ❷ 不明瞭さ, あいまいさ

nebuloso, sa[2] [nebulóso, sa]《←ラテン語 nebulosus, -a, -um 〜 nebula「霧」》〖形〗 ❶ 霧のかかった; 曇った: cielo 〜 どんよりとした空. ❷ 不明確な, 不明瞭な, あいまいな: idea 〜sa ぼんやりした考え. ❸ 白濁した. ❹ 陰気な, もの悲しい

necátor [nekátor] 〖男〗《動物》線虫類の一種〘人の腸内寄生虫. 学名 Necator americanus〙

necear [neθeár] 〖自〗 ❶ ばかげたことを言う. ❷ つまらないことにこだわる

necedad [neθeðáð] 〖女〗《←necio》 ❶ 愚かさ, 愚行, 愚かな言葉: decir 〜es/soltar una 〜 ばかげたことを言う. hacer una 〜 愚行を演じる, ばかなまねをする

necesaria[1] [neθesárja] 〖女〗《まれ》〘主に《复》. 野営地などの〙簡便な所

necesariamente [neθesárjaménte] 〖副〗どうしても, ぜひとも: Tengo que ir 〜. 私はどうしても行かねばならない. ❷ 必ず, きっと, 必然的に: 1) N〜 era él, porque allí nadie más había rumano. きっと彼だったに違いない. そこでルーマニア語を話す人はほかにいないから. 2) 〘tener que, hay que, haber de と共に〙Tiene 〜 que estar allí. 彼は きっとそこにいるに違いない. La respuesta ha de ser 〜 afirmativa. 回答は肯定的に違いない. 3) 〘否定文で〙必ずしも〔…でない〕: La paciencia no es 〜 una virtud. 忍耐は必ずしも美徳ではない. Lo caro no es 〜 bueno. 高いものが必ずしもいいものとは限らない

necesariedad [neθesarjeðáð] 〖女〗必要性; 必然性

necesario, ria[2] [neθesárjo, rja]《←ラテン語 necessarius》〖形〗〘ser+〗 ❶ 〘+para・a 名〙 必要な 〜 para la vida. 空気は生命になくてはならない. Para triunfar es 〜 la autoconfianza. 勝つには自信が必要だ. Me es 〜 el café. 私にはコーヒーが必要でないられない. considerar... como un mal 〜 を必要悪と考える. 〜 a la salud 健康に必要な. lo estríctamente 〜 最小限必要なもの. gastos 〜s 必要経費. 2) 〘ser 〜+不定詞・que+接続法〙…することが必要である, …しなければならない: Es 〜 hacer un poco de ejercicio. 少し運動することが必要だ. Es 〜 que estudies más. 君はもっと勉強する必要がある. Es 〜 que lleguemos a las diez para cenar. 夕食を食べるためには10時に着かなくてはならない. No es 〜 que vayas si no quieres. 嫌なら行かなくてもいいよ. si es 〜 もし必要なら. ❷ 必然的な, 避けがたい: El conflicto de opiniones era 〜. 意見の衝突は避けがたかった. La justicia es 〜ria. 正義は必ず存在する. consecuencia 〜ria 必然的帰結. ❸ 有益な, 好都合の: Es 〜 que tomemos una siesta en verano. 夏は昼寝をする方がよい

hacer 〜 …を必要とする: El estado del enfermo *hizo* 〜*ria* una transfusión de sangre. 患者の病状は輸血が必要とされた.

Todo es 〜. どんなことでも必要である

neceser [neθesér] 〖男〗《←仏語 nécessaire》 ❶ 〘主に女性の旅行用〙洗面・化粧道具入れ. ❷ 〜 de costura 裁縫箱

necesidad [neθesiðáð] 〖女〗《←ラテン語 necessitas, -atis「宿命」〜 necesse「不可避な, 必要な」》 ❶ 必要: 1) Hay 〜 de donantes. 臓器提供者が必要だ. Reforestar es una imperiosa 〜. 植林は緊急に必要だ. 〜 mental 精神的な満足《⇔》〜es materiales 衣食住の物質的な充足》. 2) 〘諺〙La 〜 aguza el ingenio./La 〜 hace maestros. 必要は発明の母. La 〜 carece de ley./La 〜 tiene cara de hereje. 背に腹は代えられぬ. 〘+de+不定詞・que+接続法〙Siempre sentí la 〜 de tener a alguien a mi lado. 私は誰かそばにいてもらう必要性をいつも感じていた. Hay 〜 *de que* nos descansemos un rato. 私たちは少し休憩する必要がある. ❷ 必然性, 不可避性: Se encuentra en la 〜 de elegir entre ambos. 彼は二者択一を迫られている. 〜 lógica 論理的必然. ❸ 〘主に《复》〙必需品; 必要な物・事: Las cooperativas son asociaciones de personas que se unen voluntariamente para satisfacer sus 〜*es*. 協同組合は人々が自発的に力を合わせて自分たちの必要を満たすための組織だ. El ocio es una 〜 para el hombre moderno. 余暇は現代人に必要なものだ. No es un lujo sino una 〜. それはぜいたくではなく必需品だ. 〜*es* básicas 最低必需品. ❹ 〘《复》〙ニーズ, 要求: satisfacer las 〜*es* de los clientes 顧客のニーズにこたえる. ❺ 〘時に《复》〙窮乏, 飢餓; 苦境: cometer el robo impulsado por la 〜 貧困から盗みを働く. morir de 〜 餓死する. pasar (sufrir) muchas 〜*es* 多くの苦難を味わう. quedar en la mayor 〜 ひどく貧乏になる. vivir en la 〜 困窮生活をする. ❻ 〘婉曲〙〘主に《复》〙大便〘行為. =〜*es mayores*〙; 小便〘行為. =〜*es menores*〙: hacer sus 〜*es* 〘大小便の〙用を足す. ❼《法律》状態の一. 緊急避難

de 〜 〘けが・病気が〙致命的な〘=mortal de necesidad〙

de primera 〜 生活に必要不可欠な: En este país hasta los artículos *de primera* 〜 escasean. この国では生活必需品すら乏しい

en caso de 〜 必要な〘やむを得ない〙場合は: En caso de 〜, llámame. 必要な場合は私を呼びなさい

hacer de la 〜 *virtud* 〘当然しなければならないことなのに〙進んでするようなふりをする; 嫌なことでも必要とあらば進んでする

obedecer a la 〜 〘+de の〙状況に応じる

para las 〜*es del inmediato* 当座の入用には

por 〜 必要に迫られて, やむなく; 経済的必要性から, 貧困のせいで

tener 〜 *de*... …を必要とする: Tengo 〜 de beber algo. 私は何か飲む必要がある

necesitado, da [neθesitáðo, ða] 〖形〗 ❶ 〘estar+. +de 名〙 必要とする: Ese equipo andaba 〜 de delanteros. そのチームはフォワードを必要としていた. La vieja está 〜 de cariño. その年老いた女性には愛情が必要だ. ❷ 困窮している: Tenemos que ayudar a la gente 〜*da*. 私たちは困窮した人々を助けねばならない. familia 〜*da* 貧乏所帯

verse 〜 *a*+不定詞 …することを余儀なくされる

── 〖名〗貧乏人, 困窮者

necesitar [neθesitár] 《←necesidad》 〖他〗 ❶ 必要とする: 1) Si *necesitas* dinero, llámame por teléfono. もし金が必要なら, 電話をよこしなさい. Las plantas *necesitan* más agua. 植物にはもっと水が必要だ. 2) 〘+不定詞〙…する必要がある: *Necesito* visitarle hoy. 私は今日彼を訪ねる必要がある. 3) 〘+que+接続法〙*Necesito que* me ayuden. 私は助けが必要だ. ❷ 《まれ》強制する

── 〖自〗〘《文語》〙〘+de 名〙必要とする: *Necesito de ti* mañana. 私は明日君が必要だ

── 〜*se* ❶ 必要とされる: *Se necesita* guía.《表示》ガイド募集.《口語》〘+不定詞. 強調〙…に違いない: *Se necesita* ser imbécil para creer eso. それを信じるなんてばかのばかだ

¡Se necesita! 〘驚き・拒絶〙まさか, ばかばかしい！

Necessitas caret lege [neθesitás karét lége] 《←ラテン語》緊急時には不可欠な行為は罰せられない

neciamente [néθjaménte] 〖副〗《文語》愚かにも

necio, cia [néθjo, θja] 《←ラテン語 nescius》〖形〗〖名〗〘ser+〗 ❶《文語》〘知識・分別・理性のない〙愚かな〘人〙, 愚か者: 〘tonto, majadero などより上品な表現〙: Es un 〜. 彼は愚か者だ. Es cosa de 〜*s* admirar a los astros del cine. 映画スターにあこがれるなどばかげている. No seas 〜 y estudia. ばかなことをしていないで勉強しなさい. frase *necia* 愚かな〘人のない〙言葉. ❷ 強情な, 頑固な. ❸《中米, コロンビア, ベネズエラ. 口語》いたずらっ子〘の〙. ❹《ラプラタ》気難しい〘人〙, 怒りっぽい〘人〙, 神経過敏な〘人〙

a necias 愚かにも〘=neciamente〙

nécora [nékora] 〖女〗《動物》〘地中海産の〙ワタリガニの一種〘食用. 学名 Liocarcinus puber〙

nec plus ultra [nek plus últra] 《←ラテン語》その向こうには何もない／前人未踏の快挙

necro- 《接頭辞》 ❶〘死〙 *necrología* 死亡公告. ❷〘死体〙 *necroscopia* 検屍

necrocomio [nekrokómjo] [男]《キューバ》[身元不明者の・検死用の] 遺体安置室
necrodactilar [nekroɗaktilár] [形]《医学》死体指紋の
necrodulía [nekroɗulía] [女] 死者崇拝〖=necrolatría〗
necrofagia [nekrofáxja] [女]《動物》死肉を食べること
necrófago, ga [nekrófago, ga] [形]《動物》死肉を食べる
necrofilia [nekrofílja] [女]《医学》死体性愛, 屍姦
necrofílico, ca [nekrofíliko, ka] [形] 死体性愛の
necrófilo, la [nekrófilo, la] [形] [名] 死体性愛者〔の〕
necrofobia [nekrofóƀja] [女] 死亡(死体)恐怖症
necróforo [nekróforo] [男]《昆虫》シデムシ(死出虫), 埋葬虫
necrolatría [nekrolatría] [女] 死者崇拝, 死霊崇拝
necrolátrico, ca [nekrolátriko, ka] [形] 死者崇拝の, 死霊崇拝の
necrología [nekrolɔxía] [女] 故人の略歴; [複]《新聞》死亡広告, 死亡記事
necrológico, ca [nekrolɔ́xiko, ka] [形] 故人に関する, 死亡を公に知らせる; 故人略歴の; 死亡広告の
—— [女] =**necrología**
necrólogo, ga [nekrólogo, ga] [名] 故人の略歴を書く人
necromancia [nekrománθja] [女] =**nigromancia**
necromancía [nekromanθía] [女] =**nigromancia**
necromanía [nekromanía] [女] =**necrofilia**
necrópolis [nekrópolis]〖←ギリシア語 nekropolis〗[女]〖単複同形〗❶ 巨大墓地; [古代の大規模な] 墳墓: ~ ibérica イベロ族墓地. ❷ [廃虚となった] 死の町. ❸《アルゼンチン》墓地
necropsia [nekrɔ́[p]sja] [女] 検死, 死体解剖〖=autopsia〗
necrópsico, ca [nekrɔ́[p]siko, ka] [形] 検死の, 死体解剖の
necrosamiento [nekrosamjénto] [男]《生物, 医学》壊死
necrosar [nekrosár] [他]《生物, 医学》壊死(えし)させる
—— **~se** 壊死する
necroscopia [nekrɔskópja] [女] 検死, 死体解剖〖=autopsia〗
necroscópico, ca [nekrɔskópiko, ka] [形] =**necrópsico**
necrósico, ca [nekrósiko, ka] [形] =**necrótico**
necrosis [nekrósis] [女]〖単複同形〗《生物, 医学》[組織・臓器などの] 部分的な死, 壊死(えし)
necrótico, ca [nekrótiko, ka] [形] 壊死性の; 壊死の
néctar [néktar] [男] ❶《ギリシア・ローマ神話》神酒, ネクター, 不老不死の酒〖神々の飲み物〗. ❷ [一般に] 美酒. ❸《飲料》果肉入りのジュース ❹ [花の] 蜜
el ~ negro de los dioses blancos《キューバ. 口語》コーヒー
nectáreo, a [nɛktáreo, a] [形] ❶ 神酒 néctar の〔ような〕. ❷ 蜜を分泌する
nectarífero, ra [nɛktarífero, ra] [形]《植物》蜜を分泌する
nectarina[1] [nɛktarína] [女]《植物, 果実》ネクタリン
nectarino, na[2] [nɛktaríno, na] [形] =**nectáreo**
nectario [nɛktárjo] [男] ❶《植物》蜜腺, 蜜槽. ❷《昆虫》[アブラムシなどの] 蜜管
nectarívoro, ra [nɛktaríƀoro, ra] [形] [動物が] 花蜜を食糧とする
necton [néktɔn] [男] [集名]《生物》ネクトン, 遊泳生物
nectónico, ca [nɛktóniko, ka] [形]《生物》ネクトンの
nectópodo [nɛktópoɗo] [男]《動物》[タコなどの] 遊泳器官に変形した付属肢
neerlandés, sa [n[e]ɛrlandés, sa] [形] [名]《国名》❶ オランダ〔人・語〕の; オランダ人. ❷《歴史》ネーデルラントの
—— [男] オランダ語
neerlandófono, na [n[e]ɛrlandófono, na] [形] [名] オランダ語を話す〔人〕
nefandamente [nefándaménte] [副] けがらわしく, 忌まわしく
nefandario, ria [nefandárjo, rja] [形]《まれ》[人が] けがらわしい罪を犯す, 男色の
nefando, da [nefándo, da]〖←ラテン語 nefandus「話題として不適当な」< ne「否」+fari「話す」〗[形]《文語》〔口にするのも〕けがらわしい: crimen ~ いまわしい犯罪
nefariamente [nefárjaménte] [副] 凶悪に, 極悪に
nefario, ria [nefárjo, rja] [形] 凶悪な, 極悪な
nefas [nefás] →por **fas** o por nefas
nefasto, ta [nefásto, ta]〖←ラテン語 nefastus < ne「否」+fastus「吉日」〗[形] ❶ 災いをもたらす; 不吉な: día (mes・año) ~ 縁起の悪い日(月・年). época ~*ta* 不幸な(受難の)時代. síntoma ~ 不吉な兆候. ❷《口語》ひどい, 最悪の, 目も当てられない; ひどく下手な; 有害な
nefato, ta [nefáto, ta] [形] [名]《ベネズエラ. 口語》愚かな〔人〕
nefelibata [nefeliƀáta] [形] [名]《文語》夢想にふける〔人〕
nefelina [nefelína] [女]《鉱物》霞石(かすみいし)
nefelínico, ca [nefelíniko, ka] [形] 霞石を含有する
nefelinita [nefelinita] [女]《地質》霞岩
nefelio [neféljo] [男]《医学》角膜片雲
nefelismo [nefelísmo] [男] [集名]《気象》雲の状態, 雲に関する現象
nefelometría [nefelometría] [女]《化学, 医学》比濁法
nefelómetro [nefelómetro] [男]《化学, 医学》比濁計
nefología [nefolɔxía] [女]《気象》雲学
nefr-《接頭辞》=**nefro-**
nefrectomía [nefrɛktomía] [女]《医学》腎摘出術
nefridio [nefríɗjo] [男]《動物》腎管
nefrita [nefríta] [女]《鉱物》軟玉
nefrítico, ca [nefrítiko, ka] [形] [名] ❶《医学》腎臓の: absceso ~ 腎膿瘍. ❷ 腎炎の〔患者〕
nefritis [nefrítis] [女]《医学》腎炎: ~ aguda (crónica) 急性(慢性)腎炎
nefro-《接頭辞》[腎臓] *nefró*logo 腎臓専門医
nefroblastoma [nefroƀlastóma] [男]《医学》ウイルムス腫瘍
nefrocele [nefroθéle] [女]《医学》腎ヘルニア
nefrolito [nefrolíto] [男]《医学》腎石
nefrología [nefrolɔxía] [女]《医学》腎臓学
nefrológico, ca [nefrolɔ́xiko, ka] [形] 腎臓学の
nefrólogo, ga [nefrólogo, ga] [名]《医学》腎臓専門医
nefrón [nefrɔ́n] [男]《解剖》ネフロン, 腎単位
nefrona [nefróna] [女] =**nefrón**
nefropatía [nefropatía] [女]《医学》腎障害, 腎症
nefrosis [nefrósis] [女]《医学》ネフローゼ
nefrostoma [nefrɔstóma] [男]《解剖》腎口(じんこう)
nefrótico, ca [nefrótiko, ka] [形]《医学》ネフローゼの
nefrotóxico, ca [nefrotɔ́[k]siko, ka] [形]《医学》腎毒性の
neg.《略語》←negocio 取引
negable [negáƀle] [形] 否定され得る, 否定可能な
negación [negaθjɔ́n]〖←ラテン語 negatio, -onis〗[女] ❶ 否定, 否認〖⇔afirmación〗; 拒否: doble ~ 二重否定. ~ de los derechos humanos 人権無視. ~ de Pedro《新約聖書》ペテロの否定. ❷ [la+] 無, 欠如, 非存在: Nuestro jefe es la ~ de la simpatía. 私たちの上司には好感など感じられない. ❸《軽蔑》無能, 役に立たないこと: Es una ~ en el ordenador. 彼はコンピュータが使えない. ❹《文法》否定辞
negado, da [negáɗo, ɗa] [形] ❶《口語》[ser+. +para に] 能力(適性)のない, 無能な: Ese empleado es muy ~ *para* el inglés. その社員は英語ができない. ❷《歴史》背教した
—— [名] ❶ 無能者, 役立たず: Es un ~ *para* todo. 彼は全くの役立たずだ. ❷《歴史》背教者
negador, ra [negaɗɔ́r, ra] [形] 否定する, 拒否する
negar [negár]〖←ラテン語 negare〗[8] [23] [他] ❶ 否定する, 否認する〖⇔afirmar〗: 1) *Niega* su relación con la actriz. 彼は女優との関係を否定している. El ministro *ha negado* la existencia de acuerdos secretos entre los dos países. 大臣は両国間に秘密協定があることを否定した. Siempre fue ateo y *negó* la existencia de Dios. 彼は無神論者であることを貫いて, 神の存在を認めなかった. 2) [+不定詞] El acusado *negó* ser culpable. 被告は無罪を主張した. Ella *niega* habértelo hecho. 彼女は君にそんなことをした覚えはないと言っている. 3) [+que+接続法] El alumno *niega que* sus compañeros hayan hecho uso de violencia con él. その生徒は同級生たちから暴力をふるわれたことはないと言った. Estos muchachos *negaron que* hubieran participado en el robo de coches. その少年たちは車の盗難に関わったことはないと言っている. 4) [従属節の内容が事実と分かっている時は +que+直説法] Eso es como ~ *que* la nieve es blanca. それは雪が白いことを否定するようなものだ. 5) [主動詞が否定されると +que+接続法・直説法] No *niego que* esté enfermo. 彼が病気だとしても(病気かもしれないが) 私は否定しない〖←彼が病気かどうか私は知らない〗. No *niego que* está enfermo. 彼が病気であることを私は否定しない〖←彼が病気だと私は知っている〗. ❷ [主に公式に, +a+人 に] 拒否する, 拒絶する: Le *han negado* el visado de tránsito. 彼は通過ビザの発給を拒否された. Presentó a la compañía una solicitud de traslado a Tokio, pero se la *negaron*. 彼は会社に東京への転勤を申請したが, 断られた. ~ la

N

negociar

entrada al país 入国を拒否する. ❸ 禁止する: Me negaron el uso del móvil mientras viajaba por ese país. 私はその国を旅行中、携帯電話の使用を禁止された. ❹ [自分との関係などを]否認する、手を切る、縁を切る: San Pedro negó a Jesús. 聖ペテロはイエスを知らぬと言った. Seguro que la vi allí, en casa, pero me lo negaron. 間違いなく私は彼女が家にいるのを見たのだが、家にはいないと言われた. ～ a+人 el saludo …に挨拶を返さない. ～ a+人 la mano …と握手をするのを拒む. ～ su presencia en casa 居留守を使う. ～ a su hijo 息子を勘当する

¿A qué ～lo? 何を隠すことがあろうか
── 自 ❶ 否定する; 拒否する: ～ con la cabeza 首を横に振る. ❷《コロンビア》撃ち損じる、弾が的を外れる
── ～se ❶ 拒否する、拒絶する: 1) [+a+名詞 を] Se negó al trato. 彼は交際を断った. ～se a cualquier cambio いかなる変化にも背を向ける. ～se a la evidencia 証拠に背を向ける. ～se a la razón 道理に背を向ける. ～se al pago 支払いを拒む. 2) [+a+不定詞] Lo siento, pero me niego a seguir acompañándote más. 申し訳ないが、もうこれ以上君に付き合うことはごめんである. Me niego a aceptar que dicho político no sea culpable. 私はあの政治家が有罪でないなんて、とうてい受け入れられない. ～se a comer 絶対に食べないと言う. 3) [+a que+接続法] El se niega a que yo asista a la boda de su hija. 彼は私が娘さんの結婚式に参列するのをだめだと言っている. ❷ 拒否される、拒絶される: Se le negó la entrada en su país. 彼は自分の国への入国を拒否された. ❸ 居留守を使う

～se a sí mismo 自分の欲望を抑える; 禁欲(精進)して神に仕える

negar	
直説法現在	点過去
niego	negué
niegas	negaste
niega	negó
negamos	negamos
negáis	negasteis
niegan	negaron
命令法	接続法現在
	niegue
niega	niegues
	niegue
	neguemos
negad	neguéis
	nieguen

negativa[1] [negatíba] 囡 否定の返事、拒否; 辞退: Respondió categóricamente con una ～. 彼は「ノー」ときっぱり答えた. Pepe se revolvió contra mí por mi ～. 私が断ると、ペペは私に反旗を翻した. recibir una ～ 断られる. ～ a colaborar 協力を断ること. ～ absoluta (rotunda) 断固とした拒絶. ～ categórica《法律》妨訴抗弁

negativamente [negatíbaménte] 副 否定的に、消極的に: Los responsables contestaron ～ a la solicitud. 責任者たちは依頼に対し断りの回答をした. Respondió ～ con la cabeza. 彼は何事にも消極的(悲観的)にとらえる癖がある.

negatividad [negatibidá(d)] 囡 否定性、消極性《⇔positividad》

negativismo [negatibísmo] 男 否定的思考傾向、消極論;《哲学》否定主義

negativista [negatibísta] 形 否定的思考傾向の、消極論の;《哲学》否定主義の

negativo, va[2] [negatíbo, ba] 《←ラテン語 negativus, -a, -um》形 ❶ 否定の、拒否の《⇔afirmativo》: Les pedí a las autoridades que plantaran árboles, pero su respuesta fue ～va. 私は木を植えるように当局に頼んだが、できないとの返事だった. hacer una señal ～va 否定の身ぶりをする、手を横に振る. ❷ 否定的な、消極的な《⇔positivo》: No he hecho nada malo. Es ～, pero no destructivo. 私は何も悪いことはしていない. プラスになることはしていないが、ぶち壊しにはしていないのだ. La prueba dio un resultado ～. 実験で否定的な(悪い)結果が出た. actitud ～va 消極的な態度. campaña ～va ネガティブキャンペーン.

ン. comentario ～ 否定的な発言. efectos ～s マイナス効果. ❸ [人が]物事を否定的側面でとらえる、マイナス思考をする: No seas ～. 悲観的になるな. crítica ～va 非建設的な批評. pensamiento ～ マイナス思考. ❹《文法》oración ～va 否定文. partícula ～va 否定辞.❺《法律》[被告が犯行を]証人が質問を]否認する. ❻ 有害な、都合の悪い.《数学, 物理》負の、マイナスの: número ～ 負の数. cantidad ～va 負の量. carga ～va 陰電荷. electrón ～〔陰〕電子. ❽《医学》陰性の: Mi reacción ha sido ～va. 私は陰性で〔反応〕だった. Rh ～va [血液型の]Rhマイナス. ❾《写真》陰画の、ネガ

── 男《写真》陰画、ネガ《=prueba ～va, placa ～va》

negatón [negatón] 男 =negatrón

negatorio, ria [negatórjo, rja] 形 否定する、否定的な
── 囡《法律》[所有権の]妨害排除請求

negatoscopio [negatoskópjo] 男 ネガトスコープ

negatrón [negatrón] 男《物理, 化学》ネガトロン、陰電子

negligé [neglixé]《←仏語》男《服飾》[薄手で大胆な]部屋着、化粧着
── 形《まれ》[服装が]だらしない、下品な

negligencia [neglixénθja]《←ラテン語 negligentia》囡 ❶ 怠慢、不注意、無頓着《⇔diligencia》: Se nota cierta ～ en lo que hace. 彼のすることにはどこか投げやりなところが目につく. acusar a+人 de ～ …の怠慢を責める. por ～ 不注意で. ～ en el cumplimiento de su deber 職務遂行上の怠慢. ❷《法律》過失: ～ culpable 不注意による過失. ～ médica 医療ミス. ～ temeraria 重過失

negligente [neglixénte]《←ラテン語 negligens, -entis》形 名 [+en・para に]怠慢な[人]、不注意な[人]、だらしない[人]: Es ～ en los estudios. 彼は怠けて勉強しない. actitud (comportamiento) ～ 投げやりなふるまい(態度). postura ～ だらしない姿勢. vestimenta ～ だらしない服装

negligentemente [neglixéntemente] 副 怠慢に、不注意で、だらしなく

negligible [neglixíble] 形《まれ》考慮に値しない

negligir [neglixír] 4 他《まれ》考慮しない

negociabilidad [neɣoθjabilidá(d)] 囡 ❶ 交渉の可能性. ❷ 市場性、流通性

negociable [neɣoθjáble] 形 ❶ 交渉の余地のある、取引される. ❷ [手形・証券などが]譲渡できる: título ～ 有価証券
── 男 銀行券

negociación [neɣoθjaθjón]《←ラテン語 negotiatio, -onis》囡 ❶ 交渉、折衝、協議、商談: El proyecto está en vías de ～. 計画は協議中です. Los sindicatos y los empresarios prosiguieron la ～ sobre la subida del salario. 労使は賃上げをめぐって交渉を続けた. entablar [las] negociaciones 交渉に入る. poder de ～ 交渉力. ～ arancelaria [2国間の]関税[引下げ]交渉. ～ diplomática 外交交渉. ～ entre patronos y obreros 労使交渉. ❷ [手形・証券の]譲渡、流通、取引; [手形の]割り引き: perder mucho dinero en la ～ de las acciones 株の売買で大損する. ❸《メキシコ》事業

en ～ 1) 交渉の: experto en ～ 交渉のエキスパート. 2) 交渉中の: No puedo hablar sobre esto porque está en ～. この件は交渉中なので話せません

negociado [neɣoθjáðo] 男 ❶《西》[会社などの]部局: Trabaja en el ～ de personal. 彼は人事部門で働いている. jefe de ～ 部長. ❷《チリ, アルゼンチン, ウルグアイ》違法な販売、不正取引. ❸《チリ》店、店舗

negociador, ra [neɣoθjaðór, ra] 形 交渉する、取引の: nueva fase ～ra 新たな交渉局面
── 名 ❶ 交渉者、協議者. ❷「警察の」ネゴシエーター

negociante [neɣoθjánte]《←ラテン語 negotians, -antis》形 ❶ 商売をする、金儲けばかり追求する、守銭奴の
── 名 ❶ [+en を扱う]商人; ビジネスマン: ～ al por mayor 卸売商. ～ en coches カーディーラー. ❷《軽蔑》商売人、守銭奴: Yo soy cocinero, no soy ～. 私は料理人で、商人ではない. ❸ 交渉者、協議者. ❹ 駆け引きの上手な人、やり手

negociar [neɣoθjár]《←ラテン語 negotiari「取引する、商う」》10 自 ❶ [+en・con の/+con と]商売をする、取引をする: Se dedica a ～ en productos del campo. 彼は農産物の取引にたずさわっている. ～ con su cuerpo 売春をする. ～ con España スペインと貿易をする. ❷ 交渉する: Nos han propuesto ～. 彼らは私たちに交渉を持ちかけてきた. Los líderes de la revuelto es-

negocio

tudiantil querían ~ con el Rector. 学生運動の指導者たちは学長との交渉を求めた —— 他❶ …の交渉をする: ~ un tratado comercial 通商条約の交渉を行なう. solución *negociada* 話し合いによる解決. ❷ [手形・証券を] 譲渡する; [手形を] 割り引く. ❸ [最短距離を通って] 曲がる: ~ una puerta 《スキー》旗門を通過する

negocio [negóθjo]《←ラテン語 negotium「仕事,用事」< nec「…ない」+otium「暇」》男 ❶ 事業, 取引, 複 商売, 業務: Mi ~ va creciendo. 私の事業は大きくなりつつある. Se dedican al ~ de vinos. 彼はワインの売買をしている. hablar de ~s 仕事(専門)の話をする, 商談をする. llevar (dirigir) el ~/hacer ~ 商売をする. salir por ese ~ この商用で出かける. tener ~s propios 自営業を営んでいる. en el mundo de los ~s ビジネスの世界で. comida de ~s ビジネスランチ. hombre de ~s ビジネスマン; 実業家. mujer de ~s キャリアウーマン; 女性経営者. viaje de ~ 出張, 商用の旅行《=viaje de placer》. ~ conjunto/~s en participación 合弁企業, ジョイントベンチャー. ~ en marcha 継続企業(概念), ゴーイングコンサーン. ~s de banca 銀行業務. ❷ 有利な取引: Es un ~ comprar este edificio. このビルはいい買い物だ. ¡Vaya un ~!《皮肉》それは安いぞ《=バルセロナで》. ❸ 営業所, 支社: Tenemos nuestro ~ en Barcelona. 我が社はバルセロナに支社がある. ❹《時に軽蔑》[時に 複] 個人的な] 問題, 用件: Nadie sabe en qué ~s anda metido. 誰も彼が何をしているのか知らない. Lamentablemente un ~ urgente nos impidió asistir a la fiesta de su cumpleaños. 残念なことに急用ができて, 私たちは彼の誕生パーティーに出席できなかった. Eso no es ~ tuyo. それは君の知ったことではない. presentar un ~ 一件を紹介する. ❺《カリブ, アンデス》[el+] 事実, 真実; Pero el ~ es que...である. ❻《アンデス, チリ, アルゼンチン, ウルグアイ》商店; 会社. ❼《アンデス》話, うわさ話. ❽《チリ. 口語》事柄《=asunto》

buen ~ 有利な取引: He hecho un *buen* ~ contándoselo todo. 私は彼に全部話してよかった

hacer ~ 大もうけする: *Hizo* ~ con la venta de las acciones. 彼は株を売って大もうけした ¡Menudo ~ *has hecho*! うまいことをした

hacer su ~ =**ir a su ~**

ir a su ~ 自分の利益になるようにはからう; 自分の利益のみを追求する

mal ~ 不利な取引: Piensa casarse e irse a vivir con los suegros.—¡*Mal* ~! 彼女は結婚して相手の両親と同居するつもりだ.—そいつは厄介だ/割に合わないね!

montar un ~ 商売を始める: *Ha montado un* pequeño ~ en ese local. 彼はその場所で小さな商売を始めた

poner un ~ 開業する, 店を開く

negocioso, sa [negoθjóso, sa]《まれ》[人が] 着実な, 手堅い, 精勤な, 勤勉な

negondo [negóndo] 男《植物》トネリコバノカエデ《=negundo》

negra¹ [négra] 女 ❶《音楽》4分音符. ❷《チェス》[複] 黒の駒; 黒の持ち駒《⇔blancas》: tener las ~s 黒を持つ

negrada [negráda] 女《集名》《キューバ. 軽蔑》[一農園の] 黒人奴隷

negral [negrál] 形 ❶ [マツ・オークなどが同種の中で] より黒い; ヨーロッパクロマツの. ❷《まれ》黒ずんだ, 黒っぽい —— 男 ❶《植物》ヨーロッパクロマツ《=pino ~》. ❷《アストゥリアス, サラマンカ》[皮膚の] 青あざ, 溢血斑

negralla [negráʎa] 女《ペルー》=**negrería**

negrear [negreár]《←negro》自《文語》黒くなる, 黒ずむ; 黒く見える, 黒っぽい; 暗くなる —— 他 ❶《メキシコ, 中米. 口語》[奴隷のように] こき使う. ❷《パナマ》黒人として扱って侮辱する. ❸《コロンビア. 口語》のけ者にする. ❹《ベネズエラ. 口語》省略する. ~**se** 黒くなる

negrecer [negreθér] 39 自《まれ》黒くなる

negregar [negregár] 8 自《まれ》黒くなる《=negrear》

negreguear [negregeár] 自《まれ》黒くなる《=negrear》

negrería [negrería] 女《集名》①《ペルーの農園の》黒人奴隷

negrerío [negrerío] 男《ペルー》=**negrería**

negrero, ra [negréro, ra]《←negro》形 名 ❶ 黒人奴隷売買の; 奴隷商人: barco ~ 奴隷船. ❷《口語》人をこき使う雇用主 (上司). ❸ 冷酷な, 残忍な. ❹《米国》黒人の

negreta [negréta] 形《ハシバミが》小さく黒っぽい品種の —— 女《鳥》クロガモ

negrete [negréte] 形 ❶ 穀粒は細長く黒ずんでいて粉から甘い

negrez [negréθ]《まれ》女《=negrura》

negri-《接頭辞》[黒] *negri*blanco 黒と白の

negrilla [negríʎa]《*negro* の示小語》女 ❶《印刷》太字体《=negrita》. ❷《植物》1)《植物》柑橘類やオリーブに寄生する貴族グループの一員

のある品種の [小麦]. ❷《サンタンデール》15世紀に山岳地帯で giles と権力争いをした貴族グループの一員

negrilla [negríʎa]《*negro* の示小語》女 ❶《印刷》太字体《=negrita》. ❷《植物》1)《植物》柑橘類やオリーブに寄生する黒いキノコ《学名 Antennaria elaeophila, Limacinia penzigii》; それによる病気. 2) クマシメジ, シモフリシメジ《食用のキノコ》. 3) [先の尖った] 黒オリーブ

negrillera [negriʎéra] 女 ニレ林

negrillo [negríʎo]《*negro* の示小語》男 ❶《植物》ニレ《=olmo》. ❷ 小鳥の餌となる穀類. ❸《コロンビア, ペルー, チリ》銅を含んだ黒っぽい銀鉱石. ❹《ボリビア, アルゼンチン. 鳥》キパラクロヒワ

negrismo [negrísmo] 男 黒人特有の表現

negrito, ta [negríto, ta] 形 ❶《印刷》太字体の, ゴシック体の. ❷ [ニューギニア・マレーシア・フィリピンの] 小柄な黒人 —— 男《中南米》[子供に対して・兄弟同士で・夫婦間で親愛の呼びかけ] あなた, お前 —— 男《魚》フジクジラ《サメの一種》. ❷《キューバ. 鳥》カナリアに似た鳴き声の黒い小鳥《学名 Pyrrhula nigra》 —— 女《印刷》太字体, ゴシック体《= ~ mayor, letra ~》

negritud [negritúd] 女《文語》❶ 黒人文化の特質 (価値). ❷ 黒人世界

negrizo, za [negríθo, θa] 形《まれ》=**negruzco**

negro, gra² [négro, gra]《←ラテン語 niger, nigra, nigrum》形 ❶ 絶対対義:《文語》nigérrimo,《口語》negrísimo,《口語》黒い: 1) En México, la mayoría de mujeres tienen el cabello ~. メキシコでは女性たちの大半は髪が黒い. ojos ~s 黒い目. luz *negra* 不可視光線. vestido ~ 黒服. 2) 暗黒の, 暗い: El cielo se está poniendo ~. 空が暗くなってきた. 3) 黒っぽい, 黒ずんだ, 暗色の: cerveza *negra* 黒ビール. nubes *negras* 黒雲. 4) [たばこが] 香り・味の強い, きつい《⇔rubio》. 5) 黒人の: música *negra* 黒人音楽. población *negra* 黒人人口. 6) [口語] 日焼けした. ❷ 不正な, 邪悪な: mercado ~ 闇市, ブラックマーケット. ❸ 悪魔の, 魔力の. ❹《口語》[estar+] 汚れた, 汚い: aguas *negras* 汚水, 下水. ❺《口語》陰気な, 憂鬱な, 不吉な: *negras* ideas 暗い考え. día ~ 陰鬱な日. futuro ~ 暗い将来. suerte *negra* 不運. ❻《口語》[estar+] 腹を立てた, 不快に思う: Su comportamiento me pone ~. 彼の態度は頭に来る. Estoy ~ con esto. 私はこの件で腹を立てている. ❼《口語》[estar+] 性的に興奮した. ❽《文学, 映画など》残虐でグロテスクな, 暗黒街を扱った: cine ~ フィルムノワール. comedia *negra* ブラックコメディ. novela *negra* 暗黒小説. ❾《文語》死の. ❿《隠語》狡猾な. ⓫《歴史》1) 自由主義派で1812年憲法を支持する. 2) マリア・クリスティーナ派の《=cristino》. ⓬《ペルー. 古語》黒人男性とサンボの女性 zamba との混血の

estorbar a+人 lo ~ …は字が読めない, ほとんど本を読まない

~ sobre blanco 《文語》文書で, 書面で《=por escrito》

pasarlas negras 困難にぶつかる, 辛苦に出会う

pintar con ~s colores 悲観する, 絶望する

ponerse ~ 1) 黒くなる; 肌が黒く焼ける. 2) 腹を立てる

tenerla negra《西. 口語》非常に運が悪い

valer un ~ con pito y todo《アルゼンチン, ウルグアイ. 口語》目の玉が飛び出るほど高価である

valer un ~ con su cachimbo《ベネズエラ. 口語》=**valer un ~ con pito y todo**

verse ~ (vérselas negras) para+不定詞《口語》…するのに苦労する

—— 名 ❶《時に軽蔑》黒人《=hombre de color》. ❷《西》代筆者, ゴーストライター. ❸《中南米》[夫婦・恋人間などで親愛の呼びかけ] あなた, お前. ❹《ペルー. 古語》黒人男性とサンボの女性 zamba との混血の人

trabajar como un ~/trabajar más que un ~《軽蔑》[黒人奴隷のように] ばかみたいに (あくせく) 働く

—— 男 ❶ 黒, 黒色《=color ~》. ❷《写真・テレビなど》白黒の《⇔en color》. ❸《爪の垢, 爪下. ~ de humo カーボンブラック. ~ de marfil 象牙を焼いて作る黒顔料. ~ de platino 白金黒. ❷ 葉の色が黒みがかって香り・味の強いたばこ《=tabaco ~. ⇔rubio》. ❸ ~ animal 骨炭《=carbón animal》

el ~ de una uña《口語》[強調] ごく少量

negroafricano, na [negroafrikáno, na] 形 名 ブラックアフリカ

の〔人〕
—— 男 ブラックアフリカの言語
negrófilo, la [neɣrófilo, la] 形 名 黒人びいきの人, 黒人好きの人
negroide [neɣróiðe] 形 名《時に軽蔑》ネグロイド〔の〕, 黒色人種に似た〔人〕
negrón, na [neɣrón, na] 形 **①**〔主に動物が〕黒色の, 黒に近い 名 **①**《鳥》クロガモ《=~ común》: ~ careto アラナミキンクロ. ~ especulado ビロードキンクロ. **②**《鉱物》〔花崗岩の〕黒雲母の大きな汚れ. **③**《農業》〔ジャガイモ・タマネギなどの〕カビによる病気
negroni [neɣróni] 男《酒》ネグローニ《ジン・ベルモット・カンパリのカクテル》
negror [neɣrór] 男《文語》=**negrura**
negro spiritual [néɣro espiritwál]〔←英語〕男《楽》~s《音楽》黒人霊歌
negrucio, cia [neɣrúθjo, θja] 形《軽蔑》=**negruzco**
negrura [neɣrúra]〔←negro〕女 **①** 黒さ. **②** 暗さ. **③** 悲しいこと, 不幸なこと
negrusco, ca [neɣrúsko, ka] 形《まれ》=**negruzco**
negruzco, ca [neɣrúθko, ka] 形〔←negro〕黒っぽい, 黒みがかった, 黒ずんだ
neguijón [neɣixón] 男《医学》歯の黒ずみ
neguilla [neɣíʎa] 女 **①**《植物》ニゲラ: ~ damascena/~ de Damasco クロタネソウ. ~ de España ニグラ・ヒスパニカ. ~ hortense ブラッククミン. **②** 馬の門歯のくぼみの黒い部分〔年齢を知ることができる〕
neguillón [neɣiʎón] 男《植物》ニゲラ《=neguilla》
negundo [neɣúndo] 男《植物》トネリコバノカエデ
negus [néɣus] 男《単複同形》主に 複 **①**〔主に N~, 称号〕エチオピア皇帝, アビシニア皇帝. **②**《戯》偵察機
Nehemías [ne(e)mías] 男《旧約聖書》ネヘミヤ; ネヘミヤ記
neis [néis] 男 =**gneis**
néisico, ca [néisiko, ka] 形 =**gnéisico**
neivano, na [nejβáno, na] 形 名《地名》ネイバ Neiva の〔人〕〔コロンビア中部, ウイラ県の県都〕
neja [néxa] 女 **①**《アラゴン, チリ. 裁縫》まち《=nesga》. **②**《メキシコ》ゆでたトウモロコシで作るトルティーヤ
nejayote [nexajóte] 男《メキシコ》トウモロコシのゆで汁
nel [nél] 副《メキシコ. 口語》〔肯定〕はい
neldo [néldo] 男 =**eneldo**
nelumbiáceo, a [nelumbjáθeo, a] 形 ハス属の
—— 女《植物》ハス属
nelumbio [nelúmbjo] 男《植物》=**nelumbo**;《中南米》キバナハス
nelumbo [nelúmbo] 男《植物》ハス
nema [néma] 女《まれ》手紙の封, 封印
—— 男《エクアドル》符丁, 標識, 合言葉
nematelminto, ta [nematelmínto, ta] 形 線形動物門の
—— 男 複《動物》線形動物門
nematóceros [nematóθeros] 男 複《昆虫》カ亜目
nematocida [nematoθíða] 形 名《薬学》抗線虫性の; 抗線虫薬
nematocístico, ca [nematoθístiko, ka] 形《動物》刺胞の
nematocisto [nematoθísto] 男《動物》刺胞
nematodo, da [nematóðo, ða] 形《動物》線虫類の
—— 男《動物》線虫類
nematomorfo, fa [nematomórfo, fa] 形 類線形動物門の
—— 男 複《動物》類線形動物門
neme [néme] 男《アンデス》瀝青, アスファルト
nemeo, a [neméo, a] 形《古代ギリシア. 地名》ネメア Nemea の〔人〕: juegos ~s ネメア祭〔古代ギリシアの4大競技会の一つ〕
nemertino, na [nemertíno, na] 形《動物》紐形動物門の
—— 男 複《動物》紐形動物門
némesis [némesis] 女《単複同形》**①**《ギリシア神話》〔N~〕ネメシス《応報天罰の女神》. **②**《文語》報復, 天罰
nemine discrepante [némine diskrepánte]〔←ラテン語〕副 異論なし, 満場一致で
nemónico, ca [nemóniko, ka] 形 名 =**mnemónico, ca**
nemoral [nemorál] 形《植物》森の
nemoroso, sa [nemoróso, sa]〔←ラテン語 nemorosus〕形《文語》**①** 森の: susurro ~ 森のささやき. **②** 森に覆われた
—— 女《植物》ヤブイチゲ
nemotecnia [nemotéknja] 女 =**mnemotecnia**

nemotécnico, ca [nemotékniko, ka] 形 =**mnemotécnico**
—— 女 =**mnemotecnia**
Nemrod [nemró(ð)] 男《旧約聖書》ニムロデ, ニムロド《ノアの曾孫, 狩りの名人》
nene, na¹ [néne, na]〔←擬声〕名 **①**《西, ラプラタ. 口語》赤ん坊, 幼児: Al ~ le toca ahora la teta. 赤ちゃんはおっぱいの時間だ. ~ de mamá マザコン男. **②**《戯》〔定冠詞+. 動詞は3人称単数〕僕, あたし: El ~ no piensa acostarse hasta la madrugada. 僕は夜ふかしするから. **③** 悪事に怯える男
—— 名〔妻・恋人・幼児期を過ぎた娘に対する親愛の呼びかけ〕Nena, ven para acá. ねえ, こっちへおいでよ
nené [nené] 名《ベネズエラ. 口語》赤ん坊
neneque [nenéke] 形《ホンジュラス》一人で身の回りの用を足せない非常に弱い〔人〕
nenia [nénja] 女 **①** 故人を讃える詩. **②**《古語》〔葬儀の際に歌われる〕哀悼の歌(詩)
neno, na² [néno, na] 名《地方語》赤ん坊《=nene》
nenúfar [nenúfar] 男《植物》スイレン: ~ blanco 白スイレン. ~ amarillo セイヨウコウホネ
neo¹ [néo] 男 =**neón**
neo², a² [néo, a] 形《軽蔑》=**neocatólico**
neo-〔接頭辞〕〔新〕neoclasicismo 新古典主義
neoántropo [neoántropo]〔←人類学〕男 新人類, 現生人類
neoártico, ca [neoártiko, ka]《地理》región ~ca 新北区
neobarroco, ca [neoβařóko, ka] 形《建築》ネオバロックの: edificio ~ ネオバロック様式の建物
neobizantino, na [neoβiθantíno, na] 形《建築》ネオ・ビザンチンの
neocaledonio, nia [neokaleðónjo, nja] 形 名《地名》ニューカレドニア Nueva Caledonia の〔人〕
neocapitalismo [neokapitalísmo] 男 新〔修正〕資本主義
neocapitalista [neokapitalísta] 形 名 新〔修正〕資本主義の(主義者)
neocatolicismo [neokatoliθísmo] 男 **①** 新カトリック主義, ネオカトリシズム. **②** 現代カトリック主義
neocatólico, ca [neokatóliko, ka] 形 名 **①** 新カトリック主義の(主義者); 《軽蔑》反動主義者. **②** 現代カトリック主義〔の教徒〕
neocelandés, sa [neoθelandés, sa] 形 名 =**neozelandés**
neoclasicismo [neoklasiθísmo] 男 新古典主義, ネオクラシズム《啓蒙主義 la Ilustración と共に18世紀スペインで支配的となった文芸思潮. フランスの古典主義を範とし, 規範性の重視や批判的精神, 端正で明確な文体などを特徴とする. 要諦をまとめたルサン・イ・クララマント Luzán y Claramunt の『詩論』によって広く受容された. 詩ではメレンデス・バルデス Meléndez Valdés, 散文ではフェイホー Feijoo, 演劇ではモラティン Moratín の作品などがその典型とされる》
neoclasicista [neoklasiθísta] 形 新古典主義の
neoclásico, ca [neoklásiko, ka] 形 名 新古典主義の〔人〕
neocolonialismo [neokolonjalísmo] 男 新植民地主義
neocolonialista [neokolonjalísta] 形 名 新植民地主義の(主義者)
neocorporativismo [neokorporatiβísmo] 男 ネオコーポラティズム《第2次大戦後の資本主義の高度化に伴って巨大化した労働組合と経営者団体との利害対立の, 第三者機関たる政府が調停と協力を求める》
neocórtex [neokórte(k)s] 男《解剖》新皮質, ネオコルテックス
neocortical [neokortikál] 形《解剖》新皮質の
neocristianismo [neokristjanísmo] 男 新キリスト教主義
neocristiano, na [neokristjáno, na] 形 名 新キリスト教主義の〔人〕
neocriticismo [neokritiθísmo] 名《哲学》新批判主義
neodadaísmo [neoðaðaísmo] 男《美術》ネオ・ダダイズム
neodadaísta [neoðaðaísta] 形《美術》ネオ・ダダイズムの
neodarvinismo [neoðarβinísmo] 男 =**neodarwinismo**
neodarvinista [neoðarβinísta] 形 名 =**neodarwinista**
neodarwinismo [neoðarβinísmo] 男 新ダーウィン説, ネオダーウィニズム
neodarwinista [neoðarβinísta] 形 名 新ダーウィン説の〔支持者〕
neodimio [neoðímjo] 男《元素》ネオジム
neoescolasticismo [neoeskolastiθísmo] 男 新スコラ哲学
neoescolástico, ca [neoeskolástiko, ka] 形 新スコラ哲学の

neoespartano, na [neoespartáno, na] 形 名《地名》ヌエバ・エスパルタ Nueva Esparta の〔人〕《ベネズエラ北部の州》
neoestalinismo [neoestalinísmo] 男《政治》新スターリニズム
neoexpresionismo [neoe(k)spresjonísmo] 男《美術, 文学》新表現主義
neoexpresionista [neoe(k)spresjonísta] 形 名《美術, 文学》新表現主義の(主義者)
neofascismo [neofasθísmo] 男 ネオファシズム
neofascista [neofasθísta] 形 名 ネオファシズムの; ネオファシスト
neófebo, ba [neófeβo, βa] 形 名 新しいもの嫌いの〔人〕
neofilia [neofílja] 女《まれ》新しいもの好き
neófito, ta [neófito, ta] 名《←ギリシア語 neophytos < neos「新しい」+phyto「私は…になる」》❶《宗教》〔カトリック〕新信徒, 新洗礼者. ❷《文語》〔教団・政党の〕新加入者; 新入生, 初心者, 新参者. ❸《カトリック》〔修道院の〕修練士
neofobia [neofóβja] 女 新しいもの嫌い
neógeno, na [neóxeno, na] 形 名《地質》新第三紀〔の〕
neogongorismo [neoɣoŋgorísmo] 男《文学》27年世代《ゴンゴラ Góngora の再評価をしたころ》
neogoticismo [neoɣotiθísmo] 男 ❶《建築》新ゴシック傾向. ❷《歴史》新ゴート主義《アストゥリアス王国の時代に生じた, イベリア半島におけるキリスト教統一王国を再建しようとする思潮. アストゥリアス王国を西ゴート王国 reino visigodo の継承王国とする考え》
neogótico, ca [neoɣótiko, ka] 形 名《建築》新ゴシック様式〔の〕
neografía [neoɣrafía] 女 近代文書学
neogramático, ca [neoɣramátiko, ka] 形《言語》〔19世紀末の〕青年(少壮)文法学派の
neogranadino, na [neoɣranaðíno, na] 形 名《歴史. 国名》ヌエバ・グラナダ Nueva Granada の〔人〕《1831～58年, 現在のコロンビア》
neogriego, ga [neoɣrjéɣo, ɣa] 形 名 ❶ 現代ギリシアの; 現代ギリシア語〔の〕. ❷《美術》新ギリシア派の;《建築》ネオグリーク様式の
neoguineano, na [neoɣineáno, na] 形 名《地名》ニューギニア Nueva Guinea の〔人〕
neohegelianismo [neoxeɣeljanísmo] 男《哲学》新ヘーゲル主義
neoimpresionismo [neoimpresjonísmo] 男《美術》新印象主義
neoimpresionista [neoimpresjonísta] 形《美術》新印象主義の
neokantiano, na [neokantjáno, na] 形 名《哲学》新カント派(学派)の〔人〕
neokantismo [neokantísmo] 男《哲学》新カント派(学派・哲学)
neolatino, na [neolatíno, na] 形《古語的》新ラテン語の: lenguas ～nas 新ラテン諸語, ロマンス諸語
neolector, ra [neolektór, ra] 名 最近読み書きを覚えた人, 文字を読めるようになった人, 文盲でなくなった人
neoleonés, sa [neoleonés, sa] 形 名《地名》ヌエバ・レオン Nuevo León の〔人〕《メキシコ北東部の州》
neoliberal [neoliβerál] 形 名《経済, 政治》新自由主義の(主義者)
neoliberalismo [neoliβeralísmo] 男《経済, 政治》新自由主義
neolingüístico, ca [neoliŋgwístiko, ka] 形《言語》新言語学〔の〕
neolítico, ca [neolítiko, ka] 形 名 新石器時代〔の〕
neología [neoloxía] 女 新語の形成過程
neológico, ca [neolóxiko, ka] 形 新語の, 新表現の
neologismo [neoloxísmo] 男《←neo-+ギリシア語 logos》新語, 新表現; その使用
neologista [neoloxísta] 形 名 新語を多く使用する〔人〕; 新語を作る〔人〕
neólogo, ga [neóloɣo, ɣa] 名 新語の使用者
neoludita [neoluðíta] 名《集名》《戯語, 軽蔑》〔パソコンなど〕IT嫌いの人, コンピュータネットワーク世界を拒絶する人
neomaltusianismo [neomaltusjanísmo] 男《経済》新マルサス Malthus 主義
neomedievalismo [neomeðjeβalísmo] 男《政治など》新中世主義, 新しい中世
neomejicano, na [neomexikáno, na] 形 名=**neomexicano**

neomenia [neoménja] 女 ❶《天文》新月. ❷《古代ギリシア・ローマ》新月の祭り
neomercantilismo [neomerkantilísmo] 男 新重商主義
neomercantilista [neomerkantilísta] 形 名 新重商主義の(主義者)
neomexicano, na [neomexikáno, na] 形 名《地名》ニューメキシコ Nuevo México の〔人〕《米国南部の州》
neomicina [neomiθína] 女《薬学》ネオマイシン
neomongol, la [neomoŋgól, la] 形 名《人類学》新モンゴロイド〔の〕
neomudéjar [neomuðéxar] 形《建築》ネオムデハル様式の
neomudejarismo [neomuðexarísmo] 男《建築》ネオムデハル様式
neón [neón] 男 ❶《元素》ネオン: lámpara de ～ ネオン灯. ❷ オンサイン《=anuncio de ～, letrero de ～, luces de ～》
neonatal [neonatál] 形《医学》新生児の
neonato, ta [neonáto, ta] 名《医学》新生児〔生後1か月以内の〕新生児
neonatología [neonatoloxía] 女《医学》新生児学
neonatológico, ca [neonatolóxiko, ka] 形《医学》新生児学の
neonatólogo, ga [neonatóloɣo, ɣa] 名 新生児医
neonazi [neonáθi] 形 名《軽蔑》~s ネオナチ〔の〕
neonazismo [neonaθísmo] 男 ネオナチズム
neopaganismo [neopaɣanísmo] 男《宗教》ネオペイガニズム, 復興異教主義
Neopatria [neopátrja] 男/女《歴史》Ducado de ～ ネオパトリア公国《1319～90, アルモガバル傭兵団 almogávares に征服され, アラゴン王室の支配下に置かれたギリシアの公国》
neoperonista [neoperonísta] 形 名《政治》新ペロン Perón 主義の(主義者)
neopitagorismo [neopitaɣorísmo] 男《哲学》新ピタゴラス Pitágoras 主義
neoplasia [neoplásja] 女《医学》新生組織形成, 腫瘍形成
neoplásico, ca [neoplásiko, ka] 形《医学》新生組織形成の, 腫瘍形成の; 新生物の
neoplasma [neoplásma] 男《医学》新生物, 腫瘍
neoplastia [neoplástja] 女《医学》移植的組織形成術
neoplasticismo [neoplastiθísmo] 男《美術》ネオプラスティシズム, 新造形主義
neoplateresco, ca [neoplaterésko, ka] 形《建築》新プラテレスコ様式〔の〕
neoplatonicismo [neoplatoniθísmo] 男=**neoplatonismo**
neoplatónico, ca [neoplatóniko, ka] 形 名《哲学》新プラトン主義の(主義者)
neoplatonismo [neoplatonísmo] 男《哲学》新プラトン主義, ネオプラトニズム
neopopularismo [neopopularísmo] 男《文学》新大衆主義《スペインでは1920～30年の, 大衆的・伝統的なテーマ・形式に発想を得る傾向》
neopopularista [neopopularísta] 形 名 新大衆主義の〔作家・詩人〕
neopositivismo [neopositiβísmo] 男《哲学》新実証主義
neopositivista [neopositiβísta] 形 名 新証主義の(主義者)
neopreno [neopréno] 男《←商標》ネオプレン〔合成ゴムの一種〕
neoprofesional [neoprofesjonál] 形《スポーツ》プロ転向第一戦の〔人〕
neorama [neoráma] 男 ネオラマ《建物の中を見せるパノラマ》
neorrealismo [neořealísmo] 男 ❶《映画, 文学》〔イタリアの〕ネオレアリズモ, 新現実主義. ❷《哲学》新実在論
neorrealista [neořealísta] 形 名《映画, 文学》ネオレアリズモの〔人〕
neorrococó [neořokokó] 形《美術》ネオロココ様式の
neorrománico, ca [neořomániko, ka] 形《建築》ネオロマネスク様式の
neorromanticismo [neořomantiθísmo] 男《文学》新ロマン主義
neorromántico, ca [neořomántiko, ka] 形《文学》新ロマン主義の〔作家〕
neosalvarsán [neosalβarsán] 男《←商標》《薬学》ネオサルバルサン
neosegoviano, na [neoseɣoβjáno, na] 形 名《地名》ヌエバ・セゴビア Nueva Segovia の〔人〕《ニカラグア北部の県》
neostalinismo [neostalinísmo] 男《政治》新スターリン Stalin

主義
neostalinista [neostalinísta]形 名 新スターリン主義の(主義者)
neotenia [neoténja]女《生物》ネオテニー, 幼形成熟
neotérico, ca [neotériko, ka]形 ❶《古代ローマ》[紀元1世紀の革新的な] 現代作家の[の]. ❷《廃語》[特に医者・哲学者が] 新米の, なりたての; 今風の
neoterismo [neoterísmo]男《文語》新しいもの好き
neotestamentario, ria [neotestamentárjo, rja]形《文語》新約聖書の
neotomismo [neotomísmo]男《哲学》新トマス Tomás 主義
neotrópico, ca [neotrópiko, ka]形《地理》región ～ca 新熱帯区
neovitalismo [neobitalísmo]男《生物》新生気論
neoyorquino, na [neojorkíno, na]形《地名》ニューヨーク Nueva York の[人]
neozelandés, sa [neoθelandés, sa]形 名《国名》ニュージーランド Nueva Zelanda [人]の; ニュージーランド人
neozoico, ca [neoθójko, ka]形《地質》新生代[の]
nepa [népa]女《昆虫》タイコウチの一種 [=escorpión acuático]
nepalés, sa [nepalés, sa]形 名《国名》ネパール Nepal [人・語]の; ネパール人
—— 名 ネパール語
nepalí [nepalí]形 名 [複 ～es] =**nepalés**
nepe [népe]男 ❶《ベネズエラ》トウモロコシのふすま[豚の飼料用など]. ❷《チリ. 口語》陰茎
sacar el ～《ベネズエラ》搾取する, こき使う
nepenta [nepénta]女 =**nepente**
nepentáceo, a [nepentáθeo, a]形《植物》ウツボカズラ科の
—— 女《植物》ウツボカズラ科
nepente [nepénte]男 ❶《植物》ウツボカズラ. ❷《ギリシア神話》ネペンテス『苦痛や憂さを忘れさせる飲み物』
neper [nepér]男《物理》ネーパー
neperiano, na [neperjáno, na]形《数学》ネーピアの: logaritmo ～ ネーピア対数, 自然対数. número ～ ネーピア数. tablilla ～na 自然対数表
nepote [nepóte]『←伊語 nepote「甥」』男 ❶《文語》[優遇される] 身内, 縁者. ❷ [ローマ教皇の縁者で] 教皇の側近
nepótico, ca [nepótiko, ka]形《文語》身内の, 身内びいきの
nepotismo [nepotísmo]『←ラテン語 nepos, -otis』男《軽蔑》身内びいき, 縁者の, 縁故採用. ❷ ローマ教皇の閥族主義
neptúneo, a [ne(p)túneo, a]形《詩語》ネプチューンの; 海の
neptuniano, na [ne(p)tunjáno, na]形 =**neptúnico**
neptúnico, ca [ne(p)túniko, ka]形《地質》水成の
neptunio [ne(p)túnjo]男《元素》ネプツニウム
neptunismo [ne(p)tunísmo]男《地質》水成論
neptunista [ne(p)tunísta]形 名《地質》水成論の(論者)
neptuno [ne(p)túno]男 ❶ [N～] 1)《ローマ神話》ネプチューン, 海王『ギリシア神話の Poseidón』. 2)《天文》海王星. ❷《詩語》海
nequáquam [nekwákwan]『←ラテン語』副《古語的》決して…ない
nequén [nekén]男《ドミニカ. 植物》アオノリュウゼツラン [=pita]
nequicia [nekíθja]『←ラテン語 nequitia「悪い状態」』女 邪悪さ, 悪意
nereida [neréjda]女《ギリシア・ローマ神話》[主に N～]ネレイス, ネレイデス『海の精. Nereo の娘』
nereis [nérejs]男《動物》ゴカイ
Nereo [neréo]男《ギリシア神話》ネーレウス『海神』
nerio, ria [nérjo, rja]形《歴史》ローマ支配以前のガリシア北西部の先住民族[の]
nerita [neríta]女《貝》アマオブネ
nerítico, ca [nerítiko, ka]形 ❶《地質》浅海の: zona ～ca 浅瀬. ❷《生物》浅瀬に住む
nerítidos [nerítidos]男 複《貝》アマオブネガイ科
nerjeño, ña [nerxéno, na]形《地名》ネルハ Nerja の[人]『マラガ県の村』
neroeje [neroéxe]男《解剖》神経突起 [=neurita]
neroli [neróli]男 ネロリ油, 橙花油
nerolí [nerolí]男 =**neroli**
nerón [nerón]『←Nerón (古代ローマの皇帝ネロ)』男 残忍な男: actitud de ～ 残忍なふるまい

neroniano, na [neronjáno, na]形《古代ローマ. 人名》皇帝ネロ Nerón の. ❷ 残忍な: matanza ～na 残忍な殺戮
nertobrigense [nertobrixénse]形《歴史. 地名》ネルトブリガ Nertóbriga の[人]『現在のサラゴサ県の Calatorao』
Neruda [nerúda]《人名》Pablo ～ パブロ・ネルーダ『1904～73, チリの詩人. 本名 Ricardo Neftalé Reyes. 20歳で刊行した『20の愛の詩と1つの絶望の歌』*Veinte poemas de amor y una canción desesperada* は赤裸々な欲望を華麗な隠喩で表現した恋愛詩. 外交官として各地に滞在しつつシュルレアリスムの影響下で書かれた『地上の住みか』*Residencia en la tierra* を発表. スペイン内戦で支援活動に身を投じ共産党に入党するなど政治色を強める. 50年には「マチュピチュの高み」*Alturas de Machu Pichu* を含む大部の詩集『大いなる歌』*Canto general* を発表し, 世界的詩人としての名声を確固とした. 『大自然への頌歌』*Odas elementales* 以降は森羅万象に対するユーモラスで素朴な頌歌を好んだ. 71年からアジェンデ Allende 政権の駐仏大使を務めていたが, 73年に軍事クーデターが勃発, その直後に病死した. ノーベル文学賞受賞』
nerudiano, na [nerudjáno, na]形《人名》ネルーダ Neruda の
nervado, da [nerbáðo, da]形 ❶《植物》葉脈のある: hoja ～da 葉脈のある葉. ❷《昆虫》翅脈のある
nervadura [nerbaðúra]『←伊語 nervatura』女 集合 ❶《植物》葉脈. ❷《昆虫》翅脈. ❸《建築》リブ, 肋骨
nervatura [nerbatúra]女 =**nervadura**
nérveo, a [nérbeo, a]『←仏語 nervure』形 神経の; 神経のような
nerviación [nerbjaθjón]女 集合《植物》葉脈;《昆虫》翅脈
nerviado, da [nerbjáðo, da]形 腱[葉脈・翅脈]のある
nervino, na [nerbíno, na]形《古語》[薬物などが] 神経に作用する
nervio [nérbjo]『←ラテン語 nervus』男 ❶《解剖》神経: matar los ～s de una muela picada 虫歯の神経を抜く. ～ acústico 聴神経. ～ vago (neumogástrico) 迷走神経. ～ vasomotor 血管運動神経. ❷ 神経の興奮, 神経過敏: Sus ～s vienen del exceso de trabajo. 彼の神経過敏は働きすぎから来ている. tener muchos ～s 神経が高ぶっている. calmar (tranquilizar) los ～s 神経を鎮める, 気を鎮める. fatigarse los ～s 神経をすり減らす. tener los ～s frágiles 神経が細かい. ❸ 平静さ: Tiene ～s de acero. 彼は強靱な神経をしている/剛胆だ. ❹ 腱 [[=tendón]; すじ: Esta carne tiene demasiados ～s. この肉はすじが多すぎる. ❺ 活力, 元気: Él es el ～ de nuestra sociedad. 彼は我が社の原動力だ. tener ～ 元気(馬力)がある. con mucho ～ 元気よく. ～ de la guerra 軍資金, 活力源. ❻《製本》[背の] 綴じ糸, 綴じ縄. ❼《植物》葉脈. ❽《昆虫》翅脈. ❾《建築》リブ, 肋骨. ❿《船舶》ジャックステー, 帆桁上側に取り付けた棒. ⓫《音楽》弦
alterar (atacar.crispar) a+人 *los ～s*《口語》…の神経をピリピリさせる(高ぶらせる); 怒らせる, いらだたせる
estar de los ～s 心理療法が必要である; 神経質になっている
perder los ～s 興奮する, 冷静でなくなる
poner a+人 *de los ～s/poner a*+人 *los ～s de punta*《西. 口語》…の神経をピリピリさせる, いらだたせる
ser [*un*] *puro ～*《口語》非常に神経質である
tener los ～s de punta ひどくいらだつ
nerviosamente [nerbjósaménte]副 いらいらして, 神経質に
nerviosidad [nerbjosiðá(ð)]女 =**nerviosismo**
nerviosismo [nerbjosísmo]男 神経の興奮(緊張), 神経過敏, いらだち, 神経質: quitar a+人 el ～ …の神経を落ち着かせる, 緊張をほぐす
nervioso, sa [nerbjóso, sa]『←nervio』形 ❶ 神経の; 神経性の: gas ～ 神経ガス. depresión ～sa 神経衰弱, 鬱(うつ)状態. impulso ～ 神経インパルス. ❷ [ser+] 神経質な, 興奮しやすい: Es muy ～. 彼はとても神経質だ. temperamento ～ 神経質な気性. ❸ [estar+] いらいらした, 神経質な(ナーバスになっている), うろたえている, 興奮(緊張)している, あがっている, 不安な: Estoy muy ～ y no puedo conciliar el sueño. 私は神経が高ぶっていて眠れない. ¡No te pongas ～! 落ち着きなさい! ❹ 元気のある, 力強い, たくましい. 勢いのある: estilo ～ 力強い文体. ❺ 憂鬱な [の→temperamento 参考]. ❻《植物》[葉が] 葉脈のある
poner ～ a+人 …を神経質にする, 緊張させる, いらいらさせる: Las quejas de los heridos *ponían ～s* a los jóvenes voluntarios. 負傷者たちのうめき声でボランティアの若者たちは参ってしまった
Nervo [nérbo]《人名》Amado ～ アマド・ネルボ『1870～1919,

メキシコの詩人. パリ滞在中にルベン・ダリーオ Ruben Darío らと交わり, モデルニスモの影響を受けて創作を始めるが, その後, 内面や自然に目を向け, 独自の神秘主義的な世界を作り上げた. 『静けさ』 Serenidad, 『今は亡き愛しき人よ』 La amada in-móvil』

nervosamente [nerbósaménte] 副 たくましく
nervosera [nerboséra] 女《まれ》= **nerviosismo**
nervosidad [nerbosiðá(ð)] 女 ❶ 神経作用; 神経質. ❷ [理論などの] 強さ, 説得力. ❸ [貴金属の] 柔らかさ, 柔軟性
nervosismo [nerbosísmo] 男《まれ》= **nerviosismo**
nervoso, sa [nerbóso, sa] 形《まれ》= **nervioso**
nervudo, da [nerβúðo, ða]《← ラテン語 nervus》形 ❶《やせて》筋肉や血管が浮き出た; 筋肉質の, すじばった: chico ~ 筋肉質の少年. carne ~da すじの多い肉. ❷ 活力のある, 力強い, 頑健な, 強靱な
nervura [nerβúra] 女《集名《製本》[一冊の本の] 綴じ糸
nesca [néska] 女《方言》少女
nescafé [neskafé]《← 商標》男 インスタントコーヒー
nesciencia [nesθjénθja] 女《まれ》無知, 無学《= ignorancia》
nesciente [nesθjénte] 形《まれ》無知な, 無学な《= ignorante》
nescientemente [nesθjéntemente] 副《まれ》無知（無学）のままで; 知らないで《= ignorantemente》
nescio, cia [nésθjo, θja] 形《古語》= **necio**
nesga [nésga]《← ?語源》女《裁縫》[わきの下などの] 三角形の] まち; [三角形の] 当て布
nesgado, da [nesgáðo, ða] 形 マチの入った
nesgar [nesgár] [8] 自他《裁縫》マチを入れる; バイアスに裁断する
Neso [néso] 男《ギリシャ神話》ネッソス《ケンタウロス Centauro の一員》
néspera [néspera] 女《植物, 果実》= **níspero**
néspilo [néspilo] 男《古語. 果実》= **níspero**
nesquehonita [neskeoníta] 女《鉱物》ネスケホナイト
Néstor [néstor] 男《ギリシャ神話》ネストル《ピロス Pilos の王》
nestóreo, a [nestóreo, a] 形《ギリシャ神話》ネストル Néstor の
nestorianismo [nestorjanísmo] 男《キリスト教》ネストリウス主義, 景教《5世紀, 異端とされた》
nestoriano, na [nestorjáno, na] 形名《キリスト教》ネストリウス派の
net [nét]《← 英語》男《剛》~ s《テニス》ネット《サーブがネットに当たること》
NET [nét] 男《略記》← Navío Espacial Tierra 宇宙船地球号
neta[1] [néta] 女《メキシコ》[la+] 真実
ser la ~《メキシコ》すばらしい
netáceo, a [netáθeo, a] 形《植物》= **gnetáceo**
netamente [nétamente] 副 明瞭に, 明白に: problemas ~ separados 明らかに別々の問題
netezuelo, la [neteθwélo, la] 名 nieto の示小語
neto, ta[2]《← カタルーニャ語 net < ラテン語 nitidus》形 ❶ [価格・重量などが] 正味の, 純の: en ~ 正味で. activo ~ 正味資産. beneficio ~/ganancia neta 純益. peso ~ 正味重量. precio ~, 正価. producto ~, 純生産. sueldo ~ 基本給; 手取りの給料. ❷ [線などが] はっきりした, 明瞭な: lenguaje ~ 明確な言葉. perfil ~ はっきりした輪郭. verdad neta 明白な事実, 真実そのもの. ~ recuerdo 鮮やかな記憶. ❸ 純粋の, 生粋の: castellano ~ 生粋のカスティーリャ語. ❹《チリ》[果実が] 未熟の
—— 男 ❶《建築》[柱の] 台石, 台脚. ❷ ~ patrimonial 正味資産《= activo ~》
Netzahualcóyotl [netsawalkójotl] ❶《人名》ネツァワルコヨトル《1402~72, 先スペイン期メキシコの都市国家テスココ Texcoco の名君》. ❷《地名》ネツァワルコヨトル《メキシコシティの近郊都市》
netzahualcoyotleco, ca [netsawalkojotléko, ka] 形 名《地名》ネツァワルコヨトル Netzahualcóyotl の［人］
neuma [néuma] 《← ?語源》❶《音楽》❶ ネウマ譜. ❷ ネウマ型《一音節に数音符を当てる》
—— 男/女《修辞》仕草や間投詞による表明
neumat-《接頭辞》= **neumo-**
neumático, ca [neumátiko, ka] I《← ギリシャ語 pneuma, -atos「風, 空気」》形 ❶ 空気の, 気体の; 圧搾空気による: bomba ~ca 真空ポンプ. lancha ~ca ゴムボート. máquina ~ca 排気ポンプ. tubo ~ 気送管
—— 男《主に西》タイヤ: ~ con clavos/~ claveteado/~ esculpido スパイクタイヤ. ~ contra pinchazos ノーパンクタイヤ
—— 女 ❶ 気体学. ❷《集名》圧搾空気を使う機械
II《音楽》ネウマ譜 neuma の; ネウマ型の
neumato-《接頭辞》= **neumo-**
neumatocisto [neumatoθísto] 男《生物》気胞
neumatóforo [neumatóforo] 男《動物》気胞体;《植物》呼吸根
neumatolítico, ca [neumatolítiko, ka] 形《地質》mineral ~ 気成鉱物
neumo-《接頭辞》[肺] *neumología* 呼吸器病学
neumococo [neumokóko] 男《医学》肺炎双球菌
neumoconiosis [neumokonjósis] 女《医学》塵肺
neumoencefalografía [neumoenθefalografía] 女《医学》気脳撮影［法］, 気脳写
neumogástrico [neumogástriko] 形《解剖》迷走神経《= nervio ~》
neumología [neumoloxía] 女《医学》呼吸器病学
neumológico, ca [neumolóxiko, ka] 形 呼吸器病学の
neumólogo, ga [neumólogo, ga] 名 呼吸器病の専門医
neumomediastino [neumomeðjastíno] 男《医学》気縦隔
neumonectomía [neumonektomía] 女《医学》肺全摘除術
neumonía [neumonía] 女《医学》肺炎《参考》neumonía は専門用語, 一般には pulmonía》: ~ asiático 重症急性呼吸器症候群, SARS
neumónico, ca [neumóniko, ka] 形 ❶ 肺の. ❷ 肺炎にかかっている; 肺炎患者
neumonitis [neumonítis] 女《医学》= **neumonía**
neumopatía [neumopatía] 女《医学》肺疾患
neumostoma [neumostóma] 男《動物》[巻き貝などの] 呼吸孔
neumotórax [neumotóra(k)s] 男《単複同形》《医学》気胸: ~ artificial (espontáneo) 人工（自然）気胸
neuquino, na [neukíno, na] 形 名《地名》ネウケン Neuquén の［人］《アルゼンチン中西部の州》
neur-《接頭辞》= **neuro-**
neura [néura]《← ラテン語 nurus》形 名《口語》神経質な［人］, 神経過敏な［人］, ヒステリックな［人］: Hoy está muy ~. 彼は今日とても神経質になっている
—— 女《口語》❶ 偏執. Le ha entrado la ~ por adelgazar. 彼は痩せることにこだわり始めた. ❷ 神経衰弱, 神経過敏《= neurastenia》
neural [neurál] 形 神経［系］の
neuralgia [neurálxja]《← ギリシャ語 neuron「神経」+algos「痛み」》女《医学》神経痛: ~ facial (ciática) 顔面（座骨）神経痛
neurálgico, ca [neurálxiko, ka] 形 ❶《医学》神経痛の ~ s 神経の痛み. ❷ きわめて重要な: centro ~ 重要拠点. ❸ [問題が] とても重要な, 微妙な, 難しい
punto ~ 1) 微妙な点, 難しい局面: Las negociaciones están en un *punto* ~. 交渉は微妙なところに来ている. 2)［交通などの］重要な地点, 要所
neurastenia [neurasténja] 女《医学》神経衰弱, 神経過敏; 憂鬱: padecer (tener) ~ 神経衰弱になる（なっている）
neurasténico, ca [neurasténiko, ka] 形名 [estar+] 神経衰弱の［人］
neurinoma [neurinóma] 男《医学》神経鞘腫
neurisma [neurísma] 男《医学》動脈瘤《= aneurisma》
neurita [neuríta] 女《解剖》神経突起
neurítico, ca [neurítiko, ka] 形 神経炎の
neuritis [neurítis] 女《医学》神経炎
neuro-《接頭辞》[神経] *neuro*cirugía 神経外科
neuroanatomía [neuroanatomía] 女 神経解剖学
neuroanatómico, ca [neuroanatómiko, ka] 形 神経解剖学の; 神経解剖学者
neuroanatomista [neuroanatomísta] 名 神経解剖学者
neurobiología [neuroβjoloxía] 女 神経生物学
neurobiológico, ca [neuroβjolóxiko, ka] 形 神経生物学の
neurobiólogo, ga [neuroβjólogo, ga] 名 神経生物学者
neuroblasto [neuroβlásto] 男《解剖》神経芽細胞
neuroblastoma [neuroβlastóma] 男《医学》神経芽細胞腫
neurociencia [neuroθjénθja] 女 神経科学
neurocirugía [neuroθiruxía] 女 神経外科

neurocirujano, na [neuroθiruxáno, na] 图 神経外科医
neurocráneo [neurokráneo] 男《解剖》脳頭蓋
neurodegenerativo, va [neuroðexeneratíβo, ba] 形《医学》神経変性の
neuroeje [neuroéxe] 男 神経中枢
neuroembriología [neuroembrjoloxía] 女《医学》神経発生学
neuroembriólogo, ga [neuroembrjólogo, ga] 图 神経発生学者
neuroendocrino, na [neuroendokríno, na] 形《生化》神経内分泌の
neuroendocrinología [neuroendokrinoloxía] 女 神経内分泌学
neuroendocrinólogo, ga [neuroendokrinólogo, ga] 图 神経内分泌学者
neuroepidemiología [neuroepiðemjoloxía] 女《医学》神経疫学
neuroepitelio [neuroepitéljo] 男《解剖》神経上皮
neuroesqueleto [neuroeskeléto] 男《動物》内骨格
neurofarmacología [neurofarmakoloxía] 女 神経薬理学
neurofarmacólogo, ga [neurofarmakólogo, ga] 图 神経薬理学者
neurofibrilla [neurofiβríʎa] 女《解剖》神経細線維
neurofibromatosis [neurofiβromatósis] 女《医学》神経線維腫症
neurofisiología [neurofisjoloxía] 女 神経生理学
neurofisiológico, ca [neurofisjolóxiko, ka] 形 神経生理学の
neurofisiólogo, ga [neurofisjólogo, ga] 图 神経生理学者
neurógeno, na [neuróxeno, na] 形《医学》神経[原]性の
neuroglia [neuróglja] 女《解剖》神経膠(ぅ)
neuroglico, ca [neurógliko, ka] 形 神経膠の
neurografía [neurografía] 女《医学》神経電図法、神経記録法
neurohipófisis [neuroipófisis] 女《解剖》神経性下垂体
neuroléptico, ca [neurolé(p)tiko, ka] 形 男《薬学》神経を安定させる、神経弛緩性の; 神経安定薬、神経弛緩剤
neurolingüística [neurolingwístika] 女 神経言語学
neurología [neuroloxía] 女 神経[病]学、神経内科
neurológico, ca [neurolóxiko, ka] 形 神経[病]学の、神経内科の
neurólogo, ga [neurólogo, ga] 图 神経学者; 神経科医
neuroma [neuróma] 男《医学》神経腫
neuromuscular [neuromuskulár] 形《解剖》神経と筋肉の
neurona [neuróna] 女《生物》ニューロン、ノイロン、神経細胞、神経単位
 patinar las ~s a +人《戯語》…の神経がいかれる
neuronal [neuronál] 形《生物》ニューロンの: *redes ~es*《情報》ニューロンネットワーク
neuronitis [neuronítis] 女《医学》ニューロン炎
neurópata [neurópata] 图 神経病患者、神経病素質者
neuropatía [neuropatía] 女 神経病
neuropático, ca [neuropátiko, ka] 形 神経病の、神経障害性の
neuropatología [neuropatoloxía] 女 神経病理学
neuropéptido [neuropé(p)tiðo] 男《生化》ニューロペプチド
neuropléjico, ca [neuropléxiko, ka] 形《医学》神経遮断の、神経抑制の
neuropsicología [neuro(p)sikoloxía] 女 神経心理学
neuropsiquiatra [neuro(p)sikjátra] 图 神経精神科医者、神経精神病医
neuropsiquiatría [neuro(p)sikjatría] 女 神経精神病学
neuropsiquiátrico, ca [neuro(p)sikjátriko, ka] 形 神経精神病学の
neuropsíquico, ca [neuro(p)síkiko, ka] 形 神経系と心霊系の
neuróptero, ra [neuró(p)tero, ra] 形 脈翅類の
 —— 男《昆虫》脈翅類
neuroquímico, ca [neurokímiko, ka] 形 神経化学[の]
neuroquirúrgico, ca [neurokirúrxiko, ka] 形 神経外科の
neurorradiología [neurorraðjoloxía] 女 神経放射線学
neurosis, ca [neurósiko, ka] 形 = **neurótico**
neurosicología [neurosikoloxía] 女 = **neuropsicología**

neurosiquiatra [neurosikjátra] 图 = **neuropsiquiatra**
neurosis [neurósis] 女《←ギリシア語 neuron「神経」》《医学》神経症、ノイローゼ: ~ *bélica* 戦争神経症
neurótico, ca [neurótiko, ka] 形 图 ❶ ノイローゼの[患者)。❷《口語》ノイローゼ気味の[人]; 神経過敏な、神経の高ぶった
neurotismo [neurotísmo] 男《医学》ノイローゼ; 神経過敏
neurotización [neurotiθaθjón] 女 いらいらさせる(する)こと
neurotizar [neurotiθár] 9 他［人を]いらいらさせる、神経過敏にする: *Los atascos me neurotizan.* 私は渋滞にいらいらしている
 —— *~se* ❶ いらいらする。❷《ベネズエラ, チリ.口語》気が変になる
neurotomía [neurotomía] 女《医学》神経解剖学、神経切離
neurótomo [neurótomo] 男《医学》神経切開刀
neurotoxicidad [neurotо(k)siθiðá(ð)] 女《医学》神経毒性
neurotóxico, ca [neurotó(k)siko, ka] 形《医学》神経毒の: *gas ~* 神経ガス
neurotoxina [neurotо(k)sína] 女《医学》神経毒
neurotransmisión [neurotransmisjón] 女《生化》神経伝達
neurotransmisor [neurotransmisór] 男《生化》神経伝達物質
neurotrópico, ca [neurotrópiko, ka] 形《医学》向神経性の、神経親和性の
neurótropo, pa [neurótropo, pa] 形《生化》［化学物質・微生物が］神経組織（神経系）に有害な
neurovegetativo, va [neuroβexetatíβo, ba] 形 植物神経系の、自律神経系の
neutonio [neutónjo] 男《物理》ニュートン［力の単位］
neutral [neutrál] 形《←ラテン語 neutralis < neuter, -tra, -trum「どちらも…ない」》❶ 中立の、中立的な: ~ *actitud* ~ 中立的な態度. *país (estado)* ~ 中立国. *palabra* ~ 中立的な言葉. *territorio* ~ 中立地帯. ❷《自動車》*punto* ~ ［ギアの］ニュートラル
 mantenerse ~ 中立を保つ: *La comisión debe mantenerse* ~ *en una averiguación de esta especie.* 委員会はこの種の調査においては中立を保たねばならない
neutralidad [neutraliðá(ð)] 女 ❶ 中立、中立的態度(立場)、不偏不党: *guardar* ~ 中立を守る. *mantenerse* ~ 中立を保つ. ~ *permanente* 永世中立. ~ *del dinero* 貨幣の中立性. ❷《化学》中性
neutralismo [neutralísmo] 男 中立主義
neutralista [neutralísta] 形 图 中立主義の(主義者)
neutralizable [neutraliθáβle] 形 ❶ 中立化され得る。❷ 中和され得る
neutralización [neutraliθaθjón] 女 ❶ 中立化。❷ 無力化、相殺。❸《化学》中和、中性化: *calor de* ~ 中和熱。❹《スポーツ》妨害。❺《音声》［音素の］中和
neutralizador, ra [neutraliθaðór, ra] 图 中和する
 —— 男 中和剤、中和液
neutralizante [neutraliθánte] 形 中和する
neutralizar [neutraliθár] 9 他《←neutral》❶ 中立化する: ~ *un territorio* ある地帯を中立化する. ~ *un estado* ある国の中立化を宣言する。❷ ［効果などを, +con で］弱める、無力化する、相殺する: ~ *el dolor con un calmante* 鎮静剤で痛みを抑える. ~ *el efecto del veneno* 毒性を弱める. ~ *el ataque* 攻撃を制圧する。❸《化学》中和する、中性化する: ~ *un ácido* 酸を中和する。❹《スポーツ》無効にする、最終結果に含めない。❺《音声》［音素の］中和させる
 —— *~se* ❶ 中立化される。❷ 無力化される、相殺される。❸ 無効になる
neutrino [neutríno] 男《物理》ニュートリノ
neutro, tra [néutro, tra] 形《←ラテン語 neuter, -tra, -trum「どちらも…ない」< uter「2つのうちどちら」》❶ 中間的な、非個性的な、どっちつかずの: *color* ~ 中間色. *palabras* ~*tras* どっちつかずのあいまいな言葉. *sabor* ~ どっちつかずの味。❷ 感情を表面に出さない: *transmitir la noticia con voz* ~*tra* ニュースを淡々とした、淡々とした口調。❸［政治的に］中立の: *tomar una posición* ~*tra* 中立的な立場をとる。❹《化学, 物理》中性の: *detergente* ~ 中性洗剤。❺《電気》*línea* ~*tra* 中立線、中性線。❻《言語》1) 中性の（中性指示代名詞 *esto*・*eso*・*aquello*、中性定冠詞 *lo*、中性人称代名詞 *ello* など）. 2)《まれ》自動詞の《=intransitivo》。❼《数学》中立の。❽《まれ.生物》中性の、無性の

neutrofilia [neutrofílja] 囡《医学》好中球増加〔症〕
neutrófilo, la [neutrófilo, la] 形 男 =**neutrófilo**
neutrofilo, la [neutrófilo, la] 形 男《医学》好中球〔の〕
neutrón [neutrón] 男《物理》中性子, ニュートロン: bomba de *neutrones* 中性子爆弾. estrella de *neutrones*《天文》中性子星
neutrónico, ca [neutróniko, ka] 形《物理》中性子の, ニュートロンの: estrella ~*ca*《天文》中性子星
neutropenia [neutropénja] 囡《医学》好中球減少〔症〕
nevada[1] [nebáða]《←nevado》囡 ❶ 降雪, 積雪: Esta es la ~ más grande que hemos tenido en los últimos diez años. これは10年来の大雪だ. Hay una ~ de dos metros y sigue nevando. 積雪2メートルで, しかも降り続いている. copiosa (fuerte・buena) ~ 大雪, 豪雪
nevadilla [nebaðíʎa] 囡《植物》ナデシコ科の一種〔学名 Paronychia argentea〕
nevado, da[2] [nebáðo, ða]《←ラテン語 nivatus, -a, -um》形 ❶ 雪に覆われた: Es Navidad, las calles están ~*das*. クリスマス, 街には雪が積もっている. montañas ~*das* 雪山. paisaje ~ 雪景色. ❷《文語》白い: cabeza ~*da* 白髪の頭. ~*s* cabellos 白髪. ❸《闘牛》〔牛が〕白い斑点のある
── 男 ❶《中南米》万年雪をいただいた山. ❷《エクアドル》〔粗布への〕刺繍
nevadón [nebaðón] 男 大雪
nevar [nebár]《←俗ラテン語 nivare <ラテン語 nix, nivis「雪」》23 自〔単人称〕雪が降る: No *nieva* en mi pueblo estos años. 近年私の村では雪が降らない. Va a … 雪になるだろう. Está *nevando*; hay que poner cadenas a los coches. 雪が降っている. 車にチェーンを巻かないといけない
──他 ❶ 白くする, 白く覆う: El tiempo le *ha nevado* el cabello. 歳月が彼の髪を白くした. ❷〔まれ〕〔雪のように〕降らせる: Para acabar, *nievas* la tarta con azúcar. 仕上げにケーキの上に砂糖を振りかけます. ❸《エクドル》〔粗布に〕刺繍する
──男《中南米》万年雪をいただいた山

nevar	
直説法現在	接続法現在
nieva	**nie**ve

ne varietur [né barjétur]《←ラテン語》形 副〔聖書などの〕決定版の, 決定版として: una edición ~ 決定版
nevarrusco [nebarrúsko] 男《エストレマドゥラ》みぞれ《=aguanieve》
nevasca [nebáska] 囡〔まれ〕❶ 吹雪. ❷ 降雪, 積雪
nevatilla [nebatíʎa] 囡《鳥》ハクセキレイ《=lavadera blanca》
nevazo [nebáθo] 男〔大量の〕降雪, 積雪
nevazón [nebaθón] 男 ❶《まれ》降雪, 積雪. ❷《エクアドル, チリ, アルゼンチン, ウルグアイ》〔強風を伴った〕大雪, 雪嵐
nevera[1] [nebéra]《←nevero》囡 ❶《西》電気冷蔵庫: ¿Qué tienes en la ~? 冷蔵庫には何が入ってる？ Tengo la ~ hasta los topes. 冷蔵庫は一杯だ. ~ congelador 冷凍冷蔵庫. ❷《西》アイスボックス, クーラー《=~ de hielo》; 氷室. ❸ 冷え冷えとした場所: Este cuarto es una ~. この部屋は冷え冷えとしている. ❹《プエルトリコ, 隠語》刑務所
nevereta [nebereta] 囡《鳥》ハクセキレイ《=lavadera blanca》
nevería [nebería] 囡《メキシコ》アイスクリーム店
neverita [neberíta] 囡《地方語. 鳥》ハクセキレイ《=lavadera blanca》
nevero, ra[2] [nebéro, ra]《←ラテン語 nivarius》名《廃語》〔20世紀初頭まで〕氷水売り
── 男 ❶〔万年雪の〕雪原, 雪渓. ❷《地方語. 鳥》ズアオアトリ《=pico ~》
nevisca [nebíska]《←nevar》囡 小雪
neviscar [nebiskár] 7 自〔単人称〕小雪が舞う（降る）
neviza [nebíθa] 囡《地理》フィルン, 粒雪
nevo [nébo] 男 =**nevus**
nevoso, sa [nebóso, sa] 形 ❶〔天候が〕雪の; 雪が降りそうな: El tiempo ha sido ~. 天候は雪だった. ❷〔土地の〕雪の多い: país ~ 雪国
nevus [nébus] 男《単複同形》《医学》母斑

new age [njú éitʃ]《←英語》男《音楽》[1990年ごろに流行した] ニューエイジミュージック
new deal [njú díl]《←英語》男《政治, 経済》ニューディール
new look [njú lúk]《←英語》男《服飾など》ニュールック
newsletter [njús léter]《←英語》男 ニュースレター
newton [njúton] 男《略》~s《物理》[力の単位] ニュートン
newtonianismo [njutonjanísmo] 男 ニュートン学派（学説）
newtoniano, na [njutonjáno, na] 形《人名》ニュートン Newton の; ニュートン学派の
new wave [njú wéif] 囡《音楽》[ロックの] ニューウェーブ
newyorkización [njujorkiθaθjón] 囡 ニューヨーク化
nexo [néɣso]《←ラテン語 nexus < nectere「結ぶ」》男 ❶ つながり, きずな; 関係, 関連: El español es un ~ para toda Hispanoamérica. スペイン語は全イスパノアメリカをつなぐ. ~ con el exterior 外部とのつながり. ~ entre los dos países 2国間のかけ橋. ❷《文法》連結辞, 連結語; 関係表現
n/f《略語》←nuestra factura 弊社インボイス
n/fr.《略語》←nuestro favor 弊社にあてた
n/g《略語》←nuestro giro 弊社《荷》為替
ni[1] [ni]《←ラテン語 nec》接《否定の並列》+動詞 では no は不要であり, 否定の程度が強く表現される《…も…もない《⇔y》: No bebo *ni* fumo./*Ni* bebo *ni* fumo. 私は酒もたばこもやらない. No estuvieron en casa *ni* él *ni* su mujer./*Ni* él *ni* su mujer estuvieron en casa. 彼も彼の妻も家にいなかった.〖語法〗1) no+動詞が先行する文で, ni で2つ以上の要素を否定する時, 最初の要素の前では ni を省略できる: Ya no vive [*ni*] su padre *ni* su madre. 彼の父も母も生きていない. No descansa [*ni*] de día *ni* de noche. 彼は昼も夜も休まない. 2) 同一文中で ni が3つ以上使われることがある: *Ni* Juan, *ni* Felipe *ni* Germán te darán la razón. フアンもヘルマンも君に理由を話さないだろう. 3) no 以外の否定語とも共立する: Nunca había visto [*ni*] el avión *ni* el barco. 私はそれまで飛行機も船も見たことがなかった. Nunca ha gritado *ni* se ha enfadado. 彼は大きな声を出したり怒ったりしない. Ningún amigo *ni* ningún vecino le han apoyado en la elección de concejales. 市会議員選挙で友人も近所の人も誰一人彼を支持しなかった. 4) 動詞を省略して《…も…も》: *Ni* yo *ni* fuimos. 彼も私も行かなかった. *Ni* tú *ni* él *deberíais* estar aquí. 君と彼とはここに居るべきではないだろう. *Ni* él *ni* ella lo *saben*./No lo sabe *ni* él *ni* ella. 彼も彼女もそのことを知らない. Ningún vecino *ni* ningún conocido *preguntaron* por él. 近所の人も知人も誰一人彼の消息を尋ねなかった）
── 副〔否定の副詞〕…さえ（…ない）: 1) [no など他の否定語と相関的に使う] No quiero *ni* saberlo. そんなこと知りたくもない. No tengo tiempo *ni* para dormir. 私には眠る時間さえもない. Ninguno me ha dicho *ni* lo que pasaba. 何があったのかさえ誰一人私に教えてくれなかった. 2) [単独で, 文頭など否定の強調] ¡*Ni* me lo mande Dios! [強い拒絶・忌避] そんなの嫌だ！/とんでもないことだ/お断りだ！ *Ni* los profesionales pueden resolverlo. 専門家たちでさえそれは解決できない. Se fue a su país sin decirme *ni* un adiós. 彼は私にさようならも言わずに帰国してしまった. 3) [返事などの動詞を省略して] Yo no quiero trabajar esta tarde.—*Ni* yo [tampoco]. 今日の午後は仕事をしたくない. —私もだ. ¿Te han dado alguna remuneración?—*Ni* un euro jamás. 君は何がしかのお礼をもらっているのか？—いや, 1ユーロももらったことがない. ¿Tomaste algo?—*Ni* una gota de agua! 何か飲んだか？—水一滴飲んでない！ ❷ [ni… ni… として相関的に否定の強調] …もないし…もない: *Ni* quiero verle *ni* que él me vea. 私は彼に会いたくもないし, 会ってもらいたくもない. *Ni* vino *ni* llamó. 彼は来もしなければ, 電話もしてこなかった. ❸《廃語》あるいは, …か
ni nada (cosa) que lo valga〔否定の強調〕そのようなものは何もない: Aquí no hay encanto *ni cosa que lo valga*. ここには魅力なんてまるでありはしない
ni que+接続法 *ni que*+接続法 …したとしても…したとしても
¡Ni que+接続法》!さでもあるまいに！: ¡*Ni que* yo fuera malo! まるで私が悪人みたいじゃないか／私が悪いわけじゃあるまいし！ *Ni que* fueras un novato, con la experiencia que tienes en eso. 君は新人でもないし, それには経験もあるというのに
ni un… 一つの…でさえない: De eso *ni una* palabra a nadie. そのことについては誰にも一言も言わないように

ni uno ni otro どちらも…ない: No compraré *ni uno ni otro*. 私はそのどちらも買わないでおこう. Los dos chicos no son tontos *ni uno ni otro*; no son de despreciar. その2人の子供はどちらもばかじゃない. 侮ったらだめだよ
sin... ni... …も…もなしで: Sigue durmiendo *sin* comer *ni* beber. 彼は飲みも食べもせずにまだ眠り続けている
ni[2] [ní] [女]《ギリシア文字》=**ny**
nía [nía] [女]《ブルゴス, パレンシア》[束にするために刈り取って干してある] 一握りの穀物
niacina [njaθína] [女]《生化》ナイアシン
niágara [njáɡara] [男]/[女] ❶《地名》[*N*~. カナダ・米国の川・滝] ナイアガラ. ❷《まれ》大きな滝〖=catarata〗
niaja [njáxa] [女]《エストレマドゥラ》[卵の] 胚盤〖=galladura〗
nial [njál] [男] 麦わら(干し草)の山
niala [njála] [男]《動物》ニアラ
niango, ga [njáŋgo, ga] [形]《メキシコ. 牧童語》怒りっぽい, 気難しい
niara [njára] [女] 麦わら(干し草)の山
nica [níka] [女]《メキシコ. 幼児語》おまる
—— [形] [名]《主に中南米》ニカラグアの(人)〖=nicaragüense〗
nícalo [níkalo] [男]《地方語》=**níscalo**
nicaragua [nikaráɡwa] [男]《国名》[*N*~] ニカラグア
—— [女]《植物》ホウセンカ〖=balsamina〗
—— [形]《コロンビア》[雌鶏が] 黒い羽で肉のまずい
nicaragüenismo [nikaraɡwenísmo] [男] ❶ ニカラグア特有の言葉や言い回し. ❷ ニカラグアの文化・伝統の愛好
nicaragüense [nikaraɡwénse] [形] [名]《国名》ニカラグア Nicaragua〔人〕の; ニカラグア人
nicaragüeño, ña [nikaraɡwéɲo, ɲa] [形] [名] =**nicaragüense**
niceno, na [niθéno, na] [形] [名]《歴史, 地名》[古代小アジアの] ニケア Nicea の〔人〕
nicense [niθénse] [形] [名]《地名》[フランスの] ニース Niza の〔人〕
niche [nítʃe] [形] [名] ❶《キューバ. 軽蔑》黒人種の〔人〕. ❷《ベネズエラ》[物が] 趣味(品質)の悪い; 趣味の悪い服装(化粧)の人
nicho [nítʃo]〖←古伊語 nicchio「巣」〗[男] ❶ 壁龕(へきがん), ニッチ; [遺体・骨壺を納めるための] 壁のくぼみ. ❷《生物》~ ecológico ニッチ, 生態的位置. ❸《商業》estrategia de ~ ニッチ戦略. ~ de mercado ニッチ市場, すきま市場
nicle [níkle] [男] ❶《鉱物》[縞の入った暗色の] 玉髄. ❷《エクアドル》=**níquel**
nicobarés, sa [nikobarés, sa] [形] [名]《地名》[インドの] ニコバル Nicobar 諸島の〔人〕
nicociana [nikoθjána] [女]《植物》タバコ
nicol [nikól] [男] =**nícol**
nícol [níkol] [男]《光学》ニコルプリズム
nicolita [nikolíta] [女]《鉱物》=**niquelina**
nicomediense [nikomeđjénse] [形] [名]《歴史, 地名》[古代小アジアの] ニコメディア Nicomedia の〔人〕
nicótico, ca [nikótiko, ka] [形]《まれ》ニコチン中毒の
nicotina [nikotína]〖←仏語 nicotine〗[女]《化学》ニコチン
nicotinado, da [nikotináđo, đa] [形] ニコチンを含んだ
nicotinamida [nikotinamíđa] [女]《生化》ニコチンアミド
nicotínico, ca [nikotíniko, ka] [形] ❶ ニコチンの: ácido ~ ニコチン酸. ❷ ニコチンがしみ込んだ, ニコチンで汚れた
nicotinismo [nikotinísmo] [男] =**nicotismo**
nicotinizar [nikotiniθár] [9] [他] ニコチンを染み込ませる; ニコチンを添加する
nicotismo [nikotísmo] [男]《医学》ニコチン中毒
nicromo [nikrómo] [男]《金属》ニクロム
nictagináceo, a [niktaxináθeo, a] [形] オシロイバナ科の
—— [女] [複]《植物》オシロイバナ科
nictálope [niktálope] [形] [名] 夜盲症の〔人〕
nictalopía [niktalopía] [女]《医学》昼盲症
nictemeral [niktemerál] [形]《生物》昼と夜の: ciclo ~ 昼夜周期
nictimeral [niktimerál] [形] =**nictemeral**
nictinastia [niktinástja] [女]《植物》就眠運動, 昼夜運動
nictinástico, ca [niktinástiko, ka] [形]《植物》就眠運動の
nictitación [niktitaθjón] [女]《医学》まばたき
nictitante [niktitánte] [形]《動物》membrana ~ [ワニなどの] 瞬膜
nictofobia [niktofóbja] [女] 暗闇恐怖症
Nicuesa [nikwésa]《人名》**Diego de ~** ディエゴ・デ・ニクエサ〖生没年不詳. スペイン人探検者. 中米のベラグワ Veragua の総督. パナマの大西洋岸にノンブレ・デ・ディオス Nombre de Dios を建設〗
nicula [nikúla] [女]《ペルー》[荷車引きの使う長さ70センチ以下の] 籐のステッキ
nidación [niđaθjón] [女] ❶《生物》着床. ❷《動物》発情期
nidada [niđáđa]〖←nido〗[女] [集名] 一巣の卵, ひと孵(かえ)りのひな
nidal [niđál]〖←nido〗[男] ❶ [鶏などの] 産卵用のかご. ❷ [野生の鳥が産卵する] 巣. ❸ [巣に置く] 誘い卵. ❹ [物事の] 基となるもの, 動機
nidícola [niđíkola] [形]《鳥》孵化後しばらく巣にいる, 留巣性の〖⇔nidífugo〗
nidificación [niđifikaθjón] [女] 営巣, 巣作り
nidificar [niđifikár] [7] [自] [鳥が] 巣を作る
nidífugo, ga [niđífuɡo, ɡa] [形]《鳥》孵化後すぐに巣を離れる, 離巣性の〖⇔nidícola〗
nidio, dia [níđjo, đja] [形]《アストゥリアス, サラマンカ》なめらかな
nido [níđo]〖←ラテン語 nidus〗[男] ❶ 1) 巣: Los pájaros hacen su ~ en el árbol. 鳥は木の上に巣を作る. síndrome de ~ vacío 空(から)の巣症候群. 2)《諺》En los ~*s* de antaño, no hay pájaros hogaño. 過ぎたことは過ぎたことだ. No hallar ~*s* donde se piensa hallar pájaros. ひどい当て外れである. ❷ ねぐら, 住居; 巣窟, たまり場: volver al ~ 帰宅する. tener su ~ de amor 愛の巣を営む. ~ de víboras 悪党の巣窟. ~ de bribones ごろつきのたまり場. ~ de ladrones 泥棒たちの隠れ家. ~ de polvo ほこりのたまる所. ❸ [悪いことの] もと, 温床: ~ de discordias 不和のもと. ❹ 隠し場所: ~ de ametralladoras 隠蔽した機関銃陣地. ~ de urraca トーチカ. ❺ =**nidada**; =**nidal**. ❻ [病院の] 新生児室. ❼《西. 料理》ジャガイモの細切りを巣の形にして揚げたもの. ❽《植物》~ de ave/~ de pájaro サカネラン
caerse del (de un) ~《口語》うぶである, 世慣れていない, 世間知らずである
~ de abeja 1)《技術》蜂の巣形, ハニカム形. 2)《手芸》ハニコムステッチ
~ de gallina《キューバ. 口語》散らかし放題の場所
~ de golondrina 1)《料理》ツバメの巣. 2)《築城》[城壁上部の] 小さく丸い望楼
parecer que se ha caído del ~《口語》=**caerse del (de un) ~**
patear a+人 ***el ~***《アルゼンチン, ウルグアイ. 口語》…の計画をぶち壊す, 邪魔だてする
nidoblasto [niđoblásto] [男]《動物》=**cnidoblasto**
nidófilo, la [niđófilo, la] [形]《鳥》=**nidícola**
nidrio, dria [níđrjo, đrja] [形]《アラバ》[打撲した個所が] 紫色の, 暗紫色になった
nidularial [niđularjál] [形] チャダイゴケ科の
—— [男] [複]《植物》チャダイゴケ科
niebla [njébla]〖←ラテン語 nebula〗[女] ❶ 霧, もや: El pueblo estaba cubierto de ~. 村は霧に覆われていた. La ~ está tan espesa que no se ve nada. 霧が濃くて何も見えない. Hay ~. 霧がかかっている. La ~ empieza a ponerse. 霧がかかり始める. tarde de ~ 霧の午後. ~ densa (intensa) 濃い霧, 濃霧. ❷ 朦朧(もうろう), 混沌: perderse en la ~ del tiempo 時間と共に不明確になる. ❸《医学》目のかすみ; 尿の濁り. ❹《物理》[気体における液体粒子の] 浮遊〔状態〕. ❺《農業》[穀類の] 黒穂病, 胴枯れ病; [ブドウの] べと病
~ meona《西. 口語》こぬか雨, 霧雨
nieblina [njeblína] [女]《俗用》=**neblina**
niego [njéɡo] [形] halcón ~ 巣から出たばかりの若鷹
niel [njél]〖←ラテン語 nigellus < niger「黒」〗[男] ニエロ(黒金)象眼細工〖作品〗
nielado [njeláđo] [男] ニエロ(黒金)象眼細工〖行為〗; その飾り
nielar [njelár] [他] …にニエロ(黒金)象眼細工を施す
niéspera [njéspera] [女]《アラゴン. 果実》セイヨウカリン〖=níspero〗
niéspola [njéspola] [女]《アラゴン. 果実》セイヨウカリン〖=níspero〗
nietastro, tra [njetástro, tra] [名] 継子の子
nietezuelo, la [njeteθwélo, la] [名] nieto の示小語
nieto, ta [njéto, ta]〖←俗ラテン語 nepta < ラテン語 neptis「孫娘」〗[名] 孫: Tiene ocho ~*s*. 彼には孫が8人いる. hasta la generación de los hijos y ~*s* 孫子の代まで. ~ segundo 曾孫(ひまご). ~ tercero 玄孫(やしゃご)

N

nietro [njétro] 男《アラゴン》[ワインの容量単位] =約160リットル

nietzscheano, na [nitʃeáno, na] 形 名《人名》ニーチェ Nietzsche の; ニーチェ哲学の〔信奉者〕

nieve [njébe]《←ラテン語 nix, nivis》女 ❶ 不可算 雪: La noche cayó la ~ y cubrió toda la ciudad. 夜雪が降り, 町中を覆った. Aún hay mucha ~ en el Pirineo. ピレネーにはまだ雪がたくさんある. El año pasado fue de mucha ~. 昨年は大雪の年であった. Su vestido era blanco como ~. 彼女のドレスは雪のように白かった. deslizarse sobre ~ 雪の上を滑る. más blanco que la ~ 雪よりも白い, 汚れのない. agua de ~ みぞれ. agua de ~ 雪解け水. falta de ~ 雪不足. línea de ~《地理》雪線. pozo de ~《古語》雪室, 氷室. restos de ~ 残雪. ~s eternas (perpetuas) 万年雪. ~ carbónica ドライアイス. ❷ 稀 降雪〔=nevada〕: primeras ~s 初雪. tiempo de ~s 降雪期. Año de ~s, año de bienes.《諺》雪の多い年は豊作である. ❸ 複 雪の降る時期, 雪の季節に.〜[abominable] hombre de las ~s〔ヒマラヤの〕雪男. ❺《文語》[雪のような] 白さ, 純白: ~ de sus sienes 両鬢(びん)の白髪. ❻《テレビ》[画面の] ちらつき. ❼《料理》a [punto de] ~〔卵白を〕8(9)分立てに泡立てた. ❽《隠語》コカイン. ❾《まれ》氷〔=hielo〕. ❿《メキシコ, キューバ, プエルトリコ. 菓子》シャーベット; みぞれ, アイスキャンデー

NIF [nif] 男〔単複同形. ただし複数形の発音は [nif(s)] 〕《西. 略語》← Número de Identificación Fiscal 納税者番号

nife [nífe] 男《地質》ニフェ〔地球の中心核〕

nigeriano, na [nixerjáno, na] 形 名《国名》ナイジェリア Nigeria の (人)

nigerino, na [nixeríno, na] 形 名《国名》ニジェール Níger の (人)

nigerio, ria [nixérjo, rja] 形 名 =nigerino

nigérrimo, ma [nixérrimo, ma] 形 negro の絶対最上級

night club [nájt klúb]《←英語》男《複 ~s》ナイトクラブ〔= sala de fiestas〕

nigola [nigóla] 女《船舶》段索

nigromancia [nigrománθja]《←ラテン語 necromantia < ギリシア語 nekromanteia》女 降霊術, 交霊術; 黒魔術

nigromancía [nigromanθía] 女 =nigromancia

nigromante [nigrománte] 名 降霊〔交霊〕術師; 黒魔術師

nigromántico, ca [nigromántiko, ka] 形 降霊術の, 交霊術の; 黒魔術の
── 名 =nigromante

nigrosina [nigrosína] 女《化学》ニグロシン

nigua [nígwa]《←カリブ語》女 ❶《昆虫》ハマトビムシ, スナノミ. ❷《グアテマラ》泣き虫; 臆病者
comer como una ~《キューバ, ベネズエラ》食べすぎる, がつがつ食べる
pegarse como ~《中南米》しっかり貼りつく, しがみつく
saber más que las ~s《プエルトリコ, ペルー》非常にずる賢い, 抜け目がない

niguatero, ra [nigwatéro, ra] 形《中南米》スナノミだらけの足をした

niguatoso, sa [nigwatóso, sa] 形《カリブ, ベネズエラ》=niguatero

nigüento, ta [nigwénto, ta] 形《中南米》=niguatero

nigüero [nigwéro] 男《中南米》スナノミの生息地

nihilidad [ni(i)liðá(ð)] 女 虚無, 無, むなしさ

nihilismo [ni(i)lísmo] 男《←ラテン語 nihil「無」》男 ニヒリズム, 虚無主義

nihilista [ni(i)lísta] 形 名 ニヒリズムの, ニヒリスティックな; ニヒリスト

Nihil obstat [ni(i)íl ó(b)sta] 《←ラテン語》男 検閲済, 無害証明〔教会の検閲で印刷を許可する決まり文句〕

nihua [níwa] 女《中南米》=nigua

Nike [níke] 女《ギリシア神話》ニーケー, ニケ〔勝利の女神〕

niki [níki] 男《複 ~s》《西. 服飾》ポロシャツ

niky [níki] 男 =niki

nilad [nilá(ð)] 男《フィリピン. 植物》アカネ科の灌木の一種

nilgan [nílgan] 男《動物》ニルガイ

nilgó [nilgó] 男《動物》=nilgan

Nil novi sub sole [níl nóbi sub sóle]《←ラテン語. 旧約聖書『伝道の書』》日の下に新しきものなし

Nilo [nílo] 男《地名》ナイル川: ~ Azul (Blanco) 青〔白〕ナイル

nilón [nilón] 男 ナイロン〔=nailon〕

nilo-sahaliano, na [nílo sa(a)ljáno, na] 男《言語》ナイル・サハラ語族〔の〕

nilota [nilóta] 形 《文語》=nilótico

nilótico, ca [nilótiko, ka] 形 ❶《地名》ナイル川 el Nilo〔流域〕の. ❷〔ナイル川中・上流域の〕ニロート族〔の〕

nimbado [nimbáðo] 男 光輪をつけること; 暈をかぶせること

nimbar [nimbár] 他 ❶《美術》…に光輪をつける. ❷ 暈をかぶせる

nimbo [nímbo]《←ラテン語 nimbus「雨雲」》男 ❶《美術》光輪, 後光; [聖像の] 頭光. ❷ 光の輪, 暈(かさ): luna con su ~ 暈をかぶった月. ❸《気象》乱雲; 雨雲

nimboestrato [nimboestráto] 男《気象》乱層雲

nimbostrato [nimbostráto] 男 =nimboestrato

nimbus [nímbus] 男 乱雲〔=nimbo〕

nimesulida [nimesulíða] 女《薬学》ニメスリド

nimiamente [nímjamente] 副 こまごまと, くどくどと

nimiedad [nimjeðá(ð)]《←ラテン語 nimietas, -atis》女 ❶〔主に una+〕重要性のないこと: reñir por una ~ ささいなことで争う. ❷ 過度の細心; 過剰: con ~〔あまりに〕こまごまと; くどくどと

nimio, mia [nímjo, mja]《←ラテン語 nimius「過度の」》形 ❶ 重要性のない; 取るに足りない細部, 枝葉末節. ❷ 細かいことを気にする, くどい: Es ~ en detalles. 彼は細かいことを気にする. cuidado ~ うるさいほどの注意. ❸ 過度の: sensibilidad nimia 過度の感受性. ❹ けちな, 欲しがりな

ninchi [nínt͡ʃi] 名《古語形》[主に幼児への親愛の呼びかけ] 君

ninfa [nímfa]《←ギリシア語 nymphe》女 ❶《ギリシア・ローマ神話》ニンフ, 精霊. ~ de los bosques 森のニンフ. ❷《隠語》美少女, 美女; 売春婦. ❸《解剖》小陰唇. ❹《昆虫》1) 若虫; さなぎ: ~ de mariposa 蝶のさなぎ. 2) ジャノメチョウの一種〔= ~ del bosque〕. ❺《植物》シバワタケ〔食用のキノコ〕
~ Egeria《文語》[こっそり教える女性の] 助言者, 相談相手
tener su ~ Egeria《文語》人から霊感 (インスピレーション) を受ける

ninfálido, da [ninfáliðo, ða] タテハチョウ科の
── 男《昆虫》タテハチョウ科

ninfea [ninféa] 女《植物》スイレン〔=nenúfar〕

ninfeáceo, a [ninfeáθeo, a] 形《植物》スイレン科の
── 女《植物》スイレン科

ninfeo [ninféo] 男《美術》❶ ニンフの神殿. ❷〔ニンフを祭る〕彫刻で飾られた噴水

ninfo [nínfo] 男《まれ》ナルシスト〔=narciso〕

ninfómana [ninfómana] 女 ニンフォマニアの女

ninfomanía [ninfomanía] 女《医学》ニンフォマニア, 女子色情症

ninfomaníaco, ca [ninfomaníako, ka] 形 ニンフォマニアの

nínfula [nínfula] 女《文語》非常に若い女

ningua [níŋgwa] 女《ボリビア. 口語》*hacerse* ~ さっさと出て行く (逃げ出す)

ningún [niŋgún] 形 →ninguno

ninguneár [niŋguneár] 他《主にメキシコ》[人・事を] 粗末に扱う, 軽視する: El Ayuntamiento *ninguneá* al transporte colectivo. 市は公共輸送を軽視している〔a は直接目的の明示〕

ninguneo [niŋgunéo] 男《主にメキシコ》[他人への] 軽視, 無視, 無関心

ninguno, na [niŋgúno, na]《←ラテン語 nec unus「一つもない」》形〔否定の不定形容詞. +動詞 では no は不要であり, 否定の程度が強く表現される. 語法〔+形容詞〕+男性単数名詞の場合は ningún: No se ha presentado *ningún* nuevo caso de gripe A. A型インフルエンザの新たな症例は発生してない〕❶ 一つの…も〔…ない〕, 一人の…も〔…ない〕, どんな…も〔…ない〕〔⇔alguno〕: 1) [+名詞] No quería ayudarle ~*na* persona./N~ persona quería ayudarle. 誰一人彼を助けようとしなかった. No hay *ningún* hombre en esta casa. この家には男性は一人もいない. No vi a *ningún* sospechoso. 私は誰も疑わしい人を見なかった. No conozco a ~*na* persona tan excelente como él. 私は彼のように立派な人を誰も知らない. Ese chiste no tiene ~*na* gracia. そのジョークは何の面白みもない. No hay *ningún* problema. 何も問題はない. 2) [名詞+. 語法] No tienen valor ~ estos cuadros. これらの絵には何の値打ちもない.〔参考〕1) 強勢のある女性単数名詞の直前では ninguna より ningún が多く用いられる: No han entregado *ningún* arma. 彼らは武器を何一つ引き渡さなかった. 2) ganas や双数名詞を修飾して複数形で用いられることがある: No tengo nin-

gunas ganas de irme. 私は帰りたくない。No encuentro *ningunas* tijeras. 眼鏡が一つも見つからない。 3) [同一文中に ninguno を含めて、3つ以上の否定語が使われることがある: Esa noticia *no* ha sido confirmada *ni* divulgada por ~ de los medios informativos. その情報はどのメディアによっても決して確認も報道もされていない]〖意味強め〗これは肯定形だが, 先行する否定的意味に影響されて ninguno が使われる〗Él trabaja más que *ningún* otro miembro del equipo. 彼はそのチームのメンバーの誰よりもよく仕事をする。Es lo más disparatado que a *ningún* hombre se le pueda ocurrir. それは誰も思いつかないような全くばかげたことだ。❸ 〖比較の対象として用い, その意味を強める〗Este diamante cuesta más que ~*na* otra piedra preciosa de esta joyería. このダイヤはこの宝飾店の他のどの宝石よりも値段が高い。❹ 〖否定の強調〗No soy *ningún* niño. 私は子供なんかではない/もう大人だ。No era ~*na* sorpresa. それは驚くほどのことではなかった。❺ 〖古語〗無効の。
—— 代 〖否定の不定代名詞。+動詞では no は不要であり、否定の程度が強く表現される〗❶ 誰も[…も], 何も[…ない] 《⇔ alguno》 類義 **nadie・nada** は範囲が意識されていないが, **ninguno** はある範囲内で: No ha faltado *ninguno*. [グループのうち]誰一人欠席しなかった] 1) *N~na* vendrá. [それらの女性たちのうち]誰一人来ないだろう。2) [+de・entre のうち] *N~ de ellos* es católico. 彼らのうち誰一人としてカトリック教徒ではない。No me ha gustado ~*na* de las habitaciones que hemos visto. 私は見た部屋のどれ一つとして気に入らなかった。¿Qué ordenador usas? —*N~* de estos. それらのどれでもない。¿Cuál de vosotros usáis? —*N~* de estos. これらのうちのどれでもない。*N~na* de ellas tendrá parentesco con la víctima. 彼女らのうちの誰も被害者と血縁関係はないようだ。*N~ entre* nosotros sabe hasta cuándo. 我々のうちの誰一人いつまでだか知らない。❷ 〖比較の対象〗Ella me gusta más que ~*na*. 私は誰よりも彼女が好きだ

ninivita [ninibíta] 形 名 〖歴史, 地名〗[古代アッシリアの] ニネベ・Nínive の〖人〗
ninja [nínja] 〖←日本語〗名 忍者
ninjutsu [ninjútsu] 〖←日本語〗男 忍術
ninot [ninót] 〖←カタルーニャ語〗男 〖腹〗~s [バレンシアの火祭りの] 大人形〖+falla〗
niña¹ [nína] [←*niño*] 女 ❶ 瞳(ひとみ) 〖=~ del ojo, pupila〗. ❷ 〖口語〗売春婦
~ **bonita** [la+. くじびきなどで] 15〖の数〗
~ **de mano** 〖チリ〗[料理以外を担当する] 家政婦
querer como (más que) a las ~s de sus ojos 目に入れても痛くないほどかわいがる
ser para+人 las ~s de sus ojos …にとって目に入れても痛くないほどかわいい
tocar a+人 en las ~s de los ojos …がかわいがっているものがなくなるのを惜しむ
niñada [ninádá] 女 =*niñería*
niñato, ta [nináto, ta] [←*niño*] 形 〖軽蔑〗青二才〖の〗, 生意気な[小僧], 軽薄で思い上がった〖若者〗
—— 名 殺された雌牛の中から見つかった胎児
niñear [nineár] 自 〖大人が〗子供っぽくふるまう, 子供っぽいことをする
niñería [ninería] [←*niño*] 女 〖軽蔑〗❶ 子供っぽい言動, 児戯: Deja de hacer estas ~s. こんな子供っぽいことをするのはおやめなさい。❷ 愚にもつかないこと, つまらないこと: No te preocupes por esas ~s. そんな下らないことでくよくよするな
niñero, ra [ninéro, ra] [←*niño*] 形 〖ser+〗子供好きな
—— 名 〖主に 女〗❶ ベビーシッター〖=*canguro*〗: Te toca estar de ~*ra* del bebé. あんたが赤ん坊の子守をする番よ。❷ 〖戯語〗[子供のように] 大人の面倒を見る人
niñeta [ninéta] 女 〖まれ〗瞳(ひとみ)〖=*pupila*〗
niñez [ninéθ] 女 ❶ 子供時代, 幼年期: vivir (pasar) una ~ desgraciada 不遇な幼年時代をおくる。volver a la ~ 子供のころに戻る; もうろくする, ぼける。desde su ~ 子供のころから。en su ~ 子供のころに。recuerdos de su ~ 子供のころの思い出。segunda ~ もうろく。❷ 幼児であること。❸ 集合 幼児たち。❹ 〖物事の〗初期〖の段階〗: ~ de un proyecto 計画の初期段階
niño, ña¹ [níno, na] [←ロマンス語 *ninnus*] 名 ❶ 子供, 幼児, 児童 〖生まれてから思春期まで, 主に12歳まで〗: 1) Se ha distinguido desde ~. 彼は子供の時から傑出していた。No me trates como a un ~. 私を子供扱いしないでくれ。Parece un ~.

彼はまるで子供みたいだ。cuidar ~s ベビーシッターをする。literatura para ~s 児童文学。ropa de ~s 子供服。2) 〖諺〗Quien con ~s se acuesta, meado se levanta (cagado amanece). 不向きな人に仕事を任せると失敗する。Los ~s y los locos dicen la[s] verdad[es]. 子供は正直だ。❷ 赤ん坊, 乳児, 乳飲み子〖=~ de pecho, ~ de teta, ~ de pañales, ~ pequeño, ~ recién nacido〗: Lo sabe hasta un ~ [de teta]. それは子供でも知っている。❸ 〖親に対して〗子: Va a tener un ~. 彼女はもうすぐ子供ができる。hacer un ~ a una chica 女の子を妊娠させる。❹ 若い人, 若者: Sale con un ~ italiano. 彼女はイタリア人の若者とデートしている。*niña buena* いい女。❺ Billy el *N*~ ビリー・ザ・キッド。❻ 〖料理〗~*s envueltos* 野菜の牛肉巻き; ロールキャベツ。❼ 〖親愛、時に軽蔑〗[若い人に注意を促す呼びかけ] 君: Mira, ~, a ver si te callas. おい君, いいかげん黙ったらどうかね。❽ 〖気象〗el *N*~ エル・ニーニョ〖ペルー沖の海水表面温度が異常に高くなる現象〗La *Niña* ラニーニャ〖ペルー沖の海水表面温度が異常に低くなる現象〗. ❾ 〖古語〗el *N*~ 幼子イエス。❾ 〖中南米〗1) 〖尊敬の呼びかけ〗don, doña の代わりに使う敬語〗…様: el ~ Francisco フランシスコ様。❿ 〖メキシコ, 歴史〗~s *héroes* 英雄的な少年たち〖1847年, 米墨戦争 intervención estadounidense en México のチャプルテペック Chapultepec の戦いでメキシコ市を守るために戦死した士官学校の生徒たち〗
—— 形 ❶ 幼い: Es aún muy ~ para viajar solo. 彼は一人で旅行するにはまだ小さすぎる。*rey* ~ 幼少王。*Jesús/N~ Dios* 幼子イエス。❷ 〖口語〗〖大人が〗経験の少ない; 軽率な: Es ~ para la edad. 彼は年のわりには子供じみている。❸ 〖アンデス〗[果実が] 青い, 熟していない
a anda ~ [重い家具などを移動させる方法] 角を支点に回転させながら
de ~ 子供の時に: Jugábamos *de* ~ al escondite. 私たちは子供のころ, かくれんぼをして遊んだものだ。*De* ~ tuvo la polio y está incapacitado para conducir. 彼は子供の時に小児麻痺にかかって、今は運転ができない
desde ~ 子供の時から
engañar a+人 como [a] un ~ 〖軽蔑〗…をころりとだます, 手玉に取る〖=*engañar a+人 como [a] un chino*〗
~ *bien* 〖軽蔑〗[裕福な家庭の, 気取った・浅薄な] お坊ちゃま, お嬢さま
~ *bonito* 1) 〖口語〗お気に入り〖の人・事物〗: Era el ~ *bonito* del toreo. 彼は闘牛界の寵児だった。2) 〖西〗=~ *bien*
~ *de la guerra* 子供時代に戦争を経験した人
~ *mimado de*+人 〖年齢に拘らず〗…のお気に入り
~ *pera/~ pijo* 〖西〗=~ *bien*
no comerse los ~s *crudos* 子供を取って食うような怖い人ではない
¡*No seas* ~! 〖愛情をこめた非難〗ばかなまねはよしなさい/〖子供のように無邪気で〗おばかさんだね!
¿*Qué* ~ *ni qué* ~ *muerto!* 〖軽蔑・否定〗〖言われたことに対する軽蔑・否定〗¡*Qué guapa ni qué* ~ *muerto!* 美人もへちまもあるか! 〖そんなことは問題ではない〗
niobe [njóbe] 女 1) 〖昆虫〗[チョウ] ウラギンヒョウモン。2) 〖ギリシア神話〗[*N*~] ニオベ〖タンタロス Tántalo の娘〗
niobio [njóbjo] 男 〖元素〗ニオブ
niopo [njópo] 男 〖ベネズエラ〗粉末たばこ, 嗅(か)ぎたばこ
nioto [njóto] 男 〖古語, 魚〗ヤモリザメ〖=*cazón*〗
nipa [nípa] 女 〖植物〗ニッパヤシ
nipe [nípe] 男 〖キューバ〗=*nipis*
nipis [nípis] 男 〖フィリピン〗黄色みがかったほとんど透明な布〖アバカの葉柄の最も細い繊維で織る〗
niple [níple] 男 ❶ 〖中南米〗[金属製の] 延長管。❷ 〖キューバ, ベネズエラ〗手製の爆弾
nipón, na [nipón, na] 形 日本の; 日本人 〖=*japonés*〗
nique [níke] 男 =*lique*
níquel [níkel] 男 ❶ 〖元素〗ニッケル。❷ ニッケル製の装身具。❸ ニッケル貨。❹ 〖米国の〗5セント貨。❺ 〖キューバ, プエルトリコ, パラグアイ, ウルグアイ〗少額貨幣。❻ 〖ウルグアイ〗財産, 資産
niquelado [nikeládo] 男 ニッケルめっき
niquelador, ra [nikeládor, ra] 名 ニッケルめっき業者
niqueladura [nikeladúra] 女 =*niquelado*
niquelar [nikelár] 他 ニッケルめっきする
niquelífero, ra [nikelífero, ra] 形 ニッケルを含んだ

niquelina [nikelína] 囡《鉱物》紅砒(ぴ)ニッケル鉱

niqui [níki] 男〔襤～s〕《西.服飾》=**niki**

niquiscocio [nikiskóθjo] 男《まれ》取るに足りない仕事

niquitoso, sa [nikitóso, sa] 形《アラゴン》気取った，上品ぶった，もったいぶった

nirvana [nirbána] 《←サンスクリット語》男 ❶《仏教》涅槃(ねはん); 解脱(げだつ). ❷《文語》〖現実を忘れた・無視した〗至福
　　estar en el ～《口語》楽しい，快い，心地よい

nirvánico, ca [nirbániko, ka] 形 涅槃の; 至福の

nisán [nisán] 男《ユダヤ暦で年始めの月》ニサン〖『太陽暦で3～4月』〗

níscalo [získalo] 男《植物》アカハツタケ《食用のキノコ》

niscome [niskóme] 男《メキシコ》トルティーヤ用にトウモロコシをゆでる鍋

niscómil [niskómil] 男《メキシコ》=**niscome**

niso [níso] 男《方言》《植物》プルーンの一種〖学名 Prunus insititia〗. ❷《果実》〖主に野生の〗各種のプルーン

níspera [níspera] 囡《果実》=**níspero**

níspero [níspero] 男《植物，果実》❶ セイヨウカリン〖=～ común〗. ❷ ビワ〖=～ del Japón〗. ❸《中南米》サポジラ〖=zapote〗. ❹〖エルサルバドル，ニカラグア〗スターアップル〖学名 Chrysophyllum cainito〗. ❺〖パナマ，コロンビア，ベネズエラ〗バラタ〖=balata〗
　　no mondar ～*s* 無関係でない

níspola [níspola] 囡《地方版．果実》セイヨウカリン

nispolero [nispoléro] 男《ムルシア．植物》セイヨウカリン〖=níspero〗

nistagmo [nistágmo] 男《医学》眼振(がんしん)

nistagmus [nistágmus] 男=**nistagmo**

nistatina [nistatína] 囡《薬学》ナイスタチン

nitaíno [nitaíno] 男《カリブ》〖タイノ族の先住民の〗貴族

nitidez [nitiðéθ] 囡 ❶ 清らかさ; 透明性. ❷ 明確さ; 鮮明さ: Recuerdo con ～ algunos sucesos de mi infancia. 私は子供のころの出来事をかなり鮮明に覚えている. ❸ 清廉, 公明正大

nítido, da [nítiðo, ða] 《←ラテン語 nitidus「輝く，ピカピカの」》形 [ser・estar+] ❶《文語》清らかな，清潔な; 透明な，澄んだ: El agua del río está ～*da*. 川の水は澄んでいる. atmósfera ～*da* 澄みきった大気. cristal ～ 透き通ったガラス. ❷ 明確な，鮮明な，はっきりした: dar una ～*da* respuesta 明確に答える. explicación ～*da* 明快な説明. foto ～*da* 鮮明な写真. imagen ～*da* はっきりしたイメージ. palabras ～*das* 明断な言葉. ❸ 清廉潔白な，公明正大な: conducta ～*da* 非のうちどころのない行動. ❹《パナマ》〖事柄が〗面白い，興味深い

nito [níto] ❶ 腹〖食べて・持っているものに関するぶしつけな質問に答えて〗いいもの. ❷《フィリピン．植物》フサシダ科の一種〖繊維で帽子が作られる. 学名 Lygodium semihastatum〗

nitor [nitór] 男《まれ》=**nitidez**

nitración [nitraθjón] 囡《化学》ニトロ化, 硝化

nitrador [nitraðór] 男《化学》硝化器

nitral [nitrál] 男《鉱山》硝石層

nitrante [nitránte] 形《化学》ニトロ化する; 硝化剤

nitrar [nitrár] 他《化学》ニトロ化する, 硝化する

nitratación [nitrataθjón] 囡《化学》硝酸〖塩〗処理; 硝化

nitratado, da [nitratáðo, ða] 形《化学》硝酸塩化した, 硝酸塩を含ませた; 硝化した: explosivo ～ ニトロ爆発物

nitratar [nitratár] 他 硝化する; 〖土壌に〗硝酸塩をしみ込ませる

nitratina [nitratína] 囡《鉱物》カリーチ, チリ硝石

nitrato [nitráto] 男 ❶《化学》硝酸塩, 硝酸エステル: ～ de Chile チリ硝石. ～ de plata 硝酸銀. ～ de potasio 硝酸カリ〖=nitro〗. ～ de sodio 硝酸ナトリウム. ❷ 硝酸塩類を主成分とする化学肥料

nitrera [nitréra] 囡《チリ》=**nitral**

nitrería [nitrería] 囡 硝酸坑, 硝酸採掘地

nítrico, ca [nítriko, ka] 形《化学》❶ 窒素の: ácido ～ 硝酸. ❷ 硝石の

nitrificación [nitrifikaθjón] 囡《化学》窒素化合, 硝化〖作用〗

nitrificador, ra [nitrifikaðór, ra] 形《化学》硝化する, 硝化作用のある

nitrificante [nitrifikánte] 形《生化》bacteria ～ 硝化細菌

nitrificar [nitrifikár] 〔7〕他《化学》硝化する; 〖土壌などを〗窒素〖化合物〗と化合させる

nitrilo [nitrílo] 男《化学》ニトリル: grupo ～ ニトリル基

nitrito [nitríto] 男《化学》亜硝酸塩

nitro [nítro] 男《化学》硝酸カリウム; 〖特に天然の〗硝石: ～ cúbico 硝酸ナトリウム. ～ de Chile/～ del Perú チリ硝石

nitro-《接頭語》〖窒素〗*nitro*glicerina ニトログリセリン

nitrobenceno [nitrobenθéno] 男《化学》ニトロベンゼン

nitrobencina [nitrobenθína] 囡=**nitrobenceno**

nitrocalcita [nitrokalθíta] 囡《鉱物》カルシウム硝石

nitrocelulosa [nitroθelulósa] 囡《化学》ニトロセルロース

nitrocelulósico, ca [nitroθelulósiko, ka] 形 ニトロセルロースの

nitrocompuesto [nitrokɔmpwésto] 男《化学》ニトロ化合物

nitrófilo, la [nitrófilo, la] 形《植物》好窒素性の

nitrogelatina [nitroxelatína] 囡 ゼラチンダイナマイト

nitrogenado, da [nitroxenáðo, ða] 形《化学》窒素を含む: abono ～ 窒素肥料

nitrogenasa [nitroxenása] 囡《生化》ニトロゲナーゼ

nitrogénico, ca [nitroxéniko, ka] 形 窒素の; 窒素を含む

nitrógeno [nitróxeno] 男《元素》窒素: óxido del ～ 窒素酸化物

nitrogenoso, sa [nitroxenóso, sa] 形《化学》窒素の; 窒素を含む

nitroglicerina [nitrogliθerína] 囡《化学》ニトログリセリン

nitroglicol [nitroglikól] 男《化学》ニトログリコール

nitroguanidina [nitrogwaniðína] 囡《化学》ニトログアニジン

nitrómetro [nitrómetro] 男 窒素計

nitrón, na [nitrón, na] 形・名《キューバ．軽蔑》不道徳な態度の

nitrosación [nitrosaθjón] 囡《化学》ニトロソ化

nitrosamina [nitrosamína] 囡《生化》ニトロソアミン

nitrosilo [nitrosílo] 男《化学》ニトロソ基

nitroso, sa [nitróso, sa] 形《化学》〖3価の〗窒素の; 亜硝酸の: ácido ～ 亜硝酸. bacteria ～*sa* 亜硝酸バクテリア. óxido ～ 一酸化二窒素, 亜硝酸窒素

nitrosomonas [nitrosomónas] 男《単複同形》《生物》ニトロソモナス

nitrotolueno [nitrotolwéno] 男《化学》ニトロトルエン

nitruración [nitruraθjón] 囡《化学》窒化処理

nitrurar [nitrurár] 他《化学》窒化処理する

nitruro [nitrúro] 男《化学》窒化物

nivación [nibaθjón] 囡《地質》雪食(せっしょく)

nival [nibál] 形 雪の

nivel [nibél] 男《←カタルーニャ語 nivell<俗ラテン語 libellum<ラテン語 libella<libra「秤」》❶〖ある基準点からの〗高さ, 高度; 水位: La Paz está a 3.700 metros sobre el ～ del mar. ラパスは海抜3,700メートルにある. El cuadro está colgado al ～ de mi cabeza. 絵は私の頭の高さに掛けてある. La nieve alcanza un ～ de dos metros. 雪は深さ2メートルになっている. Ha subido el ～ del embalse. 貯水池の水位が上昇した. ❷ 水準, レベル, 程度: El ～ de la cultura es muy alto en este país. この国の文化程度は大変高い. no llegar al ～ requerido 必要なレベルに達していない. regular el ～ de presión del gas ガス圧を調節する. ～ de vida 生活水準, 生活レベル. ～ mínimo de vida 最低生活水準〖政府が国民に保障すべき生活水準〗. ～ mental 知的レベル. ❸ 階層, 層: ～ económico es bajo. 彼の経済的地位は低い. ～ social 社会層. ❹ 水準器: ～ de burbuja/～ de aire 気泡水準器. ～ de agua 通水管式水準器. 〖人の〗振り下げ振り. ❺《地理》curva (línea) de ～ 等高線. curva de ～ submarino 等深線
　　a ～ 1) 同じ高さの・に; 水平に: Colgó los dos armarios de la cocina *a* ～. 彼は2つの食器戸棚を同じ高さに吊った. 2) [+de] …のレベルで・の: En octubre se celebrará la reunión *a* ～ *de ministros*. 10月には閣僚級会談が行われることになっている. *a* ～ *de país* 国家レベルで
　　al ～ *de*… …の高さの, …の水準の; …に匹敵した: *al* ～ *del mar* 海抜ゼロメートルの. *al* ～ *de mis ojos* 私の目の高さに. Su trabajo está *al* ～ *de lo exigido*. 彼の論文は要求されたレベルに達している. La capacidad productiva ha llegado *al* ～ *de los países avanzados*. 生産力が先進国の水準に達した
　　de ～ 高級な: piso *de mucho* ～ 超高級マンション

nivelación [nibelaθjón] 囡 ❶ 水平化. ❷ 均等化, 均衡化. ❸ 水準測量. ❹ 地ならし

nivelador, ra [niberaðór, ra] 形 ❶ 水平化する; 水平化の. ❷ 均等化する; 均等化の, 均衡化の
—— 男 地ならし機, グレーダー

nivelar [niβelár]〖←nivel〗他 ❶ 平らにする: ~ un terreno 地ならしをする. ❷ 均等にする, 平等にする, 均衡化させる, [+con と] 同程度にする: ~ los provechos 利益を均等化する. ~ el sueldo 給料を同水準にする. ~ el desequilibrio de la balanza comercial 貿易収支の不均衡を正す. ~ los gastos con los ingresos 収入に見合った支出をする. ❸ 水準器で測る, 水準測量をする
—— **~se** ❶ 平らになる. ❷ 均等になる; 同程度になる: Se nivelan las fortunas. 富が均等化される. Se nivelan las diferencias sociales. 社会的不均衡が正される. Pronto se nivelará con el resto de la clase. 彼はじきにクラスの他の生徒に追いつくだろう

níveo, a [níβeo, a]〖←ラテン語 niveus < nix, nivis「雪」〗形《文語》雪の(ように)白い〕: manos ~as まっ白い手. paisaje ~ 白一色の風景. piel ~a 雪のように白い肌

nivopluvial [niβoplußjál] 形《地理》régimen ~ 融雪と降水による河川の水量変化

nivoso, sa [niβóso, sa] 形《文語》雪の多い
—— 男 雪月〖フランス革命暦の第4月〗

nixcómil [ni(k)skómil] 男《メキシコ》=**niscome**

nixqueza [ni(k)skéθa] 女《ホンジュラス》灰汁を濾した灰

nixtamal [ni(k)stamál] 男《メキシコ, 中米》石灰水でゆでたトウモロコシ〖粉にしてからトルティーヤを作る〗

nixtamalero, ra [ni(k)stamaléro, ra] 名《メキシコ, 中米》nixtamalを作る人

nixtayol [ni(k)stajól] 男《メキシコ, 中米》=**nixtamal**

nixte [ni(k)ste] 形《メキシコ》灰色の

Niza [níθa]《人名》**Marcos de** ~ マルコス・デ・ニサ〖1495?-1558, イタリア生まれのフランシスコ会宣教師. フロリダ半島沖で難破し, その後現在の米国南部を探検〗

nizam [niθám] 男《歴史》〖インドの〗ハイデラバード Haiderabad の君主

nizardo, da [niθárðo, da] 形 名《地名》〖フランスの〗ニース Niza の〖人〗

nízcalo [níθkalo] 男 =**níscalo**

n/L.《略語》←nuestra letra 弊社手形

NNE《略語》←nornordeste 北北東

NNO《略語》←nornoroeste 北北西

no [nó] **I** 〖←ラテン語 non〗副〘否定の副詞. 語句の否定ではその語句の直前に no を置く: Objeto volante no identificado 未確認飛行物体. Es un hombre no muy alto. 彼はあまり背が高くない. 文の否定では動詞の前に no を置く: Ya no llueve. もう雨は降っていない. No pude venir ayer. 私は昨日来ることができなかった〙 ❶〔応答〕いいえ, 違います〔⇔sí〕: ¿Estás cansado?—No〔, no lo estoy〕. 疲れているか?—いや〔, 疲れていない〕. ¿Vas a venir?—No, no voy. 来るかい?—いや, 行かない. 2)〔拒絶・拒否・反対〕¿Me acompañas un ratito?—No; no tengo tiempo. しばらく付き合ってくれるかな?—だめだ, 時間がないんだ. Si va a cenar aquí todos los días, le pongo una mesa para usted.—No, todos los días no. もし毎日ここで夕食をなさるのなら, あなた専用のテーブルを入れましょう.—いいえ, 毎日ということではない. 3)〔意外〕まさか, そんな: Ya se han ido todos.—¡No! もうみんな帰ったよ.—そんなばかな. 4)〔否定疑問に対して, 答える内容が否定なら no〕はい: ¿No vas a venir?—No, no voy. 来ないの?—ええ, 行きません. ¿No quieres ir?—No, no quiero ir. 行かないの?—うん, 行きたくない. No te olvides de traerme ese libro, ¿eh?—No, de ninguna manera. その本を持って来るのを忘れないでね.—いえ, 絶対忘れません. ❷〔文の否定〕…ない: Yo no tengo frío. 私は寒くない. No sé nada. 私は何も知らない. No os perdáis de mí, niñas. 娘たち, 私から離れたらだめよ. Yo pensaba comer con mis amigos, pero no se lo había dicho a mi mujer. こんな時間に?—そんなに遅くない. 9時にもなってないだろう. ¿Has sido tú?—No, no he sido yo. あれ君だったの?—いや, 違うよ.〖語法〗1) no+動詞+否定でも二重否定にはならない: El Gobierno no ha dado ningún comentario oficial sobre esa contingencia. 政府はその事件について何ら公式見解を出していない. No tuvimos tiempo apenas de ir a Prado. 私たちにはプラドに行く時間もな

かった. 2) 否定語が2つ以上の場合もある: No fueron ni él ni ella tampoco. それは彼でもまた彼女でもなかった. No ha traído ningún regalo a nadie. 彼は誰にも一つお土産を持って来なかった〗 ❸〔語句の否定〕1)《文語》[no+名詞・形容詞・副詞・過去分詞など] La no asistencia a las juntas es un incumplimiento del deber. 会議に出席しないのは義務の不履行である. Vendrá, aunque no voluntariamente. 彼はやって来るだろう. 自発的ではないだろうが. la no existencias de pruebas 証拠がない人たち. la no violencia 非暴力. los no creyentes 信者でない人たち. los no fumadores 非喫煙者たち. los ciudadanos no votantes 投票しない(選挙に行かない)市民たち. hijo no deseado 望まれなかった子. países no alineados 非同盟諸国. personas no identificadas. 身許不明の人たち. 2) [no+形容詞 poco・todo・cualquiera, no+副詞 siempre・más de・menos de] No poca gente fue simpática con nosotros los extranjeros. 少なからぬ人たちが私たち外国人に親切だった. No a cualquier niño se le ocurre tal idea. どんな子供でもそのような考えを思い付くわけではない. Ha cambiado no menos de diez veces de empleo. 彼は10回ぐらいは職を替わっている. 3) [no+muy・tan・de+形容詞] Es un chico no muy obediente. 彼はあまり言うことを聞かない子だ. Es un chico no muy estudioso. その子はあまり勉強好きではない. Vamos despacio, no tan deprisa. ゆっくりと行こう, そんなに急がずに. 4)〔名詞+no. 表示・スローガンなど〕Perros no. 犬お断り. ¡Dictadura no! 独裁反対! 5)〔否定を強めるため no を文末で繰り返す〕No te perdono, no. お前は勘弁しない, 駄目だ. Haces lo que te he dicho.—No, no y no. お前に言ったことをするんだな.—嫌だ, 嫌だ, 絶対に. ❹〔部分否定〕No es oro todo lo que reluce. 光るものすべてが金ではない. No todos los japoneses somos trabajadores. 我々日本人全員が仕事中毒というわけではない. No estás equivocado del todo. 君が完全に間違っているわけでない. No está siempre de mal humor. 彼はいつも機嫌が悪いわけではない.〖参考〗1) 全部否定: Eso no me interesó en absoluto. それには私は全く興味を感じなかった. No hay ningún libro en su casa. 彼の家には一冊の本もない. 2) no の位置と意味の相違: No todos vienen. 全員が来るわけではない. (Ninguno de ellos viene. 彼らのうち誰一人来ない) No por eso protesta. 彼はそれで抗議をしているのではない./Por eso no protesta. それだから彼は抗議をしない. La policía no intentaba ni ver el cadáver. 婦人警官は死体を見ようとしなかった./La policía intentaba no ver el cadáver. 婦人警官は死体を見まいとしていた〗 ❺〔付加疑問〕Ayer estuviste en su casa, ¿no? 昨日君は彼の家に行ったね, そうだろう? ¿Os quedaréis a comer con nosotros, ¿no? ご飯を一緒に食べていくだろうね, いいね? Es día festivo el próximo viernes, ¿no? 次の金曜日は祝日だね, 違うかな? Ya habéis comido suficientemente, niños, ¿no? もう十分食べたね, 坊やたち? ❻〔否定疑問〕1) ¿Todavía no has recibido su carta? 君はまだ彼の手紙を受け取っていないのか? 2)〔反語的〕Es una cosa clarísima; ¿no lo crees? それは実に明白なことだ. 君はそれを信じないのか?〔信じるべきだ〕¿Dices que no has revelado el secreto? Tengo una prueba. 君の秘密を漏らさなかったと言うのか〔漏らしたじゃないか〕. 証拠があるぞ. 3)〔依頼・勧誘・また no querer+不定詞〕¿No quiere cerrar esa ventana, por favor? その窓明けてくれませんか, すみません. ¿No quieres bailar conmigo?—Sí, con mucho gusto. 私と踊らない?—はい, 喜んで. ¿Por qué no quieres venir a comer a casa? どう, 家に食事に来ないか? ❼〔虚辞の no〕1)〔比較の対象で〕Es mejor reír que no llorar. 泣くよりも笑う方がいい. Él lo podrá hacer mejor que no yo. 彼は私などよりもそれをうまくできるだろう. Más vale que vengas conmigo que no que te quedes aquí sola. 君はここで一人で残っているより私と一緒に来た方がいいよ.〖que no que... の場合は, que の連続を避けて意味合いで表されることもある〗: Más vale que sobre que no que falte. 足りないより余っている方がいい〗 2)〔口語〕[preferir・mejor などの後で] Prefiero que estés durmiendo que no que trabajes de mala gana. 君に嫌々仕事をされるよりも眠っていてくれた方が私にはいい. Mejor quiero ir a pie que no esperar aquí el autobús. 私はここでバスを待っているより歩いて行く方がいい. 3)《文語》〔従属節を導く que・de que に代わる no として省略可〕Tengo miedo [no] les vayan a dar de comer ni beber a esos niños. 果たしてその子供たちは食べ物や飲み物がもらえるのだろうか私は心配だ. Temía no le hubiera sucedido ningún contratiempo. あなたに何か不都合なことでも起こったのかと私は心配だった. 4)［最上級で修飾された先行詞をもつ関係詞節で. ただし省略可能］Es una de las bodas más lujosas que [*no*] se ha visto nunca hasta ahora. これはかつてなかったような豪華な結婚式の一つだ. 5)［量・程度を表わす感嘆文で］¡Cuánto *no* daría por ir contigo a cenar! 君と夕食に出かけられたらどんなにうれしいことだろうね！ 6)［hasta que・a no ser que などの従属節で. ただし省略可能］Ninguno se marchó hasta que [*no*] se acabó el vino. 酒がなくなるまで誰一人として帰らなかった. Vendrá esta tarde a no ser que [*no*] surja un asunto urgente. 何か急用でも生じない限り, 彼は今日の午後に来るだろう. 7)［por poco「もう少しで…するところだった」の導く文で］Por poco no me atropellan. 私はもう少しで轢かれるところだった. ❽［否定文を代替する］¿Crees que va a llover?—Creo que *no*. 雨が降ると思うか？―降らないと思うよ. Espero que *no*. そうあって欲しくない

―― 男［陳］noes］否定(拒絶)の答え, 反対［の声・態度］: Me contestó con un *no* rotundo. 彼はにべもなく「いやだ」と私に返事した. En la votación hubo 10 síes y seis *nones*. 投票では賛成10, 反対6だった

decir que no 否定する, 拒絶する: He dicho que *no*. 私はだめだと言った

estar que no 反対(拒否)ばかりしている

No a... ［スローガンなどで］…に反対: ¡*No* a la pesca de ballenas! 捕鯨反対！ ¡*No* a las centrales nucleares! 原発反対！

no creer の接続法+*que*+直説法 …と思われないように: Digo que yo creo en Dios, *no creáis que* se puede ser bueno sin creer en Dios. 言うまでもなく, 私は神があると思っている. お前たちに神なくして良き人になれるとは思ってもらいたくないのだ

no decir の接続法+*que*+直説法 …と言われないように: Tranquila, *no digan que* has perdido la cabeza. 静かにしてね, お前が変になったと皆に言われないようにね

No es que+接続法 ［理由の説明］というわけではない: *No es que* quiera quejarme. 私は不平を言いたいわけではない

No es que no+接続法 ［二重否定］ *No es que* yo *no* vaya. 私は行かないわけではない

no pensar の接続法+*que*+直説法 =**no creer** の接続法+*que*+直説法

¡No, que no...! ［否定の返事の強調］いいえ, そんなことはない; 決してそうでない！: —*No, que no*, Lola. 私は堕落してしまったのよ. ―いいえ, ロラ, そんなことはないよ

no sea que+接続法 …するといけないので: Lleva el paraguas *no sea que* llueva. 雨が降るといけないから傘を持って行きなさい. Tenemos que cruzar la calle con cuidado, *no sea que* nos pillen los coches. 車にはねられないように, 通りを渡る時は気をつけなければならない

no siendo... …を除いて: *No siendo* para él, para todos los demás la Universidad representaba entonces un refugio sagrado. 彼を除いて, 他のすべての人にとって当時大学は聖域だった

no siendo que+接続法《口語》=**no sea que**+接続法

Que no. ［自分の発言を再度否定して］違うとも/とんでもない/絶対に嫌だ: Oye, ¿*que no* querías ir al tocador?—*Que no*, mujer, que va. ねえ, お化粧直しに行くんじゃなかったの？―そうじゃないのよ, 全然違うの. *Que no*, hombre, *que* me están esperando. いいえ, それは嫌よ. みんな私を待っているのだから

¡Y que no...! ［発言を強く肯定して］全く(本当に)…だ！: ¡*Y que no* tiene dinero para poder permitirse ese lujo! 彼はあんなぜいたくができるような金があるんだ！［参考］しばしば que digamos を文末に置く: ¡*Y que no* presume de guapa, *que digamos*! あの娘は美人を鼻にかけている. ひどいね！]
II ［←日本語］男能 [=noh]:

NO《略語》←noroeste 北西

n°《略語》←número 番号 [**n.°** または **Nº** とも表記する]

n/o《略語》←nuestra orden 弊社注文(指図)

Nobel [nóβel] 男《単複同形》ノーベル賞 [=Premio ～]
―― 名 ノーベル賞受賞者: la ～ de la Paz Aung San Suu Kyi ノーベル平和賞受賞者アウンサンスーチー. el ～ Camilo José Cela カミロ・ホセ・セラ ノーベル賞作家

nobelio [nóβeljo] 男《元素》ノーベリウム

nobiliario, ria [noβiljárjo, rja]《←ラテン語 nobilis》形 貴族の, 貴族階級の: título ～ 爵位

―― 男 貴族名鑑
―― 女 貴族研究

nobilísimamente [noβilísimaménte] 副 大変気高く

nobilísimo, ma [noβilísimo, ma] 形 noble の絶対最上級

noble [nóβle]《←ラテン語 nobilis「有名な, 高貴な」< noscere「知る」》形《絶対最上級 nobilísimo》[ser+] ❶ 高貴な, 気高い, 高潔な, 高尚な; 威厳のある: No es ～ hacer tal cosa. そんなことをするのは立派なことではない(感心しない). acción ～ 立派な行動. actitud ～ 高潔な行ない. aspecto ～ 気品のある外見. corazón ～ 気高い心. espíritu ～ 高貴な精神. persona ～ 立派な人. ❷ 貴族(門閥)の: Es de familia ～. 彼は貴族な家の出身だ. ser ～ de cuna/ser ～ por su linaje 貴族の出である. ❸ 貴重な; 高級な: madera ～ 高級な木材. ❹ ［動物が人間に］忠実な. ❺《化学》不活性の; ［ガス］が］希の; ［金属が］貴の

noblecer [noβleθér] 他《廢語》［人を］高貴にする

noblemente [nóβleménte] 副 気品をもって, 高貴に; 威厳をもって

nobleza [noβléθa] 女 ❶ 貴族の身分; ［集合］貴族, 貴族階級《［参考］スペインの貴族: príncipe 大公 > duque 公爵 > marqués 侯爵 > conde 伯爵》: tener sus títulos de ～ 爵位を持っている. ～ de toga 法官貴族. ❷ 高貴, 気品, 高尚; 威厳: tener una gran ～ 大変気品がある

～ **obliga**《←ラテン語 noblesse oblige》位高ければ徳高かるべし/上の者は下の者をいつくしむ義務を負う

noblota [noβlóta] →**noblote**

noblote [noβlóte] 形《女性形 **noblota** もある》《親愛》［気品があって, しかも］気どらない, 気取らない, おうような

nobuc [noβúk] 男《皮革》ヌバック

nobuk [noβúk] 男 =**nobuc**

noca [nóka] 女《動物》ヨーロッパイチョウガニ《学名 Cancer pagurus》

nocaut [nokáut]《←英語 knock out》男《陳》～s ボクシング ノックアウト: ～ técnico テクニカルノックアウト

nocáut [nokáut]《中南米》=**nocaut**

nocautear [nokauteár] 他《中南米》ノックアウトする

nocdáun [nɔkdáun]《←英語 knock down》男《中南米. ボクシング》ノックダウン

noceda [noθéða] 女 クルミ林 [=**nogueral**]

nocedal [noθeðál] 男 クルミ林 [=**nogueral**]

nocente [noθénte]《陳》有害な, 害を与える
―― 名《陳》罪人

noceo [noθéo] 男《地方語. 植物》クルミ [=**nogal**]

nocharniego, ga [notʃarnjéɣo, ɣa] 形 名《古語》夜遊びする［人］

noche [nótʃe]《←ラテン語 nox, noctis》女 ❶ 夜《スペインでは厳密には午後9時から夜中の12時》. ⇔**día**》: Al venir la ～, la barca estaba en medio del mar. 夜が来て, 小舟は海の真ん中にいた. Estuvimos toda la ～ contando chistes y *riendo*. 私たちは一晩中ジョークを言って笑っていた. El viaje es de 3 ～s y 4 días. 旅行は3泊4日だ. trabajar hasta muy tarde por (en) la ～ 夜遅くまで働く. pasar la ～ de juerga 歓楽の一夜を過ごす. ～ blanca 白夜. ～ de bodas/～ nupcial ［新婚の］初夜. A la ～, chichirimoche, y a la mañana, chichirinada.《諺》夜言ったのが翌朝にはもう違っている/朝令暮改. ❷ ［夜の］闇: Le asusta a este niño la ～. この子は夜［の暗さ］が怖い. ❸ 暗闇;《文語》憂鬱《殺》, 悲しみ: Solo alegra mis ～s mi hija. 娘だけが私の悲しみを慰めてくれる. ～s oscuras del alma 心の闇. ❹《メキシコ. 歴史》N～ Triste 悲しき夜《1520年6月30日, テノチティトラン Tenochtitlan (現メキシコシティ)で, コルテス Cortés 麾下のスペイン軍が武装蜂起したアステカ人の攻撃を受け, 大勢の死傷者を出した事件》

a buenas ～s《口語》暗闇に: Me dejaron *a buenas ～s*. 私は真っ暗な中に取り残された

a la ～ 1) 日暮れに: *A la ～* refresca mucho. 日が暮れるとひどく冷える. 2)《主に南米》=**por la ～**

al caer la ～ 日暮れに, 夕方に

al cerrar la ～ 日がとっぷり暮れて; 真夜中に

caer la ～ 夜になる

de la ～ ［時刻］夜の: Son las once *de la ～*. 夜の11時だ. a las nueve *de la ～* 夜9時に

de la ～ a la mañana 突然, 思いがけず; たちまち: Se encontró famoso *de la ～ a la mañana*. 彼は朝起きると有名人になっていた

de ~ 1) 夜間に: Ahora es *de* ~ en Japón. 日本はいま夜だ. Vino *de* ~. 彼は夜来た. *De* ~ baja la temperatura a cero grados. 夜には気温が零度まで下がる. 2) 〘衣服など〙夜の: vestido *de* ~ 夜会服, イブニングドレス. anteojo *de* ~ 〘船舶〙夜間用望遠鏡. 3) 〘興行〙夜の《⇔*de tarde*》: función *de* ~ 夜の興行. 4) 暗い
en la ~ 〘主に中南米〙**=por la ~**
esta ~ 1) 今晩: ¿Puedo quedarme en tu casa *esta* ~? 今晩泊めてくれないか? 2) 昨晩: He dormido bien *esta* ~. 私は昨晩よく眠った
hacer de la ~ día 昼夜逆の生活をする
hacer ~ en... …で夜を過ごす: *hacer* ~ *en* el campo 野宿する
hacerse de ~ 〔単人称〕夜になる, 日が暮れる《=*anochecer*》
la ~ de los tiempos 〘文語〙大昔, 遠い昔: Su recuerdo se pierde en *la* ~ *de los tiempos*. その記憶は歴史の闇の中に消え失せた
media ~ =medianoche
N~ Buena =nochebuena
~ cerrada 暗夜: A las ocho de la tarde ya es ~ *cerrada*. 午後8時にはもう真っ暗だ
~ tolerada 〘西〙眠れない夜
N~ Vieja =nochevieja
~ y día 四六時中, 常に, いつも
pasar buena (mala) ~/pasar bien (mal) la ~ 〔特に病人が〕夜ぐっすり眠る(眠れない)
por la ~ 夜〔の間〕に: Le dio un ataque *por la* ~. 彼は夜中に発作を起こした. el sábado *por la* ~ 土曜日の夜に
prima ~ 〘文語〙**=primera ~**
primera ~ 〘文語〙宵の口
nochear [notʃeár] 圄 〘口語〙真夜中にうろつき回る
nochebuena [notʃeβwéna] 囡 ❶〘←*noche*+*buena*〙〔主に N~〕クリスマスイブ: celebrar la *N*~ en familia 家族でクリスマスイブを祝う. ❷〘メキシコ. 植物〙ポインセチア《クリスマスにその花を飾る》
nochebueno [notʃeβwéno] 囲 ❶ クリスマスケーキ. ❷ クリスマスにくべる太い薪
nochecita [notʃeθíta] 囡 ❶〘口語〙不快な夜, 悪天候の夜. ❷〘中南米. 口語〙夕方, 夕暮れ, 宵の口: Vendré a la ~. 夕方ごろまいります
nocheriego, ga [notʃerjéɣo, ɣa] 囲 **=nocherniego**
nocherniego, ga [notʃernjéɣo, ɣa] 圐 囲 〘文語〙夜遊びする〔人〕
nochero, ra [notʃéro, ra] 囲 囲 ❶〘グアテマラ〙夜勤の労働者. ❷〘チリ, ウルグアイ〙夜警, 夜間の警備員; 夜の見張り. ❸《アルゼンチン》生活が夜型の〔人〕《=*noctámbulo*》
—— 囲 ❶〘グアテマラ〙**=nocherniego**. ❷〘コロンビア〙ナイトテーブル. ❸〘アルゼンチン〙夜用の馬
nochevieja [notʃeβjéxa] 囡 〔主に N~〕おおみそかの夜: En *N*~ los madrileños comen doce uvas al son de las campanadas de la medianoche. おおみそかの夜マドリードの人たちは12時の鐘と共に12粒のブドウを食べる
nochizo [notʃíθo] 囲 〘植物〙セイヨウハシバミ《=*avellano*》
nochote [notʃóte] 囲 〘メキシコ〙ノパルサボテンの果汁の発酵酒
nocible [noθíβle] 圐 〘まれ〙**=nocivo**
nociceptivo, va [noθiθe(p)tíβo, ba] 圐 〘生理〙侵害の, 組織を損傷させる, 痛みを与える
nociceptor [noθiθe(p)tór] 囲 〘生理〙侵害受容器
noción [noθjón] 囡 〘←ラテン語 *notio*, *-onis*「知識」< *noscere*「知る」〕❶ 観念, 概念《漠然性が少しある》: No tengo la menor ~ de lo que quiere él. 彼が何を望んでいるのか私には全く見当がつかない. No tiene una ~ clara del francés. 彼はフランス語をはっきりした時間的観念がない. ❷〔主に 複〕基礎知識: Tiene algunas *nociones* del español. 彼はある程度スペイン語が分かる. enseñar *nociones* de astronomía 天文学の初歩を教える. una ~ general de... …の基礎〔一般的〕知識. las primeras *nociones* de cálculo 算数のイロハ
nocional [noθjonál] 圐 ❶ 概念としての: conocimiento ~ 観念としての知識. ❷〘言語〙意味の
nocividad [noθiβidáð] 囡 有毒性, 有害性
nocivo, va [noθíβo, ba] 圐 〘←ラテン語 *nocivus* < *nocere*「害す, 損なう」〕 [*ser*+] 有毒な, 有害な: La droga es ~*va*

---

nolens, volens

para la salud. 麻薬は健康に有害である. Fumar es una ~*va* costumbre. 喫煙は悪い習慣である. gas ~ 有毒ガス. influencia ~*va* 悪影響. insecto ~ 害虫. sustancias químicas ~*vas* 有害化学物質
noctambular [noktambulár] 圄 夜歩きする, 夜遊びする
noctambulear [noktambuleár] 圄 **=noctambular**
noctambulismo [noktambulísmo] 囲 夜遊び, 夜歩き; 夜型の生活
noctámbulo, la [noktámbulo, la] 〘←ラテン語 nox, noctis「夜」+*ambulare*「歩く」〙圐 囲 ❶ 夜遊びする〔人〕, 夜歩きする〔人〕, 生活が夜型の〔人〕. ❷〘動物〙夜行性の《=*nocturno*》
noctiluca [noktilúka] 囡 〘動物〙ヤコウチュウ(夜光虫)
noctívago, ga [noktíβaɣo, ɣa] 圐 囲 〘文語〙❶ 生活が夜型の〔人〕. ❷〘動物〙夜行性の
noctovisión [noktoβisjón] 囡 暗視装置
noctuidos [noktwíðos] 囲 〘昆虫〙ヤガ(夜蛾)科
nóctulo [nóktulo] 囲 〘動物〙ヨーロッパヤマコウモリ
nocturnal [nokturnál] 圐 〘文語〙**=nocturno**
nocturnidad [nokturniðá(ð)] 囡 ❶ 夜であること, 夜間. ❷〘法律〙夜間犯罪に対する加重情状. ❸〘動物〙夜行性;〘植物〙花が夜開くこと
nocturno, na [noktúrno, na] 〘←ラテン語 nocturnus < *nox*, *noctis*〙圐 ❶ 夜の, 夜間の,《⇔*diurno*》: ataque ~ 夜襲. cielo ~ 夜空. curso ~ 夜学, 夜間講座. tren ~ 夜行列車. vida ~*na* 夜遊び. vuelo ~ 夜間飛行. El barrio tiene mucho ambiente ~. その地域には夜の歓楽街がある. ❷〘動物〙夜行性の;〘植物〙花が夜開く. ❸〘文語〙憂鬱で寂しい
—— 囲 〘音楽〙1) 夜想曲, ノクターン. 2) [18世紀の] セレナード. ❷〘カトリック〙宵課, 夜課. ❸〘まれ〙夜間授業
el ~ 〘文語〙夜《=la noche》
nodal [noðál] 圐 〘文語〙こぶの. ❷〘技術〙節(ふ)の, 結節の: punto ~ 結節点, 節点; 重要な点, 要点
nodo [nóðo] I 囲 〘←ラテン語 nodus「結び目, 困難」〕囲 ❶〘天文〙交点: ~ *ascendente* (*boreal*) 昇交点. ~ *descendente* (*austral*) 降交点. línea de los ~*s* 天体の軌道面と基準面との交線, 昇交点と降交点を結ぶ直線. ❷〘物理〙波節, 節. ❸〘医学〙結節. ❹〘情報〙ノード, 接続点: ~ *de acceso* アクセスノード
II 囲 〘略語〙←*noticiario documental* 〔フランコ時代の〕ニュース映画《no-do/No-Do とも表記》; 大げさなこと, でたらめ, 宣伝臭の強いこと
nodriza [noðríθa] 〘←ラテン語 nutrix, *-icis* < *nutrire*「食物を与える」〕囡 ❶ 乳母. ❷ barco (buque・nave) ~ 母船, 補給船. avión ~ 空中給油機
nodular [noðulár] 圐 〘医学〙小結節 nódulo のある
nódulo [nóðulo] 囲 ❶〘地質〙ノジュール, 団塊: ~ *s de manganeso* マンガン・ノジュール. ❷〘医学〙小結節: ~ *linfático* リンパ節. ~ *radical* 根粒, 根こぶ
Noé [noé] 囲 〘旧約聖書〙ノア: el arca de ~ ノアの方舟
NOEI 〘略語〙←Nuevo Orden Económico Internacional 新国際経済秩序
Noel [noél] 囲 〘古語的〙クリスマス《=Navidad》: árbol de ~ クリスマスツリー
noema [noéma] 囲 〘哲学〙ノエマ
noemático, ca [noemátiko, ka] 圐 〘哲学〙ノエマの
Noemí [noemí] 囡 〘旧約聖書〙ナオミ《ルツ Ruth の義母》
noesis [noésis] 囡 〘単複同形〙〘哲学〙ノエシス, 認識作用
noético, ca [noétiko, ka] 圐 〘哲学〙ノエシスの
—— 囡 認識論
nogada [noɣáða] 囡 〘料理〙クルミと香辛料のソース
nogal [noɣál] 囲 〘←ラテン語 nucalis〙囲 ❶〘植物〙クルミ〔の木〕《=*nuez*》. ❷ クルミ材, ウォールナット. ❸ 赤褐色
—— 圐 赤褐色の
nogala [noɣála] 囡 〘地方語. 植物〙クルミ《=*nogal*》
nogalina [noɣalína] 囡 クルミ染料
noguera [noɣéra] 囡 〘植物〙クルミ《=*nogal*》
noguerado, da [noɣeráðo, ða] 圐 暗褐色の, クルミ材色の
nogueral [noɣerál] 囲 クルミ林
noguero [noɣéro] 囲 〘ログローニョ〙クルミ《=*nogal*》
nogueruela [noɣerwéla] 囡 〘植物〙トウダイグサ科ニシキソウ属の一種《薬草. 学名 Euphorbia chamaesyce》
noh [nó] 囲 〘←日本語〙胤 能: máscara de ~ 能面
nolens, volens [nólens bólens] 〘ラテン語〙副 望もうが望むまいが, 否応なしに

noli [nóli] 男《コロンビア》❶ ［地衣の一種から作る］火口(ﾎｸﾁ). ❷《植物》アブラヤシ《=nolí》

nolí [nolí] 男《コロンビア》❶《植物》アブラヤシ. ❷ 火口《=noli》

nolición [noliθjón] 女《哲学》=**noluntad**

noli me tangere [nóli me táŋxere]《←ラテン語「私に触れるな」(イエスがマグダラのマリアに言った言葉)》❶《植物》バルサミナ《=balsamina》. ❷《医学》潰瘍性狼瘡(ﾛｳｿｳ)

noluntad [noluntá(d)] 女《哲学》欲のないこと, 無欲

nom.《略語》←nominal 名, 額面の

noma [nóma] 女《医学》水癌

nómada [nómaða]《←ラテン語 nomas, -adis < ギリシア語 nomas, -ados < nemo「私は牧草を分ける」》形 遊動の, 遊牧の《食物・牧草地を求めて住居を移動しながら生活する》; 放浪の, 流浪の: pueblo (gente) ～ 遊動民, 遊牧民. tribu ～ 遊動民族, 遊牧民族. vida ～ 遊動生活, 遊牧生活; 放浪(定住しない)生活. persona ～ 放浪者 ── 共 遊動民, 遊牧民; 放浪者; たえず住所を変える人: Es un ～ de nacimiento. 彼は生まれつきの風来坊だ

nómade [nómaðe] 形 共《チリ, アルゼンチン, ウルグアイ》=**nómada**

nomadear [nomaðeár] 自 遊動(遊牧)生活をする ── 他《まれ》…を放浪する

nomadeo [nomaðéo] 男 遊動, 遊牧; 放浪

nomádico, ca [nomáðiko, ka] 形 遊動〔生活〕の, 遊牧〔生活〕の; 放浪〔生活〕の

nomadismo [nomaðísmo]《←nómada》男 遊動生活, 遊牧生活; 放浪生活

nomadizar [nomaðiθár] 9 自 =**nomadear**

nomarquía [nomarkía] 女《現代ギリシアの》県知事

nomás [nomás]《←no+más》副《中南米》❶ ［激励］さあ: Entre ～ y tome asiento. さあ, 入って, 座りなさい. さあ, まさに: Así ～ era la cosa. 事態はまさにそうだった. ❸ たった, わずかに: N～ nos queda esta noche. 私たちには今晩しかない. No te preocupes, tu mamá fue hasta acá ～. 心配しないで, お母さんはすぐそこまで出かけただけだ. ❹ …というとすぐ《=～ que》: N～ entró en la cabaña y se puso a llover. 彼が小屋に入るやいなや雨が降り始めた

nombrable [nombráble] 形 名前を挙げられ得る

nombradamente [nombráðaménte] 副《まれ》名前を明記して; わざわざ

nombradía [nombraðía]《←nombrar》女《文語》名声, 高名: de gran ～ 大変評判の高い

nombrado, da [nombráðo, ða] 形 ❶ ［ser+］有名な, 名高い: Es muy ～ en el mundo de la canción. 彼は歌の世界では大変有名だ. restaurante muy ～ とても有名なレストラン. ❷ …と名づけられた. ❸ 前述の: ～ más arriba 既述の

nombramiento [nombramjénto] 男 ❶ 指名, 任命: proponer el ～ de Pepe para representante ペペを代表に任命するよう提案する. ❷ 辞令: recibir su ～ como rector 学長の辞令を受け取る

nombrar [nombrár]《←ラテン語 nominare「名を言う」< nomen「名」》他 ❶ …の名を言う, 名前を挙げる: No me han nombrado al pasar lista. 出席をとる時私の名は呼ばれなかった. Nombró todas las flores del jardín. 彼は庭の花の名を全部言えた. ❷ ［+a+間接補語・para に］任命する, 指名する: Le han nombrado presidente. 彼は大統領に任命された. ～ a+人 para un puesto importante …を要職につける. ～ a+人 su heredero …を相続人に指定する

nombre [nómbre]《←ラテン語 nomen, -inis》男 ❶ 名, 名前, 名称: 1) ¿Cuál es su ～?—Mi ～ es Juan Herrera. お名前は?—私の名前はフアン・エレラです. ¿Cuál es el ～ de la estación? 駅の名前は何ですか? En el país vecino, el río toma distinto ～. 隣の国ではその川は別の名前になる. poner ～ a un perro 犬に名前をつける. decir el ～ de sus cómplices 共犯者の名を明かす. prestar su ～ a... …に名を貸す. ～ comercial 商号, 屋号, 社名. ～ de familia 姓, 名字. ～ de lugar 地名. ～ de persona 人名. ～ de una calle 街路名, 通りの名. ～ gentilicio/～ de naturaleza 国名. ［s］ 名, 洗礼名《=～ de pila》: Mis padres me pusieron por (de) ～ Lázaro. 両親は私をラサロと名づけた. Tomó a ～ de Augusto. 彼はアウグストという名をとった. llamar a+人 por el ～ …を名前で呼ぶ. ～ compuesto 複合名《Juan Carlos y Ana María など》. ～ de hombre (mujer) 男性(女性)名. ～ [s] y apellidos 姓名, 氏名. 《参考》例えば氏名 Juana MARTÍ-

NEZ GARCÍA では, Juana は名前 de pila, MARTÍNEZ は父方の姓 apellido paterno, GARCÍA は母方の姓 apellido materno である. 簡略化する場合は Juana MARTÍNEZ でよい. Juana が Ramón LÓPEZ PÉREZ と結婚すると Juana MARTÍNEZ de LÓPEZ のように de+夫の姓 を後につけることがよくある. ただし結婚しつづける習慣に変わりつつある. 戸籍上は夫婦別姓なので Juana MARTÍNEZ GARCÍA であり続ける. この夫婦に Rafael という子供が生まれると, その名は Rafael LÓPEZ MARTÍNEZ となる》3) ～ artístico 芸名. ～ civil ［戸籍上の］本名, 実名. ～ de guerra ［敵に本名を知られないためにつける］戦時名; ［政治活動などの］偽名, 仮名, 変名. ～ de pluma ペンネーム, 筆名. ～ de religión 修道名. ～ hipocorístico 愛称《例 Pepe←José, Lola←Dolores, Maite←María Teresa》. ～ postizo 別名. ❷ 名声《=buen ～》: tener un gran ～ 大変有名である. tener ～ en el mundo entero 世界中で名声を得る. ❸《文法》名詞《=～ sustantivo》: ～ común (propio) 普通(固有)名詞. ～ concreto (abstracto) 具象(抽象)名詞. ～ colectivo 集合名詞. ～ animado (inanimado) 有生(無生)名詞. ～ adjetivo《文》形容詞. ❹ ［=apodo］ あだ名: poner ～ a un amigo 友人にあだ名をつける. ❺《軍事》合い言葉

a ～ de+人 …の名前(名義)で: 1) ［宛名］El paquete vino *a ～ de* mi hijo. 小包は息子の名前あてで送られて来た. 2) ［予約で］¿A ～ de quién?/¿A qué ～?—A ～ *del* señor López. お名前は?—ロペスです

atender al ～ de... …という名である: Este gatito *atiende al ～ de* Fausto. この子猫はファウストという名前だ

bajo el ～ de... …の名の下に

caer en el ～ de+人 …の名を思い出す

con ～ y apellido[s] 詳細に, 事細かに

dar su ～ 1) 名を告げる, 名乗る. 2) ［+a+人 を］子として認知する; 養子にする

de ～ 1) 名前だけの, 名目上の: rey *de ～* 名前だけの王. 2) …という名の: un muchacho *de ～* Miguel/un muchacho, Miguel *de ～* ミゲルという名の少年. 3) 有名な: escritor *de ～* en el mundo entero 全世界的に著名な作家. 4) 名前のみ: Solo lo conozco *de ～*. 彼は名前のみで知っている

decir las cosas por su ～ =*llamar las cosas por su ～*

¡En ［el］ ～ de Dios! ［否定の嘆願］お願いだから!: *¡En ～ de Dios*, no me trates así! 後生だから, そんな風に私を扱わないで!

en el ～ del Padre y del Hijo y del Espíritu Santo 父と子と聖霊の御名に《十字を切る時に唱える》

en ～ de... …の名において, …を代表して: *en ～ de* la ley 法の名において. Les escribo *en ～ de* toda la compañía. 会社を代表してお手紙を差し上げます. *En ～ de* nuestra vieja amistad, te pido que me prestes algún dinero. 昔からの友人のよしみで少し金を貸してくれ

hacerse un ～ ［*en la vida*］名をなす, 名を上げる

llamar las cosas por su ～ 遠慮なく言う, 歯に衣を着せない

Lo firmaré en (de) mi ～. ［確言］絶対に確かです

No jurar el santo ～ de Dios en vano. 汝, 神の名をみだりに呼ぶなかれ

no tener ～ ［何とも形容のしようがなく］腹立たしい; 卑劣きわまりない: Lo que me ha dicho *no tiene ～*. 彼が言ったことは何とも腹立たしい

por el ～ de... …の名前で: Llámame *por mi ～*. 私の名前を告げて電話を下さい

por mal ～ あだ名で: Tiene *por mal ～*... 彼は…というあだ名だ

responder al ～ ［ペットなどが, +de 自分の名を］呼ばれて反応する

sin ～ 1) 名前のない. 2) 無名の; 取るに足りない. 3) 名づけようのない, 形容しがたい

nombrete [nombréte] 男《キューバ, 口語》あだ名, 通り名

nomenclador [nomeŋklaðór] 男=**nomenclátor**

nomenclátor [nomeŋklátor]《←ラテン語 nomenclator, -oris < calare「呼ぶ」》男 ❶ ［市町村名・人名などの］ 一覧表, リスト, 目録: ～ de nombres de pueblo 村名一覧表. ～ de calles 街路名の一覧表. ❷ ［専門的には］ 語彙集

nomenclatura [nomeŋklatúra]《←nomenclator》女 ❶ ［集名］ 専門語, 術語［集］, 語彙集: ～ arancelaria 関税品目分類表.

~ química 化学用語〔集〕. ❷ =nomenklatura

nomenklatura [nomeŋklatúra] 囡《政治》ノーメンクラトゥーラ, 特権階級

nomeolvides [nomeolβíðes]《←no me olvides < olvidar》團／囡【単複同形】❶《植物》ワスレナグサ〖=miosota〗. ❷ 恋人などのネームプレート付きのチェーンブレスレット

nometoques [nometókes] 團【単複同形】《植物》キツリフネ

-nomía〘接尾辞〙〖女性名詞化. 制度, 法則〗 autonomía 自治, ergonomía 人間工学

nómico, ca [nómiko, ka] 形 =gnómico

nómina [nómina]《←ラテン語 nomina < nomen, -inis》囡 ❶〖人・事物の〗一覧表, 名簿: La ~ de candidatos es extensa. 候補者リストが多い. ~ de plantas 植物名の一覧表. ~ teatral 配役, キャスト. ❷ 従業員名簿, 賃金台帳〖=~ de salarios〗.〘集名〙〖一社の〙正社員: Esta empresa tiene una ~ de 1500 personas. この会社は社員数1500人である. entrar en ~ 社員になる. estar en ~ 社員の一人である. ❸ 給料, 給与, 月給: Mi marido tiene una ~ de 800€ mensuales. 私の夫は月給800ユーロです. cobrar la ~ 給与を受け取る. ❹ 給与明細書. ❺ お守り

nominación [nominaθjón]《←ラテン語 nominatio, -onis》囡 ❶《文語; 中南米》名前を挙げること; 指名. ❷ ノミネート, ノミネーション: Esa película obtuvo ocho *nominaciones* al Óscar. その映画は米国アカデミー賞の8部門にノミネートされた

nominador, ra [nominaðór, ra]《←ラテン語 nominatori, -oris》形《文語》指名する, 任命する: junta ~*ra* 指名委員会

nominal [nominál]《←ラテン語 nomen, inis》形 ❶ 名前の: lista ~ 名簿. ❷ 名目上の, 名前だけの: 1) jefe ~ 名前だけの上司. presidente ~ 名目だけの大統領. 2)《経済》名目的な〖⇔real〗: PIB ~ 名目GDP. sueldo ~ 名目賃金. ❸《商業》記名の, 記名式の: acciones de 5 euros ~*es* 額面5ユーロの株券. cheque ~〖受取人〗指名小切手. ❹《文法》名詞的な: oración ~ 名詞文, 名詞節. predicado ~. ❺〘まれ〙=nominalista

nominalismo [nominalísmo] 團《哲学》唯名論, 名目論

nominalista [nominalísta] 形 囲 唯名論の〖論者〗

nominalización [nominaliθaθjón] 囡《言語》名詞化

nominalizar [nominaliθár] 他《言語》名詞化する

nominalmente [nominálménte] 副 名前で, 名指しで; 名目上は

nominar [nominár]《←ラテン語 nominare < nomen, -inis》他 ❶〖+目的格補語 役職などに〗指名する: ~ a+人 candidato para la elección …を選挙の候補者に指名する. ❷〖+para 賞〗ノミネートする: películas *nominadas para* el Goya ゴヤ賞候補作品. ❸《文語》命名する, 名付ける: ~ la calle con el nombre de... 街路に…という名を付ける

nominátim [nominátin]《←ラテン語》副 指名されて

nominativo, va [nominatíβo, ba]《←ラテン語 nominativus》形 ❶《商業》記名式の: acción ~*va* 記名株. cheque ~ al Sr. Gómez ゴメス氏宛記名式振り出し小切手. ❷《文法》主格の. ❸ 登記された
——團《文法》主格〖=caso ~〗: ~ absoluto〖独立分詞構文の〗絶対〖独立〗主格. ❷《廃語》初歩, 基礎

nominilla [nominíʎa]〖nómina の示小語〗囡 支払い票

nómino [nómino] 團《まれ》名誉職を受ける資格条件を満たしている人

nomo [nómo] 團 ❶ =gnomo. ❷〖行政区分〗1)〖ギリシアの〗ノモス, 県. 2)〖古代エジプト〗ノメ, 州. ❸《古代ギリシア》詩, 音楽

nomografía [nomoɣrafía] 囡 ❶ ノモグラフィー, 計算図表学. ❷ 法律起草術

nomograma [nomoɣráma] 團 ノモグラフ, 計算図表

nomon [nómon] 團 =gnomon

nomónico, ca [nomóniko, ka] 形 =gnomónico

nomoteta [nomotéta] 團《古代ギリシア》法律制定者

nomotético, ca [nomotétiko, ka] 形《哲学》法則定立的な

nomparell [nompaɾél] 團《印刷》ノンパレル〖6ポイント活字〗

nomvos〘略語〙~ nominativos 記名の

non [nón]《←ラテン語 non〖par〗〖否〖偶数〗〗》形 奇数の〖⇔par〗
——團 ❶ 奇数〖=número ~〗: acera de los ~*es*〖街路の〗奇数番号の側. ❷〖繰り返しの・断固とした〗拒否,〖口語〗*¡Nones!*〖絶対に〗だめ! decir 〖que〗~*es* 絶対いやだと言う, きっぱりと断わる
andar de ~es 1) 何もせずにいる, 暇である. 2) まれである, 奇

妙である
de ~〖対・ペアの〗片方しかない: Hay un zapato *de ~*. 靴が片方だけある. Quedé *de ~*.〖相手がいなくて〗私はあぶれてしまった
estar de ~es 不機嫌である
Son ~es y no llegan a tres.《皮肉》〖事柄が〗それ以外にない

nona¹ [nóna] 囡 ❶《古代ローマ》1) 一日を4分割した最後の時帯〖現在の午後3時ごろから始まる〗. 2)〖暦〗3・5・7・10月の7日, その他の月の5日. ❷《カトリック》9時課〖午後3時ごろに祈る〗

nonada [nonáða] 囡 ささいなこと, つまらないもの, わずかな物〖量〗: No te preocupes, es una ~. 心配するな, 大したことじゃないから

nonagenario, ria [nonaxenárjo, rja] 形 囲 90歳代の〖人〗

nonagésimo, ma [nonaxésimo, ma] 形 團 ❶《序数詞》90番目の,《分数詞》90分の1〖の〗. ❷《天文》~ de la Eclíptica 黄道象限点

nonagonal [nonaɣonál] 形 9角形の

nonágono, na [nonáɣono, na] 形 團《幾何》9角形〖の〗〖=eneágono〗

nonano [nonáno] 團《化学》ノナン

nonato, ta [nonáto, ta]《←ラテン語 non natus〖生まれていない〗》形 ❶ 帝王切開〖などの方法〗で生まれた; 死んだ母体から生まれた. ❷ まだ存在していない, 起こっていない

non bis in idem [nɔn bis in íðen]《←ラテン語》團《法律》一事不再理

nonchalance [nɔnʃalánθ]《←仏語》囡《文語》無頓着, なげやり

nonchalante [nɔnʃalánte] 形《文語》無頓着な, なげやりな

noneco, ca [nonéko, ka] 形《パナマ》お人好しの〖人〗, 単純な〖人〗; 頭の悪い〖人〗

Nonell [nonél]《人名》 *Isidro* ~ イシドロ・ノネル〖1873〜1911, カタルーニャモダニズム Modernismo catalán を代表する画家〗

noneto [nonéto] 團《音楽》九重奏〖唱〗団; 九重奏〖唱〗曲

noni [nóni]《植物, 果実》ノニ

noningentésimo, ma [noniŋxentésimo, ma] 形 團《序数詞》900番目の,《分数詞》900分の1〖の〗

nonio [nónjo] 團 副尺, バーニャ

nonius [nónjus] 團 =nonio

non multa sed multum [nɔn múlta seð múltum]《←ラテン語》何冊も読むより深く読め/量より質

nono¹ [nóno] 團《ウルグアイ. 幼児語》眠気

nono², na² [nóno, na]《←ラテン語 nonus》形《文語》9番目の〖=noveno〗

non omnis moriar [nɔn ómnis morjár]《←ラテン語》私は死んでしまわない〖ホラティウス Horatius の言葉. 肉体は死滅しても作品は残るという考え〗

nonos [nónos] 團《アルゼンチン, ウルグアイ》祖父母

non plus ultra [nɔn plus últra]《←ラテン語》團 極上, 最良, 究極, 極み, この上ないもの: ser el ~〖人・物が〗完璧である, 申し分ない

non sancto, ta [nɔn sáŋkto, ta] 形《婉曲. 戯語》神聖でない, 品位のない, 堕落した: gente ~ いまわしい人々, 悪しき人々

nónuplo, pla [nónuplo, pla] 形 團《倍数詞》9倍〖の〗

noología [no(o)loxía] 囡《哲学》精神科学

noológico, ca [no(o)lóxiko, ka] 形《哲学》精神科学の

noosfera [no(o)sféra] 囡《生態》人智圏, ヌースフィア

nopal [nopál]《←アステカ語 nopálli》團《植物》〖総称〗ウチワサボテン;〖特に〗ノパルサボテン〖食用, 薬用〗

nopaleda [nopaléða] 囡 =nopalera

nopalera [nopaléra] 囡《メキシコ》=nopalería

nopalería [nopalería] 囡 ノパルサボテン畑

nopalitos [nopalítos] 團《メキシコ》ノパルサボテンの柔らかい葉: ~ navegantes ノパルサボテンの葉の炒めもの

nopi [nópi] 副《古語的》いいえ〖=no〗

noque [nóke] 團 ❶〖皮をなめすための〗水槽, 小さな池. ❷《ボリビア, ラプラタ》〖ワイン・油脂・穀物などを保存・運搬する〗革袋, 樽

noqueada [nokeáða] 囡《ボクシング》ノックアウト〖=fuera de combate〗

noqueador, ra [nokeaðór, ra] 名《ボクシング》KOパンチャー

noquear [nokeár]《←英語 knock out》他 ❶《ボクシング》ノックアウトする. ❷《メキシコ, ニカラグア, キューバ, ボリビア》〖棒などで人を〗

強打する

noquero [nokéro] 男 皮なめし職人〖=curtidor〗

norabuena [norabwéna]〖enhorabuena の語頭音消失〗女〖まれ〗祝い, 祝賀
── 《まれ》折りよく
enviar a+人 ～ …を追い出す

noradrenalina [noraðrenalína] 女《生化》ノルアドレナリン

noramala [noramála]〖enhoramala の語頭音消失〗副〖まれ〗折り悪しく
enviar a+人 ～ …を追い出す, 首にする, 拒絶する

nora tal [nora tál] 副《まれ》折悪しく〖=enhoramala〗

noray [norái] 男《圃》～s《船舶》[桟橋などの]係船柱, もやい石

norcoreano, na [norkoreáno, na] 形《国名》北朝鮮 Corea del Norte《人》の; 北朝鮮人

nordés [norðés] 男《地方語》[主に N～]=**noreste**

nordestal [norðestál] 形

nordestar [norðestár] 自〖羅針盤が北から〗東を指す

nordeste [norðéste] 男[主に N～]=**noreste**

nórdico, ca [nórðiko, ka]〖←独語 nordisch〗形 名 ❶ 北の, 北部の[人]: viento ～ 北風. 北欧の[人], スカンジナビアの[人]: país ～ 北欧の国. pruebas ～cas《スキー》ノルディック種目
── 男 ❶ 北欧諸語: ～ antiguo 古ノルド語. ❷《西》=**nórdica**
── 女《西》北欧のベッドカバーと掛け布団

nordista [norðísta] 形 名《米国南北戦争の》北軍の[人]《⇔sudista》

noreste [noréste] 男[主に N～] ❶ 北東, 北東部. ❷ 北東風

noria [nórja]〖←アラビア語 naura《水車》〗女 ❶《遊園地の》観覧車: subir a la ～ 観覧車に乗る. ❷ 水汲み水車, 揚水機, 下射式水車; 水汲み水車のある井戸. ❸ 努力しても進歩のないもの. ❹《古語的》同じ場所を行ったり来たりする散歩
dar vueltas a la ～ 日々の決まりきった仕事をする; 堂々めぐりの議論を繰り返す

norial [norjál] 形《まれ》水汲み水車の

noriega [norjéɣa]《魚》スズベニの一種〖学名 Dipturus batis〗

norirlandés, sa [norirlandés, sa] 形 名《地名》北アイルランド Irlanda del Norte の〖人〗

norita [noríta] 女《地質》ノーライト

norma [nórma]〖←ラテン語〗女 ❶ 規範, 規準; 規則, 規定: El comercio está sujeto a ciertas ～s. 商売はある種の約束事に従っている. Si quieres seguir jugando al fútbol, tendrás que respetar las ～s. もしサッカーを続けたいのなら, ルールを守らなければ. ～ de circulación 交通法規. ～ de comprobación 検査基準. ～ de conducta 行動規準. ～ de seguridad 安全規準. ～ de vida 生活規範. ～ social 社会的規範. ～s de auditoría/～s de censura〖財務諸表の〗監査基準. ～s generales ガイドライン〖=directrices〗. ❷《技術》規格, 標準: ～ industrial 工業規格. ～ PAL《テレビ》パル方式. ❸〖社会の〗標準的な状態; 慣習: Hay un país donde la pobreza es la ～. 貧困が常態の国がある. como ～ en estos casos これらの場合の慣行として. ❹〖言語〗集名 規範〖～=lingüística〗: ～ andaluza 標準アンダルシア方言
como ～ *general* 原則として, 普通は
Es ～ *que*+接続法/*La* ～ *es que*+接続法 …するのが普通(当然)である
por ～ *general* =*como* ～ *general*
tener por ～+不定詞〖自身に課して〗…することにしている: Tengo por ～ no automedicarme. 私は自己治療はしないことにしている

normal [normál]〖←ラテン語 normalis〗形 ❶ 通常の, 普通の, いつもの: 1) Los trenes han vuelto al horario ～. 列車ダイヤは通常に戻った. Hoy he tenido un día ～. 私にとって今日はいつもどおりの一日だった. Era un joven ～ hasta que le tocó la lotería. 彼は宝くじが当たるまで普通の青年だった. más de lo ～ 普通以上. onda ～ 通常波. temperatura ～ 平熱; 常温. 2) [ser ～ que+接続法] No es ～ que no quiera asistir. 彼が参加したがらないのは珍しい. ❷ 正常な: El médico examinó el cerebro y vio que estaba ～. 医者は脳を調べたが正常だった. Es ～ que los bebés lloren. 赤ん坊が泣くのは普通のことだ. ❸ 論理的な, 当然の: Si le insultaste, es ～ que no te quiera hablar. 君に侮辱されたら, 彼は君とは話したがらないのが当たり前だ. ❹《幾何》línea ～ 法線. plano ～ 法平面.

vector ～ 法線ベクトル. ❺《化学》[溶液が] 規定の. ❻〖ガソリン〗レギュラーの. ❼〖まれ〗[教師が] 初等教育の
～ *y corriente* 普通の: ¿Es guapa?—No, ～ *y corriente*. 彼女は美人かい?—いや, ごく普通
── 副《口語》いつもと同じように: Habla ～, sin imitarle. 彼の真似なしで, 普通に話しなさい
── 女 ❶《古語; 主に中南米》師範学校〖=escuela ～.《西》現在では Escuela del Profesorado de Educación General Básica〗. ❷《幾何》法線

normalidad [normaliðá(ð)]〖←normal〗女 ❶ 正常であること; 通常の状態, 常態: Se ha restablecido la ～ en el país. 国内に平静が戻った. volver a la ～ 正常化する. con ～ 正常に. ❷《化学》規定度

normalista [normalísta] 形 名 ❶《廃語》師範学校 escuela normal の〖生徒〗. ❷《メキシコ, エルサルバドル, キューバ, コロンビア, ペルー》[小中学校の] 教員

normalización [normaliθaθjón] 女 ❶ 正常化. ❷ 規格化, 標準化, 規範化: ～ lingüística [スペイン各州などの] 標準語化

normalizador, ra [normaliθaðór, ra] 形 正常化する; 規格(標準・規範)化する

normalizante [normaliθánte] 形《文語》=**normalizador**

normalizar [normaliθár]〖←normal〗他 ❶ 正常化する: el servicio 勤務を平常に戻す. ～ el ritmo de vida 生活リズムを元に戻す. ～ la situación 事態を正常化する. ❷ 規格化する, 標準化する, 規範化する: ～ el catálogo de señales de tráfico 交通標識を規格化する. artículo *normalizado* 規格品. ～ la lengua catalana 標準カタルーニャ語を定める, カタルーニャ語を規範化する
── ～*se* 正常になる, 正常に戻る

normalmente [normálménte] 副 ❶ 普通に, 普通は; いつもは, たいてい: N～, la clase dura una hora. 通常, 授業は1時間だ. ❷ 正常に: No podía pensar ～. 私は正常な思考ができなかった

normando, da [normándo, da] 形 名 ❶《地名》[フランスの] ノルマンディー地方 Normandía の〖人〗; dialecto ～《言語》ノルマンディー方言. ❷《歴史》ノルマン人〖の〗: conquista ～*da* ノルマン人による征服. invasiones ～*das* ノルマン人の侵略

normano, na [normáno, na] 形 名《まれ》=**normando**

normar [normár] 他 ❶《まれ》型にはめる; …の標準となる. ❷《中米》《基準・規格を》定める. ❸《メキシコ, チリ》制御する

normativa[1] [normatíβa]〖←norma〗女 集名 規範, 規準; 規定: Fabricamos los productos siguiendo la ～ vigente. 我が社は現行規準に従って製造している. ～ de la empresa 会社の就業規則

normatividad [normatiβiðá(ð)] 女 規範性

normativismo [normatiβísmo] 女 規範主義, 規則を多く作る傾向

normativo, va[2] [normatíβo, βa]〖←norma〗形 規範の; 規準を確立する: economía ～*va* 規範経済学

normopeso, sa [normopéso, sa] 形《医学》正常体重の〖人〗

normotenso, sa [normoténso, sa] 形 名《医学》正常血圧の〖人〗

nornordeste [nornorðéste] 男 北北東〖の風〗

nornoreste [nornoréste] 男 =**nornordeste**

nornoroeste [nornoroéste] 男 =**nornorueste**

nornorueste [nornorwéste] 男 北北西の風

noroccidental [noroɣθiðentál] 形 北西の

noroeste [noroéste] 男[主に N～] 北西〖の風〗; 北西部

noroestear [noroesteár] 自《船舶》❶〖羅針盤が北から〗西を指す. ❷ 北西の風が吹く, 風が北西に傾く

nororiental [nororjentál] 形 北東の

nortada [nortáða] 女《西》[長く続く] 冷たい北風

norte [nórte]〖←仏語 nord <アングロサクソン語 north〗男 ❶ [方位, しばしば N～] 北, 北方《⇔sur》: 1) Ecuador está al ～ de Perú. エクアドルはペルーの北にある. Europa del ～ 北ヨーロッパ. ～ *magnético* 北磁極. 2) [同格で, 名詞+] ir en dirección ～ 北の方向に行く. costa ～ de España スペインの北海岸. ❷ 北部: Cerrejón está en el ～ de Colombia. セレホンはコロンビア北部にある. barrio del ～ de Madrid マドリードの北部地区. ❸ 北風〖=viento〖de〗～〗: Sopla el ～. 北風が吹

く. ❹ [主に N~. 南北問題での] 北側: problemas del N~-Sur 南北問題. ❺ 指針; 目的, 目標: Su único ~ era tener éxito en el examen. 彼の唯一の目標は試験に受かることだった. perder el ~ 目標を失う. servir de ~ 指針(手引き)として役立つ. mirada sin ~ 定まらない視線, ぼんやりした目つき. ❻ 北極 〖=polo ártico〗. ❼ 北極星〖=estrella polar〗. ❽《メキシコ》[10月から12月に吹く] 北風

norteado, da [nɔrteáðo, ða] 形《メキシコ. 口語》方向を見失った: Anda ~. 彼は道に迷っている/途方に暮れている

norteafricano, na [nɔrteafrikáno, na] 形 名《地名》北アフリカの〔人〕

Norteamérica [nɔrteamérika] 女《地名》❶ 北アメリカ. ❷《主に西. 誤用》米国, アメリカ合衆国

norteamericanizar [nɔrteamerikaniθár] 他《主に西》米国式(風)にする

norteamericano, na [nɔrteamerikáno, na] 形 名《地名》❶ 北アメリカの. ❷《主に西》米国の, アメリカ合衆国の, 米国人〖=estadounidense〗── 男 アメリカ英語

nortear [nɔrteár] 自 ❶ 〖まれ〗[磁石などが] 北を示す. ❷ 〖まれ. 船舶〗[風向きが] 北になる; 北に舵をとる. ❸《古語; カリブ》小雨(霧雨)が降る. ❹《中米, カリブ, アンデス》[単人称] 北風が吹く── **se**《メキシコ》方向を見失う, 迷う

nortecoreano, na [nɔrtekoreáno, na] 形 名 =**norcoreano**
norteoccidental [nɔrtek)θiðentál] 形 =**noroccidental**
norteoriental [nɔrteorjentál] 形 =**nororiental**
norteño, ña [nɔrtéɲo, ɲa] 形 名 [主にスペインの] 北の, 北部の〔人〕〖⇔sureño〗
nórtico, ca [nɔ́rtiko, ka] 形 北の〖=nórdico〗
nortino, na [nɔrtíno, na] 形 名《ペルー, チリ》北の, 北部の〔人〕
noruego, ga [nɔrwéɣo, ɣa] 形 名《国名》ノルウェー Noruega〔人・語〕の, ノルウェー人── 男 ノルウェー語
norueste [nɔrwéste] 男 =**noroeste**
noruestear [nɔrwesteár] 自 =**noroestear**
norvietnamés, sa [nɔrbjetnamés, sa] 形 名《まれ》=**norvietnamita**
norvietnamita [nɔrbjetnamíta] 形 名《歴史. 国名》北ベトナム Vietnam del Norte の〔人〕

nos [nos] 〖←ラテン語 nos「私たち」〗代《人称代名詞1人称複数》❶ 〖直接目的〗私たちを: Nos espera Luis. 私たちをルイスが待っている. ❷ 〖間接目的〗私たちに: A nosotros ~ no hizo nada. 私たちには彼は何もしなかった. Nos robaron la bicicleta. 我が家の自転車が盗まれた. ❸ 〖再帰代名詞〗━**se**: Él y yo ~ conocimos hace varios años. 彼と私は数年前に知り合った.〘語法〙再帰動詞の肯定命令では -monos (←-mos+nos) となる: Sentémonos aquí. ここに座りましょう ❹ 〖威厳を表わす複数〗1) 〖1人称単数主語(動詞は1人称複数)〗余は〘堅〙: Nos, Juan Carlos, rey de España queremos... 朕(スペイン国王フアン・カルロスは…を欲する. 2) 〖1人称複数主語〗Nos, los representantes del país... 我々国の代表は…. 3) 〖1人称前置詞格〗Venga a ~ el tu reino. 御国が来ますように

Nosce te ipsum [nósθe te ipsúm] 〖←ラテン語 <ギリシア語 Gnothi seauton〗汝自身を知れ〖ソクラテスの座右の銘〗
noseana [noseána] 女《鉱物》ノゼアン
noselita [noselíta] 女 =**noseana**
noseología [noseoloxía] 女 =**gnoseología**
nosis [nósis] 女 =**gnosis**
nosocomial [nosokomjál] 形 院内での, 病院生活による; [感染が] 病院で始まる: infecciones ~es 院内感染
nosocomio [nosokómjo] 男《主に西》病院
nosofobia [nosofóbja] 女 疾病恐怖症
nosogenia [nosoxénja] 女《医学》❶ 病因: explicar la ~ de la hepatitis 肝炎の病因を説明する. ❷ =**nosología**
nosogeografía [nosoxeoɣrafía] 女《医学》疾病地理学, 地理医学
nosografía [nosoɣrafía] 女《医学》疾病記述学, 疾病論
nosográfico, ca [nosoɣráfiko, ka] 形《医学》疾病記述学の
nosología [nosoloxía] 女《医学》疾病分類学
nosológico, ca [nosolóxiko, ka] 形《医学》疾病分類学の: descripción ~ca 疾病分類学的記述
nosomanía [nosomanía] 女《医学》疾病狂, 疾病妄想症

nosomántica [nosomántika] 女 魔法による病気治療術
nosotros, tras [nosótros, tras] 〖←nos+otros〗代《人称代名詞1人称複数》❶ 私たち, 我々: 1) 〖主語〗 N~ dos no lo sabíamos. 私たち2人はそれを知らなかった. Los culpables somos ~. 悪いのは私たちです. 2) 〖前置詞格〗i) 〖前置詞 con ~〗私たちと: No es amable para con ~. 彼は私たちに対して親切でない. ii) 〖a+. 目的代名詞と重複させて強調〗A ~ nos interesa la historia. 私たちは歴史に興味がある. ❷ 小社, 弊社; 当団体: [N~] Agradecemos mucho su amable pedido. 貴注文ありがとうございます. 〘文語〙男 のみ. 筆者・講演者が謙遜して] 私: N~ queremos proponérselo. 私は皆さんにそれを提案したい. ❹《親愛, 皮肉》君, あなた〖ただし nosotros に továltovábu されlied 動詞は1人称複数のまま〗: ¿Cómo estamos? ごきげんいかがですか? ¿Cómo vamos de salud? 具合はどう?

entre ~ ここだけの話だが, 内密に: Entre ~ no me gustan del todo los insectos. ここだけの話だが, 私は昆虫が大嫌いだ

nostalgia [nostálxja] 〖←ギリシア語 nostos「帰還」+algos「痛み」〗女 〖+de・por への〗郷愁, ホームシック; 懐旧の情, ノスタルジー; 心残り: sentir ~ por la juventud 青春時代を懐かしむ. ~ de la patria 望郷の念, 故国への思い

nostálgico, ca [nostálxiko, ka] 形 郷愁に満ちた; 懐旧の: estar ~ de... ～を懐しんでいる. sentimiento (recuerdo) ~ 望郷の念, 懐旧の情── 名 過去賛美者

nostalgioso, sa [nostalxjóso, sa] 形 =**nostálgico**
nosticismo [nostiθísmo] 男 =**gnosticismo**
nóstico, ca [nóstiko, ka] 形 =**gnóstico**
nostramo, ma [nostrámo, ma] 名 =**nuestramo**── 男《船舶》〖contramaestre に対する呼びかけ〗甲板(ポン)長, 水夫長
nostras [nóstras] 形《単複同形》[病気などがヨーロッパの] 国(地方)特有の: cólera ~ 地方性コレラ

nota[1] [nóta] 〖←ラテン語 nota「汚れ, 印」〗女 ❶ メモ, ノート, 控え: Le he dejado una ~ en su mesa. 私は彼のデスクにメモを残しておいた. Le pasaron una ~ breve del incidente cuando era entrevistado por una televisión. テレビのインタビューを受けていた時, 彼にその事件についての短いメモが渡された. tomar ~s de (en) una conferencia 講義のノートを取る. ❷《新聞》~s de sociedad 社交欄. ~s necrológicas [s] 死亡広告欄. ❸ 注, 注解, 注釈〖=~ aclaratoria〗: ~s al margen/~s marginales 傍注, 欄外の注. ~s a pie de página/~s a pie de texto 脚注. ❹《公文書》文書, 覚え書; 《外交》書簡, 通牒: El Ministerio de Asuntos Exteriores publicó una ~ oficial en la que aclaró la postura de Japón ante este incidente. 外務省は公式覚書を発表し, 本事件についての日本の立場を明らかにした. ~ de prensa 新聞発表, プレスリリース. ~ diplomática 外交文書. ~ oficiosa 非公式文書. ~ verbal 口上書. ~s aclaratorias 情報開示〖書類〗. ❺ 〖学業などの〗成績, 評点, 〖10点満点で表される〗; 〖複〗成績表: Ha subido sus ~. 彼は成績が上がった. La realización del trabajo subirá la ~ final. レポートを書けば最終成績に加算される. poner las ~s de los exámenes 試験の点数をつける, 試験の採点をする. sacar buenas (malas) ~s en el examen 試験でよい(悪い)点を取る. ❻ 勘定書, 伝票: La ~, por favor./Tráigame la ~. お勘定をお願いします. ❼ 〖特徴を表わす〗点, 側面: ~ de distinción 相違点. ❽ 〖話し方・態度などの〗調子, 感じ: La poema empezó con cierta ~ melancólica. 詩はちょっとメランコリックな調子で始まった. ~ de humor ユーモラスな感じ. ❾《西》〖人に対する, 主に悪い〗評価. ❿《音楽》音符〖=~ musical〗; 〖その表わす〗音: conocer las ~s 音符が読める. ~ de negro 4分音符. ~ de fa ファの音. ⓫《商業》〖約束〗手形: ~ de favor 融通手形. ⓬《法律》〖簡潔な〗上告の記録

dar la ~/caer en ~ 《口語》〖場違いに・変に〗目立つ
dar ~ a+人 si... 《口語》1) …は…する準備ができている. 2) 〖疑問文で〗…するのはどうか?: ¿Te da ~ si vamos a la montaña? 一緒に山へ行けるかい?
de mala ~ 評判の悪い; 品のない: sitios de mala ~ 評判の悪い場所
de ~ 《文語》〖人が〗有名な, 注目すべき, 傑出した: escritor de ~ 有名な作家
de primera ~ 《まれ》一流の, 一級の
exagerar la ~ 誇張する

ir para (por) ~ 良い成績を取るためにがんばる
~ ***discordante*** 1)《音楽》不協和音. 2) 場違いな言動: Su intervención se consideró una ~ *discordante*. 彼の発言は場違いと見なされた
~ ***dominante*** 1)《音楽》主音の完全五度上の音, 属音. 2) 主調, 基調: La tensión ha sido la ~ *dominante* del mercado. 市場の基調は緊張が続いている
~ ***media***《教育》成績評価値〖学生の各科目の成績から特定の方式によって算出される〗: La ~ *media* para aprobar en Japón es de 60%. 日本での合格評点は6割だ
~**s *tironianas*** 〖古代・中世の〗早書き法に用いる記号
ser un ~**s**《口語》〖人〗目立たされている
tomar 〖***buena***〗~ ***de...*** …を〖よく〗心得ている
── 男《隠語》人, やつ
── 形《若者語》 1) ぱけっとした, 呆然とした: quedarse ~ 呆然とする. ❷《軽蔑》目立つ〖人〗

nota bene [nóta béne]《←ラテン語》男 注, 注記
── 副 注意せよ

notabilidad [notabilidá(d)] 女 ❶ 著名人, 重要人物, 名士; 著名な事物: Como instrumentista, fue una ~. 楽器製作者として彼は有名だった. ❷ 著名, 高名: pintor de gran ~ 有名な画家

notabilísimo, ma [notabilísimo, ma] 形 notable の絶対最上級

notable [notáble]〖←ラテン語 notabilis < notare「印を付ける, 意味する」〗形《絶対最上級 notabílisimo》[ser+] ❶〖主に良い意味で〗注目に値する; 顕著な: Es un estudio ~ sobre Don Quijote. それはドンキホーテに関する注目すべき研究だ. progreso ~ めざましい進歩. ~ mejoría 著しい回復. ❷ 〖+de と〗 有名な[類義 famoso 類義]: Es un hombre ~ por su inteligencia. 彼は頭の良さで有名な男だ. ❸ 恥ずかしくない〖digno より良い〗; [評点で] 良: de resultado ~ 恥ずかしくない結果; 良の成績. ❹〖まれ〗気づかれ得る
── 男 ❶《教育》[評点で] 良 [→calificación 参考]: sacar un ~ 良を取る. ❷ 著名人, 名士; lista de ~s 有力者リスト. ~s del pueblo 町の名士

notablemente [notáblemente] 副 目立って, 著しく, 顕著に: La red viaria española ha mejorado ~ en los últimos años. スペインの道路網は近年著しく改善された

notación [notaθjón]〖←ラテン語 notatio, -onis〗女 ❶ 記号表記〖法〗, 記号体系: ~ decimal 十進法. ~ matemática 記数法. ~ química 化学記号〖法〗. ❷《音楽》記譜法〖←= musical〗. ❸ 書きとめること

notado, da [notáðo, ða] 形 顕著な
notal [notál] 形 背部の〖=dorsal〗
notalgia [notálxja] 女 背骨や背中の痛み

notar [notár]〖←ラテン語 notare〗他 ❶ …に気づく, 感知する; [感じで] 分かる, 知る: 1) *Noto* frío en los pies. 私は足が寒い. *Notó* un sabor extraño en los alimentos. 彼は食べ物に変な味がするのに気づいた. *Noté* algo anormal en su comportamiento. 私は彼の行動に何か異常なところがあるのを知った. Cuando se quedó sola conmigo le *noté* una gran timidez. 私と二人きりになった時, 私は彼女がとても恥じらっているのに気づいた. 2) [+que+直説法] *Notó* que alguien le tiraba de un brazo de la chaqueta. 彼は誰かが上着の腕を引っ張っているのに気づいた. *Noté* que el banco estaba cerrado. 私は銀行が閉まっているのを知った. 3) [+目的語補語] Te *noto* muy triste. 君はずいぶん悲しそうだね. Estos días la *noto* algo cansada y con pocas energías. 近ごろ彼女は少し疲れ元気のないように私には見える. ❷ [印・象徴で] 表わす: Ese alfabeto *notaba* solo las consonantes. そのアルファベットは子音だけを表わしていた. ❸ 示す, 指摘する, [+de と] 評価する: *He* notado a su hija de muy habladora. 私は彼の娘さんがとてもおしゃべりだと分かった. ❹ メモを取る, 書き留める: Los alumnos *notan* lo que explica el profesor. 生徒たちは先生の説明を書き取る. ❺《まれ》口述する, 書き取らせる. ❻《まれ》非難する, とがめる; 評判を悪くさせる

── ~**se** ❶ [+主格補語] 自分が…であると感じる (気づく): *Me noto* extraño en esta ciudad. 私はこの町ではよそ者と感じる. Entrando en las vacaciones, *me noto* muy relajado. 休みに入ると私はとてもゆったりした気分になるのが分かる. ❷ [無人称] 感じとれる, 見てとれる: Una depresión económica *se ha notado* en el desplome de la bolsa. 不況が株式市場の崩壊に表われた. Por su aspecto *se nota* que está enfermo. 彼の顔つきから病気だと分かる. Desde que su hijo se trasladó a Tokio, la casa *se le nota* más solitaria. 息子が東京に転勤になってから, 家がやけにひっそりとなったように彼には思える. ❸ [que] はっきりと見える: No *se notan* las gafas nuevas?. 私の新しい眼鏡は目立ちますか? Tienes una carrera en la media.—¿*Se me nota* mucho? ストッキングが伝線しているよ.—目立つ?

hacer ~ 指摘する, 強調する, 注意する: El maestro les *ha hecho* ~ la importancia de pronunciar bien el término. 先生は言葉を正しく発音することの大切さを彼らに言って聞かせた. El Banco del Estado *hizo* ~ que eran necesarias mayores inversiones en el sector de las energías. 国立銀行はエネルギー部門に投資を増やす必要があると指摘した

hacerse ~《時に軽蔑》自分を目立たせる; 注意を引く, 目立つようにする: La esposa del alcalde apenas *se hizo* ~ en el banquete. 市長夫人は晩餐会でほとんど注意を引かなかった. Los resultados *se hacen* ~ en seguida. 結果はすぐに明らかになる

notaria[1] [notárja] 女 公証人の妻
notaría [notaría]〖←notario〗女 ❶ 公証人の職務. ❷ 公証人事務所, 公証役場
notariado [notarjáðo]〖←notario〗男 ❶ 公証人の職務. ❷ [集名] 公証人
notarial [notarjál]〖←notario〗形 公証人の: poderes ~*es* 公証人の権限; 代理委任状. ❷ 公正化された: acta ~ 公正証書
notariar [notarjár] 11 他 公正証書化する
notariato [notarjáto] 男 ❶ 公証人の職務. ❷ 公証人の資格
notario, ria[2] [notárjo, rja]〖←ラテン語 notarius「記録する人, 書く人」〗女 ❶ 公証人〖スペインでは不動産の売買などにも公証人の立会いが必要〗: testamento realizado en presencia del ~ 公証人立会いのもとに作成された遺言書. ante ~ 公証人の前で. ❷ 目撃証人. ❸《西》~ *mayor del Reino* 司法長官. ❹《古語》[裁判所で] 書記
── 男《カトリック》[教会の] 記録係
notarizar [notariθár] 9 他 =notariar
notebook [nóutbuk]〖←英語〗男《複》~s/単複同形》《情報》ノートパソコン
notentiendo [notentjéndo] 形《メキシコ. 廃語》tentenelaire の男性とムラートの女性との混血の
noticia [notíθja]〖←ラテン語 notitia < notus < noscere「知る」〗女 ❶ ニュース; 知らせ, 通知: Los periódicos publican hoy grandes ~s sobre las elecciones. 今日の各紙は総選挙のニュースを大々的に報じている. En la tarde me llegó la ~ de su muerte. 午後彼の死亡の知らせが私に届いた. Tengo que darle a usted una ~ importante. 大事なことをお知らせしなければなりません. dar ~ de asistencia 出席の通知をする. buena ~ 朗報. mala ~. 悪い知らせ, 嫌なニュース. ❷《複》ニュース番組; ニュースレター: Siempre veo las ~s de las nueve. 私はいつも9時のニュースを見る. ❸《複》消息: No tenemos ~s suyas. 彼の消息が分からない. ❹ 記憶: guardar (conservar) ~ 覚えている. ~ *remota* 遠い(あいまいな)記憶. ❺《まれ》観念, 認識; 知識, 学識

hacer ~ ニュースになる; 有名になる
ser ~ [人・事物が] ニュースになる: La crisis eléctrica ha vuelto a *ser* ~. 電力危機が再びニュースとなっている
tener ~ *de...* …について知っている: No *tengo* la menor ~ *de* semejante hecho. 私はそのような事実については少しも知らない
traer ~s ニュースを知らせる

noticiable [notiθjáble] 形 報道に値する, ニュースバリューのある
noticiar [notiθjár] 10 他 [+de と] …に知らせる, 通知する
noticiario [notiθjárjo]〖←noticia〗男 ❶《放送》ニュース番組: ~ *de la mañana* 朝のニュース. ~ *deportivo* スポーツニュース. ❷《複》ニュース雑報. ❸ ニュース映画: ~ *documental* [フランコ時代の] ニュース映画〖=NO-DO〗
noticierismo [notiθjerísmo] 男《まれ》過度のニュース好き
noticiero, ra [notiθjéro, ra]〖←noticia〗形 報道する
── 図 記者, 通信員;《新聞》整理部員
── 男 ❶《新聞》ニュース欄. ❷《中南米》ニュース番組; ニュース映画
notición [notiθjón]〖noticia の示大語〗男《口語》ビッグニュース

noticioso, sa [notiθjóso, sa] 〖←noticia〗 [形] ❶《主に中南米》ニュースの: agencia ~*sa* 通信社. ❷《まれ》[+de を] 知っている; 知識豊かな
—— [男]《アンデス, ラプラタ》ニュース〔番組〕

notificable [notifikáble] [形] 通告(通知)され得る

notificación [notifikaθjón] [女] 通告〔書〕, 通達〔書〕: ~ de las autoridades impositivas 納税通知書

notificado, da [notifikáđo, đa] [形] [名]《法律》通告を受けた〔人〕

notificante [notifikánte] [形] 通告(通知)する

notificar [notifikár] 〖←ラテン語 notificare < notus「知られた」+facere「する」〗 [7] [他]《文語》通告する, 通知する: Me *han notificado* por teléfono que el dólar va a dar un bajón. 私はドルが大幅に下落するだろうと電話で知らされた. ~ a+人 el despido …に解雇を通告する

notificativo, va [notifikatíbo, ba] [形] 通告の, 通知用の: documento ~ 通知書

notificatorio, ria [notifikatórjo, rja] [形] =**notificativo**

notita [notíta] [女] メモ

noto[1] [nóto] [男] ❶ 南: ~ bóreo 南北の海流の流れ. ❷《動物》背, 背部

noto[2], **ta**[2] [nóto, ta] [形]《まれ》❶ 私生の, 庶出の 〖=bastardo〗: hijo ~ 私生児. ❷ 世に知られた

notocorda [notokórđa] [女]《動物》脊索(せきさく)

notocordio [notokórđjo] [男] =**notocorda**

notocordo [notokórđo] [男] =**notocorda**

notomía [notomía] [女]《古語》❶ [人の] 骨格. ❷ 解剖 〖=anatomía〗

notonecta [notonékta] [女]《昆虫》マツモムシ 〖特にその一種. 学名 Notonecta glauca〗

notoriamente [notórjaménte] [副] 明らかに

notoriedad [notorjeđá(đ)] [女] ❶ 著名, 有名; 評判: alcanzar ~ 有名になる. ❷ 明白さ; 周知〔の事実〕
sin ~ 謙虚に, 質素に

notorio, ria [notórjo, rja] 〖←ラテン語 notorius < notus < noscere「知る」〗 [形] [ser+] ❶ 明らかな: Es ~*ria* su importancia. その重要性は明白だ. ❷ よく知られた, 周知の: ser ~ que+直説法 …はよく知られている. ser público y ~ 周知のことである. como es ~ よく知られているように. ❸ 有名な, 著名な 〖→famoso [類義]〗: novelista ~*ria* 有名な小説家

notostráceos [notostráθeos] [男] [複]《動物》背甲目

notro [nótro] [男]《チリ. 植物》ヤマモガシ科の一種 〖学名 Embothrium coccineum〗

nótula [nótula] [女]《まれ》小さなメモ(注釈)

noumenal [noumenál] [形]《哲学》本体の

noúmeno [noúmeno] [男]《哲学》=**nóumeno**

nóumeno [nóumeno] [男]《哲学》本体, 理体

nouveau roman [nuβó r̄omán] 〖←仏語〗 [男]《文学》ヌーボーロマン

nouvelle vague [nuβél bág] 〖←仏語〗 [女]《映画》ヌーベルバーグ

nov.《略語》←noviembre 11月

nova [nóβa] [女]《天文》新星 〖=estrella ~〗: estrella super ~ 超新星

nova cançó [nóba kansó] 〖←カタルーニャ語〗 [女] ノバ・カンソ, 新しい歌 〖1961年に始まった, カタルーニャ語で歌うことを推進する運動〗

novacianismo [noβaθjanísmo] [男]《カトリック》ノヴァティアヌス派の思想

novaciano, na [noβaθjáno, na] [形] [名]《カトリック》ノヴァティアヌス Novato 派〔の〕〖3世紀の異端〗

novación [noβaθjón] [女]《法律》[債務などの] 更新, 更改

novador, ra [noβađór, ra] [形] 革新的な
—— [名] 革新者, 改革論者 〖特に19世紀前半の学問の改革論者〗

novak [noβák] [男]《皮革》ヌバック 〖=nobuc〗

noval [noβál] 〖←ラテン語 novalis〗 [形] ❶ [土地が] 初めて開墾される, 新開の. ❷ [作物が] 初収穫の: fruto ~ 初物の果物

novallo, lla [noβáʎo, ʎa] [形]《古語》=**noval**

novar [noβár] [他]《法律》更新する, 更改する

novatada [noβatáđa] 〖←novato〗 [女] ❶ [+a 新入生・新入りに対する] いじめ, いびり, からかい: dar (hacer) ~ 新入生いじめをする. ❷ [経験不足による] 困難, 失敗; 五月病: pagar la ~ 未熟なせいでへまをする; 五月病にかかる

novato, ta [noβáto, ta] 〖←ラテン語 novatus < novus「新しい」〗 [形] [名]《口語》[ser+] ❶ 新入り〔の〕, 新人〔の〕; 新入生: Es ~ conduciendo. 彼は新米ドライバーだ. ~ del colegio 小学校の新入生. ❷ [+en に] 不慣れな, 未経験の

novator, ra [noβatór, ra] [名] =**novador**

novecentismo [noβeθentísmo] [男] ❶ 1900~30年ごろのスペインの文学運動 〖オルテガ・イ・ガセー Ortega y Gasset に代表される〗. ❷ 1910~28年ごろのスペインの建築運動

novecentista [noβeθentísta] [形] [名] novecentismo の〔人〕

novecientos, tas [noβeθjéntos, tas] [形] [男] ❶《基数詞》900〔の〕. ❷ 900番目の

novedad [noβeđá(đ)] 〖←ラテン語 novitas < novus「新しい」〗 [女] ❶ 新しさ, 目新しさ; 新しいもの(こと); [状態の] 変化: Es siempre consciente de la ~. 彼は常に新しいものを意識している. Estos productos son una ~ en el mercado. これらの製品は市場には今まで出なかった. introducir ~*es* en... …に新機軸を導入する. ~ de la idea 着想の斬新さ. ❷ 新たな出来事; ニュース: No hay ninguna ~ en estas noticias. これらのニュースに新しい出来事は何もない. ~*es* de la semana 今週の出来事. ❸ [複] 新作, 新製品: las últimas ~*es* editoriales 新刊書
sin ~ 何事もなく, 無事に, 異状なく: Con que vuelva *sin* ~ mi hijo, me contentaré. 息子が無事に戻ってくれば私は満足だ. *Sin* ~ en el frente《映画》『西部戦線異状なし』〖比喩的にも〗

novedear [noβeđeár] [自]《チリ》いつも詮索する

novedoso, sa [noβeđóso, sa] 〖←novedad〗 [形] ❶ [ser+] 新しい, 目新しい, 斬新な: El ~ producto se agotó en pocas horas. その新奇な製品は数時間で売り切れた. ~*sa* campaña publicitaria 新機軸の広告キャンペーン. ❷《中南米》新しいもの好きな. ❸《チリ》[人が] 想像力豊かな; 才能のある

novel [noβél] 〖←カタルーニャ語 novell < ラテン語 novellus < novus「新しい」〗 [形] [名] 初心者〔の〕, 未熟者〔の〕, 駆け出しの: escritor ~ 新進作家

novela [noβéla] 〖←伊語 novella〗 [女] ❶ 小説; [特に] 長編小説 〖⇔cuento〗: Me interesan las ~*s* hispanoamericanas. 私はイスパノアメリカの小説に興味がある. ~ caballeresca 騎士道小説. ❷ 嘘, 作り話: Déjate de ~*s*. 作り話はよしてくれ. ❸《放送》連続メロドラマ 〖=telenovela〗. ❹《古代ローマ》新勅法, 改訂勅法

novelable [noβeláble] [形] 小説化され得る

novelación [noβelaθjón] [女] 小説化

novelado, da [noβeláđo, đa] [形] 小説のような: hecho ~ 小説のような事実

novelador, ra [noβelađór, ra] 〖←伊語 novellatore〗 [名]《軽蔑》小説家
—— [形]《まれ》小説化する

novelar [noβelár] [他] 小説化する, ノベライズする
—— [自] ❶ 小説を書く. ❷ 作り話をする

noveldense [noβeldénse] [形]《地名》ノベルダ Novelda の〔人〕〖アリカンテ県の町〗

novelear [noβeleár] [自]《キューバ. 口語》好奇心(俗物根性)で参加する

novelería [noβelería] 〖←novela〗 [女]《主に軽蔑》❶ 空想, 夢想; 作り話, 虚構. ❷ 新奇なもの, 新案もの; くだらないニュース. ❸ 新しいもの好き. ❹ 小説(寓話)好き 〖読む・書くのが〗

novelero, ra [noβeléro, ra] 〖←novela〗 [形] [名]《主に軽蔑》❶ 小説(寓話)好きの〔人〕. ❷ 夢想家〔の〕, 夢みがちな〔人〕. ❸ 新しいもの好きな〔人〕. ❹ 作り話のような

novelesco, ca [noβelésko, ka] 〖←novela〗 [形] ❶ 小説の: género ~ 小説ジャンル. ❷ 小説のような, 小説によくあるような: aventura ~*ca* 波乱万丈の冒険. historia ~*ca* 小説のような話. lance ~ 小説のような場面

novelista [noβelísta] [名] 小説家

novelístico, ca [noβelístiko, ka] 〖←novela〗 [形] 小説の: creación ~*ca* 小説の創作. obra ~*ca* 小説作品
—— [女] ❶ [文学ジャンルとしての] 小説. ❷ 小説研究, 小説論

novelizar [noβeliθár] [9] [他] 小説化する 〖=novelar〗
—— [自] 小説を書く 〖=novelar〗

novelo [noβélo] [男]《カナリア諸島》[毛糸の] 玉

novelón [noβelón] 〖novela の示大語〗 [男]《軽蔑》波乱万丈の一大長編小説, 通俗的な長編小説

novelucha [noβelútʃa] [女]《軽蔑》[文学的価値の低い] 小説

N

novembrino, na [nobembríno, na] 形 11月の
novén [nobén] 男《歴史》13〜16世紀カスティーリャ王国の通貨《レアル銀貨の3分の1. =maravedí〜》
novena[1] [nobéna] 女 ❶《キリスト教》1) 9日間の祈り: andar (frecuentar) 〜s 9日間の祈りに欠かさず通う. ir a 〜 9日間の祈りに行く. 2) =**novenario**. ❷《口語》野球チーム, ナイン
novenario [nobenárjo] 男《キリスト教》死後9日間の喪; 死後9日目のミサ
novendial [nobendjál] 形《まれ》死後9日間の喪 novenario のうちの一日の, 死後9日間の喪中の
noveno, na[2] [nobéno, na]《ラテン語 novenus < novem「9」》形《序数詞》9番目の;《分数詞》9分の1(の)
noventa [nobénta]《←ラテン語 nonaginta (novem「9」の影響)》形 ❶《基数詞》90(の). ❷ 90番目の. ❸ [los+] 1990年代; 90歳代
noventavo, va [nobentábo, ba] 形 90番目の [=nonagésimo]
noventayochista [nobentajotʃísta] 名《文学, 歴史》98年世代の [作家] [→generación del 98]
noventón, na [nobentón, na] 形 名 [主に揶揄して] 90歳代の [人]
noviaje [nobjáxe] 男《地方語》=**noviazgo**
noviajo [nobjáxo] 男《口語》=**noviazgo**
noviar [nobjár] 自《アルゼンチン, ウルグアイ. 口語》[+con と] ちょっと付き合う, デートする
noviazgo [nobjáθgo]《←novio》男 ❶ 婚約者(恋人)の関係: mantener el 〜 婚約している. romper el 〜 婚約を破棄する. ❷ 婚約期間
noviciado [nobiθjáðo]《←novicio》男 ❶《カトリック》修練期; 修練所, 修練院; 修練制度;《集名》修練者. ❷ [一般に] 見習い [制度, 訓練]; 見習い期間
novicio, cia [nobíθjo, θja]《ラテン語 novicius < novus「新しい, 最近の」》❶《カトリック》[修道誓願 voto を立てる前の] 修練者(の), 修練士, 修練女, 見習い修道士(修道女). ❷ [+en・で] 初心者(の), 不慣れな[人], 未経験の[人]: Es 〜 en este oficio. 彼はこの仕事では新米だ. desde el 〜 hasta el veterano 初心者から熟練者まで. ❸ 大変控えめな[人], 謙虚な[人], うぶな[人]
noviciote [nobiθjóte] 男《俗語》年を取ってからなった修練士, 背の高い修練士
noviear [nobjeár] 自《口語》[+con と] 恋人(婚約者)の関係にある
noviembre [nobjémbre]《←ラテン語 november, -bris》男 11月 [→mes 参考]
novieo [nobjéo] 男《口語》恋人(婚約者)の関係にあること
noviero, ra [nobjéro, ra] 形《主にメキシコ, 中米. 口語》ほれっぽい, 恋したがりの
noviete, ta [nobjéte, ta] 名《口語》[結婚を前提にしていない・肉体関係だけの] 恋人
noviez [nobjéθ] 女 =**noviazgo**
novillada [nobiʎáða]《←novillo》女 ❶ 見習い闘牛士のする闘牛. ❷《集名》[2〜3歳の] 子牛
novillear [nobiʎeár] 自 [見習い闘牛士が] 闘牛をする
novillería [nobiʎería] 女《集名》見習い闘牛士
novilleril [nobiʎeríl] 形 見習い闘牛士の
novillero, ra [nobiʎéro, ra] 男 ❶ [闘牛を始めて3年未満の] 見習い闘牛士. ❷ 若牛 novillo の世話係. ❸《口語》よくずる休みする人
—— 男 若牛の飼育場(放牧場)
novillo, lla [nobíʎo, ʎa]《←ラテン語 novellus「新しい, 若い」< novus》名 [2〜3歳の] 若牛
—— 男 (皮肉) 妻を寝取られた夫. ❷ 見習い闘牛士の闘牛 [=novillada]. ❸《中南米》[主に馴らされていない] 若牛;《メキシコ, チリ》去勢された子牛. ❹《グアテマラ. 婉曲》恋人 [=novio]
hacer 〜*s*《西, メキシコ》[主に学校を] ずる休みする
novillona [nobiʎóna] 女《コロンビア, ベネズエラ》[2〜3歳の] 子牛 [=vaquillona]
novilunio [nobilúnjo]《←ラテン語 novilunium》男 新月 [=luna nueva]
novio, via [nóbjo, bja]《←俗ラテン語 novius「新婚者」< ラテン語 novus》❶ [主に結婚を約束・予定している] 恋人; 婚約者, いいなずけ, 結婚相手: Se ha echado una *novia*. 彼に恋人ができた. Los dos se hicieron 〜s. 2人は恋仲になった. Los dos son 〜s. 2人は恋人同士だ. Su hija ya tiene 〜 formal. 彼の娘には [正式な婚約者] がいる. Es normal que no quiera tener más *novias*. Está quemado de la anterior. 彼がもう女性と付き合いたくないのも無理はない. 前の彼女でひどい目にあったのだ. romper con su 〜 恋人と別れる. ❷ 新郎, 新婦; 新婚夫婦: viaje de 〜s 新婚旅行. ❸《戯語》購入希望者. ❹ 初めて大物を捕えた狩猟者
pedir la novia [男が] 結婚を申し込む
sacar la novia por el vicario 仲介者に花嫁にしたい人を親元から連れ出してもらう
—— 男《口語》やる気を起こさせるもの: Este negocio tiene muchos 〜s. この商売はやる気が出る. ❷《コロンビア, ベネズエラ, エクアドル. 植物》ゼラニウム
novísimo, ma [nobísimo, ma]《ラテン語 novissimus. nuevo の絶対最上級》最新の, 大変新しい
—— 男《カトリック》四終 postrimería の一つ
—— 女 la N〜na《西. 歴史》最新法規集
novocaína [nobokaína] 女《薬学》ノボカイン
novocaínico, ca [nobokaíniko, ka] 形《薬学》ノボカインの
novoecijano, na [noboeθixáno, na] 形《地名》ヌエバ・エシハ Nueva Écija の[人]《フィリピン, ルソン島の州》
novohispano, na [nobojspáno, na] 形《歴史》ヌエバ・エスパーニャ Nueva España 生まれの; メキシコ人の
novoleonés, sa [noboleonés, sa] 形 =**neoleonés**
Novo López [nóbo lópeθ]《人名》**Salvador** 〜 サルバドル・ノボ・ロペス《1904〜74, メキシコの詩人. 寡作で, 死後出版の全詩集 *Poesía* もわずか180ページしかないが, 都会を舞台に不毛の物質文明をアイロニカルにうたった詩は続く世代の詩人たちに大きな影響を与えた》
novovizcaíno, na [nobobizkaíno, na] 形《地名》ヌエバ・ビスカヤ Nueva Vizcaya の[人]《フィリピン, ルソン島の州》
noxa [nó(k)sa] 女 ❶《医学》病毒. ❷《歴史. 法律》[奴隷・家畜を] 自由にすること
noxal [no(k)sál] 形 有害な, 不健全な
noyés, sa [nojés, sa] 形《地名》ノヤ Noya の[人]《ラ・コルーニャ県の村》
noyó [nojó]《←仏語 noyau》男 [*pl* noyoes] 蒸留酒に砂糖とアーモンドを混ぜたリキュール
nozal [noθál] 男《地方語. 植物》クルミ [=nogal]
nozaleda [noθaléða] 女《地方語》クルミ林 [=nogueral]
n/p.《略語》=**n/pag.**
n/pag.《略語》←nuestro pagaré 弊社約束手形
N.P.I.《略語. 俗語》←ni puta idea さっぱり分からない: No tengo *N.P.I.* 全く見当もつかない
n/r《略語》←nuestra remesa 弊社送金
Nro.《南米. 略語》=**Núm.**
nro., nra.《略語》=**ntro.**
NS/NC《略語》=no sabe[n]/no contesta[n] [アンケート調査で] 分からない, どちらとも言えない, 無回答
ntro., ntra.《略語》←nuestro 弊社の, 当方の
nuba [núba] 形《名》[スーダン, ヌビア Nubia 砂漠地方に居住する] ヌバ族の
nubada[1] [nubáða] ❶ にわか雨, スコール. ❷ たくさん, 多数: una 〜 de flechas 雨あられと降る矢
nubado, da[2] [nubáðo, ða] 形 雲の形の
nubarrado, da [nubařáðo, ða] 形 [布地などが] 雲紋のある
—— 女《まれ》にわか雨, スコール [=nubada]
nubarro [nubářo] 男《まれ》=**nubarrón**
nubarrón [nubařón]《←nube》男 大きな黒雲《比喩的にも》: Veo *nubarrones* en su futuro. 彼の前途には暗雲がたちこめているように見える
nubazo [nubáθo] 男《ムルシア》嵐雲
nube [núbe]《←ラテン語 nubes》❶ 可能 雲: ¿Porque las 〜s flotan? 雲はなぜ浮いているのか? El cielo está cubierto de 〜s. 空は雲に覆われている. cielo sin 〜s 一つない空. 何の苦しみ・悲しみ・心配もない状態, かげりのない未来. mar de 〜s 雲海. 〜s y claros [天気予報で] 晴れたり曇ったり. 〜 alto (bajo) 上層(下層)雲. 〜 de lluvia 雨雲. 〜 de tormenta 嵐雲. 〜 atómica 原子雲, きのこ雲. 〜 embudo 漏斗(ろうと)雲. ❷ 雲状のもの; [好ましくないものの] 多数, 大勢: Por las ventanas salían 〜s de humo. 窓から煙がもうもうと出ていた. Una 〜 de fotógrafos siguió cada movimiento. 大勢のカメラ

マンが一挙手一投足を追った. levantar una ~ de polvo 土煙を上げる. ~ de mosquitos 蚊柱. ~ de pájaros 鳥の大群. ❸ [視力・知性の] 曇り: tener una ~ en el ojo derecho 右眼がかすんでいる. ❹ 暗雲, 憂色: Una ~ sombría cubrió su rostro. 彼の顔に暗いかげがさした. ❺ [宝石の] 曇り, きず. ❻ レースのショール. ❼ 《ペルー》[祭りで街に設けられた] くす玉・ピニャータの一種
andar en (por) las ~s《口語》うわの空である, 夢想にふける; 現実の重大な出来事に気づかない: Siempre *anda por las ~s*. 彼はいつもうわの空だ
bajar de las ~s 現実に戻る
como caído de las ~s 突然, 思いがけず
descargar una ~ 雨が降る
estar en las ~s《口語》= *andar en (por) las ~s*
ir a las ~s 高値になる, 高くなる
levantar... hasta (por) las ~s《口語》= *poner... por (en) las ~s*
~ de verano 1) 夕立ち. 2) 夏雲. 3) 一時的な怒り (苦悩)
pasar como una ~ de verano あっという間に終わる
poner... por (en) las ~s《口語》…を激賞する, ほめちぎる
ponerse por las ~s《口語》1) いらいらする, 狂乱状態になる. 2) [価格が] 急騰する
por las ~s《口語》非常な高値で: Los alquileres están ahora *por las ~s*. 家賃が今ものすごく高い
subir... hasta (por) las ~s《口語》= *poner... por (en) las ~s*
vivir en las ~s 夢想にふける, 現実を見ない: ¡Tú *vives en las ~s*! 君は浮世離れしている!
nubiense [nuβjénse] 形 名 = **nubio**
nubífero, ra [nuβífero, ra] 形《詩語》雲を呼ぶ
núbil [núβil]《←ラテン語 nubilis》形《文語》[主に女性が] 結婚適齢期の: edad ~ 結婚適齢期. muchacha ~ 年ごろの娘
nubilidad [nuβiliðáð] 女 結婚適齢期
nubiloso, sa [nuβilóso, sa] 形《廃語》= **nubloso**
nubio, bia [núβjo, βja] 形 名《歴史, 地名》[アフリカ北西部の] ヌビアの(人), ヌビア砂漠 desierto Nubio の(人)
—— 男 ヌビア語
nublado, da [nuβláðo, ða] 形 [estar+] 曇りの: Mañana estará ~. 明日は曇りだろう. cielo ~ 曇り空
—— 男 ❶ 曇り[の状態]: N~, después claro. 曇りのち晴れ. ❷《西》嵐(夕立)が来そうな雲行き, 暗雲. ❸《西》どしゃ降り, 嵐. 例 chaparrón de ~. ❹ 憂い
descargar el ~ 1) どしゃ降りの雨が降る;[雪などが] 激しく降る. 2) 怒りが爆発する
levantarse el ~ 空が晴れる
pasar el ~ 空が晴れる; 怒り(危険)が去る
temer más que a un ~ / tener más miedo que a un ~ ひどく恐れる
nublar [nuβlár]《←ラテン語 nubilare》他 ❶ [雲が] 空を覆う: Las nubes *nublaban* una buena parte del cielo. 雲が空の大半を覆っていた. ❷《比喩》曇らせる;[判断などを] 乱す: La ira me *nubló* los ojos. 私は怒りのあまり何も分からなくなった. Sus palabras *nublaron* la alegría. 彼の言葉が喜びに影をさした
—— **~se** ❶ [まれに単人称] 曇る: [El cielo] Se está *nublando*. 曇ってきている. ❷ [判断などが] 乱れる: Se le *nubló* la razón. 彼は分別を失った
nublazo [nuβláθo] 男《地方語》巨大な嵐雲
nublazón [nuβlaθón] 男《中南米》曇り[= **nublado**]
nublo, bla [núβlo, βla] 形 = **nublado**
—— 男 ❶ 嵐(夕立)が来そうな雲行き [= **nublado**]. ❷《農業》黒穂病
nubloso, sa [nuβlóso, sa] 形 ❶ 悲しい, しょげた. ❷ 運の悪い. ❸ 曇りの [= **nublado**]: una tarde ~*sa* ある曇った午後. cielo ~ 曇り空
nubosidad [nuβosiðáð] 女 曇り: Habrá ~ con precipitaciones en el norte. 北部は曇り時々雨でしょう
nuboso, sa [nuβóso, sa]《← **nube**》形 ❶ 雲のある, 曇りの: Este sábado el tiempo estará muy ~. 今度の土曜日は厚い雲に覆われるだろう. cielo ~ 曇り空. tiempo ~ 曇り. ❷ 不運な, 不利な
nubuc [nuβúk] 男 = **nobuc**
nubuck [nuβúk] 男 = **nobuc**
nubuk [nuβúk] 男 = **nobuc**

nuca [núka]《←俗ラテン語 nucha < アラビア語 nuhac「脊髄」》女 後頭部, えり足 [*cerviz* の上部]: Me dio un golpe en la ~. 彼は私の後頭部を殴った
dar por la ~《アルゼンチン, ウルグアイ. 口語》ぼったくる, 値段が高すぎる
estar de la ~《アルゼンチン, ウルグアイ. 口語》常軌を逸している, 頭がおかしい
pegar en la ~《チリ. 口語》浮気をする
tener en la ~《ニカラグア》反感を抱く
nucela [nuθéla] 女《植物》珠心
nuche [nútʃe] 男《昆虫》❶ [コロンビア] ウシバエ; その幼虫. ❷ [ボリビア, アルゼンチン] アブの一種
nuciente [nuθjénte] 形《古語》害となる, 有害な
nucir [nuθír] 2 他《古語》害を与える
nucleación [nukleaθjón] 女《物理, 化学》核をなすこと
nucleado, da [nukleáðo, ða] 形 ❶ 集まった. ❷ [細胞が] 核のある, 核を持った
nuclear [nukleár]《←*núcleo*》形 ❶《物理》核の, 原子核の: energía ~ 核エネルギー, 原子力. física ~ 原子核物理学. medicina ~ 核医学. reacción ~ 核反応. ❷《軍事》armas ~*es* 核兵器. bomba ~ 核爆弾. guerra ~ 核戦争. zona no ~ 非核地帯. ❸《生物》核の: membrana ~ 核膜
—— 女 原子力発電所 [= *central* ~]
—— 他 核をなす; 核の回りに集める
nucleario, ria [nukleárjo, rja] 形 核の, 原子核の [= *nuclear*]
nuclearista [nuklearísta] 形 名 核武装化賛成論の(論者)
nuclearización [nukleariθaθjón] 女 核エネルギー化; 核武装化
nuclearizado, da [nukleariθáðo, ða] 形 核武装した, 核兵器を配備(保有)した
nuclearizar [nukleariθár] 9 他 ❶ [エネルギーを] 原子力化する, 核エネルギー化する. ❷ [ある場所に] 原子力発電所を作る. ❸ [国を] 核武装化する, 核兵器を保有させる(持ち込む)
nucleasa [nukleása] 女《生化》核酸分解酵素, ヌクレアーゼ
nucleico, ca [nukléiko, ka] 形《生化》ácido ~ 核酸
nucleído [nukleíðo] 男《物理》原子核
nucleínico, ca [nukleíniko, ka] 形《生化》= **nucleico**
núcleo [núkleo]《←ラテン語 nucleus < nux, nucis「クルミ」》男 ❶《物理》核, 原子核 [= *atómico*]. ❷《生物》核, 細胞核 [= ~ *de la célula*, ~ *celular*]. ❸《天文》[天体の] 核, 中心部分; [地球の] 地核. ❹ [コイルの] 鉄心; [原子炉の] 炉心. ❺ [桃・サクランボなどの] 核, 種; [木の実の] 仁. ❻ [集団などの] 中核, 中心: ~ de resistencia enemiga 敵の抵抗の核. ~ duro 非妥協的な中核部分. ❼ [事の] 核心: ~ de las conversaciones de paz 和平交渉のかなめ. ❽ [人口の] 中心地 [= ~ *de población*]: La polución se ha intensificado en los ~*s urbanos*. 公害は都心でひどくなった. ~ de miseria 貧困地帯. ~ residencial 住居地帯. ~ rural 農村地帯. ❾ [戯曲などの] 導入部 introducción に続く[展開[部], 山場. ❿《言語》核: ~ silábico 音節の核. ⓫《考古》石核
nucleolo [nukleólo] 男 = **nucléolo**
nucléolo [nukléolo] 男《生物》仁, 核仁, 核小体
nucleón [nukleón] 男《物理》核子
nucleónico, ca [nukleóniko, ka] 形《物理》❶ 核子の. ❷ 核工学の
—— 女《物理》核工学, 原子核工学
nucleoplasma [nukleoplásma] 女《生物》核質, 核液
nucleoproteido [nukleoproteíðo] 男 = **nucleoproteína**
nucleoproteína [nukleoproteína] 女《生化》核たんぱく[質]
nucleótido [nukleótiðo] 男《生化》ヌクレオチド
núclido [núkliðo] 男《物理, 化学》核種
nuco [núko]《チリ. 鳥》コミミズク
—— 形《チリ》気取った[男]
núcula [núkula] 女《植物》小堅果
nudamente [núðamente] 副 = **desnudamente**
nudillo [nuðíʎo]《*nudo* の示小語》男 ❶ [主に 複] 指の付け根の関節. 例 げんこつ: golpear la puerta con los ~*s* ドアをノックする. soplar en los ~*s* 指笛を鳴らす. ❷ [建築] [壁の] 埋め込み材. ❸ [ストッキングの] 編み目. ❹《古語》節状に折った書簡. ❺《ベネズエラ. 闘鶏》蹴爪の一撃
comerse (morderse) los ~s [心配で] いらいらする
nudismo [nuðísmo]《←ラテン語 nudus》男 裸体主義, ヌーディズム

nudista [nudísta] 形 名 裸体主義の, ヌーディスト〔の〕: playa ~ ヌーディストビーチ

nudo[1] [núdo] 《←ラテン語 nodus》男 ❶ 結び目: No sé hacerse el ~ de la corbata. 私はネクタイを結べない. atar... con un ~ ... を結ぶ. aflojar el ~ de la corbata ネクタイを緩める. empalmar la cuerda con un ~ 切れた紐を結び合わせる. ~ corredizo 引き解け結び, 引き結び. ~ marinero/~ de rizo 小間 結び, 本結び. ~ de cirujano 外科医結び. ❷ 絆(きずな), 縁(えにし): ~ de la amistad (del matrimonio) 友情 (夫婦) の絆. ❸ [木・竹・糸などの] 節(ふし), こぶ: En esta madera se notan varios ~s. この木材には節が目立つ. la falda de lino con ~s 節のある麻で織ったスカート. ❹ 合流点, 要所; [幹線道路・鉄道の] ジャンクション: ~ de montañas 山脈の交わる点. ~ ferroviario/~ de ferrocarril《鉄道》接続駅. ❺ [問題の] 要点, 核心: El ~ del problema es que creen que retroceder es perder. 問題の核心は彼らが後退は敗北だと考えていることだ. ❻ [芝居などの] 山場. ❼ [船舶]〔速度の単位〕ノット: Este buque va a 15 ~s. この船は15ノットで走る. ❽《医学》結節

atravesarse un ~ en la garganta a (de)+人 =hacerse un ~ en la garganta a (de)+人

con un ~ en la garganta [感動・不安などで] …の喉が詰まって

hacer un ~ 堅結びにする, 結び目を作る: *hacer un ~ en el pañuelo* [何かを忘れないために] ハンカチに結び目を作る

hacerse un ~ en la garganta a (de)+人 [感動・不安などで] …の喉が詰まる: *Se me hizo un ~ en la garganta.* 私は胸が詰まった

~ gordiano ゴルディアス Gordio の結び目, 難問

ponerse un ~ en la garganta a (de)+人 =hacerse un ~ en la garganta a (de)+人

sentir un ~ en el estómago 胃がきりきりと痛む

nudo[2], **da** [núdo, ða] 形《文語》裸の〔=desnudo〕; 余計なものを剥ぎ取られた

nudosidad [nuðosiðá(ð)] 女 ❶ 節の多さ. ❷《医学》結節〔症〕

nudoso, sa [nuðóso, sa]《←ラテン語 nodosus》形 節(ふし)の多い: manos ~sas 節くれだった手

nudrir [nuðrír] 他《古語》=**nutrir**

nuececilla [nweθeθíʎa] 女 ❶《植物》珠心〔=nucela〕. ❷《貝》ホンクルミ

nuecero, ra [nweθéro, ra] 名 クルミ売り

nuégado [nwéɣaðo] 男 ❶《菓子》〔主に 複〕ヌガー. ❷ コンクリート〔=hormigón〕

nuer [nwér] 名 ❶〔単複同形〕ヌエル族〔の〕, ヌアー族〔の〕《スーダン南部, ナイル上流域に住むナイロート系の牧畜民》

nuera [nwéra]《←俗ラテン語 nora < ラテン語 nurus》女 息子の妻, 嫁〔⇔yerno〕

nuero [nwéro] 男《戯語》娘婿〔=yerno〕

nuerza [nwérθa] 女《グラナダ》=**nueza**

nueso, sa [nwéso, sa] 形《古語》=**nuestro**〔名詞+〕

nuestramo, ma [nwestrámo, ma]《nuestro amo の縮約型》名 ❶《隠語》公証人. ❷《廃語》旦那様, 奥様

nuestro, tra [nwéstro, tra]《←ラテン語 noster, -tra, -trum》形《所有形容詞1人称複数. →**su, suyo**》❶ 私たちの, 我々の: 1) 〔+名詞. 発音は (nwestro) となる〕 *N~tra* abuela llega hoy. 私たちの祖母は今日着ます. *N~* ordenador es más nuevo que el tuyo. 私たちのコンピュータは君のより新しい. ~*tra salida* 私たちの出発. ~*tra* 当社〔弊社〕の注文. ~*s problemas económicos* 我が国の経済問題. 2) 〔名詞+〕 Ahora están reunidos unos compañeros ~s. 私たちの仲間の何人かが今集まっている. *condición tan ~s de individualistas y poco solidarios* 個人主義者であまり連帯しないというとても私たちらしい性質. 3) [主格補語] Esos juguetes son ~s. それらのおもちゃは私たちのものだ. ❷ [強調] Tenemos ~*tras* penas. 私たちには私たちなりの苦悩がある. 3) 《文語》私の: 1) [筆者・講演者が謙遜して] ~*tras opiniones* 小生の見解. 2) [国王などが] ~*tras proposiciones* 余の提案. ~*tras opinioenes* 朕の意向

¡Ya es ~! もうこっちのものだ/でかした!

―― 代 [定冠詞+] 私たちのそれ: *Su hijo es mayor que el ~.* 彼の子供はうちの子より年上だ

hacer [una] de las ~tras [私たちが] いつもの悪ふざけ (いたずら) をする

la ~tra 1) 私たちの好機 (都合のいい時): *Ahora es la ~tra.* 今が私たちの好機だ. *Esta es la ~tra.* 私たちのチャンスだ/希望がかなうぞ. 2) 私たちの言い分: *decir la ~tra* 当方の言い分を述べる

lo ~ 1) 私たちのこと (もの): *Lo ~ lo resolvemos nosotros mismos.* 自分たちのことは自分たちで解決します. *Vayamos a lo ~.* 本題に入ろう. *Nosotros a lo ~.* 私たちは私たちのことに関わっていよう. 2) 私たちの得意 (本分): *Lo ~ es el baile.* 私たちの得意はダンスだ. 3) 私たちの言い分. 4) [副詞的] かなり, とても: *Hemos influido lo ~ en la marcha de las cosas.* 私たちは事態の進展に相当な影響を与えている

los ~s 私たちの家族 (仲間・味方), 我が党, 我が軍

poner de lo ~ 最善を尽くす: *Tuvimos que poner de lo ~ para poder comprar al cliente.* お得意さんを確保するために私たちは最善を尽くさなければならなかった

nueva[1] [nwéßa] 女《古語的》[主に 複] 知らせ, ニュース〔=noticia〕: *Recibí la feliz ~ con alegría.* 私は喜ばしい知らせを受け取った. *Las malas ~s siempre son verdaderas.*《諺》悪い知らせはいつも真実

coger a+人 de ~(s) …の不意を突く

hacerse de ~s [何もなかったかのように] 驚いたふりをする

la buena ~《キリスト教》よき知らせ, 福音

pillar a+人 de ~(s) = coger a+人 de ~(s)

nuevamente [nweßaménte] 副 ❶ もう一度, 再び〔=de nuevo〕: *Se han cambiado las reglas ~.* また規則が変わった. *Le pido ~ disculpas por este error.* このような誤りを犯し, 繰り返しおわび申し上げます. ❷《まれ》新たに, 新しく. ❸《廃語》この間, 最近

nuevaolero, ra [nweßaoléro, ra] 形 名《芸術》ニューウェーブの 〔人〕, 新しい世代の〔人〕

nueve [nwéße]《←ラテン語 novem》形 男 ❶《基数詞》9 (の). ❷ 9番目の

nuevecientos [nweßeθjéntos] 形 男 =**novecientos**

nuevecito, ta [nweßeθíto, ta] 形 **nuevo** の示小語

nuevito, ta [nweßíto, ta] 形 名 **nuevo** の示小語

nuevo, va[2] [nwéßo, ßa]《←ラテン語 novus, -a, -um》形《絶対最上級》《文語》,《口語》 nuevísimo 新しい〔⇔antiguo, viejo〕. ❶ [ser+. 名詞+] 最新の: *Quiero comprar un coche ~.* 私は新車を買いたい.〔対語〕*Ya ha estropeado el ~ coche.* 彼は今度の (買い換えた) 車をもう壊してしまった. *Quizá mi nombre es ~ para ti.* 君は私の名前を聞いたことがないだろう. *palabra ~va* 新語. *brote ~* 新芽. *patatas ~vas* 新ジャガ. ❷ [ser+. +名詞] 新規の, 新たな; 別の: *En España empieza el ~ curso en septiembre.* スペインでは新学期は9月に始まる. *Presentarán ~ proyecto para reducir el precio de la gasolina.* ガソリン価格を引き下げるための新たな計画が発表されるだろう. *Toma esta medicina, y mañana amanecerás [como] ~.* この薬のめば明日はすっかりよくなります. *Es un ~ Freud... pero menos.* 彼は第二のフロイト…というほどではありません. *~ aeropuerto* 新空港. *~ comienzo en la vida* 人生の再出発. *un ~ día* 新しい一日. *~va edición* 新版. *~ país industrial* 新興工業国. *~ problema* 新たな問題. ❸ [ser+. +en で] 初めての, 新入りの, 新米の: *Esta situación es ~va para nosotros.* この状況は我々にとって初めてだ. *Mis vecinos son ~s en el barrio.* 私の隣人たちはこの地区では新顔だ. *Soy ~ en la empresa.* 私は新入社員です. *Soy ~ en este baile.* 私はこのダンスホールは初めてだ. *Hola soy ~...*〔インターネットの掲示板など〕初めて書き込みます. *miembro ~* 新しいメンバー. *~ alumno* 新入生. *~ profesor* 新任の先生. ❹ [estar+] 新品同様の: *Esta bicicleta está ~va aunque tiene ya varios años.* この自転車はもう数年乗っているがまだ新品みたいだ. ❺《口語》[estar+. 人が] 疲れが取れ, 生気を取り戻した: *Estoy completamente ~ después de dormir una siesta.* 昼寝の後私は完全に生き返ったようだ. ❻《地方語》1) 処女の. 2) [人・動物が] 幼い; [人が] 若い

cabalgar de ~《戯語》再び出演する

coger a+人 de ~ …の不意を突く〔=coger a+人 de nuevas〕

de ~ 1) 再び, もう一度: *Cometió de ~ el mismo error.* 彼はまた同じ間違いを犯した. 2) [旧状への復帰] *Quiere ir de ~ a su patria.* 彼は祖国へ帰りたがっている

¿Qué hay de ~? 何か変わったことはありませんか/近ごろどう

ですか？ ── 图 新入り、新入生

nuevoleonés, sa [nweβoleonés, sa] 形 图 =**neoleonés**

nuevomejicano, na [nweβomexikáno, na] 形 图 =**nuevomexicano**

nuevomexicano, na [nweβomexikáno, na] 形 图《地名》ニューメキシコ Nuevo México の〔人〕《米国南部の州》

nuevorriquismo [nweβorikísmo] 男《まれ》成金趣味

nuez [nwéθ]《←ラテン語 nux, nucis》女《植》〔～ces〕❶《果実》1) クルミ《=《メキシコ》～ de Castilla/～ nogal》: *nueces* con miel クルミの糖蜜がけ. ～ ferreña 小粒で堅いクルミ. 2) ～ de areca ビンロウ. ～ de Brasil/～ de Pará ブラジルナッツ. ～ de buri コウリバヤシの実. ～ de pacana/～ lisa/～ chiquita/～ encarcelada ペカン. ～ moscada ナツメグ. ～ vómica (matacán) マチンミ. ❷《解剖》クルミ大の量: una ～ de manteca クルミ大のラード1かたまり. ❸《解剖》のどぼとけ〔＝～ de Adán〕: apretar a+人 la ～ …を扼殺(絞)する、絞め殺す. rebanar a+人 la ～《口語》…の喉をかき切る. ❹《音楽》〈弦楽器の〉ナット

cascar a+人 *las nueces* …を殴りつける; やっつける

salir a+人 *la* ～ *cocona* うまくいくと思っていたことが悪い結果となる

nueza [nwéθa] 女《植物》❶ ホワイトブリオニー《＝～ blanca. 学名 Bryonia dioica》. ❷ ～ negra ブラックブリオニー《南ヨーロッパ産のヤマノイモ. 学名 Tamus communis》

nugatorio, ria [nugatórjo, rja] 形《まれ》だます、ごまかす; 期待を裏切る

nulamente [núlaménte] 副 無駄に、効果なく

nulidad [nuliðáđ]《←ラテン語 nulitas, -atis》女 ❶《法律》無効: ～ del documento 文書の無効. ～ del matrimonio 結婚の無効性. ❷《口語》無能な人、役立たず: Es una ～ para el trabajo. 彼は仕事が全くできない. Soy una ～ en ese aspecto. その点では私は役に立たない. ❸ 欠陥、無能

nulificar [nulifikár] 他 無効にする、取り消す; だめにする

nulípara [nulípara] 形《生理》未産婦〔の〕、出産経験のない〔女〕

nuliparidad [nuliparidáđ] 女《生理》未経産

nullius [núljus]《←ラテン語》形 bienes ～ 無主物、持ち主のいない財産

nulo, la [núlo, la]《←ラテン語 nullus「一つの…もない」》形〔ser+〕❶《法律》無効の: Este testamento es ～. この遺言書は無効だ. considerar ～ y sin valor 無効とみなす. orden nula 無効な命令. póliza nula 失効した保険証書. voto ～ 無効票. ❷ 無能な: Soy ～ para los deportes. 私はスポーツが全く苦手だ. ❸〔非存在〕ない; 無価値な: Su valor es casi ～. その価値はほとんどゼロに等しい. ❹〔試合が〕流れた、ドローの、無効の《ボクシングなど》. ❺〔野球〕アウトの; ファウルの: combate ～ 引き分け. ❺《野球》アウトの; ファウルの

── 男《野球》アウト

núm. 〔略語〕←número 番号: Sinfonía *núm.* 7 de Dvorák ドボルザーク交響曲第7番

Numancia [numánθja] 女《地名》ヌマンシア《現在のソリア市郊外にあるケルトイベリア族の町の遺跡. 紀元前143～133年のポエニ戦争 guerra púnica でローマ軍に対し全滅するまで徹底抗戦した》

numantinamente [numantinaménte] 副 勇敢に、断固として

numantinismo [numantinísmo] 男 不屈の精神、断固さ; 最期までの抵抗

numantino, na [numantíno, na] 形 图 ❶《歴史,地名》ヌマンシア Numancia の〔人〕. ❷ 勇敢な、断固とした《ヌマンシアの住民がローマ軍に強固に抵抗したことから》

numbat [numbá(t)] 男《動物》フクロアリクイ

number one [nómber wán]《←英語》图 ナンバーワン《=número uno》

numen [númen] 男《擢 *númenes*》❶《ローマ神話》神霊、守護神《キリスト教から見て》異教の神. ❷〔芸術家の〕霊感、インスピレーション; ～ poético 詩的霊感, 詩的霊感

numerabilidad [numeraβiliđáđ] 女 数えられ得ること、計数の可能性; 番号を与えられ得ること

numerable [numeráβle]《←ラテン語 numerabilis》形 数えられ得る、番号が付けられ得る; nombre ～ 可算名詞

numeración [numeraθjón]《←ラテン語 numeratio, -onis》女 ❶ 数えること; 数え方: La ～ de las camisetas de baloncesto empieza en el 4. バスケットボールの背番号は4から始まる. ❷

記数法《=sistema de ～》: ～ decimal (binaria) 10(2)進法. ～ arábiga (romana) アラビア(ローマ)数字《方式》. ❸ 番号付け

numerada [numeráđa] 女《昆虫》ヨーロッパアカタテハ

numerador, ra [numeraðór, ra]《←ラテン語 numerator, -oris》形 番号付け用の

── 男 ❶ ナンバリング《器械》. ❷《数学》〔分数の〕分子《⇔denominador 分母》

── 女 ナンバリング・マシン、番号印字器

numeral [numerál]《←ラテン語 numeralis》形 数の、数を表わす: adjetivo ～ 数形容詞. nombre ～ 数名詞《例 decena, millar, par》. letra ～ 数字

── 男《文法》数詞

numerar [numerár]《←ラテン語 numerare》他 ❶ …に番号を付ける: ～ las páginas ページにノンブルを打つ. edición *numerada* 番号入り限定発行. ❷ 数える、数量を示す

── ～*se*〔整列して〕番号を唱える

numerario, ria [numerárjo, rja]《←ラテン語 numerarius》形 ❶ 正規雇用の、正規雇用者; 正会員〔の〕: profesor ～ 専任教員. profesor no ～ 非常勤講師《スペインでは現在は廃止されている》. ❷《まれ》正金の、正貨の

── 男《経》正金、正貨《文語》現金

numerativo, va [numeratíβo, ba] 番号付け用の

numerero, ra [numeréro, ra] 形《口語》頭数をそろえるための

numéricamente [numérikaménte] ❶ 数に関して、数の上で、数的に: ～ superior 数字の上では優勢な. ❷ 個々に

numérico, ca [numériko, ka]《←ラテン語 numericus》形 数の、数値の、数による: cálculo ～ 数値計算法. objetivo ～ 数値目標

numerito [numeríto] 男 *montar el* ～《軽蔑》みっともないことをする

número [número]《←ラテン語 numerus》男 ❶ 数《→cifra《類義》》: 1) Somos pocos en ～. 私たちは少人数だ. Desciende el ～ de estudiantes matriculados. 登録学生数が減少している. El ～ está completo. 定員がそろった. ～ de personas ～ de páginas ページ数. 2) 数量: aplastar por el ～ 数で圧倒する. 3)《数学》ley de los grandes ～s 大数の法則. ～ complejo 複素数. ～ decimal 小数. e/～ de Euler オイラー数. ～ entero 整数. ～ imaginario 虚数. ～ irracional 無理数. ～ fraccionario (quebrado) 分数. ～ mixto 帯分数. ～ natural 自然数. ～ perfecto 完全数、完数. ～ periódico 循環小数. ～ primo 素数. ～ racional 有理数. ～ real 実数. ～s amistosos 友愛数. 4) 数字: Lleva en la mano una hoja llena de ～s y cálculos. 彼は数字や計算が一杯書き込まれた紙を手に持っている. ～ arábigo アラビア数字. ～ romano (llano) ローマ数字. 5)《文法》"Flor" es un sustantivo de género femenino y ～ singular. flor は女性単数名詞である. concordancia en ～ 数の一致. ～ plural 複数. ❷ 番号、ナンバー: 1) ¿Cuál es ～ de su coche? あなたの自動車のナンバーは？ ～ atómico 原子番号. ～ de Avogadro アボガドロ定数. ～ de cuenta 口座番号. ～ de matrícula 登録番号. 2) 番地《建物の番号. =～ de la casa》; 部屋番号《=～ de la habitación》: ¿En qué ～ vive usted? 何番地(何号室)にお住いですか？ Vive en el ～ tres. 彼は3号室に住んでいる. habitación ～ 36 36号室. ～ par (impar)〔通りの起点から見て〕右側(左側)の番地. 3) 電話番号《=～ de teléfono》: ¿Cuál es el ～ de tu móvil? 君の携帯電話の番号は？ Se ha equivocado de ～. 番号違いです. marcar el ～ 番号を押す(回す). ❸〔雑誌などの〕号: ¿Cuál es el ～ de la semana pasada? どれが先週号ですか？ Sigue en el ～ próximo. 次号に続く. último ～ 最新号. ～ atrasado バックナンバー. ～ especial 特別号. ❹〔靴・手袋などの〕サイズ: ¿Qué ～ calza (gasta) usted? あなたの靴のサイズはいくつですか？ ❺〔興行の〕出し物、演目: El próximo ～ es cómico. 次の出し物は喜劇だ. ～ de magia マジックショー. ❻〔音楽などの〕ナンバー: ～ jazz ジャズナンバー. ❼〔くじの〕番号: comprar un ～ 宝くじを1枚買う. ❽〔一流の〕部類: Ese autor no figura (entra) en el ～ de los más dotados. その作家は天才のうちには入らない. ❾ おにこ、十八番: Venga, canta ～ [haz] tu ～. さあきみ君のお得意を. ❿〔列・予約などの〕順番: ¿Qué ～ tiene usted?—El seis. 何番目ですか？—6番目です. Yo estoy el ～ 21 en la lista de espera. 私はキャンセル待ち名簿の21番だ. Guárdame ～ en la cola. 私の順番を取っておいてくれ. hacer ～+動 ～ な

る．pedir ～ para... …の予約をとる．⓫《旧約聖書》〖複〗[*N～s*] 民数記．⓬《西》［治安警備隊・警察の］平警員，平警官．⓭《まれ》[montar・hacer・dar など+] とびぬけた こと
de ～ 正規〔雇用〕の，正会員の: catedrático *de ～* 正教授．miembro *de ～* 正会員
echar ～s =**hacer ～s**
el mayor ～ de... 大多数の…
en corto ～ わずかな～
en gran ～《文語》たくさん: Los turistas vinieron *en gran ～*. 観光客がたくさん来た
en ～ de... …の数の: Han venido los turistas *en ～ de* un millón. 100万人もの観光客がやって来た
gran ～ de...《文語》多数の…: En la fiesta había *gran ～ de* personas. パーティーには大勢の人がいた
hacer ～《キューバ，アルゼンチン，ウルグアイ．口語》頭数を増やす: Solo venimos aquí a *hacer ～*. 私たちはただ頭数をそろえるために来ている
hacer ～s［費用などを］計算する
halar ～s《キューバ．口語》数に強い，計算が得意である
montar el ～《西．軽蔑》=**montar un ～**
montar un ～ 頭数をそろえる（増やす）
montar un ～《西．軽蔑》みっともないことをする
～ de magia 1)［優勝までの］マジックナンバー．2)《物理》魔法数
～ dos ナンバーツー
～ uno トップ，ナンバーワン: ser el *～ uno* de... …のトップ（ナンバーワン）である．Esta es la región productora *～ uno* de cereales del país. ここは全国一の穀倉地帯だ
～s negros (*rojos*) 黒字(赤字): Esa empresa ha entrado en *～s negros*. その会社は赤字になった．La cuenta corriente está en *～s rojos*. 当座預金は赤字だ
organizar ～ =**montar ～**
Ponte para tu ～.《キューバ．口語》まじめにやれ，しっかりしろ
sin ～ 1)［名詞+］無数の，数限りない: mentiras *sin ～* 数え切れないほどの嘘，嘘八百．2) 無番地
tomar a+人 el ～ cambiado《口語》…に関して誤る，誤解する
un buen ～ 多数，かなりの
un pequeño ～ 少数の…

numerología [numeroloxía]〖女〗数秘学，数霊術
numerólogo, ga [numerólogo, ga]〖名〗数霊術師，数占い師
numerosamente [numerósaménte]〖副〗❶ 大量に，たくさん．❷［韻律的に］調子よく
numerosidad [numerosiðáð]〖女〗《まれ》大量，多数
numeroso, sa [numeróso, sa]〖形〗《ラテン語 numerosus》❶［集合名詞+］多数からなる: Hay un grupo *～* de espectadores. 大勢の観客がいる．❷〖複〗[+名詞] 多数の，多くの，たくさんの: *N～sas* personas participaron en la fiesta. 大勢の人が祭りに参加した．*～s* libros たくさんの本．❸《まれ》[+名詞] 調和のとれた，ほどよい
numerus clausus [númerus kláusus]《ラテン語》〖男〗［入学などの］狭き門，入学定員の制限，入学許可割当数: Hay *～* en medicina. 医学は狭き門である
númida [númiða]〖形〗〖名〗［歴史，地名］［アフリカ北部の］ヌミディア Numidia の(人)〖現在のアルジェリア〗
numídico, ca [numíðiko, ka]〖形〗=**númida**
numinoso, sa [numinóso, sa]〖形〗神霊 numen の，超自然的な
numisma [numísma]〖男〗［古銭学で］貨幣
numismata [numismáta]〖名〗古銭研究家，古銭収集家〖=numismático〗
numismático, ca [numismátiko, ka]〖形〗古銭の，メダルの
—— 〖名〗古銭研究家，古銭収集家
—— 〖女〗古銭学；古銭(貨幣)の収集
nummulita [nummulíta]〖女〗=**nummulites**
nummulites [nummulítes]〖男〗〖古生物〗貨幣石
nummulítico, ca [nummulítiko, ka]〖形〗貨幣石の
numo [númo]〖男〗《まれ》貨幣〖=moneda〗；お金〖=dinero〗
numular [numulár]〖形〗［貨幣のように］丸い: esputo *～*《医学》銭状痰
numulario [numulárjo]〖男〗貨幣ブローカー
numulita [numulíta]〖女〗=**nummulites**
numulites [numulítes]〖男〗=**nummulites**

numulítico, ca [numulítiko, ka]〖形〗=**nummulítico**
nunca [núŋka]《ラテン語 numquam》〖副〗［否定的副詞］❶ 決して(…ない)，一度も(…ない)，二度と(…ない)［+動詞 では no は不要であり，否定の程度が強く表現される］: No he mentido *～*. *N～* he mentido. 私は一度も嘘をついたことがない．Ella no me ha hablado *～* de su esposo divorciado. 彼女は一度も別れた夫のことを私に話したことがない．*N～* ha sido simpático con nosotros. 彼は私たちに優しかったことは一度もない．No trabaja casi *～*. 彼はほとんど働かない．*N～* volveré a salir contigo. ¡Basta ya de perder el tiempo! 二度と君と外出するものか．時間の浪費もいいところだ!〖語法〗同一文中で nunca を含めて3つ以上れば以上の否定語を使うことができる: El homicida *no* quería hablar *～* a su abogado sobre *ninguno* de sus antecedentes penales. その殺人犯は絶対に自分の犯罪歴を弁護士に話そうとしなかった．❷［否定の意味を弱める・否定を暗示する］1)［反語的疑問文で］¿Has visto *～* las ballenas? 君は一度でもクジラを見たことがあるのか? ¡Quién vio *～* cosa igual! 誰がこのようなことがあるというのか! 2)［疑わしさを表わす間接疑問文で］No me acuerdo de si he leído *～* esta novela. 私はこの小説を読んだことがあるかどうか覚えていない．¿Tú sabes si *～* nos volveremos a ver? いつかまた会えるかどうか分かりませんね? 3)［否定・疑惑の主文における従属節で］No creo que Juan diga *～* la verdad. フアンが本当のことを言うとは私は思わない．4)［最上級を修飾する関係節中で］Era el muchacho más guapo que se había visto *～*. それはかつて見たこともない美男子だった．❸［比較の対象として，強意］Está más alegre que *～*. 彼はいつになく楽しそうだ．Salió de casa más temprano que *～*. 彼はいつになく早く家を出た
como ～ 今までになく: Durante estos tres días consecutivos ha llovido *como ～*. この3日間続けて，これまでなかったような大雨が降った
～ jamás 1) [nunca の強調] 決して(二度と)…ない: *N～ jamás* he podido olvidarte. 私はどうしても君のことを忘れられない．*N～ jamás* desistirá de su propósito. 彼は決して自分の思いをあきらめないだろう．2) 国がN～ ネバーランド《←『ピーターパン』Peter Pan y Wendy》
～ más [nunca の強調] 決して(二度と)…ない: *N～ más* volveré a este país. この国へは二度と来るものか

Nunc est bebiendum [núŋk est beβjéndum]《ラテン語》今こそ飲まねばならぬ／さあ乾杯だ
nunchaco [nuntʃáko]〖男〗《武術》〖主に〖複〗〗ヌンチャク
nunchaku [nuntʃáku]〖男〗=**nunchaco**
nunciatura [nunθjatúra]〖女〗❶ 教皇特使 nuncio の職務(任期・公邸)．❷《カトリック》［スペインの］最高法廷
nuncio [núnθjo]〖男〗《ラテン語 nuntius》❶《カトリック》教皇特使，教皇大使，教皇庁大使〖=～ apostólico〗．❷《文語》使者: canoro《詩語》美声の使者〖ニワトリのこと〗．❸《文語》前兆，前ぶれ，きざし: Estas nubes son *～* de lluvia. これらの雲は雨の前ぶれだ．las golondrinas, *～s* de la primavera 春の訪れを告げるツバメたち
[*Eso*] *Cuéntaselo* (*Díselo*) *al ～*.《口語》そんなこと言ったって仕方がないよ，言っても無駄だよ
Que lo haga el ～.《口語》そんなこと誰か他のやつにやらせろ
recibir la visita del ～ 月経(生理)がある
nuncupativo, va [nuŋkupatíβo, ba]〖形〗［遺言などが］口頭の: testamento *～*《法律》口頭遺言
nuncupatorio, ria [nuŋkupatórjo, rja]〖形〗《文語》［書状などが］遺贈の
nunquita [nuŋkíta]〖副〗《南米》=**nunca**
nunquitita [nuŋkitíta]〖副〗《チリ》=**nunca**
Núñez [núɲeθ]〖人名〗**Rafael** ～ ラファエル・ヌニェス《1825～94，コロンビアの政治家・作家．大統領を4度歴任》
Núñez de Arce [núɲeθ de árθe]〖人名〗**Gaspar** ～ ガスパル・ヌニェス・デ・アルセ《1832～1903，スペインの詩人．格調高い修辞的技法を駆使した詩作からはロマン主義的な感傷性の残りと当時の社会的退廃に対する憂いを見ることができる．『戦いの叫び』*Gritos de combate*，『めまい』*El vértigo*，『暗い森』*La selva oscura*》
Núñez de Balboa [núɲeθ de balβóa]〖人名〗**Vasco** ～ バスコ・ヌニェス・デ・バルボア《1475?～1519，スペイン人コンキスタドール．1513年パナマ地峡を横断し太平洋を発見》
Núñez de Pineda y Bascuñán [núɲeθ de pinéða i basku

ɲán|《人名》**Francisco ～** フランシスコ・ヌニェス・デ・ピネダ・イ・バスクニャン『1607～82, チリの軍人・作家. 先住民マプーチェ mapuche 族に捕えられた時の経験をもとにした『幸せな虜囚生活』*Cautiverio feliz y razón de las guerras dilatadas de Chile*』

Núñez Vela [núɲeθ béla]《人名》**Blasco ～** ブラスコ・ヌニェス・ベラ『1495～1546, スペイン生まれの軍人・政治家. 初代ペルー副王 virrey として赴任するが, 植民者の反乱で斬首される』

nuño [núɲo] 男《チリ. 植物》ニワゼキショウ

Nuño de Guzmán [núɲo de guzmán]《人名》**Beltrán ～** ベルトラン・ヌニョ・デ・グスマン『1490～1544, スペイン人コンキスタドール. メキシコ市のアウディエンシア Audiencia の初代長官. 数々の残虐行為のかどで逮捕され本国へ送還. 獄死』

nupcial [nupθjál]《←ラテン語 nuptialis》形《文語》婚礼の, 結婚の: banquete ～ 結婚披露宴. ceremonia ～ 婚礼. galas ～*es* 婚礼衣裳. mesa ～ 婚礼の席

nupcialidad [nupθjaliđáđ] 女 ❶ 結婚率『=tasa de ～』. ❷《行政》結婚

nupcias [núpθjas]《←ラテン語 nuptiae < nuptum < nubere「結婚する」》女 複《文語》婚礼, 結婚『=boda』:〔casarse en〕segundas ～ 再婚〔する〕

nunquitita [nuŋkitíta] 副《チリ. 口語》nunca の示小語

nuraga [nuráɣa] 女《考古》ヌラーゲ『サルデーニャ島の遺跡』

nurágico, ca [nuráxiko, ka] 形《考古》ヌラーゲ nuraga の

nuremburgués, sa [nuremburɣés, sa] 形 名《地名》〔ドイツの〕ニュルンベルク Nuremberg の〔人〕

nurse[1] [núrse]《←英語》女《西》〔主に外国人の〕子守り女『=niñera』

nurse[2] [nérs/núrs]《←英語》女《ウルグアイ》看護婦

nursery [nurserí]《←英語》女《まれ》保育所, 託児所

nutación [nutaθjón] 女 ❶《天文, 物理》章動, 転動: ～ solar 〔lunar〕太陽〔太陰〕章動. ❷《植物》転頭運動, 生長運動

nutella [nutéʎa] 女《商標》ヌテラ『料理』

nutka [nútka] 形 名〔カナダ太平洋岸の先住民〕ヌートカ族〔の〕

nutra [nútra] 女 =**nutria**

nutria [nútrja] 女《動物》カワウソ: ～ común ユーラシアカワウソ. ～ marina/～ de mar ラッコ

nutricio, cia [nutríθjo, cja] 形 ❶ 栄養(滋養)のある, 栄養になる『=nutritivo』. ❷〔人を〕育てる, 扶養する: padre ～ 育ての親, 養父

nutrición [nutriθjón]《←ラテン語 nutritio, -onis < nutritum < nutrire「食物を与える」》女 栄養補給, 栄養摂取: mala ～ 栄養不良. perturbación de la ～ 栄養障害

nutricional [nutriθjonál] 形 栄養補給(摂取)の: desde el punto de vista ～ 栄養面から言えば

nutricionalmente [nutriθjonálménte] 副 栄養面で, 栄養的には

nutricionista [nutriθjonísta] 名 栄養学者, 栄養士

nutrido, da [nutríđo, đa]形《文語》豊富な, 多い: 1)〔主に +集合名詞〕~*da* asistencia 大勢の出席. ～ grupo 大勢のグループ. ~*da* representación 大勢の代表者. ~*s* aplausos 盛大な拍手. 2)〔+de の〕tesis ~*da* de citas 引用の多い論文. estudio ～ de datos データの豊富な研究

nutridor, ra [nutriđór, ra] 形《まれ》栄養を与える〔人〕; 滋養となる

nutriente [nutrjénte] 形 栄養になる
—— 男 栄養素, 養分

nutriero [nutrjéro] 男《ラプラタ》カワウソ猟師『皮を売る』

nutrimental [nutrimentál] 形《まれ》滋養(栄養)になる

nutrimento [nutriménto] 男 =**nutrimiento**

nutrimiento [nutrimjénto] 男 栄養〔の摂取〕; 養分

nutriología [nutrjoloxía] 女 =**nutrología**

nutriólogo, ga [nutrjólogo, ga] 名 =**nutrólogo**

nutrir [nutrír]《←ラテン語 nutrire》他 ❶ …に食物(栄養)を与える: ～ al hijo con su leche 子供に授乳する. La tierra *nutre* las plantas. 大地は植物を生育する. Dos acequias *nutren* el estanque. 2本の用水路が貯水池に水を供給する. niño bien (mal) *nutrido* 栄養のよい(悪い)子. ❷《文語》はぐくむ, 助長する;〔活力などを〕与える: La virtud *nutre* al alma. 徳行は心の糧になる. Esos recuerdos *nutren* su odio. その思い出は彼の憎しみをかき立てる. ❸ 一杯にする: Los famosos periodistas *nutrieron* la tertulia. 著名な記者たちでその集まりが一杯になった
—— ～se〔+con・de を〕摂取する, …で栄養をとる: Los japoneses *se nutren con* arroz. 日本人は米を食べる. ❷《比喩》〔+de・en を〕養う, はぐくむ: ~*se en* (*de*) sabiduría 知識を養う. Ese hombre *se nutre* de ilusiones. その男は夢を抱いている

nutritivo, va [nutritíβo, ba]《←nutrir》形 ❶ 栄養になる, 滋養となる: Esta sopa es muy ~*va*. このスープはとても栄養がある. ❷ 栄養に関する: valor ～ 栄養価

nutriz [nutríθ] 女《廃語》乳母
—— 形 滋養となる『=nutritivo』

nutrología [nutroloxía] 女 栄養学

nutrólogo, ga [nutrólogo, ga] 名 栄養学者

nutual [nutwál] 形〔礼拝堂付き司祭などの任務が〕免ぜられ得る

ny [ní] 女《ギリシア文字》ニュー『N, ν』

nylon [najlón/nilón]《←英語》男《繊維》ナイロン: medias de ～ ナイロンのストッキング. hilo de ～ ナイロン糸

Ñ

ñ [éɲe] 囡 アルファベットの第15字
ña [ɲá] 囡《中南米》→**ño**²
ñaca [ɲáka] 囲《西》意味のないはさみ言葉
　——囡《チリ》=**ñaco**
ñacaniná [ɲakaniná] 囡《アルゼンチン. 動物》ミズコブラモドキ《チャコ平原の大型の毒蛇》
ñaca-ñaca [ɲaka ɲáka] 男《西, チリ, アルゼンチン, ウルグアイ》性交
ñácara [ɲákara] 囡《中米》潰瘍《=úlcera》
ñácate [ɲákate] 囲《ラプラタ》[衝撃音] バシッ, ガシャン, ザーッ
ñachi [ɲátʃi] 男《チリ. 料理》塩とトウガラシで味付けされた羊の生血
ñaclo, cla [ɲáklo, kla] 图《地方語》幼児
ñaco [ɲáko] 男《チリ. 料理》砂糖・蜂蜜を入れた焼きトウモロコシのかゆ
ñacundá [ɲakundá] 囡《アルゼンチン. 鳥》シロハラヨタカ
ñacurutú [ɲakurutú] 男《匯 ~es》《南米. 鳥》アメリカワシミミズク《飼い馴らせる》
ñadi [ɲáði] 男《チリ》浅くて広い沼沢地
ñafiar [ɲafjár] 10 他《ベネズエラ》掏（する）
ñafitear [ɲafiteár] 他《プエルトリコ》盗む, 掏（する）
ñafiteo [ɲafitéo] 男《プエルトリコ》盗み, 掏ること
ñagaciento, ta [ɲaɣaθjénto, ta] 形《ペルー》おとりになる, おとり用の
ñagaza [ɲaɣáθa] 囡《狩猟》鳥を捕まえるおとり
ñajo, ja [ɲáxo, xa] 形《西. 隠語》小さい, ちっちゃな
　——男《西. 隠語》幼児
ñala [ɲála] 囡《動物》アンテロープの一種
ñam ñam [ɲán ɲán] 囲 [おいしく食べる音] ムシャムシャ, パクパク
ñame [ɲáme] 男 ❶《植物》1) ヤマノイモ, ヤムイモ《塊茎は食用》. 2) サトイモ《根茎は食用. =~ de Canarias》. ❷《キューバ》卑俗でばかか丸出しの人
　——《ドミニカ, コロンビア, ベネズエラ. 口語》[特に足が] 不格好で大きな
ñamera [ɲaméra] 囡《地方語》=**ñame**
ñampiar [ɲampjár] 10 他《キューバ. 口語》[人を] 殺す
　——**se**《キューバ. 口語》[人が] 死ぬ
ñandú [ɲandú]《←グアラニー語》男《匯 ~[e]s》《鳥》レア《南米産の走鳥》
ñandubay [ɲanduβái] 男《南米. 植物》マメ科の太くて赤い木《硬く腐りにくい. 学名 Prosopis nandubay》
ñándubay [ɲánduβai] 男 =**ñandubay**
ñandutí [ɲandutí]《←グアラニー語》男《匯 ~[e]s》《アルゼンチン, パラグアイ. 繊維》ニャンドゥティ《クモの巣のように繊細なレース編みの綿布. 白いドレスに使われる》
ñanga¹ [ɲáŋga] 囡 ❶《中米》沼沢地, 湿地. ❷《エクアドル》1) 少量. 2) 匯 マングローブの不定根
　——形副《コロンビア》無駄な・に
　a la ~ pichanga《アルゼンチン》ごまかして
　hacer+事物 a la ~《チリ》…をいい加減にする
　~ lo niega《コロンビア》それを否定しても無駄である
ñangado, da [ɲaŋgáðo, ða] 形《キューバ》[脚が] 曲がって弱い
　——形 ❶ 嚙みつき, 嚙み跡. ❷ [有害で] でたらめな行ない, 愚行
ñangapirí [ɲaŋgapirí] 男《アルゼンチン. 植物》ピタンガ, タチバナアデク《学名 Eugenia uniflora》
ñangar [ɲaŋgár] 8 他《キューバ》変形させる, つぶす
ñángara [ɲáŋgara] 囡《ホンジュラス》潰瘍, 傷
ñango, ga [ɲáŋgo, ga] 形 ❶《中南米》不格好な. ❷《メキシコ. 口語》[人が] ひよわな, ひょろひょろした. ❸《プエルトリコ》1) ばかな, 頭の悪い. 2) 気難しい, 怒りっぽい. 3) 手足の曲がった. ❹《アンデス》[人が] 背の低い. ❺《チリ》[鳥が] 脚の短い. ❻《アルゼンチン》[人が] 侮辱された, 屈辱的な
　——男《コロンビア》[人の] 仙骨
ñangotado, da [ɲaŋgotáðo, ða] 形《プエルトリコ》卑屈でおべっかを使う[人]; 怠け者[の]

ñangotar [ɲaŋgotár] ~**se** ❶《プエルトリコ, ドミニカ》うずくまる, しゃがむ. ❷《プエルトリコ》1) 面目を失う. 2) 屈服する, 卑下する. 2) 元気をなくす, しょげる; 怖じ気づく
ñangotismo [ɲaŋgotísmo] 男《プエルトリコ》❶ 体制順応主義; 受け身的（卑屈な態度, 追従. ❷ うずくまる習慣
ñangué [ɲaŋgé] 男《キューバ. 植物》チョウセンアサガオ
　tiempo de ~《ペルー》大昔
ñanguear [ɲaŋgeár] 自《コロンビア》仕事をサボる, 怠ける
ñanguería [ɲaŋgería]《プエルトリコ》❶ ばかげたこと, 愚かさ. ❷ ふざけ, からかい
ñaña¹ [ɲáɲa] 囡 ❶《中米. 俗語》[人の] 糞. ❷《プエルトリコ, チリ》子守女, 乳母
　tener muchas ~s《アルゼンチン, ウルグアイ. 口語》[言う・行なう前に]ためらう
ñañacas [ɲaɲákas] 囡 匯《ボリビア》がらくた
ñáñara [ɲáɲara] 囡 ❶《中南米. 口語》匯 戦慄. ❷《メキシコ》匯 過度の気配り. ❸《キューバ. 口語》[傷口の感染による皮膚の] 潰瘍
ñañería [ɲaɲería] 囡《エクアドル. 口語》[2人の間の] 親しさ, 信頼; なれなれしさ
ñáñigo, ga [ɲáɲigo, ga] 形 图《キューバ. 歴史》黒人の秘密組織の[メンバー]
ñañitas [ɲaɲítas] 囡 匯《チリ》[牛肉の大きな塊から切り取った] 小さな一切れ
ñaño, ña² [ɲáɲo, ɲa] 图 ❶《パナマ, コロンビア》甘やかされた人, 甘えん坊. ❷《エクアドル, アルゼンチン》1) 兄, 姉. 2) 親友. ❸《ペルー》子供. ❹《チリ》ばか
ñañoso, sa [ɲaɲóso, sa] 形《アルゼンチン, ウルグアイ》誇張して傷（病気）を訴える[人]. ❷《アルゼンチン》臆病な[人], 優柔不断な[人]
ñao [ɲáo] 男《キューバ. 口語》恐怖, 勇気のなさ: tener ~ 怖がっている
ñapa [ɲápa] 囡 ❶《中米》1)[買い物客に渡される] ちょっとしたおまけの品, 景品. 2) ボーナス; チップ. ❷《メキシコ, チリ》盗み
　de ~《中南米》おまけに, その上
　para más ~《ベネズエラ》さらに悪いことには
　por una ~《ベネズエラ》きわどいところで
ñapango, ga [ɲapáŋgo, ga] 形《コロンビア. 古語》=**mestizo, mulato, cuarterón**
ñapindá [ɲapindá] 男《アルゼンチン. 植物》アカシア属の一種《とげが多く, 花は芳香. 学名 Acacia bonariensis》
ñapo [ɲápo] 男《チリ. 植物》イグサの一種《かごを編む》
ñaque [ɲáke] 男 ❶《主に中南米》無駄なこと, ばかばかしいこと; がらくた, くず. ❷《演劇》1)《古語》[2人組の] 道化役者. 2)《まれ》一般に現代の] 劇団
ñara [ɲára] 囡《中米. 隠語》ひどい
　——图《中米. 隠語》愚か者, ばか
ñarra [ɲára] 图 子供
　——形《エクアドル》ほんの少しの《=poquito》; [人・動物が] とても小さな
　——囡 匯《メキシコ, ベネズエラ》[役職を利用した] 不正な収入, わいろ
ñarrear [ɲareár] 自《パナマ》[猫が] 鳴く《=maullar》
ñaruso, sa [ɲarúso, sa]《エクアドル》[人が] あばたのある
ñata¹ [ɲáta] 囡 ❶《ニカラグア, エルサルバドル, キューバ, アルゼンチン, ウルグアイ》鼻《=nariz》
ñatear [ɲateár] 自《エクアドル》鼻声で話す
ñato, ta² [ɲáto, ta]《←chato+レオン語 ñacho》形 ❶《メキシコ, ペルー, チリ, アルゼンチン, ウルグアイ》鼻ぺちゃの[人]《=chato》. ❷《アンデス》[親愛の呼びかけ] ねえ, おい. ❸《コロンビア》鼻声の. ❹《チリ, アルゼンチン, ウルグアイ. 口語》やつ《=tipo》. ❺《アルゼンチン》醜い, 出来の悪い; 邪悪な
　——男《チリ》女っぽい男, 女性的な男
ñatocho, cha [ɲatótʃo, tʃa] 形《チリ》鼻の低い, 鼻ぺちゃの
ñatucho, cha [ɲatútʃo, tʃa] 形 =**ñatocho**
ñau [ɲáu] 男 ❶《中南米》[猫の鳴き声] ニャア. ❷《キューバ,

ñórdiga

hacer 〜 〜《ペルー, アルゼンチン》盗む, かすめ取る

ñauar [nawár] [12]《チリ》[猫が] 鳴く〖=maullar〗

ñauca [náuka] 囡《チリ》=ñaupa

ñauido [nawíðo] 男《チリ》猫の鳴き声

ñaupa [náupa] 囡《ラプラタ. 口語》**en tiempos de 〜/del año de 〜** 大昔の

ñaure [náure] 男《ベネズエラ》棍棒

ñeca [néka] 囡《キューバ》拳骨で打つこと: **meter 〜 a**+人 …を拳骨で殴る

ñecla [nékla] 形《チリ》❶ 小型の凧. ❷《口語》虚弱な人, 弱々しい人. ❸ つまらないもの, ばかげたこと

ñecle [nékle] 形《チリ, アルゼンチン》片目の. ❷《チリ》病弱な, 虚弱な

ñeco, ca [néko, ka] 名《エクアドル. 口語》親友
── 形《エクアドル》殴打

ñeembucuense [n(e)embukwénse] 形 名《地名》ニェエンブク Ñeembucú の〔人〕〖パラグアイ東部の県〗

ñema [néma] 囡《チリ》亀頭〖=glande〗

ñemeo [neméo] 男《ベネズエラ. 俗語》非合法な利益, 内緒のもうけ

ñengo [néŋgo] 形《メキシコ》体力の衰えた, やせこけた, 病気がちな

ñengue [néŋge] 形 名 ❶《メキシコ. 口語》変人〔の〕, 理解しがたい〔人〕. ❷《キューバ. 口語》虚弱な〔人〕, 病気がちの〔人〕. ❸《プエルトリコ》ばかな〔人〕, 間抜けな〔人〕. ❹《ベネズエラ. 口語》下品な〔人〕

ñeñe [népe] 男《ホンジュラス》糞
── 形《プエルトリコ》ばかな, 間抜けな

ñeque [néke] ❶《←アフリカの言語》形 名 ❶ 《中米, チリ》たくましい〔人〕, 頑健な〔人〕. ❷《キューバ. 口語》1) 悪運をもたらす〔人〕. 2) 勇敢な〔人〕
── 男 ❶《中米, ペルー, ボリビア, チリ. 口語》殴打, 平手打ち. ❷《中米. 口語》人への〕勇気. ❷《中米. 口語》力強さ, スタミナ. ❹《エクアドル》[複] 拳骨

ñequear [nekeár] 自《エクアドル》活力を示す

ñequiza [nekíθa] 囡《エクアドル. 口語》殴り合いのけんか

ñereo [neréo] 男《チリ》毛布を織る道具

ñero, ra [néro, ra] 形《compañero の語頭音消失》 名 ❶《メキシコ, グアテマラ, コロンビア, チリ. 口語》仲間〔の〕, 相棒〔の〕. ❷《中米. 軽蔑》下品な〔人〕, 行儀の悪い〔人〕. ❸《コロンビア. 口語》遊び歩くのが好きな〔人〕. ❹《ベネズエラ. 隠語》ばかな〔人〕

ñiachi [nját∫i] 男《チリ. 料理》=ñachi

ñica [níka] 囡《ペルー》ほんの少し

ñícaro [níkaro] 男《ドミニカ》生育の悪いバナナ

Ñico, ca [níko, ka] 名《チリ, アルゼンチン》洗礼名 Nicolás・Nicolasa の愛称

ñifle [nífle] 間《チリ》だめだ/全然!

ñilbo [nílbo] 男《チリ》❶〔古着の〕当て布. ❷《料理》〔干し肉などの〕垂れた一片

ñinga [níŋga] 囡《キューバ, ベネズエラ. 口語》❶ 小片, 少量. ❷ 醜悪なもの

ñipa [nípa] 囡《チリ》❶《植物》フトモモ科の灌木〖枝は染料に使われる. 学名 Escallonia illinaita〗. ❷ 便所

ñipar [nipár] 自《チリ》排便する

ñipe [nípe] 男《チリ. 植物》フトモモ科の灌木〖=ñipa〗

ñique [níke] 男《チリ》げんこつ. ❷《ホンジュラス》[こま遊びで] 相手のこまに心棒をぶつけること〔こまを割ったりひび入らせる〕
no andar con 〜 y ñaca《チリ》ごまかしをしない

ñiquiñaque [nikináke] 囲《まれ》軽蔑すべき人〔物〕

ñire [níre] 男《チリ. 植物》ブナ科の高木〖学名 Notophagus antarctica〗

ñirivilo [niribílo] 男《チリ》[川や池に棲み, 泳ぐ人に害を及ぼすとされる] 伝説上の怪獣

ñisca [níska] 囡 ❶《中米, コロンビア》糞. ❷《エクアドル, ペルー, チリ》少量, 小さな一片

ñisñil [nisníl] 男《チリ》ガマ, ネムロコウホネ

ño¹ [nó]《coño の略語》間《婉曲》ちくしょうめ!

ño², ña [nó, ná]《señor, ra; doña の省略語》名《中南米》年上の人の洗礼名の前につける敬称〗 **ño** Antonio アントニオおじさん. **ña** María マリアおばさん

ñoca [nóka] 囡《コロンビア》床などの割れ目. ❷《アルゼンチン》嘘, ごまかし

ñocha [nót∫a] 囡《チリ. 植物》アナナス科の一種〖葉から縄・籠・帽子・ござ・うちわが作られる. 学名 Cyperus lechleri, Bromelia landbecki〗

ñoclo¹ [nóklo] 男 小麦粉・砂糖・バター・卵・ワイン・アニスで作った菓子

ñoclo², cla [nóklo, kla] 形《ベネズエラ》[家畜が] 耳が片方下を向いている

ñoco, ca [nóko, ka] 形《ドミニカ, プエルトリコ, コロンビア, ベネズエラ. 口語》指〔手〕を欠いた
── 男《南米》[設打] ストレート. ❷《コロンビア》かかと, ヒール. ❸《エクアドル. 口語》[主に子供の遊びに使われる] 地面の小さな穴

ñola [nóla] 囡 ❶《グアテマラ, ホンジュラス》潰瘍. ❷《ニカラグア, コロンビア》糞

ñon [pón]《cañón の語頭音消失》《キューバ. 俗語》ほら吹き〔強がり〕の人, 空いばり屋

ñonga [póŋga] 囡 ❶《俗語》1) 陰茎. 2)《ペルー》下半身を露出して出歩く男. ❷《パナマ, 実》カシューナッツ

ñongar [poŋgár] [8] **〜se**《コロンビア》❶ かがむ, しゃがむ. ❷ ねじれる

ñongareto, ta [poŋgaréto, ta] 形《コロンビア》体に障害のある, 奇形の

ñongo, ga² [póŋgo, ga] 形 ❶《キューバ. 口語》愚かで言動が時宜を得ない〔人〕, うすのろの. ❷《コロンビア, ベネズエラ》体に障害のある, 奇形の. ❸《ベネズエラ》1) 不運な, 不吉な. 2) ぺてんの. 3) 野暮な, 無作法な. 4) 気難しい

ñongotar [poŋgotár] **〜se**《コロンビア》ねじれる

ñonguear [poŋgeár] 他《コロンビア》チョウセンアサガオを媚薬として与える〖=enchamicar〗

ñonguera [poŋgéra] 囡《チリ. 口語》怠惰, 無気力, 精神力の弱さ

ñoña¹ [nópa] 囡 ❶《中南米. 口語》[牛馬の] 糞. ❷《ベネズエラ, エクアドル, チリ. 口語》[間投詞的] ちくしょう
sacar la 〜 a+人《チリ. 口語》懸命に働く; 自殺する
sacarse la 〜《チリ. 口語》懸命に働く; 自殺する
volverse 〜《ベネズエラ. 口語》厄介事に巻き込まれる

ñoñada [popáða] 囡《軽蔑》上品ぶった〔とりすました〕言動

ñoñar [popár] 他《プエルトリコ》=añoñar

ñoñear [popeár] 自《キューバ》気取る

ñoñería [popería] 囡 ❶《軽蔑》上品ぶった〔とりすました〕言動. ❷ 臆病. ❸《キューバ》[主に子供への] 過度の思いやり, 甘やかし

ñoñez [popéθ] 囡 [囲 **〜ces**] ❶《軽蔑》道徳に凝り固まっていること, 堅苦しさ, 上品ぶった言動. ❷ [単純すぎて] 面白みのないこと: **no decir más que ñoñeces** つまらないことしか言わない

ñoño, ña² [pópo, pa] I《←擬態》形 名 ❶《軽蔑》道徳に凝り固まっている〔人〕, 上品ぶった〔人〕, 堅苦しい〔人〕, すましやがった〔人〕: **No come la tarta con las manos, ¡qué 〜!** 彼はケーキを手づかみで食べない, 何て上品ぶっているんだ! **película ñoña** 堅苦しい映画. ❷ [単純すぎて] 面白みのない. ❸ 臆病な〔人〕. ❹《中南米》老いた, もうろくした. ❺《メキシコ, ラプラタ》趣味の悪い, 流行遅れの: **vestido 〜** 野暮ったい服. ❻《キューバ》[主に子供を] 甘やかす. ❼《ドミニカ, プエルトリコ, ペルー》思い上がった, 傲慢な
II《señor の省略語》形《中南米》[洗礼名の前につける敬称] …さん

ñopera [popéra] 囡《コロンビア》手指の神経麻痺

ñopo, pa [pópo, pa] 形 ❶《パナマ》1) スペイン人の. 2) 金髪の, 白人の. ❷《コロンビア》1) 鼻ぺちゃの. 2) 指の曲がった
── 男《ベネズエラ. 植物》マメ科の高木〖学名 Anadenanthera peregrina〗; その根または種の粉で作った幻覚剤

ñoqui [póki] 《←伊語 gnocchi》男 [複 **〜s**] ❶《料理》[主に 複] ニョッキ: **hacer 〜s caseros** 家でニョッキを作る. ❷《ラプラタ. 戯語》顔への殴打. ❸《アルゼンチン. 軽蔑》[政治家に顔がきくので] 働かないで給料を受け取る公務員

ñor, ra¹ [pór, ra]《señor, ra の省略語》名《メキシコ. 口語》[主に社会的に地位の低い] 男, 女

ñora² [póra] 囡《ムルシア》❶《植物, 実》シマトウガラシ〖=guindilla〗; 丸く小さいピーマン. ❷ 水くみ水車, 揚水機〖=noria〗

ñorbo [pórbo] 男 ❶《中南米》[女性に対して] トケイソウに似た目の美しさを讃える掛け声. ❷《南米. 植物》トケイソウ〖=pasionaria〗

ñorda [pórða] 囡《俗語》=**ñórdiga**

ñórdiga [pórðiga] 囡《俗語》糞〖=mierda〗

ñoro [ɲóro] 男《ムルシア》シマトウガラシ《=guindilla》
ñu [ɲú]《←擬声》男《複 ~[e]s》《動物》ヌー: *ñu* listado (azul) オグロヌー. *ñu* blanca オジロヌー
ñublado, da [ɲubláđo, đa] 形《古語》=**nublado**
ñublar [ɲublár] 他《古語》=**nublar**
ñublense [ɲublénse] 形 名 =**ñublino**
ñublino, na [ɲublíno, na] 形 名《地名》ニュブレ Ñuble の〔人〕〚チリ南部の県〛
ñublo [ɲúblo] 男《古語》=**nublo**
ñubloso, sa [ɲublóso, sa] 形《古語》=**nubloso**
ñuco, ca [ɲúko, ka] 形 ❶《ホンジュラス》[人・動物が] 指〔の一部〕のない; 角の欠けた; [一般に] 欠けた, 不足した. ❷《アルゼンチン》手に障害のある
ñudillo [ɲuđíʎo] 男《廃語》=**nudillo**
ñudo [ɲúđo] 男《地方語》=**nudo**

al ~《アルゼンチン, ウルグアイ. 口語》無駄に, 不必要に; 間違って
ñudoso, sa [ɲuđóso, sa] 形《地方語》=**nudoso**
ñufla [ɲúfla] 形 名《チリ》❶ 下品で面白みのない〔人〕. ❷ [事物が] 価値のない; [人について] くず〔の〕
ñuño [ɲúɲo] 男《エクアドル, ペルー》乳母
ñuridito, ta [ɲuriđíto, ta] 形《コロンビア》虚弱な, 病弱な
ñusca [ɲúska] 女《グアテマラ, コロンビア》糞
ñuscar [ɲuskár] 7 他《コロンビア》しわを寄せる
ñuso, sa [ɲúso, sa] 形 名《アルゼンチン》鼻の低い〔人〕
ñusta [ɲústa] 女《古語》インカの処女の王女
ñuto, ta [ɲúto, ta] 形 男 ❶《コロンビア, エクアドル, ペルー, アルゼンチン. 料理》柔らかい肉, 叩いて柔らかくした肉. ❷《エクアドル, ペルー》1) 挽いた〔粒〕, 粉々にした〔粒〕. 2) [主に食肉について] 混ざりもののない, 骨なしの

O

o¹ [ó]【女】【複 oes, os】アルファベットの第16字; その名称: abrir la boca en forma de O 口をOの字型に開く
no saber hacer la o con un canuto《西. 軽蔑》[人が] 役立たずである, 全くの無知である

o² [o]【←ラテン語 aut】【接続】o-・ho- で始まる語の前で **u** になる: siete *u* ocho días 7日ないし8日間. ayer *u* hoy 昨日か今日. アラビア数字をつなぐ時は **ó** とも表記. 20 *ó* 30 personas 20人か30人】❶【選択】…かあるいは…か, または, もしくは; …かか: 1) ¿Cuál te gusta más, el pescado *o* la carne? 君は魚と肉のどちらが好きか? Lo haré mañana *o* pasado mañana. 私はそれを明日か明後日にしよう. vivir *o* morir 生きるか死ぬか. 2) [選択は「2者のどちらか1つ」とは限らない. 選択の意味が弱まって「付加的な意味になることもある」En este cajón puedes guardar libros *o* cuadernos. 君はこの箱に本かノートもしまってよい. Acudieron muchas celebridades al concierto, como novelistas, actores *o* atletas. そのコンサートには多くの有名人が, 小説家, 俳優, それにスポーツ選手等も来た.【語法】主語が o によってつながれた複数要素からなる場合, 動詞は複数形になる. 1) 主語に1人称単数形があれば動詞は1人称複数形になる: Él *y* yo *tendremos* que hacerlo. 彼と私がそれをしなければならないだろう. Tú *o* yo *tendremos* que hacerlo. 君と私がそれをしなければならないだろう. 2) 主語に2人称単数形があれば動詞は2人称複数形になる: Tú *o* él *tendréis* que hacerlo. 君か彼がそれをしなければならないだろう. 3) 主語が共に3人称単数形であれば, 動詞は3人称単数形・複数形のどちらも使われる: El tiempo *o* la muerte lo *resolverá* (*resolverán*). 時か死のいずれかがそれを解決するだろう) ❷【命令文など+】そうしないと, さもないと: Démonos prisa, *o* perderemos el tren. 急ぎましょう, そうしないと電車に乗り遅れてしまいます. Obedeces *o* te castigo. 言うことを聞きなさい, そうでないとお仕置きだよ. Tenemos que superar este periodo difícil *o* no hay ningún futuro. 我々はこの困難な時期を乗り越えなければならない, さもなければ未来はない. [o..., o...《強調》] *O* me paga usted, *o* lo demando. 金を払ってくれますか, さもないと訴えて出ますよ. ❸ [o..., o...で選択肢「どちらか1つ」を明示]…か, あるいは…か: *O* no quiere trabajar *o* es perezoso. 彼は働きたくないのか, 怠け者なのかのどちらかだ. *O* mejora tu trabajo, *o* serás despedido. 君はもっとしっかり仕事をするか, それとも首になるかのどちらかだ. Lo vi *o* en España *o* en México. 私は彼にスペインかメキシコか, どちらかで会った. ❹…や…や,…でも《=y》: Se venden muchas cosas, baratas *o* caras. 安い物や高い物, 色々売られている. El coste de vida, incluyendo los gastos pequeños *o* grandes, totaliza en los doscientos mil yenes mensuales. 生活費は大小取り混ぜて, 合計月20万円になる. ❺【類義語・説明語句を導いて】言い換えれば, つまり: Es el bisonte americano *o* búfalo. それはアメリカ野牛, つまりバッファローだ. el protagonista *o* el personaje principal del teatro 主人公すなわち芝居の主役

接続法+**o no** [+接続法] [譲歩] …や…に関わらず: Haga buen tiempo *o* no, tiene lugar la carrera de caballos. 天候が良かろうが悪かろうが競馬はある. Puedas *o* no puedas pagar ahora, debes hacerte responsable de estos gastos. 今払えるか払えないかに別にして, 君はこれらの経費に責任をもつべきだ
o bien または, あるいは: Es una planta originaria de aquí, *o bien* de origen americano. それはこの地にもともとあった植物, つまり中南米原産である
o bien..., o bien... …か, あるいは…か: *O bien* te disculpas *o bien* te quedas castigado. 前はごめんなさいを言うか, お仕置きをしてもらうかだ [. どちらかを選ぶか]
... o lo que sea …でも何でも, carne, pescado *o lo que sea*. 私は何でも食べますよ, 肉でも, 魚でも, 何でもね
***o* sea** 1) 言いかえれば, すなわち: una semana *o sea* siete días 1週間すなわち7日間. cuando el trabajador tenga 60 años *o sea* parado 労働者が60歳になった時, つまり失業した時. 2) 《口語》[[+que]+直説法] だから…: Las clases terminan el día 20, *o sea* 〔*que*〕 habrá quince días de vacaciones. 授業は20日に終わる, だから休みが2週間ある
***o*, si no** 《独立的に使われて》さもなければ: Hazlo pronto, *o, si no*, perderás la oportunidad. 早くしなさい, そうしないとチャンスを逃してしまうよ. Te esperamos para las ocho *o, si no*, para y veinte. 私たちは8時か8時20分に待っているよ
***o* somos *o* no somos** ここが決心のしどころだ/思い切ってやってみろ: Tengo miedo.—¿*O somos o no somos* hombres? 怖い.—一男人だろ!

O《略》←octubre 10月
ó [ó]【接】→o²
-o【接尾辞】❶【名詞化. 動作・結果] cost*o* 費用, desembarc*o* 上陸. ❷【地名形容詞化】húngar*o* ハンガリーの
O.《略》←oeste 西
o/.《略》←orden 注文, 指図〔書〕
OACI [oáθi]【女】《略》←Organización de Aviación Civil Internacional 国際民間航空機関
oasis [oásis]【←ラテン語・ギリシャ語】【男】【単複同形】❶ オアシス: agricultura de ～ オアシス農業. región de los ～ オアシス地帯. ciudad ～ オアシス都市. ❷ 憩いの場(時): El parque es un ～ dentro de la ciudad. 公園は都市のオアシスである
oaxaqueño, ña [oaxakéɲo, ɲa]【形】【地名】オアハカ Oaxaca の〔人〕《メキシコ南部の州・州都》
obcecación [ɔ(b)θekaθjón]【←ラテン語 obcaecatio, -onis】【女】一途な思い込み, 頑迷: no salir de su ～ かたくなになっている
obcecadamente [ɔ(b)θekáðaménte]【副】一途に, かたくなに, 頑迷に
obcecamiento [ɔ(b)θekamjénto]【男】=obcecación
obcecar [ɔ(b)θekár]【←ラテン語 caecare 「盲目にする」】[7]【他】【感情・観念の】の理性を失わせる: La *obcecca* el amor que siente por él. 彼に対する愛情が彼女を盲目にしている
—— ～**se** 理性を失う; [+con・en・por に] 固執する, 凝り固まる: *Se obcecca en* su propia idea. 彼は自分の考えに凝り固まっている. *Se obcecaba en* encontrar el tesoro. 彼は宝を発見できると思い込んでいた
ob. cit.《略》←obra citada 前掲書中に, 引用書中に
obducción [ɔbdu(k)θjón]【女】【地理】乗り上げ, オブダクション
obduración [ɔbduraθjón]【女】 固執, 強情, 頑固
obedecedor, ra [oβeðeθeðór, ra]【形】【名】従う〔人〕
obedecer [oβeðeθér]《←ラテン語 oboedire 「耳をかす」》[39]【他】…に従う, 服従する; 遵守する: *Obedece* a tus padres. 両親〔の言葉・考え〕に従いなさい. El perro no *obedeció* a su amo. 犬は主人の言うことをきかなかった. Las piernas no me *obedecieron*. 私の脚が言うことをきかなかった. ～ las leyes 法律に従う. ～ las órdenes del jefe 上司の命令に従う
—— 自 ❶ [人・動物・物などが, +a に] 適切に反応する: Este caballo no *obedece* a la mano. この馬は手綱に従わない. El dolor no *obedece* a los analgésicos. その痛みは鎮痛剤が効かない. El freno falló y no *obedeció* a la maniobra del momento. ブレーキが壊れて, とっさの操作に応じなかった. ❷【文語】…に起因する, 原因がある: Su comportamiento extraño *obedece* quizá al alzhéimer. 彼の異常行動はたぶんアルツハイマーからきている. La fatiga *obedece* a la nutrición deficiente. 疲労は栄養不良に原因がある. No sé a qué *obedece* su pesimismo. 彼の悲観論はどこから来るのか私には分からない
hacer ～ 服従させる

obedecer	
直説法現在	接続法現在
obede**zc**o	obede**zc**a
obedeces	obede**zc**as
obedece	obede**zc**a
obedecemos	obede**zc**amos
obedecéis	obede**zc**áis
obedecen	obede**zc**an

obedecible [obeðeθíβle] 形 従われ得る, 従われるべき
obedecimiento [obeðeθimjénto] 男 従うこと, 服従
obediencia [obeðjénθja]《←ラテン語 oboedientia》女 ❶ [+a への] 服従, 従属: dar (prestar) ～ a+人 …に服従する. prometer (jurar) ～ a la Constitución 憲法に服従を誓う. ～ al reglamento 規則を守ること. ～ ciega 盲従. ～ debida 当然守るべき服従の態度. ～ falta no tiene sus límites. 服従にも限界がある. ❷ 従順さ. ❸《宗教》1) [修道会で長上者に対する] 服従: Los religiosos deben ～ a sus superiores. 修道士はその長上に信仰する義務を負っている. voto de ～ 従順の誓い. 2) [長上者からの] 指図; 戒律, 規則
obediencial [obeðjenθjál] 形 服従の
obediente [obeðjénte]《←ラテン語 oboediens, -entis》形 [ser+estar+] 従順な, 素直な: Sus hijos son muy ～s. 彼の子供たちはとても聞き分けがいい. Es raro que esta niña esté muy ～ hoy. 今日にかぎってこの子は今日はおとなしい. ser ～ de las leyes 法律を遵守する. ser ～ a los dictados de la moda 流行の勢いに流される
obedientemente [obeðjéntemente] 副 素直に, 従順に
obelisco [obelísko]《←ギリシア語 obeliskos < obelos「焼き串」(形から)》男 ❶ オベリスク, 方尖柱, 方尖塔. ❷《印刷》短剣符, ダガー《†》
óbelo [óβelo] 男《まれ》短剣符, ダガー《=obelisco》
obencadura [obeŋkaðúra] 女《集名》《船舶》シュラウド, 横静索
obenque [obéŋke]《←古仏語 hobent》男《船舶》シュラウド, 横静索
Oberón [oβerón] 男《中世の伝説で》オベロン《妖精王》
obertura [oβertúra]《←仏語 ouverture < ラテン語 apertura》女《音楽》序曲: tocar la ～ de "Guillermo Tell"『ウィリアム・テル』序曲を演奏する
obesidad [oβesiðá(ð)]《←ラテン語 obesitas, -atis》女《主に医学》太りすぎ, 肥満(症)
obeso, sa [oβéso, sa]《←ラテン語 obesus「大食した人」》形《主に医学》太りすぎの(人), 肥満症の(人): En 2005, el 14% de los niños de Madrid fueron ～s. 2005年, マドリードの児童の14パーセントは太りすぎだった
obi [óβi]《←日本語》男《服飾》帯
óbice [óβiθe]《←ラテン語 obex, -icis》男《文語》[主に否定文で, +para que+接続法 への] 不都合, 障害: Eso no fue ～ para que se casaran. そのことは彼らが結婚するのの妨げではなかった
obispa[1] [oβíspa] 女《アンダルシア, ムルシア》=**avispa**
obispado [oβispáðo]《←ラテン語 episcopatus》男 ❶ 司教(主教·監督)職: O～ de Urgell ウルヘル司教《アンドラ Andorra のスペイン側の元首》. ❷ 司教区. ❸ 司教館
obispal [oβispál]《←ラテン語 episcopalis》形 司教(主教·監督)の
obispalía [oβispalía] 女 司教職; 司教区
obispar [oβispár] 自 司教になる; 司教に任命される
obispillo [oβispíʎo] 男 ❶ [鳥の] 尾の付け根. ❷《西》司教の格好をした子供, 少年司教《聖ニコラウスの日(12月6日)·幼な子殉教者の日(12月28日)のミサで司教の役を務める》. ❸《地方語·料理》太いモルシーリャ morcilla
obispo[1] [oβíspo]《←ラテン語 episcopus < ギリシア語 epikopos》男 ❶《カトリック》司教: ～ auxiliar 補佐司教. ～ de la primera silla 大司教, 首都司教《=metropolitano》. ～ electo 叙任のみの司教. ～ ordinario 教区司教, 居住司教. ～ titular/～ de anillo/～ de título/～ in partibus/～ in partibus infidelium 名義司教《現在は司教区に任ぜられる》. ❷《ギリシア正教会など》主教. ❸《魚》ビショップエイ. ❹ 太いモルシーリャ《=obispillo》. ❺《メキシコ》角が4本の子羊. *cada muerte de ～*《中南米·口語》長時間経過して. *por la muerte de un ～*《中南米·口語》まれに, ときたま. *trabajar para el ～* ただ働きをする
obispo[2], **pa**[2] [oβíspo, pa] 名《プロテスタント》監督; [聖公会の] 主教
obiter dicta [oβíter díkta]《←ラテン語》男 複 付言, 余録, 付説
óbito [óβito]《←ラテン語 obitus》男《法律, 宗教》死亡
obitorio [oβitórjo] 男 遺体安置所
obituario [oβitwárjo] 男 ❶《教会の》死者名簿, 過去帳. ❷《新聞》死亡欄, 死亡記事. ❸《メキシコ, ベネズエラ》[人の] 死亡
obiubi [oβjúβi] 男《ベネズエラ·動物》ヨザルの一種《黒色のサル》

objeción [oβxeçjón]《←ラテン語 obiectio, -onis》女 [+a への] 反対, 異議; 非難: ¿Alguien tiene alguna ～ a que se apruebe esta moción? この動議を承認するのに誰も何も異議はありませんか? Hizo (Puso) objeciones a la reforma. 彼は改革に異論を唱えた. levantar una ～ 反対する. ～ fiscal [軍事支出などに反対する] 良心的納税拒否
～ *de conciencia* 良心的兵役(参戦)拒否: alegar ～ *de conciencia* 良心的兵役拒否を申し立てる
objetable [oβxetáβle] 形 反対され得る
objetal [oβxetál] 形《文語》対象の, 目的の
objetante [oβxetánte] 名 反対する人; [政治集会で] 野次をとばす人
objetar [oβxetár]《←ラテン語 objectare》他 ❶ 反対の…を表明する, 異議を唱える: 1) Mañana salimos a las cuatro, ¿algo que ～? 明日は4時に出発だ, 何か反対があるか? No tengo nada que ～. 私は何も異論はない. 2) [+a に対して] No tengo nada que ～ a la propuesta. 私は提案に異議はない. ❷ …に反対する: 1) ～ un plan 計画に反対する. ～ una hipótesis 仮説に異論を唱える. 2) [+que+直説法 を理由に] *Objetó que resultaría difícil.* それは難しくなるからといって反対した. *El director ha objetado que el proyecto es demasiado caro.* 社長はその計画は経費がかかりすぎるといって反対した. 3) [目的語を明示する +a] Los miembros del comité objetaron a los estudiantes reprobados a la prolongación de la beca. 委員会のメンバーは落第した学生に奨学資金を延長することに反対した
—— 自 良心的兵役(参戦)拒否をする: Él ha objetado porque no está de acuerdo con ningún acto bélico. 彼はあらゆる戦闘行為をよしとしないとして兵役を拒否した
objetivable [oβxetiβáβle] 形 客観(客体)化され得る
objetivación [oβxetiβaçjón] 女 客観化, 客体化; 対象化
objetivador, ra [oβxetiβaðór, ra] 形 客観化する; 対象化する
objetivamente [oβxetiβámente] 副 ❶ 客観的に; 冷静に. ❷ 物的に; 対象として
objetivar [oβxetiβár] 他 客観(客体)化する; 対象化する
—— *se* ❶ 客体化される; 対象化される. ❷《医学》現われる, 外在化する
objetividad [oβxetiβiðá(ð)] 女 客観的であること, 客観性《⇔subjetividad》: considerar con ～ 客観的に考える, 公平な目で見る
objetivismo [oβxetiβísmo] 男《哲学》客観主義, 客観論
objetivista [oβxetiβísta] 形 名《哲学》客観主義の(主義者), 客観論の
objetivizar [oβxetiβiθár] 9 他 客観化する; 対象化する
objetivo[1] [oβxetíβo] 男 ❶ 目的, 目標: 1) Hemos cumplido todos los ～s que nos propusimos. 私たちは掲げた目標をすべて達成した. 2) *de mi visita* 私の来訪の目的. ～ final 最終目標. ～ intermedio 中間目標. ～s militares 軍事目標. 2) [形容詞的] empresa ～ 対象企業, 標的企業. lengua ～ 目標言語. ❷《軍事》標的. ❸《光学》対物レンズ; [カメラの] レンズ. ～ *de ángulo extendido* 広角レンズ
tener+不定詞 como (por) ～ …することを目的とする: *Esta fiesta tiene como ～ reunir a los antiguos compañeros de clase.* この催しは同窓生たちに集まってもらうことを目的としている
objetivo[2], **va** [oβxetíβo, βa]《←ラテン語 objectivus》形 ❶ [ser+] 客観的な《⇔subjetivo》: *Deja de esos pesimismos; trata de ser ～.* そんな悲観論はやめろ, 客観的に考えたらどうだ. *existencia ～va* 客観的存在. *juicio ～* 客観的な判断. *realidad ～va* 客観的現実. ❷ 公平な, 私心のない: *Es una persona ～va.* 彼は公正な人だ. *opinión ～va* 私心のない意見. ❸《哲学》客観主義の, 客観論の. ❹《医学》他覚的な: *síntoma ～* 他覚症状. ❺《文法》目的語の, 目的格の: complemento ～ 目的格補語. genitivo ～ 目的格属格. ❻《法律》responsabilidad ～va 厳格責任
objeto [oβxéto]《←ラテン語 objectum < ob- (前) +iactum < iacere「前にある」》男 ❶ [あまり大きくない] 物体, 事物: Ellos arrojaron diversos ～s al escenario. 彼らは色々な物を舞台に投げつけた. Se recomienda no colocar ～s encima del aparato receptor. 受信機の上には物を置かないで下さい. Es un ～ de tiempos antiguos que me compré en el viaje. これは私が旅行中に買った骨董品だ. Muebles, cuadros y libros son ～s. 家具と絵と本は物だ. ～ *de arte* 美術品. ～ *de valor* 貴重

品. ～ postal 郵便物. ～ volador no identificado《中南米》=～ volante no identificado. ～ volante no identificado《西》未確認飛行物体, UFO. ❷ [複] 品物, 道具: Las mayores de esas obras de arte fueron ～*s* robados. それらの美術品の大部分は盗難品だった. ～*s* de regalo 贈答品. ～*s* personales 身の回り品. ～*s* perdidos 遺失物. ❸《美術》オブジェ. ❹ [無冠詞で, ser+. 行為·感情の] 対象: El primer ministro fue ～ de duros ataques de la oposición. 首相は野党からの激しい攻撃の的になった. ～ de nuestra admiración 我々の賛美の的. ～ del impuesto 課税対象〔物件〕. ❺ 目的, 目標: ¿Cuál es el ～ de su visita? ご来訪のご用件は? conseguir (lograr) el ～ 目的を達する, 目標を達成する. ～ de la fundación de esta asociación 本協会設立の趣旨. ～ del viaje 旅の目的. ～ social 会社の目的〖営利および定款にある設立趣意〗. ❻《文法》目的語: ～ directo (indirecto) 直接(間接)目的語. ❼《哲学》客観, 客体, 対象: el sujeto y el ～ de la acción 動作の主体と客体, 動作の行ない手と受け手. ❽《古語》反論, 異議

al ～ de.../con* 〔*el*〕 *～ de... [+不定詞·que+接続法] …するために: Vengo aquí *con el ～ de* descansar. 私は休息するためにここに来た. Vengo *con el ～ de que* me informen de la enfermedad de mi mujer. 私の家内の病気のことをうかがいたくてやって来ました. Le he llamado *al ～ de que* venga. 私は彼に来てもらうように電話した

con tal* (*cuyo*) *～ そのために, そのような目的で

hacer... ～ de... …を…の対象にする: Me *hacen ～ de* sus burlas. 私は彼らの嘲笑の的だ

no tener ～ [+que+接続法 することは] 意味がない: *No tiene ～ que* sigas insistiendo. 主張し続けても無駄だよ

sin ～ あてもなく; 無駄に: Anduve *sin ～* por las calles. 私はあてどもなく街を歩いた. Se molesta *sin ～*. 彼はむだ骨を折っている

tener*+名詞·不定詞 *por* (*como*) *～ …を目的とする: La fundación *tiene por ～* la lucha contra el cáncer. その財団は癌との戦いを目的にしている. Este proyecto *tiene por ～* construir una presa en un río para asegurar la distribución estable de las aguas. この計画は安定した水の供給を確保するために河川にダムを建設することを目的としている

objetor, ra [ɔƀxetɔ́r, ra]〖←objetar〗[形] [名] 異議を申し立てる, 異議申立人; 反対する〔人〕
—— [男] [信仰·信条による] 良心的兵役(参戦)拒否者〖=～ de conciencia〗

objetual [ɔƀxetwál] [形] ❶《美術》対象に新しい意味を与える. ❷ 客観的な; 対象の

objetualizar [ɔƀxetwaliθár] [9] [他] 対象化する

oblación [oƀlaθjɔ́n]〖←ラテン語 oblatio, -onis〗[女]《文語》[神への] 奉納, 奉献, 供物: ～ de las especies eucarísticas 聖餐式

oblada [oƀláđa] [女] ❶《カトリック》[パンなどの] 供物. ❷《魚》タイ科の一種〖学名 Oblada melanura〗

oblata[1] [oƀláta]〖←ラテン語〗[女]《カトリック》❶ [ミサ用の] パンとぶどう酒. ❷ 献金, 寄進

oblatividad [oƀlatiƀiđá(đ)] [女]《心理》献身

oblativo, va [oƀlatíƀo, ƀa] [形] ❶《心理》献身の: amor ～ 献身的愛. ❷《まれ》奉納 oblación の

oblato, ta[2] [oƀláto, ta] [形] [名] オブレート(献身)修道会 Misioneros Oblatos de María Inmaculada の〔修道士·修道女〕

oblea [oƀléa]〖←古仏語 oblée < ラテン語 oblata「捧げ物」〗[女] ❶《カトリック》オブレアス〖薄いパン状のもの. それを切ってホスチア hostia にする〗. ❷《料理》クレープ: ～ con chocolate チョコレートクレープ. ❸ オブラート. ❹ 封緘(ふうかん)紙. ❺《口語》薄いもの: una ～ de jamón 薄っぺらなハム1枚. ❻《口語》やせてがりがりの人(動物): quedarse como una ～ がりがりにやせ細る. ❼《情報》ウエハー. ❽《チリ, アルゼンチン, ウルグアイ》郵便切手〖=sello〗. ❾《アルゼンチン》シール〖=etiqueta〗

obleera [oƀl〔e〕éra] [女]《カトリック》オブレアス obleas を入れる容器

oblicua[1] [oƀlíkwa] [女]《幾何》斜線〖=línea ～〗

oblicuamente [oƀlíkwaménte] [副] 斜めに; 傾いて

oblicuángulo [oƀlikwáŋgulo] [形] [男]《幾何》斜角〔の〕: triángulo ～ 斜三角形

oblicuar [oƀlikwár] [12] [他] 斜めにする, 傾かせる
—— [自]《軍事》斜行進する

oblicuidad [oƀlikwiđá(đ)]〖←ラテン語 obliquitas, -atis〗[女] ❶ 傾斜; 斜度: ～ pélvica/～ de la pelvis 骨盤の傾斜. ❷《天文》傾斜角: ～ de la eclíptica 黄道傾斜角

oblicuo, cua[2] [oƀlíkwo, kwa]〖←ラテン語 obliquus〗[形] ❶ [ser+] 斜めの: bajo la lluvia ～*cua* 斜めに降る雨の中を. en forma (de manera) ～*cua* 斜めに. ángulo ～《幾何》傾斜角, 斜角. echar (dirigir) una mirada ～*cua* ちらっと横目で見る. ❷ [estar+. まっすぐだったのが] 傾いた: El poste estaba ～. その電柱は傾いていた. ❸ [情報·批判などが] 遠回しの, 間接的ではっきりしない. ❹《言語》斜格の
—— [男]《解剖》斜筋

obligación [oƀligaθjɔ́n]〖←ラテン語 obligatio, -onis〗[女] ❶ [法律·契約·道徳上の] 義務, 責務: 1) Es ～ de todos nosotros ayudar a los débiles. 弱い人たちを助けることは我々皆の義務だ. Atender a los clientes constituye su principal ～. 客に応対することが彼の主な仕事だ. Si mis *obligaciones* me lo permiten, mañana saldré con usted. 都合がつけば, 明日ご一緒します. adquirir (contraer) *obligaciones* 義務を負う. conocer sus *obligaciones* 自分の本分をわきまえている. constituirse en ～ de... …をなすべく義務づけられている. cumplir con sus *obligaciones* 義務を全うする. faltar a sus *obligaciones* 義務を怠る. ～ legal 法的義務. ～ moral 道徳的義務. ～ profesional 職業上の義務. ～ civil 民事責任. ～ mancomunada 共同責任. ～ solidaria 連帯責任. *obligaciones* maritales 夫婦としての義務. Primero (Antes) es la ～ que la devoción.《諺》信心よりもまず仕事. 2) [+de+不定詞·que+接続法] Estamos (Nos vemos) todos en la ～ *de* respetar la ley. 我々は皆法を尊重すべき義務を負っている. Se encontró en la ～ *de* emigrar. 彼は移住を余儀なくされた. Me veo en la penosa ～ *de* comunicarles que... 残念ながら…ということをお伝えしなければなりません. La ley establece la ～ *de que* el acusado conozca sus derechos. 被告に自分の権利を知らせるべきことが法律で定められている. ❷ 恩義, 義理; [個人的な] 責任: Tengo cierta ～ hacia él. 私は彼に義理がある. En ese momento los directores se sintieron en la ～ de dimitir. その時重役たちは辞任する必要があると感じた. ❸《商業》1) 債券, 社債〖→bono [類義]〗: emitir *obligaciones* 債券を発行する. ～ al portador 無記名債券. ～ nominativa 記名債券. ～ que participa en los beneficios 利益参加社債. *obligaciones* del estado/*obligaciones* estatales/*obligaciones* del Tesoro 国債. *obligaciones* municipales 市債. *obligaciones* perpetuas/*obligaciones* sin vencimiento 永久公債. 2) ～ alternativa 選択債務. 3) [複] 負債: Esta empresa tiene *obligaciones* de elevada suma ante los bancos de esta plaza. この企業は当市の銀行に対して高額の負債を抱えている. ❹《西》[複] [家族への] 扶養義務: Está cargado de *obligaciones*. 彼は扶養家族を抱えている

***correr ～ a*+人** …に義務が及ぶ

encontrarse en la ～ de... …という状況下に立たされている

por ～ 義務として, 義務的に; 責任として; 義理で: Tengo *por ～* darles carrera a mis sobrinos. 私は甥たちを大学にやることを責任だと思っている

obligacionista [oƀligaθjonísta] [名]《商業》債券所有者

obligado, da [oƀligáđo, đa] [形] ❶ [estar+. +a+不定詞·名詞. 義務として] …しなければならない: Estoy ～ *a* asistir. 私はどうしても出席しなくてはいけない. Si no quieres ir, no estás ～ *a* hacerlo (*a* ello). もし行きたくなければ, 行かなくてもいいよ. Me siento ～ *a* colaborar. 協力しなければいけないと私は思っている. ❷ [ser+. 社会的慣習·規範として] しなければならない, 義務的な: Es ～ a los trabajadores de esta fábrica entrar en su puesto cinco minutos antes de las nueve. この工場の工員には9時5分前に職場に入ることが義務づけられている. Son normas de circulación de ～ cumplimiento. それは履行が義務づけられている交通法規だ. ❸ [estar+] 恩義を感じている, 感謝している: Le estoy muy ～ por todo lo que ha hecho por mí. あなたにお世話になったことに私は深く感謝しております
—— [名] ❶《法律》債務者. ❷《歴史》[市町村のための] 調達者: ～ de la carne 肉の供給者
—— [男]《音楽》オブリガート, 助奏

obligar [oƀligár]〖←ラテン語 obligare〗[8] [他] ❶ [使役. 権力·状況などが] …に強いる, 強制する, 余儀なくさせる: 1) [+a+不定詞 することを] La policía *obligó a* los ocupantes ilegales a desalojar el local. 警察は不法占拠者をその施設から立ち退か

obligativo, va

せた. La ley nos *obliga a* pagar tributos. 法律で我々は税金の支払いを義務づけられている. Le *obligaron* con amenazas a declarar. 彼は脅されて供述させられた. No le *obligues* a trabajar. 彼に働けと無理強いするな. La lluvia me *obligó a* quedarme en casa. 雨のために私は家にいるしかなかった. 2) [+a que+接続法] A ella la *obligaron a que* le sirviera de asistenta. 彼女は無理やり彼のお手伝いさんにさせられた. ❷《法律》…に義務を負わせる, 強制力を及ぼす: Este reglamento *obliga* a todos los habitantes de esta ciudad, sean japoneses, sean extranjeros. この規則は日本人, 外国人を問わず, 当市の住民全員を規制する. ❸ 無理やりねじ込む(押し込む): Puedo ponerme estos zapatos, pero *obligándolos*. この靴は履けることは履けるが, 無理やり押し込んだのことだ. ❹《チリ, アルゼンチン》飲みに来るように招待する

── ~se ❶ 義務を負う, 約束する: Mediante este contrato, usted *se obliga a* indemnizar a la otra parte. この契約によって, もしあなたが相手方に損害を及ぼしたら, 賠償金を払う義務を負うことになる. ❷ 自分に強いる, 責任を引き受ける: Me *obligo a* estudiar dos horas al día. 私は毎日2時間勉強すると自分で決めている. Un grupo de abogados *se ha obligado a* presentar a los accionistas un informe sobre la situación actual de la empresa. 弁護士団は会社の現状報告書を株主に提出する責任を引き受けた. ❸《ボリビア, チリ》人のコップで酒を飲む

obligar	
直説法点過去	接続法現在
obligué	obligue
obligaste	obligues
obligó	obligue
obligamos	obliguemos
obligasteis	obliguéis
obligaron	obliguen

obligativo, va [obligatíbo, ba]《形》《まれ》=**obligatorio**
obligatoriedad [obligatorjeðáð]《女》 義務(強制)であること: ~ del mantenimiento de los hijos 子供を扶養する義務. ~ de la enseñanza básica 初等教育の強制性(義務性)
obligatorio, ria [obligatórjo, rja]《←ラテン語 obligatorius》《形》❶ (ser-, 主に法的に) 義務的な, 強制的な, 拘束力のある《⇔voluntario》: Es ~ llevar puesto el cinturón de seguridad. シートベルトを締めることが義務づけられている. La Comunión es ~ria una vez al año. 聖体拝領は一年に1度が義務だ. La enseñanza primaria es ~ria. 初等教育は強制的だ. trabajo ~ 強制労働. ❷ [授業科目などが] 必須の: asignaturas ~rias 必須科目. ejercicios ~s《体操》規定種目. ❸ [文法規則が] 必ず適用されなければならない: Es ~ el uso del artículo determinado de masculino singular ante el nombre propio de un río. 川の名を表わす固有名詞の前には男性単数定冠詞を前に付けなければならない
obligo [oblígo]《男》《ボリビア, チリ》人のおごりにこたえて飲むこと. Tomo y ~. [おごられた者が言う] 次は私のおごりですよ
obliteración [obliteraθjón]《女》❶ 抹消. ❷《医学》閉塞. ❸ [切手に] 消印を押すこと
obliterador, ra [obliteraðór, ra]《形》抹消する
── 《男》[切手の] 消印器
obliterante [obliteránte]《形》《医学》閉塞性の
obliterar [obliterár]《←ラテン語 obliterare》《他》❶ 抹消する; [記憶などを] 消す. ❷《医学》閉塞させる. ❸ [切手に] 消印を押す. ── **matsellar**
── ~se《医学》閉塞する
oblito [oblíto]《男》《医学》手術中に体内に置き忘れられた異物
oblongada [obloŋgáða]《形》→**médula** oblongada
oblongo, ga [oblóŋgo, ga]《←ラテン語 oblongus》《形》細長い, 縦長の: redondel ~ 楕円
obnoxio, xia [obnó(k)sjo, sja]《形》《古語》[危害などを] 受けやすい
obnubilación [obnubilaθjón]《女》❶《文語》もうろうとさせる(もうろうとする)こと. ❷《医学》意識混濁
obnubilante [obnubilánte]《形》《文語》もうろうとさせる
obnubilar [obnubilár]《←ラテン語 obnubilare》《他》❶《文語》…の意識をもうろうとさせる. ❷《まれ》判断力を失わせる, 目をくらませる

── ~se《文語》[+con に] もうろうとする
obo [óbo]《男》《船舶》OBO 船, 鉱撒油兼用船, 鉱石・ばら荷・油兼用船
oboe [obóe]《←仏語 hautbois》《男》《楽》~s ❶《音楽》オーボエ: ~ de amor/~ d'amore オーボエダモーレ. ~ de caza オーボエ・ダ・カッチャ. ❷《古語, 航空》[O~] オーボー, オーボエ
── 図 オーボエ奏者
oboísta [oboísta]《名》オーボエ奏者
óbolo [óbolo]《←ギリシア語 obolos》《男》❶ 少額の寄付金: dar (dejar) el ~ 貧者の一灯をささげる. ~ de San Pedro 世界の各司教区から教皇庁に送られる募金. ❷《古代ギリシア》1) オボロス銀貨. 2) [重量単位] オボロス《=約60グラム》. ❸《薬学》エスクルプロ escrúpulo の半量
obovado, da [obobáðo, da]《形》《植物》[葉が] 倒卵形の
obpo.《略語》←obispo 司教
obra [óbra]《←ラテン語 opera》《女》❶ [行為・要因 agente によって] 産み出されたもの, 結果: La naturaleza es ~ de Dios. 自然は神の創造物である. Este cauce es ~ de la lluvia. この河床は雨のせいでできたものだ. Esta enfermedad puede ser ~ de un virus. この病気はウイルスのせいかもしれない. ❷《時に 集名》科学・芸術における] 思考の産物, 作品; 著書, 著作; 成果, 業績: Este autor tiene muchas ~s importantes. この作家には重要な作品がたくさんある. Su ~ perdurará. 彼の業績は後世に残る. ~s de Falla ファリャの作品. gran ~ 大作. ~s completas 全集. ~ de arte 芸術作品; 美術品. ~ de teatro (dramática・teatral) 戯曲, 劇作品, 上演, 演劇. ~ de cobre 銅細工. ~ literaria 文学作品. ~s elegidas 選集. ~ de presentación 応募作品. ❸《主に 圏》土木・建築・増改築・修繕の] 工事: 1) Esta semana terminan las ~s del puente. 今週橋の工事が終わる. Estamos de ~[s] en la oficina. 事務所は工事(改築)中です. En este lugar hay muchas ~s. ここはたくさん修繕がしてある. realizar ~s a la cocina 台所を改築する. Ministerio de O~s Públicas 建設省. ~s portuarias 港湾施設[の工事]. 2) 工事現場: Prohibido entrar en la ~. 工事現場への立入禁止. Peligro: ~s.《表示》工事中危険. ❹ [木造に対して] 石造り. ❺ [個人・集団の] 仕事, 活動: Un gol es ~ de todo un equipo, no un mérito individual. ゴールはチーム全体でしたこと, 個人の功績ではない. Esta joya tiene mucha ~. この宝飾品は非常に手がかかっている. ~ de mano 手仕事, 細工. O~s son amores, que no buenas razones.《諺》人の真価を示すのは言葉ではなく行為である/愛情は理屈ではなく行為だ. ❻ [道徳・宗教的な] 行為: Hoy he hecho una buena ~. 今日私は善いことを一つした. buenas ~s《キリスト教》善業, 善行. ~ de caridad(~ benéfica)/~ de beneficencia 慈善; 慈善団体. ~ de misericordia《キリスト教》[信者として行なうべき] 慈善. ❼ [la O~]=**Opus Dei**. ❽《船舶》~ viva 喫水部. ~ muerta 乾舷. ❾《金属》[高炉の] 湯だまりのすぐ上の部分

al pie de la ~《商業》送料込みで

de ~ 行為で, 実際に: 《de palabra》: Se puede pecar de pensamiento, de palabra, de ~ y de omisión. 思考によって, 言葉によって, 行為によって, そして怠慢によって罪を犯すことがある. maltratar de ~ 暴力を加えて虐待する, 殴る

de ~ prima [靴修理業に対し] 製靴業の

en ~s 工事中の, 修理中の: carretera en ~s 工事中の道路

hacer ~s 工事をする; 改修する, 修理する

~ de... 約…, およそ…

~ de El Escorial《西. 口語》延々と続く基礎工事

~ de romanos (moros・chinos) 骨の折れる難しい仕事, 大事業

~ negra《コロンビア》建物の骨組み

~ pía [祈りと慈善活動のための] 宗教施設

~ pública《文語》公共土木工事, 公共事業: máquina de ~s públicas 土木機械

~ social《文語》社会事業団体

poner... en ~ …を実行に移す, 実施する, 着手する

por ~ [y gracia] de... …のせいで, …のおかげで: Él desapareció *por* ~ *de* magia. 彼は魔術を使って消えた. Todo esto ha ocurrido *por* ~ *y gracia* del azar. これはすべて偶然起こったことだ

por ~ y gracia del Espíritu Santo 1) 聖霊の力と御恵みのおかげで. 2)《口語》魔法のように, 奇跡的に; 努力なしに, 自然に

obrada [obráða] 囡《西》❶ 一日に1頭の家畜(2頭だて una yunta)が耕す土地、一日に1人が掘り起こす土地.❷ 農地面積の単位〔地域により異なる: パレンシアで =5383.2平方メートル、セゴビアで =3930.3平方メートル、バリャドリードで =4658.2平方メートル〕.

obradera [obraðéra] 囡《グアテマラ, パナマ, コロンビア》下痢

obrador, ra [obraðór, ra] 形 行動する; 作用する
── 名《メキシコ》働く人
── 男 ❶ [手仕事の] 仕事場, 作業場, アトリエ: ～ de modista 婦人服の仕立工房. ❷《アルゼンチン》[工事現場の] 事務所や資材置場

obradura [obraðúra] 囡 一回に搾るオリーブの実の量

obraje [obráxe] 男 ❶ [織物などの] 作業場, 工房. ❷《歴史》オブラヘ〔アメリカ植民地で先住民を強制的に働かせて繊維製品などを作る工場〕. ❸ [手仕事・機械による] 製造. ❹《メキシコ》豚肉店. ❺《ラプラタ》伐採場 [=～ maderero]

obrajería [obraxería] 囡《ボリビア》[輸出用の] 木材置き場

obrajero, ra [obraxéro, ra] 名 ❶ 人夫頭, 監督, 親方. ❷《メキシコ》豚肉店の店主(店員). ❸《ボリビア》職人. ❹《ラプラタ》伐採作業員

obrar [obrár] 自《←ラテン語 operari < opus, -eris》❶ [+状況補語] 行動する, ふるまう: Has obrado tontamente al gastarlo todo. 全部使ってしまうなんて愚かなことをした. Obra siempre con buena intención. 彼はいつも善意で行動する. ～ bien (mal) よい(ひどい)ことをする. Ahora es tiempo de ～. 今こそ行動すべき時である. ❷ 作用する, 効く: Ya ha obrado la medicina. もう薬が効き始めた. ❸ [左官などの] 工事をする: Pensamos ～ mañana. 明日工事をします. ❹《婉曲》大便をする, 通じがある
～ en poder (en manos) de+人《文語》…の場所・手元にある: Su atenta del día 9 obra en mi poder (mis manos). 9日付けのお手紙落掌いたしました
── 他 ❶《奇跡などを》行なう, 生じさせる: La fe obra milagros. 信仰が奇跡をもたらす. ❷ 作る; 建てる

obregón [obreɣón] 男 [主に 複] Congregación de los Enfermeros Pobres 修道会の修道士〔1565年マドリード, Bernardino de Obregón が創設〕

Obregón [obreɣón]《人名》**Álvaro ～** アルバロ・オブレゴン〔1880～1928, メキシコの軍人・政治家. メキシコ革命に参加. 大統領(1920～24)〕

obrejería [obrexería] 囡 [輸出用の] 貯木地

obrepción [obreβθjón] 囡《←ラテン語 obreptio, -onis》《法律》[事実の] 隠蔽, 虚偽の申告

obrepticiamente [obre(p)tiθjaménte] 副《法律》事実を隠して

obrepticio, cia [obre(p)tíθjo, θja] 形《法律》事実を隠した, 隠蔽した

obrerada [obreráða] 囡 集合《まれ》労働者

obrería [obrería] 囡 ❶ 職, 仕事. ❷ [教会などの] 建設費, 営繕費. ❸ [教会などの] 営繕事務所, 財産管理事務所. ❹《まれ》集合 労働者

obrerismo [obrerísmo] 男 ❶ 労働運動 [理論]. ❷ 労働者階級. ❸ 労働者であること

obrerista [obrerísta] 形 名 労働運動の〔活動家〕

obrerizas [obreríθas] 囡 住民活動

obrero, ra [obréro, ra] 形《←ラテン語 operarius, -a, -um》❶ 労働者の, 工員 [→trabajador 類義]: ～s y campesinos 労働者と農民. ～ industrial (agrícola) 工場(農業)労働者. ～ portuario 港湾労働者, 沖仲仕. ～ de la villa 左官 [=albañil]. ❷《昆虫》働き蟻 [=hormiga ～ra], 働き蜂 [=abeja ～ra]
── 形 労働者の: movimiento ～ 労働運動

obrizo [obríθo] 形 →oro obrizo

obscenamente [o(b)sθenaménte] 副 わいせつに, 卑猥に

obscenidad [o(b)sθeniðá(ð)] 囡《←ラテン語 obscenitas, -atis》わいせつさ; わいせつな言葉, わいせつ行為: decir ～es 卑猥なことを言う

obsceno, na [o(b)sθéno, na] 形《←ラテン語 obscenus》わいせつな, みだらな: hacer cosas ～nas 卑猥なことをする. gesto ～ いやらしい仕草. película ～na わいせつな映画

obscuración [o(b)skuraθjón] 囡 =oscuridad

obscuramente [o(b)skuraménte] 副 =oscuramente

obscurantismo [ɔ(b)skurantísmo] 男 =oscurantismo

obscurantista [ɔ(b)skurantísta] 形 名 =oscurantista

obscurecer [ɔ(b)skureθér] 39 他 自 =oscurecer

obscurecimiento [ɔ(b)skureθimjénto] 男 =oscurecimiento

obscuridad [ɔ(b)skuriðá(ð)] 囡 =oscuridad

obscuro, ra [ɔ(b)skúro, ra] 形 =oscuro

obsecración [o(b)sekraθjón] 囡 嘆願, 懇願

obsecrar [o(b)sekrár] 他 嘆願する, 懇願する

obsecuencia [o(b)sekwénθja] 囡《文語》従順さ, 親切

obsecuente [o(b)sekwénte]《←ラテン語 obsequens, -entis》形《文語》従順な, 服従する

obsedente [ɔ(b)seðénte] 形《まれ》=obsesionante

obseder [o(b)seðér] 他《まれ》=obsecionar

obsequiador, ra [o(b)sekjaðór, ra] 形《文語》贈る〔人〕; 歓待する〔人〕

obsequiar [o(b)sekjár]《←ラテン語 obsequi「譲る, 愛想よくする」》10 他 ❶ [+con を] …に贈る, 賞賛する; 歓待する: La obsequié con flores. 私は彼女に花を贈った. ❷ [+con で] 歓待する, もてなす: ～ a+人 con una fiesta …の歓迎パーティーを開く. ❸ 言い寄る. ❹《中南米》[+a+人 に] …を贈る

obsequio [o(b)sékjo]《←ラテン語 obsequium》《文語》❶ 贈り物〔物, 行為〕, 贈呈: comprar un pequeño ～ para+人 …のためにちょっとしたプレゼントを買う. ～ de la casa 店からのサービス(おごり). ～ del autor 著者謹呈. ～ para médicos 医者への試供品. ❷ 歓待, もてなし
en ～ a+人 …への贈り物として
en ～ a+人 …を考慮して
en ～ de+人 …に敬意を表して

obsequiosamente [o(b)sekjósaménte] 副 ❶ 歓待して. ❷ こびへつらう

obsequiosidad [ɔ(b)sekjosiðá(ð)] 囡 愛想のよさ, 親切心

obsequioso, sa [ɔ(b)sekjóso, sa] [←obsequiar] 形 ❶ [+con・para・para con+人 に] 愛想のよい, 親切な: Es muy ～ con sus invitados. 彼はお客を大変よくもてなす. Hoy está ～ con sus empleados. 今日は彼は従業員に愛想がいい. Es un señor ～ y distinguido. その男性は親切で気品がある. ❷ こびへつらう

observable [ɔ(b)sɛrβáble] 形 観察(観測)され得る, 観測可能な
── 囡《物理》オブザーヴァブル

observación [ɔ(b)serβaθjón] 囡《←ラテン語 observatio, -onis》❶ 観察, 観測, 注目: hacer observaciones meteorológicas 気象観測をする. tener una gran capacidad de ～ 観察力が鋭い. ～ de flores 花の観察. ～ de las hormigas アリの観察. punto de ～《船舶》観測点. ❷ 所見, 批評; 意見: Tengo algunas observaciones que hacer a tu artículo. 私は君の論文について少し意見を言っておきたい. He hecho una pequeña ～ sobre su forma de vestir. 私は彼女の服装についてひとこと言っておいた. No hay ～ especial que hacer. 特に所見なし/特記事項なし. ❸ [テキストの間違いなどに関する] 注記, 書き込み. ❹ [規則・慣習などの] 遵守: ～ de la ley 法の遵守
en ～ [病人が] 経過観察下の; [容疑者などが] 監視下の: Me tienen en ～. 私は経過観察をされている. En un preventorio él está en ～ para ver si aparece o no la enfermedad. 予防療育所で彼は病気が発症するかどうか検査中だ

observador, ra [ɔ(b)sɛrβaðór, ra]《←ラテン語 observator, -oris》形《西》観察眼のある: Un detective tiene que ser muy ～. 刑事は観察力に優れていなければならない. ❷ 観察する: cámara ～ra 監視カメラ
── 名 ❶ 観察者, 観測者; 評者: ～ internacional de la ONU en el país X X国への国連国際監視員. ～ político 政治評論家. [会議の] オブザーバー: ～ del municipio en las Cortes 市当局から国会へ派遣されるオブザーバー. ❸《西》観察眼のある人
── 男《古語》[飛行船などの] 観測員

observancia [ɔ(b)sɛrβánθja]《←ラテン語 observantia》囡 ❶ [規則・慣習などを] 守ること, 遵守: dentro de la estricta ～ de las leyes 法律を厳格に守って. ～ de las fiestas tradicionales de la aldea 村の伝統的な祭りを続けること. ❷ [慣習的な] 法, 規則. ❸《カトリック》1) [修道会の] 会則, 戒律. 2) [特定の戒律にのっとった] 修道会. ❹ [目上に人に対する] 敬

意, 礼儀
poner en ~ 〖命令・指示などを〗厳格に守らせる

observante [ɔ(b)serbánte] 形 男 ❶〈カトリック〉〖フランシスコ会の〗原始会則派(厳格派)〖の修道士〗. ❷〖規律などを〗遵守する, きちょうめんな

observar [ɔ(b)serbár]〖←ラテン語 observare〗他 ❶〖注意をはらって〗よく見る, 観察する, 観測する; 見守る: Vamos a ~ las estrellas con este telescopio. この望遠鏡で星を見よう. ~ una abeja ミツバチを観察する. ~ el fenómeno de la naturaleza 自然現象を観察する. ~ el movimiento de los planetas 天体の動きを観測する. ~ la evolución del paciente 患者の経過を観察する. ~ la conducta de su mujer 妻の行動を監視する. ~ la elección del presidente de un país ある国の大統領選挙を監視する. ❷〖観察・監視の結果〗気づく: 1) Los investigadores observaron ciertas anomalías en los comportamientos de los animales del zoológico. 研究者たちは動物園の動物の行動にいくつかの異常な動きを認めた. Como puedes ~, está enfermo. お気づきのように, 彼は病気です. ~ la aparición anormal de langostas イナゴの異常発生に気づく. 2)〖+que+直説法であると〗評する, 指摘する: He observado que se hacían señas el uno al otro. 私は彼らが目配せし合っているのに気づいた. ❸〖規則・慣習などを〗守る, 遵守する: ~ el código de la circulación 交通規則を守る. ~ el ayuno durante el ramadán ラマダン期間中断食をする. ❹ 気づかせる, 教える: Observó que sería conveniente llevar mapa e imán. 彼は地図と磁石を持って行く方がいいと言った. El encuestado observó la necesidad del anonimato. アンケートに応じた人は匿名にすることを求めた.
hacer ~... a+人 …に…を〗言う, 注意を与える: Me hizo ~ que no quería salir conmigo. 彼女は私と付き合いたくないことを私に分からせた

observatorio [ɔ(b)serbatórjo]〖←observar〗男 ❶ 天文台, 天体観測所 〖=~ astronómico〗; 気象観測所, 気象台〖=~ meteorológico〗. ❷ 観測に適した場所: Esto es un buen ~ de aves. ここは鳥を観測するのに絶好の場所だ. ❸ 展望台; 見晴らしのよい場所

obsesión [ɔ(b)sesjón]〖←ラテン語 obsessio, -onis < obsidere「包囲する, 座っている」〗女 妄想, 執念, 強迫観念; 偏執状態: Tiene la ~ de que le matarán algún día. 彼はいつか誰かに殺されるのではないかという強迫観念に取りつかれている. La ~ por ser felices nos hace infelices. 幸福になりたいという執念が私たちを不幸にする. con la ~ de... …の強迫観念に取りつかれて

obsesionador, ra [ɔ(b)sesjonaðór, ra] 形=**obsesionante**

obsesionante [ɔ(b)sesjonánte] 形〖妄想・強迫観念が〗取りつくような, 強迫的な

obsesionar [ɔ(b)sesjonár]〖←obsesión〗他〖妄想・強迫観念が〗…に取りつく, 付きまとう: Le obsesionaban los recuerdos de su niñez. 幼少期の思い出が彼の脳裏にまとわりついていた
—— **~se** [+con・por 妄想に]取りつかれる

obsesivo, va [ɔ(b)sesíβo, βa]〖←obseso〗形 名 ❶ 強迫的な: Tenía una idea ~va de que muriera. 彼は死ぬのではないかという強迫観念に取りつかれていた. neurosis ~va 強迫神経症. trastorno ~-compulsivo 強迫性障害. ❷ 妄想に取りつかれやすい〖人〗; 妄想癖のある〖人〗; 強迫神経症にかかっている〖人〗

obseso, sa [ɔ(b)séso, sa]〖←ラテン語 obsessus, -a, -um < obsidere「包囲する, 座っている」〗形 名〖特に性的な〗妄想(強迫観念)に取りつかれた〖人〗

obsidiana [ɔ(b)siðjána] 女〖鉱物〗黒曜石
obsidional [ɔ(b)siðjonál] 形 ❶ 攻囲の, 攻略の, 包囲攻撃の. ❷ moneda ~ 緊急貨幣
obsolecer [ɔ(b)soleθér] 39 自〖文語〗使われなくなる, すたれる
obsolescencia [ɔ(b)solesθénθja] 女〖文語〗陳腐化, 旧式化
obsolescente [ɔ(b)solesθénte] 形〖文語〗陳腐化(旧式化)しつつある
obsoleto, ta [ɔ(b)soléto, ta]〖←ラテン語 obsoletus〗形〖文語〗❶ ほとんど使われない, すたれた. ❷ 古びた, 現状に合わない
obstaculista [ɔ(b)stakulísta] 名〖スポーツ〗障害競走の選手
obstaculización [ɔ(b)stakuliθajón] 女 妨害〖行為〗; 障害物を置くこと
obstaculizar [ɔ(b)stakuliθár]〖←obstáculo〗9 他 妨害する, 障害物を置く: Obstaculizaron la entrada con mesas y sillas. 彼らはテーブルや椅子で入口をふさいだ. ~ el paso 通行

を妨げる. ~ la acción de la Justicia 司法活動を妨害する. ~ el comercio 交易を妨害する

obstáculo [ɔ(b)stákulo]〖←ラテン語 obstaculum < obstare〗男 ❶ 障害物: El sillón es un ~ para entrar en la habitación. 部屋にあのひじ掛け椅子が邪魔になっている. salvar los ~s 障害物を取り除く. 3000 metros ~s〖スポーツ〗3千メートル障害. ❷ 邪魔, 障害: Fue una vida llena de ~s. 多難な人生だった. Este sistema tributario constituye un ~ para el desarrollo industrial. この税制が工業発展の妨げになっている.
erizado de ~s 障害の多い: Mi camino estuvo *erizado de ~s*. 私の歩んできた道は山あり谷ありだった
poner ~s 妨害する
superar los ~s 障害を克服する: Es difícil *superar los ~s* para ganar este empleo. この職を得るために障害を乗り越えるのは難しい

obstante [ɔ(b)stánte]〖←*obstar*〗*no*《文語》1)〖ただし書き〗とはいえ, それにもかかわらず: Estoy enfermo; *no* ~, tengo que trabajar. 私は病気だ, でも働かねばならない. Parecía un hombre pobre de la calle; era, *no* ~, un gran poeta. 彼は普通の貧乏な人みたいに見えた, しかし実は大詩人だったのだ. esto (ello) *no* ~ これ(このこと)にもかかわらず. 2)〖前置詞的〗…にもかかわらず〖=a pesar de〗: *No* ~ la objeción de mis amigos, voy a colaborar con él. 友人たちの反対はあるのだが, 私は彼に協力するつもりだ. *No* ~ tener algunos puntos por modificar, el plan mismo es aceptable. いくつか修正すべき点はあるが, 計画自体は受け入れない
no ~ *que*+直説法 …にもかかわらず: *No* ~ *que* todavía era joven, se decidió a casarse. 彼はまだ若かったが, 結婚すると決めた

obstar [ɔ(b)stár]〖←ラテン語 obstare < ob-〖前〗+stare「在る」〗自《文語》3人称・否定形でのみ使用. +para que+接続法 すること〗の 妨げになる: Nada *obsta para que* se establezca la nueva regla. 何事も新しい規則を設ける障害とはならない

obstativo, va [ɔ(b)statíβo, βa]《文語》妨げになる
obstetra [ɔ(b)stétra] 名〖主に中南米〗産科医
obstetricia [ɔ(b)stetríθja]〖医学〗産科学
obstétrico, ca [ɔ(b)stétriko, ka] 形 産科の: enfermera ~*ca* 助産婦
obstetriz [ɔ(b)stetríθ] 女 助産婦
obstinación [ɔ(b)stinaθjón]〖←ラテン語 obstinatio, -onis〗女 頑迷, 頑固さ, 強情: con gran ~ かたくなに, 意地になって
obstinadamente [ɔ(b)stinaðaménte] 副 頑固に, かたくなに
obstinado, da [ɔ(b)stináðo, ða]〖←ラテン語 obstinatus〗形 ❶〖けなして〗頑固な, 頑迷な, 強情な〖→*terco*〗類義〗: No seas ~. 強情を張るな. seguir ~ en... かたくなに…をし続ける. niño ~ 聞き分けのない子. corazón ~ 頑なな心. ~*da* resolución 固い決心. ❷《キューバ, ベネズエラ. 口語》飽きる
obstinar [ɔ(b)stinár]〖←ラテン語 obstinari〗**~se** ❶〖間違っているのに, +en+名詞・不定詞・que+直説法 に〗強情を張る, 意地になる: *~se en* la decisión 決心を曲げない. *Se obstina en llevarme la contraria*. 彼は意地になって私に反対する. Ella *se obstinó en* mantener su vida sin cambios. 彼女は変わりない生活を何としてでも送り続けようとしていた. *Se obstinó en que* había que partir cuanto antes. 彼はできるだけ早く出発しなければならないと言い張った. ❷ [+en que+接続法 するよう]頑固に言う: *Se obstinaron en que* me quedase en cama. 私はベッドで寝ているよう彼らに強く言われた

obstrucción [ɔ(b)struɣθjón]〖←ラテン語 obstructio, -onis〗女 ❶ ふさぐこと: ~ intestinal 腸閉塞. ~ de la línea férrea 鉄道の不通. ❷ 妨害, 障害: ~ a la justicia 司法妨害. ❸ 議事妨害. ❹〈サッカー〉オブストラクション;〈野球〉走塁妨害
obstruccionar [ɔ(b)struɣθjonár]〖誤用〗=**obstruir**
obstruccionismo [ɔ(b)struɣθjonísmo] 男〖軽蔑〗❶ 議事妨害, 議事引き延ばし. ❷ 妨害, 介入: ~ a la justicia 司法妨害
obstruccionista [ɔ(b)struɣθjonísta] 形 名〖軽蔑〗❶ 議事妨害の; 議事妨害者. ❷ 妨害する〖人〗, 不当な介入をする〖人〗

obstructivo, va [ɔ(b)struktíβo, βa] 形 妨害の
obstructor, ra [ɔ(b)struktór, ra] 形 名 妨害する〖人〗
obstruir [ɔ(b)strwír]〖←ラテン語 obstruere〗48 他 ❶ ふさぐ, 詰まらせる: El hollín *obstruye* una chimenea. すすは煙突を詰まらせる. ~ la calle con barricadas 通りをバリケードで封鎖する.

~ el paso de la luz 光を遮断する. ❷ 妨害する: La oposición *obstruye* la aprobación de los presupuestos. 野党は予算の承認を妨害している. ~ la investigación 調査を妨害する
—— ~**se** ❶ 詰まる: *Se ha obstruido* el desagüe. 排水管が詰まった. ❷ [+con で, 通行などが] 詰まる

obstruyente [o(b)strujénte] 形《音声》閉鎖音の

obtemperar [obtemperár] 自 従う, 同意する: ~ una orden 命令に従う

obtención [obtenθjón]《←ラテン語 obtentio, -onis》囡 ❶ 取得, 獲得: ~ del doctorado 博士号の取得. ~ de una subvención de la Fundación Baltasar Gracián グラシアン基金からの助成金の獲得. ~ del permiso de importación 輸入許可証の入手. ~ de la independencia 独立の獲得. ❷ 抽出, 採取: ~ de la moxa de la artemisa ヨモギからもぐさを作ること

obtener [obtenér]《←ラテン語 obtinere》58《命令法単数 obtén/obtén》他 ❶ 《ふさわしい・望ましいものを》得る, 獲得する, 取得する, 入手する《圞圞 **adquirir** は良い意味でも悪い意味でも使う得る, **conseguir** は努力の末に得る, **lograr** は努力の結果ようやく得る, **obtener** は良い意味で得る》: *Ha obtenido* una buena calificación. 彼は良い評価を得た (良い成績を取った). Los dos científicos *obtuvieron* el mismo resultado. 2人の科学者は同じ結果を得た. ~ el primer premio 一等賞を取る. ~ el título de doctor 博士号を取る. ~ grandes beneficios de sus negocios 事業で大きな利益を上げる. ~ licencia de conducir 運転免許を取得する. ~ la independencia 独立を達成する. ~ fondos 資金を調達する. ❷ [+de から] 作り出す, 取り出す, 引き出す, 採取する, 採出する: Los aborígenes *obtenían* un veneno de esta planta. 先住民はこの植物から毒薬を作っていた. Una compañía extranjera *obtiene* minerales de hierro de esta mina. 外国の会社がこの鉱山から鉄鉱石を採掘している. Nada *he obtenido* de mi esfuerzo. 私は努力したが何も得られなかった. ❸ 保持する
—— ~**se** 得られる; 作り出される: El aceite de oliva *se obtiene* de las aceitunas. オリーブ油はオリーブの実から作る. El ron *se obtiene* del zumo fermentado de la caña de azúcar. ラム酒はサトウキビの樹液を発酵させて作られる

obtenible [obteníble] 形 獲得され得る, 手に入る

obtento [obténto] 男 教会収入

obtentor, ra [obtentór, ra] 男囡 ❶ 取得(獲得)する〔人〕. ❷ 聖職禄を受けている〔人〕

obtestación [obtestaθjón] 囡 神の照覧を乞うこと

obturación [oburaθjón] 囡 ふさぐこと: velocidad de ~《写真》シャッタースピード

obturador, ra [obturadór, ra]《←obturar》形 男《女性形 **obturatriz** もある》ふさぐ〔人〕
—— 男 ❶《カメラ》シャッター《参考》シャッターボタンは disparador》. ❷《自動車》チョーク. ❸《技術》栓; 閉塞具. ❹《化学》閉塞孔(板)

obturar [obturár]《←ラテン語 obturare》他〔穴・管を〕ふさぐ

obturatriz [obturatríθ] 形 囡 →**obturador**

obtusángulo, la [obtusángulo, la]《幾何》鈍角の《⇔acutángulo》: triángulo ~ 鈍角三角形

obtuso, sa [obtúso, sa]《←ラテン語 obtusus < obtundere 「先端を折る, 鈍らせる」の》形 ❶ [先が] 丸い: tijeras de punta ~*sa* 刃先の丸いはさみ. ❷ [人が] 鈍い, 鈍感な, 理解が遅い, 間抜けな. ❸《幾何》鈍角の: ángulo ~ 鈍角

obué [obwé] 男 =**oboe**

obús [obús]《←仏語 obus <ゲルマン語 haubitze》男 ❶ 曲射砲 [= cañón ~]; の砲弾. ❷ 〔一般に〕砲弾. ❸ 〔タイヤの〕バルブ

obusera [obuséra] 囡 →**lancha**

obvención [o(b)benθjón]《←ラテン語 obventio》囡《主に 複》固定給以外の〕特別手当, 臨時手当

obvencional [o(b)benθjonál] 形 特別手当の, 臨時手当の

obviable [o(b)bjáble] 形 避けられ得る

obviamente [ó(b)bjaménte] 副 明らかに, はっきりと, 疑いなく

obviar [o(b)bjár] 他 10 他〔障害などを〕避ける, 回避する: ~ el inconveniente 不都合がないようにする. ❷〔自明・周知のこととして〕言及を避ける
—— 自《まれ》妨げとなる〔=obstar〕

obviedad [o(b)bjeðáð] 囡 明白さ; 自明の理

obvio, via [ó(b)bjo, bja]《←ラテン語 obvius》形 明らかな, 自明の, 分かりきった: Es ~ que el gobierno debe aceptar la propuesta. 政府がその提案を受け入れるべきなのは自明のことだ

obyecto, ta [objékto, ta] 形《古語》介在した, 中間の. ❷ 反論の, 非難

oc [ók] →**lengua** de oc

OC《略記》←**onda corta** 短波

oca [óka] I 囡 ❶《←俗ラテン語 auca <ラテン語 avis「鳥」》囡 ❶《鳥》1) ガチョウ. 2) ヒシクイ, オオヒシクイ. ❷《西. 遊戯》すごろく《ゲーム =juego de la ~; 道具》
  paso de la ~ 上げ足行進《ドイツ陸軍などの膝を曲げない行進》
  ser la ~《口語》[人・事物が] 大げさである, でたらめである
  II《←ケチュア語 okka》囡《南米. 植物》オカ《カタバミの一種. 塊茎は食用. 学名 Oxalis tuberosa》

ocal [okál] 形 ❶ [ナシ・リンゴなどが] 美味な, おいしい. ❷ →**capullo** ocal

ocalear [okaleár] 自《複数の蚕が1つの》繭を作る

ocalito [okalíto] 男《地方. 植物》ユーカリノキ〔=eucalipto〕

ocambo, ba [okámbo, ba] 形 男囡《キューバ. 口語》老齢の〔人〕

Ocampo [okámpo]《人名》**Melchor** ~ メルチョル・オカンポ《1814～61, メキシコの政治家. レフォルマ法 Leyes de Reforma 編纂者の一人》
  Silvina ~ シルビーナ・オカンポ《1906～93, アルゼンチンの女性作家. ビクトリア・オカンポの妹. 感性豊かな独自の文体による濃密な幻想的短編を書いた》
  Victoria ~ ビクトリア・オカンポ《1890～1979, アルゼンチンの編集者・批評家. 文芸誌を舞台に国内外の幅広い文化人を交流させ, ボルヘス Borges やビオイ・カサレス Bioy Casares などの新進作家を世に送り出すなど20世紀アルゼンチン文学の育成・発展に尽くした》

ocañense [okanénse] 形 囡《地名》オカニャ Ocaña の〔人〕《トレド県の村. 中央広場で有名》

ocapi [okápi] 男《動物》オカピ

ocarina [okarína]《←伊語 ocarina <ラテン語 auca「ガチョウ」》囡《音楽》オカリナ

ocasión [okasjón]《←ラテン語 occasio, -onis < occidere「落ちる, 失われる」》囡 ❶ 機会, 好機〔=buena~〕: Ahora que está solo es la ~ de hablarle. 二人でいる今こそ彼に話しかけるチャンスだ. Es la ~ de tu vida. 君にとって絶好のチャンスだ. La ~ se presenta. チャンスが来る. No hay ~. 機会(口実)がない. Cuando hablan de literatura no pierde ~ de intervenir. 文学の話が出ると彼はこの時ばかり口をはさんでくる. perder la ~ 機会を失う. tomar la ~ 機会をとらえる, 便乗する. en una buena (mala) ~ 折りよく (折りわるく). en la pintan calva.《諺》好機逸すべからず. ❷ [特定の] 時(ﾆ), 場合; …の折り): En esa ~ se quedó dormido sin saber nada de lo que estaba ocurriendo. その時彼は何が起こっているのかに気づかず, 眠り込んでしまった. En estas *ocasiones* se reconoce a los amigos verdaderos. 誰が本当の友か, こういう機会に分かる. Dejémoslo para otra ~. それはまた今度のことにしておきましょう. ❸ 動機, 原因; 契機. ❹ 危険《カトリック》罪を犯す危険性: estar alerta ante la ~ 危険を前にして警戒を怠らない. ❺ [主に中古品の] 安売り, 特売, バーゲン; 買得品: ¡O~!《掲示》特売! precios de ~ 安売りの値段. muebles de ~ 安売りの家具. ❻ 瞬間; 状況: Se necesita la paciencia en algunas *ocasiones*. 忍耐が必要な時もある. ❼《古語》肉体的欠陥
  aprovechar la ~ 好機を利用する: Si ella te invita a comer, *aprovecha la* ~. もし彼女が君を食事に誘ってくれたら, その時を逃してはだめだよ
  asir la ~ *por el copete* ⟨*la melena・los cabellos*⟩《口語》好機を逃さない, 積極的にチャンスを利用する
  coger la ~ *por el copete* ⟨*la melena・los cabellos*⟩《口語》=asir la ~ por el copete ⟨la melena・los cabellos⟩
  con ~ *de...* …の機会に: *Con* ~ *del* casamiento de su hijo, hizo una fiesta muy grande. 彼は息子の結婚を祝って盛大なパーティーを開いた. Le conocí *con* ~ *de* un congreso. 私はある会議で彼と知り合った
  dar a+人 [*la*] ~ *a* ⟨*para*⟩... …に…のきっかけ(動機・口実)を与える: Sus palabras alusivas *dieron* ~ *al* enfado de su amigo. 彼の当てこすりが友達の怒りを買ってしまった. Ten cuidado de no *darle* ~ *para* que te despida. 君を解雇するような口実を彼に与えないよう気をつけなさい
  de ~ 1) 中古の: coche *de* ~ 中古車. librería *de* ~ 古本

屋. 2) 臨時の・に, その場しのぎの・に: Su abuelo hizo de Santa Claus de ~. 彼のお祖父さんが臨時にサンタクロースの役をした
dejar escapar la ~ 機会を逃す
desperdiciar la ~ 機会を逃す: *Has desperdiciado la ~ de tu vida.* 君は絶好のチャンスを逃した
en alguna ~ 何かの時に
en algunas ocasiones =en ocasiones
en cierta ~ ある時
en la primera ~ 機会が来たら, チャンスがあり次第
en ~ de... =con ~ de...
en ocasiones 折りにふれて, 時おり, 何度か; 必要に応じて
en otra ~ 1) 別の時には. 2) いずれまた: *Espero volver aquí en otra ~.* 私はいずれまた来たいと思っている
escaparse a＋*la (una) ~*・・・から機会がなくなる: *Se me ha escapado a ~ de ir al cine con ella.* 私は彼女と映画を見に行く機会を逃した
las grandes ocasiones [重要な祭典などの] 特別な日 (時): *Destapó una cerveza reservada para las grandes ocasiones.* 彼はとっておきのビールを開けた
no tener ~ de＋不定詞・・・する機会 (動機・口実) がない: *No he tenido ~ de hablar con ella sobre eso.* 私はそのことで彼女と話す機会がまだない
quitar la ~ 危機を避ける
tomar la ~ por el copete (la melena・los cabellos) 《口語》=*asir la ~ por el copete (la melena・los cabellos)*

ocasionadamente [okasjonaðáménte] 副 原因 (理由) として
ocasionado, da [okasjonáðo, ða] 形 ❶ まれ 危うい. ❷ 《ベネズエラ. 文語》 [+a] ・・・のために, ・・・のせいで
ocasionador, ra [okasjonaðór, ra] 形 原因となる
ocasional [okasjonál] 【←*ocasión*】形 ❶ 偶然の, 偶発的な: chubasco ~ 通り雨, 夕立. encuentro ~ 偶然の出会い, 奇遇. ❷ 臨時の: empleado ~ 臨時職員. ingreso ~ 臨時収入. trabajo ~ 臨時の仕事. ❸ その場限りの: Son unas palabras ~*es*. それは逃げ口上だ. fidelidad ~ その場限りの忠誠. sexo ~ 一夜限りの情事
ocasionalidad [okasjonaliðá(ð)] 女 偶然性
ocasionalismo [okasjonalísmo] 男 《哲学》偶因論, 機会原因論
ocasionalista [okasjonalísta] 形 名 偶因論の (論者), 機会原因論の (論者)
ocasionalmente [okasjonálménte] 副 ❶ [頻繁でなく] 時々, たまに; 臨時に: En verano no se esperan chubascos sino ~. 夏には時々しか夕立が期待できない. ❷ 偶然に: Nos vimos ~. 我々は偶然ホテルで出会った
ocasionar [okasjonár] 【←*ocasión*】他 ❶ 引き起こす, ・・・の原因となる; 駆り立てる: Su comportamiento imprudente *ocasionó* una desgracia. 彼の不用意なふるまいが不幸な出来事の原因になった. La úlcera le *ocasionó* muchos dolores. 潰瘍のために彼は大変痛い思いをした. Ese acto del payaso *ocasionó* la risa del público. そのピエロの動きが観客の笑いを誘った. ❷ 《古語》[主に 過分] 危うくする, 危険にさらす
ocaso [okáso] 【←ラテン語 *occasus, -us < occassus, -a, -um < occidere* 「落ちる」】男 ❶ 《天文》日の入り, 日没, 落日 《⇔*orto*》. ❷ 《文語》衰退 [期], 末期, 終焉: en el ~ de la vida 晩年に. El ~ de los dioses 『神々の黄昏 (なぞ)』. ~ del imperio romano ローマ帝国の衰退. ❸ 《文語》西, 西方
occidental [o(k)θiðentál] 【←ラテン語 *occidentalis*】形 《⇔*oriental*》❶ 西の: Europa ~ 西ヨーロッパ. ❷ 西洋の, 欧米の; civilización ~ 西洋文明. ❸ 西欧の; 西側の: países ~*es* 西欧諸国, 西側諸国
―― 名 西洋人, 欧米人
occidentalismo [o(k)θiðentalísmo] 男 ❶ 西洋気質, 西洋人の特質; 西洋的価値観. ❷ 西洋文化崇拝; 西欧主義. ❸ 西欧語独特の表現
occidentalista [o(k)θiðentalísta] 形 名 ❶ 西洋的な. ❷ 西洋文化崇拝の, 西洋かぶれの (人); 欧米化主義の (主義者)
occidentalización [o(k)θiðentaliθaθjón] 女 西洋化, 欧米化
occidentalizar [o(k)θiðentaliθár] 9 他 西洋化させる, 欧米化させる
―― *se* 西欧化する, 欧米化する
occidentalmente [o(k)θiðentálménte] 副 まれ ❶ 洋風に

❷ 西欧的観点から
occidente [o(k)θiðénte] 【←ラテン語 *occidens, -entis < occidere* 「落ちる」】男 《⇔*oriente*》❶ [主に O~] 西 《=*oeste*》: a ~ 西の方に, 西方に. ❷ [O~] 西洋, 欧米; 西欧, 西側 (諸国)
occiduo, dua [o(k)θíðwo, ðwa] 形 《天文》日の入りの, 日没の. ❷ 《文語》衰退期の
occipital [o(k)θipitál] 形 《解剖》後頭 [部] の
―― 男 後頭骨 《=*hueso* ~》
occipucio [o(k)θipúθjo] 男 《解剖》後頭 [部]
occisión [o(k)θisjón] 女 《法律》殺害, 変死
occiso, sa [o(k)θíso, sa] 形 名 《法律》殺害された (人), 変死した, 変死者
occitánico, ca [o(k)θitániko, ka] 形 名 =*occitano*
occitanismo [o(k)θitanísmo] 男 オック語特有の表現; その使用
occitano, na [o(k)θitáno, na] 形 名 《地名》[南フランスの] オック地方 *Occitania* の (人); 《歴史》オクシタニアの. ❷ オック語の
―― 男 オック語 《=*lengua de oc*》
OCDE 女 《略語》←*Organización de Cooperación y Desarrollo Económico* 経済協力開発機構, OECD
Oceanía [oθeanía] 女 《地名》オセアニア, 大洋州
oceánico, ca [oθeániko, ka] 形 I 【←*océano*】❶ 大洋の, 海洋の: dorsal ~*ca* 海嶺. ❷ 【気候の】海洋性の. ❸ 大西洋の II 【←*Oceanía*】形 名 《地名》オセアニアの (人), 大洋州の
oceanicultura [oθeanikultúra] 女 海洋動植物の栽培・養殖
oceánida [oθeániða] 女 =*oceánide*
oceánide [oθeániðe] 女 《ギリシア神話》 [主に 複 で] オケアニデス 《海・泉・川の下水の精》
oceanización [oθeaniθaθjón] 女 大洋化作用
océano [oθéano] 【←ラテン語 *oceanus*】男 ❶ 海洋; 大海: investigar los ~*s* 海洋調査をする. isleta en medio del ~ 大海の真ん中の小島. ❷ 五大洋のそれぞれ: El avión se cayó en el O~ Índico. 飛行機はインド洋に落ちた. O~ Atlántico 大西洋. O~ (Glacial) Antártico/O~ Austral 南極海, 南氷洋. O~ (Glacial) Ártico 北極海, 北氷洋. O~ Pacífico 太平洋. ❸ 【距離・差異の】広大さ; 無数: Nos separa un ~ en esa cuestión. その問題について私たちの意見には大きなへだたりがある. un ~ de dificultades 無数の困難. ❹ 《ギリシア神話》オケアノス 『天の神ウラノス *Urano* と大地の神ガイア *Gea* の子で, 水の神』
oceanografía [oθeanografía] 女 海洋学
oceanográfico, ca [oθeanográfiko, ka] 形 海洋学の: buque ~ 海洋調査船
oceanógrafo, fa [oθeanógrafo, fa] 名 海洋学者
ocelado, da [oθeláðo, ða] 形 《動物》眼状斑のある
ocelo [oθélo] 男 《動物》❶ 単眼 《=*ojo simple*》. ❷ 眼状斑
ocelot [oθelót] 男 《動物》オセロットの毛皮
ocelote [oθelóte] 男 《動物》オセロット
ocena [oθéna] 女 《医学》臭鼻症, オツェーナ
ochar [otʃár] 自 《アルゼンチン》[犬が] 吠える
―― 他 《チリ》つけ狙う. ❷ けしかける, そそのかす
ochava [otʃáβa] 女 ❶ 《建築》面取り, 隅取り: esquina en ~ 面取りした角. ❷ 8分の1. ❸ 【建物の】角 《=*chaflán*》
ochavado, da [otʃaβáðo, ða] 形 《建築》[基部的で] 8角形の
ochavar [otʃaβár] 他 ❶ 8角形にする. ❷ 《中南米》面取りする, 隅を切る
ochavilla [otʃaβíʎa] 女 まれ 各行8音節以下の8行詩 《=*octavilla*》
ochavo [otʃáβo] 【←ラテン語 *octavus* 「8分の1」】男 ❶ 【スペイン, 15世紀フェリペ3世時代〜19世紀の】銅貨 《=2 *maravedís*. 重量は当初の8分の1オンス un octavo から次第に軽くなった》: ~ moruno 【モロッコ発の】スペインの刻印のある銅貨. ❷ 《西. 口語》【否定文で】お金: no tener un ~ 無一文である, 一銭も持っていない. ❸ 《西》つまらないもの, 無価値なもの. ❹ 《魚》ボアフィッシュ 『地中海・大西洋産. 食用』. ❺ 8角形の建物 (所)
no valer un ~ 何の価値もない: Este cuadro *no vale un ~*. この絵は一文の値打ちもない. *¡No vale un ~!* つまらない!
ochavón, na [otʃaβón, na] 形 名 《キューバ. 古語》白人と cuarterón との混血の (人)
ochena [otʃéna] 女 《地方語》10センティモ貨
ochenta [otʃénta] 【←ラテン語 *octoginta*】形 男 ❶ 《基数詞》80

〔の〕. ❷ 80番目の. ❸ [los+] 1980年代; 80歳代 *cumplir los* ~ 満80歳になる

ochentavo, va [otʃentáβo, ƀa]〖形〗〖男〗《分数詞》80分の1〔の〕

ochenteno, na [otʃenténo, na]〖形〗《序数詞》80番目の《=octogésimo》

ochentón, na [otʃentón, na]〖形〗〖名〗《口語》〔主に揶揄して〕80歳代の〔人〕

ochi [ótʃi]〖間〗《コロンビア》豚を追う掛け声

ochio [ótʃo]〖男〗《地方語》アニス風味のパイ《=torta de aceite》

ocho [ótʃo]〖男〗〖形〗《基数詞 octo》8〔の〕: El número ~ es una cifra de buena suerte. 8は幸運の数字だ. ❶ 1週間: hace ~ días 先週の今日, 1週間前に. de hoy a ~ días 今日から1週間後に. ❷ 8の字形のもの: en forma de ~ 8の字形に. ❸ 〖手芸〗〘複〙 縄編み. ❻ 《ボート》エイト. ❼ 《キューバ. 舞踊》8の字を描くステップ

dar a + 人 con los ~ s y los nueves《口語》思っていることをずけずけと言う

dar igual (mismo) ~ *que ochenta*《西. 口語》[+a+人 にとって] 大したことでない; 心配することはない: A mí me da igual ~ que ochenta el filete de ternera o de cerdo. 私は子牛のヒレでも豚のヒレでも構わない

echar a + 人 con los ~ s y los nueves《口語》=*dar a + 人 con los ~ s y los nueves*

estar más torcido que un ~《口語》=*ser más torcido que un* ~

hacer un número ~《キューバ. 口語》[人を] 傷つける, 害を与える

hacerse un ~《コロンビア. 口語》混乱する

¡Qué + 名詞 ni qué ~ *cuarto!*《口語》…なんてばかな!

ser igual (mismo) ~ *que ochenta*《西. 口語》=*dar igual (mismo)* ~ *que ochenta*

ser más torcido que un ~《口語》非常にひねくれている

ochocentista [otʃoθentísta]〖形〗19世紀の

ochocientos, tas [otʃoθjéntos, tas]〖形〗〖男〗《基数詞》800〔の〕. ❷ 800番目の

ochomil [otʃomíl]〖男〗《登山》8000メートル級の山々

ochosén [otʃosén]〖男〗〔アラゴン王国の〕銅貨

ochote [otʃóte]〖男〗〔バスク, ナバラ〕8人の合唱

ociar [oθjár]〖10〗〖自〗仕事をやめる; 休暇をとる
—— se 仕事をやめさせる; 暇をもたせる, ゆっくりと過ごさせる

ocio [óθjo]〖←ラテン語 otium〗〖男〗❶ 余暇, レジャー, 仕事休み; 暇つぶし: En sus ratos (horas) de ~ toca el violín. 彼は余暇にバイオリンを弾く. ocupar (llenar) su ~ leyendo 読書をして余暇を過ごす. civilización del ~ 余暇文明. ❷ 無為, 怠惰: vivir en el ~ のらくらと暮らす. El ~ engendra todos los vicios. 無為は悪徳のもと. ❸ 《コスタリカ, チリ》〔間投詞的. 家畜を追う叫び声〕しっし!

ociosamente [oθjósaménte]〖副〗❶ 何もせずに, 無為に. ❷ 無駄に; 必要なく

ociosear [oθjoseár]〖自〗《チリ. 口語》のらくらする

ociosidad [oθjosiðá(d)]〖←ラテン語 otiositas, -atis〗〖女〗怠惰, 安逸: La ~ es madre de [todos] los vicios.《諺》無為は悪徳のもと / 小人閑居して不善をなす

ocioso, sa [oθjóso, sa]〖←ラテン語 otiosus〗〖形〗❶ [estar+] 何もしない, 無為の, 暇な, 怠惰な: Ha estado ~ todo el día. 彼は一日中ぶらぶらしていた. Las máquinas están ~sas. 機械が遊休している. llevar una vida ~sa 無為徒食する. ❷ [ser+] 無益な, 無駄な; ささいな: 1) dinero ~ 遊んでいる金. discusión ~sa 無益な議論. tierra ~sa 遊んでいる土地. trabajo ~ 無駄働き. 2) [ser ~ que+接続法] Es ~ que sigas hablando, nadie te escucha. 話し続けても無駄だよ. 誰も聞いていない
—— 〖名〗暇人, 怠惰な人; 有閑階級の人

ocitano, na [oθitáno, na]〖形〗〖名〗オック語〔の〕《=occitano》

ocle [ókle]〖女〗《アストゥリアス》海藻

oclocracia [oklokráθja]〖女〗暴民政治

oclofobia [oklofóβja]〖女〗《心理》群集恐怖症

ocluir [oklwír]〖←ラテン語 occludere「閉じる」〗〖48〗〖他〗《医学など》〔管などを〕閉じる, ふさぐ
—— se 閉じる, 詰まる

oclusión [oklusjón]〖←ラテン語 occlusio, onis〗〖女〗❶《医学など》1) 閉塞: ~ *intestinal* 腸閉塞. ~ *coronaria* 冠状動脈閉塞症. 2)《歯科》咬合〈法〉, 咬み合わせ. ❷《言語》閉鎖. ❸《気象》閉塞〔前線〕. ❹《化学》吸蔵

oclusivo, va [oklusíβo, ƀa]〖形〗〖女〗❶《医学など》閉塞させる, 閉塞作用の. ❷《言語》閉鎖音〔の〕: consonante ~*va* 閉鎖音〈子音〉, 破裂音《[p]·[b], [t]·[d], [k]·[g]》

oclusor [oklusór]〖男〗《動物》魚のエラなどを収縮させる筋肉

ocomistle [okomístle]〖男〗《メキシコ. 動物》リスの一種《松林に生息し攻撃的》

ocosial [okosjál]〖男〗《ペルー》〔草のまばらな〕湿地

ocotal [okotál]〖男〗《メキシコ, 中米》マツ科の一種 ocote の林

ocotaliano, na [okotaljáno, na]〖形〗《地名》オコタル Ocotal の〔人〕《ニカラグア, ヌエバ・セゴビア県の町》

ocote [okóte]〖←アステカ語 ocotl「茶」〗〖男〗❶《メキシコ, 中米. 植物》1) マツ科の一種《学名 Pinus oocarpa》. その木で作るたいまつ. 2)《アルゼンチン》1) 〔動物の〕 大腸. 2) 《卑語》〔人・動物の〕肛門. 3) 幸運: tener ~ ついている, ラッキーである

apagarse + 人 el ~《メキシコ, 中米》落胆する, やる気を失う

de ~《メキシコ, 中米》〔パーティーなどは〕 活気がない, 盛り上がらない

echar ~《メキシコ, 中米》不和の種をまく, もめごとを起こす

ocotepecano, na [okotepekáno, na]〖形〗〖名〗《地名》オコテペケ Ocotepeque の〔人〕《ホンジュラス西北部の県》

ocotero, ra [okotéro, ra]〖形〗〖名〗《メキシコ》いつももめごとを起こす〔人〕

ocotillo [okotíʎo]〖男〗《メキシコ. 植物》ツツジ目の灌木《砂漠地帯に生える. 学名 Fouqueria splendens》

ocotlense [okotlénse]〖形〗〖名〗《地名》オコトラン Ocotlán の〔人〕《メキシコ, ハリスコ州の町》

ocotudo, da [okotúðo, ða]〖形〗《アルゼンチン》何事にも運の強い

ocozoal [okoθoál]〖男〗《メキシコ. 動物》ガラガラヘビ

ocozol [okoθól]〖男〗《植物》モミジバフウ《紅葉葉楓》, アメリカフウ

ocráceo, a [okráθeo, a]〖形〗黄土色の

ocre [ókre]〖男〗《鉱物》❶ オークル, 黄土: color ~ 黄土色, オークル. ❷ rojo 代赭《だいしゃ》《=almagre》; 赤代赭, 代赭色. ~ de antimonio アンチモン. ~ de bismuto ビスマス黄
—— 〖形〗黄土色の

ocrea [okréa]〖女〗=**ócrea**

ócrea [ókrea]〖女〗《植物》タデ科の草

ocroso, sa [okróso, sa]〖形〗《鉱物》オークルの, 黄土の

oct.〖略語〗=octubre 10月

octa-〖接頭辞〗=**octo-**: *octágono* 八角形

octacordio [oktakórðjo]〖男〗《古代ギリシア. 音楽》8弦琴; 1オクターブ音階

octaédrico, ca [oktaéðriko, ka]〖形〗八面体の

octaedrita [oktaeðríta]〖女〗《鉱物》オクタヘドライト

octaedro [oktaéðro]〖男〗《幾何》八面体

octagonal [oktagonál]〖形〗八角形の

octágono, na [oktágono, na]〖形〗《幾何》八角形〔の〕

octal [oktál]〖形〗《情報》8進法の

octanaje [oktanáxe]〖男〗《化学》オクタン価: de alto ~ ハイオクタンの

octano [oktáno]〖男〗《化学》❶ オクタン. ❷ オクタン価《=índice de ~, número de ~s》

octanol [oktanól]〖男〗《化学》オクタノール

octante [oktánte]〖男〗❶ 《船舶, 航空》八分儀. ❷《幾何》八分円, 八分空間; 《天文》離角45度の位置

octaploide [oktaplóiðe]〖男〗《生物》〔染色体が〕8倍性の; 8倍体

octástilo [oktástilo]〖形〗〖男〗《建築》8本の円柱を持つ; 8柱式建築

octatlón [oktatlón]〖男〗《スポーツ》八種競技

octava [oktáβa]〖女〗❶《音楽》オクターブ: elevar (bajar) una ~ 1オクターブ上げる〈下げる〉. ❷《カトリック》〔大祝日 festividad の最初の日から起算して〕8日間, 8日目: ~ *cerrada* 他のいかなる聖人の礼拝も許さない期間. ~ *de Pascua* 聖週間, イースター週間. ❸《詩法》8行連詩: ~ *aguda (italiana)* イタリア風8行詩《詩行は9音節以上で, 4行ごとに分かれ, その末行の最終音節が強勢を伴う子音韻あるいは類音韻》. ~ *real (rima)* 11音節8行詩《1·3·5行目, 2·4·6行目, 7·8行目が子音韻》

octavar [oktaβár]〖自〗❶《音楽》〔弦楽器で〕オクターブ音を出す. ❷《古語》〔貢納金 millones から〕8分の1を控除する

octavario [oktaβárjo]〖男〗《カトリック》8日祭

octaviano, na [oktaβjáno, na]〖形〗❶《人名》カエサル・オクタヴィアヌス César Octavio の《初代ローマ皇帝アウグストゥスのこと》. ❷ 太平無事な: *paz* ~ 天下泰平

octavilla [ɔktaβíʎa]〖←*octavo*〗囡 ❶《印刷》8つ折り判〔の本〕; 〔その大きさの〕紙, わら半紙. ❷〖政治宣伝用の〕ビラ, パンフレット. ❸《詩法》各行8音節以下の8行詩. ❹《歴史》〔ワイン・オリーブ油・酢の小売りに課せられた〕八分の一税

octavín [ɔktaβín]〖《音楽》=**flautín**

octavo, va² [ɔktáβo, ba]〖←ラテン語 *octavus*, -a, -um〗形 男 ❶ 8番目の; 8分の1〔の〕. ❷《印刷》en ~ 8つ折り判の. en ~ marquilla 変形8折り版の. en ~ mayor (menor) 大型(小型)変形8折り版の. ❸《スポーツなど》〔準々決勝の前の〕ベスト16〔に選ばれた8試合〕〖=~s de final〗

octavón, na [ɔktaβón, na]形 =**ochavón**

octete [ɔktéte]男 ❶《化学》regla del ~ オクテット則. ❷《情報》〔情報量の単位〕オクテット〖=octeto〗

octeto [ɔktéto]男 ❶《音楽》八重奏団; 八重奏曲. ❷《情報》〔情報量の単位〕オクテット〖=8ビット〗. ❸《化学》regla del ~ オクテット則

octillizo, za [ɔktiʎíθo, θa]形 8つ子の

octingentésimo, ma [ɔktiŋxentésimo, ma]形 男 800番目の; 800分の1〔の〕

octo-〖接頭辞〗[8] *octó*podo 八腕類

octocoralario, ria [ɔktokoralárjo, rja]形 ❶《動物》八放サンゴ亜綱の〖=~〗 ❷《動物》八放サンゴ亜綱

octodecasílabo, ba [ɔktoðekasílaβo, ba]形《詩法》18音節の

octodo [ɔktóðo]男《物理》周波数変換管

octogenario, ria [ɔktoxenárjo, rja]形 男 80歳代の〔人〕

octogésimo, ma [ɔktoxésimo, ma]形 男 80番目の; 80分の1〔の〕

octogonal [ɔktoɣonál]形 =**octagonal**

octógono, na [ɔktóɣono, na]形 =**octágono**

octonario, ria [ɔktonárjo, rja]形《詩法》16音節の

octópodo, da [ɔktópoðo, ða]形 男 ❶《動物》八腕類の ❷《動物》八腕類

octorón, na [ɔktorón, na]形〖まれ〗黒人の血が8分の1入った混血の

octosilábico, ca [ɔktosiláβiko, ka]形 8音節の〖=octosílabo〗

octosílabo, ba [ɔktosílaβo, ba]形 男《詩法》8音節〔の〕

octostilo, la [ɔktóstilo, la]形《建築》八柱〔式〕の

octubre [ɔktúβre]〖←ラテン語 *october*, -*bris*〗男 10月〖→*mes* 参考〗

óctuple [óktuple]形〖まれ. 倍数詞〗8倍〔の〕

octuplicar [ɔktupliká́r][7]他 8倍する

óctuplo, pla [óktuplo, pla]形〖まれ〗=**óctuple**

OCU [óku]囡〖西. 略語〗←Organización de Consumidores y Usuarios 消費者連盟

ocuje [okúxe]男〖キューバ. 植物〗ジンコウ

ocular [okulár]〖←ラテン語 *ocularis*〗形 目の: infección ~ 眼病. investigación ~ 目で見ただけの調査 ── 男《光学》接眼レンズ, 接眼鏡: ~ negativo (positivo) 内(外)焦点接眼レンズ

ocularista [okularísta]名 義眼技工士

ocularmente [okulárménte]副 ❶ 目で見て, 肉眼で. ❷ 視覚的に, 視覚上

oculista [okulísta]名 眼科医〖=médico ~〗

óculo [ókulo]男〖《建築》小円窓

oculomotor [okulomotór]形《解剖》眼球運動の, 眼神経の: nervio ~ 動眼神経

ocultable [okultáβle]形 覆い隠され得る

ocultación [okultaθjón]〖←ラテン語 *occultatio*, -*onis*〗囡 ❶ 隠す〔隠れる〕こと, 隠蔽, 隠匿; 潜伏: ~ de la luna detrás de una nube 月が雲間に隠れること. ~ de bienes 財産の隠蔽. ~ del delincuente 犯人隠匿. ~ de pruebas《法律》証拠隠滅. ❷ しらばくれること, 知らないふり. ❸《天文》掩蔽, 星食

ocultador, ra [okultaðór, ra]形 覆い隠す〔人〕, 隠蔽をする〔人〕 ── 男《写真》遮蔽板

ocultamente [okúltaménte]副 ❶ 隠れて, お忍びで, こっそりと. ❷ 神秘的に

ocultamiento [okultamjénto]男 =**ocultación**

ocultar [okultár]〖←ラテン語 *occultare*〗他 ❶ 隠す, 覆い隠す, 隠蔽(🈩)する, 隠匿する〖類語〗**ocultar** も **esconder** もほぼ同義で「隠す」だが, *ocultar* の方が「隠す」意志が強く「覆い隠す, 隠匿する」のニュアンスがある. ~*se* も同様にどちらも「隠れる」だが, *ocultarse* は *esconderse* より強い「身をひそめる」というニュアンスがある): 1) Los piratas *ocultaron* el tesoro en una cueva. 海賊は財宝を洞穴に隠した. El smog *ocultó* la mitad sur de la ciudad. スモッグが町の南半分を覆い隠した. ~ su nombre 名前を隠す. ~ la tristeza 悲しみを表に出さない. ~ el hecho 事実を隠蔽する. ~ los cuadros robados 盗まれた絵を隠匿する. 2)〖+a に対して/+de から〗 El estudiante *ocultó* la revista al profesor. 生徒は先生に見えないように雑誌を隠した. Los padres *han ocultado* los regalos *de* la vista de sus hijos. 両親は息子の目につかないようにプレゼントを隠した. ❷ 黙秘する;〖言うべきことを〗言わないでおく: Dime si te gusta ella, no lo *ocultes*. 君は彼女が好きなんだろう, 隠さないでいいよ. Trató de ~*nos* sus propósitos delictivos. 彼は違法の目的を持っていたことを私たちに隠そうとした. ~ la verdad 本当のことを言わない; 真実を隠す. ❸《天文》掩蔽する; 星食する, 食する. ❹《聖体》聖櫃に保管する ── ~*se* ❶ 自分の…を隠す: Ella *se ocultó* la cara con las manos. 彼女は両手で顔を隠した. ❷ 姿を隠す, 隠れる: El atracador *se ocultaba* en la sombra. 強盗は暗がりに隠れていた. La luna *se ocultó* detrás de las nubes. 月が雲間に隠れた. ❸ 隠される: En el sótano del edificio *se ocultó* el dinero robado. 盗まれた金は建物の地下に隠された

ocultatorio, ria [okultatórjo, rja]形 覆い隠すのに役立つ

ocultis, de ~ こっそりと, 隠れて〖=ocultamente〗

ocultismo [okultísmo]〖←*oculto*〗男 神秘学, 神秘主義, オカルティズム; オカルト

ocultista [okultísta]形 名 オカルトの〔研究家〕

oculto, ta [okúlto, ta]〖←ラテン語 *occultus*〗形 ❶〖estar+〗隠れた: La niña está ~*ta* detrás de su madre. 女の子は母親の後ろに隠れている. La caja fuerte estaba ~*ta* en la pared. 金庫は壁の中に隠されていた. El pueblo, solitario, quedaba ~ en lo recóndito de la montaña. 村はひっそりと, 山の奥深くにあった. cámara ~*ta* 隠しカメラ. ❷ 秘密の, 知られていない: En nuestra compañía no hay nada ~. 我が社には秘密は何もない. El máximo responsable del atentado permanece ~. そのテロの首謀者は正体不明のままだ. ~*s* designios de la Providencia 神の摂理の秘められた思し召し. antipatía ~*ta* 無言の反感. ciencias ~*tas* 神秘学; オカルト. deseo ~ 秘めた願望

de ~ お忍びで, 人目につかないように

en ~ 密かに, 隠れて

ocume [okúme]男《植物》=**okume**

ocumo [okúmo]〖←?語源〗男〖ベネズエラ. 植物〗タロイモの一種〖根茎は食用. 学名 Xanthosoma sagittaefolium〗

ocupa [okúpa]名〖西. 口語〗〖空き家の〕不法居住者

ocupable [okupáβle]形 占領〔占有〕され得る

ocupación [okupaθjón]〖←ラテン語 *occupatio*, -*onis*〗囡 ❶ 占拠, 占有; 居住: ~ de Japón por el ejército norteamericano アメリカ軍による日本の占領. ~ de la nueva vivienda 新しい家への入居. ~ de la fábrica 工場占拠. ~ militar 進駐,〔軍事〕占領. ejército (tropas) de ~ 占領軍, 進駐軍. El hotel ha registrado una ~ del 100 por ciento. そのホテルの稼働率は100%を記録した. ❷〖広い意味での〕仕事, 活動, 用事; 職業〖→*profesión* 類語〗: Mis *ocupaciones* no me dejan libre. 私は色々用事があるので自由な時間がとれない. ¿Tiene usted? どんなお仕事をなさっていますか? tener muchas *ocupaciones* 多方面で活躍している. no tener ~/estar sin ~ 職がない, 失業している. nivel de ~ 就業水準. ~ laboral 労働. ❸《法律》先占; 占有. ❹《修辞》予弁法

ocupacional [okupaθjonál]形 職業の, 職業上の; 職業による: situación ~ 雇用情勢. terapia ~ 作業療法

ocupado, da [okupáðo, ða]形 ❶〖estar+〗占拠された, 占有された: La fábrica fue *ocupada* por los obreros. 工場は労働者によって占拠された. zona *ocupada* 占領地帯. ❷〖物が〕使用中の, ふさがっている: Esta silla está ~*da*. この椅子はふさがっている. ¿Tiene habitaciones?──No, está todo ~. 部屋はありますか?──いいえ, 満室です. O~.〖化粧室などの表示〗使用中/〔ノックに答えて〕入っています. línea ~*da* 通話中の回線. mano ~*da* ふさがった手.〖⇔*libre*〗: Está (Anda) ~ con el trabajo. 彼は仕事で忙しい. Estamos ~*s* terminando los informes. 我々は報告書を仕上げるのに忙しい. Es un hombre muy ~. 彼はとても忙しい人だ. Tengo las manos

~das. 私は今手がふさがっている. población ~da 就業人口. ❹ 妊娠した. ❺《中南米. 電話》話し中〖=comunicando〗: dar (estar・sonar) ～ お話し中である
—— 图 就業者, 就労者: número de los ~s 就労者数
❻ 图 妊婦

ocupador, ra [okupaðór, ra] 图 占領(占有・占拠)する: campesino ~ de la tierra 土地を占有する農民

ocupante [okupánte] 厖 ❶ 图 占有(占有・占拠・占住)している〖人〗: tropas ~ 占領軍. ❷ 乗客: Los ~s del autobús salieron heridos. バスの乗客たちは負傷した.

ocupar [okupár]〖←ラテン語 occupare〗他 ❶ [場所を]占める, 占有する; 住む; 占拠する, 占拠する: Los párvulos ocuparon los primeros asientos. 園児たちは前の方の席に座った. Los narcisos ocupan la mayor parte de este jardín. スイセンがこの庭の大部分を占めている. Los muebles ocupan todo el cuarto. 家具で部屋が一杯になっている. Su ropa ocupa todo el armario. 彼の服でたんすは一杯だ. Los que ocupan el quinto piso son músicos y pintores. 6階に入っているのは音楽家たちと画家たちだ. En 1945 las tropas aliadas ocuparon nuestro país. 1945年, 連合軍は我が国を占領した. ❷ [一時的に]場所をふさぐ, 使う: Ahora mi hijo ocupa la mesa de la sala de estar para hacer los deberes. 今は息子が居間のテーブルを使ってしまっている. Disculpe usted, no sabía que haya ocupado su silla. 失礼しました, あなたの椅子を取っていることに気がつきませんでした. La policía va a ~ este despacho toda la mañana. 警察が午前中この事務室を使うことになっている. ❸ [地位・職に] 就く: Pepe ocupó el cargo de director del hotel. ペペはホテルの支配人の職に就いた. Ocupaba la presidencia de la Cámara de Diputados. 彼は下院の議長をしていた. Un colonel ocupó el poder de su país durante veinte años. 一陸軍大佐がその国の実権を20年にわたって握った. ❹ [順位・位置を] 占める: Ocupé el segundo lugar en la maratón. 私はマラソンで2位になった. ❺ [時間を] 費やす: 1) [事柄が主語] Me ocupó toda la noche leer esta tesis. 私はこの論文を読むのに1晩かかった. La redacción de la solicitud me ocupará dos horas. 申請書を書き上げるために私に2時間かかるだろう. 2) [人が主語. +en に] ¿En qué ocupas tus ratos libres? 君は暇な時は何をしていますか? Mi madre ocupaba varias horas del día en hacer muñecas. 私の母は一日に数時間を人形作りに当てていた. ❻ …の関心を引く; 専念させる, 忙殺する: El asunto le ocupa demasiado. そのことで彼は頭が一杯になっている. Volvamos a lo que nos ocupa. 私たちの問題に話を戻しましょう. ❼ [人を] 雇う, 雇用する: Esta empresa ocupa a unas quinientas personas. この企業は約500人雇用している. ❽《西》[武器・密輸品などを] 没収する, 押収する: Han ocupado a los traficantes tres kilos de droga. 彼らは3キロの麻薬を密売人から押収した. ❾ 妨害する, 邪魔する. ❿《メキシコ, 中米, チリ》用いる〖=usar〗
—— ~se ❶ [+de・en に] 従事する, …の仕事(職務)をする: ¿De qué se ocupa esa compañía?—De la exportación e importación de automóviles. その会社はどんな仕事をしていますか? —自動車の輸出入業です. Unos publicistas se ocupan de la compañía. その会社は数人の宣伝マンの手で運営されている. ❷ [+de の] 世話をする: Se ocupa de su hermano. 彼は弟の面倒をみている. Que cada uno se ocupe de su propio equipaje. 各自自分の荷物をもう一度確かめて下さい. ❸ 考慮する, 扱う: En la segunda parte del libro nos ocuparemos de algunos aspectos teóricos del asunto. 本書の第2部ではこの問題の理論的側面を扱うことになる. ❹ 責任をとる; 関わる, 関与する: Me ocuparé de buscar su empleo. 私が彼の職探しを引き受けましょう. No te ocupes por nada, que yo lo haré. 君はそれに手を出さなくていい, 私が引き受けるから. Se ocupa en tonterías. 彼はばかげたことにかかずらっている. ~se de la administración de la compañía 会社の経営にタッチする. ❺《西. 隠語》[売春宿で] 売春婦と寝る

ocurrencia [okurénθja] 图 ❶《突然の・とっぴな》思いつき, 着想: Es una buena ~. それは良い考えだ. Tuvo la ~ de robar la bicicleta. 彼は自転車を盗もうという考えが思い浮かんだ. ❷ [物事の] 急所, 中心; 機知, 機敏に触れる言葉; 機知, 頓知; 滑稽: Con sus ~s graciosas no reímos mucho. 彼の面白い話で私たちは大笑いした. ¡Vaya ~! ほう, なかなか言いますね! tener ~ ユーモアに富んでいる. ❸ 発生: ~ de los fenómenos climatológicos 気象現象の発生. ❹《言語》

生起. ❺《まれ》出来事〖=suceso〗
¡Qué ~! 突っ拍子もない, ばかげてる!: ¡Qué ~, tirarse al río sin saber nadar! とんでもないことだ, 泳げないのに川に飛び込むなんて!

ocurrente [okurénte]〖←ocurrir〗厖 [人・事が] 機知に富んだ, 面白い; 頭のいい;《軽蔑》突拍子もないことを言い出す: ¡Qué estás hoy! 君は今日ユーモアがさえているね! frase ~ 気のきいた言い回し

ocurrido, da [okuríðo, ða] 厖《エクアドル, ペルー》冗談のうまい, 機知に富んだ

ocurrir [okurír]〖←ラテン語 occurrere「待ち構える」〗自《3人称でのみ使用》❶ [事件などが] 起こる, 発生する: 1) En la mina ocurrió un derrumbamiento. 鉱山で落盤事故が起こった. Ocurren cosas raras en este pueblo. この町では変わったことが起こる. ¿Qué ocurre? 何が起こったの? /[挑戦的に] それがどうした? No ocurrió nada. 何も起こらなかった/何事もなかった. 2) [+a+人 に] ¿Te ocurre algo? 何かあったの? ❷ [+a+人 の] 頭に浮かぶ ❸ 訴える. ❹ [祝日が] 重なる. ❺ 馳(は)せつける; 先んじる, 機先を制する
lo que ocurre es que +直説法 [説明の導入] 実は…, 本当のところ…: Podría hacerlo; lo que ocurre es que, por ahora, no tengo dinero. できればするが, 実は今は金がないのだ.
ocurra lo que ocurra たとえ何が起きても: Ocurra lo que ocurra, no me muevo de aquí. 何が起きようとも, 私はここから動かないぞ
ocurre que +直説法 …であることがある: Ocurre que tú a veces estás distraído. 君は時々ぼんやりしていることがある
por lo que pueda ~ 念のため, 万一のために: Por lo que pueda ~, será mejor para ti llevar víveres para dos días más. 万一のため, 食糧を2日分余分に持っていく方がいいだろう
—— ~se [+a+人 の] 頭にふと浮かぶ: 1) Se me ha ocurrido una solución. 私は解決策を思いついた. 2) [不定詞・que+直説法が主語] Se me ocurrió ir andando. 私はふと歩いて行こうという気になった. ¿A quién se le ocurre ir con corbata a la excursión? 誰がピクニックにネクタイをして行こうなんて考えるものか! ¿Cómo se te ocurre decir disparates semejantes? よくもそんなばかげたことを言う気になるね! Se me ocurrió que quizás sería mejor quedarme en casa. 私は家にいる方がいいだろうという考えが浮かんだ

oda [óða]〖←ラテン語 oda <ギリシャ語 oide「歌」〗囡 頌歌(しょうか), 頌詩, オード

odalisca [oðalíska]〖←仏語 odalisque <トルコ語 odaliq〗囡 ❶ [トルコ皇帝の後宮の] 女奴隷, 女官. ❷ 妖艶(セクシー)な女性

ODECA [oðéka] 囡《略記》←Organización de Estados Centroamericanos 中米諸州機構〖1951年, 中米5か国(コスタリカ・グアテマラ・ホンジュラス・ニカラグア・エルサルバドル)が地域統合を目指して創設. 本部はエルサルバドル, 1960年に中米共同市場 MCCA を設立〗

odeón [oðeón]〖←ギリシャ語 odeion < oide「歌」〗男 ❶ 古代ギリシャ音楽堂, 劇場. ❷ オペラ劇場

odiar [oðjár]〖←odio〗⑩ 他〖人・事物を〗憎む, 憎悪する, 嫌悪する〖類語〗odiar は感情的・生理的な憎悪で, 生の感情をぶつける感じ. detestar は教養語に近く, odiar に比べると感情を抑え冷静な判断を下し, 嫌悪の対象から遠ざかりたい感じ〗: 1) Odia a muerte a su jefe. 彼は上司を死ぬ程憎んでいる. Odio el café. 私はコーヒーが大嫌いだ. ~ la injusticia 不正を憎む. 2) [+不定詞・que+接続法] Odio beber. 私は酒が大嫌いだ. Odio madrugar. 私は早起きが大嫌いだ. Miguel odia que la mujer fume. ミゲルは女性がたばこを吸うのを嫌悪する. ❷《チリ. 口語》不快にする〖=fastidiar〗

Odín [oðín] 固 男《北欧神話》オーディン〖最高神で, 戦争・死者・農耕などの神〗

odinismo [oðinísmo] 男 オーディン Odín 信仰

Odino [oðíno] 固 男 =Odín

odio [óðjo] 男〖+a・por・contra・hacia に対する〗憎悪, 強い嫌悪感〖⇔amor〗: Le tengo ~ a aquel profesor. 私はあの先生が嫌いだ. Me tiene ~. 彼は私を憎んでいる. Me da ~ madrugar. 私は早起きが大嫌いだ. No me explico su ~ a esa casa. 私はなぜ彼がその家を嫌うのか分からない. El amor que le tenía a ella se convirtió en un profundo ~. 彼が彼女に抱いていた愛情は根深い憎しみに姿を変えた. cobrar (tomar) ~ a… …に憎しみを抱く. sentir ~ por… …を嫌う,

憎らしく思う. granjear el ~ 憎しみをかう. lleno de ~ 憎しみに満ちた. ~ de clase[s] 階級的憎悪. ~ mortal 殺したいほどの憎悪

odiosamente [oðjósaménte] 副 憎悪を込めて, 憎々しげに; ひどく: Fue una película ~ aburrida. 全くもってつまらない映画だった

odiosear [oðjoseár] 他《チリ.口語》しつこく悩ます, うんざりさせる

odiosidad [oðjosiðáð] 女 憎らしさ, 憎悪, 嫌悪; いまいましさ; 怨念

odioso, sa [oðjóso, sa]《←ラテン語 odiosus》形 ❶ [人・事物が] ひどく嫌な, 不愉快な; 腹の立つ: ¡Eres ~! あんたなんか大嫌い! Me comen estas ~sas moscas. このうるさいハエには閉口だ. tiempo ~ 嫌な天気. ~s sones del claxon うるさいクラクションの音. ❷ 憎らしい, 嫌悪すべき: Su actitud es ~sa. 彼の態度は実にけしからん. ~sa injusticia 憎むべき不正行為
hacerse ~ 嫌われる: El trabajo *se hace* ~. 仕事が嫌になる

odisea [oðiséa]《←O~ ホメロスの『オデュッセイア』》女 ❶ 冒険旅行, 一連の冒険: ~ del (en el espacio 宇宙旅行. ❷ [一連の] 大変な苦労: En este país el conseguir la visa de residencia es una ~. この国では居住ビザを取るのは至難の業だ

Odiseo [oðiséo]《ギリシア神話》オデュッセウス『オデュッセイア』Odisea の主人公》

odógrafa [oðógrafa] 女 オドグラフ, 航行(走行)記録計

odómetro [oðómetro] 男 ❶《自動車》走行距離計; タクシーメーター《=taxímetro》. ❷ 歩数計《=podómetro》

odonato, ta [oðonáto, ta] 形 トンボ類の
―― 男 複《昆虫》トンボ類

-odoncia《接尾辞》[歯] *ort*odoncia 歯列矯正

O'Donnell [oðónel]《人名》**Leopoldo ~** レオポルド・オドンネル『1809~67, スペインの軍人・政治家. 1854年クーデターを起こし, 進歩派政権の樹立に貢献. 1858年連合自由党 Unión Liberal を結成』

O'Donojú [oðonoxú]《人名》**Juan de ~** フアン・デ・オドノフー『1762~1821, スペインの軍人・政治家. 最後のヌエバ・エスパーニャ副王. メキシコ帝国独立宣言書に署名』

odont-《接頭辞》[歯] =**odonto-**: *odont*algia 歯痛

odontalgia [oðontálxja] 女《医学》歯痛

odontálgico, ca [oðontálxiko, ka] 形 歯痛の; 歯痛を止めるための

-odonte《接尾辞》=**-odoncia**

odóntico, ca [oðóntiko, ka] 形 歯の

odonto-《接頭辞》[歯] *odont*ología 歯科学

odontoceto, ta [oðontoθéto, ta] 形 ハクジラ亜目の
―― 男 複《動物》ハクジラ亜目

odontoide [oðontóiðe] 形《解剖》歯状の, 歯突起の

odontología [oðontoloxía] 女 歯科学, 口腔外科

odontológico, ca [oðontolóxiko, ka] 形 歯科学の, 口腔外科の

odontólogo, ga [oðontóloɣo, ɣa] 男女 歯科医, 口腔外科医

odontoma [oðontóma] 男《医学》歯牙腫

odontómetro [oðontómetro] 男《郵便》目打ちゲージ

odorante [oðoránte] 形 芳香の, 臭いのある

odorífero, ra [oðorífero, ra]《←ラテン語 odorifer, -eri》形《文語》芳香を発散する

odorífico, ca [oðorífiko, ka] 形《文語》=**odorífero**

odorimetría [oðorimetría] 女《化学》臭度測定

odre [óðre]《←ラテン語 uter, utris》男 ❶ [酒・オリーブ油を入れる] 皮袋: guardar el vino en ~ ワインを古い皮袋に入れる. Nadie echa vino nuevo en ~s viejos.《新約聖書》新しい酒は新しい皮袋に. ❷《口語》酔っぱらい; 大酒飲み
estar como un ~ すっかり酔っ払っている

odrería [oðrería] 女 皮袋製造所(販売店)

odrero [oðréro] 男 皮袋製造(販売)業者

odrezuelo [oðreθwélo] 男 odre の示小語

Odría [oðría]《人名》**Manuel ~** マヌエル・オドリア『1896~1974, ペルーの軍人・政治家, 大統領』

odrina [oðrína] 女 牛革の皮袋

odrisio, sia [oðrísjo, sja]《歴史, 地名》オドリシア の(人)『古代トラキア Tracia の町』; トラキアの(人)

OEA [oéá] 女《略語》←Organización de Estados Americanos 米州機構, OAS『1948年, 南北両アメリカ諸国の平和と安全を目的に創設された国際機関』

OECE [oéθe] 女《略語. 歴史》←Organización Europea de Cooperación Económica ヨーロッパ経済協力機構

oenegé [oenexé] 女《略語》=**ONG**

oenoterácea, a [oenoteráθeo, a] 形 アカバナ科の
―― 女 複《植物》アカバナ科

oersted [oe(r)stéd] 男 =**oerstedio**

oerstedio [oe(r)stédjo] 男 [磁場の強さのCGS電磁単位] エールステッド

oesnoroeste [oesnoroéste] 男 西北西[の風]

oesnorueste [oesnorwéste] 男 =**oesnoroeste**

oessudoeste [oes(s)uðoéste] 男 =**oesudoeste**

oessudueste [oes(s)uðwéste] 男 =**oesudoeste**

oeste [oéste]《←仏語 ouest < ゲルマン祖語 west》男 ❶ [方位. しばしば O~] 西, 西方; 西部《⇔este》: 1) El Sol se pone por el O~. 太陽は西に沈む. Galicia está al ~ de Asturias. ガリシアはアストゥリアスの西にある. La zona más concurrida en el ~ de la ciudad. 最もにぎやかな区域は町の西部にある. 2) [同格で, 名詞+] costa ~ de Portugal ポルトガルの西海岸. ❷ 西風《=viento 〔del〕 ~》. ❸ [O~. 米国の] 西部: película del O~《映画》西部劇. ❹《政治》[O~] 西側: países del O~ 西側諸国

oesudoeste [oesuðoéste] 男 西南西[の風]

oesudueste [oesuðwéste] 男 =**oesudoeste**

oesuroeste [oesuroéste] 男 =**oesudoeste**

oesurueste [oesurwéste] 男 =**oesudoeste**

ofendedor, ra [ofendeðór, ra] 形名 =**ofensor**

ofender [ofendér]《←ラテン語 offendere》❶ 侮辱する; […の]感情・体面などを] 傷つける: Dale una mano a tu amigo sin ~le. 気持ちを傷つけないで君の友達を助けてあげなさい. Me arrepiento, yo no quise ~en nada. 悪いことをしました, 私は彼女の気持ちを傷つけるつもりなど, さらさらなかったのです. ~ el honor y el buen nombre de la familia 家門の名誉と評判を傷つける. ~ la memoria 思い出を傷つける. ~ la moral 人倫に反する, 人の道にもとる. ❷ 不快にする, 不快感を与える: 1) [+con・por] Siempre me *ofende con* sus palabras. 彼の言葉はいつも私を不快にする. 2) [目的語を明示するときは +a. 目・耳などに] Estas flores *ofenden* la nariz. この花々の臭いは鼻をさす. Este calendario *ofende* 〔a〕 la vista. このカレンダーは目〔ざわり〕である
―― 自 目(耳)ざわりである: *Ofende* el zumbido de los mosquitos. 蚊のブーンという音がうるさい

~se [ofendíkulo]《まれ》障害

ofendido, da [ofendíðo, ða] 形 立腹した: con tono ~ 怒りの口調で
darse por ~ 腹を立てる, 気を悪くする

ofendiente [ofendjénte] 形名《まれ》侮辱する[人]

ofensa [ofénsa]《←ラテン語 offensa 「衝撃」 < offendere》女 ❶ 侮辱, 無礼: No lo invitaron y le pareció una ~. 彼は招待されず, そのことを侮辱と受け取った. Lavar una ~ de la familia 家門の恥辱をそそぐ. ~ a Dios 神への冒瀆. ❷ 不快感: Lo que me ha dicho es el colmo de la ~. 彼が私に言ったことは不愉快の極みだ. ❸《法律》犯罪, 違法: ~ a la autoridad 官憲への罪
hacer una ~ *a* +人 …を侮辱する: El caballero lo tomó como una ~ que le *hicieron a* su familia y nunca se la perdonó. 騎士はそれを彼の家門に対しなされた恥辱と考え, 決して許さなかった

ofensión [ofensjón] 女 =**ofensa**

ofensiva[1] [ofensíβa]《←ofensivo》女 ❶《軍事》攻勢, 攻撃: 1) ~ y defensiva 攻守. emprender la ~ contra los guerrilleros ゲリラに対し攻勢をかける. pasar a la ~ 攻勢に転じる(出る). 2)《比喩》~ de paz 平和攻勢. ~ diplomática 外交攻勢. ~ política 政治攻勢. ❷ 第一人者
tomar la ~ 攻撃の準備をする, 攻勢をとる

ofensivamente [ofensíβaménte] 副 感情を傷つけるように, 侮辱的に

ofensivo, va[2] [ofensíbo, ba]《←ofensa》形 ❶ [相手の] 感情を傷つけるような. acto ~ 侮辱的な行為. palabras ~vas 人を不快にさせる言葉. polémica ~ 人を傷つけるような論争. ❷ 攻撃用の; 攻撃的な《⇔defensivo》: 1) arma ~va 攻撃用兵器. capacidad ~va 攻撃力. 2)《サッカーなど》sacar un equipo ~ 攻撃的なチームを育てる. mediocampista ~ 攻撃的ミッドフィールダー.

ofensor, ra [ofensór, ra] 形 名 ❶ 侮辱する[人], 無礼な[人]: palabras ~ras 侮辱的な言辞. el ~ y el ofendido 侮辱した人と侮辱された人. ❷ 攻撃者; 違反者

oferente [oferénte]《←ラテン語 offerens, -entis》形 名 神に祈りを捧げる[人]

oferta [oférta]《←俗ラテン語 offerita < ラテン語 offerre「提供する」》女 ❶ 提案, 申し出: La ~ del préstamo hecho por el banco para comprar el piso es muy baja. 銀行が提案したマンション購入の融資額は非常に少ない. Le han hecho muchas ~s, pero no se ha casado. 彼女は何度もプロポーズされたが結婚しなかった. Vengo según su ~. お申し出により参りました. aceptar (rechazar) una ~ 申し出を受け入れる(断わる). hacer una ~ de un millón de dólares por el negocio 事業に100万ドルの提供を申し出る. ~ de paz 和平提案. ❷《経済》1) 供給《⇔demanda》: Las patatas han bajado porque hay mucha ~. ジャガイモは供給が多く, 値段が下がっている. La ~ es superior a la demanda. 供給が需要を上回る. balance de la ~ y la demanda 需給バランス. ~s de empleo 求人. ~s de trabajo《表示》求人. ~ monetaria 通貨供給, マネーサプライ. 2) オファー[価格], 付け値, 見積り[書]: Tenemos grandes ~s en estos artículos. 当社のこの製品には引き合いが多い(高値のオファーが来ている). Le haré una ~ que no podrá rechazar. 断る気になれないような見積りをしよう. hacer una ~ de compra (venta) 買い(売り)のオファーをする. 3)《株式》pública de adquisición 株式公開買付け, TOB; テンダーオファー. ~ pública hostil 敵対的公開買付け. ~ pública de venta de valores 証券公開買出し [既発行証券が新規発行と同じ条件でオファーされる]. ❸ お買い得品, 格安商品, 特売品;特別価格, バーゲン [=económica, especial, barata]: En esta planta hay muchas ~s. この階には格安商品が多い. Estas tiendas hoy hacen ~s. これらの店は今日バーゲンをする. Tenemos una buena ~. 大幅に値引きされている. ~ del día 本日のお買い得品. ~ de ordenadores コンピュータの特売. ❹ 贈り物 [=regalo]. ❺ 約束 [=promesa]. *de* ~《商品が》特売の: Hoy los huevos están *de* ~ s. 今日は卵が特売だ

en ~ =*de* ~: productos *en* ~ 特価品

ofertante [ofertánte] 形 名 供給する; 供給者

ofertar [ofertár]《←oferta》他 ❶ 特売する, 値引き販売する: ~ libros 本の安売りをする. ❷《主に中南米》申し出る; オファーする, 売り込む. ❸《中南米》提供する, 差し出す, 自発的に与える; 約束する. 2)《神などに》捧げる, 奉納する

ofertor, ra [ofertór, ra] 形 名《まれ》提供する[人]

ofertorio [ofertórjo]《←ラテン語 offertorium》男 ❶《カトリック》[パンとぶどう酒の] 奉献; 奉献文, 奉献唱. ❷《宗教》[何かを] 神に捧げる儀式

off [ɔ́f]《←英語》男 [スイッチの] オフ《⇔on》

en ~ 1)《演劇》舞台の袖(陰)の・で. 2)《映画, テレビ》[音声などが] 画面の外の・で: voz *en* ~ 画面の外からの声

office [ófis]《←仏語》男《西》ユーティリティールーム; 配膳室

offset [ɔ́fset]《←英語》男 オフセット印刷; オフセット印刷機: impreso en ~ オフセット印刷の

off-shore [ɔ́f ʃɔ́r]《←英語》[単複同形] ❶ 海外[の],《経済》オフショアの. ❷ 沖合[の]. ❸ 海底油田[の]

off side [ɔ́fsai̯d]《←英語》男《スポーツ》オフサイド [=fuera de juego]

off the record [ɔ́f de rékor]《←英語》形 副 オフレコの・で

oficial[1] [ofiθjál]《←ラテン語 officialis》形 ❶ 公式の, 公的な, 政府筋の, 政府(地方自治体)からの, 当局(官憲)の《⇔oficioso》: 1) El ministro hace una visita ~ a México. 大臣はメキシコを公式訪問している. acto ~ 公式式典, 公式行事. disposición ~ 公的措置. documento ~ 公文書. lengua ~ 公用語. nombramiento ~ 公式の任命. noticia ~ 公式通知(情報). partido ~ 公式試合. pasaporte ~ 公用旅券. ❷ [法的に] 正式な: Ha hecho ~ su relación de cónyuge con Rosa. 彼はロサとの夫婦関係を正式のものにした. ❸ [組織・機関などの] 公立の《⇔privado》: El Banco de Japón es una de las instituciones ~es del país. 日本銀行は国家機関の一つである. El servicio de inteligencia ~ alertó de un posible intento del atentado. 公的情報機関がテロ行為の可能性ありと警告した. escuela ~ de idiomas 国立の外国語学校. centro de investigación ~ 公的な研究機関. ❹ 公定の: precio ~ 公定価格. ❺《西. 教育》[学生が] 正規の, 本科の《国立大学で, 授業にきちんと出席した上, 試験を受けなけばならない》《⇔libre》: alumnos ~es y oyentes 本科生と聴講生. ❻ 自他共に認められた: Es el animador ~ de la fiesta. 彼は自他共に認めるパーティの盛り上げ役だ

—— 名 ❶ 士官, 将校: comedor de ~es 士官食堂. ~ de artillería 砲兵士官. ~ médico 軍医将校. ~ pagador 主計官. primer ~ 一等航海士. ❷ 役人, 吏員《高官 jefe と属僚 auxiliar の中間の存在》: Es ~ administrativa. 彼女は一般行政職員. ~ de aduana 税関職員. ~ de secretaría 秘書官. ~ de extensión agrícola 農業改良普及員. ~ de la sala [裁判所の, secretario より下の] 事務官補佐. ~ mayor《西》事務次官, 官房長. ❸ 警部補. ❹ 役員: Él se cree algo ~ de la comunidad de vecinos. 彼は自分をれっきとした地域自治会の役員だと思っている. ❺ 市長; 評議員. ❻ 宗教裁判所判事. ❼ 死刑執行人. ❽ 肉屋

ser buen ~ [あらゆることに] 有能である

oficial[2]**, la** [ofiθjál, la] 名 ❶ [手工業で, 平の・一人前の] 職人, 職工《親方 maestro と徒弟 aprendiz との中間》: En esta peluquería necesitan una ~ *la*. この美容院では女性美容師を1人募集している. ~ disecador 剝製職人. ~ *la* costurera 縫い子. ❷ [機械制工業で] 熟練工. ❸ [事務所で] 事務員: ~ mayor 係長

oficialazgo [ofiθjaláθɣo] 男《まれ》職人 oficial 階級

oficialía [ofiθjalía] 女 ❶ 役人・士官・職人 oficial の職務(階級): ascender a la ~ 将校に昇進する. ❷ 将校団 [=oficialidad]. ❸ 事務次官 oficial mayor の執務室

oficialidad [ofiθjaliðáð]《←oficial》女 ❶ 公式であること, 公的性格: ~ de la noticia ニュースが公式のものであること. ❷ [集名] 将校団: dar un baile para la ~ del cuartel 駐屯地の将校団のためにダンスパーティを開く

oficialismo [ofiθjalísmo] 男 ❶ 形式主義, 官僚主義. ❷ [集名] 党の方針に忠実な人. ❸《中南米》[集名] 政府関係者, 官憲; 与党議員と党勢力

oficialista [ofiθjalísta] 形 名 ❶ 形式主義の, 官僚主義のの. ❷ 党の方針に忠実な[人]. ❸《中南米》与党の[議員]

oficialización [ofiθjaliθaθjón] 女 公認

oficializar [ofiθjaliθár]《←oficial》[9] 他 公認する; 公式のものにする: El Gobierno *oficializó* el sindicato. 政府は組合を正式に認めた

—— ~*se* 公式なものになる: El cumpleaños del Emperador *se oficializó* como fiesta nacional. 天皇の誕生日は国の祝日として公布された

oficialmente [ofiθjálménte] 副 ❶ 公式に, 公的に, 公務上: O ~ María ya es su heredera. マリアはもう正式に彼の相続人だ. Los directivos de la empresa se reunieron ~ la semana pasada. その会社の重役たちは先週, 正式な会議を開いた. ❷ 当局の発表では. ❸ 表向きは《⇔realmente 本当は》: No te olvides de que ~ yo no estuve aquí ayer. 表向きは私が昨日ここにいなかったことを忘れないでくれ

oficiante [ofiθjánte] 形 男《カトリック》[ミサ・祭事などの] 司式者[の]

oficiar [ofiθjár]《←oficio》[10] 自 ❶《カトリック》司式する: ~ la misa ミサを司式する. ❷ [+de の役を] 務める: ~ *de* anfitrión del banquete 晩餐会の主宰者を務める. ~ *de* intermediario 仲介役となる. ~ *de* chivato 密告する. ❸ 通達を出す, 文書を送付する

—— 他 司式する

oficina [ofiθína]《←ラテン語 officina「工場」》女 ❶ [主に経営・管理のための] 事務室, 執務室, 事務所, 営業所, オフィス, 会社: Visité a mi hijo en la ~. 私は会社に息子を訪ねた. Una empresa ha comprado este edificio para ~s. ある企業が事務所にしようとこのビルを買った. ir a la ~ 出勤する, 仕事に行く. en horas de ~ 営業時間に, 執務時間に; [客などに対する] 面談時間に. empleado (trabajador) de ~ [事務系の] 会社員, 事務員, サラリーマン, ホワイトカラー. estudio en la ~ [国際協力などでの] 国内準備作業. máquina de ~ 事

務用機器. muebles de ~ 事務所の家具・備品. pequeña ~/~ en el hogar《情報, 経営》SOHO. ❷ 取扱所; 役所: ~ de cambio 両替所, 外貨交換所. ~ de colocación/~ de empleo 職業安定所. ~ de correos 郵便局. ~ de policía 警察署. ~ de objetos perdidos 遺失物保管所. ~ pública 官庁, 官庁, 局. ❸［大学などの］研究室. ❹《屋根裏・地下の》物置. ❺《西. まれ》調製室, 薬局《=~ de farmacia》. ❻《古語》工場, 作業場. ❼《中南米》部屋

oficinal [ofiθinál]《←oficina》形 ❶《植物が》薬用の. ❷ 薬局方による, 調剤済みの

oficinesco, ca [ofiθinésko, ka]《←oficina》形 ❶《軽蔑》お役所的な, 事務的な, 官僚的な: El aparato ~ del partido es siempre dogmático. その官僚的な党執行部はいつも教条的だ. ❷ 事務所の, オフィスの

oficinista [ofiθinísta]《←oficina》名 ❶ 事務員, 会社員: Él tenía 52 años y era un antiguo ~ que estaba en paro. 彼は32歳の元会社員で失業中だった. Ella dejó su trabajo de ~ para casarse. 彼女は結婚のために会社をやめた. ❷ ホワイトカラー, サラリーマン

oficio [ofíθjo]《←ラテン語 officium》男 ❶ 仕事, 職, 職務《主に手仕事, 肉体労働. ~ profesión 類義》: Mi ~ es hacer pan. 私の仕事はパンの製造だ. tener un ~ 手に職がある. tener mucho ~ 熟練している. aprender un ~ 仕事を覚える. ~ de pintor ペンキ屋の職. No hay ~ malo.《諺》職業に貴賤なし. ❷ 役目: Estos pilares tienen el ~ de sujetar el techo. この柱の役目は天井を支えることだ. Esta máquina de coser, aunque vieja, todavía hace su ~. このミシンは古いが, まだ使える. ❸《公式》通達, 公文書: despachar (enviar) un ~ 文書を送付する. recibir un ~ del juzgado 裁判所からの書類を受け取る. ❹《カトリック》[主に 複] 祭式, 典礼《=~ mayor》; 聖務日課《=~ divino》: ~ de difuntos 死者のための祭式. ~s de Semana Santa 聖週間の祭式. ❺《コロンビア, チリ, アルゼンチン, ウルグアイ》tamaño ~ フールスキャップ判《約43×35cmの筆記用紙》

***buenos* ~s** 1) 調停, あっせん, 仲介: Gracias a sus *buenos* ~s conseguí un puesto. 彼の尽力で私は職を得た. 2) おせっかい

de ~ 国費で; 公的性格の: enterrar *de* ~ a un difunto no identificado 身元不明の死者を公費で埋葬する. abogado *de* ~ 国選弁護人. turno *de* ~ 国選弁護人の輪番制

no tener ni ~ ni beneficio《口語》無職である

por ~ 仕事《職業》として: Tiene *por* ~ fabricar objetos de cerámica. 彼は陶器の製造を仕事にしている

Santo O~ 異端審問所《=Inquisición》

ser del ~《婉曲》売春をする; 売春婦である

sin ~ **ni beneficio**《口語》無職の: Es un caradura *sin* ~ *ni beneficio*. あいつは仕事もないぐうたらな奴だ

viejo ~ 売春

oficionario [ofiθjonárjo] 男《カトリック》聖務日課書
oficiosamente [ofiθjósaménte] 副 ❶ 非公式に. ❷ おせっかいにも. ❸ 勤勉に, 丁寧に
oficiosidad [ofiθjosiðáð]《←ラテン語 officiositas, -atis》女 ❶ 非公式であること. ❷ おせっかい, 出しゃばり. ❸ 勤勉さ, 丁寧さ
oficioso, sa [ofiθjóso, sa]《←oficio》形 ❶［情報が信頼すべき出所のものだが, いまだ］非公式の: según fuentes ~sas 非公式の筋からの情報によれば, 未確認情報によれば. noticia ~sa 非公式筋からの情報. resultados ~s de las elecciones generales 総選挙の非公式結果. ❷ 公的でない《⇔oficial》: La marca es todavía ~. その記録は未公認だ. ❸［メディアなどが, 特定の組織などの意見を］非公式に代弁する;［新聞が］政府系の: Este periódico es el órgano ~ del partido comunista. この新聞は共産党の隠れた機関紙だ. ❹《口語》差し出がましい, おせっかいな. ❺［仕事に］丁寧な, 勤勉な; たゆみない: Los barrenderos de esta calle son muy ~s. この街の清掃係はとても丁寧に仕事をする. ❻ 有益な, 役に立つ. ❼ 調停役を務める, 仲裁する

oficleido [ofikléjðo] 男《音楽》オフィクレイド
ofidiasis [ofiðjásis] 女《医学》ヘビ毒
ofídico, ca [ofíðiko, ka]《動物》ヘビ亜目の
ofidio, dia [ofíðjo, ðja] 形 ヘビ亜目の
—— 男《動物》ヘビ亜目
ofidismo [ofiðísmo] 男 ヘビに噛まれたことによる毒死

ofimático, ca [ofimátiko, ka] 形 女 オフィスオートメーション
ofioglosales [ofjoglosáles] 女 複《植物》ハナヤスリ科
ofiolatría [ofjolatría] 女 ヘビ崇拝, 蛇神信仰
ofiómaco [ofjómako] 男《動物》エビの一種
ofis [ófis] 男 =office
ofita [ofíta] 女《鉱物》オファイト
—— 形《宗教》［グノーシス主義の］オフィス派〔の〕《エデンの園の蛇を崇拝した》
Ofiuco [ofjúko] 男《天文》へびつかい座
ofiura [ofjúra] 女《動物》クモヒトデ
ofiúrido, da [ofjúriðo, ða] 形 =ofiuroideo
ofiuro [ofjúro] 男 =ofiura
ofiuroideo, a [ofjurojðéo, a] 蛇尾類の, クモヒトデ類の
—— 男《動物》蛇尾類, クモヒトデ類
oflador [oflaðór] 男《アルゼンチン. 料理》[パスタ用の生地などを伸ばす] 木製の丸い板
oflar [oflár] 他《アルゼンチン. 料理》[oflador でパスタ用の生地を伸ばす]
ofrecedor, ra [ofreθeðór, ra] 形 名 提供する〔人〕, 差し出す〔人〕
ofrecer [ofreθér]《←俗ラテン語 offerire < ラテン語 offerre》39 他 [+a に] ❶ 提供する, 差し出す; 申し出る: 1) Nos *ofreció* su casa. 彼は自宅を私たちに使わせてくれた. La empresa le *ofrece* trabajo a mucha gente del pueblo. その企業は町の多くの人に仕事を提供している. *Ofreció* ayuda a su amigo. 友人に援助を申し出た. En la plaza varios vendedores *ofrecían* sus mercancías. 広場では数人の商人が品物を売っていた. ¿Qué *ofrece*?/¿Se le *ofrece* algo? 何がご入用ですか? ~ *a*+人 el brazo …に腕を貸す. ~ *a*+人 la mano [挨拶として・和解のしるしとして, 握手のために] …に手を差し出す. ~ *a*+人 una copa …を一杯勧める. ~ *a*+人 un premio 賞金を出す. 2) [+不定詞] …しようと申し出る: *Ofreció* prestarme su ordenador. 彼は私にコンピュータを貸してあげようかと言った. Me *ofrecieron* ser director de la biblioteca. 私は図書館長にならないかという話をもらった. ❷ [条件付きで] 約束する: *Ofrecieron* una recompensa de dos millones de yenes *a* quien informe del caso de homicidio. その殺人事件に関する情報提供者に対して200万円の報奨金を出すとの申し出があった. ❸ [神・神聖なものに] 捧げる, 供える: ~ flores *al* patrón del pueblo 村の守護聖人に花束を供える. ~ dones *a* los santos 聖人に捧げ物をする. ~ un sacrificio *a* Dios 神に犠牲を捧げる. una misa por el alma de su esposa 妻の霊の安からんことを願ってミサを捧げる. ❹ [敬意・儀礼として] 催す; [演劇・音楽会などを] 開催する: El presidente *ofreció* una cena de bienvenida a los Reyes de España. 大統領はスペイン国王夫妻の歓迎夕食会を催した. ~ *a*+人 una fiesta de despedida …の送別会を催す. *Ofrecieron* un concierto en el Teatro Municipal. 市立劇場でコンサートが開かれた. ❺ [+*por* に] …の売り値・買い値をつける: Le *ofrezco* cien mil euros *por* el cuadro. 私はその絵に10万ユーロ出します. precio *ofrecido* 付け値. ❻ [事物が] 示す, 見せる; 伴う: El negocio *ofrece* buenas perspectivas. その事業の見通しは明るい. La operación *ofreció* algún riesgo. その手術には少々の危険があった. ❼ [姿・形を] 呈する: Esta manzana no *ofrece* buen aspecto, pero es sabrosa. このリンゴは見ばえはよくないが, おいしい. El balcón *ofrecía* una hermosa vista del jardín. バルコニーからは庭園の美しい景色が見えた. ❽ [住所などを] 知らせる. ❾《口語》居酒屋に入る

—— ~**se** 1)《文語》自分の身を捧げる《差し出す》: Un comisario *se ofreció* a entrar como rehén en lugar de los empleados del banco capturados por los atracadores. 警察署長は強奪に捕えられた銀行員たちの代わりに人質になると申し出た. En la aldea las vírgenes *se ofrecieron* en sacrificio. 村の処女たちが自ら犠牲になった. ~*se* de camarero 給仕役を買って出る.《口語》[+a・para+不定詞 …を] 申し出る: *Se ofreció a* llevarla en coche a su casa. 彼は彼女を車で家まで送ろうと申し出た. ❸《文語》[考えなどが, +a+人 に] 思い浮かぶ: *Se le ofreció* una serie de asociaciones extrañas. 彼には奇妙な連想が次々と思い浮かんだ. No se me *ofrece* nada. 私は何も思い浮かばない. ❹ 差し出される, 提供される: Aquí *se ofrece* comida y cama a los necesitados. ここでは困っている人たちに食事と寝る場所が提供される. ❺ [事件な

どが] 起こる: ¿Qué *se ofrece*? 何が起こったんだ? ❻ [+a・ante+人・物 に, 光景・景色など] 現れる, 見えてくる, 広がる: *Se ofreció* un mar inmenso *ante* sus ojos. 彼の目の前に広大な海原が広がった. ❼ [機会などが] 与えられる, 到来する: Hoy *se nos ha ofrecido* la oportunidad de ver a Cela en la universidad. 今日私たちは大学でセラを見る機会が与えられた.
ofrecérsele...《丁寧》[主に疑問文で, 相手の希望などを尋ねて] …が提供される: ¿Qué *se le ofrece*, señora? 奥様, 何かご用をおうけいたしましょうか?/何かお好みのものはございますか? ¿*Se le ofrece* algo? 何かご用のお品は?/[飲み物など] 何かお持ちしましょうか?

ofrecer	
直説法現在	接続法現在
ofre**zc**o	ofre**zc**a
ofreces	ofre**zc**as
ofrece	ofre**zc**a
ofrecemos	ofre**zc**amos
ofrecéis	ofre**zc**áis
ofrecen	ofre**zc**an

ofrecido, da [ofreθíðo, ða] 形 名《メキシコ》[援助などを] 申し出る [人]
ofreciente [ofreθjénte] 形 名《まれ》=**oferente**
ofrecimiento [ofreθimjénto] 男 =ofrecer 男 提供, 申し出: Te agradezco mucho tu ～ de ayudarme a limpiar la casa. 家の掃除を手伝ってくれるという君の申し出をありがたく思う
ofrenda [ofrénda] 《←ラテン語 offerenda "提供されるべき物"》 女 ❶ [神・聖人などへの] 奉納, 奉仕, 捧げもの: hacer una ～ a San Antonio 聖アントニオへの奉納. ～ de flores (～ floral) a la Virgen マリア様への献花. ❷ 奉納物, 供え物: En el día de los difuntos la gente llevó sus ～s a las tumbas de familia. 死者の日に人々は供え物を家の墓に持って行った. ❸ [ミサなどで死者に供えられる] パンやぶどう酒など. ❹ [埋葬間に聖職者に渡される] 喜捨. ❺ [大義などへの] 寄進, 奉仕, 献金: ～ de la vida por la libertad 自由のために命を捧げること. ❻ 贈り物: Tome esta ～ en señal de mi gratitud. 私の感謝の印にこの贈り物をお受け取り下さい
ofrendar [ofrendár]《←ラテン語》他 ❶ [+a・por に] 奉納する, 捧げる: Un caballero de la Cruzada *ofrendó* la espada *a* la iglesia de esta aldea. ある十字軍の騎士が剣をこの村の教会に寄進した. ～ un manto *a* la Virgen 聖母マリアにマントを奉納する. ～ la vida *por* la emancipación de la mujer 女性解放運動に一生を捧げる
ofris [ófris] 男《植物》オフリス
oftalm-《接頭辞》=**oftalmo-**
oftalmia [oftálmja] 女《医学》眼炎
oftalmía [oftalmía] 女 =**oftalmia**
oftálmico, ca [oftálmiko, ka] 形 ❶ 目の: nervio ～ 眼神経. ❷ 眼炎の
oftalmitis [oftalmítis] 女 =**oftalmia**
oftalmo-《接頭辞》[目] *oftalmo*scopio 検眼鏡
oftalmología [oftalmoloxía] 女 眼科学
oftalmológico, ca [oftalmolóxiko, ka] 形 眼科の
oftalmólogo, ga [oftalmólogo, ga] 名 眼科医
oftalmometría [oftalmometría] 女《医学》角膜曲率測定[法]
oftalmometro [oftalmométro] 男《医学》角膜曲率計, 眼球計
oftalmoscopia [oftalmoskópja] 女《医学》眼底検査
oftalmoscopio [oftalmoskópjo] 男《医学》検眼鏡, 眼底鏡
oftalmostato [oftalmostáto] 男《医学》眼球固定装置
oftalmoterapia [oftalmoterápja] 女 眼病治療
ofuscación [ofuskaθjón] 女 判断力を失うこと; 目がくらむこと
ofuscador, ra [ofuskaðór, ra] 形 判断力を失わせる; 目をくらませる
ofuscamiento [ofuskamjénto] 男 =**ofuscación**
ofuscante [ofuskánte] 形《文語》判断力を失わせる; 目をくらませる
ofuscar [ofuskár]《←ラテン語 offuscare "暗くする" < fuscus "暗い"》 ⓻ 他 ❶ [一時的に] …の判断力を失わせる; 動揺させる, うろばいさせる: El accidente le *ofuscó* la mente. 事故で彼は頭が混乱した. ❷ …の目をくらませる [=cegar]: La intensidad de las luces me *ofusca* la vista. 明かりが強烈で私は目がくらくらする
―― ～**se** ❶ [+con に] 判断力を失う: Me *ofusqué* en el examen oral y me quedé en blanco. 私は口述試験で上がってしまい頭の中が真っ白になった. ❷ 目がくらむ: Su vista *se ofuscó con* los faros de un coche. 車のヘッドライトで彼は目がくらんだ
ofusque [ofúske] 男《コロンビア》=**ofuscación**
ogámica [ogámika] 女 =**ogham**
ogham [ogán] 男《ケルト語の》オガム文字
ogino [oxíno]《←日本語》男 [時に O～] オギノ式避妊 [=método ～]
O'Gorman [ogórman]《人名》**Cecil Crawford ～** セシル・クロフォード・オゴルマン [1874～1943, イギリス生まれのメキシコの画家]
　Edmundo ～ エドムンド・オゴルマン [1906～95, メキシコの哲学者・歴史家. 『アメリカの発明』*La invención de América*]
　Juan ～ フアン・オゴルマン [1905～82, メキシコの画家. セシル・クロフォードの息子]
ogra [ógra] 女 →**ogro**²
ogro¹ [ógro]《←仏語 ogre》男 ❶ [おとぎ話の] 食人鬼
ogro², **ogresa** [ógro, ogrésa] 名 [ogra もある]《軽蔑》鬼みたいな奴, ひどく残酷な人, 悪党
oh [ó]《←擬態》間 ❶ [文頭の, 驚き・賛嘆・恐怖・苦痛・喜び] おや, まあ, ああ《女性がよく用いる》: ¡*Oh*, qué bonito jardín! わあ, 何てきれいな庭ですこと! ¡*Oh*, qué feo olor! ああ, 何とくさい! ¡*Oh*, qué lata! ああ, うんざりだ! ¡*Oh*, qué suerte!, me ha tocado el primer premio. わあ, やった! 1等が当たった. ¡*Oh*, qué lástima!, se han roto mis gafas. ああ困った! 眼鏡が壊れた. ❷ [肯定・否定の強調] ¿Venís mañana?―*Oh*, sí; por supuesto. 明日来るの?―ええ, もちろんですとも. ¡*Oh*, no! No quiero ver este tipo de película de suspense. ああ, いや! 私はこの手のサスペンス映画は見たくない. ❸《文語》[呼びかけの語の前に置いて, 強調] ¡*Oh*, tú, Honesto, el más honrado de los hombres! ああ君, オネスト, 最も誠実な人!
o'higginiano, na [oixinjáno, na] 形 名《地名》リベルタドール・ベルナルド・オイギンス Libertador Bernardo O'Higgins の [人] [チリ中部の州 (第6州)]
O'Higgins [oíxins]《人名》**Ambrosio ～** アンブロシオ・オイギンス [1720～1801, アイルランド生まれの軍人. スペイン王国に仕え, チリ総督, ペルー副王]
　Bernardo ～ ベルナルド・オイギンス [1778～1842, チリの軍人・政治家. アンブロシオ・オイギンスの息子. チリ独立の父と言われる]
ohm [ón] 男 [複 ～s] =**ohmio**
óhmetro [ómetro] 男《物理》オーム計
óhmico, ca [ómiko, ka] 形《物理》オームの
ohmímetro [omímetro] 男 =**óhmetro**
ohmio [ómjo] 男 [電気抵抗の単位] オーム
oíble [oíble]《←*oír*》形 [音が] 聞こえ得る, 聞き取れる
oída [oíða]《←*oír*》女 うわさで, 伝聞で: Le conozco solo *de* ～s. 彼のことは耳にしたことがある/うわさで知っているだけだ. Sé *de* ～s que Juan va a París. フアンがパリに行くことは風の便りに聞いている. No hablo *de* ～s. また聞きではありません
　por ～ = *de* ～**s**
-oidal《接尾辞》=**-oide**: helico*idal* 螺旋形の
-oide《接尾辞》[類似・形] antropo*ide* 類人猿, rombo*ide* 偏菱形
-oideo, a《接尾辞》=**-oide**: tifo*ideo* チフス性の
-oides《接尾辞》=**-oide**: cubo*ides* 立方骨の
oídio [oíðjo] 男《生物》 1)《ブドウなどに寄生する》オイディウム菌. 2) [細菌の] 分裂子. ❷《農業》うどん粉病, うどん粉カビ
oídium [oíðjun] 男 =**oídio**
oído [oíðo]《←ラテン語 auditus》男 ❶《解剖》耳 [→oreja 類義]: limpiarse los ～s 耳垢を取る. ～ externo (medio・interno) 外 (中・内) 耳. ❷ 聴覚 [=sentido del ～]; 聴力: En la guerra perdió el ～ y está completamente sordo. 彼は戦争で聴力を失い, 今はまったく耳が聞こえない. Tiene un ～ muy fino y habla tres lenguas sin acento. 彼は耳がとてもよく, 3か国語をなまりなく話せる. perder ～ 耳が遠くなる. ❸ 音感 [=buen ～ musical]; tener (un) ～/tener mucho ～ 音感がよい. tener mal ～ 音感が悪い, 音痴である. tener ～ *del ritmo* リズム感がよい. ～ absoluto 絶対音感. ❹ [ギターなどの] 共鳴孔, サウンドホール. ❺《古語》[銃砲の] 火口, 点火孔, 火門; [発破の] 導火線孔

oidor, ra

abrir los ～s 耳を澄ます, 注意深く聞く; 耳を傾ける: *Abrid bien los ～s*, que ahora nos van a hablar del resultado de la operación de mamá. しっかりと聞くんですよ, お母さんの手術の結果についてお話があるから

abrir tanto [***el***] ***～s*** 非常に注意深く聞く

aguzar el ～ (***los ～s***) 耳を澄ます, 耳をそばだてる

al ～ 1) 耳もとで, 小声で; こっそりと, 内緒めかして: *Si te da vergüenza, cuéntaselo a papá, al ～*. 恥ずかしいのなら, パパの耳にそっと言ってごらん. 2) 内緒話で: *No me gusta que me digan cosas al ～*. 私にはこそこそ内緒話をされるのは嫌いだ. 3) 聞いただけで

alargar el ～ (***los ～s***) =*aguzar el ～* (***los ～s***)

aplicar el ～ 注意深く聞く, 耳を傾ける

aprender de ～ 聞いただけで覚えてしまう

caer en ～s sordos 無視される

cerrar [***los***] ***～s*** 〔人の言い分などに〕耳を貸さない

corto de ～ =*duro de ～*

dar [***s***] ***al...*** =*prestar ～s a...*: *No des ～ al qué dirán*. 人の言うことなど聞かなくてすむ

de ～ 1) 聞き覚えで: *tocar de ～* 〔楽器を〕楽譜なしで〔聞き覚えで〕弾く. 2) 聞いただけで; うわさで, 伝聞で

duro de ～ [***s***] 1) 耳の遠い, 難聴の: *Es un poco dura de ～s*. 彼女は少し耳が遠い. 2) 音感が悪い

entrar a+人 por un ～ y salir por el otro 〔事柄が〕…にとって馬耳東風である: *Ese joven es un estúpido; lo que le digan entra por un ～ y sale por el otro*. あの若者はばかだ, 何を言われても馬耳東風だ

estar mal de ～ 耳が遠くなる: *Se cayó y se dio en la cabeza. Por eso está mal de ～, quizá*. 彼は転んで頭を打ったので耳が遠くなったようだ

hacer ～s de mercader 《西.文語》=***hacer ～s sordos***

hacer ～s sordos 少しも聞こうとしない, 聞こえないふりをする: *Deja de hacer ～s sordos, que sé que estás enterado de todo*. 聞こえないふりをするのはやめなさい, 私にはお前がすべて知っていることが分かっているから

ladrar a+人 al ～ [考えが] …に次々と思い浮かんでくる

llegar a ～s de+人 …に聞こえてくる, 耳に入る: *Han llegado a mis ～s rumores de ella*. 私の耳に色々彼女のうわさが聞こえてきた. *Ha llegado a ～s de sus padres que el hijo está saliendo con una mujer mayor*. 息子が年上の女性と付き合っているという話が両親に聞こえてきた

llenar los ～s 響きがよい: *Siempre me llena los ～s la "Pastoral" de Beethoven*. ベートーベンの『田園』はいつ聴いてもすばらしい

machacar los ～s 耳にたこができるほど繰り返して言う

negar los ～s 耳を貸さない

¡O～ a la caja! 《口語》=***¡O～ al parche!***

¡O～ al parche! 1) 《西.口語》[注意の喚起] 話を聞け!: *¡O～ al parche!* Os voy a contar algo curioso. いいかよく聞けよ, 面白い話をするからな. 2) 《軍語》ラッパの合図を注意して聞け!

¡O～s que tal oyen! 《口語》それはひどい (すごい)

oír con sus propios ～s [また聞きでなく] 自分の耳で聞く

pegarse al ～ [音楽・歌などが] 耳になじむ, 覚えやすい: *Se me ha pegado al ～ este poema*. この詩は私の耳にずっと残っている

prestar ～s a... …に耳を貸す: *No debes prestar ～s a las murmuraciones de las vecinas*. お前は近所の女たちのうわさに耳を貸すことはない

regalar el ～ (***los ～s***) ***a+人*** 1) …にお世辞を言う, おべっかを使う: *No me gusta que me regalen los ～s*. 私はお世辞を言われるのが好きではない. 2) [+*con* …で] 耳を喜ばせる (楽しませる): *La guitarrista nos regaló los ～s con su preciosa interpretación de piezas de Albéniz*. ギタリストはアルベニスの曲のすばらしい演奏で私たちを楽しませてくれた

ser todo ～ 全身を耳にして聴く, 熱心に耳を傾ける: *Cuéntame ya tu preocupación; soy toda ～s*. 何が心配なのか言ってごらんなさい, しっかり聞いていますからね

silbar a+人 los ～s =***zumbar a+人 los ～s***

tardo de ～ =*duro de ～*

tener un ～ enfrente del otro 音痴である

zumbar a+人 los ～s 1) …の耳がじんじんする, 耳鳴りがする: *Tras la explosión, le zumban los ～s*. 爆発があってから彼は耳鳴りがするようになった. 2) [自分が悪く言われていることに] …の気がする: *¿Cómo deben de estarle zumbando los ～s! 彼はさぞかし耳が痛いはずだ!

oidor, ra [oiðór, ra]《←*oír*》[形][名]《文語》聞く; 聞き手
── [男]《歴史》聴訴官 [16世紀, スペイン支配下のアメリカに設置された司法機関アウディエンシア *audiencia* を構成する勅任の官吏]

oidoría [oiðoría] [女] 聴訴官の職 (権限)

oíl [oíl] →***lengua*** *de oíl*

oïl [óil] →***lengua*** *de oïl*

OIN [女]《略語》←*Organización Internacional de Normalización* 国際標準化機構, ISO

oír [oír]《←ラテン語 *audire*》[47] [他] ❶ 聞く, …が聞こえる, 聞こえてくる [→*escuchar* 類語]: 1) *Oigo ruidos raros en el patio*. 中庭で変な物音が聞こえる. *He oído* [*a*] *una lechuza*. フクロウの鳴き声が聞こえた. *¿Oyes algo? ¿Qué oíste que dijeron? ¿Me oye usted?—Sí, le oigo bien*. [私の声が聞こえますか?—はい, よく聞こえます. *Habla un poco más alto, que no te oigo bien*. もう少し大きい声で話してくれ, 君の声が私には聞こえない. *Oír, ver y callar* [*es la conducta del sabio*].《諺》見ざる聞かざる言わざる〔それが賢いやり方だ〕. 2) [+直接目的+不定詞・現在分詞 …が…するのを聞く]: *Ahora he oído llegar y entrar en casa a mis hijos*. 今しがた子供たちが帰ってきて家に入ってくるのが聞こえた. *Todas las mañanas la oigo cantar*. 私は毎朝彼女が歌っているのを聞いている. *Oí hablar de ella*. 私は彼女のうわさを聞いた. *Al amanecer, oí la lluvia golpear el cristal de la ventana*. 夜明けに私は雨が窓ガラスに打ちつけるのを聞いた. *Oí a la actriz cantando*. 私はその女優が歌っているのを聞いた. *Esa mañana la oí tocando el piano*. その朝は彼女がピアノを弾いているのを聞いた. 3) [+*a* から] *Es un cuento infantil que le oí a mi abuelita*. それは私の祖母から聞いたおとぎ話だ. *No le oigo nada a ella*. 私は彼女から何も聞いていない. 4) [+*de*・*por*・*con*+人 から] *Un geógrafo escribió esta historia según lo que había oído de sus contemporáneos*. ある地理学者が同時代の人から聞いたことに基づいてこの話を書いた. *He oído de* (*por*) *su padre que dejó su trabajo de Correos*. 私は彼の父から彼が郵便局の仕事を辞めたと聞いた. *～ con* (*por*) *sus propios oídos* 自分の耳で聞く. *～ de fuente autorizada* 権威筋から聞く. ❷ [相手の言葉などを] 注意して聞く, 聴く: *Háblame con calma, que te oigo*. 落ち着いてしゃべりなさい, 聞いてあげるから. *Hoy día los alumnos no oyen a sus profesores*. 近ごろの生徒たちは先生の言うことを聞かない. *Yo preparaba la comida oyendo la radio*. 私はラジオを聞きながら食事の仕度をしていた. *Oyó el CD toda la noche*. 彼はそのCDを一晩中聴いていた. ❸ 聞いて理解する: *¡Ahora lo oigo!* 〔口語] ああ今分かった. *¿Oyes lo que te estoy diciendo?* 私が何を言っているか分かった? *Parece que los alumnos no están preparados para ～ las disertaciones sobre gramática*. 生徒たちは文法の講義の予習をしていないようだ. ❹ [願いなどを] 聞き入れる, 聞き届ける: *Dios oyó sus oraciones y sanó su hijo*. 神は彼らの祈りを聞かれ, 彼らの息子は全快した. ❺《法律》[裁判官が双方の] 申し立てを聞く. ❻ [命令形で間投詞的に] 1) [主に親しい間柄で, 呼び掛け] もしもし, あのね, ちょっと聞いてみません: *¡Oye!* ねえ, ちょっと!/おい, ちょっと! *¡Oiga!* すみません, ちょっと! *¡Oye, quieres callar de una vez!* おい, ちょっと黙れ! *¡Oye, Pepe, espera, que voy contigo!* おい, ペペ, ちょっと待って! 君と一緒に行くから. *Oiga usted, profesor Álvarez. ¿Me permite hacer unas preguntas?* ちょっとお願いします, アルバレス先生, 質問しても構いませんでしょうか? *¡Oiga, señora, que se le ha caído un pañuelo!* ちょっと, 奥さん, ハンカチが落ちましたよ! *Oíd vosotras, daos prisa, que se os va a hacer tarde*. いいね, お前たち, 急ぎなさいよ, 遅くなってしまうからね. 2) [驚き・警戒・非難] *¡Oye! No me digas que no quieres ir al concierto en este momento*. とんでもない, いまさらコンサートに行きたくないなんて言うなよ. *¡Oigan, señores, no he visto cosa semejante!* おやまあ, みなさん, こんなこと今まで見たことがない! 3) 《電話》[かけた方が] もしもし: *¡Oiga! Soy Felipe. ¿Está Gabriel?* もしもし, こちらフェリーペです. ガブリエルますか? ❼ [命令形で文末に置き, 前言の強調・注意の喚起] いいね, 分かりましたね?: *Tú no vuelvas a hacerlo, ¿oyes?* もう二度とそんなことをしていけないよ, いいね. *Estamos esperando a que llegue, ¿oye usted?* 私たちはあなたが来られるのをお待ちしているのですよ, いいですね. ❽《古語》[学科を] 学ぶ, 聴講する: *～ fi-*

losofía 哲学の講義を聴く
como lo [que] oyes (oye usted)/como me oyes (oye usted) 《西. 口語》[自分の確信を相手に念押し] 本当ですよ, 聞いて(知って)おいても損はない: *¡Como lo oyes!* Debido al descuido de un funcionario, un secreto de Estado se ha filtrado a la prensa. 本当なんだよ! 役人の不注意のせいで国家機密が新聞に漏れたんだ. Ya estoy en Osaka.—¡No me digas!—*Como lo oyes.* もう大阪にいるよ.—嘘!—本当だよ
como quien oye llover 《皮肉》→**llover**
¿Lo oyes? =**¿Me oyes?**
¡Lo que hay que ~! そんなばかな, あきれた!
lo que oyes (oye usted) =**como lo [que] oyes (oye usted)**
me oye 《まれ》=**me va a ~**
¿Me oyes? [念押し] いいかい/分かる?
me va a ~ [いらだち・抗議] 小言を言わせてもらうぞ
ni oye ni entiende ひどいばかである
~ bien 《口語》好意的に傾聴する
~ mal 間違って聞く
ser bien oído [人・言葉などが] 評価される; 受け入れられる
¡Tengo que ~! =**¡Lo que hay que ~!**
—— 直 聞こえる: No *oye* bien. 彼は耳が悪い
—— ~**se** ❶ [音が主語] 聞こえる: A lo lejos *se oía* un canto de alondras. 遠くでヒバリのさえずりが聞こえていた. Solo *se oyen* gotas de agua que cayen del grifo. 蛇口から落ちる水滴の音が聞こえるだけだ. Parece que *se oye* ruido arriba. 上で物音がしたようだ. *Se oyó* hablar solo de ese incidente durante dos días. 2,3日はその出来事の話でもちきりだった. No *se oye* bien.《電話》よく聞こえません. ❷ [不特定主語. 人は]聞こえる: Como viven encerradas en casa, no *se las* ve ni *oye* por la calle. 彼女たちは家に閉じこもって暮らしているので, 外からは姿も見えないし声も聞こえる: Oímos un frenazo agudo y poco después sirenas de la ambulancia. キーッというブレーキの音が聞こえ, すぐ後に救急車のサイレンが聞こえた

oír		
現在分詞	過去分詞	
o**y**endo	oído	
直説法現在	点過去	
o**ig**o	oí	
o**y**es	oíste	
o**y**e	o**y**ó	
oímos	oímos	
oís	oísteis	
o**y**en	o**y**eron	
未来	過去未来	命令法
oiré	oiría	
oirás	oirías	o**y**e
oirá	oiría	
oiremos	oiríamos	
oiréis	oiríais	oíd
oirán	oirían	
接続法現在	接続法過去	
o**ig**a	o**y**era, -se	
o**ig**as	o**y**eras, -ses	
o**ig**a	o**y**era, -se	
o**ig**amos	o**y**éramos, -semos	
o**ig**áis	o**y**erais, -seis	
o**ig**an	o**y**eran, -sen	

oíslo [oíslo]《←*oís* (*oír* の直説法現在2人称複数)+*lo*(直接目的3人称単数)》 男 愛する人《特に男性から見ての女性》
OIT 女《略語》←Organización Internacional del Trabajo 国際労働機関, ILO
ojada [oxáda] 女 《コロンビア》明かり取り窓
ojal [oxál]《←*ojo*》 男 ❶《服飾》ボタン穴, ボタンホール: llevar una flor en el ~ 襟元(ラペルホール)に花を挿している. ❷ [カーテンの] リング穴. ❸ 裂け目, 破れ目
ojalá [oxalá]《←アラビア語 wa-sha llah「そう神が望んでおられる」》 間 [強い願望] ❶ [+接続法] 1) [現在・未来への願望. +接続法現在] どうか(願わくば)…しますように!/…するといいのだが!: ¡O~ no llueva mañana! 明日雨が降りませんように! ¡O~ todo salga bien! 万事うまくいきますように! 2) [現在の事実に反する願望. +接続法過去] ¡O~ pudiéramos estar más tiempo juntos! もっと長いこと私たちが一緒にいられるといいのに! ¡O~ fuera hoy domingo! Estamos deseando descansar un día. 今日が日曜日ならいいのになあ! 何とか一日休んでみたいね. 3) [過去の事実に反する願望. +接続法過去完了・接続法過去] …であればよかったのだが!: ¡O~ no hubiera llovido (no lloviera) ayer! 昨日雨が降らなければよかったのに! ❷《西. 口語》[+*que*+y+接続法]…しますように! ¡O~ *que* no nieve hoy! 今日雪が降りませんように! ¡O~ y se vuelva a repetir! 同じことがもう一度起これぱいいのに! ❸ [単独で間投詞的に] そうなりますように, そうあって欲しいものだ!: Seguro que tendrás éxito.—¡O~! 君はきっと成功するよ.—そう願いたいね! Mañana hará buen tiempo.—¡O~! 明日はいい天気だろう.—そうならいいが!
¡O~ hubiera+過去分詞! [願望・非難] ¡O~ te *hubiera* hecho caso! 君の言うことを聞いておけばよかったのに!
—— 接 《ボリビア, アルゼンチン》[+接続法] …であっても: O~ llueva, voy a salir. 雨が降っても私は出かけるつもりだ
ojaladera [oxaladéra] 女 ボタンホール付けの女工
ojalado, da [oxaládo] 形 [牛などが] 目のまわりの毛が黒い
ojalador, ra [oxaladór, ra] 男 ボタンホール付けの職工
—— 男 ボタンホール付けの器具
ojaladura [oxaladúra] 女 《集合》[一着の服の] ボタンホール
ojalar [oxalár] 自 他 ボタンホールを付ける(作る)
ojalatero, ra [oxalatéro, ra] 形 名《廃語. 軽蔑》❶ [スペイン内戦時に] 支持する政党が勝つことを秘かに願う(人). ❷ [第2次大戦中の] 消極的政党支持の(支持者)
ojáncano [oxánkano] 男 =**ojáncanu**
ojáncanu [oxánkanu] 男《カンタブリア神話》一つ目の恐ろしい巨人
ojanco [oxáŋko] 男 ❶ 一つ目の巨人《=cíclope》. ❷《キューバ, プエルトリコ. 魚》フエダイの一種《学名 *Lutjanus mahogoni*》
ojaranzo [oxaránθo] 男《植物》ツツジの一種《学名 *Rhododendron ponticum*》
ojariza [oxaríθa] 女《エストレマドゥラ》ばか騒ぎ, 騒音
OJD 女《西. 略語》←Oficina de Justificación de la Difusión 新聞普及審査委員会
ojeada[1] [oxeáda]《←*ojear* I》 女 一瞥, 一目
echar (dar) una ~ a... …にざっと目を通す; ちらりと見る: *Échale una ~* al periódico. 新聞に一通り目を通しなさい
ojeado, da[2] [oxeádo, da]《←*ojear* II》 形《アルゼンチン》たたりにあって(呪いにかかって)体の具合が悪い[人]
ojeador, ra [oxeadór, ra] 男《狩猟》勢子(せこ)
ojear [oxeár] I《←*ojo*》 他 ❶ …にざっと目を通す, ちらりと見る: Voy a ~ la despensa. 食料庫をちょっと見てきます. ❷《コロンビア, チリ, アルゼンチン》呪いにかける
—— II《←*ox*》 他《狩猟》[獲物を]追いたてる, 狩り出す
Ojeda [oxéda]《人名》**Alonso de** ~ アロンソ・デ・オヘダ《1468?~1515, スペイン人航海者・コンキスタドール. 南米北部を踏査. ベネズエラという地名の命名者》
ojén [oxén] 男《酒》アニゼット
ojeo [oxéo] 男 ❶ 目を通すこと, ちらっと見ること. ❷《狩猟》[獲物の] 狩り立て
ojera [oxéra]《←*ojo*》 女 ❶ [主に 複. 目のまわりの] 隈(くま), あざ: Después de ver la película me salen ~*s*. 私は映画を見た後, 目に隈ができる. tener ~*s* 隈ができる. ❷《古語》洗眼用コップ《=*lavaojos*》. ❸《プエルトリコ》[馬の] 遮眼帯
ojeriza [oxeríθa]《←*ojo*》 女《口語》[人への] 反感, 悪意: Le tengo ~. 私は彼に反感を抱いている
ojeroso, sa [oxeróso, sa]《←*ojera*》 形 ❶ (*estar*+. 目のまわりに)隈のできた: mirada ~*sa* 隈のできた目のまわり. ❷ 疲れた, やつれた
ojerudo, da [oxerúdo, da] 形 [人が] いつも大きな隈を作っている
ojetada [oxetáda] 女《メキシコ. 口語》恥ずべき行ない
ojete [oxéte]《*ojo* の示小語》 男 ❶《靴などの》紐通し穴, 鳩目; 《手芸》アイレットステッチ. ❷《俗語》肛門《=*ano*》. ❸《卑語》女性性器
—— 形《メキシコ》❶ [他人を食い物にするような] 邪悪な [人], ❷ ばかな [奴]
ojetear [oxeteár] 他 ❶ 紐通し穴を開ける. ❷《南米》何度も見る; 見る
ojetero, ra [oxetéro, ra] 形 紐通し用の
—— 女 [肌着などの] ボタンホール, 紐通し穴

ojiabierto, ta [oxjaβjérto, ta] 形 目を見開いた; 洞察力のある
ojialegre [oxjalégre] 形 陽気な目をした, 目の輝いた, 生き生きした目の
ojienjuto, ta [oxjenxúto, ta] 形 《口語》めったなことでは泣かない
ojigarzo, za [oxiɣárθo, θa] 形 =ojizarco
ojijunto, ta [oxixúnto, ta] 形 《まれ》目と目の間隔が狭い
ojimel [oximél] 男 =ojimiel
ojímetro [oxímetro] 男 《戯語》目分量で, 大ざっぱに
ojimiel [oximjél] 男 《薬学》オキシメル
ojimoreno, na [oximoréno, na] 形 茶褐色の目の
ojinegro, gra [oxinéɣro, ɣra] 形 黒い目の
ojiprieto, ta [oxiprjéto, ta] 形 黒っぽい目の
ojirri [oxíri] 男 《口語. 魚》ニシマトウダイ 《=gallo》
ojite [oxíte] 男 《メキシコ. 植物》ラモンの木 《=ojoche》
ojito [oxíto] 男 ❶ ojo の示小語. ❷ 《地方語. 魚》ニシマトウダイ 《=gallo》
  hacer ~s a+人 《エルサルバドル. 口語》…にウインクする;《アルゼンチン. 口語》…に色目を使う
  ser el ~ derecho de+人 =ser el *ojo* derecho de+人
  ── 聞《注意・用心を促して》気をつけろ: ¡O~ con ese perro, que muerde! その犬に気をつけなさい, 噛まれるよ!
ojitos [oxítos] 男 《地方語. 魚》ニシマトウダイ 《=gallo》
ojitruco, ca [oxitrúko, ka] 形 《ラマンチャ. 軽蔑》=ojituerto
ojituerto, ta [oxitwérto, ta] 形 名 《まれ. 軽蔑》斜視の〔人〕
ojiva¹ [oxíβa] 女 《←仏語 ogive <カスティリャ語 aljibe》❶《建築》オジーブ; 尖頭アーチ. ❷《ミサイル》弾頭: ~ atómica 核弾頭
ojival [oxiβál] 形 《建築》オジーブ構造の: *ventana* ~ オジーブ様式の窓. ❷ ゴシック式の
ojivo, va² [oxíβo, βa] 形 《建築》オジーブ構造の 《=ojival》
ojizaino, na [oxiθáino, na] 形 《軽蔑》横目でにらむ, 目つきの悪い
ojizarco, ca [oxiθárko, ka] 形 青い目の
ojo [óxo] 男 《←ラテン語 oculus》❶ 目, 眼; 眼球: 1) Miguel tiene los ~s negros. ミゲルの目は黒い. Ella tenía (estaba con) los ~s hinchados de tanto llorar. 彼女は目を泣きはらしていた. Sécate tus ~s con este pañuelo. このハンカチで涙を拭きなさい. ¡Qué bonitos ~s tienes! 君は何と美しい目をしていることか! Mírame a los ~s. 目を見ろ. Nos picó la garganta y los ~s. 私たちは喉と目がかゆくなった. ~ de cristal 義眼. 2)《諺, 成句》Cuatro ~s ven más que dos./Más ven cuatro ~s que dos. 1人より2人の目の方が確かだ/三人寄れば文殊の知恵. Donde pone el ~, pone la bala. 射撃が上手である. El ~ del amo engorda el caballo (el ganado). 財産は〔他人任せにせず〕自分で管理した方がよい 《←飼い主の目は馬を太らせる》. *Ojo por* ~ 〔y diente por diente〕. 目には目を〔歯には歯を〕. *Ojos* hay que de legañas se enamoran. たで食う虫も好き好き. *Ojos* que no ven, corazón que no siente (llora/quiebra). 自分の知らないことには心は痛まない/知らぬが仏. *Ojos* que te vieron ir. 覆水盆に返らず/ああ, 〔あの人・あの大切な物は〕もう二度と戻らない. Tienen ~s y no ven, tienen oídos y no oyen. 彼らは目はあってもうとしないし, 耳があっても聞こうとしない. *Un* ~ *a la sartén y otro a la gata./Un* ~ *al plato y otro al gato.* 二股をかける, 二兎を追う. ❷〔主に複〕視線, まなざし 《=mirada》; 目つき, 目の表情: La madre no apartaba los ~s de sus niños. 母親は子供たちから目を離さなかった. El profesor me miró con unos ~s dudosos. 先生は疑わしそうな目で私を見た. Lo he visto con (por) mis propios ~s. 私はそれを自分の目で見た. hablar con los ~s 目で話す. poner los ~s tristes 悲しそうな目をする. tener los ~s inteligentes 賢そうな目をしている. ~s profundos 深みのあるまなざし. 目配り, 気配り; 適正な判断力: Tiene buen ~ para los objetos de arte. 彼は美術品に目がきく. tener mucho ~ para los negocios 商売に目ざとい. ❹〔間投詞的〕1)〔注意・警告・脅迫〕気をつけろ, 注意しなさい!: i) ¡*Ojo*, pintura fresca! 注意, ペンキ塗り立て! ¡*Ojo* que aquí hay un bache! 気をつけて, 水たまりがある! ii)〔+con に〕¡*Ojo con* el semáforo! Está rojo. 信号に気をつけなさい! 赤ですよ. ¡*Ojo con* el perro, que muerde! 犬に気をつけて, 噛むよ! iii)〔+con+不定詞 しないように〕¡*Ojo con* resbalar! 滑らないように気をつけて! 2)〔号令〕気をつけ! 3)〔会話中に聞き手の注意をひく〕ねえ. Lo que importa, ¡~!, es observar que… 重要な点はね!…を認識することなんだよ. 4)〔原稿などの余白に記す〕

注意書き《¡¡Ojo!! のように書く》. ❺〔目・穴状のもの〕1)〔針などの〕目, め: meter (pasar) el hilo por el ~ de la aguja 針の穴に糸を通す. 2) 鍵穴《=~ de la cerradura》. 3)〔台風などの〕目. 4)《印刷》〔b·d などの活字の〕字面の穴. 5)〔複〕〔網の〕目: rasgarse con lima el ~ del meñique del pie 足の小指のつめの目を押しやすりで削る. 6)〔チーズなどにできる〕小さな孔: queso con muchos ~s pequeños 小さな孔がたくさんあるチーズ. 7)〔足の〕たこ, うおの目: rasgarse con lima el ~ del meñique del pie 足の小指のつめの目を押しやすりで削る. 6)〔物に開いた〕穴. 7)〔クジャクの尾羽の〕眼状斑. ❼《西》〔水・スープに浮いた〕油脂の輪. ❽《西》〔洗濯で石けんの〕一塗り: dar un ~ a… …に石けんを塗る. ❾《建築》~ de puente〔増水時用の〕橋台の穴. ~ de patio〔ビルの〕中庭; 坪庭. ~ de la escalera 階段の吹き抜け. ❿〔平地にある〕泉, 湧水池《=~ de agua》: ~ de la pradera 牧場の水場. ⓫〔ジャガイモの〕芽: A estas patatas les están saliendo muchos ~s. このジャガイモは芽がたくさん出てきている. ⓬ 愛しい人: mis ~s/~s míos 私の愛しい人. ⓭ ~ mágico 《電気》マジックアイ;《メキシコ, グアテマラ, ドミニカ, アンデス》のぞき穴 《=mirilla》. ~ eléctrico マジックアイ《=~ mágico》. ⓮ *Ojo* del Halcón 《情報, スポーツ》ホークアイ, 審判補助システム. ⓯《地方語》直径より深い穴

a cierra ~*s*《西. 口語》目をつぶって《=a ~s cerrados》
a 〔*los*〕~*s de*《口語》…の目から見て, …の見方によれば: *A* ~*s de Juan* es algo recelosa con los hombres. フアンによれば彼女は男性にちょっと猜疑心がある
a ~ *de buen cubero*《口語》ざっと, 大まかに, 大体の~で; 目分量で, 当て推量で: calcular a ~ 概算する. medir a ~ 目測する, ざっと目で測る. vender un kilo de naranja a ~ ミカン1キロを目分量で売る
a ~*s cerrados* 1)〔目をつぶって. 2) 考えずに, 確認しないで, やみくもに; 頭から信用して: Puedes seguir sus consejos a ~*s cerrados*. 君は彼の忠告に全面的に従って間違いないよ. aceptar la oferta a ~*s cerrados* よく考えもせずに申し出を受ける
a ~ *vista*〔*s*〕顕著に, 目に見えて, 明らかに: El enfermo mejora a ~ *vista*〔*s*〕. 病人は日に日によくなっている. La niña ha crecido a ~*s vistas*. 少女は目に見えて成長した
abrir el ~ だまされないように気をつける, 誤りから覚める, 気がつかなかったことに気づく《=abrir los ~s》
abrir los ~*s* 1) だまされないように気をつける, 用心する, 油断なく目を光らす 2) 誤りから覚める, 蒙(%) を開く; 気づいたことに気づく. 3)《文語》生まれる
abrir los ~*s a*+人 …の目を開かせる, …の蒙を開く, 目を覚まさせる
abrir tanto ~ 申し出を喜んで受け入れる; 話題のものを欲しいと思う
aguarse los ~*s*《キューバ. 口語》目に涙があふれる
aguzar los ~*s*〔見落としのないように〕しっかりと見る
al ~《コロンビア, チリ, アルゼンチン, ウルグアイ》大まかに, ほぼ
alegrarse a+人 *los* ~*s a*+人 …の顔に喜色が浮かぶ: Cantando esa canción, *se les alegraban los* ~*s* a los antiguos condiscípulos. その歌を歌っているうちに, 同窓生たちの顔に喜びの色が浮かんできた
alzar los ~*s* 目を上げる, 顔を上げる: Cuando el maestro me reprendió, no me atrevía a *alzar los* ~*s*. 先生から叱られた時, 私は顔を上げることができなかった
alzar los ~*s al cielo* 目を上げて空を見る,〔神に祈る・懇願するために〕天を仰ぐ
andar〔*se*〕*con cuatro* 〔*cien*〕~*s/andar*〔*se*〕*con* ~ 《口語》細心の注意をはらって行動する《=ir con ~/ir con ~s》
arrasarse a+人 *los* ~*s de*〔*agua*〕〔*lágrimas*〕〔わっと泣き出す時の状態で〕…の目に涙が一杯浮かぶ
asomar a los ~*s una lágrima* 泣き出す
avivar el ~〔*los* ~*s*〕用心深くする, 警戒する
bailar a+人 *los* ~*s* …の目が喜びに輝く; 陽気な性格である
bajar los ~*s* 1) 視線を下げる;〔恥ずかしさなどで〕うつむく. 2) 命令に従う
cerrar el ~《口語》死ぬ; 〔主に否定文で〕眠る
cerrar los ~*s* 1)〔主に否定文で〕眠る, 眠り込む: Pensando en cómo salir del aprieto, no pude *cerrar los* ~*s* esa noche. その窮地から逃れるすべを考えていて, 私はその夜は眠れなかった. 3)《口語》死ぬ: Después de llevar una penosa vida, *cerró los* ~*s* a los noventa años. 彼は

い人生をおくった後, 90歳で生涯を終えた. 4) [+a 明らかな事実・誤りを] 見ようとしない, 目をそむける: Él *cerraba los ~s a* la verdad. 彼は真実を見ようとしなかった. De nada sirve *cerrar los ~s ante* la realidad. 現実から目をそむけても何の役にも立たない. 5) [+a+人 を] 死ぬまで看病する; 黙認する

cerrar (*un*) ~ [主に否定文で] 眠る

clavar los ~s en... …を注視する: *clavar los ~s en* un muñeco de peluche ぬいぐるみに目が釘付けになる

coger entre ~s 《西. 口語》毛嫌いする

comer con los ~s [おいしそうなので] 食べきれないほど自分の皿に取ってしまう; 外見に惑わされる: *Come con los ~s* y siempre pide más de lo que puede. 彼はいつも料理の外見に惑わされて, 食べきれないほど注文してしまう

comerse con los ~s [+a+人・物 を] 物欲しげに見る, ほれぼれとながめる: Se veía que le gustaba ese atleta: *se lo comía con los ~s*. どうやら彼女はそのスポーツ選手が好きらしい. うっとりとした目で彼を見ていた

como a los ~s de la cara/como a sus propios ~s とても大切に, 目に入れても痛くないほど

con buenos ~s [ver・mirar+] 喜んで, 好意的に: Ese futbolista ve *con buenos ~s* el interés del Real Madrid. そのサッカー選手はレアル・マドリードの関心に好意を示している. Lamentablemente a los habitantes de esta zona no se les mira *con buenos ~s*. 残念なことにこの地区の住民は好意的には見られていない

con el ~ tan largo 注意深く

con los ~s [*bien*] *abiertos* 1) 用心して. 2) [無邪気・好奇心で] 目を丸くして

con los ~s bajos 目を伏せて, うつむいて

con los ~s cerrados 目をつぶって〖= *a ~s cerrados*〗: Eres un experto. ¡Lo puedes hacer *con los ~s cerrados*! 君はベテランだ. そんなことは目をつぶってもできる!

con los ~s como platos [びっくりして] 目を皿のように見開いて

con los ~s fuera de las órbitas [驚き・恐れ・怒り・苦痛などで] 大きく目を見開いて

con malos ~s 怒って, 反感 (敵意) をもって

con ~ avizor 用心して 〖= con los ~s (bien) abiertos〗: Está *con ~ avizor* para que no te timen. だまされないように気をつけなさい

con otros ~s [mirar・ver+] 違った目で, 見方 (態度) を変えて

con un ~ 片目で: A quien tanto ve, *con un ~* le basta. 眼力のある人には片目で十分である

con un ~ cerrado y otro abierto 用心して

costar a+人 un ~ de la cara 《口語》 [値段・出費が] 法外である, 目の玉が飛び出るほどである: La reparación de la avería nos *costará un ~ de la cara*. その故障の修理費は目の玉の飛び出るような額になるだろう. Ese collar de perlas me ha costado un ~ de la cara. この真珠の首飾りは目の玉が飛び出るほど高かった

costar los ~s 《メキシコ. 口語》目の玉が飛び出るほど高い

cuatro ~s 図〘戯語, 軽蔑〙眼鏡をかけている人: Es un *cuatro ~s*. 彼は眼鏡をかけている

dar de ~《まれ》目配せする〖=hacer del ~〗

dar de ~ うつ伏せに倒れる; 偶然会う; 過ちを犯す

dar en los ~s 1) 明白である, 一目ではっきりと分かる: *Daba en los ~s* que la intervención quirúrgica sería muy larga y complicada. その手術が長くまた難しいものになるだろうことははっきりと分かっていた. 2) [+con ~, +a+人 を] わざと怒らせる (悩ませる)

dar un ~ de la cara por... [過去未来形で] 是非とも…したいものだ: *Daría un ~ de la cara por* casarme con ella. 私は彼女と結婚できるなら, どんなこともいとわない

de medio ~ 半ば公然と

delante de los ~s de+人 …のいる所で, 見ている前で: Me lo ha dicho, *delante de mis ~s*, para molestarme. 彼は私に面と向かってそう言ったんだ, 嫌味でね. ¿No ves que tienes las gafas *delante de ~s*? 眼鏡が目の前にあるのが君には分からないのか

desencapotar los ~s [顔をしかめるのをやめて] 喜びの表情を浮かべる

despabilar los ~s 警鐘を鳴らす, 目覚めさせる

devorar con los ~s a... =comerse con los ~s...: Devora a la mujer *con los ~s*. 彼はその女性をなめるように見ている

Dichosos los ~s (*que te ven*). やあ久しぶりだなあ, 会えてうれしいよ 《皮肉》 [長い間顔を見せなかった人に] おやごれしい: *Dichosos los ~s*, cuánto tiempo sin verle. お久しぶりで, 長らくお目にかかりませんでしたね. ¡*Dichosos los ~s*! ¿Dónde te has metido? おやめずらしい! 一体どうしていたんだ

¿Dónde llevas (*tienes*) *los ~s?*《口語》どこに目を付けているんだ?

dormir con los ~s abiertos (*con un ~ abierto*) ひどく用心している, 気を抜かない, いつも周囲の様子を気にしている: Si vas a vivir en esta zona, debes *dormir con los ~s abiertos*. もし君がこの界隈に住もうというのなら, 十分に用心して生活しないといけないよ

dormir los ~s [愛情・好意をもっていることを表わすために, 人を] 目を細めて見る

echar el ~ a+人・物 《口語》 …を物欲しそうに見る; 注視する: Ella se dio cuenta de que su marido *echaba el ~ a* uno de los Mercedes-Benz expuestos en la feria. 彼女は夫が展示会で展示されているベンツの一台を欲しそうに眺めているのに気づいた

echar el ~ (*los ~s*) *encima a+人・事物* 《口語》 …に視線を向ける 《主に否定文で》

echar tanto ~ 《口語》 =*echar el ~ a...*

echar un ~ a... 《口語》 1) [見張って, 時々] …をちらっと見る. 2) ざっと調べる

empañarse los ~s 目が涙でうるむ: Al oír la noticia *se me empañaron los ~s*. そのニュースを聞いた時, 私の目に涙があふれた. Los aplausos hicieron que *se le empañaran los ~s*. 拍手を浴びて彼女は涙ぐんだ

en los ~s de+人 =delante de los ~s de+人

en un abrir [*y cerrar*] *de ~s/en un volver de ~s* 一瞬のうちに, あっという間に: Espera un momento, que vuelvo *en un abrir y cerrar de ~s*. ちょっと待ってね, すぐ戻るから

encandilarse los ~s a+人 1) …が強い欲望で目をぎらつかせる. 2) 酒に酔って目が真っ赤になる

encima de los ~s 1) 目の上を: De niño, jugaba a la gallina ciega con un pañuelo *encima de los ~s*. 子供のころ私はハンカチで目隠ししてめくら鬼遊びをしていた. 2) =*sobre los ~s*

enclavar los ~s en... 特に注意して…をじっと見る, 見据える

ensortijar los ~s [戦いに臨んで馬が] 勇んで目玉をぐるぐると回す

entrar a+人 por el ~ (*los ~s*) [外見から] …が好感を持つ, …の気に入る, 満足させる: Esta paella me *entra por el ~*. このパエーリャを見ているとだれが出てくる

entrar a+人 por el ~ derecho (*izquierdo*) …が好感 (反感) を持つ

estar con cien ~s 用心する, しっかり目を開けている

estar hasta los ~s 1) [+en・de 事件などに] どっぷりはまり込んでいる; [金などの] 問題を抱えている. 2) 飽き飽きしている. 3) [状況などが] 過度 (過重) になっている

estar tan en los ~s [物が] ひんぱんに現れる, よく目につく

estimar sobre los ~s [申し出・好意などに] ありがたく感謝する

hablar con los ~s 目でものを言う; 目が表情豊かである: Él y ella se *hablaron con los ~s* durante la cena. 彼と彼女は夕食の間じゅう目と目で語り合っていた

hacer del ~ [互いに] 目配せする; [事前の打ち合わせがなくても] 同意見である

hacer los ~s telarañas 視界が乱れる, 目がもうろうとする

hacer ~ 1) 石けんの泡を立てる. 2) [秤が] 傾く

hacerse ~ [見たり・調べたりに] 熱中する; [実行・入手しようとして] がんばる

hacerse el ~ pacho 《エルサルバドル. 口語》けんか (混乱) がひどくなる

hasta los ~s 《口語》すごく, ひどく: Él está adeudado *hasta los ~s*. 彼は借金で首が回らなくなっている. estar enamorado *hasta los ~s* すっかり惚れ込んでいる

henchir a+人 el ~ =**llenar a+人 el ~**
ir con ~/ir con cien ~s 細心の注意をはらって行動する: *Ve con cien ~s, para que no te engañen.* 用心するのだぞ、だまされないようにな
irse a+人 los ~s por (tras・detras de)... …が…を欲しくてたまらない、欲しげに見る: *A los niños se les van los ~s por ese juguete.* 子供たちはその玩具に目を奪われる。*Cuando veo un pastel, se me van los ~s.* 私はケーキを見ると、もう目がない。*Se le van los ~s tras las mujeres.* 彼は女性となると、いやに優しい
irse por ~ 《チリ. 口語》[船が]沈没する
levantar los ~s [下を向いていたが] きっと顔(目)を上げる
levantar los ~s al cielo =**alzar los ~s al cielo**
llenar a+人 el ~ 《西. 口語》[完璧さで]…の気に入る、好感が持てる
llevar a+人 los ~s 1) [美しさ・すばらしさで]…の注意を引く: *Su belleza le llevó los ~s a la gente.* 彼女の美しさに人々は目を奪われた。 2) 気がかりにさせる
llevar los ~s clavados en el suelo =**no levantar los ~s**
llorar con ambos ~s 泣きたい気分になる; 大損失である
llorar con un ~ 1) 空涙を流す; 悲しみ(不幸)を大げさに表わす。 2) 思いがけないことを嘆き悲しむ
mal de ~ [にらまれると災いにみまわれるという] 邪眼: *Le echaron el mal de ~.* 彼は邪眼の呪いをかけられた
mentir el ~ a+人 見間違える、外見でだまされる
meter+事物 por los ~s a+人 《西. 口語》[値打ちを高めたり買ってもらったりするために]…に対し…をほめやす: *En esta tienda saben meterles los artículos por los ~s a los clientes.* この店は客にものを薦めて買わせるのがうまい
meterse a+人 por los ~s …の気に入る
meterse por el ~ 気に入る、とても好ましく思える: *Este pastel se mete por el ~.* このケーキはすごくおいしそうだ
meterse por el ~ de una aguja 非常に頭がよい、賢い; 抜け目がない
mirar con los ~s a+人 [とがめるように] …を頭のてっぺんから爪先まで見る
mirar con los ~s de... …の目(見方)で見る: *Te miro con ~s de amigo.* 私は友達としてあなたを見ている
mirar con otros ~s [良い意味で、人とは・前とは]違った目で見る、見方を変える
mirar de mal ~ 《まれ》不快(嫌悪)感を表わす
mirarse en los ~s de+人 《西》…を愛する、大好きである
¡Mucho ~! 気をつけなさい!: *¡Mucho ~, que la vista engaña!* 気をつけなさい、外見は当てにならないよ!
no cerrar los ~s 眠れない; 警戒している、注意を怠らない
no decir a+人 buenos ~s tienes …に言葉をかけない、…を相手にしない、無視する
No hay más que abrir ~s y mirar. 完璧である; 価値あるものである、偉大である
no levantar los ~s へりくだった態度をとる、恥じ入っている; 仕事に専念している
no lo verán tus ~s [未来について言われて] そんなことはありえない
no quitar ~ [de encima] a.../no quitar de... los ~s [de encima] 《口語》…から目を離さない、注視する、凝視する
no saber dónde tiene los ~s 右も左もわからない、全く無知(無能)である
no ser [casi] nada lo del ~ [y lo llevaba en la mano] 実は大変なことなのにことさらその重大性を否定して見せる
no tener a dónde (a quién) volver los ~s 貧窮している; 寄る辺がない
no tener ~s más que para+物・事物 《口語》…のことしか考えない、…しか目に入らない
¿No tienes ~s en la cara? 《口語》[非難・叱責] どこに目を付けているんだ?
no ver más que por los ~s de+人 …をたまらなく好きである
nublarse los (sus) ~s 1) 目がかすむ: *Se nublaron sus ~s.* 彼の目がかすんだ。 2) 目がうるむ
ofender los ~s 醜聞の種になりかねない: *Temo que sus actos ofendan los ~s.* 私は彼の行動はひんしゅくを買うのではないかと恐れる

¡Ojo a la margen! [念押し] 注意しなさいよ!
¡Ojo al cristo, que es de plata! [値打ちのある物について] 盗まれないように注意せよ!
¡Ojo alerta! [危険・詐欺などに] 注意しなさいよ!
¡Ojo avizor! =**¡Ojo alerta!**

~ clínico 1) 《時に反語》医師としての適性: *El jefe tiene [buen] ~ clínico como especialista de enfermedades cardiacas.* 医長は心臓病の専門医としての診断が確かだ。 2) [一般に] 優れた判断力、炯眼(烱): *Mi madre tenía [buen] ~ clínico con la compra y venta de acciones.* 私の母は株取引に目はしはがれた

~ de buey 1) 《船舶》舷窓。 2) 《植物》シュンギク; キク科植物の数種。 3) 《歴史》ドブロン金貨
~ de gallo 1) [足の] たこ、うおの目: *Me salió (Tengo) un ~ de gallo en la planta del pie.* 私は足の裏にうおの目ができた(できている)。 2) きれいな緑色・灰色の目。 3) 《西》[鶏の目の色に似た、ワインの] 濃いオレンジ色; その色のワイン
~ de gato 1) 《鉱物》猫目石、キャッツアイ。 2) 《アルゼンチン》[道路標識の] キャッツアイ
~ de pescado 1) 《写真》=**~ de pez**。 2) 《メキシコ》たこ、うおの目 [=**~ de gallo**]
~ de pez 《写真》魚眼レンズ
~ de pollo たこ、うおの目 [=**~ de gallo**]
~ de tigre 《鉱物》虎目石
~ del huracán/~ del ciclón 《比喩》台風の目: *estar en el ~ del huracán* 論争(争い)の中心にある
~ desnudo 肉眼: a[l] ~ *desnudo* 肉眼で〖=*a simple vista*〗
~ médico =**~ clínico**
~s blandos =**~s tiernos**
~s claros 1) *tener los ~s claros* 青い目をしている。 2) *~s claros* 洞察力のある
~s tiernos 1) 《医学》[眼病による] 涙目。 2) 涙に潤んだ目
pasar los ~s por (a)... …に目を通す、ちらっと見る: *Solo pasé los ~s por la carta, sin enterarme bien de su contenido.* 私は手紙をざっと見ただけで、まだ内容はよく知らない
pasar por ~ 1) 《船舶》衝角で敵艦を突いて沈める。 2) 破滅させる
pegar [el] ~ (los ~s) 《口語》眠る《主に否定文で》: *El asunto me preocupa tanto que esta noche no he podido pegar ~.* その件が心配で私は昨夜まんじりともしなかった
pelar el ~ 《メキシコ、中米、ベネズエラ. 口語》何が起こるか知っている、準備ができている
picar el ~ 《中米、コロンビア、ベネズエラ、チリ. 口語》ウインクする
poner... delante de los ~s de+人 …に…を明白に示す、納得させる
poner el ~ a... =**echar el ~ a...**
poner el ~ en... 《口語》=**poner los ~s en+人・事物**
poner los ~s a cuadros 《口語》驚きを表わす
poner los ~s de bolilla ante+物 …に目がない、…をほめちぎる
poner los ~s en+人・物 《口語》…に目をつける、選ぶ; 好意を持つ: *Puso los ~s en una muchacha humilde como su futura mujer.* 彼は身分の低い娘を将来の伴侶に選んだ
poner los ~s en albo 《古語》=**poner los ~s en blanco**
poner los ~s en blanco 白眼をむく、驚く: *El poseído puso los ~s en blanco.* 悪魔に取りつかれた男は白眼をむいた
poner los ~s en blanco delante de+人・物 …に賛美の目を向ける; …をほめちぎる
poner los ~s encima a+人 《口語》…に視線を向ける《主に否定文で》
poner los ~s verdes a+人 《ボリビア. 口語》…をだます、からかう
por sus ~s bellido 《まれ》[値打ちもないのに] 気に入られたいに、一心で
¿Qué ven mis ~s? [大げさな表現] 何だこれは/信じられない!
quebrar el ~ al diablo 《西》ベストを尽くす
quebrar los ~s a+人 …の好みをけなす; 眩しがらせる
quebrarse los ~s [読書で] 目が疲れる、[死にかけている人

rasarse a+人 los ~s de (en) agua (lágrimas) =*arrasarse a+人 los ~s de agua*
revolver los ~s [意外で]目を白黒させる; [激怒して]目をむく
sacar los ~s a+人 …にうるさくせがむ; …から金を搾り取る, 大金を出させる
sacarse los ~s [取り合いをして]激しく争う: *Los dos hombres, cuando jóvenes, se sacaron los ~s por una muchacha.* その2人の男は, 若い時, 1人の娘をめぐって激しく争った
salir a+人 a los ~s [感情などが]…の表情に現れる: *La alegría salió a los ~s al ver aparecer a su hija en la escena.* 彼は娘が舞台に現れるのを見た時, 喜びの色が目に浮かんだ
salir a+人 por un ~ de la cara《口語》=*costar a+人 un ~ de la cara*: *El último viaje me ha salido por un ~ de la cara.* 今度の旅行は私には本当に高くついた
salir de《西》[事柄が]不思議に思わせる, 注意を引く; 明らかである: *No es una diferencia que salga de ~.* いやいや, 大した差ではありません
saltar a+人 un ~ (los ~s) 1) …の目を傷つける, 失明させる. 2) [脅し文句で]目をくり抜く: *¡Como sigas molestándome, te salto un ~!* そんなに私の邪魔ばかりしていたら, ひどい目にあわせてやるぞ!
saltar a los ~s 非常に明白である, 火を見るより明らかである; 目立つ, 目につく: *Salta a los ~s que a ella no le gusta ninguno de los dos pretendientes.* 彼女が2人の求婚者のどちらも気に入らないのははっきりしている
saltarse los ~s …が物欲しげに見る: *Al mendigo se le saltaron los ~s ante la abundancia de frutas y comidas.* その乞食は果物や食べ物がたくさんあるのを見て我慢できない様子だった
ser el ~ derecho de+人 …のお気に入りである, …から高く評価されている, …の秘蔵っ子である
ser todo ~s 目を皿のようにする, 何一つ見落とさないようにする: *Los niños eran todo ~s para poder ver esa película de animación.* 子供たちは全身目と耳にしてそのアニメを見ていた
sin pegar [el] ~/sin pegar los ~s 一睡もせずに, まんじりともせずに: *Pasé esa noche sin pegar ~.* 私は一睡もせずにその夜を過ごした
sobre los ~s 高く評価して: *poner su novela sobre los ~s* 彼の小説を高く評価する
taparse de medio ~《古語》[女性が]片目だけを出して顔を覆う
tener buen ~ para... …に才能がある, …に向いている: *tener buen ~ para las gangas* 掘出物を見つけるのが上手である
tener de ~ a+人《西》…を信用しない
tener entre ~s (sobre ~) a+人 …をひどく嫌う
tener los ~s clavados en el suelo =*no levantar los ~s*
tener los ~s en... …をじっと見つめる
tener los ~s fritos《キューバ. 口語》[寝すぎて・疲れすぎて]目が腫れている
tener los ~s puestos en... …が欲しいと思って見る: *Tengo los ~s puestos en este ordenador.* 私はこのコンピュータに目をつけている
tener malos ~s 邪眼 *mal de ojo* の持ち主である
tener mucho ~ con... …に気をつける; 目がきく: *Ten mucho ~ con los descuideros.* 置き引きに気をつけなさい. *Tiene mucho ~ con los clientes.* 彼は客扱いがうまい
tener mucho ~ para...《口語》才能がある [=*tener buen ~ para*...]: *Tiene mucho ~ para los negocios.* 彼は商才に恵まれている
tener ~ a... …に気をつける; 注視する, じっと見つめる
tener ~ con... =*tener mucho ~ con*...
tener ~s en la nuca 頭の後ろにも目がついている: *Se entera de todo, tiene ~s en la nuca.* 彼はすべて分かっている, 頭の後ろにも目がついているんだ
tener ~s para... …をもっぱら気にかける
tirar un ~《ホンジュラス, パナマ, ドミニカ. 口語》追

かける, 見張る
torcer los ~s 視線をはずす, 目をそらす(そむける): *Tuerce los ~s siempre cuando habla con las mujeres.* 彼は女性と話をする時いつも目をそらしてしまう
tornar los ~s en albo《古語》白眼をむく
traer los ~s sobre ~ [うさんくさいと思って]…を見張る; …に腹を立てている
traer al ~ [事物を]忘れずに心に留める, 気を配る
traer entre ~s 見張る; [+a+人 を]ひどく嫌う
tragarse con los ~s =*comerse con los ~s*
valer un ~ de la cara 高い評価を得ている; とても高価である
vendarse los ~s 1) 目隠しをする. 2) 道理に従わない; 真実(事実)を見ようとしない
venirse a los ~s [物事が]きわめて明らかである; 鮮やかに目立つ, 目につく; 注目される
ver con los mismos ~s 意見が一致する
vidriarse los ~s [病人が]死期が近づく
volver los (sus) ~s 1) [+a・hacia・para の方を]ふり向く, ふり返る; 横目で見る: *Volví los ~s para él.* 私は彼の方をふり向いた. *Volví los ~s para la puerta.* 私はドアをふり返った. *Volvió los ~s a ver a un niño que estaba llorando.* 彼はふり向いて, 泣いている子供を見た. 2) [+hacia・a に]関心を持つ; 助ける: *Con los problemas de la capa de ozono, debemos volver los ~s hacia el medio ambiente.* オゾン層の問題もあり, 我々は環境に目を向けるべきである. *Dios misericordioso, vuelve a nosotros esos tus ~s.* 慈悲深き神よ, 我々にあなたさまのお目をお掛け下さい. 3) 助けを求めて…のところに行く: *no tener a quién volver los ~s* 援助を求めるべき人がいない

ojó [oxó]《感》《エクアドル》そんなことはどうでもいいよ/それがどうした!
ojoche [oxótʃe]《男》《コスタリカ. 植物》ラモンの木『高木. 果実は家畜の餌になる. 学名 *Heliicostylis ojoche, Brosimum alicastrum*』
ojón, na [oxón, na]《形》《中南米》目の大きな
ojoso, sa [oxóso, sa]《形》[チーズ・パンなどが]ガス孔の多い
ojota[^1] [oxóta]《←ケチュア語 *usúta*》《女》❶《南米》[主に（複）] 1) [植物繊維で編んだ先住民の]サンダル. 2) [主に古タイヤを再生利用した]ゴム草履. 3) ビーチサンダル. ❷《アンデス, ラプラタ》リャマのなめし革
ojotar [oxotár] *~se*《キューバ》[果実が]水で傷む
ojotes [oxótes]《男》《複》《中米, コロンビア》ぎょろ目, 出目
ojoto, ta[^2] [oxóto, ta]《形》《キューバ》[塊根や果実が]水で傷められた
ojú [oxú]《感》《地方語》=*jesús*
ojudo, da [oxúðo, ða]《形》❶《グアテマラ, ドミニカ》=*ojón*. ❷《チリ》[パン・チーズ・ジャガイモなど]穴の多い
ojuelo [oxwélo]《男》❶ [主に（複）] 喜びに満ちたまなざし [=~s risueños]. ❷《地方語》[読書用の]眼鏡
OK [oʊkéj]《←英語》《感》オーケー
oká [oká]《感》《キューバ. 口語》[提案への承諾]オーケー
okapi [okápi]《男》=*ocapi*
okey [oʊkéj]《感》《中南米》=*OK*
okta [5kta]《女》《雲量の単位》オクタ
okume [okúme]《男》《植物》オクメ, ガボンマホガニー
okupa [okúpa]《名》《西. 口語》不法占拠者
okupación [okupaθjón]《女》《西. 口語》不法占拠
okupante [okupánte]《形》《西. 口語》不法占拠する(占拠者)
okupar [okupár]《動》《西. 口語》不法占拠する
ola [óla]《←？アラビア語 *haula* < *haul*「海の荒れ, 嵐」》《女》❶ [主に大きな]波, 波浪; うねり: 1) *Hay ~s grandes hoy y no podemos bañarnos en el mar.* 今日は波が高くて海水浴ができない. *Se enfurecen las ~s.* 波が荒れる. *Las ~s se rompían contra las rocas.* 波が岩に当たって砕けていた. *subirse a la ~* 波に乗る. 2)《比喩》*~ del tiempo* 時代の波. *~ de inflación/~ inflacionista* インフレの波. ❷ 大群; 人波 [=~ de gente]: *~ de turistas* 観光客の波. ❸ 流行: *Hay una ~ de gripe en esta zona.* この地域ではインフルエンザがはやっている. *Ha habido últimamente una ~ de robos en la zona.* その地区では最近窃盗が多発している. ❹《応援の》ウェーブ
hacer ~s 波風を立てる, 平穏を乱す
levantarse ~s 波が立つ: *El mar estaba agitado y se levantaban muchas ~s.* 海は荒れていて, さかんに波が立ってい

nueva ~ 新世代, 新時代: Va vestida a la *nueva* ~. 彼女は新時代ふうの格好をしている. Es un grupo de roqueros que persigue la *nueva* ~ de los jóvenes. そのロックグループは若者の新しい風潮を追っている
~ *de frío* (*calor*)《気象》寒波(熱波): Una ~ *de frío* azotó Andalucía. 寒波がアンダルシアを襲った
~ *madre*《地方語》巨大な波

olá[olá]《エクアドル》[同意] 分かった/結構!

OLADE [oláðe] 囡《略語》←Organización Latinoamericana de Energía ラテンアメリカエネルギー機構

olaga [oláɣa] 囡《地方語.植物》ハリエニシダ《=aulaga》

olaje [oláxe] 男 =oleaje

olambrilla [olambríʎa] 囡《主に舗装用の》化粧タイル; それによる舗装面

olán [olán] 男《メキシコ. 服飾》フリル

Olavide [olaβíðe]《人名》**Pablo de** ~ パブロ・デ・オラビデ《1725～1803, ペルー生まれのスペインの政治家. 小地主制や長期借地を提唱. 反教権主義のためスペインの異端審問により投獄された》

Olavide y Jauregui [olaβíðe i xáureɣi]《人名》**Pablo Antonio José de** ~ パブロ・アントニオ・ホセ・デ・オラビデ・イ・ハウレギ《1725～1803, ペルー生まれのスペインの作家・法律家・政治家. カルロス3世の啓蒙改革の一環としてシエラ・モレナ Sierra Morena の開拓事業に従事》

Olaya Herrera [oláʝa eréra]《人名》**Enrique** ~ エンリケ・オラヤ・エレラ《1880～1937, コロンビアの政治家, 大統領. 社会改革に尽力》

ólcade [ólkaðe] 形 名《歴史》オルカデ族(の)《ローマ征服以前, イベリア半島中央部に居住》

ole [óle] 間《西》=olé

olé [olé]《←擬態》間《西》❶ [激励, 闘牛・フラメンコの掛け声] オーレ. ❷ [歓喜] ばんざい: ¡Olé con ~! ばんざい, ばんざい!
— 男 ❷ オーレ olé の叫び声: Se oyeron los ~s del público. 観衆のオーレという歓声が聞こえた. ❷ オレ《アンダルシアの民俗舞踊・音楽》

oleáceo, a [oleáθeo, a] 形 モクセイ科の
— 囡《複》《植物》モクセイ科

oleada[1] [oleáða]《←ola》囡 ❶ [人・事物の予期しない] 大量の出現: Los comerciantes sufren una ~ de robos. 商店主たちは盗みの横行に悩まされている. ~ de protestas 抗議の嵐. ❷ [人の] 大群, 人波: Llegaban nuevas ~s de viajeros. 旅行客の一団が次々と到着していた. ❸ 大波, うねり: ~s contra las rocas 岩にうち寄せる大波. ~ de tormenta 高波. ❹ オリーブの豊作

oleado, da[2] [oleáðo, ða] 形《カトリック》終油を授かった(人)

oleaginosidad [oleaxinosiðá(ð)] 囡 油性

oleaginoso, sa [oleaxinóso, sa]《←ラテン語 oleaginus》形 ❶ 油性の: sustancia ~*sa* 油性物質. ❷ 油を含む: planta ~*sa* 採油植物

oleaje [oleáxe]《←ola》集名 波, うねり: Hay mucho (poco) ~ hoy. 今日はうねりが高い(波がない)

oleandrina [oleandrína] 囡《化学》オレアンドリン

oleandro [oleándro] 男《植物》セイヨウキョウチクトウ

olear [oleár] I 他《←óleo》❶《カトリック》終油を授ける. ❷《料理》[サラダなどに] オリーブ油をかける
II 《←ola》自《まれ》[水が] 波立てる, 波が立つ

oleario, ria [oleárjo, rja] 形 油質の, 油気のある

oleastro [oleástro] 男《植物》[野生の] オリーブ《=acebuche》

oleato [oleáto] 男《化学》オレイン酸塩, オレアート

oleaza [oleáθa] 囡 オリーブ油の澱(おり)

olecraniano, na [olekranjáno, na] 形 肘頭の

olécranon [olékranon] 男《解剖》肘頭(ちゅうとう)

oledero, ra [oleðéro, ra] 形 臭いを出す, くさい

oledor, ra [oleðór, ra]《←oler》形 臭う, 臭いのする

olefina [olefína] 囡《化学》オレフィン

olefínico, ca [olefíniko, ka] 形《化学》オレフィンの

oleico, ca [oléiko, ka] 形《化学》ácido ~ オレイン酸

oleícola [oleíkola] 形 名 オリーブ栽培(オリーブ油製造)の; =oleicultor

oleicultor, ra [oleikultór, ra] 名 オリーブ栽培者; オリーブ油製造業者

oleicultura [oleikultúra] 囡 オリーブ栽培; オリーブ油製造

oleiducto [oleiðúkto] 男 =oleoducto

oleífero, ra [oleífero, ra] 形 油を出す(含む): planta ~*ra* 採油植物

oleína [oleína] 囡《化学》オレイン, 脂肪の液状部

-olento, ta《接尾辞》=-iento

óleo [óleo]《←ラテン語 oleum「油」》男 ❶《美術》1) 油絵《=pintura al ~》: pintar al ~ 油絵を描く. 2) 油絵の具. ❷《カトリック》[主に《複》] 聖油《=santos ~s》. ❸ オリーブ油

oleoducto [oleoðúkto] 男 石油パイプライン

oleografía [oleoɣrafía] 囡 油絵風石版印刷法, オレオグラフィー; 油絵風石版画

oleómetro [oleómetro] 男 油比重計

oleonafta [oleonáfta] 囡《化学》石油ナフタ

oleorresina [oleoresína] 囡《化学》オレオレジン, 含油樹脂

oleosidad [oleosiðá(ð)] 囡 油質, 油性

oleoso, sa [oleóso, sa]《←óleo》形 ❶ 油質の, 油性の, 油状の. ❷《文語》油っこい. ❸《美術》油絵の

oleosoluble [oleosolúβle] 形 油に溶ける, 油溶性の

oler [olér]《←ラテン語 olere》30 他 ❶ …の臭いを嗅(か)ぐ: Huele esta flor. この花の香りを嗅いでごらん. ❷《口語》詮索する: Siempre está *oliendo* algo alrededor suyo. 彼はいつも自分のまわりのことを嗅ぎ回っている. ❸《口語》[良くないことに] 気づく: Hemos *olido* su engaño. 我々は彼のいんちきに気づいた
no ~ *las* ~ 少しも気づかない
— 自 ❶ におう: 1) Los narcisos de casa *huelen* bien. 我が家のスイセンはいい香りがする. ¡Qué bien *huele*! 何といい匂いだろう! 2) 嫌な臭いがする: *Huele* esta carne. この肉はくさい. Su boca *huele*. 彼の口はくさい. 3) [+a+無冠詞名詞の] 臭いがする: Este licor *huele a* fruta. この酒はフルーティーな香りがする. *Hueles* a tabaco. 君はたばこくさい. Le *huelen* los pies a queso. 彼の足はチーズくさい. 4)《口語》[印象・雰囲気が] …くさい: Esa historia *huele a* mentira. その話は嘘くさい. Me *huele* que él está detrás de todo eso. 私には彼がそのすべての後ろで糸を引いているように思える. 5) [単人称. 現在形] *Ya huele a* primavera. もう春の匂いがする. ❷ [感覚として] ものの臭いを嗅ぐ: No puede ~ desde hace veinte años. 彼は20年前から臭いを嗅げなくなっている
ni ~ *ni heder*《チリ. 口語》少しも特別ではない
no ~ *bien* =~ *mal*
~ *donde guisan* チャンスをうかがう
~ *mal*《口語》[事柄が] 怪しい, 疑問に思われる: Hay algo que *huele mal*. 何か変なところがある
~ *que alimenta* とてもいい匂いがする: Este potaje *huele que alimenta*. このシチューはおいしそうな匂いがする
~ *que apesta* ひどい悪臭がする
— ~*se*《口語》[良くないことに] 気づく, 疑う: Ya me he *olido* que hay algo dudoso en su oferta. 私は彼の申し出の中に何かおかしいところがあると感じていた. *Me huelo* que va a nevar. 雪になりそうな気がする. *Ya me lo olía yo*. 私はそんなことだろうと思っていた

oler		
直説法現在	命令法	接続法現在
huelo		**hue**la
hueles	**hue**le	**hue**las
huele		**hue**la
olemos		olamos
oléis	oled	oláis
huelen		**hue**lan

olestra [oléstra]《←商標》囡 オレストラ《代替油脂》

oletear [oleteár] 他《ペルー》[他人の生活を] 詮索する, かぎ回る

oletón, na [oletón, na] 形《ペルー》[他人の生活について] 詮索好きな

óleum [óleun] 男《化学》発煙硫酸, オレウム

olfa [ólfa]《ラプラタ》おべっか使い

olfacción [olfa(k)θjón] 囡《生理》臭いを嗅ぐこと

olfateador, ra [olfateaðór, ra] 形 臭いを嗅ぐ

olfatear [olfateár]《←olfato》❶ [熱心に・しつこく] …の臭いを嗅ぐ, クンクン嗅ぐ: El comisario *olfateó* el vaso. 刑事はコップの臭いをクンクン嗅いだ. ❷《口語》詮索する, 探る: ~ el complot 陰謀の臭いを嗅ぎつける. ~ a los vecinos 近所の人のことを嗅ぎ回る

—— 自 ❶ 鼻をクンクンさせる. ❷《口語》[+en を] 探る: ~ en el asunto 事件のことを嗅ぎ回る

olfativo, va [olfatíβo, βa]【←olfato】形 嗅覚の: capacidad ~va 嗅覚能力. nervio ~ 嗅覚神経

olfato [olfáto]【←ラテン語 olfactus < olfacere「臭いを感じる」】男 ❶ 嗅覚(きゅうかく). ❷［隠れたものを見抜く］直観力: El hijo iguala a su padre en el ~ para los negocios. 商売に鼻がきくことでは息子は父にひけをとらない. tener [buen] ~ para... …の才がある, 鼻がきく

olfatorio, ria [olfatórjo, rja]形《解剖など》嗅覚の: bulbo ~ 嗅球. epitelio ~ 嗅上皮

olíbano [olíβano] 男 オリバナム, 乳香

olico, ca [olíko, ka]形《化学》ácido ~ オレイン酸

Olid [olíð]《人名》**Cristóbal de ~** クリストバル・デ・オリ〖1488~1524, スペイン人コンキスタドール. アステカ王国の征服に参加, モクテスマ Moctezuma 2世の妹と結婚. コルテス Cortés に反逆したため処刑される〗

oliente [oljénte]形 臭いのする: ~ a tabaco たばこくさい. viandas mal ~s 嫌な臭いの食べ物

oliera [oljéra] 女《カトリック》聖油入れ, 聖油容器

olifante [olifánte] 男［中世の騎士が用いた］象牙製の角笛;［特に］ロラン Roldán の角笛

olig-《接頭辞》=**oligo-**

oligarca [oliγárka]【←oligarquía】名 寡頭支配者の一員

oligarquía [oliγarkía]【←ギリシア語 oligarkhia】女 寡頭政治, 寡頭支配; 少数の権力者集団: ~ financiera 金融寡頭制; その集団

oligárquico, ca [oliγárkiko, ka]形 寡頭政治の, 寡頭支配の: gobierno ~ 少数独裁政治(政府)

oligisto [olixísto] 男《鉱物》赤鉄鉱, ヘマタイト

oligo-《接頭辞》[少数・不足] *oligo*elemento 微量元素

oligoceno, na [oliγoθéno, na]形《地質》漸新世の

oligoclasa [oliγoklása] 女《鉱物》灰曹長石

oligoelemento [oliγoeleménto] 男《生化》微量(痕跡)元素

oligofrenia [oliγofrénja] 女《医学》[先天性の] 重度の知的障害, 精神発育不全

oligofrénico, ca [oliγofréniko, ka]形 名 重度の知的障害の(障害者)

oligomenorrea [oliγomenɔrréa] 女《医学》希発月経

oligopólico, ca [oliγopóliko, ka]形 売り手寡占の, 売り手市場の

oligopolio [oliγopóljo] 男《経済》売り手寡占, 売り手市場

oligopolista [oliγopolísta]形 名《経済》寡占者

oligopolístico, ca [oliγopolístiko, ka]形《経済》寡占の: mercado ~ 寡占市場

oligopsonio [oliγo(p)sónjo] 男《経済》買い手(需要)寡占, 買い手市場

oligoqueto, ta [oliγokéto, ta]形 貧毛類の
—— 男《動物》貧毛類

oligospermia [oliγospérmja] 女《医学》精子減少(過少)[症]

oligotrofia [oliγotrófja] 女《生態》[湖・川の] 貧栄養

oligotrófico, ca [oliγotrófiko, ka]形［湖・川が］貧栄養の

oligozoospermia [oliγoθ(o)ospérmja] 女《医学》=**oligospermia**

oliguria [oliγúrja] 女《医学》乏尿[症], 減尿[症]

olimpiada [olimpjáða]【←ラテン語 olympias, -adis <ギリシア語 Olympias (地名)】女 ❶［主に O~］. 主に 複 オリンピック［競技］大会: las O~s de Barcelona バルセロナオリンピック. ~ de invierno/~ blanca 冬季オリンピック. O~ Internacional de Matemática 国際数学オリンピック. ❷《古代ギリシア》オリンピア Olimpia 競技祭; オリンピア紀〖その競技祭ごとの4年間〗

olimpíada [olimpjáða] 女 =**olimpiada**

olímpicamente [olímpikaménte] 副《口語》横柄に; 全く, 完全に

olímpico, ca [olímpiko, ka]【←olimpiada】形 ❶ オリンピックの; オリンピックに出場した: atleta ~ オリンピック選手. Comité O~ Internacional 国際オリンピック委員会. Juegos O~s オリンピック大会. récord ~ オリンピック新記録. villa ~ca オリンピック村. ❷《ギリシア神話》オリンポス Olimpo の山(神々)の; 《地名》[ギリシア西部の平野] オリンピア Olimpia の. ❸［神々のように］人を見下ろすような, 尊大な: actitud ~ca 横柄な態度. desprecio ~ 高慢なさげすみ

—— 名 オリンピック選手

olimpismo [olimpísmo] 男 オリンピック精神

olimpo [olímpo] 男 ❶［集名］[主に O~] オリンポス山 monte Olimpo に住む神々. ❷《文語》特権階級や支配者層の居住地域

olingo [olíŋgo] 男《ホンジュラス. 動物》ホエザル

olio [óljo] 男 =**óleo**

olisbo [olísβo] 男《文語》[女性の自慰用の] バイブレーター

olisca[1] [olíska] 女《まれ》嗅覚. ❷《まれ》悪臭, 異臭

oliscador, ra [oliskaðor, ra]形《まれ》悪臭を放つ〔人〕

oliscar [oliskár]【←oler】[7] 自《まれ》悪臭を放つ
—— 他《まれ》=**olisquear**

olisco, ca[2] [olísko, ka]形《まれ》❶ 悪臭を放つ. ❷ 怪しげな

oliscón, na [oliskón, na]形 ❶《ムルシア》詮索好きな. ❷《ペル-》=**oliscoso**

oliscoso, sa [oliskóso, sa]形《キューバ, エクアドル》悪臭のする, 変な臭いの, くさい

olisipano, na [olisipáno, na]形 名 リスボンの〔人〕〖=lisboeta〗

olisipiense [olisipjénse]形 名 リスボンの〔人〗〖=lisboeta〗

olisma [olísma] 女《地方語》くさい

olismear [olismeár] 他 詮索する

olisquear [oliskeár]【←oliscar】他 ❶ クンクン嗅ぐ〖=olfatear〗. ❷《軽蔑》嗅ぎ回る, 詮索する

olisqueo [oliskéo] 男 ❶ 臭いを嗅ぐこと. ❷《軽蔑》詮索

olitense [oliténse]形 名《地名》オリテ Olite の〔人〕〖ナバラ県の町〗

oliva [olíβa]【←ラテン語】女 ❶ オリーブの実〖=aceituna〗: aceite de ~ オリーブ油. verde ~ オリーブ色. ❷ 平和. ❸《植物》=**olivo**. ❹《鳥》フクロウ〖=lechuza〗

oliváceo, a [oliβáθeo, a]形 オリーブ色の

olivación [oliβaθjón] 女 下枝を払うこと

olivar [oliβár] 男 オリーブ畑, オリーブ園
—— 自 器官の) オリーブの形の
—— 他［樹冠が発達するように］下枝を払う
—— **~se**［パンを焼く時］中に気泡ができる

olivarda [oliβárða] 女 ❶《植物》ムカシヨモギ. ❷《鳥》黄緑色のハヤブサ

olivarero, ra [oliβaréro, ra]【←olivo】形 オリーブ[生産・栽培]の: región ~ra オリーブ地帯. industria ~ra オリーブ[油]産業
—— 名 オリーブ栽培者, オリーブ油業者

Olivares [oliβáres]《人名》**conde-duque de ~** オリバレス伯・公爵〖1587~1645, 政治家. フェリペ4世 Felipe IV の寵臣. 外交政策の失敗により1643年失脚〗

olivareta [oliβaréta] 女《植物》ヨウシュジンチョウゲ

olivastro [oliβástro] 女《植物》野生のオリーブ: ~ de Rodas アロエ

olivenita [oliβeníta] 女《鉱物》オリーブ銅鉱, オリビナイト

oliventino, na [oliβentíno, na]形 名《地名》オリベンサ Olivenza の〔人〕〖バダホス県の町〗

olivero, ra [oliβéro, ra] 名《地名》オリバ・デ・ラ・フロンテラ Oliva de la Frontera の〔人〕〖バダホス県の村〗
—— 男 オリーブの実の貯蔵所
—— 女《地方語. 植物》=**olivo**

olivícola [oliβíkola]形 オリーブ栽培(生産)の

olivicultor, ra [oliβikultór, ra]形 名 オリーブ栽培者

olivicultura [oliβikultúra] 女 オリーブ栽培

olivífero, ra [oliβífero, ra]形《詩語》オリーブが豊かに生い茂る

olivilla [oliβíʎa] 女《植物》ツリージャマンダー〖学名 Teucrium fruticans〗

olivillo [oliβíʎo] 男《植物》モクセイ科の一種〖学名 Phillyrea angustifolia〗

olivo [olíβo]【←ラテン語 olivus < oliva「オリーブ（植物, 果実）」】男《植物》オリーブ: rama de ~ オリーブの小枝〖平和の象徴〗. Monte de los O~s〖旧約・新約聖書〗オリーブの山, 橄欖(かんらん)山〖エルサレム東方の小山〗. ~ arbequín アルベキーナオリーブ〖カタルーニャのオリーブの木. 上質の油がとれる〗. ~ silvestre 野生のオリーブ〖学名 Olea europaea sylvestris〗

dar ~ **a** +人《アルゼンチン. 口語》首にする, 解雇する; 追い出す; 絶交する

tomar (coger) el ~《口語》1)［闘牛士が］柵の中に逃げ込む. 2)［囚人などが］逃げ出す

olivoso, sa [oliƀóso, sa] [形]《詩語》=**olivífero**

olla [óʎa]〖←ラテン語 olla〗[女] ❶ 鍋(なべ): cocer en la ～ 鍋で煮る. poner la ～ al fuego 鍋を火にかける. ～ a (de) presión/《西》～ exprés/《メキシコ》～ presto 圧力鍋. ～ de campaña《軍事》野営用の鍋. ～ de hierro ダッチオーブン; 鉄鍋. ～ carnicera 大量の肉を煮る大鍋. ❷《料理》[肉・野菜などの] 煮込み, スープ, シチュー: hacer ～ シチューを作る. ～ gitana《西》サヤインゲン・豆類・ジャガイモ・カボチャ・ナス・玉ネギ・トマト・パンのシチュー. ～ podrida 肉やハム・ソーセージをたっぷり入れたシチュー. ❸ [潮流・川などにできる] 渦. ❹《コスタリカ, コロンビア, ベネズエラ. 植物》～ de mono モンキーポッドの木〖=jacapucayo〗

destapar la ～《アルゼンチン, ウルグアイ. 口語》不当に隠されていたことを公にする

estar en la ～ 1)《メキシコ. 口語》問題がある. 2)《コロンビア, チリ. 口語》破産している, 一文なしである

～ ciega《西》貯金箱

～ de grillos《口語》大騒ぎ, 大混乱: Tengo la cabeza como una ～ *de grillos*. 私は頭の中がごちゃごちゃになっている/困惑している

～ popular《アルゼンチン, ウルグアイ》困窮者のための給食

parar la ～《ペルー, チリ, アルゼンチン, ウルグアイ. 口語》生活手段を得る

ollado [oʎáđo] [男]《船舶》[帆などの] 紐を通す穴, 鳩目

ollao [oʎáo] [男] =**ollado**

ollar [oʎár] **I**〖←ガリシア語またはポルトガル語 ollo「眼」〗[男] [馬などの] 鼻の穴

II〖←olla〗[形]《地質》piedra ～ 蛇紋岩

ollaza [oʎáθa]〖olla の示大語〗[女] A cada ～ su coberteraza. 各人に各人のものを〖古代ローマの「正義とは何か」に対するキケロの答〗

ollera[1] [oʎéra] [女]《鳥》アオガラ〖=herrerillo〗

ollería [oʎería] [女] ❶ 鍋製造工場; 鍋販売店. ❷ [集名] 鍋

ollero, ra[2] [oʎéro, ra] [名] 鍋の製造(販売)人

—— [男] 鍋を火にかける時の台

olleta [oʎéta] [女] ❶《料理》1)《西》肉・野菜のシチュー. 2)《ベネズエラ》トウモロコシの煮込み. ❷《チリ》[直接火の上に置く] 脚付きの金属鍋

olloco [oʎóko] [男]《アンデス. 植物》オジュウコ〖=melloco〗

ollomol [oʎomól] [男]《地方語. 魚》スペインダイ

ollón [oʎɔ́n] [男] 大鍋

olluco [oʎúko] [男]《ペルー. 植物》オジュウコ〖=melloco〗

olluela [oʎwéla] [女] olla の示小語

olma [ɔ́lma] [女] ニレの大樹

olmaza [ɔlmáθa] [女]《地方語》=**hormaza**

olmeca [ɔlméka] [形] [名] オルメカ族〔の〕〖メキシコにいた先住民〗

—— [女] [la+] オルメカ文明〖紀元前1200年～紀元前後にメキシコ東部, メキシコ湾岸の沼沢地を中心に栄えた. 巨石人頭像 Cabeza colosal やジャガー信仰 culto al dios-jaguar などが有名. メソアメリカ Mesoamérica 文明の源流. =cultura ～〗

olmeda [ɔlméđa]〖←olmo〗[女] ニレ林, ニレ並木

olmedano, na [ɔlmeđáno, na] [形] [名]《地名》オルメド Olmedo の〔人〕〖バリャドリード県の村〗

olmedo [ɔlméđo] [男] =**olmeda**

Olmedo [ɔlméđo]《人名》**José Joaquín de ～** ホセ・ホアキン・デ・オルメド〖1780～1847, エクアドルの政治家・詩人. 独立戦争に加わり, 独立後は外交官を経て副大統領に就任. 独立戦争の帰趨を決定づけたフニンでの戦いをうたった古典的な叙事詩『フニンの勝利 ボリーバルに歌う』*La victoria de Junín: canto a Bolívar*〗

olmera [ɔlméra] [女]《昆虫》ヨーロッパヒオドシチョウ

olmo [ɔ́lmo]〖←ラテン語 ulmus〗[男]《植物》ニレ(楡)

Olmo [ɔ́lmo]《人名》**Lauro ～** ラウロ・オルモ〖1922～94, スペインの劇作家. 社会派演劇を代表する一人で, 苛烈なほど写実的な筆致で社会の矛盾を告発した〗

ológrafo, fa [olóɣrafo, fa] [形] [男] ❶《法律》自筆の遺言〖=testamento ～〗. ❷ [一般に] 自筆の

olomina [olomína] [女]《コスタリカ. 魚》カダヤシ科の一種〖胎生の小型淡水魚. 学名 Brachyrhaphis rhabdophora〗

olopopo [olopópo] [男]《コスタリカ. 鳥》ナンベイヒナフクロウ

olor [olɔ́r]〖←ラテン語 olor, -oris〗[男]/《文語, 地方語》[女] ❶ 臭い, 香り: 1) El ～ de las rosas es muy agradable. バラはとてもいい香りがする. Este pescado tiene ～ desagradable. この魚は不快な臭いがする. ¡Qué buen ～! 何といい香りだ! Cerré la ventana para que no entrara el mal ～ de la basurera. ごみ捨て場の悪臭が入らないように私は窓を閉めた. 2) [+a+無冠詞名詞 の] Hay ～ *a* naranja. オレンジの香りがしている. Hay ～ *a* humo. きなくさい. 3)《口語》[印象・雰囲気] Este correo tiene ～ *a* estafa. この郵便は詐欺の臭いがする. ❷ 希望, 約束. ❸《メキシコ, チリ, アルゼンチン, ウルグアイ》香辛料〖=especias〗

al ～ de... …に引きつけられて: Se juntan las abejas *al ～ de* las flores. 花の匂いに引き寄せられてミツバチが集まってくる. Acuden todos *al ～ del* dinero. みんな金につられて押し寄せる

dar a+人 el ～ de... …に…の疑いをもたせる: Me *dio el ～ de* que esos jóvenes eran drogadictos. 私にはその若者たちが麻薬常用者ではないかという感じがした

de ～ 芳香のする

en ～ de+無冠詞名詞 …の雰囲気のある: *en ～ de* amistad 友好的な

en ～ de multitud〔es〕 群衆の歓呼の中を: El atleta fue acogido *en ～ de multitudes*. 選手は人々の大歓呼で迎えられた

estar al ～ de... …を手に入れようと機会を待ち受ける

～ de santidad 聖人の芳香; 完全なる徳: morir en ～ *de santidad* 高徳の誉れを残して死ぬ

oloriento, ta [olorjénto, ta] [形]《まれ》=**oloroso**

olorisca [oloríska] [女]《ムルシア》悪臭, 異臭〖=olisca〗

olorizar [oloriθár] [9] [他] [香りを] ふりまく

olorosear [oloroseár] [他]《チリ》臭いを嗅ぐ

oloroso, sa [oloróso, sa]〖←olor〗[形] 香りのよい, いい匂いのする: Un aire fresco, ～ a pinos, corría por la casa. 家には松のいい香りのするさわやかな空気が流れていた. flores ～*sas* いい香りのする花

—— [男]《酒》オロロソ〖ヘレス Jerez 産のシェリー〗

olote [olóte] [男]《メキシコ, 中米》[粒を取り去った] トウモロコシの穂軸

olotense [oloténse] [形] [名]《地名》=**olotino**

olotera [olotéra] [女]《コスタリカ》トウモロコシの粒を取り去るのに使う金属板

olotino, na [olotíno, na] [形] [名]《地名》オロット Olot の〔人〕〖ヒロナ県の町〗

OLP [女]《略語》←Organización para la Liberación de Palestina パレスチナ解放機構, PLO

olusatro [olusátro] [男]《植物》アレクサンダース〖学名 Smyrnium olusatrum〗

olvidable [ɔlƀiđáƀle] [形] 忘れられ得る

olvidadero, ra [ɔlƀiđađéro, ra] [形]《まれ》忘れられやすい

olvidadizo, za [ɔlƀiđađíθo, θa]〖←olvidar〗[形] ❶ 忘れっぽい, 健忘症の: hacerse el ～ 忘れたふりをする. ❷ 恩知らずの

olvidado, da [ɔlƀiđáđo, đa] [形] 忘れっぽい〖=olvidadizo〗

olvidanza [ɔlƀiđánθa] [女]《まれ》忘却

olvidar [ɔlƀiđár]〖←俗ラテン語 oblitare < oblitus < oblivisci〗[他] [人・事物のことを] 忘れる〖⇔recordar〗: 1) *He olvidado* su nombre. 私は彼の名前を忘れてしまった. *Ha olvidado* la fecha de la fiesta. 彼はパーティーの日にちを忘れてしまった. No *olvides* tus promesas. 約束を忘れるなよ. ～ el paso del tiempo 時間のたつのを忘れる. ～ el dolor 痛みを忘れる. aldea *olvidada* 忘れ去られたような村. 2) [+不定詞・que+直説法] *He olvidado* llamarte a las diez. 私は君に10時に電話するのを忘れてしまった. *Olvidé que* era fiesta ese día. 私はその日が祝日だということを忘れていた. 3) [うっかりして] 置き忘れる: *He olvidado* mi pasaporte en el hotel. 私はパスポートをホテルに忘れた. Por tener demasiada prisa, ella *olvidó* a su hijo en el coche. あまりに気がせいていて, 彼女は子供を車に置き忘れてしまった. 4) [意図して] 忘れようとする, 考慮しない; 愛情・愛着を感じなくなる: Lo mejor es ～ el pasado. 一番良いのは過去を忘れることだ. *Olviden* ustedes lo que les he dicho hace poco. 私がちょっと前にみなさんに言ったことは忘れてください. Por mucho que me esfuerce no podré ～la. 私はどんなに努力しても彼女のことが忘れられないだろう

Olvídame./Que me olvides.《口語》[拒絶] 私に構うな/放っておいてくれ

～ pensar en... …に思いが至らない, …のことを忘れている

—— [自] 忘れる: Yo bebía para ～. 私は忘れるために酒を飲んだものだ

—— **～se** ❶ [強調. +de+人・事物 のことを] 忘れる, 忘れてし

O

まう: 1) *Me he olvidado de* su nombre. 私は彼の名前を忘れてしまった。 Jamás *me olvidaré de* su amabilidad. ご親切は決して忘れません。 2) [*de* が省略されることがある] *Me olvidé* la agenda en la mesa. 私は手帳をテーブルに置き忘れた。 3) [+不定詞・que+直説法] Siempre *me olvido de* escribirle. 私はいつも彼に手紙を書くのを忘れてしまう。 *Me había olvidado de que* ella estaba enferma. 私は彼女が病気だということを忘れていた。 ❷ [+a+人に] 忘れられる，度忘れする [忘れたことに対して責任を持ちたくない語感] *Se me olvidó* nuestro aniversario de boda. 私は我々の結婚記念日をうっかり忘れてしまった。 *Se me olvidó* el paraguas en el autobús. 私はうっかりバスに傘を忘れてきた。 Antes de que *se me olvide...* 忘れないうちに言っておくと…. 2) [+不定詞・que+直説法] *Se me olvidó* hacerlo. 彼はそれをするのをすっかり忘れてしまった。 *Se me olvidó* que era su cumpleaños ese día. 私はその日が彼の誕生日だということをすっかり忘れてしまった。 No *se os olvide que* la reunión es mañana. 会議が明日だということを忘れたりするなよ。 3) [発話の時点まで「忘れていた」は線過去で表わす] *Perdona, se me olvidaba* decirte que mañana no estaré en casa. ごめんね，うっかりして。 私は明日は家にいないことを君に言うのを忘れていた。 ❸ 忘れ去られる: Se olvidan fácilmente las crueldades de la guerra y se las repite insistentemente. 戦争の残酷さはすぐに忘れられ，飽くことなく繰り返される

eso no debe ~se そのことを忘れてはならない
~se a+人 pensar en... …が…に思い至らない，…のことを忘れている: Un día vinieron algunos amigos a comer y *se me olvidó pensar en* el postre. ある日友人が数人食事に来て，私はデザートのことまで考えていなかった
~se de sí mismo 自分を捨てて顧みない

olvido [olbíðo] [←*olvidar*] 男 ❶ 忘れること，忘却: El compositor rescató de ~ muchas canciones infantiles. その作曲家は多くの童謡を忘却の中からよみがえらせた。 ~ del día de la cita デートの日を忘れること。 ~ del título del libro 本のタイトルを忘れること。 ~ de los cariños de sus colegas 同僚から受けた好意を忘れてしまうこと。 ~ del pasaporte en casa 家にパスポートを置き忘れること。 ~ de las cosas 物忘れ。 ~ momentáneo 度忘れ。 ❷ 失念，怠り；油断，見過ごし: Fue un ~: dejé la luz encendida. うっかりしていた，私は電灯をつけっぱなしにした。 No tiene perdón este ~ del deber. このような義務の失念は許しがたい。 en un momento de ~ 一瞬油断したすきに。 ❸ 愛情の喪失；愛想づかし: Estos días aumentan casos en ~ y abandono de los niños por parte de sus padres. 最近では両親の子供に対する愛情喪失や育児放棄の事例が増えている。 Me duele tu ~. 君に忘れられてつらい

caer en el ~ 忘れられる: Ya han caído en el ~ esas costumbres. そんな習慣は今はもう忘れられてしまっている
dar... en ~ =*echar... en ~*
dejar en el ~ 忘れたままにしておく: No se nos permite *dejar en el ~* esos casos de rapto de los niños. そうした幼児誘拐事件を忘れにしておくことは許されない
echar... en ~ …を忘れる
enterrar... en el ~ …を忘却の彼方に葬る: Quiso *enterrar en el ~* su pasado. 彼は過去を忘れたかった
entregar al ~ 忘れようとする
estar en el ~ 忘れられている
hundir... en el ~ =*enterrar... en el ~*
no tener... en ~ …を考慮する
~ de sí mismo 忘我，無私の心，利他主義; 私心を捨てること
poner en ~ 忘れる; 忘れさせる
por ~ うっかりして，つい忘れて: *Por ~* se quedó sin combustible. 彼はうっかりして燃料切れとなってしまった
relegar... al ~ [過去のこととして] …を忘れる，葬り去る
sacar del ~ 思い出す
sepultar... en el ~ =*enterrar... en el ~*

OM 《略語》←*onda media* 中波
-oma 〔接尾辞〕 [腫瘍] papil*oma* 乳頭腫
omagua [omáɣwa] 形 名 ❶ 《ペルー，アマゾン上流域の先住民》 ❷ 《地理》オマグア帯《アンデス山脈東側の1000m以下のアマゾン地帯》
omaní [omaní] 形 名 《国名》オマーン Omán の(人)
omaso [omáso] 男 《動物》葉胃，重弁胃

omatidio [omatíðjo] 男 《動物》[複眼を構成する] 個眼
ombligada [ombliɣáða] 女 [皮膚の] へそにあたる部分
ombligar [ombliɣár] [8] 他 《コロンビア》[新生児のへそに] 当て布 ombliguero を当てる
ombligo [omblíɣo] 男 《←ラテン語 umbilicus》 ❶ 《解剖》へそ。 ❷ 中心: ~ del mundo financiero 金融界の中心地。 ❸ 《植物》 ~ de Venus ネイベルワート《学名 Umbilicus rupestris》。 ~ de la reina 球形のサボテン。 ❹ 《貝》 ~ marino/~ de Venus 巻き貝の一種

arrugarse a+人 el ~ 《口語》=*encogerse a+人 el ~*
dar el ~ 《西》新生児のへその緒が取れる
el ~ del mundo 《軽蔑》重要人物，注目の的
encogerse a+人 el ~ 《口語》…がおじけづく: *Se me encoge el ~ de* pensar en tirarse al agua tan fría. そんな冷たい水に飛び込むと考えただけで私はぞっとする
mirarse el ~ 《口語》自己満足する
quedar con el ~ parado 《ドミニカ. 口語》がつがつ食べる

ombliguero [ombliɣéro] 男 ❶ [新生児のへそを保護する] 当て布。 ❷ 《キューバ》[子馬の牧草を保護するための] 部分的な柵囲い
ombliguismo [ombliɣísmo] 男 《軽蔑》自分を重要人物 el ombligo del mundo だと思う傾向
ombría [ombría] 女 《まれ》日陰の所《=umbría》
ombú [ombú] 男 《←グアラニー語 umbú》 《複 ~[e]s》 《植物》オンブー 《南米産の大樹》
ombudsman [ómbusman] 《←スウェーデン語》 男 《複 ~s》 《政治》 オンブズマン
OMC 女 《略語》←Organización Mundial del Comercio 世界貿易機関(機構)，WTO
omega [oméɣa] 女 《ギリシア文字》オメガ《Ω, ω》
omelette [omelét] 男 《中南米. 料理》プレーンオムレツ
omental [omentál] 形 《解剖》網の: bolsa ~ 網嚢
omento [oménto] 男 《解剖》網: ~ mayor (menor) 大網(小網)
omeprazol [omepraθól] 男 《薬学》オメプラゾール
omero [oméro] 男 《地方語. 植物》ハンノキ《=aliso》
omeya [oméja] 形 名 ウマイヤ朝(の) 《661～750年，スペインおよびモロッコから中東地域まで支配したイスラム王朝。サラセン帝国とも呼ばれる》
ómicron [ómikron] 女 《ギリシア文字》オミクロン《Ο, ο》
ominar [ominár] 他 予言する
ominoso, sa [ominóso, sa] 形 《←ラテン語 ominosus》 《文語》嫌悪すべき: crimen ~ 憎むべき犯罪。 Década O~sa 《歴史》忌むべき10年間《1823～33年，フェルナンド7世の第二次絶対主義政治時代》
omisible [omisíble] 形 省略され得る，省略可能な
omisión [omisjón] 女 《←*omitir*》 ❶ 省略; 言い(書き)落とし: ~ de acento アクセント記号の付け落とし。 ❷ 怠慢: Una pequeña ~ conduce a un desastre. 小さな手抜かりが大事を招く。 pecado de ~ 《カトリック》怠慢の罪。 ❸ 《情報》por ~ デフォルトで
omisivo, va [omisíβo, βa] 形 省略の; 怠慢の
omiso 〜hacer **caso** omiso
omitir [omitír] 《←ラテン語 omittere》 他 ❶ 省略する; 言い(書き)落とす: Omito detalles innecesarios. 不要な細部は省きます。 Omitió unos nombres al hacer la lista. 名簿を作る時，彼は何人かの名前を抜かしてしまった。 Omitiré esto hasta que termine la investigación. 調査がすむまでは伏せておきます。 ❷ …し忘れる，…しないでおく: 1) Omitió la presentación. 彼は紹介を忘れた/紹介しなかった。 2) 《文語》[+不定詞] Omitió cerrar la puerta. 彼はドアを閉め忘れた/閉めないでおいた
ommatidia [ommatíðja] 女 《動物》個眼
omni- 〔接頭辞〕 《全》*omni*potente 全能の
Omnia vincit amor [ómnja binθít amór] 《←ラテン語》愛はすべてに勝つ《ウェルギリウス Vergilio の言葉》
ómnibus [ómnibus] 《←ラテン語 omnibus「全ての人のための」》男 《単複同形/~es》 ❶ 《西》[各駅停車の] 普通列車《=tren ~》。 ❷ 《アルゼンチン》長距離バス; 《ペルー，ウルグアイ》市内バス
omnicomprensivo, va [omnikomprensíβo, βa] 形 すべてを理解する
omnidireccional [omniðireχθjonál] 形 全方向性の: antena ~ 全方向性アンテナ
omnilateral [omnilaterál] 形 《まれ》すべての側面を含む

omnímodamente [omnímoðaménte] 副 包括的に, とにもかくにも

omnímodo, da [omnímoðo, ða] 形《文語》すべてを包括した: poder ~ 大権

omnipotencia [omnipoténθja]【←ラテン語 omnis「全」+potentia < posse「力」】女 ❶ 全能: ~ de Dios 神の全能. ❷ 絶対的な権力

omnipotente [omnipoténte]【←ラテン語 omnispotens, -entis】形 [ser+] 全能の; 絶対的な権力を持つ: La ley no es ~. 法律は万能ではない: el O~/Dios ~ 全能の神

omnipotentemente [omnipoténteménte] 副 全能の力を持って

omnipresencia [omnipresénθja]【←ラテン語 omnis「全」+praesentia「存在」】女 遍在: ~ divina 神の遍在

omnipresente [omnipresénte]【←ラテン語 omnis「全」+praesens, -entis「存在する」】形 ❶ 同時に色々な所にいる(ある), 遍在する: Dios es ~. 神はどこにでもいる. ❷ いつもいる(ある): Es ~ en cualquier reunión. 彼はどんな集まりにも必ず顔を出す

omnisapiente [omnisapjénte] 形《文語》=**omnisciente**

omnisciencia [omnisθjénθja]【←ラテン語 omnis「全」+scientia < scire「知る」】女《文語》❶ [神などの] 全知. ❷ 博識

omnisciente [omnisθjénte]【←ラテン語 omnis「全」+sciens, -entis】形《文語》[ser+] 全知の: narrador ~ [小説などの] 全知の語り手. ❷ 博識の

omniscio, cia [omnísθjo, θja] 形 =**omnisciente**

ómnium [ómnjun] 男 オムニウム《❶自転車》数種の競技を組み合わせたトラックのレース; 《競馬》馬の年齢を問わないレース》

omnívoro, ra [omníβoro, ra] 形《動物》雑食性の

omofagia [omofáxja] 女 生肉を食べること

omoplato [omopláto] 男 =**omóplato**

omóplato [omóplato] 男《解剖》肩甲骨

OMS [óms] 女《略観》←Organización Mundial de la Salud 世界保健機構, WHO

on [ón]【←英語】男 [スイッチの] オン《⇔off》

-ón, na《接尾辞》❶ [動詞+. 品質形容詞化] preguntón 質問好きな. ❷ [示大》] 1) mujerona 大女, facilón 大変容易な, casona 豪邸. 2)《軽蔑》grandullón 体ばかり大きい. 3)《親愛》picarón ちゃっかりしている. ❸ [形容詞・名詞化. 習慣] acusón 告げ口屋[の], tragón 食いしん坊[の] 《男性名詞化. 急な動作》apagón 停電. ❺ [基数詞+. …歳代の[人]] cuarentón 40歳代の[人]

ona [óna] 形 女 オナ族[の]《フエゴ島にいた先住民》

onaballo [onaβáʎo] 男《植物》カモメヅル属の一種《学名 Vincetoxicum nigrum》

onagra [onáɣra] 女《植物》マツヨイグサ

onagráceo, a [onaɣráθeo, a] 形 アカバナ科の —— 男 複《植物》アカバナ科

onagro [onáɣro] 男 ❶《動物》アジアノロバ. ❷《古設》オナガー, 大型投石器

onanismo [onanísmo]【←Onán (旧約聖書の登場人物)】男 ❶《語》オナニー, 自慰. ❷ [腟外射精による] 中絶性交

onanista [onanísta] 形 名《文語》自慰の; 自慰をする[人]

onanístico, ca [onanístiko, ka] 形《文語》自慰の

once [ónθe]【←ラテン語 undecim】形 ❶《基数詞》11[の]. ❷ 11番目の. ❸《サッカー》イレブン: El ~ ya está sobre la hierba. 選手たちはもうピッチに出ている. 監督が ha ordenado un cambio en el ~ inicial. 監督はスターティングメンバーの1人交代を指示した. ❹《←? aguardiente の11文字》《アンデス》[las+. 主に午前11～12時の] おやつ, 軽食, 間食: tomar (hacer) las ~ [s] 軽食をする
a las ~《口語》ひどく傾いて
con sus ~ de oveja 自分に関係のないことに首を突っ込んで
tener la cabeza a las ~ 1) ぼんやりしている, うっかりしている. 2) 頭が空っぽである, 気が変である

ONCE [ónθe] 女《略語》←Organización Nacional de Ciegos Españoles 国立スペイン視覚障害者協会; オンセ《その協会の発行する宝くじ》

oncear [onθeár] 他 ❶ オンスで量る; オンスに換算する. ❷《ベネズエラ》おやつ(軽食)を食べる

onceavo, va [onθeáβo, βa] 形《分数詞》11分の1[の]

oncejera [onθexéra] 女 アマツバメなど小鳥を捕える罠

oncejo [onθéxo] 男《地方語. 鳥》ヨーロッパアマツバメ《=vencejo》

onceno, na [onθéno, na] 形《文語》❶《序数詞》11番目の《=undécimo》. ❷《分数詞》11分の1[の]《=onceavo》

oncete [onθéte] 男《地方語. 鳥》アマツバメ《=avión》

oncijera [onθixéra] 女 =**oncejera**

onco-《接頭辞》[腫瘍, 癌] oncología 腫瘍学

oncocercosis [oŋkoθerkósis] 女《医学》回旋糸状虫症

oncogén [oŋkoxén] 男《医学》オンコジーン, 癌(腫瘍)遺伝子

oncogénesis [oŋkoxénesis] 女《医学》腫瘍形成, 発癌

oncogénico, ca [oŋkoxéniko, ka] 形《医学》[主に悪性の] 腫瘍形成の, 発癌の: virus ~ 発癌ウイルス

oncógeno, na [oŋkóxeno, na] 形《医学》腫瘍を形成する, 発癌性の: virus ~ 発癌性ウイルス

oncología [oŋkoloxía] 女《医学》腫瘍学, 癌研究

oncológico, ca [oŋkolóxiko, ka] 形 腫瘍学の

oncólogo, ga [oŋkóloɣo, ɣa] 名《医学》腫瘍学者, 癌専門医

oncorratón [oŋkorratón] 男《医学》腫瘍の研究用マウス

oncosfera [oŋkosféra] 女《動物》六鉤幼虫

onda [ónda]【←ラテン語 unda「波」】女 ❶《文語》[水面の] 波《=ola》: Se produjeron ~s concéntricas en la superficie del agua. 水面に同心円の波ができた. El movimiento de la barca formó ~s en el estanque. ボートの動きで池に波が立った. ❷《物理》波, 波動; 《放送》電波: Las ~s del estallido se transmitieron a la extensión en redondo de dos kilómetros. 爆発の波動は周囲2キロに伝わった. transmitir las noticias en media ニュースを中波で放送する. emisora de ~ corta 短波放送局. ~ de ~ 波長. superficie de ~ 波面. tren de ~s 波列. ~ amortiguada 減衰波. ~ larga 長波. ~ normal 標準波. ~ sonora 音波. ~ ultracorta 超短波. ~ ultrasónica 超音波. ~s hertzianas ヘルツ波《放送》電波. ❸ 波打つもの: ~s del pelo 髪のウェーブ. ❹《服飾》スカラップ: El mantel tiene ~s en los bordes. そのテーブルクロスは縁がスカラップになっている. ❺《経済》~ económica 景気循環の波. ❻《音楽》~s Martenot オンド・マルトノ. ❼《メキシコ》事柄, 論点. ❽《チリ》精神状態

captar [la] ~《口語》[それとなく言われたことの] 真意をつかむ, 意を汲む, 腹を見抜く: ¿*Captas la* ~ *de sus chistes?* 君は彼のジョークの意味が分かるか?

coger [la] ~《口語》=*captar [la]* ~

cortar las ~*s* 水を切って進む: Un velero cortaba las ~s. 一隻の帆船が波を切って進んでいた

estar en la misma ~ [2人は] 趣味(意見)が同じである

estar en la ~《口語》[+について] 何のことか分かっている; [流行に] 遅れないでいる: El pueblo, aunque prohibido ir de viaje al extranjero, *está en la* ~ de lo que ocurre fuera del país. 国民は海外旅行を禁止されているが, 国の外で起こっていることはよく知っている

formar ~*s* 波打つ, ウェーブする: Su cabello le cae sobre los hombros, *formando* suaves ~s. 彼女の髪は軽くウエーブして肩に掛かっている

irse la ~《中南米. 口語》[言おう・行なおうとしていたことを] 突然忘れる

llegar a+人 *la* ~ …に話が伝わる, ことがはっきりと分かる

pillar [la] ~《口語》=*captar [la]* ~

¡Qué buena ~*!*《中南米. 口語》すばらしい!

¡Qué mala ~*!*《中南米. 口語》何という不運!

¿Qué ~*?*《中南米. 俗語》元気かい?

tener buena (mala) ~《中米, チリ, アルゼンチン, ウルグアイ. 口語》[人が] 親切(不親切)である, 道徳(不道徳)である

tener ~《メキシコ. 口語》[人・事が] 良質である. 2)《アルゼンチン, ウルグアイ. 口語》[人が] 惹(ひ)かれ合っている

ondámetro [ondámetro] 男《物理》検波計, 電波計

ondarrés, sa [ondarrés, sa] 形 名《地名》オンダロアの Ondárroa《ビスカヤ県の漁村》

ondeado, da [ondeáðo, ða] 形 =**ondulado**
—— 男《ラプラタ》波《=ola》

ondeante [ondeánte] 形 波打つ; はためく

ondear [ondeár]【←onda】自 ❶ 波打つ, 波立つ: La superficie del estanque *ondeaba* al viento. 池の水面は風を受けて波打っていた. ❷ はためく, なびく: La bandera *ondeaba* en el mástil. マストに旗がはためいている. Sus cabellos *ondeaban* al viento. 彼女の髪が風になびいていた. ❸ [炎が] 揺らぐ: Las llamas de la hoguera *ondeaban* en la oscuridad. たき火の炎が暗がりの中で揺らめいていた

ondense [ondénse] 形 名《地名》オンダ Onda の〔人〕《カスティリョン県の町》
ondeo [ondéo] 男 波打つこと, はためくこと
ondia [óndja] 間《地方語》[驚き] ありゃ
ondímetro [ondímetro] 男《物理》波長計
ondina [ondína] 女《ゲルマン神話》ウンディーネ, オンディーヌ《水の精霊. 美しい娘の姿をしている. 四大元素 espíritus elementales の一つ》
ondisonante [ondisonánte] 形《まれ》波動で音が伝わる
ondógrafo [ondóɣrafo] 男《物理》波形測定器, 波形記録器
ondómetro [ondómetro] 男 =ondímetro
ondoscopio [ondoskópjo] 男《物理》オンドスコープ
ondoso, sa 形 波打つ, うねりのある
ondulación [ondulaθjón] 女 ❶《物理》波動; ~ periódica 周期波動. ❷ 起伏: Las *ondulaciones* del terreno son muy suaves. その土地の起伏は大変ゆるやか. ❸《髪型》ウエーブ: ~ permanente パーマネントウエーブ. A María le hicieron la ~ del pelo por primera vez. マリアは初めてパーマをかけてもらった
ondulado, da [onduláðo, ða] 形 波打った; 波状の: La línea de la montaña está ~*da*. 山の稜線は波打っている. El pelo está ~. 彼女の髪はウエーブがかかっている. hierro ~ 波形鉄板. línea ~*da* 波線. llanura ~*da* 起伏のある平原
—— 男《髪型》パーマ, ウエーブ
ondulador, ra [ondulaðór, ra] 形 波打たせる
—— 女 コルゲータ《段ボール製造機》
ondulante [ondulánte] 形 波打った; 波状の: Hacia el sur se extiende un campo suavemente ~. 緩い起伏の草原が南に向かって広がっている. llamas ~*s* 揺らめく炎. pelo ~ ウエーブした髪. vuelo ~ de una gaviota カモメの波打つような飛翔
ondular [ondulár]《←仏語 onduler < ラテン語 undula「小波」》
❶《物理》波を形成する, 波動する. ❷《文語》波打つ, うねる: Las sombras de los hombres *ondulan* en la acera al reverberar de los rayos del sol. 人々の影はぎらぎらと照る太陽の光を受けて歩道に揺らいでいる. Una serpiente va *ondulando* por el suelo. 蛇が地面をくねくねと這っている. La bandera está *ondulando* con el viento. 旗が風に翻っている
—— 他《主に髪を》波打たせる; 縮れさせる: ~ a+人 el pelo con tenazas こてで…の髪にウエーブをかける. El viento *onduluba* las hierbas. 草が風になびいていた
—— ~**se** 再 うねる, うねらせる: María *se ondula* al andar. マリアは腰を振って歩く. *Se le onduló* el pelo con la humedad. 彼女の髪は湿気でウエーブがかかった
ondulatorio, ria [ondulatórjo, rja] 形 波状の, 波動の: movimiento ~ 波状運動, 波動. mecánica ~*ria* 波動力学
ondulear [onduleár] 自《まれ》波打つ, うねる
ondulita [ondulíta] 女 砂粒
onduloso, sa [ondulóso, sa] 形 波打つ
onecer [oneθér] 39 自《サラマンカ》広がる [=cundir]
—— 他《サラマンカ》利用する [=aprovechar]
oneomanía [oneomanía] 女《文語》浪費癖
onerario, ria [onerárjo, rja] 形《古語》[船が] 貨物用の
oneroso, sa [oneróso, sa]《←ラテン語 onerosus < onus, -eris「重さ」》形 ❶《文語》[+a・para に] 重荷となる, 厄介な, 面倒な: No quiero ser una carga ~*sa* para mis tíos. 私は叔父夫婦のお荷物になりたくない. ❷ 費用のかかる, 負担になる: El coste de la protección laboral es muy ~ para los empresarios. 労災費用は事業者にとって大きな負担になる. impuesto ~ 重税. interés ~ 高利. ~*s* gastos (costes) かさむ出費. ❸《法律》有償の: ayuda ~*sa* 有償援助
Onetti [onéti]《人名》Juan Carlos ~ フアン・カルロス・オネッティ《1909～94, ウルグアイの小説家. 架空の都市サンタマリアを舞台に憂愁とアイロニーに満ちた独自の都会小説を生み出している. 挫折した男の魂の彷徨を描く『はかない人生』*La vida breve*, 暗い過去をもつ男が死の直前に不毛な行動に取り組む様を描いた『造船所』*El astillero*, 売春宿開設をめぐる悲喜劇を描いた『屍を集める男』*Juntacadáveres*. 短編集『実現した夢』*Un sueño realizado y otros cuentos*,『ハコボと他者』*Jacob y el otro*》
onfacino [onfaθíno] 形 aceite ~ 〔熟していないオリーブから作る〕薬用オリーブ油
onfacomeli [onfakoméli] 男《古語》〔熟していないブドウの汁と

onfalitis [onfalítis] 女《医学》臍炎（さいえん）
onfalomancia [onfalománθja] 女 へその緒のこぶから持子供の数を当てる占い
onfalomancía [onfalomanθía] 女 =onfalomancia
ONG [oenexé] 女《単複同形/複 ONG's》《略語》←organización no gubernamental 非政府組織, NGO: Las *ONG* no están de acuerdo. NGO同士の間で意見が一致していない. trabajar en una ~ グアテマルテカのNGOで働く
Onganía [ongaía]《人名》Juan Carlos ~ フアン・カルロス・オンガニーア《1914～95, アルゼンチンの軍人・政治家, 大統領 (1966～70). 大学紛争の弾圧・芸術活動の検閲など反動的政治を行なう》
ónice [óniθe]《←ギリシア語 onyx, -ykhos「爪」（色が似ている）》男／《まれ》女《鉱物》オニキス, オニックス, 縞めのう
onicofagia [onikofáxja] 女《医学》爪をかむ癖, 咬爪症
onicófago, ga [onikófaɣo, ɣa] 形《医学》爪をかむ癖のある; 咬爪（こうそう）症の人
onicóforo, ra [onikóforo, ra] 有爪動物の
—— 男 複《動物》有爪（ゆうそう）動物
onicomancia [onikománθja] 女 爪に油と煤煙を塗ってできる筋などで未来を当てる占い
onicomancía [onikomanθía] 女 =onicomancia
onicomicosis [onikomikósis] 女《医学》爪甲（そうこう）真菌症
onicosis [onikósis] 女《医学》爪病, 爪の変形
-onimia《接尾辞》[女性名詞化] ant*onimia* 反意性
-ónimo, ma《接尾辞》[名詞・形容詞化. 名前] ant*ónimo* 反意語
ónique [óníke] 男 =ónice
oniquina [onikína] 女 piedra ~ =ónice
onírico, ca [oníriko, ka]《←ギリシア語 oneiros》形《文語》夢の: escena ~*ca* 夢の中の情景
onirismo [onirísmo] 男 ❶《医学》夢幻症. ❷《芸術》オニリスム《夢的イメージを表現する》
onirógeno, na [oniróxeno, na] 形 夢を引き起こす
oniromancia [onirománθja] 女 夢占い
oniromancía [oniromanθía] 女 =oniromancia
oniromántico, ca [oniromántiko, ka] 形 夢占いの
ónix [óniks] 男《単複同形》 =ónice
on line [on lájn]《←英語》形 副《情報》オンラインの・で
ONO《略語》←oestenoroeste 西北西
onocrótalo [onokrótalo] 男《鳥》ペリカン [=pelícano]
onolatría [onolatría] 女《宗教》ロバ崇拝
onomancia [onománθja] 女 姓名判断
onomancía [onomanθía] 女 =onomancia
onomasiología [onomasjoloxía] 女《言語》名義論, 名称論
onomasiológico, ca [onomasjolóxiko, ka] 形 名義論の, 名称論の
onomástica[1] [onomástika]《←onomástico》女 ❶ 霊名の祝日《洗礼名の同じ聖人の祝日. =fiesta ~》: El día de mi ~ suelo dar una gran fiesta. 私の霊名の祝日にはいつもにぎやかにパーティーをすることになっている. ❷ 固有名詞研究
onomástico, ca[2] [onomástiko, ka]《←onomástico ← ギリシア語 onomastikos》形 人名の, 固有名詞の: índice ~ 人名索引
—— 男《中南米. 文語》誕生日; 霊名の祝日
onomatopeya [onomatopéja]《←ギリシア語 onomatopoiia》女 擬声語, 擬音語
onomatopéyico, ca [onomatopéjiko, ka] 形 擬声語の, 擬音語の
onoquiles [onokíles] 女《単複同形》《植物》アルカンナ
onosma [onósma] 女《植物》〔総称〕オノスマ《ムラサキ科》
onotar [onotár] 他《ベネズエラ》ベニノキで着色する
onoto [onóto] 男《コロンビア, ベネズエラ. 植物, 果実》ベニノキ; それから取る赤色染料 [=bija]
óntico, ca [óntiko, ka] 形《哲学》[本質的]存在の, 実体的な
ontina [ontína] 女《植物》ホワイトマグワート
ontogénesis [ontoxénesis] 女《生物》個体発生
ontogenético, ca [ontoxenétiko, ka] 形 個体発生の
ontogenia [ontoxénja] 女 =ontogénesis
ontogénico, ca [ontoxéniko, ka] 形 =ontogenético
ontología [ontoloxía] 女《哲学》存在論, 本体論, 形而上学
ontológico, ca [ontolóxiko, ka] 形 存在論的な: argumento ~ [神の存在に関する] 存在(本体)論的証明

ontologismo [ontoloxísmo] 男 本体論主義
ontologista [ontoloxísta] 形 本体論主義の〔支持者〕
ontólogo, ga [ontóloɣo, ɣa] 名 存在論者, 本体論者
ONU [ónu] 女《略語》←Organización de las Naciones Unidas 国際連合, 国連
onuano, na [onwáno, na] 形 国連の
onubense [onubénse] 〖←Onuba (Huelva の古称)〗名《地名》ウエルバの〔人〕〖=huelveño〗
ONUDI [onúdi] 女《略語》←Organización de las Naciones Unidas para el Desarrollo Industrial 国連工業開発機関
onusiano, na [onusjáno, na] 形《まれ》=**onuano**
onusto, ta [onústo, ta] 形《まれ》重苦しい, 重々しい
onz.《略語》=**oz.**
onza [ónθa] I 〖←ラテン語 uncia〗女 ❶《重量の単位》オンス: ~ troy トロイオンス. ❷〔昔の〕1 オンス金貨〖= de oro〗: media ~ 半オンス貨.❸《主に 8 分割できる板チョコなど》1 かけら: Se ha comido dos ~s de chocolate. 彼は板チョコを 2 かけら食べてしまった
II 〖←俗ラテン語 luncea <ラテン語 lynx, lyncis〗女《動物》チーター〖=guepardo〗;《中南米》ユキヒョウ
onzavo, va [onθáβo, βa] 形《まれ》=**onceavo**
oñacino, na [oɲaθíno, na] 形《地名》オニャテ Oñate の〔人〕〖ギプスコア県の村〗
Oñate [oɲáte]《人名》Juan de ~ フアン・デ・オニャテ〖1550〜1626, メキシコ生まれの探検家・開拓者. ヌエボ・メヒコ地方総督〗
oñatiarra [oɲatjáɾa] 形 名 =**oñacino**
oocito [o(o)θíto] 名《生物》=**ovocito**
oogamia [o(o)ɣámja] 女《生物》オーガミー, 卵子受精
oogénesis [o(o)xénesis] 女《生物》=**ovogénesis**
oogonia [o(o)ɣónja] 女《生物》=**ovogonia**
oogonio [o(o)ɣónjo] 男《植物》生卵器
oolítico, ca [o(o)lítiko, ka] 形《鉱物》オーライトの
oolito [o(o)líto] 男《鉱物》オーライト, 魚卵岩
ooquineto [o(o)kinéto] 男《生物》オーキネート, 虫様体
oosfera [o(o)osféɾa] 女《植物》卵球
oósporo [o(o)ósporo] 男《植物》卵胞子
ooteca [o(o)téka] 女《動物》卵鞘, 卵囊
op [óp] 形《←英語》《美術》オプアートの
OP 男《略語》←ordenador personal パソコン, PC
op.《略語. 音楽》〖複 opp.〗=opus 作品: La Sinfonía n° 5 en do menor *Op.* 67 de Beethoven ベートーベンの交響曲第 5 番ハ短調作品 67
O.P.《略語》←ラテン語 ordo praedicatorum ドミニコ会
opa [ópa] I 女〖OPA とも表記〗《略語. 株式》←oferta pública de adquisición 株式公開買付け, TOB: ~ hostil 敵対的な株式公開買付け, 乗っ取り
II 形 名 ❶《コロンビア》ろう唖の. ❷《ペルー, ボリビア, チリ, アルゼンチン, ウルグアイ. 軽蔑》ばかな.❸〖+a〗〖=ペルー, ボリビア, チリ, アルゼンチン, ウルグアイ. 軽蔑〗
hacerse el ~《ペルー, ボリビア, チリ, アルゼンチン, ウルグアイ. 軽蔑》知らんぷりをする
── 間《中米》よいしょ, せえの! ❷《ペルー, ボリビア, チリ, アルゼンチン, ウルグアイ》〖呼びかけ〗やあ!〖=hola〗
opacamente [opákaménte] 副 不透明に
opacar [opakáɾ] [7] 他 ❶ 不透明にする. ❷《メキシコ, キューバ, アルゼンチン, ウルグアイ》さえなくする, くすませる
opacidad [opaθiðá(d)] 〖←ラテン語 opacitas, -atis〗女 ❶ 不透明〔度〕, 不透過性. ❷《哲学, 言語》不透明性, あいまいさ
opacificar [opaθifikáɾ] [7] 他《医学》不透過性にする
── ~se 不透過性になる
opacímetro [opaθímetɾo] 男《眼球の水晶体の》混濁度測定装置
opacle [opákle]《メキシコ》プルケ pulque に入れる香草
opaco, ca [opáko, ka] 〖←ラテン語 opacus「暗い, 影に覆われた」〗形 ❶ 不透明な, 光を通さない《⇔transparente》: cortina ~*ca* 遮光カーテン. cristal ~ 曇りガラス. ❷〖+a los rayos X〗 X 線を通さないスクリーン.❸《文語》輝きのない, くすんだ: luz ~*ca* 鈍い光. persona ~*ca* 気の弱い人, 陰気な人. fiesta ~*ca* わびしいパーティー. con voz ~*ca* 表情のない声で, ぼそぼそして
opado, da [opáðo, ða] 形 ❶〔言葉が〕誇張した, 大げさな.❷《ベネズエラ, ボリビア》〔疲労などで〕目の下に隈のできた
opal [opál] 男《繊維》絹に似た薄い綿布

── 形〖ガラスが不透明で〗乳白色の
opalescencia [opalesθénθja] 女 乳白光
opalescente [opalesθénte] 形 乳白光を発する
opalino, na [opalíno, na] 形 オパール色の,〔青みがかった〕乳白色の
── 女 乳白ガラス; その器
opalizar [opaliθáɾ] [9] 他 オパール色にする
ópalo [ópalo] 〖←ラテン語 opalus〗男 ❶《鉱物》オパール: ~ de fuego ファイアオパール. ~ noble ノーブルオパール. ~ girasol ジラソール. ❷ 乳白色
opapadado, da [opapaðáðo, ða] 形《ボリビア》当惑した, 呆然とした
opar [opáɾ] 他《株式》…の公開買い付けをする
oparrón, na [opaɾón, na] 形《アルゼンチン》知恵遅れの〔人〕
op art [óp áɾt] 〖←英語〗男《美術》オプアート
opción [opθjón] 〖←ラテン語 optio, -onis〗女 ❶ 選択〔の自由〕: Tienes la ~ de ir o no ir. 君は行っても行かなくてもどちらでもいい. ~ cero《軍事》ゼロオプション, ゼロの選択. ❷ 複 選択肢〖←〗: Hay tres *opciones* para obtener la libertad. 自由を得るには 3 つの選択肢がある. ❸〖+a 地位・特典などを得る〗権利, 資格: Tengo ~ *al* ascenso. 私は昇進する資格がある. Como empleado tiene ~ *a* viajar a un precio reducido. 彼は社員なので割引で旅行できる. La entrada da ~ *a* la consumición. 入場料にはドリンク代も入っている. ❹《法律》選択権, 自由裁量権. ❺《商業》選択売買, オプション: *opciones* sobre acciones《株式》ストックオプション. ~ de compra コール〔買い〕オプション. ~ de venta プット〔売り〕オプション. combinación de ~ de compra y venta ストラドル. ~ americana (europea) アメリカン〔ヨーロピアン〕オプション
opcional [opθjonál] 形 選択できる: asignatura ~ 選択科目. excursión ~ オプショナルツアー
op. cit. 〖←ラテン語〗《略語》←opere citato 前掲書中に, 引用書中に
-ope〖接尾辞〗〖形容詞・名詞化. 視覚, 視力〗mi*ope* 近視の
opear [opeáɾ] 自《アルゼンチン. 口語》ばかげたことを言う(する)
open [ópen] 男《スポーツ》オープンゲーム〔の〕: torneo ~ オープントーナメント. ~ de tenis オープンテニス
OPEP [opép] 女《略語》←Organización de Países Exportadores de Petróleo 石油輸出国機構, OPEC
ópera [ópeɾa] 〖←伊語〗女 ❶ 歌劇, オペラ: gran ~ グランドオペラ. ~ bufa オペラ・ブッファ. ~ china 京劇. ~ cómica せりふを交えた歌劇. ❷ 歌劇場, オペラ劇場
~ *prima* =**opera prima**
operable [opeɾáble] 〖←ラテン語 operabilis〗形 ❶ 手術可能な;《文語》実現可能な, 可能である
operación [opeɾaθjón] 〖←ラテン語 operatio, -onis〗女 ❶ 行動, 活動, 操作; 働き, 作用: El transporte de la nitroglicerina es una ~ delicada. ニトログリセリンの輸送は難しい作業だ. ~ automática オートメーション. *operaciones* de rescate/*operaciones* de salvamento 救出活動. ~ retorno〖=*operaciones* retorno〗《西. 交通》〔休暇からの〕U ターンラッシュの分散化. ❷《医学》手術〖=~ quirúrgica〗: Supera una grave ~ del cerebro. 彼は脳の大手術を乗り越えた. ❸《軍事》作戦, 作戦行動〖=~ bélica〗: campo de *operaciones* 戦場;《商業》など》オペレーション・フィールド. ~〖de〗limpieza/~ de limpia 掃討作戦; 大掃除. ❹ 操業, 運営, 営業: reducir la ~ las operaciones 操業を短縮する. ~ parcial 部分操業. ❺《商業》取引, 売買, 運用〖=~ mercantil, ~ comercial〗: *operaciones* bursátiles/*operaciones* de bolsa 株式取引. *operaciones* de compra 買いオペレーション. *operaciones* de mercado abierto 公開市場操作. *operaciones* financieras 資金運用. ❻《数学》演算〖=~ aritmética, ~ matemática〗: cuatro *operaciones* básicas (fundamentales) 四則算, 加減乗除. ❼《情報》システム管理業務. ❽《中南米》1)《鉱山》操業, 労働. 2)《商業》経営管理, マネージメント. ❾《コロンビア》~ tortuga 違法闘争
operacional [opeɾaθjonál] 形 ❶ 作戦〔行動〕の. ❷ 演算の
operado, da [opeɾáðo, ða] 名 被手術者
operador, ra [opeɾaðóɾ, ɾa] 〖←ラテン語 operator, -oris〗名 ❶〔手術の〕執刀者. ❷《映画, テレビ》撮影技師, カメラマン; 映写技師. ❸《技術, 情報》〔機械の〕操作者, オペレーター: ~ del sistema システムオペレーター. ❹ 無線通信士; 電話交換手. ❺《商業》ディーラー: ~ de divisas 為替ディーラー. ~ del día

デイトレーダー. ❻《メキシコ》作業員, 労働者
── 形 ❶ 手術をする. ❷ 商取引をする
── 男 ❶ ～ turístico 団体旅行会社〔=tour ～〕. ❷《数学》演算子, 作用素
── ～ra de telefonía 電話接続会社
operancia [operánθja] 女《チリ. 文語》能率, 効率
operando [operándo] 男《数学》演算数
operante [operánte] 形 名 手術をする; [手術の] 執刀者
opera omnia [ópera ómnja]《←ラテン語》女〔一人の作家の〕全作品
opera prima [ópera príma]《←ラテン語》女 処女作, 第一作
operar [operár]《←ラテン語 operari》他 ❶ [+人 に, +de+部位・病名 の/+a+人 に, +部位 の] 手術をする: Lo *operaron* del corazón (de apendicitis). 彼は心臓〔盲腸〕の手術を受けた. ❷《文語》[ある結果を] もたらす: La radio ha *operado* grandes cambios en los últimos tiempos. ラジオは近代に大きな変化をもたらした. ～ una curación 治療を行なう. ～ un milagro 奇跡をもたらす
── 自 ❶ 手術をする: Si el paciente no progresa, habrá que ～. 患者が快方に向かわないようなら, 手術の必要がある. ❷《文語》作用する: La medicina empezó a ～. 薬が効き始めた. ❸《文語》行動する; 作業する, 働く: Tenemos que ～ sin suficiente conocimiento del asunto. 私たちはその件について十分知らないまま行動しなければならない. ❹ 軍事行動をする. ❺ 操業する, 営業する. ❻ 商取引をする: Siempre *operan* con grandes sumas de dinero. 彼らはいつも大金を動かしている. ❼《数学》演算をする
── ～se ❶ 手術を受ける: Mi abuela se *operó* 〔de〕 las cataratas. 祖母は白内障の手術をした. ❷《文語》行なわれる, 起こる: Se ha *operado* un cambio favorable en el enfermo. 病人に良い変化が現われた
operario, ria [operárjo, rja]《←ラテン語 operarius》名 ❶《文語》工員, 作業員: Aquí trabajan cincuenta ～*rias* textiles. ここでは50人の紡績女工が働いている. ❷《カトリック》教区の活動に協力する人
── ～ diocesano《カトリック》病人の介護などに当たる修道会 Hermandad de Sacerdotes Operarios Diocesanos del Corazón de Jesús の会員
operático, ca [operátiko, ka] 形《キューバ, チリ, アルゼンチン, ウルグアイ》オペラの
operativa[1] [operatíβa] 女 ❶ 行動様式. ❷《警察の》作戦行動. ❸《株式》intradía デイトレード
operatividad [operatiβiðá[ð]] 女 ❶ 有効性, 効率: Este tratado intenta mejorar la ～ de la UE. この条約はEUの効果を高めることを意図している. ❷ 作業能力, 操作性
operativo, va[2] [operatíβo, ba]《←operar》形 ❶ 効果のある, 効果的な: medida ～*va* 有効な手段. ❷ 作業の, 操作の: investigación ～*va* オペレーションズリサーチ. velocidad ～*va*《情報》処理速度. ❸ [estar+] 活動(作業・機能)している
── 男《中南米》〔警察の〕作戦行動
operatorio, ria [operatórjo, rja]《←ラテン語 operatorius》形 手術の
── 名《主に中南米》作業員
── 女《集合》操作, 作業
operculado, da [operkuláðo, da] 形〔魚が〕えらぶたのある;〔巻き貝が〕ふたのある
opercular [operkulár] 形 えらぶた(ふた)の役をする
opérculo [opérkulo] 男〔魚に〕ある〔魚の〕;〔巻き貝の〕ふた
opere citato [ópere θitáto]《←ラテン語》副 前掲書中に, 引用書中に〔主に(略語) op. cit. で〕
opereta [operéta]《←伊語 operetta》女 オペレッタ, 軽歌劇
── *de* ～ 1) 滑稽な: Ese gobierno parecía *de* ～. その内閣はまるで茶番劇だった. 2) 悪い: Es un tipo *de* ～. あれはどうしようもない奴だ
operetesco, ca [operetésko, ka] 形 オペレッタの〔ような〕
operetístico, ca [operetístiko, ka] 形 オペレッタの〔ような〕
opería [opería] 女《ボリビア, アルゼンチン. 口語》ふざけた〔愚かな〕言動
operista [operísta] 名 オペラ歌手; オペラ作曲家
operístico, ca [operístiko, ka] 形 オペラの〔ような〕: género ～ 歌劇のジャンル
operoso, sa [operóso, sa] 形〔事が〕骨の折れる

-opía《接尾辞》[女性名詞化. 視覚, 視力] mi*opía* 近視
opiáceo, a [opjáθeo, a] 形 男 アヘンの;《薬学》アヘン剤
opiado, da [opjáðo, da] 形 ❶ アヘンの; アヘンを混ぜた, アヘンを含む.《ラプラタ》死ぬほど退屈な
opiar [opjár] 他《ラプラタ. 口語》退屈する
opiato, ta [opjáto, ta] 形 アヘンを含む
── 女《薬学》アヘン剤
opilación [opilaθjón] 女 ❶《医学》1) 閉塞[症]. 2) [若い女性の] 無月経. ❷ 水腫, 水疱, 浮腫. ❸《まれ》詰まること
opilar [opilár] 他《まれ》詰まらせる
── ～se ❶《医学》無月経になる. ❷《まれ》詰まる
opilativo, va [opilatíβo, ba] 形《まれ》詰まらせる
opilión [opiljón] 男 ザトウムシ目の
── 男 複《動物》ザトウムシ目
opimo, ma [opímo, ma] 形《まれ》豊富な
opinable [opináβle]《←ラテン語 opinabilis》形 議論の余地のある: Es ～ que el gobierno no sabe gestionar las crisis. 政府に危機管理能力がないかはまだ議論の余地がある
opinador, ra [opinaðór, ra] 名 =opinante
opinante [opinánte] 形 名 意見を述べる〔人〕, 発言者
opinar [opinár]《←ラテン語 opinari》他 ❶ …との意見を持つ, …という意見である: 1) En cuestión de casamiento, no *opino* lo mismo que usted. 結婚について, 私はあなたと同じ意見ではない. ¿Qué *opinas* de él? 彼のことをどう思う? 2) [+que+直説法] *Opino* que la vida es así. 私の意見では〔私の考えるところは〕人生はそんなものだ. ❷ [+que+直説法] …との意見を述べる: *Opiné* que su trabajo merecía ser publicado en la revista. 彼の論文は雑誌で公刊される価値があるという意見を私は言った. La mayoría de los encuestados *opina* que el partido del gobierno ha traicionado la confianza del pueblo. アンケートに答えた人の大部分は与党は国民の信頼を裏切ったという意見である
── 自 [+sobre・de・en について] 意見を言う, 意見を持つ: *Opina* bien (mal) *de* tu hermano. 彼は君の弟のことをよく(悪く)言っている. Yo no *opino en* política. 私は政治についての意見を差し控える. Ellos fueron *opinando* de uno en uno. 彼らは次々と意見を述べていた
opinativo, va [opinatíβo, ba] 形 意見の
opinión [opinjón]《←ラテン語 opinio, -onis》女 ❶ 意見, 見解: Mi ～ es que él no es culpable. 私の意見では彼は無罪だ. ¿Qué ～ tiene usted sobre esto? これについてご意見はいかがですか? Tengo la ～ de que el nuevo gobierno no podrá durar mucho. 私は今度の政府は長続きしないだろうという意見を持っている. Escucho varias *opiniones* sobre el proyecto. 私はその計画について色々な意見を聞く. La buena ～ que tengo de ellos me ha hecho aceptar su propuesta. 私は彼らを信用しているので, 彼らからの提案を受け入れることにした. cambiar de ～ 意見(考え)を変える. dar (decir・emitir) su ～ 意見を述べる. segunda ～《医学》セカンドオピニオン. ～ ajena 他人の意見. ～ con salvedad [監査報告書で] 除外事項が付された監査意見, 限定意見. ～ general 一般の考え. ～ pública (común・popular) 世論. ～ técnica [会計監査人の] 専門的所見, 監査報告. ❷ 意見の表明: Hubo una oleada de *opiniones* y protestas sobre el alza del impuesto de consumo. 消費税の引き上げについては意見や抗議が山ほど出された. libertad de ～ 言論表現の自由. ❸ 評判, 名声
abundar en la misma ～ 同意見である
andar en opiniones 色々と取りざたされている
casarse con su ～ 自分の意見に固執する
en ～ *de*+人 …の意見によれば: *En mi* ～ está equivocado. 私の意見では彼は間違っている
gozar (disfrutar) de buena (mala) ～ 評判がよい(悪い): Esa joyería *goza de buena* ～ en Madrid. その宝石店はマドリードで評判が高い
tener buena (mala) ～ *de…* …をよく(悪く)思う
opio [ópjo]《←ラテン語 opium <ギリシア語 opion < opos「(ケシの)汁」》男 ❶ アヘン(阿片): fumar ～ en pipa パイプでアヘンを吸う. guerra del ～ アヘン戦争. ❷《チリ, アルゼンチン, ウルグアイ. 口語》退屈な人〔事〕: La película es un ～. その映画は退屈だ
dar el ～ *a*+人《口語》…を魅了する
opioide [opjóiðe] 形 男 アヘンの; アヘン剤〔=opiáceo〕
opiomanía [opjomanía] 女 アヘン中毒
opiómano, na [opjómano, na] 形 名 アヘン中毒の〔人〕

opíparamente [opíparaménte] 副［食事が］豪華でふんだんに
opíparo, ra [opíparo, ra]［←ラテン語 opiparus］形《文語》［食事が］豪華でふんだんにある: cena ～ra 贅を尽くした夕食
opistobranquio, quia [opistobránkjo, kja] 形 後鰓類の ── 男《動物》後鰓(ごさい)類
opistodomo [opistódomo] 男《古代ギリシア》オピストドモス《神殿後部の宝物庫》
opistódomo [opistódomo] 男 =**opistodomo**
opistógrafo, fa [opistógrafo, fa] 形 両面に書かれた(印刷された)
opitulación [opitulaθjón] 女《まれ》救助, 助け
oploteca [oplotéka]［←ギリシア語 hoplotheke］女 武器博物館《陳列室》
opobálsamo [opobálsamo] 男 ギレアドバルサム《芳香樹脂》
oponente [oponénte] 形 ❶［反対する［人］, 対抗する［人］, 相手: Fue mi ～ en varios concursos de premios literarios. 彼はいくつかの文学賞の選考で私の対抗馬だった. partidos políticos ～s 諸野党. su ～ en el debate 彼の論敵. ❷《演劇》［主役の］相手役
oponer [oponér]［←ラテン語 opponere］60［過分 opuesto. 命令法単数 opón］他 置く, 対置する: 1)［妨げるものを］Estaba en desacuerdo y opuso sus razones. 彼は不同意でその理由を提示した. 2)［+a・contra に対して］Oponen el cordón de vigilancia a la manifestación. 彼らは警戒線を設けてデモに対抗する. ～ resistencia a los asaltantes 暴漢に抵抗する. un muro contra la avalancha 雪崩防御壁を設ける
──～**se**［+a に］❶反対する, 対立する; 不同意である; 妨げる: 1) La gente se opone al régimen dictatorial. 人々は独裁制に反対する. Se opusieron a la reforma de la ley. 彼らはその法律の改変に反対した. Me opuse al casamiento de mi hija. 私は娘の結婚に反対だった. Los guerrilleros se opusieron a los ataques del ejército nacional. ゲリラは政府軍の攻撃に立ち向かった. 2)［+a+不定詞・que+接続法］Me opongo a salir. 私は出かけることに反対だ. No me opongo a que vayas a España, sino a que vayas con él. 私は君がスペインへ行くのに反対なのではなく, 彼と一緒に行くのに反対なのだ. ❷反対である: Su opinión se opone a la mía. 彼の意見は私と正反対だ. El color blanco se opone al negro. 白色は黒色に対立する. El realismo se opone al nominalismo. 実在論は唯名論の対極にある. ❸［位置が］対置される, 向かい合っている: El hotel se opone a Correos con una calle por medio. ホテルは通りをはさんで郵便局と向かい合っている. ❹［+con と］矛盾する: Tu argumento se opone con lo que dijiste ayer. 君の理屈は昨日言っていたことと矛盾する. ❺［互いに］対立する; 反対である: En esta ciudad los habitantes se oponen por razones de creencias religiosas. この都市では住民が信仰上の理由から反目し合っている. Se oponen totalmente los caracteres de los gemelos. その双子の性格は全く正反対だ. ❻《音声》対立する: El fonema /i/ se opone al /e/ y esto permite distinguir 'piso' de 'peso'. 音素/i/は音素/e/に対立し, これによって piso と peso を区別することが可能になる. ❼《廃語》=**opositar** ～se a una cátedra 教授職の採用試験を受ける
oponible [oponíble] 形 対置され得る
opopánax [opopána(k)s] 男《単複同形》=**opopónaco**
opopánaxe [opopánaθe]《植物》オポパナックス《=pánace》
opopónaco [opopónako] 男 オポパナックス《芳香樹脂》
opopónax [opopóna(k)s] 男 =**opopónaco**
oporto [opórto]［ポルトガルの Oporto 産の］ポートワイン, オポルト酒《=vino de Oporto》
oportunamente [oportunaménte] 副 よい時に, 都合よく: He consultado ～ al dentista. 私はいい時に歯医者に診てもらった. Estuve fuera de casa durante un mes, por eso no pude contestar a su carta ～. 私は1か月家を留守にしていたので, すぐに返信できませんでした. Hemos cumplido ～ con deudas contraídas. 借り入れ債務を適切に返済してきた
oportunidad [oportunidá(d)]［←ラテン語 opportunitas, -atis］女 ❶ 好機, 機会, 好都合: 1) Esta es tu gran ～. これは君にとって大きなチャンスだ. Siempre aprovecho esta ～ para visitar a mi antiguo maestro. 私はいつもこのような機会を利用して昔の先生を訪ねることにしている. No sabes cuándo tendrás otra ～ igual. 今度いつ同じような機会があるか分からないよ. Hablé con él a (en) la primera ～ que tuve. 私は彼と会った最初の時に彼と話をした. Aún no he tenido ～ de saludarle. 私はいまだ彼に挨拶する機会を持てていない. Avísame con ～. 適当な時に知らせておくれ. dar a+人 una (otra) ～ ・・・に一回(もう一回)チャンスを与える. dejar escapar la ～ 好機を逃す. desperdiciar una ～ 機会を無駄にする. perder la ～ チャンスを失う. ～ de su respuesta 彼の返事のタイミングのよさ. ～ laboral 就業機会. 2)《諺》A la ～ la pintan calva. 好機逃すべからず. La ～ hace al ladrón. 機会が泥棒を作る/盗人にも三分の理. ❷ 複《集合》安売り品; [主に 複] 安売り, バーゲン: Compré este jersey en ～es. 私はこのセーターをバーゲンで買った. O～es《主に中南米. 表示》安売り. precio de ～ 安売り価格. sección de ～es 安売り会場. ❸ 時宜を得ていること, 適時性. ❹《アメリカンフットボール》ダウン: primera ～ ファーストダウン. ❺《中南米》場合, 時; 状況
oportunismo [oportunísmo] 男《軽蔑. 主に政治》日和見主義, ご都合主義
oportunista [oportunísta] 形 ❶《軽蔑. 主に政治》日和見主義(の主義者)の, オポチュニスト; 機を見るに敏な. ❷《医学》hongos ～ 日和見菌. infección ～ 日和見感染
oportuno, na [oportúno, na]［←ラテン語 opportunus「好位置の」 < ob-「方に」+portus「港」］形 ❶［ser+. 行為・出来事が］時宜にかなった, タイムリーな; 都合のよい, おあつらえ向き: Su visita ha sido muy ～na, porque hace días que el enfermo quería hablar con usted. おいで下さって本当によかったです. 病人が何日か前からあなたとお話ししたいと言っていましたので. Gracias a tu intervención ～na, he podido terminar unos trámites ante el Ayuntamiento. またといぬお口添えのおかげで, 私は市役所への手続きを済ませることができました. Venga cuando le sea ～. 都合のいい時においで下さい. lugar ～ 好都合な場所. tratamiento ～ 適切な処置. ❷［ser+～+不定詞・que+接続法］適切な, 適当な: Es ～ ayudarse del diccionario para traducir esto. これを翻訳するには辞書を使う方がいい. Sería ～ que le avisáramos de antemano. 前もって彼に知らせておくのがいいでしょう. ❸［応答が］機知に富んだ, 当意即妙の: 1) ［ser+］Mi padre siempre fue ～ en la conversación. 父はその話に面白い人だった. dicho ～ 当意即妙な言葉. 2) ［estar+］La moderadora estuvo muy ～na a las preguntas que se les dirigían a los panelistas. 司会の女性はパネラーに出された質問を上手にさばいた. Has estado muy ～ con ese propuesta, todos estábamos en un aprieto. 君がそう提案してくれたのはいい対応だった, みんな困っていたんだ
oposición [oposiθjón]［←ラテン語 oppositio, -onis］女 ❶［+a・contra への］反対: La gente puso ～ a que se representara esa clase de películas. 人々はその種の映画が上演されることに反対した. encontrar (sufrir) la ～ に反対にあう. presentar ～ a... ～に反対する. ❷ 対立, 対抗: La ～ entre el sindicato y el patronal está agravada. 労資の対立は激化している. Hay una ～ entre buenos y malos. 善と悪が対立している. ～ binaria 二項対立. ❸ 対置; 矛盾: Vida y muerte están en ～. 生と死は向き合っている. ～ entre la vida del campo y la de la ciudad 田舎の生活と都会の生活との対比. ❹《集合》反対派, 反対党;［与党に対して］野党: La ～ votó en contra. 野党は反対票を投じた. partidos de la ～ 諸野党. ❺《西》［主に 複］（+a 公務員などの）採用試験《→concurso 類義》: A esa ～ se presentaron quinientos. その採用試験には500人が応募した. José es catedrático por ～. ホセは採用試験によって教授になった. Me han suspendido estas oposiciones. 今回の採用試験で私は不合格だった. aprobar (ganar・sacar) las oposiciones a notario 公証人の採用試験に合格する. ganar la plaza por ～ 採用試験を受けて職を得る. hacer oposiciones para una cátedra 教授職の採用試験を行なう. preparar [unas] oposiciones 採用試験のための勉強をする. primer examen de la ～ 第一次採用試験. libre ～/～ libre 競争試験. ❻《天文. 占星》衝(しょう). ❼《音声》対立［～ fonológica］: Las palabras 'piso' y 'peso' se distinguen por la ～ del primer fonema vocálico. piso と peso の2語は最初の母音音素の対立によって区別される
hacer oposiciones a+事《戯語》…に反対する, 抵抗する
oposicionismo [oposiθjonísmo] 男 反対の態度, 野党的立場
oposicionista [oposiθjonísta] 形 名 ❶ 反対派(の), 野党の[人]. ❷ 反対の; 対立する
opositar [opositár]［←oposición］自《西》[+a・para の]採用試験

験を受ける: Yo *oposito a* un puesto del Ministerio de Hacienda. 私は財務省職員の採用試験を受ける. ~ *a* la cátedra de lingüística románica ロマンス言語学教授の採用試験を受ける. ~ *para* una plaza de Correos 郵便局員の採用試験を受ける

opósito, ta [opósito, ta]《まれ》oponer の不規則な 過分

opositor, ra [opositór, ra]《←opositar》形 名 ❶ 反対する[人], 対立する[人]: candidato ~ 対立候補, 相手候補. ~*es y seguidores* del *presidente* actual 現政権に反対する人たちと現政権を支持する人たち. ❷《西》[採用試験の] 志願者, 受験者: Aumentan las ~*ras* al cuerpo de policía. 警察官採用試験を受ける女性が増えている. ❸《中南米》野党支持者

opósum [opósun] 男 =**oposum**

oposum [opósun] 男《動物》オポッサム, フクロネズミ

opoterapia [opoterápja] 女《医学》臓器抽出液療法

opoterápico, ca [opoterápiko, ka] 形 臓器抽出液療法の

opportune et importune [opoʎrtune ɛt impoʎrtune]《←ラテン語》副 [主に decir+] あらゆる機会をとらえて繰り返し

opresión [opresjón]《←ラテン語 oppressio, -onis》女 ❶ 抑えつけること, 抑圧, 圧制: sufrir bajo la ~ 圧制に苦しむ. ❷ 圧迫感, 息苦しさ: Siento ~ en el pecho. 私は胸苦しい

opresivamente [opresíbamɛ́nte] 副 抑圧して

opresivo, va [opresíbo, ba]《←ラテン語 oppressio》形 ❶ 抑圧の: gobierno ~ 抑圧的な政府. régimen ~ 圧制. ❷ 重苦しい: clima ~ うっとうしい気候

opreso, sa [opréso, sa]《まれ》oprimir の不規則な 過分

opresor, ra [opresór, ra]《←ラテン語 oppressor, -oris》形 名 抑圧する[人], 圧制者

oprimente [oprimɛ́nte] 形 重苦しい, 不安にさせる

oprimir [oprimír]《←ラテン語 opprimere < premere「締めつける」》他 ❶《文語》締めつける [=apretar]: Este cinturón me *oprime* mucho. このベルトはとてもきつい. ❷《文語》[ボタンなどを] 押す [=presionar]: ~ la tecla キーを押す. ❸ 抑圧する: ~ la libertad 自由を抑圧する. ~ *a* los débiles 弱者を虐げる. los *oprimidos* 被抑圧者たち. ❹ 重苦しい気分にする, 不安にさせる: *Oprimieron* su corazón aquellos recuerdos. その思い出が彼の心に重くのしかかった. ❺《情報》クリックする

oprobiar [oprobjár]《←oprobio》他《文語》恥辱を与える, 嘲弄する

oprobio [opróbjo]《←ラテン語 opprobrium < probrum「不器用, 不名誉」》男《文語》恥辱, 汚名: cubrir de ~ el renombre 名声に泥を塗る. [y] para mayor ~ さらに恥ずかしいことに

oprobiosamente [oprobjósamɛ́nte] 副《まれ》恥ずべき(不名誉な)ことに

oprobioso, sa [oprobjóso, sa] 形《文語》恥ずべき, 不名誉な

OPS [ópsi] 女《略記》←Organización Panamericana de Salud 汎米保健機構

-opsia《接尾辞》[視覚] hemian*opsia* 片側視野欠損

opsofagia [o(p)sofáxja] 女 特定の食べものに対する異常な嗜好

opsonina [o(p)sonína] 女《生理》オプソニン

optación [o(p)taθjón] 女《修辞》希求法

optante [o(p)tánte] 形 志望する[人], 選択する[人]

optar [o(p)tár]《←ラテン語 optare「望む」》自 ❶ [+a・por 地位などを] 志望する: Con sus antecedentes podrá ~ *a* un puesto de jefe de sección. それだけの経歴があれば課長になれますよ. ❷ [+por を, +entre の中から] 選択する: ~ *por* una medida conciliadora 懐柔策をとることにする. ~ *por* callar 黙っていることにする. ~ *entre* varias obras (varios candidatos) いくつかの作品(数人の候補者)から選ぶ
── 他《まれ》選ぶ, …に決める

optativo, va [o(p)tatíβo, ba]《←ラテン語 optativus》形 ❶ 選択できる: clase ~ *va* 選択クラス. ❷ 希求の
── 男《言語》希求法 [=modo ~]
── 女 選択科目 [=asignatura ~*va*]

optense [o(p)tɛ́nse] 形 名《地名》ウエテ Huete の[人]《クエンカ県の町》

óptica¹ [ó(p)tika] 女 ❶ 光学: ~ electrónica 電子光学. ❷ 眼鏡の製造技術. ❸ 眼鏡店; 光学器品店. ❹ 視点, 観点 [= punto de vista]

ópticamente [ó(p)tikamɛ́nte] 副 視覚的に; 光学的に

óptico, ca² [ó(p)tiko, ka]《←ギリシア語 optikos < ops「視覚」》形 ❶ 目の, 視覚の: efecto ~ 錯視. nervio ~《解剖》視神経.

❷ 光学[用]の: cable ~ 光ケーブル. camino ~ 光学的距離. instrumento ~ 光学器械. [tele]comunicación ~*ca* 光通信
── 名 ❶ 眼鏡屋. ❷ 光学器機械者

optimación [o(p)timaθjón] 女《まれ》=**optimización**

optimalización [o(p)timaliθaθjón] 女《まれ》=**optimización**

optimalizar [o(p)timaliθár] 他《まれ》=**optimizar**

óptimamente [ó(p)timamɛ́nte] 副《文語》最善に; 最適に

optimar [o(p)timár] 他《まれ》=**optimizar**

optimate [o(p)timáte] 男 ❶《文語》名士, 大人物. ❷《古代ローマ》血統貴族

optimismo [o(p)timísmo]《←óptimo》男 楽天主義, 楽観[論]《⇔pesimismo》: ver… con ~ …を楽観する

optimist [ó(p)timist] 男《複 ~s》[ヨット競技で] オプティミスト, OP級

optimista [o(p)timísta] 形 ❶ [ser+] 楽天的な, 楽観的な《⇔pesimista》. ❷ [estar+] 強気になっている, 楽観している
── 名 楽天家

optimización [o(p)timiθaθjón] 女 ❶《文語》最善のものにすること. ❷《情報》最適化, オプティマイズ

optimizar [o(p)timiθár]《←óptimo》他 ❶《文語》最善のものにする, 最も効果的にする. ❷《情報》最適化する, オプティマイズする

óptimo, ma [ó(p)timo, ma]《←ラテン語 optimus「最善の」. bueno の絶対最上級》形《文語》大変良い《⇔pésimo》: Esta máquina tiene un rendimiento ~. この機械は非常に効率がいい. El coche está en ~*mas* condiciones. 車は最高の状態にある
── 男 最善の状態: ~ de Pareto/~ paretiano [資源配分の] パレート最適. ~ secundario 次善の策, セカンドベスト

óptimum [ó(p)timun] 男《文語》最善の状態 [=óptimo]

optoacoplador [o(p)toakoplaðór] 男《技術》フォトカプラ

optoaislador [o(p)toaislaðór] 男《技術》フォトカプラ, 光遮断器

optoelectrónico, ca [o(p)toelɛktróniko, ka] 形 女 オプトエレクトロニクス[の], 光電子工学[の]

optófono [o(p)tófono] 男《技術》聴光器

optometría [o(p)tometría] 女 検眼, 視力検査

optometrista [o(p)tometrísta] 名 検眼士, 視力検査の専門家

optómetro [o(p)tómetro] 男 眼計測計, 視力検査器

optotipo [o(p)totípo] 男 視力検査用の文字・図形; 視力表

optrónica [o(p)trónika] 女 オプトエレクトロニクス [=optoelectrónica]

opuestamente [opwɛ́stamɛ́nte] 副 対照的に, 反対に

opuesto, ta [opwɛ́sto, ta]《ラテン語 oppositus. oponer の 過分》形 ❶ 対照的な, 反対の: Hay dos versiones ~*tas* de lo ocurrido. その出来事について対立する2つの解釈がある. en sentido ~ 逆の意味では. ❷ 向かい合った, 反対側の: Él y yo vivimos en las orillas ~*tas* del río. 彼と私は川をはさんで住んでいる. acera ~ *ta* 向こう側の歩道. [+a に] 反対の, 敵対する: Él es ~ *a* toda reforma. 彼はあらゆる改革に反対だ. bando ~ 対立派. ❹《植物》hojas ~*tas* 双生葉

opugnación [opugnaθjón] 女《まれ》強い(暴力による)反対; 反論

opugnador, ra [opugnaðór, ra] 名《まれ》強く(暴力を使って)反対する人

opugnar [opugnár] 他《まれ》強く(暴力を使って)反対する; 反論する

opulencia [opulénθja]《←ラテン語 opulentia》女 ❶ 富裕さ: vivir en la ~ 豪奢な生活をする. ❷ 豊かさ: ~ de las despensas 食料貯蔵庫が一杯であること. ❸ [女性の肉体の] 豊満さ

opulentamente [opuléntamɛ́nte] 副 豊かに, 裕福に

opulento, ta [opulénto, ta]《←ラテン語 opulentus < ops「力」》形 ❶ 富裕な: vida ~ 豪奢な暮らし. ❷ 豊かな: vegetación ~ *ta* 緑豊かな草木. ❸ [女性が] 豊満な: pecho ~ 豊満な胸

opuncia [opúnθja] 女《植物》ウチワサボテン, ノパルサボテン [=nopal]

opus [ópus] **I**《←ラテン語》男《まれ》女 [単複同形]《音楽》作品[番号]: Sinfonía número cuatro de Brahms en mi menor, *O*~ 98 ブラームスの交響曲第4番ホ短調作品98
II 形《口語》オプス・デイ Opus Dei の [加盟者]

opúsculo [opúskulo]《←ラテン語 opusculum》男 小論文;《文学》小品

Opus Dei [ópus dei]《←ラテン語「神の御業」》男 オプス・デイ

〖1928年創設, スペインを中心としたカトリックの宗教団体. 研究教育機関・銀行・出版界・マスコミに影響力をもつ〗

OPV 女《略語》←oferta pública de venta de valores 証券公開売出し

oque [óke]《まれ》無料で, ただで

oquedad [okeðáð] 女《文語》❶ 空洞, 穴. ❷ うつろなこと. ❸ 空洞のあるもの

oquedal [okeðál] 男〔雑草・潅木のない〕木ばかりの山

oqueruella [okerwéḱa] 女〔縫い糸がねじれてできる〕だま

oquis [ókis] *de* ~《メキシコ. 口語》1) 無料で, ただで. 2) 無駄に〖=en vano〗

-or¹《接尾辞》❶［形容詞+. 男性名詞化. 性状］amarg*or* 苦味. ❷［動詞+. 男性名詞化. 結果］tembl*or* 震え.

-or², **ra**《接尾辞》［動詞+. 形容詞・名詞化. 行為者; 道具, 機械］lect*or* 読者; extract*or* 換気扇

ora [óra]《←古語 ora「今」》《文語》［繰り返して］時には…また時には…, あるいは…またあるいは…. *Ora* andando, ~ *descansando, llegó al fin a esa aldea.* 歩いたり休んだりしながら, 彼はついにその村に着いた

oración [oraθjón]《←ラテン語 oratio, -onis < orare「話す, 祈る」》女 ❶《宗教》祈り, 祈禱(きとう).《文句, 行為》: rezar sus *oraciones* お祈りをする. vivir entregado a la penitencia y a la ~ 苦行と祈りの生活をおくる. toque de *oraciones* 晩のお告げ（アンジェラス）の鐘, 晩鐘. ~ dominical 主の祈り. ❷《文法》文; 節〖=proposición〗: ~ principal 主節. ~ subordinada 従属節. ~ simple (independiente) 単文. ~ compleja (independienta) 複文. ~ interrogativa 疑問文. parte de la ~ 品詞. ❸ 演説, 式辞〖=discurso〗: pronunciar una ~ fúnebre 弔辞を述べる

　romper las oraciones 話の腰を折る

oracional [oraθjonál] 形《文法》文の; 節の: complemento ~ 補語節

―― 男《宗教》祈禱書

oracionero, ra [oraθjonéro ra] 形 名 祈禱する〔人〕, 祈禱者

oracular [orakulár] 形 神託の; 神託としての

oráculo [orákulo]《←ラテン語 oraculum「神の返答」< orare「話す, 祈る」》男 ❶ 神託, 託宣; 神託所: ~ de Delfos デルフォイの神託〔所〕. ❷《時に皮肉》権威者. ❸《植物》~ del campo カミツレ〖=manzanilla〗

orador, ra [oraðór, ra]《←ラテン語 orator, -oris》名 雄弁家; 演説者, 弁士: ~ sagrado 説教家

oraga [oráɣa] 女〔グレドス Gredos 山脈の岩山特有の〕牧草地

oraje [oráxe] 男 ❶《廃語》荒れ模様の天気, 悪天候. ❷《地方語》気象状況, 気温

oral [orál] **I**《←ラテン語 os, oris「口」》形 ❶ 口頭の, 口伝えの〖⇔escrito〗: Los romances más antiguos proceden de la tradición ~. 最も古いロマンセは口伝えによる伝統に端を発している. examen ~ 口頭試問, 口述試験. lección ~〔実技に対して〕講義. literatura ~ 口承文学. promesa ~ 口約束. ❷ 口の, 経口の: por vía ~ 経口で. anticonceptivo ~ 経口避妊薬. sexo ~ オーラルセックス. ❸《音声》〔鼻音に対して〕口音の

II《←ラテン語 aura「空気」》男《アストゥリアス》〔河岸・海岸に吹く〕涼しい微風

III 男《コロンビア》❶ 金の豊富な場所; 金鉱. ❷ 大量の金

órale [órale]《メキシコ. 口語》❶［激励］さあ, がんばれ! ❷［同意］そのとおり, オーケー

oralidad [oraliðáð] 女 口頭, 口述; 口承

oralina [oralína] 女《古語》金に似せた合金

oralmente [orálmente] 副 口頭で; 経口的に

oranés, sa [oranés, sa] 形 名《地名》オラン Orán の〔人〕《アルジェリア北西部の県・県都》

orange [oráŋxe] 男《まれ》びん入りのオレンジジュース

orangista [oraŋxísta] 形 名 ❶［オランダの］オレンジ Orange 家の. ❷［アイルランドの］オレンジ党 Orden de Orange の〔党員〕

orangután [oraŋgután] 男《動物》オランウータン

orangutana [oraŋgutána] 女 雌のオランウータン

orante [oránte] 形《美術》祈りの姿勢の;［立像の］祈禱像, オランテ像. ❷ 祈る〔人〕

orar [orár]《←ラテン語 orare「話す, 祈る」》自《文語》[+por・en favor de …のために] 祈る, 祈りを捧げる: ~ *por los muertos* 死者のために祈る. ❷《まれ》［聴衆を前にして］話す

orario [orárjo] 男《カトリック》❶ ストラ, ストール〔司祭がミサなどで首から掛けるもの〕❷ ローマ教皇が掛けるストラ

orate [oráte]《←カタルーニャ語 orat < ラテン語 aura「風」》名《文語》［狂暴な］狂人: casa de ~s 精神病院

orate fratres [oráte frátres]《←ラテン語》《カトリック》［聖職者による］奉獻 ofertorio の祈り〖orate fratres「祈りなさい, 兄弟たちよ」で始まる〗

orático, ca [orátiko, ka] 形《中米》常軌を逸した, 半狂乱の

oratoria¹ [oratórja]《←ラテン語 oratoria, -ae》女 雄弁術: concurso de ~ 弁論大会. ❷ 誇張的文体, 修辞

oratoriamente [oratórjaménte] 副 演説口調で

oratoriano, na [oratorjáno, na] 形《カトリック》オラトリオ会 Oratorio の; オラトリオ会士

oratorio, ria² [oratórjo, rja]《←ラテン語 oratorius < orator, -oris「話す人」》形 雄弁術の; 弁論の, 演説の; 雄弁家の: tono ~ 演説口調

　lugar ~ ありふれた言葉（表現・考え）〖=lugar común〗

―― 男 ❶ 祈禱室, 小礼拝堂. ❷《カトリック》[O~] オラトリオ会. ❸《音楽》オラトリオ

Orbaneja [orbanéxa] 男〔諺・格言で典型として描かれる〕下手な画家

orbe [órbe]《←ラテン語 orbis「円, 円盤」》男 ❶《文語》世界: en todo el ~ 世界中に. ❷ 球, 円; 天体; 地球. ❸《魚》ハリセンボン

orbicular [orbikulár] 形 ❶《解剖》músculo ~ 輪筋. ❷ 球状の

orbicularmente [orbikulárménte] 副 球状に, 円形で

órbita [órbita]《←ラテン語 orbita「車線」< orbis》女 ❶《天文》軌道: describir una ~ redonda alrededor de la tierra 地球の回りに円軌道を描く. poner un satélite en ~ 衛星を軌道に乗せる（打ち上げる）. ❷［活動・影響などの］範囲: ~ de actuación 活動範囲. ~ de influencia 勢力（管轄）範囲. ❸《解剖》眼窩(か): Se le iban a salir los ojos de las ~s.〔驚き・恐り・怒り・苦痛などで〕彼の目の玉は飛び出るほどだった（目を大きく見開いた）. ❹《物理》電子軌道

　estar en [la] ~ 1)《俗語》状況を理解している: *No estoy en la* ~ *de lo que pasa en este pueblo.* 私はこの村の実情に通じていない. 2) 流行に乗っている. 3)《隠語》［麻薬で］ラリっている

　estar fuera de ~ 状況を理解していない; 流行に遅れている

　poner+事 *en* ~ …を知らせる

orbitador [orbitaðór] 男 オービター〔スペースシャトルの本体〕

orbital [orbitál] 形 ❶ 軌道の: vuelo ~ 軌道飛行. ❷ 眼窩の. ❸《まれ》円形の

orbitar [orbitár] 自 軌道に乗る, 軌道を描く

―― 他 ～の周囲を回る

orbitario, ria [orbitárjo, rja] 形 眼窩の〖=orbital〗

orca [órka] 女《動物》❶ シャチ, オルカ. ❷ ~ bastarda/falsa ~ オキゴンドウ

orcaneta [orkanéta] 女《植物》❶ アルカンナ〖=onoquiles〗. ❷ ~ amarilla ムラサキの一種〔学名 Onosma echioides〕

orcelitano, na [orθelitáno, na] 形《地名》オリウエラ Orihuela の〔人〕《アリカンテ県の町》

orchelliano [ortʃeʎjáno] 形 triángulo ~《音声》母音三角形

orchilla [ortʃíʎa] 女《植物》リトマスゴケ

orcina [orθína] 女《化学》オルシン

orcinol [orθinól] 男《化学》オルシノール

orco [órko] **I** 男《古代ローマ》冥界, 黄泉の国

II 男 =orca

ord.《略語》←orden 注文, 指図〔書〕

órdago [órdaɣo]《←バスク語 or daga》男 [mus ゲームで, 賭けの] 上乗せ金

　de ~ *[a la grande]*《西. 口語》［大きさ・美しさなどが］すごい, 桁外れの: *Ayer se produjo un accidente de* ~. 昨日すごい事故があった. *finca de* ~ すごく広い地所

ordalía [orðalía] 女《歴史》[中世の, くかたちのような] 神明裁判, 試罪法

orden [órðen]《←ラテン語 ordo, -inis》男［複 órdenes］❶［主に囲］順序, 順番: Mis libros están colocados en ~ alfabético de los autores. 私の本は著者のアルファベット順に並べてある. No se ha observado ~ particular alguno. 順不同. fijar el ~ 順番を決める. ~ de palabras 語順. ❷［主に囲］秩序, 正常な状態; 規律: ¡O~ en la sala!〔裁判長の言葉〕法廷内

では静粛に! El movimiento de los planetas sigue a las leyes de ~ universal. 天体の動きは宇宙の理法に従っている. El filósofo dice que hay que reconocer el hecho de que este mundo no tiene ~ ni sentido. その哲学者はこの世界には秩序も意味もないことを知るべきだと言う. alterar (perturbar・turbar) el ~ 秩序を乱す. mantener el ~ 秩序/治安)を保つ. restablecer el ~ 秩序(治安)を回復する. llamada al ~ 《議長による》静粛の命令. Nuevo O~ Económico Internacional 新国際経済秩序, NIEO. ~ establecido 既成秩序, 体制. ~ mundial 世界秩序. ~ natural/~ de la naturaleza 自然界の秩序, 自然律. ~ público 公序; 治安. ~ social 社会秩序. ❸序列, 等級; 《歴史》社会階級. ~ superior 上席, この上位. lucha de los órdenes 2階級間の争い ❹整理, 整頓: En esta casa falta ~. この家の中は整理整頓ができていない. ❺《軍事》隊形: estar en ~ de batalla 戦闘隊形である. ~ abierto (cerrado) 散開(密集)隊形. ~ de marcha 行進隊形. ~ de parada 整列隊形. ❻《生物》[分類上の]目(もく): La perdiz pertenece al ~ de las gallináceas. ヤマウズラはキジ目に属する. ❼《建築》オーダー, 柱式: ~ dórico (jónico・corintio) ドーリア(イオニア・コリント)式オーダー. ~ compuesto イオニア式とコリント式の複合オーダー. ❽《カトリック》[司祭・司祭・助祭が受ける] 品級(叙階)の秘跡《= ~ sacerdotal, ~ sagrado》: Recibió el ~ sacerdotal a la edad de treinta años. 彼は30歳で司祭の秘跡を受けた. dar órdenes 叙階する. ❾[昔の]階級, 身分: ~ senatorial 《古代ローマ》元老院議員階級. ❿《数学》次数; 階数. ⓫《音声》調音点を同じくする子音の集合》

de ~ 保守的な, 体制的な: gente de ~ 昔風の人
de ~+形容詞 《文語》[事物について] ...の性質(領域)の: problemas de ~ económico 経済関係の問題
de primer ~ 一流の, 第一級の, 最高級の, 最優先の: Picasso fue un artista de primer ~. ピカソは一流の芸術家だった. Es un restaurante de primer ~. これは一流のレストランだ
del ~ de+数量 《文語》およそ...の, 約...の: Hay en la sala del ~ de cien personas. 広間には100人ほどがいる. La venta anual de este negocio es del ~ de unos cuatrocientos mil euros. この店の年間売上高は約40万ユーロだ
en ~ 1) 順序よく, きちんと, 整然と: Todo en ~, mi capitán. 艦長, すべて異常ありません. 2) 必要なものだけが: Aún no tengo los papeles en ~ para matricularme. 私は登録するための書類がまだそろっていない
en ~ a... [=英語 in order to]》 1) ...のために: Los han convocado en ~ a resolver el conflicto. 紛争解決のために彼らは集められた. 2) 《まれ》...に関して: No hay nada definitivo en ~ al empleo de nuevo profesor. 新規の先生の採用についてはまだ何もはっきり決まっていない
en ~ de... ...の順に 《=por ~ de...》: Escriba los nombres de los artículos en ~ de preferencia. 好きなものから順に商品名を書きなさい. en ~ de importancia 重要度順に
en otro ~ de cosas 話は変わって, 一方
llamar al ~ a+人 規則を守って静粛にするように...に求める
~ del día 《集合》議事日程, 審議予定
¡O~ y compostura! お行儀よくしなさい!
poner... en ~ ...を整理する, 整頓する: Puse en ~ el cuarto (los papeles). 私は部屋を片付けた(書類をきちんと並べた)
por ~ 1) 順序どおりに; 順序よく: contar los hechos por ~ 出来事を順に追って話す. 2) [+de ~]順に: En esta empresa la ascensión de empleados se hace por ~ de edad. この会社では社員の昇進は年齢順で行われている. colocarse por ~ de aparición 来た順に並ぶ. por ~ de estatura 身長順に. por ~ de llegada 先着順に. →図 sigue por ~ de+人
por su ~ 順に; 順番に: Todas las cosas vendrán por su ~. すべてのことはしかるべき順序を追って起こるだろう
sin ~ ni concierto 順序〔取り決め・計画〕などなしに, でたらめに, むちゃくちゃに, 出まかせに: Hay muebles amontonados sin ~ ni concierto. 乱雑に家具が積み重ねられている. Los coches circulan sin ~ ni concierto. 車が勝手気ままに走り回っている
—— 陰 ❶命令, 指令, 指示; 命令書: 1) [+de+不定詞/+[de] que+接続法] Los vecinos de la zona obedecieron la ~ de no salir de casa a partir de las once de la noche en

adelante. その地域の住民は夜11時以降は外出しないようにとの命令に従った. Les dieron la ~ de que desalojaran el edificio. 彼らに建物を明け渡すようにとの命令が出された. hasta nueva ~ 別命あるまで. real ~ 勅令, 王室政令. ~ de búsqueda (de busca) y captura 手配書. ~ de comparecencia 出頭命令. ~ de desalojo 退去命令. ~ de detención/~ de registro 逮捕状 家宅捜索令状. ~ de viaje 出張命令. ~ formal (terminante) 絶対命令. ~ judicial/~ del juzgado 裁判所命令. ~ ministerial 省令. 2)《軍事》El capitán dio la ~ de atacar. 隊長は攻撃命令を下した. consignar las órdenes 歩哨に命令を下す. ~ del día 日々(ひび)の命令. 3)《商業》En espera de vuestras órdenes. 《手紙》ご注文を待ちつつ. colocar (poner) ~ 発注する. ~ de compra 買い注文; 注文書. ~ de compra (venta) a precio normal, corriente/~ de mercado 成行注文. ~ de compra (venta) a precio limitado/~ limitada 指値注文. ~ de expedición 出荷指図書. ~ de pago 支払い指図書. ~ permanente de pago/~ bancaria 銀行に対する定期的支払い命令, 自動振替. 4)《情報》コマンド. ❷《カトリック》1)[盛式請願] 修道会 《= ~ religiosa》: O~ de Benedictina ベネディクト会. O~ de las Clarisas 聖クララ修道会. O~ de los Dominicos ドミニコ会. O~ de San Agustín 聖アウグスチノ修道会《教皇インノケンティウス4世 Inocencio IV により1244年に設立された托鉢修道会》. O~ del Carmen/O~ del Carmelo カルメル会. O~ Franciscana/O~ de los Franciscanos フランシスコ会. ~ tercera 第三会, 在俗者会《修道会に属し, その会派の規則を守って信心する一般人の宗教団体》. 2)《歴史》[宗教]騎士団, 騎士修道会 《= ~ de caballería, ~ militar》: O~ de Alcántara アルカンタラ騎士団《カスティーリャ王国三大騎士団の一つ. シトー修道会に属し, 1166年創設》. O~ de Calatrava カラトラバ騎士団《カスティーリャ王国三大騎士団の一つ. シトー修道会に属し, 1158年創設》. O~ de la Banda アルフォンソ13世の設立による騎士団. O~ de Santiago サンティアゴ騎士団《カスティーリャ王国三大騎士団の一つ. 1170年創設. 巡礼者の保護を任務とした》. O~ del Temple テンプル騎士団, 聖堂騎士団《第一次十字軍 Primera Cruzada の終了後, エルサレムにおけるキリスト教の守護のため1096年に創立》. O~ Teutónico チュートン騎士団. 3) [時に 複]. 主に 複. 聖職者の]品級, 位階《= ~ sagrada. 参考》 現在では diácono, presbítero, sacerdote の3つ. かつては órdenes mayores 上級聖品(叙階)[下から subdiácono, diácono, presbítero の3つ], órdenes menores 下級聖品(叙階)[下から portero, lector, exorcista, acólito の4つ]に分かれていた》. ❸勲位, 勲等; 勲章: recibir una ~ 勲位(勲章)を受ける. ~ civil (militar) 文官(軍人)の勲位. ~ de Carlos III カルロス3世勲章. ~ de Isabel la Católica イサベル・ラ・カトリカ勲章
a la ~ de... 《主に中南米. 商業》指図式の: cheque a la ~ de la Cía. Cosmos コスモス社の指図式小切手
A la ~ [de usted]/A sus órdenes 1)《軍事》[上官に対し, 命令の返事として] はい了解した, イエスサー: A la ~, mi teniente. はい, 中尉殿. 2)《時に戯談》[店員などが] かしこまりました; ¿Nos trae café y whisky?—¡A la ~! コーヒーとウイスキーをもらえませんか？—承知しました! 3)[初対面の丁寧な挨拶. 名乗ってから] 初めまして, どうぞよろしく: Soy Mario Vicente, a sus órdenes. マリオ・ビセンテです. どうぞよろしく
a las órdenes de+人 ...の指揮のもとに: Sancho trabaja a las órdenes de Don Quijote. サンチョはドン・キホーテの指示に従って動いている
de ~ de+人 ...の命令(指示)により: Dile que ha ido a recoger el paquete de ~ del jefe de departamento. 部長の命令で荷物を取りに来たと彼に言いなさい
estar a la ~ del día 《口語》日常茶飯事である: Los pleitos en la casa están a la ~ del día. 家庭内訴訟は普通によくあることだ
por ~ de+人 ...の命令により: por ~ del juez 裁判官の命令

ordenabilidad [ordenabiliðáð] 陰 命令され得ること
ordenable [orðenáβle] 形 [事柄で] 命令され得る
ordenación [orðenaθjón]《←ラテン語 ordinatio, -onis》陰 ❶順序立てること; 配置, 配列《行為, 結果》: Esta ciudad tiene mal hecha la ~ de las calles. この町は通りの配置が悪い. ~ alfabética de las fichas カードをアルファベット順に並べること.

~ de montes/~ forestal 営林学, 森林伐採法. ~ del suelo/~ urbana 用途地域制度, ゾーニング. plan de ~ del territorio 国土計画. ❷《情報》ソート. ❸《カトリック》司祭の]叙階[式]《= ~ sacerdotal》: A la ~ sacerdotal de Pablo asistieron sus padres. パブロの司祭叙階式に両親が出席した. recibir la ~ 叙階を受ける. ❹ ~ de pagos《官庁の》支払い命令を出す部局. ❺ 間取り, 設計. ❻《美術》構図; 構成

ordenada[1] [orðenáða]囡《数学》縦座標《=línea ~. ⇔abscisa》

ordenadamente [orðenáðaménte]副 きちょうめんに, きちんと

ordenado, da[2] [orðenáðo, ða]形 ❶ [ser+] きちょうめんな: Mi abuela es muy ~ da con sus cosas. 私の祖母は身の回りの物にとてもきちんとしている. ❷ [estar+] 整頓された: El cuestionario no está ~ en sus preguntas. そのアンケートは質問事項がきちんと整理されていない. oficina ~ da きちんと片付いているオフィス
── 名《カトリック》[叙階を受けた] 聖職者

ordenador[1] [orðenaðór]男《西》コンピュータ: hacer los trabajos en el ~ コンピュータを使って仕事をする. fabricación asistida por ~ コンピュータ支援の自動化製造システム, CAM. fabricación integrada por ~ コンピュータ統合生産, CIM. base ホストコンピュータ. ~ de [sobre]mesa デスクトップコンピュータ. ~ portátil ノートパソコン, ラップトップコンピュータ. ~ personal パソコン

ordenador[2]**, ra** [orðenaðór, ra]《←ラテン語 ordinator, -oris》形 名 ❶ 秩序づける; 整理好きの[人]; 命令する[人]: medidas ~ras para el proceso de la paz 和平の動きをまとめるための手立て. ❷ ~ de pagos《官庁の》会計職員

ordenamiento [orðenamjénto]男 ❶ 配列, 配置; 整備, 整理[行為]: El ~ de estos documentos es indispensable para su utilización eficaz. これらの文書の整理を有効利用するためには絶対に必要なことである. ❷《情報》ソート: ~ descendiente/ascendiente 昇順(降順)ソート. ❸《法律》〘集合〙法令, 法令集; 規則, 規定: ~ escolar 学校教育法. O~ de Alcalá アルカラ法令集〘1348年アルフォンソ11世がアルカラ・デ・エナレス Alcalá de Henares で開催したコルテス Cortes で公布した法令集, 後にこれによりアルフォンソ10世が編纂した《七部法典》 Las siete Partidas が王国法として批准された〙. ❹《中南米》組織

ordenancismo [orðenanθísmo]男 規則厳守主義

ordenancista [orðenanθísta]《←ordenanza》形 名《命令・規則について》厳しい[人], 厳守する(させる)人: El jefe es muy ~ y estricto. 上司は規律にうるさく厳格だ

ordenando [orðenándo]男《カトリック》叙階志願者, 受階予定者

ordenante [orðenánte]男 =ordenando

ordenanza [orðenánθa]《←orden》❶ 男《会社の》お使いさん, 使い走りの人: El ~ me hizo las fotocopias. お使いさんがコピーしてくれた. ❷《軍事》当番兵, 従卒: El ~ conduce el coche del coronel. 従卒が大佐の車を運転する
── 囡 ❶〘主に〘複〙で集合的に, 主に自治体の〙法規, 法令: ~s municipales 市条例. ~s laborales 就業規則. ~s del gremio de panaderos 製パン業者組合規則. ~s militares 軍規. ❷ 命令, 指示. ❸《歴史》[スペイン中・近世の]国王命令, 勅令. ❹ [建物内部の]部屋の配置. ❺《美術》構図. ❻《中南米》《古語》騎兵中隊
de ~〘儀式が〙規則にのっとった

ordenar [orðenár]《←ラテン語 ordinare》他 ❶ 整理する, 整頓する, 秩序(順序)立てる; 配置する, 配列する: Voy a ~ la habitación. 私は部屋を整頓するつもりだ. Deseo ~ los apuntes de curso de mi maestro e imprimirlos para los estudiantes de español. 私は先生の講義録を整理して, それをスペイン語を学ぶ学生のために出版したいと思っている. ~ un armario たんすの中を片付ける. ~ los libros y las revistas その本と雑誌を整頓する. ~ los soldados de juguete en cinco filas おもちゃの兵士を5列に並べる. ~ las fichas por materias カードを項目別に並べる. ❷ 命じる: 1) El médico me ordenó una dieta ligera. 医者は私に軽いダイエットを命じた. 2) [+不定詞・que+接続法のように]: Le ordené dejar de fumar inmediatamente. 私は彼にたばこを吸うのをやめるようにと言った. Me ordenaron que guardara cama. 私は寝ているようにと言われた. ❸ [+a・hacia 目的に向かって] 方向づける: Ordenó todos sus esfuerzos a graduarse de la universidad. 彼は大学を卒業

するためにあらゆる努力を注いだ. ❹《カトリック》叙階する, 品級を授ける: El Papa ordenó diez nuevos sacerdotes. 教皇は新たに10人を司祭に叙階した. El obispo ordenó sacerdote a mi hijo. 司教は私の息子を司祭に叙階した. ❺《中南米》[食堂などで] 注文する; [タクシーを] 呼ぶ

ordeno y mando〘口語〙[命令を下すのは私だというように いばりくさる(権威を振りかざす)態度: El nuevo jefe es de ordeno y mando. 今度の上司はいばりくさっている. Aquí se ha acabado el ordeno y mando. ここでは強権的なやり方はもう通じない
── ~**se** ❶ きちんと配置される: Los grupos sociales se ordenaron por la situación económica. 社会的グループは経済的な立場によって整列した. ❷ 整然と並ぶ: Los alumnos se ordenaron en dos filas. 生徒たちは2列に並んだ. ❸ [+de] 叙階される: Se ha ordenado de diácono. 彼は助祭に叙階された

ordenata [orðenáta]囡 ❶《若者語》コンピュータ《=ordenador》. ❷《チリ. 法律》仲裁者が行なう資産の分配

ordenativo, va [orðenatíβo, βa]形 命令のための

ordeña [orðéɲa]囡《メキシコ, ニカラグア》=ordeño

ordeñadero [orðeɲaðéro]男 ❶ 搾乳バケツ, 搾乳桶. ❷ 搾乳場

ordeñador, ra [orðeɲaðór, ra]形 乳を搾る[人]
── 囡 搾乳器《=máquina ~ra》

ordeñadura [orðeɲaðúra]囡《地方語》乳搾り, 搾乳

ordeñar [orðeɲár]他《←俗ラテン語 ordinare「整理する」< inis 「秩序」》❶…の乳を搾る; ~ [a] una vaca 牛の乳を搾る. ❷《西》[実・葉を取るために…の枝を]しごく: ~ los olivos オリーブの実をしごいて取る

ordeño [orðéɲo]男 ❶ 搾乳: hacer (realizar) el ~ 搾乳をする. ❷《経済》[有利な地位を利用した] 過大な利益の獲得, クリームスキミング
a ~ 搾るように
de ~ [家畜が] 搾乳用の

órdiga [órðiɣa]囡!感嘆詞+~s!《地方語. 俗用. 時に軽蔑》[強調] 何とまあ…!: ¡Qué ~s tanto llorar! 何とまあ大泣きすることか!
¡Anda! La ~!《俗用》[驚嘆] これはすごい(驚いた)/あら, まあ!
¡Ni ~s!《地方語. 俗用》[否定の強調] とんでもない!

ordinación [orðinaθjón]囡《アラゴン》法規

ordinal [orðinál]《←ラテン語 ordinalis < ordo, -inis「順序」》形《文法》順序の: adjetivo numeral ~ 序数形容詞
── 男《文法》序数《=número ~. ⇔número cardinal》

ordinarez [orðinaréθ]囡《エクアドル, アルゼンチン》=**ordinariez**

ordinariamente [orðinárjaménte]副 ❶ 普通は, 通常は: La comida es ~ a las dos. 昼食は普通は2時だ. O~ voy a la oficina en coche. 普通, 私は車で出勤する. ❷ 粗野に; comportarse ~ 粗野にふるまう

ordinariato [orðinarjáto]男《カトリック》教区司教, 司教ordinarioの職(権威)

ordinariez [orðinarjéθ]《←ordinario》囡 不作法, 品の悪さ; 粗野な言動: Meterse el dedo en la nariz es una ~. 鼻に指を入れるのは行儀が悪い. Ella, no pudiendo aguantar la ~ de los comensales, se levantó de la mesa. 彼女は同席者の無作法に我慢がならず席を立った. decir ordinarieces 下品なことを言う

ordinario, ria [orðinárjo, rja]《←ラテン語 ordinarius < ordo, -inis》形 ❶ 普通の: 1) Cocinar es algo ~ para él. 料理をするのは彼にとって普通のことだ. coche ~ 普通乗用車. correo ~ 普通郵便. tarifa ~ria 普通料金. tren ~ 普通列車. vía ~ria 普通便. 2) [ser que+接続法] Es ~ que no se trabaje los primeros tres días de Año Nuevo en Japón. 普通, 日本では正月の三が日は仕事をしない. Lo ~ es que los alumnos de primaria estén en la escuela a las ocho y media de la mañana. 普通は小学生は朝の8時半には学校に行っている. ❷ 通常の, 日常の, いつもの: comité ~ 定例委員会. gastos ~s 日々の支出, 日常経費. lenguas ~rias 日常語. presupuesto ~ 通常予算. ❸ 日用的の, 平凡な, ありふれた: tela ~ria ありふれた布; 品質の悪い布. traje ~ 普段着. vino ~ 並のワイン. ❹ 下等な, 質の悪い, 程度の低い: Parece ser un estudiante ~, pero a veces dice cosas ingeniosas que lo distinguen entre sus compañeros. 彼は何という所のない学生に見えるが, 時に同級生の中でも際立って頭

のいいことを言うことがある. ❺ [人・ふるまいなどが] 粗野な, がさつな, 下品な: Es muy ~ y siempre dice palabrotas. 彼はとってもがさつで, いつも悪態ばかりついている. Solo cuenta chistes ~s. 彼は下品な冗談ばかり言う. ❻ [宗教裁判・軍事裁判ではない] 通常の裁判の
── *de* ──, 普通は, 通常は: Este año el calor es más suave que *de* ~. 今年は暑さがいつもの年よりも穏やかだ. *De* ~ va a la oficina andando. ふだん彼は歩いて通勤している. Lo haremos todo como *de* ~. すべて通常どおり行ないます
── 图 粗野な人, がさつな人, 下品な人
── 男 ❶《古語的》使い走りの男, 荷物運びの男. ❷《廃語》馬方

ordinativo, va [orðinatíβo, βa] 形 配置する, 配列する
ordinograma [orðinográma] 男《情報》フローチャート
ordo [órðo]《カトリック》[年間の祭式を記した] 聖務案内, 教会暦
Ordoño [orðóɲo]《人名》── **I** オルドーニョ1世[?~866, アストゥリアス王. レオン León, アストルガ Astorga, トゥイ Tui などドゥエロ川流域を再植民]
ordovícico, ca [orðoβíθiko, ka] 形《地質》オルドビス紀[の]
orduña [orðúɲa] 男《西. 料理》[アラバ県 Guibijo 産の] 羊乳チーズ
öre [óre] 男《単複同形》[スウェーデンの貨幣単位] オーレ
orea [oréa] 女 **=oréade**
oréada [oréaða] 女 **=oréade**
oréade [oréaðe] 女《ギリシア・ローマ神話》[主に 複] オレイアス, オレイアデス『山の精』
oreador, ra [oreaðór, ra] 形 風に当てる; 風を入れる, 換気する
oreamiento [oreamjénto] 男 風に当てる(こと), 風を入れること, 換気
oreana [oreána] 女 [レオン県, el Bierzo の] 金鉱探しの女
oreante [oreánte] 形 **=oreador**
orear [oreár] [←ラテン語 aura「空気」] ❶ 風に当てる, …を風に入れる: ~ las sábanas シーツを風に当てる(外で干す). ~ el cuarto 部屋の換気をする. ~ las pieles [人が] 外気に当たる
── 直《チリ》酔いがさめる
── ~se ❶《口語》[戸外の] 空気を吸う, 外気に当たる: salir a ~se 風に当たりに(気分転換しに) 外へ出る. ❷《チリ》酔いをさます
oréctico, ca [oréktiko, ka] 形《心理》願望の, 欲求の
orégano [orégano] 男《植物, 香辛料》ハナハッカ, マヨナラ, オレガノ
oreja [oréxa] [←ラテン語 auricula < auris「外耳」] 女 ❶ 耳, 耳殻, 耳介; 耳朵(だ)《類義》**oreja** は外耳, **oído** は聴覚器官全体および聴力): Me pican las ~s. 私は耳がかゆい. Me ha picado un mosquito en la ~. 私は耳を蚊に刺された. El elefante tiene ~s enormes. 象は巨大な耳をしている. Mi perro levanta las ~s cuando oye los pasos. 私の犬は足音を聞くと耳を立てる. mantener limpia la zona de detrás de las ~s 耳の後ろを清潔に保つ. tener las ~s despegadas (paradas・salidas) 耳が飛び出ている. ~s gachas 垂れ下がった耳. No hay ~s para cada martes.《諺》繰り返して起こる危険を避けるのは難しい/二度あることは三度ある. Las ~s de burro del rey. 王様の耳はロバの耳. ❷《口語》[時に 複] 聴覚: No lo he oído porque tengo mala ~. 私は耳が悪いので, それが聞こえなかった. ❸ 複 [両手付きのカップの] 取っ手. ❹ 複 [ソファの背上部の両側に突き出した] 袖, ウイング; sillón de ~s 袖椅子, ウイングチェア. ❺ [靴の, 紐通し穴・バックルなどのある] 甲革上部の左右に分かれた部分, 羽根. ❻ 複 [主に 複, 武器・道具の名に付けて] 出っぱり, 翼. ❼ 複《植物》── de abad アエオニウム『学名 Aeonium undulatum』.《菓子》クレープの一種. ── de asno チャワンタケ科のキノコの一種『学名 Peziza onotica』. ── de fraile オウレツサイシン『=ásaro』. ── de gato チャワンタケ科ノボリリュウ属のキノコの一種『学名 Helvella crispa』. ── de Judas キクラゲの一種『学名 Auricularia auricula-judae』. ── de liebre チャワンタケ科のキノコの一種『学名 Peziza leporina』. ── de monje 巻き貝の一種『=ombligo marino』. ── de negro《ラプラタ》マメ科の巨木『=timbó』. ── de oso サクラソウの一種『学名 Primula auricula』. ── de ratón ヤナギタンポポ属の一種『=vellosilla』. ❽《貝》── de mar ── marina アワビ, トコブシ. ❾ [主に 複. 鋤の] 撥土(ばつど)板. ❿《口語》[主に 複. 女性の] 乳房. ⓫《まれ》[帽子の] 耳当て『=orejera』. ⓬《中南米》1) 好奇心. 2) 盗聴. ⓭

慎重, 用心. ⓭《メキシコ. 菓子》ハート形のパイ. ⓮《ホンジュラス, エルサルバドル, ニカラグア, キューバ》[政府機関の] スパイ. ⓯《コロンビア》図《高速道路の》インターチェンジ
── 图 ❶《中米, アルゼンチン, ウルグアイ. 口語》たれ込み屋, 告げ口屋. ❷《中米. 口語》秘密警察. ❸《アルゼンチン》おべっか使い
agachar las ~*s* [議論や叱責などに対し] へりくだって譲歩する, 抗議せずに受け入れる: No es de mi temperamento *agachar las* ~*s* ante las injusticias. 不正に対して屈するのは私の性に合わない
aguzar las ~*s* 1) 聞き耳を立てる, 耳を澄ます: *Aguzad las* ~*s* y escuchad lo que os digo ahora. 耳をはじくって, 私が今から君たちに言うことを聴きなさい. 2) [動物が] 耳をピンと立つ
amusgar las ~*s*《古語》…に耳を貸す, 信用する
apearse por las ~*s* 1) へまをする, やり損ねる; 見当違いな言動をする. 2) 馬などから落ちる
aplastar la ~ 1)《西. 口語》**=planchar la** ~
asomar la ~ 1)《口語》姿を現わす. 2)《西, プエルトリコ. 口語》正体(本心)をかいま見せる
bajar las ~*s* **=agachar las** ~*s*
calentar a+人 *las* ~*s*《口語》1) …を厳しくとがめる, がみがみ言う; 殴って叱る: Viendo que no hacía los deberes, mi madre a menudo me *calentaba las* ~*s*. 私が宿題をしないのを見ると, 母はしょっちゅう私をうるさく叱りつけた. 2) …をおしゃべりでうんざりさせる
cerrar las ~《古語》[言い訳などに] 耳を貸さない
chafar la ~ **=planchar la** ~
con las ~*s gachas* (*caídas*)《口語》1) 落胆して, 打ちひしがれて: No pudiendo encontrar su nombre en la lista de aprobados, se marchó de allí *con las* ~*s caídas*. 合格者のリストに自分の名前がなかったので, 彼は気落ちしてそこから姿を消してしまった. 2) 恥じ入って
con las ~*s tan largas* 聞き耳を立てて, 興味しんしんと: El director es un hombre muy avisado, *con las* ~*s tan largas*. 所長はとても抜かりのない人で, あちこちで耳をそばだてている
cortar una ~《闘牛》[マタドールが見事な演技のほうびとして耳を切り取ることが許され] 牛の耳をもらう
cuatro ~*s*《昔の髪型で》頭の中央を前部から後部に欠けて剃り上げ髪(?)を大きく両側に残した男
dar ~*s*《古語》…に耳を貸す, 信用する
de cuatro ~*s*《口語》角(?)を持つ動物の, 雄牛の
de dos ~*s* [ワインが] 強く芳醇な
de ~ *a* ~ [口語]《笑いが》大口を開けて[の]: poner una sonrisa *de* ~ *a* ~ ぱか笑いする
de una ~ [ワインが] 繊細で芳醇な
descubrir la ~《西, プエルトリコ. 口語》正体(本心)をかいま見せる
desencapotar las ~*s* [動物が] 耳をピンと立てる
enseñar la ~ 1)《西》姿を現わす. 2)《西, プエルトリコ. 口語》正体(本心)をかいま見せる, しっぽを出す: Confié en ella hasta que *enseñó la* ~. 私は彼女を信用していたんだが, とうとう本性を現わした
estar a la ~ 1) いつも誰かにべったりへばりついている《他人がその人に近づくすきを与えない》. 2) 自分の目的を遂げようとしてしつこくせがむ
estar hasta las ~*s de*+事 …に没頭している, 忙殺されている; [借金で] 身動きがとれなくなっている
hacer ~*s de mercader* 分からない(聞こえない)ふりをする
hasta las ~*s* 完全に: Se metió en el asunto *hasta las* ~*s*. 彼はその件にどっぷりとはまった
ladrar a+人 *a la* ~ …にしつこく勧める, 考えを吹き込む
mojar la ~ **=** *a*+人 《口語》1) …にけんかをふっかける, 挑発する; 侮辱する. 2) …をしのぐ, 上回る
no valer sus ~*s llenas de agua* 見下げはてた奴だ
~ *de burro* 本のページの隅の折れ
~*s de burro* 手の平で手をヒラヒラさせる侮辱を表わす仕草
parar (*pelar*) *la* ~《メキシコ, グアテマラ, 南米. 口語》耳をそば立てる
planchar la ~《西. 口語》寝る, ひと眠りする: Estoy muy cansado, voy a *planchar la* ~. 私はとても疲れているので, 寝my
poner a+人 *las* ~*s coloradas*《口語》…に恥をかかせる, 面

orejano, na

目を潰す; 不愉快なことを言う; 厳しく叱責する
repartir ～*s* 聞いてもいないことを聞いたように言い触らす
retiñir las ～*s* 聞いたことにひどく気持ちを傷つけられる, 聞きたくないことを聞いて嫌な気分になる
salir [se] a+人 *por las* ～*s* …にあふれるほど豊富にある
ser un ～《軽蔑》耳が大きい
taparse las ～*s* 耳をふさぐ, 耳を覆う; [不協和音・恥ずかしい話に] 耳を覆いたくなる
tener de la ～ *a* ＋人 …を自由に使う, 操る
tirar a+人 *de las* ～*s* 1)《祝福のために》…の耳を引っ張る: *Por su cumpleaños, sus amigos le tiraron de las* ～*s*. 誕生日ということで, 友人たちは彼の耳を引っ張ってお祝いをした. 2) …を叱りつける: *Si no sois formales, os voy a tirar de las* ～*s*. 行儀よくしなかったら, 恐いぞ
tirar de la ～ *a Jorge*《まれ》トランプをする; 金を賭ける
tirar [*se*] *de* [*las*] ～[*s*] トランプをする
tirarse de una ～, *y no alcanzarse la otra* 求めていたものが得られずにくやしい思いをする, 手段を誤って大切なものを失ってしまう
ver las ～*s al lobo*《口語》[知らずに危険に近づいたが] うまく危険を逃れる
verse la ～ *a*+人《口語》…の正体を見る, しっぽをつかむ

orejano, na [orexáno, na] 形 ❶ [家畜が] どこにも印のない. ❷《中南米》[動物が] 人に馴れない; [人が] 人見知りする. ❸《パナマ》田舎者の. ❹《ベネズエラ》用心深い

orejar [orexár] 他《まれ》それとなく聞き耳を立てる
── 自 ❶《キューバ》人を信頼しない, 疑いを持つ. ❷《ウルグアイ》うわさ話をする; 告げ口をする; 口車にのせる

orejeado, da [orexeádo, ða] 形《返答をしようと》待ち構える. ❷《グアテマラ, ホンジュラス》耳を引っぱること

orejear [orexeár] 自 ❶《動物が》耳を動かす. ❷《メキシコ, プエルトリコ》信頼しない, 疑いを持つ. ❸《グアテマラ, ホンジュラス, アルゼンチン》耳を引っぱる

orejera[1] [orexéral] 《←oreja》 女 ❶《服飾》[主に 複] 耳覆い, 耳当て: *gorro con* ～*s* 耳当て付きの帽子. ❷《ソファなどの》袖《=oreja》; 袖付きの椅子《=butaca》. ❸《犂の》土寄せ板
llevar ～*s* 見識が狭い

orejero, ra[2] [orexéro, ra] 形 ❶《ソファなどが》袖付きの. ❷《中南米》疑い深い, 身構えている. ❸《コロンビア》悪意のある. ❹──《チリ. 軽蔑》悪意のある噂をする人.《アルゼンチン. 農民間》雇い主が信頼する人, 腹心. ❺── 男 ❶ 袖椅子, ウイングチェア《=sillón ～》. ❷《アルゼンチン》[2頭立てで] 右側のリードする去勢牛

orejeta [orexéta] 女 *oreja* の示小語

orejil [orexíl] 形《闘牛》[牛の] 耳の

orejisano, na [orexisáno, na] 形《闘牛》[牛が] 印のない

orejón, na [orexón, na]《←oreja》 形 ❶《口語》大きな耳をした. ❷《コロンビア》1) 粗野な [人], 野暮ったい [人]. 2) ボゴタ高原の人.《ペルー》[人の言うことを] ぼんやり聞かない [人], しっかり聞かない [人]
── 男 ❶《罰として》耳をひっぱること. ❷ [桃・アンズなどの] 乾燥果実. ❸《地方语》揚げ菓子. 2)《植物》食用のキノコの一種. ❹《メキシコ》妻に甘い男. ❺《コロンビア》甲状腺腫. ❻《ペルー. 歴史》《インカの》貴族《高貴の印として耳たぶを大きく伸ばしていた》
ser el último ～ *del tarro*《アルゼンチン, ウルグアイ. 口語》取るに足りない人である
── 女 複《コロンビア, ベネズエラ》大型の拍車

orejudo, da [orexúðo, ða] 形《軽蔑》長い（大きな）耳をした
── 男《動物》ウサギコウモリ

orejuela [orexwéla] 《*oreja* の示小語》 女 ❶ [両手鍋などの] 取っ手, 耳. ❷《コスタリカ》小さな葉

Orellana [oreʎána] 《人名》 *Francisco de* ～ フランシスコ・デ・オレリャナ《1511～46, スペイン人コンキスタドール. インカ帝国征服後, ゴンサロ・ピサロ *Gonzalo Pizarro* と共に南米北部に遠征, アマゾン川を発見》
José María ～ ホセ・マリア・オレリャナ《1872～1926. グアテマラの政治家, 大統領》

oremus [orémus] 男《カトリック》[ミサで司祭が会衆に唱える] 祈りなどを
perder el ～《口語》[行なおう・言おうとした時に] わけが分からなくなる, 理性を失う

orenga [orénga] 女《船舶》=*varenga*

orensano, na [orensáno, na] 形 名《地名》オレンセ *Orense* の [人];《ガリシア州の県・県都》

orense [orénse] 形 名《地名》エル・オロ *El Oro* の [人]《エクアドル太平洋岸の県》

oreo [oréo]《←*orear*》 男 ❶ 外気にさらすこと; 通風, 換気: *Esta casa necesita un* ～. この家は換気が必要だ. ❷ 気分転換の散歩

oreopiteco [oreopitéko] 男《動物》オレオピテクス《化石類人猿》

oreoselino [oreoselíno] 男《植物》セリ科カワラボウフウ属の一種《学名 *Peucedanum oreoselinum*》

Orestes [oréstes] 男《ギリシア神話》オレステース《アガメムノン *Agamenón* の息子》

oretano, na [oretáno, na] 形 名《地名》❶《歴史》オレタニー *Oretania* の [人]《現在の *Ciudad Real* 県, *Toledo* 県, *Jaén* 県》. ❷ トレド山地 *Montes de Toledo* の

orete [oréte] 男《地方语》燠火の弱い長時間の熱: *al* ～ ごく弱火で

orexina [ore[k]sína] 女《生化》オレキシン

orfanato [orfanáto] 男《←ラテン語 *orphanus*「孤児」》孤児院

orfanatorio [orfanatórjo] 男《メキシコ》=*orfanato*

orfandad [orfandáð] 女《←ラテン語 *orphanus*》❶ 孤児という境遇; 孤児への手当. ❷ 見捨てられた状態, 援助や保護のない状態

orfanotrofio [orfanotrófjo] 男《まれ》=*orfanato*

orfebre [orféβre]《←仏語 *orfèvre*》 名 ❶ 金銀細工師（商）. ❷《コロンビア》銅細工職人

orfebrería [orfeβrería] 女 ❶ 金銀細工 [技術]. ❷ [集合] 金銀細工品

orfebrero, ra [orfeβréro, ra] 形《まれ》金銀細工の; 金銀細工師（商）の

orfelinato [orfelináto] 男《←仏語 *orphelin*》[男《主に南米》=*orfanato*

Orfeo [orféo] 男《ギリシア神話》オルペウス, オルフェウス《アポロンの子で吟遊詩人》

orfeón [orfeón] 男《←仏語 *orphéon*《*Orfeo* から》》合唱団

orfeónico, ca [orfeóniko, ka] 形 合唱団の

orfeonista [orfeonísta] 名 合唱団員

órfico, ca [órfiko, ka] 形《古代ギリシア》1) オルペウス（オルフェウス）*Orfeo* の. 2) オルペウス教の. ❷《文語》うっとりさせる, 感動的な

orfismo [orfísmo] 男《古代ギリシア》オルペウス教

orfo [ɔ́rfo] 男《魚》メダマダイ

org.《略》=*orgnl*

orgaceño, ña [orɣaθéɲo, ɲa] 形 名《地名》オルガス *Orgaz* の [人]《トレド県の村》

organdí [orɣandí]《←仏語 *organdi*》男 複 ～[e]*s*《繊維》オーガンジー

organería [orɣanería] 女《パイプ》オルガン製作（修理）の技術（職）

organero, ra [orɣanéro, ra] 名《パイプ》オルガン製作（修理）家

orgánicamente [orɣánikaménte] 副 有機的に

organicismo [orɣaniθísmo] 男 ❶ 社会有機体説, 生体論. ❷《医学》器官説. ❸《建築》自然を思わせる建築運動

organicista [orɣaniθísta] 形 名 社会有機体説の（論者）, 生体論の（論者）

orgánico, ca [orɣániko, ka]《←ラテン語 *organicus* < *organus*》形 ❶ 有機体の: *compuesto* ～ 有機化合物. *materia* ～*ca* 有機物. ❷《農業》有機肥料のみによる; 自然食品の: *cultivo* ～ 有機栽培. *vegetales* ～*s* 有機野菜. ❸ 有機的な, 調和（統一）のとれた: *establecer una relación* ～*ca* 有機的な関係を作り上げる. *arquitectura* ～*ca* 有機的建築. *Ley* ～*ca del Estado* 国家組織法《西. 1966年》. ❹《医学》器官 *órgano* の《⇔*funcional*》: *lesión* ～*ca* 器官的損傷. ❺《音楽》オルガンの. ❻ 翼賛的な: *partido* ～ 翼賛政党

organigrama [orɣaniɣráma] 男 ❶《企業などの》組織図: *hacer alguna modificación en el* ～ 組織に少し修正を加える. ❷《情報》フローチャート

organillero, ra [orɣaniʎéro, ra] 名 手回しオルガン奏者
──《まれ》手回しオルガンの製造者

organillo [orɣaníʎo]《*órgano* の示小語》男《音楽》手回しオルガン

organismo [orɣanísmo] 男《←英語 *organism*》男 ❶ 有機体, 生

物, 生物体: ～ pluricelular 多細胞生物. ❷ 人体〖=～ humano〗. ❸ [集名] 器官, 臓器. ❹ 機関, 機構: trabajar en un ～ internacional ある国際機関で働く. ～ de sondaje 調査機関. ～ rector 管理機関, 運営組織, 理事会. ～s de gobierno 政府機関. *O*～ Internacional de Energía Atómica 国際原子力機関

organista [ɔrɡanísta]〖←órgano〗[名]〔パイプ〕オルガン奏者

organístico, ca [ɔrɡanístico, ca] [形]〔パイプ〕オルガンの

organistrum [ɔrɡanistrún] [男]《音楽》オルガニストルム〖中世の鍵盤付きのギター〗

organización [ɔrɡaniθaθjɔ́n]〖←organizar〗[女] ❶ 団体, 組織: ～ política 政治団体. *O*～ de Aviación Civil Internacional 国際民間航空機関, ICAO. *O*～ Internacional de Telecomunicaciones por Satélite 国際電気通信衛星機構, INTELSAT. *O*～ Mundial de la Salud 世界保健機関, WHO. *O*～ de las Naciones Unidas para la Alimentación y la Agricultura 国連食糧農業機関, FAO. *O*～ de las Naciones Unidas para la Educación, Ciencia y Cultura ユネスコ, UNESCO. ～ sin fines de lucro 非営利組織, NPO. *O*～ de Cooperación y Desarrollo Económico 経済協力開発機構, OECD. *O*～ de Estados Centroamericanos 中米機構, OCAS〖中米5か国の政治・経済・社会的統合を目指して1951年に設立〗. *O*～ de Estados Americanos 米州機構, OAS〖米国と中南米の平和と安全の維持を主目的として1951年発足. 現在加盟35か国〗. *O*～ Europea de Cooperación Económica ヨーロッパ経済協力機構, OEEC. *O*～ Internacional del Trabajo 国際労働機関, ILO. *O*～ Mundial del Comercio 世界貿易機関, WTO. *organizaciones* no gubernamentales 非政府組織, NGO. *O*～ de las Naciones Unidas para el Desarrollo Industrial 国連工業開発機関, UNIDO. *O*～ de los Países Exportadores de Petróleo 石油輸出国機構, OPEC. ❷ 組織化, 編成, 構成: facultad de ～ 組織力. gastos de ～ 創業費. mala ～ 段取りの悪さ. ～ de una excursión 遠足の企画. ～ de los papeles 書類の準備

organizacional [ɔrɡaniθaθjonál] [形] 団体の, 組織上の: clima ～ 企業風土, 組織風土

organizado, da [ɔrɡaniθáđo, đa] [形] ❶ [ser+. 人が] てきぱきした. ❷ 有機体の

organizador, ra [ɔrɡaniθađɔ́r, ra] [形] 組織する: comité ～ 組織委員会. país ～ 主催国

—— [名] 組織者, まとめ役; 主催者, 企画担当者; [労働運動などの] オルグ: Todos los alumnos participaron en la broma, pero yo he quedado como el ～. そのいたずらは生徒全員でやったことなのに, 僕が首謀者ということにされてしまった

—— [男] 収納器具, 整理器具: ～ de lencería ランジェリーボックス

organizar [ɔrɡaniθár]〖←órgano〗[9] [他] ❶ 組織する, 編成する, 設立する; 主催する: Están *organizando* manifestaciones de protesta. 彼らは抗議デモを組織している. ～ una empresa 会社を作る. crimen *organizado* 組織犯罪. obreros *organizados* 組織労働者. sociedad *organizada* 組織された社会. ❷ 主催する: The Walt Disney *ha organizado* un concurso de dibujo. ウォルト・ディズニー社は漫画コンテストを催した. campeonato *organizado* por... …主催の選手権試合. ❸ [細部まで] 準備する, 計画する: *Organizaré* las vacaciones. 休暇の予定を立てよう. ～ una fiesta パーティーの準備をする. ～ el trabajo 仕事の段取りをする. viaje *organizado* パック旅行

—— **～se** ❶ [自分の考え・仕事・時間などを] きちんと整理する: Me he perdido en el medio de la ponencia y ahora tengo que ～*me* en algunos puntos. 私は研究発表の途中で混乱してしまったので, 今からいくつかの点を整理しないといけない. ❷ [組織が] 自発的にできる, 集まる: *Se organizó* una colecta. 募金運動が始められた. ❸《西》[騒動などが] 起きる. ❹《ベネズエラ》いきなり金持ちになる

organizativo, va [ɔrɡaniθatíbo, ba] [形] 組織する, 主催する; 組織能力のある; 組織の

órgano [ɔ́rɡano]〖←ラテン語 organum < ギリシア語 organon「道具」〗[男] ❶《解剖》器官〖[類義] **órgano** は **aparato** の一部〗: trasplante de ～s 臓器移植. ❷ [機械の一部の] 装置: ～ de transmisión 伝動装置. ❸ 機関, 機構: ～ administrativo 行政機関; 執行部. ～ de investigación 研究機関. ❹ [政党などの] 機関紙. ❺《音楽》パイプオルガン; オルガン: ～ electrónico 電子オルガン. ～ expresivo ハーモニウム, リードオルガン. ～ Hammond ハモンドオルガン. ❻《植物》オルガンパイプサボテン. ❼《婉曲》陰茎〖=pene〗

organofosfato [ɔrɡanofɔsfáto] [男] 有機リン系殺虫剤

organofosforado, da [ɔrɡanofɔsforáđo, đa] [形]《化学》有機リンを含む

organogénesis [ɔrɡanɔxénesis] [女]〖単複同形〗器官形成

organogenia [ɔrɡanɔxénja] [女] 器官形成学

organogénico, ca [ɔrɡanɔxéniko, ka] [形] 器官形成の

organógeno, na [ɔrɡanɔ́xeno, na] [形] 器官を形成する役割の

organografía [ɔrɡanoɡrafía] [女] ❶《解剖》器官学. ❷《音楽》楽器学

organográfico, ca [ɔrɡanoɡráfiko, ka] [形] 器官学の; 楽器学の

organograma [ɔrɡanoɡráma] [男]《生物》器官などの組織図

organoléptico, ca [ɔrɡanolé(p)tiko, ka] [形] 感覚器の反応検査による, 感覚刺激に反応する: prueba ～*ca* 官能検査

organología [ɔrɡanolɔxía] [女] 器官研究, 臓器学

organomercurial [ɔrɡanomɛrkurjál] [形] 有機水銀の: compuesto ～ 有機水銀化合物

organometálico, ca [ɔrɡanometáliko, ka] [形] 有機金属の: compuesto ～ 有機金属化合物

órganon [ɔ́rɡanɔn] [男] オルガノン〖アリストテレスの論理学書の総題〗

organoterapia [ɔrɡanoterápja] [女]《医学》臓器療法

orgánulo [ɔrɡánulo] [男]《生理》感覚終末器

órganum [ɔ́rɡanun] [男]《音楽》オルガヌム

organza [ɔrɡánθa] [女] =**organdí**

orgasmear [ɔrɡasmeár] **～se**《生理》オルガスムに達する

orgásmico, ca [ɔrɡásmiko, ka] [形]《生理》オルガスムの

orgasmo [ɔrɡásmo]〖←ギリシア語 orgao「私は強く欲する」〗[男]《生理》オルガスム, 絶頂感: llegar al ～ オルガスムに達する. tener un ～ オルガスムを感じる. ～ seco 射精を伴わない絶頂

orgástico, ca [ɔrɡástiko, ka] [形] =**orgásmico**

orgia [ɔ́rxia] [女] =**orgía**

orgía [ɔrxía]〖←仏語 orgie〗[女] ❶ [古代ローマで行われたような] 酒池肉林の宴会; 乱交パーティー. ❷ 過度の熱中, 耽溺(たんでき)

orgíaco, ca [ɔrxíako, ka] [形] =**orgiástico**

orgiasta [ɔrxjásta] [名]《文語》酒池肉林の宴会(乱交パーティー)の参加者

orgiástico, ca [ɔrxjástiko, ka] [形] 乱痴気騒ぎの, 飲めや歌えの: fiesta ～*ca* 乱痴気パーティー

orgivense [ɔrxibénse] [形] [名] =**orgiveño**

orgiveño, ña [ɔrxibéɲo, ɲa] [形] [名]《地名》オルヒバ Órgiva の〔人〕〖グラナダ県の町〗

orgnl《略語》←original 原本

orgullecer [ɔrɡuʎeθér] [39] [自]《古語》誇りを持つ; 傲慢になる

orgullo [ɔrɡúʎo]〖←カタルーニャ語 orgull < フランク語 urgoli「すばらしさ」〗[男] ❶ [主に優越感を伴った] 誇り, 自尊心: 1) Ten el ～ de ser la hija del caballero. 紳士の娘であることに誇りを持ちなさい. He renunciado a todo ～. 私はプライドを一切捨てた. herir el ～ de+人 …のプライドを傷つける. con ～ 満足げに, 誇らしげに. 2) [誇りの対象] Los hijos son mi ～. 子供たちは私の自慢だ. ❷ 思い上がり, 傲慢(ごうまん): tener mucho ～ 大変思い上がっている

***bajar* (*humillar*) *el* ～ *a*+人** …の鼻柱を折る; やり込める

orgullosamente [ɔrɡuʎósaménte] [副] 誇らしげに; 傲慢に, いばって

orgulloso, sa [ɔrɡuʎóso, sa]〖←orgullo〗[形] ❶ [ser+] 1) [良い意味で] 誇り高い, 自尊心の強い: Es demasiado ～ para reconocer su error. 自分の誤りを認めることは彼の自尊心が許さない. 2) 高慢な, 傲慢な. ❷ [estar+. +de・con を] 自慢する: Los padres se sintieron ～*s de* su hija. 両親は娘を誇りに思った. Está muy ～ *con* su coche nuevo. 彼は新車に乗って鼻高々だ

estar* (*ser*) *más* ～ *que un ocho《俗語》いばりちらしている, 思い上がっている: Después de recibir el premio, *está más* ～ *que un ocho*. 彼は受賞して以来, 鼻持ちならないほど思い上がっている

orí [orí] [間] [隠れん坊で] もういいよ

***jugar a* ～**《マドリード. 口語》隠れん坊をする

oribe [oríbe] [名] =**orífice**

Oribe [oríbe]《人名》**Emilio** ～ エミリオ・オリベ〖1893～1975,

O

oribi [oríbi]《男》《複 ~s》=**oribí**
oribí [oribí]《男》《複 ~[e]s》《動物》オリビ
oricalco [orikálko]《男》《まれ》銅, 銅の合金
orientable [orjentáble]《形》向きを変えられる; 姿勢を変え得る
orientación [orjentaθjón]《女》《←orientar》❶ 方位(位置)の決定: perder el sentido de la ~ 方向感覚を失う. no tener sentido de la ~ 方向音痴である. ❷［建物などの］向き;［進路などの］方角: ~ que me indicaron. 私は指示された方向をたどった. Es manifiesta su ~ hacia las letras. 彼が文学に向いていることは明らかだ. ~ liberal リベラル志向. ~ sexual 性的嗜好. ❸ 方向づけ, 指導, オリエンテーション, ガイダンス: El abogado le dio ~ sobre los pasos a seguir. 弁護士はとるべきいくつかの方向を彼に教えた. ~ profesional 職業指導, 就職指導. ~ vocacional 職業訓練. ~ sicológica カウンセリング. ❹《スポーツ》オリエンテーリング. ❺《情報》プロンプト

orientador, ra [orjentaðór, ra]《形》《名》指導する; 指導員: ~ profesional 職業訓練指導員

oriental [orjentál]《形》《←ラテン語 orientalis < oriens, -tis「出づつある」》❶ 東の《⇔occidental》: vertiente ~ de un valle 谷の東斜面. hemisferio ~ 東半球. iglesia ~ 東方教会;［特に］ギリシア正教. ❷ 東洋の, 近東の: historia ~ 東洋史. baile ~ ベリーダンス. ❸［宝石が］光沢の美しい. ❹《南米》ウルグアイの
《名》❶ 東洋人. ❷《南米》ウルグアイ人

orientalismo [orjentalísmo]《男》❶ 東洋学. ❷ 東洋趣味; 東洋らしさ

orientalista [orjentalísta]《形》《名》❶ 東洋学の; 東洋学者. ❷ 東洋趣味の

orientalística [orjentalístika]《女》東洋学

orientalizar [orjentaliθár]《9》《他》東洋化する

orientar [orjentár]《←oriental》❶［+a hacia に］…の向きを決める, 向ける: Orientaron la casa hacia el norte. 彼らは北向きに家を建てた. ~ el espejo hacia el sol 鏡を太陽に向ける. ❷［進路・方針などを］指導する, 助言する; 道を教える: Su padre lo orientó hacia la medicina. 父は彼に医学の道を歩ませた. ~ a un novato sobre el fichero 新人にファイルのことを教える. ~ al público a la salida 観客を出口に誘導する. ❸《船舶》［帆を］風受けのいいように調節する
—— **~se** ❶［自分の］方向(位置)を定める: 1) No puedo ~me por esta parte. 私はこのあたりは土地勘がない. Se orienta con facilidad en ciudades que no conoce. 彼は知らない町でもすぐ道が分かる. Ahora empiezo a ~me en el trabajo. 私はやっと仕事に慣れてきた. 2)［+por に従って］~se por las estrellas 星で方角を知る. ❷向く, 面を見い出す: Las plantas se orientan hacia la luz. 植物は光に向かって伸びる. Se orientó hacia las ciencias. 彼は理科系に進もうとした

orientativo, va [orjentatíbo, ba]《形》規準となる, 誘導する: precio ~ 標準価格

oriente [orjénte]《←ラテン語 oriens, -entis》《男》❶《文語》［主に O~］東, 東方《⇔occidente》; 東風. O~ ~ 東洋;［特に］近東諸国: Medio O~/O~ Medio 中東. Cercano O~/O~ Próximo 近東. Extremo (Lejano) O~ 極東. ❸ 真珠の光沢. ❹ フリーメーソンの支部(集会所): Gran (Grande) O~ フリーメーソンの本部

orificación [orifikaθjón]《女》歯に金をかぶせること
orificador [orifikaðór]《男》歯に金をかぶせる器具
orificar [orifikár]《7》《他》❶《文語》金色にする. ❷《医学》［歯に］金をかぶせる
orífice [orífiθe]《名》《文語》金細工師
orificial [orifiθjál]《形》《技術》［技術の］
orificio [orifíθjo]《←ラテン語 orificium》《男》《文語, 技術》開口部, 穴: abrir un ~ en la pared 壁に穴を開ける. ~s de la nariz《解剖》鼻孔
oriflama [oriflámа]《女》《文語》軍旗, 旗, 幟《(女)》
orifrés [orifrés]《男》金モール, 銀モール
origami [origámi]《←日本語》《男》折り紙
origen [oríxen]《←ラテン語 origo, -inis < oriri「生まれる」》《男》《複 orígenes》❶［時に 複］起源, 源: La palabra "agua" tiene ~ latino. agua という単語はラテン語起源である. historia de la medicina desde sus orígenes hasta nuestros días 医学の始まりから現在までの歴史. ~ de la vida 生命の起源. ~ del río 川の水源. orígenes del español スペイン語の起源. ❷ 原因: La pobreza es ~ de su conducta antisocial. 貧困が彼の反社会的行動の原因だ. ❸ 出身; 産地: Su familia es de ~ español. 彼の家族はスペイン出身だ. El tomate es de andino. トマトはアンデス原産. cigarro de ~ cubano キューバ産の葉巻. lugar de ~ 原産地; 出身地. país de ~ 出身地; 原産国. ❹ 素性, 家柄: Es de ~ humilde. 彼は卑賎の生まれである. Los conquistadores conminaron al "hijo del Sol" a renunciar su ~. コンキスタドールたちは「太陽の息子」に、その自称するのをやめるよう迫った. ❺《幾何》原点［=~ de las coordenadas］. ❻《財政》源泉: Este impuesto se retiene en ~. 源泉徴収されている

dar ~ a... …を引き起こす, もたらす: La nieve cuajada en la carretera dio ~ a la colisión de los vehículos. 道路に積もった雪が車の衝突を引き起こした
de ~ 1) 元の: Lo leyó en el idioma de ~. 彼はそれを原語で読んだ. 2) …起源の; …が原因の: proteínas de ~ animal (vegetal) 動物(植物)性たんぱく質. deporte de ~ inglés イギリス起源のスポーツ. enfermedad de ~ desconocido 原因不明の病気. gripe de ~ del virus porcino 豚ウイルスが原因のインフルエンザ. 3) 元は, 元々
en su ~/en sus orígenes 元は, 元々: Esa obra fue escrita en su ~ para piano. その作品は元々ピアノ曲として書かれた. Esta ciudad era en sus orígenes una aldea pequeña. この都市の始まりは小さな村だった
tener su ~ en... …が出所である: La paella tuvo su ~ en Valencia. パエーリャはバレンシアで生まれた. Estos datos tienen su ~ en la estadística de la Dirección Nacional del Censo. これらのデータは国家国勢調査局統計が出所である

origenismo [orixenísmo]《男》《神学》オリゲネス Orígenes 主義
origenista [orixenísta]《名》《神学》オリゲネス主義者
originable [orixináble]《形》原因となり得る
originador, ra [orixinaðór, ra]《形》引き起こす, もたらす
original [orixinál]《←ラテン語 originalis》《形》❶ 原初の, 本源の: La idea ~ era construir un estadio de fútbol, pero ha aparecido un aparcamiento. 最初の考えはサッカー場を作ることだったが, 駐車場が出来てしまった. ❷ 本来の, 生来の: En esta obra se manifiesta cabalmente su talento ~. この作品には彼本来の才能がいかんなく発揮されている. ser ~ de América del Sur 南米原産(出身)である. ❸ 独創的な, 独自の, 創意工夫に富んだ; 目新しい, 奇抜な, 風変わりな: Dalí es un artista ~. ダリは個性的な芸術家である. Es un cocinero muy ~, e inventa platos algo exóticos. 彼は一風変わった料理人で, 珍しい料理を創作する. La modista se ha hecho un traje de novia muy ~. そのデザイナーは自分のためにとてもユニークなウェディングドレスを作った. Tiene cosas ~es en su colección de antigüedades. 彼は骨董コレクションの中に変わったものを持っている. crear formas ~es 独創的な形式を作り上げる. comportamiento ~ 奇矯なふるまい. ❹《文献・作品などが》元の, オリジナルの: cuadro ~［模作 copia に対して］原画. autor ~ 原作者. ❺《旧約聖書》gracia ~ 原初の恩寵《神がアダムとイブに与えた特殊な状態》. justicia ~ 原初の正義《アダムとイブが知恵の実を食べる前の状態》. pecado ~ 原罪《アダムとイブの堕落に基づく人類最初の罪業》
——《名》変人, 奇人, 変わり者, 風変わりな人, ユニークな人
——《男》❶ 原文, 原書［=texto ~］; 原画, 原作, 原典［=obra ~］: Su ~ siempre viene manuscrito. 彼からは原稿がいつも手書きで来る. interpretar una sonata de Chopin en el ~ ショパンのソナタを原曲のままで演奏する. leer a Cervantes en el ~ セルバンテスを原文で読む. ~ de imprenta《印刷》原稿. ~ de la estatua 彫像の原型. ❷［絵画・写真の］本人, モデル, 実物: parecerse mucho al ~ 実物そっくりである. ❸《法律》原本［=documento ~］: Hay que presentar el ~ del certificado de estudios acompañado de tres fotocopias. 成績証明書原本に3通のコピーを付けて提出しなければならない
saber de buen ~ 確かな筋から知る

originalidad [orixinaliðáð]《女》❶ 独創性, オリジナリティ, 新鮮味: Ese novelista siempre llama la atención por su ~. その小説家はいつもその独創性で注目を引く. ❷ 風変わりな

動, 奇行: José es amigo de ~es. ホセには奇行癖がある

originalmente [orixinálménte] 副 ❶ 当初は, 元々は: O~, el campus de la universidad fue una hacienda grande. 大学のキャンパスは元は大きな農園だった. ❷ 元来, 本来: Se dice que el hombre es ~ un ser cruel. 人間は本来残酷な生き物だと言われる. ❸ 独創的に; 奇抜に: amueblar la casa ~ 家を独創的なインテリアにする

originar [orixinár]【←origen】他 引き起こす, もたらす: La fuerte nevada *originó* la paralización de importantes funciones urbanas. 激しい降雪のために重要な都市機能が麻痺が生じた. Su orgullo *originó* el fracaso. 彼の傲慢さが失敗を招いた. El capitalismo inevitablemente *ha originado* el movimiento feminista. 資本主義が不可避的に女性解放運動を引き起こした
── ~se 起こる, 生じる: ¿Cómo *se originó* tal idea? どうしてそのような考えが浮かびだた？ La pelea *se originó* en un bar. けんかはあるバルで起こった. Debido a un cortocircuito producido en el sótano, *se originó* un incendio. 地下室のショートによって火事が発生した

originariamente [orixinárjaménte] 副 最初は, 元々は: Este traje era ~ un abrigo de mi padre. この服はもとは父のコートだった

originario, ria [orixinárjo, rja]【←ラテン語 originarius】形 ❶ [ser+. +de] 出身の; 原産の: Esa familia es ~*ria* del País Vasco. その家族はバスク地方の出身である. ¿De dónde es ~ el café? そのコーヒーはどこ産ですか? La patata es ~ de los Andes. ジャガイモはアンデスが原産である. El sintoísmo es un culto antiguo ~ de Japón. 神道は日本古来の信仰である. obra teatral ~*ria* de la leyenda de esa región その地方の伝説をもとに書かれた劇作品. país ── 出身地; 原産国. ❷【人・物・場所に】元々ある, 最初の; 原因となる: La causa ~*ria* de su divorcio está en su adulterio. 離婚のそもそもの原因は彼の浮気にある. forma ~*ria* 原形. ❸【歴史】【植民地時代の中南米で】出身の農村共同体を離れることなく苛酷なスペイン支配に従った先住民【⇨forastero】

originativo, va [orixinatíbo, ba] 形 引き起こす, 原因となる

orilla [oríʎa] I【←ラテン語 ora「縁, 岸」】女 ❶ [海・川などの] 岸, 沿岸地域: Su villa está en (a) la ~ del mar. 彼の別荘は海辺にある. Vive en una mansión situada a ~s del río. 彼は川岸の豪邸に住んでいる. Los indios se bañan en las ~s del Ganges. インド人はガンジス川の水辺で沐浴する. pasear por la ~ del río 川のほとりを散歩する. ciudad a ~s de un lago 湖畔の町. ❷ 縁 (ふち), へり: sentarse en la ~ de la cama ベッドの端に座る. andar por la ~ de la calle 道の端を歩く. ❸【通り・道に】向こう側. ❹《中米, キューバ, ベネズエラ, アルゼンチン, ウルグアイ》町外れ〔のスラム〕
la otra ~《文語》あの世, 彼岸
~ de... …の近くに: Vive ~ de tu casa. 彼は君の家の近くに住んでいる. estar a la ~ de la muerte 死にかけている
── 形 名《キューバ. 口語》社会から落伍した〔人〕, スラムに住む〔人〕
II【←ラテン語 aura の示小語】女 ❶ そよ風. ❷《アンダルシア》天気, 天候

orillar [oriʎár]【←orilla I】他 ❶【障害物・困難を】避ける, よける: ~ el problema 問題を避ける. ❷【裁縫】【布・服の】縁を補強する, [ほつれ止めに] 縁かがりをする. ❸《メキシコ, コロンビア》【車を】道のわきに寄せる: El policía me ordenó ~ el coche. 警官は車を道のわきに寄せるように私に命じた. ❹《メキシコ》【人を, +a に】導く, 仕向ける
── ~se ❶ 縁(端)に近づく. ❷《メキシコ, コロンビア》席を詰める

orillear [oriʎeár] 他《裁縫》縁を補強する
orilleo [oriʎéo] 男《チリ》【森や沼に隣接するする】狭い土地
orillero, ra [oriʎéro, ra] 形 名 ❶ 縁の, 端の; 沿岸の住民. ❷ 禁漁区のそばで狩猟する人. ❸《中米, キューバ, ベネズエラ, アルゼンチン, ウルグアイ. 軽蔑》町外れの〔住民〕, スラムの〔住民〕. ❹《プエルトリコ》岸辺に住む人
orillo [oríʎo]【←orilla I】男 ❶【織物の】へり, 耳; へりを集めて縫った布. ❷《地方語》縁 (ふち), へり

orín [orín] I【←俗ラテン語 aurigo, -iginis「黄疸」< ラテン語 aerugo, -uginis「錆」】男【不可算】【鉄などの】錆: Se ha formado ~ en el cuchillo./Se ha llenado de ~ el cuchillo. 包丁が錆びている. quitar el ~ a... …の錆を落とす. preservar... del ~ …の錆を

止める
II【→orina】男 [主に複] **=orina**: hacer *orines* 小便をする. analizar *orines* 尿検査をする
orina [orína]【←ラテン語 urina < ギリシア語 ouron】女 尿, 小便: expeler la ~ 排尿する. mal de ~ 排尿困難
orinal [orinál] 男 おまる, 室内用便器
orinar [orinár]【←ラテン語 urinari】自 排尿する
── 他 ❶ ~ sangre 血尿が出る. ❷ …に小便をかける
── ~se: *Me* estaba *orinando*. 私はおしっこをもらしそうだった. ~*se* en la cama 寝小便をする. ❷ ひどく排尿したい
orinecer [orineθér] 39 自 錆びつく
oriniento, ta [orinjénto, ta] 形 錆びついた
orinque [orínke] 男《船舶》浮標索, ブイロープ
oriol [orjól] 男《鳥》ニシコウライウグイス: ~ de Moctezuma オオツリスドリ
oriolano, na [orjoláno, na] 形 名《地名》オリウエラ Orihuela の〔人〕【アリカンテ県の町】
oriolense [orjolénse] 形 **=oriolano**
oriólido, da [orjólido, da] 形 コウライウグイス科の
── 男 複《鳥》コウライウグイス科
Orión [orjón] 男《天文》オリオン座
oriónidas [orjónidas] 女 複《天文》オリオン座流星群
oriotarra [orjotára] 形 名《地名》オリオ Orio の〔人〕【ギプスコア県の村】
oripié [oripjé] 男《アンダルシア, ムルシア》山すそ
oriundez [orjundéθ] 女《文語》出身; 原産
oriundo, da [orjúndo, da]【←ラテン語 oriundus】形 名 ❶ [+de] …生まれの〔人〕, …出身の〔人〕; 原産の: guitarrista ~ de Asturias アストゥリアス出身のギタリスト. El tomate es ~ de México. トマトはメキシコが原産である. ❷ スペイン人としての扱いを受けられる【人】《サッカー選手》【スペイン・プロサッカーリーグで主に中南米国籍の選手に関して, 父または母がスペイン国籍を有すれば本人は外国籍であってもスペイン人として扱われる】
orive [oríbe] 男 **=orífice**
órix [óri(k)s] 男《単複同形》《動物》オリックス
orla [órla]【←俗ラテン語 orula < ラテン語 ora「縁」】女 ❶【写真・服などの】縁飾り, 縁取り. ❷《西》【同級生・先生の入った】記念写真, 卒業写真. ❸《紋章》オール《縁に沿った細い帯状紋》
orlador, ra [orlaðór, ra] 男 女 縁飾り職人
orladura [orladúra] 女 縁飾り
orlar [orlár] 他 …の周囲を飾る: ~ el altar con flores 祭壇の回りを花で飾る
orleanista [orleaníšta] 形 名《歴史》オルレアニスト〔の〕, オルレアン派〔の〕【仏王位をめぐってオルレアン家 casa de Orleans を支持した王党派】
orlo [órlo] I【←語源】男《音楽》アルプホルン
II【→orla】男《建築》【四角で低い】台座
orlón [orlón]【←商標】男《繊維》オーロン
ormesí [ormesí] 男 複 ~[e]s の 繊維 光沢のある丈夫な絹地
ormino [ormíno] 男《植物》サルビア・ベルベナカ【=gallocresta】
orn. [略語] ← **orden** 注文, 指図
ornadamente [ornaðaménte] 副 飾り立てて
ornamentación [ornamentaθjón] 女 装飾, 飾り付け: exceso de ~ 装飾過剰
ornamentador, ra [ornamentaðór, ra] 名 形 装飾を施す〔人〕
ornamental [ornamentál]【←ornamento】形 ❶ 装飾〔用〕の: motivo ~ 装飾モチーフ. objetos ~*es* de Navidad クリスマスの飾り物. planta ~ 観葉植物. ❷ 飾り物の: cargo ~ 名目だけの地位
ornamentar [ornamentár]【←ornamento】他《文語》飾る, …に装飾を施す: ~ la calle con bombillas de color 色電球で通りを飾る
ornamentista [ornamentísta] 形 装飾品の
ornamento [ornaménto]【←ラテン語 ornamentum】男 ❶《文語》装飾品, 飾り **=adorno**: La generosidad es uno de los muchos ~*s* que posee. 寛容さは彼のもつ多くの美徳の内の一つである. ❷《カトリック》複《司祭が身につける》祭服
ornar [ornár]【←ラテン語 ornare「飾る」】他 ❶《文語》飾る, 飾りを付ける: Este escritor suele ~ sus relatos con digresiones sobre costumbres orientales. この作家は横道にそれて東洋の風俗について述べたりしながら物語を飾り立てるのが癖である. ❷ 飾る, 美しく見せる: Una pluma *orna* el sombrero. 一本の

羽根が帽子を飾っている. ❸ [人に] 魅力を与える: La humildad *ornaba* a la princesa. 謙虚さが王女の魅力を一段と引き上げていた
ornato [ornáto] 《←ラテン語 ornatus》 男 《集名》《文語》装飾品: ~ del estilo de lenguaje 文飾
ornear [orneár] 自 《ガリシア, レオン》《ロバが》鳴く
ornítico, ca [orníṭiko, ka] 形 《動物》鳥類の, 鳥の
ornitina [orniṭína] 女 《生化》オルニチン
ornito- 《接頭辞》[鳥] *ornitología* 鳥類学
ornitofilia [orniṭofílja] 女 《植物》鳥媒
ornitófilo, la [orniṭófilo, la] 形 《植物》鳥媒〔花〕の
ornitógala [orniṭóɣala] 女 《植物》ギカイソウ
ornitología [orniṭoloxía] 女 鳥類学
ornitológico, ca [orniṭolóxiko, ka] 形 鳥類学の
ornitólogo, ga [orniṭóloɣo, ɣa] 男女 鳥類学者
ornitomancia [orniṭománθja] 女 [飛び方・鳴き声による] 鳥占い
ornitomancía [orniṭomanθía] 女 =ornitomancia
ornitópodos [orniṭópoðos] 男 複 《古生物》鳥脚類
ornitorrinco [orniṭoríŋko] 男 《動物》カモノハシ
ornitosis [orniṭósis] 女 《医学》鳥類病, オルニトーシス
ornituras [orniṭúras] 女 複 《鳥》真鳥亜綱
orno [órno] 男 《植物》マンナノキ《学名 Fraxinus ornus》
oro [óro] 《←ラテン語 aurum》 男 ❶ 不可算 金, 黄金;《元素》金: 1) anillo de ~ 金の指輪. cabello de ~ 金髪. cadena de ~ 金鎖. reloj de ~ 金時計. ~ argentífero (verde) エレクトラム. ~ batido/~ en panes/~ en hojas 金箔. ~ blanco ホワイトゴールド.《文語》水. ~ en barras 金の延べ棒. ~ musivo 硫化第二錫. ~ nativo 自然金, 山金. ~ potable 飲用の ~. ~ puro (obrizo)/~ de ley 純金. 2)《諺, 成句》Dorar sobre ~. 屋上屋を架す. No es ~ todo lo que reluce. 輝くものが必ずしも金ならず/人生においしいことばかりではない/きらびやかな外観の裏には苦労がある. *Oro*, majado luce. 試練〔風雪〕に耐えたものは高く評価される. *Oros* son triunfos. 金がものを言う. ❷ 不可算 大金; 財力, 富: Importa más la amistad que el ~. 友情は富にまさる. Es una familia que tiene mucho ~. あそこは金持ちの一家だ. Una tía suya le dejó la herencia y está cargado de ~. 彼には叔母さんからの遺産が入って, 裕福な身分になった. gastar mucho ~ en la carreras de caballos 競馬に大金をつぎ込む. sed de ~ 金に対する欲望. ❸《西式トランプ》複 金貨: Tengo tres ~s y dos espadas. 私は手に3枚の金貨と2枚の剣がある. ❹《集名》金製品; 金細工品, 金の装飾品: Robaron el ~ y los diamantes en la joyería. 宝石店で金製品やダイヤモンドが盗まれた. ❺ 金色. ❻ 金貨《=moneda de ~》. ❼《スポーツ》金メダル: Este país ha logrado cinco ~s y ocho platas en esta Olimpiada. この国は今回のオリンピックで5個の金メダルと8個の銀メダルを獲得した. ❽《紋章》黄金色, 黄色. ❾《経済》~ [de] papel ペーパーゴールド《IMFの特別引出権SDRの別称》
a peso de ~ 高い値段で: Sus cuadros se pagan *a peso de* ~. 彼の絵は高く売れる
a precio de ~ 非常に高価な; 非常に高い値段で: El arroz está *a precio de* ~. 米は非常に値上がりしている. Te han vendido el florero *a precio de* ~. 君はその花瓶を法外な値で買わされたね
apalear ~ 金持ちである
como mil ~s [強調. 人・物が] 実に美しい, 清楚そのものの
como ~ en paño (en polvo) [物を] とても大切に, 後生大事に, いとおしげに: Guardó la foto de su madre *como* ~ *en paño*. 彼はさも大事そうに母親の写真をしまった
como un ~ =como mil ~s
de ~ すばらしい, 最高の: Es una mujer *de* ~. 彼女は最高にすばらしい女性だ. Es una oportunidad *de* ~. 絶好のチャンスだ. Angelina tiene unas manos *de* ~ como cocinera. アンヘリナはすばらしい料理の腕をしている. triunfo *de* ~ 大勝利
de ~ y azul 金ぴかに着飾って
el ~ y el moro 《口語》[誇張して量的・質的に] すごいもの, すごく値打ちのあるもの: Después de prometerme *el* ~ *y el moro*, se marchó prácticamente sin nada. 彼は私に途方もない大金を約束したのに, 何も残さず姿を消した. Invirtiendo su dinero en las acciones, se cree que le van a dar *el* ~ *y el moro*. 彼は株に投資したら大金をもうけることができると思い込んでいる

estar montado en el ~ 《西. 口語》大金を持っている
hacerla de ~ 《チリ. 皮肉》へまをする
hacerse de ~ 《口語》金持ちになる, 大金を稼ぐ: Mi abuelo *se hizo de* ~, explotando minas de carbón. 私の祖父は炭坑開発で金持ちになった
ni por todo el ~ del mundo どんなことがあっても《何をもらっても》(…ない): *Ni por todo el* ~ *del mundo* haría yo eso. 私ならどんなことがあってもそんなことはしないだろう
~ del que cagó el moro 《俗語》ろくでもないもの, くだらないもの
~ molido 1) 金粉. 2) 貴重な人・事物: Para ella su marido es un ~ *molido*. 彼女にとって夫はかけがえのない人だ
~ negro 《文語》石油
~ viejo 古金色〔の〕, くすんだ金色〔の〕
pesar a+人 a (en) ~ …に高い報酬を払う; 価値ある成果を期待する
poner a+人 de ~ y azul …を侮辱する, 叱責する
por todo el ~ del mundo =ni por todo el ~ del mundo
ser como un ~, patitas y todo 《軽蔑》処置なしのばか者である; 油断のならない奴である, 海千山千である
ser otro tanto ~ とても価値がある
valer por todo el ~ del mundo 大変値打ちがある《すばらしい》: Él tiene a su lado un grupo de consejeros que *vale todo el* ~ *del mundo*. 彼は非常に優秀なブレインたちを抱えている
valer tanto (más) ~ como pesa =valer por todo el ~ del mundo

oro- 《接頭辞》[山] *orografía* 山地地形学
orobal [oroβál] 男 《植物》ウィザニア, アシュワガンダ《学名 Withania somnifera, Withania frutescens》
orobale [oroβále] 男 =orobal
orobanca [oroβáŋka] 女 《植物》ハマウツボ
orobancáceo, a [oroβaŋkáθeo, a] 形 ハマウツボ科の ── 女 複《植物》ハマウツボ科
orobanque [oroβáŋke] 男 =orobanca
orobias [oróβjas] 男 《単複同形》[ナガマメ大の] 抹香
orofrés [orofrés] 男 《古語》金《銀》モール
orogénesis [oroxénesis] 女 《単複同形》《地質》造山運動
orogenia [oroxénja] 女 ❶ 造山運動学. ❷ 造山運動: ~ alpina アルプス造山運動
orogénico, ca [oroxéniko, ka] 形 造山運動の
orografía [oroɣrafía] 女 山地地形学, 山岳学; 山の起伏
orográfico, ca [oroɣráfiko, ka] 形 山地地形〔学〕の, 山岳学の
orógrafo, fa [oróɣrafo, fa] 男女 山地地形学者, 山岳学者
orometría [orometría] 女 山岳測量
orón [orón] 男 ❶ 丸く大きい運搬用のかご. serón. ❷《地方語. 西式トランプ》金貨のエース
orondo, da [orónḍo, da] 《←バスク語》 形 《口語》❶ 太っちょの, でぶの: Tenía una ~*da* barriga. 彼はビヤ樽のような腹をしていた. ❷ [estar+] 満足げな, 自己満足した, 誇らしげな: Después de decir esa tontería, se quedó tan ~*da*. 彼はばかげたことを言った後, 彼女はすっかり御満悦だった. ❸《アルゼンチン》落ち着いた, 平静な, 冷静な
oronimia [oronímja] 女 《言語》山に関する地名学
oronímico, ca [oronímiko, ka] 形 山に関する地名学の
orónimo [orónimo] 男 《言語》山・山脈などの名前
oronja [orónxa] 女 《植物》1) テングタケ《食用》. 2) [毒キノコ] falsa ~ ベニテングタケ. ~ blanca シロタマゴテングタケ. ~ verde タマゴテングタケ
oropel [oropél] 《←古仏語 oripel < ラテン語 aurea pellis「金色の皮」》 男 ❶ [金に似せた] 真鍮〔色〕の薄片. ❷ 金ぴかで安物で金ぴかの服〔飾り〕: El salón relucía de ~*es*. サロンは安物の飾りで光り輝いていた. ❸ 見かけだけの華やかさ, 虚飾: Fue una fiesta con mucho ~. 虚飾だらけのパーティーだった
oropelero [oropeléro] 男 真鍮細工の製造〔販売〕者
oropelesco, ca [oropelésko, ka] 形 《軽蔑》安物で金ぴかの
oropéndola [oropénḍola] 女 《鳥》オオツリスドリ: ~ europea ニシコウライウグイス
oropesa [oropésa] 女 ❶ 《西. 料理》[トレド近郊の] オロペサ Oropesa 村産の羊乳チーズ. ❷《植物》リュウゼツラン科の一種《学名 Simaethis planifolia》

oropesano, na [oropesáno, na] 形 名 《地名》オロペサ Oropesa の〔人〕〖トレド県の村〗
oropimente [oropiménte] 男 =**oropimiente**
oropimiente [oropimjénte] 男 《鉱物》雌黄, 石黄
Orosio [orósjo] 《人名》**Paulo ~** パウルス・オロシウス〖383?～420?, ヒスパニア出身のローマ帝国終期期の司祭・神学者・歴史家.『異教徒に抗する歴史』*Historiarum adversus Paganos*〗
orotavense [orotabénse] 形 名 《地名》ラ・オロタパ La Orotava の〔人〕〖テネリフェ島の村〗
oroya [orója] 男 《中米》〔谷間や川上の〕渡しかご
Orozco [orózko] 《人名》**José Clemente ~** ホセ・クレメンテ・オロスコ〖1883～1949, メキシコ生まれの壁画家. ディエゴ・リベラ Diego Rivera, シケイロス Siqueiros らと組んで壁画芸術の復興を目指した〗
Pascual ~ パスクアル・オロスコ〖1882～1915, メキシコの軍人. マデロ Madero に反逆. 亡命先のアメリカから帰国後, 暗殺される〗
Orozco y Berra [orózko i béřa] 《人名》**Manuel ~** マヌエル・オロスコ・イ・ベラ〖1816～81, メキシコの歴史家.『メキシコ古代史および征服史』*Historia antigua y de la Conquista de México*〗
orozuz [oroθúθ] 男 《植物》カンゾウ〖=regaliz〗
orquesta [orkésta] 〖←ラテン語 orchestra < ギリシア語 orkhestra : < orkheomai「私は踊る」〗 女 ❶ オーケストラ〖楽団, 曲〗, 管弦楽団; 楽団: Señores, aplaudan esta ~, que está compuesta de quince famosos profesores. 皆さま, 15人の著名な演奏家からなるこのオーケストラに拍手をお願いします. concierto para piano y ~ ピアノ協奏曲. ~ de baile ダンスバンド. ~ de cámara 室内管弦楽団. ~ de cuerda 弦楽合奏団. ~ de jazz ジャズバンド. ~ sinfónica 交響(管弦)楽団. ~ típica〖アルゼンチン〗オルケスタ・ティピカ, タンゴを演奏する楽団. ❷〖劇場の〗オーケストラボックス. ❸ 管弦楽曲
orquestación [orkestaθjón] 女 管弦楽法; 管弦楽用編曲, オーケストレーション
orquestador, ra [orkestaðór, ra] 形 名 管弦楽用に編曲する〔人〕
orquestal [orkestál] 形 管弦楽のための; 交響楽風の: música ~ 管弦楽
orquestar [orkestár] 他 ❶ 管弦楽用に編曲する. ❷〖宣伝キャンペーンなどを〗大々的に組織する: En ese país *orquestan* una operación para suprimir un medio de comunicación molesto para el poder. その国では権力に都合の悪いメディアを排除する作戦が行なわれている.
orquestina [orkestína] 女 小編成の楽団, 楽隊
orquidáceo, a [orkiðáθeo, a] 形 《植物》ラン科の
—— 女 複 《植物》ラン科
orquidal [orkiðál] 男 ラン畑
orquídeo, a [orkíðeo, a] 形 =**orquidáceo**
—— 女 《植物》ラン(蘭); 〔特に〕オーキッド, 洋ラン
orquítico, ca [orkítiko, ka] 形 睾丸炎の〔患者〕
orquitis [orkítis] 女 《医学》睾丸炎
orre [óře] *en ~* 《地方語》大量に; ばらで
-orrio, rria 《軽蔑接尾辞》=**-orro**
-orro, rra 《軽蔑接尾辞》vent*orro* 安宿
Ors 《人名》**Eugenio d' ~** エウへニオ・ドルス〖1882～1954, スペインの批評家・哲学者. 明断な理性に基づく調和を標榜し, 政治や芸術を警句風に短評した. 美術評論『プラド美術館の3時間』*Tres horas en el Museo del Prado*,『バロックについて』*Lo barroco* も著している〗
ort- 《接頭辞》=**orto-**
ortega [ortéɣa] 女 《鳥》ライチョウ(雷鳥)
Ortega Munilla [ortéɣa muníʎa] 《人名》**José ~** ホセ・オルテガ・ムニーリャ〖1856～1922, スペインの作家・ジャーナリスト. ホセ・オルテガ・イ・ガセの父. 小説など文学創作も行なった〗
Ortega y Gasset [ortéɣa i ɣasé[t]] 《人名》**José ~** ホセ・オルテガ・イ・ガセー〖1883～1955, スペインの哲学者. 生・理性論 raciovitalismo を根幹に, 歴史・社会・芸術などを独創的な視点

で論じた.『ドン・キホーテをめぐる思索』*Meditaciones del Quijote*,『無脊椎のスペイン』*España invertebrada*,『大衆の反逆』*La rebelión de las masas*. また雑誌の創刊や人文学研究所 Instituto de Humanidades の設立などスペインの知的刷新に努めた〗
orteguiano, na [orteɣjáno, na] 形 名 《人名》オルテガ・イ・ガセー Ortega y Gasset の; その思想を支持する〔人〕
ortesis [ortésis] 女《単複同形》《医学》人工関節器, 義肢: ~ y prótesis 義肢・装具
orticonoscopio [ortikonoskópjo] 男 《光学》オルシコン
ortiga [ortíɣa] 女 ❶ 《植物》1) イラクサ: ~ menor ヒメイラクサ. 2) ~ blanca オドリコソウ. ❷ 《動物》~ de mar クラゲ〖=medusa〗
ortigal [ortiɣál] 男 イラクサの茂った土地
ortigar [ortiɣár] 8 ~*se* イラクサに触れてかゆくなる
ortiguera [ortiɣéra] 女 《昆虫》ヒオドシチョウ属の蝶〖学名 Nymphalis urticae〗
ortivo, va [ortíbo, ba] 形 《天文》出の
Ortiz [ortíθ] 《人名》**Roberto Mario ~** ロベルト・マリオ・オルティス〖1886～1942, アルゼンチンの政治家, 大統領〗
Ortiz Rubio [ortíθ řúbjo] 《人名》**Pascual ~** パスクアル・オルティス・ルビオ〖1877～1963, メキシコの外交官・歴史家, 大統領〗
orto [órto] 男 ❶ 《天文》〖太陽など天体の〗出,〖⇔*ocaso*〗. ❷ 《ラプラタ》1) 《卑語》尻, 肛門. 2) 《隠語》幸運
orto- 《接頭辞》❶ 〖正〗*orto*grafía 正書法. ❷ 〖直〗*orto*centro 垂心
ortocentro [ortoθéntro] 男 《幾何》垂心
ortoclasa [ortoklása] 女 =**ortosa**
ortocromático, ca [ortokromátiko, ka] 形 ❶ 《写真》整色性の, オルソクロマチックの. ❷ 《生物》正染性の
ortodoncia [ortoðónθja] 女 《医学》歯列矯正〔学〕
ortodóncico, ca [ortoðónθiko, ka] 形 =**ortodóntico**
ortodoncista [ortoðonθísta] 名 歯科矯正医
ortodóntico, ca [ortoðóntiko, ka] 形 歯列矯正〔学〕の
ortodoxia [ortoðó(k)sja] 女 ❶ 正統(性)〖⇔*heterodoxia*〗: Su situación está dentro de la ~. 彼の立場は正統派だ. ❷ 《宗教》〖ギリシア・ロシア〗正教
ortodoxo, xa [ortoðó(k)so, sa] 〖←ラテン語 orthodoxus < ギリシア語 orthos「まっすぐな, 正しい」+doxa「意見, 確信」〗 形 ❶ 《カトリック》公認の教義に合致した, 正統の: teología ~ 正統神学. ❷ 〖一般に〗正統的な, オーソドックスな: Sigue fielmente las normas; es muy ~. 彼は忠実に規則を守る, とても保守的だ. ❸ 《宗教》1) 〖東方〗正教会の: religión ~*xa*/cristianismo ~ griego ギリシア正教. Iglesia O~*xa* griega (rusa) ギリシア(ロシア)正教会. 2) ユダヤ教正統派の
—— 名 正教会の信者
ortodromia [ortoðrómja] 女 大圏航路
ortodrómico, ca [ortoðrómiko, ka] 形 大圏に沿った; 順方向性の
ortoédrico, ca [ortoéðriko, ka] 形 正角柱の
ortoedro [ortoéðro] 男 《幾何》正角柱
ortoepía [ortoepía] 女 《音声》正しい発音〔法〕, 正音学, 正音法
ortofonía [ortofonía] 女 《医学》発音矯正
ortofónico, ca [ortofóniko, ka] 形 発音矯正の
ortofonista [ortofonísta] 名 発音矯正の専門家
ortogénesis [ortoxénesis] 女 《単複同形》《生物》定向進化
ortognatismo [ortoɣnatísmo] 男 《人類学, 解剖》直顎, 正顎
ortognato, ta [ortoɣnáto, ta] 形 《人類学, 解剖》直顎の, 正顎の
ortogneis [ortoɣnéjs] 男 《単複同形》《地質》正片麻岩
ortogonal [ortoɣonál] 形 《幾何》直交する
ortogonalidad [ortoɣonaliðá(ð)] 女 《幾何》直交
ortogonio [ortoɣónjo] 形 →**triángulo**
ortogradismo [ortoɣraðísmo] 男 《人類学》直立二足歩行
ortografía [ortoɣrafía] 〖←ギリシア語 orthographia < orthos「まっすぐな, 正しい」+grapho「私は書く」〗女 ❶ 《文法》正書法. ❷ 綴り, スペル: cometer una falta de ~ 綴りを間違える. mala ~ 綴りの間違い, スペルミス
ortografiar [ortoɣrafjár] 11 他 〔正書法に従って〕綴る
ortográfico, ca [ortoɣráfiko, ka] 形 正書法の; 綴りの: signo ~ 綴り字記号. regla ~*ca* 正書法上の規則
ortografista [ortoɣrafísta] 名 =**ortógrafo**
ortógrafo, fa [ortóɣrafo, fa] 名 正書法の専門家

ortoimagen [ɔrtoimáxen] 女 オルソ画像
ortología [ɔrtoloxía] 女《言語》正音法, 正音学
ortológico, ca [ɔrtolóxiko, ka] 形 正音法の
ortólogo, ga [ɔrtólogo, ga] 名 正音法の専門家
ortométrico, ca [ɔrtométriko, ka] 形 山岳測量の
ortomixovirus [ɔrtomi(k)sobírus] 男《医学》オルトミクソウイルス
ortonixia [ɔrtoní(k)sja] 女 巻き爪矯正
ortopantomografía [ɔrtopantomografía] 女《医学》パノラマ X 線撮影法
ortopeda [ɔrtopéda] 名 =**ortopedista**
ortopedia [ɔrtopéðja]【←orto-+ギリシア語 paideia「教育」< pais, paidos「子供」】女 整形外科〔学〕
ortopédico, ca [ɔrtopéðiko, ka] 形 整形外科の: aparato ~ 人工補綴器, 義肢
—— 名 =**ortopedista**
ortopedista [ɔrtopeðísta] 名 整形外科医
ortopraxia [ɔrtoprá(k)sja] 女《まれ》正しい行動〔の訓練〕
ortóptero, ra [ɔrtó(p)tero, ra] 形 直翅目の
—— 男《複》《昆虫》直翅目
ortóptica [ɔrtó(p)tika] 女《医学》視能訓練
ortorrómbico, ca [ɔrtořómbiko, ka] 形《結晶》斜方晶系の
ortosa [ɔrtósa] 女《鉱物》正長石
ortoscopia [ɔrtoskópja] 女《医学》オルソスコープ, 正像(せいぞう)鏡
ortosimpático, ca [ɔrtosimpátiko, ka] 形《解剖》交感神経〔系〕の
ortosis [ɔrtósis] 女《単複同形》《医学》〔整形用などの〕装具
ortostático, ca [ɔrtostátiko, ka] 形《医学》起立性の: hipotensión ~ca 起立性低血圧, 立ちくらみ
ortotipografía [ɔrtotipografía] 女《印刷》正しい字体の研究
ortotipográfico, ca [ɔrtotipográfiko, ka] 形《印刷》正しい字体研究の
ortotropismo [ɔrtotropísmo] 男《植物》正常屈性
ortótropo, pa [ɔrtótropo, pa] 形《植物》正常屈性の
oruga [orúga]【←ラテン語 eruca】女 ❶ 毛虫, 青虫: Las ~s son nocivas para las plantas. 毛虫は植物にとって害虫である. ~ pus ネコ毛虫. ❷《技術》無限軌道, キャタピラー: tractor de ~ キャタピラー式トラクター. ❸《軍事》キャタピラー式装甲兵員輸送車. ❹《植物》1) キバナスズシロ, ルッコラ. 2) ~ marina アブラナ科の一種〔学名 Kakile maritima〕. ~ silvestre アブラナ科の一種〔学名 Diplotaxis erucoides〕. ❺《料理》ルッコラソース. ❻《魚》~ marina キクザギ〔=pez clavo〕
orujo [orúxo]【←俗ラテン語 voluculum < involuculum「包み」】男 ❶〔ブドウ・オリーブなどの〕搾りかす. ❷ オルホ〔ブドウの搾りかすから作る蒸留酒〕
orureño, ña [oruréno, ɲa] 形 名《地名》オルロ Oruro の〔人〕〔ボリビア中部の県・県都〕
orvallado, da [ɔrbaʎáðo, ða] 形《ガリシア, アストゥリアス》霧雨の多い
orvallar [ɔrbaʎár] 自《ガリシア, アストゥリアス》霧雨が降る
orvalle [ɔrbáʎe] 男《植物》サルビア・ベルベナカ〔=gallocresta〕
orvallo [ɔrbáʎo] 男《ガリシア, アストゥリアス》[長く降り続く] 霧雨, こぬか雨: caminar bajo el ~ con la cabeza descubierta 帽子もかぶらずに霧雨の中を歩く
óryx [óri(k)s] 男 =**órix**
orza [ɔ́rθa] I【←ラテン語 urceus】女〔背が高く取っ手のない貯蔵用の〕壺
II【←?古語 orzar】女《船舶》1) ラフすること. 2) センターボード
traer a ~ *a*+人《地方語》…をつらい目に遭わせる, 苦しめる
orzaga [ɔrθága] 女《植物》ハマアカザ
orzar [ɔrθár] 自《船舶》船首を風上に向ける, ラフする
orzaya [ɔrθája] 女《バスク語》ベビーシッター
orzoyo [ɔrθójo] 男〔ビロードを織る〕絹毛
orzuela [ɔrθwéla] 女《メキシコ》枝毛症: Tengo ~. 私は枝毛ができている
orzuelo [ɔrθwélo] 男 ❶《医学》麦粒腫, ものもらい. ❷《狩猟》獣の脚を引っかける罠; ウズラに対する罠
os [ɔs] I【←ラテン語 vos】代《人称代名詞2人称複数》❶〔直接目的〕君たちを: Bueno, os espero en la puerta. 私は入り口で君たちを待ってます. No quiero haceros esperar mucho. 私は君たちを長いこと待たせたくない. Está impaciente esperándoos. 彼は君たちを待っていらいらしている. ❷〔間接目的〕君たちに: Os mando la invitación para la boda. 私は結婚式への招待状を君たちに送る. ❸〔再帰代名詞〕→**se**: Os laváis en el baño. 君たちは風呂で体を洗う. Os ayudáis uno a otro. 君たちは互いに助け合う. Os preguntáis si es verdad. 君たちはそれが本当かどうか自分に問いかけている.《語形》再帰動詞の肯定命令では **-aos**・**-eos**・**-íos**(←**-ad**・**-ed**・**-id+os**)となる: Levantaos. 起きなさい. Dormíos. 眠りなさい. ただし irse が idos: Ya no tenéis que esperar, idos. もう待つ必要はありません, 帰りなさい. ❹〔古典的な高位高官への改まった表現で, a vos に対応する直接目的・間接目的〕閣下を・に, 貴殿を・に: Os entrego a vos, la Ministra, las llaves de la ciudad. 大臣閣下, あなた様にこの町の鍵を献上いたします
II【←hueso】男 =**ox**
O.S.《略語》←oro sellado 金貨
O.S.A.《略語》←Orden de San Agustín 聖アウグスチノ修道会
osadamente [osáðaménte] 副 果敢に, 思い切って, 厚かましく
osadía [osaðía] 女 ❶《文語》大胆さ, 果敢さ: con gran ~ 非常に大胆に. ❷ 厚かましさ, 恥知らず
osado, da [osáðo, ða] 形 ❶《文語》大胆な, 果敢な. ❷ ずうずうしい, 厚かましい
osagra [oságra] 女《植物》アカザ科ハマアカザ属の一種〔学名 Atriplex hamilus〕
osambre [osámbre] 男《廃語》=**osamenta**
osamenta [osaménta] 女 骨格, 骸骨〔=esqueleto〕
osar [osár] I【←俗ラテン語 ausare < ラテン語 audere「思い切ってする」】他〔+不定詞〕大胆にも…をする, 思い切って…する〔= atreverse a〕: Osó invitar a la hija del jefe. 彼は大胆にも上司の娘を誘った. ¿Cómo osas enfrentarte a tu padre? あえて父親に立ち向かうなんてどうしてできるんだ?
II【←hueso】男 =**osario**
osario [osárjo]【←ラテン語 osarium】男 納骨堂; 骨を埋めた所
osatura [osatúra] 女 骨格, 骸骨〔=esqueleto〕
osazona [osaθóna] 女《生化》オサゾン
óscar [ɔ́skar]【←英語 oscar】男《単複同形/複》~s. 主に Ó~》《映画》オスカー, 米国アカデミー賞〔参考《Óscar a la》Mejor película 作品賞. Mejor director 監督賞. Mejor actor/actriz 主演男優/女優賞. Mejor actor secundario (de reparto)/Mejor actriz secundaria (de reparto) 助演男優/女優賞. Mejor guión original (adaptado) 脚本(脚色)賞. Mejor fotografía 撮影賞. Mejor película de habla no inglesa (película extranjera) 外国語映画賞. Mejor dirección artística 美術賞. Mejor vestuario 衣装デザイン賞. Mejor maquillaje メーキャップ賞. Mejor música (canción) original 作曲(主題歌)賞. Mejor sonido 音響賞. Mejor efectos sonoros (visuales) 音響(視覚)効果賞. Mejor montaje 編集賞. Mejor documental largometraje (cortometraje) 長編(短編)ドキュメンタリー賞. Mejor cortometraje animado/Mejor corto de animación 短編アニメ賞. Mejor corto de acción 短編実写映画賞〕
oscense [ɔsθénse] 形《地名》❶ ウエスカ Huesca の〔人〕〔アラゴン州の県・県都〕. ❷《古代ローマ》オスカ Osca の〔人〕〔現在のウエスカ〕
oscilación [ɔsθilaθjón]【←ラテン語 oscillatio, -onis】女 ❶ 揺れ: ~ de un péndulo 振り子の揺れ. ~ de llama 炎の揺れ. ~ de luz 光の点滅. ❷《物理》振動: ~ amortiguada 減衰振動. ~ forzada 強制振動. *oscilaciones* acopladas 連成振動. ❸ 変動: ~ climática 気候の変動. ~ de precios 価格の変動. ~ de peso 体重の変化. ~ de pensar 考えの変化, ためらい
oscilador [ɔsθilaðór] 男 ❶ 発振器. ❷《物理》振動子
oscilante [ɔsθilánte] 形 揺れ動く; 動揺する
oscilar [ɔsθilár]【←ラテン語 oscillare < oscillum「ブランコ」】自 ❶〔振り子などが〕揺れ動く, 振動する: El péndulo dejó de ~. 振り子の振れが止まった. ❷〔+entre の幅で〕変動する: La temperatura *oscila entre* 18 y 24 grados. 気温が18度から24度の間で上下している. Los precios *oscilan* mucho. 価格の変動が激しい. ❸〔気持ち・意見が〕動揺する, 変わる; ためらう: Sus sentimientos *oscilan entre* el amor y el odio. 彼の感情は愛と憎しみの間で揺れ動いている. ❹《若者語》退出する, 立ち去る
oscilatorio, ria [ɔsθilatórjo, rja]【←ラテン語 oscillatorium】形 振動の: movimiento ~ 振動運動
oscilógrafo [ɔsθilógrafo] 男 オシログラフ
oscilograma [ɔsθilográma] 男 オシログラム

oscilometría [ɔsθilometría]〔女〕振動測定法
oscilómetro [ɔsθilómetro]〔男〕オシロメーター
osciloscopio [ɔsθiloskópjo]〔男〕オシロスコープ
oscilotrón [ɔsθilotrón]〔男〕=**oscilógrafo**
oscino, na [ɔsθíno, na]〔形〕スズメ亜目の
—〔男〕〔鳥〕スズメ亜目
oscitancia [ɔsθitánθja]〔女〕〔まれ〕油断, 不注意
osco, ca [ɔ́sko, ka]〔形〕〔名〕〔古代イタリアの〕オスカン人〔の〕
—〔男〕オスカン語
osculeo [ɔskuléo]〔男〕《戯語》繰り返しキスすること〔=besuqueo〕
ósculo [ɔ́skulo]《←ラテン語 osculum》〔男〕《文語》接吻〔=beso〕
oscuramente [ɔskuráménte]〔副〕❶ あいまいに, 漠然と, 不明瞭に: El incidente se hizo saber, pero ~. その事件は公表されたが, あいまいな形でだった. ❷ 隠れて, こっそりと, 秘密裏に: Fue una investigación ~ desarrollada durante varios años. それは数年間にわたって密かに進められた研究だった
oscurana [ɔskurána]〔女〕❶〔地方語〕日が暮れること. ❷《中米, コロンビア》暗闇, 暗雲. ❸《ホンジュラス》〔空中を暗くする〕火山灰
oscurantismo [ɔskurantísmo]《←ラテン語 obscuras, -antis「暗くする」》〔男〕❶ 反啓蒙主義, 蒙昧(もうまい)主義. ❷《文学, 美術など》難解主義, 非明断主義
oscurantista [ɔskurantísta]〔形〕〔名〕反啓蒙主義の(主義者): política ~ 愚民政策
oscurecer [ɔskureθér]《←oscuro》〔39〕〔他〕❶ 暗くする; 黒ずませる: Oscurecí la habitación para que no me vieran de fuera. 私は外から見られないように部屋を暗くした. Unas bandadas de langostas *han oscurecido* el cielo un buen rato. イナゴの大群がしばらくの間, 空を真っ黒に覆った. El hollín del horno *oscureció* las vigas de la casa. かまどから出る煤で家の梁が黒ずんでしまった. ❷〔判断力などを〕鈍らせる: Los celos *oscurecen* la mente. 嫉妬は思考力を鈍らせる. ❸ 不明瞭にする, あいまいにする; 難解にする: El profesor me indicó que precisara tres puntos de mi hipótesis, sin ~los. 先生から私は仮説の3点をあいまいにせず, 明確化するよう指摘を受けた. La mala caligrafía *oscureció* el sentido del texto. 乱雑な字を書くと文章の意味が分かりにくくなる. ❹ 見劣りさせる, 重要性を失わせる: Ella *oscurece* a su marido. 彼女のせいで夫の影が薄い. Su mal genio *oscurece* su triunfo en la vida. 彼の気難しい性格が彼の出世に影を落としている. ❺《美術》陰影をつける
—〔自〕❶〔単人称〕1) 日が暮れる: En primavera *oscurece* bastante tarde. 春には日暮れがかなり遅くなる. al ~ 夕暮れに. 2)〔空がどんよりと〕曇る. ❷ 暗くなる〔=~se〕
—**se** ❶ 暗くなる; 曇る: De pronto *se oscureció*, iba a haber tormenta. 突然空が暗くなり, 嵐が来そうだった. Ese día *se oscureció* al mediodía. その日は昼ごろ曇ってきた. ❷〔判断力などが〕鈍る: A ella *se le oscureció* el juicio y se comportó con poca prudencia. 彼女は頭がぼんやりとなって, つい軽率なふるまいをしてしまった. ❸ 不明瞭になる, あいまいになる. ❹ 消える, 見えなくなる: Ese autor debutó muy joven, ganó un premio literario y luego *se oscureció*. その作家は若くして登場し, 文学賞一つを取ったが, しばらくして姿を消してしまった
oscurecida [ɔskureθíða]〔女〕日暮れ時, たそがれ時: a la ~ 日暮れ時に
oscurecimiento [ɔskureθimjénto]〔男〕暗くする(なる)こと, かげり: ~ de la perspectiva económica 景気のかげり
oscurícola [ɔskuríkola]〔形〕《動物》暗がりで活動する
oscuridad [ɔskuriðá(ð)]《←ラテン語 obscuritas, -atis》〔女〕❶ 暗さ; 暗がり, 闇: Hay mucha ~ en el sótano. 地下室の中は真っ暗だ. Tengo miedo a la ~ de la noche. 私は夜の闇が恐い. ❷ 難解さ; 不明瞭さ: Hay demasiada ~ en torno al suceso. その出来事に関してはわけのわからないことが多くある. Aquí tenemos un ejemplo: la ~ de una palabra dificulta la comprensión de todo el texto. ここに一つの文例があります. 一語の不明瞭さのために文全体の理解が妨げられてしまう例です. ❸ 無名, 世に知られないこと: vivir en la ~ 人知れず〔世に埋もれて〕暮らす. ❹ 身分の低さ; 無教養, 暗愚: El populismo a veces puede ser una manifestación de la ~ del pueblo. 大衆迎合主義とは民衆の暗愚の現われともなりうる. ❺ 黒っぽい色, くすんだ色: En las obras de este pintor predomina la ~. この画家の作品では黒っぽい色が勝っている. La ~ era la

característica de la vestimenta de esa actriz. 黒いトーンがその女優の衣装の特徴になっていた
oscuro, ra [ɔskúro, ra]《←ラテン語 obscurus》〔形〕❶ [ser・estar+] 暗い, 薄暗い 〔⇔claro. →sombrío〔類義〕〕: 1) El sótano es húmedo y ~. 地下室は湿っていて薄暗い. Al atardecer el bosque está ~ y me da un poco de miedo. 夕方には森は暗くなるので, 私にはちょっと怖い気がする. De repente se puso ~ el cielo y tronó. 突然空が暗くなり, 雷が鳴った. túnel ~ 暗いトンネル. noche ~ra 暗い夜. 2)〔無主語で, 日が暮れて・日の出前か〕Estaba (Era) ~ cuando me desperté. 私が目を覚ました時は暗かった. En invierno, ya está ~ a las cinco. 冬には5時でもう暗くなる. Aquí, en invierno, todavía está ~ a las nueve de la mañana. ここでは冬は朝の9時でもまだ暗い. ❷〔色が〕黒っぽい, 黒みがかった, 黒ずんだ, くすんだ: Su piel es tan ~ como la noche. 彼の皮膚は夜のように黒い. Para la temporada de frío se llevarán abrigos de tonos ~s. 寒い時期に向かって黒っぽい色合いのコートが売れるだろう. ojos ~s 黒っぽい目. terno ~ ダークスーツ. color ~ 暗色. gris ~ ダークグレー. rojo ~ 暗赤色. verde ~ 暗緑色. ❸〔どんよりと〕曇った: El cielo está ~. 空はどんより曇っている. día ~ どんよりと曇った日. ❹ 難解な, わけの分からない; 漠然とした: Ahora leemos una obra ~ra de Quevedo. 今私たちはケベドの難解な作品を読んでいる. Góngora no es ~ sino complicado. ゴンゴラは難解なのではなく複雑難渋である. lenguaje ~ 理解しにくい〔意味不明の〕言葉づかい. razonamiento ~ わけの分からない理屈, 屁理屈. ❺ 無名の, 世に知られない: Es un compositor ~, apenas conocido en el ambiente de música clásica. 彼は無名の作曲家で, クラシック音楽の世界ではほとんど知られていない. Llevaba una vida ~ra, resentido del mundo que le rodeaba. 彼は自分を取り巻く世の中を嫌って隠遁生活をおくった. ❻〔見通しが〕不確かな: Estamos en una época de perspectiva muy ~ra para el futuro. 我々は将来に向けて予測がしにくい時代にいる. Este asunto se está poniendo ~, no me gusta. この件はわけが分からなくなってきている, どうも気に入らない. ❼ 疑わしい, 怪しげな: intenciones ~ras 後ろ暗い意図. ❽ 身分の低い, 生まれがひくい: Es un hombre de procedencia ~ra. 彼は素性のはっきりしない男だ. orígenes ~s 卑しい出自

a ~*ras* 1) 暗闇の中に: Hubo un apagón y estuvimos *a* ~*ras* durante una hora. 停電があって, 私たちは1時間暗闇の中にいた. 2)《口語》何も分からないままに: Fui a la conferencia del físico, pero me quedé *a* ~*ras*. 私はその物理学者の講演を聞きに行ったが, よく理解できなかった. En este tema, reconozco que estoy *a* ~*ras*. 私はこのテーマについては全く無知であることを思い知らされている. El hecho aún está *a* ~*ras*. 依然として事実は闇に包まれている
hacer ~ 〔主に〕曇っていて暗い
vestir de ~ 黒っぽい服を着る: Las dos hermanas siempre visten de ~. その姉妹はいつも黒っぽい服を着ている
—〔男〕❶《美術》陰影. ❷《演劇》暗転.
osear [oseár]〔他〕=**oxear**
Oseas [oséas]〔男〕《旧約聖書》〔預言者〕ホセア; ホセア書
osecico [oseθíko]〔男〕hueso の示小語
osecillo [oseθíʎo]〔男〕=**osecico**
osecino [oseθíno]〔男〕=**osecico**
osecito [oseθíto]〔男〕=**osecico**
oseína [oseína]〔女〕《生化》骨質
óseo, a [óseo, a]《←ラテン語 osseus》〔形〕《解剖》骨の; 骨のような: tejido ~ 骨組織
osero, ra [oséro, ra]〔形〕クマ(熊)の
—〔男〕=**osario**
—〔女〕クマの住むほら穴
oseta[1] [oséta]〔形〕〔名〕=**osetio**
—〔男〕オセット語
osetio, tia [osétjo, tja]〔形〕〔名〕《地名》〔カフカス地方の〕オセチアの〔人〕
oseto, ta[2] [oséto, ta]〔形〕〔名〕=**osetio**
osezno [oséθno]〔男〕子熊
osezuelo [oseθwélo]〔男〕=**osecico**
osfialgia [osfjálxja]〔女〕《医学》座骨神経痛
osfiomielitis [osfjomjelítis]〔女〕《医学》腰髄炎
osiánico, ca [osjániko, ka]〔形〕〔3世紀スコットランドの伝説上

osículo [osíkulo] 男《解剖》小骨
osificación [osifikaθjón] 女 骨化
osificar [osifikár] [7] ~**se**〔軟骨などが〕骨になる, 骨化する
osiforme [osifórme] 形《解剖》骨状の, 骨のような形をした
osífraga [osífraɣa] 女 =**osífrago**
osífrago [osífraɣo] 男《鳥》ヒゲワシ《=quebrantahuesos》
Osiris [osíris] 男《エジプト神話》オシリス《主神》
-osis《接尾辞》〔女性名詞化. 病気, 症〕artrosis 関節症
osito [osíto] 男 クマのぬいぐるみ, テディーベア
osmanlí [osmanlí] 形 名 オスマントルコの(人), オスマン帝国の〔人〕
osmático, ca [osmátiko, ka] 形 嗅覚の方向を知る: animal ~ 嗅覚動物
osmazomo [osmaθómo] 男 肉の旨み成分, オスマゾーム
osmio [ósmjo] 男《元素》オスミウム
osmología [osmoloxía] 女《物理》浸透学
osmometría [osmometría] 女《物理》浸透圧測定
osmómetro [osmómetro] 男《物理》浸透圧測定器
osmosis [osmósis] 女 =**ósmosis**
ósmosis [ósmosis]《←ギリシア語 osmos》女《単複同形》❶《物理》浸透. ❷ 相互に影響し合うこと: ~ entre ambas civilizaciones 2つの文明の相互浸透
osmótico, ca [osmótiko, ka] 形《物理》浸透の; 浸透性の: presión ~ca 浸透圧
osmundáceas [osmundáθeas] 女 複《植物》ゼンマイ属
oso, sa [óso, sa]《←ラテン語 ursus》名《動物》クマ(熊): ~ blanco (marítimo) 白クマ. ~ hormiguero (オオ)アリクイ. ~ lavador アライグマ. ~ marino オットセイ. ~ marsupial コアラ. ~ negro アメリカグマ. ~ pardo ヒグマ. ~ polar ホッキョクグマ. ~ tibetano ツキノワグマ. Osa Mayor (Menor)《天文》大(小)熊座. El hombre y el ~, cuanto más feos más hermosos.〔諺〕男は不細工でいい〔男らしさが第一だ〕
── 男 ❶《メキシコ.口語》みっともない行ない. ❷《キューバ.口語》〔政治家の〕ボディーガード
¡Anda la osa!〔驚き・賛嘆〕おやまあ!
hacer el ~《西.軽蔑》〔人を笑わせるために〕おかしなことをする(言う), ふざける
hacerse el ~《ボリビア, ラプラタ. 口語》しらばくれる
poner el ~ a trabajar《キューバ. 口語》解決法を見い出そうと熟慮する
-oso, sa《接尾辞》〔名詞+.品質形容詞化〕ambicioso 野心的な, mentiroso 嘘つきの
osobuco [osobúko] 男 =**ossobuco**
Osorio [osórjo]《人名》Oscar ~ オスカル・オソリオ《1910〜69, エルサルバドルの軍人, 大統領》
osornino, na [osornino, na] 形《地名》オソルノ Osorno の〔人〕《チリ中南部の県・県都》
ososo, sa [osóso, sa] 形 骨の; 骨質の
osota [osóta] 女《中南米》=**ojota**
Ospina Pérez [ospína péreθ]《人名》Mariano ~ マリアノ・オスピナ・ペレス《1891〜1976, コロンビアの政治家, 大統領》
osram [ó(s)ɾan] 男 電球のフィラメント用合金
ossobuco [osobúko] 男《←伊語》男《料理》オッソブーコ
osta [ósta] 女《集名》《船舶》斜桁支索
ostaga [ostáɣa] 女《船舶》帆桁を引き揚げる索, 操帆索
oste [óste] 間 =**oxte**
oste-《接頭辞》=**osteo-**
ostealgia [osteálxja] 女《医学》骨痛
osteíctio, tia [osteíktjo, tja] 形《硬骨魚類の》
── 男《魚》硬骨魚類
osteína [osteína] 女 =**oseína**
osteítis [osteítis] 女《医学》骨炎
ostén [ostén] 男《ドミニカ》尊大, 傲慢, 横柄; うぬぼれ, 気取り
ostensible [ostensíble]《←ラテン語 ostensum》形 ❶ これ見よがしの; わざとらしい: Ella se secó una lágrima de manera ~, para que todo el mundo se diera cuenta de su pena. 誰もが自分の心痛に気づくように彼女はわざとらしく涙を拭いた. En todas partes quiere hacer ~ su saber. あらゆる場面で彼は自分の知識をひけらかす. actitud ~ これ見よがしの態度. ❷ 明らかな: deterioro ~ 顕著な悪化. ❸ よく見える. ❹ 証明され得る
ostensiblemente [ostensíbleménte] 副 これ見よがしに, 露呈

に
ostensión [ostensjón] 女《まれ》誇示, 見せること
ostensivo, va [ostensíbo, ba]《←ラテン語 ostensum》形〔+de を〕露骨に示す, あからさまな: hacer un gesto ~ de desprecio あからさまに軽蔑の仕草をする
ostensorio [ostensórjo] 男《カトリック》〔聖体〕顕示台
ostentación [ostentaθjón] 女《←ラテン語 ostentatio, -onis》女〔富などの〕誇示, 見せびらかし; 虚飾: con ~ これ見よがしに. sin ~ 慎ましく
hacer ~ de... …を誇示する, 見せびらかす: Se ha enriquecido bruscamente y hace ~ de su dinero. 彼は突然金持ちになり金を見せびらかしている
ostentador, ra [ostentadór, ra] 形 名 誇示する〔人〕, 見せびらかす〔人〕, 見栄っぱりの〔人〕
ostentar [ostentár]《←ラテン語 ostentare》他 ❶ 誇示する, 見せびらかす; 見せつける: Ostentaba una espesa barba negra. 彼は濃くて黒いひげを自慢げに見せていた. Ese país ostenta la supremacía en los ejércitos de tierra. その国は陸軍における優位を誇示している. ❷《文語》〔しかるべき称号・権利などを〕持っている: Hoy la infanta Margarita ostenta el título de duque de Hernani. 現在マルガリータ王女がエルナニ公爵の称号を持っている. Esta empresa ostenta alrededor de 44 millones de usuarios. この会社は約4400万のユーザーがいる
ostentativo, va [ostentatíbo, ba]《まれ》=**ostentoso**
ostentatorio, ria [ostentatórjo, rja]《まれ》=**ostentoso**
ostento [osténto] 男 驚異, 奇跡的な現象
ostentóreo, a [ostentóreo, a] 形《戯語》❶ =**ostentoso**. ❷〔笑い声などが〕目立つ, 騒がしい
ostentosamente [ostentósaménte] 副 派手に; これ見よがしに, おおげさに
ostentosidad [ostentosiðá(ð)] 女 ❶ 華美, 派手: La elegancia está reñida con la ~. 優美さは華美とは両立しない. ❷ あからさま
ostentoso, sa [ostentóso, sa]《←ostentar》形 ❶ 華美な, 派手な: Ese vestido me parece demasiado ~. そのドレスは私には派手すぎるように思える. ❷ これ見よがしの: Hizo ademanes ~s de querer la cuenta, pero al final se dejó invitar. 彼はいかにも勘定を払うかのような態度を示したが, 結局はおごってもらった
osteo-《接頭辞》〔骨〕osteopatía 骨障害
-osteo《接尾辞》〔骨〕teleósteo 硬骨類
osteoarticular [osteoartikulár] 形《医学》骨と関節の
osteoartritis [osteoartrítis] 女《医学》骨関節炎
osteoartropatía [osteoartropatía] 女《医学》骨関節症
osteoblasto [osteoblásto] 男《生物》骨芽細胞, 造骨細胞
osteocito [osteoθíto] 男《解剖》骨細胞
osteoclastia [osteoklástja] 女《医学》骨砕き術, 砕骨術
osteoclasto [osteoklásto] 男《生物》破骨細胞, 溶骨細胞
osteocondritis [osteokondrítis] 女《医学》骨端症, 骨軟骨炎
osteodistrofia [osteodistrófja] 女《医学》骨ジストロフィ: ~ fibrosa 線維性骨ジストロフィ
osteófito [osteófito] 男《医学》骨増殖体, 骨棘
osteogénesis [osteoxénesis] 女《単複同形》《生理》骨生成, 骨形成
osteogenético, ca [osteoxenétiko, ka] 形《生理》骨生成の, 骨形成の
osteogénico, ca [osteoxéniko, ka] 形《生理》骨に起因する, 骨形成の
osteógeno, na [osteóxeno, na] 形《生理》骨形成源の
osteointegración [osteointeɣraθjón] 女《医学》骨補填
osteointegrado, da [osteointeɣráðo, ða] 形《医学》骨補填の
osteolito [osteolíto] 男 化石化した骨, 化石骨
osteología [osteoloxía] 女《解剖》骨学
osteológico, ca [osteolóxiko, ka] 形 骨学の
osteólogo, ga [osteóloɣo, ɣa] 名 骨学者
osteoma [osteóma] 男《医学》骨腫
osteomalacia [osteomaláθja] 女《医学》骨軟化(症)
osteomielítico, ca [osteomjelítiko, ka] 形《医学》骨髄炎にかかった
osteomielitis [osteomjelítis] 女《医学》骨髄炎
osteópata [osteópata] 名 整骨療法家
osteopatía [osteopatía] 女《医学》骨障害, 骨症; 整骨療法

osteoplastia [osteoplástja] 女《医学》骨形成術
osteoplástico, ca [osteoplástiko, ka] 形 骨形成術の
osteoporosis [osteoporósis] 女《医学》骨粗鬆(そしょう)症
osteoporótico, ca [osteoporótiko, ka] 形 骨粗鬆症の
osteosarcoma [osteosarkóma] 男《医学》骨肉腫
osteosíntesis [osteosíntesis] 女《医学》骨接合
osteosis [osteósis] 女《医学》骨組織形成
osteotomía [osteotomía] 女《医学》骨切り術
osteotómico, ca [osteotómiko, ka] 形《医学》骨切り術の
ostero [ostéro] 男《船舶》斜桁支索の操作係
ostia [ostja] 女《貝》カキ〖=ostra〗
ostial [ostjál] ❶ 港口; 運河の出入り口. ❷ 真珠母貝; 真珠採取場
ostiariado [ostjarjáðo] 男《カトリック》守門の品級
ostiario [ostjárjo] 〖←ラテン語 ostiarius〗 男《カトリック》守門〖教会の管理・鐘つき担当の最下級の聖職者〗
ostinato [ostináto] 〖←伊〗 男《音楽》オスティナート, 固執反復
ostiolo [ostjólo] 男《生物》〖藻類・菌類などの〗小孔, オスティオール
ostión [ostjón] 男 ❶《西.貝》大型のカキ. ❷《チリ》ホタテの貝殻〖=vieira〗
ostionería [ostjonería] 女《メキシコ》カキなどの貝料理店
ostipense [ostipénse] 〖←ラテン語〗 形 名《地名》エステパ Estepa の〔人〕〖セビーリャ県の町〗
ostium [ostjún] 男《解剖》小口; ~ abdominal 腹腔口
ostpolitik [ostpolitík] 〖←独語〗 女《政治》東方外交
ostra [óstra] 〖←ラテン語 ostrea〗 女 ❶《貝》カキ: ~ perlífera 真珠貝. ❷《ベネズエラ, ウルグアイ》ひどく退屈な人・事
aburrirse como una ~ 退屈をもてあます, ひどく退屈する: *La película era tan mala que me aburrí como una ~.* その映画はひどい駄作で, 私はすっかり退屈してしまった
¡O~s!《西》〖驚き・不機嫌〗まさか, まあ, 何を言うんだ!
ostracismo [ostraθísmo] 〖←ギリシア語 ostrakismos〗 男 ❶《歴史》陶片追放, 貝殻追放. ❷〖政治的役職からの〗辞任, 解任; 冷遇. ❸ 孤立, 孤独
ostracista [ostraθísta] 形 ❶〖政治的役職からの〗辞任の, 解任の. ❷ 孤立した
ostracodermos [ostrakoðérmos] 男 複《古生物》甲皮類
ostracodos [ostrakóðos] 男 複《生物》貝虫亜綱
óstracon [óstrakon] 男《考古》〖文字を彫った〗陶片, オストラコン
ostragado, da [ostragáðo, ða] 形 名《ベネズエラ.口語》悪人〔の〕
ostral [ostrál] 男 カキ〈真珠〉養殖場〖=ostrero〗
ostreícola [ostreíkola] 形《まれ》=**ostrícola**
ostreicultura [ostrejkultúra] 女《まれ》=**ostricultura**
ostrera[1] [ostréra] 女 ❶ カキ〈真珠〉養殖場〖=ostrero〗. ❷ カキを載せて供する盆
ostrería [ostrería] 女 カキ販売店
ostrero, ra[2] [ostréro, ra] 形 カキの; カキを売る〔採る〕人 —— 男 ❶ カキ〈真珠〉養殖場. ❷《鳥》ミヤコドリ
ostrícola [ostríkola] 形 カキ養殖の
ostricultor, ra [ostrikultór, ra] 名 カキ養殖業者
ostricultura [ostrikultúra] 女 カキの養殖
ostrífero, ra [ostrífero, ra] 形〖場所が〗カキを育てる, カキが豊富な
ostro [óstro] 男 ❶ =**ostrón**. ❷ 南; 南風
ostrogodo, da [ostrogóðo, ða] 形 名《歴史》東ゴート人〔の〕; 複 東ゴート族
ostrogótico, ca [ostrogótiko, ka] 形《まれ》東ゴート族の
ostrón [ostrón] 男《貝》大型のカキ
ostugo [ostúgo] 男《まれ》❶ 角, 隅. ❷ 微量
osudo, da [osúðo, ða]〖←hueso〗形 =**huesudo**
osunés, sa [osunés, sa] 形 名《地名》オスナ Osuna の〔人〕〖セビーリャ県の村〗
osuno, na [osúno, na]〖←oso〗形 熊の〔ような〕
otaca [otáka]《アラブ.植物》ハリエニシダ〖=tojo〗
otacústico, ca [otakústiko, ka] 形 補聴器の
otaku [otáku]《←日本語》名 オタク
otalgia [otálxja] 女《医学》耳痛
OTAN [ótan] 女《略語》←Organización del Tratado del Atlántico Norte 北大西洋条約機構, NATO: *fuerzas de la ~* NATO軍

otánico, ca [otániko, ka] 形 NATOの
otanismo [otanísmo] 男《政治》NATOへの加盟賛成
otanista [otanísta] 形 名《政治》NATOへの加盟賛成の〔人〕
otárido, da [otáriðo, ða] アシカ科の —— 男 複《動物》アシカ科
otario, ria [otárjo, rja] 形 名《ラプラタ.隠語》だまされやすい〔人〕, ばか
—— 男《動物》オタリア
OTASE [otáse] 女《略語》←Organización del Tratado del Sudeste Asiático 東南アジア条約機構, SEATO
otate [otáte] 男《メキシコ.植物》オタテ〖イネ科. わら細工に使う〗
otaya [otája] 女《コロンビア.料理》トウモロコシのかゆ; コーンスープ
otayo [otájo] 男《中南米》バナナに似た木
-ote, ta [接尾辞] ❶〖示大〗*islote* 小島. ❷《示大》*mangote* 広い袖, *cabezota* 大頭
oteadero [oteaðéro] 男 見晴台
oteador, ra [oteaðór, ra] 形 名 眺める〔人〕; 観察する, 観察者
otear [oteár]〖←古語 oto < ラテン語 altus〗他 ❶〖高い所から遠くを〗見る: ~ *el horizonte desde la cima* 山頂から地平線を遠くに望む. ❷〖注意深く〗観察する, 偵察する
Oteiza [otéjθa]《人名》*Jorge de ~* ホルヘ・デ・オテイサ〖1908~2003, バスクの彫刻家. モダンアート arte moderno の旗手. 『空間のある構造物』*Construcción vacía*〗
otelo [otélo]〖←シェークスピアの戯曲 Otelo『オセロ』〗男 嫉妬深い男
O tempora, o mores [o témpora o móres]《←ラテン語》おお何たる時代, おお何たる風習〖キケロ Cicerón が同時代の人々の邪悪さを嘆いた言葉〗
oteo [otéo] 男 眺めること; 観察
otero [otéro]〖←カタルーニャ語方言〗男〖平原に孤立した〗丘
Otero [otéro]《人名》*Blas de ~* ブラス・デ・オテロ〖1916~79, スペインの詩人. 形而上学的な不安をうたった初期の詩から, 現実の苦悩と対峙し, 他者との連帯を希求する詩へと作風を変化させ, 社会派を代表する一人となる〗
Otero Silva [otéro sílba]《人名》*Miguel ~* ミゲル・オテロ・シルバ〖1908~85, ベネズエラの詩人・小説家. 詩作品は苦いユーモアをたたえている. 小説では大胆な技法を駆使して異端の征服者を描いた『自由の王ロペ・デ・アギーレ』*Lope de Aguirre, Príncipe de la libertad*〗
oteruelo [oterwélo] 男 *otero* の示小語
Othón [otón]《人名》*Manuel José ~* マヌエル・ホセ・オトン〖1858~1906, メキシコの詩人. モデルニスモに背を向け, ウェルギリウス Vergilio やスペイン黄金世紀の詩人たちに範をとり, 格調高く古典的な作品を残した. 自然描写に優れている〗
OTI [óti] 女《略語》←Organización de Televisiones Iberoamericanas イベロアメリカ・テレビ機構
ótico, ca [ótiko, ka] 形《解剖》耳の
otilar [otilár] 自《アラゴン》〖オオカミが〗吠える
otitis [otítis] 女《医学》耳炎: ~ *interna (media·externa)* 内〈中・外〉耳炎
oto [óto] 男《鳥》コノハズク〖=autillo〗
otoba [otóba] 女《植物》ニクズク科の一種〖学名 *Myristica otoba*〗
otoción [otoθjón] 女《動物》オオミミギツネ
otocisto [otoθísto] 男《生物》耳胞;《動物》平衡胞
otoesclerosis [otoesklerósis] 女 =**otosclerosis**
otófono [otófono] 男 =**audífono**
otolítico, ca [otolítiko, ka] 形《解剖.動物》耳石の
otolito [otolíto] 男《解剖.動物》耳石
otología [otoloxía] 女《医学》耳科学
otológico, ca [otolóxiko, ka] 形 耳科学の
otólogo, ga [otólogo, ga] 名 耳科医
otomán [otomán] 男《繊維》オットマン
otomana[1] [otomána] 女 トルコ・アラブ風の長いす, オットマン
otomangue [otománge] 男 オト・マンゲ語の〖メキシコなどで使われていた先住民語〗
otomano, na[2] [otománo, na] 形 名《歴史》オスマントルコ族〔の〕: *Imperio ~* オスマン帝国
otomí [otomí] 形 オトミー語の〔の〕〖先スペイン期, メキシコの先住民語〗
—— 形 名 オトミー族〔の〕〖オトミー語を話す先住民〗
otomía [otomía] 女《メキシコ, 中米, チリ, アルゼンチン》悪事, 悪行, 非道な行為
otoniano, na [otonjáno, na] 形〖神聖ローマ帝国の〗オットー

Otón 朝の: arte ～ オットー朝美術

otoñada [otoɲáđa] [女] ❶ 秋季: Ya llega la ～. いよいよ秋の到来だ. ❷ 秋の牧草地

otoñal [otoɲál] 〖←ラテン語 autumnalis〗 [形] [名] ❶ 秋の〔ような〕: flor ～ 秋の花. ❷《文語》初老期の〔人〕: Lo suyo es una pasión ～. 彼のは老いらくの恋というやつだ. edad ～ 初老期

otoñar [otoɲár] [自] ❶ 秋を過ごす. ❷ ［単人称］ 秋に草が生える

—— **～se** ［土地が］ 秋に種まきに適する

otoñear [otoɲeár] [自] ❶ 秋を過ごす; 秋である. ❷ 秋めいている

otoñizo, za [otoɲíθo, θa] [形] 秋の

otoño [otóɲo] 〖←ラテン語 autumnus < augtumnum < auctum < augere「増える, 成長する」〗 [男] ❶ 秋 〖→estación [参考]〗: en ～ 秋に. en el ～ de 2016 2016年の秋に. ❷《文語》初老期: estar en el ～ de la vida (de sus días) 人生の秋にいる. ❸《農業》秋の二番生(ᵍ)り

otorgadero, ra [otɔrgađéro, ra] [形] 許諾され得る, 許諾されるべき

otorgador, ra [otɔrgađɔ́r, ra] [形] [名] 許諾する〔人〕

otorgamiento [otɔrgamjénto] [男] ❶ 許諾. ❷ 証書; ［公証人が証明する］ 証書の末尾

otorgante [otɔrgánte] [形] [名] 許諾する〔人〕

otorgar [otɔrgár] 〖←ラテン語 auctoricare < auctorare〗 [8] [他] ❶《文語》与える, 授ける: Nos *han otorgado* un crédito importante. 我々はかなりの額の融資を得た. El parlamento tiene el poder de ～ leyes. 議会は法令を出す権限を有する. ～ el premio 賞を与える. ❷《法律》［公証人の立合いで証書を］ 作成する: ～ testamento 遺言状を作成する. ❸ 許諾する: Le *otorga* un derecho no exclusivo e intransferible. 譲渡不能かつ非独占的な権利を許諾します

otorragia [otɔr̄áxja] [女]《医学》耳出血

otorrea [otɔr̄éa] [女]《医学》耳漏(ᵐᵢᵐᵢ ᵈᵃʳᵉ)

otorrino, na [otɔr̄íno, na] [名]《口語》=**otorrinolaringólogo**

otorrinolaringología [otɔr̄inolariŋgolɔxía] [女] 耳鼻咽喉科〔学〕

otorrinolaringológico, ca [otɔr̄inolariŋgolɔ́xiko, ka] [形] 耳鼻咽喉科〔学〕の

otorrinolaringólogo, ga [otɔr̄inolariŋgólogo, ga] [名] 耳鼻咽喉科医

otosclerosis [otɔsklerósis] [女]《医学》耳硬化症

otoscopia [otɔskópja] [女]《医学》耳鏡検査法

otoscopio [otɔskópjo] [男]《医学》耳鏡, オトスコープ

ototóxico, ca [ototó〔k〕siko, ka] [形]《医学》内耳神経毒性の

otramente [ótraménte] [副] さもなければ; そうでなく, 別なふうに

otre, tra[1] [ótre, tra] [形]《ナバラ, リオハ, ソリア, アラゴン, クエンカ》=**otro**

otredad [otređá〔đ〕] [女] ❶《哲学》他者性. ❷ [集名] 他者

otreidad [otreịđá〔đ〕] [女] =**otredad**

otro, tra [ótro, tra] 〖←ラテン語 alter, -era, -erum〗 [形] 〖不定形容詞〗 ［+名詞］ ❶ ほかの, 別の 〖[語法] 限定詞との組み合わせ. 1) ［定冠詞と］ la *otra* opción もう１つの選択肢. 2) ［不定冠詞と］ unos ～*s* libros 他の何冊かの本 (不定冠詞単数形は《まれ》). 3) ［所有詞と］ mi ～ hijo/～ hijo mío 私のもう一人の息子. 4) ［指示詞と］ esa *otra* casa そのもう一軒の家. 5) ［数詞と］ tres ～*s* libros/～*s* tres libros ほかの3冊の本. 6) ［不定形容詞と］ algún ～ tema 何かほかのテーマ, ninguna *otra* cosa ほかに何もないこと, muchos ～*s* problemas/～*s* muchos problemas ほかのたくさんの問題〗: 1) ［+無冠詞名詞. 非限定］ Necesito ～ chófer para mi coche privado. 私には自家用車にもう一人別の運転手が必要だ. Hoy nos dedicaremos a ～ tema. 今日は別のテーマを取り上げることにしよう. Canta *otra* canción, que la anterior ya la oí varias veces. 何かほかの歌をうたってくれ, 前のはもう何度も聞いたので. También hay ～*s* regalos para vosotros. それにまた, お前たちにはほかに贈り物があるのだ. ［+品質形容詞+名詞/+名詞+品質形容詞］ En la fiesta me encontré a ～ viejo conocido. 私はパーティーでほかに一人昔の知合いに会った. No vino Luisa, pero aparecieron *otras* mujeres charlatanas. ルイサは来なかったが, ほかの騒々しい女たちがやって来た. ［一部の不定形容詞+～+名詞］ Aquí tienes algunas *otras* fotos. ここに何枚かほかの写真があるよ. Todavía hay unos ～*s* turistas detenidos en cuarentena. ほかの幾人かの旅行者たちはいまだ検疫隔離で留め置かれている. Muchos ～*s* alumnos no asistieron a clase por la gripe epidémica. ほかの多くの生徒たちはインフルエンザで授業に来なかった. 2) ［定冠詞・所有形容詞・指示形容詞+. 限定］ ¿No quieres leer las *otras* novelas? それ以外の小説は読まないのか? Pero mis ～*s* amigos se ofrecieron a ayudarme. しかしそのほかの友人が援助を申し出てくれた. Este vino es superior a ese ～. このワインはそれより上等だ. 3) ［+que と］ Tengo ～ parecer *que* él. 私は彼とは違った意見だ. Mi punto de vista es ～ *que* el tuyo. 私の見方は君のとは違う. Lo único que busco ahora es ～ tipo de vida *que* vivir dependiente de mi mujer. 私が今求めている唯一のことは, 妻に食わせてもらっている以外の生き方なのだ. ❷ ［+無冠詞名詞. 話題の人・事物との関連で］ 1) もう一つ(いくつか)の, さらに一つ(いくつか)の: Quiero ～ helado. 僕はもう一つアイスクリームが欲しい. ¿Me da ～ café, por favor? コーヒをもう一杯いただけませんか? ¿No quiere *otra* taza de té? お茶のお代わりはいかがですか? Venga usted mañana, *otra* vez. 明日もう一度来て下さい. Tiene *otras* dos hermanas. 彼にはほかにまだ2人の姉がいる. ［一部の不定形容詞+～+名詞］ Quiero comprarme unos ～*s* zapatos que no aprieten tanto. 私はこんなにきつくない靴がもう1足欲しい. Abajo vi la sombra de un coche que rodó en la calle; y luego algunas *otras* de los que venían por detrás. 私は下の通りを走る1台の車の影を見た. またすぐその後に来る何台かの別の車のも見た. 2) ［uno と対照させて］ …と…とは違う; …もあればまた…もある: *Una* cosa es beber, y *otra* 〔cosa〕 emborracharse. 酒を飲むのと酔っぱらうこととは違う. *Una* cosa es la amistad; y el negocio es *otra* cosa. 友情は友情, 商売はそれとは別物だ. Yo, *unos* días estoy de mal humor y ～*s* no. 私は機嫌の良くない日もあれば, そうでない日もある. *Unas* veces me preparo la comida, pero *otras* como fuera. 私は食事を作る時もあるが, 外食する時もある. ❸《文語》［ser+］ 別物の, 違った: Si me echo la siesta media hora, soy ～ hombre. 30分昼寝したら, 私はすっかり別人のようになる. Todo ha cambiado, la gente es *otra*. 何もかも変わった, 人も昔とはまるで違う. Hoy te encuentro *otra*. 君は今日は別人のようだね. La realidad es *otra* y muy dura. 現実は違っていて, 非常に厳しい. Las causas verdaderas son muy *otras*. 本当の理由は全く別のところにある. El que ha cantado ahora será ～ Carreras en el futuro. 今歌い終えた人は将来は第二のカレーラスになるだろう. ❹ ［定冠詞+～+時の名詞. 近い過去］ La *otra* noche fui con ella al cine. 先日の夜, 私は彼女と映画を見に行った. ［無冠詞では近い未来］ Como no tenemos tiempo hoy, lo dejaremos para ～ día. 今日は時間がないので, それは別の日にしよう. ［a+定冠詞+～+時の名詞 の次の］ No llegarán la semana que viene, sino 〔*a*〕 la *otra*. 彼らは来週ではなくて, その次の週にやって来るだろう. *Al* ～ año volvieron las golondrinas. その次の年にはツバメが帰ってきた

—— [代] 〖不定代名詞〗 ❶ ほかの人・事物: 1) ［無冠詞］ i) ［不特定のほかの人・事物］ Ella lo dejó por ～ mayor. 彼女は彼を捨ててほかの年上の男性を選んだ. No me gusta esta corbata, quiero *otra*. 私はこのネクタイは気に入らない. ほかのが欲しい. Lo que yo esperaba era ～. 私が期待していたのはほかのことだった. Usted come poco. ¿No quiere ～? あまり召し上がりませんね. もう一ついかがですか? ii) 別人, 別の人たち: *O*～*s* piensan de otra manera. ほかの人たちはまた別の考え方をする. 2) ［定冠詞+. 話題の人・事物との関連で残り全部］ Ella es todo para mí; las *otras* no me interesan. 彼女は僕のすべてだ. ほかの女性には興味がない. Los ～*s* son automóviles japoneses. そのほかの車は日本製だ. Lo ～ es su historia inventada. 残りは彼の作り話だ. ❷ もう一人の人・一つの事物, 次の人・事物: 1) ［無冠詞］ Es ～ de los profesores extranjeros contratados este año. 彼は今年契約した外国人教員のうちのもう一人だ. Eso cuéntaselo a ～. そんな話信じられるものか. Traje un regalo para mamá y ～ para ti. 私は母さんへのプレゼントともう一つ別に君へのプレゼントを持って来た. 2) ［uno と対照させて配分］ *Unos* salieron a comer y ～*s* se quedaron. 食事をしに出た人もあれば, 居残った人もいた. *Unas* de las características descritas aquí son comunes a los latinos; *otras* a todos los europeos; algunas son, simplemente, comunes a humanas. ここに挙げた特徴の一部はラテン民族に共通のものだが, また別の特徴でヨーロッパ人すべてに共通のものもあれば, これ以外にまさに人類に通じるものもある. 3) ［定冠詞+］ No lo querían hacer el uno ni el ～. 2人のどちらもそれをしたくないと言った. Es la *otra* y única opción. それはもう一つで唯一の選択肢

だ. [uno と対照させて] Tengo dos hijos: *uno* es ingeniero de caminos y el ~, arquitecto. 私には2人の息子がおります. 一人は土木技師でもう一人は建築士です. Bajó del coche patrulla una pareja de guardias. *Uno* se dirigió al banco y el ~ permaneció al lado del coche. パトカーから2人の警官が降りた. うち一人は銀行に向かい, もう一人は車のそばに残った. Alejaos un poco los *unos* de los ~s. 君たちもう少しお互いに間をあけなさい

como dijo (dice) ~ [引用の権威づけとして] ある人が言った (言っている)ように

como ~ *cualquiera* どこにでもあるような: Es un restaurante *como* ~ *cualquiera*. それはどこにでもあるようなレストランだ

¡Cuénteselo a ~*!* 嘘だろう, 信じられるものか, ばかを言うな; ばかにするな!

entre otras [cosas] [列挙するものの前か後に添えて] 色々ある中で, その他にもあるが, とりわけ, 一例をあげると: La inseguridad en este barrio, *entre otras cosas*, tiene mucho que ver con nosotros. この地区の治安の悪さは, 色々ある中で, 直接私たちに関係する問題だ. Es muy tacaño, *entre otras cosas*. あいつは色々問題がある, 例えばけちん坊だ

entre ~*s* [前出の名詞を受けて] とりわけ, 中でも: Este es uno de los mejores restaurantes de la comida japonesa, *entre* ~*s* el de la especialidad de los pescados. ここは最高の日本料理店の一つだ, 特に魚料理の専門店だ

Esa (Esta) es otra. [話を聞いて] それは困ったことだ: Oye, este domingo no hay zoo.—*¡Esa es otra!* Tendremos que buscar otro sitio al que llevar a los niños. あのね, 今度の日曜日は動物園が休みなの.—それは困った, ほかに子供を連れて行く場所を探さないといけないな

Esos son ~*s López.* 《口語》似て非なるものだ / 人さまざまだ

lo ~ 他のこと: Si estás bien, *lo* ~ no importa. 君が元気ならそれ以外はどうでもいい

los ~*s* 他人, [広い意味で] 隣人: Siemple habla mal de *los* ~*s*. 彼はいつも他人の悪口を言う. Hay que amar a *los* ~*s* como a uno mismo. 自分を愛するように隣人を愛すべきである

no... ~*... que*+不定詞 1) …するよりほかに…ない: *No* tiene otra alternativa *que* aceptarlo. 彼はそれを受け入れるしか手立てはない. 2) …しかない: Esas mujeres *no* hacen *otras* cosas *que* comer y cotillear. その女たちは食べることとうわさ話しかしない

no ser ~ *que...* まさに…である, …にほかならない: Esa *no es otra* cosa *que* la estafa. それはまさしく詐欺だ. Eso *no es otra* cosa *que* huir sin luchar. それは戦わずに逃げることでしかない. El que avisó a la policía *no era* ~ *que* el ladrón mismo. 警察に通報したのは泥棒本人だった

¡Otra! 1) もう一度, アンコール! 2) 《俗用》[驚き・反感] また か! 3) 《エクアドル》[非難・不可] ひどい, だめだ!

otra que... 《ラプラタ, 口語》…は論外である, とんでもない

¡Otra te cago! 無礼[に対する]不愉快だ / しつこいな!

~*... será* 別の…ならいいだろう: No, que es tarde.—Pues *otra vez será*. いや, もう遅い.—それなら, また今度

~ *que bien baila* = ~ *que tal* [*baila*]

~ *que [no fuera]...* …以外ならば: O~ *que no fueras* tú habría desistido de convencerle. 君以外の人だったら, 彼を説得するのを諦めていただろう

¡O~ que tal! 《軽蔑》しつこいぞ / 話の蒸し返しだ!

~ *que tal [baila]* 《西. 軽蔑》[人・物に関する否定的な評価] どちらも同じ小異だ, 似たり寄ったりだ: Mi hijo es un perezoso que no estudia y mi sobrina, *otra que tal*. 私の息子は勉強嫌いの怠け者だが, 姪も似たり寄ったりだ

~ *tanto* 1) 同じこと: Hiciste bien en no darle dinero. Yo habría hecho ~ *tanto*. 君が彼に金を渡さなくてよかった. 僕も同じことをしたと思うよ. 2) 《数量について》同じだけ; 2倍, 2倍より多くの数量: Mis hijas se comieron ~ *tanto* del pastel. 私の娘たちはその倍ぐらいのケーキを食べたかもしれない

~*s tantos* 同数の人・物; 《スポーツ》同点

por otra 他方では, その上 [=por otra parte]

quedarle otra 《口語》[+a+人, 否定文で] 全面的には同意しない: *Otra le quedaba*... 留保付きだが…

otrora [otróra] 副 《文語》以前に, かつて

otrosí [otrosí] 男 《法律》訴状の追加的な項目 [El otrosí... で始まる]

── 副 《古語》その上, おまけに [=además]

OUA 女 《略語》←Organización para la Unidad Africana アフリカ統一機構

ouija [owíxa] 女 [心霊術の] ウイジャ板, こっくり板

out [áu(t)] [←英語] 形 《単複同形》《古語的》[estar+] 周囲のことにうとい; 流行遅れの, 野暮ったい, さえない 《⇔in》: Vivo un tanto ~ de la realidad informativa. 私はしばらく情報科学の現状から離れて生活している

── 間 男 《テニスなど》アウト

outing [áutiŋ] [←英語] 男 [有名人の] プライバシー公開

outlet [áu(t)let] [←英語] 形 男 《商業》アウトレット[の]

output [áu(t)put] [←英語] 男 ❶ 《経済》産出, 生産高. ❷《情報》アウトプット, 出力

outsider [autsáider] [←英語] 男 《複》~s ダークホース [的存在]; アウトサイダー

outsourcing [autsórθiŋ] [←英語] 男 《経済》外部発注, アウトソーシング

ouzo [úθo] 男 《酒》[ギリシアの] ウーゾ

ova [óba] 女 ❶ 《植物》アオサ. ❷ 《建築》=óvolo. ❸ 《複》魚卵 [=huevo]

ovachón [obatʃón] 男 《メキシコ》❶ 太って汗かきで無気力な人. ❷ [運動不足で] 太って汗をたくさんかく去勢馬

ovación [obaθjón] 女 [←ラテン語 ovatio, -onis] 《文語》[集団による] 喝采, 熱烈な歓迎: acoger a+人 con una ~ calurosa 盛大な拍手喝采で…を迎える. ~ en (de) pie スタンディングオベーション. ❷ 《古代ローマ》小凱旋式

ovacionar [obaθjonár] [←ovación] 他 …に喝采する: La Condesa fue *ovacionada* a su llegada al templo por miles de madrileños. 伯爵夫人は教会に着くと数千人のマドリード人たちから喝采を受けた

ovado, da [obádo, da] 形 ❶ =ovalado. ❷ [雌の鳥が] 雄に抱卵される

oval [obál] 形 =ovalado

ovalado, da [obaládo, da] 形 卵形の, 楕円形の: cara ~ *da* 卵形の顔, うりざね顔

ovalar [obalár] 他 ❶ 卵形にする, 楕円形にする. ❷ 卵形で囲む

ovalizar [obaliθár] 自 ~se 《技術》[シリンダーの内壁・ベアリングなどが] 不規則に摩滅する, 円形が崩れる

óvalo [óbalo] 男 [←伊語 ovolo 卵形の飾り] 男 ❶ 楕円形; [特に顔の] 卵形. ❷ 《建築》=óvolo. ❸ 《ペルー》[道路の] ロータリー

ovambo, ba [obámbo, ba] 形 名 [ナミビアなどの] オバンボ族 [の]

Ovando [obándo] 《人名》**Juan de** ~ フアン・デ・オバンド 《生没年不詳. スペイン人官吏. インディアス枢機会議総裁 (1571-75) として新大陸関係の植民法典を編纂. 新大陸関係の勅任記録官》

Nicolás de ~ ニコラス・デ・オバンド 《1460?-1511, スペイン生まれ. エスパニョーラ島初代総督. エンコミエンダ制 encomienda を新大陸へ導入》

Ovando Candía [obándo kandía] 《人名》**Alfredo** ~ アルフレド・オバンド・カンディア 《1918-82, ボリビアの軍人・政治家, 大統領》

ovante [obánte] 形 勝利の, 勝ち誇った

ovar [obár] 自 卵を産む, 産卵する [=aovar]

ovárico, ca [obáriko, ka] 形 卵巣の; 子房の

ovariectomia [obarjektómja] 女 《医学》卵巣切除

ovario [obárjo] [←ラテン語 ovarium] 男 ❶ 《解剖》卵巣. ❷ [女性が cojones の代わりに熟語で用いる] →熟語. ❸ 《植物》子房

estar hasta los ~*s* 《卑語. 主に戯語》[女性が] 飽き飽きしている: Estoy hasta los ~*s* de que me digan las mujeres no sabemos conducir bien. 女は車の運転が下手だなんて言われるのは, このあたしにはもう我慢がならないのよ

salir a+女性 *de los* ~*s* 《卑語. 主に戯語》…をその気分にさせる: Yo no me caso porque no me *sale de los* ~*s* eso de tener que aguantar un hombre y todos sus complejos machistas. あたしは結婚なんてしてないよ, なぜって一人の男とそのマッチョ的な考え方を覚悟して受け入れるなんて気にはとてもなれないからね

ovariotomía [obarjotomía] 女 《医学》卵巣切開

ovaritis [obarítis] 女 《医学》卵巣炎

ovas [óbas] 女 《複》[魚卵の] 腹子, 卵塊

ovecico [obeθíko] 男 huevo の示小語

oveja [obéxa] 【←ラテン語 ovicula < ovis「雌羊」】女 ❶ 雌羊 【⇔carnero】; [一般に] 羊《羊肉・羊皮は carnero》: 1) contar ~s para dormirse 眠るために羊の数を数える. ~ descarriada《新約聖書》迷える羊. ~ Dolly ドリー羊. 2)《諺》Cada ~ con su pareja. 類は友を呼ぶ. O~ que bala, bocado que pierde. 一意専心. Reunión de pastores, ~ muerta. 上の者が集まると下の者に何かが起こる. ❷《南米. 動物》リャマ〔=llama〕. ❸《アルゼンチン》売春婦

aburrir [*hasta*] *a las* ~*s*《西. 口語》[事・人が] ひどく退屈である: Pepa es guapa, pero es de una sosería que *aburre hasta a las* ~*s*. ペパは美人だが, 全くの愛想なしでみんな退屈させられる

encomendar las ~*s al lobo* 悪い奴にしたい放題させる

~ *negra*〔*=descarriada*〕[+de で] はみ出し者, 変わり者, 偏屈者: Por su carácter rebelde, lo consideraran la ~ *negra de la familia*. 彼はその反抗的な性格から, 家族のはみ出し者とされている

── 名《キューバ》おとなしい人

ovejería [obexería] 女《チリ》❶ 集合 多数の羊. ❷ 牧羊, 羊の飼育. ❸ 羊牧場

ovejero, ra [obexéro, ra] 形 名 羊番〔の〕, 羊飼いの〔の〕: perro ~ 牧羊犬

ovejo [obéxo] 男 ❶《キューバ, コロンビア, ベネズエラ》雄羊. ❷《ベネズエラ》忍耐強い男

── 形《プエルトリコ》羊のような; [男が] 長髪の

ovejón [obexón] 男 ❶《中南米》雄羊. ❷《ペルー》縁がだぶついた羊毛の帽子

ovejuela [obexwéla] 女 oveja の示小語

ovejuno, na [obexúno, na] 形 ❶ 羊の; 羊のような. ❷《プエルトリコ》[男が] 髪の異常に長い

overa[1] [obéra] 女《鳥の》卵巣

overbooking [oberbúkiŋ]【←英語】男 オーバーブッキング

overeado [obereádo] 男《パラグアイ》マテ茶の葉をゆっくり炒ること

overear [obereár] 他《南米》炒る, 狐色に焦がす

overlista [oberlísta] 名《チリ》かがり縫いの担当者

── 女《チリ》かがり縫いミシン

overlock [oberlók]【←英語】男《チリ, アルゼンチン, ウルグアイ》かがり縫い

overo[1] [obéro] 形《まれ》出目の

overo[2]**, ra**[2] [obéro, ra] 形 [馬が] 栗糟毛の;《中南米》白と黒〔茶〕のまだらの

poner a+人 ~ …に悪口雑言を浴びせる, 侮辱する

overol [oberól]【←英語】男《中南米》胸当て付きの作業ズボン, オーバーオール, サロペット

ovetense [obeténse] 形 名《地名》オビエド Oviedo の〔人〕【アストゥリアス州の州都. 中世アストゥリアス王国の首都】

ovezuelo [obeθwélo] 男 huevo の示小語

ovicida [obiθída] 男〔害虫の〕殺卵剤〔の〕

ovicultura [obikultúra] 女 牧羊

ovidiano, na [obiðjáno, na] 形《古代ローマ. 人名》オウィディウス Ovidio の〔詩人〕

óvido, da [óbiðo, ða] ヒツジ亜科の

── 男 複《動物》ヒツジ亜科

oviducto [obiðúkto] 男《解剖》〔輸〕卵管

oviforme [obifórme] 形 卵形の, 楕円形の

ovil [obíl] 男《家畜》囲い場

ovillado [obiʎáðo] 男 [毛糸・紐などを] 巻いて玉にする作業

ovilladora [obiʎaðóra] 女 玉巻き機

ovillar [obiʎár]【←ovillo】他 [毛糸・紐などを] 巻いて玉にする

── ~*se* [手足を縮めて] 丸くなる, 縮こまる: El perro permaneció *ovillado* a los pies del diván. 犬は寝椅子の足下に丸くなっていた

ovillejo [obiʎéxo] 男《詩法》8音節3行連句と韻脚の1行からなる10行詩

ovillo [obíʎo]【←古語 luviello < ラテン語 globellum < globus「玉, 積み重なり」】男 ❶ [毛糸・紐などの] 玉: ~ de lana 毛糸玉. ❷ 丸められたもの: ~ de ropa sucia ぐるぐる丸められた汚れた服. ❸《キューバ, プエルトリコ》ボビン, リール〔=carrete〕

en ~ 体を丸くして

hacerse un ~ 1) 体を丸くする: dormir *hecho un* ~ 丸くなって寝る. 2) 頭が混乱する, まごつく

ovino, na [obíno, na] 形 男 ❶ 羊〔の〕. ❷ ヒツジ亜科の〔=

ovio, a [óbjo, bja] 形《廃語》=**obvio**

oviparismo [obiparísmo] 男《動物》卵生

ovíparo, ra [obíparo, ra] 形 男 卵生の〔動物〕

ovipositor [obipositór] 男 =**oviscapto**

oviscapto [obiská(p)to] 男《昆虫》産卵管

ovni [óbni] 男《廃 ~s》[略語] ←objeto volante (volador) no identificado 未確認飛行物体, UFO

ovnilogía [obnilojía] 女 UFO研究

ovninauta [obnináuta] 女 UFOの乗組員, 宇宙人

ovo [óbo] 男《建築》卵形の装飾

ovoalbúmina [oboalbúmina] 女《生物》オボアルブミン, 卵アルブミン

ovocélula [oboθélula] 女《生物》雌性配偶子

ovocito [oboθíto] 男《生物》卵母細胞

ovogénesis [oboxénesis] 女《単複同形》《生物》卵形成

ovogonia [obogónja] 女《生物》卵原細胞

ovoidal [oboiðál] 形《文語》卵形の

ovoide [obóide] 形 ❶ 卵形の〔の〕: rostro ~ 卵形の顔. ❷ 卵形の豆炭

ovoideo, a [oboiðéo, a] 形《文語》卵形の〔の〕

ovolacto, ta [obolákto, ta] 形 乳卵菜食主義の, 乳製品と卵も食べる菜食主義の

óvolo [óbolo] 男《建築》卵状繰形〔=〕, 饅頭繰形

ovoposición [oboposiθjón] 女《動物》〔卵の〕産み付け

ovoproducto [oboprodúkto] 男 卵製品

ovoso, sa [obóso, sa] 形 [魚が] 腹子 ovas を持っている

ovoteste [obotéste] 男《生物》両性腺

ovotestis [obotéstis] 女《生物》卵巣精巣, 卵巣睾丸

ovótida [obótiða] 女《生物》受精可能な卵子

ovovegetariano, na [obobexetarjáno, na] 形 名 卵を食べる菜食主義者〔の〕, エッグテリアン〔の〕

ovoviviparismo [obobibiparísmo] 男《動物》卵胎生

ovovivíparo, ra [obobibíparo, ra] 形《動物》卵胎生の

Ovra [óbra] 女《ムッソリーニ時代のイタリアの》秘密警察

ovulación [obulaθjón] 女《生理》排卵

ovular [obulár] 自《生理》排卵する

── 形《生物》卵子の

ovulatorio, ria [obulatórjo, rja] 形《生理》排卵の

óvulo [óbulo] 男 ❶《生物》卵〔子〕, 卵細胞;《植物》胚珠. ❷《医学》卵形腟座薬. ❸《建築》卵形装飾

ox [ó(k)s]【←英語】間《家禽を追う》=**oxe**

oxácido [o(k)sáθiðo] 男《化学》酸素酸, オキソ酸

oxalato [o(k)saláto] 男《化学》シュウ酸塩

oxálico, ca [o(k)sáliko, ka] 形《化学》ácido ~ シュウ酸

oxalidáceo, a [o(k)saliðáθeo, a] 形《植物》カタバミ科の

── 女複《植物》カタバミ科

oxalídeo, a [o(k)saliðéo, a] 形 =**oxalidáceo**

oxalme [o(k)sálme] 男《動物の傷の治療用の》酢を混ぜた塩水

oxe [ó(k)se] 間 =**ox**

oxear [o(k)seár] 他《家禽類を》驚かす; シッシッと追い払う

óxford [ó(k)sforð] 男《繊維》オックスフォード

oxfordiano, na [o(k)sforðjáno, na] 形 名《地名》=**oxoniense**

oxhídrico, ca [o(k)síðriko, ka] 形《化学》水素の: soplete ~ 酸水素トーチ

oxhidrilo [o(k)siðrílo] 男《化学》水酸基〔=hidroxilo〕

oxiacanta[1] [o(k)sjakánta] 女《植物》サンザシ〔=espino〕

oxiacanto, ta[2] [o(k)sjakánto, ta] 形《植物》とげの多い

oxiacetilénico, ca [o(k)sjaθetiléniko, ka] 形 酸素アセチレンの: soplete ~ 酸素アセチレントーチ

oxiacetileno [o(k)sjaθetiléno] 男《化学》酸素アセチレン

oxiácido [o(k)sjáθiðo] 男 =**oxácido**

oxicelulosa [o(k)siθelulósa] 女《化学》酸化セルロース, オキシセルロース

oxicloruro [o(k)sikloróro] 男《化学》酸塩化化合物

oxicorte [o(k)sikórte] 男 酸素アセチレントーチによる金属切断

oxidable [o(k)siðáble] 形《化学》酸化し得る, 錆びやすい

oxidación [o(k)siðaθjón] 女 酸化〔⇔reducción 還元〕, 錆びつき

oxidante [o(k)siðánte] 形 酸化させる; 酸化剤, オキシダント

oxidar [o(k)siðár]【←óxido】他 ❶《化学》酸化させる; 錆びつかせる: Ha pintado la barandilla para que no la *oxide* el agua.

彼は水で錆びないように手すりにペンキを塗った．❷ [人体・器具の一部に] 動かなくする，動きを鈍らせる
── ~se ❶ 酸化する；錆びる: Cuando pelas una manzana y no la comes, *se oxida* y se pone rojiza. リンゴの皮をむいて食べないでおくと，酸化して赤みがかる．❷ 動かなくなる，動きが鈍る: *Me he oxidado* de estar todo el día sentado frente al ordenador. 私は一日中コンピュータの前に座っていて体が固くなった

oxidasa [ɔ(k)siðása] 囡《生化》酸化酵素
oxidativo, va [ɔ(k)siðatíbo, ba] 形《化学》酸化の
óxido [ó(k)siðo]《←ギリシア語 oxys「酸」》男 ❶《化学》酸化物: ~ de hierro 酸化鉄. ❷ [鉄などの] 錆《=orín》: rascar el ~ 錆をかき落とす
oxidrilo [ɔ(k)siðrílo] 男《化学》水酸基《=hidroxilo》
oxigenación [ɔ(k)sixenaθjón] 囡 ❶ 換気. ❷ [髪の] 脱色. ❸ 酸素処理. ❹ [血液への] 酸素供給
oxigenado, da [ɔ(k)sixenáðo, ða] 形 ❶ 酸素が[通常より多く] 含まれている: sangre ~*da* 酸素を豊富に含んだ血液.❷ [金髪の] 脱色した: pelo ~ 脱色した金髪
oxigenador, ra [ɔ(k)sixenaðór, ra] 男 酸素を供給する；酸素供給装置
oxigenar [ɔ(k)sixenár] 他 ❶ [+場所 に] 新鮮な空気を入れる，換気する: buscar un lugar bien *oxigenado* 換気のいい場所を探す．❷《化学》酸素を添加する，酸素処理する: agua *oxigenada* 過酸化水素水，オキシドール．❸ [髪をオキシドールで] 脱色する
── ~se きれいな空気を吸う: Salí al jardín para ~*me*. 私はいい空気を吸いに庭へ出た
oxígeno [ɔ(k)síxeno] 男《元素》酸素: Apenas podía dar unos pasos porque le faltaba ~. 酸欠のために彼はかろうじて数歩歩けただけだった．inhalación de ~ 酸素吸入. medición de ~ disuelto 溶存酸素計測. ~ activo 活性酸素
oxigenoterapia [ɔ(k)sixenoterápja]囡《医学》酸素治療
oxigonio, nia [ɔ(k)siɣónjo, nja] 形《幾何》triángulo ~ 鋭角三角形《=triángulo acutángulo》
oxihemoglobina [ɔ(k)sjemoɣlobína] 囡《生化》酸素ヘモグロビン: saturación de la ~《医学》動脈血酸素飽和度
oxihidrogenado, da [ɔ(k)si(i)ðroxenáðo, ða] 形《化学》酸水素の，酸素と水素を混合した
oxiliquita [ɔ(k)silikíta] 囡《化学》液体酸素爆薬
oxilita [ɔ(k)silíta]《←商標》囡 過酸化ナトリウム
oximel [ɔ(k)simél] 男《薬学》オキシメル，酢蜜剤
oximetileno [ɔ(k)simetiléno] 男《化学》オキシメチレン
oximetría [ɔ(k)simetría] 囡《医学》酸素計測
oximiel [ɔ(k)simjél] 男 =**oximel**
oxímoron [ɔ(k)símoron] 男《修辞》撞着語法，矛盾語法《矛盾する要素の組み合わせで感興を生じさせる．例 gloria triste 悲しみの栄光，pequeño gigante 小さな巨人》
oxipétalo [ɔ(k)sipétalo] 男《植物》ルリトウワタ
oxisal [ɔ(k)sisál] 男《化学》オキシ塩，酸化物塩
oxitetraciclina [ɔ(k)sitetraθiklína] 囡《生化》オキシテトラサイクリン

oxitócico, ca [ɔ(k)sitóθiko, ka] 形《薬学》子宮収縮性の，分娩を促進する；分娩促進薬
oxitocina [ɔ(k)sitoθína] 囡《生化》オキシトシン
oxítono, na [ɔ(k)sítono, na] 形《音声》アクセントが語末にある《=agudo》
oxiuriasis [ɔ(k)sjurjásis] 囡《医学》ギョウチュウ（蟯虫）症
oxiuro [ɔ(k)sjúro] 男《動物》ギョウチュウ（蟯虫）
oxiurosis [ɔ(k)sjurósis] 囡 =**oxiuriasis**
oxizacre [ɔ(k)siθákre] 男《古語》酸味の強いザクロと砂糖で作った飲み物；[一般に] 酸っぱい飲み物
oxoácido [ɔ(k)soáθiðo] 男 =**oxácido**
oxomense [ɔ(k)sománse] 形 名《地名》エル・ブルゴ・デ・オスマ El Burgo de Osma の［人］《ソリア県の村》
oxoniense [ɔ(k)sonjénse] 形 名《地名》[イギリスの] オックスフォード Oxford の［人］
oxte [ɔ(k)ste] 間［人・嫌なものを拒絶する・追い払う］しっし，だめっ!: ¡O~, déjame en paz! うるさい，ほっといてくれ!
sin decir ~ ni moxte《口語》何も言わずに，黙って: Estuvo toda la cena *sin decir ~ ni moxte*. 彼は夕食の間じゅう一言もしゃべらなかった
oyamel [ojamél] 男《植物》オヤメル《メキシコ特有のモミ. 学名 Abies religiosa》
oyanza [ojánθa] 囡《コロンビア，エクアドル》=**uyunza**
oyente [ojénte]《←oír》形 名 ❶ 聞く［人］，聞き手．❷ 聴講生，見学者《=~ libre》．❸ 覆 聴衆；[ラジオの] 聴取者
oyetón, na [ojetón, na] 形 名《ペルー》頭が悪い［人］
oyuco [ojúko] 男《アンデス. 植物》オユコ《食用の芋. 学名 Ullucus tuberosus》
oz.《略語》←**onzas** オンス
ozobromia [oθobrómja] 囡《写真》オゾブロム法
ozona [oθóna] 囡 =**ozono**
ozonador [oθonaðór] 男 =**ozonizador**
ozonar [oθonár] 他 =**ozonizar**
ozónido [oθóniðo] 男《化学》オゾニド，オゾン化物
ozonificación [oθonifikaθjón] 囡《化学》オゾン化
ozonificar [oθonifikár] [7] 他 =**ozonizar**
ozonización [oθoniθaθjón] 囡《化学》オゾン処理
ozonizador, ra [oθoniθaðór, ra] 形《化学》オゾン化する，オゾン処理する
── 男《化学》オゾン発生器
ozonizar [oθoniθár] 他 《化学》オゾン化する；オゾンで殺菌処理する
ozono [oθóno]《←ギリシア語 ozaina「悪臭」》男《化学》オゾン: capa de ~ オゾン層
ozonómetro [oθonómetro] 男 オゾン測定計
ozonopino [oθonopíno] 男 マツの香りのする空気洗浄液
ozonosfera [oθonosféra] 囡《気象》オゾン層
ozonoterapia [oθonoterápja] 囡《医学》オゾン療法
ozoquerita [oθokeríta] 囡 オゾケライト《添加物》
ozotipia [oθotípja] 囡《写真》オゾタイプ法

P

p [pé] 囡 アルファベットの第17字
p.《略語》❶ ←*página* ページ〔圏 pp.〕. ❷ ←*padre* 神父; *Papa* 教皇. ❸ ←*por* …の代わりに, …に対して, …によって
p/.《略語》←*plaza* 広場
pa[1] [pá] 前《俗用》=**para**
　…*que pa qué*《俗用》ひどい…, すごい… 〔=…*que para qué*〕
pa[2] [pá] 間 《ラプラタ. 口語》〔驚き〕わあ
Pa《略語》←*pascal* パスカル
p.a.《略語》←*por autorización* 許可(権限)により; *por ausencia* 不在により
P.A.《略語》←*per annum* 年に, 一年について〔の〕, 毎年〔の〕
p/a《略語》←*por autorización* 許可(権限)により
PAAU [páu] 囡 履《略語》←*pruebas para el acceso a la universidad* 大学入学検定試験
pab [páb] 男 =**pub**
pabellón [paβeʎón]《←仏語 *pavillon*》男 ❶ 別棟, 翼館: ~ *de aduanas* 税関. ~ *de caza* 狩猟用別荘. ~ *de hidroterapia* 〔温泉場の〕鉱泉水を飲む広間. ~ *deportivo (polideportivo)* 屋内運動場. ❷ 〔博覧会場などの〕パビリオン: *P*~ *de México* メキシコ館. ❸ 病棟〔=~ *de hospital*〕: ~ *de infecciosos* 隔離病棟. ❹ 〔庭園などの〕小亭: ~ *de conciertos*/ ~ *de música* 〔屋根のある〕野外ステージ. ❺ 〔船舶〕国旗〔= ~ *nacional*〕; 船籍: *izar el* ~ *de su país* 自国の国旗を揚げる. *bajo* ~ *panameño* パナマ船籍の・で. ~ *de conveniencia* 便宜船籍国の国旗. *El* ~ *cubre la mercancía.*〔法律〕中立国の船の積載物は戦争中でも保護される/名目が効果を上げる. ❻ 〔吹奏楽器の〕朝顔口. ❼ 〔解剖〕~ *de la oreja*/~ *auditiva*/~ *auricular* 耳殻, 耳介. ❽《軍事》叉銃(さじゅう). ❾〔宝石の〕パビリオン. ❿〔古語〕〔円錐形の〕テント;〔聖壇・ベッドなどの〕天蓋. ⓫《南米. 舞踊》ペリコン〔=*pericón*〕. ⓬《コロンビア》園 1) 大型高級車. 2) 大きな打ち上げ花火. ⓭《ベネズエラ》揚げ肉・米・インゲン豆を別々に盛った料理
　dejar (*quedar*) [*bien*] *alto el* ~ ランクが上がる
pabilo [paβílo]《←ラテン語 *papyrus* < ギリシア語 *papros*》男 ❶ 〔ろうそくなどの〕芯, 灯心, ~ *mecha*; その炭化した部分. ❷ 〔地方語〕トウモロコシの芯. ❸ 〔チリ〕〔首・袖口などの〕リボン飾り
pábilo [páβilo] 男 =**pabilo**
pabilón [paβilón] 男 〔糸巻き棒から垂れた〕糸
pabiloso, sa [paβilóso, sa] 形 〔まれ〕話す
　sin hablar ni ~ うんともすんとも言わず
pablar [paβlár] 自 〔まれ〕話す
　sin hablar ni ~ うんともすんとも言わず
pablo [páβlo] 男 《メキシコ. 戯語》いつも勘定を払わされる人
pabú [paβú] 男 〔幼児語, 戯語〕自動車
pábulo [páβulo]《←ラテン語 *pabulum*「食物」< *pascere*「草をはむ」》男 《文語》活動を支える(盛んにする)もの; 食べ物: *Fue* ~ *de las llamas.* それは火に油をそそぐようなものだった/激しく燃え上がっていた
　dar ~ *a*… …にきっかけを与える, …の種をまく: *Su comportamiento dará* ~ *a las críticas.* 彼のふるまいは非難をあおりたてることになるだろう
PAC [pák] 囡《略語》←*Política Agrícola Común* 共通農業政策
paca[1] [páka] **I**《←古仏語 *pacque* < 蘭語 *packe*》囡〔羊毛・原綿などの〕包み, 荷
　II《←グアラニー語 *paka*》囡 ❶《動物》パカ〔齧歯目. 肉は大変美味〕. ❷《コスタリカ》警察車両
　── 男《コスタリカ》警察官
pacaá [pak[a]á] 男《アルゼンチン. 鳥》マシャクケイ
pacana [pakána] 囡 ❶《果実》ペカン. ❷《メキシコ, キューバ》=**pacano**
pacanero [pakanéro] 男《メキシコ, キューバ》=**pacano**
pacano [pakáno] 男《植物》ペカン
pacapaca [pakapáka] 囡《アンデス. 鳥》フクロウ
　venir la ~ [+a人] 〔にとって〕すべてうまくいかない
pacará [pakará] 男《ラプラタ. 植物》マメ科の巨木〔=*timbó*〕

pacátelas [pakátelas] 間《メキシコ. 口語》〔疑念〕まさか
pacatería [pakatería] 囡《軽蔑》おとなしさ, 気の弱さ
pacatez [pakatéθ] 囡《軽蔑》=**pacatería**
pacato, ta [pakáto, ta]《←ラテン語 *pacatus*》名 形《軽蔑》❶ おとなしい〔人〕, 気の弱い〔人〕. ❷ 何にでも大騒ぎする〔人〕. ❸ ほとんど無価値な
pacay [pakái]《←ケチュア語》男〔履 -*es*/*pacaes*〕《南米. 植物》マメ科の一種〔=*guamo*〕
pacaya [pakája]《←ケチュア語 *pácay*》囡 ❶《植物. 中米》パカヤ〔1〕テーブルヤシの一種. 葉は祝賀行事で通りに敷き詰められ, 芽は食用. 2) 大型のシダの一種. 茎は食用〕. ❷《グアテマラ》〔表に出さない〕不快, 腹立ち
pacayal [pakajál] 男《中米》パカヤ畑
pacayar [pakajár] 男《ペルー》=**pacayal**
paccionar [pa[k]θjonár] 他《法律》取り決める, 合意する〔=*pactar*〕
pacedero, ra [paθeðéro, ra] 形 牧草用の: *terreno* ~ 牧草地
pacedura [paθeðúra] 囡《家畜に》牧草を与えること
pacense [paθénse] 形 名《地名》バダホス Badajoz の〔人〕〔エストレマドゥラ州の県・県都〕
paceño, ña [paθéɲo, ɲa] 形 名《地名》ラパス La Paz の〔人〕〔ボリビアの首都〕
pacer [paθér]《←ラテン語 *pascere*「食物を与える, 放牧する」》[39] 自〔家畜が〕草を食べる: *Las vacas pacen en el prado.* 牛が牧場で草を食べている
　── 他〔草を〕食べる. ❷ 放牧する
pacha [pátʃa] 囡 ❶《メキシコ, ニカラグア》〔主に持ち運び用の〕小型の平たい酒瓶. ❷《グアテマラ, ニカラグア》哺乳瓶. ❸《グアテマラ, エルサルバドル》ゴム乳首. ❹《コロンビア. ビリヤード》スピン. ❺《エクアドル. 服飾》〔腕も襟もない〕木綿の長衣
　a ~《口語》割り勘で〔=*a medias*〕
pachá [patʃá]《←ラテン語 *pacha* < トルコ語 *pasha*》男〔履 *pachaes*〕《古語》パシャ〔=*bajá*〕
　vivir como un ~ 安逸で豪奢な生活をおくる, 左うちわで暮らす
Pachacámac [patʃakámak] 囡/男《歴史》パチャカマック〔ペルーの首都リマ近郊に位置する, 先インカ時代の遺跡. 原義はケチュア語で「大地の創造者」〕
pachacho, cha [patʃátʃo, tʃa] 形《チリ》〔動物・人が〕ずんぐりして脚の短い
pachaco, ca [patʃáko, ka] 形 ❶《中米》病弱な; 弱い. ❷《コスタリカ》つぶれた
Pachacútec-Yupanqui [patʃakútek jupánki]《人名》パチャクテック・ユパンキ〔?〜1471, 通称第9代インカ王. インカ帝国建国の祖と言われ, マチュピチュなどを建設〕
Pachacuti Yamqui [patʃakúti jámki]《人名》*Juan de Santa Cruz* ~ フアン・デ・サンタ・クルス・パチャクティ・ヤムキ〔生没年不詳. ペルー生まれの先住民年代記作者. 『ペルー王国の昔の出来事に関する報告書』*Relación de Antigüedades deste Reyno del Piru*〕
pachada [patʃáða] 形《チリ》〔雌鶏が〕矮小な
Pachamama [patʃamáma] 囡《南米》パチャママ〔インカの大地の女神〕
pachamanca [patʃamáŋka] 囡《アンデス. 料理》パチャマンカ〔焼いた石を使った肉とイモの蒸し焼き〕
pachamanga [patʃamáŋga] 囡《ベネズエラ》失神, 気絶
pachamanquear [patʃamaŋkeár] 他《ペルー》乱用する, 悪用する
pachanga[1] [patʃáŋga]《←擬態》囡 ❶ 〔主に中南米〕パーティー; どんちゃん騒ぎ, 乱痴気騒ぎ. ❷《中米》混乱. ❸ パチャンガ〔キューバ起源の踊り〕
pachango, ga[2] [patʃáŋgo, ga] 形 ❶《ホンジュラス, ニカラグア》ずんぐりした. ❷《チリ》役に立たない
pachanguear [patʃaŋgeár] 自 どんちゃん騒ぎをする
pachanguero, ra [patʃaŋgéro, ra] 形 ❶ 〔主に中南米〕〔人が〕乱痴気騒ぎ好きの. ❷《軽蔑》〔音楽などが〕低俗な; やかましい,

耳障りな

pachanguita [patʃaŋgíta] 女《サッカー》緊張感がなく組織的でないプレー

pacharán [patʃarán]《←バスク語 patxaran》男 ❶《酒》パチャラン《ナバラ産のリンボクの実のリキュール》❷《地方語.植物,果実》リンボク

pachas [pátʃas] *a* ～《口語》協力して; 半々に

Pacheco [patʃéko]《人名》**José Emilio ～** ホセ・エミリオ・パチェコ《1939～2014, メキシコの詩人・作家. 該博な知識と繊細な感性に恵まれ, 多作ではないが, 様々なジャンルに挑戦し続けた. ボルヘス Borges を思わせる幻想性をたたえた短編集『メドゥーサの血』*La sangre de Medusa*. セルバンテス賞受賞》

pacheco, ca [patʃéko, ka] 形《メキシコ.軽蔑》マリファナたばこを吸う
—— 男《ベネズエラ, エクアドル》猛烈な寒さ

Pacheco Areco [patʃéko aréko]《人名》**Jorge ～** ホルヘ・パチェコ・アレコ《1920～98, ウルグアイの政治家・ジャーナリスト, 大統領》

pachequero, ra [patʃekéro, ra] 形 名《地名》トレ・パチェコ Torre Pacheco の〔人〕《ムルシア県の町》

pachequil [patʃekíl] 男《アルゼンチン》=pachiquil

pachiche [patʃítʃe] 形《メキシコ》[果実などが] 大きくならなかった; しなびた

pachigua [patʃíɣwa] 形《ホンジュラス》満腹した

pachiquil [patʃikíl] 男《アルゼンチン》❶ [荷物を頭にのせる時に敷く] 当て布. ❷ 釣り針についたミミズ

pachirrear [patʃiřeár] 自《ベネズエラ.口語》金を切り詰める, つましく暮らす

pacho, cha[2] [pátʃo, tʃa] 形 ❶《ホンジュラス, ニカラグア, エルサルバドル》平たい. ❷《キューバ》[人が] 穏やかな, 落ち着いた, 冷静な. ❸《南米.口語》[動物・物・人が] ずんぐりした

pachocha [patʃótʃa] 女 ❶《メキシコ.口語》金, 現金. ❷《パナマ, コロンビア, ペルー, チリ.口語》無気力, ものぐさ. ❸《南米.西式トランプ》[マニラ malilla で] 一人に集中した同じ組の札

pachol [patʃól] 男《メキシコ》❶ もつれた髪. ❷ 苗床用に休ませてある畑の животные
pacholí [patʃolí] 男《メキシコ.料理》焼いたトルティーヤ

pachón, na [patʃón, na] 形 名 ❶ パチョン犬《ナバラ原産のバセットの一種. =perro ～》. ❷《口語》[人が] 穏やかな, 落ち着いた, 悠長な〔人〕. ❸《メキシコ, ホンジュラス, ニカラグア, チリ》[動物・人が] 毛の長い, 毛深い〔人〕. ❹《ペルー》ずんぐりした, 太っちょの〔人〕
—— 男《中米.服飾》パチョン《ヤシの葉で作った先住民の外套》

pachorra[1] [patʃóřa]《←擬態》女《軽蔑》悠長さ, のんき; 愚図: tener ～ 悠長である; のろくさい

pachorrada [patʃořáđa] 女《キューバ, プエルトリコ, ペルー》ふざけたこと, ばかなこと《=patochada》

pachorrear [patʃořeár] 自《中南米》手間どる, ぐずぐずする

pachorrento, ta [patʃořénto, ta] 形《南米》=pachorrudo

pachorriento, ta [patʃořjénto, ta] 形《南米.軽蔑》[動物・人が] 歩き方がのっそりとしている; ぐずな, のろまな

pachorro, rra[2] [patʃóřo, řa] 形《中南米》ぐずな, のろまな

pachorrudo, da [patʃořúđo, đa] 形《西.軽蔑》[人が] 悠長な, のんきな; のろまな, のろくさい

pachotada [patʃotáđa] 女《アンデス》=patochada

pachotear [patʃoteár] 自《チリ》たわごと (でたらめ・いい加減なこと) を言う

pachuchez [patʃutʃéθ] 女《西.口語》しおれて (しなびて) いること; 元気のなさ

pachucho, cha [patʃútʃo, tʃa]《←擬態》形《西.口語》[estar+] ❶ [花などが] しおれた, しなびた; [果物が] 熟れすぎの, 新鮮でない. ❷ [人が肉体的・精神的に] 元気のない; 軽い病気の: ¿Cómo estás?—Estoy ～. 調子どう?—ぐったりだ

pachuco, ca [patʃúko, ka] 形 名《メキシコ.軽蔑》服装が米国かぶれして (けばけばしい)〔人〕, 趣味の悪い〔若者〕
—— 男《米国》メキシコ系移民の使う隠語

pachulí [patʃulí]《←仏語 patchouli》男《植》[e]s《植物, 香料》パチョリ

pachuqueño, ña [patʃukéɲo, ɲa] 形 名《地名》パチュカ Pachuca の〔人〕《メキシコ, イダルゴ Hidalgo 州の州都》

paciencia [paθjénθja]《←ラテン語 patientia》女 ❶ 忍耐, 我慢, 忍耐力, 根気, 辛抱強さ; 気長でいること, いらいらしないこと: 1) Ten un poco de ～. ちょっと我慢しなさい. Estoy perdiendo la ～. もう我慢できない. Tiene mucha ～ para tratar con los niños. 彼女は実に辛抱強く(気長に)子供の相手をする. tomar su desgracia con ～ 不幸にじっと耐える. trabajo de ～ 根気のいる仕事. 2)《諺, 成句》Con ～ se gana el cielo. 待てば海路の日和あり. La ～ es la madre de la ciencia. 根気は科学の母. P～ y barajar. 七転び八起き. ❷ [間投詞的] 我慢しなさい/七転び八起きだ. ❸ 悠長さ, 過度の遅さ. ❹《西.菓子》[アーモンド入りの] 円形で小型のクッキー
acabar con la ～ de+人 …の堪忍袋の緒を切らす
acabarse (consumir・gastar) a+人 la ～ de …の堪忍袋の緒が切れる
armarse (cargarse・revestirse) de ～ 忍耐強く構える
con santa ～ 忍耐強く, じっと我慢して
echar ～ a+人 …に我慢する: Échale ～ porque es muy tardona. 彼はぐずだから我慢してください
probar (tentar) la ～ de (a)+人 [忍耐の限度まで] …をいらだたせる: Me estás tentando la ～ con tus impertinencias. お前の無礼さには私の堪忍袋の緒も切れかかっている

pacienciozo, sa [paθjenθjóso, sa] 形《中南米》=**pacienzudo**

paciente [paθjénte]《←ラテン語 patiens, -entis「悪を堪え忍ぶ人」<pati「耐える, 苦しむ」》形 ❶ 忍耐強い: Es muy ～ con los alumnos. 彼は生徒に対してとても我慢強い. ❷《文法》受動の《=pasivo》
—— 名 患者: El médico atiende bien a sus ～s. その医者は患者に親切だ
—— 男《文法》受け身の主語, 被動作主《=sujeto ～, persona ～》

pacientemente [paθjéntemente] 副 辛抱強く, 忍耐強く, 根気よく

pacienzudo, da [paθjenθúđo, đa] 形 忍耐強い

pacificación [paθifikaθjón]《←ラテン語 pacificatio, -onis》女 ❶ 平和をもたらすこと, 平定; 和解; 調停, 和平工作; 仲裁. ❷ 鎮静, 平穏

pacificador, ra [paθifikađór, ra] 形 名 ❶ 平定する〔人〕, 鎮圧する〔人〕. ❷ 仲裁する; 仲裁者, 調停者: medida ～ *ra* 仲裁措置
—— 男《コロンビア》おしゃべり

pacíficamente [paθifíkamente] 副 穏やかに

pacificar [paθifikár]《←ラテン語 pacificare < pacem facere「平和にする」》[7] 他 ❶ …に平和をもたらす, 平定する: ～ la isla 島を平定する. ❷ 仲裁する, 調停する, 和解させる. ❸ [心などを] 平静に戻す, 静める: ～ los ánimos 人々をなだめる
—— 自 ❶ 和平交渉をする. ❷ [海・風などが] 静まる
—— *se* [波・風などが] 静まる: *Se han pacificado los vientos*. 風がおさまった

pacífico, ca [paθífiko, ka]《←ラテン語 pacificus》形 ❶ 平和的な, 暴力を用いない: fines ～s 平和目的. revolución ～ca 無血革命. usos ～s de la energía nuclear 原子力の平和利用. ❷ [土地などが] 平穏な, 平静な, 対立のない: isla ～ca 平穏な島. ❸ 温和な, おとなしい; 平和を好む: hombre ～ 穏やかな男. ❹ 太平洋の: posesión ～ca 太平洋上占有
—— 男 [P～] 太平洋《=Océano P～》: P～ Norte (Sur) 北 (南) 太平洋. Guerra del P～《歴史》スペイン対ペルー・チリ戦争《1864～66》; チリ対ペルー・ボリビア戦争《1879～83》

pacifismo [paθifísmo] 男 平和主義, 穏健主義; 反戦論; 平和運動, 反戦運動

pacifista [paθifísta] 形 名 平和主義の(主義者), 反戦論の(論者): movimiento ～ 平和運動

pack [pák]《←英語》男《複 ～s》[同種の物一そろいの] パック: Se vende en un ～ de seis latas. 6缶一パックで売っている

package [pákij]《←英語》男《集合》《情報》パッケージ《汎用プログラム》

packaging [pákiɲin]《←英語》男 [商品の] 容器デザイン技術

pacla [pákla] 形《ペルー》禿頭の; つるつるした
—— 女《メキシコ》[週末払いの] 掛け売り

paco[1] [páko] 男 ❶ [北アフリカの旧スペイン領での紛争における] モーロ人の狙撃兵. ❷《動物》1) パカ《=paca》. 2)《ペルー, チリ》アルパカ《=alpaca》. ❸《地方語》[雨に濡れた所の] 《=umbría》. ❹《中南米》[鉄を含む脈石にある] 銀鉱石. ❺《ニカラグア.料理》淡色のトウモロコシのタマル tamal. ❻《ペルー》口内炎

paco, ca[2] [páko, ka] 形 ❶《ベネズエラ》[動物が] 耳の垂れた. ❷《ペルー, チリ, アルゼンチン》[アルパカのような] 赤褐色の, 赤みを

帯びた
── 图 〖パナマ,コロンビア,ベネズエラ,エクアドル,チリ. 口語〗警官, 刑事; 警備員, 監視員: ~ ladrón 〖チリ. 遊戯〗警官ごっこ

Paco de Lucía [páko de luθía] 〖人名〗パコ・デ・ルシア〖1947~2014, スペインのフラメンコ・ギタリスト. 本名 Francisco Sánchez Gómez. 超絶的な技巧でフラメンコギター演奏に大革新をもたらす〗

pacolla [pakóʎa] 囡〖ドミニカ〗大金, 一財産
pacómetro [pakómetro] 男 測厚器
pacón [pakón] 男〖ニカラグア, ホンジュラス. 植物〗シャボンノキ
pacopaco [pakopáko] 男〖コロンビア〗若鶏; 若僧, 青二才
pacora [pakóra] 囡〖コロンビア〗幅広で短いナイフ〖魚のうろこを取り, さばくのに使われる〗
pacorra [pakóra] 囡〖ベネズエラ〗太った中年女; オールドミス
pacota [pakóta] 囡 ❶〖メキシコ〗1) 個人取引用商品〖=pacotilla〗. 2) 取るに足りない人, 取るに足りないあがらない人. 3) 安物. ❷〖アルゼンチン〗お供(仲間)の一団
de ~〖メキシコ〗〖品物が〗同じ型で大量に作られる
pacotilla [pakotíʎa] 囡〖←仏語 pacotille <伊語 pacotiglia〗❶〖古語〗〖船員が船に無料で積み込めた〗個人取引用商品. ❷〖グアテマラ, エクアドル, チリ〗群衆; 徒党. ❸〖パラグアイ〗郵送の商品, 郵便小包
de ~〖口語〗価値のない, 粗悪な: artista *de* ~ 三流の画家. mueble *de* ~ 安物の家具
hacer su ~〖まれ〗少しずつ利殖する, 小金をためる
pacotillero, ra [pakotiʎéro, ra] 形〖チリ. 口語〗おざなりの
── 图 ❶〖中南米. 軽蔑〗〖安物・粗悪品の〗行商人. ❷〖エクアドル. 俗語〗田舎者
pacoyuyo [pakojújo] 男〖ペルー. 植物〗コゴメギク〖薬草〗
pactar [paktár] 他〖←pacto〗❶ 取り決める, ...に合意する: ~ una tregua navideña クリスマス休戦を結ぶ. ~ los precios de... ...の価格協定を結ぶ. ❷〖当局・権力側が〗...について譲歩する
── 自 [+con ~] 協定する; 〖権力者などと〗妥協する, 手を結ぶ: ~ con el enemigo 敵と協定を結ぶ
pactismo [paktísmo] 男〖協定を結んで解決を図ろうとする〗協調主義
pactista [paktísta] 形 图 ❶ 協調主義の(主義者). ❷〖まれ〗
pacto [pákto] 男〖ラテン語 pactum < paciscor「条約を結ぶ」> pango「地面に打ち込む, 固定する」〗❶ 協定, 契約; [主に軍事的な] 条約: 1) firmar (hacer) un ~ con... ...と協定を結ぶ. hacer un ~ con el diablo 悪魔と契約する, 魂を売り渡す. ~ de retro[venta]〖商業〗現先取引. ~ de silencio 暗黙の了解. ~ social 労使間協定. 2)〖歴史〗P~ Amazónico アマゾン協定〖1978年アマゾン川流域の地域開発と航行の自由などを目指して制定〗. ~ de Familia 家族協定〖1733~88年. 3度にわたり仏西間で結ばれた同盟〗. P~s de la Moncloa モンクロア協定〖1977年, スペインの全政党が結んだ政治・経済協定〗. P~ de Varsovia ワルシャワ条約〖1955~91〗. P~ Tripartito 〔日独伊〕三国同盟
pacú [pakú] 男〖アルゼンチン. 魚〗ブラックコロソマ
pacuache [pakwátʃe] 图〖パクアチェ Pacuache 族〗〖メキシコ, コアウイラ州の先住民〗
pácul [pákul] 男〖フィリピン. 植物〗クラメリア科の一種〖学名 Krameria cistoidea〗
pacuna [pakúna] 囡〖ボリビア〗[先住民の使う] 吹き矢の管
pada [páda] 囡〖貝〗ヨーロッパカニモリ
padal [padál] 男〖チリ〗わら屋根の上部
padano, na [padáno, na] 形〖地名〗〖イタリアの〗ポー Po 川の
padda [pad(d)a] 男〖鳥〗ブンチョウ
paddle [pádel] 男〖←英語〗男 = **pádel**
paddock [padók] 男〖←英語〗男〖競馬〗パドック
padecer [padeθér] 他〖←古語 padir <ラテン語 pati「苦しむ, 支える」〗⑳ 他 ❶〖苦痛などに〗苦しむ: *Padece* dolores de cabeza. 彼はしばしば頭痛に悩まされている. ~ frío 寒さに苦しむ. ~ hambre 飢えに苦しむ. ~ una desgracia 不幸な目に遭う. 〖身体・体の部位を〗病(やまい)む, 患(わずら)う: Las personas que toman poco sol corren riesgo de ~ osteoporosis. 太陽をあまり浴びない人は骨粗鬆症にかかる危険がある. Doctor, *¿qué padezco?* 先生, 私はどこが悪いのでしょう? *Padece* usted una depresión. あなたはうつ病です. ❸〖精神的・物質的被害を〗受ける, 耐える: *Padece* las injurias de sus vecinos. 彼は近所の人たちから陰口を言われている. Estamos *padeciendo* una

gran sequía. 我々は旱魃に苦しんでいる. ❹〖まれ〗[誤りなどを] 犯す
── 自 ❶ [+de·con·por で] 苦しむ; 病む, 患う: *Padeció por (con)* las infidelidades de su marido. 彼女は夫の浮気に悩まされた. Mi padre *padecía del* corazón. 私の父は心臓が悪かった. ~ mucho *con* la dermatitis atópica アトピー性皮膚炎にひどく苦しむ. ~ *de* los nervios 神経を患う. ❷ 被害を受ける: Embala bien la mercancía para que no *padezca* en el viaje. 輸送中に傷まないようにしっかり荷造りをしなさい. *Padeció* en amor propio. 彼は自尊心を傷つけられた. ❸ 耐え忍ぶ: Hemos de ~. 私たちは耐えねばならない. ❹ 心配する: No *padezcas*. 心配しないでくれ
padecimiento [padeθimjénto] 男 ❶〖精神的・肉体的に〗苦しむこと: No sé los ~s que ha sufrido en la guerra. 彼が戦争中受けた苦しみを私は知らない. ❷ 病気, 疾患, 罹病(りびょう): Tiene un ~ del hígado. 彼は肝臓を患っている
padel [pádel] 男 = **pádel**
pádel [pádel] 男〖主にラプラタ〗男〖スポーツ〗パドルテニス, パドルテニス
padilla [padíʎa] 囡 ❶ 小型の窯. ❷〖廃語〗小型のフライパン; パン焼き窯
Padilla [padíʎa]〖人名〗**Heberto** ~ エベルト・パディーリャ〖1932~2000, キューバの詩人. 59年の社会主義革命後, 詩集『オフサイド』*Fuera del juego* が政府によって反革命的だとされ, 73年に自己批判を余儀なくされた. これに対し世界の文学者がキューバ政府の思想統制に抗議の声をあげた (Padilla 事件). その後米国に亡命〗
padovano, na [padoβáno, na] 形〖地名〗= **paduano**
padparacha [pa(d)parátʃa] 囡〖鉱物〗パドパラチャサファイア
padrastro [padrástro] 男〖←俗ラテン語 patraster, -tri <ラテン語 pater「父」〗❶ 継父〖⇔madrastra, hijastro〗. ❷〖軽蔑〗[子供に対して] 意地悪な父親: Siempre fue un ~ para sus hijos. 彼は子供たちにつらく当たった. ❸〖爪の付け根の〗ささくれ. ❹〖まれ〗障害. ❺〖まれ〗山, 丘; 高い所, 高台
padrazo [pádráθo] 男〖←padre〗男〖口語〗❶〖良い意味でも悪い意味でも, 子供に対して〗非常に優しい父親, 甘い父親: Es demasiado ~ con sus hijos. 彼は息子たちに甘すぎる. ❷〖仲間同士の表現で〗とても温情のある人: Eres un ~ para mí. 君は何て優しい男なんだ
padre [pádre]〖←ラテン語 pater, -tris〗❶ 男 ❶ 父, 父親〖⇔madre, hijo〗: 1) Es u ~ de tres niños. 彼は3児の父親だ. Lo quiero como a un ~. 私はあの人を父親のように慕っている. Vamos, ~, déjeme que le haga yo. ねえ, お父さん. 僕にやらせてよ. 2)〖諺, 成句〗A ~ ganador (endurador), hijo gastador. 因業親父に放蕩息子. Cual es el ~, tal es el hijo. カエルの子はカエル/蛙の子は蛙〖⇔古代ローマ〗~ conscripto 元老院議員;〖文語〗国会議員. ~ de almas 高位聖職者; 司祭. ~ de familia 家長. ~ de la (su) patria〖歴史〗国父, 建国の父;〖戯語, 皮肉〗国会議員, 政界の実力者. ~ de mancebía 売春宿の親父(主人). ~ de pobres 貧乏人に施しをする慈悲深い人. ❷ 両親: Vivo con mis ~s. 私は両親と住んでいる. ❸〖文語〗先祖; 祖先: Del mismo modo que sus ~s, el empresario nos ha prestado ayudas económicas a los jóvenes artistas del país. 親たちと同じように, その企業家は国内の若手芸術家を経済的に援助してきた. historia de nuestros ~s 我々の祖先の歴史. nuestros primeros ~s アダムとイブ. ❹ 創始者; 発明者, 発見者: Esquilo es el ~ de la tragedia. アイスキュロスは悲劇の創始者だ. Heródoto, el P~ de la Historia 歴史の父, ヘロドトス. ❺ [主に男性名詞について] 起源, 源泉: Del odio es el ~ de las guerras. 憎しみはあらゆる戦争の生みの親である. ❻〖キリスト教〗1) [主に敬称] 神父, …師: Unos profesores son ~s. 何人かの先生は神父だ. el P~ Antonio アントニオ神父. el seráfico P~ アッシジの聖フランチェスコ. 2) ~ de la Iglesia/Santo P~〖初期教会の〗教父. ~ de provincia 教会(修道会)管区長. ~ del yermo 隠修士. ~ espiritual [=anacoreta]. ~ Santo P~/〖まれ〗P~ Santo ローマ教皇. Beatísimo P~ ローマ教皇. 3) [P~] 神: P~, escucha nuestras oraciones. 神様, 私たちの祈りをお聞き取り下さい. Dios P~/P~ Eterno 父なる神. ❼ ~ nuestro 主祷文, 主の祈り〖= padrenuestro〗. ❽〖動物〗種付け用の雄: caballo ~ 種馬. ❽〖口語〗〖Sí·No の後に意味なく続けて応答の強調〗Sí, ~. そうなんです. ❾〖隠語. 軍事〗古参兵

cada uno de su ~ y de su madre《西．口語》ちぐはぐな，調和しない，統一感のない
de ~ y muy señor mío《西．口語》［良い意味でも悪い意味でも］大変な，すごい: *Tuve un dolor de estómago de ~ y muy señor mío.* 私はおなかがひどく痛かった．*Es un desayuno de ~ y muy señor mío.* 豪勢な朝食だ
el ~ de la criatura《皮肉》［主に良くないことの］原因，生みの親
Eres mi ~.《戯語》感謝感激雨あられだよ
estar para hacerle ~ [*y darle las gracias*]《口語》［女性にとって，男性が］大変魅力的である
¡Mi ~!《口語》《驚き》おやまあ！
ni su ~《口語》誰も［…ない］: *No lo entiende ni su ~.* それは誰だってさっぱりわけがわからない
no casarse ni con su ~ 義務と思ったことに例外を設けない
no tener ~ ni madre ni perro (*perrito*) *que le ladre*《戯語》天涯孤独である
¡Que lo haga su ~! とんでもない！
ser ~ 父親になる；［複数形では］カップルになる
sin ~ ni madre[, *ni perro* (*perrito*) *que le ladre*]《戯語》天涯孤独の
¡Su ~! 1)《西．口語》=*¡Tu ~!* 2)《口語》=*¡Mi ~!*
tener el ~ alcalde コネのある
¡Tu ~!《西．口語》《怒り》ちくしょうめ！
── 形《単複同形》❶《西．口語》途方もない，すごい: *llevarse un susto ~* びっくり仰天する．*pegarse* (*darse*) *la vida ~* 気楽に遊び暮らす．❷《メキシコ．口語》[*estar*+] すばらしい，すごくいい

padrear [pađreár] 自 ❶［雄が］交尾する．❷［父親に］似る．──《まれ》受胎させる
padrejón [pađrexón] 男 ❶［男の］ヒステリー．❷《アルゼンチン》種馬
padrenuestro [pađrenwéstro] 男《キリスト教》主の祈り，主禱文，パーテル・ノステル［*Padre nuestro* という言葉で始まる］
padrillo [pađríʎo] 男《南米》種馬
padrina [pađrína] 女 =**madrina**
padrinazgo [pađrinázɣo] 男 ❶ 代父（教父）の役目；付添い人の役目；［船の］命名者の役目．❷ 後援，庇護
padrino [pađríno] 男 ❶《カトリック》［←俗ラテン語 patrinus < ラテン語 pater, patris「父」］;《カトリック》［洗礼に立会う］代父，《プロテスタント》教父［⇔madrina］；属 代父母，教父母: *Quien* (*El que*) *tiene ~ se bautiza.*《諺》よいコネがあればどんな望みでもかなう［←代父母のいる人は洗礼を受ける］．❷［結婚式・決闘などの］付添い人，介添え人，立会人．❸［新造船の］命名者．❹ 後援者，庇護者；属 その影響力: *Tiene un buen ~.* 彼にはいいパトロンがついている．*Tiene buenos ~s.* 彼にはいいパトロンたちがついている
padrísimo, ma [pađrísimo, ma] 形《メキシコ，中米》途方もない，すごい，すばらしい
padrón [pađrón] 男 ❶［←ラテン語 patronus］ 住民名簿［=*~ municipal*］: *inscribirse en el ~* 住民登録をする．*hacer el ~* 国勢調査をする．❷《まれ》汚名，不名誉［*=~ de ignominia*］．❸《地方語》石積みの囲い．❹《中南米》名簿，登録簿．❺［ニカラグア，パナマ，キューバ，ドミニカ，コロンビア，ベネズエラ，ボリビア］種畜，種馬．❻《チリ》自動車の登録書類
padronal [pađronál] 形 住民名簿の
padrones, sa [pađrónes, sa] 形 ❷《地方名》パドロン *Padrón* の［人］［ラ・コルーニャ県の町］
padrote [pađróte] 男 ❶《メキシコ．中米．軽蔑》ぽん引き．❷《中米，プエルトリコ，コロンビア，ベネズエラ》種畜，種付け用の雄
padrotear [pađroteár] 自 ❶《メキシコ》1)《俗語》［男が］交尾する，2) 売春婦と過ごす．❷《ベネズエラ．戯語》［男が］人を脅す，怖がらせる
padrusco [pađrúsko] 男《地方語》年老いたスズメ
paduano, na [pađwáno, na] 形 名《地名》［イタリアの］パドヴァ *Padua* の［人］
paedomórfico, ca [paeđomórfiko, ka] 形《生物》幼形進化の
paedomorfosis [paeđomorfósis] 女《生物》幼形進化
paella [paéʎa]（←バレンシア語》女《料理》❶ パエーリャ［野菜・サフランと肉または魚貝類入りの炊込みご飯．形 = *valenciana*］: *~ marinera* 魚貝類入りのパエーリャ．*~ mixta* 肉と魚貝類入りのパエーリャ．❷《地方語》パエーリャ用鍋［=*paellera*］
paellero, ra [paeʎéro, ra] 形 名 ❶ パエーリャの．❷

を作る（売る）［人］．❸ パエーリャ好きの［人］
──男 パエーリャ用のこんろ
──女 パエーリャ用鍋
páez [páeθ] 形 名《単複同形》パエス族［の］《コロンビアの先住民》
Páez [páeθ] 名《人名》**José Antonio ~** ホセ・アントニオ・パエス［1790～1873，ベネズエラの軍人，大統領］
paf [páf] 間 ［落ちる音・叩く音など］ドスン，バタン，バン，パチン，ピシャ
pafio, fia [páfjo, fja] 形 名《地名》［キプロスの］パフォス *Pafos* の［人］
paflagonio, nia [paflaɣónjo, nja] 形 名《歴史，地名》［小アジア北西部の］パフラゴニア *Paflagonia* 地方の［人］
paflón [paflón] 男《建築》軒蛇腹の下端
pág.《略》←**página** ページ
paga[1] [páɣa]【←*pagar*】女 ❶ 給料《金》: *Ya hemos cobrado la ~ de este mes.* 私たちはもう今月の給料を受け取った．*día de ~* 給料日．*~ extra* [*ordinaria*]《主に年2回の》ボーナス．*~ de Navidad* クリスマス手当．❷ 支払い［=*pago*］; 支払金: *~ y señal* 内金，保証金．❸［毎週などの］こづかい: *Mamá, ¿me das la ~?* ママ，おこづかいちょうだい
buena (*mala*) *~* 借金をすぐ返す（なかなか返さない）人
en tres ~s 金払いの悪い
pagable [paɣáble] 形 支払われ得る，支払可能な；支払われるべき；償いきれる: *Sus amabilidades no son ~s con palabras.* 彼の親切にはお礼の言葉もない
pagadero, ra [paɣaðéro, ra] 形【←*pagar*】❶《商業》…で支払われるべき: *coche ~ a seis meses* 6か月の分割払いの車．*letra ~ra a noventa días* 90日払いの手形．*~ a la vista* 一覧払いの．*~ a plazos* 分割払いの．*~ en efectivo* 現金払いの．*~ en fecha determinada* 確定日払いの．❷ あまり高価でない，手が届く値段の
pagado, da [paɣáðo, ða] 形 [+de に] 満足した，得意になった: *Es muy ~ de sí mismo.* 彼はうぬぼれ屋だ
pagador, ra [paɣaðór, ra] 形 名 ❶ 金を支払う［人］, 支払人: *ser buen* (*mal*) *~* 金払いがよい（悪い）．❷ 経理（支払）担当者
pagaduría [paɣaðuría] 女 経理部（課），財政局
págalo [páɣalo] 男《鳥》トウゾクカモメ［=*~ pomarino*］, *~ salteador, ~ pequeño*］. *~ parásito* クロトウゾクカモメ. *~ rabero* シロハラトウゾクカモメ
pagamento [paɣaménto] 男 支払い［=*paga*］
pagamiento [paɣamjénto] 男《古語》支払い［=*paga*］
paganía [paɣanía] 女《まれ》=**paganismo**
paganini [paɣaníni] 名 ❶《戯語》［会食などで］いつも勘定を払わされる人．❷《中南米》異教徒
paganismo [paɣanísmo]【←ラテン語 paganismus】男 異教; 集合 異教徒
paganizar [paɣaniθár] 他 異教化する
pagano, na [paɣáno, na] 形 I【←ラテン語 paganus「田舎の」< *pagus* 「村（キリスト教化に抵抗した地方勢力）」】［キリスト教以外の・特に多神教について］異教の，異教徒の: *El carnaval es una práctica ~na.* カーニバルは異教の習慣である．*mundo ~* 異教世界．*rito ~* 異教の儀式
── 名 異教徒: *evangelizar a los ~s* 異教徒にキリスト教を説く
II【←*pagar*】形 名 ❶《西．戯語》［会食などで］いつも勘定を払わされる［人］: *Siempre me toca a mí ser el ~.* いつも私が勘定を払わされる．*amigo ~* 金づる．❷《口語》他人の罪を着る［人］: *El hermano mayor ha sido el ~ de los errores del pequeño.* 兄が弟の［過ちの］尻ぬぐいをした
pagar [paɣár]【←ラテン語 pacare「鎮める，債権者をなだめる」】8 他 ❶ 払う，支払う: 1) ［金額を］*Me pagan la hora.* 私は時給10ユーロだ．*Pagado* ［表示］支払済．2) ［…の代金などを］*Haz lo que te digo o, si no, no te pagaré la obra.* 私の言うようにしなさい．さもないと工事代を払わないぞ．*Estoy pagando el televisor a plazos.* 私はテレビの代金を分割払いにしている．*Yo no estaba en casa y Julia pagó por mí la luz.* 私が家にいなかったので，フリアが電気代を立て替えてくれた．*~ la compra* 買い物の支払いをする．*~ la casa* 家賃を払う．*~ la factura* 請求書の支払いをする．*~ la universidad* 大学の授業料を払う．3) [+*de* 料金の] ¿*Cuánto pagas de alquiler?* 賃貸料として君はいくら払うか? *Pago de habitación 300 euros al mes.* 私は月300ユーロの部屋代を払っている．4) [+*por*

の対価として] *Pagamos* 40 euros *por* la cena. 私たちは夕食代として40ユーロ払った. Me *pagan* mensualmente cien mil yenes *por* repartir los periódicos todas las mañanas. 私は毎朝新聞を配達して月に10万円もらっている. 5) [+a+人 の代わりに] Le *pagó* los estudios su hermano. 兄が彼の学費を出した. ❷ …に報いる: Jamás podré ~le a usted las atenciones que está teniendo conmigo. ご恩返しのしようもありません. ❸ …の報いを受ける, ばちが当たる: 1) ~ el mal 悪行の報いを受ける. ~ *su crimen* 罪をあがなう. 2) [+con ~] *Pagó con su salud esos excesos*. 彼はあんなに無茶をして体を壊した. ~ *su crimen con tres años de cárcel* 禁錮3年の刑で罪を償う. ~ *con su vida* 命をかけて償う. ❹ 課税対象になる

***dejar pagando a*+人** 《アルゼンチン, ウルグアイ. 口語》…に待ちぼうけを食わせる; びっくり仰天させる

~*la* 《口語》 = **~*las*: ¡Me la pagarás!** 仕返しはさせてもらうぞ! El que la hace la paga. 《諺》蒔いた種は自分で刈る/自業自得

~*las* 《口語》報いを受ける; 償いをする: *Las ha pagado con creces*. 彼はたっぷりと罰が当たった. *Me ha causado mucho daño, pero un día me las pagará*. 彼にはひどい目に遭わせたが, いつかそのつけを払わせてやる

~*las todas juntas* = **~*las*: *Me las pagarás todas juntas*.** お前に仕返しをしてやるからな

── 自 ❶ 金を払う: 1) [+a+人 に] ¿Te *pagan* bien? 君のところは給料がいいかい? No me *pagan* muy bien. 私はあまり給料が高くない. Los niños menores de cinco años no *pagan* en el autobús. 5歳以下の子供はバス料金は無料だ. 2) [+en+通貨 で] ~ *en dólares* ドルで支払いをする. 2)[手当などが] 支払われる: ¿*Paga* la condecoración? 叙勲には手当がついていますか? ❸ 《コロンビア》費用に見合う, するだけの価値がある

~ *mal* ひどい仕打ちをする

── **~*se*** ❶ 支払われる: *Se paga* el seguro de desempleo cada treinta días. 30日ごとに失業保険が支払われる. Aquí no *se paga* nada; todos los niños tienen acceso gratuito a las vacunas básicas. ここは料金はいらない. 子供はみんな基本的な予防注射を無料で受けられる. Ahora sus cuadros *se pagan* millones de yenes. 今では彼の絵は数百万円で売れる. ❷ 《文語》[+de·con に] 得意になる, 満足である: *Se paga de su belleza*. 彼女は美しさを鼻にかけている. ❸ 心を奪われる

pagar	
直説法点過去	接続法現在
pagu**é**	pagu**e**
pagaste	pagu**e**s
pagó	pagu**e**
pagamos	pagu**e**mos
pagasteis	pagu**é**is
pagaron	pagu**e**n

pagaré [paɣaré] 《←pagar》男 《商》 ~s] 約束手形 [=~ a la orden]: ~ *bancario* 銀行手形. ~ *de empresa* コマーシャルペーパー, CP [企業が短期の資金調達のために発行する約束手形. スペインでは1982年から利用開始. 代わって *letra de empresa* と *pagaré bancario* は85年に廃止]. ~ *de favor* 融通手形. ~ *del Tesoro* 政府債券, 国債 [スペインでは1981年から利用され始めたが値上がりで不透明なため91年に発行停止]. ~ *no pagado* 不渡り手形

pagaya [paɣája] 女 《フィリピン》櫂 [*zagual* より少し長く舵としても使われる]

pagayo [paɣájo] 男 《プエルトリコ》[サトウキビの搾り汁を煮る容器の] あくを取る木製のへら

pagaza [paɣáθa] 女 《鳥》ハシブトアジサシ [=~ *piconegra*, ~ *de pico negro*]: ~ *piquirroja* オニアジサシ

pagel [paxél] 男 《魚》ニシキダイ [=*breca*]

página [páxina] 《←ラテン語 *pagina*》女 ❶ [本の] ページ: 1) Lea usted la primera ~. 1ページ目を読んで下さい [通常は1ページ目が序数を使う]. Vamos a ver la ~ 20. さあ20ページを見ましょう. Hoy estamos en la ~ 46. 今日は46ページです. abrir el libro por la ~ *cinco* 本の5ページ目を開く. pasar la ~ ページをめくる. en la ~ *anterior* (*siguiente*) 前(次)のページに. ~*s amarillas* 《西》職業別電話帳. ~*s de cortesía* 遊び紙. La novela tiene unas ~*s flojas*. その小説には冗長な部分がある. 2) 《文語》[人生・歴史などの] Ha pasado la ~ más glo- riosa de su vida. 彼の生涯の最も輝かしい一ページが過ぎた. ❷ [新聞の] …面. ❸ [雑誌の] *primera* ~ 表紙. ❹ 《情報》 web/~ *de Internet* ホームページ. ❺《文語》短い音楽作品

a toda ~ 1ページ全部の

de primera ~ トップニュースの

doble ~ 見開き2ページ; 見開き2ページの広告: una fotografía a *doble* ~ 1枚の見開き写真

paginación [paxinaθjón] 女 ❶ ページ付け; 《情報》ページング. ❷ ページ数

paginar [paxinár] 他 [原稿などに] ページを付ける

pago[1] [páɣo] I 《←pagar》男 ❶ 支払い: hacer (efectuar) un ~ 支払う. comprar en *cinco* ~*s* 5回の分割払いで買う. día de ~ 支払日; 給料日. documentos contra ~ 支払渡し荷為替手形. exportación de ~ *diferido* 延払い輸出. plazo de ~ 支払期限. ~ *a cuenta* 内金払い. ~ *a plazos* 分割払い. ~ *al contado* 即金払い. ~ *contra entrega* 代金引換払い. ~ *en metálico* 現金払い. ~ *por visión* [有料テレビの] ペイ・パー・ビュー. ~*s bilaterales* [貿易の] 双務決済. ~*s multilaterales* (*múltiples*) [貿易の] 多角決済. ~*s compensatorios*/~*s por subvención* 不足払い [主に農産物について政府が設定する支持価格と市場価格との差額を生産者に支払う]. ~*s no fiscales* (*tributarios*) 税外負担 [法令の根拠のない, 地方自治体に対する寄付金など]. ❷ 支払い額: ~ *de la habitación* 宿泊料. ❸ 払い戻し, 返済 [=*devolución*]. ❹ お返し; 報い: ¿Este es el ~ que me das? これが [世話をしてもらった] 恩を仇で返すのか?

dar mal ~ *a*+人 …の恩を仇で返す

de ~ 有料の: aparcamiento *de* ~ 有料駐車場. colegio *de* ~ 私立学校. médico *de* ~ 専門医 [⇔*médico del seguro*]

en ~ *a* (*de*·*por*)… …の返礼として: *En* ~ *de tus atenciones, te llevaré a una comida*. 世話になったお礼にごちそうしましょう

parte de (*l*) ~ 下取り, 代金の一部: *Al comprar un coche, entrega el viejo como parte del* ~. 彼は車を買う時, 古いのを下取りに出す. en *parte de* ~ 下取りとして

II 《←ラテン語 *pagus*「村」》男 ❶ [主にブドウ・オリーブが植わっている] 地所, 農園. ❷ 小さな村, 集落. ❸ 《口語》圃 1) 故郷, 住み慣れた土地. 2) 場所, 地域: Últimamente no le vemos por estos ~*s*. 最近このあたりで彼を見かけない. ❹ 《アルゼンチン, ウルグアイ》生まれ育った土地

pago[2]**, ga**[2] [páɣo, ɣa] 形 [*estar*+. 勘定が] 支払い済みの: Ya está usted ~. [パルなどで] あなたの分はもう [他の人から] いただきましたよ. 《南米》雇われた, 有給の; 有料の

pagoda [paɣóda] 《←ポルトガル語 *pagode*》女 仏塔, パゴダ

pagote [paɣóte] 男 《口語》他人の罪を着る人, 尻ぬぐいをさせられる人 [=*pagano*]

pagro [páɣro] 男 《魚》ヨーロッパマダイ

pagua [páɣwa] 女 《メキシコ. 果実》大型で甘いアボカド. ❷ 《チリ》ヘルニア, 大きな腫れもの

paguacha [paɣwátʃa] 女 《チリ》❶ ヒョウタン; ヒョウタンで作った容器. ❷ [メロンなど] 大きくて丸い果物. ❸ 貯金箱. ❹ たばこ入れ. ❺ 丸い頭. ❻ 背中のこぶ

pagüento, ta [paɣwénto, ta] 形 《チリ》ヘルニアを患っている

paguro [paɣúro] 男 《動物》ヤドカリ

pahlavi [palábi] パフラヴィー語 [=*pelvi*]

pahua [páwa] 女 《チリ》ヘルニア

pahuacha [pawátʃa] 女 《チリ》 = **paguacha**

pai [páj] 男 《メキシコ, 中米. 菓子》ケーキ, パイ

paica [pájka] 女 《アルゼンチン, ウルグアイ. 口語》年ごろの女性

paichachú [pajtʃatʃú] 男 《ボリビア》[先住民が] 脚に巻いて鳴らす一連の鈴

paiche [pájtʃe] 男 《魚》ピラルク [=*arapaima*]

paico [pájko] 男 《アンデス. 植物》エパソーテ, アリタソウ

paidofilia [pajðofílja] 女 = **pedofilia**

paidofílico, ca [pajðofíliko, ka] 形 小児性愛の

paidófilo, la [pajðófilo, la] 形 男女 = **pedófilo**

paidología [pajðoloxía] 女 [生理学・心理学的見地からの] 小児[科]学

paidológico, ca [pajðolóxiko, ka] 形 小児[科]学の

paila [pájla] 女 ❶ [広く浅い] 平鍋; 《中南米》フライパン; 《コロンビア, ベネズエラ, ボリビア, チリ, アルゼンチン, ウルグアイ》パエーリャ鍋; 《アルゼンチン》脚付きの土鍋 (銅鍋). ❷ 《ニカラグア》サトウキビ刈り

取り用の鉈〖広刃で細いマチェテ machete〗. ❸《キューバ》[河床などの] 水の流れ. ❹《チリ, アルゼンチン, ウルグアイ. 料理》炒め物, 揚げ物. ❺《チリ, アルゼンチン. 口語》大きな耳
estar en ~s《ボリビア. 口語》ひどく健康を害している(金に困っている・元気がない)
pailebot [pajleból(t)] 男 =**pailebote**
pailebote [pajlebóte] 男《←英語 pailot's boat》[船舶] 小型スクーナー
pailero, ra [pailéro, ra] 名《中南米》❶ paila の製作・修理・販売をする人. ❷ [砂糖や塩の製造作業場で] 平鍋係
—— 男 ❶《ニカラグア》鉈 paila でサトウキビを刈り取る作業員. ❷《キューバ》同性愛の男
paillette [pajét] 女《服飾》スパンコール
pailón, na¹ [pailón, na] 形 名《チリ. 口語》❶ [年齢のわりに] でっかい〔少年・少女〕. ❷ 耳が長い(大きい)〔人〕. ❸ 間抜けな〔人〕
—— 男 ❶《ホンジュラス, エクアドル, ボリビア》底が円形のくぼ地. ❷《キューバ, コロンビア》片手鍋. ❸《コロンビア》[金属製・陶器などの] 円筒形の器. ❹《ベネズエラ》[大河での] 渦, 渦巻き
pailona² [pailóna] 女《魚》マルパラマメザメ
paina [páina] 女《アルゼンチン》パンヤ科の高木の実を覆う毛の白い塊
painel [pajnél] 男 =**panel**
paino [pájno] 男《地方語》=**paiño**
paiño [pájno] 男《鳥》ヒメウミツバメ〖= ~ común〗: ~ de Leach ウミツバメの一種〖学名 Oceanodroma leucorrhoa〗. ~ de Madeira クロコシジロウミツバメ. ~ de Wilson アシナガウミツバメ
paipai [pajpáj] 男 =**paipay**
paipái [pajpáj] 男 =**paipay**
paipay [pajpáj] 男《←タガログ語》[稀 paipáis]《西》[シュロの葉などで作った] うちわ
pairal [pajrál] 形《地方語》[家が] 父方の, 旧家の
pairar [pajrár] 自《船舶》[帆を上げたままで] 停船する
paire [pájre] 男《パナマ, ドミニカ》[金属・プラスチック製の] 密閉容器, 弁当箱
pairo [pájro] 男《←古オック語 pairar「耐える, 支える」》《船舶》[帆を広げたままの] 一時停船
al ~ 1) 一時停船して. 2) [estar+] 行動(決断)せずに
traer al ~《口語》[+a+人] にとって取るに足りない
pairón [pajrón] 男《地方語》[村・町の入口にある] 円柱形の碑
país [pajís]《←仏語 pays「地方, 国」<ラテン語 pagensis「農民」》男 ❶ 〖→nación 類義〗: ¿De qué ~ es usted? お国(ご出身)はどちらですか? En este ~ los militares tienen mucho poder. この国では軍人が大きな力を持っている. Estudian en el curso 60 jóvenes del ~ y del extranjero. 内外の60人の若者がその講座で学んでいる. tanto en el ~ como en el exterior 国内でも海外でも. ~ independiente 独立国. ~*es* europeos ヨーロッパ諸国. *P~es* Bajos《国名》オランダ. ¡Qué ~! 何をいうひどい国だ! ❷ 地方, 地域; 住民: alertar al ~ 国民に警戒を呼びかける. ❸ 地方〖=región〗. ❹ [扇の] 地紙, 地布. ❺ El *P~*『エル・パイス』『1976年創刊のスペインの日刊全国紙』. ❻《まれ》風景〖=paisaje〗. ❻《地方語》地ワイン〖=vino del ~〗
del ~ 1) 自国の, 国産の: producto *del ~* 国産品. 2) 地元の
vivir sobre el ~ 1)《軍事》現地住民の負担で駐屯する. 2) 他人の金を当てにして暮らす
paisa [pájsa] 男《歴史》[スペイン内戦で] モロッコ人兵士
—— 名《メキシコ》同国人, 同郷人〖=paisano〗
paisaje [pajsáxe] 男《←país》❶ 風景, 景色, 景観: Yo estaba contemplando el ~ desde el balcón. 私はバルコニーから景色を眺めていた. Se extiende un ~ maravilloso. すばらしい風景が広がっている. ~ montañoso de Ecuador エクアドルの山岳風景. ~ de nieves 雪景色. ~ cultural 文化的景観. ~ kárstico カルスト景観. ~ interior 内的風景, 心象風景. ~ natural 自然の風景. ~ urbano 都市景観. ❷ 風景画; 風景写真. ❸《まれ》[扇の] 地紙, 地布〖=país〗
paisajismo [pajsaxísmo] 男 ❶ 風景画. ❷ 造園術, 造園法
paisajista [pajsaxísta] 形 ❶ 風景の. ❷ 造園の
—— 名 ❶ 風景画家. ❷ 造園家, 庭師
paisajístico, ca [pajsaxístiko, ka] 形 ❶ 風景の, 景色の; 造園の: belleza *~ca* 景色の美しさ

—— 女 ❷ 都市景観研究
paisana¹ [pajsána] 女 ❶《口語》妻〖=mujer〗. ❷ 田舎風の舞踊と音楽
paisanada [pajsanáda] 女〖集名〗《ラプラタ. 口語》[la+] 田舎の人, 農民
paisanaje [pajsanáxe] 男 ❶ 同国人(同郷人)であること. ❷〖集名〗民間人, 一般市民
paisano, na² [pajsáno, na]《←país》形 名 ❶ 同郷の〔人〕, 同国の〔人〕: Es un ~ mío. 彼は私と同郷が同じだ. ❷ 田舎の人, 農民. ❸ [軍人に対して] 民間人, 一般市民: traje (vestido) de ~《西》[軍服・僧服に対して] 平服. ir de ~ 平服を着ている. policía de ~ 私服刑事. ❹《メキシコ》口語》スペイン人. ❺《ドミニカ》[特にシリア・パレスチナから来た] 外国人. ❻《ペルー》山岳地帯の先住民. ❼《チリ》アラブ人. ❽《ラプラタ》田舎の人
paisista [pajsísta] 形 名《まれ》=**paisajista**
paisito [pajsíto] 男 小国
paiute [pajúte] 形 名 [北米先住民の] パイウーテ語〔の〕
paja [páxa]《←ラテン語 palea「もみがら」》女 ❶〖時に 集名〗麦わら, わら: La ~ se utiliza como alimento del ganado. わらは飼料になる. sombrero de ~ 麦わら帽子. Vemos la ~ en el ojo ajeno y no vemos la viga en el nuestro. 〖諺〗他人の小さな欠点には気づいても自分の大きな欠点には気づかないものだ. ❷ ストロー: sorber el jugo con una ~ ストローでジュースを飲む. ❸《口語》[文書・スピーチなどの] 不要な(内容のない)部分: Una gran mayoría de los comentarios son ~. コメントの大部分は無内容だ. ❹《卑語》マスターベーション: hacerse una (la) ~ /《ペルー, チリ》correrse la (una) ~ マスターベーションをする. ❺《植物》~ brava ウシノケグサの一種〖学名 Festuca orthophylla〗. ~ de esquenanto〖=~ camello/~ de Meca 〕. ❻《中南米》蛇口〖= ~ de agua〗. ❼《コロンビア》嘘
buscar la ~ en el oído 言いがかりの種を捜す
dar ~《エルサルバドル. 口語》へらうし, ちやほやする
echar ~《エルサルバドル. 口語》内容のないことをペチャクチャしゃべる
echar ~s わらのくじを引く《短いのが当たり》
en quítame allá esas ~s あっという間に
no caber a+人 una ~ por el culo《俗語》…がひどく喜ぶ
no creer a... la ~《エルサルバドル. 口語》怪しげな…を承認してしまう
no dormirse en las ~s 好機を待ち構える
no importar (montar) una ~ 何の価値もない
~ mental《口語》根拠のない仮定, 憶測
por un quítame allá esas ~s《西. 口語》つまらないことが原因で
tener la ~ tras la oreja《中米》疑い深い
Todo es ~. 全くナンセンスだ
—— 形 ❶ 麦わら色の, 薄黄色の. ❷《ペルー. 口語》すばらしい
pajado, da [paxádo, da] 形 麦わら色の〖=pajizo〗
pajal [paxál] 男《アルゼンチン》イチュ ichu の群生地
pajar [paxár] 男 わら置き場
pájara¹ [páxara]《←pájaro》女《西. 口語》❶ [自転車など] 突然のスタミナ切れ: Le entró una ~ cuando estaba cerca de la meta. 彼はゴール近くなって突然スタミナが切れた. ❷ 紙飛行機. ❸《軽蔑》奔放な女性, 悪女, 卑しむべき女性〖= ~ pinta〗. ❹ ~ pinta 罰金遊び. ❺ 雌の鳥
dar a+人 ~《コスタリカ, コロンビア》…をだます
pajarada [paxaráda] 女〖集名〗鳥
pajaral [paxarál] 男《キューバ》小鳥の多い場所
pajarear [paxareár] 他《グアテマラ, コロンビア, エクアドル, ボリビア, チリ》❶ 鳥たちを脅かして畑から追い払う. ❷《アンデス》1) 観察する. 2) 殺す. ❸《コロンビア. 口語》[殺害・傷害目的で] つけ狙う
—— 自 ❶ [働かないで] ぶらぶらする, のらくらする. ❷ 鳥を狩る. ❸《中南米》1) [馬が] おびえる. 2) 鳥たちを追い払う. ❹《メキシコ, チリ. 口語》[人が] ぼんやりしている. ❺《メキシコ》聞き耳を立てる, 盗み聞きをする. ❻《グアテマラ. 口語》放浪する
—— *~se*《ペルー》へまをする
pajarel [paxarél] 男《鳥》ムネアカヒワ〖=pardillo〗
pajareo [paxaréo] 男 バードウォッチング, 野鳥観察
pajarera¹ [paxaréra] 女 ❶ 鳥小屋, 鳥かご. ❷ 鳥がたくさん止まっている木. ❸《植物》コハコベ, ハコベ

pajarería [paxarería] 囡 ❶ 小鳥店, ペットショップ. ❷ 鳥の群れ. ❸ 鳥好き
pajareril [paxareríl] 圏 鳥好きの, 愛鳥家の
pajarero, ra [paxaréro, ra] [←*pájaro*] 圏 ❶ 鳥の: *redes* ~*ras* 捕鳥網. ❷《西. 主に軽蔑》ふざけ好きの, 冗談ばかり言う. ❸《西. 主に軽蔑》[布・絵などが] けばけばしい, 人目を引く. ❹ 鳥を研究する(育てる・狩る)のが好きな. ❺《中南米》1)《口語》[馬が] かんの強い. 2) 怖がりの, おどおどした. ❻《カリブ》おせっかいな
── 圐 鳥を狩る(育てる・売る)人: *Enrique I el P* ~ 捕鳥王ハインリヒ1世《876～936, ドイツ皇帝》
── 圐《中米, アンデス. 口語》畑から鳥を追い払う役目の少年
pajarete [paxaréte] 圐 パハレテ《アロマの強い上質のシェリー酒》
pajaril [paxaríl] 圏 鳥の
── 圐 *hacer* ~《船舶》強風に備えて, 帆の隅をしぼる
pajarilla [paxaríʎa] 囡 ❶ 豚の脾臓. ❷《植物》セイヨウオダマキ《=aguileña》
  alegrar a+人 *la* [*s*] ~[*s*] …を勇気づける, 満足させる
  alegrarse a+人 *la* [*s*] ~[*s*]《まれ》…が大変勇気づく, 満足する
  traer a+人 *las* ~*s volando*《まれ》…を喜ばす, 好きにならせる
pajarillo [paxaríʎo] 圐 小鳥
pajarita [paxaríta] [*pájara* の示小語] 囡 ❶《西. 服飾》蝶ネクタイ《=corbata de ~》. ❷ 折り紙[の鳥]《=~ de papel》. ❸《鳥》~ *de las nieves* ハクセキレイ
  irse a+人 *la* ~《コスタリカ. 口語》[言おうとしたこと・するべきことを] …がど忘れしてしまう
pajarito [paxaríto] 圐 ❶ *pájaro* の示小語: *Mira el* ~/*Mira, que va a salir un* ~. [写真を撮る時] カメラを見て, 鳩が出るよ. ❷ 小鳥
  comer como un ~ ひどく少食である
  creer en ~*s* [*preñados*]《中米, キューバ, プエルトリコ, コロンビア, ベネズエラ. 口語》信じやすい, 人よく信じる
  estar [*como un*] ~《西》1) 死んでいる. 2) 凍えている
  Me lo dijo un ~. [出所を隠して] ある人から聞いたのだ
  morir como un ~ 安らかに息を引き取る
  quedarse [*como un*] ~《西》1) 安らかに息を引き取る: *El pobre no sufrió nada, se quedó como un* ~. 哀れな男は少しも苦しまず, 安らかに息を引き取った. 2) 凍える
pájaro[1] [páxaro] [←古語 *pássaro* <俗ラテン語 *passer, -eris*「スズメ」] 圐 ❶ 鳥, 小鳥《→*ave* 類義》: 1) *Los* ~*s vuelan en V.* 鳥たちはV字飛行する. *Metió al* ~ *en la jaula.* 彼は鳥を籠に入れた.《西の諺》~ *del verano* (*del invierno*) 夏鳥(冬鳥). 2)《諺, 成句》*El* ~ [*ya*] *voló*. 獲物(機会)が逃げてしまった. *Más vale* ~ *en mano que ciento* (*buitre*) *volando.* 明日の百より今日の五十. *matar dos* ~*s de un tiro* (*de una pedrada*) 一石二鳥である. *P* ~ *viejo no entra en mi jaula.* 亀の甲より年の功. 3) [各種の鳥] ~ *arañero* カベバシリ《=*trepariscos*》. ~ *bobo* ペンギン; アカアシカツオドリ. ~ *burro* カンドリ《=*rabihorcado*》. ~ *campana* ハゲナシズドリ. ~ *del sol* ゴクラクチョウ《極楽鳥》. ~ *diablo* ウミツバメ. ~ *loco* ヤブタイランチョウ. ~ *mosca* [体長7cm位の] ハチドリ. ~ *moscón* ツリスドリ. ~ *niño* ペンギン. ~ *polilla* カワセミ. ~ *resucitado* =~ *mosca.* ~ *secretario* ヘビクイワシ.《口語》陰茎. ❸《口語》圐 幻想, ばかげた考え. ❹《廃語》政治屋. ❺《ベネズエラ》民衆的なダンス曲の一種
── 圏 ❶《キューバ》ホモセクシュアルの. ❷《チリ》ぼやっとした, ぽかんとした
  a vista de ~ 1) 高い所から見た: *perspectiva a vista de* ~ 鳥瞰図. 2) 表面的に見て
  a vuelo de ~《中南米》ざっと見て: *Me faltó tiempo y vi la exposición a vuelo de* ~. 私は時間がなかったので展覧会を駆け足で見た
  asarse los ~*s* ひどく暑い
  cabeza a ~ 空っぽの頭, 軽薄
  cocerse los ~*s* =*asarse los* ~*s*
  cuando haya ~*s nuevos*《チリ》ずっと先で
  encontrar el ~ *en el nido* 目当てにしている人を見つける
  haber volado el ~ 会いたかった人が行ってしまう
  meter a+人 ~ ~ *barbullo* 羊国狗肉を売る
  ~ *azul* 1)《鳥》ブルーバード. 2) [*El P* ~ *azul.* メーテルリンク Maeterlinck の]『青い鳥』: *buscar el* ~ *azul* 青い鳥を捜す. 3)《エルサルバドル. 口語》護送車

~ *tonto* 間抜け, のろまな人《=*ave tonta*》
quedarse como un ~《西》安らかに息を引き取る《=*quedarse* [*como un*] *pajarito*》
tener algo más que ~*s en la cabeza* まんざらばかではない, それほど愚かではない
tener [*muchos*] ~*s en la cabeza*《西》1) ぼんやりしている, うっかりしている. 2) 頭がおかしい, 気が変である
volarse los ~*s*《アルゼンチン, ウルグアイ. 口語》自制心を失う
pájaro[2], ra [páxaro, ra] 图《西. 口語. 軽蔑》❶ 賢い人, 油断のならない人《=~ *de cuenta,* ~ *pinto*》. ❷《軽蔑》奴《[=*tipo*]: *Es un buen* ~. したたかな奴だ
  ~ *de mal agüero* 不吉な男
  ~ *gordo* [犯罪組織などの] 大物, 重要人物
pajarolear [paxaroleár] 自《アルゼンチン》放浪する; ぶらぶらする
pajarón, na [paxarón, na] 圏 圐 ❶《チリ, アルゼンチン, ウルグアイ. 軽蔑》ばかな[人], 間抜けな[人]. ❷《チリ. 口語》放心した[人]. ❸《自転車など》突然のスタミナ切れ
pajarota [paxaróta] 囡 ❶《まれ》虚報, デマ. ❷《地方語. 鳥》ヤマドリヒバリ
pajarotada [paxarotáða] 囡《口語》=*pajarota*
pajarraco, ca [paxařáko, ka] [←*pájaro*] 图 ❶《軽蔑》ずる賢い人, 油断のならない人: *Menudo* ~ *está hecho, es capaz de vender a su madre.* 何とまたずる賢い奴だ, 自分の母親も裏切りかねない. ❷《チリ. 口語》風変わりな人
── 圐《軽蔑》大きく不格好な鳥, 怪鳥
pajaza [paxáθa] 囡《わらが長くて》馬が食い残したわら
pajazo [paxáθo] 圐 [馬の角膜にできる] 傷状のしみ
paje [páxe] [←古語 *page*] 圐 ❶ [王侯貴族に仕えた] 小姓, 近習. ~ *de armas* 楯もち, 盾もち. ❷《髪型》ページボーイカット. ❸ 結婚式で花嫁花婿に付添う男の子《⇔*damita*》. ❹《船舶》給仕. ❺ 鏡台, 化粧台
pajea [paxéa] 囡《植物》=*ajea*
pajear [paxeár] 自 ❶ [馬が] 十分にわらを食べる. ❷《まれ》ふるまう, 態度をとる: *Cada uno tiene su modo de* ~. 誰しもそれぞれ自分のふるまい方がある
pajecillo [paxeθíʎo] 圐 ❶《西》洗面器台《=*palanganero*》. ❷《アンダルシア. 古語》燭台を載せる小さな家具
pajel [paxél] 圐 =*pagel*
pajera[1] [paxéra] 囡 [わらをすぐ与えられるように馬小屋に設けた] 小さなわら置き場
pajería [paxería] 囡 わらの販売店
pajero, ra[2] [paxéro, ra] 图 ❶ わら売り. ❷《メキシコ, チリ, アルゼンチン, ウルグアイ. 俗》マスターベーションの常習者. ❸《ニカラグア》配管工《=*fontanero*》
── 圐 わらの山, わら置き場
pajiguero [paxiɣéro] 圐《地方語》わら置き場
pajil [paxíl] 圏 小姓 *paje* の, 近習の
pajilla [paxíʎa] 囡 ❶ ストロー《=*paja*》. ❷ トウモロコシの皮で巻いたたばこ. ❸ 麦わら帽子《=*sombrero de* ~》
pajillero, ra [paxiʎéro, ra] 图 ❶ 他人にマスターベーションをしてやる人《主に金をもらってする女性》. ❷ マスターベーションの常習者
pajita [paxíta] 囡 ストロー《=*paja*》
pajizo, za [paxíθo, θa] [←*paja*] 圏 ❶ 麦わら色の. ❷ わらで出来た(覆われた): *techo* ~ わらぶき屋根
pajo [páxo]《植物, 果実》フィリピン産の小型のマンゴー
pajolería [paxolería] 囡《主に西. 口語》いまいましい言行
pajolero, ra [paxoléro, ra] [←*paja*] 圏 圐《主に西. 口語》❶ [+名詞] いまいましい, 気にくわない: *No ha trabajado en su* ~*ra vida.* いまいましいことに彼は今まで働いたことがない. ❷ ひどい[人], 嫌な[奴]
  no tener ni ~*ra idea* 全く分からない
pajón [paxón]《メキシコ, 口語》縮れた
── 圐 ❶ [刈り株などの] 長く太いわら. ❷《キューバ, ドミニカ, ベネズエラ. 植物》イネ科の一種《家畜の飼料となる. 学名 *Paspalum virgatum*》. ❸《ドミニカ》もつれた髪
pajonal [paxonál] 圐 ❶ 長く太いわら *pajón* で覆われた土地. ❷《キューバ, ドミニカ, ベネズエラ》イネ科の一種 *pajón* で覆われた土地. ❸《コロンビア, ベネズエラ, チリ, アルゼンチン, ウルグアイ》叢林地, 低木地. ❹《ベネズエラ, チリ, ラプラタ》草地, 牧草地
pajoso, sa [paxóso, sa] 圏 ❶ わらの多い. ❷ わらのような
pajote [paxóte] 圐《農業》[作物にかぶせる] こも, むしろ

pajuate [paxwáte] 形《アルゼンチン》=**pajuato**
pajuato, ta [paxwáto, ta] 形 名《コロンビア, ベネズエラ, ラプラタ》愚かな〔人〕, 鈍い〔人〕
pajucero [paxuθéro] 男《アラゴン》❶〔堆肥にするために〕わらを腐らせる場所. ❷《脱穀場に》できる〕わらの山
pajudo, da [paxúðo, da] 形《ベネズエラ》嘘つきの
pajuela [paxwéla] 女 ❶〔硫黄を塗った〕ライ麦のわら束, たいまつ. ❷ 細かいわら. ❸《メキシコ, キューバ》〔鞭の〕先端の織った紐. ❹《コロンビア, チリ》つまようじ. ❺《ベネズエラ》マンドリンのピック. ❻《ボリビア》マッチ
pajuerano, na [paxweráno, na] 形 名《ボリビア, ラプラタ. 軽蔑》〔都会に出て来て, 都会の習慣にうとい〕田舎者〔の〕, おのぼりさん〔の〕
pajuil [paxwíl] 男《プエルトリコ. 植物》カシューナットノキ
pajuncio [paxúnθjo] 男《軽蔑》小姓〔=paje〕
pajuno, na [paxúno, na] 形=**pajil**
pajurria [paxúrja] 女《キューバ》❶ 最下級の葉のたばこ. ❷ 価値のない事物
pajuye [paxúje] 男《ボリビア, アルゼンチン》バナナを潰して作る保存食品
pajuz [paxúθ] 男《アラゴン》❶〔まぐさ棚から捨てられた〕腐りかけのわら. ❷ 畑に残った細かいわら〔肥料用〕
pajuzo [paxúθo] 男《アラゴン》=**pajuz**
pakistaní [pakistaní] 形 名=**paquistaní**
pa kua [pa kwá]《←中国語》八卦（け）
pa kua chang [pa kwa tʃáŋg]《←中国語》《武術》八卦掌
pal [pál] 男 ❶《紋章》〔盾の〕縦帯. ❷《船舶》〔キャプスタンの〕大きな爪
pala [pála]《←ラテン語》女 ❶ スコップ: remover la tierra con la 〜 スコップで土をすくう. una 〜 de arena スコップ1杯の砂. 〜 mecánica パワーシャベル. ❷《料理》1) ケーキサーバー. 2) パンを窯に入れる柄の長い木ベラ《= 〜 de panadero》. 3)〔主人が食卓で切り分ける〕魚用ナイフ. ❸〔オールの先の〕水かき. ❹《スポーツ》〔ペロータ・卓球などの〕ラケット〔=raqueta〕. ❺〔プロペラ・スクリューの〕羽: hélice de tres 〜s 三枚羽のプロペラ〔スクリュー〕. ❻〔靴の羽の〕甲. ❼ corbata de 〜 ancha 太いネクタイ. ❽ じゅうたん叩き. ❾〔主に〕 上部門歯. ❿《パルサボテンの》茎
a punta 〜《西. 口語》大量に, どっさり: Ahí había porquería a punta 〜. そこはがらくたが山のように置いてあった. Con la olimpiada empezarán a venir extranjeros a punta 〜. オリンピックで外国人がどっと押し寄せ始めた. Tengo amigos a punta 〜. 私には友達がたくさんいる
tener buena 〜《口語》上手〔巧み〕である
palabra [palábra]《←古語 parabla < ラテン語 parabola「直喩」< ギリシア語 parabole「比較」< para「〜の側に」+ballo「私は投げる」》女 ❶ 単語, 語: ¿Cómo se escribe esa 〜? その単語はどう綴るのですか? Esta 〜 viene del francés. この語はフランス語から来た. escribir una composición de (con) más de mil 〜s 千語以上の作文を書く. ❷〔主に 複〕言った・書かれた〕言葉: 1) Lo dijo en 〜s ininteligibles. 彼は理解できない言葉で言った. Estas son 〜s de Jesús. これはイエスの言葉だ. No tengo (encuentro) 〜s para expresar mi agradecimiento. お礼の言葉もありません. Al oírlo, se quedó sin 〜. 彼はそれを聞いて言葉を失った. cambiar unas 〜s con+人 …と言葉を交す. decir unas 〜s de despedida 別れの挨拶をする. según las 〜s de Aristóteles アリストテレスの言葉によれば. libertad de 〜[s] 言論の自由. 2)《諺》A buen entendedor pocas 〜s bastan. 賢者は一言にして足る／一を聞いて十を悟る. A 〜s necias, oídos sordos. たわごとには耳を貸すな. Las 〜s se las lleva el viento. 言葉よりも行為がものを言う／言葉は後に残らない. 3)《文語》〔式典・集会で〕pronunciar 〜s de felicitación 祝辞を述べる. 〔主に 複〕〔行為, 動作〕Después de sus 〜s se produjo un gran silencio. 彼が言い終えると一座はしーんとなった. hacer uso de la 〜 発言する. ❹ 約束: ¿P〜? —P〜. きっとだな？ いいとも. No tiene más que una 〜. 彼は約束を守る男だ. P〜s, 〜s, yo lo que quiero son hechos. 約束ばっかりだ, 私が欲しいのは事実だ. cumplir (con) su 〜 約束を果たす. guardar (mantener) su 〜 約束を守る. 〜 de casamiento〔=de matrimonio〕結婚の約束, 婚約. ❺ 雄弁: Es un político de 〜 fácil. その政治家は易しい言葉を使って, 説得力がある. ❻《複》空疎な言葉, むだ口: No lo ha dicho de corazón, solo son 〜s. 彼は

心からそう言ったのではない, 口先にすぎない. Sus amenazas no son más que 〜s. 彼の脅しは口先だけだ. ❼〔攻撃的な〕表現. ❽〔否定文で〕一言も〔…ない〕: No dice 〜. 彼は一言も言わない. No entiendo 〜. 私は一言も分からない. ❾《言語》言語能力. ❿《キリスト教》1) 〜 de Dios／〜 divina 福音〔書〕. 聖書. las siete 〜s〔十字架上での〕7つの言葉. 2) [P〜]. 三位一体の第2位である〕キリスト. ⓫《まれ》 複 呪文. ⓬《まれ》 ⓭ 作家の言葉, くだり. ⓮《古語》 格言, 箴言. ⓯《古語》 金切り声
a la primera 〜 話し始めるとすぐに, 最初の一言
a media 〜 暗に
agarrar la 〜 a+人／agarrarse a la 〜 de+人=coger la 〜 a+人
ahorrar 〜s 無駄口をきかない; 言葉が足りない
alzar la 〜 義務から解放する
atragantarse las 〜s …どもる, 言葉に詰まる, しどろもどろになる: El conferenciante estaba muy nervioso y se le atragantaban las 〜s. 講演者はあがりっぱなしで, しどろもどろだった
atravesar una 〜 con+人《古語》…と話をする
atravesarse a+人 las 〜s …が言葉に詰まる: Cuando iba a explicárselo, se me atravesaron las 〜s. 彼に説明しようとして, 私は言葉に詰まった
bajo la 〜 de+人 …の口約束だけで
bajo 〜 誓って: libre 〜 仮釈放中の. libertad bajo 〜 仮釈放, [宣誓の] 宣誓釈放
bajo su 〜 名誉にかけて
beber[se] las 〜s de+人 …の言うことを傾聴する; …の言いなりになる: Era tan buen orador, que sus admiradores se bebían sus 〜s cuando pronunciaba una conferencia. 彼は演説が上手なので, 講演会でしゃべったりすると, ファンたちは必死で彼の話に耳を傾けた
buenas 〜s〔中味・実行の伴わない〕聞こえのいい言葉, 美辞麗句: No se conformará solo con buenas 〜s. 彼は聞こえのいい言葉だけでは満足しないだろう
ceder la 〜 a+人 …に発言を許す, 発言権を与える: Ahora vamos a ceder la 〜 al invitado. それでは来賓にお話をいただきましょう
coger la 〜《主に 西》1) [+a+人の] 言質をとる. 2) 話す
coger las 〜s a+人 …の言うことをよく聞く
cogerse a la 〜 [+de+人の] 言質をとる〔=coger la 〜〕
comerse las 〜s 発音〔語尾〕がはっきりしない; 〔あわてたために〕言い落とす, 言葉を落とす: Habla tan rápido que se come las 〜s y no se puede entender lo que dice. 彼はとても早口なので言葉をはしょってしまい, 何を言っているのかよく分からない
conceder la 〜 a+人=ceder la 〜 a+人
cortar la 〜 言葉をさえぎる
cruzar la 〜 con+人 …と交際する
cruzarse de 〜s 口論する
dar la 〜 〜 1) …に約束する, 誓う. 2) 議論で…をやっつける. 3) =ceder la 〜 a+人
dar 〜 +名詞・不定詞+que+直説法 …の約束をする
dar 〜 y mano 婚約する
dar [su] 〜 約束する: Te doy mi 〜. 約束するよ／君に誓うよ. José me había dado su 〜 de que se estaría quieto por lo menos un año. ホセは少なくとも1年間はおとなしくしていると私に約束していた
de 〜 1) 口頭で〔⇔por escrito 文書で〕: Es un acuerdo de 〜. それは口頭だけで. acordar... de 〜 …を口頭で取り決める. 2) 口先だけで〔⇔de hecho 実際に〕
de pocas 〜s 口数の少ない: Mi padre es de pocas 〜s. 私の父は口数が少ない
decir a+人 cuatro 〜s bien dichas …に明白な事実を言う; 思ったことをはっきりと言う
decir una 〜 al oído ちょっと耳打ちする
dejar a+人 con una 〜 en la boca《口語》…の話を全然〔最後まで〕聞かずに背を向ける: Yo me di media vuelta y le dejé con la 〜 en la boca porque no quería escuchar sus disculpas. 私は彼の言い訳に耳を貸したくなかったので, 話の途中で彼にくるりと背を向けた
dirigir la 〜 a+人 …に言葉をかける, 話しかける
dos 〜s 短い会話

palabrada

empeñar la (*su*) ~ 約束をする, 誓う: *Empeñó su ~ para sacarme del apuro.* 彼は私を助けてくれると約束した
en breves ~s =*en pocas ~s*
en cuatro ~s =*en pocas ~s*
en dos ~s =*en pocas ~s*
en pocas ~s 簡潔に: *En pocas ~s explicó el asunto.* 彼はごく手短に用件を説明した
en otras ~s 言いかえれば, 換言すれば
en una ~ 一言で言えば
en unas ~s =*en pocas ~s*
entretener con buenas ~s 空しい期待を抱かせる
enzarzarse de ~s =*trabarse de ~s*
estar colgado (*pendiente*) *de las ~s de*+人 …の言うことを傾聴している
faltar de ~ a su ~ 約束をたがえる: *Me prometiste venir a la fiesta de mi cumpleaños y espero que no faltes a tu ~.* 私の誕生パーティーに来てくれると約束したのだから, 約束を破らないでね
faltar de ~ a+人 …を侮辱する
faltar ~s a+人 …にとって筆舌に尽くしがたい: *Me faltan ~s para expresar mi agradecimiento.* お礼の言葉もありません
gastar ~s [*en vano*] 言っても無駄なことを言う
llevar la ~ 代表して話す
mala ~《主に中南米》無作法な言葉, 汚い言葉
maltratar a+人 *de ~* …を侮辱する, ののしる
medias ~s 不十分な言い方: *Lo dijo con medias ~s.* 彼はそれについて言葉を濁した. *Es persona de medias ~s.* 彼ははっきりとした言い方をしない人だ. *comprender a medias ~s* 一を聞いて十を知る
medir las (*sus*) *~s* 不適切なことを言わないように言葉を選んで慎重に話す: *Mide usted sus ~s por favor.* どうかお言葉にはお気をつけ下さい
ni ~ 全然〔知らない・分からない〕: *No entiendo ni ~ de arqueología.* 私は考古学のことはさっぱり分からない
ni media ~ =*ni ~*
ni una ~ 一言も: *El cocinero de origen Húngaro no habla ni una ~ en inglés.* そのハンガリー出身のコックは英語を一言も話せない. *De eso ni una ~ a nadie.* そのことについて誰にも決して話さないように. *¡Ni una ~ más!* それ以上言うな!
no dejar escapar ~ =*no soltar ~*
no oírse una ~ más alta que otra《口語》密々にうわさされている
no perder ~ 地獄耳である
no soltar ~ 発言を控える
no tener más que ~ 口先だけである, 中身がない
no tener más que una ~ 実直である, 約束を違えない
no tener ~ すぐ(しばしば)約束を破る
¡P~! 1) 誓います; きっとだぞ, 約束したよ! 2) はっきり言って/本当なんだから!
¡P~ de caballo! 誓います/武士に二言はない!: *¿Es verdad eso que dices?—P~ de caballo.* 君が言ってることは本当かね?—誓って
¡P~ de hombre! 誓います/男の一言だ!
~ de honor 1) 誓言, 名誉にかけた誓い: *dar ~ de honor* 誓言する, 名誉にかけて誓う. *bajo ~ de honor* 誓約して. *¡P~ de honor!* 名誉にかけて・違います! 2)《服飾》ペアショルダー
~ de la ley 名誉毀損の言辞
~ de oráculo どうにでも取れる返事
~ de presente 〔結婚式での〕誓いの言葉
~ de rey 確約, 確言
~ de uno contra la de otro 〔証人・証拠のない〕言った言わない(やったやらない)の問題
~ del duelo =*~ de la ley*
~ fea/~ fuerte/~ gorda/~ gruesa 汚い言葉, 卑語; 侮辱
~ ociosa むだ口
~ pesada うんざりさせる言葉
~ por ~ 一語ずつ; 逐語的な・に: *Me repitió ~ por ~ lo que le dijiste.* 彼は君が言ったことを一言一句そのまま私に繰り返した. *traducir ~ por ~* 直訳する
P~ que+直説法 誓って言うが…: *P~ que no lo hice.* 誓って

言うが, 私はそれをしていない
~s buenas =*~s mayores*
~s cruzadas クロスワードパズル〔=*crucigrama*〕
~s libres 淫らな言葉
~s mayores 1) 侮辱, 人を傷つける言葉, 暴言, 罵詈雑言: *No hace falta llegar a ~s mayores.* ののしり合いにまでエスカレートさせる必要はない. 2) 重大な結果を及ぼす言葉, 重大事
pedir la ~ 発言〔の許可〕を求める: *Una anciana levantó la mano para pedir la ~.* 一人の老女が手を上げて発言の許可を求めた
perder la ~ 言葉に詰まる; 言語能力を失う, 口がきけなくなる
quedarse con la ~ en la boca 言いかけて口をつぐむ
quitar〔*a*〕*la ~ de la boca* 1) …の先に言ってしまう: *Yo quería contar lo sucedido, pero ella me quitó la ~ de la boca y habló por mí.* その事件については私の口から話したかったのだが, 彼女が私の話を奪ってしまい, 私の代わりに彼女が話すことになった. 2) 話の腰を折る, 話をさえぎる
remojar la ~ 一杯やる
rozarse en las ~s 舌がもつれる
¡Santa ~!〔時に皮肉〕うれしいね!
ser de una sola ~ 実直である, 約束を違えない
ser ~s mayores 重大〔重要〕事項である: *Hablar de matrimonio ya son ~s mayores.* こと結婚の話となるととても重要な問題だ
sin hablar ~ 一言も口をきかずに, 何も言わずに
sobre la ~ de+人 =*bajo la ~ de*+人
soltar la ~ 1) 義務〔約束〕から解放する. 2) 約束する
sopesar las (*sus*) *~s* =*medir las* (*sus*) *~s*
sorber[*se*] *las ~s de*+人 =*beber*[*se*] *las ~s de*+人
tener la ~ 話す番である: *Ahora el presidente tiene la ~.* 今から社長の挨拶があります
tener [*unas·algunas*] *~s con*+人 …と口論〔論争〕する: *He tenido unas ~s con el portero por lo mal que limpia la puerta.* 私は管理人と彼の玄関掃除が行き届いていないことで言い争いをした
tomar la ~ 1)〔会議などで〕話し始める. 2) [+*a*+人 の] 言質を取る
torcer las ~s 言いまぎらす
trabarse de ~s ののしり合う
traer en ~s a+人 約束事を釣る
tratar mal de ~ a+人 …を侮辱する, 罵倒する
última ~ 1) 最終決断, 最終結論: *decir la última ~* 最終的決定を下す. 2) [*la~. +en* で] 最後のもの; 最新のもの
¡Una ~! 誓って/約束に, 誓います
valga la ~ たとえて言えば〔=*valga la comparación*〕
vender ~s 言葉巧みにだます
venir contra su ~ 約束を破る

palabrada [palabráda]〔女〕侮辱(攻撃)的な言葉
palabrear [palabreár]〔自〕❶《まれ》よくしゃべる. ❷《コロンビア, エクアドル, チリ》口約束をする; 〔女性が〕結婚の約束をする. ❸《チリ》侮辱する
palabreja [palabréxa]《*palabra* の示小語》〔女〕《軽蔑》〔あまり使われない〕珍奇な言葉; 難しい言葉; 発音しにくい言葉
palabreo [palabréo]《←*palabra*》〔男〕《軽蔑》無駄口, 駄弁
palabrería [palabrería]《←*palabrero*》〔女〕《軽蔑》駄弁, 意味のないおしゃべり: *Eso es pura ~.* それは単なる意味のないおしゃべりだ. *Basta de ~.* おしゃべりはもう十分だ. *Mucha ~ y poca acción.* 言うは易く行なうは難し. *gastar el tiempo en ~s* おしゃべりに時間を費やす
palabrerío [palabrerío]〔男〕=*palabrería*
palabrero, ra [palabréro, ra]《←*palabra*》〔形〕《軽蔑》無駄口の多い〔人〕, 口先だけの〔人〕
palabrimujer [palabrimuxér]〔男〕〔形〕女性的な話し方をする〔男〕
palabrista [palabrísta]〔形〕〔名〕=*palabrero*
palabrita [palabríta]《*palabra* の示小語》〔女〕含みのある言葉: *Me dijo cuatro ~s.* 彼は私に含みのあることを言った. *~s mansas*《口語》表現の穏やかな人
palabro [palábro]〔男〕❶《西. 皮肉》〔間違えて作った〕変な言葉; 珍奇な言葉. ❷《西. 口語》=*palabrota*
palabrón, na [palabrón, na]〔男〕〔形〕=*palabrero*

palabrota [palaβróta]《palabra の軽蔑語》囡《口語》野卑な言葉: ののしり, 悪態, 悪口雑言: decir (soltar) ~s 汚い言葉を吐く, 悪態をつく

palabrotero, ra [palaβrotéro, ra] 形《幼児語》汚い言葉をたくさん使う[人]

palabrudo, da [palaβrúðo, ða] 形《チリ》口の悪い, 口汚い

palacete [palaθéte]《←palacio》男 小宮殿, 小城;《口語》邸宅

palacial [palaθjál] 形 宮殿の, 城館の

palaciano, na [palaθjáno, na] 形 =**palaciego**

palaciego, ga [palaθjéɣo, ɣa]《←palacio》形 宮殿の, 王宮の: vida ~ga 宮廷生活
—— 男 廷臣, 宮廷人

palacio [palaθjo]《←ラテン語 palatium「ローマのパラティーノの丘」》男 ❶ 宮殿, 城館; 大邸宅: El recibimiento oficial de los embajadores tendrá lugar en el ~ de la presidencia. 各国大使を歓迎する公式行事は大統領官邸で行われる. P~ de La Granja ラ・グランハ宮殿《スペインの首相官邸》. P~ de la Moncloa モンクロア宮殿《スペインの首相官邸》. P~ de Versalles ベルサイユ宮殿;［~ episcopal 司教館;［P~ Real］マドリードの王宮. ❷［公共の記念碑的な建物］~ de bellas artes 美術館. ~ de comunicaciones 郵便電話局. P~ de Congreso[s] 国会議事堂. ~ de deportes スポーツセンター. ~ de Justicia 裁判所. Las cosas de ~ van despacio. お役所仕事だ［処理が遅い］. ❸《トレド, アンダルシア》［家の］メインルーム

Palacios Rubios [paláθjos ruβjos]《人名》**Juan López de** ~ フアン・ロペス・デ・パラシオス・ルビオス《1450~1524, スペイン人法学者. スペインの新大陸征服の法的手続きを規定した降伏勧告状 requerimiento の編纂者》

Palacio Valdés [paláθjo βaldés]《人名》**Armando** ~ アルマンド・パラシオ・バルデス《1853~1938, スペインの小説家. 地方で生きる人々の暮らしや風習に目を向け, 温かい眼差しでその姿を描いた.『マルタとマリア』 *Marta y María*,『サン・スルピシオ尼』 *La hermana San Sulpicio*》

palacra [palákra] 囡 塊金［=pepita de oro］

palacrana [palakrána] 囡 =**palacra**

palada [paláða]《←pala》囡 ❶ スコップ1杯の量: una ~ de arena スコップ1杯の砂. ❷ オールの1漕ぎ, ストローク; スクリュー(プロペラ)の1回転, ピッチ

paladar [palaðár]《←俗ラテン語 palatare < ラテン語 palatum》男［解剖］口蓋: ~ duro 硬口蓋. velo del ~ 軟口蓋. ❷ 味覚: tener buen ~ 味覚が鋭い. bueno al ~ 口当たりのよい. ❸［芸術的な］センス, 美的感覚: Tengo poco ~ para la ópera. 私にはオペラはよく分からない

paladear [palaðeár]《←paladar》他 ❶ ゆっくり味わう: ~ el buen coñac 上等のコニャックを賞味する. ❷［主に芸術作品を］ゆっくり楽しむ, 享受する: ~ la poesía 詩を味わう
—— 自 舌で口蓋をこする(押す)

paladeo [palaðéo] 男 賞味, 享受

paladial [palaðjál]《音声》口蓋音の

paladiano, na [palaðjáno, na] 形《建築》パラディアン様式の

paladín [palaðín]《←伊語 paladino < 俗ラテン語 palatinus「廷臣」》男 ❶［昔の］勇士, 正義の騎士《進んで戦いに参加し手柄を立てた騎士》. ❷《歴史》カール大帝麾下の騎士. ❸ 擁護者: ~ de la democracia 民主主義の擁護者

paladinamente [palaðínamente] 副 公然と, 包み隠しなく

paladino, na [palaðíno, na] 形《←ラテン語 palatinus「公式の, 民衆の」+palam「公然と」》形 公然の, 包み隠しない: demostración ~na de la sensibilidad artística 芸術的感受性の明らかな証明
—— 男 =**paladín**

paladio [paláðjo] 男《元素》パラジウム

paladión [palaðjón] 男［国などの］守り, 守護

paládium [paláðjum]《文語》男 =**paladio**

palado, da [paláðo, ða] 形《紋章》盾が6本の縦線で等分された

palafítico, ca [palafítiko, ka] 形《考古》湖上住居の

palafito [palafíto] 男《考古》湖上住居

Palafox y Mendoza [paláfoks i mendóθa]《人名》**Juan de** ~ フアン・デ・パラフォックス・イ・メンドサ《1600~59, スペイン人聖職者. ヌエバ・エスパーニャ副王領の教育・文化活動を推進》

palafrén [palafrén] 男《古語》［中世の女性用などの］おとなしい馬, 儀仗馬

palafrenero [palafrenéro] 男《古語》［儀仗馬の］馬丁, 口取り: ~ mayor 国王の乗る馬の口取り

palafrugellense [palafruxeʎénse] 形《地名》パラフルヘル Palafrugell の[人]《ヘロナ県の村》

palahierro [palajéro] 男［挽き臼の］軸受け

palamallo [palamáʎo] 男 ペルメル球技 mallo に似た競技

palamenta [palaménta] 囡 ❶［集名］［一隻の船の］オール全体. ❷《コロンビア》柵, 柵囲い

palamosense [palamosénse] 形《地名》パラモス Palamós の[人]《ヘロナ県の村》

palana [palána] 囡《ペルー》鍬(くわ)

palanca [palánka]《←ラテン語 palanga < ギリシア語 phalanx, -angos「ころ, 棍棒...」》囡 ❶てこ; かなてこ, バール: hacer ~ てこを使う, てこで動かす; こじ開ける. levantar... con la ~ てこで…を持ち上げる. ~ de primer (segundo・tercer) género 一(二・三)元てこ. ❷ レバー, ハンドル: ~ de cambio (de velocidades 変速レバー. ~ de mando 操縦桿, 操作レバー. ❸《主に中南米》影響力, コネ［=enchufe］: Tiene una buena ~ en el gobierno. 彼は政府に顔がきく. mover ~s コネを使う. ❹［荷物運搬用の］天秤棒. ❺《水泳》飛び込み台; 高飛び込み. ❻《格闘技》関節技. ❼《経済》~ financiera 財務レバレッジ. ❽《ホンジュラス, 植物》バンレイシ科の一種《悪臭の灌木, 薬用. 学名 Xylopia frutescens》. ❾《チリ》畜殺係の助手の若者
agarrar para la ~《チリ. 口語》嘘を信じ込ませてからかう

palancacoate [palankakoáte] 男《メキシコ. 動物》腐肉の匂いを出す毒蛇《学名 Drymarchoncorais melanuru》

palancada [palankáða] 囡 palanca での殴打

palancana [palankána] 囡《地方語》盆［=palangana］

palancanero [palankanéro] 男《地方語》洗面器台［=palanganero］

palanco [palánko] 男《地方語》長く太い棒

palancón, na [palankón, na] 形 名 ❶《グアテマラ, ボリビア》脚が長くて細い[人]. ❷《ホンジュラス》背の高い[人]. ❸《アルゼンチン》[主に去勢牛が]図体の大きい; [人が] 大きくて鈍重な
—— 囡《エクアドル》刃の狭い鍬(くわ)

palangana [palangána]《←?古語 palagana》囡 ❶ 洗面器［=jofaina］. ❷《地方語》盆［=bandeja］. ❸《メキシコ, プエルトリコ》パエーリャ鍋. ❹《中米, アンデス》深皿, 大皿［=fuente］. ❺《チリ》小麦の穀種を選り分ける木製の道具
—— 形《中米》1) うぬぼれた[人] 2) おしゃべりな[人]. 3) 浅薄な[人]. ❹《チリ, アルゼンチン, ウルグアイ》侵入者

palanganada [palangknáða] 囡《中南米. 口語》自慢, うぬぼれ

palanganear [palanganeár] 自《ペルー, チリ, ラプラタ》自慢する, うぬぼれる, ほらを吹く

palanganero [palanganéro] 男 ❶ 洗面器台. ❷《隠語》売春宿の従業員, 妓夫(ぎゅう)

palangre [palángre]《←カタルーニャ語》男《漁業》はえなわ

palangrero, ra [palangréro, ra] 形 はえなわ漁の
—— 男 はえなわ漁船(漁師)

palankari [palankári] 男《ナバラ》棒引き tiro de barra の競技者

palán palán [palán palán] 男《アルゼンチン. 植物》タバコの木《学名 Nicotiana glauca》

palanqueado, da [palankeáðo, ða] 形 名《コロンビア, ペルー, ボリビア, ラプラタ. 口語》コネを使った[人]

palanquear [palankeár] 他 ❶ てこで持ち上げる(動かす). ❷《メキシコ, コロンビア, ベネズエラ》さおで船を操る. ❸《コロンビア, ペルー, ボリビア, ラプラタ. 口語》[+a+人 に] コネを使って…を与える. ❹《エクアドル》悩ませる, 困らせる, わずらわせる. ❺《アルゼンチン, ウルグアイ》[野生の子馬を] 杭にUながいで馴らす

palanquero, ra [palankéro, ra] 形 てこで持ち上げる(動かす)
—— 男 ❶《古語》鍛冶屋のふいご係. ❷《メキシコ》埠頭. ❸《チリ》1) 《鉄道》制動手. 2) 押し込み強盗
—— 囡 木製の柵

palanqueta [palankéta]《palanca の示小語》囡 ❶［扉をこじ開けたりするのに使う］かなてこ. ❷《メキシコ, チリ, アルゼンチン, ウルグアイ》［重量挙げの］バーベル. ❸《メキシコ, キューバ. 菓子》豆板. ❹《エクアドル》細長いパン

palanquetazo [palanketáθo] 男《隠語》かなてこ palanqueta でドアをこじ開けること

palanquetero, ra [palanketéro, ra] 名《隠語》=**palanquetista**

palanquetista [palanketísta] 名《隠語》かなてこ palanqueta でドアをこじ開けて侵入する泥棒

palanquilla [palaŋkíʎa] [女]［厚さ5～14センチの］鋼片〖=hierro ～〗
palanquín [palaŋkín] **I**〖←ポルトガル語 palanquim〗[男]［東洋の］駕籠(かご), 輿(こし)
II〖←palanca〗[男] ❶ ポーター, 人足. ❷《船舶》1) クリューガーネット〖大横帆を帆桁に畳み込む索〗. 2) 滑車巻上げ機
palanquista [palaŋkísta] [名]《隠語》=**palanquetista**
p'alante [pálante] [副]《口語》前方に・へ〖=para adelante〗: tirar ～ まっすぐ行く; うまくいっている; がんばる
palapa [palápa] [女]《メキシコ》［ヤシの葉を使った］日よけ
pala pala [pala pála] [男] パラパラ〖タカのけんかをまねたアルゼンチンの民俗舞踊〗
palar [palár] [他] ❶《コロンビア》スコップで土をすくう. ❷《ボリビア》棒で殴る
Palas [pálas] [女] ❶《ギリシア神話》パラス〖アテーナー Atenea の別名〗. ❷《天文》パラス〖小惑星の一つ〗
palasan [palásan] [男]《植物》籐〖=rota〗
palastro [palástro] [男] ❶ 鉄板, 鋼板. ❷ 錠箱
palatabilidad [palataƀiliðá(ð)] [女]［食物が］口に合うこと, 嗜好性
palatable [palatáƀle] [形] 味のよい, 口に合う
palatal [palatál]〖←ラテン語 palatum〗[形] ❶《解剖》口蓋の. ❷《音声》硬口蓋調音の: vocal ～ 硬口蓋母音
―― [女] 硬口蓋音
palatalización [palataliθaθjón] [女]〔硬〕口蓋音化
palatalizar [palataliθár] [9] [他] [自]《音声》〔硬〕口蓋音化する
palatina[1] [palatína] [女]《廃語》［テンの毛皮・絹・羽製の, 女性用の］ネクタイ状の喉・胸元飾り
palatinado [palatináðo] [男]《歴史》宮中伯の身分(領地)
palatino, na[2] [palatíno, na] **I**〖←ラテン語 palatinus〗[形] 宮殿の: costumbre ～*na* 宮廷のしきたり
―― [男]《歴史》宮中伯, 選帝侯
II〖←ラテン語 palatus〗[形] 口蓋の; 上顎骨の
―― [男]《解剖》上顎骨
palatización [palatiθaθjón] [女] =**palatalización**
palatizar [palatiθár] [9] [他] [自] =**palatalizar**
palatograma [palatoɡráma] [男]《音声》パラトグラム, 口蓋図
palavano [palaƀáno] [男]［ミクロネシアの］パラオ語
palawense [palawénse] [形] [名]《地名》パラワン Palawan の〔人〕〖フィリピン西端の州・島〗
palaweño, ña [palawéɲo, ɲa] [形] [名]《地名》=**palawense**
palay [paláj] [男]《フィリピン》脱穀していない米, モミのままの米
palaya [palája] [女]《ムルシア. 魚》シタビラメ〖=suela〗
palayero, ra [palajéro, ra] [名]《ムルシア》魚売り, 魚屋
palazo [paláθo] [男] スコップによる殴打; その傷(跡)
palazón [palaθón] [女] ❶ [集名]［建物・船などを構成する］木材. ❷《メキシコ, コロンビア》柵
―― [男]《ベネズエラ》酒のがぶ飲み
palca [pálka] [女] ❶《アンデス》岐路, 分岐点. ❷《ボリビア》枝の分岐
palco [pálko]〖←伊語 balcone〗[男] ❶［劇場などの］ボックス席: ～ de autoridades/～ de honor ロイヤルボックス. ～ platea 1階ボックス席. primer ～ 2階ボックス席. ～ de proscenio 舞台わきのボックス席. ～ presidencial《闘牛》主催者席. ❷ ～ escénico 舞台〔の床面〕. ❸［行列などの見物用の］壇. ❹《アルゼンチン》［子供の］口にできる発疹
palde [pálðe] [男]《チリ》❶［ジャガイモ・貝などの掘り出しに使う］尖った棒. ❷ 短剣
palé [palé] **I**〖←商標〗[男] ❶《西》パレット〖=tarima〗. ❷《ゲーム》モノポリー
II〖←仏語 palais〗[男]《ペルー》ダンディーな男, 伊達男
pálea [pálea] [女]《植物》内花穎
paleador, ra [paleaðór, ra] [形] [名] シャベルで働く〔人〕, シャベルを使う〔人〕
paleal [paleál] [形]《動物》外套膜の: cavidad ～ 外套膜腔
palear [paleár] [他] ❶ スコップ pala で掘る(すくう). ❷《中南米》盗む
―― **～se**《プエルトリコ, ベネズエラ》酒を数杯飲む
paleártico, ca [paleártiko, ka] [形]《地理, 生物》región ～*ca* 旧北区〖ヒマラヤ山脈以北のユーラシア大陸とサハラ砂漠以北のアフリカ大陸〗
palendra [paléndra] [女]《コロンビア》シャベル, スコップ; 鍬(くわ)
palenque [paléŋke]〖←カタルーニャ語 palenc < ラテン語 palus「棒」〗[男] ❶ 囲い, 柵. ❷《古語》［催し物などをする］囲いの内部, 構内. ❸《メキシコ》1) 闘鶏場. 2) 民衆の祭り. 3)《歴史》[*P*～] パレンケ〖チアパス Chiapas 州にあるマヤ文明の都市遺跡〗. ❹《コスタリカ, キューバ, コロンビア. 歴史》［先住民や黒人逃亡奴隷の住む］険しい場所にある集落, 隠し村. ❺《コスタリカ》［数家族の先住民が住む］大農場, 広い農園. ❻《南米》［馬などをつないでおくための］杭, 柱. ❼《チリ》騒々しい場所
palenquear [paleŋkeár] [他]《ラプラタ》［馬などを］柱につなぐ
palentino, na [palentíno, na] [形] [名]《地名》パレンシア Palencia の〔人〕〖カスティーリャ＝レオン州の県・県都〗
paleo-《接頭辞》［旧・古］*paleo*grafía 古文書学
paleoantropología [paleoantropoloxía] [女] 古人類学
paleoantropólogo, ga [paleoantropóloɡo, ɡa] [名] 古人類学者
paleobiología [paleoƀjoloxía] [女] 純古生物学
paleobotánica [paleoƀotánika] [女] 古植物学
paleocanal [paleokanál] [男]《地質》ウォッシュアウト
paleoceno, na [paleoθéno, na] [形] [男]《地質》暁新世〔の〕
paleoclima [paleoklíma] [男] 古気候
paleoclimatología [paleoklimatoloxía] [女] 古気候学
paleocristiano, na [paleokristjáno, na] [形]［6世紀までの］初期キリスト教〔徒〕の
―― [男] 初期キリスト教美術
paleofitología [paleofitoloxía] [女] =**paleobotánica**
paleogénesis [paleoxénesis] [男]《動物》原形発生
paleógeno, na [paleóxeno, na] [形] [男]《地質》古第三紀〔の〕
paleogeografía [paleoxeoɡrafía] [女] 古地理学
paleografía [paleoɡrafía] [女] 古文書学
paleográfico, ca [paleoɡráfiko, ka] [形] 古文書学の
paleógrafo, fa [paleóɡrafo, fa] [名] 古文書学者
paleolítico, ca [paleolítiko, ka] [形] [男]［[男] としては時に *P*～］旧石器時代〔の〕
paleología [paleoloxía] [女] 古代語研究
paleólogo, ga [paleóloɡo, ɡa] [名] 古代語研究者
paleomagnético, ca [paleomaɡnétiko, ka] [形] 古地磁気学の; 古地磁気の
paleomagnetismo [paleomaɡnetísmo] [男] 古地磁気学; 古地磁気
paleontografía [paleontoɡrafía] [女] 古生物誌, 記述化石学
paleontográfico, ca [paleontoɡráfiko, ka] [形] 記述化石学の
paleontología [paleontoloxía] [女] 古生物学
paleontológico, ca [paleontolóxiko, ka] [形] 古生物学の
paleontólogo, ga [paleontóloɡo, ɡa] [名] 古生物学者
paleopatología [paleopatoloxía] [女] 古疫学
paleosuelo [paleoswélo] [男] 古土壌
paleoterio [paleotérjo] [男]《古生物》パレオテリウム
paleozoico, ca [paleoθójko, ka] [形] [男]《地質》古生代〔の〕
paleozoología [paleoθo(o)loxía] [女] 古動物学
palera[1] [paléra] [女]《ムルシア. 植物》ノパルサボテン〖=nopal〗
palería [palería] [女]［湿地・低地の］排水〔法〕
palerma [palérma] [形] [名]《地方語》愚直な〔人〕, お人好し〔の〕〖=pazguato〗
palermitano, na [palermitáno, na] [形] [名]《地名》［シチリアの］パレルモ Palermo の〔人〕
palero, ra[2] [paléro, ra] [名] ❶ シャベルの製造(販売)者. ❷ シャベルを使う兵士. ❸《船舶》見習い火夫; 機械の清掃係. ❹ 排水 palería の技師. ❺《メキシコ》［芝居・呼び売りの］さくら
―― [男]《地方語》のぞき魔〖=mirón〗
palestinés, sa [palestinés, sa] [形] [名]《地名》=**palestino**
palestiniano, na [palestinjáno, na] [形] [名]《地名》=**palestino**
palestino, na [palestíno, na] [形] [名]《地名》パレスチナ Palestina の〔人〕: Estado ～ パレスチナ国家. refugiados ～*s* パレスチナ難民
palestra [paléstra] [女] ❶《古代ギリシア・ローマ》体育場, レスリング場. ❷［文学などの］論争をする場所
salir a la ～ 闘争(論争)に加わる
saltar a la ～ 有名になる, 世間の注目を集める
paléstrico, ca [paléstriko, ka] [形]《古代ギリシア・ローマ》体育場の
palestrita [palestríta] [女]《古代ギリシア・ローマ》体育場・レスリング場で行なわれる競技

palet [palé(t)]《ラテン語》[男]《魔》《〜s》《西》パレット《=tarima》

paleta[1] [paléta]《pala の示小語》[女] ❶《美術》1) パレット. 2)［画家・作品独自の］絵の具の配合，色彩. ❷［左官の］こて；小さなシャベル. ❸十能《=〜 para el fuego》. ❹《料理》1) フライがえし，《撹拌するための》しゃもじ. 2)《主に中南米》肩肉. ❺［スクリュー・プロペラの］羽根: barco de 〜s 外輪船. ❻《スポーツ》1)《卓球》ラケット. 2)《まれ．テニス》ラケット《=raqueta》. 3)《中南米》ビーチテニス. ❼前歯, 門歯. ❽［物を載せる］台, パレット《=plataforma》. ❾《闘牛》［牛の角の］先端部の外側. ❿のっぽで痩せて角ばった女性. ⓫《まれ》鍵の耳《=paletón》. ⓬《地方語》［ノパルサポテンの］茎《=pala》. ⓭《アラゴン》media 〜 半人肩の左官. ⓮《ボリビア，ニカラグア，コスタリカ，ドミニカ，プエルトリコ》アイスキャンディー. ⓯《メキシコ》棒付きキャンディー. ⓰《プエルトリコ，アルゼンチン》［洗濯女が使う］たたき棒. ⓱《コロンビア，チリ，アルゼンチン，ウルグアイ》肩甲骨. ⓲《チリ》海神
── [男]《主に地方語》石工《=albañil》

paletada [paletáda]《女》❶こて《シャベル》1杯の量; こての一塗り; シャベルでの一撃. ❷《集合》《軽蔑》1) 粗野な(田舎者の)ふるまい, 野暮. 2)《集合》粗野な人, 田舎者
a 〜s《口語》大金で

paletazo [paletáθo]《男》《闘牛》角（½）の横側による打撃《=varetazo》

paleteado, da [paleteáðo, ða]《形》《チリ．口語》素直な〔人〕, 親切な〔人〕

paletear [paleteár]《自》《船舶》❶［オールを〕から漕ぎする. ❷《〜se》《チリ．口語》❶［+con+人 に］親切である. ❷挫折する，失敗する

paleteo [paletéo]《男》から漕ぎ；スクリューの空転

paletería [paletería]《女》《西．軽蔑》粗野，田舎者らしさ；粗野な（田舎者の）ふるまい，野暮

paletero, ra [paletéro, ra]《形》《メキシコ，ニカラグア》アイスキャンディー（アイスクリーム・棒付きキャンディー）の製造（販売）者
── [男] ❷値段のダマシカ gamo. ❷《エクアドル》結核菌，結核

paletica [paletíka]《女》《キューバ》アイスキャンディー；棒付きキャンディー

paletilla [paletíλa]《女》❶肩甲骨《=omóplato》；《料理》［豚の］肩肉. ❷《アルゼンチン》［目印として動物の耳につける］切り込み
levantar a+人 la 〜 …をひどく悲しませる，不愉快なことを言う

paletín [paletín]《男》［煉瓦・石積み用の］細く先端が尖ったこて

paletina [paletína]《女》平筆

paletismo [paletísmo]《男》《西．軽蔑》田舎者らしさ，野暮ったさ

paletitos [paletítos]《男》《複》フルーツを2つずつ並べて載せた小さなケーキ

paletización [paletiθaθjón]《女》《技術》パレット palet に載せること

paletizar [paletiθár]《9》《他》《技術》パレット palet に載せる

paleto, ta[2] [paléto, ta]《形》《名》《西．軽蔑》田舎者〔の〕, お上りさん；粗野な〔人〕: vestido 〜 野暮ったい服
── [男] ❶上部門歯《=pala》. ❷《〜s》《まれ．動物》ダマシカ《=gamo》. ❸《地方語．鳥》ヘラサギ《=pato 〜》

paletó [paletó]《←仏語 paletot》[男]《魔》《〜oes》《服飾》❶パルト《昔のハーフコート》. ❷《チリ》男性用上着，ジャケット

paletón [paletón]《←pala》[男] ❶鍵の耳，爪（⅕）. ❷《鳥》1)《地方語》ヘラサギ. 2)《コロンビア》オニオオハシ. ❸《地方語》上部門歯《=pala》

paletoque [paletóke]《←英語 paltok》[男]《まれ》[2枚の粗布からなる〕スカプラリオ状のもの

palette [palét]《←仏語》[女] パレット《=tarima》

palhuén [palwén]《男》《チリ．植物》マメ科の灌木《学名 Adesmia arborea》

pali [páli]《形》《男》パーリ語(の)

palia [pálja]《←ラテン語 pallium》《女》❶《カトリック》1)［ミサで〕聖体 corporales の下に敷く布. 2) 聖体を安置した聖櫃の前に立てる幕（衝立）. ❷継ぎ足し用の布, 当て布

paliabierto, ta [paljabjérto, ta]《形》《コロンビア》［牛などの〕角と角の間隔がひらいた

paliacate [paljakáte]《男》《メキシコ》［農民などの着ける〕鮮やかな色のスカーフ

paliación [paljaθjón]《女》❶［苦痛・悲しみなどの〕緩和. ❷［重大性の〕軽減

paliadamente [paljaðaménte]《副》こっそりと，ひそかに

paliar [paljár]《←ラテン語 palliare「覆う」<pallium「マント」》《10/11》《他》❶［良くないこと，特に肉体的・精神的苦痛を〕和らげる，まぎらす: Este jarabe me ayuda a 〜 el cansancio. 私はこのシロップを飲むと疲れが和らぐ気がする. 〜 la sequía 水不足を緩和する. ❷《文語》［重大性を〕軽減する，取り繕う: Paliaron los efectos de la noticia con comentarios tranquilizadores. ほっとするような解説をしてニュースの悪影響が広がらないように手が打たれた. 〜 la desigualdad 不平等を解消する. ❸《まれ》…の言い訳をする，正当化する

paliativo, va [paljatíβo, βa]《←ラテン語 palliatum》《形》❶［苦痛・悲しみなど〕和らげる: Le receptaron un remedio 〜 de su dolor. 彼の痛みを和らげる薬が処方された. ❷《医学》緩和ケアの, ターミナルケアの. ❸ 一時しのぎの: medidas 〜vas 弥縫（˄）策
── [男] ❶緩和ケア，ターミナルケア《=cuidados 〜s》: unidad de 〜s ホスピス, 末期患者専門病棟. ❷緩和薬《=remedio 〜》; 痛み止め, 鎮痛剤. ❸ 一時しのぎ
sin 〜s 1) 言い訳の立たない, 許しがたい: comportamiento sin 〜s 許しがたいふるまい. 2)［非難などが〕容赦のない, 容赦なく; escarmiento sin 〜s 手厳しく叱ること. Condenó sin 〜s el uso de las armas. 彼は武器が使われたことを激しく非難した

paliatorio, ria [paljatórjo, rja]《形》ごまかす（その場を繕う）ことのできる

palicar [palikár]《7》《自》《地方語》［+con と］おしゃべりする, 会話する

pálida[1] [páliða]《女》《アルゼンチン，ウルグアイ》気落ちさせる解説, 期待外れの知らせ
tirar (uñas) 〜s《アルゼンチン，ウルグアイ．口語》否定的な（気落ちさせる）解説をする

palidecer [paliðeθér]《←palidez》《39》《自》❶［顔が〕青ざめる, 血の気がなくなる: Palideció de miedo. 彼は恐怖で青ざめた. ❷［輝きが〕弱まる；色あせる: La luna palidece al salir el sol. 太陽が昇ると月の光が弱まる. ❸《文語》生彩を失う；［勢力などが〕衰える: Después del escándalo su prestigio palideció. スキャンダル後に彼の威信は衰えた

palidez [paliðéθ]《←pálido》《女》❶蒼白, 青ざめていること. ❷《文語》薄明かり, 色あせ

pálido, da[2] [páliðo, ða]《←ラテン語 pallidus》《形》❶［病気・恐怖などで顔色が〕青白い: Se puso 〜da y se desmayó. 彼女は真っ青になって気を失った. tener la cara 〜da 顔色が悪い, 青ざめている. más 〜 que un muerto 死人のように青ざめた. ❷［色が〕薄い；［光が〕弱い，色あせた: camisa azul 〜 淡いブルーのシャツ. 〜da luz (luz 〜da) de la luna 月の薄明かり. ❸［+名詞. 非物質的なものについて〕生彩を欠いた, さえない: Trataba de recordar a mi tío y solo lograba una 〜da imagen. 私は伯父のことを思い出そうとしたが, ぼんやりしたイメージしか浮かんでこなかった. La traducción 〜da al lado del texto original. 原文に比べて翻訳の方はぱっとしない
la 〜da《文語》死
no tener la más 〜da idea 全く見当がつかない

paliducho, cha [paliðútʃo, tʃa]《形》《口語》青ざめた, 顔色の悪い

palier [paljé]《←仏語》[男] ❶《技術》軸受け, ベアリング《=cojinete》. ❷《アルゼンチン, ウルグアイ》［各戸の入り口やエレベーター・階段が集中している, 各階の〕ホール, エレベーターホール. ❸《アルゼンチン》［階段の〕踊り場

paliero [paljéro]《男》《地方語》天蓋 palio を支えて運ぶ人

palifrasia [palifrásja]《女》《言語》同句反復

palilalia [palilálja]《女》《言語》同語反復, 末尾語反復

palilla [palíλa]《女》《アルゼンチン》パレット; こて《=paleta》

palillero, ra [paliλéro, ra]《形》つまようじ職人；つまようじ売り
── [男] ❶つまようじ入れ. ❷《古語的》ペン軸《=portaplumas》. ❸《アンダルシア》針入れ. ❹《エクアドル》［剣山入りの〕花瓶. ❺蝶結びの飾りのついたようじ状の置物

palillo [palílo]《palo の示小語》[男] ❶つまようじ《=〜 de dientes》: Pon unos 〜s para pinchar las aceitunas. オリーブの実をつまむためのようじを置いておきなさい. ❷《口語》やせ細った人: Silvia es un 〜. シルビアはやせすぎだ. Estás hecho un 〜. 君はガリガリにやせたね. ❸［太鼓の〕ばち, スティック. ❹《フラメンコ》[複] カスタネット. ❺箸（⅔）: No sabe comer con 〜s. 彼は箸を使って食べられない. manejar bien los 〜s 上手に箸を使

う.　❻《闘牛》バンデリーリャ【=banderilla】.　❼［レース・飾り紐編み用の］糸巻き, ボビン【=bolillo】.　❽［塑像用の］へら.　❾ ～ de barquillero／～ de suplicaciones ルーレットに似た遊び道具.　❿葉柄.　⓫［パナマ, キューバ, プエルトリコ, ペルー］綿棒.　⓬《キューバ》［女性用の靴の］木製の高い踵.　⓭《ペルー. 植物》ハマウツボ科の一種《根に染料を含む. 学名 Escobedia scabrifolia》.　⓮《チリ》編み針
mover los ~s《闘牛》操る, 影響力を働かす
tocar (mover) todos los ~s《口語》手段を尽くす

palimpsesto [palim(p)sésto]男 ❶ 元の字句を消した上に新たに字句を記した羊皮紙.　❷《古語》重ね書きできる書字板

palíndromo [palíndromo]男 回文《例 dábale arroz a la zorra el abad》

palingenesia [palinxenésja]女《宗教》再生, 転生

palingenésico, ca [palinxenésiko, ka]形 再生の, 転生の

palingénesis [palinxénesis]《まれ》=palingenesia

palinodia [palinódja]女《←ギリシア語 palinodia < palin「再び」+aeido「私は歌う」》前言を取り消し, パリノード
cantar la ~ 1) 前言を取り消す: Cervantes *cantó la ~* al final del Quijote. セルバンテスは『ドン・キホーテ』の末尾で前言取り消しをした. 2) 議論に負けたと認める

palinología [palinoloxía]女 花粉学

palinológico, ca [palinolóxiko, ka]形 花粉学の

palinólogo, ga [palinóloɣo, ɣa]名 花粉学者

palinúrido, da [palinúriðo, ða]形 イセエビ科の
――男(複)《動物》イセエビ科

palio [páljo]《←ラテン語 pallium「マント, 覆い」》男 ❶ 行列で聖体を持つ聖職者が使う移動式の）天蓋: cubrir con el ～ 天蓋で覆う.　❷《古代ギリシア・ローマ. 服飾》パリウム, 外衣.　❸《カトリック》［教皇・大司教などがつける］Y字形肩帯, パリウム.　❹《動物》外套膜
recibir bajo ~ 盛大な歓迎をする

palique [palíke]《←palo》男《西. 口語》❶ 雑談, 世間話, おしゃべり: El anciano se pasa la tarde de ～. 老人はよもやま話をして午後を過ごす. dar ～ おしゃべりをする. estar de ～ おしゃべりをしている.　❷ 巧みな弁舌: tener mucho ～ 話が上手である, 言葉巧みである

paliquear [palikeár]自《西. 口語》雑談する, おしゃべりをする

paliquero, ra [palikéro, ra]形《まれ》話上手の

palisandro [palisándro]《←蘭語 palissander》男 紫檀材

palista [palísta]名 ❶ カヌー競技の選手, カヌー愛好者; 漕艇の漕ぎ手.　❷ ［pala を打つ］ペロータの競技者.　❸ パワーショベル pala mecánica の操作員

palito [palíto]男 ❶《ラプラタ》アイスキャンデー.　❷《アルゼンチン》パンの細長い棒
pisar el ~《チリ, アルゼンチン, ウルグアイ. 口語》罠にはまる

palitoque [palitóke] =palitroque

palitroque [palitróke]《←palo》男 ❶［短い］棒切れ.　❷《闘牛》バンデリーリャ【=banderilla】.　❸《ベネズエラ》物々交換.　❹《チリ, アルゼンチン, ウルグアイ. ゲーム》スキットルズ; スキットルズ用のピン; スキットルズ場

paliza [palíθa]《←palo》女 ❶集名［何度もの］殴打: pegar (dar/sacudir) a+人 una ～ …をボコボコ殴る. gran ～ めった打ち.　❷［試合・競技などでの］大敗, 惨敗: ¡Menuda ～! El equipo local ha perdido por cinco a cero. 全くひどい負けだ! ホームチームが5対0で負けるとは.　❸《西. 口語》ひどい心労(疲労): Me di una buena ～. 私はへとへとに疲れた. Ha sido una ～ en la mesa de mayo con los exámenes. 5月は試験でへばった.　❹うっとうしい会話
arrear (cascar) una ~ a+人 めちゃくちゃにやっつける《比喩的にも》
dar la (una) ~ a+人《西. 口語》1) …をうんざりさせる: El niño *da la ~* a sus padres para que le compren el perro. 子供は犬を買ってくれとだだをこね, 両親を困らせている. 2) ひどく働かせる
darse la ~ 1)［男女が］しきりとキスをする, いちゃつく. 2) 熱心に働く: Su madre *se da la ~* a planchar todos los días. 彼の母親は毎日一所懸命アイロンがけをする. 3) 努力する, 苦労する: *Me doy la ~* para llegar en punto a clase. 僕は授業に遅刻しないように努力する
¡Vaya (una) ~! ああ大変だ/ひどい負け方だ!
――名《西. 口語》うっとうしい人【=palizas】

palizada [paliθáða]女 ❶［柵・杭による］川の護岸施設.　❷

《コロンビア, エクアドル》［川で材木を運ぶ］筏.　❸《ペルー》愉快な仲間の集い

palizas [palíθas]名《単複同形》男《西. 口語》うっとうしい人, うるさい人, 嫌な奴: Tu hermana es una ～. 君の妹はしつこい. Sois unos ～. Déjame tranquilo. うるさいな, おれのことは放っといてくれ

palizón [paliθón] 男 paliza の指大語

palla [páʎa]女 ❶［インカ人の間で］王家の血筋の女性.　❷《ペルー》恋人, 愛人.　❸《ボリビア, チリ, アルゼンチン》［金位による］選鉱.　❹《ボリビア. 植物》ナツメヤシの一種《学名 Maximiliana regia》.　❺《チリ》パジャーダ【=payada】. 2)［人に聞かせる］作り話, 冗談. 3) 馬糧(糠) Belén の前で踊る少年のグループ

pallaco [paʎáko] 男《チリ》廃鉱で採れる利用可能な鉱石

pallada [paʎáða]女《南米》パジャーダ【=payada】

pallador [paʎaðór] 男《南米》パジャドール【=payador】

pallapar [paʎapár] 他《ペルー》落ち穂を拾う, 刈り残しを集める

pallaquear [paʎakeár] 他 ❶《ペルー》鉱石の値うちのある部分を選び出す.　❷《ペルー》即興的に歌う【=payar】.　❸《チリ》落ち穂を拾う, 刈り残しを集める

pallaquero, ra [paʎakéro, ra]名《チリ》［廃鉱で］こっそり鉱石拾いをする人

pallar [paʎár] 他［鉱石の値うちのある部分を］選び出す
――自《南米》即興的に歌う, パジャーダ payada を歌う【=payar】
――男《ペルー》❶《植物, 豆》ライマメ.　❷《口語》耳たぶ

pallarda [paʎárða]女《料理》網焼き用の）牛肉の薄切り【=～ de ternera】

pallarés, sa [paʎarés, sa]形 名《地名》パリャルス Pallars の［人］《レリダ県の北西部地域》

pallas [páʎas]女《ペルー》先住民の踊り

pallaza [paʎáθa] =palloza

pallet [palé(t)]《←英語》男(複 ～s)《西》パレット【=tarima】

pallete [paʎéte]《←仏語 paillet》男《船舶》［舷側などを保護する］ロープでできた繊維

pallón [paʎón]男《鉱物》❶［金・銀の精錬で］灰吹き皿に残る小さい金・銀の玉.　❷ 試金

palloza [paʎóθa]女 ガリシアとレオンの山間部特有の, 住居兼家畜小屋のわらぶきで石造りの丸い小屋

palluca [paʎúka]女《チリ》嘘, ごまかし

palma [pálma]《←ラテン語》女 ❶ 手のひら, たなごころ【=la mano】: apretar la moneda en la ～ de la mano 硬貨を手のひらに握り締める. leer la ～ de la mano 手相を見る.　❷《植物》1) ヤシ, シュロ: aceite de ～ パームオイル, ヤシ油. ～ bache ミリチーヤシ, ブリーチ. ～ brava 扇葉ヤシ. ～ cana《チリ》キャベツヤシ. ～ datilera ナツメヤシ. ～ de coco《ペルー》ココヤシ. ～ de sagú《プエルトリコ, ボリビア》ソテツ. ～ enana チャボトウジュロ【=palmito】. ～ real 王ダイオウヤシ. 2) ヤシの葉《=palmáceas》. 3) ヤシ科【=palmáceas》. 4)《メキシコ》グラジオラス.　❸ 栄誉, 栄冠: ～ de la victoria 勝利の栄光. ～ del martirio 殉教者の栄誉.　❹《馬の》蹄の叉.　❺［潜水服の］足ひれ, フィン.　❻ 拍手《フラメンコなど》手拍子《行為》: Después del primer toro se oyeron ～s y pitos. 1頭目の闘牛が終わると拍手する人とやじる人に分かれた. ～s de tango ゆっくりとした拍手《からかい・抗議・不快などの表明》.　❼《遊戯》ボウリングの一種
andar en ~s みんなに賞賛されている
batir ~s《西》=dar ~s
como la ~ de la mano 1)［主に土地が］平らな. 2) 容易な: Conoce la ciudad *como la ~ de la mano*. 彼はその町のことはたなごころを指すようによく知っている. 3)［人の性格が］単純な
dar ~s 手を叩く; 手拍子をうつ《時にブーイングとして》
llevar a+人 en ~s《西》…を喜ばせようと心を砕く, かわいがる
llevarse la ~《時に軽蔑》飛び抜けている, 一番うまい, 勝つ
tener a+人 en ~s《西》=llevar a+人 en ~s
tocar las ~s《フラメンコ》手拍子をうつ
traer a+人 en ~s =llevar a+人 en ~s

Palma [pálma]《人名》**Ricardo** ～ リカルド・パルマ《1833-1919, ペルーの作家. コストゥンブリスモ costumbrismo の第一人者. インカ時代や植民地時代を中心に民間伝承として伝えられていた様々な歴史的エピソードを幻想味を交えて語った膨大な『ペルー伝説集』*Tradiciones peruanas*》

palmáceo, a [palmáθeo, a] 形 ヤシ科の
—— 女《植物》ヤシ科

palmacristi [palmakrísti] 女《植物》ヒマ, トウゴマ〖=ricino〗
—— 男《チリ》怒りっぽい人

palmada[1] [palmáða] 女〖←palma〗❶〘挨拶・愛情表現として, 肩・背中などを〙手のひらで軽く叩くこと: Le di una ~ en la espalda para animarle. 私はがんばれよと彼の背中をポンと叩いた. Me dio unas ~s en la mejilla. 彼は私のほおをパチパチ叩いた. darse una ~ en la frente〘思い出そうと・思い出して〙額を手で打つ. ❷ 手を叩くこと: El maestro da unas ~s para pedir silencio. 先生は静かにしなさいと手をパンパン叩く. ❸ 複 手拍子, 拍手〖音〙: Sonaron unas tímidas ~s. パラパラと弱い拍手の音が聞こえた. ❹《中南米》打擊; 鞭打ち

palmadilla [palmaðíʎa] 女 踊りの相手に選んだ人の手を手で叩いてもらう民俗舞踊

palmado, da[2] [palmáðo, ða] 形 ❶《植物》hoja ~da 掌状葉〖=hoja palmeada〗. ❷ ヤシの形の. ❸《ニカラグ. 口語》一文なしの; 元気のない. ❹《アルゼンチン. 口語》疲れ果てた, へとへとの

palmadocompuesto, ta [palmaðokompwésto, ta] 形 =palmaticompuesto

palmar [palmár] Ⅰ〖←ラテン語 palmaris「ヤシ」〗男 ❶ ヤシ林, ヤシ並木. ❷《解剖》mayor (menor) 長 (短) 掌筋
—— 形 ❶ ヤシ製の. ❷《解剖》手のひらの: arco ~ 手掌弓. ligamentos ~es 掌側靭帯
Ⅱ〖←ラテン語 palmare「殴る」/ジプシー語 palmar「終わる」〗自 ❶《西, 中米. 口語》死ぬ. ❷〘賭け事などで〙負ける.《アルゼンチン. 口語》借金を返す
—— 他 ~la《西, 中米. 口語》死ぬ: La palmó el año pasado. 彼は去年亡くなった. Si la palmamos, ¿qué pasa? 俺たちが死んだら, どうだって言うんだ
—— ~se ❶《ホンジュラス, アルゼンチン》死ぬ. ❷《アルゼンチン》疲れ果てる

palmarés [palmarés]〖←仏語 palmarès < ラテン語 palma「勝利」〗男 ❶〘競技会の〙優勝者のリスト: Por fin ha inscrito su nombre en el ~ de Wimbledon. ついに彼女はウィンブルドンの優勝者簿に名前を記した. ~ del festival de San Sebastián サン・セバスティアン映画祭の受賞者リスト. ❷ 履歴, 経歴〖=historial〗: La ficha recoge el ~ de sus películas. そのカードを見れば彼がどんな映画を作ってきたか分かる. ~ deportivo muy brillante 輝かしいスポーツ選手としての経歴

palmariamente [pálmarjaménte] 副 明らかに, はっきりと

palmario, ria [palmárjo, rja] 形〖←古語 palmar〗明らかな, きりした: prueba ~ria 確かな証拠. hecho ~ 明白な事実

palmaticompuesto, ta [palmatikompwésto, ta] 形《植物》hoja ~ta 掌状複葉

palmatinerviado, da [palmatinerβjáðo, ða] 形 =palmatinervio

palmatinervio, via [palmatinérβjo, bja] 形《植物》〘葉が〙掌状脈の

palmatoria [palmatórja] 女〖←?語源〗❶ 手燭, 簡易燭台. ❷《古語》〖罰として生徒の手つ〙へら〖=palmeta〗

palmbiche [palmbítʃe] 男《メキシコ, プエルトリコ, コロンビア, ペルー》=pambiche

palmeado, da [palmeáðo, ða] 形 ❶《植物》手のひら状の: hoja ~da 掌状葉. ❷《動物》水かきのある. ❸ ヤシの枝 (葉) をかたどった

palmear [palmeár]〖←ラテン語 palmare〗自 ❶ 拍手する〖=dar palmadas〗: Palmeaban mientras se alzaba el telón. 彼らは幕が上がる間, 拍手をしていた. ❷ 手のひらで軽く叩く
—— 他《親愛の表現で》手のひらで叩く. ❷《バスケットボール》〘リバウンドなどのボールを〙ゴールに押し込む. ❸《船舶》〘船をロープで〙たぐり寄せる. ❹《アルゼンチン》拍手する, 手拍子をとる

palmejar [palmexár] 男《船舶》船側縦材

palmense [palménse] 形・名《地名》ラス・パルマス Las Palmas de Gran Canaria の〘人〙《カナリア諸島の県. グラン・カナリア島にある県都》

palmeño, ña [palméɲo, ɲa] 形・名《地名》❶ パルマ・デル・リオ Palma del Río の〘人〙《コルドバ県》. ❷ ラ・パルマ La Palma の〘人〙《パナマ東部, ダリエン Darién 県の町》

palmeo [palméo] 男 ❶ 拍手, 拍手〘行為〙. ❷《バスケットボール》ボールをゴールに押し込むこと. ❸ パルモ palmo による長さの測定. ❹《歴史》〘黒人奴隷の〙身体検查〖アメリカ植民地で,

密輸された黒人奴隷の所有の合法性を承認するに際し, 奴隷の肉体的欠点がないかどうか調べた〗

palmer [palmér] 男《技術》測微カリパス

palmera[1] [palméra] 女〖←ラテン語 palma〗❶《植物》ナツメヤシ, ヤシ, シュロ〖=~ datilera, ~ común, ~ de dátiles〗: ~ de aceite ギニアアブラヤシ. ~ de Canarias フェニックス, カナリアヤシ. ~ del Brasil シロロウヤシ. ~ enana チャボトウジュロ. ~ real ダイオウヤシ. ❷《菓子》パルメラ〖パイ生地で作ったハート型の小さなケーキ〗

palmeral [palmerál] 男 ナツメヤシ林 (農園)

palmerero [palmeréro] 男 ナツメヤシの葉を縛る (切り落とす) 人

palmerino, na [palmeríno, na] 形・名《地名》ラ・パルマ・デル・コンドド La Palma del Condado の〘人〙《ウエルバ県の町》

palmero, ra[2] [palméro, ra] 形・名 ❶ ラ・パルマ La Palma の〘人〙《カナリア諸島の島》. ❷〘緑色にならないように〙ナツメヤシの葉を縛る人. ❸《フラメンコ》手拍子を打つ人
—— 形 / 女 長さが1パルモ palmo の〘もの〙
—— 男《中南米》ヤシの木

palmesano, na [palmesáno, na] 形・名《地名》パルマ Palma 〖de Mallorca〗の〘人〙《マジョルカ島にあるバレアレス諸島の州都》

palmeta [palméta] 女 ❶《建築》パルメット, 棕櫚葉文〖柱頭などの装飾〙. ❷〘柄の先に丸く藤を編んだものを付けた〙じゅうたん叩き. ❸《古語》〖罰として生徒の手のひらを打つ〙へら

palmetada [palmetáða] 女《古語》へら palmeta で打つこと〖=palmetazo〗

palmetazo [palmetáθo] 男 ❶ じゅうたんを叩くこと; 平手打ち. ❷ 厳しい叱責, 悪しざまな批判: Se dedica a propinar ~s a todo el mundo. 彼は相手かまわず難癖をつけるのにやっきになっている. ❸《古語》へら palmeta で打つこと

palmicha [palmítʃa] 女《コロンビア. 植物》ヤシ科の一種〖学名 Sabal mauritiaeformis〗

palmichal [palmitʃál] 男《コロンビア》ヤシ科の一種 palmicha の畑

palmiche [palmítʃe] 男 ❶《植物, 実》1) ダイオウヤシ. 2)《中南米》コロゾナット, アメリカアブラヤシ. ❷《地方語》チャボトウジュロ palmito の葉. ❸《アンダルシア》キャベツヤシ palmito の実

palmicho [palmítʃo] 男《中南米. 植物》ダイオウヤシの一種〖学名 Oreodoxa frigida〗

palmífero, ra [palmífero, ra] 形《詩語》ヤシの茂った

palmiforme [palmifórme] 形《建築》ヤシの形の: capitel ~ ヤシの形をした柱頭

palmilla [palmíʎa] 女 ❶〘クエンカで織られた〙毛織物. ❷〘靴の〙底敷き, インソール

palmillo [palmíʎo] 男《プエルトリコ》ダイオウヤシの芯〖食用〗

palminervio, via [palminérβjo, bja] 形 =palmatinervio

palmípedo, da [palmípeðo, ða] 形《鳥》みずかきのある; 游禽類の
—— 女 複《鳥》游禽類

palmireno, na [palmiréno, na] 形・名《歴史, 地名》〖シリアの〙パルミラ Palmira の〘人〙

palmista [palmísta] 名 手相見〖=quiromántico〗

palmiste [palmíste] 男 ギニアアブラヤシの実

palmita [palmíta] 女 ナツメヤシの甘い芯
tener (traer・llevar) a+人 en ~s《西. 口語》…を喜ばせようと心を砕く, かわいがる: Sus padres la tienen en ~s. 両親は彼女を猫かわいがりしている

palmitato [palmitáto] 男《化学》パルミテート, パルミチン酸塩

palmitera [palmitéra] 女《ムルシア. 植物》キャベツヤシ

palmítico, ca [palmítiko, ka] 形《化学》ácido ~ パルミチン酸

palmitieso, sa [palmitjéso, sa] 形〖馬の〙ひづめが平たい (凸状の)

palmitina [palmitína] 女《化学》パルミチン

palmito [palmíto] 男 ❶《植物》チャボトウジュロ; その幹の芯〖食用〗: ~s en vinagreta チャボトウジュロの芯のフレンチドレッシングあえ. ❷《西. 口語》〘女性の〙かわいらしい顔, 美しい体つき: No tiene mal ~ la chica. あの女の子のスタイルはいい線いっている

palmo [pálmo]〖←ラテン語 palmus < palma〗男〖長さの単位〙掌尺〖開いた手の親指の先から小指の先までの長さ. =4分の1バラ vara. ~=約21cm. 時代・地域によって異なる〗: ~ menor 親指を除いた残り4本の指をそろえた幅の長さ〖=約7.5cm〗

con un ~ de lengua [***fuera***]《西.口語》疲れ果てて, へとへとになって: Llegó a la meta *con un ~ de lengua fuera*. 彼はゴールに着いた時はあごを出していた
crecer a ~s 短期間に大きく成長する: Este chico está *creciendo a ~s*. この男の子はあっという間に大きくなる
dejar a+人 ***con un ~ de narices***《西.口語》[土壇場で]…の期待を裏切る: Me prometió unas invitaciones, pero me *dejó con un ~ de narices*. 彼は招待状をくれると言っておきながらくれず, 私をがっかりさせた
no adelantar (***ganar***) ***un ~ de terreno*** ほとんど前進しない, はかどらない: En las negociaciones *no hemos ganado un ~ de terreno*. 我々の商談は膠着状態に陥っている
~ a ~ 1) ゆっくりと; 苦労して: Avanzamos *~ a ~* a través de la jungla. 私たちはのろのろとジャングルを横断しながら進んだ. ~ disputar el terreno *~ a ~* 寸土を争う. 2) 詳細に, 細かく: Conoce *~ a ~* la ciudad de Ayamonte. 彼はアヤモンテの町を隅々まで知っている
quedarse con un ~ (***dos ~s*・***tres ~s***) ***de narices*** 《口語》期待を裏切られる, 拍子抜けする: Al oírlo *se quedó con dos ~s de narices*. それを聞いて彼はがっかりした
un ~ de… 大変小さい(少ない)…: *un ~ de* tierra わずかな広さ(猫の額ほど)の土地

palmón [palmón]《男》《地方語》枝の主日 Domingo de Ramos に祝別されるヤシの葉

palmotazo [palmotáθo]《男》《地方語》手のひらで軽く叩くこと〖=palmada〗

palmotear [palmoteár]《←palma》《自》〖喜んで·歓迎して〗拍手する
—《他》〖親愛の表現で, …の背中などを〗叩く

palmoteo [palmotéo]《男》拍手: sonoro ~ 万雷の拍手

palmtop [pálmtop]《←英語》《男》《情報》パームトップ

palo [pálo]《←ラテン語 palus「柱, 木材, 杭」》《男》❶[主に木製の]棒: Me pegaba con un ~. 彼はよく棒切れで私を殴った. clavar un ~ en la tierra 地面に杭を打ちこむ. ~ de una escoba ほうきの柄. ~ de amasar《南米》めん棒. ~ de hilo《プエルトリコ》糸巻き, スプール. ~ enjabonado《ラプラタ》クカニャ cucaña の棒. De tal ~, tal astilla.〖諺〗カエルの子はカエル/この父にしてこの子あり/父親にそっくりな子だ. ❷《口語》木材: El pirata tenía la pata de ~. 海賊は木の義足をしていた. cuchara de ~ 木のスプーン. ❸《船舶》帆柱, マスト: barco de tres ~s 三檣帆船. ~ mayor メインマスト, 主檣. ~ de trinquete フォアマスト, 前檣. ~ de mesana ミズンマスト, 後檣. ❹ 電柱; [テントなどの]ポール. ❺ 長く細った手足; 細くなったもの. ❻〖棒による殴打〗; 《口語》痛手, 打撃: dar un ~ a… …を棒で殴る. matar a ~s 棒で殴り殺す. ❼〖文字の〗 b, d, p, q の突き出た部分; 縦線, 斜め線: Haz el ~ de la "d" más largo. d の縦棒をもっと長くしなさい. 2)《印刷》~ bastón サンセリフ〖M, H などの縦棒の上下にあるひげ飾りのない書体〗. ❽《トランプ》組札, 〖→carta《参考》〗: Tengo el caballo y el rey del mismo ~. 私は同じ組札の馬とキングを持っている. seguir el ~ 最初に出されたのと同じ組の札を出す. ❾《サッカーなど》[ゴールの]ポスト, クロスバー〖→la portería〗: La pelota ha rebotado en el ~. ボールはポストに当たっては返った. ❿《野球》バット; 《ホッケー》スティック; 《ゴルフ》クラブ. ⓫《紋章》1) ペイル〖楯の中央3分の1幅の縦帯〗. 2) en ~ 垂直に. ⓬《酒》パロ〖1〗シェリーの一種. ~ cortado. 2) バレアレス諸島産のキナ quina の酒. ⓭《馬術》《闘》馬場柵. ⓮《西.口語》不快な経験, 苦痛, 嫌なこと; 難しい状況: La muerte de su amiga fue un ~ para él. ガールフレンドの死は彼にはショックだった. Es un ~ salir siempre con mi hermana. いつも姉と出かけるのは嫌だよ. ¡Qué ~!, han perdido otra vez. 全く嫌になるよ, また負けてしまって. El libro recibió un buen ~ de la crítica. 本は酷評された. ⓯《隠語》盗み. ⓰《中南米.植物》[材木·薪·食用なる]木, 灌木: ~ borracho《アルゼンチン》トックリキワタ, トックリノキ. ~ cajá ムクロジ科の一種《建築材. 学名 Allophyllus cominia, Schmidelia vitifolia》. ~ de campeche アカンベク, ログウッド《学名 Haematoxilon campechianum》. ~ [de] brasil/~ de Pernambuco ブラジルスオウ, ブラジル木. ~ de hierro フルグロ. ~ [de] rosa ローズウッド/アッシリアプラム. ~ dulce カンゾウ(甘草). ~ santo《アルゼンチン, パラグアイ》ユソウボク, グアヤク. ⓱《プエルトリコ, ベネズエラ》酒を一口飲むこと: Vamos a echar unos ~s. 一杯ひっかけよう. ⓲《コロンビア.口語》《競馬》大穴, 勝てそうもない馬(騎

手). 2) よそ者, 流れ者. ⓳《エクアドル》《鉄》線路. ⓴《ラプラタ》マテ mate の葉の粉末に混ぜる木くず. ㉑《アルゼンチン, ウルグアイ》1)《口語》100万ペソ. 2) 垂直に立てた杭. ㉒《アルゼンチン》ぎゅうぎゅう詰めの集会

a medio ~《ベネズエラ.口語》ほろ酔いの

a ~ seco 1) 何もつけず, 混じり気なしの, そのものだけで: No me gusta beber la ginebra *a ~ seco*. 私はジンを生で飲むのは好きじゃない. 2) あっさりと. Se comió el embutido *a ~ seco*. 彼はソーセージだけで食事をした. Le pagaron cinco dólares *a ~ seco*. 彼はわずか5ドルしか払ってもらえなかった

al ~《俗語》勃起した

andar a ~s しばしばけんかする

caer un ~ de agua《コロンビア, ベネズエラ.口語》土砂降りの雨が降る

caerse a+人 ***los ~s del sombrajo***《西.口語》…ががっくりする, がっくりくる

cagar a ~s《アルゼンチン, ウルグアイ.口語》[棒などで]強く殴る

cobrar más ~s que [***a***] ***una estera*** ひどく叩かれる

cobrar ~s 叩かれる; 批判(非難)される

dar el ~/dar ~s《隠語》盗みをはたらく

dar más ~s que [***a***] ***una estera*** [***vieja***] したたかに打ち据える, めったやたらに叩く

dar ~ a+人+不定詞 …するのは…にとって恥ずかしい, 気が進まない: Me *da ~* llamar por teléfono a tu casa. 君の家へ電話をかけるのは気がひける

dar ~s de ciego 1) よく考えずに行動する, 出たとこ勝負をする; 勝手なことを言う(する): Los médicos no hacen más que *dar ~s de ciego* con él. 医者は彼に対していいかげんな処置しかしていない. 2) 相手構わず(手当たり次第に)殴る

dar por el ~… …を喜ばせる, …の機嫌をとる

dar ~ (***a***+人) 1) …にとって高くつく, 料金をふんだくられる: En ese bar nos *dieron un ~*. 私たちはそのバルでぼられた

echar a ~s ほうり出す, 追い出す: Les *echaron a ~s* de la discoteca. 彼らはディスコからつまみ出された

echarse un ~《西, メキシコ, グアテマラ, ニカラグア, キューバ, エクアドル.俗語》性交する

estar del mismo ~《口語》=ir del mismo ~

hinchar a+人 ***a ~s***《西.口語》…をひどく殴る

ir del mismo ~《口語》[人が]同じ精神状態にある

Los ~s de afueras son de ~《ラプラタ》関係ない奴は黙ってろ

más sucio que un ~ de un gallinero《口語》[estar・ser+] ひどく汚い

más tiesa que un ~《軽蔑》ひどく思い上がった(いばった): Nati con su novio va *más tiesa que un ~*. ナティは恋人と一緒の時は鼻高々だ

meter un ~ a+人 …を罰する: A ese chico le *han metido un ~* en el instituto. その少年は高校で罰を与えられた

moler a ~s 叩きのめす: A mi primo anoche lo *molieron a ~s*. 従弟がゆうべ棍棒で殴られてひどい目にあった

no dar un ~ al agua《口語》怠ける, 働かない

no estar el ~ para cucharas《コロンビア.口語》景気(状況)がよくない

~ a pique《アルゼンチン》[埠頭用に] 地面に打ち込んだ柱

~ blanco 1)《中南米.植物》ニガキ科の高木〖学名 Simaruba glauca〗. 2)《チリ.植物》キク科の薬用樹の一種〖学名 Flotowia diacanthoides〗. 3)《チリ》働かないで給料をもらう人

~ de agua《中南米》土砂降りの雨

~ grueso《チリ》1) 有力者, 影響力のある人. 2) 太った猫

~ y tente tieso →**palo y tentetieso**

P~s porque [***no***] ***bogas***. 君は勝てない

pegar el ~/pegar ~s《隠語》盗みをはたらく

pegar ~s de ciego =**dar ~s de ciego**

poner ~s en la rueda《アルゼンチン.口語》わざと厄介事を持ち込む

Que cada ~ aguante su vela.[結論として] 各自が自分の行動に責任をもつべきである

que merecen ~ 非難されるべき, 認めがたい

recibir más ~s que [***a***] ***una estera*** =**cobrar más ~s que** [***a***] ***una estera***

sacudir más ~s que [***a***] ***una estera*** [***vieja***] =**dar más ~s que** [***a***] ***una estera*** [***vieja***]

palpable

serruchar el ~ a+人《ドミニカ. 口語》…の仕事が失敗するように妨害する

paloblanco [paloblánko] 男《中南米. 植物》ニガキ科の高木《=palo blanco》

paloduz [palodúθ] 男 [干した] カンゾウの根, 甘草根《食用》

palojo [palóxo]《ラマンチャ》くびき yugo の横木

paloluz [palolúθ] 男《地方語》=**paloduz**

paloma [palóma]《←ラテン語 palumba < palumbes「モリバト」》女 ❶《鳥》ハト(鳩); 雌鳩: ~ de la paz 平和のハト《オリーブの小枝 ramita de olivo をくわえた平和のシンボル》. ~ mensajera 伝書鳩. ~ casera (doméstica・duenda) 飼い鳩. ~ real 大型の飼い鳩. ~ silvestre 野鳩. 2)《ハト科の各種》~ bravía (brava) カワラバト, ドバト. ~ rabiche ゲッケイジュバト. ~ torcaz モリバト. ~ turqué マデイラバト. ~ zurita ヒメモリバト. 3) Tus manos parecen ~s prontas a huir. 君は油断すると君の手はすきあらば逃げようとするかのようだ. ❷《人に親愛, 皮肉》[害をなすことができない] 温厚な人, おとなしい人: ~ sin hiel. ❸《政治》ハト派, 穏健派《⇔halcón》. ❹ アニス酒の水割り《=palomita》. ❺《サッカーなど》[ゴールキーパーの] 横飛び《=palomita》. ❻《女性への親愛の呼びかけ》mi ~ 私のいとしい人. ❼《隠語》シーツ《=sábana》. ❽《メキシコ, グアテマラ》[ペアでの踊りでの] パートナーチェンジ. ❾《メキシコ》爆竹, クラッカー. ❿《承諾などの印の》斜線. ⓫ 民謡の一種. ⓬《ホンジュラス》四角い凧. ⓭《パナマ, コロンビア》少量のすばやい洗濯. ⓮《キューバ, チリ. 俗語》アンダーシャツ. ⓯《キューバ》《ゲームで》かも. ⓰《チリ, アルゼンチン. 古語》ペアがスカーフを手にして踊る踊り

inocente como una ~ 悪いことを知らない, 無邪気な

irse a+人 *la ~*《コロンビア》[言おうとしたこと・するべきことを]…がど忘れしてしまう: Se me fue la ~. 私はそのことを忘れてしまった

palomadura [palomaðúra] 女《船舶》帆布に補強用ロープ relinga を縫い合わせること

palomar [palomár] 男 ❶ 鳩舎. ❷《まれ》天井桟敷. ❸《隠語》売春宿. ❹《アラゴン》hilo de ~ 麻の細ひも

alborotar el ~《まれ》大騒ぎを引き起こす

── 形《縒り糸が》通常より細く縒(²)れた

palomariega [palomarjéɣa] 形 paloma ~ 鳩舎で育てられてから野に放たれたハト

palomazo [palomáθo] 男 ハト猟

palomear [paloméar] 自 ❶《船舶》白波が立つ. ❷ ハト猟に出かける. ❸ ハトの世話に時間を惜しまない

── 他 ❶《キューバ》だます. ❷《ペルー. 口語》撃ち殺す; だまし討ちする; [政敵を] 罠にかける

palomeo [paloméo] 男《ペルー》射殺; だまし討ち; 罠にかけること

palomera[1] [paloméra] 女 ❶ 小型の鳩舎. ❷ 狭い荒れ地. ❸《地方語》ハトの狩猟地

palomería [palomería] 女 [本来の狩猟の対象ではない] ハト猟

palomero, ra[2] [palomére, ra] 形 ハトの

── 男女 ❶ ハト愛好(飼育)家. ❷ ハト商. ❸ ハト猟師

palometa [palométa] 女 ❶《魚》1) シマガツオ《=japuta》: ~ negra シマガツオの一種《食用. 学名 Brama brama》. 2) ピラニアの一種《学名 Serrasalmus spilopleura》. 3) ~ roja ナウヨキンメ. 4)《中南米》アジ科カイワリ属の一種《食用. 学名 Caranx georgianus》. 5)《カリブ》ピラニアの一種《食用. 学名 Pristobrycon aureus》. ❷《植物》アイタケ. ❸《昆虫》コクガ《=palomilla》

palometero, ra [palometéro, ra] 形 名 シマガツオ漁の[漁師]

palometón [palometón] 男《魚》アジ科の大型魚《学名 Caesiomorus amia, Scomber amia, Lichia amia》

palomilla [palomíʎa] 女《paloma の示小語》❶ [棚などを支える] 腕木, ブラケット. ❷《昆虫》1) コクガ (穀蛾). 2) [小型の] ガ. 3) さなぎ《=crisálida》. 4) ~《メキシコ》~ de San Juan キクイムシ《=carcoma》. ❸ 蝶ネジ. ❹《植物》カラクサケマン《=fumaria》: ~ pintada ニセカラクサケマン《学名 Fumaria capreolata》. ~ romana ムラサキケマン《学名 Fumaria densiflora》. ❺ [馬の] 尻: Este caballo es alto de ~. この馬は尻が高い. ❻ 白馬. ❼《メキシコ, ホンジュラス, パナマ, チリ》1) 下層民, 大衆. 2) おもしろ半分に犯罪を行うう悪党, くず連中. ❽《ホンジュラス》1) ポップコーン. 2)《集合》浮浪者; 遊び仲間. ❾《アンデス. 口語》[泥棒などをして] 路上で暮らす子供, 悪がき

palomillada [palomiʎáða] 女《アンデス》❶ [ちょっとした] いた

ずら, 悪ふざけ; いたずらをする連中. ❷ ませた言動

palomillar [palomiʎár] 自《アンデス》街をぶらつく; いたずらをする

palomilloso, sa [palomiʎóso, sa] 形《アンデス》庶民派みたいにふるまう

palomina [palomína] 女 ❶ 鳩の糞(⁹)《肥料に使う》. ❷《植物》1) パロミノ《黒ブドウの一種》. 2) カラクサケマン《=fumaria》

palomino [palomíno] 男 ❶ 野鳩のひな. ❷ パロミノ《体が黄金色, たてがみと尾が銀白色の馬》. ❸《下着》[下着に付いた] 糞便の汚れ. ❹《西. 口語》経験の浅い (純真な) 若者;《軽蔑》[だまされやすい] お人好し, あほう: El ~ de Luis no se entera de nada. 間抜けなルイスは何も知らない. ❺《農業》パロミノ種のブドウ《シェリー酒 jerez の原料》

palomita [palomíta]《paloma の示小語》女 ❶《菓子》[主に 複] ポップコーン《~ de maíz》: Marina se comió una bolsa de ~s en el cine. マリナは映画館でポップコーンを1袋食べた. ❷《西》アニス酒を少量混ぜた水《~ de anís》. ❸《サッカーなど》[ゴールキーパーが全身を伸ばしての] 横飛び, ダイブ. ❹《植物》キシメジの一種《食用のキノコ. 学名 Tricholoma columbetta》. ❺《中南米》[女性への親愛の呼びかけ] 愛する人, かわいい人. ❻《メキシコ》承認. ❼《コロンビア, ベネズエラ》[順番の] 番. ❽《チリ》1) こまの軸で小銭をはじき飛ばす遊び. 2) 複《子供が2人でする》手拍子遊び

pedir una ~《コロンビア. 口語》[ダンスパーティーで, 踊っているペアの一人に対し] ダンスの相手を申し込む, パートナーを譲ってくれるよう申し入れる

palomo [palómo] 男 ❶《鳥》1) 雄のハト: ~ ladrón 他のつがいの雌鳩に求愛する雄鳩. 2) モリバト《=paloma torcaz》. 3)《地方語》ハト《=paloma》. ❷ パロミノ《=palomino》. ❸《軽蔑》ひどいお人好し, あほう. ❹《西》ボリーバル Bolívar の乗馬の白馬. ❺《メキシコ》求愛する鳥の仕草の踊り. ❻《コロンビア》馬の尻

── 形《解剖》hueso ~ 尾骨, 尾てい骨. ❷《中南米》[馬が, 目の色にかかわらず] 白い. ❸《プエルトリコ, ペルー》[人が] 白い服を着ている

palón [palón] 男 ❶《紋章》旗の形の記章. ❷《地方語》水平型水車 rodezno の軸. ❸《エクアドル. 農業》土寄せ, 覆土

palonear [paloneár] 他《エクアドル. 農業》土寄せする

palor [palór] 男《まれ》青白いこと

palorrosa [paloróosa] 女《まれ. 植物》アッシリアプラム《=palo [de] rosa》

palosanto [palosánto] 男 ❶《植物, 果実》❶ ユソウボク《=palo santo》. ❷ カキ (柿) の一種《=caqui》

palotada [palotáða] 女 ドラムスティック palote で打つこと

ni ~ 何も…ない

no dar ~ [言動が] 当を得ていない, ピント外れである

palotazo [palotáθo] 男《闘牛》バンデリーリャがぶつかること

palote [palóte]《←palo》男 ❶ [字の練習で罫線紙に書く] 線: El niño ya hace ~s en el parvulario. 子供は幼稚園でもう字を書く練習を始めている. ❷《音楽》ドラムスティック, ばち. ❸《西》棒付きキャンディー. ❹《地方語. 船舶》[船長が舵として使う] 大型のオール. ❺《主にラプラタ. 料理》麺棒《=rodillo》. ❻《メキシコ》くびき. ❼《コスタリカ》バナナの新芽. ❽《プエルトリコ, ペルー》タバコの葉の葉脈. ❾《コロンビア》[鍋の中味をかき混ぜる 60センチほどの] 棒. ❿《ペルー, ベネズエラ》飼料用トウモロコシの廃棄された茎. ⓫《チリ》1)《昆虫》ナナフシ. 2) 脚長で痩せた人

[*ni*] *~* 何も…ない: no saber (entender) [*ni*] *~* 何も知らない (分からない)

paloteado, da [paloteáðo, ða] 形 ❶《ベネズエラ》ほろ酔い機嫌の. ❷《ペルー》打ちひしがれた, 疲れ果てた

── 男 =**paloteo**

palotear [paloteár] 自 ❶ [主に民俗舞踊で] 両手に持った棒を打ち鳴らす. ❷ 言い争いをする. ❸《ベネズエラ》酒を飲む

── *~se* ❶《ベネズエラ》1) [茎が] 木化する. 2) 酒を何杯も飲む. ❷《ペルー》へまをする

paloteo [paloteó] 男 ❶ 両手に持った棒を打ち鳴らしながらステップを踏む民俗舞踊; その音楽

palpa [pálpa] 女《ペルー. 料理》[濃厚な塩味の] コーンスープ

palpable [palpáβle] 形 ❶ 手で触られ, 触知できる; 実体のある: Tengo un bulto ~. 私には触って分かるこぶがある. ❷ [名詞+/+名詞] 明白な, 確かな: Es una prueba ~. それが明らかな証拠だ. Tiene un ~ interés en ese tema. 彼はそのテーマに確

palpablemente

かに興味がある
palpablemente [palpáblemέnte] 副 明らかに，間違いなく
palpación [palpaθjón] 女 《←ラテン語 palpatio, -onis》❶《医学》触診: ～ del vientre 腹部への触診．❷ 手で触ること
palpado, da [palpáðo, ða] 形 《メキシコ》[馬が] 悪い癖がついた
palpador [palpaðór] 男 《技術》パス，カリパス
palpadura [palpaðúra] 女 手で触ること
palpala [palpála] 擬 ウズラの鳴き声
palpallén [palpaʎén] 男 《チリ．植物》キク科の灌木《学名 Senecio denticulatus》
palpamiento [palpamjénto] 男 手で触ること
palpar [palpár]《←ラテン語 palpare「軽く触れる，手探りする」》他 ❶ 調べる・確かめるために手・指先で軽く触る，触れてみる: ～ la tela 布に触ってみる．❷《医学》触診する: El médico me *palpó* la garganta. 医者は私の喉を触診した．❸ 手探りする，手探りで進む: ～ en las tinieblas 暗闇を手探りで進む．❹ 手で確かめるように] はっきりと分かる (感じる): Ahora *palpa* el resultado de su inconciencia. 彼は思慮のなさがどんな結果を招いたかやっと分かった．❺《ラプラタ》所持品をチェックする
palpas [pálpas] a ~ 《地方語》手さぐりで
pálpebra [pálpebra] 女 まぶた [=párpado]
palpebral [palpebrál] 形《解剖》眼瞼（ケン）の
palpi [pán] 男《チリ．植物》ゴマノハグサ科の灌木《薬用．学名 Calceolaria thyrsiflora》
palpígrado [palpíɣraðo] 形 コヨリムシ目の
── 男《動物》[クモ綱の] コヨリムシ目
palpitación [palpitaθjón] 女 鼓動; 《医学》動悸 (ドウキ): Al subir las escaleras le dan *palpitaciones*. 彼は階段をのぼると動悸がする．sufrir *palpitaciones* 動悸がする．❷ [体の一部が] ひきつること: Tengo *palpitaciones* en un dedo. 私は指がピクピクする
palpitante [palpitánte] 形 ❶ 動悸がする: con el corazón ～ de alegría うれしくて胸をドキドキさせて．❷[事柄が] 興味深い，ホットな: Es un tema que está de ～ actualidad. それは興味深い現代的なテーマだ．La información es ～. 情報は最近のものだ．asunto ～ 渦中の問題．❸[光が] 点いたり消えたりする
palpitar [palpitár]《←ラテン語 palpitare「揺れる，手探りする」》自 ❶ [心臓が] 鼓動する; 動悸 (ドウキ) がする，ドキドキする: Aún *palpitaba*. 彼はまだ心臓が動いていた．Al verla me *palpitó* el corazón. 私は彼女に会えると胸が高鳴る．❷ [体の一部が無意識に] ひきつる，ピクピク動く: A él le *palpita* un ojo. 彼の片方の目がピクピクしている．❸ [激しい感情が] うかがえる，はっきり表われる: En su voz *palpita* la emoción. 彼の声から気持ちが高ぶっているのが分かる．❹《ラプラタ．口語》…のように思える (見える): Me *palpita* que va a llover. 雨が降りそうな気がする
── ～se《南米》…の予感がする，虫の知らせがする: Ya *me* lo *palpitaba* yo. 私は前から何となくそんな気がしていた
pálpito [pálpito]《←palpitar》男 予感，胸騒ぎ: He tenido (Me ha dado) un ～ sobre lo que pasará. 彼に何か起こるか虫の知らせがあった．tener el ～ de que+直説法 …という予感がする
palpo [pálpo] 男《節足動物などの》触鬚 (ショクシュ)，ひげ
palpusa [palpúsa] 女《地方語》=parpusa
palqui [pálki] 男《植物》アツバキウボク《厚葉夜香木》《煎じて発汗剤，タムシの治療などに使用》
palquista [palkísta] 名《隠語》バルコニーや窓から侵入する泥棒
palrar [pa(l)rár] 自《エストレマドゥラ．俗語》しゃべる
palstaba [palstába] 女《考古》パルスターブ，青銅製の斧
palta [pálta]《←ケチュア語》女 ❶《主に南米．果実》アボカド [=aguacate]．❷《ペルー．口語》1) へま，失敗．2) 不安; 問題
paltana [paltána]《エクアドル》*de* ～ 贈り物として
palteado, da [palteáðo, ða]《ペルー．口語》打ちひしがれた，疲れ果てた
palto [pálto] 男《南米．植物》アボカド [=aguacate]
paltó [paltó] 男《コスタリカ，コロンビア，チリ．服飾》フロックコート
paltón, na [paltón, na]《チリ》経済力のある，特権的な教育を受けた，特権的な力をもつ
palucha [palútʃa] 女《キューバ．口語》くだらない (内容のない) おしゃべり，むだ話，世間話
paluchear [palutʃeár]《キューバ．口語》❶《くだらないことについて》おしゃべりをする，むだ話をする
paluchería [palutʃería] 女《キューバ》おしゃべり，よもやま話
paluchero, ra [palutʃéro, ra] 名《キューバ．口語》ひどく自慢する [人]，気取った [人]; くだらないことについておしゃべりをする [人]
paludamento [paluðaménto] 男《古代ローマ》[皇帝が戦場に着た] 金の縁どりのある紫色のマント
palúdico, ca [palúðiko, ka] 形 ❶《医学》マラリアの，マラリアにかかった: fiebre ～ マラリア [熱]．vacuna *ca* マラリア予防ワクチン．❷《文語》湖沼，沼沢の: terreno ～ 沼沢地，湿地
── 名 マラリア患者
paludícola [paluðíkola] 形《動物》湖沼 (沼沢地) に棲む
paludismo [paluðísmo]《←ラテン語 palus, -udis「池，沼」》男《医学》マラリア [=malaria]
paludo, da [palúðo, ða] 形 ❶《メキシコ》1) やせ細った．2) いばった，偉そうにした．❷《コロンビア》びっくりした，あきれた
palurdo, da [palúrðo, ða]《←仏語 balourd》形《軽蔑》❶ がさつな [人]，教養のない [人]，田舎者の．❷《闘牛》片方の親が純血種の
palustra [palústra] 男《地方語》こて [=palustre]
palustre [palústre] I《←ラテン語 palustris < palus, -udis「池，沼」》形《文語》湖沼の，沼沢の: terreno ～ 湿地．vegetación ～ 湖沼の植物．zona ～ 沼沢地帯
II《←pala》男 [左官屋の] こて
palustrillo [palustríʎo] 男 小型のこて
pam [pán] 擬 [打撃・発射・爆発の音] パン!
pamandabuán [pamandabuán] 男《フィリピン》大型の丸木船
pamba [pámba] 女 ❶《メキシコ》[親しみの表現として手のひらで相手の頭を] 軽く何度も叩くこと．❷《エクアドル》潟，ラグーン; 小川
── 形《エクアドル》低い; 平らな
pambazo [pambáθo] 男 ❶《メキシコ》[詰め物をするため，皮だけの] 平たい卵型のパン; 詰め物をして揚げたそのパン．❷《ウルグアイ》円形のパン
cara de ～ 《メキシコ．口語》大きく平たい丸顔
pambiche [pambítʃe]《←英語 Palm Beach》男 ❶《中南米》夏用の] 軽い服地．❷《ドミニカ》[囚人用の] 縞の服
pambil [pambíl] 男《エクアドル．植物》ヤシの一種《学名 Iriartea deltoidea》
pambufo, fa [pambúfo, fa]《地方語》太った
pame [páme] 形 パメ族 [の]《メキシコの先住民》
pamela [paméla]《←Pamela (女性名)》女 ❶ [女性用の] つば広の [麦わら] 帽子，ピクチャーハット．❷《アルゼンチン．口語》ぬぼれの強い] ゲイっぽい男
pamema [pamémá]《←pamplina+memo》女《西》[主に 複] ❶ くだらない (ばかげた・無意味な・重要でない) こと: Siempre está preocupada por ～s. 彼女はいつもつまらないことを気にする．No hagas caso de esas ～s. どうでもいいことに取り合うな．❷ [感情の] 大げさな表現，気取り．❸ 愚かさ，愚直さ．❹ お世辞，おべっか: No me vengas con ～s. おべんちゃらはよしてくれ．❺ 嫌悪感，不快感: Se pone a hacer ～s. 彼はいかにも嫌そうな顔をし始める
pamemero, ra [paméméro, ra] 形《西》[人が] 大げさな，気取った
pampa[1] [pámpa]《←ケチュア語 pampa「平原」》女 ❶ パンパ《アルゼンチンの大草原》: ～ alta パンパ高原．～ húmeda (seca) 湿潤 (乾燥) 性パンパ．～ salitrera チリ北部の硝石産出地帯．❷《チリ．軍事》訓練場，演習場
en ～《チリ．口語》1) 服を着ていない，素っ裸の．2) 無一文の
estar en ～ *y la vía*《アルゼンチン．口語》ひどく健康を害している (元気がない); 金に困っている
── 形 ❶《南米》頭部が白く体が他の色の [馬など]．❷《アルゼンチン》アラウカノ族の遊牧民の
a lo ～《アルゼンチン》野蛮なやり方で，先住民流に
hacer ～《ボリビア》完勝する，こっぴどくやっつける
trato ～《アルゼンチン》詐欺同然の取引
pampaco [pampáko] 男《ボリビア》地下の蜂の巣
pampajarito [pampaxaríto] 男《植物》ヨーロッパマンネングサ
pámpana [pámpana] 女 [集合] ブドウの葉
tocar (zurrar) ~a *a+*人 …を殴る
pampanada [pampanáða] 女 若木のブドウから採る酸っぱい果汁
pampanaje [pampanáxe] 男 ❶ ブドウの新芽 (若枝) がたくさん付いていること; ブドウの若木の群生．❷ 無駄なもの
pampanear [pampaneár] 自《チリ》迷子の動物を拾う
pampango, ga [pampáŋgo, ga] 名《地名》パンパンガ Pam-

panga の〔人〕《フィリピン, ルソン島中部の州》
pampangueño, ña [pampaŋgéɲo, ɲa] 形 名 《地名》=**pampango**
pampanilla [pampaníʎa] 女 《服飾》腰巻き, ふんどし
pámpano [pámpano] 《←ラテン語 pampinus》男 ❶ ブドウの新芽(若枝·若木); ブドウの徒長枝(とちょうし); ブドウの葉. ❷ 《魚》マナガツオ
pampanoso, sa [pampanóso, sa] 形 ブドウの新芽(若枝)がたくさん付いている; ブドウの若木が群生している
pampeano, na [pampeáno, na] 形 ❶ パンパ pampa の〔住民〕; la fauna y la vegetación ~nas パンパの動物と植物. ❷ 《地名》ラ·パンパ La Pampa の〔人〕《アルゼンチン中部の州》── 男《ラプラタ》パタゴニアからパンパに吹く冷たく乾いた強風
pampear [pampeár] 自 ❶《南米》パンパ pampa を歩き回る. ❷《コロンビア》 1)《口語》背中を軽く叩く. 2) 拍手する. ❸《チリ》先をいく, リードする
── ~**se** 《チリ. 口語》圧勝する
pampelmusa [pampelmúsa] 女《植物, 果実》ザボン, ブンタン
pampeño, ña [pampéɲo, ɲa] 形《コロンビアなど》パンパ pampa の
pamperada [pamperáda] 女《南米》長く吹き続けるパンパの寒風
pampero, ra [pampéro, ra] 形 名 パンパ pampa の〔住民〕── 男 パタゴニアからパンパに吹く冷たく乾いた強風
pampers [pampérs]《←商標》《メキシコ, パナマ, ドミニカ, プエルトリコ, ペルー》〔使い捨ての〕紙おむつ
pampino, na [pampíno, na] 形《チリ》❶ パンパの硝石産出地帯 pampa salitrera の〔住民〕. ❷ パンパ pampa の〔住民〕
pampirolada [pampiroláda] 女 ❶《料理》すり潰したニンニクとパンを水でといたソース. ❷《口語》ばかげたこと, くだらないこと
pampita [pampíta] 女《ペルー. 口語》小さい畑(野原)
pamplemusa [pamplemúsa] 女《植物, 果実》ウチムラサキ, バンペイユ
pamplina [pamplína]《←俗ラテン語 papaverina < ラテン語 papaver, -eris「ヒナゲシ」》女 ❶ 《植》 1)《主に 複》ばかげたことはもうたくさんだ, *¡P~s!* ばかばかしい! ❷《西》《主に 複》お世辞, お追従(しょう): No me interesa que vengas con ~s. 君に心にもないことを言ってほしくない. ❸《西》《主に 複》赤ん坊の嫌悪感(不快感): Este niño siempre está con ~s. この子はいつもおおげさに嫌な顔をしている. ❹《植物》 1) コハコベ 《=~ de canarios》. 2) ケシ科の一種《学名 Hypecoum procumbens》. 3) サクラソウ科の一種《=~ de agua. 学名 Samolus Valerandi》. 4) ゴマノハグサ科の一種《=~ basta. 学名 Veronica agrestis》
pamplinada [pampliná da] 女 ばかげた言葉, くだらないこと
pamplinear [pamplineár] 自《アンダルシア》霧雨(小ぬか雨)が降る
pamplinería [pamplinería] 女 ばかげた言葉, くだらないこと
pamplinero, ra [pamplinéro, ra] 形 名《西》❶ ばかげたことばかり言う(する). ❷ お世辞を言われるのが好きな
pamplinoso, sa [pamplinóso, sa] 形《西》=**pamplinero**
pamplona [pamplóna] 女《プエルトリコ》よく太った女
Pamplona [pamplóna] 固《地名》パンプローナ《ナバラ州の州都. 中世パンプローナ王国発祥の地》
pamplonada [pamplonáda] 女《南米》ばかげたこと, くだらないこと
pamplonés, sa [pamplonés, sa] 形 名《地名》パンプローナ Pamplona の〔人〕
pamplonica [pamploníka] 形 名 =**pamplonés**
pampo, pa[2] [pámpo, pa] 形《チリ》❶ 広大な. ❷ 平らな: plato ~ 平皿
pampón [pampón] 男《ペルー》〔催し物などのための〕広い囲い場 corral
pamporcino [pamporθíno] 男《植物》シクラメンの一種《学名 Cyclamen balearicum》
pamposado, da [pamposádo, ða] 形《まれ》怠け者の, 不精な
pampringada [pampriŋgáda] 女 ❶ 脂汁 pringue に浸したパン. ❷ つまらないもの; 時宜を得ていないこと
pampsiquismo [pamp(s)ikísmo] 男《哲学》汎魂, どんなものも心的な性質を備えていると主張する説
pamue [pámwe] 形 名〔赤道ギニアとコンゴ北部に住む〕パムエ族〔の〕
pan[1] [pán]《←ラテン語 panis》男 ❶《料理》可算 / 不可算 パン: 1)

En ese horno hacen un ~ buenísimo. その窯を使うとてもおいしいパンができる. El panadero se dedica a hacer o vender ~. パン屋はパンを作ったり売ったりする. comer ~ con mermelada パンにジャムをつけて食べる. comprar dos ~*es* パンを2本買う. bajar el precio del ~. パンを値下げする. una rebanada de ~ 食パン1枚. 2) 〔種類など〕... americano 《ウルグアイ》食パン. ~ blanco 白パン. ~ con tomate パン·コン·トマテ《ニンニクとトマトをこすりつけたパン》. ~ cuadrado《ベネズエラ》食パン. ~ de barra フランスパン, バゲット. ~ de Cádiz《カディス特産の》マジパンに似た菓子. ~ de caja《メキシコ, エルサルバドル》食パン. ~ de cuerno《メキシコ, ボリビア, チリ》クロワッサン《=cruasán》. ~ de huevo ロールパン. ~ de molde / ~ inglés《西》食パン. ~ de munición 軍隊で支給されるパン. ~ de Pascua《チリ》パネットーネ《クリスマス用のドライフルーツ入りの筒状のパン》. ~ de perro 犬用ビスケット. ~ de tierra《中米》カサベ《=casabe》. ~ de Viena ウィーンパン, ウィンナローフ《筒状の白パン》. ~ dulce《メキシコ, 中米》ロールパン, ペストリー; 《ラプラタ》パネットーネ. ~ flauta《キューバ, プエルトリコ, ボリビア, チリ, ウルグアイ》棒状のパン《アルゼンチン》食パン. ~ largo《ベネズエラ, ボリビア, チリ, ウルグアイ》棒状のパン, バゲット. ~ moreno《西》黒パン. ~ negro 黒パン. ~ telera《ドミニカ》バゲット. ~ tostado トーストパン《諺, 成句》A falta de ~ buenas son tortas. /《メキシコ》A falta de ~ tortillas. なければ代わりのもので我慢すべきだ《←パンがなければ粗末なスポンジケーキでいい / パンがなければタコスの皮でいい》. Con ~ y vino se anda el camino. おいしい食事の後は物事は悪いようには見えない / 腹が減っては戦ができぬ. Contigo, ~ y cebolla. 手鍋さげても / 結婚は愛がすべてだ / 恋する人はたとえ貧しくても幸福だ. Dame ~ y dime (llámame) tonto (perro). 自分の欲しいものが手に入るなら人にどう言われようとかまわない / 名を捨てて実を取る. No solo de ~ vive el hombre.《新約聖書》人はパンのみにて生きるにあらず. *Pan* con ~, comida de tontos. 似たようなものだけでは面白味に欠ける / 変化は人生の薬味 / パーティーなどで異性がいないと味気ない. Quien da ~ a perro ajeno, pierde ~ y pierde perro. 見知らぬ人への(余計な)親切はかえって仇になる《←よその犬にパンを与えるとパンもなくなり犬もなくなる》. ❷《カトリック》パン《ウエハース状のもの》: ~ de los ángeles / ~ de los fuertes / ~ de vida / ~ del cielo / ~ eucarístico 聖体. ❸《金》パン, 薄片: ~ de oro 金箔. ❹ 食糧, 生活の糧(かて): Lidia se gana el ~ con esfuerzo y tesón. リディアは懸命に生活費を稼いでいる. ~ de cada día 日々の糧. ❺《パンに似た》塊: ~ de azúcar 円錐形の氷砂糖. ~ de carne ミートローフ. ~ de gaviota 地中海産のオレンジ色で丸い形のスポンジ. ~ de higo [s] 《アーモンドをはさんだ》乾しイチジク. ~ de jabón《アルゼンチン, ウルグアイ》固形の石けん. ❻《複》《農》《=trigo》: Los campos llevan mucho ~ este año. 今年の小麦は豊作だ. ❼《植物》~ de cuco ヨーロッパマンネングサ. ~ de cuclillo コミヤマカタバミ. ~ de lobo マッシュルーム《=champiñón》. ~ de mono《中南米》バオバブ《=baobab》. ~ y quesillo アカシアの白い花. ~ y queso ナズナ. ❽《ギリシア神話》[*Pan*] パン, 牧神《山羊の角と足をもつ森と牧人と家畜の神. 音楽好きで笛を吹く》. ❾《地名》 *Pan* de Azúcar パン·デ·アスカル《ブラジル, リオデジャネイロ南部グアナバラ湾に臨む山》

a ~ *y agua* 1) 〔罰として〕パンと水だけで. 2) 〔自発的に〕 Voy a ponerme *a* ~ *y agua* una semana. 私は1週間パンと水しか口にしないつもりだ
a ~ *y cuchillo*《西. 口語》居候して
al ~, ~, *y al vino, vino* 1)〔話の締めくくりに〕はっきり言う: *Al* ~, ~ *y al vino, vino*, es un vulgar ladrón. ずばり言えば, あいつはただの泥棒だ. 2) けじめをつける
coger a+人 *el* ~ *bajo el brazo*+人を味方につける
comer el ~ *de*+人〔家族·従業員など〕に養われる
comer ~ *a manteles*《文語》ごちそうを食べる
como el ~ *bendito* 大人気で, 非常に評判が良く
como un ~《*de higo*》《口語》=*más bueno que el* ~
con su ~ *se lo coma*《口語》〔話の締めくくりに〕勝手にするがいい: No me escucha, así que, *con su* ~ *se lo coma*. 彼は私の言うことを聞かないから, どうなろうと勝手にすればいい
costar la torta un ~《口語》品質のわりに高くつく: El coche de importación me *costó la torta un* ~. 私の輸入車はものすごわりに高くついた
creerse el ~ *de peso*《メキシコ》人はすばらしいものと考える

de ~ llevar [土地が] 穀物を生産する: *tierra de ~ llevar* 穀物栽培用の土地
de toma ~ y moja《口語》=*más bueno que el ~*
echar ~es《アンデス, アルゼンチン, ウルグアイ》自慢する
echar un ~ en un matate《グアテマラ》経験を積む
engañar el ~ パンと一緒に好きなものを食べる
estar más bueno que el ~《俗語》肉体的魅力がある; 美味しい
hacer ~ y quesito《コロンビア》石を投げて水切り遊びをする
hacer un ~ como unas hostias (unas tortas)《口語》出来(仕上がり)がひどく悪い; とんでもないミスをする
hacerse el de los ~es《エルサルバドル, 口語》質問をはぐらかす
más bueno que el ~《口語》[強調的に] 1) [estar+. 人が] 見てくれがいい: *Pepita está más buena que el ~.* ペピタはとびきりの美人だ. 2) [ser+] とても優しい: *Su padre es más bueno que el ~.* 彼の父親はとても親切だ. 3) [estar+. 食べ物が] おいしい
más largo que un día sin ~ 嫌になるほど [時間が] 長い
negar el ~ la sal [+a+人] をきわめて厳しく扱う, 長所を認めない
¡Ni qué ~ caliente!《中米, プエルトリコ, コロンビア, エクアドル》[言い訳・提案に対する拒絶] そんなばかな, まさか, 何てことだ
no haber ~ partido [互いに] 非常に親しい (信頼し合っている)
no pedir [もう役には立たないが置いておいても] 邪魔にはならない: *No tires esa mesa, en ese rincón no pide ~ y puede servir.* その机を捨てるな, その隅なら邪魔にならないし役に立つかもしれない
~ *aflorado* 極上のパン
~ *bendito* 1)《カトリック》御聖パン, 祝別されたパン. 2) ありがたいもの: *Las lluvias fueron ~ bendito para los campos.* 畑には恵みの雨だった
~ *de dios*《中南米》善良な人, 優しい人
~ *francés* 1)《グアテマラなど》フランスパン. 2)《アルゼンチン》[演説などに対する] ブーイング
~ *sin sal*《軽蔑》無粋な人, 退屈な人
~ *y circo/*~ *y toros* パンとサーカス [=*panem et circenses*]
para mojar ~《口語》=*más bueno que el ~*
*quitar a+*人 *el ~ de la boca* …の口から食べ物を取り上げる
sacar ~ y pedazo《チリ》期待していた以上のものを得る
señorita de [*l*] ~ *pringao* お上品ぶったお嬢さん
ser bueno como el ~《口語》とても優しい
ser el ~ [*nuestro*] *de cada día*《口語》[主によくないこと が] しばしば起こる: *Las averías son el ~ de cada día.* 故障はよくあることだ
ser ~ comido《口語》たやすい, 朝めし前である
ser ~ para hoy y hambre para mañana《口語》[問題の解決を] 中途半端なまま先送りする
*vender a+*人 *~ caliente*《チリ》…にへつらう
venderse como [*el*] *~ caliente* 飛ぶように売れる

pan-《接頭辞》[全・総・汎] *panamericano* 汎米の, *panteísmo* 汎神論

pana [pána] **I** [←仏語 *panne* < ラテン語 *pinna*「羽毛」] 囡 ❶ 繊維) コーデュロイ, コールテン: *pantalones de ~* コーデュロイのズボン. = *lisa* ビロード, ベルベット. ❷《地方語》コルクガシの樹皮の大きな破片
 cortear la ~ 最終的な決定権を持っている
 II [←アラウコ語] 囡 ❶《パナマ, チリ》冷静, 根性, 度胸. ❷《チリ》1) [乗り物の] 故障: *Quedamos en ~.* 私たちの車はエンコした. *tener la ~ del tonto* ガス欠になる. 2)《料理》[四足獣の] レバー
 III 囡《プエルトリコ. 植物》パンノキ; その実
 —— 男《プエルトリコ, ベネズエラ. 口語》友人

pánace [pánaθe] 男《植物》オポパナックス

panacea [panaθéa] 囡 [←ラテン語 *panacea* <ギリシャ語 *pinakeia* < *panax*「ニンジンの一種」] 囡 万能薬: *Ya sé que ese medicamento no es ninguna ~.* その薬が万能薬でないことはわかっています. *Nadie conoce la ~ para el problema del paro.* 失業問題を解決する特効薬は誰も知らない. *~ universal* [錬金術師が探求した万病に効くという] 妙薬

panaché [panatʃé] [←仏語] 男《料理》混ぜ合わせたもの; [特に] ミックスサラダ

panacú [panakú] 男《ボリビア》[ヤシの葉で編んだ] リュックサック

panadear [panadeár] 他《廃語》[販売用にパンを] 作る

panadeo [panadéo] 男《廃語》[販売用にパンを] 作ること

panadería [panadería] [←*panadero*] 囡 ❶ パン店. ❷ 製パン業

panadero, ra [panadéro, ra] [←*pan*] 形 ❶ パンの. ❷《チリ》へつらいの, お世辞の
 —— 男囡 パン職人, パン屋
 —— 男 複 サパテアード *zapeateado* に似たスペインの踊り
 —— 囡《口語》殴打

panadizo [panadíθo] 男 ❶《医学》ひょう疽. ❷《まれ》顔色が悪く病気がちの人

panado, da [panádo, da] 形《まれ》[スープなどに] 焼いたパンが入っている

panafricanismo [panafrikanísmo] 男 汎 (ﾊﾝ) アフリカ主義

panafricano, na [panafrikáno, na] 汎アフリカの; 汎アフリカ主義の

panal [panál] [←*pan*] 男 ❶ 蜂の巣, 巣房, 巣板. ❷ 蜂の巣状のもの;《技術》ハニカム構造: *radiador de ~* 蜂の巣状のラジエーター. ❸ 糖蜜に卵白・レモン汁を混ぜたもの [そのまま飲んだり飲み物に入れる]. ❹《地方語》洗濯石けん

panalemán, na [panalemán, na] 汎ドイツ民族の

panamá [panamá] 男 複 *panamaes* ❶《国名, 地名》[P~] パナマ《中米の共和国》; その首都. ❷《服飾》パナマ帽. ❸《繊維》パナマ《刺繍用などの粗い綿布》. ❹《中南米》不正な取引, 詐欺的な商売

panameñismo [panameɲísmo] 男 ❶ パナマ特有の言い回し. ❷ パナマ文化への愛好

panameño, ña [panaméɲo, ɲa] 形《国名》[名] パナマ *panamá* [人]の; パナマ人

panamericanismo [panamerikanísmo] 男 汎アメリカ主義

panamericanista [panamerikanísta] 男 汎アメリカ主義の (主義者)

panamericano, na [panamerikáno, na] 形 汎 (ﾊﾝ) アメリカの, 北米・中米・南米を含めた
 —— 囡 [la *P~na*] パンアメリカン・ハイウエー《米国南部から中米, ペルー, チリをへてブエノスアイレスにいたる高速道路. =*carretera P~na*》

panamito [panamíto] 男《ペルー. 植物》パナミート, ホワイトビーンズ

panana [panána] 男《チリ. 軽蔑》ぐずな奴, ばか

panarabe [panárabe] 形 汎アラブ諸国の

panarabigo, ga [panarábigo, ga] 形 =*panarabe*

panarabismo [panarabísmo] 男 汎 (ﾊﾝ) アラブ主義

panarabista [panarabísta] 男 汎アラブ主義の (主義者)

panario, ria [panárjo, rja] 形 パンの

panarizo [panaríθo] 男 ❶《医学》ひょう疽. ❷ 顔色が悪く病気がちの人

panarra [panára] 男《軽蔑》ぐずな奴, ばか

panarteritis [panarterítis] 囡《医学》汎 (ﾊﾝ) 動脈炎

panasiático, ca [panasjátiko, ka] 形 汎アジア諸国の; アジア諸国の統一と団結の

panatela [panatéla] 囡 [←伊語 *panatella*] 囡 大型で薄いスポンジケーキ

panatenaico, ca [panatenáiko, ka] 形《古代アテネ》パンアテナイア祭

panateneas [panatenéas] 囡 複《古代アテネ》パンアテナイア祭《4年ごとに行われるアテナイ *Atenea* 女神の祭り》

panática [panátika] 囡 [船に積み込まれる食糧用の] パン

panatier [panatjér] 男 パン配給所の役人 [=*panetero*]

panavisión [panabisjón] [←商標] 囡《映画》パナビジョン

panayano, na [panajáno, na] 形《地名》パナイ *Panay* の [人]《フィリピン中部の島》

panca [páŋka] 囡 ❶《フィリピン》[舷側から竹の浮材が突き出した] 丸木舟の漁船. ❷《アンデス》トウモロコシの包 (ｻﾔ). ❸《コロンビア》[小屋を葺く] シダの葉

pancada [paŋkáda] 囡《歴史》[新大陸で細かい商品を大量に売る時の] 一括取引契約

pancake [paŋkéik] 男 [←英語]《パナマ, コロンビア》パンケーキ《主に折ってチョコレートやジャムを塗る》

pancalismo [paŋkalísmo] 男《哲学》汎美主義

pancarditis [paŋkardítis] 囡《医学》汎心炎

pancarpia [paŋkárpja] 女 様々な花で作った冠

pancarta [paŋkárta]《←俗ラテン語 pancharta「教会の全財産を記した書類」<ギリシア語 pan「全」+khartes「紙」》女 ❶ プラカード, 横断幕: Portaban ～s contra el Gobierno. 彼らは反政府のプラカードを掲げていた. Los ciclistas pasaron bajo la ～ de meta. 自転車レースの選手たちはゴールの横断幕の下を通過した. ❷ 古文書に使われた羊皮紙

pancellar [panθeʎár] 男 =**pancera**

pancera [panθéra]《鎧の》胴の部分

panceta [panθéta]《←伊語 pannzetta》女《料理》❶ パンチェッタ《脂身が縞になっている豚肉》. ❷ ベーコン《=～ ahumada, tocino de ～》

pancha[1] [pántʃa] 女《地方語. 魚》タイ科の一種《=chopa》

panchán [pantʃán] 男《アンダルシア. 魚》マダイ《真鯛》

panchana [pantʃána] 女《コロンビア. 鳥》オウムの一種《学名 Psittacus acamil》

panchito [pantʃíto] 男《料理》❶《塩を振りかけた》揚げピーナッツ. ❷《アルゼンチン》ホットドッグ

pancho, cha[2] [pántʃo, tʃa] I《←ラテン語 pantex, -icis「太鼓腹」》形 ❶《口語》落ち着いた, おとなしい; 満足した: ¡Pero qué ～ eres! お前はよくそんなに落ち着いていられるな. Yo aquí pasándolo fatal y él tan ～. 私がここでひどい目にあっているのに彼はあんなに落ち着き払っている. ❷《コロンビア》平べったい, ずんぐりした. ❸《チリ》褐色の, 茶色の
—— 男 ❶ 腹, 腹部; 太鼓腹. ❷《ホンジュラス》サル《猿》. ❸《コロンビア, ベネズエラ》更紗《さらさ》. ❹《ラプラタ. 料理》ホットドッグ, そのソーセージ

no tan ancho ni tan ～ どっちでもない

II《←?語源》男 タイの稚魚;《地方語》小型のタイ

panchón [pantʃón] 男《料理》黒パン, ブラウンブレッド

panchona [pantʃóna] 女《カナリア諸島. 魚》サレマ《タイ科の一種. 学名 Sarpa salpa》

panchonera [pantʃonéra] 女《地方語》女性の魚商

pancierba [panθjérba] 女《地方語. 植物》セリ科の一種《学名 Thapsia villosa》

pancifloro, ra [panθiflóro, ra] 形《草木が》ほとんど花をつけない

pancilla [panθíʎa]《印刷》letra ～《合唱曲集に使われる》丸みを帯びたロマン体

pancismo [panθísmo] 男《軽蔑》日和見主義, ご都合主義: El ～ de muchos funcionarios es tradicional. 多くの役人が日和見主義なのは伝統的なものだ.

pancista [panθísta]《←pan》形 ❶《軽蔑》日和見主義の《主義者》, ご都合主義の《主義者》: Buen ～ solo se preocupa de lo que les gusta a los jefes. 立派な日和見主義者は上司に気に入られることばかり頭にある

pancita [panθíta] 女《メキシコ. 料理》胃袋の煮込み; もつ肉

pancito [panθíto] 男《チリ, アルゼンチン, ウルグアイ》プチパン

pancitopenia [panθitopénja] 女《医学》汎血球減少症

panclastita [paŋklastíta] 女 強力な液体火薬の一種

panco [páŋko] 男《フィリピン》[小型スクーナーに似た] 沿岸航行船

páncora [páŋkora] 女《チリ》淡水のカニ

pancorbino, na [paŋkorβíno, na]《地名》パンコルボ Pancorbo の《人》《ブルゴス県の村》

pancoso, sa [paŋkóso, sa] 形《ペルー》ぼろをまとった

pancraciasta [paŋkraθjásta] 男《古代ギリシア》パンクラチオンの競技者

pancracio, cia [paŋkráθjo, θja] 男《古代ギリシア. 格闘技》パンクラチオン

pancrático, ca [paŋkrátiko, ka] 形 =**pancreático**

páncreas [páŋkreas] 男《単複同形》《解剖》膵臓《すいぞう》

pancreático, ca [paŋkreátiko, ka] 形《解剖》膵臓の: jugo ～ 膵液

pancreatina [paŋkreatína] 女《生化》パンクレアチン

pancreatitis [paŋkreatítis] 女《医学》膵炎

pancreatomizado, da [paŋkreatomiθáðo, da] 形 膵臓切除術を施した

pancromático, ca [paŋkromátiko, ka] 形《物理, 写真》全色性の, パンクロの: película ～ca パンクロ・フィルム

pancuco [paŋkúko]《プエルトリコ》乾パン

pancutra [paŋkútra] 女《チリ》すいとんに似た料理

panda[1] [pánda] I 男《動物》パンダ《=oso ～》: ジャイアントパンダ《=～ gigante》: ～ menor (rojo) レッサーパンダ

II《←pandilla》女 ❶《口語》仲間, グループ《=pandilla》: Fue de excursión con la ～ de su hermano. 彼は兄の遊び友達とハイキングに行った. ❷《修道院などの》回廊, 歩廊. ❸《地方語》などらかに長く続く丘

pandanáceo, a [pandanáθeo, a] 形 タコノキ科の
—— 女《複》《植物》タコノキ科

pandanal [pandanál] 男《植物》タコノキ目の

pandáneo, a [pandáneo, a] 形 =**pandanáceo**

pandantif [pandantíf]《←仏語 pendentif》男《複》～s ❶《建築》ペンデンティブ, 辻飾り. ❷ ペンダント, 耳飾り

pandanus [pandánus] 男《植物》パンダナス, タコノキ

pandear [pandeár] 自 ～**se** ❶《梁などが》たわむ;《壁などが》反《そ》る: Los estantes *se pandean* por su peso. 棚はその重さでたわんでいる. ❷《メキシコ. 俗語》1) ねこばばする, がめる. 2) 腰砕けになる, おじけづく

pandectas [pandéktas] 女《複》❶《ローマ法大全の》パンデクテン, 学説彙纂《いさん》《ローマ法の法令・学説集. =*P* ～ de Justiniano》. ❷ 法律全集, 法律要覧. ❸《商業》取引先台帳

pandeirada [pandeiráða] 女《ガリシア》タンバリンを使う踊り

pandemia [pandémja]《←pan+ギリシア語 demos「国民, 地方」》女《医学》パンデミック, 汎発《はん》流行

pandémico, ca [pandémiko, ka] 形《医学》パンデミックの

pandemonio [pandemónjo] 男 =**pandemónium**

pandemónium [pandemónjun]《←pan+ギリシア語 daimonion「聖霊, 下級神」》男 ❶ 《← 《e》s》の《チリ》大混乱の場所: La reunión de los estudiantes era un auténtico ～. 学生集会はまさにハチの巣をつついたように騒がしかった. Ahora mi cabeza es un ～. 今私の頭はパニック状態だ. ❷ 地獄の都; 悪の巣窟, 伏魔殿

pandeo [pandéo]《梁などの》たわみ;《壁などの》反《そ》り

pandera [pandéra] 女 ❶ タンバリン《=pandero》. ❷《地方語》愚かな女; 太った女

panderada [pandeɾáða] 女 ❶《集合》タンバリン. ❷ ばかなこと, たわごと

panderazo [pandeɾáθo] 男 タンバリンで叩くこと

pandereta [pandeɾéta]《←pandero》女 ❶《音楽》[小型の] タンバリン: tocar el ～ タンバリンを鳴らす. ❷《チリ》煉瓦の塀

zumbar a+la ～《口語》…をうんざりさせる

panderetazo [pandeɾetáθo] 男 タンバリンで叩くこと

panderete [pandeɾéte] 男 薄い壁《=tabique de ～》

panderetear [pandeɾeteár] 自 ❶《にぎやかに》タンバリンを鳴らす. ❷ タンバリンに合わせて踊る《騒がしく遊ぶ》

pandereteo [pandeɾetéo] 男 タンバリンを鳴らすこと; タンバリンの音に合わせた踊り《騒がしい遊び》

panderetero, ra [pandeɾetéɾo, ra] 形 タンバリン pandereta の
—— 名 ❶ タンバリンを鳴らす人. ❷ タンバリンが趣味の人. ❸ タンバリンの製造《販売》業者

panderetólogo [pandeɾetólogo] 男《学生語. 時に皮肉》[tuna で] パンデレタが上手な学生

pandero [pandéɾo]《←古カスティーリャ語 pandero <ラテン語 pandorium》男 ❶《音楽》[大型の] タンバリン《鈴が付いていないのもある》: 1) tocar el ～ タンバリンを鳴らす. 2) 《En buenas manos está el ～. 餅は餅屋. Más vale un gusto que cien ～s. 利益よりも気まぐれ》《サラゴサに100個のタンバリンを売りに行った男が橋の上で1つ川に落としたところ, それが渦を巻いて底に沈むのを見て面白くなり, 次々に投げ込んだ》. ❷《戯語》[主に大きな] 尻《しり》: ¡Vaya ～, niña! あらあら, お尻が出てるわよ. ❸《古語》凧《=cometa》. ❹《地方語》ばかでおしゃべりな人. ❺《地方語》[麦わらなどを編んだ] 円錐台形の容器. ❻《コロンビア》パイ, クッキー. ❼《ペルー》共同貯蓄組合

llevar (dirigir) el ～《チリ. 口語》首謀者である, 采配をふるう

pandiculación [pandikulaθjón] 女 伸びをすること, 手足を伸ばすこと

pandilla [pandíʎa]《←pando「反った」》女 ❶《遊びの》仲間, 友人連中: Los niños salen en ～. 子供たちは友達と遊びに出かける. ❷《軽蔑》悪事をする》グループ, ギャング: Son todos una ～ de maleantes. 奴らはみんなぐれた連中だ. ～ callejera ストリート・ギャング. ～ de ladrones 窃盗団. ❸《賭け事の》いかさま, ぺてん

pandillaje [pandiʎáxe] 男《法に反するような》pandilla の悪事《悪行》

pandillero, ra [pandiʎéro, ra] 名 pandilla の一員
pandillista [pandiʎísta] 名 =**pandillero**
pandingo, ga [pandíŋgo, ga] 形《ボリビア》平たい, 底の浅い
pandino, na [pandíno, na] 形 名《地名》パンド Pando の〔人〕《ボリビア北部の県》
pandit [pándi(t)] 男〔インドのバラモンに対する尊称〕…師, …先生; 賢者, 学者
pando, da¹ [pándo, da]《←ラテン語 pandus「曲がった」》形 ❶〔板などが〕反(ｿ)った, たわんだ. ❷〔川の流れなどが〕動きの遅い, ゆっくりした, 緩やかな. ❸〔人が〕悠長な, 緩慢な. ❹〔動物・人の〕背が窪んだ. ❺《地方語》面白くない, 単純な. ❻《メキシコ, ボリビア》猫背の, 猫背の. ❼《メキシコ》1) ねじれた. 2) 酔った.《グアテマラ》一杯の; 満腹の. ❾《コロンビア》扁平の. ❿《ボリビア, アルゼンチン》〔底の〕浅い
—— 男《地方語》谷間の平地; 盆地

pandora [pandóra]《ギリシア神話》[P～] パンドラ《ゼウスがプロメテウスを罰するために下界におろした人類最初の女; caja de P～ パンドラの箱《ゼウスがパンドラに与えた箱. パンドラが禁を破り箱を開けると, 害悪が世に広がり希望だけが残った》. ❷〔昆虫〕パンドラヒョウモン《チョウの一種》

pandorga [pandórga] 女 ❶〔動作の遅い〕非常に太った女. ❷《ウェルバ》〔紙製の〕凧(ﾀｺ). ❸《ムルシア》サンボンバ [=zambomba]. ❹《メキシコ, コロンビア》冗談, 悪ふざけ. ❺《コロンビア》1) からかい, いたずら. 2) 面倒, 迷惑, 厄介事. 3) 嘘, ごまかし; 迷信. ❻《チリ》古い民俗舞踊の一種; トランプゲームの一種

pandorgada [pandorgáda] 女《地方語》ごちそう, 大盤ぶるまい
pandorguear [pandorgeár] 他《コロンビア》からかって傷つける; ごまかす, だます
panduro [pandúro] 男 冷酷な泥棒
Pané [pané]《人名》 **Ramón ～** ラモン・パネ《生没年不詳. カタルーニャ生まれの宣教師. コロンブスの第2次航海 (1493年) に参加してエスパニョーラ島に渡り, 先住民のキリスト教化に尽くす.『インディ古来の信仰ならびに習俗に関する報告書』*Relación acerca de las antigüedades de los indios*》

panear [paneár] 自《ボリビア, アルゼンチン》ほらを吹く, 見栄をはる
panecillo [paneθíʎo]《pan の示小辞》男 ❶《西. 料理》ロールパン, プチパン; ～ **redondo** イングリッシュマフィン. ❷《地方語》ゼニアオイ malva の実
venderse como ～s 飛ぶように売れる

panecito [paneθíto] 男《中南米》=**panecillo**
panegírico, ca [panexíriko, ka]《←ラテン語 panegyricus <ギリシア語 panegyrikos < pan-〔全〕+agora「集まり」》形 賞賛の, 賛辞の
—— 男 ❶ 賛辞, 礼賛の言葉: **Hizo un ～ de su esposa en varios poemas.** 彼はいくつもの詩の中で妻を讃えた. ❷ 人を讃える演説; 聖人を讃える説教. ❸ 頌徳(ｼｮｳﾄｸ)文, 頌詩
panegirista [panexirísta] 名 賞賛の演説をする人; 礼賛者
panegirizar [panexiriθár] 9 他《まれ》賞賛する, ほめたたえる
panel [panél]《←古仏語 panel < ラテン語 pannus「ラシャ」》男《建築》1) ボード, パネル, 羽目板: ～ **acústico** 音響パネル. ～ **de iluminación** 照明パネル. ～ **solar** ソーラーパネル. 2) 壁紙: **Abrieron una ventana en un ～ lateral de la casa.** 家の側面の壁板に窓がつけられた. 3)〔プレハブの〕仕切り板: **Los despachos están divididos por ～es de madera.** 事務室は木製のパネルで仕切られている. 4)〔ドアの〕鏡板. ❷〔標識・広告などの〕表示板, 掲示板: **El cartel está puesto en un ～ de la clase.** ポスターは教室の掲示板に貼ってある. ～ **de información de vuelos** 発着便案内板. ～ **electrónico** 電光表示板. ❸ 計器盤《＝～ **de instrumentos**》; 配電盤, 制御盤: ～ **de control** コントロールパネル. ～ **de mandos** 操縦パネル. ❹〔英語〕1) 討論会, パネルディスカッション: **Los miembros del ～ expresan libremente sus opiniones.** 討論会のメンバーは自由に意見を述べている. ～ **de expertos** 専門家パネル. ～ **intergubernamental** 政府間パネル. 2) 集 討論会のメンバー, パネラー. ❺《科学会議で提供される》情報, ニュース. ❻《自動車》1) 泥よけ. 2)《メキシコ, キューバ》バン型車. 3)《チリ》ダッシュボード. ❼《キューバ, プエルトリコ》審査委員
pánel [pánel] 男《コロンビア, ベネズエラ》パネラー; 審査委員
panela [panéla] 女《←pan》❶ 黒砂糖の塊. ❷《紋章》葉・心臓の形の図形. ❸《地方語》〔はしけ lancha の〕甲板. ❹《メキシコ. 口語》〔できたての〕チーズ
—— 形《コロンビア, ベネズエラ》❶ げんなりする, へきえきする. ❷ おべっかを使う, 口八丁な

panelable [panelable] 形 ボード (パネル) で覆われ得る
panelear [paneleár] 自《コロンビア》優しい言葉をかける, 愛を語る
panelero, ra [panelero, ra] 形 名 ❶《ホンジュラス, コロンビア》黒砂糖の塊の製造 (販売) 業の (業者). ❷《コロンビア》げんなりする, へきえきする
panelista [panelísta] 名 ❶〔パネルディスカッションの〕パネラー. ❷ 視聴率の調査対象者
panellet [paneʎé(t)] 男《←s》《カタルーニャ》[万聖節に食べる] パン生地で作る小型の菓子
pane lucrando [páne lukrándo]《←ラテン語》副 パンを手に入れるために, 生活のために
panem et circenses [pánen et θirθénses]《←ラテン語》男《古代ローマ》パンとサーカス《民衆を満足させる手段としての食糧と闘技場の催し物》
panenteísmo [panenteísmo] 男《哲学》万有内在神論《ドイツの哲学者クラウゼ Krause が唱え, 19世紀スペインの思想・教育に多大な影響を与えた》
panera¹ [panéra]《←pan》女 ❶〔食卓に置く〕パンかご: **Hazme el favor de pasarme la ～.** パンかごを取ってくれ. ❷〔スライド式の蓋がある保存用の〕パンケース. ❸〔配達用の〕パンバスケット. ❹ 穀物倉庫. ❺《口語》麦わら帽子
Panero [panéro]《人名》 **Leopoldo ～** レオポルド・パネロ《1909～62, スペインの詩人. 内戦後のフランコ体制下で宗教や家族などの自伝的な題材を扱い, 個人の内面をテーマとした》
panero, ra² [panéro, ra]《←pan》形 ❶ パン〔食〕が好きな: **Es muy ～ra, y así no adelgaza.** 彼女はパンが大好きだからやせられない
—— 男 ❶〔焼きたてのパンを入れる〕大きな丸いかご. ❷《まれ》〔食卓に置く〕パンかご《=panera》
paneslavismo [paneslabísmo] 男 汎(ﾊﾝ)スラブ主義, スラブ民族統一主義
paneslavista [paneslabísta] 形 名 汎スラブ主義の (主義者)
paneta [panéta] 女 ❶《ムルシア》1) 小型のパン. 2) はえ縄漁法. ❷《コロンビア》[川船の] 一部だけの甲板
panetela [panetéla]《←panatela》女 ❶《古語的》細い葉巻き. ❷《料理》1) ジャガイモの煮込み. 2)《チリ, ボリビア》スポンジケーキ [=bizcocho]. 3)《ペルー》[マルメロの実・砂糖・肉桂入りの] 炊き込みご飯. ❸《キューバ》賛辞
panetería [panetería] 女《歴史, 王室の》パン配給所
panetero, ra [panetéro, ra] 名《歴史》パン配給所の役人
panetone [panetóne] 男《←伊語 panettone》男《料理》パネットーネ《乾燥果実入りのパン》
paneuropeísmo [paneuropeísmo] 男 汎(ﾊﾝ)ヨーロッパ主義
paneuropeísta [paneuropeísta] 形 名 汎ヨーロッパ主義の (主義者)
paneuropeo, a [paneuropéo, a] 形 汎ヨーロッパの; 汎ヨーロッパ主義の
panfilio, lia [panfíljo, lja] 形 名《歴史, 地名》[小アジアの] パンフィリア Panfilia の〔人〕
panfilismo [panfilísmo] 男《軽蔑》❶ 無気力, のろま. ❷ 人が好きすぎること, 善意のかたまり
pánfilo, la [pánfilo, la]《←ギリシア語 panphilos「親切な」》形《軽蔑》❶ 無気力な, のろまな〔人〕: **No seas ～.** ぐずぐずするな. ¡**Ay, niña, qué ～ la estás últimamente!** ああ, この子ったら最近本当に悠長なんだから! ❷ お人好し〔の〕, だまされやすい: **El ～ se lo cree todo.** 人がいいから何でものみにする. ❸《コロンビア》青ざめた, 青白い
—— 男 **pánfilo** と言ってマッチを消す遊び
panfletada [panfletáda] 女《チリ. 政治》パンフレット配布戦術
panfletario, ria [panfletárjo, rja] 形 名 政治宣伝パンフレットの〔書き手〕
panfletear [panfleteár] 自《チリ. 政治》[野党が] パンフレットを配布して宣伝する
panfletista [panfletísta] 名 政治宣伝パンフレットの書き手
panfleto [panfléto]《←英語 pamphlet》男 ❶〔政治的・思想的な〕宣伝パンフレット, ビラ: **Repartían ～s a la entrada del mitin.** 集会場の入り口で宣伝ビラが配られていた. ❷《軽蔑》〔文書などによる〕誹謗(ﾋﾎｳ), 中傷: **hacer ～s contra un político** ある政治家をおとしめる文章を書きまくる
panga [páŋga] 女 ❶《メキシコ》いかだ, 浮き台. ❷《中米》ボート
pangador [paŋgaðór] 男《コロンビア》[スープをとるための] 骨付き肉
pangal [paŋgál] 男《チリ》ルバーブの一種 pangue の畑 (群落)

pangar [paŋgár] 〚8〛他《コロンビア》❶〔骨から〕骨髄を取り出す. ❷〔馬を〕疲れさせる. ❸〔ぶつけて〕傷つける
pangaré [paŋgaré] 形《アルゼンチン》〔馬などが主に下半身の一部が〕黄色の, 白っぽい色の
pangelín [paŋxelín] 男《植物》マメ科の高木〚ブラジル産. 果実の仁は虫下しとして用いられる〛
pange lingua [páŋge líŋgwa]〚←ラテン語〛男《カトリック》パンジェ・リングァ〚"pange lingua（歌え舌よ」の言葉で始まるトマス・アクィナス Tomás Aquino 作のミサ曲. 聖体の祝日の賛歌〛
pangermánico, ca [paŋxermániko, ka] 形 汎（全）ゲルマン主義の
pangermanismo [paŋxermanísmo] 男〔主に19世紀の〕汎（全）ゲルマン主義
pangermanista [paŋxermanísta] 形・名 汎（全）ゲルマン主義の（主義者）
panglosiano, na [paŋglosjáno, na] 形《文語》〔人類が最善の世界に生きているという〕きわめて楽観的な思想の
pango [páŋgo] 男 ❶《ボリビア, アルゼンチン》紛糾, 混乱; 面倒, 厄介事. ❷《アルゼンチン. 古語》黒人がたばこのように吸った草
pangolín [paŋgolín] 男《動物》センザンコウ
pangue [páŋge] 男《ペルー, チリ. 植物》ルバーブの一種〚食用. 学名 Gunnera tinctoria〛
panguear [paŋgeár] 他《コロンビア》さっと洗う
panguero [paŋgéro] 男《中米》漕ぎ手, 船頭
panhelénico, ca [paneléniko, ka] 形 汎ギリシアの; 汎ギリシア主義の
panhelenismo [panelenísmo] 男 汎ギリシア主義, ギリシア統一運動
panhuehuetl [panwewétl] 男《メキシコ. 音楽》〔先住民の〕縦型の太鼓
paniaguado, da [panjagwáḍo, ḍa] 形・名《西. 軽蔑》〔長所・功績はないのに〕コネのある〔人〕, ひいきされている〔人〕, 縁故で職についている〔人〕
—— 男《古語》住みこみの召使い
pánico[1] [pániko]〚←ラテン語 panicus < ギリシア語 panikos < Pan「牧神パン」〛男 ❶〔主に集団的な〕恐慌, パニック〔→miedo 類義〕: Cundió el ～ al incendiarse el local. そこが火事になるとパニック状態が広がった. El ～ invadió a la muchedumbre. 群衆はパニックに陥った. gente presa del ～ 恐慌をきたした人々. ～ bancario 取付け（騒ぎ）. ❷ 強い恐怖感: Me dan ～ los aviones. 私は飛行機がどうしようもなく怖い
de ～（口語）1）すごい, すばらしい: Tiene un coche de ～. 彼はすごい車を持っている. 2）すごく, すばらしく
sembrar el ～ パニックを引き起こす
pánico[2], **ca** [pániko, ka] 形 ❶《文語》〔恐怖の〕強く感じられる. ❷《文語》パニックを引き起こす. ❸《文語》宇宙の, 全体の. ❹《ギリシア神話》パン Pan の
panícula [paníkula] 女《植物》円錐花序
paniculado, da [panikuláḍo, ḍa] 形 円錐花序の形をした
panicular [panikulár] 形 脂肪層の, 皮下脂肪の
paniculitis [panikulítis] 女《医学》脂肪織炎
panículo [paníkulo] 男《解剖》脂肪層, 皮下脂肪〚＝～ adiposo〛
paniego, ga [panjégo, ga] 形〚←pan〛❶〔土地が〕小麦を産する. ❷ パンが好物の, パン好きの
—— 男《サラマンカ》石炭袋
—— 女《地方語. 植物》ギシギシ〚＝romaza〛
panier [panjér] 男《まれ》小型のかご
panificable [panifikáble] 形 パンにされ得る: harina ～ パン用小麦
panificación [panifikaθjón] 女 パンを焼くこと, パンの製造
panificador, ra [panifikaḍór, ra] 男 パン製造の
—— 女 パン焼き場, 製パン所
panificar [panifikár]〚←pan+ラテン語 facere「作る」〛〚7〛他 ❶〔小麦粉などを〕パンに加工する, パンを作る〔焼く〕: Solo panificamos harina de trigo de la mejor calidad. 私どもは最高級の小麦粉でしかパンを作りません. ❷〔荒れ地などを〕（穀物）畑に変える
paniguado, da [panigwáḍo, ḍa] 形・名 ＝**paniaguado**
panilla [paníʎa] 女 ❶〔繊維〕薄いビロード. ❷〔油の容量単位〛＝4分の1リットル. ❸《アンダルシア》食料品店
panino [paníno] 男《メキシコ》❶ スズメバチの群れ. ❷〔集合〕物; 動物

panique [paníke] 男《動物》〔オセアニア産の〕オオコウモリの一種〚学名 Pteropus lanensis, Pteropus edulis〛
paniquesa [panikésa] 女《動物》❶ リス〚＝ardilla〛. ❷《アラゴン》イタチ
paniquesillo [panikesíʎo] 男 アカシアの白い花〚＝pan y quesillo〛
paniqueso [panikéso] 男 ❶《アルバセテ. 植物》穀物畑の間に生える高さ25cmほどの草〚花は黄色〛. ❷《ログローニョ》ニレの木の実
panislámico, ca [panislámiko, ka] 形 汎イスラム主義の
panislamismo [panislamísmo] 男 汎イスラム主義
panislamista [panislamísta] 形・名 汎イスラム主義の（主義者）
panizal [paniθál] 男 ❶《アストゥリアス》〔リンゴ酒を注ぐ時に出る〕泡: formar buen ～ きれいな泡が立つ. ❷《ムルシア》アワ（粟）畑
panizo [paníθo] 男 ❶《植物》1）アワ（粟）, キビ（黍）; その粒: ～ de Daimiel トウジンビエ, クロキビ. ～ negro パールミレット; コーリャン. 2）《地方語》トウモロコシ. ❷《チリ》1）鉱床. 2）鉱石倉庫. 3）〔利をむさぼる相手〕かも. 4）もうけ仕事, 実入りの多い仕事, もうかる商売. 5）豊富, 盛りだくさん
panjí [paŋxí] 男〚複 ～es〛《植物》ホソグミ〚＝árbol del Paraíso〛
panléxico [panlé(k)siko] 男〔専門用語・方言などをカバーした〕大辞典
panllevar [panʎebár] 集名 農産物: tierra de ～ 麦畑
panlogismo [panloxísmo] 男《哲学》汎論理主義
panlogista [panloxísta] 形・名 汎論理主義の（主義者）
panne [pánne]〚←仏語〛女〔機械・エンジンの〕故障, 停止
pano[1] [páno] 男《地方語》パノ民族〔の〕〚ペルーとブラジルの, アマゾン源流地域の語族〛
panó [panó]〚←ドミニカ. 馬具〛鞍敷き
panocha[1] [panótʃa] 女 ❶〔トウモロコシなどの〕雌穂; 麦などの穂. ❷《主にメキシコ, 中米. 軽蔑》女性の外部性器, 膣. ❸《メキシコ》糖蜜製の甘い菓子; 黒砂糖. ❹《コスタリカ, チリ》トウモロコシとチーズのパンケーキ. ❺《コロンビア》チョクロ choclo 製の大型のパン
panocho[1] [panótʃo] 形 ❶〔トウモロコシの雌穂のように〕赤色がかった. ❷ 赤毛の〔人〕
panocho, cha[2] [panótʃo, tʃa] 形・名《バレンシア, ムルシア》灌漑農業地帯 huerta の〔人〕
—— 男 灌漑農業地帯の方言
panoja [panóxa] 女 ❶《植物》1）円錐花序. 2）〔トウモロコシなどの〕雌穂. ❷ 干した果実. ❸《料理》〔2匹以上の尾をくっつけた〕小魚のフライ. ❹《隠語》金〚＝dinero〛
panol [panól] 男 ＝**pañol**
panoli [panóli]〚←バレンシア語 panoli < pa en oli「オリーブ油付きパン」〛形《西. 口語》お人好しで騙されやすい〔人〕
—— 男《地方語. 菓子》小麦粉に砂糖・オリーブ油・白ワインまたは蒸留酒を混ぜてオーブンで焼いたもの
panolis [panólis] 形〚単複同形〛＝**panoli**
panónico, ca [panóniko, ka] 形 ＝**panonio**
panonio, nia [panónjo, nja] 形・名《古代ローマ. 地名》パンノニア Panonia の〔人〕〚現在のハンガリー〛
panoplia [panóplja]〚←ギリシア語 pan-（全）+hopla「武器」〛女 ❶〔騎士の〕武具一式, よろいかぶと. ❷ 武具の収集（研究）. ❸〔剣などの武器を飾る〕盾形の板. ❹《考古》古武器, 古武具研究. ❺〔一般に〕装備一式. ❻《玩具》〔ボール紙製の〕仮装用の服や装身具
panóptico, ca [panó(p)tiko, ka] 形〔建物の一点から〕屋内すべてが一望できる構造の
panorama [panoráma]〚←ギリシア語 pan-（全）+horama「見えるの」〛男 ❶ 全景, 展望: Se ve un ～ precioso. すばらしい眺望が開ける. La cámara mostró un ～ de todo un valle. カメラは谷間の全景を映し出した. ❷〔主題・状況・問題についての〕展望, 概観: ～ de la literatura barroca バロック文学概観. ～ político actual 現在の政治展望. ❸ パノラマ, 回転画; 世界風俗のぞき物
panorámico, ca [panorámiko, ka] 形 ❶ 全景の: postal ～ de Toledo トレド全景の絵葉書. cámara ～ca パノラマカメラ. pantalla ～《映画》シネラマ. ❷ 全景が見られる, 展望のきく: restaurante ～（giratorio）〔回転〕展望レストラン. coche ～《鉄道》展望車
—— 女 ❶《映画, テレビ》パノラミックショット, パン〚＝toma ～ca〛. ❷ 全景, 眺望, 概観〚＝vista ～ca〛

panoramizar [panoramiθár] 9 他《まれ.映画,テレビ》パンする

panormitano, na [panormitáno, na] 形 名《地名》《シチリア島の》パレルモ Palermo の(人)

panoso, sa [panóso, sa] 形 粉を含んだ; 粉っぽい, 粉状の《=harinoso》

panote [panóte] 男〔歩道などに使う〕敷石用ブロック

panque [páŋke] I 男《メキシコ パンケーキ《=panqué》 II 《←マプーチェ語》《ペルー,チリ.植物》=pangue

panqué [paŋké] 《←英語 pancake》男《料理》《メキシコ》パンケーキ,ホットケーキ. ❷《プエルトリコ,ベネズエラ》スポンジケーキ. ❸《コロンビア,ボリビア》=panqueque

panquear [paŋkeár]《ドミニカ》足で水を強く蹴る ―― ～se《ドミニカ》❶ 死ぬ. ❷ 逃げる; 姿をくらます,消え失せる

panqueca [paŋkéka] 女《ベネズエラ》=panqueque

panqueque [paŋkéke]《←英語 pancake》男《アルゼンチンなど.料理》クレープ; ～ de frutas フルーツ入りクレープ

pansa [pánsa] 女; ～ blanca パンサブランカ《カタルーニャ産の白ワイン用の白ブドウ》. ❷《アラゴン》干しブドウ

panservio, via [pansérbjo, bja] 形 =panservista

panservismo [panserbísmo] 男《歴史》バルカン諸国の汎セルビア運動

panservista [panserbísta] 形《歴史》汎セルビア運動の

pansexualismo [panse(k)swalísmo] 男《心理》汎性欲論

pansido, da [pansído, da]《ラマンチャ,ムルシア》〔ブドウ・プラムなどが〕干した,乾燥させた

pansinsal [pansinsál] 名《ラマンチャ》面白くない人, 気ない人

pansiquismo [pansikísmo] 男 =pampsiquismo

pansisí [pansisí] 形 名《瓦》《ラマンチャ》❶ 鈍い〔人〕, のろま〔な人〕; ばかな〔人〕. ❷ お人好しの〔人〕, だまされやすい〔人〕

panspermia [panspérmja] 女 パンスペルミア説, 胚種公布説《地球上の生命の起源は他の天体の微生物が地球に到達したものとする仮説》

pantagruélico, ca [pantagrwéliko, ka]《←仏語 pantagruélique < Pantagruel》《ラブレーの作品に登場する巨人の大食漢パタグリュエル》❶ 形 ❶〔宴会の料理などが〕非常に大量の, 贅(ぜい)を尽くした, 大饗宴の. ❷〔パンタグリュエル Pantagruel のように〕大食漢の

pantagruelismo [pantagrwelísmo] 男〔飲食物の〕大盤ぶるまい; 大食

pantalán [pantalán]《←フィリピン語》男〔小船用の〕船着き場, 桟橋

pantaleta [pantaléta] 女《メキシコ, 中米, コロンビア, ベネズエラ》〔主に 複〕パンティ《=braga》

pantalla [pantáʎa]《←カタルーニャ語 ventall「帽子のひさし」<古ゲルマン語 panteile < panzer-teile「かぶとの頬面」》女 ❶《映画》映写幕, スクリーン《～ de proyección》;《テレビ》画面: aparecer en ～ una novela a la ～ 小説を映画化する. llevar una novela a la ～ 小説を映画化する.❷《口語》映画界, テレビ界《=mundo de la ～》. ❸《情報》ディスプレー: Este ordenador tiene una ～ de cristal líquido. このパソコンは液晶ディスプレーだ. ～ de radar レーダースクリーン. ～ plana フラットスクリーン. ～ táctil タッチパネル.❹〔電灯の〕笠, シェード: lamparita con la ～ de tela 布製のシェード付きの電気スタンド. ❺ 遮蔽物; シールド: A los lados de la autopista ponen unas ～s acusticas. 高速道路の両側に防音壁が立てられる. Había tanta luz que hice ～ con la mano. 光がまぶしかったので私は手でさえぎった. ～ acústica バッフル. ～ protectora/～ de protección 防護スクリーン; 防護マスク. ～ de humo 隠れみの《=～ de humo》: La tienda hace de ～ para sus negocios ilegales. 店は彼らのやばい仕事の目隠しになっている. La fiesta sirve de ～ a su auténtico objetivo. パーティーは彼らの狙いをごまかす隠れみのになっている. ❻〔暖炉用の〕ついたて. ❼《メキシコ》不格好な人; うすのろ, 間抜け. ❽《グアテマラ》古風な大鏡. ❾《コスタリカ, 南米》扇子, うちわ《=abanico》. ❿《コスタリカ》〔壁に掛ける〕ブリキ製のろうそく立て. ⓫《プエルトリコ》〔下げ飾りのついた〕イヤリング. ⓬《アルゼンチン》〔壁に吊るす〕小型の掲示板

hacer ～《コロンビア.口語》見せびらかす, ひけらかす

～ *chica* =pequeña ～

～ *grande*《文語》映画; 映画館

pequeña ～《文語》テレビジョン: Esa actriz trabaja para la *pequeña* ～. その女優はテレビで仕事をしている. El programa podrán verlo ustedes en la *pequeña* ～. 番組をテレビでご覧になれます

pantallear [pantaʎeár] 他《チリ, ラプラタ》扇子(うちわ)であおぐ ―― 自《コロンビア, ベネズエラ.口語》かっこいい, 目立つ; はったりをかける, 空いばりする

pantalloso, sa [pantaʎóso, sa] 形 名《キューバ.口語》いつもえらそうなことを自慢する〔人〕

pantalón [pantalón]《←伊語 Pantalone (イタリア喜劇の登場人物)》男 ❶《服飾》1)〔主に 複〕ズボン, パンツ, スラックス, パンタロン《= ～ largo》: Los pantalones que llevas hoy son preciosos. 今日君がはいているパンツはすてきだ. ponerse pantalones ズボンをはく. pantalones bermudas バミューダパンツ. ～ corto 半ズボン, ハーフパンツ. ～ de esquí スキーパンツ. ～ pesquero つんつるてんのズボン. pantalones rectos ストレートパンツ. 2)《古語》〔複〕〔女性用下着の〕ズロース. ❷《口語》〔一般に〕男

bajada de pantalones《俗語》屈辱的な譲歩〔屈服〕

bajarse los pantalones《俗語》〔屈辱的に〕譲歩する, 屈服する; 誤りを認める: Tuvieron que *bajarse los pantalones* y aceptar lo que les proponían. 彼らは妥協して彼らに飲まなければならなかった. Ante tantos rivales, *se bajó los pantalones*. たくさんのライバルを前にして彼は戦意を失った

coger los pantalones en la mano 不意を突く, 悲惨な(恥ずかしい)場面をおさえる

estar con los pantalones de (a) cuadros 厳しい姿勢を見せる, 厳しく要求する

fajarse los pantalones《メキシコ》ふんどしを締めてかかる

llevar los pantalones《戯語》〔家庭内の〕主導権を握っている; 〔特に〕かかあ天下である: En su casa su madre es la que *lleva los* ～*es*. 彼の家は母親が実権を握っている

llevar los pantalones bien puestos 決断力がある; 横暴である

llevar [puestos] los pantalones de (a) cuadros = *estar con los pantalones de (a) cuadros*

～ *de montar*《口語》〔女性特有の〕腰・脚の過度の肥満

pillar con los pantalones en la mano = *coger con los pantalones en la mano*

ponerse los pantalones《戯語》=llevar los pantalones

tener los pantalones bien fajados《メキシコ》強い性格である, 決然としている

pantaloncillo [pantalonθíʎo] 男《ドミニカ, プエルトリコ, コロンビア》〔男性用下着の〕パンツ

pantalonero, ra [pantalonéro, ra] 名 ズボンの仕立て職人(縫製工)《主に女性》―― 形〔主に女性が〕ズボンをはいている ―― 女《メキシコ》〔牧童 charro のはく, 両脚に沿ってボタンのついた〕乗馬ズボン

pantaloneta [pantalonéta] 女《服飾》❶《西》ショートパンツ. ❷《コスタリカ》1)〔男性用下着の〕トランクス. 2) パンティストッキング. ❸《コロンビア》〔スポーツ・水泳用の〕トランクス; 〔漁師の〕作業用半ズボン

pantana [pantána] 女《カナリア諸島.植物》ズッキーニ

pantanal [pantanál] 男 ❶ 湿地帯, 沼沢地帯. ❷《地理》パンタナル《ブラジル・ボリビア・パラグアイにまたがる大湿原》

pantanero [pantanéro] 男《コロンビア》沼, 湿地

pantano [pantáno]《←伊語 Pantanus (古代イタリアの湖)》男 ❶ 沼, 湿地帯: Es peligroso andar por la zona de los ～s. 沼地を歩くのは危険だ. ❷ ダム湖, 貯水池《=embalse》: Los ～s abastecían a varias poblaciones. いくつもの町が貯水池から供給されている. ❸ 困難, 障害, 窮地: salir de un ～ 泥沼から抜け出す. ❹《気象》～ barométrico 弱い低気圧

pantanoso, sa [pantanóso, sa]《←pantano》形 ❶ 沼地の, 湿地の: Las regiones ～*sas* no son aptas para el cultivo. 湿地帯は耕作には向かない. terreno ～ 湿地帯. ❷ 泥沼状態の, 窮地に陥った

pantaruja [pantarúxa] 女《エストレマドゥーラ》亡霊, 幽霊, お化け

pantasana [pantasána] 女《漁業》立て網と横網を組み合わせた漁法

pantasma [pantásma] 名《地方語》亡霊, 幽霊, お化け

pantaura [pantáura] 女《コロンビア》深紅の斑点入りの淡紫色の宝石

panteísmo [panteísmo]《←ギリシア語 pan- (全)+theos「神」》男 汎神論

panteísta [panteísta] 形 名 汎神論の(論者)

panteístico, ca [panteístiko, ka] 形 汎神論の

pantelismo [pantelísmo] 男 《哲学》意志を万物の本質とする考え

panteón [panteón] 《←ラテン語 pantheon < ギリシア語 pantheion「すべての神殿」》❶《古代ギリシア・ローマ》パンテオン〖神殿．特にアグリッパ Agripa が創建した一族の神殿〗．❷〖家族全員を祀する〗霊廟 (びょう): ～ familiar 一族の地下納骨所． ❸ 集合 〖多神教での〗神々: El ～ grecorromano es más extenso que el egipcio. ギリシア・ローマの神々の方がエジプトの神々より数が多い. ❹《中米》墓地. ❺《チリ. 鉱夫用語》鉱物

panteonero [panteonéro] 男 《アンダルシア；メキシコ，中米，アンデス》墓掘り人，墓地の管理人，墓守

panteónico, ca [panteóniko, ka] 形 ❶ 霊廟の. ❷ 神々の

pantera [pantéra] 《←ラテン語 panthera < ギリシア語 panthera < pan- (すっかり)+ther「野獣」》女 ❶ 《動物》1) クロヒョウ(黒豹)〖= ～ negra〗. 2)《中米》ジャガー〖= jaguar〗. ❷《魅力的で》性的に男性をリードする女性. ❸《鉱物》豹紋めのう ── 名 ❶《メキシコ》勇敢で向こう見ずの人. ❷《キューバ, プエルトリコ》詐欺師, 策士

panterismo [panterísmo] 男 《プエルトリコ》邪悪, 悪らつさ

panti [pánti] 《←英語 panty》男 〖複 ～s〗《服飾》〖主に 複〗パンティストッキング

pantiatra [pantjátra] 名 〖まれ〗一般医, 内科医

panticuto, ta [pantikúto, ta] 形 名 〖地名〗パンティコサ Panticosa の〖人〗〖ウエスカ県の町〗

panties [pántis] 男 〖複〗《パナマ, プエルトリコ. 服飾》パンティ

pantimedias [pantimédjas] 女 〖複〗《メキシコ》パンティストッキング

panto- 〖接頭辞〗〖全〗pantómetro 万測器

panto, ta [pánto, ta] 形 《ログローニョ》ぼんやりした, 物思いにふけった

pantocazo [pantokáθo] 男《船舶》ビルジに受けた衝撃

pantocrátor [pantokrátor] 男 ❶《美術》〖主に P～. ビザンチン・ロマネスク絵画で〗キリストの画像〖玉座に座り, 右手を上げて祝福し左手に福音書を持つ〗. ❷〖ユダヤ教・キリスト教の〗神

pantografista [pantografísta] 名 写図器を操作する人

pantógrafo [pantógrafo] 男 ❶〖伸縮〗写図器, パントグラフ. ❷集電器;〖電車の〗パンタグラフ

pantómetra [pantómetra] 女 = **pantómetro**

pantómetro [pantómetro] 男 ❶《測量》程角測器, 万測器, パントメーター. ❷〖幾何〗〖三角形の〗内角測定器

pantomima[1] [pantomíma] 《←ラテン語 pantomima < ギリシア語 pan- (全)+mimeo「私は真似する」》女 ❶ パントマイム; 無言劇, 黙劇: representar una ～ パントマイムを演じる. ❷〖隠すための〗ごまかし, みせかけ: Su indignación era una ～. 彼が怒ったのはポーズだけだった. Le hiciste la ～ de ponerte a llorar. 君は泣くだすふりをしてみせた. ❸〖まれ〗誇張した異様(滑稽)な動作. ❹《チリ》気のふれた女; 軽薄な女. ❺《アルゼンチン》竹馬

pantomímico, ca [pantomímiko, ka] 形 パントマイムの; 無言劇の. ❷〖まれ〗始終顔をしかめたり身ぶり手ぶりの多い

pantomimo, ma[2] [pantomímo, ma] 名 パントマイム(無言劇)の俳優, パントマイマー

pantópodos [pantópodos] 男 〖複〗《動物》ミズグモ目

pantoque [pantóke] 男《船舶》ビルジ

pantorra [pantóra] 女《口語》〖主に 複. 特に太った〗ふくらはぎ〖= pantorrilla〗

pantorrilla [pantoríʎa] 《←pantorra < ポルトガル語 panturra》女 ❶ ふくらはぎ: darse un calambre en la ～ derecha 右脚のふくらはぎがつる. ❷《エクアドル, ペルー》ばかげた見栄(虚栄心)

pantorrillera [pantoriʎéra] 女《服飾》〖ふくらはぎを太く見せるための〗膝までの厚手の靴下

pantorrilludo, da [pantoriʎúdo, da] 形 ❶ ふくらはぎが非常に太い. ❷《チリ. 口語》見栄のずるい, 押しの強い

pantortilla [pantortíʎa] 女《地方語. 菓子》クレープ

pantoténico, ca [pantoténiko, ka] 形《化学》ácido ～ パントテン酸

pants [pánts] 《←英語》男 〖複〗《メキシコ》ジャージ, スウェット〖上下または下〗

pantufla [pantúfla] 《←pantuflo》女 〖主に中南米〗〖主に 複〗スリッパ, 室内ばき〖= zapatilla〗: Me recibió en ～s. 彼はラフな格好で私を迎えた

pantuflazo [pantufláθo] 男 スリッパによる殴打

pantuflero, ra [pantufléro, ra] 名 《主に中南米》スリッパの製造(販売)業者

pantuflo [pantúflo] 《←仏語 pantoufle》男 = **pantufla**

panty [pánti] 《←英語》男 〖複 ～s〗《服飾》❶ = **panti**. ❷ パンティ

panucar [panukár] 自 《チリ》炒った粗挽きの小麦粉 panuco を食べる

panucha [panútʃa] 女《コロンビア》小麦粉・砂糖・牛乳などで作る菓子

panucho [panútʃo] 男 《メキシコ. 料理》インゲンマメとツノザメの肉を入れたトルティーヤ

panuco [panúko] 男 《チリ. 料理》炒った粗挽きの小麦粉

panudo, da [panúdo, da] 形 ❶《キューバ》〖アボカドなどが〗肉質のしっかりした《もっとも食べごろである》. ❷《チリ. 口語》恐れを知らない, 大胆な, 向こう見ずの

panul [panúl] 男 《チリ. 植物》セリ科の薬草〖学名 Ligusticum panul〗

panza [pánθa] 《←ラテン語 pantex, -icis》女 ❶《口語》腹;〖特に〗太鼓腹: Te va a crecer la ～. お前は太鼓腹になるぞ. echar ～ 腹が出る. P～ llena, corazón contento.〖諺〗腹が一杯で幸せも一杯. ❷〖壺・鉢などの〗胴のふくらみ. ❸〖飛行機の〗胴体: aterrizar con la ～《口語》胴体着陸する. ❹〖手すりの〗ふくらんだ部分. ❺〖反芻動物の〗第一胃, こぶ胃, ルーメン;〖広く〗反芻胃
～ arriba《口語》あお向けに
～ de burra/～ de burro 一面どんよりと曇った空
rascarse la ～《メキシコ, ラプラタ》怠ける, のらくら暮らす

panzaburra [panθaβúra] 女《カナリア諸島》軽ロバの農具

panzaburro [panθaβúro] 男《エストレマドゥラ》= **panzaburra**

panzada [panθáða] 《←panza》女 ❶ 腹を打つこと; 腹での体当たり; 腹を打つこと: Nos dimos una buena ～. 彼は水に飛び込む時いつも腹を打つ. ❷《口語》満腹: darse una ～ de mariscos 魚貝類を腹一杯食べる. ❸《口語》ゆきすぎ, 過度: darse una buena ～ de estudiar 根をつめて勉強する. una ～ de reír 大笑い

panzazo [panθáθo] 男 ❶ 腹を打つこと; 腹での体当たり. ❷《メキシコ, ラプラタ》へま, 間違い

panzer [pánθer] 男 〖←独語〗戦車, 装甲車

panzón, na [panθón, na] 太鼓腹の, ほてい腹の ── 男 ❶ ひどい太鼓腹. ❷《エストレマドゥラ》小鳥のひな
darse un ～ de+不定詞 飽きるほど…する, ひどく…する

panzudo, da [panθúðo, da] 形 ❶ 腹の出た, 太鼓腹の. ❷ 胴のふくらんだ: jarro ～ 胴のふくらんだ水差し

pañadora [paɲaðóra] 女《コロンビア. 俗語》スプーン, さじ; 〖特に〗木のスプーン

pañal [paɲál] 《←paño》男 ❶〖時に 複〗おむつ, おしめ: llevar ～es おむつをしている. poner el ～ (los ～es) a+人 …におむつをさせる. cambiar el ～ (los ～es) a+人 …のおむつを取り替える. bebés en ～es おむつをした(産着を着た)赤ん坊. cubierta de ～es おむつカバー. ～ desechable (descartable) 紙おむつ. ❷〖複〗〖集合〗〖一人の赤ん坊の〗衣服, 産着. ❸〖複〗生まれ, 家柄: criarse en buenos ～es 名門の家に生まれる. ❹《廃語》ワイシャツの裾
en ～es 1) 初心者の, 未熟な: Mamá está en ～es como conductora. ママは新米ドライバーだ. 2) ごく初期の, 揺籃期の: El proyecto está todavía en ～es. プロジェクトはまだ始まったばかりだ
ser de ～es 生まれて間もない

pañalera [paɲaléra] 女《メキシコ》おむつバッグ

pañalón [paɲalón] 男 〖だらしなく〗ワイシャツの裾が出ている人

pañería [paɲería] 《←paño》女 ❶〖主に男性用の〗布地店. ❷ 集合 布地, 服地: En la sección de ～ hay muchas telas. 服地売場には色々な生地がある

pañero, ra [paɲéro, ra] 形 布地の, 服地の: industria ～ra 繊維産業 ── 名 布地製造(販売)業者

pañetar [paɲetár] 他《コロンビア》〖壁・天井などに〗薄い化粧くい塗装する

pañete [paɲéte] 男 ❶《繊維》質の悪い薄いラシャ; 薄手の布. ❷ 複〖漁師・皮なめし職人などのはく〗半ズボン. ❸〖十字架上のキリスト裸体像の〗腰衣, 短い巻きスカート. ❹《スポーツ》トランクス. ❺《チリ. 植物》イソマツ科の一種〖リュウマチに効く薬草. 学名 Plumbago lanceolata〗. ❻《コロンビア》薄い化粧しっくい塗装. ❼《チリ. 馬具》鞍敷き

pañeteador [paɲeteaðór] 男《コロンビア》化粧しっくいを塗る人

pañi [páɲi] 男《チリ》［家の］日光浴用の部屋, サンルーム: estar al ~ サンルームで日向ぼっこする

pañí [paɲí] 女《隠語》❶ 水〖=agua〗. ❷ ~ de muelle 炭酸水

pañil [paɲíl] 男《チリ. 植物》グロボーサ〖フジウツギの灌木. 葉は薬用. 学名 Buddleia globosa〗

pañito [paɲíto] 男［テーブル・ソファなど用のレースの］掛け布, カバー

~ *de agua caliente*《コロンビア》=paños calientes

pañizuelo [paɲiθwélo] 男《廃語》ハンカチ〖=pañuelo〗

paño [páɲo] 男〖←ラテン語 pannus「雑巾」〗 ❶《繊維》ラシャ: abrigo de ~ ラシャのコート. ~ de billar ベーズ《緑色の粗いラシャ. 玉突台・テーブル掛け用〗. ~ 《チリ, ラプラタ》ベーズ, フェルト〖=fieltro〗. ❷ タオル; 布巾〖=, de cocina〗; 雑巾: Pasa un ~ húmedo por la mesa. 台ふきでテーブルをふきなさい. secarse con el ~ タオルで体をふく. secar los platos con el ~ 布巾で皿をふく. ~ de manos 手ふきタオル. ~ higiénico《古語的》生理用ナプキン. ❸ 布きれ: ~ de altar 祭壇布. ~ de ganchillo 刺繍を施した布. ❹［つなぎ合わせるものの］…枚分: Esta falda tiene seis ~s. このスカートは6枚はぎだ. La falda sale con dos ~s. 君なら2幅でスカートができる. puerta de tres ~s 3枚扉. ❺ 壁面の一画: En ese cuarto solo hace falta pintar un ~. その部屋は壁の一部を塗ればすむ. ~ 家具用の板: uno de los ~s laterales del armario 洋服ダンスの横板のうちの一枚. ❼ タペストリー, 壁掛け〖=tapiz〗. ❽［ガラス・鏡・宝石などの］汚れ, 曇り; 傷. ❾［肌, 特に顔の］しみ, あざ; ほくろ: A la tía le han salido ~s en la cara. 叔母の顔にしみができた. ❿ 複 衣服: Las esculturas tienen ~s con muchos pliegues. 彫像はひだがたくさんある服をまとっている. ⓫《美術》複［絵画・彫刻に表わされた人物や幕の］緩やかなひだ, ドレープ. ⓬《船舶》広げた帆: ir con poco ~ わずかな帆で航行する. ⓭《演劇》書き割り〖=bastidor〗. ⓮《中南米》広々とした畑地. ⓯《キューバ》魚網

al ~《演劇》舞台の袖に・で, 舞台裏に・で

conocer el ~《口語》事情に通じている, 人物をよく知っている: No creo que lo haga, ya *conozco* yo *el* ~. 彼がそうするとは思えない, 私はあいつがどんな男か知っている

de su ~ *y letra* 手書きで

en ~*s menores* 1) 下着姿で, 裸も同然の格好で. 2) 事情を知らずに

entender el ~《口語》=conocer el ~

haber ~ [*de*] *que cortar*《西. 口語》話題がたくさんある; 検討すべき点が多い〖=haber tela [de] que cortar〗

jugar a dos ~*s/jugar a todos los* ~*s* 表裏のある策をする; 二股をかける

~*s calientes*《西. 口語》1) 一時しのぎの方策: No me vengas con ~*s calientes* y dime la verdad. お茶を濁すのはよせ, 本当のことを言うのよ. 2) 効果のない手段

~[*s*] *de lágrimas*《口語》心おきなく話せる人, 悩みを打ち明けられる人: Su abuela es siempre sus ~*s de lágrimas*. 祖母がずっと彼の心のよりどころになっている

~*s fríos*《アルゼンチン. 口語》状況を落ち着かせる言葉(方策)

poner el ~ *al púlpito*［もったいつけて］長々と話す

ser del mismo ~ *que...*《西. 口語》…と代わり映えしない, 同じような手合いである

pañol [paɲól] 男 ❶《船舶》［食糧・弾薬用などの］船倉: ~ de municiones 弾薬庫. ~ de víveres 食糧庫. ❷ 港湾倉庫

pañolería [paɲolería] 女 ❶ ハンカチ店; ハンカチ製造(販売)業. ❷ 集合 ハンカチ

pañolero, ra [paɲoléro, ra] 名 ❶ ハンカチ商. ❷［街頭の］ポケットティシュ売り

―― 男《船舶》船倉 pañol の担当者

pañoleta [paɲoléta] 女〖←pañuelo〗 ❶《服飾》［三角形で女性の防寒・飾り用の］肩掛け. ❷［闘牛士の結び目の小さい］赤いネクタイ: El torero se aflojó la ~. 闘牛士はネクタイを緩めた

pañolón [paɲolón] 男〖←pañuelo〗 男《服飾》 ❶［防寒・飾り用の］ショール. ❷ 鮮やかな色の縁飾りのある絹のショール

pañoso, sa [paɲóso, sa] 形 ボロをまとった, むさくるしい, だらしない

―― 女 ❶《古語的》ラシャ地のマント. ❷《闘牛》ケープ;［特に］ムレータ〖=muleta〗

pañuelero, ra [paɲweléro, ra] 名［街頭の］ポケットティシュ売り

pañuelo [paɲwélo] 男〖←古語 panizuelo < paño〗男 ❶ ハンカチ〖第一の用途は涙をかむこと. =~ de mano〗: sonarse con un ~ ハンカチで涙をかむ. ~ de bolsillo ポケットチーフ. ~ de hierbas［粗布製で通常より少し大きい］濃い色のハンカチ. ❷［ポケットの］ティシュ〖=~ de papel, ~ desechable〗. ❸ スカーフ, ネッカチーフ〖=~ de cuello〗; バンダナ: ponerse un ~ en la cabeza 頭にスカーフをかぶる. llevar un ~ al cuello 首にスカーフを巻いている

El (Este) mundo es [como] un ~.［思いがけない人に会って］世間は狭いね

papa¹ [pápa] I 男〖←ラテン語 papas < ギリシア語 pappas「尊ぶべき父」〗❶《カトリック》［主に P~］教皇, ローマ法王: El P~ Juan Pablo II visitó Japón. 教皇ヨハネ・パウロ2世は日本を訪れた. ❷《俗用》=**papá**

II 女〖←ケチュア語 papa〗 女 ❶《植物》1)《主に中南米》ジャガイモ〖《西》=patata〗;《地方語》その塊茎: ~ amarga 有毒成分の多い栽培種のジャガイモ. ~s chip[s]《中南米》ポテトチップス. ~s fritas フライドポテト, フレンチフライ. 2) ~ dulce《中南米》サツマイモ, スイートポテト. ❷《中南米》食べ物: El bebé no se come la ~. 赤ん坊が食べ物を受けつけない. ganarse la ~ 生活費をかせぐ. ❸《中南米》球状にかたまった鉱石.《チリ》鉱脈がはっきりとして, 金属が豊富な鉱石.《ペルー, チリ, アルゼンチン, ウルグアイ. 口語》［靴下などの］穴. ❺《チリ, アルゼンチン, ウルグアイ. 口語》難問, 難しい状況. ❻《チリ》1) 塊茎, 塊根, 球根. 2)《palomita で》こまの小銭への最後の当たり

mandar a freír ~*s*《アルゼンチン, ウルグアイ. 口語》そっけなく断わる

no saber una ~ *de* + 事物 …について何も知らない

~ *caliente*《メキシコ, キューバ, アルゼンチン, ウルグアイ. 口語》誰も処理したがらない問題, 厄介事

~ *de la guagua*《チリ》母乳

~ *frita*《ラプラタ. 口語》のろま, ばか, 間抜け

~ *suave*《キューバ. 口語》棚からぼた餅

ser mala ~《コロンビア, チリ. 口語》興ざめな人間である, 他人をしらけさせる

ser una cosa ~《アルゼンチン》とてもよい

ser una ~《ラプラタ. 口語》1) たやすい, 朝飯前である. 2) 役立たず(能なし)である

―― 男 ❶《メキシコ, アルゼンチン》破れた靴からのぞいている足の指. ❷《メキシコ, チリ. 口語》大嘘, でたらめ; 楽しくてもうかる仕事

―― 形《チリ, アルゼンチン》とてもいい, 優秀な

III 女〖←ラテン語 pappas「食べ物, スープ」〗 ❶ 複 1)［主に幼児用の］粥〖=〗. 2) コーヒーなどに浸したパン;［スープに入れる］パンの薄切り〖=sopas〗. ❷《西. 口語》ばかげたこと

ni ~《西. 口語》全く(…ない): No sé *ni* ~ *de mecánica*. 私は機械のことは全く分からない

papá [papá] 男〖←papa I (仏語 papa の影響)〗 男［複 ~s］《親愛》 ❶［主に無冠詞で; 家族内でのみ］パパ, お父さん〖⇔mamá〗: Son las gafas de ~. それはお父さんの眼鏡だ. ❷ 複 パパとママ

enseñar a su ~ *a ser hijo*《口語》釈迦に説法である

~ *grande*《メキシコ. 口語》祖父〖=abuelo〗

P~ Noel サンタクロース〖=San Nicolás〗

papable [papáble] 形〖←伊語 papabile〗 形 ❶［枢機卿が］教皇に適格の, 教皇にふさわしい. ❷ 地位に就きそうな, ポストを得ると見られる

papabú [papabú] 男《カナリア諸島. 鳥》ヤツガシラ

papacara [papakára] 女《エクアドル. 口語》雪

papacha [papátʃa] 女《メキシコ》=**papatla**

papachar [papatʃár] 他《メキシコ, キューバ》なでる, 愛撫する; 甘やかす, あやす

papacho [papátʃo] 男《メキシコ》［主に子供を］なでること, 愛撫; 甘やかす(あやす)こと

papacla [papákla] 女《主にメキシコ》［食べ物を包むのに用いられる］バナナの広い葉

papacote [papakóte] 男 ❶《中米》凧. ❷《ドミニカ》実力者, 有力者

papada [papáda] 女〖←papo〗女 ❶［肉のつきすぎた］二重あご; マイグエルは二重あごになった. ❷［牛などの］肉垂;［七面鳥などの］肉垂.《地方語》ジャガイモ中心の煮物(料理). ❹《グアテマラ》ばかげた(間抜けな)こと

papadilla [papaðíʎa] 女 喉袋; 肉垂

papado [papáðo] 男〖←papa I〗男《カトリック》❶ 教皇の地位(職)

❷ 教皇の在位期間: El ～ de Pío XII duró años. ピウス12世の在位期間は何年も続いた. ❸ 教皇制, 教皇制度. ❹〖集名〗歴代の教皇

papafigo [papafíɣo]〖男〗❶《鳥》1) ニシコシウイグイス. 2) インコの一種〖学名 Piontas accipitrinus〗. ❷《船舶》主帆〖=papahígo〗

papafrita [papafríta]〖形〗〖名〗《中南米》愚かな〔人〕, 頭の悪い〔人〕

papagaya [papaɣáʝa]〖女〗《鳥》オウムの雌

papagayo [papaɣáʝo]〖←アラビア語 babbaga「オウム」〗〖男〗❶《鳥》1) オウム. 2) ～ de noche アブラヨタカ〖=guácharo〗. ❷〔内容のないことを〕よくしゃべる人; 他人の話を受け売りする人: No le gusta que recitemos las poesías como ～s. 彼は私たちが詩の内容を理解せずに棒暗記して読むのを嫌がる.❸《植物》1) ハゲイトウ. 2) カラジウム, ニシキイモ. ❹《魚》ブダイ. ❺《ベネズエラ》凧(た): volar un ～ 凧を揚げる. ❻《エクアドル. 動物》緑色で猛毒の毒ヘビ〖Dryophis 属〗. ❼《ペルー, ラプラタ》〔男性用の〕溲瓶(しびん)

como un (el) ～ 1) ぺちゃくちゃと, よくしゃべる. 2) おうむ返しに: contestar *como un ～* おうむ返しに答える. aprender *como un ～* わけも分からずに覚える, 丸暗記する

hablar más que un ～ ぺちゃくちゃとよくしゃべる

――〖形〗〖名〗《メキシコ. 口語》おしゃべりな〔人〕, 話し好きな〔人〕

papahígo [papaíɣo]〖男〗❶《船舶》〔後檣帆を除いた〕主帆. ❷《鳥》ニシコシウイグイス; インコの一種〖=papafigo〗. ❸《まれ》目出し帽

papahuevos [papawéβos]〖男〗〖単複同形〗《まれ》愚か者〖=papanatas〗

papaína [papaína]〖女〗《生化》パパイン

papaíto [papaíto]〖男〗《口語》パパ〖=papá〗

papal [papál]〖形〗教皇の: sello ～ 教皇印 ――〖男〗《中南米》ジャガイモ畑

papalear [papaleár]〖自〗《コスタリカ》〔鳥が〕羽ばたく

papalina [papalína]〖女〗❶《服飾》1) 耳覆い付きの帽子 gorra (四角帽子 birrete). 2)《古語》〔婦人用の〕飾り付きの縁なし帽子 gorro (かぶりもの cofia). ❷《口語》酔い: coger una ～ 酔っぱらう, 飲んで騒ぐ

papalino, na² [papalíno, na]〖形〗教皇の〖=papal〗

papalmente [papálménte]〖副〗教皇として, 教皇の権威・権力をもって

papalón, na [papalón, na]〖形〗《メキシコ》怠け者の, 不精な; 厚かましい, 恥知らずの

papalote [papalóte]〖男〗❶《メキシコ, 中米, カリブ》1) 凧(た). 2) ハンググライダー〖=ala delta〗. ❷《コスタリカ, キューバ. 昆虫》蝶. ❸《キューバ. 古語》民俗舞踊の一種

papalotear [papaloteár]〖自〗《メキシコ, グアテマラ》❶《口語》ぼんやりする, 白昼夢にふける. ❷〔鳥が〕羽ばたく. ❸ 無駄な努力をする, あがく. ❹ 息を吹く, 自慢する

papamoscas [papamóskas]〖男〗〖単複同形〗《鳥》ヒタキ: ～ gris ムナフヒタキ. ～ cerrojillo [Peterson] マダラヒタキ. ～ collarino〔=collar〕シロエリヒタキ. ～ papirrojo オジロビタキ. ❷《中南米》タイランチョウ

――〖名〗《口語》=**papanatas**

papamóvil [papamóβil]〖男〗《口語》〔装甲した白色の〕教皇専用車

papanatas [papanátas]〖←papar+nata〗〖名〗〖単複同形〗《口語》〔何でも真に受ける〕愚か者, 単純でだまされやすい〔人〕, うすばか: Se queda ahí parado como un ～. 彼はばかみたいにそこに立ち止まっている

papanatería [papanatería]〖男〗《口語》=**papanatismo**; 愚かな言動

papanatez [papanáteθ]〖女〗《口語》愚かさ

papanatismo [papanatísmo]〖男〗だまされやすさ, 単純さ

papandujo, ja [papandúxo, xa]〖形〗〔果実などが〕熟しすぎた; 熟して柔らかい

――〖名〗《まれ》くだらないこと, 些細なこと

papango [papáŋɡo]〖男〗《メキシコ, ボリビア》ビー玉

Papanicolau [papanikoláʝu]〖名〗《中南米. 医学》細胞検査, 頸管塗沫標本

papapa [papapá]〖女〗《グアテマラ, ホンジュラス》ばかげたこと, 愚劣なこと

papar [papár]〖←ラテン語 pappare「食べる」〗〖他〗❶《口語》食べる: Mejor *papamos* algo. 私たちは何か食べた方がいい. ❷〔噛まずにすむ柔らかいものを〕飲む, 飲み込む: ～ sopa スープを飲む.

❸〔よくないことを〕経験する. ❹《口語》言うことをきかない ¡*Pápate esa!* それ見たことか!

paparajotes [paparaxótes]〖男〗《ムルシア》焼き菓子, 揚げ菓子

paparamanta [paparamánta]〖女〗《地方語》幽霊の格好をした人

paparazzi [paparátsi]〖←伊語〗〖名〗〖単複同形〗《西》パパラッチ〖有名人を追い回すカメラマン〗

paparazzo [paparátso]〖名〗=**paparazzi**

paparda [papárða]〖女〗《魚》ハシナガサンマ〖=～ del Atlántico〗: ～ del pacífico サンマ

páparo, ra [páparo, ra]〖形〗❶ パパロ族〔の〕〖パナマ地峡の絶滅した先住民〗. ❷ 田舎者, お上りさん

paparote, ta [papaɾóte, ta]〖名〗《まれ》愚か者, 単純でだまされやすい人〖=～ de páparo, papanatas〗

paparrabias [papařáβʝas]〖名〗〖単複同形〗《まれ》怒りっぽい人〖=cascarrabias〗

paparrasolla [papařasóʎa]〖女〗《まれ》〔子供を脅かして泣きやますために言う〕お化け, 鬼

paparrucha [papařútʃa]〖←papa III〗〖名〗《西. 口語》ばかげたこと; でたらめ, 作り話, デマ, 虚報: ¡*P～s!* でたらめを言うな. En el programa no dicen más que ～s. その番組ではナンセンスなことばかり言っている

paparruchada [papařutʃáða]〖女〗《西. 口語》=**paparrucha**

paparruta [papařúta]〖形〗《チリ》うぬぼれ屋の, 大した人物でもないのに気取っている; はしにも棒にもかからない

paparulo, la [papaɾúlo, la]〖形〗❶《アルゼンチン, ウルグアイ. 軽蔑》愚かな〔人〕, 頭の悪い〔人〕

papasal [papasál]❶ ささいなこと, くだらないこと. ❷《まれ》布きれを使う子供の遊び: el de trail. そのまれ. ❸《メキシコ》紙類の乱雑な積み重ね; 筋のこんがらがった出来の悪い文学作品. ❹《コスタリカ》〔人・動物の〕縮れ毛, もじゃもじゃの毛

papatla [papátla]〖女〗《メキシコ》〔包むのに使われる〕バナナの大きな葉

papatoste [papatóste]〖名〗=**papanatas**

papaturro [papatúřo]〖男〗《中米. 植物》ハマベブドウ

papaveráceo, a [papaβeráθeo, a]〖形〗《植物》ケシ科の

――〖女〗〖複〗《植物》ケシ科

papaverina [papaβeɾína]〖女〗《生化》パパベリン

papavientos [papaβʝéntos]〖男〗《ヨタカ》〖=chotacabras〗

papaya [papáʝa]〖←カリブ語〗〖名〗❶《果実》パパイヤ; 《植物》=**papayo**. ❷《ニカラグア, キューバ, チリ. 卑語》女性外部性器, 膣. ❸《プエルトリコ》甲状腺腫. ❹《ペルー, チリ. 口語》行なうのが容易なこと

papayáceo, a [papaʝáθeo, a]〖形〗パパイヤ科の

――〖女〗〖複〗《植物》パパイヤ科

papayal [papaʝál]〖男〗❶ ゆとり, 余裕. ❷ 快適, 便利; 好都合. ❸ パパイヤ畑

estar en su ～ 《エクアドル》ご満悦である

papayera [papaʝéɾa]〖女〗《コロンビア》〔夜祭りなどで演奏する〕楽団

papayo [papáʝo]〖男〗❶《植物》パパイヤ〔の木〕. ❷《エクアドル》ば か(間抜け)な奴

papaz [papáθ]〖男〗《古語》〔アフリカ西岸のモーロ人の間で〕キリスト教の司祭(聖職者)

papazgo [papáθɡo]〖男〗=**papado**

papazo [papáθo]《プエルトリコ, ペルー》平手打ち

papear [papeár]〖←擬態〗〖自〗❶《西. 口語》食べる: No piensa más que en ～. 彼は食べることしか頭にない. ❷ 口ごもる, もぐもぐ言う, 意味不明のことを言う

――〖他〗《西. 口語》食べる: *Papeamos* un poco antes. その前に少し食べておこう

papel [papél]〖←カタルーニャ語 paper <ラテン語 papyrus <ギリシア語 papyros〗〖男〗❶〖可算〗〖不可算〗紙: 1) He dejado a mi esposa una nota escrita en un ～. 私は紙に妻へのメモを書いて残しておいた. Necesito envolver las patatas en ～. 私はジャガイモを紙で包む必要がある. una hoja de ～ 紙1枚. avión de ～ 紙飛行機. banderitas de ～ 紙製の小旗. producción de ～ 製紙. 2)〔種類〕～ atlántico《印刷》全判. ～ biblia インディア紙. ～ blanco〔何も書いてない〕紙;《印刷》上白紙. ～ carbón/《ラプラタ》～ carbónico カーボン紙. ～ cebolla オニオンスキン紙. ～ charol 光沢紙. ～ confort《チリ》=～ higiénico. ～ costero 古紙. ～ crepé/

papela

《西》~ pinocho［造花用などの］クレープペーパー. ~ cuadriculado 方眼紙, グラフ用紙. ~ de barba[s]［公文書用の］端を断裁していない紙. ~ de calco／~ de calcar トレーシングペーパー. ~ de carta 便箋. ~ de cera／~ encerado／《西》~ parafinado パラフィン紙. ~ de cocina キッチンペーパー. ~ de envolver／~ de embalaje／~ de embalar 包装紙. ~ de escribir 上質紙. ~ de estraza［包装・段ボールなどに使う, 厚手の］粗紙. ~ de fumar たばこの巻き紙. ~ de luto 喪を表わす黒枠の紙. ~ de marca 印紙貼付書類 papel sellado 所の手すき紙. ~ de marca mayor 大判の手すき紙〔papel de marca の2倍で, 地図や大型の本用］. ~ de marquilla 48×76cmの手すき紙. ~ de periódico／~ de diario／~ prensa 新聞紙, 新聞用紙. ~ de música《音楽》五線譜紙. ~ de regalo 贈答用包装紙. ~ de seda 薄葉紙. ~ de tina 手すき紙. ~ de water ~ higiénico. ~ engomado／~ de goma／~ de pegar ガムテープ. ~ florete 極上紙. ~ glasé《ラプラタ》光沢紙. ~ guarro［水彩画用の］丈夫でざらざらした紙. ~ higiénico トイレットペーパー. ~ japonés 和紙. ~ maché《ラプラタ》, 紙粘土／~ manila《ラプラタ》マニラ紙. ~ manteca《ラプラタ》パラフィン紙. ~ milimetrado =~ cuadriculado. ~ mural《チリ, アルゼンチン, ウルグアイ》壁紙. ~ picado《南米》紙吹雪［=confeti］. ~ pintado《西》壁紙. ~ pluma 膨張紙；古紙. ~ quebrado 古紙. ~ sanitario =~ higiénico. ~ secante 吸い取り紙. ~ sulfurizado 硫酸紙. ~ tapiz《メキシコ》壁紙. ~ térmico 感熱紙. ~ vegetal トレーシングペーパー. ~ viejo 古紙. ~ vitela 模造皮紙. 3)［書かれた・印刷された紙］Aquí tengo los ~es de la conferencia. これが講演の原稿です. 4)［紙状のもの］~ de aluminio／~ Albal アルミ箔(ホイル). ~ de arroz／~ de paja de arroz《料理》ライスペーパー. ~ de estaño 銀紙. ~ de lija／~ de esmeril／~ de vidrio 紙やすり. ~ de plata 銀紙；アルミホイル. ~ estañado《ボリビア》アルミホイル. ~ 紙切れ［=trozo de ~］: No tirar ~ al suelo. 紙くずを床に捨てるな. ❸［主に《複》身分証明書などの］書類: Tiene los ~es en regla. 彼は正規の証明書を持っている. sin ~es 身分証明書なしの・で. ~ de oficio［印紙を貼った］公式文書, 《中南米》公文書用紙. ~ sellado (timbrado) 印紙貼付書類. ❹《俗用》［複］新聞［=periódico］: salir en los ~es 新聞に載る. ❺《複》紙幣, 銀行券［=moneda, billete］: Déme 50 euros en ~. お札で50ユーロ下さい. ❻《商業》［集合］[el•] 有価証券；手形: ~ comercial 商業手形；コマーシャルペーパー, CP. ~ de negocios コマーシャルペーパー, CP. ~ de pagos［al Estado］印紙, 証紙. ~ del Estado 国債. ~ moneda 政府紙幣, 不換銀行券［支払手段として強制通用力 fuerza liberatoria をもつ］. ~ pelota 馴合(ﾅﾚｱｲ)手形. ~ [re]descontable 適格手形《中央銀行の再割引 redescuento 要件を備えている》. ❼《演劇》役: El ~ fue representado por la misma actriz del año pasado. その役は昨年と同じ女優によって演じられた. Le va muy bien el ~ de cura. 彼には司祭の役がぴったりだ. representar el ~ de malo 悪役を演じる. tener un pequeño ~ en una película 映画の端役をもらう. dar un ~ a+a ⋯に役をつける. preparar el ~ 役作りをする. ~ principal 主役. ~ secundario 脇役. cumplir su ~ 役割を果たす. desempeñar el ~ de director 指揮者をつとめる. ponerse en su ~ de... ⋯の役割をつとめる. ❾《まれ》紙巻きたばこ.

blanco como el ~ 紙のように真っ白な；[顔が] 蒼白な: José se puso *blanco como el* ~. ホセは顔面蒼白になった

cambiar los ~*es* 立場を逆転させる

de ~ 1) 書類上［だけ］の: compañía *de* ~ ペーパーカンパニー, ダミー会社. 2)《口語》強くない: defensa *de* ~ もろいディフェンス

embadurnar (*embarrar・emborronar*) ~ =manchar ~

en el ~ =sobre el ~

hacer buen (mal) ~ うまくやる, 立派に務めを果たす；役に立つ: ¡Qué *buen* ~ *hiciste* ayer! 昨日は見事にやってのけたね！ Estos pantalones todavía hacen muy *buen* ~. このズボンはまだはける

hacer el ~ *de*... 1) ⋯のまねをする: *hacer el* ~ *de* tonto ばかのふりをする. 2) ⋯の役を演じる

hacer mal ~ 下手にやる, 務めを果たさない；役に立たない

hacer ~ 権威を持つ；権威を装う

hacer su ~ 役目を果たす；役に立つ: El cuchillo me *hizo su* ~. そのナイフは役に立った

jugar un ~ [+en で] 役割を果たす: La comunicación *juega un* ~ importante *en* las relaciones interpersonales. コミュニケーションは人間関係において重要な役割を果たす

manchar ~ 無意味なことを書きつける, 落書きする

~ *lucido* 1) つやつやした紙. 2) いい役, 引き立つ役: Esa actriz tuvo un ~ *lucido* en la obra de teatro. その女優は芝居でいい役をもらった. ~ *poco lucido* いい役でない役

~ *mojado* 1) 役に立たない書類: Ese documento es ~ *mojado* si no lleva la firma del director general. その書類に局長のサインがなければただの紙切れだ. 2) 空約束: Sus palabras fueron ~ *mojado*. 彼は約束を反故(ﾎｺ)にした

perder los ~*es* 1)［興奮などで］自制心を失う, 取り乱す. 2) 調子を落とす, 腕が落ちる

quemar los ~*es*［その件は］終わったものとして処理する

sobre el ~ 理論上は, 統計上は, 紙の上では

traer los ~*es debajo del brazo*《口語》[男が] すぐ結婚する用意がある

papela [papéla]《女》❶《西, 隠語》身分証明書. ❷《口語》紙片；印刷物, 書類. ❸《隠語》麻薬一回分の量. ❹《口語》辞職証明書

papelada [papeláda]《女》《中南米》茶番［劇］, いんちき, 作り話；まやかし, 見せかけ

papelamen [papelámen]《女》［集合］《西. 口語》書類, 印刷物

papelear [papeleár]《自》［捜し物をして］書類をかき回す

《アルゼンチン》ごまかす, 偽る；とぼける

papeleo [papeléo]《←papel》《男》❶［集合］《主に役所の》煩雑な書類手続き, 官僚的形式主義, お役所仕事: Marta anda de ~ con la boda. マルタは結婚の書類手続きに忙しくしている. Reuní todo el ~ que necesitaba para pedir préstamo. 私は借金に必要な書類をすべて集めた. ❷［捜し物をして］書類をかき回すこと: estar de ~ 書類をかき回して捜している

papelera[1] [papeléra]《←papel》《女》❶くずかご, ごみ箱［屋内用, 屋外用］: Todos esos anuncios puedes tirarlos a la ~. その広告は全部くずかごに捨てていいよ. ~ pública 公共の場所にあるくずかご. ❷製紙工場. ❸《古語》［木製の］机［=escritorio］

papelería [papelería]《女》❶紙店, 文房具店. ❷製紙業. ［集合］紙くずの山

papelerío [papelerío]《男》❶《ラマンチャ》書類, 文書. ❷《中南米》[集合]紙くずの山

papelero, ra[2] [papeléro, ra]《←papel》《形》紙の: industria ~ra 製紙業

—— 《名》❶ 製紙業者；紙販売業者. ❷ 文房具商

—— 《名》❶《メキシコ》新聞売り. ❷《チリ, ラプラタ》くずかご, ごみ箱［=papelera]

papeleta [papeléta]《←papel》《女》❶ 紙片, カード: ~ de rifa 宝くじの券, 福引券, ラッフル券. ❷ 投票用紙［=~ de votación］: ~ en blanco 白票. ~ nula 無効票. ~ mariposa 横長二枚折りの投票用紙. ❸ 証書, 通知書: ~ de citación 召喚状, 出頭命令書. ❹ 試験用紙, 問題用紙, 採点票［=~ de examen］. ❺《口語》難しい用件（問題・状況）: Tiene una buena ~ con un hijo drogadicto. 彼は麻薬中毒の息子をかかえて困り果てている. Menuda ~ cuando echaron al marido del trabajo. 夫が仕事を首になった時彼女は苦労した. ❻ 選挙ポスター. ❼［スパイス・薬などを入れる］小さな紙包み. ❽《まれ》円錐形の紙袋［=cucurucho］. ❾《メキシコ》配役, キャスト. ❿《グアテマラ》名刺. ⓫《ホンジュラス》ビラ, 広告, ちらし

papeletear [papeleteár]《他》メモ（ノート）を取る, 書き留める

papeletizar [papeletiθár]《他》=papeletear

papelillo [papelíɟo]《papel の示小語》《男》❶《西》一回分の粉薬の袋（包み）. ❷ 紙巻きたばこ. ❸ 紙吹雪. ❹《プエルトリコ》バター（オリーブオイル）を塗った紙［=papillote］. ❺《コロンビア》頬紅

papelina [papelína]《女》《西. 隠語》麻薬一回分の包み: una ~ de heroína ヘロイン一服分の包み. ❷《繊維》薄手の絹地. ❸《まれ》[広口の] グラス, コップ

papelinero, ra [papelinéro, ra]《名》［麻薬の包み papelina の］売人

papelista [papelísta]《男》❶《まれ》壁紙貼り職人. ❷《まれ》紙卸商；製紙業者. ❸《キューバ, プエルトリコ, ペルー》訴訟好きの人, 《軽蔑》三百代言, いいかげんな弁護士

——形《アルゼンチン》はったり屋の, 虚勢をはる
papelitos [papelítos] 男 複《チリ》紙吹雪
papelón[1] [papelón] 男 ❶《口語》ばかりけたふるまい, 悪ふざけ, 恥ずべき行ない: Menudo ~ hizo en el baile. 彼はダンスパーティーで物笑いの種になることをした. ❷《口語》果たすのが難しい役割. ❸ 薄いボール紙. ❹ 役に立たない書類, 反故(ほご). ❺《地方》円錐形の紙袋. ❻《中南米》黒砂糖の塊
papelón[2], **na** [papelón, na] 形 ❶《口語》自身以上のものに見せかける. ❷《プエルトリコ》《家禽》薄黄色の
papelonado [papelonádo] 形《紋章》escudo ~ うろこ状に重ねた盾
papelonear [papeloneár] 自《まれ》偉ぶる, 虚勢をはる
papelonero, ra [papelonéro, ra] 形《アルゼンチン, ウルグアイ. 口語》仲間だと思われたくないほど変な〔人〕, おかしな〔人〕
papelorio [papelórjo] 男《集名》《西. 軽蔑》〔主に 複〕紙くず(の山)
papelote [papelóte] 男 ❶《軽蔑》役に立たない書類, 反故(ほご). ❷《西》《集名》紙くず, 古紙. ❸《中南米》凧(たこ)
papelucho [papelútʃo] 男《軽蔑》役に立たない書類, 反故.
papeluchero [papelutʃéro] 男《コロンビア. 軽蔑》三百代言, いいかげんな弁護士
papeo [papéo] 男《西. 口語》食事, 食べ物〔=comida〕
papera[1] [papéra] 女〔←papo〕《医学》1) 複 流行性耳下腺炎, おたふく風邪: La niña está en cama con ~. 女の子はおたふく風邪で寝ている. 2) 甲状腺腫, 甲状腺肥大〔=bocio〕. 3)《古語》複 瘰癧(るいれき)〔=escrófulas〕. ❷《獣医》鼻疽. ❸《まれ》二重あご〔=papada〕
paperback [péiperbak]〔←英語〕 男《製本》ペイパーバック
papero, ra[2] [papéro, ra] 形《チリ. 口語》嘘つきの
—— 名《地方語》ジャガイモの栽培者(販売業者)
—— 男《料理》❶〔幼児用の〕パンがゆ. ❷《地方語》ジャガイモの煮込み
papi [pápi] 男《幼児語》パパ〔=papá〕
papialbillo [papjalbíʎo] 男《動物》ジェネット〔=jineta〕
papialbo [papjálbo] 形 →**mosquitero**
papiamento [papjaménto] 男 パピアメント語《西インド諸島のキュラソー Curaçao 島, アルバ Aruba 島, ボナイレ Bonaire 島で話されるポルトガル語・スペイン語・オランダ語・アフリカ語の混渚したクレオール言語 criollo》. ❷《プエルトリコ》ちんぷんかんぷんな言葉
papiamentoso, sa [papjamentóso, sa] 形 パピアメント語の; パピアメント語を話す
papiche [papítʃe] 形《チリ. 口語》顎(あご)の大きい〔人〕
papila [papíla] 女《解剖》乳頭, 乳頭状突起: ~s gustativas 味蕾(みらい). ~ lingual 舌乳頭. ~ óptica 視神経乳頭. ❷《植物》乳頭状突起
papilar [papilár] 形《解剖》乳頭の
papilífero, ra [papilífero, ra] 形《解剖》乳頭のある
papiliforme [papilifórme] 形《解剖》乳頭状の
papilio [papíljo] 男《昆虫》キアゲハ
papilionáceo, a [papiljonáθeo, a] 形 ❶ マメ科の. ❷ チョウチョウの形の
—— 女 複《植物》マメ科
papilla [papíʎa] 女〔←papa III〕《料理》❶〔赤ん坊などに与える〕粥(かゆ): ~ de cereales シリアル食. ❷《医学》〔透視用に飲ませる〕造影剤; バリウム〔= ~ de bario〕: tomarse una ~ バリウムを飲む. ❸ 悪だくみ, 悪知恵. ❹《ペルー》〔メレンゲなどの入った〕サツマイモの菓子
echar (**devolver**·**arrojar**) **la** [**primera**] ~《西. 口語》激しく嘔吐する: No se despejó hasta que no echó la ~. 彼はもどすまで気分が悪かった
hacer ~ a...《口語》1) [+物 を] 壊す. 2) [+人 を] 精神的にひどい目に会わせる
hecho ~《口語》1)〔物が〕壊れた, ポンコツになった: En el accidente tres coches quedaron hechos ~. 事故で3台の車がめちゃくちゃに壊れた. 2)〔人が〕さんざんな目に遭った: La muerte de su madre no le dejó hecho ~. 母親が死んで彼は滅入ってしまった
papillón [papiʎón](t)] 女 =**papillote**
papillote [papiʎóte] 女/男《料理》紙包み焼き用の〕バター(オリーブオイル)を塗った紙: a la ~/en ~ 紙包み焼きの, ホイル焼きの

papiloma [papilóma] 男《医学》乳頭腫: virus del ~ humano =**papilomavirus** humano
papilomavirus [papilomaβírus] 男《医学》乳頭腫ウイルス: ~ humano ヒトパピローマウイルス
papiloso, sa [papilóso, sa] 形《解剖》乳頭の多い, 乳頭状の
papín [papín] 男《家庭で作る》カスタード菓子〔=papilla〕
papión [papjón] 男《動物》ヒヒ: ~ negro チャクマヒヒ. ~ sagrado マントヒヒ
papiráceo, a [papiráθeo, a] 形 パピルスの;〔組織が〕パピルス(紙)に似た
papiriforme [papirifórme] 形〔柱などが〕植物のパピルス型の
papiro [papíro] 男〔←ラテン語 papyrus〕 ❶《植物》パピルス紙. ❷ パピルス紙に書かれた文字(絵), パピルス写本, 古文書: cuadro con un ~ egipcio エジプト文字が書かかれている絵
pápiro [pápiro] 男《口語》〔高額の〕紙幣
papiroflexia [papiroflé(k)sja] 女 折り紙《技術》
papirolada [papiroláda] 女《料理》すり潰したニンニクとパンを水でといたソース〔=pampirolada〕
papirología [papiroloxía] 女 ❶〔古文書学の中の〕パピルス学. ❷《戯言》折り紙《技術》
papirológico, ca [papirolóxiko, ka] 形 パピルス学の
papirólogo, ga [papirólogo, ga] 男女 パピルス学者
papirotada [papirotáda] 女 爪ではじくこと〔=papirotazo〕
papirotazo [papirotáθo] 男 ❶〔鼻・頭などを〕指ではじくこと: El profesor me dio un ~ en la cabeza. 先生は〔罰として〕僕の頭を指ではじいた. ❷《ベネズエラ》ばかげたこと, たわごと
papirote [papiróte] 男 ❶〔頭などを〕指ではじくこと. ❷《口語》ばか, あほう
papirrojo [papiřóxo] 男 →**papamoscas** papirrojo
papirusa [papirúsa] 女《アルゼンチン》きれいな娘, 美少女
papisa [papísa] 女 女教皇〔la ~ Juana「女教皇フアナ」と呼ばれた伝説上の人物〕
papismo [papísmo] 男 ❶《軽蔑》教皇絶対主義. ❷〔プロテスタントと背教者から見た〕カトリック教会《機関, 教理》
papista [papísta] 形 名 ❶《軽蔑》教皇絶対主義の(主義者). ❷ ローマカトリックの(信者), カトリック教徒(の)《プロテスタントからの呼び方》
ser más ~ que el papa 1) 当事者以上に熱心である(知識がある): El médico soy yo; no quieras ser más ~ que el papa, y toma lo que te receto. 医者は私だ, 私をやりこめるなどとは思わずに処方した薬を飲みなさい. 2) うのみにする: Ten cuidado con lo que le dices, porque es más ~ que el papa. 彼に話す時は気をつけろ, あいつは真に受けるから
papitis [papítis] 女《口語》〔幼児の〕父親に対する過度の執着〔⇔mamitis〕
papo[1] [pápo] 男〔←papa III〕 ❶〔動物の〕喉; 〔鳥の〕そ嚢, 餌ぶくろ. ❷《口語》甲状腺腫〔=bocio〕. ❸《西. 口語》厚かましさ, ずうずうしさ, 恥知らず: ¡Menudo ~ tienes; mientras yo trabajo, tú viendo la tele! 俺が仕事をしているのに君はテレビを見ているとは, お前はいい度胸をしている! ❹《西. 口語》悠長, 平然: ¡Vaya ~ que tiene! 彼はいやに悠然としているな! ❺《西. 口語》〔人々の〕胃袋. ❻ 二重あご. ❼《鷹狩り》〔獲物の〕一回分の餌. ❽ アザミの花. ❾《俗語. 婉曲》女性の外部性器. ❿《服飾》1) 複〔耳まで覆う, 女性の〕ふわっとしたかぶりもの tocado. 2)《古語》ドレスのスリットからのぞく服の一部のふくらみ. ⓫〔船舶〕 ~ de viento 帆が広がりきっていないために風を受けてできるふくらみ
estar en ~ de buitre〔事柄が〕冷酷な人の手に握られている
hablar de ~《まれ》得意気に(気取って)話す
hablar (**ponerse**) **~ a ~** 〔+con+人 に〕歯に衣を着せずに話す
papo[2], **pa**[2] [pápo, pa] 形《中米》ばかな, 間抜けの
papocolorado [papokoloráᵈo] 男《地方語. 鳥》ロビン〔=petirrojo〕
papón, na [papón, na] 形 名 ❶《口語》お人好しの〔人〕, 単純な〔人〕. ❷《サラマンカ》食い意地のはった〔人〕, 大食いの〔人〕. ❸《ラマンチャ》落ち着き払った〔人〕
—— 男 お化け, 幽霊〔=coco〕
paporrear [paporreár] 他 ❶〔人を〕鞭で打つ. ❷ 根も葉もないことを話す
paporreta [paporréta] 女 ❶《南米》ばかげたこと. ❷《ペルー. 軽

saber de ~ 《ペルー. 口語》棒暗記して知っている
paporretear [paporreteár] 佃 《ペルー. 軽蔑》❶ 棒暗記する. ❷ うのみにしたことを繰り返し言う
paporretero, ra [paporretéro, ra] 名 《ペルー》うのみにしたことを繰り返し言う人
páprika [páprika] 女 《植物. 香辛料》パプリカ
papú [papú] 形 名 《匍》=[e]s 《国名》パプア・ニューギニア Papúa Nueva Guinea の(人): guerrero ~ パプア・ニューギニアの戦士 ── 男 パプア語
papúa [papúa] 形 名 男 =**papú**
papuchi [papútʃi] 男 《時に戯語》パパ 〔=papá〕
papudo, da [papúdo, da] 形 ❶ 〔鳥などが〕喉(肉垂)の大きい(発達した). ❷ 喉に肉の付いている[人]. ❸ 《中南米》ジャガイモのように硬い
papujado, da [papuxádo, da] 形 《まれ》❶ 〔鳥, 特に鶏が〕喉にたくさん羽毛が生え肉の付いた. ❷ かさばった, 突き出した, ぶかぶかの
papujo, ja [papúxo, xa] 形 《コロンビア》頬のふくれている[人]
papujón, na [papuxón, na] 形 《まれ》かさばった, ふくれた
pápula [pápula] 女 《医学》丘疹(きゅうしん)
papuloso, sa [papulóso, sa] 形 《医学》丘疹の
papurreta [papuréta] 女 《キューバ》単純さ; 愚かさ; ちょっとしたこと
paquear [pakeár] 佃 《古語》〔モーロ人の狙撃兵 paco のように〕狙撃する
paquebot [pakebót] 男 《古語》=**paquebote**
paquebote [pakebóte] 男 〔←英語 packet-boat〕《古語》〔郵便物と乗客を運ぶ〕定期船, 連絡船; 大西洋横断定期船
paqueo [pakéo] 男 《古語》狙撃
paquetazo [paketáθo] 男 《エクアドル》❶ パン. ❷ 詐欺; 泥棒
paquete[1] [pakéte] 男 〔←仏語 paquet〕男 ❶ 包み: hacer ~s de... …を包みにする, 荷作りする. ❷ 小包, 小荷物: enviar por ~ 小包にして送る. ~ postal 郵便小包. ❸ パッケージ, 箱入りの(包装された)商品; 〔紙などの〕束: ¿Tiene hojas para copiar? ─ Sí, las quinientas del ~. コピー用紙には500枚入りのパックがあります. un ~ de detergente 洗剤1箱. dos ~s de cigarrillos たばこ2箱. ❹ 集合 一まとまり: No se puede vender este artículo solo, hay que adquirir todo el ~. この商品だけでは売れない, ほかの物も全部手に入れる必要がある. El ~ de medidas económicas no entrará en vigor hasta el próximo mes. 一連の経済対策が実施されるのは来月からでしょう. presentar al congreso un ~ de proyectos de ley 法案を議会に一括提出する. ~ de acciones 一人の名義人に属する全株式. ❺ パッケージツアー, セット旅行〔=~ turístico〕. ❻ 《西. 口語》無能な人, 不器用な人, 頭の悪い人. ❼ 《西. 口語》〔バイク・自転車の〕後ろに乗る人. ❽ 〔ズボン・水着の〕男性性器によるふくらみ: ir de pantalones ajustados para marcar el ~ ぴったりしたズボンをはいて男性性器の形をはっきり見せる. ❾ 《自動車》選手の一団. ❿ 《印刷》組み版. ⓫ 《情報》パケット, パッケージ: ~ informático, ~ de programas): conmutación de ~s パケット通信. ⓬ 《口語》面倒, 罰金, 逮捕. ⓭ 《古語》貨客船. ⓮ 《中南米. 口語》1) めかしこむこと, おしゃれ. 2) 役立たず, 能なし: El nuevo lanzador es un ~ 今度のピッチャーはどうしようもないやつだ. ⓯ 《メキシコ. 口語》厄介な問題, 難題, 頭痛の種
cargar con el ~ 《口語》責任を負う
darse ~ 《メキシコ. 口語》気取る, カッコつける
dejar a+人 con el ~ 《口語》…を妊娠させる
doblar el ~ 《メキシコ, グアテマラ》50歳を越える
hacer el ~ 《南米》だます
hecho un ~ 《まれ》めかし込んだ, おしゃれした
ir de ~ バイク〔自転車〕の後ろに乗っている, 二人乗りする: Tu novia iba de ~ en la bici. 君の恋人は自転車の後ろに乗っていた
meter un ~ a+人 《口語》1) …を罰する, 罰金を科する: Le han metido un ~ por sus repetidas faltas de asistencia al trabajo. 彼はよく仕事をサボるので処罰された. Te van a meter un buen ~. 君はかなりの罰金を科するだろう. 2) ひどく叱る
~ chileno 《コロンビア》〔見える部分だけ本物の〕にせ紙幣の束
paquete[2]**, ta** [pakéte, ta] 形 《ラブラタ. 口語》❶ おしゃれした, 正装した: Para la fiesta quiero algo más ~. 私はパーティーにはもう少ししゃれた格好をしたい. ❷ 〔物が〕しゃれた, 上品な: Tienen la casa muy ~ta. 彼らは家をとてもきれいにしている. tienda ~ おしゃれな店
paquetear [paketeár] 佃 《ラブラタ. 口語》❶ おしゃれをする, めかし込む. ❷ 鼻にかける, 自慢する
paquetera[1] [paketéra] 女 《小包などの》配送車
paquetería [paketería] 女 ❶ 集合 〔小さいので〕パッケージにした商品: Las cintas y los botones los encontrará en la sección ~. リボンとボタンは箱入り小物商品売場にあります. ❷ 《チリ, アルゼンチン, ウルグアイ》1) おしゃれ. 2) 〔家・店舗を〕きれいにしていること; 改装, リフォーム. 3) 集合 〔外出用に着飾る時の〕服飾品, 装身具; 晴れ着の一そろい. ❸ 《ラブラタ》〔服装・家などの〕過度の飾り. ❹ 《アルゼンチン》1) 商品. 2) 小間物屋, 手芸品店
paquetero, ra[2] [paketéro, ra] 形 名 ❶ 小包を作る, 梱包する; 小包係, 梱包人. ❷ 《小売店への》新聞の輸送係 ── 男 ❶ 《アラゴン》小規模な密輸業者. ❷ 《エクアドル》〔紙の包みを金と引き替える〕詐欺師
paquetudo, da [paketúdo, da] 形 《メキシコ》❶ おしゃれした, めかし込んだ. ❷ 誇り高い; 高慢な
paqui [páki] 形 《アルゼンチン》異性愛の
paquidermia [pakiðérmja] 女 《医学》強皮(きょうひ)症
paquidérmico, ca [pakiðérmiko, ka] 形 ❶ 《動物》厚皮動物の. ❷ 《医学》強皮症の. ❸ 象のような, 鈍感な, のろい〔←俗説によるゾウの属性〕
paquidermo [pakiðérmo] 形 厚皮動物の ── 男 ❶ 《動物》複 厚皮動物. ❷ ゾウ(象)
paquío [pakío] 男 《ボリビア. 植物》イナゴマメ〔=curbaril〕
paquistaní [pakistaní] 形 名 《国名》パキスタン Pakistán〔人〕の; パキスタン人
paquistano, na [pakistáno, na] 形 名 =**paquistaní**
paquita [pakíta] 女 《コロンビア. 料理》ボラの燻製
par [pár] 形 〔←ラテン語 par, paris〕❶ 偶数の〔⇔impar, non〕: número ~ 偶数. día ~ 偶数日. ❷ 等しい, 同等の〔=igual〕; 非常に似た. ❸ 《解剖》〔器官が〕左右対称の. ❹ いくつかの〔=主に2ないし3の〕
── 男 ❶ 〔同じ種類のもの〕2つ: Comemos un ~ de huevos fritos. 私たちは卵2個の目玉焼きを食べる. De aquí a la estación habrá un ~ de kilómetros. ここから駅まで2キロあるだろう. ahorrar un ~ de euros al día 日に2ユーロ貯金する. hace un ~ de años 2年前に. hace un ~ de viernes 先々週の金曜日に. ❷ 一対(つい) 〔男女・雌雄は pareja〕: un ~ de zapatos 靴1足. tres ~es de guantes 3組の手袋. ❸ 同等のもの, 比肩するもの. ❹ いくつか〔主に2ないし3〕: Vamos a tomar un ~ de copas. ちょっと飲みに行こう. Solo fumo un ~ de cigarrillos al día. 私は日に2, 3本吸うだけだ. Tengo un ~ de preguntas. 質問がいくつかあります. ❺ 《ラバ・農耕牛の》一対. ❻ 《歴史》〔中世スペインの〕大貴族, 重臣. ❼ 《ゴルフ》パー: Quedó en 5 golpes sobre (bajo) ~. 彼は5オーバー〔アンダー〕で終了した. ❽ 《物理》1) ~ de electrones 電子対. 2) ~ de fuerzas 偶力. ~ de torsión トルク. ❾ 《数学》~ ordenado 順序対. ❿ 《解剖》~ craneal 脳神経. IV ~ craneal 第IV脳神経. ⓫ 《建築》主垂木, 小屋組
a ~ =a la ~
a ~es 〔普通は1つずつなのが〕2つずつ: Se comía las galletas a ~es. 彼はビスケットを2枚ずつ食べていた
al ~ =a la ~
de ~ en ~ 〔ドア・窓が〕一杯に開いて: La puerta estaba abierta de ~ en ~. 扉は大きく開いていた
decir un ~ de cosas a+人 《口語》に小言を言う, 注意する: Voy a decir un ~ de cosas a ese gamberro porque no me deja dormir con el ruido de su moto por la noche. 私はあのチンピラにちょっと注意してやるつもりだ. あいつのバイクの騒音で夜眠れないからな
no tener ~ 比類がない: Como cirujano, no tiene ~. 外科医として彼に並ぶ者はいない
~es y nones 《西》丁半の賭け〔手の中の物を合計すると奇数か偶数かを当てる〕: jugar (echar) a ~es y nones 丁半の賭けをする
sin ~ 比類のない: conseguir un éxito sin ~ たぐいまれな成功を収める
── 女 ❶ 《経済》〔為替〕平価, 比価: emitir acciones bajo la ~ 株式をディスカウントして発行する. emitir acciones so-

bre la ~ 株式をプレミアム付きで発行する. estar por encima (por debajo) de la ~ 額面以上(以下)である. ❷ 胎盤 (= placenta].

a la ~ 1) [+de・que と] 同時に: Baila *a la* ~ *que canta*. 彼は歌いながら踊る. Estudia y *a la* ~ ve la televisión. 彼らはテレビを見ながら勉強している. 2) 一緒に, 共に: Se fue caminando *a la* ~ *de* su amigo. 彼は友人と一緒に並んで歩いていった. 3) 区別せず. 4) [+de] の近くに. 5)《経済》額面で; 額面価格に等しい: emitir acciones *a la* ~ 額面価格で発行する. acción sin valor *a la* ~ 無額面株式《発行価格が自由に決められる》

ir a la ~ [もうけ] 平等に分ける, 山分けする: Si nos toca la lotería, *vamos a la* ~. もし宝くじに当たったら山分けしよう

para¹ [para] 《←古語 pora》 *prep* ❶ [目的・意図] …のために, …のための 《語義》 **para** は a よりも目的が具体的. **por** は基本的には何らかの行動を起こすきっかけとなる[動機]を表わし, para は行動が向けられる目的・目標を表わす. ただし, 実際上はあまり意味が違わないことが多い: Digo esto *para* ti. 私は君のためにこのことを言っているのだ. Viene *a* comer. 彼は食事をしにやって来る. Vengo *por* verte. 私は君に会えればと思ってやって来た. Vengo *para* verte. 私は君に会うためにやって来た(?). ¿P~ qué has venido a verme? 君は何のために私に会いに来たの? Trabaja ~ su propio beneficio. 彼は自分自身の利益のために働く. Al volver a casa compré rosas ~ mi mujer. 帰宅する時, 私は妻のためにバラの花を買った. Mi hijo estudia ~ ingeniero. 息子はエンジニアになるための勉強をしている. 《参考》職業を表わす名詞の場合, ser が省略されていると考えられる: Mi hijo estudia ~ *ser* ingeniero》. Se dieron todas las facilidades ~ el conductor. ドライバーのためのあらゆる設備が用意されていた. 2) [+不定詞] …するため, …するために: No tengo tiempo ~ leer novelas. 私には小説を読む時間がない. Conozco un atajo ~ ir a Correos. 私は郵便局へ行く近道を知っている. Mi hijo me pidió dinero ~ ir al cine. 息子は私に映画に行くお金をちょうだいと言った. Estoy ahorrando ~ comprarme un coche. 私は車を買うために貯金をしている. Este dinero es ~ comprar unos recuerdos de Toledo. この金はトレドの土産品を買うためだ. Vamos a comer algo ~ reparar fuerzas. 何か食べて元気を出そう. 3) [+que+接続法]: Cierra la ventana ~ que no nos vean. 誰にも私たちの姿が見られないように窓を閉めなさい. Vengo ~ que me informen del señor Pérez. ペレス氏についておうかがいしたくてまいりました. Traigo este vino añejo ~ *que* lo goce. あなたのお父さんに飲んでもらいたくてこの年代物のワインを持ってきました. Le riño ~ *que* se enmiende. 私は彼に行ないを改めてもらいたくて叱るのです. 4) [用途] …用の, …のための. ¿P~ qué sirve esto? これは何のために使われるのですか? Son telas de lana ~ abrigos. それはオーバー用のウール地だ. Estas chaquetas son ~ hombres. これらの上着は男物だ. Debes utilizar este cuchillo ~ el pescado y este otro ~ la carne. このナイフは魚に, もう一つは肉に使いなさい. Aquí escasea agua ~ la agricultura. ここでは農業用水が不足している. El agua de la cañería no es buena ~ beber. 水道の水は飲用には向かない. bicicleta ~ niños 子供用の自転車. jarabe ~ la tos 咳止めシロップ. 《類義》用途を表わすのに **de** を用いることもできるが, どちらかというと慣用化している場合が多い. 使用目的を明確にする必要があれば **para** を用いる: Le prestaron un aparato *para* picar la carne. 彼女は肉を挽く器具を貸してもらった》 ❷ [運動の方向] …の方へ, …に向けて [→**a** I] 《類義》 1): Salió ayer ~ Europa. 彼は昨日ヨーロッパに向けて出発した. Iba ~ su casa cuando yo lo encontré. 私は彼の家に行こうとしていたら彼に出くわした. Señores, si miran ~ su derecha verán la catedral. 皆さん, 右側をごらんになると大聖堂が見えてきます. Tuerce ~ la izquierda cuando llegues al semáforo. 信号のある所に着いたら左の方へ曲がりなさい. 《語法》 a で表わすこともできる: torcer *a* la izquierda 左へ曲がる. Se inclinó ~ la cuna y besó al bebé. 彼は揺りかごに身をかがめて, 赤ん坊にキスをした. 2) [比喩] …に近づく: Ya vamos ~ viejos. 私たちももう初老の域だ. Ella va ~ los 50 años. 彼女はそろそろ50だ. 3) [交通機関の方向] Este tren va ~ París. この列車はパリ行きだ. Nos fuimos en tren ~ Granada. 私たちはグラナダ方面行きの列車に乗った. un billete ~ Barcelona バルセロナ行きの切符. ❸ [対象・宛先] …あての: Traigo una carta

~ mi padre. 私は父親あての手紙を持ってきた. Es un paquete postal ~ ti. それは君あての郵便小包だ. ❹ [hablar・decir・pensar などの動詞と共に, +再帰前置詞格人称代名詞] 自分に向かって, 心の中で: ¿Qué has dicho?—Nada; hablaba ~ mí. 何て言ったの?—別に, ひとりごとだよ. Aquel lugar era ideal, pensó la princesa ~ sí. あれはすばらしい所だったと王女は一人胸のうちで思った. 《参考》「自分の心の中で」などを意味する語句とも使われる: "¡Imbéciles, más que imbéciles!", masculla ~ sus adentros. 「ばかな, 本当にばかげてる」と彼は心の中でののしった》 ❺ [関心・関与] …にとって, …のために: Tengo buenas noticias ~ ti. 君に良い知らせがある. ¿Qué te regalo ~ el cumpleaños? 君の誕生日に何をプレゼントしようか? Hacer jogging de una hora diaria es muy bueno ~ la salud. 毎日1時間ジョギングをするのは健康に非常によい. El agua es un elemento indispensable ~ la vida. 水は生命維持のために不可欠な物質である. Esta mesita es muy útil ~ la playa. この小テーブルは海岸に持って行くのにとても便利だ. Al parecer, ~ nosotros, no hay modo de resolver el problema. 見たところ, 私たちにとってこの問題を解決する方法はない. Es un remedio muy eficaz ~ estimular la digestión. これは消化を促進するのにとても有効な薬だ. ❻ [利益・被害] …に対して, …にとって: La baja de los intereses resultó benéfica ~ la economía interior. 金利の引き下げは国内経済にとって好材料となった. Son animales nocivos ~ la agricultura. それらは農業には有害な動物である. Todos nuestros esfuerzos no han servido ~ nada. 私たちの努力は何の役にも立たなかった. ❼ [動機・原因] …するだけの, …するなんて: Quizá tenga razones suficientes ~ insistir en eso. おそらく彼にはそれに固執するだけの十分な理由があるのだろう. Hace mucho esfuerzo ~ sacar adelante a su familia. 彼は家族が楽に暮らせてゆけるようにがんばっている. ¡Estúpido he sido yo ~ hacer tales errores! そんな間違いをしてしまうなんて, 私は本当にばかだった! Yo no sé qué he hecho ~ que te portes tan mal conmigo. 君が私にそんなひどい仕打ちをするなんて, 私が何をしたというのだ. ❽ [文語] [結果. +不定詞・que+接続法] Pilar se detuvo ~ buscar su carnet en su bolso. ピラールは立ち止まって, バッグの中の身分証明書を捜した. Aprovechamos esta ocasión ~ desearles un feliz año nuevo. この場をお借りして新年のご挨拶を申し上げます. El susto le preocupó tanto como ~ que se enfermara. その件は病気になるほど彼を心配させた. ❾ [比較・対立・譲歩] …のわりには, …にしては: 1) Él come poco ~ lo gordo que es. 彼はあんなに太っているわりにはほんの少ししか食べない. No he podido obtener buenas notas ~ lo mucho que he estudiado. 私は一所懸命勉強したのに良い成績をあげられなかった. ¡Todavía no estáis listos, ~ la prisa que yo llevo! 君たちはまだ用意できていないのか, 私がこんなに急いでいるのに! No hace demasiado calor ~ ser agosto. 8月だというのにあまり暑くない. 2) [+不定詞] Ese señor vive muy sencillamente ~ lo rico que es. その男の方はあんなにお金持ちにかかわらず, とても質素な生活をしている. Es alta ~ ser niña de escuela de párvulos. その子は幼稚園児にしては背が高い. Asistieron pocos ~ ser un acto tan importante. 大切な式典だったにしてはわずかな人しか出席しなかった. P~ ser improvisada fue una charla excelente. 即興だったが, それはすてきな話だった. ❿ [対比] …に対して: P~ una vez que tú me has ayudado, yo te he ayudado cien. 君が私を助けてくれたのが1回で, それに対して私はもう100回も君を助けてあげている. P~ que estés a disgusto, prefiero que no vengas. 機嫌を悪くするくらいなら, 君には来てもらいたくない. P~ esto, hubiera sido mejor quedarme en casa. こんなことなら, 家にじっとしていた方がよかった. ⓫ [判断・観点・意見] …によれば: P~ mí que ya no viene. 私が思うに彼はもう来ない. ¿P~ ti qué es lo más importante? 君にとって一番大切なことは何だ? P~ el padre, el niño es un Mozart en ciernes. 父親の言いには息子はモーツァルトの卵だそうだ. P~ mí eso no es justo. 私にはそれが正しいとは思えない. ⓬ [数量] …分の: Este teatro tiene capacidad suficiente ~ admitir quinientas personas. この劇場は500人を十分に収容する広さがある. ascensor ~ diez personas 定員10人のエレベーター. coche con capacidad ~ seis personas 6人乗りの自動車. depósito capaz ~ quinientos mil libros 50万冊収納できる書庫. ⓭ [適応性・能力] …のために: Siendo menor de edad, no tiene capacidad legal ~ testar. 彼は未成年なので, まだ遺言をする法的な資格

がない. Esta herramienta sirve ～ muchos usos. この道具は多くの用途に使える. Ella tiene dotes ～ el baile. 彼女にはダンスの天分がある. Es torpe ～ las matemáticas. 彼は数学が苦手だ. Es una persona apta ～ trabajar en nuestra oficina. 彼は私たちの事務所で仕事をするのにぴったりの人だ. Su hija está dotada ～ la enseñanza. 彼の娘さんは教師に向いている. José es ～ nada. ホセは何の役にも立たない. ⓮ [意外さ] …するとは: ¿Quién eres tú ～ *que* te engordes así delante de mí? 俺の前でそんな大きな態度をとるとは, お前は何様のつもりだ? ⓯ [実現・終了する未来の予定日・時刻] 1) [予知できる事柄の日付・時期] …に, ごろに: ¿*P*～ cuándo el niño?—*P*～ la vendimia. 子供はいつごろ?—ブドウの採り入れごろだ. 2) [行為が実現する・物事を終える期限となるおおよその時点・日付・時期] …ごろまでに 〖→hasta, antes de [類義]〗: Bueno, nos vemos más tarde, ～ las seis, en la entrada de la sala del concierto. では後で, 6時ごろにコンサート会場の入り口で会いましょう. El jersey estará terminado ～ cuando comience el frío. セーターは寒くなってくるころには出来上がる. Lo habré terminado ～ las cinco. 私は5時までにそれをし終えているだろう. Te lo devolveré ～ fin de mes. 私は月末までにそれを君に返すつもりだ. No podemos aplazar las vacaciones ～ el año siguiente. 休暇をとるのを翌年に延ばすことはできない. 〖[対照]《口語》Nos hemos citado en su oficina ～ dos horas después./Nos hemos citado en su oficina ～ dentro de dos horas. 私たちは2時間後に彼の事務所で会う約束になっている〗 ⓰ [期間・継続] …の間 〖[類義] **para** は一定の時間設定, **por** はおおよその時間設定〗: ¿Habéis venido ～ muchos días? 君たちは長期滞在の予定でここに来たのですか? Te dejaré mi piso ～ las vacaciones de verano. 夏休みの間私のマンションを貸してあげよう. Su esposa le prestó ayudas abnegadas ～ la vida. 彼の妻は終生献身的な援助を彼に捧げた. ⓱ [faltar・quedar・restar など+. 時間・空間・量などの残り] …までに: Falta una semana ～ Navidad. クリスマスまで1週間ある. Me faltan dos años ～ acabar la carrera. 私は大学を終えるまでにまだ2年ある. Faltan diez minutos ～ que empiece la clase. 授業が始まるまでまだ10分ある. Faltan pocos kilómetros ～ llegar a la ciudad. 町に着くまでせいぜい後2, 3キロだ. Tan solo quedan unos días ～ las vacaciones. 休みまでたった数日残すだけだ. Restan solo tres días ～ la boda de mi hijo. 息子の結婚式まで後3日しかない. ⓲ [estar+～+不定詞] 1) ちょうど…する時に: Estaba ya ～ irse a la cama. もう寝る時間だった. 2) まさに…しようとする・している: Coge el paraguas, porque está ～ llover. 傘を持って行きなさい, 今にも降りそうだから. ⓳ [不適当・不都合. 否定的な内容の文で, 状態を表わす動詞と共に] …の状況・状態ではない: No estoy ～ cantar ahora. 今は歌う気分じゃない. Estoy ～ pocas fiestas. 僕はむしゃくしゃしているんだ. La oficina está ～ pocos gastos. 事務所では出費を抑えている. ⓴ [十分・不足] …するのに: Apenas tenemos ～ comer. 私たちにはほとんど食べ物がない. Con este dinero tendrás ～ comer durante el viaje. この金で君の旅行中の食費には足りるだろう. Es demasiado viejo ～ recordarlo. 彼はそれを思い出すには年をとりすぎている. ㉑ [適性・必要. 名詞・形容詞+] …にふさわしい, …のための・に: No tiene valor ～ reconocer que se ha equivocado. 彼は自分が間違っていたと認めるだけの勇気を持ち合わせていない. Le falta perseverancia ～ lograrlo. それを成し遂げるのに必要な根気強さが彼には欠けている. El agua es necesaria ～ la vida. 水は生命にとって不可欠である. ㉒《皮肉, 軽蔑》*P*～ poca salud más vale morirse. ちょっと体の調子が悪いと死んだ方がましである. *P*～ una vez que da una limosna, lo pregona a los cuatro vientos. 彼は何がしかの施し物をしようものなら, そのことを四方八方に吹聴して回る. ㉓《時に皮肉》[不適合・不適正. ser+～+不定詞] …に値する: Lo que hizo es ～ reprocharle. 彼はあんなことをしたのだから非難されて当然だ. ¿Quién eres tú ～ darme órdenes? 私に命令するなんて君は何様のつもりだ? Tú no eres la persona indicada ～ hablar de ese asunto. 君はその問題について話すのにふさわしい人ではない. ¡Buen amigo eres tú ～ confiarte un secreto! 秘密を打ち明けられるほど信用の置ける友達だよな, 君は! ㉔《中南米》…分前 〖=menos〗: Son las cinco ～ la una. 1時5分前だ

no ser ～ tanto そんなに…するまでもない: No llores, que *no es ～ tanto*. そんなに泣くな, 大したことはないんだから

～ con... 《文語》…に対する・対して: Es muy amable ～ *con* las mujeres. 彼は女性に対してとても親切だ. Fue muy bueno ～ *con* todos. 彼は誰に対しても優しく接した. deberes ～ *con* la patria 祖国に対する義務. magnanimidad del vencedor ～ *con* el vencido 勝者の敗者に対する寛容

***～ lo que*+直説法** …するわけじゃなし

～ mí que... 私の見るところでは…のようだ: *P～ mí que* ya no se casará. 私の見るところでは, 彼はもう結婚しないだろう. *P～ mí que* no están de buenas relaciones. 私の見るところ, 彼らは仲が悪い

～ sí mismo 心の中で, 内心で, 声に出さずに: Lo dije ～ *mí mismo*. 私は自分の心の中で(心に)そう言ってみた/心の中でそう思った. Rezad ～ *vosotros mismos*. 黙禱しなさい

...que ～ qué 〔***decirte・hablar***〕《俗用》[強調] ひどい…, すごい…: Hacía un frío *que ～ qué*. とてつもなく寒かった

ser el uno ～ el otro お似合いである

para[2] [pára] **I** [男] [ユーゴスラビアの補助通貨単位] パラ
II [男] [主にフランスの] 空挺隊員 〖=paracaidista〗
III [男]《アルゼンチン》パラグアイ製のたばこ

para- 《接頭辞》❶ [近接・類似] *para*estatal 半官半民の, *para*militar 準軍隊の. ❷ [超越] *para*normal 超常的な, *para*psicología 超心理学. ❸ [共存] *pará*sito 寄生虫. ❹《化学》[異性体] *para*ldehído パラアルデヒド

pará [pará] [男]《メキシコ. 植物》キビ

pará- 《接頭辞》=**para-**

paraba [paráβa] [女]《ボリビア. 鳥》ルリコンゴウインコ

parábasis [paráβasis] [女] 〖単複同形〗《古代ギリシア. 演劇》パラバシス 〖コロス coro が観客に向かって作者の主張を歌うくだり〗

parabellum [paraβélun] [女] [旧ドイツ軍の使用した] 自動小銃

parabién [paraβjén] 〖←para-+bien〗 [男] [主に [複]. 成功に対する] 祝辞 〖=felicitación〗: Me dieron toda clase de *parabienes* por mi ascenso. 彼らは私が昇進したのであらゆるお祝いの言葉をかけてくれた

estar de parabienes 《ラプラタ》幸運続きである

parábola [paráβola] 〖←ラテン語 parabola < ギリシア語 parabole「比較, 寓意」〗 [女] ❶ [教訓的な] たとえ話, 寓話: La Biblia enseña con ～*s*. 聖書はたとえ話によって教えさとす. La película es una ～ del odio entre hermanos. その映画は兄弟間の憎しみを取り上げた寓話である. ～ de Adán y Eva アダムとイブの話. ❷《幾何》放物線: Las balas trazan una ～ en el aire. 弾丸は空中に放物線を描く. ❸《ドミニカ》パラボラアンテナ

hablar en ～ 《主に皮肉》たとえて話す; 漠然と話す

parabolano, na [paraβoláno, na] [名] ❶ たとえ話を使う人. ❷ 嘘つき, ほら吹き
—— [男]《歴史》[東方教会で] 病人の介護や死者の埋葬をする僧侶

parabólico, ca [paraβóliko, ka] 〖←parábola〗 [形] ❶ 寓話的な, たとえ話の. ❷ 放物線の; 放物線を描く: espejo ～ 放物面鏡
—— [女] パラボラアンテナ 〖=antena ～*ca*〗: poner una ～*ca* パラボラアンテナを立てる

parabolizar [paraβoliθár] 〖←parábola〗 [9] [他] ❶ たとえる, たとえ話をする, たとえ話を使って説明する: En la novela *parabolizó* la situación de su país. 彼は小説で自分の国の現状を寓話化した. ❷ 放物線状にする

paraboloidal [paraβolo̯i̯đál] [形]《幾何》放物面の

paraboloide [paraβolói̯đe] [男]《幾何》放物面: ～ de revolución 回転放物面. ～ elíptico 楕円放物面. ～ hiperbólico 双曲放物面

parabrís [paraβrís] [男]《まれ》=**parabrisas**

parabrisas [paraβrísas] 〖←parar+brisa〗 [男] 〖単複同形〗《自動車など》フロントガラス, 風防

paraca [paráka] [名] 〖[複] ～s〗《西. 口語》空挺隊員 〖=paracaidista〗
—— [女] ❶《中南米》太平洋から吹く強い西風. ❷《メキシコ. 植物》マメ科の一種 〖樹皮はタンニンに富む. 学名 Cassia skinneri〗

paracaídas [parakaíđas] 〖←parar+caída〗 [男] 〖単複同形〗 ❶ パラシュート, 落下傘: No se le ha abierto el ～. 彼のパラシュートは開かなかった. tirarse (lanzarse) en ～ パラシュートで降下する, スカイダイビングをする. tirar alimentos en ～ パラシュートで食糧を落とす. salto con ～ パラシュート降下. ❷ エレベーター落下防止装置. ❸《航空》逆噴射装置. ❹《口語》コンドーム 〖=condón〗. ❺《経営》～ de oro ゴールデンパラシュート 〖解雇される経営者に高額の退職金を支払うことを事前に定める〗. ～

de estaño ティン(錫)パラシュート〖被買収企業の全従業員に解雇の金銭的補償を定める〗

paracaidismo [parakaiðísmo] 男 ❶ スカイダイビング, パラシューティング; パラシュート降下技術: escuela de ～ スカイダイビングスクール. ～ de estilo スタイルジャンプ. ～ de precisión アキュラシージャンプ. ❷《メキシコ》不当占拠, 不法占有

paracaidista [parakaiðísta] 形 スカイダイビングの, パラシューティングの: brigada ～ パラシュート部隊, 空挺部隊, 降下部隊. concurso ～ スカイダイビング大会
—— 名 ❶ スカイダイバー; 空挺隊員, 落下傘兵: división de ～s 空挺部隊. ❷《メキシコ.口語》[空き家・空き地の] 不法居住者, 不法占有者. ❸《ホンジュラス.口語》勤務しないのに政府から給料を得る人. ❹《ペルー, チリ, アルゼンチン, ウルグアイ.隠語》[パーティーへの] 招かれざる客: Mi suegro llegó de ～. 私のしゅうとは招かれてもいないのにパーティーにやって来た

Paracas [parákas]《歴史》パラカス文化《紀元前200〜紀元前600年にペルー南部海岸地域で栄えた》

paracaseína [parakaseína] 女 ❶《化学》凝固カゼイン. ❷ 凝乳; カテージチーズ

paracentesis [paraθentésis] 女《医学》穿刺(茺), 穿刺術

paracetamol [paraθetamól] 男《薬学》パラセタモール《解熱鎮痛剤》

parachí [paratʃí] 男《南米.鳥》ズグロヒワ

parachispas [paratʃíspas] 形《単複同形》❶[煙突などに付ける] 火の粉止め. ❷《電気》火花止め

parachoques [paratʃókes] 形《単複同形》❶《←parar+choque》《自動車》バンパー: Me han dado en el ～. 私はバンパーに車をぶつけられた. ❷《鉄道など》緩衝器, 緩衝装置

parachutar [paratʃutár] 他 ❶ パラシュートで投下する. ❷《意外な物を》派遣する, 指名する

parachute [paratʃúte] 男《メキシコ, グアテマラ, ボリビア》パラシュート《=paracaídas》

parachutista [paratʃutísta] 形 スカイダイビングの
—— 名 スカイダイバー; 空挺隊員

paracleto [parakléto] 男 =**paráclito**

paráclito [paráklito] 男《カトリック》[信者を慰めるために遣わされた] 聖霊
—— 名 慰問者

paracorto [parakórto] 名《コロンビア, ベネズエラ.野球》ショート, 遊撃手

paracronismo [parakronísmo] 男 記時錯誤《年月日を実際より後に付けること》

parada[1] [paráða] I《←parar》女 ❶ 止まる(止める)こと, 停止: ～ cardíaca《医学》心停止. ～ cardiorrespiratoria《医学》心肺停止. ❷ 停車: Hicimos una ～ de una hora y media en Badajoz para comer. 私たちはバダホスで1時間半の食事休憩をした. tren con ～ en todas las estaciones 各駅停車の電車. ～ de tres minutos 3分停車. ～ brusca 急停車. ❸ 停留所, 駅, 乗降場: Me bajo en la próxima ～. 私は次で降ります. ～ de autobuses バス停. ～ de metro 地下鉄の駅. ～ de tranvías 市電の停留所. ～ de taxis/～ de coches タクシー乗り場. ❹《軍事》1) 閲兵[式], パレード《=militar》. 2)《部隊の》集結; 集結地. ❺《サッカー》セービング. ❻《牛・馬などの》種付場, 種畜(種馬)飼養場. ～ de sementales. ❼《動物》～ nupcial 求愛行動. ❽《駅馬車などの》替え馬, 継ぎ馬《=～ de postas》. ❾《ホンジュラス》10個組の薬莢. ❿《闘牛》囲い場. ⓫《闘牛》集名 牛を先導する去勢牛《=～ de cabestros, ～ de bueyes》. ⓬《狩猟》1)《猟犬が止まって》獲物を教えること, ポインティング. 2) llamar la ～《犬に見つけられた獲物が》じっとしている. ⓭《音楽》休止《=pausa》. ⓮《フェンシング》かわし, 受け流し. 2)《~ general 剣の大きな円運動. ⓯ ダム, 堰. ⓰ 賭け金: doblar la ～ 賭け金を倍に増やす. ⓱《地方語》屋台, 露天. ⓲《中南米》1) 見栄, 身だしなみ. 2) 気取り, 自慢. ⓳《ホンジュラス》10個組の薬莢. ⓴《ペルー》1) 露天のマーケット, 青空市場. 2) 呼び売り商人の働き口の数. ㉑《チリ.口語》身なり, 装い, 衣服. 2) 硝石を溶かす鉄釜. ㉒《チリ, パラ. 口語》気取り, 思い上がり, うぬぼれ: Fueron gente de mucha ～. 彼らはひどい気取り屋であった
hacer la ～ 1)《メキシコ》[バスなどに] 止まるように合図する. 2)《ラプラタ, チリ》見せかける: Hizo la ～ como que estudiaba. 彼は勉強しているふりをした
hacer una ～ a+人《チリ.口語》…を止める
ir a todas las ～s《チリ.口語》どんな活動にも参加する気でい

1677　　　　　　　　　　　　　　　　　　**paradoja**

る
mandar la ～《コロンビア》[事・人を] 支配する, 仕切る
~ de manos《ラプラタ》倒立, 逆立ち
~ en firme 1)《馬術》急停止. 2)《商取引・会話などの》突然の中止
~ y fonda《口語》1) 長時間立ち止まる場所. 2) 食事と宿泊: hacer ～ *y fonda* en… …で食事をして宿泊する
II《←仏語 parade》女《中南米》パレード, 行列

paradera [paraðéra] 女 ❶《水車の》放水口. ❷《漁業》定置網

paradero [paraðéro]《←parar》男 ❶ 居所, 住所, ありか《主に否定的内容で》: Los policías ignoran el ～ de los secuestradores. 警官たちには誘拐犯の居所がつかめていない. Su vecino se halla en ～ desconocido. 彼の隣人は行方知れずである. ❷《古語》行く末, 結末: Con la vida que lleva tendrá mal ～. 彼はあんな生活をしていたら末はろくなことにならない. ❸《中南米》駅, 停車場. ❹《メキシコ, 南米》停留所《=parada》. ❺《ベネズエラ》宿屋

paradeta [paraðéta] 女 ❶ 複 短い休止が入るスペイン独特の踊り. ❷ 単 その踊りの音楽

paradiástole [paraðjástole] 女《修辞》よく似た意味の語を対照させる文彩

paradigma [paraðígma]《←ギリシア語 paradeigma「模範, 例」》男 ❶ 代表例, 典型; 模範, 手本: Josefina es el ～ de la belleza. ホセフィーナは美人の典型だ. ❷ 理論的枠組, パラダイム. ❸《文法》[動詞などの] 変化系列, 語形変化系: En el examen de latín nos pondrán el ～ de varios verbos. ラテン語の試験には様々な動詞の変化が出るだろう. ～ de la conjugación regular 規則活用の変化

paradigmático, ca [paraðigmátiko, ka] 形 ❶ 代表例の, 代表的な, 典型的な, 模範的な: Almodóvar es un cineasta ～ de su generación. アルモドバルは彼の世代を代表する映画人だ. La evolución de este caso es ～ca en las enfermedades intestinales. この症例の進行は腸の病気に典型的である. ❷ 理論的枠組の, パラダイムの. ❸《文法》語形変化の. ❹《言語》系列的な, 連辞的な: relación ～ca 系列関係
—— 名 語形変化研究

paradina [paraðína] 女 牧草の生えた低い山《主に羊の囲い場がある》

paradiña [paraðíɲa] 女《サッカー》[ペナルティーキックでゴールキーパーを惑わすために] キッカーが蹴る前に一瞬動きを止めること

paradisiaco, ca [paraðisjáko, ka]《←ラテン語 paradisiacus < paradisus < ギリシア語 paradeisos「庭, 楽園」》形 ❶ 天国の, 楽園の; 天国のような: Esta isla es un rincón ～ de la tierra. この島は地上の楽園だ

paradísiaco, ca [paraðísjako, ka] 形 =**paradisiaco**

paradislero, ra [paraðisléro, ra] 名 ❶ 獲物を待ち伏せする猟師. ❷ ニュースを嗅ぎ回る(でっちあげる)人

paradista [paraðísta] 名 種付け場の所有者(従業員)

parado, da[2] [paráðo, ða] 形 ❶《西》[ser·estar+] 失業した: Ella tiene al marido ～. 彼女は夫が失業中だ. ❷[ser·estar+] 内気な, 意欲に欠ける: Es un chico un poco ～. あの子は少し気が弱い. No puedo estar ～. うかうかしてはいられない. ❸[quedarse·dejar+] 当惑した, 呆然とした: Me quedé ～ sin saber qué hacer. 私はどうしたらいいか分からず呆然としていた. La noticia me dejó ～. 知らせを聞いて私は呆然とした. ❹[salir·resultar など結果を表わす動詞+bien·mal など+] …になる: Quedó muy mal ～ del golpe que sufrió y tuvo que pasar algunos días en el hospital. 彼はひどい打撲を受けたため, 数日間入院しなければならなかった. ❺《闘牛》[牛が] のろい, やる気のない. ❻《中南米》[estar+. 物・人が] 立った, 直立の, まっすぐな. ❼《プエルトリコ, ペルー, 口語》自尊心の強い, 高慢な
a lo bien ～ まだ十分使えるのに
estar bien ～ 1)《中南米.口語》金持ちである. 2)《メキシコ, パナマ》[政界などに] 影響力が強い, うまい汁が吸える
lo mejor ～ 最上のもの
no saber dónde se está ～《パナマ, コロンビア, ベネズエラ, チリ, アルゼンチン, ウルグアイ.口語》道に迷っている《比喩的にも》
—— 男《西》失業者
—— 男 パレード《バレアレス諸島の荘重な民俗舞踊》
dar un ～《ベネズエラ.口語》[危険な言動をしないように] 釘をさす

paradoja[1] [paraðóxa]《←ギリシア語 paradoxa < para-（横に, 外に)

paradojal

+doxa「意見」】囡 ❶《修辞》逆説, パラドックス: "Es hielo abrasador, es fuego helado" es una famosa ～ de Santa Teresa.「それは焼けつく氷, 凍てついた炎」とは聖テレジアの有名な逆説である. ❷ 矛盾, 自家撞着: Es una ～, pero ahora tiene que entrevistar para un trabajo a un antiguo profesor suyo. つじつまが合わない話だが, 彼はいまやかつての恩師の就職面接をしなければならない. por la ～ de la vida 人生につきものの矛盾によって. ❸《経済》～ de la frugalidad 節約のパラドックス【個人の節約による貯蓄の増加は消費水準を低下させ, 有効需要不足による国民所得の減退を通じてむしろ貯蓄水準が低下する】. ～ del ahorro 貯蓄のパラドックス【＝～ de la frugalidad】. ～ del valor 価値のパラドックス【例えば水とダイヤモンドのように, 使用価値(＝有用性)の高い・低い財が交換価値(＝市場価格)も高い・低いとは限らない】

paradojal [paraðoxál] 形《チリ, アルゼンチン, ウルグアイ》＝**paradójico**

paradójico, ca [paraðóxiko, ka] 形 ❶ 逆説的の; 矛盾した: Es ～ que yo tenga que invitarte siempre y tú tengas más dinero. 君の方が金持ちなのに, 僕がいつもおごらなくてはならないとはつじつまが合わない. ❷ 逆説好きの

paradojismo [paraðoxísmo] 男《まれ》逆説的であること, 矛盾; 逆説的表現, 矛盾語法

paradojo, ja² [paraðóxo, xa] 形《廃語》逆説的な; 矛盾した

paradón [paraðón] 男《サッカー》見事なセービング

parador [paraðór]【←parar】男 ❶ パラドール, 国営観光ホテル【かつての貴族の館や宮殿・別荘・城塞・修道院を改装したものと景勝地に立つ近代的なものの2種類がある. ＝ nacional, ～ de turismo】. ❷《古語》[街道筋の] 旅籠(はたご)

parador², **ra** [paraðór, ra] 形 ❶ 停止する. ❷ [馬などが] よく道草をする〔人〕. ❸ 大金を賭ける〔人〕. ❹《メキシコ. 野球》遊撃手, ショート

paradoxal [paraðo(k)sál] 形《まれ》逆説的な; 矛盾した

paraestatal [paraestatál]【←para-+estatal】形 ❶ 公社の, 準国営の, 半官半民の: empresa ～ 公社, 準国営企業. entidad ～ 公団, 準政府機関. ❷ 密かに国が肩入れする

parafango [parafáŋgo] 男《ベネズエラ. 自動車》フェンダー【＝guardabarros】

parafascista [parafasθísta] 形 パラ・ファシズムの, 近ファシズムの

parafasia [parafásja] 囡《医学》錯語: ～s fonémicas 音韻性錯語. ～s semánticas 意味性錯語. ～s verbales 語性錯語

parafernales [parafernáles]【←ギリシア語 pan- (他, 共)+pherne「持参金」】形《複》《法律》bienes ～ [夫の自由にならない] 妻固有の財産

parafernalia [parafernálja]【←parafernales】囡 ❶《集名》《必要な》道具: El flamenco es un arte sobrio, que no necesita mucha ～ para ofrecer toda su grandeza. フラメンコは簡素な芸術で, そのすばらしさを提供するのに道具立てはほとんど不要である. ❷《軽蔑》[行事などの] 派手さ, 仰々しさ: La boda se celebra con mucha ～. 結婚式は大変派手に行われる. Siempre que se inaugura el curso montamos la ～. 新学年が始まる時はいつも仰々しい式典をする

parafilia [parafílja] 囡 性的倒錯【＝perversión sexual】

parafimosis [parafimósis] 囡《医学》嵌頓包茎

parafina [parafína]【←ラテン語 parum「少し」+finis「限界」】囡 ❶《化学》パラフィン: aceite de ～ パラフィン油; 灯油. ～ líquida 流動パラフィン. ～ sólida パラフィン蝋, 石蝋. ❷《中南米》灯油【＝queroseno】

parafinación [parafinaθjón] 囡 パラフィンの塗布, パラフィン処理

parafinado [parafináðo] 男 ＝**parafinación**

parafinar [parafinár] 他 …にパラフィンを塗る(しみ込ませる), パラフィン処理をする: papel *parafinado* パラフィン紙

parafínico, ca [parafíniko, ka] 形《化学》パラフィン系の: aceite ～ パラフィン系石油

parafiscal [parafiskál] 形《行政》[公共料金について] 国税に属さない, 準財政的な

parafiscalidad [parafiskaliðá(ð)] 囡《行政》国税に属さないこと

paráfisis [paráfisis] 囡《単複同形》《生物》側糸体

parafiso [parafíso] 男《植物》側糸(じくし)

parafraseador, ra [parafraseaðór, ra] 形 分かりやすく言い換える〔人〕

parafrasear [parafraseár]【←paráfrasis】他 分かりやすく言い換える, 言い換えて説明する, パラフレーズする: *Parafraseó* una cita famosa. 彼は有名な引用句を分かりやすく言い換えた

paráfrasis [paráfrasis]【←ギリシア語 paraphrasis < para- (側)+phrazo「言明する」】囡《単複同形》❶ 分かりやすい・説明的な〕言い換え, 書き換え, 敷衍(ふえん), パラフレーズ〔行為, 文〕: Su pensamiento se condensa en esta ～: … 彼の考えを分かりやすく言い換えると…のようになる. ❷《韻文の》翻案, 意訳

parafraste [parafráste] 囲 言い換えをする人; [言い換えによる] テキストの解釈者

parafrásticamente [parafrástikaménte] 副 言い換えによって

parafrástico, ca [parafrástiko, ka] 形 言い換えの

parafusa [parafúsa] 囡《地方語》大型の紡輪

paragénesis [paraxénesis] 囡《地質》《鉱物》共生

paragneis [paraɣnéjs] 男《地質》堆積岩の変成による片麻岩

paragnosia [paraɣnósja] 囡《まれ》＝**paragnóstico**

paragnóstico, ca [paraɣnóstiko, ka] 形 洞察力のある人

paragoge [paraɣóxe] 囡《言語》語尾音添加【例 filme←film, clipe←clip】

paragógico, ca [paraɣóxiko, ka] 形 語尾音添加の

paragolpes [paraɣólpes] 男《単複同形》《主にラプラタ》＝**parachoques**

paragón [paraɣón] 男《廃語》比較【＝parangón】

paragonar [paraɣonár] 他 比較する【＝parangonar】

paragonimiasis [paraɣonimjásis] 囡《医学》肺吸虫症, 肺ジストマ症

paragrafía [paraɣrafía] 囡《医学》錯書症

parágrafo [paráɣrafo] 男 パラグラフ【＝párrafo】

paragranizo [paraɣraníθo] 男 [畑・果樹園の] 雹よけの覆い

paragripal [paraɣripál] 形《医学》virus ～ パラインフルエンザ・ウイルス

paraguán [paraɣwán] 他《ベネズエラ》止まれ【＝alto】

paraguariense [paraɣwarjénse] 形《地名》パラグアリ Paraguarí の〔人〕【パラグアイ南部の県・県都】

paraguas [paráɣwas]【←parar+agua】男《単複同形》❶ 傘(かさ): No olvides el ～, porque va a llover. 雨が降るから傘を忘れずに持って行きなさい. abrir (cerrar) el ～ 傘をさす(畳む). protegerse bajo el ～ 傘に入る. ～ plegable 折畳み傘. ❷ 傘形. ❸ 庇護【＝ protector, ～ defensivo】: ～ nuclear 核の傘. ❹《隠語》避妊具【＝preservativo】

abrir el ～ antes de que llueva《メキシコ, ホンジュラス, ボリビア, アルゼンチン, ウルグアイ. 口語》問題が起きる前に予防策をとる

que te frían un ～《軽蔑・排斥》どうにでもなってしまえ

paraguatán [paraɣwatán] 男 ❶《中米, ベネズエラ. 植物》マホガニーの一種【学名 Sickingia tinctoria】. ❷《コロンビア》1) [鹿を捕える] 罠. 2) 大勢のけんか

paraguay [paraɣwáj] 男 ❶《国名》[P～] パラグアイ【南米の共和国. 正式名称 República de P～. 首都はアスンシオン】. ❷《鳥》＝**loro** del Brasil. ❸《ペルー》[トウモロコシの穂の] 赤紫色の毛

paraguaya¹ [paraɣwája] 囡《西. 果実》ハナモモ【食用】

paraguayano, na [paraɣwajáno, na] 形《廃語》パラグアイの〔人〕【＝paraguayo】

paraguayismo [paraɣwajísmo] 男 ❶ パラグアイ特有の言葉や言い回し. ❷ パラグアイの風物に対する愛好心

paraguayo, ya² [paraɣwájo, ja] 形 囡《国名》パラグアイ〔人〕の; パラグアイの

—— 男 ❶《西. 植物》ハナモモ. ❷《キューバ》長くてまっすぐな山刀. ❸《ボリビア》1) [御者の] 鞭. 2) トウモロコシ粉のパン

paraguazo [paraɣwáθo] 男 傘による一撃: El viejo le dio un ～ al ladrón. 老人は泥棒を傘で叩いた

paragüera¹ [paraɣwéra] 囡 傘工場

paragüería [paraɣweɾía] 囡 傘屋

paragüero, ra² [paraɣwéro, ra]【←paraguas】傘屋【製造, 修理, 販売】

—— 男 傘立て; コート掛け兼傘立て: He dejado el paraguas en el ～ del recibidor. 私は傘を玄関の傘立てに入れた

paragüey [paraɣwéj] 男《ベネズエラ》[農耕用の] 牛のくびき

parahusar [parausár] 他《錐 parahúso で》穴をあける

parahúso [paraúso] 男【←par a huso】《技術》[錠前・宝石職人などが使う] 錐(きり), ドリル

parainfluenza [parainflwénθa] 囡/男《医学》パラインフルエンザ・ウイルス【＝virus ～】

paraíso [paraíso]【←ラテン語 paradisus < ギリシア語 paradeisos】男 ❶〖旧約聖書〗[el+. 主に P～. 神がアダムとイブを住まわせた]楽園 {=～ terrenal}: Adán y Eva fueron expulsados del P～ por comer del fruto prohibido. アダムとイブは禁断の実を食べたので楽園から追放された. ～ perdido 失楽園. ❷〖宗教〗[P～. 神のいる]天国, 極楽{⇔infierno}: Solo los buenos gozarán del P～. 善人だけが天国に住めるだろう. ir al P～ 天国に行く, 昇天する. ❸ [主に un+] 理想郷, 桃源郷: Las playas de las Canarias son un ～. カナリア諸島のビーチは天国だ. La isla Cozumel es el ～ de los buceadores. コスメル島はダイバーたちの楽園だ.〖コスメル島はメキシコ, ユカタン半島の東にある〗～ de los bobos 愚者の楽園, 幸福の幻影〖欲望に従って作り上げた理想郷の物語〗. ～ terrestre 地上の楽園. ～ fiscal (tributario)〖経済〗タックスヘイブン〖スペインの近隣ではアンドラ, ジブラルタル. カリブ海のケイマン諸島 Islas Caimán など〗. ❹〖演劇〗天井桟敷. ❺〖キューバ. 植物〗センダン

paraje [paráxe]【←parar】男 ❶ [屋外の, 主に遠い・孤絶した]所, 場所: El hotel está enclavado en un ～ inimaginable. そのホテルは想像を絶するへんぴな所にある. ～ solitario 人里離れた所. ❷ 状況, 状態

parajismero, ra [paraxisméro, ra] 形 しかめっ面をする, おかしな表情をする

parajismo [paraxísmo] 男 しかめっ面; [様々な] おかしな表情, 百面相

parajú [paraxú] 男〖南米. 植物〗アカテツ科の高木〖学名 Manilkara bidentata〗

paral [parál]【←カタルーニャ語 parat】男 ❶ [mechinal などの穴にさして] 足場の板を支える横木. ❷〖船舶〗[進水用の] ころ

paraláctico, ca [paraláktiko, ka] 形〖天文, 光学〗視差の, パララックスの

paralaje [paráxe] 女〖天文, 光学〗視差, パララックス: ～ anual [恒星の] 日心視差, 年周視差. ～ horizontal〖天体観測上の〗地平視差

paralalia [paralálja] 女〖心理〗言語錯誤

paralasis [paralásis] 女〖単複同形〗=**paralaje**

paralaxi [paralá(k)si] 女〖稀〗=**paralaje**

paraldehído [paraldeído] 男〖化学〗パラアルデヒド

paralé [paralé] 男 dar un ～ a+人〖ペルー. 口語〗…に身の程を思い知らせる

paralela[1] [paraléla] 女 ❶〖幾何〗平行線 {=línea ～}: trazar una ～ a una línea ある直線に対して平行線を引く. ❷〖体操〗複 平行棒 {=barras ～s}: ～s asimétricas 段違い平行棒. ❸〖軍事〗並行壕

paralelamente [paralélaménte] 副 ❶ [+a と] 平行に: Las dos líneas se prolongan ～. 2本の線は平行して伸びている. Los salarios han ido subiendo ～ a la inflación. 給料はインフレと平行して上昇してきた. ❷ 同時に {=al mismo tiempo}: P～, en otro lugar, varios grupos de jóvenes gritaban. 同時にほかの場所でも何組もの若者のグループがわめいていた. ❸ 同様に {=asimismo}: P～, la atención no puede estar centrada solo en el paro. 同様に失業ばかりに気をとられてはいられない

paralelar [paralelár] 他 比較する, 対照する

paralelepipédico, ca [paralelepipédiko, ka] 形 平行六面体の

paralelepípedo, da [paralelepípedo, da] 形 男〖幾何〗平行六面体の〖

paralelinervio, via [paralelinérbjo, bja] 形〖植物〗[葉が] 平行脈の

paralelismo [paralelísmo]【←paralelo】男 ❶ 平行, 並行, 並列〖関係, 状態〗: El ～ de las dos paredes no es perfecto. 2つの壁の平行は完全ではない. ❷ 類似〖点〗; 相関関係: Existe un cierto ～ entre los argumentos de las dos películas. 2つの映画の筋には確かに類似点がある. ❸〖修辞〗並列法〖同じ文・句を少し変えて繰り返し使うこと〗;〖詩法〗対句法. ❹〖哲学〗並行論. ❺〖生物〗並行進化;〖生態〗平行現象

paralelístico, ca [paralelístiko, ka] 形 平行の, 並行の

paralelo, la[2] [paraléo, la]【←ラテン語 parallelus < ギリシア語 parallelos < para- (近) +allelon (相互に)】形 ❶ [+a と] 平行な, 並行に: Vive en una calle ～ a la tuya. 彼は君のいている通りと並行した通りに住んでいる. líneas ～las 平行線. trayectorias ～las 平行軌道. ❷ 類似の: Estamos ante una situación ～ la. 私たちはよく似た状況に立っている. Llevaban vidas ～las. 彼らはそっくりの人生をおくっていた. ❸ 相関関係のある; 同時発生 (進行) の: El reportaje cuenta varias historias ～las. ルポルタージュはいくつかの関連のある歴史を取り上げている. ❹〖経済〗1) financiación ～la 平行融資. importación ～la 平行輸入. 2)〖中南米〗非合法の, 闇の, 地下の: mercado ～ パラレル市場, 闇市場. ❺〖電気, 情報〗並列の ―― 男 ❶ 比較, 対比; 類似: fraude sin ～ 前代未聞の詐欺. ❷〖地理〗緯線 {⇔meridiano}: ～ 38 38度線. ❸〖電気〗並列回路. ❹〖技術〗表面仕上げ詰まり状態

en ～ 1) [+a に] 平行に: La carretera discurre en ～ al río de la ciudad. 国道は町を流れる川と平行して走る. 2)〖電気, 情報〗並列の・に{⇔en serie}

paralelográmico, ca [paralelográmiko, ka] 形 平行四辺形の

paralelogramo [paralelográmo] 男〖幾何〗平行四辺形

paralenguaje [paralengwáxe] 男〖言語〗パラ言語

paralimpiada [paralimpjáda] 女〖スポーツ〗[主に P～s] パラリンピック

paralímpico, ca [paralímpiko, ka] パラリンピックの

paralingüístico, ca [paralingwístiko, ka] 形 パラ言語の

paralipómenos [paralipómenos] 男複〖旧約聖書〗歴代志

paralís [paralís] 男〖西. 口語〗=**parálisis**

parálisis [parálisis]【←ギリシア語 paralysis < paralyein「解く, 緩める」】女 ❶〖医学〗麻痺: La anciana sufre ～ de los miembros inferiores. 老女は下半身が麻痺している. sufrir ～ de medio cuerpo derecho 右半身不随. ～ de cintura para abajo 下半身不随. ～ completa 全身不随. ～ parcial 局部麻痺. ～ agitante (temblorosa) 震顫(かん)麻痺. ～ cerebral 脳性麻痺. ～ facial 顔面麻痺. ～ infantil 小児麻痺. ～ progresiva 進行性麻痺〖特に〗歩行性運動失調症. ❷〖比喩〗麻痺状態, 停滞状況: El país vive una situación de ～ económica. 国は経済的に麻痺状態に陥っている. ～ creadora 創作上の行き詰まり状態

paraliteratura [paraliteratúra] 女 周辺的文学〖純文学と大衆文学の中間〗

paraliticar [paralitikár] 7 ～**se** 〖稀〗麻痺する, 麻痺状態になる

paralítico, ca [paralítiko, ka]【←ラテン語 paralyticus】形 名〖時に軽蔑〗身体が麻痺した[患者]: El chico se quedó ～ a consecuencia de un accidente de moto. 少年はバイク事故で体が麻痺した. ～ solo de las piernas 両脚だけが麻痺した[患者]

paraliturgia [paralitúrxja] 女〖宗教〗典礼形式を厳守しない儀式

paralitúrgico, ca [paralitúrxiko, ka] 形〖宗教〗典礼形式を厳守しない

paralización [paraliθaθjón] 女 麻痺; 機能停止

paralizador, ra [paraliθaðór, ra] 形 麻痺させる, 麻痺作用のある

―― 男 ～ eléctrico スタンガン {=arma de electrochoque}

paralizante [paraliθánte] 形 =**paralizador**

paralizar [paraliθár]【←仏語 paralyser】9 他 ❶ 麻痺させる: El veneno paraliza los músculos. その毒は筋肉をしびれさせる. ❷ 身動きできなくする: El frío me paraliza los miembros. 私は寒さで手足がかじかんでいる. Sus palabras nos han paralizado. 彼の言葉を聞いて私たちは縮み上がった. ❸ 停滞させる, とどめる: La falta del presupuesto paralizó las obras públicas. 予算不足で公共工事は中断した. Ya es imposible ～ el proceso de fabricación. 製造工程を停止するのはもう不可能だ. ～ las operaciones de banca 銀行の機能を麻痺させる

―― **～se** ❶ 麻痺する, しびれる: Se le paralizaron los dedos. 彼は指がしびれた. ❷ 麻痺 (停止) 状態になる: La falta de recursos determinó que se paralizase el proyecto. 資金不足のため計画は中断された

paralogismo [paralɔxísmo] 男〖哲学〗偽(*)推理

paralogizar [paralɔxiθár] 9 他 ❶ 嘘で言いくるめる. ❷〖チリ〗―― ～**se** [自分を] ごまかす

paramada [paramáda] 女〖エクアドル〗霧雨

paramagnético, ca [paramagnétiko, ka] 形〖物理〗常磁性の: cuerpo ～ 常磁体

paramagnetismo [paramagnetísmo] 男〖物理〗常磁性

paramar [paramár] 自〖単人称〗❶〖中南米〗霧雨が降る. ❷

paramear《ベネズエラ》[パラモ páramo で]雪嵐になる

paramear [parameár] 自《中南米》霧雨が降る〖=paramar〗

paramecio [paraméθjo] 男《動物》ゾウリムシ

paramédico, ca [paraméðiko, ka] 形 準医療活動の[従事者], 医療補助者: cuerpo ~ パラメディカルスタッフ

paramentar [paramentár] 他 装飾する

paramento [paraménto]《←ラテン語 paramentum》男 ❶《建築》1)[壁・塀の]面: cubrir el yeso dos ~s de la pared 塀の両面にしっくいを塗る. 2)[建築物の装飾用の]外側面, 外装面: El ~ de las columnas era dorado. 柱の外面は金色に塗られていた. ❷《まれ. カトリック》祭式服; 祭壇飾り〖=~s sacerdotales〗. ❸《まれ》馬衣

parameño, ña [paraméɲo, ɲa] 形 荒れ地の

paramero, ra [paraméro, ra]《←páramo》形 荒れ地の — 女 荒涼とした地域

paramétrico, ca [parametríko, ka] 形《数学》助変数の, パラメトリックの

parámetro [parámetro]《←ギリシア語 para-（片側に）+metron「寸法」》男 ❶《数学》パラメータ, 助変数, 媒介変数;《幾何》パラメータ. ❷《統計》母数. ❸《音楽》[作曲の]パラメータ. ❹ [一定の]数値, データ; 限定要素: ~s vigentes 現行の数値. ❺ 要素, 要因. ❻《ペルー》大胆, 大枠

paramiento [paramjénto]《チリ》気取り, 思い上がり

paramilitar [paramilitár]《←para-（近）+militar》形 ❶ 準軍事的組織の, 軍隊をまねた, 軍隊式の: disciplina ~ 軍隊式の規律, formaciones ~ es 軍隊式編成, policía ~ 武装警察官. uniforme ~ 軍隊風の制服. ❷ [政治団体などについて]密かに軍人が動かす

paramixovirus [parami(k)sobírus]《単複同形》《医学》パラミクソウイルス 男

paramnesia [paramnésja] 女《心理》記憶錯誤; 既視感, デジャヴュ

páramo [páramo]《←ラテン語 paramus》男 ❶ 荒れ地, 荒野; 荒涼とした[吹きさらしで岩だらけの]高地. ❷《生態》パラモ[北部アンデスの森林限界を越えた高山草原. = ~ andino]. ❸《文語》吹きさらしの寒々とした場所. ❹《コロンビア, エクアドル》霧雨

paramuno, na [paramúno, na] 形《コロンビア》アンデス高地の[人], 山岳地帯の[人]

paranaense [paranaénse] 形名《地名》パラナ Paraná の[人]〖アルゼンチン, エントレ・リオス県の県都〗

parancero [paranθéro] 男[罠・投げ縄を使う]猟師

paranéfrico, ca [paranéfriko, ka] 形《解剖》副腎の〖=suprarrenal〗

parangón [paranɡón]《←parangonar》男 比較, 対比; 類似: Su fortaleza no admite ~. 彼の強さは比肩するものがない. sin ~ en la historia 史上かつてない

parangona [paranɡóna] 女《印刷》パラゴン〖20ポイント活字〗

parangonar [paranɡonár]《←伊語 paragonare》他 ❶ [+con と]比較する, 対照する: No intento ~ a nuestros atletas con los de otros países. 私はわが国の陸上選手をほかの国の陸上選手と比べようとは思わない. ❷《印刷》[1行の中で]異なる活字の大きさをそろえる

paranieves [paranjébes] 男《単複同形》防雪棚, 防雪林

paraninfico, ca [paranínfiko, ka] 形《建築》パラニンフォスの: orden ~ 柱の代わりにニンフ像を用いる古代の柱式

paraninfo [paranínfo]《←ギリシア語 paranymphos「結婚式の付添人」< para-（近）+nymphe「花嫁」》男 ❶《大学などの》講堂: José Hierro dará una conferencia en el ~. ホセ・イエロは講堂で講演をする予定だ. ❷《古語》[大学で]新年度の開講式のスピーチをする人. ❸《まれ》結婚式の付添人. ❹《まれ》吉報を知らせる人

paranoia [paranója]《←ギリシア語 paranoia < para-（外）+nous「精神」》女《医学》偏執症, 妄想症, パラノイア

paranoico, ca [paranójko, ka], **paranoide** [paranójðe]形名《医学》偏執症の[患者], パラノイアの[患者], 偏執狂的な

paranomasia [paranomásja] 女《まれ》**=paronomasia**

paranormal [paranormál] 形 科学的に説明のつかない, 超常的な: fenómeno ~ 超常現象

parántropo [parántropo] 男《人類学》パラントロプス

paranza [paránθa] 女 ❶《西. 狩猟》[猟師の]隠れ小屋, 待ち伏せ場. ❷《ムルシア. 漁業》[マル・メノール Mar Menor に特有の]梁

parao [paráo] 男《フィリピン》[キールが深い]一枚帆の船

paraoficial [paraofiθjál] 形 半公式の, 準公式の, 準公的な

paraolimpíada [paraolimpjáða] 女 **=paralimpíada**

paraolímpico, ca [paraolímpiko, ka] 形 **=paralímpico**

parapara [parapára] 女《ベネズエラ》❶ ムクロジの果実. ❷ [果コーヒー豆

paraparo [parapáro] 男《ベネズエラ. 植物》ムクロジ

parapente [parapénte] 男《スポーツ》パラグライダー〖行為, 道具〗

parapentista [parapentísta] 名 パラグライダーパイロット, パラグライダー愛好者

parapetar [parapetár]《←parapeto》他 [胸壁などで]守る; かばう, 正当化する
—— ~se ❶ [胸壁などで]身を守る, 後ろに隠れる: Los agentes se parapetan detrás de los coches aparcados. 刑事たちは停めた車の後ろに身を隠した. ❷ [+en で]自分を正当化する, 切り抜ける: Se parapetaba tras cualquier pretexto para no hacer nada. 彼はもっともらしい口実を作って何もしなかった. El acusado se parapetaba en su silencio. 被告は黙秘に逃げ込んでいた

parapeto [parapéto]《←伊語 parapetto》男 ❶ 欄干, 手すり; ガードレール. ❷《築城》胸壁, 胸牆; バリケード. ❸《メキシコ》[道路の]スピード防止帯

paraplasma [paraplásma] 男《生物》副形質

paraplejia [parapléxja] 女《医学》[下肢の]対(ᣦ)麻痺, 両麻痺

paraplejía [paraplexía] 女 **=paraplejia**

parapléjico, ca [parapléxiko, ka] 形名《医学》対麻痺の[患者]

parapoco [parapóko] 名《単複同形》《口語》意気地のない人, 意志の弱い人

parápodo [parápoðo] 男《動物》疣足(ｲﾎﾞｱ), 側足(ｿｸｿｸ)

parapolicial [parapoliθjál] 形 擬似警察的な

parapsicología [para(p)sikoloxía] 女 超心理学

parapsicológico, ca [para(p)sikolóxiko, ka] 形 超心理学の, 超心理学的な

parapsicólogo, ga [para(p)sikólogo, ga] 名 超心理学者

parapsíquico, ca [para(p)síkiko, ka] 形 超常的な〖=paranormal〗

paraqué [parakέ] 男《ベネズエラ》待合室, 控え室

parar [parár]《←ラテン語 parare》自 ❶ 止まる, 停止する: 1)[走行が]¡Para! 止まって/待って! Pare aquí.［タクシーで]ここで止めて下さい. Si tienes sueño, para a descansar. 眠くなったら自動車を停めて休みなさい. Este tren para en todas las estaciones. この列車は各駅停車だ. ¿El 10 para aquí? 10番[のバス]はここに停まりますか? 2) [動きが] Mi reloj está parado. 私の時計は止まっている. La mariposa no paraba un momento y siempre volaba de flor en flor. チョウは一時も休まず, ずっと花から花へと飛び回っていた. ❷ 中断する: 1) Para el viento (la lluvia). 風(雨)がやむ. 2) [+de+不定詞 のを]やめる: Esta niña no para de hablar. 女の子はひっきりなしにしゃべっている. Ella no paraba de llorar. 彼女は泣きやまなかった. No podía ~ de reír. 彼は笑いっぱなしだった. ❸《口語》宿泊する, 滞在する; 住む; 存在する: Suelo ~ en este hotel. 私はよくこのホテルに泊まる. No sé dónde para Carmen. 私はカルメンの居所を知らない. ¿Dónde para ese libro? その本はどこにあるのだろう? ❹ [最終的に, +a+不定詞 に]到る; 手に入る: Esta senda va a ~ al lago. この小道の先は湖である. Este tren para en Barcelona. この列車はバルセロナ止まりだ. La joya ha parado en (a las) manos de su hija. 宝石は彼の娘の手に渡った. ❺ [結果が] Tus esfuerzos pararán en nada. 君の努力は無に帰するだろう. ¡Mira en qué ha venido a ~! ほら, 結局はこういうことになっちゃうでしょ! ❻ [+en に]注意を払う, 気にする: sin ~ en detalles 細かいことに気づかず. ❼《行政》[主に損害が, +sobre+人 に]及ぶ. ❽《主に中南米》ストライキをする. ❾《中米》繁栄する, 裕福になる

¿*A dónde habrá ido a* ~...? …はどこに行ったのやら?: ¿A dónde habrán ido a ~ mis gafas? 私の眼鏡はどこに行ったのだろう?

¿*A dónde quieres ir (venir) a* ~? 結局, 君は何を言いたいのだ?

¡*A dónde vamos* [*a ir*] *a* ~! 《口語》驚き・当惑・動揺: どうなることやら!: La carne ha vuelto a subir un 15% en los últimos meses. ¡Adónde vamos a ~! 肉はまたこの数か月

で15％も値上がりした．これからどうなることやら！

¡Dónde iremos a ~!《口語》=**¡A dónde vamos [a ir] a ~!**

¡Dónde va a ~!《口語》[2つのうちで質的に] 文句なくこちらだ．比べるまでもない！: Este restaurante es mejor que el otro. —¡*Dónde va a ~!* このレストランはもう一つのよりもいい．—間違いなくこっちだ

¡Dónde vamos a ~!《口語》=**¡A dónde vamos [a ir] a ~!**

ir a ~ 1)《口語》[結果として，+a+場所 に] 至る，行きつく，どうりつく: El Pisuerga *va a ~ al* Duero. ピスエルガ川は流れてドゥエロ川に入る．El antiguo director del banco *fue a ~ a* la cárcel. その銀行の前頭取は刑務所に入るはめになった．No se sabe cómo, esas máscaras de noh *fueron a ~ a* un museo de Alemania. どうしてだか不明だが，それらの能面はドイツのある美術館の所蔵になった．2)［直説法未来完了形による疑問文で，人・物の所在］ ¿Dónde *habrá ido a ~* aquel escritor de Premio Literario de 1960? 1960年に文学賞を取ったあの作家はどこに行ってしまったのだろうか？ 3)［+en で］終わる《=venir a ~》: ¿*En* qué *irá a ~* este alboroto? この騒動はどう治まるのだろうか？

no ~ 1)［仕事の一手で］忙しくしている: Yo *no paro* en toda la mañana. 私は午前中働きづめだ．2) せっかちである，せかせかしている

no ~ en (por)+場所《口語》…にじっとしていない，居着かない: Tiene tantas solicitaciones que *no para en* casa. 彼は引く手あまたで家に落ち着いていられない

no ~ en bien 悪い結果に終わる: Estos novios *no pararán en bien*. このカップルはうまくいかない

no ~ hasta... …するまでやめない: *No paró hasta* que lo consiguió. 彼はそれを獲得するまであきらめなかった

no poder ~ [痛み・体の不調などで] 気分が悪い: Tengo dolor de muelas que *no puedo ~*. 私は奥歯が痛くて，気分が悪い

no poderse ~ en+場所 …にいて落ち着かない，居心地が悪い

para y sigue ストップ［アンド］ゴー政策

~ [en] mal よくない状態になる: Este muchacho *parará mal* por este camino. この少年はこのままいくと駄目になるだろう

sin ~ 1) 止まらずに: El camión rodó cientos de kilómetros *sin ~*. トラックは何百キロもノンストップで走り続けた．2) 続けて，頻繁に: Él trabaja *sin ~*. 彼は休まず働く．Me llamaba *sin ~*. 彼はひっきりなしに電話をかけてきた

venir a ~ 1) [+a に] たどりつく: La pelota *vino a ~ a* un riachuelo. ボールは小川まで転がっていった．Por fin, *vino a ~ a* lo que yo decía. 結局，私の言っていたとおりになった．2) [+en で] 終わる: ¡Tanto trabajo para *venir a ~ en* esto! さんざん働いたあげくがこれだ！

Y para de contar./Y pare usted de contar.《西．口語》ただそれだけ，それでおしまい

—— 個 ❶ 止める: No *pare* su coche aquí. 車をここに止めないで下さい．La policía *paró* el tráfico. 警察は交通を遮断した．La lluvia *paró* las obras. 雨で工事は中断された．Los karatekas *paran* sus golpes antes de tocar al adversario. 空手家は打撃が相手に届く前に止める．Nuestra fábrica está *parada*. 我々の工場は閉鎖中だ．~ el motor エンジンを止める．❷ 食い止める: ~ el balón［ゴールキーパーが］ボールを受け止める．~ el ataque del enemigo 敵の攻撃を食い止める．❸《闘牛》[牛の] 勢いを抑える．~ el pie を向ける．❹《注意》向ける．❺《狩猟》[猟犬が獲物を] 教える．《フェンシングなど》かわす，よける．❼《まれ》賭ける．❽《まれ》用意する，並べる．❾《古語》飾る．❿《古語》命令する．《中南米》立てる［=poner de pie］．2) 直立させる［=erguir］: ~ las orejas 耳を立てる

—— ~se ❶ 止まる: *Se paró* a hablar con un alumno. 彼は学生と話すために立ち止まった．*Se ha parado el coche* en medio del cruce. 車が交差点の真ん中で止まってしまった．El reloj *se ha parado*. 時計が止まってしまった．*Se ha parado el corazón*. 心臓が止まってしまった．No *se me para la sangre*. 私は出血が止まらない．Los trámites *están parados*. 手続きがストップしている．Está *parado* en medio de la llanura. 彼は平原の真ん中で立ち往生している．❷ [+a+不定詞/+con+en+名詞] 思考・問題などに] 時間をかける，注意深く…する．❸ 危険にさらされる．❹ 止める．❺《中南米》1) 立つ，立ち上がる

《=levantarse》．2) [髪が] 逆立つ．3) 金持ちになる．❻《メキシコ，ベネズエラ》起きる，起床する．❼《チリ》ストライキをする

no ~se en... …に注意を払わない，気にしない

~se a pensar 落ち着いて考える，熟考する: *No me he parado a pensar* en ello. 私はそれについてはよく考えなかった．Estoy arrepentido de haberlo hecho sin antes *~me a pensar*. 私はよく考えもしないでそんなことをしてしまい，後悔している

—— 男《トランプ》ランスクネ lansquenet に似たゲーム

pararrayo [pararájo] 男=**pararrayos**

pararrayos [pararájos]《←parar+rayo》男［単複同形］避雷針: Ha caído el rayo en el ~. 雷が避雷針に落ちた．instalar el ~ 避雷針を取り付ける

parasanga [parasánga] 女《昔のペルシアの距離の単位》=5250m

parasceve [parasθéβe] 男《ユダヤ教》安息日に入る直前の金曜日

paraselene [paraseléne] 女《気象，天文》幻月

parasemo [parasémo] 男《古代ギリシア・ローマ》[ガレー船の] 船首像

parasicología [parasikoloxía] 女=**parapsicología**

parasicológico, ca [parasikolóxiko, ka] 形=**parapsicológico**

parasicólogo, ga [parasikólogo, ga] 名=**parapsicólogo**

parasimpático, ca [parasimpátiko, ka] 形 男《解剖》副交感神経 [の]

parasíntesis [parasíntesis] 女《言語》併置総合，複接派生［派生と複合から，あるいは 接頭辞+語基+接尾辞 から語を形成すること: desalmado—desalma（←des-+alma）+-do; enardecer←en-+ardor+-ecer］

parasintético, ca [parasintétiko, ka] 形《言語》併置総合の，複接派生の

parasíquico, ca [parasíkiko, ka] 形=**parapsíquico**

parasitación [parasitaθjón] 女《生物》寄生

parasitar [parasitár] 他《生物》寄生する

—— 自《比喩．文語》[+en・de に] 寄生する

parasitariamente [parasitarjaménte] 副 寄生して

parasitario, ria [parasitárjo, rja] ❶《生物》寄生的な，寄生動物 (植物・虫) の: enfermedad ~*ria* 寄生虫症．❷ 寄生する，居候の．❸《言語》寄生音の，寄生字の．❹《放送》寄生振動

parasiticida [parasitiθíða] 形 男《薬学》寄生動物（植物・虫）を駆除する；寄生虫駆除剤，虫下し

parasítico, ca [parasítiko, ka] 形《生物》寄生的な［=parasitario］

parasitismo [parasitísmo] 男 ❶《生物》寄生 [状態]: ~ de puesta 托卵．❷ 寄食，居候

parasitizar [parasitiθár] 9 他 寄生する［=parasitar］

parásito, ta [parásito, ta] 形=**parásito**

parásito, ta [parásito, ta]《←ラテン語 parasitus < para-+ギリシア語 sitos「食べ物」》❶《生物》寄生動物の，寄生植物の，寄生虫の: insecto ~ 寄生虫．~ de la planta ~ 寄生植物．❷ 寄食する，居候の．❸《地質》volcán ~ 寄生火山．❹ 電波障害の．❺《まれ》偶発（付加）的で障害となる

—— 名 ❶ 食客，居候: Es un ~ social./Es un ~ de la sociedad. 彼は社会の寄生虫（ダニ）だ．❷《古代ギリシア》伴食者，たいこ持ち

—— 男 ❶ 寄生虫，寄生動物；寄生植物，ヤドリギ．❷《放送》寄生振動，雑音，ノイズ: Tenemos muchos ~s. 電波障害がひどい．producir ~s 雑音を出す

parasitología [parasitoloxía] 女 寄生生物学，寄生虫学

parasitológico, ca [parasitolóxiko, ka] 形 寄生生物学の，寄生虫学の

parasitólogo, ga [parasitólogo, ga] 名 寄生生物学者，寄生虫学者

parasitosis [parasitósis] 女《医学》寄生虫症

parasol [parasól]《←parar+sol》男 ❶ ビーチパラソル［=~ de playa, sombrilla］．❷《自動車》サンバイザー．❸《写真》レンズフード．❹《植物》1) 散形花序［=umbela］．2) カラカサタケ［食用のキノコ］

parástade [parástaðe] 男《建築》柱形，付け柱

parata [paráta]《←モサラベ語 parada》［狭い］段々畑

paratáctico, ca [paratáktiko, ka] 形《言語》並置の，並列の

parataxis [paratá(k)sis] 囡《言語》並置, 並列
paratífico, ca [paratífiko, ka] 厖 パラチフスの(患者)
── 男 パラチフス [=pratifus]
paratifoide [paratifóide] 厖 パラチフスの
paratifoideo, a [paratifoidéo, a] 厖 =**paratifoide**
── 男《医学》パラチフス [=fiebre ~, pratifus]
paratifus [paratífus] 男《医学》パラチフス
paratiroideo, a [paratiroidéo, a] 厖 上皮小体の, 副甲状腺の: hormona ~a 副甲状腺ホルモン
paratiroides [paratiróides] 囡《単複同形》《解剖》上皮小体, 副甲状腺 [=glándula ~]
paratohormona [parat(o)ormóna] 囡《生化》副甲状腺ホルモン
paratopes [paratópes] 男《単複同形》《コロンビア. 自動車》バンパー
paratuberculosis [paratuberkulósis] 囡《医学》パラ結核
paraulata [parau̯láta] 囡《ベネズエラ. 鳥》フナシマネシツグミ
paraxial [para(k)sjál] 厖《光学》近軸の, 軸に近い
parazonio [paraθónjo] 男《古代ギリシア・ローマ》先の尖っていない幅広の剣《軍団長の記章》
parazoos [paraθóos] 男 複《動物》側生動物
parca¹ [párka] 囡 ❶《ローマ神話》[P~s] パルカ《運命をつかさどる3人の女神. ギリシャ神話ではモイラ Moiras》. ❷《詩語》[la+] 死, 死に神《骸骨と鎌で表現される》: Nadie, ni sabios ni reyes, se libran de la ~. 何者も, 賢者も国王も死を免れる者はいない. El caballero esperaba con dignidad la llegada de la ~. 騎士は死の訪れを毅然として待っていた. ❸《チリ. 服飾》=**parka**
parcamente [párkaménte] 副 質素に, つましく
parcasé [parkasé] 男《中南米》すごろく [=parchís]
parce [párθe] 男《←ラテン語 parcere「赦す」》❶《古語》[文法の教師が生徒に与える] ほうび, 賞賛《その後に犯す誤りが帳消しになる》. ❷《旧約聖書》ヨブ Job が与えた教訓の切り出しの言葉
parcela [parθéla] 囡《←仏語 parcelle》❶ [土地の小さな] 区画; 分譲地 [=~ de explotación]: Compro una ~ para hacerme un chalé. 私は一戸建てを建てるために分譲地を買う. ~ de cultivo 区分された農地. ❷ ほんの一部分, 断片: Eso pertenece a la ~ privada de mi vida. それは私の生活のプライベートな部分に属する. ~s del saber わずかな知識. ~ de poder わずかな権力
parcelación [parθelaθjón] 囡 ❶ [土地の] 区画割り; 分譲. ❷ 区分, 細分化: ~ del aparato del partido 党組織の細分化
parcelar [parθelár] 他《←parcela》❶ [土地を] 区画に分ける; 分譲する. ❷ [土地登記のために] 測量する
parcelario, ria [parθelárjo, rja] 厖 区画(地)の, 分譲(地)の: concentración ~ria 土地の整理統合
parcelero, ra [parθeléro, ra] 男 囡《まれ》=**parcelista**
parcelista [parθelísta] 男 分譲地の所有者; [小規模な] 自作農
parcha¹ [pártʃa] 囡《中南米》❶《植物》クダモノケイソウ, パッションフルーツ: ~ granadilla 最も甘いとされるパッションフルーツ《学名 Passiflora ligularis》. ❷ コーヒー豆の外皮
parchado [partʃádo] 男《メキシコ》修理; 貼ること
parchar [partʃár] 他《メキシコ》継ぎを当てる, ほころびを直す
parchazo [partʃáθo] 男 ❶《船舶》[突然の風向の変化・操船の誤りなどで] 裏帆を打つこと, 帆がマストを叩くこと. ❷ からかい, あざけり
parche [pártʃe] 男《←古仏語 parche < ラテン語 parthica (pellis)「パルティアの〈革〉」》❶ [補修用の, 布などの] 切れはし, パッチ; [衣類などの] 継ぎ(布): Tiene un ~ en los pantalones. 彼のズボンに継ぎが当たっている. poner un ~ a los calcetines 靴下に継ぎ当てをする. bolsillo de ~ パッチポケット. ~ de bicicleta para arreglar el pinchazo 自転車のパンク修理用のゴム切れ. ❷ 貼り薬, 膏薬 ; 傷テープ, 絆創膏: prueba del ~《医学》パッチテスト. ~ de fentanilo 麻薬パッチ. ~ de nicotina ニコチンパッチ. ~s curitas《チリ》ガーゼ付き絆創膏. ❸ 眼帯, アイパッチ: El pirata tenía un ~ en el ojo. 海賊はアイパッチをしていた. ❹ [絵画などの下手な] 修正, 手直し; 蛇足: La figura pintada al fondo ha sido un ~. 背景に描かれた人物が目立すぎだった. ❺ 応急処置; 暫定的対策, 一時しのぎの手段: El desagüe funciona a base de ~s. 応急処置をしたので排水できる. La nueva ley solo le ha puesto ~s al problema. 新法は問題を糊塗している. Para resolver en la economía 金づくりを一時的に解決する. ❻ [太鼓の] 革; 太鼓. ❼《情報》パッチ. ❽《闘牛》[牛の額にリボンで結んだ] 演技の種類を示す輪状の紙. ❾《キューバ. 魚》バンデッドバタフライフィッシュ
colocarse el ~ antes de la herida《チリ. 口語》念には念を入れる
estar como un ~ 一目瞭然である
¡Ojo (Oído) al ~!《俗語》危ない, 気をつけろ!
pegar un ~ a+人 …をだます, ペテンにかける
ponerse el ~ antes que la herida《メキシコ, キューバ, チリ, アルゼンチン. 口語》問題が起きる前に予防策をとる
tomar de ~《コロンビア. 口語》だましてからかう
parchear [partʃeár] 他 ❶ …に継ぎを当てる: ~ el flotador 浮輪の穴を修理する. ❷ [人を] いじりまわす, もてあそぶ
parcheo [partʃéo] 男 継ぎを当てること. ❷ política de ~ 一時しのぎの政策
parchís [partʃís]《←英語 parcheesi》男《単複同形》❶《西, メキシコ, キューバ》[スペイン式の] すごろく《遊戯, 道具》. ❷《トランプ》ウノ uno を簡単にしたゲーム
parchista [partʃísta] 男《まれ》たかり屋, 無心をする人
parcho, cha² [pártʃo, tʃa] 厖《ベネズエラ》[果物が] 黄色がかった白の
── 男《カリブ, ベネズエラ》継ぎ, 当て布
parcia [párθja] 厖《メキシコ》仲間(の), 同僚(の)
parcial [parθjál] 厖《←ラテン語 partialis < pars, partis「部分」》❶ 部分的な, 一部分の; 不完全な: No es más que un éxito ~. それは部分的成功にすぎない. negación ~ 部分否定. pago ~ 内金払い. reforma ~ 法律の一部改正. ❷ 不公平な, 偏った, えこひいきの: escritor ~ 偏向した作家. juicio ~ 偏った判断. ❸《文語》[+de] を支持する, 信奉する. ❹《数学》ecuación en derivadas ~es 偏微分方程式
── 囲 支持者, 信奉者
── 男 ❶ 中間試験 [=examen ~]. ❷《スポーツ》中間スコア. ❸《音楽》部分音
── 厖《主に複》補欠選挙 [=elecciones ~es]
parcialidad [parθjaliðá(ð)] 囡 ❶ 不公平, えこひいき. ❷《文語》分派: ~ carlista カルロス支持派. ❸《古語》社交性
parcialismo [parθjalísmo] 男 えこひいきの態度(ふるまい)
parcializar [parθjaliθár] 他 不公平にする, えこひいきする
parcialmente [parθjálménte] 副 ❶ 部分的に; 不完全に. ❷ 不公平に, えこひいきして. ❸《古語》好意的に
parcidad [parθiðá(ð)] 囡《まれ》=**parquedad**
parcísimo, ma [parθísimo, ma] 厖 [parco の絶対最上級]《まれ》❶ ごくわずかな(少ない). ❷ きわめて地味な(質素な)
parco, ca² [párko, ka]《←ラテン語 parcus < parcere「節約する」》厖 [+en・con de] ❶ わずかな, 少ない: Suele ser ~ en sus alavanzas. 彼は大体あまり人をほめない. Han sido ~s en el comer. 彼らは少食だった. Sé ~ en palabras. 口数を少なくしなさい. ~ salario 薄給. ❷ 質素な, 倹約した: Es muy ~ con el dinero. 彼は倹約家だ
── 男《まれ》ほうび, 褒賞 [=parce]
parcómetro [parkómetro] 男 =**parquímetro**
pardal [parðál] 厖《←ギリシア語 pardalos < pardos「ヒョウ」》厖《軽蔑》[茶褐色の服を着た] 田舎者の, ださい
── 男 ❶《鳥》1) スズメ [=gorrión]. 2) ムネアカヒワ [=pardilla]. ❷《動物》1) 《廃語》ヒョウ. 2) キリン [=jirafa]. ❸《植物》トリカブト. ❹《口語》悪党, ずる賢い奴
pardear [parðeár] 自 茶褐色が目立つ(際立つ)
pardejón, na [parðexón, na] 厖《中南米》茶褐色の, 褐色がかった. ❷《アルゼンチン. 軽蔑》ムラート mulato の
pardela [parðéla] 囡《←ポルトガル語》《鳥》マンクスミズナギドリ: ~ común, ~ pichoneta》カピロテ ミズナギドリ. ~ cenicienta ケープベルデミズナギドリ. ~ sombría ハイイロミズナギドリ
pardeño, ña [parðéɲo, ɲa] 厖 囡《地名》エル・パルド El Pardo の(人)《マドリード北方の村》
pardete [parðéte] 男《魚》ボラ [=mújol]
pardiez [parðjéθ]《←por Dieu》間《西. 古語的. 婉曲》[驚き] おや, まあ, それ!: Algo me ocultas, ~. おや, 君は私に何か隠しているね
pardillo, lla [parðíʎo, ʎa]《←pardo》厖 囡 ❶《西. 口語》[だまされやすい] お人好しの(人), 世間知らずな(人): Es tan ~ que

parecido, da

todos se aprovechan de él. 彼はあまりにもぶなので皆につけこまれている. ❷《軽蔑》田舎者[の], ダサい(奴)
―― 男《鳥》ムネアカヒワ: ～ sizerín ベニヒワ
―― 女《鳥》ムネアカヒワ《=pardillo》. ❹《西. 魚》ローチ〖学名 Rutilus lemmingii〗. ❸《西. 植物》ハイイロシメジ《食用のキノコ》

pardina [parðína] 女 ❶《地方語》不毛の地, 原野. ❷《地方語》〖家屋・牧場・林のある〗山間の小農場. ❸《アラゴン》=paradina

pardisco, ca [parðísko, ka] 形 =pardusco

pardo, da [párðo, ða]《←ラテン語 pardus <ギリシャ語 pardos "ヒョウ"》形 名 ❶ 茶褐色の, 褐色がかった: Los japoneses tenemos los ojos ～. 私たち日本人は茶褐色の目をしている. ❷ [雲・空が] どんよりした, 暗い: Vemos unas nubes ～das. 黒い雲が見える. ❸ [声が] くぐもった, だみ声の. ❹《主にカリブ, コロンビア, ベネズエラ. 軽蔑》ムラートの〖=mulato〗. ❺《キューバ. 廃語》1) 解放黒人奴隷の子孫[の]. 2) 肌の色がムラートより薄くて quinterón よりも濃い〖人〗
―― 男 ❶ 茶褐色, 褐色がかった色. ❷《動物》ヒョウ〖=leopardo〗

Pardo Bazán [párðo baθán]《人名》**Emilia** ～ エミリア・パルド・バサン〖1851～1921, スペインの女性作家・批評家. フランス自然主義の影響を受けつつも, スペイン文学の伝統であるリアリズムを順守した.『ウリョアの館』*Los pazos de Ulloa* やその第2部となる『母なる自然』*La madre naturaleza* ではガリシアの農村を舞台に本能のままに生きる凄絶な人間模様を描いている〗

pardomonte [parðomónte] 男〖18世紀の職人用マントに使われた〗質の悪い毛織物

pardón [parðón] 男《地方語. 鳥》ノスリ〖=ratonero〗

Pardo y Aliaga [párðo i aljáɣa]《人名》**Felipe** ～ フェリペ・パルド・イ・アリアガ〖1806～68, ペルーの詩人・劇作家. スペインで教育を受け帰国, 要職を歴任しつつ風刺的で苦いユーモアをたたえた戯曲や詩を書いた〗

pardusco, ca [parðúsko, ka]《←pardo》形 茶褐色の, 褐色がかった

parduzco, ca [parðúθko, ka] 形 =pardusco

pare [páre] 男 停止, 制動

pareado, da [pareáðo, ða] 形 名 ❶《詩法》平韻[の], 連続韻[の]. ❷《建築》1) 二戸建て住宅〖=casa ～da〗. 2)〖柱が〗2本の, 対の

parear [pareár]《←par》他 ❶〖主に 過分〗対(?)にする. ❷ [+a に] 合わせる: ～ la marcha de los países 各国の足並みをそろえる. ❸《闘牛》[一度に二本ずつ] バンデリーャを打ち込む

parecencia [pareθénθja] 女《まれ》類似, 類例

parecer [pareθér]《←俗ラテン語 parescere < ラテン語 parere》自 ❶ …のように見える, …らしい: 1) [+主格補語] *Esa película parece interesante.* その映画は面白そうだ. *Parece* enfermo. 彼は病気のようだ. *Parece* mucho menor de lo que es. 彼は実際よりずっと若く見える. *Es mucho más amable de lo que parece.* 彼は見かけよりずっと優しい. *Parece* un ángel. 彼は天使のようだ. *Procura que parezca un accidente.* 事故に見せかけようとしている. 2) [+不定詞] *Este asunto parece no tener solución.* その件は解決策がないようだ. *Parece ser un hombre responsable.* 彼は責任感のある人のように見える. *No parece tener la edad que tiene.* 彼はそんな年には見えない. 3) [3人称単数. +que+直説法] *Parece que va a llover.* 雨が降りそうだ. *No parece que sí* (no). そのように(そうでないように)思える. [否定など疑念が強い時は +接続法] *No parece que llueva.* 雨は降りそうにない. *Parece* mentira *que tenga 90 años.* 彼が90歳だなんて嘘のようだ. *Tiene 50 años.* ―*Parece que* tuviera mucho más. 彼は50歳だ. ―もっとというように見える. 4) [+a+人 にとって] *Me parece que tienes razón.* 君の言っていることが正しいように思える. *¿Qué le parece Tokio?* 東京はいかがですか? *¿Cómo te parece?* 君はどう思う? *Estos zapatos le parecieron pasados de moda.* この靴は流行遅れのように彼には思えた. *Me parece que ya no viene.* もう彼は来ないと思う. *Parece estúpido hacer eso.* それをするのはばかげていると思う. 5) [～ bien の省略] *Hazlo como te parezca.* 適当にやってくれ. 6) [疑問文で勧誘] *Vamos al cine, ¿te parece?* 映画に行かない, どう? 7) [非難の語調緩和] *Me parece que no has hecho bien.* 君はまずいことをしたよ. ❷ …に似ている: *Tú pareces* español *con ese bigote.* 君がそんな口ひげをしているとスペイン人みたい. *No pa-*

rece usted en esta foto. この写真はあなたみたいではない. Tienen una casa que *parece* un palacio. 彼らは宮殿のような家を持っている. ❸《諺》*Parece que se cae, y se agarra.* こっそり取引きする. Quien no *parece*, perece. 不在は特にそれが長ければ死んだと同じだ/いない者は損をする. ❹《古語》現われる, 姿を現わす〖=aparecer〗; 顔を見せる, やって来る; [紛失物が] 出てくる, 見つかる

a lo que parece =según parece
al ～ 見たところ: *Al* ～ está enfermo. 見たところ彼は病気だ. *Al* ～, necesitas ayuda para bajar del árbol. 見たところ, 君は木から下りるのに助けが必要なようだね
aunque no lo parezca そうは見えないが: *Aunque no lo parezca*, es muy tímido. 彼は見かけによらず大変臆病だ
¿Le parece [bien] que+接続法*?* 〖勧誘〗…しませんか?: *¿Te parece que nos mudemos de casa?* 引っ越しするのはどう?
¿No le parece? そう思いませんか? そうじゃないですか?
Parece que quiere… …の徴候がある: *Parece que quiere tronar.* 雷が鳴りそうだ
Parece ser que+直説法 〖推量して理由づけ・弁明〗…のようである: *Parece ser que* él no murió de muerte natural. 彼は自然死ではないようだ
～ *bien (mal)* 良く(悪く)見える; 当を得ている(いない): *Parece bien que la policía pueda hacer paro?* 警官がストライキをすることができてもいいものかな?
～ *como si*+接続法 まるで…であるかのようである: *Esta planta parece como si* fuera de algún remoto mundo. この植物はまるでどこか遠い世界から来たもののように見える
por lo que parece =según parece
¿Qué le parece+不定詞*?* 〖選択して提案する勧誘〗…するのはどうですか?: *¿Qué te parece* jugar al tenis esta tarde? 今日の午後テニスをするのはどう?
¿Qué le parece si+直説法1人称複数*?* 〖思いついて提案する勧誘〗…しませんか?: *¿Qué te parece si* jugamos al tenis? もしよければテニスをしよう
según parece… 見たところ…のようである, たぶん…: *Según parece*, va a llover. どうも雨になりそうだ
si le parece 〖勧誘〗よければ〖…しましょう〗: *Podemos viajar juntos, si te parece.* もしよければ, 一緒に旅行しよう
～～*se* [+a に/互いに] 似ている: *Esta bicicleta se parece* mucho a la mía. この自転車は私のにとても似ている. *Ana se parece* un poco *a* su padre en la nariz. アナは鼻が少し父親似ている. *Vosotros dos os parecéis* en algo. 君たち2人はどこか似ている

parecer	
直説法現在	接続法現在
parezco	parezca
pareces	parezcas
parece	parezca
parecemos	parezcamos
parecéis	parezcáis
parecen	parezcan

―― 男 ❶ 意見, 考え, 見解: *Somos del mismo* ～. 私たちは同じ考えだ. *Soy del mismo* ～ *que* él. 私は彼と同じ意見だ. *Mi* ～ *es que debemos marcharnos ya.* 私たちはもう出発すべきだと私は思います. *Esto me hizo cambiar de* ～. このことが私に考えを変えさせた. ❷《文語》[主に buen・mal+] 容姿, 顔立ち; とりわけ *de buen* ～ 顔立ちの整った, ハンサムな. *tener buen* ～ 顔立ちがいい, ハンサムである
a mi ～ 私の考えでは: *A mi* ～ volverá a su país. 彼は帰国するだろうと私は思う
arrimarse al ～ *de*+人 …の意見に従う
casarse con su ～ 自分の意見に固執する
por el bien (buen) ～ 世間体を繕う
tomar ～ *de*+人 …に相談する

parecido, da [pareθíðo, ða] 形 [+a に, +en が] 似ている: *Mi bolso es muy* ～ *al tuyo.* 私のバッグはあなたのにとても似ている. *Es muy* ～ *a su padre.* 彼は父親によく似ている. *La madre y la hija son muy* ～*das* [*en carácter*・*en los ojos*]. その母娘は〖性格が・目が〗よく似ている
bien ～《文語》容姿〖顔立ち〗のよい

parecimiento

¡Habrá cosa ~da! [驚き・不快] こんなことってあるか/ひどい!
mal ~《文語》容姿(顔立ち)の悪い《主に否定文で》: No es *mal* ~*da*. 彼女はきれいだ
—— 囲 似ていること, 類似: Hay un gran ~ entre las dos historias. その2つの話はよく似ている. Tiene cierto ~ con su abuelo. 彼にはどこか祖父の面影がある
tener un ~ de familia よく似ている

parecimiento [pareθimjénto] 男《グアテマラ》類似, 類例. ❷《チリ. 法律》[法廷への] 出頭, 出廷

pared [paré(d)] 《←ラテン語 paries, -etis》女 ❶ 壁, 塀『→muro [類義]』1) El maestro le castigó de pie a la ~. 先生は罰として壁に向かって立っていなさいと彼に命じた. La gente ha formado una ~. 群集は人垣を作った. colgar un cuadro en la ~ 壁に絵を掛ける. levantar (construir) una ~ 壁を作る. Las ~es oyen.《諺》壁に耳あり. ❷《建築》~ de cerramiento カーテンウォール. ~ horma [しっくいを使わない] 空積みの石壁. ~ maestra 大壁. ❷《容器などの》内壁: ~ de una caja 箱の内面. ❸《山の》壁面: ~ norte del Eiger アイガー北壁. ❹《スポーツ》1)《選手たちで作る》壁: hacer la ~ ブロックする, 壁を作る. 2)《サッカー》壁パス. ❺《鉱山》[坑道の] 壁. ❻《解剖》~ arterial 動脈壁. ~ del estómago/~ abdominal 胃壁. ❼《生物》~ celular 細胞壁
agarrarse a las ~es《口語》=*subirse por las ~es*
arrimarse a las ~es 酔っぱらっている
caerse a+人 las ~es encima …にとってひどく居心地が悪い
como si hablara a la ~ 壁に向かって話すようなものである, 全く耳を貸してもらえない
darse contra (por) la ~ (las ~es) 成功の見込みのないことを企てる
darse contra una ~ 怒り狂う, 怒りに我を忘れる
de ~ 壁掛け用の: calendario *de* ~ 壁掛けカレンダー. televisión *de* ~ 壁掛け式のテレビ
descargar las ~es《建築》[アーチや扶壁で] 壁の重みを和らげる
entre cuatro ~es [家に] 引きこもって
estar blanco como la ~ [顔色が] 蒼白である
hablar a (con) la ~ 全く耳を貸してもらえない: Hablar contigo es lo mismo que *hablar con la* ~. 君と話しても全く聞いてくれないのと同じだ
hablar las ~es 壁に耳あり
hasta la ~ de enfrente 決然と, ためらわずに
~ por (en) medio 壁一つ隔てて
pegado a la ~ 恥じ入った, 当惑した
poner a+人 contra la ~《口語》決断せざるを得ない状況に…を追い込む
ponerse [blanco] como la ~ [顔色が] 蒼白になる, 血の気を失う
ser más sordo que una ~《中南米. 口語》耳を貸そうとしない, ほとんど何も聞いていない
subirse por las ~es《口語》[怒って] かんかんになる, 頭にくる: Negaban el aumento de sueldo, el pobre hombre se *subía por las ~es*. 昇給が拒否された, 気の毒にも彼は憤慨やるかたない様子だった

paredaño, ña [pareðáɲo, ɲa] 形 [家・部屋などが] すぐ隣の, 壁一つ隔てた

paredeño, ña [pareðéɲo, ɲa] 形 名《地名》パレデス・デ・ナバ Paredes de Nava の [人]《パレンシア県の村》

paredero [pareðéro] 形《まれ》壁(塀)の建造者

paredón [pareðón]《pared の示大語》男 ❶ 銃殺用の壁; 廃墟の壁. ❷ 岩壁, 厚い壁
¡Al ~ [con+人]!《…を》銃殺にしろ!
llevar (mandar・enviar) a+人 al ~ …を銃殺にする: *Llevaron* al detenido *al* ~. 逮捕者を [壁まで連れて行かれ] 銃殺された

paregórico, ca [pareɣóriko, ka] 形《薬学》elixir ~ 鎮痛チンキ, アヘン安息香チンキ

pareja¹ [paréxa]《←parejo》女 ❶《集名》[人間の] ペア, カップル; [動物の] つがい; [物の] 対(:): Ustedes hacen una bonita ~. あなたがたはお似合いのカップルです. Para ese juego es necesario formar ~s. そのゲームではペアを組む必要がある. Una ~ de bueyes tira de la carreta. 2頭つがいの牛が荷車を引っぱっている. ~ *de hecho* 内縁関係のカップル. una ~ de palomas 1つがいの鳩. una ~ de calcetines 1足の靴下. ❷ ペアの片方, 恋人, パートナー; 対の相方: Vengan todos y traigan a sus ~*s*. 皆さんパートナーを連れてお越し下さい. Las chicas querían ser su ~ de baile. 少女たちは彼と踊りたがった. Este guante no tiene ~. この手袋は片方しかない. He perdido la ~ del calcetín. 私は靴下を片方なくした. ❸ 気の合う友人: Rafa se fue con su ~ de vacaciones. ラファは気の合った同僚と旅行に出かけた. ❹《治安警備隊員などの》2人組, コンビ. ❺《トランプなど》ペア: Tengo una ~ de ases. 私はエースのワンペアだ. doble ~ de reinas y cincos クイーンと5のツーペア. ❻《ムルシアなど》[2隻で組む] 引き網漁船. ❼《エクアドル》馬の胴
correr ~s 1) 同時に生じる (起こる): A veces el dinero y la felicidad no *corren* ~*s*. 金と幸せがくっついているとは限らない. 2) 似ている: Tu marido y el mío *corren* ~*s* en donjuanes. あなたの夫と私の夫は女好きという点で似ている
en ~ ペアになって, カップルで: Salían *en* ~. 彼らは2人で出かけた
formar ~ con... …とペア(対)になる: Este calcetín no *forma* ~ *con* ese otro. この靴下とその靴下はそろわない
por ~s 1) 2つずつ: Los vinos salen más baratos comprados *por* ~*s*. ワインは2本ずつ買うと安くなる. 2) 2人組で, ペアで: Siempre visitáis *por* ~*s* como la Guardia Civil. 君たちは治安警備隊みたいにいつも一緒にやって来る
vivir en ~ 同棲する

parejamente [paréxaménte] 副《文語》同時に

parejería [parexería] 女《カリブ, ベネズエラ, ボリビア. 口語》❶ [社会的地位の高い人と同等のように見せかける] 虚栄, 見栄. ❷ 図々しさ, のぼせしさ; うぬぼれ, 思い上がり

parejero, ra [paréxéro, ra]《←parejo》形 ❶《古語》よく似た. ❷《古語》[馬などが] 調教された. ❸《中南米》上位の人と一緒にいることで彼(彼女)と同等に扱われようとする, 虎の威を借りたがる; 野心家の. ❹《メキシコ, ベネズエラ》親しい, 仲のよい. ❺《カリブ, ベネズエラ, ボリビア》図々しい, なれなれしい; うぬぼれ屋の, 思い上がった
—— 男 ❶《ムルシア》引き網漁船. ❷《メキシコ, 南米》[優秀な] 競走馬; 駿馬

parejo, ja² [paréxo, xa]《←par<ラテン語 par, paris「同一の」》形 ❶ 同じ, 似たような: Fueron situaciones ~*jas*. 似たような状況だった. Un caso ~ ocurre hoy mismo. そっくりの事件がまさに今日起きた. ❷ むらのない, 均一な: Tiene una fuerza muy ~*ja* en toda la novela. 彼の小説が最後まで力強くむらがない. pintar un color ~ むらなく色を塗る. ❸《主に中南米》平らな, 平坦な: suelo ~ 凹凸のない地面. ❹《メキシコ, チリ, アルゼンチン, ベネズエラ》公平な, 平等な: Ha sido ~ con todos nosotros. 彼は我々全員に分けへだてなかった
jalar ~《メキシコ. 口語》公平 (平等) に行なう
—— 名《コロンビア》[ダンスの] パートナー
—— 副 ❶ [+a と] 同様に, 非常に似たやり方で. ❷《中南米》同時に: Llegaron ~ ambos equipos. 両チームは同時に到着した. ❸《ベネズエラ》しばしば, 頻繁に
—— 男 al ~《メキシコ. 口語》区別せず, 平等に; 同様に・~: Los dos trabajan *al* ~. 2人は同じように働く. Es un escritor *al* ~ de los mejores del mundo. 彼は世界最高の作家たちと肩を並べる力量がある
por [un] ~ 同様に

parejura [parexúra] 女 同一性, 類似性

parel [parél] 形《船舶》[オールが] 対の, ペアの

parella [paráʎa] 女《ムルシア》雑片

parellada [pareʎáða] 女《西. 果実》白ブドウの一種《発泡ワインの原料》

paremia [parémja]《←ギリシア語 paroimía》女《文語》ことわざ, 格言

paremiología [paremjoloxía] 女 ことわざ研究

paremiológico, ca [paremjolóxiko, ka] 形 ことわざ研究の

paremiólogo, ga [paremjóloɣo, ɣa] 名 ことわざ研究者

parénesis [parénesis] 女《単複同形》《文語》説教, 訓戒

parenético, ca [parenétiko, ka] 形《文語》説教の, 訓戒の

parénquima [paréŋkima] 男 ❶《解剖》[器官・腺の] 実質. ❷《植物》柔組織

parenquimático, ca [pareŋkimátiko, ka] 形 =**parenquimatoso**

parenquimatoso, sa [pareŋkimatóso, sa] 形《解剖》実質の; 《植物》柔組織の: célula ~*ca* 柔細胞. tejido ~ 実質組織; 柔組織

parentación [parentaθjón] 女《まれ》葬儀

parental [parentál] 形 両親の; 親類縁者の

parentela [parentéla]《←ラテン語 parentela》女《集合, 親愛》親類縁者: Salte de tu tierra, de tu ~, de la casa de tu padre. 君の故郷, 親戚, 親元から飛び出せ

parenteral [parenterál]《医学》[注射・投薬などが] 腸管外の, 非経口の: alimentación ~ 非経口栄養

parentesco [parentésko]《←ラテン語 parentes「父母」》男 ❶ 血縁関係, 血のつながり: No tengo ~ directo con ella. 私は彼女とは直接的な血のつながりはない. A pesar de su ~, nunca ha sido reconocido como un personaje de la realeza. 彼は王族の血を引いているにもかかわらず, 王室の一員としての待遇を受けてこなかった. ~ cercano 近い親戚関係. ~ colateral 姻戚関係. ❷［事物の］関係, 結びつき: El ~ entre dos teorías es indudable. 2つの学説の類似性は明白である. ~ lingüístico 言語の姉妹関係. ❸《カトリック》［洗礼・堅信式で代父・聖職者と結ばれる］精神的きずな《=~ espiritual》
contraer ~《まれ》親戚になる

paréntesis [paréntesis]《←ギリシア語 parenthesis「挿入」》男《単複同形》❶ かっこ,［特に］丸かっこ, パーレン ( )《=~ curvos》: ~ cuadrados (rectangulares) 角かっこ [ ]. ~ dobles 二重パーレン (( )). ❷《文法》挿入句, 挿入文: poner un ~ de aclaraciones entre comas コンマとコンマの間に説明の挿入文を入れる. ❸ 中断, 休止: Una hora de la comida era el único ~. 1時間の昼食が唯一の休み時間だった. ❹［長い時間の中の］特別な時間・状況: Las vacaciones son un ~.バカンスは［一年の中の］特別な時間である
abrir (cerrar) un ~ 1) かっこを開く(閉じる). 2) 休憩に入る(を終わる), 中断(再開)する
entre ~ ついでだが, 余談として: Entre ~, tengo que decirle que su vecina es muy encantadora. 余談ですが, お宅の隣の女性は実にチャーミングですな
hacer un ~ 一時中断する: Hicieron un ~ en la reunión. 集会は休憩に入った
poner... entre ~ 1) …をかっこに入れる. 2) …を疑ってかかる, 疑問符をつける
por ~ =entre ~
sea dicho entre ~ =entre ~

parentético, ca [parentétiko, ka] 形 挿入句の

pareo [paréo] Ⅰ《←タヒチ語》男《服飾》パレオ, 腰衣, 腰巻き: ponerse un ~ encima del traje de baño 水着の上にパレオをつける
Ⅱ《←parear》男［2つのものを］対(組)にすること

parergon [parergón] 男 付帯物, 副次物, 副次的アクセサリー

paresa [parésa] 女 大貴族 par の奥方

paresia [parésja] 女《医学》不全麻痺

parestesia [parestésja] 女《医学》感覚(知覚)異常症

parestésico, ca [parestésiko, ka] 形《医学》感覚(知覚)異常の

paretiano, na [paretjáno, na] 形 →**óptimo** paretiano

parfait [parfé]《←仏語》男《まれ. 菓子》パフェ

pargaña [pargáɲa] 女《エストレマドゥーラ, アンダルシア, カナリア諸島. 古語》［小麦などの］芒

pargo [párgo] 男《魚》マダイ(真鯛)

parguela [pargéla] 形《アンダルシア. 俗語》女みたいな［男］, おかま[の]

parguelón [pargelón] 男《parguela の示大語》おかま

parhelia [parélja] 女 =**parhelio**

parhelio [paréljo] 男《気象, 天文》幻日

parhilera [parilera] 女《建築》棟木

paria[1] [párja]《←タミール語 pareiyan》名 ❶［インドの］最下層民, 不可触民. ❷［社会の］のけ者

pariambo [parjámbo] 男《詩法》短短格《=pirriquio》; バッカス格

parián [parján] 男 ❶ ギリシアのパロス Paros 島の大理石に似せた磁器. ❷《メキシコ. 古語》市場《=mercado》

parias [párjas] Ⅰ《一俗ラテン語 pariare》女《歴史》パリアス《キリスト教徒が再征服したアル・アンダルス Al-Ándalus で, タイファ taifa 王から徴収した軍事貢納金》
rendir ~《まれ》敬意を表する

Ⅱ《←ラテン語 paria < par「同じ」》女《複》《まれ. 解剖》胎盤《=placenta》

parición [pariθjón] 女《主に中南米》[家畜の] 出産期; 出産《=parto》

parida[1] [paríða]《←parir》形 女 ❶《西. 口語》ばかげたこと, たわ言: Solo dicen ~s. 彼らはふざけたことばかり言う. No aguanto sus ~s. 私は彼らのばか話に我慢できない. Vaya ~ de canción. ばかげた歌だな. ❷ 産後の, 出産直後の［女性］, 産婦. ❸《遊戯》salga la ~ [一列になってます] 押しくらまんじゅう

paridad [pariðá(ð)]《←par》女 ❶《文語》同等[であること], 平等, 対等; 類似: La perfecta ~ de oportunidades no se produce nunca. 完全な機会均等などありえない. Las hermanas tenían ~ en todo. その姉妹は何から何までそっくりだった. ❷《経済》1)［為替レートの］平価, パリティー《=~ de cambio》: teoría de la ~ del poder adquisitivo 購買力平価説. ~ adquisitiva/~ del poder de compra 購買力平価, PPP. ~ de las principales monedas 主要通貨の為替平価. 2) precios de ~［物価にスライドした農産物の］パリティ価格. ❸《情報》パリティー: chequeo de ~ パリティーチェック. error de ~ 奇偶誤り, パリティーエラー. ❹［類似点・例示による］比較

paridera [pariðéra]《←parir》形 ❶［雌が］多産な, 繁殖力の強い
— 女［羊などの］出産場所; 出産; 出産期

paridigitado, da [pariðixitáðo, ða] 形《動物》偶蹄類の

paridígito, ta [pariðíxito, ta] 形 =**paridigitado**

parido, da[2] [paríðo, ða] 形 bien ~《estar+》美男の, 美女の, 魅力的な

párido, da [páriðo, ða] 形 シジュウカラ科の
— 男《鳥》シジュウカラ

paridor, ra [pariðór, ra] 形 ❶［人・動物が］出産する; 多産の, 繁殖力のある. ❷《まれ》出産の

pariente[1] [parjénte]《←ラテン語 parentes「父母」< parere「産む」》名 親戚, 親族, 親族, 身内: Ese chico es un ~ mío. その少年は私の親戚だ. Usted y yo somos algo ~s. あなたと私は非常に遠い親戚だ. ~ cercano 近い親戚. ~ lejano/medio ~ 遠い親戚, 遠縁. ~ mayor 一族の当主; 直系の血筋の人. ~ político 姻戚
— 形 ❶ 親戚の, 親族の. ❷《口語》類似の, 似た

pariente[2], **ta** [parjénte, ta] 名《西. 戯語》妻;［時に］夫: No puedo llegar tarde porque se enfada la ~ta. うちのやつが怒るので遅く帰るわけにはいかない
~ *pobre* 他より低く扱われる人・事物
— 男 ❶ [el+. 自分の] 夫. ❷《歴史》[スペイン国王が文書で与えた, カスティーリャの] 下級の称号. ❸《古語》《複》両親

parietal [parjetál] 形 ❶《解剖》1) 頭頂の. 2) 体[腔]壁の. ❷《美術》壁画の. ❸《まれ》壁の
— 男 頭頂骨《=hueso ~》

parietaria [parjetárja] 女《植物》ヒカゲミズ

parietofrontal [parjetofrontál] 形 頭頂骨と前頭骨の

parietooccipital [parjet(o)o(k)θipitál] 形《解剖》頭頂骨と後頭骨の

parificación [parifikaθjón] 女《まれ》例証, 例示

parificar [parifikár] 他《まれ》例証する, 例示する

parigual [parigwál] 形 副《地方語》同じ, よく似た, 同じように

parihuela [pariwéla]《←?語源》女 ❶ [主に] 担架《=camilla》;［2本の棒にわたした板の］担架状の運搬具. ❷《ペルー. 料理》パリウェラ［トマトと魚介のスープ］

parima [paríma] 女《ボリビア, アルゼンチン. 鳥》アンデスフラミンゴ

parimiento [parimjénto] 名《古語》予防的協定(取り決め)

pario, ria [párjo, rja] 形 名《地名》［エーゲ海の］パロス島 Paros の［人］

paripé [paripé]《←ジプシー語》男《口語》嘘, 見せかけ
hacer el ~ 見せかける: Hizo el ~ de que se alegraba mucho. 彼は喜んでいるふりをした

paripinado, da [paripináðo, ða] 形 =**paripinnado**

paripinnado, da [paripináðo, ða] 形《植物》hoja ~*da* 相対（偶数）羽状葉

parir [parír]《←ラテン語 parere》自《主に口語》出産する, 子を産む. 医者は彼女に避妊するなど知らせて下さいと言った. ❷ 的確に考えを説明する. ❸ はっきりする, 明るみに出る
— 他 ❶《主に口語》[動物が子を] 産む, 出産する: La yegua *parió* un potro hermoso. 雌馬はかわいい子馬を産んだ. ❷

《主に文語》[作品などを] 生み出す: *Parió esta novela durante la convalecencia.* 彼は療養中にこの小説を書いた. *La conozco como si la hubiera parido.* 私は彼女のことは表も裏も知っている/腹の底から読み取れる
no ~ [いくら調べても] に落ちない
~ a medias [難しい仕事で・苦境にあって] 助け合う
~la 《俗語》とり返しのつかない過ちをする: *¡Porras, ya la he parido otra vez!* くそっ, またえらいミスをやってしまった
poner a ~ 《口語》[主に +a+人 を] こきおろす, ひどく悪く言う, 非難する
ponerse a ~ 《口語》気分が悪くなる

Paris [páris] 男《ギリシア神話》パリス [トロイア Troya の王子. スパルタの王妃ヘレネ Helena を奪いトロイア戦争を引き起こした]

parisién [parisjén] [←仏語] 形 名 [単のみ] =**parisiense**
── 男 長い筒状のコーン barquillo

parisiana [parisjána] 女《印刷》5ポイント活字

parisiense [parisjénse] 形 名《地名》[フランスの] パリ París の [人]; パリジャン [の], パリ風の

parisilábico, ca [parisilábiko, ka] 形 =**parisílabo**

parisílabo, ba [parisílabo, ba] 形《言語》[単語・詩句が] 同数音節の

parisino, na [parisíno, na] 形 名 =**parisiense**: *moda ~na* パリモード

paritariamente [paritárjaménte] 副 同数の代表者で

paritario, ria [paritárjo, rja] 形《政治, -atis》[労使など利害の対立する双方から] 同数の代表者で構成される: *mesa ~ria de los empresarios y los sindicatos* 労使代表者会議, 経営協議会

paritarismo [paritarísmo] 男 双方同数の代表者での構成

paritorio [paritórjo] [←parir] 男 ❶《西》分娩室. ❷《キューバ, ドミニカ, コロンビア》出産 [=parto]

parka [párka] 女《服物》毛皮フード付きのショートコート, パーカ

parkeadero [parkeaðéro] 男《米国》駐車場

parkear [parkeár] 他《米国》駐車する

parkerización [parkeriθaxjón] 女《金属》パーカライジング法による鉄鋼の防錆

parking [párkiŋ] [←英語] 男《複 ~s》[主に有料の] 駐車場, 駐車

párkinson [párkinson] 男《医学》パーキンソン病

parkinsoniano, na [parkinsonjáno, na] 形 名 パーキンソン病の [患者]

parkinsonismo [parkinsonísmo] 男 =**párkinson**

parla [párla] 女 ❶《時に戯語》おしゃべり, 饒舌〔行為〕: *El presentador tiene mucha ~, pero nada más.* その司会者はよくしゃべるだけの男だ. ❷《軽蔑》駄弁, 無駄話, よもやま話. ❸ 言語 [=lengua]

parlada [parláða] 女《口語》おしゃべり, 会話

parlador, ra [parlaðór, ra] 形《口語》おしゃべりな [人], よくしゃべる [人]

parladuría [parlaðuría] 女 うわさ話, ゴシップ; 無駄話, よもやま話

parlaembalde [parlaembálde] 名《単複同形》無駄話 (くだらないおしゃべり) をする人

parlamentar [parlamentár] [←parlamento] 自 [合意を求めて, +con 敵などと] 交渉する, 折衝する: *Los sindicatos parlamentaban con el patronal.* 労働組合は経営者側と折衝していた

parlamentariamente [parlamentárjaménte] 副 議会のように, 議会式の言葉で

parlamentario, ria [parlamentárjo, rja] [←parlamentar] 形 ❶ 議会の, 国会の; 議会制の: *debates ~s* 国会討論. *democracia ~ria* 議会制民主主義. *régimen ~* 議会制度. *representante ~* 議会の代表. *sesión ~ria* 国会 [会議]. ❷ 国会の会期. ❷ 国会議員の. ❸《言葉》議会に適した, 丁重な
── 名 ❶ 国会議員. ❷ [休戦交渉の] 軍使

parlamentarismo [parlamentarísmo] 男 議会制度, 議会主義, 議会政治

parlamento [parlaménto] 【←古カスティーリャ語 parlamento < parlar+-mento】男 ❶ [主に P~] 議会, 国会; 国会議事堂: *El P~ de Galicia ha aprobado el presupuesto.* ガリシア議会は予算案を可決した. *P~ Europeo* [EU の] 欧州議会. ❷ 国会議事堂: *Están arreglando el P~.* 国会議事堂は修理中だ.

❸ 交渉, 折衝; 押し問答; 休戦交渉: *Ya estoy harto de tantos ~s.* 私は折衝続きでもううんざりだ. ❹《演劇》長いせりふ: *Tiene usted unos ~s en el primer acto.* あなたは第1幕にいくつか長ぜりふがある. ❺ [フランス革命前の] 高等法院. ❻ 演説, スピーチ. ❼ おしゃべり, 雑談

parlanchín, na [parlantʃín, na] [←parlar] 形《口語》❶ おしゃべりな [人]. ❷ 口の軽い [人]

parlante [parlánte] 形 ❶ 話す [人]. ❷《紋章》arma ~ 家名 (都市名・国名) を表わす図柄. ❸《まれ》話す行為の
── 男 ❶《パナマ, コロンビア, ベネズエラ, パラグアイ》メガホン. ❷《エルサルバドル, エクアドル, ペルー, ボリビア, チリ, アルゼンチン, ウルグアイ》ラウドスピーカー; [システムコンポの] スピーカー

parlar [parlár] [←オック語 parlar <俗ラテン語 parabolari「比較する」] 自 他 ❶《軽蔑, 時に戯語》ペラペラしゃべる, 余計なことをしゃべる: *Hemos pasado más de dos horas parlando a lo bobo.* 私たちはくだらないおしゃべりで2時間以上費やした. ❷ [オウムなどが] 人の言葉をまねる, 話す
── *~se*《プエルトリコ》一時失語症になる

parlatorio [parlatórjo] 男 ❶ よくしゃべること, おしゃべり. ❷ 談話室. ❸《廃語》[刑務所・修道院の] 面会室

parleño, ña [parléɲo, ɲa] 形 名《地名》パルラ Parla の [人] 《マドリード県の町》

parlería [parlería] 女 ❶《時に軽蔑》よくしゃべること, おしゃべり. ❷ うわさ話, 陰口

parlero, ra [parléro, ra] 形 ❶ おしゃべりな [人]; うわさ好きな [人]. ❷《文語》[鳥が] よくさえずる. ❸《文語》表情豊かな: *ojos ~s* 表情に富んだ目. ❹ 快い音を立てる

parleruelo, la [parlerwélo, la] 形 parlero の示小語

parleta [parléta] 女《口語》とりとめのない話, よもやま話

parletano, na [parletáno, na] 形《まれ》よくしゃべる, おしゃべりな

parlón, na [parlón, na] 形《まれ》おしゃべりな [人], 口の軽い [人]

parlotear [parloteár] [←parlar] 自《軽蔑》[暇つぶしに] おしゃべりする, 世間話をする: *Parloteaban en corros los rumores de palacio.* 彼らは寄り集まっては宮廷のうわさ話をしていた

parloteo [parlotéo] 男《軽蔑》おしゃべり, むだ話

parmesano, na [parmesáno, na] 形 名《地名》[イタリアの] パルマ Parma の [人]. ❷《歴史》パルマ公国
── 男《料理》パルメザンチーズ [=queso ~]: *~ reggiano* パルミジャーノ・レッジャーノ

parnasiáceas [parnasjáθeas] 女複《植物》ウメバチソウ属

parnasianismo [parnasjanísmo] 男《文学》[19世紀後半フランスの] 高踏派

parnasiano, na [parnasjáno, na] 形 名 高踏派の [詩人]

parnasillo [parnasíʎo] 男《まれ》文学の集まり tertulia

parnaso [parnáso] 男 ❶《地名》[P~] パルナッソス山《ギリシア中部の山. ギリシア神話でアポロとミューズたち Musas が住んだ》. ❷ 集《一地域・一時代の》詩人たち, 詩壇: *~ renacentista* ルネサンスの詩人たち. ❸ 詞華集: *~ de la poesía romántica* ロマン派の詞華集

parné [parné] [←ジプシー語] 男《西. 俗語》金 [=dinero]

paro [páro] **I** [←parar] 男 ❶ 止める (止まる) こと, 停止: 1)～ de la máquina 機械の運転停止. ～ automático オートストップ. 2)《医学》～ cardíaco 心拍停止, 心不全. ～ respiratorio 呼吸停止. ～ cardiorespiratorio 心肺停止. ❷《主に西》失業 [=desempleo];《経済》集 失業者: *El ~ ha crecido en los últimos años.* 失業者は近年増加してきている. *El ~ va de mal en peor. Ya llega a un 20 por ciento.* 失業率はますます悪化している. もう20%にもなる. *estar en ~* 失業している. *quedarse en ~* 失業する. *apuntarse al ~* 失業者登録をする. *en ~* 《口語》en ~ 失業中の, 索引中の. *índice de ~* 失業率. *obrero en ~* 失業者. ～ coyuntural (cíclico) [景気の後退による] 景気的失業. ～ encubierto 偽装失業. ～ estacional 季節的失業. ～ forzoso 解雇, レイオフ. ～ registrado 公式の失業者数. ～ tecnológico [労働節約的技術進歩による] 技術的失業. ❸《主に西》失業保険給付金, 失業手当 [=seguro de ~]: *Vito está cobrando el ~.* ビトは失業保険をもらっている. *solicitar el ~* 失業保険を申請する. ❹《主に中南米》ストライキ [=~ laboral, huelga]: *Los trabajadores anuncian ~s indefinidos.* 労働者たちは無期限ストを行なうと言っている. *estar en (de) ~* スト中である. ～ general ゼネスト. ❺ 操業停止: *Hay ~ en la industria.* 工場は操業を停止

している．~ técnico 不可抗力による操業停止；職場に行くが仕事をしないストライキ．❻《情報》~ del sistema システムのシャットダウン．❼《中南米》賭け事．❽《コロンビア》[ダイス賭博の]目, 出目
 en ~《コロンビア》完全に
 ~ *biológico* 禁漁期
 II《←ラテン語 parus》男《鳥》シジュウカラ《=~ carbonero》

-paro, ra《接尾辞》《形容詞化. 出産·再生》vivi*paro* 胎生の

parodia [paróđja]《←ギリシア語》女 ❶ パロディー《まじめな文学や音楽作品などの風刺·諧謔的なもじり》: «El Quijote» es la ~ de los libros de caballería.『ドン·キホーテ』は騎士道物語のパロディーである. ❷ ものまね, 模倣

parodiable [parođjáble] 形 パロディー化され得る

parodiar [parođjár] 10 他 もじる, パロディー化する; …のものまねをする

paródico, ca [paróđiko, ka] 形 パロディーの; ものまねの

parodista [parođísta] 名 パロディー作家

parodístico, ca [parođístiko, ka] 形 パロディーの, パロディー的な

parola [paróla] 女 ❶《まれ. 軽蔑》おしゃべり, よもやま話, 世間話. ❷《チリ》ほら吹き, はったり屋《=fanfarrón》
 ——女複《アルゼンチン》饒舌, 駄弁

parolar [parolár] 自《まれ. 軽蔑》おしゃべりをする

parolero, ra [paroléro, ra]《まれ. 軽蔑》おしゃべり, 口の軽い

pároli [pároli]《←伊語 paroli》男 [monte などの賭けで] 3倍のもうけを狙ってもう一度賭けること

paralímpico, ca [paralímpiko, ka] 形 =**paralímpico**

parolina [parolína]《まれ. 軽蔑》おしゃべり《=parola》

parón [parón] 男 [突然の·全面的な] 停止

paronimia [paronímja] 女《言語》語音類似, 類音; 同源語, 語源類似

paronímico, ca [paronímiko, ka] 形 語音類似の, 類音の; 同源の, 語源類似の

parónimo, ma [paronímo, ma] 形 男《言語》❶ 語音類似の, 類音の; 類音語《例》abrazar と abrasar, diferencia と deferencia》. ❷ 同源の, 類音語の; 同源語, 語源類似語

paroniquia [paroníkja] 女《医学》爪囲炎

paroniquiáceo, a [paronikjáθeo, a] 形 ナデシコ科の
 ——女複《植物》ナデシコ科

paronomasia [paronomásja] 女《修辞》地口, しゃれ, 語呂合わせ. ❷《言語》[強勢母音だけが異なる] 類音語[語]《例》roja と reja, tejo と Tajo》

paronomásticamente [paronomástikaménte] 副 地口によって; 類音によって

paronomástico, ca [paronomástiko, ka] 形《修辞》地口の, 語呂合わせの. ❷《言語》類音語[の]の

parótida [parótiđa] 女 ❶《解剖》耳下腺. ❷ 耳下腺炎《=parotiditis》

parotídeo, a [parotíđeo, a] 形 耳下腺の

parotiditis [parotiđítis] 女《医学》耳下腺炎

paroxetina [paroksetína] 女《薬学》パロキセチン

paroxismal [paroksismál] 形《医学》発作性の; 最悪期の: vértigo ~ 発作性めまい

paroxismo [paroksísmo]《←ギリシア語 paroxysmos》男 ❶《感情·感覚の》極端な高まり, 激昂: La furia de Lunita llegó al ~. ルニータの憤怒は極に達した. ❷《現象などの》もっとも激しい時, 絶頂: en el ~ de la gloria 栄光の頂点で. ❸《医学》発作; 《病状の》激発; 最悪期: en momentos de ~ febril 熱がひどくなる時に

paroxístico, ca [paroksístiko, ka] 形 ❶《感情·感覚が》極端に高まった, 激昂の. ❷《医学》発作性の, 最悪期の

paroxitonismo [paroksitonísmo] 男《言語》最後から2番目の音節にアクセントがあること

paroxítono, na [paroksítono, na] 形/男·女《言語》最後から2番目の音節にアクセントのある[語]

parpadeante [parpađeánte] 形 明滅する, またたく

parpadear [parpađeár]《←párpado》自 ❶ まばたきをする, しばたたく: Miraba con tanta atención que apenas *parpadeaba*. 彼は目をこらしていたのでほとんどまばたきしなかった. ❷ [光が] 明滅する, ちらちらする;[星などが] またたく, きらめく: El fluorescente empezó a ~. 蛍光灯がついたり消えたりし始めた

parpadeo [parpađéo] 男 ❶ まばたき. ❷ 明滅, ちらつき; またた

き, きらめき

párpado [párpađo]《←俗ラテン語 palpetrum < ラテン語 palpebra》男 まぶた, 眼瞼《解》: Cerré los ~*s*. 私はまぶたを閉じた. Siento los ~*s pesados*. 私はまぶたが重い. retregarse los ~*s* 目をこする

párpago [párpaɣo] 男《俗語》=**párpado**

parpaja [parpáxa] 女《地方語. 昆虫》カメムシの仲間《=garrapatillo》

parpalla [parpáʎa] 女 ❶《歴史》2 cuarto 銅貨. ❷《ラマンチャ》くだらないもの

parpallota [parpaʎóta] 女《歴史》2 cuarto 銅貨《=parpalla》

parpar [parpár] 自《アヒル·カモが》ガアガア鳴く

parpayuela [parpajwéla] 女《アストゥリアス. 鳥》ウズラ《=codorniz》

parpusa [parpúsa] 女《隠語》[マドリードの民族衣装の] 四角い帽子

parque [párke]《←仏語 parc「野生動物の飼育場」》男 ❶ 公園: 1) Varios niños juegan en el ~ con los columpios. 子供たちが公園のブランコで遊んでいる. dar un paseo por el ~ 公園を散歩する. ~ acuático 水族館. ~ de atracciones/《コロンビア, ラプラタ》 ~ de diversiones/《チリ》 ~ de entretenciones [乗り物などのある] 遊園地. ~ de ocio アミューズメントパーク. ~ de pelota《メキシコ》野球場. ~ infantil [遊具のある] 児童公園, 子供の遊び場. ~ nacional 国立公園. ~ natural 自然保護区. ~ tecnológico テクノパーク. ~ temático テーマパーク. 2) [城などに付属した] 広い庭, 庭園. P~ del Retiro [マドリードの] レティロ公園. ❷ [公共的な機材などの] 置き場, 集結場所: ~ de artillería 砲廠. ~ de bomberos《西》消防署. ~ de la guardia urbana 交通警察署. ~ de ordenadores コンピュータ室. ❸ [国土·都市開発で特定用途用に設計された] …地区: ~ de viviendas 住宅団地. ~ empresarial ビジネス地区. ~ eólico 風力発電地帯, ウィンドファーム. ~ industrial 工業団地. ❹ 駐車場《=~ de estacionamiento》. ❺ [魚介類 mariscos の] 養殖場. ❻《集名》~ móvil《西》公用車. ❼ 赤ん坊の遊び場, ベビーサークル《=~ de niño》. ❽《メキシコ, アルゼンチン》《集名》軍需品
 ~ *automovilístico* [国·自治体などの] 自動車保有台数:
 ~ *automovilístico* español スペインの自動車保有台数.
 ~ *automovilístico* del Ministerio del Interior 内務省の自動車保有台数

parqué [parké]《←仏語 parquet》男《複 ~s》 ❶ 寄せ木張りの床, フローリングの床. ❷《西》[証券取引所の] 立会場. ❸《バスケットボールなど》コート

parqueadero [parkeađéro] 男《パナマ, コロンビア》駐車場

parquear [parkeár] 他《まれ》 ❶《大砲を》格納する. ❷《まれ》[魚介類を] 養殖する. ❸《主に中南米》駐車する《=aparcar》

parquedad [parkeđá(đ)]《←parco》女《時に皮肉》 ❶ 少なさ, 乏しさ: ~ de su palabra 寡黙. ❷ 質素, 倹約: vivir con ~ 質素に暮らす

parqueo [parkéo] 男《主に中南米》駐車《=aparcamiento》

parqués [parkés] 男《コロンビア》=**parchís**

parquet [parké] 男《複 ~s》=**parqué**

parquetería [parketería] 女《まれ》床を寄せ木張りにすること

parqui [párki] 男 =**palqui**

parquímetro [parkímetro]《←parque+-metro》男《自動》パーキングメーター

parra [pářa]《←ポルトガル語》女 ❶ [棚作りの] ブドウの木, ブドウ棚. ❶《植物》1) ~ de Corinto [種なしで干しブドウ用の] コリント原産のブドウ. 2)《中米, コロンビア》ブドウの一種《飲用になる樹液をしたたらせる. 学名 Vitis titiifolia》. 3)《中米》~ virgen アメリカヅタ, バージニアヅタ. ❸《美術》hoja de ~ [イチジクの葉など] 恥部を隠すもの. ❹《地方語》[取っ手が2つの] 楕円形の素焼きの壺
 subirse a la ~《西》1)《口語》激怒する, 頭にくる: Suele subirse a la ~ con cualquier ocasión. 彼は何でもないことでしばしばかっとなる. 2) 横柄な態度をとる, 偉そうにする: No te subas a la ~, que todavía no te han nombrado jefe. 大きな顔するな, まだ君は責任者に任命されたわけじゃないから. 3) 値段をふっかける, 足もとを見る

parrado, da [pařáđo, đa] 形 [木が] 水平に枝の伸びる
 ——形 名《口語. 地名》セルセディリャ Cercedilla の [人]《マドリード北西の町》

parrafada [pařafáđa]《←párrafo》女 ❶《時に軽蔑》[一方的に

話す]長話, 長談義: El rector nos martirizó con una ～. 私たちは学長の長い演説を聞かされて音をあげた. ❷《口語》[長時間の打ちとけた] おしゃべり, 折り入っての話; 思い直すように説得すること: Ya echaremos una ～ ella y yo como siga sin estudiar. 彼女がこのまま勉強しないならいずれ私が考えを改めるように話そう

parrafear [pařafeár] 自《まれ》[ひそひそと]雑談をする, 世間話をする;[内容のない]長話をする

parrafeo [pařaféo] 男《まれ》雑談, 世間話; 長話

párrafo [pářafo]《←ラテン語 paragraphus <ギリシア語 paragraphos「印」》男 ❶ パラグラフ, 段落, 節; 1) dividir en ～s 段落に分ける. 2)《印刷》パラグラフの記号《§》. ❸《法律》項
echar un ～/echar ～s《口語》[+con+人と] おしゃべりをする, 雑談をする

parragón [pařagón] 男《法定貨位の》銀の延べ棒

parragués, sa [pařagés, sa] 形 名《地名》アリオンダス Arriondas の(人)《アストゥリアス県東部の町》

parral [pařál]《←parra》男 ❶ ブドウ棚; ブドウ畑, ブドウ園. ❷[蜜を入れる]大型の平たい素焼きの壺

parralero, ra [pařaléro, ra] 形 名 ブドウ栽培者(の)

parrampán [pařampán] 男《パナマ》❶ グロテスクな仮面. ❷ 愚者, あほう; 道化師

parrampanada [pařampanáda] 女《パナマ》おどけた言葉・動作, 道化芝居

parrancano, na [pařaŋkano, na] 形《地方語》[人が] ずんぐりした, 背が低く太った

parranda [pařánda] [pařánda]《←バスク語 parra「笑い」》女 ❶《口語》[はしご酒をして]大騒ぎ, ばか騒ぎ: Estuvieron de ～ toda la noche por los bares. 彼らは一晩中バルめぐりをしてはめを外した. andar (ir) de ～ 飲み歩いて騒ぐ. ❷《地方語》[通りで楽器をひいたり歌ったりして]夜遊びをする一団. ❸《ムルシア》民俗舞踊の一種. ❹《コロンビア》大量

parrandear [pařandeár] 自《口語》飲み歩いてはめを外す(浮かれ騒ぐ)

parrandeo [pařandéo] 男 飲み歩いてはめを外す(浮かれ騒ぐ)こと

parrandero, ra [pařandéro, ra] 形 名《口語》飲み歩いてはめを外すのが好きな[人], はしご酒をして浮かれ騒ぐ(人)

parrandista [pařandísta] 名《口語》はしご酒をして浮かれ騒ぐ人, 夜遊びをする人

parraneto, ta [pařanéto, ta] 形《プエルトリコ》ずんぐりした

parrar [pařár] 自[草木がつるのように]枝を伸ばす

parrel [pařél] 男《アラゴン, ムルシア. 植物》黒ブドウ

parrera [pařéra] 女《地方語》ブドウ棚《=parra》

parresia [pařésja] 女《修辞》直言に似せたおべっか

parreta [pařéta] 女《地方語》楕円形の素焼きの壺《=parra》

parricida [pařiθída] 名《←ラテン語 parricida < pater「父」+caedere「殺す」》形《特に父母・配偶者に対する》尊属殺しの(犯人), 近親者殺しの(犯人): hijo ～ 尊属殺人をした息子

parricidio [pařiθídjo] 男 尊属殺人, 近親者殺人

parrido [pařído] 男《エストレマドゥーラ》ブドウ棚《=parral》

parrilla [paříʎa]《←parra》女 ❶《料理》焼き串, 焼き網: pescado (carne) a la ～ 網焼きの魚(肉). ❷《客の前で焼く肉中心の》網焼きレストラン, ステーキ専門店, グリル. ❸《西. 放送》番組表《=～ de programación》: En la ～ de la tarde ponen culebrones. 午後の番組ではメロドラマをやっている. ❹[ホテルの]舞踏室, ボールルーム. ❺《自動車レースなどの》[スターティング]グリッド, スタートポジション《=～ de salida》. ❻《自動車》1) ラジエーターグリル. 2)《中南米》[バスなどの]ルーフラック, 屋根上荷台. ❼《自転車・バイクの》荷台, バックシート. ❽《暖炉の薪を載せる》火格子. ❾《解剖》～ costal 胸郭. ❿ 素焼きの水差し. ⓫《経済》～ de paridades パリティグリッド[方式]

parrillada [pařiʎáda]《←parrilla》女 ❶《料理》パリリャーダ《1) 網焼きの魚介類や肉. 2)《特にアルゼンチン》炭焼きのステーキ, 鉄板焼きのチョリーソ・モルシーリャ・もつの盛り合わせ》

parrillero [pařiʎéro] 男《ラプラタ》[庭などに作る] バーベキュー炉

parriza [paříθa] 女《植物》アメリカブドウ《=vid americana》

parro [pářo] 男《鳥》カモ《=pato》

parrocha [pařótʃa] 女《地方語》イワシの稚魚, シラス

párroco [pářoko]《←ギリシア語 parokhos》男《カトリック》[教区 parroquia をあずかる]主任司祭《=cura》

parrón [pařón] 男《植物》アメリカブドウ《=vid americana》

parronal [pařonál] 男《チリ》広いブドウ園

parroquia [pařókja]《←ラテン語 parochia <ギリシア語 paroikia <paroikos「隣の」》女 ❶《カトリック》1)《小》教区, 聖堂区. 2)[小]教区教会;《集名》[小]教区に所属する信者. ❷《西》《集名》顧客《=clientela》: Se hizo de una gran ～. 彼はたくさん得意さんをつかんだ. ❸《スポーツ》熱狂的なファン, サポーター《=hincha》. ❹《ガリシア》[いくつかの caserío から成る]集落

parroquial [pařokjál] 形《カトリック》[小]教区の, [小]教区教会の: grupo ～ 教区信者のグループ. hoja ～ 教区だより. misa ～ 教区教会のミサ. obra ～ [教区資産の管理に関する, 司祭の主宰する]信者会議

parroquialidad [pařokjaliðáð] 女 [特定の]教区への所属(関係)

parroquiano, na [pařokjáno, na]《←parroquia》形 名《小》教区に所属する(信者). ❷ 顧客, 常連《=cliente》: Hacemos una pequeña rebaja a los ～s. お得意さんには少し値引きします

parrugia [pařúxja] 女《キューバ》つまらないこと, ささいなこと

parrulo [pařúlo] 男《地方語. 鳥》カモ《=pato》

parrús [pařús] 男《隠語》《女性の》外部性器

pársec [pársek]《←英語 parsec》男 ～s《天文》[距離の単位]・パーセク

parsi [pársi] 形 ～s ❶ パールシー[の]《インドに住むゾロアスター教の信者》. ❷《古代ペルシア》パーシ人[の]

Parsifal [parsifál] ❶ パーシヴァル, パルツィファル《聖杯伝説の円卓の騎士》. ❷ パルジファル《ワーグナーの楽劇, その主人公》

parsimonia [parsimónja]《←ラテン語》女 ❶[こせこせしない]のんびりしていること, 悠長さ, 悠然とした態度: El profesor habla con una ～ que te quedas dormido. 先生はゆっくりとしゃべるので君なら寝てしまうよ. ❷《古語的》倹約, 節約; 慎ましさ

parsimonioso, sa [parsimonjóso, sa] 形 ❶ のんびりした, 悠長な, 悠然とした: El niño es muy ～ haciendo cualquier cosa. その子は何をやらせても悠長だ. ❷ 倹約家の; 慎ましい

parsismo [parsísmo] 男《古代ペルシア》パールシー教, ゾロアスター教

parte [párte]《←ラテン語 pars, partis》❶ 部分《類義》**una parte de...** は「全体の中の一部」, "... の一部" で, **parte de...** は「量的にいくらかの」, ある程度の: Se quemó *una parte del bosque*. 森の一部が焼失した[が, 別の一部は助かった]. Se quemó *parte del bosque*. 森は《大部分でなく》ある程度焼失した: 1) Una ～ del edificio no ha sido destruida. ビルの一部は崩壊を免れた. Ya han venido ～ de los invitados. 客の何人かはもうやって来た. Durante el refinado, el azúcar pierde ～ de sus vitaminas. 砂糖は精製の過程でビタミンがある程度失われる. dividir en dos ～s 二分する. dividir en ～s [いくつかに]分割する. ～ superior (inferior) de una organización 組織の(上)下[部]. 2)[本などの]一部 En El Quijote『ドン・キホーテ』の正篇. 3)《諺, 成句》Quien parte y reparte, se lleva la mejor ～. 分配する者はいつも一番大きな分け前を自分のものにする. Segundas ～s nunca fueron buenas. 柳の下にいつもドジョウはいない. ❷ 部品, パーツ《=pieza》: ～s de automóviles 自動車部品. ❸[分数・割合] dos terceras ～s de los alumnos 生徒たちの3分の2. una quinta ～ de los beneficios 利益の5分の1. diluir una ～ de whisky en dos ～s de agua. ウイスキーを水で2倍に薄める. ～s por millón 100万分の1, ppm. ❹ 分け前; 分担: Ya cobró ～ del botín. 彼は戦利品の分け前にあずかった. ～ de la herencia 遺産の彼の分け前. su ～ de trabajo 彼の分担 ❺ 場所; 地方: No encuentro mi cartera en ninguna ～. 私の財布がどこにも見当らない. ¿Piensas viajar a alguna ～ durante las vacaciones? 休暇中にどこかへ旅行するつもりかい? ¿De qué ～ de España es usted?—Soy de Andalucía. ご出身はスペインのどちらですか?—アンダルシアです. ir a otra ～ 他の場所へ行く. ～ nueva de la ciudad 市の新興地区. ❻《党派などの》側;[訴訟・契約などの当事者の]一方: Ambas ～s llegaron a un acuerdo. 双方とも合意に達した. A la conmemoración asistió una ～ representativa de cada familia. その記念式典には各家族の代表者が出席した. dar oídos solo a la una de las ～s 一方の言い分だけを聞く. las ～s firmantes 署名者双方. ～ actora 原告側. ～ obrera 労働者側. ～ vendedora 売り手側. ❼[家系の]... 方《敬》の: primo por (de) ～ de madre 母方の従兄弟. ❽《演劇》1) 役: ～ de Don Quijote ドン・キホーテの役. ～ de por medio 端役.

parte

2) media ～ 喜劇役者に先払いされる給料. ❾《音楽》声部, パート; 楽章. ❿ 面: 1) ～ central 正面. ～ lateral 側面. ⓫［抽象的に］～ negativa 否定的な側面, 醜悪な面. ⓬《婉曲》［主に sus+. 主に男性の］生殖器, 局所《=《文語》～s pudendas, ～s vergonzosas, ～s naturales;《まれ》la ～》: Me dieron un golpe en mis ～s. 私は急所を蹴られた. ocultar las ～s 恥部を隠す. ⓭《アンデス》交通違反の罰金

A buena ～ vas [*a parar*].《口語》[発言した人に対し] おかしなことを言うものだ

a la ～［利益・損失について］比例配分で・の

a ～s《まれ》間隔を置いて, 時々

a ～s iguales 均等割りで; 等しく, 平等に: contribuir al gasto *a ～s iguales* 費用を平等に負担する

dar ～ a+人 *en...* …を…に参加させる, 利益配分にあずからせる

de... a esta ～ …から今まで, …以来: *de un tiempo a esta ～* 最近. *de primeros de año a esta ～* 今年の初め以来. *de poco tiempo a esta ～* 最近は

de otra ～《文語》その上《=*por otra ～*》

de ～ a ～ 通して, 貫いて: La bala le atravesó la pierna *de ～ a ～*. 弾丸は彼の脚を貫通した

*de ～ de+*人 1)…から; …としては: *De tu ～* jamás recibí ninguna queja. 君からは一度も不平を聞いたことがなかった. *De mi ～* no hay ningún inconveniente. 私としては何ら不都合はありません. 2)…の代理で, …のために: Vengo *de ～ del señor* González. ゴンサレスさんの代理で参りました. Dirá que va *de mi ～*. 彼は私の名前を出すだろう/私のために来たと言うだろう. Dale recuerdos *de mi ～*.—*De su ～*, muchas gracias. 彼によろしく伝えて下さい.—はい, 申し伝えます. 3) 味方して: La razón está *de tu ～*. 君に理がある. Todos los espectadores estaban *de ～ del* aspirante. 観客はみんな挑戦者の方を応援していた

¿De ～ de quién?［電話・訪問者に］どちら様ですか?

de una ～ para otra あちらこちらあたふたと回って: He pasado toda la mañana corriendo *de una ～ para otra*. 私は午前中ずっとあちこち忙しく走り回っていた

de una y otra ～ 両側に; 双方ともに; あちこちから

desde... a esta ～ =*de... a esta ～*

echar... a buena (*mala*) *～*《西》=*tomar... en buena* (*mala*) *～*

echar por otra ～ 異なる道を進む

en gran ～ 大部分は, 主に

en ninguna ～ どこにも［…ない］: En la actualidad ya no se encuentra este tipo de mueble *en ninguna ～*. 今時このような作りの家具はどこを探しても見つからない

en ～ 1) 部分的に: Es *en ～* de acero inoxidable y *en ～* de oro. それは一部はステンレスで, 一部は金でできている. Es correcto *en ～*, pero en conjunto no lo es. それは部分的には正しいが, 全体としては間違っている. 2) ある程度; 不完全に

en ～s《まれ》=*a ～s*

en todas ～s どこでも; Extranjero me siento *en todas ～s*. 私はどこへ行ってもその土地になじめない

entrar a la ～［商売などに］参加する

formar ～ de... 1)…の一部をなす: España *forma ～ de* Europa. スペインはヨーロッパに属する. 2)…の一員である, …に参加する: *Forma ～ de* la delegación rumana. 彼はルーマニアの代表メンバーだ

hacer de su ～［応分の］務めを果たす, 分担をこなす: Al que *hace de su ～* todo lo posible, Dios no le niega su gracia. できる限り自分の務めを果たしている者に対し, 神は必ずご加護を与えて下さる

hacer las ～s 1)［+de 分］分割する: Hicieron las ～s de la herencia de su padre. 彼らは父親の遺産を分割相続した. 2)［+de+人 の］ためにする

hacer su ～ 任務を果たす: Estoy seguro de no poder apagar el incendio solo, pero yo *hago mi ～*. 私は一人では火事を消せないのは確かですが, 自分の任務は果たします

hacerse a una ～ 離れる: *Házte a una ～*, que te manchas. ちょっと離れなさい, 汚れるから

ir a la ～ =*entrar a la ～*

la mayor ～ de...［人・物の］大部分の…: *La mayor ～ de* la gente sale de vacaciones en agosto. 大部分の人は8月にバカンスに出かける. *La mayor ～ de* las peras están podridas. ナシの大部分が腐っている

llamarse a la ～ 自らの参加を要求する

llevar la mejor (*peor*) *～*［戦い・議論などで］優位に立つ（劣勢である）

llevarse la mejor (*peor*) *～* 分け前を多く（少なく）とる

meterse a ～《古語》味方である

mostrarse ～《法律》[当事者として] 出頭する

Muy amable de su ～. ご親切にありがとうございます: Fue *muy amable de su ～* el venir a recogernos. 私たちを迎えに来て下さり, ありがとうございました

no conducir a ninguna ～ =*no llevar a ninguna ～*

no ir a ninguna ～《口語》1)［重要とされたものが］何の価値もない: Esa diferencia *no va a ninguna ～*. そんな違いは大したことではない. 2) 成功は望めない: Con esa pereza *no vas a ninguna ～*. そんなに怠けていては, 成功はおぼつかないぞ

no llevar a ninguna ～ 何の役にも立たない, 何ももたらさない: Es una discusión inútil: *no va a llevar a ninguna ～*. これは無駄な議論だ, そこからは何の成果も得られないだろう

no parar en ninguna ～［住所・職などがよく変わって］尻が落ち着かない: Es de los que *no paran en ninguna ～* y se cambia de casa casi cada dos años. 彼は引っ越し好きな性格で, ほぼ2年ごとに家を変わっている

no poder ir a ninguna ～［+con+人・事 について］何もすることができない

no ser ～ de la oración 信用（権威）がない; お手上げ状態である

no ser ～ en... …に影響力がない

no tener ～ en... …に関わりがない

～ por《古語的》全部, 省略せずに: explicar *～ por ～* 逐一説明する

～ [*y*] *～* 一部は…また一部は…: *～ porque... ～ porque...* 一つには…だから, また一つには…だから

～s del mundo 世界各地《ヨーロッパ, アジア, アフリカ, アメリカ, オセアニア》

poner de su ～ =*hacer de su ～*

*ponerse de ～ de+*人 …の味方につく: *Póngase de nuestra ～*. 我々の側につきなさい

por la mayor ～［+de の］大部分は

por otra ～ 1) 他方では. 2) その上: No quiero salir esta noche; *por otra ～*, tampoco tengo dinero encima. 今晩私は遊びに出かける気はない. それに金もないことだし

*por ～ de+*人 1)…の側で: Se recogieron firmas *por ～ de* los organizadores. 主催者側によって署名が集められた. 2) …［の立場］としては, …に関しては: Yo *por mi ～* estoy dispuesto. 私の方は準備ができている. *por ～ de* los que compramos 我々買い手側としては

por ～ 徐々に, 一項一項: Vamos (Vayamos) *por ～s*.《口語》一つずつ処理しよう/順序よく話そう

por ～s iguales =*a ～s iguales*

por una ～ 一方では

saber de buena ～《中南米. 口語》確かな筋からの情報で知っている

salva sea la ～《西. 婉曲》尻《=*culo*》: Le dieron un puntapié en *salva sea la ～*. 彼は尻に蹴りを入れられた

seguir la peor ～《哲学》[結論が一般的・肯定的でなく] 個別的である, 否定的である

ser ～ a+名詞・不定詞 =*ser ～ para*+名詞・不定詞

ser ～ en... =*tomar ～ en...*

ser ～ para+名詞・不定詞 …ができる; …に寄与している

ser una ～ integral (*integrante*) *de...* …の不可欠な一部分である

tener de su ～ a+人 …を当てにできる: Sabes que me *tienes de tu ～*. 大船に乗った気でいてよね

*tener ～ con+*女性 …と性的関係がある

tener ～ en... =*tomar ～ en...*

tercera ～《法律》第三者. 2)《情報》empresa de *terceras ～s* サードパーティー

tomar... en buena (*mala*) *～*《西》…をよい（悪い）意味に解釈する

tomar ～ en... …に参加する, 関与する: *tomar ～ en* una

manifestación デモに参加する
── 男 ❶《公的な、短い》報告書〖=~ oficial〗: redactar un ~ oficial del accidente 事故について公式報告書を作成する. enviar dos ~s al jefe 報告書を2通上司に提出する. ~ de defunción［医師が書く］死亡証明書. ~ médico/~ facultativo 診断書. ❷《俗用, 古語的. 放送》ニュース［番組］: ~ meteorológico 天気予報. ~ de guerra 戦況ニュース. ❸《まれ》通知, 通達; ~ de boda 結婚通知. ❹《メキシコ》交換部品
dar el ~［+de について］通知する
dar ~ 1)［+a に］訴え出る: *dar ~ a la policía* 警察に通報する. 2)［+de について］通知する

partear [parteár] 他 ❶［医者・助産婦が妊婦を］分娩させる, 出産に立ち会う. ❷《比喩》産み出す
parteluz [partelúθ]〖←partir+luz〗男《建》〖複 ~ces〗《建築》中方立 (なかほうだて), マリオン
partenaire [partenér]〖←仏語〗名［主に芸術活動の］パートナー
partencia [partén θja] 女《廃語》出発, スタート
partenocarpia [partenokárpja] 女《植物》単為結実
partenogénesis [partenoxénesis] 女《生物》単為生殖, 単為発生: ~ *artificial* 人工単為生殖(発生)
partenogenético, ca [partenoxenétiko, ka] 形《生物》単為発生の
Partenón [partenón] 男［ギリシアの］パルテノン神殿
partenopeo, a [partenopéo, a]〖←Parténope〗❶ 形《廃語》パルテノペ (オデュッセウスを誘惑したセイレン *sirena*)の. ❷ 形名 ❶ ナポリ *Nápoles* の［人］〖=*napolitano*〗. ❷［ナポリの古名］パルテノペ *Parténope* の［人］
partenoplastia [partenoplástja] 女《医学》処女膜修復
partenueces [partenwéθes]〖単複同形〗クルミ割り器〖=*cascanueces*〗
partepiñones [partepiɲónes]〖単複同形〗松の実割り器〖=*cascapiñones*〗
partería [partería] 女《まれ》助産婦業
partero, ra [partéro, ra]〖←*parto*〗名 助産師; 産婆 (サンバ), 助産婦: *Cuando yo nací, a mi madre la asistió una ~ra.* 私が生まれた時, 助産婦が母のお産に立ち会った
parterre [partére]〖←仏語〗男［公園の］花壇, 芝生
partesana [partesána]〖←伊語 *partigiana*〗女［三日月型の刃を付けた］矛 (ほこ)
partible [partíble] 形 2つに割られ得る (割るべき), 2つに分けられ得る (分けるべき)
particella [partitʃéla]〖←伊語〗女《音楽》［個々の楽器・歌手の］パート
partición [partiθjón]〖←ラテン語 *partitio, -onis*〗女 ❶《文語》［遺産などの］分配, 分与, 取り分: *De las tres particiones de la finca, a mí me corresponderían dos.* 地所の3分の2は私の取り分となるだろう. *hacer las particiones de la herencia* 遺産を分配する. ❷［数学］割り算〖=*división*〗. ❸《情報》パーティション. ❹［医学］coeficiente de ~ *sangre/gas*［麻酔の］血液/ガス分配係数
particional [partiθjonál] 形《法律》［遺産などの］分配の, 分与の
particionero, ra [partiθjonéro, ra] 形《まれ》=**partícipe**
participación [partiθipaθjón]〖←*participar*〗女 ❶［+en への］参加, 関与, 加入;《スポーツ》出場, エントリー: *Tuvo ~ en el proyecto especial.* 彼は特別プロジェクトに参加した. ~ *electoral/índice de ~* 投票率. ~ *en una reunión* 集会への参加. ~ *en un complot* 陰謀への関与. ❷ 通知, 知らせ; 案内状, 挨拶状: *dar ~ de+事* …を通知する. ~ *de boda* 結婚式の案内状. ❸《経済》1) 占有率; 市場占有率〖=~ *en el mercado*〗: *tener una ~ elevada en...* …に高いシェアを持つ. *estrategia orientada a ~ en el mercado* シェア志向戦略. 2)［出資などの］分担, 資本参加: ~ *accionarial* 株式保有. ~ *cruzada* 株式持合い. ~ *en el capital* 持分［権］, エクイティ. ~ *en los costes/~ en los costos* 費用分担. ~ *en la carga* 責任分担, バードンシェアリング. ~ *obrera*［労働者の］経営参加. ~ *mayoritaria*［連結会計上, 子会社の資本勘定のうち］親会社 (大株主) 持分. ~ *minoritaria* 少数株主持分, 少数持分利益. *en los beneficios* 利益配分を受ける. ❹ 参加者数: *Hubo una nutrida ~.* 大勢の参加者数があった. ❺［宝くじの］10分の1券〖10枚綴りになっている同一番号の1枚. =*décimo*, ~ *de lotería*〗. ❻《古語》連絡; 交際

participacionismo [partiθipaθjonísmo] 男 経営参加［主義］
participante [partiθipánte] 形 ❶［+en に］参加する: *atletas ~s* 参加選手. *equipos ~s* 参加チーム. *país ~* 参加国
── 名 参加者, 関係者; 出場者: *~s en un concurso (una manifestación)* コンクールの応募者 (デモの参加者)
participar [partiθipár]〖←*partícipe*〗自 ❶［+en に］参加する, 関与する, 加わる;《スポーツ》出場する, エントリーする: *Muchos equipos participaron en el torneo.* 多くのチームがトーナメントに参加した. *Participó en un robo a mano armada a una anciana.* 彼は凶器を使って年老いた女性を襲う強盗に加わらないようにしなさい. *Te guardarás de ~ en ese negocio.* その取引には関わらないようにしなさい. ~ *en la dirección* 経営に参加する. ~ *en los Juegos Olímpicos* オリンピックに出場する. ~ *en un congreso* 学会に出席する. ~ *en un concurso* コンクールに参加する. ❷《文語》［+de·en を］共有する, 分かち合う: *Los accionistas participan de las ganancias de la compañía.* 株主は会社の利益配分にあずかる. *Participan de las mismas ideas.* 彼らは同じ考えである. *No participo de su pesimismo.* 彼の悲観主義には賛同できない. ~ *en la alegría* 喜びを共にする. ❸［+de の］性質を帯びる, 似る: *El chimpancé participa del mono.* チンパンジーはサルに似たところがある
── 他 知らせる: *Te participo que he cambiado de domicilio.* 私の住所変更をお知らせします. ❷《経済》…に資本参加する. ❸《まれ》〖主に 過分〗…に参加する
participativo, va [partiθipatíbo, ba] 形 ❶ 参加の. ❷ しばしば参加する
participatorio, ria [partiθipatórjo, rja] 形 参加の
partícipe [partíθipe]〖←ラテン語 *particeps, -ipis*「参加者」< *pars, -tis* et *capere*「取る」〗形［+de·en の］参加者 (関係者・当事者) である: *Todos se sentían ~s del gran éxito.* 全員がその成功を自分のことのように感じた
hacer ~ de... a+人 …に…を知らせる; …と…を分かち合う, 共有する
ser ~ en... …に参加する, 関与する: *Su hijo fue ~ en el robo.* 彼の息子は窃盗事件に関わった
── 名 参加者, 関係者, 当事者; 受益者
participial [partiθipjál] 形《文法》分詞の
participio [partiθípjo]〖←*participar*〗男《文法》❶ 過去分詞〖=~ *de pasado*, ~ *pretérito*〗. ❷ 分詞:［de gerundio］~. ❸ *absoluto* 独立分詞, 絶対分詞〖過去分詞を使った分詞構文〗. ~ *activo* 能動分詞. ~ *pasivo* 受動分詞
partícula [partíkula]〖←ラテン語 *particula < pars, partis*「部分」〗女 ❶ 微粒子, 粒子状物質: *Hay muchas ~s de polvo en el aire.* 空中にはほこりがたくさんある. *~s contaminantes* 公害の粉塵. ❷《物理》粒子: ~ *alfa (beta)* アルファ (ベータ) 粒子. ~ *elemental* 素粒子. ❸《文法》小辞〖接辞・前置詞・接続詞などの不変化語〗
particular [partikulár]〖←*partícula*〗形 ❶ 独特の, 特有の, 類のない: 1) *Cada persona tiene un carácter ~.* 誰もが個性をもっている. 2)［+de に］*melodía ~ de los gitanos* ジプシー独特の旋律.《時に軽蔑》特別の, 通常と違った: *Gaudí construyó edificios muy ~es.* ガウディはとても変わった建物を作った. *Tiene unos gustos ~es.* 彼には珍しい趣味がある. ❸ 個人的な, 私的な: *Es su opinión ~.* それは彼の個人的な意見だ. *Me dio su número de teléfono ~.* 彼は私用の電話の番号を教えてくれた. *bienes ~es* 私有財産. *camino ~* 私道. *casa ~* 自宅. *clase ~* 個人教授. *coche ~* 自家用車. *correspondencia ~* 私信. *domicilio ~* 私邸. *interés ~* 個人的利益. *profesor ~ de español* スペイン語の家庭教師 (個人教授). ❹ 個々の, 個別の〖⇔*general*〗: *casos ~es* 個々のケース; 具体的なケース. ❺《論理》特称の〖⇔*universal*〗: *proposición ~* 特称命題. ~ *afirmativa (negativa)* 特称肯定 (否定)
de ~ 特別に:［*No hay*］*Nada de ~.* 別に変わったことはありません. *Esa falda no tiene nada de ~.* そのスカートに何も変わったところはない. *Lo que tiene de ~ es que+直説法* それの変わった点は…である
en ~ 特に, とりわけ: *Este verano en ~ llueve poco.* 今年の夏は特に雨が少ない. *No hay nada que añadir en ~.* 特に付け加えることはない
sin nada de ~ =*sin otro ~*

partido

sin otro ~ [手紙の結語] まずは要用のみ: Y *sin otro* ~, le saludamos atentamente. まずは要用のみにて失礼します. 敬具
ver de ~ *en…* …を特別の目で見る
―― 男 ❶ 一個人, 私人: Vengo aquí como un ~. 私は一個人として来ました. Ha viajado como ~. 彼は私人として旅行した. No comerciamos con ~*es*. 当社は個人との取引はいたしません. ❷ [資格・肩書などのない] 一般人: En este lugar no pueden entrar los ~*es*. ここは一般の方は入場できません. Prohibida la entrada a ~*es*.《表示》関係者以外立入禁止.
―― 男《文語》問題, 事柄: No tengo opinión sobre el ~. その件に関して意見はありません.

particularidad [partikulariðáð] 女 ❶ 独自性, 特殊性, 特異性, 特徴: Tiene sus ~*es*. 彼には様々な彼なりの特徴がある. tener ~ a ~ 不定詞・que・直説法 …という特徴がある. no tener ~ notable これといった特徴がない. ❷ [主に 複. 重要でない] 細部: sin entrar en ~*es* 細部に触れずに, 大まかに. ❸《まれ》ひいき, 偏愛

particularismo [partikularísmo] 男 ❶ [個人の利益を優先しすぎる] 個人主義, 自己中心主義, 排他主義. ❷ [ある社会・地域特有の] 表現 [法]

particularista [partikularísta] 形 名 ❶ 自己中心主義の(主義者); 地方主義の(主義者), 排他主義の(主義者). ❷《社会学》個別主義の(主義者). ❸《神学》特定主義の(主義者)

particularización [partikulariθaθjón] 女 特徴づけ

particularizar [partikulariθár] 他動[←*particular*] 9 地 ❶ [他のものと区別して] 特徴づける: Los colores azules *particularizan* la obra de El Greco. 青がグレコの絵を特色あるものにしている. ❷ […の物などを] 詳細に述べる, 詳説する. ❸ 特にひいきをする, 特別扱いする: La profesora *particulariza* a Juan. その教師はフアンをひいきしている. ❹ 特定化する
―― ❶ 個々のものに言及する, 個人を特定化する: No *particularices* en nadie, todos tienen la culpa. 特定の個人名をあげてはいけない. 全員に責任があるのだ.《まれ》深入りする
―― *~se* ❶ [+*por* で] 特徴づけられる; 目立つ: Este ordenador *se particulariza por* su maniobrabilidad. このコンピュータの特徴は操作性のよさにある. ❷ [+*con*+人 と] 懇意にする, ひいきする, 特別扱いする. ❸《まれ》有名になる, 名を上げる

particularmente [partikulárménte] 副 ❶ 特に: Me gusta la cerveza ~ cuando tengo calor. 私は暑い時は特にビールが好きだ. ❷ 個々に, 個別に. ❸ 個人的に

partida[1] [partíða] 女[←*partir*] 女 ❶《文語》出発《=*salida.* ⇔*llegada*》: La ~ será a las ocho. 出発は8時ということになっている. fijar la fecha de ~ 出発の日を決める. ❷ [発送・注文する商品の] 一定量, 口: Ha venido una ~ de melones muy dulces. とても甘いメロンの入荷があった. La ~ de libros llegó a tiempo. その本は時間に間に合って着いた. ❸ [共通目的の人の] 集団, グループ,《登山》パーティー; 武装した小部隊: 1) una ~ de turistas 観光客の一団. ~ de cacería / ~ de caza 狩猟隊. ~ de campo ピクニック(ハイキング)の一行. ~ de reconocimiento 偵察隊. 2)《軽蔑》~ de carteristas スリの集団. ~ de ladrones 盗賊団. ❹ [教会・役所の, 洗礼・結婚・埋葬などに関わる] 証明書: ~ de bautismo 洗礼証明書. ~ de defunción 死亡証明書. ~ de matrimonio 結婚証明書. ~ de nacimiento 出生証明書, 戸籍謄本. ❺ [チェス・トランプ・ビリヤード・ゴルフ・卓球などの] 試合, 対局: Vamos a jugar una ~. 一局(一勝負)やろう. ❻ [帳簿・予算への] 項目, 勘定科目: ~ asignada a educación 教育費. [contabilidad por] ~ doble 複式簿記. ~ simple 単式簿記. ❼《古語》[勝負などの] やり方, 手口: Se perdió por una mala ~. 彼は汚いやり口で負けた. ¡Qué ~! 何てやり方だ! ❽《歴史》las Siete *P*~*s* 七部法典《13世紀中ごろカスティーリャ王アルフォンソ10世が編纂》. ❾ [+de+事物] 一連のもの. ❿ 賭け金.《まれ》勝負師. ⓫《まれ》場所. ⓬《古語》訴訟当事者. ⓮《古語》死. ⓯《地方語》境界

andar las siete ~*s* =*correr las siete* ~*s*
buena ~ 立派な手段
comerse la ~《口語》策略に気がつく
correr las siete ~*s*《口語》[色々な所を] 歩き回る
echar una ~《口語》一勝負する
ganar la ~ *a*+人 …から勝ち取る, …に勝つ
mala ~ 汚いやり口: jugar una *mala* ~ a+人 …に対して汚い手を使う

sin otro ~ [手紙の結語]
~ *serrana* =*mala* ~
por ~ *doble* 1) 2倍の・で: trabajar *por* ~ *doble* 2倍働く. No le hagas caso a ese, que es tonto *por* ~ *doble*. あいつに構うな. 底抜けのばかだから. 2) 2回
recorrer las siete ~*s* =*correr las siete* ~*s*
ser ~《ペルー. 口語》登録する, 参加する
tragarse la ~《口語》=*comerse la* ~

partidamente [partiðáménte] 副 分割して, 分割的に

partidario, ria [partiðárjo, rja] 形 ❶ [+*de*+人・思想などを] 支持する, 信奉する, 忠実な; 支持者, 信奉者: Es ~ *del* feminismo. 彼は女性解放を支持している. Los ~*s del* candidato conservador aplaudieron su intervención. 保守党候補の支持者たちは彼の仲間に拍手を送った. El realismo tuvo ~*s* durante todo el siglo XIX. 実在論は19世紀の間ずっと支持された. ❷ [+*de*で] 賛成の[人], 味方の[人]: Soy ~ *de la* reducción de la jornada laboral. 私は労働時間の短縮に賛成だ. Se mostró ~ *de* retrasar los plazos. 彼は期限を延長することに賛意を示した. Hay pocos ~*s de* la medida. 対策に賛成する人は少ない. ❸ パルチザン[の], ゲリラ[の]. ❹《まれ》[地区の] 担当医. ❺《キューバ, エクアドル, ペルー》小作人

partidarista [partiðarísta] 形《コロンビア》党派の; 党派心の強い, 党派性の強い

partidillo [partiðíʎo] 男《サッカー》練習試合

partidismo [partiðísmo] 男[←*partido*] ❶ [過度の] 党派心, 党利党略, セクト主義. ❷ 偏愛, 情実, えこひいき

partidista [partiðísta] 形 名 ❶ 党利党略の; 党派心の強い[人], セクト主義の(主義者): política ~ 派閥中心の政治, 党利党略. ❷ ひいきをする[人]

partido[1] [partíðo] 男[←*partido*] ❶ 政党《=~ *político*》; 党派: 1)《*primer*》~ *de* la oposición 野党[第一党]. ~ *del* gobierno/~ *gobernante* 与党. ~ *comunista* 共産党. ~ *único* 一党独裁, 単一政党制. 2)《西》*Partido Conservador*《西》保守党《1876~1931, カノバス・デル・カスティーリョが創設した中道派政党. =*P*~ *Liberal-Conservador*》. *P*~ *Liberal* 自由党《1880~1931, サガスタ Sagasta が自由主義進歩派と穏健民主派を結集して結成した政党》. *P*~ *Colorado*《ウルグアイ》コロラド党《19世紀半ばの結党時にはリベラルで共和主義だったが, 現在では右派から社会民主主義まで含む》. *P*~ *Nacional*《ウルグアイ》国民党《1836年結党. 通称ブランコ党 *blancos*. 時期によって中道から右派まで傾向が変わる》. ❷ [主に球技の] 試合: Hoy hay [un] ~ *de* fútbol. 今日サッカーの試合がある. En esa arena hay ~ *de* lucha libre todos los domingos. そのアリーナでは毎日曜日にプロレスの試合が行われる. ganar el ~ *contra* España スペイン戦に勝つ. jugar un ~ *de* tenis テニスを一試合する. jugar en el ~ 試合に出る. bola *de* ~ / *punto para* ~ マッチポイント. ~ *de homenaje* チャリティー試合. ~ *de* póquer ポーカーのゲーム. ~ *de vuelta*《ボクシングなど》リターンマッチ. ❸ [司法・行政上の] 管轄区: 1)《歴史》~ (capitán) ~ *de* cabeza 県, 県庁所在地, 都役所所在地; 地方裁判所のある市. ~ *judicial*《西》地方裁判所の管轄区. 2)《歴史》[地方監察官に] *intendencia* の下区画. ❹《医学》担当地区, 診療地区. ❺ 利益, 得. ❻《口語》[経済力・地位・家柄で選ぶ, *buen*・*mal*+] 良い・悪い結婚相手: Ha encontrado un buen ~ para su hija. 彼は娘にふさわしい(好条件の)結婚相手を見つけた. ❼ 追随者, 信奉者, 礼賛者, ファン: Este cantante tiene muchos ~*s* entre los mayores. この歌手は年配者の間でファンが多い. ❽ 仲間. ❾ 男(女)にもてること《戯話》では動物についても. ❿ 決定. ⓫ 庇護, 保護, 好意. ⓬ 協定, 協約. ⓭ 方策, 手段. ⓮ 味方, チーム. ~ *contrario* 相手チーム. ⓯《競技の》ハンディ. ⓰ *moza (mujer) del* ~ 売春婦. ⓱ 党員.《アンダルシア》[アパート・マンションの] 階, 部屋. ⓳《中南米》試合, 対局. 2) 分益農法. 3) 髪の分け目. ⓴《南米》[鉱山主と山師の間での] 見つけた鉱石の分配. ㉑《アルゼンチンなど》[行政区分] 郡: ~ *de La Matanza* マタンサ郡

a ~《メキシコ, キューバ》平等に, 均等に
al ~《ボリビア》平等に, 均等に
darse a ~ 粘り強さに負ける
formar ~ 党派を作る
~ *robado* 一方に極めて有利なゲーム
sacar ~ [+*a*・*de* から] 利益を得る: *sacar* ~ *de la crisis* 危機を利用してもうける. *sacar el máximo (mayor)* ~ *de*…

…を最大限利用する
tener ~ 1) 支持(賛同)を得る: Sus canciones *han tenido mucho ~ entre la juventud.* 彼の歌は若者の間で大受けした. 2) 成功する. 3) [男・女に]もてる
tomar ~ 1) 決定を下す, 決心する; 態度を明らかにする: *Hay que tomar otro ~.* 別の手をうつ必要がある. 2) [+por の方に] 味方する: *Tomó ~ por su madre.* 彼は母親の味方をした
traer a+人 **a ~** 説得する, 納得させる

partido², da [partíðo, ða] 形 ❶《植物》hoja *~da* 深裂葉. ❷《紋章》escudo ~ 縦2分割の盾形紋章. *escudo ~ en (por) banda* 斜帯で2分割された盾形紋章. ❸《まれ》気前のよい

partidor, ra [partiðór, ra] 形 名 ❶ 分割(分配)する[人]. ❷ 割る[人]: ~ *de leña* まきを割る人 ── 男 ❶ 分水閘(う), 用水を分配する水門装置. ❷ 分配器. ❸ 割り器: ~ *de nueces* クルミ割り. ❹《古語》[女性の] 髪分け用の棒. ❺《まれ.数学》除数; 約数. ❻《コロンビア》スタート・ゲート

partidura [partiðúra] 女 ❶ 髪の分け目. ❷《地方語》割ること

partija [partíxa] 女 ❶《西. まれ》[財産などの] 分配;《軽蔑》取り分. ❷《地方語》区分された土地. ❸《エストレマドゥラ》わき道

partillo [partíʎo] 男《医学》妊娠中の出血

partimento [partiménto] 男《廃語》=**partimiento**

partimiento [partimjénto] 男 分配 [=partición]

partiquino, na [partikíno, na]〔←伊語 particina「部分」〕名 [オペラの] 端役

partir [partír]〔←ラテン語 partiri「分ける, 配る」〕自 ❶《文語》出発する.[類語] **partir, salir, marcharse, irse** はいずれも「出発する」だが, partir は salir に比べると教養語的で「出立する」に近い. salir はごく普通かつ広い意味で「出る」のに対し, marcharse と irse は「遠くへ行ってしまう」, partir は「遠い土地に向かって旅立つ」のニュアンスがあるが, *Partimos al amanecer.* は「私たちは明け方に出発した」であくまで「出発する」という動作に注意が向けられているのに対し, *Nos marchamos al amanecer./Nos fuimos al amanecer.* は「出発」そのものよりも「どこか遠くへ行ってしまった」のニュアンスが強い: 1) [+de から; +a に, +para に向けて] *Partimos de Murcia para Madrid.* 私たちはムルシアからマドリードに向けて出発した. *Un vuelo parte de Lima a Cuzco todos los días.* 一便が毎日リマからクスコに飛んでいる. *Del Puerto de Sevilla partieron numerosos colonizadores hacia América.* セビリアの港から数多くの植民者たちがアメリカ大陸に向かって旅立って行った. 2)[推論・原則などから] *Partiendo de la base de que todos somos iguales, discutamos este tema relativo al racismo.* 万人が平等であるとの原理に立って, この人種差別に関するテーマを議論しましょう. ~ *de un supuesto falso* 間違った仮定から出発する. ❷…に由来する: *La idea partió de mi novia.* その考えは私の恋人から出たものだ. *Esa manera de expresión partió de la generación joven de las grandes ciudades.* その表現法は大都市の若い世代から生まれた. ❸ 決心する: *¿Has partido ya?* もう決めた? ❹《トランプ》カードをカットする: *Antes de repartir, parte.* 配る前にカットしなさい. ❺《口語》腹を抱えて笑いすぎて腹が痛くなる

a ~ de...) …から, …以来〔=desde〕: *Hoy a ~ de las cinco en adelante estoy en casa.* 今日5時以降, 私は家にいる. *A ~ de aquel día mi vecino está en paradero desconocido.* あの日以降, 私の隣人は行方不明だ. *A ~ de ese sitio la escalada se nos hizo más difícil por la aguanieve que empezaba a caer.* その地点から先は, 降り始めたみぞれのせいで私たちの登攀は一層難しくなった. *Vivo en la quinta casa a ~ de la esquina.* 私は角から数えて5軒目の家に住んでいる. 2)…を出発点にして, …に基づいて: *A mí me parece que no será bueno discutir este tema a ~ de esas conjeturas infundadas.* そのような根拠のない推測をもとにこのテーマを議論するのは良くないように私には思える. *a ~ de ese supuesto* その仮定に立てば

── 他 ❶ 分割する, 分ける; 切り分ける: 1)[+en に] *Partimos la torta en tres partes iguales.* 私たちはパイを均等に3つに分けた. *El río parte la ciudad en dos.* 川は町を二分している. ~ *una sandía en varias rajas* スイカをいくつかに小さく切り分ける. ~ *la leña en trozos menudos* 薪を割って小さな木片にする. 2)[+entre の間で] 分配する; [+con に] 分け与え

る: *Partieron la herencia entre los hermanos.* 遺産は兄弟たちの間で分けられた. *Partió el pan con su amigo.* 彼は友人にパンを分け与えた. 3)[全体から一部に] 切り取る: ~ *una raja de melón* メロンを一切れ切り取る. 4)《数学》*Quince partido por cinco son tres.* 15割る5は3. ❷[殻などを]割る: *Partió el coco con una piedra.* 彼は石でヤシの実を割った. ~ *un huevo* 卵を割る. ❸《西. 口語》…に大損害を与える, ひどい迷惑をかける; ひどく悲しませる: *Suspenderme la beca ahora, eso me parte.* 今奨学金を停止されると私は困ってしまう. *El retraso del tren me ha partido totalmente la tarde.* 電車が遅れて私は午後がすっかり台なしになった. *La idea de que no nos volveremos a ver, me parte.* 私たちもう二度と会うことがないと思うと私は実に悲しい. *Me parte el corazón ante la noticia.* 私はその知らせを聞いて胸が張り裂けそうだ. ❹《口語》傷を与える, 殴る: *Te voy a ~ la cara!*[脅し文句で] 殴るぞ! ❺《トランプ》[カードを] カットする. ❻ 分類する; 識別する, 区別する. ❼《まれ》襲いかかる, 攻撃する. ❽《古語》終える, 終わる

~se ❶ 割れる, 折れる; ひびが入る: 1)[物が] *Se cayó la taza y se partió en pequeñas piezas.* 茶碗が私の手から落ちて粉々に割れた. *Se partió el parabrisas de una pedrada.* 投石でフロントガラスにひびが入った. *Si el tronco está partido por la mitad, la palma está muerta.* 幹が真ん中で裂けたらヤシの木は死んでいる. 2)[体の一部が] *Me caí de la escalera y me partí un brazo.* 私ははしごから落ちて腕を折った. *Se le partió una pierna esquiando.* 彼はスキーで脚を折った. *Sin notarlo, se me partió un diente.* 気づかないうちに私は前歯が一本折れた. ❷ 分割される, 分かれる: *El camino se parte en dos cerca de la playa.* 道は海岸の近くで2本に分かれる. ❸ 意見が分かれる. ❹《口語》大笑いする, 腹を抱えて笑う, 抱腹絶倒する [=~se de risa]: *Los alumnos se partieron de risa con mi chiste.* 生徒たちは私の冗談を聞いて大笑いした. *Siempre cuenta unas cosas para ~se.* 彼はいつも面白い冗談を言っては笑っている

partisano, na [partisáno, na]〔←伊語 partigiano〕名 [主に第2次世界大戦の] パルチザン, 遊撃兵

partita [partíta] 女《音楽》パルティータ〔17〜18世紀の組曲の一種〕

partitivo, va [partitíβo, βa]〔←partir〕形 ❶《文法》1) 部分を表わす: *artículo ~* 部分冠詞. 2)[数詞が] 分数の. ❷ 分割され得る
── 男《文法》❶ 部分詞, 部分を表わす小辞, 部分表現〔例 *Aquel día la familia solo comió de un pedazo de tocino.* あの日家族はベーコンの切れ端ばかり食べた〕. ❷ 部分数詞〔例 *medio, tercio, cuarto.* ~=numeral ~〕

partitocracia [partitokráθja] 女《軽蔑》政党への過度の権力集中, 政党による支配

partitocrático, ca [partitokrátiko, ka] 形《軽蔑》政党へ過度に権力が集中した

partitura [partitúra]〔←伊語〕女《音楽》総譜, スコア; 楽譜: *Sabe tocar sin ~.* 彼は楽譜を見ないで演奏できる. *poder leer una ~* 楽譜が読める. ~ *para piano* ピアノのための楽譜

parto¹ [párto]《←ラテン語 partus》男 ❶ 出産, 分娩(べん): *Tuvo un ~ larguísimo.* 彼女は出産にとても時間がかかった. *Tienen que provocarle el ~.* 彼女は分娩を誘発してもらう必要がある. *asistir en un ~* 分娩に立ち会う. *ponerse de ~/entrar en trabajo de ~* 陣痛が始まる. *estar de ~/estar en trabajo de ~* 陣痛が始まっている, 分娩中である. *morir de (en el) ~* お産で死ぬ. *ejercicios de preparación para el ~* 出産準備体操(運動). *mal ~* 流産. ~ *distócico* (difícil, laborioso・doloroso) 難産. ~ *feliz* (fácil) 安産. ~ *eutócico* (normal) 正常分娩. ~ *múltiple* 複数分娩. ~ *natural* 自然分娩. ~ *sin dolor* 無痛分娩. ❷ 創造, 創作: *El ~ de esta novela me ha llevado tres años.* 私はこの小説を書くのに3年かかった. *Está ocupado en el ~ del nuevo ensayo.* 彼は新しいエッセイを書くのに忙しい

el ~ de los montes《口語》大山鳴動して鼠一匹: *La última película del gran director parece el ~ de los montes.* 巨匠の最新映画の出来は当てが外れそうだ. *La redacción es el ~ de los montes, ha estado toda la tarde para cinco líneas.* レポートは期待外れだ, 彼は午後ずっとがんばったのに5行しか書けなかった

venir el ~ derecho 期待どおりに事が運ぶ

parto², ta [párto, ta] 形 名 《古代ペルシア,地名》パルティア Partia の(人)
—— 名 パフラヴィー語

part-time [párt taim] 《←英語》男 パートタイム 《=media jornada》

parturienta [parturjénta] 《←ラテン語 parturiens, -entis》形 名 臨産婦, 妊婦; 分娩中の(女), 出産直後の(女): La ~ necesitó solo unos minutos para dar a luz. 妊婦はほんの数分で出産した

party [párti] 《←英語》男/《まれ》女 パーティー; 《米国, プエルトリコ》持ち寄りパーティー

partyline [párti láin] 《←英語》男 《畜》~s テレクラ

párulis [parúlis] 男 《医学》歯肉膿瘍

paruma [parúma] 女 《コロンビア》《船頭の》腰衣, 腰巻き

parusía [parusía] 女 《キリスト教》[最後の審判での] キリストの再臨

parva¹ [párba] 女 ❶ [脱穀場に積み上げられた] 麦束, 穀物. ❷ 《まれ》大量, 山ほどあること. ❸ 《まれ》干し草の山. ❹ 《まれ》[食料が] わずかなこと. ❺ 《地方語》脱穀. ❻ 《地方語》[労働者の] 朝食. ❼ 《地方語》軽食
salirse de ~ 本筋から離れる

parvada [parbáda] 女 ❶ 《集合》[脱穀場に積み上げられた] 麦束, 穀物. ❷ 《集合》[一羽の鳥が一度に育てる] ひな鳥. ❸ 《地方語》愚かさ. ❹ 《メキシコ》[鳥の] 群れ

parvallán, na [parbaʎán, na] 形 ばかな, 間抜けな

parvear [parbeár] 自 《プエルトリコ》朝食をとる 《農夫が9時から10時にかけてとる軽い食事》. ❷ 粗末な食事をする

parvedad [parbeðáð] 女 《←ラテン語 parvitas, -atis》❶ 少なさ, わずかなこと. ❷ [断食の時にとる] わずかな量の食べもの

parvero [parbéro] 男 [あおぎ分ける aventar ために] 広げられた穀物

parvidad [parbiðáð] 女 =parvedad

parvificar [parbifikár] 他 《まれ》小さくする; 減らす, 少なくする; 和らげる

parvificencia [parbifiθénθja] 女 《廃語》[運賃・出費が] わずかなこと

parvífico, ca [parbífiko, ka] 形 《まれ》[費用が] わずかな

parvo, va² [párbo, ba] 《←ラテン語 parvus》形 ❶ 《文語》[量が] 少ない, わずかな; [重要度が] 低い. ❷ 《カトリック》oficio ~ 聖母マリアをたたえる祭式. ❸ 《地方語》ばかな, 間抜けな

parvobacteria [parbobaktérja] 女 《生物,古語的》パルボバクテリア

parvovirus [parboβírus] 男 《生物》パルボウイルス

parvulario¹ [parbulárjo] 《←párvulo》男 ❶ 《西》幼稚園; 保育園: ~ municipal 市立幼稚園. ❷ 《西》《集合》幼稚園児. ❸ 《まれ》《集合》子供, 幼児, 小児

parvulario², ria [parbulárjo, rja] 形 《まれ》幼稚園児の
—— 名 《チリ》幼稚園(保育園)の先生

parvulez [parbuléθ] 女 ❶ 小さいこと; 少ないこと. ❷ 単純, 簡単

parvulista [parbulísta] 名 幼稚園(保育園)の先生

párvulo, la [párbulo, la] 《←ラテン語 parvulus < parvus「小さい」》❶ 《文語》子供の, 幼児の; 幼い, 幼稚な. ❷ 純真な; だまされやすい. ❸ へりくだった; 内気な
—— 名 ❶ 《西》幼稚園児, 《文語》[小学校入学以前の] 子供, 幼児: Doy clases de inglés a ~s. 私は幼い子供たちに英語を教えている. escuela (colegio) de ~s 幼稚園. ❷ 純真な子; だまされやすい子: Esta niña es una ~la. この女の子は何も知らない

P.A.S. [pás] 男 《pas とも表記する》《薬学》パス 《抗結核薬》

pasa¹ [pása] I 《←ラテン語 passus < pandere「広げる」》女 ❶ 干しブドウ: ~ de Corinto [ギリシア, コリント地方原産の] 菓子用の小粒の種なし干しブドウ. ~ de Esmirna [スルタナ産の] 黄色い種なし干しブドウ. ~ gorrona 大粒の干しブドウ. ❷ 干しブドウから作った化粧品. ❸ [黒人の] 縮れ毛
estar (quedarse) hecho (como) una ~ 《口語》[人が] しわだらけである: Con los años, mi abuela *se quedó como una ~*. 私の祖母は年をとるにつれて皮膚がしわくちゃになった
II 《←pasar》女 ❶ [浅瀬にある, 船の通れる] 狭い水路. ❷ [渡り鳥の] 渡り. ❸ [ゲームでの] パス
juego de ~ 手品, 奇術

pasable [pasáble] 形 ❶ まあまあの: El restaurante fue ~. レ

トランはまあまあだった. ❷ 《中南米》[川が] 歩いて渡れる

pasablemente [pasáblemènte] 副 《まれ》まあまあ, まずまず, そこそこ: ¿Qué tal te salió? —*P~*. 君はうまくいったのか？—まあまあです

pasabocas [pasabókas] 男 《単複同形》《コロンビア》おつまみ 《=tapa》

pasabordo [pasabórðo] 男 《コロンビア》搭乗券

pasaballo [pasabáʎo] 男 《古語》[マストのない] 平底の船

pasacalle [pasakáʎe] 男 《←pasar+calle》❶ 《音楽》パサカリエ 《テンポの速い民衆の祭りの行進曲》. ❷ 《舞踊, 音楽》パッサカリア 《スペイン起源の緩やかな舞踊・舞踊曲》. ❸ 《アルゼンチン, ウルグアイ》[主に政治的スローガンの] 横断幕

pasacana [pasakána] 女 《ボリビア, アルゼンチン》カルドン cardón の実

pasacantando [pasakantándo] 《ドミニカ》資産のない人, 文無し

pasacasete [parakaséte] 男 《ラプラタ》=pasacassette

pasacassette [parakasét] 男 《ラプラタ》カセットレコーダー, カセットデッキ

pasacintas [pasaθíntas] 男 《単複同形》《手芸》中央部にリボンを通す穴のあるレース entredós

pasacólica [pasakólika] 女 《医学》[一時的な] 疝痛 (%), さしこみ

pasada¹ [pasáða] 《←pasar》女 ❶ [拭く・塗るなど, 表面への] 作業, 処理: dar al suelo otra ~ con la bayeta 雑布で床をもう一度拭く. dar dos ~s de jabón a la ropa [洗濯で] 二度洗いする. ~ de pintura ペンキ (絵の具) を塗ること, 塗装. 軽くアイロンがけ: dar dos ~s con la plancha a la camisa シャツに軽く2度アイロンをかける. ❷ 仕上げ: dar otra ~ a las hojas 書類をもう一度見直す. la última ~ 最終仕上げ. ❸ 《裁縫》しつけ縫い. ❹ 通過; [通過する] 場所: hacer varias ~s por delante de+人 …の前を何度も通る. ❺ 勝負, 試合 《=partida》. ❻ [ある場所の上空での] 飛行: El avión realizó varias ~s sobre la misma zona. 飛行機は同じ地区の上空を旋回した. ❼ 《西, 口語》[良くも悪くも] 度を越した事物, いきすぎ, やりすぎ: Se ha comprado una moto que es una ~. 彼がバイクを買ったのだが, それがまたすごいのなんのって. Lo que has hecho es una ~. 君のしたことは最低だ. ❽ 《西, 口語》荒稼ぎ, ぼろもうけ. ❾ まずまずの生活ができる収入. ❿ [長さの単位] =5フィート. ⓫ 《西》仕打ち. ⓬ 《中米》[川などの] 歩いて渡れる場所, 渡渉点. ⓭ 《中米》叱責, 非難. ⓮ 《キューバ》こらしめ, 懲罰. ⓯ 《コロンビア》恥辱
dar ~ 1) 通じさせる. 2) 目をつぶる, 大目に見る
dar una ~ a+物 《口語》もう一度 ~ を見直す
de ~ 1) ざっと, 急いで, 手短かに: Basta leerse el libro *de ~*. その本は斜め読みするだけで十分だ. Voy *de ~*. ちょっと行ってみるよ. Mencionó *de ~* próximos proyectos. 彼はちらっと次の計画に言及した. El periodista escuchó *de ~* la conversación de un agente de policía y supo ese sabotaje. 記者はある刑事の会話を小耳にはさみ, その破壊行為を知った. 2) ついでに: Ya que estamos aquí, *de ~* vamos a ver a Pedro. ここまで来たのだから, ついでにペドロに会いに行こう. *De ~* te dije que me encontré con ese tío. そういえば私はあの男に会ったよ. *dicho de ~* ついでに言えば
hacer la ~ 《ラプラタ》[男性が] 思いを寄せる女性の家に立寄る
mala ~ 卑劣な手: Puede jugarte una mala ~. 彼は君に汚い手を使うかも知れない

pasadera¹ [pasaðéra] 《←pasar》女 ❶ 《西》[小川・浅瀬を渡る] 飛び石, 渡し板. ❷ 《船舶》引が縄. ❸ 《地方語》湯(ゆ)し器; 水切り. ❹ 《メキシコ, 狩猟》獲物がよく通る道 (個所), 獣道. ❺ 《グアテマラ》1) 同じ場所を繰り返し通ること; よく通る場所. 2) 街から街へとさまようこと. ❻ 《コロンビア》繰り返し立ち寄ること. ❼ 《ベネズエラ, 闘鶏》[鶏が負う] 傷. ❽ 《チリ》次々に政党を鞍替えすること

pasaderamente [pasaðéraménte] 副 まあまあ, まずまず

pasadero, ra² [pasaðéro, ra] 形 ❶ まあまあ, まずまず, まずまずの, 通行可能な 《=pasable》. ❷ 《楽に》通れる, 通りやすい. ❸ 《古語》一時的な, はかない
—— 男 ❶ 飛び石 《=pasadera》. ❷ 《メキシコ, アルゼンチン》1) 同じ場所を繰り返し通ること; よく通る場所. 2) 街から街へとさまようこと

pasadía [pasaðía] 女 ❶ まずまずの生活ができる収入 《=pasa-

pasadillo [pasaðíʎo] 男《手芸》両面刺繍《ﾞ》.

pasadiscos [pasaðískos] 男《単複同形》《ｳﾙｸﾞｱｲ》=**tocadiscos**

pasadismo [pasaðísmo] 男 保守主義, 懐古主義

pasadista [pasaðísta] 形 保守主義(の主義者), 懐古主義の

pasadizo [pasaðíθo]《←paso》男 ❶［狭い］通路, 廊下: ~ subterráneo 地下道. ~s del metro 地下鉄の通路. ❷ 抜け道, 裏道: ~ del castillo 城の抜け道. ❸ 渡り廊下

pasado[1] [pasáðo] 《←pasar》男 ❶［遠い］過去, 昔［時間］. 【集】出来事, 記憶: 1) Hay que recordar el ~ y vivir el presente. 過去のことを思い出し現在を生きるべきである. En el ~ se vivía peor. 昔はもっとひどい生活だった. El ~ es pasado. 過ぎたことは過ぎたことだ. olvidar el ~ 過去を忘れる. 2)［言及する·隠すことのある］過去: Tu ~ no me importa. 君の過去は私にとって問題ではない. ❷《文法》過去［=pretérito］: decir en ~ ~形で言う. ❸ 阅 先祖, 祖先. ❹ 通過. ❺ 脱走兵, 投降兵;《敵方に》寝返った者

pasado[2], **da**[2] [pasáðo, da] 形 ❶ 過去の, 過ぎ去った: El tiempo ~ fue mejor. 過去は今より良かった. Olvidemos lo ~. 過去のことは忘れよう. días ~s 過ぎた日々. vida ~da 過去の生活（人生）. ❷［時の名詞と共に］La salida fue el martes ~ a las tres. 出発はこの前の（先週の）火曜日だった. Son las seis ~das. 6時過ぎです/6時を回っている. a partir del mes de abril 4月以来. por estos diez años ~s この（過去）10年間. el mes ~ 先月. la noche ~da 昨日の夜. hasta ~da la medianoche 真夜中すぎまで. Ya eran ~das las cinco de la tarde. もう午後5時を過ぎていた. P~das las once regresó a casa. 11時を過ぎてから彼は帰宅した. ❸［estar+. 布などが古くて］破れやすくなっている: Estos zapatos están un poco ~s. この靴は少しくたびれている. ❹［estar+. 花が］盛りを過ぎた. ❺［estar+. 食べ物などが］1) 傷みかけた: Esta carne está un poco ~da. この肉は少しいたんでいる. La leche está ~da. 牛乳は酸っぱくなっている. Este melón está ~. このメロンは熟れすぎだ. 2) 煮（焼き）すぎた: El filete muy ~, por favor. ステーキはウエルダンでお願いします. medio (poco) ~ ミディアムの. bien ~ ウエルダンの. muy poco ~ レ アの. ❻［estar+］ひどく酔っている; 麻薬でラリっている. ❼ 現代的でない, 古くさい: tema ~ 古びたテーマ. ❽《阅牛》《剣·槍の突き刺し》通常より後方の. ❾《ｺﾛﾝﾋﾞｱ》1)《動物が飲まず食わずで》脇腹がへこんでいる. 2)《物事が》面白くない

Lo ~, ~ [está]. 過ぎたことは仕方がない

pasador, ra [pasaðór, ra]《←pasar》形 送る, 通す
—— 名《まれ》密輸入業者
—— 男 ❶ 髪留め, バレッタ［=~ del pelo］;《ﾒｷｼｺ》ヘアピン. ❷ ネクタイピン［=~ de la corbata］;［制服に勲章をとめる］安全ピン;［スカート用の］止めピン. ❸［戸·窓の］掛け金: echar el ~ 掛け金をかける. ❹《軍》カフスボタン［=gemelo］. ❺［蝶番の］心棒. ❻《船舶》マリンスパイク. ❼《料理》濾し器［=colador］. ❽《古語》弩の矢. ❾《中南米》［戸·窓の］錠前［=cerradura］. ❿《ｷｭｰﾊﾞ》タバコの葉につく昆虫の幼虫. ⓫《ｺﾛﾝﾋﾞｱ》1) ロザリオの大珠. 2) 軽い飲み物《炭酸水など》. ⓬《ｴｸｱﾄﾞﾙ》［刑務所の］使い走り. ⓭《ﾍﾟﾙｰ》靴超

pasadura [pasaðúra] 女 ❶《まれ》通過. ❷《まれ》［子供が］体を震わせて泣くこと. ❸《地方語》《軍》作業, 処理

pasagonzalo [pasaɣonθálo] 男《まれ》［主に鼻を］手で軽く叩くこと

pasaitarra [pasaitáɾa] 形 名《地名》パサヘス Pasajes の〔人〕《ギプスコア県の村》

pasaje [pasáxe]《←pasar》男 ❶ 通過, 通行, 移動: ~ a la otra orilla 対岸への移動. ~ a la India インドへの旅. ❷［通りをつなぐ］横丁, 抜け道: ~ de montaña 山間の道. ~ detrás del mercado 市場の裏の横丁. ❸［本などの］一節: un ~ de los Evangelios 福音書の一節.《音楽》一節. 2) 走行, 経過句. ❹《海事》運賃. ❺ 海峡, 瀬戸: P~ de Drake ドレーク海峡《南米ホーン岬と南極大陸との間にある》. ❼ 歓待, もてなし. ❽［主に中南米］［主に船·飛行機の］切符: Todavía no tengo el ~ para Lima. 私はまだリマ行きの切符を手に入れていない. comprar dos ~s de avión 飛行機の搭乗券を2枚買う. ~ electrónico eチケット. ❾《主に中南米》【集】［船·飛行機の］乗客: avión ~ 旅客機. bar-

co de ~ 客船. ❿《ﾒｷｼｺ, ｶﾘﾌﾞ, ﾁﾘ, ｱﾙｾﾞﾝﾁﾝ, ｳﾙｸﾞｱｲ》アーケード街. ⓫《ｺﾛﾝﾋﾞｱ》アパート, 共同住宅. ⓬《ﾍﾞﾈｽﾞｴﾗ》パサヘ《民俗舞踊·音楽》. ⓭《ｱﾙｾﾞﾝﾁﾝ》袋小路

pasajero, ra [pasaxéro, ra]《←pasaje》形 ❶ つかの間の, 移りゆく, 一過性の: amor ~ 一時の愛, はかない恋; かりそめの愛. 一過性の痛み. dolor ~ 一時的な苦痛. moda ~ 一時の流行. ❷［通り·場所が］人通りの多い: calle poco ~ra 人通りのほとんどない通り. ❸［鳥などが］渡りをする
—— 名 ❶［自分で運転しない乗り物（バス·列車·船·飛行機など）の］乗客, 旅客: ¡Señores ~s, al tren!《鉄道》どうぞご乗車下さい! Muchos ~s utilizan esta línea de autobuses. このバス路線は利用客が多い. tren (avión·barco) de ~s 旅客列車（旅客機·客船）. ❷《ｺﾛﾝﾋﾞｱ, ﾁﾘ, ｱﾙｾﾞﾝﾁﾝ》一時通過の宿泊客
—— 男《ﾍﾞﾈｽﾞｴﾗ》《農場労働者に配られる》朝食用のチーズ·バター

pasajuego [pasaxwéɣo] 男《ﾍﾟﾛｰﾀ》［サーブしてきた方向へ］ボールを打ち返すこと

pasamacho [pasamátʃo] 男《ﾌﾟｴﾙﾄﾘｺ. 俗語》暇つぶし, 気晴らし

pasamanar [pasamanár] 他［飾り紐を］作る, 取り付ける

pasamanería [pasamanería] 女【集】❶［制服·壁掛けなどの］飾り紐, ブレード, 組み紐, モール. ❷ 飾り紐の製造業; 飾り紐の製造所（販売店）

pasamanero, ra [pasamanéro, ra] 名 飾り紐の製造（販売）業者

pasamano [pasamáno] 男 =**pasamanos**

pasamanos [pasamános] I 《←pasar+mano》男《単複同形》❶［階段などの］手すり［=barandilla］;［手すり代わりの］綱: Agárrate fuerte al ~. しっかり手すりにつかまりなさい. ❷《船舶》ギャングウェイ, 船内通路. ❸《ﾁﾘ, ｱﾙｾﾞﾝﾁﾝ, ｳﾙｸﾞｱｲ》1)［乗り物の］吊り革. 2) チップ［=propina］; 謝礼
II 《←仏語 passement》男［制服·壁掛けなどの］飾り紐, ブレード, 組み紐, モール

pasamiento [pasamjénto] 男 通路

pasamontañas [pasamontáɲas] 男《単複同形》《服飾》目出し帽, バラクラバ帽

pasante [pasánte]《←pasar》名 ❶［弁護士·公証人になるための］実務修習生, 司法修習生, 弁護見習い［= ~ de abogado, ~ de pluma］: Está de ~ en un bufete. 彼は弁護士事務所で見習いをしている. ❷ 実習助手; ティーチング·アシスタント. ❸［修道会の］授業や説教の準備をする僧. ❹《地方語》家庭教師. ❺《ﾒｷｼｺ, ｱﾙｾﾞﾝﾁﾝ》［教職などの］教員, 試用期間中の教員; 職業訓練中の学生, 研修生
—— 形《紋章》［ライオンなどが］歩行姿勢の

pasantía [pasantía] 女 実務修習生（弁護見習い）の職（実習·期間）

pasapalos [pasapálos] 男 阅《ﾍﾞﾈｽﾞｴﾗ. 口語》前菜, おつまみ

pasapán [pasapán] 男《戯語》喉［=garganta］

pasapasa [pasapása] 男《単複同形》手品, 奇術［=juego de ~〕

pasaperro [pasapéro] 男 coser a ~〔あまり厚くない本の背に2個所穴を開け〕革紐を通して綴じて装丁する

pasapiri [pasapíri] 男《隠語》パスポート

pasaportar [pasaportár] 他 ❶《西. 俗語》［人·動物を］殺す: No se andan con bromas y cuando fallas te *pasaportan*. 奴らは本気だから, ミスったら消されるハメになる. ❷ パスポートを発行する. ❸［人を］追い出す, 追い払う: La autoridad gubernativa ha pasaportado a los polizontes a su lugar de origen. 政府当局はおまわりたちを出身地へ追い出した. ❹［人に］手早くさせる. ❺《古語》《軍人に》出張許可証を出す

pasaporte [pasapórte]《←仏語 passeport》男 ❶ パスポート, 旅券: Es necesario ~ para viajar a Gibraltar. ジブラルタルに行くにはパスポートが必要だ. sacar el ~ パスポートを取る. viajar con ~ falso 偽造パスポートで旅行する. ~ diplomático 外交パスポート, 外交官用旅券. ❷［+a 成功·実行への］保証; チケット: ~ a la felicidad 幸福へのパスポート. ❸ 行動の自由: dar ~ para.... ...する自由を与える. ❹《古語》《軍人に出される》出張許可証

dar [**el**] **~ a**+人《西. 口語》1) ...を追い出す; 解雇する: Como el equipo no gane ese partido van a *dar el ~ al* entrenador. チームがその試合に勝てなかったら監督は首になるだろう. 2) 殺す: Le *darán el ~ al* mafioso. そのマフィアは

消されるはずだ

pasaportear [pasaporteár] 他《中南米》パスポートを発行する
pasaportodo [pasaportódo] 名《単複同形》《プエルトリコ》❶《片手用の》のこぎり. ❷臆病者
pasapurés [pasapurés] 名《←pasar+puré》男《単複同形》《料理》《手回し式の》裏ごし器, マッシャー
pasar [pasár]《←ラテン語 passus, -us「歩み」< pandere「伸ばす」》自
❶ 通る, 通行する, 通過する: 1)「人・車両が」Una moto *pasó* velozmente. バイクがすごいスピードで通り過ぎた. Acaba de ~ un tren. 電車が通過したばかりだ. No *ha pasado* ni un taxi. タクシー一台通らなかった. Si dejáis aquí las bicicletas, no pueden ~ los transeúntes. もし君たちがここに自転車を置いたら通行人が通れなくなる. No podemos ~ más de aquí: es una zona militar. ここ以上先には行けない, 軍事地帯だ. Déjeme ~, por favor. すみません, 通して下さい. *Pase* usted.「順番を譲って」お先にどうぞ!「入室を許可して」お入り下さい. 2) [+por] A diario *pasan* por esta carretera unos 10.000 camiones. 毎日1万台のトラックがこの道を走る. ¿*Pasa* por aquí el autobús 10? 10番のバスはここを通りますか? *Pasa* el tren por el centro de la ciudad. 電車は町の中心部を通る. La procesión *pasa* casi *por* todos los barrios del pueblo. 行列は町のほとんどすべての地区を通って行く. *Pasé por* una callejuela angosta y salí a una calle. 私は狭い路地を抜けて, 一本の通りに出た. Estamos *pasando por* la zona de frontera y ya entraremos en México. 私たちは今国境地帯を通っていて, 間もなくメキシコに入る. Sus amigos le preguntaron a un señor que *pasaba por* allí si vió a Hugo. 友人たちは通りすがりの男性にウゴを見なかったか尋ねた. 3) 渡る: No *pases*, que el semáforo está rojo. 信号が赤だから渡るのはやめなさい. Para entrar en la ciudad, todos los vehículos *pasan por* este paso a nivel. 町に入るためには, 車両全てこの踏切を渡らなければならない. Los enemigos *pasaron por* el río e invadieron la ciudad. 敵兵は川を渡って, 町に侵入した. 4)「前・横を」El autobús *pasa por* [delante de] mi casa. バスは家の前を通る. *Pasé por* tu lado y no te reconocí. 私は君のわきを通ったが, 君に気づかなかった. 5)「すき間などを」No creo que el piano *pase por* esta ventana. ピアノがこの窓から入るとは思わない. Este jersey no me *pasa por* la cabeza. 私にはこのセーターは首が入らない. Las piezas *pasan* por un mecanismo revisor de rayos X. 部品はX線検査装置を通される. 6)「人・乗り物を」追い越す: Un coche que venía por detrás *pasó* al suyo con más velocidad. 後ろから来た車がスピードを上げて, 彼の車を追い越した. 7)「川・道などが」El Tajo *pasa por* Toledo. タホ川はトレドを流れている. Esta avenida *pasa por* la ciudad de Oriente a Poniente. この大通りは町を東から西に走っている. Ya casi nadie visitaba la aldea porque la carretera general no *pasaba por* allí. 幹線道路が村を通っていなかったので, もうほとんどそこを訪ねて行かなかった. ❷ [+por に] 立ち寄る: De camino tengo que ~ *por* Correos. 私は途中で郵便局に寄らねばならない. Al volver *pasaré por* tu casa. 帰りに君の家に寄るよ. Ya hay un vuelo directo; no tienes que ~ *por* Moscú. もう直行便があるから, モスクワに寄る必要はない. ❸ 入る; 移る, 移動する: 1) ¿Se puede?—*Pase*. 入っていいですか?—お入り下さい. *Pasa* y siéntate. 入って座りなさい. ¡Que *pase* el siguiente! 次の方どうぞ! *Pase* usted *por* aquí. こちらへどうぞ/こちらにお入り下さい. *Pasa*, *pasa*, no te quedes ahí. 入って, 入って, そこに立っていないで. 2) [+de から, +a に] Los invitados *pasaron* a la sala de audiencia. 招待客は謁見の間に入った. ¿Puedo ~ al baño? トイレを使っていいですか? 3) 移る, 引っ越す: La casa matriz *de* esa compañía *pasó* a Madrid hace un mes. その会社の本社は1か月前マドリードへ移った. Sus antepasados *pasaron* de Bilbao a Chile hace trescientos años. 彼の先祖は300年前にビルバオからチリに渡った. El cable submarino *pasa* de una orilla a otra del Pacífico. 海底ケーブルが太平洋のこちら岸から向こう岸に渡されている. *Pasa* de Barcelona a Madrid varias veces por mes. 彼は月に何回もバルセロナからマドリードへ移っている. 4) [+a+不定詞 に] Después del cóctel *pasaron* a cenar a la sala. カクテルを飲んだ後, 彼らは夕食のために広間へ移った. ¿Dónde te *pasa* a buscar? どこへ君を迎えに行こうか? El autobús escolar *pasa* a recoger a los niños todas las mañanas a las ocho. 毎朝スクールバスが児童を8時に迎えに来る. 4)「今だけ一時的に」Mi madre *ha pasado* a casa de una vecina. 母は

1695
pasar

今近所の家に行っている. 5) [+de からまだ先に] *Pasamos* de Andorra. 私たちはアンドラを越えてまだ先に行った. ❹ 移行する, 経験する: 1) [+por 困難などを] *Él ha pasado por* momentos duros. 彼は困難な時期を乗り越えた. Nuestro país está *pasando por* los momentos políticamente muy difíciles. 我が国は政治的に非常に難しい状況にある. La reorganización de la compañía va a ~ *por* la reducción de empleados. 会社再編は従業員の削減を伴うことになろう. ~ *por* una operación bastante complicada かなり難しい手術を受ける. 2)「過程・段階などを」El banco *ha pasado* a control estatal. その銀行は国家管理に移行した. En cinco años *pasó* de contador a gerente general del hotel. 5年間で彼はホテルの会計係から支配人に出世した. La economía del país *ha pasado* de bonanza a depresión durante estos últimos tres años. その国の経済は最近3年間で好況から不況に移行した. El clima está *pasando* de frío a templado. 気候が寒冷から温暖に移っている. En solo dos años *pasaron del* amor al odio. わずか2年で彼らの気持ちは愛から憎しみへと変わった. 3)「話・議論などが」Lo dimos por conforme y *pasamos* a otro asunto. 私たちはそれを合意したものとして, 次の案件に移った. Ahora *pasemos* a la siguiente lección. さて次の課に移りましょう. *Pasa* a la página siguiente. 次ページに続く. 3)「数量の変化」El número de aspirantes *pasó* de los 185 de 2014 a los 142 de este año. 志望者数は2014年の185人から今年は142人になった. ❺「時・時期が」過ぎる, 経過する: ¿Cómo *pasa* el tiempo! Parece que fue ayer. 時のたつのは何と早いことか! それはまるで昨日のようだ. *Pasa* la primavera y llega el verano como todos los años. 毎年のように春が過ぎて, 夏が来る. *Pasan* los días y las semanas sin que se resuelva nada. 何日, 何週間過ぎても何も決まらない. *Han pasado* ya más de veinte años desde que murió su esposa. 彼の奥さんが亡くなってから20年以上過ぎた. No *ha pasado* mucho tiempo desde que terminaron las elecciones generales. 総選挙が終わってからまだそんなに時間がたっていない. Ya *han pasado* los momentos difíciles. 困難な時期はすでに終わっている. ❻ [3人称単数で, 自然発生的に物事が] 起こる, 生じる: 1) Si *pasa* algo, te lo diré. 何か起きたら君に言うよ. En este pueblo nunca *pasa* nada. この町では何一つ起こらない. Voy a contarte lo que *pasó*. 事のなりゆきを説明しよう. 2) [+con+por に] ¿Qué *ha pasado con* nuestra economía? 我が国の経済に何が起きたのだろうか? No sabemos lo que va a ~ *con* nosotros. 何が私たちに起きるか分からない. ¿Qué *pasa con* tu promesa de no ver más a José? ホセには二度と会わないという君の約束はどうなったんだ? 3) [+a+人 に] Voy a contarte lo que nos *pasó*. 私たちに起こった事を話そう. Fue un mal entendido que me *pasó* sin querer con un vecino mío. それは残念にも私と隣人との間に生じた誤解だった. ¿Qué te *pasa*, que estás pálido? 顔色が悪いけど, どうかした? Doctor, ¿qué me *pasa*? 先生, 私はどこが悪いのでしょうか? ❼ [金銭面・健康面などで] 不十分ながら暮らしていく, やっていく, 生きてゆく: 1) [+con で] *Pasamos con* una pequeña pensión. 私たちはわずかな年金で暮らしている. 2) [+sin+名詞 なしで] Estos ancianos no pueden ~ *sin* asistencia pública. これらの老人たちは公的扶助なしには生活できない. No podemos ~ *sin* agua. 私たちは水なしでは暮らしていけない. Bien puedo ~ *sin* coche. 私は車なしで十分にやっていける. ❽ [使用に耐える, まだ使える; 通用する: 1) 「衣服・道具などが」Estos pantalones aún pueden ~ este invierno. このズボンは今年の冬もまだ使える. El vestido puede ~ para la fiesta. その服はパーティーにも着て行ける. 2) [人が主語] Para asistir al banquete oficial puedes ~ tranquilamente con ese terno. 公式晩餐会に出席する場合でもその三つぞろいで大丈夫だよ. 3) [通貨で] ¿Cuántos años hace que dejó de ~ la peseta? ペセタが使われなくなって何年になるか? ❾ 伝わる; 受け継がれる: 1) [ニュースなどが] El rumor *pasa* pronto de boca a boca. うわさはすぐに人から人へと広まる. La noticia *pasó* de un pueblo a otro. その知らせは村から村へと伝わった. El fuego *pasó* desde la falda del cerro hasta la cumbre. 火事は小山の麓から頂まで広まった. 2) [所有物が] El sello *pasó* de un coleccionista a otro. その切手はある収集家から別の収集家の手に渡った. 3) [感染] La sida *pasa de* madre a embrión. エイズは胎内感染する. La gripe *ha pasado* de niño a madre. 風邪は子供から母親にうつった. ❿ [実際と違うこともあるが, +por+形

pasar

容詞・名詞 として] 通る, みなされる; 評判である: *Pasa por* italiano, pero no lo es. 彼はイタリア人として通っているが, そうではない. Isabel *pasaba por* chica despierta y trabajadora en la vecindad. イサベルは近所では利発で働き者の娘で通っていた. Esa familia *pasa por* la más distinguida de esta ciudad. この家族はこの町の名門としてとおっている. *Pasa por ser* una persona sensata, pero se ha equivocado solo en eso. 彼は良識人と見られているが, その点だけは間違えた. *Se hace ~ por médico*. 彼は医者のふりをする. ❶ [+a+不定詞・名詞] …し始める, …の動作に移る: Las mujeres *pasaron a* merendar a la sala de estar. 女性たちは居間に移っておやつを食べ始めた. Después de presentarse brevemente, el vice ministro *pasó a* explicar el esquema general del proyecto. 簡単に自己紹介してから, 副大臣は計画の概要説明に移った. No hay tiempo que esperar, hay que *pasar a* la acción. ぐずぐずしている時間はない, 行動に移すべきだ. ❷ [+de +数詞] 越え, 超過する: 1) [数量的に] Su mujer *pasa de* los treinta años. 彼の妻は30歳過ぎだ. Ese año la inmigración europea *pasó de* cien mil personas. ヨーロッパ人の移民はその年10万人を超えた. 2) [限界・予想などを] Su equipaje ya *pasa del* peso permitido. 彼の荷物はすでに許容重量を超えている. ❸ [怒り・痛み・熱などが] 消える, 治まる; 終わる: Déjemosla sola hasta que le *pase* el enojo. 彼女が怒りが治まるまで一人にしておこう. Con este calmante le *pasará* pronto el dolor de cabeza. この痛み止めで君の頭痛もすぐ治るだろう. *Pasan las fiebres*. 熱が下がる. *Pasó* la lluvia. 雨が上がった. ❹ [《西口語》[誘い・機会などに対して] 乗らない, 我慢する: ¿Vas a tomar postre?—No, yo *paso*. デザートはいかが?—いいえ, 結構です. Si has *pasado* esta vez, yo *paso*. もし君が遠慮したのなら, 私も遠慮しておく. ❺ [+de +] 関係ない, 無関心である: 1) Yo *paso de* religión. 私は宗教なんてどうでもいい. Es un padre que *pasa* totalmente *de* su familia. その父親は家族のことなど全くお構いなしだ. *Pasamos de* esas cosas. 私たちはそうしたことに関係しない. *Pasaban de* la gente de alrededor y se encerraban en su colonia. 彼らはまわりの人々と関係を断って, 居住地に閉じこもっていた. ~ de la clase 授業をサボる. 2) [+de+不定詞] …しないでおく, 断わる: Estoy tan harto que *paso de* hacer nada. 私はすっかりおっくうになって, 何をするのも嫌だ. Esta tarde *paso de* jugar al tenis, estoy algo cansado. 今日の午後はテニスをしないでおこう, 少し疲れた. Él *pasa de* decirme nada; parece que está molesto conmigo. 彼は私に何も言わない. 私に気を害しているようだ. ❻ 〈トランプ〉 1) パスをする: [En esta mano] *Paso*. [今回は]パスします. 2) 降りる, 賭けない. ❼ [+sin +] 無視する, 相手にしない: Es conveniente ~ *sin* ella. 彼女は相手にしない方がいい

¿Algo pasa? 1) 何か変わったことは? 2) [説明を求めて] どうしたんだ, 何事だ?

como si no hubiera pasado nada 何事もなかったかのように; 平気で, 臆面もなく

dejar ~... 1) …を通す: El agua *deja* ~ la luz. 水は光を通す. 2) 逃す: No *dejes* ~ las oportunidades. チャンスを逃してはいけないよ. 3) かわす: El ministro aprovechó su humor genial para *dejar* ~ las preguntas delicadas acerca de su vida privada. 大臣は天才的なユーモアで私生活に関する微妙な質問をかわした. 4) [問題に対し] 対処しようとしない, 措置を講じようとしない

hacer ~ 1) [人を場所に] 招き入れる, 入ってもらう: El embajador me *hizo* ~ a su despacho. 大使は私を執務室に通した. *Hágalo* ~ a la sala de conferencia. 彼を会議場に通して下さい. 2) 〈糸などを〉通す: *hacer* ~ el hilo por el ojo de la aguja 針の穴に糸を通す

hacerse ~ por... 1) …のふりをする [=fingirse]: Él quiere *hacerse* ~ *por* competente en todo caso. 彼はどんな場合にも自分が有能な人間だというふりをする. *Se hizo* ~ *por* mi mujer. 彼女は私の妻になりすました. 2) …の顔をしている: Su abuelo *se hacía* ~ *por* el señor de la aldea. 彼の祖父は村の主のような顔をしていた

ir pasando 何とか暮らす: ¿Cómo estás?—Voy *pasando*. どうしてる?—まあ何とかやってるよ

Lo que pasa es que +直説法 [ちょっとした不都合などの説明の切り出し] 実を言うと…, つまり…; 困ったことに…: *Lo que pasa es que* estoy ocupado. 実は私は忙しいんだ. *Lo que pasa es que* ahora estoy sin coche. 困ったことに今私は車が

no ~ de ser... …であるにすぎない: *No pasan de ser* palabras vacías. それらは空虚な言葉でしかない. Lo que hemos visto en el documental *no pasa de ser* parte de lo que sucede en realidad. 私たちが記録映画で見たものは実際に起こっていることの一部でしかない

¿Pasa algo? 《口語》[挑戦的に] それがどうした, 問題でもあるか?

¿Pasa contigo? 《隠語》《挨拶》やあどうだい?

¿Pasa, tío? 《隠語》《挨拶》やあどうだい?

pase lo que pase 何が起きようと, とにかく: *Pase lo que pase*, no tengo miedo. 何が起こっても私は怖くない. Tengo que ir, *pase lo que pase*. 何が起ころうとも私は行かねばならない

que pase lo que pase =**que pase lo que quiera**

que pase lo que quiera 何が起きようと織り込みずみ(覚悟はできている); 思い切って: Quiero tener esa foto en mis manos, y *que pase lo que quiera*. ともかく私はその写真を手に入れたい. 後のことは後のことだ

¿Qué es lo que pasa? 一体何事だ?

¿Qué pasa? 1) 何か変わったことは? 2) 《口語》[説明を求めて] どうしたんだ, 何事だ?/[挑戦的に] それがどうした, 問題でもあるか? 3) [くだけた挨拶] やあどうだい/元気かい?: ¡Hola, Vicente, ¿*qué pasa*? やあ, ビセンテ, どうしてる?

¿Qué pasa contigo [tío・colega・tronco]? 1) [挨拶] やあどうだい/元気かい? 2) [説明を求めて] どうしたんだ?

¿Qué pasó? [挨拶] やあどうだい?

¿Qué va a ~! どうしたこうしたもない!

Y que pase lo que pase. 後は結果を待つのみだ

── 〔他〕❶ [物を] 移す, 移動させる, 動かす, 運ぶ: *He pasado* los libros *de* la biblioteca *a* mi despacho. 私は本を図書館から研究室に運んだ. Un empresario estadounidense *ha pasado* recientemente todas sus cuentas *a* un banco de Suiza para limpiar sus capitales. アメリカ人の企業家が資金洗浄のため最近自分の口座全部をスイス銀行に移した. ¿Puede volver a ~ esta llamada *a* recepción? この電話をもう一度受付に回して下さい. ❷ [人を] 通す, 案内する: 1) *Pase* al Sr. Gómez *a* mi despacho. ゴメス氏を私のオフィスにお通し下さい. 2) [+a+不定詞] Él mismo me *pasó a* ver al Rector. 彼自身が私を案内して学長に会わせてくれた. ❸ 手渡す; 紹介する: *Pásame* el azúcar, por favor. 砂糖を回して(取って)下さい. La secretaria le *pasó* mi tarjeta. 秘書は私の名刺を彼に渡した. Su padre le *pasa* una mensualidad. 彼は父親から月々小づかいをもらっている. 2) [+por・con を通じて] Me *pasó* el recado *por* un amigo. 彼は友人を通じて私に伝言してきた. Le *pasé* una pequeña información *con* su secretario. 私は秘書を通して彼にちょっとした情報を渡しておいた. Te *pasaré con* el jefe. 君のことは上司に言っておくよ. ❹ 越える, 通過する: 1) Nuestro tren *pasó* algunas estaciones solitarias antes de llegar al destino. 私たちの乗った列車は目的地に着く前に人けのない駅をいくつか通過した. No debes ~ la calle cuando el semáforo está en rojo. 信号が赤の時に通りを渡ってはいけないよ. No *pases* la luz roja. 赤信号を無視してはいけないよ. El túnel *pasa* la montaña. トンネルが山を貫通している. Aníbal y su ejército *pasaron* los Alpes con el objeto de conquistar el norte de Italia. ハンニバルとその軍勢はイタリア北部を征服するためアルプス越えをした. 2) [限界・制限などを] Tu maleta ya *pasa* el límite de peso de 20 kilos. 君のスーツケースは20キロの重量制限を超えている. Ya *pasa* los treinta años. 彼はもう30歳を越えた. ❺ [権限・財産などを] 引き渡す, 譲り渡す: El Ejército *ha pasado* los poderes del Estado a la junta revolucionaria. 軍部は国家の全権を革命委員会に渡した. ~ sus propiedades *a* sus herederos 財産を相続人たちに譲渡する. ❻ [+por・a の表面に] 滑らす, なでる: Mi madre me *pasó* la mano *por* la cabeza. 母は私の頭をなでてくれた. *Has pasado* las manos antes de que se secara la tinta y la has corrido. 君は乾く前に手を触れたので, インクがにじんでしまった. Te voy a ~ un cepillo. ブラッシングしてあげよう. Le *pasé* un trapo *a* la mesa. 私はテーブルを布巾で拭いた. ~ la maquinilla *por* la cara シェーバーでひげをそる. ~ la aspiradora *al* suelo 床に掃除機をかける. ❼ 飲み込む, 嚥下（えんか）する; 食べる, 飲む: No puedo ~ fácilmente la píldora. 私は錠剤を上手に飲み込めない. *Pasó* todo lo que le pusieron en la mesa. 彼はテーブルに出されたものをすべて食べた. ❽［＋人 を，＋en・de 了］上回る: Te *paso* en edad. 私は君より年上だ. María *pasa* de estatura a todas sus compañeras. マリアは同級生の誰よりも身長が高い. Él tiene mucho aguante pero tú le *pasas* bastante. 彼の持久力は大したものだが, 君は彼をかなり上回っている. 2) 追い抜く: ~ a todos los corredores que van delante 前にいた走者全員を追い抜く. ❾ 貫通する, 通り抜ける; 浸透する: Una bala le *pasó* la pierna derecha. 弾丸が彼の右脚を貫通した. La humedad *pasa* las paredes. 湿気が壁に出ている. ❿ 通関させる; 密輸する: *Pasan* clandestinamente las drogas por la frontera de México. 彼らはメキシコ国境から麻薬を密輸している. Quise traer naranjas españolas, pero en la aduana no me las dejaron ~. 私はスペイン産のオレンジを持ち帰ったが, 税関で持ち込みを認めてもらえなかった. ⓫ 耐える, 耐え忍ぶ: 1)［困難・逆境など］*Pasó* muchas privaciones. 彼は辛い, 貧乏に耐えた. *Pasaron* los malos momentos de la guerra civil. 彼らは内戦の苦しい時代を経験した. No puede usted imaginarse la vergüenza que *he pasado*. 私がどんなに恥ずかしかったか, あなたには想像できません. 2)［病気など］かかる: *Pasé* el sarampión a los ocho años. 私は8歳ではしかにかかった. *Pasó* una enfermedad grave hace cinco años, pero ya ha recobrado su salud de antes. 5年前彼は重い病気になったが今は元の健康を取り戻した. 3)［人に対して］No puedo ~ a ese tipo. あいつには我慢ならん. ⓬ 大目に見る, 許す; 黙認する, 見て見ぬふりをする: Esta vez te voy a ~ tus faltas. 今回は君の失敗を大目に見てやろう. No voy a ~te esa menuda trola. 君のそんな嘘っぱちは許さないぞ. Creyó que le iban a ~ ese fraude del examen, pero fue demasiado optimista; le castigaron severamente. 彼はそのカンニングを許してもらえると思ったが, それは甘い考えだった. 彼は厳しい処罰を受けた. *Pasa* a sus hijos todo lo que quieren hacer. 彼は息子たちを好き勝手にさせている. ⓭ ［挿入口・針の穴など］通す, 入れる: El socio debe ~ la tarjeta *por* la ranura del lector. 会員はカードを読み取り機の挿入口に入れなければならない. ~ un hilo *por* el ojo de la aguja 糸を針の穴に通す. ⓮ 濾過する, 濾（こ）す; 篩（ふるい）にかける: ~ el té *por* el colador 茶漉（こ）しを使ってお茶を入れる. ~ el café *por* la manga 濾し袋でコーヒーを入れる. ~ la tierra *por* el tamiz 土を篩にかける. ⓯ 合格する, パスする: *Pasó* el examen de reválida. 彼は高校修了の資格試験に合格した. ~ la eliminatoria 予選を通過する. ⓰ 上映する; 放送する; 展示する: En este cine *pasan* un documental. この映画館では記録映画を上映する. A las doce *pasan* el noticiero de la mañana. 12時に午前のニュースが放送される. ~ una película en televisión 映画をテレビで放映する. ⓱ ［＋時間の名詞］過ごす: 1) *Pasó* esa noche a la intemperie. 彼はその夜を野天で過ごした. *Pasaremos* las Navidades en el Caribe. クリスマスをカリブ海で過ごすことにしよう. *Ha pasado* dos años en Sevilla. 彼は2年セビーリャにいた. Es muy difícil ~ el mes con 400 euros. 一か月400ユーロで暮らすのは非常に難しい. 2)［＋主格補語］*Pasó* enfermo un mes. 彼は1か月病気だった. 3)［＋bien・mal 楽しく・不快に］Esta noche lo *he pasado* bien (mal). 今夜は楽しかった（さんざんだった）. ⓲［スポーツ］パスする. ~ el balón *al* delantero フォワードにボールをパスする. ⓳ ［病気など］うつす, 伝染させる: Me *pasaron* la varicela en el colegio mayor. 私は学生寮で水疱瘡をうつされた. ⓴［悩みなど］打ち明ける. Ya le *he pasado* mi preocupación y estoy tranquilo. 私は彼に心配事を打ち明けて, 今はほっとしている. ㉑［文章などを］書き直す: ~ *al* inglés el informe レポートを英語に書き直す. ㉒ 見落とす; 省く: He *pasado* los detalles importantes. 私は重要な細部を見落とした. *Pasemos* esta lección. この課は飛ばしましょう. ㉓［順番などを］抜かす: Nunca fui de los comprobantes de espera, me *han pasado* a mí. 整理券をもらう時に私は順番を抜かされてしまった. ㉔［ページなどを］めくる: ~ las páginas de un libro 本のページをめくる. Este aparato pasa automáticamente las diapositivas. このスライド映写機は自動送りだ. ㉕［本・論文などに］ざっと目を通す: ~ varios libros 数冊の本に目を通す. ㉖［ファッションショーでモデルが服などを］着て（付けて）見せる. ㉗［簡単に］祈る: ~ las oraciones 祈りの文句を唱える. ㉘［＋日・風に］言う. ㉙《まれ》師事する. ㉚《まれ》弁護士の見習いをする; 医者の往診について行く; 見習いの修行をする. ㉛《まれ》個人教授をする. ㉜《古語》［法・法などを］破る. ㉝《メキシコ．演劇》［作品の一部分を］稽古する; 通し稽古をする. ㉞《チリ, アルゼンチン, ウルグアイ》だます

~*la mal* ひどい苦境にある; どうにかこうにか生活していける: Los inmigrantes *la pasan* mal en ese país. 移民たちはその国でひどい生活をおくっている

~*lo* 1) 暮らしていく, やっていく: ¿Cómo *lo pasas*? 調子はどうだい? 2) 過ごす: ¿Cómo *lo pasaste* anoche? 昨晩はどうだった? ¿Qué tal *lo pasaste* en la fiesta? パーティーはどうだった?

~*lo bien*《俗用》楽しく過ごす; 気楽な生活をする: ¿*Lo pasas bien*? 楽しんでますか? Contigo *lo paso* siempre muy *bien*. 君といるといつもとても楽しい. Que *lo pase bien./Pásalo bien*. どうぞお楽しみ下さい/［別れの挨拶］お元気で, お気をつけて, お大事に

~*lo mal* ひどい目にあう, 嫌な時を過ごす; 苦しい生活をする: Había tanto viento que *lo pasé* muy *mal* en el barco. すごい風だったので私は船でひどい目にあった

── ~*se* ❶ 移る, 移動する; 浸透する: El dolor *se me ha pasado* a la espalda derecha. 痛みが私の右中に移ってきた. Al ser lavados el color de los calcetines *se ha pasado* a las camisas. 洗濯した時に靴下の色がワイシャツについてしまった. La sangre *se pasaba* por la venda. 血が包帯ににじみ出ていた. Se pueden ~ dos cartones de cigarrillos. たばこ2カートン持ち込める. ❷［状態が］終わる;［病気など］弱くなる: *Se me ha pasado* el mareo. 私は吐き気がおさまった. ¿Ya *se te pasó* el dolor? もう痛みはなくなったかい? Guarda la cama hasta que *se te pase* la fiebre. 熱が下がるまで寝ていなさい. Pronto *se te pasará* enfado. 君の怒りもすぐにおさまるだろう. La fuerza del incendio empezó a ~*se*. 火事が下火になり始めた. ❸［時が］過ぎる: 1) Hoy *se ha pasado* el día lloviendo. 今日一日は雨が降って過ぎた. *Se pasan* los días, indiferentes a las penas humanas. 人間の悩みには関係なく, 日々が過ぎてゆく. 2)［＋a＋人 にとって］Al llegar a esta edad, siento que *se me pasa* el tiempo muy pronto. 私はこの年になると時間のたつのが速く感じられる. *Se le pasaron* las dos horas sin notarlo. 彼の気づかないうちにその2時間がたってしまった. *Se me pasó* el plazo. 私は期限が過ぎてしまった. ❹［ある状況下で時を］過ごす: Tengo un tío que *se ha pasado* toda la vida sin trabajar. 私には一生働かないで暮らしてきた叔父が一人いる. *Me pasaba* semanas sin ver a mi hija. 私は何週間も娘に会わずにいた. Mi hijo *se pasa* horas y horas pintando en el estudio. 息子はアトリエにこもって何時間もずっと絵を描いている. Esa noche *me la pasé* viendo la televisión en el cuarto del hotel. その夜は私はホテルの部屋でテレビを見て過ごした. ❺《西》［＋de＋形容詞／＋con・en＋名詞・不定詞］…でありすぎる, …しすぎる: No hay que ~*se de* bueno ni tampoco ~*se de* listo. 人がよすぎても抜け目なさすぎてもいけない. Esta vez *se ha pasado* un poco con la pluma. 今回は彼のペンが少し勇み足をした. *Te has pasado con* el maquillaje. 君は化粧が濃すぎる. *Se pasa en* mostrar agradecimiento. 彼はお礼が過ぎる. ~*se con* la cerveza ビールを飲みすぎる. ❻［＋a＋人 に］忘れられる: Lo siento; *se me pasa* tu cumpleaños. すまない, 私は君の誕生日を忘れていた. *Se me pasó de* la cabeza tener que llamarle a las cinco. 私は5時に彼に電話するのを忘れてしまった. ❼［食品・衣服など］傷む, 変質する: Esas manzanas *se están pasando*. それらのリンゴは腐りかけている. Las flores *se pasan* rápidamente en verano. 夏は花がすぐに傷む. ❽［料理］煮すぎ（ゆですぎ・焼きすぎ）になる: *Se han pasado* las patatas. ジャガイモはゆですぎだ. ❾［事が, ＋a＋人 から］去る, 消える: Que no *se te pase* la oportunidad. チャンスを逃がすな. *Se me pasó* el turno e hice la cola otra vez. 私は順番を抜かされて, もう一度並んだ. ❿［＋por＋場所 に］立ち寄る: *Me pasaré por* tu casa al volver. 帰りがけに君の家に寄るよ. ⓫《西》［物・ねじなどが］壊れる, 利かなくなる, 緩む: La cerradura está *pasada* de un tornillo. 錠前はボルトが緩んでいる. ⓬ …を飲み込む: No puedo ~*me* la pastilla. 私は錠剤を飲み下せない. ⓭ …を耐え忍ぶ: Era una ofensa demasiado grave para *pasársela*. その侮辱は彼にとて我慢できなかった. ⓮［＋por 自分の体が］…になでる: *Se pasó* las manos *por* la cara. 彼は両手で顔をなでた. Ana *se pasó* el cepillo *por* el pelo. アナは髪にブラシをかけた. ⓯ 引っ越しする, 移転する. ⓰［＋a 敵・反対陣営に］寝返る: Ese político veterano *se pasó al* otro bando. そのベテラン政治家は反対派に寝返った. ⓱ 乗り越す: *Me pasé* [de] la estación. 私は駅を

pasarela

乗り越してしまった. ⑱ 漏れる: ~*se* el cubo バケツが漏れる. ⑲ [+con で] やりくりする: Tengo que ~ *me con* 300 euros al mes. 私は一か月300ユーロで何とかやっていかなければならない. ⑳ [+sin を] 必要としない, …なしですます: No *me puedo* ~ *sin* el ordenador ni un día. 私は一日たりともコンピュータなしではすませない. ㉑《口語》《主に冷たいもので》歯がしみる. ㉒《口語》《主に冷たいもので》歯がしみる. ㉓ [女性が未婚のまま] 色香が衰える: Viviendo con sus padres enfermos, Julia *se ha pasado*. 病気の両親と暮らしていたので, フリアは婚期を逃してしまった. ㉔ [石炭などが] 火がよくつく. ㉕《チリ, アルゼンチン, ウルグアイ.口語》抜きん出る
— *modesto* ~ 質素な暮らし
No se le pasa nada. 彼の目を逃れることはできない
pasárselo 暮らす, やっていく, やっていく; 過ごす: ¿Qué tal *te lo pasaste*? 楽しかったかい?
pasárselo bien 楽しく過ごす 《=pasarlo bien》
¡Te has pasado! 君はやりすぎだ! ひどいよ!
— 男《古語的》暮らし向き: disfrutar un buen ~ ゆとりのある生活をおくる. tener un buen ~ 暮らし向きがよい, 裕福な暮らしをしている. *modesto* ~ 質素な暮らし

pasarela [pasaréla]《←伊語 pasarella》女 ❶ 歩道橋. ❷《港・空港など》ローディングブリッジ《= ~ *de embarque*》. ❸ [ファッションショーなどの] ランウェイ, 前に突き出たステージ; ファッションショーの会場: Las modelos se movían con elegancia sobre la ~. モデルたちは優雅にステージを歩いた. Hoy se presentará la colección de otoño en la ~ Cibeles. 今日シベレスのファッションショーで秋のコレクションが発表されるだろう. ❹《演劇》[舞台の] 花道. ❺ [高所の] 作業用通路, キャットウォーク. ❻ 渡り板: La acera está en obras y han puesto una ~ para entrar en casa. 歩道が工事中のため家に入れるように板が渡されている. ❼《船舶》舷側通路

pasarrato [pasarráto] 男《グアテマラ, プエルトリコ》暇つぶし, 気晴らし《=pasatiempo》

pasarratos [pasarrátos] 男《単複同形》暇つぶし, 気晴らし《=pasatiempo》

pasatarde [pasatárde] 男 おやつ《=merienda》

pasatiempo [pasatjémpo]《←pasar+tiempo》男 ❶《時に》複》暇つぶし, 娯楽, 趣味: Practico el ciclismo como ~. 私は趣味として自転車に乗る. Leer es mi ~ favorito. 読書が私の趣味だ. *revista* *de* ~*s* 娯楽雑誌. ❷ 複 [新聞などの] パズル欄: hacer *los* ~*s* *de la revista* 雑誌のパズルをする

pasativa [pasatíβa] 女《コロンビア》恥ずかしさ, 羞恥 (しゅうち) 心

pasatoro [pasatóro] *a ~*《闘牛》すれ違いざまにとどめを刺して

pasaturo [pasatúro] 男《廃語》同級生の復習の面倒をみてやる学生

pasavante [pasaβánte] 男《船舶》❶ [敵国の船に与える] 航行許可証. ❷ [拿捕船に与える] 仮船舶

pasavino [pasaβíno] 男 [ワイン用の] じょうご, 漏斗

pasavolante [pasaβolánte] 男 ❶《まれ》軽く(急いで・ざっと)すること. ❷《古語》《ごく小口径の》カルバリン砲

pasavoleo [pasaβoléo] 男 ❶《まれ》軽く(急いで・ざっと)すること. ❷《ペロータ》《リターンボールで》エンドライン・オーバー

pasaya [pasája] 女《ペルー》[田舎の建築で丸太を縛り合わせる] バナナの葉鞘

pascal [paskál] 男 ❶《気圧の単位》パスカル. ❷《情報》パスカル《プログラム言語》

pascalio [paskáljo] 男 =pascal

pascana [paskána] 女《←ケチュア語》❶《南米》[人里離れた所にある] 宿屋, 食堂兼宿屋. ❷《アンデス》[旅の] 一日分の行程. ❸《エクアドル》一日分の仕事
— *café de* ~《ボリビア》まずいコーヒー
hacer una ~《南米》[旅の道中で] 一休みする

pascar [paskár] 自《ボリビア》野営する, キャンプする

pascasio [paskásjo] 男《古語》[復活祭・クリスマスの休暇に] 帰省する大学生

pascle [páskle] 男《メキシコ. 植物》ヘチマ

pascua [páskwa] 女《←ラテン語 pascha (ヘブライ語 pesah 「通過」の影響)》《主に 男 ~s》❶《キリスト教》1) 復活祭, イースター《キリストの復活を祝う日. 春分後の最初の満月の後に来る日曜日. =*P~ de Resurrección, P~ florida*》: La *P~* es la fiesta más grande de la iglesia católica. カトリック教会最大の祭りである. celebrar la ~ 復活祭を祝う. *lunes de* ~ 復活祭の翌日の月曜日. *vacaciones de* ~ 復活祭休暇. *huevo de P~* イースター・エッグ《復活祭に飾られたり贈ったりする彩色された

ゆでで卵で, キリスト復活のシンボル. チョコレート製もある》. *mona de P~* イースター・ケーキ《卵やチョコレート製の像で飾られる》. 2)《カトリック》複 クリスマス [期間]《クリスマス (12月24日夜) より主の御公現の祝日 (1月6日) まで. = *P~ de Navidad*》: En las fiestas navideñas la gente se saluda deseándose felices ~*s*. 人々はクリスマス期間中「楽しいクリスマスをどうぞ」と挨拶を交わす. Nos iremos a esquiar por *P~*. 私たちはクリスマスにスキーに行く. *pasar las P~s en familia* クリスマスを家族で過ごす. ❸《カトリック》複 子供たちがクリスマスプレゼントをもらう. =*día de los Reyes Magos*》: *P~ Militar* 軍事記念式典《1月6日, スペイン国王が王宮に首相・陸海空軍の司令官などを招く》. 4)《カトリック》聖霊降臨の日《復活祭後の第7日曜日. 聖霊 Espíritu Santo が使徒たちの上に降臨したことを記念する日. =*P~ de Pentecostés, P~ de Espíritu Santo*》. ❷《ユダヤ教》1) 過越(すぎこし)の祭り《エジプトの記念》. 2) 五旬節, 五旬祭, ペンテコステ. ❸《地名》イースター島《1722年の復活祭の日に発見された. =*Isla de P~*》

cara de P~ [s]《口語》幸せそうな顔, うれしそうな顔: En la oficina todo el mundo andaba con *cara de P~* al saber la subida de salario. 賃上げを知って会社の誰もが大喜びの表情をしていた

dar las ~***s*** クリスマスおめでとうと言う

de P~s a Ramos《西.口語》時たま, ごくまれに: Vamos a la pesca *de P~ a Ramos*. 私たちはたまに魚釣りに行く

estar como unas ~***s***/***estar como una*** ~/***estar más contento que unas*** ~***s***《口語》大喜びである, 上機嫌である: *Está como unas* ~*s* con el premio que le han dado. 彼は賞をもらって大喜びだ

Felices P~s《*y próspero Año Nuevo*》クリスマス[それに新年]おめでとうございます: Le deseo *felices P~s y próspero Año Nuevo*. クリスマスと新年のご多幸とご繁栄をお祈り申し上げます

hacer la ~ *a*+人《西.口語》…を困らせる, うんざりさせる: Me *hizo la* ~ cuando me dijo que no podía venir ese día. 彼がその日来ることができないと言った時私は困った

más contento que unas ~***s*** 非常に満足して

¡Santas ~***s!***《西.口語》[決着をつける表現] それで決まりだ, それでおしまいにしよう: Dile que no piensas ir y *¡santas* ~*s!* 行くつもりはないと彼に言うんだ, それでけりがつく. Haré hasta donde pueda por *¡santas* ~*s!* できるだけのことをするから, それで我慢してくれ

pascual [paskwál]《←pascua》形 ❶《キリスト教》復活祭の; クリスマスの: La Vigilia ~ se celebra el Sábado Santo. 復活祭の前夜祭は聖土曜日に行われる. *cirio* ~ 復活祭の大ろうそく. ❷《ユダヤ教, 旧約聖書》過越(すぎこし)の祭りの: *cordero* ~ 過越の小羊

pascuala [paskwála] 女 ❶《メキシコ.俗語》自慰. ❷《ホンジュラス, グアテマラ》死; 殺人

pascuar [paskwár] 自《エクアドル》復活祭 (クリスマス) で楽しむ

pascuense [paskwénse] 形名《地名》イースター島 Pascua の《人》

pascuero, ra [paskwéro, ra] 形《チリ》❶ 復活祭の. ❷《口語》*viejito* ~ サンタクロース《=Papá Noel》
— 男《植物》ポインセチア《=flor de Pascua》

pascuilla [paskwíʎa]《pascua の示小語》女《キリスト教》白衣の主日《復活祭の日曜日の次の日曜日》

pase [páse] 男《←pasar》男 ❶ 許可証, パス; 無料入場(乗車)券, 定期券: ~ *de embarque*《航空》搭乗券. ~ *de favor*《安全を保証する》通行券; 優待券. ~ *de prensa* プレスパス, 取材許可証. ~ *de temporada* シーズンチケット. ~ *[de] pernocta*《軍事》外泊許可証. ❷ 通過, 通行《=paso》. ❸ 上演; 上映《= ~ *de las tres*》3時の上映のパスを取る. *último* ~ 最終回の上演 (上映). ❹ ファッションショー《= ~ *de modelos*》. ❺《スポーツ》1) [ボールの] パス: *dar* [un] ~ パスをする. ~ *adelantado* (*adelante*) 前方へのパス. ~ *hacia atrás* 後方へのパス. ~ *largo* ロングパス. ~ *pantalla* スクリーンパス. 2) 進出, ランクの上昇. ~ *a la final* 決勝戦への進出. ❻《闘牛》パセ《ムレータを使って牛の突きをかわすこと. ~ *de muleta*》: ~ *de pecho* ムレータが胸の高さのパセ. ~ *por alto* ムレータの位置が高いパセ. ❼《フェンシング》フェイント. ❽ [催眠術師・手品師の] 手の動き《= ~ *magnético*》. ❾《トランプ》パス. ❿《メキシコ》~ *de abordar* 搭乗券. ⓫《コロンビア》

1) 運転免許. 2)《隠語》コカインの筋. ⓬《中南米の一部》旅券
dar el ~ a+人 …を追い出す, 解雇する: El jefe no era muy competente en su trabajo y le dieron el ~. 上司はあまり仕事ができなかったので, 解雇された
tener un ~ a+人《西. 口語》[人・事物が] まずまずの, どうにか我慢できる: Esta película no es excelente, pero tiene un ~. この映画はすばらしいとは言えないが, まあまあだ

pasea [paséa] 囡《馬術》並足
paseadero [paseadéro] 男《まれ》散歩道, 遊歩道〔=paseo〕
paseador, ra [paseaðór, ra] 形 散歩好きな, よく散歩する
—— 男 散歩道, 遊歩道〔=paseo〕
paseandero, ra [paseandéro, ra] 形 图《ペルー, チリ, ラプラタ. 口語》散歩好きな〔人〕, よく散歩する〔人〕
—— 男《ペルー, チリ, ラプラタ. 口語》散歩道, 遊歩道〔=paseo〕
paseante [paseánte] 形 图 散歩する〔人〕
~ en corte 怠け者
pasear [paseár]〔←paso〕 自 ❶ 散歩する: Todas las mañanas mi abuelo paseaba por el parque. 毎朝祖父は公園を散歩していた. ❷ ドライブする《= ~ en coche》; ツーリングする《= ~ en moto》; サイクリングをする《= ~ en bicicleta》; 乗馬をする; ボート遊びをする, クルージングする. ❸〔馬が〕並足で歩く
echar a+人 a ~ …を追い出す, 手を切る
—— 他 ❶ 〔子供・動物などを〕散歩させる: ~ al perro 犬を散歩させる. ❷ 〔人・物を〕あちこち移動させる, 連れ回す. ❸ 《歴史》[スペイン内戦時, 裁判なしに, 村外などに連れて行って] 殺す, 処刑する: A tu cuñado le han paseado por rojo. 君の義兄はアカだということで処刑された. ❹ 《古語的》[求愛するために女性の住む通りを] しばしば歩く; [女性の住む通りをしばしば歩いて]求愛する. ❺ 《中米》〔騙す; 愚弄する〕乱費する
—— **~se** ❶ 散歩する; 歩き回る, さまよう. ❷ [考えなどが, +a+人の] 頭に浮かぶ: Se me paseaban miles de ideas. 様々な考えがとりとめなく私の頭に浮かんだ. ❸ 浅く考える, 深く考えない. ❹ のらくらする. ❺《ホンジュラス》 ~を使い果たす
paseata [paseáta] 囡 [長い] 散歩, ドライブ
paseíllo [paseíʎo] 男《paseoの示小語》❶《西》 《闘牛》[マタドール・バンデリリェーロ・ピカドールそろっての] 入場行進. ❷《歴史》[スペイン内戦中] 銃殺される壁までの囚人の行進
paseíto [paseíto] 男 paseoの示小語
paseo [paséo]〔←pasear〕 男 ❶ 散歩: Ese ruido me quitó el sueño; por eso me fui a dar un ~ por el parque. その騒音で私は眠りを妨げられ, それで公園に散歩に出かけた. Me llevó a dar un ~ en su coche nuevo. 彼は新車でのドライブに私を連れて行ってくれた. ir de ~ 散歩に行く. dar un ~ en barca de ~ に乗る. ~ en bicicleta サイクリング. ~ en yate クルージング. ❷ [歩いて行ける] 短い距離: De aquí a la estación no hay más que un ~. ここから駅まで歩いてすぐだ. ❸ 容易な軍事行動《= ~ militar》; [一般に] 容易〔簡単〕なこと. ❹《闘牛》入場行進〔=paseíllo〕. ❺《歴史》[スペイン内戦中, 裁判なしに, 村外などに連れて行って] 処刑: Sacaron de la cárcel a los presos fascistas para darles el ~. 捕虜のファシストたちは処刑のために牢から引き出された. ❻《中南米》遠足, 旅行. ❼《中米》[町を練り歩く] 仮装行列
¡Anda a ~!《西. 口語》とっとと出て行け/もう縁切りだ！
echar a+人 a ~ 《西. 口語》=mandar a+人 a ~
enviar a+人 a ~ 《西. 口語》=mandar a+人 a ~
irse a ~《西. 口語》出て行く: ¡Vete a ~! とっとと出て行け/うるさい, もういい! Diles que se vayan a ~ y me dejen en paz. 彼らに言ってくれ, どこかに姿を消して, 私のことは放っておいてくれと
mandar a+人 a ~《西. 口語》…を追い出す, 手を切る
~ cívico《中南米》パレード
~ de vigilancia 巡回, パトロール

pasera¹ [paséra] 囡 果実の干し場; 果実の乾燥作業
paseriforme [paseriƒórme] 形 スズメ目の
—— 男《鳥》スズメ目
pasero, ra² [paséro, ra] 形 ❶ 〔馬が〕並足で歩くように調教された. ❷ 干しブドウの: exportación ~ra 干しブドウの輸出
—— 男《コロンビア》船頭, 渡し守
pashtu [páʃtu] 男 パシュート語〔の〕
pasibilidad [pasibiliðáð] 囡 感受性の強いこと, 敏感なこと
pasible [pasíβle] 形 ❶ 感受性の強い, 傷つきやすい. ❷ 悩んだ,

苦しんだ
pasicorto, ta [pasikórto, ta] 形 歩幅の短い, 近道の
pasiego, ga [pasjéɣo, ɣa] 形《地名》パス川谷 valle del Pas の〔人〕《カンタブリア州東部》: quesada ~ga パス谷の焼きチーズケーキ
—— 囡《主に名家での》乳母
Pasífae [pasíƒae] 囡《ギリシア神話》パシパエ《ミノタウロス Minotauroの母》
pasificación [pasifikaθjón] 囡 干しブドウを作る過程
pasiflora [pasiƒlóra] 囡《植物》トケイソウ〔=pasionaria〕
pasifloráceo, a [pasiƒloráθeo, a] 形《植物》トケイソウ科の
—— 囡 複《植物》トケイソウ科
pasigrafía [pasiɣraƒía] 囡 汎記号体系
pasigrafiar [pasiɣraƒjár] 11 自 汎記号体系を使う
pasigráfico, ca [pasiɣráƒiko, ka] 形 汎記号体系の
pasígrafo, fa [pasíɣraƒo, ƒa] 男 囡 汎記号体系の専門家
pasil [pasíl] 男《アンダルシア, カナリア諸島》果実の干し場; 果実の乾燥作業
pasilargo, ga [pasiláɾɣo, ɣa] 形 歩幅の広い
pasilla [pasíʎa] 囡《植物》トウガラシの一種《ソースを作る》
pasillo [pasíʎo]〔←paso〕男 ❶ 廊下: Al final del ~ está su habitación. 彼の部屋は廊下の突き当たりにある. No corráis por ~. 廊下を走るな. ❷ 通路: asiento junto al ~ 通路側の席. ~ aéreo 空中通路《主に近距離の》航空路. ~ rodante〔móvil〕動く歩道. abrir un ~ entre la multitud 群衆をかき分ける通路. seguir el ~ entre los papeles y los libros del suelo 床にある書類や本の間を縫って行く. ❸《サッカー》[ボールで] 相手選手の足の間を通す〔足元を抜く〕技. ❹《裁縫》[ボタン穴などの] 縁取り縫い, ブランケット・ステッチ. ❺《演劇》[19世紀末〜20世紀初頭の] 短い喜劇. ❻《議会の》控え室: política de ~s ロビー活動; [一般に] 根回し, 裏工作. hacer ~s 陳情活動をする. ❼ [聖週間に歌われる] 受難曲の一節. ❽《メキシコ》〔泥落とし, 玄関マット〕. ❾《コロンビア》パシージョ《軽快な民俗舞踊・音楽》
pasión [pasjón]〔←ラテン語 passio, -onis〕 囡 ❶ 熱情, 情熱: La joven siente una ~ muy fogosa. 娘は熱い思いを抱いている. Intenta dominar tus pasiones violentas. 君は激情を抑えるようにしないといけない. El hombre de ese cuadro tiene una mirada de ~. あの絵に描かれた男は情熱的な目をしている. ❷ [激しい] 愛情, 恋心《→amor 類義》; 情欲: 1) 愛情の対象 Su hija es la ~ de su vida. 娘は彼の人生の生きがいである. 2) [愛情の対象] Su hija es la ~ de su vida. 娘は彼の人生の生きがいである. ❸ [事物に対する] 熱狂, 熱中: Ella siente ~ por el baile flamenco. 彼女はフラメンコに熱をあげている. El fútbol es su ~. 彼はサッカーの熱烈なファンだ. tener ~ por la música clásica クラシック音楽マニアである. ❹ 《哲学》情念. ❺《キリスト教》[P~] 1) [エルサレムに入ってから十字架にかかるまでの] キリストの受難; [福音書の] 受難のくだり: En la Semana Santa conmemoramos la P~ de Jesucristo. 聖週間はイエス・キリストの受難を記念したものである. 2) [聖木曜日と聖金曜日の] 受難についての説教; [聖週間に歌われる] 受難の歌. 3) 受難曲; 受難劇; [受難を描いた] 絵画: P~ según San Mateo マタイ受難曲. Este año irán a la P~ de Esparraguera. 彼らは今年エスパラゲラの受難劇を見に行くだろう
bajas pasiones 獣欲; 下劣な感情《妬みなど》: Es una persona grosera que se deja llevar por sus bajas pasiones. 彼は下劣な情念に身を任せるような粗野な人だ
pasional [pasjonál] 形〔←pasión〕 形 [恋の] 激情による, 熱情的な; 色恋沙汰の, 身を焦がすような: Su relación con David es muy ~. 彼女とダビーの仲は熱く燃え上がっている. tener una discusión ~ 痴話げんかをする. en un arrebato ~ 情欲に駆られて. crimen ~ 情痴犯罪, 痴情殺人
pasionario, ria [pasjonárjo, rja] 形 キリストの受難 Pasión の
—— 男 ❶ [聖週間の] 受難の歌 Pasión が載っている本. ❷《ボリビア》[老いた] 闘鶏
—— 囡《植物》トケイソウ《果実は granadilla》
pasioncilla [pasjonθíʎa]《pasiónの示小語》❶ はかない〔淡い〕恋心. ❷ [妬みなどの] 卑しい心, 下劣さ
pasionero, ra [pasjonéro, ra] 形 キリストの受難の
—— 男 ❶ [聖週間の] 受難の歌 Pasión の歌い手. ❷ [入院患者の心をいやす役目の] 司祭
pasionista [pasjonísta] 形 ❶《カトリック》御受難修道会

pasitamente

congregación de la Pasión y Cruz de Cristo の〔修道士・修道女〕. ❷ 〜 キリストの受難の — 圃〔聖週間の〕受難の歌 Pasión の歌い手

pasitamente [pasítaménte] 圃《古語》声をひそめて, 小声で

pasito [pasíto] 圃 ❶ ゆっくりと音を立てないように; ゆっくりと小声で. ❷《コロンビア》静かに

pasitrote [pasitróte] 男〔主にロバの, 並足と速足の中間の〕だく足

pasiva[1] [pasíba] 女《文法》受動態《=voz 〜》: 〜 refleja 再帰受け身

pasivado [pasibádo] 男《金属など》パッシベーション, 表面安定化処理

pasivamente [pasíbaménte] 圃 ❶ 受け身的に. ❷《文法》受け身の意味で

pasividad [pasibiðáð] 女 ❶ 受け身的な態度, 消極性: La 〜 de la gente permitió huir al ladrón. 人々が非を示している内に泥棒は逃げた. Con tu 〜 no cambiará nada. 君の弱腰では何一つ変わらないだろう. ❷《化学》不動態

pasivo, va [pasíbo, ba]《←ラテン語 passivus》形 ❶ 受け身の, 消極的な《⇔activo》; 活気のない: Yo permaneceré 〜 hasta que tú me avises. 君が知らせてくれるまで私は行動を起こさないる. No pude evitar ser el sujeto 〜 de su mal humor. 私は彼のかんしゃくをもろにかぶるしかなかった. Hoy Mercedes está muy 〜va en clase. 今日のメルセデスは授業中元気がない. La libertad no es un derecho 〜, a esperar o exigir regaladamente, como si fuéramos bebés que lloran por su comida. 自由は, 哺乳瓶を求めて泣く赤ん坊がおっとりと待ち構えたらなだっというような受け身の権利ではない. tomar una actitud 〜va 消極的な態度をとる. comportamiento 〜 受け身のふるまい. ❷ 年金の給付を受ける, 年金生活者の: clase 〜va 年金生活者層. haberes (derechos) 〜s (退職)年金, 恩給. población 〜va 非労働力人口, 不労人口. ❸《西. 文語》[+de ella] 免れない. ❹《文法》受動態の, 受け身の《⇔activo》: oración 〜va 受動態文, 受け身文. ❺《商業》利益を生まない, 利益を生むのに役立たない. ❻〔同性愛者が〕女役の

—— 名《チリ, ウルグアイ. 口語》高齢者, 老齢年金生活者

—— 男《商業》負債, 債務《⇔activo 資産》: No tiene dinero para hacer frente a su 〜. 彼は負債を処理するだけの資金がない. 〜 corriente (circulante) 流動負債, 短期性負債. 〜 fijo 固定負債, 長期負債

pasma [pásma] 女 ❶《西. 隠語》[la+] 警察, サツ: La 〜 hizo una redada. 警察が一斉手入れを行なった. coche de la 〜 パトカー. ❷《口語》勘定書

—— 名《西. 隠語》警官, 巡査

pasmadizo [pasmaðíθo] 形《ムルシア》すぐ驚く, すぐ呆気にとられる

pasmado, da [pasmáðo, ða] 形 ❶ 驚いた, 仰天した, 呆気 (あっけ) にとられた; ぼんやりした従順な態度に挨拶なしに, con los ojos 〜s 目を丸くして. ❷ 凍てついた;〔植物が〕冷害を受けた. ❸《中南米》傷口が腫れて治りにくい. ❹《メキシコ, 中米》1) 味気ない, 面白くない. ❺《メキシコ, ペルー, チリ》〔果実が〕熟す前にしなびた, 成長をやめた. ❻ 病弱な, やせた. ❼ しょげた, やる気のない. ❽《キューバ》怠け者の. ❼《プエルトリコ》失敗した, 破産した. ❽《エクアドル. 口語》〔人・植物が〕正常な発育をしていない

—— 名 間抜け, ぼんやりした人: Es un 〜 y no se entera de nada. 彼はぼんやりした男で何も分かっていない

pasmante [pasmánte] 形《古語》驚くべき

pasmar [pasmár]《←pasmo》他 ❶ 驚かせる, 仰天させる, あきれさせる, 啞然 (あぜん) とさせる: Me ha pasmado la dimensión del parador. 私はパラドールの広さに腰を抜かした. Pasmó al público con una actuación impresionante. 彼はすばらしい演技で観衆をびっくりさせた. ❷《口語》凍えさせる: En la esquina corre un aire que nos pasma. 街角には凍てつくような風が吹いている. Este frío ha pasmado al café. この冷え込みでキャベツが凍ってしまった. ❸《アルゼンチン》1) 平らにする. 2) …に脂を塗る

〜se 自 ❶ [+de に] 驚く, 仰天する: Te vas a 〜 de lo que voy a contarte. これから話すことを聞いたら君はたまげるだろう. ❷《口語》凍える: Así nos pasmaremos del frío. このままでは私たちは凍えてしまう. ❸《美術》〔絵の具・ニスが〕濁る, 色がく

すむ. ❹ 〔ワインが〕味が落ちる, だめになる. ❺《医学》破傷風にかかる. ❻《中南米》1) 熱病にかかる. 2) 病弱になる; やせ衰える, 衰弱する. ❼《メキシコ, ペルー, チリ》〔果実が〕熟す前にしなびる

pasmarota [pasmaróta] 女《口語》❶ [感嘆・奇異を示す] 仕草. ❷ [破傷風などを示す] 現象, 兆候

pasmarotada [pasmarotáða] 女 =**pasmarota**

pasmarote [pasmaróte]《←pasmar》名《西. 口語》ばか, あほう, とんま: No te quedes ahí como un 〜. そこにでくの坊みたいに立っているんじゃない

pasmazón [pasmaθón] 女 ❶《中南米》熱病, 炎症. ❷《メキシコ》〔馬の背にできる〕鞍ずれ. ❸《グアテマラ》怠けること, ぐうたら

pasmo [pásmo]《←俗ラテン語 pasmus < ギリシャ語 spasmos「痙攣」》男 ❶ 驚き, 仰天: mirar con ojos de 〜 驚きの目で見る. ❷ 驚かせるもの: Su belleza fue el 〜 de los visitantes. その美しさに見物客は驚くばかりだった. ❸《西. 口語》〔驚きなどで〕体が固まってしまうこと: Parece que le ha dado un 〜. 彼は開いた口がふさがらないようだ. ❹《医学》1) 痙攣 (けいれん), ひきつけ. 2) 破傷風. ❺ 風邪〔による関節痛・寒けなどの症状〕: Con el frío que hace te va a darte un 〜. 冷えこんでいるので君は風邪をひくよ. 4)《中南米》〔熱帯の〕風土病, 熱病

cortar a+人 el 〜 1)《チリ》…の恋の邪魔をする. 2)《アルゼンチン》病気を予防する

pasmón, na [pasmón, na]《←pasmar》形 名 ばかな〔人〕, 頭のぼけた〔人〕, おつむが弱い〔人〕

pasmosamente [pasmósaménte] 圃 驚くべき形で

pasmoso, sa [pasmóso, sa]《←pasmo》形 驚くべき, 呆気にとられるような: Roberto metió un gol 〜. ロベルトは息を呑むようなゴールを決めた. Ella tiene una habilidad 〜 de dormirse en cualquier sitio. 彼女はどこでも眠れる驚くべき特技をもっている

pasmuno, na [pasmúno, na] 形《プエルトリコ. 俗語》[カタルなど病気が] 慢性の, 持病の

paso[1] [páso]《←ラテン語 passus < pandere「伸ばす」》男 ❶ 通過, 通行: Han levantado barricadas para impedir el 〜 de los camiones. トラックの通行を妨害するためにバリケードが築かれた. Prohibido el 〜 de los vehículos.《表示》車両通行止め. 〜 del fuego 火渡り〔祭り〕. 〜 protegido《交通》優先権, 先行権. ❷ (ひと)歩, 歩み: Dirigió sus 〜s hacia la ventana. 彼は窓に向かって進んだ. ¡Un 〜 al frente!《号令》1歩前へ! adelantarse un 〜 1歩前に出る. 2) [主に 複] 足音; [点々と残る] 足跡: Se oyen 〜s en el piso de arriba. 上の階で足音が聞こえる. Quedaron los 〜 del oso sobre la nieve. 雪の上にクマの足跡が残った. 3) 歩幅: Hubo diez 〜s míos. 私の歩幅で10歩の長さがあった. andar a grandes 〜s 大またで歩く. andar con 〜s menuditos ちょこちょこ歩く. 〜 geométrico 〔長さの単位〕5フィート《=1.393m》. 〜 romano = 〜 geométrico; 2.5フィート. 4) 歩きぶり, 足どり, 歩調: A pesar de su edad, anda todavía con 〜 firme. 彼は高齢にもかかわらず足はまだしっかりしている. Camina ligero y a veces me cuesta trabajo caminar al mismo 〜. 彼は足が速くて, 私は同じ歩調で歩くのがつらいことがよくある. ¡P〜 ligero! ¡En marcha!《号令》駆け足, 進め! con 〜 rápido 早足で. 5)《馬術》〜 de andadura アンブル, 側対歩. 〜 de la madre《口語》ゆっくりしたトロット. 6)《軍事》〜 de ataque/〜 de carga/〜 ligero (redoblado) 一分間120歩・歩幅83センチの速い足どり. 〜 largo 一分間120歩・歩幅75センチの足どり. 〜 lento/〜 regular 一分間76歩・歩幅55センチのゆっくりした足どり. 〜 ordinario 一分間120歩・歩幅65センチの足どり. 7) [比喩] 〜 adelante y dos para atrás. それは一歩前進, 二歩後退だ. El primer 〜 a la solución del problema es racionalizar la fracción. その問題を解く第一歩は分数を有理化することだ. ir un 〜 por delante del público 大衆の一歩先を行く. ❸ 通路, 通り道: No hay 〜.《表示》通り抜けできません. 〜 a desnivel《メキシコ》立体交差路. 〜 a nivel 平面交差, 踏切. 〜 de gatos〔劇場〕キャットウォーク. 〜 de peatones 横断歩道. 〜 inferior (subterráneo) 地下道. ❹ 峠; [山間などの] 狭隘な道: P〜 de Jáiber カイバル峠, カイバー峠. 〜 de Susa スーザの峠, スーザ山峡の道. ❺ 海峡《=estrecho》: P〜 de Calais ドーバー海峡, 英仏海峡. P〜 del Noroeste 北西航路. ❻《狩猟》獣道. ❼ 囲 手段, 行動; 手続き: Dio todos los 〜s necesarios para conseguir el puesto. 彼はその職を手に入れるために必要なこと

paso

はすべてした. Eso me costó muchos ~s. それには面倒な手続きが必要だった. ❽ [+de から, +a への] 1) 移行: La historia de la lengua española estudia el ~ del latín al romance. スペイン史ではラテン語からロマンス語に至る軌跡を学ぶ. ~ al socialismo 社会主義への移行. 2) 転化: ley del ~ de la cantidad a la cualidad 質量転化の法則. 3) 過ぎ去ること: ~ del amor 愛の移ろい. ❾ 進歩, 前進; 昇任, 昇進: dar un ~ importante en... …において重要な一歩を記す. Ha dado gran ~ en sus estudios. 彼は学業成績が大変上がった. ❿ 窮地, 危機, 難局; 死の危機: Nadie le tendió la mano en aquel ~. ああして彼が困っていたのに誰も救いの手を差しのべなかった. ⓫ 速度: aminorar el ~ スピードを落とす. apretar el ~ 速度を速める. ⓬ キリストの受難の出来事 (エピソード); それを表わす像 (彫刻); その像 (彫刻) を載せた神輿(みこし)・山車 [聖週間の行列に参加する]. ⓭《文学》一節, エピソード: ~ de comedia 演劇作品の一節. [実生活での] 愉快な出来事. ⓮《電話》一通話: llamada telefónica de veinte ~s 20度数の通話. ⓯《技術》[ねじなどの] ピッチ: de ~ variable 可変ピッチの. ⓰《裁縫, 手芸》縫い目, ステッチ; 編み目. ⓱ [鳥などの] 渡り. ⓲《バスケットボール, ハンドボール》[阪] トラベリング: hacer ~s トラベリングをする. ⓳《舞踊》ステップ: bailar a ~ de rumba ルンバのステップで踊る. ~ grave 片足が他方の足から半円を描きながら離れるステップ. ⓴《演劇》パソ [特に16世紀ロペ・デ・ルエダ Lope de Rueda の, 幕間の短い笑劇]. ㉑《情報》オペレーション命令. ㉒ [主に阪] 急ぎ; 機敏, 迅速. ㉓ 許可; [政府が外国領事などに与える] 認可状; [外国での判決の] 国内での執行承認; [教皇勅書などへの] 国家認可. ㉔ 復習, おさらい. ㉕ 試み. ㉖ [まれ] [語るに値するほどの, 人生の] 重大な局面 (出来事・エピソード).

a buen ~ 1) 早足で. 2) 急いで: Están haciendo la obra *a buen ~*. 工事は急ピッチで進められている
a cada ~ しょっちゅう, 頻繁に
a dos (cuatro) ~s de... …のすぐ近くに; …まで後一歩のところに [=*a un ~ de...*]: La guardería está *a dos ~s* de aquí. 保育園はここからすぐの所にある. estar *a dos ~s de la muerte* 死にかけている
a ese (este) ~ そんな調子では: A *ese ~* no vas a llegar nunca. そんな調子では君は絶対たどり着けないよ
a ~ de carga あたふたと, 急いで
a ~ largo 大またで, 急いで
a ~ ligero 軽やかに; 急いで
a ~ llano 難なく
a ~ tirado 急いで
a pocos ~s de... …のすぐ近くに; …まで後一歩のところに [=*a un ~ de...*]
a su ~ 1) 通り過ぎる時に・を: 1) *A su ~* levantan los aplausos del público. 彼女が通ると観客の拍手喝采が起こる. 2) [+por を] El tifón ha causaso muchos muertos *a su ~ por* Japón. 台風は日本を通過した時, 多くの死者を出した. el río Guadiana *a su ~ por* Mérida メリダを流れるグアディアナ川
a un ~ de... 1) …まで後一歩のところに: Estamos *a un ~* de la solución. 私たちは解決まで後一歩だ. 2) …のすぐ近くに, …から目と鼻の先に: El supermercado está *a un ~ de* casa. スーパーは家からすぐだ
a unos ~s de... …のすぐ近くに [=*a un ~ de...*]
abrir[se] ~ 道を切り開く: *Abran ~*. 通して下さい/道を空けて下さい. La verdad se abre ~ al fin. 真理は最後には勝つ. *abrir ~* con un machete en la jungla 山刀でジャングルを切り進む. *abrir ~* entre la muchedumbre 群衆をかき分けて進む
al ~ 1) [venir・coger・caer・pillar など+] 通りがかり (ついで) の場所に: Echaré la carta, ya que me cae *al ~*. [ポストが] 通りがかりにあるから投函してあげよう. 2)《馬術》並足で. 3)《チェス》アンパッサンで
al ~ que+直説法 1) …しながら, …と同時に: *Al ~ que* escuchaba la música, manejaba el ordenador. 彼は音楽を聴きながらコンピュータを操作していた. 2) *al ~ que* va そんな調子では
alargar el ~ 急ぐ, 急いで行く
andar en malos ~s《俗語》不行跡な生活をする, 犯罪的なことに関係する: Le prometí a mi sobrino que le compraría la bicicleta si no volvía a *andar en malos ~s*. 私は甥がもう度と悪いことをしないなら自転車を買ってあげると約束した
apretar el ~ =*alargar el ~*
asentar el ~ 平穏な生活をする, 賢明な生き方をする
avivar el ~ =*alargar el ~*
buen ~ 満ち足りた生活
ceda el ~ [阪]《表示, 交通》譲れ, 前方優先道路
ceder el ~ 道を譲る: A las damas hay que *ceder*les el ~ y entrar después de ellas. ご婦人方には道を譲り, 後から部屋に入らねばならない
cerrar el ~ 通路をふさぐ; [+a+人 の] 行く手をさえぎる
coger de ~ =*pillar de ~*
coger el ~ 1) [+a+人 の] 話をさえぎる. 2) 歩調を合わせる
coger los ~s 通路をふさぐ
cometer un mal ~ =*tener un mal ~*
con el ~ del tiempo 時の経過と共に
con ese (este) ~ =*a ese (este) ~*
con ~ alegre 弾むような足どりで
con ~ ligero =*a ligero*
con sus ~s contados 着実に, きっちり
cortar el ~ a+人 =*cerrar el ~* a+人
dar el primer ~ /*dar los primeros ~s* =*dar sus primeros ~s*
dar ~ 1) [+a+人 に] 道を空ける. 2) [+a+事 を] 引き起こす, もたらす
dar ~s 処置を講じる
dar su primer ~ =*dar sus primeros ~s*
dar sus primeros ~s 開始する, 第一歩を踏み出す: *Di mis primeros ~s* en esta profesión de la mano de un gran maestro. 私はある名匠のもとでこの仕事の手ほどきを受けた
dar un buen ~ 処置を講じる
dar un mal ~ =*dar un ~ en falso*
dar un ~ 1) 一歩前に進む: Estoy roto y no puedo *dar* ni *un ~* más. 私はへとへとでもう一歩も歩けない. 2) 処置を講じる: *dar un ~* importante en... …において重要な一歩を記す
dar un ~ al frente 危険な一歩を踏み出す
dar un ~ en falso 1) 足を踏み外す: *Dio un ~ en falso* y se cayó por la escalera. 彼は階段から足を踏み外した. 2) ヘマをする: *Has dado un ~ en falso* comprando unas acciones que difícilmente vas a sostener un par de meses. 2か月さえ値が保てないような株を買うなんて君は何というどじをしでかしたのだ
de ~ 1) ついでに; 行きがけに: Te acompañaré y *de ~* ayudaré a llevar los paquetes. ついて行ってあげよう. それでついでに荷物も運んであげよう. aludir a... *de ~* 話のついでに…に触れる. y dicho sea *de ~* ついでに言うと. 2) 一時滞在の: No vivo aquí, estoy *de ~*. 私はここに住んでいません, 旅行の途中です. Estaba *de ~* en Londres. 私はちょうどロンドンに滞在中だった. vivienda *de ~* 仮住まいの家
dejar el ~ =*ceder el ~*
dejar el ~ libre (franco) 自由に通行させる: *Dejen el ~ libre*. 道を空けて下さい
estar a un ~ de la muerte 瀕死の状態である
estar en un mal ~ 苦境にある
hacer el ~ 笑いものになる
llevar buen ~ 早足で行く
llevar el ~ 1) [音楽に] 歩調を合わせる: Los soldados *llevaron al ~* al son del himno nacional. 兵士たちは国歌に歩調を合わせて行進した. 2) [+a+人 に] 歩調を合わせる, 遅れずについていく
mal ~ 不運
marcar el ~ 1) 一定のペースを維持する. 2)《軍事》[その場で] 足踏みする
más que a ~ 大急ぎで
no andar en buenos ~s =*andar en malos ~s*
no dar ~ 何も手段をとらない
no dar un ~ 何もしない: *No da un ~ sin consultarme*. 彼は私に相談なしには何もしない
¡P~! 1) [けんかを止める方で] やめろ! 2) 道をあけろ!
~ a ~ 少しずつ, ゆっくりと: La máquina avanza *~ a ~* hacia mí. マシーンがゆっくりと私の方に進んでくる

Paso

~ **al más allá** 無謀な行動
~ **ante** ~ = **entre** ~
~ **del Ecuador** 1)〔船舶〕赤道〔通過〕祭り. 2)［物事の］中間点. 3)《西》大学の課程の前半を終えた祝いの催し
~ **entre** ~ ゆっくり
~ **por** ~ 少しずつ《= ~ a ~》; 細かく
pillar de ~ ［+a+人 にとって］途中にある
por sus ~**s** [**contados**] 規則正しいリズムで, ペースを守って
primeros ~**s** 1) 初歩, 基礎. 2) デビュー
regresar sobre sus ~**s** =**volver sobre sus** ~**s**
romper el ~ 歩調を乱す
salir al ~ 1)［+a+人 を］待ち構える, 立ちはだかる. 2)［+de+事 に］反論する: *salir al* ~ *de una calumnia* 中傷に対して反論する
salir del ~〔口語〕［一時的に］何とか切り抜ける: *salir del* ~ *sin gran daño* 大した被害もなくてすむ
seguir los ~**s** 1)［+a+人 を］監視する; あとをつける: *La policía le siguió los* ~*s durante algún tiempo.* 警察はしばらくの間彼の行動を監視した. 2)［+de+人］模範とする, まねる
tener un mal ~ 過ちを犯す, 失敗する: *Hay que saber perdonar; un mal paso lo tiene cualquiera.* 許してあげる気持ちが大切だ. 誰でも過ちは犯すものだから
un ~ **adelante** 前進: *Los comicios son un* ~ *adelante hacia la paz.* 選挙は和平への一歩である
un ~ **atrás** 一歩後退: *Dio un* ~ *atrás.* 彼は一歩後ろに下がった
volver sobre sus ~**s** 1) 来た道を引き返す: *El niño no le seguía y ella tuvo que volver sobre sus* ~*s hasta encontrarle.* 子供が後についてきていなかったので, 彼女は子供を見つけるまで後戻りしなければならなかった. 2) 前言を取り消す; 考えを改める: *Se dio cuenta de su error y volvió sobre sus* ~*s.* 彼は自分の過ちに気づき, 前言を取り消した
── 静かに, 小声で《= ; ゆっくり》

Paso [páso]〖人名〗**Fernando del** ~ フェルナンド・デル・パソ〖1935〜, メキシコの小説家. きわめて寡作. 長大な作品『メキシコのパリヌーロ』*Palinuro de México*, 19世紀中ごろメキシコ皇帝になったマクシミリアンと妻が生きた動乱の時代を描いた小説『ノティシアス・デル・インペリオ』*Noticias del Imperio*〗

paso², sa² [páso, sa]〖←ラテン語 passus < pandere「伸ばす」〗形 ❶〔果実を〕干した: *uva pasa* 干しブドウ. *higo* ~ 干しイチジク

pasodoble [pasodóble]〖~paso+doble〗男 パソドブレ〖スペインの軽快な舞踊, その行進曲風の曲〗

pasón [pasón]男 ❶〔若者語〕酔いすぎ, やりすぎ. ❷〖メキシコ. 隠語〗トリップ, 麻薬による陶酔: *estar en un* ~ 麻薬でラリっている

pasoso, sa [pasóso, sa] 形 ❶〖中南米〗〔紙が〕水を通す, 透過性の. ❷〖メキシコ, チリ〗汗ばんだ, 汗をかいた: *mano* ~*sa* 汗ばんだ手. ❸〖エクアドル, アルゼンチン〗伝染性の. ❹〖チリ〗範囲の広い; 支配的な, 強い

pasota [pasóta]〖←pasar〗形 名《西. 主に軽蔑》〔伝統・社会規範に背を向けて〕すべてに無関心な〔人〕, しらけた〔人〕, やる気のない〔人〕: *Es un* ~ *que no quiere ni estudiar ni trabajar.* 彼はすべてに無関心で勉強もしなければ仕事もしない
── 男 すべてに無関心な人々の使う隠語

pasote [pasóte]男 ❶《西. 隠語》ひどいこと, ゆきすぎ: *Este coche alemán es un* ~. このドイツ車は高すぎる. *No tuvieron allí tres horas, ¡qué* ~, *tío!* 俺たちは3時間もそこで待たされたんだ, ひどすぎるよ, まったく! ❷〖メキシコ. 植物〗アリタソウ《= epazote》. ❸〖プエルトリコ〗石投げ遊び

pasotismo [pasotísmo] 男《西. 主に軽蔑》すべてに無関心な態度（風潮・生き方）: *El* ~ *de los jóvenes se debe a veces a la falta de perspectivas.* 若者が覇気がないのは将来の展望が見えないことにも原因がある

Paso y Troncoso [páso i troŋkóso]〖人名〗**Francisco de** ~ フランシスコ・デ・パソ・イ・トロンコソ〖1842〜1916, メキシコの医師・歴史家. 16世紀に先住民ならびにスペイン人が書き残した文書を発掘し研究〗

paspa [páspa] 女〖ラプラタ〗=**paspadura**

paspadura [paspadúra] 女〖ラプラタ〗［皮膚の］ひび割れ, あかぎれ;〔寒さでできる〕唇のひび割れ

paspar [paspár] ~**se**〖ラプラタ〗［皮膚が］ひび割れする, あかぎれができる

paspartú [paspartú]〖←仏語 passe-partout〗男〖複 ~s〗〔厚紙製などの〕簡易式の額縁

paspayás [paspajás]〖植物〗ムギクサ

paspié [paspjé]〖←仏語 passe-pied〗男〖音楽, 舞踊〗パスピエ〖17〜18世紀にフランスで流行した軽快な舞曲・舞踊〗

pasqueño, ña [paskéɲo, ɲa] 形 名〖地名〗パスコ Pasco の〔人〗〖ペルー中部の県〗

pasqueo [paskéo] 男〖ペルー. 鉱山〗くさびを使う採掘法

pasquín [paskín]〖←伊語 Pasquino〗男 ❶〔公共の場所に貼られた〕風刺文, 落書き, 落首. ❷〔体制・当局などに批判的な〕びら, ポスター: *Los trabajadores repartieron pasquines contra la dirección de la fábrica.* 労働者たちは工場の経営者側を批判するびらを配った. ❸《主に中南米》三流紙

pasquinada [paskináða] 女 寸鉄人を刺す言葉, 警句; 風刺的な言辞

pasquinar [paskinár] 他 風刺する, 皮肉る

pasquinero, ra [paskinéro, ra] 名 風刺文の作者

pássim [písin]〖←ラテン語〗副〔引用文献などの〕あちこちに

passing shot [páskin ʃót]〖←英語〗男〖テニス〗パッシングショット

pasta¹ [pásta]〖←ラテン語 pasta < ギリシア語 paste〗女 ❶《料理》
不可算〔パイ・タルトの〕生地, 種: ~ *de hojaldre* パフ・ペースト, 折り込みパイ生地. ~ *de pan* パン生地. ~ *quebrada* 底生地. ❷《料理》不可算 ペースト: *preparar* ~ *para croquetas* コロッケ用の練り物を作る. ~ *de carne*〔瓶詰などの〕ペースト. ~ *de gambas* シュリンプペースト. ~ *de anchoas* アンチョビペースト. ❸《料理》〔総称〕パスタ: *Esta semana comemos tres veces.* 私たちは今週3回麺類を食べた. *Dicen que la* ~ *engorda.* パスタを食べると太るという説がある. ~ *al huevo* エッグパスタ. ~ *de sopa*《西》スープに入れるパスタ. ❹ 練り菓子.《西》クッキー, ビスケット《= ~ *dura*》: *En la merienda nos pusieron un té con* ~*s.* おやつに紅茶とクッキーが出た. ~ *flora* =**pastaflora**. ~ *de té*〔朝食用などの〕甘味の少ない素朴なビスケット. ❻ 練ったもの, ペースト状のもの; 接着剤《= ~ *de pegar*》: *El albañil rellenó el agujero de la pared con un* ~ *especial.* 左官屋は特製のペースト状のもので壁の穴を埋めた. ~ *de arcilla* 粘土. ~ *dentífrica*/~ *dental* = *de dientes* 練り歯磨き. ❼ パルプ《= ~ *de papel*》: *España es deficitaria en* ~ *de papel.* スペインはパルプが不足している. ❽〔口語〕金《= dinero》: *Me robaron toda la* ~ *que llevaba en bolso.* 私はハンドバッグに入れていた金をすべて盗まれた. *Nunca tiene* ~. 彼はいつもピーピーしている. *costar una* ~ 高価である. ❾《製本》厚紙装丁; 布装, 革装: *Ha forrado las* ~ *del libro.* 彼は本を装丁した. *libros de* ~ *blanda (dura)* ペーパーバック（ハードカバー）の本. *en* ~ 革装の. *media* ~ 半革装丁. ~ *española*〔スペイン装の〕碧玉模様の総革装. ❿〔口語〕才能, 資質: *No tengo* ~ *para los negocios.* 私は商売に向いていない. *Aurora tiene* ~ *de actriz.* アウロラには女優の素質がある. ⓫《製陶》~ *tierna* 軟質磁器, カオリンを含まない磁器. ⓬〔まれ〕のろさ, 動きの鈍さ: *Merche hace las cosas con demasiada* ~. メルチェはやることがのろい. ⓭〔古語〕〔金属の〕板: *oro en* ~ 板状の金. ⓮〖チリ〗靴墨

aflojar la ~ 金をあげる

buena ~《西. 口語》よい性格: *Ella tiene muy buena* ~. 彼女は温厚な人だ. *Su hermano es de muy buena* ~. 彼の兄は気だてがいい

estar montado en ~《西. 口語》裕福である

mala ~《西. 口語》悪い性格: *tener mala* ~ 気立てがよくない

~ **gansa**《西. 口語》途方もない大金: *Ese piso cuesta una* ~ *gansa.* そのマンションは値段がとてつもなく高い

soltar la ~ =**aflojar la** ~

tocar la ~〔隠語〕［+a+人 に］寄生する, 居候する, 世話になる

pastaca [pastáka] 女〖中南米. 料理〗トウモロコシ入りの煮込み

pastadero [pastadéro] 男〖中南米〗牧草地

pastaflora [pastaflóra] 女《菓子》〔砂糖・卵を加えた, 口の中でとろけるような〕上質のクッキー
── 名〔怒ることのできない〕おとなしい人, お人好し
ser ~ おとなしい人, 優しい

pastafrola [pastafróla] 女〖ラプラタ. 菓子〗マルメロ入りのパイ

pastaje [pastáxe] 男〖主に中南米〗牧草地, 放牧場; 放牧料

pastal [pastál] 男〖中南米〗=**pastizal**

pastalón [pastalón] 男《コロンビア》=**pastizal**
pastar [pastár]【←pasto】自《家畜が》自《家畜が》牧場の草を食べる
—— 他《家畜を》牧草地に連れて行く
paste [páste] 男《中米, 植物》❶ ヘチマ. ❷ スパニッシュ・モス, サルオガセモドキ【学名 Tillandsia usneoides】
pasteador, ra [pasteaðór, ra] 名《ペルー》スパイ【=espía】
pastear [pasteár] 他 ❶《家畜を》牧草地に連れていく. ❷《ペルー》スパイ活動をする【=espiar】
pasteca [pastéka]【←伊語 pastecca】女 切り欠き滑車, スナッチブロック
pastel [pastél]【←古仏語 pastel < ラテン語 pastillum】男 ❶《料理》1) ケーキ《→tarta 類義》: El camarero nos trajo una bandeja de ~es variados. ウェイターは様々なケーキが載ったトレイを持って来た. ~ de cumpleaños バースデーケーキ. ~ de chocolate チョコレートケーキ. ~ de nata クリームケーキ. ~ de queso チーズケーキ. 2)《果物・肉の》パイ: ~ de carne ミートパイ. ~ de merluza メルルーサパイ. ~ de papas《チリ, アルゼンチン, ウルグアイ》シェパードパイ. ~ de yuca《プエルトリコ, コロンビア》[生地にキャッサバを加えた] ミートパイ. ❷《美術》1) パステル. 2) パステル画【法】【=pintura al ~】. 3)《一般》パステルカラー【=color ~】. 4) パステル調, 淡く柔らかな色調【=tono ~】. ❸《化粧》パステル. ❹《口語》詐欺, ごまかし, ペてん, いかさま, 不正; 陰謀: La policía descubrió el ~ y los metió en la cárcel. 警察は不正を発見し, 彼ら全員を刑務所に入れた. ❺《口語》やっつけ仕事, いいかげんな仕事, 雑な仕事: Nos dejaron con el ~ varios meses. 我々は何か月も手抜きの仕事をさせておかれた. ❻《口語》《権力・財産・市場などの》分け前, パイの取り分: Unos bancos se repartieron el ~ al quebrar la empresa. 会社が倒産すると銀行が資産を分け取りした. ❼《婉曲》《子供の》うんち【=caca】; 嘔吐【物】; 不快なもの: Hay que limpiarle al niño el ~. 男の子のうんちを拭きとってやらなければならない. Alguien ha vomitado allí dejando el ~. 誰かがあそこで吐いて汚いものを残していった. ❽《軽蔑》ごてごてした悪趣味な建築物. ❾《コロンビア》カンニングペーパー

descubrirse el ~《西. 口語》秘密をかぎつけられる
hacer el ~ 不正を働く; いいかげんな仕事をする
—— 形 パステルカラーの: azul ~ パステルブルー
pastelear [pasteleár] 自 ❶《西. 軽蔑》時勢に迎合する: A ti te gusta ~. 君はすぐ妥協する. ❷《口語》よからぬことをたくらむ, はかりごとをめぐらす, 裏工作をする
pastelejo [pasteléxo] 男《菓子》小型のケーキ (パイ)
pasteleo [pasteléo] 男 ❶《西. 軽蔑》[時勢への] 迎合する. ❷《口語》[政治・経済的な] たくらみ, はかりごと《の意味合い》: Su nombramiento es un ~ descarado. 彼の任命は恥も外聞もない裏取り引きの産物だ. ❸《隠語》偽の宝石・貴金属の販売
pastelería [pastelería]【←pastel】女 ❶ ケーキ店: Compré una tarta de nata en ~. 私はケーキ屋でクリームケーキを買った. ❷ ケーキ作り, ケーキの製造: Mi mujer es muy aficionada a la ~. 私の妻はケーキを作るのが大好きだ. ❸【集合】ケーキ類: En ese restaurante tienen una ~ sabrosa. そのレストランはおいしいケーキを出す. ❹《軽蔑》《建築物が》ごてごてして悪趣味なこと
pastelero, ra [pastelero, ra]【←pastel】名 ❶ ケーキ製造職人, パティシエ; ケーキ店主. ❷《西. 軽蔑》時勢に迎合する人, 八方美人. ❸ 裏工作 (取り引き) をする人. ❹《メキシコ, キューバ》おべっか使い. ❺《ペルー. 口語》麻薬常用者. ❻《アルゼンチン》策士, 陰謀家
—— 形 ❶ ケーキ作りの; ケーキ作り用の: industria ~*ra* ケーキ業界. crema ~*ra* ケーキ用のクリーム. ❷《西. 軽蔑》時勢に迎合する

no tener ni ~ra idea 全くわからない
pastelillo [pasteliʎo] 男《料理》❶《卵の黄身・果実・肉などを入れた》小型のパイ. ❷《西》~ de hígado de ganso フォアグラのパテ. ~ de mantequilla バターのひとかけ
pastelina [pastelína] 女《俗用》色粘土【=plastilina】
pastelista [pastelísta] 共 パステル画家
pastelón [pastelón] 男 ❶《料理》❶ ミートパイ. ❷《チリ》[コンクリート製で舗装用の] 大型の平石
pastenco, ca [pasténko, ka] 形 名《乳離れして》牧草を食べ始めたばかりの《子牛》
pastera[1] [pastéra] 女《建築》[モルタルの] こね板
pasterización [pasteriθaθjón] 女 =**pasteurización**
pasterizar [pasteriθár] 9 他 =**pasteurizar**

pastero, ra[2] [pastéro, ra] 形 ❶《まれ》ペースト状のもの pasta の; 生地の; パルプの. ❷《地方語》[子牛が] 牧草をはむ
—— 他 すり潰したオリーブをかご capacho に入れる人
pasteuriano, na [pasteurjáno, na] 形《人名》[フランスの化学者・細菌学者] パストゥール Pasteur の
pasteurización [pasteuriθaθjón] 女 [牛乳などの] 低温殺菌法
pasteurizador, ra [pasteuriθaðór, ra] 形 男 低温殺菌用の〔器具〕
pasteurizar [pasteuriθár]【←仏語 pasteuriser < Pasteur「パストゥール」(人名)】9 他 低温殺菌する: leche *pasteurizada* 低温殺菌乳, パスチャライズド牛乳. queso *pasteurizado* 低温殺菌チーズ
pastiche [pastítʃe]【←仏語 pastiche < 伊語 pasticcio】男 ❶《文学, 美術, 音楽など》パスティーシュ, 模倣作品, もじり作品. ❷《音楽》パスティッチョ《様々な作品の抜粋を継ぎ合わせた混成オペラ曲》. ❸《雲軽蔑》《他の作品からの借用が多い》寄せ集め的作品, [一般に] ごった煮的なもの: El tesis es solo un ~ de datos y de teorías. その論文は様々な資料と理論のつぎはぎにすぎない
pasties [pástjes]【←英語 paste】男 複 ニプレス: mujer vistiendo ~ ニプレスを付けた女性
pastilla [pastíʎa]【←俗ラテン語 pasta < ギリシア語 paste「ソースと混ぜた粉」< passo「私はばらまく」】女 ❶《薬学》錠剤, 丸薬: 1) El médico me recetó unas ~s para calmar el dolor. 医者は私に鎮痛剤を処方してくれた. tomar ~s para dormir 睡眠薬を飲む. ~s para los nervios 精神安定剤. 2)《西. 俗語》[la+] ピル【=píldora】; エクスタシー〔幻覚剤〕. ❷《菓子》1) キャンディー: ~ de mentol メンソールキャンディー. 2) [板チョコの] 一かけら: una tableta de chocolate de doce ~s 12片からなるチョコレート1枚. 3) una ~ de turrón 一片のトゥロン. ❸ [固形の] 石ん, 化粧石ん【=~ de jabón】. ❹ [エレキギターの] ピックアップ. ❺《情報》チップ: ~ de memoria メモリーチップ. ~ de silicio シリコンチップ. ❻ ~ de freno《自動車》ブレーキパッド, 《自転車》ブレーキシュー【=~ de freno[s]】. ❼ [固形の] ~ de caldo《料理》スープキューブ. ❽ ~ de fuego 《暖房などの》たきつけ. ❾《レコードプレーヤーの》カートリッジ. ❿《まれ》小さな円の模様. ⓫《まれ》[タイヤ・靴の底の] 小突起. ⓬《メキシコ》お金

a toda ~《西. 口語》1) 急いで, スピードを出して: Salió *a toda* ~ para no perder el tren. 彼は電車に乗り遅れないように大急ぎで飛び出した. El coche que me adelantó iba *a toda* ~. 私を追い越した車は猛スピードで走っていた. 2) 最大音量で

gastar ~s de boca 空(くう)約束をする
—— 形《単複同形》《西》ひどく退屈な
pastillero, ra [pastiʎéro, ra] 名《西. 口語》錠剤にした麻薬の常用者
—— 男 錠剤ケース
pastina [pastína] 女 ❶《料理》[様々な形の] ショートパスタ. ❷《アルゼンチン》[ひび割れの充填・荒石積み用の] しっくい
pastinaca [pastináka] 女 ❶《魚》コモン・スティングレー【学名 Dasyatis pastinaca】. ❷《植物》パースニップ【=chirivía】
pastinaka [pastináka] 女《魚》コモン・スティングレー【=pastinaca】
pastines [pastínes] 男 複《アルゼンチン, ウルグアイ》[スープに入れる] 星・文字などの形のショートパスタ
pastira [pastíra] 女《ハエン》[河川流域で] 野菜作りをする女
pastís [pastís] 男《酒》パスティス《アニスの香りのリキュール》
pastizal [pastiθál]【←pasto】男《馬の》牧草地, 牧場
pastizara [pastiθára] 女《隠語》金【=moneda】
pasto[1] [pásto]【←ラテン語 pastus < pascere「食べ物を与える, 草をはむ」】男 ❶ 牧草: Este año hay abundante ~. 今年は牧草がふんだんにある. ❷《主に 複》牧草地, 放牧地: Cada mañana el pastor conduce el ganado a los ~s. 毎朝羊飼いは羊を牧草地に連れていく. derecho de ~ 放牧権. ❸《比喩》[+ de] 餌食の: No quiere ser ~ de la murmuración. 彼はうわさの種になりたくない. El caserío fue ~ de las llamas. 農家は火に包まれた. ❹《宗教》心の糧【=~ espiritual】. ❺《メキシコ, ペルー, ボリビア, チリ, アルゼンチン》芝生【=césped】: sentarse en el ~ 芝生に座る. cortar el ~ 芝刈りをする. ❻《メキシコ, ラプラタ》草

a [*todo*] ~《西. 口語》1) ふんだんに: Comimos y bebimos *a*

pasto, ta

todo ~. 私たちは大いに飲み大いに食べた。2) 何の気がめもなく: Es un derrochador y gasta *a todo* ~. 彼は浪費家で湯水のように金を使う。hablar *a todo* ~ しゃべりまくる
   dar ~ *a*+人〖口語〗…にチャンスを与える
   de ~[ワインが] 普段用の, 日常用の

pasto², ta [pásto, ta] 形〖名〗パスト族の〖コロンビア, ナリーニョ県の先住民〗

pastoforio [pastofórjo] 男〖異教の〗最高位の僧の部屋

pastón [pastón] 男 ❶〖西. 口語〗大金: valer un ~ 高価である。❷〖牛などの〗糞のかたまり

pastor, ra [pastór, ra] 名〖←ラテン語 *pastor, -oris < pascere*「草をはむ」〗❶ 羊飼い, 牧者, 牧人: 〖~ de ovejas〗: el Buen *P* ~〖新約聖書〗よき羊飼い(牧者)〖キリストのこと〗. ~ de cabras 山羊飼い。❷〖プロテスタント〗牧師: El ~ despide a los feligreses a la puerta de la iglesia. 牧師は教会の入口で信者を見送る。~ luterano ルター派の牧師. ❸〖メキシコ〗田舎者, 粗野な人
   ── 形 牧羊の; 羊飼いの
   ❶〖カトリック〗[信者を導く] 聖職者: Los obispos y los presbíteros son ~es de la iglesia católica. 司教と司祭はカトリック教会の導き手である。el ~ sumo (universal) 教皇. ❷〖犬〗牧羊犬〖~perro ~〗: ~ alemán ドイツ(ジャーマン)シェパード. ~ belga ベルジアンシェパード. ~ collie コリー(スコッチ) シェパード. ~ de Shetland シェトランドシープドッグ. ~ húngaro (puli) プーリー. ~ inglés オールドイングリッシュシープドッグ. ❸〖メキシコ〗〖幼子イエスの像の前で行われる〗野外牧人劇
   ── 女〖隠語〗お金〖=moneda〗.

pastorada [pastoráda] 女 ❶ 羊飼いの行動. ❷ 放牧〖=pastoreo〗. ❸ 羊飼いの集まり(寄り合い). ❹ 羊飼いの携帯する食べ物

pastorado [pastorádo] 男〖プロテスタント〗牧師の職(権威)

pastoraje [pastoráxe] 男 =**pastoría**

pastoral [pastorál]〖←ラテン語 *pastoralis*「羊飼いの, 野原の」〗形 ❶〖キリスト教〗司牧の; 〖カトリック〗司祭の; 〖プロテスタント〗牧師の: El párroco realiza un gran labor ~ con jóvenes drogadictos. 教区司祭は麻薬中毒の若者を更生させる, 司牧の大変な仕事をしている. ministerio ~ 牧師職. vida ~ 信者の導き手としての生活. visita ~ 司教の管区訪問. ❷ 田園生活(牧歌的恋愛)の, 素朴な: poeta ~ 田園詩人. Sinfonía ~『田園交響曲』. ❸ 羊飼いの〖=pastoril〗
   ── 女 ❶〖文学〗[主に恋愛を描いた] 牧歌, 田園詩〖=poesía ~〗; 牧人劇. ❷〖音楽, 舞踏〗パストゥレル; 牧歌曲, 田園曲. ❸〖カトリック〗1) 司教教書〖司祭が信者あてに出す書簡. =carta ~〗. 2)〖教会が信者のために行なう〗心の世話, 導き; 集合 その規範

pastoralismo [pastoralísmo] 男〖キリスト教〗司牧〖行為〗

pastoralista [pastoralísta] 男〖カトリック〗心の世話 pastoral をする専門家

pastoralmente [pastorálménte] 副 ❶〖キリスト教〗司牧的に, 司牧として. ❷ 羊飼いのように; 田園的に, 牧歌的に. ❸〖音楽〗パストラル風に

pastorcilla [pastorθíʎa] 女〖鳥〗ハクセキレイ〖=lavadera blanca〗

pastorear [pastoreár]〖←*pastor*〗他 ❶〖家畜を〗牧草地へ連れて行く, 放牧する, 牧養する: Un muchacho *pastoreaba* un rebaño de ovejas. 少年が羊の群れの番をしていた。❷〖聖職者が信者を〗導く, 注意深く見守る. ❸〖牧師が信者に〗説教する, 様子をうかがう. ❹〖中米〗かわいがる, 甘やかす. ❺〖アルゼンチン, ウルグアイ. 口語〗言い寄る, 口説く
   ── 自 ❶〖中南米〗[家畜が] 牧場の草を食べる. ❷〖ベネズエラ〗失望する, 気落ちする

pastorela [pastoréla]〖←古語 *pastourelle*〗女 ❶〖文学〗パストゥレル〖騎士と羊飼いの女の恋をテーマとした中世プロバンスの田園詩〗. ❷〖音楽, 舞踏〗パストゥレル; 牧歌曲. ❸〖メキシコ〗キリスト降誕劇, クリスマス劇

pastoreo [pastoréo] 男 放牧, 牧養: Los pueblos antiguos vivían de la caza y el ~. 昔の村は狩猟と牧畜で生計をたてていた

pastoría [pastoría] 女 ❶ 羊飼いの仕事; 放牧. ❷ 集合 羊飼い

pastoricio, cia [pastoríθjo, θja] 形〖まれ〗=**pastoril**

pastoriego, ga [pastorjéɣo, ɣa] 形〖まれ〗=**pastoril**

pastoril [pastoríl]〖←*pastor*〗形 羊飼いの; 牧人文学のジャンルの. novela ~ 牧人小説. vida ~ 遊牧民的な生活

pastorilmente [pastorílménte] 副 羊飼いのように

pastosidad [pastosiðá(ð)] 女 ❶〖感触の〗柔らかさ; こねいもの. ❷ ねばつき. ❸〖声の響きの〗快さ, 甘さ. ❹ 濃いめであること

pastoso, sa [pastóso, sa] I〖←*pasta*〗形 ❶〖感触がパン生地のように〗柔らかい; こねいもの: masa ~*sa* 柔らかなかたまり. sustancia ~ 練りやすい物質. ❷ ねばねばした, ねばつく: Me levanté con la boca ~*sa*. 私は起きると口がねばねばしていた. lengua ~*sa* こけ舌. ❸〖音楽〗[声・音が] キンキンしてなくて] 快い響きの: Me gusta su voz ~*sa*. 私は彼の声の甘い響きが好きだ: letra ~ 太い字. ❹〖人が〗話がまどろこしい(しつこい). ❺ 濃いめの: La sopa ha quedado muy ~*sa*. スープの味が濃くなってしまった. ❻ 絵の具を塗り重ねた
   II〖←*pasto*〗形 ❶〖中南米〗[土地が] よい牧草の生えている. ❷〖コロンビア〗のんきな, のろまな, 不精な

pastramí [pastramí]〖←英語 *pastrami* <ルーマニア語 *a pastra*「保存する」〗男〖料理〗パストラミ, 燻製の牛肉

pastrana¹ [pastrána] 女 もっともらしい嘘, ほら話

pastranense [pastranénse] 形 名 =**pastranero**

pastranero, ra [pastranéro, ra] 形 名〖地名〗パストラナ Pastrana の〖人〗〖グアダラハラ県の村〗

pastrano, na² [pastráno, na]〖←*pastor*〗形 無骨な, たどたどしい,下手な: letra ~*na* 金釘流の文字

pastrija [pastríxa] 女 ❶ 嘘, そら言. ❷〖ナバラ, ログローニョ〗[街を] ぶらつくこと; 夜遊び

pastrijero, ra [pastrixéro, ra] 形〖ログローニョ〗嘘つきの, ぺてん師

pastueño, ña [pastwéɲo, ɲa] 形 ❶〖闘牛〗[ムレータなどに] まっすぐ突進する〖牛〗. ❷〖地方語〗[馬が] おとなしい, 人間に忠実な. ❸〖エストレマドゥラ〗穏やかな, のどかな

pastura [pastúra]〖←伊語 *pastura* < 俗ラテン語 *pastura*「食べること」〗女 ❶ 牧草[地]. ❷〖牛への〗一回分の飼料

pasturaje [pasturáxe] 男 共同牧草地; その使用料, 放牧スペース

pasturar [pasturár] 他〖家畜を〗放牧する, 牧草を食べさせる
   ── 自〖家畜が〗牧草を食べる

pastuso, sa [pastúso, sa] 形 名〖地名〗パスト Pasto の〖人〗〖コロンビア, ナリーニョ Nariño 県の県都〗

pasudo, da [pasúðo, ða] 形〖メキシコ, ドミニカ, コロンビア, ベネズエラ〗[黒人のように] 髪の縮れた〖人〗

pat [pát] 男〖←英語 *putt*〗名〖競〗~s〖ゴルフ〗パット〖=putt〗

pata¹ [páta] I〖←擬声〗女 ❶〖動物の〗脚, 肢(あし)〖pie と piernal: El perro se puso en dos ~s. 犬がちんちんした. andar sobre las ~s traseras 後脚で立って歩く. herirse en la delantera izquierda 左の前脚をけがする. cuatro ~s de un caballo 馬の4本の脚. ~s del cangrejo カニの足. ❷〖口語〗[人間の] 足, 脚: El tío se rompió una ~. 叔父は足を折った. tener unas ~s muy largas 脚が大変長い. ❸〖家具・グラスなどの〗mesa de cuatro ~s 四本脚のテーブル. ❹〖料理〗1)〖牛などの〗もも肉. 2) ~ de mulo 羊乳チーズ〖=villalón〗. ❺〖技術〗~ de cabra〖ツゲまたは骨製の〗靴底をなめらかにする靴屋の道具. ~ de gallina〖まれ〗〖木材の〗心割れ, 星割れ. ❻〖植物〗~ de liebre シャグヤギ. ~ de ganso〖アルゼンチン〗オドンコ. 〖メキシコ, アルゼンチン. 口語〗~ de perro 旅行好きな人. 〖ペルー. 口語〗親友. ❽〖アルゼンチン〗容姿端麗な人, 機嫌のいい人. ❾〖アルゼンチン, ウルグアイ. 口語〗~ dura 踊りの下手な人. ❿〖キューバ, ペルー. 口語〗非常に親しい; 親友. ⓫〖ペルー. 口語〗やつ, ある人
   a cuatro ~s〖口語〗四つんばいになって, 這(は)って: El padre se puso *a cuatro* ~s para jugar con el niño. 父親は四つんばいになって子供と遊んだ
   a [la] ~ *coja*〖西〗けんけんして, 片足跳びで: Pilar se torció un pie y tuvo que ir a su casa *a la* ~ *coja*. ピラールは足を捻挫し, 片足跳びで家まで帰らねばならなかった
   a la ~ [la] *llana* / ~ *llana*〖西〗気取らずに, 自然に: La actriz con los amigos se comporta *a la* ~ *llana*. その女優さんも気さくにつき合う
   a ~〖口語〗歩いて, 徒歩で〖=a pie〗: Volvimos a casa *a* ~ porque no había autobús. バスがなかったので私たちは歩いて家に帰った
   a ~ *pelada*〖ペルー, チリ. 口語〗裸足で, 素足で
   a ~ *suelta*〖まれ〗すっかり安心して〖=a pierna suelta〗
   andar con ~*s* 四つんばいで歩く
   andar en ~*s*〖プエルトリコ, アルゼンチン〗裸足で歩く

patada

bailar en una ~《まれ》非常に満足している
buena ~《口語》幸運: tener *buena ~* ついている
buscar la quinta ~ al gato《中南米.口語》ありもしない面倒(問題)を見つけることに固執する
cagarse por la ~ abajo《西.卑語》=*irse por la ~ abajo*
con la ~ tiesa《口語》死んだ
con las ~s colgando《西.口語》ひどく驚いた, 驚愕した
dejar la ~ de ~s en la calle《口語》=*poner a+人 de ~s en la calle*
descender de la ~ del Cid 高貴な出である; 一人でいい気になる
echar las ~s por alto《口語》かっとなる, 頭に血がのぼる: Creyó que le iban a engañar y *echó ~s por alto*. 彼はだまされると思うと怒りがこみ上げてきた
en cada ~《戯語》[主に年齢について]まさか/嘘をつけ
enseñar la ~《口語》=*sacar la ~*
estirar la ~《戯語》死ぬ,お陀仏になる: El perro tiene tantos años que está a punto de *estirar la ~*. その犬はいつか死んでもおかしくないほどの年寄りだ
hacer con las ~s《メキシコ,コロンビア.口語》台なしにする, しくじる
hacer la ~ a+人《ペルー,チリ.口語》…にごまをする, おべっかを使う, へつらう
hacer [la] ~ ancha《アルゼンチン.口語》[勇敢にも]命を危険にさらす
hacer ~ a+人《アルゼンチン.口語》…と一緒に行く
irse por la ~ abajo《西.卑語》驚いて・我慢できなくて)大便をもらしてしまう
irse por ~s《西.口語》=*salir por ~s*
mala ~《口語》1) ついていないこと, 不運: Suspendieron el examen por *mala ~*. 彼らは見放され落第した. ¡Qué *mala ~* tenemos! 我々はついてないよ. 2) 面白味のなさ, タイミングの悪さ: Tiene *mala ~* hablando. 彼の話はつまらない
metedura de ~ とんでもない(失礼な)間違い, へま, どじ: Ha sido una *metedura de ~* tremenda no invitarla. 彼女を招待しなかったのは大失敗だ
meter la ~《口語》とんでもない(失礼な)ことをする, へまをしでかす, どじを踏む
meter ~《アルゼンチン, ウルグアイ》急いで歩く
metida de ~《中南米》=*metedura de ~*
parar las ~s《ホンジュラス, コロンビア, ボリビア, チリ, ウルグアイ》[人が]死ぬ
~ chula《西.軽蔑》[人の] 不自由な脚: Tendrá que ir a la fiesta con la *~ chula*. 彼は脚が不自由なままパーティーに行かざるを得ないだろう
~ de banco《西》ばかばかしい(不適当な)言動: razón de *~ de banco* くだらない理由
~ de gallo 1)〖解〗目尻のしわ, カラスの足跡: tener *~s de gallo* 目尻に小じわがある. 2)〖植物〗スイカズラ属の一種〖学名 Lonicera etrusca〗;《チリ》トゲミノキツネノボタン. 3)〖服飾〗千鳥格子: falda de *~ de gallo* 千鳥格子模様のスカート
~ negra 1)《西》ひづめが黒く形が細長いセラーノハム. 2) 一流, 最上質: fútbol de *~ negra* 一流のサッカー. Se le este negocio *~ negra*. 彼にとってこの取引は最高でうまくいく
~s arriba《口語》1) あおむけにひっくり返って: La mosca, al despegar no voló, se cayó *~s arriba*. ハエは飛び上がれず, ひっくり返った. 2) ひどく乱雑に, おもちゃ箱をひっくり返したように: Los niños dejaron el salón *~s arriba*. 子供たちはリビングをめちゃくちゃにした. 3) すっかり変わって(変わって): El jefe nuevo ha puesto el departamento de ventas *~s arriba*. 新部長は営業部をがらりと変えてしまった
~s de rana《ラプラタ》足ひれ
poner a+人 de ~s en la calle《口語》…を追い出す;解雇する
por abajo de la ~《ラプラタ.口語》少なくとも, せめて: Le debe haber costado 500 dólares *por abajo de la ~*. 彼は少なくとも500ドルは払ったに違いない
quemar la ~《ホンジュラス.口語》浮気をする
sacar la ~《口語》本心をさらけ出す, 馬脚をあらわす
salir por ~s《西.口語》[危険・困難から]逃げ出す: Antes de que me atraquen *saldré por ~s*. 私は強盗にあう前に走

saltar en una ~《チリ,アルゼンチン,ウルグアイ》小躍りして喜ぶ, 欣喜雀躍(ﾞﾟ)する
ser ~《ラプラタ.口語》一緒にする(行く)気がある, 乗り気である: Si ustedes van a la playa yo *soy ~*. あなたがたが海に行くのなら今度合います
ser un ~ de perro《メキシコ, アルゼンチン.口語》世界を旅行して回る
serruchar las ~s a+人《ベネズエラ.口語》…の仕事の邪魔をする, 足を引っ張る
tener ~《中南米》つながりがある, 知り合いである
tirar las ~s por alto《まれ》=*echar las ~s por alto*
ver la ~ a la sota《アルゼンチン.口語》危険に気づく, 意図を見抜く
Ⅱ〖←伊語 patta〗囡 同点, 引き分け〖=empate〗: quedar (ser・salir) ~[s] 同点になる, 引き分けになる
-pata[接尾辞][病気の,患者]cardió*pata* 心臓病の[患者]
patabán [pataβán] 男《キューバ.植物》ホワイトマングローブ
pataca[1] [patáka] 囡〖←?語源〗❶〖植物〗キクイモ〖=tipinambo〗; その塊根. ❷〖古語〗1オンス銀貨
patacabra [patakáβra] 囡《カンタブリア》エボシガイ〖=percebe〗
patache [patátʃe] 男 ❶ 小型商船;《古語》連絡艇, 哨戒艇, 警備艇. ❷《エクアドル, ペルー》1) 毎日のおかず. 2) スープ
patacho [patátʃo] 男 ❶《メキシコ》[動物の] 隊列; 群れ. ❷《アルゼンチン.古語》連絡艇, 哨戒艇
pataco, ca[2] [patáko, ka] 形 图 がさつな[人], 粗野な[人], 下品な[人], けちな[人]
—— 男《地方語.古語》1オンス銀貨〖=pataca〗
patacón [patakón] 男 ❶〖←pataca〗〖古語〗1オンス銀貨. 2)〖un+〗ごく少額の銅貨: no tener un ~ 一文もない. no dar un ~ por... には一文も出せない. 3)〖集〗金〖=dinero〗. ❷《エチオピア・ドル, 昆虫》ハジラミ(羽虱). ❸《コロンビア, 料理》〖複〗バナナチップス. ❹《エクアドル》蹴り. ❺《チリ》[皮膚の]しみ, あざ, みみず腫れ

patada[1] [patáða] 囡〖←pata〗 ❶ 蹴とばし, 蹴り: El niño se entretiene dándole ~ a su balón. その男の子は蹴とばして遊んでいる. ~ *de inicio* キックオフ. ~ *fija* プレースキック. ~ *voladora*《レスリング》ドロップキック. ❷《水泳》キック: ~ *de delfín* ドルフィンキック. ❸〖目標物〗一歩, 努力: Hay que dar muchas *~s* para conseguir un trabajo. 仕事にありつくには大変苦労しなければならない. ❹《まれ》[動物の]足跡. ❺《中南米》[銃の発射時の]反動. ❺《口語》[感電の]ショック. 4) 恩知らず. 5) 蒸留酒による酔い. ❻《メキシコ》拒絶, 拒否; 軽蔑, さげすみ
a las ~s《中南米.口語》ひどく悪く
a ~s《口語》おびただしく: Hay licenciados en paro *a ~s*. 失業中の大卒者が掃いて捨てるほどいる. 2) 冷たく, 邪険に: No se puede tratar a la gente *a ~s*. 人々を冷たくあしらうわけにはいかない
andar a la ~ y el combo《チリ》=*estar para la ~ y el combo*
caer a+人 como una ~ en los cojones (la espinilla・el estómago・las narices・los huevos)《俗語》=*sentar a+人 como una ~ en los cojones (la espinilla・el estómago・las narices・los huevos)*
dar cien ~s [en la barriga・en el estómago] a+人《西.口語》…をうんざりさせる, 気を滅入らせる: Me *da cien ~s* tener que salir con esta lluvia. この雨の中を出かけなければならないとはまいった
dar la ~ a+人《西.口語》…を解雇する, 仕事をやめさせる: Le *han dado la ~* en la empresa. 彼は会社を首になった
dar una ~ a+事〜と手を切る
darse [de] ~s〖互いに/+con と〗調和しない
de la ~《メキシコ.口語》ひどく悪い
en dos ~s《主に中南米.口語》あっという間に: Ese trabajo lo termino *en dos ~s*. その仕事を片付けるのはあっという間だ
estar para la ~ y el combo《チリ》一文無しである
ni a ~s《メキシコ.口語》決して…ない
sentar a+人 como una ~ en los cojones (la espinilla・el estómago・las narices・los huevos)《俗語》1)[事柄が]…を腹立たしくさせる: La palabra le *sentó a* Julio *como una ~ en los cojones*. フリオはその言葉が気に食わなかった. 2)[飲食物のせいで]気分が悪くなる: Una copa de

vino le *sentó a* Nieves *como una ~ en los huevos*. ワインを飲んだせいでエベスは気分が悪くなった

patadión [patadjón] 男《フィリピン. 服飾》[女性の] 腰衣, 腰巻
patado, da² [patádo, da] 形《美術, 紋章》[十字架が] 先端が少し広がった
patadón [patadón] 男《口語》非常に強い蹴り
patagio [patáxjo] 男《コウモリの羽の》飛膜
patagón, na [patagón, na] 形 ❶《地名》パタゴニアPatagonia の〔人〕. ❷《歴史》パタゴン族〔の〕《パタゴニアの先住民》
Patagonia [patagónja] 女《地名》パタゴニア《南米大陸南端, アルゼンチンとチリにまたがる地域》
patagónico, ca [patagóniko, ka] 形《地名》パタゴニアPatagonia の: Andes ~s パタゴニア・アンデス. meseta ~ca パタゴニア台地
patagorrilla [patagor̃íʎa] 女 =**patagorrillo**
patagorrillo [patagor̃íʎo] 男《料理》[豚などの] 臓物の煮込み
patagrás [patagrás]《←仏語 pâte grasse》男《中南米》脂肪分の多い柔らかいチーズ
patagua [patáɣwa] 女《チリ》❶《植物》ホルトノキ科の灌木《用材. 学名 Crinodendron patagua》. ❷ マテ茶を載せる台
ser el ~《チリ》[その種のものでは] 最悪である
pataje [patáxe] 男《古語》連絡艇, 哨戒艇 [=pataché]
patajú [patxú] 男《中南米. 植物》オウギバショウ《水分が多く, 幹に穴を開けて飲むことができる》
patalear [pataleár]《←pata I》自 ❶ [攻撃して・痛みをこらえて] 足をバタバタさせる. ❷《怒って・抗議して》足を踏み鳴らす: El niño cogió una perra y *pataleó* como un loco. 男の子はかんしゃくを起こして狂ったように地団駄を踏んだ. ❸《口語》文句を言う, ぼやき散らす: Por mucho que *patalees* no vas a conseguir nada. 君がいくら文句を言っても何の足しにもならない
pataleo [pataléo] 男 ❶ 足をばたつかせること; 足を踏み鳴らすこと, 地団駄: La cantante fue recibida con silbidos y ~s por su tardanza. 歌手は遅れて来たのでブーイングされ, 足をドンドンと踏み鳴らされた. ❷《口語》ぼやき: El ~ es el único recurso que le queda. 彼に残されているのはぼやくことだけだ
derecho al (de) ~《口語》ぼやく権利, じたばた, 無駄な抵抗: Nadie puede quitarme el *derecho al* ~. 誰も私がぶつぶつ文句を言うのをやめさせることはできない
pataleta [pataléta]《←patalear》女 ❶《口語》大げさな不満の表明, わざとらしいヒステリー: La niña se agarró una buena ~. 女の子がひどくむずかった. armar ~ だだをこねる, キーキー言う. ❷ ひきつけ, けいれん: Le ha dado una ~ a Ramón. ラモンがひきつけを起こした
pataletear [pataleteár] 自《アルゼンチン》=**patalear**
pataletilla [pataletíʎa] 女《古語》音楽に合わせて足を交互に振り上げる踊り
patán [patán]《←pata I》形 男 ❶《軽蔑》田舎者〔の〕, 粗野な〔男〕, がさつな〔男〕, 教養のない〔男〕. ❷《チリ》怠け者, 役立たず
patana [patána] 女《キューバ. 植物》ハリシア《=patanco》
patanco [patánko] 男《キューバ》❶《植物》ハリシア. ❷ [港で用いられる] はしけの一種
patanegra [patanéɣra] 女《コロンビア. 農業》野菜の茎の病気
patanería [patanería] 女 田舎者らしいふるまい, 粗野, がさつさ, 野卑
patango, ga [patáŋgo, ga] 形《ホンジュラス》ずんぐりむっくりの
—— 女, 形《コスタリカ》足が不自由な人
patao [patáo] 男《キューバ. 魚》クロサギの一種《食用. 学名 Gerres patao, Gerres brasiliensis 等》
pataplaf [patapláf] 間《衝突音》ガチャン, ガタン
pataplum [pataplún] 間 =**cataplum**
pataplún [pataplún] 間 =**cataplum**
pataporsuelo [pataporswélo] 名《ドミニカ》貧しい人, 一文無し
pataquilla [patakíʎa] 女《古語》5センティモ貨
patarata [pataráta] 女 ❶ ばかげたこと, くだらないこと. ❷ 気取った表現, 慇懃《俗》無礼な言い方
pataratero, ra [pataratéro, ra] 形 名 ❶ ばかげた, くだらない〔奴〕, 気取った〔人〕, 慇懃無礼な〔人〕
patarra [patár̃a] 女《アンダルシア》面白くないこと, 味気ないこと
patarráez [patar̃áeθ]《←伊語 paterassi》男《船舶》補助支索, 補助シュラウド
patarroso, sa [patar̃óso, sa] 形 名《アンダルシア》面白みのない

〔人〕, 味気ない〔人〕
pataruco, ca [patarúko, ka] 形《ベネズエラ》❶ 鈍い, がさつな. ❷ [雄鶏の脚に] 羽毛の生えた
patas [pátas] 男《単複同形》❶《メキシコ, コロンビア. 口語》[el P~] 悪魔. ❷《コスタリカ. 口語》ごろつき, 不良, 悪党
patasca [patáska] 女 ❶《パナマ, ペルー》言い争い, 口論. ❷《チリ, アルゼンチンなど. 料理》パタスカ《トウモロコシ入りの豚肉の煮込み》
patasola [patasóla] 女/男《コロンビア》幽霊《伝説に基づいて子供を怖がらせるために語る》
—— 女《コロンビア. 遊戯》片足跳び
pataste [patáste] 男《ホンジュラス. 植物》薄緑色のハヤトウリ
patata¹ [patáta]《←papa II+batata》女《西》❶《植物》ジャガイモ《中南米》=papa》; その塊茎: 1) ~ dulce サツマイモ《=batata》. ~ temprana (nueva) 新ジャガ. 2)《料理》~ amasada マッシュポテト. ~s bravas 辛いソース salsa brava をかけたポテトフライ《マドリード名物》. ~s fritas フライドポテト; ポテトチップス《=~s fritas a la inglesa》. 3) 俗 イモ類. ❷《集合写真を撮る時のかけ声》はいチーズ《=Di ~》. ❸《口語》安物の時計. ❹《隠語》女性の外部性器
comerse... con ~s《主に軽蔑》…をうのみにする
de ~《西. 軍事》[士官が] 一兵卒上がりの
de la ~《遊戯》[かごめかごめ corro が] 歌が al corro de la patata で始まる
ni ~《西. 口語》全く〔…ない〕: No sé *ni* ~ *de vasco*. 私はバスク語はまるで分からない
~ caliente《西. 文語》[誰も手をつけたがらない] 嫌な(危ない・厄介な)問題
ser una ~《西. 口語》不良品である, 質が悪い
patatal [patatál] 男《西》ジャガイモ畑
patatán [patatán] →*que* [*si*] *patatín, que* [*si*] *patatán*
patatar [patatár] 男《西》=**patatal**
patatear [patateár] 自 *~se*《メキシコ, エルサルバドル, パナマ》死んでしまう
patatero, ra [patatéro, ra] 形 ❶ ジャガイモの. ❷ ジャガイモを主食とする. ❸ ジャガイモを売る. ❹《軽蔑》[士官が] 一兵卒上がりの. ❺《軽蔑》出来の悪い, 質の悪い; 下品な
—— 名 ジャガイモ栽培(販売)者
patatín [patatín] *que* [*si*] *~, que* [*si*] *patatán*《口語》[長いおしゃべりについて] ペチャクチャと, 何やかやと, ああでもないこうでもないと, のらりくらりと
patato, ta² [patáto, ta] 形《キューバ. 口語》ずんぐりした, ずんぐりむっくりの
patatú [patatú] 男《ベネズエラ》=**patatús**
patatuco, ca [patatúko, ka] 形《キューバ》ずんぐりした, ずんぐりむっくりの
patatús [patatús]《←擬声》男《西, メキシコ, ベネズエラ, ラプラタ. 口語》《単複同形》気絶, 失神: Al saberlo a Vanesa casi le dio un ~. バネサはそれを知ると卒倒せんばかりだった
patavino, na [patabíno, na] 形《地名》[イタリアの] パドヴァPadua の〔人〕
patax [patá(k)s] 男《廃語》哨戒艇, 警備艇
pataxó [pata(k)só] 形 名《圏 ~s》[ブラジルの] パタショ族〔人〕
patay [patáj] 男《南米. 菓子》イナゴマメ製のクッキー
patazas [patáθas] 男《単複同形》《まれ》粗野〔で下品〕な男
patchwork [pátʃgwor] 男《←英語》男《手芸》パッチワーク《布》
pate [páte] 男《ホンジュラス. 植物》メキシコデイゴ
paté [paté]《←仏語 pâté》男《料理》パテ: canapé de ~ de salmón 鮭のパテをのせたカナッペ
II《←仏語 patté》形《紋章》*cruz* ~ 先端が広くなった十字架
pateada [peteáda] 女 ❶《中南米》砂糖工場. ❷《エクアドル》殴打と蹴り. ❸《チリ, ウルグアイ》徒歩での長旅
pateador, ra [pateadór, ra] 形 ❶ 蹴る〔人〕, 蹴とばす〔人〕. ❷《中南米》[馬が] 蹴り癖のある. ❸《ラプラタ. 口語》[料理が] しつこい
pateadura [peteadúra] 女 ❶ 蹴ること, 蹴とばし. ❷《まれ》激しい非難〔反論〕
pateamiento [peteamjénto] 男 ❶ [馬の] 蹴り癖. ❷ 激しい非難〔反論〕
patear [pateár] I《←pata I》他 蹴る, 蹴とばす; 踏みにじる: No *patees* la puerta, por favor. ドアを蹴るのはやめてよ. El caballo le *pateó* la cabeza. 彼は馬に頭を蹴られた. El delantero

patea muy bien el cuero. そのフォワードはボールさばきがとてもうまい. ～ las flores 花を踏みにじる. ❷《口語》[人を, 主に精神的に] 傷つける: A mí no me *patea* nadie. 私は誰にもばかにされたりしない. ❸《西. 口語》[何かを得るために] …を歩き回る: *Pateé* todas las oficinas hasta que conseguí arreglar los papeles. 私はありとあらゆる役所を回って書類を整えた. ❹ [怒って・抗議して] …に対して足を踏み鳴らす, ブーイングする: El público *pateó* el estreno sin clemencia. 観客は初演作品に対して情け容赦なくブーイングした

—— [自] ❶ [怒って・抗議して] 足を踏み鳴らす, 地団駄を踏む: La niña lleva toda la tarde *pateando* y llorando. 女の子は午後ずっと足をばたつかせて泣いている. ❷《口語》[捜して・手続きのために] 歩き回る, 奔走する: Para conseguirlo tendrás que ～ bastante. それを手に入れるためには君は駆けずり回る必要があるだろう. ❸《中南米》1) [馬が] 蹴る. 2) 銃の台尻で殴る. 3) 分からない, 飲み込めない. 4) [銃が反動で] はね返る. ❹《ベネズエラ》侮辱する, ののしる. ❺《ボリビア》げんなりする, うんざりする. ❻《チリ, アルゼンチン, ウルグアイ》[行為が, +a+人 の] 気に入らない, 我慢ならない; [食べ物が, +a+人 の] 口に合わない, 腹をこわす. ❼《チリ》1)《口語》恋人を捨てる. 2) [飲む時に液体を] こぼす. 3)《ビリヤード》[ボールが] クッションからバックし触れてはならない玉に触れる

—— **～se** …を歩き回る: *Me he pateado* la ciudad para encontrarlo. 私は彼を見つけようと街を駆けずり回った

II 〖←pat〗 [他]《ゴルフ》パットする

pateco, ca [patéko, ka] [形]《チリ》短足の, 脚の短い

patela [patéla] [女]《地方語. 貝》セイヨウカサガイ〖=lapa〗

patelar [patelár] [形]《解剖》膝蓋骨の: reflejo ～ 膝蓋腱反射

patelo [patélo] [男]《地方語. 動物》カニの一種〖学名 Polybius henslowi〗

patén [patén] [男]《地方語》❶《繊維》起毛した綿布. ❷ 結婚する男が仲間におごるワイン

patena [paténa] 〖←ラテン語 patena < ギリシア語 phatne「まぐさ棚」〗 [女] ❶《カトリック》聖体皿, パテナ. ❷ [農婦が胸につける] 大きなメダル

***limpio* (*reluciente*) *como una* ～/*más limpio que una* ～**《西》大変清潔な; ピカピカに磨いてある: Marcos tiene la casa *limpia como una* ～. マルコスはとてもきれいな家を持っている. Dejó la moto *más limpia que una* ～. 彼はバイクをピカピカにした

patencia [paténθja] [女] 明白さ

patentable [patentáble] [形] パテントを取得され得る

patentar [patentár] 〖←patente〗 [他] ❶ …のパテント(特許)を取得する: La empresa *patentó* su nuevo modelo de teléfono móvil. 会社は新型の携帯電話の特許を取った. ～ una idea 新案登録する. artículo *patentado* 特許品. ❷ 特許権を与える: ～ los nuevos inventos 新しい発明に特許を与える. ❸《チリ, アルゼンチン, ウルグアイ》[自動車を] 登録する

—— **～se** ❶ [発明が] 特許権を取得する. ❷ …の特許権を取ってしまう: Si no *te patentas* tu invento, te pueden robar la idea. 発明の特許を取っておかないとアイデアを盗まれてしまうよ

patente [paténte] 〖←ラテン語 patens, -entis「開いた」< patere「広がる」〗 [形] 明らかな, はっきりした〖⇔latente〗: Las carcajadas eran muestra ～ de su alegría. 高笑いは彼が喜んでいる明らかな証拠だった. Pudimos comprobar una vez más su ～ fracaso. 私たちは改めて彼の明らかな失敗を確認することができた. Aquel error hizo ～ la mala organización. そのミスで組織の欠陥が明るみに出た

—— [女] ❶ パテント, 特許〔権〕〖=～ de invención〗: La persona tiene la ～ de varios productos. その人は様々な製品の特許を持っている. comprar (vender) la ～ 特許権を買う(売る). sacar (conseguir) la ～ 特許を取る. derechos de ～ 特許権使用料. *P*～ presente《表示》特許出願中. ❷ 許可書, 認可証: ～ de navegación 船籍証明書. ❸《南米. 自動車》1) ナンバープレート. 2) 道路税. ❹《コロンビア》運転免許. ❺《チリ》職業団体への加入料, 登録料

***pagar la* ～**《口語》罪(責任)をかぶる

～ *de corso* 1)《歴史》私掠免許, 敵国船拿捕免許状. 2)《口語》特権: No tienes ～ *de corso* para tomarte vacaciones cuando quieras. 君には好きな時に休暇をとる特権はない

—— [副]《ラプラタ》明らかに

patentemente [paténteménte] [副] 明らかに, はっきりと

patentización [patentiθaθjón] [女]《金属》パテンティング

patentizar [patentiθár] 〖←patente〗 [9] [他]《文語》明らかにする, 表明する: Me *ha patentizado* repetidas veces su preocupación. 彼は私に繰り返し不安な気持ちを述べた. ～ su adhesión a+人 …への支持を表明する

pateo [patéo] [男] 足を踏み鳴らすこと, 地団駄: Con su ～ solo demostró que es un niño malcriado. 彼はだだをこねたことで, しつけができていないことを証明しただけだった

páter [pátɛr] [男] ❶ [[単] のみ] 従軍司祭, 従軍牧師. ❷《口語》聖職者. ❸ =**paternóster**

patera[1] [patéra] [女]《西》[喫水の浅い] 小舟〖主に北アフリカからの不法移民がジブラルタル海峡を渡るのに使う〗

pátera [pátera] [女] ❶《古代ローマ》パテラ〖酒を飲んだり犠牲式で振りまくのに使う浅い皿〗. ❷ [ばら形装飾 rosetón でパテラの形の] 皿飾り

paterfamilias [patɛrfamíljas] [男]〖単複同形〗《古代ローマ》家長, 家父

paternal [patɛrnál] 〖←paterno〗 [形] 父親の; 父親のような; 温情に満ちた: Siente por mí un amor ～. 彼は私に父親のような愛情を注いでくれる. El jefe nos da una reprimenda ～. 上司は父親のように優しく私たちを叱ってくれる. regresar a la casa ～ 親元に帰る. con aire ～ 寛大に, 親身になって. cariño ～ 父性愛. consejos ～*es* 父親としての助言

paternalismo [patɛrnalísmo] [男] [家父長的な] 権威主義, 家父長主義, 父権主義; [温情的な] 家族主義, 温情主義: Algunos políticos se sienten tentados por el ～. 権威主義に陥りがちな政治家がいる. ～ del jefe de una empresa con sus subordinados 会社の上司の部下に対する権威主義

paternalista [patɛrnalísta] [形] [名] [家父長的な] 権威主義の(主義者), 家父長主義的な〔人〕; 温情主義的な〔人〕: Estás ～ esta temporada, déjame tranquilo. 君はこのところ権威主義的になっている, 僕のことは放っといてくれよ. actitud ～ 権威主義的な態度

paternalmente [patɛrnálménte] [副] 権威主義的に, 家父長主義的に; 温情主義的に

paternidad [patɛrnidá(đ)] 〖←ラテン語 paternitas, -atis〗 [女] ❶ 父親であること, 父性; 父権: La ～ le ha hecho cambiar sus hábitos. 彼は父親になって生活習慣を変えた. ❷《法律》父子関係: investigación (prueba) de la ～ 実父確定検査. ❸ 原作者(発見者)であること〖=autoría〗. ❹ [上級聖職者への呼称] su (vuestra) ～ 司祭様

paterno, na [patérno, na] 〖←ラテン語 paternus < pater, patris「父」〗 [形] ❶ 父親の〖⇔materno〗: autoridad ～*na* 父親としての権威. casa ～*na* 実家. figura ～*na* 父親代わりの人, 父親のような人. ❷ 父方の: Es mi pariente por línea ～*na*. 彼は父方の親戚だ. abuelo ～ 父方の祖父

paternofilial [patɛrnofiljál] [形] 父親と息子の

paternóster [patɛrnɔ́stɛr] 〖←ラテン語 pater noster「我らの父」〗 [男]〖単複同形〗❶《キリスト教》主の祈り〖=padrenuestro〗. ❷ 太くてよく締まった結び目

patero, ra[2] [patéro, ra] [形] [名] ❶ カモの; カモ猟師. ❷《メキシコ》米国への密入国斡旋業者. ❸《ペルー, チリ. 口語》お世辞を言う〔人〕, おべっか使い〔の〕. ❹《ペルー》ぺてん師〔の〕, 嘘つき〔の〕

—— [男] ❶《ボリビア, アルゼンチン》家禽(かきん)小屋. ❷《アルゼンチン, パラグアイ》カモ狩り用の銃弾

pateta [patéta] [男]《口語》❶ [主に *P*～] 悪魔. ❷ 足(脚)が不自由な人

***llevárselo P*～/*llevarse P*～**《戯語》死ぬ

patetarro [patetár̄o] [男]《コロンビア》[想像上の] 怪物, 化け物

patéticamente [patétikaménte] [副] 哀れにも, 悲壮なことに

patético, ca [patétiko, ka] 〖←ギリシア語 pathetikos「印象的な」< epathon「私は苦しんだ, 悲しんだ」〗 [形] ❶ 悲壮な, 悲痛な, 哀れな: La anciana mentía tanto que su actitud era ～*ca*. 老婆は嘘ばかりついたのでその様子は哀れを催した. llamamiento ～ a la población 町の人々への悲痛な呼びかけ. ～*ca* mirada 悲痛なまなざし

—— [男]《解剖》滑車神経〖=nervio ～〗

patetismo [patetísmo] 〖←patético〗 [男] 悲哀, 悲壮感: No podemos ignorar el ～ de las guerras cotidianas. 私たちは日常的に戦争が起きていることの悲哀を無視するわけにはいかない. ～ de las imágenes del atentado テロの映像が生み出す悲痛さ

páthico, ca [pátiko, ka] [形]《文語》苦悩の

pathos [pátɔs] 〖←ギリシア語〗 [男] ❶ 哀れを誘うもの; 悲哀, ペーソス. ❷《哲学》情念, パトス

pati [páti]《地方語》地面に描いた碁盤目に向けてコイン（石）を投げる遊び『=rayuela』

patí [patí] 男《アルゼンチン.魚》ナマズ目の一種『パラグアイ川・パラナ川の巨大な魚.食用.学名 Luciopimelodus pati』

-patía《接尾辞》[病気] cardio*patía* 心臓病

patiabierto, ta [patjaßjérto, ta] 形《口語》がに股の

patialbillo [patjalßíʎo] 男《動物》ジェネット『=jineta』

patialbo, ba [patjálßo, ßa] 形《動物が》脚が白い『=patiblanco』

patiblanco, ca [patißláŋko, ka] 形《動物が》脚が白い

patibulario, ria [patißulárjo, rja]《←*patíbulo*》形 ❶《顔つきなどが》恐ろしげな, おぞましい, 悪党らしい: mirada ~*ria* 背筋が寒くなるような目つき. tipos ~*s* 凶悪な人相をした連中. ❷ 死刑台の

patíbulo [patíßulo]《←ラテン語 patibulum》男 ❶ 死刑台, 断頭台, 絞首台; 死刑場: Les espera el ~. 死刑台がやつらを待っている. ❷ 死刑『制度』

patichueco, ca [patitʃwéko, ka] 形《チリ》❶ がに股の. ❷ 道をそこねた(はみ出した)

paticojo, ja [patikóxo, xa] 形·名《口語》脚が不自由な〔人〕

paticoria [patikórja] 女《中南米.戯語》足

paticorto, ta [patikórto, ta] 形 足〔脚〕の短い

patidifuso, sa [patiðifúso, sa]《←pata+difuso》形《口語》[estar+] 唖然とした, すみぞれした: La noticia la dejó ~*sa*. 彼女はニュースを聞いてあきれかえった

patiecillo [patjeθíʎo] 男 patio の示小語

patiestevado, da [patjesteßáðo, ða] 形 O脚の〔人〕

patifrío, a [patifrío, a] 形《チリ》[足]が硬直した, 麻痺した

patihendido, da [patjendíðo, ða] 形《動物》偶蹄の, 蹄(⅜)が割れた

patilla [patíʎa]《pata の示小語》女 ❶ 頰ひげ, もみあげ: Por favor, súbame un poco las ~*s*. もみあげを少し短くして下さい. ¿Le rebajo las ~*s*? もみあげは長いままにしましょうか? ~*s* bajas 長いもみあげ. ~*s* de boca de hacha ラムチョップ形の（上部が細く下部が広い）頰ひげ. ❷《眼鏡の》つる. ❸《技術》1)〔はめ合わせの〕添え舌, 柄(ﾞ). 2) 止め金具, 大釘. 3)〔ICチップなどの〕ピン. ❹〔銃の〕トリガー. ❺《口語》複 悪魔. ❻《音楽》ビウエラ vihuela のフレットにかける左手の位置. ❼《船舶》羅針盤. ❽《ドミニカ, プエルトリコ, ベネズエラ, 植物, 果実》スイカ『=sandía』. ❾《ボリビア》〔壁に作り付けの〕石のベンチ;〔バルコニーの〕手すり. ❿《チリ》1)《農業》取り木. 2)《口語》愚かさ, ばかげたこと; くず, つまらないもの; 迷惑な頼みごと, しつこさ

de ~《口語》根っから; 根本的に

patillaje [patiʎáxe] 男《ベネズエラ, チリ》[道の] 石段

patillano, na [patiʎáno, na] 形《キューバ, プエルトリコ》《馬が》蹄(⅜)の底が広い

patilludo, da [patiʎúðo, ða] 形《軽蔑》頰ひげが長く濃い

patimocho, cha [patimótʃo, tʃa] 形《コロンビア》足が不自由な

patimuleño, ña [patimuléɲo, ɲa] 形《馬家語》ラバのような蹄をした

patín [patín] I《←仏語 patin < patte「脚」》男 ❶〔主に複〕スケート靴: andar sobre *patines* スケートで滑って行く. *patines* de cuchilla アイススケート靴. *patines* de ruedas ローラースケート靴. *patines* en línea インラインスケート靴. ❷ スケートボード『=monopatín』. ❸ キックボード『=patinete』. ❹〔そりの〕滑走部, 滑走面. ❺ カタマラン型のヨット『= ~ de vela』.《西》ペダルボート, 足こぎボート『= ~ de pedal, ~ playero』. ❼《航空》1) ~ de cola 尾翼.《ヘリコプターの》スキッド『=*patines* de aterrizaje』. ❽《メキシコ》1) 足: a ~ 徒歩で. 2) 蹴り. 3) ¿Cuál es tu ~? 君の計画はどうなっているんだ. ❾《チリ.軽蔑》売春婦

II《←pato》男《鳥》ウミツバメ『=petrel』

III《patio の示小語》男《地方語》狭い中庭

pátina [pátina]《←ラテン語 patina「深皿, 両手鍋」》女 ❶ 緑青(🗓). 影像は時間のたつにつれ緑青を帯びていった. ❷《水彩画などの》くすんだ色調, 古色, 古さびた趣き『= ~ de tiempo』: Una ~ ligera cubre los cuadros del cuarto. 部屋の絵は少し古色を帯びている. Todo está en la memoria con una ~ encantadora. 思い出の中ではすべてが楽しい色に染め上げられている

patinada[1] [patináða] 女《中南米.自動車》スリップ, 横滑り

patinadero [patinaðéro] 男 アイス（ローラー）スケート場, スケートリンク

patinado, da[2] [patináðo, ða] 形 緑青の出た

—— 男〔錆をつけたりして〕古色を帯びさせること

patinador, ra [patinaðór, ra] 形·名 スケートをする〔人〕, スケーター: ~ artístico フィギュアスケートの選手. ~ de velocidad スピードスケートの選手. paso del ~《スキー》スケーティング

—— 男《コロンビア, ボリビア》キックボード『=patinete』

—— 女《チリ.軽蔑》売春婦

patinaje [patináxe]《←*patinar*》男 ❶ スケート〔行為, 競技〕: ~ sobre hielo アイススケート. ~ sobre ruedas ローラースケート. [pruebas de] ~ artístico フィギュアスケート〔の競技会〕. ~ de velocidad〔en pista corta〕スピードスケート〔のショートトラック〕. ❷《車などの》スリップ, 横滑り. ❸《チリ.口語》売春

patinar [patinár]《←*patín*》自 ❶ スケートをする, スケートで滑る: ~ sobre hielo (sobre ruedas) アイス（ローラー）スケートをする. pista de ~ スケート場, スケートリンク. ❷《車などが》スリップする, 横滑りする: El autocar *patinó* en una curva. 観光バスがカーブでスリップした. Al frenar le *patinó* el coche. ブレーキをかけたら彼の車はスリップした. Volcamos porque *patinamos* con la arena. 私たちは砂のせいで滑って転んだ. ❸《口語》とちる, へまをする; 口を滑らす: Has *patinado* completamente comprándote ese chaleco. そのベストを買うとは君も全くどうかしてるよ. ❹《西》[+a+人] にとって気にならない, カエルの面に水である. ❺《チリ.口語》1)〔売春婦が〕客引きをする. 2) 足が悪臭を放つ

—— 他 古色を帯びさせる, 古さびた感じにする

—— ~*se*《ラプラタ.口語》[金を] 無駄づかいする

patinazo [patináθo]《←*patinar*》男 ❶《車などの》スリップ, 横滑り. ❷ とちり, へま: Pese a haber tenido varios ~*s* no ha perdido seguridad en sí mismo. 彼は何度もへまをしたが自信を失うことはなかった

dar (pegar) un ~ スリップする: Me *di un* ~ con una cáscara de plátano. 私はバナナの皮で滑った

patinegro, gra [patinégro, gra] 形《動物が》脚が黒い

patinejo [patinéxo] 男《地方語》狭い中庭

patineta [patinéta] 女《西, メキシコ, ベネズエラ, チリ, ウルグアイ》スケートボード『=monopatín』

patinete [patinéte]《←patín I》男 ❶ スケートボード『=monopatín』. ❷《玩具》キックスクーター

patinillo [patiníʎo] 男 狭い中庭

patinódromo [patinóðromo] 男 スケート場

patio [pátjo]《←カタルーニャ語 pati「空き地」<ラテン語 patu「共同の牧草地」<ラテン語 pactus「取り決め, 賃貸し」》男 ❶〔スペインの家屋などの〕中庭, パティオ『= ~ interior』: En Andalucía muchas casas tienen ~*s* llenos de flores. アンダルシア地方では多くの家に花で一杯の中庭がある. Las ventanas de la cocina dan al ~. 台所の窓は中庭に面している. ~ de luces, ~ de manzana まわりの建物から中庭に向いた窓のある中庭. ~ de luz〔採光用の〕吹き抜け. ❷ 校庭, 運動場『= ~ de escuela, ~ de recreo, ~ de juego』. ❸ 練兵場, 閲兵場『= ~ de armas』. ❹《西》〔劇場・映画館の〕1階, 平土間『= ~ de butacas』. ❺《闘牛場の》~ de caballos 〔ピカドールの〕馬房. ~ de cuadrillas ピカドール・バンデリジェーロの控え所. ❻ ~ de operaciones〔取引所の〕立会場『=parqué』. ❼《金属》パティオ方式『16世紀後半以降の植民地時代, ヌエバ・エスパーニャで行なわれた水銀を触媒とする銀の冶金方法』. ❽《メキシコ.鉄道》操車場. ❾《キューバ.闘鶏》鶏舎. ❿《プエルトリコ, コロンビア, アルゼンチン》裏庭; 囲い場

¡Cómo está el ~!《西.口語》ちょっと見てみろよ, 何というありさま(状況)だ/ひどいありさま(状況)だ!: *¡Cómo está el* ~! huelgas, desempleo... ストあり解雇ありでひどい状態だ! No me gusta *cómo está el* ~. 俺はずらかる, このありさまが気に入らないから. *¡Cómo está el* ~! ni me han saludado. 彼らは挨拶もしないんだから穏やかじゃないよ!

llevar el ~ 支配する, 牛耳る

pasarse al ~《ラプラタ.口語》自信過剰である

~ *de Monipodio*《文語》泥棒の巣窟, 悪党の根城

~ *de vecindad* 集合住宅『=casa de vecinos』

patió [patjó] 男《メキシコ》腰衣, ふんどし; 水着

patipelado, da [patipeláðo, ða] 形《チリ》はだしの, 素足の

patiperrear [patiperreár] 自《チリ》頻繁に散歩（旅行）する

patiporsuelo [patiporswélo] 名《プエルトリコ》貧民, 大変貧しくて素足で歩く人

patiquebrar [patikeβrár] ⓘ 他 ［動物の］足を骨折させる
patiquín [patikín] 男 《ベネズエラ》おしゃれな男、めかし屋; 横柄な軍人
patirrojo, ja [patiróxo, xa] 形 脚が赤い［ヤマウズラ］
patiseco, ca [patiséko, ka] 形 ❶《キューバ, プエルトリコ》［果実が］育ちがよくない. ❷《プエルトリコ. 闘鶏》［鶏が］蹴爪(½)で攻撃する力のない
patisserie [patiserí] 女 ←仏語 ケーキ店 ＝pastelería
patita[1] [patíta] 女 **a ～**《口語》歩いて, 徒歩で ＝a pie
 poner a ～ de ～s en la calle 《口語》…を追い出す; 解雇する; 釈放する, 解放する
patitieso, sa [patitjéso, sa] 形 《口語》［estar+］❶［寒さなどで］足が動かない（硬直した）: Nos quedamos ～s esperando el autobús. 私たちはバスを待っているうちに足が凍えた. ❷ びっくり仰天した: Me has dejado ～ con la noticia. 君から聞いたニュースに私は度肝を抜かれた. ❸［歩き方が］いばった, 格好をつけた, しゃちこばった
patito, ta [patíto, ta] 男 子ガモ, アヒルのひな: el ～ feo 醜いアヒルの子 ←アンデルセン童話. いじめられる人, 不当に低く見られる事物 】
 ── 形 《中南米》薄黄色の
 ── 男 ❶《ビンゴ》los dos ～s 22. ❷《メキシコ, チリ, アルゼンチン, ウルグアイ》［水面に石を投げる］水切り遊び: hacer ～s 水切り遊びをする. ❸《ボリビア, アルゼンチン》アメリカデイゴ ceibo の実・花
patitueña [patitwéɲa] 女《エストレマドゥラ》コウノトリ ＝cigüeña]
patituerto, ta [patitwérto, ta] 形 ❶足の曲がった; ［家具の］脚の長さが不ぞろいな. ❷ 線からはみ出した
patizambo, ba [patiθámbo, ba] 形 名 ←pata I+zambo］X脚の［人］
patizuelo [patiθwélo] 男 狭い中庭
pato, ta[2] [páto, ta] ←擬声 名 ❶［鳥］カモ（鴨）, アヒル（家鴨）: ～ cuchara アカハシビロガモ. ～ de flojel ケワタガモ. ～ doméstico (real) マガモ. ～ salvaje (silvestre) 野生のカモ, マガモ. ～ lacado ［料理］北京ダック. ～ 面白味のない人, 退屈な人. ❸《西》どじな人, 鈍い人, のろま: Bailando es un ～. 彼はダンスの時へぼばかりする. ❹《アンダルシア. 遊戯》～ ciego 目隠し鬼. ❺《メキシコ》ぐうたら, 怠け者
 hacerse ～《メキシコ. 口語》1）知らないふりをする, とぼける. 2）［仕事もせず］ぶらぶらしている
 hecho un ～ ずぶぬれの: Aparecieron los dos hechos unos ～s. 2人はびしょぬれになって現われた
 ～ malo《チリ. 口語》ちんぴら
 ～ mareado《西. 口語》1) 七面鳥. 2) 単純でだまされやすい人
 ～ rengo ←英語 lame duck 死に体; 役立たず
 ── ❶《プエルトリコ》定見のない, 意見のはっきりしない. ❷《コロンビア, アルゼンチン》診察好きな人. ❸《エクアドル》［被害者が］不注意な, だまされやすい. ❹《チリ, アルゼンチン, ウルグアイ. 口語》［estar+］一文なしの. ❺《チリ》ひどく体の悪い（元気のない）
 ── 男 ❶《西》面白味のないこと, 退屈なこと. ❷《メキシコ, キューバ, コロンビア, アンデス》溲瓶(½ん). ❸《キューバ, プエルトリコ, ベネズエラ. 口語》女性的な男; 同性愛者, ゲイ. ❹《コロンビア. 口語》［パーティーなどに］招待されていないのに押しかける人. ❺《チリ》1) 哺乳瓶. ❷《プエルトリコ》リットル. ❻《アルゼンチン》パト ［4人すつに分かれ取っ手の付いたボールを的に入れる競技］; そのボール
 al agua ～s さあ水に入りなさい: Venga niños, al agua ～s. さあ, 子供たち, 水に入るんよ
 pagar el ～ ぬれ衣を着せられる, 尻ぬぐいをさせられる, 罰を食う: El hermano pequeño pagaba el ～ por cosas que habían hecho los demás. 弟はしばしば他の連中がやったことのぬれ衣を着せられた
 ser el ～ de la boda《アルゼンチン. 口語》尻ぬぐいをさせられる人である
pato-［接頭辞］［疾患, 病気］patógeno 病原体
patochada [patotʃáða] 女 ←擬声 《口語》［無作法な］ふざけたこと, ばかなこと: Deja ya de decir ～s. もうばかなことを言うのはやめなさい. No hagas más ～s. これ以上悪ふざけをしてはいけない
patofobia [patofóβja] 女 病気（疾病）恐怖症
patogenesia [patoxenésja] 女《医学》病原［論］, 病因［論］
patogénesis [patoxénesis] 女 ＝patogenia

patogenia [patoxénja] 女《医学》発病, 病因
patogenicidad [patoxeniθiðáð] 女《医学》病原性
patogénico, ca [patoxéniko, ka] 形《医学》発病の, 病因の
patógeno, na [patóxeno, na] ←ギリシャ語 pathos「病苦」+gennao「私は生み出す」形《医学》病因となる: gérmenes ～s 病原菌
 ── 男 病原体
patognomónico, ca [patognomóniko, ka] 形《医学》［症状が特定の病気に］特徴的な
patografía [patografía] 女《医学》パトグラフィー, 病跡学
patográfico, ca [patográfiko, ka] 形《医学》パトグラフィーの, 病跡学の
patois [patɔ́js] ←仏語 男［単複同形］［言語］俚言(￥ん), 地方なまり: ～ jamaiquino ジャマイカ・クレオール語
patojada [patoxáða] 女《中南米》❶ 砂糖工場. ❷ 子供たちの群れ
patojear [patoxeár] 自《中南米》［アヒルのように］よちよち歩く
patojera [patoxéra] 女 足のゆがみ（変形）
patojo, ja [patóxo, xa] 形 ❶《西. 軽蔑》［アヒルのように］がに股で体を左右に揺すって歩く, よちよち歩く. ❷《中南米》［子供が］田舎［生まれ］の. ❸《エルサルバドル, エクアドル》足が不自由な. ❹《コロンビア, グアテマラ》子供と大人の間の, 青年期の. ❺《チリ. 口語》ずんぐりした
patol [patól] 男《メキシコ》［子供が遊びに使う］大粒のインゲン豆
patología [patoloxía] ←ギリシャ語 pathos「病苦」+logos 女 ❶ 病理学. ～ vegetal 植物病理学. ～ oncológica 腫瘍病理学. El cáncer de mama es una ～ frecuente. 乳がんはよくある病気だ
patológico, ca [patolóxiko, ka] 形 ❶ 病理学の: estudio ～ 病理学的研究. ❷ 病的な: Tiene un miedo ～ a las alturas. 彼は病的に高い所を恐れる. Es un caso ～.《俗語》あきれた奴だ
patólogo, ga [patólogo, ga] 名 病理専門医, 病理学者
patomachera [patomatʃéra] 女《ベネズエラ》大勢が同時に大声でしゃべる喧噪(￥ん), わけの分からないこと, ちんぷんかんぷん
patón, na [patón, na] 形 名 ❶《主に中南米. 口語》大足の. ❷《キューバ》1) 《口語》ダンスの下手な. 2) 《軽蔑》きざな; スペイン風の, スペイン人. ❸《ベネズエラ》カナリア諸島の［出身者］
patonear [patoneár]《コロンビア》長時間歩く
 ～se《コロンビア》長時間歩いて疲れる
patorrillo [patoríʎo] 男《ログローニョ. 料理》［子羊・子ヤギの］もつ煮込み
patosería [patosería] 女《西》ぎこちなさ, 動きの鈍さ; 面白みのなさ
patoso, sa [patóso, sa] ←pata I 形 名《西》❶ 歩行などが ぎこちない, 動きの鈍い: Es una niña grandullona y algo ～sa. その女の子は体は大きいのに少しのろい. Eres un poco ～ jugando al golf. 君はゴルフがうまくない. ❷ 面白みのない［人］, 退屈な［人］: No conozco a nadie que sea tan ～ como tú. お前くらいしゃれの分からない奴はいない. ❸ 不用意な言動をする［人］; ぶしつけな［人］, ピント外れの［人］
patota [patóta] 女《ベネズエラ, ペルー, ボリビア, ラプラタ. 口語》［いつも集まる］若い人たち. ❷《中南米, キューバ, アルゼンチン, ウルグアイ. 口語》［街をうろつく］若いごろつき連中
 en ～《アルゼンチン, ウルグアイ. 口語》集団で
patotear [patoteár] 他《アルゼンチン, ウルグアイ》…にけんかをふっかける
patotero, ra [patotéro, ra] 名《ペルー, チリ, アルゼンチン, ウルグアイ》［街をうろつく］若いどろつき, よたもの
patraña [patráɲa] 女 ←古語 pastraña < 俗ラテン語 pastoranea「羊飼いたちの物語」< ラテン語 pastor］女 ［全くの］作り話, 大嘘, 嘘八百: No me contó más que ～s. 彼は嘘しか話さなかった
patrañero, ra [patraɲéro, ra] 形 大嘘の, 嘘八百の
 ── 名 嘘つき, はったり屋
patraquear [patrakeár] 自《チリ. 口語》盗む, かっぱらいをする
patraquero, ra [patrakéro, ra]《チリ》泥棒
patria [pátrja] ←ラテン語 patria「父祖の地」< patrius「父の」女 ❶ 祖国, 故国: Los soldados juraron defender la ～. 兵士たちは祖国を守ることを誓った. volver a la ～ 祖国に帰る. ～ celestial《キリスト教》天国. ❷ ふるさと, 故郷. ❸（～ chica）: Soy gallego y mi ～ es Vigo. 私はガリシア地方の出でビゴがふるさとだ. la segunda ～ 第二の故郷
 hacer ～ 1) 祖国に貢献する; 祖国を讃える: Mis viajes a Eu-

ropa son para *hacer* ~, no turismo. 私がヨーロッパに旅するのは観光のためではなく祖国愛を示すためだ. 2) 自分の利益を追求する; 信念を貫く: ¿Qué haces comiendo a estas horas?—Ya ves, *haciendo* ~. こんな時間に食事をするなんてどうしたんだ?―見てのとおり, 食事をしているだけだよ.

servir a la ~《古語的》兵役をつとめる

―― 慣《アルゼンチン, ウルグアイ》[ポンチョ의] 軍服の一部の

patriada [patrjáða] 女《ラプラタ. 口語》[理想などのための] 無私の活動, 勇気ある行動; [悪政に対して] 武器をもって立ち上がること

patria potestad [pátrja potestá(d)]《←ラテン語 patria potestas》女《法律》~の剥奪: omisión de los deberes inherentes a la ~ 保護責任者遺棄. ❷ 国親思想, 保護者としての国

patriar [patrjár] 他《アルゼンチン》[国有であることを示すために] 馬の右耳の半分を切る

patriarca [patrjárka]《←ラテン語 patriarcha < ギリシア語 patriarkhēs < patria「氏族, 血統」+arkho「私が治める」》男 ❶ 長老, 古老; 家長, 族長 (⇔matriarca): El abuelo es el ~ de esta familia. 祖父はこの一族の家長を継いだ. El autor galardonado es uno de los ~s de las Letras hispánicas. 賞をもらった作者はスペイン語文学の長老の一人だ.《旧約聖書》[モーゼ以前の] 族長, 祖: Abraham fue el primer ~. アブラハムは太祖である. ❸《カトリック》総大司教, ローマ教皇.《東方正教会》総主教: ~ de Constantinopla コンスタンチノープル総主教. ❺ [教団・学派などの] 創始者, 開祖, 鼻祖

como un ~《権力をふるいながら》安楽に: El hijo del presidente no da ni golpe, vive *como un* ~. 大統領の息子は何もせずのうのうと暮らしている

patriarcado [patrjarkáðo] 男《カトリック》総大司教の位 (在職期間・管区);《東方正教会》総主教の位 (在職期間・管区): A su muerte, siguió el ~ de Alejandría. 彼の死後, アレクサンドリア総主教が跡を継いだ. ❷ [族長的] 社会.《社会》❸ [族長の] 所領, 領土, 統治期間: Extendió su ~ a las provincias colindantes. 彼は隣接する諸州にまで領土を広げた. Su ~ terminó con una serie de luchas internas. 彼の支配は一連の内戦で終わりを迎えた

patriarcal [patrjarkál]《←ラテン語 patriarchalis》形 ❶ 家長制 [社会] の; 家長的な, 家族主義的な, 質実で人情のある: El dueño prefiere dirigir la empresa con principios ~es. 社主は会社を家族主義で動かすのが好きだ. El suyo fue un gobierno ~. 彼の政治は質実で人情味があった. ❷《カトリック》総大司教の;《東方正教会》総主教の

―― 男 ❶《カトリック》総大司教会;《東方正教会》総主教会. ❷ [族長の] 所領, 領土

patriarcalidad [patrjarkaliðá(d)] 女 長老 (古老) であること

patriarcalismo [patrjarkalísmo] 男《まれ》❶ 家父長制. ❷ 家族主義

patriciado [patriθjáðo] 男《古代ローマ》❶ 名門貴族の権威 (地位); 名門貴族の身分. ❷ [コンスタンティヌス帝が創設した] 高官の権威 (地位).〔集合〕高官

patricial [patriθjál] 形 家父長制の; 貴族の

patriciano, na [patriθjáno, na] 形 男 パトリシオ Patricio 派 [の]《11世紀, 肉体は悪魔が作ったものと唱えた異端》

patricio, cia [patríθjo, θja]《←ラテン語 patricius「父たちの」》名 ❶《古代ローマ》1) 名門貴族 [の], 血統貴族 [の]. 2) [コンスタンティヌス Constantino 帝が創設した非世襲の] 高官 [の]. ❷ [一般に] 貴族 [の], 名門の出の [人]; [代々の] 金持ち, 有力者: Contraen matrimonio en la catedral los hijos de dos ilustres familias ~cias. 2つの名家の令嬢と子息が大聖堂で結婚式をあげる

patrilineal [patrilineál] 形 [相続・出自などが] 父系の

patrimonial [patrimonjál] 形《~patrimonio》❶ 世襲の, 父祖伝来の: ~ derecho ~ 世襲の権利. mar ~ [200海里の] 経済水域. ❷ 歴史的遺産の: Estas pinturas son bienes ~es de todos los españoles. これらの絵画は全スペイン人の歴史的遺産だ. ❸《言語》語源的背景のある: Ciertos neologismos son innecesarios si existen términos ~es equivalentes. 同じ意味を持つ昔からの単語があれば, それは不要な新語である

patrimonialidad [patrimonjaliðá(d)] 女 ❶ [ある国に生まれた人が] 教会から様々な利益を授かる権利

patrimonialismo [patrimonjalísmo] 男 ❶ [権力者が] 公有財産を私物化すること. ❷ 一族の世襲財産の保存をはかること

patrimonialista [patrimonjalísta] 形 名 ❶ 公有財産を私物化する [人]. ❷ 一族の世襲財産の保存をはかる [人]

patrimonializar [patrimonjaliθár] 他 国 世襲化する

patrimonio [patrimónjo]《←ラテン語 patrimonium「親からの遺産」< pater, patris》男 ❶ [相続した] 遺産, 世襲財産: Esa señora tiene un gran ~ que heredó de sus padres. その夫人は両親から譲り受けた莫大な財産がある. declaración del ~ [財務省に出す] 財産申告, 遺産申告. ~ real 王室財産; 御料地. ❷ [歴史的・社会的な] 遺産: Las ruinas romanas son el ~ histórico de la región. ローマ時代の遺跡はその地方の歴史的財産である. ~ cultural 文化遺産, 文化財. P~ de la Humanidad [ユネスコの] 世界遺産. ~ forestal del Estado 国有林. ~ histórico-artístico 国宝. ~ industrial 産業遺産. P~ Nacional [del Estado] 国有財産《1931年スペインの共和国宣言による国有化遺産. 旧王宮関係のオリエンテ宮殿, エル・エスコリアル宮殿, ラ・グランハ庭園など8か所》. ❸ 純資産: Se ha incrementado el valor del ~ de la sociedad mexicana. メキシコ社会の純資産が増えた

patrio, tria[2] [pátrjo, trja]《←ラテン語 patrius「父の」》形 ❶《文語》故郷の: deber ~ 祖国への務め. escritores ~s 祖国の作家たち. ❷ 父の, 父親の. ❸《アルゼンチン》1) [馬が] 肥えた, 太った; 所有権者がいない. 2) 大変良い, 優秀な

patriota [patrjóta]《←ラテン語 patriota < ギリシア語 patriotes「同国人」< patria「民族」》形 名 愛国的な, 愛国者 [の], 国を愛する [人]: espíritu ~ 愛国精神. prensa ~ 愛国的な傾向の新聞

patriotería [patrjotería] 女《軽蔑》盲目的な愛国心: Hay situaciones en las que la ~ no conduce a nada. 盲目的愛国主義からは何も生まれない状況がある

patrioterismo [patrjoterísmo] 男《軽蔑》=**patriotería**

patriotero, ra [patrjotéro, ra] 形 名 [極端な] 愛国主義の (主義者)

patrióticamente [patrjótikaménte] 副 愛国的に

patriótico, ca [patrjótiko, ka]《←patriota》形 愛国の, 愛国心による: discurso ~ 愛国的な演説

patriotismo [patrjotísmo] 男 愛国心, 愛国: En el servicio militar tratan de fomentar el ~ de los soldados. 兵役では兵士の愛国心をかきたてようとする

patrístico, ca [patrístiko, ka]《←ラテン語 pater, patris「父たち」》形 女 教父学 [の], 教父 Santos Padres に関する

patrocinador, ra [patroθinaðór, ra]《←patrocinar》形 名 後援者, 庇護する [人], スポンサー [の]: Un banco es el ~ del equipo de ciclismo. ある銀行が自転車競技チームのスポンサーだ. empresa ~ra スポンサー企業

patrocinar [patroθinár]《←ラテン語 patrocinium「保護」< patronus「守護聖人」》他 ❶ 後援する, 庇護する, 後援者 (発起人) になる: La Fundación *patrocina* los estudios sobre la comarca. 財団は地域研究の資金提供をした. Lo *patrocina* un ministro. ある大臣が彼の後押しをしている. exposición organizada por el Ayuntamiento de Tokio y *patrocinada* por la Embajada de España 東京都主催スペイン大使館後援の展覧会. ❷ …のスポンサーになる; [番組などを] 提供する

patrocinio [patroθínjo]《←ラテン語 patrocinium「保護」》男 後援, 助成, 賛助: El equipo disputará la copa con el ~ de una importante entidad. チームは有名企業の後援を受けて優勝を争うだろう. con ~ de.../bajo el ~ de... …後援の, …協賛の. ~ de San José 聖ヨセフの御加護

Patroclo [patróklo]《←ギリシア神話》パトロクロス, パトロクレース《アキレウス Aquiles の親友. トロイ戦争でヘクトール Héctor に殺される》

patrología [patroloxía] 女 教父学, 教父研究; 教父著作集; 教父に関する論文

patrón[1] [patrón] 男 ❶《服飾》型紙, パターン: hacer (cortar) el ~ 型紙を取る. ~ picado ステンシル型紙. ~ de metro (kilogramo) メートル (キログラム) 原器. ❷ 型: *patrones* de conducta social 社会的行動パターン. ~ de distribución 分布パターン. ~ de la economía 経済モデル.《経済》[貨幣の] 本位制; [通貨の] 基軸: ~ [de] oro 金本位制. ~ de cambio oro 金為替本位制度. ~ metálico 金属本位制. El dólar es el ~ monetario. ドルは基軸通貨である. ❺《農業》[接ぎ木の] 台木, 親株. ❻ [de injerto] 接ぎ穂.《生物》宿主. ❼ [漁船などの] 船長, 船主: Donde hay ~ no manda marinero.《諺》上司の命令は絶対である. ❼《古代ローマ》[clientes を率いる] パトローネス, 一門の長

cortados por el mismo ~《主に皮肉》[人・事物が] 互いに

よく似た: Parece que estáis *cortados por el mismo* ~. 君たちは瓜二つ(生き写し)だ

patrón², na [patrón, na]《←*patrono* < ラテン語 *patronus*「保護者, 所有者」 < *pater, patris*「父」》图 ❶《主に手工業の》経営者;《古語》親方, 雇い主: El ~ de la obra ha contratado nuevos peones de albañil. 工事の親方は新しく左官の助手を雇い入れた. ❷《主に 囡. 下宿屋・レストランなどの》主人, 女将(ﾐｮ); Mi *patrona* no deja fumar en las habitaciones. マダムは部屋でタバコを吸わせてくれない. ❸《カトリック》《主・都市・同業組合などの》守護聖人《= *santo* ~》: La Virgen del Pilar es la *patrona* de la Hispanidad. 聖母ピラールはスペイン語圏の守護聖人である. ❹ 後援者, 庇護者, パトロン: Su afición a la pintura lo llevó a convertirse en ~ de jóvenes artistas. 彼は絵画趣味が高じて若い画家たちの後援者になった. ❺《情報》 ordenador ~ サーバー. ❻《メキシコ, グアテマラ》[上司に対する親愛の呼称]ボス. ❼《ペルー, チリ, アルゼンチン, ウルグアイ》[敬称]= señor
—— 囡 ❶《古語》ガレー船艦隊の副旗艦. ❷《チリ, アルゼンチン, ウルグアイ. 戯語》[la+] 妻
estar de patrona 下宿屋で生活する

patronado, da [patronádo, ða] 形 [教会が] 後援者のある; [利益が] 後援者から受ける

patronaje [patronáxe] 男 型紙による製作

patronal [patronál]《←*patrón²*》 ❶ 経営者の, 雇用者の: cuota ~ de la seguridad social 社会保険料の事業主負担分. interés ~ 雇用者側の利益. sindicato ~ 雇用者組合. ❷ 守護聖人の: fiesta ~ 守護聖人の祝日
—— 囡 ❶[集合]経営者, 経営陣: Se han abierto las negociaciones entre la ~ y los sindicatos. 経営者側と組合側との間で交渉が始まった. ❷ 経営者団体, 財界: ~ bancaria 銀行家協会. ~ de la construcción 建設関係経営者団体

patronato [patronáto]《←*patrón²*》男 ❶ 経営者団体: El ~ no ha aceptado las peticiones de los obreros. 経営者団体は労働者たちの要求を飲まなかった. ❷ [文化的・慈善的な] 財団, その理事会, 役員会: El colegio de huérfanos pertenecen a un ~. 孤児の養育学校はある慈善団体に付属している. ~ deportivo スポーツ振興財団. El ~ de la fundación se reúne varias veces al año. 財団の理事会は年に数回開かれる. ❸ 後援, 支援;[聖人の] 守護, 加護: bajo el ~ de... ...の後援で; 提供で: Que el ~ de Apóstol Santiago nos ayude. どうか使徒ヤコブのご加護が私たちにありますように. ❹《西. 競馬》~ de apuestas mutuas 賭け率(配当金)表示機. ❺《歴史》 real ley de patronato《1493-1570, ローマ教皇がスペイン国王に, アメリカ大陸における宣教活動や教会の建設・維持などを担う代償として与えた特権. 司教などの高位聖職者の推挙権や教会の徴収・受益権など》

patronazgo [patronáθgo] 男 後援, 支援;[聖人の] 守護, 加護《=*patronato*》: La Compañía evitó la quiebra gracias al ~ de un rico empresario. 会社は裕福な企業家の支援で倒産を逃れた. Madrid está bajo el ~ de San Isidoro. マドリードの守護聖人は聖イシドロである

patronear [patroneár] 他 ❶《漁船などの》船長をつとめる. ❷ 支配する, 管理する

patronero [patronéro] 男《廃語》経営者としての職務

patronímico, ca [patronímiko, ka]《←ギリシア語 *pater, patros*「父」+onoma「名」》 ❶ 父称の;《父の名にちなんだ》[例] Fernando の子孫に Fernández の名が与えられた. ❷《古代ギリシア・ローマ》家門名の, 一門の名の[例] Gaius Julius Caesar ガイウス・ユリウス・カエサルの Julius は家門名である》

patronista [patronísta] 共 《服飾》型紙製作者

patrono, na [patróno, na]《←ラテン語 *patronus*「保護者, 所有者」 < *pater, patris*「父」》图 ❶《主に手工業の》親方; 経営者《=*patrón*》: A trabajar, que está a punto de llegar el ~. もうすぐ親方が来るからさあ働くんだ. ~ conflicto entre ~s y obreros 労使間の紛争. ❷《主に中米》守護聖人《=*santo* ~》: Celebran las fiestas del ~ del pueblo. 村の守護聖人の祭りが行われる. por ~ a... ~を守護聖人とする. ❹ 保護者. ❹[下宿屋などの] 主人. ❺ 後援者, スポンサー
—— 男 ❶ 船長, 船主《=*patrón*》. ❷《古代ローマ》パトロネース

patrulla [patrúʎa]《←*patrullar*》囡 ❶ パトロール隊, 巡邏(ﾌﾞﾗ)隊;《軍事》哨戒部隊, 哨戒機, 哨戒艇: Cuatro policías salieron de ~ por el barrio. 4人の警官が地区をパトロールしている. ~ Una ~ de rescate buscaba a los alpinistas perdidos. 救助隊が行方不明の登山者を捜索した. andar de ~ パトロールする. policía ~ パトロール警官. ~ costera 沿岸哨戒警備隊. ❷《メキシコ, チリ, アルゼンチン, ウルグアイ》パトロールカー
—— 男 パトロールカー《=*coche* ~》

patrullaje [patruʎáxe] 男 =**patrullaje**

patrullamiento [patruʎamjénto] 男 =**patrullaje**

patrullar [patruʎár]《←仏語 *patrouiller*》 自 他 パトロールをする; 哨戒する: Varios policías *patrullaba* en los arrededores del estadio. 何人もの警官がスタジアムの周囲をパトロールしていた

patrullero, ra [patruʎéro, ra]《←*patrullar*》 形 哨戒の, 巡視の: avión ~ 哨戒機. soldado ~ 斥候, 巡視兵
—— 男 ❶ 斥候, 巡視兵. ❷《メキシコ. 口語》パトロールカーに乗務する警官. ❷《キューバ, エクアドル, ペルー, チリ, アルゼンチン, ウルグアイ》パトロールカー. ❸《ペルー》交通警官
—— 囡 巡視船, 巡視艇, 哨戒艇《= *barco* ~, *lancha* ~*ra*》. ❷《チリ》哨戒機

patuá [patwá]《←仏語 *patois*》男 方言, なまり; 隠語

patucho, cha [patútʃo, tʃa] 形《エクアドル》背の低い[人], ずんぐりむっくりな[人]

patuco, ca [patúko, ka]《←?*pato*》形《ホンジュラス》[脚が] 曲がった, 湾曲した
—— 男《西》❶[毛糸編みの] 乳児用靴. ❷[寝る時に履く] 毛のソックス: En invierno ella duerme con ~ porque es muy friolera. 彼女は冷え性なので冬は靴下を履いて寝る. ❸《ベネズエラ》1) 包み, 小包. 2) うしろめたい仕事, いかがわしい商売. 3) たくらみ, 策略. 4)[浮浪者が入れないように農民が土地に立てる] 先の尖った棒

patudez [patuðéθ] 囡《チリ. 口語》厚顔, ずうずうしさ

patudo, da [patúðo, ða] 形 ❶《主に中南米. 口語》足が太い, 大根足の. ❷《チリ. 口語》面の皮の厚い, ずうずうしい
—— 男 ❶《魚》メバチ[マグロ]. ❷ 乳児用の靴

patueco, ca [patwéko, ka] 图《中米》ストリートチルドレン[の], 浮浪少年[少女][の]

patujú [patuxú]《ボリビア. 植物》ベゴニアの一種《学名 Begonia platanifolia》

patulea [patuléa] ❶《古語 *patulea* < *patular*「強く踏む, 大騒ぎになる」》❶《西. 口語》[集合][いつも騒ぎを起こす] ごろつきども, 悪ガキども: Se juntó en casa una buena ~. かなりの数のやんちゃ坊主たちが家に集まった. ❷ 規律の乱れた軍隊. ❸《口語》[悪事に関わる] グループ: ~ de drogatas 麻薬中毒の連中

patuleco, ca [patuléko, ka] 形《中南米. 口語》がにまたの, O脚の

patulejo, ja [patuléxo, xa] 形《チリ》=**patuleco**

patulenco, ca [patulénko, ka] 形《グアテマラ》=**patuleco**

patuleque [patuléke] 形《キューバ》=**patuleco**

patulequear [patulekeár] 自《中南米》跛行(ﾊ゙)する

patuletas [patulétas] 图[単複同形]《コロンビア》うすっぺらな[奴], とんまな[奴]

patuleto, ta [patuléto, ta] 形《ホンジュラス》=**patuleco**

patullar [patuʎár] 自 ❶ 踏みつける. ❷ 無駄な努力をする, 徒労に終わる. ❸ おしゃべりをする, 話をする

patum [patúm]《←カタルーニャ語》囡《闘》~s ❶ 想像上の動物像. ❷ 功績または地位や評判によって敬意を払われている人

patuño [patúɲo]《西. 地方語》豚の足

paturrano, na [paturáno, na]《ドミニカ》ずんぐりむっくりな

paturro, rra [patúro, ra]《コロンビア》ずんぐりむっくりな, 小太りの

patuso, sa [patúso, sa] 形 图《地名》パスト Pasto の[人]《コロンビア, Nariño 県の県都》

patuto [patúto]《ペルー》警察車両

patuyú [patujú]《ボリビア. 植物》=**patujú**

patxaran [patʃarán]《←バスク語》男 =**pacharán**

pauca sed bona [páuka seð bóna]《←ラテン語》少ない方がよい(質/量もより質)《寡作でも優れた作品を書く作家について言われた言葉》

paujé [pauxé] 男《ボリビア》穂軸の葉 chala で結んだ2本のトウモロコシ

paují [pauxí]《中南米》《鳥》=**paujil**. ❷《植物》ペルーバルサム《学名 Myroxylon pereirae》

paujil [pauxíl]《鳥》カブトホウカンチョウ《食用》

paúl [paúl] I 《←ラテン語 palus, -udis》男 [草に覆われた] 沼地, 湿原
II 《←San Vicente Paúl (人名)》形 名《カトリック》聖ヴィンセンシオ・ア・パウロ修道会の(修道士・修道女)

paular [paulár] I 《←paúl I》男 沼 《=pantano》
II 《←pablar》自《西. 口語》[maular と組んで] 話す: sin ~ ni maular うんともすんとも言わずに. ni paula ni maula 口をきこうともしない

paulatinamente [paulatináménte] 副 少しずつ, ゆっくり, 徐々に: Iremos renovando ~ el diseño del interior del restaurante. レストランのインテリアデザインを少しずつ変えていこう

paulatino, na [paulatíno, na]《ラテン語 paulatim「少しずつ」< paulus「ごくわずかな」< paucus「ほとんど…ない」》形 ゆっくりした, 徐々の: Las temperaturas subirán de forma ~na a lo largo de la semana. 気温は今週, 少しずつ上がっていくだろう. mejoría ~na 回復

paulilla [paulíʎa] 女《地方語. 昆虫》コクガ 《=palomilla》

paulina[1] [paulína] 女《←Papa Paulo III「教皇パウルス3世」》《カトリック》【教皇が出す】破門状, 破門の勅書. ❷ 叱ること, 叱責. ❸《匿名》中傷文, たれこみ

paulinia [paulínja] 男《南米. 植物》ガラナ 《=guaraná》

paulino, na[2] [paulíno, na] 形 聖パウロ san Pablo の
—— 男《ベネズエラ. 鳥》クジャク, 孔雀

paulista [paulísta] 形 名 ❶《地名》[ブラジルの] サンパウロ São Paulo の[人]. ❷《歴史》[植民地時代, 南米大西洋岸のスペイン領で] 先住民を捕えて売りさばく奴隷商人

paulistano, na [paulistáno, na] 形 名 **=paulista**

paulonia [paulónja] 女《植物》キリ (桐)

pauperismo [pauperísmo]《←英語 pauperism < ラテン語 pauper, -eris「貧い」》男《文語》恒久的窮乏, 貧民層の存在

pauperización [pauperiθaθjón] 女 窮乏化, 貧困化

pauperizar [pauperiθár] [9] 他《文語》窮乏化させる

paupérrimo, ma [paupérrimo, ma] 形《pauper pauperrimus. pobre の絶対最上級》形 極度に貧しい, 極貧の: países ~s 極貧の国々. ~s resultados de nuestra gestión 私たちの働きかけが招いた悲惨な結果

paupertad [paupertá(d)] 女《まれ》貧困

paurópodo, da [paurópodo, da] 形 エダヒゲムシ綱の
—— 男《動物》エダヒゲムシ綱

pausa [páusa]《←ラテン語 pausa「停止」< ギリシア語 pauo「私は止める」》女 ❶[仕事などの] 中断; 休憩: Haremos una ~ de diez minutos entre una clase y clase. 授業と授業の合間に10分の休憩をとりましょう. ~ publicitaria 宣伝のための時間. ❷ 休止, 間(ま), ポーズ: Para esta pieza es necesario hacer bien las ~s. この作品は間をうまくとることが必要だ. En español solemos hacer una breve ~ cada ocho sílabas. スペイン語では普通8音節ごとに短い間をとる. ❸《音楽》全休止, その符号. ❹ のろさ, 遅さ. ❺《中南米》打ち上げ花火の] しだれ柳, しだれ花火
a ~s 間をおいて: Se oía el ruido *a ~s*. 物音は途切れ途切れに聞こえた
con ~ ゆっくりと: hablar *con ~* ゆっくり話す. trabajar *con ~* だらだらと働く

pausadamente [pausáðaménte] 副 ゆっくりと

pausado, da [pausáðo, ða]《←pausar》形 ❶ ゆっくりした, のんびりした: ~ golpeteo de las gotas de lluvia 雨だれのポツポツいう音. respiración ~*da* 穏やかな呼吸. ❷[性格などが] 落ち着きのある, 物静かな: Es una persona ~*da*, que no pierde nunca la serenidad. 彼は穏やかな性格で, 決して冷静さを失わない
—— 副 ゆっくりと, 急がずに

pausar [pausár]《←ラテン語 pausare》他 自《まれ》中断する; 遅らせる

pauta [páuta]《←ラテン語 pacta < pactum「協定, 規則, 法律書」》女 ❶ 規準, 指針, 見本, 模範: La vida de los santos es nuestra ~. 聖人の生き方は私たちの模範だ. seguir una ~ del consumo 消費パターンに従う. ❷《集合》罫, 罫線. ❸[罫線を引く] 定規. ❹ 下敷き罫紙. ❺《西》しおり《~ de libro》. ❻《チリ. 音楽》五線

pautado, da [pautáðo, ða] 形 罫線付きの: papel ~ 罫紙, 書き方練習用紙;《音楽》五線紙

pautador [pautaðór] 男 罫線引き職人

pautar [pautár]《←pauta》他 ❶《文語》…に規準を設ける. ❷《音楽》[紙に] 罫線を引く

pava[1] [pába] I《←英語 pipe》女 ❶[冶金炉の] 大型ふいご. ❷《ボリビア, チリ, アルゼンチン, ウルグアイ》[主にマテ茶用の] やかん. ❸《チリ》尿瓶
II《←pavo》女 ❶《隠語》[マリファナたばこの] 吸いがら. ❷《ムルシア. カリフラワー《=coliflor》. ❸《パナマ, エクアドル》葉巻きの端. ❹《パナマ》[女性用の] つば広の麦わら帽. ❺《コスタリカ》[垂れた] 前髪. ❻《コロンビア》1)[たばこの] 吸いがら. 2) 顔つきのよくない奴, 嫌な感じの人. ❼《チリ》からかい, 嘲笑
hacerse la ~《南米》学校をずる休みする
ir (navegar) como una ~《船舶》張帆を張って進む
pelar la ~《西. 口語》[恋人同士が] 愛の語らいをする, いちゃつく; [女を] 口説く

pavada [pabáða]《←pavo》女 ❶ 七面鳥の群れ. ❷《口語》愚かな言動. ❸《遊戯》1人を除く全員が車座になって足を伸ばし, その1人が足を順に数えて8番目ごとに足を隠させてゆき, 最後に足の残った者が負けとなる子供の遊び. ❹《ラプラタ. 口語》1) ばかなこと, ささいなこと; きわめて容易なこと: Hablábamos una ~. 私たちはたわいもないおしゃべりをしていた. 2) 面白味のなさ, 野暮

pavana[1] [pabána]《←伊語 padovana》女 ❶《音楽, 舞踊》パヴァーヌ. ❷《衣服. 服飾》[女性用の] 短いケープ. ❸《メキシコ》[人間の] 皮膚. ❹《キューバ, コロンビア》殴打
zurrar la ~《キューバ, コロンビア》殴る

pavano, na[2] [pabáno, na] 形《まれ》パドヴァ Padua の[人]《=paduano》

pavea [pabéa] 女 [脱穀前の] 穀物の山

paveador, ra [pabeaðór, ra] 形《コロンビア》[人が] 仕事の遅い, 動作の鈍い, のろまの, ぐずの

pavear [pabeár] ❶《口語》《コロンビア》[人を] 殺す. ❷《チリ》ぼんやりしている. ❸《ラプラタ》ふざけ回る; 騒ぎ立てる
—— 他 ❶《中南米》愚かな言動をする, ばかなことをしでかす. ❷《プエルトリコ》働いているふりをする. ❸《チリ, アルゼンチン》からかう, 嘲笑する. ❹《アルゼンチン》[恋人同士が] 愛の語らいをする, いちゃつく
—— *se*《パナマ》[授業などを] サボる, すっぽかす

pavera[1] [pabéra] 女 七面鳥を煮る土鍋

pavería [pabería] 女 愚かさ, ばかげたこと

pavero, ra[2] [pabéro, ra]《←pavo》形 ❶ 見栄っぱりの[人]. うぬぼれの強い[人]. ❷ 七面鳥飼育 (販売) 業者. ❸《地方語》感じのいい, 冗談めいた, 口のうまい
—— 男《アンダルシア》つば広の帽子《=sombrero ~》

pavés [pabés]《←伊語 pavese》男 ❶[全身を守る] 大盾. ❷《建築》敷石 (木塊) 舗装;[それに使われる] 敷石, 木塊. ❸《自転車》石畳の道
alzar (levantar) a+人 sobre el ~ …を高い地位につける;[指揮者 (隊長)に] 選ぶ

pavesa [pabésa]《←俗ラテン語 pulvisia》女 ❶[飛び散る] 火の粉, 燃えかす: Se quemó la casa y todo quedó reducido a ~s. 家は焼けて, すべて灰になってしまった. ❷《チリ》婚期を過ぎた独身女性の間での隠語, 戯語》妻帯者
estar hecho una ~ 衰弱しきっている
hacer ~s 殺す

pavesada [pabesáða] 女《古語. 船舶》木製の隔壁

pavesina [pabesína] 女 縦具の小盾

pavezno [pabéθno] 男 七面鳥の子

pavía [pabía] 女《植物, 果実》[イタリア, パヴィア Pavía 産の] 桃
echar por las de P~ 居丈高になる

paviano, na [pabjáno, na] 名《地名》[イタリアの] パヴィア Pavía の[人]

pávido, da [pábiðo, ða] 形《主に詩語》おどおどした, 恐怖心に満ちた

pavimentación [pabimentaθjón] 女 ❶[アスファルト・タイル・敷石などによる] 舗装《工事》. ❷[主に道路の] 舗装面

pavimentado [pabimentáðo] 男 **=pavimentación**

pavimentador, ra [pabimentaðór, ra] 形 舗装用の
—— 名 舗装機

pavimentar [pabimentár]《←pavimento》他 [アスファルト・タイル・敷石などで] 舗装する, 床を張る: camino pavimentado 舗装道路

pavimento [pabiménto]《←ラテン語 pavimentum < pavire「地面を叩く」》男 ❶ 舗装《表面》; 舗床[用材]. ❷ 舗面, 舗道

pavimentoso, sa [pabimentóso, sa] 形《解剖》epitelio ~ 扁

平上皮

paviola [pabjóla] 男《エクアドル》授業をサボる子供
paviota [pabjóta] 女 カモメ〖=gaviota〗
pavipollo [pabipóʎo]〖←pavo+pollo〗男 ❶ 七面鳥のひな．❷《西》愚かで面白味のない人
pavisosería [pabisosería] 女《まれ》面白味のなさ，野暮
pavisoso, sa [pabisóso, sa]〖←pavo+soso〗形《西. 口語》[人が] 面白味のない，野暮な；間抜けな
pavito, ta [pabíto, ta] 男女《ベネズエラ 口語》ちんぴら
── 男《アルゼンチン》山高帽〖=sombrero hongo〗
pavitonto, ta [pabitónto, ta] 形 ばかな，愚かな
pavo [pábo]〖←ラテン語 pavo, -onis「クジャク」〗男 ❶《鳥》1) シチメンチョウ（七面鳥）〖=～ común〗．2) ～ real クジャク．～ marino エリマキシギ．❷《昆虫》mariposa ～ real クジャクチョウ．❸《西. 古風》ドゥーロ，5ペセタ貨幣〖=duro〗．❹《西. 俗語》物怖じ，人見知り；愛嬌（面白味のない，野暮．❺《隠語》禁断症状〖=～ frío〗．❻《紋章》～ ruante 尾羽を広げたクジャク．❼《古語；カリブ》叱責．❽《中南米. 舞踊》ステップ，足さばき．❾《チリ》大型の凧
　comer como un ～ 大急ぎで食べる
　comer el ～ 1)〖ダンスパーティーで〗壁の花になる，ダンスに誘われない．2)《中米》幻滅する．3)《南米》恥じ入る，赤面する
　estar orgulloso como un ～ 尊大である；うぬぼれが強い
　hincharse (inflarse) como un ～ 尊大な態度をとる
　ponerse más colorado que un ～ 顔が真っ赤になる
　subirse a+人 el ～《西. 口語》1) …の顔が真っ赤になる：Le dieron a Marta que estaba guapa y en seguida se le subió el ～. マルタは美人だとほめられると，すぐ顔が真っ赤にした．2) …が自慢する，高慢になる：Cuando hablaba de los éxitos de su hijo en el colegio, se le subía el ～. 息子の学校の成績がいいという話になると，彼は鼻高々だった
　tener el ～〖思春期に〗人見知りする，扱いが難しい
pavo², va² [pábo, ba] 形 男女 ❶《口語》愛嬌（面白味）のない〖人〗；間抜けな〖人〗；内気な〖人〗：el ～ de Juan フアンのばか．❷《メキシコ, 中米, エクアドル, ペルー, チリ. 口語》無賃乗車の旅客，密航者．❸《コロンビア》〖馬が〗やせた，肉づきの悪い
　de ～ 料金を払わずに，無賃で
pavón [pabón] 男 ❶《鳥》1) クジャク〖=pavo real〗．2)《メキシコ, コスタリカ》ツノシャクケイ．❷《昆虫》1) オオクジャクヤママユ〖=～ nocturno〗．2) ～ diurno アポロウスバシロチョウ．❸《天文》孔雀座．❹〖鋼鉄表面の青・黒・茶色の〗酸化皮膜．❺《プエルトリコ》軟膏
❻《ベネズエラ》〖馬が〗黄色がかった毛並みの．❷《ペルー》気の弱い，内気な；才能のない，愚かな
pavonada¹ [pabonáda] 女《まれ》❶〖短時間の〗散歩，気晴らし：darse una ～ 気晴らしに出かける．❷誇示；虚飾
pavonado, da² [pabonádo, da] 形 青黒い
── 男《金属》〖鋼鉄表面の〗酸化皮膜形成，酸化皮膜〖=pavón〗
pavonador, ra [pabonaðór, ra] 男女 鋼鉄表面を酸化皮膜で覆う〖人〗
pavonar [pabonár] 他〖鋼鉄表面に〗酸化皮膜を形成させる
pavonazo [pabonáθo] 男〖フレスコ画用の〗深紅の鉱物顔料
pavonear [pabonár]〖←ラテン語 pavo, -onis「クジャク」〗自 思い上がる，うぬぼれる〖=～se〗
── 他 ❶ いい気を持たす
── **~se** ❶ 思い上がる，うぬぼれる：Ella se pavonea ante los demás con su bolsa nueva. 彼女はみんなの前で新しいバッグを持ち歩いて得意げだ．❷〖+de 所有物・成功などを〗誇示する，自慢する：Se pavoneaba de haber conseguido el primer premio. 彼は1等を取ったことを自慢していた
pavoneo [pabonéo] 男 思い上がり，うぬぼれ；誇示
pavor [pabór] 男 I〖←ラテン語 pavor, -oris〗男〖激しい〗恐怖〖→miedo〖類義〗〗：La idea le llenó de ～. そう考えて彼はぞっとした．II〖←vapor の音位転換〗男/女《ムルシア》〖特に地面からの〗湯気，湿った熱気；息苦しさ，蒸し暑さ
pavorde [pabórðe] 男〖歴史. カタルーニャ〗教団長〖=prepósito〗
pavordear [paborðeár] 自〖ミツバチが〗分封する〖=jabardear〗
pavordía [paborðía] 女 教団長の職（位）；教団長の報酬受領権〖付きの管区〗
pavorido, da [paboríðo, ða] 形《文語》ぞっとした，身の毛のだった
pavorosamente [paborosaménte] 副 ぞっとして

payo, ya

pavoroso, sa [paboróso, sa] 形 ❶ ぞっとするような，身の毛もよだつような．❷《口語》ひどい，すごい
pavoso, sa [pabóso, sa] 形《ベネズエラ. 口語》悪運をもたらす；運の悪い
pavote, ta [pabóte, ta] 形《ラプラタ. 軽蔑》愚かな
pavuncio, cia [pabúnθjo, θja] 形《まれ》愚かな；愚かしい
pavura [pabúra] 女 ❶《文語》恐怖〖=pavor〗．❷《アルゼンチン. 口語》強い驚き，驚愕
pax americana [páks amerikána] 女 アメリカの支配による平和
pax romana [páks romána] 女《古代ローマ》ローマの支配による平和，パクス・ロマーナ
pax tecum [páks tékun]〖←ラテン語〗男《まれ》接吻牌〖=portapaz〗
pay [páj] 男《メキシコ. 菓子》パイ
paya¹ [pája]《ボリビア, チリ, アルゼンチン, ウルグアイ》パジャーダ payada の即興的な歌詞；即興的に歌うこと
payacate [pajakáte] 男《メキシコ. 服飾》スカーフ
payada¹ [pajáða] 女《チリ, アルゼンチン, ウルグアイ》パジャーダ〖パジャドールが掛け合いで即興的に歌う民謡〗：～ de contrapunto パジャドール大会〖一つのテーマで詩の上手さを競う〗
payado, da² [pajáðo, ða] 形《チリ》〖織物が〗色とりどりの
payador [pajaðór] 男《ボリビア, チリ, アルゼンチン, ウルグアイ》〖パジャーダ payada を歌うガウチョ．=gaucho〗
payadura [pajaðúra] 女《ボリビア, チリ, アルゼンチン, ウルグアイ》=paya
payaguá [pajaɣwá] 男 名 パイアグア族〔の〕《パラグアイ, チャコ地域の先住民グアイクル族 Guaycurú の一部族》
payama [pajáma] 女《グアテマラ, キューバ. 服飾》パジャマ〖=pijama〗
payán [paján] 形《ホンジュラス》〖トウモロコシが，挽かれて〗砕かれた
payana [pajána] 女《アルゼンチン, ウルグアイ. 遊戯》石投げ〖5個の小石 cantillo のうち1個を高く投げ上げ，落ちてくるのをつかむまでの間に残りの小石を地面から拾う（地面に並べる）子供の遊び〗
payanar [pajanár] 他《メキシコ》叩いて柔らかくする；〖トウモロコシを〗石の上で挽く
payanear [pajaneár] 自《アルゼンチン》石投げ payana をして遊ぶ
payanense [pajanénse] 形 名《地名》ポパヤン Popayán の〖人〗《コロンビア, カウカ Cauca 県の県都》
payanés, sa [pajanés, sa] 形 名 =payanense
payanga [pajáŋga] 女《ウルグアイ》賭け事の一種
payar [pajár] 自 ❶《チリ, アルゼンチン, ウルグアイ》即興的に歌う，パジャーダ payada を歌う．❷《チリ》物語を話す
payara [pajára] 女《ベネズエラ. 魚》キノドン〖食用〗
payaro [pajáro] 男《ベネズエラ. 魚》=payara
payasa¹ [pajása] 女《ボリビア, チリ》わらの敷き布団
payasada [pajasáða] 女 ❶〖主に道化師の〗おどけた言葉・動作，道化芝居．❷《西, チリ》悪ふざけ，滑稽（場違い）な言行：La conferencia ha sido una ～. その講演はふざけたにも過ぎなかった．❸《チリ. 軽蔑》いかがわしい行為，悪意のある行為
payasear [pajaseár] 自 ❶ おどける．❷《中南米. 口語》ふざける，からかう．❸《キューバ》傲慢な態度をとる
payaso, sa² [pajáso, sa]〖←仏語 paillasse < 伊語 pagliaccio「わら袋」〗形 男女 ❶ 道化師〖参考 主に clown（顔を白塗りにしたっこみ役）と augusto（赤い鼻をしてだぶだぶの上着を着たぼけ役）が組む〗．❷《親愛》おどけ者〖の〗．❸《軽蔑》いい加減な〖人〗
　hacerse el ～ ふざけた行ないをする
── 男《魚》クラウンアネモネフィッシュ
payazo [pajáðo] 男《コロンビア, ベネズエラ》子牛を扱う少年の牧童
payé [pajé] 男 ❶《ラプラタ》護符；呪術．❷《アルゼンチン, ウルグアイ》まじない師，呪術師
payés, sa [pajés, sa] 形 名 ❶〖カタルーニャ・バレアレス諸島の〗田舎者．❷《歴史》payeses de remensa レメンサ農民《移住の自由を得るために移住税 remensa を支払う義務を負ったカタルーニャの隷属農民》
payesía [pajesía] 女 ❶〖集合〗〖カタルーニャ・バレアレス諸島の〗田舎者；農家と畑．❷ 農家〖=masía〗
payo, ya [pájo, ja]〖←ジプシー語〗形 名 ❶《西》〖ジプシーにとって〗よそ者〖の〗，非ジプシーの〖人〗〖=individuo〗: Ahí hay una *paya* que quiere verte. 君に面会希望の女性があそこにいる．❸《西》地方出身の〖人〗；《軽蔑》〖無知で粗野な〗田舎者〖の〗．❹《西. 俗語》愚かな〖人〗，だまされやすい

〔人〕. ❺《ムルシア》悪知恵のはたらく, ずる賢い. ❻《メキシコ》[布・装飾が] 色が派手で取り合わせの悪い, けばけばしい. ❼《エクアドル》古い, 役に立たない. ❽《ボリビア, アルゼンチン》[人が] 白子の
—— [男] ❶ [土地の] 区画. ❷《地方語》屋根裏部屋〘=desván〙

pay-pay [páipai] [男] =**paipay**

Payró [pairó]《人名》**Roberto José** ~ ロベルト・ホセ・パイロー〘1867~1928, アルゼンチンの風俗写生主義 costumbrismo の作家・ジャーナリスト・劇作家. 小説『ラウチャの結婚』*El casamiento de Laucha*, 戯曲『一人で生きたい』*Vivir quiero conmigo*〙

payuco, ca [paʝúko, ka] [形] [名]《アルゼンチン. 軽蔑》田舎から都会に出てきた〔人〕, 田舎者〔の〕

payuelas [paʝwélas] [女] [複] 水痘

payute [pajúte] [形] [男] =**paiute**

paz [páθ]〘←ラテン語 pax, pacis〙[女]〘[複] paces〙❶ 平和〘⇔guerra〙: mantener (romper) la ~ 平和を維持する(破る). en tiempo de ~ 平時に. fuerza de 〔mantenimiento de la〕 ~ 平和維持軍. operación de 〔mantenimiento de la〕 ~ 平和維持活動. la *Paz* de Dios《歴史》神の平和〘10世紀末以来の, 人や財産は侵害しないという西欧貴族間の誓約〙. ~ octaviana [初代ローマ皇帝オクタビオ・アウグストゥス Octavio Augusto の時代のような] 長期かつ広範な平和と安定. ~ universal 世界平和. ❷ 講和条約〘=tratado de ~〙: firmar la ~ 講和条約に調印する, 平和条約を結ぶ. *Paz* de Westfalia ヴェストファーレン条約〘1648年締結の講和条約. これによりスペイン王国からネーデルラント共和国 República de los Siete Países Bajos Unidos (現在のオランダ)が独立〙. ❸ 平穏, 平静, 安らぎ; [家族などの] 和合: vivir en ~ 平穏に(仲よく)暮らす. ❹ [主に [複]] 和解, 仲直り. ❺ [心の] 安らぎ, 平安; 静寂: disfrutar de la ~ del campo 田舎ののんびりした生活を楽しむ. ❻《カトリック》[la *Paz*. ミサで聖体拝領の前に行われる] 平和の接吻(抱擁・握手): dar la ~ 平和の接吻(抱擁・握手)をする. ❼《廃語》顔にするキス

A la ~ 〔de Dios〕.《俗用. 挨拶》こんにちは/さようなら

andar la ~ por el coro《皮肉》[地域・家庭に] いさかいがある

con ~ sea dicho お許しを得て

dar ~ a+人・事物 …をそっとしておく

dejar+人・事物 en ~ …をそっとしておく: *Déjame en ~*. 放っておいてくれ/一人にしてくれ. Los mosquitos no me *dejan en ~*. 蚊がひどくうるさい. *Deja en ~* la puerta. ドアを開けるな(そのままにしておけ)

descansar en ~ 1)《婉曲》死ぬ. 2) [死者が] 神の恩寵にあずかる, 永遠の生命を与えられる, 永遠の休息を妨げられない

dormir en ~ すやすや眠る

en ~ descanse =**que en ~ descanse**

en ~ 〔y en gracia de Dios〕 心穏やかに

en ~ y en haz 同意して

estar en ~ [主語は複数] 1) 同点である; [賭け事で] 勝ってもいないし負けてもいない. 2) 借金がない; 恩義を返す; 仕返しをする: Con esto *estamos en ~*. これで貸し借りなしだ

hacer las paces [+con+人 と] 仲直りする, 和解する: *Haz las paces con* ella. 彼女と仲直りしなさいよ

id en ~/id en la ~ de Dios《丁寧な挨拶》さようなら

meter ~ 仲裁する, 和解させる

no dar ~ [+a を] 休ませない: *no dar ~ a* la lengua しゃべりまくる

no salvar a+人 ni la ~ ni la calidad《口語》…は全く救いようがない

¡Paz! やめろ!

poner en ~ a+人 =**poner ~ entre+人**

poner ~ entre+人 …を和解させる

que en ~ descanse [故人に言及した時に付け加えて] 死者の霊が安らかに憩わんことを, 故…: Mi marido, *que en ~ descanse*, lo dijó. 亡くなった主人がそう言いました

quedar en ~ =**estar en ~**

reposar en ~ =**descansar en ~**

sacar a ~ y a salvo a+人 …を危険から守る

venir de ~ 友好的な目的で来訪する

¡Vete (Vaya) en ~ 〔con la ~ de Dios〕! 1) さようなら/お元気で! 2) とっとと失せろ!

y en ~/y aquí ~ y después gloria《西. 口語》[結論づけて] それで一件落着である

Paz [páθ]《人名》**José María** ~ ホセ・マリア・パス〘1791~1854, アルゼンチンの軍人. スペインからの独立運動やブラジルとの戦争に参加〙
Octavio ~ オクタビオ・パス〘1914~98, メキシコの詩人・批評家. シュルレアリスムやアメリカの詩人から学びつつ独自の詩境を開く一方, 文芸評論・文明論でも業績を残した. 詩集では『言葉の陰の自由』*Libertad bajo palabra*, 『サラマンドラ』*Salamandra*, 『東斜面』*Ladera este*. 評論ではメキシコ人論の『孤独の迷宮』*El laberinto de la soledad*, 該博な知識をもとに詩と文学を縦横に論じた『弓と竪琴』*El arco y la lira*, 詩から仏教論に至る幅広いエッセイ集『交流』*Corriente alterna*, 自国のバロック詩人を論じた『ソル・フアナ=イネス・デ・ラ・クルスの生涯』*Sor Juana o las trampas de la fe*. ノーベル文学賞受賞〙

pazcañeño, ña [paẓkaɲéɲo, ɲa] [形] [名]《地名》パドカヤ Padcaya の〔人〕〘ボリビア, Tarija 県 Arce 郡の町〙

pazco, ca [páẓko, ka] [形]《コスタリカ》味のない, まずい

pazcón [paẓkón] [男]《コスタリカ》[目の細かい] ふるい

Paz Estensoro [páθ estensóro]《人名》**Víctor** ~ ビクトル・パス・エステンソロ〘1907~2001, ボリビアの政治家, 大統領. 民族革命運動党 MNR を結成〙

pazguatería [paẓgwatería] [女] 愚直〔な言動〕

pazguato, ta [paẓgwáto, ta] [形] [名] ❶ [ささいなことにも大騒ぎする] 愚直な〔人〕, お人好し〔の〕. ❷《コロンビア, ベネズエラ, ラプラタ》ばかな〔人〕, 頭の回転の遅い〔人〕

pazo [páθo] [男]《ガリシア》[主に田舎の古い] 大邸宅, 城館

pazote [paθóte] [男]《アンデス. 植物》エパゾテ, ケアリタソウ〘葉は調味料, 葉と花はハーブティーにする〙

pazpuerco, ca [paẓpwérko, ka] [形] [名]《まれ》汚く下品な〔人〕

PC [peθé] **I**〘←英語〙[男]《情報》パソコン: los *PC*〔*s*〕 de última generación 最新世代のパソコン
II《略語》[男] ←partido comunista 共産党

pche [ps] [間]《西》=**psss**

pchs [ps] [間]《西》=**psss**

pe [pé] [女] 文字 p の名称
de pe a pa《口語》すっかり, 始めから終わりまで: contar el asunto *de pe a pa* 一部始終話す

p.e.《略語》←peso específico 比重; por ejemplo 例えば; por encargo 注文で

pea [péa] [女]《西. 口語》泥酔, 酩酊: agarrar una ~ 泥酔する. tener una ~ encima ぐでんぐでんに酔っている

PEA [女]《略語》←población económicamente activa 経済活動人口

peaje [peáxe]〘←カタルーニャ語 peatge〙[男] ❶ [橋・道路などの] 通行料〘=pasaje〙: carretera (autopista) de ~ 有料道路. ❷ 料金所, 通行料金徴収所

peajero, ra [peaxéro, ra] [名]《まれ》通行料金徴収員

peal [peál] [男] ❶《服飾》1) ストッキングの爪先部分. 2) [裾に足掛けひもの付いた] タイツ, スパッツ. ❷ 役立たず, 軽蔑すべき人. ❸《カンタブリア; 中南米》動物の足を結ぶ綱. ❹《中南米》投げ縄. ❺《チリ》小麦粉・卵黄・バター・レモン・シナモンなどを用いた上質なケーキ

pealar [pealár] [他]《中南米》=**pialar**

peán [peán] [男]《古代ギリシア》勝利(祭り・戦争)の歌

peana [peána]〘←ラテン語 pes, pedis「足」〙[女] ❶ [彫像などを載せる] 台座, 台〘=pedestal〙: Por la ~ se adora (se besa) al santo.《諺》将を射んと欲すればまず馬を射よ. ❷《まれ》祭壇前の台. ❸《西. 口語》足〘=pie〙. ❹《地方語》オリーブの木の根元に寄せかけた土

peaña [peáɲa] [女]《古語》台〘=peana〙

pear [peár] ~**se** ❶《中南米. 口語》立て続けにおならをする. ❷《エクアドル》[授業などを] サボる

peatón, na [peatón, na]〘←仏語 piéton「歩兵」〙[名] ❶ 歩行者, 通行人: Ceda el paso a *peatones*. 歩行者優先. ❷ [近隣の村などに] 歩いて公文書を送達する人

peatonal [peatonál] [形] ❶ 歩行者の. ❷ 歩行者専用の: calle ~ 歩行者専用道路. zona ~ 歩行者天国
—— [男]《南米》横断歩道

peatonalización [peatonaliθaθjón] [女] 歩行者専用化

peatonalizar [peatonaliθár] [9] [他] [道路を] 歩行者専用にする

P

pectosa [pektósa] [女]《生化》プロトペクチン; ペクトーゼ

pecuaca [pekwáka] [女]《カリブ, アンデス. 戯語, 軽蔑》足の悪臭〖=pecueca〗

pecuario, ria [pekwárjo, rja]〖←ラテン語 pecuarius〗[形] 牧畜の: economía *～ria* 畜産経済. industria *～ria* 牧畜業. productos *～s* 畜産物

pecueca [pekwéka] [女]《カリブ, アンデス》❶《戯語, 軽蔑》足の悪臭. ❷ ひづめ〖=pezuña〗

peculado [pekuláđo] [男]《主にメキシコ. 法律》〔公金〕横領, 使い込み

peculiar [pekuljár]〖←ラテン語 peculiaris「貯金の」〗[形] ❶ 独特の, 特有の: Tienes un modo ～ de andar. 君の歩き方は個性的だ. traje ～ de una región 地方独特の衣装. ❷ 奇妙な, 変わった: Su mujer es una persona muy ～. 彼の奥さんはとても変わった人だ

peculiaridad [pekuljariđá(đ)] [女] 独自性, 特殊性; 特徴

peculiarizar [pekuljariθár] [9] [他] 独特なものにする

peculiarmente [pekuljárménte] [副] 特に, 特別に; 奇妙に

peculio [pekúljo]〖←ラテン語 peculium「蓄え, 小財産」< pecus「群れ, 家畜」〗[男] ❶ [こつこつ貯めた] 貯金, 財産: Eso lo he pagado yo de mi ～. 私はそれを自分の金で支払った. Los gastos inesperados redujeron su ～. 思いがけない出費で彼は財産を減らした. ❷《古代ローマ》[父から子に, 主人から奴隷に与えられた] 個人財産

pecunia [pekúnja] [女]《文語》金〖=dinero, moneda〗

pecuniariamente [pekunjárjaménte] [副] ❶ 現金で. ❷ 金銭の面で: No estoy contento ～. 私は金銭的に満足していない

pecuniario, ria [pekunjárjo, rja]〖←ラテン語 pecuniarius〗[形] 現金の, 金銭の: cuestión *～ria* 金銭問題. pena *～ria* 罰金刑

pecunio [pekúnjo] [女]《誤用》=**pecunia**

ped.《略語》←pedido 注文

pedacero [pedaθéro] [男] 小農〖=pegujalero〗

pedado, da [peđáđo, đa] [形]《コロンビア. 口語》酩酊した

pedagogía [peđaǥoxía]〖←ギリシア語 paidagogia〗[女] ❶ [時に *P～*] 教育学. ❷ 教育法: ～ del deporte スポーツ教育法. ❸ [教え方の] 分かりやすさ, 学びやすさ

pedagógicamente [peđaǥóxikaménte] [副] 教育学的に, 教育上

pedagógico, ca [peđaǥóxiko, ka] [形] ❶ 教育学の, 教育法の; 教育的な. ❷ [教え方が] 分かりやすい, 学びやすい

pedagogo, ga [peđaǥóǥo, ǥa]〖←ラテン語 paedagogus〗[名] ❶ 教育者, 学校の先生; 教育学者. ❷ [貴族などの家の] 養育係, 家庭教師. ❸ 付き添い, 介添人. ❹《口語》衒学者, 学者ぶる人

—— [形] 教え方の上手な, 良い先生の

pedaje [peđáxe] [男]《古語》通行料

pedal [peđál]〖←ラテン語 pedalis「足の」< pes, pedis「足」〗[男] ❶ ペダル: 1)《自動車など》pisar el ～ del freno ブレーキペダルを踏む. ～ del embrague クラッチペダル. ～ del acelerador アクセルペダル. ～ de arranque [オートバイの] キックスターター. 2)《自転車》[複] dar a los *～es* ペダルを踏む. ❷《音楽》1) ペダル: ～ fuerte ダンパーペダル. 2) ペダル音, 保続音. ❸《西. 口語》酔い: coger (llevar) un ～ 酔っ払う(酔っている). agarrar un ～ de... …をぐい飲みする. ❹《文語》自転車競技, サイクリング〖=ciclismo〗

pedalada [peđaláđa] [女] ペダルを踏むこと

pedaleador, ra [peđaleađór, ra] [形] [名] ペダルを踏む〔人〕

pedalear [peđaleár] [自] ペダルを踏む; [特に] 自転車をこぐ: ～ en agua 立ち泳ぎする

—— [他]《まれ》[自転車などの] ペダルを踏む

pedaleo [peđaléo] [男] 自転車をこぐこと, ペダルを踏むこと

pedalera [peđaléra] [女]《音楽》[オルガンの] 足鍵盤

pedalfer [peđalfér] [男]《地質》ペダルファー

pedaliáceo, a [peđaljáθeo, a] [形] ゴマ科の

—— [女] [複]《植物》ゴマ科

pedalier [peđaljér] [女] ❶ [集名] 1)《自動車など》ペダル. 2)《自転車》ペダルと歯車. ❷《音楽》=**pedalera**

pedalismo [peđalísmo] [男]《まれ》自転車競技, サイクリング〖=ciclismo〗

pedalista [peđalísta] [名]《まれ》=**ciclista**

Pedancio [peđánθjo]《皮肉》知ったかぶりをする人をからかって呼ぶ名前

pedáneo, a [peđáneo, a]〖←ラテン語 pedaneus〗[形] [市町村内の] 地区の: alcalde ～ [地区を担当する] 助役, 区長. juez ～ [小事件を扱う] 地方判事

pedanía [peđanía] [女]《西》❶ [小さな] 地区; 管轄区域: Los jóvenes ocupan la ～ abandonada de El Escorial. 若者たちがエル・エスコリアルの見捨てられた地区に住みついている. ❷ 市(町・村)長の職; 地方判事の職

pedante [peđánte]〖←伊語〗[形] [名]《軽蔑》学者ぶった〔人〕, ペダンチックな, 衒(げん)学者, 知識をひけらかす〔人〕

—— [男]《古語》家庭教師

pedantear [peđanteár] [自] 学者ぶる, 知ったかぶりをする

pedantería [peđantería] [女]《軽蔑》衒学的態度, 学者気取り

pedantescamente [peđantéskaménte] [副] 学者ぶって, 物知り顔に

pedantesco, ca [peđantésko, ka] [形] 学者ぶった, 知ったかぶりの

pedantismo [peđantísmo] [男] =**pedantería**

pedazo [peđáθo]〖←ラテン語 pittacium「革片」< ギリシア語 pittakion「チュニカのほつれ」〗[男] ❶ 一片, ひとかけら: partir la carne en *～s* 肉を切り分ける. un ～ de queso チーズ1切れ. ～ de papel 紙片. ❷ 部分

caerse a ～s《口語》1) ぼろぼろになる. 2) 疲れ果てる

hacer ～s 1) 細かくする, 砕く〖比喩的にも〗: *hacer ～s* la carta 手紙をびりびりに破く. Abrió un restaurante y la crítica lo *hizo ～s*. 彼はレストランを開いたが, 批評家によってずたずたにされてしまった. 2) くたくたに疲れさせる

hecho ～s《口語》1) 疲れ果てた. 2) ぼろぼろの, 壊れた

morirse por los ～s de+人《口語》…に恋いこがれる

～ de alcornoque (***animal・bruto***)《軽蔑》愚か者, ばか

～ de carne《口語》不人情な奴

～ de mi alma (***mi corazón・mis entrañas***) 私の愛する人

～ de pan 1) パン切れ. 2) 親切な人, 好人物; お人好し: Elvira era un ～ *de pan*. エルビラはとても優しかった. 3) [生活する上で最低限の] わずかな金

romper en mil ～s 粉々にする; ビリビリに破く

romperse en mil ～s 粉々になる; ビリビリに破れる: El jarrón *se ha roto en mil ～s*. つぼは粉々に砕け散った

saltar en 〔***mil***〕 ***～s*** 爆発する, 粉々になる

ser un ～ de atún 愚か者である

pedazuelo [peđaθwélo] [男] pedazo の示小語

peder [peđér] ～**se**《まれ》おならをする, 放屁する

pederasta [peđerásta]〖←ギリシア語 paiderastes〗[形] [男]《文語》[特に少年愛の] 男色家〔の〕, ホモ〔の〕

pederastia [peđerástja]〖←pederasta〗[女]《文語》少年愛〖関係〗; 男色

pedernal [peđernál]〖←古語 pedrenal < ラテン語 petrinus「石の」〗[男] ❶《鉱物》シレックス, 火打ち石. ❷ 非常に堅いもの; 冷酷無比な人: corazón duro como un ～ 冷酷無比な心, 非情な心

pedernalino, na [peđernalíno, na] [形] ❶ シレックスの, 火打ち石の. ❷ 冷酷無比な: entrañas *～nas* 冷酷無比な心

pedero [peđéro] [男]《獣医》[羊・ヤギの] ひづめの潰瘍性炎症

pedestal [peđestál]〖←伊語 piedestallo〗[男] ❶ [円柱・彫刻などの] 台石, 台座, 柱脚. ❷ [胸像・花瓶などを載せる] 台. ❸ 基礎, 踏み台, 足掛かり, 到達手段: Su ～ para la fama fue la televisión. 彼が有名になった足掛かりはテレビだった

estar (***poner・tener・hallarse***) ***a***+人 ***en*** (***sobre***) ***un ～***《口語》…のことを大変よく思っている, 心から尊敬する

pedestre [peđéstre]〖←ラテン語 pedester, -iris「徒歩の」〗[形] ❶ [競技が] 歩きや走りの: El otoño es el mejor momento para las carreras *～s*. 秋は歩いたり走ったりする競技に最適な時期だ. ❷ 通俗の, 日常の: ámbitos *～s* 身近な分野. lenguaje ～ 俗語, 平易な言葉

pedestrismo [peđestrísmo] [男] ❶ [主にロードの] 歩きや走りの競技; ウォーキング. ❷ 平凡, 単調

-pedia《接尾辞》[教育] logo*pedia* 言語矯正法, enciclo*pedia* 百科事典

pedial [peđjál] [形]《解剖》=**pedio**

pediatra [peđjátra] [名] 小児科医

pediatría [peđjatría] [女] 小児科, 小児医学

pediátrico, ca [peđjátriko, ka] [形] 小児科の, 小児医学の: clínica *～ca* 小児科病院

pedicelario [peđiθelárjo] [男]《動物》叉棘(さきょく), はさみとげ

pedicelo [peðiθélo]《男》《植物》❶ [キノコの] 石突き. ❷ 花柄, 果柄

pédico, ca [péðiko, ka]《形》《医学》足の

pedicoj [peðikó(x)]《男》《まれ》片足跳び, けんけん

pediculado, da [peðikuláðo, da]《形》《解剖, 動物》柄(茎)のある;《植物》小花柄(果柄)のある

pedicular [peðikulár]《形》❶ シラミの. ❷《古語》[病気が] シラミが媒介する

pediculicida [peðikuliθíða]《男》シラミ駆除剤

pedículo [peðíkulo]《男》《解剖, 動物》柄, 茎, 肉茎;《植物》小花柄, 小果柄

pediculosis [peðikulósis]《女》《医学》シラミ〔寄生〕症

pedicura[1] [peðikúra]《女》《化粧》ペディキュア: hacerse la ～ ペディキュアをする

pedicurista [peðikurísta]《名》《メキシコ》=**pedicuro**

pedicuro, ra[2] [peðikúro, ra]《名》[足の皮膚病などが専門の] 足治療医

pedida [peðíða]《『←pedir』》《女》《西》求婚《主にそのパーティー. =petición de mano》: La ～ será el 15 de abril. 求婚は4月15日に行なわれるだろう

pedidera [peðiðéra]《女》《中南米》=**petición**

pedido [peðíðo]《『←ラテン語 petitum』》《男》❶《商業》注文, 発注: Nos satisface haber recibido hoy su ～. 本日貴注文をいただきありがたく存じます. El mes próximo sale el ～ de manzanilla para Grecia. ギリシャ向けのカミツレ茶の注文は来月出荷される. El repartidor del supermercado aún no ha traído el ～. スーパーの配達員は頼んだ品物をまだ届けに来ない. hacer (colocar・pasar) un ～ 発注する, 注文をする. anular el ～ 注文を取り消す. servir (despachar・cumplir) un ～ 注文を処理する. tomar el ～ 注文を取る. a ～ 請求(注文)のありしだい. hoja de ～ 注文票. ～ abierto 一括(包括)注文. ～ permanente 継続注文, 定期購入. ❷《主に中南米》頼み, 願い [=petición]: a ～ de+人 …の依頼により. ❸ 租税, 税金. ❹《歴史》[主君が家臣に要求する] 寄進, 年貢; [国王が都市民に対し, その所有財産の額に応じて臨時に課する] 財産税

pedidor, ra [peðiðór, ra]《形》《まれ》要求の多い〔人〕, 注文のきつい〔人〕, ねだる〔人〕, 口うるさい〔人〕

pedidura [peðiðúra]《女》請願, 嘆願

pedigante [peðiɣánte]《男》《エストレマドゥラ》乞食

pedigón, na [peðiɣón, na]《名》《口語》しつこくねだる(要求する). ❷《まれ》=**pedidor**

pedigree [peðiɣrí]《『←英語』》《男》=**pedigrí**

pedigrí [peðiɣrí]《『←英語 pedigree』》《男》《園》〜(e)s》[馬・犬・猫などの] 血統, 血統書: tener ～ 血統がよい. perro de (con) ～ 血統書つきの犬

pedigüeñar [peðiɣweɲár]《自》《地方語》=**pedigüeñear**

pedigüeñear [peðiɣweɲeár]《自》いつも他人にせがむ

pedigüeñería [peðiɣweɲería]《女》いつも他人にせがむこと

pedigüeño, ña [peðiɣwéɲo, ɲa]《『←pedir』》《形》いつも他人にせがむ(借りる)〔人〕, しつこい〔人〕, 物乞いの[の]

pedilón, na [peðilón, na]《形》《中南米》=**pedigüeño**

pediluvio [peðilúβjo]《『←ラテン語 pes, pedis「足」+luere「洗う」』》《男》[主に複] 治療のための] 足湯 [=baño de pies]: tomar ～s 足湯をつかう

pedimento [peðiménto]《『←pedir』》《男》❶《法律》申請, 請願, 要求: hacer ～ 申請する. ❷《法律》申請書, 請願書. ～ del fiscal 検察官の起訴状. ❸《地理》山麓緩斜面, ペディメント

pedinche [peðíntʃe]《形》《メキシコ. 口語》しつこくせがむ〔人〕; 物乞い

pedio, dia [péðjo, ðja]《形》《解剖》足の

pedión [peðjón]《男》《結晶》単面

pedipalpo [peðipálpo]《男》《昆虫》触肢

pedir [peðír]《『←ラテン語 petere』》《他》❶ [与えてくれるように, +a+人 に] 頼む, 願う, 求める: 1) Los niños le piden más leche a su madre. 子供たちはもっとミルクがほしいと母親にせがむ. José pedía ayuda económica a sus amigos. ホセは友人たちに金銭的援助を求めていた. Quisiera ～ le un pequeño favor. お願いがあるのですが. Antes de entrar tienes ～ permiso. 入る前に許可を求めなくてはいけない. Mamá, te pido permiso para llegar tarde hoy a comer. ママ, 今日食事に遅れるのを許して. Se oyó una voz pidiendo socorro. 助けを求める声が聞こえた. 2) 要請する, 申請する: He pedido en la oficina unas vacaciones pagadas de diez días seguidos. 私は連続10日の

有給休暇を申請した. Va a ～ una subvención del Ministerio de Educación para publicar estos documentos del siglo XVIII. 彼は この18世紀の文書を刊行するために文部省の補助金を申請するつもりだ. ～ un préstamo al banco 銀行にローンを申し込む. ~《諺》No *pidas a* quien *pidió,* ni sirvas a quien sirvió. 成り上がり者はけちで意地が悪い《←かつて頼んだことのある人に頼むな, 仕えたことのある人に仕えるな》. Quien *pide* no escoge. 恩恵を受ける者は文句を言えない. 4)〔+不定詞・que+接続法〕Le *pedí* llamar (*que* llamara) la ambulancia. 私は救急車を呼んでくれるように彼に頼んだ《〈西〉では＋不定詞 は まれ》. Una niña pequeña me *pidió que* le comprara flores. 小さな女の子が花を買ってちょうだいと私に言った. *Pídele al* relojero *que* te cambie la pila del reloj. 時計屋に時計の電池交換を頼みなさい. He cometido muchos pecados, pero cada vez le *he pedido a* Dios *que* me perdone. 私はこれまで多くの罪を犯したが, その度ごとに私をお許し下さるよう神様にお願いしている. ❷《飲食店などで》注文する: *Pidió* un chocolate *al* camarero. 彼はボーイにココアを頼んだ. Tomé un taxi hasta el aeropuerto. 空港までタクシーを呼びう. ❸ 借りる: Quiero ～te unos libros. 君から本を何冊か貸してほしい. Le *pedí* la cámara para el viaje. 私は旅行用に彼からカメラを借りた. ❹ [時間などを] 予約する: Quisiera ～ hora (vez) para una consulta. 診察の時間を予約したいのですが. ❺ 〔+de から・に〕Ella *pide de* él lo que no puede darle. 彼女は彼が与えられないものを彼に求める. ❻〔+por に〕値をつける: ¿Cuánto *piden* por el coche? 車の値段はいくらですか? Se *han pedido* medio millón de yenes aproximadamente *por* hacer reforma de la cocina. 台所の改装代金は約50万円でかった. ❼〔男性が結婚相手の親・家族に〕結婚を申し込む, プロポーズする〔=~ la mano〕: El joven fue a su casa de Natalia a ～ la. 青年は結婚を申し込みにナタリアの家に行った. Sus dos hermanas ya están *pedidas.* 彼女の2人の姉は既に婚約している. Ayer *pidieron* a mi hermana mayor. 昨日は姉の婚約の日だった. ❽ [物が] 必要とする: Estas mantas *piden* lavado en seco. この毛布はドライクリーニングでなければならない. Esta casa es tan antigua que gotea en distintas partes; está *pidiendo* reparación. この家は古くて何か所も雨漏りがする. 修理が必要だ. Esta flor *pide* sol y agua. この花には日を当て, 水をかけることが必要だ. Esta carne *pide* un buen vino tinto. この肉にはおいしい赤ワインがよくあう. ❾《法律》1) ～ 求刑する: El fiscal *pidió* tres años de cárcel para él. 検察は彼に懲役3年を求刑した. 2)〔判事に権利・差し止めなどを〕訴える, 請求する, 提訴する. ⓫《球技》審判を依頼する. ⓬《地方語》質問する, 尋問する. ⓭《廃語》同意する, 受け入れる

no hay más que ～ この上なく, 最上である: Tenemos vino que *no hay más que* ～. とっておきのワインがございます

～ *por Dios/*～ *por todos los santos/*～ *por todo lo que nos quiera* 切実に望む, 後生だから～してほしい

～ *prestado* 借りる, 貸して欲しいと頼む: *Pedí prestados* dos libros en la biblioteca. 私は図書館で本を2冊借りた. No quiero que me *pidas* nada *prestado*. お前からは何も貸してくれと言われたくない

── 《自》❶ 物乞いをする, 乞食をする: Hay unos pobres *pidiendo* por la calle. 通りで物乞いをしている貧乏人が何人かいる. ❷ 募金する: Los alumnos están *pidiendo* en el colegio por los damnificados del terremoto. 生徒たちは地震被害者のために学校で募金を行なっている. ～ para la Cruz Roja 赤十字のために募金を募る. ❸〔神に祈って, +por 救いなどを〕祈る: ～ a Dios *por* [el alma de] estos difuntos 死者の霊の安らかなることを神に祈る. *Pedid* y os se dará.《新約聖書》求めよ, さらば与えられん. ❹ [バル・レストランなどで] 注文する: ¿Ya *habéis pedido?* もう注文はすんだの? ❺《地方語》〔+por+人 に〕質問する

── ～*se* ❶《受け身》En los bares *se* puede *pedir* el menú del día. バルでは日替わり定食が食べられる. ¿Cuánto piensa usted que *se pide* por esta cena tan lujosa? この贅沢な夕食はいくらすると思いますか? *Se piden* intérpretes voluntarios. 通訳ボランティア募集. ❷ *Se le pide* mucha responsabilidad a ese puesto. その職には大きな責任が求められる. ❸《幼児語》[自分の権利として]…を主張する

no se puede ～ *más* そんなうまい話はない, それは最高だ: Es un restaurante tranquilo donde se come barato, *no se puede* ~ *más*. そこは安くて静かなレストランだ. 最高だ

pedir
現在分詞	過去分詞	
pidiendo	pedido	
直説法現在	直説法点過去	命令法
pido	pedí	
pides	pediste	pide
pide	pidió	
pedimos	pedimos	
pedís	pedisteis	pedid
piden	pidieron	
接続法現在	接続法過去	
pida	pidiera, -se	
pidas	pidieras, -ses	
pida	pidiera, -se	
pidamos	pidiéramos, -semos	
pidáis	pidierais, -seis	
pidan	pidieran, -sen	

pedisecuo, cua [peðisékwo, kwa] 形《まれ》奴隷の
pedo[1] [péðo]《←ラテン語 peditum》男 ❶《まれ》屁(^), おなら 〔類義〕硬い表現では **ventosidad**〕; 屁のような音: tirar[se] un ~/echar[se] un ~ 屁をひる. ❷《植物》~ de lobo ホコリタケ〔=cuesco de lobo〕. ❸《地方語》〔酒・麻薬による〕酔い: tener un ~ 酔っている; ラリっている. ❹《メキシコ, 口語》困難, 問題
al ~《ボリビア, ラプラタ, 口語》無駄に, 無益に: Trabajas *al* ~. 君は無駄働きしている
de ~《アルゼンチン, ウルグアイ, 口語》思いがけず, たまたま, 偶然に
de ~ *libre*《口語》〔服が〕尻に穴のあいた
echar de ~s《メキシコ, 口語》がみがみ叱る
en ~《メキシコ, ラプラタ》酔った
por ~《アルゼンチン, ウルグアイ, 口語》=*de* ~

pedo[2], **da** [péðo, ða] 形《西, メキシコ, 口語》[estar+, 酒・麻薬で] 酔っている, ラリっている
-pedo, da〔接尾辞〕〔足〕palm*ípedo* 游禽類〔の〕
pedocal [peðokál] 男《地質》〔乾燥・半乾燥地帯の〕石灰土壌
pedofilia [peðofílja] 女〔子供を性愛対象とする〕小児性愛, 少年愛
pedófilo, la [peðófilo, la] 形 名 小児性愛者〔の〕; 小児性愛の
pedofobia [peðofóβja] 女 子供恐怖症
pedolobo [peðolóβo] 男《植物》ホコリタケ〔=cuesco de lobo〕
pedología [peðoloxía] 女 土壌学〔=edafología〕
pedómano, na [peðómano, na]《まれ, 戯語》屁をするのが上手で自慢する人
pedorra[1] [peðóra] 女《ラマンチャ》❶〔ふくらませて屁のような音を出す〕豚の膀胱. ❷ 売春婦
pedorrear [peðoreár] 自《口語》❶ 立て続けに屁をする. ❷ 屁のような音を出す
pedorreo [peðoréo] 男《口語》続けざまの屁
pedorro, ra [peðoro, ra] 形 名《口語》❶ しょっちゅう〔傍若無人に〕屁をする〔人〕
—— 女 ❶《口語》〔音のする〕続けざまの屁. ❷《古語》服《従者の履く〕ぴったりしたズボン. ❸《キューバ, 鳥》コビトドリ〔学名 Todus multicolor〕
pedorreta [peðoréta] 女《口語》〔相手をからかう〕放屁の口まね
pedorro, rra[2] [peðóro, ra] 形 名 ❶《口語》=**pedorrero**. ❷《軽蔑》〔結果的に〕ばかなことをする〔人〕, 不愉快な〔人〕, はた迷惑な〔人〕
pedrada [peðráða]《←ラテン語 petra「石」》女 ❶ 投石; 投石による一撃: El cristal se quebró de una ~. 投石でガラスが割れた. ahuyentar a un perro a ~s 石を投げて犬を追い払う. matar a ~s 石を投げて殺す. ❷《口語》あてこすり: lanzar a+人 una ~ …にあてこすりを言う. ❸《まれ》痕跡. ❹《メキシコ, 口語》ほのめかし
venir (*caer*) *como* ~ *en ojo de boticario*《口語》渡りに船である
pedral [peðrál] 男《船舶》〔漁網などの〕重り石
pedralla [peðráʎa] 女《ムルシア》砕石
pedrazano, na [peðraθáno, na] 形 名《地名》ペドラサ Pedraza の〔人〕〔セゴビア県の村〕
pedrea [peðréa]《←ラテン語 petra「石」》女 ❶ 〔集名〕《西》〔宝くじの〕下位〔少額〕の賞. ❷ 投石のけんか, 石合戦. ❸《まれ》農

pedregada [peðreɣáða] 女《ログローニョ》降雹
pedregal [peðreɣál]《←ラテン語 petra「石」》男 ❶ 石ころだらけの土地. ❷《メキシコ》耕作に適さない土地〔=malpaís〕
pedregar [peðreɣár] [8] 自《ログローニョ》雹が降る
pedregón [peðreɣón] 男《コロンビア, チリ》大きな石
pedregoso, sa [peðreɣóso, sa]《←pedregal》形 名 ❶ 石ころだらけの: camino ~ 石ころだらけの道. ❷ 結石症の〔人〕
—— 女《昆虫》ツマジロウラジャノメ〔蝶〕
pedregullal [peðreɣuʎál] 男《ベネズエラ》石ころだらけの土地〔=pedregal〕
pedregullo [peðreɣúʎo] 男 不可算《アルゼンチン》〔コンクリートなどに使う〕砂利
pedrejiménez [peðreximéneθ] 男 =**perojiménez**
pedrejón [peðrexón] 男 大きな石; 丸石, 玉石
pedrense [peðrénse] 形 名《地名》ラス・ピエドラス Las Piedras の〔人〕〔ウルグアイ, カネロネス県の町〕
pedreñal [peðreɲál] 男 火打ち石式銃, フリントロック銃
pedrera[1] [peðréra] 女 ❶ 採石場, 石切り場. ❷《地理》漂石に覆われた土地〔=pedriza〕
pedreral [peðrerál] 男〔石などを載せる〕荷鞍
pedrería [peðrería] 女〔集名〕宝石
pedrero, ra[2] [peðréro, ra]《←ラテン語 petra「石」》形 石の
—— 名 石工, 石職人
—— 男 ❶《古語》石弾砲, 投石砲; それを操作する兵士. ❷《アストゥリアス》丸石だらけの入江. ❸《トレド》捨て子. ❹《ホンジュラス》石ころだらけの土地〔=pedregal〕
pedrés, sa [peðrés, sa]《地方語》〔鶏が〕羽が虹色の
pedresina [peðresína] 女《闘牛》〔牛に背を向け〕ムレータを左手で折ること
pedreta [peðréta] 女 ❶ piedra の示小語. ❷〔石ころ遊びの〕小石
pedrezuela [peðreθwéla] 女 piedra の示小語
pedrisca [peðríska] 女《まれ》砕石, 砂利
pedriscal [peðriskál] 男 石ころだらけの土地〔=pedregal〕
pedrisco [peðrísko] 男 ❶ 大粒の雹. ❷《まれ》不可算 1) 〔大量の〕砕石, 砂利. 2) 投げられた石
pedrisquero [peðriskéro] 男 大粒の雹〔=pedrisco〕
pedriza[1] [peðríθa] 女 ❶ 石垣. ❷《地理》〔氷河などによる〕漂石に覆われた土地. ❸ 石を積んだ山
pedrizal [peðriθál] 男 石ころだらけの土地〔=pedregal〕
pedrizo, za[2] [peðríθo, θa] 形《地理》漂石に覆われた土地
Pedro [péðro]《人名》~ **I el Cruel** 残酷王ペドロ1世〔1334–69, カスティーリャ王. 王権を強化しようとし, 貴族階級と対立. 異母兄エンリケ・デ・トラスタマラ Enrique de Trastámara (後のエンリケ2世)の反乱により殺害される〕
~ **II el Católico** カトリック王ペドロ2世〔1177–1213, アラゴン王. 南仏の領土をめぐりフランス諸侯と対立. アルビジョワ十字軍 Cruzada albigense と戦い, 戦死〕
~ **III el Grande** 大王ペドロ3世〔1240–85, アラゴン王. 1282年シチリアを支配〕
~ **IV el Ceremonioso** 儀典王ペドロ4世〔1319–87, アラゴン王. アラゴン貴族の反乱を鎮圧し, 王権を強化. カスティーリャ王ペドロ1世と対立〕
pedroche [peðrótʃe] 男《まれ》石ころだらけの土地〔=pedregal〕
pedrojiménez [peðroximéneθ]《口語》特にヘレス Jerez de la Frontera 産のペドロヒメネス種のブドウ; それで作ったワイン
pedrojuancaballerense [peðroxwaŋkaβaʎerénse] 形 名《地名》ペドロ・フアン・カバジェロ Pedro Juan Caballero の〔人〕〔パラグアイ, アマンバイ県の県都〕
pedromón [peðromón] 男《チリ》短い棍棒
pedrón [peðrón] 男 大きな石
pedroso, sa [peðróso, sa] 形 石の
pedrusco [peðrúsko] 男 ❶《口語》大きな石. ❷〔彫っていない, 大きな〕原石. ❸《西, 戯語》宝石
peduco [peðúko] 男《地方語》=**pedugo**
pedugo [peðúɣo] 男《地方語》厚い毛糸の靴下
pedunculado, da [peðuŋkuláðo, ða] 形《植物》花柄のある;《動物》肉茎のある
pedúnculo [peðúŋkulo] 男 ❶《植物》花柄(^), 花梗(^). ❷《動物》肉茎, 肉柄. ❸《解剖》脳脚
peeling [pílin]《←英語》男《美容》ピーリング

peer [p(e)ér] 22 圓・**~se**《西.口語》おならをする, 放屁する

pega [péga] I 《←pegar》 女 ❶《口語》接着剤, 糊 [=pegamento]. ❷《西.口語》障害, 困難, 問題: Todo son ~s. 障害だらけだ. La única ~ es que es perezoso. 唯一の障害は彼が怠け者だということだ. Hay una ~. 一つ問題がある. ❸《西.口語》難問, 奇問: El examen estaba lleno de ~s. 試験は難問だらけだった. ❹《魚》コバンザメ《=rémora》. ❺《鉱山》発破薬への点火. ❻貼付, 接着. ❼殴打, 打撃: Me dio una ~ de patadas. 私は彼に足蹴りを食らった. ❽継ぎ布, 当て切れ. ❾不測の出来事, 災難. ❿いたずら, からかい: hacer ~s いたずらをする. ⓫《地方語》[ピッチの] 上塗り. ⓬《メキシコ, カリブ, コロンビア, アンデス, アルゼンチン, ウルグアイ》仕事. ⓭《カリブ》鳥もち. ⓮《チリ, アルゼンチン, ウルグアイ》[伝染病の] 感染期間. ⓯《チリ》1) 仕事場. 2)《口語》すぐ見破られる言い訳. 3) 娯楽, どんちゃん騒ぎ

de ~《西》偽の: billete *de ~* 偽札. erudito *de ~* えせ学者
estar de ~ 運が悪い, ついていない
estar en la ~《チリ, アルゼンチン, ウルグアイ》[人が成熟して] 最も魅力的な年齢である
jugar a la ~《アンデス》鬼ごっこをする
poner ~s 1) [+a+事物 の] あらを探す, けちをつける: Siempre está poniéndole ~s *a todo*. 彼はいつも何にでもけちをつける. 2) 問題を起こす
saber a la ~ しつけのなさ(友達の悪さ)が感じられる
ser de la ~ 悪い連中の仲間である
—— 男 *ser el ~* いつも困難にぶつかる
II《←ラテン語 pica》女《鳥》~ reborda モズ《=alcaudón》. ❷《地方語》カササギ《=urraca》

pegacarteles [peɡakartelés] 名 ポスター貼り

pegada[1] [peɡáða] 女 ❶ くっつけること. ❷《テニスなど》打法, ストローク. ❸《主に中南米》パンチ力, キック力. ❹《アンデス.口語》[好運な] 的中, 成功

pegadero [peɡaðéro] 男《ホンジュラス》ぬかるみ

pegadilla [peɡaðíʎa] 女《コロンビア》ハチの巣

pegadillera [peɡaðiʎéra] 女《エクアドル》女性のレース編み(飾り紐)職人

pegadillo [peɡaðíʎo] 男《エクアドル》レース編み, 飾り紐作り

pegadizo, za [peɡaðíθo, θa]《←pegar》形 ❶ [主に音楽が] 記憶に残りやすい, 耳から離れない: Ese tango es ~. このタンゴは耳から離れない. música *~za* 覚えやすい曲. ❷ くっつきやすい, べとべとした《=pegajoso》. ❸ 感染性の, 移りやすい: risa *~za* うつりやすい笑い. ❹《居候的》人にたかる, いつも他人におごってもらう, 腰巾着の. ❺ 本物でない, まがいものの, 人工の

pegado, da[2] [peɡáðo, ða] 形 ❶《口語》[estar+] ひどく驚いた, びっくりした: dejar a+人 ~ …をひどく驚かす. ❷《学生語》落第した, 留年した. ❸ 見込みのない, 出来ない: Está ~ en las matemáticas. 彼は数学ができない. ❹ [+a に] 好きな: Está ~ *al* dulce. 彼は甘いものに目がない. ❺《服飾》1)[袖が] 縫い付けた. 2) ぴったりした, タイトな
—— 男 ❶ 貼付, 接着. ❷《古創的》膏薬; 傷テープ, 絆創膏. ❸《料理》おこげ

pegador, ra [peɡaðór, ra] 男 ❶ くっつける人, 貼り付ける人: ~ de carteles ポスター貼り. ❷《ボクシング》ハードパンチャー
—— 男《鉱山》発破作業員. ❷《アンダルシア.魚》コバンザメ《=rémora》

pegadura [peɡaðúra] 女 ❶ くっつけること, 貼付, 付着, 接着. ❷ 貼付部, 接着部. ❸《コロンビア, エクアドル》いんちき, ごまかし

pegajosería [peɡaxosería] 女 粘着性, 付着性

pegajosidad [peɡaxosiðá(ð)] 形 ❶ 粘着性, 付着性, 粘度. ❷《まれ》粘着物

pegajoso, sa [peɡaxóso, sa]《←pegar》形 ❶ くっつきやすい, べとべとした, ねばねばした: con las manos ~sas de turrón トゥロンでべとべとした手で. calor ~ 蒸し暑さ. ❷ 感染しやすい: catarro ~ 感染力の強い風邪. ❸《口語》[人が] べたべたした, 優しすぎる: Mi abuela es muy ~sa. 私の祖母はあまりにべたべたしてくる. ❹《口語》[愛称・マークなどが] しつこい. ❺《悪徳などが》抗(あらが)いがたい魅力のある, 魅惑的な. ❻ [仕事が] 不当な利益をもたらす. ❼《闘牛》[牛が] しつこくムレタやカパを追う. ❽《中南米》[歌が] 耳から離れない, 覚えやすい

pegamento [peɡaménto] 男 接着剤, 糊

pegamiento [peɡamjénto] 男 貼り付けること, 接着

pegamín [peɡamín]《←商標》名《西.口語》**=pegamento**

pegamoide [peɡamóiðe] 男《布・紙などの強化・防水加工用の》セルロースの一種

pegamoscas [peɡamóskas] 女《単複同形》《植物》マメ科の一種《学名 Ononis natrix》

pegante [peɡánte] 男《コロンビア》接着剤
—— *cinta ~*《コロンビア》セロテープ

pegapases [peɡapáses] 名《単複同形》《西.軽蔑》下手くそな闘牛士

pegapega [peɡapéɡa] 女 ❶《中南米》鳥もち. ❷《コロンビア, ペルー》服に付く種子, ひっつき虫

pegar [peɡár] 《←ラテン語 picare「タールを塗る」<pix, picis「タール」》 8 他 ❶ [+en・a に, 糊などで] くっ付ける, 貼り付ける: *Pegamos* las etiquetas *en* el frasco. 私たちは瓶にラベルを貼る. Andaba *pegando* carteles sindicalistas por las paredes. 彼らは壁に組合のポスターを貼って歩いた. ❷ [+a に] 縫い付ける: ~ un botón *a* la chaqueta 上着にボタンを縫いつける. ❸ [+a に接するように] 寄せる: *Pega* el armario *a* la pared. たんすを壁にぴったり寄せなさい. ~ el oído *a* la puerta ドアに耳をつける. ❹ [直接目的語が表わす行為を] 行なう: Le *pegué* una miradita. 私は彼を一瞥(いちべつ)した. ~ un grito horrible すさまじい叫び声をあげる. ~ un salto de alegría 喜んで飛びはねる. ~ un tiro 発射する. ❺ [病気を] 感染させる; [思想・悪習などに] 染める: Me *ha pegado* la gripe. 彼は私にインフルエンザをうつした. Me *ha pegado* un disgusto. 私は彼に腹が立った. ❻ 殴る; [+a+人 に, …の打撃を] 加える: ~ un puntapié *a*+人 …を蹴とばす. ~ un triple 三塁打を打つ. ❼ [火を] つける: ~ fuego *a* un papel 紙に火をつける. ❽ [情報] ペーストする. ❾ 罰する. ❿ 根づかせる. ⓫《チリ, アルゼンチン》[一つの仕事を] 熱心に続ける

~la 1)《メキシコ》縛る; [馬を] 車に付ける. 2)《カリブ》[仕事を] 始める. 3)《アンデス, アルゼンチン》運がいい; やり遂げる; [+con+人 の] 気に入る

—— 自 ❶《口語》[+en・a に] 接する, 隣接する: El piano *pega en* la pared. ピアノは壁に寄せてある. La Iglesia *está pegando a* la universidad. 教会は大学のすぐ近くだ. ❷ 調和する, 釣り合う: 1) [+con+事物 と] Esa camisa no *pega con* los pantalones. そのシャツはズボンと合わない. El vino tinto no *pega con* el pescado. 赤ワインは魚に合わない. Ese cuadro no *pega aquí*. あの絵はここにはそぐわない. La cita no *pega*. その引用は不適切だ. ❷ [+a+人 に] No le *pega* nada actuar así. そんなふるまいは全く彼らしくない. ❸ [+contra・en に] ぶつかる, 当たる; こする: *Pegamos contra* un muro. 私たち[の車]は壁にぶつかった. La flecha no *pegó en* el blanco. 矢は的に当たらなかった. Las ramas *pegan en* los cristales. 枝が窓ガラスを叩いている. El sol *pega en* la ventana. 日差しが窓に当たる. ❹ 叩く, 殴る: 1) *Pega* a su hijo. 彼は息子を殴る. Me *pegó en* la cara. 彼は私に顔を殴られた. 2) [+con で] *Pegaba con* un bastón *en* el suelo. 彼は杖で床を叩いていた. ❺ 強い: Este vino *pega* [mucho]. このワインは[とても]強い. ¡Cómo *pega* el sol! 何と日差しがきついことか! ❻ 成功する, 流行する: Es un novelista que *pega en* el extranjero. 彼は外国でよく読まれている小説家だ. Este tango está *pegando* fuerte. このタンゴはとてもはやっている. ❼ [+a+事物 を] 非常に好む: ¡Cómo le *pegan a* la cerveza! 本当に彼らはビール好きだ! ❽《口語》[+con と] 韻を踏む: Frío *pega con* río. frío は río と韻を踏んでいる. ❾ [糊などが] よくつく, 接着する: Este engrudo no *pega* bien. この糊は付きが悪い. ❿ [植物が] 根を張る, 根付く; からまる: La hiedra *ha pegado a* la tapia. ツタが塀にからんだ. ⓫ [火が] つく. ⓬ 印象に残る: Sus palabras *pegaron* bien. 彼の言葉は印象深かった. ⓭ [+だと] 思える: Me *pega* que va a llover. 雨が降るように思える. ⓮ 果断に実行する. ⓯《地方語》[+a+不定詞 を] 始める. ⓰《メキシコ, カリブ》たゆまず努力する. ⓱《チリ》1) 競う, 争奪する. 2)《口語》[+para に] 向かう

venir pegando [fuerte]《口語》1) 大成功する: Los jóvenes *vienen pegando fuerte*. 若い連中がどんどん台頭している. 2)[+a に] 熱中する

—— *~se* ❶ [互いに/+a に] 付く, くっ付く: Las hojas *se han pegado*. ページがくっ付いてしまった. *Se ha pegado* la venda *a* la herida. 包帯が傷にくっ付いてしまった. ❷《料理》[が] 焦げつく: El arroz *se ha pegado a* la paellera. 米がパエリャ鍋に焦げついてしまった. ❸ [人が] まとわりつく: Los hijos *se pegaron a* su madre. 息子たちは母親から離れなかった. Se pasó toda la noche *pegado al* televisor. 彼は一晩中テレビに

前にくぎづけだった. ❹《口語》押しかける, 招かれざる客になる: Se ha pegado a la fiesta. 彼は呼ばれもしないのにパーティーにやって来た. ❺《口語》感染する: Se le ha pegado el acento argentino. 彼はアルゼンチンなまりがうつった. ❻ [+a+人 に] 覚えやすい, 頭(耳)に残る: La música de los anuncios se pega bien. コマーシャルの曲は覚えやすい. ❼《西》[+日時 を] 過ごす; 生活する: Me pegué el día entero bailando. 私はその一日中踊って過ごした. ❽ [+a に] 熱中する, 傾倒する: ¡Cómo le pega al vino! 何て彼はそのワインが好きなのだろう! ❾ [愛情などが] 芽生える. ❿ [+contra・con に] ぶつかる: Me pegué con la silla en el pie. 私は椅子に足をぶつけた. ⓫ 殴り合いをする; けんかをする. ⓬ 取る; 使う: Me voy a 〜 una ducha caliente. 熱いシャワーでも浴びるとしよう. ⓭ やり遂げる. ⓮《口語》[+a+人 の] 利益になる. ⓯《コロンビア》[自動車が] ぬかるみにはまり込む

pegársela《西. 口語》1) [+a+人 を] だます. 2) 転倒する, 衝突する: Corría tanto con la bicicleta y me la pegué. 私は自転車で急ぎすぎて転んだ

pegar	
直説法点過去	接続法現在
pegué	pegue
pegaste	pegues
pegó	pegue
pegamos	peguemos
pegasteis	peguéis
pegaron	peguen

pegaseo, a [peɡaséo, a] 形《ギリシア神話》天馬の, ペガサスの
pegásides [peɡásides] 女 複《ギリシア神話》ミューズ《=musas》
Pegaso [peɡáso] 男 ❶《ギリシア神話》[メドゥーサから生まれたという] 天馬, ペガソ. ❷《天文》ペガスス座
pegata [peɡáta] 女《まれ》=pegatina. ❷ 詐欺, いんちき, ぺてん
pegatimón [peɡatimón] 男《魚》コバンザメ
pegatina [peɡatína] 女《西》[宣伝用などの, 糊付きの] シール, ステッカー, ワッペン: Tienes 〜s en la puerta de la nevera. 君は冷蔵庫の扉にシールを貼っている
pegativo, va [peɡatíβo, βa]形《ホンジュラス, チリ》=pegadizo
pegatoste [peɡatóste] 男《まれ》膏薬
pegmatita [peɡmatíta] 女《鉱物》巨晶花崗岩, ペグマタイト
pego [péɡo]《←pegar》男 ❶《トランプ》2枚重ねて1枚に見せかけるトリック. ❷《エストレマドゥラ》ぬかるみ, 泥沼. ❸《コルドバ》愚かさ
dar el 〜《西. 口語》それらしく見える, だます
pegochento, ta [peɡotʃénto, ta] 形《コロンビア》ベトベトした
pegocho, cha [peɡótʃo, tʃa] 形《エストレマドゥラ》攻撃的な《=agresivo》
pegollo [peɡóʎo] 男《アストゥリアス》穀物倉 hórreo を支える柱
pegón, na [peɡón, na] 形 ❶《口語》人を殴るのが好きな. ❷《プエルトリコ, コロンビア》つきまとって離れない, しつこい
—— 名《グァテマラ, ホンジュラス》いたずら, こらしめ
pegoste [peɡóste] 名《メキシコ. 口語》❶ 居候. ❷ 寄生虫
pegote [peɡóte]《←pegar》男 ❶ ベタベタ(ネバネバ)したもの. ❷《料理》書込み《=guisado》; どろどろした物. ❸ 余計な〔調和しない〕付け足し; 出来損ない, 失敗作: La nueva decoración es un 〜 que estropea el edificio. 今度の装飾は失敗で建物の外観を損なう. ❹ [不格好な] 貼ったもの; 継ぎ当て. ❺《西. 口語》嘘; はったり, ほら. ❻《口語》[値段などで] 吹きかけようと] つきまとって離れない, しつこい人. ❼ 膏薬, 絆創膏. ❽《ラプラタ. 口語》[他の人に] いつもまとわりつく人
tirarse 〜s《西. 口語》嘘をつく; ほらを吹く
pegoteado, da [peɡoteáðo, ða] 形《チリ, アルゼンチン, ウルグアイ》ベトベトした
pegotear [peɡoteár]《←pegote》自 ・〜**se**《口語》❶ 呼ばれもしないのに] 食事時に現れる, 食事をたかりに訪れる
—— 他《軽蔑》貼り付ける
pegotería [peɡotería] 女《口語》食事時に現れること, 食事をたかりにすること
pegotero, ra [peɡotéro, ra] 形 名《西. 幼児語》嘘つき[の]; ほら吹き[の]
pegual [peɡwál] 男《中南米. 馬具》投げ縄で捕えた家畜を結え付ける・重い物を運搬するための] 環付きの鞍帯
peguero, ra [peɡéro, ra] 名《西》松やに採取(販売)業者
—— 女 ❶ [松やにを採取するために] 松の薪を焼く穴. ❷ [剪毛後の羊などに] 松やにで印を付ける所
peguial [peɡwiál] 男 ❶ 狭い耕作地(農場); わずかな家畜. ❷ [小作料が] 無料の小作地. ❸《廃語》少しの資産《=peculio》. ❹《エクアドル》やせた土地
pegujalero, ra [peɡuxaléro, ra] 名《西》小農, 貧農; 小牧場主
pegujar [peɡuxár] 男《廃語》=pegujal
pegujarero, ra [peɡuxaréro, ra] 名 =pegujalero
pegujón [peɡuxón] 男《集名》毛玉, 毛の塊
pegullón [peɡuʎón] 男 =pegujón
pegunta [peɡúnta] 女 羊などに付ける松やにの印
peguntar [peɡuntár] 他《羊などに》溶かした松やにで印を付ける
peguntoso, sa [peɡuntóso, sa] 形 ❶《主にアンダルシア》ベトベト(ネバネバ)した, 粘着性の, くっつく. ❷《まれ》[人が] ベタベタした, 優しすぎる
pehlevi [pelébi] 形 男 =pelvi
pehuén [pewén] 男《アルゼンチン, チリ. 植物》ナンヨウスギ
peina [péina] 女 目の細かい櫛, 梳き櫛; 飾り櫛
peinada[1] [peináða] 女 髪をとかすこと, 髪の一とき
peinado[1] [peináðo]《←peinar》男 ❶ 髪形, ヘアスタイル: Ella lleva un 〜 muy antiguo. 彼女の髪形は非常に古風だ. ❷ 整髪, セット: lavado y 〜 シャンプーとセット. 〜 al viento ブロー. ❸《文語》[地域内の] 一斉捜査. ❹《チリ》[高地の] 最も近寄れない場所
peinado[2], **da**[2] [peináðo, ða] 形 ❶《口語》[男性が女性のような] 細心すぎる] めかしこんだ. ❷ [過度に] 服装に凝った
peinador, ra [peinaðór, ra] 形 名 ❶ 髪をとかす[人]. ❷《メキシコ, ラプラタ》理容師, 美容師
—— 男 ❶ [整髪・ひげそりで] 肩から掛ける布, 化粧ケープ. ❷《パナマ, コロンビア》化粧台. ❸《エクアドル》化粧室
—— 女 ❶ [羊毛を梳く] 梳毛(きもう)機, ウールコーマー. ❷《ベネズエラ》化粧台, 鏡台. ❸《ペルー. 服装》ブラウス
peinadura [peinaðúra] 女 ❶ 髪をとかす(整える・結う)こと. ❷ 抜け毛
peinar [peinár] I《←ラテン語 pectinare》他 ❶ [髪・ひげなどを] 櫛(くし)でとく, くしけずる, 梳(す)く; 髪を整える(セットする): El peluquero lo peinó con raya a la derecha. 理髪師は彼の頭を右分けにした. 〜 a su hija el cabello 娘の髪を梳く(セットする). ❷ [動物の毛・繊維を] 梳く: Después de lavar al perro, lo seco con una toalla y lo peina. 彼は犬を洗った後タオルで乾かし毛を梳く. ❸《文語》[地域内を] 細かく捜査する: La policía peinó el bosque para encontrar a los muchachos desaparecidos. 警察は行方不明の子供たちを見つけるために森をくまなく捜索した. ❹《サッカー》[ボールを] ヘディングでクリアする. ❺ [山から] 土や砂を削り取る. ❻《木工》かする, こする. ❼《トランプ》el naipe カードを切る. ❽《中南米》[石を] 割る, 切る. ❾《アルゼンチン》へつらう, ちやほやする
—— 自《サッカー》ヘディングでボールをクリアする
—— 〜**se** [自分の] 髪を梳く(整える); 髪をとかして(整えて)もらう: Va todas las semanas a la peluquería a 〜se. 彼女は毎週髪をセットしてもらいに美容院へ行く. peinado hacia atrás オールバックの
bien (mal) peinado 髪の美しい(ぼさぼさ頭の)
II《←peino》他《古語》抵当に入れる
peinazo [peináθo] 男《建築》[入口・窓などの上の] まぐさ[石], 横木
peine [péine]《←ラテン語 pecten, -inis》男 ❶ 櫛(くし): arreglarse el pelo con el 〜 櫛で髪を整える. 〜 de púas 目の細かい櫛. ❷ [羊毛などの] 梳(す)き櫛, 梳毛(きもう)機. ❸《技術》櫛形バイト, チェーサー《=〜 de roscar》. ❹ ヘアピン, クリップ. ❺ [織機の] 筬(おさ). ❻《演劇》舞台天井の梁構え, すのこ. ❼ [足の] 甲. ❽ ずる賢い人, 抜け目のない人. ❾ [節足動物の] 外骨格の突出部分. ❿ [その毛. 《ログローニョ》[鉄歯の] 馬櫛. ⓫《ベネズエラ》[鳥を捕える] 罠
a sobre 〜 軽く; 中途半端に, 不十分に
poner un 〜《コロンビア. 口語》[人を] 罠にかける
¡Se va a enterar de (Sepamos) lo que vale un 〜!《西》[脅し文句] お仕置きだぞ/今に見ていろ!
sobre 〜《口語》1) [髪の切り方が] 毛先だけを. 2) 軽く, おざなりに

peinecillo [peineθíλo] 男 ❶［髪飾り用の］小さな櫛. ❷《果実》ライム〖=lima〗

peinería [peinería] 女 櫛の製造所(販売店)

peinero, ra [peinéro, ra] 名 櫛の製造(販売)者

peineta [peinéta]〖←peine〗女 ❶［peine〗～〖de〗teja〖マンティーリャ mantilla をかぶる時の台にする〗大型の櫛. ❷《古語》［闘牛士のかぶりもの cofia をおさえる〗曲がった櫛形の道具. ❸《チリ》［髪をとかす〗櫛

peinetero, ra [peinetéro, ra] 名 =peinero

peinilla [peiníλa] 女 ❶《コロンビア, エクアドル》長く幅の広い櫛. ❷《パナマ, コロンビア, ベネズエラ, エクアドル》片刃で幅広のマチェテ machete

peino [péino] 男《古語》抵当〖=prenda〗

peirón [peirón] 男《アラゴン》像のある柱(方尖柱)

p.ej.《略記》←por ejemplo 例えば

peje [péxe]〖←?ラテン語 piscis〖魚〗〗男 ❶ 魚〖=pez〗: ～ ángel カスザメ. ～ araña 大型のハチミシマ. ❷《まれ.軽蔑》ずる賢い男, 厚顔無恥な男. ❸《中南米》ビャクダン科の灌木の一種. ❹《メキシコ》ばか, 愚か者

pejebuey [pexebwéi] 男《中南米》マナティー〖=manatí〗

pejegallo [pexeɣáλo] 男《チリ.魚》ゾウギンザメ, ギンブカ

pejediablo [pexeðjáblo] 男《中南米》マナティー〖=manatí〗

pejemuller [pexemuλér] 男《動物》マナティー〖=manatí〗

pejepalo [pexepálo] 男《料理》タラの燻製

pejerrey [pexer̄éi] 男《魚》トウゴロウイワシ

pejesapo [pexesápo] 男《魚》アンコウ〖=rape〗

pejeverde [pexeβérðe] 男《魚》ニシキベラ属の一種〖学名 Thalassoma pavo〗

pejibay [pexiβái] 男《コスタリカ》アブラヤシ

pejigo [pexíɣo] 男《地方語.植物》アンズ〖=albaricoque〗

pejiguero, ra [pexiɣéro, ra] 形名《西.口語》［口やかましくて・気難しくて〗厄介な〖人〗, 文句ばかり言う〖人〗
— 男《西.口語》わずらわしい事, 厄介事, 面倒. ❷《植物》ハルタデ〖=hierba ～ra〗

pejín, na [pexín, na] 名《カンタブリア》=pejino

pejino, na [pexíno, na] 形名《カンタブリア》サンタンデル Santander 県の海岸地方の〖人〗❶《特に下層民〗. ❷《地名》ラレド Laredo の〖人〗〖=laredano〗

pekan [pekán] 男《リ》フィッシャー〖テンの一種〗

pekinés, sa [pekinés, sa] 形名 =pequinés

pela [péla]〖←擬態〗女 ❶《西.古語》1) ペセタ〖=peseta〗. 2) 覆金: ganar muchas ～s 大金を稼ぐ. ❷［野菜などの〗皮をむくこと〖=peladura〗. ❸《エストレマドゥラ》コルクガシの皮はぎ. ❹《メキシコ, 中米, カリブ.口語》激しい殴打, 鞭打ち
tener ～ larga 金持ちである

pelacables [pelakáβles] 男《単複同形》《電気》ワイヤストリッパ

pelacañas [pelakáɲas] 男《単複同形》《アラゴン, ムルシア》冷たい風

pelada[1] [peláða] 女 ❶《魚》1) 灰色で小さく細長い熱帯魚〖学名 Anchoa curta〗. 2) シタビラメ. ❷［羊の死後に剝いだ〗羊皮. ❸ 抜け毛. ❹《主に中南米.口語》散髪;［特に〗刈り込み. ❺《中南米》過ち, へま. ❻《チリ, アルゼンチン, ウルグアイ》1)《口語》はげ, はげ頭, スキンヘッド. 2)［la+〗死. ❼《チリ》1)《軽蔑》品のない女性. 2) 賭け金が少額の〗競馬

peladar [pelaðár] 男《チリ》荒れ地, 荒れ野

peladera [pelaðéra] 女 ❶ 抜け毛, 脱毛症. ❷《中米, チリ》陰口, 中傷. ❸《アルゼンチン》荒れ地

peladero [pelaðéro] 男 ❶［豚・鳥などの〗皮むき場. ❷ いかさま賭場. ❸《ベネズエラ》草木の生えていない土地. ❹《チリ.口語》敷地

peladez [pelaðéθ] 女 ❶《コロンビア》貧窮, 貧しさ. ❷《メキシコ》粗野な(汚い)言葉, 行儀の悪さ

peladilla [pelaðíλa] 女 ❶《菓子》ドラジェ, アーモンドの糖衣がけ. ❷ 小石, 石ころ. ❸《口語》弾丸. ❹《エストレマドゥラ》子豚

peladillo [pelaðíλo] 男 ❶［毛皮 pelada から刈り取った〗羊毛. ❷《西.植物.果実》アンズの一種

peladito [pelaðíto] 男《ペルー》底の平らなカヌー

pelado, da[2] [peláðo, ða] 形名 ❶ 草木のない, むき出しの〖本来・普通なら装飾などの〗: campo ～ 何も生えていない畑. hueso ～ 肉をこそぎ落とした骨. letra ～ da 飾りのない文字. montaña ～da はげ山. paredes ～das 壁紙の貼ってない壁. ❷《西》［給料が〗手当一時金を除いた: Mi sueldo ～ es de dos cientos mil yenes. 私の基本給は20万円です. ❸ ［10・100・1000・100万などの位と共に用いられて〗ちょうどの, きっかりの, 端数のない: Tengo diez euros ～s. 私はきっかり10ユーロ持っている. el cincuenta ～ 50ちょうど. ❹《口語》〖estar+〗一文なしの〖人〗, 貧乏な: A fines de mes siempre estoy ～. 私はいつも月末は文なしだ. Salieron ～s del casino. 彼らはカジノから文なしで出て来た. ❺［坊主刈りの, 短髪の: tener la cabeza ～da 頭を丸刈りにしている(短く刈っている). ❻［学校の成績が〗及第すれすれの. ❼《メキシコ》1) 最下層の〖人〗; 粗野な〖人〗, 行儀の悪い〖人〗, 不作法な〖人〗, 口汚い〖人〗. ❽《エクアドル, チリ, アルゼンチン, ウルグアイ》［頭髪の全部・一部が〗はげている〖人〗, はげ頭の〖人〗. ❾《エクアドル》〖人が〗若い; 青年
— 男 ❶ 散髪; 坊主刈りにすること, 剃髪. ❷《男性の〗髪形〖=peinado〗. ❸ 草木のない場所. ❹《ドミニカ》荒れ地, 未開拓地. ❺《チリ》1)《口語》召集兵. 2) 酔
bailar el ～《口語》一文なしである

pelador, ra [pelaðór, ra] 形 ❶ 皮むきの; 皮をむく人. ❷ 樹皮を剝ぐ〖人〗. ❸《チリ.口語》うわさ話の好きな
— 男 ❶《料理》皮むき器, ピーラー. ❷ 樹皮剝ぎ器
— 女 皮むき機

peladura [pelaðúra] 女 ❶［野菜などの〗皮むき; 剝いた皮: ～s de la naranja オレンジのむいた皮. ❷《アンデス》ひっかき傷

pelaespigas [pelaespíɣas]《単複同形》《ランチャ》けちな人

pelafustán, na [pelafustán, na] 形 ❶《軽蔑》怠け者, 不精者, 役立たず, ごくつぶし. ❷《まれ》=pelagatos

pelagallos [pelaɣáλos] 男《単複同形》《口語》=pelagatos; 浪者

pelagartal [pelaɣartál] 男《ラマンチャ》石が多く耕しにくい土地

pelagatos [pelaɣátos] 名《単複同形》《口語》［地位も財産もない〗人, 取るに足りない人

pelagianismo [pelaxjanísmo] 男《キリスト教》ペラギウス説〖原罪を否定し, 異端とされた5世紀ローマの修道士 Pelagio の説〗

pelagiano, na [pelaxjáno, na] 形名 ペラギウス派の〖人〗

pelágico, ca [peláxiko, ka]〖←ラテン語 pelagius〗形 ❶［大陸棚より沖の〗遠洋に住む, 外洋性の;〖生物〗［底性に対して〗漂泳の. ❷《漁業》arrastre ～ 浮き引き網漁. ❸ 海洋の

pelagoscopio [pelaɣoskópjo] 男《海洋》海底探査装置; 海底鏡

pelagra [peláɣra]〖←伊語 pellagra〗女《医学》ペラグラ〖ビタミンBなどの欠乏による皮膚病〗

pelagroide [pelaɣróiðe] 形《医学》ペラグラに似た

pelagroso, sa [pelaɣróso, sa] 形名《医学》ペラグラの〖患者〗

pelaire [peláire] 名 ❶《古語》［羊毛の〗梳毛職人. ❷《軽蔑》アルバラシン Albarracín の〖人〗〖テルエル県の町〗

pelairía [pelairía] 女《古語》梳毛業

pelaje [peláxe]〖←pelo〗男 ❶［動物のふさふさした〗毛並み, 毛;《軽蔑》［人の〗ぼさぼさの毛. ❷《軽蔑》［人・物のよくない〗外見, 様子: A ese bar acude gente del mismo ～. そのバルにはあの手の連中が足しげく通う. ❸《軽蔑》社会的地位

pelambrar [pelambrár] 他 =apelambrar

pelambre [pelámbre]〖←pelo〗男 ❶《軽蔑》［人の〗ぼさぼさの毛, もじゃもじゃの毛: tener mucha ～ en el pecho 胸毛が濃い. ❷［毛を除去する〗獣皮. ❸［獣皮を浸して毛を除去するための〗石灰漬槽. ❹［獣皮を石灰水に浸して毛を除去すること. ❺ 刈られた毛, 刈られた毛. ❻《まれ》無毛, 脱毛症. ❼《まれ》エニシダの枯れ枝の束
— 男《チリ, アルゼンチン, ウルグアイ.口語》陰口, うわさ話

pelambrera[1] [pelambréra]〖←pelambre〗女 ❶ 長い毛, 豊かな髪; 濃い毛: ～ del pecho 濃い胸毛. ❷ はげ, 禿頭(とくとう); 脱毛症. ❸ 獣皮の毛を除去する場所. ❹《プエルトリコ》1) 荒れ地. 2) 貧しさ

pelambrero, ra[2] [pelambréro, ra] 名 獣皮の毛を除去する職人
— 形《チリ》陰口を言う

pelambrón [pelambrón] 男《中南米》上半身裸の男

pelambrusca [pelambrúska] 女《キューバ》売春婦

pelamen [pelámen]〖←pelo〗男《口語》長い毛, 豊かな髪〖=pelambrera〗

pelamesa [pelamésa] 女 ❶［髪やひげをつかんだり引っ張り合ったりする〗けんか. ❷ つかんだり引っ張ったりできる毛の量

pelámide [pelámiðe] 男〖1年ものの〗マグロ

pelanas [pelánas] 名《単複同形》《西.口語》取るに足りない〖人〗, 役立たずの〖人〗

pelandrín [pelandrín] 男 =pelantrín

pelandrún, na [pelandrún, na] 形名《アルゼンチン.軽蔑》

怠け者〔の〕, 責任感のない〔人〕. 2) 愚かな〔人〕, 知性のない〔人〕. ❷《ウルグアイ. 軽蔑》厚かましい〔人〕, 傲慢不遜な〔人〕

pelandrusca [pelandrúska] 囡《西. 軽蔑》=**pelandusca**

pelandusca [pelandúska] 囡《西. 軽蔑》下層の売春婦

pelangano [pelangáno] 男《軽蔑》長い毛, 長髪

pelangoche [pelangótʃe] 男《メキシコ》無一文の男, 取るに足りない男

pelantrín [pelantrín] 男 ❶ 狭い農地(わずかな家畜)しか持たない農民, 小規模農家(牧畜業者). ❷《メキシコ》無一文の男

pelantrusco, ca [pelantrúsko, ka] 形《メキシコ》一文無しの, 取るに足りない

pelaña [peláɲa] 囡《ログローニョ》[刈り取られないままの] やせた小麦畑

pelapapas [pelapápas] 男《単複同形》《中南米》ジャガイモの皮むき器

pelapatatas [pelapatátas] 男《単複同形》《西》ジャガイモの皮むき器

pelar [pelár]《ラテン語 pilare「毛をむしる, 皮を剥ぐ」》 他 ❶ 髪を短く刈る, 丸坊主にする; 髪を剃る.《西》散髪する: Los pelaron en el cuartel. 彼らは兵舎で髪を短く刈られた. ❷ [鳥の] 羽毛をむしる; [動物の] 皮を剝ぐ. ❸ [野菜などの] 皮をむく; 殻を取る: Yo siempre pelo la naranja con cuchillo y tenedor. 私はいつもナイフとフォークでオレンジの皮をむいている. ~ un árbol 木の皮を剝ぐ. ~ las gambas エビの殻を取る. ~ un huevo 卵の殻をむく. ❹《口語》[賭け事で] 一文なしにする, 身ぐるみ剝ぐ. ❺《口語》金品を巻き上げる. ❻ …の悪口を言う, こき下ろす. ❼ 鷹狩り〔鷹〕が〕まだ羽毛のついている鳥の肉を食べる. ❽《中南米》[+dientes・ojos・orejas. 人・動物が] 死んでしまう. ❾《キューバ, コロンビア, アルゼンチン》[剣などを] 抜く. ❿《アルゼンチン》[思いがけず] 取り出す

── 自《チリ, アルゼンチン, ウルグアイ. 口語》うわさ話をする, 悪口を言う

que pela《西. 口語》とても冷たい(寒い); とても熱い(暑い): Hace un frío *que pela*. 非常に寒い. El café está *que pela*. コーヒーはひどく熱い

── ~**se** ❶ [自分の] 髪を短く刈る;《西》散髪してもらう: Voy a ~*me*. 髪を短くしよう. ❷ [日焼けで] 皮膚がむける: Tengo la nariz *pelada*. 私は[日焼けで]鼻の皮がむけている. ❸ [病気などで] 毛が抜ける. ❹《中南米》死ぬ(始める・ふっかける). ❺《メキシコ, グアテマラ. 口語》[人・動物が] 死んでしまう. ❻《メキシコ》立ち去る. ❼《ベネズエラ》1) 酔っぱらう. 2) 当てが外れる; 失敗する

pelársela《卑語》自慰をする

pelárselas《口語》1) 懸命にする: *Se las peló* en cuanto vio al policía. 彼は警官を見るやいなや一目散に逃げた. 2) [+por を]切望する, 熱望する

que se las pela《口語》[強調] 非常に: Este coche corre *que se las pela*. この車はすごく速い

pelarela [pelaréla] 囡《まれ》抜け毛

pelargón [pelargón]《←商標》男 [乳児用の] 粉ミルク

pelargonio [pelargónjo] 男《植物》テンジクアオイ

pelarruecas [pelařwékas] 囡《単複同形》《口語》貧しい糸紡ぎ女

pelarza [pelárθa] 囡 ❶ 果実・ジャガイモの皮. ❷《ラマンチャ》=**pelazga**

pelas [pélas] 男《隠語》タクシー

pelásgico, ca [pelásxiko, ka] 形名《歴史》ペラスギ人の

pelasgo, ga [pelásgo, ga] 形名《歴史》❶ [先史時代のギリシア・小アジア・エーゲ海の島々に住んだとされる] ペラスギ人〔の〕. ❷ 古代ギリシア〔の〕(人)

pelavivos [pelabíbos] 男《単複同形》《ラマンチャ》高利貸し

pelaya [pelája] 囡《魚》カレイ目の一種《学名 Phrynorhombus regius》

pelayo [peláxo] 男《歴史》カルロス党軍 requeté の少年兵

Pelayo [peláxo]《人名》ペラヨ《690~737, 初代アストゥリアス王. 722年コバドンガの戦い Batalla de Covadonga でイスラム軍に勝利》

pelaza [peláθa] 囡 paja = [飼料用の] 打たれた大麦のわら ── 囡《まれ》=**pelazga**

pelazga [pelázga] 囡《口語》けんか, 言い争い

pelazón [pelaθón] 囡 ❶《中米. 戯語》貧しさ, 貧困.

pelcha [péltʃa] 囡《チリ》大量のもの

peldaño [peldáɲo] 男《←古語 mamperlan < pernal 荷車の端の杭》

男 [階段の] 段, ステップ: subir de dos en dos ~*s* la escalera 階段を2段ずつ上がる. bajar unos ~*s* 2, 3段下りる. detenerse en el último ~ de la escalera 階段の一番上で立ち止まる. escalera de ~*s altos* (*dóciles*) 急な(緩い)階段. ~ de arranque 1段目

peldefebre [peldefébre]《←仏語 poil de chèvre》《カリブ》羊とヤギの毛の織物

pelé [pelé] 男《隠語》[主に 複] 睾丸; 勇気

pelea [peléa]《←pelear》囡 ❶ [殴り合い・取っ組み合いの] けんか, いさかい: Están de ~. 彼らはけんかしている. Anduvo siempre buscando ~. 彼はいつもけんかを売っていた. armar ~ a+人 …とけんかをする(始める・ふっかける). ❷ [格闘技の] 試合: ~ a caballo《遊戯》騎馬戦. ~ de gallos 闘鶏; 片足ずもう; 激しい議論. ❸ 口論, 論争. ❹ 努力, 奮闘

pedir ~《口語》[女性が仕草などで] 男たちの気を引こうとする

peleado, da [peleádo, ða] 形 ❶ 怒った. ❷ 接戦の

peleador, ra [peleaðór, ra] 形 ❶ けんかをする: gallo ~ 闘鶏. ❷ しばしばけんか(口論)する, けんか好きな. ❸《まれ》[テーマなどが] 論争の火種になる

peleano, na [peleáno, na] 形 ❶《地理》volcán ~ 成層火山, コニーデ. ❷ ペレー山 Mont Pelée の《西インド諸島, フランス領マルティニーク島北部の火山》

pelear [peleár]《←古語 pelejar「髪をつかむ」< ラテン語 pilus「髪」》自 ❶ [+con・contra と, 殴り合い・取っ組み合いなどの] けんかをする: *Peleó con* su hermano y no se ven por años. 彼は兄とけんかして, 何年も会っていない. ~ *por una tontería* ばかげたことでけんかする. ❷ 戦う: 1) Los países *pelearon* para expandir su territorio. 国々は領土拡張のために戦った. ~ *por la patria* 祖国のために戦う. ~ *contra* el apetito 欲望と戦う. 2) [+por を求めて] Cada uno *pelea* por ser el líder. 互いに主導権争いをしている. ❸ [動物たちが] 争い合う. ❹ [格闘技の] 試合をする. ❺ 口論する, 言い争う. ❻ 拮抗する; 対立する. ❼ 努力する, 苦心する, 奮闘する: *Pelearon* para evitar robo. 彼らは必死に盗難を防ごうとした

── 他《まれ》~ *を求めて* 争う

── ~**se** ❶ [互いに/+con と] けんかする; 口論する, 言い争う; 仲たがいする: *Se ha peleado con* su mujer. 彼は妻とけんかした. *Me peleo con* las páginas del libro. 私は本と格闘している

pelecánido, da [pelekániðo, ða] 形 ペリカン科の
── 男《複》《鳥》ペリカン科

pelecaniforme [pelekanifórme] 形 ペリカン目の
── 男《複》《鳥》ペリカン目

pelecha [pelétʃa] 囡 ❶《ムルシア》毛(羽毛)が生え変わること(時期). ❷《アルゼンチン》[蛇などの脱皮に] 脱け殻

pelechar [peletʃár]《←pelo+echar》自 ❶ [動物・鳥が] 毛(羽)が抜ける(生え変わる). ❷ 運が開ける; [病気が] 快方に向かう. ❸《ムルシア》[人が] 死ぬ.《ドミニカ》健康な(運のいい)状態がずっと続く

pelecho [pelétʃo] 男 ❶ 毛(羽毛)の生え変わり. ❷《アルゼンチン》[蛇などの] 脱け殻 =**pelecha**

pelecípodos [peleθípodos] 男《複》《貝》斧足類

pelegos [pelégos] 男《複》《馬具》鞍敷

pelegrina [pelegrína] 囡 ❶《アンダルシア. 貝》帆立貝《=vieira》. ❷《プエルトリコ, コロンビア》石蹴り《=coxcojilla》

pelel [peléĺ]《←英語 pale ale》男 炭酸飲料で割ったビール

pelela [peléla] 囡《チリ, アルゼンチン, ウルグアイ》子供用のおまる

pelele [peléle]《←擬態》男 ❶ [毛布で胴上げをする mantear 遊びに使う] 人形, わら人形. ❷《軽蔑》他人に操られている人: Es un ~ en manos de su mamá. 彼は母親の言いなりだ. ❸《服飾》ロンパース. ❹《エストレマドゥラ》[タンポポ・アザミなどの種子の] 冠毛, うぶ毛《=vilano》

pelendengue [pelendéŋge] 男 =**perendengue**

pelendón, na [pelendón, na] 形 名《歴史》ドゥエロ川の水源地方に住んでいたケルト=イベリア族の

pelentrín [pelentrín] 男 小規模農家(牧畜業者) =**pelantrín**

peleón, na [peleón, na]《←pelea》形 ❶ けんか好きな, けんか早い: Esa tía es muy *peleona*. あの女は非常にけんか早い. ❷《西》[ワインが] 安い, 質の悪い, ありきたりの. ❸《口語》[主題などが] 論争を呼ぶ. ❹ 粘り強い
── 囡《口語》けんか; 口論, 言い争い

peleonero, ra [peleonéro, ra] 形《メキシコ, グアテマラ, エルサルバドル, ボリビア》けんか好きな〔人〕, けんか早い〔人〕

pelerina [pelerína]《←仏語 pèlerine》囡《古語的. 服飾》ペルリーヌ《女性用の細長い肩掛け》

pelero [peléro] 男 ❶《中南米. 馬具》鞍下《=sobrepelo, sudadero》. ❷《ベネズエラ》ぼさぼさの毛

pelet [pelét] 男《話》~s] =**pellet**

pelete [peléte] 男 ❶ [バカラ賭博などで] 立ったまま賭け金を積む人. ❷《まれ》一文なしの人
　en ~《まれ》丸裸で

peletería [peletería] 囡 ❶ 毛皮の加工(販売)店; 毛皮店. ❷《集名》毛皮類, 毛皮製品. ❸《カナリア諸島; キューバ》靴店

peletero, ra [peletéro, ra]《←仏語 pelletier》形 名 毛皮加工(販売)業の(業者); 毛皮職人, 皮革業者: industria ~*ra* 毛皮産業

peletización [peletiθaθjón] 囡 =**pelletización**

pelgar [pelgár] 男《口語》粗野で礼儀も職もない男

peli [péli]《película の省略形》囡《俗》~s]《西. 口語》映画

péliade [péljade] 囡 → **víbora** péliade

peliagudo, da [peljagúðo, ða]《←pelo+agudo》形 ❶《口語》[理解・解決が] 困難な: Estamos ante un problema ~. 私たちは厄介な問題に直面している. asunto ~ 込み入った事柄. ❷ [動物が] 細くて長い毛の. ❸ [人が] 抜け目ない, ずる賢い

peliblanco, ca [peliblánko, ka] 形 白い毛の
peliblando, da [peliblándo, da] 形 柔らかい毛の
pelicano¹ [pelikáno] 男 =**pelícano**
pelicano², na [pelikáno, na] 形 白髪の
pelícano [pelíkano]《←ラテン語 pelicanus < ギリシア語 pelekan, pelekanos》男 ❶《鳥》ペリカン. ❷《医学》[抜歯用の] 鉗子. ❸《植物》覆 オダマキ

pelicato [pelikáto] 男《ドミニカ》小型のサバ(鯖)

pelicorto, ta [pelikórto, ta] 形《口語》髪の短い, ショートヘアの

película [pelíkula]《←ラテン語 pellicula < pellis「皮」》囡 ❶ 映画《→cine 類義》: ¿Qué ~ has visto? 何という映画を見たの? En Hollywood han rodado una nueva ~ sobre dinosaurios. ハリウッドで恐竜ものの新作映画の撮影があった. No es que hiciera grandes ~s, pero se podían ver. 彼が制作した映画は大作ではないが, 見るに堪える. hacer una ~ 映画を作る; 映画に出演する. pasar la ~ 映画を映す. ~ en 3D 3D映画. ~ española スペイン映画. ~ especial [DVDなどの] 映像特典, 特典映像. ~ X 成人映画. ~ cinematográfica 映画用フィルム. ~ de 16 mm 16ミリフィルム; 16ミリ映画. ❸ 薄い膜(層): ~ de aceite 油膜. ❹ かさぶた. ❺《ブドウ・オリーブなどの》果実の皮. ❻ [写真の] 薄膜. ❼《口語》詳しい話, 年代順の話. ❽ 弁解, 言い訳. ❾《カリブ》失言; へま, どじ
　allá ~s《口語》[相手が忠告などに従わなかった時] それなら勝手にしろ
　de ~《口語》1) 大変よい, すばらしい; 豪華な: Tienen una casa *de* ~. 彼らは豪邸を持っている. 2) 大変よく(上手に): Miguel conduce *de* ~. ミゲルは運転が非常にうまい

pelicular [pelikulár] 形 映画の
peliculería [pelikulería] 囡 空想, 夢想
peliculero, ra [pelikuléro, ra] 形 名 ❶《口語》映画好きな(人), 映画ファン. ❷ 映画の; 映画人; 映画関係者. ❸《口語》夢想家(の), 空想家(の)
peliculesco, ca [pelikulésko, ka] 形 映画の
peliculón [pelikulón] 男 ❶《口語》非常にいい映画, 名画. ❷《軽蔑》長大な劇映画

peliche [pelítʃe] 男《ペルー》たかり; 詐欺
pelichear [pelitʃeár] 他《ペルー》たかる; だまし取る
pelichero, ra [pelitʃéro, ra] 名《ペルー》たかり屋, 詐欺師
peliduro, ra [pelidúro, ra] 形 髪が硬い
peliento, ta [peljénto, ta] 形《チリ. 口語》不精な
peliforra [pelifórra] 囡《まれ》売春婦
peligarza [peligárθa] 囡《地方語》厳しい議論(叱責)
pelignio [pelíɣnjo] 男《歴史》[イタリア南部のコルフィニウム Corfinium で話されていた] オスコ・ウンブロ osco-umbro 語系の言語
peligno, na [pelíɣno, na] 形《歴史, 地名》現在のアブルッツォ Abruzzos に当たる古代イタリア地方の(人)
peligrar [peliɣrár] 自 危うい状態にある, 危険である: Su vida *peligra*. 彼の命は危険な状態にある
　—— 他 危険にする: El atentado *peligra* la paz. テロは平和を危うくする

peligro [pelíɣro]《←古語 periglo < ラテン語 periculum「試し, 練習, 危険」 < peritus「熟達した」》男 ❶ 危険, 危険: 1) El gato trepa a los árboles para escapar de un ~. 猫は危険から逃れるために木に登る. exponerse al ~ 危険にさらされる. poner... en ~ ~ を危険に陥れる. ponerse en ~ 危険に陥る. salvar (de) su vida 命からがら. zona de ~ 危険区域. ~ de incendio 火災の危険. ~ de muerte (表示) 危険. ~ público 公共の危険《疫病, 自然災害, 殺人など》. 2)《諺》El ~ pasado, el voto olvidado. 喉もと過ぎれば熱さを忘れる. Quien ama (busca) el ~, en él perece. 危ないことばかりしていると, そこで身を滅ぼす. 3) [+de+名詞・不定詞・que+接続法] No hay ~ *de* zozobrar. そのクルーザーは沈没する危険がある. Ya no existe un ~ *de que* se caiga el puente. もう橋が落ちる危険がなくなった. ❷ 危険な事物・場所; 危険な状態: El automóvil será un ~ para la gente. 津波の危険は人々にとって怖いものかもしれない. ❸ 危険人物: El delincuente es un ~ para la sociedad. 犯罪者は社会にとって危険である
　correr [*el*] ~ 危険である; 危険を冒す: 1) Vamos a un lugar seguro, aquí *corremos* ~. 安全な場所に行こう, ここは危険だ. 2) [+de+名詞・不定詞・que+接続法] *Corre el* ~ *de que* lo descubran. 彼は見つかる恐れがある
　estar en [*el*] ~ *de*+不定詞 …する危険がある
　estar en ~ 危険にさらされている: Su vida *está en* ~. 彼の命があぶない(危ぶまれている)
　fuera de ~ 危険を脱した; [病人が] 峠を越した: encontrarse *fuera de* ~ 危険を脱している

peligrosamente [peliɣrosaménte] 副 危うく
peligrosidad [peliɣrosiðá(ð)] 囡《犯罪行為に及ぶ》危険性, 危うさ

peligroso, sa [peliɣróso, sa]《←ラテン語 periculosus》形 ❶ 危険な, あぶない《⇔seguro》: Es ~ nadar en este lago. この湖で泳ぐのは危険だ. enfermedad ~*sa* 命にかかわる病気. ideas ~*sas* 危険思想. juguete ~ 危険なおもちゃ. ❷ [人が] 他人に危害を加えかねない: elemento ~ 危険分子. sujeto ~ 危険人物

pelilargo, ga [pelilárɣo, ɣa] 形 髪の長い, ロングヘアの
pelillo [pelíʎo]《pelo の示小語》男《西》[主に 覆] けんかなどの] ささいな原因
　no tener ~*s en la lengua*《口語》歯に衣着せぬ, ずけずけ物を言う
　~*s a la mar*《西. 口語》和解, 仲直り: echar ~*s a la mar* [互いに] 争いを水に流す

peliloso, sa [peliʎóso, sa] 形《まれ》ささいなことが気にする
pelín [pelín] 男《主に 覆》細く切れやすい髪の毛
　ni un ~ 少しも…ない
　por un ~ もう少しで[…するところだった]: *Por un* ~ no he ganado el primer premio. 危うく私は一等賞を逃すところだった
　un ~《西. 口語》1) 少し: Sube *un* ~ la música. 音楽のボリュームを少し上げてくれ. 2) [+形容詞・副詞] Estaba *un* ~ celosa de su éxito. 彼女の成功にはちょっぴり妬けたわ. 3) [+de+不可算名詞] Quiero *un* ~ *de* agua. 少し水が欲しい. 4) 短時間: Aún falta *un* ~ para llegar. もうすぐ到着だ. 5) 少しも…ない

pelinco, ca [pelínko, ka] 形 名《ペルー》けんか早い(人), もめごとを起こす(人)
pelinegro, gra [peliné̱ɣro, ɣra] 形 髪の黒い
pelineta [pelinéta] 囡《チリ》[金箔を台紙から剥がすのに用いる] 刷毛(はけ)
Pelión [peljón] 男《ギリシア中東部テッサリア Tesalia 地方の》ペリオン山
　levantar el ~ *sobre el Osa* [少しも解決せず] 問題を山積させる

pelirrojo, ja [pelirróxo, xa]《←pelo+rojo》形 名 赤毛の(人): Es una niña ~*ja* y llena de pecas. 彼女は赤毛でそばかすだらけの女の子だ. barba ~*ja* 赤ひげ
pelirrubio, bia [pelirrúβjo, βja] 形 名 金髪の, ブロンドの
pelita [pelíta] 囡《地質》泥質岩
pelitieso, sa [pelitjéso, sa] 形《髪が》もじゃもじゃの
pelitre [pelítre] 男 ❶《植物》ジョチュウギク(除虫菊); その花. ❷ [ジョチュウギクの花・根から作る] 粉末状の殺虫剤

pelitrique [pelitríke] 男《まれ. 軽蔑》[主に服飾品の] 安物, 不必要〔余分〕な飾り

pella [péʎa]《←ラテン語 pilula「小球」》女 ❶ 丸めた塊: ~ de pasta para hacer un pan パン生地の塊. ~ de nieve 雪玉. ❷ [開花前のカリフラワー・アーティチョークなどの] 花球《食用にする部分》. ❸《料理》1) 豚の皮下脂肪, ラード. 2) [メレンゲなどの] 塊, だま. ❹ 金属の塊. ❺《西. 口語》[借りた・横領した] 金. ❻《西. 隠語》俗 [学校・授業を] サボること, ずる休み: Hice ~s de clase de inglés. 私は英語の授業をサボった.❼《鉱物》[水銀を用いた精錬の際に得られる] 銀のアマルガムの塊

pellada [peʎáda] 女 ❶ [しっくい・モルタルなどの] こての一すくい分. ❷ 丸めた塊 [=pella].

pellar [peʎár] 男《コロンビア. 鳥》チドリ

pelle [péʎe] 形 名《コロンビア》放浪の; 放浪者

pelleja [peʎéxa]《←ラテン語 pillicula < pellis「皮」》女 ❶ [動物から剝ぎ取った] 毛皮 [=pelleja]. ❷ [毛が付いたままの] なめし皮. ❸ [刈り取った] 羊毛. ❹《西. 口語》売春婦

pellejería [peʎexería] 女 ❶ 皮なめし業, 皮革〔販売〕業. ❷ 皮なめし工場; 毛皮店. ❸ 集合 毛皮, 皮革. ❹《アンデス. 口語》俗 苦境, 苦労, 困難

pellejero, ra [peʎexéro, ra] 名 皮なめし職人; 皮革商, 毛皮商

pellejina [peʎexína] 女 小さい皮

pellejito [peʎexíto] 男《キューバ》[製靴用の] 子牛のなめし革

pellejo [peʎéxo]《←pelleja》男 ❶ 毛皮, 皮革;《軽蔑》[人間の] 皮膚;《まれ》[ブドウなどの] 皮 [=piel]. ❷《口語》[el+. 人の] 生命: dar (dejar・perder・soltar) el ~ 命を落とす. arriesgar (jugarse) el ~ 命を危険にさらす, 命がけである. salvar el ~ 命拾いする. ❸ [ワインなどを入れる] 皮袋. ❹《口語》やせっぽち, やせこけた人: estar hecho un ~: ガリガリにやせている. ❺《口語》酔った人, 酔っぱらい.《口語》売春婦

  asomar el ~ よく顔を出す, 常連である

  dejarse el ~ [+en 仕事などで] へとへとになるまでがんばる, 力を尽くす

  estar (hallarse) en el ~ de+人《口語》…の立場になる: No me gustaría estar en su ~. 私は彼のようにはなりたくない

  mudar el ~ 生き方を変える

  no caber en el (su) ~ 1) 非常に満足している; 非常に思い上がっている. 2) 丸々と太っている

  no tener más que el ~ 骨と皮ばかりにやせ細っている

  quedarse en el ~ (en los ~s) やせこける

  sacar (quitar) a+人 el ~ (a tiras) 1) …を人前でこきおろす. 2) …から盗む; 殺す

pellejudo, da [peʎexúðo, ða] 形 [人・動物が] 皮膚のたるんだ, しわしわの

pellejuela [peʎexwéla] 女 pelleja の指小語
pellejuelo [peʎexwélo] 男 pellejo の指小語

pellera [peʎéra] 女《エストレマドゥラ》石ころだらけの土地《=pedregal》

pellet [pélet/pelét]《←英語》男《稀》~s《技術》小球, 粒, ペレット

pelleta [peʎéta] 女《まれ》=**pelleja**

pelletero, ra [peʎetéro, ra] 名《まれ》=**pellejero**

pelletización [peʎetiθaθjón] 女 小球 (ペレット) pellet の製造

pellica [peʎíka]《←ラテン語 pellis「皮」》女 ❶《西》[薄い] 毛皮のベッドカバー. ❷《西》[羊飼いの着る] 薄いなめし皮のチョッキ. ❸ 小さななめし皮.《エストレマドゥラ》子ヤギの, キッド

pellico [peʎíko]《←pellica》男 [羊飼いの着る] 毛皮のチョッキ《=zamarra》

pellijero, ra [peʎixéro, ra] 名《まれ》=**pellejero**

pellín [peʎín] 男《チリ》❶ [オーク・ナラなどの] 幹の芯. ❷《植》パタゴニアブナ. ❸ 頑丈な人〔物〕

pellingajo [peʎiŋɡáxo]《中南米》ヘチマ

pelliquero, ra [peʎikéro, ra] 名 かつら製造〔販売〕業者

pelliza [peʎíθa]《←ラテン語 pellita「皮の覆い」》女 ❶《西. 服飾》皮のスポーツジャケット. 2) 襟と袖口に毛皮 (ライナー) 付きのジャケット. 3) 厚手の布で縁取りしたジャケット. ❷《軍事》[竜騎兵の] ウールのライナー付き外套; 軽騎兵用ジャケット. ❸《プエルトリコ》馬具のカバー

pellizcador, ra [peʎiθkaðór, ra] 名 つねる, つまむ

pellizcar [peʎiθkár]《←pizca < 伊語 pizzicare+古語 vellegar < ラテン語 vellicare「つねる」》 7 他 ❶ つねる: ~ a+人 en la mejilla …の頬をつねる. La puerta me pellizcó los dedos. 私はドアに指をはさまれた. ❷ ほんの少し食べる: Tenía tanta hambre que se puso a ~ la torta. 彼はあまりに腹がへっていたのでケーキをつまみ食いしてしまった. ❸ 軽く傷つける. ❹《情報》~ dentro (fuera) ピンチイン (アウト) する

  — **~se** 自分の…をつねる (つまむ・はさむ): ~se la nariz 鼻をつまむ. Se pellizcó el dedo con el cajón. 彼は引き出しに指をはさんでしまった

pellizco [peʎíθko]《←pellizcar》男 ❶ つねること: dar un ~ a+人 …をつねる. ❷ つねた跡. ❸《口語》[el]; 少量: Eché un ~ de sal a la verdura. 私は野菜に塩を一つまみかけた. ❹ ~ de tierra 猫の額ほどの土地. ❺《情報》ピンチ. ❺《ベネズエラ. 野球》高いバウンドのゴロ

  ~ de monja《西》1) 皮膚の表面だけをつねること《非常に痛い》. 2) 砂糖をまぶしたクッキー

  un buen ~《口語》大金

pellizón [peʎiθón] 男《中世の》外套

pello [péʎo] 男《西. 服飾》薄い皮のジャケット

pellón [peʎón] 男 ❶《古語. 服飾》[主に皮製の] かかとまで届く上着. ❷《中南米》羊毛の敷き布団. ❸《南米》[鞍に置く, 主に羊皮の] 皮敷き. ❹《アルゼンチン》小型のクッション

pellote [peʎóte] 男《古語. 服飾》[主に皮製の] かかとまで届く上着

pelluzgón [peʎuθɣón] 男 ❶ [毛髪などの] 房. ❷ 一つかみ, 一握り

pelma [pélma]《←ラテン語 pegma「仕掛け, 重大な目的」< ギリシア語 pegma, -atos「凝集した」》形《口語》うるさい〔人〕, うんざりさせる〔人〕: Es un ~; no para de hablar. しつこい奴だ. 全然話をやめない. el ~ de Juan フアンのばか

  — **~ Juan** 退屈さ

  dar la ~ a+人 [同じ事を繰り返して] …をうんざりさせる

pelmacería [pelmaθería] 女《口語》[行為の] のろさ, 遅さ

pelmatozoos [pelmatoθóos] 男 複《動物》有柄亜門

pelmazo, za [pelmáθo, θa]《←ギリシア語 pegma, pegmatos》形 名 [pelmaza の《まれ》. 女性についてでも主に pelmazo]《口語》❶ うるさい〔人〕, うんざりさせる〔人〕[=pelma]. ❷ のろま: ¡Qué ~ eres, dáte más prisa! 君は何てのろまなんだ, もっと急げ!

  — 男《まれ》❶ ぎっしり詰まったもの. ❷ 胃にもたれる食べ物

pelo [pélo]《←ラテン語 pilus》男 不可算 可算 [人間・動物の] 毛, 体毛; 被毛: Ese joven apenas tiene ~ en el pecho. その青年はほとんど胸毛が生えていない. Tengo un gato de ~ largo. 私は毛の長い猫を飼っている. Hay un ~ en la sopa. スープの中に毛が. ~ duro (suave) 毛の固い (柔らかい). ~ de la axila わき毛. ~ fino カラ 不可算 可算 髪, 髪の毛 [→cabello] 類義: Mi madre lleva el ~ recogido en un moño. 私の母は髪をまとめて巻いている. Me gusta tener el ~ corto. 私は髪を短くするのが好きだ. La actriz tiene el ~ rojo. その女優は赤毛だ. El viento le despeinaba el ~. 風で彼女の髪が乱れていた. cortar el ~ a+人 …の髪を切る. tener poco ~ 髪が薄い. ❸ [馬などの] 毛色. ❹ [鳥の] 綿毛, ダウン. ❺《口語》[植物・果実の] 毛. ❻ [布地の] 毛, けば. ❼ [毛糸・絹などの] 繊維. ❽ 生糸. ❾ 木材の繊維質の部分. ❿《口語》寄せ木細工用の糸鋸; その刃. ⓫《火縄銃の》弾金. ⓬ [ペン先につく] けば. ⓭ [宝石の] きず. ⓮ [ガラス・金属の] ひび. ⓯《医学》乳腺炎. ⓰《解剖》~ táctil 触毛. ⓱《植物》~ absorbente 根毛. ~ rizoide 根茎の毛. ⓲《獣医》[馬などの] 蹄 (⅔) の病気. ⓳ ~ de camello ラクダの毛織物; [それをまねた] 雄ヤギの毛織物. ⓴《チリ》1) sombrero de ~ シルクハット. 2) [時計の] 振り子

  a contra ~ 1) 毛並みに逆らって, 逆毛で. 2) 無理やり; 時宜をわきまえず. 3) [+de に] 逆らって

  a medios ~s 半ば酔って

  a ~ 1)《馬術》鞍なしで: montar a ~ 裸馬に乗る. 2) 何の装備もなく: En invierno lleva las chanclas con calcetines y en verano a ~. 彼女はソックスにサンダルを履き, 夏は裸足でサンダルを履く. El vermú se sirve a ~. ベルモットはストレートで供される. 3)《口語》何の準備もなく: presentarse a un examen a ~ ぶっつけ本番で試験に臨む. 4)《口語》無帽で

  agarrarse a (de) un ~ わらをもつかむ, いかなる機会・糸口をも利用しようとする

  al ~ 1)《口語》都合よく. 2)《文語》[眉毛が] 髪の毛と同色

pelofobia

の. 3)［逆毛でなく］順毛で. 4)《コロンビア》すばらしく
así lucir el ~ *a*+人 …がひどい状態にある
asirse a (*de*) *un* ~ =*agarrarse a* (*de*) *un* ~
buscar el ~ *al huevo* 難癖（言いがかり）をつける
buscar el ~ *al huevo*《ホンジュラス, プエルトリコ, パラグアイ》=*buscar el* ~ *al huevo*
buscar ~*s en la sopa*《メキシコ, 中米, コロンビア, アルゼンチン, パラグアイ. 口語》=*buscar el* ~ *al huevo*
caérsele a+人 *el* ~《口語》[悪事がばれて] 具合が悪いことになる；叱られる, 罰せられる
colgado de un ~ 不確実な: Es una decisión *colgada de un* ~. その決定はいつでも変わる可能性がある
con ~*s y señales* すべて詳細に: contar *con* ~*s y señales* 何から何まで事細かに話す
contar el ~ *en el aire* ずるい, 抜け目がない
contarle los ~*s al diablo* (*al gato*)《口語》抜け目がない, ずるい
contarse los ~*s*《パナマ. 口語》腕をこまねく, 消極策をとる
cortar un ~ *en el aire* 1)［刃物が鋭利で］よく切れる. 2)［人が］抜け目がない, 頭が切れる
crecer a+人 *el* ~《西. 主に皮肉》=*lucir a*+人 *el* ~
dar para el ~ *a*+人《口語》[脅し文句で] …を鞭で叩く
de medio ~《軽蔑》取るに足りない, ありきたりの: gente *de medio* ~ 中流の人々, 二流の連中. mueble *de medio* ~ 安物の家具
de ~ *en pecho*《口語》強く勇敢な, 男らしい
de poco ~《軽蔑》=*de medio* ~
dejando ~*s en la gatera*《地方語》困って
echar buen ~《口語》裕福になる；健康になる
echar el ~《チリ. 口語》裕福に暮らす
echar ~《口語》裕福になる
echar ~*s a la mar*［互いに］争いを水に流す, 仲直りする
en ~ 1)《口語》全速力で: dar una carrera *en* ~ 全速力で走る. 2)《馬術》鞍なしで: montar *en* ~ 裸馬に乗る
en un ~《中南米》ほんのわずかの差で
estar de ~*s*《メキシコ. 口語》[状況・物が] すばらしい
explicar con ~*s y señales* 事細かく説明する
gente de ~ 有産階級の人々
hacer a ~ *y* (*a*) *pluma*［a］《狩猟》[四足獣でも鳥でも] 何でも狩る. 2)《口語》すべてに適応する. 3)《口語》バイセクシュアルである
hasta los ~*s* (*el* ~)/*hasta el último* ~ 閉口した・して: Estoy *hasta los* ~*s de sus tonterías*. 私は彼の愚かさに閉口している
lucir a+人 *el* ~《西. 主に皮肉》…にとってうまくいく
ni un ~《口語》少しも…ない
no aflojar un ~《チリ, アルゼンチン, ウルグアイ》少しも譲らない
no mover un ~ *de la ropa*《まれ》微動だにしない
no ser ~ *de gorrino* かなりのものである
no tener [*ni*] *un* ~ *de tonto*［少しも］ばかではない
no tener ~*s en la lengua*《口語》歯に衣を着せない, ずけずけ物を言う
no tocar a+人 *un* ~ *de la ropa*《口語》[主に脅し文句で] …に危害を加えない, 髪の毛一本傷つけない: Tranquila, señorita, *no le tocaré ni un* ~ *de la ropa*. お嬢さん, ご安心下さい. 私はあなたに何の危害も加えません
no ver a+人 *el* ~《口語》[いるべき所・よく来る所に] …を見かけない
no verse a+人 *el* ~《口語》[いるべき所・よく来る所に] …が姿を見せない: Aún *no se le ha visto el* ~ *por aquí*. 彼はまだこのあたりに姿を見せない
~ *a* ~［交換などが］等価で
~ *de la dehesa*《西》田舎者らしさ, 粗野: Lleva veinte años viviendo en la ciudad, pero aún se le nota el ~ *de la dehesa*. 彼は都会暮らしをして20年になるのに, まだ垢抜けない
~ *de rata*《軽蔑》[うぶ毛のような] 薄い髪
~ *malo*［鳥の］綿毛
~ *por* ~ ~ と
~ [*s*] *de punta* 髪を固く逆立てた: Por más que se peina, Eva siempre lleva el ~ *de punta*. エバはどんなに髪をとかしても逆立ってしまう. Me levanto siempre con los ~*s de punta*. 私はいつも寝癖で髪がはねる

~*s en la lengua*［自分の気持ちなどを正直に話すことへの］ためらい
~*s malos*《地方語》=~ *malo*
~*s y señales*《口語》詳細な説明
poderse ahogar a+人 *con una* ~《口語》…は打ちひしがれている, 元気がない
poner (*ponerse*) *a*+人 *los* ~*s de punta*《口語》［恐怖で］…の毛を逆立たせる（毛が逆立つ）: Solo pensar en el accidente *me pone los* ~*s de punta*. その事故のことを考えるだけで私は身の毛がよだつ
por los ~*s*《口語》きわどいところで, 好機を逃さず: agarrar (asir・coger) *por los* ~*s* un empleo かろうじて職にありつく. librarse *por los* ~*s* 間一髪で逃れる
por un ~ =*por los* ~*s*: *Por un* ~ no llegué a coger el tren. 私はほんのわずかの差で列車に乗り遅れた
relucir a+人 *el* ~《口語》…に肉がついて元気うになる
sin venir a ~ 時をわきまえず: Se enfadó (irritó) *sin venir a* ~. 彼はなりふりかまわず怒った
soltarse el ~ 自身の抑制をなくす, 奔放になる
tener ~*s* 難しい（厄介な）問題である
tener ~*s en el corazón*《西》心臓に毛が生えている, 勇敢（大胆）である；血も涙もない, 残酷である
tener ~ *en la barba* 分別がある
tirarse de los ~*s*《口語》[絶望して] 髪の毛をかきむしる
tomar el ~ *a*+人《口語》…をからかう
traído por los ~*s*《口語》[在・不在を強調して] …に会う
un ~《口語》1) 少し《=*un poco*》. 2) 少しも［…ない］: No me fío *un* ~. 私は全く当てにしていない. 3) もう少しで: Le faltó *un* ~ para que cayera. もう少しで彼は転ぶところだった
venir a ~ 好機が訪れる
venir al ~ *a*+人 …に都合がいい: Este trabajo me *ha venido al* ~. ちょうどいい時にこの仕事が舞い込んできた
ver el ~ *a*+人《口語》[在・不在を強調して] …に会う
¡Y... con estos ~*s!*《口語》…にとってまずい状況に, よりによってこんな時に!

pelofobia [pelofóbja]〔女〕体毛恐怖症
pelogeno, na [pelóxéno, na]〔生物〕ぬかるみの中で生育する
pelón[1] [pelón]〔男〕❶《コスタリカ》パーティー, 宴会. ❷《コロンビア, チリ》皮むき, 皮剥ぎ. ❸《ベネズエラ》誤り, 間違い. ❹《ボリビア》［皮をむいて］干した桃 durazno. ❺《アルゼンチン, ウルグアイ. 果実》durazno とプラムを掛け合わせた品種の桃
pelón[2], **na** [pelón, na]〔←*pelo*〕〔形〕❶ 禿(4)げた［人］, 髪の毛の薄い［人］. ❷ 丸刈りの［人］, 坊主刈りの［人］. ❸《口語》無一文の［人］, 貧乏な［人］. ❹《メキシコ》1) 健康状態の悪い［人］, 元気のない［人］. 2) 金回りの悪い［人］
comer como ~ *de hospicio*《メキシコ. 口語》がつがつ食う
——〔女〕❶ 禿; 抜け毛, 脱毛. ❷《西, メキシコ. 口語》[la+] 死. ❸《キューバ》[房のない] 凧
pelonchile [pelontʃíle]〔男〕《メキシコ》キンレンカの花
pelonería [pelonería]〔女〕《口語》貧乏, 窮乏
pelongo, ga [pelóngo, ga]〔形〕《コロンビア》[ひな鳥が] まだ飛ばない
pelonía [pelonía]〔男〕抜け毛, 脱毛
Pélope [pélope]〔男〕《ギリシャ神話》ペロプス《リュディアの王タンタロスの息子. 父に殺され神々の料理に供されたが神々の力でよみがえった》
peloponense [peloponénse]〔形〕〔名〕=**peloponesio**
peloponesíaco, ca [peloponesjáko, ka]〔形〕=**peloponesio**
peloponesio, sia [peloponésjo, sja]〔形〕〔名〕〔地名〕［ギリシャ南部の］ペロポネソス Peloponeso 半島の［人］
pelosilla [pelosíʎa]〔女〕《植物》ヤナギタンポポ
peloso, sa [pelóso, sa]〔形〕毛のある
pelota [pelóta]〔＜古仏語 pelote「玉」＜ラテン語 pila「ボール」〕〔女〕❶ ボール, 球〔→*balón*〕〔類義〕: 1) lanzar una ~ ボールを投げる. ~ *de goma* ゴムボール. ~ *de viento* 内側がふくらました ゴムで外側が皮のボール. 2)《中南米. サッカー, バスケットボール》ボール. ❷ 球技; ボール遊び: jugar a la ~ 球技（ボール遊び）をする. ~ *base* 野球. ❸［柔らかいものを丸めた］玉. 〔西. 菓子〕砂糖を振りかけた丸い揚げ菓子. ❹ ペロタ《球を壁に当て, 跳ね返る球を素手または手袋型ラケットで打ち返すバスク地方の球技. =~ *vasca*, *jai alai*〕: juego de ~/《卑語》juego

~ペロタの競技場. ❺ 新体操用のボール. ❻《卑語》[複] 睾丸 《=testículos》. ❼ 弾丸, 砲弾: ~ de goma ゴム弾. ❽[わずかずつ膨大になって]溜まりに溜まった借金; 蓄積された不安. ❾ 頭《=cabeza》. ❿《中南米》1)[牛の皮で作られた渡河用の]平底の小舟. 2)[友人の]一団, グループ. ⓫《メキシコ, 中米, カリブ》1) 情熱: tener ~ por...に情熱を抱いている. 2)《女性の》恋人, ガールフレンド. ⓬《南米》愚か者

coger a+人 *en* ~*s* ...の不意を突く
dar ~ *a*+人《チリ, アルゼンチン, ウルグアイ. 口語》...を重視する, 注目する
dejar a+人 ~ [*s*]《俗語》...を身ぐるみ剝ぎ, 金品を巻き上げる
devolver la ~ *a*+人 ...にきっちり仕返しをする; ぴしゃりと言い返す
echar la ~ =*pasar la* ~
echarse la ~ 罪(責任)をのがれる
en ~[*s*]/*en* ~[*s*] *picada*[*s*] (*viva*[*s*])《俗語》1) 裸で. 2) 無一文で
estar en la ~《メキシコ, 中米, カリブ》独房に入っている
estar hasta las ~*s*《俗語》[+de に] うんざりしている
estar la ~ *en el tejado* 未解決のままである; 成功するか分からない, 予断を許さない: Ahora *la* ~ *está en el tejado del Consejo.* 今のところ会議では何も決まっていない
hacer a ~《西. 軽蔑》[+a+人 に] おべっかを使う, ゴマをする
hacerse una ~ 1)[寒さ・苦痛などで]体を丸くする. 2)[頭の中が]混乱する, わけが分からなくなる
hinchar las ~*s a*+人 =*tocar las* ~*s a*+人
jugar a la ~ *con*+人 ...をあちこち無駄に移動させる
lanzar ~*s fuera* 顧みず他を言う
¡las ~*s!* とんでもない, ふざけるんじゃないよ!
pasar la ~ 責任をなすりつける
pasarse la ~ 責任をなすり合う
pillar a la ~ ~*s* =*coger a*+人 *en* ~*s*
por ~*s*《西. 卑語》自分の意志で; 公明正大に
rechazar la ~ *a*+人 ...に言い返す
salir de las ~*s*《西. 卑語》したい気持ちが起きる, 我慢できなくなる
tener más faltas que un juego de ~ 大して値打ちがない
tener ~*s* 根性がある
tirarse la ~ =*echarse la* ~
tocar las ~*s a*+人 ...をいらいらさせる, 神経を刺激する
tocarse las ~*s*《卑語》のらくら(ぼんやり)と過ごす, 怠ける
volver la ~ *a*+人 =*rechazar la* ~ *a*+人
——[形][名]《西. 軽蔑》おべっか使い[の]《=pelotilla》

pelotari [pelotári]《←バスク語》[名] ペロタ pelota vasca をする人
pelotazo [pelotáθo][男] ❶ ボールの一撃: romper el cristal de un ~ ボールをぶつけてガラスを割る. ❷《西. 口語》1)[酒の]一杯; [麻薬の]一服. 2)[株のインサイダー取引など主に不正な]手早く大きな売買益を得る取引: pegar el ~《軽蔑》あっという間にもうける
pelote [pelóte][男] ❶[じゅうたん・詰め物などに使われる]ヤギの毛. ❷《隠語》《貨幣》ドゥーロ《=duro》. ❸《地方語》石
pelotear [peloteár]《←pelota》[自] ❶[遊び・練習で]ボールを蹴る(打つ・投げる): Antes de comenzar el partido, los dos tenistas *pelotearon* unos minutos. 試合開始前に2人のテニス選手は数分間ボールを打ち合った. ❷[+con に] 投げつける: ~ *con* las almohadas 枕をぶつけっこをする. ❸ けんかする, 言い争う. ❹《口語》おべっかを使う, ごまをする. ❺ 口実をつけて]他の場所へ行かせる. ❻《ボリビア, アルゼンチン》平底の小舟 pelota で川を渡る. ❼《チリ》[他人の会話から] たまたま耳に入る
——[他]《商業》[勘定を]調べ直す, もう一度付け合わす. ❷《アルゼンチン. 口語》つらい目にあわせる, 苦しめる; [事をわざと]遅らせる
peloteo [pelotéo][男] ❶[遊び・練習で]ボールを蹴る(打つ・投げる)こと. ❷《西. 軽蔑》ごますり. ❸[大企業が低利で借りた資金を高利で他に貸し付ける]ラウンド・トリッピング. ❹《ペルー. 口語》行ってゆ来たりすること
pelotera[1] [pelotéra]《←仏語 pelote「玉」》[名] ❶《口語》[激しい]口論, 言い争い: armar una ~ 言い争う. ❷《コロンビア》騒動, 大騒ぎ
pelotero[1] [pelotéro][男] ❶[激しい]口論, 言い争い《=pelotera》. ❷《昆虫》フンコロガシ

pelotero[2], **ra**[2] [pelotéro, ra][名] ❶ ボール製造(販売)業者. ❷《スポーツ》ゲームメーカー. ❸《主に中南米》サッカー選手《=~ de fútbol》; 野球選手《=~ de béisbol》. ❹《プエルトリコ》ハイアライの選手. ❺《チリ》ボールボーイ, 球拾い
pelotilla [pelotíʎa][《pelota の示小語》][名]《西. 口語》❶[主に[複]糸などの]もつれた小さな塊, 毛玉: A este jersey le salen ~s. このセーターは毛玉ができる. ❷ 鼻くそ. ❸[紙・蠟などを丸めた]小球. ❹ おべっか, ごますり. ❺《隠語》軽自動車
——《西. 軽蔑》おべっか使い[の], ごまをする[人]
estar en ~*s*《俗語》裸でいる
hacer (*gastar*) *la* ~ *a*+人《西. 軽蔑》...におべっかを使う, ごまをする: Siempre está *haciendo la* ~ *al* jefe para conseguir ascenso. 彼は出世しようとして, いつも上司におべっかを使っている
pelotilleo [pelotiʎéo][男]《西. 軽蔑》大仰な賞賛, ごますり
pelotillero, ra [pelotiʎéro, ra][形][名]《西. 軽蔑》おべっか使い[の], ごまをする[人]《=pelotilla》
peloto [pelóto][形] trigo ~ ボウズムギの一種
pelotón [pelotón][男] I《←仏語 peloton》[男] ❶《競技》選手の一団: correr en ~ 集団で走る. escapar del ~ en cabeza 先頭集団を抜け出す. el segundo ~ 第2集団. ❷《軍事》[伍長・軍曹の率いる]分隊, 班《=銃殺刑/~ de ejecución 銃殺隊. ❸ 群衆, 一団の人: ~ de penados 受刑者の一団 ~ *de los torpes* 落ちこぼれの集団
II《pelota の示大語》[男] ❶[毛・糸などの]もつれた塊. ❷ 大きな玉(ボール)
pelotudear [pelotuđeár][自]《アルゼンチン, ウルグアイ. 卑語》のらくらする, だらだら過ごす
pelotudez [pelotuđéθ][女]《アルゼンチン, ウルグアイ. 口語》❶ たやすさ, 容易さ. ❷ 無意味な(中身のない・愚かな)言動
pelotudo, da [pelotúđo, đa][形]《ラプラタ. 軽蔑》ばか正直な[人], 知性のない[人]; 怠け者[の], ぐうたらな[人], 不注意な[人]
pelta [pélta][女] ❶《古代ギリシア》[歩兵の持つ] 三日月型の盾, ペルタ. ❷《植物》[地衣類の葉などの] 楯形構造
peltado, da [peltáđo, đa][形]《植物》hoja ~da 楯形(たてがた)葉
peltinervio, via [peltinérbjo, bja][形]=**peltado**
peltrano [peltráno][男]《ラマンチャ》某(なにがし)《=zutano, fulano》
peltre [péltre][男] 白鑞(しろめ), ピューター《亜鉛・鉛・錫の合金》
peltrero [peltréro][男] 白鑞細工師
pelu [pélu][女] ❶《口語》理髪店, 美容院《=peluquería》. ❷《隠語》映画《=película》
pelú [pelú][男]《チリ. 植物》エンジュの一種《学名 Sophora cassioides》
peluca [peluká]《←古語 perruca <仏語 perruquet「オウム」+カスティーリャ語 peluca》[女] ❶《古語》: ponerse la ~ かつらを付ける. ❷ かつらを付けている. ❸ かつらを付けている人. ❹[目下の人への]厳しい叱責. ❹《エクアドル》[子供・若者の]長い髪. ❺《ペルー》さらさらの長い髪
peluche [pelútʃe]《←仏語》[男] ❶《繊維》プラッシュ, フラシ天. ❷[主に動物の]ぬいぐるみ
peluchón [pelutʃón][男]《ムルシア》ぼさぼさの髪
pelúcido, da [pelúθiđo, đa][形]《解剖》透明な
peluco [pelúko][男]《西. 隠語》時計《=reloj》
pelucón, na[1] [pelukón, na][形] 毛深い; 長髪の
pelucón, na[2] [pelukón, na][男] ❶《コロンビア, ペルー》髪が長くぼさぼさの人. ❷《エクアドル》高位の人. ❸《チリ》保守的な人
pelucona[2] [pelukóna][女]《歴史》[特にブルボン王家のカルロス4世までの胸像が刻印された]1オンス金貨
peluda[1] [pelúđa][女]《魚》カレイの一種《学名 Arnoglossus laterna》
peludear [peluđeár][自]《アルゼンチン, ウルグアイ》❶《口語》難しいことに取りかかる, ❷[車が軟らかい地面で]動きがとれなくなる. ❸ アルマジロ peludo を狩って野を駆け回る. ❹ 説明が当を得ない, 口ごもる
peludo, da[2] [pelúđo, đa][形][名] 毛深い[人], 毛むくじゃらの[人]: brazos ~*s* 毛深い腕
——[男]《動物》1) ムツオビアルマジロ. 2)《ラプラタ》アルマジロ《=armadillo》. ❷ 丸いマット
caer como ~ *de regalo*《ラプラタ》思いがけず(まずい時に)やって来る
tener (*agarrarse*) *un* ~《ラプラタ》泥酔している

pelugre [pelúgre]〖男〗《ログローニョ》[種子の]うぶ毛
peluqueada [pelukeáda]〖女〗《メキシコ, コスタリカ, 南米. 口語》散髪, ヘアカット
peluquear [pelukeár]〖他〗《メキシコ, コスタリカ, 南米. 口語》…の髪を切る(セットする)
── **se**《メキシコ, コスタリカ, 南米. 口語》髪を切って(セットして)もらう
peluquería [lukería]【←peluquero】〖女〗❶ 理髪店; 美容院《＝ de señoras, salón de ～》: ir a la ～ 理髪店(美容院)へ行く. ～ alta ＝ 高級美容院. ～ canina 犬の美容院, ペットサロン. ❷ 理髪業; 理容術: academia de ～ 理容学校
peluquero, ra [lukéro, ra]【←peluca】〖名〗理髪師, 美容師 ≒ 理容師
peluquín [lukín]【peluca の示小語】〖男〗❶ 部分かつら, ヘアピース. ❷《古語》カールした(弁髪にした)かつら
ni hablar del ～《口語》[否定の強調]とんでもない: De irte, ni hablar del ～. 君が行ってしまうなんて論外だ(ふざけるな)
pelusa¹ [pelúsa]【←pelo】〖女〗❶ 不可算 [布地の]毛, けば: Este jersey deja mucha ～. このセーターはけばが立ちやすい. ❷ 不可算 うぶ毛; [植物・果実の]毛: ～ de las orejas 耳のうぶ毛. ～ del melocotón 桃のうぶ毛. ❸ 集合 [掃除しにくい所にたまる]ほこり, 汚れ: Debajo de la cama hay mucha ～. ベッドの下にはほこりがたまっている. ❹《西》[子供同士の]嫉妬, ねたみ
──〖名〗《チリ. 口語》浮浪者の少年; いたずらっ子
pelusiento, ta [pelusjénto, ta]〖形〗《プエルトリコ, ペルー. 俗語》毛深い
pelusilla [pelusíʎa]〖女〗❶ 不可算 [植物・果実・布地の]毛; うぶ毛. ❷ [子供同士の]嫉妬, ねたみ. ❸《植物》マウスイヤー・ホークウイード《＝vellosilla》
peluso, sa² [pelúso, sa]〖名〗《西. 隠語》醜男[の], 醜女[の]
──〖男〗《西. 隠語》新兵
pelusón, na [pelusón, na]〖形〗❶ [布地が]けば立った. ❷《西》[子供が]嫉妬している, ねたんでいる
pelvi [pélbi]〖形〗パフラヴィー語[の]《ササン朝時代のペルシア語》
pelviano, na [pelβjáno, na]〖形〗＝**pélvico**: cavidad ～na 骨盤腔
pélvico, ca [pélβiko, ka]〖形〗《解剖》骨盤の: canal ～ 骨盤管. ganglio ～ 骨盤神経節. músculo ～ 骨盤筋. zona ～ca 骨盤部
pelvímetro [pelβímetro]〖男〗骨盤計
pelviperitonitis [pelβiperitonítis]〖女〗《医学》骨盤腹膜炎
pelvis [pélβis]【←ラテン語】〖女〗[単複同形]《解剖》❶ 骨盤. ❷ 骨盤腔. ～ renal 腎盂(う), 腎盤
pemex [péme(k)s]〖男〗《略語》←petróleos mexicanos メキシコ石油
pen [pén]【←英語 penitentiary】〖女〗《メキシコ》刑務所
pena¹ [péna] **I** 【←ラテン語 poena ＜ ギリシア語 poine「罰金」】〖女〗❶ 精神的苦痛, 心痛, 苦悩, 悲嘆, 遺憾: Sintió mucha ～ por su muerte. 彼の死に私の心は痛んだ. ¡Qué ～! ああ, 残念! 嫌だなあ! Me moría de ～ de verla llorar. 彼女が泣いているのを見るのは私は死ぬほどつらかった. ❷［主に 複］苦労, 労力, 困難: Con mucha ～ he terminado esta traducción. 私はとても苦労してこの翻訳を終えた. La vida es muy difícil y pasamos muchas ～s. 生活は非常に苦しく私たちは大変な苦労をしている. ❸《法律》罰, 刑罰: Se le condenó a ～ de veinte años. 彼は懲役20年に処せられた. condenar a+人 a una ～ rigurosa …を厳罰に処する. pedir la ～ de muerte para el acusado 被告に死刑を求刑する. pronunciar una ～ 刑を宣告する. ～ accesoria 付随の処分, 付加刑. ～ capital/última ～/～ de la vida 極刑, 死刑. ～ del talión 同罪刑法. ～ máxima 最高刑. ～《サッカー》ペナルティ. ❹《宗教》～s de infierno ～ negra/las ～s del purgatorio 地獄の責め苦. las ～s eternas 永遠の罰[地獄に落ちること]. ～ de daño《カトリック》[神を失った]堕地獄, 劫罰. ～ de sentido《カトリック》業火の責め苦. ❺ 肉体的な苦痛, 痛み: Tengo una ～ en el tobillo. 私はくるぶしが痛い. ❻《古語》[女性が首に結けた]黒いベール. ❼《メキシコ, 中米, カリブ, コロンビア, ベネズエラ》恥じらい, 気おくれ. ❽《ペルー》〖複〗幽霊

a duras ～s かろうじて, やっとのことで, どうにか: Contuve a duras ～s la risa. 私はやっとのことで笑いをこらえることができ

た

a graves (malas) ～s ＝**a duras ～s**
a ～s やっと, かろうじて《＝apenas》
acusar a ～《古語》告訴する
ahogar las ～s《口語》心痛を紛らす: beber para ahogar las ～ 酒を飲んで憂さを晴らす
avivar la ～ 苦悩をかきたてる
bajo ～ de...［違反すれば］…の罰を受ける条件で: Queda prohibido manifestarse, bajo ～ de multa o cárcel.《表現》デモ禁止. 違反者は罰金または懲役に処する
dar ～ (de) ＋名詞・不定詞・que＋接続法《口語》…はつらい思いをさせる: Me da ～ [de] tu hermano. 君の弟は私の悩みの種だ. Me da ～ dejar Japón. 日本を離れるのはつらい. Da ～ que no tengan un programa de preservación del medio ambiente. 環境保護計画が作られていないのは残念なことだ
de ～《口語》非常に悪い, ひどい: Se salió la leche y puso toda la cocina de ～. 牛乳が噴いて台所中ひどいことになった. Tiene que salir vestida de ～. 彼はひどい身なりで出かけなければならない. La Bolsa Española está de ～. スペインの株式相場はひどい状態にある. Mi marido canta de ～. 私の夫は歌がひどく下手さ
estar que da ～ ひどい状態である: Mi habitación está que da ～ verla. 私の部屋は悲惨な状態にある
hecho una ～《口語》[肉体的・精神的に]ひどい状態で
merecer la ～＋不定詞・que＋接続法 …するだけの価値がある: Merece la ～ leer esta novela. この小説は読んでおく値打ちがある. Mereceria la ～ pasarnos aquí unos días viendo el mar. 何日かここで海を見て過ごしたら, それだけの価値があるだろう. No merece la ～ que vengas. 君がわざわざ来るまでもない
pasar la ～ negra [精神的・肉体的に]つらい思いをする
pasar ～《地方語》心配する
¡Qué ～ que+接続法! …とは何とつらい(残念な・気の毒な)ことか!: ¡Qué ～ que no puedas viajar conmigo! 君が私と一緒に旅行できないとは何と残念な!
ser una ～ que+接続法 …するのはつらい, 可もなく不可もない
sin ～ ni gloria 凡庸な, 可もなく不可もない
so ～ de...《文語》1) ＝**bajo ～ de...** 2) [＋que＋接続法] …でなければ: Voy a comprar ese ordenador so ～ de que ya lo hayan vendido. まだ売れてなければあのコンピュータを買おう
valer la ～＋不定詞 …するだけの価値がある: Vale la ～ visitar ese museo. その博物館は行ってみる価値がある. No te vale la ～ comprarlo. それは買う必要はない. No vale la ～ discutir más. これ以上議論しても無駄だ. Vale la ～ esforzarse para conocer cómo funciona el sistema político y financiero en España. スペインの政治経済システムがどのように機能しているかを知ろうと努力することは非常に大切だ

II【←ラテン語 pinna】〖女〗❶《鳥》大羽(護). ❷ 風切り羽と尾羽. ❷《船舶》三角帆の帆柄の先端; 船首・船尾の船艙狭尖部. ❸《古語》鳥の羽, ペン

penable [penáβle]〖形〗罰を受けるべき, 処罰に値する
penachera [penatʃéra]〖女〗＝**penacho**
penacho [penátʃo]【←伊語 pennachio ＜ ラテン語 pinna「羽根」】〖男〗❶ [鳥の]冠羽, 羽毛. ❷ [頭・帽子などにつける]羽根飾り; 羽根飾り状のもの. ❸ [煙突などから立ちのぼる]煙, 蒸気. ❹ 虚栄心, うぬぼれ, 傲慢. ❺《アンダルシア》トウモロコシの花; トウモロコシの先端
penachudo, da [penatʃúðo, ða]〖形〗羽冠のある
penadamente [penáðaménte]〖副〗苦労して, やっと
penadilla [penaðíʎa]〖女〗《飲用の》口の狭い容器《＝penado》
penado, da [penáðo, ða]〖形〗❶ つらい思いの, 痛ましい. ❷ 困難な, 骨の折れる. ❸《古語》[飲用の容器が]口の細い
──〖名〗《文語》服役者, 囚人: central de ～s 刑務所
──〖男〗《飲用》口の細い容器
penal [penál]【←ラテン語 poenalis】〖形〗❶ 刑罰の; 刑法上の: derecho ～ 刑法. responsabilidad ～ 刑事責任. cláusula ～ 違約条項. ❷ 犯罪の: acción ～ 犯罪行為
──〖男〗❶ [重罪犯用の]刑務所. ❷《主に中南米. サッカー》1) 反則. 2) [反則に対する]ペナルティー
penalidad [penalidáð]〖女〗❶［主に 複］労苦, 困難: pasar muchas ～s 苦労する. ❷《法律》刑罰. ❸ 罰を受けるべきであること, 処罰に値すること. ❹《まれ》罰
penalista [penalísta]〖形〗❶ 刑法専門の; 刑事法学者: abo-

gado ～ 刑事弁護士. ❷ 刑法の
penalizable [penaliθáble] [形] 罰(懲戒・制裁)に値する
penalización [penaliθaθjón] [女] 罰則(ペナルティ)を課すること
penalizar [penaliθár] 〖←penal〗 [9] [他] ❶ …に罰則を課する. ❷《スポーツ》ペナルティを課する: *Han penalizado* al líder con la expulsión del campo. キャプテンに退場が命じられた
penalti [penálti] [男] 〖[複] ～s〗 ペナルティ 〖=penalty〗
pénalti [pénalti] [男] ペナルティ 〖=penalty〗
penalti-córner [penálti kórnεr] [男]《フィールドホッケー》ペナルティーコーナー
penalty [penálti/pénalti] 〖←英語〗 [男] 〖[複] ～[e]s〗 ❶《西. スポーツ》1) ペナルティ, 反則: El árbitro los castigó con un ～. 審判は彼らにペナルティ1つを課した. El colegiado señaló un ～. 審判は反則を認めた. área de ～ ペナルティエリア. gol de ～ ペナルティゴール. 2)《サッカー》ペナルティキック 〖=tiro de ～〗: ganar en los ～*s* PK戦で勝つ. ronda de ～ PK戦. ❷《西. 戯語》casamiento de ～ できちゃった結婚. casarse de ～ できちゃった結婚をする
penante [penánte] [形] ❶ 口の狭い容器 penado の. ❷ 苦悩する
penar [penár] 〖←pena I〗 [他] ❶ …に刑罰を課する: Le *penaron* diez años. 彼は懲役10年を課せられた. Está *penado* con dos años de cárcel. 彼は懲役2年の刑に服している. ❷ [法律が行為を] 罰する. ❸ …に苦しむ: ～ sus cuitas de amor 恋に悩む. ❹《ベネズエラ, エクアドル, ペルー》…に幽霊が出る
—— [自] ❶《文語》つらい思いをする, 苦しむ: *Peno* mucho con mi hijo enfermizo. 私は病弱な息子のことがとてもつらい. ❷ [+por+物 を] 切望する, 欲しがる: Esa mujer *pena por* un diamante. その女はダイヤモンドを欲しがっている. ❸ 煉獄の苦しみを味わう. ❹ 長く苦悩する
—— **～se** 深く悲しむ, 悩む
penates [penátes] [男] [複] ❶《古代ローマ》ペナテス〖家の守り神〗. ❷ 住居, 部屋
penbook [pémbuk] 〖←英語〗 [男]《情報》ペン入力コンピュータ
penca [péŋka] 〖←ラテン語 pes, pedis「足」〗 [女] ❶ [主に野菜の] 厚みのある葉脈, 芯(しん). ❷ 多肉質の葉; [リュウゼツランなどの] 肉厚の葉. ❸《口語》[人の] 脚 〖=pierna〗. ❹ [刑具の] 鞭. ❺《ログローニョ》大きな鼻. ❻《ラマンチャ; ベネズエラ》[四足獣の] 尾根, 尾の芯. ❼《メキシコ》[バナナなどの] 房; [リュウゼツランの] 株. ❽《ホンジュラス》1) トウモロコシの葉. 2) 血のほとばしり(吹き出し). ❾《ニカラグア. 植物》リュウゼツラン. ❿《コスタリカ》酩酊, 酔い. ⓫《ペルー, チリ》グンネラの葉柄〖食用〗. ⓬《チリ. 俗語》ペニス. ⓭《アルゼンチン, ウルグアイ. 遊戯》[taba で牛の足根骨の] 盛り上がった側 〖→taba〗. ⓮《アルゼンチン. 植物》ヒラウチワサボテン. ⓯《ウルグアイ》草競馬
tener ～s《地方語》厚かましい, 図々しい
—— [形] ❶《皮肉》日ごろの行ないの悪い, 身持ちのよくない. ❷《チリ》[事物が] 不快な; [状況が] どうしようもない; [人が] 醜い
pencar [peŋkár] [7] [自]《西. 口語》❶ せっせと働く. ❷ 我慢して受け入れる
pencazo [peŋkáθo] [男] ❶ 鞭打ち. ❷《チリ》1) 打撃. 2) 一杯 [飲むこと]
penco [péŋko] 〖←penca〗 [男] ❶ 駄馬, 痩せ馬. ❷《主に軽蔑》怠け者, 役立たず. ❸《中南米》[サボテンの] 平らで肉厚な葉; リュウゼツラン. ❹《ホンジュラス. 口語》粗野な男, 田舎者. ❺《パナマ, ドミニカ》かけら, 断片
pencudo, da [peŋkúđo, đa] [形] ❶ 多肉質の葉を持つ. ❷《コロンビア》巨大な, 尋常でない
pendanga [pendáŋga] [女] ❶《西式トランプ》[キノラ quínola で] 金貨の10 〖=sota de oros〗. ❷《口語》売春婦
pendant [pandán] 〖←仏語〗 [女] いい(調和した)取り合わせ: hacer ～ 取り合わせがいい, よくマッチしている
pendejada [pendεxáđa] [女] ❶ 恥知らずな行為. ❷《口語》臆病, 卑怯. ❸《メキシコ. 口語》愚かな言動. ❹《ペルー. 俗語》汚い手段
pendejear [pendεxeár] [自]《メキシコ, コロンビア. 口語》愚かなことを言う(する)
pendejero [pendεxéro] [男]《ベネズエラ》植物の毛
pendejez [pendεxéθ] [女]《メキシコ. 俗語》愚かさ
pendejismo [pendεxísmo] [男]《中南米. 口語》愚かさ; 臆病
pendejo, ja [pendéxo, xa] 〖←俗ラテン語 pectiniculus < pecten, -inis「恥丘」〗 [形] [名] ❶《口語》恥知らずな人; 軽蔑に値する奴. ❷《西. 軽蔑》生活の乱れた〔人〕, だらしない〔人〕. ❸《メキシコ, ホンジュラス, ニカラグア, エクアドル. 口語》知恵遅れの〔人〕. ❹《メキシコ. 口語》ばかな〔人〕; のろま〔な〕. ❺《ボリビア, チリ, アルゼンチン, ウルグアイ. 俗語》幼い; 子供〔の〕. ❻《ペルー. 口語》抜け目ない〔人〕
a lo ～《メキシコ. 口語》漫然と, 先のことを考えずに
hacerse ～《メキシコ. 口語》[面倒事などに巻き込まれないように] 分からないふりをする, しらばくれる
—— [男] 恥毛, 陰毛
pendeloque [pendelóke] [男] ランプ(電灯)から垂れ下がる飾り
pendencia [pendénθja] 〖←ラテン語 paenitentia < paenitere「後悔する」〗 [女] ❶《文語》口論, けんか: armar ～ けんかを始める, いさかいを引き起こす. ❷《法律》結審していないこと. ❸《エルサルバドル, エクアドル, アルゼンチン》激しいけんか, 乱闘
pendenciar [pendenθjár] 〖←pendencia〗 [10] [自] けんかする
pendenciero, ra [pendenθjéro, ra] 〖←pendenciar〗 [形] [名] けんか早い〔人〕: carácter ～ けんか好きな性格
pendentif [pandantíf] 〖←仏語〗 [男] 〖[複] ～s〗 ペンダント, 首飾り
pendenzuela [pendenθwéla] [女] pendencia の示小語
pender [pendér] 〖←ラテン語 pendere「ぶら下がる」〗 [自] ❶《文語》[+de から] 垂れる, ぶら下がる: Las manzanas *pendían de* las ramas. リンゴが枝から下がっていた. La foto *pende de* la pared. 写真は壁に掛かっている. ～ en la cruz 十字架に掛かる. ❷《法律》係争中である, 判決待ち(未解決)である. ❸ [危険などが, +sobre に] 降りかかる. ❹《まれ》[+de] …次第である 〖=depender〗
pendiente [pendjénte] 〖←pender〗 [形] ❶ [estar+. +de を] 待つ: 1) [+名詞] Mi reserva está ～ *de* confirmación. 私の予約はコンファーム待ちだ. 2) [+不定詞・que+接続法] Estoy ～ *de que* me llamen. 私は電話がかかってくるのを待っている. ❷ [estar+. 問題が] 未解決の: Eso está ～ *de* resolución judicial. それは判決待ちだ. asunto ～ 懸案事項. deuda ～ 未払いの借金. ❸ [estar+. +de+人・事物 に] 大変注意を払う: Ana está muy ～ *de* la limpieza de su casa. アナは大変注意を払って家をきれいにしている. Yo estaba ～ *de* lo que estaba hablando. 私は何が話されているか耳を傾けていた. estar ～ *del* reloj 時間を気にする. ❹ 傾いた: terreno ～ 傾斜地. ❺ 垂れ下がった: araña ～ del techo 天井から下がっているシャンデリア
—— [男] ❶《西. 服飾》耳飾り, イヤリング, ピアス〖スペインではピアス式が多い〗; 鼻飾り. ❷ ぶら下げている宝石. ❸《建築》[屋根の] 勾配. ❹《鉱山》鉱床の上層部. ❺《植物》[複] コバンソウ 〖=tembladera〗. ❻《メキシコ》心配, 不安〖状態〗
—— [女] ❶ 坂, 勾配: fuerte ～/～ muy pronunciada (inclinada) 急坂, 急勾配. ❷ 傾斜度: ～ máxima 最大斜度. ❸《紋章》[旗の] 下部
pendil [pendíl] [男]《まれ. 服飾》[女性用の] マント
tomar el ～《口語》立ち去る, いなくなる
pendingue [pendíŋge] [男]《地方語》***tomar el ～*** 立ち去る, いなくなる
pendio [péndjo] [男]《地方語》坂, 勾配
pendol [pendól] [男]《船舶》[主に [男]. 船底を清掃するための] 傾船, 荷を片舷に寄せること
péndola [péndola] **I** 〖←ラテン語 penduls「坂」〗 [女] ❶《建築》1) [橋の] 吊り索. 2) クイーンポスト, 対束. ❷ [時計の] 振り子 〖=péndulo〗; 振り子時計. ❸《鉄道》絶縁ハンガ. ❹《キューバ》[植物の] 蔓(つる)
II 〖←ラテン語 pennula < penna「羽根」〗 [女]《文語》❶ 羽ペン. ❷ [鳥の] 羽
III [女] [複]《闘牛》[牛の] 簪甲(きこう) 〖=agujas〗
pendolaje [pendoláxe] [男] [海上で拿捕した船に対する] 押収権, 没収権
pendolario [pendolárjo] [男]《古語》写字生
pendolista [pendolísta] [名] ❶ 字の上手な人, 能書家. ❷ 嘆願書(請願書・建白書)の作成者 〖=memorialista〗. ❸《古語》写字生
pendolón [pendolón] [男]《建築》真束(しんづか), キングポスト
pendón[1] [pendón] 〖←古仏語 penon < ラテン語 pinna「羽根」〗 [男] ❶《古語》[連隊・大隊などを識別する, 細長い] 旗, 軍旗: seguir el ～ de+人 …の旗の下に結集する. ～ del Ayuntamiento de Madrid マドリード市の市旗. ❷ [教会・信心会などの, 先端が2つに割れた] 長旗. ❸《歴史》～ de Castilla カスティーリャ王の王旗. ❹ [木の幹から出る] 新芽, 若枝. ❺《紋章》三角形の小旗. ❻《西. 軽蔑》遊び好きの女; 身持ちの悪い女; 淫

売女, 売春婦. ❼ 圈[ラバの]手綱. ❽《ドミニカ》1) サトウキビの乾燥した茎. 2) 蛇口
levantar (alzar) ~/*levantar (alzar) pendones* 指導者(首謀者)になる;決起する
~ *desorejado* 厚かましい女;ふしだらな女: Su hija es un ~ *desorejado*. 彼の娘は淫売だ
ser un 《古語的》手ごわい,一筋縄ではいかない

pendón², na [pendón, na] 形 《西. 軽蔑》生活の不規則な(乱れた)[人];[特に女性]行儀の悪い人,遊び好きの人
—— 名《西. 軽蔑》淫売女,売春婦

pendonear [pendoneár] 自《西. 軽蔑》❶ [働かないで]街をうろつき回る,遊び回る. ❷ [女性が]身を持ち崩す

pendoneta [pendonéta] [pendón の示小語] 女 小旗,軍旗

pendonista [pendonísta] 形 名 [行列の]旗持ち[の],旗手[の]

pendorcho [pendórtʃo] 男《アルゼンチン. 口語》[名称を知らないが]何かのねじ(部品)

péndula¹ [péndula] 女《古語》=**péndola I**

pendular [pendulár] 形 振り子の(ような): movimiento ~ 振り子運動
—— 自 振り子のように揺れる

pendulazo [penduláβo] 男 振り子のような大きな揺れ

pendulear [penduleár] 自 振り子のように揺れる
—— 他 振り子のように揺らす

péndulo¹ [péndulo] 男 《←ラテン語 pendulus「ぶら下がった」< penderé》❶ [技術]振り子《時に吊るす糸・棒なども含めて》: reloj de ~ 振り子時計. ~ *simple* (*compuesto*) 単一(複合)振り子. ❷ ~ *eléctrico* 電気振り子. ❸ ~ *sidéreo*《天文台の》恒星時計

péndulo, la² [péndulo, la] 形 ぶら下がった

pendura [pendúra] 女 *a la* ~《船舶》[錨がキャットヘッドから]吊るされて

pene [péne]《←ラテン語 penis》男 《解剖》[主に人間の]陰茎, ペニス

peneal [peneál] 形 =**peneano**

peneano, na [penjáno, na] 形《解剖》陰茎の

peneca [penéka] 男《チリ》❶ 幼児, 子供. ❷ 初等教育(基礎学科)の学童(生徒)
—— 女《チリ》初等学級

penedés [penedés] 形《単複同形》[バルセロナの]ペネデス Penedés 産のワイン

penel [penél] 男《古語. 船舶》風見 ⇒=**cataviento**

Penélope [penélope] 女《ギリシア神話》ペネロペ《オデュッセウスの妻. 20年におよぶ夫の不在中貞節を守り続けた》

penene [penéne] [profesor no numerario の略語]《西. 古語》非常勤講師

peneque [penéke] 形 ❶《口語》酔った, へべれけ状態の. ❷《アンダルシア. 口語》千鳥足の
—— 男《メキシコ. 料理》肉またはチーズとトマトソースのパイ

peneteras [penetéras] *arrancarse por* ~ 突然関係のないことを言い出す

penetrabilidad [penetraβiliðáð] 女 透過性; 貫通性; 理解可能なこと

penetrable [penetráβle]《←ラテン語 penetrabilis》形 ❶ 入り込める, 侵入可能な. ❷ 透過性のある: materia difícilmente ~ *al agua* 水を通しにくい物質. ❸ 理解され得る: *secreto difícilmente* ~ 理解困難な秘密

penetración [penetraθjón]《←ラテン語 penetratio, -onis》女 ❶ 入り込むこと, 侵入: *en el territorio enemigo* 敵地への侵入. ~ *en el espacio territorial* 領空侵犯. ~ *pacífica* [経済・政治による]平和的攻勢. ❷ 浸透, 透過. ❸ 貫通: ~ *de una bala* 弾丸の食い込み. ❹《サッカー, バスケットボールなど》相手守備陣を突破すること. ❺ 理解力, 洞察力, 明敏さ: Tiene gran ~ *en el mercado*. 彼は市場の動きを読むのが大変すぐれている. *tema de difícil* ~ 分かりにくいテーマ. ~ *de un misterio* 謎の解明. ❻《性交での》挿入

penetrador, ra [penetraðór, ra]《←ラテン語 penetrator, -oris》形 洞察力のある;[知性・感性が]さえた, 鋭い

penetrante [penetránte]《←penetrar》形 ❶ しみ通る, 深く入り込む; しみ込むような: *calor* ~ すさまじい暑さ. *dolor* ~ 刺すような痛み. *frío* ~ 身にしみる寒さ. *olor* ~ 鼻につんとくるにおい. ❷ [音などが]鋭い: *grito* ~ 甲高い叫び声. *sonido* ~ 耳をつんざく音. ❸ [感覚的に]鋭敏な: *mirada* ~ 鋭い眼光. *análisis* ~ 洞察力に富んだ分析. ❹ 辛辣な: ~ *crítica* 鋭い批判. ❺ [傷が]貫通性の: *herida* ~ 深い傷. ❻《物理》[放射線が]透過性のある

penetrar [penetrár]《←ラテン語 penetrare》自 ❶ [+en に, +por から]入り込む, 侵入する: El ladrón *penetró por la chimenea*. 泥棒は煙突から侵入した. ❷《痛み・叫び声・騒音・寒さなどが》刺す, しみ込む: La humedad *ha penetrado en* las paredes. 湿気が壁にしみこんでいる. ❸ 貫通する: La bala me *penetró en el brazo derecho*. 弾丸は私の右腕を貫通した. ❹ 理解する: Ya *he penetrado en* el problema. 私はもう問題が分かった
—— 他 ❶ [痛み・叫び声・騒音・寒さなどが]刺す, しみ込む: El agua *penetra la tierra*. 水が地面にしみ込む. *Ese frío penetraba las carnes*. その寒さは肌身にしみた. *La noticia penetró su corazón*. その知らせは彼の心を突き刺した. ❷ 理解する, 見抜く: *Sabe* ~ *la mente humana*. 彼は人の心が分かる. ~ *el sentido de las palabras* 単語の意味を理解する. ❸ 貫く, 貫通する. ❹ [人が, +場所 に]入り込む, 侵入する: ~ *la selva* ジャングルに分け入る. ❺ [性交で]挿入する: *El acusado no llegó a* ~ *la*. 被告は彼女に挿入するに至らなかった
—— ~*se* ❶ [+de で]理解する: *No podía* ~*se bien del sentido de esas palabras francesas*. 彼はそれらのフランス語の単語の意味が理解できなかった. ❷《まれ》溶ける, 混ざる

penetrativo, va [penetratíβo, ba] 形 浸透する, 透過性のある

penetro [penétro] 男《チリ. 口語》冷たいすきま風

penetrómetro [penetrómetro] 男《物理》透過度計

peneuvista [peneuβísta]《←Partido Nacionalista Vasco バスク国民党の略語》形 名《西》PNV の[党員]

pénfigo [pénfiɣo] 男《医学》天疱瘡(てんぽうそう)

penga [péŋga] 女《ボリビア》バナナ10本の房

peniano, na [penjáno, na] 形《解剖》=**peneano**

penibético, ca [peniβétiko, ka] 形《地名》ペニベティカ山系 *Cordillera Penibética*《スペイン南部, シエラネバダの北側の山地》

penicilamina [peniθilamína] 女《薬学》ペニシラミン

peniciliado, da [peniθiljáðo, ða] 形《生物》ふさ毛のある, 毛筆状の

penicilina [peniθilína]《←ラテン語 penicillus「筆」》女《薬学》ペニシリン

penicilínico, ca [peniθilíniko, ka] 形 ペニシリンの: *ácido* ~ ペニシリン酸

penígero, ra [penígero, ra] 形《詩語》翼(羽)のある

penillanura [peniʎanúra] 女《地質》準平原, 準平面平原

península [península]《←ラテン語 paeninsula < paene「ほとんど」+insula「島」》女 半島: P~ *Ibérica* イベリア半島. P~ *de los Balcanes* バルカン半島

peninsular [peninsulár] 形 名 ❶ 半島の, 半島地方の[人]. ❷《西》[バレアレス諸島・カナリア諸島・スペイン領モロッコに対して]本土の[人], イベリア半島の[人]: *Los íberos fueron un pueblo* ~ *con una importante influencia de las culturas mediterráneas orientales*. イベリア人は東地中海文化の影響を大きく受けていたイベリア半島の民族だった. *hora* ~ スペインの本土時間. ❸《歴史》[スペイン領アメリカ生まれに対して]本国[生まれ]のスペイン人《⇔criollo》

peninsularidad [peninsulariðáð] 女 半島性

penique [peníke] 男《EU統合前の英国の貨幣単位》ペニー

penisla [penísla] 女《まれ》=**península**

penitencia [peniténθja]《←ラテン語 paenitentia》女 ❶《カトリック》1) 悔悛(かいしゅん), 悔い改め. 2) 悔悛(告解)の秘跡 ⇒=**sacramento de la** ~. 3) [贖罪のため裁判司祭が告解者に課する]償い;[贖罪のための]苦行: *hacer* ~ 罪を償う; 苦行をする. *rezar tres rosarios como* ~ 償いとしてロザリオの祈りを3回唱える. 4) 苦行. ❷《一般に》苦行 ⇒=**asceta**. ❸《口語》嫌なこと, 不快なこと: *Trabajar en grupo con él es una* ~. 彼と一緒のグループで仕事をするのは不快だ. ❹《アンデス》[賭け事で]賭金.《ラプラタ. 口語》罰

penitenciado, da [penitenθjáðo, ða] 形 ❶ 宗教裁判によって罰せられた. ❷《中南米》投獄された

penitencial [penitenθjál] 形 悔悛の, 悔い改めの
—— 男《廃語. 新約聖書》悔悛詩編

penitenciar [penitenθjár] 10 他《歴史》[異端審問所が]処罰を科する
—— 自《まれ》[贖罪のために]苦行をする

penitenciaría [peniten θjaría] 囡 ❶ 刑務所, 救護院. ❷《カトリック》1) 特別聴罪師の職. 2)《教皇庁の》内赦院

penitenciario, ria [peniten θjárjo, rja]《←penitencia》囮 刑務所の: establecimiento ~ 矯正施設, 刑務. régimen ~ 刑務所制度, 刑務所の管理規則. ❷《カトリック》1) 悔悟の —— 男 悔悟者. 2) 聴聞司祭の —— 男《カトリック》《留保の罪を許す》特別聴罪師

penitenciero [peniten θjéro] 男《古語》聴罪司祭, 特別聴罪師: ~ mayor 大聴罪枢機卿

penitenta [peniténta] 囡《まれ. カトリック》女性の告解者

penitente [peniténte]《←ラテン語 paenitens, -entis》囮 1) 告解者, 悔悟者. 2)《聖週間に》悔悟の証しとして行列に加わる人. ❷ 苦行する人, 罪を償う人 —— 囮《カトリック》告解の, 悔悟の. 後悔している. ❸《エクアドル》愚かな, ばかな —— 男《古語. 鉱山》可燃ガスが坑内にないか検査する作業員

penjabí [peŋkaβí] 囮 囲 パンジャブ語《の》

penmican [pe(m)míkan] 男 ペミカン《細かく砕いた干し肉と果 実に溶かした脂肪を混ぜて固めたアメリカ先住民の保存食》

pennado, da [pennáðo, ða] 囮 ❶ 羽のある. ❷ 翼の.《植物》葉が羽状の

penninervio, via [penninérβjo, βja] 囮《植物》hoja ~ via 羽状脈をもった葉

peno, na[2] [péno, na] 囮 カルタゴ生まれの; カルタゴの

penol [penól] 男 ❶《船舶》三角帆の帆桁の上端. ❷《鳥》翼の》風切り羽, 尾羽

penología [penoloxía] 囡 刑罰学, 刑務所管理学

penonomeño, ña [penonoméño, ña] 囮 囲《地名》ペノノメ Penonome の《人》《パナマ, コクレ県の県都》

penosamente [penósaménte] 副 苦労して, 骨を折って《=penadamente》

penoso, sa [penóso, sa]《←pena》囮 [ser+] ❶ つらい思いをさせる: Era ~ ver a esa anciana mal vestida. そのみすぼらしい老女を見て痛ましかった. Es un espectáculo ~. それは悲しい光景だ. recuerdo ~ つらい思い出. ❷ 骨の折れる: trabajo ~ 骨の折れる仕事. viaje ~ 苦難に満ちた旅. ❸ つらく思う, 悲しく感じる. ❹《まれ》二枚目．気取った ❺《メキシコ, エルサルバドル, キューバ, コロンビア, ベネズエラ》内気な, 臆病な. ❻《メキシコ, エルサルバドル, キューバ》厄介な, 面倒な

penquear [penkeár] ~**se**《チリ. 口語》飲む

penquista [peŋkísta] 囮 囲《地名》コンセプシオン Concepción の《人》《チリ中部の州・州都》

pensable [pensáβle] 囮 考えられ得る

pensado, da [pensáðo, ða] 囮 考えられた: Este plan está muy ~. この計画はよく練られている
bien ~ 1) 熟慮された: Está bien ~. それはいい考えだ. 2) よく考えると: Bien ~, él es demasiado orgulloso. どう考えても彼は傲慢すぎる
de ~ わざと, 故意に, 企んで
estar ~ para... …のために考えられた: Estos zapatos no están ~s para la lluvia. この靴は雨用に考えられていない
lo menos ~ 思いもよらないこと
mal ~ 1) 他人を信用しない, ひねくれた; 意地の悪い. 2) 思慮の足りない: Es una respuesta mal ~da. その返事は思慮が足りない
poco ~ 熟慮されていない
ser [un] mal ~ 誤解する, 悪く取る: No seas mal ~da; lo he dicho para tu bien. 誤解しないでくれよな. 私は君によかれと思って言ったのだから. No seas tan mal ~. そんなにひねくれた考え方をするな
tener ~ +不定詞 …することに決めている: Tengo ~ casarme el mes que viene. 私は来月結婚することにしている

pensador, ra [pensaðór, ra] 囮 考える, 思索する; 思慮深い —— 男 囡 思想家《filósofo のように哲学的体系を作り上げるまでには至らない》; 考える人, 思索する人: Unamuno fue un ~ y un poeta. ウナムノは思想家でもあり詩人でもあった. libre ~ 《主に宗教上の》自由思想家

pensamiento [pensamjénto]《←pensar》男 ❶ 思考, 考え, 意図: Te voy a adivinar el ~. 君の考えを当ててみよう. Te llevo ~ todos los días. 私は毎日君のことを考えている. Amó ese ~ de "Mañana no hay clase" los viernes. 私は毎週金曜日に「明日は学校がない」と考えるのが好きだ. Tengo [el] ~ de traducir esta novela. 私はこの小説を訳そうと思っている.

leer el ~ 考えを察する. tener malos ~s 悪い考えを抱く. ~ lateral 水平思考. ❷ 思考力. ❸《集名》《一人・一集団の》思想: control del ~ 思想統制. ~ libre 自由思想. ~ histórico 思想史. ~ de Mao Zedong 毛沢東思想. ~ político 政治思想. ❹《作品などに示された著者の》考え, 作品内容. ❺《作品などの》格言, 箴言《=~s de Cervantes セルバンテスの格言》. ❻《俗用. 植物》パンジー《=trinitaria》. ❼ 疑い; 悪意, ねたみ. ❽《美術》案, 思いつき; 素描
beber a+人 los ~s …の意図を察する
como un ~ あっという間に, たちまち, 即座に, さっと
derramar el ~ 考えをめぐらす
en un ~ かいつまんで, ごく手短に, 一言で
encontrarse con (en) los ~s 《互いに》偶然同じことを考える
ni por ~ 思ってもみない, 夢にも思わない, 考えたこともない
pasar [se] a+人 por el ~ …の頭に浮かぶ, 思いつく
poniendo el ~ en... …を考えて, …を目的として

pensante [pensánte] 囮 考える, 思考する

pensar [pensár] **I** 《←ラテン語 pensare》23 囮《類義》**pensar** は「一般的に考える, 思う」, **considerar** は「熟慮する, 考察する」, **discurrir** は「[知的に]思考する, 頭を働かせる」, **meditar** は「考えをめぐらす, 沈思する, 観想する」, **ponderar** は「さまざまな要素を考え合わせる, 勘案する」の意 ❶《+直説法》[判断・信条・意見として]…と考える, 思う: 1) ¿Qué piensas de la muerte? 君は死についてどう考える? 2) [+que+直説法] Pienso que hice bien en venir. 私はやって来てよかったと思っている. Él ha pensado que puede existir la amistad entre hombre y mujer. 彼は男女間に友情はあり得ると考えてきた. Yo pensaba que esa anciana era su madre. 私はその老婦人が彼の母親だと思っていた. Pienso que es mejor no meterse en sus cosas y dejarla en paz. 私は彼女のことに口を出さず, そっとしておく方がいいと思う. Pienso que sí (no). 私はそう思う(そうは思わない). 3) [否定文では+que+接続法] No pienso que sea adecuado hacer caso omiso de esos fenómenos meteorológicos. 私はその気象現象を無視するのはよくないと思う. Ni tú ni yo pensábamos que fuera una persona tan grosera. 君も私も彼がそんなに下品な人間だとは考えていなかった. ❷ [+不定詞] 意図する, 試みる, 計画する: Yo pensaba descansar en casa mañana. 私は明日は家で休むつもりだった. Siempre piensa hacer novillos. 彼はいつも授業をサボろうと考えている. Pablo me preguntó qué carrera pensaba hacer cuando acabase el bachillerato. 高校を出たらどんな大学に行こうと思っているのかとパブロは私に尋ねた. Yo pensé no escribirte más, pero te echo tanto de menos que ya no puedo seguir sin escribirte. 私はもう君に手紙を書かないつもりだった. でも君がいないのが寂しくて, 手紙を書かずにはいられない. ❸ 熟考する, よく考える: Piénsalo antes de hablar. 話す前によく考えなさい. Piensa bien lo que te he dicho y mañana me das la respuesta. 私が君に言ったことをよく考えて, 明日返事をくれ. ❹ 考え出す, 考えつく: Estos niños son genios de ~ nuevas travesuras. この子供たちは次々といたずらを考えつく天才だ. Un empleado pensó un truco astuto para malversar el dinero del banco. ある行員が銀行の金を横領する巧妙な手口を考えた. Esa estrategia la pensé yo. その戦略は私が考えたものだ. El malo siempre piensa engaño.《諺》よこしまな者はいつも欺くことを考えている. ❺ [考えた結果として] 決める; 意見を持つ: He pensado que no me conviene participar en esa inversión colectiva de capitales. 私はその共同出資事業に参加するのは適当ではないと決めた. Yo pienso que él es la persona más apta para esa misión. 私は彼がその任務の最適任者だと考えている. ❻ [+que+接続法] …と想像する: Hemos pensado que él sea nuestro líder. 私たちは彼がリーダーにいいのではないかと考えた. ❼《文語》回想する, 思い起こす: Ya sabes que te quiero, te pienso. 言うまでもなく, 私は君を愛し, 君を想っている

antes de lo que piense すぐに, ただちに: Antes de lo que piense estará de vuelta. 彼はあっという間に戻ってくるだろう
cuando menos lo piense 突然, 思いがけない時に: Cuando menos lo pienses, te surgirá un pequeño contratiempo. 君が思ってもいない時に, ちょっとした不都合が起こるかもしれない
dar en ~ 《根拠のないことを》思い込む; 考えにのめり込む, 考えにとりつかれる: Dio en ~ que su amigo le robaría a la novia. 彼は友人に恋人を奪われてしまうのではないかと思い込んだ

dar que ~ [事柄が, +a+人 に] 考えさせる; 心配させる, 気がかりにさせる, 疑念を抱かせる: Es una novela que *da mucho que* ~. それは多くのことを問いかける小説だ. *Me da que* ~ *que aún no haya venido*. 彼がまだ来てないのではないかと私は心配だ. *Me da mucho que* ~ *que todos los días mi hijo sale con esa mujer*. 私は息子が毎日その女性と一緒にいるのが気がかりだ

hacer ~ 思わせる: Pero ese suceso me *hace* ~ en la época más sombría de nuestra historia. しかしその出来事によって私は我が国の歴史で最も暗い時代のことを考えさせられる. La redondeada forma de aquel paquete me *hizo* ~ que podía contener un sombrero. あの箱の丸い形を見て, 私は帽子が入っているのだろうと思った

ni lo pienses《口語》1)［行為に対して］そんなことは許されない, だめです: ¿Dejar a tu hijo en el auto mientras compras? *¡Ni lo pienses!* あなたは買い物をする間, 子供を自動車に乗せて放っておきますか? そんなことは絶対だめです! 2)［謝辞に対して］どういたしまして;［謝罪に対して］何でもありません

ni ~ *lo*《口語》［要求・提案などに対する拒絶］とんでもない, 論外だ, 嫌だ, だめだ: ¿No te parece este un buen plan?—*¡Ni lo!* これはいい計画だと思えないかな?—とんでもないよ! Hoy no iremos a comer fuera, *ni* ~ *lo*. 今日は外へ食事に行かないよ, 絶対だめだよ

pensándolo bien［前述の内容を軽く修正して］よく考えると: Lo dije, pero, *pensándolo bien*, no lo creía. 私はそう言ったが, ちょっと考えてみると, そうは思っていなかったんだ. *Pensándolo bien*, la cosa no es tan preocupante. けれどよく考えてみると, 事はさほど心配するにはあたらない

ser para ~ *lo*［事柄が主語］考慮すべきである, 無視できない: Las consecuencias de la elección *son para* ~ *las*. 選挙の結果は十分に検討されるべきである

sin ~ *lo* 思いがけず: Me he encontrado *sin* ~ *lo* con una herencia de mi tía. 思いがけず私は叔母の遺産をもらえることになった

¡y ~ *que*+直説法*!*…だなんて［考えられない］!: *¡Y* ~ *que* antiguamente esto era un lago!* 昔ここが湖だったなんて［想像もつかない］! *¡Y* ~ *que* ya son vacaciones de verano dentro de tres días...!* 3日したらもう夏休みだなんて…［すばらしすぎる］!

—— 自❶ 考える, 思考する, 思う; 思索する: 1) Este proyecto exige ~ mucho. この計画は熟慮を要する. Cuando es noche cerrado del invierno, uno se dispone a ~. 暗い冬の夜には人は物思いにふけるもの. facultad humana de ~ 人間の思考能力. hombre incapaz de ~ 物事を考えられない人. 2)［+sobre について］Primero hacen y luego *piensan sobre* ello. 彼らはまず行動してから, そのことについて考える. ¿Qué *piensas sobre* el nuevo modelo de coche? 新しいモデルの車についてどう思う? 3)［+de. 人・事物に関する意見として］¿De qué *piensas*?—De si hay alma o no. 君は何を考えているんだ?—魂があるのかどうかを. *Pienso de* esto día y noche. 私はこのことを昼も夜も考えている. ❷［+en］しっかりと（色々と）考える: ¿*En qué piensas*?—*Pienso en* la muerte. 何のことを考えてるの?—死について考えている. Federico *pensó en* Jaime. No podía evitar ~ obsesivamente *en* Jaime. フェデリコはハイメのことを考えた. 何かにとりつかれたようにハイメのことだけを考えた. ~ en el tabaco como adelgazante たばこをやせようと考える. 2)［+en+不定詞・que+直説法］…しようかと考える: *Pienso en* ir a España este verano. 私は今年の夏スペインへ行こうかなと考えている. Esas chicas solo *piensan en* divertirse. その女の子たちはただ遊ぶことだけを考えている. Quiero ~ *en que* fuiste feliz. 君は幸せだったと私は思いたい. 3) 思い出す, 思い浮かべる: Cuando *pienso en* esa pandilla de mi niñez, casi se me saltan lágrimas. 私は子供時代の仲間たちのことを思うと, 涙が出てきそうになる. 4) 期待する, 望む: Ya *piensa en* el presidente del banco. 今や彼は銀行頭取のポストを意識している

no ~ *más que...*［+en+人・事物 に］いつも没頭している, 専念している: Por el momento *no puedo* ~ *más que en* esto. 今のところ私はこのことで頭が一杯だ

~ *bien*［+de+人・事物 に］良い方に考える, 善意にとる: Él siempre *piensa bien* de los que trabajan con él. 彼は自分と一緒に仕事をしている人を信用して疑わない. Yo prefiero ~ *bien* de la gente. 私は性善説を信じる. Yo *pienso*

bien de los objetos de arte en los que trabaja él. 私は彼が扱う美術品には信用を置いている

~ *consigo* =~ *para sí*
~ *entre sí* =~ *para sí*

~ *mal*［+de+人・事物 を］悪い方に考える, 悪意にとる, 意地悪く解釈する: No quiero ~ *mal de* él, pero sospecho que no está en buenas relaciones con sus colegas. 彼のことを悪く思いたくないが, 彼は同僚との間がよくないようだ. *Piensa mal* y acertarás.《諺》何事も悪いふうにとっておけば間違いない

~ *para sí* 心の中で考える, 心中ひそかに思う: *Pensó para sí que todos estaban equivocados*. 彼は心の中で, 皆は間違っていると思った

~ *solo...* =*no* ~ *más que...*: Es egoísta y *piensa solo en* sí mismo. あいつは利己主義な奴で, 自分自身のことだけを考えている

sin ~ 思わず, あわてて, せっかちに, よく考えないで; うかつに; 悪意なしに: Perdóname, se lo dije *sin* ~. すみません, うっかり彼にそのことを言ってしまいました. Le di con el codo *sin* ~. 私はうっかり彼を肘で突いてしまった

—— ~*se* ❶［受け身］考えられる;［一般に］…と考えられている: *Se deben* ~ esas cosas en el divorcio lo mismo que en el casamiento. そうしたことは結婚の時と同じく, 離婚の時にも考えられるべきである. *Se piensa que* el español es fácil de aprender. スペイン語は学習しやすい言葉だと考えられている. Esta palabra *se piensa* como un galicismo cuyo uso se debe evitar. この単語は使うべきでないフランス語風表現と考えられている. *No se piensa en* el verano cuando cae la nieve. 雪の降る夏など考えられない. Desde ningún punto de vista *se puede* ~ *que* el médico sea culpable. どの点から見てもその医者に罪があるとは考えられない. ❷《口語》熟考する

cuando menos se piensa (*se piense*) 突然, 思いがけない時に: *Cuando menos se piensa*, a veces se apaga la luz y toda la vecindad se queda oscura casi una hora. 突如として電気が消えて, 近所全体が1時間ほど暗闇になってしまうことが時々ある

pensárselo (*mucho*)［決められ行動したりする前に］熟慮する: *Me lo pensé mucho antes de contestar*. 私は返事をする前によくよく考えた. *Piénsatelo*. よく考えなさい

si bien se piensa/*si se piensa bien* よく考えると

pensar		
直説法現在	命令法	接続法現在
p*ie*nso		p*ie*nse
p*ie*nsas	p*ie*nsa	p*ie*nses
p*ie*nsa		p*ie*nse
pensamos		pensemos
pensáis	pensad	penséis
p*ie*nsan		p*ie*nsen

Ⅱ［←pienso］㉓他《古語的》［家畜に］飼料を与える

pensativo, va [pensatíβo, ba] 形 ❶ [estar+] 物思いにふけった, 考え込んだ: Al oír la noticia, se quedó ~. 彼はその知らせを聞くと考え込んだ. Caminaba ~. 彼は考え込んだ様子で歩いていた. ❷ 思慮深い, 思索する: expresión ~*va* 物思いに沈んだ表情

pensel [pensél] 男《植物》［ヒマワリのような］向日性の花

penseque [penséke]《←*pensé que*》男［単複同形］《口語》❶ 思い違い, 勘違い. ❷ 弁解, 言い訳, 言い逃れ

pensil [pensíl]《←ラテン語 *pensilis*》形 吊り下がった, ぶら下がった, 宙吊りの
—— 男《文語》美しい庭園, 名園

pénsil [pénsil] 形 男 =**pensil**

pensilvánico, ca [pensilbániko, ka] 形《地質》ペンシルバニア紀

pensilvano, na [pensilbáno, na] 形 名《地名》［米国の］ペンシルバニア Pensilvania 州の

pensión [pensjón]《←ラテン語 *pensio, -onis*「支払い」》女 ❶［公的］年金: cobrar una ~ 年金を受け取る. edad de ~ 年金支給年齢. ~ de invalidez 障害年金. ~ de jubilación/~ de retiro 退職年金. ~ de viudedad/~ de viudez 寡婦年金. ~ por cuenta del empresario 無拠出年金. ❷［定期的に受け取る］手当: ~ alimenticia ［離婚後の］扶養手当.

❸ [長期滞在用の家族的な] 小ホテル, 民宿, 下宿屋《12室以下で主に3食付き. →hotel [類義]》; [学生の] 寄宿舎, 学生寮. ❹ 食事付き宿泊料, 下宿代: hospedarse con 〜 completa 3食付きで部屋を借りる. media 〜 [宿泊が] 昼食付き, 朝夕2食付き; [学校が] 昼の給食付き. ❺ [教師・学生への] 奨学金, 研究助成金; 交通費補助. ❻ [不動産・農場の] 賃料, 地代. ❼ 《古語》[所有していることなどの] わずらわしさ, 欠点. ❽ 《メキシコ》有料(月決め)駐車場. ❾ 《コロンビア》授業料. ❿ 《アンデス, アルゼンチン, ウルグアイ》懸念, 不安; 苦悩, 心痛; 後悔. ⓫ 《ペルー, アルゼンチン》路上生活者への給食

pensionado, da [pensjonádo, da] 形 手当のつく
—— 名 年金(奨学金・研究助成金)の受給者
—— 名 ❶《西》寄宿学校. ❷《チリ, アルゼンチン, ウルグアイ》寄宿舎, 学生寮《=internado》. ❸《チリ》私費病棟

pensionar [pensjonár] 他 ❶ …に年金(奨学金・研究助成金)を支給する. ❷ 地代(租税)を課す. ❸《ペルー. 口語》邪魔する; …に迷惑(心配)をかける
—— 〜se ❶《コロンビア》定年退職する. ❷《チリ》気にかける

pensionario [pensjonárjo] 男 ❶ 歴史 [17〜18世紀の] オランダ las Provincias Unidas の法律顧問《事実上の政治指導者》: Gran 〜 連邦総督. ❷ [地代の] 支払人

pensionista [pensjonísta] 名 ❶ 年金生活者; 年金受給者. ❷ 寄宿生; 下宿人: medio 〜 学校で昼の給食をとる自宅通学生

pensum [pénsun] 男 ❶《古語》暗記すべき学課. ❷《コロンビア》職業教育計画

penta [pénta] 女《俗語》=pentazocina

penta- [接頭辞] [5] pentagrama 五線

pentacampeón, na [pentakampeón, na] 名《スポーツ》5連覇チャンピオン

pentacloruro [pentaklorúro] 男《化学》五塩化物

Pentacordio [pentakórdjo] 男《古語》五弦琴

pentadáctilo, la [pentaðáktilo, la] 形 ❶《動物》五指の. ❷《詩法》5つの長短短格からなる古典詩の

pentadecágono [pentaðekágono] 男《幾何》15角形

pentadecasílabo, ba [pentaðekasílabo, ba] 形 男《詩法》15音節の[詩句]

pentáfono, na [pentáfono, na] 形《音楽》五音の: escala 〜na 五音音階

pentaedro [pentaéðro] 男《幾何》五面体

pentagonal [pentagonál] 形 五角形の《=pentágono》

pentágono, na [pentágono, na] 形《←penta-+ギリシア語 gonia「角」》《幾何》五角形の: el P〜. 米国の》ペンタゴン, 国防総省; 米軍当局. ❸《メキシコ. 野球》本塁

pentagrama [pentagráma] 男《音楽》五線, 譜表

pentágrama [pentágrama] 男 =pentagrama

pentalfa [pentálfa] 女 五芒星形

pentalón [pentalón] 男 =pentatlón

pentámero, ra [pentámero, ra] 形 ❶ 五部分に分かれた, 五部から成る. ❷《植物》五弁花の. ❸《昆虫》付節が五節の

pentámetro [pentámetro] 男《詩法》五歩格[の]

pentano [pentáno] 男《化学》ペンタン

pentapartido [pentapartíðo] 男《政治》五党連立

pentápolis [pentápolis] 女《単複同形》《歴史》ペンタポリス, 五府市地域

pentapolitano, na [pentapolitáno, na] 形 名《歴史》ペンタポリスの[人]

pentarquía [pentarkía] 女 五頭政治, 五頭政府

pentasilábico, ca [pentasilábiko, ka] 形 =pentasílabo

pentasílabo, ba [pentasílabo, ba] 形 男《詩法》五音節の[詩句]

pentastómido [pentastómiðo] 男 舌形動物の
—— 男 複《動物》舌形動物

Pentateuco [pentatéuko] 男《旧約聖書》モーゼの五書

pentatleta [pentatléta] 名 五種競技の選手

pentatlón [pentatlón] 男《←ギリシア語 pente「五」+athlon「賞」》男《スポーツ》五種競技: 〜 moderno 近代五種

pentatónico, ca [pentatóniko, ka]《音楽》五音の

pentavalente [pentaβalénte] 形《化学》五価の

pentazocina [pentaθoθína] 女《薬学》ペンタゾシン

pente- [接頭辞] =penta-

pentecostal [pentekostál] 形《キリスト教》ペンテコステ運動の

pentecostalismo [pentekostalísmo] 男《キリスト教》聖霊の賜物に重きを置く》ペンテコステ運動

Pentecostés [pentekostés]《←ラテン語 pentecoste < ギリシア語 pentekoste「50番目の」》❶《キリスト教》聖霊降臨の祝日《復活祭後の第7日曜日. =Pascua de 〜 [del Espíritu Santo]》. ❷《ユダヤ教》五旬節[祭], ペンテコステ《過ぎ越しの祭り Passover の後50日目の収穫祭》

pentedecágono, na [penteðekágono, na] 形 男 =pentadecágono

pentélico, ca [pentéliko, ka] 形《地名》[ギリシア南東部の] ペンテリコン山 Monte Pentélico の: mármol 〜 ペンテリコン大理石

penthouse [pentxáus]《←英語》男《中南米. 建築》ペントハウス《=ático》

pentodo [pentóðo] 男《電気》五極[真空]管

pentosa [pentósa] 女《化学》ペントース, 五炭糖

pentotal [pentotál] [《←商標》男《薬学》ペントサル, ペントタール

pentrita [pentríta] 女《化学》ペントリット

pénula [pénula] 女《古語. 服飾》[ローマ人の用いた] 短い円形のマント

penúltimo, ma [penúltimo, ma]《←ラテン語 paenultimus < paene「ほとんど」+ultimus「最後の」》形 終わりから2番目の[人]: 〜ma sílaba《文法》第2尾音節

penumbra [penúmbra]《←ラテン語 paene「ほとんど」+umbra「陰」》女 ❶ 薄明かり, 微光: en la 〜 薄暗がりで. ❷《文語》不明瞭, あいまい. ❸《天文, 物理》半影. ❹《美術》明暗濃淡の境[の部分]

penumbral [penumbrál] 形《天文, 物理》半影の

penumbroso, sa [penumbróso, sa] 形 薄明かりの

penuria [penúrja]《←ラテン語 paenuria》女 [生活必需品などの] 不足, 欠乏; 貧窮: vivir en la 〜 物のない生活をする; ひどい貧乏暮らしをする. 〜s alimentarias 食糧不足. 〜 de petróleo 石油不足. 〜 de tiempo 時間不足
ir con 〜 de medios 手の打ちようがない

penutiano, na [penutjáno, na]《言語》ペヌティ大語族の

peña [péɲa]《←ラテン語 pinna「のこぎり壁」》女 ❶ [ごつごつの] 岩, 岩地. 〜s cayeron a la carretera. 岩が何個か道路に落ちた. ❷ [小さな] 岩山: escalar 〜s arriba 岩山をよじ登る. ❸ [主にスポーツ・文化・遊びの] サークル, 同好会; [スポーツチームなどの] ファンクラブ, 後援会: 〜 de aficionados a las bellas artes 美術同好会. 〜 taurina 闘牛好きの集まり. ❹《西. 口語》[集名] 1) 遊び仲間: ir de excursión con la 〜 仲間とハイキングに行く. 2) [不特定の] 人々: Hay mucha 〜. たくさんの人がいる. ❺《チリ, アルゼンチン, ウルグアイ》質店《=montepío》

peñafiel [peɲafjél] 男《バリャドリード県の》ペニャフィエル村 Peñafiel 産のワイン

peñafielense [peɲafjelénse] 形 名《地名》ペニャフィエル Peñafiel の[人]《バリャドリード県の村》

Peñaranda [peɲaránda] 女《西. 戯語》質店

Peñaranda [peɲaránda]《人名》Enrique 〜 エンリケ・ペニャランダ《1892〜1969, ボリビアの軍人, 大統領》

peñarandiano, na [peɲarandjáno, na] 形《地名》ペニャランディア・デ・ブラカモンテ Peñarandia de Bracamonte の[人]《サラマンカ県の村》

peñascal [peɲaskál]《←peñasco》男 岩だらけの土地, 岩石地帯

peñascazo [peɲaskáθo] 男《アンダルシア; チリ》投石による打撃; 投石《瓦礫など》

peñasco [peɲásko]《←peña》男 ❶ 大きな岩, そそり立った岩. ❷《貝》ホネガイ. ❸《解剖》[側頭骨]錐体. ❹ 石の多い地方. ❺《地方語》大きな石

peñascoso, sa [peɲaskóso, sa] 形 大きな岩だらけの, 巨岩でできた: monte 〜 岩山

peñasquear [peɲaskeár] 他《チリ》[人に] 投石する

peñazo [peɲáθo] 男《西. 口語》❶ 退屈な[人・事], うんざりさせる[人・行為・状況]. ❷ 投石《=pedrada》

peñiscar [peɲiskár] 7《中南米》つねる, つまむ《=pellizcar》

peñiscolano, na [peɲiskoláno, na] 形 名《地名》ペニスコラ Peñíscola の[人]《カステリョン県の町》

peñista [peɲísta] 名 サークル peña の会員

peño [péɲo] 男 捨て子

peñol [peɲól] 男 =peñón

péñola [péɲola] 女《文語》❶ 羽ペン《=péndola》. ❷ [作家の] 作風, 作品

peñolada [peɲoláđa] [女]《まれ》一筆〔書くこと〕

peñón [peɲón]【←peña】[男] ❶ 岩山, 岩壁: P~ de Gibraltar ジブラルタルの岩山《スペイン南端近くの岬にある。現在英国領だが、スペインへの返還要求がなされ、「スペイン人の団結」のシンボルとなった》. ❷ 巨大な岩

peñuela [peɲwéla] [女] peña の示小語

peñusco [peɲúsko] [男]《プエルトリコ, アルゼンチン》ぎゅうぎゅう詰めのもの

peñusquero [peɲuskéro] [男]《ベネズエラ》密集, ぎゅうぎゅう詰め

peo [péo] [口語]=**pedo**

peón [peón] I【←俗ラテン語 pedo, -onis < pes, pedis「足」】[男] ❶ [単純・補助労働の] 作業員【=bracero】: ~ caminero 道路工事作業員. ❷《口語.軍事》歩兵. ❸《チェス》ポーン. ❹ [チェッカー・すごろくなどの] 駒. ❺《口語》目的のための手段として使われる人, 手先. ❻《西.口語》[ひもで回す]こま【=trompo】. ❼《闘牛》1) 闘牛士の助手. ~ de brega. 2)《古語》徒歩の闘牛士【⇔caballero】. ❽ 歩行者【=peatón】. ❾ [水車などの] シャフト, 回転軸. ❿《養蜂》[ミツバチの] 巣箱. ⓫《地方語》[止めている荷車の車輪に噛ます]棒. ⓬《中南米》1) [hacienda で働く]農業労働者. 2)《歴史》債務奴隷《植民地時代のスペイン領アメリカで、身分は自由でありながら, 半永久的に債務から逃れられずに奴隷状態に置かれた先住民》. ⓭《ラプラタ》~ de estancia [牧舎に住み込みの] 貧しい牧童
  a ~ 徒歩で
  II [男]《詩法》四音節の韻脚《長音節1つと短音節3つからなる》

peona [peóna] [女] [単純・補助労働の] 女性作業員

peonada [peonáđa]【←peón I】[女] ❶ [農業労働者などの] 一日分の仕事(労働). ❷《主に中南米》[集名] 一工事で働く作業員: dar instrucciones a la ~ 作業員たちに指図する. ❸ 耕地面積の単位【=3.804アール】. ❹《古語》歩兵. ❺《アンダルシア》[町・村の] 夫役

peonaje [peonáxe]【←peón I】[男] ❶ [集名] 一工事で働く作業員, 日雇い労働者. ❷ [peón の] 作業, 労働. ❸ [集名] 歩兵

peonar [peonár] [自]《アルゼンチン》作業員として働く

peonería [peonería] [女] 一日分の耕作面積

peonía [peonía] I [女]《植物》❶ ボタン, シャクヤク. ❷《ドミニカ, ベネズエラ》ナンバンアカアズキ《学名 Adenanthera pavonina》.
  II [女]【←peón I】《古語》分与地《新大陸の征服・支配期に論功行賞的にコンキスタドールの歩兵に割り当てられた。面積は約21ヘクタール》. ❷《カリブ》一日分の耕作面積

peoniáceo, a [peonjáθeo, a]《植物》ボタン属の

peonio, nia [peónjo, nja] [形] [名]《古代ギリシャ, 地名》ペオニア Peonia の(人)

peonza [peónθa]【←peón I】[女] ❶《西. 玩具》[ひも・むちで回す]こま. ❷《口語》小太りで騒々しい人. ❸《貝》ニシキウズガイ
  a ~《口語》徒歩で
  bailar como una ~《西.口語》軽やかに踊る

peor [peór]【←ラテン語 peior, -oris】[形] ❶ [malo の比較級] 悪い, さらに劣る【⇔mejor】: 1) [+que より] Este lápiz es ~ *que* este otro. この鉛筆はもう一つのより品質が悪い. El equipo de nuestra universidad es ~ en la defensa *que* en la ofensiva. 私たちの大学のチームは攻撃よりも守備の方が下手だ. Yo tengo ~ letra *que* tú. 私は君より字が下手だ. La situación está ~ *que* antes. 状況は以前より悪い. Hoy va a hacer un tiempo ~ *que* ayer. 今日は昨日よりひどい天気になりそうだ. 2) [+de より] Los resultados fueron ~es *de* lo que pensábamos. 結果は私たちが考えていたものより悪かった.《語法》1) 道徳的な悪さを比較する場合は **más malo** も使われる: Es *más malo que* Judas. 彼はユダよりも悪い人だ. 2) 食べ物などの比較には más malo も使われることがある: No conozco remedio *más malo que* este. 私はこんなひどい味の薬を飲んだことがない. 3) [2つのものの比較では 定冠詞+] Comparados los dos hermanos, él tiene *el* ~ genio. 兄弟2人を比べてみると, 彼の方が気難しい. Esta lavadora es *la* ~ de las dos. この洗濯機は2台のうちでよくない方だ. 4) 比較級に数量・程度の修飾語句を加えることができる: Estos zapatos son *mucho* ~ de calidad *que* los otros. この靴は他のと比べかなり品質が悪い. Las circunstancias de la vida se hacen *cada día* ~es. 生活環境は日を追って悪くなっている. 5) [que+否定語. 意味上の最上級] Cinco años después del golpe, Honduras está ~ *que* nunca. クーデターから5年後, ホンジュラスは最悪の状態にある. ❷ [最上級. 定冠詞・所有形容詞+. +de・en・entre の中で] 最も悪い, 一番悪い: Es *el* ~ *alumno* de la clase. 彼はクラスで最も成績の悪い生徒だ. Este país es, sin duda alguna, una de las ~es dictaduras *del* mundo. この国は疑いもなく, 世界でも最悪の独裁国の一つだ. Este año fue *el* ~ *del* cineasta ese año fue el ~ de su vida. その映画人にとって, その年が人生最低の時だった. Fue *el* ~ resultado que nunca habíamos supuesto. それは私たちが想像もしなかった最悪の結果だった. Este accidente del tren es *el* ~ y *el* más grave de España *en* los últimos 40 años. この列車事故は最近40年間にスペインで起こった最悪で最も重大な事件である. Lo ~ de todo es que no podemos hacer nada para ayudarle. 何よりも残念なのは, 私たちが彼を助けるために何もできないことだ
  a lo ~《口語》[主に +直説法現在. 望ましくないことへの危惧] もしかすると
  en el ~ *de los casos* 最悪の場合は: *En el* ~ *de los casos* tendríamos que ir andando. 最悪の場合, 私たちは歩いて行かねばならないだろう
  ir a ~ 悪化する: La situación *fue a* ~. 状況が悪化した
  lo ~ 1) 最悪のこと: Siempre hay que estar preparado para *lo* ~. いつも最悪の事態に備えておかねばならない. *Lo* ~ de todo es que se repiten unos mismos accidentes. 最悪の状況は, 同じような事故が繰り返し起こっていることだ. 2)《婉曲》悲しい(不愉快な)現実. 3)〔社会的・道徳的に〕最低のこと
  P~ es meneallo (meneallo).《諺》余計な手出しは禁物／触らぬ神にたたりなし
  P~ es nada.《中南米. 諺》[動物・物などが] ないよりはまし, 多少なりとも役に立つ: Solo me tocó el último premio.—*P~ es nada.* 私は残念賞が当たっただけだ.—何もないよりはまし
  ~ *que* [発言・行動が] 事態をもっと(かえって)悪くする: Si tú lo haces, ~ *que* ~. もし君がしたら, 事はさらに悪くなる
  ponerse en lo ~ 最悪の場合を考える: *No se ponga* usted tanto *en lo* ~, ya volverán los niños sanos y salvos. そんなに悪い方にばかり考えてはいけません. 子供たちは無事に帰ってきますよ. Al verle la cara, *me puse en lo* ~. 彼の顔を見た時, 私は最悪の事態を考えた
  y para ~ さらに悪いことに: Se me estropeó el coche a cinco kilómetros del pueblo *y para* ~, allí no había ningún taller de reparaciones. 町から5キロの所で私の車が故障し, さらに悪いことに, そこには修理工場が一つもなかった
  ── [副] ❶ [mal の比較級] より悪く, さらに下手に: 1) [+que より] El enfermo está ~ *que* ayer. 病人は昨日よりも容態が悪い. Toco el piano ~ *que* mis hermanos. 私は兄たちよりピアノが下手だ. Esta puerta cierra ~ *que* antes. このドアは以前より閉まりが悪くなった. 2) [+que+否定語. 意味上の最上級] Mi madre sabe de mecánica ~ *que* nadie. 母は誰よりもメカに弱い. Hoy nuestro equipo ha jugado ~ *que* nunca. 今日の我がチームは最低のプレーぶりだった. 3) [+de より] La cosa iba ~ *de* lo que pensábamos. 事は私たちが考えていたよりも良くない方向に進んでいた.《語法》比較級に数量・程度の修飾語句を加えることができる: Dicen que el estado de salud del presidente está *mucho* ~ *de* lo que pensamos. 大統領の健康状態は私たちが考えているよりもずっと悪いらしい. El tiempo se hacía *cada vez* ~. 天気は刻々と悪化していた. ❷ [最上級] Este tabaco es el que sabe ~ *de* los que trajiste. このたばこはお前が持って来たものの中で一番味が悪い. Con estos truenos e intensas lluvias está ~ el tiempo de hoy. 雷や強い雨で今日の天気は最悪だ. Este barrio es donde ~ se vive de toda la ciudad. この区域はこの都市全体の中で最も貧しい生活をしている

peoría [peoría] [女] ❶《まれ》さらに悪いこと. ❷《地方語》悪化

pepa¹ [pépa] [女] ❶ 果実の種. ❷《ラマンチャ》価値のないもの. ❸《ラマンチャ. 口語》欺瞞, 嘘. ❹《サクランボ・オリーブなどの》核, 内果皮. ❺《メキシコ, キューバ, ベネズエラ. 俗語》[女性性器の] 陰核. ❻《コロンビア, ベネズエラ. 口語》ほくろ. ❼《ベネズエラ. 口語》散粒【=grano】. ❽《ペルー. 口語》顔. ❾《アルゼンチン》ビー玉
  largar (solar) la ~《チリ. 口語》口を滑らす
  ser una ~《コロンビア. 口語》名手である

¡*Viva la P~!* 1)［安心］大丈夫だ, 心配ない! 2)［歓喜］万歳, やったぁ!
── 形 名《コロンビア》賢い〔人〕, 勉強がよくできる〔人〕
pepazo [pepáθo] 男《中南米》❶ 投石, 射撃;［鞭などによる］打撃. ❷ 嘘
pepe¹ [pépe] 男 ❶［隠語］［女性の］外部性器. ❷ まずい(熟れ足りない)メロン. ❸ 物乞い. ❹《グアテマラ, ホンジュラス》哺乳瓶. ❺《ベネズエラ, ボリビア》おしゃれな男, 伊達男. ❻《アルゼンチン》泥酔
como un ~《口語》時間どおりに, 遅刻せずに
ponerse como un ~《口語》［腹がはち切れるほど］たらふく食べる
pepe², **pa**² [pépe, pa] 形《グアテマラ》孤児の
pepé [pepé] 男《アルゼンチン. 幼児語》靴
pepear [pepeár] 自《エクアドル》［人に］発砲する
pepena [pepéna] 女《メキシコ, 中米》拾い集めること, あさること
pepenado, da [pepenádo, ða] 形《メキシコ》孤児の, 養子の
pepenador, ra [pepenaðór, ra] 名《メキシコ》ごみ拾いで生活している人, 屑拾い
pepenar [pepenár]《←アステカ語》他 ❶《メキシコ, 中米. 口語》1)［たくさんの中から］選ぶ. 2)［ごみなどを］拾い集める, あさる. ❷《メキシコ》1)［鉱山］鉱石を選別する, 選鉱する. 2)［人を］強くつかむ
pepepán [pepepán] 男《エクアドル》パンノキの実
peperina [peperína] 女《アルゼンチン. 植物》シソ科の香草の一種〔学名 Bystropogon mollis, Minthostachys mollis〕
peperomia [peperómja] 女《南米. 植物》ペペロミア
pepián [pepján] 男《グアテマラ. 料理》ペピアン《トマト・玉ネギなど各種の野菜を細かく刻みカボチャの種・ゴマを加え肉を煮込んだシチュー》
pepillo, lla [pepíʎo, ʎa] 形 名《キューバ》［14〜17歳の］ティーンエイジャー, ミドルティーン
pepina [pepína] 女《メキシコ》［鉱床の中心を占める］鉱石の層
pepinar [pepinár] 男 キュウリ畑
pepinazo [pepináθo] 男 ❶《口語》強打, 炸裂. ❷《スポーツ》強烈なシュート
pepinillo [pepiníʎo]《pepino の示小語》男 ❶［ピクルス用の］若い小さなキュウリ. ❷《料理》小キュウリのピクルス. ❸《植物》 ~ del diablo / ~ amargo / ~ loco キュウリに似た植物〔学名 Echallium elaterium〕
pepinito [pepiníto] 男《ドミニカ. 植物》ナガバノゴレンシ《= bilimbín》
pepino [pepíno]《←ラテン語 pepo, -onis「メロン」<ギリシア語 pepon》男 ❶《植物, 実》1) キュウリ. 2) ~ del diablo テッポウウリ. ❷《動物》 ~ de mar ナマコ《= cohombro de mar》. ❸《口語》メロン. ❹《メキシコ》まずいメロン. 《口語》(*no*) *importar a* + 人 *un* (*tres ~s*)《口語》［＋名詞 は ／ +que+接続法 することが］…にとって全然重要でない(何の興味もない): Me *importa un ~ que* te guste o no. 君の気に入ろうと入るまいと私にはどうでもよい
no valer un ~ (*tres ~s*)《口語》何の役にも立たない, でくの坊である
pepinoide [pepinóiðe] 形 キュウリのように〕細長い
pepión [pepjón] 男［13世紀カスティーリャの］ペピオン硬貨
pepita [pepíta]《←俗ラテン語 pippita < ラテン語 pituita「粘液」》女 ❶［メロン・メロンなどの果実の］種《類語 **pepita** は「ピパ, **pipa** は涙滴型の, **hueso** は大粒の種」》. ❷［河床などに堆積した, 金などの］天然の塊, 塊金. ❸《俗語》［女性性器の］陰核. ❹《獣医》［鶏などの家禽の］舌にできる腫瘍, 舌病. ❺《アンダルシア. 鳥》セキレイ《= aguzanieves》. ❻《中南米》カカオの実. ❼《メキシコ》［炒って塩味をつけた］カボチャの種
no tener ~s en la lengua《口語》ずけずけ言う
pepitero [pepitéro] 男《アンダルシア》ピーマンの芯
pepito [pepíto] 男 ❶《西. 料理》1) 子牛肉のソテー(焼いたハム)をはさんだサンドイッチ bocadillo. 2)［細長い］クリームパン, チョコレートパン. ❷《中南米》おしゃれな男, 伊達男
pepitoria [pepitórja] 女 ❶《料理》鶏のフリカッセ《= gallina en ~》. ❷ ごちゃ混ぜ. ❸《メキシコ. 菓子》［カボチャの種と赤砂糖で作った］クッキー
pepitoso, sa [pepitóso, sa] 形 ❶ 種の多い. ❷［雌鶏が］舌病 pepita にかかった
pepla [pépla] 女《西》❶［肉体的・精神的に］欠陥だらけの人・事. ❷《口語》［正しく機能しないで時間ばかりとられる］わずら

わしい事柄
ir (*venir*) *con ~s* 厄介なことを持ち込む
peplo [péplo] 男［古代ギリシア. 服飾］［女性用の］肩でとめる外衣, ペプロス
peplum [péplun] 男 = **péplum**
péplum [péplum] 男《←英 ~s》［隠語］［古代ギリシア・ローマを題材とした, 低予算で作られた質の悪い］歴史映画
pepo [pépo] 男《エクアドル》❶ 打撃. ❷ 飲酒
pepón¹ [pepón] 男《果実》スイカ《= sandía》
pepón², **na**¹ [pepón, na] 形《ペルー》［人が］魅力的な
pepona² [pepóna]《← Pepa < Josefa (女性名)》女《西》❶［ボール紙・厚紙製の］大きな人形. ❷《口語》［赤ら顔の］頑健な女
pepónida [pepóniða] 女 = **pepónide**
pepónide [pepóniðe] 女《植物》ウリ状果, 瓜果《♃》
-pepsia［接尾辞］《消化》dis*pepsia* 消化不良
pépsico, ca [pé(p)siko, ka] 形《生化》ペプシンの
pepsina [pe(p)sína] 女《生化》ペプシン
pepsinógeno [pe(p)sinóxeno] 男《生化》ペプシノゲン
péptico, ca [pé(p)tiko, ka] 形《医学》úlcera ~*ca* 消化性潰瘍
peptídico, ca [pe(p)tíðiko, ka] 形 ペプチドの
péptido [pé(p)tiðo] 男《生化》ペプチド: ~ antimicrobiano (antibacteriano) 抗菌ペプチド. ~ natriurético ナトリウム利尿ペプチド
peptona [pe(p)tóna] 女《生化》ペプトン
pepú [pepú] 男《キューバ. 植物》ショウガ科の観葉植物《= colonia》
peque [péke] 名《親愛》［自分の赤ん坊・幼い子供に対して］おチビちゃん
pequén [pekén] 男《チリ. 鳥》アナホリフクロウ
pequeñajo, ja [pekeɲáxo, xa]《← pequeño》形《親愛》小さな〔子〕, おちびちゃん: ¡Los ~*s* a la cama! 坊やたちは寝なさい!
pequeñamente [pekeɲáɱente] 副《まれ》小さく
pequeñarra [pekeɲára] 名《口語》小さくてやせ細った人
pequeñez [pekeɲéθ]《← pequeño》女《圏 ~ces》❶ 小ささ, 小さいこと; 少なさ, わずかであること: ~ de la sabiduría 知識の少なさ. ~ de los ojos 目の小ささ. ~ del sueldo 給料の少なさ. ❷ 幼なさ, 年齢のいかないこと; 幼少期. ❸ 取るに足りないこと, ささいなこと: Se enfada fácilmente por *pequeñeces*. 彼はちょっとしたことですぐに腹を立てる. ❹ 狭量さ, 狭さ, けちくささ: No puedo soportar tu ~. 私は君の狭量さに耐えられない
pequeñín, na [pekeɲín, na] 形 大変小さい
── 名 小さい子
pequeñito, ta [pekeɲíto, ta] 形 ごく小さい
pequeño, ña [pekéɲo, ɲa]《←ラテン語 pitinnus》形 ❶ 小さい《⇔grande. 比較級は **menor**》: 1) Estos zapatos se me han quedado ~. この靴は私には小さくなった. casa ~*ña* 小さな家. coche ~ 小型車. habitación ~*ña* 狭い部屋. lápiz ~ 短い鉛筆. letra ~*ña* 細かい字. perro ~ 小さな犬. 2)［身長が］低い: Mi hermano es más ~ que yo. 兄は私より背が低い. hombre ~ 小柄な男. 3)［数量的に］少ない: Su sueldo base es ~ pero recibes comisiones todos los meses. 彼の基本給は少ないが, 毎月歩合が入ってくる. países de número ~ 少数の国々. ~*ña* cantidad de dinero 少額の金. ❹《主に経済》［比較的］小規模の: ~ empresario 小企業経営者. ~ negocio 小さな取引き. ❸ 幼い, 幼少の: Todavía es ~ mi hijo. 私の息子はまだ小さい. Los niños ~*s* duermen mucho. 幼い子はよく寝る. el hijo más ~ 末っ子. ❹ ささいな, 重要でない, 取るに足らない, 大したことのない: asunto ~ 取るに足りない事柄. ~ contratiempo ささいな不運. equipo ~ 弱小チーム. ~*ña* diferencia わずかな差異. ~ problema ささいな問題. ~ regalo ささやかな贈り物. ❺ 卑しい, 身分の低い: gente ~*ña* 卑賤の人々
── 名 幼い子, 子供: ¡Los ~*s* a la cama! 子供たちはもう寝なさい
de ~ 子供の時に: *De* ~ siempre decía que cuando fuera grande sería astronauta. 彼は子供のころ, 大きくなったら宇宙飛行士になるというのが口癖だった
desde ~ 子供のころから
en ~ 1)［複製の ／ 縮小に似た］小型版の, ミニチュアの: arco de triunfo *en* ~ ミニチュアの凱旋門. coche *en* ~ ミニカー. reproducción *en* ~ 小型模型. 2) 少し
venir (*estar* · *quedarse*) ~ 1)［容量と比べて］小さくなる:

Este sombrero *se* me *ha quedado* ～. この帽子は私には小さくなった. 2)［希望と比べて］重要でなくなる

pequeñoburgués, sa [pekeɲoƀurɣés, sa] [形] [名] プチブル〔の〕, 小市民〔的な〕

pequeñuelo, la [pekeɲwélo, la] [形] [名] pequeño の示小語

pequero [pekéro] [男]《アルゼンチン》いかさま師

pequín [pekín] [男]《繊維》［サージに似た］縞柄の絹織物

pequinense [pekinénse] [形] [名]《地名》=**pequinés**

pequinés, sa [pekinés, sa] [形] [名]《地名》ペキン(北京) Pekín の〔人〕

―― [男] ❶《犬》ペキニーズ〚=perro ～〛. ❷［中国語の］北京方言

pequista [pekísta] [形] [名]《地名》コンセプシオン Concepción の〔人〕〚チリ, Bío-Bío 州の州都〛

PER [pér]〚←英語〛[男]《経済》株価収益率

per-《接頭辞》❶［強調］*per*seguir 追求する, *per*durable 永遠の, 長く続く. ❷《化学》［過］*per*óxido 過酸化物, *per*clorato 過塩素酸塩

pera [péra]〚←ラテン語 pira < pirum「梨」〛[女] ❶《果実》ナシ(梨), 洋梨: ～ conferencia 皮が薄茶色の斑点のある緑色で甘いナシ. ～ de agua［多汁の］とろけるような(柔らかい)ナシ. ～ de donguindo 大型で汁気が多く甘いナシ. ～ limonera レモンに似た形のナシ. ❷ 浣腸(かんちょう)器. ❸［香水吹き・スポイトなどの］ゴム製の握り. ❹《西》梨形スイッチ; 梨形の呼び鈴. ❺ ヤギひげ〚=perilla〛. ❻《ボクシング》パンチングボール. ❼ 電球. ❽ 割のいい収入, 楽で実入りのいい職. ❾《獣医》［綿羊類の前足の］ひづめの粘膜炎. ❿《俗語》陰茎〚=pene〛. ⓫《俗語》［男性の］自慰. ⓬《チリ, アルゼンチン, ウルグアイ》［人の］下あご

como ～s en tabaque 細心の注意をはらって

echarse la ～《エクアドル, ペルー》ずる休みする, サボる

el año de la ～ 昔々その昔

estar como ～ 甘やかされている

partir 〔***las***〕 ***～s con***+人［怒って］…と仲違いする

pedir ～s al olmo (***al alcornoque***) 不可能なことを願う, ないものねだりをする

～ en dulce《口語》すばらしい人(もの), 上質のもの

poner a+人 ***las ～s a cuarto***《西. 口語》…に言うことを聞かせる, 〔嫌でも〕やらせる

ser la ～《西. 口語》［人・ものが, 良くて・悪くて］ひどい, すごい

tirarse la ～ 1)《エクアドル, ペルー》=**echarse la ～**. 2)《チリ》手をこまねく

tocarse la ～《俗語》活気がない, 働かない

―― [形] [名]《西. 軽蔑》［上流社会とつながりがあって］気取った〔人〕, 思い上がった〔人〕: Este chico es un ～. この子は鼻持ちならないお坊ちゃまだ

per accidens [per á〔k〕θiđens]〚←ラテン語〛[副] [形]《文語》偶然に・の

perada [peráđa] [女] ❶ ナシのジャム. ❷ ナシのリキュール

peral [perál] [男]《植物》ナシ〔の木〕; ナシ材

Peral [perál]《人名》**Isaac ～** イサアク・ペラル〚1851～95, スペインの軍人・科学者. 魚雷搭載潜水艦のプロトタイプであるペラル潜水艦 submarino Peral の発明者〛

peraleda [peraléđa] [女] ナシの果樹園

peralejo [peraléxo] [男]《植物》キントラノオ科マルピギア属の一種〚学名 Malpighia crassifolia〛

peralillo [paralíʎo] [男]《植物》［カナリア諸島の］クスノキ科の灌木〚学名 Maytenus canariensis〛

peralito [paralíto] [男]《植物》コイチヤクソウ

Peralta Azurdia [perálta aθúrđja]《人名》**Enrique ～** エンリケ・ペラルタ・アスルディア〚1908～97, グアテマラの軍人・政治家, 大統領. 1963年のクーデターを指揮〛

peraltar [peraltár] [他] ❶《建築》［アーチに］迫り出し(迫り高)を施す, 高半円(高半球)式にする: arco *peraltado* 超半円アーチ. ❷［鉄道・道路のカーブを］バンクさせる, 勾配をつける: curva *peraltada* バンク式カーブ. ❸《まれ》強調する, 目立たせる

Peralta y Barnuevo [perálta i barnwéƀo]《人名》**Pedro de ～** ペドロ・デ・ペラルタ・イ・バルヌエボ〚1663～1743, ペルーの著述家. 古典ギリシア語, ラテン語をはじめ様々な言語のみならず, 天文学・数学・医学・法学・文学・歴史にも通暁し, 数多くの著作を残す. 叙事詩『建設されたリマ』*Lima fundada o la conquista del Perú*. ほかに年鑑・百科全書的な企画を立ち上げ, ペルーの文化発展に尽くした〛

peralte [perálte]〚←per-+alto〛[男] ❶《建築》［アーチ・ドームの］高半円式, 高半球式, 上心式. ❷［鉄道・道路の］片勾配, カント; ［競輪場などの］バンク. ❸《まれ》突出部, 出っぱり

peralto [perálto]〚←per-+alto〛[男] ❶《幾何》［図形の］高さ. ❷《まれ》高所, 上方

per annum [per ánnun]〚←ラテン語〛[副] [形] 年に, 一年について〔の〕, 毎年〔の〕

perantón [perantón] [男] ❶《植物》アカザの一種〚=mirabel〛. ❷《古語》大型の扇. ❸《まれ》背の高い人

perborato [perƀoráto] [男]《化学》過ホウ酸塩: ～ sódico 過ホウ酸ナトリウム

perbórico [perƀóriko] [形]《化学》ácido ～ 過ホウ酸

perca [pérka] [女]《魚》❶ パーチ〚スズキ類の淡水魚. 食用〛: ～ americana ブラックバス. ❷ カサゴ〚=cabracho〛

percal [perkál]〚←仏語 percale〛[男] ❶《繊維》パーケル, 高密平織り綿布. ❷《闘牛》ムレータ〚=muleta〛; カポーテ〚=capote〛

conocer el ～《口語》人物(事情・事件の背景)を知っている

percala [perkála] [女]《コロンビア, ペルー, チリ. 繊維》パーケル〚=percal〛

percalina [perkalína] [女]《繊維》パーケリン, 裏地(下地)用綿布

percán [perkán] [男]《チリ》かび

percance [perkánθe]〚←percanzar〛[男] ❶ 思いがけない支障(不都合), 不慮の出来事: Tuvimos el ～ de la pérdida de la cartera. 私たちは財布をなくすというトラブルがあった. sin ～*s* 無事に. ❷《まれ》［主に [複]. 給料以外の］臨時収入

percanque [perkáŋke] [男]《チリ》=**percán**

percanzar [perkanθár]〚←カタルーニャ語 percaçar〛⑨ [他]《古語》到達する; 触る; 理解する

per cápita [per kápita]〚←ラテン語〛[形] [副]《経済》一人あたり〔の〕: impuesto ～《歴史》人頭税. renta ～ 一人あたり所得. pagar cien euros ～ 一人100ユーロ支払う

percatación [perkataθjón] [女]［それまで気づかなかったことに］気づくこと, 理解, 悟り

percatar [perkatár]〚←per-+catar「見る」〛[自]《まれ》気づく; 考える; 注意する

―― **～se**［+de それまで気づかなかったことに］気づく, 理解する: *Me he percatado de* los muchos milagros que han ocurrido en mi vida. 私は人生で起きた多くの奇跡に気づいた

percebe [perθéƀe] [男] ❶《貝》エボシガイ〚食用〛. ❷《西. 軽蔑》鈍く無知な人, 間抜け

percentil [perθentíl] [男]《統計》百分順位, 百分位数

percepción [perθepθjón]〚←ラテン語 perceptio, -onis〛[女] ❶《哲学, 心理》知覚, 感知: ～ de un olor 嗅覚. ～ espacial 空間認知. ～ extrasensorial 超感覚的知覚. ❷［物事の］とらえ方, 認識: ～ del paisaje 景観認識. ～ de la realidad 現実認識. ❸［主に金銭の］受領, 受給; 徴収, 集金: ～ de una parte de su sueldo base 基本給の一部の受領

～ del mundo 世界観: Su ～ *del mundo* es muy diferente de la mía. 彼の世界観は私のそれとはかけ離れている

perceptibilidad [perθe〔p〕tiƀiliđá〔đ〕] [女] 知覚され得ること, 知覚可能性

perceptible [perθe〔p〕tíƀle]〚←ラテン語 perceptibilis〛[形] ❶ 知覚(認識・理解)され得る. ❷［報酬として］受け取れる

perceptiblemente [perθe〔p〕tíƀleménte] [副] 感知され得るほどに, 気づかれ得るほどに, 目に見えて

perceptivo, va [perθe〔p〕tíƀo, ƀa] [形] ❶ 知覚の: facultades ～*vas* 知覚能力. ❷ 知覚能力のある

percepto [perθé〔p〕to] [男]《心理》知覚の対象, 知覚表象

perceptor, ra [perθe〔p〕tór, ra] [形] [名] ❶ 受領する〔人〕, 徴収する〔人〕: oficina ～*ra* de impuestos 収税事務所. ～ de una beca 奨学金の受取人. ❷ 知覚する

perceptual [perθe〔p〕twál] [形] 知覚の

percha [pértʃa] **I**〚←仏語 perche〛[女] ❶ ハンガー: corgar el abrigo en la ～ オーバーをハンガーに掛ける. ❷［壁などに取り付けられたフック状の］洋服掛け, 帽子掛け; ［家具としての樹木形の］コート掛け, コートスタンド. ❸［鳥の］止まり木. ❹［支えなどの］細長い棒, 竿; 杭. ❺《映画, 放送など》ブーム〚マイクロフォン・カメラ・照明灯などの操作用可動アーム〛. ❻《船舶》円材. ❼《口語》［人の］容姿, スタイル: tener buena ～ スタイルがよい. ❽《織物》毛羽立て, 起毛; 起毛機. ❾《狩猟》1)［ウズラを捕獲する］罠. 2)［猟師が獲物を入れる］肩掛けかばん. ❿《闘牛》角(つの). ⓫《体操など》丸く長い棒, バー. ⓬《古語》［理髪師が看板としてひげそり用の受け皿を掛ける］店のドアのフック. ⓭《メキシコ》同類の人(物). ⓮《ドミニカ》衣服. ⓯《コロン

P

ピア, エクアドル》華麗さ, 豪華さ. ⓰《チリ》山積み
II［女］《魚》パーチ《=perca》
perchado, da [pertʃáðo, ða]［形］《紋章》鳥が枝（止まり木）にとまった
── ［男］《織物》毛羽立て, 起毛
perchar [pertʃár]［他］《布を吊るして梳毛機で》毛羽立てる, 起毛する
── ［自］《地方語》竿で船を進める
perchel [pertʃél]［男］❶ 漁網掛け, 立て網. ❷ 漁網掛け場, 立て網場
perchelero, ra [pertʃeléro, ra]［名］❶《地名》ペルチェル Perchel の〔人〕《マラガ市の地区》. ❷［態度・言葉遣いが］ペルチェル風の
perchero [pertʃéro]［男］《←percha》❶［家具としての樹木形の］コート（帽子）掛け, コートスタンド. ❷《集合》ハンガー
percherón, na [pertʃerón, na]［形・名］❶《ペルシュロン種の〔馬〕, ペルシュ馬《大型で力の強い荷馬》. ❷《戯語》［人が］強い, 固太りの
perchista [pertʃísta]［名］《映画, 放送など》ブーム操作係, 移動マイク係
perchón[1] [pertʃón]［男］［剪定時に新芽を残しすぎた］ブドウのつる
perchón[2]**, na** [pertʃón, na]［形］《メキシコ》いつも値切る
perchonar [pertʃonár]［自］❶［新芽のたくさん付いた］ブドウのつるを残す. ❷《狩猟》［獲物が集まる所に］罠を仕掛ける
perchudo, da [pertʃúðo, ða]［形］《コロンビア》おしゃれな, めかした
percibimiento [perθiβimjénto]［男］**=apercibimiento**
percibir [perθiβír]［←ラテン語 percipere］［他］❶ 知覚する, 感知する; 感じ取る: Percibimos la realidad a través de los cinco sentidos. 私たちは五感を通して現実世界を把握する. ❷ 認識する, 理解する: He percibido inquietud en su discurso. 私は彼の演説にひそむ不安に気づいた. ❸《主に行政》［給料・年金などを］受け取る: Ella percibe mil euros al mes de viudedad. 彼女は寡婦年金として月に千ユーロ受け取る. ~ un sueldo del Estado 国から給与を得ている
percibo [perθíβo]［男］《法律》受領, 受け取ること
perciforme [perθifórme]［形］《魚》スズキ類の
── ［男］《魚》スズキ類
percipiente [perθipjénte]［形］《文語》知覚する
Percival [perθiβál]［男］《アーサー王伝説》パーシヴァル《円卓の騎士の一人》
perclorato [perkloráto]［男］《化学》過塩素酸塩
perclórico [perklóriko]［形］《化学》ácido ~ 過塩素酸
percloruro [perklorúro]［男］《化学》過塩化物
percocería [perkoθería]［女］銀の彫金
percocha [perkótʃa]［女］《プエルトリコ》汚い物
percochar [perkotʃár]［他］《アンダルシア》汚す, 垢だらけにする
── **~se**《アンダルシア》汚れる, 垢だらけになる
percocho [perkótʃo]［男］❶《アンダルシア》汚れ, 垢. ❷《ホンジュラス》ひどく汚い服（布）
percochón, na [perkotʃón, na]［形］《アンダルシア》だらしのない〔人〕; 垢だらけの〔人〕
percochoso, sa [perkotʃóso, sa]［形］《プエルトリコ》ひどく汚い
percolación [perkolaθjón]［女］《化学》溶剤処理, 浸出処理《=lixiviación》
percolador [perkolaðór]［男］❶［コーヒーの］パーコレーター. ❷ 濾過器;《化学》溶剤（浸出）処理装置
percollar [perkoʎár][28]［他］《ペルー, ボリビア》買い占める
percuchante [perkutʃánte]［形］《エクアドル, ペルー》ばかな, 愚かな
percuciente [perkuθjénte]［形］《まれ》衝撃の, 傷つける
percudido, da [perkuðíðo, ða]［形］《南米》汚れた
percudir [perkuðír]［他］❶［顔などの］輝き（みずみずしさ）を失わせる. ❷《地方語》…に汚れを染み込ませる. ❸《エストレマドゥラ》いい加減に掃除する
percusa [perkúsa]［女］《プエルトリコ》人間の屑
percusio, sia [perkújso, sja]［形］《ベネズエラ》汚れた
percusión [perkusjón]［女］《←ラテン語 percussio, -onis》❶《音楽》《集合》打楽器, パーカッション. ❷《医学》打診〔法〕. ❸［繰り返しの］衝撃, 衝突
percusionista [perkusjonísta]［名］打楽器奏者
percusor [perkusór]［男］《←ラテン語 percussor, -oris》［男］❶ **=percutor**. ❷［教会法で］傷つける者
percutáneo, a [perkutáneo, a]［形］《医学》皮膚を通しての, 経皮的な
percutante [perkutánte]［形］《まれ》打つ, 叩く
percutar [perkutár]［他］《まれ》打つ, 叩く
percutiente [perkutjénte]［形］衝撃を生む
percutir [perkutír]［←ラテン語 percutere］［他］❶［繰り返し］打つ, 叩く. ❷《医学》打診する
percutivo, va [perkutíβo, ba]［形］打楽器の
percutor, ra [perkutór, ra]［形］《=percutir》打つ, 叩く
── ［男］❶［銃砲の］撃鉄《=martillo del ~》; 撃針《=aguja del ~》. ❷［機械部品の］槌, ハンマー
perdedero [perðeðéro]［男］❶［追いかけられた野ウサギの］逃げ込み場所. ❷ 失われた原因
perdedizo, za [perðeðíθo, θa]［形］《メキシコ. 口語》**hacer** ~［物を］なくす, 隠す
perdedor, ra [perðeðór, ra]［形］［名］❶ 負けた〔人〕, 敗者〔の〕《⇔ganador》: El equipo ~ juega el partido de consolación. 負けたチームは敗者復活戦に進む. Es un ~ nato. 彼は生まれつきの負け犬だ. carácter ~ 負け犬の性格. halo ~ 負けオーラ. ❷ 忘れっぽい
buen ~ 負けっぷりのよい人, 潔く負ける人: Sea un *buen* ~. 良き敗者であれ
mal ~ 負けぎわの悪い人: Es un *mal* ~. 彼は往生ぎわが悪い
perder [perðér]《←ラテン語 perdere》[24]［他］❶ 失う, なくす《⇔ganar》: 1) *Perdí* el anillo de bodas. 私は結婚指輪をなくした. ~ toda su fortuna 全財産を失う. 2)［意欲・関心・感覚などを］~ su posición (sus derechos) 地位（権利）を失う. ~ la confianza 信頼を失う. ~ tres quilos 3キロやせる. ~ mucho 多くを失う, 大変損をする. una década *perdida* 失われた10年. 3)［性質・態度・感覚などを］No hay que ~ el ánimo. 元気をなくしてはいけない. *Pierda* usted cuidado. ご心配はいりません. El policía *perdió* la audición debido a un estallido. その警官は爆発で聴覚を失った. Los españoles nunca *perdieron* la ilusión de encontrar El Dorado. スペイン人たちは黄金郷を見つけ出すという夢を決して失わなかった. ~ el respeto a su maestro 自分の師への尊敬の念を失う. ~ el interés por la lectura 読書への興味を失う. ~ la costumbre de pasear 散歩の習慣がなくなる. 4)［連絡・関係などを］~ el contacto con los amigos 友人たちとの交渉がなくなる. ~ la comunicación con la torre de control 管制塔との交信ができなくなる. 5)［死亡・別離などで人を］失う: El matrimonio *perdió* un hijo suyo de sarampión. 夫婦ははしかで息子を亡くした. A causa de la violencia doméstica, *perdió* a su mujer para siempre. 家庭内暴力で彼は永久に妻を失ってしまった. 6)［体重を］He *perdido* mucho peso. 私はだいぶ体重が減った. *Perdió* diez kilos a causa de una enfermedad. 彼は病気で10キロ体重が減った. 7)［体の一部を］*Perdió* una pierna por gangrena. 彼は壊疽で片脚を失った. ❷［時間・金・労力などを］無駄にする, 浪費する: Hemos *perdido* el tiempo. 大切な時間を無駄にした. *Perdió* mil euros en una noche jugando al póquer. 彼はポーカーで一晩で千ユーロ負けた. recuperar el tiempo *perdido* 失われた時間を取り戻す. ❸［機会などを］逃す: Ha *perdido* su mejor ocasión de ascenso. 彼はまたとない昇進の機会を逸した. ❹ 見失う: *Perdí* a mi hijo en la muchedumbre. 私は人混みで息子を見失ってしまった. ❺ 乗り遅れる: *Perdí* el autobús por un minuto. 私はもう少しのことでバスに乗り遅れた. ❻ 漏れる, 漏らす: Esta rueda *pierde* aire. このタイヤは空気が抜ける. Este coche *pierde* aceite. この車は油が漏れる. ~ agua 水漏れする. ❼［戦いなどに］負ける: Ayer *perdimos* el partido. 昨日私たちは試合に負けた. ~ el pleito 敗訴する. ~ la oposición 採用試験に落ちる. ❽［人・事物を］損なう, 損害を与え, だめにする, 破滅させる: El mal tiempo *pierde* la cosecha de las uvas. 悪天候でブドウの収穫が被害を受ける. Ella es muy buena persona, pero es poco sociable; eso la *pierde*. 彼女はとても良い人なのだが, 人付き合いが悪い. それで彼女は損をしている. A José le *perdieron* las mujeres. ホセは女で身を持ち崩した. Le *pierde* el alcohol. 彼は酒にだらしない. ❾ 無駄にしてしまう: Si no entras en esta sesión, *pierdes* la entrada. もし君が今度の上映時間に入場しなかったら切符は無駄になる. El vuelo ha sido cancelado por la compañía, por eso no *perdemos* el billete. 飛行便は会社の方からキャンセルされたので, 私たちの切符は有効だ. ❿《ウルグアイ》［試験に］落ちる

perdible

—— 📘 ❶ [状況などが, +con で] 悪化する: *Con* el cambio de trabajo *ha salido perdiendo*. 彼は転職したが結果は失敗だった. ❷ 負ける: 1) El partido del gobierno *ha perdido* en estas elecciones. 与党は今回の選挙で負けた. 2) [+a で] ~ *a las cartas* トランプで負ける. ~ *a la ruleta* ルーレットで負ける. ❸ 損をする. ❹ [布が] 色あせる, 色落ちする: Las prendas de algodón *pierden* al lavarlas. 木綿の衣類は洗濯すると色があせる. ❺ [容器が] 漏る: No use este florero porque *pierde*. この花瓶を使わないで下さい. 水が漏れますから. ❻ [容色・健康が] 衰える: Con la edad *ha perdido* mucho. 歳をとって彼はひどく衰えた. ~ *en salud* 健康が衰える. ❼ [品質など] 悪くなる

echar a ~ [人・物を] 損なう, だめにする, 台なしにする; 腐らせる: *Echó a* ~ *a un joven*. 彼は一人の若者をつぶしてしまった. *La escarcha ha echado a* ~ *toda la cosecha*. 霜によって収穫物全部がだめになってしまった

echarse a ~ [人・物が] 損なわれる, だめになる, 台なしになる; 腐る: Era buen chico, pero, descaminado, *se había echado a* ~. 彼はいい子だったのに, ぐれてだめになってしまった. El plan *se echó a* ~. その計画はだめになった. La leche, si no se guarda en la nevera, *se echa a* ~ pronto. 牛乳は冷蔵庫に入れないと, すぐに腐ってしまう. Este pescado está *echado a* ~. この魚は傷んでいる

llevar [las] de ~ 最初から勝ち目がない, 負けるに決まっている
saber ~ 負けっぷりがよい, いさぎよく負ける
salir perdiendo [結果として他の人よりも] 大きな損をしてしまう, 期待していたほどのもうけにならない
sin ~ [+時の名詞] …を無駄にせずに: *sin* ~ *un día* 一日も無駄にせずに, その日のうちに
tener... que ~ [財産・名声など] 守るべき…がある: *No tengo bienes ni prestigio que* ~. 私には失って困るような財産も体面もない. Estoy listo a dar la cara a cualquier censura porque *no tengo nada que* ~. 私は失うものがないので, どのような非難にも立ち向かう用意がある
tener buen (mal) de ~ いさぎよく (いさぎわるく)
tener [las] de ~ 《口語》=*llevar [las] de* ~

—— ~*se* ❶ 失われる, なくなる: 1) En ese desastre *se perdieron* muchas vidas y bienes materiales e inmateriales. その災害では多くの人命や有形無形の財産が失われた. 2) [+a+人 から] *Se le perdió* la agenda en correos. 彼は郵便局で手帳をなくした. *Se nos han perdido* muchas de estas viejas costumbres. これらの古い習慣の多くは私たちから失われてしまっている. ❷ 見えなくなる, 消える; 聞こえなくなる: *Se perdieron* entre la multitud. 彼らは人混みに紛れて姿を消した. El barco *se perdió* en el horizonte. 船は水平線に姿を消した. El canto de los cantores callejeros casi *se perdió* entre los barullos de la gente que pasaba. 街頭の歌い手たちの歌声は通行人の喧噪の中でほとんど消えてしまっていた. Poco a poco *se fue perdiendo* el ruido. だんだん音が止んでいった. ❸ [+en で] 道に迷う, 迷子になる, 出口が分からなくなる: Los chicos *se perdieron en* la montaña y pasaron una noche en una cueva. 子供たちは山で迷って一晩を洞窟で過ごした. *Me perdí* al ir a la librería. 私は本屋に行くのに道に迷った. ❹ [説明などで] わけが分からなくなる, まごつく, 途方に暮れる, こんがらがる: *Me he perdido*. ¿Puedes empezar de nuevo? 何の話だか分からなくなった. もう一度頼むよ. Pues, no te entiendo; *me he perdido*. でも, 君の話はわかりにくい, 私はこんがらがってしまった. *Me perdí* en la clase de física; no entendía bien lo que explicaba el profesor. 私は物理の授業がよく分からなかった. 先生の説明がよく分からなかった. ❺ [精神的・肉体的・金銭的に, +por・de で] 破滅する: Miguel *se ha perdido por* las mujeres. ミゲルは女性問題で身を滅じた. *Se perdió en juegos*. 彼はギャンブルで身を持ち崩した. ❻ 無駄になる, 腐る: Con preguntar no *se pierde* nada. 質問をして損になることは何もない. ❼ [意志とは無関係の事情で, 機会などを] 逃す, 逸する; 聞き逃す: Con llegar tan tarde *nos perderemos* la comida. 私たちはひどく遅刻すると食事抜きにされるだろう. Disculpa, *me he perdido*. ¿Qué decías? すまない, 聞き逃した. 君の言っていたのは何だった? No llegué a tiempo y *me perdí* el principio del espectáculo. 私は遅刻してショーの始めの部分を見逃した. ❽ 忘れてしまう: No sé por dónde estaba leyendo, *me he perdido*. 私はどこを読んでいたのか忘れてしまった. ❾ 連絡を失う: No *te pierdas*; llámame de vez en cuando. 連絡を絶やさないようにしなさい. 時々私に電話することだ. ❿ [女性が] 辱めを受ける. ⓫ [+por に] 夢中になる, 溺愛する: Los abuelos *se pierden por* sus nietos. 祖父母は孫たちにめろめろだ. *Se pierde por* el fútbol. 彼はサッカーに夢中だ. ⓬ 難破する, 沈没する: El barco de pesca *se perdió* en el maremoto. その漁船は津波で沈んだ. ⓭ [水が] しみ込む: Las aguas que manan de aquí forman una corriente de pequeño arroyuelo y, después, *se pierden* al pie de una roca. この湧き水は小川を作り, それから岩の下にしみ込んでいく

no haberse perdido nada a+人 …には居る理由がない: *A mí no se me ha perdido nada aquí*. 私がここにいなくてはならない理由は全くない. ¿*Por qué has venido a esta reunión*? *Aquí no se te ha perdido nada*. なぜこの会に来たのだ? 君なんかお呼じゃない
No se perderá. 彼は聡明である/抜け目がない
No te lo pierdas. 乞うご期待/見逃すな: *Exposición de Miró. No te lo (la) pierdas*. ミロ展. お見逃しなく
perdérselo 《口語》[提案を受け入れないと] 損をする: Si no vienes, *tú te lo perderás*, porque podremos viajar dos días a gratis. 来なかったら損をする. 2日間ただで旅行できるのだから
¡Piérdete! 《口語》出て行け, 失せろ!: *¡Piérdete! No quiero hablar más contigo*. 出て行け, もうこれ以上お前とは話をしたくない

perder		
直説法現在	命令法	接続法現在
pierdo		pierda
pierdes	pierde	pierdas
pierde		pierda
perdemos		perdamos
perdéis	perded	perdáis
pierden		pierdan

perdible [perdíβle] 形 失われ得る; 負ける可能性がある

perdición [perdiθjón] 形 [←ラテン語 perditio, -onis] 女 ❶ [物質的・精神的] 破滅, 堕落: El orgullo le llevó a la ~. 傲慢さで君は自滅した. *lugar de* ~ いかがわしい場所, 悪所. ❷ 破滅 (堕落) の原因: Hablar más de la cuenta fue su ~. しゃべりすぎが彼の破滅のもとだった. ❸ 《宗教》[魂の] 永遠の滅び. ❹ 放埓, 放蕩. ❺ 抑えられぬ恋心

pérdida [pérdiða] 形 [←ラテン語 perdita] 女 ❶ 失うこと, 紛失, 喪失: ~ *de un reloj* 時計の紛失. ~ *de audición* 聴力喪失, 難聴. ~ *de la vista* 失明. ~ *de la memoria* 記憶喪失. ~ *de velocidad*《航空》失速. ~ *del empleo* 失業. ❷ 空費, 浪費: Es una ~ *de tiempo y dinero*. それは時間と金の無駄だ. ❸ 漏れ, 漏出: Hay una ~ *de gas*. ガス漏れがしている. ~ *de agua* 水漏れ. ~ *de combustible* 燃料漏れ. ❹《婉曲》[人の] 死 [=muerte]: Logró superar la ~ *de su padre*. 彼は父の死を乗り越えることができた. *sentir la* ~ *de+人* …の死を悲しむ. ❺ [時に 複] 損失, 損害 [⇔ganancias]: Las ~s *se calculan en un millón de dólares*. 損失は100万ドルと推定されている. *entrar en* ~s 赤字になる. ~ *de capital* キャピタル・ロス, 資本損失. ~ *del ejercicio* 交易損失. ~ *fortuita* [所得控除の対象となる] 雑損. ~s *de la cosecha* 農作物の被害. ~s *humanas* (*materiales*) 人的 (物的) 損害. ~s *y ganancias* 損益. ❻《保険》~ *total (parcial)* 全損 (分損). *solo contra* ~ *total* 全損のみ担保, TLO. ❼《医学》[複] 1) [子宮からの] 出血, おりもの. 2) ~s *de orina* 尿失禁. ❽ なくした金額, なくしたもの. ❾ 身持ちの悪い女. ❿《チリ. 婉曲》流産 [=aborto]

entrar en ~《航空》高度を失う
no tiene (hay) ~ [場所などが] 見つけやすい, すぐ分かる: *El hotel no tiene* ~. そのホテルはすぐ分かる
vender con ~ 買値 (元値) より安く売る

perdidamente [perdíðaménte] 副 ❶ 非常に激しく, 激しすぎて: *estar* ~ *enamorado de+人* …をどうしようもなく愛している. ❷ 無駄に, 無益に

perdidizo, za [perdiðíθo, θa] 形 ❶ なくしたふりをする: *hacer* ~ *una cosa* 物を隠す. ❷ わざと負ける: *hacerse* ~ [試合などで] わざと負ける. ❸ [人が] こっそり抜け出す: *hacerse el* ~ こっそり抜け出す, 急にいなくなる. ❹《まれ》なくなりやすい, 見つからなくなりやすい

perdido, da [perðíðo, ða] 形 [estar+] ❶ 迷った; 途方に暮れた; 行方不明の: niño ～ 迷子; みなしご, 孤児. tres montañeros ～s 行方不明の3名の登山者. documento ～ どこに行ったか分からなくなった書類. ❷ [場所が] 隔絶した: isla ～*da* en pleno mar 絶海の孤島. ❸ 絶望的な, 手の施しようのない: Como me encuentro aquí, estoy ～. ここで見つかったのでだめだ. ❹ [人が] 堕落した, 身持ちの悪い. ❺《口語》[+de] 非常に汚れた: Se puso ～ *de* barro. 彼は泥だらけになった. ❻ [形容詞+. 副詞的に強調] すっかり, どうしようもなく: Estaba loca ～*da* por un hombre. 彼女はある男にのぼせ上がっていた
cosa ～*da*《軽蔑》どうしようもない奴『責任感がない, 何も期待できない』
de ～s al río 究極の打開策で: De ～*s al río* —me dije, y decidí apostarlo lo poco que me quedaba. 私は「最後の切り札だ」とひとりごとを言って, 手もとに残ったわずかな資産を賭けてみることにした
—— 男《軽蔑》堕落した人, 身持ちの悪い人
—— 男《印刷》余り丁, 余分刷り『=mano ～*da*』

perdidoso, sa [perðiðóso, sa] 形 ❶ 失い (失われ) やすい. ❷ [試合に] 負けた
—— 名《メキシコ》敗者

perdigacho [perðiɣátʃo] 男《ラマンチャ; アルゼンチン. 鳥》雄のヤマウズラ

perdigana [perðiɣána] 女《リオハ, アラゴン. 鳥》ヤマウズラのひな

perdigar [perðiɣár] 他 ❶《料理》1) [ウズラなどを保存のために] 軽く焼く. 2) [バターなどで] 軽く焦げ目をつける. ❷《口語》整える, 準備する

perdigón [perðiɣón] I 《←perdiz》男 ❶ 散弾. ❷ ヤマウズラのひな (幼鳥). ❸《狩猟》おとり用のヤマウズラ『=párajo ～』. ❹《口語》[話す時に飛ばす] 唾
II 《←perder, まれ》❶ ゲームでよく負ける人. ❷ [士官学校などの] 落第生. ❸ 浪費家の若者

perdigonada [perðiɣonáða] 女 ❶ 散弾銃による射撃. ❷ 散弾による傷. ❸ 果樹の種がかかる病気の一種『学名 Clasterosporium carpophilum』

perdigonazo [perðiɣonáθo] 男 散弾銃による射撃『=perdigonada』

perdigonera [perðiɣonéra] 女《古語》猟師がヤマウズラを入れる袋

perdiguero, ra [perðiɣéro, ra] 形 名 ❶ [犬・鷹などが] ヤマウズラ狩り用の. ❷《犬》ポインター『=perro ～』. ❸ 猟師が獲物を買う商人
—— 女《植物》ハンニチバナ

perdilón, na [perðilón, na] 形《ペルー》敗けた, 敗者の

perdimiento [perðimjénto] 男 紛失; 損失; 敗北

perdis [pérðis] 男《単複同形》《古語的》道楽者, 放蕩者

perdiz [perðíθ] 女《-ces》❶《鳥》ヤマウズラ, イワシャコ『食用の猟鳥. =párajo ～, ～ chucar』: i) ～ común (roja·real) アカアシイワシャコ. ～ griega ハイイロイワシャコ. ～ moruna チャエリイワシャコ. ～ pardilla ヨーロッパヤマウズラ. ii) 《詩, 成句》 ～ la ～ por el pico se pierde. 口は災いの元. Y fueron felices, comiendo *perdices*. それから幸せに暮らしました (と. 2) ～ nival (blanca) ライチョウ (雷鳥). 3) オオシギダチョウ.《チリ, アルゼンチン. 舞踊》ガト『=gato』

embolar* (*emborrachar*) *la ~ 《チリ, アルゼンチン, ウルグアイ》=**marear la ～**

levantar la ~ 《ラプラタ. 口語》寝た子を起こす, やぶへびになる

marear a la ~ 《まれ》=**marear la ～**

marear la ~ 《口語》ああでもないこうでもないと決定を引き延ばす

perdón [perðón] 《←perdonar》男 ❶ [+por 罪・過ちなどの] 許し, 容赦;《カトリック》贖宥』; 免罪: Me pidieron ～ *por* haberme comportado mal el otro día conmigo. 彼らは私に先日のふるまいを詫びてくれるよう願った. Le pido ～ *por* haberle hecho esperar tanto. 大変お待たせして申し訳ありません. Le pido ～ si le he ofendido. もしお気にさわることを申したのならお詫びします. No hay falta sin ～./Toda falta merece ～. どんな過ちも許される. ～ de los pecados 罪の許し. ❷ [間投詞的] 1) [小さな過失や無礼を謝まる・ものを尋ねる・ちょっとしたお願いをする・説明をする時などに] すみません, 失礼に《こちらの一方的な了解を求めるのに使う》: ～ ぱかなことを言って, すみません. ¡P～! ¿Es el camino para la estación? すみません, 駅にはこの道でいいでしょうか. P～, ¿podría pasarme el azúcar? すみません, 砂糖を取っていただけますか. P～, ¿me deja pasar? すみません, 通して下さい. P～, ¿qué hora es? すみません, 何時ですか? P～, pero me parece que le he equivocado. 失礼ですが, お間違えになられたようですが. P～, pero no estoy conforme con usted. 申し訳ないが, 私はあなたの意見に賛成ではありません. P～, ¿es usted el profesor Carrión, si no me equivoco? 失礼します, ひょっとしてカリオン先生ではありませんか? 2) [相手の言葉をさえぎって自分の意見を述べる時] Es una buena ocasión y... ～ P～, ya le he dicho que no estoy interesado. 良い機会ですから... ―でも, 私は興味がないと言ったでしょう. P～, no es que me haya perdido, es que se me ha estropeado el coche a un kilómetro de aquí. すみません, 私は道に迷ったのではなくて, 実はここから1キロの所で車が故障してしまったのです. 3) [相手の言葉の一部が聞えなかった時などに, その繰り返しや説明を求めて] ¿No le parece un tipo formidable? —P～, ¿cómo ha dicho? 彼はすてきな人だと思いません? —えっと, 何とおっしゃいましたか? ¡P～! ¿Podría repetir lo que ha dicho? すみません, 今おっしゃったこと, もう一度お願いできますでしょうか? ¿P～? ¿Qué ha dicho usted? P～? 何とおっしゃいましたか? ❸ [負債などの] 免除, 減免, 帳消し: ～ de la deuda 債務の免除. ❹《法律》赦免, 特赦, 恩赦. ❺ 燭涙, 落ちた熱い蝋, 熱い蝋のしたたり. ❻ 男 巡礼のみやげ『ドライフルーツ, 菓子など』

con ~ 《口語》[相手の気にさわったり悪い言葉を使う時などに前もって断わっておく] こう言うては何ですが: Tengo que ir al váter, *con ～*. ちょっと失礼, お手洗いまで. Con esto, mi proyecto acabó por irse, *con ～*, a la mierda. こうして私の企画は, 言い方は悪いのですが, はちゃめちゃな結果になってしまいました. *con ～* de los presentes ここにおられる皆さんのお許しで. *con ～* de la expresión 汚い言葉で申し訳ありませんが, 言葉は悪いですが

con ~ sea dicho 《口語》=**con ～**

dar ~ a+ a+人 ; 赦免する

dicho sea con ~ 《口語》=**con ～**

No cabe ~. 弁解の余地がない

No hay falta sin ~./Toda falta merece ~. どんな過ちも許される

no tener ～ [de Dios] 《口語》許しがたい, 弁解できない: Veo que él no respeta a los ancianos. *No tiene ～*. 彼は年寄りを大切にしないようだ私には思える. 許しがたいことだ. Hace años que no voy al cine; *no tengo ～ de Dios*. 私はもう何年も映画に行っていない. 嘆かわしいことだ

perdonable [perðonáβle] 形 許され得る; 容赦に値する: La infidelidad no es ～. 浮気は許されない. Yo creo que es una falta ～. 私はそのミスは許せるものだと思う

perdonador, ra [perðonaðór, ra] 形 名 許す [人]; [罪に対して] 寛大な

perdonanza [perðonánθa] 女《まれ》許し『=perdón』

perdonar [perðonár] 《←ラテン語 perdonare < per- (強調) +donare「与える」》他 ❶ 許す: 1) [宗教・道徳上の罪を] Jesús vino para ～ nuestros pecados. イエスは私たちの罪を許すために来られた. ¿Me perdonará Dios todo lo que he hecho? 神は私の行ないのすべてをお許し下さるのだろうか? Estoy tan indignado que esta acusación no se la perdono a nadie. 私はあまりに腹が立った. こんな非難を受けて誰も許せないぞ. 2) [失敗・迷惑などを] Perdone usted mi retraso. 遅刻して申し訳ありません. Perdone usted la molestia que podamos causarle con esta petición. こんなお願いでご面倒をおかけし申し訳ありません. *Perdona* mi intromisión, pero me parece que la cosa no será tan sencilla. 口をはさんで申し訳ないが, 私には問題はそんなに簡単なようには思えるのだ. ¿Me *perdonaría* una palabra, por favor? すみません, ひとこと言っていただけませんでしょうか? 3) [人を] Mi madre aceptó mis disculpas y me *perdonó*. 母は私の弁解を聞き入れ, 私を許してくれた. [+por のことで] *Perdóname por* lo que te dije ayer. 昨日君に言ったこと, ごめんね. *Perdone* usted *por* haberle causado tanta molestia. 大変ご迷惑をおかけし申し訳ありません. 4) [+que +接続法] *Perdóneme que* le haya hecho esperar. お待たせしてすみません. ❷ [処罰などを, +a+人 から] 免除する: Hoy es tu cumpleaños y te *perdono* el castigo. 今日はお前の誕生日だから, お仕置きは勘弁してやる. Con un indulto le *han perdonado* un año de cárcel. 恩赦を受けて彼は懲役1年を免除された. ❸ [借金を] 帳消しにする: Él me *perdonó* la deuda. 彼

perdonavidas

は私の借金を棒引きしてくれた. Te *perdono* los cien euros que me debes. 君の100ユーロの借金を勘弁してあげる. Estoy negociando con el banco para que me *perdone* parte del crédito que tengo con él. 私は借入金の一部を免除してもらうよう銀行と交渉中だ. ～ a los deudores 債務者を救済する. ❹ [仕事・義務などで] 解放する: Le *han perdonado* las clases que quedaban por dar. 彼は残っていた授業を免除してもらった. El profesor no nos *perdonó* nunca el dictado durante un año. 先生は1年間弊たちに対して書取練習を課し続けた. ❺ [否定文で] 1) [労苦を] 惜しむ, 省く: No *perdona* esfuerzo en su investigación pese a la edad que tiene. 彼は老齢にもかかわらず, たゆまず研究に精進している. 2) [機会などを] 逃す: Es una persona con mucho ánimo de lucro y jamás *perdona* ocasión de obtener ganancia. 彼は利にさとい男で, もうけ口は絶対に逃さない. El cura no *perdonaba* su puro y café después de cenar. 司祭は夕食後の葉巻とコーヒーを欠かさなかった. No *perdono* ningún baile. 私はダンスパーティーには必ず出る. 3) [細部を] 見逃す, 見落とす: no ～ ni un pormenor del suceso 事件の細かい点まで見逃さないで調べる. ❻ [欲しいものを] 断わる. ❼ 《スポーツ》 [選手・チームが相手をリードする] 好機を逃す: El delantero centro de nuestro equipo nunca *perdona* la ocasión, siempre marca en esa circunstancia. 我がチームのセンターフォワードは絶対に好機を逃さず, いいところでいつもゴールを決める
── 自 ❶ 許す: Hay que aprender a ～. 許すことを学ぶべきである. *¡Perdone* usted! すみません! Si chocas con alguien en la calle, dile «*¡Perdone!*». もし外で誰かにぶつかったら, 「ごめんなさい」と言いなさい. *Perdone,* pero me he equivocado de apellido. すみません, 私は名字を間違えていました. *Perdone,* pero yo he llegado el primero. すみません, 私が最初に来ていましたので. *Perdone* usted, pero no lo he hecho con mala idea. 申し訳ありません, でも私は悪意でしたのではありません. ❷ [否定文で] 労苦を惜しむ: Es un adicto al trabajo. Nunca *perdona*. Aún en domingos revisa sus correos. 彼は仕事中毒で, 休むことがない. 日曜日でもメールを調べている. 2) 見逃す, 寛大である: Estos días tengo debilitadas las capacidades retentivas. Los años no *perdonan*. 最近私は記憶力が弱ってきた. 歳には勝てない

Está usted perdonado. [謝罪への返答] かまいません, ご心配なく

estar perdonado 許されている: Has actuado mal, pero, por esta vez, *estás perdonado.* お前は悪いことをしたが, 今回は許してやる

Perdona, pero... [丁重な反論] お言葉を返すようですが… 失礼ですが…: *Perdona, pero* ¿te parece bien llamar a estas horas? 言葉を返すようだが, こんな時刻に電話をしていいものかな

perdonavidas [perðonaβíðas] 《←perdonar+vida》 名 《単複同形》《口語》からいばりする人, 虚勢を張る人; 乱暴者

perdulario, ria [perðulárjo, rja] 《←perder》 形 名 《文語》 ❶ [服装・財産などに] 無頓着な[人], だらしのない, 投げやりな. ❷ [どうしようもない] 放蕩な[の], 堕落した[人]

perdurabilidad [perðuraβiliðá(ð)] 女 持続性, 耐久性; 永続性, 不滅性

perdurable [perðuráβle] 《←ラテン語 perdurabilis》 形 長く続く; 永遠の: vida ～ 永遠の生命. ～s obras de reparación いつ終わるともなく続く修復工事
── 女 《古語》粗い毛織物

perdurablemente [perðuráβleménte] 副 持続的に; 永続的に

perduración [perðuraθjón] 女 持続; 永続

perduradero, ra [perðuraðéro, ra] 形 《まれ》持続する; 持続し得る

perdurar [perðurár] 《←ラテン語 perdurare < durare「続く」》 自 ❶ 持続する, 長続きする: Su recuerdo *perdurará* en la memoria de todos. 彼のことは皆の記憶に長く残るだろう. La sequía *perdura*. 日照りは長く続いている. ❷ 永続する

perecear [pereθeár] 他 《怠慢によって》長引かせる, だらだらと遅らせる(引き延ばす)
── 自 《コロンビア》のらくらする

perecedero, ra [pereθeðéro, ra] 《←perecer》 形 ❶ [食物に] 腐敗しやすい, 長持ちしない: alimentos ～s 腐りやすい食品. ❷ 滅ぶべき, つかの間の: esta vida ～ra はかないこの命

── 男 《口語》貧窮, どん底の貧困生活

perecer [pereθér] 《←ラテン語 perescere < perire》 39 自 ❶ 《文語》[事故・災害などで] 死ぬ: Los seis empleados *perecieron* en el accidente. 6人の従業員が事故で死んだ. ～ de hambre 飢え死にする. ❷ 消滅する, 死滅する: La literatura jamás *perecerá*. 文学は不滅だ. ❸ 壊れる, 割れる. ❹ 破滅する, 永遠の責め苦を負う. ❺ 苦しむ, 貧窮する
── ～*se* ❶ [+por を] 渇望する: *Se perece por* subir a un escenario. 彼は舞台に立ちたくて仕方がない. Mi hermano *se perece por* ti. 私の兄は君にぞっこんだ. ❷ 死ぬほど…する: ～*se* de risa 笑い死にしそうである

perecimiento [pereθimjénto] 男 死ぬこと, 死亡; 事故死, 非業の死

perecuación [perekwaθjón] 女 税金の均等割当て

pereda [peréða] 女 ナシ園 《=peraleda》

Pereda [peréða] 《人名》**José María de ～** ホセ・マリア・デ・ペレダ [1833–1906, スペインの小説家. 故郷サンタンデールを舞台に, 豊かな自然の中でひたむきに生きる人々を描いた]

peregrina[1] [pereɣrína] 女 ❶ ホタテガイ 《=vieira》. ❷ 《キューバ. 植物》ホコバテイキンザクラ. ❸ 《プエルトリコ, コロンビア》石竹

peregrinación [pereɣrinaθjón] 《←ラテン語 peregrinatio, -onis》 女 ❶ 巡礼 [行為]: [hacer una・ir en] ～ a Lourdes ルルドへの巡礼に行く. ❷ 巡礼の一団. ❸ [何かを探し求めて・見知らぬ土地への] 遍歴, 行脚. ❹ 《神学》[天国への通過点としての] 現世, 人生. ❺ 《口語》[手続きのために] いくつもの部署を回ること

peregrinaje [pereɣrináxe] 男 巡礼 《=peregrinación》

peregrinamente [pereɣrínaménte] 副 ❶ 風変わりに, 奇妙に; 並外れて. ❷ 精巧に, 入念に

peregrinante [pereɣrinánte] 形 《文語》巡礼に行く, 巡礼をする

peregrinar [pereɣrinár] 《←ラテン語 peregrinare》 自 ❶ [+a 聖地へ] 巡礼に行く, 遍歴する: ～ a Santiago de Compostela. 彼はサンティアゴ・デ・コンポステーラへ巡礼に行った. ❷ [+por 困難が待ち受ける土地を] 遍歴する: Marco Polo *peregrinó por* el Asia durante muchos años. マルコ・ポーロはアジア諸国を何年も旅して回った. ❸ [探す・問題解決のために] 次々と訪れる. ❹ 《神学》[天国への道としての] 現世に生きる

peregrinidad [pereɣriniðá(ð)] 女 奇妙なこと, 風変わり, 希有

peregrino, na[2] [pereɣríno, na] 《←ラテン語 peregrinus < peregre「旅の」< per「通って」+ager, agri「野原」》 形 名 ❶ 巡礼者[の]: ～ a Santiago サンティアゴ・デ・コンポステーラへの巡礼者. ❷ 《外国》[遍歴する, 諸国行脚の. ❸ 《鳥が》渡りをする 《=migratorio》. ❹ 《軽蔑》風変わりな, 珍奇な; 脈絡のない: Con razones tan ～nas no convencerás a nadie. そのようなとっぴな説明では誰も納得しないだろう. idea ～na 変わった考え. ❺ 並外れてすばらしい: hombre de inteligencia ～na 並外れた知性の持ち主. ❻ 現世を生きる
── 男 ❶ 《魚》ウバザメ 《=tiburón ～》. ❷ 《メキシコ》[バスの] 車掌

pereion [peréjon] 男 《動物》頭胸部 《=cefalotórax》

perejil [perexíl] 《←オック語 peiressil < ギリシャ語 petroselinon <「石」+selinon「パセリ」》 男 ❶ 《植物》1) [時に 集合] パセリ: una rama (ramillete) de ～ パセリ1房(1小房). agregar ～ picado きざんだパセリを加える. 2) [パセリに似た植物] ～ de mar/～ marino アッケシソウ. ～ de monte ヤブニンジンの一種 [学名 Osmorhiza chilensis]. ～ de perro イヌニンジン, フールズパセリ [有毒]. ～ lobuno ドクニンジン [有毒]. ～ macedonio アレクサンダーズ. ～ silvestre ラビッジ. ❷ 《軽蔑》[主に 複] ごてごてした装身具. ❸ 《チリ. 口語》ぼろぼろの服を着た人

～ de todos los guisos/～ de todas las salsas 《口語》何にでも首を突っ込んで関心の的になりたがる人

mal sembrado 《口語》まばらなパセリ

perejila [perexíla] 女 《西式トランプ》31 [ゲームの一種. 金貨の7がジョーカーとして使える]; 金貨の7[のカード]

perejilera [perexiléra] 女 パセリ入れ 《器》

perejilero [perexiléro] 男 パセリ入れ 《器》

perejón [perexón] 男 《動物》頭胸部 《=cefalotórax》

perén [perén] 形 《地方語》=**perenne**

perenal [perenál] 形 《まれ》=**perenne**

perencejo [perenθéxo] 男 誰それさん 《=perengano》

perención [perenθjón] 女 《法律》訴権の消滅時効

perendeca [perendéka] 囡《まれ》売春婦
perendengue [perendénge] 男 ❶《西》[女性用の] 安物の装身具. ❷《西》[輪状の] イヤリング. ❸《西. 口語》困難, 障害. ❹《婉call》複 勇気, 肝っ玉 [=cojones]: tener ～s 男らしい, 勇気がある. ❺ [17世紀の] 銅貨 [=4マラベディ maravedí]
perene [peréne] 形 =**perenne**
perengano, na [perengáno, na] ←古語 perenceio < Pero「ペドロ」+vencejo「農夫に役立つ」(mengano の影響?) 名《口語》[主に fulano・mengano・zutano の次に用いて] 誰それさん, 某 [→fulano]
perennación [perennaθjón] 囡《植物》多年化生
perennal [perennál] 形 =**perenne**
perenniálmente [perenniálménte] 副 =**perennemente**
perenne [peréne] [←ラテン語 perennis < per+annus「年」] 形 ❶ 永遠の, 永続の: nieve ～ 万年雪. vida ～ 永遠の生命. ❷ 絶え間ない, 不断の: ～ afluir de corriente途切れることのない流れ. ❸《植物》1) 多年生の: planta ～ 多年生植物, 多年草. 2) árbol de hoja ～ 常緑樹. ❹《俗用》[人が] 頑強な
perennemente [perénneménte] 副 永遠に; 常に, 不断に
perennidad [perenniðáð] [←ラテン語 perennitas, -atis] 囡 不滅性, 持続性
perennifolio, lia [perennifóljo, lja] 形《植物》常緑樹の 〔⇔ caducifolio〕
perennigélido, da [perenniçélido, ða] 形《地質》永久凍土 〔層〕の
perennizar [perenniθár] 9 他 永遠不滅のものにする
perentoriamente [perentórjaménte] 副 ❶ 緊急に, 大至急に. ❷ 最終的に
perentoriedad [perentorjeðáð] 囡 ❶ 緊急性. ❷ 最終的なこと
perentorio, ria [perentórjo, rja] [ラテン語 peremptorius < perimere「殺す」] 形 ❶ 緊急の, 遅延を許さない: pago ～ 急を要する支払い. tono ～ 有無を言わさぬ口調. ❷ [期限が] 変更の余地のない: plazo (término) ～ 最終期限. ❸ 決定的な, 最終的な: fallo judicial ～ 最終判決
pereque [peréke] 男《コロンビア》迷惑, 無礼: poner ～ 迷惑をかける, うんざりさせる
perequero, ra [perekéro, ra] 形《コロンビア, パナマ》いたずらな, からかい好きの
perero [peréro] 男 ❶ [果物の] 皮むき器. ❷《ムルシア》ナシ(梨)〔の木〕
perescrutar [pereskrutár] 他 よく調査する, 徹底的に研究する
perestroika [perestrójka] [←露語] 囡《歴史》ペレストロイカ, 民主化
Pérez [péreθ]《人名》**Antonio** ～ アントニオ・ペレス〔1540～1611, スペイン王フェリペ2世の国務大臣. 国家反逆罪に問われアラゴンに逃亡. 裏切り者の代名詞とされる〕**José Joaquín** ～ ホセ・ホアキン・ペレス〔1801～89, チリの政治家・外交官, 大統領 (1861～66, 66～71)〕 **Juan Bautista** ～ フアン・バウティスタ・ペレス〔1869～1952, ベネズエラ政治家, 大統領. カトリック教会と対立〕
pereza [peréθa] [←ラテン語 pigritia] 囡 ❶ 怠惰, 不精〔⇔diligencia〕: Me da ～ bañarme. 私は風呂嫌いだ. Me dejo la barba por ～ de afeitarme. 私は剃るのが面倒でひげを伸ばしている. ¡Qué ～, tener que limpiar los platos! 何て面倒くさいんだ, 食器洗いをしなければならないなんて! tener ～ 気だるい, 気がない. andar con ～ だらだら歩く. sacudir[se] la ～ 無気力を払いのける. ❷ [動作・反応などの] 遅さ: ～ mental 頭の働きの鈍さ. ❸《ベネズエラ. 動物》ナマケモノ
Pérez de Ayala [péreθ de ajála]《人名》**Ramón** ～ ラモン・ペレス・デ・アヤラ〔1880～1962, スペインの小説家・詩人・エッセイスト. 外交官として, また亡命者として長年フランス, アルゼンチンで暮らした. 鋭い知性と鋭敏な感性に裏打ちされた洒落な文体〕
Pérez de Hita [péreθ de íta]《人名》**Ginés** ～ ヒネス・ペレス・デ・イタ〔1544?～1619, スペインの歴史小説家. 15世紀末グラナダにおけるイスラム勢力内部権力闘争を鮮烈に描いた『グラナダ内乱』Las guerras civiles de Granada〕
Pérez de Montalbán [péreθ de montalbán]《人名》**Juan** ～ フアン・ペレス・デ・モンタルバン〔1602～38, スペインの劇作家・小説家. 崇拝するロペ・デ・ベガ Lope de Vega の伝記や『テルエルの恋人たち』Los amantes de Teruel など60本近い戯曲を残している〕
Pérez Galdós [péreθ galdós]《人名》**Benito** ～ ベニート・ペレス・ガルドス〔1843～1920, スペインの写実主義の小説家・劇作家. 作品は46巻にのぼる歴史小説シリーズ『国史挿話』Episodios nacionales, 都市に生きる人々の喜怒哀楽を描いた『現代スペイン小説集』Novelas españolas contemporáneas, 戯曲の3種に大別できる. 同時代の社会を様々な角度から的確に描き出す一方, 生き生きとした人物描写で作品に命を吹き込んでおり, セルバンテスに次ぐスペイン最大の作家とも評される.『われらの友マンソ氏』El amigo Manso,『フォルトゥナータとハシンタ』Fortunata y Jacinta〕
Pérez Jiménez [péreθ ximéneθ]《人名》**Marcos** ～ マルコス・ペレス・ヒメネス〔1914～2001, ベネズエラの軍人・政治家, 大統領 (1953～58). 独裁的支配を行なう〕
perezosa[1] [pereθósa] 囡 ❶《カンタブリア, レオン》[壁に固定された] 折畳み式テーブル. ❷《コロンビア, ペルー, アルゼンチン》デッキチェア
perezosamente [pereθósaménte] 副 怠惰に; ぐずぐずと
perezoso, sa[2] [pereθóso, sa] [←pereza] 形 囡 ❶《主に西》怠惰な〔人〕, 不精な〔人〕, 怠け者〔の〕; [特に] 寝起きの悪い〔人〕: Soy ～sa para cocinar. 私は料理をするのが面倒くさい. llevar una vida ～sa ぐうたらな生活をする. No robes, no mientas, no seas ～. 盗みをしてはいけない, 嘘をついてはいけない, 怠けてはいけない. ❷ [事柄が] 緩慢な, 倦怠感を誘う: Me entró ～sa somnolencia. 私は気だるくなるような眠気に襲われた.
—— 男 ❶《動物》ナマケモノ. ❷《キューバ》安全ピン. ❸《アルゼンチン》モップ. ❹《ウルグアイ》デッキチェア
per fas et nefas [per fás et nefás] [←ラテン語] 副 合法的であろうとなかろうと, 可能な限りの手段で
perfección [perfe(k)θjón] [←ラテン語 perfectio, -onis < perfectum < perficere < per-（強調）+facere「する」] 囡 ❶ 完全, 完璧, 極致: pretender la ～ 完璧を期する. con toda ～ 完璧に. ～ formal 形式面での完璧さ. ❷ 完成, 完全に仕上げること; 完成度. ❸ 完璧なもの. ❹《宗教》La ～ consiste en la imitación de las virtudes de Cristo. 完成とはキリストの徳をまねすることにある. ❺ [主に 複] 長所: hallar perfecciones en... …のいい所を見い出す. ❻《法律》正式な契約; 〔権利・義務の〕発効
a la ～ 完璧に: Ana baila *a la* ～. アナのダンスは申し分ない. El plan ha salido *a la* ～. 計画は完全に成功した.
perfeccionador, ra [perfe(k)θjonaðór, ra] 形 完全にする, 完成させる
perfeccionamiento [perfe(k)θjonamjénto] 男 ❶ 完成, 改良, 改善, 進歩, 向上〔行為, 過程〕: curso de ～ 上級コース. ～ de inglés 英語の上達. ❷ ～ activo 中継〔貿易〕貿易
perfeccionar [perfe(k)θjonár] [←perfección] 他 ❶ 完全にする, 完璧にする: ～ su técnica 技術に磨きをかける. ❷ 完成させる: ～ su obra dándole una capa de barniz ニスを塗って作品を仕上げる. ❸ 改良する, 改善する. ❹《法律》[契約を] 正式なものにする
—— ～se ❶ 完全になる: El incienso *se perfeccionó* en Japón. 香は日本で完成した. ❷ 自身を完璧にする: Me estoy *perfeccionando* en español. 私は今スペイン語に磨きをかけているところだ. ❸《法律》[契約が] 正式なものになる
perfeccionismo [perfe(k)θjonísmo] 男 完璧主義, 完全主義
perfeccionista [perfe(k)θjonísta] 形 囲《皮肉》完璧主義の〔主義者〕
perfectamente [perféktaménte] 副 ❶ 完全に, 完璧に; すばらしく, 申し分なく: 1) Él interpretó ～ su papel. 彼はその役を完璧に演じた. Ana respondió ～ al examen. アナは試験に満点の回答をした. Aún no lo entiendo ～. 私はまだよく分からない. 2) [+形容詞・副詞] La tierra resulta ～ visible desde la distancia. 陸地はその距離からはっきり見えるようになった. ❷ [間投詞的] いい気持で: ¿Cómo estás?—P～, gracias. お元気?—すごく元気です, ありがとう. 2) [同意] よろしい, 分かった; もちろん, そのとおり: ¿Vienes al cine conmigo?—P～. 一緒に映画に行く?—いいとも. ❸ 何の問題もなく: Caben ～ diez personas. 何の問題もなく10人入れます. ❹ 全く: esfuerzo ～ inútil 全く無益な努力. ❺《口語》[仮定・推測を肯定して] P～ puedes acabar la carrera en dos años. 君なら2年で課程を修了することもあり得るだろう.
perfectibilidad [perfektibiliðáð] 囡 完全性, 改善の余地
perfectible [perféktible] 形 完全になり得る, 改善され得る
perfectivo, va [perféktiβo, βa] [←perfecto] 形 ❶ 完全にする,

perfecto, ta

❷《文法》[動詞が] 完了相の 《=perfecto》: tiempo ～ 完了時制

perfecto, ta [perfékto, ta]《←ラテン語 perfectus, -a, -um < perficere「完全にする, 終わらせる」》形 ❶ 完全な, 徹底的な: crimen ～ 完全犯罪. estudio ～ 徹底的な研究. ❷ 完璧な, 申し分のない, 非の打ちどころのない: Los métodos digitales de reproducción del sonido son casi ～s. 音声再生のデジタル方式はほぼ完璧だ. El servicio es ～ en este hotel. このホテルのサービスは満点だ. Está en ～ estado de salud. 健康状態は申し分ない. éxito ～ 文句なしの成功. mujer ～ta 完璧な女性. ❸ [+名詞] 全くの: José es un ～ caballero. ホセは全くの紳士だ. Ese hombre es un ～ inútil. あの男はどうしようもない役立たずだ. ❹《法律》[契約で] 完全に有効な, 正式な. ❺《文法》1) 完了[時制]の: futuro ～ 未来完了. pretérito ～ 完了過去. tiempo ～ 完了時制. 2) 完了相の. ❻《詩法》同音調を踏む. ❼《数学》完全数の

— 男《文法》完了[時制]: tiempo del ～ 完了時制
— 間 ❶ [完全な同意] よろしい, 結構だ!: He entendido. —P ～. Ahora, ya sabe lo que tiene que hacer. ❷ 了解しました. —よろしい. では何をすべきかもう分かったわけですね. ❸ すばらしい, いいぞ!: ¿Te paso a buscar a las cinco?—¡P ～! 5時に迎えに行こうか？—全然かまわないよ!

perficiente [perfiθjénte] 形 完全にする
pérfidamente [pérfidaménte] 副 不誠実に; 裏切って
perfidia [perfídja]《←ラテン語 perfidia「悪意」< perfidus「偽証する人」》女《文語》不実, 不貞; 裏切り: conocer las dulzuras y las ～s del amor 愛の甘さと裏切りを知る
pérfido, da [pérfido, da]《←ラテン語 perfidus》形 名《文語》不実の(人); 裏切り者(の)

perfil [perfíl]《←古オック語 perfil「ヘム」< ラテン語 filum「糸」》男 ❶ [人の] 横顔, プロフィール: ～ griego ギリシア鼻《横から見て額から鼻筋がまっすぐに通っている》. ❷ [物の] 輪郭: En el horizonte se dibujaba el ～ de una serie de colinas. 地平線には丘の連なりが見えている. tener un ～ aerodinámico 流線型をしている. ❸《美術》1) [線で描かれた] 外形: esbozar el ～ de la catedral 大聖堂を大まかにデッサンする. 2) 顔の横顔, 人物像: ～es de España スペインの横顔. ～ del cliente《商業》カスタマープロファイル. ～ del puesto 職務明細書. ～ psicológico 心理学的特徴. ❹《幾何》側面図, 縦断面図《=～ longitudinal》: ～ transversal 横断面図. ❻ [文字の] 線の細い部分《⇔grueso》. ❼《地質》地層面, 地層区. ❽《自動車》形銅, 形材. ❾《自動車》neumáticos de bajo ～ 扁平タイヤ. ❿〖まれ〗仕上げ; 最後の加筆: Faltan algunos ～es. 仕上げが少し残っている. ⓫《まれ》付属物

de ～ 〘副詞句〙横顔で; 横顔に: Le hicieron una foto de frente y otra de ～. 彼は正面からと横からの写真を一枚ずつ撮られた. dibujar a+ ～ de ～ …の横顔を描く

perfilado, da [perfiládo, da] 形 ❶ 顔が細長い; 形のよい, スマートな: tener la nariz ～da 鼻筋が通っている. ❷ 輪郭のはっきりした: silueta ～da くっきりとしたシルエット. ❸ [estar+] よく出来た. ❹ 特徴のはっきり表われた: carácter ～ 個性的な性格
— 男《金属》形鋼（形材）にすること
perfilador, ra [perfiladór, ra] 形 輪郭を示す, くっきりとさせる
— 男《化粧》リップペンシル《=～ de labios》; アイライナー《=～ de ojos》
perfiladura [perfiladúra] 女 ❶ 輪郭を描くこと. ❷ 輪郭
perfilar [perfilár]《←ペル》他 ❶ …の輪郭を描く(くっきりと示す・際立たせる): ～ los labios 唇の輪郭を描く. ～ las facciones de fondo 背景の人物たちを描く. ❷ 横顔（側面図）を描く: ～ los personajes 登場人物のプロフィールを示す. ❸ 入念に仕上げる: ～ mucho su estilo 文体に凝る. ❹《金属》形鋼（形材）にする

～se ❶ 横顔を見せる, 横向きになる. ❷ 明確な形をとり始める, しっかりし始める: Un barco se perfila en el horizonte. 一艘の船が水平線にくっきり見え始める. El proyecto se va perfilando. 計画が具体化し始める. Se perfila como nuevo primer ministro. 次の首相として彼が浮上している. ❸《闘牛》[マタドールが] とどめを刺す前の本勢になる. ❹《中南米》やせる, スリムになる. ❺《コロンビア》青ざめる; すっかり姿が変わる. ❻《チリ, アルゼンチン, ウルグアイ. スポーツ》ドリブルしてシュートする

perfilero, ra [perfiléro, ra] 形《闘牛士が》とどめを刺す

perfoliado, da [perfoljádo, da] 形《植物》hoja ～da 貫生葉
— 女《植物》ツキヌキサイコ
perfoliata [perfoljáta] 女《植物》=**perfoliada**
perfolla [perfóʎa] 女《アンダルシア, ムルシア》[主に干したトウモロコシの] 穂軸の皮
perforación [perforaθjón] 女 ❶ 穴をあける(穴があく)こと, 穿孔(ｾﾝｺｳ): ～ de estómago《医学》胃穿孔. ❷ 削岩. ❸ ミシン目, パンチ穴
perforado [perforádo] 男 穿孔
perforador, ra [perforadór, ra] 形 穴をあける; 穿孔用の
— 女《情報》キーパンチャー
— 男 [石器時代などの] 穴あけ用の道具
— 女 ❶《土木》削岩機《=～ de rocas》: ～ra de percusión ハンマードリル. ❷《技術》穿孔機, 鑚孔(ｻﾝｺｳ)機
perforante [perforánte] 形 穴をあける
perforar [perforár]《←per+ラテン語 forare「穴を開ける」》他 ❶ …に穴をあける; ミシン目を入れる: Una bala le perforó el corazón. 弾丸は彼の心臓を貫通した. ～ un billete 切符にはさみを入れる. tarjeta perforada パンチカード. ❷ 削岩する
perforista [perforísta] 名 ❶《情報》キーパンチャー. ❷ 削岩機の作業員
performance [perfórmans]《←英語》女 ❶《スポーツ, 競馬など》成績, 試合(レース)結果: Fue una ～ mediocre para un golfista de su talla. 彼ほどのレベルのゴルファーにしては平凡な出来だった. ❷ [機械の] 性能, 能力. ❸《まれ. 音楽, 演劇など》1) パフォーマンス. 2)《総合的な》前衛芸術の公演
perfumadero [perfumadéro] 男 香炉
perfumado, da [perfumádo, da] 形 ❶ 香りのよい. ❷ [コロン水が] 香水のような
— 女 カラヒージョ《=carajillo》
perfumador, ra [perfumadór, ra] 形 香水製造業の(業者)
— 男 ❶ 香水吹き, アトマイザー. ❷ 香炉
perfumar [perfumár] 他 ❶ 香気で満たす, 香りで包む: Las flores perfuman el ambiente. 花の香りがあたりにただよっている. ❷ …に香水をつける: ～ el pañuelo ハンカチに香水をしみ込ませる
— 自 香る: ¿Perfuma bien? いい香りがする？
～se [自分の体の…に] 香水をつける: Se perfumó detrás de las orejas. 彼女は耳の後ろに香水をつけた
perfume [perfúme]《←per+ラテン語 fumus「煙」》男 ❶ 香水: Ella lleva un ～ a violeta. 彼女はバイオレットの香水をつけている. ～ de rosas バラの香水. ❷《時に皮肉》芳香, 心地よい香り《=aroma》; 良い匂いのするもの: ～ de lavanda ラベンダーの香り. Me quedo con el recuerdo de ～ de su pelo. 私は彼女の髪の匂いを覚えている. ¡Qué ～! 何て匂いだ!/いい香りだ!
perfumear [perfumeár] 他 =**perfumar**
perfumería [perfumería] 女 ❶ 化粧品店, 香水店. ❷ 化粧品(香水)製造(販売)業. ❸ 集合 化粧品, 香水類
perfumero, ra [perfuméro, ra] 形《まれ》香水の
— 名 =**perfumista**
perfumista [perfumísta] 名 香料商, 香料製造業者; 調香師
perfunctorio, ria [perfuŋktórjo, rja] 形《文語》おざなりの, いいかげんな, 考えなしの
perfundir [perfundír] 他《まれ》[局所] 灌流をする
perfusión [perfusjón] 女《医学》[局所] 灌流
perfusionista [perfusjonísta] 名《局所》灌流の専門家
pergal [pergál] 男《サンダル産地の革細工に》切り抜いた皮
pergamíneo, a [pergamíneo, a] 形 羊皮紙のような
pergaminero, ra [pergaminéro, ra] 名 羊皮紙職人, 羊皮紙商
pergamino [pergamíno]《←ラテン語 pergamena < ギリシア語 pergamene < pergamenos（ムシャ Misia の町の）》男 ❶ 羊皮紙: ～ artificial 擬革羊皮紙. ❷《羊皮紙の》古文書: P～s de Mar Muerto 死海文書. ❸ 複 高貴の出を証明する書類(系図): familia de [muchos] ～s 貴族の家系. ❹《植物》コーヒーの実の内果皮
pergaña [pergáɲa] 女 ❶《地方語》泥. ❷《エストレマドゥラ》[穀物の] 芒(ﾉｷﾞ)
pergelisuelo [perxeliswélo] 男《地質》永久凍土層
pergenio, nia [perxénjo, nja] 名《チリ, アルゼンチン, ウルグアイ. 口語》子供, 少年
— 男《まれ》=**pergeño**
pergeñar [perxeɲár]《←pergeño》他 ❶《口語》[素案などを]

手早く作る. ❷ 手際よく準備する(行なう). ❸ 下書きする, 下絵を描く. ❹《チリ, アルゼンチン, ウルグアイ》[人を] 頭のてっぺんから足の先まで見る
pergeño [perxéɲo]《←per-+ラテン語 genium「配置」》男 外見, 見かけ; 素描
pérgola [pérgola]《←伊語 pergola < ラテン語 pergula「バルコニー」》女 ❶ パーゴラ, つる棚. ❷ [屋上の] テラス
pergollo [perɣóʎo] 男《エストレマドゥラ》[牛・ラバをつなぐ綱を固定するための] くびきの切り込み
perhidrol [periðról] 男 濃縮酸素水
peri [péri] 女 ❶《ペルシア神話》美しい妖精, ペリ. ❷ 妖精のような美女
peri-《接頭辞》[周囲の] *pericarpo* 果皮
periambo [perjámbo] 男《詩法》短短格
perianal [perjanál] 形 肛門周囲の
periantal [perjantál] 形《植物》花被の
periantio [perjántjo] 男 **=perianto**
perianto [perjánto] 男《植物》花被
periarteritis [perjarterítis] 女《医学》動脈周囲炎
periastro [perjástro] 男《天文》[軌道の] 近地点, 近星点[⇔ *apoastro*]
perica [períka] 女 ❶《西. 隠語》コカイン. ❷《パナマ, コロンビア, エクアドル》泥酔. ❸《パナマ, コロンビア》大型のナイフ; 山刀, 短剣
pericárdico, ca [perikárðiko, ka] 形《解剖》心膜の
pericardio [perikárðjo] 男《解剖》心膜(ᡘ)
pericarditis [perikarðítis] 女《医学》心膜炎
pericarión [perikarjón] 男《生物》核周部, 周核体
pericarpio [perikárpjo] 男《植物》果皮
pericarpo [perikárpo] 男 **=pericarpio**
pericia [períθja]《←ラテン語 peritia < peritus》女 [難しいことを手際よく解決する] 巧みさ, 熟達, 経験豊富: conductor con mucha ~ 非常に上手なドライバー
pericial [periθjál]《←pericia》形 専門家の: opinión ~ 専門家の意見. prueba ~ 鑑定書. valoración ~ de la finca 土地の評価(鑑定)
— 名 税関職員
pericialmente [periθjálménte] 副 巧みに; 専門家として
periciclo [periθíklo] 男《植物》内鞘(ᡍᡘᡑ)
Pericles [periklés]《人名》ペリクレス《紀元前5世紀のアテネの政治家》
periclitante [periklitánte] 形《文語》衰える
periclitar [periklitár]《←ラテン語 periclitari》自《文語》衰える, 破滅に向かう, 危機に陥る
perico, ca² [períko, ka]《←Pero < Pedro (男性名)》形 名 ❶《西. 口語》処世術にたけた人. ❷《西. サッカー》エスパニョールの [選手]《=periquito》. ❸《西. 口語》自由奔放に生きている人. ❹《メキシコ. 口語》よくしゃべる[人]. ❺《コロンビア, エクアドル》酔っぱらい
— 男 ❶《鳥》インコ《=periquito》. ❷《船舶》[後檣の] トゲンスル. ❸《西. 口語》室内用便器《=bacín》. ❹《西. 隠語》コカイン. ❺《西式トランプ》棍棒の馬《=caballo de bastos》. ❻《昆虫》セイヨウシジミタテハ. ❼《まれ》大型のアスパラガス. ❽《古語》大型の扇《=perantón》. ❾《古語》[前髪用の] ヘアピース. ❿《メキシコ》自在スパナ. ⓫《コスタリカ》[女性に対する] ほめ言葉《=piropo》. ⓬《コロンビア, ベネズエラ. 料理》玉ネギ・野菜入りのスクランブルエッグ. ⓭《コロンビア》ミルクを少量入れた濃いコーヒー
como ~ por su casa《口語》我が物顔で, 勝手知ったる他人の家のように《=como Pedro por su casa》
P ~ [el] de los palotes《口語》[取るに足りない] ある人, 某氏
~ entre ellas《口語》女性にまとわりつく(ちやほやする)男, 女性たちの問題に首を突っ込む男
~ ligero《動物》ナマケモノ《=perezoso》
poner a+人 como Dios puso al ~《メキシコ. 口語》…のひどい悪口を言う
pericón¹ [perikón] 男 ❶ ペリコン《ウルグアイ・アルゼンチンの軽快な民俗舞踊・音楽. 偶数のペアで踊る》. ❷《西式トランプ》棍棒の馬《ラ ホノラ quínola で, ジョーカーとして使える》. ❸《植物》[総称] ヒペリカム. ❹《古語》大型の扇《=abanico》
pericón², na [perikón, na] 形 ❶[馬・ラバが, 馬車の挽き位置の]どのようにもこなす. ❷ 万能な
perícopa [perikópa] 女《キリスト教》[説教などで引用される] 聖書からの引用章句(抜粋)
pericosa [perikósa] 女《地方語》梢; てっぺん
pericote [perikóte] 男 ❶ 女性2人・男性1人の組で踊るアストゥリアスの民俗舞踊. ❷《南米. 動物》オナガコメネズミ
pericotera [perikotéra] 女 ネズミ捕り器
pericráneo [perikráneo] 男《解剖》頭蓋骨膜
periculoso, sa [perikulóso, sa] 形《主に戯語》危険な《=peligroso》
peridótico, ca [periðótiko, ka] 形 橄欖岩の
peridotita [periðotíta] 女《鉱物》橄欖(ᡘᡔ)岩
peridoto [periðóto] 男《鉱物》ペリドット, 橄欖(ᡘᡔ)石
peridural [periðurál] 形 **=epidural**
perieco, ca [perjéko, ka] 形 名 [同緯度で] 地球の反対側の [住人]
periespíritu [perjespíritu] 男 [交霊術で] ペリスピリット, 霊包体, 外囲霊
periferia [periférja]《←peri-+ギリシア語 phero「私は運ぶ」》女 ❶ 周辺部; 近郊: en la ~ de Madrid マドリード近郊で. ❷ 円周《=circunferencia》. ❸《情報》周辺機器《=periférico》. ❹ [開発途上国を含蓄する] 周辺
periférico, ca [perifériko, ka] 形 周辺の: barrio ~ 周辺地域, 近郊. nervio ~《解剖》末梢神経
— 男 ❶《情報》周辺機器, 周辺装置. ❷《メキシコ, 中米》環状の幹線道路
perifiton [perifíton] 男《生物》ペリフィトン, 付着生物
perifolicular [perifolikulár] 形《解剖》毛包周囲の
perifollo [perifóʎo] 男 ❶《植物, 香辛料》チャービル, セルフィーユ: ~ bulboso カブラゼリ. ~ oloroso スイートシシリー, グレートチャービル. ❷《軽蔑》《複》[女性用の] ごてごてした(趣味の悪い)装身具
perifonear [perifoneár] 他《廃語》無線放送する
perifonía [perifonía] 女《廃語》無線放送, 無線放送の技術
perífono [perífono] 男《廃語》無線放送受信機(装置)
periforme [perifórme] 形《まれ》洋梨型の
perifrasear [perifraseár] 自 遠回しな表現 *perífrasis* を用いる, 遠回しに言う
perífrasis [perífrasis]《←peri-+phrasis「表現」》女《単複同形》❶ 遠回しな(回りくどい)表現《一語で言える言葉を複数の言葉を使って表わす: en el país del sol naciente=Japón, la lengua de Cervantes=el castellano》. ❷《文法》迂言(ᡘᡑ)形式, 迂言法《~ verbal. 文法範疇・統語関係を「助動詞+不定詞・現在分詞・過去分詞など」の組み合わせで表わす: poder ir, tener alquilado》
perifrástico, ca [perifrástiko, ka] 形 ❶ 遠回しな, 回りくどい: estilo ~ 迂言体, 回りくどい表現. ❷《文法》conjugación ~ 助動詞の助けを借りる活用《例 haber de cantar》
perigallo [perigáʎo] 男 ❶ [老齢などによる] 袋状の喉のたるみ. ❷《古語》[女性が頭につける] 色鮮やかなリボン. ❸ 背が高く痩せた人. ❹《船舶》吊り索《=mulsira》. ❺《ムルシア》脚立の段
— 形《エストレマドゥラ》無知な; 怠け者の; 行儀の悪い, 恥知らずな
perigeo [perixéo] 男《天文》近地点《⇔apogeo》
perigino, na [perixíno, na] 形《植物》子房周位の
periglacial [perigla θjál] = **periglaciar**
periglaciar [periglaθjár] 形《地理》氷河周辺の, 周氷河の
perigonio [perigónjo] 男《植物》花被《=perianto》
perigordiente [perigorðjénte] 形《考古》ペリゴール文化[期]の
perihelio [periéljo] 男《天文》近日点
perilinfa [perilínfa] 女《生理》外リンパ
perilla [períʎa]《pera の示小語》女 ❶ ヤギひげ. ❷ [鞍の] 前橋(ᡍᡘ). ❸ ~ de la oreja 耳たぶ《=lóbulo》. ❹ 小つまみ, ダイアル. ❺ ゴム製の握り《=pera》. ❻ 洋梨型の飾り. ❼ [葉巻などの] 吸い口. ❽《地方語. 船舶》マストの先端. ❾《中南米》[ガス・水道などの] 栓
de ~ [s] [ir・venir+] ちょうどよい, おあつらえ向きの: Siempre busco distintas maneras de aprender español y creo que esto me viene *de ~s*. 色々なスペイン語学習法を探してきたが, これは私にぴったりだ
perillán, na [periʎán, na] 形 名《西. 古語的. 親愛》いたずらっ子 [の], いけない[子], 悪ガキ[の] 《主に男の子》
perillo [períʎo] 男《表面にとげのある》甘いロールパン
perilustre [perilústre] 形《まれ》非常に有名な
perimetral [perimetrál] 形 **=perimétrico**

perimétrico, ca [perimétriko, ka] 形 周囲の, 周辺の
perímetro [perímetro]《←ギリシア語 perimetros》男 ❶《境界線》: dentro del ～ urbano 都市の境界内で. ❷《幾何》周囲[の長さ]: ～ de la circunferencia 円周. El lago tiene diez kilómetros de ～. 湖は周囲10キロだ. ❸《医学》視野計
perimir [perimír] 他《コロンビア, ラプラタ. 法律》[双方から手続きが取られず一定期間が経過したために訴訟を]失効させる
perimisio [perimísjo] 男《解剖》筋周膜
perimundo [perimúndo] 男《稀》周りの世界
perinatal [perinatál] 形《医学》周産期の, 出産前後期の
perinatología [perinatoloxía] 女 出産期医学
perinatólogo, ga [perinatóloɣo, ɣa] 名 出産期医学の専門家
perínclito, ta [perínklito, ta] 形《まれ》非常に高名な, 名声の高い; 偉大な, 英雄的な
perindola [perindóla] 女 = **perinola**
periné [periné] 男 = **perineo**
perineal [perineál] 形《解剖》会陰の
perineo [perinéo] 男《解剖》会陰, (ﾁﾝ) 部
perineumonía [perineumonía] 女《獣医》ウシ肺炎《= pleuroneumonía》
perineumónico, ca [perineumóniko, ka] 形 ウシ肺炎の
peringundín [peringundín] 男 = **piringundín**
perinola [perinóla] 女 ❶《指で回す》小さなこま. ❷ その形の飾り. ❸ 小柄で快活な女性. ❹《口語》陰茎
perinquina [perinkína] 女《強い》憎悪, 反感
perinquinoso, sa [perinkinóso, sa] 形 強い憎しみを抱いた
períoca [períoka] 女《本・論文の》概要, 要旨
periódicamente [perjóðikamente] 副 定期的に, 周期的に
periodicidad [perjoðiθiðá(ð)] 女 定期性, 周期性
periódico[1] [perjóðiko] 男 ❶ 新聞, 日刊紙: El ～ no dice nada sobre el asunto. 新聞はその件について何も書いていない. Dicen los ～s que+直説法 新聞各紙によれば…とのことだ. leer el ～ 新聞を読む. ～ de la mañana/～ matutino 朝刊. ～ de la tarde/～ vespertino 夕刊. ～ dominical/～ del domingo 日曜紙. ❷ 定期刊行物. ❸《物理》周期的現象
periódico[2], **ca** [perjóðiko, ka]《←ラテン語 periodicus》形 ❶ 定期的な, 周期的な: entrevista ～ca 定例会見. inundaciones ～cas del Nilo ナイル川の定期的氾濫. línea ～ca 定期航路. revisión ～ca 定期点検; 定期検診. ❷ 定期刊行物の; 新聞の. ❸《数学》fracción ～ca 循環小数. función ～ca 循環関数. ❹《化学》sistema ～ca［元素の］周期系. tabla ～ca 周期表. ❺《天文》cometa ～ 周期彗星
con frecuencia ～ca 周期的に
periodicucho [perjoðikútʃo] 男《軽蔑》三流紙
periodificar [perjoðifikár][7] 他 周期的(定期的)にする, 定例化する
periodiquero, ra [perjoðikéro, ra] 名《メキシコ》新聞売り
periodismo [perjoðísmo] 男《←periodista》男 ❶ ジャーナリズム: Profesa el ～ con gran dignidad. 彼は誇りを持ってジャーナリズムの仕事をしている. estudiar ～ 新聞学（ジャーナリズム）を勉強する. ～ amarillo イエロージャーナリズム《低俗・扇情的で下劣にならない報道》. ❷ ～ gráfico フォトジャーナリズム. ❸ ［大学の］新聞学科. ❹《集合》新聞・雑誌類
periodista [perjoðísta]《←periódico》名 ❶ ジャーナリスト, 新聞記者. ～ deportivo スポーツ記者. ～ gráfico 報道カメラマン. ❷《口語》新聞売り子
periodístico, ca [perjoðístiko, ka]《←periodista》形 ❶ ジャーナリズムの, 新聞（記者）の: anuncio ～ 新聞広告. equipo ～ 記者団. medios ～s 報道機関. ❷ ジャーナリスティックな: estilo ～ ジャーナリスティックな文体. lenguaje ～ ジャーナリスティック言語, 新聞用語
periodización [perjoðiθaθjón] 女 時代区分
período [perjóðo] 男 = **período**
período [perjóðo] 男《←ギリシア語 periodos「天体の回転」< peri-（周囲）+hodos「道」》 ❶ 期間, 時期: Hay un ～ de prueba de un mes. 1カ月の試用期間がある. Estoy en el ～ de la menopausia. 私は更年期だ. cerca del triple en el mismo ～ del año anterior 前年同期の3倍近く. ～ corto de tiempo クロスセクション〈分析〉. ～ de aprendizaje 見習期間. ～ de celo 発情期. ～ electoral 選挙運動期間. ❷［病気の］…期: ～ de incubación［病気の］潜伏期間. ～ ventana [HIV感染の] ウインドウ・ピリオド. ❸ 周期, サイクル: 1) ～ del péndulo 振り子の周期. 2)《天文》～ de la tierra 地球の公転周期. ～ lunar 月周期. ❹ 月経; 月経期《= ～ mensual》: Viene el ～. 生理が来る. Lleva cierto retraso en el ～. 彼女は生理が少し遅れている. tener [el] ～/estar con el ～ 生理中である. ❺《地質》…紀: ～ cuaternario 第4紀. ～ jurásico ジュラ紀. ❻《数学》［循環小数の］循環節, 周期. ❼《物理》半減期. ❽《化学》周期. ❾《音楽》大楽節. ❿《歴史》時代, 期間: ～ Nara 奈良時代. ～ revolucionario 革命時代. ⓫《修辞》複合文, 総合文. ⓬《文法》文《複数の節の集まり》
periodoncia [perjoðónθja] 女 歯周病学
periodontal [perjoðontál] 形 歯周の
periodontitis [perjoðontítis] 女《医学》歯周病, 歯周炎
periodonto [perjoðónto] 男《解剖》歯周組織
perioducho [perjoðútʃo] 男 三流紙, 俗悪な新聞
periostio [perjóstjo] 男《解剖》骨膜
periostitis [perjostítis] 女《医学》骨膜炎
periótico, ca [perjótiko, ka] 形《解剖》耳（内耳）周囲の
peripatético, ca [peripatétiko, ka]《←ギリシア語 peripathetikos》形 ❶［判断・意見が］おかしな, 常軌を逸した. ❷《哲学》逍遥学派の［人］, ペリパトス学派の［人］: escuela ～ca 逍遥学派. ❸《文語》［行為が］逍遥（散歩）しながらの ―― 女《戯語》街装
peripatetismo [peripatetísmo] 男 逍遥学派, ペリパトス学派
peripato [perípato]《←ギリシア語 peripatos「散歩」（アリストテレスは散歩しながら教えた）》男 ❶ アリストテレス哲学: según el ～ アリストテレスの考えによれば. ❷ アリストテレス学派の学校《= Liceo》
peripecia [peripéθja]《←ギリシア語 peripeteia「突然の移動」< peripetes < peri-（周囲）+pipto「私は倒れる」》女 ❶［主に 複. 単調さを破る］予期せぬ出来事, 波乱: La excursión estuvo llena de divertidas ～s. その遠足は思いがけない楽しいことが一杯あった. ❷［劇などの］筋の急転回
periplo [períplo]《←ギリシア語 periploos》男 ❶《歴史》［島・大陸を回る］大航海; 周航記. ❷《文語》長期の旅行, 多くの国を巡る旅行
períptero, ra [perí(p)tero, ra] 形《建築》周柱式の: templo ～ 周柱式神殿
peripuesto, ta [peripwésto, ta]《←peri-+puesto》形《戯語》ひどく飾り立てた, めかし込んだ
periquear [perikeár] 自 ❶《女性が》あまりに放縦である《主に現在分詞で》. ❷《古語》おしゃべりする. ❸《中米》［女性に］お世辞を言う, 口説く. ❹《チリ》=**se**
―― ～**se**《チリ》［女性が］ドレスアップする, 着飾る
periquera [perikéra] 女《ベネズエラ》ちんぷんかんぷん
periquería [perikería] 女《エクアドル》おしゃべり, 雑談
periquero [perikéro] 男《中米》［女性を］口説く男
periquete [perikéte] 男《perico の示小語》男 *en un* ～ 《口語》あっという間に: Voy a terminar esto *en un* ～ *y* voy contigo. これを今さっと終わらせて一緒に行きます
periquillo [perikíʎo] 男《動物》砂糖菓子の一種
periquita[1] [perikíta] 女《俗語》ふしだらな女, 身持ちの悪い女
periquito[1] [perikíto]《perico の示小語》男 ❶《鳥》セキセイインコ《= ～ común》
―― ～ *entre ellas*《口語》女性にまとわりつく男《= perico entre ellas》
periquito[2], **ta**[2] [perikíto, ta] 形 名《西》❶《隠語》青年, 少女. ❷《サッカー》［バルセロナの］エスパニョール Real Club Deportivo Espanyol の〔選手〕
perisarco [perisárko] 男《動物》［刺胞動物の］囲皮, 包皮, 外鞘
periscio, cia [perísθjo, θja] 形 名 白夜の地方に住む［人］
periscópico, ca [periskópiko, ka] 形 ❶ 潜望鏡の. ❷《光学》lente ～ca 均等屈折レンズ
periscopio [periskópjo] 男 潜望鏡: levantar el ～ 潜望鏡を上げる
perisodáctilo, la [perisoðáktilo, la] 形 奇蹄目の
―― 男《動物》奇蹄目
perisología [perisoloxía] 女《修辞》冗語法
perispermo [perispérmo] 男《植物》外乳
perispómeno, na [perispómeno, na] 形《言語》［ギリシア語の単語が］最終音節に曲折アクセントのある
perista [perísta]《←語源》名《西. 隠語》故買屋, 盗品商
peristalsis [peristálsis] 女《単複同形》《生理》蠕動〔運〕
peristáltico, ca [peristáltiko, ka] 形《生理》蠕動の: movi-

miento ～ 蠕動運動
peristaltismo [peristaltísmo] [男] =**peristalsis**
perístasis [perístasis] [女]〘単複同形〙《修辞》論題の背景説明
peristilo [peristílo] [男]《建築》列柱, 周柱式; 列柱郭, 列柱のある中庭
perístole [perístole] [女]《生理》蠕動運動による収縮
peristoma [peristóma] [男]《動物》囲口部, 縁歯, 口囲
perita[1] [períta]〘pera の示小語〙[女] ***～ en dulce*** すばらしい人(もの)
peritación [peritaθjón] [女] 査定, 鑑定〘=peritaje〙
peritaje [peritáxe] [男] ❶［専門家による］査定, 鑑定; その報告書. ❷ 技手 perito の資格; [集名] それを得るための勉強
peritar [peritár]〘←perito〙[他] 査定する; その報告書を出す
—— [自] 専門家として行なう
periteca [peritéka] [女] =**periteca**
peritecio [peritéθjo] [男]《植物》被子器(ひし), 子嚢殻
perito, ta[2] [períto, ta]〘←ラテン語 peritus「経験者」< experiri「意図する, 経験する」〙[形][名] ❶［+en に］精通した〔人〕, 熟達した〔人〕, 玄人(くろうと): Juan es un ～ *en* la materia. フアンはその分野に詳しい. ❷ 専門家, エキスパート;《法律》鑑定人: Es un ～ en balística. 彼は弾道学の専門家である. informe del ～ 鑑定報告書. ❸《西》技手〘ingeniero técnico の旧称〙: ～ agrónomo 農業技手. ❹ ～ mercantil 計理士〘商業学校 escuela de comercio の卒業者〙. ❺ 清算人
peritoneal [peritoneál] [形] 腹膜の
peritoneo [peritonéo] [男]《解剖》腹膜
peritonitis [peritonítis] [女]《医学》腹膜炎
perjudicado, da [pɛrxuđikáđo, đa] [形]《法律》［手続きの不備で為替手形などが］有効でなくなった
perjudicador, ra [pɛrxuđikađór, ra] [形][名] 損害を与える〔人〕
perjudicante [pɛrxuđikánte] [形] 有害な
perjudicar [pɛrxuđikár]〘←ラテン語 praejudicare「あらかじめ判断する」< prae-(前に)+judicare「判断する」〙[7] [他] ❶［間接的・部分的に］…に損害を与える, 害する: El dormir poco *perjudica* la salud. 睡眠不足は健康に害がある. ～ la imagen de+人 …のイメージを損なう. ❷《法律》［手続きの不備が為替手形などの］有効性を低下させる. ❸《中南米. 婉曲》殺す. ❹《コロンビア, ペルー. 婉曲》強姦する
perjudicial [pɛrxuđiθjál]〘←perjudicar〙[形]［+a・para に］害をもたらす, 有害な: El ozono resulta ～ *para* las cosechas. オゾンは結果的に作物によくない
perjudicialmente [pɛrxuđiθjálménte] [副] 有害に, 不利に
perjuicio [pɛrxwíθjo]〘←ラテン語 praejudicium「あらかじめの判断」〙[男]［精神的・物質的な］損害, 不利益〘⇔beneficio〙; 迷惑: La inundación causó grandes ～*s* en la huerta. 洪水は畑に大損害を与えた. La crisis nos ha causado graves ～*s* económicos. 不況で私たちは多大な経済的損害を受けた. ～ sin acción legal 違法性のない(賠償要求が認められない)損害
en ～ de+事物 …に損害を与えて, …を犠牲にして: bajar los precios *en* ～ *de* la calidad 品質を犠牲にして価格を引き下げる
sin ～ de+不定詞・***que***+接続法《法律》…する可能性を損なうことなく, …するかもしれないが
perjura[1] [pɛrxúra]《ホンジュラス》***agarrar en ～*** ［犯罪・失敗などが行なわれている］現場を発見する
perjurador, ra [pɛrxurađór, ra] [形][名] 偽りの誓いを立てる〔人〕
perjurar [pɛrxurár]〘←ラテン語 perjurare〙[自] ❶ 偽りの誓いを立てる, 偽誓する; 偽証する. ❷ 誓いを破る, 宣誓に違反する
—— [他] 繰り返し誓う: jurar y ～ 堅く(厳粛に)誓う
—— **～se** 偽証する
perjurio [pɛrxúrjo]〘←ラテン語 perjurium〙[男] ❶ 偽りの誓いを立てること, 偽誓; 誓いを破ること. ❷ 偽証罪
perjuro, ra[2] [pɛrxúro, ra]〘←ラテン語 perjurus〙[形][名] ❶ 偽りの誓いを立てる〔人〕. ❷ 誓いを破る〔人〕
perla [pérla]〘←?俗ラテン語 pernula < ラテン語 perna「貝」〙[女] ❶ 真珠: concha de ～ 真珠層, 真珠母. pescador de ～ 真珠採り. ～ artificial/～ de imitación 模造真珠. ～ cultivada/～ de cultivo 養殖真珠. ～ verdadera (natural) 真正真珠. ❷ 真珠のようなもの〘涙, 露, 歯など〙: ～*s* del rocío 露の玉. ❸《比喩》宝, すばらしい人(もの), 貴重な人(もの). ❹《皮肉》［内容・言い回しが］おかしな言葉, こっけいな言葉. ❺［薬の］カプセル. ❻《トランプ》［オンブレで］剣・2番目に強い札・キングを集めること. ❼《印刷》3～6ポイントの飾り罫
—— [名] ❶《口語》［資質・才能などが］すばらしい人, 立派な人. ❷《チリ. 口語》図々しい人
de ～s ［ir・venir+. +a 人・ものにとって］都合のよい, 適した: Te irá *de* ～*s* tomarte las vacaciones. 君は休暇を取って休むといいだろう
hablar de ～s 名言を吐く
una ～ en un muladar はきだめに鶴
perlado, da [pɛrláđo, đa]〘←perla〙[形] ❶［色・光沢・形が］真珠のような: gris ～ 真珠色, パールグレー〘青味がかった淡い灰色〙. zapatos ～*s* パールグレーの靴. ❷ 真珠をちりばめた; 粒状の物で飾った: vestido ～ パール装飾のドレス
perlar [pɛrlár] [他]《詩語》［水滴などが］覆う: Las lágrimas *perlaban* sus ojos. 真珠の涙が彼女の目からあふれた
—— **～se**《詩語》［+de 水滴などで］覆われる: Los campos *se perlaban de* rocío. 野原は露で覆われていた
perlático, ca [pɛrlátiko, ka] [形][名]《古語》麻痺患者〔の〕
perlé [pɛrlé]〘←仏語〙[男]《繊維》刺繍(レース編み)用の木綿糸
perlería [pɛrlería] [女] [集名] 真珠; 真珠の装飾品
perlero, ra [pɛrléro, ra] [形] 真珠の: industria ～*ra* 真珠産業
perlesía [pɛrlesía] [女] ❶《医学》［加齢などによる］震えを伴う筋肉の衰え. ❷《古語》麻痺
perlezuela [pɛrleθwéla] [女] perla の示小語
perlicultura [pɛrlikultúra] [女] 真珠の養殖
perlífero, ra [pɛrlífero, ra] [形]［貝が］真珠の入った, 真珠を作る: ostra ～*ra* アコヤ貝, 真珠貝
perlingual [pɛrliŋgwál] [形]《薬学》薬を舌の上または下で徐々に溶解させる
perlino, na [pɛrlíno, na] [形]《文語》［色が］真珠のような, 真珠色の
perlita [pɛrlíta] [女]《鉱物》❶ 響岩〘=fonolita〙. ❷ 真珠岩; パーライト
perlítico, ca [pɛrlítiko, ka] [形]《鉱物》perlita を含有する
perlón [pɛrlón]〘←商標〙[男]《繊維》パーロン
perlongar [pɛrloŋgár] [8] [自]《船舶》❶ 沿岸航行する. ❷［引くために］ロープを伸ばす
permafrost [pɛrmafróst] [男]《地質》永久凍土層
permaloy [pɛrmalói̯]〘←商標〙[男]《金属》パーマロイ
permaná [pɛrmaná] [男]《ボリビア》［Santa Cruz 産の］最高級のチチャ chicha
permanecer [pɛrmaneθér]〘←ラテン語 permanere < per-+manere〙[39] [自]《文語》❶［+en に］とどまる, 滞在する: La delegación *permanece* dos semanas *en* Barcelona. 代表団は2週間バルセロナにとどまっている. Bajo sospecha de varios casos de soborno, *permanece en* la policía. 何件かの贈収賄の嫌疑をかけられて, 彼は警察に留置されている. *Permanecerá en* el cargo de cónsul general hasta finales del año que viene. 彼は来年末まで総領事の席にとどまるだろう. ❷［+主格補語］…のままでいる・ある: El niño *permaneció* callado y no contestó a las preguntas de su madre. その子はじっと黙ったままで, 母親の問いかけに返事をしなかった. Sonaba el teléfono, pero yo *permanecía* inmóvil en la cama. 電話が鳴っていたが, 私はベッドの中でじっとしていた. El cielo *permanece* nublado desde la mañana. 空は朝からずっと曇っている. Aquellos días *permanecen* vivos en mi recuerdo. あの日々のことは私の記憶の中に鮮やかに残っている. ❸［+現在分詞］ずっと…し続ける: El muchacho *permanece* trabajando en el mismo taller. その少年は同じ工場でずっと働いている. Durante toda la mañana mi abuela *permaneció* en el balcón mirando para el jardín. 午前中私の祖母はバルコニーにずっといて, 庭の方を眺めていた

permanecer

直説法現在	接続法現在
permane**z**co	permane**z**ca
permaneces	permane**z**cas
permanece	permane**z**ca
permanecemos	permane**z**camos
permanecéis	permane**z**cáis
permanecen	permane**z**can

permaneciente [pɛrmaneθjénte] [形] =**permanente**
permanencia [pɛrmanénθja]〘←permanecer〙[女] ❶［+en に］とどまること, 滞在, 逗留: durante su ～ *en* Madrid 彼のマドリ

permanentado

ード滞在中に. larga ~ en el poder 権力の座への長期の居座り. ❷《西. 教育》履[見回りなど, 授業時間以外の教員の] 業務時間; その手当. ❸ 永続性, 恒久性: ~ de las leyes 法則の恒久性

permanentado [permanentádo] 男《髪型》パーマネント〔ウェーブ〕《=permanente》

permanente [permanénte]《←ラテン語 permanens, -entis》形 ❶ 永久的な, 恒久の, 永続する; 不変の: amenaza ~ 変わらぬ脅威. diente ~ 永久歯. educación ~ 生涯教育. fortificación ~ 永久要塞. movimiento ~《物理》永久運動. nieve ~ 万年雪. olor ~ 消えない匂い. ❷ 常設の, 常任の: comisión ~ 常任委員会. director ~ 常任指揮者. ejército ~ 常備軍. guardia ~ 24時間警備. miembro [no] ~ [国連安保理事会の] [非] 常任理事国. ❸《髪型》パーマネントの. ❹《まれ. 文法》未完了の《=imperfectivo》
── 名 組合・政党の専従員
── 女 ❶《口語》パーマネント〔ウェーブ〕: hacerse una ~ パーマをかける. ❷《コロンビア》緊急案件の裁判所

permanentemente [permanénteménte] 副 恒久的に, 永続的に; 常時

permanganato [permanganáto] 男《化学》過マンガン酸塩: ~ potásico 過マンガン酸カリウム

permangánico [permangániko] 形《化学》ácido ~ 過マンガン酸

permansión [permansjón] 女 =permanencia

permeabilidad [permeaβiliðáð] 女 ❶ 透過性, 浸透性. ❷《物理》~ magnética 透磁率

permeabilizar [permeaβiliθár] 他 他《まれ》透過〔浸透〕性をもたせる

permeable [permeáβle]《←ラテン語 permeare「浸透する」< meare「行く, 通る」》形 ❶ [液体・光線などを] 通す, 透過性のある: terreno ~ よく水を吸う土. ❷ [他人の意見などに] すぐに心を動かされる

permeámetro [permeámetro] 男《物理》透磁率計

permeancia [permeánθja] 女《電気》透磁度, パーミアンス

permear [permeár] 自 しみ通る
── 他 しみ通らせる

permiano, na [permjáno, na] 形 男 =pérmico

pérmico, ca [pérmiko, ka] 形 名《地質》二畳紀〔の〕, ペルム紀〔の〕

permio, mia [pérmjo, mja] 形 名 [ロシア西部の] ペルミャク人〔の〕
── 男 ペルム語

permisible [permisíβle] 形 許容〔容認〕され得る: Su actitud no es ~. 彼の態度は容認しがたい. más allá de lo ~ 許容範囲外の. gastos ~s さしつかえない出費

permisión [permisjón] 女 ❶《文語》許可〔行為, 内容〕. ❷《修辞》譲歩法

permisionario, ria [permisjonárjo, rja] 形 名 ❶ 休暇をもらった〔人〕. ❷《メキシコ》公的に認可された代理人

permisivamente [permisíβamente] 副 黙認して

permisividad [permisiβiðáð] 女 ❶ [過度な] 寛大さ: Dicen que la ~ de los padres jóvenes es la causa de los problemas de la sociedad. 若い両親の過度な寛大さが社会問題の原因だと言われる. ❷《物理》誘電率

permisivismo [permisíβismo] 男 寛大さ《=permisividad》

permisivo, va [permisíβo, βa]《←ラテン語 permissum < permittere「許す」》形 ❶ 黙認する, 認める. ❷ [社会が道徳的に] 寛大な, 容認する

permiso [permíso] 男 ❶ [+de・para をする] 許可, 認可《⇔prohibición》; 免許〔証〕: No tengo ~ para entrar en facebook. 私はフェイスブックに入る許可を得ていない. pedir a+人 el ~ de pesca 釣りをする許可を...に求める. ~ de conducir/~ de conducción 運転免許〔証〕. ~ de construir 建築許可〔書〕. ~ de residencia 滞在許可. ~ de trabajo 労働許可. ❷ [労働・兵役の短期の, 有給・無給の] 休暇, 休職: ¿Cuántos días de ~ pagado tiene derecho el trabajador por la muerte del cónyuge? 配偶者が死亡した時, 従業員は何日の有給休暇を取れるのですか? conseguir (obtener) un ~ de una semana 1週間の休暇を得る. solicitud de ~ 願い. ~ de maternidad 出産休暇. ~ por enfermedad 病気休暇. ~ no pagado 無給休暇. ❸《自動車》~ de circulación ロードクリアランス. ❹《貨幣の》公差

con〔su〕~ [部屋の出入り・人の前を通るときなど] ちょっと失礼《su を入れた方が丁寧》: Con su ~.—Usted lo tiene. ちょっと失礼します.—どうぞ. Con su ~, me marcho. お許しを得て, お暇します

con ~ de usted, le diré que+直説法 こう言ってよければ…
dar ~ 許可を与える: ¿Da [usted] su ~? 入ってもよろしいですか? si usted me da ~ 許可していただけるなら
de ~ 休暇中の, 休暇で: estar de ~ 休暇中である. soldado de ~ 休暇中の兵士
¡P~! [人の前を通る時など] 失礼!
sin ~ 許可なく, 無断で

permisor, ra [permisór, ra] 形 名《まれ》許可を与える〔人〕

permistión [permistjón] 男《まれ》[主に液体の] 混合

permitidero, ra [permitiðéro, ra] 形《まれ》許され得る, 容認され得る

permitidor, ra [permitiðór, ra] 形 名 許可を与える〔人〕

permitir [permitír]《←ラテン語 permittere < per-+mittere「送る, 投げる」》他 ❶ [公的に] 許す, 許可する《⇔prohibir》: 1) El gobierno no permite la importación de artículos de lujo. 政府はぜいたく品の輸入を許可していない. En ese país la policía no permite la manifestación en contra de las políticas del gobierno. その国では警察は政府の政策に対する抗議デモは許可しない. peso permitido 許容重量. 2) [+不定詞・que+接続法] En la aduana no me permitieron introducir naranjas españolas en el país. 税関で私はスペイン産のオレンジを持ち込むことが許されなかった. No está permitido fumar en ninguna parte de los sitios públicos. 公共のいかなる場所でも喫煙は禁止されている. Pilatos permitió que crucificaran a Jesucristo. ピラトはイエス・キリストを磔にすることを許した. 3)《神学》容認する: Dios permite el pecado. 神は罪をお赦しになる. ❷ 容認する: No permitimos mascotas. 当方はペットをお断わりしております. ¿Me permite ver su talón de equipaje? 荷物引換え票を拝見できますか? Mis padres no nos permitieron salir solos de noche antes de que cumpliéramos los dieciocho años. 両親は私たちが18歳になるまでは一人で夜外出することを許さなかった. El profesor permitió a los alumnos que salieran de la sala de clase. 先生は生徒たちが教室から出ることを許した. ❸ [自分の発言に丁寧さを込めて] …させてもらう, …させていただく: Profesor, ¿me permite usted hacerle una pregunta? 先生, 質問してよろしいでしょうか? Permítame que le presente al Sr. Pizarro. ピサロ氏をご紹介させていただきます. Permíteme decirte que deberías ayudar a tu amigo. 言わせてもらうと, 君は友達を援助すべきだろう. Si me lo permite, voy a cerrar la puerta con llave cuando salga. ちょっと申し上げておきますが, 外に出る時はドアに鍵を掛けて下さい. si me es permitido decirlo こう言ってよければ. ❹ [+名詞] 許可を与えてもらう, 貸してもらう: ¿Me permite su pasaporte, por favor? パスポートを拝見できますか? ¿Me permite su bolígrafo? ボールペンを貸して下さいませんか? ❺ 可能にする: Mi sueldo actual no me permite mantener una casa tan grande. 私の今の給料では, こんな大きな家を維持していくのは無理だ. Esta máquina permite lavar más platos. この機械ならもっと多くの皿を洗える. El buen tiempo nos ha permitido gozar al máximo la fiesta deportiva al aire libre. 良い天気のおかげで私たちは屋外での運動会を心ゆくまで楽しむことができた. El programa de realidad virtual permite al cliente visitar su vivienda antes de que se haya construido. バーチャル・リアリティ映像によって, 建築を始める前に顧客が家の中を見て回ることができる

¿usted permite? [相席・喫煙などの許しを求めて] いいですか, かまいませんか

── ~se ❶ 許される; 容認される: 1) No se permite la entrada de menores en este local. この施設には未成年者は入場を許されません. Es un abuso de poder que no se permite bajo ningún punto de vista. それはいかなる点から見ても許されない職権乱用である. 2) [+a+人に] Al público no se le permitió acercarse al estadio de fútbol. 一般人がサッカースタジアムに近づくことは許されなかった. A los del primer año no se les permite tener teléfonos móviles. 1年生は携帯電話の所持が認められていない. ❷ [丁寧] あえて…する, 勝手ながら…する, 失礼を顧みず…する. ❸《時に皮肉》Me permito presentarme a mí mismo. 自己紹介させていただきます. Dispénseme, me permití usar el teléfono de esta habitación sin tener su permiso. 申し訳ありません、お許しを得がたくこの部屋の電話を使わせていただきました。失礼しながら申し上げますが、ここでは禁煙になっております。2) 〖手紙〗Me permito adjuntarle mi curriculum vitae con el certificado de estudios. 勝手ではありますが、私の履歴書および学業証明書を同封させていただきます。Me permito dirigirme a ustedes para solicitar mayor información sobre el curso de verano de su Universidad. 勝手ながら、貴大学の夏期コースについてより詳しい情報をいただきたく、本状を差し上げます。❸〖自分自身に〗…を許す: Ella se permite muchos caprichos con su marido. 彼女は夫に対してやりたい放題だ。Un tío mío se permitió el lujo de no trabajar durante toda la vida. 私の叔父の一人は一生働かないですむ結構な身分だった。Yo no podía ~me tantos gastos, por eso me retiré del club. 私はそんな高額の出費をすることは許されないので、クラブを脱退した。Aun estando a dieta, me permito un pastel de vez en cuando. 私はダイエット中だが、時にはケーキの一つぐらいは自分に許している

si se me permite... 〖不適切と思えるような表現の前置きで〗…が許されるなら: Es como ir con corbata a la excursión, si se me permite la expresión. それは言わせてもらえば、ネクタイをして遠足に行くようなものだ。Lo que le pasó es como «ir por lana y volver trasquilado», si se me permite la expresión. 彼に起こったことは、たとえて言うなら、「ミイラ取りがミイラになる」といったようなことだ

permitividad [permitibiðá(d)] 〖女〗〖電気〗誘電率
permuta [permúta] 〖女〗〖←permutar〗❶〖物と物との〗交換、物々交換。❷交代;〖特に2人の公務員間の〗配置転換。❸〖経済〗スワップ: ~ de divisas 通貨スワップ。~ de tipos de interés 金利スワップ
permutabilidad [permutabiliðá(d)] 〖女〗交換可能性、互換性
permutable [permutáble] 〖形〗交換され得る
permutación [permutaθjón] 〖女〗❶物々交換。❷〖2人の公務員間の〗配置転換 [=permuta]。❸〖数学〗順列: ~ y combinación 順列・組み合わせ
permutador, ra [permutaðór, ra] 〖形〗交換する;交換器
permutante [permutánte] 〖形〗交換する〖人〗
permutar [permutár] 〖←ラテン語 permutare < per-+mutare「交換する」〗ⓣ ❶ +con+a, a ~+por 交換する: ~ su casa por la mía 牧場と自分の家を交換する。❷ 〖公務員が職務を〗交代する。❸〖順番・配置を〗入れ替える、並べ替える: ~ la colocación de las sillas 椅子を並べ替える。── ~se 〖まれ〗〖別なものと〗交換する、変わる
permutita [permutíta] 〖女〗〖化学〗パームチット
perna [pérna] 〖女〗〖貝〗ミドリイガイ
pernada [pernáða] 〖女〗〖←ラテン語 perna「脚」〗❶〖歴史〗derecho de ~ 初夜権;理不尽な権利。❷〖船舶〗脚、索。❸足蹴り、キック。❹〖エストレマドゥラ〗カシの木の股から出ている太い枝
pernal [pernál] 〖男〗〖地方語. 鉱物〗シレックス〖=pedernal〗
pernala [pernála] 〖女〗〖地方語. 鉱物〗シレックス〖=pedernal〗
pernancón, na [pernaŋkón, na] 〖形〗〖ペルー〗脚の長い
pernaza [pernáθa] 〖女〗pierna の示大語
perneador, ra [perneaðór, ra] 〖形〗脚力の強い、健脚の
pernear [perneár] 〖自〗❶足を激しく動かす: El nene perneaba en la cuna. 赤ん坊が揺りかごで足をバタバタさせていた。❷〖手続などのために〗足を棒にする。❸じれったい〖歯がゆい〗思いをする
── 〖他〗〖アンダルシア〗〖市で〗豚を売る
perneo [pernéo] 〖男〗〖アンダルシア〗豚市場
pernera [pernéra] 〖女〗〖←ラテン語 perna「脚」〗❶〖服飾〗❶〖ズボンの〗: cortar las ~s del pantalón para hacerse unas bermudas バーミューダショーツを作るためにズボンの脚を切る。❷〖下着などの〗足を通す部分。❸〖コ頭〗股下〖=medida de ~〗
pernería [pernería] 〖女〗〖集名〗〖船舶〗〖予備として〗ボルト
perneta [pernéta] 〖pierna の示小語〗〖プエルトリコ〗いたずら、悪さ
en ~s [s]〖口語〗すね(脚)をむき出しにして。2) 丸裸で
pernete [pernéte] 〖男〗〖perno の示小語〗〖技術〗小ボルト;ピン、止め釘
perniabierto, ta [pernjaβjérto, ta] 〖形〗O脚の、がに股の
perniciosamente [perniθjósaménte] 〖副〗有害に
pernicioso, sa [perniθjóso, sa] 〖←ラテン語 perniciosus < perni-

cies「崩壊、不運」〗〖形〗[+para に]有害な;悪性の: Fumar es ~ para la salud. 喫煙は体に悪い。insecto ~ para los frutales 果樹の害虫。doctrina ~sa 危険な教え
pernicote [perniκόte] 〖男〗〖エルサルバドル〗豚の腿の骨
pernigón [perniɣón] 〖男〗〖ジェノヴァ産の〗甘いプラム
pernil [pernĭl] 〖←ラテン語 perna〗〖男〗❶〖豚などの〗腿(肉)。❷〖地方語〗〖ズボンの〗脚〖=pernera〗
pernio [pérnjo] 〖男〗〖←伊語 perno〗〖技術〗蝶ちょうつがい
perniosis [pernjósis] 〖女〗〖医学〗しもやけ
perniquebrar [perniκeβrár] 〖23〗〖他〗…の脚(足)を折る
── ~se 脚(足)が折れる
pernituerto, ta [pernitwérto, ta] 〖形〗脚の曲がった
perno [pérno] 〖男〗〖←カタルーニャ語 pern〗〖技術〗ボルト、雄ねじ
pernocta [pernókta] 〖女〗〖西〗❶ 〖主に兵士の〗外泊。❷〖兵士の〗外泊許可〖=pase de ~〗。❸〖西〗外泊許可を得ている兵士
pernoctación [pernoktaθjón] 〖女〗外泊
pernoctar [pernoktár] 〖←ラテン語 pernoctare < nox, noctis「夜」〗〖自〗〖文語〗外〖自宅以外の場所〗で夜を過ごす、外泊する;〖特に〗旅行中〖泊まる: Pernoctaron en un hotel de las afueras. 彼らは郊外のホテルに宿泊した
pernod [pernó(d)] 〖←商標〗〖男〗ペルノ酒
pernotar [pernotár] 〖他〗気づく、感じる
pero[1] [péro] I 〖←ラテン語 per hoc「これにより」〗〖接〗❶ しかし、ところが〖逆接または意味の拡大を表わし、後続の文に重きが置かれる〗: 1)〖対立〗La sabiduría hace fuertes a los hombres, ~ no dichosos. 知識は人間を強くするが、幸せにはしない。Tenía dolor de cabeza, ~ siguió cantando. 彼は頭痛がしたが、歌い続いた。2)〖制限〗Hacedlo si queréis; ~ no contéis con mi ayuda. やりたければやれ、だが私の援助を当てにするな。[+que+接続法] Dame un café, ~ que no esté caliente. コーヒーを下さい。ただし熱くないのを。3)〖反論〗P~ ¿qué te pasa? 君どうしたんだ。それで一体どうしたというんだ。だけど彼らは知っていたのだ。4)〖直説法未来+〗Será amable, ~ no me gusta. 彼は親切かもしれないが、私は嫌いだ。❷〖同一形容詞・副詞を繰り返して強調〗1)〖口頭〗Tiene la nariz muy grande, ~ muy grande. 彼は大きな、いや大きな鼻をしている。Hablas deprisa, ~ deprisa. 君は早口だ、いや本当に早口だ。2) [+que/+lo que se dice] Es listo el chaval, ~ que muy listo. その若者は賢い、実に賢い。Es maravilloso, ~ lo que se dice maravilloso. それはすばらしい、全くもってすばらしい。❸ 〖口頭〗〖文頭で〗1)〖強調〗P~ ¡qué valiente eres! お前は何て勇敢なんだ!; ¡P~ claro! もちろんですとも! ¡P~ y cómo viene tan poco a verte? ¿No puede?—No. Siempre tiene cosas que hacer. でもなぜ彼はそんなにあなたに会いに来ないの? 来れないの?—そう、来れないのよ。いつも仕事を抱えていてね。2)〖驚き〗P~ ¿tú por aquí? おや、こんなところで君に会うとは。¿A pie? ¡P~ si queda lejísimo! 徒歩で? しかし、とても遠いよ。3)〖非難・怒り〗¡Cuánto tardas! ¡P~ no quieres ir conmigo? 嫌じゃないか。私と一緒に行きたくないのか? P~, ¿a dónde vas tan tarde? こんなに遅くどこへ行くのか? ❹〖文語〗…ではなくて…である〖=sino〗: No era yo ~ ella quien lo dijo. そう言ったのは私ではなくて彼女だった

~ bueno 1)〖驚き〗おやまあ、一体全体。2)〖反対〗とんでもない
~ que muy+形容詞・副詞〖口語〗〖強調〗本当に…、実に…: ¡P~ que muy guapa! いや全く美人だ! Baila el tango ~ que muy bien. 彼はタンゴを踊るのがとてもうまい
~ si+直説法 1)〖抗議・反論〗でも…なのに: Vamos a pasear.—¡P~ si ya es de medianoche! 散歩に行こう—何言ってるの、もう真夜中だよ! ¡Frío? P~ si yo estoy sudando. 寒いって? 私は汗をかいているのに。2)〖驚き〗本当…である: ¡Anda, ~ si eres Miguel! おや、ミゲルじゃないか!

pero[2] [péro] I 〖←ラテン語 pirum〗〖男〗❶ 欠点、難点、欠陥。❷ 反対、反論: no querer admitir ~s 異論を認めたがらない。❸ 弁解

encontrar ~ [s] **a...** =**poner ~** [s] **a...**
¡No hay ~ que valga! 弁解は無用だ/否も応もない
no solo... [**también**]... …だけでなく…も
no tener ~ [s] 申し分ない、完璧である
poner ~ [s] **a...** …に難癖をつける、文句をつける、反対する
sin un ~ 申し分のない、完璧な
tener muchos ~s 面倒なことが多い

II 〖←ラテン語 pirum〗〖男〗❶〖植物, 果実〗リンゴの一種〖果実はリ

perogrullada [peroɣruʎáđa]【←Pero Grullo (人名)】女《口語》[言うまでもない] 自明の理, 分かりきったこと

perogrullesco, ca [peroɣruʎésko, ka] 形 自明の, 分かりきった, 誰でも知っている

Perogrullo [peroɣrúʎo]《Pero Grullo とも表記》[*verdad*] **de** ～ [言うのもばかばかしいほど] 分かりきった (真実)

perojiménez [peroximéneθ] 男 =**pedrojiménez**

perojo [peróxo] 男《カンタブリア》早生の小型のナシの一種

perol [peról]【←カタルーニャ語】男 ❶ 大型の両手鍋, シチュー鍋. ❷《アンダルシア》野原での食事: ir de ～ ピクニックに行く. ❸《コロンビア, ペルー, ボリビア, アルゼンチン》平鍋. ❹《ベネズエラ》[名前を知らない・忘れた] 何とかいうもの

perola [peróla]【←perol】女 大型の両手鍋

perolada [peroláđa] 女《地方語》大量のシチュー

perolero, ra [peroléro, ra] 名《ベネズエラ》ブリキ製造(販売)業者

perolo [perólo] 男 大型のシチュー鍋

perón [perón] 男《メキシコ. 植物》[実が細長い] リンゴ

Perón [perón]《人名》**Eva Duarte de ～** エバ・ドゥアルテ・デ・ペロン (1919～52, アルゼンチンの女優・政治家. エビタ Evita の名で知られる. フアン・ドミンゴ・ペロン大統領と結婚し, 労働者と女性の権利獲得に努力》

Juan Domingo ～ フアン・ドミンゴ・ペロン (1895～1974, アルゼンチンの軍人・政治家. 大統領を務める (1946～52, 52～55, 73～77)が, 急進的な労働者優遇政策を推進したため, クーデターによって数度失脚)

peroné [peroné] 男《解剖》腓骨(ʰ_っ)

peroneo, a [peronéo, a] 形 男《解剖》腓骨の; 腓骨筋

peronil [peroníl] 男《パナマ. 植物》果樹の一種 (学名 *Orinosia panamensis*)

peronismo [peronísmo]【←Juan Domingo Perón】男《アルゼンチン》ペロン Perón 主義, ペロニスモ; ペロン体制

peronista [peronísta] 形 名 ペロン主義の(主義者); ペロン体制の支持者

peronospora [peronɔspóra] 男《植物》ベと病

peroperatorio, ria [peroperatórjo, rja] 形《医学》周術期の, 手術期の

peroración [peroraθjón]【←ラテン語 peroratio, -onis】女 ❶《軽蔑》[家族的な集まりでの] 長広舌, 熱弁. ❷ [主義主張を述べる・論争での] 演説. ❸《修辞》[演説中の] 特に力を込める部分, 山場

perorante [peroránte] 形 名《軽蔑》長広舌(熱弁)をふるう〔人〕

perorar [perorár]【←ラテン語 perorare】自 ❶《軽蔑》[家族的な集まりで] 長広舌(熱弁)をふるう. ❷ [主義主張を述べて・論争で] 演説する

perorata [peroráta]【←perorar】女《軽蔑》[時と場所をわきまえない] 長く退屈な演説(おしゃべり): ¡Vaya ～ que nos ha largado el inspector! 監察官の延々としゃべりまくることといったら! echar una ～ sobre… …について長広舌をふるう

perote [peróte] 形 ❶《アンダルシア. 軽蔑》アロラ Álora の人 (マラガ県の町)
—— 男 ❶《エクアドル》カラスのような黒い鳥. ❷《ペルー》操り人形 (=**títere**)

perotó [perotó] 男《ボリビア》[果実・豆などの] 皮

peróxido [peró(k)siđo] 男《化学》過酸化物: ～ de hidrógeno 過酸化水素

perpalo [perpálo] 男《アラゴン》梃子(?)

perpejana [perpexána] 女 [昔の] 銅貨 (=2 cuartos)

perpendicular [perpendikulár]【←ラテン語 perpendicularis < per-(強調)+pendere「吊るす, ぶら下がる」】形 垂直の; [+a と] 直角に交わる: Esta calle es ～ a la Gran Vía. この通りはグラン・ビアと直角に交叉している
—— 女《幾何》垂線 (=**línea** ～). ❷《建築》垂直構成式 (英国14～15世紀のゴシック様式)

perpendicularidad [perpendikulariđáđ] 女 垂直

perpendicularmente [perpendikulárménte] 副 垂直に; 直角に

perpendículo [perpendíkulo] 男 ❶ おもり (=**plomada**). ❷《幾何》三角形の高さ. ❸《技術》振り子

perpetración [perpetraθjón]【←ラテン語 perpetratio, -onis】女 犯罪の遂行

perpetrador, ra [perpetrađór, ra] 形 名 [犯罪を] 遂行する; 犯人, 罪人

perpetrante [perpetránte] 形 名 =**perpetrador**

perpetrar [perpetrár]【←ラテン語 perpetrare < per-+patrare「遂行する」】他 [犯罪を] 遂行する: La banda *perpetró* varios robos durante el último mes. 一味は先月いくつもの窃盗を行なった. ～ un atentado テロ行為を行なう
—— ～**se** [犯罪が] 遂行される, 犯される: En ese país *se ha perpetrado* un sucio fraude electoral. その国で卑劣な不正選挙が行なわれた

perpetua¹ [perpetwa] 女 ❶《植物》1) ヘリクリサム属の一種 (ムギワラギクなど. 学名 *Helichrysum stoechas*. =～ *amarilla*); 永久花. 2) センニチコウ(千日紅) (=～ *encarnada*, ～ *blanca*). ❷ 無期懲役 (=**cadena perpetua**)

perpetuación [perpetwaθjón] 女 永続: ～ de las especies 種の保存

perpetuador, ra [perpetwađór, ra] 形 永続させる

perpetuamente [perpétwaménte] 副 永続的に, 永久に

perpetuar [perpetwár]【←ラテン語 perpetuare < perpetuus, -a, -um】⑭ 他 ❶ [+en の中に] 永続させる, 不滅にする: ～ el recuerdo de+人 …の思い出を永遠に残す. ～ su fama *en* la posteridad 後世に不滅の名を残す. ❷ [物を] 長続きさせる, 続ける —— una disputa 口論を延々と続ける
—— ～**se** 永続する: Los buenos momentos *se perpetúa en* la memoria. 幸せな時間は記憶の中に生き続ける

perpetuidad [perpetwiđá(đ)]【←ラテン語 perpetuitas, -atis】女 永続性, 不滅性
a ～ 1) 永久に: estable *a* ～ 永久に揺るがない. 2) 終身の: presidente *a* ～ 終身大統領

perpetuo, tua² [perpétwo, twa]【←ラテン語 perpetuus, -a, -um「続く, 連続した」< per-(強調)+petere「向かう」】形 ❶ 永久の, 永続的な: 1) encarcelamiento ～ 終身刑. móvil ～ 永久機関. paz ～*tua* 恒久平和. 2) [時に誇張] en ～*tua* inquietud 不安の連続で, はらはらとおもいで. ❷ [職務・地位などが] 終身の, 終生の: senador ～ 終身議員

perpiaño [perpjáno] 男《建築》arco ～ 横断アーチ
——《建築》つなぎ石, 突抜(᠌) 石
a ～ 壁を突き抜くように

perpiñanés, sa [perpiɲanés, sa] 形 名《地名》[フランスの] ペルピニャン Perpiñán の〔人〕

perplejamente [perpléxaménte] 副 困って, 途方に暮れて

perplejidad [perplexiđá(đ)]【←perplejo】女 当惑, 困惑

perplejo, ja [perpléxo, xa]【←ラテン語 perplexus「もつれ, つながった」】形 [estar+. 驚いて] 当惑した, 途方に暮れた; 恐縮した: Sus preguntas me han dejado ～. 彼の質問に私は困惑した (どぎまぎした). con expresión ～*ja* 途方に暮れた表情で

perpunte [perpúnte] 男《古語》[刀剣から身を守るための] 綿入れの胴着

perputa [perpúta] 女《ムルシア. 鳥》ヤツガシラ (=**abubilla**)

perqué [perké] 男《詩法》❶ なぜ?—por qué? の] 問答形式の韻文. ❷ 問答形式で書かれた誹謗文

perquirir [perkirír] ㉗《まれ》調査する, 丹念に調べる

perquisición [perkisiθjón] 女《ギリシア》調査 (=**pesquisa**)

perra¹ [péra]【←perro】女 ❶《西. 口語》強迫観念, しつこい欲求: La derecha siempre está con la ～ de que no hay que subir impuestos. 右翼は増税すべきではないという考えにずっととりつかれている. tener una ～ con+不定詞 …したくてたまらない. ❷《西. 口語》[主に子供の] 泣きわめき, 癇癪(ᡘᢦ); 執着: coger una ～ 泣きわめく. ❸《西. 口語》[少額の] 金, 硬貨: estar sin una ～/no tener ni una ～ 一文なしである. ❹《西. 口語》[少額の] 銅貨: ～ gorda (grande) 10センティモ貨. ～ chica 5センティモ貨. ❺《西. 口語》複 富: tener muchas ～s 金持ちである. ❻《西. 軽蔑》売春婦. ❼ 酔い, 酩酊. ❽ 怠惰. ❾《エルサルバドル, ペルー, チリ. 技術》複 ペンチ. ❿《ペルー》足のにおい
dos (*tres*・*cuatro*) ～*s*《西》わずかな金
hacerse la ～《メキシコ, アルゼンチン. 口語》ずる休みする
¡Para ti la ～ *gorda!*《西. 口語》[強情な相手に対して議論を打ち切る時] 勝手にしろ!
que se mea (*caga*) *la* ～《俗語》[言われたことは] ひどすぎる

perrada [peráđa]【←perro】女 ❶《集名》犬. ❷《主に中南米. 口語》卑劣な手段(やり方)

perraje [peráxe] 男 ❶《ホンジュラス, エルサルバドル》[派手な多色の] 木綿の毛布. ❷《コロンビア》猟犬の群れ. ❸《ベネズエラ. 軽

麕〗下層の人

perramente [péřaménte] 副《俗語》ひどく悪く
　pasarlo ～《俗語》ひどい目にあう
perramus [peřámus] 男《単複同形》《ボリビア,ラプラタ.古語》レインコート
perrechico [peřetʃíko] 男《地方語.植物》ユキワリ《食用のキノコ.学名 Lyophyllum georgii》
perredismo [peřeðísmo] 男 メキシコ民主革命党 Partido de la Revolución Democrática de México の思想潮流
perredista [peřeðísta] 形 名 perredismo を支持する〔人〕
perrengue [peřéŋge] 男 ❶《古語》怒りっぽい人. ❷ 黒人
perrenque [peřéŋke] 男 ❶《コロンビア》鞭
perrera[1] [peřéra] 〖←perro〗女 ❶ 犬小屋, 犬舎. ❷ 野犬の捕獲車 (収容施設). ❸〔列車の〕犬用区画. ❹〔主に子供の〕大泣き, 癇癪 ({{}}). ❺ 割の良くない仕事. ❻ 金払いの悪い人. ❼〔古語〕独房;《ムルシア》刑務所. ❽《地方語》前髪. ❾《中米》パトロールカー
perrería [peřería] 〖←perrero〗女 ❶《口語》卑劣な行為: hacer una ～ a+人 …に対して汚い手を使う. ❷ 侮辱の言葉. ❸ 犬の大群. 集名 悪党
perrero, ra[2] [peřéro, ra] 〖←perro〗名 ❶〔市町村の〕野犬捕獲員. ❷ 猟犬の世話係. ❸ 愛犬家, 犬好きの人
　── 男 ❶《カトリック》会堂番. ❷《コロンビア》鞭
perreta [peřéta] 女《ムルシア.キューバ》癇癪 ({{}})
perrezno [peřéθno] 男 ❶〔銃の〕撃鉄〔=perrillo〕
perrichico [peřitʃíko] 男〔ログローニョ〕《植物》ユキワリ《食用のキノコ》
perrillo, lla [peříλo, λa] 〖perro の示小語〗名 子犬
　── 男 ❶〔銃の〕撃鉄, 打ち金〔=gatillo〕. ❷《馬具》〔はみの噛みが悪い馬に付ける〕鉄の歯が付いた鼻革 (縡). ❸《動物》～ de las praderas プレーリードッグ〔=perrito de las praderas〕. ❹〔プエルトリコ〕長い山刀
　── 女 ❶《古語》5センティモ貨〔=perra chica〕
perrito [peříto] 〖perro の示小語〗男 ❶ 子犬: nadar estilo ～ 犬かきをする. ❷《動物》～ de las praderas プレーリードッグ. ❸《料理》ホットドッグ〔=～ caliente〕. ❹《中南米.植物》キンギョソウ. ❺《天文》洗濯ばさみ
　no tener [ni] ～ que le ladre〔人が〕孤独である
perrito caliente [peříto karjénte] 〖←英語 hot dog〗男《料理》ホットドッグ
perritoro [peřitóro] 男《闘牛》人に忠実で扱いやすい牛
perro, rra[2] [péřo, řa] 〖←擬声〗名 ❶ 犬: 1) Tengo un ～ grande. 私は犬を一匹飼っている. pasear con el ～ 犬を連れて散歩する. ～ callejero (/ vagabundo/～ sin dueño) のら犬, 野犬. ～ cobrador (tomador)〔射止めた獲物を持ってくる〕猟犬. ～ corredor (rastreador・rastrero)〔獲物を追跡する〕猟犬. ～ de asistencia 身体障害者補助犬. ～ de compañía ペット犬. ～ de servicio 介助犬. ～ del ejército 軍用犬. ～ faldero〔小型の〕愛玩犬, 抱き犬;《軽蔑》他人の後ばかりついて回る人. ～ guardián 番犬. ～ guía 盲導犬. ～ guión 猟犬の群れを先導する犬. ～ policía 警察犬. ～ señal 聴導犬. ～s de Pavrov パブロフの犬. 2)〔諺.成句〕A ～ flaco todo son pulgas./Al ～ flaco todo se le vuelven pulgas. 泣き面に蜂. andar más perdido que ～ en cancha de bochas 陸に上がった河童のようである. Muerto el ～ se acabó la rabia. 悪の元凶がなくなれば悪も自然に消滅する〖← 犬が死ねば狂犬病もなくなる〗. No metas los ～s en danza. 寝た子を起こすな. No quiero ～ con cencerro. 危険を伴う安楽は好まない. P～ ladrador, poco (nunca buen) mordedor./P～ que ladra no muerde. ほえる犬は噛まない/言葉数の多い人は実行が伴わない. P～ viejo ladra sentado. 老犬は座ってほえる. Por dinero baila el ～. ただでは何も得られない. Por un ～ que maté, mataperros me llamaron. 一度悪名を取ったら最後さ. 3)〔種類〕～ danés グレートデーン. ～ de aguas スパニエル. ～ de ajeo セッター. ～ de lanas プードル; 愛玩犬. ～ de montaña de los Pirineos ピレニアンマウンテンドッグ. ～ de presa ブルドッグ. ～〔de〕 Terranova ニューファンドランド犬. ～ galgo グレーハウンド. ～ lebrel ホイペット. ～ lobo オオカミ犬; ジャーマンシェパード. ～ raposero (zorrero) フォックスハウンド. ～ salchicha〔口語〕ダックスフント. ～ zarcero バセットハウンド. ❷ 軽蔑すべき人, 人でなし: 1) Esa mujer es una perra, no sé cómo puede tratar tan mal a sus hijos. その女はひどい. 自分の子供たちにどうしてあんなひどい扱いができるだろう. ¡Qué

eres! お前は犬畜生にも劣る奴だ! 2) ユダヤ人・イスラム教徒に対する蔑称. 3)〔忠実な部下〕El es un ～ fiel. 彼は忠実な番犬だ. 4) 考え・行動が一定している人; 卑しい奴, 嫌な奴. ❸ 頑固者. ❹《メキシコ.口語》1) 利己的な人, エゴイスト, けちな奴. 2)《大学専門課程の》1年生
　── 形《口語》❶ ひどく悪い, 劣悪な: Hace un tiempo ～. ひどい天気だ. ¡Qué perra suerte! 何てひどい不運だ! ❷〔生活が〕悲惨な, 不幸な; llevar una vida perra 悲惨な生活をおくる. ❸ 困難な. ❷〔人が〕怠惰な;〔人が〕意地の悪い, けがらわしい: No he visto a nadie tan ～ como tú. お前ほどの怠け者 (卑劣な奴) は見たことがない. ❺《メキシコ》利己的な, けちな. ❻《エルサルバドル》[estar+.人が]怒り狂っている
　perra ❶《動物》～ de las praderas プレーリードッグ〔=perrita de las praderas〕. ～ mudo アライグマ. ～ salvaje africano リカオン. ❷《魚》～ marino ハナカケトラザメ. 2)《総称.小型の》サメ. ❸《植物》cabeza de ～ クサノオウ, キツネノボタン. ❹ いんちき, ぺてん. ❺《天文》P～s de caza 猟犬座. ❻《西,メキシコ,コスタリカ,パナマ,プエルトリコ,アンデス.料理》～ caliente ホットドッグ〔=perrito caliente〕. ❼《エルサルバドル,ペルー,チリ,アルゼンチン,ウルグアイ》洗濯ばさみ. ❽《アンデス》睡魔, 眠気
　a espeta (capeta) ～s《口語》不意に, 突然; 大急ぎで, あわてて
　¡A otro ～ con ese hueso!《口語》[結論づけて] そんなこと信じられるものか!
　atar los ～s con longaniza《西.皮肉》有り余るほど金がある, 順風満帆である《主に否定で》: En ningún lugar atan los ～s con longaniza.《諺》そうそう金のなる木が植わっているわけではない/そうは問屋が卸さない〖← ソーセージで犬をつなぐ〗
　como〔a〕un ～ 情け容赦なく: tratar (matar) a+人 como〔a〕un ～ …を情け容赦なく扱う (殺す)
　como el ～ y el gato《口語》犬猿の仲の
　como ～ con cencerro (cuerno・maza・vejiga)《口語》[恥じ入って] すごすごと逃げ出す
　como ～[s] y gato[s]《口語》=como el ～ y el gato
　dar ～ a+人 1) …に待ちぼうけを食わせる. 2)〔まれ〕だます
　dar ～ muerto a+人《西.口語》[約束不履行などで] …に迷惑をかける
　darse a ～s 激怒する
　de ～s《口語》ひどく悪い, 最低の: Hemos tenido una noche de ～s. さんざんな一夜だった. estar de un humor de ～s ひどく不機嫌である. llevar una vida de ～s 悲惨な暮らしをする. regresar con un humor de ～s ぷんぷん怒って戻って来る. tiempo de ～s ひどい悪天候
　echar... a ～s …を無駄づかいする, 無駄に過ごす
　echar los ～s a+人 1)《西.口語》…をがみがみと叱る. 2)《メキシコ,パナマ,コロンビア,ベネズエラ,ラプラタ.口語》[愛情目的で] あからさまに気を引く, アタックする
　estar como los ～s en misa《西.口語》場違いである
　estar meado de ～《チリ,アルゼンチン,ウルグアイ.口語》災難 (悲運) に見舞われる
　hacer ～ muerto《チリ.口語》一目散に逃げる
　hinchar el ～ 大げさなことを言う (する)
　inflar el ～ =hinchar el ～
　meter el ～ a+人《ラプラタ.口語》…をだます, 嘘をつく
　morir como un ～ 野たれ死にする
　No hay ～ ni gato que no lo sepa. それは誰だって知っている
　no tener〔ni〕～ que le ladre〔人が〕孤独である
　～ chico《西》5センティモ貨〔=perra chica〕
　～ ciego《アンダルシア.遊戯》目隠し鬼
　～ grande《西》10センティモ貨〔=perra gorda〕
　～ sarnoso 嫌われ者
　～ viejo《口語》ベテラン; 古だぬき, 老獪 ({{}}) な人, 海千山千の人
　ser el mismo ～ con diferente collar《口語》[人物などが変わったの] 現在の状況が以前の状況と酷似している
　ser el ～ del hortelano〔, que ni come ni deja comer〕《←イソップ物語》[自分が不要でも他人に与えない] 意地の悪い人である, ひねくれ者である
　si es un ～ te (me) muerde[捜し物は] 君 (私) のすぐそばにある, 足もとにある
　soltar los ～s a+人《西.口語》…をがみがみと叱る〖=echar

los ～s a+人】
todo junto, como al ～ los palos 不幸は一時に来る; 年貢の納め時が来る
***tratar a+人 como* 〔*a*〕 *un* ～** …を情け容赦なく扱う
perrochico [pe̅rɔtʃíko] [男]《地方語. 植物》=**perrechico**
perrona [pe̅rɔ́na] [女]《古語. 地方語》10センティモ貨【=perra gorda】
perronilla [pe̅rɔníʎa] [女]《地方語》=**perrunilla**
perroquete [pe̅rɔkéte] [男]《船舶》トゲルンマスト【=masterillo】
perruca [pe̅rúka] [女]《古語. 地方語》10センティモ貨【=perra gorda】
perruna[1] [pe̅rúna] [女] ❶《西》犬用ビスケット【=pan de perro】. ❷《地方語》=**perrunilla**
perrunilla [pe̅runíʎa] [女]《サラマンカ, エストレマドゥラ, アンダルシア. 菓子》[小麦粉・砂糖・ラードなどで作った] カステラ, タルト
perrunillo [pe̅runíʎo] [男]《ラマンチャ. 菓子》真ん中にアーモンドを飾ったラード入り菓子パン
perruno, na[2] [pe̅rúno, na] [形] ❶ 犬の: excrementos ～s 犬の糞. ❷ 犬のような: obediencia ～na 犬のような従順さ
persa [pérsa] [形] [名] ❶《歴史, 国名》ペルシア Persia〔人・語〕の; ペルシア人: mercado ～《チリ, アルゼンチン, ウルグアイ》市(いち), バザール. ❷ イラン〔の〕, イラン人〔の〕
—— [男] ❶ ペルシア語. ❷ ペルシア猫. ❸《歴史》守旧派(現実派)の議員【1814年スペイン, 絶対君主制に賛成する宣言書 Manifiesto de los Persas に署名した】
per saecula saeculorum [per saékula saekulórun]【←ラテン語】[副] 未来永劫に, 永久に, いつまでも
persal [persál] [女]《化学》過酸基塩
per se [per se]【←ラテン語】[副]《文語》それ自体, 本来【=por sí mismo】
persecución [persekuθjɔ́n]【←perseguir】[女] ❶ 追跡, 捜索: salir en ～ de+人 …を追跡し始める. antena de ～ 追跡アンテナ. ～ en coche カーチェイス. ❷ 追求, 探求: ～ de la felicidad 幸福の追求. ❸ 迫害: ～ de los judíos ユダヤ人迫害. ～ contra los cristianos キリスト教徒に対する迫害. ❹《自転車》追い抜き【種目】
per secula seculorum [per sékula sekulórun]【←ラテン語】[副] =**per saecula saeculorum**
persecutor, ra [persekutɔ́r, ra] [形] [名] 追いかける〔人〕; 苦しめる〔人〕, 迫害する〔人〕
persecutorio, ria [persekutórjo, rja] [形] ❶ 追跡の; 追求の. ❷ 迫害の: trato ～ 執拗な責め立て
Perséfone [perséfone] [女]《ギリシア神話》ペルセポネー【Zeus と Deméter の娘で, 冥府の神 Hades の妻】
perseguible [perseɡíble] [形]《法律》訴追され得る; 訴追されるべき
perseguidor, ra [perseɡiđɔ́r, ra] [形] [名] 追跡者〔の〕; 迫害者〔の〕
—— [女] ❶《キューバ》1) パトロールカー. 2)《口語》[常に夫を監視している] 嫉妬深い妻. ❷《ペルー》酒を飲みすぎた後の体調不良, 二日酔い
perseguimiento [perseɡimjénto] [男] =**persecución**
perseguir [perseɡír]【←ラテン語 persequi】[5] [35]【→**seguir**】[他] ❶ 追いかける, 追跡する; つきまとう: La policía *persiguió* al sospechoso por la calle. 警察は通りで容疑者を追いかけた. La mala suerte les *persigue* allí donde van. 彼らは行く先々で不運につきまとわれた. ❷ 追い求める: *Persigue* una plaza de funcionario. 彼は公務員の職を求めている. ～ un logro 利益を追求する. ～ a una chica 娘の尻を追い回す. ❸ 責め立てる, 迫害する【=vejar】: Ahora le *persiguen* los remordimientos. 彼は今, 後悔の念にさいなまれている. ～ a los cristianos キリスト教徒を迫害する. ❹ [しつこく] 懇願する. ❺《法律》[人・犯罪を] 訴追する, 起訴する
perseidas [perséiđas] [名] [複] ペルセウスの子孫
—— [女] [複]《天文》ペルセウス座流星群
Perseo [perséo] [男] ❶《ギリシア神話》ペルセウス【Zeus の子で Medusa を退治した英雄】. ❷《天文》ペルセウス座
persevante [persebánte] [男] 紋章官補, 従紋章官
perseveración [perseberaθjɔ́n] [女]《心理》固執, 保続症
perseverancia [perseberánθja]【←ラテン語 perseverantia】[女] ❶ 根気〔強さ〕, 忍耐〔心〕: ～ en el estudio 勉強での根気. ～ final《神学》究極の救済, 堅忍【臨終まで神の恩恵に浴し続け, 永遠の救いに至ること】. ❷ 固執, 長く続けること
perseverante [perseberánte]【←ラテン語 perseverans, -antis】[形] 辛抱強い, 根気のよい
perseverantemente [perseberánteménte] [副] 辛抱強く, 根気強く
perseverar [perseberár]【←ラテン語 perseverare「真剣であり続ける」< per- (強調)+severuz「真剣な」】[自] ❶ [+en を] 根気よく続ける: ～ *en* las buenas intenciones 善意を持ち続ける. ～ *en* una empresa 事業を続ける. ❷ 固執する: ～ *en* callarse 沈黙を続ける
persiana[1] [persjána]【←仏語 persienne「ペルシアの」】[女] ❶ ブラインド; よろい戸, シャッター: subir (bajar) la ～ ブラインドを上げる(下げる). ～ veneciana/～ de lamas/《アルゼンチン》～ americana ベネチアンブラインド. ❷ [大きな花柄の] 絹のプリント生地. ❸《口語》まぶた【=párpado】. ❹《コロンビア. 自動車》ウインチ
***echar una* ～** シャッターを下ろす; 店を閉じる, 仕事をやめる
***enrollarse más que una* ～/*enrollarse como una* ～** 《西. 口語》ひどくおしゃべりである, 延々と話をする
persianero, ra [persjanéro, ra] [名] =**persianista**
persianista [persjanísta] [名] ブラインド製造(取付け)業者
persiano, na[2] [persjáno, na] [形] [名] =**persa**
persicaria [persikárja] [女]《植物》ハルタデ: ～ anfibia エゾノミズタデ. ～ picante ヤナギタデ
pérsico, ca [pérsiko, ka]【←ラテン語 persicus】[形]《地名》ペルシアの【=persa】: Golfo *P*～ ペルシア湾
—— [男]《植物, 果実》モモ(桃)
persignación [persiɡnaθjɔ́n] [女]《まれ》3回十字を切ること
persignar [persiɡnár]【←per-+signar < signo】[他]《まれ》❶ =～**se**. ❷ 売り始める
—— ～**se** ❶ 3回十字を切る【人差し指と親指の先で, 最初は額, 次は口, 最後は胸のところで十字を切る】. ❷ 続けて十字を切る
pérsigo [pérsiɡo] [男]《植物, 果実》モモ(桃)【=pérsico】
persistencia [persisténθja]【←persistir】[女] ❶ 頑固, 執拗: con ～ 執拗に. ❷ 持続: ～ de la crisis económica 経済危機が長引くこと. ❸ ～ retiniana 残像現象, 網膜残像
persistente [persisténte]【←persistir】[形] ❶ 執拗な, しつこい: odio ～ しつこい憎悪. ❷《植物》永存性の, 宿存の【=perenne】: árbol de hojas ～s 常緑樹. ❸《化学》[有害物質が] 分解されにくい
persistir [persistír]【←ラテン語 persistere < per-+sistere「置く」】[自] ❶ [+en に] 固執する: *Persiste en* 〔la idea de〕 ir a estudiar a España. 彼はあくまでスペインに留学するつもりだ. Espero que no *persistas en* el error de juzgar. 君はその判断ミスのことを忘れた方がいい. ❷ 持続する, 長引く: *Persiste* la crisis económica. 不況が長引いている. *Persiste* la gravedad del enfermo. 病人は重態が続いている
persoga [persóɡa] [女]《メキシコ, 中米》縄
persogar [persoɡár] [8] [他]《メキシコ, 中米》つなぐ, 縛る
persogo [persóɡo] [男] ❶《中米》縄. ❷《ベネズエラ》数珠つなぎ
persona [persóna]【←ラテン語 persona「俳優の仮面」】[女] ❶ [男性・女性を限定せず, 取りたてて名前を明示しないで] 人: Este caserío tiene unas cincuenta casas y noventa y cinco ～s de habitantes. この集落は50戸ほどあって, 住民は95人だ. En este coche no caben seis ～s. この車に6人は乗れない. Hay varias ～s esperando el taxi. タクシーを待っている人が数人いる. ❷ 人物, 人間: Como ～ no me gusta. 私は人間としては彼を好きになれない. Es una ～ poco educada. 彼は少し行儀が悪い. Es una ～ muy importante en el mundo del fútbol y tiene un equipo profesional. 彼はサッカー界の大物で, プロチームを持っている. No conozco ～ tan excelente como el padre Gonzalo. 私はゴンサロ神父ほど立派な人を知らない. ser buena ～ いい人である【温厚, 親切など】. retratar a una ～ 人物(人間)を描く. ❸ [名前を知らない・言いたくない] ある人: ¿Quién era?—No sé, una ～. 誰だった?—さあ誰かな. ❹ [分別のある] 大人, 一人前の人: Ya es una ～. 彼はもう大人だ. portarse como una ～ 一人前の人間として行動する. ❺ 人格者. ❻ 重要人物. ❼ [文学作品の] 登場人物【=personaje】: En esta obra todas las ～s son hadas y animalitos. この作品の登場人物はすべて妖精とかわいい動物である. creación de la ～ 人物造形. ❽《法律》[主体としての] 人, 人格【⇔cosa】: ～ física (natural) 自然人, 個人. ～ jurídica (mo-

P

ral·social·colectiva) 法人. ❾《文法》人称 《=~ gramatical》: pronombre de primera ~ 1人称の代名詞. utilizar la segunda (tercera) ~ verbal 動詞の2(3)人称形を使う. ❿《カトリック》[三位一体論の神の三位としての]ペルソナ, 位格: primera ~ 一位格《=el Padre 父》. segunda ~ 二位格《=el Hijo 子》. tercera ~ 三位格《=el Espíritu Santo 聖霊》. ⓫《哲学》[自意識を持った]理性的存在
aceptar ~s えこひいきする, 特別扱いする
de ~《文法》A の《⇔de cosa》》: El verbo lleva un complemento de ~. その動詞は人の補語をとる
de ~ a ~ 一対一で, 第三者を交えずに: Hablemos de este asunto de ~ a ~. この件に関して2人だけで話しましょう. conferencia [telefónica] de ~ a ~ 指名通話, パーソナルコール
en la ~ de... 1)〜という人格において. 2)〜がその代理として
en ~ 1) 自身で, 本人自ら: Cantó Domingo en ~. ドミンゴ本人が歌った. Se lo entregué a él en ~. 私はそれを彼本人に渡した. Voy a ~ a buscarme. 彼本人が私を迎えに来た. 2) 直接に: Me gustaría hablar con esa actriz en ~. その女優とじかに話ができればうれしいのだが. No le conozco en ~. 私は彼をじかには知らない. 3)〜の化身: Es la estupidez en ~. 彼はばかそのものだ. diccionario en ~ 生き字引
gran ~ 偉大な人, 立派な人; 大人物: Monterroso fue una gran ~ y escritor. モンテローソは立派な人で偉大な作家でした
hacerse ~ 1) 分別がつく, 大人になる: A ver cuándo te haces ~. そろそろ大人になってもらいたいものだ. 2) 自慢する
por ~ 一人あたり 《=por cabeza》: Sólo se venden dos entradas por ~. 切符は一人につき2枚しか発売されません. La cena salió a cinco mil yenes por ~. 夕食は一人あたり5千円になった
por su ~ =en ~
ser muy ~ とても人間らしい《理性的で思いやりがある》: Me encanta hablar con él porque es muy ~. 私は彼と話すのが大好きだ, 彼はとても人柄がいいからだ

personación [personaθjón]女 ❶《法律》出廷. ❷ [ある場所に] 現れること: Solicitaron la ~ del ministro en la comisión de investigación. 調査委員会の大臣の出席が要請された
personada [personáða]形《植物》flor ~ 仮面状花
personado [personáðo]男 教会内の特典; その特典を持つ人
personaje [personáxe]《←persona》男 ❶ 女性は ~ femenino/~ mujer》》❶《社会的に重要な》人物, 要人: Me topé con un ~ del mundo de los negocios. 私は業界のある大物と出会った. ~ distinguido 名士. ~ histórico 歴史上の人物. ~ influyente 有力者. ❷ [小説·映画などの] 登場人物, 作中人物; 配役: La narración sitúa al ~ femenino entre dos hombres. 物語では2人の男性の間に女性の登場人物を置いている. representar un ~ secundario 助演する, 脇役を演じる. descripción de un ~ 人物描写. ~ real 実在の人物. ❸ [絵画などに描かれた] 人物
ser un ~ ひとかどの人物になる, 大物である
personal [personál]《⇔ラテン語 personalis》形 ❶ 個人の, 私的な: Es mi opinión ~. それは私の個人的意見だ. asuntos ~es 個人的な事, 私事; 私用. ataque ~ 個人攻撃, 人身攻撃. carta (correspondencia) ~ 私信. desarrollo ~ 自己啓発. experiencia ~ 個人的経験. fortuna ~ 個人資産. gastos ~es 個人的出費. intereses ~es 個人的利害, 私利. prendas de vestir ~es 私服. privilegio ~ 個人的な特権. visita ~ 個人的な訪問. ❷ 直接の, 第三者を交えない: encuentro ~ 2人だけの会談. ❸ 主観的な: valoración ~ 主観的(個人的)な評価. ❹ 個性的な: La obra tiene su toque ~ y femenino, sin ser nunca una copia. その作品は個性的で女性的な筆づかいで描かれ, 決して模倣ではない. ❺《文法》人称の: pronombre ~ 人称代名詞. forma ~ 人称形. forma no ~ 非人称形. ❻《手紙》[表示] 親展
— 男 ❶《一つの会社などの》職員, 人員: gastos de ~ 人件費. ~ asesor/~ de dirección [ライン部門に対して] スタッフ. ~ profesional 専門スタッフ. ~ de un hotel ホテルの従業員. ~ de tierra (航空) 地上勤務員. ~ de vuelo《空》運航乗員. ❷ 人事: departamento de ~ 人事部. ❸《西. 俗用》人々: 1) [不特定の] ¡Cuánto ~ hay en el baile! ダンスパーティーに何と人の多いことか! 2)《戯語》[直接指して] 皆さん: ¿Qué va a tomar el ~?—Queremos café para todos. 皆さん何になさいますか?—全員にコーヒーを. ❹《歴史》人頭税
— 女《バスケットボール》パーソナルファウル《=falta ~》

personalidad [personaliðáð]《←personal》女 ❶ 集合 人格, 人間性: formar la ~ 人格を形成する. doble ~ 二重人格. ~ desdoblada 多重人格, 精神分裂病. trastornos de ~ パーソナリティー障害. ❷ 集合 個性: Rembrandt fue un pintor con mucha ~. レンブラントは非常に個性的な画家でした. Eva tiene una sonrisa reveladora de su ~. エバの笑顔には彼女の性格がよく出ている. tener ~ 個性がある. tener una fuerte ~ 個性が強い. desarrollar su ~ 個性を伸ばす. sin ~ 個性のない. ❸ 重要人物, 有名人, 名士: Es una ~ de televisión y actor. 彼はテレビ界の有名人で俳優だ. culto a la ~ 個人崇拝. ❹《法律》法的能力: El carné de identidad son documentos que acreditan la ~ del individuo. 身分証明書は本人であることを証明する書類である. 2) 法人格《=~ jurídica》. ❺ 魅力. ❻ 個人攻撃, 人物批評. ❼ [人に対する] 愛情; 反感

personalismo [personalísmo]《←personal》男 ❶ えこひいき, 個人的な引き立て: He votado a ese partido por ~, no por el partido en sí. 私はある人にひいきされているためにその政党に投票したのであって, その党自身のために投票したのではない. ❷ 俗 個人攻撃. ❸《哲学》人格主義. ❹ 個人主義, 利己主義. ❺《中南米》ペルソナリスモ 《1) 個性主義, 表面的問題解決手法. 2) 身びいきする, 縁故主義. 3)《独立後のラテンアメリカ》で一般的に見られた〕個人崇拝主義, 優れた思想·人格ではなく大きな経済力·軍事力を持つ人物に盲従する態度》

personalista [personalísta]形 名 ❶ えこひいきの. ❷ 人格主義の(主義者). ❸ 個人主義の(主義者), 利己主義の(主義者)
personalización [personaliθaθjón]女 個人への言及, 個人攻撃, 人身攻撃
personalizador, ra [personaliθaðór, ra]形 特定の人物に向けた
personalizar [personaliθár]《←personal》❶ 他 ❶〜の個人名をあげる, 個人に言及する: Advirtió de que no hay que ~. 彼は名前を出してはいけないと警告した. ❷ [好み·必要性など] 個人の実情に合わせる, 個人用に特殊化する, ユーザー仕様にする: educación personalizada 個別教育. plan personalizado de ahorro 個人別貯蓄プラン. ❸ 〜に個性を与える. ❹《文法》[単人称動詞と] 人称動詞として用いる《例 Anochecimos en Gradana. 私たちがグラナダで夜を迎えた》. ❺ 擬人化する, 人格化する. ❻ えこひいきする; 個人攻撃する

personalmente [personálmente]副 ❶ 自身で, 自ら《=en persona》: El profesor me visitó ~. 先生自身が私を訪ねて来た. ❷ 自分で, 直接, じかに, 親しく: Conozco al pianista ~. 私はそのピアニストを個人的に知っている/ピアニストに直接会ったことがある. ❸ [1人称の主語を強めて] 私は: P~ prefiero el café. 私はコーヒーの方が好きです. ❹ 個人的な見地から, 私の意見では

personamiento [personamjénto]男《法律》=personación
persona non grata [persóna nón gráta]《←ラテン語》女《外交》受け入れ国にとって好ましくない人
personar [personár]《←persona》〜se《文語》❶ [ある場所に] 姿を現わす: Los periodistas se personaron en el lugar del accidente a los cinco minutos. 新聞記者たちが5分後に事故現場に現われた. ❷《法律》[当事者として] 出頭する: ~se ante el juez 出廷する. ❸ 集合する
personera [personéra]女《セゴビア》サンタ·アゲダ Santa Águeda の祭りで市長夫人に付き添い助力する女性
personería [personería]女 ❶《まれ》代官業務. ❷《コロンビア, ラプラタ》法的能力
~ jurídica《コロンビア, ラプラタ》法人
personero [personéro]男 ❶《まれ》代理人. ❷《歴史》[国民に選ばれてその利益を守る]監察官. ❸《中南米》[政府の]代表者, 高官
personificación [personifikaθjón]女 ❶ 擬人化, 人格化; 具現, 体現, 化身; 権化: Otelo es la ~ de los celos. オセロは嫉妬の権化である. ❷《修辞》擬人法
personificador, ra [personifikaðór, ra]形 名 擬人化する

personificante [personifikánte] 形 擬人化する
personificar [personifikár] 〘←persona+ラテン語 facere「する」〙 ⑦ 他 ❶ [+en に] 擬人化する: *En esta mujer el pintor personifica* la maternidad. 画家は母性をこの女性に託して描いている. ❷ 具現する: *Edison personifica el ingenio.* エジソンは天才そのものだ. ❸ …の権化である: *Lutero personifica* Reforma. ルターは宗教改革の権化である
── **se** 擬人化される: *La crueldad se personifica en Nerón.* ネロで残酷さが象徴される. ❷ [演劇・記述の中で，偽名などで特定の人物が] 暗示される: *En el texto se personifica al ministro.* その文章で言われているのは大臣のことだ
personilla [personíʎa] 女 ❶《親愛》子供, 小さい子; 愛する人: *Esa anciana es una ~ encantadora.* そのおばあさんはチャーミングな人だ. ❷《軽蔑》小物(ぎもの), 小人物, つまらない奴
personudo, da [personúdo, da] 形 体格の良い
perspectiva[1] [perspektíba] 〘←ラテン語 perspectiva「見られるもの」< perspicere「注意深く・何かを通して見る」〙女 ❶ 眺望, 見晴らし: *Desde aquí se puede contemplar una ~ magnífica de islas.* ここから島々の雄大な眺めが見られる. ❷ [主に 複] 見通し, 見込み: *Existen buenas ~s para alcanzar el objetivo.* 目標を達成する確かな見込みがある. *sin ~ de porvenir* 将来の展望もなく. ❸《口語》視点, 観点; 対象との距離; 遠近感: *Aún nos falta ~ para valorar realmente su obra.* 彼の作品を実際に評価するのはまだ時期早々である. ~ *histórica* 歴史的観点. ❹《美術》遠近法, 投影図: ~ *aérea* 空気遠近法. ~ *caballera* 斜投影図《法》. ~ *lineal* 線遠近法, 直線透視図法. ❺ 見せかけ
en ~ 1) 総括的に見て, 全体的に. 2) 時間的な距離を置いて. 3) 実現の可能性の高い. 4) 射影されて
perspectivismo [perspektibísmo] 男 ❶《哲学》[ニーチェの] 遠近法主義, パースペクティビズム《現実は各人の視点からしか捉えることができないとする》. ❷《文学, 美術》遠近法的手法《様々な視点から人物や出来事を描く》: ~ *psicológico* 心的遠近法
perspectivístico, ca [perspektibístiko, ka] 形 《文学, 美術》遠近法的手法の
perspectivo, va[2] [perspektíbo, ba] 形《まれ》遠近法の
── 男《まれ》遠近法の教授
perspectógrafo [perspektógrafo] 男 透視図作成用器具
pérspex [pérspe(k)s] 〘←商標〙 男 パースペクス, 防風ガラス
perspicacia [perspikáθja] 〘←perspicaz〙女 鋭い洞察力, 炯眼
perspicacidad [perspikaθidá(d)] 女《廃語》=**perspicacia**
perspicaz [perspikáθ] 〘←ラテン語 perspicax, -acis「鋭い視線の」< perspicere「注意深く・何かを通して見る」〙形 [複 ~ces] ❶ [ほめて] 抜け目のない, 洞察力のある, 炯眼(歓)の, 鋭敏な, 才気煥発な: *Mi abuela es una ~ jugadora de bridge.* 私の祖母は抜け目のないブリッジのプレーヤーだ. *crítica ~* 鋭い批判. *mirada ~* 炯眼. ❷ 遠くまで見える, 眼のよい
perspicuidad [perspikwidá(d)] 女 明快さ, 明瞭さ, 分かりやすさ
perspicuo, cua [perspíkwo, kwa] 〘←ラテン語 perspicuus < perspicere「注意深く・何かを通して見る」〙形 ❶《文語》透明な. ❷ 明快な: *estilo ~* 明快な文体
persuadidor, ra [perswaðiðór, ra] 形 名 説得力のある[人]; 説得者
persuadir [perswaðír] 〘←ラテン語 persuadere < suadere「理解させる」〙他 [+de を] …に説得する, 納得させる: 1) *Tenemos que ~ a los miembros de la necesidad de reformar el partido.* 私たちは党改革の必要性を党員に理解させる必要がある. 2) [+de que+直説法・接続法 することを] *Me persuadieron de que llevara una vida tranquila.* 静かな生活をおくることを彼らは私に勧めた. 3) [+para que+接続法 するように] *La persuadieron para que los acompañase.* 彼らは自分たちと一緒に行くように彼女を説得した
dejarse ~ 説得される, 納得する
── *se* 自分を納得させる; 得心する, 信じる: *Me he persuadido de que lo mejor es olvidarme del asunto.* 私は一番いいのはその事件を忘れることだと納得した
persuasible [perswasíble] 形 信用(信頼)される得る
persuasión [perswasjón] 〘←ラテン語 persuasio, -onis〙女 ❶ 説得: *tener dotes de ~* 人を説得する才能がある. *poder de ~* 説得力. ~ *moral* [中央銀行が金融政策の有効性を確保するための] 道徳的(道義的)説得. ❷ 確信, 納得: *Tiene la ~ de que es infinitamente amada.* 自分は無限に愛されていると彼女は確信している
persuasividad [perswasibiðá(d)] 女 説得力
persuasivo, va [perswasíbo, ba] 〘←ラテン語 persuasus〙形 説得力のある, 納得させる: *dotes ~vas* 人を説得する才能. *explicación ~va* 納得のいく説明. *palabras ~vas* 説得力ある言葉
── 男 説得力
persuasor, ra [perswasór, ra] 形 名 説得力のある[人]
persuasorio, ria [perswasórjo, rja] 形 説得力のある[=persuasivo]
persulfato [persulfáto] 男《化学》過硫酸塩
persulfúrico, ca [persulfúriko, ka] 形《化学》*ácido ~* ペルオキシ硫酸
pertenecer [perteneθér] 〘←ラテン語 pertinere〙㊴ 自 [+a に] 属する: 1) [所有] *¿A quién pertenece este reloj?* この時計は誰のですか？ *La casa pertenece a mi hijo.* 家は私の息子の持ちものだ. *El Palacio de La Granja y El Escorial pertenecen al Patrimonio Nacional.* ラ・グランハ離宮とエル・エスコリアル修道院は国有財産である. 2) [所属・帰属] *Esta rueda pertenece a mi coche.* このタイヤは私の車のものだ. Este municipio *pertenece a la provincia del mismo nombre.* この市は同名の県に属している. *Pertenezco a una asociación ecologista.* 私は環境保護団体の一員だ. *Pertenece a una familia de la clase media.* 彼は中流家庭の出身だ. 3) [特徴] *La iglesia pertenece al estilo románico.* その教会はロマネスク様式に属している. 4) [役目・義務] *Pertenece al jefe tomar la decisión final.* 最終決定をするのは部長の仕事だ. *A mí no me pertenece responder.* 私は返事をする立場にない. 5)《古語的》[関係] *Por lo que pertenece a la reunión proyectada, hemos decidido aplazarla hasta mediados del mes que viene.* 計画していた会合に関してだが, 私たちはそれを来月中旬まで延期することに決めた

pertenecer	
直説法現在	接続法現在
perten**ezc**o	perten**ezc**a
perteneces	perten**ezc**as
pertenece	perten**ezc**a
pertenecemos	perten**ezc**amos
pertenecéis	perten**ezc**áis
pertenecen	perten**ezc**an

pertenecido [perteneθíðo] 男《まれ》=**pertenencia**
perteneciente [perteneθjénte] 形 [+a に] 属する: 〖の所有の: *miembros ~s a ese club* そのクラブのメンバーたち. *terreno ~ a mi abuelo* 祖父所有の土地
pertenencia [perteneŋθja] 〘←pertenecer〙女 ❶ [+a への] 所属, 帰属; 所有: *sentido de ~ a un grupo* 集団への帰属意識. ~ *a la asociación de agricultores* 農業組合への所属. *Este anillo es de mi ~.* この指輪は私のだ. ❷ [主に 複] 所有物; 領地, 領土: *Decide cuáles son tus ~s más importantes.* 君の一番重要なものはどれか決めなさい. ❸ [主に 複] 付属物; 《法律》従物: *finca con todas sus ~s* あらゆる付属設備を含めた地所. ❹《鉱山》1) 面積の単位《現在では ~=1ヘクタール》. 2)《チリ》採掘権
de su ~《文語》自分の所有する: *Todas las cosas de su ~ son regalos.* 彼の所持品はすべてプレゼントだ
pértica [pértika] 女《農地の長さの単位》2 pasos《約270cm》
pértiga [pértiga] 〘←ラテン語 pertica〙女 ❶《棒高跳びの》ポール: *salto con ~* 棒高跳び. *saltar con ~* 棒高跳びをする. ❷ 長い棒, 竿. ❸《放送》マイクアーム. ❹《馬車の》ながえ, 梶棒
pertigal [pertigál] 男 =**pértiga**
pértigo [pértigo] 男《馬車の》ながえ, 梶棒
pertiguear [pertigeár] 他《木の実を》棒で叩き落とす
pertiguería [pertigería] 女 権標捧持者の職
pertiguero [pertigéro] 男《キリスト教》[教会の] 権標捧持者: *mayor de Santiago* サンティアゴ・デ・コンポステラ大聖堂の高位職者
pertiguista [pertigísta] 名 棒高跳びの選手
pertinacia [pertináθja] 〘←pertinaz〙女 ❶《文語》執拗さ, 頑固さ: *La ~ de su postura me pareció errónea.* 彼の態度の執

pertinaz [pertináθ]〖←ラテン語 pertinax, -acis < per-（強調）+tenax「粘り強い」〗[腰][腰]〜ces]〖文語〗[けなして] 執拗な, 頑固な〖→terco 類義〗: 1) Su padre es un hombre 〜. 彼の父親は頑固な男だ. 2) [+en で] 〜 en el error 誤りを認めようとしない. 〜 en la necedad 愚かなことばかりいう. ❷ [ser+. 悪いことが] 長く続く: padecer eczemas pertinaces 頑固な湿疹に悩まされる. fiebre 〜 しつこい発熱. 〜 sequía 長期の早魃

pertinazmente [pertinaθménte]〖副〗執拗に; 持続的に
pertinencia [pertinénθja]〖女〗適切さ, 妥当性
pertinente [pertinénte]〖←ラテン語 pertinens, -entis < pertinere「属する」〗❶〖+a 時期的に・目的にとって〗適切な, 妥当な《しばしば否定文で》: Es una sugerencia muy interesante pero no es 〜 al tema que nos ocupa. それは非常に興味深い提案だが, 私たちが扱っているテーマには合っていない. pronunciar unas palabras 〜 適切な発言をする. ❷ [+a に] 関する, 属する: proponer las cuestiones 〜s a la enseñanza 教育に関する問題を提起する. en lo 〜 a… …に関して. ❸〖言語〗関与的な, 意味を弁別する: La diferencia entre «r» y «rr» es 〜 en español. スペイン語では r と rr の違いは弁別的である. ❹〖法律〗訴訟に関連する
pertinentemente [pertinénteménte]〖副〗適切に
pertrechar [pertretʃár]〖←pertrechos〗〖他〗❶ [+de・con 必要なものを] …に補給する: 〜 un fuerte 砦に補給する. 〜 de armamento a los terroristas テロリストに武器を供給する. ❷ [必要なものを] 整える, 準備する
—— 〖自〗〜se 調達する; 補給される: Pertrechamos comida para el viaje. 私たちは旅行用の食糧を用意した
pertrechos [pertrétʃos]〖←?ラテン語 protractum「生産物」〗〖男〗〖複〗❶ 武器弾薬・糧食などの [装備]. ❷〖集合〗[一般に] 装備, 用具: 〜 de pesca 釣り道具. 〜 para la Policía 警察の装備品
perturbable [perturβáβle]〖形〗混乱させられ得る
perturbación [perturβaθjón]〖←ラテン語 perturbatio, -onis〗〖女〗❶ 混乱〖行為, 結果〗: 〜 atmosférica 気圧の変動, 嵐. 〜 de la aguja〖船舶〗羅針の偏差. ❷ 攪乱, 妨害: 〜 del orden público 騒擾. 〜 del tráfico 往来妨害. ❸〖医学〗錯乱, 狂気〖= 〜 mental〗: sufrir una 〜 transitoria 一時錯乱する. ❹〖気象〗擾乱. 〖電波の〗変調. ❺〖天文〗摂動
perturbadamente [perturβaðaménte]〖副〗混乱して, 錯乱して
perturbado, da [perturβáðo, ða]〖形〗〖婉曲〗頭のおかしい〖人〗, 精神錯乱者〖= 〜 mental〗
perturbador, ra [perturβaðór, ra]〖形〗〖名〗〖人心・秩序などを〗乱す; 攪乱者, 妨害者
—— 〖男〗〖軍事〗レーダー攪乱装置
perturbar [perturβár]〖←ラテン語 perturbare < per-（強調）+turbare「濁る, 揺り動かす」〗〖他〗❶ 混乱させる, 妨害する: Las nevadas han perturbado los transportes. 積雪で輸送が乱れた. ❷ 精神的に動揺させる; 錯乱させる: Los gritos de la calle nos perturbaban y no podía estudiar. 私たちは通りの叫び声に気が散って勉強できなかった. ❸ 演説を妨害する
—— 〜se ❶ 混乱する. ❷ 精神的に動揺する; 錯乱する, 頭がおかしくなる
pertuza [pertúθa]〖女〗〖プエルトリコ. 軽蔑〗ろくでもない連中
Perú [perú]〖男〗〖国名〗❶ ペルー《南米の共和国で, 首都はリマ. 先スペイン期に数多くの文明が栄え, 13世紀にはクスコを中心にインカ帝国が勃興, 16世紀スペイン人が侵略するまで栄えた》. ❷〖歴史〗Alto 〜 アルト・ペルー《1825年に独立するまでのボリビアの旧称》
valer (costar) un 〜 一財産の価値がある, 非常に値の張る
peruanidad [perwaniðáð]〖女〗ペルーらしさ
peruanismo [perwanísmo]〖男〗❶ ペルー特有の言い回し. ❷ ペルー風なこと. ❸ ペルー好き
peruanizar [perwaniθár]〖他〗ペルー風にする
peruano, na [perwáno, na]〖形〗〖国名〗ペルー Perú の〖人〗; ペルー人
peruco [perúko]〖男〗〖地方語〗ナシに似た形のリンゴ
peruétano[1] [perwétano]〖男〗❶〖植物, 果実〗〖野生の〗セイヨウナシ《西洋梨》. ❷〖物の〗突き出た部分. ❸〖チリ〗おせっかいな少年
peruétano[2], **na** [perwétano, na]〖形〗〖中南米〗ばかな, 間抜けな, 役立たずの
perula [perúla]〖女〗〖地方語〗球形で底と口が狭い陶器の壺
perulero, ra [peruléro, ra]〖形〗〖名〗〖まれ〗❶〖西〗[スペインに来た] ペルー人; [特に] 大金持ち（成り上がり）のペルー人, ペルーで一財産を築いてスペインへ帰って来た人. ❷〖古語〗ペルーの先住民〖の〗
—— 〖男〗❶ [口が狭い陶器の] 壺. ❷〖遊戯〗罰金遊び《次のように歌いながら行われる: Antón Perulero / cada cual atienda su juego / y el que no lo atienda / pagará una prenda…》
perusino, na [perusíno, na]〖形〗〖地名〗[イタリアの] ペルージャ Perusa の〖人〗
peruviano, na [peruβjáno, na]〖形〗〖国名〗=peruano
perversamente [perβérsaménte]〖副〗邪悪に, 悪辣に
perversidad [perβersiðáð]〖←ラテン語 perversitas, -atis〗〖女〗邪悪さ, 悪辣さ, 悪徳
perversión [perβersjón]〖←ラテン語 perversio, -onis〗〖女〗❶ 堕落, 堕落させること; antro de 〜 悪徳の巣窟. camino a la 〜 堕落に至る道. ❷〖医学〗sexual 性的倒錯, 変態性欲
perverso, sa [perβérso, sa]〖←ラテン語 perversus〗〖形〗〖名〗邪悪な〖人〗, 悪辣な〖人〗, 悪い: El rey 〜 ordenó la matanza de muchos niños. 悪い王様は大勢の子供たちを殺すよう命じた. idea 〜sa よこしまな考え
pervertido, da [perβertíðo, ða]〖形〗性的倒錯の, 変態性欲の; 倒錯者, 変質者
pervertidor, ra [perβertiðór, ra]〖形〗堕落（退廃）させる〖人〗
pervertimiento [perβertimjénto]〖男〗〖まれ〗堕落
pervertir [perβertír]〖←ラテン語 pervertere「乱す」< per-+vertere「倒す, 変える」〗❶ 堕落させる, 退廃させる: Las drogas han pervertido a la sociedad. 麻薬が社会を堕落させた. ❷〖事物を否定的な方向に〗変える: 〜 el orden social 社会秩序を乱す
—— 〜se 堕落する, 退廃する
pervigilio [perβixíljo]〖男〗不眠, 徹夜; 夜通しの看病
pervinca [perβínka]〖女〗〖植物〗ヒメツルニチニチソウ《姫蔓日々草》
pervivencia [perβiβénθja]〖女〗存続, 残存
pervivir [perβiβír]〖←per-+vivir〗〖自〗〖時・障害を越えて〗存続する, 残存する
pervulgar [perβulgár]〖自〗〖他〗〖まれ〗普及させる, 公表する; 公布する
pesa [pésa]〖←peso〗〖女〗❶〖秤・時計の〗おもり, 分銅: balanza y sus 〜s 秤と分銅. reloj de 〜s おもり時計. 〜s y medidas 度量衡. ❷〖スポーツ〗〖複〗バーベル, ウェイト: alzar 〜s ウェイトを持ち上げる. hacer 〜s/entrenar con 〜s ウェイトトレーニングをする. levantamiento de 〜s 重量挙げ, ウェイトリフティング. ❸〖メキシコ, ニカラグア, コスタリカ, コロンビア, ベネズエラ〗精肉店
pesabebés [pesaβeβés]〖男〗〖単複同形〗乳児用体重計
pesacartas [pesakártas]〖男〗〖単複同形〗手紙秤《はかり》
pesada[1] [pesáða]〖←pesar〗〖女〗❶ 計量. ❷ 重さ: Es corto de y largo de precio. それは目方が少なくて値段は高い. ❸ [一度に計る] 分量. ❹〖古語〗睡眠中の呼吸困難. ❺〖古語〗悪夢, 苦悩に満ちた夢. ❻〖パナマ〗トウモロコシのプディング《=mazamorra》. ❼〖アルゼンチン, ウルグアイ. 口語〗[la+] 準軍事的集団, [武装した] 悪党の一団, 暴力団. ❽〖アルゼンチン〗革の重量単位
pesadamente [pesáðaménte]〖副〗❶ 重く: apoyarse 〜 en… …に重くよりかかる. caer 〜 en la cama ベッドにドタリと倒れ込む. ❷ 鈍重に, 重そうに: caminar 〜 のそのそ（ドタドタ）と歩く. ❸ 執拗に: insistir 〜 しつこく主張する
pesadez [pesaðéθ]〖←pesado〗〖女〗❶ 重いこと. ❷ 重苦しさ, 不快感, うっとうしさ: Siento 〜 en mi pierna derecha. 私は右脚が重い（だるい）. 〜 de cabeza 頭が重い感じ, ぼんやりしていること. 〜 de estómago/〜 estomacal 胃もたれ. 〜 de los ojos 目の疲労感. ❸ 理屈っぽさ, しつこさ; 退屈; [文体などの] 鈍重さ, 軽妙さに欠けること: Esa ópera es una 〜. そのオペラは退屈だ. ¡Pero qué 〜 de conferencia! しかし何と退屈な講演だろうか! ❹ 頑固さ, 強情な態度; 厚かましさ. ❺ 重力, 引力. ❻ 肥満
pesadilla [pesaðíʎa]〖←pesado〗〖女〗❶ 悪夢: Tengo 〜s casi todos los días. 私は毎晩のように嫌な夢を見る. ❷ 大きな心配（気がかり）, 強い不快, ひどく不快な〖人〗〖事〗: Su vida fue una 〜 debido a la violencia a la que la sometía su marido. 夫から受ける暴力によって彼女の生活は悪夢だった. Fue una experiencia de 〜. それは悪夢のような経験だった

pesado, da [pesádo, da] [←pesar] 形 ❶ 重い [⇔ligero]: 1) Esta maleta es muy ~da. このスーツケースは大変重い. agua ~da《化学》重水. puerta ~da 重い扉. 2) [頭・胃・脚などが] Siento ~da la cabeza. 私は頭が重い/頭がぼんやりしている. Tenía el estómago ~. 私は胃がもたれた. Tengo las piernas ~das después de haber caminado demasiado. 私は歩きすぎて脚が重い. paso ~ 重い足取り. 3) 重荷となる: carga ~da 重い負担. impuesto ~ 重税. ❷ 骨の折れる, つらい: Es ~ hacer paella para más de 10. パエーリャを10人分以上作るのはしんどい. Es ~ tener que trabajar todavía a sus años. あの歳でまだ働かなくてはならないのは大変だ. alumnos ~s 面倒な生徒たち. trabajo ~ 重労働. ❸ 重苦しい, うっとうしい: Los mosquitos están ~s esta mañana. 今朝は蚊がうるさい. atmósfera ~da 重苦しい雰囲気. plato ~ しつこい (胃にもたれる) 料理. ❹ [装飾などが] ごてごてした: dibujo ~ ごてごてした絵. ❺ [態度などが] しつこい; 理屈っぽい: No te pongas ~. しつこくしないでくれ/くどくど言うな. No seas ~. /¡Qué ~ eres! しつこい (うるさい) やつだ. Es muy ~ en cuanto a los gastos. 彼は費用に関してはとてもやかましい. el ~ de Juan しつこいファン. ❻ 退屈な: La conferencia me resultaba muy ~da. 講演は非常に退屈だった. ❼ 人を傷つける (怒らせる); 無礼な: broma ~da えげつない冗談. palabras ~das 不愉快な言葉. ❽ [天気が] 暑苦しい, 気温と湿度が高い, うっとうしい; 陰鬱な, どんよりした: día ~ どんよりした日. ❾ のろい, 鈍重な; 肥満した. ❿ [眠りが] 深い [=profundo]. ⓫《軍事》重装備の: con armamento ~ 重装備で. de. ~ tanque ~ 重戦車. ⓬《スポーツ》重量級の. ⓭《アンデス. 口語》[人が] 感じの悪い
── 名 ❶ うるさい人, しつこい人, わずらわしい人: Eres un ~. 君は迷惑だ. ❷ のろま, 愚図. ❸《コロンビア. 口語》大物, 有力者
── 男《ボクシング》ヘビー級 [=peso ~]

pesador, ra [pesadór, ra] 形 名 計量する [人]
── 男《メキシコ, ニカラグア, コスタリカ, コロンビア, ベネズエラ》食肉業者
── 女 計量機

pesadumbre [pesadúmbre] [←pesar] 女 ❶ 不快な思い, 重苦しさ; 悲しみ: ocasionar ~ a+人 …に嫌な思いをさせる. horas de ~ 悲しみの時. ❷《文語》重さ; 重力. ❸ 不和, 争い

pesaje [pesáxe] 男 計量: ~ de un púgil ボクサーの計量

pesalicores [pesalikóres] 男《単複同形》アルコール比重計; 気量計

pésame [pésame] [←pesar+me] 男《通例 ~s》お悔やみ, 弔意: Dieron su más sentido ~ a la viuda. 彼らは未亡人に哀悼の意を表した. Mi más sentido ~ por el fallecimiento de vuestra madre. お母様の御不幸を心からお悔やみ申し上げます. carta de ~ お悔やみ状. telegrama de ~ 弔電

pesante [pesánte] 形《文語》❶ 重い. ❷ 不快な, 重苦しい; 悲しい, 悲嘆に暮れる
── 男 ❶ [昔の重量単位] 半アダルメ [=約0.9g]. ❷ ~ de oro [中世の] カスティーリャ金貨

pesantez [pesantéθ] 女《物理》重力, 引力

pesar [pesár] [←ラテン語 pensare「重さがある」] 自 ❶ 重さがある; 重い: ¡Cómo pesa esta niña! 何てこの子は重いのだろう! Con tanto equipaje mi coche pesará mucho. こんなに荷物を積んだら, 車がひどく重くなるだろう. Esta pistola pesa poco. このピストルは軽い. ❷ [+a・sobre+人] 重くのしかかる, 気を重くさせる: Me pesa este abrigo de piel. この皮のコートは私には重く感じられる. Los problemas de la familia eran una carga que le pesaba casi toda la vida. 家族の問題はほぼ一生, 彼にのしかかる重荷になっていた. Ya le pesan los años. 彼はもう寄る年波には勝てない. La responsabilidad pesa sobre él. 責任が彼の上にかかっている. ❸ 後悔の念を抱かせる: Me pesa haberlo hecho. 私はそのようなことをして後悔している. Me pesa mucho que no haya estudiado más. 彼がもっと勉強しなかったことが大いに悔やまれる. ❹ [+en に] 重要性を持つ, 影響力がある: La tradición pesa mucho en África. アフリカでは伝統の重みは大きい. Mi decisión no pesa para nada en mis intereses. 私の決定には私の損得などは何ら関係していない. Para obtener una plaza en la oficina de correos buscaba una recomendación de una persona que pesara en ella. 郵便局に就職するために, 彼は局内で影響力のある人の推薦状をもらおうとした.

aunque pese a+人 …にとってどうであれ: Aunque me pese, tendré que ir a disculparme. たとえ気が進まなくても, 私は謝罪に行かねばならないだろう

mal que pese a+人 …が望まなくても: Mal que me pese, tendré que sonreír. 私は気に入らなくても, にっこりしなくてはいけないだろう. Pienso irme de casa pronto mal que les pese a mis padres. 両親にはつらいことかも知れないが, 私は近いうちに家を出るつもりだ

pese a... [譲歩] …にもかかわらず: 1) [+名詞] Defenderé mi opinión pese a todos. みんながどう考えようと, 私は自分の意見を譲らないぞ. 2) [+不定詞] Pese a tener muchos años, mi madre tiene a su cargo llevar toda la contabilidad de la boutique. 高齢にもかかわらず母はブティックの経理全部を見ている. 3) [+que+直説法] Pese a que no lo invitaron, fue al baile. 彼は招待されていないにもかかわらずダンスパーティーに行った. 4) [+que+接続法] Intentaré hacerlo otra vez, pese a que no le guste al jefe. たとえ上司は気に入らなくとも, 私はもう一度やってみるつもりだ

pese a quien [le] pese [未来について] 何が何でも, 万難を排して: Pese a quien [le] pese, me voy de vacaciones. 何が何でも私は休暇に出かけるぞ

¡Ya pesará a+人! …は後悔するぞ!: ¡Ya te pesará! 君は後悔するぞ!

── 他 ❶ …の重さを量る: Ese hombre pesa cien kilos. あの男は体重が100キロある. ¿Cuánto pesas?—Sesenta kilos. 体重はどのくらいですか—60キロです. La bolsa de naranjas pesa tres kilos. オレンジの入った袋は重さ3キロだ. Siempre como un bistec que pesa medio kilo. いつも私は500グラムのステーキを食べる. ❷ …の重さを量る, 計量する: Pesé los libros antes de enviarlos a Japón. 私は日本に送る前に本の重さを量った. ~ al niño 子供の体重を量る. ❸ [慎重に] 検討する: ~ las consecuencias del calentamiento de la tierra 地球温暖化の結果を検討する. ~ las ventajas y desventajas de... …の利害得失をよく考える. ~ sus palabras 慎重に言葉を選ぶ

── **se** ❶ 自分の体重を量る: En los chequeos periódicos siempre me peso y me mido. 定期検診で私は体重と身長を測定している. ❷ [慎重に] 検討される: Se debe ~ cuidadosamente los pros y los contras que pueda traer al pueblo la fusión de los dos bancos. 二行合併が国民にもたらすであろう功罪は慎重に検討されるべきである

── 男 ❶ 悲しみ, 心痛; 苦悩: Llevó una vida llena de ~es y desgracias. 彼は悲しみと不幸に満ちた生涯をおくった. Tiene un gran ~ por la muerte de su mujer. 彼は妻の死を深く悲しんでいる. causar ~ a+人 …を悲しませる. expresar su profundo ~ 深く哀悼 (遺憾) の意を表する. con gran ~ 断腸の思いで. ❷ 後悔: Sentí tanto ~ que le pedí perdón. 私は大変後悔し, 彼に謝罪した. No le ayudé cuando me lo pidió, lo que me produce un gran ~. 彼らから頼まれた時に彼を助けなかったことが非常に悔やまれる

a ~ de... …にもかかわらず: 1) [+名詞] Los niños quieren salir, a ~ de la lluvia. 雨が降っているのに子供たちは外に出たがる. a ~ de su sonrisita 表面は笑っているが. 2) [+不定詞] Trabajó a ~ de estar enfermo. 彼は病気なのに働いた. 3) [+que+直説法] …ではあるが: Se casó, a ~ de que sus padres no se lo habían permitido. 両親が許さなかったにもかかわらず, 結婚した. 4) [+que+接続法. 譲歩] たとえ…であっても: A ~ de que te opongas, lo haré. たとえ君が反対しようとも, 私はそれをやるつもりだ

a ~ de todo 結局それでも, どんなことがあっても: A ~ de todo, los ayuntamientos se han concertado para aprovechar el agua de los ríos. 諸般の事情はあったが, 各市当局は川の水の利用について合意に達した. A ~ de todo, no puedo convencerme hasta que sepa el resultado. 色々あるかもしれないが, 私は結果を見るまでは納得できないのだ

a ~ de [todos] los ~es《口語》どんなことがあっても, 問題はあっても: A ~ de los ~es, pienso rehacer la relación de matrimonio con él. どんなことがあっても私は彼との夫婦関係をやり直そうと思っている

a su ~ /a ~ suyo …の意志に反して: 1) A mi ~, no se aprobó la propuesta. 遺憾にもこの提案は承認されなかった. Esta vez no he dormido en casa de mi tía a su ~. 今回は叔母には悪かったが, 私は叔母の家には泊まらなかった. Ya no te puedo ayudar más a tu ~. 君には悪いが, もうこれ以

上援助できない. Lo haré a ～ suyo. 彼の意に反しますが、やりましょう. 2) [bien・muy+で強意] Se lo he negado muy a mi ～. 本当に心苦しかったが、私は彼に断った
tener ～ de+不定詞 …を後悔する: Tiene ～ de haber ofendido a Dios. 彼は神を侮辱したことを後悔している

pesario [pesárjo] 男《医学》ペッサリー

pesaroso, sa [pesaróso, sa]《←pesar》形 [estar+. +de・por]
❶ [悪いことをして] 後悔している: Estoy ～ de haberte insultado. 君を侮辱して後悔している. ❷ [つらいことをされて] 悲しい: Está ～ por no haber podido acompañarte. 彼は君と一緒に行けなくて悲しんでいる

PESC 図《略語》←Política Exterior y de Seguridad Común 共通外交安全保障政策

pesca [péska]《←pescar》女 ❶ 漁 [行為]; 釣り [〔～ con caña〕: Aquí la ～ es muy buena. ここはよく釣れる. ir de ～. 釣りに行く. arte de ～ 釣り用具. ～ de la sardina イワシ漁. ❷ 漁業; 漁法: barco de ～ 漁船. convención de ～ 漁業条約. ～ con red 網漁. ～ de altura (de bajura) 遠洋 (近海) 漁業. ～ deportiva スポーツフィッシング. ～ submarina 潜水漁法, スピアフィッシング. ～ sin muerte キャッチアンドリリース. ❸ [集名] 1) [漁の対象となる] 魚: Abunda la ～. 魚がたくさんいる. 2) とれた魚, 漁獲高: ¡La ～ ha sido buena (mala)! 大漁 (不漁)だ!
la ～《ニカラグア. 口語》警官隊
...y toda la ～《西. 口語》…等々, …など

pescada [peskáða] 女《地方語. 魚》メルルーサ [=merluza]; 干物

pescadería [peskaðería] 女 魚屋, 魚店

pescadero, ra [peskaðéro, ra] 形 [名] 魚屋の; 魚商
—— 女 ❶《ムルシア》釣竿. ❷《メキシコ, 中米》水槽, 金魚鉢

pescadilla [peskaðíʎa] 女《西. 魚》メルラン, メルルーサの幼魚
ser la ～ que se muerde la cola《口語》堂々巡りをする, 尻切れとんぼに終わる

pescadito [peskaðíto] 男《魚》メルルーサの幼魚 [pescadilla よりも小さい]

pescado [peskáðo]《←ラテン語 piscatus》男 ❶ [食品としての] 魚 [泳いでいる魚は pez]; 魚肉: En Japón se come mucho ～. 日本では魚がたくさん食べられる. plato de ～ 魚料理. sopa de ～ 魚のスープ. ～ frito 魚のフライ. ～ blanco (azul) 白身魚 (青魚). ❷《地方語》 1) 川魚. 2) 塩漬けのタラ. ❸《中南米》魚 [=pez]
ahumarse a+人 **el ～** …が腹を立てる
de ～《古語的. カトリック》小斎の [=de vigilia]: día de ～ 小斎の日

pescador, ra [peskaðór, ra]《←ラテン語 piscator, -oris》形 漁をする, 釣りの
—— 名 漁師, 漁民; 釣り人 [=～ de caña]: pueblo de ～es 漁村. ～es de hombres《新約聖書》人をすなどる者, 福音伝道者
—— 男 ❶《魚》アンコウ [=rape]. ❷《ペルー. 鳥》ハサミアジサシの一種 [=picotijera]
—— 女《服飾》セーラーブラウス

pescaito [peskáito] 男《西》=**pescadito**

pescantazo [peskantáθo] 男《古語的》婚約不履行

pescante [peskánte]《←pescar》男 ❶ [馬車の] 御者台; [昔の自動車の] 運転席. ❷ [壁状の] 支柱, ハンガー; [クレーンの] 腕, ビーム; [船舶] 救命ボートを下ろすための] ダビット, 鉤柱. ❸《演劇》迫（せ）

pescantina [peskantína] 女《地方語》魚を小売りする女

pescar [peskár]《←ラテン語 piscare < piscis》[7] [他] ❶ 漁をする; [魚に] 釣る, 捕る, 釣り上げる; 採取する: Pescan truchas. 彼らはマスを釣っている. Los barcos van a los mares fríos para ～ cangrejos. 船は冷たい海に出てカニ漁をする. ❷《口語》～ una ballena クジラを捕る. ❷《口語》～ desde la playa 海釣りをする. ～ en río revuelto 魚がのどに引っかかる. ❸《口語》[病気に] かかる: Ha pescado un resfriado. 彼は邪邪をひいた. ～ una pulmonía 肺炎になる. ～ [una] borrachera 酔っぱらう. ❹ [良いもの・入手困難なものを, 上手に・抜け目なく] 手に入れる: ～ un buen empleo いい職を手に入れる. ～ un premio gordo 特賞を手に入れる. ～ beneficios もうける. ～ novio ボーイハントする. ❺《口語》[意図などを] 見抜く; [しゃれなどが] 分かる: Es un lince, pesca los chistes como nadie. 彼は頭がよく回るので誰よりもしゃれが分かる. No pescas ni una. 君は何

れが分からないね. ❻《口語》[悪いこと・禁じられていることをしている人の] 姿をつく: Le pescaron copiando en el examen. 彼は試験でカンニングしているのが発見された. Le he pescado una mala acción. 私は彼の悪事の現場を押さえた. ❼ [悪習などに] 染まる. ❽《中南米》[タクシーを] 拾う
—— 自 漁 (釣り) をする: ～ en el mar (al río) 海 (川) 釣りをする. ir a ～ 釣りに行く

pescata [peskáta] 女《まれ》漁, 釣り

pescatería [peskatería] 女 =**pescadería**

pescatero, ra [peskatéro, ra] 名《地方語》=**pescadero**

pesceto [pesθéto] 男《アルゼンチン. 料理》もも肉 [=redondo]

pescocear [peskoθeár] 他 ❶《中南米》…の首筋を殴る. ❷《チリ》[人の] 首根っこをつかむ

pescola [peskóla] 女《アンダルシア. 農業》畝溝（うねみぞ）の端

pescozada [peskoθáða] 女 =**pescozón**

pescozón [peskoθón] 男《←pescuezo》《口語》[首筋・頭への] 殴打, 平手打ち: Le di un ～ al niño por ser tan travieso. あまりいたずらだったので私はその子を殴った
de ～《ラマンチャ》無料で

pescozudo, da [peskoθúðo, ða] 形 首の太い

pescuecear [peskweθeár] 自《ベネズエラ》戦いを長引かせる (引き延ばす)

pescuecero, ra [peskweθéro, ra] 形《闘牛》[槍・バンデリーリャが] 首の後ろに刺さった

pescuecete [peskweθéte] **ir de ～**《チリ》2人が首をつながれて行く

pescuezo [peskwéθo]《←古語 poscuezo < ラテン語 post- (後方) +cuezo「首筋」》男 ❶ [動物の] 首 [主に後ろの部分]. ❷《口語》[人の] 首. ❸ 高慢, 虚栄
retorcer (apretar・estirar・torcer) el ～ a+人 [脅し文句・冗談で] …を殺す
sacar el ～ うぬぼれる, 得意になる

pescuezón, na [peskweθón, na] 形《中南米》=**pescozudo**

pescuño [peskúno] 男《農業》[鋤の柄に刃をはめる] くさび

pese a →**pesar**

pesebre [pesébre] 男 ❶ 秣（まぐさ）棚; 給餌機. ❷《軽蔑》[与党やその関係者が就く] 実入りがよく暇な公職. ❸《天文》[かに座の] プレセペ開星団. ❹《地方語》馬槽（かいばおけ）[=belén]

pesebrejo [pesebréxo] 男 ❶ 小さな秣棚. ❷ [馬などの] 顎骨（がっこつ）の窪（くぼ）み

pesebrismo [pesebrísmo] 男 ❶《軽蔑》[与党やその関係者の] 実入りがよく暇な公職に就くシステム. ❷《地方語》馬槽の製作技術 [=belenismo]

pesebrista [pesebrísta] 形《軽蔑》[与党やその関係者の] 実入りがよく暇な公職に就くシステムの
—— 名《地方語》馬槽を作る人 [=belenista]

pesebrón [pcsebrón] 男 ❶ [馬車の] 床下の箱. ❷ [馬車の] 床

pesero [peséro] 男《メキシコ》[一定区画定料金の] 乗合タクシー, 小型バス [かつては1ペソだった]

peseta [pesétá]《←peso》女 ❶《スペインの旧貨幣単位》ペセタ [19世紀中ごろ約21種類あった通貨の整理・改革を経て1868年ラテン貨幣同盟 Unión Monetaria Latina への加盟を契機にスペイン全土の貨幣単位となった. 本位貨幣はドゥーロ (=5ペセタ) で銀25グラムと兌換. 1873年から金本位制となり1937年まで銀貨が流通した]; ペセタ硬貨. ❷《西. 口語》金 [=dinero]: no tener una ～ / estar sin una ～ 一文なしである. ❸《歴史》～ columnaria [アメリカで作られた] 5レアル銀貨. ❹《メキシコ》25センターボ. ❺《口語》侮辱の仕草 [=corte de mangas]. ❻《植物》ルナリア, ゴウダソウ (合田草)
cambiar la ～《西. 口語》[船酔い・酒酔いで] 嘔吐する
mirar la ～《西. 口語》倹約する, 節約する
—— 形《キューバ》愚かな, くだらない

pesetada [pesetáða] 女《口語》いたずら, だまし

pésete [peséte] 男《古語》冒瀆 (呪い・憎悪) の言葉

pesetear [peseteár] 自《カリブ, ペルー》金を無心する

pesetero, ra [pesetéro, ra]《←peseta》形 ❶《西. 時に軽蔑》金もうけ主義の [人], 金に執着する [人]: Ese vendedor es muy ～. あの売り主は金に汚い. ❷《廃語》[値段が] 1ペセタの. ❸《中南米. 口語》たかり屋. ❹《キューバ》けちな, さもしい
—— 男《廃語》タクシー, 辻馬車 [=coche ～]

pesetón [pesetón] 男《地方語. 古語》2ペセタ貨
pesgar [pesgár] 8 他《廃語》❶ 圧力をかける. ❷ 苦しめる
pesgo [péso] 男《廃語》重さ, 重荷
pesgoste [pesgóste] 男《ベネズエラ》邪魔な物
pesgua [péswa] 女《ベネズエラ. 植物》シラタマノキ属の一種〖葉に芳香性がある. 学名 Gaultheria odorata〗
pesia [pésja] 間《まれ》[不快・怒り] ちくしょう!: ¡P〜 tal! こんちくしょうめ!
pesiar [pesjár] 10 自《まれ》ののしる, 文句を言う
pésico, ca [pésiko, ka] 形 名《歴史》ピコス・デ・エウロパ Picos de Europa 付近の先住民[の]
pesillo [pesíʎo] 男 貨幣用の正確な秤
pésimamente [pésimaménte] 副 ひどく, ひどく悪く
pesimismo [pesimísmo] 〖←pésimo〗男 悲観論, 悲観主義《⇔optimismo》, 厭世主義
pesimista [pesimísta] 形 ❶ [ser+] 悲観的な, 弱気な; 厭世主義の: concepto 〜 悲観的な意見. ❷ [estar+] 弱気になっている, 落ち込んでいる
—— 名 悲観論者, ペシミスト
pésimo, ma [pésimo, ma] 〖←ラテン語 pessimus. malo の絶対上級〗形 ひどく悪い《⇔óptimo》: Es un 〜 hotel. そこはひどいホテルだ. gusto 〜 最低の趣味. libro 〜 悪書
pesista [pesísta] 名《アンデス》ウェイトリフター
pesnaga [pesnága] 女《ブルゴス》じめじめした土地
peso [péso] 〖←ラテン語 pesum「羊毛の重量」〗男 ❶ 重さ, 重量: 1) ¿Cuál es el 〜 de esta bicicleta? この自転車の重さはどれくらいですか? El aire tiene 〜. 空気には重さがある. medir (tomar) el 〜 de... …の重さを量る. sistema de 〜s y medidas 度量衡. 〜 de este perro es de tres kilos. この犬の体重は3キロだ. Quiero ganar (perder) 〜. 私は体重を増やし (減らし) たい. 〜 en vivo [畜殺前の] 生体重. ❷ 重圧, 重荷, 負担: 1) sufrir el 〜 de contribuciones 税金の重さに苦しむ. 2) 〜 económico de una finca medio 地所の所有にかかる経済的負担. 2) [肉体的・精神的] Siento 〜 en la cabeza. 私は頭が重い. por el 〜 de la responsabilidad 責任の重さによって. ❸ 重要性; 影響力: Su argumento tiene poco 〜. 彼の説にはほとんど説得力がない. no tener mucho 〜 取るに足りない. ejercer un 〜 en... …に影響を及ぼす. 〜 de un título académico 学位の重み. 〜 de la tradición 伝統の重み. 〜 de un ministro 大臣の影響力. ❹ [多くの中南米諸国, フィリピン, ギニア・ビサウの貨幣単位] ペソ〖参考〗当初は金塊の計量単位として スペイン語諸島で使用された. 15世紀末には貨幣としてペソ金貨がスペイン領アメリカで流布 (17世紀後半エスクード escudo 金貨に交代). ほぼ同時に鋳造され始めたペソ銀貨は, 最終的に本国の8レアル銀貨 (27グラム) と等価になり (1535年セビーリャで鋳造開始), peso duro や peso と呼ばれて世界に普及した]: 〜 cubano キューバペソ. 〜 duro (fuerte) [昔の] 8ペソ貨. 〜 [oro] dominicano ドミニカペソ. ❺《古語》1) 5ペセタ硬貨. 2) 15レアル銀貨に相当する計算貨幣〖〜 〜 sencillo〗. ❻ 秤(はかり), ヘルスメーター: poner las peras en el 〜 ナシを秤に載せる. 〜 de cruz てんびん秤. ❼ 分銅, おもり〖=pesa〗; 時計のおもり〖=pesa de reloj〗. ❽ 重い物; 重石(おもし)〖〜〗. ❾《スポーツ》1) 砲丸・円盤・ハンマーの総称: lanzamiento de 〜 投擲〖〜〗. 2) 体重別階級: 〜 ligero 軽量級, ライト級. 〜 medio 中量級, ミドル級. 〜 pesado 重量級, ヘビー級. 3) 腹 バーベル, ウェイト〖=pesa〗; levantamiento de 〜s 重量挙げ, ウェイトリフティング. 4) 体重測定. ❿《物理》〜 atómico 原子量. 〜 molecular 分子量. ⓫《古語》[ベーコン・野菜など食料品の] 卸売り場
a 〜 =al
a 〜 **de oro** (**plata・dinero**) 高い金を払って, 非常な高値で
al 〜 重さで: vender... al 〜 …をはかり売りする, 目方で売る
caer[**se**] **por su** (*propio*) 〜/***caer*[**se**] **de su**《口語》明白である, 当然である
de 〜 1) 賢明な, 分別のある. 2) 影響力のある: profesor de 〜 重みのある教授. 3)《理》決定的な, 重大な. 理由〜 決定的な理由, 重大な理由: No nos dieron una razón de 〜 que apoyara tan extraña propuesta. 私たちにその奇妙な提案の裏づけとなる論拠を示してえなかった
de su 〜 自ずから
en 〜 1) 空中に [吊り上げて]: levantar al niño en 〜 子供を高い高いをしてやる. 2) すっかり, 全部で: Nos fuimos la familia en 〜 a ver una película. 私たち家族全員で映画を見に行

った
ganar 〜 体重が増える
hacer caer el 〜 **de la justicia** [罪を犯したので] 罰する
hacer 〜 ***falso*** だます, ごまかす
llevar... en 〜 1) …を持ち上げる. 2) [責任などを] 一人で引き受ける
no valer a 〜 ***de oveja*** 何の価値もない; 軽蔑に値する
〜 ***específico*** 1) 比重. 2) 相対的な重要性: El rubio sigue teniendo 〜 *específico* en el mundo entero. 全世界で軽いたばこの比重が増えつつある
〜 ***muerto*** 1) 死〖荷〗重, 固定荷重; [列車などの] 自重;《船舶》載貨重量. 2) 障害 (抑制) となる人 (もの)
〜 ***pesado*** 重要人物, 大物: Es un 〜 *pesado* de la literatura. 彼は文学界の重鎮だ
poner 〜 =*ganar* 〜
quitar a+人 ***un*** 〜 ***de encima*** …の心の重荷を取り除く
tener 〜《ボリビア, パラグアイ》影響力がある, やり手である
tomar... a 〜 1) …を手に持って重さを計る. 2) 深く考える, 吟味する
valer [***más que***] ***su*** 〜 ***en oro*** 非常に価値がある: Esta escultura *vale su* 〜 *en oro*. この彫像は値打ちものだ. Mi palabra *vale su* 〜 *en oro*. 私の言葉は百金の価値がある

pésol [pésɔl] 男《植物》エンドウ〖=guisante〗
pesor [pesór] 男《アンダルシア; 中米, カリブ》重さ
pespitear [pespiteár] 自《グアテマラ》媚びを売る; ほっつき歩く
pespuntador, ra [pespuntaðór, ra] 名《裁縫》返し縫いする[人]
pespuntar [pespuntár] 他 返し縫いする〖=pespuntear〗
pespunte [pespúnte] 男《裁縫》返し縫い: medio 〜 半返し縫い
pespunteado [pespunteáðo] 男《裁縫》返し縫い
pespuntear [pespunteár] 他 ❶《裁縫》返し縫いする. ❷ [ギターを] つま弾く
——《メキシコ》サパテアード zapateado する; 踊る
pesquera[1] [peskéra] 女 ❶ 漁場. ❷《バレンシア》堰(せき)〖=presa〗. ❸《ムルシア》漁獲高
pesquería [peskería] 女 ❶ 漁業, 水産業: problemas de 〜 漁業問題. ❷ 漁場.《ペルー, チリ, アルゼンチン, ウルグアイ》釣り; 漁業会社
pesquero, ra[2] [peskéro, ra] 〖←pescar〗形 ❶ 漁業の: industria 〜ra 漁業, 水産業. país 〜 漁業国. recursos 〜s 漁業資源, 水産資源. ❷《服飾》pantalones 〜s くるぶしまで達したズボン. Ese pantalón me queda 〜. そのズボンは私にはつんつるてんだ
—— 男 ❶ 漁船〖=barco 〜〗. ❷ 漁場〖=pesquera〗
pesqui [péski] 男《口語》=pesquis
pesquis [péskis] 〖←pesquisar < pescar〗男《口語》洞察力, 頭のよさ: tener mucho 〜 para los negocios 商売に目はしがきく (抜け目がない). de poco 〜 頭の悪い
pesquisa [peskísa] 〖←古語 pesquerir「調査する」< perquirir < ラテン語 perquirere < quarere「捜す」〗女 ❶ [主に 腹] 調査; 捜索: hacer (realizar) 〜s 捜査する. La policía inició las 〜s para descubrir al ladrón. 警察は泥棒を見つけるために捜査を始めた. ❷《古語》証人. ❸《エクアドル》秘密警察
—— 名《アンデス, チリ, アルゼンチン, ウルグアイ》[私服の] 刑事;《エクアドル》秘密捜査官
pesquisador, ra [peskisaðór, ra] 形 名 ❶ 捜査する; 捜査員. ❷《アンデス, チリ, アルゼンチン, ウルグアイ》[私服の] 刑事;《エクアドル》秘密捜査官
pesquisar [peskisár] 他《まれ》捜査する, 調査する
pesquisear [peskiseár] 他《まれ》=pesquisar
pesquiseo [peskiséo] 男《まれ》捜査
pesquisidor, ra [peskisiðór, ra] 形 名 ❶《古語的》捜査する; 捜査の. ❷《エクアドル》秘密捜査官
pestaloziano, na [pestaloθjáno, na] 形《人名》[スイスの教育者] ペスタロッチ Pestalozzi の
pestano, na [pestáno, na] 形《古代イタリア, 地名》パエストゥム Pesto の [人]
pestaña [pestáɲa] 〖←古語 pistanna〗女 ❶ まつげ: tener las 〜s postizas/〜s falsas つけまつげ. ❷ 縁〖紙などの〗耳;《印刷》バンド;《手芸》笹縁〖〜〗. ❸《動物》vibrátil 繊毛. ❹《植物》縁;《車輪の》輪縁. ❺《動物》vibrátil 繊毛. ❻《植物》毛

jugarse [*hasta*] *las* 〜s 有り金残らず賭ける

mojar la ~ 泣く
no mover [ni una] ~《口語》[人が] 動かないでいる, 注意を集中させている
no pegar ~ 一睡もできない
quemarse las ~s [夜中まで] 大いに読書(勉強)する

pestañar [pestaɲár]《中米, プエルトリコ》= **pestañear**
pestañazo [pestaɲáθo] 男 激しいまばたき
pestañear [pestaɲeár]《←pestaña》自 まばたきする: ~ repetidas veces 目をしばたたく
no ~ 注意力を集中する; 眉一つ動かさない, 平然としている
sin ~《文語》1) 注意力を集中して, じっと. 2) 平然と, 怖じ気づくことなく; てきぱきと
pestañeo [pestaɲéo] 男 まばたき
pestañina [pestaɲína] 女《コロンビア. 化粧》マスカラ
pestañoso, sa [pestaɲóso, sa] 形《植物》細毛のある
pestazo [pestáθo]《西. 口語》悪臭
peste [péste]《←ラテン語 pestis「崩壊, 破壊, 鞭, 疫病」》女 ❶《医学》ペスト; [死者を多く出す] 悪疫, 疫病: ~ bovina 牛疫. ~ bubónica (leventina) 腺ペスト. ~ negra 黒死病《14世紀中ごろにヨーロッパ全域で流行したペスト》. ~ blanca 結核. ❷ [伝染性ではないが死者を多く出す] 病気. ❸ 悪臭: echar mucha ~ ひどい悪臭を放つ. ❹ [大量の] 嫌なもの; ¡Qué ~ de orín! ひどい錆だ! ❺ 害悪, 腐敗, 退廃. ❻ [複] 冒瀆の言葉. ❼《中南米. 口語》伝染病. ❽《コロンビア》風邪, 鼻風邪. ❾《チリ》1) 天然痘. 2) ~ cristal 水疱瘡
echar (decir) ~s de... …をこき下ろす; 毒舌を吐く
huir como de la ~ 不快で避ける
pesticida [pestiθíða] 形 男 殺虫剤[の], 農薬[の]
pestíferamente [pestíferaménte] 副 非常に悪く, ひどく
pestífero, ra [pestífero, ra]《←peste+ラテン語 ferre「運ぶ」》形 ❶ 悪臭を放つ. ❷ [臭いが] ひどい, 胸の悪くなる: olor ~ 強烈な悪臭. ❸ ひどく有害な. ❹ 厄介な, うっとうしい. ❺ ペスト病原に感染した[人], ペスト患者
pestilencia [pestilénθja]《←ラテン語 pestilentia》女 ❶ 悪臭: La ~ que hay en esa habitación es insoportable. その部屋の悪臭は耐えがたい. ❷ 悪疫, 疫病
pestilencial [pestilenθjál] 形 ❶ 悪臭を放つ. ❷ 悪疫をもたらす; ひどく有害な
pestilencialmente [pestilenθjálménte] 副 悪臭を放って; 非常に悪く, 有害に
pestilencioso, sa [pestilenθjóso, sa] 形 ❶ 悪臭のする. ❷ 悪疫の; ひどく有害な
pestilente [pestilénte]《←ラテン語 pestilens, -entis》形 ❶ 悪臭のする. ❷ [臭いが] ひどい, 胸の悪くなる
pestillera [pestiʎéra] 女《カナリア諸島》錠前『= cerradura』
pestillo [pestíʎo]《←俗ラテン語 pestellus < pestullus < ラテン語 pessulus「差し錠」》男 ❶ [扉・窓の] 掛けがね: echar el ~ 掛けがねをかける. ❷ [錠の] 舌, ボルト: ~ de golpe オートロック. ❸《プエルトリコ》[結婚を前提とした] 恋人
pestiño [pestíɲo]《菓子》蜂蜜をかけた揚げ菓子. ❷《口語》退屈させる人(もの), うんざりさせる人(もの): Tu amigo es un ~: siempre nos cuenta las mismas historias. 君の友人はうんざりする. いつも私たちに同じことを話すんだから
pesto [pésto] 男 ❶《料理》バジルソース: ... al ~ …のバジルソースあえ. ❷《ラプラタ. 隠語》殴打; おしおき: dar un ~ a+人 …を殴る; 罰する
pestorejazo [pestoreχáθo] 男 = **pestorejón**
pestorejo [pestoréχo] 男 [太い] 首筋, うなじ: ~ del toro 闘牛の太い首
pestorejón [pestoreχón] 男 首筋への殴打
pestorejudo, da [pestoreχúðo, ða] 形 首筋の太い
pestoso, sa [pestóso, sa] 形 ❶ ペストの; 悪疫の. ❷《ラプラタ. 口語》悪臭のある
pestucio [pestúθjo] 形《西. 口語》= **pestazo**
pestuga [pestúɣa] 女《アンダルシア》[乗馬用の] 鞭
pesuña [pesúɲa] 女 蹄 (⅔); [= **pezuña**]
pesuño [pesúɲo] 男《動物》蹄; 二つに割れた指
peta [péta] I 男《西》《隠語》マリファナたばこ. ❷《隠語》[主に偽装された] 身分証. ❸ 名前: ~ chunga あだ名; 偽名. II 女《ボリビア. 動物》~ gigante オオヨコクビガメ. ❷《西. 古語》ペセタ『= peseta』
peta-《接頭辞》ペタ, 10¹⁵
petaca [petáka]《←アステカ語 petlacalli》女 ❶ [ポケットに入れる] シガーケース, 刻みたばこ入れ. ❷ [携帯用の平たい酒瓶] スキットル. ❸《メキシコ, アルゼンチン》[衣類を入れる] 革製のトランク. ❹《ドミニカ, プエルトリコ》尻 [= nalgas]. ❺《中米》背中のこぶ, 背骨の湾曲. ❻《ドミニカ, プエルトリコ》たらい. ❼《ウルグアイ》化粧コンパクト
echarse por las ~s《コロンビア》粉々になる
de ~ 1) funda de ~ [端から入れる] 眼鏡ケース. 2) mesa de ~ 入れ子式のテーブル
hacer la ~《口語》[いたずらで] シーツを2つ折りにして足を伸ばせないようにする
―― 形《南米. 軽蔑》怠惰な, 怠け者の; 鈍い
petacazo [petakáθo] 男《コロンビア, ドミニカ》酒の一口
petacho [petátʃo] 男《他方諸民》継ぎ布
petacón, na [petakón, na] 形《メキシコ, コロンビア, ラプラタ. 口語》小太りで尻の大きい[人]
petacudo, da [petakúðo, ða] 形 ❶《中米》背中の湾曲した. ❷《コロンビア》1) 太鼓腹の. 2) のろい, 鈍い. ❸《ボリビア》[人・物が] 大きくて重い
petalismo [petalísmo] 男《古代ギリシア》ペタリスモス, 葉片追放《シラクサで, 国家にとって危険な人物の名をオリーブの葉に書き国外追放にする制度》
petalita [petalíta] 女《鉱物》ペタライト, ペタル石, 葉長石
pétalo [pétalo]《←ギリシア語 petalon「葉」》男《植物》花弁, 花びら: Los ~s de rosa huelen muy bien. バラの花びらはいいにおいがする
petaloide [petalóiðe] 形《植物》花弁状の, 花弁様の
petaloideo, a [petalóiðeo, a] 形《植物》花弁状の, 花弁様の
petanca [petáŋka]《←プロヴァンス語 pèd tanco「固定した足」》女《西. 遊戯》ペタンク
―― 男《集名》《西》ペタンクの鉄玉
petanque [petáŋke] 男《鉱物》自然銀
petanquista [petaŋkísta] 名《西》ペタンクをする人
petaquear [petakeár] ~**se**《コロンビア. 口語》台なしになる, 失敗する
petaquilla [petakíʎa] 女《コロンビア》安物の雑貨
petaquita [petakíta] 女《アルゼンチン》背が低く小太りの人, ずんぐりむっくりの人
―― 女《コロンビア. 植物》ノウゼンカズラ科のつる植物《花はピンク色. 学名 Pithecoctenium muricatum》
petar [petár]《←カタルニア語》自 ❶ …の気に入る《主語は名詞・不定詞・que+接続法》: No le peta discutir. 彼は議論するのは気が進まない. Hazlo como te pete. 君の好きなようにやりなさい. ❷ [爆竹などを] ぶち鳴らす, 破裂させる. ❸《マリファナたばこに》火をつける. ❹ [ロッカーなどを] こじ開ける
―― 自《ガリシア, レオン》床を踏み鳴らす, ドアをノックする
petarda [petárða] 女 ❶《→petardo》《西. 軽蔑》ひどく醜い女. ❷ 退屈な[女], しつこい[女]
petardazo [petarðáθo] 男《口語》❶ [爆竹の] 破裂. ❷ 大失敗: dar (pegar) el ~ 大失敗する
petardeante [petarðeánte] 形《自動車》バックファイアを起こす
petardear [petarðeár] 他 ❶ …に爆竹 petardo を置く(仕掛ける). ❷《古語》[城門・城壁などを] 爆破する. ❸《まれ》だまし取る, 詐取する
―― 自《自動車》[エンジンが] バックファイアを起こす
―― ~**se**《隠語》[+de] を告げ口する, 密告する
petardeo [petarðéo] 男《自動車》バックファイア
petardero [petarðéro] 男 ❶《古語》爆破兵. ❷《まれ》詐欺師, たかり屋
petardista [petarðísta] 名 ❶《まれ》爆発物を仕掛ける破壊活動家. ❷《まれ》詐欺師. ❸《メキシコ》[詐欺・たかりなどをする] 悪徳政治家
petardo [petárðo]《←仏語 pétard》男 ❶ 爆竹, かんしゃく玉: poner (tirar) ~s 爆竹を鳴らす. ❷《西. 軽蔑》ひどく醜いもの; 退屈な(つまらない・うっとうしい) もの. ❸《西. 軽蔑》詐欺 [= estafa]. ❹《西. 隠語》マリファナたばこ. ❺《口語》失敗: dar (pegar) un ~ 失敗する. ❻《古語》[城門・城壁などの] 爆破装置. ❼《コロンビア》[turmequé のゲームで的が上に落ちると爆発する] 火薬の入った紙袋
pegar un ~《西. 口語》だます, 詐取する
―― 形《→petarda もある》《西. 軽蔑》❶ ひどく醜い人. ❷ 退屈な[人], つまらない[人]; しつこい[人], うっとうしい[人]
petaso [petáso] 男《古代ギリシア・ローマ. 服飾》ペタソス《山の低いつば広の帽子》

petate [petáte]〚←ナワトル語 petlatl「むしろ」〛男 ❶［船員・兵士などの］丸めた寝具(寝袋); 背囊(はい). ❷［兵士・囚人用の］板の骨組みとマットのベッド. ❸《口語》旅行用の荷物. ❹《俗語》ペテン師, 詐欺師. ❺《中南米》取るに足りない人, 小物. ❻《メキシコ, コロンビア》［ヤシの葉で作った］敷き物, ござ. ❼《ラプラタ》複 付属物
 hacer el ~《西. 口語》荷物をまとめる; そそくさと出かける(逃げ出す)〖=liar el ~〗
 liar el ~《西. 口語》1) 荷物をまとめる; そそくさと出かける(逃げ出す). 2) 死ぬ

petatear [petateár] ~se《メキシコ, エルサルバドル, パナマ. 口語》［人が］死ぬ, くたばる

petatería [petatería] 女《中南米》敷物店〖=esterería〗

petatero, ra [petatéro, ra] 名《プエルトリコ》役に立たない人, 無能な人

petatillo [petatíʎo] 男 ❶《グアテマラ》［椅子の座部・背部の］籐張り. ❷《コスタリカ》［敷き石用の］小型の煉瓦

petazol [petaθól] 男《メキシコ》使い古しのシュロのマット

peteco [petéko] 男《アルゼンチン》ずんぐりむっくりの男

petenera[1] [petenéra] 女《フラメンコ》ペテネラ〖8音節4行詩の歌〗
 descolgarse por ~s《西》=salir[se] por ~s
 salir[se] por ~s《西》思いがけない(関係ない)ことを言う(する)

petenero, ra[2] [petenéro, ra] 形 名《地名》エル・ペテン El Petén の〔人〕〖グアテマラ北部の県〗

petequia [petékja] 女《医学》点状出血; 溢血点

petequial [petekjál] 形 点状出血の

petera [petéra] 女 ❶《口語》激しい口論, 言い争い. ❷《口語》［主に幼児がだだをこねる時の］強情さ, 頑固さ. ❸《エストレマドゥラ》片方の角が直立したヤギ. ❹《キューバ》菓子

peteretes [peterétes] 男《単複同形》《口語》菓子, おいしそうな食べ物

petersburgués, sa [petersburɣés, sa] 形 名《地名》[ロシアの]サンクトペテルブルク Petersburgo の〔人〕

petete [petéte] 男 ❶［女性用の］くるぶしで折り返すソックス. ❷［毛糸で編んだ］ベビーシューズ

peticano [petikáno]《印刷》26ポイント活字

peticanon [petikánon] 男 =peticano

petición [petiθjón]〚←ラテン語 petitio, -onis < petere「願う」〛女 ❶ 願い, 申し出, 申請, 嘆願; その書類: hacer (presentar) una ~ 申請する, 誓願する. con referencia a su ~ あなたの申し出に関して. ~ de divorcio 離婚請求. ~ de donativos 募金. ❷《法律》1) 請願書, 要望書, 陳情書: presentar una ~ firmada por el público. 彼は聴衆の求めに応じてその歌を繰り返し歌った
 ~ de mano［男性・その両親からの正式な］求婚; その式, 婚約披露

peticionar [petiθjonár] 他《中南米》［主に当局に］申請する, 嘆願する

peticionario, ria [petiθjonárjo, rja] 形《行政》申請の; 申請者

peticote [petikóte] 男《パナマ. 服飾》ペチコート〖=enagua〗

petifoque [petifóke] 男《船舶》フライングジブ

petigrís [petiɣrís] 男《単複同形》《動物》［シベリア産の］灰色のリス; その毛皮

petilín [petilín] 男《ログローニョ》［手・足の］小指

petillo [petíʎo] 男《古語》❶［女性の］胸を飾る三角形の布. ❷ 三角形の宝石

petimetre, tra [petimétre, tra]〚←仏語 petit maître〛名《古語. 軽蔑》［派手に着飾った］おしゃれな若者(娘), めかし屋

petirrojo [petiróxo] 男《鳥》ロビン, ヨーロッパコマドリ

petiso, sa [petíso, sa]〚←ポルトガル語 petito「小馬」〛形 ❶《植物・果物が》しなびた, しおれた. ❷《南米. 口語》背の低い〔人〕
 ── 男《チリ, アルゼンチン, ウルグアイ》馬高の低い馬, 小馬

petisú [petisú]〚←仏語 petit chou〛男〖複 ~[e]s〗《西. 菓子》シュークリーム

petit comité [petí komité]〚←仏語〛*en ~* 少人数だけで, 内輪で

petitero [petitéro] 男《アルゼンチン. 口語》[1950～60年代の, 金持ちを鼻にかける]しゃれ者のお坊ちゃん

petitorio, ria [petitórjo, rja]〚←ラテン語 petitor, -oris < petitio, -onis < petere「頼む」〛形 ❶ 依頼の, 請願の: carta ~ria 嘆願書. ❷《法律》[不動産に対する]権利請求の
 ── 男 ❶《薬局の》常備医薬品リスト: medicamento incluido en el ~ del Seguro de Enfermedad 健康保険取り扱い医薬品. ❷ 度重なる(しつこい)要請(請願)
 ── 女《まれ》依頼, 懇願; 請願書

petit point [petí pwá]〚←仏語〛男《手芸》プチポアン〖主にタペストリーの刺繍の細かいステッチ〗

petit pois [petí pwá] 男《ニカラグア, コスタリカ, パナマ, パラグアイ》[缶詰の]グリンピース

petítum [petítun] 男《法律》要請, 申請

petizo, za [petíθo, θa] 形 名《ペルー, チリ, アルゼンチン, ウルグアイ》=petiso

peto [péto]〚←伊語 petto〛男 ❶《服飾》1)［エプロン・オーバーオールの］胸当て部分. 2) サロペット, オーバーオール〖=pantalones con ~, pantalones de ~〗. 3)［ウエストの］エプロン, よだれかけ. ❷《フェンシング》プラストロン, ［鎧の］胸当て. ❸《動物》亀の腹甲. ❹《闘牛》ピカドールの馬の胸当て. ❺《鍬・斧などの》峰. ❻《魚》1) ペラ科の一種〖食用. 学名 Symphodus tinca〗. 2)《キューバ》サワラの一種〖食用. 学名 Cybium petus〗. ❼《コロンビア》トウモロコシを牛乳で煮たもの

petr-《接頭辞》［石］〖=petro-〗

petra [pétra]《チリ. 植物》フトモモ科の灌木〖葉・樹皮は薬用, 漿果は食用. 学名 Myrceugenia pitra〗

petral [petrál]《馬具》［むながいの］胸帯

petraria [petrárja] 女《古語. 軍事》[石の]投石器

petrarquesco, ca [petrarkésko, ka] 形《イタリアの詩人・人文学者》ペトラルカ Petrarca 風の

petrarquismo [petrarkísmo] 男 ペトラルカ流の詩体

petrarquista [petrarkísta] 形 名 ペトラルカ流詩体の; ペトラルカ流の[詩人]

petrel [petrél] 男《鳥》ウミツバメ: ~ común ヒメウミツバメ. ~ de Bulwer アナドリ. ~ de Leach ウミツバメの一種〖学名 Oceanodroma leucorrhoa〗. ~ gigante オオフルマカモメ

petrelense [petrelénse] 形 名《地名》ペトレル Petrel の〔人〕〖アリカンテ県の村〗

pétreo, a [pétreo, a]〚←俗ラテン語 petrea「石」〛形 ❶ 石の: construcción ~a 石造りの建築. masa ~a 石のかたまり. ❷ [石のように]固い: ~a resistencia 強固な抵抗. ❸《文語》石だらけの

petri-《接頭辞》［石］〖=petro-〗

petrificación [petrifikaθjón] 女 石化

petrificante [petrifikánte] 形 石化させる

petrificar [petrifikár]〚←ラテン語 petra「石」+facere「作る」〛[7] 他 ❶ 石化させる: hoja *petrificada* 葉の化石. ❷《文語》［驚き・恐怖などで］身動きできなくする, 凍りつかせる: La noticia nos *petrificó*. その知らせを聞いて私たちは立ちすくんだ
 ── ~se ❶ 石化する. ❷《文語》硬直する

petrífico, ca [petrífiko, ka] 形 石化させる, 石化性の

petril [petríl] 男《コロンビア》歩道

petro-《接頭辞》❶［石］ *petrología* 岩石学. ❷［石油］ *petroquímica* 石油化学

petrodivisa [petroðiβísa] 女《経済》オイルマネー

petrodólar [petroðólar] 男《経済》オイルダラー

petrogenético, ca [petroxenétiko, ka] 形《地質》岩石生成の

petrogénesis [petroxénesis] 女《単複同形》《地質》岩石生成

petroglifo [petroɣlífo] 男 [有史前の]岩面陰刻, 岩絵, ペトログリフ

petrografía [petroɣrafía] 女 記載岩石学

petrográfico, ca [petroɣráfiko, ka] 形 記載岩石学の: microscopio ~ 岩石顕微鏡

petroleado [petroleáðo] 男 石油の噴霧

petrolear [petroleár] 他 ❶［自動車などの汚れを落とすために］~ に石油を噴霧する; 石油に浸ける
 ── 自［船が, 燃料の］石油を積む

petróleo [petróleo]〚←ラテン語 petroleum < petra「石」+oleum「油」〛男〖不可算〗石油: campo de ~ 油田. estufa de ~ 石油ストーブ. ~ lampante 灯油

—— 形《まれ》灰色と緑色がかった青色の
petroleología [petroleoloxía] 图 石油学
petroleoquímico, ca [petroleokímiko, ka] 形 囡 =**petroquímico**
petrolero, ra [petroléro, ra]《←petróleo》形 ❶ 石油の: crisis ~ra 石油危機. empresa ~ra 石油会社. ❷《古語》石油による放火の
—— 图 ❶ 石油を含む; 石油を産する: campo ~ 油田. ❷《古語》石油の〖=petrolero〗: explotación ~ra 石油採掘. industria ~ra 石油産業
petrología [petroloxía] 图 岩石学
petrológico, ca [petrolóxiko, ka] 形 岩石学の
petrolquímico, ca [petrolkímiko, ka] 形 囡 =**petroquímico**
petromacorisano, na [petromakorisáno, na] 形 图《地名》サン・ペドロ・デ・マコリス San Pedro de Macorís の〔人〕《ドミニカ共和国東南部の州・州都》
petromax [petromá(k)s] 图《←商標》图 石油ランプ
petromizónido, da [petromiθónido, da] 形 ヤツメウナギ科の
—— 图 囡《動物》ヤツメウナギ科
petromizoniforme [petromiθonifórme] 形 ヤツメウナギ目の
—— 图 囡《動物》ヤツメウナギ目
Petronila [petroníla]《人名》ペトロニーラ《1135～73, アラゴン王ラミロ2世の娘. バルセロナ伯ラモン・ベレンゲール4世 Ramón Berenguer IV との結婚によりアラゴン連合王国 Corona de Aragón が事実上成立》
petroquímico, ca [petrokímiko, ka] 形 囡 石油化学《の》: complejo ~ 石油化学コンビナート. industria ~ca 石油化学工業. productos ~s 石油化学製品
petroso, sa [petróso, sa] 形 ❶《解剖》岩様の, 錐体の. ❷ 石の多い, 石ころだらけの
petudo, da [petúđo, đa]《カナリア諸島》背骨の湾曲した
petulancia [petulánθja]《←ラテン語 petulantia, -ae》图 囡 ❶ 横柄, 尊大, 恥知らず; 横柄な態度, 思い上がり, うぬぼれ. ❷ 気取り
petulante [petulánte]《←ラテン語 petulans, -antis》形《軽蔑》
❶ 横柄な〔人〕, 尊大な〔人〕, 傲慢不遜な〔人〕, 無礼な〔人〕, 厚顔無恥な〔人〕. ❷ 気取った〔人〕, 物知りぶった〔人〕
petulantemente [petulánteménte] 副 横柄に
petunia [petúnja] 图 囡《植物》ペチュニア, ツクバネアサガオ
peucédano [peuθéđano] 图 图《植物》カワラボウフウの一種《=servato》
peuco, ca [péuko, ka] 图《チリ. 口語》恋人
—— 图《チリ. 鳥》モモアカノスリ, ハリスホーク
peúco [peúko] 图《服飾》《赤ん坊用の・寝る時に履く》短靴下
peul [péul] 图 囡《圏 ~s》フラニ族《の》〖=fulani〗
peumo [péumo] 图《チリ. 植物》シナクスモドキの一種《果実は食用. 学名 Cryptocarya alba》
peuquino, na [peukíno, na]《チリ》明るい灰色の, アッシュグレーの
peyorativo, va [pejoratíβo, βa]《←ラテン語 pejor, -oris「より悪い」》形 ❶〖意義的に〕軽蔑的な, マイナスイメージの《⇔meliorativo》: He dicho que es chata, pero no en sentido ~. 私は彼女は chata だと言ったが, 軽蔑的な意味で言ったのではない. expresión ~va hacia la mujer 女性に対する軽蔑表現. ❷《古語》〔道徳的に〕悪化させる
peyorizar [pejoriθár] 自《チリ》軽視する, おとしめる
peyote [pejóte] 图《メキシコ. 植物》ペヨートル《幻覚作用のあるボテン》
pez [péθ] I《←ラテン語 piscis》图《圏 peces》❶〖生きて泳いでいる〕魚: 1) Cogió dos peces. 私は魚を2匹獲った. ~ de agua dulce (salada) 淡水(海水)魚. 2)〔種類〕~ aguja ヨウジウオの一種《学名 de Syngnathus acus》. ~ ángel エンゼルフィッシュ; エンジェルシャーク. ~ ballesta グレートリガーフィッシュ; 学名 clavo キクザメ. ~ de colores/~ dorado/~ rojo de China キンギョ(金魚)《学名 Carassius auratus》. ~ de San Pedro マトウダイ〖食用〗. ~ del diablo ハゼ科の一種《学名 Gobius Jozo》. ~ dípneo (pulmonado) 肺魚. ~ disco ディスカス. ~ emperador = ~ espada. ~ espada《peces espada》メカジキ. ~ gato ナマズ. ~ loro ラスティーパロットフィッシュ. ~

phot

luna マンボウ. ~ martillo シュモクザメ. ~ reverso コバンザメ. ~ sierra ノコギリエイ. ~ vela バショウカジキ. 3) 圏 魚類. 4)〔主に 圏〕食用としての川魚. 5)《諺, 成句》El ~ grande se come al chico. 弱肉強食. Quien (El que) quiera peces que se moje el culo. 虎穴に入らずんば虎子を得ず《←魚を得ようとする者は尻を濡らさねばならない》. ❷《古語》獲物, 苦労して手に入れたもの: Ya ha caído el ~. もう成功した (手に入れた) も同然だ. coger el ~ 狙ったものを手に入れる. ❸《軽蔑》奴〔公〕; ずるい男, いい加減な男 〖=buen ~〗: ¡Con buen ~ habéis trabado amistad! 君たちはとんでもない奴と友達になったものだな! ~ de cuidado やくざ. ❹《天文》Pez austral 南の魚座. ❺《地方語》〔小麦などの〕細長い山積み. ❻《地方語》〔牛などの〕首の下の丸い部分
como〔el〕~ en el agua《口語》水を得た魚のように, 生き生きと
como〔el〕~ fuera del agua《口語》陸〔に上がった河童のように〕
~ chico 1)〔大きな魚 pez grande に食べられる〕小魚. 2) 餌食: El país será uno de los peces chicos de inversores extranjeros. その国は外国人投資家の餌食になるだろう
~ gordo《比喩》〖時に悪い意味で〕大物, 重要人物: Es un ~ gordo en la industria automotriz. 彼は自動車業界の有力者だ
picar el ~ 1) 獲物が餌に食いつく. 2) 賭けに勝つ
¡Que te folle un ~!《俗語》〖不快・怒り〕君は言うこととすることが大違いではないか!
reírse de los peces de colores 気にかけない, 別に驚かない: Me río de los peces de colores. 私は別に驚かないよ
salga ~ o salga rana どんな結果になろうとも《←魚が現われようと蛙が現われようと》: Salga ~ o salga rana lo probaremos. どんな結果になろうともやってみよう
—— 形〖estar+. +en el〕《西. 口語》全く無知である: En economía estoy ~. 私は経済のことは全く分からない
II《←ラテン語 pix, picis》图 囡 ❶ タール. ~ negro 木タールピッチ. ❷ ピッチ. ❸《口語》~ blanca/~ de Borgoña 空気乾燥させた松やに. ❹《医学》~ griega コロホニウム, ロジン. ❺《医学》《新生児の》胎便
negro como la ~ 漆黒の
pezcuño [peθkúño] 图《地方語》=**pescuño**
peziza [peθíθa] 图 囡《植物》チャワンタケ属の数種《一部は食用のキノコ》
pezizal [peθiθál] 形 チャワンタケ目の
—— 图 图《植物》チャワンタケ目
pezolada [peθoláđa] 图 囡《繊維》織り端〔の糸〕
pezón [peθón] 图《←俗ラテン語 pecciolus《小部品》<pediciolus<ラテン語 pes, pedis「足」》图 图 ❶《女性の・雌の動物の》乳首, 乳頭: limpiar los pezones antes de dar de mamar 授乳前に乳首を拭く. ❷《植物》〔葉・花・果実の〕花柄, 花梗. ❸《機械》接管, ニップル: ~ de engrase グリースニップル. ❹ 突起, 先端部. ❺ de un limón レモンの実の先端. ❺ 車軸の先端
pezonera [peθonéra] 图 囡 ❶《授乳用の》乳首保護器. ❷《技術》〔車軸の〕輪止めくさび. ❸《エクアドル, ペルー》搾乳器
pezote [peθóte] 图《中米. 動物》ハナジロハナグマ《=coatí》
pezpalo [peθpálo] 图 棒鱈《略》, 干し鱈
pezpita [peθpíta] 图 囡《鳥》ハクセキレイ〖=lavadera blanca〗
pezpítalo [peθpítalo] 图 =**pezpita**
pezuelo [peθwélo] 图〖主に綿織物の〕織り端
pezuña [peθúña] 图 囡 ❶《pesuña「爪」》图 图 ❶《動物》ひづめ. ❷ ひづめのある指〖=pesuño〗. ❸《軽蔑. 戯語》〔人の〕手, 足: ¡Quítate tus ~s del postre! デザートに触るな! ❹《地方語》口蹄疫〖=glosopeda〗. ❺《エクアドル. 口語》足の悪臭
pezuñar [peθuñár] 自《地方語》ひづめで踏む
pezuñear [peθuñeár] 自《まれ》ひづめを動かす
pezuño [peθúño] 图《地方語. 主に軽蔑》愚純な男
pf [pf] 間 ❶《嫌悪》やれやれ. ❷《←ラテン語》〖ガス漏れなど〕シューという音
Pfiesteriaceae [fjesterjaθéae] 图《生物》フィステリア科
PGC《略語》←plan general de contabilidad 会計制度
pH [pé áĉe] 图《化学》ピーエイチ, ペーハー: agua con un pH 5 pH5の水. tira de ~ リトマス試験紙
phi [fi] 图《ギリシア文字》ファイ〖=fi〗
philtrum [píltrun] 图《解剖》人中《⽁》, 鼻と口の間の縦溝
phot [fót] 图《光学》《照明の単位》フォト

photofinish [fotofínis]〚←英語〛囡《スポーツ》[ゴールの] 写真判定
pi [pí] 囡 ❶《ギリシア文字》ピー〚Π, π〛. ❷《幾何》[円周率の] パイ〚π〛.
── 間 [鉄道の警笛音] ピー
piache [pjátʃe] I〚←ブルガリア語〛*tarde* = 遅れて, 遅刻して
Ⅱ 男《ベネズエラ》呪術医〚=curandero〛
piada [pjáda]〚←piar〛囡 ❶ ピヨピヨと鳴くこと. ❷《まれ》借りもの(のまねした) 表現
piador, ra [pjaðór, ra] 形 ピヨピヨ(チュッチュ・チーチー)鳴く
piadosamente [pjaðósaménte] 副 ❶ 慈悲深く. ❷ 敬虔に, 信心深く
piadoso, sa [pjaðóso, sa]〚←古語 piadad <ラテン語 pietas, -atis「哀れみ」〛形 ❶ 慈悲深い, 情け深い: mostrarse ~ con+人 … に同情する. 彼かわいそうに思う. ❷ 信心深い, 敬虔(ケイケン)な: Era un cristiano ~. 彼は敬虔なキリスト教徒だった. ❸ [事物が] かわいそうな, 哀れむべき
piafar [pjafár] 自《馬がじれて》前脚で地面を蹴る(掻く)
piajeno [pjaxéno] 男《ペルー》ロバ〚=asno〛
pial [pjál] 男 =peal
piala [pjála] 囡《チリ, アルゼンチン》動物の足をめがけて投げる投げ縄
pialar [pjalár] 他《中南米》[動物の] 足をめがけて投げ縄を投げる
pialera [pjaléra] 囡《ホンジュラス》投げ縄
piamadre [pjamáðre] 囡《解剖》軟膜, 柔膜
pía maisa [pía májsa] 囡《地方語》馬跳び〚=pídola〛
piamáter [pjamáter] 囡 =piamadre
píamente [pjáménte] 副 情け深く; 信心深く; 殊勝で
piamontés, sa [pjamontés, sa] 形 名《地名》[イタリアの] ピエモンテ Piamonte の(人)
pian [pján] I 男《医学》いちご腫
Ⅱ〚←伊語〛~, *piano*/~, *pianito*/~, ~ 副《口語》少しずつ, だんだん, ゆっくり
piana [pjána] 囡《チリ》使い古しのピアノ
pianillo [pjaníʎo] 男《音楽》~ de manubrio 手回しオルガン
pianísimo [pjanísimo] 男《音楽》=pianíssimo
pianismo [pjanísmo] 男《音楽》ピアニズム, ピアノのための編曲, ピアノ演奏技術
pianíssimo [pjanísimo] 男 副《音楽》ピアニシモ[で]
pianista [pjanísta] 名 ❶ ピアニスト. ❷ ピアノ製造(販売)業者
pianístico, ca [pjanístiko, ka] 形 ❶ ピアノの: recital ~ ピアノリサイタル. ❷ [音楽作品が] ピアノ用の: pieza ~ca ピアノ曲
pianito [pjaníto] 男《ペルー》洗濯板
piano [pjáno]〚←伊語 piano[forte]〛男 ピアノ: alambre de ~ ピアノ線. sonata para dos ~s 2台のピアノのためのソナタ. ~ a cuatro manos ピアノ連弾. ~ de cola グランドピアノ. ~ de media cola 小型グランドピアノ. ~ de pared/ ~ vertical (recto) アップライトピアノ. ~ de manubrio 手回しオルガン; 自動ピアノ. ~ mecánico 自動ピアノ. ~ preparado プリペアド・ピアノ
como un ~《口語》非常に大きい, 巨大な
tocar el ~ 1) ピアノをひく. 2)《口語》食器を洗う. 3)《隠語》指紋をとられる
── 副 ❶《音楽》弱音で, 弱く. ❷《口語》少しずつ, ゆっくりと
¡P~, ~!《メキシコ, チリ, アルゼンチン, ウルグアイ. 口語》落ち着け, 冷静に!
piano bar [pjáno bár]〚←英語〛男 ピアノバー
pianoforte [pjanofórte] 男《音楽》ピアノフォルテ
pianofortista [pjanofortísta] 名 ピアノフォルテ奏者
pianola [pjanóla] 囡《音楽》ピアノラ, 自動ピアノ
piantado, da [pjantáðo, ða] 形《アルゼンチン, ウルグアイ》気の変な
piantar [pjantár] 他《アルゼンチン, ウルグアイ. 口語》[人を] 追い出す
~se《アルゼンチン, ウルグアイ》不適切な態度をとる; 出て行く
piante [pjánte] 形 ❶ ピイピイと鳴く. ❷ 抗議する, 文句を言う
piapoco [pjapóko] 男《動物》オオハシ〚=tucán〛
piar [pjár]〚←擬声〛〚11〛自 ❶ [鳥が] ピイピイ pío pío と鳴く, さえずる; [ニワトリが] コッコッと鳴く. ❷ [+por・para+名詞・不定詞・que+接続法] 懇願する. ❸《口語》抗議する, 文句を言う. ❹ [うっかり] 秘密を漏らす. ❺《軽蔑》[人が] おしゃべりする, 口先だけである
── 他《軽蔑》話す;《隠語》密告する
¡No la pies! 告げ口するな, 秘密を漏らすな!
~las 1)《口語》不平を言う. 2)《隠語》しゃべりすぎる
piara [pjára] 囡〚←古語 peara < peada「足」〛囡 ❶ [主に豚の] 群れ〚類語〛馬や羊の群れは manada〛. ❷《軽蔑》[人の] 群れ
piarero, ra [pjaréro, ra] 名 畜産業者; [特に] 養豚業者
piariego, ga [pjarjégo, ga] 形 家畜の群れを所有している
piaroa [pjaróa] 形 名 ピアロア族[の]《ベネズエラ, オリノコ川上流の先住民》
piasava [pjasába] 囡《植物》ブラジルゾウゲヤシ
piastra [pjástra]〚←伊語〛囡 ❶《[エジプト・旧南ベトナムなどの] 貨幣単位》ピアストル. ❷《古語》ペセタ〚=peseta〛
piazo [pjáθo] 男《地方語》❶ [爪先から膝下まで覆う] 四角いウールの粗布 cordellate. ❷ 耕地
PIB《略記》=producto interior bruto 国内総生産
pibe, ba [píβe, βa]〚←ポルトガル語 pivete〛名《ラプラタ. 口語》子供, がき, じゃり
estar hecho un ~《アルゼンチン. 口語》[大人が] 子供っぽい
piberío [piβerío] 男 集名《ラプラタ. 口語》子供たち, がきども
pibil [pißíl] 形《メキシコ. 料理》ピビル [豚肉などをバナナの葉で包みオーブンで蒸し焼きにする(本来は地中に埋めて焼く)]: cochinita ~ コチニータ・ピビル [子豚の蒸し焼き]
pica [píka] I〚←picar〛囡 ❶ 槍, 長槍. ❷《歴史》槍兵. ❸《闘牛》[ピカドールが使う] 槍. 1) 牛を槍で突くこと. ❹《トランプ》スペード〚→carta参考〛. ❺《音楽》チェロ・コントラバスのエンドピン. ❻《動物》ナキウサギ. ❼ [石工の] 先端が三角錐のハンマー. ❽ 深さの単位〚=14フィート〛. ❾《プエルトリコ, ベネズエラ. 昆虫》~ y huye 非常に小さなアリの一種 [刺されると有毒]. ❿《プエルトリコ》[守護聖人の祝日に設置される] ルーレット. ⓫《チリ, アルゼンチン, ウルグアイ. 口語》恨み
calar la ~ 槍を構える
pasar por las ~s 困難にぶつかる
poner una ~ *en Flandes*《西. 口語》見事に(苦労して)目的を達成する
ser a ~ *seca* むだな骨折りである
Ⅱ〚←ラテン語 pica「カササギ」〛囡《医学》異物嗜好症
Ⅲ 囡《アストゥリアス. 魚》ニシキダイ〚=breca〛
picabejero [pikaβexéro] 男《ログローニョ. 鳥》ヨーロッパハチクイ〚=abejaruco〛
picabuey [pikaβwéj] 男《鳥》ヌマサギ〚=garcilla bueyera〛
picacena [pikaθéna] 囡《ペル-. 口語》恨み, 怒り
picacero, ra [pikaθéro, ra] 形《猛禽類が》カササギを襲う
── 囡 ❶ かゆみ, むずがゆさ. ❷《中南米》恨み, 怒り
picacho [pikátʃo]〚←pico II〛男 とがった山頂, ピーク
picachón [pikatʃón] 男《サンタンデール》❶ つるはし〚=zapapico〛. ❷ =picacho
picada[1] [pikáða] 囡 ❶《鳥の》つばみ;《釣り》[魚の] 食い, あたり. ❷ 刺し傷; 突き. ❸《地方語》刈入れ切り〚=picadillo〛. ❹《地方語》[織機の] 杼(ʰ)による衝撃. ❺《中南米》森の中の小道. ❻《中米, ボリビア, ラプラタ》公道での違法な自動車レース. ❼《コロンビア》[人の] 虫けらのような鋭い痛み. ❽《ボリビア》[戸口での] ノック. ❾《チリ. 口語》バル, 安食堂. ❿《アルゼンチン, ウルグアイ》集名 軽食, おつまみ; おかず
picadera [pikaðéra] 囡《タバコの葉などの》細かく刻む道具
picadero [pikaðéro]〚←picar〛男 ❶ 乗馬学校; 馬場. ❷《西. 口語》[秘密の] 情事の場所, 密会所. ❸ 売春宿; ラブホテル. ❹《船舶》[船台で船殻を支える] 竜骨盤木(ʰ). ❺ 発情期のシカが掘る穴. ❻《コロンビア》畜殺所〚=matadero〛. ❼《アルゼンチン》[サーカスの] リング〚=pista〛
picadillo [pikaðíʎo]〚←picado〛男 ❶《料理》1) [野菜の] みじん切り. 2) ~ de tomate トマトみじん切り. 3) ひき肉・野菜・とき卵などで煮込んだ料理. 3) [ソーセージ用の] 豚のひき肉. 4) ~ de atún マグロとタマネギのみじん切りなどを混ぜた料理. ~ de caballa サバとタマネギのみじん切りなどを混ぜた料理. ~ de carne ひき肉. ❷ 掛け合いの歌〚=coplas de ~, jotas de ~〛
estar de ~ 腹を立てている, 恨んでいる
estar hecho ~ 疲れ切る; 精神的に打ちのめされる
hacer ~ *a*+人 [脅し文句で] …をひどくやっつける: Me hará ~ si no la llamo por teléfono. もし彼女に電話しないとひどい目にあわされるだろうな
venir de ~ =estar de ~

picado[1] [pikáđo]《←picar》男 ❶《西》[飛行機・鳥の] 急降下. ❷《料理》みじん切り《=picadillo》. ❸《音楽》スタッカート《⇔ligado》. ❹《映画》俯瞰《〃》, ハイアングル. ❺《ビリヤード》手玉を薄く突くこと, マッセ　**en 〜**) 1) 急速な・に; 急激な・に; どうしようもなく: Su salud ha caído en 〜. 彼の健康は急に悪化した. caída *en* 〜 del dolor ドルの急落. 2) 急降下の: El avión bajó (cayó) *en* 〜 al agua. 飛行機は水面に急降下した. bombardeo *en* 〜 急降下爆撃

picado[2], **da**[2] [pikáđo, đa] 形 ❶ 飾り穴のある: zapato 〜 ブローグ. ❷《レース編みなどで型紙に》絵を示す刺し穴のある. ❸ あばただらけの. ❹《口語》[estar+] 立腹した, むかっとした. ❺《音楽》スタッカートの: nota 〜 *da* スタッカート記号. ❻《闘牛》[見習い闘牛士の] 闘牛 novillada 用. ピカドールも登場する. ❼《紋章》[鳥の体の他の部分で] くちばしの色が異なる. ❽《地方語. ペロネ》[手が] 痛い. ❾《口語》ほろ酔い機嫌の

picador, ra [pikađór, ra]《←picar》名 ❶《闘牛》ピカドール《馬に乗り, 槍で牛の首筋を突く闘牛士》. ❷ [馬を] 飼い馴らす人, 調教師. ❸《鉱山》切羽作業員 ―― 男 まな板《=tajo》 ―― 女《料理》フードプロセッサー, みじん切り用のカッター; 肉ひき器

picadura [pikađúra]《←picar》女 ❶ [虫・蛇などが] 刺すこと・かむこと; その跡, かみ傷: Me rasqué las 〜 *s* de mosquitos. 私は蚊に食われたところをかいた. morirse por una 〜 de serpiente 蛇にかまれて死ぬ. ❷ 鋭利なもので刺す (つつく) こと; [衣類の, 装飾・実用のための] 穴. ❸ 虫歯の穴: Tengo una 〜 en este diente. 私はこの歯が虫歯になっている. ❹ 錆による穴 (割れ目). ❺ [衣類の] 虫食い《〜 de polilla》. ❻ パイプたばこ, きざみたばこ: fumar en pipa 〜 パイプで刻みたばこを吸う. ❼《天然痘による》あばた, 痘痕

picafigo [pikafíɣo] 男《地方語. 鳥》ニシコウライウグイス《=papafigo》

picaflor [pikaflór]《←picar+flor》男《中南米》❶ ハチドリ《=colibrí》. ❷《まれ》浮気男

picagallina [pikaɣaʎína] 女《植物》ハコベ《=álsine》

picagrega [pikaɣréɣa] 女《鳥》モズ《=alcaudón》

picahielos [pikajélos] 男《単複同形》アイスピック

picajón, na [pikaxón, na] 形《西. 口語》短気な, 怒りっぽい

picajoso, sa [pikaxóso, sa]《←picar》形《西》気難しい [人, 短気な [人], 怒りっぽい [人]

pical [pikál] 男《西》[いくつかの地方で, 道の] 合流点, 十字路

picamaderos [pikamađéros] 男《単複同形》キツツキ《=pájaro carpintero》

picamocho [pikamótʃo] 男《エストレマドゥラ》つるはし《=zapapico》

picamulo [pikamúlo] 男《まれ》荷馬車屋《=arriero》

picana [pikána] 女 ❶ 高電圧の棒《による拷問》. ❷《メキシコ, チリ, アルゼンチン, ウルグアイ. 牧畜》[牛を追う] 突き棒, 牛追い棒

picandería [pikanđería] 女《まれ. 古語的》ピカロ風

picanear [pikaneár] 他 ❶ 高電圧の棒で拷問する. ❷《メキシコ, チリ, アルゼンチン, ウルグアイ. 牧畜》[牛を] 突き棒で追う. ❸《チリ》うるさく《がみがみ》言う

picante [pikánte]《←picar》形 ❶ [味が] 舌を刺す, 酸っぱい; [匂いが] 鼻につんとくる: salsa 〜 ぴりっと辛いソース. vino 〜 酸っぱいワイン. ❷《口語》[冗談などが性的に] きわどい, 刺激的な: chiste 〜 卑猥な冗談. historia 〜 色っぽい話, 艶談. ❸ 辛辣な, 痛烈な, 悪意のある: comentario 〜 辛辣なコメント. ❹《文語》魅力的な. ❺《チリ. 軽蔑》粗野な; 服装が] 趣味の悪い ―― 男 ❶《不可算》[辛い] 香辛料, ピリッとする味: Me gustan las comidas con mucho 〜. 私は香辛料の多い食べ物が好きだ. Este plato tiene mucho 〜. この料理はとても辛い. ❷《口語》刺激的なこと, きわどさ, 刺激的なところ. ❸ 辛味, 悪意. ❹《文語》魅力. ❺《西. 服飾》複 ストッキング《=calcetines》. ❻《隠語》コショウ《=pimienta》: poner 〜 a la sopa スープにコショウをかける. ❼《アンデス, アルゼンチン, ウルグアイ》トウガラシ入りの臓物の煮込み

picantemente [pikánteménte] 副 辛辣に, 痛烈に

picantería [pikantería] 女 ❶《エクアドル, ペルー》辛い料理の専門店. ❷《チリ. 軽蔑》食べ物と飲み物の屋台

picañar [pikapár] 他《まれ》[靴を] 修理する

picaño, ña [pikáno, na] 形《まれ》悪党の, ならず者の; 怠け者の

―― 男《まれ》靴の修理

picapedrero, ra [pikapeđréro, ra] 名 ❶ 石工. ❷《闘牛. 戯語》ピカドール

picapez [pikapéθ] 男《エストレマドゥラ》カワセミ《=martín pescador》

picapica [pikapíka]《←picar》女 [いたずら用の] かゆみ粉《=polvos 〜》

picapinos [pikapínos] 男《単複同形》《鳥》アカゲラ《=pico 〜》

picapleitos [pikapléitos] 男《単複同形》《軽蔑. 戯語》❶ 弁護士《=abogado》. ❷ 訴訟好きな人《=pleitista》

picapoll [pikapóʎ] 男《白ワイン製造用のブドウの品種》ピカポル

picaporte [pikapórte] 男 ❶ [ドアなどの] ハンドル; そのラッチ, 止め金. ❷《ドアの》ノッカー《=aldaba》. ❸《髪型》de 〜 幅広で平たい三つ編みの

picaposte [pikapóste] 男《鳥》キツツキ《=pájaro carpintero》

picapuerco [pikapwérko] 男《鳥》キツツキの一種《学名 Dryobates medius》

picar [pikár]《←擬態》7 他 ❶ [鳥・虫・蛇などが, +en 体の一部を] つつく, つぱむ, 刺す, 嚙む: Me *picó* un mosquito *en* el brazo. 私は腕を蚊に刺された[蚊が 刺した] 刺して食いついた. A quien le *pique* que se rasque. 《諺》嫌でも我慢しなければならない《←かゆい人は搔けばいい》. ❷ 穴を開ける: El revisor *pica* los billetes. 検札係が切符にはさみを入れる. Las polillas me *picaron* el traje. イガが私のスーツに穴を開けた. ❸ [人が料理で] つまむ; [ブドウを] 一粒ずつ食べる: Quiero tomar unas cañas y 〜 algo. ビールを飲んで何かつまみたい. 〜 galletas con merienda おやつにビスケットをつまむ. ❹ みじん切りにする; [タバコの葉などを] 細かく刻む《西, チリ, アルゼンチン, ウルグアイ. 料理》[肉を] ひく: 〜 una cebolla 玉ねぎをみじん切りにする. carne *picada* ひき肉. ❺ [装飾などに] 細かい穴をいくつもあける; [紙に] ミシン目を入れる. ❻ チクチクさせる, ピリピリさせる, 刺激する: Esta sopa *pica* la lengua. このスープを飲むとヒリヒリする. ❼ [歯に] 虫歯にする; [酸化などで] 穴を開ける: Los dulces *pican* los dientes. 甘いものは虫歯をつくる. ❽《口語》かっとさせる, 怒らせる: 〜 a+人 con sus bromas 冗談を言って…を怒らせる. ❾《情報》インプットする, 入力する: 〜 los datos データを打ち込む. ❿《音楽》[音を] スタッカートで弾[吹]く. ⓫《美術》仕上げの加筆をする. ⓬《スポーツ》ワンバウンドでパスする. ⓭ [馬に] 拍車をあてる. ⓮《闘牛》1) [ピカドールが馬上から牛の首筋を] 槍で突く. 2) [ピカドールが馬を] 調教する. ⓯《ビリヤード》〜 la bola マッセをする. ⓰《船舶》1) 斧で切断する. 2) より速く漕ぐ. 3) 砲を撃つ. ⓱《軍事》[敵を] 追撃する. ⓲ [ドアを] ノックする. ⓳ [紙・布に] 絵を描いて切り取る. ⓴ 磨耗した水車の羽などを修復する. ㉑ 憤慨させる. ㉒ 心配させる. ㉓ 《口語》飢えさせる. ㉔《ムルシア》砕く, 小片にする: 〜 la piedra 石を打ち砕く. ㉕《メキシコ》[事柄を] …の好奇心をそそる, 自尊心をかき立てる. ㉖《ペルー. 口語》…から金をせしめる

aunque le piquen《口語》…にとってどんな理由（条件）でも

―― 自 ❶ チクチクする, ヒリヒリする; むずがゆい, ピリピリする, 刺激する: Esa ropa áspera *pica* mucho. その粗い布の服はひどくチクチクする. Me gustan las comidas *con picante*. 私は辛い物が好きだ. ¿Dónde te *pica*?—Me *pica* la espalda. どこがかゆい?—背中がかゆい. ❷ [太陽が] 照りつける: ¡Cómo *pica* el sol esta tarde! 今日の午後は何と太陽がジリジリ照りつけることか! ❸ 少しだけ食べる, つまみ食いをする: 〜 *entre comidas* 間食ばかりする. ❹ ブドウを一粒ずつ食べる. ❺《口語》[+en] 傾向がある, …らしいところがある, 心得がある: 〜 *en* poeta 詩人らしいところがある. 〜 *en* pintor 絵心がある. ❻ まどわされる; [+en 罠・計略に] はまる, 引っかかる: Ha *picado* en la trampa. 罠に引っかかった. ❼ [魚が] 食いつく: Picó un cliente viejo. 年寄りの客が引っかかった. ❽ [魚が] 餌に食いつく: Ha *picado* un pez pequeño. 小さな魚が引っかかった. ❾ [買い物客が] 集まってくる. ❿ [冗談を言って] むかっとする. ⓫《西. 飛行機が] 急降下する. ⓬ [病気などが] 蔓延する. ⓭ 本の任意の頁を開く. ⓮《中南米》[ボールが] はね返る

―― **〜se** 1 ❶ [自分の体の一部を] 突き刺す, 突き刺す: Es horrible 〜 *se* el dedo con una aguja. 指に針を刺すのは怖い. ❷ [布・木・金属などが, 虫に食われて・酸化・消耗などで] 穴があく: *Se ha picado* la falda. スカートが虫に食われた. *Se han pica*-

do los zapatos. 靴に穴があいてしまった. ❸ 虫歯になる: Se me ha picado la muela. 私は虫歯になった. diente picado/muela picada 虫歯. ❹ 〘飲料・食品の〙腐る, 痛む: Se ha picado la manzana. リンゴが腐ってしまった. vino picado 酸っぱくなったワイン. ❺ 〘主に〖過込〗. 海が〙荒れる, 波立つ: El mar estaba muy picado. 海はひどく荒れていた. mar picado (picada) 荒海. ❻ 〘口語〙立腹する, 憤慨する, 気分を害する: Se habrá picado porque no le he saludado. 私が挨拶しなかったので彼はむかっとしたようだ. ❼ [+con·por a] 強く望む, 欲しがる: Se ha picado con el viaje a España. 彼はとてもスペインへ行きたかった. ❽ [+con 誘惑などに] 引っかかる: Se ha picado con la droga. 彼は麻薬に手を出した. ❾ [+de と] 自慢する, 鼻にかける, うぬぼれる: Carmen se pica de inteligente. カルメンは頭がいいつもりでいる. Se pica de actriz. 彼女は女優気取りだ. ❿ [鳥・飛行機が] 急降下する. ⓫ [動物の雄が] つがいがついている. ⓬ 〘俗語〙…と性交する. ⓭ 〘隠語〙麻薬を注射する

picárselas 〘ペルー, アルゼンチン, ウルグアイ. 口語〙突然離れる（去る）

pícaramente [píkaraménte] 副 悪意をもって; いたずらっぽく
picaraña [pikaráɲa] 囡 〘地方語〙つるはし [=zapapico]
picaraza [pikaráθa] 囡 〘鳥〙カササギ [=urraca]
picarazado, da [pikaraðáðo, ða] 形 〘キューバ, プエルトリコ, ベネズエラ〙あばたの
picardear [pikarðeár] 他 …に悪さ（いたずら）を教える
　—— 自 悪さする, 非行に走る
　——se 堕落する, 非行に走る
picardía [pikarðía] 〘←? 仏語 picard「ピカルディー地方の」〙囡 ❶ 抜け目なさ, 悪賢さ: Tiene ~ para percibir segundas intenciones. 彼は下心を見抜くのがうまい. preguntar con ~ 巧みに質問する. ❷ [子供の] 悪さ, いたずら: hacer ~s いたずらをする. ❸ [下品でない・巧みな] 色気: mirada llena de ~ 色っぽい目つき. ❹ [主に 〖複〗] 食意の言動; 侮辱的な言動: decir ~s 下品なことを言う. ❺ 不品行, 破廉恥な行為; 卑劣さ, 卑劣な行為; やくざ稼業. ❻ 〘ラプラタ. 口語〙残念, 不運
picardías [pikarðías] 囡 〘単複同形〙〘西. 服飾〙テディ, ベビードール
picardihuela [pikarðwéla] 囡 picardía の示小語
picardo, da [pikárðo, ða] 形 〘歴史, 地名〙[フランス北部の] ピカルディー地方の〔人〕
　—— 男 オイル語の方言
picarel [pikarél] 男 〘魚〙地中海産の魚〖学名 Maena chryselis〗
picaresca[1] [pikaréska] 〘←pícaro〙囡 ❶ やくざ稼業, やくざな生き方. ❷ ピカレスク小説. ❸ 〖集合〗悪党, ならずもの
picarescamente [pikaréskaménte] 副 悪賢く, ずるく; いたずらっぽく
picaresco, ca[2] [pikarésko, ka] 〘←pícaro〙形 悪漢の, やくざの: novela ~ca ピカレスク小説, 悪漢小説《16世紀スペインで生まれた黄金世紀を代表的する小説ジャンル. 自伝形式の小説で, 社会の下層に属する主人公の皮肉をおびた風刺的な特徴とする.『ラサーリーリョ・デ・トルメスの生涯』や, アレマン Alemán の『グスマン・デ・アルファラーチェ』, ケベド Quevedo など多くの文人が手がけ, スペイン以外でも小説の形態として受容された》
picareta [pikaréta] 囡 〘カナリア諸島〙つるはし [=zapapico]
picaril [pikaríl] 形 悪漢の, やくざな
picarismo [pikarísmo] 男 やくざな生き方 [=picaresca]
pícaro, ra [píkaro, ra] 〘←? 語源〙形 图 ❶ [しばしば親愛] ずる賢い〔人〕, 抜け目のない〔人〕, 要領のいい〔人〕: Ese ~ consiguió engañar al rey. あの悪賢い男は王様をまんまとだました. vendedor ~ 抜け目のない売り手. ❷ [親愛] いたずらっ子の〔ような〕: niña ~ra おてんば娘, いけない女の子. ojos ~s いたずらっぽい目. ❸ [下品でない・巧みな] 色気: susurrar unas palabras ~ras 色っぽい言葉をささやく. ❹ [表現などが] 悪意のある, 辛辣な. ❺ [ピカレスク小説の主人公の] ならず者, 悪党. ❻ 〘時に 戲語〙卑劣な, 破廉恥な
　—— 男 〘古語〙~ de cocina 見習いコック, 皿洗い
picarón, na [pikarón, na] 形 图 〘戲語〙ひどく抜け目のない〔人〕, ずる賢い〔人〕
　—— 男 〘ペルー, チリ. 料理〙[主に 〖複〗] カボチャとサツマイモのドーナツ
picarote [pikaróte] 形 〘戲語〙ひどく抜け目のない
picarrelincho [pikarrelínt∫o] 男 〘鳥〙キツツキ [=pájaro carpintero]

picassiano, na [pikasjáno, na] 形 〘人名〙ピカソ Picasso の
Picasso [pikáso] 〘人名〙**Pablo** ~ パブロ・ピカソ《1881～1973, スペインの画家・彫刻家. キュビズム cubismo の創始者.『ゲルニカ』Guernica,『アヴィニョンの娘たち』Las Chicas de Avignon,『三人の音楽家』Los Tres Músicos》
picatoste [pikatóste] 〘←picar+tostar〙男 〘料理〙[主に 〖複〗] ❶ クルトン. ❷ 〘西〙ココアに浸して食べる揚げパン
picatroncos [pikatróŋkos] 男 〘単複同形〙〘ログローニョ. 鳥〙キツツキ [=pájaro carpintero]
picayos [pikájos] 男 〘カンタブリア〙巡礼祭・聖体行列などの行事で踊られる民俗舞踊; それと共に歌われる歌
picaza[1] [pikáθa] 囡 ❶ 〘鳥〙1) カササギ [=urraca]. 2) ~ chillona (manchada) ズアカモズ. ~ marina フラミンゴ [=flamenco]. ❷ 〘ムルシア. 農業〙小型の鍬. ❸ 〘アルゼンチン. 動物〙オボットムの一種
picazo[1] [pikáθo] 男 ❶ 槍 pica（尖った物）による打撃; その跡. ❷ [くちばしによる] つっつき [=picotazo]. ❸ カササギのひな
picazo, za[2] [pikáθo, θa] 形 〘馬〙白と黒のぶち毛の〔馬〕
picazón [pikaθón] 〘←picar〙囡 ❶ チクチク（ヒリヒリ）する感じ, むずがゆさ: La transpiración me produce ~. 私は汗をかくとチクチクする. ❷ [不適切な言行をした] 気のとがめ: Siento una gran ~ por haberle ofendido. 私は彼を侮辱したことにとても気がとがめる. ❸ 腹立ち, 不機嫌
picazuroba [pikaθuróba] 囡 〘中南米. 鳥〙ハトの一種《学名 Zenaida maculata》
piccolo [píkolo] 〘←伊語〙男 〘音楽〙ピッコロ [=flautín]
　—— 形 violín ~ ピッコロバイオリン
picea [piθéa] 囡 〘植物〙トウヒ
píceo, a [píθeo, a] 形 タールの; タール状の
picha[1] [pít∫a] I 〘←古語 pixa〙囡 〘西. 口語〙陰茎 [=pene]
　hacerse la ~ un lío 〘西. 口語〙頭が混乱する
　II 囡 ❶ 〘メキシコ〙毛布. ❷ 〘コロンビア. 口語〙目やに [=lagaña]
pichada[1] [pit∫áða] 囡 〘メキシコ. 野球〙投球, ピッチング
pichado, da[2] [pit∫áðo, ða] 形 〘パラグアイ〙怒り狂った
pichafría [pit∫afría] 囡 〘西. 主に軽蔑〙性交不能の男
pichagua [pit∫ágwa] 囡 〘ベネズエラ〙❶ フクベノキの実. ❷ フクベノキで作ったスプーン
pichagüero [pit∫agwéro] 男 〘中南米. 植物〙フクベノキ
pichana [pit∫ána] 囡 ❶ 〘中南米. 植物〙キンゴジカ. ❷ 〘ペルー, チリ, アルゼンチン〙[小枝を束ねた] 粗末なほうき
pichancha [pit∫ánt∫a] 囡 〘メキシコ, コロンビア〙[石けんの製造で出る灰汁を入れる] 木桶
pichanga [pit∫áŋga] 囡 ❶ 〘ボリビア〙[ser+] たやすい, 朝飯前である
　—— ❶ 〘コロンビア〙[小枝を束ねた] 粗末なほうき. ❷ 〘チリ〙1) [仲間内での] 草サッカー. 2) [さいころゲームで] 無効の一振り. ❸ 〘アルゼンチン〙発酵し終わっていないワイン
pichaque [pit∫áke] 男 〘ベネズエラ〙ぬかるみ, 泥沼
pichar [pit∫ár] I 自 〘俗語〙[男性が] 性交する
　II 自 他 〘←英語 pitcher〙〘メキシコ. 野球〙投球する, ピッチングをする
piche [pít∫e] 形 ❶ 〘中米〙下劣な; さもしい. ❷ 〘ベネズエラ〙[食べ物が] 腐りかけた
　—— 男 ❶ クラブ小麦の一種. ❷ 〘ホンジュラス. 鳥〙アカハシリュウキュウガモ. ❸ 〘プエルトリコ〙バナナ. ❹ 〘南米. 動物〙ピチアルマジロ. ❺ 〘ベネズエラ〙[食べ物が] 腐りかけた
pichear [pit∫eár] 〘←英語 pitcher〙自 他 〘野球〙投球する, ピッチングをする
pichel [pit∫él] 〘←語源〙男 [主に錫製でふた付きの] 水差し, ピッチャー; [ビールの] 大ジョッキ
pichela [pit∫éla] 囡 ワインピッチャー
pichelería [pit∫elería] 囡 水差し pichel の製造業
pichelero, ra [pit∫eléro, ra] 图 水差しの製造職人
pichelingue [pit∫elíŋge] 男 〘まれ〙=pechelingue
pícher [pít∫er] 〘←英語 pitcher〙男 〘野球〙ピッチャー, 投手
pichi [pít∫i] 男 ❶ 〘西. 服飾〙ジャンパースカート. ❷ 〘西〙[19世紀末の労働者階級の項目の下町っ子. ❸ 〘中南米. 植物〙白い花の咲くナス科の灌木《学名 Fabiana imbricata》
pichí [pit∫í] 男 〘チリ, アルゼンチン, ウルグアイ. 幼児語〙おしっこ [行為]
pichicata[1] [pit∫ikáta] 囡 〘ペルー, ボリビア. 口語〙コカイン. ❷ 〘ペルー, チリ, ラプラタ. 口語〙麻薬
pichicate [pit∫ikáte] 形 〘メキシコ. 口語〙けちな, さもしい
pichicatería [pit∫ikatería] 囡 〘メキシコ, コロンビア. 口語〙吝嗇

(〖️〗), けち

pichicatero, ra [pitʃikatéro, ra] 图《ペルー, チリ, アルゼンチン, ウルグアイ. 口語》麻薬中毒者; 麻薬の売人
pichicato, ta[2] [pitʃikáto, ta] 形《メキシコ, コロンビア. 口語》欲深な〔人〕, けちな〔人〕
pichicharra [pitʃitʃáɾa] 囡《地方語》固執, 偏執, 思いこみ
pichichi [pitʃítʃi] 图《西. サッカー》得点王
—— 男《西. サッカー》得点王のトロフィー
pichicho, cha [pitʃítʃo, tʃa] 图《ラプラタ. 親愛》犬
pichiciego, ga [pitʃiθjégo, ga] 形《アルゼンチン》近視の
—— 男《アルゼンチン. 動物》小型のアルマジロ
pichico [pitʃíko] 男 ❶《南米》[動物の] 指骨. ❷《アルゼンチン》[子供が収集する] がらくた
pichicón [pitʃikón] 男《チリ》女性的な男
pichicote [pitʃikóte] 男《ボリビア》けちな, さもしい
pichigrasa [pitʃigɾása] 囡《チリ》獣脂
pichihuén [pitʃiwén] 男《チリ. 魚》ニベ科の一種〖食用. 学名 Umbrina ophicephala〗
pichillín, na [pitʃiʎín, na]《キューバ》[主に犬が] 小型の
pichin [pitʃín] 男 =**pidgin**
pichín [pitʃín] 男《ペルー》❶〖食料品店の〗店員;〖一般に〗従業人. ❷〖あだ名として, ペルー生まれの〗イタリア系の子供
pichincha [pitʃíntʃa] 囡 ❶《南米. 口語》掘出物, もうけもの. ❷《チリ》ごく少量;《口語》たやすいこと
pichinchano, na [pitʃintʃáno, na] 形 图《地名》ピチンチャ Pichincha の〔人〕〖エクアドル中央部の州〗
pichinchero, ra [pitʃintʃéɾo, ra] 形 图《アルゼンチン》掘出物を捜すのが好きな〔人〕
pichinga[1] [pitʃíŋga] 囡《コロンビア》陰茎
pichinglis [pitʃíŋglis] 男 ピジン英語
pichingo, ga[2] [pitʃíŋgo, ga] 形《アルゼンチン》小型の, 非常に小さい
—— 男《コロンビア》陰茎
pichinote [pitʃinóte] 男《ペルー》[乱暴で筋骨たくましい] イタリア系の若者
pichiñique [pitʃiɲíke] 形《チリ》けちん坊の
—— 囡《チリ》[時に女性的な] 風変わりな青年
pichirre [pitʃíre] 形 图《ベネズエラ. 口語》けちん坊〔の〕
pichiruche [pitʃirútʃe] 图《チリ》[人が] 取るに足りない
picho, cha[2] [pítʃo, tʃa] 形《コロンビア》❶〖食べ物が〗傷みかけた. ❷《口語》〖天候が〗ひどく悪い
—— 男《コロンビア》牛乳のチーズ化した部分
pichoa [pitʃóa] 囡《チリ. 植物》トウダイグサ科の一種〖下剤として使われる. 学名 Euphorbia portulacoides〗
picholear [pitʃoleáɾ] 自 ❶《メキシコ》賭け事でほとんど金を賭けない. ❷《グアテマラ》いかさまで賭け事に勝つ. ❸《チリ》どんちゃん騒ぎをする
picholeo [pitʃoléo] 男《チリ》どんちゃん騒ぎ
picholero, ra [pitʃoléɾo, ra] 形 图《地方語. 軽蔑》ごく小さなブドウ畑を所有する〔農民〕
pichón[1] [pitʃón] 男《←伊語 piccione》❶ 鳩のひな (幼鳥): tiro al ~ トラップ射撃. ❷《まれ》トラップ射撃場. ❸《まれ》恋人同士, カップル
pichón[2], **na** [pitʃón, na] 图 ❶〖親愛の呼びかけで〗Oye, ~ mío. ねえ, あなた. ❷《メキシコ》新米, 未経験者
pichonear [pitʃoneáɾ] 他《コロンビア. 口語》現行犯で捕まえる
pichoneta [pitʃonéta] 囡 →**pardela pichoneta**
pichula [pitʃúla] 囡《ペルー, チリ, アルゼンチン. 卑語》陰茎
pichulear [pitʃuleáɾ] 自《ラプラタ. 口語》❶ 細々と商売をする; アルバイトで生活する
—— 他《チリ. 口語》だます
pichuleo [pitʃuléo] 男 ❶《チリ. 口語》冗談, からかい. ❷《ラプラタ. 口語》けち, アルバイト生活
pichulero, ra [pitʃuléɾo, ra] 图《アルゼンチン. 口語》いつも値切る人
pichulín [pitʃulín] 男《チリ, アルゼンチン, ウルグアイ. 口語》[子供の] 陰茎
pichurri [pitʃúri] 間《西. 口語》〖愛称〗かわいい人
pichurria [pitʃúrja] 囡《コロンビア》小ささ
pichurriento, ta [pitʃuɾjénto, ta] 形《メキシコ》臆病な
picia [píθja] 囡《俗用》=**pifia**
piciazo [piθjáðo] 男《俗用》=**pifiazo**
piciforme [piθifórme] 形 キツツキ目の

pickles [píkles] 男《チリ, アルゼンチン, ウルグアイ》=**picles**
pick-up [píkap]《←英語》男《南》=s/単複同形》❶《自動車》ピックアップ. ❷《廃語》レコードプレーヤー〖=tocadiscos〗
picles [píkles]《←英語 pickles》男《チリ, メキシコ, グアテマラ, パナマ, チリ, アルゼンチン. 料理》ピクルス, 酢漬けの野菜
picnic [píknik]《←英語》男《園 ~s》野外の食事 (パーティー), ピクニック: ir de ~ ピクニックに行く
pícnico, ca [píkniko, ka] 形《心理》肥満型の〔人〕
picnidio [piknídjo] 男《植物》粉胞子器
picnogónido, da [piknoɣónido, ða] 形 ウミグモ綱の
—— 男《動物》ウミグモ綱
picnómetro [piknómetro] 男《物理》比重瓶
picnomorfo, fa [piknomórfo, fa] 形 图《心理》=**pícnico**
picnosomía [piknosomía] 囡《心理》肥満型体質
pico [píko] **I**《←ケルト語 beccus (picar の影響)》男 ❶〖鳥の〗くちばし: El gorrión cogía con el ~ migas de pan. スズメはくちばしでパンをすすばんだ. ❷〖器物の〗口, 注ぎ口. ❸《軽蔑》〖人の〗口. ❹ 能弁, 弁舌: Tiene muy buen ~. 彼は非常に弁が立つ. ❺〖甲殻類の〗はさみ;〖半翅目の〗吸汁器, 口吻. ❻〖家畜の〗小さな群れ. ❼《植物》1) ~ de cigüeña オランダフウロの一種〖学名 Erodium cicnium〗. 2)《キューバ》用材の一種〖学名 Xilopia obtusifolia〗. ❽《西, エルサルバドル, パナマ, コロンビア, チリ, アルゼンチン. 卑語》陰茎. ❾《カタルーニャ; メキシコ, グアテマラ, コロンビア》[口づけ] 〖=beso〗. ❿《メキシコ. 料理》~ de gallo チリソース; トマトサラダ. ⓫《チリ. 動物》フジツボの一種〖オウムのくちばし形で食用. 学名 Balanus psittacus〗

a ~ de jarro 口飲みで: beber de la tetera *a ~ de jarro* やかんから口飲みする
andar de ~s pardos《西. 口語》=**ir{se} de ~s pardos**
callar el ~ =**cerrar el ~**
cantar por el ~《コロンビア. 口語》〖買収・拷問によって〗秘密をしゃべる
cerrar el ~《口》口をつぐむ, 黙る
clavar el ~《アルゼンチン, ウルグアイ》[人・動物が] 死ぬ
darle al ~《軽蔑》しゃべりまくる
darse el ~《口語》1)《主語は〖複〗. 唇に》キスをする. 2)〖鳥同士が〗くちばしが触れる
de ~〖約束などで〗口先だけで
hincar el ~《口語》1) 死ぬ. 2) 屈服する
ir{se} de ~s pardos《西. 口語》どんちゃん騒ぎをする; 買春をする
irse del ~《口語》〖秘密にすべきことを〗しゃべってしまう
llevar a+人 en el ~《トランプで》…からたくさんもうける
no abrir el ~ 話さない: *No abras el ~.* 黙ってなさい
perderse por el ~ 口が元で禍いを招く
¿P~ o mona?《メキシコ. 口語》[コインで] 表か裏か?
ser un ~ de oro《口語》能弁家である
tener mucho ~《口語》おしゃべりである, 口が軽い
tener un ~ de oro《口語》=**ser un ~ de oro**

II《←ラテン語 picus》男 ❶ 先端: Me di un golpe con el ~ de la mesa. 私は机の角にぶつかった. sombrero de tres ~s 三角帽子〖=tricornio〗. ❷ つるはし; [ピッケルの] ピック. ❸〖尖った〗山頂; 頂の尖った山: ~ solitario 独立峰. *P~s de Europa* ピコス・デ・エウロパ〖スペイン北部の連山〗. ❹〖グラフの〗ピーク. ❺〖三角形の〗おむつ. ❻〖紐で結ぶ三角形の〗バンダナ. ❼ [un+] 大金: Este piso nos ha costado un buen ~. このマンションには多額の金を投じた. ❽ [el+. 端数の] 小銭, 釣り銭. ❾《鳥》1)《西》キツツキ〖=~ carpintero, ~ barreno〗. 2)《西》~ menor コアカゲラ. ~ picapinos アオゲラ. ~ verde アゲラ〖=pito real〗. 3)《ペルー》オオハシ 〖=tucán〗. ❿〖隠語〗麻薬 (特にヘロイン) 注射の薬. ⓫〖隠語〗すりの指. ⓬《西. 隠語》[主に〖複〗治安警備隊〖=Guardia Civil〗

数詞+y ~〖端数〗…と少し: *Son las cinco y ~.* 5時ちょっと過ぎだ. *Tiene treinta y ~ de años.* 彼は30歳ちょっとだ
a ~ 垂直に: cortado *a ~*〖岩が〗垂直に切り立った
costar un ~ 莫大な金がかかる
salir+人 por el ~ …にとって大変高価である: Compré el coche a plazos, y, con los intereses, al final me *ha salido por un ~*. 私は車を分割払いで買ったが, 利子が付いて結局高くついた
trabajar de ~ y pala 奴隷のように働く

pico-

III〖*picoleto* の省略語〗男《西. 軽蔑》治安警備隊員
IV 男《フィリピン》〖重量単位〗ピコ《=63.262kg》
pico-〖接頭辞〗〖1兆分の1〗ピコ: *picogramo* ピコグラム
picocha [pikótʃa] 女《エストレマドゥラ, カナリア諸島》つるはし〖=zapapico〗
picocruzado [pikokruθáđo] 男《地方語. 鳥》イスカの一種〖学名 Loxia megaplaga〗
picofaradio [pikofarádjo] 男《電気》ピコファラド
picofeo [pikoféo] 男《コロンビア. 鳥》オオハシ〖=tucán〗
picofino, na [pikofíno, na] 形〖鳥が〗くちばしの細い
── 男《鳥》ヨーロッパウグイス
picogordo [pikoɣórđo] 男《鳥》シメ
picola [pikóla] 女《地方語》〖石工用の〗つるはし
picoleta [pikoléta] 女《ムルシア》〖片側が尖った〗石工用のハンマー〖=piqueta〗
picolete [pikoléte] 男《仏語 picolet》男《建築》かすがい
picoleto [pikoléto] 男《西. 軽蔑》〖主に 複〗治安警備隊員
pícolo [píkolo] 男《まれ》=**piccolo**
picón, na [pikón, na] 形〖←picar〗形 ❶《馬などが》出っ歯の〖そのため草がうまく噛み切れない〗. ❷《口語》怒りっぽい, 短気な. ❸《地方語》細長い, 尖った. ❹《カナリア諸島》ピリッと辛い〖=picante〗. ❺《ペルー. 口語》〖からかい・批判に〗敏感な
── 男 ❶ 小塊炭. ❷《魚》ニゴイの一種〖=comiza〗. 2) ガンギエイの一種〖学名 Raia oxyrhinincus〗. ❸《料理》1) ピコン〖アストゥリアス・カンタブリア地方特産の, 牛・羊・ヤギの乳を混ぜて作ったブルーチーズ. 干した葉に包まれ自然の洞窟で熟成される〗. 2) 砕け米. ❹ からかい, 冷やかし. ❺《カナリア諸島》〖湿った〗火山灰. ❻《メキシコ. 口語》〖わざと嫉妬させる・怒らせるための〗皮肉な言動
piconegro, gra [pikonéɣro, ɣra] 形〖鳥が〗くちばしの黒い
piconeo [pikonéo] 男 小塊炭の製造
piconero, ra [pikonéro, ra] 名 小塊炭の製造 (販売) 者
── 男《闘牛》ピカドール〖=picador〗
picop [pikóp] 男〖←英語 pick up car〗男《中南米. 自動車》ピックアップ
picopala [pikopála] 女《カナリア諸島》つるはし〖=zapapico〗
picor [pikór] 男〖←カタルーニャ語〗男 ❶ かゆみ, むずがゆさ: Tengo un ~ en la espalda. 背中がかゆい. ❷〖辛いものを食べた後の口・舌の〗ヒリヒリした感じ
dar ~ かゆがらせる; ヒリヒリさせる
picorota [pikoróta] 女《アラゴン》山頂; 〖塔などの〗最高部
picorrelincho [pikoreliíntʃo] 男《地方語. 鳥》キツツキ
picoso, sa [pikóso, sa] 形 ❶ あばたのある. ❷《メキシコ》ピリ辛の; トウガラシを入れすぎた
picota [pikóta] 女〖←?pico〗女 ❶《西. 口語》〖人の〗鼻〖=nariz〗. ❷《西. 植物》ビガロ一種のサクランボ. ❸《口語》尖柱; 尖った山頂, 尖峰. ❹《遊戯》〖釘刺しのような〗尖った棒を地面に投げて刺し相手の棒を倒す遊び. ❺《船舶》ポンプの柄の支え. ❻《古語》〖罪人の〗さらし首台, 柱台. ❼《チリ》石工用のハンマー
estar en la ~ 危うい (ゆゆしき・きわどい) 状態にある
poner en la ~ a+人 …を物笑いの種にする
picotada [pikotáđa] 女〖くちばしによる〗つつき〖=picotazo〗
picotazo [pikotáθo] 男〖←pico I〗男 ❶〖くちばしによる〗つつき, その跡 (傷): *defenderse a* ~s *de su enemigo* くちばしでつついて敵から身を守る. ❷ 虫が刺すこと (刺した跡). ❸《闘牛》〖傷つけに出ないほどの〗槍の突き刺し. ❹《まれ》つるはし (ピッケル) の一撃
picote [pikóte] 男《古語》❶ 光沢のある絹布. ❷ ヤギの毛で織ったざらざらした布. ❸ 粗末な服
picoteado, da [pikoteáđo, đa] 形 ❶〖果実が〗鳥につつかれた. ❷ 尖ったところの多い
picoteador, ra [pikoteađór, ra] 形 くちばしでつつける
picotear [pikoteár]〖←pico I〗他 ❶ くちばしでつつく: Las gallinas *picotean granos de maíz*. 鶏がトウモロコシの粒をついばむ. ❷〖人が食べ物を〗つまむ, 少しずつ食べる: *Picoteamos unos canapés*. 私たちはカナッペをつまんだ. ❸《まれ》繰り返し叩く
── 自 ❶〖食間に〗食べ物をつまむ, 少し食べる. ❷〖馬が〗ひっきりなしに頭を上下に振る. ❸《口語》〖複数の人が〗おしゃべり (無駄話) をする. ❹《口語》次から次へと手を出す
── *se*《口語》〖ささいなことで女同士で〗口げんかする, 言い合う
picoteo [pikotéo] 男 ❶ ついばむこと, つまみ食い. ❷ 馬がひっ

りなしに頭を上下に振ること. ❸《口語》おしゃべり, 無駄話. ❹《口語》次から次へと手を出すこと
picotería [pikotería] 女《まれ》話したくてうずうずすること
picotero, ra [pikotéro, ra] 形 名《地方語》おしゃべりな〔人〕《よくしゃべる, 秘密をばらしてしまう》
picotijera [pikotixéra] 男《ペルー. 鳥》ハサミアジサシの一種〖学名 Rhynchops nigra〗
picotillo [pikotíʎo] 男 粗悪な布
picotín [pikotín] 男〖乾量の単位〗4分の1 *cuartal*〖=約4.37リットル〗
picotón [pikotón] 男《中南米》〖くちばしによる〗つつき〖=picotazo〗
picrato [pikráto] 男《化学》ピクリン酸塩
pícrico [píkriko] 男《化学》ピクリン酸〖=ácido ~〗
picrolita [pikrolíta] 女 緑色の蛇紋岩
picrotoxina [pikroto(k)sína] 女《薬学》ピクロトキシン
pictografía [piktoɣrafía] 女 ❶ 絵文字, 象形文字. ❷ 絵フ. ❸〖古代・先史時代の〗岩壁画
pictográfico, ca [piktoɣráfiko, ka] 形 絵文字の; 絵グラフの
pictograma [piktoɣráma] 男 絵文字; 絵グラフ
pictoricidad [piktoriθiđáđ] 女 絵画性
pictoricista [piktoriθísta] 男女 絵画主義の
pictórico, ca [piktóriko, ka]〖←俗ラテン語 pinctor, -oris < 語 pictor, -oris「画家」〗形 ❶ 絵の: *habilidad* ~*ca* 絵のうまさ. *motivo* ~ 絵のモチーフ. ❷ 絵になる, 絵画的な: *vista* ~*ca* 絵になる景色
picú [pikú] 男《古俗的》レコードプレーヤー
picúa [pikúa] 女 ❶《キューバ, プエルトリコ》1) 小型の凧. 2) 売春婦. ❷《キューバ》下層社会の人. ❸《ドミニカ》臆病な人. ❹《プエルトリコ》商売に抜け目のない人
picual [pikwál] 女 油がたくさん採れるオリーブ
picucho, cha [pikútʃo, tʃa]《チリ》少し酔った
picuda[1] [pikúđa] 女《魚》バラクーダ〖=barracuda〗
picudilla [pikuđíʎa] 女 ❶《鳥》タシギ〖=agachadiza〗. ❷《キューバ. 魚》カマスの一種〖学名 Sphyraena picudilla〗
picudo, da[2] [pikúđo, đa]〖←pico I〗形 ❶〖鼻が〗細長い, 先の尖った, 〖鳥が〗くちばしの長い. ❷《口語》よくしゃべる, おしゃべりな. ❸《メキシコ. 口語》1)《キューバ》傑出した, 上手な. 2)〖事柄が〗複雑な, 困難な. ❹《キューバ》ひどく気取った
picuí [pikwí] 男《アルゼンチン. 鳥》インカバト
piculina [pikulína] 女《口語》売春婦
picure [pikúre] 男 ❶《コロンビア》徴兵忌避者. ❷《ベネズエラ》動物》パカ
picurear [pikureár] ~*se*《コロンビア, ベネズエラ》逃亡する, 逃げる
picuro [pikúro] 男《中南米. 動物》アグーティ〖=agutí〗
picuta [pikúta] 女《チリ》先の尖った鍬
picuyi [pikúji] 男《アルゼンチン》汚れ, 垢
pide [píđe] 男《歴史》ポルトガルのサラザール Salazar 政権下の秘密警察
pidén [piđén] 男《チリ. 鳥》ミナミクイナ
pidevías [piđebías] 男〖単複同形〗《グアテマラ. 自動車》ウィンカー
pidgin [piđʤín] 男〖←英語 business-english〗混合語, ピジン; 〖特にピジン英語〗〖= ~ english. 英語と中国語などの混合語〗
pidiche [piđítʃe] 男《メキシコ》懇願する; 物乞いをする〖=pedigüeño〗
pidientero [piđjentéro] 男《まれ》乞食〖=pordiosero〗
pídola [píđola] 女〖←擬態〗女《西. 遊戯》馬跳び
pidón, na [piđón, na] 形 名〖しきりにせがむ〗, 懇願する〔人〕, 物乞いする〔人〕〖=pedigüeño〗
piduye [piđúje] 男《動物》ギョウチュウの一種〖学名 Oxiurus vermicularis〗
pie[1] [pjé] 男〖←ラテン語 pes, pedis < ギリシア語 pus, podos〗男 ❶〖人に人間の〗足〖足首から下を含む. 脚全体は pierna〗: 1) *saltar con los* ~s *juntos* 両足跳びをする. ~ *cavo* 甲高な足. ~ *plano* 扁平足. ~ *zambo* X脚. ~ *zambo* X脚. 2) 〖動物の〗足: *huellas de los* ~s *de un oso* 熊の足跡. 3)〖歩行〗*Tiene los* ~s *rápidos.* 彼は足が速い. *ser lento de* ~s 足がのろい. 4)〖家具・器物の〗足: *alfombra de* ~ *de cama* ベッドサイド・マット. ~ *de una mesa* テーブルの脚. ~ *de una lámpara* 電気スタンドの下部. ~ *universal* 〖実験器具の〗万能台. 5) 〖覆〗足もと: *El gato duerme a mis* ~s. 猫が私の足もとで寝ている. 6)〖靴下・長靴などの〗足の部分: *ln-*

piarse los ~s antes de entrar en la sala 広間に入る前に靴をぬごう. agujero en la punta del ~ つま先の穴. ~s en calcetines 靴下を履いた足. ❷ [植物の] 根むと, 幹, 茎: cortar los árboles por el ~ 木々を根もとから切り倒す. sentarse al ~ de un abeto モミの木の下に座る. ❸ [建物などの] 下部: al ~ de la escalera 階段の下. La casa estaba situada al ~ de la montaña. 家は山のふもとにあった. de monte 〖地理〗山麓に広がる平原〖=piedemonte〗. ❹ [書類などの] 下部 [日付・署名などを書く部分]; [ページの] 下部の余白 〖⇔cabeza〗: suscribir al ~ de la instancia 申込書の下部に署名する. a ~ de página ページの下の余白に. ❺ 〖印刷〗~ de imprenta 奥付け〖ただし本の最初に置かれる〗. ~ editorial [扉の下部にある] 出版社名とその住所. ❻ [写真・図版の] 説明文, キャプション, ネーム. ❼ 〖劇〗平面上で足にあたる部分〖⇔cabecera〗: 1) a los ~s de la cama ベッドの足もとに. 2) [教会の] 入口部分. ❽ [長さの単位] 1 フィート 〖《カスティーリャ. 歴史》=約28cm〗: ~ por acre [液量の単位] エーカーフート. 2) 〖航空〗=30.5cm. ❾ [幾何] [三角形の垂線の] 足. ❿ 〖詩法〗脚 〖詩〗, 詩脚: ~ forzado 題韻〖詩〗〖韻があらかじめ与えられる〗. ~ quebrado 4音節行と5音節以上の行が交互する詩形. ⓫ 〖演劇〗[相手に受け渡しする] きっかけのせりふ. ⓬ [+de の] 状態: estar en ~ de guerra 戦争状態にある. ⓭ 滓(ホッ), 沈殿物. ⓮ ブドウの絞りかす. ⓯ [縦糸用の] 撚(ヘ)りをかけた羊毛. ⓰ 〖技術〗~ de biela 〖連接棒の〗小端. ⓱ ~ de cabra バール, 台付きてこ. ~ de rey スライドノギス. ⓲ 〖建築〗~ derecho [アーチの] 支柱. 〖医学〗~ de atleta [足の] 水虫. ⓳ 〖植物〗~ columbino/~ de paloma アルカンナ〖=onoquiles〗. ~ de becerro アラム〖=aro〗. ~ de caballo トクサ/トクサンポポ. ~ de gallina イヌビエ. ~ de gallo 〖セイヨウ〗ミヤコグサ. ~ de ganso グッドキングヘンリー. ~ de gato エゾフチコグサ. ~ de león アルケミラ, レディスマントル, ハゴロモグサ. ~ de pájaro ヒメツルウマゴヤシ. 〖動物〗~ de burro フジツボ. ⓴ 〖天文〗Pie de Orión リゲル. ㉑ 〖カトリック〗~ de altar [洗礼・結婚式などで] 司祭への謝礼. ㉒ 〖バスケットボールなど〗㊣ キッキング. ㉓ 〖トランプ〗 [オンブレ tresillo などで] 最後にプレイする人, 乙家, 後手 〖⇔mano〗. ㉔ [登山] ~ de gato [登り用の] クライミングシューズ. ㉕ 理由, 口実. ㉖ ~ negro アルジェリア出身のフランス人. ~s negros ブラックフット族〖北米先住民〗. ㉗ 〖歴史〗~ de gibao 17世紀までスペインで流行していた貴族の踊り. ㉘ 〖中米. 自動車〗~ de vía 方向指示器. ㉙ 〖チリ, アルゼンチン, ウルグアイ〗手付金, 前払金. ㉚ 〖チリ〗~ de pollo ウマノアシガタ模様の布

a cuatro ~s 四つんばいで
a los ~s de+人 1) [敬意を込めて] …の足もとにひざまずいて. 2) 〖古語的〗[男性から女性への敬意を込めた儀礼的表現] Estoy a los ~s de su madre. ご母堂様とどうぞよろしくお伝え下さい. Estoy a sus ~s, señora. 奥様, [お役に立てることがあれば] 何なりとお申しつけ下さい. A los ~s de usted. あなたさまのお足もとに〖ひれ伏して〗
a ~ 徒歩での: ¿Vamos a ~ o en coche? 歩いて行きましょうか, 車で行きましょうか? Se tarda veinte minutos a ~ hasta la escuela. 学校まで歩いて20分かかる. No me atreví a responderle que venir a ~. 私は彼に「歩いてでも来ます」と答える勇気がなかった
a ~ enjuto 《文語》1) 足を濡らさずに. 2) 危険 (努力・犠牲) なしに
a ~ firme 1) その場から動かずに. 2) 忍耐強く: aguantar a ~ firme la racha de mala suerte 不運の連続にもじっと耐える
a ~ juntillas (juntillo) 1) 両足をそろえて: Saltó a ~ juntillas. 彼は足をそろえて跳んだ. 2) 確信して, 少しも疑わずに: Negó a ~ juntillas. 彼はきっぱりと否定した
a ~ llano 1) 同一平面に; 平屋の, 階段のない. 2) 容易に, 何の障害もなく
a ~s juntillas/a ~s juntos =a ~ juntillas (juntillo)
a sus ~s =a los ~s de +人
al ~ de... 1) …の近くに: al ~ de árbol 木の近くに. 2) 《文語》ほぼ…, 約…
arrastrarse (arrojarse) a los ~s de+人 …に屈服する
asentar el ~ 慎重に行動する
atar de ~s y manos a+人 …の自由を奪う, 身動きできなくする: El miedo me ató de ~s y manos. 恐怖で私は身動きできなかった

besar los ~s [+a・de+女性. 男性から女性への敬意を込めた儀礼的表現] Beso a usted los ~s, señora. 何なりとご用をお言いつけ下さい
buscar tres (cinco) ~s al gato 《口語》わざわざことを難しくする
caer de ~ [s] 《口語》1) [困難を] 無事に切り抜ける, 運がよい. 2) 成功する, 富を得る
cojear del mismo ~ 《軽蔑》[+que+人 と] 同じ欠点を持っている
comer por los ~s/comer por un ~ 《口語》1) [事が結果として, +a+人 にとって] 大きな負担になる. 2) [人・事が, +a+人 を] 服従させる, 支配する
comerse a+人 por ~s …を取り込んでしまう, すっかり油断させる
con buen ~ [出だしが] 好調に: empezar con buen ~ 順調に始まる
con el ~ derecho =con ~ derecho
con el ~ izquierdo =con ~ izquierdo
con ~s 《軽蔑》大変悪く(下手で)
con ~s en la tierra (en el suelo) 現実を直視して; 確信をもって, 平然と
con los ~s por delante/con los ~s para delante (para adelante) 《婉曲》棺桶に入って, 死んで: Solo nos sacarán con los ~s por delante. 私たちは殺されてもここを離れないぞ
con los ~s sobre la tierra 現実的に, 地に足がついて
con mal ~ [出だしが] 不調に
con ~ derecho [出だしが] 好調に 〖=con buen ~〗: Empieza con ~ derecho tu vida laboral. 君の仕事人生は好調に出だしだ
con ~ izquierdo [出だしが] 不調に 〖=con mal ~〗
con un ~ en el aire 不安定に, 一か所にじっとしていないで
con un ~ en el estribo 出かける寸前に
con un ~ en el hoyo (el sepulcro・la sepultura) 《口語》棺桶に片足を突っ込んで, 死にかけて
dar a... con un ~ …を蹴る; ぞんざいに扱う
dar a+人 el ~ y tomarse la mano 《口語》…にひさしを貸して母屋を取られる: Ten cuidado con ella; le das el ~ y se toma la mano. あの女には気をつけるよ. 甘い顔をすると, すぐ付け上がるよ
dar el ~ 《演劇》きっかけを出す
dar ~ [+a+事 に] きっかけを与える; [+a+人 に, +para の] 口実 (機会・動機) を与える
de a ~ 1) [騎馬・乗り物に対して] 徒歩の: soldado de a ~ 歩兵. 2) [特別な責任のない・高位でない] 普通の, 一般市民の: espectadores de a ~ 一般の観客たち. gente de a ~ 普通の人たち
de los ~s a la cabeza =de ~s a cabeza
de ~ 1) 立って[の]: estar de ~ 立っている. hablar de ~ con+人 …と立ち話をする. localidades de ~ 立ち見席. 2) 寝ないで
de ~ de banco 《口語》[議論などが] 場違いな, ばかばかしい: razón de ~ de banco ばかげた理由
de ~s 《俗用》立って[の] 〖=de ~〗
de ~s a cabeza 1) 足の先から頭のてっぺんまで: Llegué a casa empapada de ~s a cabeza. 私は全身びっしょり濡れて家に着いた. 2) 完全な(に): ser político de ~s a cabeza 根っからの政治家である. profesional de ~s a cabeza 筋金入りのプロ
dejar a+人 ~ …の職を奪う
echar a ~s 《遊戯》足で勝ち負けを決める〖向かい合った2人の子供が互いに片足を前に出し, 相手の足を踏んだ方が勝ち〗
echar el ~ delante (adelante) 《口語》=poner el ~ delante (adelante)
echar los ~s por alto ひどく機嫌が悪くなる, 激怒する
echar ~ a tierra [馬・乗り物から] 降りる
echar ~ atrás [途中で] 引き返す, 中止する; 前言を取り消す
echarse a los ~s de+人 ひざまずいて(身を屈して) …に頼む
en ~ 1) 立って[の] 〖=de ~〗: La Cúpula es el único edificio que queda en ~ de aquella tragedia. そのドームはあの悲劇の後も立っている唯一の建物だ. 2) 未解決の; 有効な: Deja usted el problema en ~. あなたは問題を未解決のままにして

pie

いる. Queda la duda *en* ～. 何かひっかかる. Confirman que el compromiso sigue *en* ～. 彼らはその約束はまだ有効だと確認している
estar a ～《チリ.口語》負ける
estar a los ～**s =besar los** ～**s**
estirar el ～ ***fuera de la sábana*** 自分の能力以上のことをしたがる, 背伸びをする
haber nacido de ～《口語》大変運がいい
hacer ～《水中で》背が立つ: Me he bañado en un lugar donde *hago* ～. 私は足が立つ所で泳いだ
hacer un ～ ***agua*** 《口語》[+a+人 に] 大変迷惑をかける
herir el ～ ***y de mano*** 手足が震える
ir por su ～ 1) 歩いて行く. 2) 自分で何とかやっていく
irse los ～**s** *a*+人 1)…が踊りたくなる. 2)…の足が滑る: Se le *fueron los* ～**s**. 彼は足を滑らせた. 3) うっかり間違える
irse por ～ すばやく逃げる
más viejo que andar a ～ ひどく歳をとっている; 古ぼけた
meter el ～ 足を踏み入れる, 行く
meter los ～**s**《古語》[芝居に不満で] 足を踏み鳴らす
nacer de ～ [s]《口語》幸運の星の下に生まれる
no caber de ～**s** 足の踏み場もない, ひどく狭い
no dar ～ ***con bola*** (***con bolo***)《口.国》へばばかりする
no perder ～《まれ》[+a+人 に] 注意をはらう
no poder tenerse en ～《口語》疲れ切っている
no poner los ～**s** ***en***...…に行かない: Hace días que *no pongo los* ～**s** en casa de Pepita. この数日私はペピータの家に足を踏み入れていない
no poner los ～**s** ***en el suelo*** 《口語》走る(歩く)のが非常に速い
no tener [***ni***] ～**s** ***ni cabeza*** [事が] でたらめである, 支離滅裂である
no tenerse en (***de***) ～ 1) ひどく疲れて(弱って)いる. 2) 根拠がない
parar los ～**s** 1)《口語》[+a+人 を] 制止する, ストップをかける. 2)《闘牛》[できるだけ闘牛を容易にするために, 牛を] 動かさない
pensar con los ～**s** 出任せを言う, いい加減に考える, 思慮を欠いたことを言う: Estás *pensando con los* ～**s**. 君はまじめに考えていない
perder ～ [水中で] 背が立たない
～ ***a tierra*** 1) 馬(車)から下りて. 2) ¡*Pie a tierra!* 下馬よ!/車から下りなさい!
～ ***ante*** ～ **=a**～
～ ***con bola*** 《口語》ちょうど
～ ***con*** ～ とても近くに
～ ***de amigo*** 支え, 支柱. 2)《歴史》[さらし刑の囚人が顔を伏せないようにするための] 顎を支える金具
～ ***de paliza*** 《口語》[何度もの] 殴打 [**=paliza**]
～ ***de pato*** 《水泳》足ひれ [**=aleta**]
Pies, ¿para qué os quiero? 《口語》[逃げる決心をした時の表現] 逃げるが勝ちだ/三十六計逃げるにしかず
poner... de ～ …を立てる: *poner de* ～ la botella que se ha caído 倒れた瓶を立てる
poner *a*+人 ***a los*** ～**s** ***de los caballos*** …の悪口を言う, ひどく軽蔑する
poner el ～ ***delante*** (***adelante***)《口語》[+a+人 に] 上回る
poner el ～ ***encima*** (***sobre***)... …を征服する
poner los ～**s** ***en**+場所 ...へ足を踏み入れる: *poner los* ～**s** *en* Toledo トレドの町に入る
poner los ～**s** ***en el suelo*** 起床する
poner ～ ***en pared*** 《地方語》しっかりする, 力強くなる
ponerse de (***en***) ～ 1) 立ち上がる: *Ponte de* ～. 立て. 2) 病気が治る
por ～**s** 《口語》走って; [逃げるのが] とても速く, 逃げ足速く
por su (*propio*) ～ 自分の足で, 歩いて: Salió del hospital *por su propio* ～. 彼は自分の足で歩いて退院した
saber de qué ～ ***cojea*** 《口語》…の弱点をよく知っている
saber dónde pone los ～**s** 《口語》自信がある《主に否定文で》
saber el ～ (***los*** ～**s**) ***que calza*** 《口語》自分の役割を知っている, 何を期待されているか知っている
sacar con los ～**s** ***adelante** a*+人《口語》出棺する, 墓場まで

sacar los ～**s** ***del plato*** (***de las alforjas***・***del tiesto***) 《口語》[臆病と思われていた人の言行が] 大胆になる, 勇気を出す: Nacho era muy tímido, pero ya está *sacando los* ～**s** *del tiesto*. ナチョは内気だったが, 以前は口にしなかったことを思い切って口にするようになってきた
sacar los ～**s** ***fríos y la cabeza caliente*** 《口語》得るものが何もない, 何の利益にもならない
salir con los ～**s** ***fríos y la cabeza caliente*** *en tierra*・*sobre la tierra* **=sacar los** ～**s fríos y la cabeza caliente**
salir por ～**s** **=irse por** ～**s**
ser ～ ***y las manos de**+人/***ser*** ～**s** ***y manos de**+人 …を立派に助ける, …の右腕である
siete ～**s** ***de tierra*** 墓, 墓穴: estar bajo *siete* ～**s** *de tierra* 死んでいる
sin ～**s** ***ni cabeza*** でたらめに, 支離滅裂に
sostenerse en (***de***) ～ **=tenerse en** (***de***) ～
tener buenos (***muchos***) ～**s** 足が達者である
tener los ～**s** ***en el suelo*** *en tierra*・*sobre la tierra* 地に足がついている, 非常に現実的である: *Ten los* ～**s** *en tierra* y no dejes volar tu imaginación. ちゃんと足を地につけろ, 浮わついたことを考えてはならない
tener un ～ ***en**... [場所・状況 に] 近い, 足を一歩踏み入れている
tenerse en (***de***) ～ 立ったままでいる
tomar ～ ***de**... …を口実にする
tres ～**s** ***para un banco*** 《戯語》[悪者の] 三人組
un ～ ***tras otro*** 歩いて
vestirse por los ～**s** 《口語》[権威を強調して] 男性である
volver ～ ***atrás*** 後退する, 後戻りする

pie[2] [pái]《← 英語》囡《中南米》パイ, ケーキ
piecear [pjeθeár] 囮《地方語》[服に] 継ぎをあてる
piecería [pjeθería] 囡《服の》継ぎ布
piecerío [pjeθerío] 男 **=piecería**
piecero[1] [pjeθéro] 男 [ベッドの] 足もと
piecero[2], **ra** [pjeθéro, ra] 图《地方語》[洋服店の] 上着 americana の仕立て責任者
piecezuela [pjeθewéla] 囡 **pieza** の示小語
piecezuelo [pjeθewélo] 男 **piezo** の示小語
piecito [pjeθíto] 男《パナマ, プエルトリコ》くさび [**=cuña**]
piedad [pjeðáð] 《← ラテン語 pietas, -atis < pius「慈悲深い, 両親・祖国への愛」》囡 ❶ 哀れみ, 同情: lleno de ～ 哀れみ深い. tener (sentir) ～ *de*+人 …を哀れに思う. ❷ 敬虔さ, 信仰心: con ～ 信心深く. ❸《美術》悲しみの聖母[像・図], ピエタ. ❹《文語》[両親・崇拝するものへの] 敬愛, 敬意: ～ filial 親への尊敬心

pied à terre [pjé atér]《← 仏語》男 仮住まいの家
piedemonte [pjeðemónte]《← pie de monte》男 ❶《地理》山麓に広がる平原. ❷《コロンビア》支脈, 裾根
piedra [pjéðra] 《← ラテン語・ギリシャ語 petra》囡 ❶《可算》石, 岩石: 1) Las ～**s** en el jardín zen simbolizan las montañas y las islas. 禅寺の庭にある石は山や島を象徴している. *P*～ de Rosetta ロゼッタ・ストーン. *P*～ del Sol 太陽の石 [calendario azteca とも呼ばれる]. ～ *loca*/～ *de pipa* 海泡石 [**=espuma de mar**]. ～ *negra* 黒石 [イスラム教の聖地で崇められた隕石]. *P*～**s** Negras ピエドラス・ネグラス [グアテマラ西部にあるマヤ文明の都市国家の遺跡]. 2)《諺, 成句》A la ～ *movediza nunca moho la cobija*. 転石苔を生ぜず. *Bien está la* ～ *en el agujero*. 適材適所. *Hablan las* ～**s**. 目に見えて明らかだ. 石ころ: Los chicos tiraban ～**s** *a coches*. 少年たちが車に石を投げていた. *Aquel que este libre de pecado, que arroje la primera* ～. 《新約聖書》あなたがたのうちで罪のない者が最初に石を投げなさい. 4)《道具など》 ～ *de fusil* [火打ち石銃の] 火打ち石. ～ *de lumbre* 火打ち石. ～ *de mechero* ライターの石. ～ *de molino*《風車の》挽臼(^臼). ～ *de rayo* 磨製石斧 [落雷でできると考えられた]. ❷《不可算》石材: La casa es de ～. その家は石造りだ. *camino de* ～ 石畳の道. *estatua de* ～ 石像. ～ *ollar*《技術》凍石. ❸《宝石の》石: ～ *artificial* 人工宝石. ～ *fina* (*semipreciosa*) 半貴石, 準宝石. ～ *preciosa* 貴石 [ダイヤ, ルビー, サファイア, エメラルド]. ～ *de cumpleaños* 誕生石. ～ *de la luna*/～ *de las Amazonas* 月長石, ムーンストーン. ～ *del Labrador*/～ *del sol* ラブラドライト [**=labradorita**]. ～ *nefrítica* ひすい [**=jade**]. ❹

pierna

《気象》[大きな] 雹(ﾋｮｳ), あられ: Cayó ～ en el campo. 畑に雹が降った。❺《医学》結石《=mal de ～》: tener ～s en el riñón 腎臓に結石がある。❻《カーリング》ストーン。❼[いくつかのゲームで] 得点。❽《服飾》pantalón vaquero lavado a la ～ ストーンウォッシュのジーンズ。❾《古語》孤児院: echar a (en) la ～ 孤児院に入れる
── 形《コロンビア. 口語》[estar-.+con に] ほれ込んでいる
ablandar [*hasta*] *las* ～*s*《石のような非情な心にさえ》哀れみを催させる, 心を動かす
cerrar a ～ *y lodo* 密閉する, きっちり閉じる
como [*una*] ～ 石のように固い: Este pan está *como una* ～. このパンは石のように固い
dar ～ *a*+人《コロンビア》…を怒らせる
de ～ 1)《驚きのあまり》体が動かなくなって, 啞然として: dejar a+人 *de* ～ …の身をすくませる。quedarse *de* ～ 身がすくむ。2) 無関心な, 冷淡な: corazón *de* ～ 石のように冷たい心; 非情な人
hasta las ～*s* すべて例外なく: Lo saben *hasta las* ～*s*. それは誰でも知っている
hijo de la ～ =*niño de la* ～
lanzar la ～ *y esconder la mano*《口語》=*tirar la* ～ *y esconder la mano*
marcar con ～ *blanca* (*negra*) =señalar con ～ blanca (negra)
Menos da una ～.《口語》ないよりはましである
niño de la ～ 捨て子
no dejar ～ *por mover* あらゆる手を打つ
no dejar ～ *sobre* ～ 完全に破壊する: El terremoto *no dejó* ～ *sobre* ～. 地震ですっかり荒廃した
no quedar a+人 ～ *por mover* ～ は手段が尽きる
no quedar ～ *sobre* ～ 完全に破壊される
no ser de ～ [人が] 人間らしい心を持っている, 情を知っている
pasar por la ～ 1)《西》《口語》服従を余儀なくされる: En la policía todo el mundo *pasa por la* ～. 警察では皆が命令に絶対服従だ。2)《口語》[+a+人 に] 強制する; 屈辱を与える。3)《卑語》性的に自分のものにする
pasarse por la ～ 《卑語》性的関係をもつ: Es un chuleta y dice fanfarronadas de que se ha pasado por la ～ a esta y a otra. あいつは生意気な奴で, この娘やあの娘をものにしたと自慢している
～ *angular* 1)《建築》礎石, 隅石: ceremonia de la ～ *angular* 定礎式。2)《比喩的》基礎, 土台
～ *de escándalo* 非難(嫌悪)の的
～ *de toque* 試金石《比喩的にも》: Esa será la ～ *de toque* de su vocación. それは彼の資質の試金石だ
～ *filosofal*《歴史》賢者の石《卑金属を黄金に変えたり寿命を延ばしたりする力があると考えられた》: hallar la ～ *filosofal* 不思議な方法で金持ちになる
～ *libre*《中南米》行動の自由
～, *papel o tijera*《遊戯》じゃんけん: jugar a ～, *papel o tijera* じゃんけんをする。ganar (perder) en ～, *papel o tijera* じゃんけんで勝つ(負ける)
primera ～ 1)《建築》礎石: Se colocó la *primera* ～. 起工式が行われた。poner (echar) la *primera* ～ 礎石を置く, 起工式を行なう; [事業などの] ～ を築く。2) tirar la *primera* ～ 先頭に立って非難する
sacar agua de las ～*s* 不利なことからでも利益を引き出す
señalar con ～ *blanca* (*negra*) 喜びの日を祝う(悲しみの日を嘆く)
tener su ～ *en el rollo* 村の名士である
tirar la ～ *y esconder la mano*《口語》そ知らぬ顔で人を傷つける, 間接的に(陰険なやり方で) 攻撃する
tirar ～*s*《口語》気が狂っている; とてもいらだっている
tirar ～*s contra* (*sobre*) *su* [*propio*] *tejado*《口語》自分の不利になることを言う(する)
piedrabuenero, ra [pjedraβweneɾo, ra] 形 图《地名》ピエドラブエナ Piedrabuena の [人]《シウダ・レアル県の村》
piedrahitense [pjeðɾaitense] 形 图《地名》ピエドライタ Piedrahíta の [人]《アビラ県の村》
piedralipe [pjeðɾalípe] 图《地方語》胆礬, 硫酸銅
piedrezuela [pjeðɾeθwéla] 图 piedra の示小語
piedrín [pjeðɾín] 图《グアテマラ》砂利

piejo [pjéxo] 男《俗語》シラミ《=piojo》
piel [pjél]《←ラテン語 pellis》女《可算・不可算》❶[人間の] 皮膚, 肌, 《類義》**piel** は一般的に皮膚を指す。**cutis** は主に化粧関係で, 特に顔の皮膚。**tez** は顔の皮膚の主に色について》: Tiene la ～ tersa. 彼女は肌がすべすべだ。El niño no es más que huesos y ～. その子は骨と皮ばかりになりやせている。❷[動物の] 皮,《西, メキシコ. 服飾》皮, 毛皮《類義》**piel** は自然の表面を残した皮革, **cuero** なめし革》: negociar ～*es* con los nativos 先住民と毛皮の取引をする。bolso de ～ 革のバッグ, cartera de ～ de cocodrilo ワニ皮の財布。abrigo de [*es*] 毛皮のコート。soltar la ～ 脱皮する。～ de Rusia ロシア革。❸[果実の] 皮: quitar la ～ de un melocotón モモの皮をむく。comer una manzana con ～ リンゴを皮ごと食べる。～ de naranja オレンジピール。[蜂窩織炎による] 皮膚の発赤;《口語》蜂窩織炎《=celulitis》。❹《口語》[熟語的] 命: perder la ～ 命を落とす。salvar la ～ 命が助かる; 困難を乗り越える。❺《口語》[熟語的] 立場。❻《製本》media ～ 半革装, 背革装。❼《中南米》～ de durazno 梳いた木綿
arrancar a+人 *la* ～ [*a tiras*] =*quitar a*+人 *la* ～ [*a tiras*]
dejarse la ～ 《口語》[+en 仕事などに] 全力を出し尽くす; [+en 危険などに] 命をさらす(投げ出す・賭ける)
estar en la ～ *de*+人 …の立場に立つ《主に否定文で》
jugarse la ～ =*dejarse la* ～
～ *de ángel* 1) サテンに似た絹織物《サテンより柔軟で光沢が少ない》。2) ピンク色のサンゴ
～ *de gallina*《地方語》[寒さ・恐怖による] 鳥肌《=carne de gallina》
～ *de melocotón* 外見と手触りがモモに似た綿布
～ *de toro*《文語》[el+. 形の類似から] イベリア半島
～ *roja*《圃》=*es rojas*《軽蔑》アメリカ先住民
ponerse en la ～ *de*+人 =*estar en la* ～ *de*+人
quitar a+人 *la* ～ [*a tiras*] …の悪口を言う
sacar a+人 *la* ～ [*a tiras*] =*quitar a*+人 *la* ～ [*a tiras*]
ser [*de*] *la* ～ *del diablo* (*del demonio*・*de Barrabás*・*de Satanás*)《口語》いたずらである; 陰で悪いことをしくらむ
vender cara la ～ 多くの敵を殺してから死ぬ
piélago [pjélaγo]《←ラテン語 pelagus <ギリシャ語 pelagos》男 ❶沖合;《詩語》海《=mar》。❷大量: un ～ de problemas 山ほどの問題
pielero, ra [pjeléɾo, ra] 图 皮商人
pielga [pjélγa] 女《サラマンカ》[30センチほどの長さで] よしず canizo を通す穴を開けた木片
pielgo [pjélγo] 男 =*piezgo*
pielitis [pjelítis] 女《医学》腎盂炎
pielonefritis [pjelonefɾítis] 女《医学》腎盂腎炎
piensar [pjensáɾ] 他 [家畜に] 飼料を与える
pienso [pjénso] I 男《←ラテン語 pensum < pensare「考える, 配慮する」の》❶《家畜の》[主に乾燥した] 飼料: ～ compuesto 配合飼料。❷《戯語》[人の] 食べ物
  II《←ラテン語 pensare》¡*Ni por pienso!* 絶対にありえない, まさか, 夢にも思わない
pier [pjéɾ] 男《中南米》[川岸から直角に突き出た] 桟橋, 埠頭
piercing [pírθin]《←英語》男《圃》～*s* ピアシング《ピアスを装着するため穴をあけること》; ピアスを付けること: Ella lleva dos ～*s* en la oreja. 彼女は耳に2個ピアスしている。hacer un ～ en+部位 …にピアスする
pierde [pjérðe] 男 *no tener* ～ 1)《俗語》[場所が] 見つけやすい, すぐ見つかる《=no tener pérdida》。2) [事柄が] 明らかである, 紛れようがない
pierdetiempo [pjerðetjémpo] 男《口語》時間の無駄
piérides [pjéɾiðes] 女《ギリシャ神話》[ピエリア Pieria に住む] 9人のミューズ姉妹たち
piérido, da [pjéɾiðo, ða] 形 シロチョウ科の
── 男 圃《昆虫》シロチョウ科
pierio, ria [pjéɾjo, ɾja] 形《文語》ミューズ musa たちの
pierna [pjérna]《←ラテン語 perna》女 ❶[人間の] 脚《参義》厳密に言えば膝から足首までだが, 普通は腿 muslo を含めた下肢全体を指す》: Eva presume de ～s bonitas. エバは脚線美を自慢している。tener las ～s largas 脚が長い。tener las ～s gordas 脚が太い。abrir (cerrar) las ～s 脚を開く(閉じる)。～ *artificial* 義足。La mujer honrada, la ～ quebrada y en

piernamen

casa.《古俗的. 諺》女の居場所は家の中. ❷ [四足動物・鳥の] 脚部;《料理》腿肉. ～ de pollo 鶏の腿肉. ～ de cordero asada 子羊の腿のロースト. ❸《口語》脚, 脚力: tener buenas (malas) ～s 脚力がある(足が弱い). ❹ [コンパスの] 脚. ❺ [アルファベットのM・Nの] 縦線; それを書く時の筆の動き. ❻ [服の] 脚の部分. ❼ [布地の] 縁の長さのそろい. ❽ ～ de nuez [クルミの実の] 小裂片. ❾《まれ》[グラスの] 脚
a ～ suelta (*tendida*) すっかり安心して: dormir *a ～ suelta* 枕を高くして眠る[ことができる]
abrirse de ～s 1)《スポーツ》開脚(股割)をする. 2)《隠語》[主に女性が] 股を開く, 性交する
cortar *a*+人 *las ～s*《口語》…から可能性を奪う
en ～《口語》足を露出した・して, 靴下をはかない[で]
estirar la ～《口語》死ぬ, くたばる
estirar (**extender**) *las ～*《口語》[座り疲れを取るために]〉散歩する, 歩く
hacer ～《アルゼンチン, ウルグアイ. 口語》協力する, 助ける
hacer ～s 歩いて足を鍛える, 足慣らしをする, ウォーキングをする
media ～ すね: vestido que llega a *media ～* 膝下まであるドレス
salir por ～s《口語》走って(大急ぎで)逃げる
―――《ラブラタ. 口語》[人が] 付き合いのいい

piernamen [pjernámen]《男》《戯語》[女性の] 脚
piernas [pjérnas]《男》《単複同形》《西》[不定冠詞+] 無名の人, 取るに足りない人
pierneras [pjernéras]《女》《複》《チリ, アルゼンチン, ウルグアイ. 服飾》チャップス [=zahones]
pierniabierto, ta [pjerniabjérto, ta]《口語》脚の開いた
piernicorto, ta [pjernikórto, ta]《形》短足の, 脚の短い
piernilargo, ga [pjernilárgo, ga]《口語》脚の長い
piernitendido, da [pjernitendído, da]《口語》脚を伸ばした
pierno [pjérno]《男》《植物》ガマズミの一種《学名 Viburnum lantana》
piernón, na [pjernón, na]《ペルー》=**piernitendido**
Piérola [pjérola]《人名》Nicolás de ～ ニコラス・デ・ピエロラ《1839～1913, ペルーの政治家, 大統領(1879～81, 95～99)》. ラモン・カスティーリャ Ramón Castilla と共に, 19世紀ペルーの最も高潔な大統領と言われる. 同姓同名の父も政治家》
pierrot [pjerót]《←仏語》《男》道化役者; その扮装
piesco [pjésko]《男》《地方語》モモ [=melocotón]
pietismo [pjetísmo]《男》《歴史. キリスト教》敬虔主義
pietista [pjetísta]《形》《名》《歴史. キリスト教》敬虔主義の[人], 敬虔派[の]
pieza [pjéθa]《←ケルト語 pettia「一片」》《女》❶ 部品, 全体を構成する一つ: Se rompió uno de 24 ～s de cubiertos スプーン・ナイフ・フォークの24点セット. ～s del calculador コンピュータの部品. ～ de recambio/～ de repuesto 交換部品. ❷ [単位としての] 一個, 一つ: 1) Las manzanas se venden a un euro la ～. リンゴは一個1ユーロで売られている. Vendemos los jabones por ～s. 石けんをばら売りします. comprar dos ～s de pan パンを2個買う. 2) [コレクション・家具などの], 一点. 3)《口語》[布の] 一折り, 一巻き: comprar una ～ de encaje de algodón コットンレースを一巻き買う. 4)《漁・猟の》獲物: Todas las ～s pescadas fueron devueltas al agua. 獲物はすべて水に戻された. Os dejo algunas fotos de las poquitas ～s que he cazado. 私の仕留めたわずかな獲物の写真をお見せします. ❸ [家の構成要素としての] 部屋;《メキシコ, コロンビア, ペルー, ボリビア, チリ, アルゼンチン, ウルグアイ》寝室. ～ [=habitación]: Arriendan 7 ～s en su casa. 彼は家の5部屋を貸している. vivienda de siete ～s 7部屋からなる住宅. ～ de alojados 客用の寝室. ～ de recibo 客間, 応接間. ❹ 金貨, 硬貨 (～ de oro 金貨) のうち特に1ユーロ硬貨. ～s sueltas 小銭. ❺ [陳列された] 芸術作品: Este cuadro es una ～ magnífica. この絵はすばらしい作品だ. exposición de ～s de cerámica 陶芸品の展覧会. ～ de examen [技能検定の] 試験作品, 秀作. ～ de museo [陳列品にふさわしい] 逸品, 重要美術品. ～ oratoria 演説, 講演. ❻《演劇》[主に一幕物の] 劇作品, 戯曲 [=～ teatral]: representar una ～ de Casona カソナの作品を上演する. ～ musical《ジャズなどの》ナンバー: Tocaron algunas ～s de Mozart. 彼らはモーツァルトを何曲か演奏した. escuchar dos ～s 2曲聞く. bailar una ～ 一曲ダンスをする. ¿Me per-

mite esta ～? この曲を踊っていただけますか? ～s bailables ダンス曲. ❽《服飾》traje de tres ～s スリーピースのスーツ. vestido de una ～ ワンピース. dos ～s ツーピース; アンサンブル. bañador de dos ～s セパレーツの水着. 2) 当て布, 継ぎ: Lleva unas ～s en los codos de la chaqueta. 彼の上着のひじには継ぎが当ててある. poner unas ～s a las rodillas de un pantalón ズボンの膝に継ぎを当てる. ❾ 宝石, 細工物: ～ de plata 銀の装身具. ❿《チェス, チェッカー》駒: mover las ～s 駒を動かす. elegir las ～s negras (rojas) 黒(赤)を持つ. ⓫《ジグソーパズルの》ピース: encajar las ～s ピースをはめる. puzzle de mil ～s 千ピースのパズル. ⓬《口語》ひどい人, けしからぬ奴. ⓭《俗》品物: Aquello parece una ～ de metal. あれは金属みたいだ. ⓮《歴史》～ de Indias《植民地時代のスペイン領アメリカの人種》黒人奴隷. ⓯ 時間, 距離: Hemos recorrido una buena ～ hasta aquí. ここへ来るまでにかなりの時間がかかった. ⓰ [地主が所有する] 耕作された畑. ⓱《紋章》図形: ～ de honorable 主オーディナリーズ. ～ honorable disminuida サブ・オーディナリーズ. ⓲《歯科》～ bucal (dentaria) 歯. ⓳《軍事》tres ～s de artillería 大砲3門. ⓴《法律》～ de autos 証拠書類. ～ de convicción 証拠品. ㉑《カトリック》eclesiástica 聖職禄. ㉒《古語》量, 部分
―――《名》麻薬の売人 [=camello]
buena ～ 悪者, 《俗に》(ひどい) 奴: Su hermano es una *buena*. 彼の兄は悪い奴だ
de una [*sola*] *～*《西. 口語》呆然とした: Me quedé *de una ～* cuando me dieron la noticia. 私はそれを受けてびっくり仰天した
gentil (*linda*) *～* =*buena ～*
por ～ 細かく, 注意して
ser de una [*sola*] *～*《中南米》真っ正直である
ser mucha ～ para+人《メキシコ》…とは段違いである
ser una ～ para 事物《メキシコ》…に非常に上手である
tocar ～ 問題を扱う, 議論する

piezgo [pjéθgo]《男》❶ [皮を革袋にする] 動物の四肢. ❷ [水・ワインなどを運ぶ] 革袋
piezoelectricidad [pjeθoelektriθiðáð]《女》《物理》圧電(ピエゾ)効果, 圧電気
piezoeléctrico, ca [pjeθoeléktriko, ka]《形》圧電の
piezometría [pjeθometría]《女》《物理》圧縮率測定
piezométrico, ca [pjeθométriko, ka]《形》圧縮率測定の
piezómetro [pjeθómetro]《男》《物理》ピエゾメーター
pífano [pífano]《←独語 pfifer》《男》《音楽》ファイフ
pifia [pífja]《←ペルー》《女》❶《口語》へま, 失態: cometer una ～ へまをする. enmendar su ～ 失敗を取り繕う. ¡Vaya ～! しまった! ❷《ビリヤード》突き損じ. ❸《エクアドル, ペルー, チリ》口笛による悪口(抗議), ブーイング. ❹《チリ》欠陥品
pifiada [pifjáða]《女》《ペルー, アルゼンチン, ウルグアイ. 口語》へま, 失敗
pifiar [pifjár]《←独語 pfifen「口笛を吹く」》⓾《他》❶《ビリヤード》～ la 打ち損じる. ❷《口語》へまをする, 失敗する: ～ un cálculo 計算間違いをする. ❸ [横笛を吹く時] 息の音を出しすぎる, 息漏れがする. ❹《ペルー, チリ, アルゼンチン》からかう, 愚弄する
～la《口語》へまをする
―――《自》《口語》へまをする, 失敗する. ❷《エクアドル, チリ》野次る
pifiazo [pifjáθo]《男》《口語》大失敗
pigargo [pigárgo]《男》《鳥》オジロワシ; ミサゴ
pigidio [pixíðjo]《男》《動物》尾節
Pigmalión [pigmaljón]《男》《ギリシア神話》ピグマリオン, ピュグマリオーン《キプロス島の王. 自ら彫った女性像に恋をした》
pigmeísmo [pigmeísmo]《男》《医学》矮小(ホォ)〈-ショウ〉
pigmentación [pigmentaθjón]《女》❶ 着色. ❷ 色素の沈着(形成)
pigmentador, ra [pigmentaðór, ra]《男》着色する; 着色剤
pigmentante [pigmentánte]《形》着色の
pigmentar [pigmentár]《←*pigmento*》⓾《他》[顔料で] 着色させる
―――*se* 色素が沈着する: La piel *se pigmenta* con el sol. 日光によって皮膚に色素が沈着する
pigmentario, ria [pigmentárjo, rja]《形》❶ 顔料の. ❷ 色素の.《医学》色素の沈着(形成)による: capa ～*ria*《解剖》色素上皮層. cerrosis ～*ria* 色素沈着性肝硬変
pigmento [pigménto]《←ラテン語 pigmentum「着色料」》《男》❶

《生化》色素. ❷ 顔料.
pigmentocracia [pigmentokráθja] 囡 肌色主義《ラテンアメリカ社会の特徴として、肌の色によって社会的身分や地位が決定される》
pigmentoso, sa [pigmentóso, sa] 形 顔料の; 色素の
pigmeo, a [piɡméo, a] 形 ❶ [←ピグミー族[の]. ❷ [主に動物を] きわめて小さい《軽蔑》[人が] 背の低い: gallina ~a 矮小な雌鶏. ❸《ギリシア神話》ピュグマイオイ, ピグマイオス《身長8.35センチしかない小人たち》
pigmoide [piɡmójde] 形 名《人類学》ピグミー族に似た[人]
pignoración [piɡnoraθjón]《←ラテン語 pigneratio, -onis》囡 抵当に入れること
pignorar [piɡnorár]《←ラテン語 pignerari》他《法律, 商業》抵当に入れる
pignoraticio, cia [piɡnoratíθjo, θja] 形《法律, 商業》抵当の: préstamos ~s 担保[抵当権による]貸付け
pigre [píɡre] 形《文語》怠け者の
pigricia [piɡríθja] 囡 ❶《文語》怠惰, 怠慢, 不注意. ❷《ペルー》una ~ de... ごくわずかな…
pigro, gra [píɡro, ɡra]《廃語》怠け者の
pihua [píwa] 囡 鼻風邪
pihuela [piwéla] 囡 ❶《鷹狩り》[タカ・ハヤブサなどの] 足革, 足緒. ❷ 障害. ❸ [罪人に付ける] 枷(かせ)
pihuelo [piwélo] 男《チリ》❶ 拍車を結ぶベルト. ❷ チチャ chicha とモスト mosto に焦がした粉をまぜた飲み物
pija[píxa] 囡《卑語》ペニス, 陰茎.
pijada [pixáda]《←pijo》囡 ❶《西. 軽蔑》[本人の言い分に反して] ささいなこと, どうでもいいようなこと; 下らないこと, ばかげたこと; 西. 口語》わずらわしさ. ❷《西. 口語》すばらしいもの. ❸《西. 軽蔑》上流気取り
pijama [pixáma]《←英語 pyjamas < ヒンドスターニー語 paeyama「アラブ人のゆったりしたズボン」》男《主にメキシコ, 中米, カリブ》囡 ❶《服飾》パジャマ. ❷ プリンアラモード
~ **de madera**/~ **de pino**《戯語》棺
pije [píxe] 形 名《ペルー, チリ. 軽蔑》=**pijo**
pijería [pixería] 囡《西. 軽蔑》上流気取り
pijerío [pixerío] 男 集名《西. 軽蔑》[主に若い] 上流気取りの[お上品ぶった]連中
pijero [pixéro] 男《地方語》[動物の] 陰茎
pijibay [pixibáj] 男《ホンジュラス, コスタリカ. 植物》コフネヤシの一種《学名 Guillielma utilis》
pijije [pixíxe] 男《中南米. 鳥》ハシグロリュウキュウガモ《食用》
pijín [pixín] 男《ホンジュラス》[主に閉ざされた場所での, 少人数の] 大騒ぎ
pijo, ja[píxo, xa] 形 名《←?pija》形 名《西. 軽蔑》❶ 上流気取りの[人], お上品ぶった[人]. ❷ 優雅な, スマートな
—— 男《西. 卑語》陰茎《=pene》
ir de ~ sacado 仕事のきつさに押し潰されている
**un ~ (男《西. 卑語》ほとんど[…ない], 全く[…ない]
y un ~《強い否定》全く違う
pijota [pixóta] 囡《アンダルシア. 魚》メルラン, メルルーサの幼魚《=pescadilla》
pijotada [pixotáda] 囡 ❶《ナバラ; メキシコ》下らないこと; 愚かさ. ❷《メキシコ》狭量
pijotazo [pixotáθo] 男《プエルトリコ》小片《=pizca》
pijote [pixóte] 男《軍事》[男・雄の]外部生殖器. ❷《古語》エスメリル砲《=esmeril》
pijotear [pixoteár] 自《中南米》出し惜しむ, けちけちする
pijotería [pixotería] 囡《西. 軽蔑》ささいなこと, 下らないこと
pijotero, ra [pixotéro, ra]《←?語源》形 名《西. 軽蔑》厄介な[人], わずらわしい[人], 困りものの[人]. ❷《メキシコ, チリ, アルゼンチン, ウルグアイ》けちん坊[の], さもしい, 値取る
pijudo, da [pixúdo, da]《中米. 口語》かわいい, 魅惑的な
pika [píka] 囡《動物》ナキウサギ
pikes [píkes] 男 複《コロンビア》ビー玉遊び《=canicas》
piky [píki] 男《一商標》《服飾》[ナイロン・綿製の] ソックス
pila¹ [píla] 囡 I《ラテン語 pila「皿」》❶ 電池; 乾電池《=~ seca》: Se ha agotado la ~. 電池が切れた. Este motor funciona con ~s (a ~[s]). このモーターは電池で動く. recargar las ~ 充電する《比喩的にも》. coche de ~ 電池で動く人形. ~ alcalina アルカリ電池. ~ atómica 原子炉. ~ baja バッテリー[切れの]警告. ~ botón ボタン電池. ~ de combustible 燃料電池. muñeca a ~s 電池で動く人形. ~ alcalina アルカリ電池. ~ atómica 原子炉. ~ baja バッテリー[切れの]警告. ~ botón ボタン電池. ~ de combustible 燃料電池.

~ **de mercurio** 水銀電池. ~ **de níquel y cadmio** ニッカド電池. ~ **reversible** 蓄電池. ~ **solar** 太陽電池. ❷《中米. 比喩. 台所・洗面台の》槽, シンク: llenar la ~ de agua シンクに水をはる. meter los platos en la ~ 皿を流しに置く. ❸《公園などの》噴水器. ❹《キリスト教》1) 洗礼盤《=~ bautismal》: padre de ~ [洗礼式の] 代父. sacar a+人 de ~ …の代父になってあげる; 洗礼をする. 2) ~ **de agua bendita** 聖水盤. 3) 教区教会; 教区の信者. ❺《情報》スタック. ❻《紋章》パイル《盾の3分の2幅の逆三角形》. ❼《溶鉱炉の前の》銑鉄を流し込むバケツ. ❽《キューバ》[コックのある]槽. ❾《ベネズエラ》公共の水飲み場. ❿《アンデス》泉《=fuente》
desconectar (**desenchufar**) **las ~s** (**la ~**)《口語》見捨てる, 無視する
poner las ~s《口語》活力を与える
ponerse las ~s《口語》活力を得る
—— 男《西. 卑語》[estar+] ひどい状態でいる; 一文なしである
II《←ラテン語 pila「堆積, 柱」》❶ 堆積, 山: ~ **de leña** 薪の山. ❷《建築》橋脚. ❸ 集名 [牧場の] 一年間に刈られる羊の毛
una ~ de...《主に中南米. 口語》大量の…: Tiene una ~ de juguetes. 彼はたくさんのおもちゃを持っている
pilada [piláda] 囡 ❶ 大量のもの. ❷ [一度にこねた] しっくいの塊. ❸ 一度に縮絨するラシャ
pilaf [piláf]《←トルコ語 pilav》男《料理》ピラフ《=arroz ~》
pilagá [piláɡa] 形 名 ピラガ族[の]《アルゼンチン, Pilcomayo 川流域の先住民》
pilanca [pilánka] 囡《エクアドル》積み重ね
pilancón [pilaŋkón] 男《地理》甌穴(おうけつ)
pilapila [pilapíla] 囡《チリ. 植物》キクノハアオイ《薬用》
pilapuesta [pilapwésta] 形《中米. 口語》目のさえた, 目の覚めた
pilar [pilár] I《←pila II》男 ❶《建築》1) 支柱, 柱《→poste 類義》: ~ **de hierro** 鉄柱. 2) 柱形《=pilastra》. ❷《比喩》支え, 大黒柱: La familia es el ~ de la sociedad. 家族は社会を支えている. ❸《解剖》~ **del velo del paladar** 口蓋弓. ❹《アルゼンチン》橋脚. ❺《気象》~ **de sol**/~ **solar** サンピラー
—— 男《ラグビー》プロップ
II《←pila I》男 ❶《噴水の》水盤. ❷ [家畜・野生動物の] 水飲み場
III《←俗ラテン語 pilare》他 ❶ 乳鉢で穀物の殻を割る. ❷《エストレマドゥラ》栗を洗う
pilarejo [piláréxo]男 pilar の示小語
pilarense [pilarénse] 形 名《地名》ピラール Pilar の[人]《パラグアイ, ニエエンブク Ñeembucú 県の県都》
pilastra [pilástra] 囡《建築》柱形(つけばしら), 付け柱
pilastrón [pilastrón] 男《建築》太い柱形
pilatero, ra [piláteru, ra]《ラシャの》縮絨工
Pilato [piláto]《古代ローマ. 人名》ピラト《キリストを処刑したユダヤ総督》
lavarse las manos, como ~ 責任逃れをする
Pilatos [pilátos]《古代ローマ. 人名》=**Pilato**
pilatuna [pilatúna] 囡《コロンビア, チリ》慎みのない行為, 汚い手段
pilca [pílka] 囡《南米》[畑の境界用の, 荒石積みの] 石塀
pilcar [pilkár] 他《南米》石塀で囲む
pilcha [píltʃa] 囡 ❶《南米》馬具[の各部]. ❷《チリ, アルゼンチン, ウルグアイ》上品な・高級な] 衣服
pilche [píltʃe] 男《南米》木製の器, 果実の殻で作った器
píldora [píldora]《←古語 pillula < ラテン語 pilula》囡 ❶ 錠剤, 丸薬, 丸剤: tomar una ~ 薬を飲む. ❷ [la+] 経口避妊薬, ピル《~ **anticonceptiva**》: ~ **del día después** (**siguiente**) 事後に服用するピル. ❸ 鼻くそ: hacer ~s 鼻をほじくる. ❹《経済》~ **venenosa**[乗っ取り防止策の] 毒薬条項, ポイズンピル
dorar la ~《口語》[悪い知らせなどのショックを和らげるため] 穏やかな言い方をする: Prefiero que me digas las cosas a las claras y que no me dores la ~. オブラートに包まないで単刀直入に言ってもらいたい
~ **del amor** エクスタシー《幻覚剤. =éxtasis》
tragarse la ~《口語》[言われたことなどを] 信じ込む
pildorazo [pildoráθo] 男《口語》砲撃《=cañonazo》
pildorera [pildoréra] 囡 丸剤入れ, ピルケース
pildorero [pildoréro] 男 丸薬製造機
pilea [piléa] 囡《植物》ピレア《イラクサ科. 観賞用》
píleo [píleo] 男 ❶《鳥》頭頂. ❷《古代ローマ》自由民や解放奴

隷のかぶる帽子. ❸ 枢機卿のつば広の赤い帽子
pilero [piléro] 男 煉瓦用の土や陶土を足でこねる職人
pileta [piléta] 女 ❶《古語》[家庭用の] 小さな聖水盤. ❷《鉱山》水の採取場所. ❸《アンダルシア；ラプラタ》[洗濯場・台所などの] 流し. ❹《メキシコ, コロンビア, ラプラタ》プール〖=piscina〗. ❺《アルゼンチン, ウルグアイ》[家畜の] 水飲み場. ❻《ウルグアイ》洗面台〖=lavabo〗
　tirarse a la ~《アルゼンチン, ウルグアイ. 口語》結果が不確かな企てに着手する, 危険を冒す
pilgua [pílgwa] 女《チリ》果物を運ぶ袋
pilífero, ra [pilífero, ra] 形《植物》毛の生えた
piliforme [pilifórme] 形《植物》長い毛のような；《動物》毛のような
pilila[1] [pilíla] 女《西. 幼児語》[子供の] 陰茎
pilili [pilíli] 女《口語》売春婦
　──間《口語》[呼びかけ] ねえ
pililla [pilíʎa] 女 ❶《西. 口語》=**pilila**[1]. ❷《地方語》暖炉の上の壁の突出部
pililo, la[2] [pilílo, la] 名《チリ, アルゼンチン. 軽蔑》ぼろぼろの服を着た汚れた人
pilín [pilín] 男《コロンビア. 口語》少量, 小片
pilingui [pilíŋgi] 女《口語》売春婦
pilipino [pilipíno] 男 タガログ語〖=tagalo〗
pilistra [pilístra] 女《地方語. 植物》ハラン〖=aspidistra〗
pillabán [piʎabán] 男《アストゥリアス, レオン》ペテン師, 詐欺師
pillada[1] [piʎáda] 女 ペテン, ぺてん
pillado, da[2] [piʎáðo, ða] 形《アルゼンチン, ウルグアイ. 軽蔑》高慢な〔人〕, 横柄な〔人〕
pillador, ra [piʎaðór, ra] 形 名《まれ》盗みをする, 強奪する；泥棒, 強奪者, 略奪者
pillaje [piʎáxe]【←pillar】男 [主に戦争などでの] 盗み, 強奪, 略奪
pillán [piʎán] 男《チリ》悪魔〖=diablo〗
pillar [piʎár]【←伊語 pigliare「つかむ」<俗ラテン語 piliare <ラテン語 pilare「盗む」】他《口語》❶ 捕える, つかまえる；…に追いつく: 1) El revisor del tren *pilló* a Paco sin billete y le multó. パコは電車に無賃乗車しているのを検札係につかまって罰金を払わされた. ~ el tren 列車に間に合う. Aquí te *pillo*, aquí te mato.〈諺〉好機はすぐつかめ. ❷ …の不意をつく〖=sorprender〗: Lo hemos *pillado* en un momento de reflexión. 私たちは彼が考え込んでいる不意をついた. ❸ 得る, 獲得する: ~ una ganga 掘り出し物を手に入れる. ~ un buen empleo いい仕事にありつく. ~ una idea ある考えを思いつく. ❹ [ある病気・精神状態に] なる: ~ un resfriado 風邪を引く. ❺《西》[車が人をはねる, ひく: En un paso de peatones un coche le *pilló* el pie. 横断歩道で一台の車が彼の足をひいた. ❻ [ドアなどが手を] はさむ: La máquina le *pilló* la mano. 彼は機械に手をはさまれた. ❼ 理解する, 気づく: He *pillado* lo que querías decir. 君の言いたかったことが分かった. ❽《まれ》[主に戦争で] 盗む, 略奪する. ❾《隠語》買う, 手に入れる. ❿《アンダルシア》交尾する
　──自《西》[+a にとって, 位置・状況が] …である: La biblioteca me *pilla* cerca. 図書館は私の家から近い. Una idea me *pilla* de camino. その店は私の行き帰りの途中にある. Su visita me *pilla* muy ocupado. 彼が来るのは私がとても忙しい時だ
　──*se* ❶《自分の体・衣服などの一部を》はさむ: Se *pilló* el dedo con la puerta. 彼はドアに指をはさんだ. ❷《ラプラタ. 口語》寝小便をする
pillastre [piʎástre]【←pillar】男《主に親愛》[子供などについて] ずる賢い奴
pillastrón [piʎastrón] 男 pillastre の示大語
pillear [piʎeár] 自《常習的に》詐欺(悪事)を働く, 無頼な生活をおくる
pillería [piʎería]【←pillo】女 ❶《集合》悪党, ごろつき. ❷ 詐欺, ぺてん
pillete [piʎéte] 男《口語》いたずらっ子
pilli [píʎi] 男《歴史》ピリ〖アステカの貴族テクトリ tecuhtli の子〗
pillín, na [piʎín, na] 名 悪賢い子, 悪がき
pillo, lla [píʎo, ʎa] 形 名 ❶《主に親愛》ずる賢い〔子〕, いたずらな〔子〕. ❷ 悪党, ならくら者
　──男《中南米. 鳥》シロエンビウ
pillopillo [piʎopíʎo] 男《チリ. 植物》月桂樹の一種〖樹皮は薬用. 学名 Daphne pillopillo〗

pilma [pílma] 女《南米. 古語》[地面に円を描き, 2チームに分かれて行なう] 先住民のボール遊び；[それに使う] 羽やわらを詰めた皮製のボール
pilmama [pilmáma] 女《メキシコ》ベビーシッター
pilme [pílme] 男《チリ. 昆虫》非常に小さな甲虫〖刺されると有毒. 学名 Cantharis femoralis〗
pilo[1] [pílo] 男 ❶《古語》投げ槍. ❷《チリ. 植物》ハネミエンジュ〖湿地に育ち, 樹皮は吐剤〗
pilo[2], **la**[2] [pílo, la] 形《コロンビア. 口語》整然とした
pilocarpina [pilokarpína] 女《薬学》ピロカルピン
pilón[1] [pilón] I【←pila[1] の示大語】男 ❶《噴水の》水盤；家畜用水飲み場, 洗濯場. ❷ [木製・金属製の, 穀物などを挽く] 臼, 粉砕機
　beber del ~《口語》うわさ話を真に受ける
　II【←pila[1] II】男 ❶《料理》砂糖の塊. ❷ [竿秤の] 分銅. ❸ [オリーブ油を搾る時の] 釣り合いおもりの大石. ❹《まれ》鶏の腿の下部. ❺《メキシコ. 口語》[買い物で余分にくれる] おまけ. ❻《ベネズエラ》2分の1センターボ centavo. ❼《アルゼンチン. 口語》大量
　III【←ギリシア語 pylon】男 ❶《古代エジプト》[神殿入り口の] 塔門. ❷ [吊橋の] 塔
pilón[2], **na** [pilón, na] 形《ベネズエラ. 口語》食い意地のはった
pilonada [pilonáða] 女《隠語》クンニリングス〖=cunnilingus〗
piloncillo [pilonθíʎo] 男《メキシコ》[円錐形の] 黒砂糖
pilonero, ra [pilonéro, ra] 形《ニュースが》ゴシップの, うわさ話的な, 俗悪な
pilongo, ga [pilóŋgo, ga] I【←ラテン語 perlongus「大変長い」】形 痩せた, こけた
　II【←pila[1] I】形 ❶ castaña ~*ga* 干し栗. ❷《キリスト教》同じ教区教会で洗礼を受けた
pilonidal [pilonidál] 形《解剖》毛巣嚢の
pilono [pilóno] 男《古代エジプト》塔門〖=pilón〗
pilori [pilóri] =**pylori**
pilórico, ca [pilóriko, ka] 形《解剖》幽門の: anillo ~ 幽門輪
piloro [pilóro] 男《解剖》幽門
piloroplastia [piloroplástia] 女《医学》幽門形成術
pilorriza [piloříθa] 女《植物》根冠
pilosebáceo, a [piloseβáθeo, a] 形《解剖》体毛と皮脂腺の
pilosela [piloséla] 女《植物》マウスイヤー・ホークウイード〖=vellosilla〗
pilosidad [pilosiðá(ð)] 女《解剖》毛に覆われていること
piloso, sa [pilóso, sa]【←ラテン語 pilosus】形《解剖》毛の. ❷《文語》多毛の, 毛深い〖=peludo〗；毛のある. ❸《コロンビア》頭の回転の速い, 聡い
pilot [piló] 男《ウルグアイ. 服飾》レインコート, コート
pilotaje [pilotáxe] I【←piloto】男 ❶ 操縦: realizar un buen ~ うまい操縦をする. ~ automático 自動操縦. ~ sin visibilidad 計器飛行. ❷ 操縦技術. ❸《船舶》水先案内；その料金. ❹《口語》[車・バイクの] 運転
　II【←pilote】男《集合》《建築》[基礎用の] 杭, パイル
pilotar [pilotár]【←piloto】他 ❶ 操縦する: ~ una nave (avión) 船 (飛行機) を操縦する. ❷《口語》水先案内する. ❸《文語》[車・バイクを] 運転する: ~ el coche de carreras レーシングカーを運転する. ❹ [国・会社などの] かじ取りをする
pilote [pilóte]【←pila[1] II】男《建築》[基礎用の] 杭(ぐい), パイル: ~ de hormigón armado コンクリートパイル. ❷ [階段の, 他より太い] 最初の手すり柱
pilotear [piloteár] 他 ❶《船舶》水先案内をする. ❷《中南米》操縦する〖=pilotar〗
pilotín [pilotín] 男《古語. 船舶》航海士の助手
piloto [pilóto]【←?伊語 piloto <ギリシア語 pedotes「操舵手」<pedon「舵」】男 ❶ パイロット, 操縦士：avión sin ~ 遠隔操作機, リモコン機. ~ de línea 定期航空路のパイロット. ~ de prueba(s)/~ probador テストパイロット；テストドライバー. ~ automático 自動操縦装置. ❷《船舶》航海士；水先案内人. ~ de altura 操舵員. ❸《文語》[= ~ de carreras] [一般に] ドライバー, ライダー: ~ de fórmula uno F1レーサー. ❹ [一般に] 指導者
　──男 ❶《自動車》テールランプ. ❷ パイロットランプ〖=lámpara ~, luz ~〗. ❸ [ガス器具などの] 口火, 点火バーナー〖=llama ~〗. ❹《チリ, アルゼンチン, ウルグアイ. 服飾》レインコート, コート

pinatón

―― 形【主に単複同形】[名詞+] ❶ 見本の, 模範の; 実験的な, 試験的な: amueblar pisos ~[s] モデルルームに家具を入れる. una serie de estudios ~s 一連のパイロット・スタディ（予備的研究）. experiencia ~ =programa ~. programa ~ 【複】 programas ~[s] 実験計画. granja ~ パイロットファーム. planta ~ パイロットプラント. ❷《船舶》luz ~ 側灯, 停泊灯. ❸《魚》pez ~ パイロットフィッシュ

pilpil [pilpíl] 男《チリ. 植物》メギの一種【学名 Cantharis femoralis】

pil-pil [pílpil] 【←擬声】 ❶《西. 料理》ピルピル【ニンニクや唐辛子を入れて熱したオリーブオイルにタラやウナギの稚魚を入れる. バスク起源】: bacalao al ~ タラのピルピル

pilpilear [pilpileár] 自《西. 料理》ゆっくり熱する, ピルピル pil-pil にする

pilpilén [pilpilén] 男《チリ. 鳥》アメリカミヤコドリ, ガラパゴスミヤコドリ

pilpinto [pilpínto] 男《ボリビア, アルゼンチン. 昆虫》縁の黒い白色（黄色・橙色）の小型のチョウ

pilsen [pilsén] 【←独語】《酒》ピルゼンビール

piltra [píltra] 【←ジプシー語】女《西. 俗語》ベッド【=cama】: irse a la ~ 寝に行く

piltraca [piltráka] 女《まれ》[ほとんど皮だけの] やせた肉

piltrafa [piltráfa] 【←古語 peltraza <俗ラテン語 pertractiare「解体する」】女 ❶【主に 複】くず, ぼろ: Él se queda con los beneficios y a mí me deja las ~s. 彼はいいところだけ取って私にはくずしか残してくれない. Llega, después de más de 20 años a su casa, cuando ya está hecho una ~ humana. 20年以上たって家に帰ってきて, その時には彼はすでにぼろぼろになっている. ❷【細かい】くず肉

pilucho, cha [pilútʃo, tʃa] 形《コスタリカ, チリ》裸の ―― 男《服飾》ロンパース

pilular [pilulár] 形 丸薬状の

pilvén [pilvén] 男《チリ. 魚》ナマズの一種【学名 Trichomycterus sp.】

pimentada [pimentáda] 女《料理》ピーマンの煮込み

pimental [pimentál] 男 ピーマン畑

pimentar [pimentár] 23 他《料理》コショウで味付けする

pimentero [pimentéro] 【←pimienta】男 ❶ コショウ入れ. ❷《植物》パプリカ（胡椒）❸【エストレマドゥラ. 鳥】ロビン, ヨーロッパコマドリ【=camachuelo】

pimentón [pimentón] 【←ラテン語 pigmentum「着色料, 絵の具」】男 ❶《香辛料》パプリカ【主に dulce】カイエンペッパー【~ picante】. ❷《ベネズエラ, アンデス. 実》【=pimienta】

pimentonar [pimentonár] 自《ムルシア》ピーマン畑

pimentonero, ra [pimentonéro, ra] 形 名 ❶ パプリカの【栽培・販売者】. ❷【ムルシアの】灌漑農地の【人】 ―― 男《西. 鳥》ロビン, ヨーロッパコマドリ【=camachuelo】

pimienta [pimjénta] 【←ラテン語 pigmenta < pigmentum「着色料, 絵の具」】女 ❶《香辛料》コショウ: ~ negra (blanca) 黒（白）コショウ. ~ larga ナガコショウ. ~ falsa コショウボクの実. ~ inglesa/~ de Jamaica オールスパイス. ❷《植物》~ de agua/~ acuática ヤナギタデ. ~ de Chiapa/~ de Tabasco ショウズ, カルダモン【=malagueta】. ~ de muros ヨーロッパマンネングサ【=pampajarito】. ~ loca (silvestre) セイヨウニンジンボク. ❸ コショウの収穫. ❹ 魅力. ❺《ログローニョ》授業をサボること. ❻《カナリア諸島》シマトウガラシの実 *comer* ~ 怒る, 腹を立てる *dar* ~《ボクシング》グローブで相手の目をこする *ser como una* ~ 理解（仕事）が速い, すばしこい

pimientilla [pimjentíʎa] 女《ホンジュラス. 植物》ツインベリー【学名 Myrcianthes fragrans】

pimiento [pimjénto] 【←pimienta】男 ❶《植物, 実》ピーマン, パプリカ: ~ morrón (rojo)/ del piquillo 赤ピーマン. ~ verde/~ de cornetilla 円錐形で先端が曲がったピーマン【辛】. ~ de Padrón《西》小型で緑色のピーマン【主に辛】. ~ de[l] piquillo《西》中位の大きさの赤ピーマン【少し辛】. ~ verde シシトウ. ❷《植物》1) コショウ【=pimiento】. 2) さび病菌. 3) ~ loco チェストベリー【=sauzgatillo】 [*no*] *importar un* ~*+人*《俗語》「〜+接続法する ..]…の関心を引かない: Me importa un ~ que venga o que se quede. 彼が来ようが残ろうが私にはどうでもいい *ponerse como un* ~ 真っ赤になる, 赤面する *un* ~《口語》ほとんど［…ない］, 全く［…ない］

¡[Y] *Un* ~*!*《西》[否定・拒絶] とんでもない!

pim-pam [pimpán] 聞【←[s] に射撃音の繰り返し】パンパン

pimpampum [pimpampún] 男《西》❶【祭りの小屋などで, 球をぶつける】人形倒し. ❷《口語》いつも批判の的になる人

pimpante [pimpánte] 形《口語》❶ さっそうとした; 満足した, 顔を輝かせた; 自慢している. ❷ 平然とした, 気にしない. ❸ 上品に着飾った, おしゃれした

pimpi [pímpi] 形 名《地方語》着飾って鼻高々の〔人〕

pimpido [pimpído] 男《魚》ツノザメの一種【食用】

pimpín [pimpín] 男 ❶ [pizpirigaña に似た] 手を軽くつねり合う子供の遊び. ❷《鳥》セキレイ【=aguzanieves】

pimpina [pimpína] 女《ベネズエラ》【球形で首が長い】素焼きの水入れ botijo

pimpinela [pimpinéla] 女《植物》ワレモコウ: ~ blanca ミツバグサ属の一種【学名 Pimpinella saxifraga】. ~ mayor ピンクレースフラワー. ~ menor オランダワレモコウ

pimplar [pimplár] 【←擬声】自《西. 口語》大酒を飲む, 深酒をする ――*se*《西. 口語》酔っぱらう

pimple [pímple] 男《西. 口語》大酒を飲むこと

pimpleo, a [pimpléo, a] 形《ギリシア神話》ミューズ Musas の

pimpollada [pimpoʎáda] 女 =**pimpollar**

pimpollar [pimpoʎár] 男 松の若木の林

pimpollear [pimpoʎeár] 自 =**pimpollecer**

pimpollecer [pimpoʎeθér] 39 自 新芽が出る

pimpollejo [pimpoʎéxo] 男 pimpollo の示小語

pimpollo [pimpóʎo] 【←pino+pollo < ラテン語 pullus「若い」】男 ❶ つぼみ; 新芽, 若い枝; 若木. ❷ [開きかけの] バラのつぼみ. ❸《口語》若く美しい人, かわいい子, 美少年, 美少女【=~ canela】; 若く見える人: Tiene 16 años y está hecha un ~. 彼女は16歳になって美人になった. ❹ 松の若木

pimpolludo, da [pimpoʎúðo, ða] 形 新芽をたくさんつけた

pimpón [pimpón] 男 =**ping pong**

pimporro [pimpóro] 男《アンダルシア》水入れ【=botijo】

pin [pín] 【←英語】男【複 ~s】❶ ピンバッヂ. ❷《電気》[接続部の] ピン. ❸《グアテマラ》安全ピン. ❹《コロンビア. 口語》[un+] ほんの少し

pina¹ [pína] 【←?語源】女 ❶ [荷車の車輪の] 輪縁. ❷ [先の尖った] 道標. ❸《植物》=**pinna**. ❹《サラマンカ》ホッケーに似た競技【=chueca】

pinabete [pinabéte] 男《植物》モミ【=abeto】

pinabeto [pinabéto] 男《植物》=**abeto**

pinacate [pinakáte] 男《メキシコ》[湿った所にいる] 黒色で臭い甲虫【学名 Eleodes angustata, Eleodes spinolae】

pináceo, a [pináθeo, a] 形《植物》マツ科の ―― 男《植物》マツ科

pinacle [pinákle] 男《トランプ》ピナクル【=pináculo】

pinacoidal [pinakoiðál] 形《鉱物》卓面の

pinacoide [pinakóiðe] 男《鉱物》卓面

pinacoteca [pinakotéka] 【←ラテン語 pinacotheca < ギリシア語 pinakotheke】女 絵画専門の美術館; 画廊

pináculo [pinákulo] 【←ラテン語 pinnaculum < pinna「鋸壁」】男 ❶【建造物の】最上部; 【ゴシック建築の】小尖塔. ❷ 全盛期, 頂点: hallarse en el ~ de la fama 人気の絶頂にある. ❸《トランプ》ピナクル

pinada¹ 女《植物》松林【=pinar】

pinado, da² [pináðo, ða] 形《地方語》垂直の

pinalero, ra [pinaléro, ra] 形《地方語》松林の

pinaque [pináke] 男《地方語》【=arado】

pinar [pinár] **I**【←pino】男 松林 **II** 他《地方語》垂直にする

pinarejo [pinaréxo] 男 pinar の示小語

pinareño, ña [pinaréɲo, ɲa] 形《地名》ピナル・デル・リオ Pinar del Río の〔人〕【=キューバ西部の県・県都】

pinariego, ga [pinarjégo, ga] 形 松林の

pinastro [pinástro] 男《植物》カイガンショウ【=pino rodeno】

pinatar [pinatár] 男 松林; 松の若木の苗床

pinatero [pinatéro] 男《キューバ. 鳥》ジャマイカガラス【=cao】

pinatífido, da [pinatífiðo, ða] 形《植物》[葉が] 羽状中裂の

pinatisecto, ta [pinatisékto, ta] 形《植物》[葉が] 羽状全裂の

pinato [pináto] 男《ムルシア》若くて背が低く枝が地面につく松

pinatón [pinatón] 男《地方語》背の低い松

pinatra [pinátra] 囡《チリ》キッタリア科のキノコ〖食用．学名 Cyttaria espinosae〗

pinaza [pináθa] 囡 ❶［地面を覆っている］松葉．❷《船舶．古語》1）3本マストの細長い小型帆船．2）［現在ではビスケー湾で使われる］エンジン付きの小型船

pinball [pímbol]［←英語］男〖遊〗~s ピンボール

pincarrasca [piŋkařáska] 囡＝**pincarrasco**

pincarrascal [piŋkařaskál]［アレッポマツの林

pincarrasco [piŋkařásko]男《植物》アレッポマツ

pincel [pinθél]［←ラテン語 penicillus < penis「尾，陰茎」］男 ❶ 筆，絵筆；刷毛(ﾊｹ)：pintar con el ~ 筆で描く．dejar correr su ~ を振るう．~ fino (grueso) 細(太)筆．~ para labios《化粧》リップブラシ．❷《文語》筆致，画法：Su ~ es brillante y libre. 彼の筆づかいは優れていて自由だ．❸《文語》〖主に 覆〗画家としての活動．❹ 絵，作品．❺〖不可算〗［筆の］毛．❻《船舶》タール刷毛．❼《鳥》羽状毛．❽《植物》ヤブコウジ科の一種〖学名 Coris monspeliensis〗

ir (estar) hecho un ~《西》上品(清潔)な服装をしている

pincelación [pinθelaθjón]囡 描く (塗る) こと

pincelada [pinθeláða]［←pincel］囡 ❶ 筆づかい：cuadro de ~s seguras 確かな筆づかいの絵．❷ 言葉づかい：expresar con cuatro ~s (en dos ~s) わずかな言葉で表現する

dar las últimas ~s/dar la última ~［＋a 作品を］仕上げる

pincelar [pinθelár] 他 ❶［色を使って，筆などで］描く，塗る．❷ 肖像を描く

pincelazo [pinθeláθo]男《まれ》力強い筆づかい

pincelería [pinθelería]囡〖集名〗筆製造(販売)業者

pincelero, ra [pinθeléro, ra]名 筆製造(販売)業者 —— たわし (ブラシ・小ほうきなど) の製造(販売)業者〖＝brucero〗．❷［油絵画家の］絵筆箱

pincelote [pinθelóte]男 pincel の示大語

pincerna [pinθérna]囡 ❶《古語》［王侯の食卓で］酌をする召使い，酌人．❷《地方語》［大聖堂の］守護

pincha¹ [píntʃa]囡 ❶［体に刺さる］植物(魚)のとげ．❷《地方語》串〖＝pincho〗

pinchada [pintʃáða]囡《地方語》＝**pinchazo**

pinchadiscos [pintʃaðískos]〖←pinchar+discos〗名〖単複同形〗《西．口語》ディスコ・ラジオ〗ディスクジョッキー

pinchado [pintʃáðo] 男＝**pinchadura**

pinchador, ra [pintʃaðór, ra]形 突く〔る〕，突き刺す〔人〕

pinchadura [pintʃaðúra]囡 突くこと，突き刺すこと

pinchar [pintʃár]［←punchar+picar］他 ❶［尖ったもので］突く，突き刺す；刺してとめる：Le pinchó en el dedo con un alfiler. 彼は指にピンを刺してしまった．Pinchó el balón con un clavo. 彼はボールに釘を刺してしまった．~ una aceituna con el tenedor フォークで(刺して)オリーブをとる．❷［＋para que+接続法 するように］そそのかす：Su profesor le pinchó mucho para que se presentara al concurso. 先生はコンクールに出場するように彼をけしかけた．❸ 怒らせる：Deja de ~ a tu hermanito. 君の弟を挑発するのはやめろ．❹［ディスクジョッキーなどが］レコードをかける．❺《口語》注射する〖＝inyectar〗．❻《口語》〖雄が雌に〗性器を挿入する．❼ 盗聴する〖プエルトリコ》詮索する；観察する．❾《チリ．口語》運よく手に入れる
——自 ❶［タイヤが］パンクする：Me han pinchado las ruedas. 私の車がパンクした．❷《西．口語》失敗する：Juan pinchó en el examen más importante. フアンは一番大切な試験に失敗した．No podemos ~ más. 私たちはこれ以上失敗は許されない．❸ 刺す，ちくちくする：La punta del cuchillo pincha. Ten cuidado. ナイフの先は尖っているから気をつけなさい．❹《文語》敗れる．❺〖闘牛〗剣 estoque を牛の頭部に刺す

ni ~ ni cortar《口語》何の役にも立たない，全く力がない

——**se** ❶［自分の体に］刺す：Me he pinchado con una espina en el pie. 私は足にとげが刺さった．❷《口語》[自分に] 麻薬の注射をする．❸［タイヤが］パンクする；[風船が] 破裂する

pinchaúvas [pintʃaúβas]男〖単複同形〗 ❶《口語》ろくでなし，下劣な奴．❷〖闘牛〗とどめを刺すのに繰り返し失敗する闘牛士．❸《古語》《市場で》ブドウを盗み食いする男

pinchazo [pintʃáθo]男［←pinchar］❶ 刺すこと；刺し傷，刺した跡：dar un ~ 一突きする．llevar el brazo lleno de ~s 腕に注射の跡が一杯ある．El ~ me duele. 刺された所が痛い．❷ パンク：Tenemos un ~. 私たちの車がパンクした．❸ 鋭い痛み．

❹《口語》盗聴〖＝~ telefónico〗．❺ そそのかし．❻《俗語》《口語》の麻薬注射．❼《西．口語》失敗．❽〖闘牛〗剣 estoque を牛の頭部に刺すこと．❾ とげのある言葉；人を傷つける言葉，悪口

pinche, cha² [píntʃe, tʃa]〖←pinchar〗名 ❶ 見習いコック，皿洗い：trabajar de ~ en un restaurante レストランで下働きをする．❷《チリ．口語》[一時的な] 恋人，愛人．❸《アルゼンチン，ウルグアイ．口語》下級社員，下働き
——〖地方語〗おめかしした．❷《メキシコ．軽蔑》[+名詞] ろくでもない，下劣な．❸《中米．口語》けちん坊の
——男 ❶《西》最初の賭け金，場代．❷《チリ》1）ヘアピン．2）《口語》短期の仕事，アルバイト．❸《アルゼンチン》とげ

*haber sido ~ antes de cocinero*精通している，裏の裏まで知っている

pincher [pínʃer]〖←独語〗男〖犬》ピンシャー：~ enano (miniatura) ミニチュア・ピンシャー

pinchito [pintʃíto]男《西．料理》ピンチョ，串焼き〖＝pincho〗

pincho¹ [pintʃo]〖←pinchar〗男 ❶ とげ，針；alambre de ~ 有刺鉄線．❷［先の尖った］細長い棒；[税関の] 貨物検査用の棒．❸《西．料理》1）ピンチョ，おつまみ〖タパス tapas のうち，ようじを刺した，一口で食べられるもの〗：un ~ de tortilla [ración a の] 小さい，一口で食べられる位の大きさに切ったトルティーリャの小一皿．2）串，焼き串．3）串焼き：~ moruno 豚肉のシシカバブ．❹〖闘牛〗剣〖＝espada, estoque〗．❺《西．口語》ナイフ，短刀．2）［麻薬用の］注射器．❻《ガリシア．漁業》[主にメルルーサ漁用の] はえなわ．❼《コロンビア，ペルー．俗語》ペニス

pincho², cha²[pintʃo, tʃa]形 ❶ おめかしした．❷［強い相手にも］ひるまない，気が強い

pinchón [pintʃón]男《鳥》ズアオアトリ〖＝pinzón〗

pinchonazo [pintʃonáθo]男 刺すこと〖＝pinchazo〗

pinchoso, sa [pintʃóso, sa]形 尖った，とげのある：¡Qué barba más ~sa! 何てチクチクするひげだ！
——囡《隠語》ナイフ〖＝navaja〗

pinchudo, da [pintʃúðo, ða]形 とげのある

pinciano, na [pinθjáno, na]名《文語．地名》バリャドリード Valladolid の (人) 〖＝vallisoletano〗

pincullo [piŋkúʎo]男《アルゼンチン．音楽》ピンクリョ〖先住民の笛〗

pindárico, ca [pindáriko, ka]形《人名》ピンドロス Píndaro の：『古代ギリシアの詩人』

pindio, dia [píndjo, dja]形《カンタブリア》傾斜の強い，険しい

pindín [pindín]男《パナマ》黒人の踊り・音楽

pindinga [pindíŋga]囡《ペルー》複雑な (解決の難しい) 状況

pindongo, ga [pindóŋgo, ga]男《軽蔑》遊び歩く
——囡《軽蔑》遊び歩く女；街娼

pindonguear [pindoŋgeár]自《口語》街をぶらつく．❷《軽蔑》遊び暮らす，ふしだらな暮らしをする

pindongueo [pindoŋgéo]男 ❶《口語》街をぶらつくこと．❷《軽蔑》ふしだらな暮らし

pineal [pineál]形《解剖》松果体の

pinealoma [pinealóma]男《医学》松果体腫瘍

pineda [pinéða]囡 ❶ 松林〖＝pinar〗．❷［靴下留め用の多色の] 飾り紐

pinedo [pinéðo]男《南米》松林〖＝pinar〗

pineno [pinéno]男《化学》ピネン

pinero [pinéro]男 ❶［丸太材を扱う］港湾労働者．❷［丸太の] 川流しをする作業員．❸《ペルー，ボリビア，チリ》松を加工する大工〖あまり熟練を要さない作業のみ〗

pinga¹ [píŋga]囡《地方語》身持ちの悪い女．❷《カナリア諸島，コロンビア》陰茎〖＝pene〗．❸《コロンビア》ごく少量．❹《フィリピン》天秤棒

pingada [piŋgáða]囡《地方語》垂直にすること

pingajo [piŋgáxo]〖←pingar〗男《軽蔑》❶ ぼろ布；ぼろぼろのもの：hecho un ~ ぼろぼろになった；疲れ果てた．❷ 生活の乱れた人，身持ちの悪い人〔女〕

pingajoso, sa [piŋgaxóso, sa]形《西》ぼろ布だらけの，ぼろぼろの着た

pinganello [piŋgáneʎo]男 つらら

pinganillo [piŋganíʎo]男《レオン》＝**pinganello**

pinganitos [piŋganítos]《口語》*en ~* 裕福に，高い地位に：poner a+人 *en ~* …を出世させる

pingar [piŋgár]［←ラテン語 pendicare］〖8〗自 ❶ ぶら下がる，垂れ

下がる．❷［濡れて］水滴を垂らす．❸［服の一部が］無様に垂れ下がっている．❹ 飛び跳ねる．❺《地方語》垂直にする．❻《アラゴン》飲もうとして酒袋を持ち上げる
poner pingando a+人《口語》…の悪口を言う，こきおろす
pingo¹ [píŋgo]《←*pingar*》男 ❶《西．口語》ぼろ服: No tengo ni un ~ que ponerme. 私は着ようにもぼろ服一枚持っていない．❷《西．軽蔑》1) 身持ちの悪い人《主に女性》; 売春婦．2) 遊び歩く〈街をぶらつく〉のが好きな人．❸［垂れ下がる］ぼろ切れ．❹ 複 ［女性用の，中古・新品の］安物の服．❺《メキシコ．口語》[el+] 悪魔．❻《チリ．ラプラ．口語》馬《=*caballo*》
ir de ~ 遊び歩く，街をぶらつく
poner a+人 *como un* ~《西．口語》…のことをけなす，ひどい悪口を言う，侮辱する

pingo², **ga**² [píŋgo, ga] 名《メキシコ．口語》いたずらっ子
pingoleta [piŋgoléta] 女《地方語》旋回《=*pirueta*》
pingón, na [piŋgón, na] 形《地方語》ぶら下がっている;［服の一部が］無様に垂れ下がっている
pingonear [piŋgoneár] 自《口語》［仕事などをしないで］街をうろうろ回る，遊び歩く
pingoneo [piŋgonéo] 男 andar (estar·ir) de ~《口語》=**pingonear**
pingopingo [piŋgopíŋgo] 男《チリ．植物》マオウ属の灌木《実と葉は薬用．学名 *Ephedra andina*》
pingorota [piŋgoróta] 女《口語》［山などの］てっぺん，頂
pingorote [piŋgoróte] 男《口語》先が突き出て尖った部分
pingorotudo, da [piŋgorotúðo, ða] ❶《西．皮肉》非常に高い〈険しい〉．❷［人が］地位の高い
ping pong [pímpon]《←商標》男《スポーツ》ピンポン，卓球《=*tenis de mesa*》
pingue [píŋge]《古語．船舶》［主にイタリアで使われた］艀 (はしけ)
pingüe [píŋgwe]《←ラテン語 *pinguis*「太った」》形 ❶《文語》主に熟語的》莫大な: negocio ~ もうかる商売． obtener ~s beneficios 莫大な利益を得る．❷ まれ 太った
pingüedinoso, sa [piŋgweðinóso, sa] 形 肥満した
pingüi [píŋgwi]《関牛》見かけだけの飾り
pingüica [piŋgwíka] 女《メキシコ．植物》クマコケモモに似た灌木《学名 *Arctostaphylos pungens*》
pingüinera [piŋgwinéra] 女 ペンギンの営巣地
pingüino [piŋgwíno]《←英語 *penguin*》男《鳥》ペンギン《= pájaro bobo》: ~ adelaida アデリーペンギン．~ de Humboldt フンボルトペンギン．~ de Magallanes マゼランペンギン．~ emperador エンペラーペンギン．~ enano ブルーペンギン．❷ オウミガラス《既に絶滅》
ir de ~ 燕尾服姿である
vestirse de ~ 燕尾服を着る
pingullo [piŋgúʎo] 男《ボリビア．エクアドル．音楽》=**pincullo**
pinguosidad [piŋgwosiðáð] 女 肥満
pinífero, ra [piní̯fero, ra] 形《文語》松の多い，松の茂った
pinillo [piníʎo] 男 ❶《植物》ピノ系の一種《= ~ oloroso．学名 *Ajuga chamaepitys*; =~ almizclado．学名 *Ajuga iva*》: ~ rastrero アジュガ《=*consuelda menor*》．❷ オトギリソウ科の一種《= ~ de oro．学名 *Hypericum ericoides*》．❸ シソ科ニガクサ属の一種《=~ falso, ~ bastardo．学名 *Teucrium pseudochamaepitys*》
pininos [pinínos] 男 複 =**pinitos**
pinitos [pinítos] 男 複《*pino* の示小語「非常に急な」》男 複 [*hacer*+] ❶ よちよち歩き: Mi hijo ya hace sus primeros ~. 私の息子はもうよちよち歩きを始めた．❷ ［職業などを始めた］第一歩: Ha empezado a hacer sus ~ como actor. 彼は役者としての第一歩を踏み始めた．hacer ~ en informática 情報処理の勉強を始める
pinjante [piŋxánte] 形 男 ❶《文語》吊り下げる［飾り・宝石］．❷《建築》建築物の上部から吊り下げる［飾り］
pinky [píŋki] 男 =**piky**
pinna [pínna] 女《まれ．植物》小葉, 萼片 (がくへん)
pinnado, da [pinnáðo, ða] 形 ❶《植物》羽状の．❷《まれ．動物》クジラ目の《=*cetáceo*》
pinnaticompuesto, ta [pinnatikompwésto, ta] 形《植物》羽状複 *hoja* ~*ta* 羽状複葉
pinnatífido, da [pinnatífiðo, ða] 形《植物》［葉が］羽状中裂の
pinnatisecto, ta [pinnatisékto, ta] 形《植物》［葉が］羽状全裂の

pinnípedo, da [pinnípeðo, ða] 形 ひれ足類の
── 男《動物》ひれ足類
pino¹ [píno]《←ラテン語 *pinus*》男 ❶《植物》1) マツ〈松〉: ~ albar (blanquillo·royo) イタリアカサマツ，ヨーロッパアカマツ．~ [de] Alepo/~ carrasco/~ carrasqueño アレッポマツ．~ de Canarias/~ canario カナリーマツ．~ de Monterrey/~ insigne ラジアータパイン，モントレーパイン．~ silvestre/~ [de] Valsaín ヨーロッパアカマツ．~ laricio ラリシオマツ，~ [de] ッパクロマツ．~ negral (resinero·cascalbo·pudio·salgareño) ヨーロッパクロマツ．~ negro コウヤマキの一種《学名 *Pinus montana, Pinus unciata*》．~ piñonero (doncel·manso) カサマツ．~ rodeno (gallego·marítimo) カイガンショウ〈海岸松〉．~ tea テーダマツ．2)《チリ．アルゼンチン》~ araucano/~ del Neuquén アローカリア，ナンヨウスギ《=*araucaria*》．❷ 松材; muebles de ~ 松材の家具．❸《文語》船．❹ [主に 複]よちよち歩き: hacer ~ よちよち歩きを始める．❺《西．口語》逆立ち: hacer el ~ さか立ちをする．❻《古語》~ de oro 髪飾り; りりしい人，スラッとした人．❼《メキシコ．ボウリング》ピン《=*bolo*》．❽《チリ．料理》ひき肉・ゆで卵・玉ネギ・干しブドウ・オリーブのエンパナーダ *empanada*
a ~《鐘の鳴らし方が》回転させながら
el quinto ~《西．口語》はるか遠方: Está en *el quinto* ~. それははるか遠くにある
en ~ 立って，直立して
hacer los primeros ~*s*《比喩》第一歩を踏み出す

pino², **na**² [píno, na] 形《傾斜が》急な; 直立した
pinocha [pinótʃa] 女《←*pino*¹》 ❶《可算》《不可算》松葉．❷《アラゴン》［トウモロコシ・キビの］穂
pinochada [pinotʃáða] 女《ソリア》ビヌエサ *Vinuesa* 村の祭りでマツの枝 *pinocha* を武器として使う戦い
pinochazo [pinotʃáθo] 男 マツの枝 *pinocha* による一撃
Pinochet [pinotʃé]《人名》Augusto ~ アウグスト・ピノチェト《1915–2006, チリの軍人．クーデターでアジェンデ *Allende* 政権を倒して大統領に就任，軍事独裁体制を敷く (1973～90)》
pinocho [pinótʃo] 男 ❶ マツの若木．❷ マツの枝．❸ クロマツの松かさ，松ぼっくり．❹ =*papel pinocho*
pinocitosis [pinoθitósis] 女《生物》飲作用，ピノサイトーシス
pinol [pinól] 男《中米》ピノレ《=*pinole*》
pinolate [pinoláte] 男《グアテマラ》ピノラテ《トウモロコシ粉・砂糖入りの飲料》
pinole [pinóle] 男 ❶《古語》バニラなど香料をミックスした粉《アメリカ大陸からスペインに輸入され，チョコレートの味と香りがする》．❷《メキシコ．中米》ピノレ《炒めたトウモロコシ粉．しばしば甘みを付け，チョコレートかシナモンまたはアニスを混ぜる》
pinolero, ra [pinoléro, ra] 名《中米．口語》ニカラグア人《=*nicaragüense*》
pinolillo [pinolíʎo] 男 ❶《メキシコ．昆虫》ダニの赤い小さな幼虫《刺されると非常にかゆい》．❷《ホンジュラス，ニカラグア，コスタリカ》ピノレ粉・ココア・砂糖を混ぜた飲み物
pinoso, sa [pinóso, sa] 形 松のある
Pino Suárez [píno swáreθ]《人名》José María ~ ホセ・マリア・ピノ・スアレス《1869～1913, メキシコの政治家・ジャーナリスト・詩人．マデロ *Madero* と共にポルフィリオ・ディアス *Porfirio Díaz* の独裁と闘う．副大統領の時に暗殺される》
pinquillo [piŋkíʎo] 男《ボリビア》=**pincullo**
pinrel [pinrél] 男《←ジプシー語 *pinré*》《西．戯語》[主に 複 ．人の] 足
pinsapal [pinsapál] 男 =**pinsapar**
pinsapar [pinsapár] 男 スペインモミの林
pinsapo [pinsápo] 男《植物》スペインモミ，ピンサポ《ロンダの山中に自生するモミ》
pinscher [pínʃer] 男 [~*s*]《犬》ピンシャー《=*pincher*》
pinta¹ [pínta] I 《←*pintar*》女 ❶ [主に 複] 斑点，まだら: La piel de la pantera tiene ~*s* oscuras. ヒョウの毛皮には黒い斑点がある．❷ [複] 水玉模様《=*lunares*》: vestido con ~*s* rojas 赤の水玉模様の服．❸［特徴を表わす］外見，様子; 印: No llegarás muy lejos con esa ~ de matón. そんな殺し屋の格好では遠くまで行けないよ．Él tiene la ~ de los Blesa. 彼はブレサ家特有の面だちをしている．*sacar* (descubrir)... por la ~ 目印で…を見つける．❹《トランプ》最初に決められた勝ちの組札; 切り札: ¿A qué ~? 切り札は何？ 2)［四隅にある］組札の印．❺《医学》チフス《=*tifus*》．❻《中南米．動物》体色，特性，分類マーク．❼《メキシコ（中米）》落書き《=*pintada*》．

pintacaras

❽《アンデス，アルゼンチン，ウルグアイ．ゲーム》チェッカー；ダイス．❾《チリ，アルゼンチン，ウルグアイ．鉱山》富鉱，高品位鉱，上鉱．❿《チリ．口語》服，衣類

¡A la ~!《チリ，アルゼンチン，ウルグアイ》すばらしい！

a ~s 水玉模様の: corbata *a ~s verdes* 緑の水玉模様のネクタイ

echar *~*《チリ》=*tirar*
echarse la *~*《チリ，エルサルバドル，ホンジュラス》=*irse de ~*
estar a la *~*《チリ，アルゼンチン，ウルグアイ》1)〔+de. 見た感じが〕…のようである．2) 魅力的である；かっこいい，スマートである
hacer la *~* 1)〔学校などを〕ずる休みする．2)《アルゼンチン》深く感動させる
hacerse la *~*《メキシコ，エルサルバドル，ホンジュラス》=*irse de ~*
irse de *~*《メキシコ，エルサルバドル，ホンジュラス》〔学校などを〕ずる休みする
no se le vio ni *~*《中南米》…らしくなかった
ponerse la *~*《チリ．口語》ドレスアップする，晴れ着を着る
ser de la *~*《カリブ．婉曲》混血である
ser en *~*《ラプラタ．口語》〔人が〕そっくりである
tener buena *~* 1) 見た感じがいい．2) おいしそうである
tener *~ de...*《口語》〔見た感じが〕…のようである: *Tiene ~ de pícaro.* 彼は悪党面をしている
tirar *~* 深く感動される

—— 形 男《西．主に親愛》やくざ者〔の〕，悪人〔の〕；恥知らずな〔男〕，恩知らずな〔男〕；ずるい〔男〕．彼は恥ずかしい．II〔←仏語 pinte〕女 ❶〔イギリスなどの液量・乾量の単位〕パイント；〔その量の〕ビールジョッキ: beber una *~* de cerveza ビールを1パイント飲む．❷《地方語》密輸

pintacaras [pintakáras] 男 顔にペイントすること
pintacilgo [pintaθílgo] 男〔鳥〕ゴシキヒワ〘=*jilguero*〙
pintada¹ [pintáda]〔←*pintar*〕女 ❶〔スローガンなどを〕壁に書くこと；そのスローガン，落書き: En el metro hay *~s políticas*. 地下鉄には政治的な落書きがある．❷〔鳥〕ホロホロチョウ〘=*gallina de Guinea*〙
pintadera [pintadéra] 女《料理》パン〔パイ・クッキー〕などに飾りを施す道具
pintadilla [pintadíλa] 女《キューバ》家禽がやせ細る病気
pintadillo [pintadíλo] 男〔鳥〕ゴシキヒワ〘=*jilguero*〙
pintado, da² [pintádo, da] 形 ❶〔動物が〕斑点（まだら）のある: *vaca ~da* ぶちの牛．❷《口語》〔外見が〕大変似ている: *Miguel es su padre ~*. ミゲルは父親に生き写しだ．❸〔紙が壁紙用に〕多色で模様の入った．❹《口語．料理》〔人が〕飾り細工のある．❺《中南米．口語》ぴったり同じの〘=*idéntico*〙．❻《コロンビア》〔*estar*+. 人が〕まさに…らしい

a... ni ~《口語》…なんて大嫌いである: *Yo a ese, ni ~*. そいつなんて大嫌いだ
como ~《口語》=*que ni ~*
el más ~《西．口語》どれほど能力（適性）がある人でも: *Esto le puede pasar el más ~*. これは上手の手から水が漏れる（弘法にも筆の誤り）ということだ
no poder ver a... ni ~《口語》=*a... ni ~*
que ni ~《口語》〔*estar*・*ir*・*quedar*・*sentar*・*venir*+〕ぴったり，適切な: *El mote le está que ni ~*. そのあだ名は彼にぴったりだ

—— 男 ❶ 描く（塗る）こと

pintador, ra [pintadór, ra] 名《アンダルシア》穴に種を一粒ずつまく人
pintalabios [pintalábjos] 男〔単複同形〕《口語》口紅
pintamonas [pintamónas]〔←*pintar*+*mono*「いたずらがき」〕名〔単複同形〕《西．軽蔑》❶ へぼ画家．❷〔不定冠詞と〕取るに足りない人，ただの人
pintar [pintár]〔←俗ラテン語 *pinctare* < *pinctus* < ラテン語 *pingere*〕他 ❶〔人の〕絵を描く〘頻語 **pintar** は線と色で描く，**dibujar** は線だけで描く〙: *Picasso pintó el Guernica en París.* ピカソは『ゲルニカ』をパリで描いた．*Píntame un perro.* 犬の絵を描いて下さい．Lleva un quinientos pintado en la camiseta. 彼は quinientos (500) という文字がデザインされたTシャツを着ている．*~ un cuadro al óleo* 油絵を一枚描く．*~ las flores* 花を描く．*~ un retrato* 肖像画を描く．*~ la cara de gatito para niños* 子供たちの顔に子猫のペイントをする．❷〔ペンキで，+en 色に〕塗る: *La pared había sido pintada recientemente.* その壁は最近塗られたものだった．*Recién pintado.*《表示》ペンキ塗りたて．*~ la pared de azul* 壁を青く塗る．❸〔言葉

映像で〕描写する，表現する: *Me pintó muy bien la situación.* 彼は状況をとてもよく私に描写した．*Este escritor pinta muy bien el ambiente rural de Asturias.* この作家はアストゥリアスの田舎の情景を巧みに描いている．❹《料理》〔パンに〕❺〔綴り字記号を〕書く．❻ 誇張する．❼《鉱山》〔坑道に〕入り口をつける．❽〔皮膚に薬を〕塗る．❾《中南米．口語》…の様子である

~ la もったいぶる；格好をつける，気取る

—— 自 ❶ 塗る: *Pasé esta tarde pintando*. 私はペンキ塗りをして今日の午後を過ごした．❷ 絵を描く: *Me gusta ~ porque me relaja*. リラックスできるので私は絵を描くのが好きだ．❸ 装飾をする．❹〔絵の具・ペンキなどで〕汚す: *Ojo, pinta.* 注意，ペンキ塗り立て．❺ 色が出る，書ける: *Esta estilográfica ya no pinta.* この万年筆はもう書けない．❻ 書く: *No pintes en la pared.* 壁に落書きするな．❼〔果実などが〕色づく，熟す: *En agosto empiezan a ~ las uvas.* 8月にはブドウが色づき始める．❽《口語》〔否定文・疑問文で〕重要性を持つ: *Él no pinta nada en este equipo.* 彼はこのチームでは影が薄い．❾《トランプ》〔時に単人称〕切り札が…である: *¿En qué pinta?* 切り札は何？ *Pintan tréboles./Pinta en tréboles.* 切り札はクラブだ．❿《アストゥリアス，レオン，ソリア》似合う．⓫《中南米．見える》=*mostrarse*: *Ahora la situación pinta mejor.* 現在状況はいいようだ

~ bien (mal)《口語》よく（悪く）示される: *La situación pinta muy mal.* 状況はひどく悪い

~se ❶〔ペンキなどで〕自分の…を汚す: *Se ha pintado la mano con las acuarelas.* 彼は絵の具で手を汚してしまった．❷ 化粧する，メーキャップする: 1) *Esas mujeres detestan ~se demasiado.* その女性たちは化粧が濃すぎるのを嫌う．*Está muy pintada.* 彼女は厚化粧をしている．2)〔…に〕*¿Te has pintado los labios?* 口紅を塗ったの？ *~se los ojos* アイシャドーをする；アイラインを入れる．*~se las uñas* マニキュアをする．❸〔果実などが〕色づく，紅葉する．❹〔表情に〕表われる: *La felicidad se pintaba en su rostro.* 彼は幸せそうな顔だった．❺

~se (pintárselas) solo para...《口語》…に堪能である: *José se pinta solo para sacar dinero a su madre.* ホセは母からお金を取るのに長けている

~se《メキシコ，パナマ，ベネズエラ》逃げ出す

pintarrajado, da [pintarːaxádo, da]〔←軽蔑〕=*pintarrajear*
pintarrajear [pintarːaxeár]〔←*pintar*〕他《軽蔑》〔はみ出したり〕…に雑に塗る，塗りたくる；落書きする

—— 〔軽蔑〕厚化粧する

pintarrajo [pintarːáxo] 男《軽蔑》下手な絵
pintarroja [pintarːóxa] 女〔魚〕トラザメ
pintaúñas [pintaúɲas] 男〔単複同形〕《化粧》マニキュア液
pintear [pinteár] 自《地方語》〔単人称〕霧雨が降る
pintería [pintería] 女《チリ．鉱山》主鉱脈と隣接して走っている小さな鉱脈
pintiparado, da [pintiparádo, da]〔←*pinto* < *pinto*+*parado*〕形 ❶ よく似た: *Es ~ a su padre*. 彼は父親に生き写しだ．❷《西．口語》〔+*para* に〕おあつらえ向きの．❸ 着飾った．❹《ペルー，ペルー，ボリビア》自尊心の強い，高慢な

me viene (que ni) ~ 私にぴったりの，おあつらえ向きだ

pintiparar [pintiparár] 他 ❶〔+*con* と〕比べる．❷〔まれ〕…に似せる

Pinto [pínto] I《地名》ピント〘マドリード州の村〙

entre ~ y Valdemoro《西》1) どちらとも言えない，よくも悪くもない．2) ほろ酔いの

II —— **Aníbal ~** アニバル・ピント〘1825～84，チリのリベラルな政治家，大統領．硝石をめぐる対ボリビア・ペルーと太平洋戦争 Guerra del Pacífico を開始，勝利を得た〙

pinto, ta² [pínto, ta] 形〔動物が〕ぶちの，まだらのある: *caballo ~* 灰色で斑点のある馬

poner ~ a+人《メキシコ》…の悪口を言う；《口語》叱る，からかう

—— 男 ❶〔魚〕ベラ科の一種〘=*maragota*〙．❷《サンタンデール》〔初めて海へ下る〕二年子の鮭．❸《カナリア諸島．鳥》ゴシキヒワ〘=*jilguero*〙

pintojo, ja [pintóxo, xa] 形 まだらのある
pintón, na [pintón, na] 形 名 ❶〔ブドウなどが熟して〕色づき始めた．❷〔煉瓦が〕よく焼けていない，焼きむらのある．❸〔動物が〕まだら（斑点）のある．❹《地方語》ほろ酔いの．❺《南米》外見のいい〔人〕，感じのいい〔人〕，魅力的な〔人〕

piñonate

—— 男❶《昆虫》アワノメイガ《トウモロコシの害虫》. ❷《農業》すす紋病
pintonear [pintoneár] 自《果実が》熟し始める, 色づく
pintor, ra [pintór, ra]《←俗ラテン語 pinctor, -oris < pingere「描く」》名❶ 画家《= ~ de cuadros》: ~ escenográfico《演劇》書き割り(背景)を描く人. ❷ ペンキ屋, ペンキ塗り職人《= ~ de brocha gorda》: ~ decorador《塗装専門の》室内装飾家. ❸《チリ, アルゼンチン, ウルグアイ》見栄っぱりの人; 高慢な人 —— 女《チリ》《作業着の》オーバーオール
pintoresco, ca [pintorésko, ka]《←pintor》形❶《典型的で》絵になる, 趣のある: paisaje ~ 絵になる(美しい)風景. taberna muy ~ca 非常に趣のある居酒屋. ❷《表現が》精彩に富んだ: Pérez Galdós tiene novelas muy ~cas. ペレス・ガルドスの小説はとても生き生きとしている. ❸《主に軽蔑》一風変わった, 奇抜な, 変てこな: traje ~ おかしな服
pintoresquismo [pintoreskísmo] 男《典型的な》絵になる美しさ, 画趣
pintoresquista [pintoreskísta] 形 絵になるような美しさの, 画趣にあふれた
pintorrear [pintor̄eár] 他《軽蔑》=**pintarrajear**
pintura [pintúra]《←俗ラテン語 pinctura》女❶ 絵, 絵画《類義》**pintura** は一般的に絵, 色彩のある絵. **cuadro** は画家の個々の作品, 額入りの絵. **dibujo** は線だけの絵》; 画法: Este cuadro es una famosa ~ de Velázquez. この絵はベラスケスの有名な作品だ. estudiar ~ 絵を学ぶ. influencias del arte árabe en la ~ de Miró ミロの絵(画法)におけるアラビア美術の影響. colección de [s] abstracta[s] 抽象画のコレクション. ~ japonesa 日本画. ~ tejida《自然のモチーフを描いた》織物, 絵画. ~ viviente 活人画. ~3 secas/~ de arena 砂絵. ❷塗装: ~ de la casa 家の塗装. ❸ ペンキ, 塗料: Di una mano de ~ gris a la puerta. 私はドアに灰色のペンキを塗った. Cuidado con la ~.《表示》ペンキ塗り立て. ~ al esmalte/~ vidriada エナメルペイント. ~ de aceite 油性ペイント. ~ al agua 水性塗料. ❹《言葉による》描写. ❺《化粧》《時に 複》ペンシル, 鉛筆: ~ de los ojos アイペンシル. ❻《主にメキシコ》《複》色鉛筆: llevarse ~ al colegio 学校へ色鉛筆を持っていく. ~ de cera ワックスクレヨン
no poder ver... ni en ~《口語》…をひどく嫌う, …の顔も見たくない: No puedo verle ni en ~. 私は彼の顔も見たくない. No puede ver la carne ni en ~. 彼は肉が大嫌いだ
pinturería [pintureŕía] 女《西. 古語の》おしゃれ, 気取り. ❷《ラプラタ》ペンキ店
pinturero, ra [pinturéro, ra]《←pintura》形 名《西. 古語的》どくおしゃれな[人], 気取り屋[の], 体裁を気にする[人]
pinuca [pinúka] 女❶《植物》カリビアマツ. ❷《チリ. 動物》タマシキゴカイの一種《食用の魚介類. 学名 Pinuca edulis》
pínula [pínula] 女❶《魚》小びれ. ❷《測量, 天文》後視準板. ❸《植物》小羽片
pin-up [pináp]《←英語》女《複 ~s》ピンナップガール; ピンナップ写真
pinyin [pínjin]《←中国語》男 ピンイン《中国語の発音表記》
pinza [pínθa] 女《←仏語 pinces》❶ 洗濯ばさみ《= ~ de tender la ropa》《= ~s para la ropa》. ❷ クリップ《= ~s para sujetar papeles》; ヘアクリップ《= ~s para el pelo》. ❸ 複 ピンセット; 毛抜き《= ~s de depilar》;《氷などをはさむ》トング: coger con las ~s ピンセット《トング》でつまむ. ~ de azúcar 角砂糖ばさみ.《医学》鉗子《= ~s de hielo》鉗子, ペアン. ❹《エビ・カニの》はさみ. ❺《裁縫》ダーツ. ❻《主に中南米》ペンチ, 釘抜き. ❼《メキシコ》~s de corte ワイヤーカッター
coger (agarrar) con ~s《大変汚いので》指でつまむ; 人を嫌って触らないようにする
sacar a+人 con ~s《情報などを》…から引き出す, どうにかして言わせる
tomar con ~s《チリ, アルゼンチン, ウルグアイ》自分を文字どおり…であると思う
tratar con ~s《メキシコ. 口語》慎重に扱う
pinzado [pinθáðo] 男 はさむ(つまむ)こと
pinzamiento [pinθamjénto] 男❶ はさむ(つまむ)こと. ❷《医学》《器官・神経・筋肉の》圧迫
pinzar [pinθár]《←pinza》他❶《ピンセット・指などで》はさむ, つまむ, つねる. ❷《芽などを》摘む, 摘芽する
pinzoleta [pinθoléta] 女《地方語. 鳥》ハッコウチョウ, メボソムシクイ, ヨシキリ

pinzón [pinθón] 男❶《鳥》ズアオアトリ《= ~ común, ~ vulgar》; ~ de montaña アトリ《= ~ real》. ~ del Teide アトリの一種《学名 Fringilla teidea》: ~ real アトリ; ウソ. ❷《船舶》吸い上げポンプの柄
Pinzón [pinθón]《人名》**Vicente Yáñez ~** ビセンテ・ヤニェス・ピンソン《1462?~1514, スペイン人航海者・探検家. コロンブス Colón と共に航海. のちブラジル海岸部を発見》
pinzote [pinθóte] 男《船舶》ピントル, 舵などの旋回支軸棒
piña [pína] 女《←ラテン語 pinea》❶《植物, 果実》パイナップル《= ananá, ~ de América, ~ americana, ~ de las Indias, ~ tropical》: ~ de ratón ブロメリア属のパイナップル《学名 Bromelia pinguin》. ❷《酒》~ colada ピニャコラーダ《パイナップルジュース・ココナッツ・ラムのカクテル》. ❸ 松かさ; 松かさの形をしたもの. ❹《西》《集名》1)《忠誠心・友愛で》団結した(まとまりのよい)小集団: Los jugadores son una ~. 選手たちはとてもまとまりがいい. 2)《物・動物の》集まり: en una ~ ひとかたまりになって. una ~ de ratas ネズミの一家. ❺《小さな》集落. ❻《バナナの》房. ❼ ~ de incienso《クリスマスの》パインキャンドル. ❽《船舶》《綱の》継(つ)ぎ目. ❾《口語》《強い》打撃. ❿《主にカナリア諸島; ラプラタ. 口語》《こぶしによる》殴打: dar a+人 una ~ en la cara …の顔を殴る. solucionar a las ~s けんかで解決する, こぶしをつける. ⓫《古語》《銀の精錬時に生じる》鉱滓, スラグ. ⓬《メキシコ, カリブ》《車輪の》ハブ. ⓭《メキシコ》1) ピニャ《リュウゼツラン agave の葉と根を切り落とした, パイナップルに似た球状の茎. テキーラの原料》. 2)《レボルバーの》回転シリンダー, 薬室. 3) シャワーの口. ⓮《ボリビア》激しいけんか. ⓯《フィリピン》ピーニャ《パイナップルの繊維で織った薄く透明な布》
como una ~ 団結した, まとまりのよい: Estamos unidos como una ~ en este mal momento. 私たちはこのひどい時期でも強固にまとまっている
dar[se] una ~《口語》交通事故に遭う;《+contra》…にぶつかる
darse ~s けんかする, 殴り合う
—— 男《中米》同性愛の男; なよなよした男
—— 《アンデス. 口語》[ser estar+] ついていない, 不運である: ¡Qué ~! 何て運が悪いんだ!
piñacha [piɲátʃa] 女《チリ》淡水性のカニの一種《学名 Aeglea laevis》
piñada [piɲáða] 女《隠語》歯並び《=dentadura》
piñal [piɲál] 男《中南米》パイナップルの苗床
piñata [piɲáta] 女《←伊語 pignatta「鍋」》❶ くす玉割り《中に菓子が入っていて, 目隠しした人が棒で叩き割る遊び. カーニバルの最後の日曜日 domingo de piñata の仮装舞踏会で行なわれる》: baile de ~ くす玉割りのあるダンスパーティー. ❷ 〔くす玉割りの〕鍋
piñatería [piɲatería] 女《ベネズエラ》強盗《行為》
piñear [piɲeár] 自《ベネズエラ. 口語》固執する
piñén [piɲén] 男《チリ. 口語》垢, 体の汚れ
piñero, ra [piɲéro, ra]《地方語》パイナップルの収穫(販売)者
piñizcar [piɲizkár] 7《チリ》つねる, つまむ《=pellizcar》
piño [píɲo] 男❶《チリ》1)《主に 複》人の歯《=diente》. 2)《西. 口語》打撃《=golpe》.❷《チリ》《牛などの》群れ
piñón [piɲón] I《←piña》男❶ 松の実, カサマツの種《菓子などに使われる》; 2) 銃の撃鉄. ❸《荷役用ロバの口の》最後尾のロバ《しばしば荷車引きが乗る》. ❹《鳥》翼の先端の小骨. ❺《中南米. 植物》タイワンアブラギリ, ナンヨウアブラギリ
boca de ~ 非常に小さな口
estar a partir un ~《西. 口語》互いに親密な仲である
no caber a+人 un ~ por (en) el culo 非常に怖がっている
II《古語 piñol < ラテン語 pinna「羽」》男❶ 小歯車, ピニオン. ❷《自転車》鎖歯車: ~ libre フリーホイール. ❸《建築》切り妻壁
a ~ fijo 変わらずに, 決まって
a ~ libre 自由に
III《←ラテン語 pinna「羽」》男《鷹狩り》[ハヤブサの羽の下にある]小型の翼
piñonada [piɲonáða] 女《菓子》松の実のクッキー
piñonate [piɲonáte] 男《菓子》❶ アーモンドケーキ
piñonate [piɲonáte] 男《菓子》❶ 松の実と砂糖の菓子. ❷ 小麦粉の生地を揚げた小片に蜂蜜などをかけ松かさの形に組み合わせたもの. ❸《ウエルバ》小麦粉・松の実・蒸留酒・蜂蜜・卵を練

って揚げたもの
piñoncillo [piɲonθíʎo] 男［ハヤブサの翼の下にある］小型の翼『=piñón』
piñonear [piɲoneár] 自 ❶［銃の］撃鉄を引く音がする．❷［発情期のヤマウズラの雄が］コッコッと鳴く．❸［少年期を終えて］青年になる;［少年期を終えた青年が］女性に言い寄る
piñoneo [piɲonéo] 男 撃鉄を引くこと
piñonero, ra [piɲonéro, ra] 形 →**pino** piñonero
―― 男 松の実の販売者
―― 男《鳥》アトリ『=pinzón real』
piñorro, rra [piɲóřo, řa] 名《ソリア》［ビヌエサ 村の祭りで独特の衣装を着た］戦い pinochada の参加者
piñoso, sa [piɲóso, sa] 形《ペルー．口語》運の悪い
piñuela [piɲwéla] 女 ❶ イトスギの実．❷ 絹布．❸《ニカラグア，コスタリカ，エクアドル．植物》プロメリア属のパイナップル『実は食用．学名 Bromelia pinguin, Bromelia plumieri など』
piñuelo [piɲwélo] 男 ❶《西》オリーブの種から作った炭の粉『=erraj』．❷《ムルシア》ブドウなどの種
piñufla [piɲúfla] 形《チリ，アルゼンチン．口語》❶［金額が］わずかな，取るに足りない．❷ 質の悪い，粗末な，役に立たない
piñufle [piɲúfle] 形《アルゼンチン》けちな，しみったれた
pío¹ [pío]『←piar』 男 ❶［鳥の鳴き声］ピイピイ．❷《口語》切望，希望
no decir ni ～ うんともすんとも言わない
pío²,a [pío, a] I『←ラテン語 pius「信心深い」』形 ❶《絶対最上級 piísimo》信心深い［人］，敬虔な．❷［作品が］宗教的な．❸《軽蔑》信心ぶった．❹ 慈悲深い，思いやりのある
II『←ラテン語 pie「ササギ」』形［馬・牛が］白と黒（茶）のまだらの
piocha [pjótʃa] 名 ❶《まれ》つるはし『=piqueta』．❷［鳥の羽で作った］毛布．❸《古語》［女性の］宝石をちりばめた頭飾り．❹《メキシコ》1) ヤギひげ，あごひげ．2) 刃の長い鍬．❺《チリ》記章
piochazo [pjotʃáβo] 男《まれ》つるはしによる打撃
piociánico, ca [pjoθjániko, ka] 形《医学》bacilo ～ 緑膿菌
piocianina [pjoθjanína] 女《化学》ピオシアニン
pioftalmía [pjoftalmía] 女《医学》膿眼
piogenia [pjoxénja] 女《医学》化膿
piogénico, ca [pjoxéniko, ka] 形《医学》膿の出る，化膿性の
piógeno, na [pjóxeno, na] 形《医学》化膿（性）の
piojar [pjoxár] 男《地方語》狭い耕作地（畑）『=pegujal』
piojento, ta [pjoxénto, ta] 形 ❶ シラミの．❷ シラミのわいた
piojera [pjoxéra] 女 ❶ シラミの害．❷ シラミだらけなこと．❸ 貧困．❸《植物》hierba ～ ヒエンソウ『=albarraz』
piojería [pjoxería] 女 ❶ シラミだらけなこと．❷ 貧困
piojero [pjoxéro] 男《中南米》=**piojería**
piojillo [pjoxíʎo] 男《昆虫》ハジラミ
piojina [pjoxína] 女《地方語》鳥につくハジラミ
piojito [pjoxíto] 男《アルゼンチン．鳥》カンムリカトリタイランチョウ
piojo [pjóxo]『←俗ラテン語 peduculus ＜ラテン語 pediculus「小さな足」＜ pes, pedis「足」』男 ❶《昆虫》1) シラミ: Se me han pegado los ～s. 私はシラミをうつされた．tener muchos ～s シラミだらけである．cubierto de ～s シラミだかった．～ de la cabeza アタマジラミ．～ de la ropa／～ de los vestidos／～ del cuerpo コロモジラミ．～ del pubis ケジラミ．～ humano ヒトジラミ．2) ハジラミ『=piojillo』: ～ de las abejas ミツバチシラミバエ．～ del manzano リンゴワタムシ．～ del pollo ニワトリハジラミ．3) ～ de los libros チャテムシ．❷《動物》～ de mar サッパヤドリムシの一種『学名 Anilocra mediterranea』．❸《隠語．軍事》兵役期間が3か月以上での召集兵
como～*s en costura*《口語》すし詰めの: En el autobús estábamos como ～s en costura. バスはぎゅうぎゅう詰めだった
～ *pegadizo* わずらわしい人，厄介者
～ *resucitado*／～ *puesto en limpio*《軽蔑》成り上がり者，成金
piojoso, sa [pjoxóso, sa]『←piojo』形 名 ❶ シラミのたかった［人］，うす汚い［人］．❷《軽蔑》けちな［人］，欲ばりの［人］．❸《軽蔑》『字の』非常に小さく汚い
piojuelo [pjoxwélo] 男《昆虫》アリマキ『=pulgón』
piola [pjóla]『←レオン語』名 ❶《船舶》細綱．❷《地方語》馬跳び『=pídola』．❸《中南米》縄
dar～*a*+人《ラプラタ．隠語》…の話を聞く，注目する

quedar～《ラプラタ．口語》［人が］楽しい; ずる賢い．《ラプラタ．口語》［服が］似合う
piolar [pjolár] 自《鶏・小鳥が》ピヨピヨ（ピーピー）鳴く
piolet [pjolé]『←仏語』男《登山》［アイス］ピッケル
piolín [pjolín] 男《中南米》［麻・木綿などの］細ひも
pion¹ [pjón] 男《物理》=**pión**
pion², na¹ [pjón, na] 形 =**pión²**
pión¹ [pjón] 男 ❶《物理》パイオン, π中間子．❷《魚》イカナゴの一種『学名 Hyperoplus lanceolatus』
pión², na [pjón, na] 形［鳥が］ピーピーとよく（しょっちゅう）鳴く
pionerismo [pjonerísmo] 男 開拓者精神
pionero, ra [pjonéro, ra]『←仏語 pionnier ＜ラテン語 pedo, -onis「作業員」』名 ❶ 開拓者，パイオニア，先駆者: ～ en el estudio de la astronomía 天文学の先駆者．❷《生物》［裸地に最初に侵入定着する］先駆動物（植物）．❸《歴史》ピオニール，共産党少年団
pionía [pjonía] 女《ベネズエラ》サンゴシドウ bucare の種
pionono [pjonóno] 男『←Pío nono』《菓子》ピオノノ『細いロールケーキ』
piopollo [pjopóʎo] 男《アンダルシア》ジューズハープ birimbao に似た楽器
piornal [pjornál] 男 エニシダなどの灌木の林
piorneda [pjornéða] 女 =**piornal**
piorno [pjórno] 男《植物》［総称］エニシダなどの灌木
piorrea [pjořéa] 女《医学》膿漏（症）: ～ alveolar 歯槽膿漏
piorreico, ca [pjořéiko, ka] 形《医学》膿漏（症）の
pipa [pípa] I『←俗ラテン語 pipa「小型の横笛」＜ラテン語 pipare「ピイピイ鳴く」』女 ❶［きざみたばこ用の］パイプ: fumar [en] ～ パイプを吸う．cargar (encender) la ～ パイプにたばこを詰める．❷［パイプに詰める］一回分の量．❸［オリーブ油・ワインを保存する］木樽．❹《隠語》ピストル『=pistola』．❺《隠語》クリトリス『=clitoris』．❻《技術》導管．❼ 信管『=espoleta』．❽《音楽》リード『=lengüeta』．❾=**pipiritaña**．❿《植物》マンネンタケ．⓫《メキシコ》タンクローリー車『=camión ～』．⓫《コスタリカ》1) ココヤシの実『外皮と内皮の付いた全体』．2)《人》頭『=cabeza』．⓬《コロンビア，ペルー》腹, 腸．⓭《コロンビア》ポンペ
―― 名《隠語》麻薬吸引者
❶《隠語》男性同性愛者: Ese es un ～. あいつはホモだ．❷［楽器の設置・片付けをする］バンドボーイ
―― 副《口語》楽しく，すばらしく
pasarlo～《西．口語》とても楽しく過ごす
II『←pepita』名《果実の》種『特にヒマワリ・カボチャ・スイカの塩煎りした食用の種』
con diez de～*s*《口語》ごく少量
III 男《動物》コモリガエル，ピパピパ
pipada [pipáða] 女《地方語》パイプ（葉巻き）を吸うこと
pipar [pipár] 自 ❶ パイプを吸う．❷《地方語》滴る『=gotear』
pipe [pípe] 男《中米》仲間，相棒
pipeño [pipéɲo] 男《チリ》ピペニョ『安物の白ワインの一種』
piperáceo, a [piperáθeo, a] 形 コショウ科の
―― 女 複《植物》コショウ科
piperacina [piperaθína] 女《化学》ピペラジン
piperada [piperáða] 女《バスク．料理》ピペラーダ『ピーマン・卵・ハムなどの煮込み』
piperal [piperál] 形 コショウ目の
―― 男 複《植物》コショウ目
piperería [piperería] 女 集名 ❶《船舶》［飲料水などの］貯蔵樽．❷ 木樽
piperina [piperína] 女《化学》ピペリン
piperita [piperíta] 女 →**menta** piperita
pipermín [pipermín]『←英語 peppermint』男《酒》ペパーミントリキュール
pipero, ra [pipéro, ra] 名［街頭の］パイプ売り『菓子も売る』
―― 男《地方語》［家の1階にある，パーティーの間若者たちが集まって］酒を飲む場所
piperropil [piperropíl] 男《ナバラ．菓子》アニス入りのパイ
pipeta [pipéta]『←pipa I』女《化学》ピペット
pipi [pípi] 男 ❶《婉曲》シラミ『=piojo』．❷《口語》若造，新前『=pipiolo』．❸《動物》鳥, 鶏
pipí [pipí] I『←擬態』男 ❶《口語》～s.《婉曲，幼児語》おしっこ『=pis』: hacer ～ おしっこする．¿Te has hecho ～, hijito? 坊や，おもらししたの（おしっこはしたね）? ❷《メキシコ，コロンビア，ボリ

ア. 口語》[子供の] おちんちん.
II 男《複 ~es》《鳥》タヒバリ《=pitpit》
pipián [pipján] 男 ❶《メキシコ. 料理》ピピアン《炒って砕いたカボチャの種またはアチョーテ achiote を混ぜたトウモロコシの辛いソース》. ❷《エルサルバドル. 植物》ペポカボチャ
pipiana [pipjána] 女《プエルトリコ. 料理》ココナッツミルクで煮込んだパパイヤ
pipiar [pipjár] 10 自《ひな鳥が》ピーピー鳴く
pipiciego, ga [pipiθjégo, ɣa]《コロンビア. 口語》近視の
pipil [pipíl] 形 名 ❶ ピピル族の《エル・サルバドル西部の先住民》. ❷《中米. 軽蔑》メキシコ人[の]
—— 男 ピピル語
pípila [pípila] 女《メキシコ》七面鳥の雌; 売春婦
pipiliciego, ga [pipiliθjégo, ɣa] 形《メキシコ, ホンジュラス, コスタリカ》近視の
pipilla [pipíʎa] 女《メキシコ》七面鳥の雌
pípilo [pípilo] 男《メキシコ》七面鳥のひな《=pavipollo》
pipilol [pipilól] 男《メキシコ》[幼児が食べる] 甘いクレープ
piping [pájpin]《←英語》男 配管工事
pipiola[1] [pipjóla] 女《メキシコ. 昆虫》オオハリナシバチ属の一種
pipiolera [pipjoléra] 女《メキシコ》大勢の子供たち《=chiquillería》
pipiolo, la[2] [pipjólo, la]《←ラテン語 pipio, -onis》名 ❶《軽蔑》若造, 新前. ❷《口語》[主に親愛の呼びかけ] 坊や
—— 男《メキシコ》少年
pipiriciego, ga [pipiriθjégo, ɣa] 形《中米》近視の
pipiricojo [pipirikóxo] 男 a [l] ~《地方語》片足で跳びながら
pipirigallo [pipiriɣáʎo] 男《植物》イワオウギの一種《スペインで一般的な牧草. 学名 Onobrychis viciaefolia, Hedysarum coronarium》
pipirigaña [pipiriɣáɲa] 女 =pizpirigaña
pipirigua [pipiríɣwa] 女《チリ》はつらつとした女性
pipirijaina [pipiríxáina] 女《まれ》[巡業する] 道化役者一座
pipiripao [pipirípáo] 男《まれ》大宴会
del ~ [土地が] 豊穣で快楽に満ちた
pipiritaje [pipiritáxe] 男《ラマンチャ, ムルシア. 口語》失神, 神経性の発作, ヒステリー
pipiritaña [pipiritáɲa] 女 大麦の茎で作る小さな横笛
pipiritos [pipirítos] 男《複》《コロンビア》砂糖菓子
pipirrana [pipiráɲa] 女《アンダルシア. 料理》トマト・玉ネギ・ゆで卵などを細かく切って混ぜたサラダ
pipisgallo [pipisɣáʎo] 男《キューバ, チリ》=pizpirigaña
pipistrelo [pipistrélo] 男《動物》アブラコウモリの一種《学名 Pipistrellus pipistrellus》
pipita [pipíta] 女《アンダルシア. 鳥》セキレイ
pipitaña [pipitáɲa] 女 =pipiritaña
pipo [pípo] 男 ❶《鳥》赤い冠毛のキツツキの一種《学名 Dryobates minor》. ❷《口語》おしゃぶり. ❸《エストレマドゥラ》果実の種, 芯. ❹《アンダルシア》水入れ《=botijo》
pipocas [pipókas] 女《複》《ボリビア》白いバラのつぼみの形で炒めるとふくらむ食品
pipón, na [pipón, na] 形 ❶《中南米. 口語》[満腹で] 腹の出た, 太鼓腹の; [女性・雌が妊娠して] 腹の大きい. ❷《ラプラタ. 口語》満腹の, 食べ飽きた
—— 名《中米》少年, 少女
piporro [pipóro] 男 ❶《口語. 音楽》ファゴット, バスーン《=fagot》; ファゴット(バスーン)奏者. ❷《アンダルシア》水入れ《=botijo》
pipote [pipóte] 男 ❶《酒や魚を入れる》小さい樽. ❷ 酒を飲む場所《=pipero》. ❸《アンダルシア》水入れ《=botijo》. ❹《プエルトリコ, ベネズエラ》ドラム缶. ❺《ベネズエラ》ごみバケツ
pippermint [pipermínt] 男 =pipermín
Pippin [pípin] 男 リンゴの一品種, 翠玉
pipra [pípra] 女《アルゼンチン. 鳥》キガシラマイコドリの一種《学名 Pipra longicauda》
pipudo, da [pipúdo, ða] 形《口語》すばらしい, 見事な
pique [píke] **I**《←picar》男 ❶《口語》ライバル意識, 競争心; 自負心. ❷《口語》不和, いさかい; 怒り, 不快, 敵意. ❸《昆虫》ハトドビムシ, スナノミ《=nigua》. ❹ 本心から穴を開けること. ❺《船舶》切り立った海岸. ❻《砲弾などの落下による》水柱. ❼《中南米》[ボールの] バウンド. ❽《ホンジュラス, チリ. 口語》縦坑. ❾《ニカラグア, ボリビア, メキシコ》[ジャングル内の] 細い道. ❿《アルゼンチン, ウルグアイ》[馬・車などの] 加速.

a los [santos] ~s《アルゼンチン, ウルグアイ. 口語》大急ぎで, あわてて
a ~《船舶》ほとんど垂直に
echar... a ~ …を沈没させる; 失敗させる
estar a ~ de... …する, …する間際にある
irse a ~ 沈没する; 倒産する: El proyecto se ha ido a ~. 計画は失敗した
II《←picarse》《船舶》叉柱 (ˈ,,,)
piqué [piké]《←仏語》男《複 ~s》《繊維》ピケ《太い畝織り綿布; 2枚の布地をはぎ合わせて刺し縫いした綿布》
piquear [pikeár] 自《グアテマラ》❶ 話す, うわさをする. ❷ キスする
piquento, ta [pikénto, ta] 形《アルゼンチン》ノミのたかった
piqueo [pikéo] 男《ペルー》[クレオル料理で] 各人が色々な料理を好きな分量取り分ける食べ方
piquera[1] [pikéra] 女 ❶《蜜蜂の巣の》出入り口. ❷《樽・蒸留器の》口. ❸《溶鉱炉の》出銑口. ❹ 点火器. ❺ 裂傷. ❻《ブルゴス》2(4)畝ごとに種をまいた畑. ❼《ラマンチャ》[わらを降ろすための, わら置き場の] 大窓. ❽《アラゴン》頭の傷. ❾《キューバ》レンタカーのオフィス
piquería [pikería] 女《古語》長槍兵隊
piquero, ra[2] [pikéro, ra] 名《西. 隠語》すり
—— 男 ❶《古語》長槍兵. ❷《闘牛》ピカドール《=picador》. ❸《地方語》突起, 出っぱり. ❹《エクアドル, ペルー, チリ. 鳥》アカオタテガモ《グアノを産する遊禽類》. ❺《チリ》[水への] 飛び込み
piquet [piké]《←仏語》男《トランプ》ピケット《=cientos》
piqueta [pikéta]《←pica I》女 ❶ [片側が尖った] 石工用のハンマー. ❷ [短い] 杭. ❸ つるはし《=zapapico》. ❹《チリ》水っぽいワイン《=aguapié》
estar condenado a la ~ [建物が] 取り壊されることになっている
piquetazo [piketáθo] 男《メキシコ. 口語》刺し傷, 傷
piquete [pikéte]《←picar》男 ❶ [ストライキなどの] ピケット, ピケ: instalar ~s ピケを張る. ~ móvil (volante) 移動ピケ隊. ~ secundario 2次ピケ. ❷《軍事》[特別任務の] 小部隊; ~ de ejecución 処刑部隊. ❸ 刺し傷. ❹ [服などにできた] 小さい穴. ❺《演劇. 軽蔑》凡倡な配役陣. ❻《地方語》[短い] 杭 (ˈ,): ~s de la tienda テントの杭. ❼《メキシコ》1) 虫刺され. 2) [コーヒーなどに入れる] 少量のリキュール酒. ❽《コロンビア》ピクニック. ❾《チリ》小編成の楽団
piqueteadero [piketeadéro] 男《コロンビア》バル《=bar》
piquetear [piketeár] 自《地方語》ライバル意識, 競争心《=pique》; ピケを張る. ❷《コロンビア》食べ物をつまむ《=picotear》
piquetero [piketéro] 男 坑夫につるはしを運ぶ少年
piquetilla [piketíʎa] 女 [片側が尖った] 石工用の小ハンマー
piquigualdo, da [pikiɣwáldo, ða]《鳥》くちばしの黄色い
piquijuye [pikixúje] 男《プエルトリコ, ベネズエラ. 昆虫》ハサミムシの一種《学名 Anisolabis ambigua》
piquilla [pikíʎa] 女《古語》ライバル意識, 競争心《=pique》
piquillín [pikiʎín] 男《ボリビア, アルゼンチン, パラグアイ. 植物》クロウメモドキ科の灌木の一種《良材. 果実からシロップと蒸留酒が作られる. 学名 Condalia linneala》
piquillo [pikíʎo] 男 ❶ →pimiento de[l] piquillo. ❷ ジグザグ形の紙飾り
piquín [pikín] 男《メキシコ》ピキン《小型の赤いトウガラシ. 非常に辛い》
piquiña [pikíɲa] 女《ドミニカ, プエルトリコ, コロンビア》かゆみ. ❷《プエルトリコ》羨望, 反感
piquirrojo, ja [pikiróxo, xa] 形《鳥》くちばしの赤い
piquituerto [pikitwérto] 男《鳥》イスカ《~ común》: ~ franjeado ナキイスカ. ~ lorito ハシビトイスカ
pir- (接頭辞) =**piro-**
pira [píra] **I**《←ラテン語・ギリシア語 pyra》女 ❶ [火葬用などの] 薪の山: ~ funeraria [昔の] 火葬, 荼毘 (ˈ,). ❷《文語》火刑; たき火《=hoguera》: ser quemado vivo en una ~ 火あぶりの刑にされる. hacer una ~ con... …でたき火をする
II《←pirarse》女 逃亡: hacer ~ 逃げ出す; 授業をサボる
de ~ 浮かれ騒いで: ir[se] de ~ 浮かれ騒ぐ; 授業をサボる
salir de ~ こっそり逃げ出す
pirabar [pirabár] 他《地方語》性交する
pirado, da [piráðo, ða] 形《西, メキシコ. 口語》頭のおかしい[人], 狂った[人]; 間抜けな[人]
piragón [piraɣón] 男《キプロス神話》ピラウスタ《=pirausta》

piragua [pirágwa]《←カリブ語》囡 ❶［アメリカ・オセアニアの先住民が使う］カヌー，丸木舟．❷《スポーツ》カヌー: Se entrenan para descender en ~ los rápidos del río. 彼らはカヌーで急流を下るトレーニングをしている．❸《プエルトリコ》アイスクリーム，シロップをかけたかき氷

piragüero, ra [piragwéro, ra] 图 ❶ カヌーの漕ぎ手．❷《プエルトリコ》アイスクリーム piragua の販売者

piragüismo [piragwísmo]《←piragua》男《スポーツ》カヌー競技: ~ en línea ボート《競技》

piragüista [piragwísta] 形 图 カヌー競技の〔選手〕，漕ぎ手

piragüístico, ca [piragwístiko, ka] 形 カヌー競技の

piral [pirál] 男《昆虫》［害虫となる各種の蛾］ヨーロッパアワノメイガ《= ~ del maíz》; ハマキガ科の一種《= ~ del roble, ~ de la encina. 学名 Tortrix viridiana》; テングハマキ《= ~ de la vid》. **=piraústa**

piramidado, da [piramiđáđo, đa] 形《幾何》角錐形の

piramidal [piramiđál]《←pirámide》❶ ピラミッド［形］の，角錐状の: venta ~ マルチ商法，ネズミ講．《解剖》hueso ~ ［手首の］三稜骨．vía ~ 錐体路．❷ 巨大な
——~ 《解剖》錐体筋《=músculo ~》

piramidalmente [piramiđálménte] 副 ピラミッド状に

pirámide [pirámiđe]《←ラテン語 pyramis, -idis <ギリシャ語 pyramis -idos》囡《考古》1) ピラミッド: ~s de Gizeh ギザのピラミッド．2)［アステカやマヤの］階段状のピラミッド: ~ del Sol 太陽のピラミッド．~ de la Luna 月のピラミッド．~ de los Nichos 壁龕のピラミッド．❷ ピラミッド状のもの: ~ de edades 年齢構成ピラミッド．~ de población 人口ピラミッド．~ invertida 逆ピラミッド．❸《幾何》角錐: ~ regular 正角錐．~ truncada 角錐台．❹《隠語》LSDの一種

piramidón [piramiđón]《←商標》男《薬学》ピラミドン

pirana [piránа] 囡《中南米》**=piraña**

pirandelliano, na [pirandeljáno, na] 形《人名》ルイジ・ピランデルロ Luigi Pirandello の《1867～1936, イタリアの作家》

pirandón, na [pirandón, na] 图 ❶《口語》飲み歩くのが好きな人．❷《主に親愛》よた者，ごろつき

pirante [piránte] 形《古語的》よた者，ごろつき

piraña [piránа]《←ポルトガル語 piranha》囡《魚》ピラニア
——图 ❶ 強欲な人，因業な人．❷《ペルー》盗みをするストリートチルドレン

pirar [pirár]《←ジプシー語》 自《西．口語》❶ =~se．❷［拒絶・排斥］出ていく
——~se《西．口語》❶［+de から］逃げ出す; …をサボる．❷［麻薬で］ラリる
pirárselas 1) 逃げ出す; サボる．2) 死ぬ

pirargirita [pirarxiríta] 囡《鉱物》濃紅銀鉱

pirarucú [pirarukú] 男《魚》ピラルク《アマゾン川の巨大魚，食用》

pirata [piráta]《←ラテン語 pirata <ギリシャ語 peirates「山賊」< peirao「私は危険を冒す」》❶《海賊の》: nave《barco》~ 海賊船．pantalón ~ パイレーツパンツ，ハーレムパンツ．❷ 非合法の: CD ~ 海賊版CD. disco ~《囲》discos ~〔s〕海賊盤．edición ~ 海賊出版．emisora ~ 海賊放送局
——图 ❶ 海賊: ~ aéreo《del aire》ハイジャック犯．~ informático/~ del ordenador《情報》ハッカー．❷《口語》残酷な人．❸ 剽窃（ひょうせつ）者

piratear [pirateár]《←pirata》自 ❶ 海賊を働く，海賊行為をする．❷《情報》［システムに］侵入する．❸ 盗む，略奪する．❹ 剽窃する，著作権を侵害する．❺《ベネズエラ．口語》やっつけ仕事をする

pirateo [piratéo] 男《口語》❶ =**piratería**．❷ 不法使用，剽窃，著作（特許）権の侵害，海賊版の作製

piratería [piratería]《←pirata》囡 ❶ 海賊行為: permiso de ~ 他国商船拿捕免許状．~ aérea ハイジャック．❷［住居などへの］不法侵入《破壊，窃盗など》．❸《情報》システムへの侵入．❹《ベネズエラ．口語》やっつけ仕事

piratesco, ca [piratésko, ka] 形 海賊の

pirático, ca [pirátiko, ka] 形 海賊の，海賊行為の

piratona [piratóna] 囡《ボリビア》詐欺，ぺてん

piraústa [piraústa] 囡《キプロス神話》ピュラウスタ《火の中に住む蛾で，火から離れると死ぬ》

piraya [pirája] 囡《中南米．魚》ピラニア《=piraña》

pirazolona [piraθolóna] 囡《薬学》ピラゾロン

pirca [pírka]《←ケチュア語》囡《南米》［モルタルを使わない］丸石積みの石塀

pircar [pirkár] 他《南米》丸石積みの石塀で囲む

pirco [pírko] 男《チリ．料理》インゲンマメ・トウモロコシ・カボチャのシチュー

pircún [pirkún] 男《チリ．植物》ヤマゴボウ科の一種《根は太く，下剤と吐剤になる．学名 Anisomeria drastica》

pire [píre] 男《口語》逃げ出すこと，サボること
darse el ~《口語》逃げ出す，サボる

piré [piré] 男《ベネズエラ．料理》マッシュポテト

pirenaico, ca [pirenáiko, ka] 形 图《地名》ピレネー山脈 los Pirineos の〔住民〕

pirenina [pirenína] 囡《生化》ピレニン

pireno [piréno] 男《化学》ピレン

pirético, ca [pirétiko, ka] 形《医学》発熱の，熱の

piretógeno, na [piretóxeno, na] 形《医学》発熱性の
——男《医学》発熱物質

piretología [piretoloxía] 囡《医学》発熱学

piretoterapia [piretoterápja] 囡《医学》発熱療法

piretrina [piretrína] 囡《化学》ピレトリン

piretro [pirétro] 男《植物》ジョチュウギク《=pelitre》

piretroide [piretróiđe] 男《化学》ピレスロイド

pírex [pírex] 男《単複同形》パイレックス，耐熱ガラス

pirexia [piré(k)sja] 囡《医学》発熱

pírgano [pírgano] 男《カナリア諸島》ヤシの葉の中心葉脈《ほうきの柄や籠細工に用いる》

pirgua [pírgwa] 囡《中南米》穀物倉

pirgüín [pirgwín] 男《チリ．動物》家畜の肝臓や腸に侵入するジストマ; その感染症

pirheliómetro [pireljómetro] 男《物理》〔直達〕日射計

pirhuín [pirwín] 男 =**pirgüín**

piri [píri] 男《料理》コシード《=cocido. 調理, 調理されたもの》

pirí [pirí] 男 *caerse del* ~《パラグアイ．口語》［無邪気な人などが］周知のことを初めて知って驚く

pírico, ca [píriko, ka] 形《主に人工的な》火の; 燃焼による

pirídico, ca [piríđiko, ka] 形《化学》ピリジンの

piridina [piriđína] 囡《化学》ピリジン

piriforme [pirifórme] 形 洋梨の形の

pirigallo [pirigáʎo] 男《キューバ》［鳥の］冠羽

piriguala [pirigwála] 囡《チリ》しかめっ面

pirigullán [piriguʎán] 男《エクアドル．果実》パッションフルーツの一種

pirincho [pirínt∫o] 男《アルゼンチン, ウルグアイ．戯語》［主に圏］ぼさぼさの髪の房．❷《ラプラタ．鳥》アマゾンカッコウ

pirindola [pirindóla] 囡《アラゴン》［指で回す］小さなこま《=perinola》

pirineo, a [pirinéo, a] 形 =**pirenaico**
——男 ❶《地名》圏《los P~s》ピレネー山脈《スペインとフランスの国境をなす》．❷ ピレネー山脈の一部: el ~ catalán カタルーニャピレネー

pirineos [pirinéos] 男《繊維》羊毛に似たポリエステル《部屋着に使われる. =lana》

piringundín [piringundín] 男《アルゼンチン, ウルグアイ．口語》［下層民の行く風気のよくない］ダンスホール

pirinola [pirinóla] 囡 ❶《地方語》最上部．❷《メキシコ, 中米, キューバ》〔子供の〕ペニス．❸《メキシコ, アンデス》こま《=peonza》．❹《チリ》ドアのノブ, 引き出しのつまみ
andar en ~《中米．口語》裸のままでいる

piriñaca [pirináka] 囡《アンダルシア．料理》トマト・ピーマン・キュウリ・玉ネギのサラダ

piripi [pirípi] 形《西．口語》〔estar+〕ほろ酔い機嫌の: Estoy un poco ~. 私はちょっとほろ酔い機嫌だ

pirita [piríta] 囡《鉱物》❶ 黄鉄鉱《~ de hierro, ~ marcial》．❷ ~ arsenical 硫化鉄鉱．~ cobriza/~ de cobre 黄銅鉱．~ magnética 磁硫鉄鉱

pirítico, ca [pirítiko, ka] 形 黄鉄鉱の

piritoso, sa [pirítoso, sa] 形 黄鉄鉱を含む

pirla [pírla] 囡《指で回す》小さなこま

pirlitero [pirlitéro] 男《植物》サンザシの一種《学名 Crataegus monogyna》

piro [píro] 男《グアテマラ》蒸留酒の製造かす《悪臭がする》
darse el ~《西．俗語》逃げ出す，サボる

piro-《接頭辞》〔火〕*pirotecnia* 花火製造術

pirobolista [pirobolísta] 男 地雷製造の技師

pirocatequina [pirokatekína] 囡《化学》ピロカテキン
piroclástico, ca [piroklástiko, ka] 形《地学》火砕性の: flujo ～ 火砕流
piroclasto [piroklásto] 男《地学》火山砕屑物
piroelectricidad [piroelektriθiðá(ð)] 囡 パイロ電気, 焦電気
piroeléctrico, ca [piroeléktriko, ka] 形《電気》焦電気の: cuerpo ～ 焦電気体
pirofilacio [pirofiláθjo] 男 [地球の内部に存在すると想定された] 火の満ちた洞窟
pirofilita [profilíta] 囡《鉱物》葉蠟石 (ようろうせき)
pirofórico, ca [porofóriko, ka] 形《化学》自然発火性の, 自燃性の: metal ～ 発火合金
piróforo [piróforo] 男《化学》自然発火性物質
pirofosfato [pirofɔsfáto] 男《化学》ピロリン酸塩
pirofosfórico, ca [pirofɔsfóriko, ka] 形《化学》ácido ～ ピロリン酸
pirogalato [pirogaláto] 男《化学》焦性没食子酸塩
pirogálico, ca [pirogáliko, ka] 形《化学》焦性没食子酸の, ピロガロールの
pirogalol [pirogalɔ́l] 男《化学》ピロガロール
pirogénesis [piroxénesis] 囡《物理》発熱
pirogénico, ca [piroxéniko, ka] 形《医学》=**pirógeno**
pirógeno, na [piróxeno, na] 形 ❶《医学》発熱性の. ❷ 熱を生じる
── 男《医学》発熱物質
pirognóstico [pirɔgnóstiko] 形《化学》加熱反応
pirograbado [pirograbáðo] 男 焼き絵〔術〕
pirograbador, ra [pirograbaðór, ra] 名 焼き絵をする人
pirograbar [pirograbár] 他 [木材に] 焼き絵をする
pirografía [pirografía] 囡 =**pirograbado**
pirografiar [pirografjár] 11 他 =**pirograbar**
pirógrafo [pirógrafo] 男 焼絵機
piroláceo, a [piroláθeo, a] 形《植物》イチヤクソウ科の
── 囡複《植物》イチヤクソウ科
pirolagnia [pirolágnja] 囡《心理》ピロラグニア, 放火嗜好
pirolatría [pirolatría] 囡《宗教》拝火
piroleñoso, sa [piroleɲóso, sa] 形《化学》ácido ～ 木酢 (もくさく) 液
pirólisis [pirólisis] 囡《化学》熱分解
pirolítico, ca [pirolítiko, ka] 形《化学》熱分解の
pirología [pirolɔxía] 囡 熱処理学; 熱分析
pirolusita [pirolusíta] 囡《鉱物》軟マンガン鉱, パイロルーサイト
piromancia [pirománθja] 囡 火占い
piromancía [piromanθía] 囡 =**piromancia**
piromanía [piromanía] 囡 放火癖
pirómano, na [pirómano, na] 形名 放火狂[の], 放火魔
piromántico, ca [piromántiko, ka] 形名 火占いの; 火占い師
pirometría [pirometría] 囡 高温測定
pirométrico, ca [pirométriko, ka] 形 高温測定の
pirómetro [pirómetro] 男 高温計, パイロメーター
piromorfita [piromɔrfíta] 囡《鉱物》緑鉛鉱
piromusical [piromusikál] 形 espectáculo ～ 花火と音楽のショー
pirón [pirón] 男《アルゼンチン. 料理》カサベ cazabe とスープのパスタ
piropeador, ra [piropeaðór, ra] 名 ピロポ piropo を投げかける〔人〕
piropear [piropeár] 他 …にピロポ piropo を投げかける
piropeo [piropéo] 男 ピロポ piropo の投げかけ
piropisita [piropisíta] 囡 残留炭
piroplasmosis [piroplasmósis] 囡《獣医》ピロプラズマ病
piropo [pirópo] 【←ラテン語 pyropus「銅と金の合金(輝くものの象徴)」< ギリシャ語 pyropos「火のような」】男 ❶ ピロポ〔街頭で主に男性が女性に投げかけるほめ言葉, 誘い文句. まれに冷やかし〕: Los hombres echan ～s a la chica que pasa. 男たちは通りで女の子にほめ言葉を投げかける. ❷《鉱物》紅ざくろ石, パイロープ. ❸《チリ》叱責, 小言
piróscafo [pirɔ́skafo] 男 蒸気船
piroscopio [pirɔskópjo] 男《物理》高温計
pirosfera [pirɔsféra] 囡《古語》[地球の中心部にあるとされる] 溶岩
pirosis [pirósis] 囡《医学》胸焼け
pirostato [pirɔstáto] 男 高温用温度調節器, 高温用サーモスタット

pirotecnia [pirotéknja] 囡 ❶ 花火製造術. ❷《集合》花火. ❸ 花火工場
pirotécnico, ca [pirotékniko, ka] 形 囡 花火製造術〔の〕
── 名 花火製造者, 花火師
piroxena [piroʃk)séna] 囡 =**piroxeno**
piroxeno [piroʃk)séno] 男《鉱物》輝石
piroxicam [piroʃk)sikán] 男《薬学》ピロキシカム
piroxilina [piroʃk)silína] 囡 綿火薬 [=pólvora de algodón]
pirquén [pirkén] 男 al ～《チリ. 鉱山》[単純な] 不法高払いで
pirquín [pirkín] 男《ボリビア》[道路工事・鉱山掘削の] 請負業者
pirquinear [pirkineár] 自《チリ. 鉱山》出来高払いで働く
pirquinero, ra [pirkinéro, ra] 名《チリ. 鉱山》出来高払いで働く人
pirrar [piɾár] 【←擬声》他《西. 口語》夢中にさせる, ほれ込ませる: Me pirra la ensalada. 私はサラダが大好きだ
── ～**se**《西. 口語》[+por で] 夢中になる, ほれ込む; ひどく欲しがる: Se pirraba por el olor a pipa. 彼はパイプのにおいが大好きだった
pirriar [piɾjár] 10 他《西. 口語》=**pirrar**
pírrico, ca [pírriko, ka] 形 ❶《古代ギリシャ》❶ 戦いの舞い〔の〕, ピュリケーの踊り〔の〕. ❷ ピュロス Pirro 王の〔紀元前318〜272; 三勝〜 victoria 〜ca ピュロスの勝利〔非常に大きな犠牲を払って得た勝利, 引き合わない勝利〕
pirringo, ga [piɾíngo, ga] 形《コロンビア》非常に小さな
pirriquio [piɾíkjo] 男《詩法》短短格, 弱弱格
pirrófito, ta [piɾófito, ta] 形 炎色植物門の
── 囡複《植物》炎色植物門
pirrol [piɾól] 男《化学》ピロール
pirroniano, na [piɾonjáno, na] 形名 =**pirrónico**
pirrónico, ca [piɾóniko, ka] 形名 [ギリシアの哲学者ピュロン Pirrón の] 懐疑論の〔論者〕
pirronismo [piɾonísmo] 男 懐疑論, 懐疑主義
pirronista [piɾonísta] 名 懐疑論の
pirrotina [piɾotína] 囡《鉱物》磁硫鉄鉱
pirú [pirú] 男《メキシコ. 植物》=**pirul**
pirua [pírwa] 囡《ボリビア, チリ, アルゼンチン》[トウモロコシなど農産物を貯蔵した] 茅ぶき小屋
pirueta [pirwéta] 囡【←仏語 pirouette】 ❶《舞踊など》[片足を軸とする] 旋回, つま先旋回, ピルエット. ❷ 跳躍, とんぼ返り. ❸《口語》はぐらかし, 逃げ口上. ❹《馬術》後肢〔で立った〕旋回
hacer ～s 旋回する; 難しいバランスをとる
piruetano [pirwetáno] 男 =**peruétano**
piruetear [pirwetéar] 自 つま先で回る
piruja[1] [pirúxa] 囡 ❶《メキシコ, コロンビア. 軽蔑》売春婦. ❷《アルゼンチン. 軽蔑》上品ぶった中流階級の女
pirujo, ja[2] [pirúxo, xa] 形 ❶ 自由で屈託のない. ❷《中米》懐疑的な, 無信仰の. ❸《ホンジュラス》偽金の
pirul [pirúl] 男《メキシコ. 植物》=**pirú**
pirula[1] [pirúla] 囡 ❶《西. 軽蔑》汚い手口: hacer la ～ a+人 …をひっかける, だます. ❷《戯語》ペニス
montar una ～ ひどく腹を立てる
pirulero [pirulěro] 男《チリ. 鳥》コウライウグイスに似た鳥
piruleta [piruléta] 囡《菓子》[薄い円形の] 棒付きキャンデー
pirulí [pirulí] 【←擬声》男 [複 ～[e]s] ❶《西; メキシコ, 中米, キューバ, アルゼンチン. 菓子》[円錐・円筒形の] 棒付きキャンデー. ❷ [P〜. 円錐形の棒付きキャンデーの形をしたマドリードの] テレビ塔. ❸《戯語》男根
pirulina [pirulína] 囡《戯語》男根 [=miembro viril]
pirulo[1] [pirúlo] 男《西》❶ 水入れ [=botijo]. ❷ 円錐形の装飾. ❸《戯語》男根. ❹《隠語. 自動車》テールランプ
pirulo, la[2] [pirúlo, la] 形《チリ. 口語》[人が] 洗練された; [場所が] 豪華な
pis [pís]【←擬声》男〔婉曲, 幼児語〕おしっこ [=orina]: Tengo ganas de hacer ～. 僕はおしっこがしたい
hacerse ～《口語》Este niño todavía se hace ～ en la cama. この子はまだおねしょをする
pisa [písa] 囡 ❶ 踏みつぶすこと: ～ de uva ブドウの破砕. ❷ 圧搾機にかける一回分のブドウやオリーブの量. ❸《口語》蹴り
pisada [pisáða] 囡【←pisar】 ❶ 踏むこと, 踏みつけ; 踏み方, 歩き方. ❷ 足跡: dejar ～s en… …に足跡を残す. ❸ 足音: Se oyen sus ～s. 彼の足音が聞こえる. con ～s suaves 忍び足で

mala ～ 踏み違え: Me torcí el tobillo en una *mala* ～. 私は踏み違えて足首をねじってしまった
seguir las ～s de (a)+人 ～をまねる

pisadera [pisadéra] 囡 ❶ ブドウの踏み桶. ❷《地方語》[織機の] ペダル. ❸《チリ》[階段の] 段々

pisadero [pisadéro] 男《アルゼンチン》日干し煉瓦を作る泥を足でこねる場所

pisado [pisádo] 男 踏みつけること, 踏みつぶすこと

pisador, ra [pisadór, ra] ❶ 踏む, 踏みつぶす. ❷ [馬が] 前脚を上げて激しく踏む
── 名 ブドウを踏みつぶす人
── 囡 [ブドウの] 搾り機

pisadura [pisadúra] 囡 足跡《=pisada》: seguir las ～s de la presa 獲物の足跡をたどる

pisano, na [pisáno, na] 形 名《地名》[イタリアの] ピサ Pisa の [人]

pisapapeles [pisapapéles] 男《単複同形》文鎮

pisar [pisár]《←ラテン語 pisare < pinsere「すり潰す, 潰す」》他 ❶ 踏む, 踏みつける: 1) *Pisas* el suelo con los zapatos sucios. 君は汚れた靴で床を踏んでいる. ～ un vidrio roto 割れたガラスを踏む. 2)［…の足を］¡Ay, me *has pisado*! いてっ, 足を踏んだな！. 3) 踏みつぶす: tarea de ～ las uvas ブドウ踏みの作業. ～ una cucaracha ゴキブリを踏みつぶす. 4) 踏み固める: ～ la tierra 土を踏み固める. ❷ …に行く, …に入り込む《主に否定文で》: Hace tres años que no *piso* esa casa. 私はここ3年あの家に足を踏み入れていない. Prohibido ～ el césped. 芝生への立入禁止. Mira dónde *pisas*. 足下に気をつけて. ❸ [一部に] 重なる, 載る: La foto *pisa* al pie de la ilustración. イラストの下図に写真が入っている. ❹［人・事を］不当に扱う, 尊重しない: Yo no me dejo ～ por nadie y defiendo mis derechos. 私は誰にも踏みつけにされないし, 自分の権利を守る. ～ los derechos 権利を侵害する. ❺《口語》…の先を越す; 盗む: Me *han pisado* el tema de investigación. 私は研究テーマを先に取られてしまった. ～ a+人 la idea …からアイデアを盗む. ～ a+人 el puesto …から職を横取りする. ❻ ［雄の鳥が雌を］つがう, 交尾する. ❼《音楽》［弦を］はじく; ［鍵盤を］叩く. ❽ ［装置を］作動させる: ～ el botón ボタンを押す. ❾ ［法律・秩序などを］侵す. ❿《ホンジュラス, コスタリカ, アンデス》性交する
── 自 ❶ 行く, 入り込む《主に否定文で》: Nadie quería ～ por aquí. 誰もここに来たがらなかった. ❷ 歩く: ～ seguro しっかりした足取りである. ❸ すぐ真上の階にある

～ fuerte (firme) 自信がある; うまくいっている
～se 再《コロンビア. 口語》立ち去る. ❷《ラプラタ. 口語》自ら暴露してしまう

no dejarse ～ 自分の領分を侵させない
pisárselos《俗語》ひどく静かである
que se lo (la) pisa《口語》［顔などが］大きい

pisarropas [pisařópas] 囡《単複同形》《ドミニカ》洗濯ばさみ
pisasfalto [pisasfálto] 男 アスファルトの一種
pisatario, ria [pisatárjo, rja] 形《ベネズエラ》labrador ～ 小作人
pisaúvas [pisaúbas] 名《単複同形》ブドウを踏む人
pisaverde [pisabérde] 男《古語. 軽蔑》きざな男, しゃれ者
pisca [píska] 囡 ❶ 小片, 少量 《=pizca》. ❷《メキシコ》[トウモロコシの] 取り入れ. ❸《コロンビア, ベネズエラ》1) 七面鳥の雌. 2) ガイモのスープ. ❹《コロンビア》売春婦
piscacha [piskátʃa] 囡《メキシコ, ホンジュラス》少量, ほんのわずかなもの
piscar [piskár] 7 他《メキシコ》[トウモロコシの] 穂軸だけを取り入れる
piscardo [piskárđo] 男《魚》アブラハヤの一種《学名 Phoxinus phoxinus》
piscator [piskatór]《←伊語》男《古語》［気象予報・社会的な予測付きの］暦, カレンダー
piscatorio, ria [piskatórjo, rja] 形 ❶《文語》釣りの, 釣り人の; 漁業の, 漁民の. ❷ ［詩歌で］漁師の生活を描いた
pisci-（接頭辞）[魚]《←魚》養魚
piscícola [pisθíkola] 形 養魚［法］の
piscicultor, ra [pisθikultór, ra] 名 養魚家
piscicultura [pisθikultúra] 囡 養魚, 養殖, 養魚法
piscifactoría [pisθifaktoría] 囡 養魚場
pisciforme [pisθifórme] 形 魚の形をした
piscina [pisθína]《←ラテン語 piscina「養魚場」< piscis「魚」》囡 ❶《主に西》プール: bañarse en la ～ プールで泳ぐ. ～ olímpica オリンピックプール, 50メートルプール. ❷［魚などの］養殖場, 養魚池. ❸ ～ de motor 駐車場. ～ probática ベテスダの池《古代エルサレムのソロモン神殿前にあり犠牲の動物を清めた》. ❹［原子炉の］プール, ウェル. ❺《古語》洗礼盤
tirarse a la ～ 1) 清水の舞台から飛び降りる, 困難だけどやってみる. 2) de motor 駐車場. ～ probática ベテスダの池《サッカー》シミュレーションをする《ペナルティキックなどをもらうために反則を受けたふりをしてわざと倒れる》

piscis [písθis] 男《占星》うお座《→zodíaco》[参考]
a mí ～ 《まれ》私にも同様なことが起きて
piscívoro, ra [pisθíboro, ra] 形《動物が》魚を捕食する
pisco [písko] 男 ❶《酒》ピスコ《ペルーの Pisco 産のブランデー》: 1) ～ sauer (sour)《ペルー, ボリビア, チリ》レモン・卵の白身・砂糖を入れたピスコのカクテル. 2)《ペルー, チリ》ピスコの輸出用の壺. ❷《コロンビア, ベネズエラ》七面鳥. ❸《コロンビア》奴《(俗)》《=tío, tipo》
piscola [piskóla] 囡《チリ. 酒》ピスコpisco のコーラ割り
piscolabis [piskolábis] 男《単複同形》❶《西. 口語》軽食, スナック《主に食前酒とおつまみ pinchos》. ❷《ペルー, ボリビア》食前酒として蒸留酒を飲むこと
piscología [piskoloxía] 囡《ペルー》［ヨーロッパ系人の間で］ピスコ pisco 好き
piscuala [piskwála] 囡《植物》シクンシ
piscucha [piskútʃa] 囡《エルサルバドル》凧
pisiforme [pisifórme] 形 エンドウマメ状の
── 男《解剖》豆状骨《=hueso ～》
pisingallo [pisiŋɡáʎo] 男《アルゼンチン》粒の小型なトウモロコシの一種《学名 Zea mays》
pisito [písíto] 男《ペルー》バスマット
piso [píso] 男《←piso》❶［建物の］階: Esta casa tiene tres ～s. この家は3階建てだ. edificio de 60 ～s 60階建てのビル. ～ bajo《西》1階, 階下. primer ～/～ principal《西》2階. segundo ～《西》3階 [参考] スペインではこのように数えるが, 南米の多くでは日本と同様の数え方をする. Vivo en un cuarto ～.《西》私は［その建物の］5階に住んでいる《対図》Vivo en *un cuarto*. 私はある建物の5階に住んでいる. ¿A qué ～ va?— Al once. 何階に行かれますか?—11階です. en el ～ más alto del edificio 建物の最上階に. ❷ 層, 段: tarta de tres ～s 3段のケーキ. sándwich de dos ～s 2段重ねのサンドイッチ. autobús de dos ～s 2階バス. ～ geológico 地層. ～ de vegetación 植物の垂直的分布層. ❸《主に西》［階の個々の］マンション《→apartamento》[参考]: Esa familia vive en un ～ grande. その家族は広いマンションに住んでいる. Buscamos un ～ de alquiler en este barrio. 私たちはこの地域で賃貸マンションを探している. alquilar un ～ pequeño 小さなマンションを借りる. pagar el ～ マンションの家賃を払う. ～ de cinco habitaciones con cocina y baño 台所・バス付きの5K. ～ tutelado《スペイン》有料老人ホーム. ❹［修道院内の］俗人用の貸し部屋: estar (vivir) de ～ 修道院に俗人として住む. ❺ 集合式の墓. ❻《西》［靴の］底, 裏: Estos zapatos tienen el ～ de goma. この靴はゴム底だ. ～ de casco かかと部分; 両側に張り出している一重の靴底. ❼《主に中南米》床, 床面《=suelo》; 舗装面, 舗装面: El ～ es de madera. 床は木でできている. dar de cera al ～ del comedor 食堂の床に蝋を引く. El ～ de la calle está mojado. 路面が濡れている. ❽ 踏むこと. ❾《鉱山》［同じ深さでの］採掘作業, 地ならし. ❿《廃語》［各部屋の床面の］均一な高さ: Todas las piezas estaban en un ～. すべての部屋の床面が同じ高さにある. ⓫《ペルー, ボリビア, チリ》［ココヤシなどの繊維製の］マット: ～ de baño バスマット. ⓬《チリ》スツール《=taburete》

mover (serruchar·aserruchar) a+人 el ～《ニカラグア, パナマ, チリ, アルゼンチン, ウルグアイ. 口語》［陰険なやり方で］…を地位から移動させる, 追い落とす

～ franco《西》1) ［スパイが連絡用の隠れ家として用いる］セーフハウス, シェルター《=casa refugio》. 2) ［テロリストなどが用いる］アジト, 隠れ家

poner ～ ［愛人に］家を買ってやる, 囲う
pisolita [pisolíta] 囡《鉱物》ピソライト
pisón [pisón]《←pisar》男 ❶ ［地面などを突き固める］たこ, 突き棒. ❷ ［主に水車で動かす］縮絨機; その繊維を打つ棒. ❸《ムルシア》塀職人
pisonar [pisonár] 他《まれ》=pisonear
pisonear [pisoneár] 他 ❶［時に軽蔑］繰り返し踏む, 踏みつける. ❷ 不当に扱う, 無視する
pisotear [pisoteár]《←pisar》他 ❶ 踏みつける《繰り返し踏んで

害を与える]：¡No *pisotees* las ropas! 衣類を踏みつけないで！❷ 不当に扱う；～ la dignidad humana 人間の尊厳を踏みにじる．❸ [法律などを]無視する，破る：～ el plan de urbanización 都市計画に従わない

pisoteo [pisotéo] 男 踏みつけ，踏みにじること
pisotón [pisotón] 男 ❶ [他人の足などを]踏むこと：Me dieron un ～ en metro. 私は地下鉄で足を踏んづけられた．❷《西．口語》スクープ

pispa [píspa] 女 ❶《隠語》泥棒．❷《まれ》快活な女の子．❸《カナリア諸島．鳥》ハクセキレイ
pispajo [pispáxo] 男 ❶《西．親愛，軽蔑》やせ細った人，背の低い人《特に子供》．❷ ぼろ，ぼろ切れ．❸ 取るに足りないもの，つまらないもの
pispar [pispár] 他 ❶《隠語》盗む．❷《チリ，アルゼンチン，ウルグアイ．軽蔑》=**pispear**
pis-pas [pispás] 男 =**pispás**
pispás [pispás] 男 **en un ～**《口語》あっという間に：Él limpió la sala en un ～. 彼はあっという間に部屋をきれいにした
pispear [pispeár] 他《チリ，アルゼンチン，ウルグアイ．軽蔑》スパイする，見張る
pispiar [pispjár] 10 他《チリ，アルゼンチン，ウルグアイ．軽蔑》=**pispear**
pispo, pa [píspo, pa] 形《パラグアイ，ボリビア，アルゼンチン》《主に子供》利口な，抜け目ない
pisque [píske] 男《コスタリカ》長年良好な状態で保存したタマレ tamal
pista [písta] 女《←伊語 pista < 伊語の地方語 pesta「跡」》❶《動物などの通った》跡，足跡；seguir la ～ del oso 熊の足跡を追う．❷［犯罪捜査などの］手がかり，［解答への］ヒント：Registraron a conciencia toda la casa, pero no encontraron ninguna ～. 彼らは家中を念入りに調べたが，何の手がかりも発見できなかった．La policía tiene una ～ de un sospechoso. 警察は容疑者の手がかりを得ている．dar una ～ a+人 …にヒントを与える．❸《スポーツ》1)［競走の］トラック；［主に円形の］競技場：～ de hielo スケートリンク．2)《スキー》ゲレンデ．3)《西．スポーツ》コート：～ de hierba ローンコート．～ de tierra batida クレイコート．4)《ボーリング》レーン．❹［サーカスの］舞台，リング；［ダンスなどの］フロア．❺《航空》滑走路；～ de aterrizaje 滑走路：～ de rodaje/～ de rodadura 誘導路．～ de estacionamiento エプロン，駐機場．❻［仮設の軍事用］道路．❼ 高速道路．❽ 林道 [=～ forestal]．❾《音響》録音帯，トラック．❿《チリ》車線 [=carril]．**estar sobre la ～**〔…の〕手がかりをつかんでいる；［推論などが］正しい．**perder la ～ a (de)**+人・事物 …の行方を見失う，手がかりを失う．**～ de aterrizaje**《戯語》はげ．**seguir la ～ a**+人 …の足取りを追う，跡をつける
pistache [pistátʃe]《←伊語 pistacchio》男《植物》ピスタチオの菓子《アイスクリーム》．❷《メキシコ》=**pistacho**
pistachero [pistatʃéro] 男《植物》ピスタチオ
―― 形 男 ピスタチオグリーンの，淡い黄緑色［の］
pistacho [pistátʃo] 男《果実》ピスタチオ
pistaco [pistáko] 男《ペルー．神話》殺して死体を冒瀆する人
pistadero [pistadéro] 男 砕く（突きつぶす）棒，すりこぎ
pistar [pistár] 他 砕く，突きつぶす
pistard [pistár] 男《←仏語》男［～s］《自転車》トラック専門の選手
piste [píste] 男《コロンビア》コーンスープ用のトウモロコシ
pistear [pisteár] 他《グアテマラ》買収する
pistero, ra [pistéro, ra] 男 女 ❶［スキー場の］パトロール隊員．❷《中米》お金が大好きな人
―― 男 ❶ 吸い飲み．❷《コロンビア》［打撲による］目のまわりの赤黒いあざ
―― 女《エルサルバドル，ニカラグア》小銭入れ
pistilo [pistílo] 男《植物》雌蕊（しべ），めしべ［⇔estambre］
pistiño [pistíɲo] 男《チリ．菓子》小麦粉と卵を混ぜた小さな塊の揚げもの
pisto [písto] 男 ❶《←ラテン語 pistum「潰された」》❶《西．料理》1) 肉汁，グレービー．2) 野菜の煮込み．❷《まれ》ごたまぜ．❸《メキシコ．口語》［蒸留酒の］ひと口．❹《中米，ペルー》金 [=dinero]．**a ～s** 少しずつ．**darse ～**［+de］を自慢する

pistola [pistóla]《←ゲルマン語 pistole》女 ❶ ピストル，拳銃：Está prohibido llevar ～s. ピストルの携行は禁止されています．disparar la ～ ピストルを撃つ．～ automática 自動拳銃．～ de fogueo スターターピストル．～ de agua 水鉄砲．❷ 吹き付け器，スプレーガン [=～ rociadora, ～ pulverizadora]: pintar... a ～ …に吹き付け塗装をする．❸《西》ピストラ《棒状のパン，約250グラム》．❹《技術》［石工，彫刻家が使う］小型のハンマー．❺《歴史》ピストラ貨《エスクード金貨や貿易決済用の計算貨幣》．❻《エクアドル》ワインの小瓶．❼《メキシコ，エルサルバドル，パナマ，ドミニカ》ヘアドライヤー．**poner a**+人 **una ～ en el pecho** …がそうせざるを得ないようにする
pistolera¹ [pistoléra] 女 ❶［拳銃の］ホルスター：calzarse la ～ ガンベルトをつける．❷《西．口語》［主に 複］腰回りの肥満
pistoleril [pistoleríl] 形 ピストル強盗の；殺し屋の
pistolerismo [pistolerísmo] 男 ❶［犯罪での］ピストルの使用．❷ 殺し屋の横行
pistolero, ra² [pistoléro, ra] 名 ❶ ピストル強盗．❷ 殺し屋［～ a sueldo］
pistoleta [pistoléta] 女《中南米》小型ピストル [=cachorrillo]
pistoletazo [pistoletáθo]《←pistola》男 ❶［スタートの合図などの］ピストルの発射．❷ ピストルの発射音．❸ ピストルの弾傷（銃痕）．**～ de salida**《スポーツ》号砲；［行事などの］開始：dar el ～ de salida a... 号砲一発…の開始を告げる
pistolete [pistoléte]《←仏語 pistolet》男《古語》小型ピストル
pistolín [pistolín] 男《西．料理》細目のピストラ pistola
pistolo [pistólo] 男《口語》兵士 [=soldado]
pistolón [pistolón] 男 大型のピストル
pistón [pistón]《←伊語 pistone》男 ❶ ピストン [=émbolo]．❷［銃の］雷管．❸［管楽器の］音栓，ピストンバルブ．《チリ》ホースの口金．**bajar el ～** 目標を下げる
pistonudo, da [pistonúðo, ða]《←pistón》形《西．口語》とてもよい，すごい: Ha sido un partido ～. すばらしい試合だった
pistoresca [pistoréska]《←伊語 pistolese》女 短剣
pistosaurus [pistosáurus] 男《古生物》ピストサウルス
pistraje [pistráxe]《←pisto》男《口語》まずい酒
pistraque [pistráke] 男《口語》=**pistraje**
pistudo, da [pistúðo, ða] 形《ホンジュラス》大金持ちの
pistura [pistúra] 女 砕くこと，突きつぶすこと
pita¹ [píta] **I**《←?語源》女《植物》アオノリュウゼツラン；その繊維：hilo de ～ リュウゼツランの糸
　II《←擬声》［鶏を呼ぶ声］トートッ．❷ 雌鶏 [=gallina]
　III《←pitar I》女《非難・やじの》口笛：dar ～ a+人 …に対してピーピーとやじる
　IV 女 ❶《遊戯》1) 棒打ち [=tala]；その木球．2) ビー玉，おはじき．❷《隠語》陰茎．❸《グアテマラ，ホンジュラス，エルサルバドル，ペルー，チリ》紐
pitaco [pitáko] 男 アオノリュウゼツランの花茎
pitada [pitáða]《←pitar I》女 ❶ 呼子の音 [=pitido]．❷ 集合《やじの》口笛．❸ 場違い，不作法：dar una ～ とっぴなことをする（言う）．❹《南米》［たばこの］ひと吹き
pitadera [pitaðéra] 女《アンダルシア．玩具》［笛にする］大麦の茎
pitagórico, ca [pitagóriko, ka] 形《人名》ピタゴラス Pitágoras の；ピタゴラス学派の［～ principios ～s ピタゴラスの定理
pitagorín, na [pitagorín, na] 名《西》❶《軽蔑》物知りぶった人．❷《戯語》頭のいい人，よくできる（勤勉で聡明な）人
pitagorismo [pitagorísmo] 男 ピタゴラスの学説
pitagorizante [pitagoriθánte] 形 ピタゴラスの学説的な
pitahaya [pitaája]《pit [←pitar I] 男《中南米．植物》サボテンの一種《食用．学名 Cactus grandiflorus》
pitajaya [pitaxája] 女《中南米》=**pitahaya**
pitancería [pitanθería] 女《カトリック》❶ 割当て食 pitanza の配給所．❷ 割当て食の配給．❸ 割当て食を受けられる人．❹ 割当て食を配る仕事
pitancero [pitanθéro] 男 ❶ 割当て食を配る人，給食人．❷《カトリック》[一部の教会で]食前の祈祷の誤りを指摘する聖職者．❸［騎士団の］食事係，執事
pitanga [pitáŋga] 女《アルゼンチン，ウルグアイ．植物，果実》ピタンガ，ブラジルチェリー，タチバナデク《果実は食用》

pitanguero [pitaŋɡéro]　男《カナリア諸島; ウルグアイ. 植物》ピタンガ

pitanza [pitánθa]　女 ❶《古語的》〖日々の〗糧(²), 食事. ❷ 〖貧しい人への・修道院の, 日々の〗割当て食, 給食. ❸《チリ. 口語》冗談

pitaña [pitána]　女《まれ》目やに〖=legaña〗

pitañoso, sa [pitanóso, sa]　形名 目やにだらけの〖人〗〖=legañoso〗

pitao [pitáo]　男《植物》ミカン科の木〖学名 Pitavia punctata〗

pitar I [pitár]　他《←pito》〖+a に〗〖笛 (ホイッスル) を〗吹く; クラクションを鳴らす;〖やじの〗口笛を吹く: El policía de tránsito nos *pitó*. 交通警官が私たちに向かって笛を吹いた. El público *pitó* a los actores. 観客は役者たちをやじった. 〖長く鋭い〗音がする: La tetera *pita*. やかんが鳴る. Me *pitan* los oídos. 私は耳鳴りがする. ❸《スポーツ》審判をする. ❹《口語》影響力がある, リーダーシップを取る. ❺《西. 古語的》うまくいく: Este asunto no *pita*. この件はうまくいかない. ❻《エルサルバドル, キューバ, ドミニカ, プエルトリコ. 口語》〖人・動物が〗シューシューという音をたてる. ❼《南米. 口語》たばこを吸う
ir que pita《口語》十分である
pitando《口語》[irse・marcharse・salir. +de から] 大急ぎで立ち去る: Me voy *pitando* para llegar a tiempo. 遅刻しないように, 急いで行きます
—— 自 ❶《スポーツ》1) 笛 (ホイッスル) で…を合図する: El árbitro *pitó* una falta. 審判は反則に対してホイッスルを吹いた. 2) ~ el partido 試合の審判をする. ❷〖…をやじって〗口笛を吹く. ❸《西》〖金を〗払う. ❹《中南米. 口語》〖たばこを〗吸う. ❺《チリ》だます; いたずらをする, からかう
II《←古仏語 piteer》他《廃語》割当て食 pitanzas を配る

pitarra [pitára]　女 ❶《まれ》目やに〖=legaña〗. ❷《バスク》〖ブドウの搾り汁の〗2度目の搾りかすから作った果実酒. ❸《ナバラ, エストレマドゥラ》自家製のワイン. ❹《エストレマドゥラ》〖ワイン用の〗ブドウの収穫

pitarrasear [pitaraseár]　他《船舶》〖継ぎ目に〗鉄製のこてで詰め物をする

pitarraza [pitaráθa]　女《船舶》〖槇皮を詰める〗鉄製のこて

pitarro [pitáro]　男《レオン. 料理》〖家での畜殺 matanza で子供用に作る〗小型のソーセージ

pitarroso, sa [pitaróso, sa]　形 目やにだらけの〖=legañoso〗

pitaya [pitája]　女《メキシコ. 植物, 果実》ヒロケウレス, ドラゴンフルーツ〖果実は食用〗

pitayo [pitájo]　男《メキシコ. 植物》=pitahaya

pitazo [pitáθo]　男 ❶《メキシコ. 口語》告げ口, 密告. ❷《ペルー, チリ, アルゼンチン, ウルグアイ》ホイッスルを吹くこと

pitbull [pítbul]　男《←英語》《犬》ピットブル, アメリカンピットブルテリア

pítcher [pítʃer]　男《←英語》《野球》ピッチャー

pite [píte]　男 ❶《コロンビア, エクアドル》小片. ❷《コロンビア》1)《遊戯》遠くの穴にコインや球を投げ入れる遊び. 2) 複 子羊の腸間膜

pitear [piteár]　自《ペルー, チリ. 口語》不平を言う, 抗議する

pitecántropo [pitekántropo]　男《人類学》ピテカントロプス

pítele [pítele]　男《遊戯》棒打ち pita の棒の端

pitera [pitéra]　女《アンダルシア, ムルシア, カナリア諸島. 植物》アオノリュウゼツラン〖=pita〗

pitero [pitéro]　男 ❶《地方語》バグパイプ gaita 奏者; 複 それと小太鼓 tamboril 奏者とのコンビ. ❷《エルサルバドル, ホンジュラス》アルマジロ〖=armadillo〗

pitezna [pitéθna]　女〖動物を捕える罠の〗掛けがね

pitia¹ [pítja]　女《文語》《古占い師》=pitonisa

pítico, ca [pítiko, ka]　形《古代ギリシア》アポロ神の: juegos ~s ピューティア祭〖デルフォイで行なわれた4年ごとの競技祭〗
—— 女《古代ギリシア》アポロ神に仕える女予言者〖=pitonisa〗

pitido [pitído]　男《←pito》〖汽笛・警笛〗の音; 〖警官の強く吹き鳴らす〗笛の音. Se oyen los ~s del tren. 列車の汽笛が聞こえる

pitihué [pitjwé]　男《チリ. 鳥》キツツキの一種〖学名 Coloptus pitius〗

pitilín [pitilín]　男《口語》陰茎

pitilla [pitíʎa]　女《チリ》非常に細い糸の一種

pitillera [pitiʎéra]　女 ❶《西》たばこケース. ❷ たばこ作りの女工

pitillo [pitíʎo]　男〖pito の示小辞〗❶ 紙巻きたばこ〖=cigarrillo〗. ❷《西. 服飾》シガレットパンツ〖=pantalón ~〗. ❸《キューバ. 植物》ツユクサ科の一種〖=cañutillo〗. ❹《コロンビア, ベネズエラ》ス

トロー

pítima [pítima]　女 ❶ 酔い〖=borrachera〗: coger una ~ 酔っ払う. ❷ 心臓の上に貼る膏薬 socrocio

pitiminí [pitiminí]　男《複 ~[e]s》《植物》花の小さいツルバラ〖=rosal de ~〗
de ~《口語》小さな; 繊細な; ささいな

pitio, tia [pítjo, tja]　形 =pítico

pitipié [pitipjé]《←仏語 petit pied》男《複 ~s》〖地図の〗縮尺目盛り〖=escala〗

pitiriasis [pitirjásis]　女《医学》粃糠疹(⁵ᵏᵘ): ~ alba 白色粃糠疹

pitirre [pitíre]　男《キューバ, プエルトリコ. 鳥》ハイイロタイランチョウ

pitirrojo [pitiróxo]　男《鳥》ヨーロッパコマドリ, ロビン

pitiyanqui [pitijaŋkí]《←仏語 petit「小さな」+英語 yankee》男《プエルトリコ. 軽蔑》米国人のまねをする人

pito¹ [píto]　男《←擬声》❶〖呼び子の〗笛, ホイッスル; 汽笛, 警笛; その音: tocar el ~ 笛を吹く. hacer sonar el ~ 汽笛を鳴らす. Cuando ~s flautas, cuando flautas ~s.《西. 諺》予期せぬ結果になるものだ/物事は思いどおりにはいかないものだ. ❷ 呼び子 (ホイッスル・汽笛・警笛) を鳴らす人. ❸ 鋭く大きな音, かん高い声. ❹ 指をパチンと鳴らすこと〖=castañeta〗. ❺《自動車. 口語》クラクション. ❻〖鳥のさえずりに似た音が出る陶器製の〗水笛. ❼《口語》たばこ〖=cigarrillo〗. ❽《俗語》〖主に子供の〗陰茎. ❾《服飾》ダーツ. ❿《西. ドミノ》1の札. ⓫《鳥》~ cano ヤマゲラ. ~ negro クマゲラ. ~ real ヨーロッパアオゲラ. ⓬ バグパイプ〖=gaita〗; ドゥルサイナ〖=dulzaina〗. ⓭《ベネズエラ, ペルー, チリ》マリファナタバコ
chupar ~ *y corneta*《メキシコ. 口語》裏表のある態度をとる
de ~〖声が〗かん高い
entre ~*s y flautas* あれこれの理由で
por ~*s o por flautas* 何らかの理由で, 何やかやと理由をつけて
tomar a+人 *por el* ~ *del sereno*《西》…の好意につけ込む
tres ~*s* = *un* ~
un ~ [no なしでも否定文を作り] ほとんど…ない, 全く…ない: importar (darse) a+人 un ~ de+事物 …は…にとってどうでもよい. valer ~ ほとんど価値がない

pito², **ta** [píto, ta]　形《アラゴン》〖人が〗頑健な

pitoche [pitótʃe]　男 un ~ ほとんど…ない〖=un pito〗

pitoco, ca [pitóko, ka]　形《ベネズエラ》きざな, 上流ぶった

pitófago, ga [pitófago, ga]　形《生物》食植性の

pitoflero, ra [pitoφléro, ra]　形 ❶《口語》下手な演奏家. ❷ うわさ好きな人; おせっかいな人

pitoitoy [pitojtój]　男《チリ. 鳥》渉禽類の一種〖学名 Gambetta flavipes〗

pitola [pitóla]　女《地方語. 遊戯》棒打ち〖=tala〗

pitón [pitón] I《←ギリシア語 python》女/男《動物》ニシキヘビ〖=serpiente ~〗: ~ india インドニシキヘビ
II ❶〖水差しなどに取り付けた〗注ぎ口. ❷〖動物の〗生えかけの角. ❸《闘牛》角 (の先端): toro de pitones recortados 角の先を切り落とした牛. ❹《登山》ピトン, ハーケン. ❺《地理》山頂. ❻《俗語》〖女性の〗乳房. ❼〖木の〗新芽. ❽《植物》アオノリュウゼツランの花茎. ❾ ふくろう. ❿ 占い師, 呪術師. ⓫《ホンジュラス, エクアドル, チリ》〖ホースの〗ノズル. ⓬《エクアドル, パラグアイ》魅力的な男
~ *pasado* 山場 (決定的瞬間) を過ぎて

pitonazo [pitonáθo]　男《闘牛》角(²) pitón による打撃

pitongo, ga [pitóŋgo, ga]　形 ❶《口語》〖若者などが〗取り澄ました. ❷《チリ》酔っぱらった

pitonisa¹ [pitonísa]　女《古代ギリシア》〖デルフォイの神託所の〗アポロ神に仕える女予言者 (女司祭)

pitoniso, sa² [pitoníso, sa]　名《主に戯語》占い師

pitopausia [pitopáwsja]　女《戯語, 皮肉》男性の更年期 (障害)〖=andropausia〗

pitopáusico, ca [pitopáwsiko, ka]　形《戯語, 皮肉》〖男性が〗更年期の

pitora [pitóra]　女《コロンビア. 動物》=pitorá

pitorá [pitorá]　女《コロンビア. 動物》猛毒の蛇の一種

pitorra [pitóra]　女 ❶《西. 鳥》ヤマシギ〖=chocha〗. ❷《コロンビア》=pitora

pitorrear [pitoreár]　～*se*《西. 口語》〖面と向かって, +de を〗ばかにする, あざける

pitorreo [pitoréo]　男《西. 口語》ばかにすること, からかい: estar

de ～ ばかにしている. traerse un ～ con... …をばかにする. tomarlo todo a ～ 何でも茶化してしまう. ❹ 悪ふざけ

pitorro [pitóro]【←*pito*】男 ❶《西》[水入れの] 口, 飲み口; 飲み口に似た管. ❷《口語》陰茎. ❸《まれ》小さな出っぱり. ❹《地方語. 鳥》ウミガラス

pitosporáceo, a [pitɔspɔráθeo, a] 形 トベラ属の ── 女 [複]《植物》トベラ属

pitósporo [pitɔ́spɔrɔ] 男《植物》トベラ

pitote [pitóte] 男 ❶《西. 口語》騒ぎ, 混乱: armarse un ～ 騒ぎ (どよめき) が起こる. ❷ con cierre de ～ [栓が砂糖をひとずつ注げる] 注ぎ口付きの

pitpit [pitpí(t)]【←擬声】男《鳥》タヒバリ

pitra [pítra] 女《チリ. 植物》フトモモ科の一種《学名 Myrceugenia pitra》

pitraco [pitráko] 男《地方語》くず, ぼろ

pitre [pítre] 男《中南米》おしゃれな (気取った) 若者

pitreo [pitréo] 男 アオリュウゼツランの花茎

pituco, ca [pitúko, ka] 形 ❶《地方語》おしゃれな, めかし込んだ. ❷《ペル, チリ, アルゼンチン, ウルグアイ》1) 上流階級の (人), 高級な. 2) 優美な; 高慢な;《軽蔑》きざな (人)

pitudo, da [pitúdo, da]《まれ》[声が] かん高い

pitufo, fa [pitúfo, fa] 名《口語》[童話の小人のような] 小さな子, 背の低い人

pituita [pitwíta]【←ラテン語】女《医学》粘液; [特に] 鼻汁

pituitario, ria [pitwitárjo, rja]【←*pituita*】形 粘液の: líquido ～ 粘液 ── 女《解剖》❶ 鼻咽喉粘膜 《=membrana ～ria》. ❷ 下垂体《=glándula ～ria》

pituquería [pitukería] 女《ペル, チリ, アルゼンチン, ウルグアイ》高級なもの

pitusa[1] [pitúsa] 女《キューバ》ジーパン《=vaquero》

pituso, sa[2] [pitúso, sa]【←俗ラテン語 pittinus】形 名《親愛》[呼びかけで, 小さな] かわいらしい [子]

pituto [pitúto] 男《チリ》❶ 管. ❷《電気》コンセント. ❸《口語》利益, 報奨金. ❹《口語》コネ, 縁故: tener ～ コネがある. ❺《口語》アルバイト

piuchén [pjutʃén] 男《チリ》コウモリの形をした伝説上の動物

piular [pjulár]【←擬声】自 ❶ [ひな鶏が] 鳴く. ❷ ため息をつく, 嘆く

piulido [pjulído] 男 ひな鶏が鳴くこと

piune [pjúne] 男《チリ. 植物》ヤマモガシ科の一種《学名 Lomatia ferruginosa》

piuquén [pjukén] 男《チリ. 鳥》アンデスガン

piurano, na [pjuráno, na] 形《地名》ピウラ Piura の [人]《ペルー北西部の県・県都》

piure [pjúre] 男《チリ. 動物》ホヤ《食用》

piusa [pjúsa] 女《メキシコ》恋人《女性》

pivilca [pibílka] 女《チリ》横笛の一種

pivot [pibót]【←仏語】男《競》～s《バスケットボール, ハンドボール》センター: ala ～ パワーフォワード

pívot [píbot] 名 =**pivot**

pivotante [pibotánte] 形《植物》raíz ～ 直根

pivotar [pibotár]【←*pivote*】自 ❶《主に比喩》[軸を中心に] 回転する: ～ en política 政治的立場を180度変える, 転向する. ❷《バスケットボール》ピボット [ターン] をする: ～ sobre el pie izquierdo 左足を軸にピボットターンをする

pivote [pibóte]【←仏語 pivot】男 ❶《サッカー》ボランチ, ディフェンシブハーフ. ❷《バスケットボール, ハンドボール》=**pivot**
── 男《技術》❶ [軸, 歯, 旋回軸の] 心棒, ピン. ❷ [駐車などの防止用の] 柱, ポール. ❸ [欧州通貨制度参加国通貨の] ～ central ECU建てセントラルレート. ～ bilateral 双務的の (バイラテラル) セントラルレート

pivotear [piboteár] 自 =**pivotar**

píxel [pí(k)sel] 男《画》～[-e]s《情報》ピクセル, 画素: cámara de ocho millones de ～es 800万画素のカメラ

pixelización [pi(k)seliθaθjón] 女《情報》ピクセル化, モザイク処理

pixelizar [pi(k)seliθár] 他《情報》ピクセル化, モザイクにするかける

píxide [pí(k)siðe] 女《カトリック》小型の聖体容器 [病人のもとへ持ち運ぶ]

pixidio [pi(k)síðjo] 男《植物》蓋果

piyama [pijáma] 男/女《中南米》パジャマ《=pijama》

Pi y Margall [pí i marɣáʎ]《人名》Francisco ～ フランシスコ・ピ・イ・マルガイ《1824–1901, スペインの思想家・政治家. 1873年6月第一共和制下, 大統領に就任. 連邦共和制 república federal を主張するも地方分立派 cantonalista の反乱に直面し, 翌7月に辞任》

pizareño [piθaréɲo] 男《チリ. 建築》石綿セメント, アスベスト

pizarra [piθára]【←バスク語 lapitz-arri ＜ ラテン語 lapideus「石の」】女 ❶ 黒板: escribir en la ～ 黒板に書く. salir a la ～ [生徒が] 黒板の前に行く. ～ blanca ホワイトボード《=pizarrón blanco》. ❷ [字などを書くための] 石板. ❸ 粘板岩, スレート: techo de ～ スレート屋根. ～ bituminosa オイルシェール, 油母頁岩. ❹《鳥》ウスズミシトド. ❺《中南米》スコアボード《= marcador》. ❻《チリ, アルゼンチン, ウルグアイ》掲示板

pizarral [piθarál] 男 粘板岩の多い土地; スレート採掘場

pizarreño, ña [piθaréɲo, ɲa] 形 ❶ スレートの; スレート状の. ❷ 粘板岩の多い

pizarrería [piθarería] 女 スレート採掘 (加工) 場

pizarrero [piθaréro] 男 ❶ スレート工. ❷《プエルトリコ, コロンビア》白墨, チョーク《=tiza》

pizarrilla [piθaríʎa] 女《地方語》青みがかった石灰岩《=cayuela》

pizarrín [piθarín]【pizarra の示小語】男 石筆

Pizarro [piθáró]《人名》Francisco ～ フランシスコ・ピサロ《1478–1541, スペイン人コンキスタドール. インカ帝国を征服後, リマ市を建設. ディエゴ・デ・アルマグロ Diego de Almagro の遺子に暗殺される》
Gonzalo ～ ゴンサロ・ピサロ《1510?–48, スペイン人コンキスタドール. フランシスコ・ピサロの異母弟. インカ帝国の征服に参加後, スペインの植民政策に反旗を翻し, 1548年処刑される》

pizarrón [piθarón] 男 ❶ ～ blanco ホワイトボード. ❷《中南米》黒板

pizarroso, sa [piθaróso, sa] 形 ❶ 粘板岩質の, スレート状の. ❷ 粘板岩の多い

pizate [piθáte] 男《植物》アメリカアリタソウ《=pazote》

pizca [píθka]【←擬態】女 ❶ 小片, 少量: poner una ～ de sal 塩をひとつまみ入れる. ❷《メキシコ》[トウモロコシの] 取り入れ
ni ～ 少しも […ない]: No había ni ～ de verdad en eso. それには真実のかけらもない
ni una ～ =ni ～
~ más o menos ほんの少しでも
una ～ ほんの少し: Nos ha faltado una ～ de suerte. 私たちはほんの少しつきが足りなかった. esforzarse una ～ ほんの少し努力する

pizcar [piθkár] 他 ❶《地方語》つねる《=pellizcar》. ❷《地方語》少量をとる. ❸《メキシコ, 中米》[トウモロコシなどを] 収穫する

pizco [píθko] 男《地方語》❶ つねること. ❷ ひとつまみの量, 少量《=pizca》

pizcucha [piθkútʃa] 女 凧《=cometa》

pizmiento, ta [piθmjénto, ta] 形《親愛》日に焼けた, 黒い

pizote [piθóte] 男《グアテマラ, ホンジュラス, ニカラグア, コスタリカ. 動物》ハナグマの一種《学名 Nasua narica》

pizpereto, ta [piθperéto, ta]《親愛》=**pizpireto**

pizpireto, ta [piθpiréto, ta]【←擬声】形《親愛》[主に女性に対して] はつらつした, ぴちぴちした; [男性に対して] 積極的な

pizpirigaña [piθpiriɣáɲa] 女/男 手を軽くつねり合う子供の遊び

pizpita [piθpíta] 女《鳥》セキレイ

pizpitillo [piθpitíʎo] 女《鳥》ハクセキレイ

pizque [píθke] 男《エルサルバドル. 料理》タマーレ tamal の一種

pizza [pítsa/píθa]《伊語》～s《料理》ピザ

pizzería [pitsería] 女 ピザレストラン, ピザハウス

pizzero, ra [pitséro, ra] 女 ピザの料理人 (配達員)

pizzicato [pitsikáto]《伊語》《音楽》ピチカート

pl.《略語》←plaza 広場; plazo 期間; plural 複数

placa [pláka]【←仏語 plaque < plaquer「板で覆う」＜ 古蘭語 plackenん「継ぎ布を当てる」】女 ❶《木・金属などの》板, 板金: suelo revestido de ～s de madera 板張りの床. ～ de horno オーブンのトレイ. ～ de yeso プラスターボード. ～ giratoria《技術》回転プレート, ターンテーブル《鉄道》転車台. ～ solar ソーラーパネル. ～ de hielo 氷板; 流氷《地理》氷床. ❷ [通りの名・彫像の説明などの] 表示板, プレート; 名札, 表札《=～ con el nombre》: ～ conmemorativa 記念プレート. ❸《自動車》ナンバープレート《=～ de matrícula》. ❹《警官などの》バッジ, 記章. ❺

勲章: ~ de Isabel la Católica イサベル1世勲章. ❻《古語的》レコード、ディスク. ❼《写真》感光板; 銀板. ❽《医学》1) レントゲン写真, X線写真. 2)［喉・口などの］斑点. 3) ~ dental 歯垢, プラーク. 4)［血管内の］プラーク. ❾《電気》陽極; 極板. ❿《情報》~ base (madre) マザーボード, ロジックボード, 基板. ~ de circuitos impresos プリント基板. ⓫《解剖》~ motriz 神経筋接合部. ⓬《地質》プレート《=~ tectónica》: ~ del Pacífico 太平洋プレート. ~ eurasiática ユーラシアプレート. ⓭ 電磁調理器, IHクッキングヒーター《~ de cocina》. ⓮《隠語》板状の大麻. ⓯《古語》［スペイン領でも通用した］オランダの貨幣. ⓰《チリ》入れ歯

placabilidad [plakabilidá(d)]《女》［怒りなどが］なだめやすいこと
placable [plakáble]《形》なだめやすい《=aplacable》
placador, ra [plakaðór, ra]《名》《ラグビー》タックラー
placaje [plakáxe]《←placar》《男》《ラグビー》タックル;《アメフト》ブロック
placar [plakár]《←仏語 plaquer》〔7〕《他》《ラグビー》タックルする;《アメフト》ブロックする
placard [plakár]《男》《複 placares》《チリ, ラプラタ》作り付けの家具
placativo, va [plakatíβo, βa]《形》なだめることができる
placé [plaθé]《男》《競馬》複勝式《=apuesta a ~》: llegar ~ 2着以内に入る
placear [plaθeár]《他》❶［闘牛士が］経験のために闘牛場で練習する. ❷［食料品を市場で］小売する. ❸ 発表する, 公表する
—— **~se**［闘牛士が］多くの闘牛場で経験を積み技術が上達する
placebo [plaθéβo]《男》《薬学》プラシーボ, 偽薬: efecto ~ プラシーボ効果
placel [plaθél]《男》《船舶》砂堆, 砂洲《=placer》
pláceme [pláθeme]《←me place》《男》［主に複］お祝い, 祝詞《=felicitación》: dar a+人 el ~ por... ···のお祝いを言う
placenta [plaθénta]《女》❶《解剖》胎盤: ~ previa 前置胎盤. ❷《植物》胎座
placentación [plaθentaθjón]《女》❶《解剖》胎盤形成, 胎盤構造. ❷《植物》胎座配列, 胎座形式
placentario, ria [plaθentárjo, rja]《形》《男》❶ 胎盤の. ❷ 有胎盤類の
——《男》《複》《動物》有胎盤類
placenteramente [plaθénteraménte]《副》楽しく, 快く
placentero, ra [plaθentéro, ra]《←placer I》楽しい, 快い: vida ~ en el campo 田舎の楽しい暮らし. jardín ~ 気持ちのよい庭
placentín, na [plaθentín, na]《形》=**placentino**
placentino, na [plaθentíno, na]《形》《地名》❶ プラセンシア Plasencia の［人］《カセレス県の町》. ❷［イタリアの］ピアチェンツァ Plasencia・Piacenza の［人］
placer [plaθér] **I**《←ラテン語 placere「楽しませる」》《男》❶ 喜び, 楽しみ, 娯楽, 気晴らし, 快楽: Luisa encuentra un gran ~ en charlar. ルイサはおしゃべりするのがとても好きだ. Es un ~ nadar en el mar. 海で泳ぐのは楽しい. Señorita, no he tenido el ~ de oírla cantar. お嬢さん, 私はあなたが歌うのを聴かせていただいたことがありません. casa de ~ 保養所. viaje de ~ 慰安旅行, 観光旅行, 行楽《⇔viaje de negocios》. ~ de leer una buena novela すぐれた小説を読む楽しみ. ~ del amor 愛の喜び. ~ del paladar 食の喜び. ~ de la vista 目の保養. ❷［主に複］肉体的・精神的な強い喜び, 快楽, 悦楽《⇔tormento》: buscar los ~es carnales 肉体的快楽を追い求める. entregarse a los ~es 歓楽におぼれる. joven amigo de los ~es 快楽を求める青年. principio de ~《心理》快楽原則. ~es de la vida 生きる悦び. ~es sexuales 性の快楽. ❸《挨拶》Mucho gusto en conocerle.—El ~ es mío. お知り合いになれて光栄です.—こちらこそ. Gracias por su tiempo.—No, al contrario, el ~ ha sido mío. お時間をいただきありがとうございました.—いいえ, こちらこそ. Ha sido un gran ~ conocerle a usted.［初対面の人との別れ］お知り合いになれてうれしゅうございました. ❹［まれ］同意, 是認, 承認

a ~ 1) 勝手に, 好きなだけ: Esta noche voy a dormir *a ~*. 今夜はぐっすり寝よう. mentir *a ~* さしさわりのない《嘘のため》嘘をつく. 2) 快く: poner la temperatura *a ~* 快適な温度にする. baño *a ~* 楽しみの入浴

con [*mucho・sumo*] ~ ［非常に］喜んで: Le acompañaré *con sumo ~*. 喜んでお供します

——〔39〕《自》《文語》［3人称のみ. +a+人 の］気に入る, 喜びである: 1) Haga lo que le *plazca*. お好きなようになさって下さい. 2)［不定詞・que+接続法 が 主語］Me *place* bailar. 私はダンスをするのが好きだ. Me *place* invitarle a cenar. あなたを夕食に招待させていただきます. Me *place* mucho *que* me escriba pronto. すぐお手紙を下さるとうれしく思います
nos place+不定詞 …いたします: *Nos place* infinito poder informarle que usted ha sido seleccionada para el puesto recién convocado. 公募しました職にあなたが選ばれましたことをご通知申し上げます
¡Que me place!《戯語》ご同慶のいたりです: Fíjate, que ella me ha enviado una localidad para el concierto.—*¡Que me place!* 彼女からコンサートの切符を送ってきたぞ.—それはおめでとう

placer	
直説法現在	接続法現在
plazco	plazca
places	plazcas
place	plazca/plegue/plega
placemos	plazcamos
placéis	plazcáis
placen	plazcan
接続法過去	
placiera, -ras	
placieras, -ses	
placiera/pluguiera, -se	
placiéramos, -semos	
placierais, -seis	
placieran, -sen	

II《←カタルーニャ語 placer「海底平原」》《男》❶《船舶》砂堆, 砂洲. ❷［貴金属を含む］砂鉱: ~*es* auríferos 金を含有する砂鉱. ❸《中南米》真珠貝採取場. ❹《キューバ》［町中の・町に隣接した］無人の平地. ❺《コロンビア》［種まきのできる］切り払われた土地

placero, ra [plaθéro, ra]《形》《名》❶ 露天商［の］. ❷ 広場の. ❸［広場で］ぶらぶらしている［人］, おしゃべりしている［人］
plácet [pláθe(t)]《←ラテン語》《男》《単複同形》❶ 承認. ❷《外交》信認［状］, アグレマン: dar el ~ アグレマンを与える
placeta [plaθéta]《pláza の示小語》《女》《チリ》［山頂・高地にある］平原
placetuela [plaθetwéla]《女》placeta の示小語
placibilidad [plaθibilidá(d)]《女》快さ, 楽しさ
placible [plaθíβle]《形》快い, 楽しい
plácidamente [pláθiðaménte]《副》穏やかに, 静かに
placidez [plaθiðéθ]《女》穏やかさ, 平静さ: horas de ~ 平穏な時間
plácido, da [pláθiðo, ða]《←ラテン語 placidus < placere》《形》❶ 穏やかな, 落ち着いた: carácter ~ 温和な性格. niño ~ おとなしい子供. tarde ~*da* 静かな《のどかな》午後. ❷ 心楽しい: sueño ~ 楽しい夢
placiente [plaθjénte]《形》《文語》楽しい, 快い
plácito [pláθito]《男》意見, 見解, 判断
placodermos [placodérmos]《男》《複》《古生物》板皮《ばん》類
placozoos [plakoθóos]《男》《複》《動物》平板動物門
pládano [pláðano]《男》《地方語》=**plátano**
pladur [plaðúr]《←商標》《男》《建築》石膏ボード
plaf [pláf]《←擬声》《男》［平手打ち］パシッ;［転倒］バタッ;［水中への落下］ドボン
plafón [plafón]《←仏語 plafond》《男》❶《建築》［直接天井に固定した］天井灯;［天井中央の］装飾;［水切り下部の］装飾板. ❷《経済》最高限度, シーリング
plafond [plafón]《←仏語》《男》《経済》最高限度, シーリング
plaga [pláγa]《←ラテン語 plaga「傷, 打撃」》《女》❶［人々を襲う］わざわい, 災厄, 災禍: las diez ~*s* de Egipto《旧約聖書》エジプトの十のわざわい. ❷［作物を襲う］疫病, 害虫: ~ del jardín 植物寄生虫. ~*s* forestales 森林病害虫. ❸《軽蔑》［害をもたらす・厄介な］大量のもの: una ~ de langostas 大群のイナゴの大群. una ~ de impuestos 重くのしかかる税金. una ~ de frutas. うんざりするほど果物がある. ❹ 不運, 災難. ❺ 2つの緯度線にはさまれた地域. ❻［地図上の］方向. ❼［まれ］潰瘍《=úlcera》

ser una ~ 流行している
plagado, da [plaɣáðo, ða] 形 [estar+. +de 害悪で] 一杯の: *Ese país está* ~ *de mosquitos.* その国は蚊だらけだ
plagal [plaɣál] 形《音楽》[教会旋法が] 変格の
plágano [pláɣano] 男《地方語》=**plátano**
plagar [plaɣár] 《←ラテン語 plagare「傷つける」》 8 他 [+de 害悪で] 満たす, 一杯にする: ~ *la ciudad de autos* 町を車だらけにする
── ~**se** [+de 害悪で] 満たされる: *Los diálogos de los personajes se plagan de errores de pronunciación.* 登場人物たちのせりふは発音の誤りだらけだ
plagiador, ra [plaxjaðór, ra] 形 名 剽窃(盗作)する〔人〕
plagiar [plaxjár]《←ラテン語 plagiare < plagium「他人の奴隷の横領」<ギリシア語 plagios「斜めの, だます」》10 他 ❶《文学作品などを》剽窃(窃)する, 盗作する. ❷《古代ローマ》[自由民を買って] 奴隷にする. ❸《中南米》[営利目的で] 誘拐する. ❹《キューバ, ドミニカ, プエルトリコ, コロンビア, ペルー, アルゼンチン》カンニングする
plagiario, ria [plaxjárjo, rja] 形 名 ❶ 剽窃(盗作)する〔人〕. ❷《中南米》誘拐者
plagio [pláxjo]《←ラテン語 plagium》男 ❶ 剽窃, 盗作. ❷《中南米》[営利目的での] 誘拐. ❸《ペルー》カンニングペーパー
plagioclasa [plaxjoklása] 女《鉱物》斜長石
plagioclásico, ca [plaxjoklásiko, ka] 形 斜長石の
plagióstomo, ma [plaxjóstomo, ma] 形 《魚》軟骨魚類〔の〕《=selacio》
plagiotropismo [plaxjotropísmo] 男 傾斜屈性
plagiotropo, pa [plaxjotrópo, pa] 形 傾斜屈性の, 斜行する
plagoso, sa [plaɣóso, sa] 形 ❶《グアテマラ》[人で] 膿瘍がある, ただれた. ❷《ドミニカ》愚かな; 執拗な
plaguero [plaɣéro] 男 害虫を駆除する農業技師
plaguicida [plaɣiθíða] 形 男 [害虫を駆除する] 農薬〔の〕, 殺虫剤の《=pesticida》
plajo [pláxo] 男《地方語》たばこ
plan [plán]《←仏語 plan < plant「建物の設計図」》男 ❶ 計画, 企画, 案, 構想; 予定: *Vamos a hacer (trazar) el* ~ *para las vacaciones de verano.* 夏休みの計画を立てよう. *Se descubrió un* ~ *del golpe de Estado.* クーデター計画が暴露された. *¿Qué* ~ *tenéis para hoy?—Iremos al cine y luego a cenar en el hotel.* 今日はどんな予定ですか?—映画を見に行って, それからホテルで夕食です. *realizar (llevar a cabo・ejecutar) el* ~ 計画を実行する. ~ *de acción* 行動計画. ~ *de ahorro*〔銀行などが売り出す〕貯蓄プラン. ~ *de estudios* 研究計画. ~ *de jubilación* 〔退職後の〕年金計画, 貯蓄計画. ~ *de pensiones*〔退職後の〕年金計画, 貯蓄計画. ~ *de una novela* 小説の構想. ~ *de vuelos* 飛行計画, フライトプラン. ~ *general de contabilidad* 会計制度. ~ *maestro* 基本計画, マスタープラン. *P~ Marshall*〔歴史〕マーシャルプラン. 〔建築などの〕図面, 概略図, 設計図: *trazar un* ~ *del edificio* 建物の図面を引く. ❸ 食餌療法, ダイエット《=dietético》: *Está a* ~ *para bajar el colesterol.* 彼はコレステロールを減らすための食餌療法をしている. *El* ~ *que sigue es muy riguroso.* 彼のやっているダイエットはとても厳しい. ❹《口語》ナンパ, 一時的な恋愛関係, 不倫関係; その相手: *Conoció a una novelista en una fiesta y ahora tiene* ~ *con ella.* 彼はパーティーである小説家と知り合いになって, 今は彼と関係がある. *No tengo* ~ *para este fin de semana.* 私は今週末はデートの予定がない. *Ha tenido algunos* ~*es estos años.* 彼はここ2, 3年は浮気相手が何人かいた. *buscarse un* ~ ナンパする. ❺ 高さ, 高さ; 水準, 水平. ❻〔船舶〕ビルジ; [船底の] 湾曲部: *agua de* ~ ビルジのたまり水. ❼ 〔仏語〕〔水平投影の〕床層. ❽《まれ》名簿, リスト: *P~ Nacional*〔事務所などの〕部署・人員配置表. ❾《メキシコ. 歴史》*P~ de Ayala* アヤラ綱領《1911年サパタZapataが農民への土地返却などを訴えて発布した政治的宣言》. *P~ de Ayutla* アユトラ綱領《1854年ゲレロ州の村で, コモンフォルトComonfortなどが独裁者サンタ・アナSanta Annaに打倒の国民戦線樹立の必要を訴えた》. *P~ de Casa Mata* カサ・マタ綱領《1823年, サンタ・アナSanta AnnaがイトゥルビデIturbide帝政の無効と共和制の樹立を求めた》. *P~ de Guadalupe* グアダルペ綱領《1913年, 護憲派のカランサCarranzaがマデロMadero暗殺の政権についたウエルタHuertaの退陣を求めた》. *P~ de Iguala* イグアラ綱領《1821年イトゥルビデIturbideがスペインからの独立を宣言》. *P~ de Tacubaya* タクバヤ綱領《1857年, 1857年憲法の廃棄を求める》
a todo ~《口語》ぜいたくに, 豪勢に: *Se casaron a todo* ~. 2

人は豪勢な結婚式を挙げた
en ~ +形容詞・名詞 / *en* ~ *de* +名詞・不定詞《口語》…の態度(様子)で;…のつもりで: *Hoy está en* ~ *deprimido.* 彼は今日ふさいでいる. *Los dos charlaron en* ~ *amigable.* 2人は親しげな様子でおしゃべりした. *Llegó en* ~ *de guerra.* 彼はけんか腰でやって来た. *Lo he encontrado en buen* ~. 私は彼が前向き(その気)になっているのが分かった. *Está en* ~ *de retirar su propuesta.* 彼はその提案を取り下げようとしている. *Estaba saliendo del banco y en* ~ *de regresar a su casa.* 彼は銀行を出て帰宅するところだった. *Lo dije en* ~ *de broma.* 私はそれを冗談のつもりで言ったのだ. *estar en* ~ *de fiesta* お祭り気分で. *en* ~ *político* 政治的に / 口先だけで
no hacer (ser) ~《西. 口語》[+a+人にとって, +不定詞・que+接続法 することは] 都合が悪い, 適していない; 満足できない: *No me hace* ~ *jugar al golf mañana.* 明日ゴルフをするのはちょっと都合が悪い. *No es* ~ *que trabajemos todo el día.* 一日中働くのはつまらない. *¡No voy a vivir siempre de mis padres, no es* ~! 僕はいつまでも両親に食わせてもらうつもりはない, そんなこと考えてもいない!
seguir un ~ *de ataque*《軍》[作戦どおりに] 攻撃をしかける
ser un ~ 浮気(遊び)相手である: *No es mi prometida, es solo un* ~. 彼女は私の婚約者ではない, ただの遊び相手です
tener [*un*] ~ *de*+不定詞…しようと計画する: *Tengo un* ~ *de estudiar dos años en Estados Unidos.* 私はアメリカで2年間勉強する計画を立てている

plana¹ [plána] I《←plano》女 ❶ 〔新聞の〕…面; [雑誌などの] ページ: *salir en primera* ~ 第1面に載る. ❷《教育》字を書く練習, 習字. ❸〔国の〕平野部: ~ *de Vic*〔バルセロナの〕ビック平野. ❹〔印刷〕ページ組み
a doble ~ 見開き2ページで
a ~ *(y) renglón* 1) 原文と一字一句違わない. 2) おあつらえ向きの
a toda ~《新聞》一面全部に: *Mañana saldrá a toda* ~ *la dimisión del ministro.* 明日大臣の辞任が全段ぶち抜きで載るだろう
cerrar la ~ 結論づける, 終了させる
enmendar (*corregir*) *la* ~ *a*+人 1) …のあら探しをする: *No eres quien para enmendar la* ~ *al jefe.* 君は上司のあら探しをするべきでない. 2) …を上回る: *Este discípulo enmienda la* ~ *al maestro.* この弟子は恩師を越えている
~ *mayor*《集合》《軍》参謀, 幕僚. 2)《口語》〔会社など〕の首脳部, 幹部

II《←ラテン語 plana < planus「平らな」》女〔左官の〕三角形のこて

planada [planáða] 女《広大な》平原, 平野
planador [planaðór] 男 ❶ 銀板を叩いて平らにする細工師. ❷ 印刷板を平らにして磨く職人
planar [planár] 形《電気》平面構造の
planaria [planárja] 女《動物》プラナリア
planazo [planáθo] 男《中南米》[剣の] 平(で)で打つこと. ❷《ホンジュラス》ドスンと倒れる(落ちる)衝撃. ❸《キューバ》酒の一飲み
plancha [plántʃa]《←仏語 planche「鉄板」》女 ❶ アイロン: 1) ~ *de vapor* スチームアイロン. 2) アイロンかけ: *día de* ~ アイロンかけをする日. *habitación de la* ~ アイロン部屋.《集合》アイロンかけをするもの(アイロンかけのすんだ)洗濯物: *Tengo mucha* ~ *para el fin de semana.* 私は週末にはたくさんアイロンをかけるものがある. ❷〔主に金属の〕板. ❸ 《料理》鉄板, グリドル. ❹《印刷》版; 版木《=*madera grabada*》. ❺〔船舶〕船などに渡る〕道板, 踏み板《=*de atraque*》. ❻ ~ *de agua*〔船の修理用の〕筏, 浮桟橋. ❼ こて. ❽〔馬車のブレーキに使う〕鉄片. ❾《スポーツ》1) 腕立て伏せ: *realizar diez* ~*s* 腕立て伏せを10回やる. 2)《水泳》浮き身をする. 3)〔プロレス〕ボディープレス. 4)〔ウインドサーフィン〕~ *de vela* セールボード. ❿《西. 口語》大失敗, 失言: *meter* (*tirarse*) *la* ~ へまをしでかす. ⓫《ベネズエラ》こっけいな見せ物. ⓬《チリ》1) ラベル. 2) 気取ぶった人. 3) ~ *de techo*〔建築〕石綿セメント, アスベスト
a la ~ 鉄板焼きの: *Hágamelo a la* ~, *por favor.* 鉄板焼きでお願いします. *carne* a la ~ 肉の鉄板焼き

planchada

poner una ~《サッカー》トリッピングする

planchada[1] [plantʃáda]女 ❶《船舶》浮き桟橋. ❷《中南米》アイロンかけ〖=planchado〗

planchado[1] [plantʃáðo]男 ❶ アイロンかけ: dar un ~ a... …にアイロンをかける. ❷集名 アイロンかけの(アイロンのすんだ)洗濯物. ❸《ラプラタ. 船舶》舷側通路. ❹《ウルグアイ》屋根

planchado, da[2] [plantʃáðo, da]形 ❶ アイロンのきいた服を着ている. ❷《キューバ, チリ. 口語》一文なしの. ❸《ラプラタ. 口語》疲れ切った

dejar ~ *a*+人《口語》びっくり仰天させる

planchador, ra [plantʃaðór, ra]名 アイロンをかける人
—— 男 アイロン部屋
—— 女 プレッサー

planchamangas [plantʃamáŋgas]男《単複同形》[アイロンかけの]袖うま

planchamiento [plantʃamjénto]男 平らにすること, ぺしゃんこにすること

planchar [plantʃár]〖←plancha〗他 ❶ …にアイロンをかける. しわを伸ばす: ~ los pantalones ズボンにアイロンをかける. ❷ 平らにする;《比喩》ぺしゃんこにする
—— 自《ボリビア, チリ, アルゼンチン, ウルグアイ》[女性が]壁の花になる, ダンスに誘われない. ❷《チリ. 口語》物笑いの種になる. ❸《ラプラタ. 口語》倒れる

planchazo [plantʃáθo] [plancha の示大語]男 ❶《口語》へま, 失言: cometer (tirarse・darse・llevrarse) un ~ 失敗をやらかす. ❷ [水に飛び込んだ時の]腹部などへの衝撃. ❸ ざっとアイロンをかけること: dar un ~ a... …に手早くアイロンをかける. ❹ こて plancha による打撃. ❺《サッカー》乱暴に相手のボールを奪い取ろうとすること, ラフプレー〖=plantillazo〗

planchear [plantʃeár]他 板金で覆う

planchero [plantʃéro]男 アイロン台, アイロン置き

plancheta [plantʃéta]女《測量》平板, 三脚付き製図板
echarla de ~ 強がる, 虚勢を張る

planchista [plantʃísta]名 プレス加工をする人

planchistería [plantʃistería]女 プレス加工業

planchita [plantʃíta]女《魚》ベラの一種〖学名 Symphodus quinquemaculatus, Crenilabrus quinquemaculatus〗

plancho [plántʃo]男《コロンビア》平原

planchón [plantʃón]男 ❶《プエルトリコ》おべっか使い. ❷《コロンビア》はしけ. ❸《チリ》雪原

planchuela [plantʃwéla]女《古語》[hila をまとめた]傷口に当てる布

planco [pláŋko]男《鳥》=planga

plancton [pláŋkton]〖←ギリシア語 planktos〗男《集名》《生物》プランクトン

planctónico, ca [plaŋktóniko, ka]形 プランクトンの

planeación [planeaθjón]女《メキシコ》計画化

planeado [planeáðo]男 表面を平らにすること

planeador[1] [planeaðór]男〖←planear II〗男《航空》グライダー

planeador, ra[2] [planeaðór, ra]形 名 ❶ 計画を立てる[人]. ❷ 表面を平らにする[人]
—— 女《船舶》高速モーターボート. ❷《技術》プレーナー

planeamiento [planeamjénto]男 ❶ 計画を立てること, 立案, プランニング: ~ urbano 都市計画. ❷ 滑空, 滑翔〖=planeo〗

planear [planeár] I 他〖←plan〗計画する, …の計画を立てる [+名詞] ~ todo el itinerario del viaje 旅行の全行程を計画する. ~ una nueva novela 新たな小説の構想を立てる. 2) [+不定詞] Planea salir de vacaciones a la montaña. 彼は休暇で山に出かける計画がある
II〖←ラテン語 planus「平らな」〗自 ❶ [鳥・グライダーなどが]滑空する, 滑翔する: Una gaviota *planea* sobre el barco. カモメが船の上を滑空している. El avión aterrizó *planeando*. 飛行機は滑空して着陸した. ❷ [モーターボートなどが浮き上がって]疾走する

planeo [planéo]男《鳥, 航空》滑空, 滑翔

planeta [planéta]〖←ラテン語 planeta<ギリシア語 planetes「放浪する」〗男 ❶《天文》惑星〖⇔estrella 恒星〗: nuestro (el・este) ~ 地球. único e insustituible ~ かけがえのない地球. ~s superiores (inferiores)/~s exteriores (interiores) 外(内)惑星. ~ gigante 巨大惑星. ~ pequeño 小惑星. ~ rojo《俗称》火星. ❷《占星》運星
—— 女《カトリック》前部が短い上祭服 casulla

planetario, ria [planetárjo, rja]〖←ラテン語 planetarius〗形 ❶ 惑星の: sistema ~ 太陽系惑星群. ❷ 全世界的な: crisis ~ria 全世界の危機
—— 男 ❶ プラネタリウム〖機械設備, 建物〗. ❷《技術》遊星歯車〖=rueda ~ria〗

planetarium [planetarjún]男 プラネタリウム〖=planetario〗

planetícola [planetíkola]名《惑星に住む, 想像上の》宇宙人

planetización [planetiθaθjón]女 地球規模化

planetoide [planetóiðe]男 小惑星〖=asteroide〗

planetología [planetoloxía]女 惑星学

planga [pláŋga]女《鳥》カツオドリの一種〖学名 Sula basana〗

planicie [planíθje]女〖←ラテン語 planities〗女 大平原, 平野

planificación [planifikaθjón]女 計画化: ~ familiar 家族計画. ~ urbana 都市計画

planificador, ra [planifikaðór, ra]形 名 計画化する, 立案する. 立案者, プランナー

planificar [planifikár]〖←plan+ラテン語 facere「作る」〗他 計画化する, 計画的に組織する: economía *planificada* 計画経済

planigrafía [planigrafía]女《医学》プラニグラフィー, 断層撮影

planígrafo [planígrafo]男《技術》プラニグラフ, 図面拡大縮小機

planilla [planíʎa]女 ❶ [役所に提出する]書き込み用紙, 申請書. ❷《中南米》職員, 従業員; 給料支払い台帳〖=nómina〗. ❸《メキシコ》候補者名簿. ❹《コロンビア》選挙人名簿

planimetría [planimetría]女 面積測定法

planimétrico, ca [planimétriko, ka]形 面積測定の

planímetro [planímetro]男 面積計, プラニメーター

planipenne [planipénne]男 アミメカゲロウ亜目の
—— 男《昆虫》アミメカゲロウ亜目

planisferio [planisférjo]男 ❶ 星座早見図, 星座表. ❷ 平面天球(地球)図

planitud [planitúd]女《まれ》平原

planning [plánin]〖←英語〗男〖複〗~s〗 ❶ 生産計画, 作業計画. ❷ 計画化; 計画図

plano [pláno 古語 plano「平面」<ラテン語 planus「平らな」]男 ❶ 平面, 面: Las órbitas de los planetas están en un mismo ~. 惑星軌道は同一平面上にある. ~ horizontal (vertical) 水平(垂直)面. ~ inclinado 斜面, 傾斜面; [荷の上下ろし用の]傾斜面.《物理》入射面. ~s paralelos《幾何》平行平面. ~ de cola《航空》水平尾翼. ❷《概観的な》図面, 平面図;《市街》地図〖→mapa 類義〗: levantar (trazar・dibujar) el ~ del edificio 建物の見取図を書く. ~ acotado 等高線地図. ~ de la ciudad 市街図. ~ de la máquina 機械の図面. ~ frontal 前面図. ❸《問題などの》面, 側面; 視点: estudiar desde el ~ teórico 理論的側面から検討する. abordar el tema desde varios ~s テーマを色々な視点から考えてみる. ❹《美術, 演劇》景;《映画》ショット; [小説などの]場面: Es un precioso ~ de leones. それはライオンたちのすばらしいショットだ. En el último ~ de la película él y ella se unen por fin en matrimonio. 映画のラストシーンで彼と彼女はついに結ばれる. En este relato la descripción salta de repente de un ~ a otro. この短編では描写していて突然場面が飛ぶ. ~ aéreo エアリアルショット, 俯瞰(ふかん)写真. ~ americano クロースミディアムショット. ~ corto クロースアップ. ~ de fondo/último ~ 遠景, 背景; 舞台奥. ❺ general 全景. ~ de conjunto ロングショット. ❻ 地位, 身分: Son de un ~ social distinto al nuestro. 彼らは我々とは違う階層の出身だ. ser de un ~ social inferior 身分が低い. ❻《地理》平地. ❼ 高さ. ❽ [剣の]ひら

caer de ~ ばったり倒れる
cantar de ~ 洗いざらい白状する
dar de ~ (*a*+人 1) …を剣のひらで叩く. 2) 平手打ちする: Ella le *dio* con la mano, pero *de* ~. 彼女は彼を手で, 平手で叩いた
de ~ 1) 完全に; 明確に: El sol da *de* ~ en la habitación. 日光が部屋一杯に当たっている. rechazar *de* ~ la propuesta 提案を頭から(きっぱりと)はねつける. afectar *de* ~ もろに影響する. confesar *de* ~ すっかり白状する. 2) 横に, 寝かせて〖⇔de canto〗: sentar los ladrillos *de* ~ 煉瓦を寝かせて積む

~ *medio*《美術, 演劇》中景;《映画, テレビ》ミディアムショット: El repórter apareció en la pantalla en el ~ *medio*. レポーターは画面に上半身を見せていた

primer ~《美術, 演劇》前景, 近景;《映画, テレビ》クローズアップ: en [el] *primer* ~ クローズアップで; 前景に: 主人公が馬に乗って走っているクローズアップの場面がある. 2) Ella está en *primer* ~ en la candidatura a la presidencia. 彼女は大統領候補として最も注目されている(トップの位置にある). poner en *primer* ~ 目立たせる, 前面に押し出す. ponerse en *primer* ~ 人目を引く, 重要な役割を演じる. de *primer* ~ 最重要の, 一流の

segundo ~ 1)《美術, 演劇》後景: En esta pintura los personajes están en el *segundo* ~. この絵では人物たちは後景に下がっている. 2)《情報》~ バックグラウンド

plano², na² [pláno, na] 形 ❶ 平らな 〔=llano〕; 平面状の: La Amazonia no es ~*na* sino que está formada por montañas y depresiones. アマゾン川流域は平地ではなく, 山々と低地で構成されている. Es muy ~ *de* pecho. 彼女は胸がぺちゃんこだ. espejo ~ 平面鏡. pared ~*na* 平らな壁. terreno ~ 平らな土地, 平地. zapatos ~*s* かかとのない靴. ❷《幾何》平面の; 平面角. triángulo ~ 平面三角形. trigonometría ~*na* 平面三角法. ❸ 一定の: de color ~ 単色の. tarifa ~*na* 定額料金

planocóncavo, va [planokónkabo, ba] 形〔レンズなどが〕平(⌒凹)

planta [plánta] 〖←ラテン語 planta「足の裏」〗女 ❶ 植物〔⇔animal〕; [一般に根・茎・葉のある, 緑色の] 草木, 作物: 1) La patata y el platano son ~*s* originarias de América. ジャガイモとバナナはアメリカ原産の植物である. Son hierbas y ~*s* utilizadas en la medicina china. それらは漢方医学で用いられる植物である. ~ de adorno 観賞用植物, 観賞用植物. ~ de interior (exterior) 室内(室外)植物. ~ de Navidad ポインセチア〔=poinsettia〕. 2)〔木に対して〕草: En esta isla las 40 especies de ~ y árboles están en peligro de extinción. この島では40種の草や木が絶滅の危機にある. Cuesta mucho dinero el cuidado de los árboles y ~*s* del jardín. 庭の草木の手入れには金がかかる. 3) 樹木: podar las ~ 樹木の剪定をする. 4) 苗, 苗木; 畑; 植林地. ❷〔建築〕〔建物などの〕平図面, 配置図〔⇔alzado〕: El museo tiene ~ octogonal. その美術館は平面が8角形をしている. ~ de la casa 家の見取図. ❸ 階〔=piso〕: El vestíbulo está en la ~ baja. 入口ホールは1階にある. Vivo en la primera ~. 彼らは2階に住んでいる. El garaje tiene dos ~*s* subterráneas. ガレージは地下2階まである. subir a la quinta ~ 6階に上がる. casa de una sola ~ 平屋. edificio de tres ~*s* 3階建ての建物. ❹ noble ファンクションルーム, ファンクションスイート. ❺ プラント, 工場〔と機械設備〕〔= ~ industrial〕: Ese gobierno quiere exportar la ~ completa de generación nuclear a los países vecinos. その政府は近隣諸国に原子力発電設備一式を輸出したいと考えている. ~ de abonos 肥料工場. ~ de tratamiento térmico ごみ焼却場. ~ de depuradora (potabilizadora) 浄水場. ~ eléctrica(~ de energía eléctrica) 発電所. ~ productora de urea 尿素製造プラント. ~ siderúrgica 製鉄所. ❺ 足の裏〔= ~ del pie〕: Tengo las ~*s* de los pies ensuciadas. 私は足の裏が汚れています. Se clava una espina en la ~. 足の裏にとげが刺さる. zapatos de ~ de piel sintética 底が合成皮革の靴. ❻ 計画, 企画; 実行計画(方法): elaborar la ~ de la nueva gramática 新しい文法書の構想を練る. ❼〔人・動物の〕外見, 容姿: Su novio tiene buena ~. 彼女の恋人はかっこいい. ❽ スタッフ: ~ de profesores 教授陣. ❾〔フラメンコ〕かかとを浮かして足裏で床を打ちつける技.〔バレエ, フェンシング〕〔脚の〕ポジション, 構え. ⓬〔幾何〕垂線の足. ⓭〔鉱山〕層. ⓮〔歴史〕Nueva *P~* 新国家基本令『1716年, スペイン』

asentar sus ~*s* 〔皮肉〕〔+場所 で〕のんびり過ごす, 気楽に感じる

de nueva ~ 土台から建て直した: edificio *de nueva* ~ 新築の建物. Un diccionario de tres tomos se ha elaborado *uno de nueva* ~ para estudiantes. 3巻の辞書をもとに学生向けの版が新しく編纂された

de ~ 1) =**de nueva ~**: construir la casa *de* ~ 家を新しく建て直す. 2)《メキシコ, コロンビア, アルゼンチン》正規雇用の

echar ~*s* つっぱる, 強がって見せる; 脅しをかける

en ~ 1) 用意(準備)のできた. 2)《メキシコ, コロンビア, アルゼンチン》正規雇用の

fijar las ~*s* 〔まれ〕考えを変えない, 一つの意見に固執する

---

plantá [plantá] 女〔火祭りの〕ファリャ falla の設置

plantación [plantaθjón]〖←ラテン語 plantatio, -onis〗女 ❶〔単一栽培の〕大農園, プランテーション;〖集名〗その作物: ~ de café コーヒー農園. ❷ 植え付け, 植樹

plantado, da [plantádo, ða] 形〔古語的〕外見(スタイル・風采)のよい〔=bien ~〕

dejar ~ *a*+人 …に待ちぼうけを食わせる; 見捨てる, 縁を切る

—— 女〔地方語〕植える(置くこと); じっと立つこと

plantador, ra [plantadór, ra]〖←ラテン語 plantator, -oris〗形 名 ❶ 大農園主. ❷ 植える〔人〕, 植えつける〔人〕. ❸《アルゼンチン》植民者

—— 男〔種まき・植付け用の〕穴掘り器

plantagináceo, a [plantaxináθeo, a] 形 オオバコ科の

—— 女 複 オオバコ科

plantaina [plantáina] 女〔植物〕オオバコ〔=llantén〕

plantaje [plantáxe] 男 ❶〖集名〗植物, 草木. ❷《ムルシア, 植物》オオバコ〔=llantén〕. ❸《プエルトリコ, コロンビア, エクアドル》仕草, 表情

plantar [plantár]〖←ラテン語 plantare「足裏で掘って植える」〗他 ❶ 植える, 植え付ける, 種をまく: 1)〔植物を, +en に〕Cuando vivía la abuela *plantábamos* rosales en el jardín. 祖母が生きていたころ, 私たちは庭にバラを植えていた. 2)〔+de を, +場所 に〕*Plantaron* el monte de pinos. 山には松が植えられた. ❷ 垂直に立てる;〔テントなどを〕張る: Los aldeanos *plantaron* una cruz *en* el lugar del accidente. 村人たちは事故現場に十字架を立てた. ~ un poste de la luz 街灯を立てる. Los manifestantes tenían *plantado* un clavel *en* el sombrero de cada uno. デモの参加者は各自の帽子にカーネーションを1本差していた. ❸〔ある場所に〕置く; *Plantó* la mesa al lado de la ventana. 彼は机を窓の側に置いた. ❹〔人を, +en 場所・状態に〕…の意志に反して置く, ほうり込む: *Plantaron* al borracho *en* la calle. 酔っぱらいはつまみ出された. ~ *a*+人 *en* la cárcel …を刑務所へぶち込む. ❺ …に待ちぼうけを食わせる, 約束をすっぽかす: Mi amigo me *plantó*. Seguro que estaría por ahí, como siempre, divirtiéndose. 私は友達にすっぽかされた. 彼はいつものように遊びほうけているのだろう. ❻〔恋人などを〕捨てる, 振る: Me ha *plantado* por una mujer joven. 彼は私を捨てて若い娘の方に行ってしまった. ~ la carrera 学業を放棄する. ❼〔不意にキスを〕する: Me *plantó* tres besos. 彼女は私に3回キスしてきた. ❽〔…に対して言葉・言葉で〕はっきりと示す: Tuve que ~le, porque, si no, no sé adonde hubiera llegado. 彼女はさえぎらなければならなかった. そうしなければ彼がどこまで言ってしまうか分からなかったのだ. ❾〔殴打を〕与える: Me ha *plantado* una bofetada en la cara. 彼は私の顔を平手打ちした. ❿〔呆然として言い返せなくなるほど, 痛烈な言葉などを〕与える, 着手する. ⓫〔まれ〕設立する, 制定する. ⓬〔古語〕備え付ける, 据える. ⓭《南米》1)〔悪習などを〕やめる. 2) がつがつ食べる; ぐいぐい飲む

bien plantado〔古語的〕外見(スタイル)のよい: A pesar de su edad, es una mujer *bien plantada*. 歳を取ってはいるが, 彼女はスタイルの美しい女性だ

dejar plantado *a*+人 1) …に待ちぼうけをさせる: Esperé una hora, pero ella me *dejó plantado*. 私は1時間待ったが, 彼女は現れなかった. 2) 見捨てる: Llevé dos años saliendo con ella, pero parece que estuvo aburrida de mí. Me *dejó plantado*. 私は彼女と2年間付き合ったが, 私に飽きたようで振られてしまった. *Dejaron plantadas* a la pobre madre y la hija en la chabola, sin darles de comer ni nada. かわいそうな母と娘は全く食べるものを与えられず, 粗末な小屋に放っておかれた

dejarlo todo plantado 中断する; 放っておく, 何もかも捨てる

quedarse plantado 1) 立ちはだかる, じっと立っている: Un hombre *se quedó plantado* a la puerta. 一人の男が戸口に立ちはだかっていた. 2) 待ちぼうけを食らう

—— 自〖トランプ〗手札を変えない

——se ❶ じっと立つ, 立ちはだかる; 気を付けの姿勢をとる: Pienso ~*me* aquí hasta que me den permiso para entrar. 私は中に入る許可をもらうまではここを動かずにいるつもりだ. El perro *se plantó* en mi camino. 犬は私の行く手で動こうとしなかった. *Se plantó* ante el capitán. 彼は隊長の前で気を付けの姿勢をした. ❷ 言うことを聞かない, 意固地になる, 固執する: *Se plantó* ante lo que le mandaba su padre. 彼は父に命じ

れても聞こうとしなかった. *Me he plantado* y ya no bebo más. 私は決めたんだから, もう酒は飲まない. ～*se* en su actitud 意固地な態度をとる. ❸［突然・予想より早く, +en に］着く. En una hora *me planté en* Segovia. 私は1時間でセゴビアに着いた. ❹《トランプ》手札を変えない; 上がりの手になる: *Me planto,* no necesito más cartas. パスします, もうカードは要りません. *Me plantaré* con un cinco. 5の札を取って上がるぞ. ❺ …を身に付ける: ～*se* el sombrero 帽子をかぶる. ❻《口語》［ある年齢を越えて］年齢を言わない. ❼《アンデス. 口語》1)［悪習などを］やめる. 2) がつがつ食べる; ぐいぐい飲む
—— [形]《解剖》足の裏の, 足底の

plantario [plantárjo] [男] 苗床〘=plantel〙

plante [plánte]〘←plantar〙[男] ❶《西》［争議戦術として］仕事の手を止めること, 就業拒否. ❷《口語》待ちぼうけを食わせること, 会う約束をすっぽかすこと

planteamiento [planteamjénto]〘←plantear〙[男] 問題提起; 立案, 提案

plantear [planteár]〘←planta〙[他] ❶［問題・疑問などを］提起する, 持ち出す: Ahora que te *he planteado* la cuestión, tú decides qué hacer. 私からは君に問題を提起したのだから, どうするかは君が決めることだ. *Plantéeme* las cosas tales como son. あるがままに事態を表に出して下さい. ～ una hipótesis 仮説を立てる. ～ las materias de investigación 研究課題を提示する. ～ los temas de la discusión 議題を提出する. ～ objeciones 反対をとなえる, 異議を提出する. ❷［問題などに関して］アイデアを出す, 解決策を検討する: Esta novela *ha planteado* muy bien los problemas raciales en los Estados Unidos. この小説は米国における人種問題を巧みに描き出している. ～ una medida de seguridad más rigurosa para la cumbre 首脳会談に向けてより厳重な保安措置をまとめる. ❸［困難などを］引き起こす; 想定させる: ～ varios inconvenientes 様々な不便を引き起こす. ～ muchas dificultades 多くの困難な問題を想定させる. ❹ 現実化する, 成し遂げる: El equipo contrario *planteó* una buena defensa en la segunda vuelta. 相手チームは後半とてもうまい守備を見せた. ～ un buen partido うまい試合運びをする. ❺《まれ》［改革などを］企てる, 計画する. ❻《まれ》導入する, 設置する, 制定する: ～ varios cambios drásticos en la empresa 事業に種々の急進的な変革を導入する. ❼《エストレマドゥラ》［植物を］植える
—— [自]《古語》泣く, すすり泣く, うめく
—— **～se** ❶［問題・可能性などについて自分なりに］考える, 熟考する: *Se plantea* casarse con su compañero de oficina. 彼女は会社の同僚と結婚しようかと考えている. El gobierno *se está planteando* la posibilidad de introducir un nuevo sistema tributario. 政府は新たな税制導入の可能性を検討中である. ❷［問題・可能性などが］生じる, 現れる. ❸［問題などが］提起される: *Se plantea* la gravedad de la situación. 事態の重大さが指摘される

plantel [plantél]〘←planta〙[男] ❶［有能・優秀な］スタッフ, メンバー. ❷《農業》苗床. ❸ 養成所, 訓練所. ❹《メキシコ》学校. ❺《アルゼンチン》[集名]［一つの畜舎の］家畜

planteo [plantéo] [男] ❶《口語》=**planteamiento**. ❷《アルゼンチン》［集団・個人の］抗議

plantera [plantéra] [女]《地方語》苗床〘=plantel〙

plantero [plantéro] [男]《地方語》苗床〘=plantel〙

plantificación [plantifikaθjón] [女]［システム・改革・組織の］導入, 遂行, 設置

plantificar [plantifikár]〘←planta+ラテン語 facere「作る」〙[7] [他] ❶《口語》[+en に] 無理やり入れる; ［不適切な所に］置く: ～ a su hijo *en* el baño 息子を風呂場に押し込める. ❷《口語》［殴打などを］与える: ～ a+人 un puñetazo …を拳骨で殴る. ❸［システム・改革・組織を］導入する, 遂行する, 設置する
—— **～se** ❶《口語》［短時間で］到着する: En media hora *se plantificaron* en el aeropuerto. 彼らは30分で空港に着いてしまった. ❷［衣服などを］身につける. ❸《メキシコ, カリブ, チリ, アルゼンチン, ウルグアイ》1) じっと立つ, 立ちはだかる〘=plantarse〙. 2) 意見を変えようとしない, 一歩も引かない. ❹《メキシコ, 中米》着飾る, めかし込む

plantígrado, da [plantíɡrađo, đa] [形] [男]《動物》蹠行(しょこう)性の; 蹠行動物

plantilla [plantíʎa]〘planta の示小語〙[女] ❶［靴の］中敷き, インソール: poner ～*s* en los zapatos 靴に中敷きを入れる. ❷ 靴の内底. ❸《西》[集名]［正規雇用の］従業員, 正社員, 正職員, スタッフ〘=～ de personal〙; 従業員名簿: Un banco lo escogió para su ～. ある銀行が彼を従業員に選んだ. Es de ～./Está en ～. 彼は正社員だ. reducción de ～ 人員削減. regulación de ～ 雇用調整, 人員整理. ～ de sindicación obligada クローズドショップ. ❹《西. スポーツ》[集名] チーム〘→equipo [類義]〙: En la ～ no hay otro jugador con ese rol. チームにはほかにその役割を果たす選手はいない. ❺［同じ形を切る・彫る時の元となる］型; ［製図用の］雲形定規, テンプレート. ❻ 縮図, 部分図. ❼［試験の］正解表. ❽《情報》テンプレート. ❾［靴下の底の］継ぎはぎ用の布. ❿［馬車の車輪に］曲線をつける鉄片. ⓫《占星》星座. ⓬《チリ, アルゼンチン, ウルグアイ, ベネズエラ. 菓子》スポンジケーキ〘=bizcocho〙

plantillar [plantiʎár] [他]［靴に］中敷きを入れる

plantillazo [plantiʎáθo] [男]《サッカー》乱暴に相手のボールを奪い取ろうとすること, ラフプレー

plantillero, ra [plantiʎéro, ra] [形]《まれ》強がりを言う

plantiniano, na [plantinjáno, na] [形]《人名》プランタン Amberes Cristóbal Plantín の〘16世紀フランスの印刷業者〙

plantío[1] [plantío]〘←planta〙[男] ❶［植え付けをしたばかりの］畑, 苗床. ❷ [集名]［植え付けられた］作物, 苗. ❸ 植え付け

plantío[2], **a** [plantío, a] [形]［土地が］植え付けられた, 植え付けできる

plantista [plantísta] [男] 庭師, 植木職人
—— [名]《口語》いばり散らす人, おどしをかける人

plantita [plantíta] [女] planta の示小語

planto [plánto] [男] ❶《文語》泣くこと; ［主に死んだ人への］嘆き, 哀惜, 哀悼. ❷《文学》人の死・集団の不幸を嘆く作品

plantón [plantón]〘←plantar〙[男] ❶ 待ちぼうけ, 約束のすっぽかし: El ministro ha dado〔un〕～ a los periodistas. 大臣は新聞記者たちに待ちぼうけを食わせた. ❷ 苗, 苗木. ❸ 挿し木. ❹《軍事》［罰として課される長時間の］歩哨, 見張り. ❺ 強制執行委員. ❻《まれ》門番, 守衛. ❼《メキシコ》［抗議の］座り込み
***estar de* ～** 1) 長い間待つ, 立ち続ける. 2)《ホンジュラス》手をこまねく, 何もしない
***estar en* ～** 長い間待つ, 立ち続ける〘=estar de ～〙
***quedarse de* ～** 長い間待つ, 立ち続ける〘=estar de ～〙

plántula [plántula] [女]《植物》実生(みしょう)

planudo, da [planúđo, đa] [形]《船舶》平底の

plánula [plánula] [女]《動物》プラヌラ

plañidero, ra [plaɲiđéro, ra]〘←plañir〙[形] 嘆くような, 悲しげな: voz ～*ra* 哀れっぽい声
—— [女]［葬式に雇われる］泣き女

plañido [plaɲíđo] [男] 嘆き声, 泣き声

plañimiento [plaɲimjénto] [男]《まれ》［大声で］泣くこと, 嘆き

plañir [plaɲír]〘←古語 plañir < ラテン語 planctus, -us「嘆き」< plangere「打つ」〙[20]〘[現分] plañendo〙[自]《文語》［大声で］泣く, 嘆く
—— [他]《まれ》嘆き悲しむ
—— **～se**《文語》[+de を] 嘆く: ～*se de* su mala suerte 不運を嘆く

plaqué [plaké]〘←仏語〙[男]〘[複] ～s〙《古語的》金(銀)めっき

plaquear [plakeár] [他]《古語的》金(銀)めっきする

plaqueta [plakéta]〘←placa〙[女] ❶《解剖》血小板. ❷ 小タイル. ❸［胸につける］名札. ❹《ラプラタ. 服飾》ブローチ

plaquetario, ria [plaketárjo, rja] [形]《解剖》血小板の

plaquette [plakét]〘←仏語〙[女]《まれ》ごく薄い本

plaquín [plakín] [男]［長くゆったりした］鎖かたびら

plas[1] [plás] [間]《口語》［衝撃音］パン!〘=zas〙

plas[2], **sa** [plás, sa] [名]《隠語》［親密な間柄での］兄弟, 姉妹

plasenciano, na [plasenθjáno, na] [形] [名]《地名》プラセンシア Plasencia の〔人〕〘=placentino〙

plasentino, na [plasentíno, na] [形] [名] =**plasenciano**

plasma [plásma]〘←ラテン語・ギリシア語〙[男] ❶《生物》1) 血漿(けっしょう), プラズマ. 2) リンパ漿. 3) 原形質. ❷《物理》プラズマ: física del ～ プラズマ物理学. pantalla de ～ プラズマディスプレー
—— [女]《鉱物》=**prasma**

plasmación [plasmaθjón] [女] 具体化

plasmador, ra [plasmađór, ra] [形] [名] 創造主〔の〕

plasmafera [plasmaféra] [女]［地球の］プラズマ圏

plasmaféresis [plasmaféresis] [女]《医学》プラズマフェレーシス, 血漿交換〔法〕

plasmar [plasmár]〘←ラテン語 plasmare「形作る」〙[他] [+en に]

P

…の形を与える, 形作る; 具体化する: Esa pintura *plasma* las miserias del género humano. その絵は人類の悲惨さを表わしている. *Plasmé* mis sentimientos *en* la carta. 私は手紙に気持ちを込めた
── **~se** 《文語》形作られる; 具体化する: La indignación ciudadana *se plasmó en* revueltas callejeras. 市民の怒りは街頭での反乱となって表われた

plasmático, ca [plasmátiko, ka] 形 《生物》血漿の; 《物理》プラズマの
plasmido [plasmído] 男 《生物》プラスミド, 核外遺伝子
plasmocito [plasmoθíto] 男 《生物》プラズマ細胞, 形質細胞
plasmodesmo [plasmoðésmo] 男 《生物》原形質連絡, 細胞間橋
plasmodial [plasmoðjál] 形 《生物》変形体の
plasmodio [plasmóðjo] 男 ❶《生物》変形体. ❷《動物》マラリア病原虫
plasmódium [plasmóðjun] 男 《複 ~s》マラリア病原虫 《= plasmodio》
plasmogamia [plasmogámja] 女 《生物》プラスモガミー, 細胞質融合
plasmólisis [plasmólisis] 女 《生物》原形質分離
plasta [plásta] 《←ギリシア語 plastos, -e, -on < plaso「私は形作る」》 女 ❶《軽蔑》どろどろの(ねばねば)したもの: El plato quedó hecho una ~. 料理はぐちゃぐちゃになった. ❷ 押しつぶされたもの. ❸ 失敗作, 不完全なもの: Esa película es una ~. その映画はめちゃくちゃだ. ❹ 〔軟らかい〕糞. ❺《中南米. 口語》1) 悠長, のろさ. 2) のろま, 退屈な人; 醜い人
  dar la ~ *a*+人 …を困らせる, うんざりさせる
── 両 《隠語》警官
── 形 名 《西. 軽蔑》話がしつこい〔人〕, わずらわしい〔人〕
plaste [pláste] 男 《塗装の前に穴をふさぐ》詰め物
plastecer [plasteθér] 他 《塗装の前に穴に》詰め物をする
plastecido [plasteθíðo] 男 《塗装の前に穴に》詰め物をすること
plastelina [plastelína] 女 =**plastilina**
plastia [plástja] 女 《医学》形成術
-plastia [接尾辞]〔再建, 造形〕*rinoplastia* 鼻形成術
plástica [plástika] 女 造形〔術〕
plasticador, ra [plastikaðór, ra] 名 《古語的》プラスチック爆弾を使うテロリスト
plasticidad [plastiθiðá(ð)] 女 ❶ 可塑性; 柔軟性. ❷ 豊かな表現性
plasticina [plastiθína] 女 =**plastilina**
plasticismo [plastiθísmo] 男 《記述・映像の》生々しさ
plástico¹ [plástiko] 男 ❶ プラスチック, 合成樹脂: bolsa de ~ レジ袋. botella de ~ ペットボトル. cubo de ~ ポリバケツ. moneda (dinero) de ~ クレジット・マネー, クレジットカード. ❷ プラスチック爆弾《=bomba de ~》. ❸《西. 口語》レコード《=disco》
  de ~ 1) 人工的な: comida *de* ~ ジャンクフード, 人工的な食べ物. 2) 巧妙な
plástico², ca [plástiko, ka] 《←ギリシア語 plastikos「形成の, こねる」< plasso「私は形作る」》形 ❶ プラスチック〔製〕の, 合成樹脂の: artículo ~ プラスチック製品. materiales ~s プラスチック材. pintura ~*ca* プラスチック塗料. ❷ 可塑的な, 柔軟な. ❸ 造形の: artes ~*cas* 造形芸術《絵画, 彫刻, 建築》. imagen ~*ca* 塑像. ❹ 形成する: fuerza ~*ca* 表現力. ❺《記述・映像の》生々しい, 具体的な. ❻《医学》cirugía ~ 形成外科; その手術
plastidio [plastíðjo] 男 《植物》=**plasto**
plastidoma [plastiðóma] 男 《集合》《植物》プラスチド, 色素体
plastificación [plastifikaθjón] 女 ❶ 可塑化. ❷ プラスチック加工; ラミネート加工
plastificado [plastifikáðo] 男 =**plastificación**
plastificante [plastifikánte] 形 可塑化する; 可塑剤
plastificar [plastifikár] 7 他 ❶ 可塑化する. ❷ プラスチック加工し, プラスチック(ビニール)で覆う; 〔身分証などを〕ラミネート加工する
plastilina [plastilína] 《←商標》女 色粘土
plastisol [plastisól] 《化学》プラスチゾル
plasto [plásto] 男 《植物》色素体
plastón [plastón] 男 ❶《服飾》bolsillo de ~ 外付けのポケット. ❷《地方語》補修. ❸《地方語》潰れた不定形な物
plastrón [plastrón] 《←仏語 plastron》男 ❶《服飾》婦人服の胸飾り; 〔男子用シャツの〕いか胸. ❷《フェンシング》胸当て, 皮

plata [pláta] 《←俗ラテン語 plattus「金属板」》❶《元素》不可算 銀: anillo de ~ 銀の指輪. ~ agria 脆安銀鉱. ~ alemana 洋銀. ~ baja 低級の銀. ~ córnea 角銀鉱. ~ nativa 自然銀. ~ quemada いぶし銀. ~ roja 淡紅銀鉱, 濃紅銀鉱. ❷ 銀貨: pagar en ~ 銀貨で払う. ~ mejicana 造幣局以外で鋳造された法定の銀貨. ❸ 《集合》〔銀と宝石などの〕装身具; 〔家にある〕銀器, 銀製品. ~ labrada 〔家・教会用などの〕銀器. ❹《スポーツ》銀メダル: obtener la ~ 銀メダルを獲得する. ❺《紋章》銀色, 白色. ❻《地名》el〔Río de la〕P~ ラプラタ川. Sierra de la P~ 銀《ラプラタ川上流にあるとされた》. ❼《主に中南米. 口語》〔一般に〕金, 富: tener mucha ~ 金持ちである. hacer ~ 金持ちになる. llenarse de ~ 大金持ちになる. estar podrido en ~〔人に〕金がうなっている
  apalear ~《南米》大金をもうける
  como la (*una*) ~ ピカピカに磨いた, 大変清潔な: Tiene la oficina *como la* ~. 彼は事務所をピカピカにしている
  en ~ 歯に衣を着せずに, はっきり〔一言で〕言って: hablar *en* ~ 単刀直入に言う
  ser ~ 価値がある, 意義がある; あっても邪魔にならない
platabanda [platabánda] 女 ❶ 花壇. ❷《ベネズエラ》平屋根
platada [platáða] 女 ❶《地方語》一皿分〔の量〕; 食器一杯分. ❷《チリ》1) 〔料理を山盛りにした〕皿
platado [platáðo] 形 《コロンビア. 口語》〔料理を山盛りにした〕皿
plataforma [platafórma] 《←仏語 plate-forme》女 ❶ 台, 高い所: ~ de lanzamiento 〔ロケットなどの〕発射台. ~ de salida 《水泳》スタート台. ~ espacial 宇宙ステーション. ~ giratoria 《鉄道》転車台. ~ petrolífera (petrolera)〔石油の〕海洋掘削プラットホーム. ❷〔列車・バスの〕出入口付近, デッキ. ❸ 貨車; 〔トラックの〕荷台. ❹《地質》1) 大陸棚《= ~ submarina》. 2) ~ litoral (costera) 湖棚. 3) 卓状地《= ~ continental》. 4) ~ de hielo 棚氷. ❺〔目的達成のための〕踏み台, 足がかり. ❻ 綱〔政党・組合などの〕綱領, 基本方針: ~ electoral 選挙綱領. ~ reivindicativa 〔労働組合の〕要求. ❼ 組織母体, 組織化団体. ❽〔コルクなどの〕台状の靴底: zapato de ~ プラットホームシューズ. ❾〔三脚の〕雲台. ❿《建築》塔の屋上. ⓫《築壌》〔幕壁上の〕やぐら. ⓬《廃語》〔歯車の〕歯切り機. ⓭《中南米》プラットホーム《=andén》
platal [platál] 男 《中南米》大金, 巨額の金
platalea [plataléa] 女 《鳥》ヘラサギ
platanáceo, a [platanáθeo, a] 形 《植物》スズカケノキ科の
── 女 《複》《植物》スズカケノキ科
platanal [platanál] 男 =**platanar**
platanar [platanár] 男 バナナの林, バナナ園
platanaria [platanárja] 女 《植物》ミクリ
platanazo [platanáθo] 男 ❶《中米, ベネズエラ》ドスンと倒れる〔落ちる〕衝撃. ❷ 政府の突然の崩壊
platanero, ra [platanéro, ra] 形 ❶ バナナの. ❷《キューバ, プエルトリコ》viento ~ バナナの木を倒すほどの強風
── 名 ❶ バナナの栽培〔販売〕業者
── 男 《植物》バナナ〔の木〕
── 女 ❶ バナナ〔の木〕《=platanero》. ❷ バナナ農園《=platanar》; バナナ会社
plátano [plátano] 《←ラテン語 platanus < ギリシア語 platanos》男 ❶《植物, 果実》バナナ: ~ verde/《メキシコ》~ macho 料理用の青いバナナ《=hartón》. ❷《植物》1) スズカケノキ《= de Levante, ~ de Oriente》: ~ de Occidente/~ de Virginia アメリカスズカケノキ. ~ de sombra/~ de los paseos モミジバスズカケ, プラタナス. 2) ~ falso シコモア, セイヨウカジカエデ
platea [platéa] 女 《劇場・映画館の》1階の舞台前の席: ~ alta 2階正面席, ドレスサークル. ❷〔劇場の〕1階ボックス席《=palco》
plateado, da [plateáðo, da] ❶ 銀色の. ❷ 銀めっきの
── 男 銀めっき
plateador, ra [plateaðór, ra] 名 銀めっきする人
plateadura [plateaðúra] 女 ❶ 銀めっき. ❷ 銀めっきに使われる銀
plateante [plateánte] 形 《まれ》銀色がかった
platear [plateár] 他 ❶ …に銀めっきする. ❷《文語》銀色にする
plateau [plató] 《←仏語》男 〔映画, テレビ〕セット《=plató》

platel [platél] 男 皿, 盆
platelminto, ta [platelmínto, ta] 形 扁形動物門の
—— 男 [複]《動物》扁形動物門
platense [platénse] 形 名《地名》❶ ラプラタ川 el Río de la Plata〔流域〕の. ❷ ラプラタ La Plata の〔人〕《ブエノスアイレスの南にある大学都市》
plateñismo [plateñísmo] 男 ラプラタ方言
platera[1] [platéra] 女 ❶《植物》カヤタケ属の一種《食用のキノコ. 学名 Clitocybe geotropa》. ❷《グアテマラ, ベネズエラ》水切りかご〔=escurreplatos〕
plateresco, ca [platerésko, ka]《←platero》形 男《建築》プラテレスコ様式〔の〕《16世紀スペイン・ルネサンス様式. 細かい浮彫りの壁面が特徴》
platería [platería]《←platero》女 ❶ 銀細工術(業). ❷ 銀細工工房, 宝石店. ❸ 宝石店の集まっている地区
platero, ra[2] [platéro, ra] 形 ❶ 銀細工師, 銀細工商; 宝石商: ~ de oro 金細工師. ❷ [ホテルなどの] 皿洗い. ❸《ムルシア》銀灰色のロバ
—— 男 [食器の] 水切りかご〔=escurreplatos〕
plática [plátika]《←古語 platica < ギリシャ語 praktike「実用的な学問」< prasso「私は働く, 行動する」》女 ❶《メキシコ, 中米. 他の国では古語的》会話〔=conversación〕: estar de una ~ / sostener (mantener) una ~ おしゃべりをする. ❷ [短く堅苦しくない] 説教. ❸《メキシコ》講演, スピーチ
platicador, ra [platikaðór, ra] 形《メキシコ》よくしゃべる, おしゃべりな
platicante [platikánte] 形 名《主にメキシコ, 中米》おしゃべりをする〔人〕, 話をする〔人〕
platicar [platikár]《←plática》[7] 自 他 ❶《主にメキシコ, 中米》おしゃべりをする, 話をする; [契約などのために] 交渉する: Platicaban la madre y la hija. 母と娘はおしゃべりをしていた. Platiqué con él la cuestión. 私は彼とその問題を協議した. ❷《メキシコ》語る, 物語る
platija [platíxa] 女《魚》カレイの一種〔学名 Platichthys flesus〕
platilla [platíʎa]《←仏語 platille》女 薄くて粗末な布
platillazo [platiʎáθo] 男 シンバルの音
platillero, ra [platiʎéro, ra] 名 シンバル奏者
platillo [platíʎo]《plato の示小語》男 ❶ 小皿〔→plato〕[類義];〔カップの〕受け皿. ❷〔天秤の〕皿. ❸ シンバル. ❸ ~ volador《中南米》= ~ volante. ~ volante《西》空飛ぶ円盤. ❹ 話題, うわさ話の種: hacer (ser) el ~ de la conversación 話の種となる(である). ❺《射撃》クレー〔ピジョン〕. ❺〔料理〕ひき肉と刻んだ野菜の煮込み. ❼〔聖職者が祝日に食べる〕特別料理. ❽《トランプ》賭け金を入れるかご; その賭け金. ❾《メキシコ》[皿に盛った] 料理〔=plato〕
pasar el ~ 募金をする, 寄付金を集める
platina [platína] I 《←plato》女 ❶〔顕微鏡の〕ステージ. ❷《音響》デッキ〔=pletina〕. ❸〔印刷機の〕圧盤; [平削り盤などの〕テーブル. ❹〔時計の〕地板
II 《←plata》女《元素》プラチナ〔=platino〕
platinado, da [platináðo, ða] 形 プラチナ色の; プラチナブロンドの
—— 男 ❶ プラチナブロンド〔=rubia ~da〕. ❷ 白金めっき
platinar [platinár] 他 白金めっきする
platinífero, ra [platinífero, ra] 形 白金を含む: yacimiento ~ 白金鉱床
platinista [platinísta] 名 白金細工師
platino [platíno] 男 ❶《元素》プラチナ, 白金: anillo de ~ プラチナの指輪. ❷《自動車》ブレーカー接点
—— 形 プラチナ色の; プラチナブロンドの
platinocianuro [platinoθjanúro] 男《化学》プラチナ
platinoide [platinóiðe] 名《金属》プラチノイド
platinotipia [platinotípja] 女《写真》白金タイプ; それによるプリント
platirrinia [platirínja] 女《動物》広鼻
platirrino, na [platiríno, na] 形 ❶《動物》広鼻猿類の. ❷ [まれ][人が] 鼻が低く広がった
—— 男 [複]《動物》広鼻猿類
platitud [platitúð] 女《メキシコ》平凡さ, 陳腐さ
platívolo [platíbolo] 男《メキシコ》フリスビーを投げ合う遊び
plato [pláto]《←俗ラテン語 plattus「平らな」< ギリシャ語 platys「広い」》男 ❶ 皿〔類義〕plato は fuente から取り分ける一人用の皿, fuente は取り分け用の大皿, platillo は plato より小さい皿]: El camarero me ha servido la paella en el ~. ボーイはパエリャをわたしてくれた. poner la comida en los ~s 料理を皿に盛る. bajo ~ 皿の下に敷く皿. ~ de papel 紙製の皿, ペーパーディッシュ. ~ llano (liso・trinchero・pando) 平皿. ~ hondo 深皿, スープ皿. Del ~ a la boca se pierde la sopa.《諺》百里を行く者は九十里を半ばとせよ. ❷《料理》1)《主に西》[皿に盛った] 料理《中南米》= comida, guiso): cocinar una comida de cuatro ~s 4品の料理を作る. ~ de Andalucía/~ típico andaluz 典型的なアンダルシア料理. primer ~ メインディッシュの前に出る料理〔前菜, サラダ, スープなど〕. ~ central《ベネズエラ》= ~ segundo. ~ combinado《西》[一皿に盛り合わせた] 定食, ワンプレート. ~ compuesto デザートの盛り合わせ. ~ de pescado 魚料理. ~ de postre デザート. ~ del día 日替わり定食. ~ español スペイン料理. ~ montado 見ばえも良く飾り付けられた料理. ~ segundo/~ principal メインディッシュ, メインコース〔肉・魚料理〕. ~ único 週に一日は料理を一皿に限ること〔内戦下の1936年, 国民戦線派の支配地域で行なわれた〕. 2)《メキシコ》トマト・ソーセージ入りの卵料理. ❸ 食事, 扶養: En este establecimiento de caridad se le da ~ y cama a los ancianos desamparados. この慈善施設では身寄りのない老人に食事とベッドが供される. ❹《天秤の》皿. ❺〔レコードプレーヤーの〕ターンテーブル: El disco sigue girando sobre el ~. レコードはターンテーブルの上で回り続けている. ❻《射撃》クレー, 標的の皿: tiro al ~ クレー射撃〔場〕. ❼《自動車》ホームプレート. ❽《自転車》シャワーの下部〔シャワーの水がかかり, 排水口をなす〕. ❾《自転車》鎖歯車. ❿《建築》[ドーリア式オーダーで] メトープ metopa に付けられた円形飾. ⓫ 帽子 gorra のてっぺん. ⓬《まれ》うわさの種, 批判の的. ⓭《チリ, アルゼンチン, ウルグアイ. 口語》[un+] 楽しい人, 面白い人; 魅力的な人, セクシーな人, 美しい人
cambiar de ~《ボリビア》欲得ずくで政党(思想)を変える
comer en el (un) mismo ~ [互いに] 大変仲がよい, 信頼し合っている
con los ojos como ~s [驚き・賞賛で] 目を丸くして: Las mujeres me miraron asombradas, *con los ojos como* ~s. 女たちは驚いて, 目を皿のようにして私を見つめた
entre dos ~s 仰々しく・しく, もったいぶった・ぶって
estar en el ~ *y en la tajada*/*estar al* ~ *y a las tajadas* 両方にいいことはない
hacer ~ *a*+人 …を養う, 食べさせてやる
hacer ~ [同じ食卓の人に] 料理をよそう(取り分ける)
nada entre dos ~s《口語》[見かけと違って] 何の重要性もない, 何ということもない
no haber roto (quebrado) un ~ [*en su vida*]《口語》一度も悪いことをしたことがない, 悪事に手を染めたことがない: La foto es de un criminal peligroso, pese a que tiene cara de *no haber roto un* ~. 写真は凶悪犯を写したものだが, もっとも虫も殺さないような顔をしてはいるけれど
pagar los ~s *rotos*《口語》ぬれぎぬを着せられる; 一人で責任を取らされる: Sin intervenir mucho en ese asunto, fue el que acabó por *pagar los* ~s *rotos*. その事件に大して関与していないのに, 尻ぬぐいをさせられるはめになったのは彼だった
pasar el ~ [皿を回して] 施し物(献金)を集める
~ *fuerte* 1) メーンディッシュ: El ~ *fuerte* es bistec. メーンディッシュはステーキです. 2)[催し物の] メーンイベント, 呼びもの, 目玉: El festival de cines asiáticos ha sido un ~ *fuerte* de los actos festivos de este año. アジア映画祭が今年の催し物中のメーンイベントだった. 3) 最重要案件
poner el ~ *a*+人 …に嫌なことをさせる(言わせる)
ser ~ *de gusto* [人・事物が, +de+人の] 気に入る, [事が] 楽しい〔主に否定で〕: Nunca *fui* ~ *de gusto* de mi abuelo. 私はついぞ祖父のお気に入りにはなれなかった. No es ~ *de gusto* comunicar el fallecimiento de alguien. 人の死亡を通知することは楽しいことではない
ser ~ *de segunda* [*mesa・mano*] 1)[人・事物が] 軽く見られている, 脇役に回る, 後塵を拝する; 仲間外れになっている, 爪はじきされている. 2)《メキシコ》二番手である: Si te enfadas con ella, no me busques a mí. No *soy* ~ *de segunda mesa*. 彼女とけんかしたからといって私のところに来ないでちょうだい. 代役なんかまっぴらですから
vender por un ~ *de lentejas*《口語》名誉を物質的財産と引き替えにする/大事なものを小さな目先の利益と交換する
plató [plató]《←仏語 plateau》男 [複 ~s]《映画, テレビ》セット《ス

platón [platón] 男 ❶《中南米》大皿．❷《コロンビア》洗面器
platonicamente [platonikaménte] 副 純精神的に
platónico, ca [platóniko, ka]《←ラテン語 platonicus》形 名 ❶《人名》プラトン Platón の; プラトン哲学の．❷ プラトン学派〔の〕．❸ 純精神的な, 観念的な; 無欲の: amor ～ プラトニックラブ．❹ 理想主義的な（主義者）
platonismo [platonísmo] 男 プラトン哲学
platonizar [platoniθár] 自 プラトン哲学的にする
platudo, da [platúðo, ða] 形 名《中南米. 口語》大金持ちの〔人〕
platuja [platúxa] 女 =**platija**
plausibilidad [plausiβiliðáð] 女 ❶ もっともらしさ．❷ 賞賛に値すること
plausible [plausíβle]《←ラテン語 plausibilis「賞賛に値する」》形 ❶ もっともらしい; [動機などが] 納得（是認）できる: decir cosas que parecen ～s もっともらしいことを言う．no tener razones ～s 納得させるに足る理由がない．❷ 賞賛に値する, 賞賛すべき: gesto ～ 賞賛すべき行ない
plausiblemente [plausiβleménte] 副 賞賛して
plausivo, va [plausíβo, βa] 形 賞賛する
plaustro [pláustro] 男《詩語》荷車の, 荷馬車の
plautino, na [plautíno, na] 形《人名》プラウトゥス Plauto の《古代ローマの劇作家》
play [plái/pléi]《←英語》男 [ビデオ・カセットなどの] 再生ボタン, 演奏ボタン
playa[1] [pláia]《←俗ラテン語 plagia ← ギリシア語 plagia「側面, 斜面」< plagios「斜めの, 横切る」》女 ❶ 海・湖・大河の] 岸, 海岸, 湖岸, 河岸, 浜辺, 砂浜; 海水浴場: Me gusta caminar por la ～. 私は海岸を歩くのが好きだ. bucear en una ～ 岸辺近くでダイビングをする. ir en excursión a la ～ del Jarama ハラマ川の岸辺にピクニックに行く. ir a la ～ 海辺へ行く; 海水浴に行く. pasar las vacaciones en la ～ 休暇を海（海辺）で過ごす. traje de ～ ビーチウェア. ～ de arenas blancas 白砂の海岸. ❷《ベネズエラ, ペルー, ラプラタ》[輸送関係などに使われる] 広いスペース: ～ de carga y descarga《鉄道》貨物積卸場. ～ de estacionamiento 駐車場. ～ de maniobras《鉄道》操車場. ～ de juegos 競技場, 運動場
— una ～ de+事物《カリブ》たくさんの…, おびただしい…
playado, da [plaiáðo, ða] 形《川・海が》砂浜のある
playal [plaiál] 男《地方語》砂浜
playazo [plaiáθo] 男 広い砂浜
play-back [pléiβak]《←英語》男《テレビ, 映画》あてレコ・テープによる伴奏
play-boy [pléiβoi]《←英語》男《軽》～s プレーボーイ
playera[1] [plaiéra]《←playa》女 ❶ 複 デッキシューズ, キャンバスシューズ．❷ 複 ビーチサンダル．❸《アンダルシア. 音楽》[主に 複] セギディーリャ seguidilla に似たカンテ cante．❹《メキシコ, 中米》Tシャツ
playero, ra[2] [plaiéro, ra]《←playa》形 名 ❶ 海岸の《服飾》海岸用の: deporte ～ ビーチスポーツ. sombrero ～ ビーチハット. vestido ～ ビーチウエア．❷ 海岸（砂浜）の好きな〔人〕．❸ [海岸から来る] 魚の行商人．❹《闘牛》[牛の] 脚の開いた, がに股の．❺《キューバ, プエルトリコ》海岸の近くに住む; 海岸の— 男 複 デッキシューズ〔=playeras〕．❷《ペルー》港湾労働者．❸《アルゼンチン》駐車場・操車場の作業員
playeta [plaiéta] 女 狭い砂浜
play-girl [pléigerl]《←英語》女 軽 ～s 婉曲 高級売春婦
playita [plaíta] 女 playa の示小語
playo, ya[2] [plájo, ja] 形《ラプラタ》❶ 浅い, 緩やかに傾斜した．❷ 平凡な〔=plato ～〕
play-off [pléiɔf]《←英語》男〔単複同形〕《スポーツ》プレーオフ
plaza [pláθa]《←ラテン語 platea「広場」< ギリシア語 plateia「広い通り」< platys「平ら」》女 ❶ 広場: 町の〔たとえば何らかの通りが始まる, 市が立ったり祭りや催し事が行なわれる〕La ～ tiene bancos y faroles. 広場にはベンチや街灯がある. P～ de España《マドリードやローマなどの》スペイン広場．P～ Roja《モスクワの》赤の広場．～ circular ロータリー〔= rotonda〕．❷ [周囲を囲まれた] 広い場所: Ante el palacio había una ～ con un estanque. 王宮の前には池のある広場があった．～ de armas《軍事》練兵場;《アンデス》中央広場〔=～ mayor〕．❸《西, メキシコ》[主に食料品の] 市場: Voy a hacer la compra a la ～ todas las mañanas. 私は毎朝買い物を市場へ行く．❹ 席, 座席, スペース; 定員: El auto-

---

plazo

car tiene 50 ～s. その観光バスは50人乗りだ. Hay una ～ libre para el vuelo del domingo. 日曜日のフライトに空席が1つある. No hay ～.《表示》空席なし. Te recomiendo que compres pronto el billete, por si te quedas sin ～. 席がなくなるから早く切符を買った方がいいよ. El curso es de ～s limitadas. 講座には定員制だ. coche de seis ～s 6人乗りの車. sofá [de] tres ～s 3人掛けのソファー. parking de 500 ～s 500台収容の駐車場. déficit de ～s hospitalarias 病院のベッド数不足．❺ 職, 地位, ポスト《→profesión 類語》: Le han dado una ～ de secretaria. 彼女は秘書の仕事をもらった. Hacen una convocatoria para 20 ～s de policía. 警官20人を募集している. El nuevo empleado va a cubrir la ～ vacante. 新採用の職員が欠員を埋める予定だ．❻《闘牛》1) 闘牛場〔= ～ de toros〕. 2)《歴史》～ partida 柵で二分した闘牛場〔それぞれの闘牛が行なわれる〕．❼《軍事》要塞, 城塞〔=防塞; 防塞都市〔= ～ fuerte〕: ceñir la ～ 要塞を包囲する．❽《商業など》1) 拠点: Esta población es la ～ en el comercio de productos marinos. この町は海産物取引の中心で重要拠点だ. 2) 地区, 市, 町: esta (esa) ～ 当地（貴地）. nuestro representante en la ～ 当社の地域代理店. 3)《主に中南米》市場（ば）．❾《古語的》～ de soberanía〔直轄〕統治領〔スペインにとってのセウタ Ceuta, メリーリャ Melilla〕．❿《歴史》～ montada 騎兵．⓫〔商人の〕ギルド．⓬ 炉床．⓭《南米》cama de dos ～s ダブルベッド〔=cama doble〕
abrir ～ 1) 道を空ける. 2)《闘牛》[牛がシーズン・一日の] 最初の闘牛をする
asentar ～ =sentar ～
atacar bien la ～《口語》たくさん食べる
borrar la ～《軍事》除隊する
cerrar ～《闘牛》[シーズン・一日の] 最後の闘牛をする
dos ～**s** 男《自動車》ツーシーター, 2シーター
echar en ～ ～ =sacar a [la] ～
en ～《古語》公に〔=en público〕
en pública ～ 公に〔=en público〕
estar sobre una ～ 要塞を包囲している
hacer la ～《まれ》[市場で日々の] 買い物をする
hacer ～ 1) [市場で] 小売りをする, 品物を売る. 2) 強制的に（無理やり）場所を空けさせる. 3) =sacar a [la] ～
pasar por ～《くれ》～であると評判になる
¡P～! 道を空けてくれ, 通してくれ!
～ de garaje/～ de aparcamiento [駐車場の中の1台分の] 駐車スペース: Tengo alquilada una ～ de garaje cerca de la oficina. 私は事務所の近くに駐車場を借りている
～ mayor《主に西》[町の] 中央広場, 大広場, [P～ Mayor] プラザ・マヨール《町によっては大文字で書かれ固有名詞化しているところが多い》: La gente se conglomeró en la ～ mayor frente al ayuntamineto. 人々は市庁舎正面の大広場に群がった. Lo que más me encanta de Salamanca es la P～ Mayor. 私がサラマンカで一番魅力があると思うところはプラザ・マヨールだ
regar la ～《主に西》[手始めに] ビールを飲む
rendir la ～《軍事》要塞を明け渡す（降伏させる）
romper ～《闘牛》=**abrir** ～
sacar a [la] ～ 出版する; 公にする
sacar ～《自力で》職に就く, 入隊する
sentar ～《古語的. 軍事》志願して入隊する
sentar ～ **de**+事 …であるとの評判を得る
socorrer la ～ 困っている人を助ける
Plaza [pláθa]《人名》**Victorino de la** ～ ビクトリノ・デ・ラ・プラサ《1840～1919, アルゼンチンの軍人, 大統領》
plazo [pláθo]《←ラテン語 placitum「協定」< dies placitus「公認日」< placere「良く見える」》男 ❶ [町の] 期間; [何らかの期間] 余裕: Hay un ～ de un mes para reclamar. 異議申し立てには1か月の期間（余裕）がある. El ～ para entregar el informe acaba hoy. レポートの提出期間は今日で終わった. Ha expirado el ～ del contrato. 契約期間が切れた. en breve ～ 短期間で, 間もなく．❷ 期限: Habiendo muchas peticiones, han prorrogado el ～ diez días. 申請がたくさんあって, 期限が10日延長された. dar un ～ de unos días para+不定詞 …する期間として2週間与える. fijar un ～ 期限を定める（切る）. poner ～ 期限を設ける. dentro del ～ estipulado 約定期限内に. ～ de entrega 納入（引き渡し）期限．❸〔分割払いの〕支払い: pagar en diez

～*s* 10回払いで支払う. ❹《古語》決闘場

a corto ～ 1)《商業》[1年以内の] 短期の: crédito *a corto* ～ 短期貸付. dinero *a corto* ～ 短期資金. 2) 短期的な・に: *a corto* y medio ～ 中短期的な・に. objetivo *a corto* ～ 短期目標. 3) 近い将来に

a largo ～ 1)《商業》[3年以上の] 長期の: crédito *a largo* ～ 長期貸付. dinero *a largo* ～ 長期資金. 2) 長期的な・に: *a* medio y *largo* ～ 中長期的な・に. objetivo *a largo* ～ 長期目標. 3) 遠い将来に

a medio ～ 中期的な・に: objetivo *a medio* ～ 中期目標. planificación *a medio* ～ 中期計画

a ～《商業》信用貸しで; 期限付きの: compra *a* ～ 先物買い. operación *a* ～ 先物取引. letra (giro) *a* ～ 期限付き為替手形

a ～ fijo 期限付きの: meter el dinero *a* ～ *fijo* 金を定期預金にする. cuenta *a* ～ *fijo* a tres meses 3か月の定期預金

a ～ vencido 満期日に, 期限が来た(切れた)時に

a ～s 分割払いで, ローンで〖⇔al contado〗: comprar el piso *a* ～*s* ローンでマンションを購入する. pagar *a* ～*s* 分割払いする. venta *a* ～*s* 割賦販売

en breve ～ まもなく, 近いうちに

en el ～ de... …以内に

en tres ～s 金払いの悪い〖=en tres pagos〗

plazoleta [plaθoléta]〖plaza の示小語〗[女] [公園・並木道にある] 小広場

plazuela [plaθwéla]〖plaza の示小語〗[女] [大通りにあり, 公園になっている] 小広場

ple [plé] [男]《スポーツ》ペロタ pelota の一種

pleamar [pleamár]〖←ポルトガル語 prea mar < 仏語 pleine mer〗[女] 満潮, 満潮時〖[類義] **pleamar** は潮が最も上げた時. その前後を含めては **marea alta**. ⇔bajamar〗

plebano [pleƀáno] [男] =**plébano**

plébano [pléƀano] [男] 主任司祭〖=cura párroco〗

plebe [pléƀe]〖←ラテン語 plebs, plebis「民衆, 下層民」〗[女] [集名] ❶ [la+] 庶民, 大衆;《軽蔑》下層民: diversiones de la ～ 庶民の娯楽. ❷《古代ローマ》平民

plebeyez [pleƀejéθ] [女] ❶ 庶民であること, 庶民性. ❷ 庶民的な事物

plebeyismo [pleƀejísmo] [女] 庶民であること, 庶民性〖=plebeyez〗

plebeyizar [pleƀejiθár] [9] [他] 庶民的にする, 大衆化する

plebeyo, ya [pleƀéjo, ja]〖←ラテン語 plebeius < plebs, plebis〗[形] [名] ❶ 庶民〔の〕, 大衆〔の〕;《軽蔑》卑俗な, 粗野な: Se casó con una mujer de condición ～*ya*. 彼は庶民の身分の女性と結婚した. ❷《古代ローマ》平民〔の〕

plebiscitar [pleƀisθitár] [他] 国民(住民)投票にかける; 国民(住民)投票で承認する

plebiscitario, ria [pleƀisθitárjo, rja] [形] 国民(住民)投票の, 国民(住民)投票による

plebiscito [pleƀisθíto]〖←ラテン語 plebiscitum < plebis「民衆」+scire「知る」〗[男] ❶ 国民投票, 住民投票: someter... a ～ …を国民投票にかける. ❷《古代ローマ》平民投票〔による法律〕, 平民決議

pleca [pléka] [女]《情報》バックスラッシュ

plecóptero, ra [plekó(p)tero, ra] [形] カワゲラ目の

—— [男] [複]《昆虫》カワゲラ目

plecténquima [plɛktéŋkima] [男]《生物》菌糸組織

plectognato, ta [plɛktɔgnáto, ta] [形] 癒顎類の

—— [男] [複]《生物》癒顎類

plectro [pléktro]〖←ラテン語 plectrum < ギリシア語 plektron〗[男] ❶《音楽》[弦楽器を弾く] ばち; [琴の] 爪, 琴爪. ❷《詩法》詩想, 文体

plegable [pleɡáble] [形] 折畳みできる: lámpara ～ アームランプ, アングルポイズランプ. silla ～ 折畳み椅子

plegadamente [pleɡáđaménte] [副] あいまいに, 不明瞭に

plegadera [pleɡađéra] [女] ペーパーナイフ〖=abrecartas〗

plegadizo, za [pleɡađíθo, θa] [形] ❶ 適応力のある. ❷ =**plegable**

plegado [pleɡáđo] [男] 折畳むこと;《印刷》折り

plegador, ra [pleɡađór, ra] [形] [名] 折る〔人〕

—— [男] ❶ [織り機の] 巻き棒, さお. ❷ [紙折り用の] へら

—— [女]《印刷》折り機, 折畳み機

plegadura [pleɡađúra] [女] 折ること, 折り畳むこと

plegamiento [pleɡamjénto] [男] ❶《地質》褶曲. ❷ [トレーラートラックが] 直角に近く折れ曲がったようになること

plegar [pleɡár]〖←ラテン語 plicare〗[8] [23]〖→**negar**〗[他] ❶ [布・紙などを] 折る, 折畳む: ～ una sabana (una camisa) シーツ(ワイシャツ)を畳む. ～ una silla playera デッキチェアを畳む. ❷ …にひだ(プリーツ)をつける〖=plisar〗. ❸ 適応させる; 屈服させる. ❹《印刷》折り本 pliego にする. ❺ [絹織物で] 縦糸を回す

—— [自]《西. 口語》[+de 仕事などを] 終わらせる; 商売をやめる

—— **～se** ❶ [+a 不満足な状況などに] 適応する; 屈服する, 譲歩する: *Me plegué a* sus exigencias. 私は彼らの要求をのんだ. ❷《南米》…に加わる

plegaria [pleɡárja]〖←俗ラテン語 precaria < ラテン語 precari「懇願する」〗[女]《文語》❶ [神・聖母マリア・諸聖人への] 熱心な祈り: Durante el acto los fieles rezaron de rodillas varias ～*s* a San Francisco. 式典の間, 信者たちはひざまずいて何度も聖フランシスコに祈りを捧げた. ～ desesperada 必死の祈り. ❷ [正午の] 祈りの鐘

plegonero [pleɡonéro] [男]《魚》ホワイティング〖学名 Merlangius merlangus〗

pleguería [pleɡería] [女] [集名]《主に美術》ひだ, しわ

pleguete [pleɡéte] [男] [ブドウなどの] 巻きひげ

pleistoceno, na [plɛistoθéno, na] [形] [男]《地質》更新世〔の〕

pleita [pléi̯ta] [女] [帽子・ござなどを編むための, アフリカハネガヤ・シュロなど製の] 組みひも

pleiteador, ra [plei̯teađór, ra] [形] [名] ❶ 訴訟を起こす〔人〕〖=pleiteante〗. ❷ 訴訟好きの〔人〕

pleiteante [plei̯teánte] [形] [名] 訴訟を起こす〔人〕, 訴訟人〔の〕

pleitear [plei̯teár]〖←pleito〗[自] ❶ [+contra に対して, +con と組んで] 訴訟を起こす; [弁護士が, +por のために] 弁論する. ❷《主に中南米. 口語》口論する, けんかする. ❸《古語》取り決める

pleitesía [plei̯tesía]〖←ラテン語 pleites「代表者」〗[女] ❶ 敬意, 尊敬: El caballero medieval rendía ～ a su dama. 中世の騎士は思い姫に敬意をはらった. ❷《口語》協定, 契約

pleitista [plei̯tísta] [形] [名] 訴訟好きな〔人〕

pleito [pléi̯to]〖←仏語 placitum「命令, 判決」〗[男] ❶ 訴訟: poner ～ a+人/entablar ～ contra+人 …に対して訴訟を起こす. ganar (perder) el ～ 勝訴(敗訴)する. dar el ～ por concluso 結審する. ～ civil 民事訴訟. ～ criminal/《古語》～ de justicia 刑事訴訟. ❷ 不和, 確執. ❸《歴史》～ homenaje 臣従の誓い. ❹《主に中南米》けんか, 争い: armar un ～ けんかを起こす. ❺《中南米》ボクシングの試合

poner... a ～ …に無理やり(理由もなしに)反対する

ver el ～ mal parado 危険(誤り)に気づく

-plejía《接尾辞》[麻痺] apo*plejía* 卒中

plementería [plementería] [女] [集名]《建築》[ゴシック式の丸天井の] アーチのすき間を埋める石

plemento [pleménto] [男]《建築》[ゴシック式の丸天井の] アーチのすき間を埋める石

plena[1] [pléna] [女]《舞踊, 音楽》[プエルトリコの] プレーナ

plenairista [plenai̯rísta] [形]《美術》[絵画・画家が] 光と空気の効果に基づいた

plenamar [plenamár] [女] =**pleamar**

plenamente [plénaménte] [副] 完全に, 十全に: Su coartada está ～ demostrada. 彼のアリバイは完全に証明されている. Estoy ～ de acuerdo contigo. 私は君の意見に全面的に賛成だ. Estoy ～ satisfecho. 私は大満足だ

plenariamente [plenárjaménte] [副] ❶《文語》完全に. ❷《法律》本審で

plenario, ria [plenárjo, rja]〖←ラテン語 plenarius < plenus〗[形] ❶ [会議・集会が] 全員出席の: sesión ～*ria* 本会議, 総会. ❷ 完全な, 全部の. ❸《法律》正式の, 本式の

—— [男] ❶《法律》[予審 sumario に続く] 本審. ❷《主にラプラタ》本会議, 総会: ～ del Senado 上院本会議

plenas [plénas] [女] [複]《コロンビア. 自動車》ハイビーム

plenciano, na [plenθjáno, na] [形] [名]《地名》プレンシア Plencia の〔人〕〖ビスカヤ県の漁村〗

pleni-《接頭辞》[満ちた] *pleni*lunio 満月

plenificación [plenifikaθjón] [女]《哲学》完全化

plenificador, ra [plenifikađór, ra] [形]《哲学》完全化する

plenificar [plenifikár] [7] [他]《哲学》完全化する

plenilunar [plenilunár] [形]《文語》満月の

P

plenilunio [pleniĺunjo]《←ラテン語 plenilunium》男《文語》満月
plenipotencia [plenipoténθja]《←pleni-+ラテン語 potentia「権力」》女 全権
plenipotenciario, ria [plenipotenθjárjo, rja] 形 名 全権を有する; 全権使節, 全権委員
plenitud [plenitúđ]《←ラテン語 plenitudo, -inis》女 ❶ 完全さ; 十全さ: Teniendo mucha edad, está en ~ de facultades. 彼はかなり年を取ってはいるが, 身体能力は抜群だ. Son obras que manifiestan elocuentemente la ~ creadora del pintor. これらはその画家の創作力が充実していることを雄弁に物語る作品である. garantizar los derechos humanos en todas sus ~es 完全に(あますところなく)人権を保障する. vivir la vida con ~ 充実感をもって人生を生きる. sensación de ~ 充足感. ❷ 絶頂期, 最盛期: Atravieso la ~ de mi vida./Estoy en la ~ de la vida. 私は人生の盛りにある. ❸《旧約聖書》~ de los tiempos 満ちた時《救世主到来の時, 世の終わり》 **en ~** 十分に: gozar *en ~* la vida de soltero 独身生活を満喫する
pleno, na[2] [pléno, na]《←ラテン語 plenus「満ちた」》形 ❶ [主に+名詞] 完全な, 十全の《叙述補語としては使われない》: El jefe de gobierno goza de ~na confianza de sus ministros. 首相は大臣たちから全幅の信頼を得ている. ~ empleo 完全雇用. ~s poderes 全権. normalización ~na 全面的な正常化. vida ~na 充実した人生. ❷ [+時間・場所を表わす名詞] 真ん中の, まっただ中で: Eran las doce del mediodía, ~ día. 真っ昼間, 正午12時だった. Era ~ invierno. 真冬だった. Estamos en ~s exámenes. 今私たちは試験のまっただ中だ. Le robaron en ~na calle todo lo que llevaba. 彼は街なかで持っていたものを全部盗られた. Los niños juegan en ~ centro de la calle. 子供たちは通りの真ん中で遊ぶ. Tienen una casa en ~na montaña. 彼らは山奥に家を持っている. en ~ campo 野原の真ん中で. ❸《文語》[+de で] 一杯の, 満ちた《=lleno》: La sala está ~na de invitados. 広間は招待客で一杯だ. Iba ~na de satisfacción. 彼女は大満足だった. vida ~na de dichas y felicidades 幸せ一杯の人生
a ~ sol 日向で
en ~ 1) [+無冠詞名詞 [強調]] もろに, ちょうど: La bala le hirió *en ~* estómago. 弾丸がまともに彼の腹に当たった. Recibió un puñetazo *en ~na* cara. 彼はもろに顔にパンチを食らった. *en ~na* batalla [戦いなどの] 真っ最中に. ―― 男 ❶ 総会, 本会議: celebrar un ~ 本会議を開く. ~ de accionistas 株主総会. ~ del ayuntamiento 市議会本会議. ❷《ボウリング》ストライク. ❸ [quiniera などのくじで] 全部を当てること; [ビンゴなどで] 勝ちになる数の組み合わせ. ❹《まれ》満員, 満席
de ~ 完全に, すっかり; もろに, ちょうど: confesar *de ~* 包み隠さず白状する. El sol me da *de ~* en la cara. 日光が私の顔にもろに当たっている. Ella le dio una bofetada en la cara, *de ~*. 彼女は彼の顔にもろに平手打ちを食らわせた
en ~ 1) 全員の・で: Se retiró el equipo *en ~*. チーム全員が退場した. Dimite *en ~* el Gobierno. 政府が総辞職する. Los técnicos *en ~* trabajaron para rescatar a los mineros encerrados en el subsuelo. 技術者たちは一丸となって地下に閉じ込められた鉱夫を救出するために作業を進めた. ayuntamiento *en ~* 市議会本会議. 2) 完全な・に: *en ~* uso de sus facultades físicas y mentales 全身全霊を駆使して
pleocroísmo [pleokroísmo]《結晶》男 多色性
pleomorfismo [pleomorfísmo]《生物, 医学》多形性, 多態性
pleomorfo, fa [pleomórfo, fa] 形《生物, 医学》多形性の: adenoma ~ 多形腺腫
pleon [pléon] 男《動物》甲殻類の胴
pleonasmo [pleonásmo] 男《修辞》冗語法.《文語》間接引的語の重複用法《→a II [語法]: Yo *se la* presento *a usted*. あなたに彼女を紹介します》
pleonasta [pleonásta] 女《鉱物》プレオナスト
pleonásticamente [pleonástikaménte] 副 冗語法的に, 冗長に
pleonástico, ca [pleonástiko, ka] 形 冗語(法)の; 重複意義の
pleóptica [pleó(p)tika] 女《医学》視能技術
plepa [plépa] 女 ❶ =**pepla**. ❷《ムルシア, コロンビア, 口語》厄介なこと; [軽い] 持病
pleque pleque [pléke pléke] 男《パナマ, コロンビア》混同, 混乱

pléroma [pléroma] 男《哲学》[神の] 完全性
plesiántropo [plesjántropo] 男《古生物》プレシアントロプス
plesímetro [plesímetro] 男《医学》打診板
plesiosauria [plesjosáurja] 女《古生物》首長竜
plesiosaurio [plesjosáurjo] 男 =**plesiosauria**
plesiosauros [plesjosáuros] 男 複《古生物》首長竜目
pletina [pletína] 女《←仏語 platine》❶ [金属の薄く四角い] 小片. ❷《音響》デッキ: doble ~ de cassette ダブルカセット
pletismógrafo [pletismógrafo] 男《医学》プレチスモグラフ, 身体積測定装置
plétora [plétora]《←ギリシャ語 plethore「完全さ」》女 ❶《文語》過剰; ~ de una de... おびただしい ~. ~ económica 経済的繁栄. ❷《医学》多血(症); 過食, 過度
pletórico, ca [pletóriko, ka]《←plétora》形 ❶ [estar+. +de いいもので] 一杯の, 過剰の: El jardín está *de* plantas de todos los tipos y colores. 庭はあらゆる種類と色の植物にあふれている. ❷ 楽観的な. ❸《医学》多血(症)の
pleura [pléura] 女《解剖》胸膜.《俗用》胸膜炎
pleural [pleurál] 形 胸膜の
pleuresía [pleuresía] 女《医学》❶ 胸膜炎, 肋膜炎《=pleuritis》. ❷ falsa 胸[膜]病, 側胸病
pleurineumonía [pleurineumonía] 女 =**perineumonía**
pleurítico, ca [pleurítiko, ka] 形 名《医学》胸膜炎の[患者]. ❷ 胸膜の
pleuritis [pleurítis] 女《医学》胸膜炎, 肋膜炎
pleurocapsales [pleuroka(p)sáles] 男 複《生物》プレウロカプサ目
pleurodinia [pleurođínja] 女《医学》胸[膜]痛, 側胸痛
pleuromeiales [pleuromejáles] 男 複《植物》プレウロメイア目
pleuronéctido, da [pleuronéktiđo, đa] 形 カレイ科の. ―― 男《魚》カレイ科
pleuronectiforme [pleuronektifórme] 形 カレイ目の. ―― 男《魚》カレイ目
pleuroneumonía [pleuroneumonía] 女《獣医》ウシ肺炎
pleuroto [pleuróto] 男《植物》ヒラタケ
plex [plé(k)s] 男 ハンドバッグなどに使われるプラスチック素材
plexiforme [ple(k)sifórme] 形《解剖》叢(ó)状の. ❷ 網状の
plexiglás [ple(k)siglás] 男《←英語 plexiglass》《単複同形》プレキシグラス, 安全ガラス
plexo [plé(k)so] 男《解剖》[神経・静脈の] 叢(ó): ~ sacro 仙骨神経叢. ~ solar 太陽神経叢.《文語》網の目, 錯綜
Pléyades [pléjađes]《複数》女 複 =**Pléyades**
pléyade [pléjađe]《←ギリシャ語 Pleias, pleiados < pleo「私は航海する」》女 ❶《文語》《集名》[すぐれた] 人物の集団: una ~ de... 一群のごとき.... ❷《天文》[P~s] プレアデス[星団], 昴《古生物》首長竜目
plica [plíka]《←ラテン語 plica < plicar「折る」》女 ❶《西》[指定期日まで開封されない] 封印封筒, 封印文書. ❷《医学》ポーランド糾髪(きゅう)症. ❸《音楽》[音符の] 符幹
plié [pljé]《←仏語》男《バレエ》プリエ
pliego [pljégo]《←plegar》男 ❶ [大判の・折った] 紙; 用紙: ~ común 大判用紙. ❷ [ある種の] 書類: ~ de cargos《法律》告訴箇条. ~ de descargos 答弁書, 抗弁書. ~ de condiciones 入札心得書, 仕様書. ❸《印刷》1) 折り本, 投げ込み: ~ de prensa 一部抜き. 〔*de*〕 cordel 通俗的な読み物《小説・事件簿など折りたたむだけで製本せず, 紙にぶら下げて売られた》. 2) 葉(よう). ❹ 封書
tirarse el ~《口語》はったりをかける
pliegue [pljéɣe]《←pliego》男 ❶ 折り目: ~ de mapa de Miura ミウラ折り. ❷ ひだ; [服飾] プリーツ: ~s de una cortina カーテンのひだ. ❹ [肘・膝など] 曲がる所. ❺《地質》褶曲
plieguecillo [pljeɣeθíλo] 男 pliego の示小語
plin [plín]《←擬声音》《西》[弾丸の飛ぶ音] ピューン
¡A mí ~!《口語》気にしないよ/どうだっていいよ!
plinto [plínto] 男 ❶《建築》[柱の] 四角い台座. ❷《体操》跳び箱
plioceno, na [pljoθéno, na] 形 男《地質》鮮新世[の]
pliopolio [pljopóljo] 男《経済》自由競争
plis [plís] 男《戯語》どうか·. ¡*Plis*![=por favor]
―― 男 =《化粧》スタイリング剤
plisado [plisáđo] 男《服飾など》❶ ひだをつけること. ❷ ひだ, プリーツ

plisar [plisár]【←仏語 plisser】他《服飾》(服飾など) ひだ(プリーツ)をつける: falda *plisada* プリーツスカート
plis-plas [plisplás] 男 =**plisplás**
plisplás [plisplás] 男 *en un* ~ あっという間に
plomada[1] [plomáda]【←plomo】女 ❶《建築, 測量》下げ振り. ❷ [釣糸・漁網の] おもり. ❸《船舶》測鉛. ❹ 先端に鉛の玉の付いた皮鞭. ❺《メキシコ. 口語》弾傷
plomado, da[2] [plomádo, da] 形 鉛を含む
plomar [plomár] 他《文書を》鉛で封印する
plomazo [plomáθo] 男 ❶《軽蔑》退屈なもの(人), うんざりさせるもの(人): ¡Qué ~! 退屈だ/つまらない ❷ 散弾による衝撃(弾傷);《メキシコ》[一般に] 弾傷
plomazón [plomaθón] 女 《上に金箔・銀箔を載せて切る》革製のクッション
plombagina [plombaxína] 女《鉱物》黒鉛
plomeado [plomeádo] 男 おもりを付けること
plomear [plomeár] 他 ❶ 散弾で傷つける. ❷ おもりを付ける — 自《散弾》的に命中する
plomería [plomería] 女 ❶ 鉛板屋根. ❷ 鉛製品の工場; 鉛製品の製造業. ❸ 鉛の倉庫. ❹《中南米》ガス・水道の配管 [工具]
plomero, ra [ploméro, ra] 名 ❶ 鉛製品の製造(修理)業者. ❷《アンダルシア;中南米》配管工; [水道などの] 工事屋, 修理屋 (=fontanero): llamar al ~ 水道の修理を頼む
plomífero, ra [plomífero, ra] 形 ❶ 〔人・事物が〕退屈な, つまらない. ❷ 鉛を含んだ
plomizo, za [plomíθo, θa]【←plomo】形 ❶ 鉛色の: cielo ~ 鉛色の空. ❷《口語》重苦しい, 不愉快な, うんざりさせる, 退屈な: un día ~ 重苦しい一日. ❸ 鉛の; 鉛入りの
plomo [plómo]【←ラテン語 plumbum】男 ❶《元素》鉛: tubo de ~ 鉛管. ~ argentífero/~ de obra 銀鉛鉱石. ~ blanco 白鉛鉱. ~ dulce 精鉛. ~ rojo 紅鉛. ❷ [釣糸・漁網など] のおもり. ❸《西;メキシコ》[主に電気] ヒューズ (=fusible): Se han fundido los ~s. ヒューズが飛んだ. ❹《口語》退屈な人(もの): La película es un ~. その映画はつまらない. ❺《俗語;主に中南米》散弾, 銃弾: meter un ~ a+人 al cuerpo de ~ ~の体に弾を撃ち込む. ❻《印刷》活字合金. ❼《メキシコ》撃ち合い
a ~ 1) 垂直に. 2) 重く: caer *a* ~ ドサッと倒れる(落ちる)
comer ~《狩猟》[獲物を仕留めるのに] 散弾をたくさん打ち込む
con pie[*s*] *de* ~《口語》慎重に, 用心して: ir *con pies de* ~ *al firmar el contrato* 慎重に検討を重ねた上で契約の締結にのぞむ
de ~ 非常に重い《比喩的にも》: sueño *de* ~ 重苦しい夢
fundirse a+人 los ~*s*《戯語》[使いすぎて] 頭が働かない
llevar ~ *en las alas*〔人が〕敗北寸前である
saltarse ~*s* =**fundirse a+人 los** ~*s*
ser más pesado que el ~ 悩みの種である
tener ~ *en las alas* =**llevar** ~ *en las alas*
— 形《口語》退屈な, つまらない な: No seas ~. そんなつまらなそうにするな. ❷《主に中南米》鉛色の, 青みがかった灰色の
ponerse ~《口語》いらだたしい
plomoso, sa [plomóso, sa] 形 ❶ 鉛色の. ❷《中米》退屈な, つまらない; いらだたしい
plongeon [plónjon]【←仏語】男《蹴》~s《サッカー》ジャンプ〔=estirada〕
plorante [plorànte] 形《文語》泣く〔人〕
plotter [plóter]【←英語】男《情報》プロッタ, 作図装置
plum [plún] 間《口語》=**pum**
pluma[1] [plúma] 女《集合》羽, 羽毛: almohada de ~[*s*] 羽根枕. colchón de ~*s* 羽根入り敷き布団〔のベッド〕, sombrero de ~*s* 羽根飾りの付いた帽子. ~ *viva* 生きている鳥から抜いた羽〔寝具に使う〕. ❷ ペン, ペン先: 1) escribir con una ~ ペンで書く. tomar la ~ ペンをとり始める. obras de su ~ …の筆になる作品, …が書いた作品. ~ electrónica ライトペン. ~ esferográfica《中南米》ボールペン (=bolígrafo). ~ fuente《中南米》万年筆. ~ óptica 光学ペン. 2)《メキシコ》ボールペン〔=~ *atómica*〕. ❸ 羽ペン: ~ *de ganso* 鵞(ガ)ペン. ❹ 筆跡, 書体: Su ~ es fácil de leer. 彼の字は読みやすい. ❺ [個々の作家の] 文体, 作風: La obra se escribió con ~ elocuente. その作品は雄弁な書きぶりだった. ~ *ágil* 軽快な文体. ❻《著名な》作家: Fue la mejor ~ de la época. 彼は当代随一の作家だった. ❼ 文筆業. ❽《バドミントン》シャトル

コック〔=volante〕. ❾《釣り》毛針. ❿〔クレーンの〕ジブ, 腕. ⓫〔ワイパーの〕羽根, ブレード. ⓬〔風車の〕ブレード. ⓭ 流水量の単位〔= ~ *de agua*〕. ⓮《動物》1) イカの甲. 2) ~ *de mar* ウミエラ. ⓯《料理》[イベリコ豚の] 赤身肉, プルーマ〔= ~ *ibérica*〕. ⓰《口語》[男の] 女っぽさ, 男性同性愛者特有の態度: tener ~ おかまっぽい. ⓱《西. 隠語》陰茎. ⓲《隠語;ボリビア, チリ, アルゼンチン, ウルグアイ》売春婦. ⓳《まれ》すかし屁. ⓴《西》ジャーナリスト, 文筆家. ㉑《西. 古語》ペセタ〔=peseta〕. ㉒《メキシコ, カリブ, コロンビア, アンデス, アルゼンチン, ウルグアイ》蛇口〔=grifo〕. ㉓《メキシコ》1) ゴム付きの窓拭き具. 2) 〔弦楽器用の〕爪, ピック. ㉔《中米》嘘; だます. ㉕《キューバ》〔コックのある〕樽. ㉖《チリ, アルゼンチン, ウルグアイ》クレーン
— 男 ❶《ボクシング》フェザー級〔=peso ~〕. ❷《服飾》1) ダウンジャケット〔=plumífero〕. 2)《古語的》非常に薄手のレインコート. ❸《隠語》男性同性愛者
a ~ ペン書きで; ~ ペン画
a vuela ~ 筆〔インスピレーション〕のおもむくままに
adornarse con ~*s ajenas*《口語》他人の手柄を横取りする
de ~《地方語》[犬に] 鳥猟用の
dejar correr la ~ */escribir al correr de la* ~ 筆のおもむく〔思いつくままに〕書く
hacer a ~ *y a pelo* どんな仕事も上手にこなす, 多才な, 多芸な
poner la ~ *bien* (*mal*) 上手(下手)に表現する
tener ~《西》同性愛者である
venir a+人 a los puntos de la ~〔言葉などが〕書いているうちに…の頭に浮かんでくる
vestirse con ~*s ajenas*《口語》=**adornarse con** ~*s ajenas*
plumacho [plumátʃo] 女《地方語》[鳥の] 冠羽; 羽根飾り〔=penacho〕
plumada[1] [plumáda] 女 ❶ 一筆〔書くこと〕. ❷ 〔署名などのひと筆の〕飾り文字
de una ~《まれ》=**de un plumazo**
plumado, da[2] [plumádo, da] 形 羽の生えた
plumafuente [plumafwénte] 女《中南米》万年筆〔=estilográfica〕
plumaje [plumáxe]【←pluma】男 ❶ 不可算 羽毛. ❷ 羽根飾り. ❸《鷹狩り》羽冠
plumajería [plumaxería] 女 山積みの羽毛
plumajero, ra [plumaxéro, ra] 名 羽毛製造(販売)業者
plumar [plumár] 自〔鳥に〕羽毛が生える — 他《地方語》羽毛をむしる
plumario, ria [plumárjo, rja] 形 羽毛の — 名 羽毛細工師
plumas [plúmas] 名《単複同形》《西. 口語. 服飾》ダウンジャケット〔=plumífero〕
plumazo [plumáθo]【←pluma】男 ❶ ひと筆: firmar *de* (*con*) *un* ~ ひと筆書きでサインする. ❷《古語的》[フェザーの] ふとん; 大型の枕
de un ~ 1) [終了・廃止などの方法について] 有無を言わさず: Las autonomías despidió *de un* ~ al 20% de su personal. 各自治体はばっさりと職員の20%を解雇した. 2)《カリブ》すぐ, あっという間に: escribir *de un* ~ 一気に書き上げる
plumazón [plumaθón] 女 集合 ❶ 羽根飾り. ❷ 〔一羽の鳥の〕羽毛
plumbado, da [plumbádo, da] 形 正式に鉛封された
plumbagina [plumbaxína] 女《鉱物》黒鉛
plumbagináceo, a [plumbaxináθeo, a] 形 イソマツ科の — 女 複《植物》イソマツ科
plumbago [plumbágo] 男《植物》ルリマツリ
plumbemia [plumbémja] 女《医学》鉛中毒
plúmbeo, a [plúmbeo, a]【←ラテン語 plumeus】形 ❶《皮肉》退屈な, うんざりするような: película ~ 眠くなるような退屈な映画. ❷ tubería ~ 鉛のパイプ. ❸ 重苦しく重い
plúmbico, ca [plúmbiko, ka] 形《化学》[四価の] 鉛の
plumbífero, ra [plumbífero, ra] 形《鉱物》鉛を含んだ
plumboso, sa [plumbóso, sa] 形《化学》[二価の] 鉛の
plumcake [pluŋkéjk]【←英語》《菓子》フルーツケーキ
plumeado [plumeádo] 男《製図, 美術》ハッチング, けば付け, 陰影付け
plumear [plumeár] 他《製図, 美術》ハッチング(けば付け・陰影付け

plúmeo, a [plúmeo, a] 形 羽のある
plumera [pluméra] 女《軽蔑》女役の男性同性愛者
plumerazo [plumeráθo] 男 羽根ぼうきで叩くこと
plumería [plumería] 女《集合》羽根細工術. ❷《集合》多量の羽
plumerilla [plumeríʎa] 女《アルゼンチン. 植物》赤い花のミモザ
plumerillo [plumeríʎo] 男《植物》❶ ~ rojo ベニゴウカン属の灌木〔学名 Calliandra tweedii〕. ❷ コゴメビユ〔=milenrama〕. ❸ ~ del campo ヤナギタデ
plumerío [plumerío] 男《集合》羽
plumero [pluméro] 男〔←ラテン語 plumarium〕❶ 羽根ぼうき, 羽根製のはたき. ❷ 羽根飾り. ❸ 筆箱, 筆入れ; 筆立て. ❹ ペン軸. ❺《口語》男性同性愛者
enseñar el ~《口語》本心〔意図〕が見え見えである
verse (mostrar) a + 人 el ~: ...に本心〔意図〕をかいま見せる, しっぽを出す: Van de demócratas, pero en seguida se les ve el ~. 彼らは民主主義者のような顔をしているが, すぐしっぽを出す
plumetí [plumetí] 男《繊維》盛上げ刺繍のある布
plumier [plumjér]〔←仏語〕男 筆箱, 筆入れ
plumífero, ra [plumífero, ra]〔←ラテン語 pluma+ferre「持つ」〕形《文語》羽の生えた〔ついた〕
—— 名《軽蔑, 戯語》❶ 文筆家, 新聞記者. ❷ 事務員, 会社員
—— 男 ❶《西. 服飾》ダウンジャケット. ❷《アルゼンチン, ウルグアイ. 口語》外見が女性的な男
plumilla [plumíʎa] [pluma の示小語] 女 ❶ ペン先. ❷〔ワイパーの〕羽根, ブレード. ❸《音楽》〔ドラムの〕ブラシ. ❹《バドミントン》シャトルコック. ❺ 幼芽〔=plúmula〕. ❻《ペルー, チリ. 自動車》ワイパーのゴム片
—— 名《口語》ジャーナリスト, 新聞記者
plumillero [plumiʎéro] 男《古語的》ペン軸
plumín [plumín]〔万年筆の〕ペン先
plumión [plumjón] 男《廃語》〔鳥の〕綿毛
plumista [plumísta] 名 ❶ 書記, 事務官. ❷ 羽毛製造〔販売〕業者
plumo, ma² [plúmo, ma] 形《ベネズエラ》平静な, 温和な
plumón [plumón]〔←pluma〕男 ❶《不可算》〔鳥の〕綿毛, ダウン. ❷ 羽毛ふとん〔=edredón〕. ❸《メキシコ, エルサルバドル, キューバ, ペルー, チリ》サインペン, フェルトペン
plumoso, sa [plumóso, sa] 羽の生えた; 羽の形の, 羽のような
plúmula [plúmula] 女《植物》幼芽
plural [plurál]〔←ラテン語 pluralis「多数から成る」< plus, pluris「より多い」〕形 ❶《文法》複数〔形〕の〔⇔singular〕: sustantivo ~ 複数名詞. primera persona ~〔del〕 1人称複数. ❷ 多様な〔=múltiple〕.
—— 男《文法》複数形: poner un adjetivo en ~ 形容詞を複数形にする. usarse en ~ 複数形で使われる. ~ de modestia 謙譲の複数〔例〕Decíamos un poco antes que... 先ほど私は...と申しました〕. ~ mayestático 威厳の複数〔国王や君主が公式の場で自分をさすのに用いる. 例 Nos, el rey... 国王たる余は...〕
pluralia tántum [plurálja tántun]〔←ラテン語〕男《文法》絶対複数, 複数形でしか用いられない名詞〔例 exequias 葬式〕
pluralidad [pluraliđáđ] 女 ❶ 多様さ: ~ de opiniones 意見がばらばらなこと. ❷ 多元性, 複数性〔⇔unidad〕. ❸〔人・事物の〕全体, 大多数
a ~ de votos 過半数を得て
pluralismo [plurarísmo] 男 ❶ 多元論, 多元性. ❷ 多様性. ❸《カトリック》聖職の兼務
pluralista [pluralísta] 形 多元論の, 多元性の: sociedad ~ 〔複数の人種から成る〕複合社会
pluralístico, ca [pluralístiko, ka] 形《まれ》複数の
pluralización [pluraliθaθjón] 女 複数化
pluralizar [pluraliθár] 他 ❶ 複数化する: No *pluralices*, aquí solo hay un culpable. 複数形で言うな. 悪いのはたった1人なんだから. ❷《文法》〔本来単数形しかない語を〕複数にする〔例 *Los Antonios*, que vengan. アントニオたち, 来なさい〕
pluri- 接頭辞《複》*pluri*empleo 兼職
plurianual [plurjanwál] 形 複数年の
pluricelular [pluriθelulár] 形《生物》多細胞の

pluridimensional [pluridimensjonál] 形 =multidimensional
pluridisciplinar [pluridisθiplinár] 形 いくつかの学問分野にわたる, 学際的な
pluridisciplinario, ria [pluridisθiplinárjo, rja] 形 =pluridisciplinar
pluriempleado, da [plurjempleádo, da] 形·名 兼職をしている〔人〕, 二重就業者, ムーンライター
pluriemplear [plurjempleár] ~se 兼職〔副業·アルバイト〕をする
pluriempleo [plurjempléo] 男 兼職, 兼業, 副業: practicar ~ 兼職をする. acabar con el ~ 兼職をなくす
pluriglandular [pluriglandulár] 形《医学》多腺性の
pluriforme [plurifórme] 形 多形の, 多様な形の
pluriformismo [plurifɔrmísmo] 男 多形性
plurilateral [plurilaterál] 形 多角的な, 多面的な〔⇔unilateral〕
plurilingüe [plurilíŋgwe] 形 ❶ 多言語併用の: diccionario ~ 数か国語辞典. ❷ 数か国語を話す
plurilingüismo [plurilingwísmo] 男 ❶ 多言語併用. ❷ 数か国語を話すこと
plurilocular [plurilokulár] 形《生物》多室の: esporangio ~ 多室胞子囊
plurimembre [plurimémbre] 形 ❶〔像などの〕多肢の, 千手の. ❷ メンバーの多い
plúrimo, ma [plúrimo, ma]《文語》多数の
plurinacional [plurinaθjonál] 形 estado ~ 多民族国家
plurinervio, via [plurinérbjo, bja] 形《生物》多神経の
plurinucleado, da [plurinukleádo, da] 形《生物》多核の
pluripartidismo [pluripartidísmo] 男《政治》多党分立, 多党制
pluripartidista [pluripartidísta] 形·名《政治》多政党の; 多党制の支持者
pluripersonal [pluripersonál] 形《カトリック》複数のペルソナ persona の
plurivalencia [pluribalénθja] 女 多面的価値; 使用目的の多様性
plurivalente [pluribalénte] 形 価値が多面的な; 用途の広い
pluriverso [pluribérso] 男《文語》多世界
plurivocidad [pluribɔθiđáđ] 女〔語句などの〕多義性
plurívoco, ca [pluríboko, ka] 形〔語などの〕多義の
plus [plús]〔←ラテン語 plus「もっと」〕男 ❶〔基本給以外の〕手当, 割増賃金; ボーナス, 賞与: ~ de hijos 家族手当. ~ de peligrosidad 危険手当. ❷ 超過料金
de ~ その上
pluscuamperfecto, ta [pluskwamperfékto, ta]〔←plus+quam「より」+perfectus〕形 ❶《文法》過去完了〔=pretérito ~〕. ❷《文語》きわめて完璧な
plusmarca [plusmárka]〔←plus+marca〕女《スポーツ》〔最高〕記録〔=marca〕: batir una ~ 新記録を立てる
plusmarquista [plusmarkísta] 名《スポーツ》記録保持者
plus minusve [plús minúsbe]〔←ラテン語〕副 多少〔=más o menos〕
pluspetición [pluspetiθjón] 女《法律》過剰要求
plus ultra [plús últra]〔←ラテン語〕副·男 もっと向こうへ〔へ〕
plusvalía [plusbalía]〔←plus+valía〕女 ❶〔不動産の〕値上がり; 不動産の売買利得税. ❷《経済》1) 剩余価値, 付加価値. 2) 資本利得, キャピタルゲイン〔⇔minusvalía〕: ~ latente〔株式の〕含み益
plusvalor [plusbalór] 男〔不動産の〕値上がり〔=plusvalía〕
plúteo [plúteo] 男《文語》本箱の区画〔仕切り·棚〕
Pluto [plúto] 固 ❶《ギリシア·ローマ神話》プルート, プルートーン〔富の神, 冥府の神〕. ❷ 冥王星〔=Plutón〕
plutocracia [plutokráθja]〔←ギリシア語 plutos「富」+krateo「私が支配する」〕女 ❶ 金権政治, 金権支配. ❷〔政治を動かす〕富豪階級, 財閥
plutócrata [plutókrata] 名 金権政治家; 富豪
plutocrático, ca [plutokrátiko, ka] 形 金権政治の
Plutón [plutón] 男 ❶《ギリシア·ローマ神話》プルートーン〔=Pluto〕. ❷《天文》冥王星
plutoniano, na [plutonjáno, na] 形 ❶《地質》地下深くでできた〔=plutónico〕. ❷《ギリシア·ローマ神話》プルートーンの;《天文》冥王星の

plutónico, ca [plutóniko, ka] 形 ❶《地質》地下深くでできた: roca ～*ca* 深成岩. ❷《まれ》富の
plutonio [plutónjo] 男《元素》プルトニウム
plutonismo [plutonísmo] 男《地質》深成論, 火成論
plutonista [plutonísta] 形 火成論の(論者)
pluvial [plubjál]《=ラテン語 pluvialis < pluvia「雨」》形 ❶ 雨の: aguas ～*es* 雨水. precipitaciones ～*es* 降雨. ❷《地質》雨水作用による: regímenes ～*es* 降雨による河川の流量変化 ❸《鳥》ナイルチドリ [=～ egipcio]. ❷《カトリック》[司祭の]祭服 [=capa～]
pluviano [plubjáno] 男《鳥》ナイルチドリ
pluviométrico, ca [plubjométriko, ka] 形 =**pluviométrico**
pluvímetro [plubímetro] 男 =**pluviómetro**
pluviometría [plubjometría] 女 雨量学, 雨量測定
pluviométrico, ca [plubjométriko, ka] 形 雨量測定の, 雨量計の
pluviómetro [plubjómetro] 男 雨量計
pluvionival [plubjonibál] 形〔河川の流量が〕降雪と降雨による
pluviosidad [plubjosiðáð] 女〔一地域の一定期間における〕降水量, 雨量: ～ anual 年間降雨量
pluvioso, sa [plubjóso, sa]《=ラテン語 pluviosus》形《詩語》雨の多い《=lluvioso》
—— 男 雨月, フランス共和暦の第5月
pluvisilva [plubisílba] 女 熱帯多雨林
PM [p(e)éme] 男《西. 略語》←*policía militar* 憲兵, MP
p.m.《略語》←*post meridiem* 午後
PMM 男《西. 略語》←*parque móvil de ministerios*〖集名〗政府公用車
pmo.《略語》←*próximo* 次の, 来…
p.n.《略語》←*peso neto* 正味重量
PNB《略語》←*producto nacional bruto* 国民総生産, GNP
P.N.D.《略語》←*personal no docente* 事務職員
pneuma [pnéuma] 男《哲学》プネウマ, 精気, 気息
pneumático, ca [pneumátiko, ka] 形《哲学》プネウマの
pneumonía [pneumonía] 女《医学》←*por aspiración* 誤嚥性肺炎. ～ *por micoplasma* マイコプラズマ肺炎
PNN [penéne] 名〖複 ～s〗《西. 古語. 略語》←*profesor no numerario* 非常勤講師
PNUD [penú(ð)] 男《略語》←*Programa de las Naciones Unidas para el Desarrollo* 国連開発計画
PNUMA [penúma] 男《略語》←*Programa de las Naciones Unidas para el Medio Ambiente* 国連環境計画
PNV 男《西. 略語》←*Partido Nacionalista Vasco/Partido Nacional Vasco* バスク・ナショナリスト党, バスク民族(主義)党〔1895年結成, バスク民族運動を主導〕
po [pó] I 男《トランプ》=**pot**
　　II 間《チリなど》[文末で語調緩和]…よ [=pues]: Sí (No), *po*. そうだよ(違うよ)
P°.《略語》←*Paseo* …通り
p.o.《略語》《p/o とも表記》←*por orden* 指図(注文)により
poa [póa] 女 ❶《植物》スズメノカタビラ. ❷《船舶》はらみ綱の支索
pobeda [pobéða] 女 ギンドロ林
poblacho [poblátʃo] 男〖←poblar+軽蔑接尾辞 -acho〗《軽蔑》寒村, 貧しい村
poblachón [poblatʃón] 男《軽蔑》大きいがインフラが整備されていない(市街化されていない)町
población [poblaθjón] 女《=ラテン語 populatio, -onis < populus「村・町の集合」》❶ 人口: España tiene una ～ de 46 millones de habitantes. スペインの人口は4,600万人である. *Las ricas tierras de los valles atraen a la* ～. 谷間の肥沃な土地には人口が集まる. *Esa aldea tiene una muy pequeña* ～. その村は人口がごく少ない. crecimiento (disminución) de la ～ 人口の増加(減少). ～ *agrícola* 農業人口. ～ *de derecho* 常住人口. ～ *estudiantil* 学生人口. ❷〖総称的に, 行政単位として〗町, 村; 居住地域, 集落: *El terremoto asoló la* ～. 地震で集落は壊滅状態になった. ❸〖集名〗住民: *La* ～ *se revolvió contra las persecuciones políticas*. 民衆は政治的迫害に立ち向かった. *Un quinto de la* ～ *de este país no sabe leer*. この国の国民の5分の1は読み書きができない. ❹ 居住, 入植, 植民: política de ～ 植民政策. ❺《統計》母集団.《生態学》〔ある地域内の〕個体群, 個体数. ❻《チリ, アルゼンチン, ウルグアイ》

小集落. ❼《チリ》スラム街〖=～ callampa〗
una ～ *de…*《口語》大勢の…
poblacional [poblaθjonál]《形》人口の: *excedente* ～ 余剰人口
poblada [pobláða] 女《南米》❶ 大衆, 群衆. ❷ 暴動, 騒動
poblado [pobláðo] 男 集落, 村落〖=población〗: ～ *de indios* 先住民の集落
poblador, ra [poblaðór, ra] 名 ❶ 居住している; 住民. ❷ 入植者. ❸《チリ》スラム街の住民
poblamiento [poblamjénto] 男 ❶ 入植, 植民; 定住化. ❷ 町, 村
poblano, na [pobláno, na] 名 ❶《地名》プエブラ Puebla の〔人〕《メキシコ南部の州・州都. 州都の正式名称 Heroica Puebla de Zaragoza》. ❷《中南米》田舎出身の〔人〕
poblar [poblár]《=ラテン語 populus「民衆」》28 他 ❶ [場所に, +con+人 を] 住まわせる: ～ *una isla con colonos* 島に植民する. ❷ [+de・con 植物・動物を] 植える, 増やす: ～ *de pinos el monte* 山に松を植林する. ～ *el río de peces* 川に魚を放流する. ❸ …に住む: *Los aztecas poblaron México*. アステカ族はメキシコに住んだ. *Los calamares gigantes pueblan las profundidades*. 巨大なイカは深海に住む. ❹ 満たす: *He poblado de falsía mis palabras*. 私は自分の言葉を嘘で満たした
—— 自 ❶ 村をつくる. ❷ 多産である: *Estas razas pueblan rápidamente*. この民族は急速に増える
—— ～**se** 再 [+de で] 一杯になる: *El valle se pobló de migrantes*. 谷は移住者で一杯になった. *El cielo se poblaba de pájaros que regresaban al dormitorio*. 空はねぐらに帰る鳥たちで埋まっていた. *zona muy poblada* 人口密集地帯. *región poco poblada* 過疎地域. *poblada barba* 濃い(もじゃもじゃの)ひげ.《植物》葉が出る
poblazo [pobláθo] 男《軽蔑》寒村, 貧しい村
poblezuelo [pobleθwélo] 男 pueblo の示小語
pobo [póbo] 男《植物》ギンドロ, ハクヨウ
pobre [póbre] 形《=ラテン語 pauper, -eris》形〖絶対最上級:《文語》paupérrimo,《口語》pobrísimo〗❶〖名詞+/主格補語で〗1) 貧しい, 貧乏な〖⇔rico〗: *En este barrio vive gente muy* ～. この地区には大変貧しい人々が住んでいる. *Son muy* ～*s y tienen escasos medios de conseguir artículos de primera necesidad*. 彼らはとても貧しく, 生活必需品をかろうじて入手するだけの手段しか持たない. *países* ～*s muy endeudados* 重債務貧困国. 2) みすぼらしい, 粗末な: casa ～ ぼろ家, 安っぽい家. traje ～ みすぼらしい服. 3) [+de・en に] 乏しい, 貧弱な: *El primer ministro es* ～ *de capacidad de expresión*. 首相は表現能力が不足している. aguas ～*s de minerales* ミネラルの少ない水. árbol ～ *de hoja* 葉の少ない木. diccionario ～ *en ejemplos* 用例の少ない辞書. discurso muy ～ *de contenido* 内容のまるで乏しい講演. tierra ～ やせた土地. 4) 価値の少ない. ❷ [+名詞] 気の毒な, かわいそうな, 哀れな: 1) *La* ～ *niña no deja de llorar*. かわいそうな女の子はまだ泣いている. *La* ～ *vieja no se acordaba de la calle en que vivía*. その老婆はかわいそうに自分の住んでいる通りの名を覚えていなかった. *El* ～ *Ignacio ha tenido mala suerte con su vida de matrimonio*. 気の毒にイグナシオは結婚生活がうまくいかなかった. 2) [間投詞的, 同情] かわいそうに!: *¡P*～ *José* (mamá)*!* かわいそうなホセ(お母さん)! *¡P*～ *perrillo! Está mojadísimo*. かわいそうな子犬だ, ずぶ濡れになって! ❸ 穏やかな, 平静な
—— 名 ❶ 貧しい人, 貧乏人: *Los* ～*s aportamos cada uno su grano de arena para mantener el equipo de nuestra ciudad*. 我々は我が町のチームを維持するために貧者の一灯を拠出している. ～ *asegurado* 保険料支払いに追われて生活が苦しい人. ❷ 乞食 [=mendigo]: *Las calles están llenas de* ～*s que piden limosna*. 街々は施しを求める乞食たちであふれている. ❸ かわいそうな人: *El* ～ *está siempre solo*. かわいそうに彼はいつも一人だ
de ～*s* 貧しい, 粗末な
hacer[se] el ～ 金のないふりをする
más ～ *que las ratas* (*una rata*) 極貧, 貧乏のどん底の
¡P～ *de…!*〖脅し・警告〗とっちめてやるぞ, ただではおかないぞ!: *¡P*～ *de ti como lo vuelvas a hacer!* いいか, 今度そんなことをしたらただではおかないぞ! *¡P*～*s de vosotras si no llegáis a casa antes de las diez!* 10時までに帰って来なかったら承知しないぞ!

~ de espíritu 1)《新約聖書》心貧しき人。2)《軽蔑》覇気(意欲)のない〔人〕。3) 金銭・名誉に重きを置かない

¡P~ de mí (nosotros)!［自身に対する哀れみ・嘆息］ああ情けない、ついていないなあ、だめだなあ!: ¡P~ de mí, siempre a solas sin tener con quien hablar! 何と悲しい私、いつも一人ぼっちで話し相手もいない!

~ hombre 1)［同情・軽蔑して］哀れな男: El ~ hombre se quedó sin nadie. その哀れな男は最後には一人ぼっちになってしまった。2) 気の弱い男、小心者: Es un ~ hombre, que se lo consiento todo a su mujer. 彼は気が弱く、すべて奥さんの言いなりだ。3) 取るに足りない男、小人物: No le hagas caso, es un ~ hombre. 気にするな、あいつは取るに足りない奴だ

~ limosnero 乞食

~ voluntario［修道院に入る時のように］自ら進んですべての財産を捨てる人

~ y soberbio［貧乏なのにそれを隠して］人からの援助を受けようとしない者; 貧乏なくせに与えられる援助に満足できない人

sacar a + de ~《口語》…を助ける

salir de ~《口語》成功する: Nunca saldrás de ~ con esa mujer. 君はその女性と一緒にいては決してうまくいかないだろう

pobrecito, ta [pobreθíto, ta] 形 かわいそうな

pobremente [póbreménte] 副 貧しく、みすぼらしく; 哀れに: El matrimonio vive ~. 夫婦は貧しい(かわいそうな)暮らしをしている。Iban ~ vestidos. 彼らはみすぼらしい服装をしていた

pobrera [pobréra] 女《地方語》［浮浪者を泊めるための］小屋、わら置き場

pobrería [pobrería] 女 = **pobretería**

pobrerío [pobrerío] 男《コロンビア、パラグアイ、ウルグアイ》 = **pobretería**

pobrero [pobréro] 男［教団などの、貧しい人への］施し物係

pobrete, ta [pobréte, ta]《←pobre》形 名 ❶《皮肉、戯語》哀れな〔人〕、かわいそうな〔人〕。❷《口語》お人好しの〔の〕、ばかな〔人〕

pobretear [pobreteár] 自 貧乏人のようにふるまう

pobretería [pobretería] 女 ❶《集合》［一地域の］貧しい人、貧窮者。❷ けち、吝嗇(ﾘﾝｼｮｸ)

pobreto [pobréto] 男《席語》哀れな人、かわいそうな人

pobretón, na [pobretón, na]《pobre の示大語》形《軽蔑》❶ ひどく貧しい、哀れな。❷ 価値のない、質の悪い

pobretonería [pobretonería] 女《軽蔑》ひどい貧しさ、哀れさ

pobreza [pobréθa] 女《←pobre》❶ 貧しさ、貧乏、貧困《⇔riqueza》: 1) La vida del pueblo ha pasado de la ~ a la riqueza durante estos veinte años. この20年間に国民生活は貧しさから豊かさへと変わった。vivir en [la] ~ 貧しい暮らしをする。vida de ~ 貧困生活。2)《諺》La ~ no quita virtud, ni la pone la riqueza. 貧しさは徳を奪わず、富は徳を施さず。P~ no es vileza. 貧乏は恥ではない。❷ [+de の] 欠乏、不足、少なさ: Si los chicos leyeran un poco más, no tendrían tanta ~ de vocabulario. もし子供たちがもう少し読書をしたら、こんなにひどい語彙不足にはならないだろう。~ de corazón 心の貧しさ、思いやりのなさ。~ de espíritu 精神の貧困; 覇気(意欲)のなさ; ［良い・宗教的な意味で］心の清貧さ。~ de ideas 発想の貧困さ。~ de inteligencia 知性の欠如。~ de medios económicos 経済力のなさ。~ de la tierra 土地がやせていること。~ intelectual de este país この国の知的貧困。❸ ［貧しい人たちの］わずかな財産。❹《宗教》心の清貧;《カトリック》清貧の誓い〔 = voto de pobreza〕

pobrismo [pobrísmo] 男《まれ》 = **pobretería**

pocachicha [pokatʃítʃa] 男《軽蔑》やせた背の低い男

pocería [poθería] 女 ❶《集合》井戸。❷ 井戸掘り; 井戸の清掃

pocero, ra [poθéro, ra]《←pozo》男 女 ❶ 井戸・下水の〔清掃業者。❷（港での漁船への）食糧供給業者

poceta [poθéta] 女 ❶ ［水やりのために］植物の周りに掘った穴。❷ 畝で囲まれた土地。❸ 聖水盤〔 = pileta〕。❹《ベネズエラ》便器

pocha[1] [pótʃa] 女《アラバ、ナバラ、リオハ、アラゴン》早生(ﾜｾ)の白インゲンマメ〔 = judía ~〕

pochar [potʃár] 他《料理》軽く炒める

~la〔子供の遊びで〕あまり面白くない役をする

poche [pótʃe] 男《グアテマラ》カカオの熟し始めた豆

poché [potʃé] 形《料理》❶ huevo ~ 落とし卵。❷［魚などが］茹でられた

pochequería [potʃekería] 女《ペルー》小児貧血

pochez [potʃéθ] 女 ❶《皮肉》軽く炒めること。❷《皮肉》役立たず

pochismo [potʃísmo] 男［メキシコのスペイン語に入ってきた］米国英語起源の語［例］beibi ←baby ベービー、peniteniary 刑務所、esteche ←stage 舞台、huachar ←watch 見る］

pocho, cha[2] [pótʃo, tʃa]《←擬態》形 名 ❶ [estar +. 果実・野菜が] 腐りかけた: manzana pocha 傷んだリンゴ。❷《口語》元気のない、寂しげな; 体調がかんばしくない、病気がちの: Recientemente anda algo ~. 最近彼は少し元気がない。❸《口語》色あせた。❹《メキシコ、口語》米国国境の近くに住む［メキシコ人］; 米国生まれの［メキシコ人］; 英語が十分に話せない［メキシコ系アメリカ人］; アメリカ文化に染まった［メキシコ人］ —— 男《メキシコ、口語》英語混じりのスペイン語

pochocho, cha [potʃótʃo, tʃa] 形《チリ》ずんぐりした

pochoclo [potʃóklo] 男《アルゼンチン》ポップコーン

pocholada [potʃoláða] 女《口語、西で女性語。親愛》きれいなもの（人）: Su nuevo apartamento es una ~. 彼の今度のマンションはすてきなの

pocholo, la [potʃólo, la] 形《主に西で女性語。親愛》きれいな、すてきな、かわいい: sombrero ~ かわいい帽子

pochote [potʃóte] 男《メキシコ、ホンジュラス、コスタリカ。植物》カポック、パンヤノキ

pochteca [potʃtéka] 男《歴史》ポチテカ［アステカ王国の特殊な社会集団で、長距離交易に従事しながら、王国の領土拡大に必要な軍事情報を収集、時には兵士として行動する商人集団］

pocijón [poθixón] 男《地方語》聖水盤

pocilga [poθílɣa] 女 ❶《←ラテン語 porcilea < porcicula < porcus「豚」》❶ 豚小屋、汚い場所。❷《口語》汚い(臭い)場所: Los jugadores dejan el vestuario hecho una ~. 選手たちはロッカールームをごみ箱同然にしている

pocillo [poθíλo]《←ラテン語 pocillum》男 ❶ ［地中に埋めたブドウ・オリーブなどの搾汁を受ける］かめ。❷《地方語》1) ココア用のカップ〔 = jícara〕。2) 料理用のボール〔 = cuenco〕。3) 地面の穴。❸《中南米》［ココア・コーヒー用の］小カップ。❹《ペルー》茶碗

pócima [póθima] 女《←古語 apócima ＜ ギリシア語 apozema「煮ること」》❶《植物を煎じた》水薬、煎じ薬。❷《軽蔑》奇妙な、まずい〕飲み物。❸ 青汁、野菜のミックスジュース

poción [poθjón] 女《←ラテン語 potio, -onis「飲むこと」》❶［甘味をつけた］水薬、霊薬

poco, ca [póko, ka]《←ラテン語 paucus, -a, -um「多くない」》形［不定形容詞］《絶対最上級 poquísimo》❶ ［否定的に］少しかない、あまりない、ほとんどない《⇔mucho》: 1) 男［量的に・程度が］i)《+名詞》Tengo ~ dinero. 私は少ししかお金がない。En el vaso queda poca agua. コップには少しの水しか残っていない。Hay poca luz en este jardín. この庭は日当たりが悪い。〖語法〗不定形容詞単数形を前置した un poco dinero, una poca agua というのは un poco de+不加算名詞になる: ○un poco de dinero 少しばかりのお金, un poco de agua 少しばかりの水。→**un ~ de+不可算名詞**) ii) [ser+] Fue ~ el whisky que bebí. 私が飲んだウイスキーはほんのわずかだった。Todo lo dicho en este libro es ~ para lo que hemos visto en tan solo un día en la aldea. この本に書いてあることは全部としても、私たちがたった一日その村で見たことに比べると、ごくわずかだ。Este monto de la pensión es muy ~ para personas que viven solo de ella. この年金額はそれだけで暮らしている人たちには少なすぎる。2) 複［数的に］i) {+名詞} Faltan ~s días para terminar el primer semestre. 前期が終わるまでもう何日もない。Tiene pocas amigas. 彼には女友達がほとんどない。ii) [ser+] Fueron ~s los que presenciaron ese accidente. その事故を目撃した人はほとんどいなかった。Ya son pocas las casas de tejado de paja. わら屋根の家はもうほとんどない。Son pocas las posibilidades. 可能性はごくわずかしかない。3)［定冠詞・指示形容詞・不定形容詞+ ~ +名詞］Debido al ~ calor que ha hecho, la cosecha de la sandía es deficiente este año. これまであまり暑くなかったので、今年はスイカの出来がよくない。Toma este ~ dinero que te envía tu tío, que te servirá para algo. 少しだがお前の叔父さんが送るこのお金を受けておくれ。何の足しになるだろう。Todavía hay algunas pocas posibilidades de llover. まだ雨が降る可能性がほんのわずかある。4)［+名詞+que+直説法・接続法］Es uno de esos ~s cantantes de flamenco que nunca se pueden olvidar. 彼はそんな数少ない忘れられぬフラメンコ歌手の一人だ。Hay pocas cosas que puedas llevar toda la vida. 君が一生持ち

続けられるものなどほとんどない。❷ [unos+. 数的に] 少しの: 1) [+名詞] Unos ～s vecinos estuvieron presentes. ごくわずかの住民たちがその場にいた. Vi a unas *pocas* personas esperando el autobús. 私は何人かの人がバスを待っているのを見た. Quiero vivir unos ～s días más en este hotel. 私はもう何日かこのホテルに泊まりたい. 2) [ser+] Fueron unos ～s los supervivientes de ese naufragio. その海難事故の生存者はわずかながらいた. Son unas *pocas* las pinturas que se han rescatado del incendio. 火事場から持ち出された絵画のわずかだが何点かある. ❸ [lo+] *Lo* ～ que gana se lo gasta en beber. 彼はごくわずかな稼ぎを酒に使ってしまう. *Lo* ～ agrada, y lo mucho enfada. 《諺》過ぎたるは及ばざるがごとし
── 代 [不定代名詞] ❶ [否定的に] 少ししかいない人, 少ししかない物・事: Es una fiesta íntima y pienso invitar a ～s. 内輪のパーティーなので私はわずかな人しか招かないつもりだ. Él no gana mucho sueldo, pero se conforma con ～. 彼はあまりたくさん給料をもらっていないが, それで辛抱している. Lo que se dice secretaria, hay *pocas* como ella. 秘書といえば, 彼女のような人はまれだ. Le di leche, pero bebió *poca*. 彼にミルクをあげたが, 彼はほとんど飲まなかった. Ya me queda ～ por hacer. 片付けなければならないことは後ほんの少しだ. ❷ 男 [単] 1) 短い時間: Faltaba ～ para las Navidades. クリスマスまで後わずかだった. 2) [+de+不可算名詞] 少しの…: Come este ～ de sopa y te sentirás mejor. 少しだけこのスープを飲んでごらん, 気分がよくなるだろうから
── 副 [不定副詞. 否定的に] ほんの少し, ほとんど…ない: 1) Es un novelista muy ～ conocido. 彼はほとんど無名の小説家だ. Es ～ amable. 彼はあまり優しくない. Ese niño es ～ obediente y muy obstinado. その子はあまり言うことを聞かず, とても頑固だ. Come ～. 彼はほとんど食べない. Opina mucho y trabaja ～. 彼はあれこれ口を出すが, ほとんど仕事をしない. Hablemos ～ y bien. 手短に要点のみ話そう. 2) [時間的に] i) [動詞+] Tardó ～ en venir. 少しして彼が来た. El efecto de esta anestesia dura ～. この麻酔の効果は長続きしない. ii) [+他の副詞] Lo vi ～ antes en la biblioteca. 私はちょっと前に図書館で彼に会った. P～ después llegó el tren. そのすぐ後に電車が来た. P～ después de salir él, llegué yo. 彼が出かけた直後に私が着いた
a cada ～ =**cada** ～
a pocas 《古語》 もう少しのところで
a ～ 1) [過去について] すぐ, ほんの少したってから: Salí de casa y *a* ～ empezó a tronar. 私が家を出るとすぐに雷が鳴り始めた. A ～ se acostaron. それからすぐに彼らは床についた. 2) 《メキシコ, グアテマラ, エルサルバドル》 [疑問文で時に +no. 内容の確認] ¿A ～ no vas con nosotros? 君は僕たちと一緒に行くんだよね?
a ～ **de**+不定詞 …してからすぐに: A ～ de llegar yo a casa, empezó a llover. 私が家に帰るとすぐに雨が降り始めた
¿a ～ **no?** 《メキシコ, グアテマラ, エルサルバドル》 [付加疑問] Estuvo muy bien la película, ¿a ～ no? いい映画だった, そうだよね?
a ～ **que**+直説法 [ほんの少し] …して, …した時に: A ～ que fuimos caminando, llegamos a un río. 少し歩いて行くと私たちは川に出た
a ～ **que**+接続法 1) [ほんの少し] …したら, …しさえすれば: A ～ que te esfuerces, aprobarás. 少し頑張れば, 君は合格するだろう. A ～ que pueda intentar venir. できれば来たいのだが. 2) [譲歩] たとえ…でも: A ～ competente que sea, no van a despedirle. 彼はたとえ能力が劣っても解雇されることはないだろう
a ～**s** 少しずつ 《=～ a ～》: ¿No te estabas haciendo ya el ajuar?―Sí. Me lo estoy haciendo *a* ～*s*. もう嫁入り道具の準備を始めていたのでしょう?―うん, 少しずつしているところよ
al ～ すぐ後に, 直後に: Llegó *al* ～ que avisó que venía. 彼は来ると知らせてきた直後に到着した
al ～ **de**+不定詞 =**a** ～ **de**+不定詞
cada ～ 短時間ごとに, しばしば
como hay ～**s** 《口語》《強意》例外的な, めったにないような, 飛び抜けた, 優れた: 一流的: Es un bruto *como hay* ～*s*. あんな男もまたといまい. un actor *como hay* ～*s* 名優. un amigo *como hay* ～*s* 最高の友人. una casa *como hay* pocas 非常に立派な家
como ～ 少なくとも, 最低限: Necesito, *como* ～, cinco me-

tros de cuerda. 少なくとも5メートルのロープが欲しい
como ～ **s** ほとんどいないような: Es un político *como* ～*s*. 彼のような政治家はめったにいない
con ～ **que**+接続法 =**a** ～ **que**+接続法
cuando ～ 少なくとも: Con esta sequía se afectarán, *cuando* ～, unas decenas de granjas. この早魃で少なくとも数十戸の農場が被害を受けるだろう
de a ～ 《中南米》 少しずつ
de ～ [*más o menos*] 取るに足りない, ほとんど重要性のない, 平凡な: Es un jugador *de* ～ *más o menos*. 彼は凡庸な選手だ. Es cuestión *de* ～. それはささいな問題だ. coche *de* ～ ぼろ車
dentro de ～ すぐに, 間もなく; 近いうちに: *Dentro de* ～ llegará el tren. 列車はすぐ来るだろう. Mis vacaciones terminan *dentro de* ～. 私の休暇は間もなく終わる. Hasta *dentro de* ～. 《別れの挨拶》また近いうちに
entre ～ すぐに: *Entre* ～ llegan. すぐに彼らは着きます
estar en ～ 1) [+de+不定詞する] 寸前である: Estuvo en ～ de perder el autobús que tomaba siempre. 彼はもう少しでいつものバスに乗り遅れるところだった. 2) [過去または完了時制で, +que+接続法 することが] 始まりかける: Estuvo en ～ que los dos se pelearan. もう少しで2人はけんかになるところだった. En ～ estuvo que nos regañaran. 私たちはもう少しで叱られるところだった. [時に, +que+直説法完了過去] Pasé un disco en rojo y estuvo en ～ que me pilló un coche. 私は赤信号で渡って, もう少しで車にひかれるところだった
hace ～ ちょっと前に: Lo he visto *hace* ～. 私はついさっき彼に会った. *Hace* ～ que vino. ちょっと前に彼が来た. *Hace* ～ he hablado con él. 私は少し前に彼と話をしたところだ. Desde *hace* ～ vivo con ella. 私は少し前から彼女と暮らしている. Estuvo aquí hasta *hace* ～. 彼はちょっと前までここにいた
más+形容詞+**que otro** 《口語》 きわめて…: Yo no sabía qué cara poner; estaba *más* achicada *que otro* ～. 私はどんな顔をしたらいいのか分かりませんでした. 本当に恥ずかしかったのです
ni ～ **ni mucho** いささかも[…ない]: La subida de los billetes de avión no afecta *ni* ～ *ni mucho* al turismo. 飛行機料金の値上げは観光旅行にいささかの悪影響も及ぼしていない
no ～ [数的・量的に] 少なくない, かなり多い: *No pocas* personas lo sabían. 少なからぬ人がそのことを知っていた. Hasta ahora he gastado *no* ～ dinero para comprar antigüedades. 今までに骨董品を買うのにかなりのお金を使ってきた
～ **a** ～ 1) 少しずつ: Irás aprendiéndolo ～ *a* ～. 少しずつ覚えていきなさい. P～ *a* ～ se va lejos. 千里の道も一歩から《=少しずつ歩いて行けば遠くまで行ける》. 2) [動作・気持ちなどが] ゆっくりと, あわてないで, 落ち着いて: ¡P～ *a* ～, no corras tanto! ゆっくりだ! そんなに走るな. 3) 熟 A veces fumo un poco para despejarme, pero sé que su ～ *a* ～ me va haciendo daño. 私は時々頭をすっきりさせるために少しだけたばこを吸っているが, その少しだけが害になっていることは承知の上だ
～ **más o menos** 多かれ少なかれ, およそ, 大体のところ: Dentro de veinte minutos ～ *más o menos*, estará hecho el pan. およそ20分ぐらいしたらパンが焼けるだろう. Somos unos cincuenta de clase ～ *más o menos*. 我々のクラスは総勢で50人ぐらいだ
～ **menos que…** ほとんど…: 1) Es ～ *menos que* imposible. それはほとんど不可能に近い. José le dio una paliza tan grande, ～ *menos que* muerto. ホセは彼をめった打ちにし, ほとんど死んだも同然にした. La solidez de nuestro sistema financiero está a ～ *menos que* la hecatombe. 我が国の金融システムは大惨事に瀕している状況にある. 2) [+直説法] P～ *menos que* la mata. 彼はもう少しで彼女を殺すところだった. *P*～ *menos que* salió corriendo del cuarto. 彼はちょうど部屋から走り去るところだった
～ **o nada** ほとんど[に等しい]; 全く…でない: La paga de ocho euros por hora es *poca o nada* para el alza del coste de vida de estos días. 8ユーロの時給は最近の物価上昇を考えると全くの小額だ
～ **y bien** 量より質で: Hablemos ～ *y bien*. 手短に要点のみ話そう. comer ～ *y bien* 良質の食物を少量食べる
～ **y nada** =～ **o nada**: P～ *y nada* me ayuda. 彼はほと

poder

ど私を助けてくれない
por ~ 1)［+直説法現在形］もう少しで［…するところだった・…しそうになった］: Tropecé y *por* ~ me caigo. 私はつまずいて、もう少しで転ぶところだった. *Por* ~［*no*］soy devorado por las pirañas. 私はもう少しでピラニアに食われるところだった. 2) ささいなことで: Se enfada *por* ~. 彼はつまらないことで腹を立てる
por ~ que+接続法 **=a ~ que**+接続法
por ~ que sea たとえわずかでも: Más vale algo que nada, *por ~ que sea*. たとえわずかでも、何もないよりはまし
por si fuera (era) ~ さらに悪いことに、それに輪をかけて: Hacía mucho frío y, *por si fuera* ~, empezó a nevar. とても寒かったうえに、さらに悪いことに雪が降り始めた
¡Qué ~! そんなことは不可能だ!
ser para ~［人が肉体的・精神的に］ひ弱である: *Es* una mujer *para* ~. 彼女は元気がない（頼りない）
sobre ~ más o menos 大差なく、多かれ少なかれ: La distancia que separa las dos ciudades son ciento veinte kilómetros *sobre ~ más o menos*. その2都市を隔てる距離は120キロぐらいだ
tener en ~ 侮る、軽く見る: Aunque ha demostrado su capacidad, Luis la *tiene en* ~. 力量を見せつけたのに、ルイスは彼女を侮っている
un ~［肯定的に］少し、わずかに: Ella es *un* ~ tímida. 彼女はちょっと内気だ. Este libro es *un* ~ caro para ser el usado. これは古本にしては少し高い. Estoy *un* ~ cansado. 私は少し疲れた. ¿No le gusta este vino?—Sí, me sirvo *un* ~. このワインがいかがですか?—ええ、少しいただきます. ¡Espera *un* ~! 少しだけ待ってくれ! Déme *un* ~. 少し下さい. *Por un* ~ no pasa nada. 少しなら問題ない. Antiguamente se adoraba al rey por que era *un* ~ propiedad común del pueblo. 昔は王様が敬愛されたが、それは王様が少し国民共通の持ち物になっていたからである. hablar de todo *un* ~/hablar *un* ~ de todo あれこれと話す
un ~ de+不可算名詞［肯定的に］少しの…: Todavía hay *un* ~ *de* gente en el parque. まだ公園には少し人がいる. Bebe *un* ~ *de* leche caliente y descansa. 温かいミルクを少し飲んで休みなさい. Ya entra *un* ~ *de* aire. 少し風が入ってきた. Me llevé *un* ~ *de* susto cuando vi la factura. 請求書を見た時、私はちょっくりした. Ya tengo *un* ~ *de* apetito. 私はちょっと食欲が出てきた
un ~ más もう少し…: 1) Quiero descansar *un* ~ *más*. もう少し休憩したい. Habla *un* ~ *más* fuerte. もう少し大きな声で話しなさい. Esta noche me he acostado *un* ~ *más* tarde que siempre. 昨晩私はいつもより少し遅く寝た. 2)［+de+不可算名詞］Dame *un* ~ *más* de leche. ミルクをもう少し下さい
una poca de+女性名詞《俗用》少しの…【正しくは un poco de+女性名詞】
pocotón [pokotón]《*poco* の示大語》男《中南米》大量
pocotote [pokotóte] 男《ペルー》=**pocotón**
pocoyo [pokójo] 男《ニカラグア. 鳥》ヨタカ
pocte [pókte] 男《ペルー. 料理》肉・ジャガイモ・野菜のスープ
póculo [pókulo] 男 コップ
poda [póda]［←*podar*］女 ❶ 剪定: hacer ~ 剪定する. ❷ 剪定の時期
podadera [poðaðéra]［←*podar*］女 剪定ばさみ; 鉈（なた）
podador, ra [poðaðór, ra] 形名 剪定する［人］
podadura [poðaðúra]《まれ》女 [=poda]
podagra [poðágra]《医学》足部痛風
podálico, ca [poðáliko, ka] 形《医学》足の: posición *~ca*［胎児の足が下になっている］足位
podalirio [poðalírjo] 男《昆虫》《蝶》ヨーロッパタイマイ
podar [poðár]［←ラテン語 putare「取り除く」］他 ❶ …の枝を切り落とす、剪定（せんてい）する. ❷［無駄な部分を］取り除く
podas [póðas] 女《魚》カレイの一種《学名 Bothus podas》
podazón [poðaθón] 女 剪定期
podenco, ca [poðéŋko, ka] 形名[←?語源]《犬》ハウンド［=perro ~］
podenquero [poðenkéro] 男《猟師の中の》ハウンド犬係
poder [poðér]［←俗ラテン語 potere < ラテン語 posse］56 他　主に助動詞的に　+不定詞 ❶［能力］…できる［類義］**poder** は能力・機能や才能・資格があって「…できる」、および時間・場所・手段などの具体的な状況下で「…できる」. **saber** は学習・訓練と技能・知恵・知識によって「…できる」: ¿*Sabes* nadar?—Sí, sé, pero hoy no *puedo*. 泳げますか?—うん、泳げます. でも今日は泳げません. 1)［生得の力で, 体力・知力で］El hombre *puede* hablar. 人間は話すことができる. En coche *puedes* venir aquí en media hora. 車なら君はここに30分で来られる. No *puedo* correr tan rápido como él. 私は彼のように速くは走らない. No *puedo* aguantar más este calor. 私はこれ以上この暑さには我慢できない. *Puedes* llamarme por la mañana, cuando *puedas*. 午前中できる時に私に電話をくれ. No *puedo* preparar el informe para el mediodía.—¿Cómo que no *puede*? 私は昼までに報告書をまとめることはできません.—できないとは一体どういうことだ? No *habría podido* hacerlo sin su ayuda. あなたの助けなしには私はそれをすることができなかったでしょう. 2)［権限・権力で、資格で］El tribunal *puede* imponer multas o sanciones a los que han violado las leyes. 裁判所は法律に違反した人に罰金とか制裁を科すことができる. Como tienes veinte años, ya *puedes* beber. 君は20歳だから、もう酒を飲める. 3)［妥当性］No *puedo* decirle tal cosa; es mi antiguo profesor. 私は彼にそんなことは言えない、私のかつての先生なのだから. No *podía* dejar de decir que sí. 私ははいと言わざるを得なかった. Mi bolsillo de becario pobre no *pudo* permitir tal lujo. 貧乏留学生としての私の懐具合ではそんな贅沢は許されなかった. Moralmente hablando, no *podemos* admitir la pena de muerte. 気持ちの上から言うと、我々は死刑を認めることはできない. 4)［許可、承認］*Puedes* venir mañana a cualquier hora. 君は明日何時に来てもいい. *Puede* usted ver lo que quiera. 何なりと見て下さって結構です. ¿*Podemos* salir esta tarde? 午後外出していいですか? ii)［否定文で禁止］No *puedes* bañarte aquí. ここで泳いではいけない. 5)［疑問文で軽い命令・依頼］…してくれませんか: ¿*Puedes* darme una mano? 手伝ってくれないか. ¿*Puedes* correrte un poco más? もう少し席をつめてくれないか. ¿No *puede* abrir la ventana, por favor? すみません、窓を開けてくれませんか. 6)［過去未来形の疑問文で丁寧な依頼］¿*Podría* hacerle una pregunta? 一質問してもいいでしょうか. ¿*Podría* decirme la hora? 時間を教えて下さいませんか. 7)［線過去・過去未来・接続法過去ra形で、+不定詞単純形・複合形. 時に bien を伴って. 軽い不平・非難］…できるのに［しない・しなかった］、してもよさそうなものだ・よかったのに: Tú *podías* (*podrías*) agradecerle más a tu madre por lo que te ha hecho. お前はお母さんがこれまでしてくれたことにもっと感謝していいはずだ. Bien *podías* habérmelo dicho mucho antes. もっとずっと前に言ってくれたらよかったのに. Ustedes *podrían* haber venido más bien mañana. 明日来てくれた方がよかったのに. *Hubiera podido* invitarnos. 私たちを招待してくれてもよかったのに. 8)［点過去で、+不定詞複合形. 実際には実現されなかったこと］Su imprudencia *pudo* haber causado muchas pérdidas humanas. 彼の軽率さのせいで多くの人的被害が出ていても不思議ではなかった. 9)［接続法で、偶発性］Por lo que *pueda* ocurrir, en este barrio hay que estar siempre prevenido. 何が起こるか分からないから、この地域ではいつも用心していないといけない. 10)［比較構文などで不定詞の省略］En ese momento yo trabajaba más que *podía*. その時私はいつも[の力]以上にがんばって仕事をしていた. Me han atendido tanto como *pudieron*. 彼らは私を精一杯世話してくれた.［対照］Te atenderán tanto como *puedan*. 彼らは君を精一杯世話してくれるだろう. Metió toda la ropa que *pudo* en la maleta. 彼はできるだけたくさんの服をスーツケースに詰め込んだ. 11)［不定詞+~+不定詞］Aprender *puedes* aprender en el tren. 覚えようと思えば電車の中でも覚えられるわ. ❷［可能性・見込み］…することがある（ありうる）、…するかもしれない: 1) *Puede* nacer el bebé en cualquier momento. 赤ちゃんはいつ生まれるか分からない. No *puede* nevar en el mes de mayo. 5月に雪が降るなんてありえない. *Puede* (*Podía*) no estar en casa. 彼は家にいないかもしれない. *Puede* (*Podía*) haber perdido la llave de casa. 私は家の鍵を失くしたかもしれない. *Pudo* haber caído un avión. 飛行機が落ちたのかもしれない.［Bien］*Puede* haber por aquí más de cien coches. ここにはゆうに100台以上の車があるだろう. 2)［非人称表現］*Puede que*+接続法. →**Puede ser que**+接続法［語法］*Puede que* ya no estemos a tiempo. 我々はもう間に合わないかもしれない. *Puede que* cayera por aquí un meteo-

poder

rito antiguamente. 昔このあたりに隕石が落ちたのかもしれない. 3) 〔否定文・疑問文で強意〕…のはずがない、…などありえない: No *puede ser verdad*. それが本当であるはずがない. No *puede haber ido lejos*. 彼が遠くへ行ったはずはない. No *puede que nos hayan olvidado*. 彼らが私たちのことを忘れてしまっているなんてありえない. 4) 〔比較文で仮定. 仮定の度合いが強い時は+接続法〕He visto tanto como *puedes* (*puedas*) haber visto tú. 私は君が経験した(たぶん経験した)のと同じくらいの経験をしてきた. ❸〔主に幼児語〕〔+人 に〕〔優る,…より強い〕: Tú eres más grande que yo, pero yo te *puedo*. 君は僕よりも体が大きいが, 僕の方が君より強いぞ. Como era mayor que sus compañeros de clase, siempre los *podía* a todos en el estudio. 彼は同級生より年上だったので, いつも勉強ではクラス全員に勝っていた. ❹ 我慢する: Los niños no *podían* el hambre y comimos antes de llegar al destino. 子供たちが腹をへらして辛抱できないので, 目的地に着く前に昼食をとった. ❺〔口語〕いらだたせる; 動揺させる: Siendo claustrofóbico, me *pueden* los nervios en las habitaciones sin ventanas. 私は閉所恐怖症なので, 窓のない部屋では神経が参ってしまう. Me *pudo* mucho la muerte de Ana. 私はアナの死にうちひしがれた. ❻〔メヒシコ, 中米〕…に迷惑をかける, 悩ます; 気を悪くさせる: Su actitud me *pudo*. 彼の態度は不愉快だ. Me *pudo* esa broma. そんな冗談は不愉快だ
── 国 ❶ 力がある: El dinero *puede* mucho. 金は多くのことができる. ❷ 〔+con+事物・人 に〕1) 対処する, 始末する: ¿*Puedes con esta maleta*? 君はこのスーツケースを持てるかな? No sé cómo te las arreglas para ~ *con tanto trabajo*. お前はこんなにたくさんの仕事をさばいているのか, 感心するね. 2) 〔主に否定で〕耐える, 我慢する: No *puedo con un paquete tan pesado*. 私はこんな重い荷物は持てない. La abuela ya no *puede con el niño porque la toma a risa*. その子にばかにされて祖母は我慢がならなくなっている. No *puedo con su obsesión por la higiene excesiva*. 私は度を過ぎた彼のきれい好きには閉口する. No *pude con el alemán y dejé de estudiarlo*. 私はドイツ語は歯が立たず, 勉強をやめてしまった
──**se** 〔一般に〕…できる, …してよい: No *se puede entrar sin la invitación*. 招待されていないのに入ってはいけない. Aquí no *se puede* nadar. ここは遊泳禁止です

a más no ~ 限度一杯に: Bebimos *a más no ~* y sufrimos mucho al día siguiente. 私たちは飲みに飲んだものだから, 次の日はとても苦しかった. Eres tonto *a más no ~*. 君はばかもいいところだ

a ~ ser できることなら, もし可能なら: *A ~ ser, desearía invitarla a cenar*. 許されるのなら彼女を夕食に誘いたいのだが. Tráigame una cerveza, bien fría *a ~ ser*. できることならよく冷えたビールを下さい. Yo prefería un varón con dinero y *a ~ ser* mucho. 私は金持ちの, できればうんと金持ちの男性がいいわ

como ~ 1) 精一杯, 一所懸命: Traté de explicarme ante el policía *como podía*. 私は警官に対して何とか真意を伝えようと努力した. Ven aquí pronto, *como puedas*. 早くここに来なさい, 何としてでも. 2) 少なくとも

cuanto ~ 一所懸命: Estoy dispuesto a hacer *cuanto pueda*. できるだけのことはするつもりです

de ~+不定詞 もし…できるなら: *De ~ trabajar, trabajaría*. 働けるものなら働くのだがな

hasta más no ~ =a más no ~: Es testarudo *hasta más no ~*. 彼はとんでもない頑固者だ

muy bien puede (*podía ・ podría*)+不定詞 〔推定・概算をして, 数量が〕…くらいは…だろう: *Muy bien pueden caber aquí mil personas*. ここにはゆうに千人が入るだろう. *Muy bien podrá ascender a cien mil euros el monto de la deuda de su compañía*. 彼の会社の負債総額は10万ユーロにも及ぶかもしれない

no ~ consigo mismo むしゃくしゃする, いらいらする; 自分をもてあます, 退屈する

no ~ llegar a más, ni a menos 〔身分・役職に〕ふさわしくない, 資格がない: Como gobernador de provincia, *no puede llegar a más, ni a menos*. 県知事として彼は失格だ

no ~ más 1) 〔体力などの〕限界である, ひどく疲れている: Llevo cinco horas trabajando con el ordenador, y ya *no puedo más*. 私は5時間ずっとコンピュータで仕事をしていて, もうこ

れ以上続かない. Ya *no puedo más*, no quiero ni moverme. 私はへとへとで, 身動きするのも嫌だ. 2) 満腹である: No *puedo más, ya he comido suficiente*. もう満腹でいただきました. 3) 〔生理的欲求などを〕我慢できない: Tengo ganas de hacer pis, *no puedo más*. 私はおしっこがしたい, もう辛抱できない. *No podía más de hambre*. 私は空腹でたまらなかった

no ~ 〔*por*〕*menos de* 〔*que*〕+不定詞 …せざるを得ない, …する必要に迫られる: *No puedo* 〔*por*〕*menos de reconocer que tienes razón*. 私は君が正しいと認めざるを得ない. No *pude menos de decir que sí*. 私ははいと言うしかなかった

no ~se tener/no ~ tenerse 〔立っていられないほど〕ひどく疲れている

no ~se valer/no ~ valerse 1) 〔老齢・病気のために〕身の回りのことが自由にできない: *No se puede valer por sí mismo aun dentro de casa*. 彼は家の中でさえ一人では身の回りのことがままならない. 2) 〔+con+人〕…を意のままにできない

No puede ser. 〔返答〕そんなはずはない/無理だ: Dicen que le prendieron por ser drogadicto.—*No puede ser*. 彼が麻薬常習で逮捕されたということだ.—まさか, ありえない

~ poco si おやすいご用だ, 任せておけ: *Poco podría si antes de una semana no te he proporcionado lo que deseas*. 望みの物を1週間以内にきっと手に入れてあげるよ

podría/pudiera =puede 〔*ser*〕

puede 〔*ser*〕 〔返答〕そうかもしれない/あり得ることだ: ¿Crees que nevará?—¡*Puede* 〔*ser*〕! 雪が降るだろうか?—降るかもしれないよ! ¿Vendréis a comer mañana?—*Puede*. 明日食事に来ないか?—うん, 行こうかな

Puede ser que+接続法 〔文語〕 〔非人称表現〕 1) …するかもしれない: *Puede ser que ya lo sepa*. 彼は既にそれを知っているかもしれない. 〖語法〗 *Puede que*+接続法 では *puede* は現在・時制には変化しないが, *Puede ser que*+接続法 では他の法・時制に変化する: *Podría ser que estuvieras equivocado*. 君は思い違いをしているのではないかな 2) 〔否定文・疑問文で強意〕…のはずがない, …などありえない: No *puede ser que se haya muerto*. 彼が死んだなんてありえない

¿Se puede? 〔入室などの許可を求めて〕いいですか, 少しの間おじゃましませんか?: ¿*Se puede*?—Adelante. 入っていいですか?—どうぞ

poder		
現在分詞	過去分詞	
pudiendo	podido	
直説法現在	点過去	
puedo	pude	
puedes	pudiste	
puede	pudo	
podemos	pudimos	
podéis	pudisteis	
pueden	pudieron	
直説法未来	過去未来	命令法
podré	podría	
podrás	podrías	puede
podrá	podría	
podremos	podríamos	
podréis	podríais	poded
podrán	podrían	
接続法現在	接続法過去	
pueda	pudiera, -se	
puedas	pudieras, -ses	
pueda	pudiera, -se	
podamos	pudiéramos, -semos	
podáis	pudierais, -seis	
puedan	pudieran, -sen	

── 男 ❶ 〔+de+名詞/+para+不定詞 する〕力, 能力, 力量: 1) 〔個人の〕Tiene ~ *para convencer a los demás*. 彼は人を説得する能力がある. El nadador ha hecho toda una demostración de ~ y facultades físicas y ha ganado tres medallas de oro. その水泳選手は実力と身体能力を発揮して, 3つの金メダルを獲得した. El dinero da ~. 金は力なり. ~ *de amor* 愛の力. ~ *adquisitivo*/~ *de compra* 購買力.

podólogo, ga

recuperación 回復力. ~ *de* reflexión 思考力. ~ *para* adivinar el futuro 未来予知能力. 2) [物理的・機械的に] Esta grua tiene ~ *para* levantar 10 toneladas. このクレーンは10トンを吊上げるパワーがある. No se necesita calentador de tanto ~. 大きな出力の大きい暖房機は必要でない. rifle de alto ~ 高性能のライフル. ~ *absorbente* 《物理》吸収能. ~ *oxidante* 《化学》酸化力. ❷ 影響力, 支配力: Tiene mucho ~ en el periodismo. 彼はジャーナリズムの世界で大きな影響力がある. ~ *compensador* (compensatorio) 拮抗力. ~ *de mercado* 市場支配力. ❸ 権力, 権限: El presidente tiene ~ para gobernar al país. 大統領は国を統治する権力を持っている. Yo no tengo ~ decisivo (de decisión). 私には決定を下す権限がない. En esta empresa hay una lucha por el ~ en busca del puesto del siguiente presidente. この会社では次期社長の椅子をめぐって権力闘争がある. La democracia se basa en el ~ que emana del pueblo y que se ejerce por sus representantes. 民主主義は, 人民から生まれその代表者によって行使される権力に基礎を置いている. miembro con plenos ~*es* 正会員. ~ [*es*] *estatal*[*es*] 国家権力. ~ *legislativo* (*ejecutivo·judicial*) 立法(行政·司法)権; 立法府(行政府·司法機関). ~ *establecido* 体制, 既成の権力組織, エスタブリッシュメント. ❹ 政権, 政府: El partido conservador ocupaba entonces el ~. 当時保守党が政権を握っていた. llegar al ~ 政権(権力)の座につく. estar en el ~ 政権(権力)の座にある. cuarto ~ 《文語》第4の政府《新聞など報道機関のこと》. ~ *temporal* 臨時政権, 暫定政権. ~ *es públicos* 国家機関, 当局. ❺ 所有, 所持: pasar a ~ de+人 …の所有に移る, …の手に入る. ~ *habiente* [権利·財産などの]譲受人, 受託者. ❻ [主に圏] 委任; 委任状《=carta de ~》. [委任された]権限, 代理権: Tiene ~*es* amplios para firmar por sus padres. 彼は両親に代わって署名をする広範な権限を持っている. otorgar ~*es* a su abogado *para que*+接続法 弁護士に…を委任する. ❼ [薬·治療の]効果: Este tratamiento médico tiene ~ eficaz para detener el progreso de cánceres. この治療法は癌の進行を抑えるのに効果がある. Esta medicina no tiene ~ contra la diarrea. この薬は下痢には効かない. ❽ 圏 魔力《=~*es* mágicos》: tener ~*es* 魔力がある. otorgar ~*es* 魔力を授ける. ❾ [レンズなどの]強度, 倍率

a ~ de... …によって, …のおかげで; 多くの…によって: *A ~ de* ruegos logró su intento. 頼みまくって彼はその目的を遂げた. *a ~ de* dinero 金をばらまいて

a su ~ /a todo [*su*] ~ *de* 十分に, 一杯, 全力で

bajo el ~ de... 1) …の支配下で, 征服されて: Dichas islas están *bajo el ~ de* nuestro país desde el siglo doce. それらの島々は12世紀以降我が国の支配下にある. 2) …の意のままで: Está *bajo el ~ de* su madre. 彼は母親の意のままだ. 3) [物事が]…の管轄下に: Estos asuntos no caen *bajo el ~ de* la policía. これらの事項は警察の管轄下にはない

con plenos ~es 全権を有する·有して

dar ~es 委任する: Le di ~*es* para firmar en vez de mí. 私に代わって署名する権限を私は彼に与えた.

de ~ a ~ 対等に·の: La lucha fue *de ~ a ~*. 戦いは五分と五分だった. dar la batalla *de ~ a ~* あらんかぎりの力を出して戦う, 善戦する

de ~ absoluto 専制的に, 独裁的に

de ~ ser =*a ~ ser*

debajo del ~ de+人 =*bajo el ~ de*+人

en ~ de+人 [estar+] 1) …の手中(手元)にある: Su carta está *en mi ~*. お手紙いただきました. Su testamento está *en ~ del* abogado. 彼の遺言書は弁護士の手元にある. 2) …の力の範囲内に: Lo haré si está *en mi ~*. 私にできることならやりましょう. La capital está *en ~ de* los rebeldes. 首都は反乱軍の支配下にある. rehenes *en ~ de* los guerrilleros ゲリラに捕らわれた人質

hacer un ~ 《口語》必死でがんばる, 死にものぐるいの努力をする《主に命令法で》: ¿*Que no podéis?*, *¡pues haced un ~!* 何, できないって? さあ, がんばれ!

llegar a ~ de+人 =*pasar a*[…] *~ de*+人

obrar en ~ de+人 …の手中(手元)にある

obtener (*ocupar*) *el ~* =*tomar el ~*

~ de atar y desatar 一切の権限

¡P~ de Dios! とてもすばらしい(大きい·たくさんある)!

pasar a [ ] *~ de*+人 …の掌中に移る, …の所有になる: Esa información confidencial *pasó al ~ de* la inteligencia enemiga. その秘密情報は敵諜報機関の手に入った

por ~[*es*] 代理で, 代理人をもって: casarse *por ~*[*es*] 代理結婚をする《相手が不在のため代理人に結婚の誓約をさせる》. litigar *por ~*[*es*] 代理人を立てて訴える

tener en su ~ …を持つ, 所有する: Para acceder a la rueda de prensa, los periodistas tienen que *tener en su ~* el pase del Ministerio. 記者会見に出席するには記者は本省発行のパスを携行しなければならない

tomar el ~ 権力を握る: Los militares *han tomado el ~ del* país. 軍部が国の権力を握った

poderdante [po∂erdánte] 《←poder+dar》圀《法律》委託者, 委任者

poderhabiente [po∂erabjénte] 《←poder+haber》圀《法律》代理人, 受託者; [法人の] ~ 代理人

poderío [po∂erío] 《←poder》圐 ❶ [主に他国に対する]支配力, 影響力; 勢力, 権力: Los reinos cristianos del Norte tenían que hacer frente al ~ de los invasores musulmanas. 北部のキリスト教王国は侵入するイスラム教勢力に立ち向かわなければならなかった. Gibraltar todavía está bajo el ~ británico. ジブラルタルはいまだにイギリスの支配下にある. China procura aumentar el ~ naval. 中国は海軍力の増強を図っている. ejercer su ~ 権力をふるう. empresa de gran ~ en el sector その分野で大きな力を持つ企業. ~ *económico* (*militar·tecnológico*) 経済(軍事·技術)力. ~ *en los mares* 制海権. ❷ [スポーツなどの]実力, 力強さ; [物理的·機械的の]力: El jugador llegó a la final y mostró su ~. その選手は決勝戦に進出し, 実力の程を示した. Es una mujer llena de salud y ~. 彼女は健康と活力にあふれる女性だ. ~ de la nueva máquina 新しい機械の性能. 《闘牛》[場内にいる]牛の力; 地勢; 富, 財産: hombre con mucho ~ 金と力を備えた人

poderosamente [po∂erosamente] 副 ❶ 力強く, 強力に: influir ~ en los alumnos 学生たちに強い影響を及ぼす. ❷ 非常に, とても; 有効に: Ha llamado ~ la atención que los dos ministros se entrevistaran para tratar del incidente. その事件について話し合うために両大臣が会談したことは強い関心を呼んでいる

poderoso, sa [po∂eróso, sa] 《←poder》圈 ❶ 権力のある, 有力な, 強大な: Cleopatra fue una reina muy ~*sa* del Egipto del siglo I a.C. クレオパトラは紀元前1世紀のエジプトで強大な権力を持つ女王だった. ejército ~ 強力な軍隊. nación ~*sa* 強大国. ❷ 強力な, 効能のある: máquina ~*sa* 強力な機械. calmante ~ よく効く鎮痛剤. ❸ [理由などが]しっかりした: Según él, tiene motivos ~*s* para no comer pulpo. 彼の言では, タコを食べない確固たる動機があるということだ. El embajador no ve una razón *poderosa* para que los españoles abandonen el país. 大使はスペイン人がその国から退去しなければならない確固たる理由は見出せないとしている. voluntad muy ~*sa* 強固な意志. ❹ 財力のある, 富裕な: Ese tren de vida solo está al alcance de la gente ~*sa*. そんなぜいたくな生活は裕福な人々の手にしか開かない. ❺《古語》掌中にある

—— 圀 権力者, 有力者; 非常に裕福な人: los ~*s* y los débiles 強者と弱者, 持てる者と持たざる者

podestá [po∂está] 圐《歴史》[イタリアの中世自治都市の]行政官, 執政官, 都市長官

podiatra [po∂játra] 圀《中南米》足学の医師

podicipitiforme [po∂iθipitifórme] 圈 カイツブリ目の

—— 圐 圈《鳥》カイツブリ目

podio [pó∂jo] 《←ラテン語 podium「棚」》圐 ❶ 表彰台: subir al ~ 表彰台にのぼる. ❷《水泳》~ *de salida* スタート台. ❸《音楽》指揮台. ❹《建築》列柱台石; 基壇. ❺《古代ローマ》[円形競技場の]元老院議員席

pódium [pó∂jun] 圐 [圐 ~*s*]=**podio**

podo- [接頭辞] [足] *podología* 足学

-podo, da [接尾辞] [足] *cefalópodos* 頭足綱

podocarpáceo, a [po∂okarpáθeo, a] 圈 マキ科の

—— 圐《植物》マキ科

podofolio [po∂ofóljo] 圐《植物》ポドフィルム

podograma [po∂ográma] 圐《医学》足底圧

podología [po∂oloxía] 囡《医学》足学

podológico, ca [po∂olóxiko, ka] 圈 足学の

podólogo, ga [po∂ólogo, ga] 圀 足学の医師《まめの治療や爪切りなどをする》

podómetro [poðómetro] 男 万歩計, 歩数計
podón [poðón] 男 大型の剪定ばさみ
—— 女 [枝232落とし用の, 反対側がナイフになっている] 鉈(なた)
podona [poðóna] 女《地方語》剪定ばさみ; 鉈
podre [póðre]《←ラテン語 puter, -tris「腐った」》《文語》❶ =**podredumbre**. ❷ 膿《=pus》
—— 形《地方語》腐った《=podrido》
podrecer [poðreθér] 39 他《まれ》腐らせる《=pudrir》
podrecimiento [poðreθimjénto] 男《まれ》腐敗
podredumbre [poðreðúmbre]《←podre》女 ❶ 腐敗; 腐ったもの: olor a ~ 腐敗臭. ❷ [人間・社会の] 腐敗, 堕落: ~ del mundo político 政界の腐敗
podredura [poðreðúra] 女 腐敗
podrición [poðriθjón] 女《まれ》腐敗
podridero [poðriðéro] 男 ごみを投げ入れて腐敗させる場所《=pudridero》
podrido, da [poðríðo, ða] 形 ❶ 腐った: manzana ~*da* 腐ったリンゴ; ろくでなし. frecuentar un ambiente ~ いかがわしい場所に出入りする. El gobierno está ~. 政府は腐敗している. ❷《ラプラタ》[人が] 飽きた, 退屈な
armarse la ~*da*《アルゼンチン, ウルグアイ》けんかする; 騒然とする
estar ~ *de*+事物《軽蔑》…が有り余るほどある
podrigorio, ria [poðriɣórjo, rja] 名《口語》持病の多い人, 多病の人
podrimiento [poðrimjénto] 男 腐敗
podrir [poðrír]《←ラテン語 putrere》他《不定詞・過去分詞としてのみ》腐らせる《=pudrir》
—— ~*se* 腐る《=pudrirse》
podsol [poðsól] 男 =**podzol**
podzol [poðθól]《←露語》男《地質》ポドゾル
podzólico, ka [poðθóliko, ka] 形《地質》ポドゾルの
poe [póe]《チリ. 植物》プロメリア属の一種《学名 Bromelia bicolor》
poema [poéma]《←ラテン語 poema < ギリシャ語 poiema, -ematos》男 詩《類義》主に **poema** は個々の作品, **poesía** はジャンルとしての詩》: 1) recitar un ~ 詩を朗唱する. componer un ~ 詩を作る. ~ dramático 劇詩. ~ sinfónico《音楽》交響詩. 2) 散文詩《= ~ en prosa》
ser [*todo*] *un* ~/*estar hecho un* ~《戯語》[事が] 滑稽である, 現実離れしている
poemario [poemárjo] 男《文語》詩集, 詩歌集
poemático, ca [poemátiko, ka] 形 詩の; 詩的な
poental [poentál] 男《チリ》poe の群生地
poesía [poesía]《←ラテン語 poeta < ギリシャ語 poiesis》女 ❶ 詩《→**poema**《類義》; 詩風: ~ dramática 劇詩. ~ lírica (épica) 叙情(叙事)詩. ~ pura 純粋詩. ❷ 詩作; 詩法. ❸《集合》[一時代・国・詩人の] 詩, 詩集: ~ española contemporánea 現代スペイン詩. ❹ [編の] 詩《=poema》: leer un ~ de Machado マチャードの詩を読む(朗唱する). ❺ 詩情, 詩趣: El paisaje tiene mucha ~. この風景は詩情にあふれている. ~ de la vida 人生の喜び
poeta [poéta]《←ラテン語 poeta < ギリシャ語 poietes「作者」< poieo「私は作る」》名《女は **poetisa** が主》❶ 詩人: El ~ nace, pero no se hace. 詩人は生まれるもので作られるものではない. ❷ 詩を作る人. ❸ 詩心のある人
poetastro, tra [poetástro, tra] 名《軽蔑》へぼ詩人
poética[1] [poétika]《←ラテン語 poetica》女 ❶ 詩法: ~ simbolista 象徴主義の詩法. ❷ 詩学. ❸ 詩論. ❹ 作詩上の規則や方法
poéticamente [poétikaménte] 副 詩で; 詩的に
poético, ca[2] [poétiko, ka]《←ラテン語 poeticus》形 ❶ 詩の: arte ~ 詩法. obra ~*ca* 詩作品. ❷ 詩的な, 詩情豊かな: lenguaje ~ 詩に適した言語. ~*ca* música 詩情あふれる曲
poetisa [poetísa] 女 女流詩人
poetización [poetiθaθjón] 女 詩化
poetizar [poetiθár] 9 他 詩にする, 詩的に表現する
—— 自 詩作する
pogo [póɣo] 男《舞踊》跳躍で構成される踊り
pogoniasis [poɣonjásis] 女《医学》❶ ひげが多すぎること. ❷ 女性にひげが生えること
pogonóforos [poɣonóforos] 男《複》《動物》有鬚(ゆうしゅ)動物門
pógrom [póɣron] 男《露 ~s》=**pogromo**

pogromo [poɣrómo]《←露語》男 [被圧迫少数民族に対する] 虐殺, ポグロム,《帝政ロシア時代の》ユダヤ人大虐殺《スペインでは 1391年セビーリャでユダヤ人大虐殺が起こり, 各都市へ広がった》
poicar [pojkár] 7 自《チリ》豆類・穀類が実る
poico, ca [pójko, ka]《チリ》❶ [果実が] 熟しすぎた. ❷ [人が] 年老いた
poíno [poíno] 男 [酒樽の] 樽台
poinsettia [pojnsétja] 女《植物》ポインセチア
pointer [pojntér]《←英語》男《英 ~s》《犬》ポインター
poipa [pójpa] 女《エストレマドゥラ. 鳥》ヤツガシラ《=abubilla》
poiquilotermia [pojkilotérmja] 女《動物》変温性
poiquilotérmico, ca [pojkilotérmiko, ka] 形《動物》変温性の
poiquilotermo, ma [pojkilotérmo, ma] 形 男《動物》変温の(動物)《⇔homeotermo》
poise [pwás]《←仏語》男 [粘性率のCGS単位] ポアズ
poitevino, na [pojtebíno, na] 形《地名》[フランスの] ポワトゥ Poitou 地方の(人); ポワティエ Poitiers の(人)
poja [póxa]《キューバ》女 =**ojo saltón**
pojado [poxáðo] 男《キューバ》家畜の通った跡
pojar [poxár] 他《キューバ》❶ つる bejuco で磨く. ❷ [動物が通って] 草をなぎ倒す
poker [pokér] 男 =**póquer**
póker [póker] 男 =**póquer**
pola[1] [póla] 女《コロンビア. 口語》ビール《=cerveza》
polacada [polakáða]《←partido polaco》女《文語》当局による違法行為
polaco, ca [poláko, ka] 形 名 ❶《国名》ポーランド Polonia [人・語] の. ~ポーランド人. ❷《西. 軽蔑》カタルーニャの(人). ❸《歴史》[俗称で] ポーランド党 partido polaco の(党員)《ポーランド移民の血を引くサルトリウス Sartorius が率いた穏健派自由主義政党. 1853～54年にイサベル2世下で政権を担当》—— 男 ❶ ポーランド語. ❷《西. 軽蔑》カタルーニャ語. ❸《歴史》プリンシペ Príncipe 劇場支持派《18～19世紀前半のマドリードの演劇ファンで, クルス Cruz 劇場支持派に対抗》
polacra [polákra] 女《船舶》ポラッカ《地中海で使われた2本(3本)マストの帆船》
polaina [poláina]《←仏語 polaine「履き物」< 古仏語 polanne「ポーランドの革」》女《主に 複》ゲートル: vestir ~s ゲートルをはく
polar [polár]《←polo 1》形 ❶ 極地の: regiones ~*es* 極地.《電気, 物理, 化学》極の, 極性の: no ~ 無極性の. ❸ 正反対の
polaridad [polariðá(ð)] 女《物理, 化学》極性
polarimetría [polarimetría] 女《物理》偏光分析法
polarimétrico, ca [polarimétriko, ka] 形 偏光分析の; 偏光計の
polarímetro [polarímetro] 男 偏光計
polariscopio [polariskópjo] 男 偏光器
polarizable [polariθáβle] 形《物理, 化学》分極性の
polarización [polariθaθjón] 女 ❶ 集中. ❷ 分極; 偏光
polarizador, ra [polariθaðór, ra] 形 偏光性の: filtro ~ 偏光フィルター. prisma ~ 偏光プリズム
—— 男 偏光子, 偏光プリズム
polarizar [polariθár] 9 他 ❶ [注意などを] 集中する; 自分に集中させる: ~ sus esfuerzos en+不定詞 …することに努力を集中する. ~ la mirada de todos 皆の視線を一身に集める. ❷《物理》1) 偏光を与える, 分極する. 2) 偏光させる. ❸《化学》分極する
—— ~*se* ❶ 集中する. ❷ 極性をもつ; 偏光する
polarógrafo [polaróɣrafo] 男《化学》ポーラログラフ
polaroid [polaróið]《←商標》男《単複同形/男 ~s》ポラロイド《偏光板》
—— 女 ポラロイドカメラ; ポラロイド写真
polavisión [polaβisjón]《←商標》女《映画》ポーラビジョン《露出した後のフィルムをカートリッジ内で自動的に現像するシステム》
polca [pólka]《←?チェコ語 pulka》女 ❶《舞踊, 音楽》ポルカ.《チリ》複 ビー玉遊び《=canicas》
el año de la ~ 昔々その昔
polcar [polkár] 7 自《まれ》ポルカを踊る
pólder [pólder]《←蘭語》男《主に 複》[主にオランダの] 干拓地
pole [póle]《←英語》女《自動車》ポールポジション
polea [poléa]《←仏語 poulie < ギリシャ語 polidion < polos「軸」》女 ❶ 滑車: 1) elevar con ~ 滑車で持ち上げる. ~ fija 定滑車. ~ móvil (movible) 動滑車. ~ combinada 複滑車. 2)《船

舶》二重滑車. ❷ ベルト車, はずみ車: ~ de arrastre ファン・プーリー. ~ loca 遊び車. ❸《エストレマドゥラ》小麦粉・蜂蜜・ミルクでできた菓子
poleadas [poleáđas]〘女〙〘複〙［小麦粉の］粥(猟)〖=gachas〗
poleame [poleáme]〘男〙〘集名〙《船舶》滑車
polemarca [polemárka]〘女〙=**polemarco**
polemarco [polemárko]〘男〙《古代ギリシア》軍司令官; ［アテネの］第3執政官
polémico, ca [polémiko, ka]〘形〙［←ギリシア語 polemikos「戦争の」＜ polemos「戦争」］〘形〙 論争の; 論争を引き起こす: El presidente ha rectificado sus ~cas declaraciones. 大統領は自身の問題発言を訂正した. El ~ entrenador volverá al ruedo el año que viene. 色々問題のあるその監督は来年現場に復帰する. artículo ~ 物議をかもしそうな記事. obra ~ca 問題作
── 〘女〙 ❶［雑誌などによる］論争, 論戦: originar la ~ca 大論争を引き起こす. ❷ 論争. ❸ 教理神学
polemista [polemísta]〘形〙〘名〙 ❶［雑誌などで］論争している人. ❷ 論争好きの〔人〕, 論客
polemizador, ra [polemiθađór, ra]〘形〙〘名〙 論争する〔人〕; 論争の
polemizante [polemiθánte]〘形〙〘名〙 論争する〔人〕
polemizar [polemiθár]〘自〙［＋sobre について, ＋con と］論争する, 議論する
polemología [polemoloxía]〘女〙 戦争学
polemológico, ca [polemolóxiko, ka]〘形〙 戦争学の
polemólogo, ga [polemólogo, ga]〘名〙 戦争学者
polemoniáceo, a [polemonjáθeo, a]〘形〙 ハナシノブの
── 〘女〙〘複〙《植物》ハナシノブ科
polemonio [polemónjo]〘男〙《植物》ハナシノブ
polen [pólen]〘［←ラテン語 pollen, -inis「特亥粉」］〙〘男〙〘不可算〙《植物》花粉
polenta [polénta]〘［←伊語］〙〘女〙 ❶《料理》ポレンタ〖トウモロコシ粉のかゆ〗. ❷《ラプラタ．口語》勢い, 力; 決断力, 活力
poleo [poléo]〘男〙 ❶《植物》ペニーロイヤルミント; その干した葉; の煎じ茶. ❷ 冷たい強風. ❸《口語》［言行に表われる］自慢, うぬぼれ. ❹《ムルシア》［賭け事・商売での］大損害
polera [poléra]〘女〙《服飾》 ❶《チリ》［下着・スポーツ用の］丸首シャツ. ❷《ラプラタ》ハイネックのセーター
polerón [polerón]〘男〙《チリ．服飾》トレーニングウェア〖上下〗
poleso, sa [poléso, sa]〘形〙〘名〙《地名》ポラ・デ・シエロ Pola de Siero の〔人〕〖アストゥリアス県の村〗
poleví [polebí]〘男〙〘園 ~es〙=**ponleví**
poli [póli]〘［policía の省略語］〙〘女〙〘口語〙 警察
── 〘名〙〘複 ~s〙〘口語〙 警官
poli- 〘接頭辞〙［多］poligamia 一夫多妻制
poliácido, da [poljáθiđo, đa]〘形〙《化学》ポリ酸の, 多塩基酸の
poliadelfo, fa [poljađélfo, fa]〘形〙《植物》多体の
polialcohol [poljalk(o)ól]〘男〙《化学》多価アルコール
poliamida [poljamíđa]〘女〙《化学》ポリアミド
poliandra [poljándra]〘形〙［女性が］一妻多夫の
poliandria [poljándrja]〘女〙 ❶《社会学》一妻多夫〔制〕. ❷《植物》多雄蕊(芸)
poliándrico, ca [poljándriko, ka]〘形〙 一妻多夫制の
poliantea [poljantéa]〘女〙 雑録, 雑記
poliaquenio [poljakénjo]〘男〙《植物》多瘦果(禿)
poliarquía [poljarkía]〘女〙 多頭政治
poliárquico, ca [poljárkiko, ka]〘形〙 多頭政治の
poliartritis [poljartrítis]〘女〙《医学》多発性関節炎
poliatómico, ca [poljatómiko, ka]〘形〙《化学》多価の, 多原子の
polibán [polibán]〘男〙 座浴用の浴槽
polibásico, ca [polibásiko, ka]〘形〙 多塩基の
policarbonato [polikarbonáto]〘男〙《化学》ポリカーボネート
policarpelar [polikarpelár]〘形〙《植物》多心皮の
policárpico, ca [polikárpiko, ka]〘形〙《植物》多回繁殖型の
policasio [polikásjo]〘男〙《植物》多出集散花序
pólice [políθe]〘男〙〘まれ〙親指
policéfalo, la [políθefalo, la]〘形〙《文語》多頭の
policéntrico, ca [políθéntriko, ka]〘形〙 多中心の
polichar [politʃár]〘他〙《コロンビア》磨く〖=pulir〗
polichinela [politʃinéla]〘男〙 プルチネッラ〖イタリアの即興喜劇 comedia del arte の道化役〗
policía [políθía]〘［←ラテン語 politia＜ギリシア語 politeia「政治組織」］〙

＜polis「都市」］〙〘女〙 ❶［広く一般に］警察〖組織〗;〘集名〙警察官, 警官隊: La ~ busca a los secuestradores. 警察は誘拐犯たちを捜している. ¡Llama a la ~! 警察を呼べ! avisar a la ~ 警察に通報する. denunciar el robo a la ~ 盗難を警察に届け出る. central de ~ 警察本部. Organización Internacional de P~ Criminal 国際刑事警察機構, インターポール. ~ de barrio 警察の地域課. ~ de tráfico/《中南米》~ de tránsito 交通警察, ハイウェーパトロール. ~ gubernativa 政府の政策を執行する警察. ~ judicial 裁判官・検察官の命令を執行する警察. ~ local =~ municipal. ~ militar 憲兵, MP. ~ municipal 市警察, 地方警察〖各市町村の自治体が管轄し, 自治体の規模によって ~ local や ~ urbana ともいい, 主に交通整理に当たる〗. ~ nacional 国家警察〖スペインでは内務省管轄で, 都市の治安に携わる警察〗. ~ secreta 秘密警察. ~ urbana =~ municipal.〘参考〙スペインには警察が3つある: policía nacional, guardia civil, policía municipal〗. ❷ 世話, 手入れ. ❸《遊戯》警官ごっこ〖=~ s y ladrones〗: Los niños jugaron a ~s y ladrones en el patio del colegio. 子供たちは校庭で警官ごっこをして遊んだ. ❹《文語》掃除, 清掃. ❺《古語》礼儀, 礼節, 礼儀正しさ, 丁重; 育ちの良さ
──〘男〙《ベネズエラ．交通》減速バンプ, スピード防止柵
──〘名〙〘女＝ mujer ~ も〙警察官, 警官, 巡査: Un ~ regula el tráfico. 警察官が交通整理をしている. Una ~ me pidió la documentación en el aeropuerto. 空港で婦人警官が私に身分証明書の提示を求めた. trabajar como ~ en Ávila アビラで警察官として働く. ~ local (municipal) 地元の警察官
policiaco, ca [poliθjáko, ka]〘形〙 ❶ 警察の, 警官の;《軽蔑》ポリ公の: Las medidas ~cas fueron extremas. 警察の措置はゆきすぎだった. estado ~ 警察国家. investigaciones ~cas 警察の捜査. ❷［小説・映画などが］刑事ものの, 探偵ものの: género ~ 警察もの, 刑事もの, 探偵もの. novela ~ca 推理小説, 探偵小説
policíaco, ca [poliθíako, ka]〘形〙=**policiaco**
policial [poliθjál]〘形〙 ❶ 警察の: El ministro no aceptó la escolta ~. 大臣は警察の警護を断わった. ❷《まれ》刑事ものの〖=policiaco〗
policiano, na [poliθjáno, na]〘名〙《アルゼンチン》警官
policíclico, ca [poliθíkliko, ka]〘形〙《化学》多環の: compuesto ~ 多環式化合物
policitación [poliθitaθjón]〘女〙《法律》相手の同意を得ていない約束
policitemia [poliθitémja]〘女〙《医学》多血〔症〕: ~ vera 真性赤血球増加〔症〕
policivo, va [poliθíbo, ba]〘形〙《コロンビア》警察の〖=policiaco〗
policlínica [poliklínika]〘女〙総合病院〖主に固有名詞として〗
policlínico [poliklíniko]〘男〙総合病院〖=hospital ~〗
policopia [polikópja]〘女〙コピー機〖=multicopista〗
policopiador [polikopjađór]〘男〙《ボリビア》コピー機〖=multicopista〗
policopiar [polikopjár]〘10〙〘他〙コピーする
policopista [polikopísta]〘男〙《ボリビア》コピー機〖=multicopista〗
policotiledóneo, a [polikotileđóneo, a]〘形〙《植物》多子葉植物の
policroísmo [polikroísmo]〘男〙《鉱物, 結晶》多色性
policromado, da [polikromáđo, đa]〘形〙多色彩飾の: imagen ~da 彩色像
──〘男〙多色彩飾〔行為〕
policromar [polikromár]〘他〙多色彩飾を施す
policromía [polikromía]〘女〙多色彩飾〔特徴〕; 多色刷り
polícromo, ca [polikrómiko, ka]〘形〙《まれ》=**polícromo**
policromo, ma [polikrómo, ma]〘形〙多色〔彩飾〕の: imagen ~ma 彩色像
polícromo, ma [políkromo, ma]〘形〙=**policromo**
policultivo [polikultíbo]〘男〙［耕種部門と畜産［加工］部門が結合した］混同農業, 混合農業
polidactilia [poliđaktílja]〘女〙《医学》多指症, 多趾症
polideportivo, va [poliđeportíbo, ba]〘形〙〘男〙総合運動場〔の〕, スポーツセンター〔の〕
polidésmido, da [poliđésmiđo, đa]〘形〙オビヤスデ目の
──〘男〙〘複〙《動物》オビヤスデ目
polidipsia [poliđí(p)sja]〘女〙《医学》煩渇(殺) 多飲, 多渇症
polidrupa [poliđrúpa]〘女〙《植物》多核果

poliédrico, ca [poljéðriko, ka] 形 ❶ 多面体の: ángulo ～ 多面角. ❷《文語》多面的な

poliedro [poljéðro] 【←poli-+ギリシア語 hedra「面」】男《幾何》多面体: ～ regular 正多面体
── 形《幾何》ángulo ～ 多面角

polienta [poljénta]《エストレマドゥラ》女 できたてのワイン

poliéster [poljéster] 男《化学》ポリエステル

poliestireno [poljestiréno] 男《化学》ポリスチレン『=～ expandible』

polietileno [poljetiléno] 男《化学》ポリエチレン: botella de ～ ペットボトル. ～ tereftalato ポリエチレンテレフタラート

polifacético, ca [polifaθétiko, ka] 【←poli-+faceta】形 ❶ 多面的な: estudio ～ 多面的な研究. ❷ 多才な: artista ～ 多方面の活動をする芸術家, マルチ芸術家

polifacetismo [polifaθetísmo] 男 多面性

polifagia [polofáxja] 女 雑食

polífago, ga [polífaɣo, ɣa] 形 雑食の; 大食の

polifarmacia [polifarmáθja] 女〖薬と〗過剰投与, 多剤投与, 薬物乱用

polifásico, ca [polifásiko, ka] 形《電気》多相の: corriente ～ca 多相交流

Polifemo [polifémo]《ギリシア神話》ポリュペーモス『一つ目の人食い巨人; アルゴナウタイ Argonautas の一員』

polifenol [polifenól] 男《化学》ポリフェノール

polifilético, ca [polifilétiko, ka] 形《植物》多種の祖先型から発生した, 多系の, 多系統の

polifobia [polifóbja] 女《医学》多数恐怖症, 汎恐怖症

polifolículo, la [polifolíkulo, la] 形《植物》〔果実が〕いくつかの袋果から成る

polifonía [polifonía] 女《音楽》ポリフォニー, 対位法

polifónico, ca [polifóniko, ka] 形《音楽》多声の, 対位法の

polifonismo [polifonísmo] 男《音楽》など ポリフォニズム

polifonista [polifonísta] 共《音楽》対位法の作曲家

polífono, na [polífono, na] 形 ❶《言語》多音の: carácter ～ 多音字. ❷《音楽》=polifónico

poliforme [polifórme] 形 =polimorfo

polígala [políɣala] 女《植物》ヒメハギ

poligaláceo, a [poliɣaláθeo, a] 形 ヒメハギ科の
── 女（複）《植物》ヒメハギ科

poligáleo, a [poliɣáleo, a] 形《植物》=poligaláceo

poligalia [poliɣálja] 女《医学》乳汁分泌過多〔症〕

poligamia [poliɣámja] 女 ❶ 一夫多妻〔制〕, 複婚. ❷《植物》雌雄混株;《動物》多婚性

polígamo, ma [políɣamo, ma] 形 ❶ 一夫多妻の〔人〕, 複婚の. ❷《植物》雌雄混株の;《動物》多婚の

poligástrico, ca [poliɣástriko, ka] 形《動物》複胃の

poligenismo [polixenísmo] 男 人類多源発生説

poligenista [polixenísta] 名 人類多源発生説の論者

poliginia [polixínja] 女 ❶《社会学》一夫多妻, 複婚. ❷《植物》雌雄混株;《動物》多婚

poliglobulia [poliɣlobúlja] 女《医学》赤血球過多症

políglota[1] [políɣlota] 女〖La P～〗数か国語対訳聖書

poliglotía [poliɣlotía] 男〖まれ〗=poliglotismo

poliglotismo [poliɣlotísmo] 男 数か国語を話すこと, 多言語の使用

polígloto, ta [políɣloto, ta] 形 名 =polígloto

polígloto, ta[2] [políɣloto, ta]【ギリシア語 polyglottos < polys「多くの」+glotta < glossa「言語」】形 ❶ 数か国語を話す〔人〕. ❷ 数か国語で書かれた, 多言語の: diccionario ～ 数か国語対訳辞典

poligonáceo, a [poliɣonáθeo, a] 形 タデ科の
── 女（複）《植物》タデ科

poligonal [poliɣonál] 形《幾何》❶ 多角形の. ❷〖角柱・角錐が〗底面が多角形の

poligonato [poliɣonáto] 男《植物》アマドコロ, ナルコユリ『=sello de Salomón』

polígono[1] [políɣono]【←poli-+ギリシア語 gonia「角」】男 ❶《幾何》多角形, 多辺形. ❷《西》〖特定用途の〗地区: ～ industrial 工業団地. ～ residencial 住宅団地. ～ de tiro 射撃練習（訓練）場. ❸《植物》=trepador ツルドクダミ

polígono[2]**, na** [políɣono, na] 形 =poligonal

poligrafía [poliɣrafía] 女 複数の著者による様々な題材に関する論文; 紀要

poligráfico, ca [poliɣráfiko, ka] 形 poligrafía の

polígrafo, fa [políɣrafo, fa] 名 ❶ 多方面の著作家. ❷ 暗号作成者, 暗号学者
── 男 ❶ 嘘発見器『=detector de mentiras』;《医学》ポリグラフ. ❷《コスタリカ》コピー機

polihíbrido, da [poliíbriðo, ða] 形《生物》多性雑種〔の〕

poliinsaturado, da [poli(i)nsaturáðo, ða] 形《化学》ポリ不飽和の

polilla [políʎa]【←?語源】女 ❶《昆虫》1)〔総称的に, 布などを食い荒らす〕イガ〔衣蛾〕, ガ〔蛾〕: ～ de la madera 木食い虫. 2) ガの幼虫. 3) ～ de la cera ハチノスツヅリガ. ～ de la harina カシノシマメイガ, ～ de la ropa コイガ. ～ de los cereales バクガ. 4)《比喩》la ～ de los juegos 賭け事という虫. ❷《ペルー》売春婦
── 男《西. 隠語》治安警備隊士官学校 Colegio de Guardias Jóvenes の生徒

polillera [poliʎéra]《植物》アレチモウズイカ

polilobulado, da [polilobuláðo, ða] 形《建築》花弁形切れ込み模様 lóbulo の多い

polimatía [polimatía] 女 博学

polimerasa [polimerása] 女《生化》ポリメラーゼ: reacción en cadena de la ～ ポリメラーゼ連鎖反応

polimería [polimería] 女《化学》重合

polimérico, ca [polimériko, ka] 形 重合の『=polimero』

polimerización [polimeriθaxjón] 女 重合〔行為〕

polimerizar [polimeriθár] 他 重合させる

polímero, ra [polímero, ra] 形 ❶《化学》重合の. ❷《植物》多部分から成る, 複合輪生体の
── 男《化学》重合体, ポリマー: ～ alto ハイポリマー

polimetálico, ca [polimetáliko, ka] 形 多様な金属を含む

polimetría [polimetría] 女《詩法》多様な韻律を含む詩

polimétrico, ca [polimétriko, ka] 形《詩法》polimetría の

polímetro [polímetro] 男《電気》マルチメーター

poli-mili [poli míli] 名〖ETAの〗政治軍事部門のメンバー

polímita [polímita] 形《服飾》多色の糸で織られた

polimorfia [polimórfja] 形 =polimorfismo

polimorfismo [polimorfísmo] 男 ❶《生物, 化学》多形, 多形性. ❷《結晶》同質異像

polimorfo, fa [polimórfo, fa] 形《生物, 化学》多形を持つ, 多形性の

polín [polín] 男 ローラー, ころ

polinación [polinaθjón] 女《植物》授粉

polinar [polinár] 自《植物》授粉する

polinésico, ca [polinésiko, ka] 形 名 =polinesio

polinesio, sia [polinésjo, sja] 形《地名》ポリネシア Polinesia の〔人〕: danza ～sia ポリネシアンダンス
── 男 ポリネシア語

polineurítico, ca [polineurítiko, ka] 形 多発性神経炎の

polineuritis [polineurítis] 女《医学》多発性神経炎

polinia [polínja] 女《植物》花粉塊

polínico, ca [políniko, ka] 形 花粉の: saco ～ 花粉嚢（？）

polinización [poliniθaθjón] 女《植物》受粉

polinizador, ra [poliniθaðór, ra] 形 受粉させる

polinizar [poliniθár] 他 受粉させる

polinómico, ca [polinómiko, ka] 形 多項式のある

polinomio [polinómjo] 男《数学》多項式

polinosis [polinósis] 女《医学》花粉症

polinuclear [polinukleár] 形《物理, 生物》多核の

polinucleosis [polinukleósis] 女《医学》多核球増加症

polio [póljo] I 男〖poliomielitis の省略語〗《医学》ポリオ, 〔脊髄性〕小児麻痺
II 【←ラテン語 polion】男《植物》ニガクサの一種『=zamarrilla』

polioencefalitis [polioenθefalítis] 女《医学》灰白脳炎

poliol [poljól]《化学》=polialcohol

poliomielítico, ca [poljomjelítiko, ka] 形 名 小児麻痺の〔患者〕

poliomielitis [poljomjelítis] 女《口語》=polio

poliopinante [poljopinánte] 形 様々な意見の

poliorcético, ca [poljorθétiko, ka] 形《軍事》城塞都市攻略術の

poliosido [poljosíðo] 男《生化》多糖類『=polisacárido』

polipasto [polipásto] 男 組合わせ滑車

polipéptido [polipé(p)tiðo] 男《生化》ポリペプチド

polipero [polipéro] 男 サンゴ礁
polípero [polípero] 男 =**polipero**
polipétalo, la [polipétalo, la] 形《植物》多弁の
polipiel [polipjél] 男 人工皮革
poliplacóforo, ra [poliplakóforo, ra] 形 多板綱の, ヒザラガイ類の
── 男複《動物》多板綱, ヒザラガイ類
poliploide [poliplɔ́jðe] 形《生物》倍数体, 多数体
polipnea [polipnéa] 女《医学》多呼吸
pólipo [pólipo] 男 ❶《動物》ポリプ. ❷《医学》ポリープ
polipodiáceo, a [polipoðjáθeo, a] 形 ウラボシ科の
── 女複《植物》ウラボシ科
polipodio [polipóðjo] 男《植物》オオエゾデンダ
polipoideo, a [polipojðéo, a] 形《動物》ポリプの;《医学》ポリープの: formación ～*a* ポリプ（ポリープ）の形成
poliporales [poliporáles] 男複 多孔菌
poliporo [polipóro] 男《植物》タマチョレイタケ属〔のキノコ〕〖一部は食用〗
polipote [polipóte] 男 =**poliptoton**
polipropileno [polipropiléno] 男《化学》ポリプロピレン
políptico [políptiko] 男《美術》ポリプティック〖多パネルの祭壇画〗
poliptoton [poliptótɔn] 男《修辞》語形変化反復
poliqueto, ta [polikéto, ta] 形 多毛類の
── 男複《動物》多毛類, ゴカイ
poliquimioterapia [polikimjoterápja] 女《医学》多剤化学療法
poliquístico, ca [polikístiko, ka] 形《医学》多囊胞〔性〕の
poliquistosis [polikistɔ́sis] 女《医学》多囊胞症
polirradicular [polirraðikulár] 形《歯学》多根の
polirritmia [poliṛ́ítmja] 女《音楽》ポリリズム
polis [pólis] **I**〖←ギリシア語 polis「都市」〗女《単複同形》《歴史》都市国家, ポリス
　II〖poli の 複〗男複 警官たち
-polis《接尾辞》〖女性名詞化. 都市〗metrópolis 大都市
polisacárido, da [polisakáriðo, ða] 形《化学》多糖類〔の〕
polisarcia [polisárθja] 女《医学》多肉性, 肥満症
polisario, ria [polisárjo, rja] 形男〈略語〉←〔Frente〕Político de Liberación del Sáhara y Río de Oro ポリサリオ戦線〔の〕〖西サハラ独立を目ざすゲリラ組織〗
polisemia [polisémja] 女《言語》多義〔性〕
polisémico, ca [polisémiko, ka] 形《言語》多義の
polisensibilización [polisensibiliθaθjɔ́n] 女《医学》複合アレルギー
polisépalo, la [polisépalo, la] 形《植物》萼片の分離した, 多萼片の
polisílabo, ba [polisílabo, ba] 形《文法》多音節の; 多音節語
polisilogismo [polisiloxísmo] 男《哲学》複合三段論法
polisindético, ca [polisindétiko, ka] 形《修辞》連結辞畳用の
polisíndeton [polisíndetɔn] 男《修辞》連結辞畳用〖接続詞の多用. ⇔asíndeton〗
polisinodia [polisinóðja] 女《政治》ポリシノディー, 多元会議制
polisíntesis [polisíntesis] 女《言語》多総合性
polisintético, ca [polisintétiko, ka] 形《言語が》多総合的の
polisón [polisɔ́n] 男《服飾》〔スカートの後ろの部分をふくらませるための〕腰当て, バッスル
polispasto [polispásto] 男 =**polipasto**
polispermo, ma [polispérmo, ma] 形《植物》多種子の
polista [polísta] **I**〖←polo II〗男《スポーツ》ポロの〔選手〕
　II〖←polo¹ IV〗名〔フィリピン〕ポリスタ〖強制労働 polo に従事させられた先住民〗
polistilo, la [polistílo, la] 形 ❶《建築》多柱式の. ❷《植物》花柱の多い
polisulfuro [polisulfúro] 男《化学》多硫化物
politburó [politburɔ́] 男〔旧ソ連共産党などの〕政治局
politécnico, ca [politékniko, ka] 形〖←poli-+técnico〗様々な応用科学の: universidad ～*ca* 工科大学, 工業大学. instituto ～ 高等理工科学院
politeísmo [politeísmo] 男〖←poli-+ギリシア語 theos「神」〗男 多神教
politeísta [politeísta] 形名 多神教の (教徒): religión ～ 多神教

politeno [politéno] 男《化学》=**polietileno**
política¹ [polítika]〖←ラテン語 politicus, -a, -um〗女 ❶ 政治: 1) Ahora todos nosotros hemos perdido la esperanza para la ～ y los políticos. 今や私たちは皆政治と政治家に対する希望を失ってしまった. ocuparse en ～ 政治に関わる. hablar de ～ 政治を論じる. ～ interior 内政. 2) 政治活動: hacer ～ 政治をする. ❷ 政策: ～ de dinero abundante 金融緩和政策. ～ de dinero barato 低金利政策. ～ de empobrecer al vecino 近隣窮乏化政策. ～ de frenazo y reactivación ストップ〔アンド〕ゴー政策. ～ de gestión de la demanda 総需要〔管理〕政策. ～ de pagos 賃金政策. ～ de rentas〔インフレ抑制のための〕所得政策. ～ del lado de la oferta 供給重視政策, サプライサイド政策. ～ económica 経済政策. ～ mixta ポリシーミックス. P～ Agrícola Común [EUの] 共通農業政策, CAP. ❸ 政治学〔で大学の専攻科目〕: monografías de ～ 政治学の論文. Cursó ～*s* en la universidad. 彼は大学で政治学を専攻した. ❹ 営業方針: ～ de negocios de esta empresa この会社の営業方針. llevar a cabo una oportuna ～ comercial 時宜にかなった事業方針を実施する. ❺〔個人の〕生き方, 主義主張: Mi ～ es no mentir nunca. 私の旨とするところは絶対に嘘をつかないことだ. ❻ 駆け引き〔の巧みさ〕; 策略, 術策; 手腕, 技量: No te dejes engañar por su ～. 彼の術策にはまらないようにしたまえ. El alcalde colocó a un hijo de su amigo en la sección de registro civil; claro está que lo hizo por ～. 市長は友人の息子を戸籍係に採用したが, これは明らかに情実によってのことだ. obrar con mucha ～ うまく立ち回る. ❼ 礼儀, 礼節; 礼儀正しさ, 丁重さ
～ exterior 外交: El primer ministro ha anunciado su programa de ～ *exterior*. 首相は自らの外交方針を明らかにした. P～ *Exterior* y de Seguridad Común [EUの] 共通外交安全保障政策
políticamente [polítikaménte] 副 ❶ 政治上, 政治的に; 政治的に見て. ❷ ～ correcto ポリティカリーコレクト
politicastro, tra [politikástro, tra] 名《軽蔑》政治屋
politicismo [politiθísmo] 男《軽蔑》政治主義
político, ca² [polítiko, ka]〖←ラテン語 politicus, -a, -um < ギリシア語 politikos「都市の」< polis「都市」〗形 ❶ 政治の, 政治上の; 政治的な; 政策の: A él le ha dado por lo ～ y anda metido en una campaña electoral. 彼は政治にかぶれて, 今は選挙運動にのめりこんでいる. asamblea ～*ca* 政治集会. derecho ～ 憲法学. juicio ～ 政治的判断. lucha ～*ca* 政治闘争. régimen ～ 政治体制. ❷ 政治活動をする, 政治的な; 政治学の. ❸ 〖いんぎん無礼な, 打算的で, 冷静な; やり手の, 駆け引きの上手な〗: Es una persona ～*ca* y calculadora. 彼は冷たくて打算的な人物だ. ❸《文語》〖家族関係の〗婚姻による, 血縁でない: hijo ～ 娘の夫, 婿, 女婿; 義理の息子, 養子. hija ～*ca* 息子の妻, 嫁; 義理の娘, 養女. padre ～ 義父, 舅〔姑〕. madre ～*ca* 義母, 姑〔ねん〕. 兄弟 継母. hermano ～ 義兄, 義弟. hermana ～*ca* 義姉, 義妹. familia ～*ca* 夫（妻）の実家, 姻戚. ❺ 社交的な, 外交的な. ❼ 礼儀正しい, 丁重な, 上品な. ❽《歴史》都市国家 polis の: El ser humano es un animal ～. 人間はポリス的動物である〔アリストテレスの言葉〕
── 名 政治家; 駆け引きの上手な人
politicólogo, ga [politikólogo, ga] 名 =**politólogo**
politicón, na [politikɔ́n, na] 形 ❶ 政治好きの〔人〕, 政治かぶれの〔人〕. ❷《軽蔑》仰々しい〔人〕, ばか丁寧な〔人〕
politiquear [politikeár] 自 ❶《軽蔑》政治に鼻を突っ込む; 政治を論じる. ❷《中南米》陰謀的で卑劣な政治活動をする
politiqueo [politikéo] 男《軽蔑》政治をやること; 政治談義
politiquería [politikería] 女《軽蔑》政治に鼻を突っ込むこと; 政治談義
politiquero, ra [politikéro, ra] 形 ❶《口語》政治に鼻を突っ込む〔人〕. ❷《中南米》陰謀的で卑劣な政治家〔の〕. ❸《プエルトリコ》ばか丁寧な〔人〕
politización [politiθaθjɔ́n] 女 政治化, 政治問題化
politizar [politiθár]〖←político〗他 ❶ …に政治色を与える, 政治化する. ❷〔人〕を政治に巻き込む
── ～**se** ❶ 政治問題化する. ❷ 政治に巻き込まれる
politología [politoloxía] 女 政治学
politológico, ca [politolɔ́xiko, ka] 形 政治学の
politólogo, ga [politólogo, ga] 名 ❶ 政治学者. ❷ 政治評論家

politonal [politonál] 形《音楽》多調性の
politonalidad [politonalidá(d)] 女《音楽》多調性
politraumatismo [politraumatísmo] 男《医学》ポリトラウマ，複数の外傷
polítrico [polítriko] 男《植物》ウマスギゴケ
poliuretano [poljuretáno] 男《化学》ポリウレタン
poliuria [poljúrja] 女《医学》多尿〔症〕
poliúrico, ca [poljúriko, ka] 形《医学》多尿〔症〕の
polivalencia [polibalénθja] 女 多価性
polivalente [polibalénte]〖←poli+valencia〗形 ❶ 多目的〔使用〕の: herramienta 〜 多目的工具. ❷ 多面的な価値を有する. ❸《化学, 生化》多価の: vacuna 〜 多価ワクチン
polivalvo, va [polibálbo, ba] 形《動物》〔貝が〕多殻の, 多弁の
polivinílico, ca [polibiníliko, ka] 形《化学》ポリビニルの
polivinilo [polibinílo] 男《化学》ポリビニル
póliza [póliθa]〖←伊語 polizza〗女 ❶〔主に西〕収入印紙: poner una 〜 en... …に収入印紙を貼る. ❷《商業》1)〔取引の〕証書: 〜 de fletamento 用船契約〔書〕. 2) 保険証券〖=〜 de seguro[s]〗: pagar una 〜 保険金を支払う. 〜 dotal 養老保険証券. 〜 flotante 包括保険証券. 〜 general (abierta) 包括予定保険〔証券〕, オープンポリシー. 〜 tasada 評価済み保険. ❸ 通関証明書
polizón [poliθón]〖←仏語 polisson「いたずらっ子」〗男 ❶ 密航者; 無賃乗車をする人: viajar de 〜 密航する; 無賃乗車をする. ❷〔人だかりから人だかりへと歩き回る〕暇人, 怠け者
polizonte [poliθónte]〖←polizón+policía〗名《軽蔑》おまわり, デカ
polje [pólje] 男《地質》ポリエ, 溶食盆地〔カルスト地形の一つ〕
poljé [poljé] 男 =polje
polka [pólka] 女《舞踊, 音楽》ポルカ〖=polca〗
polla [póʎa]〖←pollo〗女 ❶ 雌のひな鶏. ❷《口語》若い娘. ❸《鳥》〜 de agua トリスタンバン. ❹《西. 卑語》ペニス. ❺《俗語》唾, 痰. ❻《俗語》混乱, 騒ぎ: 〜《地方語. 魚》〜 de mar カサゴ〖=cabracho〗. ❽《中南米. トランプ・競馬など》掛け銭, 賭け金. ❾《メキシコ. 飲料》エッグノッグ. ❿《グアテマラ, ペルー, チリ, アルゼンチン》スポーツくじの一種. ⓫《エクアドル》カンニングペーパー. ⓬《ボリビア, アルゼンチン》競馬. 《チリ, アルゼンチン, ウルグアイ》宝くじ
 chupar (comer) la 〜《西. 卑語》フェラチオをする
 dejarse de 〜s のらくらしない, ぐずぐずしない
 la quinta 〜《西. 卑語》はるか遠いと考えられている場所
 montar un (el) 〜 騒ぎを起こす
 ¡Ni 〜s!《西. 卑語》全然違う, とんでもない!
 〜 lisa《俗語》幸運
 ¡P〜s en vinagre!《西. 卑語》=¡Ni 〜s!
 ¡Qué duquesa ni que 〜s en vinagre!《西. 卑語》=¡Ni 〜s!
 ¿Qué 〜s quieres? 一体何が望みだ
 ¡Una 〜! 出て行け!
 ¡Y una 〜 *[como una olla]!*《西. 卑語》=¡Ni 〜s!
pollada [poʎáða]〖←pollo〗女〖集合〗❶ 一腹(ひとはら)のひな. ❷《古語. 軍事》〔一門の迫撃砲から発射された〕榴弾
pollancón, na [poʎaŋkón, na] 名 ❶ 大きな若鶏. ❷〔年齢より〕体の大きな若者
pollastre [poʎástre] 男《西. 古語的》大人気取りの少年. ❷ 少し成長した若鶏
pollastre, tra [poʎástro, tra] 名 ❶《西. 古語的》大人気取りの少年(少女). ❷ 少し成長した若鶏
pollazón [poʎaθón] 女〖集合〗❶ 雌鳥が一度に抱く卵. ❷ 一腹(ひとはら)のひな
pollear [poʎeár] 自《口語》異性に関心を示し始める; 求愛し始める
pollera¹ [poʎéra] 女 ❶ 養鶏場. ❷《古語的》鶏かご. ❸〔幼児用の〕歩行補助器. ❹《服飾》1)〔張り枠 guardainfante の上に着るペチコート. 2)《地方語》フレアースカート. 3)《ペルー, チリ, ウルグアイ》スカート〖=falda〗: 〜 pantalón キュロットスカート
 de 〜s《チリ, アルゼンチン, ウルグアイ》女性の
pollería [poʎería] 女 鶏肉店, 鳥肉店
pollero, ra² [poʎéro, ra] 名 ❶ 鶏肉商, 鳥肉商; 養鶏家. ❷《メキシコ》〔メキシコから米国への〕密入国斡旋業者
 ―― 形《まれ》鶏の
 ―― 男 養鶏場〖=pollera〗

pollerón [poʎerón] 男《アルゼンチン》婦人用乗馬服のスカート
pollerona [poʎeróna] 形《ペルー》〔女性が〕すその広いスカートをはいている
pollerudo, da [poʎeɾúðo, ða] 形《ラプラタ. 口語》虚弱な. 臆病な
pollez [poʎéθ] 女《鷹狩り》羽が抜け替わらない時期
pollezno [poʎéθno] 男《まれ》鶏〖=pollo〗
pollina¹ [poʎína] 女《プエルトリコ, ベネズエラ》〔額にかかる〕前髪
pollinarmente [poʎinárménte] 副《まれ》若いロバに乗って
pollinejo, ja [poʎinéxo, xa] 名 pollino の示小語
pollino, na² [poʎíno, na]〖←ラテン語 pollinus〗形 名 ❶〔まだ飼い慣らされていない〕若いロバ. ❷《軽蔑》無知な[人], 鈍い[人], 粗野な[人]
pollito, ta [poʎíto, ta] 名 ❶ ひよこ, ひな鶏. ❷《古語的》若者, 少年, 少女
 ❸ 卵を産むようになった若鶏
pollo [póʎo]〖←ラテン語 pullus「ひな鶏, 動物の子供」〗男 ❶ ひな鶏, 若鶏, ひよこ; ひな鳥: sacar 〜s ひなをかえる. 〜 asado/《中南米》〜 al horno ローストチキン. 〜 tomatero フライ用若鶏. ❷《西. 皮肉, 戯画》〔きざで裕福な〕若者, 少年: chicas y 〜s 若い娘と若い男たち. ❸ ハチの幼虫. ❹《鷹狩り》羽が抜け替わる前の鳥. ❺《口語》ずる賢い奴. ❻《口語》つば, 痰
 〜 *pera*〖圏〗〜*s pera*《西. 口語》かっこつけた(ひどくきざな)若者
 quedarse como un 〜《コロンビア. 口語》死ぬ
 sudar como un 〜 汗びっしょりになる
polluelo, la [poʎwélo, la]〖pollo の示小語〗名 ひよこ
 ―― 女《鳥》クイナ: 〜 bastarda コクイナ. 〜 chica ヒメクイナ. 〜 pintoja ヨーロッパコクイナ
polo¹ [pólo] I〖←ラテン語 polus < ギリシャ語 polos「軸」〗男 ❶〔地球などの〕極; 極地: 〜 ártico (boreal・norte) 北極. 〜 antártico (austral・sur) 南極. 〜 magnético (terrestre) 地磁気極. pasar por el P〜 Norte《航空》北極回りで行く. ❷ 電極〖=〜 eléctrico〗; 磁極〖=〜 magnético〗: clavija de cuatro 〜s 4ピンのプラグ. 〜 positivo 陽極, 正極. 〜 negativo 陰極, 負極. ❸《関心などの》〜 de las atenciones 注目の的である. 〜 de desarrollo/〜 de promoción/〜 industrial《西》開発拠点〔政策〕〔経済社会発展計画(1964-75)で全土に12の地域が指定された〕. 〜 de referencia 基準, 判断基準. ❹《商標》《主に西. 菓子》アイスクリームバー, アイスキャンデー: 〜 [de] limón レモンアイス. ❺《数学》「座標軸」の極. ❻《生物》vegetativo 植物極. ❼〖=〕 gnómico〔日時計の〕指針
 de 〜 a 〜 端から端まで; 両極端の
 〜 *opuesto* 対極, 正反対: Lo que piensa él es el 〜 *opuesto* de lo que pienso yo. 彼の考えは私と正反対だ. Los 〜*s opuestos se atraen.* 極端は違うとかえってひかれ合う
 II〖←英語 polo〗男 ❶《スポーツ》〔乗馬の〕ポロ: 〜 acuático《西》水球. ❷《服飾》〔襟付の〕ポロシャツ
 III〖←フラメンコ〗ポロ〔カニャ caña に似た形式, 3拍子. 2) soleá に由来するカンテ〕
 IV 男《フィリピン》ポロ〔先住民に対する強制労働〕
polo², la² [pólo, la]《中米. 中米. 軽蔑》邪魔な, うるさがらせる
polocher [polotʃér] 男《ドミニカ. 服飾》ポロシャツ
polodia [polóðja] 女《地学》極点の移動曲線
pololear [pololeár] 自 ❶《中南米. 軽蔑》邪魔をする, うるさがらせる. ❷《コロンビア, エクアドル, ボリビア, チリ》1)〔まだ婚約していない男女が〕交際している, 恋人同士である. 2) 言い寄る, 求愛する
pololeo [polonéo] 男《コロンビア, エクアドル, ボリビア, チリ》くどき, 求愛
pololo¹ [pololó]〖←マプーチェ語〗男 ❶《服飾》〔主に圏〕子供用のニッカーボッカー風の半ズボン. ❷《服飾》〔婦人用の〕下ばき. ❸《チリ. 昆虫》食植性のカブトムシ〔ブンブンいって飛ぶ. 学名 Sulcipalpus elegans, Aulacopalpus viridis〕
pololo², la [pololó, la]《コロンビア, エクアドル, ボリビア, チリ》[まだ婚約していない] 恋人
polonés, sa¹ [polonés, sa] 形 名《まれ》ポーランド〔人・語〕の
 ―― 男 ポーランド人〖=polaco〗
polonesa² [polonésa] 女 ❶《舞踊, 音楽》ポロネーズ. ❷《服飾》ポロネーズ〔18世紀の婦人服. ぴったりした胴着と前裾を斜めに切り落としたスカートの組み合わせ〕
polonio [polónjo] 男《元素》ポロニウム

polo shirt [poloʃért]〖←英語〗[男]《メキシコ, コスタリカ, プエルトリコ, ペルー. 服飾》ポロシャツ
polquitas [pɔlkítas] [女] [複]《チリ》ビー玉遊び〖=canicas〗
polsaguera [pɔlsaɡéra] [女]《ラマンチャ, ムルシア》=**polvareda**
poltergeist [pɔltergáis(t)]〖←独語〗[男] ポルターガイスト
poltrón, na [pɔltrɔ́n, na]〖←伊語 poltrone〗[形] 怠け者の, ぐうたらな
—— [女] ❶ 大型の安楽椅子〖=silla *poltrona*〗. ❷《軽蔑》[高級官僚などの] 安楽なポスト
poltronería [pɔltronería] [女] 怠惰, 仕事嫌い
poltronizar [pɔltroniθár] [9] **~se** 怠け者になる
polución [poluθjɔ́n]〖←ラテン語 pollutio < polluere「汚す」〗[女] ❶ [大気・水などの] 汚染, 公害: ~ atmosférica 大気汚染. ❷《医学》遺精: ~ nocturna 夢精. ❸ 自慰〖=~ voluntaria〗. ❹ 堕落, 冒瀆
polucionar [poluθjonár] [他] [大気・水などを] 汚染する
polutante [polutánte] [形] [男]《まれ》汚染する; 汚染物質
poluto, ta [polúto, ta]〖←ラテン語 pollutus〗[形]《文語》汚い, 汚れた
Pólux [pólu(k)s] [男] ❶《ギリシア神話》ポリュデウケース〖ゼウス Zeus とレダ Leda の息子〗. ❷《天文》ポルックス〖ふたご座のβ星〗
polvadera [pɔlbađéra] [女]《地方語》=**polvareda**
polvareda [pɔlbaréđa]〖←俗ラテン語 pulvereta < ラテン語 pulvis, pulveris「ほこり」〗[女] ❶ 土煙; 砂塵: El toro vino entrando en el redondel levantando ~. 牛が土煙を立てて闘牛場に入ってきた. ❷ [ニュースなどが引き起こす] 大騒ぎ, センセーション
polvazal [pɔlbaθál] [男]《中米》=**polvareda**
polvazón [pɔlbaθɔ́n] [男]《グアテマラ》=**polvareda**
polvear [pɔlbeár] [他]《中南米. 化粧》おしろいをつける
polvera [pɔlbéra]〖←polvo〗[女] ❶《化粧》コンパクト, パウダーケース; パフ. ❷《メキシコ》[車輪の] フェンダー〖=guardabarros〗
polverío [pɔlberío] [男]《地方語》土煙
polvero [pɔlbéro] [男]《コロンビア》土煙
polvete [pɔlbéte] [男]《卑語》性交: echar un ~ 性交する
polvificar [pɔlbifikár] [7] [他] 粉々にする
polvillo [pɔlbíʎo]〖polvo の示小語〗[男] ❶ [不可算] ほこり, 細かいちり: Se forma un ~ de carbón que puede ser explosivo. 爆発の可能性のある炭塵が舞い上がる. ❷《中南米》[穀物の] 胴枯れ病. ❸《中米》製靴用の皮. ❹《アンデス, アルゼンチン, ウルグアイ》くずたばこ. ❺《アンデス》米ぬか
gente del ~《口語》工事現場の作業員
polvo [pɔ́lbo]〖←俗ラテン語 pulvus < ラテン語 pulvis, pulveris〗[男] ❶ [不可算] ほこり, ちり: Los libros llenos de ~. 本はほこりだらけだ. Se levantó ~. ほこりが舞い上がった. Se me ha metido ~ en el ojo. ごみが目に入った. levantar ~ ほこりを立てる(巻き上げる). recoger ~ ほこりがつく. limpiar el ~ ほこりを払う, はたきをかける. ~ de casa ハウスダスト. Aquellos ~*s* traen estos lodos./De aquellos ~*s* vienen estos lodos.《諺》因果応報/蟻の穴から堤も崩れる. ❷ [不可算] 微粒子; 粉: café en ~ インスタントコーヒー. oro en ~ 砂金; 金粉. ~ cósmico 宇宙塵. ~ de ángel《俗語》合成ヘロイン. ~ de gas さらし粉〖消毒剤として使用〗. ~(*s*) de hornear ベーキングパウダー. ~*s* de la Madre Celestina [昔, 香具師が売った] いんちき万能薬. ❸《化粧》[複] 1) おしろい, パウダー〖=~*s* compactos〗: ponerse ~*s* おしろいをつける. ~*s* de arroz《古語》[米の粉製の] おしろい. 2) 髪粉. ❹ [un ~, unos ~*s*. 粉の] ひとつまみ[の量], 少量: echar un ~ de pimentón パプリカをひとつまみ入れる. ❺《気象》~ asiático (amarillo) 黄砂. ❻《植物》~ de tierra トクサ. ❼《口語》性交. ❽《隠語》粉状のコカイン(ヘロイン)
echar un ~《口語》性交する
estar hecho ~ [人が肉体的・精神的に] 疲れ果てている, 打ちのめされている: Lleva dos días sin dormir y *está hecha* ~. 彼女は2日間寝ていないのでくたくただ
estar para un ~《俗語》=**tener un** ~
hacer morder el ~ *a*+人《口語》[けんか・議論で] …を叩きのめす
hacer ~ 1) 粉々にする, 粉砕する: *hacer* ~ un libro 本をびりびりに破く. 2) [人・物を] ひどい状態にする; [人を] 疲れ果てさせる, 気落ちさせる: : El 20% de IVA nos *ha hecho* ~. 付加価値税が20%になって私たちはみじめな状態になった
limpio de ~ *y paja* 1) 正味で. 2)《口語》全く罪(責任)のない, 清廉潔白である
morder el ~ [*de la derrota*] 敗北を喫する; 屈辱を受ける
pegar un ~《口語》=**echar un** ~
sacudir el ~ *a*+人《口語》…を強く何度も叩く; 叱りつける
tener un ~《俗語》性的魅力がある
tirar un ~《口語》=**echar un** ~
tomar el ~《パナマ》急いで立ち去る, 逃げ出す
tumbarse el ~《ドミニカ》おべっかを使う, ごまをする
pólvora [pɔ́lbora]〖←ラテン語 pulvis, -eris「ほこり」〗[女] ❶ [不可算] 火薬: ~ negra/~ de cañón 黒色火薬. ~ de algodón/algodón ~ 綿火薬. ~ de papel 紙火薬. ~ detonante (fulminante) 雷酸水銀. ❷ [集名] [祭りで打ち上げられる] 花火: Hubo ~ en aquella festividad. その祝日に花火が打ち上げられた. ❸ 怒りっぽさ, 短気. ❹ [事柄の] 活発さ
correr como la ~ [ニュースが] あっという間に広まる
correr la ~ 騎馬芸をする〖モーロ人が走る馬から鉄砲を撃つ〗
descubrir la ~ =**inventar la** ~
extenderse como la ~ =**correr como la** ~
gastar ~ *en salvas* (《アンデス》*en gallinazos*・《ラプラタ》*en chimangos*) ぬかに釘である, 徒労に終わる
inventar la ~ 1) [人が] 情報が遅い, 誰でも知っていることを新事実と思う. 2) [否定文で] あまり利口でない
oler a ~ きなくさい, もめそうである
~ *mojada* 革命的な思想の持ち主だが肝心な時には行動しない人
~ *sorda* 油断のならない人, 裏切る奴
ser como la ~ 非常に活発である, すばやい
tirar con ~ *ajena* 他人の金を使う
polvoraduque [pɔlboradúke] [女]《料理》クローブ・ショウガ・砂糖・シナモンで作ったソース
polvorazo [pɔ́lborá θo] [男]《チリ》発破への点火
polvoreamiento [pɔlboreamjénto] [男] 粉末にすること
polvorear [pɔlboreár] [他] 粉末にする
polvorero, ra [pɔlboréro, ra] [名]《中南米》花火師〖=polvorista〗
—— [女]《化粧》コンパクト〖=polvera〗
polvoriento, ta [pɔlborjénto, ta] [形] ほこりだらけの: hombre ~ ほこりまみれの男
polvorilla [pɔlboríʎa] [名]《口語》衝動的な人, せっかちな人; 怒りっぽい人: Es una ~, no para un minuto. 彼はひどくせっかちで, 一時もじっとしていない
polvorín [pɔlborín]〖←pólvora〗[男] ❶ 火薬庫〖比喩的にも〗. ❷ 粉火薬. ❸《古語》[洋梨形の] 粉火薬入れ
polvorista [pɔlborísta] [名] ❶ 花火師. ❷ 火薬の専門家
polvorizable [pɔlboriθáble] [形] 粉末にされ得る
polvorización [pɔlboriθaθjɔ́n] [女] 粉末化
polvorizar [pɔlboriθár] [9] [他] 粉末にする
polvorón [pɔlborɔ́n]〖←polvo〗[男]《菓子》ポルボロン〖落雁に似てくずれやすいので, 口に入れて溶けないうちに polvorón を3回唱えられたらよいことがあると言われる〗
polvoroso, sa [pɔlboróso, sa] [形]《まれ》=**polvoriento**
poner [*los*] *pies en* ~*sa*《口語》すたこら逃げ出す
polvoso, sa [pɔlbóso, sa] [形]《中南米》=**polvoriento**
pom [pɔ́n] [間] [爆発音] バン
poma [póma]〖←ラテン語〗[女] ❶《果実》小型の青リンゴ;《まれ》リンゴ. ❷ 香入れ; 香炉. ❸《古語》におい玉, におい玉入れ. ❹《メキシコ》piedra ~ 軽石
pomáceo, a [pomáθeo, a] [形] ❶ リンゴの. ❷ ナシ状果の
pomada [pomáđa]〖←仏語 pommade〗[女] ❶ 軟膏: ponerse (echarse・aplicarse) ~ en la mano 手に軟膏を塗る. ❷《ラプラタ》~ para zapatos 靴墨
estar en la ~《ラプラタ. 口語》よく知っている
hacer ~ 1)《メキシコ, ラプラタ. 口語》[+a+人 を] ひっぱたく. 2)《ラプラタ. 口語》[+物 を] 壊す
pomar [pomár] [男]《地方語》果樹園; [特に] リンゴ園
Pomar [pomár]《人名》**Juan Bautista** ~ フアン・バウティスタ・ポマル〖1535~90, メキシコ生まれの混血の年代記作者. テスココ Texcoco 王国の支配者ネツワルコヨトル Netzahualcóyotl の孫. アステカ王国に関する『報告書』*Relación* やナワトル語の詩集を編纂〗
pomarada [pomaráđa] [女]《地方語》リンゴ畑, リンゴ園〖=manzanar〗
pomarrosa [pomar̄ɔ́sa] [女]《果実》フトモモ〖木は yambo. 小さ

P

pombero [pombéro] 男《アルゼンチン, パラグアイ》ポンベロ『色々な形をとる小妖精. 鳥とホタルコメツキを守り, それらを追いかける子供たちを誘拐すると言われる』

pomelo [pomélo] 男〖←英語 pommelo〗《主に西. 植物, 果実》グレープフルーツ

pomeranio, nia [pomeránjo, nja] 名 =pomerano

pomerano, na [pomeráno, na] 形 ❶《地名》〖東欧の〗ポメラニア Pomerania の〔人〕. ❷《犬》ポメラニアン

pómex [pómeks]《メキシコ, ベネズエラ, チリ, アルゼンチン》piedra 〜 軽石

pómez [pómeθ] 女 軽石〖=piedra 〜〗

pomidoro [pomidóro] 男《ウルグアイ》トマトピューレ

pomífero, ra [pomífero, ra] 形《詩語》リンゴの生(なる)る

pomiforme [pomifórme] 形 リンゴの形の

pomo [pómo]〖←ラテン語 pomum「食べられる果実」〗男 ❶〖ドアの〗ノブ〖〜 de la puerta〗.〖引き出しの〗引き手, つまみ: Virginia hizo girar el 〜, abrió la puerta y entró en un pequeño vestíbulo. ビルヒニアはノブを回し, ドアを開け, 狭い玄関に入った. ❷〖刀剣の〗柄頭(つかがしら). ❸ 香水瓶. ❹《植物》ナシ状果, 仁果. ❺《古語》におい玉, におい玉入れ〖=poma〗. ❻《メキシコ. 口語》酒瓶. ❼《プエルトリコ》〜 de leche 哺乳瓶. ❽《アルゼンチン, ウルグアイ》1)〖化粧品・薬品などの〗チューブ. 2)〖カーニバルで使う〗水鉄砲

pomoideas [pomoidéas] 女 複《植物》リンゴ・ナシ・カリンなどの類

pomol [pomól] 男《メキシコ》トルティーヤ用のトウモロコシ粉

pomología [pomoloxía] 女 果樹栽培法

pomológico, ca [pomolóxiko, ka] 形 果樹栽培法の

pomologista [pomoloxísta] 名 果樹栽培法の専門家

pomólogo, ga [pomólogo, ga] 名 =pomologista

pompa[1] [pómpa]〖←ギリシャ語 pompe「護衛, 行列」< pempo「私は送る」〗女 ❶ 可算 泡, あぶく: hacer 〜s de jabón シャボン玉を作る〖飛ばす〗. Sus ilusiones se disparon como una 〜 de jabón. 彼の希望はシャボン玉のように消えた. ❷〖衣服などの〗ふくらみ. ❸〖荘厳な〗行列, 行進・厳粛な〗儀礼, 儀式. ❹ 盛大, 豪華; 見かけ倒しの華美〖荘重さ〗, 虚飾: celebrar con gran 〜 盛大に祝う. hablar con mucha 〜 ひどく気取った〔仰々しい〕話し方をする. ❺ クジャクが尾羽根を広げること.《船舶》揚水ポンプ. ❼《メキシコ. 口語》=**pompis**: caerse de 〜s 尻もちをつく

en 〜《口語》con el culo *en* 〜 お尻を突き出した・突き出して

〜 y circunstancia《文語》壮麗と; 威厳

〜s fúnebres 葬儀, 葬儀屋

pompático, ca [pompátiko, ka] 形 盛大な, 華美な

pompear [pompeár] 他《米国》ポンプで送る〖=bombear〗

—— *〜se*《口語》❶ これみよがしにみせびらかす; 華美な随員を伴う. ❷ 思い上がる, うぬぼれる

pompeyano, na [pompejáno, na] 名 ❶《地名, 歴史》〖イタリアの〗ポンペイ Pompeya の〔人〕;《美術》ポンペイの壁画風の. ❷《人名》〖古代ローマの〗ポンペイウス Pompeyo Magno の; ポンペイウス派の〔人〕

pompi [pómpi] 男 =**pompis**

pompier [pompjé] 形〖仏語〗形〖単複同形/〜s〗《軽蔑. 美術》〖主に19世紀の作品・画家などが〗想像力のない〔人〕, 紋切り型の

pompierismo [pompjerísmo] 男《軽蔑. 美術》紋切り型

pompis [pómpis] 男〖単複同形〗《西. 婉曲. 児》お尻〖=culo〗

pompo, pa[2] [pómpo, pa] 形《コロンビア》刃先が尖っていない

pompón [pompón]〖←フランス語 pompon〗男 ❶《服飾》ポンポン, 玉房. ❷〖軍帽に付ける〗飾り房

pomponear [pomponeár] 〜*se*《口語》思い上がる, いい気になる

pomposamente [pompósaménte] 副 華麗に, 仰々しく

pomposidad [pomposiðáð] 女 ❶ 壮大さ; 仰々しさ

pomposo, sa [pompóso, sa] 形〖←pompa〗❶ 盛大な, 華美な, けばけばしい: banquete 〜 盛大な宴会. sombrero 〜 ひどく派手な帽子. ❷《口語. 文体などが》仰々しい, 大げさな: 〜*sa* conferencia もったいぶった調子の講演. ❸ 円形にふくらんだ

pómulo [pómulo] 男〖←ラテン語 pomulum「小さな果実」〗男 ❶《解》頬骨: tener los 〜*s* salientes 頬骨が出ている. ❷ 頬の上部: tener los 〜*s* sonrosados バラ色の頬をしている

pomuloso, sa [pomulóso, sa] 形 頬骨が出ている

pon [pón] *pedir* 〜《プエルトリコ》ヒッチハイクする

ponasí [ponasí] 男《キューバ》アカネ科の灌木〖学名 Hamelia patens〗

Ponce de León [pónθe de león]《人名》**Juan** 〜 フアン・ポンセ・デ・レオン『1460〜1521, スペイン人コンキスタドール. プエルトリコ征服後, フロリダ半島に達する』

ponceño, ña [ponθéɲo, ɲa] 形《地名》〖プエルトリコ南部の町〗ポンセ Ponce の〔人〕

poncha[1] [póntʃa]《チリ. 服飾》〖冬用の〗ベズのポンチョ

ponchada [pontʃáða] 女《チリ, ラプラタ》ポンチョに入る物 *una 〜 de...*《チリ, ラプラタ. 口語》大量の〜, たくさんの〜

ponchadura [pontʃaðúra] 女《メキシコ》〖タイヤの〗パンク

ponchar [pontʃár] 他 ❶《野球》三振させる. ❷《米国》〜 *la tarjeta de horario* タイムカードを押す. ❸《メキシコ, グアテマラ》パンクさせる

—— *〜se*《メキシコ》パンクする, 破裂する

ponchazo [pontʃáθo]《アルゼンチン》ポンチョによる打撃

ponche [póntʃe] 男〖←英語 punch〗男 ❶《飲料》ポンチ: 〜 *de huevo* エッグノッグ. ❷《菓子》〖セビリア名物の〗サバランにマジパンをかぶせたケーキ. ❸《野球》三振

ponchera [pontʃéra] 女 ❶ パンチボール. ❷ 弁当箱. ❸《ベネズエラ》洗面器

poncho[1] [póntʃo] 男〖←マプーチェ語 pontro〗男 ❶《服飾》1) ポンチョ. 2) 軍用外套. 3)《中南米》乗馬用のマント. ❷《エクアドル, ペルー》コンドーム〖=condón〗

alzar el 〜 1)《アルゼンチン. 口語》立ち去る. 2)《ウルグアイ》 =*levantar el 〜*

hecho 〜《エクアドル. 口語》疲れ果てた

levantar el 〜《ウルグアイ》権威に反抗する

perder el 〜《アルゼンチン. 口語》惚れ込む

pisar a+人 *el 〜* 〜を上回る, リードする

poncho, cha[2] [póntʃo, tʃa] 形 怠慢な, 怠け者の

poncí [ponθí] 男 複 =*s*《植物》=**poncil**

poncidre [ponθíðre] 男《植物》=**poncil**

poncil [ponθíl] 男《植物》シトロン〔の木〕

poncilero [ponθiléro] 男《ムルシア. 植物》シトロン〖=poncil〗

poncio [pónθjo] 男〖←Poncio Pilato ポンティウス・ピラトス (古代ローマのユダヤ属領総督. イエスの処刑に関与した)〗男《戯語》〖植民地などの〗総督

ponderable [ponderáβle] 形 ❶ 考慮に値する, かなりの: No es 〜 el interés que mostró por el relato. 彼はその報告にほとんど関心を示さなかった. ❷ 重さを量れる, 計測可能な

ponderación [ponderaθjón] 女 ❶ 勘案; 慎重さ. ❷ 激賞. ❸ 計量. ❹《技術》平衡, 釣り合い. ❺《統計, 経済》ウェイト, 重要度

ponderadamente [ponderáðaménte] 副 慎重に

ponderado, da [ponderáðo, ða] 形 穏健な, 公平な, 慎重な: *discurso 〜* 冷静な調子の演説

el nunca bien 〜+人・事物《皮肉》全面的に考慮に値する〜…: Vino a vernos *el nunca bien 〜 jefe de personal*. あのすごい人事部長が私たちに会いに来た

ponderador, ra [ponderaðór, ra] 形 ❶ 誇張する〔人〕. ❷ 重さを量る, 計量する〔人〕. ❸ 釣り合いをとる

ponderal [ponderál] 形《文語》重さの

ponderante [ponderánte] 形 重要な, 重きをなす

ponderar [ponderár] 他〖←ラテン語 ponderare「評価する, 重さを量る」< pondus, -eris「重さ」〗他 ❶《冷静にバランスよく》考える, 勘案する, 慎重に判断する〖→**pensar**〖類語〗〗: No me lanzo nunca sin 〜 *las cosas*. 私は物事をじっくり考えたうえでないと絶対に出歩かない. ❷〖人・事物〗を激賞する, ほめ讃える. ❸〖数値などを〗調節する, 加重する. ❹《経済》ウェートを置く, 重要度を認める

ponderativo, va [ponderatíβo, βa] 形〖←ラテン語 ponderatum〗❶ ほめすぎの.《文法》誇張の. ❷ 加重の: *valor* 〜 加重値

ponderosamente [ponderósaménte] 副《文語》重く, 純重に

ponderosidad [ponderosiðáð] 女 ❶《文語》重々しさ. ❷ 慎重さ

ponderoso, sa [ponderóso, sa] 形 ❶《文語》重々しい, 重苦しい. ❷ 用心深い, 慎重な

pondio [póndjo] 男《物理》キロポンド kilopondio の1000分の1

pondo [póndo] 男《エクアドル》かめ〖=tinaja〗

ponedero, ra [ponedéro, ra]《←poner》形 ❶ 置かれ得る; 置き場所の. ―名 ❷［雌鶏が成長して］卵を産める《=ponedor》
―男［雌鶏などの］産卵場所

ponedor, ra [ponedór, ra]《←poner》形 女 ❶［主に雌鶏が成長して］卵を産める(よく産む); 鶏卵生産用の［雌鶏］: Esta gallina es muy ~ra. この雌鶏はとてもたくさん卵を産む. ❷［馬が］後脚で立てるように訓練された

ponencia [ponénθja]《←ponente》女 ❶［会議などに提出される］提案; 研究発表: En el simposio la representante hizo (leyó·presentó) una ~ sobre problemas ecológicos. シンポジウムで代表は生態系の問題についての研究発表を行なった. Escuché una ~ interesante de un joven científico. 私は若い研究者の興味深い発表を聴いた. ❷ 報告者ponenteの職; 調査委員会: Soy uno de los miembros de la ~. 私はその部会の委員の一人だ

ponente [ponénte]《←poner》名 ❶［調査・研究の］報告者, 発表者: La ~ aportará información sobre la situación actual. その発表者は現状について発表する予定だ. ❷［法律］宣誓供述人: El ~ declaró que ignoraba los hechos. 宣誓供述人はその事実を知らないと述べた

ponentino, na [ponentíno, na] 形 まれ 西の
ponentisco, ca [ponentísko, ka] 形 まれ 西の
poner [ponér]《←ラテン語 ponere「置く」》60 他 ❶ [+en+場所] …に置く: He puesto los libros en el estante. 私は本を棚に載せた. Pon los platos en la mesa. テーブルに皿を並べなさい. ¿Dónde habré puesto el móvil? 私は携帯電話をどこに置いたのだろう? Ya puedes ~ la olla. もう鍋を火にかけても大丈夫だよ. ~ sal en la carne 肉に塩を振る. ❷ 入れる《→meter 類義》: La leche en la nevera 牛乳を冷蔵庫に入れる. ~ azúcar en el café コーヒーに砂糖を入れる. ❸ 設置する: Todavía no nos han puesto el teléfono. 我が家にまだ電話が設置されていない. La mesa ya está puesta. もう食卓の用意ができている. ~ el contador de gas ガスメーターを取り付ける. ❹ [人を]居させる, 配置する;［組織などに］入れる: Me pusieron entre el embajador y su esposa. 私は大使とその夫人の間にいた. ~ un profesor particular a su niño 子供に家庭教師をつける. ~ a su hijo en un internado 息子を寄宿舎に入れる. ❺ [+a]+不定詞 付ける: La doctora le puso alcohol en la herida. 女医は彼の傷口にアルコールを塗った. ~ un corchete a la camisa ブラウスにスナップを付ける. ❻［服などを］着せる: ¿Qué pondré a mi niño esta noche? 今晩は子供にどの服を着せようかしら? ¿Me pones los zapatos? 靴を履かせてくれる? ❼［日光などに］当てる, さらす: Ponemos la ropa al sol para que se seque. 私たちは洗濯物が乾くように日に干す. ❽ …の状態にする, …の状態を生み出す: 1) ［+無冠詞名詞］ ~ atención 気をつける. ~ esfuerzo 努力する. ~ interés en... …に興味を持つ. ~ orden en la sala 会場を静粛にさせる《整頓する》. 2) [+前置詞句] ~ en prueba 試す. ~ bajo sospecha 疑わせる. ~ en libertad 釈放する. ❾ ［西］［店・飲食店で, 商品を］出す, 提供する: ¿Qué le pongo? 何になさいますか? Póngame un kilo de tomate. トマトを1キロ下さい. ❿ [+目的格補語] ~ la espalda recta. 背筋を伸ばしなさい. ~ el plato un poco ladeado 皿を少し傾ける. 2) [+de] A Freud, Dalí le puso de buen humor. フロイトはダリのおかげで上機嫌になった. ⓫ [+a]《名前・あだ名を》つける, 名づける: 1) Pusimos al perrito "Fido". 私たちは小犬に「フィド」という名をつけた. ¿Qué nombre le vais a ~ a la niña? 君たちはお子さんに何て名前をつけるつもり? 2) ［住宅地·商品などに］…と呼ぶ: En el nuevo barrio le pusieron a las "Las Mimosas", ミモザ団地」と名づけられた. ¿Qué le vas a ~ de título a tu nuevo libro? 君の新著に何と言うタイトルをつけるつもりですか? ⓬ [+como とし て] 扱う: ~ a su hijo ~ el más rico del mundo. 彼らは私を大金持ちのように扱った. ⓭ [+bien·mal 良く・悪く] 評価する, ほめる・けなす: No quiero ~ mal al blog, pero... 私はこのブログを悪く言うつもりはないが, … ⓮ ［機械・器具などを］動かす, 作動させる: Cuando puse el microondas, se fue la luz. 私が電子レンジのスイッチを入れると電気が消えた. Ponga la Quinta Sinfonía. 第5交響曲をかけて下さい. ~ el televisor テレビをつける. ~ la calefacción 暖房を入れる. ~ el despertador 目覚まし時計をセットする. ⓯ ~ la primera (la segunda·la tercera·la cuarta)《自動車》ギアをロー(セカンド・サード・フォース)に入れる. ⓯ [主に西]

書く, 書き込む: 1) [+名詞] Ponga su nombre en la esquina superior derecha de este papel. この書類の右上の隅にお名前を書いて下さい. Se me olvidó ~ mi clave para entrar en el ordenador. 私はパソコンを起動するキーワードを入力し忘れた. 2) [+que+直説法] Pon en tu artículo que no tengo novio, a ver si alguien se me acerca. 記事には恋人なしと書いておいて下さい. 誰かいい人が現れるかもしれない. Voy a ~ un aviso publicitario en un periódico. 私は新聞に広告を出してもらう. 3) [+単人称] ~ que... …と書いてある: Lo pone aquí. ここに書いてある. En ese cartel pone que no se permite sacar fotos. その掲示板に撮影禁止と書いてある. En el registro pone nació en Barcelona. 記録では彼はバルセロナ生まれとなっている. ⓰ [+a+不定詞] …に…させる: 1) Quieren ~ a su hijo a estudiar en la universidad. 彼らは息子を大学に入れたがっている. Lo pusieron a despachar a la tienda. 彼は店にお使いに行かされた. He puesto el agua a calentar. 私はお湯を沸かした. 2) [+de] El entrenador lo va a ~ de defensa. 監督は彼をディフェンスに起用するつもりだ. ⓱《主に西》上演する, 上映する, 放映する: Hoy ponen "La vida es sueño". 今日は『人生は夢』が上演されている. En el cine de mi barrio ponen una de terror. 私の地区の映画館ではホラー映画を上映している. Esa cadena pone muchos documentales. そのチャンネルは報道番組をよく流す. ⓲ [分担して] 支払う: Pusimos cinco euros cada uno para comprarle un regalo. 私たちは彼にプレゼントするために各自5ユーロ出した. ⓳ [資金・労力などを] つぎ込む, 貢献する: He puesto mucho dinero en este proyecto. 私はこの企画にかなりの金額をつぎ込んだ. Puso todo su poder al servicio. 彼は仕事に全力を投入した. ⓴ …euros lo apuesta 賭けに…ユーロつぎ込む. ㉑ 設立する, 開業する; 用意する, 支度する: Puso una tienda de comestibles. 彼は食料品店を開業した. ㉒ [+a の] 価格をつける: Han puesto la gasolina a 150 yenes el litro. ガソリン1リットル150円になった. ㉓ [命令文・分詞構文] +que+直説法·接続法 (と) 仮定する《=suponer》: Pon que no llega a tiempo. 彼が遅刻すると仮定しなさい. Pongamos que hablo con ella, ¿qué le digo? 彼女と話すとして, 一体何と言えばいいんだ? Poniendo que no llueva mañana, ¿qué vamos a hacer? 明日雨が降らないと仮定して, 私たちは何をしたらいいか? ㉔ [電報・ファックスなどを] 送る, 送信する: Le he puesto un telegrama de felicitación. 私は彼に祝電を打った. Ponme un fax con todos los datos. データをすべてファックスで送って下さい. Puse una videoconferencia al cliente. 私は客とテレビ電話で話した. ㉕ [刑罰などを] 課する《=imponer》: Me han puesto una multa. 私は罰金を科せられた. ㉖ [+por·como として] 提示する, 表明する; 示す, 利用する: Puso como ejemplo el espíritu combativo de Messi. 彼は例としてメッシの闘争心を示した. ㉗ [卵を] 産む: Las tortugas marinas ponen sus huevos en la playa en que nacieron. ウミガメは自分が生まれた浜辺に卵を産む. ㉘ [作物などを] 植える. ㉙《西. 電話》[+con] つなぐ: Póngame con el número 91-590-7600. 91-590-7600番をお願いします. ¿Me puede ~ con Jaime López, por favor? ハイメ・ロペスを電話に出していただけますか? ㉙ [金を] 賭ける: Le puso todo al mismo número. 彼は有り金を一つの数字に賭けた. ㉚《西. 口語》[重きが] 増える: Ha puesto dos kilos en un mes. 彼は1か月で2キロ太った. ㉛《ラ プラタ》[時間が] かかる

~ de+不定詞 a... …に…するものを与える: ~ de comer (beber) al caballo 馬にえさ(水)をやる

―― ~la 置く: Las gallinas llevan un tiempo sin ~. 雌鶏たちは最近卵を産まない. ❷《メキシコ. 俗語》性交する

―― ~se ❶ 身を置く: Ponte en la silla libre. 空いた椅子に座りなさい. ❷ [+主格補語. 一時的で非意図的な変化. 目に見えて] …になる: De vergüenza, se puso tan colorada como un tomate. 彼女は恥ずかしくて真っ赤になった. Se puso como una fiera. 彼は猛獣のように荒れ狂った. El asunto se pondrá complicado. その問題は厄介なことになるだろう. 《西. 服装》❸ 身につける, 着る, 履く: Lola se duchó y se puso ropa interior limpia. ロラはシャワーを浴びて清潔な下着を身につけた. Siempre está con el abrigo puesto. 彼はいつもオーバーを着ている. Póngase el sombrero, que hace sol. 日が照っているから帽子をかぶりなさい. Como llovía, me puse las botas de agua. 雨が降っていたので, 私は雨靴を履いた. ❹ [+de の姿勢を] とる: Me puse de pie (de rodillas·de espaldas). 私は立った(ひ

ざまずいた・背を向けた). **❺** [+a 位置などに] つく: *Me puse al lado de mi papá.* 私はパパの横に立った。*Ponte boca arriba.* あお向けになりなさい。*El azafrán se ha puesto a un precio prohibitivo.* サフランは手が届かない値段になった。**❻** 《西. 口語》 電話に出る: *Espere un momento, que ahora se pone el jefe.* 少々お待ち下さい、いま上司が出ます。**❼** [太陽・月が] 沈む: *Acamparemos antes de que se ponga el sol.* 日が沈む前に野営しよう。*Caminaron hasta que se puso el sol.* 彼らは日が沈むまで歩いた。**❽** [+a+不定詞] …し始める: *El niño se puso a llorar.* その男の子は泣き出した。*Se puso a nevar.* 雪が降り始めた。**❾** [+con] 1) …に従事する; 始める: *Cuando acabes de merendar, te pones con los deberes, ¿eh?* おやつを食べ終わったら、宿題にとりかかりなさい。*Cuando me pongo con las novelas policíacas, se me van las horas sin enterarme.* 私は推理小説を読み始めると時が経つのを忘れてしまう。2)《西》…に立ち向かう: *Se puso con su padre.* 彼は父親にてついた。3)《チリ, アルゼンチン, ウルグアイ. 隠語》金を出す。**❿** [+de] 1) …で一杯になる、…だらけになる: 1) *Se puso de barro hasta las rodillas.* 彼は膝まで泥だらけになった。2)《西》…をたらふく食べる(飲む): *Me ha puesto de pan y vino.* 私はいやというほどパンを食べ、ワインを飲んだ。3)《俗用》…を病む: *Se puso de los nervios.* 彼は神経を病んだ。**⓫**《西》[短時間で] 着く: *Se puso en Sevilla en tres horas.* 彼はたった3時間でセビーリャに着いた。**⓬**《西. 俗用》[直接話法で発言の導入] 言う: *Me vuelvo a ella y se pone:* "O sea que es de eso que tengo que hablar." 私が振り向くと彼女は言う。「つまりこのことなの、私が話をしなければいけないのは」。**⓭**《口語》[+en に] 固執する

así se las ponían a Fernando VII それはひどくたやすい
se pone a+人 que...《エルサルバドル, コスタリカ, エクアドル》…にって…と思われる
se ponga como se ponga《口語》それは議論の余地がない、明々白々である

poner		
現在分詞	過去分詞	
poniendo	**puesto**	
直説法現在	点過去	
pongo	puse	
pones	pusiste	
pone	**puso**	
ponemos	pusimos	
ponéis	pusisteis	
ponen	pusieron	
直説法未来	過去未来	命令法
pondré	pondría	
pondrás	pondrías	**pon**
pondrá	pondría	
pondremos	pondríamos	
pondréis	pondríais	poned
pondrán	pondrían	
接続法現在	接続法過去	
ponga	pusiera, -se	
pongas	pusieras, -ses	
ponga	pusiera, -se	
pongamos	pusiéramos, -semos	
pongáis	pusierais, -seis	
pongan	pusieran, -sen	

poney [póni]《男》《⇒ *poneis*》=**poni**
ponferradino, na [ponferaðino, na]《形》《名》《地名》ポンフェラダ Ponferrada の《人》《レオン県の町》
póngido, da [póŋxiðo, ða]《形》ショウジョウ科の
── 《男》《動物》ショウジョウ科
pongo [póŋgo] **I**《ケチュア語》《男》❶《エクアドル, ペルー, ボリビア, チリ》先住民の召使い(小作人)。❷《エクアドル, ペルー》[川の] 狭くて危険な箇所, 難所
II《マレー語》《男》《動物》ポンゴ, オランウータン属
pongotodo [poŋgotóðo]《男》洗濯物を入れる合成樹脂製のかご
poni [póni]《男》《← 英語 pony》《~s》[体の小さい品種の] 小馬, ポニー
Poniatowska [ponjatóṣuska]《人名》Elena ~ エレナ・ポニアトウスカ《1932～, メキシコの女性作家。1968年に起きた学生運動弾圧を数多くの証言をもとに再現した『トラテロルコの夜』 *La noche de Tlatelolco*, メキシコ大地震を扱った『何も、誰もいない』 *Nada, nadie*》
ponible [poníβle]《形》[衣服が] 様々な場面で着用できる
ponientada [ponjentáða]《女》[長く続く] 西風
poniente [ponjénte]《← ラテン語 ponens, -entis》《男》❶ [時に *P~*] 西《= occidente. ⇔ *levante*》: *El balcón de mi casa da al ~.* 我が家のベランダは西向きだ。 *a ~* 西の方に, 西側に。❷ 西部。❸ [暖かく湿った] 西風
ponimiento [ponimjénto]《男》《まれ》置くこと
ponja [póŋxa]《女》《アルゼンチン》日本人女性《= japonesa》
ponleví [ponleβí]《← 仏語 pont-levis》《男》《⇒ *es*》《古語》非常にかかとの高い》ハイヒール: *a la ~* ハイヒール《風》に
ponor [ponór]《男》《地理》ポノール《カルスト地形で, 地表水が地下に吸い込まれていく穴》
ponqué [poŋké]《← 英語 pancake》《男》《コロンビア, ベネズエラ》小麦粉・ラード・卵・砂糖で作るパイ
pontaje [pontáxe]《男》= **pontazgo**
pontana [pontána]《女》《まれ》[小川・用水路の] 敷石
pontanés, sa [pontanés, sa]《形》《名》《地名》ポンテ・ヘニル Ponte Genil の《人》《コルドバ県の村》
pontano, na [pontáno, na]《形》《名》《地名》= **pontanés**
pontazgo [pontáθɣo]《男》[橋の] 通行税, 通行料金
pontazguero, ra [pontaθɣéro, ra]《名》通行料金の徴収員
pontear [pontár]《男》《まれ》橋を建設する
── 《他》[川・入り江に] 橋を架ける
ponteareano, na [ponteareáno, na]《形》《名》《地名》ポンテアレアス Ponteareas の《人》《ポンテベドラ県の町》
pontederiáceo, a [pontederjáθeo, a]《形》《植物》ホテイアオイ科の
── 《女》《植物》ホテイアオイ属
ponteduro [pontedúro]《男》《メキシコ. 菓子》油で揚げ蜂蜜に漬けたトウモロコシ
pontevedrés, sa [pontebeðrés, sa]《形》《名》《地名》ポンテベドラ Pontevedra の《人》《ガリシア州の県・県都》
pontezuela [ponteθwéla]《女》puente の示小語
pontezuelo [ponteθwélo]《男》puente の示小語
póntico, ca [póntiko, ka]《形》《歴史, 地名》❶ [小アジアの] ポントス Ponto の。❷ 黒海 Ponto Euxino の
pontificación [pontifikaθjón]《女》御託宣を垂れること, 大御所ぶること
pontificado [pontifikáðo]《← ラテン語 pontificatus》《男》《カトリック》❶ 教皇位(職・在位期間)。❷ 教皇制, 教皇制度《= papado》
pontificador, ra [pontifikaðór, ra]《形》《名》 御託宣を垂れる《人》, 大御所ぶる《人》
pontifical [pontifikál]《← ラテン語 pontificalis》《形》《カトリック》❶ 教皇の。❷ *rito ~* 司教聖式
── 《男》《カトリック》❶ [主に ~で] 《集合》司教の祭服。❷ 司教定式《はっ》書, 司教式目
estar (ponerse) de ~ 式服(礼服)を着ている(着る)
pontificalmente [pontifikálménte]《副》司教聖式に従って
pontificar [pontifikár]《← *pontífice*》《7》❶ 御託宣を垂れる, 大御所ぶる。❷《カトリック》1) 司教聖式を行なう。2)《まれ》教皇としてふるまう
pontífice [pontífiθe]《← ラテン語 pontifex, -icis》《男》❶《カトリック》教皇, ローマ法王《= *P~* Romano, Sumo *P~*》。❷《まれ》司教《= obispo》。❸《古代ローマ》大神官
pontificio, cia [pontifíθjo, θja]《← ラテン語 pontifex, -icis (古代ローマの高官)》《形》《カトリック》教皇の; 高位聖職者の: *corte ~cia* 教皇と高位聖職者たち, バチカン。❷ カトリックの
pontín [pontín]《男》《フィリピン》[小型スクーナーに似た] 沿岸貿易船
ponto [pónto]《← ラテン語 pontus》《男》《詩語》海《= mar》
pontocón [pontokón]《男》つま先による蹴り《= puntapié》
pontón [pontón]《← ラテン語 ponto, -onis 「渡し舟」》《男》❶ ポンツーン, 浮き桟橋。❷ 舟橋《= puente de *pontones*, ~ flotante》。❸ [板を渡しただけの] 橋。❹ [倉庫・病院・牢獄として使われる] 古い係留船
pontona [pontóna]《女》《地方語》[板を渡しただけの] 橋《= pontón》
pontonero [pontonéro]《男》《軍》架橋兵
pony [póni]《男》= **poni**
ponzoña [ponθóɲa]《← 古語 ponzón < ラテン語 potio, -onis「(まず

い〕飲み物」〗[女] ❶［動植物などの］毒, 毒液. ❷［精神・社会に］有害なもの, 害悪: El odio es una ～. 憎しみは一種の毒である

ponzoñosamente [pɔnθoɲósaménte] [副] 有毒に, 有害に

ponzoñoso, sa [pɔnθoɲóso, sa] 〖←ponzoña〗 [形] ❶ 有毒な: agua ～*sa* 毒水; 体によくない水. ❷ 有害な: idea ～*sa* 害をなす思想; よくない考え. ❸ 悪意のある: palabras ～*sas* 毒を含んだ言葉

pool [púl] 〖←英語〗 [男] 〖[複] ～s〗 ❶ 企業連合, カルテル. ❷［タイピストなど企業の一般的な仕事をする］要員. ❸《ビリヤード》プール

pop [pɔ́p] 〖←英語〗 [形] 大衆的な; ポップスの: cultura ～ 大衆文化, ポップカルチャー

—— [男] ❶《音楽》ポップス, ポップミュージック 〖=música ～〗. ❷《まれ》ポップアート. ❸《ウルグアイ》ポップコーン

popa [pópa] 〖←ラテン語 puppis〗 [女] ❶《船舶》船尾 〖⇔proa〗: a ～ 船尾に; 後方に. ❷《口語》尻

de ～ a proa 徹頭徹尾, 完全に

popamiento [popamjénto] [男] 軽蔑, あざけり

popar [popár] [他] ❶ 軽蔑する, あざける. ❷［子供などを］愛撫する, かわいがる. ❸ 媚(こ)びる, へつらう

popcorn [pɔpkɔ́rn] 〖←英語〗 [男]《パナマ, プエルトリコ, ボリビア》ポップコーン

pope [pópe] 〖←露語 pop〗 [男] ❶《ギリシア正教》司祭. ❷ 実力者, 幹部

popel [popél] [形]《船舶》船尾に最も近い

popelín [popelín] 〖←仏語 popeline〗 [男]《主に西. 繊維》ポプリン

popelina [popelína] [女]《中南米》=**popelín**

poper [pópɛr] [男]《薬学》血管拡張剤 〖麻薬のように吸飲する〗

popero, ra [popéro, ra] [形] [名]《口語》ポップスの〔歌手〕

popés [popés] [男]《船舶》ミズンマストのステー

popí [popí] [男]《アルゼンチン》皮を剥き日干しにしたキャッサバ

popis [pópis] [形]《メキシコ. 口語》❶ 上流ぶった, きざな. ❷ 品のよい

poplíteo, a [poplíteo, a] [形]《解剖》膝窩(しっか)部の: músculo ～ 膝窩筋

popó [popó] [男] ❶《幼児語》うんち;《グアテマラ》大便: hacer ～ うんち(大便)をする. ❷《婉曲》尻. ❸《戯語》自動車

popocho, cha [popótʃo, tʃa] [形]《コロンビア. 口語》食べすぎた; 太った

popoff [popɔ́f] [形]《メキシコ. 口語》=**popis**

Popol Vuh [popól búx] ポポル・ブフ 〖マヤ文化, 主としてグアテマラに居住した先住民キチェ族 quiché の伝説を17世紀末または18世紀初頭に収録した作品で,「助言の書」の意味〗

poporo [popóro] [男] ❶《コロンビア, ベネズエラ》腫瘍, こぶ. ❷《ベネズエラ》木の棒

poporopo [poporópo] [男]《グアテマラ》ポップコーン

popote [popóte] [男]《メキシコ》ストロー 〖=paja, pajita〗

popotillo [popotíʎo] [男]《メキシコ. 植物》キク科の一種 〖学名 Baccharis salicifolia〗

populachería [populatʃería] [女]《軽蔑》［大衆的な］人気, 俗受け

populacherismo [populatʃerísmo] [男]《軽蔑》❶ 下層民らしさ. ❷ 大衆性, 通俗性; 俗受け狙い

populachero, ra [populatʃéro, ra] 〖←populacho〗 [形]《軽蔑》❶ 下層民の, 庶民の: barrio ～ 下町. ❷ 大衆的な, 通俗的な; 俗受けを狙う: candidato ～ 庶民的な〔イメージの〕候補者

populacho [populátʃo] 〖←伊語 popolaccio〗 [男] [集名]《軽蔑》下層民, 庶民;《古語的》暴徒, 反徒

populación [populaθjɔ́n] [女] 居住 〖=población〗

popular [populár] 〖←ラテン語 popularis < populus「民族」〗 [形] ❶ 民衆の, 大衆の, 庶民の; 人民の: Hay que respetar la voluntad ～. 大衆の意思を尊重すべきだ. Ese partido está perdiendo apoyo ～. その政党は大衆の支持を失いつつある. El cine y el teatro deben tener precios ～*es*. 映画や演劇は大衆的な料金設定であるべきだ. barrio ～ 庶民の町, 下町. carrera (maratón) ～ 市民マラソン. clase ～ 庶民階級. democracia ～ 人民民主主義. gobierno ～ 人民政府. revuelta ～ 大衆の反乱. voz ～ 民衆(人民)の声. ❷［主に人が］有名な, 人気のある: El nuevo Papa es muy ～ entre católicos. 新教皇はカトリック信者の間で非常に人気が高い. El béisbol es poco ～ en España. 野球はスペインではあまり人気がない. La pintora se hizo ～ gracias a solo una obra. その女性画家はたった1枚の作品で有名になった. Se convirtió en uno de los actores más ～*es* del país. 彼は国中で最も人気のある俳優の一人になった. Es un ～ estrella del rock. 彼はロック界の大スターだ. ❸ 民間に広く普及した: Es una leyenda ～ que se ha ido trasmitiendo de padres a hijos. それは親から子へと受け継がれてきた民間伝説だ. cuento ～ 民話, 民間説話. ❹ 大衆的な, 通俗的な 〖⇔culto〗: canción ～ 流行歌; 民謡. habla ～ 庶民階級の言葉づかい. música ～ ポピュラー音楽. novela ～ 大衆小説. objetos de arte ～ 民芸品. ❺《言語》俗用の. ❻《西》国民党〔員〕の: Partido *P*～ 国民党. ❼《古代ローマ》平民派の

—— [名] ❶《西》国民党員: Los ～*es* votaron en contra de esa moción. 国民党はその動議に反対票を投じた. ❷《古代ローマ》[複] 平民派

popularidad [populariđá〔đ〕] 〖←ラテン語 popularitas, -atis〗 [女] 人気, 評判: Es un cantante que tiene mucha ～ entre los jóvenes. 彼は若者にとても人気のある歌手だ. La actriz goza de gran ～ en todo el mundo. その女優は世界的に人気がある. Cuando accedió a la presidencia, gozaba de una ～ récord. 彼は大統領就任時, 記録的な支持率を誇っていた. Ha aumentado (disminuido) la ～ de la alcaldesa. その女性市長の人気が高まった(下がった). Su baja ～ no le permite llevar a cabo proyectos ambiciosos. 彼は不人気のため, 思い切った施策を実行できない. El programa está alcanzando una enorme ～. その番組は大評判を呼びつつある. ganar (adquirir) ～ 人気を呼ぶ, 人気が出る. ascenso (caída) de ～ 人気の上昇(下落)

popularismo [popularísmo] [男] ❶《文学など》大衆性, 通俗趣味; 大衆主義. ❷《政治》ポピュラリズム, 大衆迎合主義. ❸《言語》［教養語 cultismo に対して］民衆語, 俗語

popularista [popularísta] [形] [名] 通俗趣味の〔人〕

popularización [populariθaθjɔ́n] [女] ❶ 普及, 人気が出ること. ❷ 通俗化

popularizar [populariθár] 〖←popular〗 [9] [他] ❶ 一般に普及させる; 人気を高める: Este programa televisivo contribuye a ～ los conocimientos científicos. このテレビ番組は科学知識の普及に貢献している. Su última canción la *ha popularizado* mucho. 彼女は新曲で大変人気が出た. ～ un nuevo producto 新製品を普及させる. ～ el precio みんなが買える値段にする. ❷ 大衆化する, 通俗的にする: La cantante *popularizó* un tema clásico. その女性歌手はあるクラシックの曲を大衆的にした

—— **～se** 普及する; 人気が出る: Con la llegada de la caña de azúcar *se popularizó* el ron. 砂糖キビの伝来によってラム酒が広まった. Este estilo *se ha popularizado* de nuevo. このスタイルがまた流行し始めた

popularmente [populárménte] [副] ❶ 大衆的に, 通俗的に. ❷ 騒々しく

populazo [populáθo] [男] =**populacho**

populeón [populeɔ́n] [男] ポプラ膏薬

populetano, na [populetáno, na] [形]［タラゴナ県の］ポブレ Poblet 修道院の

populismo [populísmo] [男] ❶《歴史》人民主義. ❷《軽蔑》ポピュリスモ, 大衆迎合主義 〖近・現代のラテンアメリカにおいてはアルゼンチンのペロン政権に代表されるような大衆受けを狙った政治〗

populista [populísta] [形] [名] ❶《歴史》人民主義の(主義者), 人民党員: partido ～ 人民党. ❷ 大衆受けを狙う

pópulo [pópulo] [男] ***hacer una de ～ bárbaro*** ［的外れで］無謀な決定をする

populoso, sa [populóso, sa] 〖←ラテン語 populosus〗 [形] 人口の多い, 人口稠密な

popurrí [popuří] 〖←仏語 pot pourri〗 [男] 〖[複] ～s〗 ❶《音楽》ポプリ, メドレー: cantar un ～ de sus éxitos ヒット曲をメドレーで歌う. ❷［芳香を楽しむ］ポプリ. ❸《口語》雑多な取り合わせ: llevar un conjunto con un llamativo ～ de colores カラフルなアンサンブルを着ている

popusa [popúsa] [女]《グアテマラ, エルサルバドル, ボリビア. 料理》チーズまたは肉の小片を詰めたトウモロコシのトルティーヤ

poquedad [pokeđá〔đ〕] 〖←ラテン語 paucitas, -atis〗 [女] ❶ 気の小さいこと, 臆病. ❷ ささいなこと, 取るに足りないこと. ❸ 少なさ; 貧困

póquer [pókɛr] 〖←英語 poker〗 [男] ❶《トランプ》1) ポーカー:〔po-

poquil

ner) cara de ～ ポーカーフェース[をする]; 気難しい顔[をする].
2) [ポーカーの] フォアカード. ❷ ポーカーで～=～ de dados]

poquil [pokíl] 男《チリ. 植物》キク科の一種『花から黄色の染料を作る. 学名 Cephalophora glauca』

poquísimo, ma [pokísimo, ma] 形 poco の絶対最上級

poquitero, ra [pokitéro, ra] 名《メキシコ, グアテマラ, ニカラグア》❶ 安物品の小売商. ❷ みみっちく賭ける人

poquitín, na [pokitín, na] 形 男 poquito の示小語

poquitito, ta [pokitíto, ta] 形 男 poquito の示小語

poquito, ta [pokíto, ta]《poco の示小語》形 ほんの少しの, ちょっとだけの: Se mordió los labios con muy ～ta fuerza. 彼はごく軽く唇を噛みしめた
── 男 ほんの少しのもの, ちょっとだけのもの: Echa un ～ de azúcar al té. 紅茶に少量の砂糖を入れなさい. No necesito quedarme de limosna, que tengo mi ～ para vivir. 私は施しにすがる必要はない, わずかですが蓄えがある
a ～*s* ほんの少し; 少しずつ: Me pagaron el sueldo con retraso y a ～s. 私は給料の支払いが遅れて, しかも少しずつ受け取った
～*ta cosa* 1) ちっぽけな人 (動物), 小男; 弱々しい人 (動物). 2) 小人物, 小心者. 3) ささいなもの: ¿Soy tan ～*ta cosa* para ti? 私は君にとってそれほどどうでもいい存在なのか
～ *a* ～ / ～ *a poco* 非常にゆっくりと, 徐々に: El cambio ocurre ～ *a* ～. その変化はごくゆっくり進行する. Tuvo efecto la estrategia de incorporación ～ *a* ～. 彼はじわじわと取り込む作戦が功を奏した
un ～ ほんの少し, ちょっとだけ: Exageras *un* ～. 君は少し誇張しすぎだ. Si reflexionamos solo *un* ～, nos daremos cuenta de ello. ちょっと反省すればそれに気づくはずだ. Espera *un* ～ más. ほんの少しだけ待って下さい. Dámelo *un* ～ no más.《中南米》それをほんのちょっとだけ下さい

por [por]《ラテン語 pro「ために」》前 ❶ [原因・理由・根拠] …で, …のゆえに [類義] *de* は直接の原因を表わすのに対し, **por** は努力する動機, 間接的な原因を表わす: Esfuérzate *por* conseguirlo. その達成をがんばって. A causa de su Sagrada Familia. バルセロナはサグラダ・ファミリアで有名だ. Lo vi ～ un negocio. 私は仕事で彼に会った. Suspendieron el viaje ～ el mal tiempo. 彼らは悪天候のために旅行を中止した. Se cayó ～ distraído. 彼はぼやりしていて転んだ. La reconocí ～ la voz. 私は声で彼女だと分かった. Por la cara que traes, yo diría que estás enfadado. 私は君の顔つきで, 腹を立てているんだなと思ってしまう. 2) [+不定詞] …するので: No salgo hoy ～ estar resfriado. 風邪をひいているので今日は外出しない. El autocar chocó ～ ir demasiado rápido. 観光バスはスピードの出しすぎで衝突した. Te castigarán ～ haber roto el cristal. 君はガラスを割ったことで罰せられるだろう. ❷ [持ち前の特徴・長所. destacar・distinguirse・lucirse などの動詞と共に] …のために, …のせいで: Alicia destaca ～ su inteligencia. アリシアは知性の点で際立っている. Se distingue ～ su belleza. 彼女はその美貌のせいでひときわ目立っている. ❸ [動機・目的] [→*para* 類義] 1) …の[利益の]ために, …によって: Luchamos ～ la independencia de la patria. 私たちは祖国の独立のために戦った. El profesor ganó un premio ～ sus investigaciones. 教授はその研究業績によって賞をもらった. Digo esto ～ ti. 君のためを思ってこう言っているのだ. ¡Por tu salud! 君の健康を祈って[乾杯]! Me escondí ～ que no me vieran. 私は見つからないように隠れた. ¿Por quién es la misa? 誰のためのミサなのですか? ～ dinero 金のために. 2) [+不定詞] …するように: Me levanté temprano ～ no llegar tarde. 私は遅刻しないように早起きした. Entré con sigilo ～ no despertarlo. 私は彼の目を覚まさないようにそっと入った. Esfuérzate ～ aprenderlo. それを覚えるように頑張って. viaje ～ placer 観光目的の旅行. 3)《口語》[+que+接続法]…するように: Me escondí ～ *que* no me vieran. 私は姿を見られないように隠れた. Cerré la puerta ～ *que* nadie escuchara lo que hablábamos. 私たちの話が誰にも聞かれないように私はドアを閉めた. ❹ [移動の副詞+]…を求めて: Fue ～ los comestibles a la calle. 彼は食料品を買いに街へ行った. Mamá lo mandó ～ pan. ママはパンを買いに行かせた. La muchacha bajó ～ agua a la fuente. 娘は水を汲みに泉に降りて行った. Salió ～ el médico. 彼は医者を迎えに行った. ❺ [支持・擁護・賛成]…のために, …を守って, …に賛成して: Dio su vida ～ la causa. 彼は大義のために命を捧げた. Se manifestaron ～ la paz y

contra la violencia. 平和賛成, 暴力反対を訴えるデモが行われた. Aquel ministro estaba ～ la privatización de las empresas estatales. あの大臣は国営企業の民営化に賛成だった. ❻ [選択]…を選んで: Votaron ～ un candidato honrado. 彼らは清廉な候補者に投票した. Me he decidido ～ el coche blanco. 私は白い車を選ぶことに決めた. ❼ [感情の対象]…に, …に対して: Siente tierno afecto ～ al niño. 彼女は子供に強い愛情を感じている. Gracias ～ su visita. 来ていただいてありがとう. No ocultó su miedo ～ los perros. 彼は犬に対する恐怖を隠さなかった. ❽ [関与] 1) …に関しては: *Por mí* puedes dejar el trabajo. 私は君が仕事をやめても構わない. *Por mí*, no tengo inconveniente. 私の方は何の不都合もないよ. 2) [情報の要求. preguntar・interesarse などと共に]…に関して, …のことを: Los socios preguntaron ～ el presupuesto. 会員たちは予算について質問した. Cuando vas a la casa, interésate ～ su madre. 彼の家に行ったら, お母さんの様子を聞いてあげるんだ. ❾ [手段・方法]…で, …によって: Me lo envió ～ mail. 彼はそれをEメールで知らせてくれた. Se comunican ～ señas. 彼らは身ぶりで合図をする. revolución ～ la violencia 暴力革命. ❿ [受動表現で動作主]…によって[→*de* 類義]: Su selección ha sido derrotada ～ la nuestra. その選抜チームは我々に敗れた. Fue traicionada ～ un amigo. 彼女は友人に裏切られた. Los árboles fueron derribados ～ el viento. 風で木々が倒れた. Se firmó la paz ～ los embajadores. 平和条約は大使たちの署名を得た. Es doctor honoris causa ～ la Universidad de Barcelona. 彼はバルセロナ大学名誉博士である. Se abre el ciclo con el "Réquiem alemán", de Brahms, ～ la Orquesta y Coro nacionales. 連続演奏会は国立管弦楽団・合唱団によるブラームスの『ドイツレクイエム』で幕を開ける. "el Quijote" ～ Cervantes セルバンテス作の『ドン・キホーテ』. ⓫ [代替・交換]…の代わりに: 1) Asistió al comité ～ su colega que estaba enfermo. 彼は病気の同僚の代わりに委員会に出席した. Tiene a sus maestros ～ padres. 彼は先生たちを親代わりにしている. Los niños, ～ toda respuesta, escaparon. 子供たちは返事をするどころか逃げてしまった. Te doy mi coche ～ tu moto. 君のバイクと僕の車を交換しよう. Cambió el móvil viejo ～ uno nuevo. 彼は古い携帯電話を新しいのと交換した. 2) [代価]…で: Lo compré ～ cien euros (la mitad de precio). 私はこれを100ユーロ (半額)で買った. 3) [代償] Le regalamos un viaje ～ los favores realizados al jefe. 私たちは日ごろの御指導のお礼代わりに課長に旅行をプレゼントした. ⓬ [意見・考慮・評価・資格]…と, …として: Lo tienen ～ tonto. 彼はばかだと思われている. Admitieron este cheque ～ válido. この小切手は有効と認められた. Las dan ～ muertas. 彼女らは死んだものと思われている. La tomaron ～ china. 彼女は中国人と間違われた. El príncipe la recibió ～ esposa. 王子は彼女を妻として迎え入れた. Procura que no te tomen ～ inútil. 役立たずだと思われないよう気をつけなさい. ⓭ [懇願・誓い] Te lo pido ～ Dios. どうかこのことをお願いを聞き入れて. Me jura ～ su madre que no me ha engañado. 彼は私をだましていないと彼の母親を引き合いにして誓っている. ～ el honor 名誉にかけて. ⓮ [時間] 1) [行為の継続期間, 一日の時間帯]…の間 [→*para*[1] 類義]: Se quedará aquí ～ tres días. 彼は3日間ここに滞在するはずだ. Por la mañana estaré en casa. 私は午前中家にいる予定だ. Se echa la siesta ～ la tarde. 彼は午後昼寝をする. Guardó cama ～ muchos días. 彼は何日も病気で寝ていた. 2) [不確かな・おおよその時間] Adelantaron la llegada ～ seis horas. 到着は6時間ほど早まった. Ella anda ～ los cuarenta años. 彼女はおそらく40歳くらいだ. 3) [時期]…のころ: Te veré ～ el verano. 夏に会おう. Sería ～ mayo cuando vino a vernos. 彼が私たちに会いに来たのは5月ごろだっただろう. ⓯ [空間] 1) [おおよその場所]…のあたりで・に: ¿*Por aquí* hay una farmacia? このへんに薬局はありますか? El libro estará ～ ahí. その本はそのあたりにあるだろう. Eso está ～ Pamplona. それはパンプローナのあたりにある. Los ciclistas van ～ la mitad del trayecto. 自転車選手たちは区間の中ほどを走っている. Los papeles están esparcidos ～ todo el suelo. 紙が床一面に散らばっている. 2) [行動する場所]…を, …のところで: Viajé ～ Europa. 私はヨーロッパを旅行した. Subíamos ～ la calle de Goya. 私たちはゴヤ通りを上がって行った. Corta ～ aquí. ここで切ってくれ. 3) [通過・侵入]…を通って: i) El ladrón entró

~ la ventana. 泥棒は窓から入った。Pase ~ aquí, por favor. こちらへお通り下さい。Fui a España ~ Roma. 私はローマ経由でスペインに行った。Di un paseo ~ el parque. 私は公園を散歩した。ii)《比喩》Voy ~ el primer problema. 最初の問題から手がけよう。《語法》場所を表わす他の前置詞と組み合わされることがある。後ろにくる前置詞でより具体化させる: pasar ~ entre las columnas 列柱の間を通り過ぎる。pasar ~ detrás de la silla 椅子の後ろを通り過ぎる。~ sobre los arbustos 灌木越しに撃つ。4)［輸送手段］…で: Mandamos un paquete ~ avión. 私たちは航空便で小包を送った。5)［部位への接触］…のところを: Lo agarré ~ el brazo. 私は彼の腕をしっかりとつかんだ。Me cogió ~ la mano. 私の手を取った。Los asaltantes lo atacaron ~ la cintura. 襲撃者たちは彼の腰に攻撃を加えた。Cogió la olla ~ las dos asas. 彼女は鍋の両方の取っ手を持った。⓰［数量］1)［単位］…当たり: Me pagan 10 euros ~ hora. 私の時給は10ユーロだ。a una velocidad de 200 kilómetros ~ hora 時速200キロで。comprar ~ metros (litros·kilos·docenas) メートル(リットル・キロ・ダース)単位で買う。2)［定期性・周期性］…に: La veo dos veces ~ semana. 私は彼女に週に2回会う。~ día 一日につき。3)［勝敗の成績］…で: Perdimos ~ tres goles a uno. 我々は3対1でサッカーに負けた。ganar ~ ...puntos …点差で勝つ。Ese caballo ganó ~ una nariz. その馬は鼻の差で勝った。4)［配分］…につき: Tocamos a mil euros ~ persona. 私たちは一人あたり1000ユーロが当たる。3 cucharadas de harina ~ [cada] una de azúcar 小麦粉大さじ3に対して砂糖1の割合で。5)［名詞+~+同一名詞］…ずつ、…ごとに: Mi madre se va mejorando día ~ día. 母は日一日と回復に向かっている。examinar cosa ~ cosa 一件ずつ検討する。palabra ~ palabra 一語一語。6)［割合］…につき: Me hacen un descuento del diez ~ ciento. 10%の値引きをしてくれる。Este jugador tiene una media de cinco tapones ~ partido. この選手は一試合平均シュートを5本インターセプトする。Por cada chico hay tres chicas en esta clase. このクラスは男子1人に対して女子3人の割合だ。7)［掛け算］Dos ~ tres, seis./ Dos (multiplicado) ~ tres son (igual) seis. 2掛ける3は6。cinco ~ un medio 5掛ける1/2。La sala tiene 8 metros ~ 16. 広間［の面積］は8×16メートルだ。⓱［無用・不要。動詞+~+同一動詞の不定詞］してもしなくても無駄である。…するには及ばない《である》。Hablas ~ hablar, porque no sabes de qué va el asunto. 君がいくら言ってみたところで何の役にも立たない、事の次第が君には分かっていないのだから。No se trata de hacer ~ hacer, sino de presentar una propuesta bien elaborada. 問題はただやればいいというものではなくて、いかに十分に練り上げた提案をするかということのだ。No sabemos nada: esto es hablar ~ hablar. 私たちは何も知らない、今はいたずらにしゃべっているに過ぎない。Estoy comiendo ~ comer, porque no tengo hambre. 私はただ何となく口を動かしているだけなんだ、なぜかお腹が空いてないんだもの。《語法》動詞+~+同一動詞の不定詞で強調を表わすことがある: La niña lloraba ~ llorar. その女の子は泣きに泣いていた。Ese gritaba ~ gritar. そいつは大声でわめき散らしていた。⓲《話》1)［開始］始めに…する: Empezaré ~ abrir todas las ventanas. 最初に窓を全部明けよう。2)最後(結局)は…することになる: Los dos acabaron ~ reñir. 2人は結局けんかになった。3)［希望・願望］…する気になる、…したくなる、それられる: Estaba ~ comprometerme con ellos, pero ahora he cambiado de opinión. 私は彼らと行動を共にしないと思っていたが、今は考えを変えてしまった。Estuve ~ callarme, pero al final se lo dije. 黙っていようと思っていたが、とうとう彼に言ってしまった。4)［未遂・未解決］まだ…していない、まだ…しないでいる: La mayor parte del trabajo está ~ hacer. 仕事がまだ大部分残っている。Tengo una tesis ~ terminar. 僕はまだ仕上がっていない学位論文を抱えている。Todavía quedan ~ llegar algunas maletas. まだスーツケースがいくつか届いていない。《語法》ii は sin と同義のことがある: Me quedan varias cosas ~ comprar. 僕はまだ買ってないものがいくつかある。5)［強調］Por leer, se leía hasta los anuncios. 彼は読むとなったら広告まで読んだものだ。6)《口語》「魅了される: Se está ~ ti 彼女は君にぞっこんだ。」に魅了されて、Sé que estás ~ mí. 君が僕の事を好きなのは分かっている。⓳［＋形容詞・副詞+que/+más・mucho+que］［＋接続法、仮定的譲歩］どんなに…であっても: Por listo que sea, no aprobará sin estudiar. どんなに頭が良くても勉強しなければ合格するはずがない。Por muy ocupado que estés, procura descansar una hora por lo menos para comer. どんなに忙しくても、せめて1時間は昼食のために休むようにしなさい。Por muy tarde que llegue a casa, él siempre venía a la oficina a las nueve por la mañana del día siguiente. どんなに遅く帰宅しても、彼は翌日の朝9時にはいつも出勤していた。No te lo puedo decir ~ más que insistas. どんなに君からしつこくされても、私はそれを言うわけにはいかない。Por mucho que corras, no alcanzarás el autobús. 君がどんなに走っていてもバスには追いつかないだろう。Por mucho frío que hiciera, jugaría al golf. どんなに寒かったとしても私はゴルフをするだろう。2)［＋直説法。事実的譲歩］…なのに、とはいえ…: No me correspondes ~ más que te quiero. こんなに愛しているのに、あなたは私に応えてくれない。Por mucha ropa que se pone, siempre tiene frío. 彼は大変厚着だが、いつも寒がる。Por mucho que come, no engorda. 彼は大食なのに、太らない。Por mucho que me esforzaba, no pude ganarse a mi hermano en el estudio. 一所懸命がんばったのだが、私は兄に勉強ではかなわなかった。⓴［no+. 譲歩］…しなくても、…とはいえ: No ~ mucho hablar te vas a ganar su confianza. 多くを語らなくても君は彼の信頼を得ることになるだろう。No ~ correr ahora, recuperarás el tiempo perdido. 今急いで走らなくても失った時間は取り戻せるよ。

a ~《西.口語》求めて、…を探しに〔＝④〕: 1) Bajó *a* ~ vino. 彼はワインを取りに降りた。Fui a su casa *a* ~ él. 私は彼を呼びに家へ行った。Vino su madre *a* ~ ella. 彼女の母親が彼女を捜しに来ていた。Va *a* ~ una oportunidad. 彼はチャンスを狙っている。2) …を追跡して、追いかけて: ¡*A* ~ él! あいつの後をつけろ

estar ~... /→estar Ⅴ ❻

¿*Por*?《口語》なぜ?: Me falta sueño.—¿*Por*...? 私は寝不足だ。—どうして?

~ *entre*... …の間から、…の中を通って: espiar a+人 desde ~ entre los árboles 木々の間から人の様子をうかがう。andar ~ entre la nieve 雪の降る中を歩く

¡*Por estas*...!誓って…〔cruces「十字架」の省略〕

~ *lo que pueda ser* 万一のために: Aquí tengo dinero ~ lo que pueda ser. 私は万一に備えてここにお金を持っている

~ *qué* →qué

~ *si* ＋直説法・接続法 …かも知れないので〔『疑念が強い時は +接続法』〕: Lleva paraguas ~ si llueve. 雨が降るといけないから傘を持って行きなさい。Por si viniera, dile que me esperara. 万一彼が来たら、私を待つように伝えてくれ。Es mejor que lleves unos zapatos cómodos, ~ si tuvieras que andar mucho. もしたくさん歩かなくてはいけないのなら、歩きやすい靴を履いていく方がいいよ

~ *si o* ~ *no* いずれにしても: Por sí o ~ no, bueno será esperarle. いずれにせよ彼を待つ方がいいだろう

si no es (*fuera·fuese*) ~... …がなかったら、…がいなかったらSi no fuera ~ ti, no haría tal cosa. 君のため以外には私はこんなことはしないだろう

por-《接頭辞》［強調］*porfiar* しつこくする

porca [pórka]〔女〕献(̣)

porcachón, na [porkatʃón, na]〔形〕〔名〕*puerco* の示大語

porcallón, na [porkaʎón, na]〔形〕〔名〕*puerco* の示大語

porcata [porkáta]〔女〕《隠語》けんか、乱闘

porcelana [porθelána]〔女〕❶ 磁器: plato de ~ 磁器の皿。china ~ 中国製磁器。2) 磁土。❸ 青磁色。❹ 宝石を飾る]青みがかった白色のほうろう。❺《動物》タカラ貝〔＝cíprea〕。❻〔グァテマラ〕コースター〔＝posavasos〕

porcelanero, ra [porθelanéro, ra]〔形〕磁器製造業者

porcelánico, ca [porθelániko, ka]〔形〕磁器の

porcelanita [porθelaníta]〔女〕《地質》ポーセラナイト

porcentaje [porθentáxe]〔←英語 percentage〕〔男〕❶ パーセンテージ、百分率: ¿Cuál es el ~ de grasa corporal? —Un ~ por ciento. 体脂肪率はどのくらいですか? —10%だ。Un gran ~ de inmigrantes ha entrado y permanecido en el país ilegalmente. 移民の大部分がこの国には違法に入国し滞在している。❷ 利率; 歩合: trabajar a ~ 歩合給で働く。~ de las ventas 売上げからの歩合

porcentual [porθentwál]〔←*porcentaje*〕〔形〕パーセンテージの: cálculo ~ 百分率計算

porchada [portʃáda]〔女〕《地方語》柱列と屋根のある回廊

porche [pórtʃe]〔←カタルーニャ語 porxe < ラテン語 porticus〕〔男〕《建築》❶ ポーチ、車寄せ: He comido en el ~. 私はポーチで食事

した. ❷ アーケード; 拱廊(${}^{きょう}_{ろう}$), 前廊
porcicultor, ra [porθikultór, ra] 男女 養豚家, 養豚業者
porcicultura [porθikultúra] 女 養豚
porciento [porθjénto] 男《中南米》=**porcentaje**
porcino, na [porθíno, na]《←ラテン語 porcinus》形 ❶ 豚の: carne ~na 豚肉. ❷ [眼が] 豚の眼のような
—— 男 ❶ 子豚. ❷ こぶ《=brocino》
porcinocultura [porθinokultúra] 女 =**porcicultura**
porción [porθjón]《←ラテン語 portio, -onis》女 ❶ 一部, 部分: Aquí te sirven una ~ de pizza por un dólar. ここではピザ1切れが1ドルで食べられるよ. ❷ 割り当て, 分け前, 取り分, 持ち分; exigir su ~ 自分の分け前を要求する. ❸ [割れ目の入った板チョコ・切り分けられたチーズなどの] 各部分: queso en seis *porciones* 6ピースに切り分けられたチーズ. ❹《口語》かなりの数(量): Tenemos una ~ de cosas que hacer. 私たちがしなければならないことがいくつもある. ❺《カトリック》1)~ congrua 聖職者に与えられる年金. 2)[司教座聖堂会員などの] 聖職禄(${}^{?}$)《=prebenda》. ❻ [教団などの中で毎日与えられる] 一人分の食事
—— 男《俗用》[主に un+] かなりの数(量): hace un ~ de tiempo que... かなり以前に…
un ~《俗用》かなり多く: Me divertí un ~. 私は大いに楽しんだ
porcionero, ra [porθjonéro, ra] 形 名 参加する; 参加者《=partícipe》
porcionista [porθjonísta] 名 ❶ 被分配者, 配分を受ける人. ❷ 下宿人; 寄宿生
porcipelo [porθípelo] 男 豚の剛毛
porciúncula [porθjúŋkula]《カトリック》❶ ポルチウンクラ《フランシスコ修道会の最初の修道院》. ❷ [巡礼者に全免償を与える] アッシジ Asís の大赦《8月2日》
porculizar [porkuliθár] 9 他《卑語》❶ 男色をさせる; 獣姦する. ❷ うんざりさせる
porcuno, na [porkúno, na]《←ラテン語 porcus, -i》形 ❶ 豚の: crianza ~na 養豚. ❷ [果実が質が悪くて] 豚の餌にしかならない
pordiosear [porðjoseár]《←pordiosero》自《軽蔑》施しを求める, 物乞いをする
—— 他《執拗に・へりくだって》懇願する
pordioseo [porðjoséo] 男《軽蔑》物乞い《行為》
pordiosería [porðjosería] 女《まれ》=**pordioseo**
pordiosero, ra [porðjoséro, ra]《←por Dios》形 ❶ 乞食〔の〕, 物乞いをする〔人〕《=mendigo》. ❷ みすぼらしい服装で社会の底辺に暮らす〔人〕
porexpán [pore(k)spán]《←商標》緩衝剤・絶縁材などとして使われる》白い玉状のポリスチレン《発泡スチロール》
porfa [pórfa]《por favor の省略形》間《西. 口語》どうぞ, お願いだから
porfía [porfía]《←ラテン語 perfidia「悪意」》女 ❶ 固執, 執拗, 強情, 頑固: pedir con ~ しつこく要求する. ❷ [頻繁・執拗な] 激しい口論, 言い争い
a ~ 競って, 我先に
porfiadamente [porfjaðaménte] 副 執拗に, しつこく, 強情に, 頑固に
porfiado, da [porfjáðo, ða] 形 名 ❶ [意見・要求などで] しつこい〔人〕, 強情な〔人〕, 頑固な〔人〕, ~terco〔類義〕; 不屈の. ❷ [口論が] 激しい: discusión ~da 激論
—— 男《コスタリカ, エクアドル, ベネズエラ》起き上がりこぼし《=dominguillo》
porfiador, ra [porfjaðór, ra] 形 名 強情を張る〔人〕
porfiar [porfjár]《←porfía》11 自 ❶ [+en+名詞・不定詞・que+直説法] 固執する, 強情を張る, 頑固にせまる: Mi hijo *porfió en que* no quería salir. 私の息子は出かけたくないと言ってきかなかった. ❷ [困難にもめげず] 執拗に続ける: *Porfiaba en* su intento de derribar la reja. 彼は執拗に鉄格子を破ろうとした. ❸ [頻繁・執拗に] 激しく口論する, 言い争う
—— 他 [+que+直説法 であると] 執拗に主張する
porfídico, ca [porfíðiko, ka] 形《鉱物》[組成などが] 斑岩の, 斑岩のような
pórfido [pórfiðo] 男《鉱物》斑岩(^{はん})
porfión, na [porfjón, na] 形 固執する〔人〕, 強情を張る〔人〕
porfioso, sa [porfjóso, sa] 形 しつこい, 強情な《=porfiado》
porfiria [porfírja] 女《医学》ポルフィリン症

porfiriato [porfirjáto] 男《歴史》ポルフィリアート期《メキシコのルフィリオ・ディアス Porfirio Díaz 大統領の独裁時代(1877~80, 1884~1911)》
porfírico, ca [porfíriko, ka] 形 名 ❶ ポルフィリン症の〔患者〕. ❷ =**porfídico**
porfirina [porfirína] 女《生化》ポルフィリン
porfirínico, ca [porfiríniko, ka] 形《生化》ポルフィリンの
porfirismo [porfirísmo] 男《歴史》ポルフィリオ・ディアス Porfirio Díaz 大統領を支持する思想. ❷《医学》ポルフィリン症
porfirista [porfirísta] 形 名 ポルフィリオ・ディアスを支持する〔人〕
porfirizar [porfiriθár] 9 他《薬学》[乳棒で] すりつぶす
porfirogeneto [porfiroxenéto] 形《歴史》[東ローマ帝国の] 父帝の即位後に誕生した〔皇子〕
porfolio [porfóljo] 男 写真集, アルバム
poricida [poriθíða] 形《植物》[裂開が] 気孔からの, 気孔による
porífero, ra [porífero, ra] 形 海綿動物門の
—— 男 海綿動物; 複《動物》海綿動物門
porlan [pórlan] 男 ポルトランドセメント《=cemento portland》
pormenolizadamente [pormenoliθaðaménte] 副 詳細に
pormenolizado, da [pormenoliθáðo, ða] 形 詳細(細部)を含む
pormenolizador, ra [pormenoliθaðór, ra] 形 詳細な
pormenolizante [pormenoliθánte] 形 詳細な: referencia ~ 詳細な言及
pormenor [pormenór]《←por+menor》男 [主に 複] 詳細, 細目; [重要でない] 細部, 二義的なこと: explicar los ~*es* 細部にわたって説明する
pormenorización [pormenoriθaθjón] 女 詳述
pormenorizar [pormenoriθár] 9 他 詳述する, 細目にわたる
porno [pórno]《pornográfico・pornografía の省略語》形 男 ポルノ〔の〕: vídeo ~ ポルノビデオ
—— 男《まれ》ポルノ〔グラフィー〕
pornografía [pornografía]《←ギリシャ語 pornographos「売春について書かれた物」》女 ❶ ポルノ〔グラフィー〕, ポルノ作品. ❷ 猥褻
pornográfico, ca [pornográfiko, ka] 形 ポルノ〔文学・文書〕の; ポルノ作家の
pornógrafo, fa [pornógrafo, fa]《←ギリシャ語 pornographos》名 ポルノ作家(芸術家)
poro [póro] I《←ラテン語 porus <ギリシャ語 poros「経路」》男 ❶ [皮膚などの] 毛穴, 細孔; 《植物》気孔; 《解剖》小孔. ❷《メキシコ, チリ》ポロネギ《=puerro》. ❸《コロンビア》白《=morte-ro》
II《←ケチュア語 puru》男《ラプラタ》[取っ手のない, マテ茶用の] カボチャをくり抜いて乾燥させた椀
poronga [poróŋga] 女《チリ》からかい, 悪ふざけ
porongo [poróŋgo] 男《ペルー》牛乳販売用のブリキ容器《首が広くふった・取っ手付き》. ❷《ラプラタ》1)《植物》大型で長い実のなるヒョウタン《学名 Logenaria vulgaris》. 2)ポロンゴ《そのヒョウタンで作ったマテ茶の保存容器》
poronguero, ra [poroŋgéro, ra] 名 ❶《ペルー》牛乳売り. ❷《チリ》悪ふざけをする人
pororó [poroɾó]《←グワラニー語》男《中米, ボリビア, チリ, アルゼンチン, ウルグアイ》ポップコーン《=rosetas》
pororoca [poroɾóka]《←グワラニー語 pororoc》男 ポロロッカ《アマゾン川の大逆流》
porosidad [porosiðá(d)] 女 多孔質, 多孔性
poroso, sa [poróso, sa]《←poro》形 ❶ 小孔のある, 多孔の. ❷《まれ》汗まみれの
porotada [porotáða] 女《チリ》ポロト poroto の料理. ❷《俗語》食事
porotero, ra [porotéro, ra] 形《チリ》主にポロト poroto を主食とする
—— 名《チリ》❶《口語》刑務所. ❷ 口《=boca》. ❸ [楽隊の] 鳴らし 太鼓のやや長い調子. ❹《遊》馬跳び
poroto[1] [poróto]《←ケチュア語 purutu》男 ❶《南米. 植物》ポロト《インゲンマメの一種. 種類が多い》; その豆《食用》; その煮豆. ❷《チリ》日々の食事
anotarse un ~《南米. スポーツ》得点をあげる
poroto[2]**, ta** [poróto, ta] 名 ❶《南米》子供, 幼児. ❷《ラプラタ》取るに足らない人
porputa [porpúta] 女《アラゴン, ムルシア. 鳥》ヤツガシラ《=abubi-

lla]

porque [porke] [←por+que] 接 [原因・理由] ❶ [¿por qué? に対する答] なぜなら: ¿Por qué no comes?—P~ acabo de comer. どうして食べないの?—今食べてきたばかりだからです. ❷ [主に主節の後で] …なので [類義] **porque** は直接の原因を説明, **puesto que** は因果関係を確信している (位置は主節の前・後), **ya que** は主に場所・時などの理由 (位置は主節の前・後), **que** は緩やかな因果関係の理由 (位置は主節の後), **pues** は口語で順応に近い (位置は主節の後): Me duela la cabeza ~ anoche bebí demasiado. 私は昨夜飲み過ぎたので頭が痛い 《×No~ anoche bebí demasiado, me duele la cabeza》. Ven conmigo. P~ tienes tiempo, ¿no? 《口語》私と一緒においで, だって暇だろう? ❸ [主に文頭で否定の主節を従え, +接続法] …だからといって […ではない]: P~ tenga miedo, no voy a callarme. 私は怖いからといって黙ってはいない. ❹ [=para que: +接続法] …するために [=para que]: Haré lo posible ~ se cure. 私は彼が治るよう, できるだけのことをしよう

no... ~ **sino...** ...だからではなく [...なので]: No lo hago ~ ella me lo diga, sino ~ yo quiero. 彼女がそう言うからではなくて, 私がそうしたいからなのだ. No voy ~ tenga miedo. 私が行かない, 怖いからではない [原因と結果の関係が否定されている. 対照] +直説法: No voy ~ tengo miedo. 私は行かない, なぜなら怖いから (主節だけが否定されている)》

~ **no** 《口語》[説明を省略して, ぶっきらぼうに] 嫌なものは嫌だ: ¿Por qué no quieres ir?—P~ no. どうして行きたくないんだ?—どうしてと言われても

~ **sí** ❶ 《口語》[説明を省略して, ぶっきらぼうに] 理由などない: ¿Por qué tienes tanta prisa?—P~ sí. なぜそんなに急ぐの?—急ぎたいから急ぐの! 2) [形容詞・副詞の強調] 実に: El carpintero trabaja bien ~ sí. その大工は本当によく働く

si... es ~ ... 《口語》Si mi hermano tiene los ojos rojos es ~ ha llorado. 弟の目が赤いのは泣いたからだ

porqué [porké] [←por+qué] 男 [複 ~s] ❶ 原因, 理由, 動機: Sigues sin explicar el ~ de tu rabieta. 君は怒った理由を説明しないままだ. ❷ 《まれ》もうけ, 給料, 分け前: Tiene mucho ~. 彼はたくさん金を稼いでいる

porquecilla [porkeθíʎa] 女 puerca の示小語

porquera[1] [porkéra] 女 ❶ [山中の] イノシシのねぐら. ❷ ショートランス, 手槍 [=lanza ~]

porquería [porkería] [←porquero] 女 《口語》❶ 汚さ, 集名 不潔なもの, 汚物, ごみ, ほこり; [集合] ごみ: El sumidero está lleno de ~. 下水道はごみだらけだ. El barrio está hecho una ~. その地域はひどく不潔だ. ❷ [時に 複] 無価値なもの; がらくた, おんぼろ: Quita todas esas ~s de la mesa. 机の上のがらくたを全部どけなさい. ❸ [美味だが・気をつかう必要もなく食べられているが] 栄養のない (消化に悪い・外見のよくない) 食物: Si come tantas ~s le sentarán mal. ジャンクフードをあんまり食べると体によくない. ❹ 卑劣なやり口, 汚い手段: Me hizo una ~. 彼は私に卑劣なことをした. ❺ 下品な言動; [特に] 卑猥な言動

hacer [las] ~s 《口語》性行為をする

porqueriza[1] [porkeríθa] 女 養豚場

porquerizo, za [porkeríθo, θa] 名 《古風的》養豚業者, 豚飼い

porquero, ra[2] [porkéro, ra] [←ラテン語 porcarius < porcus] 名 養豚業者, 豚飼い

porquerón [porkerón] 男 《歴史》巡査, 警官

porqueta [porkéta] 女 《昆虫》カイガラムシ [=cochinilla]

porquezuelo, la [porkeθwélo, la] 名 puerco の示小語

porra[1] [pórra] [←ラテン語 porru「ポロネギ」] 女 ❶ [先に向かって太くなる] 棒; 棍棒: Los salvajes llevaban una ~ en la mano. 原始人たちは手に棍棒を持っていた. ❷ [主にゴム製の] 棒: 《口語》警官. guardia de la ~. 《古典的》交通警官. ❸ [大型の] ハンマー, 鉄槌. ❹ 《西. 料理》[棒状の] ドーナツ [=churro]. ❺ 《西. 口語》ナンバー賭博. ❻ 《西》大麻たばこ, マリファナたばこ. ❼ 鼻 [=nariz]. ❽ 陰茎. ❾ うぬぼれ, 自慢: gastar ~ 自慢する. ❿ しつこい人. ⓫ 《古典的》[安物の] 葉巻き. ⓬ 《メキシコ. 中米》[集名] 政治集会の さくら. ⓭ 《メキシコ. コロンビア》[集名] 《スポーツ・芝居などの》ファン, 取り巻き; [それの決まり文句の] 掛け声, 声援. ⓮ 《中米》[金属製の] 鍋. ⓯ 《南米》[額に垂れた] 髪の房, ぼさぼさ髪

¡A la ~! 《西. 口語》[拒絶・不賛成] 嫌くそ, ごめんだ!: ¡A la ~ el euro! ユーロなんてごめんだ!

de la ~ 1) 《西. 口語》軽蔑すべき. 2) 《古語》[政党の] 支持者の

echar ~s a+人 《メキシコ. 口語》…を元気づける

en el quinta ~ はるか遠くに

enviar a la ~ 《西. 口語》=**mandar a la ~ a+人**

irse a la ~ 《西. 口語》失敗する

mandar a la ~ a+人 《西. 口語》…を追い払う, たたき出す; 解雇する

¡P~[**s**]**!** 《西. 口語》1) [怒り・不快] くそっ, ちぇっ! 2) 嘘だ, たわごとだ!

¿Qué ~s...? [怒り・不快] 一体…!

¡Una ~! 《西. 口語》[相手の意図・断言への強い不同意] とんでもない!

¡Vete a la ~! 《西. 口語》とっとと出て行け!

¡Y una ~! 《西. 口語》=**¡Una ~!**

—— 男 《遊戯》[el+, 順番の] びり

porráceo, a [porráθeo, a] 形 [胆汁・嘔吐物の] 暗緑色の

porrada [porráða] [←porra] 女 《西. 口語》❶ 大量: hace una ~ de tiempo 大昔に. una ~ de dinero 大金. ❷ [棍棒・警棒などの] 一撃 [=porrazo]. ❸ げんこつ. ❹ ばかなこと, 愚かなこと

a ~s 大量に, ふんだんに

porral [porrál] 男 ポロネギ畑, リーキ畑

porrazo [porráθo] [←porra] 男 ❶ [棍棒・警棒などの] 一撃: Me ha dado un ~ en la cabeza con la silla. 私は頭を椅子でガツンと叩かれた. ❷ [転倒などによる] 強打: Le di un ~ contra el borde de la cama. 彼はベッドの端にぶつかった. ❸ 打撃音, 衝突音. ❹ 《エクアドル》大量

de ~ 《中米》一度に

porrear [porreár] 自 ❶ しつこく主張する. ❷ 叩きつぶす, 痛めつける

—— **se** ❶ [自分の…を] 打つ. ❷ 殴り合う

porrección [porre(k)θjón] 女 《宗教》[叙階式での] 祭具授与

porredana [porreðána] 女 《地方語. 魚》ギンポベラ

porrería [porrería] 女 《まれ》❶ 愚かさ, 愚鈍. ❷ のろさ

porrero, ra [porréro, ra] 名 《隠語》常習的にマリファナたばこを吸う [人]

—— 男 《地方語》変装した人, 仮面をつけている人. ❷ 《チリ》《教会の》聖歌隊の助手

porreta [porréta] 集合 ポロネギ・ニンニク・玉ネギなどの先端の青い葉 [芽]; [茎が出る前の穀類の] 最初の葉, 苗

en ~ [s] 《西. 口語》丸裸で

—— 名 《口語》マリファナたばこの常習者

porretada [porretáða] 女 [同種のものの] 積み重ね, 寄せ集め

porreto [porréto] 男 《地方語. 植物》海草の一種

porrilla [porríʎa] 女 ❶ 鍛冶屋の [小さな] ハンマー. ❷ 《獣医》[牛・馬の] 骨質瘤. ❸ 麦角病

porrillo [porríʎo] [←porra] 男 **a ~** [**s**] 《西. 口語》大量に, たくさん, ふんだんに: gastar dinero a ~ 気前よく金を使う

porrina [porrína] 女 ❶ [麦などが] まだ低く緑色の段階で. ❷ ポロネギの葉 [=porreta]

porrino [porríno] 男 ❶ ポロネギの種. ❷ 植え替えるばかりになっているポロネギ

porrista [porrísta] 名 《メキシコ》[政治集会の] さくら

porro[1] [pórro] [←ラテン語 porrum] 男 ❶ 《俗語》マリファナたばこ, 大麻たばこ. ❷ 《植物》ポロネギ, リーキ [=puerro, ajo ~]. ❸ 《メキシコ》潜入捜査官. ❹ 《コロンビア》片面だけ皮を張った円錐形の太鼓; その太鼓に合わせて踊るダンスパーティー

porro[2]**, rra**[2] [pórro, rra] 形 《口語. チリ》ばかな [人], 頭が鈍い [, のろまな [人]. ❷ 《チリ》怠け者

porrón[1] [porrón] 男 ❶ 《←porra < カタルーニャ語 porró < モサラベ語 purrun》 ❷ ポロン《ワインの回し飲みなどに使うガラス製の容器》. ❷ 《地方語》素焼きの [水差し [=botijo]. ❸ 《鳥》スズガモ. ❹ 《中米》ホオジロガモ [=~ osculado]: ~ común ホシハジロ. ~ moñudo キンクロハジロ. ~ pardo メジロガモ. ❺ 《ベネズエラ》ブリキ製の大型の容器. ❻ 《チリ》ポロネギ [=puerro]

porrón[2]**, na** [porrón, na] 形 ❶ 《口語》のろまな. ❷ 《プエルトリコ》ばかな, 鈍い

porronero [porronéro] 男 《地方語》水差し porrón 売り

porrudo, da [porrúðo, ða] 形 《アンダルシア》頑固な

porrusalda [porrusálda] 女 《バスク》❶ 《料理》ポルサルダ《ポロネギのスープ》. ❷ [ペアが組み合わない] 動きの速い踊り

porsiacaso [pɔrsjakáso] 男《南米》[旅行用の小さな] 食糧袋

porta [pórta] 女 ❶《船舶》1) 舷窓. 2) 砲門. ❷《解剖》門静脈〖=vena ～〗. ❸《隠語》[顕微鏡の] スライドガラス〖=portaobjetos〗

porta-〖接頭辞〗[運搬する] *portafolios* 書類かばん

portaaeronaves [pɔrta(a)eronábes] 男《単複同形》ヘリコプター・航空機母艦

portaalmizcle [pɔrta(a)lmíθkle] 男《動物》ジャコウジカ〖=almizclero〗

portaaviones [pɔrta(a)bjónes] 男《←portar+avión》《単複同形》航空母艦, 空母

portabandera [pɔrtabandéra] 女《皮袋状の》軍旗立て

portabebés [pɔrtabebés] 男《単複同形》[赤ん坊用の] 携帯ベッド

portabello [pɔrtabéʎo] 男《植物》ポートベロ《大型の食用キノコ》

portabilidad [pɔrtabiliðá(ð)] 女 携帯性

portable [pɔrtáble] 形《古語的》携帯用の〖=portátil〗

portabrocas [pɔrtabrókas] 男《単複同形》[ドリルの] ビットアダプター

portabultos [pɔrtabúltos] 男《単複同形》《パラグアイ. 自動車》ルーフラック

portacaja [pɔrtakáxa] 女《太鼓を肩に掛ける》負い革

portacarabina [pɔrtakarabína] 女 ライフルケース

portacarné [pɔrtakarné] 男 カード入れ付きの財布, 財布のカード入れ

portacarnet [pɔrtakarné] 男〖圏 ～s〗=**portacarné**

portacartas [pɔrtakártas] 男《単複同形》ブリーフケース, 書類かばん

portachuelo [pɔrtatʃwélo] 男 [低い] 峠; 峡谷

portación [pɔrtaθjón] 女《中南米》不法所持

portacohetes [pɔrtakoétes] 男《単複同形》=**portamisiles**

portacomida [pɔrtakomíða] 女/《プエルトリコ》《中南米》弁当箱

portacontainer [pɔrtakɔntainér] 男〖圏 ～s〗=**portacontenedores**

portacontenedores [pɔrtakɔnteneðóres] 男《単複同形》《船舶》コンテナー船

portacruz [pɔrtakrúθ] 男 [行列での] 十字架捧持者

portada[1] [pɔrtáða] 女《←ラテン語 porta「戸」》❶《建築》[装飾を施した] 玄関, 建物の正面, ファサード. ❷《印刷》《書物の》扉, タイトルページ; [新聞の] 表紙, 第1ページ〖=falsa ～ 仮扉〗〖=anteportada〗. ❸《絹織物の》縦糸の数による区分け. ❹《比喩》正面. ❺《地方語》[仕事場などの] 両開きの大扉

portadera [pɔrtaðéra] 女《馬の背に載せる》荷箱〖=aportadera〗

portadilla [pɔrtaðíʎa] 女《印刷》[聖書の] 中扉, 仮扉〖=anteportada〗

portadista [pɔrtaðísta] 名《印刷》扉のデザインをする人

portado, da[2] [pɔrtáðo, ða] 形《まれ》服を着た; 整髪された *bien* ～) 良い服を着た, 身なりの良い. 2) 整髪された *mal* ～) 粗末な服を着た, 身なりの悪い. 2) 乱雑な

portadocumentos [pɔrtaðokuméntos] 男《単複同形》《エクアドル, ペルー, チリ》ブリーフケース; セカンドバッグ

portador, ra [pɔrtaðór, ra]《←ラテン語 portator, -oris》形 運搬する ―― 名 ❶ 運搬する人: ～ del mensaje メッセンジャー. ❷ 所持者: ～ del paquete 荷物の所持者. ❷《商業》持参人: pagadero al ～ 持参人払いの. acción al ～ 無記名株. ❹《医学》保菌者〖=～ de gérmenes〗: ～ de SIDA エイズ・キャリア ―― 男《電気》許容電流. ❷《天文》～ de la serpiente へびつかい座〖=Ofiuco〗. ❸《廃語》取っ手付きの盆 ―― 女《放送》搬送波〖=onda ～ra〗

portaequipaje [pɔrtaekipáxe] 男《単複同形》=**portaequipajes**

portaequipajes [pɔrtaekipáxes] 男《←portar+equipaje》《単複同形》❶《自動車》ルーフラック〖=baca〗, トランク〖=maletero〗. ❷《鉄道, バス》網棚;《飛行機》手荷物入れ. ❸《自転車》荷台

portaeronaves [pɔrtaeronábes] 男《単複同形》=**portaaeronaves**

portaesquís [pɔrtaeskís] 男《単複同形》《自動車》スキーラック

portaestandarte [pɔrtaestandárte] 名 ❶ 旗手; 騎兵連隊の軍旗係士官. ❷ [思想運動などの] 宣伝者

portafirmas [pɔrtafírmas] 男《単複同形》署名すべき書類を入れるファイル

portafolio [pɔrtafóljo] 男 ❶ =**portafolios**. ❷《服飾》falda ～ 巻きスカート

portafolios [pɔrtafóljos]《←portar+folio》男《単複同形》❶ 書類かばん, ブリーフケース. ❷《チリ》リング式ファイル

portafotos [pɔrtafótos] 男《単複同形》=**portarretratos**

portafusil [pɔrtafusíl] 男 [小銃を肩に掛ける] 負い革

porta gayola [pórta ɡajóla]《闘牛》*a* ～ 出口に向かって

portaguión [pɔrtaɡjón] 男《古語》《竜騎兵連隊の》軍旗係士官

portahelicópteros [pɔrtaelikó(p)teros] 男《単複同形》ヘリ空母

portaherramientas [pɔrtaerramjéntas] 男《単複同形》《技術》バイトホルダー, 工具を支える柄

portainjerto [pɔrtaiŋxérto] 男 接ぎ木される台木

portaje [pɔrtáxe] 男《中世の》通行税

portal [pɔrtál]《←ラテン語 porta》男 ❶ [建物・各戸の] 玄関（ホール）, 入り口, エントランス; 玄関のドア: No tengo la llave del ～ y no sé dónde está el portero. 私は玄関の鍵を持っていなくて, 管理人がどこにいるかも分からない. vecino de su ～ 同じブロックの住民. ❷ [建物の入り口の] アーチ. ❸ キリスト生誕場面の模型〖=～ de belén〗. ❹《情報》ポータルサイト. ❺ [列柱の] 柱廊, ポルチコ〖=pórtico〗. ❻《まれ. サッカー》ゴールポスト〖=portería〗. ❼《地方語》1) [都市の] 門. 2)複 アーケード

portalada [pɔrtaláða]《←portal》女《大邸宅の中庭に通じる》勝手口, くぐり戸

portalámpara [pɔrtalámpara] 女 =**portalámparas**

portalámparas [pɔrtalámparas] 男《単複同形》《電気》ソケット

portalápiz [pɔrtalápiθ] 男〖圏 ～ces〗[短くなった鉛筆の] 補助軸

portalejo [pɔrtaléxo] 男 portal の示小語

portaleña [pɔrtaléɲa] 女《印刷》遊び紙の ―― 女《船舶》舷窓

portalero [pɔrtaléro] 男 入市税納入所の係官

Portales [pɔrtáles]《人名》Diego ～ ディエゴ・ポルタレス《1793～1837, チリの保守派政治家》

portalibros [pɔrtalíbros] 男《←portar+libro》《単複同形》《教科書・ノートの携帯用の》ブックバンド

portaligas [pɔrtalíɡas] 男《ペルー, チリ, アルゼンチン, ウルグアイ》ガーターベルト〖=liguero〗

portalira [pɔrtalíra] 男《まれ》詩人〖=poeta〗

portallaves [pɔrtaʎábes] 男《単複同形》《メキシコ, ベネズエラ》キーホルダー

portalón [pɔrtalón]《portal の示大語》男 ❶ [外に通じる] 大門. ❷《船舶》舷門. ❸《古語》《宮殿の中庭に通じる》大門

portamaletas [pɔrtamalétas] 男《単複同形》《鉄道, バス》網棚な;《航空》手荷物入れ

portamantas [pɔrtamántas] 男《単複同形》❶ [旅行用毛布などを縛る] 革ひも, バンド. ❷ [毛布や品物を自転車にくくりつけるための, 鉄・アルミ製の] フレーム

portamanteo [pɔrtamantéo] 男《まれ》ポストンバッグ

portamento [pɔrtaménto] 男《音楽》ポルタメント

portaminas [pɔrtamínas] 男《単複同形》シャープペンシル〖=lapicero〗

portamira [pɔrtamíra] 男《測量》の測桿手, ロッドマン

portamisiles [pɔrtamisíles] 男《単複同形》《船舶》ミサイル艦

portamonedas [pɔrtamonéðas] 男《単複同形》❶ 小銭入れ, 財布〖=monedero〗. ❷《メキシコ, コロンビア》ウエストポーチ〖=riñonera〗

portanario [pɔrtanárjo] 男《解剖》幽門

portante [pɔrtánte] 形 ❶《馬術》側対歩〔の〕. ❷《まれ》運ぶ
coger (agarrar) el ～《西. 口語》=*tomar el* ～
dar el ～《西. 口語》解雇する, 首を切る
tomar el ～《西. 口語》あわただしく立ち去る（退散する）

portantillo [pɔrtantíʎo]《portante の示小語》男 [子ロバなどが] トコトコ走ること

portanuevas [pɔrtanwébas] 名《単複同形》うわさ話の好きな人

portañica [pɔrtaɲíka] 女 =**portañuela**

portañola [pɔrtaɲóla]《porta の示小語》女《船舶》[船側の] 砲門

portañuela [pɔrtaŋwéla]《porta の示小語》女 ❶《服飾》[ズボンの] 比翼. ❷《メキシコ, コロンビア》車のドア. ❸《チリ. 自動車》

［後部の］荷物固定用のフレーム

portaobjeto [pɔrtaoƀxéto] [男] =**portaobjetos**

portaobjetos [pɔrtaoƀxétɔs] [男]〘単複同形〙［顕微鏡の］スライドガラス

portapapeles [pɔrtapapéles] [男]〘単複同形〙❶ 書類立て, メールポーチ. ❷《情報》クリップボード

portapaz [pɔrtapáθ] [男]/[女]《カトリック》［平和の接吻 la Paz で使用する］接吻牌

portapliegos [pɔrtapljéɣɔs] [男]〘単複同形〙書類かばん, ブリーフケース

portaplumas [pɔrtaplúmas] [男]〘単複同形〙ペンホルダー, ペン軸

portar [pɔrtár]〘←ラテン語 portare〙[他] ❶《文語》携帯する, 着用する〘=llevar, traer〙. ❷《狩猟》［猟犬が獲物を］持ってくる

—— [自] ❶《船舶》［帆が］順風を受けている, 風をよく受ける. ❷《地方語》［主に否定文で, +por+場所 に］現われる, 見える

—— **~se** ❶［+主格補語］ふるまう: *Se ha portado* como una reina conmigo. 彼女は私に対し女王のようにふるまった. ❷ 見事にふるまう, 活躍する, よい印象を与える. ❸《中南米》行儀がいい

~se bien 1) 行ないがよい: Si *te has portado bien*, recibes un regalo. いい子にしていたのならプレゼントをもらえるよ. 2) ［+con+人 に］よい待遇をする

~se mal 1) 行ないが悪い. 2) ［+con+人 に］ひどい仕打ちをする

portarretrato [pɔrtar̄etráto] [男] =**portarretratos**

portarretratos [pɔrtar̄etrátɔs]〘←portar+retrato〙[男]〘単複同形〙写真立て

portarrevistas [pɔrtar̄eƀístas] [男]〘単複同形〙《中南米》マガジンラック

portarrollo [pɔrtar̄óʎo] [男] =**portarrollos**

portarrollos [pɔrtar̄óʎɔs] [男]〘単複同形〙［壁に固定したトイレットペーパーなどの］ホールダー

portaservilleta [pɔrtaserƀiʎéta] [男]《中南米》ナプキンリング

portátil [pɔrtátil]〘←portar〙[形] ❶ 携帯用の, 持ち運びに便利な: armas *~es* 小火器. televisión ~ ポータブルテレビ. ❷ 運搬できる, 移動できる: plaza de toros ~ 仮設闘牛場

—— [男]［卓上用の］電気スタンド

portatizas [pɔrtatíθas] [男]〘単複同形〙チョークばさみ, チョークホルダー

portatrajes [pɔrtatráxes] [男]〘単複同形〙ハンガーケース, ガーメントバッグ

portavalijas [pɔrtaƀalíxas] [男]〘単複同形〙《アルゼンチン. 自動車》ルーフラック〘=baca〙

portavasos [pɔrtaƀásɔs] [男]〘単複同形〙《中南米》コースター〘=posavasos〙

portaventanero [pɔrtaƀentanéro] [男] 建具職人

portaviandas [pɔrtaƀjándas] [男]〘単複同形〙❶《まれ》弁当箱. ❷《古語》［最下部に炭火を入れて保温し］持ち運びできるように重ね置きした鍋

portaviones [pɔrtaƀjónes] [男]〘単複同形〙=**portaaviones**

portavocía [pɔrtaƀoθía] [女] スポークスマン(報道官)の職務

portavoz [pɔrtaƀóθ]〘←portar+voz〙[名]〘[複] ~ces〙スポークスマン, 報道官; 代弁者: ~ del partido 党のスポークスマン

—— [男] ❶［政党などの］機関紙. ❷《船舶》伝声管

portazgar [pɔrtaθɣár] [8] [他]《歴史》通行税を徴収する

portazgo [pɔrtáθɣo]〘←ラテン語 portaticum〙[男]《歴史》❶ ポルタスゴ税, 通行税〘中世, 市門・橋・関所などを通過する際に徴収された〙. ❷ 通行税徴収所

portazguero [pɔrtaθɣéro] [男]《歴史》通行税徴収人

portazo [pɔrtáθo]〘←ラテン語 porta〙[男] ❶［ドアが］大きな音を立てて閉まること; ［ドアを］乱暴に閉めること: cerrar la puerta de un ~ ドアをバタンと閉める. ❷［要求・提案などに対する］きっぱりとした拒絶

dar un ~ 1)［ドアが］バタンと閉まる; ［ドアを］バタンと閉める: *Dio un* ~ al salir. 彼はドアを乱暴に閉めて立ち去った. 2)［+a を］相手にしない, 断わる, 門前払いする

porte [pɔ́rte]〘←portar〙[男] ❶ 立ち居ふるまい〘=conducta〙; 外見, 風采: Miguel tiene un ~ muy gallardo. ミゲルは大変さっそうとしている. edificio de ~ señorial 堂々たるビル. ❷ 種類, 部類. ❸［建物・車・船などの］大きさ: barco de gran (mucho) ~ でっかい船. ❹［主に [複]］運搬, 運送〘=transporte〙: carta de *~s* 貨物運送状, 貨物引換証. ❺［主に [複]］運送料, 運賃: Los *~s* los paga el destinatario. 送料は受取人が支払うこと. a ~ debido 代金引換え渡しで. ~ pagado 郵税別納, 運賃先払い(支払済). ❻［植物の］大きさと外見. ❼ 血統の良さ. ❽《チリ》［霊名の祝日 día del santo の］贈り物

porteador, ra [pɔrteaðɔ́r, ra] [形] 運ぶ; 運搬業の

—— [名] 運送業者; ポーター

portear [pɔrteár]〘←porte〙[他] 運ぶ, 運送する

—— [自] ❶［主に風が］ドア(窓)を叩く. ❷《アルゼンチン》外出する

—— **~se**［鳥などが］渡る

portegado [pɔrteɣáðo] [男]《アラバ》❶ ひさし〘=cobertizo〙. ❷ 柱廊〘=pórtico〙

portento [pɔrténto]〘←ラテン語 portentum〙[男] ❶ 驚くべきこと, 驚異: ¡Qué ~ de creatividad! 何とすばらしい創造力! ❷ 非凡な人, 奇才: Fue un ~ con la espada. 彼は剣の天才だった

portentosamente [pɔrtentósaménte] [副] 驚くばかりに, 驚異的に, 並外れて

portentoso, sa [pɔrtentóso, sa]〘←ラテン語 portentosus〙[形] 驚嘆すべき, 驚異的な; 非凡な

porteño, ña [pɔrtéɲo, ɲa]〘←puerto+-eño〙[形] [名] ❶ ポルテーニョ［の］〘アルゼンチンのブエノス・アイレス Buenos Aires 生まれの人〙. ❷《地名》1)［スペイン・中南米の］Puerto という名のつく市町村の〔人〕; ［特に］プエルト・デ・サンタ・マリア Puerto de Santa María の〔人〕〘カディス県の町〙. 2) バルパライソ Valparaíso の〔人〕〘チリ中部の港町〙

porteo [pɔrtéo] [男] 運ぶこと, 運送, 運搬

portera[1] [pɔrtéra] [女]《ウルグアイ》［柵状の］木戸

porterejo [pɔrteréxo] [男] portero の軽蔑示小語

portería [pɔrtería]〘←portero I〙[女] ❶ 管理人室, 守衛室, 門番部屋, 門番小屋. ❷ 管理人(守衛)の職務. ❸《サッカー, ホッケーなど》ゴール〘場所〙. ❹《船舶》[集名] 舷窓

porteril [pɔrteríl]〘←portero I〙[形]《軽蔑》門番の: tabuco ~ 狭く見すぼらしい門番小屋

portero, ra[2] [pɔrtéro, ra] **I**〘←ラテン語 portariu〙[名] ❶［建物の］管理人, 守衛; ドアマン: ~ de casa grande 横柄な使用人. ~ de estrados［裁判所の］衛視. ~ de vara 執達吏の下僚. ❷《サッカー, ホッケーなど》ゴールキーパー. ❸《カトリック》守門〘→**orden** [女] ❷ [参考]〙

—— [男] ~ electrónico (automático・eléctrico)［マンションなどの］オートロック

II [形]［煉瓦が］生焼けの

portezuela [pɔrteθwéla]〘←ラテン語 porta〙[女] ❶［乗り物の］扉. ❷ 小扉. ❸《服飾》雨蓋, フラップ

portezuelo [pɔrteθwélo] [男]《チリ, アルゼンチン》山間の道

portfolio [pɔrtfóljo] [男] =**porfolio**

porticado, da [pɔrtikáðo, ða] [形] 柱廊のある; ポーチの付いた

portichuelo [pɔrtitʃwélo] [男]［尾根にある］低い峠

pórtico [pɔ́rtiko]〘←ラテン語 porticus〙[男] ❶《建築》1) ポルチコ, 柱廊; ポーチ〘=portal〙. 2) 回廊, 歩廊. ❷《技術》［クレーンなどの］構台. ❸《文語》導入部, 前段階. ❹ ストア学派〘指導者ゼノン Zenón はアテネで柱廊の下で教えた〙. ❺《チリ. サッカー》ゴール

portier [pɔrtjér]〘←仏語 portère〙[男]〘[複] ~s〙［戸口などの］仕切りのカーテン

portilla [pɔrtíʎa]〘←portillo〙[女] ❶《船舶》舷窓. ❷［囲い・農場などの簡単な］出入り口; ［人の通行用でない］小扉. ❸ 山間の狭い道〘=portillo〙. ❹《まれ》［飛行機の］窓

portillera [pɔrtiʎéra] [女]［農場などの］出入り口

portillo [pɔrtíʎo]〘←ラテン語 porta〙[男] ❶［塀・囲いの］小さな出入り口. ❷［大扉にある］くぐり戸. ❸［壁などの］割れ目, 穴; ［陶器などの］欠けたところ. ❹［問題解決などの］突破口: buscar el ~ de la crisis 危機を解決する突破口を探す. ❺ 山間の狭い道. ❻《船舶》［採光・換気用の］側孔. ❼《古語》［一部の町にある］課税品は搬入できない脇門

portillón [pɔrtiʎɔ́n] [男]《地方語》［囲い場 corral の］大きな出入り口

portland [pɔ́rlan] [男] →**cemento** portland

portobaquericense [pɔrtoƀakeriθénse] [形] [名]《地名》バケリソ・モレノ Baquerizo Moreno の〔人〕〘エクアドル, ガラパゴス諸島コロンブス県の県都〙

portón [pɔrtɔ́n]〘puerta の示大語〙[男] ❶［主に田舎風の大きな］門, 玄関〔の扉〕. ❷《自動車》ハッチバックドア. ❸《闘牛》通路 callejón からアレナ ruedo に通じる大扉. ❹《カナリア諸島》近所の家

P

portona [portóna] 囡《地方語》[家の] 上下2枚に分かれた扉
portor, ra [portór, ra] 名《軽業芸で》下で支える人, 受け止める人
portorrealeño, ña [portorealéɲo, ɲa] 形 名《地名》プエルト・レアル Puerto Real の〔人〕《カディス県の村》
portorrica [portoříka] 囡《メヒコ. 舞踊, 音楽》[人・事を, 1974年] ソン son の一種
portorriqueño, ña [portořikéɲo, ɲa] 形《古設的》=**puertorriqueño**
portovejense [portoβexénse] 形 名《地名》ポルトビエホ Portoviejo の〔人〕《エクアドル, マナビ県の県都》
portuario, ria [portwárjo, rja] 形《←ラテン語 portus》港の: instalaciones ～rias 港湾施設
portuense [portwénse] 形 名《地名》Puerto という名のつく市町村の〔人〕;〔特に〕プエルト・デ・サンタ・マリア Puerto de Santa María の〔人〕《カディス県の町》
Portugal [portuɣál] 名《国名》ポルトガル
portugalés, sa [portuɣalés, sa] 形 名《歴史》〔サンチョ4世治世下, バダホス〕の反 bejaranos 派〔の〕〔→**bejarano** ❷〕
portugalizar [portuɣaliθár] 他《古設的》〔人・事を, 1974年ポルトガルの〕4月革命 revolución de los claveles 的にする
portugalujo, ja [portuɣalúxo, xa] 形 名《地名》ポルトゥガレテ Portugalete の〔人〕《ビスカヤ県の県都》
portugueño, ña [portuɣéɲo, ɲa] 形 名《地名》ポルトゥゲサ Portuguesa の〔人〕《ベネズエラ西部の州》
portugués, sa [portuɣés, sa] 形《←ラテン語 portucalensis》《国名》ポルトガル Portugal 〔人・語〕の; ポルトガル人 —— 男 ポルトガル語
portuguesada [portuɣesáda] 囡 誇張
portuguesismo [portuɣesísmo] 男 ❶ ポルトガル語特有の語法. ❷ ポルトガルらしさ
portuguesista [portuɣesísta] 名 ポルトガルの言語・文化の研究者
portulaceáceo, a [portulakáθeo, a] 形 スベリヒユ科の —— 囡 (複)《植物》スベリヒユ科
portulano, na [portuláno, na] 形 男《←カタルーニャ語 portola》❶ 港・海岸などを記した海図〔帳〕. ❷《古語》港・海岸などを詳細に記した
poruña [porúɲa] 囡 ❶《チリ, アルゼンチン. 鉱山》〔鉱物を載せて見せる〕角製の器. ❷《チリ》〔店員が米・砂糖などを取り出したり移したりのときに使う〕大匙
estirar la ～《チリ. 口語》金をくれと手を差し出す
poruñazo [poruɲáθo] 男《チリ》ごまかし, ぺてん
poruñear [poruɲeár] 他《チリ》❶《鉱山》〔鉱物の良質な見本を見せてだまし〕鉱山を売りつける. ❷ だます, ぺてんにかける
poruñero [poruɲéro] 男《チリ》❶《鉱山》〔偽りの見本を器 poruña に載せてだまし〕鉱物を売りつける人. ❷ だます人, ぺてん師
porvenir [porβenír]《←por+venir》男 将来, 未来; 将来性, 前途の見込み〔類語〕**futuro** と **porvenir** は,「将来, 未来」だが, porvenir の方がより近い未来を表す. だが, 「前途・行く末」の二ュアンスがある〕: El ～ de la empresa no es muy claro, en esta crisis económica. この経済危機下では会社の先行きは不透明だ. espera un brillante ～. 彼には輝かしい未来が待っている. Tiene el ～ asegurado. 彼は将来を約束されている. El único que conoce el ～ es Dios. 将来のことは神のみぞ知る. hacer planes para el ～ 将来の計画を立てる. estudiar en previsión del ～ 将来に備えて勉強する. leer el ～ a+人…の未来を予言する. tener [un gran] ～ [大変] 将来性がある, 〔非常に〕有望である. sin ～ 見込みのない; 将来への見通しの立たない. hombre de ～ 将来性のある人
en el ～ 今後は, これからは
labrarse un ～ 自分の未来を切り開く
porvenirismo [porβenirísmo] 男《文語》未来志向
porvenirista [porβenirísta] 形 名《文語》未来志向の〔人〕
porvida [porβída] 間《呪い・怒り》こん畜生め!
pos [pós] I《←ラテン語 post》接《主に中南米》=**pues**: ～ de...,... の後に, …に続いて: Iban *en* ～ *de* la bandera. 彼らは旗の後に続いていた. 2) …を求めて: *en* ～ *de la libertad* 自由を求めて
II 男《西. 幼児語》うんち《=caca》
pos- 〔接頭辞〕〔後〕*posguerra* 戦後
posa [pósa] 囡 ❶《まれ》弔鐘. ❷《まれ》(複) 尻〔=nalgas〕. ❸《地方語》1)〔聖職者が死者に祈りを唱えるために行なう〕葬列

posada[1] [posáda] 囡《←posar II》❶《古設的》〔街道脇の小さな〕ホテル, 旅籠. ❷ 宿泊; 宿泊料: dar ～ al peregrino 巡礼に宿を提供する. hacer ～《まれ》宿泊する. casa de ～〔s〕素泊まり月の無料: franca 宿泊無料. ❸ スプーン・ナイフ・フォークの旅行用セット. ❹ ～ de colmenas 養蜂場のある灌木地. ❺《廃語》家, 住居. ❻《廃語》軍営. ❼《メヒコ》ポサダ《クリスマス前9日間の祭り. 子供たちが菓子入りのくす玉 piñata を割ってその パーティーが始まる》
pedir ～《メヒコ》ポサダの祭りの問答歌〔「一夜の宿を貸してください」「いいえ泊めてあげられません」のような歌の応酬が家の外で行なわれ, その後パーティーが始まる〕
Posada [posáda]《人名》**José Guadalupe ～** ホセ・グアダルペ・ポサダ《1852～1913, メヒコの風刺画家. 骸骨の挿画で名高い》
posadeño, ña [posadéɲo, ɲa] 形 名《地名》ポサダス Posadas の〔人〕《アルゼンチン, ミシオネス県の県都》
posaderas [posadéras] 囡 (複)《口語》尻〔=nalgas〕: sentarse sobre las ～ ぺたりと座る, 地面に腰を下ろす
posaderil [posadéril] 形《まれ》旅館 posada の
posadero, ra [posadéro, ra] 名 旅館 posada の主人 —— 男 pendón —— 軍の野営地にある旗 —— 男 ❶《鳥》営巣地. ❷〔トレド, ラマンチャ〕〔ガマ・アフリカ ネガヤの縄製の〕円柱形の腰掛け
posado, da[2] [posádo, da] 形 落ち着いた, 平静な
posante [posánte] 形 ❶ ポーズをとる〔人〕, モデル. ❷《船舶》〔船体が〕安定している
posapié [posapjé] 男《乗物》昇降段, ステップ
posar [posár] I《←仏語 poser》自 ❶ 〔モデルが〕ポーズをとる: ante el fotógrafo (para el pintor) 写真家の前で〔画家のために〕ポーズをとる. ❷ 〔ポーズをとって〕写真に撮られる〔撮らせる〕: ～ para una revista 雑誌に写真を撮らせる
II《←ラテン語 pausare「止まる, 引き止める」》自 ❶ 泊まる, 宿泊する. ❷ 休息する, 腰を下ろす, 休む. ❸〔鳥・蝶などが〕とまる;〔飛行機が〕着陸する〔=**se**〕—— 他 ❶〔手などを〕そっと置く: *Posó* su mano sobre mi cabeza. 彼は私の頭にそっと手を置いた. ❷〔荷物などを〕置く, 下ろす: ～ un plato en (sobre) la mesa 皿をテーブルの上に置く. ❸〔視線を〕走らせる: *Posó* la mirada en el horizonte. 彼は地平線を見回した
—— *～se* ❶〔鳥・蝶などが〕とまる;〔飛行機が〕着陸する: La paloma *se posó* en la rama. ハトが枝にとまった. ❷ 沈殿する;〔埃などが〕積もる: El azúcar *se posó* en el fondo del vaso. 砂糖がコップの底に沈んだ. El polvo *se posa* en el estante. 埃が棚の上に積もる. ❸〔視線が〕注がれる: Su mirada fría *se posaba* en un hombre. 彼女の冷たい視線が一人の男にとまった
posavasos [posaβásos]《←posar+vaso》男〔単複同形〕〔コップの下に敷く〕コースター
posaverga [posaβérɣa] 囡《船舶》予備のマスト・帆桁
posbalance [posβalánθe] 男 決算後の〔安売り〕: venta ～ 棚卸セール
posbélico, ca [posβéliko, ka] 形《文語》戦後の
posca [póska] 囡《古代ローマ》ワインビネガーを水で薄めた清涼飲料水
poscafé [poskafé] 男《(複)～s》食後にコーヒーと共に出される酒
poscombustión [poskombustjón] 囡《技術》アフターバーニング
poscomunión [poskomunjón] 囡《カトリック》聖体拝領後の祈り
poscomunismo [poskomunísmo] 男《政治》ポストコミュニズム
poscomunista [poskomunísta] 形《政治》ポストコミュニズムの
posconciliar [poskonθiljár] 形《歴史》第2バチカン公会議 Concilio Vaticano 後の
posconcilio [poskonθíljo] 男 第2バチカン公会議 Concilio Vaticano 後の時代
posdata [posdáta]《←ラテン語 post datam「日付の後に」》囡《手紙》追伸, 二伸《略語》P.D.》: agregar una ～ 追伸を書く
posdoctoral [posdoktorál] 形 博士課程修了後の
pose [pós/póse]《←仏語》囡 ❶〔モデルなどのとる〕ポーズ, 姿勢: La modelo tiene una ～ relajada. モデルはリラックスしたポーズをとっている. retratar a+人 en una ～ ポーズをとっている…を描く〔撮る〕. ❷《軽蔑》ふり, 見せかけ, 気取った態度: No es nada más que una ～. それはポーズにすぎない
poseedor, ra [pose(e)dór, ra] 形〔+de〕所有している: Es

la empresaria ~*ra de* la gran parte de las acciones de la fábrica. 彼女はその工場の株の大半を所有する企業家だ── 图《文語》[+de の]所有者: ¿Quién es el feliz ~ del premio? 賞に当選した幸運な人は誰だろう? Rafaela es ~*ra de* todos los récords del tenis. ラファエラはテニスのあらゆる記録保持者だ. ~*es de* acciones *de este coleccionista*. この収集家の持株所有者. ~ *de grandes riquezas* 大金持ち. ~ *del récord mundial* 世界記録保持者. ~ *del título* 選手権保持者, チャンピオン

poseer [pos[e]ér]《←ラテン語 possidere》⑫ 他 ❶[資産・資質などを]所有する, 持っている〚=tener〛: *Posee un chalet en Guadarrama.* 彼はグアダラマに別荘を持っている. *El Banco Mundial posee el 2,3% de la propiedad de la empresa.* 世界銀行はその企業の株の2.3%所有している. *Solo poseo el título de graduado escolar.* 私は初等教育終了資格しかない. *Las islas Galápagos poseen muchas especies de plantas y animales que no existen en otro lugar.* ガラパゴス諸島には, そこでしか見られない動植物が多数生息している. *La niña posee cualidades innatas para la música.* その少女は生まれつき音楽の才能がある. ❷[強い感情・悪霊などが]支配する: *La poseía el ansia de venganza.* 彼女は復讐の念に取りつかれていた. *Los aldeanos decían que lo había poseído un demonio.* 村人は彼が悪魔に取りつかれたと言っていた. ❸《文語》[女性と]性的関係を持つ: *Nunca llegó a ~la.* 彼はついに彼女をものにできなかった. ❹《文語》[感情などを]抑える

poseído, da [poseído, da]〚poseerの過分〛形 ❶[+de・por に] 取りつかれた: *Se decía que la casa estaba ~da por los espíritus.* その家は亡霊たちに取りつかれているといううわさだった. *Está ~ del afán de los celos.* 彼は嫉妬心のとりこになっている. ~ *de miedo* 恐怖にかられた. ❷自負している, うぬぼれている── 图 ❶悪魔などに取りつかれた人, 悪魔つき: *gritar como un ~* 狂ったように叫ぶ

Poseidón [poseiðón] 男《ギリシア神話》ポセイドン《海神》

poselectoral [poselektorál] 形 選挙戦直後の; 選挙後の: *mañana ~* 選挙の翌日. *pacto ~* 選挙後に関する協定

posesión [posesjón]《←ラテン語 possesio, -onis》图 ❶ 所有: *Esos cuadros quedarán en ~ del ayuntamiento.* それらの絵は市が所有するだろう. *La ~ de 100 acciones de la empresa les da derecho a hablar en la reunión general de los accionistas.* 彼ら100株を所有したので株主総会で発言権を得ている. *El narcotraficante fue hallado en ~ de un kilo de cocaína.* その麻薬の運び屋はコカイン1キロを所有しているところを見つかった. *Hizo el testamento en plena ~ de sus facultades.* 彼は思考能力が十分ある時に遺言を書いた. *Tiene ~ del derecho de ~*. ❷[主に 複]所有物; [特に田舎の]地所: *Tiene grandes posesiones en Andalucía.* 彼はアンダルシアに広大な地所を持っている. ❸ 属国: *posesiones inglesas en África* アフリカのイギリス領植民地. ❹《法律》占有. ❺[悪魔などに]取りつかれること, 魅入られること, 憑(°)きもの, 憑依(⁰ʸ°): *~ demónica* 悪魔憑き. ❻《歴史》~ *de pastos* 牧草地使用収益権, 牧草地用益権〚移動牧羊業者組合会議, メスタ会議で認められた特権で, 地主の恣意的な追出しや他の牧羊業者の割込みから保護された. 用益権(その代価=地代)は羊群と不可分で単独では取引できなかった〛

dar ~ a+人 ...の任命(就任)式を行なう

entrar (estar) en ~ [+de+事物]所有となる(である); [+de+人や事物を]所有する(している) *La casa pasó a estar en ~ del hijo mayor.* 家は長男のものになった. *Siempre cree que está en ~ de la verdad.* 彼はいつも自分が正しいと信じている

recobrar (retener) la ~ [侵害されそうな]所有権を法的に確保する

tener... en su ~ ...を所有している: *Tiene una finca grande en su ~*. 彼は大農園を所有している

tomar ~ [主に公的手続きを経て, +de を]獲得する, 占有する; 占領する: *Los nuevos profesores tomaron ~ de sus plazas.* 新しい教師たちが着任した. *El ejército invasor tomó ~ de la capital.* 侵略軍は首都を制圧した.

posesional [posesjonál] 形《法律》占有を示す: *acto ~* 占有証拠

posesionar [posesjonár]〚←posesión〛⑬《文語》[+de を]に引き渡す, 譲り渡す: ~ *de su cargo a+人* 自分の職務を...に引き継ぐ

── ~*se*《文語》❶ [+de を]手に入れる; [特に]不当に入手する, 横取りする; 占領する: *Un sentimiento para el cual no encuentro nombre se ha posesionado de mi alma.* 名づけようもない感情が私の心を占領した. ❷...の職を手に入れる, 就任する

posesionero [posesjonéro] 男《古語》賃貸の牧畜業の所有権を得た牧畜業者

posesividad [posesiβiðá(ð)] 女 独占欲

posesivo, va [posesíβo, βa]《←ラテン語 possessivus》形 ❶ 独占欲の強い: *Tenía la ambición ~va del coleccionista.* 彼は収集家として何でも独り占めしたがる性向があった. *amante ~* [相手に対する]独占欲の強い恋人. *madre ~va* 《子供に対する》独占欲の強い母親. ❷《文法》所有を示す

poseso, sa [poséso, sa]《←ラテン語 possessus < possidere》形 图 ❶ 悪魔に取りつかれた[人]: *La mujer se agitó como una ~sa.* その女性は悪魔に取りつかれたかのように暴れた. *liberar a un ~* 悪魔祓いをする. ❷ 狂気の

posesor, ra [posesór, ra]《文語》=poseedor

posesorio, ria [posesórjo, rja] 形《法律》占有に関する: *El propietario del edificio tiene amparo ~*. その建物の所有者は占有権として保護されている. *derecho ~* 占有権. *juicio ~* 占有訴訟

poseur [posúr]《←仏語》形《まれ》気取った, お高くとまった

poseyente [posejénte] 形《まれ》所有する

posfecha [posfétʃa] 女[小切手・文書などの]先日付, 事後日付

posfechado, da [posfetʃáðo, ða] 形 先日付の

posfijo [posfíxo] 男《まれ》=sufijo

posfranquismo [posfraŋkísmo] 男《歴史》フランコ《Franco の死亡以後の時代《1975年~》

posfranquista [posfraŋkísta] 形《歴史》フランコ《の死亡》以後の

posglacial [posɣlaβjál] 形《地質》氷河期後の

posgrado [posɣráðo] 男 大学院《課程. =curso de ~》: *hacer un ~* 大学院で勉強する

posgraduado, da [posɣraðwáðo, ða] 形 图 大学院の; 大学院生

posguerra [posɣéřa] 女 戦後; [特に]第2次大戦後: *en la ~* 戦後に, 戦争直後に

posibilidad [posiβiliðá(ð)]《←ラテン語 possibilitas, -atis》 女 ❶ 可能性, 見込み: 1) *Hay que tomar en consideración todas las ~es.* あらゆる可能性を考慮する必要がある. *No se debe descartar ninguna ~.* どんな可能性も無視してはならない. 2) [+de+名詞] *Las ~es de éxito son muchas.* 成功の可能性は高い. *El enfermo tiene ~ de recuperación.* その病人は治る見込みがある. 3) [+de+不定詞] *Las ~es de triunfar en este asunto son muy escasas.* この案件で勝つ見込みは非常に低い. *Uruguay tiene ~es de ir al mundial.* ウルグアイはワールドカップに行けるかも知れない. *Brindamos a nuestros clientes la ~ de elegir el coche que quieran.* 当社のお客さまはお好きな車を選択できます. 4) [+de que+接続法] *Hay muchas ~es de que llueva.* 雨が降る可能性は大いにある. *Hay una gran ~ de que esté infectado.* 彼が感染している可能性は高い. ❷ 可能なこと: *Solo me queda una ~ para sobrevivir.* 生き残るために私にできることは1つしか残っていない. *La ~ de aplicar la eutanasia a enfermos terminales ha suscitado una gran controversia.* 安楽死は許されるのか大論議が巻き起こされた. ❸ [+de の] 能力: *Tiene la ~ de fundar el centro de enseñanza.* 彼には教育施設を作る力がある. *Este trabajo sobrepasa mis ~es.* この仕事は私の手に余る. ❹ 图 [個人の]富, 財力, 経済力: *Eso está encima de mis ~es económicas.* それは私の経済力では手が届かない. *vivir por encima de sus ~es* 身分不相応な暮らしをする. *gente con pocas ~es* 生活手段を持たない人たち

dentro de sus ~es ...にとって可能な: *Para quienes trabajan en el servicio doméstico, recurrir a los tribunales no suele estar dentro de sus ~es.* 家事使用人として働いている人にとって裁判に訴えることは多くの場合不可能だ. *Lo ayudaré dentro de mis ~es.* 私のできる範囲内でお助けします

posibilismo [posiβilísmo] 男 ❶《政治》ポシビリズム, 現実的改革主義. ❷《歴史》[19世紀末カステラル Castelar の設立した]立憲君主制の民主的改革を支持する政党

posibilista [posibilísta] 形 現実的改革主義の(主義者)
posibilitación [posibilita θjón] 女 可能にすること, 可能化
posibilitador, ra [posibilitaðór, ra] 形 可能にする
posibilitar [posibilitár] 《←posible》他 可能にする: Las medidas adoptadas *posibilitaron* un aumento de la producción. その方法を採用したため,生産が増えた
posible [posíβle] 《←ラテン語 possibilis < posse》形 ❶《ser+.+間接目的語/+para にとって》可能な, 実行できる《⇔imposible》; ありそうな, 起こり得る《→probable 類語》: 1) Será ~ un gobierno democrático en ese país. その国において民主主義政権は可能だろう. 2) [不定詞が主語] Es perfectamente ~ conciliar los intereses de ambas partes. 両者の利害を調整することは十分可能だ. No me fue ~ venir más temprano./Para mí no fue ~ venir más temprano. 私はこれ以上早くは来られなかった. 3) [que+接続法が主語] Ya se ha hecho ~ *que* el hombre viaje hasta otro planeta. 人間が他の惑星へ行くのも夢ではなくなった. Es ~ *que* haya tormenta. 嵐が来るかもしれない. Es ~ *que* haya habido desaparecidos. 行方不明者が出たかもしれない. No es ~ *que* salga el sol por el oeste. 太陽が西から昇ることはあり得ない. ¿Cómo es ~ *que* no me recuerdes? 君が私を覚えていないとはどういうことだ? 《語法》反意語 imposible は +de+不定詞 の構文が可能だが, posible は不可能: ○Esta roca es *imposible* de mover. この岩は動かせない. ×Esta roca es *posible* de mover. この岩は動かせる》 4) [+名詞] Hay que evitar un ~ error. 起こり得るミスは避けなければならない. Han lanzado advertencias contra un ~ golpe de Estado. クーデターのおそれがあると警告が発せられた. El país estable se ha convertido en una ruina y está al borde de una ~ guerra civil. その安定した国が崩壊し内戦が起こりかねない状況にある. ¿Dónde está escondido el ~ autor del delito? 容疑者はどこに隠れているのか? ❷ できるだけの, 可能な限りの: Es importante firmar Tratados de Libre Comercio con todos los países ~s. できるだけ多くの国と自由貿易協定を結ぶことが重要である

a ser ~ もし可能なら: *A ser* ~, ven a recogerme a la parada del autobús. できたらバスの停留所まで迎えに来てほしい
¿Cómo es ~?《驚き》まさか!: ¿Ya se marchó? Pero *¿cómo es* ~? 彼はもう行ってしまったって? そんなばずない!
de ser ~《チリ, アルゼンチン, ウルグアイ》もし可能なら
dentro de lo ~/en [la medida de] lo ~ 可能な範囲で, できるだけ: Yo procuro, *dentro de lo* ~, vivir al margen de la publicidad. 私はできるだけ広告から離れて生活しようとしている. En este mundo todo está *dentro de lo* ~. この世界ではすべて実現可能だ
Es ~. [断定を避けて] たぶん: ¿Crees que vendrán?—*Es* ~ (muy ~). 彼らは来ると思うかい?—たぶん(おそらく)
¿Es ~?《驚き》まさか/なんばかな!: Se ha caído el puente. —¿*Es* ~? 橋が落ちたよ. —嘘だろう?
hacer lo mejor ~ 最善を尽くす: Trataré de *hacer lo mejor* ~ y de sacar el resultado. 私は最善を尽くして, いい結果を出すつもりだ
hacer [todo] lo ~ できるだけのことをする: *Haremos todo lo* ~ por terminar el trabajo. 仕事を終えるために全力を出そう
hacer los ~s《口語》=**hacer [todo] lo ~**
lo ~+比較級 ~ できるだけ…: 1) Nuestro equipo jugó *lo* mejor ~. 我がチームはベストプレイをした. 2) *lo* más... ~ =**más**: Los alimentos del mar deben consumirse *lo* más frescos ~. 海産物はできる限り新鮮なうちに食べるべきだ《語法》posible は副詞的に動詞を修飾しているので単数形. Deben tomarse la medidas *más* rigurosas ~. 「極力厳格な手段をとるべきだ」では名詞 medidas を修飾するので複数形》
¡no es ~! まさか!そんなことはありえない!/無理だ!: La vi en el parque ayer.—*¡No es* ~! 昨日公園で彼女を見たよ. —そんなはずないよ!
si es ~ できれば: Quisiera hablar con él, *si es* ~. できれば彼と話したいのだが. Venga hoy *si es* ~. できれば今日来て下さい
—— 男《複》《西》富, 財力《=posibilidades》: Se casó con un hombre de ~s. 彼女は金満家と結婚した. Los alumnos de esta escuela provienen de familias con ~s. この学校の生徒たちは裕福な家庭の出だ. bario de ~s 裕福な地区. familia sin ~s 裕福でない家庭

posiblemente [posiβleménte] 副[ほぼ疑いなく, +直説法] たぶん, おそらく; [疑念をこめて, +接続法] もしかすると: P~ no participará (participe) en campeona. 彼は選手権戦に出ないだろう(出ないかもしれない)

posición [posi θjón] 《←ラテン語 positio, -onis》女 ❶ 位置: Señala la ~ del estrecho de Gibraltar en un mapa. 地図でジブラルタル海峡の位置を示しなさい. Ahora el sol está en su ~ más alta. いま太陽は最も高い位置にある. Me gustaría cambiar la ~ de la cama. ベッドの位置を変えたいのだが. Coloquen sus asientos en ~ vertical. [機内アナウンスで] 座席をまっすぐな位置に戻してください. ❷ 姿勢, ポーズ: Siempre duerme en la misma ~. 彼はいつも同じ姿勢で眠る. Cambié de ~ para estar más cómodo. 私は楽にするために姿勢を変えた. Los soldados están en ~ de descanso (de firmes). 兵士たちは休め(気を付け)の姿勢をしている. dibujar a+人 en distintas *posiciones* 色々なポーズで人を描く. ❸ 立場, 状況; 見解: No estoy en ~ de opinar. 私は意見を言う立場にない. ~ ante (sobre) ese asunto es invariable. その件に関する私の見解は変わらない. Me hallo en una ~ difícil. 私は難しい立場にある. Estoy en una ~ distinta de la suya. 私と彼とは立場が違う. Nuestras *posiciones* políticas son opuestas. 私たちの政治的立場は相反している. Las dos partes adoptaron una ~ dialogante y muy constructiva durante toda la negociación. 両者は交渉中常に対話に前向きで建設的な態度をとった. ❹ [主に高い] 地位, 身分; 順位: Es una persona de alta ~. 彼は高い地位にある. España se mantiene en segunda ~ por ingresos turísticos. スペインは観光収入で第2位を維持している. Era de buena ~ y vivía con lujo. 彼は裕福でぜいたくな暮らしをしていた. Gracias a su desahogada ~ económica puede hacer lo que quiera. 彼は恵まれた経済的地位のおかげでなんでも放題ができる. abusar de su ~ 地位を悪用する. ~ elevada/elevada ~ 高位, 上位. ~ social 社会的地位. ❺《軍事》[戦略上の] 要地, 拠点: Adelantaron sus *posiciones* para un ataque. 彼らは攻撃のために拠点を前進させた. Hay que defender nuestra ~. 我々はこの拠点を守らねばならない. Bombardearon las *posiciones* enemigas. 彼らは敵の陣地を爆撃した. guerra de *posiciones* 陣地戦. ❻《商》持高, ポジション[債権(買い)と債務(売り)の差額]: ~ acreedora (larga) 買持ち. ~ deudora (corta) 売持ち. ~ de reserva del FMI 対IMFポジション, IMFポジション. ~ en moneda extranjera [外貨別の] 外貨持高替持高, 外貨ポジション. ❼《フェンシング》構え: tomar una ~ de golpe recto 突きの構えをする. ❽《レスリング》erguida スタンドポジション. ❾《バレエ》《脚の位置などになる5つの基本姿勢》. ❿《医学, 性教》体位. ⓫《音楽》ポジション《弦楽器の指板上の左指の位置》. ⓬《自動車》de ~ [灯火が] サイドマーカーも. ⓭《チリ, サッカーなど》~ de adelanto オフサイド

ceder posiciones 地位を譲る: El corredor en cabeza *cedía posiciones* poco a poco. 先頭の走者は徐々に追い抜かれていった
en ~ 正しい位置に
tomar ~ 1) [いくつかの選択肢・解決策の中から] 立場をとる, 見解を示す: Todas las religiones *toman posiciones* ante el problema de la muerte. あらゆる宗教は死という問題に対してそれぞれの立場をとる. 2) =**tomar posiciones**
tomar posiciones 1) 位置につく: *tomar posiciones* en la línea de salida スタートラインにつく. 2)《軍事》陣取る

posicionado [posi θjonáðo] 形 適した位置に置くこと
posicional [posi θjonál] 形 ❶ 位置の, 位置的な, 位置関係の優位. ❷ 姿勢の. ❸《医学》体位性の: vértigo ~ 体位性めまい
posicionamiento [posi θjonamjénto] 男 ❶ 立場[をとること], 姿勢. ❷ ポジショニング, 位置取り. ❸ 位置測位: sistema de ~ global 全地球測位システム, GPS
posicionar [posi θjonár] 自・~**se** ❶《文脈》立場をとる, 姿勢を明確にする. ❷ 位置を示す
—— 他 ❶ [人・物を] 適した位置に置く(位置につける). ❷ [思想的な] 位置づけをする. ❸《商品の》ターゲットを絞る. ❹ …の位置を測定する

posidonia [posiðónja] 女《植物》ポシドニア《地中海特有の海生植物》
posímetro [posímetro] 男 光度計
posimpresionismo [posimpresjonísmo] 男《美術》後期印象派

posimpresionista [posimpresjonísta] 形 名 《美術》後期印象派[の]

posindustrial [posindustrjál] 形 脱工業化[社会]の: sociedad ～ 脱工業化社会

posinflamatorio, ria [posinflamatórjo, rja] 形 《医学》炎症後の

posío [posío] 男 《地方語》[牧草地として利用される]休耕地

positivado [positibáðo] 男 《写真》焼き付け《行為》

positivamente [positíbaménte] 副 ❶ 積極的に, 前向きに: El director valora ～ su esfuerzo. 社長は彼の努力を前向きに評価した。El paciente evoluciona ～. 患者はめきめき回復に向かっている。❷ 明確に, はっきりと: Sé ～ que no me equivoqué. 私は自分が間違っていないことを確信している。Cuando estaba ～ seguro de no ser observado, salí corriendo a la calle. 私は誰にも見られていないのをはっきり確かめると, 通りへ駆け出した

positivar [positibár] 他 《写真》❶ 焼き付けをする。❷ 現像する, プリントする

positividad [positibiðáð] 女 肯定性, 積極性《⇔negatividad》

positivismo [positibísmo] 《←仏語 positivisme》 男 ❶ 《哲学》実証主義, 実証論, 実証哲学: ～ lógico 論理実証主義。❷ 実利主義, 現実主義。❸ 積極性

positivista [positibísta] 形 名 ❶ 実証主義の〔主義者〕。❷ 実利主義の, 現実的な, 現実主義の〔主義者〕

positivizar [positibiθár] 他 [人・事を]現実的にする, 現実的にする
―― ～se 現実的になる

positivo, va [positíbo, ba] 《←ラテン語 positivus》 形 ❶ 肯定的な《⇔negativo》; 好ましい, 有益な: Dimos una contestación ～va a la propuesta. 私たちはその提案を承認したものと回答した。Me hice el test de embarazo y el resultado fue ～. 私は妊娠テストをしたところ結果は陽性だった。Esto es un avance muy ～ para fortalecer el actual estado de paz. これは平和な現状を強固にするためとても有益な前進である。❷ 積極的な, 建設的な; プラス思考をする。Fue una experiencia muy ～va para mí. それは私にはとても役立つ経験だった。Es bueno, no por falta de maldad, sino con bondad ～va. 彼はいい人だ。悪いことをしないからというのではなく, 積極的に良いことをするから。Tiene una actitud muy ～va en el trabajo. 彼は非常に熱心に仕事をする。Con solo ser ～, ya se es un triunfador. プラス思考をするだけで人はすでに勝利者になれる。tomar una actitud ～va 前向きな態度をとる。pensamiento ～ プラス思考。❸ 確実な, 明確な; 実証的な, 事実〔経験〕に基づいた: Eso es un hecho ～. それは確実な事柄だ。Hay muchos indicios ～s de su culpabilidad. 彼の有罪を示す証拠がたくさんある。❹ 現実主義的な; 実際的な: Trata de ser más ～ en tus juicios. 君が物事を判断する時にもっと現実的にならなければいけない。No hace un trabajo ～. 彼は実質的な仕事はしていない。economía ～va 実証経済学。《接頭辞》 ❺ 〔収支が〕黒字の: saldo ～ de la cuenta 勘定の黒字残高。❻ 〔数学〕正の, プラスの: número ～ 正数。❼ 陽の, 陽性の: carga ～va 正〔陽〕電荷。reacción ～va 《医学》陽性反応。❽ 〔言語〕[形容詞・副詞]原級の。❾ 〔法律〕ley ～va 実定法。❿ 〔サッカー〕[得点が]アウェーで挙げた
―― 男 ❶ 〔写真〕陽画, ポジ《=prueba ～va》: Sacaremos varios ～s de cada foto. 写真それぞれの何枚か焼いてもらう。❷ 《医学》陽性: Dio ～ en el control antidopaje. 彼はドーピング検査で陽性反応が出た。❸ 〔言語〕原級。❹ 〔サッカー〕アウェーで挙げた得点

pósito [pósito] 男 ❶ 《歴史》穀物貯蔵倉庫, 備蓄倉庫 [凶作時の穀物価格高騰や飢餓に備えて設置。平時では種まき用穀物として貸付した。スペインではフェリペ2世時代に法制が整備され18世紀に普及したが, 19世紀に衰退〕: ～ público [real・concejil] 〔村役場が管理した〕公設備荒倉;〔司教区や信徒会が管理した〕慈善備荒倉。❷ 穀物倉庫。❸ 漁業協同組合《=～ de pescadores》

positrón [positrón] 男 《物理》陽電子

positrónico, ca [positróniko, ka] 形 陽電子の

positura [positúra] 女 ❶ 姿勢, 態度《=postura》。❷ 〔物の〕状態

posliminio [poslimínjo] 男 ＝**postliminio**

posma [pósma] 名 《口語》のろまな〔人〕, 動作ののろい〔人〕, ぐずな〔人〕; 退屈な〔人〕
―― 女 《口語》のろさ, 鈍重さ

posmenopáusico, ca [posmenopáusiko, ka] 形 《医学》閉経後の

posmeridiano, na [posmeriðjáno, na] 形 午後の, 午後に行なわれる
―― 男 《天文》子午線通過後の天体の位置

posmo [pósmo] 形 《口語》＝**posmoderno**

posmodernidad [posmoðerniðáð] 女 ポストモダン

posmodernismo [posmoðernísmo] 男 ポストモダニズム

posmodernista [posmoðernísta] 形 名 ポストモダニズムの; ポストモダニズムを支持する

posmoderno, na [posmoðérno, na] 形 名 ❶ ポストモダンの, 脱近代の。❷ ポスト近代主義の〔主義者〕

posnatal [posnatál] 形 出生後の

posnominal [posnominál] 形 《言語》名詞・形容詞から派生した

poso [póso] 《←**posar** II》 男 ❶ 沈殿物, おり: formar ～ 沈殿する, かすがたまる。～ del café コーヒーをいれたかす。❷ 〔精神的な〕変化の, 印: Se le nota un ～ de tristeza en su mirada. 彼のまなざしに悲しみの色が見てとれた

posó [posó] 男 〔フィリピン女性の〕アップにしてまとめた髪型

posología [posoloxía] 女 《医学》薬量学; 投薬量, 服用量

posón [posón] 男 腰掛け《=**posadero**》

posoperatorio, ria [posoperatórjo, rja] 形 名 《医学》術後〔の〕: choque ～ 術後のショック

pospaladar [pospalaðár] 男 ＝**postpaladar**

pospalatal [pospalatál] 形 ＝**postpalatal**

posparto [pospárto] 形 男 産褥(じょく)期〔の〕; 産後の女性の〔衰弱〕: depresión ～ 育児ノイローゼ

pospierna [pospjérna] 女 [馬などの]もも, 大腿部

posponer [posponér] 《←**pos-**+**poner**》 60 《過分》 pospuesto. 《命令法単数》 pospón 他 ❶ [+a の]下位に置く: Pospuso el trabajo a la salud. 彼は仕事より健康を優先させた。❷ 後回しにする, 延期する《=diferir》: ～ el juicio 判断を先送りする。❸ 《言語》[+a の]後に置く

posposición [posposiθjón] 女 ❶ 下位に置くこと。❷ 後回し, 延期。❸ 《言語》後置

pospositivo, va [posposítibo, ba] 形 《言語》後置の; 後置詞

posprandial [posprandjál] 形 《医学など》食後の

pospretérito [pospretérito] 男 《文法》直説法過去未来《＝condicional simple》

posproducción [posproðu(k)θjón] 女 ＝**postproducción**

pospuesto, ta [pospwésto, ta] posponer の 過分

posquemador [poskemaðór] 男 《技術》アフターバーナー

posquirúrgico, ca [pos(t)kirúrxiko, ka] 形 《医学》術後の

posromanticismo [pos(s)romantiθísmo] 男 新ロマン主義

posromántico, ca [pos(s)romántiko, ka] 形 新ロマン主義の

post- ＝**pos-**

posta [pósta] 《←伊語 posta ＜ラテン語 posita「賭け金」》 女 ❶ 《歴史》 1) 《集合》駅馬: silla de ～ 駅馬車。 2) 宿駅《=casa de ～s》; 宿場。 3) 宿駅制度; 飛脚〔郵便〕制度。 4) 宿場間の距離。❷ 《歴史》[肉・魚などの]切り身。❻ 《廃語》記念プレート飾。❼ 〔主に中南米〕リレー競走。❽ 〔中米〕歩哨。❾ 〔ホンジュラス〕刑務所; 拘置所, 留置場。❿ 〔チリ〕救急医療センター
correr la ～ 《歴史》駅馬〔駅馬車〕で旅行する, 駅馬に乗る
―― 男 《歴史》飛脚〔人〕
a ～ 《西. 口語》わざと, 故意に《=aposta》

postabdomen [postaβðómen] 男 《動物》後腹部

postal [postál] 《←**posta**》 形 郵便の; 郵便による: servicio ～ 郵便業務。tarifa ～ 郵税。carta ～ 《中南米》葉書
―― 女 絵葉書《=tarjeta》。参考 日本のような官製葉書はない〕

postbalance [pos(t)βalánθe] 形 男 ＝**posbalance**

postbélico, ca [pos(t)βéliko, ka] 形 ＝**posbélico**

postdata [pos(t)ðáta] 女 ＝**posdata**

postdiluviano, na [pos(t)ðilußjáno, na] 形 ノアの洪水後の

postdorsal [pos(t)ðorsál] 形 《音声》後部舌背の〔音〕

postdorso [pos(t)ðórso] 男 《音声, 解剖》後部舌背

poste [póste] 《←ラテン語 postis》 男 ❶ 柱《類義 columna は建物などの通常丸い柱で, 装飾などがあることが多い。pilar は主に

角柱で装飾性より実用性,「建物を力強く支える柱」のニュアンス. **poste** は前2語と比べて原始的で洗練度が低く,「太く長い棒」に近いニュアンス〗: ～*s* de tienda de campaña テントの支柱. ～ eléctrico 電柱. ～ indicador 道路標識. ❷ ガソリンポンプ〖=～ de gasolina〗. ❸《サッカーなど》ゴールポスト. ❹《競馬》～ de salida 出発標. ～ de llegada 決勝標. ❺ [学校で] 罰として立たされること. ❻《中南米. 郵便》～ restante 局留め〖=lista de correos〗

***caminar* (*andar*) *más tieso que un* ～** =**ir más tieso que un ～**

***dar* ～ *a*+人** …に待ちぼうけを食わせる

***ir más tieso que un* ～** 肩で風を切って歩く, とりすまして歩く

***oler el* ～** 危険を察知する

***ser un* ～** 1) のろまである. 2)《俗語》耳が聞こえない

posteado [posteáđo] [男] 柱を立てること, 支柱の打ち込み

posteador, ra [posteađór, ra] [形] [名] 柱を立てる〔人〕, 支柱を打ち込む〔人〕

postear [posteár] [他] ❶ …に柱を立てる, 支柱を打ち込む. ❷《コロンビア》待ち伏せする

postelectoral [postelektorál] [形] =**poselectoral**

postelero [posteléro] [男]《船舶》防舷材

postema [postéma] [女] ❶《医学》膿瘍(のうよう). ❷《まれ》しつこい人, 厄介な人. ❸《メキシコ》膿, 腫れ物

***no criarle a*+人 ～** …にずばりと言う, 無遠慮に物を言う

postemero [postemèro] [男]《医学》膿瘍切開用のランセット

postemilla [postemíʎa] [女]《中南米》=**postema**

póster [póster]〖←英語 poster〗[男]〖[複] ～s〗[装飾用の] ポスター

postergación [postergaθjón] [女]《主に中南米》❶ 遅れ; 後回し, 延期. ❷ 軽視, なおざり

postergar [postergár]〖←ラテン語 postergare < post tergum「背後に」〗[8] [他] ❶《主に中南米》遅らせる, 後回しにする: El partido fue *postergado* por mal tiempo. 試合は悪天候のため延期された. ❷ [人・事を, 主に不当に] 下位に置く, 格下げにする: Ella *postergó* su carrera por ser madre. 彼女は母親になるために学業をやめた

posteridad [posteriđá(đ)]〖←ラテン語 posteritas, -atis〗[女] ❶ [集名] 後裔(こうえい), 子孫; 後世〔の人々〕: mensaje destinado a la ～ 後世の人にあてたメッセージ. ❷ 未来, 将来: en la ～ 将来には; 後世には. ❸ 死後の名声. ❹《西》尻〖=culo〗

***pasar a la* ～** 不朽の名声を得る, 後世に名を残す: Su obra *pasó a la* ～. 彼の作品は不朽の名声を得た

posterior [posterjór]〖←ラテン語 posterior, -oris〗[形]〖⇔anterior〗❶ [+a より] 後の: 1) [時間] El plazo de reclamo es hasta una semana ～ *a* la entrega. クレーム期限は引き渡し後1週間以内です. Eso ocurrió en una época ～ *a* la guerra. それは戦争よりも後の時代に起こった. En ～*es* encuentros siguieron negociando. 彼らはその後の会談で交渉を続けた. Ese cuento del primer pecado de Adán y Eva fue una añadidura muy ～. アダムとイブの最初の罪という例の話はずっと後世に付け足されたものだ.〖[語法] posterior を muy で強調することができる. しかし「…よりもっと後」という意味が含まれているので más を付けることは不可: ×Es *más* posterior./○Es posterior. それはもっと後のことだ〗2) [空間] 後部の: Salga usted por la puerta ～. 後ろのドアから出て下さい. La víctima tiene una herida en la parte ～ del cráneo. 被害者は後頭部に傷がある. vagón ～ *al* nuestro 私たちより後ろの車両. luz ～ [車などの] 尾灯. ❷《音声》後舌の: vocal ～ 後舌母音

—— [副]《俗用》後で〖=después〗

posteriori →**a posteriori**

posterioridad [posterjoriđá(đ)] [女] [時間的に] 後であること

***con* ～** 後に; [+a より] 以後に: aplicable ～ *al* 31 de diciembre de 2015 2015年12月31日以後に適用可能な

posteriormente [posterjórménte] [副] ❶ 後に: Se comenzó con un presupuesto anual de tres millones de euros y ～ el Ayuntamiento lo redujo a dos millones. 当初, 年300万ユーロの予算で始まったが, 市役所は後にそれを200万に引き下げた. ❷ [+a より] 後で, それ以後に

postescolar [posteskolár] [形] 学校卒業後の: estudios ～*es* 卒業後の研究

posteta [postéta] [女]《製本》仮とじの 1 束

postfijo, ja [postfíxo, xa] [形] [男]《まれ》=**sufijo**

postfranquista [pos(t)fraŋkísta] [形] =**posfranquista**

postgrado [pos(t)ɡráđo] [男] =**posgrado**

postgraduado, da [pos(t)ɡrađwáđo, đa] [名] =**posgraduado**

postguerra [pos(t)ɡéřa] [女] =**posguerra**

post hoc [post ók]〖←ラテン語〗[副]《文語》午後

posticería [postiθería] [女] かつらの製造技術(製造業・製造所)

postigo [postíɡo]〖←ラテン語 posticum〗[男] ❶ [大きな門に付けられた] くぐり戸, 小門. ❷ [明かりを通さないための] 雨戸, シャッター. ❸ [簡素な] 一枚扉. ❹ [町の] 裏門. ❺ 隠し戸, 裏口. ❻ 板戸

postiguillo [postiɡíʎo] [男]《地方語》雨戸〖=postigo〗

postila [postíla] [女] 注, 注釈〖=apostilla〗

postilación [postilaθjón] [女] 注釈を加えること

postilador, ra [postilađór, ra] [名] 注釈者

postilar [postilár] [他] …に注をつける, 注釈を施す

postilla [postíʎa] I〖←ラテン語 pustella〗[女]《医学》かさぶた, 痂皮(かひ): Se le hace una ～ en la herida. 彼は傷口にかさぶたができた

II〖←ラテン語 post illa〗[女] 注, 注釈〖=apostilla〗

postillón [postiʎón]〖←伊語 postiglione〗[男]《古語》[駅馬車の] 騎乗御者

postilloso, sa [postiʎóso, sa] [形] かさぶたのできた

postimpresionismo [postimpresjonísmo] [男] =**posimpresionismo**

postimpresionista [postimpresjonísta] [形] [名] =**posimpresionista**

postín [postín]〖←ジプシー語 postín「皮」〗[男]《西》❶《軽蔑》[根拠のない] 気取り, 虚飾. ❷ 金持ち(貴族)の生き方

***darse* ～**《西. 軽蔑》もったいぶる, 偉そうにする

***de* ～**《西》ぜいたくな, 豪華な; 上流階級らしい, 気取った: casa *de* ～ 豪邸. una familia *de* mucho ～ ひどく気取った一家

***gastar* ～**《西. 軽蔑》=**darse ～**

postindustrial [postindustrjál] [形] =**posindustrial**

postinear [postineár] [自]《口語》もったいぶる, 偉そうにする, 気取る

postinero, ra [postinéro, ra] [形]《口語》❶ 気取った, これみよがしの. ❷ ぜいたくな, 豪華な

postino [postíno] [男]《チリ》タクシー乗り場で客待ちをしているタクシー

postinoso, sa [postinóso, sa] [形]《まれ》=**postinero**

postismo [postísmo] [男]《文学, 美術》ポスティスモ〖1945年スペインで起きた運動. シュルレアリズムなどの前衛的運動への批判〗

postista [postísta] [形]《文学, 美術》ポスティスモの

post-it [póstit]〖←英語〗[男] 付箋

postiza[1] [postíθa] [女] ❶《船舶》[ガレー船の, オールを置くための] 舷外材. ❷《音楽》[小型の] カスタネット: tocar las ～*s* カスタネットを叩く

postizo, za[2] [postíθo, θa]〖←古語 apostizo < ラテン語 appositicius < apponere「付け加える」〗[形] ❶ [身体の一部が] 人工の: barba ～*za* 付けひげ. diente ～ 義歯, 入れ歯. ❷ 見せかけの, 虚偽の: actitud ～*za* 偽り(うわべだけ)の態度. ❸ 取り外し(付け替え)のできる: cuello ～《服飾》付けえり. ❹ 付け足しの: adorno ～ 余計な装飾. ❺《南米. 廃語》白人のメスティーソ mestizo と cuarterón との混血の〔人〕

—— [男] 部分かつら, かもじ, ヘアピース

postliminio [pos(t)limínjo] [男]《古代ローマ. 法律》[捕虜の] 権利回復, 財産回復

postmeridiano, na [pos(t)meriđjáno, na] [形] [男] =**posmeridiano**

post meridiem [post meríđjen]〖←ラテン語〗[副]《主に中南米》午後: Son las ocho ～. 午後8時だ

postmo [pós(t)mo] [形]《口語》=**posmoderno**

postmodernidad [pos(t)međerniđá(đ)] [女] =**posmodernidad**

postmodernismo [pos(t)međernísmo] [男] =**posmodernismo**

postmoderno, na [pos(t)međérno, na] [形] =**posmoderno**

post mortem [pos mórten]〖←ラテン語〗[副] [形] 死後〔の〕

Post mortem nihil est [pos mórten niil est]〖←ラテン語〗死後は何もない〖セネカ Séneca の言葉〗

postnatal [pos(t)natál] [形] =**posnatal**

—— [男]《チリ》産休, 母親手当

postnominal [pos(t)nominál] [形] [男]《言語》名詞・形容詞から派生した〔語〕〖=denominativo〗

P

postónico, ca [pɔstóniko, ka] 形《音声》[母音・音節が] 強勢の後の《⇔protónico》

postoperatorio, ria [pɔstoperatórjo, rja] 形 男 =posoperatorio

postor, ra [pɔstór, ra] 《←ラテン語 positor, -oris》名 ❶《競売の》競り手, 入札者: El major (mejor) ~ se quedó con esas joyas. 最高入札者がそれらの宝石を手に入れた. ❷《まれ. 狩猟》射手を配置する人

postpaladar [pɔs(t)paladár] 男《音声》後部硬口蓋

postpalatal [pɔs(t)palatál] 形 女《音声》後部硬口蓋音〔の〕

postparto [pɔs(t)párto] 形 男 =posparto

post partum [pɔs pártum] 《←ラテン語》形 男 産後〔の〕

postprandial [pɔs(t)prandjál] 形 食後の

postpretérito [pɔs(t)pretérito] 男 =pospretérito

postproducción [pɔs(t)produ(k)θjón] 女 集名《映画, 放送》ポストプロダクション《撮影後から上映・放映に至るまでの作業》

postquirúrgico, ca [pɔs(t)kirúrxiko, ka] 形 =posquirúrgico

postración [pɔstraθjón] 《←ラテン語 postratio, -onis》女 ❶ [病気・苦悩による] 虚脱状態, 脱力状態. ❷ ひざまずくこと, 跪座(きざ), 跪拝

postrado, da [pɔstrádo, da] 形《植物》[茎が弱くて] 倒れた

postrador, ra [pɔstradór, ra] 形 衰弱した, 屈服した
—— 男 祈禱台

postrar [pɔstrár] 《←ラテン語 postrare》他 ❶ [肉体的・精神的に] 衰弱させる: El accidente lo postró en una silla de ruedas. 彼は事故で車椅子生活をおくった. El muerte de su esposa lo postró. 妻の死で彼はがっくりきた. ❷ 打ち破る, 倒す
—— 再《文語》[+a·ante の前に] ひざまずく; 跪拝(きはい)する: El caballero se postró ante el rey. 騎士は王の前にひざまずいた. ~se ante el altar 祭壇の前にひざまずく. ❸ 衰弱する: Está postrado en su lecho de muerte. 彼は死の床についている

postraumático, ca [pɔstraumátiko, ka] 形《医学》心的外傷後の: trastorno por estrés ~ 心的外傷ストレス障害, PTSD

postre [pɔstre] 《←ラテン語 poster, -eri》男 ❶《料理》デザート: De ~ tenemos tarta de casas. デザートには自家製ケーキがあります. tenedor para ~ デザート用のフォーク. ❷《トランプ》[オンブル] tresillo で] 子 《=pie》
—— 形 最後の《=postrero》
a la ~ 最後には, 結局: A la ~, todos defienden los mismos intereses. つまるところ彼らは皆自分の利益を守るのだ
a los ~*s* 1) 食事のデザートになったころに, 2) [行為の] 最後に, 終わりかけたころに
al fin y a la ~/*al* ~ =*a la* ~
de ~《口語》=para
para ~《口語》その上〔悪いことに〕: Para ~, la cumbre se encuentra cubierto por espesas nubes. おまけに頂上は厚い雲に覆われている

postremero, ra [pɔstreméro, ra] 形 最後の〔=postrero〕

postremo, ma [pɔstrémo, ma] 《←ラテン語 postremus》形 最後の〔=postrero〕

postrer [pɔstrér] →postrero

postrera[1] [pɔstréra] 女 ❶《中南米》最後に搾られる牛乳. ❷《アルゼンチン. 舞踊》ワルツのリズムで終わるペリコン pericón のフィギュア

postreramente [pɔstrerámente] 副 最後に, 最終的に, 結局〔=a la postre〕

postrero, ra [pɔstréro, ra] 《←postremo+primero》形 名《語尾》男性単数名詞の前では **postrer** となる》❶《文語》最後の〔人〕, 最終の: su postrer deseo 彼の最後の願い. en los días ~s del mes 月末に. llegar lo a... …に最後に着く. A mal paso, pasar ~. 《諺》石橋を叩いて渡る. ❷ 後ろの, 後部の

postrimer [pɔstrimér] 形 postrimero の語尾消失形

postrimeramente [pɔstrimerámente] 副 =postreramente

postrimería [pɔstrimería] 女 ❶《主に 複》人生などの終わり: en las ~s del siglo pasado 前世紀の末に. en sus ~s 死ぬ間際になって. ❷《カトリック》四終《人間の終末状態: muerte 死, juicio 最後の審判, infierno 地獄, gloria 天国》

postrimero, ra [pɔstriméro, ra] 形《文語》最後の

postromanticismo [pɔs(t)romantiθísmo] 男 =posromanticismo

postromántico, ca [pɔs(t)romántiko, ka] 形 =posromántico

post scriptum [pɔs skrí(p)tun] 《←ラテン語》男 =posdata

postseparación [pɔs(t)separaθjón] 女 離婚後

postsincronización [pɔs(t)sinkroniθaθjón] 女《映画, テレビ》アフレコ

postsincronizar [pɔs(t)sinkroniθár] 他《映画, テレビ》アフレコをする

postuero [pɔstwéro] 男《地方語》[山の] 家畜をいつも休ませる場所

póstula [póstula] 女 =postulación

postulación [pɔstulaθjón] 女 ❶ [街頭] 募金. ❷ 基礎条件《=postulado》. ❸《中南米. 政治》候補者を立てること, 候補者指名. ❹《チリ, アルゼンチン, ウルグアイ》申請

postulado [pɔstuládo] 男 ❶ [証明の必要のない] 基礎条件, 先決要件; 仮定: La filosofía parte de una serie de ~s. 科学は一連の先決要件から出発する. ❷《数学》公準: cinco ~s de Euclides ユークリッドの5つの公準. ❸ [擁護する] 思想, 主義: Actúo acorde a mis ~s. 私は自分の主義にのっとって行動している

postulador, ra [pɔstuladór, ra] 形 名《数学》公準として要請する〔人〕
—— 男《カトリック》列聖列福調査請願者

postulanta [pɔstulánta] 女 →postulante

postulantado [pɔstulantádo] 男 聖職志願者としての期間

postulante [pɔstulánte] 〔女性形 **postulanta** もある〕 ❶ 募金する; 募金者. ❷《宗教》聖職志願者. ❸《中南米. 政治》候補者. ❹《チリ, アルゼンチン, ウルグアイ》求職者

postular [pɔstulár] 《←ラテン語 postulare》自《文語》[主に街頭で. +para のために] 募金をする: Los niños postulan para la Cruz Roja. 子供たちが赤十字の街頭募金をしている. ❷《宗教》聖職志願者
—— 他 ❶ 要請する, 要望する; [解決を] 求める: Los socios postularon un cambio en la directiva. 会員たちが役員の交代を要求した. ❷ [思想を] 擁護する; 原則を立てる. ❸《文語》仮定する. ❹《中南米. 政治》候補に立てる. ❺《南米》[役職に] 推薦する

póstumo, ma [póstumo, ma] 《←ラテン語 postumus》形 [父・作家の] 死後に世に出た: hijo ~ 父の死後生まれた子. obra ~*ma* 死後出版作品, 遺作

postura [pɔstúra] 《←ラテン語 positura < ponere「置く」》女 ❶ 姿勢, 格好; ポーズ: 1) Mantiene mucho rato la misma ~. 彼はずっと同じ姿勢をとっている. tomar (ponerse) una ~ cómoda 楽な姿勢をとる. ~ de loto 結跏趺坐(けっかふざ), 蓮華坐(れんげざ). 2)《性戯》体位: ~ del misionero 正常位. ❷ [人·事物に対する] 態度, スタンス; 意見: La empresa tiene la ~ de que la satisfacción de clientes es lo más importante. 顧客の満足が一番大切だという態度を企業はとっている. adoptar una ~ de indiferencia ante... …に対し無関心な態度をとる. rectificar su ~ 態度を改める. ~ oficial de la Iglesia 教会の公的態度. ❸《競売の》付け値: hacer ~ 値段を付ける. la mayor ~ 最高の付け値. ❹《トランプ》賭け金. ❺ [移植される] 苗, 苗木; 定植, 移植. ❻ [鳥の] 産卵; [一度に産み落とされる鳥の] 卵. ❼ ~ del sol 落日, 入り日. ❽ 協定, 取り決め. ❾《俗語. ギター》コード. ❿《狩猟》猟師の待ち伏せ場所. ⓫《隠語》[一定の金額に対し売人が渡す] 麻薬の量. ⓬《古語》食料税. ⓭《地方語》[家畜に与える] 飼料の配分量. ⓮《主に中南米》服を着ること. ⓯《エクアドル. 服飾》三つぞろい; [男女の] パーティー. ⓰《チリ》 ~ de argollas 婚約指輪の交換; そのパーティー

postural [pɔsturál] 形 姿勢の: hipotensión ~ 立ちくらみ, 起立性低血圧. vértigo ~ 体位性目眩(めまい)

postventa [pɔsbénta] 女 =posventa

postverbal [pɔs(t)berβál] 形《言語》動詞から派生した〔語〕〔=deverbal〕

posventa [pɔsbénta] 形 女《単複同形》販売後〔の〕: servicio ~ (asistencia) ~ アフターサービス

posverbal [pɔsberβál] 形 =postverbal

pot [pót] 男《トランプ》ジャックポット《カードが配られる前に賭け金を出しジャックのワンペア以上の手が来なければゲームを始めないルール》

pota [póta] 女 ❶《動物》アメリカオオアカイカ《大型のイカ》. ❷

《西. 隠語》吐物: echar la ～ 吐く. ❸《地方語》[pote より低く広い] 壺

potabilidad [potaƀiliđá(đ)] [女] [水などが] 飲用に適していること

potabilizador, ra [potaƀiliθađór, ra] [形] 飲料水に変える

—— [女] [産業用の] 海水淡水化装置

potabilizar [potaƀiliθár] 〘←potable〙 [9] [他] [海水などを] 飲用できるようにする

potable [potáƀle] 〘←ラテン語 potabilis〙 [形] ❶ [水などが] 飲用に適した, 飲んで害のない: agua ～ 飲料水. ❷《口語》まずまずの: Es una propuesta ～ para la mayoría. その提案は大多数にとってまずまずの内容だった. ❸《スポーツ》jugador ～ en casos de emergencia スーパーサブプレーヤー

potación [potaθjón] [女]《まれ》❶ 飲むこと. ❷ 飲み物〘=bebida〙

potador, ra [potađór, ra] [形] [名] [度量衡の] 正確さを検査する〔人〕; 目盛りをつける〔人〕

potaje [potáxe] 〘←仏語 potage < pot「煮込み鍋」〙 [男] ❶《料理》1) [豆類を主にした] シチュー. 2) スープ, ブイヨン〘=caldo〙. 3)《古語》[小斎の日に食べる] 乾燥豆類の煮込み. ❷ 乾燥豆類. ❸ [色々な成分の入った] 強い酒. ❹《軽蔑》混乱, 混合: ¡Qué ～ de datos! データがごちゃごちゃだ! ❺《コロンビア. 口語》まずい飲み物

potajería [potaxería] [女]《古語》❶ [王室の] 乾燥豆貯蔵庫. ❷ シチュー用の乾燥豆

potajier [potaxjér] 〘←仏語 potagier〙 [男]《古語》[王室の] 乾燥豆貯蔵庫の責任者

potala [potála] [女]《船舶》❶ [小舟の錨代わりの] おもし石. ❷ 船脚が重く操船しにくい船

potámico, ca [potámiko, ka] [形]《生物》河川(小川)に棲む

potámide [potámiđe] [女]《ギリシア・ローマ神話》[主に [複]] 川の精

potamofobia [potamofóƀja] [女]《医学》河流恐怖症

potamogeton [potamɔxétɔn] [男]《植物》[総称] ヒルムシロ

potamogetonáceo, a [potamɔxetonáθeo, a] [形] ヒルムシロ科の

—— [女] [複]《植物》ヒルムシロ科

potamología [potamolɔxía] [女] 河川学

potamóquero [potamókero] [男]《動物》アカカワイノシシ〘=jabalí de río〙

potamotoco, ca [potamotóko, ka] [形]《魚》[鮭などのように] 海に住み淡水で産卵する

potango [potáŋgo] [男]《アルゼンチン》楕円形の器

potar [potár] [他] ❶《西. 隠語》吐く. ❷ [度量衡の] 正確さを検査する; 目盛りをつける. ❸《まれ》飲む

—— [自]《西. 隠語》吐く

potasa [potása] [女]《化学》カリ化合物: ～ cáustica 苛性カリ

potásico, ca [potásiko, ka] [形] カリ化合物の, カリウムの: abono ～ カリ肥料. sal ～*ca* カリ塩

potasio [potásjo] [男]《元素》カリウム: dicromato de ～ 二(重)クロム酸カリウム. hidróxido de ～ 苛性カリ

pote [póte] 〘←カタルーニャ語 pot「壺」〙 [男] ❶ 壺(つぼ), かめ, 瓶: mermelada en un ～ 壺入りのジャム. ❷ 植木鉢: plantar flores en un ～ 花を植木鉢に植える. ❸《料理》[鉄製で三脚のある] 鍋;《アストゥリアス, ガリシア》[それで作った] コシード cocido に似たシチュー: ～ gallego ガリシア風シチュー. ❹ [度量衡の] 原器. ❺《地方語》[ワインなどの] 1杯. ❻《中南米》[口の細い] 小瓶. ❼《メキシコ》[食品貯蔵用のブリキ・ガラス製の] 容器. ❽《カリブ, アンデス》魔法瓶. ❾《ベネズエラ》缶

a ～ たくさん, 大量に: beber *a* ～ 大酒を飲む

darse ～《口語》自慢する, 偉そうにする: No *te des* tanto ～, que aquí todos somos iguales. そんなにいばるなよ, ここではみんな平等なんだから

tomar unos ～***s*** 酒を少し飲む

potear [poteár] [自] ❶《地方語》酒を1杯引っかける. ❷《中南米》ボールを打つ

potemkismo [potemkísmo] [男] ポチョムキン村〘貧困や恥ずかしいところを隠す見せかけ. ←18世紀, 帝政ロシアの軍人・政治家ポチョムキン Potemkin が美しい書き割りの村を作り, 視察に来たエカチェリーナ2世 Catalina la Grande に見せ喜ばせた〙

potencia [poténθja] 〘←ラテン語 potentia〙 [女] ❶ 力, 能力: El motor tiene una gran ～. そのエンジンは非常に力が強い. no tener ～ visual 目が見えない. test de ～ muscular 筋力テスト. ～ al freno ブレーキ馬力. ～ eléctrica 電力. ～ hidráulica 水力. ❷ 権勢, 支配力: ～ de la iglesia 教会権力. ～ naval 海軍力. ❸ 強国, 大国: Japón es la segunda ～ económica mundial. 日本は世界第2位の経済大国である. ～ militar 軍事大国. ～ nuclear 核保有国. ❹ 可能性, 潜在性. ❺ 勢力: ～*s* infernales 地獄の勢力〘鬼, 悪魔など〙. ❻《宗教》[キリスト・モーゼ像の] 後光. ❼《カトリック》[主に [複]] 能天使. ❽《物理》1) 出力: ～ nominal 公称出力. 2) 仕事率. 3) [てこの] 力点. ❾《数学》累乗, 冪(べき)〘=elevación a ～*s*〙: Tres a la cuarta ～ son 81. 3の4乗は81. elevar (multiplicar) a la segunda ～ 2乗する. elevar a seis ～*s* 6乗する. quinta ～/～ de quinto grado 5乗. ❿《哲学》知力. ⓫《地質》地層の厚さ;《鉱山》鉱脈の厚さ

de ～ ***a*** ～ 対等に

en ～ 1) 潜在的な・に: Pienso demostrar que todos somos genios *en* ～. 私たちは潜在的な天才であることを証明しようと思う. 2)《哲学》可能的な〘⇔en acto〙

potenciación [potenθjaθjón] [女] ❶《文語》強化, 育成: ～ de la industria 工業の発展強化. ❷ 増強. ❸《数学》累乗〘行為〙

potenciador, ra [potenθjađór, ra] [形] 強力にする

—— [男] [保存食品の] 味の強化剤

potencial [potenθjál] 〘←potencia〙 [形] ❶ 潜在的な; 可能性のある, 可能性を秘めた: Existe un riesgo ～ para la salud de consecuencias todavía imprevisibles. いまだ結果の予測できない健康に対する潜在的な危険が存在する. demanda ～ 潜在需要. enemigo ～ 仮想敵国. habilidades ～*es* 潜在能力. ❷ 見込まれる, 見込みの. ❸ 勢力のある, 有力な. ❹《物理》1) 動力の, 仕事率の: medida ～ 仕事量の単位. 2) 位置の: energía ～ ポテンシャルエネルギー, 位置エネルギー. 3) 電位の. ❺《文法》可能法の

—— [男] ❶ 潜在力, 可能性; 力: La industria de artesanía local tiene un enorme ～ productivo. その地域の手工業は高い生産性をもつ潜在能力を持っている. ～ para el futuro 未来への可能性. ～ militar 軍事力. ～ humano 人的資源. ❷《物理, 数学》ポテンシャル: ～ eléctrico 電位. ❸《化学》位: ～ químico 化学位. ❹《文法》可能法〘直説法過去未来・過去未来完了のこと. =modo ～〙

potencialidad [potenθjaliđá(đ)] [女] ❶ [主に [複]] 〔潜在的〕可能性, 潜在能力. ❷ 潜在的であること. ❸ 力, 能力

potencializar [potenθjaliθár] [9] [他] ❶ [+a+事物 に] 力を与える. ❷《薬学》[効果を高めるために] 組み合わせる

potencialmente [potenθjálménte] [副] 潜在的に, 可能性として

potenciar [potenθjár] 〘←potencia〙 [10] [他] ❶《文語》強力にする, 強める, 育成する: ～ las relaciones con los países africanos アフリカ諸国との関係を強化する. ❷ 効率(能率)を上げる. ❸ 支持する, 推進する

—— **～se** 効率が上がる

potenciométrico, ca [potenθjométriko, ka] [形] 電位差計の

potenciómetro [potenθjómetro] [男] ❶《電気》電位差計. ❷ 音質・音量調整つまみ

potentado, da [potentáđo, đa] 〘←ラテン語 potentatus〙 [名] ❶《軽蔑》大物, 金と権力のある人. ❷ 有力者, 大物; 君主, 王侯

potente [poténte] 〘←ラテン語 potens, -entis〙 [形] ❶ 力のある, 力強い; 強大な, 勢力(権力)のある: tener una voz ～ 声量がある. altavoces ～*s* 大出力スピーカー. nación ～ 強国, 大国. alarido ～ 力強い叫び声. ❷ [男性が] 性的能力のある. ❸《まれ》大きな

potentemente [poténteménte] [副] 強力に, 力強く

potentilla [potentíʎa] [女]《植物》キジムシロ

potenza [poténθa] [女]《紋章》撞木(しゅもく)形十字紋

potenzado, da [potenθáđo, đa] [形]《紋章》[十字が] 各先端がT字形の

poteo [potéo] [男]《地方語》酒を1杯引っかけること

potera [potéra] [女] [イカ・マグロの] 釣り道具

potería [potería] [女] [集名]《プエルトリコ》瓶

poterna [potérna] 〘←仏語 poterne〙 [女]《築城》裏門, 脇門, 通用門

potero [potéro] [男] =**potador**

potestad [potestá(đ)] 〘←ラテン語 potestas, -atis〙 [女] ❶ 権力, 権限: La Iglesia no tiene ～ para anular matrimonios. 教会には結婚を無効にする権限はない. tener ～ sobre... …を支配下に置いている. ～ discrecional 裁量権. ～ legislativa, ejecutiva y judicial 立法・行政・司法権. ～ marital [妻とその財産

P

potestativo, va [potestatívo, ba]《←ラテン語 potestativus》❶随意の, 任意の: Es ~ este uso de la preposición. 前置詞のこの使用は任意である. condición ~va 随意条件. contrato ~ 随意契約

potetería [potetería]女《アンダルシア》へつらい, 甘言
potetero, ra [potetéro, ra]形《アンダルシア》へつらいの, 甘言の
potiche [potítʃe]男《チリ》陶器
potincar [potiŋkár][7] **~se**《チリ》=apotincarse
potingue [potíŋge]《←カタルーニャ語 potingues》男❶《軽蔑》おかしな・不快な外見・味・においの〕食べ物, 飲み薬. ❷ [クリーム状の〕薬, 化粧品
potísimo, ma [potísimo, ma]形《文語》非常に有力(重要)な
potista [potísta]名 大酒飲み
potito [potíto][pote の示小語]男❶[瓶入りの〕ベビーフード. ❷《チリ》尻.【=nalgas]
Potius mori quam foedari [pótjus móri kwam foedári]《←ラテン語》不名誉より死を
potiza [potíθa]女《ドミニカ》素焼きの水差し
potlach [potlátʃ]男 ポトラッチ《北米先住民の習俗で, 客を招き競い合って贈与・消費する饗宴》
poto [póto]男❶《植物》ポトス. ❷《ペルー, ボリビア, チリ, アルゼンチン, エクアドル》[人の]尻；[瓶の]底. ❸《ペルー》[液体を入れる〕小さな陶器
 a ~ pelado《チリ. 口語》裸の；一文無しの
potoco, ca [potóko, ka]形《チリ. 口語》ずんぐりした, 背の低い
potolina [potolína]女《チリ. 服飾》腰当て, バッスル【=polisón]
potoncón [potoŋkón]男《キューバ》道路の段差
potorilo [potoríʎo]男《中南米. 植物》ワタモドキ科の一種《種は赤色で堅くネックレスなどに使われる. 学名 Cochlospermum vitaefolium》
potos [pótos]男《単複同形》《植物》ポトス【=poto]
potosí [potosí]男《←P~》《←ボリビアの銀山》男【擬―es】並外れた富, 巨額の財産
 valer un ~ 大変価値がある, すばらしい: Esta chica vale un ~, y en su empresa mejor están muy contentos con ella. この女性はすばらしいので, 会社は彼女にとても満足している

potosino, na [potosíno, na]名《地名》❶ ポトシ Potosí の〔人〕《ボリビア中南部の県・県都. 町は標高4000mにあり, 元銀山は世界文化遺産》. ❷ サン・ルイス・ポトシ San Luis Potosí の〔人〕《メキシコ中部の州》
pot-pourri [popurí]《←仏語》男 =popurrí
potra[1] [pótra] I《←?ポルトガル語》女《西. 口語》幸運: tener ~ ついている
  II《←potro》女《口語》[鼠径部などの〕ヘルニア
potrada [potráda]女【集名】子馬の群れ
potranco, ca [potráŋko, ka]名 [3歳以下の〕子馬
potreador, ra [potreadór, ra]形《俗語》迷惑をかける, 苦しめる
 —《ラプラタ》冊
potrear [potreár]他❶《俗語》迷惑をかける, 苦しめる. ❷《中南米》[子馬を〕飼い馴らす. ❸《グアテマラ, ペルー》[人を〕殴る
 —《ホンジュラス, ペルー, ボリビア, チリ, アルゼンチン, ウルグアイ》[子供たちが〕荒れ地で遊ぶ
potrero, ra [potréro, ra] I《←potro》名❶ 牧草地にいる〕子馬の飼育係. ❷《俗語》ヘルニアの専門医
 — ❶ 子馬用の牧場. ❷《中南米》[柵などで囲われた牧場》牧場. ❸《メキシコ》平原. ❹《プエルトリコ》家畜に焼き印を押すための狭い場所. ❺《チリ, ウルグアイ》荒れ地, 原っぱ《しばしば子供たちが遊ぶ場所とする》. ❻ 《ラプラタ》めす馬がはねないよう荒馬子馬の腹に巻き付ける革帯
  II 形《西. 口語》大変便利のいい【=potroso】
potril [potríl]形 子馬を育てる牧草地の
potrilla[1] [potríʎa]男 若作りする老人, 若さを気取る老人
potrillo, lla[2] [potríʎo, ʎa]名《potro の示小語》男❶ [3歳未満の〕子馬
 — ❷《チリ》細長いジョッキ
potro, tra[2] [pótro, tra]《←古語 poltro <ラテン語 pulletrus》名 [4歳半以下の〕子馬, 若駒
 — 男❶《体操》跳馬. ❷ ~ de saltos》~ con arcos 鞍馬. ❷ 拷問の木馬. ❸ [蹄鉄を打つ時に使う〕馬を押さえ

木枠. ❹《養蜂》蜜蜂の分封用に地面に開けた穴. ❺《廃語》分娩台. ❻《中南米》ヘルニア；腫瘍. ❼《廃語》種馬
potroso, sa [potróso, sa]形名❶《西. 口語》[人が〕幸運な. ❷《まれ》ヘルニアにかかった；ヘルニア患者
poularda [pulárda]女 =pularda
poule [púl]《←仏語》女❶《競馬》3歳馬の初レース. ❷《スポーツ》1) 総当たり戦. 2) リーグ戦の組
poya [pója]女❶《古俗的》共同パン焼き窯の使用料. ❷ 亜麻くず
poyal [pojál]男❶ ベンチ poyo を覆う縞柄の布. ❷ ベンチ【=poyo]. ❸《プエルトリコ. 植物》マングローブ【=manglar]
poyar [pojár]自 共同パン焼き窯の使用料を払う
poyata [pojáta]女❶ [壁に取り付けた〕食器棚. ❷ 棚. ❸《プエルトリコ》[川岸の下の〕砂州
poyato [pojáto]男《西》段々畑. ❷《地方語》[主に小さな〕ベンチ poyo
poyatón [pojatón]男《地方語》[主に小さな〕ベンチ poyo
poyete [pojéte]男《西》❶ ベンチ【=poyo]. ❷ 小さな棚状の場所
poyetón [pojetón]男《アンダルシア》 quedarse (sentarse) en el ~/irse al ~ 行かず後家になる, オールドミスになる
poyo [pójo]《←ラテン語 podium》男❶《別荘などの壁に作られた》ベンチ, 腰掛け. ❷《魚》フサカサゴ科の一種《学名 Scorpaena madurensis》. ❸《廃語》裁判官に支払われる〕裁判料. ❹《アラゴン》畝【=caballón]
poza [póθa]《←pozo》女❶ 水たまり. ❷ [川の〕深み, 淵. ❸ 亜麻・麻を浸すための用水池. ❹《エクアドル》[湿地の中にある〕沼
pozal [poθál]《←pozo》男❶ [井戸から水を汲み上げる〕桶（ƒ）；バケツ. ❷ 井桁. ❸ [ブドウ・オリーブなどの搾汁を受ける〕かめ【=pocillo]. ❹《アラゴン》[一般に〕畝
pozanco [poθáŋko]男《西》[氾濫後川岸に残った〕水たまり, 小さな池
pozo [póθo]《←ラテン語 puteus「穴」》男❶ 井戸: hacer (perforar) un ~ 井戸を掘る. sacar agua del ~ 井戸から水を汲む. ❷《隠語》姦淫する. ~ artesiano 掘り抜き井戸. ❷《鉱山》立て坑【=~ de mina]. ~ petrolífero/~ de petróleo 油井. ❸ [深い〕穴: ~ negro (ciego·séptico) [下水処理の〕腐敗タンク. ❹ [川の〕深み, 淵. ❺ 底の知れない人: Es un ~ de sabiduría. 彼は博識家だ. ❻ ~ de maldad 極悪人である. ❻《船舶》1)《漁船の》生け簀(ず), 水槽. 2) 船倉, [船底の〕湾曲部. ❼《トランプ》《カナスタ canasta で》捨て札の山. ❽《コロンビア, チリ》水たまり. ❾《コロンビア》[川の〕水浴びに適した場所. ❿《エクアドル》源, 水源. ⓫《ラプラタ》[道路の〕くぼみ: ~ de aire エアポケット【=bolsa de aire]
 abrir el ~《隠語》処女を失わせる
 caer en un ~ 忘れ去られる
 ~ airón 1) 深井戸；深い淵. 2)《比喩》=~ sin fondo
 ~ de lobo 落とし穴
 ~ sin fondo《比喩》底なし井戸: La construcción de la autopista se convirtió en un ~ sin fondo. 高速道路の建設は底なし井戸のように金が注ぎ込まれた. La avaricia es un ~ sin fondo. 貪欲にはとどまる所を知らない
pozoalbense [poθoalbénse]形 =pozoblanquero
pozoblanquero, ra [poθoblaŋkéro, ra]形名《地名》ポソブランコ Pozoblanco の〔人〕《コルドバ県の町》
pozol [poθól]男《メキシコ, ホンジュラス, コスタリカ》ポソレ【=pozole]. ❷《グアテマラ》1) [鶏の餌用の〕砕いたトウモロコシ. 2) 沈殿物, 澱（ƒ）
pozole [poθóle]男❶《メキシコ》ポソレ《1) 豚肉・皮付きのトウモロコシ・トウガラシの煮込み. 2) ムラサキトウモロコシ粉を冷水に溶いた甘い飲料》. ❷《グアテマラ》家禽に与える飼料
pozongo [poθóŋgo]男《アルゼンチン》[太鼓に似た形で中に穀粒が入っていて〕振って鳴らす楽器
pozuela [poθwéla]女《キューバ》弁当箱
pozuelera, ra [poθweléro, ra]形名《地名》ポスエロ・デ・アラルコン Pozuelo de Alarcón の〔人〕《マドリード県の村》
pozuelo [poθwélo]男❶ [オリーブの搾油機の〕搾り汁をためるくぼみ. ❷《キューバ》サラダボウル；デザート用の深皿
PP《略》《西. 略語》=Partido Popular 国民党
pp.《略語》←páginas ページ
P.P.《略語》←por poder 代理で；porte pagado 郵税別納, 運賃先払い(支払済)

p/p.《略語》←pronto pago 直払い
ppdo《略語》←próximo pasado すぐ前の: el mes ~ 先月
ppm《略語》←partes por millón 100万分の1, ppm
ppmv《略語》←partes por millón en volumen 100万分の1体積分率
pqte.《略語》←paquete 小包
pracritismo [prakritísmo]《男》《言語》プラークリット語特有の言い回し
prácrito [prákrito]《形》《男》《言語》プラークリット語〔の〕;《サンスクリット語以外のインド古代・中世の方言》
práctica[1] [práktika]《←ラテン語 practice < ギリシャ語 praktike < prasso「私は忙しい」》《女》❶ [主に《複》] 練習, 実習, 教習, 訓練, 修行: Ahora tenemos ~ de Anatomía. 私たちは今から解剖学の実習に合格した. Aprobé las ~s de medicina. 私は医学の実習に合格した. Hacemos la ~ en el mismo colegio. 私たちは同じ小学校で教育実習をする. ~ hacer ~ de química (de tiro) 化学の実験 (射撃訓練) をする. viaje aéreo de ~s 飛行訓練. ~ del silencio en el monasterio 修道院における沈黙の行. ❷ [スポーツ・技術などを]実際〔継続的に〕行なうこと, 実施: Se inició en la ~ del esquí cuando era niña. 彼女は子供のころからスキーを始めた. ~ del deporte スポーツをすること. ~ de la medicina 医療〔行為〕. ❸ 実行, 実施, 実践〔考えたことを実際に行なうこと〕: la teoría y la ~ 理論と実践. Se aprende con la ~. 人は実践から学ぶ. ❹ 経験, 熟練: Mi abuela tiene mucha ~ cosiendo. 祖母は裁縫のベテランだ. Le falta ~ en el campo de las ventas. 彼は営業では経験不足だ. La secretaria tiene poca ~ y comete muchos errores de redacción. その秘書は経験が足りないのでよく書き間違いをする. Necesito a alguien con más ~ en este trabajo. この仕事にはもっとベテランの手が欲しい. Ya lo harás mejor; es cuestión de ~. 君も次はうまくやるだろう, これは慣れの問題だ. La ~ hace maestro.《諺》習うより慣れよ. ❺ 習慣, 慣行: Se trata de una ~ muy extendida entre los comerciales. それは商店には広く行なわれている慣行だ. El sacrificio de animales es ~ habitual en esta tribu. この部族では動物を生贄に捧げる習慣がある. El carnaval es una ~ pagana. カーニバルは異教の習慣である. ❻《経済》~ comercial desleal [米国が規定した] 不公正慣行. ~ laboral desleal 不当労働行為
  en la ~ 実際には, 現実には: En la ~, las cosas se hacen de otro modo. 実際には事は別のやり方で運ばれる
  en ~s 実質上: Le han hecho un contrato en ~s. 彼は実質的には契約を結んでもらったも同然だった
  llevar a la ~ =**poner en ~**: Todavía no ha llevado a la ~ lo que nos prometió. 彼は私たちに約束したことをまだ実行に移していない. llevar la ley a la ~ 法律を実施する
  poner en ~〔考え・計画などを〕実行に移す: Desde ahora voy a poner en ~ una cosa que tenía decidida. 私は決心していたことを今から実行に移すつもりだ. Los americanos pusieron en ~ la doctrina Monroe. アメリカ人はモンロー主義を実行した. La policía puso en ~ una operación de búsqueda del presunto autor. 警察は容疑者の探索に乗り出した

practicable [praktikáble]《形》❶ 実行可能な, 実現できる: Esa me parece una idea poco ~. それはあまり実行できそうにない考えだと私は思う. Hay que buscar una solución más ~.もっと現実味のある解決法を見つけなければならない. ❷〔道が〕通行可能な: La subida a esta montaña es difícilmente ~. この山の登山道は大変険しい. Para los minusválidos no hay accesos ~s. 身障者が安心して通れる通路がない. ❸〔舞台装置などの扉・窓が〕実際に開閉できる: Al fondo de la escena, hay un arco ~. 舞台の奥には人が通れるアーチがある. Solamente son ~s algunas ventanas de la casa. その家は開く窓がいくつかない
  ——《男》《演劇》〔扉・窓など〕実際に開閉できる舞台装置
practicador, ra [praktikaðór, ra]《形》《男·女》実践する〔人〕
practicaje [praktikáxe]《男》《船舶》❶ 水先案内, 水先案内業. ❷ 水先案内料
prácticamente [práktikaménte]《副》❶ 実際的に: Debes plantear la idea más ~. もっと現実に即した方法で考えを提起すべきだ. ❷ 実質上, ほとんど: Participaron ~ todos los ciudadanos en el proyecto. その計画にはほぼ全市民が参加した. Todos queremos ayudar, pero nadie tiene tiempo ~. 誰もが手助けしたいと思っているが, 実際に時間のある者は誰もい

ない. ❸ 実践的に, 実践を通して: Mira qué ~ lo ha arreglado todo. ほら, 彼は手際よくそれをすべて処理しただろう. A cocinar se aprende ~. 料理は実際に作って覚えるものだ
practicanta [praktikánta]《女》《口語》女性の准医師
practicante [praktikánte]《形》❶《宗教》〔掟 (教え) を〕実践する〔人〕: Los ~s no son más que una parte de los creyentes. 掟を守る人は信者の一部に過ぎない. En su familia son católicos. ~ de algún deporte 何かスポーツをしている. ❸ [+de スポーツ・技術などを]行なっている〔人〕: Cada día hay más ~s de actividades al aire libre. 野外活動をする人が増えている. ~ del ciclismo 自転車愛好家. ~ de algún deporte 何かスポーツをしている. ❸ 准医師, 看護師〔医師 médico の補佐として注射などの簡単な治療だけをする〕: Llamemos a un ~ porque el médico de cabecera está de veraneo. 主治医は夏休み中なので准医師を呼ぼう. Acuden al ~ para las vacunas. 人々は准医師にワクチンを打ってもらいに行く. ❹ 教育実習生

practicar [praktikár]《←práctica》[7]《他》❶ [スポーツ・技術などを] 実際に〔継続的に〕行なう: No practico ningún deporte. 私はスポーツは何もしていない. ¿Cuánto tiempo hace que practicas el judo? 柔道を始めてどのくらいになりますか? Vivo con dos australianas y practico mucho el inglés. 私はオーストラリア女性2人と一緒に住んでいて英語を使うことが多い. ❷ [職業を]営む: Practico la abogacía en varias provincias. 私はいくつかの県で弁護士を営んでいる. Practicaba ilegalmente la medicina. 彼は違法で医療行為を行なっていた. ❸《文語》実施する, 遂行する: Practicaron varias detenciones. 多くの逮捕者が出た. Le han practicado la respiración artificial. 彼は人工呼吸を施された. Practicaron la autopsia al cadáver. 検死が行なわれた. Practicaban la comunidad de bienes. 夫婦共有財産制が行なわれていた. ❹ 練習する, 訓練する: El tenista tiene que ~ más su golpe de revés. そのテニス選手はもっとバックハンドの練習をしなければならない. Te aprenderás el baile en cuanto practiques estos cuatro pasos. 君はこの4つのステップを覚えたら, もう踊れるようになる. ❺ [信仰を] 実践する: La Constitución permite ~ cualquier religión. 憲法は信仰の自由を認めている. Practican el catolicismo. 彼らはまじめなカトリックだ. ~ la virtud 徳を実践する. ❻〔穴を開けて, 窓・通路を〕作る
  ——《自》❶ 訓練を受ける, 実習する: ~ con un cardiólogo 心臓専門医のもとで研修する. ~ en un hospital 病院で実習する. ❷ 信仰を実践する: Es católico, pero no practica. 彼はカトリック信者だが, あまり務めは果たしていない
  ~se ❶〔習慣・慣行などが〕行なわれる: Es una costumbre muy antigua que aún se practica en la región. それは今でもその地方で行なわれている慣行だ. Los idiomas, si no se practican, se pierden. 言葉はもし使われなければ失われてしまう. ❷《文語》実施される: En la actualidad se práctica este trámite por la vía rápida. 今ではこの手続きは簡素化されている

practicidad [praktiθiðá(ð)]《女》❶ 実用性. ❷〔チリ, アルゼンチン, ウルグアイ〕有用性, 適合; 都合
practicismo [praktiθísmo]《男》実用主義
practicista [praktiθísta]《形》実用主義の
práctico, ca[2] [práktiko, ka]《形》《←práctica》[主に ser+]❶ 実践的な, 実地の:《⇔teórico》: En medicina se necesitan tanto conocimientos teóricos como ~s. 医学では理論的な知識だけでなく実地の知識も必要だ. Hoy empiezan las clases ~cas de contabilidad. 今日から簿記の実習が始まる. ❷ 実用的な: El descubrimiento tiene una aplicación ~ muy importante. その発見は実用性の高い応用が可能だ. La navaja multiusos es muy ~ca en las acampanadas. 万能ナイフはキャンプで大役に立つ. uso ~ 実用. utilidad ~ca 実用性. persona ~ca 実際的な人. 2)〔事が〕A él solo le interesan los resultados ~s. 彼は損得勘定にしか興味がない. 3)〔不定詞・que+接続法が主語〕Era más ~ que te convirtieras en un chófer. 君が運転手役を務めるほうが理にかなっていた. ❹〔人が, +en に〕精通した, 経験の深い: No estoy muy ~ en el manejo de estas nuevas sierras. 私はこの新型ののこぎりの扱いに慣れていな

い. No estoy muy ~ en estos caminos de montaña. 私はこの山道のことはよく知らない
—— 男 ❶《船舶》1) 水先案内人. 2) 水先案内船, パイロットボート〖=barco del ~〗. ❷《西》医者〖=médico〗

practicón, na [praktikón, na]《西. 軽蔑》知識より経験に頼る人, 経験主義者
pradal [praðál] 男《地方語》=prado
pradejón [praðexón] 男《西》狭い牧草地
pradeño, ña [praðéɲo, ɲa] 形 牧草の, 牧草地の
pradera[1] [praðéra]〖←prado〗女 ❶ 草地, 原っぱ; 草原;《地理》[北米の] プレーリー: ~ inundada 浸水草原. ❷ [広大な] 牧場, 牧草地. ❸《植物》~ marina ウミクサ(海草)
pradería [praðería]〖←prado〗女《集名》牧場
pradero, ra[2] [praðéro, ra]《まれ》牧場の, 牧草地の
praderoso, sa [praðeróso, sa] 形 牧草の多い
pradial [praðjál]〖←仏語 prairial〗男《歴史》牧月(ゲッ)《フランス革命暦の第9月》
prado [práðo]〖←ラテン語 pratum〗男 ❶ [小さい] 牧場, 牧草地. ❷ 散歩道,《自然》遊歩道. ❸《コロンビア》芝生
a ~ [動物が] 牧場の草を食べて
Prado y Ugarteche [práðo i ugartétʃe]《人名》**Manuel ~** マヌエル・プラド・イ・ウガルテチェ《1889~1967, ペルーの政治家, 大統領. 石油の国有化などを図るが, クーデターで失脚》
pragana [praɣána] 女《カナリア諸島》雑穀
pragmático, ca [praɣmátiko, ka]〖←ラテン語 pragmaticus < ギリシア語 pragmatikos < pragma「事, 商売」〗形 ❶《哲学》プラグマチズムの, プラグマチックな, 実用主義の. ❷ 実際的な, 実用的な; 実際家, 実用主義者. ❸《言語》語用論的な; 語用論者. ❹ 現行法についてよく知っている法学者
—— 女《言語》語用論. ❷《歴史》国王命令《特定の事例に対応するための対策法》: P~ca Sanción 国事勅令, 国本詔勅《1830年フェルナンド7世の命令で女子にも王位継承権が復活》
pragmatismo [praɣmatísmo] 男 プラグマチズム, 実用主義
pragmatista [praɣmatísta] 形 プラグマチックな, 実用主義的な; プラグマチスト, 現実主義者
praguense [praɣénse] 形 名《地名》[チェコの] プラハ Praga の〖人〗
pragués, sa [praɣés, sa] 形 名 =praguense
pragueta [praɣéta] 女《地方語. 魚》マダイ〖=pargo〗
praliné [pralinέ]〖←仏語〗男《菓子》プラリネ〖アーモンドなどに糖液をからめたもの〗;〖プラリネ入りの〗チョコレートボンボン
prana [prána] 女《ヒンズー教》プラーナ, 気息
pranayana [pranajána] 男《ヨガ》プラナヤーナ, 呼吸法
prángana [práŋgana] 形 名《メキシコ, キューバ, プエルトリコ》極貧の〖人〗: estar en la ~ 一文なしである
prao [práo] 男《船舶》[マレー諸島で用いられる喫水が浅く細長い] 快走帆船
praseodimio [praseoðímjo] 男《元素》プラセオジム
prasio [prásjo] 男《鉱物》緑石英, プレーズ
prasiolita [prasjolíta] 女《鉱物》プラシオライト, グリーンアメジスト
prasma [prásma] 男《鉱物》半透明の緑玉髄
pratense [praténse] **I** 形《文語》❶ 牧場 prado の. ❷ 牧草地に生える
—— 女 牧草
II 形 名《地名》プラト・デ・リョブレガト Prat de Llobregat の〖人〗〖バルセロナ県の村〗
praticultor, ra [pratikultór, ra] 名 牧草業者
praticultura [pratikultúra] 女 牧草業
pravedad [praβeðá(ð)]〖←ラテン語 pravitas, -atis〗女《文語》邪悪さ, 不道徳
praviano, na [praβjáno, na] 形 名《地名》プラビア Pravia の〖人〗《アストゥリアス県の町》;《歴史》アストゥリアス王国の旧首都》
—— 女 アストゥリアスの民謡
pravo, va [práβo, βa]〖←ラテン語 pravus〗形 邪悪な, 凶悪な
praxinoscopio [pra(k)sinoskópjo] 男 プラキシノスコープ《回転のぞき絵の一種》
praxis [prá(k)sis]〖←ギリシア語 prassis〗女《単複同形》実践〖=práctica〗
pre [pré] 男《隠 ~s》《廃語》=prest
pre-《接頭辞》[前] prehistoria 有史以前, precordial 前胸部の

preabdomen [preaβðómen] 男《動物》〖サソリの〗前腹部
preacuerdo [preakwέrðo] 男 予備協定
preadamismo [preaðamísmo] 男《神学》アダムは人間の祖ではないとする説
preadamita [preaðamíta] 名《神学》アダム以前の人間
preadamítico, ca [preaðamítiko, ka] 形 アダム以前の: tiempo ~/época ~ アダム以前の時代
preagónico, ca [preaɣóniko, ka] 形 死直前の
prealerta [prealérta] 女 予備警報, 注意報
preambular [preambulár] 形《まれ》前置きのような
—— 男《まれ》前置きをつける
preámbulo [preámbulo]〖←ラテン語 praeambulus〗男 ❶〖本・演説などの〗序, 前置き;〖法律・条約などの〗前文: Se entretiene en el ~. 彼は前置きが長い. No andes con ~s. 前置きはいらない. sin ~s 前置きなしに, 前置きは抜きにして, いきなり. ❷《複》回りくどさ
preamplificador [preamplifikaðór] 男《電気》前置増幅器, プリアンプ
preanunciar [preanunθjár] 10 他 予告する, 予言する
preanuncio [preanúnθjo] 男 予告, 予言
preautonomía [preautonomía] 女《政治》[地方などの] 自治州への移行段階
preautonómico, ca [preautonómiko, ka] 形《政治》自治への移行段階の
preavisar [preaβisár]〖契約解除などを〗予告する
preaviso [preaβíso] 男〖契約解除などの〗予告: despedir sin ~ 予告なしに解雇する
prebélico, ca [preβéliko, ka] 形 戦争前の; 戦争直前の
prebenda [preβénda]〖←ラテン語 praebenda〗女 ❶ 役得. ❷ 実入りがよく暇な公職. ❸《宗教》〖司教座聖堂会員などの〗聖職禄. ❹〖結婚・修道院入りの〗持参金
prebendado, da [preβendáðo, ða] 男《宗教》禄(ﾛｸ)を受けている聖職者
prebendar [preβendár] 他《まれ. 宗教》…に聖職禄を与える
—— *~se*《まれ. 宗教》聖職禄を得る
prebiótico, ca [preβjótiko, ka] 形《生物》前生物的な
Prebisch [preβíʃ]《人名》**Raúl ~** ラウル・プレビッシュ《1901~86, アルゼンチンの経済学者》
prebostal [preβostál] 形《カトリック》聖堂参事会長が管轄する
prebostazgo [preβostáθɣo] 男《カトリック》聖堂参事会長の職(地位)
preboste [preβóste] 男〖←カタルーニャ語 prebost〗❶《軽蔑》実力者, 権力者. ❷《カトリック》主席司祭, 聖堂参事会長. ❸〖結社などの〗長, 頭領: ~ de una orden militar 騎士団長. ❹《軍事》憲兵隊長
prebostía [preβostía] 男 preboste の職務(権威)
precalentamiento [prekalentamjénto] 男 ❶《スポーツ》ウォーミングアップ. ❷ 予熱,〖エンジンなどの〗暖機
precalentar [prekalentár] 23 他 ❶《スポーツ》ウォーミングアップする
—— 他 ❶ 予熱する: poner el pollo en el horno *precalentado* あらかじめ熱したオーブンに鶏を入れる. ❷〖エンジンなどを〗暖機する
precámara [prekámara] 女《技術》予燃焼室
precámbrico, ca [prekámbriko, ka] 形 男《地質》先カンブリア時代の
precampaña [prekampáɲa] 女 前もってのキャンペーン, 前哨戦: ~ electoral 選挙の事前運動
precancerosis [prekanθerósis] 女《医学》前癌状態
precanceroso, sa [prekanθeróso, sa] 形《医学》前癌状態の: lesión *~sa* 前癌性病変
precandidato, ta [prekandiðáto, ta] 名 候補者として選ばれそうな人
precargar [prekarɣár] 8 他 あらかじめ装填しておく
precariamente [prekárjaménte] 副 不安定に, 不確かに; あやふやに; 危険に
precariedad [prekarjeðá(ð)] 女 不安定さ, 不確かさ, 心もとなさ
precario, ria [prekárjo, rja]〖←ラテン語 praecarius〗形 ❶ 不安定な, 不確かな, 心もとない;〖手段が〗乏しい; 不健康. situación económica *~ria* 不安定な経済状態. vivienda *~ria* 貧困住宅. ❷《法律》〖所有者の寛容・不注意によって〗仮に占有している: bienes *~s* 仮の占有財産

—— [名] 臨時教員
—— [男] 不安定な状態, 難局: dejar a+人 en ～ …を難局に陥れる. estar en ～ 難しい状況にある
vivir en ～ その日暮らしをする

precarista [prekarísta] [名]《法律》仮の占有者

precarización [prekariθaθjón] [女] ［社会的・政治的な］不安定化

precarizar [prekariθár] [9] [他] ［社会的・政治的に］不安定にする: El nuevo plan de Gobierno *precariza* el empleo. 政府の今度の計画は雇用不安をもたらす

precaución [prekau̯θjón]〘←ラテン語 praecautio, -onis〙[女] ❶ 用心, 予防, 警戒: El Ministro de salud propone que las embarazadas se queden en casa por ～ ante la gripe. インフルエンザ予防のため妊婦は外出しないよう保健大臣は勧めている. andar (ir) con ～/tener ～ 用心する, 警戒する. cruzar la calle con ～ 用心して通りを渡る. tomar (adoptar) *precauciones* necesarias 必要な予防措置をとる. ❷ ［取り扱い上の］注意. ❸ [複] 避妊

precaucionar [prekau̯θjonár] **～se** 予防する, 用心する, 警戒する, 気をつける; 予防策をとる

precautelar [prekau̯telár] [他] 予防措置をとる

precautorio, ria [prekau̯tórjo, rja] [形]《文語》予防に役立つ, 用心のための: tomar medidas ～*rias* 予防措置をとる

precaver [prekabér]〘←ラテン語 praecavere〙[他] 用心する, 予防する: ～ los peligros 危険をあらかじめ防ぐ
—— **～se** ［+de・contra を］用心する, 予防する, 警戒する; 予防策をとる: ～*se de* un riesgo por... …によって危険を予防する. ～*se contra* los resfriados 風邪を予防する

precavidamente [prekabíđaménte] [副] 予防して, 用心して

precavido, da [prekabíđo, đa] [形] 用心深い, 慎重な, 抜かりのない: Es ～ para todo. 彼はすべてに慎重〔な性格〕だ
andar ～ 用心する

precedencia [preθeđénθja]〘←ラテン語 praecedentia〙[女] ❶ ［+sobre に対する］優先; 優位, 上位: Dio ～ a las manipulaciones monetarias sobre la innovación y productividad. 彼は改革と生産性よりも通貨操作を優先させた. ❷ ［座席・儀式などでの］優先権; 上座. ❸ ［時間的・空間的に］先立つこと, 先行

precedente [preθeđénte]〘←ラテン語 praecedens, -entis〙[形] ［時間的・空間的に］前の, 先立つ, 先行する〘=anterior〙: Lo hemos mencionado en las páginas ～*s*. そのことは前のページで述べてあります. el día ～ 前日. en años ～*s* 数年前の・に. gobierno ～ 前政権
—— [名] 前任者〘=predecesor〙
—— [男] 先例, 前例: No hay tal ～. そのような前例はない. servir de ～ 先例となる
sentar ～s/sentar 〔***un***〕 ～ 先例を作る
sin ～s 先例のない, 今までにない, 異例の
sin que sirva de ～ 先例とせずに, 今度だけ特別に

preceder [preθeđér]〘←ラテン語 praecedere〙[自] ❶ ［時間的・空間的に, +a より］前にある: Su cumpleaños *precede a*l mío. 彼の誕生日は私より早い. Las dos motos *precedían a* su coche. 2台のオートバイが彼の車を先導していた. El artículo *precede a*l nombre. 冠詞は名詞の前に置かれる. las épocas que *precedieron a* la Guerra Civil スペイン内戦に先立つ時期. ❷ ［+a より］上位である

precelente [preθelénte] [形]《まれ》とてもすばらしい

preceptista [preθɛ[p]tísta]〘←precept〙[形] [名] ❶ 文学上の約束事を説く〔人〕. ❷ 戒律を説く〔人〕; 規則を重んじる〔人〕, 枠にはまった

preceptiva[1] [preθɛ[p]tíba]〘←precept〙[女] [集名] ❶ 規則, きまり事. ❷ 文学上の約束事〘=～ literaria〙

preceptivamente [preθɛ[p]tíbaménte] [副] 義務的に, 命令的に

preceptivo, va[2] [preθɛ[p]tíbo, ba]〘←ラテン語 praeceptivus〙[形] 義務的な, おきまりの: Para los católicos la misa dominical es ～*va*. カトリック教徒にとって日曜のミサは義務的である

precepto [preθɛ́[p]to]〘←ラテン語 praeceptus〙[男] ❶ ［宗教上の］戒律, 掟: día (fiesta) de ～《カトリック》ミサに行かなければいけない日〘クリスマスなど〙. cumplir con el ～ 教会の掟に従う. ❷ ［芸術・科学などでの］規則, 約束事: ～*s* básicos de las obras teatrales 戯曲の基本的な約束事. ～*s* del juego ゲームのルール. ❸ 命令, 指令: ～*s* gubernativos 行政命令
de ～ 義務的な, おきまりの

preceptor, ra [preθɛ[p]tór, ra]〘←ラテン語 praeceptor, -oris〙[名]《まれ》［主に住み込みの］家庭教師: ～ del príncipe 王子の教育係

preceptoril [preθɛ[p]toríl] [形]《軽蔑》家庭教師 preceptor の

preceptual [preθɛ[p]twál] [形]《まれ》戒律の

preceptuar [preθɛ[p]twár]〘←precepto〙[14] [他]《文語》指示する, …の規則を定める: Esta ley *preceptúa* que solo pueden trabajar las personas mayores de dieciocho años. この法律は18歳以上の者だけが働くことができると定めている

preces [préθes]〘←ラテン語 preces < prex「懇願」〙[女] [複] ❶《文語》願い, 請願; ［神への］祈り: Dios oyó mis ～. 神は私の願いを聞き届けて下さった. ❷ ［祈禱文として使われる］聖書の節. ❸ ローマ教皇庁への請願

precesión [preθesjón] [女] ❶ 暗示, ほのめかし. ❷《天文》～ de los equinoccios 春分点歳差, 歳差運動

preciado, da [preθjáđo, đa] [形] ❶ 大切な, すばらしい; 価値のある: Eres mi más ～ amigo. 君は私の最も大切な友人だ. ❷ うぬぼれた, 自慢する

preciador, ra [preθjađór, ra] [形] [名] 価値を認める〔人〕

preciar [preθjár]〘←ラテン語 pretiare〙[10] [他]《まれ》=**apreciar**
—— **～se** ［+de を］誇る, 自慢する: Madrid *se precia de* ser cada vez más accesible. マドリードはアクセスがますます便利になっていくことを誇っている
que se precie ［人・事物が］文字どおりの

precinta [preθínta]〘←ラテン語 praecincta〙[女] ❶ ［箱などにかける］帯金(おびがね), 帯輪(おび); ［箱の角を補強する］革片. ❷ ［たばこの箱・織物に付ける, 税関の検査済みを示す］封印. ❸《船舶》［索に巻きつける］帆布

precintado [preθintáđo] [男] 封印〘行為, 状態〙

precintador, ra [preθintađór, ra] [形] [名] 封印する〔人〕

precintaje [preθintáxe] [男] 封印, 検印〘行為〙

precintar [preθintár]〘←precinto〙[他] ❶ …に封印する, 検印を押す: En la aduana las autoridades *precintaron* la caja de tabaco. 税関で役人はたばこの箱に封印した. El revisor de la compañía del gas nos *ha precintado* la instalación. ガス会社の検査係が我が家の器具に検印を押した. ❷ ［場所を］封鎖する, 立入禁止にする. ❸ ［箱などを］帯金・帯輪で締める; ［箱の角を］革片で補強する. ❹《船舶》帆布で覆う(巻く・埋める)

precinto [preθínto]〘←ラテン語 praecinctum < praecingere「巻きつける」〙[男] ❶ ［商品貨物などの］封印, 検印〘印, 行為〙: quitar (arrancar) ～ 封印を取る. ～ en la caja de medicación 医薬品ケースの封印. ❷ ［犯行現場などの］封鎖, 立入禁止. ❸ ［荷造り用の］粘着テープ

precio [préθjo]〘←ラテン語 pretium〙[男] ❶ 値段, 価格; 料金: ¿Qué ～ tiene este bolso?/¿Cuál es el ～ de este bolso? このバッグはいくらですか? El ～ de este coche es barato (caro). この自動車の値段は安い(高い). Tuvimos que pagar un ～ abusivo por la comida. 私たちはその食事に目の飛び出るような料金を払わねばならなかった. No está mal el ～. Es económico. その値は悪くない. 安いよ. Calculemos el ～ del viaje al detalle. その旅行にかかる費用を細かく計算してみよう. Los ～*s* del petróleo se dispararon con la crisis. 経済危機のため石油の価格が高騰した. Aproveché que estaban liquidando y compré esta alfombra a bajo ～. 私はバーゲンセールを利用してこのじゅうたんを安く買った. reducir el ～ 値引きする. alzar (aumentar) el ～ 値上げする. rebajar (disminuir) el ～ 値下げする. a ～*s* de mercado 市場価格ベースで. ～ comprador 入札価格; ［外国為替の］買相場. ～ constante ［基準時の］不変価格. ～ corriente 当期価格, 時価. ～ de adquisición ［資産の］取得原価(価額). ～ de ejercicio ［オプションの権利の］行使価格. ～ de transferencia/～ de cesión ［関連企業間での］移転価格. ～ de venta al público 希望小売価格. ～ indicativo 標準価格. ～ predatorio (desleal) ［ライバル企業を市場から排除するための］略奪的価格〔設定〕. ～ sombra (ficticio) シャドープライス. ～ vendedor ［外国為替の］売相場. ～*s* corrientes 当年価格, カレントプライス. ～*s* constantes 固定価格, コンスタントプライス. ❷ [複] 物価: Los ～*s* suben cada día más. 物価が日増しに上昇する. En las rebajas los ～*s* están por los suelos. バーゲンの時期は物の値段がぐんと下がる. ～*s* al consumidor/～*s* al consumo 消費者物価. nivel de los ～*s* 物価水準. ❸ 報い, 代価: Hay

que pagar un ~ muy alto para conseguir la democracia. 民主主義を勝ち取るために大きな代償を払わねばならない。 Ya pagarás el ~ de la vida que llevas. 君はこれまでの生き方の報いを受けるだろう。❹《文語》評価，価値．❺《古語》[コンクールの]賞
a buen ~ 安い，安く
a cualquier ~ 何としても: Espero un resultado óptimo a cualquier ~. 何としても最高の結果を期待しています
a ~ de coste 1) 原価で: Por cierre del local, vendemos todo a ~ de coste. 《広告》閉店のため全品原価にて販売します．2) 非常に安い値段で: He comprado un abrigo estupendo a ~ de coste. 私はすばらしいコートを大変安く買った
al ~ de... 1) …の価格で: En esta tienda revelan dos carretes al ~ de uno. この店ではフィルム2本を1本分の料金で現像してくれる．2) …を犠牲にして; 〜と引き換えに: trabajar al ~ de su salud 自身の健康を犠牲にして働く
de gran ~ 大いに価値のある，重要な
de ~ 価値の高い，貴重な，上質な: cuadro de ~ 貴重な絵
estar de bien de ~ 安い，リーズナブルな値段の
estar en ~ 手頃な値段である
no tener ~ 値のつけようがない，非常に高価(大切)である: Como ayudante no tiene ~. 彼は助手として有能だ．Su contribución no tiene ~. 彼の貢献は計り知れない．Tu ayuda y comprensión en estos días no tienen ~ para mí. あなたの最近のご協力とご理解は私には本当にありがたい
poner ~ a... …に値をつける: Los norteamericanos pusieron ~ a la cabeza de Pancho Villa. 米国人たちはパンチョ・ビリャの首に賞金をかけた
por un ~ de nada とびきり安く，ただ同然で
~ del dinero 金利: ~ del dinero en el mercado interbancario de Londres ロンドン銀行間取引金利，LIBOR
tener... en gran ~ …を高く評価する，大切にする
preciosamente [preθjósaménte] 副 ❶《外見がよく見えるように》大事に，上手に，微妙に: Toca ~ el piano. 彼はピアノをそっと弾く
preciosidad [preθjosiδá[d]] 囡 ❶《時に親愛の呼びかけ》美しい女性，かわいい子供: ¡Qué ~ de niño! 何てかわいい男の子だろう! Ven aquí, ~. かわいい子，こっちへおいで．❷ すばらしいもの: Ese pueblecito es una ~. その小さな村はたいそうすばらしい．Esta vista, ¡qué ~! 何てすばらしいこの眺め! ❸ 美しさ: En el ensayo debe prevalecer la claridad sobre la ~. 評論を書く時は文の美しさより明解さを優先すべきだ．❹ 高価さ
preciosísimo, ma [preθjosísimo, ma] 形 precioso の絶対最上級: ¡Qué ~ma te has puesto con ese vestido! そのドレスを着た君は最高にきれいだ!
preciosismo [preθjosísmo] 男 ❶《17世紀フランスの》表現の洗練をめざす文学傾向，プレシオジテ．❷《表現の》凝りすぎ
preciosista [preθjosísta] 形 名 ❶ プレシオジテの傾向を持つ《文学者》．❷《価格などに》凝る《人》，凝り性の人; 気取り屋
precioso, sa [preθjóso, sa]《←ラテン語 pretiosus < pretium「価格」》形 [ser・estar+. 人・物が] ❶ かわいい，美しい; すばらしい: La sortija que llevas es ~sa. 君がしている指輪，きれいだね． Es un regalo ~. たいへんなプレゼントですね，どうもありがとう． Estás ~sa esta noche. 今夜の君はとてもすてきだよ． Tienen una niña ~sa. 彼らにはかわいい女の子がいる． Te recomiendo la ~sa novela que leído. 私が読んだすばらしい小説を君にも勧めたい． Era una ~sa habitación con vistas sobre la ciudad. それは市街が一望できるすばらしい部屋だった．❷ 貴重な，大切な; 価値の高い: Cuida mucho tu salud, porque es el bien más ~ que tienes. 体に気をつけなさい，それが君の一番大切なものだから． La vida es demasiado ~sa para malgastarla. 命はかけがえのないものだ，粗末にしてはいけない． datos ~s 貴重な資料．❸［女性・子供への親愛の呼びかけ］Anda, ~, dale un beso a la abuela. じゃあ，お祖母さんによろしくね
preciosura [preθjosúra] 囡《主に中南米》=**preciosidad**: Mi nieto es una ~. 私の孫は本当にかわいい．Ese palacio es una ~. その宮殿はすばらしい
precipicio [preθipíθjo]《←ラテン語 praecipitium < praeceps, < prae-（前方)+caput, -itis「頭」》男 ❶ 崖，断崖，絶壁: La oveja perdida cayó del ~. 迷子の羊は崖から落ちた．❷［精神的・物質的］破滅，没落: caer en un hondo ~ 破滅に陥る．Europa está al borde de un ~. ヨーロッパは崖っぷちに立

たされている．❸ 転落
precipitación [preθipitaθjón]《←ラテン語 praecipitatio, -onis「転落」》囡 ❶ 大急ぎ; 性急: Las precipitaciones nunca son buenas. せいては事を仕損じる．A todo el mundo le sorprendió la ~ de los acontecimientos. 事のあわただしさに誰もが驚いた．❷《気象》[複] 降水，降雪，降雨，降雪量: cielo nuboso, con alguna ~ 曇り時々雨． El telediario ha anunciado precipitaciones débiles en todo el país. テレビのニュースでは明日全国的に小雨が降るだろうと伝えた．El cielo estará nuboso con precipitaciones. 天候は曇りで時々雨が降るだろう．A partir de hoy las precipitaciones de nieve afectarán a todas las comunidades de Galicia. 今日以降，降雪のためガリシアでは交通に影響が出るだろう．La escasez de precipitaciones provocará una tremenda sequía. 雨が降らないので深刻な干ばつが起こるだろう．❸《化学》沈殿
con ~ あわてて，急いで: Salió con ~ del dormitorio. 彼はあわてて寝室から出て来た．No quiero comprar las cosas con ~. あわてて買い物をしたくない
precipitadamente [preθipitáδaménte] 副 あわてて，大急ぎで: Subió ~ la escalera. 彼は大急ぎで階段を上った．Ella se puso ~ el delantal. 彼女はあわててエプロンをつけた
precipitadero [preθipitaδéro] 男 崖 [=**precipicio**]
precipitado, da [preθipitáδo, da] 形 ❶［事柄が］あわてた，早まった，性急な: Han tomado una decisión ~da. あわただしく決定がなされた．Ese plan me parece muy ~. 私にはその計画は大変性急に思える．En la ~da huida los enemigos dejaron sus armas. 敵はあわてて逃げたので武器を置き去りにしていた．El ~ final de la película la desluce un tanto. その映画は結末があわただしく少し物足りない．convocatoria ~da de becas 急な奨学金の募集．❷［人が］せっかちな，性急な: Medítalo, no seas ~. あわててよく考えよう．Es un chico inteligente, pero algo ~ y no muy reflexivo. 彼は頭はいいが，少しせっかちで慎重に行動するところがある．❸《化学》沈殿された
—— 男《化学》沈殿物: blanco (rojo) 白 (赤) 降汞(㈠)
precipitador [preθipitaδór] 男 電気集塵機 [=~ electrostático]
precipitante [preθipitánte] 形 ❶ まっさかさまの．❷ 早計な，急な
—— 男《化学》沈殿剤
precipitar [preθipitár]《←ラテン語 praecipitare < praeceps, -itis < prae-（前方)+caput, -itis「頭」》他 ❶［高い所から］投げ落とす: Precipitaron al condenado desde la torre. 罪人は塔から突き落とされた．❷ 急がせる，せき立てる: El Gobierno precipitó las elecciones debido a la debilidad del Gobierno. 政府が弱体なので大統領は選挙の実施を急がせた．La mala gestión precipitó la ruina de la compañía (la compañía a la ruina). まずい処理をしたため，その会社の倒産が早まった．Hay que ~ la retirada de las tropas. 早急に軍隊を引き上げねばならない．~ el paso 足を速める．~ la huida 急いで逃げる．❸《化学》沈殿させる: Se añade amoniaco a la mezcla de opio y agua para ~ la morfina. 水に溶けたアヘンにアンモニアを加えるとモルヒネが沈殿する
—— 〜se ❶ 飛び込む，落ちる: Se precipitó al (en・hacia el) vacío desde una torre. 彼女は塔から宙に身を投じた．Tropecé y me precipité por las escaleras. 私はつまずいて階段を転げ落ちた．Un helicóptero se precipitó sobre la calle. ヘリコプターが通りに墜落した．❷ 急いで行く，突進する: Se precipitó en la sala al oír los gritos. 彼は叫び声を聞いて居間に駆けつけた．❸ 急ぐ，あわてる; [+a・al+不定詞] 大急ぎで…する，早まって…してしまう: No te precipites tus decisiones. あわてて決めてはいけない．Se precipitó a abrir la carta. 彼は急いで手紙の封を切った．El político se precipitó al anunciar la fecha del acuerdo antes de ser firmado. その政治家は調印される前に早まって調印の日付を発表してしまった．❹［事柄が］急速に起こる: Los hechos se precipitaron. 事態は急速に展開した．❺［雨・雪が］降る: Una tromba de agua se precipitó sobre el pueblo. その村にどしゃぶりの雨が降った
precípite [preθípite] 形 危険に陥った; 落ちそうな
precipitina [preθipitína] 囡《生物》沈殿素
precipitosamente [preθipitosáménte] 副 =**precipitadamente**

precipitoso, sa [preθipitóso, sa] 形《まれ》❶ 険しい, 滑りやすい. ❷ 慌てた, 性急な

precipuamente [preθípwaménte] 副《まれ》=**principalmente**

precipuo, pua [preθípwo, pwa] 形《まれ》主要な; 傑出した, 著名な

precisado, da [preθisádo, ða] 形《主に中南米. 文語》[+a+不定詞 を] 強いられた: Se vieron ~*s a* volver a casa. 彼らは帰宅しなければならなくなった

precisamente [preθísaménte] 副 ❶ ちょうど, まさしく: De ella ~ estábamos hablando. 私たちはちょうど彼女のことを話していたのだ. Esto es lo que necesito ~. 私はちょうどこれが必要としていたのだ. ¿Buscas a Eva? Si ~ hace un momento estaba aquí. エバを探しているって? ついさっきまでここにいたのだが. ¿Tengo que irme ~ ahora? 私が行くのは今でないとだめなのですか? ~ P~ los que menos trabajan son los que más se quejan. 一番働かない人に限って一番不平を言う. ❷ 明確に, 正確に: Yo no podría explicarlo tan ~ como ella. 私は彼女ほど正確にそれを説明できないだろう. ❸ [間投詞的. 同意] 《その通り!》: ¿Es este el libro del que tanto me hablaste? —P~; este es. 君にそれをもっと正確な言葉で表現しなければならない! —この本がそれほど話していた本かい? 一まさしくそれだよ

precisar [preθisár] [←**preciso**] 他 ❶ 明確にする, はっきりさせる: 1) Tengo que consultar mi agenda para ~ la fecha. 日付を確定するには私の手帳を調べてみる必要がある. El periodista se negó a ~ su fuente de información. その報道記者は情報の出所を明らかにしようとしなかった. 2) [+que+直説法/+疑問詞] El portavoz *precisó que* el comité considera necesaria la prórroga del programa. スポークスマンは委員会がその計画の延長が必要だと考えていることを明らかにした. No *precisé cómo* lo haría. 私はそれをどう行なうのか具体的には言わなかった. ¿Le importaría ~ *para qué* hay que hacerlo? なぜそうしなければならないのか説明していただけますか. ❷ [+「に] 不定詞・que+接続法 することを] …に強いる《主に 過分》: Para llegar a su sitio se ven *precisados a* atravesar las primeras plantas. 彼のところに行くには2階を横切らなければならない. Todo me pareció tan familiar que no *precisaba que me explicaran* nada. それは私には慣れたことばかりだったので, 特に何も説明してもらう必要はなかった. Le *precisé a que dijera* la verdad. 本当のことを言うように彼に命じた. ❸ 必要とする《=necesitar》: 1) *Precisamos* un poco de apoyo. 私たちは少しばかり援助を必要としている. *Preciso* dinero inmediato. 私は金が急ぐ. En primera ronda, el candidato *precisa* el 51% de los votos. 一次選挙で候補者は投票の過半数を獲得する必要がある. Este coche *precisa* una reparación. この自動車は修理が必要だ. 2) [+不定詞] Hacía años que no *precisaba* recibir lecciones de nadie. 彼は長年, 誰からの教えも必要としてこなかった

―― 自 ❶ [+de を] 必要とする: *Precisamos de* un poco de apoyo. 私たちは少しばかりの援助を必要としている. Creo que *precisarán de* tus servicios. どうやら君の助力が必要とされているようだ. ❷《文語》[不定詞・que+接続法 が主語] 必要である: *Precisa* reconocer que... …を認めることが必要である

――**se** 明確になる

precisión [preθisjón] [←ラテン語 praecisio, -onis] 女 ❶ 明確さ, 正確さ: Los trazos del dibujo tienen gran ~. その絵の描線は非常に正確だ. ❷ 明確化: Convendría hacer una ~ antes de pasar al siguiente punto. 次の問題に移る前に, 一つはっきりさせておいた方がいいだろう. ❸ [絶対的な] 必要性, 必要不可欠: tener ~ de+不定詞・que+接続法 …を絶対に必要としている

con ~ 正確に: Contesté *con* ~ a sus preguntas. 私は彼の質問に一々きちんと答えた. Hay que determinar *con* mayor ~ la causa del incendio. 火事の原因をもっと正確に特定する必要がある. Los relojes de cuarzo marcan la hora *con* gran ~. クオーツ時計はきわめて正確に時を刻む. dicho *con* más ~ もっと正確に言えば

de ~ [機械などが] 正確な: Inventó un dispositivo *de* extrema ~. 彼は非常に精密な装置を発明した. conseguir un trabajo *de* gran ~ 大変精密さの要求される仕事を成し遂げる. bombardeos *de* ~ ピンポイント爆撃. instrumento *de* ~ 精密機器

precisivo, va [preθisíbo, ba] 形《哲学》限定する, 他から区別する

preciso, sa [preθíso, sa] [←ラテン語 praecisus「切った」< praecidere「突然切る」] [ser+] ❶ [目的のために] 必要な, 不可欠な: 1) Ya no es ~sa vuestra presencia. もはや君たちがいる必要はない. Tomaremos las medidas ~sas para evitar el accidente. 私たちは事故を防ぐために必要な手段を講じるつもりだ. 2) [ser ~+不定詞・que+接続法] Es ~ dialogar. 対話する必要がある. Es ~ poseer más datos. もっとデータが必要だ. Es ~ que nos apresuremos. 私たちは急がねばならない. Es ~ *que* me oigas y *que* me creas. 私の話を聞いて私を信じてくれ. ❷ 明確な, 正確な, 的確な: 1) Las fronteras están marcadas con líneas ~sas. 境界は明確な線で記されている. En la foto, los contornos no son ~s. その写真では輪郭がぼやけている. Con la invención de la rosa de los vientos, el rumbo de navegación se hizo mucho más ~. 方位盤の発明によって航海での方位は非常に正確になった. El obrero experto trabaja con movimientos rápidos y ~s. 熟練労働者はすばやく正確な動きで仕事をする. Debes expresarlo con palabras más ~sas. 君はそれをもっと的確な言葉で表現しなければならない. respuesta ~*sa* 的確な返答. mapa ~ 正確な地図. 2) [+en に関して] Ese periodista es muy ~ *en* lo que cuenta. その報道記者は説明の仕方が非常に的確だ. ❸ [主に ~+名詞. 文語] ちょうどの, まさしくの: En ese ~ instante se oyó el ruido del avión. まさにその瞬間, 飛行機の音が聞こえた. No nos interrumpas en este ~ momento. 今という時に私たちの邪魔をしないでくれ. Los bomberos llegaron en el momento ~. 消防士たちはここ一番という時に到着した. ❹ 簡潔な, 無駄のない: estilo ~ 簡潔な文体. lenguaje ~ 無駄のない言葉づかい. ❺ 特定の: En días ~*s* del año aumenta el tráfico. 一年のうち決まった日に交通量が増す. ❻《コロンビア. 口語》確かな, 確定した

―― 男《エクアドル》おむつ《=pañal》

precitado, da [preθitáðo, ða] 形 前記の, 上述の, 前述の

precito, ta [preθíto, ta] 形 ❶《主にキリスト教》神に見放された. ❷ 前もって(事前に)知られた, 予知された

preclaramente [prekláraménte] 副 はっきりと

preclaro, ra [prekláro, ra] [←ラテン語 praeclarus「非常に明白な, 輝かしい」] 形《文語》有名な, 名高い, 傑出した, 尊敬すべき: hijo ~ de la patria 祖国の名誉ある息子. pintor ~ 著名な画家. ~ abolengo 由緒ある家柄

preclásico, ca [preklásiko, ka] 形《文学, 美術》古典期以前の

preclasificado, da [preklasifikáðo, ða] 形 名《スポーツ》シードされた [選手]: tercer ~ 第3シード

preclímax [preklíma(k)s] 形《植物》前極相

preclínico, ca [preklíniko, ka] 形 ❶《医学》病状発現前の, 発症前の. ❷《薬学》臨床前の: investigación ~*ca* 前臨床試験

precocidad [prekoθiðá(ð)] [←precoz] 女 早さ; 早熟: ~ de las heladas 早霜

precocinado, da [prekoθináðo, ða] 形 名 加熱調理済みの [食品], 温めるだけの: plato ~ レトルト食品

precognición [prekoɣniθjón] 女《心理》予知, 予見

precognitivo, va [prekoɣnitíbo, ba] 形《心理》予知の, 予見の

precolombino, na [prekolombíno, na] [←pre-+colombino] 形 コロンブス Colón のアメリカ大陸到着(1492年)以前の: la América ~*na* コロンブスの到着以前のアメリカ大陸

preconcebir [prekonθeβír] 35 他 ❶ 前もって考える: plan *preconcebido* 前もって立てられた計画. ❷ …について先入観をもつ, 予断する: ideas *preconcebidas* 先入観

preconcepción [prekonθepθjón] 女 ❶ 妊娠以前. ❷ 先入観《=preconcepto》

preconcepto [prekonθé(p)to] 男 先入観

preconcilio [prekonθíljo] 男 バチカン公会議 Concilio Vaticano (1962～65年)以前の時期の:《主に軽蔑》その時期の保守主義の

precondición [prekondiθjón] 女 前提条件

precongresual [prekoŋgreswál] 形《政治》国会の開会直前の

preconización [prekoniθaθjón] 女 ❶ 推奨, 提唱; 助言. ❷《カトリック》[司教任命に関する] 教皇宣言

preconizador, ra [prekoniθaðór, ra] 形 名 ❶ 推奨する, 助言する; 推奨者, 助言者. ❷ 支持する, 賛成する; 支持者, 賛同者

preconizar [prekoniθár] 〖←俗ラテン語 praeconizare < ラテン語 praeconium「知らせ」< praeco, -onis「お触れ役人」〗[9] [他] ❶《文語》[広い観点から] 推奨する, 提唱する; 支持する, 賛成する: Ese político *preconiza* una política comercial de mayor apertura. その政治家は市場開放政策を主唱している. ❷《カトリック》[教皇が新任司教の名と任地を] 裁可公表する. ❸ [人・計画などを] 後援する, 庇護する

preconocer [prekonoθér] [39] [他] 予見する, 予知する

preconsciente [prekonsθjénte] [形]《心理》前意識の

preconstruido, da [prekonstrwíđo, đa] [形] casa ~*da* プレハブ住宅

precontrato [prekontráto] [男] 先契約, 事前契約

precordial [prekorđjál] [形]《解剖》心臓の前の, 前胸部の

precordillera [prekorđiʎéra] [女] [アンデス山脈の] 山麓の丘陵地帯, 前山(さきやま)

precortesiano, na [prekortesjáno, na] [形] コルテス Cortés のアメリカ大陸到着(16世紀初め)以前の

precoz [prekóθ] 〖←ラテン語 praecox, -ocis〗[形]〖[複] ~*ces*〗❶ [果実が] 早生(わせ)の; 早咲きの: manzana ~ 早生のリンゴ. ❷ 早熟な: ser intelectualmente ~ 知的に早熟である. niño ~ ませている子. ❸ [時期的に] 早い: Es ~ este invierno. 今年は冬が早い. diagnóstico ~ de un cáncer 癌の早期発見. heladas *precoces* 早霜. matrimonio ~ 早婚

precristiano, na [prekristjáno, na] [形] キリスト教以前の

precursor, ra [prekursór, ra] 〖←ラテン語 praecursor, -oris〗[形] ❶ 前ぶれの, 前兆の: signo ~ de la crisis 危機の前兆. síntoma ~ de las jaquecas 偏頭痛の前駆症状. ❷ 草分け的な
—— [名] 先駆者, 先覚者, 草分け的存在: Algunos consideran a Ganivet un ~ de la Generación del 98. ガニベーを98年世代の先駆者と考える人たちもいる
—— [男] ❶《生化》先駆物質, 前駆物質. ❷ [換称] 洗礼者ヨハネ

predador, ra [prеđađór, ra] 〖←ラテン語 praedator, -oris〗[形] [名] ❶《動物》捕食する; 捕食者. ❷《文語》盗む, 略奪する; 盗賊, 略奪者

predar [prеđár] [自] ❶《動物》捕食する. ❷《文語》盗む, 略奪する

predatorio, ria [prеđatórjo, rja] [形] ❶《動物》捕食性の. ❷ 盗みの, 略奪の: proyectos ~*s* 盗みの計画

predecesor, ra [prеđeθesór, ra] 〖←ラテン語 praedecessor, -oris〗[名] ❶ 前任者, 先任者: aprender de los fracasos de su ~ 前任者の失敗から学ぶ. ❷ 先輩, 先達. ❸ [主に [複]] 先人; 祖先: Nuestros ~*es* eran casi todos ecólogos. 私たちの祖先はほぼみんな生態学者だった

predecible [prеđeθíble] [形] 予言(予知)され得る

predecir [prеđeθír] 〖←ラテン語 praedicere〗[64] 〖[過分] pre*dicho*. 命令法単数 pre*dice*〗[他] [論理的・科学的な根拠があって; 霊感などによって] 予言する, 予知する: La ciencia aún no puede ~ un terremoto. 科学はいまだに地震を予知できない. Isaías *predijo* la venida de Cristo. イザヤは救世主の到来を予言した

predefinición [prеđefiniθjón] [女]《神学》神の予定

predefinir [prеđefinír] [他] ❶《神学》[神が人間の行為などを] あらかじめ定める. ❷ [一般に] 前もって決める

predela [prеđéla] 〖←伊語 predella「板」〗[女]《美術》プレデラ〖祭壇画 retablo の土台部分〗

predemocrático, ca [prеđemokrátiko, ka] [形] 民主化以前の

predentina [prеđentína] [女]《解剖》予成象牙質

predestinación [prеđestinaθjón] 〖←ラテン語 praedestinatio, -onis〗[女]《キリスト教》予定〔説〕, 救霊予定説

predestinado, da [prеđestináđo, đa] [形] ❶ [estar・ser+. +a に] 運命づけられた: Jesús fue ~ *a* morir por la humanidad. イエスは人類のために死ぬことが運命づけられていた. ❷《西. 皮肉》妻に浮気された. ❸《神学》神に救霊を予定された

predestinar [prеđestinár] 〖←ラテン語 praedestinare〗[他] ❶ [ある目的に] あらかじめ予定する. ❷ [+a に] 運命づける. ❸《キリスト教》[神が…の救霊を] 予定する

predeterminación [prеđeterminaθjón] [女] ❶ 前もっての決定: con ~ あらかじめ決めたとおりに. ❷ [神による人間の意志・行為の] 予定, 宿命

predeterminar [prеđeterminár] 〖←pre-+determinar〗[他] ❶ [+a に] あらかじめ決定(限定)する. ❷《神学》神が予定する

prediabetes [prеđjabétes] [女]《医学》前糖尿病

predial [prеđjál] [形] 所有地 predio の: servidumbre ~ 地役権

prédica [préđika] 〖←predicar〗[女] ❶《主にプロテスタント》説教. ❷ 教訓話; 熱弁, 長広舌: ¡Basta de ~*s*! お説教はもうたくさんだ!

predicabilidad [prеđikaƀiliđá(đ)] [女]《論理》賓位語であること

predicable [prеđikáƀle] [形] 説教の主題となり得る
—— [男]《論理》賓位語, 客位語

predicación [prеđikaθjón] 〖←ラテン語 predicatio, -onis〗[女] ❶《宗教》説教〖行為〗; 布教, 伝道. ❷《文法》叙述. ❸《論理》賓述

predicaderas [prеđikađéras] [女] [複]《口語》説教術, 弁舌の才

predicado [prеđikáđo] [男] ❶《文法》述部, 述語: ~ nominal 名詞述部〖繋辞動詞+名詞・形容詞〗. ~ verbal 動詞述部. ❷《論理》述語, 賓辞

predicador, ra [prеđikađór, ra] 〖←ラテン語 predicator, -oris〗[形] [名]《宗教》説教する; 説教師

predicamental [prеđikamentál] [形]《論理》賓位語の, 範疇の

predicamento [prеđikaménto] 〖←ラテン語 praedicamentum〗[男] ❶ 権威, 威信; 影響力; 名声: Apoyado por el emperador Carlos V, el Erasmismo tuvo gran ~ en toda Europa. 皇帝カール5世の支持によりエラスムス主義は全ヨーロッパで大きな影響力を持っていた. alcanzar ~ 権威(影響力)を手にする. ❷《論理》賓位語, 範疇(はんちゅう). ❸《メキシコ》苦境: poner a+人 en ~ …を窮地に立たせる

predicante [prеđikánte] [形] [名]《まれ》説教をする; 説教者

predicar [prеđikár] 〖←ラテン語 praedicare「公に言う」〗[7] [他] ❶《宗教》説教する, 説く; [一般に, 公に] 諭す, いさめる: 1) *Predicó* su religión con convicción. 彼は信念を持って信仰を説いた. ~ el evangelio 福音を説く. ~ la honestidad 正直であれと説く. 2) [+que+直説法・接続法] *Prediqué que* su reforma es para garantizar la independencia. 私は彼の改革は独立を確かなものにするためだと説いた. ❷《文法》[主語について] 叙述する. ❸《論理》賓述する. ❹ ほめちぎる. ❺《まれ》公表する, 明示する
—— [自] ❶《宗教》説教する: ~ con el ejemplo 身をもって教える, 自らの教えを実践する. ❷ 苦言を呈する

predicativo, va [prеđikatíƀo, ƀa] 〖←ラテン語 praedicativus〗[形] ❶《文法》述語の: adjetivo ~ 叙述形容詞. complemento ~ 叙述補語. ❷《論理》賓述の
—— [男] 述語, 叙述補語〖=complemento ~〗

predicción [prеđi(k)θjón] 〖←ラテン語 praedictio, -onis〗[女] 予言, 予知, 予報〖行為, 内容〗: Falló la ~ del fin del mundo. 世界の終末に関する予言が外れた. Se realizó la ~ meteorológica. 天気予報が当たった. ~ de erupciones volcánicas 噴火予知

predicho, cha [prеđítʃo, tʃa] predecir の [過分]

predicible [prеđiθíble] [形]《アンデス》予言し得る, 予想できる

predictibilidad [prеđiktiƀiliđá(đ)] [女]《アンデス》予言の可能性

predictivo, va [prеđiktíƀo, ƀa] [形] ❶ 予言する, 予知する. ❷《写真》動体予測方式の

predictor, ra [prеđiktór, ra] [形] [男] 予言(予知)する〔もの〕; 予言(予知)を助ける〔もの〕
—— [名] 予言者, 予知する人

predigestión [prеđixestjón] [女]《医学》前消化

predilección [prеđile(k)θjón] 〖←pre-+ラテン語 dilectio, -onis〗[女] [+por に対する] お気に入り, 偏愛, ひいき: No tengo ~ *por* marca. 私は特に好きなブランドはありません. El jefe tiene ~ *por* aquel hombre. 課長はあの男をえこひいきしている

predilecto, ta [prеđilékto, ta] 〖←pre-+ラテン語 dilectus「愛された」〗[形] [+de の] お気に入りの, 大好きな, ひいきの: alumno ~ *de* Da Vinci ダ・ヴィンチの愛弟子. bebida ~*ta de* los dioses 神々に愛された飲み物. hijo ~ [その地方出身の名士に名誉として与えられる呼び名] お気に入りの息子

predinástico, ca [prеđinástiko, ka] [形]《歴史》王朝前の

predio [préđjo] 〖←ラテン語 praedium〗[男]《文語》地所, 不動産〖=finca〗; 農場: ~ rústico 農地. ~ urbano [上物付きの] 宅地

predisponente [prеđisponénte] [形] 仕向ける, 影響する

predisponer [prеđisponér] 〖←ラテン語 praedisponere〗[60] [他] 〖[過分] predisp*uesto*〗❶《医学》[人を病気に] かかりやすくする: La debilidad *predispone* a la gente hacia el resfriado. 人は衰弱すると風邪にかかりやすくなる. ❷ 仕向ける, 吹き込む, 影響する: La intuición moral nos *predispone* contra el robo.

P

predisposición 道徳感覚によって私たちは盗みはいけないものだと考える ── ~se …する傾向を持つ
predisposición [preðisposiθjón] 囡 ❶《医学》疾病素質: ~ alérgica アレルギー体質。❷ 傾向, 素質: tener una ~ para la pintura 絵の素質がある
predispositivo, va [preðispositíβo, ba] 形 仕向ける, 影響する: causa ~ va 素因, 誘発因子
predispuesto, ta [preðispwésto, ta] [predisponer の 過分] 形 [estar・ser+, +a・hacia の] 傾向がある: Mi hijo está predispuesto a ser obeso. 私の息子は太りやすい体質だ。Esta ~ contra la película. 彼は映画嫌いだった
prednisolona [preðnisolóna] 囡《薬学》プレドニゾロン
prednisona [preðnisóna] 囡《薬学》プレドニゾン
predominación [preðominaθjón] 囡 優勢, 支配的であること
predominancia [preðominánθja] 囡 優勢, 支配的であること
predominante [preðominánte] 形 優勢な, 支配的な: tendencia ~ 支配的傾向
predominantemente [preðominántemènte] 副 優勢に
predominar [preðominár] [←pre-（優先）+dominar] 自 ❶ [+sobre に対して] 支配的である, 優位を占める: Para este otoño los colores que predominan son el marrón y el terracota. この秋の流行色は茶色と赤褐色だ。Predomina lo bello sobre lo funcional. 美しさが機能性より優先されている。❷ [高さが] より他に勝る: Esta casa predomina sobre aquella. この家はあの家よりずっと高い
predominio [preðomínjo] [←pre-（優先）+dominio] 男 [+sobre に対して] 優勢, 有利, 支配: ~ de la razón sobre la pasión 感情に対する理性の優位
predorsal [preðorsál] 形 ❶《解剖》前部舌背の。❷《音声》前部舌背音〔の〕
predorso [preðórso] 男《解剖, 音声》前部舌背 (ｽｯ)
preeclampsia [pre(e)klám(p)sja] 囡《医学》子癇前症
preelectoral [pre(e)lektorál] 形 選挙前の
preelegir [pre(e)lexír] [4] [35] [←corregir. 現分 preeligiendo] 他 前もって選ぶ; あらかじめ予定する
preeminencia [pre(e)minénθja] 囡 ❶ 優位, 上位: dar a... ~ に高い地位を与える; 最優先させる。❷ 卓越, 傑出。❸ 特権, 特典, 優遇
preeminente [pre(e)minénte] [←ラテン語 praeeminens, -entis] 形 卓越した, 上位の; 傑出した: Fedro ocupa un lugar ~ en la obra platónica. パイドロスはプラトンの作品で高い地位を占めている
preencogido, da [pre(e)nkoxíðo, ða] 形《繊維》防縮加工した
preénfasis [pre(e)énfasis] 男《単複同形》《通信》プリエンファシス
preeruptivo, va [pre(e)ru(p)tíβo, ba] 形 噴火前の
preescolar [pre(e)skolár] [←pre-+escolar] 形 就学前［教育］の: educación ~ 就学前教育 男 保育園, 幼稚園
preestablecido, da [pre(e)staβleθíðo, ða] 形 前もって制定（設立）された; あらかじめ設定された: armonía ~ da 予定調和
preestreno [pre(e)stréno] 男 試写, 試演, 試写会
preeuropeo, a [pr(e)európéo, a] 形《スポーツ》プレヨーロッパ選手権の《ヨーロッパ選手権リーグへの参加資格を争う》
preexcelso, sa [pre(e)k(s)θélso, sa] 形 ❶ 卓越した, 傑出した。❷ 荘厳な, 格調高い
preexistencia [pr(e)ε(k)sisténθja] 囡 ❶ 以前に存在したこと。❷《哲学》先在, 前存
preexistente [pr(e)ε(k)sisténte] 形 以前あった: gobierno ~ 前政府
preexistir [pr(e)e(k)sistír] [←pre-+existir] 自 以前より存在する: Dios preexiste a todas las cosas. 神は万物より前にある
prefabricación [prefaβrikaθjón] 囡 [部分ごとに] 前もって作ること, プレハブ式
prefabricado [prefaβrikáðo] 男《時に軽蔑》プレハブ建築, プレハブ部分
prefabricar [prefaβrikár] [7] 他《時に軽蔑》[部分ごとに] 前もって作る: casa (vivienda) prefabricada プレハブ住宅
prefaciar [prefaθjár] [10] 他 序文を置く
prefacio [prefáθjo] [←ラテン語 praefatio, -onis] 男 ❶ 序文, 序言, 緒言, はしがき [=prólogo]: hacer un ~ 序文を書く。❷《カトリック》[ミサの主要部の先立つ] 序唱
prefación [prefaθjón] 囡 序文, 序言 [=prólogo]
prefecto [prefékto] [←ラテン語 praefectus < praeficere「長として置

く」] 男 ❶《カトリック》1) [教会組織の] 長: ~ de congregación 聖省長官。2) 知牧 (ホネ) [=~ apostólico]。❷ [del pretorio 近衛軍団長官。P~ de Roma 首都長官。❸ [キリスト教系の学校の] 学監, 生徒監 [=~ de estudios]。❹ [フランスの] 省庁の長官; [パリの] 警察本部長。❺《コロンビア》生徒指導（風紀）の先生。❻《ペルー》知事
prefectoral [prefektorál] 形 prefecto の
prefectura [prefektúra] [←ラテン語 praefectura] 囡 ❶ prefecto の職（権限・任期・管轄区）。❷《ラプラタ》水上警察 [=~ naval]
preferencia [preferénθja] 囡 ❶《時に複》+por に対する》偏愛, えこひいき; 非常な人気: Muestra una ~ inequívoca por el baloncesto. 彼はバスケットボールとなると目の色が変わる。Goza de la ~ del profesor. 彼は教授にひいきされている。El cantante goza de la ~ del público. その歌手は非常に人気がある。lista de ~ s 好きなものリスト;［情報］ホットリスト。tratamiento de ~ 差別待遇。❷ 優先［権］; 優位:《交通》先行権: En España, en los cruces tienen la ~ los que vienen por la derecha. スペインでは, 十字路では右からの進入車が優先される。Para este puesto tendrán la ~ los que sepan contabilidad. この仕事には簿記ができる人が優先されるだろう。Conviene darle cierta ~ porque va a pagar más. 彼は他の人より多く払うから少しハンディをつけてやってもいいだろう。~ a la antigüedad 先任権。~ del varón 男性優位。❸《競技場などの》特別観覧席, 指定席『普通席, 一般席の tribuna の中間の等級。=localidad de ~]: La pareja ocupaba el sitio de ~. その2人は指定席に座っていた。Tenemos dos entradas para ~. 私たちは指定席の券を2枚持っている。❹《経済》1) 優遇, 特恵。~ aduanera 特恵関税。~ comercial 貿易上の特恵。~ comunitaria [EU の] 域内農産物優遇［措置］。2) 選好: ~ por la liquidez 流動性選好。❺ revelada 顕示選好。~ temporal (cronógica) 時間選好 de ~ 優先的に; どちらかと言えば, むしろ [=preferentemente]: Ese periodista trabaja sobre diversos temas, de ~, deportivos y sociales. そのジャーナリストは様々なテーマを扱うが, 中でもスポーツと社会問題が得意だ
preferencial [preferénθjal] 形 tasa ~ プライムレート。trato ~ 優遇措置, 優待
preferente [preferénte] [←preferir] 形 ❶ [地位などが] よりよい, 優先: El retrato ocupa un lugar ~ en la casa. その肖像画は家の中で一番いい場所に飾られている。Cedimos el invitado el puesto ~ de (en) la mesa. 私たちは客をテーブルの上席につけた。localidad ~ 特別観覧席, 指定席 [=preferencia]。❷ 優先的な: El interés ~ de los alumnos es la informática。学生たちに一番人気があるのは情報工学だ。Atenderemos su pedido con carácter ~. 貴社のご注文に優先的に対応します。El banco le ha concedido un crédito ~. 彼らは銀行から優先的な融資を受けた。sentir una inclinación ~ por... ~ の方を好む。acción ~ 優先株『普通株 acción ordinaria より先に利益配当や残余財産分配がされる』。tarifa ~ 特恵関税, 恵税率。tratamiento ~ 特別待遇。~ localización [産業政策の対象に選ばれた] 優先地域
preferentemente [preferéntemènte] 副 ❶ 優先的に: En aquellos días se dedicó ~ al vino y a la juerga nocturna. それらの日々, 彼は何よりも酒と夜のどんちゃん騒ぎに打ち込んだ。❷ どちらかと言えば, むしろ: Este es un país ~ agrícola. この国はどちらかと言えば農業国だ。Consumir ~ antes del 30 de abril. [賞味期限の注意書き] なるべく4月30日までにお召し上がりください
preferible [preferíβle] 形 [ser+. +a より] 望ましい, 都合がよい: 1) Es ~ el té al café. コーヒーより紅茶がいい。Es ~ esto a lo que tú me propones. 君の提案よりこちらの方がいいと思う。2) ~ parece ~ salir mañana. 明日出かける方がいいと思う。2) [比較の対象が前置詞を伴う時は +[antes] que] Es ~ ir contigo [antes] que con ella. 彼女と行くより君と行く方がいい [×Es ~ ir contigo a con ella]。3) [比較の対象が副詞の時は +[antes] que, +a 共に可] Es ~ hoy [antes] que mañana./Es ~ hoy a mañana. 明日より今日の方がいい。4) [+不定詞] Siempre he pensado que es ~ estar solo a mal acompañado. 嫌な人と一緒にいるくらいなら一人でいる方がましだと私はいつも思ってきた。Es ~ morirse a estar en esa cárcel. あんな刑務所に入るくらいなら死んだ方がましだ。5) [比較の

象が従属動詞の目的語の時は +[antes] que, +a 共に可] Es ~ tomar vino [antes] que cerveza. ビールよりワインを飲む方がいい. 6) [+que+接続法] Es ~ que dejemos de vernos. 私たちはもう会わない方がいい. Sería ~ que no lo dijeras. それは言わない方がいいだろうよ

preferiblemente [preferiβleménte] 副 どちらかというと, むしろ
preferido, da [preferíðo, ða] 形 名 ❶ お気に入りの(人): Es la (hija) ~da de su padre. 彼女は父親のお気に入り[の娘]だ. Pepe es el ~ de todas las muchachas. ペペは女性たちの人気者だ. Era mi entretenimiento ~. それは私の好きな娯楽だった. Eso es su amenaza ~da. それは彼がいつも使う脅しだ. ❷《中南米》acción ~da 優先株 ‖=acción preferente]
preferir [preferír]《←ラテン語 praeferre「前に置く」< ferre「持つ, 置く」》33 他 [+a よりも] …の方を好む, むしろ…を選ぶ: 1) [+名詞] Prefiero la montaña a la playa. 私は海より山の方が好きだ. Prefiero este entre todos los vestidos. 全部のドレスの中で私はこれがいい. 2) [+直接目的語+目的格補語 …が…であるとき] ¿Café con leche?—No, lo prefiero solo. カフェオレでいい?—いや, ブラックがいい. 3) [直接目的語が人間のとき] i) [比較の対象が表現されていなければ +a+直接目的語] Su madre siempre prefiere a1 hijo mayor. 母親はいつも長男をひいきする. ii) [比較の対象が表現されていれば直接目的語に付ける a を省く, また比較の対象に a 以外の表現を用いる] Prefiero Pepe a Paco./Prefiero a Pepe antes que Paco. 私はパコとペペがいいと思う. Prefiero a Pepe y no a Paco. 私はパコではなくペペがいいと思う. 4) [比較の対象が動詞を伴う時は +[antes] que] Prefiero hablar de la moda [antes] que de la política. 政治の話をするよりファッションを話題にする方がいい (×Prefiero hablar de la moda a de la política). 5) [比較の対象が副詞のときは +[antes] que, +a 共に可] Prefiero tarde [antes] que nunca./Prefiero tarde a nunca. 全くしないよりは遅れてもする方がいい. 6) [+不定詞] Preferiría vivir sola a casarme con ese. あんな男と結婚するくらいなら一人で暮らす方がましだ. Por encima de todo, preferiría quedarme aquí. 私は何よりここにとどまる方を選びたい. 7) [比較の対象が従属動詞の目的語の時は +[antes] que, +a 共に可] Preferiría leer poesía [antes] que novela./Preferiría leer poesía a novela. 私は小説より詩を読む方がいいのだが. 8) [+que+接続法] Preferimos que gobierne ese partido a que haya una dictadura. 私たちは独裁国になるくらいなら, その党に政権を担当してほしい

preferir		
現在分詞	過去分詞	
prefiriendo	preferido	
直説法現在	直説法点過去	命令法
prefiero	preferí	
prefieres	preferiste	prefiere
prefiere	prefirió	
preferimos	preferimos	
preferís	preferisteis	preferid
prefieren	prefirieron	
接続法現在	接続法過去	
prefiera	prefiriera, -se	
prefieras	prefirieras, -ses	
prefiera	prefiriera, -se	
prefiramos	prefiriéramos, -semos	
prefiráis	prefirierais, -seis	
prefieran	prefirieran, -sen	

prefiguración [prefiγuraθjón] 女 予想, 予測, 予示
prefigurar [prefiγurár] 他 ❶ 予想(予測・予示)する, 前もって描写(説明)する. ❷《神学》予表する
 —— ~se 前もって頭に描く
prefijación [prefixaθjón] 女《言語》接頭辞を用いての新語形成
prefijal [prefixál] 形 ❶ 市外局番の. ❷《文法》接頭辞の
prefijar [prefixár]《←pre-+fijar》他 ❶ [概括的な条件・細部などを] 前もって定める, あらかじめ決める. ❷《文法》[語幹に] 接頭辞をつける
prefijo[1] [prefíxo]《←prefijar》男 ❶《電話》市外局番; [国際電話の] 国番号. ❷《文法》接頭辞 ⇨sufijo]
prefijo[2] **, ja** [prefíxo, xa] 形 ❶《文法》接頭辞の. ❷ 前もって定

められた
prefilatelia [prefilatélja] 女 切手が考案される以前の刻印の収集(研究)
prefinanciación [prefinanθjaθjón] 女《経済》プレファイナンス
prefinición [prefiniθjón] 女 期日(期限)を決めること, 日時の指定
prefinir [prefinír] 他 期日(期限)を決める, 日時を指定する[=predefinir]
prefloración [prefloraθjón] 女《植物》開花準備
prefoliación [prefoljaθjón] 女《植物》芽層, 幼葉期
preformación [preformaθjón] 女 ❶《生物》[個体発生論の] 前成(説). ❷ 前もって形成されること
preformar [preformár] 他 前もって(事前に)形成する
preformismo [preformísmo] 男《生物》前成説
preformista [preformísta] 形 名《生物》前成説の[論者]
prefrontal [prefrontál] 形 前頭骨の前にある, 前頭葉前部の: córtex ~ 前頭前皮質
prefulgente [prefulxénte]《←ラテン語 praefulgens, -entis》形 まぶしいほど光り輝く
pregancia [preγánθja] 女《地方語》[鍋などを火にかける] 自在かぎ
pregar [preγár] 8 他《古語》釘を打つ; 補強する
preglaciar [preγlaθjár] 形《地質》前氷河期の, 氷河期前の
pregnancia [preγnánθja] 女 ❶《文語》ふくれていること; 意味深長さ. ❷《心理》プレグナンツ: ley de ~ プレグナンツの法則
pregnante [preγnánte] 形《文語》❶ ふくれた. ❷ 意味深長な, 含みのある
pregón [preγón]《←ラテン語 praeconium「お触れ役人の役目」< praeco, praeconis「お触れ役人」》男 ❶《歴史》布告, 告示, 公示: ~ del alcalde 市長からの通達. ❷ [祝賀行事の] 開会宣言, 開会のスピーチ. ❸ [物売りの] 呼び声, 売り声: ~ de vendedor ambulante 呼び売りの声. ❹《文語》周知のこと, 暴露されたこと
pregonado, da [preγonáðo, ða] 形 男《闘牛》[既に闘牛をしたことがあって] 性悪で危険であることが知られている[牛]
pregonar [preγonár]《←pregón》他 ❶ 布告する, 告示する. ❷ 大声で売り歩く, 呼び売りする. ❸ [秘密などを] 世間に知らせる, 暴露する: ~ la verdad 真実を公開する. ❹《公然と》ほめそやす, 賞賛する: ~ la belleza de la mujer en el libro 本で女性美を賞賛する. ❺《古語》…の悪事(不名誉)を公に非難する; 追放する
pregonería [preγonería] 女 ❶《歴史》お触れ役人の職. ❷ 税
pregonero, ra [preγonéro, ra] 形《歴史》❶《←pregonar》《歴史》お触れ役人《役所の布告を大声で触れ回る下級役人》. ❷ 呼び売りの商人. ❸ [祝賀行事の] 開会宣言をする人. ❹ 口の軽い[人]
pregrabado, da [preγraβáðo, ða] 形《放送》前もって録音(録画)された
preguerra [preγéřa] 女 戦前
pregunta [preγúnta]《←preguntar》女 ❶ 質問, 問い[⇔respuesta. →cuestión [類義]]: Si tiene alguna ~, tendré mucho gusto en contestarle. 何かご質問があれば喜んでお答えします. ¿Puede usted repetir la ~? もう一度繰り返していただけますか? Si se me permite una ~... ちょっとうかがいますが…. Oiga, una ~. すみません, 一つ質問があるのですが. ¿A qué viene esa ~? なぜそんなことを訊くのですか? En la entrevista no se atenderán ~s personales. 会見では個人的な質問はお受けしません. Planteé una ~ clara y sencilla. 私は明瞭で単純な問いを投げかけた. ❷ 試験問題: El examen consta de cuatro ~s. その試験は4問から成っている. Todas las ~s de este examen son difíciles. このテストのどの問題も難問だ. Conteste [a] las ~s siguientes. 次の問いに答えなさい. ❸ 質問書, 質問状. ❹ 尋問, 問い詰め

absolver las ~s《法律》宣誓して答える
andar a la cuarta (última) ~《西. 口語》=estar a la cuarta (última)
estar a la cuarta (última) ~《西. 口語》1) 一文なしである, 一文なしに近い: Esos actores siempre están a la cuarta ~. あの役者たちはいつも金がない. 2) [話題などが] ピントがずれている
estrechar a ~s a+人 …を質問攻めにする, 問い詰める: Los periodistas estrecharon a ~s al futbolista. 報道関係者たちはそのサッカー選手を質問攻めにした

formular una ~ a+人 =hacer una ~ a+人
freír a ~s a+人 =estrechar a ~s a+人
hacer una ~ a+人 …に質問する, 尋ねる: ¿Puedo *hacer*le una ~? あなたに質問してもいいですか？ ¿Me permites que *haga* una ~ indiscreta? 君に一つぶしつけな質問をしていいだろうか？
~s y respuestas 1) 質疑応答. 2) 《南米》programa de ~*s y respuestas* クイズ番組
quedar[**se**] **a la cuarta** (*última*) ~ 《西. 口語》=**estar a la cuarta** (*última*) ~: He pagado el último plazo del coche y *me he quedado a la cuarta* ~. 私は自動車ローンを払い終えて, ふところが空になってしまった

preguntador, ra [preguntaðór, ra] 形 名 ❶ 質問する; 質問者. ❷ 質問(詮索)好きな[人].
preguntante [preguntánte] 形 名 質問する; 質問者
preguntar [preguntár] 《←ラテン語 percontari (測深する, 川底を捜す)》他 ❶ [+a+人 に] 質問する, 尋ねる, 訊く, 問う: 1) [+名詞 のことを] Me *preguntaron* el nombre. 彼らは私に名前を尋ねた. Me van a ~ muchas cosas. 私はたくさんのことを尋ねられるだろう. *Pregunte* lo que sea. 何でも訊いて下さい. ¿Y tú me lo *preguntas*? 君が私にそんなことを訊くのかい？ ¿Qué te *han preguntado* en el examen? 試験ではどんな問題が出た？ 《受動文も可》Le *fue preguntado* el parecer del director. 彼は社長はどんな人かと質問された. 2) [+si+直説法 かどうか] Le *preguntaron si* había visto el mar. 彼は海を見たことがあるか尋ねられた. 《口語》[+que si+直説法] Le *preguntó que si* había alguien más en la casa. 彼は家には他に誰かいるかと私に訊いた. Le *preguntaron que si* podía traer unas gaseosas. 彼は炭酸飲料を持ってきてくれるか尋ねられた. 3) [+疑問詞+直説法] Le *pregunté qué* había sucedido. 私は彼に何があったのかと尋ねた. 《口語》[+que+疑問詞+直説法] Le *preguntó al niño que qué* edad tenía. 彼はその少年に年齢はいくつかと尋ねた. ❷ 《コロンビア》捜す; 呼ぶ
no me [*lo*] *preguntes* 《口語》私は知らない
— 自 ❶ 質問する, 尋ねる, 問う: 1) A mí no me *preguntes*: no sé nada. 私に訊かないで下さい. 何も知らないのだから. Si me *preguntan*, ¿qué contesto? 私に訊かれたら私は何と答えよう？ 2) [+*por*·*sobre*+事物 について] Le *pregunté por* su salud. 私は彼に元気かどうか尋ねた. José *me ha preguntado por* ti. ホセは君がどうしているかと言っていたよ. El profesor *pregunta a* sus alumnos *sobre* la lección de ayer. 先生は生徒たちに昨日勉強したことについて質問している. 3) 《ちびなど》[+*de*] ¿No vas a ~ *de* la reforma judicial? 君は司法改正のことは質問しないのか？ ❷ [+*por*+人 を] 訪ねる, 面会(応答)を求める: Un policía *pregunta por* usted, señor. だんな様, 警官がお目にかかりたいと申しております. *Preguntaban por* ti en el teléfono. 君に電話がかかっていたよ
— ~*se* 自問する, 疑問に思う: Me *pregunto* si habrá llegado José. ホセは着いたかな. Me *pregunto* cómo ha conseguido hacerlo. 彼はどうやってそれができたのだろうと私は考える. El escritor *se pregunta* en sus obras *por* el sentido de la vida. その作家は作品中で人生の意義について自らに問いかけている

pregunteo [preguntéo] 男 《口語》[たびたび繰り返される] 質問
preguntón, na [preguntón, na] 形 名 《軽蔑》根掘り葉掘り尋ねる[人], ぶしつけな質問をする[人]: Los niños suelen ser *preguntones*. 子供はあれこれ尋ねるものだ. ¡No seas ~!, no te puedo contar más. あれこれ訊かないで! これ以上は言えないんだ. Mi vecina es una cotilla y una *preguntona*. 隣の女性はうわさ好きであれこれ詮索する
pregustación [pregustaθjón] 女 《文語》毒味
pregustar [pregustár] 他 《文語》《王・貴族などの飲食物を》毒味する
prehelénico, ca [pre[e]léniko, ka] 形 《歴史》前ギリシア時代の
prehensión [pr[e]ensjón] 女 《生物》つかむこと [=prensión]
prehispánico, ca [preispániko, ka] 形 《アメリカ大陸についての》スペインによる征服・植民地化以前の
prehistoria [preistórja] 《←pre-+historia》 女 ❶ 先史[時代]. 先史学. ❷ 《文化・宗教・政治的な始めなどに至る》 いきさつ, 前段階, 前史: ~ del motor エンジンの前史
prehistoriador, ra [preistorjaðór, ra] 名 先史学者
prehistórico, ca [preistóriko, ka] 形 《←prehistoria》 ❶ 有史前の, 先史時代の: animal ~ 有史前の動物. tiempo ~ 先史時代. ❷ 《軽蔑》時代遅れの, 古びた, 古くさい: Su cámara es ~*ca*. 彼のカメラは時代遅れだ
prehomínido, da [preomínido, da] 形 先行人類の
— 男 《動物》先行人類
preignición [preigniθjón] 女 [エンジンの] 早期点火
preimplantacional [preimplantaθjonál] 形 《医学》着床前の
preinca [préiŋka] 形 =**preincaico**
preincaico, ca [preiŋkáiko, ka] 形 《考古》[ペルーの] インカ帝国時代以前の, プレ・インカの
preindustrial [preindustrjál] 形 産業革命前の
preinforme [preinfórme] 男 報告書の草稿
preinscribir [preinskribír] 他 《通》preinscri[*p*]*to*》仮登録させる
— ~*se* 仮登録する
preinscripción [preinskripθjón] 女 [課目などの] 仮登録, 仮申し込み
preinserto, ta [preinsérto, ta] 形 以前に掲載された
preinstalación [preinstalaθjón] 女 《情報》プレインストール, プレインストール
preinstalar [preinstalár] 他 《情報》プレインストールする, プレインストールする
preislámico, ca [preislámiko, ka] 形 《歴史》前イスラム時代の
prejubilacion [prexubilaθjón] 女 早期退職 [EU では農民の定年は58歳]
prejubilar [prexubilár] 他 早期退職させる
prejudicial [prexudiθjál] 形 《法律》❶ 先決すべき: cuestión ~ [裁判での] 先決問題. ❷ 予審すべき
prejudicialidad [prexudiθjaliðá[d]] 女 《法律》先決性
prejudicio [prexudíθjo] 男 =**prejuicio**
prejuiciado, da [prexwiθjáðo, ða] 形 《主に中南米》偏見のある, 偏見の
prejuicio [prexwíθjo] 《←ラテン語 praejudicium》 男 ❶ [主に 複] 偏見, 先入観: tener ~*s contra*... …に偏見を抱く. ❷ 予断, 早まった判断: mirar con ~ 偏見の目(色眼鏡)で見る
prejuicioso, sa [prexwiθjóso, sa] 形 偏見のある, 偏見の: amor ~ 偏愛
prejurídico, ca [prexuríðiko, ka] 形 法律以前の
prejuzgar [prexuzɣár] 《←pre-+juzgar》 [8] 他 予断する, 決めてかかる, 早まった判断を下す
prelacía [prelaθía] 女 =**prelatura**
prelada [preláða] 女 《カトリック》女子修道院長
prelado [preláðo] 《←ラテン語 praelatus》 男 ❶ 高位聖職者《大司教, 司教, 大修道院長など》. ❷ ~ *doméstico* 教皇侍従
prelaticio, cia [prelatíθjo, θja] 形 高位聖職者の: traje ~ 高位聖職者の服
prelativo, va [prelatíβo, ba] 形 《法律》優先の, 優先される: heredamiento ~ 優先権
prelatura [prelatúra] 《←ラテン語 praelatus》 女 ❶ 高位聖職者 prelado の地位. ❷ [教皇庁の] 高官団: ~ *personal* 属人区
prelavado [prelaβáðo] 男 [洗濯機での] 予洗い
prelegado [preleɣáðo] 男 《法律》先取遺贈
prelegatorio, ria [preleɣatórjo, rja] 形 《法律》先取遺贈の受取人
prelenguaje [preleŋɡwáxe] 男 《言語》[幼児の] 言語習得以前のコミュニケーション
preliminar [preliminár] 《←pre-+ラテン語 liminare「敷居」》 形 ❶ 前提の, 前置きの: hacer las observaciones ~*es* 前置きする. ❷ 準備の, 準備の: acuerdo ~ 予備協定. estudio ~ 予備調査. negociación ~ 予備交渉. ❸ 《スポーツ》予選の
— 男 ❶ [複] [主に文書による] 予備交渉, 予備折衝. ❷ 準備行為, 準備
— 男 女 《中南米. スポーツ》予選
preliminarmente [preliminárménte] 副 前もって; 予備的に
prelitral [prelitrál] 形 《地理》montañas ~*es* 海岸山脈
prelucir [preluθír] [40] 自 前もって光る
preludial [preluðjál] 形 前兆の, 前ぶれの
preludiar [preluðjár] 《←preludio》 [10] 他 ❶ …の前兆となる, 下準備をする: con silencios que *preludian* la tormenta 嵐の

前の静けさで. el calor que *preludia* la primavera 春を告げる隣风. ❷ 始める ── 自《音楽》[本番の演奏前に]楽器や声を調整する, チューニング する

preludio [prelúdjo]《←ラテン語 praeludium「演奏に先立つ」》男 ❶ 前ぶれ, 前兆; 始まり: Fue el ~ de la crisis financiera. それは財政危機の序章だった. ❷《音楽》1)〔演奏前の〕楽器や声の調整, チューニング. 2) 前奏曲, プレリュード. ❸《文語》序, 前置き

prelusión [prelusjón] 女《まれ》序, 前置き〔=preludio〕
premamá [premamá] 形 女《単複同形》妊婦〔の・用の〕: vestido 〔de〕~ マタニティドレス
premarital [premaritál] 形《まれ》=**prematrimonial**: relaciones ~es 婚前交渉
prematrimonial [prematrimonjál] 形 結婚前の: cursillo ~《カトリック》結婚講座〔司祭が新郎新婦に結婚への心構え・子供の教育法などを教える〕. relaciones ~es 婚前交渉
prematuramente [prematuraménte] 副 時期尚早に, 早まって: hacer cosas ~ 先走ったことをする. morir ~ 若死にする
prematuridad [prematuridáð] 女 早産
prematuro, ra [prematúro, ra]《←ラテン語 praematurus》形 ❶ 時期尚早の, 早すぎる: Es todavía un momento ~ para hacer un análisis. 分析するにはまだ時期が早すぎる. calvicie ~ra 若はげ. juicio ~ 時期尚早の判断. muerte ~ra 早死に, 夭折（芸）. parto ~ 早産. vejez ~ra 早老. ❷ 早産の, 未熟児の. ❸《法律》[女性が] 結婚不適齢の, 未成年の ── 名 未熟児〔=niño ~〕
premedicación [premeðikaθjón] 女《医学》[麻酔前の] 前投薬
premeditación [premeðitaθjón] 女 ❶ あらかじめ熟考すること. ❷《法律》予謀: con ~ y alevosía 予謀計画の上で
premeditadamente [premeðitáðaménte] 副 計画的に; 熟考して
premeditar [premeðitár]《←pre-+meditar》他 ❶ あらかじめ熟考する, 入念に準備する: ~ los pros y los contras 利害得失をよく考える. crimen *premeditado* 計画的な犯罪. ❷《法律》予謀する: asesinato *premeditado* 謀殺
premenopáusico, ca [premenopáwsiko, ka] 形《医学》閉経前の
premenstrual [premenstrwál] 形《医学》月経[期]前の: síndrome ~ 月経前症候群
premiación [premjaθjón] 女《中南米》賞を出すこと; 授賞式
premiado, da [premjáðo, ða] 形 名 ❶ 入賞した, 受賞した; 入賞者, 受賞者: número ~〔くじの〕当選番号. ❷ bola ~da ウイニングボール
premiador, ra [premjaðór, ra] 形 名 授与する〔人〕
premial [premjál] 形 賞の, ほうびの
premiar [premjár]《[俗ラテン語 praemiare]》10 他 〔+con 賞・ほうびを, +a・行為に〕授与する, 表彰する: Su obra fue *premiada con* numerosos premios. 彼の作品は数多くの賞を与えられた
premidera [premiðéra] 女〔織機の〕ペダル, 踏み板
premier [premjér]《←英語》男《図》~s〔英国などの〕首相
première [premjér]《←仏語》女〔映画, 演劇〕[上映・上演の] 初日
premio [prémjo]《←ラテン語 praemium》男 ❶ 賞, 賞金, 賞品; ほうび《⇔castigo》: 1) dar (conceder) a+人 el ~ por el valor …の勇気を表彰する. ganar (recibir) el segundo ~ en el concurso コンクールで2等賞をとる. ❷ de honor 優等賞. ~ de consolación / ~ consuelo /《チリ, アルゼンチン, ウルグアイ》~ de consuelo 残念賞, 参加賞. ~ seco《コロンビア》2等賞. Gran P~ de Japón de Fórmula 1 F1 日本グランプリ. P~ Miguel de Cervantes セルバンテス賞〔1976年設定, スペイン語で書かれた文学作品に毎年授与される, スペイン語世界最高の文学賞. 一作家の全業績を対象とする〕. P~ Nadal ナダル賞〔1944年発足のスペイン語の文学賞. 当初は新人作家の登竜門的意味を持ち未刊の小説作品を対象としていたが, 現在では商業的価値の高い小説に授与されることになった〕. 2) [+a el] ~ *a la mejor película* 最優秀映画賞. ❷ 受賞作. ❸ [宝くじに] 当たりくじ: Me tocó un ~ de la ONCE. 私はオンセの宝くじに当たった. el ~ gordo 特賞, 大当たり. ❹《商》1) 打ち〔率〕, プレミアム. 2) 割増金, 割増価格
~ *extraordinario* 最優秀賞: ~ *extraordinario fin de carrera* 大学卒業生の優等賞
── 名 受賞者: Es ~ Nobel de Medicina. 彼はノーベル医学賞の受賞者だ

premiosamente [premjósaménte] 副 手際が悪く; 緊急に
premiosidad [premjosiðáð] 女 手際の悪さ; 錯綜
premioso, sa [premjóso, sa]《←premiar》形 ❶ ぐずな, へまな, のろまな, 鈍い. ❷〔文体などが〕込み入った, なめらかでない. ❸〔話し方などが〕たどたどしい, ぎこちない. ❹〔衣服などが〕窮屈な, きつい: Este cerrojo va muy ~. この差し錠はひどくきつい. ❺《まれ》緊急の, 切迫した: orden ~*sa* 緊急の命令. ❻《まれ》厄介な, 手に余る, 骨の折れる. ❼《まれ》厳しい, 厳格な

premisa [premísa]《←ラテン語 praemisa < praemittere「前に送る」》女 ❶《論理》前提: partir de una falsa ~ 間違った前提から出発する. ~ mayor (menor) 大(小)前提. ❷ 圏〔議論・交渉などの〕前提条件: Una vez establecidas estas ~s teóricas, … これらの理論的前提が満たされれば, …. ❸ 兆し, 兆候
premiso, sa[premíso, sa] 形 ❶ 用意のできた, 準備された; あらかじめ送った. ❷《法律》事前の, 先立つ
premoción [premoθjón] 女《哲学》前兆; 緊急
premolar [premolár] 男《解剖》前臼歯, 小臼歯〔=diente ~〕
premonición [premoniθjón]《ラテン語 praemonitio, -onis》❶〔根拠のない〕予感, 虫の知らせ: tener una ~ de… …の予感がする, 虫が知らせる. ❷《医学》前駆症状, 徴候
premonitor, ra [premonitór, ra] 形 =**premonitorio**
premonitorio, ria [premonitórjo, rja]《←ラテン語 praemonitorium》形 ❶ 前兆の. ❷ 予感の: sueño ~ 予知夢. ❸《医学》前駆性の: síntomas ~s 前駆症状
premonizar [premoniθár]《←英語 premonish》9 他 予告する, あらかじめ警告する; 予感する
premonstratense [premonstraténse] 形 名 =**premostratense**
premoriencia [premorjénθja] 女《法律》[ある人より] 先に死亡すること
premoriente [premorjénte] 形《法律》[ある人より] 先に死亡した〔人〕
premorir [premorír] 34 自《過分 premuerto》《法律》[ある人より] 先に死亡する
premortal [premortál] 形 死に先立つ
premostrar [premostrár] 28 他 前もって〔事前に〕見せる
premostratense [premostraténse] 形 名《カトリック》プレモントレ修道会 Orden Premostratense の〔修道士・修道女〕
premuerto, ta [premwérto, ta]《premorir の 過分》名 形〔ある人より〕先に死亡した人
premunir [premunír] ~se《中南米》[+de・contra に対して] 用心する, 先手を打つ, 用心して備える
premura [premúra]《←伊語 premura < prèmere「急いでいる」< ラテン語 premere「締めつける」》女《文語》❶ 緊急, 切迫: con ~ 急いで, 至急に. ❷〔時間・場所の〕少なさ: con ~ de tiempo 時間に追われて. por ~ de espacio 場所がないので
premuroso, sa [premuróso, sa] 形《文語》緊急の, 切迫した
prenatal [prenatál]《←pre-+natal》形 ❶ 出生前の: diagnóstico ~ 胎児検診. ❷ 妊婦用の
prenavideño, ña [prenaβiðéno, ɲa] 形 クリスマス直前の
prenda [prénda]《←古語 peñora < ラテン語 pignora < pignus, -oris》女 ❶ 衣類, 衣服〔=~ de vestir, ~ de ropa〕: Han robado más de 500 ~s de ropa de marca en una tienda. 店から500点以上のブランドものの衣類が盗まれた. en ~s interiores 下着姿で. ~ íntima 下着. ~ de cama シーツやベッドカバー. ❷ 抵当, 質草; dar (entregar)… en ~ [s]…を抵当に入れる. tomar… en ~ …を抵当にとる. ❸〔売りに出される〕宝石, 家財道具. ❹ 証し, 証拠: como ~ de la amistad 友情のしるしとして. ❺〔精神的・肉体的な〕長所, 美点〔=buena ~〕: ensalzar las ~s de+人 …のいい所をほめ讃える. ❻〔主に家族間での親愛の呼びかけ〕かわいい人〔子〕: ¡No hagas eso, ~! 坊や, そんなことをしてはいけないよ! ❼〔罰金遊びの〕罰金. 图 罰金遊び〔=juego de las ~s〕: pagar ~ 罰金を払う. ❽《キューバ》護符. ❾《ペルー》覆 私物
en ~ de…, en ~ de que …の抵当として; …の証拠として
no doler ~*s a*+人 …は義務に忠実である; 費用〔努力〕を惜しまない: *A él no le duelen* ~*s para denunciar cualquier injusticia.* 彼はいかなる不正も告発する労を惜しまない. *Al buen pagador no le duelen* ~*s.*《諺》余裕のある人はど

prendador, ra [prendaðór, ra] 形 名 ❶《法律》担保(抵当)に取る〔人〕, 差し押さえる〔人〕. ❷ 心を奪う〔人〕

prendamiento [prendamjénto] 男《文語》心を捕える(奪われ)こと

prendar [prendár]〖←古語 prendrar < ラテン語 pignorari〗他 ❶《法律》質(抵当)に取る. ❷《文語》…の心を捕える
── ~se《文語》[+de に] 心を奪われる, 魅せられる: El joven vio a una hermosa muchacha, y se prendó de ella. 若者は一人の美少女を見かけ, 彼女に夢中になった

prendario, ria [prendárjo, rja] 形《法律》質の, 抵当の: mercancía ~ria 抵当の品

prendedera [prendedéra] 女《コロンビア》家政婦 [=camarera]

prendedero [prendedéro] 男 ❶ 留め金, ピン. ❷ ブローチ. ❸〔髪を固定する〕リボン

prendedor[1] [prendeðór]〖←prender〗男《主に中南米》❶ ピン, 止め針; ブローチ: Vestía una túnica recogida con ~es. 彼女の着ているチュニックはピンで留めてあった. En la solapa solía llevar un ~ de oro. 彼女はいつも襟に金のブローチをつけていた. ❷〔髪をまとめる〕バレッタ

prendedor[2], **ra** [prendeðór, ra] 名《まれ》捕える〔人〕

prendedura [prendeðúra] 女〔卵の〕胚盤; 黄身の血斑

prender [prendér]〖←俗ラテン語 prendere < ラテン語 prehendere「つかむ, 捕える」〗他 ❶ 捕える; つかむ: 1) El guarda prendió al atracador del banco. 警備員は銀行強盗を取り押さえた. Los prendieron al tratar de infiltrarse en territorio enemigo. 彼は敵地に潜入しようとしたところを捕えられた. 2) [+de・por+体の部位 を] Me prendió por el pelo. 彼は私の髪をつかんだ. La perra suele ~ a los cachorros por el cuello. 母犬は子犬たちを首のところでくわえる習性がある. ❷〔ピンなどで, +a・en に〕とめる, 引っかける: Prendió el póster con unas chinchetas. 彼はポスターを画鋲でとめた. Lleva un broche prendido en la solapa. 彼女は襟にブローチを付けている. Prendí el pañuelo con un alfiler. 私はスカーフをピンでとめた. La chapa a (en) la blusa 作業服に名札を付ける ❸〔火・明かりを〕つける: Prendieron fuego a la casa. 彼らは家に火をつけた. Voy a ~ la cocina para preparar el potaje. ポタージュを作るので, こんろに火をつけよう. ❹〔+a〕〔女性を〕飾る. ❺《米国, 中南米》ガス(電気)をつける; 〔器具を〕作動させる, スイッチを入れる; 〔車を〕スタートさせる: Al llegar a casa prendió la radio. 彼は帰宅するとすぐラジオをつけた. El chofer prendió el motor. 運転手は自動車のエンジンをかけた. ❻《コロンビア》…にボタンを付ける; 継ぎを縫い付ける
── 自 ❶ [+en に, 火がつく; 燃え広がる: 1) Las llamas prendieron en una hoguera. フライ鍋に火がついた. Esta leña no prende. この薪はなかなか火がつかない. Hubo un chispazo y las cortinas prendieron con rapidez. 火花が飛んで, あっと言う間にカーテンに火がついた. 2)《比喩》《感情》La chispa del amor prendió en los dos desde su primer encuentro. 2人は初めて会った時から恋の炎が燃え上がった. Ha prendido en ella la pasión por la música. 彼女の中に音楽への情熱が芽生えた. Su mensaje prendió en el público. 彼のメッセージは観客の心をとらえた. La desilusión y el desánimo prendieron pronto en los participantes. 参加者たちの間にたちまち失望と落胆の気持ちが広がった. ❷〔植物が〕根が下る, 根づく: La hierbabuena prende fácilmente. ハーブは根づきがいい. Los geranios no han prendido en la tierra del patio. ゼラニウムは中庭の土に根づかなかった. ❸ 引っかかる: El ancla prendió en el fondo. 錨が海底にかかった. ❹〔種痘が〕つく
── ~se ❶ 火がつく: Se prendieron las cortinas del teatro. 劇場の幕に火がついた. ❷ 引っかかる: El sombrero quedó prendido entre las ramas. 帽子が枝に引っかかった. ❸《まれ》〔女性が〕身を飾る. ❹《カリブ》酔っぱらう. ❺《コロンビア》〔病気に〕かかる

quedar(se) prendido de… …に魅了される: Se quedó prendido de sus ojos verdes. 彼は彼女の緑の目のとりこになった. Quedé prendida de su encanto. 私は彼の魅力のとりこになった

prendería [prendería]〖←prenda〗女 ❶《西》古着店, 古道具店. ❷《コロンビア》質屋

prendero, ra [prendéro, ra] 名《西》古着商, 古道具商

prendido[1] [prendíðo] 男 ❶《服飾》[ピンで留める] 飾り; [特に] 髪飾り: ~ de flores 花飾り. ~ de novia 花嫁のベールを留めるキャップ(バンド). ❷ ボビンレースの型紙

prendido[2], **da** [prendíðo, ða] 形 ❶《メキシコ》1)《口語》元気のいい, 活発な. 2) 着飾った. ❷《プエルトリコ》酔っぱらった. ❸《チリ》便秘の

prendimiento [prendimjénto] 男 ❶ 捕われのキリスト; その絵(像). ❷ 捕縛. ❸《ドミニカ》病熱. ❹《コロンビア, ベネズエラ》焦燥, 興奮. ❺《チリ》[体の] 痛みを伴う圧迫感

prendorio [prendórjo] 男《メキシコ》婚約

preneandertal [preneandertál]《人類学》ネアンデルタール人以前の

prenestino, na [prenestíno, na] 形《歴史, 地名》[古代イタリアの] プラエネステ Preneste の〔人〕

prenoción [prenoθjón] 女《哲学》先取観念, 生得観念

prenombrado, da [prenombráðo, ða] 形《中南米》上述の, 前述の

prenombre [prenómbre] 男《古代ローマ》ファーストネーム

prenotando [prenotándo] 男 序, 前置き

prenotar [prenotár] 他 予感する

prensa [prénsa]〖←ラテン語 pressa < premere「締めつける」〗女 ❶《文語》[一般に] 新聞, 雑誌: Ya he leído la ~ de hoy. 私はもう今日の新聞を読んだ. Lo que no está en la ~ no existe. 新聞に載っていないことは起きていない. ~ amarilla 扇情的な大衆紙; イエロージャーナリズム. ~ nacional (regional) 全国(地方)紙. ~ roja《チリ, アルゼンチン, ウルグアイ》[犯罪記事などを主とした] 扇情的な新聞. ~ del corazón/~ rosa [女性向けの] ゴシップ雑誌. ❷ 報道機関; [集名] 記者団, 報道関係者: La decisión se comunicará a la ~ 報道各社に伝えられるだろう. trabajar en la ~ ジャーナリズム界で働く. campaña de ~ プレスキャンペーン. centro de ~ プレスセンター. club de ~ 記者クラブ. libertad de ~ 報道の自由. ❸ 印刷機; 印刷: libros recién salidos de la ~ 新刊書, できたばかりの本. ~ rotativa 輪転機. ❹ 圧搾機, 圧縮機, プレス: ~ hidráulica 水圧機, 油圧プレス. ~ plancha-pantalones ズボンプレッサー. ❺ 締め金具 [=abrazadera]

dar a la ~ 出版する
en ~ 印刷中の; 近刊の: estar en ~ 印刷中である; 近刊である. meter en ~〔原稿を〕印刷に回す
sudar la ~ 休みなく印刷する
tener buena (mala) ~ [世間の] 評判がよい(悪い): El presupuesto tiene mala ~ entre el pueblo. 予算は国民の間で評判が悪い

prensada [prensáða] 女《地方語》=prensado

prensado [prensáðo] 男 圧縮 [加工], 圧搾 [加工], プレス [加工]

prensador, ra [prensaðór, ra] 形 名 圧搾する, プレスする; プレス工, 圧搾機係
──《パナマ, アルゼンチン》締め金具 [=abrazadera]

prensadura [prensaðúra] 女 圧縮, 圧搾, プレス

prensaestopas [prensaestópas] 男《単複同形》《技術》パッキン箱

prensaje [prensáxe] 男《まれ》=prensado

prensapurés [prensapurés] 男《単複同形》=pasapurés

prensar [prensár]〖←prensa〗他 圧縮する, 締めつける; 搾る: ~ la aceituna オリーブを搾る

prensatelas [prensatélas] 男《単複同形》[ミシンの] 布押さえ機構

prensil [prensíl] 形《生物》[尾などが] 物をつかむことができる, つかむのに適した: cola ~ [猿の] 巻き尾. trompa ~ [象の] 巻き鼻

prensión [prensjón] 女 ❶《生物》つかむこと. ❷ 捕獲

prensista [prensísta] 名 印刷工 [=tirador]

prensor, ra [prensór, ra] 形 ❶ つかむ. ❷ 対趾足類の
── 女 [複]《鳥》対趾足 (ついし) 類

prenunciar [prenunθjár] 他 予告する, 予言する, 予報する

prenuncio [prenúnθjo]〖←ラテン語 praenuntius〗男 予告, 予言, 予報

prenupcial [prenupθjál] 形 結婚前の, 婚前の: calvario ~ 結婚に至る苦難の道

preñado, da [preɲáðo, ða]【←ラテン語 praegnatus < ラテン語 praegnas, -atis 「出産直前の」】形 ❶ [estar+. 動物が]妊娠した, 孕(は)んだ《人の場合は《文語》・《俗用》》: Mi perra está ~da. 私の犬は妊娠している. ❷《文語》[+de で] 満ちた: nubes ~das de amenazas 一荒れ来そうな雲. vida ~da de dificultades 苦難に満ちた生涯. ❸ [壁が] 崩れ落ちそうな. ❹ 内に秘めた: palabra ~da 言外の意味を含んだ言葉
—— 男 ❶ 妊娠. ❷ 妊娠期間. ❸ 胎児

preñar [preɲár]【←preñado】他〔人の場合は《文語》・《俗用》〕. ❷ [+de で] 満たす, 一杯にする
—— ~se [動物が] 妊娠する《人の場合は《俗用》》

preñez [preɲéθ]【←古語 preñe「妊娠」】女 ❶ 妊娠, 受胎; 妊娠期間. ❷ 未解決の状態. ❸ [物事の内にひそむ] 困難さ: La obligación de ser rey era una ~ espiritual. 王にならねばならないということが精神的なとまどいになっていた

preocupación [preokupaθjón]【 】女 ❶ [+de・por についての] 心配, 気がかり: Tengo una gran ~ por el futuro de mis hijos. 私は子供たちの将来が大変気がかりだ. La ~ por la enfermedad de su hijo no la deja dormir. 彼女は息子の病気のことが心配で夜も眠れない. Estos días, con la ~ de haber llegado a la temporada final del curso, tengo los nervios de punta. 学年末になったので緊張して, 私は最近いらいらしている. Quizá sea una ~ infundada, pero no se me va de la cabeza. たぶん私の思い過ごしだろうが, その悩みが頭から離れない. ❷ [主に 複] 心配事: Tiene grandes preocupaciones. 彼には大きな悩みがある. ¡Cuántas preocupaciones nos dan los hijos! 子供たちは私たちに何と心配をかけることか! Todas nuestras preocupaciones desaparecieron cuando encontramos la solución. 私たちは解決策を見出して, 悩みがすべて吹き飛んだ. ❸ [主に 複] 課題, 仕事, 任務: En su nuevo trabajo mi marido tiene más preocupaciones que en el anterior. 私の夫は新しい職場では前の職場よりもすべき仕事が多い. ❹ 偏見 [=prejuicio]. con ~ 心配して: Recibí con ~ la noticia de tu enfermedad. 私は君が病気だという知らせをもらって心配している

preocupadamente [preokupaðaménte] 副 心配して, 不安げに

preocupado, da [preokupáðo, ða] 形 ❶ [estar+. +por・de で], 心配な, 気がかりな: La gente mayor está muy ~da por la vida del seguro social. 老人たちは社会保険に頼る暮らしに大きな不安を抱いている. Está ~da por conservar la salud. 彼女は健康を保とうと気をつかっている. Eva lo observó ~da. エバは彼を心配そうに見つめた. con gesto ~ 心配そうな仕草で. ❷ [ser+] 心配性の: El joven es ~ por naturaleza. その若者は生まれつき心配性だ

preocupador, ra [preokupaðór, ra] 形 名 心配させる〔人〕

preocupante [preokupánte] 形〔事柄・状況が〕気がかりな, 気のもめる: El progresivo envejecimiento de la sociedad es ~. 社会の高齢化の進行が心配だ

preocupar [preokupár]【←ラテン語 praeoccupare「先に占める」< prae-（先に）+occupare】他 [事柄が主語] 心配させる; [悩みなどが] …の気を使わせる, …の頭を一杯にする: 1)[名詞 が主語] A Lola le (la) preocupa mucho la enfermedad de su hijo. ロラは息子の病気がとても気がかりだ《「心配する人物」は間接目的格. ただし直接目的格も可》. Me preocupa la poca conciencia ecológica que existe entre nuestro pueblo. 我が国の人々が環境問題について意識が低いのが心配だ. Solo te preocupa tu aspecto. 君は見かけばかり気にするね. Tu estado de salud me preocupa. 君の健康状態が気がかりだ《「述語+主語」の語順が普通だが, 「主語+述語」も可》. Los hechos han preocupado mucho a la opinión pública. それらの事件は世間を大いに騒がせた《前置詞 a は主語と目的語の区別》. 2)[不定詞が主語] Me preocupa no perder de vista al público. 私は公の場から姿を消さないよう気をつけている. 3)[que+接続法 が主語] Me preocupa que José no esté aquí aún. 私はホセがまだここに来ないのが心配だ. Me preocupa que tú no quieras estudiar. 私は君が勉強嫌いなのが心配だ. 4)[疑問詞+不定詞・直説法 が主語] A los padres de esta era les preocupa cómo proteger a los chicos en Internet. 現代の親たちはインターネットでの子供たちをどう保護するか頭を抱えている
—— ~se ❶ 心配する, 危惧する, 気づかう: 1) No te preocupes, no pasa nada. 大丈夫, 心配しないで. 2)[+de・por+名詞] Me preocupo de este chico. 私はこの少年が気がかりだ. La abuela se preocupa por cualquier cosa. 祖母はいろいろなことを気にする. Por mí no se preocupe. 私のことならご心配なく. 3)[+de+不定詞] Nadie se preocupó de ayudar a un extraño. 見知らぬ人を助けようと気にかける人は誰もいなかった. 4)[por que・de que+接続法] Mis padres siempre se han preocupado por que yo lea ese tipo de novelas. 両親は私がその種の小説を読むのをいつも心配していた. Cuando acometo un proyecto me preocupo mucho de que no falle nada. 私は計画を実施する時, 落ち度がないか大変気をつかう. Preocúpate de que todo salga como lo habíamos planeado. すべてが私たちが計画したとおりに運ぶように気をつけて. ❷ [+de 仕事などを] 引き受ける: Mi madre se preocupa de ordenar mi habitación. 私の部屋の片付けは母がしてくれる

Preolimpiada [preolimpjáða] 女 プレオリンピック

preolímpico, ca [preolímpiko, ka] 形 オリンピックに先立つ: Juegos P~s プレオリンピック
—— 男 オリンピック予選会

preoperatorio, ria [preoperatórjo, rja] 形《医学》手術前の, 術前の

preopérculo [preopérkulo] 男《魚》前えらぶた

preopinante [preopinánte] 形 名 [討論で] 先に意見を述べた〔人〕

preordinación [preorðinaθjón] 女 [神が] 定めること; [神による] 予定, 定め, 運命

preordinadamente [preorðináðaménte] 副《神学》神の定めで, 神があらかじめ定めたとおりに

preordinar [preorðinár] 他《神学》予定する, あらかじめ…の運命を定める

prepa [prépa] 女《メキシコ》=**preparatoria**¹

prepagada [prepaɣáða] 形 tarjeta ~ プリペイドカード

prepago [prepáɣo] 男 tarjeta [de] ~ プリペイドカード

prepaladar [prepalaðár] 男《音声》前部硬口蓋

prepalatal [prepalatál] 形《音声》前部硬口蓋音[の]

prepandial [prepandjál] 形 食前の, 正餐前の

preparación [preparaθjón]【←ラテン語 praeparatio, -onis】女 ❶ 準備[すること]: Vamos a hacer la ~ de las vacaciones. バカンスに出かける準備をしよう. El proyecto está en etapa de ~. 計画は準備段階にある. ❷ 予習, 下調べ: Dedico todo el tiempo a la ~ de (para) los exámenes. 私は試験勉強にすべての時間を費やしている. ❸ 教育, 訓練; 学識, 知識: Tenía una buena ~ en Física y aprobé el examen. 私は物理に詳しかったので試験に合格した. Salió de la universidad con una buena ~. 彼はすばらしい学識を身につけて大学を卒業した. estado de ~ 訓練状況, 練度. ~ militar 軍事訓練. ❹ [薬などの] 調合, 調合薬, 売薬.〔=~ farmacéutica〕. ❺ 調理, 下ごしらえ, [調理してきた] 料理: Me equivoqué en la ~ de la fritura. 私は揚げ物に失敗した. La ~ de este plato es muy laboriosa. この料理の下ごしらえは手間がかかる. ❻ [顕微鏡の] プレパラート[=~ microscópica]: colocar ~ de células en el portaobjetos スライドガラスに細胞のプレパラートを置く. ❼《ユダヤ教》[祭りの] 前日. ❽《ラプラタ. 料理》タパス〔=tapas〕
~ física 肉体訓練, トレーニング: Su ~ física es muy buena. 彼のトレーニングはいい具合に仕上がっている

preparado¹ [preparáðo] 男 ❶ 調合薬, 売薬: ~ de vitaminas ビタミン剤. ~ para combatir la calvicie 抜け毛予防の薬. ❷ [成分を混合した] 製品: ~ alimenticio 食物製品. ❸ プレパラート [=preparación]

preparado², da [preparáðo, ða] 形 ❶ [ser+] 熟練した, 精通した, 有能な: Es el ~ farmacéutico. 彼はベテランの薬剤師だ. abogado ~ 優秀な弁護士. ❷《スポーツ》¡P~s, listos, ya! 位置について, 用意, ドン

preparador, ra [preparaðór, ra]【←ラテン語 praeparator, -oris】名 ❶ 準備する人; [実験室などの] 助手. ❷《スポーツ》トレーナー〔=~ físico〕: El club tiene un ~ físico excelente. チームには優秀なトレーナーがいる. ~ del púgil《ボクシング》セコンド. ❸《競馬》調教師

preparamento [preparaménto] 男 =**preparamiento**

preparamiento [preparamjénto] 男 準備, 用意, 支度

preparar [preparár]【←ラテン語 praeparare < prae-（先に）+parare「配置する」】他 ❶ 準備する, 用意する: El anciano preparó un tablero de ajedrez y empezó a colocar las fichas. 老人はチ

ェス盤を取り出して駒を並べ始めた. *Prepararon* la visita del presidente al Japón con mucha antelación. 大統領の訪日は十分時間をかけて準備された. *Preparó* la habitación para los invitados. 彼は客が泊まれるように部屋を整えた. Los mozos están *preparando* la arena del redondel. 助手たちが闘牛場の砂を整備している. ~ una trampa 罠を仕掛ける. ❷［飲食物を］作る, 調理する: Anda, *prepárame* algo caliente. さあ, 何か温かいものでも作って下さい. Nos *preparó* unos cócteles excelentes. 彼は私たちに絶品のカクテルを作ってくれた. Ya está *preparado* el desayuno. もう朝食の用意ができている. ❸［試験・授業などに備えて］勉強する, 予習する: Tengo que ~ la lección de inglés. 私は英語の授業のを予習しなければならない. He *preparado* concienzudamente el examen. 私は試験に備えてしっかり勉強をした. Está *preparando* su ingreso en la universidad. 彼は大学の受験勉強をしている. ❹ 教え, 養成する, 訓練する: El profesor *preparó* a sus alumnos fuera del horario de clases. その教師は授業時間外に生徒たちを教えた. La escuela *prepara* a futuros cocineros. その学校は未来の調理師を養成するところだ. ❺ 心構えをさせる, 覚悟を決めさせる: Hay que ~ a los jóvenes a lo peor. どんな逆境にも耐えるよう若者たちに覚悟させておかねばならない. ❻［薬など］調合する: El anciano *preparaba* un remedio casero contra la tos. 老人は自家製の咳止め薬を作っていた. ❼ 八百長をする: Recibió fuertes críticas porque *preparó* la pelea. 彼は試合で八百長をしたので厳しい非難を浴びた. ──**se** 🔁 [+para_で]準備をする: Debes ~*te para* el futuro. 君は将来の心づもりをしておかねばならない. Ante la proximidad de las elecciones, los políticos están *preparándose*. 選挙が近いので政治家たちは準備に追われている. *Prepárate* en cinco minutos. 5分で身支度しなさい. ~*se para* el examen 試験に備える, 受験勉強をする. ❷ 準備される: El viaje *se preparó* al detalle. その旅行は念入りに準備された. *Me pareparé* a fondo *para* el campeonato. 私は大会に備えて特訓をした. ❹ 心構えをする: *Prepárate para* el trabajo que se te avecina. もうじき降りかかる試練の心構えをしておきなさい. No estaba *preparado para* esa grata sorpresa. 彼はそのうれしい知らせを聞いてびっくりした. Lola es, desde chica, *preparada* para ser un día madre. ロラは幼い時からいつか母親になる心構えができていた. Eva es una mujer muy *preparada*. エバはしっかりした女性だ. ❺［命令文で, 不快な状況・刑罰の予告］¡*Prepárate*! 覚悟しろ! ❻［よくないとの］前兆がある: *Se prepara* una tormenta. 嵐が来そうだ

preparativo, va [preparatíβo, βa] 形 準備の, 予備的な《= preparatorio》 ── 男《主に複》準備, 用意, 支度: Los novios están haciendo los ~*s de* (para) la boda. 婚約者たちは結婚の準備をしている. Los ~*s* olímpicos avanzan muy deprisa. オリンピックの準備は急ピッチで進んでいる. En plenos ~*s* del viaje, la agencia decidió cancelarlo. 旅行の準備の最中に, 旅行会社はその企画を中止した. Por fin han concluido los ~*s* del acto. その行事の準備がやっと整った

preparatoria[1] [preparatórja] 女《メキシコ》高校, 大学予科〔3年間の大学準備コース. =escuela ~〕: Cuando termine la ~, voy a estudiar didáctica. 私は大学予備課程を終えたら教授法を勉強するつもりだ

preparatoriamente [preparatórjaménte] 副 予備的に, 準備して

preparatorio, ria[2] [preparatórjo, rja]《←preparar》形 ❶ 準備の, 予備的な: Se celebró una reunión ~*ria* del proceso de paz. 和平プロセスに向けての予備的会合が開かれた. conversaciones ~*rias* 予備会談. ejercicios ~*s* 準備運動. trabajo ~ 準備作業. ~ de enfermeras 看護師養成講座 ── 男 ❶ 大学準備(受験)コース. ❷ 予備的学習. ❸《中南米》小学校: Estudié ~ en Santiago de Chile. 私は小学校時代はチリのサンティアゴで過ごした

preparos [prepárɔs] 男複《プエルトリコ, アルゼンチン, ウルグアイ. 俗語》道具, 用具

prepo [prépo]《*prepotencia* の省略語》*de* ~《ラプラタ. 口語》無理やり, 力ずく

preponderancia [preponderánθja] 女 ❶ 主導性; 覇権: tener ~ sobre... ...に支配力(覇権)を及ぼしている. ❷ 優位, 優越性, 優勢. ❸《まれ》重さで勝ること

preponderante [preponderánte] 形 卓越した, 支配的な; 優勢な

preponderar [preponderár]《←ラテン語 praeponderare》自 ❶ 支配的役割を果たす, 主導する. ❷ 勝る, 優位に立つ, 優勢である. ❸《まれ》重さで勝る

preponer [preponér] 60 他〔過分〕 prepuesto〕前に置く, 優先させる

preposición [preposiθjón] 女《文法》前置詞: ~ inseparable 接頭辞

preposicional [preposiθjonál] 形 前置詞の〔役割を果たす〕; 前置詞語句; 前置詞的慣用句. pronombre personal ~ 前置詞格人称代名詞

prepositivo, va [prepositíβo, βa] 形 前置詞の《=preposicional》

prepósito [prepósito] 男 ❶ 宗教団体の長;《カトリック》教区長, 修道会長: P~ General de la Compañía de Jesús イエズス会総長. ❷ 団体の長, 会長

prepositura [prepositúra] 女 教区長(修道会長)の職; 会長の職

preposteración [preposteraθjón] 女《まれ》順序の転倒, あべこべ

prepósteramente [prepósteraménte] 副《まれ》前後転倒して, あべこべに

preposterar [preposterár] 他《まれ》順序を転倒する, あべこべにする

prepóstero, ra [prepóstero, ra] 形《まれ》前後転倒の, あべこべの

prepotencia [prepoténθja]《←ラテン語 praepotentia》女 優位, 優勢; 権力

prepotente [prepoténte]《←ラテン語 praepotens, -entis》形名 ❶ 優勢な(人), 有力者; 権力を持つ(人): Se acusa de ~ al partido. 彼は党の権力者だと非難されている. ❷《軽蔑》横柄な

prepuberal [prepuβerál] 形 思春期前の

prepucio [prepúθjo] 男《解剖》[ペニス・クリトリスの] 包皮: abrir el ~ 包皮をむく; 包皮を切開する

prepuesto, ta [prepwésto, ta] preponer の〔過分〕

prerrafaelismo [preřafaelísmo] 男《美術》ラファエル Rafael 前派主義

prerrafaelista [preřafaelísta] 形《美術》ラファエル Rafael 前派の

prerrafaelita [preřafaelíta] 形名 =prerrafaelista

prerrenacentista [preřenaθentísta] 形 プレ・ルネサンスの

prerrenacimiento [preřenaθimjénto] 男《美術, 文学》プレ・ルネサンス

prerrequisito [preřekisíto] 男 先行〔必要〕条件

prerrogativa [preřɔɣatíβa]《←ラテン語 praerogativa》女 ❶ 特権, 特典: ~ de inmunidad parlamentaria 議員特権. ❷ 国家の最高権力, 大権

prerromance [preřománθe] 前ロマンス語時代, ラテン語導入以前

prerrománico, ca [preřomániko, ka] 形《美術》前ロマネスク様式の〔の〕

prerromano, na [preřománo, na]《←pre-+romano》形《歴史》前ローマ時代の, ローマによる支配以前の: pueblo ~ hispánico スペインの前ローマ時代の村

prerromanticismo [preřomantiθísmo] 男《文学》前ロマン主義

prerromántico, ca [preřomántiko, ka] 形名 前ロマン主義の〔作家〕

prerrotuliano, na [preřotuljáno, na]《解剖》膝蓋骨前部の

presa[1] [présa]《←カタルーニャ語 presa<ラテン語 praeda「分捕り品」》女 ❶ 獲物: Los lobos cazan en grupos y esto hace que puedan derribar a grandes ~*s*. オオカミたちは集団で狩りをし, 大型の獲物を捕えることができる. caer *a la* ~《鷹狩り》〔訓練で鷹が〕獲物を目がけて降下する. ❷ 捕まえること, 捕獲;《船舶》拿捕; 捕獲船. ❸ ダム, 堰;〔貯水池: ~ de Asuán アスワンダム. ~ de bóveda アーチダム. ~ de gravedad 重力ダム. ~ de retención 砂防ダム. ~ de tierra アースダム. ~ insumergible 隔壁ダム. ❹ 用水路; 水車を回す水流. ❺〔料理〕〔主に肉の〕一切れ. ❻ 犬歯. ❼ 猛禽類の爪. ❽《プエルトリコ》1) 〔闘鶏〕負けた雄鶏. 2) 他の鶏に蹴られて傷を負った雄

鶏. ❾《南米》ひな鶏のぶつ切り

***hacer* ～**《主に比喩》[+en·de を] 捕える: Una excitación jamás experimentada *había hecho* ～ *de* él. これまでに感じたことのなかった興奮が彼を虜にした

～ *de*...《主に比喩》[人が] …に襲われて: Rodó súbitamente por el suelo, ～ *de* un ataque de apoplejía. 彼は卒中の発作に襲われ突然床を転げ回った

ser* ～ *fácil いい鴨である: Los ancianos *son* ～ *fácil* de los estafadores. 老人は詐欺師たちのいい鴨だ

presada[1] [presáđa] [女] [水車用の] 貯水

presado, da[2] [presáđo, đa] [形] 薄緑色の

—— [男]《ドミニカ》塩分を含まない苦いチーズ〖蜂蜜をつけて食べる〗

presagiador, ra [presaxjađór, ra] [形]《まれ》前兆を示す; 予言する

presagiar [presaxjár]〖←ラテン語 praesagire〗[10] [他] [主に科学的に] …の前兆を示す; 予言する, 予告する: Las nubes negras *presagian* una tormenta. 黒雲は嵐の前ぶれだ

presagio [presáxjo]〖←ラテン語 praesagium「予知」〗[男] ❶ 前兆, 予兆: Si aparece la niebla por la tarde es ～ de mal tiempo. 午後霧が出たら悪天候の前兆だ. creer en ～*s* 予兆を信じる. buen (mal) ～ 吉兆(凶兆). ～ siniestro 不吉な前兆. ❷ 予感, 虫の知らせ

presagioso, sa [presaxjóso, sa] [形] 前兆の, 前兆となる

presago, ga [preságo, ga] [形] =**présago**

présago, ga [préságo, ga] [形] 前兆の

presantificado [prsantifikáđo] [男] →**misa** de [los] presantificados

presbicia [presbíθja]〖←ギリシア語 presbys, -ytos「老いた」〗[女]《医学》老眼: estar afectado de ～ 老眼である

présbita [présbita] [形] [名] 老眼の[人]: gafas de ～ 老眼鏡

présbite [présbite] [形] [名] =**présbita**

presbiterado [presbiteráđo] [男]《カトリック》司祭 presbítero の職(権威)

presbiteral [presbiterál] [形]《カトリック》司祭 presbítero の

presbiterato [presbiteráto] [男] =**presbiterado**

presbiterial [presbiterjál] [形] =**presbiteral**

presbiterianismo [presbiterjanísmo] [男]《プロテスタント》長老主義

presbiteriano, na [presbiterjáno, na] [形] [名]《プロテスタント》長老派[の]: iglesia ～*na* 長老派教会

presbiterio [presbitérjo]〖←presbítero〗[男] ❶ [教会の] 聖堂内陣〖祭壇の付近でしばしば柵で囲まれている〗. ❷ [司教の臨席する] 司祭集会

presbítero [presbítero]〖←ラテン語 presbyter, -eris〗[男] ❶《カトリック》[ミサを行なうことのできる] 司祭〖→**orden** [女] ❷ [参考]〗. ❷《プロテスタント》[長老派教会の] 長老; [監督派教会の] 司祭

presciencia [presθjénθja] [女] ❶ 予知能力; 予見. ❷《神学》[神の] 予知

presciente [presθjénte] [形] 予知能力のある

prescindencia [presθindénθja] [女]《主に中南米》なしですませること

prescindente [presθindénte] [形]《中南米》なしですませる, 独立した

prescindible [presθindíble] [形] なくても(いなくても)すませられ得る, 省略され得る

prescindir [presθindír]〖←ラテン語 praescindere「前部を切る」〗[自] [+de を] なしですませる, あてにしない; 切り捨てる, 無視する, 黙殺する: Tienen que ～ *de* la energía nuclear. 彼らは核エネルギーなしでやっていかねばならない. ～ *de* los detalles 細部を省略する. ～ *de* un empleado 1人解雇する

prescito, ta [presθíto, ta] [形] [名] 地獄行きを宣告された[人]

prescribir [preskribír]〖←ラテン語 praescribere〗[他]〖[過分] prescri*to*〗❶ 指示する, 規定する: En nuestro país la ley *prescribe* lo siguiente: ... 我が国の法律では次のことが定められている…. ❷ [医者が] 処方する: El médico me *prescribió* un reposo absoluto. 医者は私に絶対安静を命じた. ❸《法律》時効にする: delito ya *prescrito* 時効になった罪

—— [自]《法律》❶ 時効になる. ❷ [一定期間後] 義務·債務などが消滅する

prescripción [preskripθjón]〖←ラテン語 praescriptio, -onis〗[女] ❶ 指示. ❷ 処方: por ～ facultativa (médica) 医師の処方に従って. ❸《法律》時効: ～ adquisitiva [不動産占有の] 時効取得

prescriptible [preskri[p]tíble] [形]《法律》時効にできる, 時効になり得る

prescriptivo, va [preskri[p]tíbo, ba] [形] 指示の

prescripto, ta [preskrí[p]to, ta] =**prescrito**

prescriptor, ra [preskri[p]tór, ra] [形] [名] 指示する[人]

prescrito, ta [preskríto, ta] prescribir の [過分]

presea [preséa] [女]《文語》宝石, 貴重なもの

preselección [preselɛ[k]θjón] [女] ❶《スポーツ》シード. ❷ [最終選考のための] 選抜候補者リスト. ❸《ラジオ》プリセット

preseleccionar [preselɛ[k]θjonár]〖←pre-+selección〗[他] ❶《スポーツ》シードする. ❷ 選抜候補者リストに入れる

preselector [preselɛktór] [男]《ラジオ》前増幅器, プリセレクター

presencia [presénθja]〖←ラテン語 praesentia〗[女] ❶ [人の] 存在; 参加, 出席: Lola se da cuenta de la ～ de José. ロラはホセがいるのに気づいた. ¿Cómo has advertido mi ～? 君はどうして私がいることが分かったの? La niña siempre temblaba ante su ～. 少女は彼の前ではいつも震えていた. Empezaba a molestarme su constante ～ en mi casa. 彼が始終家に出入りするのが私にはそろそろ迷惑に感じられるようになった. El caso fue resuelto pronto gracias a la ～ habitual de la policía en la zona. その地域に警察が常駐していたおかげで事件は早期解決を見た. Echamos en falta tu ～. 私たちは君がいなくて寂しい. Su ～ animó la reunión. 彼が出席したおかげで集まりは活気づいた. ❷ [事物の] 存在: Se ha detectado la ～ de toxinas en la bebida. 飲み物に毒が入っていることが分かった. No es un buen síntoma la ～ de pus en la herida. 傷口が膿んでいるのは良い兆候ではない. ❸ 立ち会い: Se requiere la ～ del testigo. 証人の立ち会いが求められている. ❹《婉曲》[人·動物·事物の] 外見, 容姿: El señor tiene buena ～ y aire distinguido. その紳士は立派な風采をしていて気品がある. No es nada feo y tiene buena ～. 彼は醜くもないし, 押し出しもきく. Se requiere buena ～.《広告》要容姿端麗. Es un toro bravo y de excelente ～. その雄牛は荒々しく, 見事な体型だ. Ese plato no tiene la ～ que exigimos en nuestro restaurante. その料理には当レストランの求めている高級感がない. Ese coche engaña: tiene una ～ muy normal, pero corre mucho. その自動車は外見にだまされてしまう, 見た目は普通だが大変なスピードが出る. ❺《文語》存在感, プレゼンス

***a* [*la*] ～ *de*+人/*ante la* ～ *de*+人** …のいるところへ

***a* ～ *de*+人·物**《まれ》=**en ～ de**+人·物

***en* ～ *de*+人·物** 1) …のいる·ある前で: Se colocó la primera piedra *en* ～ *del* rey. 国王臨席のもとに起工式が行なわれた. La disputa se produjo *en* ～ *del* público. 口論は衆人環視の中で起こった. *En su* ～ no digamos nada de lo ocurrido. 彼のいる前では起こったことは何も言わないことにしよう. 2)《まれ》面と向かって

perder la* ～ *de espíritu うろたえる, 気が動転する

～ *de ánimo* 平静, 沈着: ¡Qué difícil mantener la ～ *de ánimo* durante esta ceremonia tan triste! こんな悲しい儀式の間, 平静を保っているのは何と難しいことだろう! tener ～ *de ánimo* 冷静である

presencial [presenθjál]〖←presencia〗[形] [ある場所に] いる, ある: testigo ～ 目撃者, 目撃証人. La tribunal le exigió una asistencia ～. 裁判所は彼に直接出向いてほしいと要請した. Nuestra academia de idiomas ofrece cursos en régimen ～ o a distancia. 当語学学校は直接指導も通信教育もいたします

presencialidad [presenθjaliđá(đ)] [女] 存在性

presencializar [presenθjaliθár] [9] [他] [人·事物を] 存在させる

—— **～se** 存在するようになる

presencialmente [presenθjálménte] [副] ❶ 居合わせて. ❷ 本人自ら, 自分自身で

presenciar [presenθjár]〖←presencia〗[10] [他] ❶ …に居合わせる, 目撃する: No *presencié* el accidente, oí el ruido, pero no me asomé a la ventana. 私はその事故を直接見てはいない, 音は聞いたが, 窓から顔を出さなかったのだ. Perdóneme que me perpleje, pero estoy *presenciando* unas cosas tan extrañas. 私が動転しているのをお許しください, 目の前であまりにも奇妙な出来事が起こっているものですから. Estás a punto de ～ un milagro. 今から君に奇跡をお目にかけよう. ❷ 見る; 見物する: Pepa *ha presenciado* inmóvil la escena. ペパは身動きもせずその情景を見た. No me gusta ir al campo de fútbol, y

P

presenil

presencio los partidos por televisión. 私はサッカー場に行くのは好きではないので、テレビで観戦している。❸ 参加する, 出席する: ~ las regatas ヨットレースに参加する。❹ …に立ち会う; 出席する, 列席する: No estoy dispuesto a ~ un crimen. 犯罪の現場に立ち会うなんてごめんだ。Los familiares de los jugadores también *presenciaron* la ceremonia. 選手の家族たちもその式典に出席した。

presenil [preseníl] 形《医学》老年前期の, 初老期の;［状態が実際よりも］老けて見える

presentable [presentáble] 形 [ser・estar+. 人・事物が] 人前に出せる, 見苦しくない: Voy a cambiarme, que no estoy ~. 私はみっともない格好をしているので着換えてきます。En este restaurante nadie está ~ sin corbata. このレストランではネクタイを着用しなければみっともない。Gracias a la magia, la aldeana llegó ~ al palacio. 魔法のおかげでその村娘は人前に出せる姿で宮殿に着いた。Este informe no es ~ con esas faltas de ortografía. この報告書は綴り字の誤りがたくさんあって人前に出せない。La habitación está poco ~ porque está desocupada desde hace años. その部屋は何年も使っていないので見苦しく見える。Me ha quedado un trabajo bastante ~. 私はそこそこ体裁のいい職につくことができた

presentación [presentaθjón]《←ラテン語 praesentatio, -onis》女 ❶ 紹介; 自己紹介: Eva hizo a Raúl la debida ~ indicando a José. エバはラウルにホセを型どおり紹介した。Y ahora, hecha la ~, me despido si me lo permite. 一通り紹介もすんだので, さしつかえなければこれで失礼します。No hacen falta *presentaciones* formales. 堅苦しい紹介は抜きにしましょう。❷ 提示, 提出: ~ del pasaporte パスポートの提示。~ de una condición 条件の提示。~ del informe 報告書の提出。~ de cartas credenciales 信任状の提出。❸ 展示, 陳列 [方法];［作品・企画などの］発表, 公開;［情報］プレゼンテーション: Quiero ir a la ~ de su novela. 彼の小説の発表会に行きたい。La ~ del informe estaba muy cuidada. その報告のプレゼンテーションは気配りが行き届いていた。Este medicamento se comercializa en dos *presentaciones*: comprimidos y jarabe. この薬は錠剤とシロップの2つの形で商品化される。❹［物の］外見, 見かけ: Este plato tiene una ~ preciosa. この料理は盛り付けが美しい。❺［番組の］司会, 解説。❻ 候補者を立てること; 推薦。❼《医学》胎位: ~ de cara 頭位。~ de nalgas 骨盤位, 逆子(さかご)。❽ P ~ de la Virgen 聖母マリアの奉献の祝日《11月21日》。❾《歴史》[国家元首が特権として持つ] 高位聖職者の推薦権[=derecho de ~]。❿《中南米》請願[書]

hacer su ~ en... …に初めて現れる: Ayer *hizo* su ~ en la oficina. 彼は昨日初出社した
mediar una ~ 紹介する

presentado, da [presentádo, da] 形《まれ》=**bien ~**. ❷《プエルトリコ》おせっかいな
bien ~ 1) 出来のよい, 体裁のよい: El forastero era corpulento y muy *bien* ~. その見知らぬ男は体つきが風采も非常に良かった。2)《闘牛》[牛が] 見栄えのよい
mal ~ 出来の悪い, 体裁の悪い: No es un espectáculo *mal* ~. その見世物は悪い出来ではない

presentador, ra [presentaðór, ra] 形 名 ❶［番組の］キャスター, 解説者, アンカーマン；[ショーなどの] 司会者, プレゼンテーター: Trabaja de (como) ~ de radio. 彼はラジオの司会者をしている。Es un popular ~ de televisión. 彼は人気の高いテレビ司会者だ。❷ 贈る, 献じる; 提供する ❸ 紹介する[人]: El ~ del libro es un ilustre científico. その本を紹介するのは高名な科学者だ

presentalla [presentáʎa] 女《キリスト教》奉納物

presentáneamente [presentáneaménte] 副《まれ》すぐに, ただちに

presentáneo, a [presentáneo, a] 形《まれ》即効性の, すぐ効く

presentar [presentár]《←ラテン語 praesentare『通知する』》他 ❶ 紹介する: 1) [+a+人 に] Tengo el gusto de ~les a ustedes al Sr. Pérez. ペレス氏をご紹介します。Le voy a ~ a mi esposa.—Y yo le voy a ~ a la mía. 私の妻を紹介します。—私も妻を紹介します。Me la *presentaron* en una fiesta. あるパーティで私は彼女を紹介された。Señores, tengo el honor de ~ a ustedes a... ¡Rita! では皆さまにご紹介します。リタさんです！《語法》一般に「間接目的+直接目的」の語順。ただし, その逆も可。直接目的の前の前置詞 a は固有名詞以外では省略できる。*Presenté* a José a Eva. 私はホセにエバを（ホセをエバに）紹介した（この場合 a はどちらも省略可）。El director *presentó* [a] la nueva profesora a los alumnos. 校長は新任教師を生徒たちに紹介した。2)《中南米, 特にメキシコ》[+con+人 に] *Presenté* a Eva *con* mis padres. 私はエバを両親に紹介した。❷ [+para・a 職に, 候補者などを] 立てる, 出す; 推薦する: El partido *presenta* a un candidato *para* el cargo. 党がそのポストの候補者を立てた。*Presentémosle a* las próximas elecciones. 次の総選挙に彼を擁立しよう。~ a+人 como su representante …を代表として立てる。❸ 差し出す, 勧める: Le *presenté* una bandeja de dulces. 私は彼にお菓子をお盆にのせて勧めた。❹ 示す, 提示する: Hay que ~ el carnet a la entrada. 入り口で身分証を提示しなければならない。*Presenté* mi billete *al* revisor. 私は検札係に切符を見せた。❺ 展示する, 陳列する: *Presentaron* su libro en la feria. 彼の本が見本市に出品された。❻［作品などを初めて］発表する, 上演（放送・放映）する: Esta tarde *presenta* la última obra del novelista. 今日の午後その小説家の最新作が発表される。~ sus colecciones de primavera-verano 春・夏物コレクションを発表する。*Presentan* el programa a bombo y platillo. その番組は鳴り物入りで始まった。❼ 提出する: Por fin pudo ~ la tesis doctoral. 彼はやっと博士論文を提出することができた。Eligió el mejor plan de los que le *presentaron*. 彼は提出された企画の中から一番いいものを選んだ。~ las pruebas 証拠を提出する。~ una instancia 請願書を出す。~ una denuncia 告訴する。~ una condición 条件を提示する。❽［意見など を] 示す: El sindicato *presentó* las propuestas verbalmente. 組合は口頭で案を示した。Voy a ~ una queja *al* superior. 私は上司に苦情を申し立てるつもりだ。Si la he ofendido, le *presento* excusas. もしあなたを怒らせたのなら, 謝ります。❾［様子・特徴などを］見せる: El enfermo *presenta* mejor aspecto. その病人は快方に向かっているように見える。Se han rendido sin ~ *resistencia*. 彼らは抵抗する様子もなく降伏した。Este coche *presenta* mayor potencia que otros modelos. この自動車は他の型より馬力がある。❿ 表現する, 描く。⓫《放送》[番組の] キャスター（司会・解説者）をつとめる: *Presenta* el informativo del mediodía. 彼は正午のニュースのキャスターをつとめている

~se ❶ 自己紹介する: Permítanme ustedes que *me presente*. 自己紹介させていただきます。❷ [+para・a に] 応募する, 立候補する; 出頭する: *Se presentó* a una audición pero lo suspendieron. 彼はあるオーディションを受けたが合格しなかった。*Se presentan* tres chicas *para* el puesto. そのポストに3人の女性が応募している。El soldado *se ha presentado* voluntario *para* la misión. その兵士は進んでその任務に志願した。~*se* como candidato para la presidencia 大統領に立候補する。obra *presentada* 応募作品。❸ [主に否定・思いがけず] 生じる, 現れる: Iremos resolviendo uno por uno los problemas que *se presenten*. 問題が生じたら一つずつ解決して行きましょう。Se lo diré en cuanto *se presente* la ocasión. 機会があれば彼に伝えておきます。Cuando menos te lo esperas, *se presenta* una tormenta. 嵐はまったく予期していない時に起こる。*Se presentó* la tentación y cometió el desfalco. 彼はふと魔がさして横領を働いた。❹ 姿を現わす, 出頭する: *Se presentó* en mi casa como un clavo. 彼は時刻どおりに私の家にやって来た。Tengo que ~*me* en el despacho del director. 私は社長室に呼ばれている。*Preséntate al* jefe inmediatamente. すぐに上司のところに出向きなさい。❺ [+主格補語] …の様子である, …の様相を呈する: La situación *se presenta* complicada. 状況は複雑な様相を呈している。Este verano *se me presenta* estupendo. 私はこの夏は最高だ。❻ [+como] …のふりをする, 格好をする: ~*se como* agente de policía 警官の格好をする

presente [presénte]《←ラテン語 praesens, -entis < praeesse『存在している』》形 ❶ [estar+. +en に], 出席している《⇔ausente》: Quiero estar ~ en tu boda. 君の結婚式には出席したい。Estuve ~ en el lugar en que ocurrió el accidente. 私はその事故が起きた時, 現場に居合わせた。La he tenido siempre viva, ~ en mí. 彼女は私の心の中で生きていて, そばにいてくれた。El público *ha* aplaudido mucho. ❷ [事物が, +en. 存在している]: El alcoholímetro mide el alcohol ~ en el aire espirado. アルコール検出器は呼気中に存在するアルコール量を測定する。❸ 現在の, 今の《⇔pasado, futuro》: En el momento ~, las cosas

le van bien. 今のところ事態は彼にとって順調に進んでいる. El momento ～ está lleno de incertidumbres. 現代は不確実な要素に満ちている. En las ～s circunstancias es mejor callar. 今の情勢下では黙っていた方がいい. tiempo ～《文法》現在時制.
❹ [定冠詞+名詞+] この: En el capítulo ～, expondremos unas hipótesis sobre el tema. この章では問題に関する仮説を提出する. el ～ escrito《法律》本書類
aquí ～ [(その場にいる第三者を指して)] El señor *aquí* ～ es el nuevo juez. こちらの方が新任の判事です
hacer ～... *a*+人 [直接目的語の数に呼応] …を…に伝える, 明らかにする; 思い出させる: Le hago ～ mi gratitud. 改めて感謝申し上げます. Te *hago* ～ que no estoy dispuesto a ceder. 私は譲歩するつもりはないことを君に知らせておく. La organización todavía no *hace* ～s sus demandas y aspiraciones. その組織はまだ要求と希望を明らかにしていない
mejorando lo ～ [第三者をほめる時に, 話し相手を気づかう丁寧表現] あなたは別格ですが: Mi mujer es una gran cocinera, *mejorando lo* ～. 私の妻は料理がとても上手なんです, 無論あなたは及びませんが. Tu hija es muy guapa, *mejorando lo* ～. あなたの娘さんは本当に美人ですね. もちろんあなたもですが. Sus novelas son estupendas, *mejorando lo* ～. 彼の小説はすばらしい. あなたのお書きになるものもそうですが
No añadir nada ～ [第三者をほめる時に, 話し相手を気づかう丁寧表現] 皆さんの中で何か付け加えておっしゃりたい人はいですか? No todos los ～s pensamos lo mismo. ここにいる人すべてが同意見ではないよ
¡P～! 《古語的》[軍隊・学校などで, 点呼の返答] はい!《=sí》¡José Álvarez!—¡P～! ホセ・アルバレス君!—はい!
tener ～... [直接目的語の数に呼応] 1) …を考慮する: Esto es algo que nadie puede evitar. Tenlo ～. 誰にも止められない, 君にそれを分かってほしい. El autor insiste en la necesidad de *tener* ～s los diferentes grupos étnicos. 著者は様々なエスニックグループを考慮に入れるべきだと主張している. 2) …を心に留める; 思い出す: Siempre *tiene* ～ a su difunto esposo. 彼女は亡き夫のことを忘れたことがない. Ten ～ mis consejos cuando estés fuera. 外出時にはいつも私の忠告を思い出しなさい
── 名《主に》《複》出席者, そこにいる人: Queremos agradecer a todos los ～s en la fiesta. パーティーの出席者全員に喜んでいただきたく望んでおります. ¿Alguno de los ～s quiere añadir algo? 皆さんの中で何か付け加えておっしゃりたい人はいですか? No todos los ～s pensamos lo mismo. ここにいる人すべてが同意見ではないよ
── 男 ❶ 現在, 今: Hay que vivir el ～ sin dejarse abrumar por el futuro. 将来の心配などせずに今を生きなければならない. ❷《文法》現在(形): "Hablo" es el ～ de indicativo del verbo "hablar". hablo は hablar という動詞の直説法現在形である. ～ de indicativo (subjuntivo) 直説法(接続法)現在. ～ histórico 歴史的現在《例》Colón *descubre* América en 1492. コロンブスは1492年にアメリカを発見した. ❸《法》贈り物, プレゼント《=regalo》: Los invitados han hecho entrega de sus ～s a la actriz. 招待客たちはその女優にプレゼントを渡した
al ～《文語》今, 現在は: *Al* ～ no hay ninguna evidencia. 今のところ証拠は何もない
de ～《文語》=al ～
hasta el ～ 今まで[に], 現在まで[に]: Lo que nos espera es mucho mejor que lo vivido *hasta el* ～. 私たちを待ち受けているのは今まで生きてきた時代よりずっと良い時代だ. *Hasta el* ～ se han realizado alrededor de 5.000 de estos procedimientos quirúrgicos. この外科手技は現在までに約5000例行なわれている
por el ～ 今のところでは, さしあたり: *Por el* ～ el negocio funciona, pero si es tal como es, no tiene futuro. 今のところ事業は機能しているが, このままだと見通しは暗い
── 女《文語》[la+. 主に公用文で] 本状, この手紙: Por la ～ se comunica que le ha sido concedido el permiso de obras. あなたに工事着工の許可が下りたことを本状を持って通知します. Espero que al recibo de la ～ usted se encuentre bien. 本状を受け取られた時あなたがお元気であることを願っております
── 副《中南米. 手紙》[相手が自分と同じ土地にいることの表示] Sr. López. P～. ロペス様. 市内

presentemente [preseṇteménte] 副 今, 現在は, 現在のところ, 目下
presentero [presentéro] 男《カトリック》聖職禄を給する人
presentible [presentíble] 形 予感され得る

presentidor, ra [presentiðór, ra] 形 予感する
presentimiento [presentimjénto] 男 予感, 虫の知らせ, 胸騒ぎ: Tengo el ～ de que algo malo va a pasar. 何か悪いことが起きるような気がする
presentir [presentír]《←ラテン語 praesentire》33 他 予感する, 虫が知らせる, 胸騒ぎがする: *Presiento* que lo mejor está por venir. 最高にいいことが起こるような気がする
presepio [presépjo] 男 ❶ まぐさ桶. ❷ 馬(牛)小屋, 家畜小屋
presera[1] [preséra] 女《植》ヤエムグラ《=amor de hortelano》
presero, ra[2] [preséro, ra] 形《地方語》《煮込み料理が》ぶつ切り肉でスープをとった
── 男 灌漑用水路の番人
preservación [preserβaθjón] 女 ❶ 予防. ❷ 保護, 保存: ～ de la naturaleza 自然保護
preservador, ra [preserβaðór, ra] 形 予防する; 保護する
preservar [preserβár] I《←ラテン語 praeservare》他 [+contra・de から] 予防する, 保護する《=proteger》: El estuche *preserva* el aparato *contra* el polvo. ケースは器具をほこりから守る. Las reducciones pretendían ～ a las indígenas del contacto con los españoles. レドゥクシオンは先住民をスペイン人との接触から守るために設けられた
II《←英語 preserve》他 保つ, 保存する: ～ el medio ambiente 環境を守る
preservativamente [preserβatíβaménte] 副 予防して, 保存するために
preservativo, va [preserβatíβo, βa] 形 予防の: medicamento ～ 予防薬
── 男 ❶ 避妊用具, コンドーム. ❷ 予防
presi [présí] 男《口語》=presidente
presidario, ria [presiðárjo, rja] 名 =presidiario
presidencia [presiðénθja] 女 ❶ 大統領(会長・議長)の職(任期・事務所); candidato a la ～ 大統領候補. Ministerio (ministro) de P～ 内閣官房(官房長官). ～ del gobierno 大統領(首相)官邸. ❷《会議などの》主宰, 司会; 議長団: bajo la ～ de+人 …の司会で. ❸《歴史》《副王領》virreinato 内の）長官領
presidenciable [presiðenθjáble] 形《主に中南米》大統領候補(の)
presidencial [presiðenθjál] 形 大統領(会長・議長)の: avión ～ 大統領専用機. elecciones ～es 大統領選挙. silla ～ 大統領の椅子(地位)
presidencialismo [presiðenθjalísmo] 男 大統領制
presidencialista [presiðenθjalísta] 形 大統領制の; [支持者]
president [presiðén(t)] 名《カタルーニャ州政府の》首相
presidente, ta [presiðénte, ta]《←ラテン語 praesidens, -entis》名 ❶ 大統領; 《スペインなどの》首相《=～ del gobierno》: ～ de la república 共和国大統領. ❷ 会長, 総裁, 議長, 委員長: ～ de empresa 会社の会長(社長). ～ de la Cámara de Diputados 下院議長. ～ de mesa 投票点検員の代表. ～ del tribunal 裁判長. ❸《闘牛》主宰者. ❹ 指導教授
── 形 司会する, 取り仕切る
── 男 ❶《植民地》アウディエンシア audiencia の長官. ❷《古代ローマ》地方長官. ❸ 高位聖職者の代理
── 女 大統領夫人
presidiable [presiðjáble] 形 刑務所に入るべき
presidiar [presiðjár] 10 他《古語》守備隊を置く
presidiario, ria [presiðjárjo, rja] 名 受刑者, 服役囚, 囚人; 徒刑囚
presidio [presíðjo]《←ラテン語 praesidium「砦」》男 ❶ 刑務所; 徒刑場, 流刑地. ❷ 禁固刑, 懲役刑《reclusión より短期で, arresto より長期》; 徒刑, 労役刑: ～ mayor 重禁固《6年と1日以上12年未満》. ～ menor 軽禁固《6か月と1日以6年未満》. ❸《集合》服役囚, 囚人. ❹《まれ》救助, 援助, 庇護. ❺《歴史》要塞, 砦, 駐屯地《植民地時代のスペイン領アメリカで, 特に鉱山と鉱山を結ぶ幹線道路で物資を略奪する先住民などの襲撃を防ぐために建設された小規模な居留地》. ❻《古語》守備隊, 駐留部隊
presidir [presiðír]《←ラテン語 praesidere < prae-（前）+sedere「座る」》他 ❶ …の会長(議長・大統領・首相)を務める; 司会する, 主宰する, 取り仕切る: El alcalde *presidió* la asamblea. 市長が会議の議長を務めた. ～ el tribunal 裁判長を務める. ～ el banquete 宴会の幹事(ホスト)を務める. ～ el duelo 喪主を務

める。❷《文語》[事物が]最重要な(目立つ)位置を占める: Su retrato *presidía* el despacho. 彼の肖像画が執務室にどんと掲げられていた。Toda la obra está *presidida* por un ambiente sicalíptico. 作品全体がわいせつな雰囲気に包まれている。❸《古語》[教師が自分の学生の受験に]助け舟を出す

presidium [presidjún] 男 [旧ソ連などの]最高幹部会議, 常任幹部会

presierra [presjéřa] 女 [山脈の]支脈

presilla [presíλa] 《←presa¹》❶[裁縫]ループ; ボタン穴かがり。❷輪、ループ。❸[繊維]麻布の一種。❹《中南米》靴下留め、ガーター

presintonía [presintonía] 女《放送》プリセット; その装置

presión [presjón] 《←ラテン語 praessione》女 ❶ 圧力: de alta (baja) ~ 高圧(低圧)の。~ de aire [タイヤの]空気圧。~ del agua 水圧。~ de radiación del Sol《天文》太陽光圧。❷ 気圧 [=~ atmosférica, ~ barométrica] 高(低)気圧。❸ 血圧 [=~ sanguínea, ~ arterial]: tener la ~ alta (baja) 血圧が高い(低い)。~ venosa 静脈圧。❹[精神的な]圧迫, プレッシャー: aceptar *presiones* de+人 …から圧力をかけられる。hablar bajo ~ 圧力をかけられて話す。grupo de ~ 圧力団体。~ externa 外圧。❺《経済》*presiones* inflacionarias インフレ圧力。~ fiscal [国内総生産に占める]租税負担率。~ fiscal en frío 税収の自然増 [インフレによる名目所得上昇と累進課税がもたらす増加]。~ sobre la deuda 債務圧力。❻ 圧する(押す・締めつける)こと。❼《スポーツ》執拗なマーク

a ~ 1) 押して, 圧迫して。2) 与圧した, 加圧した: El vapor está *a* ~ y se usa para generar electricidad. 蒸気は加圧され、発電に使われる

hacer ~ 押して; [精神的に]圧力をかける

presionador, ra [presjonaðór, ra] 形 女 圧力をかける; 加圧器

presionar [presjonár] 他 ❶ 押す: ~ el timbre ベルを押す。~ el tecla キーを押す。❷ [+para+不定詞・que+接続法 するように、精神的に]圧力をかける: Mi familia me *presionó para que* dejara el matrimonio. 家族は私に結婚をやめるよう圧力をかけた。sentirse *presionado* プレッシャーを感じる。❸《スポーツ》しつこくマークする

── 自 ❶ [+sobre を] 押す: ~ *sobre* el ícono アイコンを押す。❷ 圧力をかける: El ministro *presionó para* frenar la causa. 大臣は審理を遅らせようと圧力をかけた。~ *sobre* el gobierno 政府に圧力をかける

preso, sa² [préso, sa]《←ラテン語 prehensus. prender の不規則な過分》[ser・estar+. +de に] ❶ 捕えられた: 1) La llevaron ~*sa* a la comisaría. 彼女はつかまって警察署に連行された。Está ~ por un delito que no ha cometido. 彼は無実の罪で牢に入っている。El soldado está ~ desde hace tres años. その兵士は3年も捕虜の身である。2)《比喩》[炎・病気などに]取られた: No tardó en consumirse todo el edificio, ~ *de* las llamas. たちまち建物全体が炎に包まれて全焼した。❷[感情に]とらわれた: Soy ~*sa* de tu amor. 私はあなたへのとりこになっているわ。Vivían ~*s de* la duda y la desesperanza. 彼らは疑いと絶望にとりつかれて日々を過ごした。Lloraba ~*sa de* los nervios. 彼女は気持ちが高ぶって涙を流していた。Ocurrió un gran terremoto y todos salieron corriendo ~*s de* pánico. 大きな地震が起きて、みんな恐怖にとりつかれて外へ飛び出した

coger (hacer) ~ 捕える

darse ~ 自首する

meter ~ *a*+人《チリ、アルゼンチン、ウルグアイ》…を投獄する

tomar ~ *a*+人 …を逮捕する

── 名 ❶ 受刑者, 囚人《→prisionero 類義》: Los ~*s* solicitan mejoras en la cárcel. 囚人たちは刑務所の待遇改善を要求している。Se presentó una petición de indulto para un ~ político. ある政治犯の恩赦の請願が出された。❷ 捕虜《=prisionero》

~ *de conciencia* 国事犯

presocrático, ca [presokrátiko, ka] 形 ソクラテス Sócrates 以前の[哲学者]

presor [presór] 男《技術》締めつけ(固定)用の部品

presoterapia [presoterápja] 女《医学》末梢循環障害の治療

pressing [présiŋ]《←英語》男《スポーツ》執拗なマーク

prest [prést]《←仏語 prêt》男《廃語》兵士の週給(日給)

presta [présta] 女《エストレマドゥラ。植物》ハッカ《=hierbabuena》

prestación [prestaθjón]《←ラテン語 praestatio, -onis》女 ❶ 奉仕, 援助; サービスの提供: Los objetores debían realizar una ~ social sustitutoria del servicio militar. 兵役拒否者は兵役に就く代わりに社会奉仕をしなければならなかった。Se dedicarán fondos a la ~ de ayuda humanitaria. 人道支援の実施に対して資金が提供される見込みだ。tasa por la ~ de servicio de alcantarillado 下水道設備の普及率。❷ [主に 複. 社会保険などの]給付: El parado de más de un año recibe una ~ por desempleo. 1年以上失職している人は失業保険が給付される。*prestaciones* sociales 社会保障給付。~ por maternidad 出産手当。❸ [機械などの]特性;[複] 性能, 機能: Este coche tiene un motor de excelentes *prestaciones*. この自動車は高性能のエンジンを搭載している。Esta motocicleta ofrece muy buenas *prestaciones*. このオートバイは高性能だ。altas *prestaciones* y bajo costo《広告》高性能、低コスト。❹ 貸付け: Gracias a la ~ del banco, pude acabar mis estudios. 銀行の貸付けを受けたおかげで私は学業を終えることができた。❺[町・村の]夫役[=~ personal]。❻《法律》~ de juramento 宣誓

prestadizo, za [prestaðíθo, θa] 形 貸与できる

prestado [prestáðo] 男 *de* ~ 1) 借りて: Este coche no es mío, lo uso *de* ~. この車は私のではない、借りているのだ。está tan grande el vestido que parece que vas *de* ~. 君のドレスはぶだぶだで、まるで借り物みたいだ。Vive *de* ~ en casa de un amigo. 彼は友人の家に間借りしている。comer *de* ~ en casa de+人 …の家でごちそうになる。2)[職などが]一時的に、仮に、臨時に: Vivo *de* ~ hasta que encuentre trabajo fijo. 私は定職が見つかるまでアルバイトで暮らしている。Desde que rechazó la jubilación anticipada, siente que está *de* ~ en la empresa. 彼は早期退職の勧めを断って以来、会社にいても仮採用の社員のような気分だ

prestador, ra [prestaðór, ra] 形 名 ❶ 貸し主[の], 債権者[の]: El ~ exigió al prestatario un interés del cinco por ciento. 債権者は借り手に5%の利子を要求した。❷ サービスを提供し、業務を行なう: Reclame a la empresa ~*ra* del servicio. その業務を担当している会社にクレームをつけなさい

prestamente [préstaménte] 副 迅速に, すばやく [=de presto]

prestamera¹ [prestaméra] 女《宗教》聖職給

prestamería [prestamería] 女 受給聖職者の職

prestamero, ra² [prestaméro, ra] 名 受給聖職者

prestamismo [prestamísmo] 男 金貸し業

prestamista [prestamísta] 名 金融業者; 貸し手, 債権者: El ~ le prometió mejores condiciones que un banco. その金融業者は銀行よりも有利な条件で彼に融資すると約束した。Debe dinero a un ~. 彼は金融業者から金を借りている。El ~ recibió con el dinero e hizo un gesto de satisfacción. 貸し手は金を受け取り満足そうな仕草をした。de última instancia/~ de último recurso 最後の貸し手

préstamo [préstamo]《←prestar》❶ 貸すこと, 貸付け, 融資; 貸与したもの(金): Hemos pedido un ~ al banco. 私たちは銀行に融資を頼んだ。El banco nos ha hecho un ~ para comprar la casa. 私たちは家を買うために銀行から融資を受けた。Le devolveré el ~ en el plazo acordado. 私は所定の期日までに借金を返済します。El banco está dispuesto a ofrecer ~*s* de interés muy bajo. 銀行は非常に低利の貸付けを用意している。Los plazos del ~ son mensuales, con el banco. 私たちは銀行から融資を受ける取り決めをした。El ~ de libros es desde las diez.《揭示》書籍の貸し出し業務は10時からです。dar un ~ 金を貸す。recibir un ~ …から金を借りる。solicitar un ~ al banco 銀行にローンを申し込む。casa de ~ 質屋, 消費者金融業者。~ al día オーバーナイト物[コール物]の貸し出し業務を占め, 無担保]。~ a mediano o largo plazo/~ de término [中長期の事業向け]ターム・ローン。~ condicionado タイド・ローン [貸付国からの資材購入に使途を限定。その典型は延払い輸出 exportación de pago diferido]。~ en condiciones favorables ソフト・ローン [国際開発協会は途上国に対する借款を無利子・期間50年・借入国通貨での返済を認めている]。~ en condiciones de mercado ハード・ローン [世界銀行による融資など]。~ Lombardo ロンバート・ローン [中央銀行による手形再割引の枠外での貸付り, つまり債券状相保質付け。金利は公定歩合よりやや高い]。~ puente つなぎ融資。~ sindicado シンジケート・ローン [複数の金融機関が協調

融資団を組んで行なう』. ❷《言語》借用語: La palabra "manga" es un ~ del japonés al español. manga という語は日本語からスペイン語に入った借用語だ

prestancia [prestánθja] 囡 ❶ 堂々とした風貌, 貫禄: actuar con gran ~ 堂々とふるまう. ❷ すばらしさ, 優秀さ

prestancioso, sa [prestanθjóso, sa] 形 =**prestante**

prestante [prestánte] 形《文語》堂々とした, 貫禄のある

prestar [prestár] [←ラテン語 praestare「正面にある, 際立つ」] 他 ❶ [金, 物+a ~ に] 貸す《=alquilar 類義》: Me ha prestado dinero con intereses. 彼は私に利子付きで金を貸してくれた. Préstame dinero. 金を貸してくれ. Le prestó a Antonio ese disco. 彼はアントニオにそのレコードを貸した. ❷ [力を] 貸す, 協力する, 援助する: Nos prestó todo su apoyo durante el proyecto. 彼はプロジェクトの期間中, 全力で私たちを支援してくれた. Prestó auxilio al herido. 彼は負傷者を救助した. Esta asociación presta su voz a las víctimas de la catástrofe. この組織は被災者の声を代弁している. Presta su colaboración a una ONG. 彼はあるNGOに協力している. ❸ 与える: La juventud prestó alegría a la fiesta. 若者たちのおかげでパーティーは盛り上がった. ¿Qué sentido presta usted a esa palabra? あなたはその言葉をどう解釈しますか? Los arreglos prestan a la canción un aire más moderno. その歌はアレンジによって現代的な感じが出ている. ❹《サービスを》提供する, [業務を] 行なう: El banco presta sus servicios de lunes a viernes. その銀行は月曜から金曜まで営業している. ❺ [宣誓などを] 行なう, 述べる. ❻《メヒコ, コロンビア》 Quise ~ de él unos pesos. 私は彼から何ペソか借りようとした. Nos vemos obligados a ~ dinero por varios lados. 私たちは色々なところで借金せざるをえなかった

dar... prestado …を貸し与える: Le di 20 euros prestados. 私は彼に20ユーロ貸した. Vivo del poco dinero prestado que me dan de mala gana. 私は他人がしぶしぶ恵んでくれるわずかな金で暮らしている

pedir... prestado …を借りる: Llegó a pedirme dinero prestado. 彼は私に借金をしにやって来た. Tuve que pedir prestada una falda a mi amiga. 私は友人からスカートを借りなくてはならなかった

── 自 ❶ 役に立つ: Esta comida no presta. この料理は食べられない. ❷ [皮などが] 伸びる

── **~se** ❶ [親切に, +a+不定詞] …してくれる: Pepe se prestó encantado a ayudarme con la mudanza. ペペは喜んで私の引っ越しを手伝ってくれた. El joven desconocido se prestó a llevarnos con su coche a la estación. その見知らぬ若者は私たちを駅まで車で乗せて行ってくれた. Quisiera pedirte que te prestases a hablar con este hombre. 悪いこの人と話をしてくれないか. ❷ 同意する: No me prestaré a ese arreglo. 私はその取り決めに同意しない. La galardonada se prestó gustosa a una entrevista. 受賞者は快くインタビューに応じた. Se ha prestado a ayudarme. 彼は私を手伝うことを承諾した. ❸ [+a と] 引き起こす危険性がある: Su actitud se presta a malentendidos. 彼の態度は誤解を招きかねない. Una parte del texto se prestaba a ambigüedad. その文章にはあいまいにとれる箇所があった. ❹ 引き起こす: Su repentina desaparición se prestó a muchas preguntas. 彼がいなくなって多くの質問を受けた. La antigua reglamentación se prestaba a numerosos abusos. 古い法令はたびたび乱用されてしまった. ❺ [+para に] 適している: Esta fruta no se presta para realizar con ella platos culinarios. この果実は料理には適さない. ¿Crees que ese tejado se presta a una casa en las selvas? その屋根がジャングルの中の家に適していると思うか?

prestatario, ria [prestatárjo, rja] [←ラテン語 praestatus] 形 囲 [主に金の] 借り手の, 借り手[の], 借り手[の], 借り手

preste [préste] [←仏語] 男 ❶ プレステ・ファン [アジアにキリスト教王国を築いたといわれる中世の伝説上のアビシニア国王. =El Juan [de las Indias]]. ❷ 司祭. ❸《エクアドル, ボリビア》[村・町の] 祭りの全費用を負担する人

presteza [prestéθa] 囡《文語》すばやさ, 敏捷さ: contestar con ~ さっと答える

prestidigitación [prestiδixitaθjón] 囡 手品, 奇術《技術, 遊び》

prestidigitador, ra [prestiδixitaδór, ra] [←仏語 prestidigi-

1843

presumir

teur] 囲 手品師, 奇術師

── [まれ] 威信(名声)を高める

prestidigitar [prestiδixitár] 他《文語》手品をする; 手品で消す

prestigiado, da [prestixjáδo, da] 形《チリ》威信のある《=prestigioso》

prestigiador, ra [prestixjaδór, ra] 形 威信(名声)を高める

── 囲 手品師

prestigiante [prestixjánte] 形《文語》威信(名声)を高める

prestigiar [prestixjár] [←prestigio] 10 他 …の威信(名声)を高める

prestigio [prestíxjo] [←ラテン語 praestigium「眩惑, 詐欺」] 男 ❶ [地位・業績などに伴う] 名声, 令名, 威信: Es una profesional de reconocido ~ en el mundo de la cultura vasca. 彼女はバスク文化の世界で名声の高い専門家だ. mantener su ~ 威信を保つ. comprometer el ~ de+人 …の威信を傷つける. disfrutar de gran ~/tener mucho ~ 名声が高い, 評判が高い; 信望が厚い. por el ~ del país 国の威信にかけて. profesional de ~ 著名な専門家. ❷《廃語》[魔法・占いなどの] 魔力, 魅力. ❸《廃語》[権力を濫用した] 不法行為

prestigioso, sa [prestixjóso, sa] 形 権威(威信・名声)のある, 名高い

prestímano, na [prestímano, na] 囲 手品師

── 形《まれ》威信(名声)を高める

prestimonio [prestimónjo] 男《廃語》貸付け, 貸付金 [=préstamo]

prestín [prestín] 男《アンダルシア》=**pestiño**

prestiño [prestíno] 男 =**pestiño**

prestíssimo [prestíssimo] [←伊語] 副《音楽》プレスティッシモ, presto より速く

presto, ta [présto, ta] [←ラテン語 praestus] 形 ❶《文語》[estar+. +a+para の] 用意の整った: Ya estoy ~ a colaborar en lo que pueda. 私はできるだけ協力する用意がある. ❷ すばやい, 機敏な, 敏捷な. ── 副 ❶《文語》すみやかに, 直ちに. ❷《音楽》プレスト, きわめて速く

──《情報》プロンプト

de ~ すばやく, 機敏に

presumible [presumíβle] 形 ❶ [+que+接続法] 推測され得る: Es ~ que ocurra como él dice. 彼が言うように起こることがありえる. Es ~ que la mayoría de las víctimas del accidente sean desconocidas. その事故の犠牲者の大半は身元不明ではないかと推定される. [時に +que+直説法] Aunque no existen datos, es ~ que las innovaciones no serán escasas en este campo. 資料はないが, その分野での進歩はあまりないと思われる. ❷ [+名詞] 推定 (想像) され得る: Se habló del ~ cierre de la fábrica. 閉鎖になるのではないかと言われている工場の件について話し合われた. Se barrunta la ~ complicidad de su marido en el caso. その事件には彼女の夫が共謀している疑いがあると見られている

presumido, da [presumíδo, da] 形 囲 ❶ うぬぼれの強い[人], 思い上がった[人]: ¿Dices que vas a ser el campeón? No seas tan ~. 君がチャンピオンになるって? うぬぼれもいい加減にしろ. Me irrita ese chico ~. 私はあのうぬぼれ屋の子が頭にくる. ❷ 気取った[人], おしゃれな[人]: ¡Qué chica más ~da, siempre mirándose al espejo! 何て身なりを気にする女性だろう. 鏡で自分の姿を見てばかりいる

presumir [presumír] [←ラテン語 praesumere「あらかじめ考える」] 自 ❶ [+de を] 自慢する, 誇示する. うぬぼれる: 1) Soy capaz de hacerlo; no lo digo por ~. 自慢するわけではないが, 私ならそれができる. Se ha comprado un coche de lujo solo para ~. 彼は自慢したいというだけで高級車を買った. 2) [+de+形容詞・名詞] Juan presume de inteligente. フアンは賢いとうぬぼれている. La Presumía sin pudor de sus incontables virtudes. 彼女は恥ずかしげもなく自分のとりえを並べ立てて得意がっていた. 3) [+de+不定詞] Presume de ser el salvador de la empresa. 彼は会社を窮地から救ったことを鼻にかけている. 4) [+de que+直説法] Presume de que el Ayuntamiento le ha puesto una parada de autobús justo a la puerta de su casa. 市当局がバスの停留所を彼の家の玄関先に設置してくれたのを彼は自慢している. ❷ おしゃれを見てばかりいる: Le encanta ~ como a cualquier chica de su edad. 彼女は同じ年頃の女の子と同様おしゃれに夢中だ. No sabes lo que presume cuando va por el paseo con su novio. 彼女が恋人とお出かけする時どんなにおめ

かしするか君には想像もつくまい. ❸ [+de を] 推測する ── 他 ❶ 推測する, 推定する; [+que+直説法] …と思う: *Presumo que* no vamos a encontrar alojamiento. 私たちは泊まるところが見つからないのではないかと私は思う. Yo *presumía que* íbamos a la estancia, aunque él nada revelaba sobre sus intenciones. 彼はどうするつもりか一切明かさなかったが, 私は自分たちの行先は農場だろうと想像した. ❷ 《中南米》[用心のために] 備え付ける. ❸《中南米, 特にメキシコ》[自分の所有物を] 誇る: Pancho decidió visitarla lo más pronto posible, pues quería ~le su bigote. パンチョは自慢のひげを見せたかったので, できるだけ早く彼女の家に行くことにした. ❹《ボリビア》[女性に] 言い寄る
era de ~ きわめて容易に予想のつくことだった
es de ~ *que*+直説法 おそらく…だろう: *Es de* ~ *que* los precios de esos bienes no caerán mucho. それらの資産の価格はおそらくあまり下落するのではないだろう
según cabe ~ 推測するに: *Según cabe* ~, los cerebros de los primeros sapiens poseían una estructura muy parecida a la de nuestros cerebros. 推測するに, 最古の人類の大脳は私たちの大脳と非常によく似た構造をしていたようだ
── ~*se* 推測される: *Se presumió* equivocadamente *que* el resultado iba a ser favorable. いい結果が出ると予想されたが, それは間違いだった

presunción [presunθjón]【←ラテン語 praesumptio, -onis】女 ❶ うぬぼれ, 思い上がり: Su ~ le hacía despreciar a los demás. 彼は自信過剰のあまり他人を軽蔑していた. No soporto su ~ y esos aires que se da. 私は彼のうぬぼれと気取った態度に我慢がならない. ❷ 推測: No hay constatación del hecho, solo *presunciones*. 事実だという確証はなくて, 単なる憶測のみだ. ❸《法律》推定: Todo acusado tiene derecho a la ~ de inocencia hasta que sea juzgado. 被告はみな判決が出るまでは無実だと推定される権利を有する. A los imputados del caso les amparó la ~ de buena fe. 悪意で行ったことではないと判断された, 裁判の被告たちは罪を免れた

presuntamente [presúntaménte] 副 ❶ 推定で, 推量で; 容疑で. ❷ たぶん, おそらく: *P*~, este es el asesino. おそらくこの男が殺人犯だ

presuntivamente [presuntíbaménte] 副 想像上, 推定上; 推定によれば

presuntivo, va [presuntíbo, ba] 形 推定された, 推測に基づく

presunto, ta [presúnto, ta]【←ラテン語 praesumptus. presumir の不規則な 過分】形 [+名詞] ❶ 推定された: El presidente del equipo negó el ~ pago de primas a los jugadores. チームの会長は選手たちに特別報奨金を払ったのではないかというわさを否定した. Se descubrió el ~ enriquecimiento ilegal del alcalde. 非合法な手段によったと思われる市長の財産が明るみに出た. ~ heredero《法律》推定相続人. ❷ …の容疑の: El asesino (atracador) ingresará en prisión. その殺人(強盗)の容疑者は拘置所に入ることになる. Denunciaron al empresario por ~ cohecho. その経営者は買収容疑で起訴された. ~*ta* falsificación 偽造容疑

presuntuosidad [presuntwosidáđ] 女 うぬぼれ, 虚栄心: Me gusta su falta de ~ en el vestir. 私は彼女の気取らない服装が好きだ

presuntuoso, sa [presuntwóso, sa]【←presunto】形 名 ❶ 自信過剰な, うぬぼれの強い[人]: Es un chico ~ que cree saberlo todo. その若者は自信家で自分は何でも知っていると思っている. ❷ これ見よがしの, 派手な, けばけばしい: La casa es bonita, pero la decoración resulta ~*sa*. その家は美しいが, 装飾が派手すぎる

presuponer [presuponér]【←pre-+suponer】60【過分 presupuesto. 命令法単数 presupón】他 ❶ 前提する: Esa reforma *presupone* el acuerdo de los usuarios. その変更は利用者たちの合意を前提としている. ❷ 想定する; [予兆なしに] 予測する: Estoy *presuponiendo* que hay un solo camino en la vida. 人生には1本の道しかないと考えている. ❸《まれ》予算を立てる(見積もる)

presuposición [presuposiθjón] 女 ❶ 前提: con *presuposiciones* 前提の上に. ❷ 想定; 予測: Le gustaba hacer *presuposiciones* de lo que nos pasará en el futuro. 彼は我々の未来に何が起こるのか予測するのが好きだった

presupositivo, va [presupositíbo, ba] 形 前提の; 想定の; 予測の

presupuestación [presupwestaθjón] 女 予算の作成: ~ a partir de cero/~ base cero ゼロベース予算

presupuestado, da [presupwestáđo, đa] 形《ウルグアイ》正社員の; 常勤教師の

presupuestal [presupwestál] 形《中南米》予算の [=presupuestario]

presupuestar [presupwestár]【←presupuesto】他 ❶ …の予算を立てる; [+en 費用を] 見積もる: Costó más de lo *presupuestado* inicialmente. 費用は当初予算を上回った. *Presupuestaron* la indemnización *en* 100 mil euros. 彼らは補償金として10万ユーロ見積もっている. ❷ 予算に組み入れる: ~ la compra de tierra 土地の購入を予算に含める. ❸《チリ》…の計画を立てる

presupuestario, ria [presupwestárjo, rja] 形 予算の: ~ año 会計年度. medidas ~*rias* 予算措置

presupuesto [presupwésto]【←presuponer】男 ❶ 予算; 見積もり; 払 hacer un ~ de... …の予算を立てる; 見積り書を作る. pedir ~ a+人 …に見積もりを頼む. ~ adicional (complementario) 補正予算. ~ de ejección/~ de tareas パフォーマンス予算, 事業別予算. ~ familiar 家計の予算(やりくり). ~ general 一般会計予算. ~ nacional/~*s* del Estado 国家予算. ~ principal 本予算. ~ público 官庁会計. ❷ 想定: partir de un ~ falso 間違った仮定から出発する. ❸ 理由, 言い訳

presura [presúra]【←ラテン語 pressura "締めつけ"】 女【歴史】無主地の占有《レコンキスタ期の半島西部における再植民の一形態. 地主のいない土地を占拠する》. ❷ 火急; 迅速, すばやさ. ❸ 圧迫; 窮迫, 苦境. ❹ 熱心さ, 執拗さ. ❺《生理》凝乳酵素, レンニン

presurización [presuriθaθjón] 女《航空》与圧, 加圧【行為, 状態】

presurizar [presuriθár] 9 他 ❶《航空》[機内などを] 通常の気圧に保つ, 与圧する, 加圧する. ❷ [一般に] 圧力をかける

presurosamente [presurósaménte] 副 急いで, あわただしく, あたふたと

presuroso, sa [presuróso, sa]【←presura】形《文語》急いでいる, 緊急な: con paso ~ 急ぎ足で

pretal [pretál] 男《馬具》胸懸(むながい)[=petral]. ❷《メキシコ》野生馬などに腹帯のようにかけられるロープ. ❸《ホンジュラス》[ズボンの] サスペンダー

prêt à porter [préta portér]【←仏語】形 男《服飾》プレタポルテ[の]

pretecnología [preteknoloxía] 女《教育》工科

pretecnológico, ca [preteknolóxiko, ka] 形《教育》工科の

pretemporada [pretempoμáđa] 女《スポーツ》シーズン前; オープン戦 [=partido de ~]

pretenciosidad [pretenθjosiđáđ] 女 仰々しさ, 見栄; うぬぼれ

pretencioso, sa [pretenθjóso, sa]【←仏語 prétentieux】形 ❶《軽蔑》[人·事物が] これ見よがしの, 見栄っぱりの, 気取った, 大げさな: El libro resulta ~ y decepciona. その本は見かけ倒しで, がっかりだ. carácter ~ 見栄っぱりの性格. corbata ~*sa* 派手なネクタイ. ❷《軽蔑》うぬぼれの強い: Unos son modestos y otros son ~*s*. 謙虚な者もいればうぬぼれの強い者もいる. ❸《中南米》こびへつらう, おべっか使いの

pretendencia [pretendénθja] 女 =pretensión

pretender [pretendér]【←ラテン語 praetendere "前に張る, 言い訳して出す"】他 ❶ [主に +不定詞·que+接続法. 手段を尽くして] …しようとする, 目指す: 1) producir el efecto *pretendido* 期待どおりの効果をあげる. 2) [+不定詞] *Pretende* ser astronauta. 彼は宇宙飛行士になろうとしている. Esta ley *pretende* controlar el tráfico. この法律は交通量の抑制を目指している. No he *pretendido* hacer daño a nadie. 私は誰にも危害を加えようとしたことはない. ❷ [+que+接続法] …させようとする: José *pretendió* que le vendieran el solar. ホセは彼らにその土地を売ってもらおうとした. ¿Qué es esta comida? ¿*Pretendes* que los invitados regresen? この料理は何? 君はお客さんに帰ってもらおうというつもりなの? ❷ [疑わしい·信じがたいことを] 主張する; 見せかける, ふりをする, 装う; 仮定する: *Pretende* que su hermano se cayó adrede de la silla. 弟はわざと椅子から落ちたと彼は主張している. Mi hijo *pretende* estar estudiando, pero está leyendo un cómic. 私の息子は勉強するふりをしているが, 実は漫画を読んでいる. ❸ [職などを] 志望する, 志願する: Varios príncipes *pretendían* el trono. 数人の王子が王位を

望んでいた。❹［主に男性が女性に］プロポーズする、求婚する、求愛する: Muchos la *han pretendido*, pero sigue soltera. 多くの男が彼女に求婚したが、彼女は独身を通している
—— *~se* ［受け身］ *Se pretende* recoger ropas para los pobres. 貧しい人々のために衣類を集めようと考えられている

pretendido, da [pretendído, da]　形 ［+名詞］いわゆる、…と言われる: El ~ primo era en realidad su amante. 彼女の従兄弟と称していた男は実は愛人だった。Partir de la pluralidad y no de una ~*da* homogeneidad de nuestro país, es uno de los puntos de partida del trabajo del ensayista. わが国は一般に均質的だと言われるが、多様であると考えることが、随筆家の仕事の出発点の一つだ

pretendiente, ta [pretendjénte, ta] 形 ［+名 を］志望する、志願する: Hay pocos muchachos ~*s al* puesto. その仕事に志願する若者はあまりいない
—— 名 ❶ 志望者、志願者: Todos son ~*s a* ese cargo. 全員がその職の志願者だ。 ❷ ［主に男性から女性への］求婚者: Marisa es muy guapa y tiene muchos ~*s.* マリサはとても美人で、言い寄ってくる男が大勢いる。Ha traído a casa a su ~. 彼女は求婚者を家へ連れて来た。 ❸ 王位継承を要求する人: príncipe ~ *al* trono 王位につく権利があると主張する王子

pretensado [pretensádo] 男 ［建築］PS工法、プレストレス、プレストレッシング、プリテンション

pretensar [pretensár] 他 ［建築］プレストレッシングする

pretensión [pretensjón] ［←ラテン語 praetensio, -onis］女 ❶ 目標、狙い: El premio nació con la ~ de promocionar a jóvenes artistas. その賞は若手芸術家たちを世に出すことを目的として生まれた。Este año tengo la ~ de estudiar mucho. 私は今年こそは猛勉強するつもりだ。Este es un libro de viajes sin más *pretensiones*. これはあくまで旅行記であって、それ以上の狙いはない。 ❷ 要求、主張: 1) ［権利などの］Los manifestantes lograron solo algunas de sus *pretensiones*. デモ参加者は要求のごく一部を勝ち取ったにすぎない。 La princesa tiene *pretensiones* al trono. その王女は王位継承権があると主張している。Renunció a toda ~ sobre su herencia. 彼はすべての相続財産請求権を放棄した。 2) ［軽蔑、皮肉］疑わしい・信じがたい ことへの主張: Tenía la ~ de vivir sin trabajar. 彼は働かずに生きていくと主張していた。 ❸ ［軽蔑］ 邦 うぬぼれ、自負、気取り: Tiene *pretensiones* de inteligente. 彼は頭がいいことを鼻にかけている。 *pretensiones* de grandeza 高望み。 ❹ 見せかけ; 仮託
con pretensiones 自慢げに、気取って
sin pretensiones 気取らない、控えめに: Lleva una vida sencilla y *sin pretensiones*. 彼は質素で飾らない生活をしている
tener muchas (demasiadas) pretensiones ［軽蔑］高望みする、欲ばる: A Pepe le falta bastante para ser un torero completo, pero *tiene muchas pretensiones*. ペペはまだ一壁の闘牛士になるにはまだまだ修業が足りないが、高望みをしている。Eva *tiene demasiadas pretensiones* para sus hijos. エバは子供たちに過度な期待をかけている
tener pocas pretensiones 欲がない

pretensioso, sa [pretensjóso, sa] 形 もったいぶった、気取った、うぬぼれた、見栄を張る; ［外観的］派手な［= pretencioso］

pretenso, sa [preténso, sa] pretender の不規則型 過去分

—— 男 ［まれ］= **pretensión**

pretensor, ra [pretensór, ra] 形 名 目指す［人］

preter- ［接頭辞］［除外、以上］ *preter*natural 超自然的な

preterición [preteriθjón] ［←ラテン語 praeteritio, -onis］女 ❶ ［修辞］暗示的看過法、逆言法。 ❷ ［法律］［遺言での］相続人不記載、相続者黙認。 ❸ 看過、見落とし、脱落、省略

preterintencional [preterintenθjonál] 形 ［法律］［犯罪が］本人の意図を超えた

preterintencionalidad [preterintenθjonaliðáð] 女 ［法律］［犯罪が］本人の意図を超えていること

preterir [preterír] 33 他 ［欠如動詞: 語尾に i の残る活用形のみ。→abolir］❶ 看過する、見落とす、無視する、考慮に入れない。❷ ［法律］［遺言で相続人を］記載しない

pretérito, ta [pretérito, ta] ［←ラテン語 praeteritus < preterire「通り過ぎる」の過去分詞形］ ［文語］ 形 過去の
—— 男 ［文法］過去［形］。 ~ anterior 直前過去［完了］。 ~ imperfecto 不完了過去［= 線過去］。 ~ indefinido/~ perfecto simple 不定過去［= 点過去］。 ~ perfecto/~ perfecto compuesto 完了過去［= 現在完了］。 ~ pluscuamperfecto

大過去［= 過去完了］

preterizar [preteriθár] 9 他 ［まれ］過去のこととする

pretermisión [pretermisjón] 女 ❶ ［修辞］逆言法。 ❷ ［まれ］看過、省略

pretermitir [pretermitír] 他 ［まれ］看過する、省略する

preternatural [preternaturál] ［←ラテン語 praeternaturalis］ 形 超自然的な、不可思議な、異常な

preternaturalizar [preternaturaliθár] 9 他 変形させる、変質させる

preternaturalmente [preternaturálménte] 副 超自然的に、異常に

pretexta [preté(k)sta] ［←古代ローマ. 服飾］プラエテクスタ［執政官・神官および未成年者用の、緋色の縁付きのトーガ toga］

pretextar [preté(k)stár] 他 ［+名詞・不定詞・que+直説法］口実（言い訳）にする; かこつける、仮託する: María *pretextó* una jaqueca para encerrarse en su habitación. マリアは片頭痛を口実に部屋にこもった

pretexto [preté(k)sto] ［←ラテン語 praetextus］ 男 口実、弁解、言い訳; かこつけ、仮託: buscar un ~ para no asistir a clase 授業をサボる口実を探す
bajo ningún ~ 決して…ない
con (**el**) ~ **de**+不定詞 **·que**+直説法 …することを口実にして
so (**a**) ~ **de...** ［文語］…を口実にして
tomar... por ~ …を口実にする

pretibial [pretiβjál] 形 ［解剖］前脛骨の

pretil [pretíl] ［←ラテン語 pectorale < pectus, -oris「胸」］男 ❶ ［橋の］手すり、欄干; 転落防止柵、ガードレール。 ❷ 手すり付きの通路。 ❸ ［メキシコ, カリブ, ベネズエラ］［石・煉瓦製の］ベンチ。 ❹ ［メキシコ］縁石、へり石。 ❺ ［アンデス］［教会・記念碑などの前の］中庭、前庭

pretina [pretína] ［←古語 petrina < ラテン語 pectorina < pectus, -oris］女 ［服飾］ ❶ ［スカート・ズボンの］ウエストバンド。 2) ベルト。 ❷ 胴回り、ウェスト。 ❸ 巻きつけるもの

pretinazo [pretináðo] 男 ベルトによる殴打

pretinero, ra [pretinéro, ra] 名 ベルト pretina 作りの職人

pretinilla [pretiníʎa] 女 ［服飾］［女性用の締め金付きの］ベルト

preto, ta [préto, ta] 形 ［地方語］窮屈な、きつい［= prieto］

pretónico, ca [pretóniko, ka] 形 ［音声］強勢のある音節の前の

pretor [pretór] I ［←ラテン語 praetore］男 ［古代ローマ］法務官、プラエトル; 属州総督
II ［←prieto「黒い」］男 ［漁業］《マグロのいる》マグロ潮、マグロの漁場の黒ずんだ色

pretoría [pretoría] ［←古代ローマ］法務官の権威

pretorial [pretorjál] 形 ［古代ローマ］法務官の

pretorianismo [pretorjanísmo] 男 軍部の政治介入

pretoriano, na [pretorjáno, na] ［←ラテン語 praetoriano, na］形 ❶ ［古代ローマ］法務官の。 2) ［皇帝の］近衛軍団の: Guardia *P~na* 近衛軍団。 ❷ ［一般に］親衛隊の; 親衛隊員
—— 男 ［時に皮肉］親衛隊 ［guardia ~*na*］

pretoriense [pretorjénse] 形 ［古代ローマ］法務官の

pretorio, ria [pretórjo, rja] 形 = **pretorial**
—— 男 ［古代ローマ］ ❶ 法務官の公邸。 ❷ 法廷

pretuberculoso, sa [pretuβerkulóso, sa] 形 名 ［医学］結核になりかけの［人］

pretura [pretúra] 女 ［古代ローマ］法務官の職（権威）

preu [préu] 男 ［西. 口語］preuniversitario の省略語

preuniversitario, ria [preuniβersitárjo, rja] 形 ［西］大学準備コース［の］［COUの旧名］

prevalecer [preβaleθér] ［←ラテン語 praevalere］ 39 自 ❶ ［+sobre、 +entre の中で］勝る、優位に立つ: La verdad *prevalece sobre* la mentira. 真実は嘘に勝る。Ante la falta de datos concluyentes, *prevaleció* la presunción de inocencia. 決定的な証拠がないため、無罪と推定されるという意見が優勢だった。 ❷ ［非物質的なものが］存続する、存在し続ける: Esto contradice la versión que *prevaleció* durante largo tiempo. これは長い間広まっていた解釈をくつがえす。La ley pierde su poder y el derecho no *prevalece*. 法は力を失い権利は失われた。 ❸ ［植物が］根を張る。 ❹ 成長する、増大する

prevaleciente [preβaleθjénte] 形 優勢な、支配的な; 普及した: opinión ~ 大多数の意見、通説

prevalencia [preβalénθja] 女 ❶ 勝ること、優位。 ❷ ［医学］罹患率、有病率

prevalente [preβalénte] 形 = **prevaleciente**

prevaler [preβalér] 61 自 =**prevalecer**
── **~se** [目的を達するために, +de を] 利用する: El inquilino no podrá ~*se de* un derecho cualquiera. 借家人はいかなる権利も用いることができないだろう
prevalimiento [preβalimjénto] 男 利用
prevaricación [preβarikaθjón] 女 ❶《法律》背任行為, 汚職: delito de ~ 背任罪. ❷ 不正行為, 義務違反
prevaricador, ra [preβarikaðór, ra]《←ラテン語 praevaricator, -oris》形 名 ❶《法律》背任行為(汚職)をする〔人〕. ❷ 背信する〔人〕
prevaricante [preβarikánte] 形《まれ》背任行為(汚職)をさせる
prevaricar [preβarikár]《←ラテン語 praevaricare》7 自 ❶《法律》背任行為(汚職)をする. ❷ 背信する; 不正行為(義務違反)をする. ❸《口語》うわごと(とんでもないこと)を言う
prevaricato [preβarikáto] 男 ❶《法律》背任行為, 汚職 〔= prevaricación〕. ❷ 義務違反
prevención [preβenθjón]《←ラテン語 praeventio, -onis》女 ❶ 予防, 用心: La ~ es el método más eficaz de combatir enfermedades. 病気に対する最も効果的な対処法は予防である. El electricista tuvo la ~ de apagar las luces para evitar una descarga eléctrica. 電気工は感電しないように電源を切った. ❷ [予防的な] 手段, 準備: Han tomado todas las medidas de ~ para evitar la infección. 感染を避けるためにあらゆる予防措置がとられた. ❸ [+contra·hacia·sobre·a に対する] 不信感, 反感; 偏見 〔=prejuicio〕: José no vendrá porque tiene sus *prevenciones sobre* sus compañeros. ホセは仲間に不信の念を抱いているので来ないだろう. Tiene ~ *a* viajar en avión. 彼は飛行機に乗るのを嫌っている. ❹《法律》[裁判官による] 容疑者逮捕手続き. ❺《西,古語的》[留置所による] 警察署. ❻《軍事》衛兵所: guardia de ~ 衛兵. *de* ~ 万一のために: víveres *de* ~ 予備の食糧, 非常食 *en* ~ *de*... …に備えて
prevenible [preβeníβle] 形 予防され得る
prevenidamente [preβeniðaménte] 副 前もって, 用心して
prevenido, da [preβeníðo, ða] 形 ❶ [estar+] 用意のできた; 用心している: Retira todos los objetos peligrosos. Hay que estar ~. 危険物はすべて取り除きなさい. 用心しなくてはいけません. Les dije a mis padres que estuvieran ~*s*. 私は両親に気をつけるように言った. ❷ [agua になった: jarro ~ *de* agua 水が満たしてある水さし. ❸ [ser+] 用心のよい: Eva es muy ~*da* y siempre lleva unas medias de repuesto en el bolso. エバはとても慎重で, いつも予備のストッキングをバッグに入れている. Muchos conductores pecan de poco ~*s*. 運転者の多くは不注意から違反を犯す. ❹ 予防できる: Estas enfermedades son fácilmente ~*das*. これらの病気は簡単に予防できる
prevenir [preβenír]《←ラテン語 praevenire < prae-(前)+venire「行く, 来る」》59 他 ❶ 予防する, 用心する: 1) [+名詞] Este medicamento *previene* los resfriados. この薬は風邪の予防薬だ. Una alimentación adecuada ayuda a ~ el infarto. 心筋梗塞は正しい食生活によって防ぐことができる. Hay que ~ los accidentes laborales. 労働災害の防止対策をとらねばならない. *Previniendo* la posibilidad de un despido, está empezando a buscar otro empleo. 彼は解雇された場合の用心のために, 別の仕事を探し始めている. crema hidratante para ~ las arrugas しわ防止の保湿クリーム. Más vale ~ que curar.《諺》転ばぬ先の杖. 2) [+que+直説法] *Previne que* había mucho tráfico y he venido en tren. 私は道が混んでいるのではないかと用心して電車で来た. ❷ 警告する: 1) [直接目的に危険な事物, 間接目的に人] i) [+名詞] Conduzca con cuidado, que en esta calle nada *previene* la proximidad de baches. この道は穴があいていてもそれを前もって警告する標識が全くないので, 気をつけて運転して下さい. ii) [+que+直説法 の危険があると] Os *prevengo* que el examen de mañana no será fácil. 君たちに断っておくが, 明日の試験は易しくないぞ. Le *previne que* yo no sabía bailar. 私は踊れないと前もってあなたに言ったでしょ. iii) [+que+接続法するように] Le *prevengo a* usted *que* no vuelva a hacerlo. 二度とそんなことをしないように. 2) [直接目的に人] i) [+de·sobre·contra 危険を, +人に] Le (Lo) *previne de* los peligros que corría. 私は彼に危険な状態にあることを知らせた. Los niños fueron *prevenidos de que* el gato comía cada vez menos. 子供たちは猫の食べる量が減っていると知らされた. Su instinto de mujer la

previno sobre la naturaleza del impulso emotivo. 女性とし

ての直感で彼女はその激しい衝動がどういう性質のものか見抜き, 警戒した. Su exagerada simpatía me *previene contra* él. 彼は異様に親切なので私は警戒している. ii) [+de que+直説法 の危険があると] Te *prevengo de que* es un mentiroso. 君に警告しておくが, 彼は嘘つきだ. ❸ [+en contra de に批判的な/に好意的な] 予備知識を…に与える: Le (Lo) *han prevenido a favor* (*en contra*) *del* nuevo jefe. 彼は今度の上司はいい(悪い)人だと聞かされた. ❹ [+para のために] あらかじめ用意する, 準備する: *Previne* todo lo necesario *para* el viaje. 私は旅行の支度をすべて整えた. ❺《法律》[裁判官が] 容疑者逮捕手続きをとる; 予審を行なう
── 自 予防する, 警戒する, 準備する: Este medicamento *previene contra* los resfriados. この薬は風邪の予防薬だ
── **~se** ❶ [+contra·de に] 用心する: Los montañeros *se previnieron contra* el frío. 登山家たちは防寒装備をした. José *se previene contra* Juan. ホセはフアンを警戒している. Se aconseja la vacunación para ~*se* (*contra*) la gripe. インフルエンザの予防ワクチン注射をするのが望ましい. ❷ [+para のために] +con·de で 準備する: *Se previno para* la reunión con los padres de la novia. 彼は婚約者の両親との顔合わせの支度を整えた
prevenivamente [preβentíβaménte] 副 予防して, 用心して
preventivo, va [preβentíβo, βa]《←ラテン語 praeventum》形 ❶ 予防の, 防止する: [+contra·de に対する] 予防の, 防止の: Hay que tomar medidas ~*vas contra* la epidemia. 伝染病の予防策を立てなければならない. Sigue un tratamiento ~ *de* la calvicie. 彼は育毛治療を続けている. charla ~*va contra* la drogadicción 麻薬防止のための講話. inyección ~*va* 予防注射. medicina ~*va* 予防医学. El juez ha dispuesto la clausura ~*va* de la discoteca. 判事は〔犯罪〕防止のためにディスコの閉店を指示した. guerra ~*va*/ataque ~ 予防戦争 〔敵が有利になるのを防ぐために先制攻撃する〕. ❷ 予防拘禁の: *prisión* ~*va*/*arresto* ~ 予防拘禁: Se encuentra detenido bajo *prisión* ~*va*. 彼は目下, 予防拘禁されている
── 名 予防拘禁されている人
── 男《メキシコ》黄色信号
preventorio [preβentórjo] 男〔特に結核の〕予防診療所: El turista se encuentra en un ~. その旅行者は予防診療所に入れられている
prever [preβér]《←ラテン語 praevidere》50 他 ❶ 予見する, 予知する: *Había previsto* el surgimiento de un descontento social. 彼は社会的不満が発生することを見抜いていた. Estaba *previsto* su triunfo. 彼の勝利は予想されていた. Ya lo *preveía*. やっぱりそうだった. Su fracaso estaba *previsto*. 彼の失敗は分かりきっていた. ❷ [あらかじめ] 準備する, 備える: Tenía *previsto* ir al cine esta tarde. 私は今日の午後映画を見に行く予定だった. Todo está *previsto*. すっかりお膳立てができている. fecha *prevista* 予定日
── **~se** 予見される: Este fin de semana *se prevén* problemas para el tráfico rodado. 今週末, 道路の渋滞が起きると予想されている

prever		
現在分詞	過去分詞	
previendo	pre**vis**to	
直説法現在	直説法点過去	直説法線過去
preveo	preví	preveía
prevés	previste	preveías
prevé	previó	preveíamos
prevemos	previmos	preveíais
prevéis	previsteis	preveían
prevén	previeron	
命令法	接続法現在	
	prevea	
prevé	preveas	
	prevea	
	preveamos	
preved	preveáis	
	prevean	

preverbal [preβerβál] 形 言葉によって表現される前の
previa[1] [préβja] 女《ラプラタ》再履修科目
previamente [preβjaménte] 副 あらかじめ, 前もって: informar-

previdencia [preβiðénθja] 囡 ❶ 先見性, 予知性. ❷ 予知
previdente [preβiðénte] 厖 予見する, 予知する
previo, via[2] [préβjo, bja]《←ラテン語 praevius》厖 ❶ 前もっての: 1) autorización ~*via* あらかじめ与えられた許可. condición ~*via* 前提条件. conocimiento ~ 予備知識. cuestión ~*via*〔議会の〕先決問題. ~ acuerdo de los otros 事前に他の連中の合意を得て. 2)《文語》前金で支払いがなされる, インボイスの提示次第, 支払いは行なわれる. ❷〔+a に〕先立つ: celebrar una comisión ~*via a* la asamblea general 総会に先立って委員会を開く
── 男〔映画, テレビ〕口パク, プレイバック
previsibilidad [preβisiβiliðá(ð)] 囡 予見(予測)可能性
previsible [preβisíβle] 厖 予見可能な, 予測がつく: 1) No es ~ carencia de material. 資材不足は起こりそうにない. 2)〔+que+接続法〕Es ~ *que* las cosas sigan yendo bien. 事態の改善が予想される
previsiblemente [preβisíβleménte] 副 予測できることとして, ありそうなことだが
previsión [preβisjón] 囡《←ラテン語 praevisio, -onis》❶ 予見, 予想, 予測: Este año llueve menos de lo que decía la ~ del tiempo. 今年は天気予報が言っていたほどには雨が降らない. hacer *previsiones* económicas 経済予測する. ~ comercial 景気(経済)予測. ~ del futuro 未来予測. ❷ 用心, 予防〔対策〕
en ~ de... …を見越して, …に備えて: Activaron la alerta *en ~ de* la llegada de la tormenta. 嵐の到来に備えて警報が発令された
~ social 1)〔個人や家族の力, 友人や近隣の協力では解決困難な生活問題に悩む人々を対象とした〕ソーシャルワーク. 2) 社会福祉が定着する以前の, 社会事業, 救貧事業
previsor, va [preβisór, βa]〔メキシコ, コロンビア〕先見の明がある, 準備のできた
previsor, ra [preβisór, ra]《←prever》厖 图 ❶〔ser+〕先見の明のある[人], 用意周到な[人]. ❷ 用心のための
previsto, ta [preβísto, ta] 厖 prever の〔過分〕
prez [préθ]《一古オック語 pretz》男/囡《文語》栄光, 栄誉: para gloria (honra) y ~ de... 栄誉と栄光のために
PRI [prí] 男《メキシコ. 略記》←Partido Revolucionario Institucional 制度的革命党《メキシコ革命後に結成された国民革命党 Partido Nacional Revolucionario を母体とし, その後メキシコ革命党 Partido de la Revolución Mexicana に改組, さらに 1946年に制度的革命党と改名. 長年にわたり政権を維持したが, 2000年に野党に転落》
priado [prjáðo] 副《廃語》すばやく, 機敏に
Príamo [priamo] 男《ギリシャ神話》プリアモス《トロイア最後の王》
priápico, ca [prjápiko, ka] 厖《文語》陰茎の
priapismo [prjapísmo] 男《医学》持続勃起, 陰茎強直
priapo [prjápo] 男《文語》陰茎
priapula [prjapúla] 男《動物》プリアプルス
priapúlidos [prjapúliðos] 男 複《動物》鰓曳《綱》動物, プリアプルス類
priba [príβa] 囡〔西. 俗語〕=priva
prieguense [prjeɣénse] 厖 图 =priegueño
priegueño, ña [prjeɣéɲo, ɲa] 厖 图〔地名〕プリエゴ・デ・コルドバ Priego de Córdoba の〔人〕《コルドバ県の町》
priesa [prjésa] 囡〔地方語〕迅速, 緊急性〔=prisa〕
Prieto [prjéto]〔人名〕Guillermo ~ ギリェルモ・プリエト《1818～97, メキシコの作家・政治家. サンタ・アナ Santa Anna の独裁に抵抗. 詩集『ロマンセロ』*Romancero nacional*,『わが青春時代の想い出』*Memorias de mis tiempos*》
prieto, ta [prjéto, ta]《←apreto》厖 ❶〔文語的〕窮屈な, きつい, 固い: pantalón ~ ぴっちりしたズボン. ❷〔文語的〕〔体の一部が〕凝っている, 固い. ❸〔歴史〕〔通貨で〕黒ずんで金位・銀位の低い〔=3分の2 burgalés〕. ❹〔口語〕貧しい, けちな. ❺〔米国(中米)〕濃褐色の, 黒っぽい,〔皮膚が〕浅黒い
prietuzco, ca [prjetúθko, ka] 厖〔中米〕黒ずんだ, 浅黒い
priísmo [priísmo] 男〔メキシコ〕制度的革命党PRI の思想
priísta [pri(í)ísta] 厖 图〔メキシコ〕制度的革命党 PRI の〔党員〕
prima[1] [príma] **I**《←仏語 prime＜ラテン語 praemium「賞金」》囡 ❶〔基本給に対する〕手当: Cobra unas ~*s* y recargos. 彼はいくつかの手当と手数料を受け取る. ~ de antigüedad 勤続

1847　primавера

手当. ~ de peligrosidad 危険手当. ~ por coste de la vida 生活費手当. ❷ 報奨金, 奨励金〔=~ de incentivo〕; 賞金: Los jugadores recibirán una ~ si ganan el partido. 選手たちは試合に勝つと奨励金をもらえる. conceder una ~ a la exportación 輸出奨励金を出す. ❸《商業》オプション価格, プレミアム: ~ a plazo/~ a término 先物プレミアム《先物為替相場が直物相場より高い》. ~ de liquidez 流動性プレミアム. ~ de riesgo リスクプレミアム. ❹《株式》プレミアム, 打歩（うちぶ）: acción con ~ プレミアム付き株式. ~ de emisión 払込剰余金.〔保険〕掛け金, 保険料〔=~ de seguro〕. ❺ 割増金
II《←ラテン語 prima「第一」》囡 ❶《音楽》〔弦楽器の〕最高弦. ❷《古代ローマ》〔一日を4分割した〕1番目の時間《午前6～9時》. ❸《カトリック》〔聖務日課の〕一時課, 早朝の勤行. ❹《船舶》1)《午後8時～12時の》夜間当直班〔=guardia de ~〕. 2) ~ de embarque adelantado 早出料. ❺《軍事》〔歩哨などの担当する, 夜を四分した〕最初の時間帯《午後8時～11時》. ❻〔16～18世紀の大学の〕第1時限. ❼《狩猟》雌の鷹. ❽〔地方語〕早い時間: mañana a ~ 朝早い時間に. ❾〔チリ, アルゼンチン, ウルグアイ〕bajar la ~ 言葉を加減する, 語気を緩和する. subir la ~ 激しい言葉づかいをする, 語気を強める
prima ballerina [príma baʎerína] 囡〔←伊語〕プリマバレリーナ
primacía [primaθía] 囡《←ラテン語 primas, -atis ＜ primus「第一」》❶ 優位, 優越; 首位: El derecho internacional tiene ~ sobre el derecho nacional. 国際法は国内法に優先する. ❷《カトリック》首座大司教の位
primacial [primaθjál] 厖 ❶《カトリック》首座大司教の. ❷ 首位の
primada[1] [primáða] 囡〔西. 口語〕❶ 愚か(世間知らず)な言動; 愚かな間違い: Juan hizo la ~ de prestar el libro. フアンはばかなことにその本を人に貸してしまった. ❷〔無邪気な人をからかう〕だまし
primado[1] [primáðo] 男《←ラテン語 primatus, -us ＜ primus「第一」》❶《カトリック》首座大司教《総大司教に次ぐ名誉称号》: ~ de España トレド大司教. ❷ 優位〔=primacía〕
primado[2]**, da**[2] [primáðo, ða] 厖《カトリック》首座大司教の: iglesia ~*da* 首座大司教座聖堂. silla ~*da* 首座大司教座
prima donna [príma dónna] 囡〔←伊語〕《音楽》プリマドンナ・プリマドンナ〔とも表記〕
prima facie [príma fáθje]〔←ラテン語〕副 一見〔=a primera vista〕: El asunto me parece difícil ~. それは一見難しく見える
primal, la [primál, la] 厖 图 1歳以上2歳未満の〔子羊・子ヤギ〕
── 男 絹ひも, 絹の組ひも
primar [primár]《←仏語 primer》自〔+*sobre* より〕優位にある, 優先する: La calidad *prima sobre* la cantidad. 量より質
── 他〔西〕〔人・活動に〕報奨(奨励)金を出す
primaria[1] [primárja] 囡 ❶ 初等教育〔=enseñanza ~, educación ~〕. ❷〔米国などの〕予備選挙
primariamente [primárjaménte] 副 主として, 第一に; 最初に
primariedad [primárjeðá(ð)] 囡 原始性, 未開性
primario, ria[2] [primárjo, rja]《←ラテン語 primarius》厖 ❶ 初歩の, 初等の: conocimientos ~*s* 初歩的な知識. escuela ~*ria* 小学校. ❷ 主要な, 第一の, 基本的な: objetivo ~ 主要な（第一の）目的. necesidades ~*rias* 基本的な欲求; 生活必需品. ❸ 原色の:〔tres〕colores ~*s*〔三〕原色. ❹ 原始的な, 未開の〔=primitivo〕: instintos ~*s* 野性的な本能. ❺《地質》始原の, 古生代以前の. ❻《経済》第一次産業の. ❼《電気》の: arrollamiento ~ 一次コイル. ❽《化学》第一級の: alcohol ~ 第一級アルコール. ❾《医学》atención ~*ria* プライマリーケア
── 男《電気》一次回路〔=circuito ~〕
primate [primáte]《←ラテン語 primas, -atis》厖 霊長類の
── 男 ❶《動物》複 霊長類. ❷〔まれ〕第一人者, 著名人, 大立者, 重要人物
primavera [primaβéra]《←ラテン語 prima「第一」+ver, veris「春」》囡 ❶ 春〔→estación〕〔参考〕: en ~ 春に. en la ~ de 2015 2015年の春に. ❷《政治》開放, 自由化: P~ de la Praga プラハの春. ~ árabe; 春《←la vida de》: José está en la ~ de su carrera. ホセは我が世の春の地位にいる. Estamos ante una nueva ~ artística. 今芸術の新たな最盛期を迎えている. Estás en la ~ de tu vida. 君は青春まっただ中にいるんだ. ❹《戯曲》〔主に十代の女性について〕…歳: Contaba

catorce ～s. 彼女は花の14歳だった. Mi nieta tiene diecisiete ～. 私の孫は17歳の娘盛りだ. ❺《植物》1) サクラソウ. 2)《中南米》ノウゼンカズラ科の一種. ❻《メキシコ. 鳥》ツグミ科の一種
al despuntar la ～ 春になると, 春が来るよ
—— 形 名 お人好し[の], 間抜け[な]: Hay que ser un poco ～ para creer eso. そんなことを信じるとは少々お人好しに違いない. Te han timado otra vez. Eres un ～. 君はまただまされた, 本当にお人好しだね

primaveral [primaβerál] 形 ❶ 春の: moda ～ 春のファッション. paisaje ～ 春景色. ❷ 春のような, 春らしい: tiempo ～ 春めいた陽気

primazgo [primáθγo] 男 ❶ いとこ同士の関係. ❷ 首座大司教の位《=primacía》

primear [primeár] ～**se**《王侯貴族が》互いを卿 primo と呼び合う

primer [primér] 形 →**primero**

primera[1] [priméra] 女《形容詞 primero, ra+女性名詞 で女性名詞の省略》❶《形容詞》❶《自動車》ロー, 第1速《=～ velocidad》: Si la cuesta es empinada, mete la ～. 急な坂道ではギアをローに入れなさい. arrancar en ～ ローで発進する. ❷《乗り物の》一等, ファーストクラス《=～ clase》: billete de ～ 一等の切符. viajar en ～ 一等に乗る. ❸《トランプ》1) プリメロ《手札4枚がフラッシュになれば勝つゲーム》. 2) 裏 勝てるトリック baza
a la ～ 一度で: Lo acertó *a la* ～. 彼は一度でそれを言い当てた
a las ～**s** 初対面で, いきなり
a la[*s*] ～[*s*] *de cambio* 1) いきなり: El equipo fue eliminado *a las* ～*s de cambio*. チームはあっという間に敗退した. 2) 断りなしに: José dejó su trabajo *a las* ～*s de cambio*. ホセは断りもなく仕事をやめた
de ～ 1)《口語》最高の, 一流の, 極上の: Hoy me encuentro *de* ～. 私は今日絶好調だ. Este ha sido un partido *de* ～. この試合は最高にすばらしかった. Es un trabajador *de* ～. 彼はきわめて優秀な働き手だ. hotel *de* ～ 一流ホテル. carne *de* ～ 最高級肉, 極上肉. 2)《軍事》《兵士・下士官が》一等の, 先任の
venir de ～《口語》とても都合がよい

primeramente [primérámente] 副 ❶ まず, 第一に, 最初に: P～, hay que arreglar el cuarto. まず部屋の片付けをしなければならない. ❷ 最初は, 始めは: P～, todo marchaba bien. 最初はすべてうまくいった

prime rate [prájm réit]《←英語》男《経済》プライムレイト

primería [primería] 女《地方語》第1位
en ～《地方語》最初に

primeriar [primerjár] 自[10]《ウルグアイ》1位である, 首位を占める

primerizo, za [primeríθo, θa] 形 名 ❶ 初心者[の], 新米[の], 駆け出しの: esquiador ～ スキーの初心者. ❷ 初産の. ❸《時期的に》早い
—— 女 初産婦; 初産の雌《=primípara》

primero, ra[2] [priméro, ra]《←ラテン語 primarius < primus「第一」》形《語》最上級の, 男性単数名詞の前で **primer** となる》❶《序数詞》《⇔último》1)《順序》Es el *primer* libro que se imprimió en el mundo. それは世界で最初に印刷された本だ. Coge el *primer* tren que salga para Madrid. マドリード行きの一番早い列車に乗りなさい. Me bajo en la ～ parada. 私は次の停留所で降りる. Soy el ～ de la cola. 私は行列の先頭だ. He leído el *primer* capítulo. 私はその本の第1章を読んだ. El desempleo en Japón bajó al 4,6%, que es la ～*ra* reducción en 10 meses. 日本の失業率が4.6%に下がった. これは10か月ぶりの減少である. los tres ～s años 最初の3年間. ～s años cuarenta 1940年代初頭. *primer* amor 初恋. *primer* número de una revista 雑誌の創刊号. Juan Carlos I (～) フアン・カルロス1世《「…世」は I, II... と綴る》. 2)《位置》La pistola estaba en el *primer* cajón de la cómoda. ピストルは整理ダンスの一番上の引き出しにあった. Camino hasta la ～*ra* parada del autobús. 私は最寄りのバス停まで歩く. asiento de la ～*ra* fila 最前列の席. 3)《等級》¿Cuál es el *primer* país productor de petróleo del mundo? 世界一の産油国はどこですか? Él es el *primer* responsable. 彼が一番の責任者だ. Según las votaciones tanto Eloísa como Sandra van ～*ras* del ranking. 投票の結果, エロイサもサンドラもランキングのトップにいる. *primer* premio 1等賞. *primer* con-

trabajo 首席コントラバス奏者の. ❷ 根本的の, 基本的な; 非常に重要な: Tú eres la ～*ra* única persona que existe para mí. 君は私にとってただ一人のかけがえのない人だ. La seguridad es nuestra ～*ra* preocupación. 安全が私たちの最重要の関心事だ. ❸《～*ra* derecha (izquierda 1つ下 下手) 前の《⇔segundo》. ❹《写真, 映画, テレビ》[+名詞] クローズアップの. ❺《軍事》《兵士・下士官が》一等の, 先任の
a lo ～ [*de todo*] 最初に: Eva explicó *a lo* ～ *de todo* lo que vio en el castillo viejo. エバは何よりもまず, その古城で見たことを説明した
de ～《まれ》最初に
de ～ [*=a lo* ～]: De ～*s* me pareció una buena persona. 彼は最初はいい人に思えた
lo ～ [*de todo*] 最も重要なもの: Lo ～ es el trabajo. 一番大切なのは労働だ. Para mí la familia es lo ～ *de todo*. 私にとって家族が何よりも大切だ
lo ～ *es lo* ～ 他の何よりも大切である: ¿Piensas seguir estudiando? ——Naturalmente, lo ～ es lo ～. 君は勉強を続けるつもりか?——もちろん. それが何より大事だから
—— 名 ❶ [+de ～] 最初の人; 首席: Calíope es la ～*ra* de todas las musas en dignidad. カリオペはミューズたちの中で位が一番高い. Llegó el ～ y se fue el último. 彼は最初に到着して最後に出発した. Los ～s serán postreros, y los postreros, ～s.《新約聖書》後なる者は先に, 先なる者は後に. situarse entre los 10 ～s 上位10位以内に入る. ❷《2者の内の》前者《=aquel》: Prefiero el ～ más que el segundo. 私は後者より前者の方が好きだ
no ser el ～ [弁解など] 誰だって, 他の人も: No soy el ～ que tira papeles en el parque. 他のみんなも公園に紙くずを捨てている, 私が最初にやったのではない
ser el ～ *en*+不定詞·*que*+直説法 最初に…する: Armstrong fue el ～ en pisar la luna. アームストロングが最初に月に降り立った
—— 副 ❶ 何よりも, 第一番目に: 1) P～ acaba la carne y después te daré el postre. まず肉を食べなさい, デザートはその後だ. Quien da ～ da dos veces.《諺》頼まれたことを早くすると得する. 2) [estar+. 順序·重要度が] 先に: José llegó aquí ～ que Pablo. ホセはパブロより早くここに着いた. Siempre estás tú ～. いつも君が一番大切だ. ❷ [+que より] むしろ: P～ me moriría que traicionarle. 彼を裏切るくらいなら死んだ方がましだ. ¡P～ la muerte que la derrota! 敗北よりもむしろ死を! P～ estar en casa que con malas compañías. 悪い仲間といるよりは家にいた方がいい
—— 女 ❶ 1日[の]《略》. ❷《西》《月·年などの》初め: El sueldo lo ingresan a ～*s*. 給料は月の初めに支払われる. Saldré de viaje a ～*s* de semana. 私は週の初めに旅行に出かける予定だ. a ～*s* de mayo 5月初めに. ❸《料理》前菜《=primer plato》: ¿Qué hay de ～? 前菜には何がありますか? De ～ pedimos huevos revueltos. 私たちは前菜にスクランブルエッグを注文した. ❹[形容詞 primero+男性名詞 →男性名詞の省略] El niño estudia ～ de kínder. その子は幼稚園の1年生だ《=*primer* curso》

prime time [prájm tájm]《←英語》男《放送》プライムタイム, ゴールデンアワー

primevo, va [primébo, βa] 形 ❶ 最年長の. ❷《古語》原初の, 最初の

primicerio, ria [primiθérjo, rja] 形 第一位の, 最上位の
—— 男《聖歌隊の》先唱者

primichón [primitʃón]《まれ》[刺繍用の] 撚った絹糸の束

primicia [primíθja]《←ラテン語 primitia》女 ❶ [主に 複] 初物《収》: ～*s* de la huerta 最初の収穫物, 初穂. ❷ スクープ《=～ informativa》: La televisión dio la noticia como ～. テレビがそのニュースをスクープした. ❸ [初めて試みた] 結果, 成果; 初発表の作品. ❹《歴史》初物奉納《その年最初の収穫物や家畜を信仰の対象に奉納すること. キリスト教では中世に義務化され, 十分の一税も教会に納められた》

primicial [primiθjál] 形 初物の

primidera [primiðéra] 女《地方語》=premidera

primieval [primjeβál] 形《まれ》原初の, 初期の

primigenio, nia [primixénjo, nja]《←ラテン語 primigenius <

mus「第一」+gignere「産む」]《文》原初の, 初期の, 当初の: Tierra ~*nia* 原初の地球. belleza humana en su estado ~ 原始状態における人類の美. destino ~ del plan 計画の当初の目的
primilla [primíʎa] 囡 ❶ 初犯に対する赦免. ❷《アンダルシア, 鳥》チョウゲンボウ
primíparo, ra [primíparo, ra] 圏 囡 初産の〔雌〕; 初産婦 ── 圏 ❶《コロンビア. 口語》新米の〔=*novato*〕
primisecular [primisekulár] 圏 世紀初頭の
primita [primíta] 囡《魚》ネズッポ
primitiva[1] [primitíβa] 囡《西》ロト6〔=*lotería primitiva*〕
primitivamente [primitiβaménte] 圖 ❶ 原初の, 原始時代に: P~), el hombre carecía de muchas cosas. 原始時代, 人間には多くの物が欠けていた. ❷ 最初は, もとは: P~, la idea era construir solo un jardín. 当初の考えでは, ただ庭を造るだけのった. ❸ 粗野に; 素朴に
primitividad [primitiβiðáð] 囡《まれ》未開性, 原始性
primitivismo [primitiβísmo] 圏 ❶ 未開性, 原始性. ❷ 粗野, 素朴. ❸《美術》プリミティズム, 原始主義
primitivista [primitiβísta] 圏《美術》原始主義の
primitivo, va[2] [primitíβo, βa]《←ラテン語 *primitivus*》❶ 原始の, 原始時代の, 最初の: sociedad ~*va* 原始社会, 原始社会. religión ~*va* 原始宗教. utensilio ~ 原始的な道具. ❷ 最初の, 原初の, 元の〔=*original*〕: ~*vas* murallas de la ciudad 町の最初の城壁. texto ~*vo* 原文. Iglesia ~*va*《キリスト教》原始教会, 初期教会. ❸ 粗野な; 素朴な: costumbre ~*va* 野蛮な習慣. ❹《言語》sentido ~ 原義. palabra ~*va*〔派生語に対して〕語根語. ❺《美術》arte ~ 原始美術, プリミティブアート; ルネッサンス以前のキリスト教美術 ── 图 ❶ 未開人, 原始人〔=*hombre* ~〕: encender la lumbre al modo de los ~*s* 原始人のやり方で火をおこす. ❷《美術》ルネッサンス以前の美術家
primo, ma[2] [prímo, ma]《←ラテン語 *primus*「いとこ」》圏 ❶ いとこ, 従兄弟〔従姉妹〕: ~ hermano (carnal) 本いとこ〔血のつながっているおじ・おばの子〕. ~ segundo またいとこ, はとこ. ❷《古語》〔国王の大公に対する呼称〕卿. ❸《西, 口語》間抜け, お人好し. ❹《口語》黒人
hacer el ~《西. 口語》1) 簡単にだまされる. 2) 結果が自分にとって不利なことをする, 時間や労力のかかることをする
ser ~ *hermano*〔物が, +*de* ~〕酷似している, そっくりである
── 圏 ❶《西. 口語》間抜けの, お人好しの. ❷《数学》→*número primo*. ❸ 第一の, 最初の. ❹ 繊細な, すばらしい
── 圖 第一に
Primo de Rivera [prímo de riβéra]《人名》**José Antonio** ~ ホセ・アントニオ・プリモ・デ・リベラ 1903~36, スペインの政治家. ミゲル・プリモ・デ・リベラ・イ・オルバネハの息子. ファランヘ党の創始者〕
Primo de Rivera y Orbaneja [prímo de riβéra i orβanéxa]《人名》**Miguel** ~ ミゲル・プリモ・デ・リベラ・イ・オルバネハ〔1870~1930, スペインの軍人・政治家. 1923年クーデターにより独裁政権を樹立. 経済不況下, 軍人・地主・資本家の支持を失い1930年退陣〕
primogénito, ta [primoxénito, ta]《←ラテン語 *primogenitus*》圏 最初に生まれた〔子〕, 長子〔の〕, 長男, 長女
primogenitura [primoxenitúra] 囡 長子の身分〔権利〕
primoinfección [primoinfek(θ)jón] 囡《医学》〔主に結核に対し〕初期症状
primor [primór]《←ラテン語 *primores*「最上級品」< *primus*「第一」》圏 ❶ 精巧に〔作られたもの〕, 繊細さ: La miniatura está trabajada con gran ~. その模型はとても精密に作られている. ❷ 〔子供のように〕愛しい Juanita es un ~. フアニータは本当に愛らしい. ❸《農業》cultivos de ~ 成長促進栽培
...*que es un* ~ すばらしく, 見事に; ものすごく: Cose *que es un* ~. 彼女は裁縫が大変上手だ. Nevaba *que era un* ~. たくさん雪が降っていた
primordial [primorðjál]《←ラテン語 *primordialis*》圏 ❶ 最も重要, 第一義的な; 基本的な: fin ~ 第一の目標. necesidad ~ 最も重要な必要性. ❷ 原始の, 原生の: célula ~《生物》原始細胞. enanismo ~《医学》原発性侏儒〔=*nanismo* ~〕. plasma ~《天文》原始プラズマ. ~ solar《天文》原始太陽系元素
ser ~ +不定詞 ...することが何より大切である

primordio [primórðjo] 圏《植物》原基: ~ seminal 胚珠原基
primorear [primoreár]《まれ》❶《楽器》を見事に弾きこなす. ❷ 美しくなる
primorosamente [primorósaménte] 圖 すばらしく上手に, 巧みに, 見事に
primoroso, sa [primoróso, sa]《←*primor*》圏 ❶ 繊細な, 優雅な: labor ~*sa* 巧妙な細工. labios ~*s* 美しい唇. ❷ 熟達した; すばらしい, 見事な: ~*sa* mano 見事な腕前
prímula [prímula] 囡《植物》サクラソウ〔桜草〕, プリムラ
primuláceo, a [primuláθeo, a] 圏《植物》サクラソウ科の ── 囡 圈《植物》サクラソウ科
primus inter pares [prímus ínter páres]《←ラテン語》圏 同輩中の第一人者〔の〕
Prim y Prats [prín i práts]《人名》**Juan** ~ フアン・プリム・イ・プラッツ〔1814~70, スペインの軍人・政治家. 自由主義進歩派を主導. イサベル2世を退位させアマデオ1世の立憲君主制を樹立するが, 暗殺される〕
prínceps [prínθe(p)s] →*edición* princeps
príncipes [prínθe(p)s] →*edición* princeps
princesa [prinθésa] 囡《←フランス語 *princesse*》〔⇔*príncipe*〕❶ 王女《*infante* 【雅称】》: ~ imperial 内親王. ❷ rosa バラの女王様〔女性の理想像〕. ❸ 皇太子妃. ❹ 大公妃
principada [prinθipáða] 囡《口語》職権乱用, 権力の悪用, 越権, 横暴
principado [prinθipáðo]《←ラテン語 *principatus*》圏 ❶ 王族〔大公〕の位. ❷ P~ de Asturias アストゥリアス州《スペインを構成する自治州の一つ. 直訳するとアストゥリアス公国》. P~ de Cataluña《歴史》カタルーニャ公国〔878年, ギフレ1世 Wifredo I がスペイン北西部 Marca Hispánica を統合して建国. カタルーニャ君主国とも呼ばれる〕. P~ de Mónaco モナコ公国. ❸《キリスト教》權天使〔→*ángel* 【参考】〕. ❹ 第一位, 首位; 卓越
principal [prinθipál]《←ラテン語 *principalis*》圏 ❶ 最も重要な, 主な, 主要な: No basta tener buen ingenio; lo ~ es aplicarlo bien. 優れた才能を持っているだけでは十分でない, それを上手に使うことが最も大切だ. ¿Cuál es el ~ problema en la realidad económica nacional? 国内経済の現状における最も主要な問題は何か? invitado ~ 主客, メインゲスト. isla ~ 本島. motivo ~ 最大の理由. cuarenta ~*es* トップ40, ヒットチャート. personaje ~〔小説などの〕主人公, 主要人物. ~ de sujeto 主題, 主要産品, 主要商品. ❷ 正面の, 客用の〔⇔*de servicio*〕: puerta ~ 正門, 正面入口. ❸《文法》主節の. ❹ 有名な, 高貴な. ❺ 本来の. ❻《西. 古語》の中2階 ── 圏《西. 古語》中2階〔=*piso* ~, planta ~〕. ❷〔劇場の〕2階〔より上〕の正面席〔特等席である〕. ❸《商業》〔利子に対し〕元本, 元金. ❹《法律》〔代理人に対し〕本人, 授権者. ❺《まれ》責任者; 店長, 工場長, 中心人物
principalía [prinθipalía] 囡 ❶ =*principalidad*. ❷《フィリピン》村役, 村議会
principalidad [prinθipaliðáð] 囡 ❶ 主要性, 重要性. ❷ 最上位〔第一位〕であること
principalmente [prinθipálménte] 圖 主として, 主に. ❷ 第一に; 真っ先に
príncipe [prínθipe]《←ラテン語 princeps, -*cipis* < *primus*「第一」+*caput*「頭」》圏 ❶ 王子; 〔特に〕皇太子, 王太子〔第一王位継承者〕. ~ ~ heredero. 〔⇔*infante*〕: ❷〔特に〕皇太子夫妻: El ~ fue proclamado rey al morir su padre. 皇太子は父の死によって王位についた. ~ de Asturias アストゥリアス公〔スペインの王位継承者の称号. 1388年カスティーリャ国王 Juan 1世が長男 Enrique のために創設〕. P~ de Gales プリンス・オブ・ウェールズ〔英国皇太子〕. ❸《服飾》グレンチェック. ~ imperial 親王. ❷ 大公〔→*nobleza* 【参考】〕. ❸〔一般に〕第一人者, 大御所, 王者: ~ de la Iglesia 枢機卿. ~ de los ingenios 才人たちの王〔セルバンテス Cervantes のこと〕. ~ de los poetas de líricos de España スペイン叙情詩の大御所. ~ de las tinieblas ~ de los demonios 悪魔の大王〔サタン〕. ❺《歴史》国家元首, 君主. ❻《古代ローマ》1)〔元老院・市民の中の〕第一人者, プリンケプス. 2) 圏 プリンチペス〔軍団内の中堅兵士〕. ❼《植物》シュロ, ヤシ. ❽《昆虫》女王バチの幼虫. ❾ 拍手
~ *azul*〔おとぎ話の, 白馬に乗った〕王子様; 〔女性にとっての〕理想の男性: De siempre he esperado a mi ~ *azul*. 私はず

てきな王子様が現われるのをずっと待ち望んでいた
～ encantado =**～ azul**
―― [形]《文語》主要な
principela [prinθipéla] [女]《古語》[女性のドレス・男性のマントなど用の] 薄手の毛織物
principesco, ca [prinθipésko, ka] [形] ❶ 王子・王女の. ❷ 王子・王女のような, 君主然とした, 威厳のある. ❸ ぜいたくな, 豪華な
principiador, ra [prinθipjaðór, ra] [形] [名] 始める, 創設の; 開始者, 創始者
principianta [prinθipjánte] [女] →**principiante**
principiante [prinθipjánte] [形] [名] 《《口語》では [女] **principianta** もある》初心者〔の〕: Mi novio es un médico ～. 私の恋人はなりたての医師だ. Este ejercicio es demasiado difícil para los ～*s*. この練習は初心者には難しすぎる. Actúa como si fuera ～. 彼は初心者であるかのようにふるまう. actriz ～ 新米の女優. conductor ～ 免許とりたてのドライバー. curso de español para ～*s* スペイン語入門講座. suerte del ～ ビギナーズラック
principiar [prinθipjár] 《←ラテン語 principio》 [10] [自]《文語》始まる: 1) Pronto *principiarán* las obras. 工事はまもなく始まるだろう. 2) [+a+不定詞 することが] El plan *ha principiado a* ejecutarse. 計画は実施され始めた. 3) [+con・en・por で] El Quijote *principia con* las palabras «En un lugar de La Mancha».『ドン・キホーテ』は「ラ・マンチャのさる村に」という言葉で始まる. El verano *principió con* lluvias. 夏は雨とともに始まった
―― [他]《文語》開始する, 始める 《=empezar》: *Principiaron* la construcción de la presa el año pasado. ダムの建設は昨年始められた. En cuanto acabó un proyecto, *principió* otro. 彼は一つの企画を終えるとすぐ別の企画を立ち上げた. ～ un escrito *con* (*en*・*por*) una palabra aguda 機知に富んだ言葉で文書を始める
Principiis obstat [prinθipí〔i〕s obstát] 《←ラテン語》〔悪いことに対しては〕最初に反対せよ 《オウィディウス Ovidio の戒めの言葉》
principio [prinθípjo] 《←ラテン語 principium < primium「第一」+caput「頭」》 [男] ❶ 始まり, 開始 《⇔fin》; 初め〔の部分〕: 1) Empecemos por el ～. 最初から始めよう. Este fue el ～ de la larga historia. これがその長い物語の発端だった. Esta película tiene un ～ muy prometedor, pero luego decae. この映画は初めはとても期待させるが, やがてつまらなくなる. Se acerca el ～ del curso. 学期の始まりが近づいてきた. El trueno señala el ～ de la tormenta. 雷は嵐の始まりの兆候だ. Fue sofocado un ～ de incendio. ぼやは消し止められた. ～ de pulmonía 初期の肺炎. ～ del fin 終わりの始まり. Los ～*s* son difíciles. 初めが難しい. Todas las cosas tienen un ～ y un fin. 何事にも始まりと終わりがある. *P*～ quieren las cosas. 《諺》何事にも始まりがある. 2) [主に [複]. +de 期間の] 初め: Este es un edificio de ～*s del* siglo XIX. これは19世紀初頭の建築だ. ❷ 根源, 根本原因: Para los cristianos, Dios es ～ de todas las cosas. キリスト教徒にとって神は万物のもとだ. El ～ de la epidemia fue la falta de higiene. その伝染病は不衛生が原因で流行した. ❸ 原理, 原則: 1) [+de についての/が打ち立てた] ～ *de* la conservación de la energía エネルギー保存の法則. ～ *de* contradicción《論理》矛盾律. ～ *de* Arquímedes アルキメデスの原理. El experimento desafía algunos ～*s* básicos *de* la física. その実験は物理学の基本原理のいくつかに疑問を投げかけるものである. 2) [+de que+直説法 ということについての] Los científicos parten del ～ *de que* el universo es limitado. その科学者たちは宇宙は有限であるという原理から出発している. 3)《経済》～*s* contables 会計原則, 会計基準. ～ de compensación social 補償原理. ～ de competencia 競争原理. ～ del beneficio 受益者負担原則. ❹ [主に [複]] 行動原理, 主義: Eso va contra mis ～*s*. それは私の主義に反する. La postura de ese político se basa en ～*s* muy débiles. その政治家の態度はきわめてあやふやな原理に基づいている. Su padre es una persona íntegra, con unos sólidos ～*s*. 彼の父親はしっかりとした考えを持った, 申し分のない人格者だ. no tener ～*s* 無節操である. hombre con ～*s* 硬骨漢, 主義者. primeros ～*s* 第1原理. ～*s* liberales 自由主義的信条. ～*s* morales 道義, 道徳観. ❺ [主に [複]] 初歩, 基礎知識: Tengo algunos ～*s* de la lengua japonesa. 私は少々日本語の知識がある. Lola estudió los ～*s* de la filosofía. ロラは哲学の初歩を学んだ. ❻ 端, 先端: La taquilla está en el ～ del callejón. 切符売り場は通路の入口にある. ¿Dónde está el ～ de la cuerda? ひもの先端はどこですか? ❼ [物質の] 要素, 成分: La nicotina es uno de los ～s nocivos del tabaco. ニコチンはたばこの有害成分の一つである. ～ amargo 苦味成分. ❽《古語的. 料理》メインディッシュ

P

a* ～*s [+de 期間の] 初めに: Empezó el tratamiento *a* ～*s de* esta semana. 彼は今週の初めからその治療を始めた. *A* ～*s del* año que viene saldremos de viaje. 来年早々に私たちは旅行に出かけるつもりだ. Volveré *a* ～*s de* mes. 私は月初めに戻る予定だ. Estamos *a* ～*s de* verano. 今は夏の初めだ
***al* ～** 最初のうちは: *Al* ～ creí que era una broma. 私は最初それを冗談だと思った. *Al* ～ costará adaptarse. 彼は初めは慣れるのに苦労するだろう. *Al* ～ José me caía muy bien. 当初は私はホセをとても気に入っていた. Fue un cantante con mucho éxito, sobre todo *al* ～ de su carrera. その歌手は特にデビュー当時は大成功をおさめた
***dar* ～ *a*...** …を始める: La doctora *dio* ～ *a* su conferencia. 博士は講演を始めた
***de* ～** 《俗用》=**al ～**
de* ～*s 道義を守る, 節操のある; 礼儀正しい: Es un hombre *de* ～*s*. 彼は高潔な人物だ
de*〔*l*〕 ～ *a*〔*l*〕 *fin 初めから終わりまで, すべて: Me sé la lección *de* ～ *a fin*. 私はその課の内容を完全に覚えている
***desde el* ～** 初めから, 最初から: ¿Por qué no me lo has dicho *desde el* ～? 君はどうしてそれを初めに言わなかったんだ? Cuéntame la historia *desde el* ～. その物語の最初から話してください
desde el* ～ *hasta el final =**de〔l〕 ～ a〔l〕 fin**
***desde un* ～** =**desde el ～**: *Desde un* ～ la casa nos ha caído bien. 私たちは一目見てその家が気に入った
***en* ～** 原則として, 基本的には; 一応: *En* ～ me parece buena idea. 私は基本的にはそれはいい考えだと思う. *En* ～ decidimos partir por la tarde, pero el tiempo no es favorable. 私たちは一応午後出発することにしているが, 天候がよくない
***en un* ～** =**al ～**
***por* ～** 原則として; 主義として: Me niego a hacerlo *por* ～. 私は立場上それをすることはできない
～ *activo* 有効成分: El ～ *activo* principal de esa medicina es el ácido acetilsalicílico. その薬品の主な有効成分はアセチルサリチル酸だ
sin* ～*s 無節操な, だらしない; 粗野な: Una persona *sin* ～*s* haría cualquier cosa por dinero. 無節操な人は金のためにどんなことでもしかねない
principote [prinθipóte] [男]《軽蔑》見栄っぱり, 成り上がり者
prinda [prínda] [女]《地方語》=**prenda**
pringado, da [priŋgáðo, ða] [形] [名] ❶《西. 口語》[簡単にだまされたりいじめられたりする] お人好し〔の〕, みじめな〔奴〕. ❷《西. 口語》 他人の罪をなすりつけられる〔人〕, 尻ぬぐいをさせられる〔人〕
―― [女]《料理》❶ 脂 pringue やソースに浸したパン. ❷ [煮込み料理に入れる] 肉, 豚の脂身, ソーセージ
pringamoza [priŋgamóθa] [女]《植物》❶《グアテマラ, パナマ, カリブ, コロンビア, ベネズエラ》トウダイグサ科のつる植物 《強いかゆみをもたらすうぶ毛に覆われている. 学名 Tragia volubilis》. ❷《ホンジュラス, コロンビア》ネットル 《=chichicastle》
pringar [priŋgár] 《←俗ラテン語 pendicare < ラテン語 pendere「吊るす」》 [8] [他]《西》❶《口語》[+con・de 脂・油・べとべとしたもので] 汚す: *Pringó* su camisa *de* mermelada. 彼はシャツをジャムでべとべとにした. ❷《口語》脂 pringue につける; [パンを] ソースに浸す. ❸《口語》[人を, +en 悪事などに] 引き込む, 巻き込む. ❹ [淋病に] かかる. ❺《口語》けがをさせる, 傷つける. ❻《口語》[人を] 中傷する, 悪評を立てる. ❼《隠語》[警察が] 容疑者として捕まえる. ❽《まれ》壊す, だめにする. ❾《古語》[刑罰で, 人に] 煮えたぎった油をかける
～*la* 《西》1)《口語》へまをする, 台なしにする. 2)《俗語》死ぬ; [賭けで] 負ける
―― [自] ❶《西. 口語》[不当に] 他の人より多く働かされる, きつい(報われない)仕事をする: Los nuevos tuvieron que ～ los sábados. 新入りは土曜日も働かなければならなかった. ❷《西. 口語》罪をかぶる: *Pringó* por tu culpa. 彼は君の罪をかぶった.

❸《隠語》盗み(詐欺)をはたらく. ❹《隠語》警察に捕まる. ❺《中南米》[単人称]霧雨が降る ── ~se《西》❶ 汚れる: Se han pringado los platos con aceite. 皿は油まみれになった. ❷《口語》[悪事などに]手を染める; 巻き込まれる. ❸ 横領する, 猫ばばする; うまい汁を吸う

pringo [príngo] 男《グアテマラ》❶ 水滴. ❷ 少量, 一滴

pringón, na [pringón, na] 形《口語》脂で汚れた, 脂まみれの ── 男《口語》❶ 脂だらけになること. ❷ 脂じみ

pringoso, sa [pringóso, sa] 形《西》[脂などで] ひどく汚れた, べとべとの: Lleva la chaqueta ~sa. 彼の上着はべとべとしている

pringote [pringóte] 男 [煮込み料理に入れる] 肉・豚の脂・ソーセージをこねたもの

pringue [prínge] 男《←pringar》男/女《西》❶ [肉を焼いた時などに出る] 脂汁. ❷ 脂(油)汚れ. ❸《隠語》盗み. ❹《古語》[刑罰で] 煮えたぎった油をかけること ── *es un* ~ *tener que*+不定詞《西》…しなければならないのは厄介だ

pringuera [pringéra] 女《地方語》油入れ, 油こし [=grasera]

prion [prjón] 男 =**prión**

prión [prjón] 男 ❶《医学》プリオン. ❷《鳥》クジラドリ

prionodonte [prjonoðónte] 男《古生物》巨大なオオアルマジロ

prior, ra [prjór, ra]《←ラテン語 prior, -oris 前の, 前方の》❶ 名《カトリック》❶ 小修道院長 [abad の下位]. ❷ 大修道院の副院長, 修道会副長 ── 男《カトリック》1) gran ~ [聖ヨハネ修道会の] 大僧院長. 2) 司教座聖堂の司教. 3) 教区司祭, 主任司祭. 4) [宗教騎士団 orden de caballería の] 副騎士団長. ❷《歴史》1) 商業裁判官 consulado の裁判長. 2) 商務館長 ── 形 第一の; […より] 前の, 上の

prioral [prjorál] 形 小修道院長 prior の

prioratino, na [prjoratíno, na] 形《地名》プリオラート el Priorato の [人]《タラゴナ県山岳地域》

priorato [prjoráto] 男《←ラテン語 prioratus》男《カトリック》❶ 小修道院長 prior の職(管轄域). ❷ 小修道院 II《タラゴナ県の》プリオラート el Priorato 産の赤ワイン

priorazgo [prjoráθɣo] 男 小修道院長 prior の権威

priori [prjóri] →**a priori**

prioridad [prjoriðáð]《←prior》女 ❶ 優先 [順位]; [時間的・空間的な] 先行: La instalación da ~ a los mayores de 70 años. その施設は70歳以上の人が優先的に入れる. en orden de ~ 先着順に. lista de ~es 優先順位表. ❷ [主に《複》] 優先事項, 急務: Una de las ~es de la salud pública es la disponibilidad de agua potable. 公衆衛生の緊急課題のひとつは飲料水の確保だ. ❸《交通》先行権 [=~ de paso]: Al venir por mi derecha tiene ~. 私の右から来る車に優先権がある

prioritariamente [prjoritárjaménte] 副 優先的に

prioritario, ria [prjoritárjo, rja]《←prioridad》形 優先的な, より重要な, 優先権を持つ: Es ~ la necesidad de un gran delantero. 優秀なフォワードの必要性が優先される

priorización [prjoriθaθjón] 女 優先

priorizar [prjoriθár] 他 優先させる

prioste [prjóste] 男 信心会 hermandad・cofradía の理事

PRIS [prís] 名《略語》←países de reciente industrialización 新興工業国, NICS

prisa [prísa]《←古語 priesa <ラテン語 pressus < premere 圧迫する》女 ❶ 急ぎ, 急ぐこと, 性急; 迅速: ¡Vaya ~s! ひどく急いでいるね! ❷ 切迫, 緊急性. ❸《レスリング》技, 攻め手. ❹ 急襲, 激しい小ぜりあい. ❺ 殺到
── *a* ~ =**aprisa**
a toda ~ 大急ぎで: Los ladrones huyeron *a toda* ~. 泥棒たちは大急ぎで逃げ出した
con mucha ~ =**a toda** ~
correr ~ 急を要する: No parece que le *corre* ~ *de irse*. 彼は急いで帰らなくてもいいようだ
dar ~ *a*+人《西》=**meter** ~ *a*+人
darse ~ 急ぐ: 1) ¡Date ~! 急げ! 2) [+en+不定詞] Hay que *darte* ~ *en* decidirte. 君は急いで決心しなければいけない
de ~ 早く, 急いで: Se levantó muy *de* ~. 彼は大急ぎで起きた
de ~ *y corriendo* あわてて
entrar [una] ~ *a*+人 …が急ぐ

estar con ~ [s] =**tener** ~
llevar ~ =**tener** ~
meter ~ *a*+人 …を急がせる: Si le *metes* ~, lo hará mal. 彼をせかすと失敗するぞ
para qué las ~s《口語》[直前の表現の強調] すごく, ひどく: Si vas las 14:00 más o menos unas colas que *para qué las* ~s. 14時ごろ行くとすごい列ができている
sin ~ 急がずに, ゆっくり
sin ~ *alguna* 少しも急がずに
sin ~s =**sin** ~
tener ~ 急いでいる: 1) Hazlo despacio, no *tienes* ~ por terminar. ゆっくりやりなさい, 急いで終わらせようとしないで. 2) [+en+不定詞] No tener ~ *en* casarse es un signo de modernidad. 結婚を急がないのが現代風だ
vivir de ~ 働きすぎる, 無理をして体を壊す

priscal [priskál] 男《家畜の》夜間の囲い場

priscilianismo [prisθiljanísmo] 男《キリスト教》プリスキリアヌス Prisciliano 主義

priscilianista [prisθiljanísta] 形 名《キリスト教》プリスキリアヌス派[の]

Prisciliano [prisθiljáno]《人名》プリスキリアヌス [=~ de Ávila. 340?~85, ヒスパニア出身の古代ローマの神学者. 禁欲的生活を説くも, グノーシス派 gnósticos やマニ教 maniqueísmo の影響を受けた異端として処刑される. その宗派は5世紀ガリシア地方に続いた]

prisciliano, na [prisθiljáno, na] 形《キリスト教》プリスキリアヌス主義の, プリスキリアヌス派の

prisco, ca [prísko, ka] 形《チリ. 口語》静かな; 厚かましい, 横柄な ── 男《チリ, アルゼンチン, ウルグアイ. 果実, 植物》モモの一種 [=albérchigo]

prisere [prisére] 女《植物》第一次遷移系列

prisión [prisjón]《←ラテン語 prehensio, -onis < prehendere 捕らえる》女 ❶ 刑務所, 監獄, 牢獄: reducir a+人 a ~ …を投獄する. estar en ~ 入獄している. ~ *de estado* 国事犯刑務所. ❷《法律》禁固 [類義] 刑期の長さ: arresto<prisión<reclusión: condenar a uno año de ~ 禁固1年に処す. ~ *mayor* 長期刑 [6年~12年]. ~ *menor* 短期刑 [6か月~6年]. ❸ 牢獄のような場所: ~ *del amor* 愛の牢獄. ❹ [複] 拘禁具, 足かせなど. ❺《鷹狩り》鷹が低空で捕えた獲物; 鷹を縛る紐. ❻ [まれ] 逮捕. ❼《古語》奪取

prisionero, ra [prisjonéro, ra] 形 名 ❶ 捕虜, 虜 (とりこ) [=~ *de guerra*]. ❷ 受刑者, 囚人《類義》**prisionero** は主に思想犯. 普通の犯罪による受刑者は **preso, recluso**: 1) ~ *de conciencia/*~ *político* 政治犯. ~ *de estado* 国事犯. 2)《比喩》No eres ~ *de prejuicios, ideologías y falsas creencias*. 偏見, イデオロギー, 誤った信念にとらわれてはいけない

prisma [prísma]《←ラテン語・ギリシア語》男 ❶《幾何》角柱;《鉱物》[結晶体の] 柱: ~ *triangular* 三角柱. ~ *recto* (oblicuo) *recto* 直(斜)角柱. ❷《光学》プリズム. ❸ 視点, 観点: *mirar desde el* ~ *de*... …の観点から見る. ❹ 事実の解明や歪曲をもたらすもの. ❺《気象》~ *de hielo* 細氷, ダイヤモンドダスト

prismático, ca [prismátiko, ka] 形 角柱の; プリズム の: *cristal* ~ 角柱形結晶 ── 男 [複]《プリズム》双眼鏡

priste [príste] 男《魚》ノコギリエイ [=**pez sierra**]; メカジキ [=**pez espada**]

prístino, na [prístino, na]《←ラテン語 pristinus》形 ❶《文語》本来の, 当初の, 元々の純粋さ(汚れのなさ)を保っている: *belleza* ~*na del paisaje* 風景の持つ本来の美しさ. *en su* ~*na blancura* 元の白さを保って. ❷ 俗塵に汚れていない

pristiño [pristíño] 男《エクアドル. 菓子》[クリスマスイブの夜に食べる] ドーナツ

prisuelo [priswélo] 男 [狩猟用のフェレットに付ける] 口輪

pritanía [pritanía] 女《古代アテネ》ブーレ bulé の開かれる期間

prítano [prítano] 男《古代アテネ》プリュタネイス, 評議員 [ブーレ・bulé のメンバー]

priva [príba] 女《西. 俗語》❶ [強い] 酒. ❷ 飲酒, 飲酒癖

privacidad [priβaθiðáð] 女 プライバシー; 私的生活: La prensa muchas veces no respeta la ~ *de los famosos*. 新聞が有名人のプライバシーを尊重しないことがたびたびある. *violar la* ~ プライバシーを侵害する. *derecho a la* ~ プライバシーの権利

privación [pribaθjón]〖←ラテン語 privatio, -onis〗囡 ❶ [+de] 剥奪; 喪失: La ~ del oído le impidió llevar una vida normal como pianista. 聴力の喪失のため彼はピアニストとしての通常の生活ができなくなった. De pequeña esta niña sufrió la ~ del cariño de su madre. この少女は幼くして母の愛を失った. Ha sido condenado a una pena de ~ de libertad. 彼は自由剥奪の刑に処せられた. ~ del permiso de conducir 運転免許停止. ~ voluntaria del placer 禁欲. ❷ [主に 復] 生活必需品などの] 欠乏; 窮乏, 困窮: En las guerras se pasan muchas privaciones. 戦争では色々なものが不足する. No quiero verte pasar privaciones ni un solo día. 私は君が一日でも生活に困っている姿を見たくない. Esta familia sufre (padece) muchas privaciones desde que los padres están en paro. 両親が失業して以来, この家族は非常に困窮している

privada[1] [pribáda] 囡 ❶《古俗的》便所. ❷ [地面・道路の] 汚物の山. ❸《メキシコ, 中米》1) 私道; 袋小路. 2)《集名》[庭・中庭・入り口を共有する] 集合住宅

privadamente [pribaðaménte] 副 私的に; 内々に, 非公式に

privadero [pribaðéro] 男 [井戸・下水の] 清掃業者

privado, da[2] [pribáðo, ða]〖←privar〗 形 ❶ 私的な《⇔público》: No te entremetas en mis asuntos ~s. 私の個人的な問題に干渉しないでくれ. Organizó un ejército de diez mil hombres ~s. 彼は私兵1万人から成る軍隊を組織した. bienes ~s 私有財産. carta ~da 私信. conversación ~da 私的な会話. habitación ~da 個室. vida ~da 私生活. ~ y confidencial《手紙》親展. ❷ 非公式の; 内々の: Este viaje a Japón pertenece a la vida ~da de Sus Majestades. 今回の訪日は国王夫妻のプライベートな旅行だ. reunión ~da 非公式の会議. fiesta ~da 内輪だけのパーティー. club ~ 会員制のクラブ. ❸ 私立の, 民営の《⇔oficial》: clínica ~da 私立医院. empresa ~da 私企業. escuela ~da 私立学校. playa ~da プライベートビーチ. televisión ~da 私放. ❹ [estar+. +por]〖夢中の〗. ❺《中南米》気の狂った. ❻《メキシコ, コロンビア》気絶した, 意識を失った. ❼《カリブ》体の弱い
── 男 ❶ 寵臣, 側近: El conde-duque de Olivares era ~ de Felipe IV. オリバレス公伯爵はフェリペ4世の寵臣だった. Ese es el ~ del director del banco. 彼は銀行頭取の側近だ. ❷《中南米》[事務所・病院などの] 個室. ❸《メキシコ》[レストランなどの, 仕切られた] プライベート席.
en ~ 非公式に; 内々で: Los dos jefes de Estado se vieron **en ~** antes de la entrevista oficial. 両国首脳は公式記者会見の前に非公式に顔を合わせた. ¿Puedo hablar con usted **en ~**? 内々でお話ししたいのですが

privador, ra [pribaðór, ra] 形《チリ》[人が] すぐに好みを変える, 移り気な

privanza [pribánθa]〖←privar〗囡 寵愛: En 1621 comenzó la ~ del conde-duque Olivares. オリバレス公伯爵が初めて寵愛を得たのは1621年だった. gozar de la ~ de... 《…の》側近である, 寵愛を受けている

privar [pribár]〖←ラテン語 privare〗[9] 他 ❶ [+de]〖…から奪う, 取り上げる; 禁止する: 1) [+名詞] El rey lo privó de sus privilegios. 王は彼の特権を剥奪した. No me prives de él. 私から彼を取らないで. Un pequeño fracaso lo ha privado de la medalla de oro. 彼は小さな失敗のせいで金メダルを取り損ねた. Está privado de vista. 彼は視力を失っている. 2) [+不定詞] El médico me priva de comer dulces. 私は医者に甘いものを食べることを禁じられている. Un compromiso me ha privado de asistir a la reunión. 私は先約があって, その会合には出席できなかった. ❷ 非公式に・・・の気に入る《=gustar mucho》. ❸《まれ》気を失わせる
── 自 ❶《西. 口語》[+a+人] 非常に…の気に入る: Me priva el chocolate con churros. 私はチュロをココアにつけて食べるのが大好きだ. A Eva le privan colorines. エバは派手な色が大好きだ. ❷《西. 口語》主流である; 流行している, 人気がある: Hoy lo que priva es el libre comercio. 現代の主流は自由貿易だ. Este invierno privan los vestidos largos. 今年の冬はロングドレスがはやっている. El año que viene privará el color azul. 来年は青が流行色になるだろう. ❸《西. 口語》酒を飲む: José y sus amigos se pasan el día privando en el bar. ホセとその仲間は一日中酒場で酒を飲んで過ごしている. Esa chica priva de una manera increíble. その女性の酒量は常軌を逸している. ❹ [+con] 寵愛を受ける

── **~se** ❶ [+de 好物などを] 断つ; なしですませる: Haga dieta sin ~se de comer carbohidratos. 炭水化物を断つことなしにダイエットしなさい. En vacaciones no me privaré de nada. バカンスには私はしたいことを思い切りするつもりだ. ❷《口語》[+por] 切望する: José se priva por las motos de carrera. ホセはレース用のバイクをとても欲しがっている. Me privo por ir de vacaciones a Grecia. 私はバカンスにギリシアに行きたくてたまらない. ❸《口語》気を失う, 失神する: De repente ella se privó y cayó al suelo. 彼女は突然気を失って地面に倒れた. ❹《隠語》[主に 過分] 酔っぱらう: Raro es el día que no llega a casa privado. 彼がしらふで帰宅する日はめったにない. ❺《エクアドル. 口語》正気を失う, 狂ったようになる

privatismo [pribatísmo] 男 私生活中心主義, 私事本意

privatista [pribatísta] 形 私生活中心主義の, 私事本意の

privativamente [pribatíβaménte] 副 ❶ 固有に, 特有に. ❷《論理・言語など》欠如的に

privativo, va [pribatíβo, βa]〖←ラテン語 privativus〗形 ❶ [ser+. +de] 固有の, 特有の; 専有の: La facultad de hablar es ~va del ser humano. 話す能力は人間だけが持っている. Los terroristas se vestían de uniformes de uso ~ del ejército. テロリストたちは部隊の制服を着用していた. ❷ [+de] 奪う; 剥奪する: pena ~va de libertad 自由を奪う刑罰《禁固, 軟禁, 流刑》. ❸《論理・言語など》欠性の, 欠如的な: distribución ~va 欠如的分布. oposición ~va 欠如的対立

privatizable [pribatiθáβle] 形 民営化され得る, 民間委託され得る

privatización [pribatiθaθjón] 囡 ❶ 私企業化, 民営化, 民有化, [民間への] 払い下げ. ❷ 私的流用, 私物化

privatizador, ra [pribatiθaðór, ra] 形 民営化する; 民間委託する

privatizar [pribatiθár]〖←privar〗[9] 他 ❶ 民営化する; 民間委託する; 払い下げる: ~ una empresa pública 公営企業を民営化する. ❷ 私物化する

prive [príβe] 男《西. 俗》=**priva**

privilegiadamente [priβilexjaðaménte] 副 特権的に

privilegiado, da [priβilexjáðo, ða] 形 ❶ 特権を与えられた [人], 特権的な; 特典を持つ[人], 特別扱いの: clase ~da 特権階級. acción ~da《商業》優先株. ❷ 比類ない, たぐいまれな, 例外的に恵まれた; 天賦の: Es un hombre de inteligencia ~da. その男は天才的に頭がいい. memoria ~da たぐいまれな記憶力

privilegiar [priβilexjár] [10] 他《文語》…に特権(特典)を与える; 優遇する

privilegiativo, va [priβilexjatíβo, βa] 形 特権(特典)のある

privilegio [priβiléxjo]〖←ラテン語 privilegium〗男 ❶ [良い意味で] 特権, 特典, 特別の免除: otorgar (conceder) un ~ a+人 …に特権を与える. gozar (disfrutar) un ~ 特権を持っている. ~ odioso 第三者にとって有害な特権. ~ fiscal 租税譲許. ❷ 喜び(満足)を与えるもの: Es un ~ caminar contigo. 君と一緒に歩けてうれしい. ❸ 特権(特典)の認可証. ❹ 独占権. ❺ 特許《=~ de invención》. ❻ 天賦の才
con ~ 正当にも
de ~ 1) 貴族的な; 特別の. 2)《歴史》《郷士 hidalgo が》売買による, 国王の恩恵による
tengo el ~ de+不定詞 …するのを光栄に思います

privón, na [priβón, na] 形《ドミニカ》[人が] 誰からも愛されて(好かれて)いる

pro[1] [pro] 前《文語》…のための, …に賛成して《=en favor de》: asociación ~ Africa アフリカ友好協会. organización ~ derechos humanos 人権擁護団体

pro[2] [pró]〖←ラテン語 prode〗男 利益, 利点; は, 賛成《⇔contra》. **buena ~** 1) たっぷり召し上がれ/乾杯《=buen provecho》. 2) [契約書の末尾で] 効力を発する
de ~《文語》[人が] 誠実な; 役に立つ; 重要な, 傑出した
en ~ de... …のために, …の利益を図って; …に賛成して: luchar **en ~** de la libertad 自由のために戦う
los ~s y los contras/sus ~s y sus contras/el ~ y el contra 賛否; 利害得失, いい点と悪い点: Esta decisión tiene sus ~s y sus contras. この決定にはいい点もあれば悪い点もある. Analizamos los ~s y los contras del proyecto. 私たちは計画の長所短所(利害得失)を分析する. pesar el ~ y el contra 損得を計算する

pro-〖接頭辞〗[代理] pronombre 代名詞; [前・先] proceder

problema

来る；[好意] *proamericano* 親米的な

proa [próa]《←古語 proda＜ラテン語・ギリシア語 prora》囡《船舶》船首，へさき〖⇔popa〗《航空》機首：*El avión viró su ~ hacia el Oeste.* 飛行機は機首を西に向けた
a ~/en la ~ 船首で；機首で：*Una ola reventó en la ~.* 波が船首で砕けた
poner la ~ 何としても成功しようとする；[+a に] 立ち向かう
poner ~ a ⟨hacia⟩+場所 …に向かう：*Cruzamos el estrecho de Gibraltar y pusimos ~ a Canarias.* 私たちはジブラルタル海峡を越え，カナリア諸島に向かった
~ a+場所 …に向かって

proal [proál] 形 船首の

proar [proár] 自《まれ》[+hacia に] 船首(機首)を向ける

probabilidad [probabilidáđ] 囡《←ラテン語 probabilitas, -atis》[d]
❶[+de+不定詞・que+接続法] 起こりそうなこと，見込み：*Si juzgas que tienes alguna ~ de ganar, debes luchar.* 少しでも勝算があると思うのなら君は戦うべきだ．*Hay muchas (grandes) ~es de ser reelegido en las próximas elecciones.* 次の総選挙で再選される公算が大きい．*Existía la ~ de que el tren llegara tarde.* 列車の到着が遅れる可能性があった．❷《数学》確率：*La ~ de fracaso es mínima.* 失敗する確率は極めて低い．*La ~ de que toque el Gordo es de 1 a 66.000.* 特賞が当たる確率は66000分の1である．*cálculo de ~es* 確率計算．*teoría de ~es* 確率論．*~es de vida* 平均余命．❸《哲学》蓋然性
con toda ~ 間違いなく：*El ministro será sustituido casi con toda ~ esta semana.* 大臣はまず間違いなく今週中に更迭されるだろう
según toda ~ たぶん，おそらく

probabiliorismo [probabiljorísmo] 男《哲学》厳格蓋然説

probabilismo [probabilísmo] 男 ❶《カトリック》蓋然説．❷《哲学》蓋然論

probabilista [probabilísta] 形 ❶《哲学》蓋然論の(論者)．❷《統計》確率的な，確率計算に基づく

probabilístico, ca [probabilístiko, ka] 形 確率的な，確率計算に基づいた

probable [probáβle] 形《←ラテン語 probabilis＜probare「試す」》
❶ ありそうな，公算の高い〖類義 *probable* は *posible* より確実度が高い．また *posible* は「実現可能な能力を備えている」のに対して，*probable* は「状況から見て起こり得ると判断される」の意：*Es posible recurrir a la fuerza, pero no es probable por el momento.* 力に訴えることは可能だが，今のところそうする気配はない〗：1) *¿Volveremos a vernos?—No, no es ~.* 私たちはまた会えるでしょうか？—いや，それはまずないだろう．*opinión muy ~* 実際に出てきそうな意見．2) [ser ~+不定詞・que+接続法] Es ~ tener que operar nuevamente a este paciente. この患者は再度手術しなければならない公算が高い．*Es muy ~ que no volvamos a encontrar tan buena ocasión.* 私たちがこんな好機に恵まれることはもう二度とないだろう．*Es poco ~ que se hubieran encontrado.* 彼らが出会えそうにない．*No es ~ que Trini lea esta carta.* トリニがこの手紙を読むことはまずないだろう．*Lo ~ es que al mes siguiente ya no esté aquí.* たぶん来月にはもう彼はここにいないだろう．3) [確実度の高さを強調する場合，まれに ser ~+que+直説法] *Es muy ~ que el crimen fue cometido más tarde.* 犯行時刻はもっと後である可能性が極めて高い．❷《法律》立証され得る：*La acusación debe basarse en hechos ~s.* 告訴は立証可能な事実に基づいて行われなばならない

probablemente [probáβlemente] 副 [+直説法．文頭では時に +接続法] たぶん，おそらく：*P~ ha tenido una infancia desgraciada.* 彼はおそらくみじめな子供時代を過ごしたのだろう．*P~ sus amigos hayan ido al cine.* 彼の友人たちは映画を見に行ったようだ．*Si lo hubiera sabido, te lo habría dicho, ~.* もし私がそれを知っていたら，たぶん君にそのことを言っただろう．

probación [probaθjón] 囡 ❶ =*prueba*．❷《カトリック》修練

probadero [probaðéro] 男 役牛の競技場

probado, da [probáðo, ða] 形 ❶ [estar+．経験などによって] 証明ずみの：*La confianza está bien ~da.* その信頼性は十分に証明されている．*Está ~ que copió en el examen.* 彼が試験でカンニングしたことは証明ずみだ． *medicamento de ~da eficacia* 効き目の確かな薬．*producto de ~da calidad* 品質

が実証ずみの製品．❷《法律》[ser+] 証明された，立証された：*Es ~ que el acusado disparó.* 被告が発砲したことは立証されている．*Su implicación en el crimen es ~da.* 彼がその犯罪に関与していることは立証されている

probador, ra [probaðór, ra] 形 囡 試す〔人〕，モニター：*~ de comidas* 毒味役．*~ en una escudería de Fórmula 1* F1レースチームのテストドライバー
——男 ❶ 試着室．❷ 実験器具，検査器具．❸《中南米》マネキン〖人型〗

probadura [probaðúra] 囡 ❶ 試すこと，試食，味見，試着．❷《地方語》試食用の小片〖=*prueba*〗

probanza [probánθa] 囡《法律》❶ 証拠〖=*pruebas*〗．❷ 立証

probar [probár]《←ラテン語 probare》[28] 他 ❶[物・人の性質・性能などを] 試す，テストする：*Prueba esta crema protectora.* この日焼け防止クリームを試してみなさい．*El entrenador ha probado a varios jugadores de la cantera.* 監督は下部の育成選手の実力をテストした．*~ el valor de+人* …の勇気を試す．*~ la resistencia del acero* 鋼鉄の耐久度試験をする．❷[+a+人に] 試着させる：*Pruébale estos zapatos al niño, son de su talla.* 坊やにこの靴をはかせてごらん．サイズはぴったりのはずだ．❸ 食べて(飲んで)みる，試食する，試飲する：*Prueba la sopa, a ver si tiene sal.* スープの塩加減はどうか，味見して下さい．*Si le gusta el coñac, pruebe este reserva.* コニャックがお好きでしたら，このレセルバを飲んでごらんなさい．❹食べ(飲ん)だ)経験がある：*¿Has probado alguna vez el té japonés?* 日本茶を飲んだことがありますか？ *Se pasa muchos días sin ~ bocado.* 彼は何日も食べ物を口にしないで過ごす．❺[否定文で] 絶対に食べない(飲まない)：*No prueba los dulces.* 彼は甘いものは食べない．*No pruebo el anís desde mi boda.* 彼は結婚式以来アニス酒は口にしたことがない．❻ 証明する，証明立てる；示す：1) [+名詞] *El abogado ha probado la inocencia del acusado.* 弁護士は被告の無実を証明した．2) [+que+直説法] *Tanta vacilación prueba que el alumno no ha estudiado.* その生徒にためらいがあるのは，勉強してなかったことの証拠だ．3) [否定文で，+que+接続法] *No han podido ~ que el acusado haya sido inocente.* 彼らは被告が無実であることを証明することができなかった
——自 ❶ 試みる，やってみる：1) *No te rindas, prueba de nuevo.* あきらめずに，またやってみろ．2) [+a+不定詞] *Prueba a cantar esta pieza.* この曲を歌ってごらん．❷ [+西．古語的]《健康・精神などに，+bien・mal》適合する・しない
probando [マイクに向かって] ただいまマイクのテスト中：*Probando, uno, dos, tres. ¿Se oye?* ただいまマイクのテスト中，1，2，3．感度はいかがですか
—— *~se* …を試着する，仮縫いをする：*Me probé unas botas.* 私はブーツを試し履いてみた

probar		
直説法現在	命令法	接続法現在
pruebo		pruebe
pruebas	prueba	pruebes
prueba		pruebe
probamos		probemos
probáis	probad	probéis
prueban		prueben

probática [probátika] 形 →*piscina* probática
probativo, va [probatíβo, ba] 形 証明(立証)するための
probatorio, ria [probatórjo, rja] 形 証拠となる
——囡《法律》証拠提出の猶予期間
probatura [probatúra] 囡《西．軽蔑》試験，テスト
probenecid [probeneθíd] 男《医学》プロベネシド
probeta [probéta] 囡《←*probar*》❶ 試験管：*~ graduada* メートルグラス．*bebé (niño) de ~* 体外受精児，試験管ベビー．❷ 圧力計．❸《軍事》火薬の爆圧測定器．❹《写真》現像バット，トレイ．❺ 弾力性・耐久性などを試験する試料
probidad [probiðáđ] 囡《文語》誠実，実直，高潔
problema [probléma] 男《←ラテン語 problema「提案，問題」＜(前方に)+*ballo*「置く」》❶ 問題，課題，悩み〖→*cuestión* 類義〗：*Ha surgido un ~ grave.* 大変困ったことが起きた．*El*

problemática

~ está en la financiación. 問題は資金調達だ. Nos enfrentamos al grave ~ del paro. 私たちは失業という深刻な問題に直面している. No estamos ante un ~ trivial. 私たちにとってこれは些細な問題ではない. Tengo muchos ~s para solucionar. 私は解決すべき問題をたくさん抱えている. En esta clase no hay ningún alumno con ~ de aprendizaje. この学級には授業についていけない生徒はいない. Esta niña no ha dado nunca un ~. この少女は一つとして問題を起こしたことがない. No quiero más ~. これ以上もめごとはごめんだ. ❷ [取り上げるべき] 問題, 事柄, 案件: En sus obras se plantea el ~ de la existencia de Dios. 彼の諸作品では神の存在について問題提起されている. Es difícil abordar un ~ tan delicado. このように微妙な問題は取り上げにくい. ¡No te metas en este ~! この件に口出しするな! Ser o no ser. Ese es el ~. 生きるべきか死ぬべきか. それが問題だ. el clásico ~ del huevo y la gallina 卵が先かニワトリが先かという古典的な問題. ~ filosófico 哲学的問題. ❸ [試験・練習など] 問題: Me he comprado un libro de ~s de matemáticas. 私は数学の問題集を買った. Me he equivocado en uno de los ~s de química. 私は化学の問題で1つ誤答した. presentar (poner) un ~ a+人 …に問題を出す. ❹ 故障, 不調: Últimamente el coche me está dando muchos ~s. 最近私の車は故障続きだ. Cancelaron la operación tras detectar un ~ técnico en el aparato. 機器に技術的問題が見つかったため, 手術は中止された. por ~s psicológicos 心理的な問題で. ~s con el motor エンジントラブル

con ～ 問題を抱えた・抱えて: asunto *con* ～ 問題のある案件. Ha venido *con* ～. 彼は問題を抱えてやって来た

el ～ **es que**+直説法 問題は…ということだ: *El* ～ *es que* no hay nadie que me comprenda. 問題は私の理解者が一人もいないということだ

haber ～ [+en+物 に] 問題がある《主に否定文で》: ¿Puedo ir contigo? —No *hay* ～. 君と一緒に行ける?—もちろん, どうぞ. ¿Qué le parece que paremos esta noche en esta ciudad?—Por mí no *hay* ～. 今晩はこの町に泊まるのはどうでしょう?—私としては異存ありません. ¿*Hay* algún ～ *en* usar este ordenador? このコンピュータを使うのに何か問題がありますか?

meterse en ～**s** 困難に陥る; 厄介事に巻き込まれる

no tener ～ **en...** ～することに不都合はない: Yo *no tengo* ～ *en* llevarte a casa. 私は喜んで君を家まで送って行くよ

¡Qué ～! 困ったなあ!

ser ～ [事柄など] 人] に] 関わりのある問題: Eso *es* tu ～, no el mío. それは君の問題であって, 僕には関係ない

sin ～**s** 順調に: El enfermo ha recuperado *sin* ～*s*. 患者は順調に回復している

tener ～ **para**+不定詞 容易に…しない, …するのに苦労する: *Tiene* ～*s para* comunicarse con otros. 彼は他人とうまくコミュニケーションができない. Tengo un ordenador nuevo, que no *tiene* ～*s para* navegar. 私は新型のコンピュータを持っていて, それは簡単にネットができる

problemática[1] [problemátika] 囡 集名 [一つの科学・領域に属する] 問題. En el congreso debatirán sobre la ～ de la inmigración. 議会では移民流入問題についての討論が行われる予定だ. En el curso se analiza la ～ económica del país. この講座では国の経済問題を分析する

problemáticamente [problemátikaménte] 副 不確実に, 疑わしく, あやふやに

problematicidad [problematiθiðáð] 囡 不確実さ

problemático, ca[2] [problemátiko, ka] [←problema] 形 問題のある, 疑わしい: Es un alumno muy ～. この生徒は問題児だ. Fue una época muy ～*ca*. あれは色々問題の多い時期だった. Siempre tuvo una relación ～*ca* con su suegro. 彼は義父といつも折り合いが悪かった. Se presenta el futuro del Estado de bienestar. 福祉国家の未来には問題がある. actitud ～*ca* 問題行動. préstamos ～*s* 不良債権

ser ～ **que**+接続法 ～なのは問題だ: ～ *es que* se reúna gente de ideologías tan dispares. これほど異なる思想の持ち主が一堂に会するのは問題だ

problematismo [problematísmo] 男 不確実性

problematización [problematiθaθjón] 囡 問題視する(されること)

problematizar [problematiθár] 他 ❶ [人・事に] 問題視する

る. ❷ 不確実にする, あやふやにする

—— **se** ❶ 問題視される. ❷ 不確実になる, あやふやになる

probo, ba [próβo, βa] [←ラテン語 probus] 形 《文語》誠実な, 実直な: funcionario ～ 誠実な役人

probón, na [proβón, na] 形 《闘牛》[牛で] 突進を試す

proboscidio [proβosθíðjo] 男 ❶ 《動物》[象などの] 長い鼻. ❷ [昆虫などの] 吻(ﾌﾝ), 口先

proboscídeo, a [proβosθíðeo, a] 形 長鼻目の

—— 男 複 《動物》長鼻目

proboscidio, dia [proβosθíðjo, ðja] 形 =**proboscídeo**

proboscis [proβósθis] 囡 《まれ》=**probóscide**

procacidad [prokaθiðáð] [←ラテン語 procacitas, -atis] 囡 ❶ [主に性道徳的に見て] 恥知らずな言動, 破廉恥, 下品, 卑猥. ❷ 横柄(無礼)な態度(の口き方)

procaína [prokaína] 囡 《薬学》プロカイン

procapellán [prokapeʎán] 男 《歴史》王室礼拝堂の主任司祭

procarionte [prokarjónte] 形 男 《生物》=**procariota**

procariota [prokarjóta] 形 囡 《生物》célula ～ 原核細胞

—— 男/囡 《生物》原核生物

procaz [prokáθ] [←ラテン語 procax, -acis] 形 複 ～*ces*] ❶ [主に性道徳的に見て] 恥知らずな, 下品な. ❷ 厚かましい, 横柄な, 無礼な

procedencia [proθeðénθja] 囡 ❶ 起源, 出身, 素性, 出自 [=origen]: Su familia es de ～ marroquí. 彼の家族はモロッコの出身だ. ❷ 出所(ｼｭｯ), 発送地, 出発地; 始発駅: No se sabe la ～ de la carta. その手紙がどこから来ているかわからない. contenedores de ～ japonesa 日本から来たコンテナー. dinero de ～ oscura 出所のはっきりしない金. ❸ [法的・道徳的に] 根拠: admitir la ～ de una reclamación 正当な要求だと認める. hablar sin ～ 根拠のない話をする. ❹ 妥当性, 適切さ

procedente [proθeðénte] [←ラテン語 procedens, -entis] 形 ❶ [+de から] 来た, 生じた, …出身の; …由来する: En el tren, ～ *de* Sevilla y con destino a Barcelona, viajaban 297 pasajeros. セビリャ発バルセロナ行きの列車には297人の乗客が乗っていた. Llegará en vuelo ～ *de* París. 彼はパリ発の便で到着の予定だ. regalo ～ *de* la persona que amas 君の好きな人からの贈り物. palabra ～ *del* latín ラテン語源の言葉. ❷ [法的・道徳的に] 根拠のある, 妥当な, 適切な: Me parece una idea ～. 私には妥当な考えに思える. demanda ～ 妥当な要求. ❸ 《法律》証拠として認められる

proceder [proθeðér] [←ラテン語 procedere < pro-(前方に)+cedere「進む」] 自 ❶ [+de から] 来る, 生じた, 由来する: El tren *procede de* Alicante. その列車はアリカンテ発だ. Los rayos cósmicos *proceden del* espacio interestelar. 宇宙線は星間空間から降ってくる. Este vino *procede de* Chino. このワインはチリ産だ. *Procedía de* una familia noble. 彼は高貴な家の出だった. ❷ ふるまう, 行動する: El gobierno *procedió* con diligencia y eficacia. 政府は迅速かつ効果的に行動した. ～ según su conciencia 良心にしたがって行動する. ❸ 《文語》[協定・準備などに基づいて, +a 一連の行動に] 取りかかる, 開始する, 処置をとる: Las autoridades judiciales *procedieron al* embargo de la hacienda. 司法当局は財産差押えの手続きをとった. La aseguradora *procedió a* abonar al consumidor la indemnización por un importe de 20.000 euros. 保険会社は消費者に賠償金2万ユーロを払い込む手続きをとった. ～ *a* la elección de Papa ローマ教皇の選挙に取りかかる. ❹ [道徳的・論理的・法的に] 妥当である, 適切である: En este caso no *procede* la acción de tutela. このケースでは後見人の行動は適切ではない. ❺ 《法律》[+contra に対して] 訴訟を起こす: El Ayuntamiento *procederá contra* las empresas que contaminen las aguas. 水質を汚染している企業に対して市役所は訴訟を起こすだろう. ❻ 続く. ❼ [整然と] 前進する

—— 男 《文語》ふるまい, 行動: El decano justifica su ～. 学長は自分の行為を正当化している

procedimental [proθeðimentál] 形 《法律》[法的・行政上の] 手続きの; 訴訟の

procedimiento [proθeðimjénto] [←proceder] 男 ❶ 方法, 手段; [一連の] 処置, 手順: Los riesgos pueden ocurrir con este ～. この方法ではリスクが生じかねない. un ～ deductivo 演繹法によって. error de ～ 方法上の誤り, 取り扱いミス. ～ de producción 生産工程. ～ de trabajo 仕事の仕方(手順). ～ matemático 数学的方法. ❷ 《法律》[法的・行政上の]

の]手続き; 訴訟: ~ judicial 訴訟手続き. ~ civil (penal) 民事(刑事)訴訟. ❸《医学》~s quirúrgicos 外科手技. ❹《情報》手続き. ❺ふるまい, 行動. ❻《ラプラタ》警察の作戦

procela [proθéla]《←ラテン語 procella》囡《文語》嵐, 時化(化)
procelariforme [proθelarifórme] 形 ミズナギドリ科の
—— 男 複《鳥》ミズナギドリ目
proceleusmático [proθeleu̯smátiko] 男《詩文》四短音節格
proceloso, sa [proθelóso, sa]《←procela》形《文語》嵐の, 時化(化)の, 荒れた: ~ mar 荒海. Aquellos fueron unos años ~s de su vida. あのころは彼の人生における波乱の時代だった
prócer [próθer]《←ラテン語 procer, -eris》男《文語》❶ [地位の高い, 影響力のある] 貴人, 名士, 著名人, 大立者, 偉人; [独立戦争などでの] 国民的英雄. ❷《歴史》[1834年の勅令で有産階級から選ばれた] 上院議員
—— 形《文語》❶ 傑出した, 高貴な, 著名な, 名高い: ~ ciudad 由緒ある都市. ❷ 高い, 堂々とした: ~es palmeras 高々と茂るヤシの木々
procerato [proθeráto] 男《文語》[貴人に対する] 威厳, 貴人らしさ; 傑出
proceridad [proθeriðá(ð)] 囡 ❶ 傑出. ❷ 活力, 生気
procero, ra [proθéro, ra] 形 =**prócero**
prócero, ra [próθero, ra] 形 傑出した, 高貴な
proceroso, sa [proθeróso, sa] 形 堂々たる, 恰幅(常)のいい, 背が高く精悍(常)な顔立ちの
procesado, da [proθesáðo, ða] 形 告訴(起訴)された[人], 被告: Está ~ por varios delitos. 彼はいくつかの罪で起訴されている. El ~ se sentó en el banquillo. 被告は被告席についた
—— 男 ❶ 製造: Instalaron una fábrica para el ~ de tabaco. たばこを製造する工場が建てられた
procesador, ra [proθesaðór, ra] 形 加工する, 処理する: planta ~ra de leche 牛乳加工プラント
—— 男 ❶《情報》処理装置, プロセッサー: ~ de datos データ処理装置. ❷ ワードプロセッサー《装置, ソフト》. = ~ de texto [s], ~ de palabras]
procesal [proθesál]《←proceso》形《法律》訴訟の, 訴訟に関する: costas ~es 訴訟費用. derecho ~ 訴訟法. fraude ~ 裁判上の不正. retraso ~ 訴訟が長引くこと. ❷ letra ~《古文書学で16・17世紀に特有の, 筆記体で判読しにくい》続け文字
procesalista [proθesalísta] 名 訴訟弁護士
procesamiento [proθesamjénto] 男 ❶《法律》起訴, 告発, 告訴: El ~ no significa que el acusado sea culpable. 起訴は被告の有罪を意味するものではない. ❷ 加工, 処理: Con el nuevo ~ de los derivados del petróleo se ahorrará mucha energía. 石油副産物の新しい処理法によってエネルギーの大きな節約になる. ~ de la leche 牛乳の加工. ~ de las basuras ごみ処理. ❸《情報》処理, 処理法: ~ de datos データ処理. ~ de textos/~ de palabras 文書作成
procesar [proθesár] 他 ❶ [+por のかどで] 起訴する, 裁判にかける: Han procesado a algunos de los implicados en el caso. その事件に関与した者の何人かが起訴された. Ha sido procesado el jefe mafioso. 暴力団組長は裁判にかけられた. Le procesaron por robo. 彼は窃盗罪で起訴された. ❷ 加工する, 処理する: En esta fábrica procesan los alimentos y los envasan en latas. この工場では食品を加工し缶詰にする. En esta fábrica procesamos las basuras. ここはごみ処理工場だ. ❸《情報》処理する: A medida que llegan los datos, el ordenador los procesa y elabora una estadística. データが届くにつれてコンピュータがそれらを処理し, 統計を作成する
procesión [proθesjón]《←ラテン語 processio, -onis》囡 ❶ [主に宗教上の] 行列: 1) Mañana se celebra la ~ del Corpus Christi. 聖体行列が明日行なわれる. ~ de Semana Santa 聖週間の行列. 2)《口語》[一般に] ~ de hormigas アリの列. ❷ 集名 行列をなす人たち. ❸ 前進, 進行: lenta ~ de los días 日々のゆっくりした歩み. ❹《神学》~ del Espíritu Santo 聖霊の発出
ir (andar·llevar) la ~ por dentro《口語》[平静を装って]内心は傷ついている: La ~ iba por dentro, aunque parecía muy tranquilo. 彼は平然としていたが, 内心穏やかではなかった
repicar y estar en la ~ 《口語》ほとんど両立しない2つのこ

とを同時に行なう: No se puede repicar y estar en la ~.《諺》一度に2つのことはできない
procesional [proθesjonál] 形 整列した, 行列の
procesionalmente [proθesjonálménte] 副 行列して, 列になって
procesionario, ria [proθesjonárjo, rja] 形 名 ❶ =**procesional**. ❷ 行列する[人]
—— 男《キリスト教》行列聖歌集, 行列式書 [=libro ~]
—— 男《昆虫》ギョウレツケムシ《行列毛虫》
procesionista [proθesjonísta] 形 名 行列に参加するのが好きな[人]
proceso [proθéso]《←ラテン語 processus「進展」》男 ❶ 集名 過程, 経過; 進展: El enfermo está en un ~ de recuperación. その病人は回復期にある. En este país el ~ hacia la democracia está en marcha. この国では民主化が進行中だ. Han encontrado un cuerpo en avanzado ~ de descomposición. 腐乱がひどく進んだ状態の遺体が発見された. La autora se enfrentaba a un tortuoso ~ de creación. その女性作家は創造の苦しみのただ中にいた. En el ~ de un mes estaría regularizado. 1か月の間に正常化するだろう. ~ de decisión 意思決定過程. ~ de tanteo [均衡価格の] 模索過程. ~ estocástico 確率過程. ❷ 集名 工程: La segunda etapa en el ~ de elaboración de la cerveza es la fermentación. ビール製造工程の第2段階は発酵である. ❸ 集名 裁判, 訴訟; 一件書類: Comienza el ~ contra el cabecilla de la banda terrorista. テロリストグループの指導者に対する裁判が始まった: abrir un ~ 裁判を開く. ~ civil 民事訴訟. ~ penal 刑事訴訟. ~ judicial [検察官による] 起訴, 訴追. ❹ 集名 加工, 処理: Han inventado un ~ rápido y económico para la obtención de agua potable. 飲料水を得る早く安価な処理法が発明された. ❺《情報》処理, 作業: ~ de datos データ処理. ~ de textos 文書作成. ❻《医学》病気, 症状: El paciente llegó aquejado de un ~ vírico. 患者はウイルス性の症状を訴えてやって来た. ❼《解剖》突起: ~ ciliar 毛様突起. ❽《歴史》[el P ~]アルゼンチンの(1976~83年), ウルグアイの(1973~85年)]軍部の独裁

~ **de paz** 平和への過程, 和平プロセス; 和平協議: Se estanca el ~ de paz en la zona. その地域の和平協議は滞っている

~ **en infinito** 際限のなさ

~ **natural** ナチュラル・プロセス, 自然過程

~ **químico** 化学過程, 化学工程, 化学的方法

procesual [proθeswál] 形 過程の
Proción [proθjón] 男《天文》プロキオン《こいぬ座の一等星》
prociónido [proθjóniðo] 男《動物》カミスレ
proclama [prokláma]《←proclamar》囡 ❶ 布告, 公示. ❷《カトリック》複《教会の行なう》結婚(叙品)の公示: correr las ~s 結婚公示をする. ❸ [王・大統領などの] 即位演説, 就任演説; [兵士などへの] 激励演説
proclamación [proklamaθjón] 囡 ❶ 宣言, 声明《行為》; 布告, 公示: ~ de la república 共和国宣言. ~ de una ley 法律の発布. ~ del rey 国王の即位式. hacer la ~ de candidatos《政党が》候補者を発表する. ❷《まれ》喝采, 歓呼
proclamador, ra [proklamaðór, ra] 形 名 宣言する[人]
proclamar [proklamár]《←ラテン語 proclamare》他 ❶ 宣言する; 公示する, 布告する: 1) Proclamamos nuestro amor por la paz. 私たちは平和を望んでいると宣言する. Proclamaron la independencia. 彼らは独立を宣言した. ~ la constitución 憲法を発布する. 2) [+目的格補語] Fue proclamada campeona mundial. 彼女は世界チャンピオンになった. ❷ 明示する: Los ojos proclamaban su deseo de hablar. 彼の目は話したがっていることを表わしていた. ❸《まれ》歓呼する [=aclamar]
—— ~**se** [+主格補語]自分が…であると宣言する; 自称する: En 1804, Bonaparte se proclama emperador. 1804年ボナパルトは皇帝になった. ~se campeón 選手権保持者になる, 選手権を獲得する
proclisis [proklísis] 囡《単複同形》《言語》後接
proclítico, ca [proklítiko, ka] 形 男《言語》後接の; 後接語《単音節語で, 発音が次の語と結びつく; 冠詞, 所有形容詞前置形, 単音節の前置詞. ⇔enclítico》
proclive [prokliβe]《←ラテン語 proclivis》形 ❶ [+a 主に悪いことで] …の傾向(性癖)がある: Eres ~ a creer todo lo que dice la prensa. 君は新聞に載っていることは何でも信じる傾向がある.

naturaleza ～ *a* las enfermedades 病気がちな体質. ❷ 前傾した

proclividad [prokliƀiđá〔đ〕] [女] [悪い] 傾向, 性癖

proco [próko] [男]《まれ》❶ 求婚者. ❷ 代父

procomún [prokomún] [男] 公益, 公共の利益

procomunal [prokomunál] [男] 公益

procónsul [prokɔ́nsul] [男]《古代ローマ》前執政官, プロコンスル; 元老院属州の総督

proconsulado [prokɔnsuláđo] [男]《古代ローマ》前執政官の職(任期)

proconsular [prokɔnsulár] [形]《古代ローマ》前執政官の

procordado, da [prokɔrđáđo, đa] [形] 原索動物の

—— [男] [複]《動物》原索動物

procrastinación [prokrastinaθjɔ́n] [女]《まれ》延期

procreación [prokreaθjɔ́n] 〖←ラテン語 procreatio, -onis〗 [女] ❶ 生殖. ❷ 出産

procreador, ra [prokreađɔ́r, ra] [形] [名] 出産(生殖)力のある, 出産の, 生殖の; 生む人, 親

procreante [prokreánte] [形] 子を生む

procrear [prokreár] 〖←ラテン語 procreare〗 [他] [人・動物が子を] 生む; [子孫を] 作る; 繁殖する, 生殖する

procreativo, va [prokreatíƀo, ƀa] [形] 生殖用の

proctitis [prɔktítis] [女]《医学》直腸炎

proctología [prɔktolɔxía] [女]《医学》直腸肛門病学

proctológico, ca [prɔktolɔ́xiko, ka] [形] 直腸肛門病学の

proctólogo, ga [prɔktólogo, ga] [名] 直腸肛門科医

proctoscopia [prɔktɔskópja] [女]《医学》直腸鏡検査

proctoscopio [prɔktɔskópjo] [男]《医学》直腸鏡

procumbente [prokumbénte] [形]《植物》[茎などが] 地をはう, 平伏の

procura [prokúra] 〖←procurar〗 [女] ❶ 委任権, 代理権; 〔代理〕委任状. ❷ 代理人の職務. ❸ 精励, 精勤. ❹《アルゼンチン》追跡; 追い求めること, 追求

a la ～ de...《文語》…を探して; …しようとして

en ～ de...《主にメキシコ, ラプラタ》…を探して; …しようとして

procuración [prokuraθjɔ́n] 〖←ラテン語 procuratio, -onis〗 [女] ❶ 委任権, 代理権; 〔代理〕委任状. ❷ 精励, 精勤. ❸ procurador の職務(執務室). ❹ 巡錫(じゅんしゃく)費〖教区教会が巡回する高位聖職者に贈る〗

procurador, ra [prokurađɔ́r, ra] [名] ❶《法律》[法廷での] 代理人: Puede presentar la demanda en el juzgado a través de un ～. 法廷での訴訟は代理人を通じて起こすことができる. ～ de afectación《南米》公選弁護人. ❷《主に中南米》検事, 検察官〖=～ público〗: ～ general 検事総長. ❸ [修道会の] 会計係, 管財人, 財務担当者. ❹《政治》1) 地方議会議員. 2)《歴史》[フランコ体制下の] 国会議員〖=*P*～ en (a・de) Cortes〗. 3)《歴史》プロクラドール, 都市代表〖都市自治体が宮廷や身分制議会などに派遣する全権特使〗. ❺《中南米》1) 行政監察官, オンブズマン. 2) ～ general de la Nación 司法監察官. 3)《歴史》～ de indios インディオ代理官〖16世紀初頭以降のスペイン領アメリカで, 植民者の虐待に苦しむ先住民に代わって彼らの主張や待遇改善を当局に求めるために設置された役職. インディオ保護官 protector de indios との法律上の区別はあいまい〗

～ de pobres 出しゃばり, おせっかいな人

—— [男]《古代ローマ》プロクラトル〖地方の行政長官, 収税官〗: ～ de Judea ユダヤ総督

procuraduría [prokurađuría] [女] ❶ procurador の職務〖=procura〗. ❷ procurador の執務室〖=procuración〗

procurar [prokurár] 〖←ラテン語 procurare < pro- (前方に)+curare「気を配る」〗 [他] ❶ …に努める, …しようとする: 1) [+不定詞] *Procuró* aparentar serenidad. 彼は平静を装おうとした. *Procuré* con todas mis fuerzas no dejarme convencer. 私は説得されまいと懸命に努力した. *Procura* no llegar tarde. 遅刻しないよう気をつけなさい. 2) [+que+接続法] Tenemos que ～ *que* eso no ocurra. 私たちはそんなことが起こらないよう気をつけなければならない. ❷ 願う, 求める: Siempre *procuro* lo mejor para ti. 私はいつも君のために最善を尽くしている. ❸《文語》[+a+人 に] 提供する: Te *procuraré* todos los medios que necesites para tu trabajo. 私は君の仕事に必要なあらゆる便宜をはかってあげよう. ❹ 代理人をつとめる

—— [自]《まれ》[+por 他の人のために] 務める: Siempre *procura por* la familia. 彼はいつも家族のために働いている

—— **～se** ❶《文語》[自分のために] …を手に入れる: Con esfuerzo, *se* ha ido *procurando* una buena posición. 彼は努力して良い地位を獲得していった. *Me procuré* un libro. 私は〔自分が読むために〕本を買った. ❷ [+不定詞. 自分のために] …に努める, …しようとする

procurrente [prokuřénte] [男]《地理》[イタリアのような] 海に大きく突き出た半島

prode [próđe] [男]《アルゼンチン》スポーツくじ

prodición [prođiθjɔ́n] [女] 裏切り, 背信

prodigalidad [prođigaliđá〔đ〕] 〖←ラテン語 prodigalitas, -atis〗 [女] ❶ 気前のよさ, 大盤ぶるまい; 放蕩. ❷ 豊富さ, 多量: ～ de adornos 装飾過剰

pródigamente [próđigaménte] [副] 気前よく, 浪費して

prodigar [prođigár] 〖←pródigo〗 [8] [他] ❶ 気前よく(ふんだんに)与える: Me *prodiga* favores. 彼はひどく私をひいきしてくれる. ～ sus encantos 魅力をふりまく. ❷ 浪費する, 乱費する

—— **～se** ❶ [+en に] 骨身を惜しまない: *Se prodigó en* gestos de amistad. 彼は親愛の仕草をふりまいた. ❷《西》しばしば姿を見せる: ～*se* en las fiestas パーティーによく現われる. ❸ 自分を見せびらかす, 目立ちたがる

prodigio [prođíxjo] 〖←ラテン語 prodigium〗 [男] ❶ [自然界などの] 驚異: Estas flores son un ～ de la naturaleza. これらの花は自然の驚異だ. ❷ 驚異的な人(物・事): Esta chica es un ～ de amabilidad. この娘は驚くほど心が優しい. niño ～ 天才児, 神童. los ～*s* de Moisés モーゼの奇跡. ❸ 奇跡〖=～ divino, milagro〗: realizar un ～ 奇跡を行なう

prodigiosamente [prođixjósaménte] [副] 驚異的に, 奇跡的に

prodigiosidad [prođixjosiđá〔đ〕] [女] 驚異〔的なこと〕, 非凡性

prodigioso, sa [prođixjóso, sa] 〖←ラテン語 prodigiosus〗 [形] ❶ 奇跡的な, 不思議な. ❷ 驚くべき, すばらしい: éxito ～ 驚異的な成功. velocidad ～*sa* 驚異的なスピード

pródigo, ga [próđigo, ga] 〖←ラテン語 prodigus < prodigere「ふんだんに消費する」〗 [形] ❶ 浪費家の, 乱費する: hijo ～《新約聖書》帰郷した放蕩(ほうとう)息子, 悔い改めた罪人. ❷ [+〔para〕con に] 気前のよい: padres ～*s con* sus hijos 子供に気前のいい親たち. ❸ 多作な; 多産な: poeta ～ 多作な詩人. ～*ga* naturaleza 実り豊かな自然. ❹ [+en に] 富んだ: Esta tierra es ～*ga en* recursos minerales. この土地は鉱物資源に富んでいる. El siglo XIX es ～ *en* ermitaños. 19世紀には世捨て人が多かった. ～ *en* citas bíblicas 聖書からの引用の多い

—— [名] 浪費家

proditorio, ria [prođitórjo, rja] [形] 裏切りの, 不実な, 背信の

pro domo sua [pro đómo súa] 〖←ラテン語〗 [副]《文語》自分自身のために

prodrómico, ca [prođrómiko, ka] [形]《医学》前駆症状の

pródromo [próđromo] [男] ❶《医学》前駆症状. ❷《文語》前兆

producción [prođu〔k〕θjɔ́n] 〖←ラテン語 productio, -onis < producere「出させる」〗 [女] ❶ 生産, 製造: Nos dedicamos a la ～ y venta de muebles. 私たちは家具の製造販売を行なっている. de ～ japonesa 日本製の, 日本産の. departamento de ～ de la empresa 企業の製造部門. ～, elaboración y venta de productos agrícolas 農業関連産業. ～ de arroz 米の生産. ❷ 生産量, 生産高: La ～ ha decaído por falta de demanda. 需要が減ったため生産が落ちた. Debemos incrementar la ～ anual de libros. 年間の書籍発行部数を増やさねばならない. ～ nacional de acero 鉄鋼の国内生産高. ❸ 生産物, 製品〖=producto〗: Se adoptaron medidas para proteger la ～ textil nacional. 自国産の繊維製品を保護するための方策が講じられた. *producciones* naturales 自然の産物. *producciones* industriales 工業製品. ❹《映画, 演劇, 放送など》1) 制作: La película es una ～ hispano-francesa. その映画はスペイン・フランスの共同制作だ. ～ propia 自主制作. 2) [時に [集名]] 作品: Ese autor tiene una dilatada ～ de obras de teatro. その作家には数多くの演劇作品がある. una ～ cinematográfica española あるスペイン映画. ～ literaria 文学作品. ～ artística 芸術作品. 3) 番組. ❺《法律》提出, 提示. ❻《軍事》[兵士の] 勤務態度

producente [prođuθénte] [形]《まれ》役に立つ, ためになる

producibilidad [prođuθiƀiliđá〔đ〕] [女] 生産(産出・制作)可能性; 生産性, 生産力

producible [prođuθíƀle] [形] 生産(産出・制作)され得る, 生産可能な

producidor, ra [proðuθiðór, ra] 形 名《廃語》生産する; 生産者〖=productor〗

producir [proðuθír]〖←ラテン語 producere「出させる」< pro-（前方に）+ducere「導く」〗41 他 ❶〖結果などを, +en・a に〗生む, もたらす: La luz me *produce* dolor de cabeza. ¿Puedes apagarla? 明かりがついていると頭痛がする. 消してくれないか? El alcohol *produce* sed *a* los que lo toman. アルコールを摂取すると喉が渇く. Una pieza defectuosa puede ～ un accidente. 一つの欠陥部品が事故のもとになりかねない. ❷〖土地が〗生産する, 産出する: Andalucía *produce* mucho aceite de oliva. アンダルシアはオリーブ油をたくさん生産している. Este país *produce* gas natural. この国は天然ガスを産出する. España *ha producido* grandes santos. スペインは偉大な聖人たちを輩出した. ❸ 製造する: Esta fábrica *produce* automóviles. この工場では自動車を製造している. ❹〖作品を〗創作する; 〖映画, 番組を〗制作する: El poeta *produjo* sus mejores obras en su juventud. その詩人の代表作は若いころに書かれた. Esa empresa *produjo* muchas películas de terror. その会社は多くのホラー映画を制作した. ❺〖利益・利潤を〗もたらす, 生む: La inversión *produjo* cuantiosos beneficios. その投資は莫大な利益をもたらした. El depósito en el banco *producirá* el dos por ciento de interés. 銀行預金は2%の利息を生むだろう. ❻〖法律〗〖裁判で証拠などを〗提出する, 提示する: ～ una prueba en el juicio 法廷に証拠を提出する. ❼〖子を〗生む. ❽ 後援する, 助成する

── ❶ 利益をもたらす: La finca que heredé me *produce* muy poco. 私が相続した農園はほとんど採算がとれない. ❷ 創造する: Desde la muerte de su mujer, ese escritor no *produce* más. その作家は妻を亡くして以来, 新作を発表していない

── **~se** ❶《文語》〖事が〗生じる, 起こる: El accidente *se produjo* por la niebla. その事故は霧のせいで起こった. *Se ha producido* un terremoto. 地震が起きた. *Se produjo* una acusada reducción del paro en el segundo semestre del año pasado. 昨年後半に失業が目立って減少した. ❷ 自分自身に引き起こす: Al caerse *se produjo* una fractura en el pie. 彼は転んで足を折った. Él mismo *se produjo* la muerte. 彼は自死した. ❸《文語》自分の意見を述べる, 所信を表明する: El orador *se produjo* en forma violenta. 演説者は激しい調子で自分の考えを述べた. ❹《文語》〖態度などが〗表われる: *Se producía* nerviosa, pero ufana y gozosa. 彼女は落ち着きがなかったが, 得意げで楽しげだった. ❺ ふるまう, 態度をとる. ❻ 姿を見せる, 現われる. ❼《中南米》化粧する, おしゃれをする

producir	
直説法現在	直説法点過去
produzco	produje
produces	produjiste
produce	produjo
producimos	produjimos
producís	produjisteis
producen	produjeron
接続法現在	接続法過去
produzca	produjera, -se
produzcas	produjeras, -ses
produzca	produjera, -se
produzcamos	produjéramos, semos
produzcáis	produjerais, -seis
produzcan	produjeran, -sen

productibilidad [proðuktibiliðáð] 女《まれ》=producibilidad
productible [proðuktíble] 形《まれ》=producible
productividad [proðuktibiðáð]〖←ラテン語 productivitas, -atis〗女 生産性, 生産力: Se están tomando algunas medidas destinadas a mejorar la ～. 生産性向上のための手段が色々と講じられている. El riego aumentará la ～ de la tierra. 灌漑をすればその土地の生産力は向上するだろう. La ～ de esa escritora creció mucho en los últimos años. その作家は近年になって作品数がぐんと増えた
productivismo [proðuktibísmo] 男 生産性至上主義, 生産（成長）至上主義
productivista [proðuktibísta] 形 名 生産性至上主義の（主義

者）, 生産（成長）第一主義の（人）
productivo, va [proðuktíbo, ba]〖←ラテン語 productivus〗形 ❶ 生産的な, 生産性の高い, 豊かな, 実りのある: La vega granadina es muy ～*va*. グラナダの沃野は非常に地味豊かだ. No fue una reunión muy ～*va*. その会議はあまり実りのなかった. discusión no muy ～*va* 非生産的な議論. idea ～*va* 生産的なアイデア. negocio ～ もうかる商売. ❷ 生産の, 生産力のある: actividad ～*va* 生産活動. bienes ～s 生産的資産. fuerzas ～*vas* 生産（諸）力. personal ～ 生産部門の人員
product manager [próðukt mánaχer]〖←英語〗名 プロダクト・マネージャー
producto [proðúkto]〖←ラテン語 productum〗男 ❶ 生産物, 製品: 1) Nuestros ～s se venden en toda Asia. 我が社の製品はアジア全域で売られている. En la exposición se presentó el ～ estrella de la temporada. 展示会ではその季節の主力商品が発表された. 2) ～ agrícola (agrario) 農産物. ～ alimenticio 食料品. ～s de mar 海産物; 海の幸. ～ químico 化学製品. ～s financieros 金融商品. 3) ～ accesorio 副産物. ～ conjunto 結合生産物. ～ elaborado 加工品. ～ final (acabado) 最終財. ～ intermedio 中間財. ～ primario 一次産品. ～s principales (de un país)〖ある国の〗主要生産物, ステープルグッズ. ～ semiacabado (semiterminado・semimanufacturado) 半製品. 4)〖簿記〗～ en curso 仕掛品. ～s terminados 製品, 完成品. ❷ 収益, 利益; 生産高: Este año hemos obtenido un buen ～ con estas acciones. 私たちは今年この株で大きりがをした. ～ de las ventas de ayer 昨日の売上高. ～ bruto 総売上高, 総収入. ～ nacional bruto 国民総生産, GNP. ～ interior (interno) bruto/～ bruto interno 国内総生産. ～ per cápita/～ por habitante 一人当たり生産. ～ de su terreno 土地からの収入. ❸〖行為などの結果としての〗産物, 所産, 成果: Este ordenador es el ～ de mis buenas notas, porque me la ha regalado mi padre. このパソコンは私の成績がよかったほうびに父がプレゼントしてくれたものだ. Este brazo roto es el ～ de mi despiste. この腕の骨折は私の不注意のせいだ. Estos problemas sociales son ～ de la crisis económica. これらの社会問題は経済危機の産物だ. ～ de la época 時代の産物. ❹〖数学〗積: El ～ de 2 por 3 es 6. 2と3の積は6だ. ❺〖医学〗doble ～〖麻酔の〗二重積
productor, ra [proðuktór, ra]〖←ラテン語 productor, -oris〗形 ❶ 生産する, 産出する: La Rioja es zona ～*ra* de vinos. ラ・リオハ地方はワインの産地だ. capacidad ～*ra* 生産能力. empresa ～*ra* de electrodomésticos 家電メーカー. país ～ de plátanos バナナの生産国. país ～ de petróleo 産油国. región ～*ra* de cereales 穀倉地帯. ❷〖映画, 演劇, 放送〗制作の

── 名 ❶ 生産者, 製造業者: Los holandeses son ～*es* de hermosos tulipanes. オランダ人は美しいチューリップを作っている. familia de ～*es* vitícolas ブドウの生産農家. venta directa del ～ al consumidor 産地直売. precio a(l) ～ 生産者価格. ❷〖映画, 演劇, 放送〗制作者, プロデューサー: ～ de televisión テレビのプロデューサー

── 女〖映画, テレビ〗制作会社〖=compañía ～*ra*〗
proejar [proeχár] 自 流れ（風）に逆らって漕ぐ: ～ contra las olas 波に逆らって漕ぐ
proel [proél] 形〖船舶〗船首部 proa の, へさきの, 船首に近い
── 名〖船舶〗船首の漕ぎ手, バウマン
proemial [proemjál] 形 前口上の; 序文の
proemio [proémjo]〖←ラテン語 proemium <ギリシア語 prooimion「序文, 前置き」<pro-（前方に）+oimos「道」〗男 ❶〖芝居などの〗序詞, 前口上. ❷ 序文, 序言, 前置き〖=prólogo〗. ❸《文語》前兆
proeza [proéθa]〖←仏語 prouesse <俗ラテン語 prode「利益」〗女 ❶ 偉業, 功績; 勲功, 手柄: realizar la ～ de... …の偉業を成し遂げる. ～ guerrera (bélica) 武勲. ❷ 蛮勇
prof., prof.ª《略語》=profesor, ra 教師
profanación [profanaθjón] 女 冒瀆, 不敬: ～ de tumbas 墓あばき
profanador, ra [profanaðór, ra] 形 名 不敬な, 冒瀆の; 冒瀆者, 神聖を汚す者
profanamente [profanaménte] 副 冒瀆的に, 神聖を汚して
profanamiento [profanamjénto] 男 =profanación
profanar [profanár]〖←ラテン語 profanare〗他 ❶ …の神聖を汚（けが）す, 冒瀆（ぼうとく）する, 不敬を働く: ～ la casa de Dios 教会を

冒瀆する. ❷ [故人の名誉・名声などを] 汚す: ～ la memoria de+人 …の思い出を汚す

profanidad [profaniđá(đ)] [女] 《まれ》 ❶ 世俗性; 世俗的な事柄. ❷ 無宗教性. ❸ 冒瀆, 不敬; 不道徳, 背徳性. ❹ 華美, ぜいたく

profanizar [profaniθár] [9] [他] 世俗的にする, 世俗化する

profano, na [profáno, na] 〖←ラテン語 profanus〗 [形] ❶ 世俗の, 俗界の: música ～*na* 世俗の音楽 〖⇔música religiosa〗. teatro ～ 世俗劇. ❷ 無宗教の; 反宗教的な: rito ～ 無宗教の儀式. ❸ 神聖を汚す, 冒瀆的な, 不敬な. ❹ 卑俗な: palabras ～*nas* 下品な言葉. ❺ [+en に] 門外漢の, 素人の: Soy ～ *en* música contemporánea. 私は現代音楽にうとい. ❻ 俗人の, 俗物の

—— [名] ❶ 門外漢, 素人. ❷ 俗人, 俗物

profase [profáse] [女] 《生物》 [有糸分裂の] 前期

profazar [profaθár] [9] [他] 《古語》 嫌悪する, 忌み嫌う; 悪態をつく

profe, fa [prófe, fa] 〖profesor の省略語〗 [名] 〖[複] ～s〗 《口語》 先生

profecía [profeθía] 〖←ラテン語 prophetia < ギリシア語 propheteia〗 [女] ❶ 預言, 神託, お告げ: hacer una ～ 預言(予言)をする. ～ de la venida de Cristo al mundo 救世主出現の預言. ～*s* de Isaías イザヤの預言. ❷ 《旧約聖書》 大預言書; [複] 小預言書. ❸ 予言; 予知, 予測. ❹ 予言能力, 予言の賜物 〖=don de ～, espíritu de ～〗

profecticio, cia [profɛktíθjo, θja] [形] [財産などが] 尊属から継承する: bienes ～*s* 世襲財産. peculio ～ 遺産

proferir [proferír] 〖←ラテン語 proferre〗 [33] [他] [声高に] 言う: El empresario *profirió* insultos racistas a un periodista. その経営者は新聞記者に向かって民族差別的な侮辱発言をした. ～ gritos 叫び声を上げる

profermento [profɛrménto] [男] 《生化》 酵素原

profesante [profesánte] [形] [+de を] 表明する, 信奉する: ～ de la religión protestante プロテスタントを信奉する

profesar [profesár] 〖←ラテン語 professum < profiteri「公然と宣言する」〗 [他] ❶ 《文語》 …を[専門の]職業とする: Desde que se licenció, *ha profesado* la medicina. 彼は大学卒業後, 医業にたずさわっている. Eva *profesa* la abogacía como su padre. エバは父親と同じく弁護士をしている. ❷ 《文語》 [中等教育以上で] 教える: *Profeso* las matemáticas en la escuela. 私は数学の教師だ. Mi abuelo *profesaba* latín en la universidad. 私の祖父は大学でラテン語を教えていた. ❸ 《古語的》 [+a・hacia・por に, 強い尊敬の念・愛情などを] 抱く: *Profesa* amor (cariño・afecto) *a* su madre. 彼は母親を敬愛している. *Profesa* admiración *por* (*hacia*) su maestro. 彼女は先生を深く尊敬している. ❹ [信仰・思想などを] 表明する, 信奉する; 共鳴する: El 70% de la población chilena *profesa* la religión católica. チリの人口の70%がカトリックを信仰している. Aunque no *profeso* tus ideales, puedo entenderte. 私は君の信条にはくみしないが, 気持ちは理解できる. ❺ 信じる; 告白する

—— [自] [+en] 修道会(修道院)に入る, 修道誓願を立てる: Mi hermana *ha profesado en* las dominicanas. 私の妹はドミニコ会に入会した. *Profesaba en* un convento franciscano. 彼はフランシスコ会の修道院で修道生活をおくっていた

—— **～se** [信仰・思想などを] 表明する, 信奉する

profesión [profesjɔ́n] 〖←ラテン語 professio, -onis < professum〗 [女] ❶ 職業, 仕事 〖[類義] **profesión** は医者・教員・エンジニア・大工など主に専門的な知識や技術を身につけた職業, **ocupación** は特別な資格・肩書きを必要としない職業. **trabajo** は一般的に「仕事」を指し, **empleo** は被雇用者としての「職」, **cargo** と **oficio** は「役目, 役割」, **plaza** と **puesto** は「ポスト」〗: ¿Qué ～ tiene usted?/¿Cuál es su ～?—Soy profesor de español. ご職業は何ですか?—スペイン語の教師です. Mi compañero ejerce la ～ desde que se licenció. 私の友人は大学を卒業して以来その仕事についている. Es camarero de ～. 彼の職業はウエイターだ. La ～ de Pedro es electricista. ペドロの仕事は電気工だ. ～ liberal 自由業. ❷ [集名] 本職の人, 玄人: La ～ médica ha expresado su queja al ministerio. 医療の専門家たちは役所に不満を述べた. ❸ [宗教・信条などの] 表明: El discurso del ministro ha sido una ～ renovada de los planes del Gobierno. 大臣の演説は政策の刷新を表明するものだった. Ha hecho ～ en las clarisas. 彼女は聖クララ会で信仰の誓いを立てた. ～ religiosa [修道誓願の] 立願〔式〕

hacer ～ de... …を自慢する, 鼻にかける

～ de fe 1) 信仰告白〔宣言〕: La primera ～ *de fe* se hace en el Bautismo. 最初の信仰告白は洗礼式で行なわれる. 2) 宗教(思想)的立場の表明

profesional [profesjonál] [形] ❶ 職業の, 仕事上の: No mezcles los asuntos ～*es* con los personales. 仕事の問題と私的な問題を混同してはいけない. Mis obligaciones ～*es* me impiden estar mañana con ustedes. 私は明日, 仕事の都合で皆さんとはご一緒できません. grado de satisfacción ～ 仕事の上での満足度. carrera ～ 職歴. enseñanza ～ 職業教育. experiencia ～ 仕事上の経験, 働いた経験. ❷ 本職の, プロの, 玄人の 〖⇔aficionado〗: Quiero ser futbolista ～. 私はプロサッカー選手になりたい. Este robo debe ser obra de un ladrón ～. この窃盗はプロの泥棒のしわざにちがいない. El fontanero ha hecho un trabajo muy ～. その配管工は本職らしい, いい仕事をした. Un electricista que deja los cables así es poco ～. 電気コードをそんなふうに処置する電気工は一人前とは言えない. béisbol ～ プロ野球. carpintero ～ 本職の大工. educación ～ 専門教育. político ～ 職業政治家

ser ～ que+接続法 …なのはいかにも本職らしい: *Es* poco ～ *que* venga dos días sí y un día no. 2日出勤して1日休むとは彼はまじめに働く気がないようだ

—— [名] ❶ 本職の人, 玄人: Claro que garantizo mi trabajo: soy un ～. 私は仕事の出来に自信がある. こう見えてもプロだから. Eva es una ～ de los negocios. エバは商売のプロだ. ～ del derecho. 法律の専門家. ❷ [弁護士・医師など] 専門職の人: Es un dentista excelente, un gran ～ sin duda. 彼は優れた歯科医で, 疑いもなくすばらしいプロだ. ❸ 常習者, 常習犯: ～ de la droga 麻薬常習者. ❹ 《政治》 [政党・組合の] 専従活動家: trabajar para el sindicato como ～ 専従者として労働組合で働く

—— [女] 《婉曲》 売春婦

profesionalidad [profesjonaliđá(đ)] [女] 本職(プロ)であること; 職業意識, プロ意識; プロとしての力量

profesionalismo [profesjonalísmo] [男] ❶ 職業意識, プロ意識; 専門家気質. ❷ 同じプロとしての仲間意識. ❸ 《軽蔑》 [芸術・スポーツなどで] 金のためにすること

profesionalización [profesjonaliθaθjɔ́n] [女] プロ化

profesionalizar [profesjonaliθár] [9] [他] [活動・人を] プロ化させる, 職業化させる, 専門家にする

—— **～se** プロ化する

profesionalmente [profesjonálménte] [副] 職業(プロ)として, 専門的に

profesionista [profesjonísta] [名] 《メキシコ》 本職の人, 専門家, 玄人, プロ 〖=profesional〗

profeso, sa [proféso, sa] 〖←ラテン語 professus〗 [形] [名] 《宗教》 ❶ 誓願を立てた, 立願の; 立願修道士(修道女). ❷ 立願修道士(修道女)の学校の

ex ～ →**ex profeso**

profesor, ra [profesɔ́r, ra] 〖←ラテン語 professor, -oris「表明する」〗 [名] ❶ 教師; 教授 〖[類義] **profesor** は中等教育以上, 主に高等教育に携わる教師で, ある科目を専門的に教える. **maestro** は児童教育にたずさわる教師, および芸術・技術などの師匠. [参考] スペインの大学教員の地位は上から catedrático, profesor titular (以上は終身身分保障がある); titular interino, profesor contratado doctor, ayudante doctor, ayudante no doctor (以上は終身身分保障がなく身分は不安定)〗: Es ～*ra* de matemáticas (de dibujo). 彼女は数学(図画)の教師だ. Trabaja de ～ en la Universidad Autónoma. 彼は自治大学で教員をしている. Los jóvenes tenían ～*es* de latinidad. 若者たちはラテン語およびラテン文化研究の先生たちについていた. sala de ～*es* 職員室, 教員室. ～ de baile ダンス教師. ❷ [敬称として] 先生: Buenos días, ～ Gómez. ゴメス先生, おはようございます. *P～ra*, ¿puedo hacerle una pregunta? 先生, 質問があるのですが. Te espera el ～ Ruiz en su oficina. 君はルイス先生の研究室に呼び出しがかかっている. ❸ 演奏家, 交響楽団員: Los ～*es* de la orquesta nacional están de huelga. 国立交響楽団の団員たちはスト中だ. ❹ 《西》 ～ mercantil 公認会計士

～ adjunto 専任講師 〖まだ国家試験をパスしていない. スペインではこの地位は廃止されている〗

～ agregado 《西》 助教授 〖国家試験をパスしていて, 教授 catedrático になる前の段階. 現在は廃止〗

～ asociado 非常勤講師; 客員教授: Estuvo un año en

P

Oxford como ～ *asociado*. 彼はオックスフォード大学で1年間客員教授を務めた
～ *ayudante* 助教《日本のかつての「助手」に相当し、学生に教えることを本分としている。終身身分保障はない》
～ *contratado doctor*《西》[大学の] 講師
～ *emérito* 名誉教授: La nombraron ～ra *emérita* tras una brillante carrera. 彼女は輝かしい経歴ののち名誉教授になった
～ *guía*《中南米》論文指導教官; 生活指導の教師
～ *invitado* 客員教授: Este año trabaja como ～ra *invitada* en una universidad extranjera. 彼女は今年、外国の大学で客員教授として働いている
～ *secundario*《中南米》中学校の教師
～ *titular* 1) 正教員。2) 准教授《catedrático と profesor ayudante の中間で、終身身分保障があるが、学長にはなれない》

profesorado [profesoráðo]《男》❶《集名》教員団, 先生たち: Este colegio tiene muy buen ～。この学校は優秀な教員がそろっている。 sindicato de ～ 教員組合。❷ 教授職, 教職: Ejerce el ～ en un instituto. 彼は高校で教鞭をとっている
profesoral [profesorál]《形》教師の, 教員の, 教職の: trabajo ～ 教員の仕事
profeta [proféta]《男》《←ラテン語 prophetа < ギリシア語 prophetes「予想する人」》❶《キリスト教》預言者: Nadie es ～ en su tierra.《諺》預言者郷里に容れられず。❷ 予言者《=vidente》
profetal [profetál]《形》=**profético**
proféticamente [profétikaménte]《副》予言的に
profético, ca [profétiko, ka]《形》❶ 預言の, 預言者の: texto ～ 預言書。❷ 予言的な
profetisa [profetísa]《←ラテン語 prophetissa》《女》女予言者
profetismo [profetísmo]《男》《古代の哲学者などの》予言者的傾向, 予言者精神
profetizador, ra [profetiθaðór, ra]《形》《名》予言(預言)する, 予言(預言)者
profetizar [profetiθár]《←ラテン語 prophetizare》❾《他》❶ 予言する。❷ 推測する
proficiente [profiθjénte]《形》上達していく, 熟達する
proficuo, cua [profíkwo, kwa]《まれ》有益な, 利益になる, 役立つ
profidén [profiðén]《←商標》《戯語》[笑いが] 歯をたくさん見せる
profiláctico, ca [profiláktiko, ka]《←*profilaxis*》《形》病気予防の, 予防医学の
—— 《男》《文語》コンドーム《=preservativo》
—— 《女》予防医学
profilaxis [profilá(k)sis]《←ギリシア語 prophylatto「私は予防する」》《女》《単複同形》[病気の] 予防, 予防法: ～ del caries 虫歯予防
profitar [profitár]《自》《チリ。口語》[+de を] 利用する
profiterol [profiteról]《←仏語 profiterole》《菓子》プロフィテロール《チョコレートソースをかけたプチシュークリーム》
profligar [profliɣár]《他》《廃語》打ち破る, 壊す
pro forma [pro fórma]《←ラテン語》《副》《契約などの》形式上の; 形式的: factura ～ 見積り送り状
—— 《副》手本として
prófugo, ga [prófuɣo, ɣa]《←ラテン語 profugus》《形》《名》逃亡(脱走)した(人), 逃亡者: esclavo ～ 逃亡奴隷
—— 《男》《単なる嫌悪・恐怖などによる》徴兵忌避者
profundamente [profundaménte]《副》深く: Inclinó la cabeza ～ para saludar a la presidenta. 彼は深々と頭を下げて大統領夫人に挨拶した。❷《眠り・呼吸など》深く: Yo fingía dormir ～. 私はぐっすり眠りをしていた。Respiró ～, aliviada. 彼女はほっとして深く息を吐いた。❸ Fumó ～ y expulsó el humo. 彼女は煙草を深く吸い込んで煙を吐き出した。❹ 心から: ～ emocionada, le tomó una mano. 彼女は心から感動して彼の手を取った
profundar [profundár]《他》=**profundizar**
profundidad [profundiðáð]《←ラテン語 profunditas, -atis》《女》
❶ 深さ: ¿Cuánta ～ tiene esta piscina? このプールの深さはどのくらいですか？ Este surco tiene dos metros de ～ (una ～ de dos metros). この溝は深さが2メートルある。Este pozo tiene poca ～. この井戸は浅い。 Estos peces nadan a mucha ～. これらの魚は非常に深い所に生息している。❷ 奥行き: nevera de 50 centímetros de ～ 奥行き50センチの冷蔵庫。 estante con poca ～ 奥行きの浅い棚。 ❸ [精神的な] 深み, [内容の] 深遠さ《⇔*superficialidad*》: Sentí la ～ de sus sentimientos. 私は彼の思いの深さを感じた。 Sus escritos son de una ～ impresionante. 彼の書く文章は驚くほどの深みがある。 en la ～ de su alma 心の奥底では: tema de gran ～ 大変深遠なテーマ。 ❹《複》深い所, 深部; [las ～*es*] 深海《=las ～*es* del océano》: en las ～*es* marinas 深海に。 ❺《光学》～ de foco 焦点深度。～ de campo 被写界深度。 ❻《サッカーなど》相手陣内に深く切り込む能力
con ～ 深く
en ～ 深く, 徹底的な・に: El ensayo analiza *en* ～ el problema del desempleo. その論文は失業問題を掘り下げて分析している。 Ya te lo contaré *en* ～. では君にそれについて詳しく話そう。 Esta casa necesita una limpieza *en* ～. この家は徹底的に掃除する必要がある
meterse en ～*es* 難しすぎる話題に触れる: La conferencia se metió en demasiadas ～*es*. その講演はあまりに難解な問題に入り込んでしまった。 ¡Habla más claro, sin *meterte* en tantas ～*es*! あまり難しくこねまわさないで, もっと分かりやすく話しなさい
profundímetro [profundímetro]《男》《技術》深さゲージ
profundización [profundiθaθjón]《女》掘り下げ
profundizar [profundiθár]《←*profundo*》❾《他》深くする, 掘り下げる: He profundizado el pozo, pero sigue sin manar agua. 私は井戸を深く掘ったが、まだ水が出ない。 Para sacar las patatas bien tienes que ～ más a la tierra. ジャガイモを掘り出すには土をもっと深く掘らなければならない。～ el tema テーマを掘り下げる
—— 《自》[+*en* を] 掘り下げる: *Profundizó en* la tierra húmeda con la pala. 彼は湿った土をシャベルで掘った。 Pocos investigadores *han profundizado en* este tema. この問題を深く追求した研究者はほとんどいない
profundo, da [profúndo, da]《←ラテン語 profundus》《形》[ser+]
❶ 深い《類義》**hondo** と **profundo** は同義だが, **hondo** はやや日常語的, **profundo** はやや文語的。《⇔*superficial*, poco profundo》: 1) El río es poco ～ en esta parte. 川のこの辺は浅い。Se hizo una herida ～*da*. 彼は深い傷を負った。 en las aguas ～*das* 深海に。 arruga ～*da* 深いしわ。pozo poco ～ 浅い井戸。raíces ～*das* 地中深く張った根。❷ 奥行きのある: El túnel es ～ y oscuro. そのトンネルは長くて暗い。cajón ～ 奥行きのある深い引き出し。 cueva ～*da* 深い洞穴。selva ～*da* 深いジャングル。 ❸《眠り・呼吸など》深い; 《声・まなざしなど》深みのある: Cayó en un sueño ～. 彼は深い眠りに落ちた。Se le escapó un suspiro ～. 彼はふと深いため息をついた。Habla con voz ～*da*, dulce e inteligente. エバの話し方は深みがあり, 優しくて知性的だ。 ❹ 心の底からの: Siento ～*da* admiración por ella. 私は彼女を心から尊敬している。hacer una ～ reverencia 深々とお辞儀をする。 desde lo más ～ 心の奥底から: ～ amor 深い愛。 ❺ [理解・内容が] 深い, 深遠な; 難解な; 深層の, 内奥の: Tiene un ～ conocimiento del tema. 彼はその問題について深い知識がある。Pronunció un discurso interesante y ～. 彼は興味深く内容のある講演を行なった。 El concepto de alma es demasiado ～ para un niño tan pequeño. 霊魂という概念はこんな幼い子供には難解すぎる。filósofo muy ～ 深遠な思想の哲学者。pensamiento ～ 深い考え。psicología ～*da* 深層心理学。 ❻《程度が》大きい: Sufrió una parálisis ～*da* de las extremidades inferiores. 彼は下肢に重度の麻痺を患った。Estas viejas fotos tienen un ～ valor para mí. これらの古い写真は私にとって大きな価値がある。 Es necesaria una ～*da* transformación del sistema educativo. 教育制度の徹底的な改革が必要だ。 ～*da* crítica 鋭い批判。 ～*da* diferencia はっきりとした違い。 dolor ～*da* 激痛。 ❼《言語》estructura ～*da* 深層構造。 ❽《医学》《知的障害が》重度の, 精神年齢が7歳以下の。 ❾《ある地域の》奥の, 深奥の: África ～*da* アフリカ奥地
—— 《男》《まれ》深み, 奥, 底
profusamente [profúsaménte]《副》過剰に, おびただしく, たっぷりと
profusión [profusjón]《←ラテン語 profusio, -onis》《女》《文語》過剰, 過多: explicar con ～ de detalles こまごまと説明しすぎる。 tener ～ de sellos おびただしい数の切手を集めている

profuso, sa [profúso, sa]〖←ラテン語 profusus〗形《文語》❶ おびただしい: libro con ~sas citas 引用だらけの本. dar a+人 ~sas muestras de cariño …を溺愛する ❷ 余分な, 不必要な

progenie [proxénje]〖←ラテン語 progenies〗女《集名》《文語》❶ [一人の人物の] 子孫, 一族; 家系, 血統, 血筋: raza de mongólica モンゴル系の民族. ❷ 発生 [=generación]

progenitor, ra [proxenitór, ra]〖←ラテン語 progenitor, -oris < pro-(継続)+genitor「生じさせる」〗名《時に戯題》❶ 父, 母: Sus ~es le dejaron mucho dinero. 両親は彼に大金を残した. ❷ [直系の] 先祖
 ── 形《生物》原種(の): célula ~ra 前駆細胞

progenitura [proxenitúra]女 ❶ 血筋, 血統, 家系. ❷《廃語》長子であること; 長子の権利

progeria [proxérja]女《医学》早老症, プロゲリア

progestágeno [proxestáxeno]男《薬学》プロゲスターゲン

progestativo, va [proxestatíβo, ba]形《薬学》妊娠しやすくする〖薬〗

progesterona [proxesteróna]女 ❶《薬学》黄体ホルモン. ❷《生化》プロゲステロン

progestina [proxestína]女《生化》プロゲスチン

progimnasma [proximnásma]男《修辞》試行, 予行, 試み

proglotis [proglótis]女《単複同形》《動物》片節

prognatismo [pragnatísmo]男《人類学》突顎, 上顎前突[症]

prognato, ta [pragnáto, ta]形名《人類学》顎の突き出た〔人〕, 突顎〔症〕の

progne [prógne]女《詩語》ツバクロ, ツバメ [=golondrina]

prognosis [pragnósis]女《単複同形》[気象などの] 予知, 予測, 予報

progradación [pragraðaθjón]女《地質》進均作用

programa [pragráma]男〖←ギリシア語 programma < prographo「私は importo て知らせる」〗男 ❶《放送》[個々の] プログラム, 番組, 《集名》[一放送局全体の] 番組: ¿Qué ~ tenemos esta noche? 今晩はどんな番組がありますか? Esta noche hay un ~ interesante en esa cadena. 今晩そのチャンネルで面白い番組がある. Me gusta ver los ~s de deportes. 私はスポーツ番組を見るのが好きだ. Pongamos la radio para escuchar algún ~ de música. ラジオをつけて, 何か音楽番組を聞こう. emitir un ~ 番組を放送する. tercer ~ 高度の教養番組. ~concurso クイズ番組. ~ de variedades バラエティ番組. [芝居・コンサートなどの] 演目. ❸ [行事・式典などの] 式次第. ❹《教育》カリキュラム, 授業計画: Mi hermano sigue un ~ de formación acelerado. 私の弟は速習養成コースを受講している. El ~ de la asignatura incluye el arte del Siglo de Oro. その科目の授業計画には「黄金世紀の美術」というテーマも含まれている. ~ de [la asignatura de] matemáticas 数学の授業計画. ❻ [上映・演目・活動計画などの] パンフレット: Ha comprado el ~ del cine. 彼は映画のパンフレットを買った. He leído en el ~ el reparto de la obra. 私はその作品の配役をパンフレットで知った. ❻《政治》1) 綱領 [=~ político]: El punto clave del ~ del partido es la reforma fiscal. その政党の綱領のかなめは財政改革だ. ~ electoral 選挙綱領. 2) P~ de las Naciones Unidas para el Desarrollo 国連開発計画, UNDP. P~ de las Naciones Unidas para el Medio Ambiente 国連環境計画, UNEP. P~ Erasmus [EU の] エラスムス計画. ❼ 企画, 予定: Diseñaron un ambicioso ~ de actuación. 彼らは野心的な活動企画を立てた. Ya he cumplido la mitad del ~. 私はもう予定の半分を終えた. ¿Qué ~ tenemos para este fin de semana? 私たちの今度の週末の予定はどうなっている? ~ de acción アクションプログラム, 行動計画. ❽《音楽》música de ~ 標題音楽. ❾《情報》1) プログラム: ~ Basic ベーシック. ~ ejecutable 実行可能プログラム. ~ objeto オブジェクトプログラム. ~ residente 常駐プログラム. 2) ソフト: ¿Qué ~ utilizas para el tratamiento de textos? 文書作成にどんなソフトを使っているの? ~ de utilidad ユーティリティ. 3) モード, コース: Para lavar ropa delicada, pon un ~ corto. 傷みやすい衣類を洗う時は[洗濯機を]短時間モードに設定しなさい. ~ de lavaplatos para vajilla delicada 皿洗い機の「壊れやすい食器」モード. ❿《ラプラタ, 口語》ナンパ; 情事: tener un ~ ナンパする
 ~ de mano〔街頭で配る〕上演パンフレット: El argumento de la ópera figura en el ~ de mano. そのオペラのあらすじはパンフレットに出ている

programable [pragramáβle]形 プログラムされ得る

programación [pragramaθjón]女 ❶ 計画の作成, 計画化: Al comienzo del año se realiza la ~ de las actividades del año. 一年の活動計画はその年の初めに立てられる. ❷《集名》演目; 式次第: En el último momento los organizadores alteraron la ~ del acto. ぎりぎりになって主催者が行事の段取りを変更した. Varios clásicos figuran en la ~ del cineclub. その映画愛好会の企画にはいくつかの古典名作が含まれている.《放送》1) 番組制作, 番組編成. 2)《集名》番組: En el periódico de hoy publican la ~ semanal de la televisión. 今日の新聞には一週間のテレビ番組一覧が載っている. La ~ de la cadena incluye muchos documentales. その局はドキュメンタリー番組をたくさん放送している. ❹《政治》綱領の作成. ❺《情報》1) プログラミング: aprender ~ en una academia de informática コンピュータ専門学校でプログラミングを学ぶ. lenguaje de ~ プログラミング言語. ~ imperativa (declarativa) 命令(宣言)型プログラミング. ~ lineal リニアプログラミング. ~ sin protagonismo エゴレスプログラミング. 2) 設定: ~ trucciones de ~ del DVD DVD の使用説明書

programador, ra [pragramaðór, ra]形 計画する, 計画的な: tener un espíritu ~ 計画的に事を進める性分である
 ── 名 ❶《放送》[番組編成者. ❷ プログラマー《=~ informático》. ~ de aplicaciones アプリケーション開発者. ~ de sistemas システムプログラマー
 ── 男《電気器具の》予約などの機能・装置: Se ha peado el ~ del acondicionador de aire. エアコンのセット機能が故障した. riego con ~ 予約機能付きの散水装置

programar [pragramár]他 ❶《放送》番組を組む: Han programado una buena película para esta noche. 今夜はとてもいい映画番組だ. El responsable de la primera emisora ha indicado que él programa con absoluta libertad. 第1チャンネルの責任者は番組編成は自分の思いどおりに行なうと述べた. ❷ 計画を立てる: El centro cultural programará conciertos de música clásica. 文化会館はクラシック音楽のコンサートを企画している. ❸《電気器具の予約などを》セットする: La película es a las diez; ¿has programado el vídeo? 映画番組は10時開始だ, 録画のセットはしたかい? ❹《情報》~のプログラムを組む: Estoy programando ahora unas aplicaciones muy especializadas. 私は今とても高度なプログラムを作っている. ❺ プログラムに組み込む: Nuestro cultura nos programa para la competencia. 我々の文化は我々が競争するように条件づけている
 ── 自《情報》プログラムを組む: Aprendió a ~ en Basic. 彼はベーシックのプログラミングを習った

programático, ca [pragramátiko, ka]形 政策綱領の: discurso ~ 施政方針演説

progre [prógre]形〖progresista の語尾脱落形〗名《口語》進歩主義の(主義者), 進歩的な〔人〕

progresar [pragresár]自〖←progreso〗❶ 進歩する, 向上する; 上達する: 1) El país ha progresado mucho. その国は大いに進歩を遂げた. Las conversaciones de paz no progresan. 和平交渉に進展がない. El paciente está progresando a pasos agigantados. その患者はめきめき回復している. 2) [+en において] Has progresado mucho en español. 君はスペイン語が非常に上達したね. ❷ [好ましいこと・好ましくないことが] 進行する: El médico le explicó que la enfermedad progresa muy lentamente. 医師は彼にその病気は非常にゆっくり進行するものだと説明した. Este año la epidemia ha progresado alarmantemente en la población infantil. 今年その伝染病が子供の間で恐るべき勢いで広がった. ❸《軍事, スポーツなど》[+hacia に向かって, +por に沿って] 前進する: Los tanques progresan hacia la capital. 戦車隊は首都めざして進んでいる. Nuestro equipo de baloncesto tarda mucho en ~ hacia la canasta contraria. 私たちのバスケットボールチームは敵のゴールまで進むのに時間がかかり過ぎる. El extremo progresaba por la banda con el balón controlado. ウイングはボールをコントロールしたままサイドラインに沿って前進した

progresía [pragresía]女《時に軽蔑》《集名》進歩的な人; 流行の先端を行く人, 進歩的であること

progresión [pragresjón]女〖←ラテン語 progression, -onis〗❶ [好ましい・好ましくない方向への] 進歩, 進行《⇔regresión》: La ~ del país es el objetivo principal del Gobierno. 国の発展が政府の主たる目標だ. Nos preocupa la ~ espectacular

del índice de desempleo. 私たちは失業率のすさまじい増加を憂慮している. Afortunadamente, la ~ del cáncer se ha detenido. 幸いなことに癌の進行が停止している. ❷ 進歩; 上達: Una lesión ha truncado la ~ del tenista. そのテニス選手はけがのために上達が阻害されてしまった. ❸《軍事, スポーツなど》前進: La ~ de las tropas era lenta. 進軍速度はゆっくりだった. ❹《数学》級数, 数列: ~ aritmética 等差数列. ~ geométrica 等比数列. ❺《音楽》進行. ❻ 連続, 連鎖
en lenta ~ ゆっくりと
en ~ geométrica 加速度的に: La demanda creció en ~ geométrica. 需要は加速度的に増加した

progresismo [progresísmo]《男》❶ 進歩主義, 革新主義. ❷ 進歩主義政党, 革新政党

progresista [progresísta]《形》《名》❶ 進歩主義の（主義者）, 革新政党の（党員）, 進歩的な〔人〕. ❷ 進歩主義政党の〔党員〕, 革新政党の（党員）: partido ~ 革新党. ❸《歴史》〔自由主義の3年 Trienio Liberal の〕進歩派〔→exaltado〕❹ 流行の先端を行く〔人〕

progresivamente [progresíbaménte]《副》徐々に, 段階的に: Su salud mejora ~. 彼の健康は徐々に回復している

progresividad [progresibidá(d)]《女》《経済》累進制, 漸進的増加

progresivo, va [progresíbo, ba]《形》❶〔数量の増大・質的向上において〕前進的な《⇔regreso》: Anunciaron un incremento ~ en los sueldos. 賃金の段階的引き上げが発表された. Calculamos una ~va reducción en los gastos. 私たちは支出の削減が進んでいると考えている. ~ envejecimiento de la sociedad 社会の高齢化の進行. ❷ 漸進的な: Se espera un ~ aumento de las temperaturas. 気温は次第に上昇するだろう. La ~va caída de la bolsa preocupa a los inversores. 株が徐々に下落しているので投資家たちは気をもんでいる. imposición ~va 累進課税. impuesto ~vo 累進税. informe ~ プログレスレポート. parálisis ~va 進行性麻痺. política ~va de industrialización 段階的な工業化政策. ❸《文法》進行を表わす, 進行形の: forma ~va 進行形. ❹《政治》進歩主義の《=progresismo》

progreso [progréso]《←ラテン語 progressus < progredi「進む」< pro-（前方に）+gradi「歩く」》《男》❶ 進歩, 向上; 上達: Es necesario fomentar el ~ de la ciencia. 科学の進歩を促進する必要がある. Hace ~s importantes en matemáticas. 彼は数学の進歩が著しい. ~ de la calidad de vida 生活の質の向上. ~ económico 経済発展. ~ de la industria 産業の発展. ❷〔好ましい・好ましくない方向への〕進行: Me preocupa el ~ acelerado de su enfermedad. 彼の病状が急速に悪化しているのが私は気がかりだ. Se nota cada día un pequeño ~ en tu recuperación. 日一日と君が少しずつ回復しているのが分かる. ❸《政治》〔理想状態に向かっての〕進歩: ~ de la humanidad 人類の進歩. ❹《軍事, スポーツなど》前進: El ~ de las tropas era lento pero constante. 部隊はゆっくりだが着実に前進した. A nuestro equipo le cuesta trabajo el ~ con el balón en el campo contrario. 私たちのチームはなかなかボールを敵陣にまで進めることができない. contemplar el ~ de la marea 潮が満ちるのを眺める
ir en ~ 進展する

prohibición [proibiθjón]《女》❶〔公的な〕禁止, 禁制《⇔permiso》: La ~ de fumar se ha extendido a todos los lugares públicos. 禁煙はすべての公の場所に拡大された. Tratado de P~ de Pruebas Nucleares 核実験禁止条約. ~ de caza 禁猟. ~ de pesca 禁漁. ❷ 禁輸: levantar la ~ 禁輸を解除する. ~ de importación de armas 武器の禁輸. ❸ 禁止の標識: El vehículo se saltó la ~. その車は通行禁止の標識を無視した

prohibicionismo [proibiθjonísmo]《男》〔酒・麻薬・武器取引などの〕禁止論

prohibicionista [proibiθjonísta]《形》《名》❶ 禁止論の（論者）. ❷ 禁酒党の党員《米国, 1868～》

prohibir [proibír]《←ラテン語 prohibere < pro-（外に）+habere「持つ」》17《他》〔+a に〕禁止する, 禁じる《⇔permitir, admitir》: 1)〔+名詞〕El médico le *ha prohibido* el alcohol por completo. 医師は彼に飲酒を厳禁した. En esta zona está *prohibida* la circulación de camiones. この地区ではトラックの通行が禁じられている. 2)〔+不定詞・*que*+接続法 するのを〕Te *prohíbo* entrar./Te *prohíbo que* entres. 君は入ってはいけない

Prohibieron temporalmente usar ese acceso. その通路は一時的に使用を禁じられた. Aquí está *prohibido* fumar. ここは禁煙です. Tengo *prohibido* conducir. 私は自動車の運転を禁じられている. El padre no le *prohíbe* a su hija *que* salga de noche. 父親は娘に夜間の外出を禁じていない. 3)〔+不定詞+否定語/+*que*+接続法+否定語〕prohibir に否定が含意されているので no は不要〕Os *prohíbo* tocar nada./Os *prohíbo que* toquéis nada. いっさい手を触れてはいけないよ. Prohibieron *que* saliera *nadie*. 誰も外に出ることを禁じられた
— ~se *Se ha prohibido* la venta de estos artículos. これらの商品の販売が禁止された. *Se prohíbe* la entrada.《表示》立入禁止

prohibir		
直説法現在	命令法	接続法現在
prohíbo		prohíba
prohíbes	prohíbe	prohíbas
prohíbe		prohíba
prohibimos		prohibamos
prohibís	prohibid	prohibáis
prohíben		prohíban

prohibitivo, va [proibitíbo, ba]《形》[ser]❶ 手が出ないほど高価な: El precio de la vivienda es ~. 家の値段は手が届かないほど高い. Comer angulas es un lujo ~. ウナギの稚魚を食べるなんてぜいたくすぎて無理だ. Esos grandes almacenes tienen unos precios ~s. その百貨店の商品は高くて手が出ない. ❷ 禁止の: ley ~*va* 禁制, 禁止令. medidas ~*vas* 禁止処置

prohibitorio, ria [proibitórjo, rja]《形》=prohibitivo
prohijación [proixaθjón]《女》養子縁組
prohijador, ra [proixaðór, ra]《形》《名》養子をとる〔人〕
prohijamiento [proixamjénto]《男》❶ 養子縁組. ❷〔他人の意見の〕取り込み
prohijar [proixár] 17《他》❶ 養子にする. ❷〔他人の意見を自分のものとして〕取り込む, 採用する
prohombre [proómbre]《男》❶ 権威者, 大物, 名士. ❷《歴史》〔ギルドの〕親方, マイスター
proindivisión [proindibisjón]《女》《法律》〔遺産などの〕不分割, 共有
proindiviso, sa [proindibíso, sa]《形》《男》《法律》不分割の〔遺産〕, 共有の; 共有財産
——《副》《法律》分割されずに, 共有されて
pro infirmis [pro infírmis]《←ラテン語》《カトリック》〔ミサで〕病人のための
prointegracionista [prointegraθjonísta]《形》《名》統合に賛成の〔人〕
proís [proís]《男》《船舶》係船柱; 舫(もや)い杭, 舫い石
prójima[1] [próxima]《女》《西. 口語》ふしだらな女
prójimo[1] [próximo]《←ラテン語 proximus》《男》❶ 同胞, 人間同士: Amar al ~ como a sí mismo.《新約聖書》汝の隣人を汝自身のごとく愛せよ. ❷ 他人: Han tomado el dinero del ~ ilegalmente. 彼らは不正に他人から金を手に入れた. meterse en los asuntos del ~ 他人のことに介入する
prójimo[2], **ma** [próximo, ma]《形》❶《西. 軽蔑》やつ〔=tío〕; 誰だか知らない（言いたくない）人: ¿Quién es ese ~? あいつは誰だ? ❷《隠語》夫, 妻
pról.《略語》←prólogo 序文
prolactina [prolaktína]《女》《生化》プロラクチン
prolapso [prolá(p)so]《男》《医学》〔器官の〕脱, 脱出症: ~ rectal 直腸脱
prole [próle] I《proletario の省略語》《名》《口語》プロレタリア
II《←ラテン語 proles》《女》《集名》❶《軽蔑, 戯言》子供, 子孫: tener una gran ~ 大勢の子どもがある. padre de numerosa ~ 子だくさんの父親. ❷《口語》〔何か共通点をもつ〕大勢の人
prolegómeno [prolegómeno]《←ギリシア語 prolegomena「最初に言われたこと」》《男》❶《主に複. 概説を含む》序論, 序説: los ~s de Kant カント序説. ❷〔話の長い〕前置き: Déjate ya de ~s y explica lo que pasó. 前置きはいいから何があったのか説明しなさい. ❸ 序盤
prolepsis [prolé(p)sis]《女》《修辞》予弁法〔反論を予期してあらかじめ反駁しておく法〕
proletariado [proletarjáðo]《男》《集名》プロレタリアート, 労働者

proletario, ria 階級, 無産階級《⇔burguesía》: dictadura del ~ プロレタリア独裁

proletario, ria [proletárjo, rja]《←ラテン語 proletarius「国家にとって子供を作る存在としてのみ意味を持つ人」(近代になって「自分の労働力しか所有する物のない人」を指すようになった)》形 名 プロレタリア(の), 無産者(の); プロレタリアートの, 労働者階級の: revolución ~ria プロレタリア革命. ❷《戯曲》庶民(の)
—— 男《古代ローマ》最下層民

proletarismo [proletarísmo] 男 プロレタリアであること

proletarización [proletariθaθjón] 女 プロレタリア化, 無産階級化

proletarizar [proletariθár] 9 他 プロレタリア化させる

proliferación [proliferaθjón] 女 ❶《生物》(細胞などの)増殖, 繁殖. ❷ ~ de bacterias バクテリアの増殖. ❸ (一般に)急速な増大, 急増, 蔓延: ~ de prostitutas 売春の激増. Tratado de No P~ Nuclear 核拡散防止条約

proliferante [proliferánte] 形 増殖する

proliferar [proliferár]《←prole+ラテン語 ferre「持つ」》自 ❶ 増殖する, 繁殖する. ❷ 急増する

proliferativo, va [proliferatíβo, βa] 形 増殖可能な

prolífero, ra [prolífero, ra] 形 =**prolífico**

prolífico, ca [prolífiko, ka]《←prole+ラテン語 facere「作る」》形 ❶ 繁殖力のある, 多産な: El conejo es un animal ~. ウサギは繁殖力の旺盛な動物だ. ❷ 急増する. ❸ 多作の: Lope de Vega fue un escritor ~. ロペ・デ・ベガは多作な作家だった. ❹ 豊富な

prolijamente [prolíxaménte] 副 冗長に, くどくどしく

prolijear [prolixeár] 他 (説明・余談などを) 長々と述べる

prolijidad [prolixiðáð] 女 ❶ 冗漫, 冗長. ❷《ラプラタ》整person, 清潔

prolijo, ja [prolíxo, xa]《←ラテン語 prolixus》形 ❶ 細々とした, 入念な; 冗漫な, 冗長な; 退屈な: carta ~ja くどい手紙. discurso ~ 長々しいスピーチ, しつこい. ❷ 不作法な, しつこい. ❸ (チリ, アルゼンチン, ウルグアイ) 1)〔行為・事物が〕整然とした, 入念な. 2)〔人が〕きちょうめんな; 身だしなみに気を使う, おしゃれな

prologal [prologál] 形 序文の

prologar [prologár] 8 他 …の序文(プロローグ)を書く. ❷ 発端となる

prólogo [prólogo]《←ギリシャ語 prologos < pro「前に」+lego「私は言う」》男 ❶〔+de・a への〕序文, 序言, プロローグ《⇔epílogo》: ~ de la segunda parte de El Quijote『ドン・キホーテ』後編の序文. ❷〔劇詩の〕前口上. ❸〔演劇・小説などの〕序幕, 序章. ❹〔比喩〕序幕, 発端, 前兆: Fue solo el ~ de la catástrofe. それは大災害の序幕に過ぎなかった. ❺《自転車など》〔レースの〕第1ステージ《主にタイムトライアル. =etapa ~》

prologuista [prologísta] 名 (他人の作品の) 序文執筆者

prolonga [prolónga] 女《軍事》(鉤と留木が付き, 車両や砲車を引く) 索索(なわ)

prolongable [prolongáβle] 形 延長され得る: La temporada es ~ según las necesidades. 期間は必要に応じて延長可能である. contrato ~ por un año 1年間延長可能な契約

prolongación [prolongaθjón] 女 ❶〔時間的・空間的な〕延長; 延期, 引き延ばし: ~ de la sesión por diez días 会期の10日間延長. ~ del contrato 契約の延長. ~ del metro 地下鉄の延伸. ❷ 延長部分: Esta historia es una ~ de la anterior. これは前の物語の続編だ. El hijo fue una ~ de las ilusiones del padre. その息子が父親の夢の後継者となった

prolongadamente [prolongáðaménte] 副 ❶ 長時間, 長々と, 冗長に. ❷ 長く, 広大に

prolongado, da [prolongáðo, ða] 形 ❶ 長時間の: Se prevén precipitaciones ~das para el fin de semana. 週末はずっと雨が降る見込みだ. ❷ 細長い, 横長の

prolongador, ra [prolongaðór, ra] 形 名〔時間的な〕引き延ばしする(人)

prolongamiento [prolongamjénto] 男 延長 (=**prolongación**): La prensa es socialmente el ~ tipográfico del hombre. 新聞は社会的に見て, 人間の印刷された続編である

prolongar [prolongár]《←ラテン語 prolongare < pro-(前方に) +longus「長い」》8 他 延ばす, 延長する: 1)〔時間的〕Decidieron ~ su estancia una semana más. 彼らはもう1週間滞在をすることにした. Los problemas técnicos han prolongado el rodaje de la película. 技術的な問題のために映画の撮影が延期された. ~ las negociaciones 交渉を引き延ばす. ~ el sueño もう少し〔長く〕眠る. ~ el viaje 旅行を延長する. 2)〔空間的〕~ la carretera diez kilómetros 道路を10キロ延長する. ~ la frase 文章を長くする
—— ~ se 長引く: La negociación se prolongó más de lo previsto. 交渉は予定より長引いた. Su sufrimiento se prolongó varios meses. 彼の苦しみは長く数か月も続いた. ❷〔空間的に〕延びる: El bosque se prolonga más allá del lago. 森は湖のずっと向こうまで続いている

proloquio [prolókjo]《文語》❶ 命題, 定理; 陳述, 宣告. ❷ (偉人などの) 名言, 格言

prolusión [prolusjón] 女《文語》=**prelusión**

promanar [promanár] 自《まれ》生じる, 由来する

promecio [proméθjo] 男 =**prometio**

promediar [promeðjár] 10 他 ❶ …の平均を出す: ~ las notas de las pruebas 試験成績の平均を出す. ❷ 平均…である. ❸〔おおよそ〕2つに分ける. ❹ 真ん中に置く
—— 自 ❶〔時間的に〕半ばに達する: Promediaba el mes de diciembre cuando los trabajadores recibieron la orden de abandonar la mina. 12月の半ばに労働者たちは鉱山からの立ち退き命令を受け取った. antes de ~ el mes 月中までに. ❷ 仲介する

promedio [promeðjo]《←ラテン語 pro medio》男 ❶ 平均: El ~ de las ventas semanales es de $9200. 週平均売り上げは9200ドルだ. Un ~ de 600 niños nacen al mes en esta región. この地域では一月平均600人の子供が生まれる. Se necesita tener un ~ de 8.0 en la licenciatura. 専門課程では平均8点を取る必要がある. superar el ~ provincial (nacional) 県(全国)平均を上回る. más arriba (abajo) del ~ 平均以上(以下)の. como ~ 平均で. ❷ 中間点, 真ん中

promesa [promésa]《←ラテン語 promissa < promissum < promittere「約束する」》女 ❶ 約束: Me ha hecho una ~: va a dejar de fumar. 彼は私に禁煙すると約束した. Los ciudadanos exigen que se cumplan las ~s electorales. 国民は選挙公約が守られることを要求している. Por su voz, me pareció una ~ sincera. 彼の声からして, それは本気のように思えた. Lo siento, pero ya no creo en tus falsas ~s. 悪いが, もう君のいい加減な約束は信じられない. ~ de compra-venta 売買の仮契約. 2)〔+de+不定詞・que+直説法〕Me hizo la ~ de pagarme hoy. 彼は今日払うと私に約束した. Mantuve hasta el final mi ~ de asistir. 私は出席するという約束を最後まで守った. Me hizo la ~ firme de que vendría, y sin embargo me dejó plantado. 彼は来ると固く約束しておきながら, 私はすっぽかされた. ❷〔良いことの〕予兆, きざし. ❸ 有望な人, ホープ: Es una joven ~ de la canción. 彼女は有望な若手歌手だ. ❹《宗教》祈願

~ de borracho 空約束

~ de cortesano 甘言, 美辞麗句

~ de matrimonio/~ matrimonial 婚約: José le hizo a María ~ de matrimonio. ホセはマリアと婚約した

promesante [promesánte] 名《チリ, アルゼンチン》〔巡礼など〕神との誓いを果たす(人); 巡礼する者

promesar [promesár]《アルゼンチン》神に誓いを立てる

promesero, ra [promeséro, ra] 形《アンデス》巡礼の, 巡礼する者

prometazina [prometaθína] 女《薬学》プロメタジン

prometedor, ra [prometeðór, ra] 形 (ser+) 有望な, 見込みのある, 先が楽しみな, 幸先のよい: El futuro es ~. 未来は明るい. La noche se presenta ~ra. 楽しい夜になりそうだ. Es un pianista muy ~. 彼は非常に前途有望なピアニストだ

prometeico, ca [prometéiko, ka] 形 ❶《ギリシャ・ローマ神話》プロメテウス Prometeo の. ❷ プロメテウス的な, 人間の条件に反して挑戦する

prometeísmo [prometeísmo] 男《文語》プロメテウス的態度

prometeo [prometéo] 男 ❶ =**prometio**. ❷《ギリシャ・ローマ神話》『P~』プロメテウス『人類に火を伝えたとされる神』

prometer [prometér]《←ラテン語 promittere「約束する」< pro-(前方に)+mittere「送る」》他 ❶〔+a+人 に〕約束する: 1)〔+名詞〕Me prometió un regalo. 彼は私にプレゼントをくれると約束した. Les traigo el regalo prometido. 約束のプレゼントを持って来ました. José, no vuelvas a llegar tarde. ¿Prometido? ― Prometido. ホセ, もう遅刻するなよ, 約束だ. ― 約束します. Lo prometido es deuda.《諺》約束は約束だ. 2)〔+不定詞

自分が…することを] Me *promete* hacer todo lo posible. 彼は私に最善を尽くすと約束している。3) [+que+直説法未来・過去未来. 自分・自分以外の人・事物が…することを] Me *promete* que hará todo lo posible. 彼は私に最善を尽くすと約束している〖=Me *promete* hacer todo lo posible.〗. Le *prometí* que le visitaría hoy. 私は今日訪ねると彼に約束した〖=Le *prometí* visitarle hoy.〗. *Prométe*me *que* no volverás a mentir. 二度と嘘をつかないと私に約束しなさい. El dueño nos ha *prometido* que esa casa será nuestra. 家主はその家は私たちのものだと約束してくれた. 4) 〖確言〗 i) Ya estamos muy cerca, te lo *prometo*. 私たちは後もう少しで着く. 間違いない. ii) [+que+直説法] Podrá parecer mentira, pero *prometo* que no sabía nada. 嘘のように思えるかも知れないが, 私は何も知らなかったんだ. 信じてほしい. 5) 〖否定文で +que+接続法〗 No puedo 〜te *que* vaya a aceptar tu proposición. 私は君の提案を受け入れると君に約束することはできない. ❷ 〖任務などの〗 忠実な遂行を誓う: Los diputados *prometen* su cargo en la asamblea. 議員たちは職務を忠実に遂行すると議会で宣誓した. ❸ 〖主によいことを〗予告する: Este año *promete* ser provechoso. 今年はもうかるらしい. La película *promete* ser interesante. その映画は面白そうだ. ❹ …と婚約する: [+con と] 〖+con と〗婚約させる: Ella le *prometió* a mi hermano. 彼女は私の兄と婚約した. Los padres la *prometieron con* un hombre mucho mayor que ella. 両親は娘をはるかに年上の男と婚約させた. ❺ 期待させる, 見込みがある: Esta chica *promete* como bailarina. この少女はバレリーナとして前途有望だ. Esta tienda *promete* mucho. この店は大変将来性がある. ❻ 先が思いやられる. ―― 〜*se* ❶ 婚約する: 1) [互いに] María y José *se han prometido*. マリアとホセは婚約した. 2) [+con と] María *se ha prometido con* José. マリアはホセと婚約した. ❷〖西〗〖根拠のない〗期待を抱く: *Nos habíamos prometido* algo mejor. 私たちはもっといいものを期待していた. ❸〖信仰に〗身を捧げる. ❹ 自分に言い聞かせる, 誓う: *Se prometió* a sí misma *que* no volvería a hacerlo. 彼女は二度とそんなことはするまいと心に誓った

prometido, da [prometído, đa] 名 ❶〖文語〗婚約者: José vendrá con su 〜*da* a la cena. ホセは婚約者を連れて夕食に来ることになっている. 〖まれ. 婉曲〗恋人, 愛人

prometimiento [prometimjénto] 男 約束
prometio [prométjo] 男〖元素〗プロメチウム
prominencia [prominénθja] 女 [〜prominente] ❶ 突出, 高くなっている所. ❷ 傑出
prominente [prominénte] 〖←ラテン語 prominens, -entis〗形 ❶ 突き出ている: nariz 〜 高い鼻. 傑出した: 〜 científico すぐれた科学者. ❷〖中南米〗著名な, 高い
promiscuación [promiskwaθjón] 女 ごたまぜにすること
promiscuamente [promískwaménte] 副 雑多に
promiscuar [promiskwár] ❶ 自 ❶〖四旬節などに〗肉も魚も食べる. ❷ 見境なく雑多に参加する
promiscuidad [promiskwiđáđ] 女 [〜promiscuo] 乱れた性的関係, 乱交: Compartía la insaciable 〜 de su padre y se acostó con putas, modelos y actrices. 彼も父親と同じく飽くことのない乱れた性的関係があり, 売春婦, モデル, 女優たちとベッドを共にした. ❷〖主に軽蔑〗雑多, ごたまぜ
promiscuo, cua [promískwo, kwa] 〖←ラテン語 promiscuus<miscere「混ぜる」〗形 ❶ 性的に乱れた, 乱交の: Las relaciones 〜*cuas* son un foco de infección. 乱れた性的関係が感染の温床である. ❷〖主に軽蔑〗雑多な, ごたまぜの. ❸ あいまいな, 両義の
promisión [promisjón] 女 [=promesa];〖法律〗〖口頭での〗単なる約束. ❷〖文語〗肥沃な土地
promisor, ra [promisór, ra] 形〖文語〗約束する
promisorio, ria [promisórjo, rja] 形 〖←ラテン語 promissum〗形 ❶〖法律〗約束の, 保証の. ❷〖商業〗支払を約束する. ❸ 将来有望な
promitente [promiténte] 男〖アンダルシア; 中南米〗約束する人
promoción [promoθjón] 女 ❶ 販売促進 〖=〜 de ventas〗: vídeo para (de) 〜 プロモーションビデオ. ❷ 促進, 振興: 〜 de las exportaciones 輸出促進. ❸ 昇進, 進級. ❹〖集合〗同期生(任官)者, 同窓生: Todos los de mi 〜 están pensando en qué carrera seguir. 私の同期生たちはみんな進路のことを考えている. ❺〖スポーツ〗[上位リーグとの] 入れ替え戦, プレーオフ. ❻〖南米〗サービスランチ
en 〜 1) 販売推進中の, 宣伝中の. 2) 売れ筋の: artículo *en* 〜 売れ筋商品
promocionador, ra [promoθjonađór, ra] 形 販売促進をする, 売り込みをする
promocional [promoθjonál] 形 販売促進の, 売り込みの
promocionar [promoθjonár] 他 ❶ […の販売などを] 促進する: La discográfica *promociona* internacionalmente sus producciones. そのレコード会社は自社の製品を国際的に売り込んでいる. ❷〖引き立てて〗昇進させる, 抜擢(ぼっ)する
―― 〜*se* 昇進する
promocionista [promoθjonísta] 名 ❶ 販売促進員. ❷〖スポーツ〗入れ替え戦を行なうチーム
promontorio [promontórjo] 〖←ラテン語 promontorium〗男 ❶ 高台, 丘. ❷〖地理〗岬. ❸〖比喩〗〖邪魔になるような〗山積み; ふくらみ: un 〜 de libros 本の山. ❹〖解剖〗岬角(こう)
promotor, ra [promotór, ra] 〖←ラテン語 promotor, -oris〗形 促進する
―― 名 ❶ 発案者, 発起人; 主唱者: 〜 de una reforma 改革の主導者. 〜 de los desórdenes públicos 暴動の首謀者. ❷ 促進者: 〜 de ventas 販売促進者, 宣伝販売者. 〜 inmobiliario 宅地開発業者, ディベロッパー. ❸ 興行主, 興行師, プロモーター. ❹〖カトリック〗〜 de la fe 列聖調査審問検事. 〜 fiscal 検事. ❸〖化学〗助触媒
―― 女 宅地開発会社〖=〜*ra* inmobiliaria〗
promovedor, ra [promoβeđór, ra] 名 形=promotor
promover [promoβér] 〖←pro-+mover〗29 他 ❶ 促進する, 振興する〖=suscitar〗: El gobierno *promueve* el ahorro. 政府は貯蓄を奨励している. campaña para 〜 la venta 販売促進のためのキャンペーン. ❷〖口語〗引き起こす, 誘発する: *Promovió* escándalos políticos. 彼は政治的スキャンダルを起こした. ❸ [+a に] 昇進(昇級)させる: Nuevas acciones victoriosas le *promovieron a* capitán. 新たな勝利で彼は大尉に昇進した. ❹〖宅地を〗開発する. ❺ 開始する, 着手する;〖法律〗〖訴訟を〗起こす
promovídeo [promoβíđeo] 男 プロモーションビデオ
promulgación [promulɣaθjón] 女〖法律〗公布, 発布
promulgador, ra [promulɣađór, ra] 形 発布の, 公布の; 発布者, 公布者
promulgar [promulɣár] 〖←ラテン語 promulgare〗8 他 ❶〖法律を〗公布する, 発布する: 〜 nueva ley sobre energía エネルギーに関する新法を公布する. ❷〖厳かに〗発表する. ❸ 広める
pronación [pronaθjón] 女〖医学〗〖手首の〗回内〖運動〗
pronador [pronađór] 男〖解剖〗回内筋
pronaos [pronáos] 男〖←pro-〖前方に〗+ギリシア語 naus, neos「船」〗〖単複同形〗〖古代ギリシア〗前廊, プロナオス〖神殿前の柱廊〗
prono, na [próno, na] 〖←ラテン語 pronus〗形 ❶ 傾向がある, …しやすい. ❷〖医学〗うつぶせの, 腹ばいの〖⇔supino〗
pronogradismo [pronoɣrađísmo] 男〖動物〗体を地面と平行にする歩行
pronombre [pronómbre] 〖←ラテン語 pronomine〗男〖文法〗代名詞: 〜 demostrativo (posesivo) 指示(所有)代名詞
pronominado [pronomináđo] 形〖まれ〗verbo 〜 =verbo pronominal
pronominal [pronominál] 〖←ラテン語 pronominalis〗形〖文法〗❶ 再帰代名詞を伴う, 代名動詞的な: verbo 〜 代名動詞〖再帰動詞のこと〗. ❷ 代名詞の
pronosticación [pronɔstikaθjón] 女 予想, 予測, 予報
pronosticador, ra [pronɔstikađór, ra] 形 予想(予測・予報)する[人]; 気象予報士;〖競馬などの〗予想屋
pronosticar [pronɔstikár] 〖←pronóstico〗7 他 [論理的・科学的根拠で] 予想する, 予測する: Han *pronosticado* lluvias para el fin de semana. 週末は雨が降るとの予報だ. El economista *pronosticó* que el gasto de consumo subirá 2,3% este año. 経済学者は今年の消費支出の伸びが2.3%と予測した. Le *pronosticaron* cáncer. 彼は癌だと推測された
pronóstico [pronóstiko] 〖←ギリシア語 prognostikon「私は前もって知っている」〗男 ❶〖論理的・科学的根拠からの〗予想, 予測〖行為, 内容〗: hacer 〜*s* 予測を立てる.

pronoto

〔consultar el〕～ del tiempo 天気予報〔を調べる〕．～ a corto plazo 短期予報．～s económicos 経済予測．❹《医学》予後，病状の見通し: 1) de ～ leve 軽度の，軽症の． ❷〔形容詞的〕factor ～ 予後因子．valor ～ 予後的価値．❸ 天文・気象カレンダー．❹ 前兆
de ～〔**reservado**〕《西．口語》要検査の，危険な: Dos accidentados fueron trasladados al hospital con heridas de ～ reservado. 事故による重体の負傷者が2人病院に搬送された

pronoto [prónoto] 男《昆虫》前胸背板
prontamente [próntaménte] 副 ❶ ただちに，すぐに．❷ すばやく，急いで，迅速に
prontísimo [prontísimo] [pronto の絶対最上級] 副 とても早く
pronto [prónto] ❶《口語》すぐに．❷《西》早く〔=temprano〕
prontitud [prontitúđ]《←ラテン語 promptitudo》女 迅速: Agradezco la ～ de su respuesta. 早速のお返事ありがとうございました
con ～ 迅速に，すばやく: Los bomberos han acudido con ～. 消防士たちは迅速に駆けつけた．Al ver a Eva, se puso en pie con ～. 彼はエバの姿を見ると，急いで立ち上がった．Decidí resolver el asunto con ～. 私はその件を早急に解決しようと決心した

pronto¹ [prónto]《←ラテン語 promptus》副 ❶ すぐに，間もなく，すぱやく **[類義] rápido・rápidamente** は「速度が速く」，**temprano** は「時刻が早く」，**pronto** は「ある出来事から間を置かず次の出来事が起こる」および「時刻が早く」: Procura venir ～: hay que hacer muchas cosas. 早く来るようにしなさい．片付けなければならない用事がたくさんあるから．Javier volverá ～. ハビエルは間もなく帰ります．P～ cumple sesenta años. 彼はもうすぐ60歳になる．P～ llegará el invierno. すぐに冬が来るだろう．¡Que esté ～ la cena! 早く夕食にしてくれ！ ❷《西》〔いい意味で，時期・時間が〕早く〔=temprano〕: Tuvimos que levantarnos ～ para coger el tren. 私たちは列車に乗るために早く起きしなければならなかった．Anoche regresó ～, no serían todavía las ocho. 昨夜，彼は早く帰った，まだ8時前だっただろう．Ha llegado usted ～, todavía no hemos abierto. いらっしゃるのが早すぎます，当店はまだ営業しておりません．Destacó entre sus compañeros desde muy ～. 彼はごく早いころから仲間の中で頭角を現わしていた
al ～《西》最初は，すぐには: Vi una figura, que al ～ me pareció ángel. 私は姿を見て，最初はそれを天使だと思った
de ～ ❶ 突然，いきなり: Hacía sol y de ～ empezó a llover. 日が照っていたのに突然雨が降り出した．De ～ abrió la ventana, y entró el aire frío. 彼がいきなり窓を開けたので冷気が入って来た．De ～, me di cuenta de todo. 突然，私は一切のことに思い当った．2)《南米》たぶん，おそらく〔=a lo mejor〕
de un ～《中南米》すぐに，ただちに
lo más ～ posible できるだけ早く: Regresa lo más ～ posible. できるだけ早く帰りなさい．Espero que te acostumbres lo más ～ posible a la nueva vida. 君には一日でも早く新生活になじんでもらいたい
más ～ o más tarde 遅かれ早かれ〔=tarde o temprano〕: Los dirigentes asiáticos llegarán a un acuerdo más ～ o más tarde. アジア諸国の首脳たちは早晩，意見の一致を見るだろう
por de ～/por lo ～ 今のところ，さしあたって；まず: Por de ～ tenía que buscar un hotel. まずは私はホテルを探さなくてはならなかった．Ya verás cómo todo mejora; por lo ～, ya has encontrado trabajo. 何もかもきっとうまくいくからね．とりあえず君は仕事が見つかったじゃないか
¡P～! 急げ，早く！
～ o tarde =**más ～ o más tarde**
se dice (muy) ～ 言うのは簡単だが，驚くべきことに: Eso se dice muy ～. 言うのは易くて行うは難し．Hizo los dos trabajos a la vez, que se dice ～. 彼はその2つの仕事を同時にやってのけた，言うは易し言うは難し
tan ～..., tan ～.../tan ～... como...〔繰り返し〕あるいは…またあるいは…: Tan ～ se ríe, tan ～ llora. 彼は笑うかと思うと泣きもする．Tan ～ te saluda, como te da la espalda. 彼は君にあいさつするかと思えばすぐ背を向けるような人物だ
tan ～ como... …するとすぐに；1)〔確定した事実の時は +subj.

法〕Me despierto tan ～ como amanece. 私は夜が明けるとすぐ目が覚めるんだ．Tan ～ como llegué a casa, llamé a mi mujer. 私は帰宅するやいなや，妻を呼んだ．2)〔未来のことを表わす時は +接続法〕José se olvidará de María tan ～ como deje de verla. ホセはマリアに会えなくなったら，たちまち彼女のことを忘れるだろう
―― 男 ❶《西》〔感情の〕激発，衝動: Tuvo uno de sus ～s y se marchó de la reunión dando un portazo. 彼はいつものかんしゃくが出て，乱暴に戸を閉めて会議から退席した．A Eva le dio un ～ y tiró el plato. エバは激怒して私に皿を投げつけた．Tiene un ～ muy malo. 彼は非常に怒りっぽい．❷《プエルトリコ》手付金: dar el ～ 手付金を払う

pronto², **ta** [prónto, ta]《←ラテン語 promptus》形 ❶ すばやい，即座の **[類義] rápido** は「速度が速い」，**temprano** は「時刻が早い」，**pronto** は「ある出来事から間を置かずの出来事が起こる…」: Espero su ～ respuesta. 至急のお返事をお待ちしています．Esperamos tu ～ta recuperación. 早くよくなるといいね．La intervención ～ta de los bomberos salvó a muchas personas. 消防士たちが早く活動を始めたので，多くの人が助かった．Tienes reflejos ～s. 君は反射神経がいい．～ pago《商業》直（て）払い．❷〔主に南米〕〔estar+〕用意のできた: 1) La comida está ～ta. 昼食の用意はできている．2)〔+para・a の〕El equipo está ～ para entrar en acción. チームはいつでも行動を起こせる態勢が整っている．Tenía la escopeta cargada, ～ta para disparar. 彼はいつでも撃てるように銃に弾を込めた．José, siempre ～ a ayudar, nos echó una mano. いつも進んで人の手助けをするホセは，私たちを手伝ってくれた．La procesión está ～ta a salir. 祭りの行列は出発の準備ができている．❸〔ser+ +para には〕早い: Es ～ para sacar una conclusión. 結論を出すには早すぎる．Todavía es ～. Se lo diré mañana. まだ早すぎる，彼にそのことを言うのは明日にしよう．❹ 性急な，衝動的な．❺《服飾》プレタポルテの

prontoalivio [prontoalíbjo] 男《ペルー》〔不治の病人や更正不能な罪人を死なせるための〕毒物
prontosil [prontosíl]《←商標》男《薬学》プロントジル
prontuario [prontwárjo]《←pronto》男 ❶ 簡単な〕手引書，便覧，マニュアル．❷ 手帳．❸ 要約，概要．❹《チリ，アルゼンチン，ウルグアイ》前科，犯罪歴
prónuba [prónuba] 女《詩》〔結婚式の〕花嫁の介添え〔=madrina〕
pronúcleo [pronúkleo] 男《生物》前核
pronunciable [pronunθjáβle] 形 ❶ 発音され得る: palabra difícilmente ～ 発音しにくい言葉．❷ 断言（公言）され得る
pronunciación [pronunθjaθjón]《←ラテン語 pronuntiatio, -onis》女 ❶ 発音〔行為〕；発声法: ～ de las consonantes 子音の発音．～ de la lengua española スペイン語の発音．buena (mala) ～ いい〔悪い〕発音．❷〔賛成・反対の〕意思表示，返事: durante la ～ del presidente 大統領の発言中に．❸《法律》～ de la sentencia 判決の言い渡し
pronunciado, da [pronunθjáđo, đa] 形 ❶〔アクセントが〕はっきりした，強い．❷〔曲がり方・傾斜などが〕鋭い，急な: arrugas muy ～das 深いしわ．nariz ～da 高い鼻．❸〔特徴・傾向が〕顕著な，はっきりした，際立った，人目を引く: defecto ～ 明らかな欠陥．～das facciones 目鼻立ちのはっきりした顔．～da caída del empleo 雇用の顕著な減少
pronunciador, ra [pronunθjađór, ra] 形 名 発音（発言・宣告）する〔人〕
pronunciamiento [pronunθjamjénto] 男 ❶ 軍部の反乱（蜂起），軍事クーデター〔将校集団による684打倒の公的表明を伴うことが特徴〕．❷《法律》〔判決の個々の〕宣告，申し渡し．❸ はっきりしていること，際立っていること
pronunciar [pronunθjár]《←ラテン語 pronuntiare》⑩ 他 ❶ 発音する: No ～ pronuncia bien el inglés. 彼は英語の発音がうまくない．～ una palabra correctamente 語を正確に発音する．❷〔言葉を〕発する，述べる；話す，言う；公言する: No pronunció ni una palabra. 彼は一言も発言しなかった．～ unas palabras en las que no pudo evitar emocionarse. 彼は感動を抑えることができないと述べた．～ unas palabras de bienvenida 歓迎の言葉を述べる．～ un discurso スピーチをする．❸〔判決を〕宣告する，言い渡す: ～ su veredicto 裁定を下す．❹ 強調する，目立たせる，際立たせる
―― **～se** ❶〔賛成・反対の〕意思表示をする: Decenas de sindicatos se pronuncian por la huelga. 数十の組合がスト

propiedad

ライキに賛成を示している. Un 30% no se pronunció. 30%が無回答だった. ❷ 目立つ, 際立つ: Se pronunciaban más las diferencias entre ellos. 彼らの違いがさらにはっきりした. ❸〖軍隊に〗蜂起する, クーデターを起こす

pronuncio [pronúnθjo]〖男〗❶《カトリック》代理教皇大使. ❷《コロンビア》〖軍に〗反乱, 蜂起

propagación [propaɣaθjón]《←ラテン語 propagatio, -onis》〖女〗❶ 伝播(ぱん), 普及: velocidad de ~ de la luz 光の伝達速度. ~ de las llamas 延焼. ~ de la fe 信仰の普及. ❷ 繁殖, 増殖. ❸〖物理〗伝導

propagador, ra [propaɣaðór, ra]〖形〗繁殖させる; 広める ── 〖名〗繁殖させるもの: ~ del bulo デマを流す人

propaganda [propaɣánda]《←ラテン語 propagandus, -a, -um「広められるべきこと」》〖女〗❶〖主に政治的・思想的な〗宣伝〔活動〕, 広報, プロパガンダ: ~ política 政治宣伝. ~ religiosa 伝道. ❷〖宣伝の〗ビラ, ちらし, ポスター: repartir ~ ビラ配りをする. ❸《カトリック》布教聖省
hacer ~ de... 1) 人前で…をほめたたえる; 宣伝する. 2) 広める, 流布させる

propagandismo [propaɣandísmo]〖男〗宣伝したがる傾向

propagandista [propaɣandísta]〖形〗〖名〗〖主に政治的な〗宣伝者〔の〗; 布教者〔の〕

propagandístico, ca [propaɣandístiko, ka]〖形〗宣伝の〔ための〕; 布教の: campaña ~ca 宣伝キャンペーン

propagante [propaɣánte]〖形〗繁殖させる; 広める

propagar [propaɣár]《←ラテン語 propagare》〖他〗❶ 繁殖させる, 増殖させる: ~ la especie de... …の品種を繁殖させる. ❷ 蔓延させる: ~ el tifus en la comarca チフスをその地域に蔓延させる. ❸ 広める, 普及させる, 広める: ~ infundios 根も葉もないことを言いふらす. ~ la fe 信仰を広める
── ~se ❶ 繁殖する: Las bacterias *se han propagado*. バクテリアが繁殖した. ❷ 蔓延する. ❸ 広まる, 伝播する, 普及する: El incendio *se propagó* a las casas vecinas. 火災は隣家に燃え広がった. La noticia *se propagó* rápidamente. ニュースは急速に広まった

propagativo, va [propaɣatíβo, βa]〖形〗繁殖(増殖)力のある

propágulo [propáɣulo]〖男〗〖植物〗珠芽(しゅが), むかご

propalador, ra [propalaðór, ra]〖形〗〖名〗〖文語〗流布させる〔人〕; 暴露する〔人〕, 言いふらす〔人〕

propalar [propalár]《←ラテン語 propalare》〖他〗〖文語〗流布させる; 〖秘密などを〗暴露する, 漏らす

propanal [propanál]〖男〗〖化学〗プロパナール, プロピオンアルデヒド

propano [propáno]〖男〗〖化学〗プロパン: gas [de] ~ プロパンガス

propanoico, ca [propanóiko, ka]〖形〗〖化学〗ácido ~ プロパン酸

propanol [propanól]〖男〗〖化学〗プロパノール

propanona [propanóna]〖女〗〖化学〗プロパノン

propanotriol [propanotrjól]〖男〗〖化学〗プロパントリオール

propao [propáo]〖男〗〖船舶〗〖船側の〗索止め栓 cabilla をまとめて通す厚板

proparoxitonismo [proparoksitonísmo]〖男〗〖音声〗終わりから3番目の音節にアクセントがあること〖=esdrujulismo〗

proparoxítono, na [proparoksítono, na]〖形〗〖音声〗終わりから3番目の音節にアクセントのある〖=esdrújulo〗

propartida [propartíða]〖女〗出かけすまで, 出がけ

propasar [propasár]《←pro+pasar》〖他〗〖限度などを〗越える, 行き過ぎる
── ~se ❶〔特に男が, +con 女に対して〕無礼なことをする〔言う〕, けしからぬふるまいをする. ❷〖+de〕度を越す: ~se con la comida 食べ過ぎる. ~se en la confianza 親しいのをいいことに図に乗る, なれなれし過ぎる

propedéutico, ca [propeðéutiko, ka]〖形〗〖女〗予備教育〔の〕, 準備教育〔の〕

propelente [propelénte]〖男〗❶ スプレーの噴射ガス〖=gas ~〗. ❷ =**propergol**

propender [propendér]《←ラテン語 propendere》〖自〗〔+a・《稀》hacia へ〕傾向(性癖)がある: Su cuerpo *propende* a la gordura. 彼は太りやすい体質だ

propeno [propéno]〖男〗〖化学〗=**propileno**

propensamente [propensaménte]〖副〗好んで, …がちに

propensión [propensjón]《←ラテン語 propensio, -onis》〖女〗❶〔+a への〕傾向, 性癖, 性向: 1) Su ~ a la mentira la induce al engaño. 嘘をつく性癖が彼女を詐欺へと向かわせる. 2)〔+不定詞〕La lana tiene una gran ~ a encogerse si no se lava correctamente. ウールは正しく洗わないと非常に縮みやすい. 3)《経済》~ al ahorro (al consumo) 貯蓄(消費)性向. ~ a las importaciones 輸入性向, 輸入依存度

propenso, sa [propénso, sa]《←ラテン語 propensus》〖形〗〔+a の〕傾向がある, …しやすい: Es ~ a engordar. 彼は太りやすい. carácter ~ a enojarse 怒りっぽい性格

propergol [properɣól]〖男〗〖口語〗〖ロケットの〗推進薬, 推薬

propi [própi]〖女〗〖口語〗=**propina**
de ~ さらに, その上, おまけに

propiamente [própjaménte]〖副〗❶ 正確には, 厳密に言うと: Estas tierras no son ~ mías, sino de mi mujer. この土地は正確には私のものではなく妻のものだ. El viaje no es de negocios. Su destino es comercial とばかりは言えない. *P~*, ese animal no es un caballo, sino una cebra. 正確に言えば, この動物はウマではなくシマウマだ. ❷ まさに, 本来, 正しく: La novela no es ~ autobiográfica. 小説は本来, 自叙伝ではない
~ dicho/~ hablando 正しく表現すると, 正確に言えば, 本来の意味では: Esta obra no es un estudio histórico ~ *dicho*. この著作は本来の意味では歴史研究とは言えない. La tarta de Santiago ~ *dicha* es menos empalagosa que esta. 本当のサンティアゴ・ケーキはこれほど甘くならない

propiciación [propiθjaθjón]〖女〗なだめること, 慰撫(いぶ)〔神の怒りをなだめる〕; 犠牲, 供え物; 祈り

propiciador, ra [propiθjaðór, ra]〖形〗〖名〗❶ 助長する〔人〕. ❷〔神を〕なだめる〔人〕

propiciamente [propíθjaménte]〖副〗優しく, 好意的に; 好都合に

propiciar [propiθjár]《←ラテン語 propitiare》〖他〗❶ …に好都合にする, 助長する, 容易にする, 引き起こす: El buen tiempo *propició* la gran foto de grupo. 天気が良くて大きな集合写真を撮るのに都合がよかった. El calor *propicia* mayor consumo. 暑いと消費が拡大する. ❷〖賞賛・好意などを〕得る. ❸ 和らげる, なだめる. ❹《メキシコ, キューバ》〖文化活動・スポーツなどを〗後援する, 後援(支援)する: ~ el campeonato 選手権戦のスポンサーになる
── ~se ❶ 好都合になる, 助長する, 起こる. ❷〖賞賛・好意などを〕得る

propiciatorio, ria [propiθjatórjo, rja]《←ラテン語 propitiatorius》❶ 和らげる, なだめる: víctima ~*ria* 神の怒りを鎮めるためのいけにえ. ❷《歴史》契約の箱 arca del Testamento を覆う黄金の板. ❷ 祈祷台

propicio, cia [propíθjo, θja]《←ラテン語 propitius》〖形〗〖ser+〕❶〖状況などが, +para・a に〕好都合な, 適した: Esta biblioteca está dotada de un ambiente ~ *para* el estudio y la lectura. この図書館は研究と読書に適した環境が備わっている. Este mueble bar es ~ *para* espacios reducidos. このサイドボードは狭い場所に適している. ❷〔+a の〕好意的な

propiedad [propjeðá(ð)]《←propio》〖女〗❶ 所有権〖=derecho de ~〗: Adquirió la ~ de la finca. 彼はその不動産の所有権を手に入れた. El declarante hizo constar en el impreso sus ~*es*. 証人は自分の所有物を書面で明らかにした. ~ nuda 《法律》裸の所有権, 虚有権〖受益権のない所有権〗. ~ absoluta de un inmueble 単純相続不動産権. ~ horizontal 分譲マンション〖の共同保有権〗. ~ industrial 工業所有権〔特許権・商標権・実用新案権など〕. ~ intelectual 知的所有権〖工業所有権・著作権・著作隣接権などを含む〗. ~ literaria 著作権, 版権. ~ mineral 鉱業権. ❷ 所有物: Vive en un piso de su ~. 彼の住んでいるマンションは持ち家だ. Esta huerta y la casa son ~ de mi abuelo. この畑と家屋は祖父が所有している. Este museo es ~ del Estado. この博物館は国有である. ~ de los herederos 相続財産. ❸〖主に複〗所有地, 所有財産, 物件〖==~ inmobiliaria〗: Su familia tiene muchas ~*es*. その一家は多くの不動産を所有している. Vendió algunas de sus ~*es* en el campo. 彼は田舎に所有する不動産のいくつかを売った. Durante la noche los ladrones habían saqueado varias ~*es* de la zona. 夜間に窃盗団はこの地区の何軒もの家を荒らし回った. ❹〖la+〕所有者. ❺ 特質, 特性, 属性: La piedra magnética tiene la ~ de atraer los objetos de hierro. 磁鉄鉱は鉄製品を引きつける特性がある. La adormidera es una planta de ~*es* narcóticas. ケシは麻薬の性質を持った

propienda

植物だ. Una de las ~es distintivas de esta zona es el clima tropical. この地方の際立った特色の一つは熱帯性気候であることだ. agua mineral con ~es terapéuticas 薬効成分のあるミネラル・ウォーター. ~es de los números naturales 自然数の性質. ❻ [言葉の] 正しさ, 的確さ: Al escribir el texto, he empleado la palabra con ~. 私は正確な言葉づかいでこの文章を書いた. Los conceptos complejos deben expresarse con la necesaria ~. 難しい概念は的確に表現されるべきだ. hablar con ~ 的確に話す. hablar sin ~ 要領を得ない話し方をする. dicho con ~ 正確に言えば. ❼ [実物と肖像画・写真, 本物と偽造品などの間の] 類似性: La grabación reproduce con gran ~ el sonido de la lluvia. その録音は雨の音を忠実に再現している. ❽ [聖職者の] 物欲, 所有欲. ❾《数学》~ asociativa (conmutativa) [和と積の] 結合（交換）法則

de ~ de... …のものである: Este edificio es *de ~ de* nadie. この建物は所有者がいない

en ~ 1) 所有物として, 所有権付きで: Adquirió la casa *en ~*. 彼はその家の所有権を手に入れた. ceder... a+人 *en ~* …を…に譲渡する. 2)《西》[役職に臨時・代理でなく] 正式の, 専任の: Tiene plaza de profesor *en ~*. 彼は専任の教師の地位についている. ganar la cátedra *en ~* 正教授職につく

~ particular 私有財産; 私有地: La calle era de ~ *particular*. その道は私道だった

~ privada 私有財産: finca *de ~ privada* 私有地

~ pública 公有財産

propienda [propjénda]〖女〗《手芸》刺繍枠にセットした布切れ

propietariamente [propjetárjaménte]〖副〗所有権をもって, 所有者として

propietario, ria [propjetárjo, rja]《←ラテン語 proprietarius》〖形〗〖名〗❶ 所有者[の], 所有権者[の], 持ち主[の]; [特に] 家主, 地主: Soy ~ de varias fincas en esta ciudad. 私はこの町にいくつかの不動産を持っている. La familia ~*ria* no vende el terreno. その土地を所有している一家は土地を売ろうとしない. La policía busca al ~ del coche. 警察はその自動車の持ち主を探している. nudo ~《法律》虚有権者の所有者. ❷ 経営者[の], 事業主[の]: ~ del restaurante レストランの経営者（オーナー）. ❸ [役職が] 正式な[人], 終身職の[人]: Don José es maestro ~. ホセさんは常任の教師だ. ❹ [聖職者が] 清貧の誓いに背いた

propileno [propiléno]〖男〗《化学》プロピレン

propileo [propiléo]〖男〗《古代ギリシア》プロピュライア《神殿などの入り口の列柱門》

propílico, ca [propíliko, ka]〖形〗《化学》プロピル基の: alcohol ~ プロピルアルコール

propilo [propílo]〖男〗《化学》プロピル基: galato de ~ 没食子酸プロピル

propina [propína]《←俗ラテン語 propina < ギリシア語 propino「（…の健康を祈って先に一口）飲む」》〖女〗❶ チップ, 心付け, 祝儀: Entregó una ~ al repartidor. 彼は配達員にチップを渡した. dar una buena ~ a un camarero ボーイにたっぷりチップを渡す. dejar una ~ チップを置く. ❷ アンコールの曲. ❸ [ちょっとした] 礼金, 謝礼金. ❹《ペルー》[親が子供に与える] お駄賃, お こづかい

de ~ さらに, その上, おまけに

propinación [propinaθjón]〖女〗《医学》投薬

propinar [propinár]《←ラテン語 propinare》〖他〗❶ 殴る: El acusado le *propinó* una serie de golpes. 被告は彼をボカボカ殴った. ❷《戯言》[嫌なものだと] 与える: La abuela le *propinó* un par de besos. 祖母は彼にベタベタキスをした. ~ disgustos a+人 …を不快にする. ❸《医学》投薬する. ❹《まれ》飲ませる, 酒を勧める. ❺《メキシコ》…にチップをあげる

propincuidad [propinkwidáð]〖女〗《文語》《医学》近接, 隣接, 目と鼻の先

propincuo, cua [propínkwo, kwa]《←ラテン語 propinquus》〖形〗❶《文語》隣接した, 近くの, 最寄りの. ❷《プエルトリコ》本物の, 正真正銘の

propino [propíno]〖男〗《化学》メチルアセチレン

propio, pia [própjo, pja]《←ラテン語 proprius「属する」》〖形〗[ser~] ❶ 自分の, 自分が所有する: Ya tiene vivienda ~*pia*. 彼はもう持ち家を手に入れている. Para ese trabajo se requiere vehículo ~. その仕事をするには車を所有していることが必要だ. No lo hizo en interés ~. 彼はそれを自分の利益のためにしたのではない. El taller no tiene entrada ~*pia*. その工房には専用の入り口がない. Luego cueza la carne en su ~ jugo. 肉汁で次に肉を煮込むこと. de fabricación (producción) ~*pia* 自社一貫製品の, 純正の. según su ~ criterio 独自の判断で. coche ~ マイカー. ❷ [+名詞. 強意] …本人の, …自身の, …自体の〖=mismo〗: La insultó en su ~*pia* cara. 彼は面と向かって彼女を侮辱した. No quiere ni a sus ~s hijos. 彼は自分の子供でさえ愛そうとしない. Fueron los ~s amigos los que lo delataron. 彼を密告したのは他でもない, 彼の友人たちだった. Los ~s sospechosos admitieron su participación en el robo. その窃盗に関わっていたことを被疑者たち自身が認めた. La carta tenía es remite del ~ ministro. その手紙の差出人は大臣本人となっていた. El ~ interesado debe firmar. 〔当事者〕本人が署名しなければならない. El ~ Ortega apareció en el zaguán. オルテガ本人が玄関に現れる. el ~ *día* que se presentó al tribunal 彼が法廷に出頭したまさにその日. ❸ 固有の, 本来の: Los líquidos no tienen forma ~*pia*. 液体はそれ自体の形を持たない. El personaje principal de la novela parece tener vida ~*pia*. その小説の主人公はまるで本当の命を持っているかのようだ. frecuencia ~*pia* 固有振動数. ❹ [+de に] 特有の: Estas preguntas son ~*pias* de un niño. こういう質問は子供に特有のものだ. La bondad es un rasgo ~ de Eva. 優しさはいかにもエバらしい特徴だ. Es ~ de José no despedirse cuando se va. あいさつしないで別れるのはホセのいつものやり方だ. Las lluvias son ~*pias* de esta época del año. 雨はこの季節にはつきものだ. No es ~ de un restaurante de lujo servir este vino. このワインを出すのは高級レストランのすることではない. fruta ~*pia del* tiempo 季節の果物. ❺ 自然の, 本物の; 飾りない: Tengo dientes ~s y no postizos. 私の歯は入れ歯ではなく本物だ. pelo ~ 地毛（髪）. ❻ [+para~ de に] 適した: Ese vestido no es ~ *para* bailar. その服はダンスには向かない. Son las palabras ~*pias para* la ocasión. それはそういう場合にぴったりの言葉だ. ❼《俗用》[肖像画・写真などが] 本人の特徴をとらえた: El abuelo ha quedado muy ~ en el retrato. その肖像画の祖父は本人そっくりだ. ❽《スポーツ》en campo ~ ホームグラウンドで. ❾《言語》1) 固有の, 固有名詞的な. 2) [語の意味が] 本来の: El sentido ~ de "gallina" es "hembra del gallo", y el figurado, "persona tímida". gallina の本来の意味は「雌鶏」であり, 比喩的には「臆病者」という意味になる. ❿《カトリック》[司祭が教区の] 専任の. ⓫《天文》movimiento ~ 固有運動. ⓬《数学》真分数の. ⓭《商業》acción ~*pia* [a corto plazo] [短期] 自己株式, 金庫株

— 〖名〗《西. 主に戯言》使者, メッセンジャー〖=mensajero〗: Te mandaré un ~ con la noticia. 君に知らせに使いをやるよ

—— 〖男〗《歴史》共有地; 共有財産

—— 〖副〗《主にメキシコ, 中米》承知した, 結構だ: Con su permiso. —P~. ちょっと失礼. —どうぞ

al ~《中米》わざと

de ~ 1)《まれ》わざわざ. 2)《歴史》共有の

lo ~ 1) 同じこと: Ellos pasaron sin pagar, y yo hice *lo ~*. 彼らは金を払わずに中に入ったので, 私も同じようにした. 2) 適切なこと, あるべき状態: *Lo ~* sería ir de etiqueta en este caso. この場合は正装して行く方がいいだろう

~s y extraños《文語》1) [主に悪い意味で, 無関係なものまで含めて] 様々な人々〔事物〕. 2) 地元のものと他所のもの, 自国のものと他国のもの

propioceptor [propjoθe(p)tór]〖男〗《生理》内部受容器

propiónico, ca [propjóniko, ka]〖形〗《化学》プロピオン酸. acidemia ~*ca*《医学》プロピオン酸血症

propóleos [propóleos]〖男〗《単複同形》プロポリス, 蜂蠟

proponedor, ra [proponeðór, ra]〖形〗〖名〗=**proponente**

proponente [proponénte]〖形〗〖名〗提案する, 提議する; 提案者, 提議者, 主唱者

proponer [proponér]《←ラテン語 proponere < pro-（前方に）+ponere「置く」》⑥⓪〖他〗《p.p. irreg. propuesto》❶ [+a 人] 提案する, 申し出る: 1) [+名詞] En la reunión *propuse* la reforma de los estatutos. 私は会議で規約改定を提案した. El plan *propuesta* es difícil de realizarse. 提案された計画は実現困難だ. ~ matrimonio a+人 …に結婚を申し込む. 2) [+不定詞・que+接続法] José les *propuso* tomar un taxi. ホセは彼らにタクシーに乗ろうと提案した. *Propongo* comprar este terreno. この土地を買い取ってはどうだろうか？ Me *propuso*

propósito

que fuéramos a comer. 彼は私に食事に行こうと提案した. El diputado *propuso que* se llevara a cabo una auditoría en la empresa. 議員はその会社の会計監査を実施することを提案した. ❷ ［職を受けることを］提案する: Me *han propuesto* un ascenso, pero me tengo que cambiar de ciudad. 私に昇任の話が来たが，〔その場合は〕転勤しなければならない. Me *pusieron* la subdirección de ventas. 私は販売課長補佐の職をやらないかと聞かれた. ❸ ［+para・como に適した人物として］推薦する: Ha sido *propuesto para* el Premio Nobel. 彼はノーベル賞候補になった. El papa *propuso* como obispo a un sacerdote japonés. ローマ教皇は日本人司祭を司教に推した. ❹ ［問題を］提出する, 提起する: Nos *propusieron* un acertijo. 私たちはなぞなぞを出された. ❺ 《数学》［問題を］示す
── **~se** ❶ ［意志・意図］…することにする: 1) ［+名詞］¿Qué *se propone* el artista con esta obra? その芸術家はこの作品の中で何を訴えたいのだろう? Se convirtió en actriz sin *proponérselo*. 彼女はそのつもりなしに女優になった. 2) ［+不定詞・que+接続法］Por este razón, *me propuse* visitarlo más posible. このような理由で私は彼女をできるだけ多く訪ねることにした. ¿Otra vez te has roto las gafas? ¡*Te has propuesto* hacer millonario al de la óptica! 《皮肉》君はまた眼鏡を壊したのか. 眼鏡屋を大もうけさせるつもりか!? *Te has propuesto que* me enfade. 君は僕を怒らす気だな. 3) ［点過去で決心・決定］*Se propuso* aprobar las oposiciones. 彼は採用試験に合格しようと決意した. En la conferencia *se propuso* dedicar un fondo de 1.000 millones de dólares. 会議で10億ドルの資金提供を決めた. ❷ 提案される: *Se han propuesto* algunas medidas para paliar la sequía. 水不足を緩和するための方策がいくつか提案された

proporción [proporθjón] 《←ラテン語 proportio, -onis < proportione "部分により"》囡 ❶ 均整, 釣り合い: Esa torre no guarda ~ con el resto del edificio. その塔は建物の他の部分と釣り合いがとれていない. Los muebles del salón no guardan ~ entre sí. その居間の家具はちぐはぐだ. Mi marido se ha comprado una mesa de *proporciones* ridículas, casi no puede escribir en ella. 夫は使い勝手の悪い机を買った, その上で字を書くこともままならない. ❷ 比率, 割合: en la misma ~ ［+que と］同じ比率で. ~ de hombres y mujeres de la ciudad その都市の男女比. ~ de nacimientos y muertes 出生と死亡の割合. ~ aritmética (geométrica) 算術(幾何)比. ❸ 《数学》比, 比例, 比例式: en ~ con (de)... …に［正］比例した. regla de ~ 比例算［=regla de tres］. ❹ 大きさ, 規模［=dimensión］; 重要度, 激しさ: El estadio tiene *proporciones* gigantescas. その競技場は巨大だ. Se produjo un incendio de *proporciones* insospechadas. 想定外の規模の火災が発生した. investigación de grandes *proporciones* 大がかりな調査. escándalo de grandes *proporciones* 大きなスキャンダル. ❺ 機会, 好機［=oportunidad］: Todavía no he tenido ~ para Valencia. 私はまだバレンシアを訪れる機会がない. *proporciones* de un negocio ビジネス・チャンス. ❻ 党派
a ~ その点に関し
falta de ~ 過度, 桁外れ

proporcionable [proporθjonáble] 形 比例し得る, 釣り合う
proporcionablemente [proporθjonábleménte] 副 =**proporcionadamente**
proporcionadamente [proporθjonáðaménte] 副 比例して, 釣り合って, それ相応に
proporcionado, da [proporθjonáðo, ða] 形 《←ラテン語 proportionatus》［ser・estar+］ ❶ 均整のとれた: Ella tiene elegancia y es muy bien ~da. 彼女はとても上品で, すばらしいプロポーションだ. Necesitarás hacer ejercicio para recuperar una figura ~da. 君は均整のとれた姿を取り戻すには運動が必要だろう. ❷ ［+a と］釣り合いのとれた: No tienes un sueldo ~ al trabajo que realizas. 君は働きに見合うだけの給料をもらっていない. Piernas y brazos han de ser ~s. 足と腕の長さはバランスがとれているものだ. pena ~a al delito/castigo ~ a la falta cometida 犯罪に見合った刑罰

proporcional [proporθjonál] 形 《←ラテン語 proportionalis》［ser+, +a に］比例した, 釣り合いのとれた: En el contrato haremos un reparto ~ de nuestras riquezas. 契約では私たちの資産に応じて配分が行われることになっている. La oferta y la demanda son inversamente ~es. 供給と需要は反比例の関係にある. El incremento de la pensión será ~ al aumento del coste de la vida. 年金は物価の上昇にスライドして引き上げられるだろう. multa ~ a la infracción cometida 犯した罪に相当する罰. reparto ~ 比例配分. ❷ 比例配分の: 《数学》expresión ~. tercera ~ 2数に対する第3の比例数［a/b=b/x の x］. cuarto ~ 3数に対する第4の比例数［a/b=c/x の x］. ❸ 《文法》倍数の: adjetivo numeral ~ 倍数形容詞

proporcionalidad [proporθjonaliðáð] 囡 《←ラテン語 proportionalitas, -atis》囡 釣り合い, 相応: La ~ del sistema actual de los impuestos garantiza que quien más tiene más paga. 現行の税制度の多い人がより多くの税を払うようになっている. Los escaños en las elecciones se atribuyen con un criterio de ~. 選挙による議席数は比例配分によって決められる

proporcionalmente [proporθjonálménte] 副 比例して; 釣り合って, 相応して: El riesgo de la epidemia aumenta ~ con la falta de higiene. 伝染病の危険性は不衛生であるほど高くなる. La abundancia de zonas sin contaminación disminuye ~ al incremento de automóviles y fábricas sin control. 汚染されていない地域は自動車や工場が無秩序に増えるに従って減っていく. Ese país es, ~ a su población, uno de los más endeudado de toda América Latina. その国は人口比ではラテンアメリカで最大の債務国だ. *P~*, me ha producido más la otra inversión. 比率的には, もう一つの投資の方が私にとって利益が大きかった

proporcionar [proporθjonár] 《←proporción》他 ［+a と］ ❶ 提供する, 与える: Me *ha proporcionado* el dinero que necesitaba. 彼は私に必要なお金をくれた. Este negocio *proporciona* actualmente mucho dinero. この商売は今大変もうかっている. Sus excelentes metáforas *proporcionan* belleza al texto. 彼は巧みな比喩で文章を美しくしている. ~ una entrevista *a*+人 …に会見の機会を与える. ❷ ［感情を］引き起こす: Hasta ahora el restaurante nunca me *ha proporcionado* disgustos. 今のところこのレストランで私は不愉快な思いをしたことがない. El otoño me *proporciona* siempre un cierto desánimo. 秋になると私はいつも気分が落ち込む. ❸ 釣合わせる; 比例させる: La ley pretende ~ penas y delitos. 法は刑罰と犯罪の釣合いがとれていると考えられている. ~ sus gastos *a* sus ingresos 自分の収入に見合った支出をする. Debes ~ las partes del retrato. 君は肖像画の各部のバランスを正しく描かねばならない
── **~se** 手に入れる, 獲得する

proposición [proposiθjón] 《←propositio, -onis》囡 ❶ 提案, 申し出, 申し込み; ［職務への］推薦, 要請: ¿Cuál es su ~? ご提案は? aceptar una ~ 提案を受け入れる. barajar (rechazar) una ~ 提案を拒否する. hacer a+人 una ~ de matrimonio …に結婚の申し込みをする. hacer a+人 una ~ de ascenso …に昇進の提示をする. ~ de negocios 商売の申し出. ~ de la paz 和平提案. ❷ 論題, 議題: ~ de ley ［議員提出の］法案. ~ no de ley 非法案動議. ❸ 《文法》節: ~ principal (subordinada) 主節(従属節). ❹ 《論理》命題. ❺ 《数学》定理. ❻ 《修辞》主題. ❼ 《稀》［物の］大きさ, サイズ
~ **deshonesta** 性行為への誘いかけ: Ese tipo me ha hecho *proposiciones deshonestas*. あいつ私にいやらしいことを誘いかけてきた

proposicional [proposiθjonál] 形 《論理》命題の
propositar [propositár] 自 《メキシコ》目的がある, 目的を持つ
propósito [propósito] 《←ラテン語 propositum < proponere》男 ❶ 目的, 意図: ¿Cuál es el ~ de este viaje? この出張の目的は何ですか? El ~ de su visita era intercambiar opiniones. 彼の訪問の目的は意見交換だった. Tiene el ~ de cambiar de empleo. 彼は転職するつもりだ. Siempre tengo buenos ~s, pero no los cumplo. 私は立派な目標を立てるが, なかなか実行できない. Correrá con el ~ de establecer un récord. 彼は新記録を出すつもりで走るだろう. realizar su ~ 目的を遂行する. ❷ 決意, 決心: Tiene sinceros ~s de no volver a mentir. 彼は二度と嘘はつくまいと堅く心に誓っている. Finalmente, cumplió su ~ de retirarse de la política. ついに彼は政界から引退するという決意を実行した. Traes muy buenos ~s. 君の決意はあったね. ❸ 《稀》［話題となっている］件, 事柄
a este ~ これに関して; 《文語》そういえば
a ~ 1) ところで, それはそうと; そういえば: A ~, ¿no decías que

ibas a la oficina? ところで君は会社に行くと言っていなかった? Mañana iré al cine, ¿qué película me recomiendas? 私は明日映画を見に行くつもりだ。そういえば何かお勧めの映画はないかい? 2) わざと, 故意に: Lo dijiste *a* ～ para llamarme la atención. 君は僕の気を引こうとしてわざとそう言ったんだ。3) 適した, 都合のよい; 適して, 折りよく: Este es el recipiente *a* ～ para el aceite. これは油を入れるのにちょうどいい容器だ。Su estudio acaba de ser publicado muy *a* ～ en Japón. 彼の研究は非常にタイミングのいいことに日本で刊行されたばかりだ

a ～ de... 1) …といえば: *A* ～ *de* bodas, le voy a contar un chiste. 結婚式で思い出しましたが, 一つ笑い話を聞いて下さい。2) …に関して: Discuten *a* ～ *de la herencia.* 彼らは相続のことで争っている

al ～ そういえば

de ～ 《文語》わざと 《=a propósito》: Habíamos aguardado *de* ～ un tiempo prudencial. 私たちはわざと適切な時期を待っていたのだ

fuera de ～ 《文語》時宜を得ない; 不都合な: Tu intervención fue *fuera de* ～. 君の口出しは場違いだった。Su propuesta está *fuera de* ～. あなたの提案は適当ではありません

hacer[se] [el] ～ de... …を決意する: Arrepentido, *hizo* ～ *de* enmienda. 彼は後悔して行ないを改める決意をした。Me hice el firme ～ *de* no volver a aquel lugar. 私は二度とあの場所には行くまいと決心した

venir a+人 *muy a* ～ …にとって大変適している, ちょうど都合がよい: Esta maleta nos *vino muy a* ～ para el viaje al Perú. このスーツケースは私たちのペルー旅行にちょうどいい。Este dinero me *viene muy a* ～ para pagar el piso. 私はちょうどこの金でマンションの家賃が払える

propretor [propretór] 男 《古代ローマ》前法務官, プロプラエトル; 属州総督

propretura [propretúra] 女 《古代ローマ》propretor の地位(職務・任期)

propter hoc [pro(p)ter ók] 《←ラテン語》副《文語》このために

propter nuptias [pro(p)ter nú(p)tjas] 形《法律》結婚前の: donación ～ [両親から子への] 結婚に際しての贈り物

propuesta[1] [propwésta] 《←ラテン語 proposita》女 ❶ 申し出, 提案, 提議《行為, 内容》; 建議書: Nos presentó (hizo) una ～ muy tentadora. 彼は私たちに非常に魅力的な申し出をした。Recibió favorablemente la ～. 彼はその提案を喜んで受け入れた。La ～ ha sido rechazada. その申し出は却下された。seguir una ～ 申し出に応じる。～ de matrimonio 結婚の申し込み。～ de paz 和平提案。～ 《職務的な》推薦; 任命, 推挙: La ～ de Eva como delegada cuenta con el apoyo general. エバを委員にする案はみんなの支持を得ている。❸ 論題, 議案: ～ de ley 法案 《=proyecto de ley》

a ～ de+人 …の提案で

a ～ de fuego 《中南米》勇敢な

～ al canto 《中南米》紛れもない証拠

propuesto, ta[2] [propwésto, ta] proponer の 過分

propugnación [propugnaθjón] 女 擁護, 支持

propugnáculo [propugnákulo] 男 ❶ 防護〔物〕, 防砦。❷《廃語》砦

propugnar [propugnár] 《←ラテン語 propugnare < pro- (有利に) +pugnare「争う」》他《文語》〔意見・態度などを〕擁護する, 支持する: *Propugnaban* la reforma de las viejas leyes. 彼らは従来の法律の改正を支持した

propulsa [propúlsa] 女 ❶《文語》拒絶, 反発。❷ 推進

propulsar [propulsár] 《←ラテン語 propulsare「排斥する, 離れる」》他 ❶ 推進する, 前進させる: 1) ～ un cohete ロケットを推進する。2)《比喩》～ un aumento de la demanda 需要拡大を押し進める。❷ 拒絶する, はねつける

propulsión [propulsjón] 女 ❶ 《文語》推進。～ por hélice プロペラ推進。～ a chorro/～ a (de·por) reacción ジェット推進。～ química 化学推進。❷ 拒絶

propulsivo, va [propulsíβo, βa] 形 推進する, 推し進める

propulsor, ra [propulsór, ra] 形 推進する: sistema ～ 推進装置
—— 名 推進者, 促進者: ser un ～ de la industrialización 工業化の推進者である
—— 男 ❶ 推進薬, 推進剤。❷《船舶, 航空》推進機関: ～ iónico イオンエンジン

prora [próra] 女《詩語》へさき, 船首《=proa》

prorrata [pr̄oráta] 《←ラテン語 pro rata〔parte〕》女〔比例配分した〕分け前; 〔支払いの〕割当て
a ～ de 比例して, 案分して

prorratear [pr̄orateár] 他 比例配分する; 割り当てる

prorrateo [pr̄oráteo] 男 比例配分

prórroga [pr̄óroga] 《←prorrogar》女 ❶〔期限・期間の〕延長, 延期: otorgar la ～ de pago 支払い繰り延べを認める。❷《スポーツ》延長戦: ganar el partido en la ～ 延長戦で試合に勝つ。❸《軍事》徴兵猶予

prorrogable [pr̄orogáβle] 形 延長〔延期〕可能な

prorrogación [pr̄orogaθjón] 女 延長, 延期《=prórroga》

prorrogar [pr̄orogár] 《←ラテン語 prorogare》他 ❶〔期限・期間などを〕延長する, 引き延ばす: Este año *prorrogan* una semana las vacaciones. 今年彼らは休暇を1週間延ばす。～ la reunión media hora más 集まりを30分遅らせる。～ el día del pago 支払い期日を延ばす。❷ 延期する: Se *prorroga* la partida al día siguiente debido a fuerte lluvia. 豪雨のため試合は翌日に順延される

prorrogativo, va [pr̄orogatíβo, βa] 形 延長する; 延期する

prorrumpir [pr̄orumpír] 《←ラテン語 prorumpere》自 ❶ [+en+名詞, 感情的に] 突然…し始める: *Prorrumpió en* llanto al observar la foto. 彼は写真を見て急に泣き出した。～ *en gritos* (*en suspiros*) 急に叫び出す(ため息をつく)。❷ 勢いよく出る, 湧き出る, 噴き出る: El agua *prorrumpió* de la roca. 水が岩から湧き出た

prosa [prósa] 《←ラテン語 prosa < prosus, -a, -um「まっすぐ歩く」》女 ❶ 散文, 散文体〔の文章〕; 集合 [一作家・一時代・一国の] 散文作品: Los cuentos se escriben en ～. 物語は散文で書かれる。escritor de ～ cuidada 入念な散文作家。género más importante de la ～ del siglo XVIII 18世紀の散文作品で最も重要なジャンル。poema en ～ 散文詩。～ poética 〔ジャンルとしての〕詩的散文。～ rítmica 律動的散文。❷《俗語》〔重要でないことの〕多弁, 駄弁, 無駄話: Déjate de ～. 余計な話は終わりにしろ。❸ 平板さ, 凡俗, 平凡さ: ～ *de la vida* 人生の味気なさ。❹《中米, アンデス. 口語》仰々しい(もったいぶった・気取った)話し方。❺《チリ, アルゼンチン, ウルグアイ》傲慢, 横柄さ

prosado, da [prosádo, ða] 形 散文の, 散文体の

prosador, ra [prosaðór, ra] 名 ❶ 散文作家。❷ おしゃべりな人

prosaicamente [prosáikaménte] 副 散文的に; 平板に, 味気なく

prosaico, ca [prosáiko, ka] 《←ラテン語 prosaicus < prosa》形 ❶ 平板な, 凡俗な, 凡庸な: El teatro es ～, vulgar y falto de ideas como lo es el público. 芝居は, 観客がそうであるように, 平板で通俗的で思想がない。hombre ～ 無粋(退屈)な男。tema ～ 平凡なテーマ。vida ～ *ca* 味気ない(単調な)生活。❷ 散文的な, 詩情に欠ける。❸《稀》散文

prosaísmo [prosaísmo] 男 ❶ 平板, 凡俗, 凡庸; 味気なさ。❷ 散文体, 散文調

prosapia [prosápja] 《←ラテン語》女《文語. 時に軽蔑》〔貴族・名門などの〕家系, 血筋: Es una familia de [mucha] ～. それは〔大変な〕名家である

prosario, ria [prosárjo, rja] 形《稀》散文の

proscenio [prosθénjo] 《←ラテン語 proscenium < ギリシア語 proskenion》男《演劇》緞帳(どんちょう) 前, 前舞台, プロセニアム。❷《古代ギリシャ・ローマ》プロスケニオン〔劇場の, 演技する場所〕

proscribir [proskriβír] 《←ラテン語 proscribere》他 過分 *proscrito/*(*ta*) proscripto ❶〔人を〕国外追放する: Las autoridades *proscribieron* a los rebeldes. 当局は反逆者たちを国外追放した。❷〔使用を〕禁止する; 除外する: *Proscribieron* ese libro del catálogo. その本はカタログから除かれた。❸〔旧〕発禁にする: libro *proscrito* 発禁本

proscripción [proskripθjón] 女 ❶《文語》国外追放。❷《文語》禁止; 発禁

proscripto, ta [proskrí(p)to, ta] 形《稀》=**proscrito**

proscriptor, ra [proskri(p)tór, ra] 形 名《文語》国外追放を命じる〔人〕

proscrito, ta [proskríto, ta] 《←ラテン語 proscriptus. proscribir の過分》形《文語》国外追放された〔人〕

prosear [proseár] 自《ウルグアイ》会話する
prosector [prosektór] 男 [解剖学実習などのための] 死体解剖の準備担当者
prosecución [prosekuθjón] 《←ラテン語 prosecutio, -onis》女《文語》[+de の] 継続, 続行: Los sindicatos decidieron la ～ de la huelga. 組合連合はストライキの続行を決めた. La ～ de las obras tendrá lugar cuando cese el mal tiempo. 工事は悪天候がおさまったら続行される予定だ. Eva está pensando en la ～ de sus estudios en la capital. エバは首都に出て勉強を続けようかと考えている. ～ de un ideal 理想の追求
proseguible [proseɣíβle] 形 続けられ得る, 継続(続行)され得る
proseguidor, ra [proseɣiðór, ra] 形 名 継続する〔人〕
proseguimiento [proseɣimjénto] 男 継続, 続行
proseguir [proseɣír] 《←ラテン語 prosequi < pro-（前方に）+sequi「従う」》[5] [35] 《→seguir》他《文語》続ける, 継続する, 続行する: Eva proseguirá sus estudios en el mes de septiembre. エバは[新学年の]9月になってもまだ勉強を続けるつもりだ. Después de un breve descanso, proseguimos nuestro viaje. 私たちは少し休んでから, また旅を続けた
── 自《文語》❶ 続ける, 継続する: 1) [+con・en で] El paciente prosigue con el tratamiento. その患者は治療を続けている. Ese periódico no proseguirá con sus ataques al gobierno. その新聞はもう政府攻撃をやめるだろう. Prosigue en su denuncia. 彼は告発を続けている. 2) [+現在分詞] La secretaria prosiguió pasándole rápidamente los impresos. 秘書は彼にすばやく書類を渡し続けた. ❷ 続く: 1) Prosigue. 続きを聞かせてくれ. ¡Deja de ～! Tengo que hablar. 少し黙れ! こっちにも話がある. La sesión prosiguió sin incidentes. その集会はトラブルもなく続いた. 2) [+現在分詞] ...し続ける: La presión arterial prosigue elevándose. 血圧は上昇し続けた
proselitismo [proselitísmo] 男 [宗派・政党などへの] 熱心な加入の勧誘, 改宗（転向）への勧誘
proselitista [proselitísta] 形 名 [宗派・政党などに熱心に] 勧誘する; 勧誘者
proselitizar [proselitiθár] [9] 他 改宗させる; 転向させる
prosélito, ta [proselíto, ta] 《←ラテン語 proselytus < ギリシア語 proselytos》名 ❶ 改宗者;《歴史》ユダヤ教への改宗者. ❷ [宗派・政党などへの] 新加入者
prosémica [prosémika] 女 近接学, プロクセミックス
prosencéfalo [prosenθéfalo] 男 《解剖》前脳
prosénquima [prosénkima] 男 《植物》紡錘組織, 繊維組織, 繊維細胞組織
proseo [proséo] 男《ウルグアイ》会話, おしゃべり
Proserpina [proserpína] 《←ローマ神話》プロセルピナ《冥府の女王. 四季の神. ギリシア神話のペルセポネ Perséfone に当たる》
prosificación [prosifikaθjón] 女 散文化
prosificador, ra [prosifikaðór, ra] 形 散文化する
prosificar [prosifikár] [7] 他 散文にする, 散文体で書く, 散文化する
prosimio, mia [prosímjo, mja] 形 原猿亜目の
── 男《複》《動物》原猿亜目
prosista [prosísta] 名 散文作家
prosístico, ca [prosístiko, ka] 形 散文[体]の, 散文調の
prosita [prosíta] 《prosa の示小語》女 散文作品の断片
prosodema [prosoðéma] 男《音声》韻律素
prosodia [prosóðja] 女 ❶《音声》1) 音韻論, 発音法, 正しい発音やアクセント. 2) 韻律素論. ❷《詩法》韻律論; 詩形論
prosódico, ca [prosóðiko, ka] 形 音韻論の; 韻律論の
prosopografía [prosopoɣrafía] 女《修辞》人〔動物〕の外見の記述
prosopopeya [prosopopéja] 女 ❶《修辞》擬人法, 活喩法. ❷ もったいぶった話し方[様子]
prosopopéyico, ca [prosopopéjiko, ka] 形 ❶《修辞》擬人法の, 活喩法の. ❷ もったいぶった話し方[様子]の
prospección [prospekθjón] 女 ❶ [地下の] 探査; 探鉱: ～ geológica 地質調査. ～ petrolífera 石油探査. ❷ [将来性などの] 調査: ～ de mercados マーケットリサーチ, [将来性などの] 調査
prospectar [prospektár] 《←英語 prospect》他 ❶ 地下を探査する, 試掘する. ❷ [将来性などを] 調査する
prospectivo, va [prospektíβo, ba] 《←英語 prospective》形 ❶ 未来の, 将来の. ❷ [地下の] 探査の

── 女 未来研究, 未来学
prospecto [prospékto] 《←ラテン語 prospectus「思考」< prospicere「前を見る, 検討する」》男 ❶ [主に薬などの使用法の] 説明書き. ❷ [宣伝の] ちらし, ビラ: repartir ～s en la calle 街頭でビラを配る. ❸ [設立などの] 趣意書: ～ de emisión [有価証券の] 目論見[もくろみ]書. ❹《古語》近代案内の小冊子
prospector, ra [prospektór, ra] 形 名 探査(調査)する〔人〕
prosperado, da [prosperáðo, ða] 形 裕福な, 富裕な, 財力の
prósperamente [prósperaménte] 副 繁栄して, 栄えて; 順調に, 幸運に
prosperar [prosperár] 《←ラテン語 prosperare < prosperus》自 ❶ 繁栄する, 栄える: 1) Durante esa época la economía prosperaba mucho. その時期は大変好景気だった. 2) prosperando [生活レベルを表して] 豊かである. ❷ 進歩する, 成功する: Sus estudios prosperaban notablemente. 彼の研究は明らかに進んでいた. ❸ [意見などが] 受け入れられる: No ha prosperado la moción. 動議は可決されなかった
── 他 繁栄させる; 成功させる: Dios te prospere. 神のご加護がありますように
prosperidad [prosperiðá(ð)] 《←ラテン語 prosperitas, -atis》女 ❶ 繁栄, 好況: Goza de ～ la industria del país. その国の産業は好景気だ. ❷ [個人の] 繁盛, 盛運, 成功: Te deseo salud y ～. ご健康と繁盛をお祈りします
próspero, ra [próspero, ra] 《←ラテン語 prosperus, -a, -um「幸せな, 幸運な」》形 繁栄している, 富裕な, 盛運な; mantener en estado ～ el sistema económico nacional 国内経済システムの繁栄を維持する. industria ～ra 成長産業. ¡P～ Año Nuevo! 謹賀新年
prostaféresis [prostaféresis] 女《単複同形》《天文》加減法
prostaglandina [prostaɣlandína] 女《生化》プロスタグランジン
próstata [próstata] 女《解剖》前立腺: cáncer de ～ 前立腺癌
prostático, ca [prostátiko, ka] 形 ❶ 前立腺の. ❷ 前立腺の病気の〔患者〕
prostatismo [prostatísmo] 男《医学》前立腺症
prostatitis [prostatítis] 女《医学》前立腺炎
prosternación [prosternaθjón] 女《文語》平身低頭, 平伏
prosternar [prosternár] 他《文語》prosternere「床に投げる」》 ～se《文語》平身低頭する, ひれ伏す, ぬかずく
próstesis [próstesis] 女《言語》語頭音添加《＝prótesis》
prostético, ca [prostétiko, ka] 形 ❶《生化》grupo ～ 補欠分子族. ❷《言語》語頭音添加の《＝protético》
prostibular [prostiβulár] 形 ＝**prostibulario**
prostibulario, ria [prostiβulárjo, rja] 形 売春宿の
prostíbulo [prostíβulo] 《←ラテン語 prostibulum》男 売春宿
próstilo, la [próstilo, la] 形《建築》前柱式の
prostitución [prostituθjón] 《←ラテン語 prostitutio, -onis》女 ❶ 売春: ley contra la ～ 売春禁止法. ❷ 変節, 堕落
prostituir [prostitwír] 《←ラテン語 prostituere「売るために展示する」》[48] 他 ❶ ...に売春をさせる. ❷ [名誉・才能などを] 金・悪い目的のために売る
── ～se ❶ 売春をする, 売春婦になる: La viuda se prostituía en la calle para ganarse la vida. その未亡人は生活費を稼ぐために通りで売春をしていた. ❷ 変節する, 堕落する
prostituto, ta [prostitúto, ta] 《←ラテン語 prostituta》名 男娼, 売春婦: En todas las ciudades hay zonas para las ～tas. あらゆる町に売春地区がある
prostodoncia [prostoðónθja] 女《医学》義歯
prostomio [prostómjo] 男《動物》口前葉
prosudo, da [prosúðo, ða] 形《エクアドル, ペルー, チリ. 口語》❶ 偉そうにし, もったいをつける, 横柄な口をきく, 傲慢な話しぶりの. ❷《エクアドル》[人の行動が] のろい, ゆっくりした
protactinio [protaktínjo] 男《化学元素》プロトアクチニウム
protagónico, ca [protaɣóniko, ka] 形 主人公の, 主役の; 中心人物の: actor ～ 主演俳優
protagonismo [protaɣonísmo] 男 ❶ 主役としての条件, 主役に必要な才能・力量; 目立つこと, 傑出. ❷ 主役（中心人物）であること;《軽蔑》[力量もないのに] 中心人物になりたがること
protagonista [protaɣoníta] 《←ギリシア語 protos「第一の」+agonistes「役者」》名 ❶ 主人公;〔映画, 劇の〕主役: La ～ de esa novela es una viuda joven. その小説の主人公は若い未亡人だ. Probaron a muchas actrices antes de elegir a la ～ de la película. 彼らはその映画の主演女優を選ぶのに多くの女優の

オーディションをした. ❷ 中心人物, 立て役者
protagonístico, ca [protagonístiko, ka] [形] =**protagónico**
protagonizar [protagoniθár] [9] [他] …に主演する, …の主役を演じる
protalo [protálo] [男]《植物》前葉体
prótalo [prótalo] [男] =**protalo**
protamina [protamína] [女]《生化》プロタミン
protandria [protándrja] [女]《生物》雄性先熟
protandro, dra [protándro, dra] [形]《生物》[雌雄同体の動植物が] 雄性先熟の
protargol [protargól] [男]《薬学》プロタルゴール
prótasis [prótasis] [女]〖単複同形〗❶《文法》条件節, 前提節〖⇔apódosis〗. ❷ [アリストテレス論理学で, 三段論法の] 前提命題. ❸《演劇》導入部, 前提部, 序幕
protático, ca [protátiko, ka] [形]《演劇》導入部の
proteáceo, a [proteáθeo, a] [形] ヤマモガシ科の
—— [女] [複]《植物》ヤマモガシ科
proteasa [proteása] [女]《生化》プロテアーゼ, たんぱく質分解酵素
protección [protɛ[k]θjón]〖←ラテン語 protectio, -onis〗[女] ❶ 保護, 庇護(ひご): 1) [+de に対する] La ～ *de*l rey es una tarea difícil. 国王を警護するのは大変な仕事だ. centro de ～ *de* menores 児童養護施設. coste de la ～ laboral 労災費. ～ *de*l medio ambiente 環境保護. 2) [+de による] José cuenta con la ～ *de*l director. ホセは部長がかばってくれるのを当てにしている. solicitar la ～ *de* la policía 警察の保護を求める. ponerse bajo la ～ *de*... …の庇護下に入る. ～ divina/～ *de* Dios 神のご加護. ❷ [+contra に対して] 保護するもの, 保護具: El casco es una buena ～ *contra* los accidentes. ヘルメットは事故から身を守るのに非常に有効だ. La paciencia es la mejor ～ *contra* los infartos. 心筋梗塞の最大の予防はいらいらしないことだ. No tomes el sol sin ～. 無防備に日光浴をしてはいけない. ❸ 防止, 防備: ～ *contra* cambios de precio《商業》ヘッジ〔取引〕. ～ *contra* copias コピープロテクト. ～ *contra* el fuego 防火. ～ en caso de fallo フェイルセーフシステム
P～ Civil 民間防衛組織, 自警団: En las inundaciones tuvo que intervenir el Servicio de *P～ Civil*. その水害では自警団組織が乗り出さねばならなかった
proteccional [protɛ[k]θjonál] [形]《まれ》保護の
proteccionismo [protɛ[k]θjonísmo] [男]《経済》保護貿易主義〖⇔librecambismo〗
proteccionista [protɛ[k]θjonísta] [形] [名]《経済》保護貿易主義の(主義者): legislación ～ 保護貿易主義的な法制. medidas ～*s* 保護貿易主義的な手段. nación ～ 保護貿易政策をとる国. política ～ 保護貿易政策. tarifa ～ 保護関税
protector, ra [protɛktór, ra]〖←ラテン語 protector, -oris〗[形] [ser・estar+] ❶ 保護する: Me hablas siempre en un tono ～. 君はいつも私に保護者のような口のきき方をする. Cuando apoya su mano sobre mi hombro, siento que es muy ～. 彼が私の肩に手を置く時, 私は彼がとても頼りになる気がする. Mamá, estás demasiado ～*ra* conmigo. お母さんは僕を子供扱いしすぎだよ. derechos aduaneros ～*es* 保護関税. sociedad ～*ra* de animales 動物愛護協会. ❷ 防護する
—— [名] ❶ 保護者, 庇護者: El catedrático fue su maestro y ～. 教授は彼の導き手でもあり, 守り手でもあった. Ese líder quiere ser el ～ de la humanidad. その指導者は人類の保護者になろうとしている. ～ de las artes 芸術の擁護者. ❷ 民生〔擁護〕局員
—— [男] ❶《スポーツなど》プロテクター, 防具〖=aparato ～〗;《ボクシング》マウスピース〖=～ dental, ～ bucal〗: ～ de oídos イヤープロテクター. ❷ 身体を保護する薬品: ～ labial リップクリーム. ～ solar 日焼け止めクリーム. ❸《歴史》～ de indios インディオ保護官〖16世紀初頭以降のスペイン領アメリカで, スペイン王室が植民者の苛斂誅求(かれんちゅうきゅう)や虐待から先住民を守るために新設した役職. 聖職者が任命されることが多かった〗. ❹《コロンビア, ベネズエラ》網戸
protectorado [protɛktorádo]〖←protector〗[男] 保護領〔制〕, 保護国: España tuvo un ～ en el actual reino de Marruecos. スペインは現在のモロッコ王国に保護領を持っていた. ～ de Marruecos モロッコ保護領
protectoría [protɛktoría] [女] ❶ 民生〔擁護〕局; 民生〔擁護〕局員の職. ❷《まれ》保護
protectorio, ria [protɛktórjo, rja] [形] 保護(擁護・庇護)の
protectriz [protɛktríθ] [形] [女] =**protectora**
proteger [protɛxér]〖←ラテン語 protegere < pro- (前方に)+tegere「覆う」〗[3] [他] ❶ 守る, 保護する, 庇護(ひご)する: 1) El casco *protege* la cabeza. ヘルメットは頭部を守ってくれる. *P～* a los ciudadanos es el objetivo principal de la policía. 市民の保護が警察の主な目的だ. El monarca *protegía* las artes y las letras. 君主は文芸を庇護した. ¡Dios nos *proteja*! 私たちに神のご加護があらんことを! Llevo siempre conmigo una foto de mi madre, porque creo que me *protegerá*. 私はいつも母の写真を身につけている, 守ってくれそうな気がするから. El gato *protegía* a sus crías en un rincón del jardín. その猫は庭の片隅で子猫たちを養っていた. Los ciudadanos *protegen* la flora y la fauna de la región. 市民たちは地域の動植物を守っている. El oso polar es una especie *protegida*. ホッキョクグマは保護動物である. ave *protegida* 保護鳥. comercio *protegido* 保護貿易. ～ sus intereses 自分の利益を守る. ～ la producción nacional 国内産業を保護する. 2) [+de・contra から] Este crema te *protegerá de*l sol. このクリームを塗ると日焼けを防げるよ. ～ a los niños *de* los accidentes de tráfico 子供を交通事故から守る. ～ a+人 *de* las iras del jefe 上司の怒りから…をかばう. ❷ 支える, 支援する, 助ける: No le *protejas*, porque no se lo merece. 彼を助けるな, それには値しないから. ❸《情報》書き込み禁止にする
—— **～se** 身を守る: *Se protegió de*l frío con una manta. 彼は毛布にくるまって寒さから身を守った. *Se protegió de* la lluvia con un paraguas. 彼は雨に濡れないように傘をさした. Tengo que ～*me de* las calumnias, pero no sé cómo. 私は中傷から身を守らねばならないが, どうすればよいか分からない
protegido, da [protɛxído, da] [名] [社会的・経済的に上位の人の] 被保護者, お気に入り: Se nota que esa profesora tiene predilección por José: es su ～. あの教師はホセをえこひいきしているようだ. 彼は先生のお気に入りだ
—— [女]《婉曲》愛人
proteico, ca [protéiko, ka]〖←Proteo (海神)〗[形] ❶《文語》[形・考えの] 変わりやすい, 変わる; 変幻自在の. ❷ たんぱく質の
proteído [proteído] [男]《生化》複合たんぱく質
proteiforme [proteifórme] [形]《文語》変わりやすい〖=proteico〗
proteína [proteína]〖←ギリシア語 protos「第一の」〗[女]《生化》たんぱく質: rico en ～*s* cárnicolas 動物性たんぱく質に富んだ. ～ C reactiva C-反応性たんぱく質, CRP. ～ del shock por calor 熱ショックたんぱく質. ～ del suero ホエイプロテイン. ～ simple 単純たんぱく質. ～ compuesta (conjugada) 複合たんぱく質
proteínico, ca [proteíniko, ka] [形] たんぱく質の
proteinuria [proteinúrja] [女]《医学》尿たんぱく
próteles [próteles] [男]《動物》アードウルフ, ツチオオカミ
proteo [próteo] [男] ❶ [姿・性質・考えなどの] 変わりやすい男. ❷《ギリシア神話》[*P～*] プロテウス〖海神〗
proteólisis [proteólisis] [女]《生化》たんぱく質分解
proteolítico, ca [proteolítiko, ka] [形]《生化》たんぱく質分解の; たんぱく質分解を引き起こす: enzima ～*ca* たんぱく質分解酵素
proterozoico, ca [proteroθóiko, ka] [形] [男]《地質》原生代〔の〕
protervamente [protérbaménte] [副]《文語》邪悪に, 悪辣に
protervia [protérbja] [女]《文語》邪悪さ, 悪辣さ
protervidad [protɛrbidá[d]] [女]《文語》=**protervia**
protervo, va [protérbo, ba] [形] [名]《文語》邪悪な〔人〕, 悪辣な〔人〕, 意地の悪い〔人〕: espíritu ～ 邪悪な精神
protésico, ca [protésiko, ka] [形] 補綴の
—— [名] 歯科技工士〖=～ dental〗
prótesis [prótesis]〖←ギリシア語 prothesis「前置」〗[女]〖単複同形〗❶《医学》1) [義足などの] 人工装具, 人工器官. 2) 補綴(ほてつ); 補綴術: ～ dental 義歯. ❷《言語》語頭音添加〖例 arrebañar←rebañar〗
protesta [protésta]〖←protestar〗[女] ❶ 抗議, 異議; 抗議デモ, 抗議集会; 抗議文: El rey desoyó las ～*s* ciudadanas. 国王は市民の抗議に耳を貸さなかった. firmar una ～ 抗議文に署名する. grito de ～ contra el maltrato 虐待に対する抗議の叫び. manifestación de ～ 抗議デモ. ❷《法律》異議申し立て. ❸《船舶》～ de mar 海難証明書. ❹ [信念・主義などの] 主張, 断言, 明言: *Hizo* ～*s de* lealtad. 彼は忠誠を誓った

P

en ~*s a...* …に抗議して: Han bloqueado ciudades *en* ~*s a la nueva ley.* 彼らは新法に抗議して町々を閉鎖した.
protestación [protestaθjón] 女 ❶ ～ de la fe 信仰誓約; トリエント宗教会議 concilio de Trento の決議書. ❷ 〘まれ〙抗議, 異議 〖=protesta〗
protestante [protestánte] 〖←protestar〗形 名 ❶ プロテスタント〔の〕, 新教徒〔の〕. ❷ 新教の: iglesia ～ プロテスタント教会 *religión* ～ 新教〔の信仰〕: Profeso la *religión* ～. 私はプロテスタントだ
protestantismo [protestantísmo] 男 ❶ 新教, プロテスタンティズム. ❷ 〘集合〙プロテスタント, 新教徒. ❸ プロテスタントの教義
protestar [protestár] 〖←ラテン語 protestari〗自 ❶ 〔+contra・de・por に〕抗議する, 反対する: Miles de personas *protestaron contra* el gobierno. 多くの人が政府に抗議した. ¡*Protesto*, Su Señoría!—No ha lugar. 裁判長, 意義あり!—却下します. ❷ 不平を言う. ❸ 〘文語〙 [+de を] 主張する: ～ *de* su inocencia 自分の無罪を主張する
—— 他 ❶ 〘商業〙〔約束手形などの支払いを〕拒絶する: El banco me *protesta* una letra de cambio. 銀行は私の為替手形の引き受けを拒絶している. ❷ 〘文語〙〘信仰などを〙公言する: ～ su cristianismo キリスト教への信仰を公言する. ❸ …に抗議する; 申し立てる
protestatario, ria [protestatárjo, rja] 形 名 激しく抗議する〔人〕
protestativo, va [protestatíbo, ba] 形 抗議する, 異議申し立てする
protesto [protésto] 〖←protestar〗男 ❶ 〘商業〙〔約束手形などの〕拒絶; 拒絶証書: hacer el ～ por falta de pago〔支払い拒絶に際してその事実を証明する〕拒絶証書を作成する. ❷ 抗議
protestón, na [protestón, na] 形 名 〘軽蔑〙不平の多い〔人〕, 気難し屋〔の〕
protético, ca [protétiko, ka] 形 〘言語〙語頭音添加 prótesis の
prótido [prótido] 男 たん白質 〖=proteína〗
protio [prótjo] 男 〘化学〙プロチウム
protista [protísta] 形 原生生物界の
—— 男 複 〘生物〙原生生物界 〖=reino ～〗
proto- 〖←接頭辞〗 ❶ 主要・原始・第一〗 *proto*tipo 原型, *proto*plasma 原形質
protoactinio [protoaktínjo] 男 =protactinio
protoalbéitar [protoalbéjtar] 男 ❶ 獣医の第一人者. ❷ 獣医免許の審査員
protoalbeiterato [protoalbejteráto] 男 獣医免許の審査会
Protobionte [protobjónte] 男 〘生物〙原始生命体
protocloruro [protoklorúro] 男 〘化学〙第一塩化物
protocolar [protokolár] 形 儀式の
—— 他 =protocolizar
protocolario, ria [protokolárjo, rja] 〖←protocolo〗形 ❶ 儀礼の, 公式儀礼の: actos ～*s* 儀式. carta ～*ria* 挨拶状. ❷ 単なる儀礼的な: visita ～*ria* 儀礼〔表敬〕訪問
protocolización [protokoliθaθjón] 女 議定書（登録簿）への記録
protocolizar [protokoliθár] 他 議定書（登録簿）に記録する
protocolo [protokólo] 〖←ラテン語 protocollum < ギリシア語 protokollon < protos「第一の」+kolla「のり, ゴム」〗 男 ❶ 〘集合〙〘公式の〙儀礼, 〔社会的関係における〕礼儀: El ～ dice que tiene que ir de negro. 公式儀礼によれば黒い服を着用しなければならない. seguir un ～ 公式儀礼に従う. sin ～*s* 非公式の・に, 略式の. jefe de ～ 儀典長. ～ social 社会的礼儀. ❷ 儀典書. ❸ 〔会議などの〕合意書; 〘外交〙議定書; firmar un ～ 合意書に署名する. P～ de Kioto 京都議定書. ❹ 〘法〙登録簿, 登記簿. ❺ 〘化学など〙〔実験などの〕記録, 報告書; 計画案. ❻ 〘医学〙医療記録. ❼ 〘情報〙プロトコル
protocordado, da [protokoɾðáðo, ða] 形 原索動物の
—— 男 複 〘生物〙原索動物
protoctista [protoktísta] 形 男 =protista
protodórico, ca [protoðóriko, ka] 形 〘古代エジプト, 建築〙〘柱が〙縦溝飾りのある
protoestrella [protoestɾéʎa] 女 〘天文〙原始星
protoeuskera [protoeuskéɾa] 男 バスク祖語
protofito, ta [protofíto, ta] 形 単細胞植物の

—— 女 複 〘植物〙単細胞植物
protogermánico [protoxeɾmániko] 男 ゲルマン祖語
protoginia [protoxínja] 女 〘生物〙雌性先熟
protógino, na [protóxino, na] 形 〘生物〙雌性先熟の
protohistoria [protoistóɾja] 女 原史〔時代〕; 原史学
protohistórico, ca [protoistóɾiko, ka] 形 原史〔時代〕の
protolítico, ca [protolítiko, ka] 形 〘考古〙原始石器時代の
protomártir [protomártir] 男 最初の殉教者〘キリスト教では聖ステファノ San Esteban〙
protomedicato [protomeðikáto] 男 〘歴史〙❶ 医師免許の審査会. ❷ 宮廷医師の職. ❸ 保健医療局〘植民地時代のスペイン領アメリカで, スペイン王室が保健医療や公衆衛生の専門家の養成と監督を目的にメキシコ市とリマ市に設置〙
protomédico [protomédiko] 男 〘歴史〙宮廷医師
prótomo [prótomo] 男 〘考古〙プロトメ〘動物・人間の頭部を模した装飾品〙
protón [protón] 男 〘物理〙陽子, プロトン
protonema [protonéma] 男 〘植物〙原糸体, 糸状体
protónico, ca [protóniko, ka] 形 ❶ 〘物理〙陽子の, プロトンの. ❷ 〘音声〙〘母音・音節の〙強勢の前の 〖⇔postónico〗
protonotario [protonotárjo] 男 ❶ 〘歴史〙〘スペイン〙大法官. ❷ 〘カトリック〙～ apostólico 使徒座書記官
protoplaneta [protoplanéta] 男 原始惑星
protoplasma [protoplásma] 男 〘生物〙原形質
protoplasmático, ca [protoplasmátiko, ka] 形 原形質の
protoplásmico, ca [protoplásmiko, ka] 形 =protoplasmático
protórax [protóɾa(k)s] 男 〘単複同形〙〘昆虫〙前胸, 第一胸節
protosol [protosól] 男 原始太陽
protosulfuro [protosulfúɾo] 男 〘化学〙第一硫化物
prototerio [prototéɾjo] 男 原獣亜綱の
—— 男 複 〘動物〙原獣亜綱
prototípico, ca [prototípiko, ka] 形 典型的な
prototipizar [prototipiθár] 他 ❶ …の典型を表わす; 模範になる
prototipo [prototípo] 〖←proto-+ギリシア語 typos「型」〗男 ❶ 〔工業製品の〕試作品: ～ de coche 試作車. ❷ 原型, プロトタイプ. ❸ 典型; 模範: Esa chica es el ～ de belleza actual. その女性は現代的美人の典型だ
protovasco [protobásko] 男 =protoeuskera
protóxido [protó(k)sido] 男 〘化学〙第一酸化物
protozoario, ria [protoθoárjo, rja] 形 男 =protozoo
protozoea [protoθoéa] 女 〘動物〙プロゾエア〘幼生〙
protozoo [protoθóo] 男 原生動物〔界・門〕の
—— 男 複 〘動物〙原生動物〔界・門〕
protozoología [protoθo(o)loxía] 女 原生動物学
protráctil [protráktil] 形 〘トカゲなどの舌について〙伸縮自在の, 長く伸ばすことのできる
protrombina [protɾombína] 女 〘生化〙プロトロンビン: tiempo de ～ プロトロンビン時間
protrusión [protɾusjón] 女 〘医学〙〔器官の〕突出〔症・部・物〕, 隆起〔部・物〕
protuberancia [protubeɾánθja] 女 ❶ 〘解剖〙隆起, 突起, こぶ. ❷ 〘一般に〙突起物: ～ anular (cerebral) 脳橋. ❸ 〘天文〙太陽フレア〖=～ solar〗
protuberante [protubeɾánte] 形 隆起した, 突き出た: Este chico tiene una frente ligeramente ～. この少年は少し額が突き出ている
proturo, ra [protúɾo, ra] 形 カマアシムシ目の
—— 男 複 〘昆虫〙カマアシムシ目, 原尾目
protutor, ra [protutóɾ, ra] 形 〘法律〙〔裁判所命令による〕代理後見人
proustiano, na [prustjáno, na] 形 〘人名〙〔フランスの作家〕プルースト Proust の, プルースト的な
proustita [pɾoustíta] 女 〘鉱物〙淡紅銀鉱
prov. 〘略語〙←provincia 県
provecho [pɾobétʃo] 〖←ラテン語 profectus, -us「前進, 進歩」< proficere「繁栄する, 役立つ」〗男 ❶ 利益, 利潤 〖←類義 ganancia〗; 有用性. ❷ 〘非物質的な〕進歩, 成果: Ha terminado el curso con ～. 彼はきちんとした成果を出して学年を終えた. estudiar con ～ しっかり勉強する, 勉強の成果をあげる. ❸ 〘主に幼児語〙げっぷ 〖=eructo〗: hacer el ～ げっぷする. ❹ 〘古語〙〘複〙〘給与への〙上乗せ手当

provechosamente

buen ~ 1)［食事をする人への挨拶］ゆっくり(たくさん)召し上がれ!《=Sigan comiendo y *buen* ~/*Buen* ~ le haga. 返事は Gracias》. 2)《皮肉》［欲ばり・利己的な人への拒絶］勝手にしろ!
de ~ 1)［人が社会的に］役に立つ: hacerse un hombre *de* ~ 社会の役に立つ人になる. actividad *de* poco ~ ほとんど役に立たない活動. 2) きちんと義務を果たす, きちょうめんな
en ~ *de*... …のために: El alcalde trabaja *en* ~ *de* su pueblo. 村長は村のことを思って仕事をしている
en ~ *propio* 自分自身のために
hacer ~ *a*+人［主に飲食物が］…に益になる, 滋養になる
sacar ~［+*de*・*a* から］利益を得る; 利用する: Lo hace por afición, sin *sacar*le ningún ~. 彼はそれで利益を得ることなく好きでやっている. *sacar* ~ *de* la educación a distancia a través de la internet インターネットによる通信教育を利用する
sin ~ 役に立たない: Gastamos mucho *sin* ~. 私たちは大金を使ったが役に立たなかった. hombre *sin* ~ 役立たずの男
tener ~ 役に立つ: Este trasto no *tiene* ~. このがらくたは役に立たない

provechosamente [proβetʃósaménte]副 有益に
provechoso, sa [proβetʃóso, sa]形 利益になる; ためになる, 有益な: Es necesario sentir que hago algo ~ 何か有益なことをしていると感じることが必要だ. trabajo ~ 役に立つ仕事
provecto, ta [proβékto, ta]《←ラテン語 provectus》形《文語》❶ 年配の, 初老の: hombre de edad ~*ta* 年配の男性. ❷ 成熟した, 円熟した
proveedor, ra [proβeeðór, ra]名 ❶ 出入り商人, 納入業者;《軍隊の》御用商人. ~ de buques 船用品商. ~ directo 産地直送業者. ❷ 行きつけの店の主人. ❸《情報》プロバイダー
proveeduría [proβe(e)ðuría]名 ❶ 出入り商人（納入業者）の業務. ❷ 物資保管（配送）所
proveer [proβe(é)r]《←ラテン語 providere < pro-（前方に）+videre「見る」》22 他 ❶［+*de* を］…に供給する, 支給する, 納入する: Ese país *provee* de armas al ejército rebelde. その国が反乱軍に武器を供給している. ❷［必要なものを］準備する; ［+*de* を］…に備えつける: ~ lo necesario 必要なものをそろえる. *de* víveres la despensa 貯蔵庫に食糧を入れておく. cuarto *provisto de* estufa ストーブのある部屋. ❸［役職を］提供する, 求人する: Por ahora no piensan ~ esa vacante. さしあたって彼らはその欠員を埋める気はない. ~ el cargo de magistrado 司法官の職を提供する. ❹［事件などを］処理する, 扱う: Deben ~ una solución integral. 全面的な解決が求められている. ~ una cuestión en justicia 問題を法廷に持ち込む. ❺［裁判官・法廷が決定を］申し渡す: ~ la causa 判決理由を述べる
── 自 ❶［+*a* の］面倒をみる, 世話をする: Hay que ~ *a* las necesidades de los huérfanos. 孤児たちの面倒をみなければならない. ~ *a* un vicio de+人 …の悪行の手助けをする. Dios *proveerá*.《旧約聖書》神は養いを与えたもう《悪は将来必ず正される》
── *se* ❶［+*de* を］備える, 用意する: Para no desorientarme *me he provisto de* unos planos de la ciudad. 私は道が分からなくならないように町の地図を何枚も用意してある. ❷《古語》排便する

proveído [proβeíðo]男《法律》中間判決
proveimiento [proβeimjénto]男 供給, 納入, 準備, 調達
provena [proβéna]名 ブドウの取り木した枝
proveniencia [proβenjénθja]名 由来, 原因
proveniente [proβenjénte]形［+*de* から］来た, 生じた《=procedente》: metales preciosos ~*s de* América アメリカ産の貴金属
provenir [proβenír]《←ラテン語 provenire「現われる, 生じる」< pro-（前方に）+venire「来る」》59 自《命令法単数 provén/proven》［+*de* を］来る, 由来する: Este vino *proviene de* España. このワインはスペイン産だ. El euskera *proviene de* una lengua africana. バスク語はアフリカの言語から来ている
provento [proβénto]男 収益, 所得
provenzal [proβenθál]形 名 ❶《地名》［フランスの］プロバンス地方 Provenza の;［人］. ❷ プロバンス語の
── 男 プロバンス語; オック語《=lengua de oc》

provenzalismo [proβenθalísmo]男 プロバンス語からの借用語, プロバンス語特有の表現
provenzalista [proβenθalísta]名 プロバンス語（文学）研究家
provenzalizante [proβenθaliθánte]形［言語などが］プロバンス語の影響を受けた
proverbiador [proβerβjaðór]男 格言集, 金言集
proverbial [proβerβjál]形 ❶ 諺の, 格言風の: frase ~ 諺, 格言風言い回し. ❷ 周知の, 音にきこえた, 名うての: ~ hospitalidad de los españoles スペイン人の有名なもてなしのよさ
proverbialmente [proβerβjálménte]副 ❶ 諺（格言）のとおり. ❷［+形容詞］あまねく…な
proverbiar [proβerβjár]10 自 諺（格言）を多用する
proverbio [proβérβjo]《←ラテン語 proverbium < pro-+verbum「動詞」》男 ❶ 諺, 格言: como dice (va) el ~ 諺にもあるように. ❷ 諺劇. ❸《旧約聖書》複 箴言（しんげん）
proverbista [proβerβísta]名 諺（格言）愛好家
provicario [proβikárjo]男《カトリック》vicario の代理
provicero [proβiθéro]男 予言者, 占い師
próvidamente [próβiðaménte]副 周到に, 抜かりなく
providencia [proβiðénθja]《←ラテン語 providentia < providere「予見する」》名 ❶《宗教》摂理, 神慮: Divina P~ 神の摂理. ❷［P~］. 世界を支配する〕神. ❸《法律》審理の進め方などに関する［判決前の裁定.《主に複》❶ 予防措置, 備え: Hay que tomar ~*s* para impedir la catástrofe. あらかじめ大惨事を避けるための措置を講じなければならない. 2)［事故などの］対処, 措置: El Gobierno ha dictado (tomado) ~*s* para remediar los daños de la inundación. 政府は洪水の被害を救済するための措置を講じた
a la P~ 神以外に頼るものがなくて
providencial [proβiðénθjal]《←ラテン語 providentialis》形 ❶［被害を免れるような］運のいい, 思いがけない: Un retraso ~ evitó la catástrofe. 思いがけない遅延で大惨事が避けられた. ❷ 摂理による, 天佑の
providencialismo [proβiðénθjalísmo]男 万象摂理説
providencialista [proβiðénθjalísta]形 名 万象摂理説の〔支持者〕
providencialmente [proβiðénθjálménte]副 ❶ 一時的に, 応急措置として. ❷ 摂理によって; 幸運にも
providenciar [proβiðénθjár]10 他《文語》…に対する予防措置を講ずる
providente [proβiðénte]《←ラテン語 providens, -entis》形 ❶《文語》［人が］用意周到な, 抜かりのない. ❷《まれ》賢明な, 思慮深い, 洞察深い《=próvido》
próvido, da [próβiðo, ða]形《文語》恵み深い: ~*da* naturaleza 豊かな自然. ❷ 用意周到な, 抜かりのない
provincia [proβínθja]《←ラテン語》名 ❶［行政区分］1)［日本・スペイン・ホンジュラス・パナマ・ベネズエラ・エクアドル・ペルー・ボリビア・チリなどの］県: Aragón está dividido en tres ~*s*: Zaragoza, Huesca y Teruel. アラゴンは3県（サラゴサ, ウエスカ, テルエルの3県）からなっている. ~ de Jaén ハエン県. 2)［キューバ・コスタリカ・アルゼンチン・フィリピン・カナダなどの］州. 3)［ペルー・ボリビアの］郡: ~ constitucional 特別郡《ペルーのカヤオ Callao》. 4)［中国の］省. 5)［de］Shandong 山東省. ❷《西》複［首都に対して］地方;［特に］地方の小都市: La compañía sale de gira por ~*s*. 劇団は地方巡業に出発する. Un militar retirado vive en ~*s* con su mujer. 一人の退役軍人が妻と共に地方に住んでいる. ciudad de ~*s* 地方都市. pueblo de ~*s* 田舎町. ❸［修道会の］管区《=~ religiosa》. ❹《古代ローマ》属州: P~ Baetica 属州ベティカ. ❺《歴史》P~s Internas フロンテラ地方《メキシコ, 1776年, ヌエバ・エスパーニャ副王領の北部国境地方に幅広い自治権を付与して設置された行政区》. P~ Oriental 東方州《現在のウルグアイとほぼ同一. 1815年にアルティガス Artigas によって東方州人民が独自組織化されたがやがてポルトガルによって占領され, 後にシスプラチナ州 Provincia Cisplatina という名称でブラジルの一部に組み込まれた. 1825年ラパジェハ Lavalleja 将軍が独立戦争を開始, 東方州とアルゼンチンとの合併を求めたが, 1828年イギリスの仲介により東方州がウルグアイ東方共和国として独立することになった》. las P~s Unidas [de los Países Bajos]［17～18世紀の］オランダの旧称. P~s Unidas del Centro de América 中央アメリカ連邦《1823～39. 現在のグアテマラ・エルサルバドル・ニカラグア・コスタリカ》. P~s Unidas del Río de la Plata ラプラタ川諸州連合《独立戦争時代に結成》. ❻《歴史》カ

provincial¹ [proßinθjál] 形 ❶ 県 provincia の: hospital ~ 県立病院. ❷ 地方の〖=provinciano〗: acento ~ 地方なまり
スティーリャ最高法院の民事法廷
provincial², **la** [proßinθjál, la] 名〖カトリック〗〖修道会の〗管区長
provincialato [proßinθjaláto] 男〖修道会の〗管区長の職(任期)
provincialidad [proßinθjaliðáð] 女 県 provincia であること
provincialismo [proßinθjalísmo] 男 ❶ お国〖地方〗なまり, 方言. ❷〖主に軽蔑〗地方第一主義; 地方気質, 田舎くささ
provincializar [proßinθjaliθár] 他 県(県立)にする
provincianismo [proßinθjanísmo] 男 ❶〖偏狭な〗地方主義, 田舎かたぎ. ❷ 野卑, 粗野, 田舎くささ
provinciano, na [proßinθjáno, na]〖←provincia〗形 名 ❶ 地方の〖人〗, 地方の小都市の〖人〗;〖軽蔑〗田舎者(の), 野暮ったい〖人〗, 偏狭な: Soy muy ~ y no sé cómo sacar los billetes del metro. 私はすごい田舎者で地下鉄の切符の買い方も分からない. aire ~ 田舎臭さ. ambiente cerrado ~ 田舎の閉鎖的な雰囲気. ciudad ~na 地方都市. gente ~na 田舎の連中. paz ~na 田舎ののどかな生活. ❷〖古語的, バスク〗バスク自治州に属する県の〖Álava, Vizcaya, Guipúzcoa〗; バスク人
provinencia [proßinénθja] 女〖文語〗=**proveniencia**
provinente [proßinénte] 形〖文語〗=**proveniente**
proviniente [proßinjénte] 形〖文語〗=**proveniente**
provisión [proßisjón]〖←ラテン語 provisio, -onis〗女 ❶ 貯蔵〖行為〗. Olvidó pensar en la ~ de combustible para el invierno. 彼は冬用の燃料を蓄えておくことに思い至らなかった.〖集合〗蓄え, ストック: Es necesario que no se interrumpa la ~ de petróleo crudo. 原油の備蓄がストップしないようにする必要がある. ~ de vino ワインの蓄え. ❸〖西〗〖主に複〗食糧〖=*provisiones de boca*〗: Esperaron un buen rato, comiendo al aire libre las *provisiones* que habían traído. 彼らは持ってきた食糧を外で食べながら, かなりの時間待った. Tenemos *provisiones* para el invierno. 私たちは冬用の食糧の蓄えがある. *provisiones* de reserva 糧食. ❹ 供給, 支給, 調達: ~ de servicios públicos 公的サービスの提供. ❺〖商業〗= de fondos 準備金, 引当金. ~ para amortización 減価償却引当金. ~ para cuentas dudosas 貸倒引当金. ~ para pensiones 年金積立金. ❻〖会計上の〗処理, 調整, 評価替え. ❼ 求人. ❽〖古語〗〖判事・法廷の〗決定の申し渡し. ❾〖アルゼンチン, ウルグアイ〗〖果実・野菜も売る小さな〗食料品店
provisional [proßisjonál]〖←provisión〗形 ❶ 仮の, 一時的な, 臨時の, 暫定的な; 応急修理の: alojamiento ~ 仮住まい, しのぎ. casa ~ 仮設住宅. construcción ~ 仮設建築. contrato ~ 仮契約. gobierno ~ 臨時政府. IRA ~ IRA暫定派. medida ~ 暫定措置. oficina ~ 仮事務所. presupuesto ~ 暫定予算. sentencia ~ 仮判決. trabajador ~ 臨時労働者. ❷〖歴史〗〖スペイン内戦時, フランコ軍で短期の教育を終了した〗見習い下士官の
provisionalidad [proßisjonaliðáð] 女 仮であること, 一時性
provisionalmente [proßisjonálménte] 副 一時的に, 臨時に, 暫定的に
provisionar [proßisjonár] 他 ❶〖金額を〗準備する. ❷〖経済〗準備金を引き当てる
provisionista [proßisjonísta] 名 納入業者, 供給者, 調達者
proviso [proßíso] *al* ~ すぐに, 即座に
provisor, ra [proßisór, ra] 名 納入業者, 供給者, 調達者
—— 男〖カトリック〗司教総代理, 教区法務官
—— 女〖カトリック〗〖女子修道院の〗経理係, 管理係
provisorato [proßisoráto] 男 =**provisoría**
provisoría [proßisoría] 女 ❶ 納入業, 調達業; その事務所(店舗). ❷〖修道院などの〗食糧貯蔵庫
provisorio, ria [proßisórjo, rja] 形〖主に南米〗=**provisional**
provisto, ta [proßísto, ta] proveer の 過分
—— 女〖ラプラタ〗食糧, 糧食
provitamina [proßitamína] 女〖生化〗プロビタミン
provo [próßo] 男 形〖歴史〗プロフォの〖賛同者〗〖1960年代オランダの反ブルジョア運動〗
provocación [proßokaθjón]〖←ラテン語 provocatio, -onis〗女 ❶ 挑発, 扇動〖行為, 事柄〗: Los sindicatos han afirmado que no responderán a las *provocaciones* de la patronal. 組合は経営者側の挑発には乗らないと言明した. Las miradas que le dirigía esa chica eran toda una ~. その少女の視線はいかにも彼の気を引こうとするかのようだった. Tu actitud es una ~. 君の態度は挑発だ. ❷〖まれ〗怒り, 立腹. ❸〖まれ〗誘発
provocador, ra [proßokaðór, ra] 形 ❶ 挑発的な〖人〗, 扇動的な〖人〗, 破壊分子: El jugador hizo un gesto ~. その選手は挑発的な仕草をした. En sus obras hay una corrosiva y ~*ra* ironía. 彼の作品には辛辣で挑発の強い風刺が込められている. ❷ 誘発する, 生じさせる: El tabaco es una sustancia ~*ra* de dependencia. たばこは依存症を引き起こす物質である. ❸ 扇情的な: Ese vejestorio viste de forma ~*ra*. あの助じいは粋がった服装をしている
provocante [proßokánte] 形 挑発的な, 挑戦的な; 扇動する
provocar [proßokár]〖←ラテン語 provocare〗他 ❶ 挑発する, わざと怒らせる: 1) Es inútil que me *provoques*, no discutiré contigo. 私を挑発しても無駄だ, 私は君と争うつもりはない. Nos hemos pegado porque lleva todo el día *provocándome*. 彼が私に一日中挑発的な態度をとるので, 私たちは殴り合いになった. ❷〖+a+するように〗そそのかす: El timonel *provocaba* a los marineros *a* la rebelión. 操舵手は水夫たちを扇動して反乱を起こした. ❸〖主に女性が〗欲情をそそる: Le gusta ~ a las bañistas con un bañador muy ajustado. 彼女は体にぴったりとした水着を着て海水浴客たちの気を引いて楽しんでいる. ❹ 誘発する, 生じさせる: 1)〖事件などを〗Las lluvias *provocaron* grandes inundaciones. 雨が続いて大洪水を引き起こした. La crisis *provocó* inevitablemente muchos cambios en la empresa. 不況のため, その企業では必要に迫られ様々な改革が行われた. Pepe tiene problemas de respiración *provocados* por el asma. ペペはぜんそくで呼吸が苦しいことがある. 2)〖感情などを〗Sus declaraciones *provocaron* risa más que lástima. 彼の説明は同情よりも笑いを誘った. La medida *provocará* indignación. その手段をとるだろう. 3)〖+que+接続法〗La intensidad del tráfico *provocó* que los vehículos circulasen a velocidad lenta. 交通量が多くて車はのろのろ運転だった. ❺〖吐き気を〗催させる, 吐く. ❼〖コロンビア, ベネズエラ, ペルー, 口語〗~の欲望をそそる, ~したい気にさせる: Me *provoca* un tinto. 私はブラックコーヒーが飲みたい. Me *provoca* comprar este celular. 私はこの携帯電話を買いたい
—— 自 挑発する: Lo único que busca es ~. 彼はいつも挑発的な態度をとる
provocativo, va [proßokatíßo, ßa]〖←provocar〗形 ❶〖主に女性が, 性的に〗刺激的な, 欲情をそそる: mujer ~*va* 扇情的な女. mirada ~*va* 色っぽい目つき. vestido ~*va* きわどいドレス. ❷ 挑発的な, 挑戦的な, けしかけるような: actitud ~*va* 挑戦的な態度. palabras ~*vas* 挑発的な言葉. ❸〖コロンビア, ベネズエラ〗食欲をかきたてる, おいしそうな
provocatorio, ria [proßokatórjo, rja] 形 挑発的な, 挑戦的な
proxémica [pro(k)sémika] 女 プロクセミックス, 近接学
proxeneta [pro(k)senéta]〖文語〗売春あっせん業者, ぽん引き, 女衒(ぜげん)
proxenético, ca [pro(k)senétiko, ka]〖文語〗売春あっせん業の
proxenetismo [pro(k)senetísmo] 男〖文語〗売春のあっせん行為, 売春あっせん業, 売春宿の経営
proximal [pro(k)simál] 形〖解剖〗近位の, 体の中央に近い, 基部に近い〖⇔distal〗
próximamente [pró(k)simaménte] 副 ❶ すぐに, ただちに; 間もなく, 近いうちに. ❷ ほぼ, おおよそ
proximidad [pro(k)simiðáð]〖←ラテン語 proximitas, -atis〗女 ❶〖+a·de に〗近いこと, 近接: 1)〖空間的に〗Prefiero este colegio por su ~ a mi trabajo. 私の職場に近いので, この学校がいいと思う. La ~ *del* mar es uno de los atractivos de la ciudad. 海に近いことはその都市の魅力の一つだ. 2)〖時間的に〗La novia está nerviosa ante la ~ *de* su boda. 花嫁は結婚式が近づいて緊張している. ❷ 近似性: Existe mucha ~ entre ellos. 彼らの間には多くの共通点がある. ❸〖主に複〗近所, 周辺: Vivimos en las ~*es* de Barcelona. 私たちはバルセロナの近くに住んでいる
próximo, ma [pró(k)simo, ma]〖←ラテン語 proximus〗形〖名詞+/+名詞〗❶〖estar+. +a に〗近い: 1)〖空間的に〗Su casa está ~*ma*. 彼の家はこの近くだ. Suenan unas campanas en una iglesia ~*ma*. 近くの教会で鐘が鳴っている. Fueron de paseo a las cascadas ~*mas al* pueblo. 私たちは村の近くの滝まで散歩に行った. Nació en un pueblo ~ *a* Madrid. 彼

proyección

はマドリードの近くにある村で生まれた. ¿Cuál es el aeropuerto más ~ *a* Toledo? トレドに一番近い空港はどこですか? Con unas leñas que encontró ~*mas*, encendió fuego. 彼は手近にあった薪で火を起こした. 2) [時間的に] Está ~*ma* la Navidad. もうじきクリスマスだ. El fin de la dictadura estaba ~. 独裁制の終焉が近づいていた. Está ~ *a* amanecer. 夜明けが近い. en un futuro ~ 近い将来に. ~*ma* apertura《表示》近日開店. 3) [心理的に] Se siente ~ *a* las ideas democristianas. 彼はキリスト教民主党の考え方に共感している. 2) de: Me bajo en la ~*ma* parada. 次の停留所で降ります. Mi novia vive en la calle ~*ma*. 私の恋人は隣の通りに住んでいる. Nos vamos a la playa el domingo ~. 今度の日曜日に海に行く予定だ. Iremos la semana ~*ma*./Iremos la ~*ma* semana. 私たちは来週出かける. el ~ mes/el mes ~ 来月. el ~ año/el año ~ 来年
  ***de* ~**: すぐに, ただちに; 間もなく, 近いうちに
  la* ~*ma vez 次回: *La* ~*ma vez* que venga el jefe se lo decimos. 今度部長が来たら言おう
  ~ *pasado* 《行政》直前の: de fecha veintidós de Diciembre del año ~ *pasado* 昨年12月22日付けの

proyección [proje(k)θjón]《ラテン語 projectio, -onis》囡 ❶ 映写, 上映: cabina de ~ 映写室. cámara de ~ 映写機. irse a media ~ 上映中に席を立つ. ❷ 普及, 伝播; 影響, 重要性, 卓越: Su nueva obra ha tenido una ~ internacional. 彼の新しい作品は国際的な評価を得た. figura de ~ internacional 国際的名士. ❸ 発射, 射出; [液体などの] 噴出 [物], 放出 [物]: ángulo de ~ 発射角. ~ de vapor 蒸気の噴出. ~ volcánica 火山噴出物. ❹《幾何》射影, 投影 [図]; [地図の] 図法: ~ cónica 円錐図法. ~ cilíndrica 円筒図法. ~ de Mercator メルカトル図法. ~ oblicua 斜投影法. ~ ortogonal 正射影; 正射象法. ❺《光学》投射, 照射. ❻《心理》投影. ❼《柔道》投げ [技]

proyeccionista [proje(k)θjonísta] 男女 映写技師
proyectante [projektánte] 形 ❶《幾何》射影する. ❷ 発射 (射出) する; 噴出 (放出) する. ❸ 上映する
proyectar [projektár]《ラテン語 projectare < projicere「前へ投げる」》他 ❶ 計画する: 1) [+名詞] *Proyectaron* una excursión a la sierra. 彼らは山にハイキングに行く計画を立てた. *Proyectamos* nuestro viaje punto por punto. 私たちは細かな旅行の計画を立てた. 2) [+不定詞] El ex presidente *proyecta* marcharse a otro país. 前大統領は国外に逃亡しようと企てている. Los novios *proyectan* irse de viaje al Caribe. 2人はカリブ海へ新婚旅行に行く計画を立てている. ❷ 設計する: El ingeniero *proyectó* un puente sobre el río Tajo. その技師はタホ川にかかる橋の設計をした. ❸ 発射する, 射出する; 噴出する, 放出する: La catapulta *proyectaba* piedras contra la fortaleza. 投石器が城塞めがけて石の弾を放っていた. Esa fuente *proyecta* un chorro de agua muy alto. その噴水は水をとても高く吹き上げている. El sol *proyecta* luz y calor. 太陽は光と熱を放つ. ❹ [+*sobre*・*en* に] 投射する; 投影する: La lámpara *proyectaba* una luz tenue *sobre* la habitación. 電灯は室内に淡い光を投げかけていた. *Proyectan* diapositivas *en* una pantalla. 彼らはスライドをスクリーンに映す. En el eclipse solar, la Luna *proyecta* su sombra *sobre* la Tierra. 日食では月の影が地球にかかる. ❺ 上映する: Hoy *proyectan* dos películas mudas en el cineclub. 今日, 映画クラブで無声映画が2本上映される. máquina de ~ sonora トーキー映写機. ❻ [感情などを] 表わす, 反映する: Algunos niños *proyectan* su agresividad *en* el juego. 遊び方に乱暴な態度が出る子供がいる. ❼ [力・影響などを] 及ぼす: *Proyecta* su influjo benéfico *sobre* todos nosotros. 彼は私たちすべてに恩恵をもたらす. ❽《幾何》射影する, 投影する. ❾《心理》投影する. ❿《柔道》投げる
  — ~*se* ❶ 影を投げかける: *Sobre* la pared del salón *se proyectaba* la silueta delgada del mayordomo. 居間の壁にやせた執事の影が映っていた. ❷ 力・影響などを及ぼす: Las potencias europeas *se proyectaban sobre* todos los Continentes en el siglo XIX. 19世紀ヨーロッパの列強はすべての大陸に覇権をふるっていた

proyectil [projektíl]《ラテン語 projectum》男 発射物, 放出物; 弾丸, 砲弾, ミサイル: ~ atómico 核ミサイル. ~ balístico 弾道弾. ~ teledirigido 無線誘導弾

proyectismo [projektísmo] 男《まれ》計画好き

proyectista [projektísta] 形《まれ》計画好きな
  — 男女 ❶ 製図家, 設計者, デザイナー [=*diseñador*]. ❷ 立案者;《まれ》計画好きな人
proyectividad [projektibidá(d)] 囡《心理》投射心理
proyectivo, va [projektíβo, βa] 形 ❶ 発射の: test ~ 発射テスト. ❷ 噴出の. ❸《幾何》射影の, 投影の: propiedades ~*vas* de una figura 図形の射影的特質. ❹《心理》投影法の: prueba ~*va* 投射検査法, 投影法の心理テスト
proyecto[1] [projékto]《ラテン語 projectus》男 ❶ 計画, 企画, プロジェクト: Eva tiene el ~ de viajar por el mundo cuando acabe sus estudios. エバは学校を卒業したら世界旅行に出かける計画を立てている. Se presentó un innovador ~ para la reforma educativa. 教育改革の斬新な企画が提出された. hacer un ~ de la vida 生活設計をする. ❷ 草案, 草稿; 案件: Tengo que presentar el ~ de fin de carrera. 私は卒業論文を提出しなければならない. ~ de resolución 決議案. ❸ [全体的な] 設計 [図]: Han encargado el ~ del edificio a un famoso arquitecto. 彼らはある有名な建築家にその建物の設計を依頼した
  en ~ 計画中の: ¿Hay algo *en* ~ sobre esa peatonalización? その歩行者専用道路化について何か計画がありますか?
  ~ *de ley* 《政府提出の》法案: Se debate en el Congreso el ~ *de ley* sobre la reforma laboral. 国会では労働条件改革法案の審議が行われている

proyecto[2], **ta** [projékto, ta] 形《幾何》射影の
proyector[1] [projektór] 男 ❶ 映写機: ~ de cine: ~ de diapositivas/~ de transparencias スライド映写機. ~ sonoro トーキー映写機. ❷ 投光機, プロジェクター; 探照灯, サーチライト: Unos ~*es* iluminan la muralla del casco viejo. 旧市街の城壁がライトアップされている. ~ de teatro [劇場の] スポットライト. ❸ 電球 [=*bombilla*]
proyector[2], **ra** [projektór, ra] 形 投射する; 投影する
proyectura [projektúra] 囡《建築》出っ張り, 突起, 突出部
pru [prú] 男《ドミニカ》[先住民が植物から作る] 発酵酒の一種
prudencia [pruðénθja]《ラテン語 prudentia》囡 ❶ 慎重, 用心, 用意周到: Ten ~ con el coche para que no te ocurra nada. 何事もないように運転には気をつけてね. Le falta ~. 彼は慎重さに欠ける. ❷ 分別, 判断力, 見識. ❸ 節度, 節制. ❹《カトリック》賢明《枢要徳 virtud cardinal の一つ》
  ***como medida de* ~** 万一のために
  ***con* ~** 1) 慎重に: conducir *con* ~ 安全運転をする. 2) 分別をもって: actuar *con* ~ 分別をもって行動する. 3) 節度をもって: comer *con* ~ 控えめに食事をする

prudencial [pruðenθjál] 形 ❶ [量・長さなどが] ほどほどの, ほどよい, 適度な: Nunca debe exceder de una cantidad ~. 決してほどほどの量を超えてはならない. ❷ Estoy esperando que se hagan las nueve de la mañana, hora ~, para ir a hablar con la dueña de casa. 私は午前9時になるのを待っている, それは女主人に話をしに行くのに適当な時間だ. ❸ 慎重な, 用心深い

prudencialmente [pruðenθjálménte] 副 ほどよく, 適度に; 慎重に; 分別をもって
prudenciar [pruðenθjár] ⑩ **~*se*** 《中南米》[感情・衝動などを] 抑える, 自制する: Es preciso ~*nos* en los gastos. 出費は控えめにすることが必要だ
prudente [pruðénte]《ラテン語 prudens, -entis「先見の明のある, 有能な」》形 ❶ 分別のある, 賢明な: Considero más ~ no decírselo. 彼にそれを言わない方が賢明だと思う. ❷ 慎重な, 用心深い: Guardó un silencio ~. 彼は用心深く沈黙を守った. Sé ~ con lo que come. 食事に気をつけなさい. respuesta (actitud) ~ 慎重な返事 (態度). ❸ [量・長さなどが] 適度な: mantener una distancia ~ ほどほどな距離を保つ. conductor ~ 安全運転をする人. ❹ 臆病な
prudentemente [pruðéntemente] 副 分別をもって; 慎重に, 用心深く
prueba [prwéβa]《←*probar*》囡 ❶ 試用: Antes de firmar el contrato existe un período de ~. 契約の調印前に試用期間がある. pedido de ~ 試し注文. ❷ 試運転; piloto de ~ テストパイロット. ❸《服飾》試着: sala de ~ 試着室. ❹ 実験, 試験 [→*experimento* 類義]: He hecho la ~ del dispositivo de seguridad de casa y he comprobado que funciona bien. 私は家の警報装置を試してみて, きちんと動くことを確認した. Ya ha pasado la ~. それはもう実験ずみだ. hacer una ~ con

una medicina 薬をためしに使ってみる. mesa de 〜 実験台. 〜 nuclear 核実験. ❺ 証拠; 証明, 立証: 1) Todavía no han presentado ninguna 〜 concluyente. 決定的な証拠はまだ出ていない. No tienen 〜s que demuestren que estuvo allí. 彼がそこにいたことを証明する証拠は見つかっていない. El juez no admitió aquella 〜. 裁判官はそれを証拠として認めなかった. El dolor de cabeza es una 〜 de que aún no estás recuperado del todo. 頭痛は君がまだ完全に回復してはいないことのしるしだ. aguantar la 〜 de la Historia 歴史の検証に耐える. dar (ofrecer) una 〜 証拠を示す. demostrar con 〜s 証拠をあげて証明する. peso (carga) de la 〜 立証責任. 〜 absoluta 確証. 〜 de indicios/〜 indiciaria 状況証拠. 〜 semiplena 不完全な(不十分)な証拠. 2) [+de+名詞 の] Este anillo es una 〜 de amor. この指輪は愛のあかしだ. Es la 〜 de su complicidad en el robo. それは彼が盗みの共犯である証拠だ. dar 〜s de devoción 信仰のあかしを示す. dar 〜s de valor 勇気のあることを証明する. 3) [+de que+直説法 であることの] Sus palabras son la 〜 de que digo la verdad. 私が嘘をついていないことは彼の言葉が証明している. 4) [否定文で, +de que+接続法] No tengo 〜s de que su arrepentimiento sea sincero. 私は彼が心から後悔しているかどうかについて確証はない. ❻ [個々の] 試験: El examen consta de una 〜 oral y otra escrita. その考査は口頭試験と筆記試験から成る. Hoy tenemos la 〜 de matemáticas. 今日は数学のテストがある. Eva ha superado las 〜s de inglés. エバは英語のテストに合格した. Para que te admitan tienes que pasar unas 〜s. 入学を許されるには試験にパスしなければならない. Le han hecho una 〜 para incluirlo en el equipo. 彼は入団テストを受けた. 〜 de inteligencia 知能テスト. 〜 de nivel [新入生の実力をみる] クラス分け試験. 〜 práctica (teórica) 実技(学科)試験. ❼ [医学] 検査: Le han hecho radiografías y otras 〜s. 彼はレントゲンなどの検査を受けた. 〜 del alcohol/〜 de la alcoholemia 酒気帯び検査. 〜 del embarazo 妊娠テスト. ❽ [数学] 検算: La 〜 de la división es: producto de cociente y divisor, más el resto, igual a dividendo. 割り算の検算は、商と除数の積に余りを加えて被除数になるかどうかで行う. 〜 de la operación 計算の検算をする. 〜 del nueve 九去法. ❾ [スポーツ] 1) 競技, 種目: Ha quedado tercera en la 〜 de salto con pértiga. 彼女は棒高跳びの種目で3位になった. 〜 preliminar 予選. 彼女は棒高跳びの種目で3位になった. 〜 mixtas [スキー]複合競技. 〜 de ruta ロードレース. 2) [フィールド競技・重量挙げなどの] 試技: hacer una 〜 del peso 重量挙げの試技をする. primera 〜 最初の試技, 1本目. ❿ [つらい] 試練: Tuvo una enfermedad fue una dura 〜 para ella. 病気は彼にとって厳しい試練だった. Salió fortalecida de las duras 〜s de la vida. 彼女は人生の辛酸をなめてたくましくなった. pasar (sufrir) duras 〜s 辛酸をなめる. ⓫ [印刷] [主に 複] 校正刷り, ゲラ刷り [=〜 de galera, 〜s de imprenta]: corregir 〜s 校正をする. primera (segunda) 〜 初校(再校). ⓬ [美術] [版画の] 試し刷り: 〜 de artista 初刷り. ⓭ [写真] 初刷り, プリント: sacar 〜s por ampliación 引き伸ばしをする. 〜 negativa ネガ印画, 陰画. 〜 positiva ポジ, 陽画. primeras 〜s [映画] ラッシュ. ⓮ [論理] del absurdo 背理法. ⓯ [経済] 〜 ácida 当座比率, 酸性試験比率. 〜 ciega [ブランド名に左右されない] 目隠し(ブラインド)テスト. 〜 de ingresos 資力調査, ミーンズ・テスト. ⓰ [情報] ベンチマークテスト [=〜 de referencia, 〜 patrón]. ⓱ [地方話] 試食用の小片. ⓲ [中南米] アクロバット, 曲芸

A las 〜s me remito. [諺] 論より証拠
a 〜 ために, 試験的に: vender... *a* 〜 ためしに…を売り出す
a 〜 *de...* 〜 に耐えられる, 〜 に強い: caja *a* 〜 *de fuego* 耐火性の金庫. *a* 〜 *de bala* 防弾の. *a* 〜 *de golpes* 耐衝撃性の, パラショックの
a 〜 *de agua* 1) 防水の(加工). 2) =*a* 〜 *de bomba*
a 〜 *de bomba* ひどく頑丈な, 堅牢な: La suya es una casa hecha *a* 〜 *de bomba*. 彼の家は非常に頑丈な家だ. Las madres de casa tienen la paciencia *a* 〜 *de bomba*. 主婦たちの忍耐心はびくともしない. salud *a* 〜 *de bomba* びくともしない健康体
a toda 〜 =*a* 〜 *de bomba*
en 〜 *de...* …の証拠(あかし)として, …のしるしに: *En* 〜 de mi gratitud os voy a hacer un regalo. 私の感謝のしるしに君たちに贈り物をしよう. *En* 〜 de que no estaba enfadada, me dio un beso. 彼女は怒っていない証拠に僕にキスをしてくれた.

Me han dado este impreso *en* 〜 *de* que el artículo está despachado. 私は商品が発送された証拠としてこの書類を受け取った
hacer 〜s de... …の実験をする; 練習をする
poner a 〜[s]+物 (+a+人) …をためす: Vamos a *poner a* 〜 *s a los aspirantes*. 志願者たちをテストしてみよう
poner a 〜 la paciencia de+人 …を大変困らせる(悩ませる)
P〜 de ello es que ➡直説法 その証拠に…である
〜 *de fuego* [+para にとっての] 試金石; [最終的な] 厳しい試練, 正念場: Este torneo va a ser la 〜 *de fuego* para el jugador. このトーナメントは選手にとっての正念場となるだろう
ser 〜 *de* まだ続いている, …の状態である: Eso *es* 〜 *de* que aún no te encuentras viejo. それはまだ君が年寄りでない証拠だよ
someter a 〜[s]+物 (+a+人) =poner a 〜[s]+物 (+a+人)
tener+物 (+a+人) a 〜 …をためす: Nos permitieron *tener* el microondas *a* 〜 durante una semana. 私たちはその電子レンジを1週間試用させてもらった. En este trabajo le *tienen* una semana *a* 〜. 彼はこの職場で1週間, 試験的に採用されている
tomar a 〜 試験的に採用する

pruebe [prwéβe] 男 [地方語] 試食用の小片 [=prueba]
pruebero [prweβéro] 男 [新聞] 校正刷りを出す印刷工
pruebista [prweβísta] 名 [中南米] 曲芸師, 軽業師; 手品師
pruina [prwína] 女 [植物] ブドウなどの果実・葉の表面のブルーム, 果粉, 蝋粉. ❷ [古語] 霜
pruinoso, sa [prwinóso, sa] 形 [植物] 果粉で覆われた
pruna [prúna] 女 [果実] プラム, スモモ [=ciruela]
prunal [prunál] 男 [植物. 地方語] プラム [=endrino]
prunero [prunéro] 男 [ムルシア. 植物] プラム, スモモ [=ciruelo]
pruniforme [prunifórme] 形 プラム形の
pruno [prúno] 男 ❶ [植物] プラム, スモモ [=ciruelo]. ❷ [地方語] リンボクの実
prunoideo, a [prunoiðéo, a] 形 サクラ亜科の
―― 男 [複] [植物] サクラ亜科
pruriente [prurjénte] 形 ピリッとくる, 刺激的な
pruriginoso, sa [prurixinóso, sa] 形 [医学] 掻痒性の, かゆい
prurigo [prurígo] 男 [医学] 痒疹 (ようしん)
prurito [prurίto] 男 [←ラテン語 pruritus, -us「かゆみ」] 男 ❶ [医学] 掻痒, かゆみ: Esta patología provoca 〜 vaginal. この病気は膣のかゆみを引き起こす. 〜 anal 肛門掻痒. ❷ [主に完全主義の, 過度の・抑えがたい] 欲望: Tiene el 〜 de enterarse de todo. 彼はすべてを理解したい. 〜 de orden y limpieza 極度のきれい好き. 〜 de honores 強い名誉欲. 〜 de perfección 完全主義
prusianismo [prusjanísmo] 男 [軍国主義的な] プロイセン主義
prusiano, na [prusjáno, na] 形 名 [歴史, 国名] プロシア Prusia の(人), プロイセンの(人)
―― 女 [まれ] 暖炉用のフライパン
prusiato [prusjáto] 男 [化学] シアン化物, 青酸塩
prúsico, ca [prúsiko, ka] 形 [化学] シアン化水素の: ácido 〜 青酸
ps [ps] 間 =psss
P.S. [略語] ←post scriptum 追伸
psatirela [psatiréla] 女 [植物] ナヨタケ
psché [p]sté] 間 [よくない評価の留保] まあ: *¡P〜*, menos da una piedra! まあ, ないよりましっていうだけですよ!
pse [pse] 間 =psss
pseudo- [接頭辞] =seudo-
pseudo, da [(p)séuðo, ða] 形 偽りの, にせ者の, ぶった: 〜 *intelectual* えせ知識人, インテリぶった人
pseudoisidoriano, na [pseuðoisiðorjáno, na] 形 偽イシドルスの: *decretales 〜nas* 偽イシドルス教会法令集 [9世紀半ばに北フランスで作成. イシドルス偽書の一つで中世教会法の重要な史料. 聖イシドルス San Isidoro de Sevilla の編纂であると誤って信じられたことによる名称]
pseudología [(p)seuðoloxía] 女 [医学] 虚言症
pseudomalaquita [(p)seuðomalakíta] 女 [鉱物] 擬孔雀石
pseudomonadales [(p)seuðomonáðales] 女 [複] [生物] シュードモナス
pseudomorfismo [(p)seuðomorfísmo] 男 [鉱物] 仮晶 [状

態〕
pseudomorfo, fa [(p)seuɗomórfo, fa] 形《鉱物》仮像の
pseudónimo [(p)seuɗónimo] 男 =**seudónimo**
pseudoparénquima [(p)seuɗoparéŋkima] 男《植物》偽柔組織
pseudópodo [(p)seuɗópoɗo] 男 =**seudópodo**
pseudoscopia [(p)seuɗoskópja] 女《光学》凹凸が逆に見える立体像
pseudoscopio [(p)seuɗoskópjo] 男《光学》反影鏡, 偽影鏡
psi [(p)sí] 女《ギリシア文字》プシー《Ψ, ψ》
psicagogia [(p)sikaɡóxja] 女 魂を導く術(法)
psicastenia [(p)sikasténja] 女《医学》精神衰弱
psicasténico, ca [(p)sikasténiko, ka] 形 名《医学》精神衰弱の〔患者〕
psico-〔接頭辞〕〔精神〕*psico*análisis 精神分析
psicoactivo, va [(p)sikoaktíβo, βa] 形《医学》精神に影響を及ぼす, 精神活性の: drogas ~*vas* 向精神薬
psicoanálisis [(p)sikoanálisis] 男《単複同形》精神分析〔学〕, 心理分析: ~ de los textos literarios 文学作品の精神分析的解釈
psicoanalismo [(p)sikoanalísmo] 男《まれ》=**psicoanálisis**
psicoanalista [(p)sikoanalísta] 名 精神分析医; 精神分析学者
psicoanalítico, ca [(p)sikoanalítiko, ka] 形 精神分析の, 精神分析的な
psicoanalizar [(p)sikoanaliθár] 9 他 精神分析をする
―― ~**se** 精神分析を受ける
psicobiología [(p)sikoβjoloxía] 女 精神生物学
psicobiológico, ca [(p)sikoβjolóxiko, ka] 形 精神生物学の
psicobolche [(p)sikoβólt∫e] 名《アルゼンチン, 軽蔑》1970年代に精神分析学の影響を受けて左翼化した人
psicocirugía [(p)sikoθiruxía] 女 精神外科
psicodelia [(p)sikoðélja] 女 ❶《医学》幻覚による興奮, 幻覚状態. ❷ 幻覚剤による効果で表現する芸術運動《特に音楽》. ❸ サイケ調
psicodélico, ca [(p)sikoðéliko, ka] 形 ❶《医学》幻覚薬による;〔薬が〕幻覚を起こさせる. ❷ サイケデリックな, 幻覚の; サイケ調の: música (pintura) ~*ca* サイケデリックな音楽(絵画)
psicodelismo [(p)sikoðelísmo] 男 =**psicodelia**
psicodiagnóstico [(p)sikoðjaŋnóstiko] 男 精神診断学
psicodinámico, ca [(p)sikoðjinámiko, ka] 形 精神力学〔の〕
psicodrama [(p)sikoðráma] 男 サイコドラマ, 心理劇
psicodramático, ca [(p)sikoðramátiko, ka] 形 サイコドラマの, 心理劇の
psicoestimulante [(p)sikoestimulánte] 男《薬学》精神刺激薬
psicofármaco [(p)sikofármako] 男 向精神薬
psicofarmacología [(p)sikofarmakoloxía] 女 精神薬理学
psicofarmacológico, ca [(p)sikofarmakolóxiko, ka] 形 精神薬理学の
psicofarmacoterapia [(p)sikofarmakoterápja] 女 精神薬理療法
psicofísico, ca [(p)sikofísiko, ka] 形 女 ❶ 精神(心理)物理学〔の〕. ❷ 肉体的・心理的な: estrés ~ 肉体的・精神的ストレス
psicofisiología [(p)sikofisjoloxía] 女 精神生理学
psicofisiológico, ca [(p)sikofisjolóxiko, ka] 形 精神生理学の
psicofonía [(p)sikofonía] 女 向精神薬の影響による幻聴
psicofónico, ca [(p)sikofóniko, ka] 形 向精神薬の影響による幻聴の
psicogenético, ca [(p)sikoxenétiko, ka] 形 =**psicógeno**
psicogénico, ca [(p)sikoxéniko, ka] 形 =**psicógeno**
psicógeno, na [(p)sikóxeno, na] 形《医学》心因性の, 精神に起因する: reumatismo ~ 心因性リウマチ
psicogeriatra [(p)sikoxerjátra] 名 老年精神医学の専門家
psicogeriatría [(p)sikoxerjatría] 女 老年精神医学
psicognostia [(p)sikoŋnóstja] 女 精神診断学
psicohistoria [(p)sikoistórja] 女 歴史心理学
psico-killer [(p)siko kíler] 名 サイコキラー
psicokinesia [(p)sikokinésja] 女 =**psicokinesis**
psicokinesis [(p)sikokinésis] 女《単複同形》念動, サイコキネ

シス
psicolingüista [(p)sikoliŋgwísta] 名 心理言語学者, 言語心理学者
psicolingüístico, ca [(p)sikoliŋgwístiko, ka] 形 名 心理言語学〔の〕, 言語心理学〔の〕
psicología [(p)sikoloxía] 女〔←ギリシア語 psykhe「魂」+logos「論文」〕女 ❶ 心理学: ~ clínica 臨床心理学. ~ criminal 犯罪心理学. ~ del desarrollo 発達心理学. ~ del trabajo 職業心理学. ~ experimental 実験心理学. ~ industrial 産業心理学. ~ infantil 児童心理学. ~ profunda 深層心理学. ~ social 社会心理学. ❷ 心理, 心理状態; 心性: ~ de los japoneses 日本人の心理. ~ de masas 群集心理. ❸ 他人の心理や性格を読み取る才能: Tiene mucha ~ y sabe cómo tratar a los demás. 彼は相手の心を読む才能があって, どう応対すべきかが分かる
psicológicamente [(p)sikolóxikaménte] 副 心理学的に; 心理的に
psicológico, ca [(p)sikolóxiko, ka] 形 ❶ 心理学の, 心理学的な: punto de vista ~ 心理学的な見地. ❷ 心理的な, 心理の: análisis ~ 心理分析. drama ~ 心理劇. novela ~*ca* 心理小説. presión ~*ca* 精神的プレッシャー
psicologismo [(p)sikoloxísmo] 男〔心理学的解釈を優先とする〕心理主義
psicologista [(p)sikoloxísta] 名 形 心理主義の(主義者)
psicologización [(p)sikoloxiθaθjón] 女 心理学的研究
psicologizar [(p)sikoloxiθár] 9 他 心理学的に研究する
psicólogo, ga [(p)sikóloɡo, ɡa] 名 ❶ 心理学者; カウンセラー. ❷ 人間心理の洞察者
psicometría [(p)sikometría] 女 心理測定学
psicométrico, ca [(p)sikométriko, ka] 形 精神測定学の
psicomotor, ra [(p)sikomotór, ra] 形 精神運動〔性〕の: tener problemas ~*es* 精神運動機能に障害がある. centros ~*es* 精神運動中枢
psicomotricidad [(p)sikomotriθiðáð] 女 精神運動〔性〕
psicomotriz [(p)sikomotríθ] 形 =**psicomotor**
psiconeurosis [(p)sikoneurósis] 女 精神神経症
psicópata [(p)sikópata] 名《医学》精神病質者, サイコパス
psicopatía [(p)sikopatía] 女《医学》精神病質
psicopático, ca [(p)sikopátiko, ka] 形《医学》精神病質の
psicopatología [(p)sikopatoloxía] 女 精神病理学
psicopatológico, ca [(p)sikopatolóxiko, ka] 形 精神病理学の
psicopedagogía [(p)sikopeðaɡoxía] 女 教育心理学
psicopedagógico, ca [(p)sikopeðaɡóxiko, ka] 形 教育心理学の
psicopedagogo, ga [(p)sikopeðaɡoɡo, ɡa] 名 教育心理学者
psicopediatría [(p)sikopeðjatría] 女 小児精神医学
psicoquinesia [(p)sikokinésja] 女 =**psicokinesis**
psicoquinesis [(p)sikokinésis] 女 =**psicokinesis**
psicosexual [(p)sikose[k]swál] 形 性心理の, 性心理的な
psicosis [(p)sikósis] 女〔←ギリシア語 psykhe「魂」+sis「状態」〕1) 精神病. 2) ~ maniacodepresiva 躁鬱病. ❷ 強迫観念, 精神不安: El miedo a un ataque terrorista ha causado un ~ en la población. テロ攻撃の恐怖が住民の強迫観念を生んだ. ~ colectiva 集団ヒステリー
psicosocial [(p)sikosoθjál] 形 社会心理の
psicosociología [(p)sikosoθjoloxía] 女 社会心理学
psicosociólogo, ga [(p)sikosoθjóloɡo, ɡa] 名 社会心理学者
psicosomático, ca [(p)sikosomátiko, ka] 形《医学》心身〔相関〕の, 精神身体の: medicina ~*ca* 精神身体医学, 心身医学
psicotecnia [(p)sikoté(k)nja] 女 精神工学
psicotécnico, ca [(p)sikotékniko, ka] 形 精神工学の
psicoterapeuta [(p)sikoterapéuta] 名 心理療法医, 精神療法医
psicoterapéutico, ca [(p)sikoterapéutiko, ka] 形 精神療法の, 心理療法の
psicoterapia [(p)sikoterápja] 女 精神療法, 心理療法, サイコ

psicoterápico, ca [(p)sikoterápiko, ka] 形 =**psicoterapéutico**
psicótico, ca [(p)sikótiko, ka] 形 精神病の〔患者〕, 精神異常の〔異常者〕
psicotónico, ca [(p)sikotóniko, ka] 形《薬学》精神を刺激する, 精神賦活作用のある
psicotrópico, ca [(p)sikotrópiko, ka] 形《薬学》精神に作用する, 向精神性の; 向精神薬
psicótropo, pa [(p)sikótropo, pa] 形 名 =**psicotrópico**
psicrometría [(p)sikrometría] 女 〔乾湿球湿度計による〕湿度測定
psicrómetro [(p)sikrómetro] 男 乾湿球湿度計, 乾湿計
psilotales [(p)silotáles] 女 複《植物》マツバラン
psique [(p)síke] 女 ❶《哲学》〔人間の〕プシケ, 精神, 魂, 心. ❷《ギリシア神話》[P～] プシュケー《愛の神エロス Eros に愛された美少女. 霊魂の権化》
psiquedelia [(p)sikeðélja] 女 =**psicodelia**
psiquedélico, ca [(p)sikeðéliko, ka] 形 =**psicodélico**
psiqui-《接頭辞》=**psico-**
psiquiatra [(p)sikjátra] 名 精神科医, 精神病医
psiquiatría [(p)sikjatría] 女 精神医学, 精神病学
　estar de ～《口語》心が不安定である, 精神的に混乱している: *Está de ～ y lleva unos días sin querer hablar con nadie.* 彼は気持ちが不安定で, この数日誰とも話したがらない
psiquiátrico, ca [(p)sikjátriko, ka] 形 精神医学の, 精神病学の
　——— 男 精神病院〔=hospital ～〕
psiquiatrizar [(p)sikjatriθár] 9 他 精神医学的に研究する
psíquico, ca [(p)síkiko, ka] 形 精神の, 心的の: enfermedad ～ca 心の病. mejoría ～ca 心の健康の回復
psiquis [(p)síkis] 女《単複同形》❶ 魂, 精神, 心〔=psique〕. ❷ =**psiquismo**
psiquismo [(p)sikísmo] 男 ❶《集名》心理現象, 心霊現象, 心理作用. ❷ 心霊論
psitácido, da [(p)sitáθiðo, ða] 形 オウム科の
　——— 男 複《鳥》オウム科
psitaciforme [(p)sitaθifórme] 形 オウム目の
　——— 男 複《鳥》オウム目
psitacismo [(p)sitaθísmo] 男 言葉の意味を考えない機械的な反復
psitacosis [(p)sitakósis] 女《医学》オウム病
psoas [(p)sóas] 男《単複同形》腰筋
psocóptero, ra [(p)sokó(p)tero, ra] 形 チャタテムシ目の
　——— 男 複《昆虫》チャタテムシ目
PSOE [pesóe] [Partido Socialista Obrero Español スペイン社会労働党《1879年結成. 現在では社会民主主義の立場をとる中道左派政党》
psoma [(p)sóma] 男 肉体
psoraleno [(p)soraléno] 男《薬学》ソラレン
psoriásico, ca [(p)sorjásiko, ka] 形 乾癬にかかった〔人〕
psoriasis [(p)sorjásis] 女《医学》乾癬, 疥〔癬〕
pss [ps] 間 =**psss**
PSS《略語》←prestación social sustitutoria 社会奉仕
psss [ps] 間 ❶〔無関心・疑い・留保〕ふん, ふうむ, まあ！ ❷〔ウェイターなどを呼ぶ時〕ちょっと, おい！《横柄・失礼な感じを与える. また猫を呼ぶ時にも使われる》
pst [ps] 間〔pssst, pssssst などとも表記〕=**psss**
pta.《略語》←peseta ペセタ
Pta.《略語》←Punta 岬
Pte.《略語》←presente 本書, 本状, 今…
pteridofito, ta [(p)teridofíto, ta] 形 シダ植物の
　——— 男 複《植物》シダ植物
pterigión [(p)terixjón] 男《医学》翼状片
pterigodio [(p)terigóðjo] 男《昆虫》肩板
pterigoideo, a [(p)terigojðéo, a] 形《解剖》翼状突起の
pterigoides [(p)terigójðes] 形《解剖》翼状突起の; 翼状突起〔板・骨・筋〕
pterigota [(p)terigóta] 形 有翅亜綱の
　——— 男 複《昆虫》有翅亜綱
pterila [(p)teríla] 女《動物》〔大羽の〕羽域
ptero-《接頭辞》〔翼〕*ptero*dáctilo 翼手竜
-ptero, ra《接尾辞》〔翼〕*díptero* 双翅目, *helicóptero* ヘリコ

pterodáctilo [(p)teroðáktilo] 男《古生物》翼手竜
pterófitos [(p)teróftos] 男 複《植物》シダ植物門
pterosaurio [(p)terosáurjo] 男《古生物》翼竜
ptialina [(p)tjalína] 女《生化》=**tialina**
ptialismo [(p)tjalísmo] 男《医学》=**sialismo**
pto.《略語》←puerto 港
ptolemaico, ca [(p)tolemájko, ka] 形 =**tolemaico**
ptolomeico, ca [(p)tolomíko, ka] 形 =**tolemaico**
ptomaína [(p)tomaína] 女《生化》プトマイン, 屍毒
ptosis [(p)tósis] 女《医学》❶〔内臓の〕下垂症: ～ *gástrica* 胃下垂. ❷ 眼瞼〔がんけん〕下垂症
-ptosis《接尾辞》〔落下・下垂〕*gastroptosis* 胃下垂〔症〕
pts.《略語》←pesetas ペセタ〔複数〕
pu [pú] 間 =**puf**
púa [púa] I《←?ラテン語 puga < pungere「刺す」》女 ❶ 尖ったもの;〔植物などの〕とげ;〔ヤマアラシ・ハリネズミなどの〕針: *Me pinché con una ～ del rosal.* 私はバラのとげが刺さった. ❷〔有刺鉄線の〕とげ. ❸〔くしの〕歯;〔ブラシの〕毛. ❹〔マンドリン・ギターなどを弾く時の〕爪, ピック. ❺〔こまの〕先端. ❻〔松の〕葉. ❼〔接ぎ木用の〕接ぎ穂, 若枝: *injerir a ～* 割接ぎする. ❽ 心に刺さったとげ, 悩みごと, 頭痛の種: *Su desaire fue una ～ para él.* 彼女のつれなさは彼にとっての心の傷だった. ❾《まれ・婉曲》売春婦〔=puta〕. ❿《ラプラタ》〔レコードプレーヤーの〕針. ⓫《アルゼンチン》蹴爪〔けづめ〕
　meter ～《ラプラタ・口語》かきたてる, けしかける
　saber (enterarse de) cuántas ～s tiene un peine《口語》〔商売などで〕抜け目がない
　——— 名《主に軽蔑》抜け目のない人, ずるがしこい人
　II《古語》ペセタ〔=peseta〕
puado [pwáðo] 男《集名》〔くしなどの〕歯
puaf [pwáf] 間〔嫌悪〕ひどい！
puaj [pwáx] 間 =**puaf**
puar [pwár] 14 他〔くしなどに〕歯をつける
pub [páb/púb]《←英語》男 複 ～[e]s パブ, 酒場
pubarquia [pubárkja] 女《医学》陰毛の発毛
púber [púber]《←ラテン語 puber, -eris》形 名〔性徴が始まる〕思春期の〔少年・少女〕, 年ごろの: *Tiene muchos granitos porque está en edad ～. 思春期なので彼にはにきびがたくさんできている*
puberal [puberál] 形 思春期の
púbero, ra [púbero, ra] 形《文語》=**púber**
pubertad [pubertá(ð)]《←ラテン語 pubertas, -atis》女 思春期, 青春期, 年ごろ: *en la ～* 思春期に
pubes [púbes] 男《単複同形》=**pubis**
pubescencia [pubesθénθja] 女 ❶《植物》軟毛〔柔毛〕に覆われていること. ❷ =**pubertad**
pubescente [pubesθénte] 形 ❶《文語》思春期に達した, 年ごろになった. ❷《植物》軟毛〔柔毛〕に覆われている
pubescer [pubesθér] 39《直説法現在 yo pubes**zco**》自《まれ》思春期に達する, 年ごろになる: *Dicen que la mujer pubesce antes que el hombre.* 女性は男性よりも早く思春期に達すると言われている
pubiano, na [pubjáno, na] 形《解剖》恥丘の, 陰部の; 恥骨の: *vello ～* 陰毛
púbico, ca [púbiko, ka] 形 =**pubiano**
pubill [pubíl] 男《地方語》〔遺産相続人に指定された女性と結婚した〕遺産相続人に指定されない男性
pubilla [pubíʎa] 女 ❶《地方語》遺産相続人に指定された女性. ❷ カタルーニャ祭りを主催する女性
pubis [púbis]《←ラテン語 pubes, -is》男《単複同形》《解剖》恥丘, 陰阜; 恥骨: *vello del ～* 陰毛
publicable [publikáble] 形 公表〔発表・出版〕され得る; 公表されるべき: *Esa noticia no es ～. そのニュースは公表できない. Creo que todo esto se puede decir de un modo ～.* 私はこれはすべて公にしても構わないと思う
publicación [publikaθjón]《←ラテン語 publicatio, -onis》女 ❶ 出版, 刊行〔行為〕: *La ～ de su siguiente novela se demoró varios meses.* 彼の次の小説の出版は数か月遅れた. *Esta revista tiene una ～ mensual.* この雑誌は月刊だ. *fecha de ～* 発行〔刊行〕年, 発行〔刊行〕年月日. ❷ 公表, 発表: *Se realizó la ～ de las encuestas electorales.* 選挙の世論調査の結果が公表された. *～ de información* 情報公開. ❸ 出版

物: En la biblioteca encontrarás libros, diarios, revistas y otras *publicaciones*. その図書館は書籍, 日刊紙, 雑誌, その他の出版物を所蔵している. Esta universidad es famosa por sus *publicaciones* científicas. この大学は科学に関する刊行物で知られている. catálogo de *publicaciones* 出版目録. ～ periódica 定期刊行物, 雑誌

publicador, ra [puƀlikađór, ra] [形] [名] 出版(刊行・発行)する; 出版〔業〕者, 発行者

públicamente [púƀlikaménte] [副] ❶ 公に: Le piden que rectifique ～ sus palabras. 彼は公の場で発言の訂正を行なうよう求められている. ❷ 公然と, おおっぴらに

publicano [puƀlikáno] [男] 《古代ローマ》[属州税の] 徴税請負人

publicar [puƀlikár] 〖←público〗 [7] [他] ❶ 出版する, 刊行する: Una conocida editorial va a ～ su primera obra. 著名な出版社が彼の処女作を出版することになった. Vargas Llosa *ha publicado* otra novela. バルガス・リョサがまた小説を発表した. ❷ 公表する, 発表する: 1) El tribunal *ha publicado* la sentencia. 裁判所は判決を公表した. Un historiador *publicará* todo lo que sabe del último misterio de la cultura maya. ある歴史学者がマヤ文化の最新の謎について分かったことを発表する予定だ. Los periódicos *publican* la escandalosa noticia del deportista. 新聞各紙がそのスポーツ選手のスキャンダルを報じている. 2) [+que+直説法 (否定文では +接続法)] La revista *publicó que* el ex ministro posee millones de dólares en el extranjero. その雑誌が明らかにしたところでは, 前大臣は外国に何百万ドルもの資産を持っているということだ. ❸ 言いふらす: Tu amigo se dedicó a ～ nuestros secretos. 君の友人は私たちの秘密を言いふらした. ❹ [新聞がちらしなどを] はさみ込む

publicata [puƀlikáta] [女] 《カトリック》叙階公示証明書

publicidad [puƀliθiđá(đ)] 〖←público〗 [女] ❶ 広告, 宣伝, コマーシャル: Ponen la ～ de una crema hidratante. 保湿クリームのコマーシャルが放送されている. ¿Has visto la nueva ～ del móvil? 携帯電話の新しいCM, 見た? Y ahora, ¡la ～! 《テレビ》ではここでコマーシャルです! medios de ～ 宣伝媒体. película de ～ コマーシャルフィルム. ～ codificada 鍵付き広告. ～ de comercio al por menor 購買時点広告, ポップ(POP)広告. ～ encubierta 潜在意識下広告. ～ estática サインボード(掲示板)広告. ～ navideña クリスマス商戦. ❷ [集名] 宣伝 〖手段, 技術, 活動〗; 広告業界: trabajar en ～ 広告業界で働く. sección de ～ [企業の] 宣伝部, 広報部. ❸ 宣伝ビラ, ちらし: repartir ～ por los buzones ポストに宣伝ビラを入れて回る. ❹ 公開〔性〕; 知名度: La ～ es siempre preferible al secreto. 物事は隠すより公にする方が良い. ansiar ～ 有名になりたがる

dar ～ a... …を広く知らせる: Las autoridades no han querido *dar*le ～ *al* asunto. 当局は事件を公表したがらなかった. *A* María Magdalena se le *ha dado* mucha ～. マグダラのマリアはよく知られている. *dar ～ a* un producto nuevo por la televisión テレビで新製品の宣伝をする

hacer ～ de... …の広告をする: *Han hecho* mucha ～ *del* nuevo producto. 新製品の宣伝が大々的に行われた

publicismo [puƀliθísmo] [男] 《まれ》広告, 宣伝 〖=publicidad〗

publicista [puƀliθísta] [名] ❶ 広告業者, 宣伝マン. ❷ ジャーナリスト, 新聞記者. ❸ 公法研究家

publicístico, ca [puƀliθístiko, ka] [形] ジャーナリストの, 新聞記者の

publicitar [puƀliθitár] [他] [商品などを] 宣伝する

publicitario, ria [puƀliθitárjo, rja] 〖←publicidad〗 [形] 宣伝の, 広告の: con fines ～*s* 宣伝目的の. canción ～*ria* コマーシャルソング. cartel ～ 宣伝ポスター. empresa ～*ria* 広告会社. frase ～*ria* 宣伝文句. materia ～*ria* 宣伝資料, 宣材. medios ～*s* 宣伝媒体. tarifa ～*ria* 広告料

—— [名] 広告業者, 宣伝マン 〖=publicista〗

público, ca [púƀliko, ka] 〖←ラテン語 publicus〗 [形] ❶ 公然の, 周知の, 広く知られた: 1) [名詞+] Ese tipo es un estafador ～. あいつは有名な詐欺師だ. escándalo ～ 誰でも知っているスキャンダル. 2) [+que+直説法 (否定文では +接続法)] Es ～ y notorio *que* José murió para proteger a su familia. ホセが家族を守るために死んだのは周知の事実だ. ❷ 公開の, 一般の人々に開かれた: cursillo ～ 公開講座. debate ～ 公開討論. ❸ 公の, 公共の, 公有の, 公衆の 〖⇔privado〗; 国家の: bienes ～*s* 公共財, 国有財産. enseñanza ～*ca* 公(国民)教育. escuela ～*ca*/colegio ～ 公立学校. establecimiento ～ 公共施設. papelera ～*ca* 公共のゴミ箱. parque (jardín) ～ 公園. salud ～*ca* 公衆衛生. sector ～ 公共部門. sitios ～*s* 公共の場所. transporte ～ 公共交通機関, 公共の輸送手段. universidades ～*cas* 国公立大学. vía ～*ca* 公道. ❹ 公務の, 官公の: hombre (personaje) ～ 公人; 政府要人; 名士, 有名人. poder ～ 公権力. poderes ～*s*/organizaciones ～*cas* 当局, 官公庁, 公的機関

—— [男] [集名] ❶ 観客, 聴衆: El cine estaba abarrotado de ～. 映画館は観客で満員だった. El ～, emocionado, aplaudió durante varios minutos. 観客は感動してしばらく拍手が鳴りやまなかった. El ～ que fue al concierto era muy joven. そのコンサートを聞きに来たのはとても若い人たちだった. El cine de ese país es bueno, pero no tiene ～. その国の映画は出来はいいが, 客が入らない. vista del ～ パブリックビューイング. ❷ [番組の] 視聴者, 聴取者: Ese programa está dirigido al ～ infantil. その番組は子供向けだ. ❸ 読者: Cada escritor tiene su ～. どんな作家にも愛読者がいるものだ. Este periódico tiene un ～ muy heterogéneo. この新聞の読者層はきわめて多岐にわたる. El humorista necesita de un ～ receptivo. コメディアンは反応のいい観客を必要とする. ❹ [店の] 客: La terraza del café bullía de ～ a esa hora de la noche. 夜のその時間帯には喫茶店のテラス席は客で一杯だった. La tienda cierra el próximo martes al ～ por reforma. 店は改装のため来週の火曜日は休業する. ❺ [el+] 公衆, 大衆: El museo cierra la entrada al ～ a las seis. その博物館の一般入場は6時までだ. Está prohibido al ～ arrancar flores. 誰も花を取ってはならない. Estaba perdida entre el numeroso ～ que se había reunido. 彼女は集まった大勢の人々の中で途方に暮れていた

dar al ～ =**sacar al ～**: *dar al* ～ su nueva novela 新作の小説を発表する

el gran ～ 一般大衆: *El gran* ～ aprecia la pintura realista. 一般の人々は写実的な絵が好きだ. interesar al *gran* ～ 一般大衆の関心をひく

en ～ 1) 公衆の面前で, 公然と: Ema dijo *en* ～ que se casaba, pero no lo ha hecho. エマは結婚すると公言したが, 実際には結婚しなかった. discutir *en* ～ 人前で言い争う. 2) presentación *en* ～ 世間への公表

hacer ～ 公開する, 公表する: *hacer* ～ un documento 文書を公開する. Los medios de comunicación *han hecho* ～*ca* la noticia del secuestro. マスコミは誘拐のニュースを公表した

hacerse ～ 1) 公開される, 公表される: Las calificaciones *se harán* ～*cas* la semana que viene. 判定結果は来週発表される予定だ. 2) hacerse ～ [株式が] 公開(上場)される

sacar al ～ [世間に] 公表する

publirreportaje [puƀlir̄epɔrtáxe] [男] 《西》ルポルタージュ風の宣伝(広告)

pubococcígeo, a [puƀokɔ(k)θíxeo, a] [形] 《解剖》恥骨尾骨の: músculos ～*s* 恥骨尾骨筋

pucallpeño, ña [pukalpéɲo, ɲa] [形] [名] 《地名》プカルパ Pucallpa の〔人〕〖ペルー, Ucayali 県の県都〗

pucará [pukará] [男] 《南米》[インカ帝国時代の] 小砦

pucaraniense [pukaranjénse] [形] [名] 《地名》プカラニ Pucarani の〔人〕〖ボリビア, ラ・パス近くの町〗

pucelana [puθelána] [女] =**puzolana**

pucelano, na [puθeláno, na] [形] [名] 《地名》=**vallisoletano**

pucha [pútʃa] [女] ❶ 《婉曲》売春婦. ❷ 《メキシコ》ドーナッツ形のパン. ❸ 《キューバ, プエルトリコ》花束. ❹ 《コロンビア》[穀物の計量単位] プチャ 〖=cuartillo の4分の1〗

—— [間] 《中南米. 婉曲》[驚き・不快・怒り] すごい, まさか, 何てことだ, ひどい!

puchada [putʃáđa] [女] ❶ [小麦粉を水に溶いて作った] 湿布. ❷ 穀物を粥状にしたブタ用の飼料

puchar [putʃár] [自] 《俗語》しゃべる, 話す: ～ sandeces たわごとを言う

—— [他] 《米国》押す 〖=empujar〗

—— **～se** 《コロンビア》❶ 屈服する; へりくだる, 卑下する. ❷ 敵に近づく; 危険を冒す

pucheada [putʃeáđa] [女] 《ボリビア》コカの第2葉

puchelón, na [putʃelón, na] [名] 《地方語》歌手

púcher [pútʃɛr] [男] 《俗語》[大規模な] 麻薬の売人

puchera [putʃéra] [女] 《口語》豆の煮込み料理

pucherazo [putʃeráθo]《←puchero》男 ❶《軽蔑》[得票を水増しするなどの] 不正選挙: dar ～ 得票数を不正に操作する, 投票結果をごまかす. ❷ 土鍋による殴打
pucherear [putʃereár] 自《チリ》べそをかく
pucherero, ra [putʃeréro, ra] 名《まれ》土鍋製造(販売)業者
puchero [putʃéro]《←ラテン語 pultarius》男 ❶《西》土鍋, 煮込み用の鍋. ❷《料理》豆・肉・野菜・ベーコンの煮込み. ❸《口語》[日々の最低限の] 食事, 食べ物: Aquí apenas se gana para el ～. ここでは満足な食事ができるほど稼げない. ¿Que hay hoy de ～? 今日はどんな食べ物がある? ❹ [主に 複] 泣きそうな顔, べそ, 嘘泣き: hacer ～s 今にも泣きそうな顔をする, べそをかく. ❺《ペル―》もく拾い
　oler a ～ de enfermo《口語》[問題が] 嫌というほど繰り返し言われてきている
　volcar un ～《口語》得票数を不正に操作する
puches [pútʃes] 男/女 複 [小麦粉の] 粥(ᵏᵃゆ)《=gachas》
puchica [putʃíka] 間《エルサルバドル. 口語》驚き・不快・怒りすごい, 何てことだ, ひどい!《=pucha》
puchiche [putʃítʃe] 男《ボリビア》❶ ぬかるみ, ぬかるんだ場所. ❷ 腫瘍; 根太(ⁿᵉこ). ❸ うるさい人, わずらわしい人(もの), 面倒なこと
puchinela [putʃinéla] 男《アンダルシア》プルチネッラ《=polichinela》
puching [pútʃin] 男《文語》=**punching ball**
puchinga [putʃínga] 女《口語》陰茎《=pene》
puchingajos [putʃingáxos] 男 複 安っぽい飾り, つまらない装飾品
puching-ball [putʃin ból] 男《文語》=**punching ball**
puchito, ta [putʃíto, ta] 名《エクアドル, チリ》末っ子
pucho [pútʃo] 男 ❶《まれ》吸い殻. ❷《ホンジュラス》150ポンド以下の藍の梱包. ❸《南米. 口語》1) 残り物, ごみ, くず, 切れ端. 2) タバコ《=cigarrillo》. ❹《エクアドル, チリ》末っ子. ❺《チリ》[ろうそくの] 燃え残り
　a ～s《南米. 口語》=**de a ～s**
　de a ～s《南米. 口語》ほんの少し, 少しずつ
　no valer (importar) un ～《南米. 口語》何の役にも立たない
　sobre el ～《南米. 口語》すぐに, 即座に
puchuela[¹] [putʃwéla]《ペル―, ベネズエラ》ごみ, くず, わずかな金
puchuelada [putʃweláða] 女《コロンビア》ある量(数)
puchuelo, la[²] [putʃwélo, la] 形 名《まれ》❶《メキシコ》～ de negro 白人男性と黒人の血が8分の1混じった女性との混血の[人]. ❷《ベネズエラ, ペル―》ヨーロッパ人男性と先住民または黒人の血が8分の1混じった女性との混血の[人]
puchuncay [putʃuŋkáj] 形 名《エクアドル》前の子と歳が離れて生まれた末っ子[の]
puchusco, ca [putʃúsko, ka] 名《チリ, エクアドル》末っ子
pucia [púθja] 女 [薬草を煎じるのに用いる] 底が広く口が狭い容器
puck [pák/púk]《←英語》男《アイスホッケー》パック
puco [púko] 男《中南米》[素焼きの] 碗; [木製の] 皿
pucón [pukón] 男《エクアドル》トウモロコシの皮
pucucho, cha [pukútʃo, tʃa] 形《エクアドル》❶ 空の, 空洞になった. ❷ 分別のない, 間違っている
pudding [pudín]《←英語》男《料理》プディング《=budín》
pudelación [puðelaθjón] 女《溶鉄の》攪拌, パドル
pudelado [puðeláðo] 男 =**pudelación**
pudelaje [puðeláxe] 男 =**pudelación**
pudelar [puðelár]《溶鉄を》攪拌する, パドルする
pudendo, da [puðéndo, da] 形《文語》恥ずかしく思わせる, 恥ずかしく思うべき: partes ～das 陰部, 恥部
—— 男《まれ》陰茎
pudibundez [puðibundéθ] 女 ひどく恥ずかしがること, お上品ぶること
pudibundo, da [puðibúndo, da]《←ラテン語 pudibundus < pudere》ひどく恥ずかしがる, はにかみやの: La vieja es tan ～da que solo se pone vestidos de manga larga. おばあさんはひどい恥ずかしがり屋で長袖の服しか着ない
pudicia [puðíθja] 女 [言動における] 慎み, 羞恥心, 上品さ, 品位
pudicicia [puðiθíθja] 女 =**pudicia**
púdico, ca [púðiko, ka]《←ラテン語 pudicus < pudere》形 ❶ 慎(節度・羞恥心)の, つつましやかな; 恥ずかしがり屋の, はにか

puedblerino, na

み屋の. ❷ [衣服が] あまり肌を露出しない
pudiente [puðjénte]《←ラテン語 potens, -entis < potere「できる」》形 裕福な, 金持ち; 権力のある, 有力な, 有力者
pudin [púðin] 男 プディング《=budín》
pudin [puðín] 男《←英語》男《料理》プディング《=budín》
pudinga [puðíŋga] 女《地質》礫岩
pudio [púðjo] 形《植物》→**pino** pudio
pudor [puðór]《←ラテン語 pudor, -oris「内気」< pudere「恥ずかしがる」》❶《性的なことに対する・私的なことを隠そうとする》羞恥心, 恥じらい: El ～ le impedía desnudarse ante la enfermera. 彼は恥ずかしくて女性看護師の前で裸になれなかった. tener ～ 羞恥心がある. por ～ 羞恥心から. atentado contra el ～ 強制猥褻罪. ～ virginal 乙女の恥じらい. ❷ 慎み, 遠慮
　sin ～ ずうずうしい; 破廉恥にも, ぬけぬけと
pudoroso, sa [puðoróso, sa] 形 慎み(節度・羞恥心)のある, はにかみ屋の
pudrición [puðriθjón] 女 ❶ 腐ること, 腐敗: ～ roja [樹木の中心部の] 腐朽病. ～ seca [木材の] 白腐病; [根・塊茎などの] 乾燥病. ❷《ラプラタ. 口語》うんざりさせるもの, 退屈なこと
pudridero [puðriðéro] 男 ❶ ごみを投げ入れて腐敗させる場所. ❷《口語》[合葬または] 遺体を埋葬するまで, 墓地内の] 仮安置所
pudridor, ra [puðriðór, ra] 形《まれ》腐敗させる
—— 男 [製紙工場で] 裁断した製紙用のぼろを浸しておく水槽
pudriera [puðrjéra] 女《植物》オウトウの一種《学名 Prunus mahaleb》
pudrigorio [puðriɣórjo] 男《口語》=**podrigorio**
pudrimiento [puðrimjénto] 男 腐敗
pudrir [puðrír]《←ラテン語 putrere「腐る」》他《過分 podrido》❶ 腐らせる, 腐敗させる: El calor pudrió el carne. 暑さで肉が腐った. La mentira pudre la vida política y social. 嘘が政界や社会を腐敗させる. ❷《主にラプラタ. 口語》いらいらさせる, 怒らせる: 1) Sus tonterías me pudren. 彼の愚かなふるまいに私はいらいらする. 2) [que+接続法 が主語] Me pudre que los políticos sean cortos de miras. 政治家たちがあまりに近視眼的なので私はうんざりする
—— 自 葬られている: Mi padre pudre en la tumba. 父は死んで墓に入っている
—— se 主にラプラタ. 口語》いらいらする, 怒る
　Así te pudras. くたばってしまえ
　no decir (por) ahí te pudras《口語》全く無関心である
　Ojalá to te pudras. =**Así te pudras.**
　¡Por ahí te pudras!《口語》くたばるがいい!
　～se de aburrimiento《口語》死ぬほど退屈する
　¡Que se pudra! ざまあみろ, いい気味だ!
pudú [puðú]《複 ～es》男《動物》プーズー《アンデス山脈南部の森に生息する小型のシカ》
puebla [pwéβla] 女 ❶ 野菜の作付け. ❷《歴史》[中世に新しく作られた特権が与えられた] 町. ❸《古語》=**pueblo**. ❹《地方語》旧市街
pueblada [pweβláða] 女《南米》[民衆の] 暴動, 反乱, 騒動
pueblano, na [pweβláno, na] 形《グアテマラ, ドミニカ. 軽蔑》村の, 田舎の, 田舎者の
pueble [pwéβle] 男《集合》鉱夫, 鉱山労働者
pueblecito [pweβleθíto] 男《pueblo の示小語: Vive en un ～ rodeado de montañas. 彼は山に囲まれた小さな村に住んでいる
pueblense [pweβlénse] 形 名《地名》プエブラ Puebla の[人]《Puebla の名の付く町・村》
puebleño, ña [pweβléɲo, ɲa] 形 名《地名》プエブラ Puebla の[人]《Puebla の名の付く町・村》
pueblerinismo [pweβlerinísmo] 男《まれ. 軽蔑》田舎であること
pueblerino, na [pweβleríno, na]《←pueblo》形 名 ❶《主に軽蔑》村の, 村人[の], 小さな町の[人]: El novillero ha empezado toreando en corridas ～nas. その見習い闘牛士は村祭りの闘牛で経験を積んだ. Varios ～s jugaban a las cartas en el bar. 居酒屋で村人たちがトランプに興じていた. costumbre ～na 村の風習. ❷《軽蔑》田舎者[の], 粗野な[人]: Yo soy muy ～. Todavía no me he acostumbrado al tráfico de la gran ciudad. 私は大変な田舎者で都会の乗り物にまだ慣れていない. Me molesta la curiosidad ～na. 私は田舎者特有の無遠慮な好奇心に辟易(ᵉᵏᵏᵢ)している

pueblero, ra [pwebléro, ra] 形 名 《アルゼンチン, ウルグアイ》田舎の〔人〕, 田舎出身の〔人〕: Es ～, nació en un caserío que está a 100 km de la capital. 彼は首都から100キロ離れた田舎の村で生まれた田舎者だ. *fiesta ～ra* 田舎の祭り

pueblito [pweblíto] 男 =**pueblecito**

pueblo [pwéblo] 男 《←ラテン語 populus 「村, 民衆」》 ● 村 類義 *pueblo* は一般に村, *aldea* はさらに行政組織のない小さな村; [*ciudad* より小さな] 町: 1) En este ～ hacen un queso excelente. この村ではおいしいチーズが作られている. Veranean en un pequeño ～ costero. 彼らは海辺の小さな村で夏を過ごす. *gente del ～* 村人. 2) 〔故郷の〕村: La muchacha tomó el primer tren y se fue a su ～. 娘は始発列車に乗って故郷に帰った. ～ *pesquero* 漁村. ❷ 集名 民族 [→**nación** 類義]; 国民 〔→**nación** 類義〕; 〔国家・支配者に対して〕人民: Dicen que el ～ japonés es diligente. 日本人は勤勉な民族だと言われている. El ～ entero se conmocionó por la noticia. 国民同士がその知らせに胸を打たれた. La nueva medida política dividió al ～. その新しい施策で国民は二分された. El ～ dio la mayoría a un partido de izquierdas. 国民は左翼政党に過半数の議席を与えた. *el gobierno del ～, por el ～, para el ～* [リンカーン Lincoln の言葉] 人民の人民による人民のための政府. *independencia del ～* 民族の独立. *soberanía del ～* 人民主権. ～ *andaluz* アンダルシア地方の人々. ～ *español* スペイン国民, スペイン人. ～ *judío* ユダヤ民族. ～ *kurdo* クルド族. ～*s latinos* ラテン系の諸民族. ～ *palestino* パレスチナ人. ～ *de Dios* 神の民〔ユダヤ民族, キリスト教徒の総称〕. ❸ 集名 〔下層の〕民衆, 大衆, 庶民: En la Revolución Francesa, el ～ se alzó en armas contra la monarquía. フランス革命では民衆が王政に対し武器を取って立ち上がった. ❹ 〔歴史〕～*-hospital* プエブロ=オスピタル《1530年代, スペイン支配下のメキシコでバスコ・キローガ Vasco de Quiroga がユートピア的キリスト教共同体を目指して建設した, 医療と社会福祉機能を備えた先住民集落》. ❺《米国南西部の》先住民集落. 複 プエブロ族

de ～〔軽蔑〕田舎者の: El portero es amable, pero un poco *de ～*. 門番は親切だが, 少し田舎くさい

～ *de mala muerte*〔へんてこもない〕田舎町

～ *joven*《ペルー》〔貧しい人々が大都市の外れに住みついて生まれた〕スラム地区

ser de su ～《口語》奇人である, 奇癖がある

tonto del ～ 間抜け, 田吾作

pueblotel [pweblotél] 男 リゾート村〔=*villa turística*〕

puelche [pwéltʃe] 形 名 プエルチェ族の〔《南米パンパの先住民》〕

—— 男 アンデス山脈からチリに吹き下ろす寒風

puente [pwénte] 男《←ラテン語 *pons, pontis*》《まれ》 ❶ 橋: 1) Hay un ～ sobre el estrecho. 海峡に橋がかかっている. Hay un restaurante junto al ～. 橋のたもとにレストランがある. *construir un ～ sobre el río* 川に橋をかける. *cruzar* (*pasar*) *el ～* 橋を渡る. ～ *colgante* 吊り橋. ～ *de barcas* 船橋(紋), 浮き橋. ～ *de hierro* (*metálico*) 鉄橋. ～ *de tablas* 板橋. ～ *ferroviario* / ～ *del ferrocarril* 鉄道橋, 鉄橋; 鉄道のガード. ～ *peatonal* 歩道橋, 人道橋. ～ *de hamaca / de cuerdas* [劇場などの] キャットウォーク. 2)《中南米》～ *Bailey* 仮設橋. ～ *de hamaca* 4本のロープによる簡易吊り橋《上の2本を手すりにし, 下の2本に足をかけて渡る》. ❷《比喩》〔離れた・対立する二者を繋げる〕橋: La madre es el ～ entre los hermanos. 母が兄弟たちの間をつないでいる. José es un magnífico ～ *para acercarse a esos empresarios*. ホセはその企業家たちに近づくうってつけの仲介役だ. ❸〔飛び石連休の間の日を休日に変えること;〔その制度による〕連休〔=*día* ～〕: El próximo martes es fiesta, así que el lunes es ～. 今度の火曜日は祝日なので月曜日も休みになる. El viernes hacemos ～.〔木曜と土曜が休日のため〕金曜日は連休だ. *Se va a la sierra en el ～ de la Constitución*. 憲法記念日〔スペイン, 12月6日〕の連休に彼は山に出かける. *atascos en fines de semana y ～s* 週末や連休の渋滞. ❹〔船舶〕1) 船橋, ブリッジ〔=～ *de mando*〕: *dirigir desde el ～* ブリッジから指揮をとる. 2) 甲板, デッキ: *navío de dos ～s* 二層甲板船. ～ *alto* デッキの上. ～ *de botes* ボートデッキ. ❺〔電気〕電橋, ブリッジ: *hacer un ～* 回路を〔直接〕つなぐ; 〔車を盗むために〕配線を直接つなぎエンジンをかける. ❻〔音楽〕〔弦楽器の〕駒, 柱(ぢ), 緒止め板. ❼〔眼鏡〕ブリッジ: Se me clava en el ～ de las gafas en la nariz.

眼鏡のブリッジが私の鼻〔の付け根〕に食い込んでいる. ❽《医学》〔歯の〕ブリッジ: *tener* (*llevar*) *un ～* 歯にブリッジをしている. ❾〔解剖〕～ *de Varolio* バローリオ橋, 脳橋. ❿〔足の〕土踏まず: *no tener ～* 土踏まずがない. ⓫《体操, レスリング》ブリッジ: *saber hacer el ～* ブリッジができる. ⓬《技術, 自動車》ブリッジ. ⓭《服飾》ベルト通し

～ *aéreo*《航空》1) シャトル便; ピストン空輸: *tomar el ～ aéreo* entre Madrid y Barcelona マドリード＝バルセロナのシャトル便に乗る. 2)《空港の》ローディングブリッジ

～ *de plata* 救済措置, 助けの手: En la práctica, están tendiendo un ～ *de plata* a la dictadura para perpetuarse. 事実上, 彼らは独裁政権の延命に手を貸している. *Al enemigo que huye,* [*el・la*] ～ *de plata*.《諺》逃げる敵を深追いしてはならない / 昨日の敵は今日の友 / 武士の情け

～ *roto*《キューバ, ウルグアイ》嫌な奴

tender un ～ a… …への橋渡し役を務める

puentear [pwenteár] 他 ❶《電気》…の回路をつなぐ. ❷《口語》〔組織内で〕…の頭越しに交渉する, 直訴する: Un empleado *ha puenteado* al director sin consultar la secretaria. ある社員が秘書を通さずに部長に話を持ちかけた. ❸《スポーツ》…からバンジージャンプする

puenteareano, na [pwenteareáno, na] 形 名《地名》プエンテアレアス Puenteareas の〔人〕〔《ポンテベドラ県の町》〕

puentecilla [pwenteθíʎa] 女《音楽》〔弦楽器の〕駒, 緒止め板 〔=*puente*〕

puenteño, ña [pwentéɲo, ɲa] 形 名《地名》プエンテ・デル・アルソビスポ Puente del Arzobispo の〔人〕〔《トレド県の村》〕

puenteo [pwentéo] 男 ❶《電気》回路の接続. ❷《口語》頭越しの交渉, 直訴

puentesino, na [pwentesíno, na] 形 名《地名》プエンテ・ラ・レイナ Puente la Reina の〔人〕〔《ナバラ県の村》〕

puentezuela [pwenteθwéla] 女 〔*puente* の示小語〕 女 小さい橋

puénting [pwéntin] 男《スポーツ》バンジージャンプ: *hacer ～* バンジージャンプをする

puentismo [pwentísmo] 男 =**puenting**

puerca[1] [pwérka] 女 ❶ ワラジムシ 〔=*cochinilla de humedad*〕. ❷《医学》腺病. ❸ ちょうつがいの心棒を入れる部分. ❹〔畑の〕畝

puerca[2] [pwérka] 女《中米, プエルトリコ》下品な言動

puercada [pwerkáda] 女《中米, プエルトリコ》下品な言動

puercamente [pwerkaménte] 副《口語》不潔に, 下品に; 汚い手を使って

puerco, ca[2] [pwérko, ka] 《←ラテン語 *porcus, -is*》形 名 ❶《動物》1) ブタ〔豚〕〔=*cerdo*〕. 2) イノシシ〔猪〕〔=*jabalí*〕. ～ *montés, montuno, salvaje*〕. 3) ～ *espín* (*espino*) ヤマアラシ. 4) ～ *de mar* / ～ *marino* ネズミイルカ. ❷ 汚い〔人〕. 不潔な〔人〕: No seas ～ *y báñate ahora mismo*. 不潔にしていないで今すぐ風呂に入りなさい. *manos ～cas* 汚れた手《比喩的にも》. ❸ 卑劣な〔人〕, 下劣な〔人〕; 破廉恥な〔人〕; 下品な〔人〕; 嫌な奴

puercoespín [pwerkoespín] 男 ❶《動物》ヤマアラシ. ❷《口語》非社交的な人

pueri-〔接頭辞〕〔子供〕

puericia [pweríθja] 女 少年期〔7～14歳〕

puericultor, ra [pwerikultór, ra] 名 〔保育免許を持つ〕保父, 保母

—— 男 育児の, 育児法の

puericultura [pwerikultúra] 女〔幼年期の〕育児学, 育児法

pueril [pwerı́l] 《←ラテン語 *puerilis* < *puer*, -i「幼児」》形 ❶《文語》子供の, 子供らしい〔=*infantil*〕. ❷《軽蔑》子供じみた, 幼稚な, 愚かな: En ti hay algo de ～. 君には少し子供じみたところがある. *discusión ～* 幼稚な議論. ❸ 取るに足らない, たわいのない: *No vale la pena discutir por esos asuntos ～es*. そのようなばかげた事柄について議論したところで無意味だ

puerilidad [pwerilidád] 《←ラテン語 *puerilitas, -atis*》女 ❶ 子供らしさ;〔軽蔑〕幼稚さ, 子供じみた言動, 児戯. ❷ 取るに足らないこと, たわいのないこと

puerilismo [pwerilísmo] 男 ❶ 幼稚な行為. ❷《医学》幼児症, 幼稚症

puerilizar [pweriliθár] 自 他《まれ》子供のようにする, 幼児化する

puerilmente [pwerílménte] 副 子供っぽく, 幼稚にも, 大人げなく

puérpera [pwérpera] 女《医学》出産したばかりの女性

puerperal [pwerperál]【形】《医学》出産の, 産褥(じょく)〔期〕の, 産婦の: fiebre ~ 産褥熱
puerperio [pwerpérjo]【男】《医学》産褥期; 産後の状態(肥立ち)【=sobreparto】
puerquezuelo, la [pwerkeθwélo, la]【形】【名】puerco の指小語
puerro [pwéřo]【《←ラテン語 porrum》男】❶《植物》ポロネギ, リーク, 西洋ネギ《まれ》=ajo ~》. ❷《隠語》マリファナたばこ, 大麻たばこ【=porro】
puerta [pwérta]【《←ラテン語 porta「大きな門」》女】❶【家・部屋・家具・乗り物の】扉, ドア; 門, 入り口, ゲート: 1) Abra la ~, por favor. ドアを開けて下さい. Cerró la ~ sigilosamente para no despertar al niño. 彼は子供を起こさないようにそっとドアを閉めた. Se abrió la ~ y entró una desconocida. ドアが開いて見知らぬ女性が入って来た. Tienes la ~ mal cerrada. ドアがちゃんと閉まっていないよ. Deja la ~ a medio abrir. ドアを少し開けたままにしておいてくれ. Pasa, no te quedes en la ~. 入り口に立ち止まっていないで, 入りなさい. La vi entrar por la ~. 私は彼女がドアから入るのを見た. La ~ de la tienda de campaña es muy estrecha. テントの入り口はとても狭い. Llevas la ~ del coche abierta. 車のドアが開いているよ. Cuando una ~ se cierra, cien se abren.《諺》捨てる神あれば拾う神あり. empujar a ~ ドアを押して開ける. tirar la ~/《メキシコ》jalar la ~ ドアを手前に引いて開ける. atravesar la ~ 戸をくぐる. coche de dos ~s ツードアカー. 2)【種類】~ batiente スイングドア. ~ cochera [車の出入りできる]大門, 馬車門. ~ con malla《パナマ, コロンビア, ペルー, チリ》網戸. ~ de arrastre《闘牛》死んだ牛を場外へ引き出すドア. ~ de cedazo《グアテマラ》網戸. ~ de entrada 入り口[のドア]; 正面入り口. ~ de escrín《メキシコ》網戸. ~ de la calle 玄関. ~ de la casa. ~ de la habitación 居室のドア. ~ de salida 出口. ~ de screen《プエルトリコ》網戸. ~ del garaje ガレージの扉. ~ mosquera《アルゼンチン》網戸. ~ mosquitero (mosquitera)《メキシコ, アルゼンチン, ウルグアイ》網戸. ~ principal 正面玄関, 正面入り口. ~ regular 正門. ~ ventana フランス戸. ~ vidriera ガラス扉; バルコニーに通じるドア. las ~s del paraíso 天国の門.【町・村の】門. P~ de Alcalá アルカラ門. P~ de la Justicia《アルハンブラ宮殿の》裁きの門. P~ del Sol プエルタ・デル・ソル《現在はマドリードの広場の門, 15世紀には城門の一つだった》.【ボリビア, ティワナクの Tiwanaku 遺跡の, ペルー, マチュピチュ Machu Picchu の】太陽の門. ❸《比喩》門戸, 可能性: La universidad es una de las ~s hacia el mundo laboral. 大学は社会への扉だ. dejar [reservar] una ~ abierta 可能性を残しておく. ~ de la fama 名声の門. ❹【家具・器具の】扉, ふた: Cierra bien la ~ del lavavajillas. 食器洗い機のふたをしっかり閉めなさい. nevera [de ~s] ツードアタイプ冷蔵庫. ~s de un armario たんすの扉. ❺【家【=casa】, 建物【=edificio】: Vivo en la ~ de al lado. 私は隣のうちに住んでいる. José vive en la ~ número tres. ホセは3番地に住んでいる. ❻【ホッケー, サッカーなど】ゴール: El balón no ha llegado a la ~. ボールはゴールに届かなかった. chutar a ~ vacía 無人のゴールにシュートする. línea de ~ ゴールライン. propia ~ オウンゴール. ❼【スキー】旗門. ❽【情報】ポート【=puerto】. ❾【主に 囲】. 町に入るための】通行料; 関税. ❿【歴史】sublime ~ サルタン時代のトルコ［国家・政府］
a la ~ 戸口で, ~ の一歩手前に: Mis amigas me están esperando a la ~ del cine. 友人たちが映画館の入り口で待っている. El pecado está a la ~.《旧約聖書》罪は戸口で待ち伏せている. La muerte está a la ~. 死がすぐそこまで来ている
a las ~s =en ~s La actriz está a las ~s de la gloria. その女優はあと少しで大成功をつかめる. Tenemos la guerra a las ~s. 戦争が迫っている
¡A otra ~! お断りだ!/よそへ行ってくれ!
a ~ cerrada 非公開で・の, ひそかに: El consejo de socios se reúne a ~ cerrada. 会員の集会は非公開で行われる. debate a ~ cerrada 非公開討論会
abrir la ~ a... …に門戸を開く, …への道を開く: Esa canción le abrió la ~ del éxito. 彼女はその歌で売れるようになった. El acuerdo abre la ~ a nuevas negociaciones. この協定は新たな交渉の糸口となる
agarrar la ~ =coger la ~
cerrar la ~ a+人 en las narices (la cara·el hocico)【口語】=**dar a+人 con la ~ en las narices (la cara·el

cerrar la[s] ~[s] a... …に門戸を閉ざす, …への道を閉ざす: Nunca cierres la ~ a nuevas oportunidades. 新たなチャンスに扉を閉ざしてはならない. El secretario general de la ONU pide a los Estados que no cierren las ~s a la paz. 国連事務総長は各国に和平の可能性を閉ざさないようにと訴えた
cerrarse a+人 todas las ~s …に対してすべての門戸が閉ざされる: Se me han cerrado todas las ~s. ヤノも知らないで仕事を探していか分からない
coger la ~【《西》【主に無作法に・怒って, 突然】出て行く, 立ち去る: Le aburria tanto la fiesta que cogió la ~ y desapareció. 彼はパーティーに退屈し, にわかにそこを出て姿を消した. Si no te gusta coges la ~ y te vas. もし気に入らなければ退出していなさい
dar a+人 con la ~ en las narices (la cara·el hocico)【口語】…を門前払いする: Fue a pedirme un favor y le di con la ~ en las narices. 彼は頼みごとをしに来たが, 私はしゃりと断った
dar a+人【口語】追い出す; 首にする
darse [una]【口語】立ち去る
de ~ a ~ =de ~ en ~
de ~ en ~ 1) 一軒ごとに, 一軒一軒. 2)【輸送】戸口から戸口へ, ドアツードアで
de ~ a ~【兵営などの前で】衛兵に立つ, 立哨する
de ~s abiertas 公開の: Hoy es jornada de ~s abiertas en el Senado. 今日は上院が一般公開される日だ
de ~s [para] adentro 1) 内々に, 秘密に: Tenemos que resolver este asunto de ~s adentro. 私たちはこの件を内々で解決しなければならない. 2) 内実は: De ~s adentro, papá es una persona con gran sentido del humor. 父は家族といる時は非常にユーモアのセンスのある人だ. Parece una pareja feliz, pero de ~s para adentro se llevan fatal. その2人は幸せに見えるが, 実は仲が悪い. 3)《中南米》【使用人が】住み込みの: empleada de ~s adentro 住み込みの家政婦
de ~s [para] afuera 1) 人前で, 公の場で: Su vida es un éxito de ~s para afuera. 彼は人前ではまともな生活をしているように装っている. 他人の前に出るエバは全然別人になる. 2)《中南米》【使用人が】通いの: empleada de ~s afuera 通いの家政婦
echar la[s] ~[s] abajo 戸口で大声で呼ぶ
en ~s 1) さし迫って: Necesito un abrigo porque el invierno está en ~s. 冬が目の前に来ているから, 私はコートが必要だ. Tienen una boda en ~s. 彼らはもうじき結婚する. 2) [+de] ~寸前に: estar en ~s de la muerte (de un conflicto) 瀕死の状態(紛争の寸前)である
enseñar a+人 la ~ …を追い出す
entrar por las ~s【思いがけないことが】起こる: El hambre y la miseria han entrado por las ~s. 飢えと不幸が突然やって来た
entrar por ~s【文語】【人・事物が】思いがけず到来(出現)する
escuchar detrás de la[s] ~[s]/escuchar tras la ~ 盗み聞きする, 立ち聞きする
estar a [las] ~s de...【が迫っている: El viejo sacerdote está a la ~s de la muerte. その老僧に死期が迫っている
estar en ~s de... 今にも～を達成しそうである: Estoy en ~s de conseguir el negocio. 私は商談成立のめどがたった
franquear las ~s a+人【口語】～を迎え入れる: El conde me franqueó las ~s de su castillo. 伯爵は私を城内に迎え入れてくれた. 2)【のために障害を取り除く: Su amor me franqueó todas las ~s. 彼の愛がすべての障害から私を救ってくれた
ir de ~ en ~【物乞い・行商人などが】家から家へ回る, 頼んで回る
llamar a la ~ 1) ノックする, 呼び鈴を鳴らす: Están llamando a la ~. Ve a ver quién es. 呼び鈴が鳴っている. 誰か見ておいで. Durante el visitante tuvo que llamar varias veces a la ~ para que le atendiera. その訪問者は何度も呼び鈴を鳴らさなければならなかった. 2) 【事が】間近である
llamar a la[s] ~[s] de+人 …に援助を求める: Es muy

puertaventana

orgulloso, pero acabará *llamando a mi* ~. 彼は非常にプライドが高いが, 結局私に泣きついてくるはずだ. 2) [機会など]～に訪れる: Si la oportunidad, la suerte, el amor *llaman a tu* ~, no los dejes escapar. チャンスや幸運, 愛する人が目の前に現れたら, それを逸してはならない

no caber por la ~ 〔人・物が〕巨大である

pegar a+人 ~ 〔口語〕=*dar a*+人 ~

poner a+人 *en la* ~ 〔*de la calle*〕《口語》…を追い出す; 解雇する: Le *pusieron en la* ~ por ser perezoso. 彼は怠け者なので首になった

poner ~*s al campo* 不可能なのにくい止めようとする: Todo es demasiado tarde. Es inútil *poner* ~*s al campo*. もう何もかも遅すぎる. 何とかしようとしても無駄だ. Pretender que los niños estén en silencio es *poner* ~*s al campo*. 子供たちを静かにさせておこうとするのは無理な相談だ

por la ~ *grande* (*ancha*) 1) [裏口]からではなく] 正々堂々と: Tras su éxito en el teatro, ha entrado *por la* ~ *grande* en el mundo del cine. 彼は演劇で名を上げた後, 堂々と映画界に入った. 2) 栄光に包まれて: Sus méritos fueron reconocidos en la empresa y cuando se marchó salió *por la* ~ *grande*. 彼の手腕は会社で高く評価され, 有終の美を飾って退社した. El matador ha salido a hombros *por la* ~ *grande*. 闘牛士は人々にかつがれ, 勝利の栄光に包まれて退場した

por ~*s*〔まれ〕ひどく貧しい

~ *a* ~ =*de* ~ *en* ~: Realizamos la entrega ~ *a* ~ *de* mercancías. 当店はお客様まで商品を配達いたします

~ *con* ~ すぐ近所に: Las dos tiendas están ~ *con* ~. 2軒の店の間はごく近い

~ *excusada* (*escusada*) =~ *falsa*

~ *falsa* 裏口, 勝手口; 秘密のドア, 隠し扉: Logró escapar saliendo por una ~ *falsa*. 彼は裏口から逃げ出すことができた. ingresar en la escuela por la ~ *falsa* 裏口入学する

quedar en ~*s de*… =*estar en* ~*s de*…

querer poner ~*s al campo* =*poner* ~*s al campo*

tener ~ *abierta* 〔人が〕自由に出入りできる, 歓迎される

tomar la ~ =*coger la* ~

──〔間〕〔口語〕出ていけ!

puertaventana [pwertabentána] 囡 〔窓の〕内側の扉, よろい戸〔=contraventana〕

puertear [pwerteár] 自 ❶《中南米》〔娘が〕しばしば戸口に姿を現わす. ❷《アルゼンチン》〔家畜が逃げ出そうとして〕囲い場の入口に向かう

puertezuela [pwertezwéla] 囡 puerta の示小語

puertezuelo [pwertezwélo] 男 puerto の示小語

puerto [pwérto]《←ラテン語 portus, -us「港の入口, 港口」》❶ 港, 港湾: entrar en el ~ 入港する. llegar al ~ 港に着く. partir del ~ 出港する. albergar en el ~ 港に停泊する. boca de un ~ 港の入り口, 港口. derechos de ~ 入港税. ~ aéreo 空港〔=aeropuerto〕. ~ comercial 貿易港. ~ de amarre/ ~ de matrícula 船籍港. ~ de carga 船積港. ~ de escala 寄港港. ~ de salvación 避難港. ~ deportivo マリーナ, ヨットハーバー. ~ fluvial (marítimo) 河港 (海港). ~ franco 保税輸出加工区〔zona franca とは異なり住民の居住は可能〕. ~ libre 自由港〔関税行政外に置いて, 中継貿易や委託販売の利益を得る〕. ~ naval (militar) 軍港. ~ pesquero 漁港. ❷ 港湾都市, 港町: Barcelona es ~ de mar. バルセロナは海港都市である. ❸ 峠〔=~ de montaña〕; 峠道: Los ciclistas suben el ~ con dificultad. 自転車レーサーたちはあえぎながら峠を上っている. atravesar el ~ 峠を越える. ~ de Ibañeta イバニェタ峠〔ピレネー山脈北部, サンティアゴ・デ・コンポステラへの巡礼道にある〕. ❹ 境界. ❺〔文語〕避難所; 庇護者. ❻〔情報〕ポート: ~ [en] serie/ ~ serial シリアルポート. ~ USB USBポート. ❼〔地名〕~ Iguazú イグアスの滝〔=Cataratas de Iguazú〕

a buen ~ 〔llegar・llevar など+〕無事に, 困難を克服して: Estamos seguros de que esta iniciativa llegará *a buen* ~. 私たちがこうして率先して行動していることが, 良い結果につながると信じている

naufragar en el ~ 成功を目前にしてつまずく

~ *de arrebatacapas*〔文語〕1) 吹きさらし. 2) 盗賊の巣; 客に法外な値段をふっかける店

~ *seco*〔歴史〕税関のある国境, 関所

---

tocar ~ *en*…《船舶, 航空》…に寄港する: No *toca* ~ *en* Lisboa. その船はリスボンには寄らない

tomar ~ 1) 入港する: El buque *tomará* ~ alrededor del mediodía. 船は正午ごろ入港の予定だ. 2) 安全な場所に逃げ込む

puertocarreño, ña [pwertokařéno, ɲa] 形 囡〔地名〕プエルトカレーニョ Puerto Carreño の〔人〕〔コロンビア東部の町〕

puertollanense [pwertoʎanénse] 形 囲 =**puertollanero**

puertollanero, ra [pwertoʎanéro, ra] 形 囡〔地名〕プエルトリャノ Puertollano の〔人〕〔シウダ・レアル県の町〕

puertomonttino, na [pwertomontíno, na] 形 囡〔地名〕プエルトモント Puerto Montt の〔人〕〔チリ, リャンキウエ県の都〕

Puerto Rico [pwérto říko]《国名》プエルトリコ〔カリブ海北東に位置する米国の自治領. 首都はサンフアン. 15世紀以来スペイン領だったが, 19世紀末の米西戦争の結果, 米国に併合される〕

puertorriquense, sa [pwertořikénse, sa] 形 囡〔地名〕プエルトリコ Puerto Rico の〔人〕〔ポリビア, マヌリ県の町〕

puertorriqueñismo [pwertořikeɲísmo] 男 プエルトリコ方言

puertorriqueño, ña [pwertořikéɲo, ɲa] 形 囡〔国名〕プエルトリコ Puerto Rico の〔人〕; プエルトリコ人

pues [pwes]《←ラテン語 post》接 ❶《文語》〔原因・理由〕…なので〔→*porque* 類義〕: No se veía nada bien, ~ se había hecho de noche. 夜になったので何もはっきりとは見えなかった. Eva no está aquí, ~ yo no la veo por ninguna parte. エバはここにはいないよ. だってどこにも姿が見えないから. Hicieron lo que les pedían, ~ era su obligación. 彼らは頼まれたことをした. それが彼らの務めだったからだ. P~ el accidente es irreparable, tómalo con calma. 事故はもう起きてしまったことだから落ち着いて受け入れなさい. ❷〔条件〕…ならば: P~ tanto lo quieres, cásate con él. 彼のことがそんなに好きなら, 彼と結婚しなさい. ❸〔逆接〕しかし: Te parecerá quizá que esto no es más que un rumor infundado, ~ es una verdad como un templo. 君には根も葉もないうわさだと思っているかもしれないが, 正真正銘の事実だ. ❹〔言いよどみ〕えーと: ¿En qué año llegó Colón a América?—P~... Lo siento, no lo recuerdo. コロンブスがアメリカ大陸到着は何年ですか?—えーと, えーと, 忘れました. ¿En qué país está Machu Picchu?—P~... ¡Ah, sí! En Perú. マチュピチュはどこの国にありますか?—えーと, そうだ! ペルーです. ❺〔口語〕〔語調の緩和〕まあ, …よ: 1)〔文頭で返答・発言の前置き・語調緩和〕まあ, いいえ, おや: P~ claro. そりゃそうさ. P~ sí. まあそうだ. P~ no. まあ, そうじゃない. P~ me alegro. そりゃよかった. ¿P~ qué te pasa?—P~ nada. 一体どうしたの?—いや, 別に. P~ nada, ¡mucha suerte! まあ, とにかく, がんばって! ¿Puedes ayudarme?—P~ no faltaba más. 手伝ってくれないか?—えぇ, もちろん. A mí no me gusta esta película.—P~ a mí me encanta. 私はこの映画が好きじゃない.—おや, 私は大好きだけど. ¡Pero qué mal juegan!—P~ son los campeones actuales. それにしてもこのチームはプレーが下手だなあ—目下現役のチャンピオンなのに. Este cuadro es magnífico.—P~ lo pinté yo. この絵はすばらしい.—実を言うと私が描いたんです. ¿Dónde están mis gafas?—P~ aquí. 私の眼鏡はどこだ?—ここにですよ. ¿Cómo lo supiste?—P~ por la tele. 君はどうやってそれを知ったの?—テレビでだけど. P~, tal como te decía, es mejor buscar otra solución. まあ, 前から君に言っているように, 別の解決策を探した方がいいだろう. ❻〔主に文頭・引き継ぎで〕それで…, それならば…: 1)〔文頭で〕¿No querías trabajar? P~ trabaja. 君は仕事がしたかったのじゃないのか? だったら働け. ¿No se creía el más inteligente? P~ que lo demuestre. 彼は自分は一番賢いと思っていたのだろう. じゃあ, それを証明してもらおう. ¿No quieres estudiar?, ~ no te quejes si después te suspenden. 勉強したくないって? だったら落第しても泣き言を言うな. Tengo sueño.—P~ acuéstate. 眠たい.—それなら寝なさい. P~, ya sabes lo que pienso. これで私が何を考えているか分かっただろう. 2)〔文中への挿入〕Se nos había hecho tarde; decidimos, ~, aplazarlo para el día siguiente. 遅くなったので, 私たちはそれを翌日に延期することにした. Las uvas están muy altas; el zorro, ~, tuvo que contentarse con mirarlas. ブドウの実は高いところになっていたので, キツネは見るだけで我慢するしかなかった. Te repito, ~, que no tengo tiempo. だからもう一回言うよ. 私は時間がないんだ. ❼〔感嘆文の導入〕全く: ¡P~ será tonto el tipo ese! 全くあいつときたらなんて奴だ! P~, ¡hombre! ¿qué quieres que te diga? さてさて!

私は何と言えばいいのだろう？ He visto a José.—P~ ya es director. ホセに会ったよ．—あいつ，今じゃ社長なんだよ．《口語》［話の切り出し］さて，ところで《=~ bien》P~, vamos a tratar el tema. さて，それでは本題に入りましょう． ❾ なぜ？《=y ~》: Hoy no puedo ir a la oficina.—¿P~ ?今日は会社へ行けません．—なぜ？ ❿《中南米》［文末で語調緩和］…よ: Me cansé, ~. 疲れたよ

~ **bien** ［話の切り出し］さて，ところで: P~ bien, he decidido abandonar mi empleo. ところで私は仕事をやめる決心をしたんだ

~ **mira** (**mire**) あのね，ところで: P~ mira, sin bromas: a mí no me parece bien tu idea. ところでいいかい，まじめな話，私は君の考えがいいとは思わない

¡P~ **no**! ［相手の否定の言葉に対する否定］No tengo ganas de ir.—¡P~ no (vayas)! 私は行きたくない．—それなら行くな!

~ **que**+直説法 1) ［理由］…だから: Brindemos por Madrid ~ que en Madrid estamos. 私たちはマドリードに来たから，マドリードに乾杯しよう． 2) ［条件］…ならば: P~ que no salen ellas entremos. 彼女たちが出ないなら，私たちが入ろう

¡P~ **qué**! ［怒り・非難］何だと!

¡P~ **sí**! 1) もちろん! 2) ［不快］いやだね!: No funciona el ascensor. —¡P~ sí...! エレベーターは故障中です．—しょうがないなぁ…!

¡P~ **sí que**+直説法! ［反語で不快］…なんてとんでもない!: ¡P~ sí que estamos buenos! 本当にひどい/全然だめじゃないか!

¡**Vaya** ~! 《中南米》分かった，承知した!

puesta¹ [pwésta] 《←ラテン語 posta》囡 ❶ ［+en 場所・状態に］置く(置かれる)こと: Han anunciado la ~ en el mercado de la nueva medicina. 新薬の発売が発表された． ❷ ［日・月の］入り: a ~ de (s) de (l) sol 日の入りに，日没に． ❸ ［鳥の］産卵 (期); 【集合】［鳥などに産む］卵: época de ~ 産卵期． ❹ ［トランプ］1) 賭け金． 2) ［オンブル tresillo で］2人・3人のプレーヤーのトリック baza が同数であること． ❺ ［競売の］競り上げ，競り値． ❻［簿記］~ en equivalencia 持分法． ❼《レスリング》フォール． ❽ ~ de espaldas. ❾ ［肉・魚の］一切れ，一片．《アルゼンチン，パラグアイ．競馬》同着

primera ~ 《軍事》【集合】［新兵が入営後に支給される］装備一式

~ **a punto** ［最高の状態にするための］調整，チューンアップ: La moto necesita una ~ a punto. そのバイクはチューンアップの必要がある

~ **de largo** 社交界デビューのパーティー
~ **en antena** 《西．放送》［新番組の］第1回目の放送
~ **en escena** 上演，演出; 撮影，監督
~ **en marcha** 始動，作動
~ **en práctica** 実施

puestear [pwesteár] 自《コロンビア》見張る; 待ち伏せる

puestero, ra [pwestéro, ra] 图《主に中南米》屋台の主人，露天商． 《ムルシア》鳥笛を用いる猟師． 《ラプラタ》牧場管理人; 牧夫

puesto¹ [pwésto] 《←poner》男 ❶ 順位: Llegó a la meta en el ~ segundo. 彼は2着でゴールインした． estar en los primeros ~s del ranking mundial 世界ランキングの上位にいる． ~ de honor 首位． ❷ ［人・物がいる（べき）・ある（べき）］場所: 1) Haga el favor de dejarlo en su ~. どうか元の場所に戻しておいて下さい． ~ de amarre 《船舶》バース，停泊地． ❸ 席，座席: Le cedió su ~ a una anciana en el autobús. 彼はバスの中で老婦人に席を譲ってあげた． Aquí nadie tiene un ~ fijo. ここでは誰も席は決まっていない． ~ del piloto 操縦席． ❹ 職《= ~ de trabajo．→profesión〖類義〗》; 地位: Buscan a una joven para ocupar el ~ de secretaria. 彼らは秘書の仕事をしてくれる若い女性を探している． Esta empresa va a crear unos diez mil ~s de trabajo. この事業は約1万人の雇用を生むだろう． Tiene un ~ de portero en la fábrica. 彼はその工場で守衛をしている． Consiguió un ~ de conductor en una empresa. 彼はある会社の運転の職についた． quitar a+人 el ~ …の職 (地位)を奪う． evaluación (valoración) de ~s 職務評価． ❺ ［任務を遂行する］部署，詰め所: 1) El centinela abandonó su ~. 歩哨が持ち場を離れた． ~ avanzado 前哨． ~ de control 検問所． ~ de escucha 聴音所． ~ de guardia 衛兵詰所． ~ de mando 司令部，指揮部; 司令室． ~ de observación 監視所; 着弾観測所． ~ de policía 交番． ~ de socorro 救護所． ~ de vigilancia 守衛所; 見張り塔． ~ 《西》《治安警備隊・国境警備隊の，下士官が指揮をとる》分遣隊: ~ fronterizo 国境検問所． ❻ 屋台，露店《=~ [de venta] callejero, ~ ambulante》: Tiene un ~ de frutas en el mercado. 彼は市場で果物店を出している． Compré limones en un ~ callejero. 私は屋台で果物店でレモンを買った． ~ de flores 露店の花屋． ~ de helado 屋台のアイスクリーム店． ~ de periódicos 新聞スタンド． ❼《情報》~ de trabajo ワークステーション． ❽《馬など》種付け場． ❾《狩猟》［獲物の］待ち伏せ場所． ❿《チリ，アルゼンチン，ウルグアイ》牧場管理人 puestero の牧場(家)

en el ~ de+人 1) …の立場なら: Yo en tu ~, no iría. 僕が君だったら行かないのだが． 2) …の代わりに: He venido en el ~ de mi padre. 父の代わりに私が来ました

estar su ~ =mantener su ~
guardar su ~ =mantener su ~

mantener su ~ 1) 自分の地位にしがみつく: Siempre ha mantenido su ~, por lo que no tengo ninguna confianza con él. 彼は自分の地位にしがみついてきたので，私は彼を全然信頼していない． 2) ［いばったり・卑下したりせず］自分の分をわきまえる． 3) あまりなれなれしく（図々しく）されるのを許さない，ほどよい距離を置く

mantenerse en su ~ 自分の分をわきまえている，身のほどを知っている

primer ~ 第1位: Ocuparon el primer ~ de la competición. 彼らは競技会で1位になった． 2)《商》上位: Su libro conquista los primeros ~s en las listas de ventas. 彼の本は売上リストの上位にランクされている． estar en los 10 primeros ~s トップテンに入る

~ **a**+不定詞 ［条件］…するような場合には
~ **que**+直説法《文語》［理由・引き継ぎ］…なので，…だから《→porque〖類義〗》; …ならば: No hace falta que lo hagas, ~ que yo lo he hecho yo. 君はそれをする必要はない，もう私がやってしまったから． No iré ~ que no me han invitado. 私は招待されてないから行かないよ． P~ que temes ser mal recibido, no vayas. 歓迎されそうにないのなら行くな

puesto², **ta**² [pwésto, ta]《poner の過分》形 ❶ ［+bien・muy・todo］着飾った，おしゃれをした: Apareció una señora muy bien ~ ta. 着飾った婦人が現れた． hombre mal ~ a みすぼらしい身なりの男． ❷《西》[estar+．人，+en に］詳しい，精通した: Está muy ~ en psicología. 彼は心理学に大変精通している． ❸《酒．麻薬．性的興奮で》絶頂に達した． ❹《商業》en almacén ［商店や倉庫での］，~ sobre muelle 埠頭渡しで(の)． ❺《メキシコ》[estar+] 用意ができている．《チリ．口語》酔っている

con lo ~ 着のみ着のままで: Tuvieron que salir del país con lo ~. 彼らは着の身着のままで国を出なければならなかった

tener los bien ~s 男らしい，勇気がある

Pueyrredón [pweředón]《人名》**Juan Martín de** ~ フアン・マルティン・デ・プエイレドン《1776~1850, アルゼンチンの軍人・政治家．ラプラタ川諸州連合 Provincias Unidas del Río de la Plata の最高指導者 (1816~19)》

puf [púf]《←仏語 pouf》男 腰掛け式クッション，クッションスツール

II《←擬声》間 ［反感・嫌悪］ああ嫌だ，ふん，へん; ¡Puf! ¡Qué calor hace! うわっ，何て暑いんだ!

pufista [pufísta] 图《口語》詐欺師，ぺてん師

pufo [púfo]《←仏語 pouf》男《西．口語》❶ 詐欺，詐取，ぺてん;《客から》ぺてん: dar el ~ a+人 …をぺてんにかける． ❷ 借金

puga [púga] 囡《地方語》=**púa**

púgil [púxil]《←ラテン語 pugil, -ilis》男 1 《スポーツ》ボクサー《=boxeador》． ❷《古代ローマ》拳闘士

pugilar [puxilár]《ユダヤ教》シナゴーグで使われるヘブライ語聖書

pugilato [puxiláto] 男 ❶《スポーツ》ボクシング，拳闘． ❷ 殴り合い． ❸ 激しい言論（言い争い）

pugilismo [puxilísmo] 男 ボクシング《=boxeo》

pugilista [puxilísta] 男 ボクサー《=boxeador》

pugilístico, ca [puxilístiko, ka] 形 ボクシングの，拳闘の

pugna [púgna]《←ラテン語》囡 ❶《文語》戦い，戦闘: ~ encarnizada 熾烈な戦い，死闘． ❷ ［主に物質的でない］対立，抗争: ~ entre los partidos 政党間の争い

pugnacidad [pugnaθidáđ] 囡《文語》好戦性，争い好き，けん

pugnante [puɡnánte] 形《文語》❶ 対立する、反対の、敵対する. ❷ 争う、闘う

pugnar [puɡnár]《←ラテン語 pugnare「けんかする」》自《文語》❶ [+con・contra+人 と] 争う、…在 defensa de……を守るために] 闘う ❷ [+por+不定詞] …しようと努力する、懸命に…しようとする: El ladrón *pugnó por* liberarse de la cuerda que le ataba. 泥棒は自分を縛りつけている縄から逃れようと必死にもがいた

pugnaz [puɡnáθ] 形《複-ces》《文語》❶ 好戦的な、争い好きな、けんか好きな: Ese carácter ~ te reportará problemas. そんな争い早い性格はお前に問題をもたらすだろう. ❷ 攻撃的な

Puig [pwíɡ]《人名》**Manuel ~** マヌエル・プイグ《1932〜90, アルゼンチンの小説家. 若いころ映画監督になろうとイタリアに留学するが、映画に対する考え方が違ったために以後ヨーロッパ、米国を放浪し、様々な仕事をする. 『リタ・ヘイワースの背信』*La traición de Rita Hayworth*,『赤い唇』*Boquitas pintadas*,『ブエノスアイレス事件』*The Buenos Aires Affair*, 同性愛者が見知らぬ相手と悲劇を描いた『蜘蛛女のキス』*El beso de la mujer araña*》

Puig i Cadafalch [pwíɡ i kaðafálk]《人名》**Josep ~** ジュゼップ・プッチ・イ・カダファルク《1867〜1957, カタルーニャ出身の建築家. バルセロナの『プンチャス館』*Casa de les Punxes*》

puiño [pwíɲo] 男《ボリビア》《素焼きの》大がめ

puja [púxa] I《←pujar》女 ❶ [+por+不定詞 するための] 争い、奮闘、努力: Mi vida ha sido una continua ~ por situarme. 私の人生は出世のための絶えざる闘いだった. ❷ [分娩時の] 息み《=pujo》. ❸《まれ》力を加えること、押すこと

sacar de ~ *a*+人 1)［力・術策で］…にまさる、うわてである. 2)…を窮地から救う

II《←pujar II》女《西》[競売での] 競(ᵏᵃ)り合い、競り上げ; 競り値: Logró el cuadro tras una reñida ~. 彼は激しい競り合いの末その絵を獲得した. la mejor ~ 競り値の最高額

pujador, ra [puxaðór, ra] 名［競売の] 競り手
──男《パナマ》太鼓の一種

pujaguante [puxaɡwánte]《ボリビア》大鍬

pujame [puxáme] 男《=pujamen》

pujamen [puxámen] 男《船舶》帆の下縁, フット

pujamiento [puxamjénto] 男《古語》体液 (一般には血液) が多いこと

pujante [puxánte] 形《←仏語 puissant》勢力のある、強大な、強力な: imperio ~ 強大な帝国. personaje ~ 有力者. ~ industria 成長産業

pujantemente [puxántemente] 副 力強く、強力に

pujanza [puxánθa] 女《←仏語 puissance》❶ 力強さ、たくましさ、勢い; 勢力、権力; 原動力: El nuevo negocio va tomando gran ~. 新事業は急成長しつつある. ~ de las nuevas generaciones 新しい世代の勢い

pujar [puxár] I《←ラテン語 pulsare「押す」》自 ❶ [+por・para+不定詞] 努力する、奮闘する: *Pujaron* mucho *para* situarse en la vida. 彼らは出世しようと必死にがんばった. Las lágrimas *pujaban por* salir. 涙があふれそうだった. ❷ [うまく説明できず] 言いよどむ、言葉に窮する; ためらう. ❸ 泣き面をする、べそをかく. ❹ [分娩時に] 息む. ❺《まれ》力を加える、押す. ❻《メキシコ. 口語》うめく
── 他 ❶ 推進する: ~ un proyecto contra los obstáculos 障害をはねのけて計画を推進する. ❷ …に力を加える、押す: *Pujó* la puerta para abrirla. 彼は開けようとドアを押した. ❸《古語》…をしのぐ、勝つ
II《←カタルーニャ語 pujar「上げる」< ラテン語 podium「丘」》他《西》高い競(ᵏᵃ)り値をつける、競り上げる: No puedo ~ una cantidad tan alta. 私はそんな高い値をつけることはできない

pujavante [puxaβánte] 男［馬などの] ひづめを切る道具

puje [púxe] 男《ペルー》叱りつけ、小言、説教

pujido [puxíðo] 男《中南米》不平、不満、ぐち

pujo [púxo] 男《←ラテン語 pujar》❶《医学》1) しぶり［腹］, 裏急後重《=pujo》. 2)《急性大腸炎・赤痢などのときの激しい便意を催す》腹痛. 2) 血便《= ~ de sangre》. 3)［分娩時の] 息み、腹圧の収縮. ❷［激しく衝動的な] 泣きたい・笑いたいの抑えきれないこと: No pudo reprimir el ~ y soltó una carcajada. 彼はこらえきれずに爆笑した. con un ~ incontrolable de llorar 泣きたいという抑えがたい欲求で. ❸［主に］志望、抱負:

Su ~ es ser un famoso futbolista. 彼の念願は有名なサッカー選手になることだ. Hasta los más pobres tenían ~s de gran señor. 最も貧しい者たちでさえ大貴族になりたいと思っていた. ❹ 試み、意図. ❺ 傾向、性向、嗜好

pujón, na [puxón, na] 形《エクアドル》ぶつぶつ言う、愚痴っぽい

pujozó [puxoθó] 男《ボリビア》錆、緑青

pul [púl] I《←英語 pull》男《中南米》引き、こね、縁故、手づる
II《←英語 pool》男《プエルトリコ. 競馬》最高の賭け金; 賭け金総額

puladiño [pulaðíɲo] 男《ペルー》プラディーニョ《民族舞踊の一種》

pularda [puláɾða] 女［食用に] 肥育された若鶏

pulchen [púltʃen] 男《チリ》細かい灰

pulchinela [pultʃinéla] 男《=polichinela》

pulcritud [pulkritúð]《pulchritudo》女 清潔さ、こぎれいさ: Siempre va vestido con ~. 彼はいつもこざっぱりとした格好をしている

pulcro, cra [púlkro, kra]《←ラテン語 pulcher, -chra, -chrum「美しい」》形《絶対最上級 pulquérrimo, pulcrísimo》❶ 清潔な、こぎれいな、こざっぱりとした: Tiene sus cosas siempre ~cras y arregladas. 彼は身の回りのものをいつもきちんと整頓している. ❷ 入念な、丹精な: traducción ~cra 丹念な翻訳. palabras ~cras きちんとした (きれいな) 言葉

pule [púle]《ホンジュラス》*tener* ~ 顔がきく

pulenta [pulénta] 女《中南米》=polenta

pulga [púlɣa] 女《←俗ラテン語 pulica < ラテン語 pulex, -icis》❶［昆虫］ノミ (蚤): Mi gato tiene ~s. 私の猫にはノミがいる. ser picado por una ~ ノミに食われる. mercado de las ~s/《中南米》mercado de ~s フリーマーケット、のみの市. A pero flaco todo son ~s.《諺》泣き面に蜂. ❷《動物》~ de agua [dulce]/~ acuática ミジンコ. ~ de mar/~ de arena ハマトビムシ. ❸ 小型の独楽(ᶜᵒᵐᵃ). ❹《西. 料理》=**pulguita**. ❺《情報》1) バグ. 2) シリコンチップ

buscar las ~s *a*+人《口語》…をいらいらさせる、怒らせる: No le *busques las* ~s, que tiene muy mal genio. 彼を刺激するなよ、すごく気難しい性質だから

echar a+人 *la* ~ *detrás de la oreja* …を心配させる (不安にする) ようなことを言う

hacer de una ~ *un elefante* (*un camello*)《口語》針小棒大に言う; あら探しをする

malas ~s《口語》不機嫌: estar de *malas* ~s 機嫌が悪い. tener (gastar) *malas* ~s 気難しい、怒りっぽい

no aguantar (*no sufrir*) *las* ~s《口語》[侮辱的な言動が] 腹にすえかねる、どうにも我慢がならない

sacudirse las ~s《口語》責任逃れをする、頼りにならない: No te fies de él, porque cuando hay problemas siempre *se sacude las* ~s. あいつは信用するな、何か問題が起きるといつも逃げ腰なんだから

tener la ~ *detrás de la oreja*《口語》落ち着きがない、そわそわしている

tener pocas ~s《ラプラタ》気難しい、怒りっぽい

pulgada [pulɣáða] 女《←俗ラテン語 pollicata》[長さの単位] インチ《スペインでは=約2.3cm》: televisor [con pantalla] de dieciséis ~s 16インチのテレビ

pulgar [pulɣár]《←ラテン語 pollicaris「インチ」< pollex, -icis「親指」》男 ❶ [手・足の] 親指《=dedo ~》: Me he quebrado el ~ de la mano izquierda. 私は左手の親指を骨折した. ❷ [若いつるが伸びるように] 剪定時に新芽をいくつか残したブドウのつる

por sus ~*es* 自分の手で、自力で: Logró el cargo *por sus* ~*es*. 彼は自分の力でその地位を手に入れた

Pulgar [pulɣár]《人名》**Hernando de ~** エルナンド・デ・プルガル《1436?〜93?, カスティーリャの歴史家・人文主義者.『カトリック両王年代記』*Chronica de los muy altos y esclarecidos Reyes Catholicos Don Fernando y Doña Isabel*》

pulgarada [pulɣaɾáða] 女 ❶ 親指ではじくこと: disparar una canica de una ~ ビー玉を親指ではじき飛ばす. ❷ ひとつまみ[の量]: una ~ de sal ひとつまみの塩. ❸ インチ《=pulgada》

pulgareta [pulɣaɾéta] 女《地方語》[親指で鳴らす] カスタネット

pulgón¹ [pulɣón] 男《昆虫》アブラムシ, アリマキ; ~ de la patata/~ melocotonero モモアカアブラムシ

pulgón², na [pulɣón, na] 形《ドミニカ》世故にたけた、抜け目のない

pulgonear [pulɣoneáɾ] 他 自《ドミニカ》他人の懐をあてにして生

pulgoso, sa [pulgóso, sa] 形 名 ノミのたかった〔人〕，ノミだらけの〔人〕

pulguera[1] [pulgéra] 女 ❶《植物》オオバコ〔種は薬用〕．❷ ノミだらけの場所．❸ 弓筈《=empulguera》

pulguerío [pulgerío] 男《プエルトリコ，ウルグアイ》多数のノミ

pulguero, ra[2] [pulgéro, ra] 形 ノミのたかった，ノミだらけの ── 男 ❶ ノミだらけの場所《=pulguera》．❷《隠語》ベッド．❸《コスタリカ，ベネズエラ》監獄，刑務所

pulguiento, ta [pulgjénto, ta] 形《中南米》ノミのたかった，ノミだらけの

pulguillas [pulgíʎas] 名《単複同形》《西．口語》気難しい人，怒りっぽい人，かんしゃくもち

pulguita [pulgíta] 女《西．料理》小型のボカディージョ bocadillo

pulicán [pulikán]《医学》〔抜歯用の〕鉗子

pulicaria [pulikárja] 女《植物》ジョチュウギク

pulidamente [pulidaménte] 副 ❶ こぎれいに．❷ 入念に，丹精こめて．❸ 礼儀正しく，いんぎんに

pulidero [pulidéro] 男 磨き出し用の布〔革〕

pulidez [pulidéθ] 形《まれ》❶ こぎれいさ，清潔．❷ 入念，丹精．❸ 上品，優美，洗練

pulido, da [pulído, da]《←ラテン語 politus》形 ❶ こざっぱりした，清潔な．❷ 磨き上げた，光沢のある，滑らかな: uñas ～das 磨き上げた爪．❸ 入念な，丹精こめた: Es algo lento, pero presenta siempre un trabajo muy ～. 彼は少し仕事が遅いが，いつも見事な仕上げの作品を提出する．❹ 洗練された，上品な，優美な．❺《エルサルバドル》うれしい，好きな．❻《チリ》〔人が〕気取った ── 男 ❶ 磨き上げ，研磨，つや出し．❷ つや，光沢

pulidor, ra [pulidór, ra]《←ラテン語 politor, -oris》形 磨く，研磨する，つや出しの ── 名 研磨工 ── 男 ❶ 研磨器，つや出し器; つや出し用の布〔革〕．❷《アンダルシア》〔ブタの飼料用の〕砕いたオリーブの種．❸《ウルグアイ》磨き粉 ── 女 研磨機

pulienta [puljénta] 女《地方語．料理》〔主に 複〕ポレンタ《=polenta》

pulimentación [pulimentaθjón] 女 研磨，つや出し《=pulimento》

pulimentado [pulimentádo] 男 研磨，つや出し《=pulimento》

pulimentador, ra [pulimentadór, ra] 形 名 磨く〔人〕，つや出しする〔人〕

pulimentar [pulimentár] 他 磨く，…のつや出しをする《=pulir》

pulimento [pulimento] 男 ❶ 磨き，研磨，つや出し; 光沢, つや: dar ～ a los muebles 家具を磨く，家具のつや出しをする．❷ つや出し剤

pulique [pulíke] 男《グアテマラ》トウガラシの煮込み料理

pulir [pulír]《←ラテン語 polire「なめらかにする」》他 ❶〔表面を〕磨く, 研磨する, …のつや出しをする: ～ los muebles con una cera especial 特殊なワックスで家具を磨く．～ el suelo 床磨きをする．～ las uñas 爪を磨く．～ un diamante ダイヤモンドを研磨する．～ un metal 金属を研磨する．❷ 磨きをかける, 入念に仕上げる;〔文章などを〕磨く, 推敲〘すいこう〙する: Esos escritores han pulido la lengua española. その作家たちはスペイン語に磨きをかけた．～ el estilo 文体に磨きをかける．～ su discurso 演説原稿を練り上げる．❸〔教養などを〕磨く，洗練させる: Pulió a la joven aldeana en poco tiempo. 彼は短期間でその田舎娘をあか抜けさせた．～ su inglés 英語をブラッシュアップする．❹《俗語》盗む，くすねる: Un carterista le pulió todo lo que llevaba. 彼はすりに持ち金すべてを盗られた．❺《口語》売り払う．❻《口語》〔主に過度に〕消費する ── **～se**《口語》〔金を〕使い果たす，散財する: Se pulió la paga extraordinaria en un fin de semana. 彼はボーナスを一度の週末に使い果たした

pulla [púʎa]《←[2]語源》女 ❶ 皮肉，からかい，当てこすり; 毒舌: lanzar duras ～s 辛辣な言葉を浴びせる．❷ 冗談; 機知, ウイット．❸ 卑猥な言葉．❹《コロンビア》細身の山刀．❺《鳥》シロカツオドリ《=planga》

pullés, sa [puʎés, sa] 形 名《地名》〔イタリア南部の〕プーリア Pulla (Puglia) の〔人〕

pullista [puʎísta] 名 皮肉屋，毒舌家; 冗談（しゃれ）の好きな人，卑猥な言葉をよく使う人

pullman [púlman]《←英語》男《複 ～s/単複同形》❶《自動車》〔大型の〕超高級車．❷《ペルー，アルゼンチン．鉄道》寝台車．❸《ボリビア，ラプラタ》〔劇場の〕2階正面席．❹《チリ，アルゼンチン，ウルグアイ》長距離バス

pullo [púʎo]《←ケチュア語》男《ボリビア，アルゼンチン》〔先住民が用いる〕厚手の毛布

pullover [puʎobér]《←英語》男 =**pulóver**

pullucata [puʎukáta] 女《ペルー》〔山岳地帯の先住民が用いる〕毛布

pulmón [pulmón]《←ラテン語 pulmo, -onis ＜ギリシア語 pneumon》男 ❶《解剖》肺，肺臓《時に 複 で両肺》: El tabaco afecta a los pulmones. たばこは肺に害を及ぼす．gritar con todas las fuerzas de sus pulmones 声を限りに叫ぶ．～ artificial/～ de acero〔人工呼吸用の〕鉄の肺．❷ 肺活量．❸《口語》声量: Menudos pulmones tiene ese chico. その青年はすごく声量がある．❹ 持久力: Tiene pulmones para hacer ochenta kilómetros de travesía. 彼は80キロの遠泳をする持久力を持っている．❺〔大気汚染のひどい地域の〕緑地帯．❻《動物》～ marino 海クラゲ
  a pleno ～ 胸一杯に: Respiré *a pleno ～*. 私は深々と息を吸った
  a ～ libre/a ～ 素潜りの・で: buceo a ～〔libre〕素潜り
  ～ del equipo〔持久力のある・がんばりのきく〕チームの要（エース）

pulmonado, da [pulmonádo, da] 形 ❶ 有肺亜綱の．❷ pez ～ デボン期の化石魚《学名 Palaeospondylus gunni》── 男《複》《動物》有肺亜綱

pulmonar [pulmonár] 形 肺の: enfermedades ～es 肺疾患

pulmonaria [pulmonárja] 女《植物》❶ ヒメムラサキ．❷ ヨロイゴケの一種《学名 Lobaria pulmonaria, Lichen pulmonarius》

pulmonía [pulmonía] 女《医学》肺炎《=neumonía》: ～ doble 両側肺炎

pulmoníaco, ca [pulmoníako, ka] 形 名《医学》肺炎の〔患者〕

puloil [pulójl] 男《アルゼンチン》磨き粉

pulóver [pulóber]《←英語 pullover》男《複 ～s》《服飾》❶《主に中南米》〔頭にかぶって着る〕セーター．❷《ベネズエラ》毛織りのチョッキ

pulpa [púlpa]《←ラテン語》女 ❶ 果肉; 種を取った缶詰用の果肉: El fruto es comestible aunque tiene poca ～. その果実は果肉は少ないが食べられる．❷《製紙原料》パルプ《=～ de madera, pasta de papel》．❸〔サトウキビ・テンサイなどの〕搾りかす．❹《植物》〔木本植物の〕髄．❺《解剖》髄《=～ dental, ～ dentaria》．2) ～ cerebral 脳髄．❻〔指の柔らかい部分《=pulpejo》．❻《動物》肉の柔らかい部分，骨なしの肉．❼《キューバ》タマリンドの果肉と砂糖をこねたもの

pulpación [pulpaθjón] 女 パルプ化

pulpada [pulpáda] 女《ガリシア》タコの料理

pulpar [pulpár] 形《解剖》歯髄の

pulpary [pulpár] 女《ペルー》雑貨店

pulpejo [pulpéxo] 男 ❶〔人体の先端部の〕肉のついた柔らかい部分;〔特に〕親指の付け根: ～ de la oreja 耳たぶ．❷〔馬などの〕ひづめの柔らかい部分

pulpería [pulpería] 女 ❶《地方語》タコの調理（下ごしらえ）．❷《南米》〔田舎の〕食料雑貨店

pulpero, ra [pulpéro, ra] 形 タコ（蛸）の, タコ漁の ── 名 ❶ タコ漁師．❷ タコを調理して売る人《主に女性》．❸《南米》食料雑貨店の店主（店長）── 男〔熱帯産の果物から〕果肉を取り出す器具

pulpeta [pulpéta] 女《主に中南米．料理》〔柔らかい〕薄切り肉

pulpetón [pulpetón] 男 =**pulpeta**

pulpitis [pulpítis] 女 歯髄炎

púlpito [púlpito]《←ラテン語 pulpitum「壇」》男 ❶〔教会の〕説教台, 説教壇: El cura dirigió unas palabras a las fieles desde el ～. 司祭は説教台から信者たちに向かって話した．❷ 説教師の活動〔職・地位〕

pulpo [púlpo]《←ラテン語 polypus》男 ❶《動物》タコ（蛸）．❷《軽蔑》〔女性を〕しつこく触る人, 触り魔．❸〔荷物固定用の〕両端にフックのついた伸縮性ストラップ．❹《チリ. 口語》人をこき使う雇用主, 搾取者
  poner a+人 como un ～《俗語》…をぶちのめす, 叩きのめす《←タコを調理するためにかなづちなどで叩いて柔らかくする》
  ～ en un garaje 1)〔ガレージに迷い込んだタコのように〕自分

pulposo, sa

がどういう状態に置かれているのかさっぱり分からない状態, 茫然自失: Estoy como un ~ *en un garaje*. 私は頭がパニックになっている. La nueva secretaria está *más despistada que un ~ en un garaje*. 新人の秘書は何をしたらいいのか分からず茫然としている. 2) 何もすることがなくて退屈している状態: José estaba *más aburrido que un ~ en un garaje*. ホセはすることがなくて退屈していた

pulposo, sa [pulpóso, sa] 形 ❶ 果肉の多い: *fruta ~sa* 果肉の多い果物. ❷ 肉質の, 柔らかい肉の部分の多い

pulque [púlke] 《←?ナワトル語/マプーチェ語》男 《メキシコ》プルケ〖リュウゼツランの搾り汁を発酵させて作る酒〗: *~ curado* 果汁(野菜ジュース)で割ったプルケ

pulquear [pulkeár] 自 プルケを飲む
―― *~se* プルケで酔う

pulquería [pulkería] 女 《メキシコ》[プルケを出す] 酒場, 居酒屋

pulquero, ra [pulkéro, ra] 名 《メキシコ》プルケの酒造家; [プルケを出す] 酒場(居酒屋)の主人

pulquérrimo, ma [pulkérrimo, ma] 〖*pulcro* の絶対最上級〗形 大変清潔な, 非常にこざっぱりした

pulsación [pulsaθjón] 《←ラテン語 pulsatio, -onis》女 ❶ 《生理》〖主に 複〗心臓・動脈などの〗鼓動, 脈拍, 動悸〖=*pulso*〗: Aumentaron las *pulsaciones* de repente. 突然脈が上がった. *tomar las pulsaciones* a+人 …の脈をとる. ❷ 《物理》波動, 振動; [電流の] 脈動. ❸ [タイプライターなどの] キータッチ: Mi secretaria escribe a doscientas *pulsaciones* por minuto. 私の秘書は1分間に200字打つ. ❹ 〖情報〗タップ: doble ~ ダブルタップ. ~ *larga* 長押し. 〖ピアノなどの〗タッチ: ~ *suave* 優しいタッチ

pulsada [pulsáda] 女 《生理》鼓動, 脈拍, 動悸〖=*pulso*〗

pulsador, ra [pulsaðór, ra] 形 ❶ 脈を打つ, 鼓動する, 拍動する. ❷ 〖キーなどを〗打つ, 叩く: *Sus ágiles dedos ~es no se equivocan de tecla*. 彼女の敏捷な指先はキーを間違わずに叩く
―― 男 押しボタン, スイッチ: *Da al ~ para encender la luz*. スイッチを押して明かりをつけなさい. *~ del timbre* 呼び鈴, ベル

pulsante [pulsánte] 形 《物理》波動する, 振動する; 脈動する

pulsar [pulsár] 《←ラテン語 pulsare < pellere「押す」》他 ❶ 〖キーボードなどを指の腹で〗打つ, 叩く, 押す: *Pulsa rápidamente las teclas*. 彼はキーを打つのが速い. *~ el timbre* ベルを鳴らす. ~ *las cuerdas* 弦をはじく. ❷ 〖…の脈を取る(診る): *Si me pulsas, verás que tengo fiebre*. 私の脈を診れば高熱のあることが分かるだろう. ❸ 〖意向などを〗探る, 打診する〖=*tantear*〗: *Pulsó la opinión de la clase*. 彼はクラスの意向を打診した〖=*tantear*〗. ❹ 〖情報〗タップする: ~ *dos veces* ダブルタップする
―― 自 脈を打つ, 鼓動する, 拍動する: *El corazón pulsaba rápidamente en mi pecho*. 私の胸の中で心臓が早鐘のように鳴っていた

púlsar [púlsar] 女 《天文》パルサー, 電波源天体

pulsátil [pulsátil] 形 脈打つ, ずきずきする: *Sentía un dolor ~ en las sienes*. 私はこめかみがずきずきと痛んだ

pulsatila [pulsatíla] 女 《植物》オキナグサ

pulsatilla [pulsatíʎa] 女 =**pulsatila**

pulsativo, va [pulsatíβo, βa] 形 脈打つ, ずきずきする

pulseada [pulseáða] 女 《ペルー, ラプラタ, 口語》腕ずもう〖=*pulso*〗

pulsear [pulseár] 自 腕ずもうをする〖=*pulso*〗

pulsera [pulséra] 《←*pulso*》女 ❶ 腕輪, バングル, ブレスレット〖類義 **pulsera** は主に鎖状で手首のみにはめる. **brazalete** は主に輪状で腕のどこにでもはめられる〗: *Llevaba una ~ de oro en la mano izquierda*. 彼女は左手に金のブレスレットをつけていた. ~ *de pedida* 婚約腕輪. ❷ 〖腕時計の〗バンド: *reloj de ~* 腕時計. ❸ 足輪, アンクレット〖=~ *de tobillo*〗. ❹ 〖幼児の〗手首・足首の〗くびれ. ❺ 手首の包帯. ❻ 〖額に垂らした〗巻き毛. ❼ 〖隠語〗複 手錠

pulsímetro [pulsímetro] 男 《医学》脈拍計, 検脈計〖=*esfigmómetro*〗

pulsión [pulsjón] 女 ❶ 《心理》動機, 動因: ~ *de muerte* 死への願望. ❷ 《文語》衝動

pulsional [pulsjonál] 形 《心理》動機の

pulsioximetría [pulsjo(k)simetría] 女 《医学》パルスオキシメトリー

pulsioximetro [pulsjo(k)símetro] 男 《医学》パルスオキシメータ

pulsista [pulsísta] 形 名 《まれ》脈拍に精通した〖医者〗

pulso [púlso] 《←ラテン語 pulsus》男 ❶ 《生理》脈, 脈拍: *Su ~ bate a un ritmo regular*. あなたの脈は規則正しく打っている. *A ver el ~*. 脈を拝見しましょう. *tomar el ~* 脈を取る(診る). *tener alterado el ~* 脈が乱れている. *frecuencia del ~* 脈拍数. ~ *alternante* 交互脈. ~ *arrítmico* (capricante・caprizante・irregular・serrátil) 不整脈. ~ *dicroto* 重脈波, 重拍. ~ *filiforme* 糸様脈. ❷ 〖主に 複〗脈を探る〗脈所: *No te encuentro el ~*. 君の脈所が見つからない. ❸ [手先の] 器用さ: *El animador de dibujos animados tiene buen ~*. そのアニメーション製作者は腕がいい. ❹ 慎重, 細心, 用心深さ: obrar con ~ 慎重に行なう. *tratar el asunto con ~* 問題を慎重に扱う. *hombre de ~* 慎重な人. ❺ 対立, 争い, 衝突: *Los trabajadores continuaban su ~ con la patronal*. 労働者たちは経営者側と対立し続けていた. ❻ 腕ずもう: *echar un ~* 腕ずもうをする. ❼ 《物理》パルス. ❽ 《アラゴン》こめかみ. ❾ 《キューバ, コロンビア》ブレスレット〖=*pusera*〗; 腕時計
a ~ 1) 腕の力だけで: *Levantó la caja del suelo a ~*. 彼はその箱を軽々と地面から持ち上げた. 3) 自力で, 独力で: *Toda la fortuna la ha hecho a ~*. 彼は全財産を独力で築き上げた. 4) 手描きの
de ~ 〖人が〗慎重な, 周到な
de ~ y púa 《音楽》指やピックではじく弦楽器の, …に挑戦する, 勢力争いをする, 対立する
echar un ~ a+人 …と独力で競いあう; 大いに努力して競いあう
ganarse el ~ 《口語》勤転する, 取り乱す
quedarse sin ~ 《口語》動転する, 取り乱す
sacar... a ~ 《口語》困難を乗り越えて…を達成する
tomar... a ~ …を手にとって重さを量る; 検討する, 吟味する
tomar el ~ ~を入れる, 打診する: *Aún están tomando el ~ a su empresa*. 彼らは今なお会社の意向を打診している

pulsógrafo [pulsóɣrafo] 男 《医学》パルスグラフ

pulsómetro [pulsómetro] 男 《医学》脈拍計

pulsorreactor [pulsorreaktór] 男 《航空》パルスジェットエンジン

pultáceo, a [pultáθeo, a] 形 《医学》❶ 柔らかい, 粥状の: *exudado ~* 粥状滲出物. ❷ 腐った(ような), 壊疽(の)した〔な〕

pululación [pululaθjón] 女 繁殖, 増殖; うようよ集まること, 蝟集

pululante [pululánte] 形 繁殖する, 増殖する: *gusanos ~s* うようよするうじ虫

pulular [pululár] 《←ラテン語 pullulare「新芽が出る」< pullus「赤ん坊, 新芽」》自 ❶ 繁殖する, 増殖する, うようよいる, 群がる, 蝟集(ぃしゅう)する: *En la playa pululan los bañistas*. 海岸は海水浴客で一杯だ. *Las ratas han pululado mucho este año*. 今年はネズミがたいそう繁殖した

pululo, la [púlulo, la] 形 《グアテマラ》[人・動物が] ずんぐりした, ずんぐりむっくりの
―― 男 《ボリビア》〖先住民たちが祭りで吹く〗角笛

puluzate [puluθáte] 男 《グアテマラ》ザボンの砂糖漬け

pulverizable [pulberiθáble] 形 粉末(霧状)にされ得る

pulverización [pulberiθaθjón] 女 ❶ 霧状化, 噴霧: ~ *nasal* 鼻孔吸入〖療法〗. ❸ 吹き付け塗装〖=*pintura a ~*〗. ❹ 粉砕, 壊滅. ~ *del enemigo* 敵の壊滅

pulverizador, ra [pulberiθaðór, ra] 形 粉末(霧状)にする
―― 男 噴霧器, スプレー, 噴霧〖香水の〗アトマイザー; 薬品散布器; 吹付塗装器; 〖気化器の〗ノズル, 噴射口

pulverizar [pulberiθár] 《←ラテン語 pulverizare》9 他 ❶ 粉末にする, 細かく砕く, 粉々にする: *una roca ~ada* 粉砕された岩. *carbón pulverizado* 粉炭. ❷ 〖液体を〗霧状にする, 噴霧する: *Pulverizó por el jardín el líquido insecticida*. 彼は庭に殺虫剤を散布した. *La bomba ha pulverizado el ayuntamiento*. 爆弾は市庁舎をこっぱみじんにした. ❸ 〖相手を〗やっつける; 論破する: *El deportista pulverizó todos los registros anteriores*. その選手はこれまでの記録をすべて塗り替えた. *La objeción ha sido totalmente pulverizada*. 反論は完膚なきまでに論破された

pulverulento, ta [pulberulénto, ta] 形 ❶ 粉末になった, 粉末状の; 粉末になりやすい: *sustancia ~ta* 粉末状の物質. ❷ ほこりだらけの, ほこりまみれの〖=*polvoriento*〗: *camino ~* ほこりだらけの道

pulviniforme [pulbiniförme] 形 《植物》クッション状の, 葉枕のある

pum [pún] 擬 [銃声・爆発音・衝突音など] パン, バン, ドン
ni ~ 《口語》少しも…ない: No lo he entendido ni ~. 私には
それが全然分からなかった
puma [púma] **I** 《←ケチュア語》 男 ❶《動物》ピューマ, クーガー, ア
メリカヒョウ. ❷《チリ》1) 男性. 2) ライオン
II 女《ラマンチャ》虫に食われたスモモ
III 形《サッカー》プマス Pumas の〔選手〕《メキシコ国立自治
大学スポーツクラブ》
pumar [pumár] 男《アストゥリアス. 植物》リンゴ
pumarada [pumaráða] 女《アストゥリアス》リンゴ畑, リンゴ園〖=
pomarada〗
pumba [púmba] 擬 [落下音] ドン, ドスン: ¿Te has caído de la
cama?, he oído un ¡~! ベッドから落ちたのかい? ドスンという音
が聞こえたけど
pumita [pumíta] 女 軽石〖=piedra pómez〗
pumpá [pumpá] 男《ベネズエラ》シルクハット〖=sombrero de co-
pa〗
pumpear [pumpeár]〔←英語 pump〕他《米国》ポンプで〕ふくら
ませる
—— 自《米国》ふくらむ
pumpo, pa [púmpo, pa] 形《中米》〔顔が〕下ぶくれの, 頬のふく
れた
pun [pún] 擬 =**pum**
puna [púna]《←ケチュア語》女 ❶《地理》プナ帯《アンデスの4800m
くらいまでの寒冷な草原地帯. ハンカ帯 janca とスニ帯 suni の
間〗; 荒地. ❷《高山病》《=soroche》
punateño, ña [punatéɲo, ɲa] 形《地名》プナタ Punata の
〔人〕《ボリビア, コチャバンバ県の町》
punch [púntʃ] 男 ❶《ボクシング》パンチ. ❷〔スポーツ選
手などの〕根性, 底力
puncha [púntʃa] 女《地方語》とげ, 針, 先の尖ったもの
punchada [puntʃáða] 女《ムルシア》=**punzada**
punchar [puntʃár]〔←ラテン語 punctiare〕他 刺す, 突く, 穴をあけ
る
—— **~se**《ホンジュラス》〔暑さ・熱で〕亀裂(ひび)が入る
punches [púntʃes] 男《複》《ホンジュラス》ポップコーン
punching ball [púntʃin ból]〔←英語〕男《ボクシング》パンチング
ボール
punchón [puntʃón] 男《ムルシア》鉞(キ)
punchoso, sa [puntʃóso, sa] 形《ムルシア》とげのある(多い),
刺し, 棘のような
punción [punθjón]〔←ラテン語 punctio, -onis〕女 ❶《医学》穿刺
(セ). ~ lumbar 腰椎穿刺, 腰椎穿刺
puncionar [punθjonár] 他《医学》穿刺する
punco, ca [púnko, ka] 形《グアテマラ》いつも足がむくんでいる
pundonor [pundonór]〔←カタルニア←ラテン語 punto d'honor "名誉に関わ
る問題"〗男 自尊心, 誇り; 面目, 体面, めんつ: No aceptó la
oferta por su ~. 彼は自尊心からその申し出を受け入れなかっ
た
pundonorosamente [pundonorósamente] 副 誇りをもって,
面目(体面)を重んじて
pundonoroso, sa [pundonoróso, sa] 形 名 自尊心のある
〔人〕, 誇りをもった, 面目(体面)を重んじる〔人〕
puneño, ña [punéɲo, ɲa] 形 名《地名》プーノ Puno の〔人〕《ペ
ルー南部の県・県都》
punga [púnga] 女《チリ, アルゼンチン, ウルグアイ. 隠語》〔生活手段と
しての〕盗み
—— 名 ❶《チリ, アルゼンチン, ウルグアイ. 隠語》泥棒, すり. ❷《チ
リ》〖公道で人に迷惑をかける〗ちんぴら
pungencia [punxénθja] 女《古》痛烈さ; 辛辣さ
pungente [punxénte] 形《文語》刺すような; 辛辣な
pungimiento [punximjénto] 男 刺すこと, 突くこと, 穿孔
pungir [punxír] 4 他 ❶ 刺す, 突く, 穴をあける. ❷〔心・気持
ちを〕傷つける, 悲しませる
pungitivo, va [punxitíβo, βa] 形 刺す, 刺すような; 痛い, 傷つい
る, さしむ
punguista [pungísta] 名《チリ, アルゼンチン, ウルグアイ. 隠語》すり,
泥棒
punibilidad [puniβiliðáð] 女 罰に値すること
punible [puníβle] 形《文語》〔法的に〕罰すべき, 罰に値する: ~
error ~ 罰すべき過ち
punicáceo, a [punikáθeo, a] 形 ザクロ科の
—— 女《植物》ザクロ科

punica fides [púnika fíðes]〔←ラテン語〕女 不信, 裏切り《カル
タゴが古代ローマとの条約にしばしば違反したことから》
punición [puniθjón]〔←ラテン語 punitio, -onis〕女《文語》〔犯罪・
過ちなどに対する〕罰, 処罰, 懲罰, 制裁: dar una ~ 罰を与え
る. ~ corporal 体罰
púnico, ca [púniko, ka] 形《歴史, 国名》ポエニの〔人〕, カル
タゴの〔人〕〖=cartaginés〗: guerras ~cas ポエニ戦争
—— 男 ポエニ語
punir [punír]〔←ラテン語 punire〕他《文語》罰する, 処罰する〖=
castigar〗
punitivo, va [punitíβo, βa] 形《文語》処罰の, 刑罰の; 罰するた
めの: expedición ~va 討伐〔部隊〕
punitorio, ria [punitórjo, rja] 形《中南米》=**punitivo**
punk [páŋk/púŋk]〔←英語〕男 ❶〖~s〗パンクの, パンク・ロッカ
ー: música ~ パンクミュージック
—— 男 パンク《社会現象, 服装》
punkero, ra [paŋkéro, ra/puŋkéro, ra] 形 名 パンクな〔人〕
punki [páŋki/púŋki] 男 女《複》~s〗《口語》=**punk**
punkrockero, ra [paŋkrokéro, ra/puŋkrokéro, ra] 形 名 パン
ク・ロックの, パンク・ロッカー
punta [púnta]〔←ラテン語 puncta < pungere「刺す」〕女 ❶〖尖っ
た・長い物の〕先端: Con la ~ de los dedos tocó el agua. 彼
は指先で水に触れた. Este zapato me aprieta por la ~. この
靴はつま先のところがきつい. Agarra la ~ de la cuerda. ロープ
の端をつかみなさい. Dame un lápiz con la ~ afilada. 先の尖
った鉛筆を下さい. Clavó la ~ de la navaja a la carne. 彼は
肉にナイフの先端を突き立てた. Con tanto sol se me ha pela-
do la ~ de la nariz. 日ざしが強くて私は鼻の頭の皮がむけてしまっ
た. ~ de la espada 剣の先, 切先. ~ de la lengua 舌先. ❷
〖四角い物などの〕角: Me he golpeado con la ~ de la
mesa. 私は机の角に体をぶつけてしまった. Al salir del coche
se ha dado con la ~ de la puerta. 彼は車から降りる時にド
アの角に当たった. La estrella de David tiene seis ~s. ダビデの
星は6つの先端の形だ. Lo he comprado en el mercado unas
~s de jamón para el guiso. 私は煮込み料理のために市場で
生ハムの先端部分を買った. limpiarse el sudor con la ~ del
delantal エプロンの端で汗をぬぐう. libro con la ~ doblada ペ
ージの端を折った本. ~ de la pirámide ピラミッドの頂点. ❸
岬〖=cabo〗: Estaca de Bares es la ~ más septentrional de
España. エスタカ・デ・バレスはスペイン最北端だ. ~ de Tarifa
タリファ岬《カディス県にあり, ヨーロッパ最南端》. ❹〖小型
の〕釘, ピン: Pon unas ~s para sujetar el cartel en la pa-
red. ポスターをピンで壁に張りなさい. colocar unas ~s en la
pared de París パリの壁に釘を打つ. ❺〖タバコの〕吸い
さし: El suelo del bar está lleno de ~s de cigarrillos. バルの
床にはたばこの吸いがらがたくさん落ちている. dejar ~s en el ce-
nicero 灰皿に吸い殻を残す. ❻〖進歩の〕最先端: ciencia
〔de〕. ~ 最先端科学. tecnología 〔de〕. ~ 最先端技術.
《美術》〖エッチング用の〕彫刻針: ~ seca/~ de plomo ドラ
イポイント用鉄筆. ❽〖家畜の大きな集団から離れた〕小さな群
れ: ~ de ovejas 羊の群れ. ❾〖+de〗少し, 少量: A la comi-
da le falta una ~ de sal. この料理は塩が少し足りない. Yo
quiero sólo una ~ de pastel. 私はケーキをほんの一口が欲しい.
❿ Tiene una ~ de bicho raro. 彼はちょっと変わったところが
ある. tener sus ~s de poeta ちょっと詩人っぽいところがある. ⓫
《サッカー》フォワード, ストライカー〖ポジション〗: El delantero
ocupa siempre la ~ del ataque. そのフォワードは攻撃の先頭
に立つ. media ~ トップ下. ⓬〖複〗毛先: cortar las ~s 毛先
を切る《髪型を変えないで伸びた分を刈る》. ⓭〖複〗1) つま先:
bailar de ~s つま先で踊る. Por favor, átate los ~s. 足先を
そろえなさい. 2)《舞踊》トーダンス〖=baile de ~s〗トシューズ.
⓮〖闘牛〗牛の〕角(ウト): El tercero de esta tarde es un
toro de ~s finas. 今日の闘牛で3番目に登場する牛は角が尖
っている. ⓯〖鹿の〕枝角: El cazador está muy orgulloso de
la cornamenta porque tiene muchas ~s. 狩猟家はその鹿の
角がいくつも枝分かれしているのを誇りにしている. ⓰〖手芸〗
レース飾り〖~s de bolillos〗川の源. ⓱ ~ de dia-
mante〖ガラスを切る〕ダイヤモンドポイント, 〖建築〗ネールヘッド.
⓲《中南米》〖人の〕集団: ~ de amigos 友人のグループ. ⓳
《カリブ》切っ先, 愚弄. ⓴《キューバ》最高級のタバコ葉. ㉑〖ボ
リビア〗8時間交代制
a ~〖口語〗大量に
a ~ de... 1)〔…という武器によって〕: Nos robaron a ~ de

puntabola

navaja. 私たちはナイフを突きつけられて強奪された. Sufrió un robo *a ~ de pistola*. 彼はピストル強盗の被害に遭った. 2)《中南米. 口語》…の力で: *a ~ de* súplicas 懇願によって
acabar en ~ =terminar en ~
andar de ~〔s〕=estar de ~〔s〕
de ~ 1) 先の尖った: cuchillo *de ~* 先の尖ったナイフ. 2) 垂直の・に: Las tijeras se han caído *de ~*. はさみは先を下にして落ちた. 3) つま先立ちで: andar *de ~* つま先で(抜き足差し足で)歩く. 4) 苦境下の: ponerse (estar) *de ~* 苦境に陥る(ある). 5)〔人が〕いらだった. 6) 先進的な
de ~ a ~/de ~ a cabo 1) 始めから終わりまで; 徹頭徹尾: Vimos el programa *de ~ a cabo*. 私たちはその番組を始めから終わりまで見た. Es mentira *de ~ a cabo*. それは真っ赤な嘘だ. 2) 端から端まで: Recorrió el edificio *de ~ a ~* y no encontró a nadie. 彼は建物を隅から隅まで見て回ったが, 誰にも会わなかった. Eva y José viven *de ~ a ~* de Barcelona. エバとホセはバルセロナの正反対の端に住んでいる
de ~ en blanco 1)《口語》寸分のすきなくおしゃれをして: Fue a la boda de su amiga *de ~ en blanco*. 彼女は友人の結婚式に目一杯おめかしして出かけた. 2)《騎士が》鎧兜に身を固めて
en ~ 1) 先の尖った. 2) 直立した. 3)《舞踊》つま先立ちの・で. 4)《サッカー》フォワードのポジションで
en ~s de pie《中南米》つま先立ちで
estar de ~〔s〕[+con と] 争う, 口論する, 反目している; 腹を立てている: Los dos *están de ~* desde entonces. その時以来2人は反目し合っている. Todos *están de ~ con* él. 誰もが彼に腹を立てている. *Estoy de ~ con* mi vecino por el ruido. 私は隣人が騒音を立てるので我慢がならない
hacer ~ a 人《チリ. 口語》…を味方にしようとする
hasta la ~ de los pelos/hasta la ~ del pelo 腹を立てている, 我慢がならない: Se ha roto con José porque estaba de él *hasta la ~ de los pelos*. 彼女はホセにはもう我慢がならなかったので, とうとう別れた
jugar a dos ~s《ラプラタ》異なる(対立する)2つの立場を使い分ける
otra ~ 反対側, 反対の端: Su oficina está en la *otra ~* del pasillo. 彼のオフィスは廊下の突き当たりにある. Vive en la *otra ~* de la ciudad. 彼は町の反対側に住んでいる
por la ~《皮肉》正反対に, 逆に: Es muy generoso *por la otra ~*. 彼は大変なけちだ〔←気前がいいの正反対である〕
~s y ribetes 少しの素養: Tenía sus *~s y ribetes* de anarquista. 彼はちょっとアナーキスト的なところがあった
sacar ~ a...) …を尖らせる: *sacar ~ al* lápiz 鉛筆を削る. 2) …のあらを探す, …を悪くとる; 事を荒立てる: Es capaz de *sacar* le *~ a* los comentarios más inocentes. 彼はどんな何気ない一言も悪くとることがある. Yo creo que el asunto está muy claro; no merece la pena *sacar* le más *~*. この件は明白だ. これ以上事を荒立てることもない. 3) 酷使する; 乱用する
ser de ~ 抜きん出ている, ひときわすぐれている
tener de ~ a 人 …の反感を買っている
terminar en ~ 急に終わる;〔計画などが〕予定(期待)どおりの結果にならない: La conferencia *terminó en ~*. 講演は尻切れとんぼに終わった
tocar la ~ de un pelo (un cabello) ほんのわずかの危害を加える: Como le *toque* al rehén la *~ de un pelo*, no le perdono. 人質を髪の毛一本傷つけたら許さないぞ
una ~ de...《メキシコ, チリ, アルゼンチン, ウルグアイ. 口語》大量の…, 大勢の…: Pagó *una ~ de* pesos por eso. 彼はこれに大金を支払った. Son todos *una ~ de* ladrones. 彼らは全員盗賊団だ
— 图《サッカー》フォワード, ストライカー: Ese equipo juega siempre con dos *~s*. そのチームはいつもツートップの陣形をとる. Raúl es el *~* número uno. ラウルはナンバーワンストライカーだ
puntabola [puntabóla] 囡《ボリビア》=**puntabolas**
puntabolas [puntabólas] 囡《単複同》《ボリビア》ボールペン
puntación [puntajón] 囡 [ヘブライ語・アラビア語の] 母音を表わす点を打つこと
puntada [puntáda]〔←*punta*〕囡 ❶〔裁縫など〕縫い目, ステッチ, 針目, 編み目: Se cose por detrás y no se ve ni una *~*. 裏側から縫うと縫い目が全然見えない. coser a largas (cortas) *~s*

大きい(小さい)針目で縫う, 粗く(細かく)縫う. dar unas *~s* 数針縫う, ざっと縫う; ほころび直す. hacer *~s* en zig zag ジグザグに縫う. ❷ 刺すような痛み, 激痛, 疼痛: Sintió una *~* en el estómago. 彼は胃に刺すような痛みを覚えた. ❸《西》あてこすり, 皮肉: Déjate de *~s*. あてこすりを言うのはやめなさい. ❹《闘牛》角の一突き〔=cornada〕. ❺《メキシコ》1)《口語》うまい言い方, 的を射た表現. 2) 國 ばかげた考え. ❻《チリ, アルゼンチン, ウルグアイ》ちくちくする痛み
no dar ~《口語》1) 何もしない: Si *no dais ~*, no podéis adelantar el trabajo. 働かなかったら仕事ははかどらないよ. 2)〔知らないので〕でたらめを言う
sin perder ~《口語》ささいなこともおろそかにしないで, 全神経を集中して
soltar ~s/soltar una ~ =tirar ~s
tirar ~s/tirar una ~《口語》あてこすり(皮肉)を言う: Sus compañeros siempre están *tirándole ~s* por su falta de puntualidad. 同僚たちは彼の時間に対するルーズさについてこすりを言っている

puntador [puntadór] 囲 =**apuntador**
puntaje [puntáxe] 囲《中南米》成績, 得点
puntal [puntál]〔←*punta*〕囲 ❶ 支柱, つっかい棒. ❷ [精神的な] 支え: Siempre decía que su hijo menor era el *~* de su vejez. 彼は一番下の息子が自分の晩年のよりどころだといつも言っていた. *~* del equipo チームの大黒柱. ❸《船舶》[船底から上甲板までの] 高さ. ❹《中南米》軽食, スナック; 間食, おやつ
— 圓《中米》〔牛の〕角の先を切ってない
puntalear [puntaleár] 個《コロンビア》支柱をかう, つっかい棒をする; 支える, 補強する
puntano, na [puntáno, na] 圃 图《地名》サンルイス San Luis の〔人〕《アルゼンチン中部の県・県都》
puntapié [puntapjé]〔←*punta*+*pie*〕囲 つま先による一撃, キック, 蹴り: El portero dio un fuerte *~* a la pelota y la lanzó fuera del campo. ゴールキーパーはボールを強くキックしてフィールドの外に蹴り出した. dar un *~* a una piedra (a la puerta) 石を蹴とばす(ドアを蹴る)
a ~s 1) 無視して, 軽視して: Trata a sus padres *a ~s*. 彼は両親をばかにしている. 2) 手荒に, 乱暴に: Lo sacaron de la sala de fiestas *a ~s*. 彼はナイトクラブから叩き出された
mandar a 人 *a ~s* …を支配する, 尻に敷く: *Manda a* su esposo *a ~s*. 彼女は夫を尻に敷いている
puntar [puntár] 個 ❶ [ヘブライ語・アラビア語に] 母音を表わす点を打つ. ❷《音楽》[音符に] 点を打つ. ❸ [食前の祈禱への聖職者の] 出欠を調べる
puntarenense [puntarenénse] 圃 图《地名》❶ プンタレナス Puntarenas の〔人〕《コスタリカ南部の州・州都》. ❷ プンタアレナス Punta Arenas の〔人〕《チリ, Magallanes 県の県都》
puntas [púntas] 囡《メキシコ》[スポーツとして行なう] ナイフによる闘い
puntazo [puntáθo] 囲 ❶ 刺し傷, 突き傷. ❷《闘牛》角での軽い突き〔傷〕: El torero recibió un *~* en el costado. 闘牛士はわき腹を角で軽く刺された. ❸ あてこすり, 皮肉. ❹《口語》すばらしいもの(出来事): El nuevo coche es un *~*. 今度の車は最高だ. ❺《アンダルシア》[削岩機で掘った] 浅い穴. ❻《プエルトリコ, コロンビア》縫い目, 編み目
punteado, da [puntéado, da] 圃 ❶ 点々(斑点)のある: línea *~da* 点線. ❷〔奏法が〕つま弾きの. ❸《ペルー, アルゼンチン》ほろ酔いの
— 囲 ❶〔ギターなどの〕つま弾き〔=punteo〕. ❷ =**puntea-da**. ❸〔挿絵の〕点描画. ❹ 图 点々, 斑点
— 囡 点で印をつけること
punteador, ra [punteadór, ra] 圃 图 点で印をつける〔人〕; 点検する〔人〕
— 囲 点線を引く定規
— 囡 ボーリングマシン; 穿孔器
puntear [punteár]〔←*punto*〕個 ❶ 点で印をつける. ❷ [点でつけながら] 数をかぞえる; [帳簿などを] 照合する: Hay que *~* el balance. 収支勘定をチェックしなければならない. ❸《美術》点描する. ❹《音楽》つま弾きする: *Puntearás* la guitarra para acompañarme. ギターを弾いて俺に伴奏してくれ. ❺《フラメンコ》足で床を叩く, 踏む. ❻《アンダルシア》~se 酔う. ❼《チリ, ラプラタ》[スコップで]端で〕土の表面をひっくり返す
— 圓 ❶《闘牛》[牛が] 細かく繰り返し突進する. ❷《船舶》[弱い風を利用するために] 船首を風上に向ける. ❸《メキシコ, ス

puntel [puntél] 男 [ガラス工芸用の鉄製の] 吹き棒
punteo [puntéo] 男 つま弾き: ～ de una guitarra ギターのつま弾き
puntera[1] [puntéra] 《←punta》女 ❶ [靴・靴下の] つま先: chutar la pelota con la ～ つま先でボールをシュートする. ❷《製靴》つま革, 当て革. ❸ [靴・靴下の] 修理, 繕い. ❹《口語》足蹴り. ❺《アンダルシア》鞭, 革ひも
punterazo [puntetáθo] 男 つま先による強い蹴り
puntería [puntería] 《←puntero》女 ❶ 射撃の腕前, 命中率《比喩的にも》: tener buena (mala) ～ 射撃が上手(下手)である. ❷ [銃・望遠鏡などの] 狙い, 照準《行為》: Colócate en posición de ～. 射撃態勢につけ. enmendar (rectificar) la ～ 照準を正す. en alcance 射程距離
afinar la ～ 1)《射撃で》狙いを絞る. 2) 細心の注意を払う: Afina la ～ para no meter la pata. どじを踏まないように細かい注意を払え
poner (dirigir) la ～ 狙いをつける《比喩的にも》: Puso la ～ en el objeto más barata de la tienda. 彼はその店の一番安い品に狙いをつけた
puntero, ra[2] [puntéro, ra] 《←punto》形 名 ❶ [+en で] 抜きん出た[人], 傑出した[人], 首位の[人]: Es el goleador ～ del equipo. 彼はチームのエースストライカーだ. equipo ～ de la liga リーグの首位チーム. producto ～ en ventas ずば抜けてよく売れる製品. tecnología ～ra 先端技術. ❷ 狙いの正確な. ❸《スポーツ》1) 中心選手. 2)《競走》トップの選手. 3)《南米. サッカー, ラグビー》ウイング. ❹《南米》[行列・群れなどを] 先導する[人・動物]
── 男 ❶ [黒板・地図などを指す] 細い棒: señalar con el ～ 棒で…を指し示す. ❷《情報》1) [マウスの] ポインター. 2) luminoso ライトペン. ❸ [石工用の] のみ; [締鉄に穴をあける] たがね. ❹ [バグパイプの] 音管. ❺ [荷車の] ながえ. ❻《主に南米. スポーツ》首位のチーム. ❼《主に中南米》[時計の] 針
punterola [punteróla] 女《鉱山》小つるはし
puntiagudo, da [puntjaɣúðo, ða] 《←古語 puntegudo》形 先の尖った, 鋭い: zapatos ～s つま先の尖った靴
punticular [puntikulár] 形《医学》fiebre ～ [発疹チフスのような] 反応の激しい悪性の熱病
puntiforme [puntifórme] 形 点状の, 小さな球形の
puntiles [puntíles] 男 複《エクアドル》2頭立ての牛の額に当てる布切れ(毛皮)
puntilla [puntíʎa] 《punta の示小語》女 ❶《手芸》[幅の狭い] 縁取り用のレース: ～s de bolillo ボビンレース. ❷ 折り畳み式のナイフ; [木工用の] 小刀. ❸《闘牛》[牛にとどめを刺す] 短剣. ❹ ペン先. 名鼓 (ﾂﾒ), 小釘. ❺ 軽い酔い
dar la ～ a… 1) …に致命的な打撃を与える. 2)《闘牛》とどめを刺す
de ～s つま先立ちで: andar de ～s つま先立ちで歩く, 抜き足差し足で歩く. estar de ～s つま先立ちでいる
en ～s《まれ》=**de ～s**
ponerse de ～s 自説に固執する
puntillado, da [puntiʎáðo, ða] 形 男 ❶《考古》[土器などが] 点状に装飾された. ❷《紋章》点描した[図形]
puntillanto [puntiʎánto] 男《プエルトリコ》楽団のつかない田舎の踊り
puntillar [puntiʎár] 他 点で印をつける《=puntear》
puntillazo [puntiʎáθo] 男 ❶ つま先での蹴り: dar un ～ つま先で蹴る. ❷ 足先でとどめ
puntillero, ra [puntiʎéro, ra] 名《闘牛》[マタドールがとどめを刺せない時に代わって] とどめを刺すマタドール補佐
puntillismo [puntiʎísmo] 男《美術》点描画法
puntillista [puntiʎísta] 形 名 点描画法の; 点描画家
puntillo [puntíʎo] 《punto の示小語》男 ❶《ささいなことに対する》過度の自尊心: No quiere reconocerlo por ～. 彼はうぬぼれが強すぎるためにそれを認めようとしない. ❷《口語》ほろ酔い. ❸《音楽》[音符の] 付点
puntillón [puntiʎón] 男《まれ》つま先での蹴り
puntilloso, sa [puntiʎóso, sa] 形《←puntillo》❶ 口やかましい, 気難しい, 怒りっぽい. ❷ きちょうめんな, 細かいことをむきになって気にする: Es tan ～ que no aguanta las bromas. 彼はあまりに神経過敏でジョークを受けつけない
puntisecar [puntisekár] 7 他《植物の》先端を枯らす

── **～se**《植物の》先端が枯れる: Se puntisecó la planta por el frío. 寒さで植物の先が枯れた
puntiseco, ca [puntiséko, ka] 形《植物の》先端が枯れた
puntista [puntísta] 形 名 ペロタ《ハイアライ》cestapunta の[選手]
puntito [puntíto] 男 punto の示小語: Le han salido en la cara unos ～s rojos. 彼は顔に赤い斑点が出た
puntizón [puntiθón] 男 ❶《印刷》[印刷機に紙を合わせるための] 留め針; 留め打孔. ❷ [手すき紙の] 透かし紋
punto [púnto]《←ラテン語 punctum》男 ❶ 点, 点状のもの: Tiene la mirada clavada en un ～ fijo del espacio. 彼は中空の一点を凝視している. Lleva una blusa azul con ～s blancos. 彼女は青に白い水玉模様のブラウスを着ている. letra de ～ 点字. ～s y líneas 点と線. ～ medio (equidistante・central) 中心点. ～ de intersección 交点. ❷ 地点, 個所: Nos reuniremos en algún ～ céntrico de la ciudad. どこか都心で待ち合わせよう. No sabemos en qué ～ estamos. 私たちの地点にいるのか分からない. Venimos de ～s diferentes de la ciudad. 私たちのさまざまな地区から来た. Vive en el ～ de la costa. 彼は沿岸のある場所に住んでいる. Tengo un ～ de dolor en la espalda. 私は背中に痛む個所がある. ～ caliente《地学》ホットスポット. ～ de llegada 到達点. ～ de pescar 釣り場. ～ de presión 圧点. ～ de reunión 集合地点, 集合所. ～ estratégico 戦略拠点. ～ G《性戯》Gスポット. ❸《文語》時点, 瞬間: Justo en el ～ en que íbamos a salir, se puso a llover. 私たちがちょうど出かけようとしたその時, 降り始めた. En ese ～ apareció su esposo por la puerta. その時, 彼女の夫がドアから姿を現した. Llegó un ～ que ya no aguantaba más. もう我慢ができないという時点が来た. ～ en cuestión]; 要点, ポイント: ～ esencial, ～ importante]: El profesor ha dividido la lección en cuatro ～s. 先生はその授業内容を4つのポイントに整理した. Si no hay preguntas, pasaré al ～ siguiente. もし質問がなければ次の問題に進みます. Algunos ～s de esta teoría son bastante discutibles. この理論にはいくつか議論を呼ぶ点がある. Discreparon en este ～. 彼らはこの点で意見が合わなかった. Aquí está el ～ de dificultad. ここに難しい問題がある. Ese es el ～ de este problema. それがこの問題の核心だ. ～ de honor 名誉に関わる点. ～ psicológico 心理的側面. ❺《試験・スポーツ・ゲームなどの》得点, 点数: Si no sacas más de seis ～ en el examen, suspenderás. 君はテストで6点以上取らないと落第するよ. Esta pregunta vale tres ～s. この問題の配点は3点だ. contar los ～ 得点を数える. sacar diez ～ 満点を取る. obtener (perder) ～ 得点(失点)する. ganar por un solo ～ de diferencia 1点差で勝つ. igualados a ～s 同点で. victoria por ～s 判定勝ち. carné de conducir por ～s 減点制の運転免許証. ～ de penalty《サッカー》ペナルティゴール[による得点]. ❻ 程度, 段階; 状況: No sabes hasta qué ～ te quiero. 私が君をどのくらい愛しているか, 君は知らないだろう. Esa novela tiene un ～ de humor. その小説は適度なユーモアを含んでいる. Nuestra civilización está en un ～ crítico. 我々の文明は危険な段階にある. ❼《裁縫, 手芸, 服飾》1) 縫い目, ステッチ; marca de ～ 縫い目の印. Hay que darle un par de ～s al dobladillo, que está descosido. 折り返しの糸がほつれているので2目ほど縫わねばならない. Se me ha escapado un ～. 私は1目落とした. Se me han soltado varios ～s de la bufanda. 私はマフラーの編み目がいくつかほどけてしまった. coger los ～s 編み目を拾う. ～ atrás 返し針. ～ cadena チェーンステッチ. ～ cruzado/～ de escapulario ヘリンボーンステッチ. ～ de arroz 玉編み. ～ [de] cruz/～ de marca クロスステッチ. ～ de derecho 平編み. ～ de dobladillo まつり縫い(ぐけ). ～ de ojal ボタンの穴かがり. ～ del revés パール編み, ガーター編み. ～ elástico ゴム編み. ～ por encima まつり縫い. ～ tunecino チュニス編み《かぎ針編みの一種》. 2) 編み物, ニット《製法》; レース: Lleva un jersey de ～. 彼はニットのセーターを着ている. labores de ～ 編み物. tejido (tela) de ～ ニット地. ～ de tafetán タフタに似せた織り物. 3)《衣類の》穴, 小さな傷: Se enganchó con un clavo y se hizo un ～ en la cazadora. 彼は釘にひっかけてジャンパーに穴をあけてしまった. Esta chaqueta tiene un ～ en la manga. この上着には袖に穴があいている. ❽《医学》縫合《=～ de sutura》; 縫合糸: Le dieron unos ～s en la mandíbula. 彼はあごを数針縫われた. Cerraron la herida con tres ～s de sutura. 傷口を3針の縫合で

punto

ふさがった．A la semana de la operación le quitarán los 〜s. 手術から1週間したら彼は抜糸できるだろう．❾［タクシー の］乗り場: ¿Dónde tienen su 〜 los taxis? タクシー乗り場はどこですか? coche de 〜 タクシー乗り場で客待ちをしているタクシー．❿ 方位: 〜s cardinales/cuatro 〜s 基本方位，東西南北，四方．El Noroeste es un 〜 entre el Norte y el Oeste. 北西は北と西の間の方角だ．⓫［印刷］1）［句読記号の］ピリオド《＝〜 final》: Entre esta frase y la siguiente tendrías que poner un 〜, y no una coma. 君はこの文と次の間にはカンマではなくピリオドをつけるべきだったね．〜 y coma セミコロン《；》．dos 〜s コロン《：》．〜s suspensivos スリードット，省略符《…》．2）［文字・記号の］i や j の上の点; ? や ! などに使う点: Algunos niños escriben la 〜 de la i como un círculo. 小文字の i の点を丸で書く子がいる．3）［活字・フォントの］ポイント: carácter de ocho 〜s 8ポイント活字．⓬［物理, 化学］限界点《＝〜 máximo》: El 〜 de congelación del agua está en 0℃. 水の氷点は摂氏0度である．La temperatura ha alcanzado hoy su 〜 máximo en lo que va de verano. 今日, この夏一番の暑さを記録した．⓭《数学》1）数字の桁の区切りを表わす記号: 1.234.567『スペイン語では数字は3桁ごとに区切り, その区切りはピリオドで書き表わす．ただし中南米ではコンマ（, ）で書き表わすことが多くなってきている』．2）〜 medio 乗（掛け算）の記号《例 3・4 3掛ける4, 3×4》．3）dos 〜s 除（割り算）の記号《例 6:2 6割る2, 6÷2》．⓮［履き物の］サイズ《＝6.6mm》: calzar 36 〜s サイズ36の靴をはく．⓯《経済, 商業》1）［相場などの単位］ポイント: decrecimiento del 0,8% 〜 del PIB 国内総生産の0.8ポイント減少．2）〜 de equilibrio/〜 muerto 損益分岐点．〜 de peligro/〜 de riesgo［関税の］ペリル・ポイント．〜 de silla/〜 de inflexión サドル・ポイント, 鞍点．〜 de venta 販売時点情報管理システム, POS．〜s del oro 金現送点．⓰《料理》出来具合い, 加減: comprobar el 〜 de sal 塩加減を見る．⓱［時に ⭕］ペン先などの先端: Si la pluma se cae al suelo, se puede doblar el 〜. ペンを床に落としたら, ペン先が曲がってしまうかもしれない．⓲《音楽》1）スタッカート記号．2）音の高さ, ピッチ．⓳《美術》1）〜 de fuga［遠近法の］消失点．⓴《彫刻》meter en 〜s 粗削りする．㉑《絵画》［他の材料を使って］コピーを作る．㉒《情報》1）ピクセル．2）〜 com ドットコム．〜 de parada ブレークポイント．〜 de referencia ベンチマーク．3）〜 de acceso アクセスポイント．《フラメンコ》つま先で床を叩く技．㉒《軍事》1）照準点, 標的．2）［銃の］照星《＝〜 de mira》．㉓《トランプ》［いくつかのゲームで］エース《＝as》．㉔《口語》この上ない幸せ: Sería un 〜 que me tocara este lote. この宝くじが私に当たったら最高だ．㉕《口語》軽い酔い: coger un 〜 少し酔う．㉖《西》男《軽蔑》ならず者, 詐欺師: buen 〜 抜け目のない奴．㉗《賭博》胴元を相手に賭ける人．㉘《隠語》売春: estar en el 〜 売春をしている．ponerse al 〜 売春をする．㉙《まれ》人; 常連客．㉚《ペルー, ラプラタ》隠語》ばか．㉛《ラプラタ, 隠語》やつ《＝tío, tipo》

a este 〜 そこで, この点で
a medio 〜　中間点に: Esta ciudad está situada justo *a medio 〜* entre Tokio y Osaka. この都市は東京と大阪のちょうど中間点に位置している
a 〜 1）用意のできた: Puso el coche *a 〜* para el viaje. 彼は旅行に出かけられるよう自動車の準備を整えた．2）ちょうどよい時に; 時間どおりに．3）［+de+不定詞］ちょうど…する時に: Estaba *a 〜 de* dormir cuando sonó el teléfono. 私が眠りに落ちようとしていた時に電話が鳴った．El avión se encuentra *a 〜 de* partir. その飛行機はまもなく離陸する．Tiene lágrimas *a 〜 de* brotar. 彼は今にも涙がこぼれそうだ
a 〜 fijo《文語》正確に: *A 〜 fijo* no sé si vendrá hoy. 私は彼が今日来るかどうかはっきりとは知らない
a tal 〜 その程度で
a tal 〜 que+直説法《＝**hasta tal 〜 que**+直説法》
agarrar de 〜《アルゼンチン, ウルグアイ. 口語》［悪意があって・なくて］からかう
al 〜《西. 文語》ただちに, すぐに: Tocó el timbre y *al 〜* acudió el camarero. 彼がベルを鳴らすとすぐボーイがやって来た．Mis órdenes se cumplirán *al 〜*. ただちに私の命令を実行せよ．2）《料理》ミディアムで．3）《隠語》売春をする．4）《古語的》［タクシーが］客待ちをしている
al 〜 de... ちょうど…時に: Mañana nos vemos *al 〜 de* las 10.00 am aquí. 明日午前10時ちょうどにここで会おう
al 〜 que+直説法・接続法 …するやいなや《その時点で起こっ

こと・すでに起こったことは +直説法. その時点ではまだ起こっていないこと・未来に起こることは +接続法》: *Al 〜 que* supo la venida del embajador, fue a presentársele. 彼は大使の到着を知るとすぐ自己紹介をしに行った．Te llevaré a España *al 〜 que* quieras ir allí. 君がスペインに行きたくなったら, すぐ連れて行ってやろう
bajar de 〜 低下する, 減少する
calzar muchos (pocos) 〜s《口語》利口である（ない）, 役に立つ（立たない）
coger el 〜 a+物《口語》…の最高の状態をつかむ: Ya le *he cogido el 〜 al* microondas. 私は電子レンジの使い方をもうマスターした
con 〜s y comas《口語》詳細に: El testigo ha relatado la secuencia del asesinato *con 〜s y comas*. 証人はその殺人事件の経過を事細かに語った
dar el 〜 a+物《口語》…を最高の状態に仕上げる
dar en el 〜 うまく当てる, 的中させる
de 〜 1）《隠語》売春をする．2）《古語的》［タクシーが］客待ちをしている
de todo 〜《文語》絶対に, 全く: Esto es *de todo 〜* imprescindible. これはどうしても避けられないことだ．Le fue *de todo 〜* imposible hacer la menor resistencia. 彼は全く何も抵抗できなかった
diez 〜s 申し分ないこと《←10点満点》: merecer *diez 〜s* 申し分ない, 満点である
echar en 〜［地図に］現在位置を記入する
en buen 〜 折よく, 好機を逃さず
en 〜 1）ちょうど, きっかり: Son las diez *en 〜*. ちょうど10時だ．Le gusta llegar *a 〜*, ni antes ni después. 彼は早くも遅くもなく, 定刻に着くのを心がけている．2）折よく
en 〜 a...《文語》…に関しては《＝en cuanto a》
en su 〜 ＝al 〜
estar a de+不定詞 1）［不完了時制で］…するばかりであり, まさに…しようとしている《実際にしたかしなかったか不明》: La niña *estaba a 〜 de* llorar. 少女は今にも泣き出しそうだった．El tren *está a 〜 de* salir. 列車は今まさに発車しようとしている．2）［完了時制で］もう少で…するところだった《結局しなかった》: El hombre *estuvo a 〜 de* desmayarse. 男はもう少しで失神するところだった
estar en su 〜 ちょうどよい時期にある, 申し分ない状態にある: La carne *está en su 〜*. 肉はちょうどよい焼き加減だ
ganar 〜s 評判を取る, 名を上げる: Con el éxito del proyecto *ha ganado muchos 〜s con* el jefe. 彼は企画がうまくいって上司の受けが大変良くなった．Su espíritu emprendedor le ha hecho *ganar 〜s en* la empresa. 彼は持ち前の進取の気性によって社内で知られるようになった
hacer 〜 1）《西》編み物をする: A mi abuela le gusta sentarse en la mecedora a *hacer 〜*. 私の祖母はロッキングチェアに座って編み物をするのが好きだ．2）［していることを］中断する
hacer 〜 de...《一》を体面上の問題と考える
hasta cierto 〜 ある点（程度）までは, まずまず: Es culpable *hasta cierto 〜*. 彼にもある程度は責任がある
hasta el 〜 de... …の点（程度）まで: Perdió peso *hasta el 〜 de* tener que ir al médico. 彼は体重が減りすぎて医者に診てもらうようになった
hasta el 〜 [de] que+直説法 …するまで, そしてついに…: Tenemos que hacer preparativos *hasta el 〜 de que* no beríamos quedarnos aquí. 私たちは備えをしておかなければならない．ここにとどまるうえさえ覚悟する必要がある
hasta los 〜s de íes 事細かに
hasta tal 〜 que+直説法・接続法 あまりに…なので＝ある《その時点で起こっていること・すでに起こったことは+直説法. その時点で起こっていないこと・未来に起こることは +接続法》: Mi salud empeoró *hasta tal 〜 que* no podía respirar. 私の健康はひどく悪化して呼吸ができないほどだった．Puede que continúe esta situación *hasta tal 〜 que* se deje de hacer preguntas sobre ella. この状態が長引くと, それについて疑問を持つことがなくなるかもしれない
ir al 〜《ボリビア, チリ, アルゼンチン》［細部や表面的なことにこだわらず］本質を突く
llegar a [buen] 〜 ちょうどよい時に着く; 間に合う: *Has llegado a 〜* para ver el partido por la tele. 君は試合のテレビ観戦をするのにちょうど間に合ったね

meter en ~*s*《彫刻》粗削りする
muy puesto en su ~ 時宜に適した: *medida muy puesta en su* ~ タイミングのいい対策
no perder ~ 入念に行なう, いい加減にやらない
no poder pasar por otro ~ 避けられない
perder [*muchos*] ~*s* 評判を落とす
poner a ~ [最高の状態にするため機械などを]調整する, チューンアップする
poner en su ~ 完全な状態にする; 正当に評価する
poner los ~*s a* (*en*)...《口語》…に狙いをつける, 目をつける
poner [*un*] ~ [*final*] *a*+事 …に終止符を打つ, 終わらせる: *Quería poner* ~ *funal a todo aquello.* 彼はそれらすべてにけりをつけたかった
por ~*s* もう少しで[…しそうになった]
~ *a favor* 利点, 長所《⇔~ en contra》: *La propuesta tenía pocos* ~ *s a favor y muchos en contra.* その提案はメリットが少なくデメリットが多いものだった
~ *de la vista* =~ *de vista*
~ *de libro*《西》[本の]しおり《=marcapágina》
~ *de media*《手芸》メリヤス編み; 編み物: *hacer un jersey de* ~ *de media* セーターを編む
~ *de mira*《比喩》標的: *El famoso está a* ~ *de mira de la prensa roja.* 有名人はゴシップ紙の的になる
~ *de partida* 出発点, 起点: *La novela toma como* ~ *de partida* el nacimiento de la protagonista. その小説は主人公の女性の誕生から始まる
~ *de vista* 観点, 視点: ¿*Cuál es su* ~ *de vista?* あなたの見解はいかがですか? *Desde el* ~ *de vista* ecológico, la construcción de la autopista tiene muchos problemas. 生態系の観点から言うと, その高速道路の建設には多くの問題がある. *Tenemos diferentes* ~*s de vista sobre la cuestión.* 私たちはその問題についての見解が異なっている. *defender su* ~ *de vista* 自分の見解に固執する
~ *débil* 弱点: *El orgullo es su* ~ *débil.* 彼はプライドが高いのが欠点だ. *La enfermedad ataca los* ~*s débiles del organismo.* 病気は体の弱ったところを冒す
~ *en boca* [間投詞的に]口外しない, 他言しないように: *Sobre lo que has escuchado en la reunión,* ~ *en boca.* 会議で聞いたことは外部に漏らさないでほしい. *De todo lo que has visto tú aquí* ~ *en boca.* 君がここで見たことは一切内密にしてくれ
~ *en contra* 欠点, 短所《⇔~ a favor》
~ *fijo*《チリ》衛兵詰め所
~ *final* 終わり, 結末: *Tras el* ~ *final de la película aparece la palabra "Fin" en la pantalla.* 映画が終わった後で, 画面に*End*マークが出る. *Los fuegos artificiales son el* ~ *final de las fiestas.* 花火は祭りの終わりを告げる
~ *flaco* =~ *débil*
~ *fuerte* 強み, 得手: *Las matemáticas son mi* ~ *fuerte.* 私は数学が得意科目だ
~ *medio* 普通, 中庸: *Finalmente las cosas han vuelto a su* ~ *medio.* やっと通常の状態に戻った/バランスが取れた
~ *menos que...*《西》ほとんど…《=poco menos que...》: *Técnicamente me parece* ~ *menos que* imposible. それは技術的にはほとんど不可能なように私には思える
~ *muerto* 1)《自動車》ニュートラル: *En los semáforos siempre pone el coche en* ~ *muerto.* 彼はいつも信号でギアをニュートラルに入れる. 2)《技術》死点. 3)[交渉の]行きづまり, デッドロック: *Las negociaciones están en un* ~ *muerto.* 交渉は暗礁に乗り上げている. 4)《地理》[川の]感潮域
~ *negro* 1)[道路の]事故多発地点: *En la comarca hay un* ~ *negro*: un cruce sin visibilidad. その村道には見通しの悪い交差点があって事故が多発している. 2)《比喩》汚点: *Finalmente salió a la luz el único* ~ *negro de su historial.* とうとう彼の経歴上の唯一の汚点が明るみに出た. 3)[皮膚の]しみ, 毛穴の汚れ(黒ずみ): *Utilice un tónico para prevenir la aparición de* ~ *negros.* しみ予防にはこのトニックローションをご使用下さい
~ *por* ~ 1)詳細に: *Me ha contado todo lo que pasó* ~ *por* ~. 彼は起きたことをすべて微に入り細を穿って私に話してくれた. *Quiero saberlo todo* ~ *por* ~. 私はその件を何から何まで知りたい. 2)すべての点において: *Aunque rechazó* ~ *por* ~ *las acusaciones, nadie le creyó.* 彼は非難を一つ一つ

puntura

らず退けたが、誰も信じなかった. *Deben ustedes respetar* ~ *por* ~ *el contrato.* あなたがたは契約を一言一句違わず守らなければなりません
~ *seguido* =~ *y seguido*
~ *y aparte* 1)[口述筆記で間投詞的に]ピリオドを打って行を改めよ. 2)ピリオドを打って改行すること: *Hay que poner aquí un* ~ *y aparte.* ここで改行しなければならない. 3)《比喩》*Eso ya es* ~ *y aparte.* そこで話は変わっている/それは格別だ
~ *y seguido* 1)[口述筆記で間投詞的に]ピリオドを打ってさらに行を続けよ
sin faltar ~ *ni coma* 1) =con ~ *s y comas.* 2)正確に
subir de ~《感情が》高まる: *La tensión subió de* ~ *al recibir la noticia.* 知らせを受けて緊張が高まった
tener ~《口語》気がきく; ¡*Qué* ~ *tuvo Pepe cuando vino con la tarta!* ケーキを持って来てくれたとは、ぺぺは気がきく奴だ!
tomar los ~ *s a...*《狩猟》…に狙いをつける
un ~ *de...* 少量の…
y ~《口語》[間投詞的に議論の荒っぽい結論]それでおしまい, 君も来るな. *Tú no vienes y* ~. 君は来るな, それだけだ. *Usted se larga ahora mismo de aquí, y* ~. ここからすぐ出て行きなさい. 問答無用

puntocom [puntokón]《←英語 dotcom》形 女《単複同形》IT関連の(企業): *burbuja* ~ ITバブル, インターネットバブル

puntoso, sa [puntóso, sa] 形 ❶ とげのたくさんある. ❷ 過敏な, 細かいことを気にする. ❸ 名誉(体面)を気にする

puntuable [puntwáble] 形 [競技会が, +para の大会出場資格の]記録として認められ得る

puntuación [puntwaθjón] 女 ❶《文法》句読点を打つこと, 句読法;《集合》句読点:*signo de* ~ 句読記号. ❷ [試験などの]成績,《スポーツ》ポイント, 得点: *Consiguió una buena* ~ *en el examen de inglés.* 彼は英語の試験でいい点を取った

puntual [puntwál]《←ラテン語 punctum「点」》形 ❶ 時間を正確に守る,[任務に]忠実な: *Es un profesor muy* ~. その先生はとても時間に正確だ. *Los trenes pasan siempre* ~*es.* 列車はいつも時間どおりに通過する. ❷ [説明などが]綿密な, 詳細な: *informe* ~ 詳細な報告書. ❸ ふさわしい: *título* ~ *para la obra* 作品にうってつけのタイトル. ❹ 点の, 地点の. ❺《言語》点括相の: *aspecto* ~ 点括相《動作を点としてとらえるアスペクト》
—— 副 時間どおりに: *Un empleado tiene obligación de llegar* ~ *a su oficina.* 従業員は時間どおりに出社する義務がある

puntualidad [puntwaliðá(ð)] 女 ❶ 時間を守ること, きちょうめんさ: *Se ruega la máxima* ~. ご協力をお願いします. *cumplir con* ~ *sus deberes* 義務を忠実に遂行する. *con* ~ 時間どおりに; きちょうめんに. *falto de* ~ 時間にルーズな
~ *inglesa* 正確無比

puntualizar [puntwaliθár] 他 ❶ 明確にする, はっきりさせる; 詳述する, 詳細に述べる: *Puntualiza el lugar y la hora de la reunión.* 会議の場所と時間をはっきりさせてくれ. ❷ 仕上げる, 完成させる. ❸ 記憶に刻み込む, しっかり記憶する

puntualmente [puntwálménte] 副 ❶ 時間を守って; きちょうめんに: *Siempre llega* ~. 彼はいつも時間どおりにやってくる. *Responde* ~ *a mis cartas.* 彼は私の手紙にきちんと返事をくれる. *pagar* ~ 期日にきちんと支払う. ❷ 正確に; 綿密に: *Me contó* ~ *lo que había visto.* 彼は見てきたことを私に詳しく話してくれた

puntuar [puntwár]《←punto》14 他 ❶[文章に]句読点を打つ: *No he puntuado correctamente el texto.* 私は文の句読点のつけ方を間違えた. ❷ [試験・スポーツなどで]点をつける, 採点する: *Los jueces puntuaron bien el ejercicio de barra de equilibrio.* 審判たちは平均台の演技に高い点をつけた
—— 自 ❶《スポーツ》1)得点する: *Puntuó poco en la prueba de saltos.* 彼は跳躍競技の得点が少なかった. 2)[+*para* の大会出場資格に]認められる: *Esta carrera no puntúa para el campeonato mundial.* このレースは世界選手権の参加標準記録として認められない. ❷ 成績をつける: *Ese profesor puntúa muy bajo.* その先生はとても点が辛い

puntudo, da [puntúðo, ða] 形 ❶《コロンビア, チリ, アルゼンチン, ウルグアイ》先の尖った. ❷《チリ. 口語》[話題で]微妙な; [人が]傷つきやすい

puntuoso, sa [puntwóso, sa] 形 過敏な, 細かいことを気にする

puntura [puntúra] 女 ❶《医学》刺し傷, 刺傷. ❷《印刷》[印刷機に紙を合わせるための]留針. ❸《獣医》[馬などのひづめに行なう]瀉血, 刺絡(しらく)

punzada [punθáđa]〖←punzar〗[女] ❶［時に [複]］刺すような(鋭い)痛み: En cada respiración me da ~*s* el pulmón. 私は呼吸のたびに肺が鋭く痛む. Tengo ~*s* en el estómago. 胃がキリキリと痛む. ❷ 心の痛み, 煩悶〖=~*s* en el corazón〗: Sentía ~*s* de remordimiento por lo que había hecho. 彼は自分のしたことに対し強い自責の念を覚えていた. ❸［小さくて浅い］突き刺し; 刺し傷: Me he dado una ~ con la chincheta. 私は画鋲が刺さってしまった

punzador, ra [punθađór, ra] [形] [名] 刺す〔人〕, 穴をあける〔人〕

punzadura [punθađúra] [女] 刺し傷〖=punzada〗

punzante [punθánte] [形] ❶ 鋭い, 先の尖った: arma ~ 鋭利な刃物. ❷［言葉などが］刺すような, 辛辣な, 痛烈な: No me gustan tus bromas ~*s*. 私は君のあくどい冗談が嫌いだ. ❸［傷が］突き刺しによる: herida ~ 刺し傷. ❹［痛みが］刺すような: Sintió un dolor ~ en el corazón. 彼は心臓に鋭い痛みを覚えた

punzar [punθár]〖←punzón〗[9] [他] ❶［チクリと］刺す; …に穴を開ける: Le *punzó* una avispa. 彼はスズメバチに刺された. Me *punzaron* en un dedo para tomarle una muestra de sangre. 私は血液サンプルを取るために指を刺された. ❷［傷・部位などが］うずかせる, ズキズキとした痛みを与える: Le *punzaba* en la cabeza un dolor insoportable. 彼は我慢できない頭痛にさいなまれていた. ❸［心を］傷つける, さいなむ, 心痛を与える: Me *punzan* los remordimientos. 私は後悔の念にさいなまれている. Su mirada despectiva me *punzaba* en lo más hondo de mi alma. 彼の侮蔑的なまなざしは私の心の底に刺すような痛みを与えた. ❹《医学》穿刺する〖=puncionar〗

—— [自]［傷・部位などが］うずく, ズキズキ痛む: La herida me *punzaba*. 私は傷がうずいた. Las sienes me *punzaban*. 私はこめかみがズキズキした

punzó [punθó] [形] [男] 鮮紅色〔の〕

punzón [punθón]〖←ラテン語 punctio, -onis「刺すこと」〗[男] ❶ 千枚通し;《技術》ポンチ. ❷［コインの］刻印器. ❸［彫刻・彫金用の］のみ, ビュラン. ❹ ピアサー〖=~ de oreja〗. ❺［動物の］生えかけの角

punzonar [punθonár] [他]《技術》ポンチで穴を開ける(印をつける)

punzonería [punθonería] [女]《印刷》［活字の］母型一式

puñada [puɲáđa] [女] ❶《口語》殴打〖=puñetazo〗. ❷《まれ》=**puñado**

puñado [puɲáđo]〖←puño〗[男] ❶［un ~ de...］1) 一握りの分量: un ~ *de* arena 一握りの砂. un ~ *de* aceitunas 一握りの分量のオリーブ. 2) わずかな数・量: En el concierto solo había un ~ *de* personas. コンサート会場にはちらほらとしか人がいなかった. En este país hay un ~ de ricos y una multitud de pobres. この国には一握りの富裕層と多くの貧しい人々がいる. ❷《反語》たくさん: Tipejos como él los hay ~*s*. あいつみたいなどうしようもない奴はどこにでもいる. ¿Tiene familia?—Un ~. ご家族はいらっしゃいますか?—大所帯がね

a ~s 1) たくさん: Había pájaros *a* ~*s*. 鳥が群れていた. gastar dinero *a* ~*s* 湯水のように金を使う. 2)《古語的》腕で抱えて

¡Buen (Vaya un) ~ de moscas! すずめの涙ほどだ/ごくわずかだ/何だこれだけか!

Buen ~ son tres moscas. 取るに足らないことだ

puñal [puɲál]〖←puño〗[男]［刃渡り20~30センチの刺すだけの］短剣

poner a+人 el ~ en el pecho …を脅して言うことを聞かせる, 恫喝(どうかつ)する: Ella se casa porque le *han puesto un ~ en el pecho*. 彼女は脅されて結婚するのだ

¡P~es!《古語的. 婉曲》ちくしょうめ, くそっ!〖=puñeta〗

—— [形]《メキシコ. 軽蔑》［男が］女性的な

puñalada [puɲaláđa]〖←puñal〗[女] ❶［短剣などによる］突き刺し; 刺し傷: Le mataron a ~*s*. 彼はめった突きにされて殺された. ❷ 精神的打撃, 心の激しい痛み: La noticia de su bancarrota fue una ~ para mí. 彼の破産の知らせは私には一大ショックだった

coser a ~s a+人《口語》…をめった突きにする

mala ~ le den a... …のちくしょうめ

~ trapera/~ por la espalda 裏切り, 背信: dar una ~ *trapera* a+人 …を裏切る

ser ~ de pícaro《口語》急を要する, 差し迫っている: Tranquilízate, que este asunto no *es ~ de pícaro*. この問題は急を要しないから安心しなさい

puñalear [puɲaleár] [他] ❶《グアテマラ, プエルトリコ, コロンビア》短剣で刺す. ❷《ベネズエラ. 口語》こつこつと(必死に)勉強する

puñalejo [puɲaléxo] [男] 小型の短剣

puñalero [puɲaléro] [男]《古語》短剣の製作者

puñalón [puɲalón] [男] ❶《まれ》［短剣などによる］突き刺し. ❷《プエルトリコ. 闘鶏》蹴爪による蹴り

puñema [puɲéma] [間]《まれ. 婉曲》ちくしょうめ, くそっ!〖=puñeta〗

puñera [puɲéra] [女] ❶ 両手ですくえる量. ❷［容量の単位］=1.56リットル

puñeta [puɲéta]〖←puño〗[女] ❶《西. 口語》［結果としての］困難, 厄介事, わずらわしい事柄: La lluvia resultó una ~ para el viaje. 旅行にとって雨が障害だった. ❷《西. 口語》［主に [複]］ばかばかしい(無意味な)事柄. ❸《まれ》［長衣 toga などの］刺繍した袖口

de la ~/de (mil·las) ~s《口語》1) 猛烈な, ひどい: Hacía un calor *de mil* ~*s*. ものすごい暑さだった. 2) いまいましい, くそったれの: El niño ese *de la* ~ no dejó de llorar. そのいまいましいガキは泣きやまなかった

enviar a+人 a hacer (freír) ~s《西. 口語》=**mandar a+人 a hacer (freír) ~s**

hacer la ~ a+人《西. 口語》…を不快にさせる, うんざりさせる: No me *hagas la* ~ con tonterías. ばかなことを言って俺をうんざりさせないでくれ

hacerse la ~［男が］自慰をする

importar tres ~s《俗語》少しも重要でない, どうでもいい

irse a hacer ~s/irse a la ~《西. 口語》失敗に終わる, だめになる

la quinta ~ 非常に遠い所

mandar a+人 a hacer (freír) ~s/mandar a+人 a la ~《西. 口語》…を追い払う, 相手にしない, 冷淡な返事をする, はねつける: El niño fue tan pesado que le *mandó a hacer* ~*s*. 子供がひどくうるさかったので彼は追い出した

¡No me vengas con ~s!［やるべきことをやって］文句(泣きごと)を言うな

¡P~s!/¡P~!《西. 口語》［怒り・不快・拒絶］ちくしょうめ, くそっ!

¡Qué ~(s)!［決意・前言の強調］絶対に!/絶対にそうだ, そうに決まっている!

ser la ~ すごい, ひどい

puñetazo [puɲetáθo]〖←puño〗[男]［こぶしによる］殴打: El abuelo, cuando se enfada mucho, da ~*s* en la mesa. 祖父はひどく腹を立てると机をガンガン叩く. Pegó ~*s* al aire. 彼はパンチの素振りをした. Le di (pegué) un ~ en la cara y lo derribé. 私はげんこつで彼の顔を殴って倒した. En la pelea de los chicos recibió un ~ en el estómago. 彼は若者たちのけんかで腹を一発殴られた. Repartió ~*s*. 彼は相手かまわずげんこつを食らわした

a ~ limpio《口語》ポカポカ殴って: La discusión terminó *a ~ limpio*. 議論はしまいに殴り合いになった

darse (de) ~s/pelearse a ~s 殴り合いのけんかをする: Los dos gamberros están *dándose* ~*s*. 2人のならず者が殴り合いをしている

puñete [puɲéte] [男] ❶ 腕輪, ブレスレット. ❷［こぶしによる］殴打〖=puñetazo〗. ❸《ムルシア. 遊戯》ふくらました頬を叩くこと

dar un ~《エクアドル》打撃を与える

puñetería [puɲetería] [女]《西. 俗語》困難, 厄介事, わずらわしい事柄〖=puñeta〗

puñetero, ra [puɲetéro, ra]〖←puñeta〗[形] [名]《西. 口語》❶ 困難な, 厄介な; 難解な: Es un trabajo ~. その仕事は面倒だ. El profesor nos puso un examen muy ~. 先生は私たちにすごく難しい試験問題を出した. ❷［+名詞. 軽蔑・嫌悪］Por favor, decídete de una ~*ra* vez. 頼むからさっさと決めてくれ. Ningún miembro del ejército ha puesto en territorio sudafricano jamás en su ~*ra* vida. 軍の誰一人として南アフリカ領にほんのわずかでも足を踏み入れた経験のあるものはいない. ❸［ser+］不快な〔人〕, わずらわしい〔人〕, いやみったらしい〔奴〕, いけすかない〔奴〕; 意地悪な〔人〕; ずるがしこい〔人〕, 抜け目ない〔人〕: Te lo ha dicho porque es un ~. 意地の悪い奴だから君にそれを言ったのだ. ¡Qué niño tan ~! 何てずるがしこい子供だ!

puñimiento [puɲimjénto] [男] 鋭い(刺すような)痛み, 激痛

puñir [puɲír]〖←ラテン語 pungere〗[20]〖[現分] puñendo〗[他]《古語》

puño [púpo]《←ラテン語 pugnus》男 ❶ こぶし, 拳骨《⇔》: Abrió el ~ para enseñarme lo que tenía dentro. 彼はこぶしを開いて, 握っているものを私に見せた. El corredor levantó el ~ en señal de victoria. そのランナーは勝利のポーズとしてこぶしを高々と上げた. Cuando el boxeador suelta su ~ de hierro es fulminante. そのボクサーは閃光のような速さで鉄のこぶしを振るう. amenazar a+人 con el ~ …にこぶしをふり上げる. cerrar el ~ こぶしを握る. a ~ cerrado/con el ~ cerrado こぶしを固めて, こぶしを握りしめて. ~ de hierro メリケンサック, ブラスナックル. ❷《服飾》袖口, カフス: Llevaba sucios el cuello y los ~s de la camisa. 彼はワイシャツの襟と袖口が汚れていた. Eva lleva una blusa blanca con los ~s de encaje. エバは袖口に刺繍のついた白いブラウスを着ている. ❸《剣》[つか;[杖・傘・ハンドルなどの]握り, グリップ;[容器の]取っ手. ❹ 一握りの分量: Para la paella, echa dos vasos de agua por cada ~ de arroz. パエーリャを作るには, 米一握りに対して水を2杯の割合で入れる. ❺《船舶》タック《横帆の風下隅, 縦帆の前檣下隅》: partir al ~ 船首を風上に向ける. ❻《服》力, 体力. ❼《中南米》こぶしによる殴打

a fuerza de ~s 1) 腕力で: lavar la ropa *a fuerza de ~s* 服をごしごし洗う. 2) 自力で: tener éxito *a fuerza de ~s* 腕一本で成功する

apretar los ~s 1) こぶしを握り締める: *Apretaba los ~s* con gesto de rabia contenida. 彼は怒りをこらえる仕草としてこぶしを握り締めた. 2) 全力を尽くす, 懸命に努力する

caber en un ~ ごく小さい

caer como un ~ a...《コロンビア》…に打撃を与える

comerse el ~s《口語》飢えている, ひどく空腹である: El niño *se está comiendo los ~s* de hambre, prepárale el biberón. 赤ん坊はおなかがすいている. 哺乳瓶のミルクを作ってあげなさい

como el (un) ~ 1) こぶしほどの大きさの: huevo *como el ~* こぶし大の卵. 2) ごく小さい: casa *como el ~* ちっぽけな家. 3)[抽象名詞+] 非常に大きな: embuste *como un ~* 真っ赤な嘘

como ~s[複数名詞+] 非常に大きな: mentiras *como ~s* 真っ赤な嘘. No exagero. Estoy diciendo verdades *como ~s*. 私は大げさに言っているではない. 正真正銘の事実を言っているのだ. Le caían lágrimas *como ~s*. 彼の目から大粒の涙がこぼれた

con [su] *~ y letra* =*de* [su] *~ y letra*

de a ~ 非常に大きな [=*como ~s*]

de [su] *~ y letra* 自筆で·の: Escribió el testamento *de su ~ y letra*. 彼は自筆の遺書を書いた. Esta carta es *de su ~ y letra* de Cervantes. これはセルバンテスの直筆の署簡だ

de [l] *~ en rostro*《口語》けちな [=*tacaño*]

enseñar el ~ こぶしをつきつける, おどす

meter a+人 *en un ~* …を支配下におく, 意のままに操る

morderse los ~s 自責する

por [sus] *~s*《まれ》自力で, 独力で

tener... en un ~ …を支配下においている, 意のままにしている: El dictador *tenía en el país en un ~*. 独裁者は国を思いどおりに牛耳っていた. La hija pequeña *tiene a su familia en un ~* y nadie toma decisiones sin contar con ella. この一家は末娘の言いなりになっていて, 何でも彼女に相談せずに決めることはない

un ~ de... ごく小さな…, ちっぽけな…

puñu [púpu] 男《エクアドル》[素焼きの] 大がめ [=*tinaja*]

puñusco [pupúsko] 男 ❶《グアテマラ, プエルトリコ. 俗語》群衆;[動物の] 群れ. ❷《プエルトリコ. 口語》一握り, 一つかみ

puones [pwónes] 男複《アルゼンチン. 闘鶏》[ニワトリにつける] 鉄製の蹴爪

pupa [púpa] 女 ❶《擬態》 ❶《医学》1)[主に口のまわりの] ヘルペス, 吹き出物. 2)[にきびの] かさぶた. ❷《西. 幼児語》痛み, けが: Mamá, me he hecho ~ en el dedo. お母さん, 僕, 指にけがをした. ❸《昆虫》若虫 [=*ninfa*]

más desgraciado que el ~s《西. 口語》ひどく運の悪い

ser un ~《西. 口語》しょっちゅうけがをする; いつも運が悪い

pupal [pupál] 形《昆虫》若虫の, さなぎの

pupar [pupár] 自《昆虫》さなぎになる

pupén [pupén] 男《コロンビア. 口語》食べ物

pupila[1] [pupíla]《←ラテン語 pupilla》女 ❶《解剖》瞳孔, ひとみ: Se dilatan las ~s. ひとみが開く. ❷《戯画》洞察力, 慧眼

(続き), 抜け目のなさ: tener mucha (buena) ~ 非常に抜け目がない, 目はしがきく. ❸《口語》[売春宿で働く] 売春婦

pupilaje [pupiláxe] 男 ❶《pupilo の使用契約; その料金: dejar el coche a ~ 駐車場に車を預ける. ❷ 被後見者 pupilo の身分(期間): Se crió bajo ~ de un tutor. 彼は後見人のもとで育った. ❸ 後見, 保護. ❹《古語》下宿屋; 下宿代, 部屋代

pupilar [pupilár] 形 ❶《解剖》瞳孔の, 瞳の: reflejo ~ 瞳孔反射. ❷《法律》被後見者の

pupilente [pupilénte] 男《メキシコ》コンタクトレンズ [=*lente de contacto*]

pupilero, ra [pupiléro, ra] 名《まれ》[下宿人を置く] 大家

pupilo, la[2] [pupílo, la]《←ラテン語 pupillus》名 ❶《法律》[未成年の] 被後見者. ❷[先生から見て] 生徒, 弟子;[監督・コーチから見て] 選手. ❸《古語》下宿人, 間借り人: casa de ~s 下宿屋.

medio ~ 1)《寄宿舎のある学校の》通学生《昼食のみ学校で給される》. 2) 孤児院で昼食だけ供される孤児

pupilometría [pupilometría] 女《医学》瞳孔測定

pupilómetro [pupilómetro] 男《医学》瞳孔計

pupitre [pupítre]《←仏語》男 ❶[手前に傾斜した] 机;[特に] 教室机; 書見台: Cada alumno tiene su ~ en la clase. 生徒はそれぞれ教室机を持っている. ❷ 譜面台. ❸《コンピュータなどの》制御卓, コンソール [= ~ *de mando*, ~ *de control*]. ❹ 調理台; 作業台. ❺《酒蔵で, ワインの瓶の首を下向きに差し込む》澱(⁽ぉ⁾)下げ台

pupo [púpo] 男 ❶《サラマンカ. 鳥》ヤツガシラ [=*abubilla*]. ❷《ボリビア, チリ, アルゼンチン. 口語》へそ, 下腹部

rascarse el ~《アルゼンチン》傍観する, 何もしない

puposis [pupósis] 女《昆虫》さなぎの段階

puposo, sa [pupóso, sa] 形 ヘルペス pupa のある

—— 女《料理》ププサ [=*pupusa*]

pupuso, sa [pupúso, sa] 形《グアテマラ》❶ ずんぐりした, ずんぐりむっくりの. ❷ ふくらんだ, 腫れた. ❸ 高慢な, うぬぼれの強い. ❹ 大金持ちの, 裕福な

—— 女《エルサルバドル. 料理》ププサ [chicharrones とチーズ入りのトルティーヤ]

puque [púke] 形《メキシコ》❶ [卵が] 腐った. ❷ 病弱な, 弱い. ❸[男性が] 不妊の, 精子のない

puquial [pukjál] 男《アルゼンチン》泉の, 水源の

—— 男《ペルー》=*puquío*

puquío [pukío] 男《南米》泉, 水源

pura[1] [púra] 女《チリ, アルゼンチン, ウルグアイ. 口語》[la+] 正真正銘の事実

por las ~s《チリ. 口語》決して…ない

puramente [puraménte] 副 ❶ 純粋に: A mí me gusta beber el vino ~. 私はワインに何も混ぜないで飲むのが好きだ. ❷ 単に, ただ, もっぱら, 全く: Estas flores son ~ ornamentales. これらの花は単なる飾りだ. Las razones no son ~ económicas. 経済的なことだけが原因ではない. ❸《法律》無条件で, 例外なく, 無期限に

pura y llanamente 掛け値なしに, 全く

purana [puránа] 女《古代インドの神話・伝説・王朝史》プラーナ

puraqué [puraké] 男《アルゼンチン. 魚》エイの一種《学名 Gymnotus electricus》

purasangre [purasángre] 形·名《競馬》サラブレッド[の], 純血種[の]

puré [puré]《←仏語 purée》男《複 ~s》《料理》❶《野菜の》うらごししたもの, ピューレ: ~ de patatas マッシュポテト. ~ de tomates トマトピューレ. ❷ ポタージュ

estar hecho ~《口語》疲れ果てている: Estoy hecho ~ porque he trabajado demasiado. 私は働きすぎてくたくただ

hacer ~ 粉々にする; 手ひどくやっつける

hacerse ~《口語》粉々になる

~ de guisantes 1) エンドウ豆のスープ, ピースープ. 2) 黄色の濃霧

purear [pureár] 自 葉巻を吸う

purépecha [purépetʃa] 形·名 プレペチャ語[の]《メキシコ, ミチョアカン州の先住民の言語》

purera [puréra] 女 葉巻入れ, シガーケース

pureta [puréta] 名《隠語. 軽蔑》老いぼれ; 保守的な老人

pureza [puréθa]《←*puro*》女 ❶ 純粋さ, 清浄さ, 清らかさ: 1)[物質の] Este aparato permite preservar la ~ del aire de la sala. この装置は室内の空気を清浄に保ってくれる. cocaína de gran ~ 純度の高いコカイン. El estéreo nuevo consigue una ~ de sonido increíble. その新しいステレオはすばらしく澄んだ音を出す. 2) [精神的] Me encanta la ~ de su voz. 彼女の声の清らかさにはうっとりする. ~ de sangre 血の純潔, 血統(家柄)の純正. ❷ 純潔: La ~ de la Virgen María es un dogma de fe para los católicos. 聖母マリアの処女性はカトリック教徒にとって教理である

purga [púrɡa] 〖←purgar〗 [女] ❶ 下剤をかけること;《まれ》下剤: administrar una ~ a+人 …に下剤をかける. ❷ 粛清, パージ: Las ~*s* del dictador fueron terribles. 独裁者による粛清はすさまじいものだった. ❸ [製造工程でできる] かす, 残滓. ❹《プエルトリコ, ペルー. 俗語》蜂蜜

la ~ de Benito [効果が疑わしい] 万能薬; 即効薬

purgable [purɡáƀle] [形] 下剤をかけられ得る; 下剤をかけなければならない

purgación [purɡaθjɔ́n] 〖←ラテン語 purgatio, -onis〗 [女] ❶ 下剤をかけること. ❷《宗教》罪の清め, 浄罪: ~ canónica 無罪の証明. ❸ 浄化, 清め. ❹ [複] 淋病 〖=blenorragia〗. ❺《法律》=**compurgación**. ❻《生理》月経; 経血

purgado [purɡáđo] [男] 排水; [蒸気・ガスなどの] 放出

purgador, ra [purɡađɔ́r, ra] [形] 排水する; [蒸気・ガスなどを] 放出する

—— [男] [水・蒸気・ガスなどの] 放出装置; 排水弁, ドレンバルブ; ストレーナー

purgamiento [purɡamjénto] [男] ❶ 浄化. ❷ 下剤をかけること

purgante [purɡánte] 〖←ラテン語 purgans, -antis〗 [形] ❶ 下剤の, 瀉下(しゃか)性の. ❷《まれ》罪を清める, 浄罪の

—— [男] 下剤

purgaperros [purɡapér̄ɔs] [男]《ラマンチャ. 料理》[少量のオリーブ油・塩・水を加えた] トマトソース

purgar [purɡár] 〖←ラテン語 purgare〗 [8] [他] ❶ [人に] 下剤をかける, 通じをつける: ~ a un niño enfermo 病気の子供に下剤をかける. ❷ …の一部(有害・不要なもの)を取り除く; 排水する; ガス抜きをする: ~ las plantas de hojas secas 植物から枯れた葉を除去する. ~ un peral 梨を摘果する. ~ un radiador ラジエーターの排水をする. ❸ 粛清する, 追放する: ~ un partido político 政党を粛清する. ❹《カトリック》[罪を] あがなう, 清める: Cuando *han purgado* sus faltas en el purgatorio, las almas pasan al cielo. 煉獄で過ちを浄化した後, 魂は天国へ移る. ❺ [熱情を] 鎮める: ~ las pasiones 情念を浄化する. ❻《法律》[容疑を] 晴らす

—— [自] 罪をあがなう: ~ por un robo 窃盗の罪を償う

—— **~se** ❶ 下剤を服用する: *Se purgó* con un medicamento muy fuerte. 彼は強い下剤を飲んだ. ❷ 疑いを晴らす: ~*se* de un crimen 自分への容疑を晴らす

purgativo, va [purɡatíƀo, ƀa] [形] ❶ [主に神秘神学で] 浄化する, 清める. ❷ 通じをつける, 下痢を起こさせる, 瀉下(しゃか)性の: medicamento ~ 下剤

purgatorio[1] [purɡatórjo] 〖←ラテン語 purgatorius「純化する」〗 [男] ❶《カトリック》[主に *P*~] 煉獄(れんごく) 〖恩寵を失わずに死んだ人の魂が天国に入る前に罪の浄化と償いを行なう場所〗: pasar un ~ 煉獄の苦しみをなめる. ❷ [罪滅ぼしの] 苦行(試練)の場(時); 苦難

purgatorio[2]**, ria** [purɡatórjo, rja] [形] 浄化する, 清める 〖=purgativo〗

purgo [púrɡo] [男]《ベネズエラ. 植物》バラタノキ 〖=balata〗

purguera [purɡéra] [女]《ベネズエラ》砂糖精製所

purguero [purɡéro] [男]《プエルトリコ》=**purguera**

purguó [purɡwó] [男]《ベネズエラ》=**purgo**

puri [púri] [名]《まれ. 隠語》年老いた人

púrico, ca [púriko, ka] [形]《化学》プリンの: base ~*ca* プリン塩基

puridad [puriđá(đ)] [女] ❶《文語》純粋さ, 清浄さ 〖=pureza〗. ❷ 秘密, 内密

en ~《文語》率直に(はっきり)言って; 実際に, 本当に

purificación [purifikaθjɔ́n] 〖←ラテン語 purificatio, -onis〗 [女] ❶ 浄化, 純化: 1) [物質的な] Estos filtros consiguen una ~ casi perfecta de la atmósfera de los talleres. このろ過装置は工場の空気をほぼ完璧に清浄な状態にしてくれる. 2) [精神的な] En algunas culturas, la ~ del espíritu se alcanza entregando la vida. ある文化では命を捧げることによって魂が浄化されるとされている. ❷《カトリック》1) [*P*~] 聖母マリアの御清めの祝日 〖2月2日〗. 2) 聖杯 cáliz の清めの儀式; 聖杯を清める器

purificadero, ra [purifikađéro, ra] [形]《まれ》=**purificador**

purificador, ra [purifikađɔ́r, ra] [形] 清める, 浄化する: rito ~ 清めの儀式

—— [男] ❶ 浄化装置, 浄化槽; 浄水器 〖=~ de agua〗. ❷《カトリック》[聖杯の清めに使う] 清浄巾, 聖杯布巾

—— [女] ~*ra* de agua 浄水場

purificante [purifikánte] [形] =**purificador**

purificar [purifikár] 〖←ラテン語 purificare〗 [7] [他] ❶ [物質的に] …の汚れを取り除く, 清浄にする, 純化する: Los árboles de los parques *purifican* el aire de la ciudad. 公園の木々は都会の空気を浄化する. La lluvia *ha purificado* el ambiente. 雨が大気の汚れを洗い流した. El fuego *purifica* los metales. 火は金属を純化する. ~ la sangre 血をきれいにする. ❷ [精神的に] 浄化する, 汚(けが)れを清める: La misión del sacerdote es ~ almas. 聖職者の使命は魂を清めることだ. Quería ~ su espíritu con la meditación. 彼は瞑想によって精神を清めようとした

—— **~se** ❶ 身(心)を清める: El peregrino ayunó y rezó para ~*se*. その巡礼者は心を清めるために断食をして神に祈った. ❷ 清らかになる: El agua *se purifica* a medida que se va filtrando en el arenal. 水は砂地で濾(こ)されていくにつれて浄化される. ❸《ユダヤ教》[女性が男子を出産後40日目に法的に不浄とされる期間が過ぎ] 教会堂に行く

¡Purifícate!《メキシコ》金を払え!

purificatorio, ria [purifikatórjo, rja] [形] 清めるための, 浄化用の: ceremonia ~*ria* 清めの儀式

purín [purín] [男]《農業》[堆肥から流れ出る] 水肥

purina [purína] [女]《化学》プリン; プリン塩基, プリン体

purisca [puríska] [女]《コスタリカ》インゲンマメの開花期

puriscar [puriskár] [7] [自]《コスタリカ》[インゲンマメが] 開花する

purisco [purísko] [男]《コスタリカ》インゲンマメの花

Purísima [purísima] [女]《カトリック》❶ [la+] 聖母マリア;《美術》[ムリリョ Murillo の描く] 聖母像. ❷ [La+. 聖母の] 無原罪のお宿り 〖祝日は12月8日〗

purismo [purísmo] [男] ❶《芸術, 思想》純粋主義. ❷《言語》純正語法主義, 国語純正論

purista [purísta] [形] [名] 純粋主義の(主義者); 純正語法主義の(主義者)

puritanismo [puritanísmo] [男] ❶《キリスト教》ピューリタニズム, 清教. ❷《軽蔑》[道徳上の過度の] 厳格主義

puritano, na [puritáno, na] 〖←英語 puritan < ラテン語 purus「純粋な」〗 [形] [名] ❶ 清教徒〔の〕, ピューリタン〔的な〕. ❷《軽蔑》[道徳について清教徒のように過度に] 厳格な〔人〕

purna [púrna] [女]《アラゴン》火花, 火の粉

purnear [purneár] [自]《クエンカ》霧雨(小糠雨)が降る

puro[1] [púro] [男] ❶ 葉巻 〖=cigarro ~〗: Después de comer se toma un café y se echa un ~. 彼は食事の後, コーヒーを飲んで葉巻を一服する. fumar un ~ 葉巻を吸う. caja de ~ シガーケース. ❷《西. 軍隊などの隠語》罰, 制裁. ❸《植物》[葉巻の形の] ガマの花序. ❹《歴史》[複] 急進的自由主義者 〖19世紀半ば, 米墨戦争期からレフォルマ Reforma 期にかけて, ゴメス・ファリアス Gómez Farias など急進的な改革を主張した人々〗. ❺《エクアドル. 口語》[サトウキビなどの, アルコール度の高い] 蒸留酒

meter un ~ a...《西. 口語》…に罰を加える: Le *metieron un* ~ *al* soldado por no tener arreglada su litera. その兵士はベッドを整えなかったので罰を受けた

—— [副] ❶《中南米. 口語》単に 〖=solamente〗. ❷《コロンビア. 口語》ちょうど 〖=justo〗

puro[2]**, ra**[2] [púro, ra] 〖←ラテン語 purus〗 [形] ❶ 純粋な, 混ざり物のない: Es una sustancia químicamente *pura*. それは化学的に混じりけのない物質である. hablar ~ castellano 生っ粋の(なまりのない)カスティーリャ語を話す. blanco ~ 純白. vino ~ 生(き)のワイン, 水で薄めていないワイン. ❷ 清浄な, 汚れのない; 純潔な: La atmósfera está hoy muy *pura*. 今日は大気が澄みきっている. Quiero salir de aquí para respirar aire ~. 私はここを出て, いい空気を吸いたい. Es un ser ~ e inocente. 彼は純粋無垢な人物だ. una joven *pura* 清純な乙女. de corazón ~ 心の清らかな. ❸ [+名詞] 単なる; 全くの, 純然たる: Nos encontramos en la calle por *pura* casualidad. 私たちは街で全く偶然に出会った. Es un ~ trámite sin importancia.

それはどういうことのない形だけの手続きだ. Cuesta admitirlo, pero es que es la *pura* verdad. 信じられないだろうが, それは正真正銘の事実だ. Lo que ha dicho es una *pura* mentira. 彼が言ったことは真っ赤な嘘だ. Era todo una *pura* invención. それは全くの作りごとだった. ❹ [美的に] 整った, 完璧な: rostro ～ 整った顔だち. ❺ 《中南米. 口語》1) [+名詞] …だけ: Quedamos *puras* mujeres y niños chiquitos. 私たちは女性と小さな子供たちだけになった. 2) [+a名詞] よく似た; 同じ
  a ～... …の力 [だけ] で, …によって: El enfermo se sostiene *a puras* inyecciones. 病人は注射でもっている
  de ～... あまり…なので: *De* ～ pesado, lo hicieron callar. あまりにしつこいので彼は黙らせられた

púrpura [púrpura]《←ラテン語 purpura < ギリシア語 porphyra》[形][女] ❶ 紫がかった赤色[の], 赤紫色[の], 紫紅色[の]. ❷ 枢機卿の [枢機卿は赤紫色の僧衣を着る. =～ cardenalicia, sagrada] 《=～ imperial》; 皇位, 帝位 《=～ real》. ❸ [王侯・皇帝・枢機卿などが着る] 紫衣. ❹《医学》紫斑病. ❺《貝》アクキガイ; それから採取した赤紫色の染料. ❻《生化》視紅(し); 《=～ retiniana》. ❼《紋章》紫[色]. ❽《文語》血
  ―― [男] 赤紫色

purpurado [purpuráđo] [男] 枢機卿 《=cardenal》
purpurar [purpurár] [他] ❶ [物を] 赤紫色に染める. ❷ [人に] 紫衣を着せる
purpúrea¹ [purpúrea] [女]《植物》ゴボウ 《=lampazo》
purpurear [purpureár] [自] 赤紫色になる
purpúreo, a² [purpúreo, a] [形] 赤紫色の
purpurina¹ [purpurína] [女] ❶《美術など》1)[金色に使う] 青銅の粉末; [銀色に使う] ホワイトメタルの粉末. 2) それらを使った絵. ❷《化学》プルプリン
purpurinar [purpurinár] [他]《美術など》青銅 (ホワイトメタル)の粉末を塗る
purpurino, na² [purpurino, na] [形] =**purpúreo**
purrela [puréla] [女]《西. 軽蔑》❶ [不可算] くず, かす: Al final de las rebajas solo queda la ～. 大安売りの後はくず物しか残らない. ❷ 質の悪い (水っぽい) ぶどう酒. ❸ くだらない連中《=purria》
purrete [puréte] [男]《ラプラタ. 口語》子供, がき
purria [púrja] [女]《西. 軽蔑》❶ [集合] げすな連中, 無頼の徒: En ese bar se junta la ～ del barrio. そのバルには町内のろくでなしが集まる. ❷ [不可算] くず, かす
purriela [puŕjéla] [女] [不可算] くず, かす
purrón [puŕón] [男]《プエルトリコ》[ガラス・ブリキ製の] 容器
purrú [puŕú] [男]《ドミニカ》豚を呼ぶ時に繰り返し用いる掛け声
purrusalda [puřusálda] [女]《バスク. 料理》タラ・ジャガイモ・ポロネギの煮込み
purulencia [purulénθja] [女]《医学》化膿: ～ de una herida 傷の化膿
purulento, ta [purulénto, ta]《←ラテン語 purulentus < pus, puris「膿」》[形]《医学》膿状の, 化膿した; 膿の: herida ～*ta* 膿んでいる傷
puruña [purúɲa] [女]《アルゼンチン》[素焼きの] かめ, つぼ
pururú [pururú] [男]《アルゼンチン》ポップコーン 《=rosetas》
pus [pús]《←ラテン語 pus, puris》[男]/《複. メキシコ. 口語》[不可算]《医学》膿(う): Se ha formado ～. 膿んでいる. La herida tiene ～. 傷口が膿んでいる
  ―― [間]《アルゼンチン》[反感・嫌悪] ああ嫌だ, ふん, へん 《=puf》
puscafé [puskafé] [男]《コロンビア》リキュールグラス
puscallo [puskáʎo] [男]《ボリビア》サボテンの花
pusco [púsko] [男]《隠語》ピストル, リボルバー
push-back [púʃ bák] 《←英語》[男]《航空》プッシュバック
pusilánime [pusiláníme] [形]《←ラテン語 pusillanimis < pusillus「小さい」+animus「魂」》❶ 臆病な, 小心な, 意気地のない: ¡No seas ～! がんばれ/びびるな! hombre ～ 気の弱い男
  ―― [名] 臆病者, 小心者, 意気地なし
pusilanimidad [pusilanimiđáđ] [女] 小心さ, 臆病, 意気地のなさ
pusinesco, ca [pusinésko, ka] [形]《人名》[フランスの画家]プーサン Poussin の; プーサン風の
puspo, pa [púspo, pa] [形]《グアテマラ》腫れた, ふくらんだ
  ―― [男]《ペルー》ソラマメ料理の一種
pústula [pústula] [女]《医学》パステル, 膿疱(のうほう): ～*s* de la viruela 天然痘の膿疱
pustuloso, sa [pustulóso, sa] [形] 膿疱(性)の, 膿疱のできた
pusuca [pusúka] [女]《アルゼンチン》寄食, 居候

pusunque [pusúŋke] [男]《グアテマラ》❶ まずい飲み物. ❷ 沈殿物, おり, 滓(かす)
pusuquear [pusukeár] [自]《アルゼンチン》人にたかる, 寄食する
put [pát]《←英語》[男]《ゴルフ》パット
puta¹ [púta]《←?語源》[女] ❶《俗語. 軽蔑》売春婦, 娼婦, 売女: casa de ～*s* 売春宿; [好き勝手なことをしている] 無秩序な場所. ❷《俗語. 軽蔑》性格の悪い女; ふしだらな女, 身持ちの悪い女, 尻軽な女, 誰とでも寝る女. ❸《西式トランプ》ジャック 《=valet》
  como ～ por rastrojo 非常に困って・困った
  de ～ madre《俗語》1) 非常に良く: Se lo pasaron *de* ～ *madre*. あの連中はすごくいい思いをした. 2) とびきり [上等] の: Tiene un coche *de* ～ *madre*. 彼はすごい車を持っている. Es un jugador *de* ～ *madre*. あいつはすごい選手だ
  de ～ pena 非常に悪く; ひどい, 劣悪な: Es una peli *de* ～ *pena*. その映画は出来が悪い
  de ～s《コロンビア. 俗語》すばらしい
  ir de ～s 売春婦を買う, 買春する
  Me cago en la ～. [失敗して] ちくしょうめ
  pasarlas ～s《西. 俗語》1) ひどい目にあう, 苦しい一時を過ごす: Las hemos pasado ～*s* hasta que hemos encontrado trabajo. 私たちは仕事にありつくまでヒーヒー言っていた. 2) 大変危険なことをする
  ser más ～ que las gallinas 尻軽な女 (浮気女) である
putada [putáđa]《←putear》[女]《西. 俗語》意地悪な行為, いやがらせ: No me esperaba que me hicieran una ～ así. 私はこんなひどい仕打ちを受けるなんて思いもよらなかった
putaísmo [putaísmo] [男] ❶ 売春婦としての生活, 売春稼業. ❷ 売春婦たちの集まり. ❸ 売春宿, 女郎屋
putanga [putáŋga] [女]《軽蔑》売春婦
putanismo [putanísmo] [男] =**putaísmo**
putañear [putaɲeár] [自]《古語. 軽蔑》[しばしば] 売春婦を買う, 女郎屋通いをする
putañero [putaɲéro] [形]《古語. 軽蔑》しばしば売春婦を買う, 女郎屋通いをする
putativo, va [putatíβo, ba]《←ラテン語 putativus < putare「考える, 計算する」》[形] ❶《法律》[父親などについて] 推定の: matrimonio ～ 誤想婚《法的に無効なことを知らずに行なった結婚》. ❷ [実際にはそうではない] 仮の, たてまえ上の
  padre ～ 推定上の父: José, *padre* ～ *de Jesús* イエス・キリストの義父ヨゼフ
puteada [puteáđa] [女]《ラプラタ. 口語》罵詈(ばり)雑言, 悪態
putear [puteár]《←puto》[自] ❶《俗語》売春する. ❷《俗語》[しばしば] 買春する, 売春婦を買いあさる. ❸《中南米. 俗語》汚い言葉を吐く
  ―― [他] ❶《西. 俗語》不快にさせる, うんざりさせる, 困らせる; こき使う: El jefe me *putea* todo el tiempo. 上司のやつ, 俺をこき使う. ❷ [女性を] 売春させる. ❸《メキシコ. 口語》[人を] 強く殴る; [敵に] 圧勝する; ぎゃふんと言わせる; きつくとがめる, 叱責する. ❹《チリ》[女を] 娼婦扱いする. ❺《アルゼンチン, パラグアイ》ののしる, 嘲る
puteo [putéo] [男]《西. 俗語》売春
putería [putería] [女]《俗語》❶ =**putaísmo**. ❷ [女の] 媚び, 手管, 悪知恵
puterío [puterío] [男]《軽蔑》❶ 売春. ❷ [集合] 売春婦
putero [putéro] [形]《軽蔑》[男が] しばしば売春婦を買う 《=putañero》
  ―― [男]《メキシコ. 口語》売春宿
putesco, ca [putésko, ka] [形]《俗語》売春婦の
puticlub [putiklúβ] [男]《腹. ～[e]s》[口語》[主に売春目的の] ホステスのいるバー
putiferio [putifério] [男]《口語》❶ =**puticlub**. ❷ [誰にも手が付けられない] 混乱, 無秩序
putiza [putíθa] [女]《メキシコ. 口語》[人への繰り返しの] 殴打
puto, ta² [púto, ta]《←?語源》[形] ❶《西. 俗語》不快な, うんざりさせる; 下劣な: Este ～ reloj se ha vuelto a parar. このいまいましい時計はまた止まった. ¡Qué ～ *es*! 何ていまいましい (嫌な) 奴なんだ! ❷ [反語的に] すばらしい: Ha vuelto a ganar. ¡Qué *puta* suerte tiene! 彼はまた勝った. 何て運がいいんだ! ❸ 困難な, 厄介な: examen ～ 難しい試験. ❹ [+名詞. 否定文で] 全く [⋯ない]: No tenemos ni un ～ duro. 私たちは全くの一文なしだ. ¡Ni *puta* idea! とんでもない/そんなこと考えもしない! *no tener ni puta idea* 全く分からない. ❺ [女が] ふしだらな, [男

putón [putón] 男 ❻ 間抜けな, 愚かな. ❼《中南米. 俗語》[ひどい侮辱] ちくしょうめ
── 男 ❶《軽蔑》男娼. ❷ 同性愛者, ゲイ. ❸《チリ. 俗語》ぽん引き

putón [putón] 男/女《俗語》売春婦; 尻軽女, 浮気女 〖=~ verbenero〗

putona [putóna] 女 =**putón**

putrefacción [putrefa(k)θjón]《←ラテン語 puter, -tris「腐った」+facere「する」》女 腐敗, 腐乱: El calor aceleró el proceso de ~. 暑さが腐敗の進行を速めた

putrefactivo, va [putrefaktíβo, βa] 形 腐敗の; 腐敗させる

putrefacto, ta [putrefákto, ta]《←ラテン語 putrefactus》形 腐った, 腐敗した〖=podrido〗: cadáver ~ 腐乱死体

putrescencia [putresθénθja] 女 腐敗状態, 腐りかけ

putrescente [putresθénte] 形 腐りかけた

putrescible [putresθíβle] 形 腐り得る, 腐りやすい

putridez [putridéθ] 女 腐敗していること, 腐敗状態

pútrido, da [pútrido, da]《←ラテン語 putrere》形 腐った〖=podrido〗; 腐敗の; 腐敗を伴う: agua ~*da* 腐敗した水. fermentación ~*da* 腐敗による発酵. fiebre ~*da* 発疹チフス〖=tifus exantemático〗

putrílago [putrílaɣo]《←ラテン語》男《医学》腐敗物

putsch [pútʃ]《←独語》男《単複同形》反乱, 一揆

putt [pát]《←英語》男《履 ~s》《ゴルフ》パット: hacer tres ~s スリーパットする

putter [páta]《←英語》男《ゴルフ》パター

putuca [putúka] 女《ボリビア. 音楽》ドラムの一種

putumaense [putumaénse] 形 名 =**putumayo**

putumayense [putumajénse] 形 名 =**putumayo**

putumayo, ya [putumájo, ja] 形 名《地名》プトゥマヨ Putumayo の〔人〕《コロンビア南西部の州》

pututo [putúto] 男《牛の角製の》角笛

pututu [pututú] 男 ❶《ペルー, ボリビア》=**pututo**. ❷《ボリビア》干し肉・米・塩で作った旅行用食料

puvaterapia [puβateɾápja] 女《医学》ソラレンの服用と長波長紫外線の照射による治療

puya¹ [púja]《←古語 puga》女 ❶《闘牛》槍 vara・garrocha の〕短い穂先. ❷〔牛飼いの用いる〕突き棒. ❸ 辛辣な〈とげのある〉言葉, 嫌味, 皮肉: echar (tirar) una ~ あてこすりを言う. ❹《パナマ》〔刈り取り・伐採に用いる〕山刀. ❺《チリ. 植物》1) チレンシス〖学名 Puya chilensis〗. 2) ~ raimondii プヤ・ライモンディ〖100年に一度花を咲かせると言われる〗

puyada [pujáda] 女《ホンジュラス》闘牛

puyador [pujaðór] 男《グアテマラ, ホンジュラス. 闘牛》ピカドール

puyar [pujár] 他 ❶《メキシコ, 中米, コロンビア》刺す, 突く. ❷《中米》悩ます, うんざりさせる. ❸《パナマ, コロンビア, チリ. 口語》固執する. ❹《コロンビア》強くそのかす(けしかける)
── 自 ❶《エルサルバドル, チリ》争う, 戦う. ❷《ベネズエラ》[植物が] 芽を出す

puyazo [pujáθo] 男 ❶ puya による一撃(刺し傷). ❷《口語》嫌味, 皮肉: soltar (tirar・lanzar・echar) un ~ 嫌味(あてこすり)を言う

puyeño, ña [pujéɲo, ɲa] 名《地名》プヨ Puyo の〔人〕《エクアドル, Pastaza 県の県都》

puyero, ra [pujéɾo, ɾa] ❶《キューバ》❶ 皮肉屋の, 毒舌家の. ❷ 足の先が内側に曲がった

puynga [pujŋɡa] 女《ボリビア》ミツバチの地中の巣箱

puyo, ya² [pújo, ja] 男《グアテマラ》貧しい, 一文無しの
── 男《アルゼンチン. 服飾》[粗布製の丈の短い] ポンチョ

puyón [pujón] 男 ❶《アンダルシア; 中米, ベネズエラ》新芽, 幼芽. ❷《中米, ベネズエラ》[こまの] 軸. ❸《コロンビア》刺し傷, 突き傷. ❹《ボリビア, アルゼンチン. 闘鶏》蹴爪. ❺《ボリビア》わずかな金, 小額

puyudo, da [pujúðo, ða] 形《ベネズエラ》先の尖った

puzle [púzle] 男 =**puzzle**

puzol [puθól] 男 =**puzolana**

puzolana [puθolána] 女《鉱物》ポゾラン

puzolánico, ca [puθolániko, ka] 形《鉱物》ポゾランの

puzungo [puθúŋɡo] 男《中米》ポソル〖トウモロコシ粉を冷水に溶いた甘い飲料. =pozole〗

puzunque [puθúŋke] 男《グアテマラ》まずい飲み物

puzzle [púzle]《←英語》男 ❶ ジグソーパズル〖=rompecabezas〗: hacer un ~ パズルをする. ❷ 難問

PVC [pé úβe θé]《←英語》男《略語》ポリ塩化ビニール

PVD [pé úβe dé]《←略語》男 países en vías de desarrollo 開発途上国

PVP [pé úβe pé]《西. 略語》=precio de venta al público 希望小売価格

pxmo.《略語》=próximo 次の, 来…

pycnogonida [piknoɣoníða]《←動物》ウミグモ

pylori [pilóɾi] →**Helicobacter pylori**

pyme [píme] 女《単複同形《履 ~s》《略語》←pequeña y mediana empresa 中小企業〖EU の定義では従業員500名以下でかつ固定資産7500万ユーロ以下の企業. 競争促進規則の適用などで優遇措置を講じる〗

pyrex [piɾéks]《←商標》男 =**pírex**

pza.《略語》=plaza 広場

pzas.《略語》←piezas …個

Q

q [kú] 女 アルファベットの第18字
Q《略語. 数学》有理数全体
q.《略語》←quintal キンタール
qasida [kasída] 女 =**casida**
qatarí [katarí]《陳》~[e]s] 形 名《国名》カタールの Qatar の(人)
q.b.s.m.《略語》←que besa[n] su mano 敬具
q.D.g.《略語》←que Dios guarde 神の御加護がありますように
Q.E.D.《ラテン語. 略語》←Quod erat demonstrandum 証明終わり
q.e.p.d.《略語》←en paz descanse 死者の霊が安らかに憩わんことを【墓碑銘】
q.e.s.m.《略語》←que estrechan su mano 敬具
Qi [kí]《←中国語》男 気; flujo de *Qi* 気の流れ. *Qi* Gong 気功
qm.《略語》←quintal métrico 100キログラム
quado, da [kwádo, ða] 形 名 =**cuado**
quadrivium [kwaðríbjún] =**cuadrivio**
quagga [kwága]《動物》クアッガ《シマウマの一種で絶滅種》
quántico, ca [kwántiko, ka] 形 =**cuántico**
quanto [kwánto] 男《物理》量子 [=cuanto]
quántum [kwántun]《←ラテン語 quantum》男 ❶《物理》量子 [=cuanto]. ❷《文語》量 [=cantidad]
quark [kwárk]《物理》男 ~s《物理》クォーク: ~ arriba (abajo) アップ(ダウン)クォーク. ~ cima トップクォーク
quáker [kwáker]《←商標》男《チリ, アルゼンチン, ウルグアイ》かゆ, オートミール
Qualis pater, talis filius [kwális páter tális fíljus]《←ラテン語》この父にしてこの子あり《=De tal palo, tal astilla》
Quando que bonus dormitat Homerus [kwándo ke bónus dormitát omérus]《←ラテン語》《諺》ホメロスのような大詩人でもたまには居眠りする/弘法にも筆の誤り《ホラティウス Horatiusの言葉》
quárter [kwárter]《←ラテン語 quarter》副 4回
quásar [kwásar] 男《天文》クエーサー, 準星
Quattrocento [kwatrotʃénto] 男《美術など》[el+] 15世紀イタリア《イタリアルネッサンスの時代》
que [ke] I《←ラテン語 quem < qui》代《関係代名詞. 先行詞は人・事物》…するところの. ❶ [性数無変化] 1) [主語] i) [限定用法] ¿Y cree usted que hay muchos jóvenes españoles ~ hacen la experiencia de lo que ha hecho usted? あなたのような経験をしたスペインの若者がたくさんいると思いますか? Quiero ver los zapatos ~ hay en el escaparate. ショーウィンドーにある靴を見たい. 《語法》cuyo と重なる使い方: [que+所有を表わす動詞] Se casó con la chica *que tiene* un padre catedrático. 彼は父親が教授である娘と結婚した (=... chica *cuyo padre es catedrático*). ii) [誤用]《que su》×He estado con aquella chica *que su* padre es notorio. 父親が公証人であるその娘と私は一緒だった (=O... chica *cuyo padre es notorio*) ii) [説明用法] Los niños, ~ viven lejos, llegan tarde al colegio. その子供たちは遠くに住んいて, いつも学校に遅刻する. José, ~ nunca había venido a mi casa, se presentó un día sin avisar. ホセは私の家に一度も来たことがなかったが, ある日予告なしにやって来た. 2) [直接目的語] Este es el libro ~ compré ayer. これが昨日私が買った本だ. La mujer ~ vemos ahí es colombiana. あそこに見える女性はコロンビア人だ《人が直接目的でも a をつけない》. 3) [不定詞] …すべきもの: Tengo muchas cosas ~ hacer. 私はしなければならないことがたくさんある. 3) [前置詞 a・con・de・en+. 限定用法のみ] i) Él no es la persona a ~ me refería antes. 彼は前に私が言った人ではない. Lo sé por los ojos con ~ me miraba Horacio. オラシオが私を見る目でそれが分かる. Aquella es la mujer de ~ te hablé ayer. あれが昨日君に話した女性だ. Conocimos a María la tarde en ~ fuimos al museo. 私たちは美術館に行った午後にマリアと知り合った. 《語法》時の状況補語の場合は一般に前置詞を省く: Nevaba mucho el día ~ llegué a Madrid. 私がマドリードに着いた日は大雪だった. Esta es la casa *en* ~ nació Goya. これがゴヤの生まれた家だ. ii)《口語》[前置詞

que ではなく先行詞の直前に出る] Dime *a* la hora ~ tengo que llamarte. 何時に君に電話すべきか言ってくれ《←... la hora *a* la ~...》. Observo *con* el tesón ~ trabaja. 彼ががんばって働いているその熱意を私は見守っている《←... el tesón *con* ~...》. 4) [先行詞が主節に現われていない] i) [前置詞+] Te daré *con* ~ vivas. 君が食べていけるだけのものはくれてやろう. ii) [+不定詞. アクセント符号を付けることがある] Me pidió ~ (*qué*) comer. 彼は何か食べ物がほしいと私に言った. No tienes de *qué* quejarte. 君が文句を言う筋合いはない. No tengo por *qué* hacerlo. 私がそれをする理由(根拠)はない. 5) [相手も了解している先行詞の強調] Tú ~ vives en París, ¿conoces algún hotel económico? 君はパリに住んでいるのだから, どこか安いホテルを知りませんか? Talento ~ tiene este actor... この俳優の才能といったら…《とてもすごい》. 6) [先行文の意味を一つの名詞に代表させて表わし, 関係詞節で新しい説明を加える] El niño no salía a jugar con los otros de la vecindad, cosa ~ preocupaba mucho a sus padres. その子は外に出て近所の子供たちと遊ぼうとしなかったが, このことは両親の心配の種だった. Nació en el año 36 del siglo pasado, año ~ marcó una huella trascendental para la historia de España. 彼は1936年に生まれたが, その年はスペインの歴史にとって重大な意味を持つ年だった. ❷ [定冠詞+] 1) [説明用法で先行詞を明示] El profesor nos contó unas historias, *las* ~ nos divirtieron mucho. 先生がお話をしてくれたが, それはとても面白かった. 2) [前置詞+] Este es el señor *del* ~ te hablé en otro día. この方が先日私が君に話した人だ. No es esa la persona *a la* ~ me refiero. 私が言っているのはその人のことではない. Este es el asunto *sobre el* ~ se discutió acaloradamente ayer. これが昨日激しい議論のあった問題だ. Esa es la razón *por la* ~ no he podido asistir. これが私が出席できなかった理由です. Esos problemas son *de los* ~ trata mi libro. それらの問題こそ私の本が扱っている事柄だ. 3) [独立用法] *La* ~ baila allí es mi hermana. あそこで踊っているのは私の妹だ. El premio será para *el* ~ *lo* merezca. その賞はそれにふさわしい人のものになるだろう. *Los* ~ se fueron de viaje volverán mañana. 旅行に出かけた連中は明日帰る予定だ. El ~ esperar puede, alcanza lo que quiere. 《諺》待つことができる人は望みを達成することができる. ❸ [**lo+**] 1) [前文全体が先行詞] Cree que puede hacerlo todo solo, *lo* ~ es un grave error. 彼はすべて自分一人でできると思っているが, それは大間違いだ. Él se marchó, *lo* ~ me sorprendió mucho. 彼が去ったので, 私は大変驚いた. 2) [前置詞+] Eso es *en lo* ~ estoy pensando. それこそ私が考えていることだ. 3) [独立用法. 抽象概念] No adivino *lo* ~ quieres decir. 君が何を言おうとしているのか私には見当がつかない. No puedes comprender *lo* ~ he sufrido. 私がどれほど苦しんだか君には分からない. Yo *lo* ~ quiero decir es esto. 私が言いたいのは, こういうことだ《《口語》では, lo que... という関係節の内部の語(この文では yo)が前に出ることがある》. Sin tu ayuda no sería yo *lo* ~ soy. 君の助けがなければ今日の私はない. 4) [lo+形容詞・副詞+] …であること; どんなに…か: Eva se parece a la madre en *lo* alta ~ es. エバは背が高いところが母親似だ. No sabes *lo* difícil ~ es la cuestión. この問題がどんなに難しいか君には分かっていない. Ignoraba *lo* cerca ~ vives. 君がこんな近くに住んでいたとは知らなかった. Con *lo* estudiosos ~ son, tendrán mucho éxito. 彼らは勉強家だから出世するだろう. 5) …に関しては: *Lo* ~ es las otras heridas no presentan tantos riesgos. ほかの傷は大して危険ではないようだ. *Lo* ~ es entender, entiendo. 分かるといえば, まあ分かる. *Lo* ~ es responder respondí, pero... 私は答えるには答えたが…. *Lo* ~ es mi marido, no dice más que tonterías. 私の夫ときたら, ふざけてばかりいる. *Lo* ~ es tener casa propia, por el momento a mí no me interesa. 自分の家を持つことについては, 当分私には関心がない. [人称・数が一致することがある] *Lo* ~ es (*soy*) yo, no gano ni un céntimo. 私は, 一銭ももうけていない. 6) [接続法+lo ~+同一接続法] いかに…しようとも: Ocurra *lo* ~ ocurra, no tengo miedo. 何が起ころうとも私は恐れない. Digas lo ~ digas, yo la adoro. 君が何と言おうと, 私は彼女にあこがれている. ❹［強調構文］1）［人・物の強調］ser... 定冠詞+~］ Yo fui la ~ me bebí la cerveza. ビールを飲んでしまったのは私でした『主語の強調』. Es este coche el ~ compré. 私が買ったのはこの車だ『直接目的語の強調』. 2）［人・物の強調］ ser... lo ~］ Es la calidad lo ~ importa. 重要なのは品質である『主語の強調』. Impertinentes es lo ~ son sus palabras. 彼の言葉は失礼千万だ『述部形容詞の強調』. 3）《中南米》［各関係詞の代わりに que が使われることがある: ser... ~...］ Ayer fue ~, en la calle, le compré yo a la gitana unos claveles para ti. 通りで私がジプシーから君のためにカーネーションを買ったのは昨日だった《=cuando》. En la calle es ~ le compré yo ayer a la gitana unos claveles para ti. 昨日私がジプシーから君のためにカーネーションを買ったのはその通りでだ《=donde》. Era Fernanda ~ se paseaba por toda la casa. 屋敷中を歩き回っていたのはフェルナンダだった《=quien》. Es así ~ hay que hacerlo. そういう風にしなければならない《=como》.

A es a B lo ~ C es a D B に対する A は D に対する C と同じである: Eva es a mí lo ~ las joyas son a ti. 私にとってエバは, 君にとっての宝石と同じようなものだ
***a la** (**lo**) ~* ［口語］…する時《=cuando》: *A la* ~ yo llegué ya había acabado todo. 私が着いた時はもうすべて終わっていた
a lo** ~ **íbamos/a lo ~ iba ［中断した話を再開する時］先ほどの話ですが, 本題に戻そう
el** (**la**) ~ **más y el** (**la**) ~ **menos ［程度の差こそあれ］すべての人: *El* ~ *más y el* ~ *menos* ha aportado algo. 誰もが何かの貢献をした. *La* ~ *más y la* ~ *menos* tenía alguna duda. その女性のうちの誰もが疑問を持った
en lo ~+直説法…について: *En lo* ~ se refiere a la creación poética, cinco libros han salido a la venta este año. 詩作の分野では今年は5冊の本が出版された. *En lo* ~ respecta al tabaco, uno de cada tres amigos míos es fumador activo. たばこに関して言うと私の友人の3人に1人は能動喫煙者だ
***en lo ~ va** (**llevamos**) de*+時の名詞［文語］…に入ってから［今まで］: *En lo* ~ *va de* año, el IPC ha aumentado un 4%. 今年になって消費者物価指数が4％上がった. Es la tercera victoria de nuestro equipo *en lo* ~ *llevamos de* mes. 今月に入って3度目の我がチームの勝利だ
fuera el ~ fuera …がどのようであれ《=sea cual sea》
fuese el ~ fuese …がどのようであれ《=sea cual sea》
lo ~ estamos 《口語》［相手に対し］話がずれているよ, 話を元に戻そう
lo ~ sea 何でも［よい］: Dame de beber, agua o *lo* ~ *sea*. 飲み物をくれ, 水でも何でもいいから
¡Lo ~ son las cosas! 全くもう！
no es** [**ya**] **lo ~ era ［物が］もはや以前とは違う, 衰えてしまっている: Este barrio *no es lo* ~ *era* [antes]. この地区は様変わりしている
sea el ~ fuere …がどのようであれ《=sea cual sea》
sea el ~ sea …がどのようであれ《=sea cual sea》
sea lo ~ fuera 《文語》=***sea lo ~ sea***
sea lo ~ sea とにかく, 何であれ: Te lo juro, *sea lo* ~ *sea*. とにかくそれは確かだ
II ［＝ラテン語 quid］園 ❶［名詞節を導く. 主節が断定・事実の描写などを表わす時は+直説法. 主節が願望・疑惑・価値判断・感情などを表わす時は+接続法］…と, …ということ: 1）［直接目的語節］Pienso ~ es verdad. 私はそれが本当だと思う. No pienso (Dudo) ~ sea verdad. 私はそれが本当だとは考えない『本当かどうか疑わしい』. Le dije ~ volvería enseguida. 私は彼に, すぐ帰るよと言った. Le dije ~ volvería enseguida. 私は彼に「すぐに戻って」と言った. 2）［主語節］Es cierto ~ lo dijo. 彼がそう言ったのは確かだ. No es cierto ~ lo dijera. 彼がそう言ったというのは確かではない. No me gusta ~ actúes así. 私はそんなふるまいをする君が気に入らない『主語節の場合, 定冠詞 el を前置することがある』*El* ~ fumen las mujeres no me gusta. 女性がたばこを吸うのは私は好まない. 3）［主格補語節］La verdad es ~ no me da la gana. 本当のところ私は気が向かない. Mi deseo es ~ él se corrija. 私の願いは彼が行いを改めてくれることだ. 4）［前置詞+］Estoy seguro de ~ mi ideal se realizará algún día. 私の理想がいつか実現することを私は確信している. Esperamos a ~ sea de noche. 私たちは

夜になるのを待っている. Me conformo con ~ pida perdón. 私は彼が謝ればそれでいい. Hay que aceptar el hecho de ~ todo cambia. すべてが変わるという事実を受け入れなくてはならない. No hay ninguna posibilidad de ~ huya. 彼が逃げる可能性は全くない. 5）［疑問文中で. 省略は不可］¿Qué piensas ~ me dijo él? 彼が私に何と言ったと思う？ ¿A qué hora ha dicho ese hombre ~ volverá? その男は何時に戻ってくると言いましたか？ 6）［間接疑問］Me preguntó [~] si estaba despierto. 彼は私に「もう目が覚めたかい？」と尋ねた. Pregúntale [~] si estos artículos son auténticos. これらの品物が本物かどうか彼に尋ねなさい. Le pregunté [~] qué hora era. 私は彼に「今何時か？」と尋ねた. Le he estado preguntando [~] si conoce a Natalia. 私は彼にナタリアを知っているかどうか尋ねていたところだった. 7）［名詞節に準ずる語句を導く］Creo ~ sí (no). 私はそうだ（そうではない）と思う. 8）《口語》［que の省略は. 文脈から明らかな場合, 特に従属節が接続法の場合］Deseo [~] te encuentres bien de salud. 君が元気でいてくれていることを望む. Él mismo dijo [~] tomaba como modelo a su padre. 父をモデルにしたと彼自身が言った. El asesino, que se supone [~] entró en la habitación a través de la ventana, no ha dejado huellas. その殺人犯は窓から部屋に入ったと思われるが, 痕跡を残していない. Les agradeceré [~] me lo envíen. 《改まった手紙文》それをお送り下さればありがたく存じます. ❷《口語》［単文で. 主節の省略が含意されている］1）［発言の伝達. decir などの伝達動詞が含意. +直説法・接続法］…って, …だと, …だってば: Perdón. ¿Qué has dicho?—Nada. *Que* hace buen tiempo. ごめん, 何だって？ —別に. いい天気ねって. Pues me dirá—*Que* te diga, ¿qué? だから私に言って下さい. ——言えって, 何を？ ¿Qué querías? ¿—~ te lo dijera delante de él? 彼の前で君にそのことを言えとでもいうの？ ¿Qué voy? ¿Qué dices? 何だって？ ¿Me dejas salir?—¿Qué?—*Que* si me dejas salir a la calle. 外に出てもいい？—何？—外出してもいいかって訊いてるの. ¿Qué te preguntaron?—dijo su madre. —¿*Que* de dónde éramos? お前は何を訊かれたの？ 私たちがどこから来たのかって？ と母親が言った. [切り出し] ¿*Que* quiere usted pagar el piso？ う……マンションの家賃を払っていただきたいのですが. ［強調］¡*Que* sí no viene! 彼なんか来るはずないよ！ ［警告］¡*Que* el tren! ¡Date prisa! 列車が来たぞ！ 急げ！ ¡*Que* los vas a romper! それを壊してしまうよ！ 2）［命令の強調・反復. decir などの伝達動詞が含意. +接続法］…しなさいから, しろってば: ¡*Que* vengas! 来いと言ったら来い. Isabel y María, ~ vengan. イサベルとマリア, 来なさい. Cállate, ~ te calles. 静かに, 静かにしてったら. *Que* te portes bien y te compraré un juguete. いい子にしていなさい. お行儀よくすればおもちゃを買ってあげよう. *Que* estudies bien o, —de lo contrario—, no aprobarás en junio. しっかり勉強しなさい. でないと6月には落第するよ. 3）［間接命令. hacer などの使役動詞が含意. +接続法］…させなさい: ¡*Que* espere un momento! 少し待たせなさい. *Que* entren. 皆さんをお通ししなさい. *Que* suene la música, por favor. 音楽をかけて下さい. 4）［祈願. desear などの祈願動詞が含意. +接続法］¡*Que* disfrutéis! 君たち, 楽しんでね！ ¡*Que* te viertas! 楽しんでね！ ¡*Que* te mejores pronto! 早く元気になってね！ ¡*Que* tengas mucha suerte! 幸運を祈っています！ ¡*Que* tengas un feliz fin de semana! 楽しい週末を！ ¡*Que* maten a los villanos, rey! 王よ, 平民たちに殺されるがいい！ ¡*Que* llueva, ~ llueva! [童謡] 雨々降れ降れ！ ¡*Que* se haya mejorado ya! もう彼の身に何事も起こっていませんように！ ¡*Que* haga buen tiempo mañana! 明日晴れますように！ ［対照］¡Ojalá [~] haga buen tiempo mañana! 明日晴れるといいが！ 5）［過去の事への願望に対する願望. +接続法過去完了］…すれば良かったのに: *Que le* hubiera hecho bien y no tendría que repetirlo. 私はそれをちゃんとしておけば, 繰り返さなくても良かったのに. *Que me* hubieras avisado. 君は私に知らせてくれれば良かったのに. 6）［感嘆. qué pena のような感嘆の句が含意. +接続法］¡*Que* nos veamos obligados a aguantar semejante situación. 私たちがこのような状況を耐え忍ばなければならないとは！ ¡*Que* me pase esto a mí, a mis años！ 私はこの年になって, こんな目に遭うとは！ ¡*Que* un poeta se resista a la imaginación...！ 詩人に向かって想像力を働かせるなと言われても…！ 7）［誓い. jurar などの誓いの動詞が含意. +直説法］誓って…だ: Por Dios ~ me las pagarán. 神かけて彼らにこの償いをさせてみせる. Por mis hijos, ~ lo haré. 私は子供たちに誓って, きっとやりとげますよ. Por mi honor ~ lo solucionaré. 私の名誉にかけて, この問題を解決してみせる. ❸ [単文で. 副詞・形容詞に導かれる. 省略可の場合がある] 1) [［副詞＋］] Independientemente de ~ sea mío, no te lo dejaré usar. それが私のものだということは別にして, 君にはそれを使わせてやらないよ. Seguramente [~] tardarán mucho. きっと彼らはひどく遅れるだろう. Evidentemente ~ está enfermo. 明らかに彼は病気だ！ ≡Evidentemente, ~ está enfermo.］. 2) [形容詞＋] Seguro ~ voy a estar ahí a las tres. 私は必ず3時にそこにいるからね. 3) [感嘆文. qué+副詞・形容詞＋] 何しろ?! ¡Qué bien ~ se está aquí! ここは何て居心地がいいのだろう！ ¡Qué bueno ~ me llamaste! 君が電話してくれて良かった！ ❹ [口語] [副詞節を導く] 1) [原因・理由] …なので, …だから ≡porque］: No quiero salir, ~ estoy cansado. 私は疲れているので出かけたくない. Me voy, ~ me están esperando. 人を待たせているので, これで失礼します. Eva está en la oficina, ~ la he visto yo. エバは事務所にいるよ. 私は見たのだから. [命令文＋] Vete, ~ te están esperando. 行きなさい. みんな待っているよ. Salid, ~ ya pasó el peligro. もう安全だから, みんな出ておいで. No entre, ~ el suelo está mojado. 床が濡れているから, 入らないで下さい. 2) [目的. ＋接続法] …するように ≡para que］: Abre la ventana, ~ entre aire fresco. 新鮮な空気が入るように窓を開けなさい. 3) [譲歩. ＋接続法] …する限り: Que yo sepa, este es el mejor. 私の知る限りではこれが最上だ. Que yo recuerde, María nunca ha vivido en París. 私が記憶する限り, マリアはパリに住んだことなどないはずだ. [＋接続法を反復] …だろうと…だろうと: Que quieras, ~ no quieras, tendrás que ir. 君は好もうと好まざるとかかわらず行かねばなるまい. Que llueva, ~ no llueva, iremos hoy. 雨が降ろうと降るまいと今日行きます. Que ría o ~ llore, me tiene sin cuidado. 彼が泣こうと笑おうと私は少しも構わない. 4) [条件. ＋接続法] ≡si］: Que te apetece ir al cine... pues te vas al cine. 君が映画を見に行きたいのなら… それなら行けばいい. 5) [様態. ＋直説法] …のように ≡como］: Corre ~ vuela. 彼は飛ぶように走る. ❺ [比較級＋] …より: El gasta más ~ gana. 彼はかせぐより多く使ってしまう. Me gusta mucho más viajar en autobús ~ en metro. 私は地下鉄よりもバスに乗る方がずっと好きだ. Paco es menos descuidado ~ Juan. パコはフアンほどうかつではない. Prefiero pasear un rato ~ ir al cine. 私は映画を見に行くより, 少し散歩したい. ❻ [同一・相違・範囲] …と: Salió por la misma puerta ~ antes. 彼はさっきと同じドアから出ていった ［同一物］. Ese ordenador es igual ~ el mío. そのパソコンは私のと同じだ ［同種］. Canta igual de mal ~ su padre. 彼は父親と同じく歌が下手だ. Tengo otra opinión ~ tú. 私は君と違う意見だ. No hay otro remedio ~ huir. 逃げる以外に方法はない. ❼ [結果] …なので…だ: Esta casa es grande ~ no hay manera de calentarla. この家はあまりに大きいので暖房するすべがない. Corría tanto ~ no pudimos alcanzarlo. 彼は大変速く走ったので私たちは追いつけなかった. Estaba tan nerviosa ~ se equivocaba constantemente. 彼女は大変緊張していたのでしょっちゅう間違った. ❽ [仮想代替. ＋過去未来形] もし…ならば: Yo ~ tú no dimitiría. 私が君なら辞職しないよ. Yo ~ tú habría puesto una denuncia. 私が君の立場なら告発しているだろう. ❾ [tener-haber+~+不定詞] [→tener, haber]: Tengo ~ levantarme temprano mañana. 私は明日早起きしなければならない. Hay ~ respetar a los mayores. 年上の人には敬意を払わねばならない. ❿ [hacer+時間＋] ［→時間］: Hace un año ~ vivo en España. 私がスペインに住んで1年になる. Hacía tiempo ~ no veía la televisión. 彼は長い間テレビを見たことがなかった. ⓫ [並列・配分] …であり ≡y］: …でなければ ≡o］: Justicia pido, ~ no gracia. [文語] 私が求めているのは正義であって慈悲ではない. Cállate, ~ te mato. 黙れ. さもないと殺すぞ. ⓬ [挿入節] Si llegáis tarde, ~ espero que no, os guardaremos la cena. 君たちの帰りが遅い場合は―そうでないことを願いますが―夕食は残しておいてあげるよ. Y al oírlo sonrieron todos; todos, menos la pobre Rosa, ~ así se llamaba la niña. それを聞いてみんな微笑んだ. 微笑まなかったのは可哀そうなロサ―それがその少女の名前だった―だけだった. Si le falla el ordenador, ~ le puede fallar, que no vengas echándome a mí la culpa. もしコンピュータが故障したら―故障するかもしれないが―, 私のせいにしないでくれよ. ⓭

1899

qué

[主語と動詞の間に挿入して逆接] ¡Y yo ~ tenía ganas de salir! 外出したかったのに！
a ~ +直説法 1) [確信・確実] 絶対に…である, きっと…だろう: ¡A ~ no me ganas al ajedrez! 君は絶対にチェスで僕に勝てないよ！ ¡A ~ no puedo aguantar debajo del agua más que tú! 君より長く水に潜っていられるぞ！ 2) [否定文で, 挑発・激励] …とでも言うのか: ¿A ~ no eres capaz de ganarme? 私には勝てっこないだろう？ ― ¿A ~ no te atreves a cantar aquí? ここでこのことを言わないなんて ［言えよ］！ 3) [否定疑問文で, 相手に対して確認を求める] …なのか?: ¿A ~ no ha venido nadie? 誰も来なかったよね？ 4) [起こるかもしれない恐れ] もしかしたら: ¿A ~ no le encontramos en casa? もしかすると彼は家にいないかもしれない! ¡A ~ se ha ido toda la familia sin mí! 私を置き去りにして家じゅう出かけてしまったら ［大変］だ！ 5) [脅迫] ¡A ~ te doy una bofetada! 一発食らわすぞ！
de ~ +接続法 [口語] …するとすぐに
Érase ~ se era... [おとぎ話の冒頭] 昔々あるところに…がおったとさ ［＝Érase una vez (que se era).］ [語法] ＋複数名詞は主に Éranse ~ se eran...］: Éranse ~ se eran un viejo y una vieja. 昔々おじいさんとおばあさんがいました
¿Es ~ +直説法? [que 以下の平叙文を疑問文に変える (多くの場合, 修辞的な疑問文)］ ¿Es ~ me vais a dejar solo? 僕を一人にしておくのか
... ~ ... [同一語] [強調] …ばかりである; 非常に…である: 1) Carlos sigue terco ~ terco. カルロスは頑固一徹だ. 2) [直説法現在3人称単数形＋~+直説法現在3人称単数形] Está todo el día barre ~ barre. 彼は一日じゅう掃除ばかりしている. Mientras el agua me cae encima, yo estoy canta ~ canta. 私はシャワーを浴びながら歌いまくる
~ no que... [比較級を導く] →**y no que...**
~ si... ~ si... …とか…とか: Siempre dice ~ si no tiene trabajo, ~ si no tiene dinero. 彼はいつも仕事がないとか, 金がないとか言っている
~ si fue, ~ si vino／~ si fue y ~ si vino [口語] あれやこれやの議論; 百出の議論: Al verme, los niños se precipitaron a contarme ~ si fue, ~ si vino. 私を見て子供たちは我先にあれやこれやと言い始めた. En la reunión muchos dijeron ~ si fue, ~ si vino, resultando no llegar a ningún acuerdo. 会合では大勢の人があれこれ言ったので, 結局何の一致も見なかった
~ sí 1) [しばしば繰り返して] そうだとも, もちろん: ¿Cenas esta noche conmigo?—¡Que sí, ~ sí! 今晩僕と夕食を食べる?—食べる, 食べるよ. 2) [否定疑問に対する肯定の返事] No me escuchas.—Que sí te escucho. 僕の話を聞いてないよ.—ちゃんと聞いてるよ
ser ~ +直説法 [理由の説明, 言い訳など] …ということだ: Es ~ no tengo dinero. 実を言うと私は金を持っていないのです. Lo que hay que ver es ~, es ~ los agricultores no están haciendo un uso adecuado del recurso hídrico. 考えなければならないのは実は, 実は, 農民たちは水資源を活用してはいないということなのです
siendo ~ +直説法 …であるから; …であるが: Parecía mayor de edad, siendo ~ solo tiene 15 años. 彼はわずか15歳なのに成人のように見えた

qué [ké] [←ラテン語 quid] [不] [疑問代名詞. 性数無変化] ❶ [事物の名称・定義・説明などを問う] 何?: 1) [主語] ¿Qué te pasa? どうしたんだ? ¿Qué es esto? これは何ですか? ¿Qué es José? ホセの職業は何ですか? [直接目的語] ¿Qué estás leyendo? 君は今何を読んでいるの? ¿Qué busca usted? 何をお探しですか? ¿Qué quieres?—Nada, mi vida, que bailemos. どうしたの?—何でもないさ, さあ踊ろうよ. [前置詞の目的語] ¿Para ~ vienes aquí? ここに何しに来るの? ¿De ~ hablaste con ellos? 彼らと何について話したの? 2) [間接疑問] Dime ~ quieres beber. 何が飲みたいのか言ってごらん. Pregúntale [que] ~ vende. 彼に何を売っているのか聞いてごらん [語法] では qué の前に接続詞 que を置くことができる. 3) [＋不定詞] 何を…すべきか ［→que 不I 4) ii)］: No sé ~ decir. 何と言ったらいいか分かりません. No supe ~ responder. 私は何と答えていいか分かりませんでした. Hace seis meses que me arruiné en el negocio, y no tengo ~ hacer. 私は6か月前に事業に失敗して, 今は何もすることがありません. No había ~ comer, pero tenían dignidad. 食べるものが何もなかったが, 彼らは毅然

Q

としていた。❷［感嘆］何!: ¿*Qué* es esto? ［驚き・怒り］これはどうしたことだ! ¿Sabes que lo han premiado?—¡*Qué* me dices! 彼が賞をもらったって知ってる?—何だって? ［語法］+動詞の場合、動詞の前に que を置くことがある: ¡*Qué* buenas [que] son! 彼女らは何といい人たちだろう! ¡*Qué* guapa [que] estaba la novia! 花嫁は本当にきれいだった!］❸［反語］どうして: ¡*Qué* voy a estar tranquilo! どうして私が平静でいられようか! ❹［問い返し］何?: ¿*Qué* es ~? 何って何? ［一部が聞き取れなかった時. 文頭以外の位置も可. 冠詞+］No encuentro la llave.—¿No encuentras la ~?—La llave de la casa. 鍵が見つからないなあ。—何が見つからないって?—家の鍵だよ。Aquí hay un lagarto. —¿Un ~?!—Un lagarto. ここにトカゲがいるよ。—何がいるって?—トカゲだよ。❺［口語］［値段・数量］いくら?, いくつ? ［=cuánto?］: ¿*Qué* te costó el coche? その自動車はいくらだった? ¿*Qué* tardas en volver del trabajo a casa? 職場から帰宅するまでどのくらい時間がかかるの? ¿*Qué* vas a poner, un terrón o dos de azúcar? 角砂糖はいくつ入れる? 1つ? 2つ? ❻［口語］［様態］どう?: ¿*Qué*? ¿Pican? ［釣り人に］どう? 当たりはありますか?

── 形 ［疑問形容詞. 性数無変化］❶［+名詞. 事物・人について］何…?, どんな: 1) ¿*Qué* libro estás leyendo? どんな本を読んでいるの? ¿*Qué* cerveza sueles beber? いつもどの銘柄のビールを飲むの? ¿*Qué* preocupaciones tiene usted? どんな心配事がおありですか? ¿*Qué* escritores triunfan hoy? 最近はどんな作家が成功していますか? ¿De ~ color es este bolígrafo? このボールペンは何色をしているの? ¿*Qué* ~ amigo te refieres? どの友達のことを言っているの? 2) ［間接疑問］Me preguntó en ~ ciudad vivía. どこの町に住んでいるかと彼は私に尋ねた。No me dijo ~ vuelo tomaría. どのフライトに乗るのか彼は私に言わなかった。❷［感嘆］何という…!: ¡*Qué* susto! びっくりした! ¡*Qué* vergüenza! ああ、恥ずかしい! ¡*Qué* hipocresía! 何という偽善だろう! ¡*Qué* cantidad de coches! 何とたくさんの自動車だ! ¡*Qué* calor hace aquí! ここは暑いなあ! ¡*Qué* voz tiene! 彼女は何といい声をしているのだろう! 2)［+名詞+más+tan+形容詞］何と…な…だろう!: ¡*Qué* niña *más* (*tan*) inteligente! 何と賢い少女だろう! ¡*Qué* día *más* (*tan*) bonito! 何と美しい日だ! *Qué* conversación *tan* increíble la que tenemos, ¿verdad? 私たちは何という信じられない話をしているのでしょうね。❸［反語］¡*Qué* manera es esta de recibir a nadie! こんな迎え方ってありますか? ❹［口語］［数量］いくらの?, いくつの?: ¿*Qué* dinero llevas ahora? 今いくら持ってる? ¿*Qué* años tienes? 年はいくつ?

── 副 ［感嘆］何と!: 1) ［+形容詞］¡*Qué* bello es aquel cuadro! あの絵は何て美しいのだろう! ¡*Qué* maleducado es el niño! あの子はしつけが悪いね! ¡*Qué* sucias tienes los zapatos! 君の靴くどく汚れているよ! *Qué* bueno eres, ~ bueno, no hay nadie como tú. あなたっていい人、本当に、あなたのような人はいないわ。2) ［+副詞］¡*Qué* tarde es! 何て遅くなったんだ! ¡*Qué* mal estoy! ああ具合が悪い! ¡*Qué* bien conduces! 君は車の運転が上手だね! ¡*Qué* bien [que] se pasa aquí? ここは本当に楽しいね!

── 男 ［el+］性質、本質: Lo importante no es el ~, el cómo. 大切なのは何(か)ではなく、方法（いかにして）である

a ~... たとえ…でも: Te estaré esperando *a* ~ horas. たとえ何時でも待っているよ

¿A ~ [*viene*]…? ［相手の言動を批判したり不当性をとがめて］なぜ…?: ¿A ~ [*viene*] esas preguntas? 何でそんな質問をするんだ? ¿A ~ *viene* no ir a clase hoy? どうして今日学校を休んだんだ? ¿A ~ fuiste a su casa? 君はなぜ彼の家に行ったんだ? ¿A ~ tantos gritos? 何をそんな大声でわめいているんだ?

el ~ dirán 世間の評判: por respeto al ~ *dirán* 世間の評判を恐れて、うわさを気にして

¿para ~? 何のために?: ¿*Para* ~ sirve este tipo de diccionario inverso? このタイプの逆引き辞典はどんな役に立つのですか? ¿A ~ trabajas tanto? 何のためにそんなに働くの? No sé *para* ~ vas a verle. 何のために君が彼に会おうとしているのか私には分からない

¿por ~? 1)［原因、理由・動機］なぜ? 〖→cómo〗［類義］: ¿*Por* ~ no viniste?—Porque estuve enfermo. なぜ来なかったの?—病気だったから。¿*Por* ~ me has hecho eso? 君はなぜ私にそんなことをしたの? Pregúntale *por* ~ lo ha dicho. なぜそう言ったのか彼に尋ねてくれ。2)［感謝に対し

て］Muchas gracias.—¿*Por* ~? どうもありがとう。—とんでもない

¿Por ~ *no*? もちろんですよ: Oye, ¿me haces un favor?—¿*Por* ~ *no*? ねえ、お願いがあるんだけど。—いいとも

¿Por ~ *no*...? 1)［上昇調で発音. ごく親しい間柄での勧誘、少し命令口調］¿*Qué* calor! ¿*Por* ~ no tomamos un refresco? 何て暑いんだろ! 冷たいもの飲まない? 2)［依頼］…してくれないか: ¿*Por* ~ no se lo dices tú? このことは君が彼女に言ってくれないか ［語法］「勧誘」は話し手を含む複数の直説法現在形で、「依頼」は聞き手が主語になり直説法現在形で] 3)［批判］どうして…しないのか: Y tú, ¿*por* ~ no dijiste nada? ところで、さっきはどうして何も言わなかったの? 4)［提言］…すればよいのに: ¿*Por* ~ no llamas a tu hermano en este caso? こんな時は兄さんに電話したらいいのに

¡*Qué*! 分からない; 嫌だ!

¡*Qué de*+名詞! 1) 何とたくさんの…だろう!: ¡*Qué de* gente hay en la plaza! 広場には何と大勢の人がいることか! ¡Mira ~ de gaviotas! ごらん、すごいカモメだね! 2)［程度］何という…だろう!: ¿*Qué de* cambios! 何という変わりようだ! ¡*Qué de* vestido te pones hoy! 今日の君のドレスはすごいね!

¡*Qué decir de*...? ～について何と言えばいいのか: ¿*Qué decir de* un hombre así? ああいう人をどう評すればいいのだろう?

¡*Qué hacemos* (*haremos*), *con eso*? それは無駄な議論だ

¡*Qué hacer*! ［地方語］［返答］当然だ、当たり前だ!

¡*Qué haces*? 何の仕事をしているのかい?

¡*Qué hay* [*de bueno*]? ［簡単な挨拶］やあ!: ¡Hola! ¡*Qué hay*? やあ、どう?／元気かい? ¿*Qué hay*? ¿*Qué pasa*? やあ、どうしたんだい?

¡*Qué hubo*?／¿*Qué húbole*? ［メキシコ, コロンビア］=¿*Qué hay* [*de bueno*]?

¿*Qué le vamos* (*le vas・se le va*) *a hacer*?／¿*Qué le hemos* (*se le ha*) *de hacer*? ［嫌なこと・困ったことを前にして、あきらめて］仕方ない、どうしようもない、我慢しよう: Si ya no hay tiempo ni dinero, ¿~ *le vamos a hacer*? もう時間も金もないのなら、どうしようもない。Ahora han anunciado que el avión llegará con dos horas de retraso.—¡*Qué le vamos a hacer*!, tomaremos algo ligero en ese restaurante. 今飛行機が2時間遅れるとアナウンスがあったの。—しかたないね! あそこのレストランで軽いものを食べることにしよう

¿*Qué se hizo*+名詞?／¿*Qué se habrá hecho de*+名詞?／¿*Qué ocurrió con*+名詞? ［文語］［命運・行く末などの興味］¿*Qué se habrá hecho de* esos refugiados políticos? それら政治難民はどうなったのだろう?

¡*Qué sé yo*!／¡*Yo qué sé*! 《口語》［強調］私が知るものか／分かるわけがないだろう!

¿*Qué ser de*+人・事物? …はどうなるのだろう?: ¿*Qué fue de* Lola? ロラはどうなったのだろう?

¿*Qué tal*? 1)［親しい間柄での挨拶］やあ元気かい?: Hola, ¿~ *tal*? やあ、調子はどう? 2) どのように? ［=cómo?］; [+主語名詞] はどうだ?: ¿*Qué tal* te encuentras hoy? 今日は具合はどう? 2) どのように? ［=cómo?］; [+主語名詞] はどうだ?: ¿*Qué tal* resultó el asunto? その件はどうだった? ¿*Qué tal* estuvo la película?—La encontré aburrida. 映画はどうだった?—退屈だった。¿*Qué tal* [*está*] ese tabaco?—Muy bien (bueno). あのたばこはどう?—とてもうまい。¿*Qué tal* una taza de café? コーヒーはいかが? Me preguntó ~ lo había pasado en la fiesta. パーティーはどうだったかと彼は私に尋ねた。3) [+名詞] どのような…?: Y, ¿~ *tal* chico es? で、彼はどんな青年ですか?

¿*Qué tal si*...? [+直説法(1人称複数・2人称単数・2人称複数現在形). 勧誘］…してみない、…してみたら?: ¿*Qué tal si* tomamos un café? コーヒーでも飲もうか?

¿*Qué tal vamos*? [+de+名詞 については］どうなっている、調子はどう?

¡*Qué va*! 《西. 口語》［否定の返事の強調］とんでもない!: Andas buscando chicas?—¡*Qué va*! 女の子を捜しているのかい?—とんでもない! Estamos altos. ¿No te da vértigo?—¡*Qué va*. 高いところに来たね。目がくらまないか?—全然

¿*Qué va*? [bar などで] 何にしましょう?: Entro en un bar y me dice el camarero: ¿*Qué va a ser*, señor? 私がバルに入るとボーイが言う、「何にしましょう?」

¿*Qué voy* (*vas・*...) *a*+不定詞? ［軽い疑問も込めた否定］

¡*Qué vas a saber tú latín!* 君はラテン語を知っているんだって〔知らないくせに〕! |¡*Qué voy a haber dicho yo eso!* 私がそんなことを言ったんだって〔言ってないよ〕!
¿*Sabes ~?* あのね: ¿*Sabes ~?*―¿*Qué?*―Es que voy a casarme con Pepe. あのね.―何?―私、ペペと結婚するの
¿*Y ~?* それから?/それがどうしたのだ?: Sí, ya sabemos que subirán los precios, ¿*y ~?* うん、物価が上がるのは分かっているけど、だから何だと言うんだ? | Julia sigue enferma.―¿*Y a mí ~?* フリアはまだ病気が治らないんだ.―それが私に何の関係があるんだ?

quebecense [kebeθénse] 形 =**quebequés**
quebequeño, ña [kebekéɲo, ɲa] 形 名 =**quebequés**
quebequés, sa [kebekés, sa] 形 名〖地名〗〘カナダ〙ケベック Quebec の〘人〙
quebrachal [kebratʃál] 男〘南米〙ケブラチョ林
quebracho [kebrátʃo] 〖←古語 quiebrahacha < quebrar+hacha〗男〘南米, 植物〙ケブラチョ〘高木. = ~ rojo〙: ~ blanco キョウチクトウ科の樹木の一種〖学名 Aspidosperma quebracho-blanco〗
quebracía [kebraθía] 女〘ラマンチャ, アンダルシア〙ヘルニア〖=hernia〗
quebrada[1] [kebráda] 〖←quebrar〗女 ❶ 峡谷, 山間の細い道: Q ~ de Humahuaca ウマワカ渓谷〘アルゼンチン北部〙. ❷《フラメンコなど》ケブラーダ〘体を傾けた状態で行なう回転の一種〙. ❸〘中南米〙小川, 渓流
quebradero [kebradéro] 〖←quebrar〗男《口語》悩みの種〖= ~s〙 de cabeza〗: Para el profesorado la mala ortografía es un ~ de cabeza. 教師たちにとって綴りの間違いは頭痛の種である. ❷《廃語》壊す物
quebradillo [kebradíʎo] 男《舞踊など》腰をくねらす動き
quebradizo, za [kebradíθo, θa] 形 ❶ 割れやすい, 壊れやすい: El papel es ~. 紙は破れやすい. cabello ~ 切れやすい髪の毛. ❷〘体・意志が〙弱い: salud ~za 虚弱, 病弱な体質. ❸《音楽》voz ~za〘装飾音 quiebro を歌う〙軽快な震え声. ❹ 気難しい, 怒りっぽい
quebrado, da[2] [kebrádo, da] 形 ❶ 割れた, 壊れた: Tiene un brazo ~. 彼は腕を骨折している. vaso ~ 割れたコップ. ❷ 破産した, 一文なしの: comerciante ~ 破産した商人. ❸〘線が〙折れ曲がった: línea ~da 折れ線, 破線. ❹〖estar+. 土地が〙凸凹のある. ❺〖声が〙震えた, 途切れ途切れの. ❻《詩法》verso ~ 他のより長い詩句で作った4音節詩句. ❼ヘルニアを患った. ❽《菓子》〖クッキーが〙サクサクした. ❾《ロゴーニョ》〖動物が〙去勢に欠陥のある. ❿〘中南米〙無一文の. ⓫《コロンビア》幻覚剤の効き始めた. ⓬《ベネズエラ》〖=jorobado〗. 2)《学生が》試験に落ちる
―― 名 破産者
❶ 分数〖=número ~〗: hacer ~s 分数の計算をする. ~ decimal 小数. ❷ 破産〖=quiebra〗: [no] rehabilitado〘非〙免責破産. ❸〘覆〙《書き方練習用紙の》段に分かれた罫線. ❹《ログローニョ》川〘用水路〙の水を遠隔地に流すのに利用される河床. ❺《キューバ》1)〘良質だが〙穴のあいたタバコの葉. 2) 岩礁群の間の航路
quebrador, ra [kebradór, ra] 形 名 ❶ 壊す; 破壊者. ❷〘法律などに〙違反する, 違反者
quebradura [kebradúra] 女 ❶〘地面の〙割れ目, 裂け目; 峡谷〖=quebrada〗. ❷《俗用》ヘルニア〖=hernia〗
quebraja [kebráxa] 女〘木材・石の〙割れ目, 亀裂, 裂け目
quebrajar [kebraxár] 他 ひび割れを生じさせる
quebrajeado, da [kebraxeádo, da] 形《アルゼンチン》細かいひび割れのある
quebrajoso, sa [kebraxóso, sa] 形 ❶ 割れやすい, 壊れやすい, もろい. ❷ ひび割れした, 亀裂の入った
quebramiento [kebramjénto] 男 =**quebrantamiento**
quebrancía [kebranθía] 女〘ラマンチャ, アンダルシア〙ヘルニア
quebrantable [kebrantáble] 形《まれ》壊せる
quebrantado, da [kebrantádo, da] 形 壊れた; 弱った
quebrantador, ra [kebrantadór, ra] 形 ❶ 侵害する, 破る; 壊す, 壊れた
―― 名 違反者; 破壊者
―― 男〘鉱石などの〙破砕機
quebrantadura [kebrantadúra] 女 =**quebrantamiento**
quebrantahuesos [kebrantawésos] 男《単複同形》❶〖鳥〙ヒゲワシ. 2) ミサゴ. ❷《西. 口語》うるさい人, しつこい人. ❸〘遊戯〙子供が体を逆さにされて一人は足、もう一人は頭

をつかみ、四つんばいになった別の2人の背中の上で転がる遊び.
❹《ラマンチャ》〖アブ・ハチなど虫刺され用の〙生蝋とサソリ油の軟膏
quebrantamiento [kebrantamjénto] 男 ❶ 侵害, 違反. ❷ 破壊. ❸〘活力などの〙衰え, 消耗
quebrantaolas [kebrantaólas] 男《単複同形》《船舶》❶〘港湾施設の〙波よけ用に沈めた廃船. ❷〘ブイのロープが短く水面に届かない時につなぐ〙補助ブイ
quebrantapiedras [kebrantapjédras] 女《単複同形》《植物》ナデシコの一種〖学名 Herniaria cinerea〗
quebrantar [kebrantár] 〖←ラテン語 crepantare < crepans, -antis〗他 ❶〘堅い物を部分的に〙壊し, 砕く, 割る, 折る; ひびを入れる: El viento rompe *quebrantó* las ramas de los árboles. 強風で木々の枝が折れた. ~ la puerta ドアを壊す. ~ unos ajos ニンニクをつぶす. ❷〖法律・約束事を〙破る;〖聖域・禁漁区など〙侵犯する: ~ las normas 規則を破る. ~ un coto 禁漁区に入る. ~ una tumba 墓を暴く. ❸〘活力・抵抗・怒りなど〙を弱める, 和らげる: ~ la moral 士気を弱める. La furia de las olas 荒れ狂う波が静める. ❹〖健康を〙害する: El clima húmedo le *quebrantó* la salud. じめじめした気候が彼の健康を損なわせた. ❺ こじ開ける, むりやり開ける: El ladrón *quebrantó* la cerradura de la puerta. 泥棒がドアの錠前をこじ開けた. ~ el cárcel 脱獄する. ❻《古語》悩ます, うんざりさせる; 同情を誘う: Le *quebrantó* la pobreza de la región. その地方の貧困ぶりに彼は哀れを誘われた. ❼〖法律〙無効にする, 取り消す: ~ un testamento 遺言を取り消す. ❽《中南米》〖子馬を〙馴らす, 調教する
―― ~se ❶ 壊れる, 砕ける, 折れる; ひびが入る. ❷〘活力・健康・怒りなどが〙弱まる, 衰える, 和らぐ: Su salud *se quebrantó* y abandonó la vida militar. 彼は健康が衰えて、軍隊をやめてしまった. La razón *se ha quebrantado* a mil pedazos. 理性は粉々に砕けた. ❸《船舶》〖竜骨が湾曲して〙ゆがむ
quebranto [kebránto] 〖←quebrantar〗男 ❶〖法律・約束を〙破ること: El ~ de los acuerdos de paz llevó a la declaración de la guerra. 平和条約を破ったために宣戦布告がなされた. ❷〘力・体力・気力の〙衰え, 衰弱; 落胆, 意気消沈. ❸ 悲嘆, 同情, 憐憫: Su muerte la ha sumido en un profundo ~. 彼の死は彼女を深い悲しみに沈めた. ❹ 損害, 損失: sufrir (salir de) un ~ 経済的な打撃を受ける (から立ち直る). ❺ 壊す (壊れる) こと, 破壊. ❻《商業》~ de moneda 支払人への補償, コミッション. ❼《ベネズエラ. 口語》軽い発熱
quebrar [kebrár] 〖←ラテン語 crepare『きしむ, 破裂する』〗23 他 ❶《主に中南米》壊す, 砕く, 割る: Se sentó en la silla de golpe y *quebró* una pata. 彼はドスンと椅子に座って脚を1本折ってしまった. ~ un plato 皿を割る. ~ con el amistad 友情を壊す. ❷〖体を〙折る, 曲げる: *Quebró* la cintura para recogerlo. 彼はそれを拾おうと腰をかがめた. ❸ 打破する, 克服する: ~ una dificultad 困難に打ち勝つ. ❹ 弱める, 和らげる: ~ el color 色を弱める. ❺〖顔色を〙悪くさせる, 青ざめさせる. ❻〖思考・夢などを〙中断させる, 妨害する, さえぎる. ❼《サッカーなど》〖体をひねって相手選手を〙かわす. ❽《メキシコ, コロンビア. 口語》〖人を〙殺す.《メキシコ, ウルグアイ》〖子馬を〙馴らす, 調教する. ❿《アルゼンチン》〖抵抗などの〙意思を阻害させる
―― 自 ❶ 破産する, 倒産する: La empresa *quebrará* dentro de poco. その会社はまもなく倒産するだろう. ❷《口語》〖+con+人〗と仲違いする, 絶交する: *Quebró con* su novia. 彼は恋人と別れた. ❸ 曲がる, たわむ: El soporte *quebró* por la sobrecarga. 積みすぎで支柱が曲がってしまった. ❹〖+por+人〗のせいで〙失敗する.
antes ~ que doblar 屈服するより死を選ぶ
―― ~se ❶〘乱暴などによって〙壊れる, 割れる: Casi todos los platos *se quebraron*. 皿はほとんどすべて割れた. ❷〘自分の…を〙折る, 骨折する: *Se quebró* la pierna. 彼は脚を骨折した. ❸ 曲がる, たわむ. ❹〖顔色が〙悪くなる, 青ざめる: *Se quebró* su cara por el terror. 彼は恐怖で顔色が青ざめた. ❺〖声を〙失う, かん高くなる, 上ずる. ❻〖山脈・台地などが〙途切れる: La cordillera *se quiebra* a pocos kilómetros. 山脈は数キロ先で途切れている. ❼《西. 俗用》ヘルニアになる〖=herniarse〗. ❽《コロンビア》破産する. ❾《アルゼンチン》1) 意気阻喪する, 2)〘歩く・踊る時に〙腰をくねらす
quebrazas [kebráθas] 女《複》〖刀身にできる〙亀裂, ひび
quebrazón [kebraθón] 男 ❶《メキシコ, 中米, コロンビア, チリ》[ガ

quecha ラス・陶磁器などが]割れる(砕ける)こと. ❷《チリ》口論, 言い争い

quecha [kétʃa]《チリ. 農業》[ジャガイモの]覆土, 土寄せ

queche [kétʃe]《←英語 ketch》男《船舶》ケッチ《北洋で使われた縦帆の小型二檣帆船》

quechemarín [ketʃemarín]《←仏語 caiche marine》男《船舶》小型二檣帆船, ヨール

quécher [kétʃer]《←英語 katcher》男《野球》キャッチャー, 捕手

quechera [ketʃéra] 女《ペルー》下痢

quechol [ketʃól] 男《メキシコ. 鳥》=**quechole**

quechole [ketʃóle] 男《メキシコ. 鳥》アンデスフラミンゴ

quechua [kétʃwa] I《←ケチュア語 qheswa「谷間の言葉」》形 名ケチュア族[の]《ペルーなどアンデス諸国の, ケチュア語を話す先住民》
── 男 ケチュア語《南米アンデス地域で使われている先住民語. インカ帝国ではアイマラ語と並んで公用語化が目指された》例 cóndor「コンドル」, llama「リャマ」, papa「ジャガイモ」
II《←ケチュア語 qhichwa「温暖な地帯」》女《地理》キチュア帯《アンデスの標高3000mくらいまでの温暖な谷間. スニ suni 帯とユンガ yunga 帯の間》

quechuismo [ketʃwísmo] 男 ケチュア語独特の言葉(言い回し)

queco [kéko] 男《アルゼンチン, ウルグアイ. 隠語》売春宿

queda[1] [kéda]《←quedar》女 ❶《戒厳令下などの》夜間外出禁止《=toque de 〜》. ❷《修道院などでの》消灯時刻;《村の》帰宅時刻. ❸ 夜間外出禁止の警報;消灯(帰宅)時刻の合図《の鐘》. ❹《地方語. 遊戯》隠れんぼ

quedada[1] [kedáda] 女 ❶《西. 口語》からかい, 悪ふざけ. ❷ 居残り, 残留. ❸ 会合, 集まり: Se ha organizado una 〜 de antiguos alumnos del colegio. 小学校の同窓生の集まりが企画された. ❹ 風が止むこと, 凪(ぎ). ❺《ボール》を軽く蹴ること. ❻《メキシコ, ニカラグア. 口語》《婚期を過ぎた》未婚女性, オールドミス《=solterona》

quedado, da[2] [kedádo, da] 形 ❶ やる気のない, 消極的な. ❷《メキシコ, チリ》無気力な, だらしのない. ❸《ベネズエラ. 口語》呆れ果てた. ❹《チリ. 口語》愚純な

quedamente [kéðaménte] 副《文語》小声で;静かに, そっと

quedante [keðánte] 形《まれ》残存する, 存続する

quedar [keðár]《←ラテン語 quietare「平静にさせる, 黙らせる」》自 ❶ 《主に物・事が》残る, 残存する, 存続する: 1) ¿Hay gasolina? —*Queda* solo un litro. ガソリンはあるか?—1リットルしか残っていない. *Han quedado* huellas de pisadas en el barro. 泥に足跡が残っていた. El incendio ha destruido la casa y solo *quedan* las paredes. 家は火事で焼けてしまって壁しか残らなかった. 2) [+a+人 に] A Miguel solo le *quedaron* cinco euros. ミゲルの手元には5ユーロしか残らなかった. No le *quedaron* ganas de volver a intentarlo. 彼は二度と試してみる気がしなくなった. 3) [+por+不定詞 すべきことが] Todavía *quedan por* resolver siete grandes problemas matemáticos. 未解決の数学の大問題がまだ7つ残っている. Me *queda* mucho *por* hacer aquí. 私にはここでやるべきことがたくさん残っている. ❷ …の状態でいる, あり続ける: 1) *Quedo* a la espera de su respuesta. お返事をお待ちしています. 2) [+現在分詞 …する状態になる]: *Quedó* un instante mirando a la foto y se decidió. 彼はちょっと写真に目をやっていたが, やがて決心した. 3) [+sin+名詞] …のないままである; [+sin+不定詞] …のないままである: Miles de personas *han quedado sin* hogar. 数千人がホームレスになっている. La pregunta de Eva *queda sin* respuesta. エバの質問には答えがなかった. El documento *ha quedado sin* firmar. 書類は署名されないままだ. El techo *quedó sin* pintar. 天井がまだ塗装されていなかった. 4) [+en+場所 に] とどまる《=〜se》: El chico *quedó en* casa. その子は家に残った. ❸ [+過去分詞] …状態になる: [+主に無い結果] Tras el accidente, *quedó* paralítica por un cierto tiempo. 彼女は事故でしばらく身体が麻痺してしまった. Me *queda* pequeña la falda. そのスカートは私には小さすぎる. Me *quedé* tercero en el Rally Argentina. 彼はアルゼンチンラリーで3着に終わった. 2) [+過去分詞. 助動詞的. 受動行為の完了の結果] La ciudad *quedó* destrozada a consecuencia de las bombas. その都市は爆撃で破壊された. La puerta no *ha quedado* bien cerrada. ドアがきちんと閉まっていなかった. *Queda* usted invitado. あなたをご招待します. 3) [+en] …の結果になる: Tanto esfuerzo *quedó en* nada. それだけの努力が無になった. 4)

[+como …のように] 見える, …風になる: La vieja casa *ha quedado* como una nueva. 古い家が新築のようになった. En media hora *quedas* como nuevo. 30分で生まれ変わったようにしてあげよう. ❹ 取り決める: 1) [+con と, +en ということに] *Quedé con* Eva *en* eso. 私はエバとそういう取り決めをした. No *han quedado en* nada concreto. 彼らは具体的なことは何も決めなかった. Pues, *quedemos en* eso. では, そういうことにしましょう. 2) [+en+不定詞] *Quedé con* el médico en aplazar la cita para el martes. 私は医者と診察を火曜日に延期してもらうことにした. Paco *quedó* en venir a cenar con nosotros. パコは私たちの家に夕食を食べに来ることになった. 3) [+en+過去直説法未来・過去未来] *Quedaron en* que cada uno pagaría lo suyo. 彼らは各自が自分の分を払うことに決めた. 4) [俗用; メキシコ] [+de+不定詞] =〜+en+不定詞: *Quedaron de* mandarse una carta cada día. 彼らは毎日手紙を出し合うことに決めた. 5) [会う時間・場所などを] *Qué día quedamos?*—*Quedamos* el día 8 (el lunes). 何日(曜日)に会おうか?—8日(月曜日)にしよう. ¿Dónde *quedamos?* どこで落ち合おう? *Quedamos* el domingo en una cafetería. 私たちは日曜日にある喫茶店で会うことに決めた. *He quedado con* José a la salida del trabajo. 私はホセと職場の出口で会うことにした. Cuando vengas por Madrid, me llamas y *quedamos*. マドリードに来ることがあったら電話しなさい. そして会おう. ❺ [おおよその位置が] …にある: 1) Barcelona *queda* cerca de Francia. バルセロナはフランスに近い. ¿*Queda* lejos de aquí la estación de tren? 駅はここから遠いですか? Es barrio *queda* al otro lado de la autopista. その地区は高速道路の向こう側にある. 2) [+por・hacia のあたりに] Por ese lado de la bahía *queda* el islote. その奥の小島は入江のこちら側にある. 3) [+距離が, +para・hasta まで到達点までに] 1) Ya *queda* cinco días *para* Navidad. クリスマスまであとわずか5日だ. La reunión *ha quedado para* mañana. 会合は明日に延期された. Nos *quedan* tres kilómetros *hasta* Granada. グラナダまであと3キロの道のりだ. 2) [+para+不定詞 するまでに] Aún *quedan* diez días *para* terminarse el plazo. 期限切れまであと10日ある. 3) [+por・como と] 見なされる, 判断される: *Quedó por* [un] mentiroso. 彼は嘘つきだと思われた. Al no presentarse a la cita, *ha quedado como* una informal. 彼女は約束の場所に行かなかったので, 礼儀知らずだと言われてしまった. Pablo *quedó por* valiente. パブロは勇気があると, みんなから思われた. ❽ 終わる, 中止される: La conversación *quedó* ahí y no volvimos a hablar del asunto. 会話はそこで途切れ, 再び私たちはその件について話すことはなかった. ❼《教育》[教科が] 不可になる: Me *han quedado* las matemáticas. 私は数学を落とした

¿En qué quedamos? 1) どうしよう? 2) [相手の矛盾を指摘して] 一体どっちなんだ? 3) [優柔不断を突いて] さあどうするんだ?: *¿En qué quedamos?*, ¿quieres ir o no? 君は行きたいのか行きたくないのか, どっちなんだ?

por... que no quede/que pen... no quede《西. 口語》[を留保して] …に関しては問題はない: *Por* dinero *que no quede*, que yo te lo presto. お金のことなら心配ない, 私が貸してあげよう. *Por un* no *quede*, estoy dispuesto a ayudar. 私も喜んで手を貸そう. *Por intentarlo que no quede*. やるだけはやってみよう

~ bien・mal 1) [+con と] うまくいく・いかない: No quiero ~ *mal con* ellos. 私は彼らと気まずくなりたくない. 2) [+a に] 似合う・似合わない《=venir》: No me *queda bien* esa corbata. そのネクタイは私には似合わない
──[他《俗用》[+事物・人 を] 残す《=dejar》: No *quedes* la mochila ahí. そこにリュックを置いておくな

── *~se* ❶ [主に人が] とどまる, 居残る: 1) [+en+場所 に] Hoy me *quedaré* en casa y no saldré con los amigos. 今日は友達と出かけることもせず, 家にいるつもりだ. Aún *se queda* en la escuela. 彼はまだ学校にいる. Tengo pensado ~me unos días en Barcelona. 私はバルセロナに数日滞在するつもりだ. No *te quedes* en la puerta, entra. 玄関に立ってないで, お入りなさい. ¡*Quédate* donde estás! その場を動かないで! 2) [目的地に達せずに] El corredor *se quedó* a 5 kilómetros de la meta. ランナーはゴールの5キロ手前で足が止まった. ❷ [+現在分詞] *Se quedó mirándome* cuando se lo dije. 私がそう言うと彼はじっと私を見つめた. ❸《西》[+主格補語. 変化の結果. 主に損失などが悪い状態] すっかり…の状態になる

る: 1) *Se quedó* sorda de un oído. 彼女は片方の耳が聞えなくなった。 2) ［+a+人 にとって］Esos zapatos *se le han quedado* pequeños *a* mi hijo. その靴は私の息子には小さくなった。 ❹ ［+過去分詞．動作の結果の状態］…の状態である: No *te quedes* callado, di algo. 黙っていないで，何かしゃべりなさい。 *Quédese* tumbado hasta que se le pase el mareo. 酔いがおさまるまで横になっていなさい。 El conductor *se quedó* muy asustado después del accidente. 運転手は事故が起きて仰天した。 ❺ ［+con+事物／《口語》+事物 を］自分のものにする; ［購入］¿Le gusta este sombrero, señora?—Sí, *me quedo con* él./《口語》Sí, *me lo quedo*. お客さま，この帽子がお気に召しましたか？—はい，これをいただきます。 *Nos quedamos con* este piso si nos hace una buena oferta. うんと値引きしてくれたらこのマンションを買うつもりです。 2) ［寄贈・奪取など］*Quédese con* la vuelta. 釣銭はとっておいて下さい。 *Quédese con* esta foto como recuerdo. この写真を思い出しに持って下さい。 *Se quedó con* mi libro. 彼は私の本を返してくれない。 *Se quedó con* todas mis cosas. 彼は私の持っているものをすべて奪った。 La niña empezó a llamar Fido al perrito y *con* ese nombre *se quedó*. 少女がその子犬をフィドと呼び始めたので，それがその犬の名前になった。 La policía *se quedó con* las pruebas. 警察は証拠物件を押収した。 *Quédatelo*.《口語》もらっておけ。 ❻ ［+sin+事物］…をなくす: *Me quedé sin* dinero. 私は一文無しになった。 *Se ha quedado sin* palabras por la emoción. 彼は感動のあまり言葉が出なかった。 ❼《口語》［+con+人 を］1)からかう; だます，かつぐ: ¿Que eres campeón de kárate? ¿*Te estás quedando conmigo*? 君が空手のチャンピオンだって？　私をからかっているのか？ *Se ha quedado con* nosotros. Nos ha hecho creer que se había casado. 彼は結婚したと思わせて，私たちに一杯食わせた。 2) 好きになる: Mi hermana está *quedada con* Ramón. 私の妹はラモンに夢中だ。 ❽ ［+con で暗記する: Tiene una facilidad para ~ *con* los números. 彼は数を覚えるのが得意だ。 ❾《闘牛》疲れ・性質で，牛が〕突進しない。 ❿《メキシコ．口語》［女性が］結婚の気のある男性と結婚する。⓫《コロンビア》忘れる。 ⓬《チリ，アルゼンチン，ウルグアイ．口語》死ぬ: El pobre Luis *se quedó en* la carretera (el campo de batalla / la operación). ルイスは哀れなことに交通事故で死んだ〔戦死した・手術中に亡くなった〕。

quede ［kéδe］ 男《隠語》冗談，からかい

quedito ［keδíto］ 副《メキシコ》ゆっくり，そっと; 低い声で，小声で

quedo, da² ［kéδo, δa］《←ラテン語 quietus, -a, -um「穏やかな，静かな」》形 ❶《文語》静かな，動かない〔=quieto〕: Habla con voz *~da*. 小声で話しなさい。Se le escapó un murmullo *~*. 彼の口からひそかなつぶやきが漏れた。Avanzan con pasos *~s*. 彼らは忍び足で歩く。Permanece *~*, sin hacer el menor movimiento. 絶対だぞ，じっとしていなさい。Contemplaba las *~das* aguas del lago. 彼は波一つない湖面を見つめていた。❷《メキシコ》ゆっくりとした ―― 副《文語》静かに; そっと: Habla *~*. 小さな声で話しなさい。¡Q*~*! 動くな！
de *~* / *a* *~* ゆっくり

quedón, na ［keδón, na］ 形 图 ❶《口語》冗談の好きな〔人〕，からかい好きの〔人〕。❷《口語》男たらしの〔女〕。❸《闘牛》疲れた・性質で，牛が〕突進しない

queer ［kújə］ 形《←英語》同性愛者

quehacer ［keaθér］《←que+ラテン語 facere「行なう」》男 ❶ 用事，するべきこと: No puedo ir contigo, pues tengo muchos *~es* de la casa. 家の用事がたくさんあるので君と一緒に行けない。 ~ cotidiano 日課。❷ ［時に 複］仕事: dar ~ 仕事〔職〕を与える。 ir a sus *~es* 仕事に行く; 用事を片付ける。 agobiado (ahogado) de ~ 仕事に疲れた。❸《メキシコ》[集名] 家事〔仕事〕

queilitis ［keịlítis］ 女《医学》口唇炎

queimada ［keịmáδa］ 女《酒》ケイマーダ〔ガリシア地方特産．蒸留酒に砂糖とレモンを加えて火をつけた後で飲む〕

queipa ［kéịpa］ 女《ベネズエラ》種まき用の土でつくる容器

quéismo ［kéịsmo］ 男《文法》de que の代わりに間違って que を使うこと〔例〕Me alegro *que* te vayas.〕

queja ［kéxa］《←quejarse》女 ❶ ［+por・de についての〕苦情，不平，クレーム: Ha habido muchas *~s* de los vecinos *por* los ruidos de la obra. 工事の騒音についての苦情が住民たちから出ているそうだ。Los poderes públicos siguen sordos a nuestras *~s*. 行政側は私たちのクレームに依然耳を貸そうとしない。 cultura de la *~* クレーム文化。❷ ［苦痛・悲痛の〕うめき声，嘆き声 〔= quejido〕: Desde el pasillo se pueden oír sus *~s* de dolor. 彼の苦痛のうめき声は廊下からでも聞こえる
dar *~* ［s］ ［+de+人・事物 について〕不平を言う: Dio *~s de* la decisión. 彼はその決定に不平を言った
tener *~* ［s］ ［+de+人・事物 について〕不満がある: No tengo *~s de* la empresa que trabajo. 私は自分が働いている会社に不満はない

quejadera ［kexaδéra］ 女《メキシコ，コロンビア》=**quejumbre**

quejambroso, sa ［kexambróso, sa］ 形《エクアドル》=**quejumbroso**

quejar ［kexár］《←俗ラテン語 quassiare < ラテン語 quassare「激しく打つ，壊す」》他 =**aquejar**
―― ~se ❶ ［+de・por 苦痛のために〕うめく，苦痛を訴える，苦しむ: El enfermo *se queja* insistentemente *de* dolores en la espalda. 病人は絶えず背中の痛みを訴えている。*Se quejaba del* estómago. 彼は胃の痛みを訴えていた。Aunque siente dolores, no *se queja*. 彼は痛くても我慢している。*Se quejaba* mientras le quitaban los puntos. 抜糸のあいだ彼はうめき声を上げていた。❷ ［+de・por について，+a+人 に〕嘆く，不平を言う: 1) Los presos *se quejan de* la comida. 囚人たちは食事に不満を言っている。No puedes *~te*: tienes un horario de trabajo muy cómodo. 君の仕事のスケジュールは楽だから不平は言えない。No tengo nada *de qué* *~me*. 私には何の不満もない。José *se queja de* su mala suerte. ホセは運の悪さを嘆いている。Paco *se queja por* nada. パコはささいなことで文句を言う。 2) *Se queja de que* su marido vuelve a casa muy tarde. 彼女は夫の帰りが遅いとこぼしている。El cineasta *se quejó a* los periodistas *de que* no había dormido desde hacía dos días. その映画俳優は記者たちに2日間から寝ていないと愚痴をこぼした。 ［(仮定形)*Me quejo de que* no me hagan caso. もし人から無視されたら，私はつらい。Los vecinos *se quejan de que* haya demasiados extranjeros en el barrio. 住民たちはその地域に外国人が増えすぎるのではないかと怯えている。❸ ［+a+ante+《中南米》con に向かって，+en の場で〕苦情を訴える，クレームを言う: *Se ha quejado* a la policía *del* bar de la planta baja. 彼は1階のバルのことで警察に苦情を訴えた。*Me quejaré de* usted al jefe. 私は上司にあなたのことを訴えます。*Me quejé de* mi empleo *en* la oficina jurídica. 私は仕事についての不満を法律相談所に訴えた

quejica ［kexíka］《←queja》形 图 ❶《西》不平を言う〔人〕，愚痴っぽい〔人〕; すぐめそめそする〔人〕: Anda, no seas *~*. さあ，文句を言うな。 ❷ ［まれ］不平ばかり言う〔人〕: Es un *~* y protesta por todo. 彼は不平屋で，何にでもけちをつける

quejicón, na ［kexikón, na］ 形《口語》不平ばかり言う〔人〕

quejicoso, sa ［kexikóso, sa］ 形《西．まれ》不平ばかり言う，愚痴っぽい; ぐずる

quejido ［kexíδo］ 男 ［苦痛・悲痛の〕うめき声，嘆き声を訴える: Dio *~s* amargos. 彼はひどい嘆き声を上げた。Se hizo tanto daño que no pudo aguantar un *~*. 彼はひどい傷を負って，苦痛を訴えずにはいられなかった

quejigal ［kexigál］ 男 コナラ林

quejigar ［kexigár］ 男 =**quejigal**

quejigo ［kexíɣo］ 男《植物》コナラ属の数種の総称〔学名 Quercus faginea, Quercus lusitanica, Quercus canariensis〕

quejigueta ［kexiɣéta］ 女《植物》コナラ属の一種〔学名 Quercus lusitanica〕

quejilloso, sa ［kexilóso, sa］ 形 ［まれ〕 =**quejicoso**

quejique ［kexíke］ 男《ラマンチャ》不平ばかり言う

quejitas ［kexítas］ 男 ［単複同形〕《グアテマラ．口語》不平ばかり言う人

quejo ［kéxo］ 男 ❶ ［動物の〕あご; あごの骨，下顎〔解〕骨。❷ 動物のあごを縛る綱

quejón, na ［kexón, na］ 形 图 不平ばかり言う〔人〕

quejosamente ［kexósaménte］ 副 嘆いて，愚痴っぽく

quejoso, sa ［kexóso, sa］《←quejar》形 ❶［estar+．+de・con に〕不平（不満・恨み）のある: Supongo que estás *~ de* mí. どうやら君は私に不満があるようだね。Estoy *~ con* él por lo que me dijo ayer. 彼が昨日言ったことで，私は彼に不満を持

quejumbrar

っている．Anda siempre ～ del poco caso que le hacen. 彼は他人から重んじられないのを不満に思っている．La niña se mostró ～sa al oírlo. 少女はそれを聞いて不満そうな顔をした．❷《メキシコ，コロンビア，チリ，アルゼンチン，ウルグアイ》不平ばかり言う[人]

quejumbrar [kexumbrár]〖自〗しょっちゅう不平を言う，愚痴ばかりこぼす

quejumbre [kexúmbre]〖←queja〗〖女〗《文語》[ひんぱんでささいな]不平，愚痴

quejumbroso, sa [kexumbróso, sa]〖←quejumbre〗〖形〗❶不平ばかり言う: viejo ～ 愚痴っぽい老人. ❷［口語・言葉で]哀れっぽい，悲しげな，痛々しい: con tono ～ 訴えるような調子で. con voz ～sa 哀れっぽい声で

quel [kél]〖男〗《西. 隠語》家 [=casa]

quela [kéla]〖女〗《動物》鋏脚（はさみあし）

quelado, da [keládo, ða]〖形〗《動物》鋏脚を持っている; 鋏脚状の

quelante [kelánte]〖男〗《薬学》キレート剤[の]

quelato [keláto]〖男〗《化学》キレート化合物

queldón [keldón]〖男〗《チリ. 植物》暗紫色の甘い漿果のなる灌木

quelenquelén [kelenkelén]〖男〗《チリ. 植物》ヒメハギの一種《根は消化器系の薬草》

queli [kéli]〖男〗《西. 隠語》家 [=casa]

quelicerado, da [keliθeráðo, ða]〖形〗鋏角亜門の
──〖男〗〘複〙《動物》鋏角亜門

quelícero [kelíθero]〖男〗《動物》鋏角（きょうかく）

quelite [kelíte]〖男〗《植物》❶《中南米》ハゲイトウ [=amaranto]. ❷《メキシコ, 中米》青物，野菜; [食用の]新芽，芯. ❸《メキシコ》アオゲイトウ，アカザ[類の芽や食用]
──〖名〗《メキシコ》恋人，愛人

quelmahue [kelmáwe]〖男〗《チリ. 貝》小型のムール貝

quelo [kélo]〖男〗《西. 隠語》=queli

queloide [kelóiðe]〖形〗《医学》ケロイド[状の]: cicatriz ～ ケロイド状の傷跡

quelonio, nia [kelónjo, nja]〖形〗アオウミガメ属の
──〖男〗《動物》アオウミガメ属

quelpo [kélpo]〖男〗《植物》ケルプ

queltehue [keltéwe]〖男〗《チリ. 鳥》ナンベイタゲリ

queltro [kéltro]〖男〗《チリ. 農業》[種の]まき床

quelvacho [kelbátʃo]〖男〗《魚》[ウロコ]アイザメ

quema [kéma]〖←ギリシャ語 kaima「やけど, 強い熱」〗〖女〗❶焼却，焼く[焼き払う]こと; 焼けること; 火災, 炎: La ～ de unos rastrojos originó un incendio. 刈り株を燃やしていて火事になった. ～ de iglesias 教会の焼き打ち. ～ de libros 焚書（ふんしょ）. ❷《アルゼンチン》ごみ捨て場，ごみ焼却場

huir de la ～《口語》危険[な人]を避ける

salvar de la ～《口語》[事物・人を]危険から逃れさせる: No han podido salvar nada de la ～. 彼らは火の中から何も持ち出すことができなかった

salvarse de la ～《口語》[危険から]助かる: Al descubrirse el desfalco ninguno de los directivos se salvará de la ～. 横領の事が明るみに出れば経営陣は誰も無事では済まないだろう

quemada[1] [kemáða]〖形〗❶山火事の跡，野焼きの跡 [=quemado]. ❷《メキシコ, アルゼンチン, ウルグアイ》物笑いの種になること. ❸《メキシコ》やけど. ❹《キューバ, プエルトリコ》いたずら, あざむき. ❺《コロンビア. 口語》日焼け

quemadero [kemaðéro]〖男〗❶焼却場，焼却炉: ～ de basuras ごみ焼却場. ❷火刑台

quemado, da[2] [kemáðo, ða]〖←quemar〗〖形〗❶ [estar+] [ひどく]やけどした［人]: morir ～ 焼死する. tener todo el cuerpo ～ 全身やけどする. unidad de ～s del hospital 火傷病棟. ❷ [+de〜で]疲れ果てた, 消耗した; ひどい目にあった: Déjalo descansar. Está ～ de tantas horas de trabajo. 彼を休ませてやれ. 長時間働いてくたくただ. La vecina me tiene ～. 隣の女性にはうんざりだ. síndrome del ～ 燃え尽き症候群. ❸時代遅れの, 過去のものとなった: Ya está ～ como novelista. 彼は小説家としてはもう時代遅れだ. Se le considera un político ya ～. 彼はもう引退した政治家と考えられている. ❹嫌われ者の，迷惑な. ❺《口語》怒っている，いらだっている. ❻《メキシコ, チリ, アルゼンチン, ウルグアイ》[人が]色黒の. ❼《メキシコ. 口語》[人が過去の行ないのせいで]信用されない. ❽《ドミニカ, ベネズエラ》酔っぱらった. ❾《プエルトリコ, チリ》

運の悪い，ついていない．❿《エクアドル. 口語》[人が]知られすぎて
──〖男〗❶焦げたもの: Aquí huele a ～. ここは焦げくさい. ～ de la paella パエーリャのお焦げ. ❷《主に中南米》[山火事の]焼け跡. ❸《コロンビア. スポーツ》ドッジボール. ❹《エクアドル, チリ》ラム酒またはコニャックに砂糖を加えたリキュール. ❺《エクアドル. 飲料》ポンチ

quemador, ra [kemaðór, ra]〖←ラテン語 cremator, -oris〗〖形〗焼却するような感じを与える. ❷燃焼用の
──〖男〗❶ バーナー, 燃焼器 [=dispositivo ～]: La cocina tiene cuatro ～es. そのコンロは4口だ. ❷焼却装置: ～ de basuras ごみ焼却炉. ❸ライター, 点火器

quemadura [kemaðúra]〖←quemado〗〖女〗❶ [主に 〘複〙] やけど, 火傷, 1) Sufrió ～s leves en brazos y piernas. 彼は手足に軽いやけどを負った. ～s del sol [ひどい]日焼け. 2) ～s en la cara. 彼は顔にやけどの跡がある. ❷焼き焦げ: Llevas una chaqueta llena de ～ de cigarro. 君の上着はたばこの焼き焦げだらけだね. ❸《植物》1) [葉などが気温の急変で]焼けること. 2) 黒穂病 [=tizón]

quemajoso, sa [kemaxóso, sa]〖形〗[やけどのように]ひりひりする, ちくちくする

quemante [kemánte]〖形〗《文語》熱い, 焼けつくような

quemar [kemár]〖←?ラテン語 caimare〗〖他〗❶焼く, 燃やす, 焼却する: Quemé las cartas en la chimenea. 私は暖炉でそれらの手紙を燃やした. El fuego ha quemado todo el bosque. 火が森を焼き尽くした. ❷焼き焦がす: Vas a ～ el vaso de plástico como lo pongas al lado de la estufa. プラスチックのコップをストーブのそばに置くと, 焦がしてしまうよ. Has quemado la carne. 君は肉を焦がしてしまった. ❸やけどさせる; [特にメキシコ, チリ, アルゼンチン, ウルグアイ]日焼けさせる: El agua hirviente le quemó en una mano. 彼は熱湯で手にやけどを負った. El sol de la playa le ha quemado todo el cuerpo. 浜辺で太陽に当たって彼は全身が日焼けした. ❹ [熱くて・辛くて] 焼けつくような感じを与える, ひりひりする: Mordí un trozo de guindilla que me quemó la lengua. 私はトウガラシを噛んで舌がひりひりした. ❺ [寒暑・薬品などで] 傷める, 損なう: La helada ha quemado las plantas. 植物が霜の害を受けた. La lejía ha quemado el jersey. 漂白剤でセーターが傷んだ. Las permanencias largas en el poder queman a los políticos. 政治家は権力の座に長く座りすぎるとだめになる. ❻浪費する: Ha quemado toda su fortuna. 彼は全財産を使い果たした. ❼《口語》怒らせる; うんざりさせる: Ya me empieza a ～ que me des tantas largas al asunto. 君がその件を長引かせているので, もう私は我慢できない. ❽《メキシコ》だます. ❾《パナマ》…に対し不貞を働く, 浮気する. ❿《ドミニカ. 口語》[試験で人を]落とす, 落第させる. ⓫《南米》[秘密を]かぎつける. 2) [銃などで] 殺す. ⓬《ラプラタ. 隠語》[人を]うまくいかなくさせる
──〖自〗❶ [物が] ひどく熱い: Ten cuidado, que el café quema. コーヒーが熱いから気をつけて. Hoy sí que quema el sol. 今日の日ざしは焼けつくようだ. ❷ピリリと辛い: Este guiso lleva tanta pimienta que quema. このシチューはトウガラシをたっぷり使っているので, とても辛い. ❸《口語》怒らせる; うんざりさせる: Quema llegar a casa cansado y no encontrar nada que comer. 疲れて帰宅して, 食べるものが何もないのは腹立たしいものだ. ❹《隠語》面倒を起こす

tomar por donde quema [他人の言動などを] 悪く取る
──**～se** ❶焼ける, 燃える; 焼け焦げる: Se quemaron cien hectáreas de monte. 山林100ヘクタールが焼けた. Se me quemó el arroz otra vez. 私はまたご飯を焦がしてしまった. Se ha quemado la sábana porque la plancha estaba demasiado caliente. アイロンが熱すぎて, シーツが焦げてしまった. El motor de la secadora se ha quemado. ドライヤーのモーターが焼けてしまった. ❷ [自分の身体[の一部]を] 焼く, やけどする; [特にメキシコ, チリ, アルゼンチン, ウルグアイ]日焼ける: Se quemó [en] el dedo al cocinar. 彼は料理をしていて指をやけどした. Me he quemado la espalda por tomar el sol sin crema protectora. 私は日焼け止めクリームを塗らずに日光浴をしたので背中が焼けてしまった. ❸ [寒暑・薬品で] 傷む, 損なわれる: Con este calor van a ～ se todas las petunias del jardín. この暑さで庭のペチュニアは全滅するだろう. ¡Qué me quemo! ああ暑い! Me he quemado el pelo con el tinte. 私は毛染め剤で髪を傷めてしまった. ❹《口語》怒る, いや気がさす: La madre se ha quemado con el niño porque no estudia. 子供が勉強しない

ので母親が怒っている. ❺ [情熱などで] 燃え立つ: Parece que Eva se ha quemado por lo que dijiste. エバは君の言った言葉に感銘を受けたようだ. ❻ [なぞなぞの正解や捜し物の場所に] あと一歩の所である『caliente よりも近い』: ¿Es una actriz famosa?—¡Huy, que te quemas!, no es actriz, pero casi la adivinas. それは有名な女優?—ああ, 惜しい! 女優じゃないけど, ほとんど正解だよ. Antes te quemabas, pero cada vez estás más frío. 君はもう一歩だったのに, だんだん正解から離れていくよ. ❼ [口語] 限度を過ぎる: Tras una etapa en la alta competición, el tenista se quemó y decidió retirarse. そのテニス選手は長年厳しい勝負を続け, 燃え尽きて引退を決意した. ❽ [カリブ] 意気消沈する. ❾ 《ラプラタ. 隠語》うまくいかない ― *por donde quema* [受け取り方が] 悪い方に: Creo que lo estás cogiendo *por donde quema*. 君はそれを悪い方に受け取っているようだね

quemarropa [kemaŕopa] 《←quemar+ropa》 *a* ～ 1) [発砲などが] すぐ近くから, 至近距離から[の]: Disparó *a* ～. 彼は至近距離から発砲した. El jugador remató *a* ～. 選手はゴール間近からシュートした. 2) [発言・質問などが] いきなり[の], 出し抜けの・に, 意表をつく・ついて; 単刀直入の・に, あけすけの・に, ずけずけと: Me hizo la pregunta *a* ～. 彼は私に単刀直入に質問した

quemasangres [kemasángres] 形名《単複同形》不快にさせる[人], 腹立たしい[人]

quemazo [kemáθo] 男 《ラマンチャ》やけど

quemazón [kemaθón] 女《←quemar》❶《医学》焼けつく感じ: ひりひりした痛み; かゆみ: Sentía una ～ en la lengua. 彼は舌が焼けつくようだった (ひりひりした). ❷[感情の]くすぶり, もやもや, いらだち; 怒り: El ministro tiene cierta ～ por las críticas de la prensa. 大臣は新聞の批判にある種のいらだちを感じている. ❸ 皮肉, あてこすり, 辛辣な言葉. ❹ 大安売り, 特売; precio de ～ 捨値, 特価. ❺《主に中南米》1) 燃焼, 焼却. 2) 酷暑, 灼熱, 激しい熱さ(暑さ). ❻《メキシコ, 中米, カリブ》火事. ❼《ボリビア, チリ》金属の含有量の少ない鉱石. ❽《チリ, アルゼンチン, ウルグアイ》[パンクで起きる] 蜃気楼

quemo [kémo]《アルゼンチン, ウルグアイ. 口語》時宜を得ない(滑稽な・本人が恥ずかしくなるような) 言行; そのような言行をする人

quemón [kemón] 男 ❶《メキシコ》銃弾で受けた傷, 銃創. ❷《グアテマラ》やけど

quena [kéna]《←ケチュア語》女《音楽》ケーナ《アンデス地域の先住民が用いる葦製の縦笛》

quenado, da [kenáðo, ða]《ボリビア》情熱的な, 熱烈な

quench [kéntʃ]《医学など》クエンチ《液化ヘリウムの爆発》

quenchachear [kentʃatʃeár] 他《ボリビア》不運をもたらす

quencia [kénθja]《植物》=kentia

quendi [kéndi] 男《キューバ. 口語》精神異常を装う[人]

quenepa [kenépa] 女《プエルトリコ. 果実》マモンチロ 〖=mamoncillo〗

quenepo [kenépo] 男《プエルトリコ. 植物》マモンチロ 〖=mamoncillo〗

quenista [kenísta]《ペルー》ケーナ奏者

quenopodiáceo, a [kenopoðjáθeo, a] 形《植物》アカザ科の ― 女《植物》アカザ科

quenopodio [kenopóðjo] 男《植物》アカザ

queo [kéo] 間《西. 隠語》[危険・望まれざる人物の到来に対して] 気をつけろ ― *dar el ～ a+*人 [不意を突かれないように] …にあらかじめ警告する ― *darse el ～* 立ち去る

quepis [képis]《←仏語 képi》男《単複同形》ケピ《フランスの将校・憲兵・警官などがかぶるひさし付き円筒帽》

queque [kéke] 男《←英語 cake》❶《中米, ベネズエラ, チリ》スポンジケーキ. ❷《エルサルバドル》ケーキ ― *cortar el ～* 《パナマ, チリ. 口語》最終決定権を持っている ― *ponerse hasta el ～* 《ニカラグア. 口語》酔っぱらう

quera [kéra] 女《アルバ, ナバラ, ソリア, アラゴン》❶《昆虫》木食い虫. ❷ [木食い虫による] おがくず状の木の粉. ❸ うっとうしい人, うるさい人

querandí [kerandí] 形《名》ケランディ族[の]《パラナ川の右岸流域に住んでいた先住民》
 ―― 男 ケランディ語

querargirita [kerarxiríta] 女《鉱物》角銀鉱

querático, ca [keratiko, ka] 形《生理》ケラチンの, 角質物質の

queratina [keratína] 女《生化》ケラチン, 角質

queratinización [keratiniθaθjón] 女《生理》角化, 角質化

queratinizar [keratiniθár] 自 ～*se* 《生理》角化する, 角質化する

queratitis [keratítis] 女《医学》角膜炎

queratoconjuntivitis [keratokɔnxuntibítis] 女《医学》 ～ *seca* ドライアイ, 角膜乾燥症

queratocono [keratokóno] 男《医学》円錐角膜

queratoma [keratóma] 男《医学》角化腫

queratoplastia [keratoplástja] 女《医学》角膜移植, 角膜形成〔術〕

queratosis [keratósis] 女《医学》角化症

queratotomía [keratotomía] 女《医学》角膜切開〔術〕

queratótomo [keratótomo] 男《医学》角膜切開刀

quercíneo, a [kɛrθíneo, a] 形《植物》ブナ科〔の〕〖=fagaceo〗

querella [keréʎa] 女《←ラテン語 querella "抗議" < queri "嘆く"》❶《文語》けんか, 争い, 確執, 口論: Entre ellos siempre hay alguna ～. 彼らの間では争いが絶えない. ～ *de familia* 家庭内のもめごと. ❷《法律》1) 告訴[状], 告発[状] 〖=*criminal*〗: *poner (presentar) una ～ contra...* を告訴する. 2) 遺言無効の申し立て. ❸ 嘆き, 悲嘆

querellado, da [kereʎáðo, ða]《法律》被告[側]

querellador, ra [kereʎaðor, ra] 形名=**querellante**

querellante [kereʎánte]《←ラテン語 querellans, -antis》形名《法律》告訴する[人]; 原告[側]

querellar [kereʎár]《←ラテン語 querellare》 ～*se* ❶《法律》[+contra を] 告訴する: *Se querelló contra el estafador.* 彼はその詐欺師を告訴した. ❷ 嘆く, 悩み・苦しみを言う: *Se querella de la repartición.* 彼は分配に不平を言っている

querellosamente [kereʎósamente] 副 嘆いて, 愚痴っぽく

querelloso, sa [kereʎóso, sa] 形《まれ》❶=**querellante**. ❷ 愚痴っぽい, 哀れっぽい

quereme [kereme] 男《コロンビア》[民間伝承による] 惚れ薬

querencia [kerénθja] 女《←querer》❶《動物の》帰巣本能; 帰ろうとする場所: Esta paloma nunca pierde la ～ a su nido. このハトはどうあっても巣に帰ろうとする. Las vacas extraviadas volvieron a su ～. 迷い牛たちは住みかに戻った. ❷[+por・a+土地・人・事物 に対する]愛, 好み, 性向: Siente una acusada ～ *por* su pueblo natal. 彼は故郷を非常に愛している. Tiene una acusada ～ *a* llevar la contraria. 彼は何にでも反対するという目立った癖がある. Le tengo ～, no puedo evitar. 私は彼が好きで, どうにもならない. ❸《闘牛》[牛の] 縄張り, 好みの場所: El toro tiene ～ *a* las tablas. その牛は木柵のあたりを好んでいる. ❹《文語》家, 故郷

querenciar [kerenθjár] 他 ～*se* 帰巣本能に駆られる;《闘牛》[牛が] 好みの場所に戻りたがる

querencioso, sa [kerenθjóso, sa] 形《動物が》帰巣本能を持った, 愛着のある

querendón, na [kerendón, na] 形 ❶ 愛人, 情夫, 情婦 〖=*amante*〗. ❷《主に中南米》1) かわいらしい〔子供〕. 2) 情愛深い〔人〕, 優しい〔人〕

querequeté [kereketé]《キューバ. 鳥》ヨタカの一種《学名 Chordeiles gundlachii》

querer [kerér]《←ラテン語 quearere "捜す, 頼む"》57 他 ❶ [願望] 欲する, 望む. [類義] **querer** は自分で達成しようとする積極的な願望: *Quiero verlo.* それを見たい(見よう). **desear** は控えめな願望: *Deseo verlo.* それを見たいものだ. **esperar** は「待ち望む」, 特に実現の可能性の少ない場合に用いる: *Espero verlo.* いつかそれを見ることができればいいな. **tener ganas de...** は気分的な欲求: *Tengo ganas de verlo.* [今すぐ]見てみたい. これに対し **querer** は論理的: △*Quiero llorar.*/○*Tengo ganas de llorar.* 泣きたい) 1) *Quiero* unos zapatos nuevos. 新しい靴が欲しい(買いたい). ¿Cuánto *quiere* por este coche? この車をいくらで買い(売り)たいのですか? ¿Qué *quiere* usted? 一体何の用ですか? ¿*Quieres* por esposo a José López?—Sí, *quiero*. あなたはホセ・ロペスを夫とすることを誓いますか?—はい, 誓います. 2)〘諺〙 Quien más tiene, más *quiere*. 人の欲望には限りがない. Quien (El que) todo lo *quiere*, todo lo pierde. 二兎を追うものは一兎をも得る. Q ～ es poder. 精神一到何事か成らざらん/成せば成る. 3) [+不定詞] …したい; [意志] …しようとする: *Quiero* saber la verdad. 私は真実を知りたい. *Quería* conseguir el ascenso con todas sus fuerzas. 彼は心から昇進したいと願っていた. No

querer

quería contestarme. 彼は私に答えようとしなかった。Este chico no *quiere* estudiar. この子は勉強嫌いだ。¿Qué *quieres* insinuar? 君は何を言いたいんだ? No sé si *quiere* quedarse. 彼が残るつもりなのかどうか私は分からない。Juan, *queriendo* ser risueño, le contestó que no sabía de qué se trataba. フアンは無理に笑顔を作りながら、何のことだか分からないと彼女に答えた。4)〔+que+接続法〕…に…して欲しい: *Quiere que* lo haga yo. 彼はそれを私にしてもらいたがっている。*No quiero que vengas.* 君に来られるのはごめんだ。¿*Queréis que* os eche una mano? 君たちに手を貸そうか? ¿Qué *quieres que* te haga? 君は私に何をして欲しいんだ? 5)〔疑問文で勧誘・依頼・命令〕¿*Quieres* otra taza de café? コーヒーをもう一杯いかが。¿*Quiere* usted abrir la ventana, señor? 窓を開けてもらえませんか。¿*Quieres que* te lleve a la estación? 駅まで乗せて行ってあげようか。¿*Quieres* callarte de una vez? ちょっと黙ってくれないか。〔否定疑問で。上昇調で発音〕¿No *quieres* venir al cine conmigo? 私と映画に行きませんか。〔下降調では「行きたくないの?」〕〔命令表現+〕Tráemelo mañana, ¿*quieres*? それを明日持って来てくれ、分かったか。6)〔接続法過去ra形・直説法過去未来で婉曲〕*Quisiera* una habitación sencilla. シングルの部屋が欲しいのですが。*Quisiera* ver a su padre. お父さまにお会いしたいのですが。¿*Querría* usted avisármelo? 私にそれを知らせていただけますか? *No quisiera* marchar sin saber la verdad. 私は真相を知らぬままに去りたくはないのだが。〔+que+接続法過去〕*Querría que* hiciera buen tiempo mañana. 明日晴れるといいのだが。*Quisiera que* estuvieses a mi lado. 君がそばにいてくれればなあ。7)〔+直接目的+形容詞・過去分詞など〕…が~: A mi hija la *quiero* alegre y feliz. 私は娘に陽気で幸せでいてもらいたい。*Quiero* ver este traje planchado. この服にアイロンをかけてもらいたい。Te *quiero* tal y como eres. 私は君にありのままでいてほしい。El pasillo lo *quiero* de gris. 廊下〔の壁〕は灰色がいい。❷ 愛する、好む: Te *quiero*. 僕は君が好きだ。〔語法〕男女間の愛情表現では mucho などの修飾語は加えない。ただし、Te *quiero* con toda mi alma. 「私は君を心から愛している」。→**amar**〔類義〕*Quiero* a España tanto como al Perú. 彼はペルーを愛するのと同じようにスペインも愛している。A ese cantante, el público lo *quiere* a rabiar y allá donde va, causa alboroto. その歌手は大変な人気者で、行く先々で大騒ぎになった。❸〔事物が〕必要とする〔=requerir〕: Estas plantas *quieren* más agua. この植物にはもっと水がいる。Este asunto *quiere* mucho tacto. この件はよほど機転をきかせて処理する必要がある。Entenderla *quiere* mucha paciencia de tu parte. 彼女を分かってやるには君が根気強くならねばならない。El destino *quiso que* ya no se volvieran a ver. 運命は彼らが再会することを望まなかった。❹〔近い未来。主に自然現象〕*Quería* anochecer. 日が暮れようとしていた。Parece que *quiere* salir el sol. そろそろ日の出のようだ。Parece que *quiere* nevar. どうやら雪が降りそうだ。Cuando la leche *quiera* hervir, se retira del fuego.〔レシピで〕牛乳が沸騰しかけたら火から下ろします。❺〔トランプ〕〔相手の賭け高に〕応じる: *Quiero* tus mil dólares. よし、君と同じ1000ドルでいこう。Órdago.—*Quiero*. 賭け金を上乗せするぞ。—受けて立つ。

—— **~se** ❶〔相互〕愛し合う、仲が良い: Los dos *se querían* mucho. 2人は深く愛し合っていた。*Se quieren* como hermanos. 彼らは兄弟のように仲がいい。❷ 自分を愛する: Se *quería* a sí misma. 彼女は自分のことが好きだった

—— 〔男〕❶〔口語〕〔人に対する〕愛〔→amor〔類義〕〕; 性愛: Me confesó de su ~ por ella. 彼は彼女に対する愛を私に打ち明けた。cosas del ~ 恋愛問題、色恋沙汰。❷ 欲すること

dejarse ~〔感情・親切など〕受け入れる、拒まない、ちやほやされるがままになる: Lola no tuvo más remedio que *dejarse* ~. ロラは人が自分を受け入れるのに仕方なかった

hacerse ~〔人・動物が、性格がいい・かわいいなどで〕すぐに好かれる(いとおしく思わせる)

lo que quieras 1) 好きなように〔しなさい〕; 〔=como quieras〕. 2)〔量について〕好きなだけ: ¿Puedo tomar otra copa?—*Lo que quieras*. もう1杯飲んでもいいですか?—好きなだけ飲んで

no ~+不定詞〔口語〕〔物が〕作動しない: Este coche *no quiere* arrancar. この車はどうしてもエンジンがかからない

no ~ *nada con*+人〔口語〕…との付き合いを避ける

no quiera (*quieras*) *pensar* =*no quiera* (*quieras*) *saber*

no quiera (*quieras*) *saber*〔強調〕考えられないほどだ

no quiera (*quieras*) *ver* =*no quiera* (*quieras*) *saber*

¡Por lo que más quieras! どうか〔お願いだから〕!: *¡Por lo que más quieras*, no me abandones! 後生だがら私を見捨てないで! *¡Paco, por lo que más quieras*, baja el volumen! パコ、頼むから音量を下げてくれ!

que quieras, que no〔*quieras*〕好むと好まざるにかかわらず〔=quieras, que no quieras, que no quieráis, que no queráis〕: *Que quieras, que no quieras*, me iré de viaje. 君が何と言おうと私は旅に出る。*Que queráis, que no queráis*, mañana limpiaréis la casa. 何が何でも、君たちは明日は家の掃除をせねば

¡Que si quieres! 1)〔困難・不可能〕だめだ、どうしようもない! 2)〔拒絶〕しつこいぞ、うるさいぞ!

¿Qué más quieres? ぜいたくを言うな!: Acabas de estar un mes de vacaciones, ¿*qué más quieres*? 君は1か月の休暇を終えたばかりで何の不平があると言うんだ? *¿Qué más quieres* Saldomero, joven, guapo y con dinero?* 若くて、美男子で、金がある、その上何の不満があるんだ。〔*Saldomero* は単なる言葉の遊び〕

¡Qué más quisiera 〔*yo*〕! 仕方がない、どうしようもない!: Tú no tienes soluciones.—¡*Qué más quisiera yo!* 君は八方ふさがりだ。—それもだけだ!

¡Qué quieres!/¡Qué quieres que 〔*le*〕 *haga* (*hagamos*)! 1)〔時に皮肉〕これでいい。2)仕方がない、やむをえない: ¿Qué haces fregando los platos?—*¡Qué quieres*, alguien tiene que hacerlo. 君が皿洗いをするなんてどうしたの?—仕方がないだろ、どうせ誰かがやらなきゃならないよ。¡Y *quieres que haga* si no tienes dinero, eso es cosa tuya. お金がないからって、どうしろと言うんだ、それは君の問題だろ? He vuelto a perder el tiquet.—¡Y qué *quieres que* yo le haga? また切符をなくしたって。—じゃああきらめるんだね

~ *bien* …に好意を持つ: Te hablo así porque te *quiero bien*. こう言うのも君がかわいいからだ。Ana y Juan se *quieren bien*. アナとフアンは愛し合っている。Quien bien te *quiere* (*quiera*), te hará llorar.〔諺〕愛すればこその鞭/かわいい子は旅をさせろ

~ *decir* 意味する: ¿Qué *quiere decir* esta palabra? この言葉の意味は何ですか? El japonés "asa" *quiere decir* "mañana". 日本語の「アサ」は「朝」という意味だ。¿Qué *quiere decir* eso? その言い方は何だ; 何だと?〔もう一度言ってみろ〕

~ *mal* …に悪意を持つ

queriendo 故意に、わざと: Lo ha roto *queriendo*. 彼はわざとそれを壊した。Estoy segura de que lo hizo *queriendo*. 彼はわざとそうしたのよ、間違いないわ

quien quiera =*quienquiera*

quieras o no 〔*quieras*〕好むと好まざるにかかわらず〔=quieras que no〕

quieras que no 1)好むと好まざるにかかわらず; 否応なく、無理やり: *Quieras que no* tiene que trabajar. 彼は嫌でも働かなくてはならない。Me hicieron entrar *quieras que no* en el coche. 私は無理やり車に乗せられた。2)こうは見えても、誰が何と言おうと、それなくしては本当のことを言うと: *Quieras que no*, yo creo que no es bueno. 誰が何と言おうと、それなくしは私は思う

¿Quieres más?〔口語〕ほかに言いたいことは?

quiero y no puedo〔質の悪い〕まがいもの、〔事物、人〕: Con ese *quiero y no puedo* me inspiran una lástima. 自分を偽っているのを見ると私は哀れになってくる

si quieres (*quiere usted*)〔妥協〕どうぞ: *Si quieres*, estoy a tu disposición. とにかく言うことを聞くから

sin ~ うっかり、思わず、無意識に: *Sin* ~, volcó la botella. 彼はうっかり瓶を倒してしまった。Perdóname, ha sido *sin* ~. ごめん、悪気はなかったんだ。El diablo inventó la sierra *sin* ~ lo. 悪魔は偶然のこぎりを発明した

querer	
直説法現在	点過去
qu**ie**ro	qu**is**e
qu**ie**res	qu**is**iste
qu**ie**re	qu**is**o
queremos	qu**is**imos
queréis	qu**is**isteis
qu**ie**ren	qu**is**ieron

直説法未来	過去未来	命令法
querré	querría	
querrás	querrías	qui**e**re
querr**á**	querr**í**a	
querremos	querríamos	
querr**é**is	querríais	quered
querrán	querrían	
接続法現在	接続法過去	
qu**i**era	quisiera, -se	
qu**i**eras	quisieras, -ses	
qu**i**era	quisiera, -se	
queramos	quisiéramos, -semos	
queráis	quisierais, -seis	
qu**i**eran	quisieran, -sen	

queresa [keresá] 囡 =**cresa**

queretano, na [keretáno, na] 形 《地名》ケレタロ Querétaro の〔人〕《メキシコ中部の州・州都》

querido, da [kerído, da] 形 ❶《手紙》[+名詞] 親愛なる《しばしば親愛の意味を持たず単なる挨拶として用いられる》: Mi ～ amigo 拝啓/我が友. Q～s padres 拝啓, お父さん, お母さん. ❷ 愛する: Les voy a presentar a mi ～da hija Lola. 皆さんに私の大切な娘ロラを紹介します. La anciana está rodeada de sus seres ～s. その老婦人は愛する人たちに囲まれている. ❸ 望ましい: situación no ～da 好ましくない状況. ❹《南米》[人が] 感じのいい, 愛すべき: Es una niña muy ～da. 彼女はとてもすてきな少女だ
—— 名 ❶《軽蔑》[夫・妻以外の] 愛人: Ella tiene un ～. 彼女には愛人がいる. Lo han visto por la calle con su ～da. 彼女は浮気相手と外出しているところを見られた. ❷《口語》[親愛の呼びかけ] Paco, ～, perdóname. いとしいパコ, 私を許して

queriente [kerjénte] 形《まれ》欲する〔人〕

querihuela [keriwéla] 囡《植物》ヒース〔=brezo〕

querindango, ga [kerindáŋgo, ga] 名《軽蔑》=**querindongo**

querindongo, ga [kerindóŋgo, ga] 名《西. 軽蔑》[夫・妻以外の] 愛人, 情夫, 情婦, 妾

quermes [kérmes] 〔←アラビア語 quirmiz〕《単複同形》《昆虫》タマカイガラムシ, エンジムシ; それからとる染料 ケルメス

quermé**s** [kermés] 名 =**kermés**

quermesse [kermése] 囡 =**kermés**

querocha [kerótʃa] 囡《集名》《女王蜂などの生む》卵

querochar [kerotʃár] 自《女王蜂などが》卵を産む

querógeno [keróxeno] 男《化学》ケロゲン, 油母

queroseno [keroséno] 〔←ギリシア語 kheros「蠟」〕男《化学》灯油, ケロシン

querosín [kerosín] 男《中南米》=**queroseno**

querquera [kerkéra] 囡《昆虫》カラスシジミの一種《学名 Nordmannia esculi》

querqué**s** [kerkés] 男《コロンビア, ベネズエラ. 鳥》=**querrequerre**

querrequerre [kereréře] 男《コロンビア, ベネズエラ. 鳥》インカサンジャク

quersoneso [kersonéso] 〔←ラテン語 chersonesus < ギリシア語 khersonesos〕男 半島《固有名詞の中でのみ用いられる》: Q～ Cimbrico 現在のユトランド半島 Península de Jutlandia

querube [kerúbe]《詩語》=**querubín**

querúbico, ca [kerúbiko, ka]《詩語》ケルビム querubín の〔ような〕

querubín [kerubín] 〔←ラテン語 cherubim < ヘブライ語 kerub〕男 ❶《キリスト教》ケルビム, 智天使《天使の9階級のうち上から2番目. →ángel》《参考》. ❷ [ケルビムのように] かわいい子

querubínico, ca [kerubíniko, ka] 形 ケルビム querubín の

querusco, ca [kerúsko, ka] 形《歴史》ケルスキー族〔の〕《古代ゲルマンの一種族》

querva [kérba] 囡《植物》ヒマ, トウゴマ: aceite de ～ ひまし油

quesada [kesáđa] 囡《カンタブリア》焼きチーズケーキ〔=quesadilla〕

quesadilla [kesadíja] 囡 ❶《菓子》焼きチーズケーキ. ❷《料理》1)《メキシコ》ケサディジャ《溶けるチーズと砂糖をくるんだトルティーヤ》. 2)《ホンジュラス, エクアドル》チーズ入りの揚げトウモロコシパン

quesear [keseár] 自 チーズを作る

quesera[1] [keséra] 囡 ❶ チーズボード《覆い付きの容器》. ❷ 粉チーズ入れ. ❸ チーズ製造所〔=quesería〕; チーズを作る作業台

quesería [kesería] 囡 ❶ チーズ販売店; チーズ製造所. ❷ チーズ製造の時期

quesero, ra[1] [keséro, ra] 形 ❶ チーズの: industria ～ra チーズ産業.《口語》チーズ好きの: Soy muy ～ra. Me gusta cualquier tipo de queso. あたしはチーズに目がないの. どんな種類のチーズでも好きなのよ
—— 名 チーズ製造 (販売) 業者, チーズ職人 (商人)
—— 男《エストレマドゥラ》チーズ製造用の型

quesillo [kesíjo] 男 ❶《ムルシア; アンデス》凝乳, カテージチーズ. ❷《メキシコ》[オアハカ州産の] 球形のチーズ. ❸《ベネズエラ. 菓子》プリンの一種. ❹《エクアドル. 口語》[煮込み料理に使う] 柔らかいチーズ

quesiqué**s** [kesikés] 男 《複 quesiqu**e**ses》《まれ》=**quisicosa**

quesito [kesíto] 男 切り分けたチーズ

queso [késo] 〔←ラテン語 caseus〕男 ❶《料理》不可算 1) チーズ: comer ～ チーズを食べる. ～ azul ブルーチーズ. ～ de bola/～ de Holanda/～ holandés エダム. ～ de Brie ブリー. ～ de Burgos ブルゴス産の羊乳チーズ. ～ de cabra ヤギ乳チーズ. ～ de Cabrales サンタンデールやアストゥリアス産のブルーチーズ. ～ de Camembert カマンベール. ～ de Gruyere グリュイエール. ～ de nata/《中南米》～ crema クリームチーズ. ～ de oveja 羊乳チーズ. ～ de pasta blanda (dura) ソフト(ハード)チーズ. ～ [de] Roquefort ロックフォール. ～ de (para) untar チーズスプレッド. ～ en porciones =**quesito**. ～ fresco [非熟成の] フレッシュチーズ. ～ fundido プロセスチーズ. ～ Gallego 《総称》ガリシア産のチーズ. ～ manchego [臭いの強い] ラ・マンチャ産の羊乳チーズ. ～ Parmesano/～ de Parma パルメザンチーズ. ～ rallado 粉チーズ. 2) [チーズのように決まった形に固めたもの] ～ de cerdo/～ de puerco 豚の頭肉のパテ切り一寄せ. ～ de soja 豆腐. ～ helado [古語的] ポンプ型アイスクリーム. ❷《服飾》1) medio ～ [袖用の] アイロン台, うま. 2) sombrero de [medio] ～ 両側のつばが頂部で留められる半球形の帽子. ❸《戯語》[人の] 足 [=pie]: ¿Quieres quitar tus ～s de encima de la mesa? テーブルの上からお前の足をどけないか. calcetines con olor a ～ くさい靴下. ❹《ベネズエラ》性欲. ❺《アルゼンチン, ウルグアイ. 遊戯》[taba で牛の足根骨を投げる] 柔らかい的〔→taba〕

dárselas (*dársela*・*darla*) *con* ～ *a* + 人《西. 口語》…をだます, ぺてんにかける: A mí no me la das con ～. おれをだますなよ

estar como un ～ [性的に] 魅力的である

partir el ～《メキシコ》最終決定権を持つ

quedar como dos de ～《コロンビア. 口語》期待を裏切られる, 失望する

～ *frito*《ベネズエラ》詐欺, ぺてん

ser un ～ 1)《俗》醜い. 2)《ラプラタ. 口語》がらくたである

quesquémel [keskémel] 男《メキシコ》[元は先住民の女性用の] 軽い肩掛け

quesquémil [keskémil] 男《メキシコ》=**quesquémel**

quesuismo [keswísmo] 男《文法》関係詞 que の後に所有詞を置いて cuyo の代用とする誤用《例 Se ha presentado un libro que su autor es famoso.(=Se ha presentado un libro cuyo autor es famoso. 有名な作家の本が紹介された)》

queta [kéta] 囡《動物》[多毛類などの] 毛, 剛毛

quetognato [ketoɣnáto] 男《動物》毛顎動物門の
—— 男 複《動物》毛顎動物門, ヤムシ類

quetro [kétro] 男《チリ. 鳥》オオフナガモ《羽根がなく飛ぶことができない》

quetzal [ketsál] 男 ❶《鳥》ケツァール《中米産. アステカ族では天国の鳥であり神聖視された. かごに入れるとすぐ死ぬことから自由の象徴とされる. グアテマラの国鳥》. ❷ [グアテマラの通貨単位] ケツァル《=100センタボ》

Quetzalcóatl [ketsalkóatl] 男《アステカ神話》ケツァルコアトル《羽毛の生えた蛇の姿で, 創造と文明の神. 風の神でもあり, マヤ文明ではククルカン Kukulkán という名前で信仰された》

quetzalteco, ca [ketsaltéko, ka] 形《地名》ケツァルテナンゴ Quetzaltenango の〔人〕《グアテマラ南西部の県・県都》

queule [kéwle]《チリ. 植物》サポジラに似た木《果実は食用. 学名 Adenostemon nitidum》

quevedesco, ca [kebeđésko, ka] 形《人名》ケベド Francisco

de Quevedo の，ケベド風の
quevedos [kebéðos] 男 複 鼻眼鏡《ケベド Quevedo が愛用した》
Quevedo y Villegas [kebéðo i bi.λégas]《人名》**Francisco de ~** フランシスコ・デ・ケベド・イ・ビジェガス《1580～1645，スペインの詩人・小説家．政治家として波乱に富んだ生涯をおくる一方，作家としても数多くの作品を残した．内に秘めた激しい感情を知的な表現で裏打ちし，奇想主義 conceptismo と呼ばれる文体で風刺詩から恋愛詩まで幅広く手掛けた．散文でも特異な発想に基づいて宗教・政治を論じたエッセイを書いている．『ぺてん師の生涯』*Historia de la vida del Buscón*，『夢』*Los sueños*》
quezalteco, ca [keθaltéko, ka] 形 名 **=quetzalteco**
quia [kjá] 間 **=quiá**
quiá [kjá] 間［強い否定・不信］まさか，そんなばかな，とんでもない！
quiaca [kjáka] 女《植物》クノイカ科の低木《学名 Caldcluvia paniculata》
quianti [kjánti] 男《酒》キャンティ
quipí [kjapí] 男《アルゼンチン》チャマル chamal に似た服
quiaquia [kjákja] 女《中米．玩具》[亀の甲羅で作った] ガラガラ
quiasma [kjásma] 男《解剖》[神経などの] 交叉，十字． ❷《生物》染色体交叉，キアズマ
quiasmo [kjásmo] 男《修辞》交差法，交差配語法《対照語句の順序を逆にする: Deben comer para vivir y no vivir para comer.》
quiástico, ca [kjástiko, ka] 形《修辞》交差法の，交差配語法の
quibdoano, na [kibðoáno, na] 形 名《地名》キブド Quibdó の[人]《コロンビアの Chocó 県の県都》
quibdoense [kibðoénse] 形 名 **=quibdoano**
quibey [kibéj] 男《植物》ホシアザミ
quibla [kíbla] 女 **=alquibla**
quibombo [kibómbo] 男《植物》**=quingombó**
quibutz [kibúθ] 男 **=kibbutz**
quiche [kíʃ] 女《料理》キシュ
―― 男《コロンビア，ベネズエラ》アナナス科の着生植物の一種
quiché [kitʃé] 形 名 ❶ キチェ族[の]《グアテマラのマヤ族の一種族》．❷ **=quichelense**
―― 男 キチェ語
quichelense [kitʃelénse] 形 名《地名》エル・キチェ El Quiché の[人]《グアテマラ北西部の県》
quichua [kítʃwa] 男 **=quechua I**
quichuismo [kitʃwísmo] 男 **=quechuismo**
quicial [kiθjál] 男《建築》[窓・扉の] 側柱，抱き
quicialera [kiθjaléra] 女《建築》**=quicial**
quicio [kíθjo] 男［←resquicio < 古語 rescrieço「割れ目，すき間」］男 ❶《窓・扉のちょうつがい側の》側柱，抱き． ❷ 開いた窓・扉と壁の間の部分: acurrucarse en el ~ de la puerta ドアの後ろ(陰)にうずくまる
fuera de ~ 1) [人が] 我を忘れて，逆上して: Empezó a gritar *fuera de ~*. 彼は逆上してわめきちらした．2) [機械などの] 調子が狂って，乱れて
sacar de ~ 1) [+事物] …の重要性を誇張する: *Saca* las cosas de ~ y todo le parece un drama. 彼は物事を大げさにとらえて，すべてが大事件に見える．2) [+人+…] …をいらだたせる，自制心を失わせる: Me *sacas de ~* con tu diablura. 君の悪ふざけにはいらいらするよ
salir [se] de ~ 逆上する，自制心を失う
quico¹ [kíko] 男《菓子》ジャイアントコーン《塩味の揚げたトウモロコシ粒》
ponerse como el Q~《西．口語》食べすぎる
quico², **ca** [kíko, ka] 形 名《地名．軽蔑》ウエスカ Huesca の[人]《アラゴン州の県・県都》
quid [kí(ð)] ［←ラテン語 quid「何?」］男 圈 のみ．常に el+] ❶ 要点，核心な点: He aquí el ~ de la cuestión. これが問題の核心だ． ❷ 難点:¡Ahí está el ~! そこが難しい点だ！
dar en el ~ 正鵠(ː)を射る，核心をつく
quídam [kíðan] 男《軽蔑》[男 ❶ 不特定・名前を知らない人] ある人，誰か；つまらない奴，取るに足らない奴
quiddidad [ki(ð)diðáð] 女《哲学》本質
quid divinum [kíð diβínun]［←ラテン語］男 天才特有の霊感
quid pro quo [kíð pro kwó] ❶ 思い違い，誤解． ❷ 代償，埋め合わせ；お返し

quiebra [kjébra]［←quebrar］女 ❶《商業》破産，倒産: ir a ~ 破産する．declararse en ~ 破産宣告をする．declaración de ~ por el propio deudor 債務者自身による申し立て．~ fraudulenta 偽装破産．~ voluntaria 自己破産． ❷ 崩壊，失敗[の恐れ]，破綻: ~ de la vida matrimonial 結婚生活の破綻．~ de un sistema político 政治体制の破綻． ❸ 裂け目，割れ目；[地面の] 亀裂: ~ de una viga 梁の亀裂
quiebrabarriga [kjebraβaříɣa] 男 コロンビア．植物》葉に薬用効果のある木《学名 Trichanthera esculenta》
quiebracajete [kjebrakaxéte] 男《グアテマラ．植物》ヒルガオ
quiebrahacha [kjebr(a)átʃa] 男 ❶ **=quebracho**． ❷《キューバ．植物》ヤブコウジの一種《学名 Stylogyne lateriflora》
quiebramuelas [kjebramwélas] 男《単複同形》《メキシコ，コロンビア．植物》トウワタ
quiebraojo [kjebraóxo] 男《コロンビア．植物》**=quiebramuelas**
quiebrapatas [kjebrapátas] 男《単複同形》《コロンビア》[地所から家畜が逃げるのを防ぐための] 鉄管で覆われた深い穴
quiebro [kjéβro]［←quebrar］男 ❶ [体を] 折ること，曲げること． ❷《闘牛》[上半身をひねる] かわし，[バスケットボールなど] [体をひねって] 相手選手をかわすこと． ❸《音楽》装飾音，ルラード． ❹ [声の] 急な抑揚: Su voz sufrió un ~. 彼の声がうわずった
quien [kjén]［←ラテン語 quem < quis］代《人の関係代名詞．数変化なし》…するところの人; 1) [主語．説明用法のみで] Ramón, ~ lo dijo, está equivocado. ラモンはそう言ったが，彼は間違っている．Se lo dijeron a su jefe, ~ se lo comunicó al director enseguida. 上司はそのことを知らされると，すぐに社長にそれを伝えた． ❷ [直接・間接目的語．a+] No ha venido la persona a ~ quiero ver. 私の会いたい人は来なかった．Respeto a mis padres, a ~es debo lo que soy. 私は両親を尊敬する．今日私があるのは両親のおかげだ． ❸《状況補語．con・de・por など+》El joven con ~ bailó la Cenicienta era el príncipe. シンデレラが踊った相手は王子だった．¿Estas son las chicas de ~es me hablabas? この人たちが君の話していたお嬢さんたちかい？ ❹ [先行詞が主節に現われていない] Q~ quiera venir, que venga. 来たい人は来なさい．Q~ así piense se equivoca. そう考える人は間違っている．No fue una sorpresa para ~es la conocían. 彼女を知る人たちにとってそれは驚くべきことではなかった．No hay ~ estudie con este jaleo. この大騒ぎの中で勉強できる人など誰もいない． ❺ [+不定詞] …すべき人: Tiene una población de sobrinos a ~es ayudar. 彼には世話をしてやらなければいけない大勢の甥や姪がいる．《語法》独立用法ではアクセント符号をつけることがある． ❻ [ser との強調構文で] Fue él ~ se enteró primero de ello. そのことを最初に知ったのは彼だった．No es a t i a ~ llamo yo. 私が呼んでいるのは君ではない．A ~ esperamos es a usted. 私たちが待っているのはあなただ．Es el gobierno ~ debe tomar una decisión. 決断をしなければならないのは政府だ． ❼《まれ》（圈 ~es 複数形として] Ha enviado un telegrama a todos jefes de Estado con ~ mantiene relaciones. 彼は関係する各国首脳に打電した
haber ~ +直説法 世の中には…する人がいる: *Hay ~* rompe una pierna y no se entera. 世間には脚を折っても気付かずにいるような人もいる
no haber ~ +接続法 …できる人などいない，誰も…できない: *No hay ~* la aguante. 彼女に我慢できる者はいない
no ser ~ para... …に適さない，…の資格がない: *No es ~ para* opinar. 彼は意見を述べる資格がない
~ más, *~ menos*《文語》誰でも多かれ少なかれ《=más cuál menos*》: Q~ *más*, ~ *menos*, tiene sus manías y sus defectos. 誰にでも多少の癖や欠点はあるものだ
sea ~ sea 誰であろうと: Todo el mundo miente, *sea ~ sea*. みんな嘘をつく，それが誰であろうと
ser ~ es 分別にない(考えを貫く)人である

quién [kjén]［←ラテン語 quem < quis］代《人の疑問代名詞．数変化のみ》[疑問]；1) [主語]: ¿Q~ es ahí? そこにいるのは誰？ Profesora Pérez, la llaman al teléfono.-¿A mí? ¿Q~ es? ペレス先生，お電話です．―私に？誰からですか？ ❷ [直接・間接目的語．動 a ~es] ¿A ~ esperas? 誰を待っているの？ ¿A ~ escribe usted? 誰に手紙を書いているのですか？ ❸《状況補語》¿Q~ ~ pregunta usted? 誰をお尋ねですか？ ❹ [主格補語] どんな人，¿Q~ es usted?-Soy Jaime, sobrino de su vecino (~ Soy un médico). どなたですか？―私はハイメといって，あなたのお隣

人の甥です(一私は医者です)。¿Q~ eres tú para hacer (decir) tal cosa? [非難] そんなやり方(言い方)はないじゃないか. ❺ [de+] 誰の: ¿De ~ son estos libros? これらの本は誰のですか? ¿De ~ es hija? 彼女は誰の娘ですか? ❻ [間接疑問] Dime con ~ saliste. 誰と出かけたのか言いなさい. Anunciaron ~es eran los ganadores del concurso. コンクールの勝者が誰なのかが発表された. ❼ [+不定詞] No sabía a ~ dirigirme. 誰に言ったらいいのか分からなかった. ❽ [①慣用] 誰々 [=quiénes]: ¿A ~ le va? どのチームを応援しますか/どのグループのファンですか? ❾ [反語] 1) ¿Q~ sabe? さあ?/誰にもわからないよ. ¡Q~ iba a imaginárselo! 誰がそれを想像しただろうか! 2) [時に+接続法過去(完了)] ¡Q~ lo creyera! 誰がそんなこと信じるだろう! ❿ [願望・詠嘆. +接続法過去(完了)] ¡Q~ pudiera volar como un pájaro! 小鳥のように飛べたらなあ! ¡Q~ tuviera durante veinte años! もう20歳だったらなあ!

¡Mira ~ habla!/¡Mira ~ fue a hablar! 《口語》=¡Q~ fue a hablar!

¡Mira ~ habló! 《口語》=¡Q~ habló!

no ser ~ para+不定詞 ...する権限(資格)を持っていない

quién... quién... ある人は...またある人は...: Q~ aconseja la retirada, ~ muere peleando. 退却した方がいいと言う者もあれば、戦って死んでいく者もある

¿Q~ es Q~?/¿Q~ es quien? 男 紳士録

¡Q~ fue a hablar! 《口語》口を慎め!/[自分のことを棚に上げて] よくも言ったものだ! Me has dicho que como mucho, ¡~ fue a hablar! 君は僕が大食らいだと言ったけど、人のことなんて言えないぞ!

¡Q~ habla!《口語》=¡Q~ fue a hablar!

¡Q~ habló! 《口語》[冷やかして] あんなこと言って!

Q~ lo diría. [言動と現実との不一致に] そんなことは信じられない、まさか、実に妙なことだ[=Cualquiera lo diría.]

~ más ⦅, ~ menos 《文語》誰でも多かれ少なかれ[=cuál más cuál menos]

~ quita さあ?/たぶん

¿Q~ va?/¿Q~ vive? 《軍事》[誰何(すいか)して] そこにいるのは誰だ?: ¿Q~ vive?—Gente de paz. 誰だ?—一味方だ

quienquiera [kjeŋkjéra] 代 (複 quienesquiera. ただし使用は《まれ》) 《スペインでは古語的》[人の不定代名詞. 譲歩] 1) [仮定的用法. +que+接続法] 人が誰でも: Q~ que seas 君が誰であれ. Q~ que te vea, se sorprenderá por tu aspecto. 誰だって君を見たらその格好に驚くだろう. 2) [現実的譲歩. +que+直説法] A ~ que llamo, le digo lo mismo. 電話の相手が誰であれ私は同じことを言っている

quiescencia [kjesθénθja] 女《文語》静止[器官・組織の休止状態]

quiescente [kjesθénte] 形《文語》静止の、休止(状態)の

quietación [kjetaθjón] 女 平静、鎮静

quietador, ra [kjetaðór, ra] 鎮める、和らげる

quietamente [kjétaménte] 副《文語》静かに、おとなしく

quietar [kjetár] 鎮める、落ち着かせる

── se 落ち着く、和らぐ、鎮まる

quiete [kjéte] 女 [いくつかの修道会における] 食後の団欒の時間

quietismo [kjetísmo] 男 ❶《カトリック》静寂主義《スペインの神秘思想家 Miguel de Molinos (1628~96) などが唱えたキリスト教の教義. 外的活動をせず心の平穏を保つ中で神との合一を求めようとする》. ❷ 平穏、静寂; 無気力

quietista [kjetísta] 形 名《カトリック》静寂主義の(主義者)

quieto, ta [kjéto, ta] 形《←ラテン語 quietus, -a, -um「落ち着いた」》[estar+] ❶ 動かない、静止した: No os levantéis, estaos ~s ahí. 立つな、そこにじっとしてろ. ¡Q~ ahí, o disparo! そこを動くな、さもないと撃つぞ. ¡Q~ ~! como ~! [犬に] おすわり! [馬に] どうどう! El mendigo se quedó ~ en una esquina. 乞食は街角でじっとしていた. ❷《文語》静かな; 落ち着いた、穏やかな: El mar estaba ~. 海は穏やかだった. Un niño muy ~ 彼は大変おとなしい子だ. Una vida ~ta 静かな生活をおくる. ❸ 停滞した、進展しない: El trabajo está ~. 仕事はかどらない

¡(Las) Manos ~tas!/¡Q~tas las manos! 1) 手を下ろしたままでいろ/手を膝の上に置いたままで! 2) 手を触れるな!

quietud [kjetú(ð)] 女《←ラテン語 quietudo》 ❶ 動きのないこと、不動: Me extrañó la ~ de los niños. 子供たちがじっとしているのが私は意外だった. ❷《文語》静けさ; 平穏、安らぎ: perturbar la ~ 平穏を乱す. ~ de espíritu 心の平安. ❸《ラプラタ》安静

quif [kíf] 男《西. 隠語》=kif

quifi [kífi] 男《西. 隠語》=kif

quigüi [kíɣwi] 男《中南米》=kiwi

Qui habet aures audiendi, audiat [ki abét áures auðjéndi, auðját]《←ラテン語》聞く耳を持つ者よ聞け《福音書にしばしば出てくる言葉》

quihubo [kixúβo] 間《メキシコ. 電話など》もしもし、やあ

quihúbole [kixúβole] 間《メキシコ. 電話など》=quihubo

quijada [kixáða]《←古語 quexada < 俗ラテン語 capseum「箱のような」< ラテン語 capsa「箱」》❶《解剖》顎(あご)の骨. ❷《音楽》キハーダ《ロバの下顎の骨で作ったキューバの打楽器》

quijal [kixál] 男《まれ》❶ 顎の骨[=quijada]. ❷ 臼歯(きゅうし)、奥歯

quijar [kixár] 男《まれ》=quijal

quijarudo, da [kixarúðo, ða] 形 顎の大きい(突き出た)

quijera [kixéra] 女《西. 馬具》❶ 頭絡(馬勒)の頬に回すベルト. ❷ 石弓の側板の飾り. ❸《木工》組み手

quijero [kixéro] 男 [灌漑用水路の] 斜面

quijo [kíxo] 男《ペルー、チリ》石英、水晶

quijones [kixónes] 男《単複同形》《植物》センダングサの一種《学名 Scandix australis》

quijongo [kixóŋgo] 男《中米. 音楽》キホンゴ《低い音を出す弦楽器》

quijotada [kixotáða] 女《軽蔑》ドン・キホーテ的な行動、常軌を逸した行動

quijote [kixóte] I 男 ❶《文学》el Q~『ドン・キホーテ』《前編は 1605年、後編は 1615年刊行、セルバンテス Miguel de Cervantes Saavedra 作の小説. 正題は『奇想天外の郷士ドン・キホーテ・デ・ラ・マンチャ』El ingenioso hidalgo Don Quijote de la Mancha. ラ・マンチャ地方の片田舎に住む初老の小貴族ドン・キホーテは騎士道物語に熱中するあまり過去の理想社会と現実を取り違え、中世の騎士道理念を実践するために、駄馬ロシナンテ Rocinante にまたがり、根っからの現実主義者である従者サンチョ・パンサ Sancho Panza と諸国漫遊の旅に出かけ、さまざまな冒険を繰り広げる. 理想と現実の齟齬にとまどう人間の悲喜劇性を巧みに表現して豊かな小説世界を作り上げ、近代小説の祖とされる》. ❷ ドン・キホーテ Don Quijote のような人、非現実的な理想主義者、夢想的な人、きまじめな人、気難しい人: Ya no se llevan sino ~s, pero las voluntarias que trabajan con los refugiados lo desmienten. 理想主義者は今時はやらないと言われ、難民ボランティアたちの現実主義がそんな考えを覆してくれる

a lo ~ ドン・キホーテ的に: sueños a lo ~ とてつもなく大きな夢

II [←古語 cuxot < カタルーニャ語 cuixot] ❶ [鎧の] 腿当て. ❷ [主に (複) 馬の] 尻

quijotería [kixotería] 女 ドン・キホーテ的な行動(思考)

quijotesca¹ [kixotéska] 女 ドン・キホーテ的な性格の女性

quijotescamente [kixotéskaménte] 副 ドン・キホーテのように

quijotesco, ca² [kixotésko, ka] 形 ドン・キホーテ的な、ドン・キホーテのように行動する: comportamiento ~s ドン・キホーテ的な行動

quijotil [kixotíl] 形 =quijotesco

quijotismo [kixotísmo] 男 ドン・キホーテ的な行動(性格・思考): ~ hispano スペイン人のドン・キホーテ的な性格

quijotizar [kixotiθár] 自《まれ》ドン・キホーテ的な行動をする

── se ドン・キホーテ的な行動をする

quila [kíla] 女《植物》キラ《チリ南部に多いつる性の竹》

quilamutano, na [kilamutáno, na]《チリ. 馬術》キラムターノ《最良品種とみなされている》

quilar [kilár] 他《下品》…と性交する

quilatador, ra [kilataðór, ra] 名《貴金属・宝石の》鑑定士

quilataje [kilatáxe] 男 カラットの大きさ

quilatar [kilatár] 他 =aquilatar

quilate [kiláte]《←アラビア語 qirat <ギリシア語 keration》男 ❶ カラット: 1) [合金中の金の割合を表わす単位. 純金=24カラット] oro de 18 ~s 18金. 2) [真珠・宝石の重量単位. =0.2グラム] Este diamante pesa dos ~s. このダイヤは2カラットある. ❷ [非物質的なものの] 長所、価値: Es un amigo de muchos ~s. 彼はすばらしい(最高の)友人だ. ❸《歴史》カスティーリャ王国の貨幣[=0.5 dinero]

no tener dos ~s de juicio 全く分別がない

por ~s ほんのわずか
quilatera [kilatéra] 囡 真珠のカラット計測器
quilbo [kílbo] 男《チリ》[アラウコ族が機織りに用いる]細長い棒
quilcacama [kilkakáma] 男《エクアドル》三百代言, へぼ弁護士
quilche [kíltʃe] 男《チリ》動物の内臓
quilco [kílko] 男《チリ》[豆類・衣類などを入れる]大かご
quilde [kílde] 男《チリ》[カニ漁用の]釣り針
quildear [kildeár] 自《チリ》[quilde で]カニを獲る
quildón [kildón] 男《チリ》細ひも, 細縄
quile [kíle]《キューバ. 口語》動詞+con ~ 力を込めて…する, 過度に…する
quilele [kiléle] 男《キューバ》トウモロコシ粉
quileta [kiléta] 囡《アラゴン》格子戸(扉)
quili-《接頭辞》=**quilo-**
quiliárea [kiljárea] 囡 [面積の単位] 1000アール
quiliástico, ca [kiljástiko, ka] 形《まれ》至福千年説の『=milenarista』
quilico [kilíko] 男《エクアドル. 鳥》赤い羽色のチョウゲンボウに似た猛禽
quilífero, ra [kilífero, ra] 形《解剖》vaso ~ 乳糜(びゅう)管
quilificación [kilifikaθjón] 囡《生理》乳糜化
quilificar [kilifikár] 他《生理》乳糜(びゅう)にする
quiligua [kilíɣwa] 囡《メキシコ》[野菜を運ぶ・服をしまうためなどの]かご
quilina [kilína] 囡 集合《チリ》たてがみ
quilla [kíʎa]『←仏語 quille』囡 ❶《船舶》キール, 竜骨; ~ de balance ビルジキール. pasar por la ~ [刑罰として, +a+人 を]船底をくぐらせる. ❷《鳥》竜骨, 胸峰. ❸《植物》[花の]竜骨弁; [マメ科植物の]舟弁(しゅう); *dar de (la)* ~《船舶》[船底の清掃・修理のために]傾船させる
en ~《船舶》建造中に・の
quillacinga [kiʎaðíŋga] 形 名 キリャシンガ族[の]『コロンビア, カウカ県の先住民』
quillacolleño, ña [kiʎakoʎépo, pa] 形 名《地名》キリャコリョ Quillacollo の[人]『ボリビア, コチャバンバ県の町』
quillado, da [kiʎádo, da] 形《船舶》船底床板と竜骨との間にかなり高低差のある[船]
quillalla [kiʎáʎa] 囡《ペルー》=**quiyaya**
quillango [kiʎáŋgo] 男《チリ, アルゼンチン》[先住民の使う]毛皮を縫った毛布
quillay [kiʎái] 男《チリ, アルゼンチン. 植物》❶ キラヤ, セッケンボク(石鹸木)『樹皮が石鹸の代用になる』. ❷ ヒメハギの一種『学名 Bredemeyera colletioides』
quillón [kiʎón] 形《古語》無数, 多数
quillotrador, ra [kiʎotraðór, ra] 形 名《古語》挑発的な[人]; 魅了する[人]
quillotranza [kiʎotránθa] 囡《古語》窮地, 苦境
quillotrar [kiʎotrár] 他 ❶ 刺激する, 挑発する. ❷ 魅了する. ❸ …に恋心を抱かせる. ❹ 熟考する, 検討する
── ~*se*《古語》❶ 恋をする: *Se quillotró como un adolescente.* 彼は若者のように恋をした. ❷ 身支度する, おめかしする. ❸ 嘆く, 不平を言う
quillotro [kiʎótro] 男《古語》❶ 刺激, 挑発. ❷ 魅了; 魅力. ❸ 恋すること, 恋慕. ❹ 兆候, 兆し. ❺ 飾り, 盛装
quillpa [kíʎpa] 囡《ボリビア》[家畜に]焼き印を押す時期
quilma [kílma] 男 [粗布製の]大袋
quilmay [kilmái] 男《チリ. 植物》キョウチクトウ科のつる植物『根は薬用. 学名 Elytropus chilensis』
quilmo [kílmo] 男《チリ》[かんぬき用の]太い棒
quilmole [kilmóle] 男《メキシコ. 料理》quelite などの野菜スープ
quilo [kílo] **I**『←ギリシア語 khylos「汁」』男《生理》乳糜(びゅう)
sudar el ~《口語》汗水たらして働く, 血のにじむような努力をする
II『←ギリシア語 khilion「1000」』男 ❶ キログラム『参考「キロメートル」は kilómetro, quilómetro』. ❷《古語》100万ペセタ
un ~《口語》すごく, とても, よく: *Me gustó un ~ esta película.* 私はこの映画がすごく気に入った
III『←アラワカ語 quelu』男《ペルー, チリ. 植物, 果実》タデ科のつる性の潅木『実は甘くチチャ酒用, 根は薬用. 学名 Muehlenbeckia chilensis』
quilo-《接頭辞》=**kilo-**
quilográmetro [kiloɣrámetro] 男 =**kilográmetro**

quilogramo [kiloɣrámo] 男 =**kilogramo**
quilolitro [kilolítro] 男 =**kilolitro**
quilología [kiloloxía] 囡《生理》乳糜(びゅう)学
quilombear [kilombeár] 自《アルゼンチン, ウルグアイ》売春宿に入りびたる
quilombera [kilombéra] 囡《アルゼンチン, ウルグアイ》売春婦
quilombo [kilómbo] 男 ❶《ベネズエラ》掘っ建て小屋, 農事小屋. ❷《チリ, アルゼンチン, ウルグアイ》売春宿. ❸《アルゼンチン, ウルグアイ. 俗語》混乱, 無秩序, 騒ぎ, もつれ; 困難な事態: ¡*Qué* ~! 何を騒るぎだ!
quilométrico, ca [kilométriko, ka] 形 =**kilométrico**
quilómetro [kilómetro] 男 =**kilómetro**
quilomicrón [kilomikrón] 男《生化》キロミクロン
quilópodo, da [kilópoðo, ða] 形 ムカデ綱の, 唇脚綱の; 多足亜門の
── 男 複《動物》ムカデ綱, 唇脚綱; 多足亜門
quiloso, sa [kilóso, sa] 形《生理》乳糜(びゅう)の, 乳糜状の
quilovatio [kilobátjo] 男 =**kilovatio**
quilquil [kilkíl] 男《チリ. 植物》樹木性のシダの一種『学名 Lomaria chilensis』
quiltrear [kiltreár] 他《チリ》わずらわす, 迷惑をかける
quiltro, tra [kíltro, tra] 名 ❶《チリ》雑種犬, よく吠える小型犬. ❷《口語》ろくでなし, 軽蔑すべき人
quima [kíma] 囡《アストゥリアス, サンタンデール》[木の]枝『=rama』
quimachi [kimátʃi] 男《ボリビア》巻き毛, カール
quimba [kímba] 囡 ❶《中南米》さっそうとした歩き方; [踊る時の]優雅な動き. ❷《パナマ》トウモロコシパンの一種. ❸《コロンビア, エクアドル》粗末な革製のサンダル, 靴.《コロンビア. 俗語》苦境, 窮地; 困窮, 借金. ❺《エクアドル》しかめっ面, 渋面
quimbalete [kimbaléte] 男《ボリビア》[鉱物を砕く]半月形の鉄器(石器)
quimbámbaras [kimbámbaras] 囡 複《俗語》=**quimbambas**
quimbambas [kimbámbas] 囡 複《西. 皮肉》どこか遠い所: Hizo la prostitución al amparo del señor marqués de las ~. 彼女はどこぞの侯爵様の庇護下で売春していた
quimbáncharo [kimbántʃaro] 男《コロンビア》大きすぎて役に立たないもの[人], うどの大木
quimbayá [kimbajá] 形 名 キンバヤ族[の]『コロンビア, 中央山脈とカウカ川の間の先住民』
quimbear [kimbeár] 自《エクアドル》❶ [馬が]旋回する. ❷ 蛇行する, 曲がりくねる
quimbo [kímbo] 男 ❶《キューバ》1)《口語》短銃. 2) マチェテ『=machete』. ❷《エクアドル, ペルー》[肩を揺るめ・腰を振る]気取った歩き方
──《アルゼンチン》すり減った, すり切れた
quimbombó [kimbombó] 男《キューバ》❶《植物, 実》オクラ. ❷《料理》オクラ・肉・バナナのシチュー
quimboso, sa [kimbóso, sa] 形《ペルー》肩を揺らすって歩く, 腰を振って歩く
quimbumbia [kimbúmbja] 囡《キューバ》子供の遊びの一種
quimera [kiméra]『←ラテン語 chimaera(←古典上の動物)←ギリシア語 khimaira』囡 ❶ 幻想, 妄想, 空想; 根拠のない疑心, 杞憂: *La posibilidad de una restauración monárquica en este país es* ~. この国に君主制が復活する可能性は妄想にすぎない. acariciar ~ 妄想にふける. vivir de ~ 白昼夢にふける. ❷《ギリシア神話》キマイラ『頭はライオン, 胴はヤギ, 尾は蛇で, 口から炎を吐く』. ❸《生物》キメラ, 混合染色体. ❹《魚》ギンザメ, 口論. ❺《ムルシア, ラマンチャ. 口語》頑固さ, 強情さ, 石頭
quimérico, ca [kimériko, ka] 形 夢のような, 非現実的な: plan ~ 夢のような計画. hombre ~ 夢想家
quimerista [kimerísta] 名 ❶ 夢想する[人], 幻想にふける[人]. ❷ けんか好きな[人], けんかっ早い[人]
quimerizar [kimeriθár] 自《まれ》妄想を抱く, 白昼夢にふける
quimia [kímja] 囡《古語》=**química**
química[1] [kímika]『←俗ラテン語 ars chimica <ラテン語 chimia「化学」<アラビア語 kimiya「賢者の石」』囡 ❶ 化学: ~ orgánica 有機化学. ~ mineral (inorgánica) 無機化学. ❷ 化学の知識. ❸ 男《大量の》化学物質, 添加物. ❹ 相性
químicamente [kímikaménte] 副 化学的に, 化学作用によって
químico, ca[2] [kímiko, ka] 形 化学の, 化学的な: análisis ~

化学分析. armas 〜cas 化学兵器. fórmula 〜ca 化学式. guerra 〜ca 化学戦. industria 〜ca 化学工業. productos 〜s 化学製品. reacción 〜ca 化学反応
—— 图 化学者
quimificación [kimifikaθjón] 囡 糜汁化
quimificar [kimifikár] [7] 他《生理》糜汁(びじゅう)にする
quimil [kimíl] 男《メキシコ》衣類の包み
quimio- [接頭辞][化学] *quimio*terapia 化学療法
quimioautótrofo, fa [kimjoaut̪ótrofo, fa] 形《生物》栄養を化学合成する
quimioceptor [kimjoθe(p)tór] 男《生理》化学受容体 [＝quimiorreceptor]
quimioluminiscencia [kimjoluminisθénθja] 囡《化学》化学発光, 化学ルミネセンス
quimioprofiláctico, ca [kimjoprofiláktiko, ka] 形《医学》化学予防の
quimioprofilaxis [kimjoprofilá(k)sis] 囡《医学》化学予防, 化学薬品による疾病予防
quimiorreceptor, ra [kimjor̄eθe(p)tór, ra] 男《生理》化学受容器[の]
quimiosíntesis [kimjosíntesis] 囡《生物》化学合成
quimiosintético, ca [kimjosintétiko, ka] 形《生物》化学合成の
quimiotáctico, ca [kimjotáktiko, ka] 形《生物》走化性の
quimiotactismo [kimjotaktísmo] 男 ＝**quimiotaxia**
quimiotaxia [kimjotá(k)sja] 囡《生物》走化性, 化学走性
quimiotaxis [kimjotá(k)sis] 囡 ＝**quimiotaxia**
quimioterapia [kimjoterápja] 囡《医学》化学療法
quimioterápico, ca [kimjoterápiko, ka] 形《化学療法の: medicamento 〜 化学療法の薬剤
quimiotropismo [kimjotropísmo] 男 ＝**quimiotaxia**
quimismo [kimísmo] 男 化学作用: 〜 gástrico 胃液の化学的機序
quimista [kimísta] 男 ＝**alquimista**
quimo [kímo] 男《生理》糜汁(びじゅう)
quimotfo [kimótfo] 男《ベネズエラ》タバコの葉と木炭の灰を煎じて作った練り薬
quimógrafo [kimógrafo] 男《医学, 言語》動態記録器, キモグラフ
quimograma [kimográma] 男《医学, 言語》動態記録法, キモグラフィー
quimón [kimón] [←日本語「着物」] 男 ガウン用の上質な綿織物
quimono [kimóno] [←日本語]男 ❶ 着物; 着物風のガウン, 部屋着: en 〜 着物姿の・で. ❷ 柔道着, 空手着
quimosina [kimosína] 囡《生化》キモシン
quimpo [kímpo] 男《チリ》葉のついた枝
quin [kín] 男《コロンビア》独楽(こま)をぶつけること
quina [kína] 囡 [←?語源] 囡 ❶ キナ quino の樹皮. ❷《薬学》キニーネ [＝quinina]. ❸ キニーネ入りの強いワイン [強壮剤, アペリチフ]. ❹《植物》 〜 de la tierra ウルシ科の木. ❺ 覆 ポルトガルの紋章. ❻ [さいころ遊びで] 5のゾロ目. ❼ [ナンバーくじで] 5つの番号を当てること; その賞金. ❽《まれ》5つの要素からなるもの
más malo que la 〜《西. 口語》[ser+] ひどく悪い; [特に子供を] とてもいたずらな: Este chaval es *más malo que la* 〜. この子供は悪くて手に負えない
tragar 〜《西. 口語》怒り・不快感などを表に出さずに耐える, 忍ぶ
quinacha [kinátʃa] 囡《ボリビア》冠毛が縮れ雄鶏のような蹴爪をした雌鶏
quinado, da [kinádo, da] 形 [ワインなどが] キニーネ quinina 入りの
quinador [kinadór] 男《隠語》＝**quinqui**
quinal [kinál] 男《船舶》マストを補強する太綱
quinao [kináo] 男《論争相手の間違いに対する》論駁, 反論
quinaquina [kinakína] 囡《ペルー, アルゼンチン. 植物》キナの木に似た香木 [学名 Yroxylon peruiferum].
quinar [kinár] 他《キューバ. 口語》論破する, 言い負かす
quinario, ria [kinárjo, rja] 形 5つからなる, 5個一組の: sistema 〜 5進法
—— 男 ❶ 5日連続の祈り. ❷《古代ローマ》キナリウス銀貨 [＝5アス]. ❸ 5つの要素からなるもの, 5個一組

quincajú [kiŋkaʝú] 男《動物》キンカジュー
quincalla [kiŋkáʎa] [←仏語 quincaille] 囡 集名《主に軽蔑》❶ 安物の金物『はさみ, 指ぬきなど』. ❷ 模造の宝石類: Todas sus joyas son 〜. 彼女のアクセサリーはすべてまがいものだ
quincallería [kiŋkaʎería] 囡 集名 安物の金物; その販売店(販売業)
quincallero, ra [kiŋkaʎéro, ra] 图 安物の金物の製造(販売)業者
quince [kínθe] [←ラテン語 quindecim「15の」< quinque 「5」+decem 「10」] 形 ❶《基数詞》15[の]. ❷ 2週間: hace 〜 días 2週間前に, 半月前に. ❸ 15番目の. ❹《トランプ》ブラックジャックに似たゲーム [15にできるだけ近づける]
dar 〜 *y raya* a+人・事物《口語》…よりはるかに上回っている: *Da* 〜 *y raya* a todos en inteligencia. 彼は頭のよさでは誰よりもはるかに上だ
quinceañero, ra [kinθeaɲéro, ra] 形 图 15歳の[人]; ティーンエイジャー[の]
quinceavo, va [kinθeáβo, βa] 形 男《分数詞》15分の1[の]
quincena¹ [kinθéna] 囡 ❶《15のまとまり》Una 〜 de personas asistió a la reunión. 集会には15人が参加した. ❷ 15日間, 2週間, 半月: Esta feria se celebra en el mes de noviembre y dura una 〜. この市には11月に開かれ2週間続く. Los resultados tardarán una 〜. 結果が分かるには2週間かかるだろう. En la primera (segunda) 〜 de julio nos vamos de vacaciones. 私たちは7月の前半(後半)に休暇に出かける. ❸ 2週間分の給料, その給料日. ❹ 15日間の拘留.《音楽》1) 15度[音程], 2オクターブ, 15度の音. 2) [オルガンの] オクターブ高く響く音栓, 2フィート音栓
quincenal [kinθenál] 形 15日ごとの, 隔週の, 月2回の; 15日間続く, 2週間の: revista de publicación 〜 隔週発行の雑誌
quincenalmente [kinθenálménte] 副 15日ごとに, 2週間おきに, 月2回
quincenario, ria [kinθenárjo, rja] 形 ＝**quincenal**
—— 图《法律》15日間の拘留者
quinceno, na² [kinθéno, na] 形 图 ❶ 生後15か月の[ラバ・馬]. ❷《地方語》＝**quinceañero**
quinceño, ña [kinθéɲo, ɲa] 形《まれ》＝**quinceañero**
quincha [kíntʃa] 囡 ❶《南米》[わらの屋根などを強化する] 編んだイグサ. ❷《ペルー, チリ, アルゼンチン, ウルグアイ》[アシの上に泥を塗った] 泥壁. ❸《コロンビア. 鳥》ハチドリ
quinchado [kintʃádo] 男《ウルグアイ》日よけ
quinchamalí [kintʃamalí] 男《チリ. 植物》ビャクダン科の一種 [学名 Quinchamalium chilense]
quinchar [kintʃár] 他《南米》屋根などを] 編んだイグサ quincha で強化する. ❷《ペルー, チリ, アルゼンチン, ウルグアイ》[地所を] 泥壁 quincha で囲う
quinche [kíntʃe] 男《ウルグアイ》＝**quincha**
quinchihue [kintʃíwe] 男《南米. 植物》シオザキソウ《キク科の薬用植物》
quinchinera [kintʃinéra] 囡《ベネズエラ》民謡の一種
quincho [kíntʃo] 男 ❶《ボリビア》泥壁の塀. ❷《アルゼンチン, ウルグアイ》泥壁で作った粗末な小屋; 野外で asado 料理をするあずまや. ❸《ウルグアイ》田舎の売春宿
quinchoncho [kintʃóntʃo] 男《中米. 植物》キマメ《豆は食用》
quincineta [kinθinéta] 囡《鳥》タゲリ [＝avefría]
quincuagenario, ria [kiŋkwaxenárjo, rja] 形 ❶ 50歳台の[人]. ❷ 50を単位とする
quincuagésimo, ma [kiŋkwaxésimo, ma] 形 男 50番目の; 50分の1[の]
—— 囡《カトリック》五旬節の主日 [復活祭の50日前]
quincunce [kiŋkúnθe] 男《植物》五葉配列, 五葉性
quinde [kínde] 男《ボリビア, エクアドル, ペルー. 鳥》ハチドリ
quindembo [kindémbo] 男《キューバ》アフリカ伝来の民俗舞踊
quindenial [kindenjál] 形《まれ》15年ごとの; 15年続く
quindenio [kindénjo] 男 15年間
quindésimo, ma [kindésimo, ma] 形 ＝**quinceavo**
quinear [kineár] 他《コロンビア》角で突く
guineoecuatorial [kineoekwatorjál] 形 图 赤道ギニアの(人) [＝ecuatoguineano]
quinescopio [kineskópjo] 男 ＝**kinescopio**
quinesi- [接頭辞] ＝**kinesi-**
quinesia [kinésja] 囡《医学》動揺病, 運動病

quinésico, ca [kinésiko, ka] 形 女 動作学〔の〕, キネシックス〔の〕; ジェスチャー論〔の〕《コミュニケーションとしての身振り研究》

quinesiología [kinesjoloxía] 女 ❶ 運動学. ❷ =**quinesiterapia**

quinesiológico, ca [kinesjolóxiko, ka] 形 運動学の

quinesiólogo, ga [kinesjólogo, ga] 名 運動学者

-quinesia《接尾辞》〔運動・動き〕dis*quinesia* 運動障害

-quinesis《接尾辞》=**-quinesia**

quinesiterapeuta [kinesiterapéųta] 名 運動療法士

quinesiterapia [kinesiterápja] 女《医学》運動療法

quinesiterápico, ca [kinesiterápiko, ka] 形 運動療法の

quinesofobia [kinesofóbja] 女 運動嫌い

quinete [kinéte] 男〔フランス製の〕サージ, コーデュロイ

quinfa [kínfa] 女《コロンビア》田舎のサンダル

quingentésimo, ma [kiŋxentésimo, ma] 形 男 500番目の; 500分の1〔の〕

quingombó [kiŋgombó] 男《植物》オクラ

quingos [kíŋgos] 男複《コロンビア, ペルー》ジグザグ

quinguear [kiŋgeár] 自《コロンビア, エクアドル》曲がりくねる, ジグザグに進む

quinidina [kinidína] 女《薬学》キニジン

quiniela [kinjéla] 女《←?語源》 名 ❶《西》〔時に 複〕キニエラ《サッカーなどの公営のスポーツくじ; その賞金: jugar a las ~s キニエラを買う. Le ha tocado una ~ de un millón de euros. 彼に100万ユーロのキニエラが当たった. ❷《西》〔キニエラの〕応募券; ~ hípica 馬券. ❸ 一チーム5人で行われるペロタ pelota 競技. ❹《ドミニカ, ラプラタ》宝くじの1等賞の最後の桁(数桁)の数字を当てる賭け事

quinielero, ra [kinjeléro, ra] 名《ドミニカ, ラプラタ》宝くじの1等賞の最後の桁(数桁)の数字を当てる賭け事の主催者(賭けをする人)

quinielista [kinjelísta] 名 キニエラに賭ける人

quinielístico, ca [kinjelístiko, ka] 形 キニエラの

quinielón [kinjelón] 男 15試合の結果を当てるキニエラ

quinientista [kinjetísta] 名 16世紀の: escritor ~ 16世紀の作家

quinientos, tas [kinjéntos, tas] 形 男 ❶《基数詞》500〔の〕. ❷ 500番目の. ❸ 16世紀
llegar a las ~tas ひどく遅刻をする

quinilla [kiníʎa] 女《ペルー》バラタ《グッタペルカ樹脂を産する樹木》

quinina [kinína] 女《薬学》キニーネ

quinismo [kinísmo] 男《医学》キニーネ中毒

quino [kíno] 男 ❶《植物》キナ〔ノキ〕. ❷ キナの樹皮〔=quina〕

quínoa《kínoa》男《ペルー, ボリビア, チリ, アルゼンチン》=**quinua**

quínola [kínola] 女 ❶《トランプ》キノラ《同じ種類のカードを4枚集めること》; その手. ❷ 複 そのゲーム. ❸《まれ》風変わりなこと, とっぴなこと
estar de ~s 様々な物(色)が集まる; 色どり鮮やかな服を着ている

quinolear [kinoleár] 他《トランプ》〔キノラをするためにカードを〕用意する

quinoleína [kinoleína] 女《化学》=**quinolina**

quinolillas [kinolíʎas] 女複 =**quínolas**

quinolina [kinolína] 女《化学》キノリン

quinona [kinóna] 女《化学》キノン

quinoquino [kinokíno] 男《ペルー》トルーバルサム《=bálsamo de Tolú》

quinorrincos [kinoříŋkos] 男複《動物》動吻動物

quinoto [kinóto] 男 ❶《植物, 果実》レモンとオレンジを接ぎ木したものの
hinchar los ~s《アルゼンチン, ウルグアイ. 口語》大変迷惑をかける

quinqué [kiŋké] 男《←Quinquet(人名)》男 覆 ~s ケンケ灯《ガラス筒のある石油ランプ, その形の電灯》
tener mucho ~ 非常にさとい, 抜け目がない

quinque-《接尾辞》[5] *quinque*nio 5年の

quinquecahue [kiŋkekáwe] 男《チリ》マプーチェ族・アラウコ族》の馬のたてがみを張った弓2本の楽器

quinquefolio [kiŋkefóljo] 男《植物》キジムシロ属の一種〔=cincoenrama〕

quinquelingüe [kiŋkeliŋgwe] 形 ❶ 5か国語の; 5か国語を話

す〔人〕; 5か国語で書かれた: Biblia ~ 5か国語対訳聖書

quinquenal [kiŋkenál] 形 5年〔間〕の; 5年ごとの: el tercer plan ~ 第3次5か年計画

quinquenervia [kiŋkenérbja] 女《植物》ヘラオオバコ

quinquenio [kiŋkénjo] 男 ❶ 5年間: producción de arroz durante el último ~ 最近5年間における米の生産. ❷ 勤続5年ごとに行われる昇給

quinqui [kíŋki] 名《西. 口語》こそ泥《主に少数民族出身で窃盗グループを形成している》

quinquillería [kiŋkiʎería] 女 =**quincallería**

quinquillero, ra [kiŋkiʎéro, ra] 名 =**quincallero**

quinquina [kiŋkína] 女《中南米. 植物》キナ〔の樹皮〕〔=quina〕

quinta[1] [kínta] 女《←ラテン語》女 ❶ 別荘〔とその他所〕: En la ~ de mis abuelos hay caballos. 私の祖父母の別荘には馬がいる. ❷《西. 軍事》〔集名〕〔抽選で選ばれ徴兵された〕同年兵: José es de la ~ del ochenta. ホセは1980年入隊の招集兵だ. マンティエネ mantiene el contacto con algunos compañeros de ~. 彼は今でも同年兵仲間の何人かと付き合いがある. ❸《西. 口語》〔集名〕同じ年齢の人: Aún se reúne con los de su ~. 彼は今でも同期の集まりに出ている. Tu hermano debe de ser de mi ~. 君のお兄さんは私と同い年に違いない. Eva y yo somos de la misma ~. エバと私は同い年だ. Somos de la del 86. 私たちは1986年生まれだ. ❹《音楽》五度: ~ justa 完全五度. ❺《自動車》フィフスギア, トップギア: Por la autopista íbamos en ~. 私たちは高速道路をトップギアで走行した. ❻《トランプ》ストレート〔=escalera〕. ❼《ペルー》〔集名〕農場の広場を中心とした家々. ❽《チリ, アルゼンチン, ウルグアイ》戸建て住宅
entrar en ~s 徴兵年齢に達する; 兵役に就く: Cuando el hijo mayor *entró en ~s*, el padre se quedó solo para todo el trabajo. 長男が兵隊にとられると, 父親は仕事を一人ですることになった
~ del ñato《南米》墓

quintacolumnista [kintakolumnísta] 形《歴史》敵軍の国に紛れ込んで味方の軍事行動を助ける》第五列〔の〕

quintada [kintáda] 女《西》〔新兵・新入りに対する〕いじめ, 悪ふざけ

quintador, ra [kintadór, ra] 形〔くじで〕5つの中から1つを選ぶ〔人〕; 〔くじで〕兵役につく者を決める〔人〕

quintaesencia [kintaesénθja] 女《←quinto+esencia》女 ❶ 精髓, 神髓, 本質, エッセンス: ~ del arte románico español スペイン・ロマネスク芸術の精華. ❷《哲学》第五元素, エーテル

quintaesenciar [kintaesenθjár] 他 10 …のエッセンスを抽出する; 極度に純化(洗練)する

quintal [kintál]《←アラビア語 quintar》男 〔昔の重量単位〕キンタル《地方差があり, カスティーリャでは =100ポンド, 46kg》: ~ métrico =100kg
pesa un ~ ひどく重い

quintalada [kintaláda] 女《船舶》〔航海でよく働いた船員に与える〕報酬, 賞与

quintaleño, ña [kintaléɲo, ɲa] 形 1キンタル入る(入っている)

quintalero, ra [kintaléro, ra] 形 1キンタルの

quintamiento [kintamjénto] 男〔くじで〕5つの中から1つを選ぶこと; 〔くじで〕兵役につく者を決めること

quintana [kintána] 女 ❶ 別荘〔=quinta〕. ❷《古代ローマ》〔野営地の〕食料市場. ❸《農業》リンゴの一品種.《地方差》〔家などの間の〕空き地.《農業》畑の中の溝・排水路

Quintana [kintána]《人名》**Manuel ~** マヌエル・キンタナ《1835～1906, アルゼンチンの政治家, 大統領》
Manuel José ~ マヌエル・ホセ・キンタナ《1772～1857, スペイン新古典派の詩人・劇作家. ナポレオン軍侵入の際自由主義者として活躍し, その後政治的迫害を受けた. 愛国的で壮厳な作品が多い》

quintanareño, ña [kintanaréɲo, ɲa] 形《地名》キンタナル・デ・ラ・オルデン Quintanar de la Orden の〔人〕〔トレド県の村〕

quintante [kintánte] 男《船舶》五分儀

quintañón, na [kintaɲón, na] 形《まれ》100歳の〔人〕〔=centenario〕

quintar [kintár] 他 ❶《西》1)〔5つから1つを〕くじ引きで決める. 2)〔歴史〕〔くじで〕兵役年齢に達した5人の中から1人を召集する.《農業》〔種まきのために〕5度目のすき返しをする. ❷《農業》〔農場の〕五分の一税 quinto real を納める
── 自 ❶ 〔月齢が〕5日目になる. ❷ 競り値の5分の1を納め

quinte [kínte] 男《動物》ダマシカ〚=gamo〛
quinteo [kintéo] 男《西》［5つから1つを］くじ引きで決めること
quintería [kintería] 女《地方語》別荘；農場
quinterna [kintérna] 女《古語》［宝くじで、5つの数字を当てる］大当たり
quinternón [kinternón] 男 ❶［5枚重ね折りの］ノート。❷《古語》=quinterna
quintero, ra [kintéro, ra] 名 小作人，作男
quinterón, na [kinterón, na] 形 ❶《まれ》❶《メキシコ》白人男性と tercerón の女性との混血の［人］。❷《キューバ》白人男性と奴隷でない cuarterón の女性との混血の［人］。❸《ペルー》~ de mestizo スペイン人男性と tercerón の女性との混血の［人］。~ de mulato スペイン人男性と cuarterón de mulato の女性との混血の［人］。~ saltatrás 黒人男性と cuarterón の女性との混血の［人］
quinteto [kintéto]〔←伊語 quintetto〕男《音楽》五重奏（唱），クインテット；五重奏（唱）曲；五重奏（唱）団：~ para clarinete クラリネット五重奏曲. ~s para cuerdas de Brahms ブラームスの弦楽五重奏曲集
quintil [kintíl] 男 ❶《古代ローマ暦の》第五月。❷《古語》五人組：~ atacante オフェンスの5人
Quintiliano [kwintiljáno]《人名》クインティリアヌス《35?–100?, ヒスパニア出身の古代ローマの修辞学者：『弁論術教程』De institutione oratoria は中世ヨーロッパで弁論家養成の手引書とされた》
quintilla [kintíʎa] 女《詩法》［8音節の］5行詩
quintillizo, za [kintiʎíθo, θa] 名 五つ子の［1人］
quintillo [kintíʎo] 男《トランプ》5人で行なうゲーム
quintillón [kintiʎón] 男 100万の5乗，10の30乗
quintín [kintín] 男 Ⅰ《古語》［フランス，ブルターニュ地方の］キンティン Quintín 産の薄い織物
Ⅱ〚←16世紀フランス，サン・カンタン San Quintín でスペイン王フェリペ2世が勝利を得た戦い〛*armarse la de San Q~*〘大騒ぎになる：En la sala de asambleas *se armó la de San Q~*. 議場は騒然となった
quinto, ta[2] [kínto, ta]〔←ラテン語 quintus〕❶ 5番目の；5分の1の
—— 男 ❶ 5分の1。❷《口語》［5分の1リットル入りの］ビールの小瓶：Nos tomamos unos ~s en el bar. 私たちは居酒屋で瓶のビールを飲んだ。❸《西》《現役入隊の》新兵：El tren iba lleno de ~s que salían de permiso. その列車は外出を許可された新兵たちで満員だった. José ya es un ~. ホセはもう兵役を受ける年齢だ. Le engañaron como a un ~. 彼は徴兵を受ける年齢と間違われた。❹《歴史》~ real 五分の一税《国王特権の一つで，スペイン国王は新大陸の征服・支配で獲得された戦利品や鉱物資源の5分の1を取得した。ただし，税率は後に20%とは限らない》。❺《メキシコ》硬貨
~ pino 非常に遠い所：¿La estación? Está en el *~ pino*. 駅ですか？ここから遠いですよ. He tardado porque he tenido que aparcar en el *~ pino*. 私はひどく遠い所にしか車をとめられなくて遅れてしまった
sin un ~《メキシコ，中米，ボリビア，アルゼンチン．口語》一文なしの
—— 副 5番目に
quintón [kintón] 男《音楽》［18世紀の］小型の5弦のピアノ
quintoso, sa [kintóso, sa] 形《医学》［咳が］百日咳特有の
quintové [kintobé] 男《アルゼンチン．鳥》タイランチョウの一種《学名 Pitangus bolivianus》
quintral [kintrál] 男《チリ》❶《植物》赤い花のヤドリギ《学名 Loranthus tetrandrus》。❷《農業》《スイカ・メロンなど》胴枯れ病
quíntuple [kíntuple] 形 5倍の。男 5倍〔の〕〚=quíntuplo〛
—— 名《ベネズエラ，チリ》五つ子
quintuplicación [kintuplikaθjón] 女 5倍にする（なる）こと
quintuplicar [kintuplikár] [7] 他 5倍にする
quíntuplo, pla [kíntuplo, pla] 形《倍数詞》5倍〔の〕
quinua [kínwa] 女《植物》キヌア，キノア《アンデス高地原産の食用の穀物》
quinuza [kinúθa] 女《ベネズエラ》憂鬱，メランコリー
quinzal [kinθál] 男 長さ15フィートの木材
quinzavo, va [kinθábo, ba] 形 男 =quinceavo
quiñado, da [kiɲáðo, ða] 形《ペルー》穴のあいた，穴だらけの
quiñador [kiɲaðór] 男《コロンビア》ぶつけられる的の独楽

quiñadura [kiɲaðúra] 女《南米》独楽の軸でつけられた痕
quiñar [kiɲár] 他 ❶《地方語》突き棒でかり立てる〚=aguijar〛。❷《南米》体当たりする。❸《南米》［相手の独楽に］独楽〔を〕をぶつける；［人の頭に］独楽をぶつけて傷つける。❹《ペルー》縁を欠かす
—— ❶《中南米》［滑って］ぶつかる。❷《コロンビア》こぶしで殴り合う
—— *~se*《プエルトリコ》落胆する，失望する
quiñazo [kiɲáθo] 男 ❶《パナマ，アンデス》突き飛ばし，衝突。❷《南米》独楽をぶつけること
quiñe [kíɲe] 男 ❶《ボリビア》《雄鶏の》蹴爪。❷《ペルー，ボリビア》［独楽の］軸
quiño [kíɲo] 男 ❶《中南米》独楽〔を〕をぶつけること；独楽の軸をぶつけられた痕。❷《コロンビア》［相手の独楽に］独楽をぶつける子供の遊び；［正面から前腕を］げんこつで打つこと。❸《ペルー》あばた。❹《エクアドル》リキュールグラス。❺《チリ》《漁師が用いる》魚介類を入れる袋
quiñón [kiɲón] 男 ❶［共有地の］一人分の耕作地，割り当て農地，キニョン区域《ベインテナ地区 veintena を5等分した各区域》。❷《古語》《タラゴーニョ》《町の》地区
quiñonero [kiɲonéro] 男 分割地の所有者
Quiñones de Benavente [kiɲónes de benabénte]《人名》Luis ~ ルイス・キニョーネス・デ・ベナベンテ《1590/93?–1651, スペインの劇作家。歌や踊りを取り入れ，滑稽で風刺の効いた一幕劇の諸形式を完成させた》
quío, a [kío, a] 形 名《地名》エーゲ海のキオス Quío 島の［人］
quiosco [kjósko]〔←トルコ語 kiosk〕男 ❶《西》❶ 駅・街頭・広場で新聞や雑誌などを売る，キオスク，売店：~ de periódicos 新聞売場. ~ de flores 花の売店。❷［庭園の］あずまや，亭。❸《~ de la música》野外音楽堂
quiosquero, ra [kjoskéro, ra] 名 売店 quiosco の主人（店員）
quiote [kjóte] 男《メキシコ》［リュウゼツランの］花茎
quipa [kípa] 女《エクアドル》［先住民が戦闘で鳴らした］ホラガイ
quipe [kípe] 男《ボリビア，エクアドル》背負い袋，雑嚢。❷《ペルー》［先住民が］背中にかつぐ荷物
quipo [kípo] 男 =quipu
quipu [kípu]〔←ケチュア語 quipus〕男《歴史》❶《主に複》キープ《アンデス先住民が記憶手段として用いてきた結縄（スケン）文字。リャマの毛で編んだ紐を利用し，紐の色，結び目の数や位置などで意味が異なる》
quipucamayo [kipukamájo] 男 キープの解読者
quique [kíke] 形《チリ》怒りっぽい
—— 男 ❶《動物》グリソン。❷《コロンビア．口語》乳歯
quiqui [kíki] 男 ❶《髪型》頭頂で結わえた髪の房〚=quiriquí〛。❷《口語》性交；echar un ~ 性交する
quiquiriquí [kikirikí] 男〔複 ~es〕❶《雄鶏の鳴き声》コケコッコー：Me han despertado los ~es de los gallos. 私は雄鶏の鳴き声で目が覚めた。❷《西．髪型》結わえた髪の房。❸ 目立ちたがり屋
quiragra [kirágra] 女《医学》指痛風
quirate [kiráte] 男 アルモラビド朝時代の銀貨
quirguiz [kirgíθ] 形《中央アジア》キルギス族の〔の〕
—— 男 キルギス語
quirico [kiríko] 男《ベネズエラ》❶ こそ泥の［少年］。❷ 召使い，使用人；使い走りの子
quiridio [kiríðjo] 男《動物》［四足獣の］前肢
quirie [kírje] 男 =kirie
quirigalla [kirigáʎa] 女《貝》オオノガイ
quirinal [kirinál] 形 ❶《ローマ神話》クイリヌス Quirino の《戦争の神，ローマの建国者ロムルス Rómulo に死後与えられた名前》。❷《地名》colina del Q~ クイリナーレの丘《ローマ7丘の1つ》。❸ クイリナーレ宮殿〚=palacio del Q~. 歴代教皇の宮殿で，現在はイタリア大統領官邸〛；イタリア政府
quirinca [kirínka] 女《チリ》サンゼブの実のさや
quirio [kírjo] 男《地方語》叫び〚=grito〛
quiritario, ria [kiritárjo, rja]《古代ローマ》クイリテスの，一般市民の
quirite [kiríte] 男《古代ローマ》クイリテス《騎士階級と平民からなる一般市民》
quirneja [kirnéxa] 女《ボリビア》お下げ髪
quiro-《接頭辞》［手］*quiromancia* 手相術
quirófano [kirófano] 男 手術室：llevar un paciente al ~ 患

Quiroga

者を手術室に運ぶ. pasar por la mesa del ～ 手術を受ける
Quiroga [kiróɣa]《人名》**Facundo** ～ ファクンド・キロガ《1788 ～1835, アルゼンチンの軍人で, 独立戦争に参加.「草原の虎」el Tigre de los Llanos と呼ばれた代表的なカウディーリョ》
Horacio ～ オラシオ・キロガ《1878～1937, ウルグアイの作家. ポーやモーパッサンから短編の技法を学び, 簡潔透明な文体で濃密で緊張感に満ちた短編を書いているところから, ラテンアメリカ最初の短編作家と言われる. 家族に不慮の死を遂げたものが多くいたこともあって彼の作品には死が暗く深い影を落としている. 短編集『愛と狂気と死の物語』*Cuentos de amor, de locura y de muerte*, 中編小説『アナコンダ』*Anaconda*》
Vasco de ～ バスコ・デ・キロガ《1470～1565, スペイン人法学者. 聴訴官 oidor としてヌエバ・エスパーニャへ渡り, 私財を投げ出し, ユートピア的な共同体 pueblo-hospital を建設. のちミチョアカン Michoacán の初代司教.『法の報告書』*Información en Derecho*》
quirografario, ria [kiroɣrafárjo, rja]形《法律》自筆(私署)証書の; 無担保の: crédito ～〔無担保の〕普通債権
quirógrafo, fa [kiróɣrafo, fa]形 =**quirografario**
——男《法律》署名入り(自筆)の文書
quirola [kiróla]女《植物》エリカ属の灌木《学名 *Erica umbellata*》
quirología [kiroloxía]女 手話法
quirólogo, ga [kiróloɣo, ɣa]名 手話のできる人
quiromancia [kirománθja]女《ギリシア語 kheir「手」+manteia「予知」》手相占い, 手相学
quiromancía [kiromanθía]女 =**quiromancia**
quiromante [kirománte]名 =**quiromántico**
quiromántico, ca [kiromántiko, ka]形 手相の; 手相占い師
quiromasaje [kiromasáxe]男〔手だけによる〕マッサージ
quiromasajista [kiromasaxísta]名〔手だけによる〕マッサージ師
quironomía [kironomía]女《音楽》〔合唱などの手による〕指揮術
quiropráctica[1] [kiropráktika]女《医学》カイロプラクティック
quiropráctico, ca[2] [kiropráktiko, ka]形 名 カイロプラクティックの〔療法士〕
quiróptero, ra [kiró(p)tero, ra]形 翼手目の
——男《動物》翼手目
quiroteca [kirotéka]女《まれ》手袋
quirqui [kírki]男《ボリビア》〔先住民の用いる〕小型のギター
quirquinchar [kirkintʃár]他《アルゼンチン》アルマジロを捕える
quirquincho [kirkíntʃo]男《動物》小型のアルマジロ《その甲羅でチャランゴ charango を作る》
estar como un ～《ペルー, ボリビア, チリ, アルゼンチン. 口語》ひどく怒っている
quirúrgicamente [kirúrxikaménte]副 外科的に
quirúrgico, ca [kirúrxiko, ka]形《ラテン語 chirurgicus < ギリシア語 kheirourgikos》形 外科の, 外科的な: operación ～*ca* 外科手術
quirurgo [kirúrɣo]男《まれ》外科医
quisa [kísa]女 ❶《メキシコ. 香辛料》コショウの一種. ❷《ボリビア》熟してから干したバナナ
quisadilla [kisaðíʎa]女《アルゼンチン. 菓子》蜂蜜入りのクレープ
quisca [kíska]女 ❶《チリ》1)《植物》=**quisco**. 2)〔柱サボテンなどの〕大きなとげ〔編み針などに用いられる〕. 3)《隠語》ナイフ. ❷《アルゼンチン》硬くて太い毛髪
quisco [kísko]男《チリ. 植物》柱サボテン, キメンカク(鬼面角)
quiscudo, da [kiskúðo, ða]形《チリ, アルゼンチン》とげの多い, とげだらけの; 髪の毛が硬くて太い
quisicosa [kisikósa]女《口語》❶ なぞ, 難問. ❷ 無意味なこと, ささいなこと
quisneado, da [kisneáðo, ða]形《ホンジュラス》=**quisneto**
quisneto, ta [kisnéto, ta]形《ホンジュラス》ねじれた, 曲がった
quisque [kíske]《ラテン語》男 *cada* ～《西. 口語》各々, めいめい 〔=cada uno〕
todo ～《西. 口語》みんな, 全員〔=todo el mundo〕: ¿Qué será de la prensa si *todo* ～ puede ser periodista? 誰でも新聞記者になれるとしたら新聞はどうなるのだろうか?
quisquémil [kiskémil]男《メキシコ》=**quesquémel**
quisqui [kíski]男《西. 口語》=**quisque**
quisquido, da [kiskíðo, ða]形《アルゼンチン. 軽蔑》便秘の

quisquilla [kiskíʎa]〔←ラテン語 quisquiliae〕女 ❶〔3cm位の〕小エビ: color ～ 淡いピンク色. ❷ ささいなこと, 取るに足らないこと
——名《口語》ささいなことに腹を立てる人, 神経が過敏な人
quisquillar [kiskiʎár]自《チリ. 口語》不快に思う, 不愉快になる
quisquillosidad [kiskiʎosiðá(ð)]女 神経過敏, 神経の細かさ; 怒りっぽさ, 短気
quisquilloso, sa [kiskiʎóso, sa]〔←**quisquilla**〕形 神経が過敏な〔人〕, 神経の細かい〔人〕; 怒りっぽい〔人〕, 短気な〔人〕: Es tan ～ que no deja que nadie le toque sus cosas. 彼はとても神経質で誰にも自分の物に手を触れさせない
Quis scribit, bis legit [kis skríbit bis léɣit]《ラテン語》書き写す人は2度読む
quistar [kistár] ～*se* 好かれる, 他人とうまく接する
quiste [kíste]男 ❶《医学》嚢胞(のう). ❷《生物》包嚢; 〔原生動物などの〕被嚢体
quístico, ca [kístiko, ka]形 ❶《医学》嚢胞性の: fibrosis ～*ca* 嚢胞性繊維症. ❷《生物》包嚢の
quisto, ta [kísto, ta]〔querer の昔の 過分〕形 *bien* (*mal*) ～《西. 文語》評判のよい(悪い)
quita[1] [kíta]女 ❶《法律》〔借金の〕一部帳消し(棒引き); 〔返済の〕一部免除: ～ y espera〔借金の〕一部棒引きの請求. ❷《?》〔先住民が用いる石製・木製の〕パイプ, キセル
quitacamisa [kitakamísa]男《まれ》《キューバ. トランプ》=**arrancamisa**
quitación [kitaθjón]女 ❶《古語》収入, 給料. ❷《法律》〔借金の〕帳消し, 一部免除
quitador, ra [kitaðór, ra]形 名 ❶ 取り除く〔人〕. ❷《狩猟》〔犬が〕獲物を他の犬たちに齧られずに確保するようにしつけられた
quitaesmalte [kitaesmálte]男 マニキュアの除光液
quitaguas [kitáɣwas]男〔単複同形〕《まれ》雨傘
quitagusto [kitaɣústo]男《エクアドル, ペルー》閾入者, よそ者
quitaipón [kitaipón]男 ❶ *de* ～ 分解できる〔=de quita y pon, →**quitar**〕. ❷ =**quitapón**
quitalodo [kitalóðo]男《グアテマラ. 自動車》フェンダー〔=guardabarros〕
quitamanchas [kitamántʃas]形〔単複同形〕染み抜きの
——名 ❶ 染み抜き職人; クリーニング店員
——男 染み抜き剤. ❷ クリーニング店
quitameriendas [kitamerjéndas]男〔単複同形〕《植物》コルチカム, イヌサフラン〔=cólquico〕
quitamiedos [kitamjéðos]男〔単複同形〕〔高所の・転落防止の〕手すり, ロープ; ガードレール
quitamiento [kitamjénto]男《法律》〔借金の〕棒引き, 帳消し, 一部免除
quitamotas [kitamótas]名〔単複同形〕《口語》おべっか使い〔の〕, ごますり〔の〕, へつらう〔人〕
quitanda [kitánda]女《ウルグアイ》街娼のテント; 軽食の行商(触れ売り)
quitanieves [kitanjébes]男/女〔単複同形〕除雪機〔=máquina ～〕; 除雪車, ラッセル車
quitanza [kitánθa]女〔借金の〕清算書, 領収書
quitapelillos [kitapelíʎos]名〔単複同形〕《口語》=**quitamotas**
quitapenas [kitapénas]名〔単複同形〕《口語》❶ リキュール, ナイフ; ピストル. ❸ =**quitapesares**
quitapesares [kitapesáres]男〔単複同形〕《口語》気晴らし, 慰め
quitapiedras [kitapjéðras]男〔単複同形〕《鉄道》排障器
quitapón [kitapón]男〔ロバなどの鼻勒につける〕飾り房
de ～ 取り外しできる
quitar [kitár]〔←中世ラテン語 quitare < quietus「静かな」〕他 ❶ 取り除く, 取り去る: 1) ¿Quieres ～ esa maleta? そのスーツケースをどかしてくれないか? *Quitó* las manchas de tinta. 彼はインクのしみを抜いた. 2) 〔+a+間接補語 から〕*Quitó* el tapón a la botella. 彼は瓶の栓を抜いた. *Quítale* la etiqueta del precio al jersey. セーターの値札を取りなさい. *Quita* la piel a las manzanas. リンゴの皮をむいて下さい. Le *quité* al hijo los zapatos. 私は息子の靴を脱がせてやった. Dentro de una semana le *quitarán* la escayola. 1週間すれば彼はギプスを外してもらえるだろう. *Quítame* las manos de encima. 私に触らないで. 3) 〔+de から〕*Quita* los platos y los vasos de la mesa. テーブル

quizá

から皿やコップをどけなさい. Hay que ~ el cartel de la pared. 壁のポスターを剥がさなければならない. Sin ~ los ojos de la foto, dio un suspiro hondo. 彼は写真を見つめたまま, 深々とため息をついた. ❷ 奪う; 盗む: Le sacaron una navaja y le *quitaron* todo el dinero que llevaba. 彼はナイフをつきつけられて有り金をすべて取られた. Lola le *quitó* el novio a Juana. ロラはフアナから恋人を奪った. He reclamado contra la multa, pero me la *han quitado*. 私はその罰金に納得できないと申し立てたが, 結局払わされた. ❸ [気持ちなどを] 失わせる: Con tantas historias de fantasmas me *quitaron* el sueño. 私は幽霊の話をたくさん聞かされて眠れなくなってしまった. Le *han quitado* las pocas ganas que tenía de hacer el viaje. 彼はもともと旅行に気乗りがしなかったのだが, すっかりその気がなくなった. ❹ 禁じる; 妨げる: 1) El médico me *ha quitado* los dulces. 私は医者に甘いものを禁じられた. Le *quitaron* el ir a paseo durante el invierno. 彼は冬の間, 散歩することを禁じられた. Una cosa no *quita* la otra: puedes estudiar primero y luego jugar con tus amigos. 一つのことをしたからといって, もう一つのことができなくなるわけではない. まず勉強をしてから友達と遊べばいい. 2) [+de] Si lo *quitas* de fumar, se pone histérico. 彼はたばこを禁じられるといらいらする. Prefiero no decírselo y ~le de problemas. 私は彼には黙っておいて, 余計な心配はかけないようにしてやりたい. 3) [+que+接続法. また否定文で] Sé que lo tengo difícil, pero eso no *quita* que lo intente. 私はそれが難しいことは承知しているが, でもやってみるつもりだ. Eso no *quita* que vayas a clase. それは君が授業を休む口実にはならない. Que no estemos de acuerdo en todo no *quita* que seamos amigos. 私たちに意見の食い違いがあるからといって, 友達でないわけではない. ❺ 廃止する: Han quitado autobuses de esta línea. この路線のバスは廃止された. ~ ese programa por su poca audiencia. その番組は視聴率が悪いので中止になるだろう. ❻ 《口語》[現在分詞で]…を除いて, …を例外として: *Quitando* los tres, todos estaban contentos. 2, 3人を除いて誰もが満足していた. *Quitando* lo de que era usted de ese grupo, ya lo sabía todo. あなたがその集団にいたことを別にすれば, 私は何もかも分かっていた. ❼《地方語》取り出す [=sacar]

de quita y pon《西》1) 分解できる, 取り外しできる; 着脱の簡単な: mueble *de quita y pon* 組立て式家具. notas *de quita y pon* 剥がせる付箋. 2) 着替え用の; [部品の] スペアの, 予備の

ni ~ ni poner[話などに] 手を加えない: Yo *ni quito ni pongo*. 私は何も省いていないし付け加えていない.

¡Quita!《西》1) 出て行け; それを捨てろ. 2) やめてくれ!: ¿Te llevo a tu casa en mi coche?—*¡Quita, quita!*, en tren voy bien. 君の家まで車で送ろうか?—そんなことしなくていいよ. 電車でちゃんと帰れるから. ❷ *¡Quita*, no me digas que vas a comprarte este vestido! 君はこのドレスを買うつもりだって? 冗談はよしてくれ

¡Quita allá!《西》1) どけ, どけ. 2) [拒絶] 放っておいてくれ: ¿Casarme?, ¡*quite* usted *allá*, hombre!, soltero estoy mucho mejor. 結婚ですって? 冗談じゃありません! 僕は一人身の方がずっと気楽です. 3) [不信用] まさか!

quita y pon《西. 主に服飾》❶ 組み合わせ自由な2つ: Es un *quita y pon* de pijamas. それは上と下を自由に組み合わせできるパジャマだ

~ de delante =~ **de encima**

~ de en medio《婉曲》殺す: ~ a un testigo *de en medio* 証人を消す

~ de encima [面倒などから] 解放する, 厄介払いする: A ver si puedes ~me *de encima* a ese hombre pesado. お願いだからあの面倒な男を私の前から遠ざけてくれ. ¡Gracias, menudo peso me *has quitado de encima*! 私の悩みの種を解消してくれてありがとう! ~ la presión *de encima* 圧力をはね返す

sin ~ ni poner 手を加えずに, 文字どおりに, 忠実に

—— **~se** ❶《服などを》脱ぐ; [自分から] 取り除く: *Quítate* el abrigo. コートを脱ぎなさい. La actriz *se quitó* el maquillaje y la peluca ante el espejo. その女優は鏡の前でメイクを落とし, かつらを取った. No consigo ~me de la cabeza lo que ha pasado. 起こったことが頭から離れない. ❷《口語》[+de から] 立ちのく, 立ち去る: *Quítate* de ahí. そこをどけ. ❸《口語》[面倒などを] やめる: *Me he quitado*

1915

del tabaco (de beber). 私は禁煙(断酒)した. ❹ 取り除かれる: *Se me han quitado* las ganas de comer. 私は食欲がなくなった. No *se quita* lo provinciano con nada. 彼は田舎くささが全く抜けていない. ❺《中南米》裸になる [=desnudarse]

~se de delante =**~se de encima**: *Se quitó de delante* a los que protestaban. 彼は文句を言ってくる人たちから解放された

~se de en medio 1) 立ち去る; 手を引く; ¡Vete! ¡*Quítate de en medio*! 目ざわりだ, どこかへ行け! *Se quitó de en medio* para no interrumpir nuestra conversación. 彼は私たちの会話の邪魔をしないように姿を消した. 2)《婉曲》自殺する: Séneca *se quitó de en medio* abriéndose las venas. セネカは静脈を切って自らの命を絶った

~se de encima [+a 面倒などから] 解放される, 厄介払いする: Cuando te *quites de encima* a ese trabajo, te sentirás mejor. 君がその仕事から解放されれば元気になるだろう

quitasol [kitasól]男 ❶ ビーチパラソル [=sombrilla]. ❷ ~ de brujas キノコ

quitasolillo [kitasolíʎo]男《キューバ. 植物》食用のキノコの一種《学名 Hydrocotile ranunculoides》

quitasueño [kitaswéno]男 ❶《口語》心配事, 悩み事. ❷《ペルー》膣 ガラス製の風鈴

quite [kíte]男 [←*quitar*]男 ❶《闘牛》牛に攻撃されている闘牛士を助けるために, カパ capa で牛の気をそらす技. ❷《フェンシング》払い, パラード. ❸ 除去, 削除; 妨害, 邪魔

estar al ~ (a los ~s) 助ける用意ができている: Siempre *estoy en casa y ~ de* casi todo el trabajo doméstico. 私はいつも家にいて, たいていの家事なら引き受ける

ir (salir) al ~ 助けにかけつける

quitear [kiteár]自《メ》闘牛士が仕事をやめる, 退職する

quiteño, ña [kitéɲo, ɲa]形《地名》キト Quito の〔人〕《エクアドルの首都》

quitilipi [kitilípi]男《アルゼンチン. 鳥》ミミズクの一種

quitina [kitína]女《化学》キチン〔質〕

quitinoso, sa [kitinóso, sa]形《化学》キチン質の, キチン質を含んだ

Quito [kíto]男《地名》キト《エクアドルの首都. 赤道直下に位置する》

quito, ta² [kíto, ta]形《文語》[義務・責任を] 免除された, 自由な: dar por ~ a+人 ~を免除する

quitón [kitón]男 ❶《西. 貝》ヒザラガイ [=chitón]. ❷《古代ギリシア. 服飾》キトン, 寛衣

quitrín [kitrín]男《中南米》幌つきの二輪馬車

quitupán [kitupán]男 リュウゼツラン酒

quitusco [kitúsko]男《ペルー. 料理》トウモロコシの皮でキャッサバと糖蜜を包んだパイ

quiubo [kjúbo]男《メキシコ, チリ. 口語》[挨拶] やあ, どう?

quiúbole [kjúbole]間《中南米. 口語》[相手の注意をひいて挨拶・質問] ねえ, ちょっと

quiupi [kjúpi]男《キューバ. 口語》[キューピーのような巻き毛]

quiut [kjút]形《←英語 cute》形 きれいな, かわいい

quivevé [kibebé]男《ラプラタ. 料理》カボチャの煮込み

quivi [kíbi]男 =kiwi

quivira [kibíra]女《歴史》キビラ《16世紀, スペイン人コンキスタドールたちが現在の米国南部に実在すると信じた伝説上の黄金の都》

quiyá [kjá]男《ラプラタ. 動物》ヌートリア

quiyapí [kjapí]男《アルゼンチン》[グアラニー族の用いる] 毛皮の肩掛け

quiyaya [kijája]男《ペルー. 口語》[伝統舞踊で使う] 垂れ布と鈴がたくさん付いた棒

quizá [kiθá]副 [←古語 *quiçabe* < qui sa[be]「誰が知ろう?」]副 たぶん, 恐らく《接続法》: *Q*~ llueva mañana. 明日雨が降ると思う? ーたぶんね. ¿Comerás en casa? ー*Q*~, no lo sé. お昼は家で食べるの? ーたぶん, でも分からない. ¿Fue culpa nuestra? *Q*~. 悪いのは私たちの方だったのだろうか? そうかもしれない. Cervantes es un gran novelista. *Q*~ el más grande de los novelistas. セルバンテスは偉大な作家だ. おそらく最高の作家だ. 2) [+直説法. 動詞の前・後どちらでも] *Q*~ hará falta otras crisis económicas. もう一度経済危機が必要なのかもしれない. *Q*~ hice mal en aceptarlo. それを引き受けたのは私の誤りだったかもしれない. *Q*~ me equivoqué al juzgarlo. 私のそ

quizás

の判断は間違っていたかもしれない. Este vino es, 〜, el mejor de Europa. このワインはおそらくヨーロッパ一だ. Es cuestión de preferencia 〜. それはたぶん好みの問題だ. Estarán borrachos, 〜. たぶん彼らは酔っているのだろう. 3)［強い疑念. +接続法. 動詞の前のみ］Q〜 tengas razón. ひょっとすると君の言うことが正しいのかもしれない. Q〜 no lo creas, pero... 君は信じないかもしれないが…. Tiene mala cara, 〜 esté enferma. 彼女は顔色が悪い. ひょっとすると病気かもしれない. Déjame pensar. Q〜 haya alguna solución. ちょっと考えさせてくれ. もしかすると解決法があるかもしれない. Q〜 podamos solucionar el problema de otro modo. もしかするとその問題は別の方法で解けるかもしれない

〜 **y sin** 〜 確かに: Quizá venga.—Q〜 *y sin* 〜. 彼はおそらく来るだろう.—きっと来る. El libro es, 〜 *y sin* 〜, lo mejor que se ha escrito sobre el tema. その本は間違いなくその問題について書かれた最良の書物だ

quizás [kiθás] 副 =**quizá**
Quod erat demonstrandum [kwɔd érat demɔnstrándun]《←ラテン語「かく示された」》証明終わり
quodlibeto [kwoɗlibéto] 男 集名《古語》［神学上の］微妙な論点
quórum [kwórun]《←ラテン語 quorum》男《単複同形》［会議・選挙での］定足数: No pudo aprobarse la nueva ley porque no hubo 〜. 定足数に達しなかったため新法は承認されなかった. constituir el 〜 定足数に達する. falta de 〜 定足数に達しないこと
Quousque tandem [kwóuske tándem]《←ラテン語》いつまで《陰謀が発覚した後も元老院に現われたカティリーナ Catilina に対するキケロ Cicerón の演説の冒頭の言葉》
¿Quo vadis? [kwo báɗis]《←ラテン語》《新約聖書》主よ, あなたはどこへ行かれるのですか?

Q

R

ra [rá] 園 [3回繰り返して、サッカーでの応援] ラ・ラ・ラ
raba [r̄ába] 囡 ❶ 《釣り》餌用のタラコ。❷ 《カンタブリア、バスク。料理》イカフライ
rabab [r̄abáb] 男 《音楽》ラバーブ 《イスラム諸国の弦楽器》
rabada [r̄abáða] 囡 ❶ 《料理》[四足獣の] 尻肉。❷ 《地方語・魚》アンコウ 《=rape》
rabadán [r̄abaðán] 男 《←アラビア語 rabb ad-da'n「羊の所有者」》❶ 羊飼い、牧童。❷ 牧夫頭
rabadilla [r̄abaðíʎa] 《←古語 rabada < rabo < ラテン語 rapum》囡 ❶ 《解剖》尾てい骨、尾骨: Se hizo daño en la 〜. 彼は尾骨を打った。❷ 《鳥》尾羽の付け根。❸ 《料理》[牛の] 尻肉、腰肉
rabal [r̄abál] 男 町外れ、場末 《=arrabal》
rabalaje [r̄abaláxe] 男 ―― 囡 [引き潮時に生じる] 海岸
rabaleño, ña [r̄abaléɲo, ɲa] 形 [ログロニョーの] 町外れの、場末の《=arrabaleri》
rabalero, ra [r̄abaléro, ra] 形 名 ❶ 《地名》[サラゴサの] ラバル Rabal 地区の[人]。❷ 町外れの[住民]、場末の《=arrabaleri》
rabanal [r̄abanál] 男 ラディッシュ畑
rabanero, ra [r̄abanéro, ra] 《←rábano》形 名 ❶ 《言葉づかいが》さつな[人]、下品な[人]: modales 〜 礼儀知らず。❷ [行動が] ふしだらな[人]。❸ ラディッシュ売り。❹ 《地名》アルガマシリャ・デ・カラトラバ Argamasilla de Calatrava の[人] 《シウダ・レアル県の町》
―― 囡 ラディッシュ皿
rabaneta [r̄abanéta] 囡 《アラゴン》=rabanete
rabanete [r̄abanéte] 《rábano の示小語》男 小型のダイコン、小カブ
rabanillo [r̄abaníʎo] 《rábano の示小語》囡 ❶ 《植物》1) セイヨウノダイコン。2) ワサビダイコン 《=rábano silvestre》。❷ 酸っぱくなったワインの味。❸ 《口語》無愛想、冷淡、つれなさ。❹ 《口語》はやる気持ち、焦燥感
rabaniza [r̄abaníθa] 囡 ❶ 《植物》1) 野生のダイコンの一種 《学名 Diplotaxis erucoides》。2) ウシオツメクサ; ウスペニツメクサ。3) ロボウガラシの仲間 《学名 Sisymbrium columnae》。❷ ハツカダイコンの種子
rábano [r̄ábano] 《←ラテン語 raphanus < ギリシア語 rhaphanos》男 ❶ 《植物》ハツカダイコン、ラディッシュ; その根 《食用》: 〜 picante (rusticano) レフォール、ホースラディッシュ。〜 silvestre ワサビダイコン。❷ 酸化したブドウ酒の酸っぱい味。❸ 《俗語》陰茎
coger el 〜 *por las hojas* 《口語》=tomar el 〜 por las hojas
importar a+人 *un* 〜 《口語》どうでもよい: 1) ¡Me importa un 〜 lo que me digan! 何と言われようと私は少しもかまわない! 2) 《que+接続法 が主語》Me importa un 〜 que dudes de mí. 君が私を疑うのはどうでもいい
tomar el 〜 *por las hojas* 《口語》誤解する、曲解する: No entiende las bromas, siempre tomando el 〜 por las hojas. 彼はジョークが分からない、いつも曲解する
[y] un 〜 《口語》[相手の意図・断定に対する不承認] それは違う
rabárbaro [r̄abárbaro] 男 《植物》レウム、ダイオウ 《=ruibarbo》
Rabasa [r̄abása] 《人名》〜 Emilio 〜 エミリオ・ラバサ 《1856-1930、メキシコの小説家》ゾラ、ペレス・ガルドスの影響を受け、政治的な抗争に翻弄される中産階級の人々を描き、メキシコ文学に初めて本格的なリアリズム小説をもたらした》
rabasquiento, ta [r̄abaskjénto, ta] 形 《カナリア諸島》短気な、怒りっぽい
rabasquiña [r̄abaskíɲa] 囡 《カナリア諸島》❶ [子供がかかる] 歯周病の一種。❷ いらだち、腹立ち
rabassaire [r̄abasáire] 男 《カタルーニャ》ブドウ栽培小作農
rabassa morta [r̄abása mórta] 囡 《カタルーニャ、法律》ブドウ

賃貸契約 《ブドウなど最初に植えた作物が枯れるまでの期間の農地貸借契約。17世紀末から普及。1934年、15年間の耕作後の土地購入権が公認された》
rabazuz [r̄abaθúθ] 男 《植物》カンゾウの根のエキス
rabdología [r̄abdoloxía] 囡 算木(ホミ)術、方条算術
rabdomancia [r̄abdománθja] 囡 棒占い《棒を用いて地下の水脈・鉱脈・宝物などを発見する》
rabdomancía [r̄abdománθía] 囡 =rabdomancia
rabdomante [r̄abdománte] 名 棒占い師
rabdomántico, ca [r̄abdomántiko, ka] 形 =rabdomante
rabdomiólisis [r̄abdomjólisis] 囡 《医学》横紋筋融解症
rabear [r̄abeár] 自 ❶ 《動物が》尾を振る。❷ 《船舶》船尾を左右に振る
rabel [r̄abél] 《←アラビア語 rabeb》男 ❶ 《音楽》レベック 《中世の弓奏楽器》。❷ 《口語》[主に子供の] お尻
rabelejo [r̄abeléxo] 《rabel の示小語》男 小さいお尻
rabelero, ra [r̄abeléro, ra] 名 =rabelista
rabelesiano, na [r̄abelesjáno, na] 形 《人名》[フランスの人文主義者・風刺作家] ラブレー Rabelais の
rabelista [r̄abelísta] 名 レベック rabel 奏者
rabeo [r̄abéo] 男 ❶ 《動物が》尾を振ること。❷ 《船が》船尾を振ること
rabera [r̄abéra] 囡 ❶ 荷車の底部を補強する横木。❷ 端、後部。❸ [箕(ᵐ)であおり、ふるいにかけた後に残った] 穀物のくず。❹ 《地方語》マグロ漁網の両端
rabero [r̄abéro] 男 ❶ 《エストレマドゥラ、アンダルシア》[犂の] 柄。❷ 《エストレマドゥラ》1) 取っ手、握り。2) 残り、くず
raberón [r̄aberón] 男 [木の幹の] 先端部
rabí [r̄abí] 《←ヘブライ語 rabbi「私の師」》男 《圈〜[e]s》❶ 《ユダヤ教》敬称。呼び掛けられている者の名の前》ラビ、…師: 〜 Aben Ezra アベンエズラ師。❷ =rabino
rabia [r̄ábja] 《←ラテン語 rabies》囡 ❶ 《医学》狂犬病: perro portador de 〜 狂犬病にかかった犬。❷ 《言葉・行動で表わされた突然の》激怒; 《獣のような》憤怒: Se acercó al muchacho roja de 〜. 彼女は怒りで顔を真っ赤にしてその若者に近寄った。Lleno de 〜, le devuelve el puñetazo al forastero. 彼はかんかんに怒って、その見知らぬ男を殴り返した。Sintió una 〜 enorme cuando lo supo. 彼はそれを知って激怒した。palabras llenas de 〜 怒りに満ちた言葉。❸ 《口語》[期待に反した状況に対する] いらだち、嫌悪: Le preguntó con 〜 contenida. 彼はいらだちを抑えながら彼女に尋ねた。《口語》反感: Los dos se tienen una 〜 increíble. その2人は信じられないほど憎み合っている。❹ 《間投副詞的、強い不満・嫌悪》ああ! R〜, rabieta, rabiña./R〜, 〜, rabiña. ああ、嫌だ、嫌だ! ¡Qué 〜! Perdimos el tren. ちぇっ! 電車に間に合わなかった。❺ [ヒヨコマメの] 銹(ミ)病。❼ 《まれ》一時的な情熱(熱中)
coger 〜 *a*+人 …を嫌う、憎む: La anciana le ha cogido 〜 al niño. 老女はその子を嫌うようになった
con 〜 1) 怒り狂って: Gritó con 〜. 彼は怒り狂って叫んだ。2) 非常に: Cuando el equipo estaba con un jugador menos empezó a jugar con 〜. そのチームは選手が1人欠けると、がんばってプレイした。3) 非常に: Hijo mío, eres vago con 〜. あ、息子よ。お前は本当に怠け者だな
cuando más 〜 *te dé* いつでも君の好きな時に
dar 〜 *a*+人 《[de+]不定詞・que+接続法 が主語》…を激怒させる; 嫌悪させる: Me da 〜 no haber llegado a tiempo. 私は遅刻してしまいいらしている。Me da mucha 〜 que no puedas venir. 君が来られないのはとても困ったことだ。Me daría mucha 〜 que lloviera el día de la boda. 私は結婚式の日に雨が降ったらとても嫌になることだろう
De 〜 *mató la perra*. 罪のない者に八つ当たりする
donde más 〜 *te dé* どこでも君の好きなところに
el que más 〜 *te dé* どれでも君の好きなものを
tener 〜 *a*+人 …を嫌っている、憎んでいる: Ese jugador le tiene 〜 al entrenador. その選手は監督を嫌っている。Lola me tiene 〜 porque he sacado mejores notas que ella. 私がロ

rabiacán

ろよりいい成績をとったので，彼女は私を憎んでいる
tomar ~ *a*+人《口語》…を嫌う，憎む: Eva le *tomó* ~ por los rumores que oía sobre él. エバは彼について聞いたうわさのせいで，彼を嫌いになった
rabiacán [r̄abjakán] 男《植物》キショウブ
rabiacana [r̄abjakána] 女《植物》エンレイソウ，テンナンショウ〘= arísaro〙
rabiada[1] [r̄abjáda] 女 ❶《メキシコ》いきなり相手に背を向けること．❷《ホンジュラス．口語》怒りの発作，かんしゃく
rabiadero [r̄abjadéro] 男《コロンビア》長く続く激怒
rabiado, da[2] [r̄abjádo, ða] 形《地方語》狂犬病にかかった〘=rabioso〙
rabiamarillo [r̄abjamaríʎo] 男《鳥》キゴシハエトリ
rabiantín [r̄abjantín] 男《地方語》=**labrantín**
rabiar [r̄abjár] 〘←rabio〙⑩ 自 ❶ [+contra に] 激怒する: *Rabiaba contra* la insolencia de su amigo. 彼は友人の横柄な態度にひどく腹を立てていた．Cuando las cosas no le iban bien, *rabiaba* mucho. 物事がうまくいかないと彼はひどくいらった．❷《口語》[+de 痛みなどに] ひどく苦しむ: Estoy *rabiando de* picor. 私はかゆくてたまらない．Eva *rabia de* envidia por el éxito de su prima. エバはいとこの成功がねたましくてたまらない．❸《口語》[+por を] 切望する，熱望する: *Rabiaba por* comprarse un coche de lujo. 彼は高級車を買いたくてたまらなかった．María *rabiaba por* lucirse ante todos. マリアはみんなの中で目立ちたいと願っている．❹《口語》[辛味などに] 度を越している: Estos pimientos *rabian*. このトウガラシは辛すぎる．Esta sopa quema *que rabia*. このスープはひどく熱い．狂犬病にかかる: "El rey que *rabió*"『狂犬病にかかった王様』〘サルスエラ zarzuela の作品〙
a ~《口語》1) 熱烈な，に: republicano *a* ~ 熱烈な共和主義者．El público ha aplaudido *a* ~. 観客は熱狂的に喝采した．Le gustan *a* ~ los coches deportivos. 彼はスポーツカーが大好きだ．2) 非常に: Es tonto *a* ~. 彼は非常に愚かだ．Es un hombre alto, guapo y elegante *a* ~. 彼は長身，ハンサムで，すばらしくセンスがいい
estar a ~《口語》[+con を] 憎んでいる: Los dos hermanos *están a* ~. 二人の兄弟は仲が悪い．Mi hermana *está a* ~ *con* José porque no la llama. 姉はホセが電話をくれないので怒っている．El niño *está a* ~ *con* su bicicleta y dice que es fea. その子は自分の自転車がかっこよくないと言って嫌っている
estar que rabia 怒り狂っている
hacer ~ 1) 憤慨させる，いらだたせる: Eso no es verdad, lo dices para *hacerme* ~. それは嘘だ．君は私を怒らせようとしてそんなことを言うのだ．2) 羨望の念(恨み)を抱かせる
¡Rabia!/¡Para que rabies! [相手をからかって羨望・不快の念を抱かせようとして] どんなもんだい，うらやましいことか
rabiasca [r̄abjáska] 女《キューバ，プエルトリコ》かんしゃく，怒りの発作
rabiatar [r̄abjatár] 他 [動物を] 尾のところでつなぐ
rabiazorras [r̄abjaθórras] 男《単複同形》東風
rabicán [r̄abikán] 形 =**rabicano**
rabicandil [r̄abikandíl] 男《鳥》ハクセキレイ
rabicano, na [r̄abikáno, na] 形 尾に白い毛のある〘=colicano〙
rabiche [r̄abítʃe] 形 →**paloma** rabiche
rábico, ca [r̄ábiko, ka] 形 狂犬病の
rabicorto, ta [r̄abikórto, ta] 形 ❶ [動物が] 尾の短い．❷ [女性が] 丈の短いスカートをはいた
rábido, da [r̄áβido, ða] 形 =**rabioso**
── 女《モロッコ》修道院; [イスラム教国の国境地帯の] 要塞を兼ねた修道院
rabieta [r̄abjéta] 女《口語》❶ 一時的な，ささいなことへの怒り: Si su lesión no impide, el jugador debe salir cuanto antes al campo. Las ~s no sirven para nada. 選手は負傷の状態が許すかぎり，なるべく早くコートに出た方がいい．愚痴は言うべきではない．❷ [子供の] 激しい泣きじゃくり，だだ: Al niño le entró una ~ porque no le habían comprado un juguete. その子はおもちゃを買ってもらえなかったので，かんしゃくを起こした．Mi hijo tiene ~s constantemente. 私の息子はすぐだだをこねる．El niño ya no está haciendo ~s. その子はもう泣きわめいていない
rabietas [r̄abjétas] 男《単複同形》《口語》かんしゃく持ち，怒りっ

ぽい人: Mi suegro es un ~. 私のしゅうとはかんしゃく持ちです
rabihorcado [r̄abjorkáðo] 男《鳥》グンカンドリ〘軍艦鳥〙
rabijunco [r̄abixúŋko] 男《鳥》シラオネッタイチョウ
rabil [r̄abíl] 男 ❶《魚》ビンナガ〘マグロ〙．❷《アストゥリアス》1) クランク，ハンドル．2) 手動の精麦機
rabilar [r̄abilár] 他《アストゥリアス》[手動の精麦機 rabil を使って] 精麦する
rabilargo, ga [r̄abilárɣo, ɣa] 形 ❶ [動物が] 尾の長い．❷ [人が] 裾の長い服を着た
── 男《鳥》オナガ
rabillo [r̄abíʎo] 男〘rabo の示小語〙❶《服飾》[チョッキの背・ズボンのウエストなどの] ストラップ．❷《植物》1) 葉柄，軸．2) ホソムギ，ドクムギ〘=cizaña〙．3) [黒穂病の] 黒い斑点．❸ [尾のように] 長く伸びた物
~ *del ojo* 目の端: mirar... con (por) el ~ *del ojo* …を横目で見る，こっそり盗み見る，に偏見をもつ
rabimocho, cha [r̄abimótʃo, tʃa] 形《メキシコ，プエルトリコ，コロンビア，ペルー》尾の短い
Rabinal Achi [r̄abinál átʃi] ラビナル・アチ〘グアテマラ，マヤの戯曲・演劇〙
rabinato [r̄abináto] 男《ユダヤ教》ラビの団体
rabincho, cha [r̄abíntʃo, tʃa] 形 ❶《エクアドル，アルゼンチン，パラグアイ》[動物の] 尾の切れた: perro ~ しっぽの切れた犬．❷ [物が] すり切れた，短くなった: lápiz ~ ちびた鉛筆
rabínico, ca [r̄abíniko, ka] 形《ユダヤ教》ラビの
rabinismo [r̄abinísmo] 男《ユダヤ教》律法主義，ラビの教説
rabinista [r̄abinísta] 名 ラビの教説の信奉者〘研究者〙
rabino [r̄abíno] 男 ❶《ユダヤ教》ラビ: gran ~ 大ラビ．❷《トランプ》ラミー〘=remigio〙
rabioso, sa [r̄abjóso, sa] 形《地方語》激怒した〘=rabioso〙
rabioles [r̄abjóles] 男 複 =**raviolis**
rabiolis [r̄abjólis] 男 複 =**raviolis**
rabión [r̄abjón]〘ラテン語 rapidus〙男《西》急流，早瀬
rabiosamente [r̄abjósaménte] 副 激怒して，怒り狂って; 激しく
rabioso, sa [r̄abjóso, sa]〘ラテン語 rabiosus〙形 ❶ 激怒した，怒り狂った: Está ~ porque la vendedora no le ha atendido. 彼は店員が応対してくれなかったのでかんかんに怒っている．Repuso con tono ~. 彼は怒った口調で言い返した．poner ~ a+人 …を激怒させる．❷《感覚・色・味など》激しい，強烈な: Los escándalos financieros están de ~sa actualidad. 金融スキャンダルがホットな話題になっている．ansias ~sas que tiene de estudiar en España スペインに留学したいという熱望．~ dolor de muelas 激しい歯痛．color ~ けばけばしい色．❸ 狂犬病にかかった
rabipelado [r̄abipeláðo] 男《ベネズエラ．動物》オポッサム，フクロネズミ〘=zarigüeya〙
rabirrubia [r̄abír̄úβja] 女《魚》イエローテールスナッパー
rabisalsera [r̄abisalséra] 形《口語》しゃきしゃきした [女]; しゃあしゃあとした [女]
rabiza [r̄abíθa] 女 ❶〘←rabo〙[釣糸をつける] 釣竿の先．❷ [耕作に適さない] 砂地．❸《船舶》[固定用の] 短いロープ．❹《まれ》売春婦
rabo [r̄abo]〘←ラテン語 rapum〙男 ❶《動物》尾，しっぽ: ~ *de perro* 犬のしっぽ．~ *cortado* 断尾した尾．❷ 尾のように垂れ下がっているもの: ~ *de la letra* 字の縦の棒．~ *de rabillo del ojo*．~*s de la cortina* カーテンのフリンジ〘房飾り〙．estrella de ~ 彗星〘=cometa〙．❸《料理》テール: ~ *de buey* *guisado* テールシチュー．❹《服飾》[ベレー帽のてっぺんの] しっぽ．❺《植物》葉柄，花柄，花梗; 果柄．2) ~ *de zorra* ミノボロモドキ．❻《鳥》~ *de junco* ネッタイチョウ．❼ [穀物をふるいにかけた後の] 残りかす．❽《気象》~ *de gallo* 巻雲．❾《俗語》陰茎．❿《アンダルシア》[道具の] 柄，取っ手．⓫《中米》~ *verde* 好色な中年男
asir (coger) por el ~ 逃げようとしても逃げられない
con ~ *entre las piernas (las patas)*《口語》しっぽを巻いて，すごすごと，しょげて: Los periodistas salieron de la habitación *con* ~ *entre las piernas*. 記者たちはすごすごと部屋を出て行った
desollar el ~ 最後の難関に挑む
estar el ~ *por desollar* =*quedar el* ~ *por desollar*
faltar el ~ *por desollar* =*quedar el* ~ *por desollar*

ir al ~ de... …の後についていく
mirar con el ~ del ojo 横目で見る; 警戒する; 嫌う
poner ~s a+女性《俗語》…をなで回す, しつこく触る
poner un ~ a+人《隠語》…の後をついて行かせる, …を見張らせる
quedar el ~ por desollar まだ最後の難関が残っている: Ha pasado las dos primeros ejercicios de la oposición, pero todavía le *queda el ~ por desollar*. 彼は採用試験の1次と2次は受かったが, まだ最後の難関が残っている
volver de ~ 《物事が》予期しない結果となる

rabón, na [ṛabón, na]《rabo の示大語》形 ❶《動物が》尾の短い, 尾の切れた, しっぽのない. ❷《米国, メキシコ, アルゼンチン》[普通いう短い: vestido ~ 丈の短い服. ❸《メキシコ》けちな, しみったれの. ❹《ベネズエラ, アルゼンチン》《ナイフが》握りのない, 柄のとれた; 刃のすり減った. ❺チリ.口語》半裸の
—— 男 ❶《地方語. 料理》《特に出産直後の雌牛の》牛乳と小麦粉の粥. ❷《エクアドル》《主に刈り取り用の》短いマチェテ machete
—— 男 ❶《サッカー》ボールを軸足の後ろから蹴り足の外側にあるボールを体とは逆方向に蹴るフェイント技. ❷《地方語》ノウサギ[=liebre]. ❸《中南米》兵士たちの行軍に付き従う女
acer rabona《ラプラタ》=hacer[se] rabona
hacer[se] rabona《古語的》学校をサボる, ずる休みする
rabonear [ṛaboneár] 自 ~se《ラプラタ》学校をサボる, ずる休みする
rabonero, ra [ṛaboneró, ra] 形 名《ラプラタ》ずる休みする〔子供〕
rabopelado [ṛabopeláðo] 男《ベネズエラ.動物》オポッサム, フクロネズミ[=zaragüeya]
raboseado, da [ṛaboseáðo, ða] 形《印刷物が》インクで汚れた, インクの染みのある
—— 男 くしゃくしゃになる(する)こと, よれよれになる
raboseadura [ṛaboseaðúra] 女 =raboseada
rabosear [ṛabeár] 他 くしゃくしゃにする, よれよれにする
raboso, sa [ṛabóso, sa] 形《ベネズエラ》[端の]ほつれた
rabotada [ṛabotáða] 女 ❶《口語》粗野, 無礼, 不作法〔な言動]: cometer una ~ 失礼なことをする. contestar con ~s ぞんざいな口調で答える. ❷《地方語》逃亡, 脱出
rabotar [ṛabotár] 他 ❶[子羊などの]尾を切る. ❷《ベネズエラ》しっぽを振る
rabotazo [ṛabotáθo] 男《プエルトリコ, ベネズエラ》しっぽで叩くこと
rabotear [ṛaboteár] 他《動物の》しっぽを切る
raboteo [ṛabotéo] 男《動物の》しっぽを切ること; 羊の毛を切る時期
rabuchón [ṛabutʃón] 男《ログローニョ》切り取った(もぎ取った)もの, 切れはし
rabudo, da [ṛabúðo, ða] 形《動物が》尾の長い
rabuja [ṛabúxa] 女 ❶《カナリア諸島》1)〔毛が抜けやせ細る〕犬や猫の病気の一種. 2)背の低い人, ちんちくりん. 3)酔い, 酩酊. ❷《キューバ》〔ブタの飼料にする〕くずマイモ
rábula [ṛábula] 男《軽蔑》[よくしゃべる]へぼっぺ弁護士, 三百代言
rabusco [ṛabúsko] 男《カナリア諸島》パンの1切れ
raca [ṛáka] 女 ❶《隠語》自動車 [=coche]. ❷《船舶》=racamento
racacha [ṛakátʃa] 女《チリ.植物》=arracacha
rachut [ṛakáut] 男《アラブ人が食べる》チョコレートに似た菓子
racamenta [ṛakaménta] 女《船舶》=racamento
racamento [ṛakaménto] 男《船舶》=racamento
racanear [ṛakaneár] 自《←rácano》自《口語》[+en に] けちをする, けちる: No *racanees en* tus compras. 買い物にどんどん金を使いなさい. ❷ 怠ける, 仕事をサボる
racaneo [ṛakanéo] 男《口語》❶ けち, 出し惜しみ. ❷ 怠けること, サボり
racanería [ṛakanería] 女《口語》=racaneo
rácano, na [ṛákano, na] 形《←?語源》形《口語》❶ けち[な], しみったれ〔の〕: No seas ~ y págame una caña. けちけちせずビールをおごれよ. ❷ 怠ける[人], 怠け者〔の〕. ❸ ずるい〔人〕, 悪賢い〔人〕
racconto [ṛakónto]《←伊語》男 =raconto
RACE [ṛáθe] 男《略語》←Real Automóvil Club de España ス

ペイン王立自動車クラブ〔日本のJAFに相当する〕
racel [ṛaθél] 男《船舶》〔船首・船尾の〕先端部
racemiforme [ṛaθemifórme] 形 房状の, 鈴なりの
racer [ṛáθer]《←英語》男 競走馬; 競走用ヨット
racha [ṛátʃa] 女 I《←アラビア語 rayya「動揺, 騒音」》❶《口語》[幸運・不運の]一続き: Últimamente ha habido una ~ de incendios. 最近火事が続けてあった. ❷ 突風, 一陣の風
a ~s 短い間に様々に変化しながら: ¿Cómo va tu salud?—A ~s, unas veces mejor y otras peor. 健康状態はどう?—良くなったり悪くなったり色々だ. El viento sopla *a ~s.* 風が時おり吹く
en ~ 順調に, 幸運に恵まれて
estar de ~ 幸運に恵まれ続けている
tener (pasar) una buena (mala) ~ 幸運(不運)が続いている
II 形 ❶ 一切れ, 薄切り. ❷ 木片, 木っ端
rachar [ṛatʃár] 他《アストゥリアス, レオン, サラマンカ》=rajar I
racheado, da [ṛatʃeáðo, ða] 形 一時的に強く吹く: viento ~ 突風
rachear [ṛatʃeár] 自《単人称》突風が吹く
racial [ṛaθiál]《←英語》形 人種[上]の, 民族[間]の: conflicto ~ 民族紛争. discriminación ~ 人種差別. orgullo ~ 民族の誇り. prejuicio ~ 人種的偏見. problema ~ 人種問題
racima [ṛaθíma] 女《集名》取り入れ後ブドウの木に残っている〕ブドウの摘み残し
racimado, da [ṛaθimáðo, ða] 形 房になった, 鈴なりの
racimal [ṛaθimál] 形 房の
racimar [ṛaθimár] 他《収穫後に残ったブドウなどの》小さな房を摘む
—— ~se 鈴なりになる, 房になる [=arracimarse]
racimiforme [ṛaθimifórme] 形 =racemiforme
racimo [ṛaθímo]《←ラテン語 racimus < racemus》男 ❶《果実・花, 特にブドウの》1房の果実・花: El vino tiene las flores ~. オリーブは房状の花を付ける. ~ de uvas ブドウの房. ~ de glicina フジの花房. un ~ de cerezas 1房のサクランボ. un ~ con cuatro bananas 1房4本のバナナ. ❷《集名》房状のもの, 群れ, ~ de casas 一かたまりの家々. ~s humanos 人だかり. ❸《コロンビア, チリ. 俗語》陰茎
racimoso, sa [ṛaθimóso, sa] 形 房の多い, たくさん房をつけた
racimudo, de [ṛaθimúðo, ðe] 形 大きな房の
racinguista [ṛaθiŋɡísta] 形《スペインのサッカークラブ》ラシング・デ・サンタンデール Racing de Santander の〔選手・サポーター〕
raciocinación [ṛaθjoθinaθjón] 女 推理, 推論
raciocinante [ṛaθjoθinánte] 形 名《文語》理性を働かせる〔人〕; 推理する〔人〕
raciocinar [ṛaθjoθinár] 自《文語》理性を働かせる, 筋道立てて考える; 推理する, 推論する
raciocinio [ṛaθjoθínjo]《←ラテン語 ratiocinium》男《文語》❶ 理性, 判断力; 思考[力]: El ~ distingue al hombre de los demás animales. 理性が人間を他の動物から区別している. Sus ~s son rápidos y acertados. 彼の思考は速くて正確だ. ❷ 推理, 推論, 論証
ración [ṛaθjón]《←ラテン語 ratio, -onis「計算」》女 ❶ [各人への]配分量, 割当量; [一回の食事で人・動物に与えられる]配給量: Hemos disminuido la ~ de trabajo y aumentado la de descanso. 私たちは労働の割当量を減らして休息の量を増やした. En esta olla se pueden hacer hasta ocho *raciones*. この鍋で8人分まで作ることができる. ❷《バルやレストランの料理の》1人前; 1皿, 1分[= plato と tapa の中間の量]: Déme una ~ de jamón. ハム1人前ください. pedir una ~ de tortilla〔4分の1位に切った〕トルティーリャを1皿注文する. una ~ de aceitunas オリーブの実1盛り. ❸《軍隊》〔各兵士に配給される〕1日分の糧食 [= campaña]. ❹《歴史.カトリック》[司教座聖堂参事会員などの] 聖職禄. ❺〔容量の単位〕=126ミリリットル
a ración (cuarta) ~ つつましく, けちけちと; わずかな食べ物で: Pasan los días *a media ~.* 彼らは食べるにも事欠く日々をおくっている
a ~ 制限して, 制限のある
~ de hambre 食うにも事欠く低い給料, 飢餓賃金
~ de vista《古語的》〔欲しいが手に入らないものを〕じっと見ること: darse una ~ *de vista* よく見る, 熟視する

tener su ～ de... …を欲しいだけ(十二分に)持っている
racionabilidad [r̄aθjonaƀiliđá(đ)] [女] 理性, 判断力
racionado, da [r̄aθjonáđo, đa] [形] 各人に配分される, 割当ての, 配給の
racional [r̄aθjonál] 〖←ラテン語 rationalis < ratio, -onis〗 [形] ❶ 理性的な, 論理的な; 純理的な 〖⇔irracional〗: El hombre es un ser ～. 人間は理性を持った存在である. Como científico, aspiro a la comprensión ～ de los fenómenos. 私は科学者として, 現象を理性的に把握したいと考えている. acción (pensamiento) ～ 理性的な行動(思考). ❷ 合理的な, 理にかなった 〖⇔absurdo〗: No se ha encontrado ninguna explicación ～ para este fenómeno. この現象の合理的な説明はまだ見つかっていない. Hay que hacer un uso ～ del aire acondicionado. エアコンは理にかなった使い方をしなければならない. organización ～ del trabajo 労働の合理化. espíritu ～ 合理精神. método ～ 合理的な方法. ❸ 推論の, 理論的な: convicción ～ 理論的確信. ❹《数学》有理の: número ～ 有理数
—— [男]《歴史》❶ [アラゴン連合王国で] 主席財務官. ❷ [ユダヤ教大祭司の] 胸飾り
racionalidad [r̄aθjonaliđá(đ)] [女] ❶ 理性; 合理性; 純理性: Lo que distingue a la especie humana del animal es la ～. 人類を動物と区別するのは理性の有無だ. con ～ 理性的に; 合理的に. ❷《数学》有理性
racionalismo [r̄aθjonalísmo] [男] ❶ [一般に] 合理主義: Su ～ le impide aceptar la existencia de hechos sobrenaturales. 彼は合理的に物事を考えるので, 超自然現象の存在を認めない. ❷《哲学》理性論, 合理論
racionalista [r̄aθjonalísta] [形] ❶ 合理主義的な; [意志・感情より] 理性を重んじる, 理詰めの: Es muy ～, y seguro que quiere unos días para pensarlo. 彼は理詰めで考えるたちだから, きっとその件については2, 3日考えさせてくれと言うだろう. ❷《哲学》理性論の, 合理論の: filosofía ～ 理性論(合理論)哲学
—— [名] 合理主義者; 理性論哲学者
racionalización [r̄aθjonaliθaθjón] [女] ❶ 合理化; 整理, 節約: ～ de la industria 産業合理化. ❷《数学》有理化
racionalizador, ra [r̄aθjonaliθađór, ra] [形] 合理化する; 正当化する; 有理化する
racionalizante [r̄aθjonaliθánte] [形] =**racionalizador**
racionalizar [r̄aθjonaliθár] [9] [他] ❶ 合理化する; 整理する, 節約する: *R*～ el funcionamiento de la empresa supone eliminar cargos directivos. その企業の経営合理化では管理職の削減が検討されている. Ha propuesto un plan para ～ los gastos de la oficina. 彼は会社の支出の削減案を提出した. Si *racionalizamos* los problemas, encontraremos alguna solución. 問題を絞り込めば解決法が見つかるだろう. En época de sequía es necesario ～ el consumo de agua. 日照りが続く時期は水の消費を抑制する必要がある. ❷ 理にかなったものにする. ❸《心理》[行動を] 正当化する. ❹《数学》有理化する
racionalmente [r̄aθjonálménte] [副] 理性的に; 合理的に
racionamiento [r̄aθjonamjénto] [男] ❶ 配給〔制度〕: cartilla (ticket) de ～ 配給手帳(切符). ～ de la gasolina ガソリンの配給制. ❷ [消費量の] 制限
racionar [r̄aθjonár] 〖←ración〗 [他] ❶ [各人に] 配分する, 配給する; 配給制にする: ～ la carne 肉を配給する. ❷ [消費量を] 制限する
racionero, ra [r̄aθjonéro, ra] [名] 割当量を配給する人
—— [男]《歴史. カトリック》[大聖堂において] 聖職禄を受けている聖職者
racionista [r̄aθjonísta] [名]《演劇》へぼ役者, 大根役者
raciovitalismo [r̄aθjoƀitalísmo] [男]《哲学》[オルテガ Ortega y Gasset の] 生・理性論
racismo [r̄aθísmo] 〖←raza〗 [男] レイシズム, 人種差別, 人種的偏見, 人種主義, 人種優劣説 〖スペイン領アメリカでは, 征服・植民地時代以来, 特に先住民に対する社会的差別や人種的偏見が根強かった〗
racista [r̄aθísta] [形] 人種差別の; 人種主義の: política ～ 人種差別政策
—— [名] 人種差別主義者; 人種主義者
rack [r̄ák] 〖←英語〗 [男] [電子機器をのせる] ラック, 置き棚
racleta [r̄akléta] 〖←仏語 raclette〗 [女] 削り(かき)道具, へら, こて; [煙突掃除用の] 煤かき; [道路掃除用の] 泥かき
raconto [r̄akónto] [男]《音楽》ラッコント 〖オペラなどの中で歌われる物語〗
racor [r̄akór] [男]《技術》継ぎ手, 接続部品; [電気器具の] コネクター, アダプター
racquet ball [rákɛt bɔ́l] 〖←英語〗 [男]《スポーツ》ラケットボール
rad [r̄á(đ)] [男] 〖[複] ～s〗《物理》[吸収線量の単位] ラド
rada [r̄áđa] 〖←仏語 rade〗 [女]《船舶》錨地(びょうち), 泊地; 入江, 湾: ～ natural 天然の泊地
radar [r̄ađár] 〖←英語〗 [男] ❶ レーダー, 電波探知機: El misil apareció en la pantalla del ～. ミサイルがレーダーの画面に映った. localización por ～ レーダーによる捜索. red de ～ レーダー網. ～ acústico ソナー. ～ meteorológico 気象レーダー. ❷《メキシコ, プエルトリコ, チリ》衛星アンテナ
radarista [r̄ađarísta] [名] レーダー技師
radi-《接頭辞》=**radio-**
radiable [r̄ađjáƀle] [形] 放射され得る
radiación [r̄ađjaθjón] [女] ❶《物理》放射, 輻射(ふくしゃ); 放射線, 輻射線: El sol emite *radiaciones*. 太陽は放射線を出している. recibir (sufrir) *radiaciones* 被曝(ひばく)する. envenenamiento por ～ 被曝. presión de ～ 放射圧. ～ cósmica 宇宙放射. ～ ionizante 電離放射線. ～ nuclear 核放射線. ～ secundaria 二次放射線. ～ solar 太陽輻射, 日射. ❷《幾何》放射状配列. ❸ 放送. ❹ X線照射
radiactinio [r̄ađjaktínjo] [男]《物理, 化学》トリウムの放射性同位元素
radiactividad [r̄ađjaktiƀiđá(đ)] [女]《物理》放射能: Se detectó una fuerte ～ en la lluvia. 雨から強い放射能が検出された. ～ artificial (natural) 人工(自然)放射能. ～ inducida 誘導放射能. ～ residual 残留放射能
radiactivo, va [r̄ađjaktíƀo, ƀa] [形] 放射性の, 放射能のある; 放射線の: contaminación ～*va* 放射能汚染. desechos (desperdicios・vertidos) ～*s* 放射性廃棄物. elemento ～ 放射性元素. isótopo ～ 放射性同位元素. lluvia ～*va* 放射能雨. material ～ 放射性物質
radiado, da [r̄ađjáđo, đa] **I** [形] ❶ 放射状の. ❷《植物》周辺(舌状・放射)花をもつ. ❸《動物》放射相称の
—— [男] 放射相称動物
II [形] ラジオ放送される
radiador [r̄ađjađór] [男] ❶ 温水暖房器; 電気ヒーター 〖=～ eléctrico〗: ～ infrarrojo 赤外線ヒーター. ❷ 冷却器;《自動車》ラジエーター
radial [r̄ađjál] **I** 〖←radio I〗 [形] ❶ 放射状の, 輻射(ふくしゃ)形の: carretera ～ 放射道路. neumáticos ～*es* ラジアルタイヤ. ❷《幾何》半径の. ❸《解剖》橈骨(とうこつ)〔側〕の: arteria ～ 橈骨動脈. nervio ～ 橈骨神経
II 〖←radio III〗 [形]《アルゼンチン, ウルグアイ》ラジオの, ラジオ放送の
radián [r̄ađján] [男]《幾何》ラジアン, 弧度
radiante [r̄ađjánte] [形] ❶ 輝く: el sol ～ de julio 7月の輝く太陽. ❷ [estar+] 喜びに輝いている, 非常にうれしい: María estaba ～ de alegría. マリアは喜び一杯だった. rostro ～ 喜びに輝いている顔. ❸ 放射の, 輻射の: calor ～ 放射熱. energía ～ 放射エネルギー. ❹ =**radián**
radiar [r̄ađjár] [10] **I** 〖←ラテン語 radiare〗 [他] ❶ 放射する: El sol *radia* calor y luz en la tierra. 太陽は地上に熱と光を放射する. ❷《ラプラタ. 口語》[グループから] 追放する, 仲間外れにする; [機械などを] お払い箱にする
—— [自] 輝く; 放射線を出す
II 〖←radio II〗 [他]《医学》[患部に] X線を照射する
III 〖←radio III〗 [他] ラジオ放送する: ～ en directo el partido de fútbol サッカーの試合をラジオで生中継する. teatro *radiado* ラジオドラマ
radicación [r̄ađikaθjón] [女] ❶ 定着, 定住; 根を張ること, 根づくこと. ❷《数学》開法
radicado, da [r̄ađikáđo, đa] [形]《植物》根のある
radical [r̄ađikál] 〖←ラテン語 radicalis < radix, -icis「根」〗 [形] ❶ 根源の, 根本的な; 徹底的な: de forma ～ 根本的に, 徹底的に. cambio ～ 根本からの(急激な)変化. diferencia ～ 根本的差異. reformas ～*es* 抜本的改革. remedio ～ 特効薬. vicio ～ 根源悪. ❷ 急進的な, 過激な; 急進主義の: estudiantes ～*es* 過激派の学生. idea ～ 急進思想. partido ～ 急進主義政党. ❸《植物》根の; 根生の: hojas ～*es* 根出葉. yema ～ 芽. ❹《言語》語基の. ❺《数学》根(こん)の, 根基の
—— [名] 急進主義者, 過激派: ～ de izquierdas 左翼過激派
—— [男] ❶《数学》根号, ルート. ❷《化学》ラジカル, 基, 根(こん);

R

～*es* libres フリーラジカル, 遊離〔活性〕基. ❸《言語》語基〖語根 raíz が具体的にとる形〗. ❹《解剖》～ anterior 橈側手根(とうそく)(しゅこん)屈筋

radicalidad [r̄adikalidá(d)] [女] ❶ 根源性, 根本性. ❷ 急進性, 過激さ

radicalismo [r̄adikalísmo] [男] 急進主義, 過激論: ～ político 政治的急進主義

radicalista [r̄adikalísta] [形] [名] 急進主義の(主義者); 過激な〔人〕

radicalización [r̄adikaliθaθjón] [女] 急進化, 先鋭化, 過激化, 激化

radicalizador, ra [r̄adikaliθadór, ra] [形] 急進化させる, 激化させる

radicalizante [r̄adikaliθánte] [形] =**radicalizador**

radicalizar [r̄adikaliθár] [9] [他] [意見・行動などを] 急進化させる, 激化させる: El partido *radicalizará* su discurso sobre la privatización de prisiones. 党は刑務所の民営化論を押し進めるだろう

—— **～se** 急進化する, 先鋭化する, 激化する

radicalmente [r̄adikálménte] [副] 根本的に, 徹底的に; 急進的に

radicando [r̄adikándo] [男]《数学》被開法数

radicante [r̄adikánte] [形]《植物》[ツタなどのように] 不定根を生じる

radicar [r̄adikár] 〖←ラテン語 radicari〗 [7] [自] ❶ [+en に] 存在する: El inmueble *radica en* las afueras de la ciudad. その物件は市の郊外にある. ❷ [+en に] 由来する, 拠(よ)る: La depresión económica *radica en* la falta de inversión pública. 不況は公共投資の不足に原因がある. ❸ [植物が] 根を張る, 根づく

—— **～se** ❶《文語》定着する, 定住する: Su abuelo *se radicó en* Zamora. 彼の祖父はサモラに居を定めた. ❷ 根を張る, 根づく

radicheta [r̄aditʃéta] [女]《植物》キクヂシャ, エンダイブ 〖=endibia〗

radicícola [r̄adiθíkola] [形]《生物》[植物の] 根に寄生する

radiciforme [r̄adiθifórme] [形] 根の形をした, 根のような

radicoma [r̄adikóma] [女] [集名] [植物の] 根

radicoso, sa [r̄adikóso, sa] [形] 根に似た, 根のような

radícula [r̄adíkula] [女]《植物》幼根

radicular [r̄adikulár] [形]《植物》根の;《解剖》根(こん)の

radiculitis [r̄adikulítis] [女]《医学》神経根炎

radiestesia [r̄adjestésja] [女] [鉱脈・水脈などを探知する] 放射感知能力

radiestésico, ca [r̄adjestésiko, ka] [形] 放射感知能力の

radiestesista [r̄adjestesísta] [名] 放射感知能力者

radio [r̄ádjo] **I** 〖←ラテン語 radius「光線, 車輪の輻」〗 [男] ❶《幾何》半径: ～ ecuatorial 赤道半径. ～ de giro《自動車》最小回転半径. ～ vector 動径ベクトル. ❷ [ある中心点からの] 距離, 範囲: Busco una casa en un ～ de 50 kilómetros alrededor de Barcelona. 私はバルセロナから〔半径〕50キロ以内にある家を探している. ～ de población 町の外境から1.6キロの周辺圏. ❸ [車輪の] 輻(や), スポーク. ❹《解剖》橈骨(とうこつ). ❺《植物》[散形花序の] 小花柄(かへい). ❻《魚》鰭条(きじょう), ひれすじ

～ *de acción* 1) 行動半径, 行動範囲: extender su ～ *de acción* 行動範囲を広げる. 2) 航続距離; 射程距離: misil de largo ～ *de acción* 長距離ミサイル

II 〖←radium〗 [男]《元素》ラジウム

III 〖radiodifusión の省略語〗 [女] ❶ ラジオ, ラジオ放送; ラジオ受信機 〖=aparato de ～〗: Me he enterado de la noticia por ～. 私はラジオでそのニュースを知った. bajar la ～ ラジオの音量を下げる. escuchar (oír) la ～ ラジオを聞く. escuchar música por ～ ラジオで音楽を聞く. poner (apagar) la ～ ラジオをつける(消す). programa de ～ ラジオ番組. ～ casete ラジカセ. ～ portátil ポータブルラジオ. ～ taxi =**radiotaxi**. ❷ ラジオ放送局: ～ minuto 音楽と短いニュースばかり流しているラジオ局. ～ Pekín 北京放送. ～ pirata 海賊放送〔局〕

～ *macuto* 《西. 戯語》[根拠のない] うわさ, デマ, 流言

～ *pasillo* うわさの発生源

IV 〖radiotelegrama の省略語〗 [男] ❶ 無線電報. ❷《中南米》ラジオ〔受信機〕

V 〖radiotelegrafista の省略語〗 [名] 無線通信士, 無線電信技師

radio- 《接頭辞》[輻射・放射] *radio*logía 放射線科; [無線] *radio*yente ラジオ聴取者

radioactividad [r̄adjoaktiβidá(d)] [女] =**radiactividad**

radioactivo, va [r̄adjoaktíβo, βa] [形] =**radiactivo**

radioaficionado, da [r̄adjoafiθjonádo, da] [名] 市民ラジオ Banda Ciudadana の利用者; アマチュア無線家, ハム

radioaltímetro [r̄adjoaltímetro] [男]《航空》電波高度計

radioastronomía [r̄adjoastronomía] [女] 電波天文学

radioastrónomo, ma [r̄adjoastrónomo, ma] [名] 電波天文学の専門家

radioaudición [r̄adjoaudiθjón] [女] ラジオ番組の聴取

radiobaliza [r̄adjoβalíθa] [女]《航空, 船舶》ラジオビーコン, 無線標識〔局〕

radiobiología [r̄adjoβjoloxía] [女] 放射線生物学

radiobiológico, ca [r̄adjoβjolóxiko, ka] [形] 放射線生物学の

radiobiólogo, ga [r̄adjoβjólogo, ga] [名] 放射線生物学者

radiocanal [r̄adjokanál] [男]《ラジオ》バンド, 周波数帯

radiocarbono [r̄adjokarβóno] [男]《化学》放射性炭素

radiocasete [r̄adjokaséte] [男] ラジカセ

radiocasetera [r̄adjokasetéra] [男]《メキシコ, グアテマラ, ペルー, ボリビア, チリ》=**radiocasete**

radiocassette [r̄adjokasét] [男] =**radiocasete**

radiocirugía [r̄adjoθiruxía] [女] 放射線外科

radiocomedia [r̄adjokomédja] [女]《ラジオ》コメディ番組

radiocompás [r̄adjokompás] [男] 〖単複同形〗《航空》ラジオコンパス, 無線羅針盤, 無線方位測定(探知)機

radiocomunicación [r̄adjokomunikaθjón] [女] 無線通信, 無線連絡: ～ espacial 衛星通信

radioconductor [r̄adjokonduktór] [男] 無線検波器, コヒーラー

radiocontrol [r̄adjokontról] [男] [無線による] 遠隔操作, リモート・コントロール

radiocrónica [r̄adjokrónika] [女] ラジオニュース

radiodermatitis [r̄adjodermatítis] [女]《医学》放射線皮膚炎

radiodespertador [r̄adjodespertadór] [男] 目覚まし付きラジオ

radiodetección [r̄adjodetε(k)θjón] [女] [飛行機・船舶などの] 無線探知

radiodiagnosis [r̄adjodjagnósis] [女]《医学》=**radiodiagnóstico**

radiodiagnóstico [r̄adjodjagnóstiko] [男]《医学》放射線診断, レントゲン診断

radiodifundir [r̄adjodifundír] [他] ラジオ放送する, 無線放送する: ～ una conferencia 講演をラジオで放送する

radiodifusión [r̄adjodifusjón] [女] ラジオ放送, 無線放送: estación de ～ 放送局. programa de ～ [ラジオの] 放送番組. satélite de ～ 放送衛星. ～ estereofónica ステレオ放送

radiodifusor, ra [r̄adjodifusór, ra] [形]《中南米》ラジオ放送の

—— [男] ラジオ放送機

—— [女]《アルゼンチン. 文語》ラジオ放送会社

radiodirector [r̄adjodirεktór] [男] 無線誘導(操縦・制御)装置

radiodirigir [r̄adjodirixír] [4] [他] 無線誘導(操縦・制御)する

radioelectricidad [r̄adjoelεktriθidá(d)] [女] 電波技術, 電波工学, 無線工学

radioeléctrico, ca [r̄adjoeléktriko, ka] [形] 電波の, 無線の; 電波工学の: frecuencia ～*ca* 無線周波数. ondas ～*cas* 電波, 無線波

radioelectrónica [r̄adjoelεktrónika] [女] 電波電子工学, ラジオエレクトロニクス

radioelemento [r̄adjoelemén̄to] [男]《物理, 化学》放射性元素

radioemisión [r̄adjoemisjón] [女] =**radiodifusión**

radioemisora [r̄adjoemisóra] [女] ラジオ〔放送〕局

radioenlace [r̄adjoenláθe] [男] 無線リンク

radioescucha [r̄adjoeskútʃa] [名] [ラジオの] 聴取者 〖=radioyente〗: La locutora dedicó una canción a sus ～*s*. アナウンサーはラジオを聴いている人たちに一曲プレゼントした

radioespectro [r̄adjoespéktro] [男] [ラジオの] 受信可能周波帯

radiofarmaco [r̄adjofarmáko] [男]《医学》放射性医薬品

radiofaro [r̄adjofáro] [男]《航空, 船舶》ラジオビーコン, 無線標識〔局〕

radiofonía [r̄adjofonía] [女] =**radiotelefonía**

radiofónico, ca [r̄adjofóniko, ka] [形] ❶ ラジオ放送の: novela ～*ca* 連続ラジオドラマ. programa ～ ラジオ番組. ❷ 無線電話の

R

radiofonismo
―― 图 ラジオの放送技術者, ラジオ局員
radiofonismo [r̄aďjofonísmo] 男 [集名] ❶ ラジオ放送〖活動, 技術〗. ❷ 無線電話技術
radiofonista [r̄aďjofonísta] 图 無線電話手, 無線電話技師
radiófono [r̄aďjófono] 男 無線電話機
radiofoto [r̄aďjofóto] 女 =**radiofotografía**
radiofotografía [r̄aďjofotoɣrafía] 女 電送写真術; 電送写真
radiofotografiar [r̄aďjofotoɣrafjár] [11] 他 写真を電送する
radiofotograma [r̄aďjofotoɣráma] 男 電送写真
radiofrecuencia [r̄aďjofrekwénθja] 女 無線周波数
radiofuente [r̄aďjofwénte] 女《天文》電波源
radiogalaxia [r̄aďjoɣalá(k)sja] 女《天文》電波銀河
radiogoniometría [r̄aďjoɣonjometría] 女 無線方位測定, 電波方向探知
radiogoniómetro [r̄aďjoɣonjómetro] 男 ラジオゴニオメーター, 〔無線〕方位測定器,〔電波〕方向探知器
radiograbador [r̄aďjoɣraβaďór] 男《ウルグアイ》=**radiocasete**
radiografía [r̄aďjoɣrafía] 女 ❶ 放射線（レントゲン）写真術;《光学》ラジオグラフィー. ❷ [una+] レントゲン写真, X線写真: hacer (sacar) a+人 una ～ de la pierna …の脚のレントゲン写真を撮る
radiografiar [r̄aďjoɣrafjár] [11] 他 ❶ [+部位･人 の] レントゲン写真を撮る. ❷ 送信する
radiográfico, ca [r̄aďjoɣráfiko, ka] 形 放射線写真〔術〕の, レントゲン写真の: examen ～ レントゲン検査
radiograma [r̄aďjoɣráma] 男 =**radiotelegrama**
radiogramófono [r̄aďjoɣramófono] 男《古語的》=**radiogramola**
radiogramola [r̄aďjoɣramóla] 女《古語的》ラジオ付きレコードプレーヤー
radioguía [r̄aďjoɣía] 女《航空, 船舶》無線誘導（制御）装置
radioguiado [r̄aďjoɣjáďo] 男《航空, 船舶》無線誘導〔の〕
radioinmunoanálisis [r̄aďjoi(m)munoanálisis] 男 放射免疫測定〔法〕
radioisotópico, ca [r̄aďjoisotópiko, ka] 形 放射性同位元素の
radioisótopo [r̄aďjoisótopo] 男 放射性同位元素, ラジオアイソトープ
radiola [r̄aďjóla] 女《コロンビア, ペルー》=**radiogramola**
radiolario, ria [r̄aďjolárjo, rja] 形 放散虫綱の
―― 男 [複]《古語. 動物》放散虫綱
radiolarita [r̄aďjolaríta] 女 放散虫岩
radiolesión [r̄aďjolesjón] 女《医学》放射線障害
radiolocalización [r̄aďjolokaliθaθjón] 女 電波による位置測定
radiología [r̄aďjoloxía] 女 放射線医学: sección de ～ 放射線科
radiológico, ca [r̄aďjolóxiko, ka] 形 放射線医学の: exámen ～ 放射線（レントゲン）検査
radiólogo, ga [r̄aďjóloɣo, ɣa] 图 放射線学者, 放射線科医; レントゲン技師
radioluminiscencia [r̄aďjoluminisθénθja] 女 放射線ルミネセンス
radiomarítimo, ma [r̄aďjomarítimo, ma] 形 船舶無線の
radiomensaje [r̄aďjomensáxe] 男 放送されたメッセージ: ～ por Navidad［ローマ教皇による］クリスマスメッセージ
radiometría [r̄aďjometría] 女《物理》放射測定, 輻射(ﾌｸｼｬ)測定
radiómetro [r̄aďjómetro] 男《物理》放射計, ラジオメーター
radionavegación [r̄aďjonaβeɣaθjón] 女《船舶, 航空》無線航法, 電波航法
radionavegante [r̄aďjonaβeɣánte] 男《船舶, 航空》無線通信士
radionecrosis [r̄aďjonekrósis] 女《医学》放射線壊死(ｴｼ)
radionovela [r̄aďjonoβéla] 女 連続ラジオ小説
radionucleido [r̄aďjonukléiďo] 男 =**radionúclido**
radionúclido [r̄aďjonúkliďo] 男《物理》放射性核種
radioonda [r̄aďj(o)ónda] 女 ラジオ（無線）の電波
radiopaco, ca [r̄aďjopáko, ka] 形 放射線不透過性の
radiopatrulla [r̄aďjopatrúʎa] 女 無線パトカー 〖=coche ～〗
radioprograma [r̄aďjoproɣráma] 男 ラジオ番組
radiopropagación [r̄aďjopropaɣaθjón] 女 電波伝搬
radioquímica [r̄aďjokímika] 女 放射化学
radiorreceptor [r̄aďjor̄eθe(p)tór] 男 ラジオ〔受信機〕; 無線受信機
radiorreportaje [r̄aďjor̄eportáxe] 男《ラジオ》ルポルタージュ; 実況放送
radioscopia [r̄aďjoskópja] 女 放射線(X線)透視: hacer una ～ de los pulmones 肺のX線（レントゲン）検査を行なう
radioscópico, ca [r̄aďjoskópiko, ka] 形《医学》放射線(X線)透視の: examen ～ レントゲン検査
radioseñal [r̄aďjoseɲál] 女 ラジオ（無線）の電波
radioseñalización [r̄aďjoseɲaliθaθjón] 女［船舶･飛行機などの］電波による航路指示
radioso, sa [r̄aďjóso, sa] 形 光を放つ: foco ～ 光源
radiosonda [r̄aďjosónda] 女《気象》ラジオゾンデ
radiosondeo [r̄aďjosondéo] 男 ラジオゾンデによる観測
radiotaxi [r̄aďjotá(k)si] 男 無線タクシー: Me ha venido a recoger un ～ a casa. 無線タクシーが私の家まで迎えに来た
radioteatro [r̄aďjoteátro] 男《ボリビア, アルゼンチン, ウルグアイ》=**radionovela**
radiotecnia [r̄aďjotéknja] 女 無線工学; 電波技術
tadiotécnico, ca [r̄aďjotékniko, ka] 形 無線工学（電波技術）の［専門家］
radiotelecomunicación [r̄aďjotelekomunikaθjón] 女 無線通信, 電波通信〖=radiocomunicación〗
radiotelediffusión [r̄aďjoteleďifusjón] 女 =**radiotelevisión**
radiotelefonear [r̄aďjotelefoneár] 自 無線電話をかける
radiotelefonema [r̄aďjotelefonéma] 男 無線電話によるメッセージ
radiotelefonía [r̄aďjotelefonía] 女 無線電話
radiotelefónico, ca [r̄aďjotelefóniko, ka] 形 無線電話の
radiotelefonista [r̄aďjotelefonísta] 图 無線電話手, 無線電話技師
radioteléfono [r̄aďjoteléfono] 男 無線電話機
radiotelefotografía [r̄aďjotelefotoɣrafía] 女 =**radiofotografía**
radiotelefotograma [r̄aďjotelefotoɣráma] 男 =**radiofotograma**
radiotelegrafía [r̄aďjoteleɣrafía] 女 無線電信〖=telegrafía sin hilos〗
radiotelegráfico, ca [r̄aďjoteleɣráfiko, ka] 形 無線電信の: despacho ～ 無線電報. estación ～ca 無線電信局
radiotelegrafista [r̄aďjoteleɣrafísta] 图 無線電信士, 無線技師
radiotelégrafo [r̄aďjoteléɣrafo] 男 無線電信機
radiotelegrama [r̄aďjoteleɣráma] 男 無線電報
radiotelémetro [r̄aďjotelémetro] 男 電波距離測定計
radiotelescopio [r̄aďjoteleskópjo] 男 電波望遠鏡
radiotelétipo [r̄aďjoteletípo] 男 無線テレタイプ
radiotelevisar [r̄aďjoteleβisár] 他 テレビとラジオで同時放送する: dirigir un mensaje *radiotelevisado* テレビとラジオで声明を発表する. entrevista *radiotelevisada* ラジオ･テレビ･インタビュー
radiotelevisión [r̄aďjoteleβisjón] 女 テレビ･ラジオ放送, 放送事業; ラジオ･テレビ局
radioterapeuta [r̄aďjoterapéuta] 图 放射線療法士
radioterapéutico, ca [r̄aďjoterapéutiko, ka] 形《医学》放射線療法の
radioterapia [r̄aďjoterápja] 女《医学》放射線療法: ～ de haz externo 重粒子線治療
radioterápico, ca [r̄aďjoterápiko, ka] 形 =**radioterapéutico**
radiotermia [r̄aďjotérmja] 女《医学》ラジオテルミー, 放射線熱療法, 短波ジアテルミー
radiotransmisión [r̄aďjotransmisjón] 女 無線（ラジオ）放送
radiotransmisor [r̄aďjotransmisór] 男 無線送信（送話）機
radiotransmitir [r̄aďjotransmitír] 他 無線放送する, ラジオ放送する
radiotransparente [r̄aďjotransparénte] 形 放射線透過性の; レントゲン写真に写らない
radioyente [r̄aďjojénte] 图［ラジオの］聴取者, リスナー
rádium [r̄áďjun] 男 ラジウム〖=radio〗
radiumterapia [r̄aďjumterápja] 女《医学》ラジウム療法
radomo [r̄aďómo] 男《気象など》レドーム, レーダードーム
radón [r̄aďón] 男《元素》ラドン
rádula [r̄áďula] 女《動物》［軟体動物の］歯舌(ｼｾﾞﾂ)

radular [ráðulár] 形《動物》歯舌の
RAE [ráe] 女《略語》←Real Academia Española スペイン王立学士院
raedera [raeðéra] 女 ❶ 削り取る（そぎ落とす・かきとる）道具, スクレーパー; [左官の] こて. ❷ [鉱石のくずをかき集める] 鍬
raedizo, za [raeðíθo, θa] 形 簡単に削り取れる, そぎ落とし易い
raedor, ra [raeðór, ra] 男女 削り取る[人], そぎ落とす[人]
── 斗かき, 升かき, 升に盛った穀物を平らにかきならす棒]
raedura [raeðúra] 女 ❶ 削り取ること, そぎ落とし. ❷ [主に 複] 削りかす（くず）. ❸ [衣服の] すり切れ
raer [raér] 《←ラテン語 radere》44 他 ❶ [表面を] 削り取る, そぎ落とす; 平らにならす: ~ el yeso pegado a la tabla 板にくっ付いた石膏を削り取る. ❷ [衣服を] すり切れさせる. ❸《文語》[悪習などを] 根絶する: ~ los malos pensamientos 悪い考えを頭から消し去る
── ~se すり切れる: Se le ha raído el cuello de la camisa. 彼のワイシャツのえり口がすり切れた

raer	
現在分詞	過去分詞
rayendo	raído
直説法現在	直説法点過去
raigo/rayo	raí
raes	raíste
rae	rayó
raemos	raímos
raéis	raísteis
raen	rayeron
接続法現在	接続法過去
raiga/raya	rayera, -se
raigas/rayas	rayeras, -ses
raiga/raya	rayera, -se
raigamos/rayamos	rayéramos, -semos
raigáis/rayáis	rayerais, -seis
raigan/rayan	rayeran, -sen

rafa [ráfa] 女 ❶ [壁の亀裂をふさぐ] 詰めもの. ❷ [ひづめの] 亀裂, ひび. ❸ [用水路の] 取水口
rafaelesco, ca [rafaelésko, ka] 形《人名》[イタリアの画家] ラファエロ Rafael の
ráfaga [ráfaγa]《←古語 ráfiga》女 ❶ 突風, 一陣の風《= ~ de viento》: Una ~ de aire le llevó el sombrero. 突風で彼の帽子が吹き飛ばされた. El aire venía en ~s frías. 冷たい空気が時おり吹きつけていた. ❷ 閃光, 一条の光; 一瞬の音: El faro lanzaba ~s de luz a su alrededor. 灯台の光がサッサッと彼のまわりを照らした. ❸《天気の変わり目に現れる》薄い雲. ❹《機関銃などの》連射, 掃射. ❺《ペルー, アルゼンチン》[賭けで] 同じ運（つき）が続くこと
rafagosidad [rafaγosiðá(ð)] 女 突風が吹くこと
rafania [rafánja] 女《医学》ラファヌス中毒
rafañoso, sa [rafanóso, sa] 形《アルゼンチン》汚い, 汚れた; 下品な, おさている
rafe [ráfe] 男 ❶《解剖》縫線, 背線: ~ escrotal 陰嚢縫線. ❷《植物》[珪藻類の] 殻線, 縦線. ❸ 軒《=alero》. ❹《ナバラ, アラゴン, ムルシア》[物の] 端, へり. ❺《アラゴン》農場, 農園
rafear [rafeár] 他《壁の亀裂に》詰めものをする
rafia [ráfja] 女《植物》ラフィアヤシ; その葉の繊維
rafidio [rafíðjo] 男《生物》束氷, 結晶束
rafita [rafíta] 形《地方語》気難しくて冷淡で早口な[女]
raflesiáceo, a [rafles̺jáθeo, a] 形 ラフレシア属の
── 女 複《植物》ラフレシア属
raft [ráft]《←英語》男《複 ~s》[ラフティング用の] ゴムボート
rafting [ráftin]《←英語》男 ラフティング
raga [ráγa] 女 ❶《音楽》ラーガ《インド音楽の旋法》. ❷《ボリビア》悪ふざけ, からかい
ragadía [raγaðía] 女《まれ》割れ目, 亀裂, ひび
raglán [raγlán]《←Raglan《人名》》形 男《服飾》ラグラン[の]: mangas ~ ラグラン袖
ragtime [ráγtajm]《←英語》男《音楽》ラグタイム
ragú [raγú]《←仏語 ragout》男《料理》ラグー《肉・野菜の煮込み》
ragua [ráγwa] 女 サトウキビ上部の先端
raguay [raγwáj] 男《チリ》❶ グンネラ pangue の根《食用》. ❷ 大柄な少女の脛（すね）

raguseo, a [raγuséo, a] 形 名《地名》[シチリア島の] ラグザ Ragusa の[人]
rahalí [ra(a)lí] 形《複 ~es》《まれ》=rehalí
rahez [raéθ] 形《文語》下劣な, 破廉恥な; 取るに足らない
rai [ráj] 男《アラビア語で歌われる, ヨーロッパの影響を受けた北アフリカのポップ音楽》
RAI 男《西. 略語》←Registro de Aceptaciones Impagadas 不良債権登録局
raíble [raíβle] 形 削り取られ得る, そぎ落とせる
raicear [rajθeár] 自《中米, ベネズエラ》[植物が] 根づく, 根を張る
raiceja [rajθéxa] 女 =raicilla
raicero [rajθéro] 男《中南米》一塊の根, からみ合った根
raicilla [rajθíʎa] 女《植物》小根, 幼根, 胚根（はいこん）
raicita [rajθíta] 女 =raicilla
raid [rájð]《←英語》男《複 ~s》❶《軍事》[主に敵陣内への] 急襲, 拠点攻撃: efectuar un ~ contra las tropas enemigas 敵軍を奇襲する. ~ aéreo 空襲; 長距離飛行. ❷《自動車》長距離耐久レース, ラリー. ❸《中南米》自動車旅行, ツーリング. ❹《メキシコ》ヒッチハイク: pedir ~ ヒッチハイクをする
raído, da [raíðo, ða] 《raer の 過分》形 ❶《衣服の》すり切れた, よれよれの: Llevaba el pobre hombre un trajecillo ~. その哀れな男はよれよれの背広を着ていた. ❷ 恥知らずな, すれっからしの. ❸《パラグアイ》[農夫が] 粗野な, 田舎じみた
raigal [rajγál] 形《文語》根の
── 男《木材の》根側の先端
raigambre [rajγámbre]《←ラテン語 radix, -icis》女 ❶ 集《植物》強くからみ合った根, 一塊の根. ❷ 伝統[の古さ]; [ある土地に根を張った] 因習, しきたり: Era de una familia de recia ~ en la región. 彼はその地方の由緒ある一族の出だった. una familia de ~ carlista 伝統的なカルロス派の一族
raigón [rajγón] 《raíz の示大語》男 ❶ 太い根. ❷《解剖》歯根. ❸《植物》1) ~ del Canadá コーヒーツリーの一種《学名 Gymnocladus canadensis》. 2)《ムルシア》アフリカハネガヤ
raigrás [rajγrás] 女《植物》ホソムギ, イタリアンライグラス; ネズミムギ《= ~ inglés, ~ italiano》
raiguero [rajγéro] 男《ムルシア》山裾, 山腹
raijo [ráĵxo] 男《ムルシア》新芽
rail [ráil] 男 =raíl
raíl [raíl]《←英語 rail》男《西》レール, 線路, 軌条《=riel》: ~es del tranvía 市電のレール. ~ de seguridad ガードレール. ~ guía カーテンレール
railite [rajlíte]《←商標》男《家具用などの》合成樹脂板
raimar [rajmár] 他《エクアドル》[アンソ] 茎葉を切る
raimiento [rajmjénto] 男 ❶ 削り取ること, そぎ落とし. ❷ 恥知らず, 破廉恥
rais [rájs] 男《まれ》エジプト大統領の称号
raite [rájte] 男《米国》ヒッチハイク: dar un ~ a+人 …を車に乗せる
raíz [raíθ]《←ラテン語 radix, -icis》女《複 ~ces》❶ [草木などの] 根: Este árbol tiene las raíces muy profundas. この木の根はとても深い. Hay raíces comestibles, como las de la zanahoria o el nabo. ニンジンやカブのように, 根の部分を食用にする植物がある. ~ pivotante 直根. ❷ 根もと, 付け根: En la ~ de la uña hay una manchita blanquecina. 爪の根もとには白っぽい部分がある. ~ del diente 歯根. ~ del pelo 毛根. ❸ 根源: La pobreza es la ~ de muchos problemas. 多くの問題の根源は貧困にある. La ~ del mal está en el interior del hombre. 悪の根源は人間の内部にある. Según su análisis, la caída del voto juvenil tiene una ~ muy clara. 彼の研究によれば若者の投票率の低下にははっきりした原因がある. ❹ 祖先, 故郷: Alberto es peruano; allí nació y allí están sus raíces. アルベルトはペルー人だ. そこで生まれ, ルーツもそこにある. Cansado de vivir fuera de su país, quiso volver a sus raíces. 彼は国外で暮らすのが嫌になり, 故郷に帰りたくなった. Las raíces tiran. ルーツは強い. ❺《数学》1) 根: ~ cuadrada (cúbica) 平方(立方)根. La ~ cuadrada de 25 es 5. 25の平方根は5である. 2) 解《=solución》: extraer la ~ de una ecuación 方程式の解を求める. La ~ de esta ecuación es 6. この方程式の解は6だ. ❻《言語》語根《単語の4以上細分化できない基底要素》: En las palabras "estudiar", "estudio" y "estudiante", la ~ es "estud-". estudiar, estudio, estudiante という語の語根は estud- である. ❼《法律》[主に 複] 不動産《=bien ~》. ❽《植物》~ del moro オオグルマ

a ~ de... 1) …の直後に: *A ~ del fracaso, se sumió en una depresión.* 彼はその失敗のあと、すぐに元気がなくなった。 2) …が原因で: *Muchas empresas se han declarado en bancarrota a ~ de la crisis económica.* 不況で多くの企業が倒産した。 *A ~ de sus declaraciones, hubo una gran polémica.* 彼の発言が元で大論争が巻き起こった
de ~ 1) 根もとから: *Arrancaron las cepas de ~.* 彼らは切り株を根こそぎ引き抜いた。 *sacar las malas hierbas de ~* 雑草を引き抜く。 2) 根本的に: *El ejército cortó de ~ cualquier intento de sublevación.* 軍は反乱の元をすべて鎮圧した。 *Es necesario acabar con la violencia de ~.* 暴力を根絶しなければならない。 *arrancar el mal de ~* 悪の根を断つ、悪を根絶する
echar raíces 1) 根を張る。 2) 定着する、定住する: *Encontró trabajo en Madrid y allí echó raíces.* 彼はマドリードで職を見つけ、そこにすっかり腰を落ち着けた。 *Es difícil suprimir una costumbre que ha echado raíces.* いったん定着した習慣をやめるのは難しい
tener raíces 1) 根を張っている: *Mi orquidea está teniendo raíces nuevas.* 私のランは新たな根を張りつつある。 2) 根源を持つ: *La palabra tango tiene raíces en África.* タンゴという言葉はアフリカにルーツがある。 3) 定着している: *La preocupación por el medio ambiente ha tenido raíces en mi familia.* 環境への不安は私の家族に根を下ろした

raizal [řaiǫál] 形 《コロンビア》故郷を一度も離れたことのない
— 男 集合 《メキシコ、ニカラグア》根
raizalismo [řaiǫalísmo] 男 《コロンビア》故郷への愛着心
raja [řáxa] I 〖←rajar〗 女 ❶ 亀裂、ひび、割れ目: *Se abrió una ~ en la cazuela.* 土鍋にひびが入った。 *Lleva un jersey que se le ve la ~ de las tetas.* 彼女は胸の合間が見えるようなセーターを着ていた。 ❷ 薄切り、スライス: *una ~ de limón (salchichón・queso・melón)* 1切りのレモン(ソーセージ・チーズ・メロン)。 ❸《服飾》スリット〖=abertura〗。 ❹《口語》お尻の割れ目〖= ~ del culo〗。《卑語》女性の外部性器。 ❺《チリ. 俗語》幸運
a la ~ 《エクアドル》半々で、折半して
a toda ~ 《メキシコ》全速力で
estar en la ~ 《コロンビア》貧しい、困窮している
hacer ~ [s] 分配する、分ける
hacerse ~s 身を粉にして働く、粉骨砕身する
sacar ~ 利益をあげる、もうける
ser muy ~s 《メキシコ》臆病(怖がり)である
tener ~ 《プエルトリコ》黒人の血を引いている
II 〖←伊語 rascia〗 女 《繊維》ラシャ
rajá [řaxá] 〖←仏語 rajah〗 男 〖複 rajaes/~s〗 ラジャ《インドの王・王族》
vivir como un ~ 《口語》豪勢な暮らしをする
rajable [řaxáble] 形 割れやすい、もろい
rajaboca [řaxabóka] 女 《プエルトリコ、チリ、アルゼンチン. 馬具》くつわ、はみ
rajabroqueles [řaxabrokéles] 〖←rajar+broquel〗 男 〖単複同形〗 空いばり屋、虚勢を張る人
rajada[1] [řaxáda] 女 ❶《メキシコ》臆病、腰抜け。 ❷《アルゼンチン》逃走、遁走
rajadera [řaxaðéra] 女 斧、鉈(なた)
rajadiablos [řaxaðjáblos] 形 〖単複同形〗《チリ》ちんぴらの〔の〕、非行少年〔の〕
rajadillo [řaxaðíʎo] 男 《料理》アーモンドの砂糖漬け
rajadizo, za [řaxaðíθo, θa] 形 割れやすい、もろい
rajado, da[2] [řaxáðo, ða] 形 ❶ 臆病な、臆病者: *Es un ~, siempre hace lo que le mandan.* 彼は腰抜けで、いつも命令されたことをやる。 ❷《口語》〖主に急に・最後になって〗期待《約束》を裏切る〔人〕。 ❸《紋章》〖花・果実の〕内部の見える。 ❹《プエルトリコ. 俗語》酔っ払った。 ❺《ドミニカ》一流の、極上の。 ❻《チリ》1)《口語》〖人が〗気前のいい、寛大な。 2)〖運転が〗スピード狂の〖人〗。 3)《口語》落第した〖人〗。《口語》非常に速い
andar ~ 《チリ、アルゼンチン. 口語》非常に速い
rajador, ra [řaxaðór, ra] 形 ❶〖竹・薪などを〗割る〖人〗、裂く〖人〗。 ❷《アルゼンチン》速い、軽快な
rajadura [řaxaðúra] 女 ❶ 裂け目、割れ目〖=raja〗。 ❷ 割る〖割れる〗こと
rajamacana [řaxamakána] 男 《ベネズエラ》 ❶ きつい仕事、重労働; 面倒(厄介)なこと。 ❷ 強情な人、頑固な人。 ❸ 専門家、熟練者

*a ~ 《*ベネズエラ*》*どんな犠牲をはらってでも、ぜひとも
rajante [řaxánte] 形 ❶《アルゼンチン》速い、迅速な。 ❷ 緊急の、差し迫った: *pregunta ~* 緊急質問
rajar [řaxár] I 〖←古語 rachar+カスティーリャ語 ajar〗 他 ❶ …に裂け目〔割れ目〕を作る: *Enganché la camisa con un clavo y la rajé.* 私はシャツを釘に引っかけて破いてしまった。 *La caída le rajó una pierna.* 彼は転んで脚の骨にひびが入った。 ❷ 薄切りにする、スライスする: *~ un melón* メロンを切る。 ❸《口語》〖刃物で人を〗傷つける: *Un ladrón me amenazó con ~ me si no le daba dinero.* 泥棒は金を出さなければ刺すぞと私を脅した。 ❹《地方語》〖地面を〗耕す。 ❺《中南米. 口語》1)〖主にでっち上げて、+人の〕信用を失わせる、悪口を言う。 2)《試験》失敗する、落第する。 ❻《メキシコ. 口語》〖違反に〕密告する; 告げ口をする。 ❼《カリブ、アンデス》打ち破る、負かす; うんざりさせる。 ❽《プエルトリコ、コロンビア、チリ. 口語》試験に落第させる。 ❾《チリ、プラタ. 口語》解雇する、首にする
自 《ボリビア、チリ、アルゼンチン、ウルグアイ》逃げる
salir rajando 慌てて逃げ出す
~ se 1) 割れ目〔ひび〕が入る: *Se ha rajado el espejo.* 鏡にひびが入った。 ❷《口語》〖刃物で自分を〕傷つける: *Me he rajado el dedo con un cuchillo.* 私はナイフで指を切ってしまった。 ❸《口語》〖主に急に・最後になって〕尻込みする、怖気づく: *Tiende a ~ se en el último momento.* 彼は土壇場で尻込みする傾向がある。 *Iba a venir de viaje con nosotros, pero al final se rajó.* 彼は私たちと旅行に行くことになっていたが、最後には抜けてしまった。 ❹ 仕事をやめる。 ❺《プエルトリコ. 俗語》酔っぱらう。 ❻《コロンビア》〖+de〕間違える。 ❼《ボリビア、チリ. 口語》〖贈り物・パーティーに〕大金を使う、大盤ぶるまいをする。 ❽《チリ》通う
II 〖←ラテン語 radulare〗 自 ❶《西. 口語》しゃべりまくる、ペチャクチャしゃべる: *Estuvimos rajando toda la tarde tomando café.* 私たちは午後ずっとコーヒーを飲みながらおしゃべりに興じた。 ❷《口語》虚勢を張る、空いばりする。 ❸《南米》〖+de+人〕悪口を言う
rajatabla [řaxatáβla] *a ~* 〖想定などと違わず〕厳密に、厳しく、断固として、何が何でも、譲歩せずに: *cumplir su palabra a ~* 何があろうと約束を果たす。 *aplicar la ley a ~* 法律を厳格に適用する
rajatablas [řaxatáβlas] 男 〖単複同形〗《コロンビア》叱責、とがめだて
raje [řáxe] 男 ❶《エクアドル. 口語》〖主に競技での人間関係の〕不信、あつれき: *ir al ~* もめる、ごたごたする。 ❷《アルゼンチン、ウルグアイ》あわてて逃げ出すこと: *tomar[se] el ~* あわてふためいて逃げ出す
al ~ 《アルゼンチン》大急ぎで
dar el ~ 《アルゼンチン. 口語》解雇する、追い出す
rajear [řaxeár] 他 《地方語》〖ギターを〕かき鳴らす
rajeta [řaxéta] 〖←伊語 rascetta〗 女 《繊維》ラシャに似た布地
rajetear [řaxeteár] 他 《アルゼンチン》〖硬い物体の表面に〕割れ目を作る、ひびが入れさせる
rajo [řáxo] 男 ❶《地方語》豚の背肉。 ❷《中米》〖布などの〕破れ目、裂け目、かぎ裂き
rajón, na [řaxón, na] 形 ❶《中米、口語》約束を守らない〖人〗。 ❷《メキシコ、ボリビア》告げ口屋、密告屋。 ❸《メキシコ》臆病な〖人〕; 口吹き〔の〕。 ❹《中米、カリブ》すばらしい、豪華な。 ❺《ペルー》言葉づかいの悪い、粗野な
— 男 《グアテマラ、カリブ、コロンビア》破れ目、裂け目
rajonada [řaxonáða] 女 《中米》空いばり、強がり; 誇示、見せびらかし
rajuca [řaxúka] 女 《地方語. 鳥》ミソサザイ〖=chochín〗
rajuela [řaxwéla] 女 《建築》〖加工してない粗削りな〕平石
rajuñadora [řaxuɲaðóra] 女 《チリ》熊手
raki [řáki] 男 〖トルコの酒〗ラキ
rala [řála] 女 《コロンビア》鳥の糞
ralá [řalá] 女 《アンデス》牛糞、馬糞
ralada [řaláða] 女 ❶《キューバ》動物の糞。 ❷《チリ》どろどろ〖しゃぐしゃ〕した汚物
ralea [řaléa] 女 〖←ラテン語〗 ❶《軽蔑》〖主に悪い意味で、動物・植物・物の〕種類、性質、品質; 血統; 〖人の〕たち、性格: *ropa de mala ~* 質のよくない服。 *caballo de mala ~* 血統の悪い馬。 *manzano de mala ~* 悪い品種のリンゴの木。 *gente de baja ~* 卑しい生まれの連中。 *Es un tipo de baja ~.* あいつはたちの悪い奴だ。 ❷《鷹狩り》鷹が好む鳥

ralear [řaleár]【←ralo】❶ 薄くなる、まばらになる。❷［ブドウの房が］実らない、結実しない。❸［人が］本性を現わす。❹［仲間・グループから］離れる、分かれる

ralentí [řalentí]【←伊語 rallentare】男 ❶［エンジンの］低速回転、アイドリング: dejar el coche parado con el motor al ～ エンジンをアイドリングさせたまま駐車する。❷《映画》高速度撮影、スローモーション: rodar al ～ スローモーション撮影をする。proyección al ～ スローモーション映写。❸ 緩慢［さ］、無気力: trabajar al ～ だらだら(のんびり)と仕事をする

ralentización [řalentiθaxjón]女 減速、スローダウン; 緩慢、鈍化

ralentizar [řalentiθár]7他［動き・経過を］ゆっくりさせる、緩める、遅らせる
── ～se 緩慢になる、減速する: El ritmo del equipo se ralentizó en la segunda parte. チームのリズムが後半は緩慢になった

raleón, na [řaleón, na]形《鷹狩》［鷹が］狩りの上手な

ralerita [řalerítá]女《カナリア諸島》トウモロコシ菓子の一種

raleza [řaléθa]女 薄さ、まばらさ

rálido, da [řálido, da]男形 =rállido

ralla [řáʎa]女《アラゴン》岩のごつごつした尾根; 岩のごつごつした山腹

rallador [řaʎaðór]男《料理》おろし金

ralladora [řaʎaðóra]女《料理》すりおろし機

ralladura [řaʎaðúra]女《料理》❶ ［集名］または［複］すりおろしたもの: añadir la ～ de limón レモンの［皮の］すりおろしを加える。～s de queso 粉チーズ。❷ すりおろした跡（溝）

rallante [řaʎánte]形［人が］わずらわしい、うっとうしい、迷惑な

rallar [řaʎár]【←俗ラテン語 rallum < radere「削り取る」】7他《料理》［おろし金で］すりおろす、する: una cebolla タマネギ1個をすりおろす。～ queso チーズをおろす。pan rallado (fresco)［生］パン粉。❷《口語》うんざりさせる、困らせる: Me han rallado sus impertinencias. 私は彼らの横柄に辟易した

rállido, da [řáʎido, da]形 クイナ科の
── 男［複］《鳥》クイナ科

rallo [řáʎo]【←ラテン語 rallum】男 ❶《料理》=rallador。❷［目の粗い］やすり。❸ cara de ～ あばた顔。❹《地方語》素焼きの水壺

rallón, na [řaʎón, na]形《エクアドル》=rallante
── 男［狩猟用の］弩(いしゆみ)の矢

rally [řáli]【←英語】男［複 ～s］《自動車》ラリー: ～ París-Dakar パリ＝ダカールラリー

rallye [řáli]【←英語】男［複 ～s］=rally

ralo, la [řálo, la]【←ラテン語 rarus「まれな」】形 ❶［estar+。毛・草木などが］まばらな、密でない: hombre de barba rala あごひげの薄い男。cabello ～ 薄い髪。dientes ～s すき歯。❷［布地が］薄い; 目の粗い: tela rala 薄手の生地

rama [řáma] I【←俗ラテン語】女 ❶［木の］枝: sacudir las ～s de un árbol 木の枝を揺する。extender sus ～s 枝を伸ばす。plantar de ～ 挿し木する。～s secas (muertas) 枯れ枝。frutera 果実のなる枝。❷ 枝状のもの、枝分かれしたもの; 分派、支流、支線: ～ de la familia 分家。～ de la raza semítica セム族から分かれた分派。～ armada de ETA ETAの武装した分派。～s de una raíz 支根。～ de un árbol genealógico 系樹の枝。～ de un camino 枝道。～ de un río 支流。～s de un compás コンパスの脚。～ terminal［神経などの］末端枝。❸［学問などの、sector をさらに分けた］分野、小部門: La acústica es una ～ de la física interdisciplinaria. 音響学は物理学の学際的な一部門である。～s industriales 産業部門

andarse (irse) por las ～s《口語》［肝心な点から外れた］余計な話をする; 木を見て森を見ず: No te andes por las ～s. 直接関係ない話はわきで置け

asirse a las ～s《口語》あれこれと言い訳を並べ立てる

de ～ en ～ 枝から枝へ;［目的が定まらず］ふらふらして

irse por las ～s《口語》=andarse por las ～s: Cada vez que le pregunto algo, se va por las ～s y tarda mucho en ir al grano. 彼に何か質問すると、いつも枝葉の話をして本論に入るのが遅くなる

～ de olivo オリーブの枝［平和の象徴］: tender (ofrecer) a+人 ～ de olivo …に和解を申し出る

II【←独語 rahmen】女《印刷》活字の締め版枠、チェース

III【←仏語 rame】女《まれ》原料

*en ～*1) 精製(加工)していない: algodón en ～ 原綿。mante-ca en ～ 未加工のバター。tabaco en ～ 葉タバコ。2)《印刷》製本していない

ramada [řamáða]女 ❶ 枝で作った日よけ（ひさし）; 枝製の飾り。❷［集名］枝; 枝の茂み【=ramaje】。❸《コロンビア》［サトウキビなどの圧搾機を置く］小屋、掛け小屋。❹《チリ》［枝で作った屋根の］祭りの屋台

ramadán [řamaðán]【←アラビア語 ramadan「断食月」】男［主に R～］ラマダン《イスラム暦の第9月。この期間中イスラム教徒は日の出から日没まで厳しい断食をする》: El respeto del ayuno durante el R～ forma parte de las normas de los musulmanes. ラダマンの期間中に絶食を守るのはイスラム教の掟の一つである

ramaje [řamáxe]【←カタルーニャ語 ramatge】男［集名］枝; 枝の茂み: El luz se filtraba entre el ～. 枝を通して光が射し込んでいた

ramaneax [řamanexár]自《コロンビア》［売り手と買い手が］値段の交渉をする、値切る
── 他《キューバ、コロンビア》枝を剪定する

ramajeo [řamaxéo]男 ❶《キューバ》枝の剪定。❷《ドミニカ》枝の揺れ

ramal [řamál]【←ramo】男 ❶ 枝状のもの、枝分かれしたもの; 分岐線; 枝道、支道;《鉄道》支線;［山脈の］支脈;［川の］支流: Luego al pasar alli la carretera se divide en un ～ hacia la derecha. そこを過ぎるとすぐ国道は右の方に支道が分かれる。desviarse por un ～ 脇道にそれる。❷［綱・紐を構成する］より糸。❸［踊り場までの］一続きの階段。❹［馬具］端綱(はづな)

a ～ y media manta《口語》不足して、細々と

ramalazo [řamaláθo]【←ramal】男 ❶ 鋭い痛みの発作、さしこみ: Me dio un ～ en el costado. 私は横腹に激痛が走った。❷［風雨などの］突然の襲来、突風、雨の吹きつけ。❸《口語》明らかに軽い狂気の発作。❹《軽蔑》女っぽさ、ホモっぽい仕草: Debe de ser marica, porque tiene ～s. 彼はホモに違いない、しなを作ってるから。❺ ふと思いつくこと: Cuando le da ～, se va a la sierra y no aparece en un mes. 彼は思いつくと山に出かけ、1か月は姿を見せない。❻［悪い知らせなどによる］衝撃、ショック。❼［綱による一打ち（叩き）］の跡、みみず腫れ。❽［病気の］跡。❾ ～s de viruela 天然痘の痕

ramalear [řamaleár]自［馬などが］おとなしく端綱で引かれる

ramalera [řamaléra]女《地方語。馬具》=ramallo

ramalillo [řamalíʎo]男《地方語。馬具》［主に］端綱、引き綱

ramazón [řamaθón]女［集名］伐採した枝

rambla [řámbla]【←アラビア語 ramla「砂地」】女 ❶ 河床、河原。❷《カタルーニャ》大通り、並木大通り《主に固有名詞で》: Vamos a dar un paseo por la R～. ランブラス通りに散歩に行こう。❸［布地の］幅出し枠、張り枠。❹《中南米》埠頭、桟橋。❺《メキシコ、ラブラタ》海岸（河岸）遊歩道

ramblar [řamblár]男 河床の合流点

ramblazo [řambláθo]男 広い河床;［川からあふれた水が流れる］河床

ramblizo [řamblíθo]男《西》=ramblazo

rambulera [řambuléra]女《パナマ》けんか早い男

rambután [řambután]男《植物、果実》ランブータン

rameado, da [řameáðo, ða]形［紙・布地などに］花（枝葉）模様の

rameal [řameál]形 枝の

rameo [řaméo]男《まれ》枝の揺れ

ramera [řaméra]【←ramo《売春宿の戸口に枝を掛けた》】女 ❶《軽蔑》売春婦、娼婦、売女(ばいた); 好色な女、多情な女。❷《地方語》枝のたきぎ、そだ

ramería [řamería]女《まれ》売春; 売春宿

ramial [řamjál]男 ラミー ramio の畑

ramificación [řamifikaθjón]女 ❶ 枝分かれ、分枝、分岐; 細分化: ～ de un tronco 幹からの枝分かれ。～ de las raíces 根の分出。❷ 下部組織、支店、支部: La empresa extiende sus ramificaciones por todo el país. その会社は国中に支店網を張り巡らせている。❸《解剖》［血管／神経系の］支脈、分枝: ramificaciones del bronquio 気管支の分枝。❹［派生して生じる］結果、余波、影響: Las ramificaciones del conflicto son imprevisibles. 紛争の影響は予測不可能である。❺［情報］分岐、ブランチ

ramificar [řamifikár]【←ramo+ラテン語 facere】7自［木などが］枝を出す（張る）
── ～se ❶［木、血管・神経・川・道路などが］枝分かれする、分岐する: Desde el corazón salen las arterias y se ramifi-

ramilla

can por el cuerpo. 動脈が心臓から出て,体内に枝分かれする. ❷ [影響・余波が] 各方面に及ぶ
ramilla [ramíʎa]《rama の示小語》囡 ❶《口語》[目的達成のための小さな] 手がかり, 手蔓(⅕): recurrirse a una 〜 藁(½)にもすがる. ❷ 小枝, 細枝
ramillete [ramiʎéte]《←カタルーニャ語 ramellet》男 ❶ 小さな花束《服飾》コサージュ: 〜 de violetas スミレの花束. 〜 de novia ウェディング（ブライダル）ブーケ. ❷《集名》精選された美しいもの(人): 〜 de máximas 格言集. 〜 de poemas 詞華集. 〜 de chicas preciosas 美しい女の子たちの集団. ❸ [飾りとして テーブルの中央に置く] 菓子の盛り皿. ❹《植物》〜 de Constantinopla ビジョナデシコ
ramilletero, ra [ramiʎetéro, ra] 名 花束を作る(売る)人, 花売り
—— 男 花瓶《=florero》
ramillón [ramiʎón] 男《コロンビア, ベネズエラ》[甕の水をすくうのに用いる] ひしゃく
ramina [ramína] 囡 ラミー ramio から作った糸
ramio [rámjo] 男《植物》ラミー, カラムシ
ramirense [ramirénse] 形《建築》ラミロ1世 Ramiro I 様式の《?〜850, アストゥリアスの王》
Ramírez [ramíreθ]《人名》**Pedro Pablo** 〜 ペドロ・パブロ・ラミレス《1884〜1962, アルゼンチンの軍人. 一時的に大統領権限を掌握(1943〜44)》
ramiro [ramíro] 男《トランプ》ラミー《=remigio》
Ramiro [ramíro]《人名》〜 **I de Aragón** ラミロ1世《1000?〜63, ナバラ王サンチョ・ガルセス3世の庶子. 父王の死に際し, アラゴン王国の初代国王となる》
〜 **II de Aragón el Monje** ラミロ2世隠退王《1086〜1157, アラゴン王. 娘婿のラモン・ベレンゲール Ramón Berenguer に譲位》
ramís [ramís] 男《南米》ハイヤー
ramito [ramíto]《ramo の示小語》男 〜 de flores 小さな花束. 〜 compuesto《料理》ブーケガルニ
ramiza [ramíθa] 囡 ❶《集名》伐採した枝. ❷ 枝で作ったもの, 枝細工
ramnáceo, a [ramnáθeo, a] 形 クロウメモドキ科の
—— 囡《複》《植物》クロウメモドキ科
rámneo, a [rámneo, a] 形 =**ramnáceo**
ramo [rámo]《←ラテン語 ramus》男 ❶ 花束《=〜 de flores》: Me regaló un 〜 de rosas rojas. 彼は私に赤いバラの花束を贈ってくれた. ❷ [主枝から生えた] 小枝; [切り取られた] 枝: 〜 de laurel 月桂樹の枝. 〜 de olivo オリーブの小枝《=rama de olivo》. ❸ [玉ネギ・ニンニクなどを結び合わせた] 1つなぎ《=ristra》: un 〜 de ajos 1つなぎのニンニク. ❹《まれ》《=rama》分野, 部門《=rama》: Traja en el 〜 de la comunicación. 彼は通信関係の仕事をしている. ❺《まれ》《複》[何かよく分からない病気の] 兆候: 〜 de apoplejía 卒中の兆候. ❻ [飾り紐職人の用いる] 絹糸の1かせ. ❼《チリ》科目
ramojo [ramóxo]《集名》小枝, 細枝
ramón [ramón] 男《集名》❶ [雪の多い時期・早魃時に飼料用に伐採する] 枝葉. ❷ [オリーブなどを剪定した後の] 切り取られた小枝. ❸ ラモンの木《=ojoche》. ❹《ランチェリア》オリーブの枝葉
Ramón Berenguer [ramón berenʒér]《人名》〜 **IV** ラモン・ベレンゲール4世《1113〜62, バルセロナ伯. アラゴン女王ペトロニーラ Petronila と結婚》
ramonear [ramoneár] 自 ❶ [動物が] 枝や葉を食べる. ❷ 枝先を剪定する
ramoneo [ramonéo] 男 ❶ 動物が枝や葉を食べること. ❷ 剪定; 剪定の時期
Ramón y Cajal [ramón i kaxál]《人名》**Santiago** 〜 サンティアゴ・ラモン・イ・カハル《1852〜1934, スペインの医学者. 神経細胞理論の創始者》
ramoso, sa [ramóso, sa] 形 枝の多い, 枝分かれした: árbol muy 〜 枝の茂った木
rampa [rámpa] 囡《←仏語 rampe < 古仏語 ramper「よじ登る」》❶ [昇降口などの] スロープ, 傾斜路: 〜 de un almacén 倉庫の荷積み(降ろし)用勾配. 〜 de acceso 高速道路の入口. 〜 de desperdicios/〜 de la basura ごみシュート. 〜 de lanzamiento カタパルト, 発射台. 〜 de misiles ミサイルランチャー. 〜 móvil 移動式ロケット発射台. ❷ [高速道路の] ランプ. ❸ 傾斜地. ❹《西》けいれん, こむら返り《=calambre》. ❺《ボリビア》[椅子付きの] 駕籠(½), 輿(²)

rampante [rampánte]《←rampa》形 ❶ 勢いのある, はびこっている: limpiar el ministerio de la 〜 corrupción その省にはびこっている腐敗を一掃する. industria 〜 成長産業. ❷《紋章》[ライオンが] 後脚で立った. ❸《建築》[アーチ・ポールが] 起点の高さが異なる, 勾配のある: arco 〜 傾斜アーチ. ❹ 鉤形の, ばかるところのない, 飽くことのない
rampar [rampár] 自《まれ》よじ登る, 上がる; 這う
rampiñete [rampiɲéte] 男《大砲の火門の》掃除具
rampla [rámpla] 囡 ❶《アラバ, ブルゴス, ログローニョ》小麦の穂先. ❷《チリ》手押し車; トレーラートラック
ramplón, na [ramplón, na]《←伊語 rampone「鉤」》形 ❶《軽蔑》俗っぽい, ありふれた, つまらない: artículo 〜 悪趣味な記事. gustos *ramplones* 悪趣味. tipo 〜 げす野郎. versos *ramplones* 退屈な詩. ❷ [靴底が] 幅広で厚い
—— 男《蹄鉄の》滑り止め
ramplonería [ramplonería] 囡 低俗, 下品, 悪趣味, ありふれた: Es una 〜 de regalo. それはありふれた贈り物です
ramplús [rámplus] 男《まれ》《釘・ネジなどの》固定材
rampojo [rampóxo] 男《地方語》[粒をもぎ取った] ブドウの軸
rampollo [rampóʎo] 男《挿し木用に》切り取った小枝
ramujo [ramúxo] 男《オリーブの剪定された》小枝の束
ramulla [ramúʎa] 囡 ❶ [剪定後の] 切り取った小枝; [一般に] 小枝, 細枝
rana [rána] 囡《←ラテン語》❶《動物》カエル: 〜 de zarzal/〜 arbórea アマガエル, 〜 mugidora ウシガエル. 〜 verde de ojos rojos アカメアマガエル. ❷ カエルの置き物の口にコインやメダルを投げ入れる遊び. ❸《魚》〜 marina (pescadora) アンコウ《=rape》. ❹《服飾》=**ranito**. ❺《鉄道》轍叉(⅕), フロッグ. ❻《医学》俗=**ránula**. ❼《アンデス. 水泳》1) nadar a 〜 平泳ぎをする. 2)《アンデス》足ひれ
cuando las 〜*s críen pelo/cuando la* 〜 *críe pelo*《口語》決してありえない《←カエルに毛が生えた時》: Le han dicho que ganará el partido *cuando las* 〜*s críen pelo*. 彼はどんなことがあってもその試合に勝てないと言われた
hacer la 〜《石を投げて》水切りをする
no ser 〜《人が》熟練している, 巧みである
salir 〜《口語》失敗する, 期待外れに終わる: La revancha *ha salido* 〜. 雪辱はかなわなかった. Este coche me *ha salido* 〜. この車は期待外れだった
—— 形 名《コロンビア》告げ口屋. ❷《アルゼンチン, ウルグアイ. 口語》悪賢い(人), 悪党(の)
ranaco, ca [ranáko, ka] 形《キューバ》ずんぐりした, ずんぐりむっくりの
ranada [ranáða] 囡《アルゼンチン》ずる賢さ, 悪知恵, 抜け目なさ
ranal [ranál] 形 キンポウゲ目の
—— 囡《複》《植物》キンポウゲ目
rancagüino, na [raŋkagwíno, na] 形《地名》ランカグア Rancagua の(人);《チリ中部, 第6州の州都》
rancajado, da [raŋkaxáðo, ða] 形 とげの刺さった
rancajo [raŋkáxo] 男 とげ
ranchada [rantʃáða] 囡 ❶《中米》葉の覆いの付いたカヌー. ❷《アルゼンチン, パラグアイ》掛け小屋, 掘っ立て小屋
ranchar [rantʃár] 自 ❶《メキシコ》戸外で夜を過ごす, 野営する. ❷《メキシコ》農場を回って商売をする. ❸《コロンビア》[確固とした・厳密な] 観念に縛られる. ❹《アルゼンチン》農場を渡り歩く
〜*se*《コロンビア, ベネズエラ》野営する; 定住する
rancheadero [rantʃeaðéro] 男 野営地, キャンプ
ranchear [rantʃeár] 自 〜*se* 野営する, キャンプする; 定住する
ranchera[1] [rantʃéra]《←rancho》囡 ❶《音楽》ランチェラ《メキシコの田園風の民謡; アルゼンチンなどの1930年代の舞曲》. ❷《自動車》バン, ワゴン車. ❸《プエルトリコ. 軽蔑》掘っ立て小屋, バラック
no cantar mal las 〜*s*《メキシコ. 口語》巧みに問題に立ち向かって解決する
ranchería [rantʃería] 囡 ❶ 集落, テント村. ❷ [兵営の] 厨房, 調理場. ❸《メキシコ》[田舎の] 粗末な家の集落. ❹《メキシコ, プエルトリコ》[先住民の集落からの] 略奪, 強奪. ❺《ベネズエラ》粗末な宿舎. ❻《ペルー》[農場内の] 人夫小屋. ❼《ラプラタ》[先住民の] 集落, 居住地
ranchería [rantʃerío] 男《チリ, アルゼンチン, ウルグアイ》[田舎の先

住民などの] 粗末な家の集合; スラム街
ranchero, ra² [r̄antʃéro, ra]《←rancho》形 ❶ 牧場の. ❷《メキシコ》1) 農業(牧畜)に精通した. 2) 粗野な, 田舎者の. 3) ばかげた, おかしな. 4) 臆病な, 小心の; 内気な, 恥ずかしがりの. 5)《料理》huevos ～s ウエボス・ランチェロス『トマト・チリソースかけた目玉焼き』. 6) canción ～ra カンシオン・ランチェラ『カントリーソング』. música ～ra カントリー風音楽
── 名 ❶［軍隊などの］炊事係. ❷ 集落(キャンプ)の長. ❸《中南米》牧場主. ❹《メキシコ, カリブ》農園(牧場)労働者, 牧童. ❺《メキシコ》田舎者
── 名 ランチェロ『メキシコのカントリー風音楽』
ranchita [r̄antʃíta] 女《メキシコ》農場裏の小屋
ranchito [r̄antʃíto] 男《ベネズエラ》掘っ立て小屋, バラック
rancho [r̄ántʃo]《←古語 rancharse「宿泊する」< 仏語 se ranger「身を落ち着ける」》男 ❶［軍隊・刑務所などの］皆で1品だけの食事, 給食; その食事をともにとる人々: ～ de los presos 囚人たちの給食. ❷《軽蔑》［調理が下手で素材の悪い］粗末な食事. ❸［ジプシー・牧畜などの］野営地, キャンプ. ❹ 掘っ立て小屋, バラック. ❺《船舶》船員用船室［海兵］の］班; 積み込まれた糧食. ❻《地方語》［わずかな］魚のフレークの残り物. ❼《メキシコ》牧場, 農場. ❽《ペルー》避暑用の豪華な別荘. ❾《ラプラタ》1)［田舎の, 泥壁でわらぶき屋根などの］庶民の家. 2) カンカン帽
alborotar el ～《ホンジュラス, パナマ. 口語》騒ぎ(混乱)を引き起こす
asentar el ～ 休憩(食事)のために立ち止まる
formar ～ aparte =hacer ～ aparte
hacer ～ 場所を空ける
hacer ～ aparte 1) 集団から離れる, 分派を作る, 別行動をとる. 2)《中南米》分家する
ranchón [r̄antʃón] 男《プエルトリコ》アパート, 共同住宅
ranciar [r̄anθjár] 他 古くする, 酸敗させる
── se ［食品などが］古くなる, 酸敗する
rancidez [r̄anθiðéθ] 女《まれ》=ranciedad
ranciedad [r̄anθjeðá(ð)] 女 ❶ 古さ, 古めかしさ. ❷ 古物, 古びたもの
rancio, cia [r̄ánθo, θja]《←ラテン語 rancidus》形 ❶ [estar+. ［食品が］古くなって] 嫌な味(臭い)の］, 酸敗した: Esta mantequilla está ～cia. このバターは酸敗している. ❷ ［酒などが］熟成した, 年代物の, こくのある: exquisito vino ～ すばらしい芳醇なワイン. ❸ [+名詞. 家柄・伝統などが] 古くからの: de abolengo 旧家の出の. ～cia nobleza 古い家系の貴族. ❹《軽蔑》［人・事物が］古くさい, 流行遅れの: Siendo joven cantaba unas canciones muy ～cias. 彼は若いくせにすごく古い歌を歌う. ❺《軽蔑》［人が］感じの悪い, 嫌な; 無愛想な, そっけない. ❻《軽蔑》［牧場、食糧などの］豪華な, 堂々たる. ── 男 ❶ 古くなったベーコン. ❷［布地の］脂よごれ. ❸ 古さ, 古めかしさ
oler a ～ 腐ったような臭いがする
rancioso, sa [r̄anθjóso, sa]《まれ》古い, 伝統のある; 古くさい, 因習に固執する
rancla [r̄ánkla] 女《エクアドル》❶ ちょっとした遠出, 旅行. ❷ 言い訳, 弁解
ranclar [r̄anklár] ── se《エクアドル》遠出する, 抜け出す
ranclón, na [r̄anklón, na] 形《エクアドル》しばしば抜け出す; 遠出中の
rancontán [r̄ankontán]《←仏語 argent comptant》男 *al ～*《中米, コロンビア》即金で, 現金で《=al contado》
rancor [r̄ankór] 男《まれ》=rencor
rand [r̄án(d)] 男［南アフリカ共和国の通貨単位］ランド
randa [r̄ánda] 女《←ケルト語 randa「限界」》❶《手芸》レース［の縁飾り］
── 名《古雅的》❶ すり, こそ泥. ❷《軽蔑》悪知恵の働く子
randado, da [r̄andáðo, ða] 形 レースのついた, レースの縁飾りのある
randera [r̄andéra] 女 レース職人, レース編み工
ranear [r̄aneár] 自《メキシコ》口をそろえて大声で読む; 知ったかぶりをする
── 他 ❶《メキシコ》中傷する, 誹謗する. ❷《ドミニカ》打ちのめす; 混乱させる
── se《ドミニカ》無知を露呈する
ranero [r̄anéro] 男［食用ガエルの］養蛙(よう)場
ranfañoso, sa [r̄anfañóso, sa] 形《アルゼンチン. 軽蔑》だらしのない(汚れた)身なりの, 社会的地位の低い［人］

ranfañote [r̄anfañóte] 男《ペルー》パン・砂糖・クルミ・チーズ・ココナッツで作るデザート
ranfla [r̄ánfla] 女《メキシコ, コロンビア》坂, 斜面, 勾配
rangalido, da [r̄aŋgalíðo, ða] 形《エクアドル, ペルー》垢だらけの, 垢で汚れた. ❷《エクアドル》［馬が］やせて貧相な
ranga-ranga [r̄áŋga r̄áŋga] 女《ボリビア. 料理》牛の胃のシチュー
ranger [r̄ánxer]《←英語》男［複 ～s］《軍事》レンジャー;《米国》森林監視員
rangífero [r̄aŋgífero] 男《動物》トナカイ
ranglán [r̄aŋglán] 形 男 =raglán
rango [r̄áŋgo]《←仏語 rang》男 ❶［主に高い］地位, 身分, 階級, 階層: José ha alcanzado un ～ intermedio en la empresa y no está mal pagado. ホセは会社で中位のポストを得て, 給料も悪くない. conservar su ～ 地位を保つ. tener ～ de coronel 大佐の位にある. de alto ～ 地位の高い. de ～ superior 自分より位分が上の. familia de ～《主に中南米》上流階級の家庭(家柄). novela de primer ～ 名作. ❷《科学》～ de variación「観測値の中での最大値と最小値の差」範囲, レンジ; ～ dinámico ダイナミックレンジ. ❸《米国, メキシコ》範囲の間隔. ❹《コロンビア, エクアドル》1) 駄馬, 痩せ馬. 2) 图 列, 連なり, リスト. ❺《チリ》ぜいたく, 華やかさ. ❻《ラプラタ. 遊戯》馬跳び
rangosidad [r̄aŋgosiðá(ð)] 女《チリ》寛大, 寛容, 気前のよさ; 豊富
rangoso, sa [r̄aŋgóso, sa] 形《チリ》気前のいい; 上流階級の; ぜいたくな
rangua [r̄áŋgwa] 女《技術》ピボット軸受け, スラスト
ranilla [r̄aníʎa] 女 ❶［馬の］蹄叉(ていさ), 馬蹄中央の軟骨. ❷《獣医》［牛の］血便が出る腸疾患
ranina [r̄aníña] 女《解剖》舌動脈《=arteria ～》
ranita [r̄aníta] 女《動物》～ de San Antonio／～ de San Antón 木登りアマガエル
hacer la ～［石を投げて］水切りをする
ranito [r̄aníto] 男《服飾》［乳児用の, 脚を覆わない］オーバーオール
ranking [r̄ánkiŋ]《←英語》男［複 ～s］ランキング, 順位: Ese tenista figura entre los 10 primeros del ～ mundial. そのテニス選手は世界ランキング10位以内に入っている. ～ de los discos más vendidos レコード売上ランキング
rano [r̄áno] 男 ❶［雄の］カエル. ❷《アラゴン》オタマジャクシ
ranquel [r̄aŋkél] 形 名 ランケル族の;《パンパの北西端に住んでいたアラウコ族》
ranquelino, na [r̄aŋkelíno, na] 形 名 =ranquel
rantifuso, sa [r̄antifúso, sa] 形《アルゼンチン. 軽蔑》だらしのない(汚れた)身なりの［人］, 非難すべき行ないの［人］
ránula [r̄ánula] 女《医学》がま腫, ラヌラ
ranún [r̄anún]《ラプラタ》腹黒い人, 悪賢い人
ranunculáceo, a [r̄anunkláθeo, a] 形 キンポウゲ科の
── 女［複］《植物》キンポウゲ科
ranúnculo [r̄anúŋkulo] 男《植物》ハナキンポウゲ, ラナンキュラス
ranura [r̄anúra]《←仏語 rainure < ラテン語 rucina「鉋」》女 ❶［木材・金属などに彫った］溝, 切り込み: hacer una ～ en la madera 木材に切り込みを入れる. a ～ y lengüeta さね継ぎで. ❷［自動販売機などの］硬貨投入口: echar una moneda de 1 euro en la ～ 投入口に1ユーロ硬貨を入れる. ❸《情報》スロット: ～ de expansión 拡張スロット
ranurado [r̄anuráðo] 男 溝を彫ること, 切り込みを入れること
ranurar [r̄anurár] 他 …に溝を彫る, 切り込みを入れる
ranzal [r̄anθál] 男《古語》白い亜麻布《シーツやシャツなど用》
ranzón [r̄anθón]《←仏語 ranton》男 身代金《=rescate》: pagar un ～ 身代金を払う
raña [r̄áña] 女《←ラテン語 farrago, -inis》❶ 丘陵. ❷《地理》［平地・緩やかな傾斜地の上の］川による岩・石の堆積物
II《←raño》［鉤のたくさん付いた］タコ釣り用具
rañero, ra [r̄añéro, ra] 形 名 丘陵の
raño [r̄áño]《←ラテン語 araneus》男 ❶［カキ・ロブスターなどを採る］鉤竿. ❷《地方語. 魚》カサゴ
rañoso, sa [r̄añóso, sa] 形《カナリア諸島》汚い, 汚れた, 不潔な
raó [r̄aó] 男《魚》テンスの一種《学名 Xyrichtys novacula》
rap [r̄áp]《←英語》男［複 ～s］《音楽, 舞踊》ラップ
rapa [r̄ápa] 女 ❶ ひげそり, 坊主刈り《行為》; 短く刈ること. ❷ オリーブの花
rapabarbas [r̄apaβárβas] 男［単複同形］《西. 軽蔑》床屋

rapacejo, ja [r̄apaθéxo, xa]《rapazの示小語》名 子供, 少年, 少女
── 男 房〔飾り〕; その芯
rapacería [r̄apaθería] 女 ❶ 盗癖; 強欲, 貪欲. ❷ 盗品. ❸ 子供っぽいたずら, 腕白, 幼稚なふるまい
rapacidad [r̄apaθiðá(ð)]《←rapaz》女 盗癖; 強欲, 貪欲
rapado, da [r̄apáðo, ða]名《口語》坊主刈り(スキンヘッド)の人
── 男 ひげそり, 坊主刈り《行為》; 短く刈る
rapador, ra [r̄apaðór, ra] 形 名《動物の毛を》刈る〔人〕
── 男《口語》理容師, 床屋《=barbero》
rapadura [r̄apaðúra] 女 ❶ ひげそり, 坊主刈り《行為》; いがぐり頭. ❷《カナリア諸島》炒ったトウモロコシなどのひき割りとサトウキビのジュースで作った菓子. ❸《中南米》黒砂糖の生地で作るプチパン
rapaduritas [r̄apaðurítas] 女 複《グアテマラ》トウモロコシの葉に包んだ砂糖菓子
rapagón [r̄apaɣón] 男《西. まれ》まだひげの生えていない少年
rapamiento [r̄apamjénto] 男 =**rapadura**
rapante [r̄apánte] 形《紋章》〔ライオンが〕後脚で立った《=rampante》
── 形 名 盗む〔人〕, ひったくる〔人〕
── 男《地方語. 魚》ニシマトウダイ《=gallo》
rapapiés [r̄apapjés] 男《単複同形》ねずみ花火《=buscapiés》
rapapolvo [r̄apapólβo]《←rapar+polvo》男《口語》〔厳しい〕叱責; Mi padre me echó un ~. 私は父から大目玉を食った
rapar [r̄apár]《←ゴート語 hrapon「引き抜く, 髪の毛を引っ張る」》他 ❶ 〔ひげを〕そる, そり落とす. ❷ 〔髪を〕丸刈りにする, 坊主刈りにする: En la mili le raparon el pelo. 彼は兵役で坊主刈りにされた. ❸ 〔動物の毛を〕短く刈る. ❹《コロンビア. 口語》ひったくる, 奪い取る
── ~se〔自分の〕ひげをそる
rapatán [r̄apatán]《地方語》男 =**rabadán**
rapavelas [r̄apaβélas] 男《単複同形》《俗語》〔教会の〕香部屋係; 〔ミサで司祭を手伝う〕侍祭, 侍者
rapaz¹ [r̄apáθ]《←ラテン語 rapax, -acis < rapere「強奪する」》形 ❶ 《←ces》《鳥》猛禽の, 捕食性の, 肉食の: ave ~. 猛禽. ❷ 貪欲な, 強欲な, 盗癖のある
── 女 複《鳥》猛禽類: rapaces diurnas (nocturnas) 昼行(夜行)性猛禽類
rapaz², **za** [r̄apáθ, θa]《←rapaz¹「従僕の少年が主人から盗みをする傾向があった」》名 《男 女 複 ~ces》子供, 少年, 少女《=niño》: Pepe es un ~ muy divertido. ペペはとても面白い子だ
rapazada [r̄apaθáða] 女 子供っぽいいたずら, 腕白, 幼稚なふるまい
rapazuelo, la [r̄apaθwélo, la]《rapaz²の示小語》名 子供, 少年, 少女
rape [r̄ápe] I《←rapar》男 ❶ 坊主刈り, 丸坊主. ❷ いいかげんなひげそり: dar un ~ ひげを雑にそる
al ~, 丸坊主に 〜の: Se ha cortado el pelo al ~ para cambiar su imagen. 彼はイメージチェンジのために坊主刈りにした. Te va bien el pelo al ~. 君は坊主刈りが似合っている
II《←カタルーニャ語 rap》男《魚》アンコウ
rapé [r̄apé]《←仏語》男《古語》嗅ぎたばこ《=tabaco ~》
rapear [r̄apeár] 自《音楽》ラップを歌う
rapel [r̄apél] 男《口語》=**rappel**
rápel [r̄ápel] 男 =**rappel**
rapelar [r̄apelár] 自《登山》懸垂下降する, アブザイレンする
rapero, ra [r̄apéro, ra] 形《音楽, 舞踊》ラップの〔歌手・ダンサー〕, ラッパー
rápidamente [r̄ápiðaménte] 副 ❶ 速く, 急いで: Se ha dado cuenta del error y ~ lo ha rectificado. 彼は間違いに気づいて, 大急ぎで訂正した. El pájaro voló ~ al nido. 小鳥は大急ぎで巣へ飛んで帰った. Sucedió ~. それはあっという間に起こった. hablar ~ 早口で話す. ❷《口語》すぐに: R~ salgo. 私はすぐ出かける
rapidez [r̄apiðéθ] 女 速さ, 速いこと 類義「速度」は **velocidad**]: Para conducir es muy importante la ~ de reflejos. 車の運転には反射神経が鋭いことがとても大事だ. ~ de respuestas ha gustado al tribunal. 彼が打てば響くように答える姿勢は審査員たちに好評だった. tener ~ mental 頭の回転が速い. ~ de (en) los movimientos 動きの速さ. ~ del tiempo 時のたつのが速いこと

con ~ 速く: Ven con ~. 急いで来てくれ. Ella camina con gran ~. 彼女は歩くのがとても速い. Espero que actúes con ~. 君にはてきぱきと行動してもらいたい
rápido, da [r̄ápiðo, ða]《←ラテン語 rapidus「性急な」》形 [ser+] ❶ 速い, 急速な《→**pronto** 類義》; ⇔**lento**]; すばやい: 1) [+名詞] Es una corredora muy ~da. 彼女はとても足の速いランナーだ. Tiene un coche ~. 彼の自動車は速度が出る. El crecimiento urbanístico desordenado y ~ ha dejado muchas consecuencias negativas. 無秩序で急激な都市化はさまざまな悪い結果を生んだ. crecimiento ~ 急成長. trabajador ~ y eficiente 仕事が速くて手際のいい労働者. 2) [+名詞] El ~ delantero se plantó solo ante el portero. その動きの速いフォワードは一人でゴールキーパーに向かった. La ~da sucesión de los sucesos no nos permitía tomar conciencia de lo que estaba pasando. 立て続けの事件に見舞われ私たちは何が起きているのか分からなかった. 3) [ser+] Seas ~ en decidirte. 早く決心しなさい. La operación ha sido ~. その手術はすぐに終わった. 4) [estar+] El presidente estuvo ~ con (en) la respuesta. 大統領は打てば響くように答弁した. 5) [副詞的. 副詞 rápido の方が普通] La semana ha pasado ~da. 1週間が急いで過ぎた. La vida pasa ~da. 人生は短い. 6) [+現在分詞] Ha ido muy ~ respondiendo. 彼は何でも速く書いてよこした. 7) [+de+不定詞] Es un trabajo muy ~ de hacer. それはすぐできる仕事だ. Este plato es ~ de cocinar. この料理はすぐ作れる. ❷ [時間が] 短い, 時間をかけない; 大ざっぱな: Deja que eche un vistazo ~ al periódico. 新聞にさっと目を通させて. José nos dio un vistazo ~. ホセは私たちをあわただしく訪問した. hacer una limpieza ~da 急いでざっと掃除をする. viaje ~ 駆け足の旅行
── 副 ❶ 速く, 急いで; 短時間で《→**pronto** 類義》: Los avestruces corren muy ~. ダチョウはとても速く走る. Vengan ustedes ~. 急いで来て下さい. Se ha marchado ~ para encontrarse con la ex novia. 彼は以前の恋人と顔を合わせに急いで出かけた. Este año se me ha pasado ~. 私にとって今年はあっという間に過ぎた. ir demasiado ~ スピードを出しすぎる. ❷ すぐに: Responde ~. さっさと答えろ. Vengo ~, ¿vale? すぐ戻るからね, いい?
── 男 ❶《西. 鉄道》急行, 特急《=tren ~》: A las diez sale el ~ para Alicante. アリカンテ方面行きの急行は10時に発車する. Ha tomado el ~ con destino a Soria. 彼はソリア行きの急行に乗った. ❷ 複 急流, 早瀬: El descenso en canoa por los ~s de este río es peligroso. この川の急流をカヌーで下るのは危険だ. ❸《野球》直球
rapidógrafo [r̄apiðóɣrafo] 男《コロンビア》フェルトペン
rapiego, ga [r̄apjéɣo, ɣa]《鳥》猛禽類の: ave ~ga 猛禽
rapincho [r̄apíntʃo]《植物》カンパニュラ・ラプンクルス
rapiña [r̄apíɲa]《←ラテン語 rapina < rapere》女 ❶〔不意・無防備をついた〕奪取, 強奪. ❷《鳥》猛禽類の一種《=rapaz》
rapiñador, ra [r̄apiɲaðór, ra] 盗む, くすねる
rapiñar [r̄apiɲár]《←rapiña》他《あまり価値のない物を》盗む, くすねる, かすめ取る
rapista [r̄apísta] 男《口語》理容師, 床屋
rápita [r̄ápita] 女 =**rábida**
rapo [r̄ápo] 男 カブの根《=nabo》
rapón [r̄apón] 男《アルゼンチン》〔生後2,3か月の〕子羊の毛
raponazo [r̄aponáθo] 男《コロンビア. 口語》ひったくり
rapónchigo [r̄apóntʃiɣo] 男《植物》カブラギキョウ〔蕪桔梗〕《葉をサラダにする》
raponero, ra [r̄aponéro, ra] 名《コロンビア. 口語》ひったくり犯, かばん泥棒
rapóntico [r̄apóntiko]《植物》=**ruipóntico**
raposa¹ [r̄apósa] 女 ❶ 雌ギツネ《=zorra》. ❷《キューバ》ジャガイモ・タマネギなどを保管・運搬する容器
raposear [r̄aposeár] 自 罠〔策略〕を用いる
raposeo [r̄apóseo] 男 罠〔策略〕を用いること; 狡猾さ, 抜け目なさ
raposera¹ [r̄aposéra] 女《西》〔キツネの〕隠れ穴《=zorrera》
raposería [r̄aposería] 女《←raposo》《西. 文語》〔人をだます〕ずるさ; 〔だまそうにする〕賢さ

raposero, ra[2] [r̄aposéro, ra] [名] フォックスハウンド, キツネ狩り用の犬〖=perro ～〗
raposía [r̄aposía] [女] =**raposería**
raposino, na [r̄aposíno, na] [形] ❶ キツネの. ❷ キツネのような, ずる賢い, 狡猾な
raposo, sa[2] [r̄apóso, sa]〖←古語 raboso < rabo〗[名]《西》❶ キツネ〖=zorro〗: ～ ferrero アオギツネ. ❷《口語》[人をだます] ずるい人; [だまされない] 賢い人
—— [形]《地方語》ずるい
raposuno, na [r̄aposúno, na] [形] =**raposino**
rappel [r̄apél]〖←仏語〗[男]〖[複] ～s〗❶《登山》懸垂下降, アプザイレン. ❷《商業》1) [大量購入者などへの] 割引, 顧客割引. 2) [複] 販売促進
rapper [r̄áper]〖←英語〗[男]〖[複] ～s〗《音楽, 舞踊》ラッパー
rapport [r̄apór]〖←仏語〗[男] 報告〖=informe〗
rapsoda [r̄a(p)sóđa]〖←ギリシア語 rhapsodos〗[名] 朗唱する詩人;《文語》詩人
—— [男]《古代ギリシア》吟遊詩人, ラプソドス
rapsodia [r̄a(p)sóđja]〖←ギリシア語 rhapsodia〗[女] ❶《音楽》狂詩曲, ラプソディー: *R～s* húngaras『ハンガリー狂詩曲』. ❷《古代ギリシア》[ラプソドス rapsoda が吟唱した, 主にホメロス Homero の] 叙事詩, ラプソディア; [叙事詩の] 吟唱. ❸ [借用・剽窃による] 寄せ集めの文学作品
rapsódico, ca [r̄a(p)sóđiko, ka] [形] ❶《音楽》狂詩曲の. ❷ 吟遊詩人の. ❸ ラプソディアの, 吟唱叙事詩の
raptado, da [r̄a(p)tádo, đa] [形] [名] 誘拐された〔人〕; 略奪された〔女性〕
raptar [r̄a(p)tár]〖←rapto〗[他] ❶ [主に女性を] 略奪する, 誘拐する: El príncipe *raptó* a la princesa y se la llevó al castillo. 王子様はお姫様を奪い, お城に連れて行きました. ❷ [主に身代金目的で] 誘拐する
rapto [r̄á(p)to]〖←ラテン語 raptus < rapere「もぎ取る」〗[男] ❶ [主に性犯罪が目的の女性・子供の] 略奪, 誘拐. ❷ [主に身代金目的の] 誘拐: ～ de un personaje dirigente del gobierno 政府要人の誘拐. ❸ 衝動, 発作: Pegó a su hijo en un ～ de ira. 彼は怒りにまかせて息子を殴った. ❹ 恍惚, 陶酔. ❺《医学》失神, 気絶, 卒倒〖=～ mental〗. ❻《歴史, 神話》強奪, 略奪
raptor, ra [r̄a(p)tór, ra] [形] [名] 略奪する, 略奪者; 誘拐する, 誘拐犯
rapuzar [r̄apuθár] 9 [他] [植物の] 余分な葉や実を落とす, 間引く
raque [r̄áke]〖←?語源〗[男] ❶《地方語》[浜辺での] 漂着物の取得(略奪). ❷《キューバ》掘り出し物, 特売品. ❸《コロンビア》痩せ馬, 駄馬
—— [形]《ベネズエラ》痩せた, がりがりの
raquear [r̄akeár] [自]《地方語》[浜辺で] 漂着物を探す
—— [他]《キューバ》盗む, 強奪する
Raquel [r̄akél] [女]《旧約聖書》ラケル〖ヤコブの妻〗
raquerada [r̄akeráđa] [女]《地方語》海賊行為; 港での盗み
raquero, ra [r̄akéro, ra]〖←raque〗[形] [名]《地方語》❶ [小型船で] 海岸を荒し回る〔海賊〕: barco ～ 海賊船. ❷ 港で盗みをする〔人〕, 船舶荒らし. ❸ 漂着物を拾い集める人
raqueta [r̄akéta]〖←仏語 raquette < アラビア語 raha「手のひら」〗[女] ❶《スポーツ》[テニス・卓球・ペロタなどの] ラケット: manejar la ～ ラケットを振る. ❷ [賭博台の] 賭け金集めの道具. ❸ [雪上用のラケット形の] かんじき. ❹《西. 交通》[道を逆戻りするための主に半円形の] ロータリー: hacer una ～ [ロータリーを回って] 道を逆戻りする. ❺《植物》カキネガラシ
—— [名] テニス選手: el mejor ～ del mundo 世界最高のテニスプレーヤー
raquetazo [r̄aketáθo] [男] [ラケットによる] ショット, ストローク
raquetero, ra [r̄aketéro, ra] **I**〖←raqueta〗[名] ラケット製造(販売)業者
II〖←英語 racketeer〗[名]《中南米》[詐欺・恐喝などを生業とする] 無法者, ギャング
raquetista [r̄aketísta] [名] ラケットを使ってのペロタ pelota をする人
raquialgia [r̄akjálxja] [女]《医学》脊椎痛, 脊痛
raquianestesia [r̄akjanestésja] [女]《医学》脊椎麻酔〔法〕
raquídeo, a [r̄akíđeo, a] [形]《解剖》脊柱の: bulbo ～ 延髄. canal ～ 脊柱管
raquila [r̄akíla] [女]《植物》小軸
raquis [r̄ákis] [男]〖単複同形〗❶《解剖》脊柱〖=columna vertebral〗. ❷《植物》花軸, 葉軸. ❸《鳥》羽軸
raquítico, ca [r̄akítiko, ka] [形] [名] ❶ [小さくて・少なくて] 不十分な, わずかな, ちっぽけな: Me han dado un sueldo ～. 彼らはわずかな給料しかくれなかった. ❷ ひ弱な, 発育不全の: árbol ～ 弱々しい木. complexión ～*ca* 虚弱体質. ❸《医学》くる病の〔患者〕
raquitis [r̄akítis] [女]〖単複同形〗くる病〖=raquitismo〗
raquitismo [r̄akitísmo] [男] ❶《医学》くる病. ❷《植物》[ブドウのつるなどの] 発育不全
raquitomía [r̄akitomía] [女]《医学》脊柱切断〔術〕
raquítomo [r̄akítomo] [男]《医学》脊柱切開器
rara[1] [r̄ára] [女]《鳥》チリークサカリドリ
rara avis [r̄ára ábis]〖←ラテン語「珍しい鳥」〗[女]《文語》めったにない人(物), 変わり種
raramente [r̄áraménte] [副] ❶ めったに…ない: Viene aquí ～. 彼はここにはめったに来ない. Tiene un carácter muy afable; ～ se enfada. 彼は非常に穏やかな性格で, めったに腹を立てない. Esta gallina ～ pone huevos. このニワトリはめったに卵を産まない. *R～* traes buenas noticias. 君はめったにいい知らせを持って来ないね. *R～* lo verás contento. 彼が満足そうにしている姿はなかなか見られないだろう. Esos viajes aventurosos no ～ terminan en tragedia. そのような冒険旅行が悲劇に終わることはたまにある. ❷ 奇妙に: Se ha comportado ～ en la ceremonia. 彼はその式典の間, 様子が変だった. Me miraba ～, como si temiera algo de mí. 彼が私を見る目は妙で, まるで私を恐れているかのようだった. hombre ～ vestido 奇妙な服を着た男
rarear [r̄areár] [他] …の間隔をあける
—— [自] 少なくなる, まれになる: Las juergas *rarean* últimamente. 最近はどんちゃん騒ぎが減っている
rarefacción [r̄arefa(k)θjɔ́n] [女] ❶ 希薄化. ❷《医学》～ de hueso 骨粗鬆症. ❸《まれ》希少化
rarefacer [r̄arefaθér] 63 [他] [気体を] 希薄にする, 密度を減少させる
—— **～se** [気体が] 希薄化する, 薄くなる
rarefaciente [r̄arefaθjénte] [形]《医学》[器官が] 薄くなった, 密度が減った
rarefacto, ta [r̄arefákto, ta] [形] [気体が] 希薄化した, 薄くなった
rareza [r̄aréθa]〖←raro〗[女] ❶ 希少性, 珍しさ: La ～ de la joya ha aumentado su precio en la subasta. その宝石は数が少ないので, 競売で高値がついた. La ～ de su vestido llamó la atención enseguida. 彼女のドレスの珍しさはたちまち注目を集めた. La prudencia es una ～ en José, pues siempre toma decisiones apresuradas. ホセはよく考えずに物事を決める癖があって, 全く慎重さに欠けている. ❷ 珍品, 珍しいもの: Después del viaje, el comerciante llenó su casa de ～*s*. 商人は旅から戻ると, 家を珍しい品々で一杯にした. En su colección privada tiene auténticas ～*s*. 彼の私設コレクションには掛け値なしの珍品がある. Hoy en día el coche de este modelo es ya una ～. 今どきこの型の自動車はめったに見かけない. ❸ 奇行, 奇癖: Cada uno tiene sus ～*s*. 誰でも奇妙な癖があるものだ. No soporto sus ～*s*; duerme siempre con la luz encendida. 明かりをつけたまま眠るという彼の変な癖に私は我慢できない. Estoy harto de sus ～*s*. 私は彼の奇行にはもううんざりだ
raridad [r̄ariđá(đ)] [女] 希少性
rarificación [r̄arifikaθjɔ́n] [女] 希薄化; 希少化
rarificar [r̄arifikár] 7 [他] ❶ [気体を] 希薄にする, 薄める: Había columnas de humo que acababan confundiéndose con el aire *rarificado* de la calima. 何本か煙が立ち上り, もやのように薄い大気の中に消えていた. ❷ 希少化させる
—— **～se** ❶ 希薄になる, 薄まる: A medida que se asciende en la montaña, el aire *se rarifica*. 山を登るにつれて空気が薄くなる. ❷ 数少なくなる: Esa ave es una especie que merece protección ya que en el último siglo *se ha rarificado*. その鳥は前世紀に数が減ったので保護する必要がある種だ. Las materias primas *se rarifican* en el mundo. その原料は世界中で希少化している
rarificativo, va [r̄arifikatíbo, ba] [形] 希薄にする, 希薄化の
raríficо, ca [r̄aríﬁko, ka] [形]《チリ. 口語》奇妙な, ありそうもない
raro, ra[2] [r̄áro, ra]〖←ラテン語 rarus「数少ない, めったにない」〗[形] ❶ [ser+. 主に +名詞] まれな, めったにない: Son *raras* las personas puntuales. 時間を守る人はあまりいない. En Galicia ～ es

R

ras

el día que no llueve. ガリシアでは雨が降らない日はめったにない. Le han detectado una *rara* enfermedad. 彼はあまり知られていない病気にかかっていることが判明した. La figura del retrato es de una *rara* belleza femenina. その肖像画の人物は世にもまれな美女だ. Es menos frecuente pero no ～. それは頻繁というほどではないが, まれではない. ❷ 奇妙な, 珍しい, 風変わりな, 見(聞き)慣れない, 異様な: 1) [ser・estar+] Hoy estás ～. 今日は君おかしいよ. Es una chica *rara*. 彼はちょっと変わったところがある. Tiene un carácter muy ～, así que no lo provoques. 彼は変人だから, 挑発しない方がいいよ. La Caperucita encontró *rara* a su abuelita. 赤頭巾ちゃんはおばあさんの様子が変だと思った. El ～ comportamiento del profesor extrañó a los alumnos. 先生の言動が変なので生徒たちはいぶかしんだ. ¡Qué cosa más *rara*! 何と不思議なことだろう! Algo ～ sucede. 何かとんでもないことが起きている. Un ～ temblor movió la tierra. 異様な振動が地面を震わせた. animal ～ 珍しい動物. fenómeno ～ 怪現象. tejado ～ 変わった屋根. 2) [+que+接続法] Es ～ que tarde tanto. 彼がこんなに時間がかかるのはおかしい. ¡Qué ～ *que* no oyeras nunca ese nombre! 君がその名を聞いたことがないとは不思議だ! Ma parece muy ～ *que* toquen tanto las campanas. こんなに鐘が鳴るとはまれだ. ❸ すばらしい. ❹ [時に戯語] 変わり者の, 変人の, 偏屈な. ❺ 《口語》[男が] 同性愛者の; 女性的な. ❻ 《物理, 化学》希薄な: aire ～ 薄い空気
sentirse (*encontrarse*) ～ 気分が悪い, 落ち着かない: Hoy *me siento* ～. 今日はどうも気分がよくない
── 图 ❶ 変わり者, 変人: Están pregonando que somos unos ～s. 彼らは私たちのことを変わり者だと言いふらしている. ❷《口語》同性愛者《男》; 女性的な男
ras [fás] I 《←raso「平らな」》图《単複同形》すれすれ(ぎりぎり)の高さ
a [*l*] ～ *de*... …と同じ高さで, すれすれに: Las golondrinas vuelan *a* ～ *de* tierra. ツバメは地表すれすれに飛ぶ
a ～ *del suelo*/*a* ～ *de tierra* 1) [人が] 意気消沈して, 落胆して. 2) [景気などが] 低迷して: La economía quedó *a* ～ *del suelo* tras la guerra. 戦後経済が低迷した
～ *con* ～ /～ *en* ～ 同時に; ちょうどその時, 折りよく
── [間]《主に繰り返して, こすられる音》スッ, ザツ
II 图《エチオピアで》元首; 皇帝
rasa[1] [fása] 图 ❶《地理》海蝕台地. ❷ [弱い布地にできた] 穴, すり切れ, ほころび. ❸《主に高地にある木などのない》平坦地. ❹《繊維》サテン《=satén》
rasadura [fasaðúra] 图 平らにすること, 地ならし, 平坦化
rasamente [fásaménte] 副 すっきりと, 明白に: expresarse ～ 自分の考えをはっきりと述べる
rasante [fasánte] 圏 地面すれすれの: vuelo ～ de las golondrinas ツバメの超低空飛行
── 图 道などの 傾斜, 勾配
cambio de ～《西. 交通》[急坂から平地に突然変わるなど] 急激な勾配変化: En los *cambios de* ～, no se debe adelantar porque no hay visibilidad. 急に勾配が変わるところで追い越しをするべきでない
rasar [fasár] 《←raso「平らな」》他 ❶《すれすれに》かすめる: El avión *rasa* el suelo. 飛行機は超低空飛行をする. La bala pasó *rasando* su cara. 弾丸が彼の顔をかすめた. ❷《まれ》坊主刈りにする. ❸ [徹底的に] 破壊する, 取り壊す
── ～*se*《空が》晴れ渡る
rasca [fáska] 图 ❶《西. 口語》厳しい寒さ, 厳寒: Menuda ～ hace esta mañana. 今朝は少し寒い. ❷《まれ》空腹感. ❸《まれ》おしゃべり, 長話. ❹《ログローニョ》《家畜用の》かいば桶. ❺《中南米》口語》酩酊
pegarse una ～《コロンビア, チリ. 口語》酔っ払う
── 圏 ❶《チリ, アルゼンチン, ウルグアイ. 軽蔑》平凡な, 低俗な; みすぼらしい, 安っぽい. ❷《チリ. 口語》ささいな, 重要性のない. ❸《ラプラタ. 口語》使い古した, 古い
── 图《まれ》❶ 不愉快な人, 無愛想な人. ❷ 靴磨き《=limpiabotas》
rascabarriga [faskaβaříga] 图《キューバ》低木, 灌木
── ❷《キューバ》鞭に用いる しなやかな枝
rascabuchar [faskaβutʃár] 他《メキシコ, キューバ》詮索する, 調べる, 嗅ぎ回る
rascabuche [faskaβútʃe] 圏《パナマ》おべっか使いの, ごますりの

1930

rascacielismo [faskaθjelísmo] 图《過度の》超高層化傾向
rascacielístico, ca [faskaθjelístiko, ka] 圏《まれ》摩天楼の
rascacielos [faskaθjélos] 《←rascar+cielo》图《単複同形》超高層ビル, 摩天楼: Los ～ se alzan sobre nuestras cabezas. 超高層ビルが我々の頭上にそびえ立っている
rascacio [faskáθjo] 图《魚》マダラフサカサゴ
rascacuartos [faskakwártos] 图《単複同形》《口語》色々な手段で金を得る人
rascadera [faskaðéra] 图 ❶《金属・皮革などの表面を》削る道具, かきべら. ❷《鉄製の》馬櫛. ❸《チリ. 口語》かゆみ, うずき
rascadillar [faskaðiʎár] 他《エクアドル》除草する: ～ el jardín 庭の草をむしる
rascado, da [faskáðo, ða] 圏 ❶《中米》短気な, 怒りっぽい. ❷《コロンビア, ベネズエラ. 口語》酔った, 酔っ払った
── 图《まれ》ひっかくこと
rascador, ra [faskaðór, ra] 圏 ひっかく; 削る
── 图 ❶《孫の手. ❷《金属・皮革などの表面を》削る道具, かきべら. ❸《トウモロコシなどの粒を》もぎ取る道具. ❹ かんざし
rascadulce [faskaðúlθe] 图《ペルー》皮膚病
rascadura [faskaðúra] 图 かく(かき削る)こと; かき傷, ひっかいた跡
rascamiento [faskamjénto] 图 =rascadura
rascamoño [faskamóɲo] 图 ❶ ヘアピン, かんざし. ❷ ハマビシ・キバナアザミなどの実
rascar [faskár] 《←俗ラテン語 rasicare < ラテン語 radere「削り取る」》[7] 他 ❶《爪などで》かく, ひっかく: *Rascaron* la pintura del coche con unas llaves. 彼らは鍵で車の塗装をひっかいた. ❷ 削る, 削り落とす; こすり取る: ～ las manchas del suelo 床の汚れを削り取る(こすり取る). ❸《弦楽器を》下手に弾く: Deja de ～ el violín. バイオリンをキーキー鳴らすのはやめてくれ. ❹《恩恵・利益を》得る: No puedo ～ nada de este negocio. この仕事は全然もうけがない. ❺《酒が舌などを》刺す: Este vino *rasca* el paladar. このワインは舌にピリッとくる. ❻《キューバ. 闘鶏》勝つ, 打ち負かす. ❼《コロンビア. 口語》[…の皮膚に] チクチクする
llevar qué (*con que*) ～ 癒したい傷を負っている
no ～ *una* 全然うまくいかない, 間違ってばかりいる
tener qué (*con que*) ～ =llevar qué (con que) ～
── ～*se* ❶ [自分の体を] かく: El hombre *se rasca* la picadura en el brazo. その男は腕のかゆいところをかいている. ❷《中南米》酔う, 酔っ払う. ❸《南米》のんびり過ごす
no ～ *se con*...《コロンビア》…とそりが合わない, 折り合いが悪い
～ *se juntos*《アルゼンチン, グアテマラ》[悪事のために] 徒党を組む
rascarrabias [faskařábjas] 图《単複同形》《中米》短気な人, かんしゃく持ち《=cascarrabias》
rascatripas [faskatrípas] 图《単複同形》《西. 軽蔑》[弦楽器の] へぼ奏者, 下手なバイオリン弾き
rascazo [faskáθo] 图 ❶ =rascazón. ❷《ベネズエラ》らんちき騒ぎ, 乱交パーティー
rascazón [faskaθón] 图 かゆみ, むずがゆさ
rascle [fáskle] 图《船舶》サンゴ採りの道具《木製のフォーク, 袋網など》
rascón[1] [faskón] 图《鳥》クイナ
rascón[2], **na** [faskón, na] 圏 ❶《ワインなどの味が》すっぱい; 舌を刺す, 辛い. ❷《メキシコ》けんか早い, 短気な
rascoso, sa [faskóso, sa] 圏《ベネズエラ》のんべえの, 酒好きの
rascuache [faskwátʃe] 圏《メキシコ》❶ 極貧の〔人〕. ❷ [物が] 質の悪い
rascuñar [faskuɲár] 他 =rasguñar
rascuño [faskúɲo] 图 ひっかき傷, 引き傷, 爪痕
raseado, da [faseáðo, ða] 圏 地面すれすれの
── 图《地方語》平らにならすこと
rasear [faseár] 他 ❶《サッカー》ボールを地面すれすれに蹴る. ❷ かすめる《=rasar》. ❸《地方語》平らにならす
rasel [fasél] 图《船舶》船首・船尾の狭部
raseo [faséo] 图《サッカー》ボールを地面すれすれに蹴ること
rasero, ra [faséro, ra] 图 ❶ 升かき, 斗かき《升から盛り上がった穀物をかき落とす棒》. ❷《まれ》丈,高さ
medir (*llenar*) *a*+人 *por* (*con*) *el mismo* ～ (*un* ～)… を平等に扱う, 公平に扱う

—— [女] ❶《料理》フライ返し; フライ用の網じゃくし. ❷ 升かき〘=rasero〙. ❸《地方語》岩・石だらけの河床. ❹《ムルシア》[パン生地をこねる] へら; [暖炉の] 火かき棒

rasete [r̄aséte] [男]《繊維》安物のサテン

rasgado, da [r̄asɡáđo, đa] [形] ❶ [目・口などが] 横に長い: ojos ~*s* 切れ長の目. boca ~*da* 大きい口. ❷ [バルコニー・窓などが] 大きく開いた, 光のたくさん入る. ❸《口語》のびのびした, 奔放な. ❹《コロンビア. 口語》気前のよい

—— [男] 裂く(裂ける)こと〘=rasgadura〙

rasgador, ra [r̄asɡađór, ra] [形] 裂く, 引き裂く

rasgadura [r̄asɡađúra] [女] ❶ 引き裂くこと, 裂けること. ❷ 裂け目〘=rasgón〙

rasgamiento [r̄asɡamjénto] [男] 引き裂くこと, 裂けること〘=rasgadura〙

rasgar [r̄asɡár]〘←古語 resgar < rascar〙[8] [他] ❶ [紙・布などを] 引き裂く, ちぎる: ~ el sobre y sacar la carta 封筒を破って手紙を取り出す. ❷ [ギターなどを] かき鳴らす; 書く〘=rasguear〙. ❸《エクアドル》[馬を] 全速力で走り出させる

—— **~se** 裂ける, 破れる: Al sentarme *se rasgó* el pantalón. 私は座る時にズボンが破けた

rasgo [r̄ásɡo]〘←rasgar〙[男] ❶ [複] 筆跡, 筆づかい, 筆致: escritura de ~*s* elegantes 優雅な筆跡. ❷ 文字の飾り線. ❸ [複] 顔だち, 目鼻だち〘=~*s* físicos〙; 表情: hombre de ~*s* asiáticos アジア人らしい顔つきの男. ~*s* familiares 親しみやすい顔だち. ❹ 性格を特徴づける一面; [考え・感情の] 表出: Tiene un ~ de bondad. 彼は善良な性格だ. ❺ 立派な行為, 目ざましい行為. ❻ 線, 描線: trazar un ~ 線を引く. ❼ 特徴, 特色: Su pintura tiene ~*s* muy originales. 彼の絵は大変個性的だ. ~ característico 代表的特徴. ~ común 共通点. ~ distintivo 弁別的特徴. ~ físico 身体的特徴. ~ de personalidad 性格的特徴. ~*s* del estilo gótico ゴシック様式の特徴. ❽《言語》素性(そせい), 特徴. ❾《中南米》灌漑用水路; [土地の] 区画

a grandes ~s 大ざっぱに: Te lo explicaré *a grandes ~s*. 大まかに説明しよう

a todo ~《ボリビア》乱暴に, 荒々しく

~ de ingenio 機知のひらめき, 新機軸

rasgón [r̄asɡón] [男] ❶ [布地・紙などの] 裂け目, 破れ: Se me hizo un ~ en la falda. スカートにかぎ裂きができた. ❷《コロンビア》[馬の横腹に] 強く拍車をかけること

rasgueado [r̄asɡeáđo] [男] かき鳴らすこと〘=rasgueo〙

rasgueador, ra [r̄asɡeađór, ra] [形] [名] [文字を] 飾り書きする〔人〕

rasgueante [r̄asɡeánte] [形] [ギターなどを] かき鳴らす

rasguear [r̄asɡeár]〘←rasgar〙[他] ❶ [ギターなどを] かき鳴らす〘[類義]「爪弾く」は **puntear**〙: ~ la guitarra ギターを弾く. ❷ [文字を] 書きつける

—— [自] [ペンで] 飾り書きする

rasgueo [r̄asɡéo] [男] ❶ [ギターなどを] かき鳴らすこと. ❷ ペンで書く音

rasguñada [r̄asɡuɲáđa] [女]《メキシコ》ひっかき傷〘=rasguño〙

rasguñadura [r̄asɡuɲađúra] [女]《アンデス》ひっかき傷〘=rasguño〙

rasguñar [r̄asɡuɲár]〘←古語 rascuñar < rascañar < rascar+uña〙[他] ❶ [爪などで] ひっかく, ひっかき傷をつける〘=arañar〙. ❷《美術》下絵を描く, 素描する; スケッチする

—— **~se** ひっかき傷を受ける; [自分の体に] ひっかき傷をつくる: *Me rasguñé* las piernas al pasar entre los matorrales. 私はやぶの中を通った時に足にひっかき傷ができた

rasguño [r̄asɡúɲo]〘←rasguñar〙[男] ❶ ひっかき傷, かすり傷: No tienes más que un ~. ただのひっかき傷だよ. Salió ileso del accidente sin un ~. 彼は事故にあったがかすり傷一つ負わず無事だった. ❷《美術》下絵, 素描; スケッチ

rasguñón [r̄asɡuɲón] [男]《アンデス》ひっかき傷〘=rasguño〙

rasguñuelo [r̄asɡuɲwélo] [男] rasguño の示小語

rash [r̄ás]〘←英語〙[男]《医学》発疹, 皮疹

rasí [r̄así] [男] ヘブライ語アルファベットの子音体系

rasilla [r̄asíʎa]〘←raso〙[女] ❶《西》中空の細長い煉瓦〘主に舗装・屋根用〙. ❷《繊維》裏地用の低価格のサテン

rasillón [r̄asiʎón] [男] 細長い煉瓦

rasión [r̄asjón] [女] ひげそり〘=rasuración〙

rasmia [r̄ásmja] [女]《アラゴン》企てを開始し継続する断固たる態度

rasmillar [r̄asmiʎár] **~se**《チリ》[自分の皮膚を] 軽くひっかく

rasmillón [r̄asmiʎón] [男]《チリ. 口語》爪痕, ひっかき傷

raso, sa[2] [r̄áso, sa] **I**〘←ラテン語 rasus < radere「削り取る」〙[形] ❶ なめらかな, すべすべした: El chico todavía tiene la cara *rasa*, sin barba. その青年はまだひげが生えてなくて, つるつるの顔をしている. ❷ 平らな〘=llano〙: campo ~ [木・家のない] 平坦地, 平原. explanada *rasa* さえぎるもののない大地. isla *rasa* 平らな島. ❸ [空が] 晴れわたっている: El cielo estaba *raso* y solamente una nube se veía a lo lejos. 空は晴れわたっていて, 雲が一つ遠くに見えるだけだった. ❹ [椅子が] 背もたれのない. ❺ [地面に] すれすれの: tirar una pelota *rasa* 低い球を投げる. vuelo ~ 超低空飛行. ❻《料理》すりきりの, 縁まで一杯の: una cuchara *rasa* de azúcar スプーンにすりきり1杯の砂糖. un vaso ~ de vino コップになみなみと注がれたワイン. ❼ 肩書のない, 平(ひら)の: soldado ~ 一兵卒. empleado ~ 平社員. técnico ~ ただの技術者

—— [男] 木も建物もない土地

al ~ 戸外で, 野天で: dormir *al ~* 野宿する

por ~ 地面すれすれに・の: marcar el gol *por ~* 地面すれすれにゴールする

—— [副] 地面すれすれに

II〘←古語〔paño de〕Ras < Arrás (フランスの地名)〙[男]《繊維》光沢のある絹織物

rasoliso [r̄asolíso] [男]《繊維》光沢のある絹織物

raspa [r̄áspa]〘←raspar〙[女] ❶ [魚の] 背骨. ❷ [麦穂の] 芒(のぎ); [ブドウの房などの] 軸; [トウモロコシの] 芯. ❸ 怒りっぽい人, 不満分子. ❹ 痩せっぽちの人. ❺《中南米》1) 叱責. 2) 大衆, 俗衆. ❻《メキシコ. 中米》1) [主に下品な] 冗談, 悪ふざけ: echar ~ 冗談口をたたく. 2) [集名] 下品な冗談を言ってわいわい騒ぐ連中. ❼《メキシコ, カリブ》黒砂糖. ❽《キューバ》[鍋の] 焦げつき. ❾《コロンビア, ラプラタ》木製の打楽器. ❿《チリ, アルゼンチン, ウルグアイ》工具

ni de ~《アンデス》決して…ない〘=de ninguna manera〙

ni las ~s/ni la ~《口語》何も…ない〘=nada〙

—— [形]《メキシコ》下品な, 卑猥な

—— [名] ❶《軽蔑》感じの悪い人, 無愛想な人: con cara de ~ 無愛想な顔で. ❷ 腕白, いたずらっ子

—— [男]《アルゼンチン, ウルグアイ》すり, こそ泥

raspacachos [r̄aspakátʃos] [男]《単複同形》《チリ. 口語》叱責

raspacanilla [r̄aspakaníʎa] [男]《コロンビア》下層民の舞踊〘そこに農園主など上層民の踊り手が乱入する〙

raspada[1] [r̄aspáđa] [女]《メキシコ》❶ 叱責, 叱りつけ. ❷ 損害, 痛手

raspadera [r̄aspađéra] [女] ❶《アンダルシア》手鍬(てぐわ). ❷《カナリア諸島》鍬

raspadilla [r̄aspađíʎa] [女]《メキシコ, ペルー》フラッペ〘=raspado〙

raspado[1] [r̄aspáđo] [男] ❶ 削り取ること; 削り取った跡. ❷《医学》[子宮などの] 掻爬(そうは)〘=~ de matriz〙. ❸《メキシコ, コロンビア》フラッペ, かき氷

raspado[2]**, da**[2] [r̄aspáđo, đa] [形] [名] ❶《口語》[量・寸法が] ぎりぎりの. ❷《コスタリカ, ベネズエラ》厚かましい〔人〕, ずうずうしい〔人〕;《プエルトリコ》恥知らずな〔人〕

raspador [r̄aspađór] [男] スクレーパー, 削り道具; 字消しナイフ

raspadura [r̄aspađúra] [女] ❶ 削り取る(消し落とす)こと. ❷ 削り取った跡; 削りかす. ❸《口語》ひげそり〘=rapadura〙. ❹《中南米》砂糖の焦げつき. ❺《メキシコ, カリブ. 口語》厳しい叱責, 非難. ❻《キューバ》糖蜜を固めて作る菓子. ❼《南米》すり傷

raspaduritas [r̄aspađurítas] [女] [複]《グアテマラ》[トウモロコシの葉などで包んだ] 砂糖菓子

raspahilar [r̄aspailár] [自]《口語》[主に現在分詞で, ir・venir・salir・llegar など+] すばやく(あわただしく)動く

raspaje [r̄aspáxe] [男]《アルゼンチン, ウルグアイ. 医学》掻爬(そうは)

raspajo [r̄aspáxo] [男] [粒をもぎ取った後の] ブドウの軸

raspalengua [r̄aspaléŋgwa] [男]《植物》❶ アカネの一種〘学名 Rubia peregrina〙. ❷《キューバ》ヤナギ科の高木〘学名 Casearia hirsuta〙

raspallón [r̄aspaʎón] [男]《魚》アフリカチヌ

raspamiento [r̄aspamjénto] [男] =**raspadura**

raspanera [r̄aspanéra] [女]《地方語. 植物》ビルベリー〘=arándano〙

ráspano [r̄áspano] [男]《サンタンデール. 植物》ブルーベリー

raspante [r̄aspánte] [形] [ワインなどが] 舌を刺す, 舌にぴりっとくる

R

raspar [ṛaspár]《←?ゲルマン語 hraspon》⦿ ❶［表面を軽く］削り取る，こすり落とす；搔(ᵢ)く: *Raspé* la pintura con papel de lija. 私は紙やすりでペンキを削り落とした. ~ el cuello uterino para obtener una muestra de células 細胞標本を得るために子宮頸部を搔く. ❷［表面］なめらかにする. ❸ かすめる, かすめて通る: La pelota pasó *raspando* el travesaño. ボールがクロスバーをかすめた. aprobar *raspando* すれすれで合格する. ❹［布地などが皮膚に］チクチクする: Este jersey *raspa* el cuello. このセーターは首にチクチクする. ❺［酒が舌などに］刺す, ヒリヒリする: Este vino *raspa* la boca. このワインは舌にピリッとくる. ❻《口語》盗む, 奪う. ❼《メキシコ, プエルトリコ》叱る, とがめる. ❽《キューバ, プエルトリコ》解雇する. ❾《コロンビア》［氷を］かく;［黒砂糖の塊を］すりおろす
── 値 ❶ ザラザラする, チクチクする: Sus manos *raspan*. 彼の手はザラザラしている. Este pantalón *raspa*. このズボンはチクチクする. ❷《ベネズエラ》あわてて出かける（立ち去る）; 死ぬ
── ~**se**《南米》すり傷を負う

raspasayo [ṛaspasájo] 男《植物》コウゾリナの一種【学名 *Picris echioides*】

raspear [ṛaspeár] 値《ペンが》引っかかる
── 他 叱る, とがめる

raspetón [ṛaspetón] **de ~**《中南米》斜めに; かすめて; かすめずに

raspilla [ṛaspíʎa] 女《植物》ワスレナグサ【=miosota】

raspín [ṛaspín] 男 鬘(ᵢ), たがね

raspinegro, gra [ṛaspinéɣro, ɣra] 形《麦が》芒(ᵢ)の黒い

raspón [ṛaspón] 男 ❶ =**rasponazo**. ❷《地方語》ブドウの軸【=escobajo】. ❸《中南米》1)《獣の》皮はぎ. 2) 厳しい叱責. ❹《コロンビア》［田舎の人がかぶる］麦わら帽子
de ~ 斜めに, かすめて, はすかいに

rasponazo [ṛasponáθo] 男 ひっかき傷, すり傷, 擦過傷

rasponear [ṛasponeár] 他《コロンビア》叱る, とがめる

rasponera [ṛaspónéra] 女《サンタンデール. 植物》コケモモ

rasposo, sa [ṛaspóso, sa]《←raspar》形 ❶［手触り・肌触りが］ザラザラした, チクチクする, 粗い; 舌にざらつく: Esta toalla está ~sa. このタオルは肌触りがごわごわしている. ❷《怒りっぽい, かんしゃく持ちの. ❸《メキシコ》ひょうきんな〔人〕, 冗談好きの〔人〕. ❹《ラプラタ》1)《服が》ぼろぼろの. 2) けちな; けちんぼ. 3) だらしない〔人〕, 無精な〔人〕

raspudo [ṛaspúdo] 形《小麦の穂》芒(ᵢ)のある

rasquera [ṛaskéra] 女 ❶《カナリア諸島》不快, 不愉快. ❷《キューバ》かゆみ, むずがゆさ

rasqueta [ṛaskéta] 女 ❶《船舶》船体などの付着物を削り落とす］スクレーパー. ❷《中南米. 馬具》［鉄歯の］毛すき櫛, 馬櫛

rasquetear [ṛasketeár] 他《南米》馬に毛すき櫛をかける

rasquil [ṛaskíl] 男《地方語》熊手, レーキ【=rastro】

rasquillar [ṛaskiʎár] 他《地方語》[rasquil で穀類を]集める

rasquiña [ṛaskíɲa] 女 ❶ かゆみ, むずがゆさ. ❷ 漠然とした欲求（不安）. ❸《エクアドル》疥癬(ᵢ)【=sarna】

rasquiñoso, sa [ṛaskiɲóso, sa] 形 1)《ドミニカ, プエルトリコ》1) 疥癬にかかった. 2) 恨みっぽい, ねたみ深い. ❷《ドミニカ》1) 価値のない, つまらない. 2)《植物》生育の悪い, 貧弱な

rasta [ṛásta] 形 女《口語》=**rastafari**

rastacuero [ṛastakwéro] 男《主にチリ, アルゼンチン, ウルグアイ. 軽蔑》《趣味の悪い》成り金, 成り上がり者

rastafari [ṛastafári] 形 男《黒人回帰主義の(主義者)》《アフリカ復帰運動を唱えるジャマイカ黒人の宗教・文化運動》

rastafariano, na [ṛastafarjáno, na] =**rastafari**

rastel [ṛastél] 男 手すり, 欄干

rastillar [ṛastiʎár] 他《地方語》=**rastrillar**

rastra [ṛástra] I《←rastro》女 ❶［上に重い物をのせて］引きずるための板（布）, 橇(ᵢ)具;［捜索などのために］水底を引きずるもの. ❷［ひだ飾り・フリルなどの］垂れ下がったもの: La falda tenía una preciosa ~ de volantes. スカートにはきれいなフリルが付いていた. ❸《古語的》《ある行為の》不愉快な, 処罰・賠償を伴う］結果, 結末; 処罰. ❹《農業》熊手, レーキ; 馬鍬(ᵢ), ハロー, 砕土機. ❺［天井を支えるための］添え木. ❻［主にまだ乳を飲む］四足獣の尾. ❼ 跡, 足跡, 痕跡. ❽《メキシコ》貧しい娼婦. ❾《チリ, アルゼンチン, ウルグアイ》［ガウチョの腰帯に付ける, 主に銀製の］鎖付きのメダル
a〔**la**〕**~** =**a ~s**: pesca a la ~ トロール漁業
a ~s 1) 引きずって: No lleves la silla a ~s. 椅子を引きずるな. 2) いやいやながら; 無理やり: Fue a ~s al dentista. 彼はしぶしぶ歯医者に行った.

La madre llevó **a ~s** al niño al colegio. 母親は無理やり子供を学校に連れて行った. 3) ずっと苦しんで, 長い間持って: Mi madre lleva a ~s su enfermedad. 母は長年持病に苦しんでいる. 4)《やるべきことを》残して: Hoy llevo muchos quehaceres a ~s. 私は今日はやることがまだたくさんある. llevar un problema **a ~s** 問題を引きずっている
andar a ~s=**ir a ~s**: Ana anda a ~s por el salón buscando debajo de la mesa. アナは広間のテーブルの下を這って搜している
ir a ~ de+人 …に頼る
ir a ~s 1) 這う, 這って行く. 2) つらい目にあう, 辛酸をなめる: Siempre van a ~s con un sueldo bajo. 彼らは低賃金のためにいつも苦労している
ni a ~s 無理やりにされてでも〔…ない〕: No voy a una corrida ni a ~s. 私は絶対に闘牛には行かない
II《←ristra》女 一つなぎにしたもの【=ristra】

rastral [ṛastrál] 男《釣り》毛針【=mosca】

rastrallar [ṛastraʎár] ⦿ =**restallar**

rastrar [ṛastrár] 他《まれ》引きずって運ぶ

rastreable [ṛastreáβle] 形 追跡され得る

rastreado [ṛastreáðo] 男 17世紀スペインの舞踊の一種

rastreador, ra [ṛastreaðór, ra] 形 追跡する〔人〕, 捜索する〔人〕. ❷［川・運河などの］底をさらう; トロール漁の: barco ~ トロール漁船
── ~ **de minas** 掃海艇

rastrear [ṛastreár]《←rastro》他 ❶ …の跡を追う（たどる）: Los exploradores *rastreaban* las huellas del enemigo. 斥候たちは敵の跡を追った. ~ el monte 山狩りをする. ~ el origen de la familia 家族のルーツを追う. ~ los archivos ファイルを調べる. ❷［捜索などのために］水の底をさらう, 掃海する; トロール漁をする. ❸［人工衛星を］追跡する;［レーダーで］掃引する. ❹［鉱山］スイープする. ❺［市場で肉を］卸売りする
── 値 ❶ 聞きこみ捜査をする. ❷《鳥・飛行機が》地表すれすれに飛ぶ. ❸《農業》熊手（レーキ）でかく

rastrel [ṛastrél] 男 =**ristrel**

rastreo [ṛastréo] 男 ❶ 水底の探索, 掃海; トロール漁. ❷ 捜査, 捜索. ❸ centro de ~《人工衛星の》追跡センター. ❹［レーダーの］掃引

rastreramente [ṛastreráménte] 副 下劣に, 卑劣に

rastrero, ra [ṛastréro, ra] 形 ❶《目上の人に》ペこペこする, 卑屈な. ~**a** actitud さもしい行為. carácter ~ 下劣な性格. ❷《動植物が》地面をはう（はっている）動物《蛇など》. plantas ~**as** 匍匐(ᵢ)植物. ❸ 地面すれすれの: vuelo ~ 超低空飛行. ❹《服が》すそを引きずる. ❺《猟犬が》獲物の臭跡を捜す
── 名 熊手（レーキ）の販売者
── 男 畜殺場の従業員; 畜殺場に家畜を運ぶ人
❷《船舶》下部補助帆【=arrastradera】

rastrilla [ṛastríʎa] 女 熊手, レーキ

rastrillada [ṛastriʎáða] 女 ❶ 熊手で一度にかき集められる草・枯れ葉などの量. ❷《アルゼンチン, ウルグアイ》動物の群れが通った跡

rastrillado [ṛastriʎáðo] 男 =**rastrillaje**

rastrillador, ra [ṛastriʎaðór, ra] 形 名 熊手（レーキ）でかく〔人〕;［地面を］ならす〔人〕
── 男《農業機械の》レーキ, レーキドーザー

rastrillaje [ṛastriʎáxe] 男 ❶ 熊手（レーキ）でかくこと;［地面を］ならすこと. ❷《ボリビア, アルゼンチン, ウルグアイ》［軍警察の］捜索

rastrillar [ṛastriʎár] 他 ❶ 熊手（レーキ）でかく;［地面を］ならす: ~ el césped 熊手で芝生を掃除する. ~ la paja レーキでわらをかき集める. ❷［麻・亜麻を］すく. ❸《中南米》発砲する. ❹《メキシコ, コロンビア》[マッチを] 擦る. ❺《ボリビア, アルゼンチン, ウルグアイ》［軍隊・警察がしらみつぶしに街を］捜索する
── 値 ❶《キューバ, コロンビア》弾がそれる, 的をはずす. ❷《コロンビア. 闘鶏》《鶏が》戦わない. ❸《チリ》《商品を》盗む, 万引きする

rastrillazo [ṛastriʎáθo] 男 ❶《グアテマラ, ホンジュラス》うたた寝, 仮眠. ❷ 軽食

rastrillear [ṛastriʎeár] 他《地方語》=**rastrillar**

rastrillo [ṛastríʎo] 男《←古語 rastillo <ラテン語 rastellum》❶《農業》熊手, レーキ. ❷［麻・亜麻の］すき櫛. ❸［城門などの］落

柵, 鉄格子. ❹ [流れの] 浮遊物をせき止める柵. ❺《西》[小規模な] 市, バザール. ❻《メキシコ》シェーバー, ひげそり. ❼《コロンビア》物々交換

rastro [rástro]《←ラテン語 rastrum》男 ❶ 跡, 痕跡; 臭跡; 轍($^{(5)}_{だち}$); seguir (perder) el ~ de... …の跡をつける(見失う). desaparecer sin dejar ~ 跡形もなく消える. ❷《農業》1) 熊手, レーキ: recoger hierba con un ~ 熊手で除草する. 2) [ブドウの] 取り木する枝. ❸《西》[el R ~. マドリードの] 蚤(^{のみ})の市, フリーマーケット. ❹《釣り》蚊針, 毛針. ❺ 畜殺場;《古語》[週の決まった日に町で] 食肉の卸売りをする場所
ni ~[*s*] 何も[(…ない): Buscamos la tarta pero no encontramos *ni* ~ de ella. パイを捜したが跡形もなかった

rastrojal [rastroxál] 男《農業》=rastrojera
rastrojar [rastroxár] 他 [畑から穀物などの] 刈り株を引き抜く
rastrojear [rastroxeár] 自《家畜が》刈り株畑で草を食(^{は})む
—— 他《チリ. 口語》探す, かき回す
rastrojera [rastroxéra] 女 ❶《集合》[麦などの] 刈り株畑. ❷ 家畜が刈り株を食べる時期. ❸ 刈り株, 切り株
rastrojero [rastroxéro]《アルゼンチン. 自動車》軽トラック《=camioneta》
rastrojo [rastróxo] 男 ❶ [麦などの] 刈り株: campo en ~ 刈り株畑. ❷ 収穫後の穀物畑. ❸《コロンビア》潅木の茂み
sacar a+人 *de los* ~*s* …を窮地から救う
rasura [rasúra] 女 ❶《主に中南米》ひげそり; その跡. ❷[主に複] 削りくず. ❸ そぎ落とし, 削り取り. ❹[複] 酒石《=tártaro》
rasuración [rasuraθjón] 女 ❶ ひげそり. ❷ そぎ落とし, 削り取り
rasurado [rasuráðo] 男 =rasuración
rasurador, ra [rasuraðór, ra] 形《主に中南米》ひげをそる〔人〕
—— 女/男《メキシコ, 中米》電気かみそり
rasurar [rasurár] 他 ❶《主に中南米》…のひげをそる《=afeitar》. ❷ 削り取る
—— ~*se*《主に中南米》[自分の] ひげをそる
rata [fáta]《←?擬声》女 ❶《動物》ネズミ, ラット; ハツカネズミ ratón の雌: ~ blanca 白ネズミ. ~ de agua(o de campo)~ nadadora 野ネズミ. ~ de alcantarilla ドブネズミ. ❷《軽蔑》下劣な人, 破廉恥な人: No puedo creer que esa ~ asquerosa sea amigo tuyo. あんな嫌らしい男が君の友人だなんて信じられない. ❸《魚》ミシマオニギスの一種《= ~ de mar, pez ~》. 学名 Uranoscopus scaber). ❹ 料金, 値段. ❺《歴史》[戦間期から第2次大戦初期にかけての] ソ連製の戦闘機》ラタ. ❻《中南米》税率. ❼《パナマ, コロンビア, ベネズエラ, ペルー》率, 指数, 割合; パーセンテージ
hacerse la ~《アルゼンチン, ウルグアイ. 口語》親に内緒で学校をずる休みする
más pobre que las ~*s* (*una*)大変貧しい, すかんぴんの
No hay ni una ~. 猫の子一匹いない
no moverse una ~ [権力者によって集団の構成員が] 完全に抑えつけられている: Desde que está él de jefe, allí *no se mueve una* ~. 彼が部長になってから, そこは完全に統制がとれている
No se salvó ni una ~. 誰一人として助からなかった/誰もがっても同じことだった
pelo[*s*] *de* ~《口語》細くて少ない髪
~ *de biblioteca* =*ratón de biblioteca*
~ *de sacristía*《口語》信心家ぶった女《=beata》
~ *del desierto*《口語》砂漠戦を得意とする兵士
~ *por cantidad* 比例配分で
—— 形《軽蔑》けちんぼ[の], けちな〔奴]: No seas ~, déjale un poco más de propina. しみったれたことしないで, もう少しチップをはずんでやりたまえ. ❷《口語》こそ泥, すり《=ratero》: ~ de hotel [部屋に入り込んで盗む] ホテル荒らし. ❸《コロンビア. 口語》悪者[の], 悪人[の]

ratafía [ratafía] 女 ラタフィア《シナモンを主にサクランボ入りの果実酒》
ratán [ratán] 男《植物》トウ(藤)
ratania [ratánja] 女《植物》ラタニア《観葉, 薬用》
rataplán [rataplán]《←擬声》男 [太鼓の音] ドンドン
ratatouille [fatatwíju]《←仏語》女《料理》ラタトゥイユ
ratear [rateár]《←rata》他 ❶ くすねる, する, 置引きする, 万引きする

する. ❷ …の配分(割当て)を減らす. ❸ 比例配分する
—— 自 [地面を] 這(は)う, 這いずる
—— ~*se*《アルゼンチン, ウルグアイ. 口語》親に内緒で学校をずる休みする
ratejo [ratéxo] 男《口語》*un* ~ 少しの間, 短時間, しばらく
ratel [ratél] 男《動物》ラーテル
rateo [ratéo] 男《まれ》比例配分
rateramente [ratéramente] 副 ❶ こそこそと, こっそりと. ❷ 卑しく, 浅ましく
ratería [ratería]《←rata》女《軽蔑》❶ こそ泥, すり, ひったくり, 置き引き, 万引き: *hacer* ~*s* こそ泥を働く/万引きをする. ❷ 卑しさ, 浅ましさ, さもしさ
ratero, ra [ratéro, ra]《←rata》名 ❶《軽蔑》こそ泥[の], すり[の], かっぱらい[の], 置引きをする〔人], 万引きする〔人〕《盗みの方法は問わず, 小規模な盗み》: Un ~ me robó la cartera. 私は財布をすりにやられた. plaga de ~*s* 万引きによる被害. ❷ 卑しい, 浅ましい. ❸ 這いずる, 這いまわる. ❹ カエルの
raticida [ratiθíða] 形 男 殺鼠(^{そ})剤[の], 猫いらず
ratificación [ratifikaθjón] 女 批准, 認証: canje de ~ 批准書の交換. nota de ~ 批准書. ~ de un tratado de comercio 通商条約の批准
ratificador, ra [ratifikaðór, ra] 形 批准する〔人], 認証する〔人〕
ratificar [ratifikár]《←ラテン語 ratificare》[7] 他 批准する, 認証する; 追認する
—— ~*se*《+en を》有効と認める: *Me ratifico en* lo que dije ayer. 私が昨日言ったことをもう一度確認します
ratificatorio, ria [ratifikatórjo, rja] 形 批准の, 認証の
ratigar [ratiɣár][8] 他《積み荷を》縄で固定する
rátigo [rátiɣo] 男 [荷車の] 積み荷
ratihabición [ratjaβiθjón] 女《法律》承認, 確認, 認可
ratilla [ratíʎa] 女《動物》ハタネズミ, 《コグローニャ》膝臓
ratimago [ratimáɣo] 男《主にラマンチャ, アンダルシアの》ごまかし, いんちき, ぺてん
ratimagueo [ratimaɣéo] 男《パナマ》[女性の] 媚び, 媚態
ratímetro [ratímetro] 男《医学》X線照射茲量の出力量測定計
ratín [ratín] 男《地方語. 鳥》ミソサザイ《=chochín》
ratina[1] [ratína] 女《繊維》ラティネ織り
ratinado, da [ratináðo, ða] 形 ラティネ織りのような
—— 男 [毛織物の] 縮毛
ratinadora [ratinaðóra] 女 [毛織物の] 縮毛機
ratinar [ratinár] 他 [毛織物の] 毛を縮らせる
rating [fátin] 男《英》~*s*/単複同形》❶《放送》視聴率. ❷ 格付け: agencia de ~ 格付け機関. ❸ [競走用ヨットの] 等級. ❹《中南米》分類, 等級, 評価
ratino, na[2] [ratíno, na]《アストゥリアス, サンタンデール》[牛の毛が] ネズミ色の
ratio [rátjo]《←英語》女/男 率, 比率, 割合: ~ de liquidez general 一般比率・金融関係) 流動比率. ~ de liquidez inmediata 当座比率. ~ de operación [生産設備の] 操業率, 稼働率. ~ de tesorería/~ de disponibilidad 現預金比率
ratito [ratíto] 男 rato の示小語
rato[1] [fáto] **I**《←ラテン語 raptus < rapere「奪い去る」》男 [主に短い] 時間: 1) Te llamaré en cuanto tenga un ~ libre. 時間があいたらすぐ君に電話しよう. Hace un ~ que lo estoy esperando. 私はさっきから彼を待っている. Al cabo de un ~, comenzó a llover. しばらくして雨が降り始めた. No puedo esperar otro ~. もう待てない. Un día coinciden casualmente en una librería y pasan un ~ largo juntos filosofando sobre la vida. 彼らはある日偶然本屋で一緒になり, 人生について考察するのに長時間過ごした. Ya *ha pasado* largo ~ desde las dos, pero estamos sin comer. もう2時をだいぶ過ぎたが, 私たちはまだ食事をしないでいる. hace mucho ~ ずっと前に. 2) [un+. 副詞的] Voy a descansar un ~. 私はちょっと休憩します. Me voy a la calle un ~. ちょっと出かけてきます. ¿Llevas mucho tiempo esperando? —No, solo un ~. 君はだいぶ前から待っているの? —いいえ, ついさっきからです. Todavía tardaré un ~ en terminarlo. 私はそれを終えるまで, まだもう少し時間がかかる
a cada ~《主に中南米》いつも, 絶えず: *A cada* ~ venía a pedirme ayuda. 彼はたびたび私の助けを借りに来た. Sé lo que hay que hacer; no hace falta que me lo repitas *a cada* ~. そう何度も言われなくても, 私は自分のすべきことは分かっている

ratón, na

a (poco) ~ 少し前に, ついさっき

a ~*s* 時々〖=a veces〗: Llovía *a* ~*s*. 雨が降ったりやんだりした

a ~*s... y a* ~*s...* ある時は…またある時は…: *A* ~*s se lleva bien con ella y a* ~*s discute con ella*. 彼は彼女と仲がいい時もあれば, けんかする時もある

a ~*s perdidos*《口語》暇な時に, 暇を見つけて: *Escribe una novela a* ~*s perdidos*. 彼は暇を見つけては小説を書いている

a ~*s sueltos*《口語》=**a ~s perdidos**

al poco ~ [過去について] 少し後で: *Al poco* ~ *apareció él*. しばらくして彼が現れた. *Me dijo que quería venir y al poco* ~ *cambió de opinión*. 彼は私に会いに来たいと言ったが, すぐ後で気が変わった

al ~ 1) =**al poco** ~. 2)《メキシコ》[未来・過去について] 後で

buen ~ 楽しいひととき; かなりの[長]時間; 大量

darse un buen (mal) ~ =**pasar un buen (mal)** ~

de a ~[s]《主に南米》=**de** ~ **en** ~

de ~ *en* ~ 時々: *Solo voy al cine de* ~ *en* ~. 私は映画にたまにしか見に行かない

en los ~*s perdidos* =**a ~s perdidos**

¡Hasta cada ~!《中南米》=**¡Hasta otro** ~!

¡Hasta otro ~! [別れの挨拶] ではまた!: *Ya me voy; ¡hasta otro* ~, *chicos!* これで失礼するよ. じゃあ, みんな, またね!

llevarse un buen (mal) ~ =**pasar un buen (mal)** ~

mal ~ つらいひととき: *La niña nos ha dado un mal* ~ *cuando se ha perdido*. その少女が迷子になって, 私たちは一時, 心配させられた

más ~《チリ》後で, 後ほど

matar el ~ =**pasar el** ~

No te des mal ~. くよくよするな: *Siento mucho lo ocurrido en tu coche. No te des mal* ~ *porque no sirve de nada*. 君の車のことは残念だったね. くよくよするなよ, 泣いて何にもならないからな

para ~《口語》[hay・tener・ir などの動詞と共に, 時間が] まだしばらく: *Sentémonos, que hay para* ~. まだしばらく時間があるから座ろう. *Con esta tarea tengo todavía para* ~, así que no me esperes. この仕事はまだしばらくかかるから, 君は私を待たなくていいよ. *Ya va para* ~ *que pasó el tren*. 前の電車が出てからかなりつから, 次のはもうすぐ来るだろう

pasar el ~ 時間をつぶす: *Mi abuela hace ganchillo para pasar el* ~. 祖母は鉤針編みをして時間を過ごしている. *Entre cada salida, los bomberos pasan el* ~ *leyendo o charlando*. 消防士たちは出動の合間は読書をしたりおしゃべりをしたりして時間を過ごしている

pasar un buen (mal) ~ 楽しい (不愉快な) 時を過ごす: *Los niños han pasado un buen* ~ *escuchando los cuentos del abuelo*. 子供たちは祖父の話を聞いて楽しい時を過ごした. *Pasé un buen* ~ *en su compañía*. [別れの挨拶] おかげで(ご一緒できて)楽しいひとときでした. *Me hizo pasar un mal* ~. 私は彼のおかげでひどい目にあった

~ *perdido* 暇な時間: *Ordenaré mi escritorio cuando tenga un* ~ *perdido*. 暇ができたら机の整頓をしよう. *Aprovecho* ~*s perdidos para pasear*. 私は暇な時は散歩することにしている

tener ~*s* 暇がある

todo el ~ 繰り返し; ずっと

un buen ~ 1) 長い間ずっと. 2)《西. 口語》=**un** ~ [largo]: *La tarta está un buen* ~. そのケーキはとてもおいしかった

un ~《西. 口語》とても, たくさん〖=mucho〗: *Sabe un* ~ *de informática*. 彼は情報工学に大変詳しい. *El examen ha sido un* ~ *de difícil*. テストはとても難しかった

un ~ *largo*《西. 口語》=**un** ~: *De otras cosas no, pero de esto entiendo un* ~ *largo*. 私は他のことはだめだが, それについては大いに知っている

II [←ラテン語 ratus「規制された, 恒常的な」]《歴史》matrimonio ~ [王族などが正式な結婚式をあげた年少などの理由で] 性関係のない結婚

III [←rata]《男》❶ 雄ネズミ. ❷《地方語》ハツカネズミ〖=ratón〗

ratón, na [ratón, na] [←rata]《名》《動物》❶ ハツカネズミ, マウス: ~ *casero* ハツカネズミ. ~ *de alcantarillas* ドブネズミ. ~ *de campo* アカネズミ《学名 Sylvaemus sylvaticus》. ~ *Mickey* ミッキーマウス. ~ *de biblioteca* / ~ *de archivo*《比喩. 戯語》本の虫. ~ *Pérez* 歯の妖精〖=ratoncito Pérez〗. ❷ ~ *marsupial* ジネズミなどの有袋類. ❸ ウミネズミ

amarrar el ~《ボリビア. 口語》空腹を紛らす

hace ~《キューバ. 口語》以前, ずっと前に

——《形》《チリ. 口語》悲惨な, 貧しい

——《男》❶《情報》マウス. ❷ [錨綱を擦り切らせる] 海底の尖った岩. ❸《ラマンチャ》[粉ひき小屋の] 下働きの少年. ❹《中米. 料理》すじのある肉片. ❺《コスタリカ》二頭筋. ❻《ベネズエラ》1) ねずみ花火. 2)《口語》二日酔い: *estar con* [un] ~ 二日酔いである. ❼《チリ. 口語》乳鋲. ❽《ウルグアイ. 口語》圏 気取り

——《女》《アルゼンチン. 鳥》マユミソサザイの一種《学名 Troglodytes furvus》

ratonar [ratonár]《他》[パン・チーズ・衣類などを] ネズミがかじる

——*se*《猫が》ネズミの食べすぎで病気になる

ratoncito [ratonθíto]《男》❶ ~ *Pérez* 歯の妖精 [抜けた子供の歯を枕の下に入れておくとお菓子などに変えてくれる]. ❷《ボリビア》目隠し鬼遊び〖=gallina ciega〗

ratoneo [ratonéo]《男》《地方語》こそ泥《行為》

ratonera [ratonéra]《女》[←ratón] ❶ ネズミ捕り器. ❷ ネズミ穴, ネズミの巣. ❸ わな, 計略: *caer en la* ~ まんまと計略にひっかかる (だまされる). ❹《軽蔑》ちっぽけな家 (部屋), あばら家, 汚い部屋. ❺《プエルトリコ, ベネズエラ》みすぼらしい店. ❻《アンデス. 口語》いかがわしい場所. ❼《アルゼンチン. 鳥》マユミソサザイの一種〖=ratona〗

ratonería [ratonería]《女》だまし, ひっかけ

ratonero, ra[2] [ratonéro, ra]《形》❶ *gato (perro)* ~ ネズミをとる猫 (犬). ❷《軽蔑》《音楽》[が] 下手な, 耳ざわりな. ❸ ネズミの. ❹ 抜け目のない, ずる賢い

——《男》❶《鳥》1) ノスリ. 2) ~ *común* ヒメコンドル. ❷《軽蔑》下手な演奏, 耳ざわりな曲

ratonesco, ca [ratonésko, ka]《形》ネズミの

ratonicida [ratoniθíða]《形》殺鼠(さっそ)剤[の]

ratonil [ratoníl]《形》ネズミの

rattán [ratán]《←英語》=**ratán**

rauco, ca [ráuko, ka]《形》《詩語》[声が] しわがれた, かすれた

rauda[1] [ráuða]《女》《イスラム教》霊廟(れいびょう)

raudal [rauðál]《男》❶ 激流, 奔流, 急流. ❷ [物の] 氾濫, 大量

a ~*es* 多量に, ふんだんに: *Llovió a* ~*es*. 大量の雨が降った. *con humor a* ~*es* ユーモアたっぷりに

un ~ *de...* / ~*es de...* たくさんの…: *un* ~ *de dinero* 大金. ~*es de agua* 大量の水

raudamente [rauðaménte]《副》《文語》速く, すばやく

raudense [rauðénse]《名》《地名》ロア Roa の[人]《ブルゴス県の村》

raudo, da[2] [ráuðo, ða] [←古語 rabdo < ラテン語 rapitus < rapidus「性急な」]《形》《文語》速い, すばやい: *Los caballos corrían* ~*s*. 馬たちは疾走していた

raulí [raulí]《男》《チリ. 植物》ラウリ

rauma [ráuma]《女》《ペルー》[生育の悪い] 葉の間引き

raumear [raumeár]《他》《ペルー》…の葉を間引く

rauta [ráuta] [←仏語 route]《女》《口語》*coger (tomar) la* ~ 歩き始める, 出立する

ravenala [ɾaβenála]《女》《植物》リョジンボク (旅人木)

ravenés, sa [ɾaβenés, sa]《形》《名》《地名》[イタリアの都市] ラヴェンナ Ravena の[人]

raviol [raβjól]《男》《アルゼンチン. 隠語》コカインの入った小さな紙袋

ravioles [ɾaβjóles]《男複》=**raviolis**

raviolis [ɾaβjólis] [←伊語 ravioli]《男複》《料理》ラビオリ

raya[1] [ráʝa] [←俗ラテン語 radia < ラテン語 radius「光線」]《女》❶ 筋 [→línea]《類義》: *El código morse utiliza una combinación de* ~*s y puntos*. モールス信号は線と点の組み合わせを利用している. *leer las* ~*s de la mano* 手相を見る. *trazar una* ~ 一筋をつける. ~ *de puntos* 点線. ~ *vertical* 縦線. ~ *horizontal* 横線. ~ *oblicua* 斜線. ~ *perpendicular* 垂線. ❷ 罫線: *cuaderno con (sin)* ~*s* 罫線入りの (なしの) ノート. ❸ [記号] ダッシュ (—): 1) En la reproducción escrita de un diálogo, lo que dice cada uno suele ir precedido de una ~. 会話を表記する時は, 普通, 発言の前にダッシュをつける. *Las* ~*s marcan cambios de personaje*. 話し手が変わることをダッシュで示す. *Las* ~*s encierran aclaraciones o incisos*. ただし書き

や挿入句の前後にはダッシュをつける. punto y ～ ピリオドを打ってダッシュで続ける. dos ～s《数学》等号［=］. ❹《スポーツ》ライン: El tenista no debe pisar la ～ blanca al sacar. テニスではサーブの時, 白線を踏んではならない. El entrenador trazó una ～ en el suelo del campo. 監督はコートに1本のラインを描いた. ❺ 縞(模)模様, ストライプ: El tigre tiene ～s. 虎は縞模様がある. camiseta de ～s rojas y blancas 赤と白のストライプのTシャツ. ～ a **milrayas** …… diplomática ピンストライプ. ❻《服飾》1)［ズボンの］折り目: La ～ del pantalón se interpreta como un signo de elegancia. ズボンにきちんと折り目がついているのは, 身だしなみに気を遣っている証拠だ. hacer ～s a los pantalones ズボンに折り目をつける. 2) ライン: ～ del bolsillo ポケットのライン. ❼［髪の］分け目: hacerse la ～ 髪を分ける. Hágame ～ a la izquierda (a la derecha・al medio). 左(右・真ん中)分けにしてください. ¿Quiere que le peine con la ～ en medio o a un lado? 分け目は真ん中にしましょうか, どちらかに寄せますか? ❽ 境界線;《比喩的にも》限界: Las tropas estaban destacadas en la ～ de Israel. 軍隊はイスラエル国境に派遣された. En la ～ del vergel comienza de forma abrupta el desierto. 果樹園が途切れると, その先はいきなり砂漠だ. ❾［銃砲の施条された］条. ❿《俗語》［コカインなどの］筋状に置かれた1服分: El drogadicto se compró una ～ de cocaína por un precio increíble. その麻薬中毒者は信じられない値段でコカイン1服分を買った. ⓫《地方語. 酒》品質の劣るオロロソ oloroso. ⓬《メキシコ》賃金, 日給. ⓭《エクアドル, ペルー》私服刑事

a ～*s* 筋のついた, 縞模様の: camisa *a* ～*s* ストライプのワイシャツ
de ～*s* =*a* ～*s*
hacer ～ 際立つ
mantener a ～《口語》1) 限度を超えない; 進行を阻む: Para *mantener a* ～ esos kilos, debes hacer ejercicio. 君はその体重を維持するには運動すべきだ. La vacuna ha podido *mantener a* ～ la epidemia de la gripe. 予防注射でインフルエンザの流行がくい止められた. 2)［競争相手を抑えて］優位に立つ: El nadador logró *mantener a* ～ a sus perseguidores. その水泳選手は追いかけようとする選手たちを寄せつけなかった. Mi padre es la única persona que me *mantiene a* ～. 父は私にとってただ一人の煙たい存在だ
pasarse [de] la ～《口語》度を過ごす; 無礼なことを言う(る): No te pases de la ～. やりすぎるな／そのへんでやめろ. No te pases la ～ con la bebida. そのくらいで酒は控えておけ. Esta vez te has pasado la ～. 今度は君は一線を越えてしまったな
poner ～ *a…* …を抑制する: El profesor puso ～ a los alumnos más revoltosos. その教師は一番の問題児たちを更生させた
tener a ～ ［+a+人 a］を抑えつける, 支配する
una ～ *más al tigre*《中南米》代わり映えしないこと
II【←ラテン語 raja】囡《魚》エイ ▶. ～ áspera カスベ. ～ común イボガンギエイ. ～ manta アカエイ科の一種

rayable [řajáble] 形 線を引かれうる
rayada[1] [řajáða] 囡《アルゼンチン》馬を急停止させること
rayadillo [řajaðíʎo] 男《西. 繊維》縞柄の綿布
rayado, da[2] [řajáðo, ða] 形 ❶ 線(罫)のある; 縞模様の: Lleva una blusa ～*da*. 彼女はストライプのブラウスを着ている. cuaderno ～ 罫線のあるノート. papel ～ 罫紙. serpiente ～*da* 縞模様の蛇. tela ～*da* 縞柄の布. ❷［レコードが］傷のある ▶ 同じところばかり繰り返す了.❸《ペルー, アルゼンチン, ウルグアイ. 口語》神経質な; [estar+] 狂気の, 頭のおかしい; 激怒した. ❹《アルゼンチン, ウルグアイ. 口語》ふるまいが奇妙な(思いもよらない) — 男 ❶《集合》線, 罫; 筋, 縞: El ～ de las hojas de mi cuaderno es muy grueso. 私のノートの罫線はとても幅が広い. ～ de una pared 壁の縞模様. ～ de un cañón 砲身の条. ❷ 線を引くこと; 線で消すこと: Realizó un meticuloso ～ del papel para escribir la carta. 彼は手紙を書くために丹念に罫を引いた. ❸《医学》搔爬(法) [=legrado]. ❹《カリブ》駐車禁止区域

rayador [řajaðór] 男《中南米. 鳥》クロハサミアジサシ
rayadura [řajaðúra] 囡 線を引く(線で消す)こと [=rayado]
rayajo [řajáxo] 男《軽蔑》線, 筋
rayano, na [řajáno, na]【←*raya*[1]】形 ❶［+con・en・a と］紙

一重の: Su desprecio es ～ *con* la mala educación o *con* la grosería. 彼のうっかり加減は無作法や無礼と紙一重だ. Los soldados luchan con un pundonor ～ *en* el heroísmo. 兵士たちは英雄主義とも言うべき誇りを胸に戦う. Se encontraba en un estado ～ *en* la locura. 彼は狂気じみた状態にあった. ❷［+con と］境を接した: Tiene una finca ～*na con* la mía. 彼の農場は私の農場と境を接している

rayar [řajár] I【←*raya*[1]】他 ❶ …に線(罫)を引く, 筋(縞模様)をつける: Los alumnos *rayaron* el papel para escribir mejor. 生徒たちはきれいに書くために紙に罫線を引いた. *Raya* el interior del círculo con rotulador rojo. 赤いマーカーで円の内側に縞模様を描きなさい. ❷ 線で消す [=tachar]: *Rayad* lo que está equivocado. 間違った所を線で消しなさい. El escritor *ha rayado* la primera parte porque no le gusta como quedaba. その作家は第1部の仕上がりが気に入らなかったので, 線で消してしまった. ❸［固い表面に, 筋状の］傷をつける, ひっかき傷をつける: Vas a ～ el suelo con esos zapatos. そんな靴をはいていると, 床に傷をつけてしまうよ. ❹［銃砲に］施条する: cañón *rayado* ライフル銃砲. ❺《料理》千切りにする
—— 自 ❶［+con と］隣接する: Mi pueblo *raya con* la provincia de Segovia. 私の村はセゴビア県と境を接している. Su finca *raya con* la nuestra. 彼の農園は私たちの農園と隣り合わせだ. ❷［+en・con と］紙一重である, …にほとんど近い: Su miedo a viajar en avión *raya en* lo patológico. 彼が飛行機に乗るのを恐れるのはほとんど病的なくらいだ. A veces el genio *raya con* la locura. 時として優れた天分は狂気と紙一重だ. *Raya en* los cuarenta. 彼は40歳近い. ❸［+a 精神的な高みなどに］達する: El lanzador no *ha rayado a* su altura por culpa de la lluvia. その投手は雨のせいで力を出し切れなかった. ❹《メキシコ》賃金を支払う; [労働者に] 賃金を受け取る
—— ～*se* ❶［筋状の］傷がつく: *Se ha rayado* el suelo de arrastrar los muebles. 家具を引きずって床に傷がついてしまった. ❷《コロンビア》欲望を満足させる; 金持ちになる. ❸《チリ, アルゼンチン, ウルグアイ》正気(判断力)を失う: El marido *se rayó* cuando vio que su mujer bailaba con un desconocido. 妻が知らない男と踊っているのを見て, 夫は逆上した. *Me rayé* por ella. 私は彼女に夢中になった

rayársela《メキシコ》口汚くののしる
II【←*rayo*】囡《文語》夜が明ける: *Raya* el día y comienzan a trinar los pajarillos. 夜が明け, 小鳥たちがさえずり始める. Al ～ el alba cantó un gallo. 朝日が昇るとニワトリがときの声を作った

raye [řáje] 男 *tener un* ～《ラプラタ. 口語》頭がおかしい, 気がふれている
rayente [řajénte] 形《グラナダ》不快な, わずらわしい
rayeo [řajéo] 男《ベネズエラ》［澱粉を作るために］キャッサバをすりおろすこと
rayero [řajéro] 男《ラプラタ. 競馬》［ゴールの］審判員
ray-grass [réɣras]【←英語】男 芝生
ráyido, da [řáiðo, ða] 形 ガンギエイ科の
—— 男 複《魚》ガンギエイ科
rayiforme [řajifórme] 形 エイ目の
—— 男 複《魚》エイ目
rayista [řaísta] 形 名《サッカー》［マドリードの］ラーヨ・バジェカーノ Agrupación Deportiva Rayo Vallecano の《ファン・選手》
rayo [řájo] 男【←ラテン語 *radius*】❶ 光線: Al descorrer las cortinas, los ～*s* de sol iluminaron la habitación. カーテンを開けると, 日の光が室内を照らした. Se despertó con los primeros ～ de sol. 彼は日の出とともに目覚めた. Los ～*s* de luz se concentran en un solo punto. 光線は一点に集中する. un ～ de [la] luna 一条の月の光. ～ de una lámpara 電灯の明かり. ～ reflejado (reflejo) 反射光線. ～ refractado (refracto) 屈折光線. 2)《比喩》一条の希望の光. ～ de razón 理性の光. ～ de luz 突然のひらめき《名案など》. ❷《物理》複 輻射線, 放射線: mirar por ～*s* X X 線で調べる. ～*s* caloríficos 熱線. ～*s* cósmicos 宇宙線. ❸ 雷, 雷(の打撃): A mi perro le asustan mucho los ～*s* y los truenos. 私の犬は雷をとても怖がる. Se produjo una terrible tormenta de ～*s*. 激しい雷雨になった. Durante la tormenta ha caído un ～ en el campanario de la iglesia. 嵐の最中に雷が教会の鐘楼に落ちた. Le cayó un ～ encima. 彼は雷に打たれた. ser alcanzado por el ～ 雷に打たれる. caída de un ～ 落雷. ～*s* de Júpiter《ローマ神話》稲妻(の矢)《ユピテルは雷の

rayola

神でもある]. ❹ 突然の不幸. ❺《文語》[+en・con の] すばやい人, 活発な人, 利発な人; ha terminado el texto en solo una hora. この翻訳家は仕事がとても速い. 原文をたった1時間で訳してしまった. Juan es un 〜 *en el ajedrez*. フアンはチェスの名手だ. La niña es un 〜 *con las matemáticas*. その少女は算数がとてもよくできる. ❻ 走るのが速い人: La niña es un 〜; fue campeona de la carrera. その少女はとても足が速い. 競走で1位だった. ❼《口語》即効性のある薬: Aquella ley fue un 〜 para acabar con el fraude. その法律は不正行為をやめさせるのに, たちまち威力を発揮した. ❽《主に中南米》スポーク [=radio]. ❾《チリ》 [髪の] メッシュ

a 〜s《西, 口語》[味・臭い] 非常に悪い: Este jarabe sabe *a 〜s*. このシロップは非常にまずい. Aquí dentro huele *a 〜s*. この中で悪臭がする

caer como un 〜 センセーションを巻き起こす

cagando 〜s《俗語》大急ぎで

como un 〜 すばやく: Lola llegó *como un 〜*, dejó sus cosas y se fue. ロラはあっという間にやって来て, 自分のものを置いて, また行ってしまった. Paco salió *como un 〜*. パコは鉄砲玉のように飛び出した. Laura corre rápida *como un 〜*. ラウラは走るのがとても速い. veloz *como un 〜* 稲妻のように速い; 電光石火のごとく

con la velocidad del 〜 稲妻のように速く

echar 〜s[*por los ojos・y centellas*]《口語》烈火のごとく怒る

estar que echa 〜s 激怒している

¡Mal 〜 me parta! ひどい目に遭うところだった!

¡Mal 〜 te(*le*)*parta!* =*¡Que te*(*le*)*parta un 〜!*

más vivo que un 〜 非常に抜け目がない; 非常に俊敏である: Juan es *más vivo que un 〜*. フアンはとても抜け目がない(俊敏だ)

¡Que te(*le*)*parta un 〜!*[悪口・ののしり] くたばっちまえ, ちくしょう!: Anda y *que te parta un 〜*, que menudo día me has hecho pasar. 君なんかひどい目に遭えばいいんだ. 今日はとんでもない思いをさせられた

¡R〜s![驚き・感嘆] うわあ, ひゃあ, いやはや!

tan listo como un 〜 とても勘がいい

temer a+人 *como al 〜* …を非常に恐れる

¡Y a mí que me parta un 〜!/*¡Y no hay 〜 que me parta!* で私はどうなるのか!

rayola[r̄ajóla]囡《地方語》日光

rayón[r̄ajón]❶[←英語 rayon]男 ❶《繊維》レーヨン, 人絹『糸, 織物』: 〜 hilado スパンレーヨン

II 男 ❶ イノシシの子, うり坊. ❷ 太い線; 不格好な線

Rayón《人名》*Ignacio* イグナシオ・ラヨン《1773–1832, メキシコの革命家. イダルゴ・イ・コスティリャ Hidalgo y Costilla 亡き後, 独立戦争を指揮》

rayoso, sa[r̄ajóso, sa]形 線(罫)の入った, 縞模様の [=rayado]

rayuela[r̄ajwéla]《raya の示小語》囡 ❶[地面に描いた碁盤目に向かって] コイン(石)を投げる遊び; その碁盤目. ❷《アルゼンチン》石けり遊びの一種

rayuelo[r̄ajwélo]男《鳥》タシギ(田鴫)

raza[r̄áθa]囡[←ラテン語 ratio「自然」] ❶[身体の特徴で分けた] 人種, 民族: Las 〜s humanas son cinco: blanca, negra, cobriza, amarilla y aceitunada.[皮膚の色で分けると] 白色, 黒色, 銅色, 黄色, オリーブ色の5つの人種がある. 〜 aria アーリア人種. 〜 latina ラテン民族. 〜 humana 人類. Día de la R〜《中南米》民族の日『新大陸発見の日である. 10月12日』. ❷ 血筋(のよさ), 家系: Su vil conducta humilló su 〜. 彼の卑劣なふるまいは家名を傷つけるものだ. de 〜 noble 貴族の出の. ❸[生物分類で] 品種, 種: oveja de 〜 merina メリノ種の羊. ❹ プライド, ガッツ: sacar la 〜 プライドを奮い立たせる. ❺ 亀裂, 割れ目; [馬の蹄の上部にできる] ひび割れ. ❻[隙間から洩れてくる] 光線. ❼[薄く透けて見える布地の] 織りむら. ❽《メキシコ, 口語》友人(家族)のグループ. ❾《ペルー》厚かましさ, ずうずうしさ

de 〜[動物が] 純血種の, 血統のよい: Este perro es *de 〜*. この犬は血統書付きだ. caballo *de 〜* サラブレッドの馬

razado, da[r̄aθáðo, ða]形 [布地が] 織りむらのある

rázago[r̄áθago]男[包装用の] 麻布, ズック

razano, na[r̄aθáno, na]形《コロンビア, エクアドル》[馬などが] 純血種の, サラブレッドの

1936

razia[r̄áθja]《←仏語 razzia <アラビア語 gaziya》囡 ❶[群盗による村落への] 急襲, 略奪, 侵奪. ❷《南米》[警察の] 一斉手入れ [=redada]

razón[r̄aθón]《←ラテン語 ratio, -onis》囡 ❶ 理性, 分別: La 〜 distingue al hombre de los animales. 人間と動物の違いは理性があるかないかだ. Las personas están dotadas de 〜. 人間には理性がある. Hay que juzgar con la 〜. 理性的に判断すべきだ. Escucha por una vez la voz de la 〜. 一度でいいから理性の声に耳を傾けてくれ. 〜 vital [オルテガ Ortega の主張した] 生・理性. ❷ 道理, 理屈: Quieren ejercer su autoridad y creen que la 〜 está de su parte. 彼らは権力を用いることを望み, 自分の方が正しいと思っている. No hay 〜 para estar siempre quejoso de todo. 何にでも不平を言うのは筋が通らない. seguir (atenerse・avenirse) a la 〜 道理に従う. contrario a la 〜 道理に反した. ❸《主に 複》論説: Yo quiero escuchar sus *razones*. 私は彼の言い分を聞きたい. Sus *razones* eran claras. 彼の主張は明快だった. Tengo *razones* para pensar que nos están engañando. 私たちはだまされていると私が考えるのには根拠がある. Las *razones* del abogado defensor no han convencido al jurado. 弁護人の申し立ては陪審団を納得させられなかった. ❹[+de・por・para の] 理由, 動機: ¿Cuál es la 〜 de su enfado? 彼が怒っている理由は何ですか? Mis hijos son la 〜 de mi vida. 子供たちは私の生きがいだ. Ignoro la 〜 *por* la que renunciaste la beca. 私は君がなぜ奨学金を辞退したのか分かっていない. Hay poderosas *razones para* pensar que el Gobierno miente. 政府が嘘をついていると考えるに足るはっきりした理由がある. Esa no es una 〜 suficiente *para* abandonar el trabajo. それは職場放棄の十分な理由にはならない. Hay muchas *razones* a favor de esta decisión. この決定を是とする理由はいくつもある. No falta 〜 cuando dices que no quieres trabajar con José. 君がホセとは仕事をしたくないと言うのはもっともだ. ❺ ❶[+de que+直説法 するとの/+de・para que+接続法 するようにとの] 伝言: Me mandó 〜 *de que* no podía ir a trabajar. 彼は仕事に行けないと私にことづてをしてきた. llevar una 〜 ことづてを伝える. ❼《数学》1) 割合; 比例: 〜 aritmética / 〜 por diferencia 算術比. 〜 geométrica / 〜 por cociente 幾何比. 2) 割り算の解, 商: La 〜 de dividir 42 entre 6 es 7. 42割る6は7. 3) La progresión aritmética 3, 6, 9, 12..., la 〜 es 3. 等差数列3, 6, 9, 12... の等差は3である. ❽ 委細;《広告》問い合わせは…へ: Se vende piso, 〜 aquí. マンション売りたし, 連絡はこちらへ

a 〜 de... …の割合で, …に応じて: 1) El bebé se engorda *a 〜 de* 200 gramos semanales. その乳児は週200グラムずつ体重が増えている. *a 〜 de* seis a (por) cuatro 6対4の割合で. *a 〜 de* diez por ciento anual 年10%の割合で. 2)[+*por* につき] Se paga *a 〜 de* diez euros *por* día. 一日10ユーロ支払われる. *a 〜 de* cien euros *por* cada uno 一人100ユーロの割合で

asistir a+人 *la 〜* …の方に道理がある: La 〜 *asiste a* tu hermano, así que no discutas más. お兄さんの言い分の方が正しい. だからもう文句を言うのはやめなさい

atender (*avenirse*) *a razones* 道理に従う; 頭(知性)が働く: Cuando se pone nervioso, no *atiende a razones*. 彼はいらいらすると頭が働かなくなる

cargarse de 〜[決定を下すに足る] 十分な根拠をもつ: Cuanto más persistiera en su actitud, más *me cargué* yo *de 〜*. 彼がそういう態度をとり続ければ続けるほど, 私は自分の判断が正しいと信じるようになった

con mayor 〜 いわんや, まして, なおさら, なおのこと

con mucha 〜 十分な理由があって, 全く正当に: Es un gran problema, sobre el que el informe llama la atención *con mucha 〜*. それは大問題であり, 報告書で注意を呼びかけたのはもっともである

con 〜 正当に, 当然: Se criticó, *con 〜*, el hecho de que el consumo de tabaco estuviera legalizado. 喫煙の合法とされたのは, 当然批判の的となった

con 〜 o sin ella 是は非はともかく

con 〜 que le sobra =*con mucha 〜*

con toda la 〜 =*con mucha 〜*

dar la 〜 a+人 …が正しいと認める, …の言い分はもっともだ, 同意する: Lola es tan terca que es mejor *darle la 〜* y

reabrir

no discutir con ella. ロラは頑固だから、彼女の言うとおりにして、言い争わない方がいい。La ley *da la* ~ al inquilino en este caso. この場合は法律は店子の立場を守る。Los testigos del accidente *han dado la* ~ al peatón. その事故を目撃した人たちは歩行者の方に分があると主張した
dar ~ [+de について] 伝え、知らせる: Ese impreso *da* ~ *de* la nueva dirección de la empresa. その書類は会社の新住所の案内だ。*Nos dieron* ~ *de* tu llegada con poca antelación. 私たちは君が来ることを直前になって知らされた
dar ~ *de sí* 生きている証拠を示す
darse a razones 納得させられる
darse ~ 知る: Le pregunté dónde estaba Luisa y me supo *darme* ~. 私は彼にルイがどこかと尋ね、その居所を知った
de ~ 道理にかなった、もっともな
en ~ *a...*《文語》=en ~ *de...*
en ~ *de...* 1) …の点で: El muchacho no irá a la cárcel *en* ~ *de* su corta edad. その若者は未成年であるため刑務所に入らなくて済む。2) …の点で、…に関して: Es un ordenador único, tanto *en* ~ *de* su precio como de sus prestaciones. そのコンピュータは価格の点でも性能の点でも比べるものがない。El rendimiento de los coches eléctricos está *en* ~ *de* su precio. 電気自動車の性能は価格に見合っている
entrar en ~ 道理を聞き分ける: Mis argumentos le hicieron *entrar en* ~. 私の説明で彼は納得してくれた。Por fin *ha entrado en* ~ y ha admitido su equivocación. 彼はやっと納得して誤りを認めた
fuera de ~ 道理に外れた・外れて、理屈に合わない: explicación *fuera de* ~ 理屈に合わない説明。Estás *fuera de* ~. 君は道理に外れている
haber ~ *para...* …なのももっともだ: No hay ~ *para* que te enfades. 君が怒ることはないだろう
llenarse de ~ =cargarse de ~
llevar ~ =tener ~: Tu hijo *lleva* ~: deberías dejar de fumar. 息子さんの言うとおりだ。君は禁煙すべきだよ
meter ~ *en* ~ *a+人* …に言うことをきかせる、納得させる
No hay ~ *que valga*. 理由にならない
no tener ~ 間違っている: ¿No tengo ~? 私の言うことは間違っていますか?
perder la ~ 理性（分別）を失う: *Perdió la* ~ a raíz de la bancarrota de su empresa. 彼は会社が倒産したために取り乱してしまった。¿Pero qué haces? ¿Has perdido *la* ~? 君何をしているんだ? どうかしたのか? *Perdió la* ~ y está en tratamiento psiquiátrico. 彼は正常な判断能力を失って精神治療を受けている
poner en ~ *a+人* …に言うことをきかせる、納得させる
ponerse en ~ 納得する、妥協する
por mayores razones のっぴきならない理由で
por qué ~ どういう理由で?/なぜ?《=por qué》: ¿Por qué ~ no quiere usted ir? なぜ行きたくないのですか?
por razones de.../por ~ *de...* …の理由で: Pasaré fuera el fin de semana *por razones de* trabajo. 私は仕事で週末を留守にする。~ *de* los negocios 商用で。*por* ~ *de* espacios 紙面の都合で
por razones personales 個人的な理由で: Ha presentado su dimisión *por razones personales*. 彼は一身上の都合で辞職した
por una ~ *o por otra* あれやこれやの理由で
puesto en ~ 道理にかなった: Eso está muy *puesto en* ~. それはしごくもっともだ
quitar la ~ *a+人* …が間違っていると言う（証明する）: Los jueces le *quitaron la* ~. 審査員たちは彼の間違いを指摘した
~ *de Estado* 国益上の理由、国是《『政府の逃げ口上』》: El portavoz del Gobierno ha dicho que no puede dar más información *por razones de Estado*. 官房長官は「これ以上は国益に関わるので公表できない」と述べた
~ *de más para*+不定詞·*que*+接続法 …するのはなおさら当然。: Hace mucho frío afuera, ~ *de más para que* lleves bufanda y guantes. 外はひどく寒い。だから、なおさら君はマフラーと手袋をつけるべきだ
~ *de ser* 存在理由: Todo tiene ~ *de ser*. あらゆるものに存在理由がある。Eres mi ~ *de ser*. 君は私の存在理由だ

~ *directa* 正比例: La desvalorización del mundo humano crece en ~ *directa* de la valorización del mundo de las cosas. 事物世界の価値増大に正比例して人間世界の価値低下がひどくなる
~ *inversa* 反比例: El volumen de una masa de gas está en ~ *inversa* a la presión a la que se encuentra sometido. 気体の容量はそれが置かれた圧力に反比例する
..., ~ *por la cual...*/..., *por cuya* ~ *...* …、それ故に…
~ *social* 1) ［登記された］会社名、商号: La empresa ha cambiado su domicilio y su ~ *social*. その会社は移転し、社名を変更した。2) ［商事］会社: La ~ *social* López y compañía ロペス商会
reducirse a la ~ 道理に服する
sin ~ わけなく: Se me saltaron las lágrimas *sin* ~. 私はわけもなく涙があふれた。Tenía una vitalidad que se fue apagando *sin* ~ aparente. 彼の活力ははっきりとした原因もなく消えていった
tener ~ 1) 正しい、正当である、もっともである: Usted *tiene* [toda la·mucha] ~. 〔全く〕おっしゃるとおりです/〔いかにも〕ごもっともです。*Tenía* ~. おっしゃったとおりだった。Quizá *tengas* ~. たぶん君の言うとおりなのだろう。*Tienes* ~; se llega antes por la otra carretera. 君の言うとおり、もう一本の道を行った方が早く着ける。Mi marido siempre quiere *tener* ~. 私の夫は理屈っぽい。2) ［+para·en+不定詞 するに足る］理由がある: Debe de *tener razones* muy importantes *para* hacerlo, porque si no ésto no se lo explica uno. 彼がそうするにはよくよくわけがあるに違いない
tomar ~ 《法律》［+de に］記入する、記録する
traer a+人 *a razones* …に誤りを分からせる
venir[se] a razones ［不一致の後］意見の一致を見る

razonabilidad [r͡aθonaβiliðáð]《安》合理性、合理的な態度
razonable [r͡aθonáβle]《形》《⇔irrazonable》❶ 道理にかなった、正当な: pretensión (excusa) ~ もっともな主張(言い訳)。❷ ［納得できるほど］十分な、妥当な、穏当な、公正な: Este reloj tiene un precio ~. この時計は頃合の（リーズナブルな）値段だ。❸ 理性的な、分別のある、思慮深い: Sé ~. 聞き分けよくしなさい。niño ~ 聞きわけのよい子。persona ~ 道理をわきまえた人
razonablemente [r͡aθonáβleménte]《副》❶ かなり、相当に。❷ 道理に従って; actuar ~ 理性的に行動する
razonadamente [r͡aθonáðaménte]《副》道理に従って、根拠に基づいて、合理的に
razonado, da [r͡aθonáðo, ða]《形》❶ 道理に基づいた、正当な [理由のある］: decisión ~*da* もっともな決定。opinión ~*da* 筋の通った意見。❷ ［勘定に］明細に記した
razonador, ra [r͡aθonaðór, ra]《形》❶ 論理的な[人]、論証的な[人]、理詰めの[人]、理屈っぽい[人]
razonamiento [r͡aθonamjénto]《男》推論、推理、論法、理屈: Sinceramente no comprendo tu ~. 率直に言って君の理屈は理解できない。~ *fundado* 根拠のある推論。~ *justo* (*falso*) 正しい（間違った）推論
razonante [r͡aθonánte]《形》=razonador
razonar [r͡aθonár]《←razón》《自》❶ 論理的に考える、思考する: El ser humano es el único animal capaz de ~. 人間は論理的な思考のできる唯一の動物である。❷ 推論する、推理する: ~ *bien* 正しく推論する。❸ 理由（根拠）を述べる。❹ 道理を説く。❺ 話す、談じる: ~ *con* el taxista タクシーの運転手と話をする
── 《他》論証する、正しいと証明する、検算する: ~ *las cuentas* 計算合わせをする
razzia [rátsja]《女》=razia
razziar [ratsjár]《他》急襲する、侵略する
re [ré]《男》*res*《音楽》レ、ニ音、D音
re- [接頭辞] ❶ ［再·反復］ *renacer* 再び生まれる、*reafirmar* 再確認する。❷ ［抵抗·反対］ *rechazar* 拒絶する。❸ ［後退］ *refluir* 逆流する。❹ ［強調］ *reamar* 熱愛する、*rebueno* すごくいい、*rebién* 申し分なく
rea[1] [r͡éa]《女》❶《ギリシア神話》[Rea] レア《Cronoの妻でPoseidónやZeusたちの母》。❷《←reo》[1]。❸《アルゼンチン》軽蔑）頻繁に誰とでも性的関係を結ぶ女
reabastecer [r͡eaβasteθér] 39《他》[+de 燃料·食糧を] …に補給する
── *se* 補給する
reabrir [r͡eaβrír]《←re-+abrir》《他》《過分 *reabierto*》再び開ける; 再び始める

reabsorber

　—— **~se** 再び開く; 再開する: La herida *se reabrió*. 傷口が再び開いた

reabsorber [r̄ea(b)sorβér] 他［吸収したものを分泌し］再び吸収する;《医学》[器官が, 自身の生み出したものを] 再び取り込む

reabsorción [r̄ea(b)sorθjón] 囡 再吸収

reacción [r̄ea(k)θjón] 囡《←re-+acción》❶ 反応: Era muy serena su ~ ante la mala noticia. その悪い知らせに対する彼の反応は穏やかだった. ~ internacional 国際的反響. ❷ 反発, 反動;《軽蔑》[集合] 反動派: provocar una ~ 反発を招く. ~ de los obreros contra la automatización 自動化に対する労働者の反発. larga lucha entre la ~ y la revolución 保守反動派と革命派の間の長期にわたる闘い. La ~ empezó a agitarse. 反動派どもが騒ぎ始めた. ❸《物理, 化学, 生物, 医学》反応, 反作用: principio de la acción y de la ~ 作用・反作用の法則. ~ de fusión 核融合反応. ~ química 化学反応. ~ biológica 生体反応. ~ alérgica アレルギー反応. *reacciones defensivas* 防御反応. ❹［薬の］副作用: Puede hacer ~ la vacuna. ワクチンは副作用を起こす可能性がある. ❺《中南米. 政治》右翼

a ~/de ~ 反作用による: avión *a (de)* ~ ジェット機. motor *a* ~ ジェットエンジン

en ~ a... ... に対する反動で

reaccional [r̄ea(k)θjonál] 形 反応の

reaccionante [r̄ea(k)θjonánte] 形《化学》反応の

reaccionar [r̄ea(k)θjonár]《←re-+acción》自《+a に対して/+con によって》反応する: 1) Los alumnos no *reaccionaron al discurso del profesor*. 生徒たちは先生の話に反応を示さなかった. 2)《物理, 化学, 生物, 医学》反応する; 反作用する: El hidrógeno *reacciona con el oxígeno donde el agua*. 水素は酸素と反応して水を生じる. La pupila *reacciona a la luz*. ひとみは光に反応する. ❷［+contra·ante に］反発する: La opinión pública *reaccionó contra el genocidio*. 世論はジェノサイドに反発した. ~ *contra la moda* 流行に抵抗する. ❸［経済など］再び活発になる; 回復する: La industria textil *reaccionó tras la crisis*. 危機の後, 繊維産業が活況を呈した. ❹ しりぞける, 排撃する

reaccionario, ria [r̄ea(k)θjonárjo, rja] 形 名《軽蔑》反動的な［人］, 反動派［の］: candidato ~ 反動派の候補者. gobierno ~ 反動政府. opinión ~*ria* 反動的な意見

reaccionarismo [r̄ea(k)θjonarísmo] 男《軽蔑》反動

reacio, cia [r̄eáθjo, θja]《←?語源》形［+a に］反対する; 抵抗的な, 言うことをきかない, 従わない; 気がすすまない: El partido se muestra ~ *al plan*. 党はその計画に難色を示している. La estadística indica que los jóvenes son ~*s a ir a votar*. 若者たちは投票に行きたがらないと統計は示している. Está ~*cia a aceptar la petición de mano*. 彼女は結婚の申し込みをどうしても受け入れようとしない

reacondicionamiento [r̄eakondiθjonamjénto] 男 修理, 改善

reacondicionar [r̄eakondiθjonár] 他 修理する, 改善する

reactancia [r̄eaktánθja] 囡《電気》リアクタンス

reactante [r̄eaktánte] 形《化学》反応性［の］

reactivación [r̄eaktiβaθjón] 囡 ❶［景気などの］回復, 立ち直り. ❷《化学, 医学》再活性化

reactivar [r̄eaktiβár]《←reactivo》他［勢いの衰えたものを］再び活発にする: ~ *la producción agrícola* 農業生産を活性化する. ~ *la sección de negocios* 営業部にてこ入れする

reactividad [r̄eaktiβidáð] 囡《化学》反応性, 反応力

reactivo, va [r̄eaktíβo, βa]《←re-+activo》形 ❶ 反応する, 反応性のある. ❷《電気》リアクタンス性の: circuito ~ リアクタンスのある回路

　——《化学》反応体, 試薬

reactor [r̄eaktór]《←reacción》男 ❶ 原子炉［= ~ nuclear］; 反応装置, 反応炉: ~ *avanzado de gas* 改良型ガス冷却炉. ~ *de agua a presión (en ebullición)* 加圧（沸騰）水型軽水炉. ~ *regenerador rápido* 高速増殖炉. ~ *térmico avanzado* 新型転換炉. ❷《化学》反応装置, リアクター. ❸ ジェット機; ジェットエンジン

reactualización [r̄eaktwaliθaθjón] 囡 ❶ 再現代化; 再見直し, 再改定. ❷［情報］再更新; 再バージョンアップ

reactualizar [r̄eaktwaliθár] 9 他 ❶ 再現代化する; 再見直しする, 再改定する. ❷［情報］再更新する; 再バージョンアップする

reacuñación [r̄eakuɲaθjón] 囡 再刻印;［貨幣の］改鋳

reacuñar [r̄eakuɲár] 他 刻印し直す, 再刻印する;［貨幣を］改鋳する

readaptación [r̄eaða(p)taθjón] 囡 再適応, 再適合: Tras el accidente, su ~ *laboral fue rápida*. 事故後, 彼の職場復帰は早かった. ~ *de un soldado a la vida civil* 兵士の市民生活への復帰. ~ *profesional* 職業再訓練. ~ *social* 社会復帰

readaptar [r̄eaða(p)tár] 他［+a に］再び適応（適合）させる: ~ *a un niño convaleciente a la vida escolar* 病後の子供を学校生活に慣れさせる

　—— **~se**［+a に］再び適応（適合）する: *~se a la sociedad* 社会復帰する

readmisión [r̄eaðmisjón] 囡 再復帰, 再入会, 復学, 再雇用

readmitir [r̄eaðmitír] 他［以前所属していた団体などへの］復帰を認める, 再入会させる, 再雇用する, 復学させる

readquirir [r̄eaðkirír] 27 他 取り戻す, 再取得する

readquisición [r̄eaðkisiθjón] 囡 取り戻し, 再取得

ready [r̄éði]《←英語》《キューバ. 口語》用意できている

reafirmación [r̄eafirmaθjón] 囡 再確認

reafirmador, ra [r̄eafirmaðor, ra] =**reafirmante**

reafirmante [r̄eafirmánte] 形 再確認する

reafirmar [r̄eafirmár] 他［有効性・真実などを］再確認する

　—— **~se**［+en を］再確認する: *Se reafirmó en todo lo que me dijo ayer*. 彼は昨日私に言ったことをすべて再確認した

reagina [r̄eaxína] 囡《医学》レアギン, 反応体

reagravación [r̄eaɣraβaθjón] 囡 再悪化

reagravar [r̄eaɣraβár] 他 再び悪化させる

　—— **~se** 再び悪化する: *Su enfermedad se reagravó a los pocos días*. 彼の病状は数日後再び悪化した

reagrupación [r̄eaɣrupaθjón] 囡 再編成: ~ *familiar* 離散家族の再会

reagrupador, ra [r̄eaɣrupaðor, ra] 形 名 再び集める[人], 再編成する[人]

reagrupamiento [r̄eaɣrupamjénto] 男 =**reagrupación**

reagrupar [r̄eaɣrupár] 他 再び集める, 再編成する

reagudo, da [r̄eaɣúðo, ða] 形 極めて鋭い: dolor ~ 激痛

reajuntar [r̄eaxuntár] **~se**《地方語》同棲する, 内縁関係にある

reajustar [r̄eaxustár] 他 ❶［再］調整する, [再]修正する, 改変する: ~ *el horario* 時間表を改正する. ~ *los presupuestos* 予算を修正する. ❷《政治, 婉曲》[価格を] 改定する, 値上げする: ~ *los salarios* 賃金を改定する

reajuste [r̄eaxúste] 男 ❶［再］調整, 改変: ~ *ministerial /~ de un gobierno* 内閣改造. ❷《政治, 婉曲》[価格・料金の] 改定, 値上げ: ~ *salarial* 賃上げ, 賃金改定. ❸《経済》[del calendario] *de la deuda* リスケ（ジューリング）《累積債務国の債務返済期間繰り延べ》. ~ *de paridades*［固定相場制のもとでの］為替平価の調整

real [r̄eál] **I**《←俗ラテン語 realis < ラテン語 res「事物」》形 ❶ [名詞+, ser+] 現実の, 実在の《⇔imaginario》: La película está basada en un hecho ~. その映画は実際の出来事に基づいていない. Parece increíble pero es ~. 信じられないが, これは事実だ. No se sabe si el rey Arturo fue un personaje ~ o gendario. アーサー王が実在の人物か伝説上の人物かはわかっていない. Después de las vacaciones cuesta volver a la vida ~. バカンスの後, 現実の生活に戻るのは骨が折れる. necesidades ~*es* 実際に迫った必要.《経済》《⇔nominal》: PIB ~ 実質GDP. salario ~ 実質賃金. tasa ~ *de crecimiento* 実質成長率. ❸ 実物の: activos ~*es* 実物資産. ❹《数学》derecho ~ 実[数]直線. número ~ 実数. ❺《物理》imagen ~ 実像. ❻ 真実の, 本当の; 本物の: ~ *placer* 真の喜び

II《←ラテン語 regalis》形 ❶［名詞+］国王の; 王家の: bosque ~ 王領林. estandartes ~*es* 王旗. familia ~ 王室, 王家; 皇族. persona ~ 王族の一員. poder ~ 王権. ❷［+名詞］王立の; 国王による: R~ *Conservatorio de Música* 王立音楽院. ❸《口語》[+名詞] 巨大な; とてもよい, すばらしい: Este es un ~ *coche*. これはすごい車だ. Este comentario me parece una ~ *tontería*. このコメントは非常にくだらないと私は思う. ~ *hembra* 背が高くて力が強く美しい女性. ❹《サッカー》R~ Madrid C.F. レアル・マドリード《マドリードを本拠地とするクラブチーム. 1902年の創設以来, リーガ・エスパニョーラ Liga Española の一部リーグに在籍する名門》

　—— 男 ❶《西. 歴史》レアル銀貨《1351年鋳造開始のカスティ

ーリャの貨幣. =3マラベディ maravedí. 15世紀末には =34マラベディ〗: ～ de a ocho 8レアル銀貨〘カルロス1世時代から鋳造された近世スペインを代表する貨幣〙. ❷《西. 歴史》～ de vellón レアル銅貨〘1686年から鋳造. 1レアル銀貨=15レアル銅貨. 1854年からマラベディに代わって通貨単位になった〙. ❸［ブラジルの貨幣単位］レアル〘=cruceiro ～〙

costar dos (***tres***) ***～es***［+a+人 にとって］非常に安い: ¡Cómpratelo, hombre, que eso *cuesta dos ～es*! それを買っておけよ, 安いものだ!

〔***ni***〕***un ～*** 一銭も…ない: No tengo *un* ～ en el bolsillo hoy. 私は今日は全く持ち合わせがない. Te han timado: esto no vale *un* ～. 君はだまされたな. これは一銭の価値もないぞ

por cuatro ～es わずかな金で: Ha vendido su finca *por cuatro ～es*. 彼は農園を二束三文で手放した

III〘←アラビア語 rahal「野営」〙[男] ❶《軍事》陣営, 野営地: alzar el ～ (los *～es*) 野営を解いて出発する. ❷ 市のたつ場所, 祭りの行なわれる場所, 会場〘展示会・サーカスなども行なわれる. =～ de la feria〙: Miles de sevillanos y de turistas pasean por el ～ de la feria. 何千人ものセビーリャ人や観光客が祭りの会場を歩いている

asentar (***sentar***) ***los*** (***sus***) ***～es*** 1) 陣営を敷く. 2) 腰を落ち着ける, 定住する: Después de vivir fuera de España, *ha asentado sus ～es* en Málaga. 彼はスペイン国外で暮らした後, マラガに居を定めた

reala [r̄eála] [女] =**rehala**

realce [r̄eálθe]〘←realzar〙[男] ❶ 際立つ(引き立つ)こと: Este traje dará ～ a su figura. この服はあなたの姿を引き立たせてくれますよ. dar ～ con su presencia a... …に出席して華を添える. ❷ 浮き彫り〔細工〕, 浮き出し〔模様〕: bordar de ～ 浮き刺繡をする;《口語》目立たせる, 強調する. bordado de (a) ～ 浮き刺繡. ❸《美術》ハイライト, 最も明るい部分

poner de ～ 目立たせる, 強調する

realdad [r̄ealdá(đ)] [女]《まれ》=**realeza**

realegrar [r̄ealeɡrár] **～se** 大喜びする, 狂喜する

realejero, ra [r̄ealexéro, ra] [形][名]《地名》ロス・レアレホス Los Realejos の〔人〕〘テネリフェ島の町〙

realejo [r̄ealéxo] [男] ❶《音楽》［16・17世紀に使われた］手回しオルガン, 小型オルガン. ❷《軍事》野営地

realengo, ga [r̄ealéŋɡo, ɡa]〘←real II〙[形] ❶《歴史》［中世の町・村などが］王直轄の, 王室領の;［土地が］国有の. ❷《中南米》［家畜などが］飼い主のいない. ❸《メキシコ, カリブ》1) 怠け者の, ものぐさな. 2) 自由な, 拘束のない

—— [名] 王領地の住民

—— [男] ❶《歴史》国王領, 王領地. ❷ bienes de ～ 王室(国有)財産

realeo [r̄ealéo] [男]《ホンジュラス》報酬, 給与, 手当

realera [r̄ealéra] [女] ❶ 女王蜂の巣房, 王台. ❷《コスタリカ, パナマ》短く幅広でまっすぐなマチェテ machete

realero [r̄ealéro] [男]《ベネズエラ》大金, 巨額の金

realeza [r̄ealéθa]〘←real II〙[女] ❶ 王権; 王者の威厳(風格): La reina apareció luciendo todos sus atributos de ～. 女王は王権を表わす品すべてを身につけたきらびやかな盛装で姿を見せた. ❷［王のような］豪華さ, 立派さ: La ～ y esplendor de su vestido de la actriz sorprendió a los invitados. その女優の衣装の華麗さとすばらしさに招待客は目をみはった. ❸ [集名] 王家, 王族: Como nieto de los Reyes Católicos pertenecía a la ～ española. カトリック両王の孫として, 彼はスペイン王室の一員だった. A la boda asistió la ～. その結婚式には王家の人々が出席した

realidad [r̄ealiđá(đ)]〘←real I〙[女] ❶ 真実, 事実; 真実性〘⇔idealidad〙: El acusado es inocente hasta que se demuestre la ～ de los hechos que se le imputan. 被告は行なったとされる行為が事実だと証明されるまでは無罪である. Que pasé hambre en mi infancia es una ～ innegable. 私が子供のころ食うや食わずの日々をおくったことは紛れもない事実だ. ❷［時に [集名]］現実〘⇔fantasía〙; 実情, 実態: Trabajando para una ONG ha conocido de cerca la ～ del Tercer Mundo. 彼はあるNGOで働いたので第三世界の現実を身近に知ることができた. No vive en la ～. 彼は現実の中に生きていない〘夢の世界に生きている〙. Estos dos países no tienen nada que ver, son dos *～es* distintas. この2国には共通性がない. 全く異質の2つの世界なのだ. huir de la ～ 現実〔の世界〕から逃避する. principio de ～《心理》現実原則. ～ de la política 現実の政治, 政治の実情. ～ virtual《情報》バーチャル・リアリティ, 仮想現実

en ～ 1) 本当は, 実際は: *En* ～, eso no tiene gracia. 実のところ, それは面白くない. *En* ～, ¿para qué quiero yo otro coche, si con uno tengo bastante? 実際問題として, 私は1台の車で十分なのに, もう1台欲しがったりするわけがない. 2) 現実的には: *En* ～ es imposible hacerlo. 現実問題としてそれを行なうのは不可能だ. 3) 実質的には

en ～ de verdad 本当に, 確かに

La ～ es que+直説法 実のところ…である: *La* ～ *es que* su abuelo no está tan malo como cree. 実際には彼の祖父の体調は彼が思っているほど悪くはない

tomar ～ 現実となる, 現実性をおびる

volver a la ～ 1) 我にかえる: Por fin *volvió a la* ～ y dijo que no quería verlo. 彼女はやっと我にかえって, 彼に会いたくないと言った. 2) 現実に目を向ける: Tienes que *volver a la* ～, ¿te enteras? いいか? 君は現実から目をそらしていてはいけないのだ

realillo [r̄ealíʎo] [男] レアル銅貨〘=real de vellón〙

realimentación [r̄ealimentaθjón] [女] ❶《電気, 音響》フィードバック. ❷《航空》給油

realineamiento [r̄ealineamjénto] [男] ❶ 共同歩調をとり直すこと. ❷［欧州通貨制度の］為替レート調整

realísimo, ma [r̄ealísimo, ma] [形] real の絶対最上級

dar a+人 ***la ～ma***［+de+不定詞］…が…したくなる

realismo [r̄ealísmo] **I**〘←real I〙[男] ❶ 現実主義: Hay que actuar con ～. 現実を直視して行動しなければならない. ❷《芸術》写実主義, リアリズム〘=～ artístico〙: Galdós es uno de los grandes narradores del ～. ガルドスは写実主義の偉大な物語作家の一人である. ～ crítico (social) 批判(社会)的リアリズム. ～ mágico 魔術的リアリズム. ❸《哲学》実在論, 実念論: ～ ingenuo 素朴実在論

II〘←real II〙[男] 王制主義

realista [r̄ealísta] **I**〘←real I〙[形][名] ❶ 現実主義の, 現実主義者: Seamos *～s*: si invertimos todo el dinero, corremos el riesgo de arruinarnos. 現実的に考えよう. 有り金全部投資すれば破産する危険性がある. Los ciudadanos demandan un planteamiento ～ de sus problemas. 国民は問題解決のための現実的な提案を要求している. ❷《芸術》写実派〔の〕: pintor ～ 写実派の画家. estilo ～ 写実主義的手法. ❸《哲学》実在論の, 実念論の: pensamiento ～ 実在論的思考

II〘←real II〙[形][名] 王党派〔の〕, 王制主義の(主義者): ejército ～ 王党軍, 国王軍

realístico, ca [r̄ealístiko, ka]〘←英語 realistic〙[形]《文語》実在論の; 写実主義の

reality show [r̄eáliti ʃóu̯]〘←英語〙[男]《テレビ》殺人事件などを紹介する番組

realizable [r̄ealiθáble] [形] ❶ 実現(達成)され得る, 実際的な: Es un proyecto fácilmente ～. それは容易に実現可能な計画だ. No es más que un sueño poco ～. それは実現の見込みがほとんどない夢に過ぎない. ❷ 換金できる: fortuna ～ 現金化できる財産

realización [r̄ealiθaθjón] [女] ❶ 実現, 現実化; 実行, 達成: Necesitamos un patrocinador para la ～ del proyecto. 私たちにはその計画の実現のためのスポンサーが必要だ. La ～ de las obras llevará varios meses. それらの作品を仕上げるには数か月を要する. ～ de beneficios《相場》利益の確定. ❷ 成果, 所産; 作品: ～ cinematográfica 映画作品. ❸ 製作, 作成;《映画》監督, 演出;《テレビ》制作, プロデュース. ❹［資産などの］換金, 現金化. ❺ 自己実現〔による満足〕: Este trabajo me ofrece la posibilidad de una ～ personal. この仕事をすれば私は自己実現の喜びを味わえる. ❻《哲学》実在性. ❼《言語》［発話行為の］実現〔化〕

realizador, ra [r̄ealiθađór, ra] [名]《映画》製作者;《テレビ》プロデューサー

realizar [r̄ealiθár]〘←real I〙[9] [他] ❶ 実行する; 行なう, する: Vamos a ～ un ejercicio de expresión corporal. 身体表現の訓練を実施しよう. El policía *realizó* un disparo al aire. 警官は空に向けて発砲した. Está *realizando* un tremendo esfuerzo por no llorar. 彼は懸命に涙をこらえている. *Realizó* un movimiento brusco y se lesionó la rodilla. 彼はいきなり体を動かしたので膝を傷めてしまった. Para asegurarnos de que todo saldrá bien, mañana *realizaremos* un último ensayo. 万事うまくいくという自信をつけるために, 明日最後のリハーサルを

R

しよう. ～ un experimento 実験を行なう. ❷ 実現する: Logró ～ su sueño de trabajar como actriz. 彼女は女優になりたいという夢を実現した. La idea es magnífica; solo nos falta ayuda financiera para ～la. 着想はすばらしい. あとはただそれを実現するための資金援助が必要だ. ～ un plan 計画を達成(実行)する. ～ un viaje 旅行を実現する; 旅行する. ❸《文語》作る〖=hacer〗;《映画》監督する, 演出する;《テレビ》制作する: *Realizamos* el trabajo en equipo para ganar tiempo. 私たちは時間を節約するためにレポート作りをチームで行なっている. El modista *realiza* primorosos vestidos. そのデザイナーは優雅なドレスを制作した. *Realizará* una película de suspense con un afamado productor. 彼は有名なプロデューサーと組んでサスペンス映画を製作する予定だ. *Realizó* un documental sobre las centrales nucleares. 彼は原子力発電所についての報道番組を制作した. ❹ 現金に換える, 換金する; 決済する: El empresario pudo ～ todas las existencias del almacén rápidamente. その経営者は在庫を大急ぎで一掃して現金化した. ～ una propiedad 資産を現金化する. ❺《哲学》実在化する

—— **～se** ❶ 実行される: Nadie pensaba que *se realizaran* sus planes. 彼の計画が実行に移されるとは誰も思っていなかった. El trabajo de campo *se realizó* en Bolivia. 実地調査はボリビアで行なわれた. La respiración de los peces *se realiza* a través de las branquias. 魚はえらで呼吸する. ❷ 実現する; 現実のものになる: *Se han realizado* sus predicciones. 彼の予言は現実のものとなった. ❸ 自分の目標を達成する; 自己を実現する〔そして満足する〕: Quieren ～*se* en su trabajo. 彼らは仕事で自己を実現したい. Trabajar en lo que gusta ayuda a ～*se* profesionalmente. したいと思う仕事をすれば, 職業の世界で自己実現の満足が味わえる. En este nuevo trabajo me siento *realizado*. 私はこの新しい仕事にとても生きがいを感じている

realmente [r̄eálménte] [副] ❶ [強調] 本当に: Estoy ～ cansado. 私は本当に疲れているのだ. *R*～ es inteligente. 本当に彼は頭がいいね. La vida en esta región es, ～, muy cara. この地方は物価が本当に高いね. ¡Qué grande es este melón!—*R*～. このメロンは大きいねえ!—本当だね. ❷ 現実に, 実際は; 本当のところ: ¿*R*～ sucedió como ella lo cuenta? 本当に彼女が言ったとおりの出来事があったのか? Creo que no sabe ～ lo que pasó. 彼は実際にはその出来事をよく知らないようだ. *R*～, no tenía intención de contártelo porque sabía que te enfadarías. 実を言うと君にこんなことを話すつもりはなかった, 君が腹を立てると分かっていたから. A mí, ～, no me importaría demasiado. 本当のところ, 私にとってそれはそれほど問題ではないのだ. ❸ 本気で: ¿Te interesa ～ mi opinión? 君は私の意見を本気で聞く気があるのか? Estaba ～ enamorada de él. 彼女は真剣に彼に恋していた

R

realojamiento [r̄ealɔxamjénto] [男] =**realojo**

realojar [r̄ealɔxár] [他] 住み替えさせる, 移住させる, 収容する

realojo [r̄ealɔ́xo] [男] [強制的な] 移住, 収容

realpolitik [r̄ealpolitík] 〖←独語〗[女] 現実政策

realquilado, da [r̄ealkiláđo, đa] [形] [名] また借りの, 転借の; また借り人

realquilar [r̄ealkilár] 〖←re-+alquilar〗[他] 転貸する: ～ una habitación a+人 部屋を…にまた貸しする

realzar [r̄ealθár] 〖←re-+alzar < 俗ラテン語 altiare < ラテン語 altus〗 [9] [他] ❶ [よく見えるように] 際立たせる, くっきりと見せる: Este sujetador *realce* el busto. このブラジャーは胸のふくらみを強調する. El color de la habitación *realza* más los muebles. 部屋の色が家具を一段と引き立たせている. ❷ 浮き彫り細工を施す, 浮き出し模様にする. ❸《美術》ハイライトをつける. ❹ さらに高く上げる: El globo *se realzó* con la ayuda del viento. 風船は風に乗って高く舞い上がった

reamar [r̄eamár] [他] 熱愛する〖=amar mucho〗

reanimación [r̄eanimaθjɔ́n] [女] ❶ 活気(元気)づけること, 再生. ❷《医学》蘇生〔法・術〕: ～ respiratoria 呼吸蘇生, 人工呼吸

reanimador, ra [r̄eanimađɔ́r, ra] [形] [名] 活気づける〔人〕, 元気づける〔人〕

reanimar [r̄eanimár] 〖←re-+animar〗[他] ❶ 生気を取り戻させる, 活気づける, 元気づける, 励ます: Está depresivo; vamos a ～le. 彼は落ち込んでるから元気づけてやろう. El capitán *reanimó* a sus soldados. 隊長は部下の兵士たちを奮い立たせた. ❷ 蘇生させる, 意識を取り戻させる: El médico intentó ～le con el masaje cardiaco. 医者は心臓マッサージで彼を蘇生させようとした

—— **～se** ❶ 生気を取り戻す, 活気づく: *Me reanimaré* si como un poco. 少し食べれば元気になります. ❷ 蘇生する: El ahogado *se ha reanimado* con la respiración boca a boca. 溺れた人は人工呼吸で蘇生した

reanudación [r̄eanuđaθjɔ́n] [女] ❶ 再開: ～ de las conversaciones de paz 和平会談の再開. ～ de las clases 授業の再開. ❷《情報》リセット

reanudar [r̄eanuđár] 〖←re-+anudar〗[他] ❶《文語》再開する: La tropa *reanudó* la marcha tras el descanso. 部隊は休止後, 再び行軍を始めた. ～ el servicio de trenes 列車の運転を再開する. ～ las relaciones diplomáticas 国交を回復する. ～ una amistad 旧交を温める. ❷《情報》リセットする

—— **～se** 再開される: El partido *se reanudó* después de dos horas. 試合は2時間後に再開された

reaños [r̄eáɲɔs] [男] [複] 気力, 勇気〖=redaños〗

reaparecer [r̄eapareθér] 〖←re-+aparecer〗 [39] [自] ❶ 再び現れる(起こる); 再登場する, カムバックする: El bufón *reapareció* en la escena. 道化役が再び舞台に登場した

reaparición [r̄eapariθjɔ́n] [女] 再現, 再発, 再登場; カムバック, 返り咲き

reapertura [r̄eapɛrtúra] [女] [会議・営業などの] 再開

reapretar [r̄eapretár] [他] ❶ 再び締める; 再び握り(抱き)締める. ❷ 強く締める; きつく握り(抱き)締める

reaprovisionamiento [r̄eaproƀisjonamjénto] [男] 再補給

reaprovisionar [r̄eaproƀisjonár] [他] …に再び補給する

rearar [r̄earár] [他] [土地を] 再び耕す, 鋤(す)き返す

reargüir [r̄eargwír] [48] [他] ❶ 再び論証(推論)する; 再び主張する. ❷ [相手の論法を使って] 反論する, 反駁する

rearmar [r̄earmár] 〖←re-+armar〗[他] 再軍備(武装)させる; 軍備を増強させる

—— **～se** 再軍備(武装)する; 軍備を増強する: Los países vecinos empezaron a ～*se*. 近隣諸国が軍備の増強を始めた

rearme [r̄eárme] [男] 再軍備, 再武装; 軍備の増強

reasegurador, ra [r̄easeguradɔ́r, ra] [形] [名] 再保険者〔の〕

—— [女] 受再保険会社

reasegurar [r̄easegurár] [他] …に再保険をつける

reaseguro [r̄easegúro] [男] [保険会社が相互に掛ける] 再保険

reasumir [r̄easumír] 〖←re-+asumir〗[他] ❶ [任務・責任などを] 再び引き受ける(負う): *Reasumió* la dirección de la empresa cuando volvió de vacaciones. 彼は休暇から戻ると再び会社経営の先頭に立った. ❷ [上級者が下級者の職務・権限などを] 引き受ける, 引き継ぐ

reasunción [r̄easunθjɔ́n] [女] [任務・責任などを] 再び引き受けること, 復職; 引き継ぎ

reata [r̄eáta] 〖←re-+atar〗[女] ❶ [馬などを縦一列につなぐ] つなぎ縄. ❷ [つながれた馬などの] 列: una ～ de burros 一列につながれたロバたち. ❸ [荷車などの先頭の] ラバ. ❹《中南米》[牧童の使う] 投げ縄. ❺《メキシコ, カリブ, アンデス》花壇. ❻《メキシコ》1) すだれ. 2) 陰茎. ❼《コロンビア》弾帯. ❽《アンデス》綿布の切れ端

***brincar la* ～**《メキシコ. 遊戯》縄跳びをする

***de* ～** 1) 一列になって・なった; 一連の. 2) 従順に, おとなしく

***echar* ～** 1)《メキシコ, コスタリカ》鞭で打つ. 2)《メキシコ》性交する

***en* ～** =**de ～**

—— [形]《メキシコ. 口語》よい, 上手な, 頼りになる; 寛大な

reatadura [r̄eatađúra] [女] 再び結ぶこと, 縛り直すこと

reatar [r̄eatár] [他]《まれ》❶ 再び結ぶ, 縛り直す; さらに強く結ぶ. ❷ [馬などをつなぎ縄 reata で] 縦一列につなぐ

reatazo [r̄eatáθo] [男]《メキシコ》殴打

reatino, na [r̄eatíno, na] [形] [名]《地名》[イタリア中部の都市] リエーティ Rieti の〔人〕

reato [r̄eáto] [男]《カトリック》償いの残りの期間

reaventar [r̄eaƀentár] [他]《農業》再び唐箕(とうみ)にかける

reavivación [r̄eaƀiƀaθjɔ́n] [女] 再び盛んにすること; より盛んにすること

reavivamiento [r̄eaƀiƀamjénto] [女] =**reavivación**

reavivar [r̄eaƀiƀár] 〖←re-+avivar〗[他] 再び盛んにする; より盛んにする, さらに活気づける: Los troncos secos *reavivan* el fuego de la chimenea. 乾燥した薪は暖炉の火勢を強める. Con su actividad solo conseguirá ～ el eterno problema territorial.

彼のやり方では, 永久に解決のつかない領土問題を再燃させてしまうだけだろう
―― ～**se** 再び盛んになる; より盛んになる

rebab [r̄ebáb] 男 =**rabab**

rebaba [r̄ebába] 女 ［縁・端の］ぎざぎざ, 出っ張り;《技術》ばり, フラッシュ

rebabador, ra [r̄ebabaðór, ra] 名 縁のぎざぎざを削り取る人

rebabar [r̄ebabár] 他 …の縁のぎざぎざ(出っ張り)を削り取る

rebaja [r̄ebáxa]《←rebajar》女 ❶ 値引き, 割引き; 値引き額: ¿Me puede hacer alguna ～? 少し安くしてもらえますか? Me hicieron una ～ de cinco euros. 私は5ユーロおまけしてもらった. 商品, venta con ～ 安売り. ❷《複》大安売り, バーゲン(の時期): Están de ～**s** en esas tiendas. それらの店で安売り中だ. comprar en ～**s** バーゲンの時期に買う; バーゲンで買う. grandes ～**s**《表示》大安売り. ～**s** de primavera 春のバーゲン. ❸ 割戻し, リベート. ❹［税金・料金などの］低下, 減額: La empresa propone una ～ de los salarios de un 3%. 会社は給料の3%減額を提案している. ❺［刑罰の］減少, 引き下げ

rebajado, da [r̄ebaxáðo, ða] 形 ❶ 値引きした, 割引きした: artículos ～**s** un 20 por ciento 2割引きの商品. ❷［兵士が］任務を免除された, 非番の: Hoy estoy ～ de servicio. 今日私は非番だ. ❸《建築》扁円(㌇)アーチの, 欠円の
―― 名 非番の兵士

rebajador, ra [r̄ebaxaðór, ra] 形 名 低くする〔人〕, 下げる〔人〕
―― 名《写真》減力液

rebajamiento [r̄ebaxamjénto] 男 ❶ 下げること, 低下, 低減〔=rebaje〕. ❷ 屈辱, 屈服. ❸［色調・濃度などが］弱まること, 希薄化. ❹《写真》アーチの弧が］半円より小さいこと, 欠円, 扁円. ❺《写真》減力

rebajar [r̄ebaxár]《←re-+bajar》他 ❶ […の価格・料金などを］引き下げる, 値下げする; 価格から差し引く: Habían rebajado la chaqueta porque tenía un defecto. きずがあったのでジャケットの値段が下がっていた. Los bancos *rebajaron* sus tipos de interés. 銀行は利率を引き下げた. ～ cien yenes 100円値引きする. ～ la grúa レッカー料を引き下げる. ❷［高さを］低くする, 下げる: Antes de cimentar hay que ～ el terreno. 基礎工事の前に地面を掘り下げなければならない. ❸［色調・濃度などを］弱める, 減少させる, 和らげる: ～ el color 色あいを地味にする. Ha *rebajado* el vino mezclándolo con gaseosa. 彼はソーダを混ぜてワインを薄めた. ❹［人を］おとしめる, 見下す: Me *rebajó* delante de los ojos de mis amigos. 彼は友人たちの見ている前で私を侮辱した. ❺［要求などを］下げる, 取り下げる. ❻《主に軍事》[+de 任務などを] …に免除してやる: Me *rebajaron del* servicio por enfermo. 私は病気のため軍務をまぬがれた. ❼《写真》減力する. ❽《建築》［アーチを］欠円(扁円)にする. ❾《ラプラタ》髪切］レイヤーカットにする
―― 自《ラプラタ》やせる〔= ～ de peso〕
―― ～**se** ❶ 屈服する, へり下る: 1) No pienso ～*me* para pedirle dinero. 私はぺこぺこして彼に金を借りるつもりはない. 2)［+ante に］No *se rebajó ante* la adversidad. 彼は逆境にもへこたれなかった. 3)［+a+不定詞］卑下して …する: Nadie se debería ～ *a* pedir favores. 誰も自分をおとしめてまで好意を求める必要はない. ❷《主に軍事》[+de 任務などを] 免除される, まぬがれる: Hoy *me rebajo de* la guardia. 私は今日は歩哨に立たなくてよい. ❸［病院の職員が］病気休暇をとる

rebaje [r̄ebáxe] 男 ❶ 下げること. ❷《主に軍事》[任務などの]免除; 兵役(徴兵)免除. ❸ =**rebajo**

rebajista [r̄ebaxísta] 名《まれ》バーゲンセールの〔買い物客〕

rebajo [r̄ebáxo] 男《建築》［窓などの外枠につける］しゃくり溝, さねはぎ

rebalaje [r̄ebaláxe] 男 ❶［水の］渦巻, 潮流. ❷［引き潮でできる］砂の縞模様. ❸ 干潟

rebalgar [r̄ebalɣár] 自 大股で歩く

rebalsa [r̄ebálsa] 女 ❶ 水たまり, ため池. ❷《医学》充血, 鬱血(㋕)

rebalsar [r̄ebalsár] 他 [水を]せき止める, 溜(た)める
―― 自《チリ, アルゼンチン, ウルグアイ》[容器から] あふれる, あふれ出す
―― ～**se** 水たまりになる, 溜まる: El torrente *se rebalsa* al llegar aquí. 急流はここに来ると淀みになる

rebalse [r̄ebálse] 男 ❶ 淀み. ❷ 水のせき止め

rebambaramba [r̄ebambarámba] 女《キューバ》一目散に逃げること

rebanada [r̄ebanáða]《←古語 rabanada < rábano》女 ❶［パンなどの］薄い1切れ, 1枚: Puse dos ～**s** de pan a tostar. 私はパンを2枚トースターに入れた. ❷《メキシコ》揚げパン; トーストパン

rebanado, ra [r̄ebanáðo, ða] 形 薄切りした

rebanador, ra [r̄ebanaðór, ra] 名《まれ》薄切りする人

rebanar [r̄ebanár]《←rebanada》他 ❶［パンなどを] 薄切りにする, スライスする: *Rebanel* una barra de pan para dar de merendar a los niños. 子供たちにおやつを与えるために, 私はバゲットを切り分けた. ❷ 切断する, 両断する: La sierra mecánica le *rebanó* el dedo. 彼は電動鋸で指を1本切断した
―― ～**se** ［自分の体の一部を] 切り落とす: ～ un dedo

rebanco [r̄ebáŋko] 男《建築》［建物・像・柱の］2番目の台（台座）

rebanear [r̄ebaneár] 他《口語》=**rebanar**

rebañadera [r̄ebaɲaðéra] 女［井戸に落ちたものを引っ掛ける］鉄製の鉤(㋕)

rebañador, ra [r̄ebaɲaðór, ra] 形《まれ》全部拾い集める〔人〕;［料理などを] すべて平らげる〔人〕

rebañadura [r̄ebaɲaðúra] 女 ❶《複》［鍋・皿に付いた］食物の残りかす;［落ち穂など] 拾い残したもの. ❷《西》全部拾い集めること, すべて平らげること

rebañar [r̄ebaɲár]《←rebaño》他《西》❶ かすも残さずに食べる: *Rebañé* la salsa con el pan hasta dejar el plato limpio. 私は皿に残ったソースをパンをつまんで平らげた. La sopa ～ 一滴も残さずに飲む. ❷ 全部拾い集める（持ち去る）: ～ espigas 落ち穂を拾い集める. Se marchó de la casa *rebañando* todo cuanto tenía valor. 彼は金目のものをそっくり持って家を出た

rebañego, ga [r̄ebaɲéɣo, ɣa] 形 ❶［羊などの］群れの, 群れをなす. ❷［人が］大勢に従う, 付和雷同する, 自主性のない

rebaño [r̄ebáɲo] 男 ❶［羊などの〕群れ: un ～ de cincuenta ovejas 50頭の羊の群れ. ❷《カトリック》〔集名〕［聖職者に対して〕信徒, 会衆. ❸《軽蔑》〔集名〕操られる（自主性のない）人々, 烏合の衆. ❹《エストレマドゥーラ》［アーモンドを叩き落とす〕棒

rebañuelo [r̄ebaɲwélo]《rebaño の示小語》男 小さな群れ

rebarba[1] [r̄ebárba] 女 ❶ =**rebaba**. ❷ 縁のぎざぎざ（出っ張り）の削り方

rebarbador, ra [r̄ebarbaðór, ra] 形 =**rebabador**

rebarbar [r̄ebarbár] 他 =**rebabar**

rebarbo, ba[2] [r̄ebárbo, ba] 形《まれ》黒っぽい皮膚と白い鼻の〔牛〕

rebasadero [r̄ebasaðéro] 男《船舶》［岩礁の間などで船舶の通行が可能な] 水路, 水道

rebasamiento [r̄ebasamjénto] 男 越えること

rebasar [r̄ebasár]《←古語 rebalsar「水が満ちる, あふれる」》❶［限度などを] 越える: Acabamos de ～ la parte más difícil y arriesgada. 私たちはたった今最大の難所を突破したところだ. Ya debe de ～ los sesenta. 彼はもう60歳を越えているはずだ. Nunca *rebasa* el límite de velocidad marcada. 彼は決して制限速度を超えない. ❷《競走など》追い抜く, 引き離す: El atleta japonés *rebasó* a su rival. 日本人選手がライバルを追い抜いた. ❸《船舶》［岬などを] 迂回する: ～ un escollo 岩礁を迂回する. ❹ ～ un credit［預金口座から] 当座借り越しをする. ❺《メキシコ·交通など》追い越す

rebascada [r̄ebaskáða] 女《プエルトリコ》かんしゃく, 憤り; 怒った顔〔表情〕

rebate [r̄ebáte] 男 戦闘, 小競り合い

rebatible [r̄ebatíβle] 形 ❶［議論が] 反論され得る. ❷《ラプラタ》［椅子などが] 折畳み式の

rebatimiento [r̄ebatimjénto] 男 反駁, 反論

rebatinga [r̄ebatíŋga] 女《メキシコ, ホンジュラス》=**rebatiña**

rebatiña [r̄ebatíɲa]《←rebato》女［子供同士が物を取り合う] 争い, 奪い合い
a la ～ 奪い合って: andar *a la* ～ 奪い合いに加わる, 互いに奪い合う

rebatir [r̄ebatír]《←re-+batir》他 ❶ 反駁(㋕)する, 反論する: Algunos científicos trataron de ～ en vano la teoría de la relatividad de Einstein. 科学者の中にはアインシュタインの相対性理論を論駁しようとする者もいたが, 失敗に終わった. ❷ …に立ち向かう, はねつける: ～ la violencia 暴力に立ち向かう. ❸ かき回す, 攪拌する: ～ las claras 卵白をかき回す. ❹ 鍛える,

rebato

強化する. ❺ 差し引く, 控除する. ❻《フェンシング》[相手の剣先を]下方に払う

rebato [r̃ebáto]《←アラビア語 ribat「急襲」》[男] ❶ 警鐘, 警報;; 非常召集: Las campanas de la iglesia tocan a ~ porque hay un incendio. 火事が起きて教会の鐘が急を告げている. ❷《軍事》不意打ち, 奇襲. ❸ 不安, 動揺, 衝撃 *de* ~ 不意に, 急に, 突然

rebautizar [r̃eautiθiár] [9] 他 再び洗礼を施す

rebaza [r̃eβáθa]《アンダルシア》小麦粉の混じったふすま

rebeca [r̃eβéka] **I** [女]《旧約聖書》[R～] リベカ《イサク Isaac の妻でエサウ Esaú とヤコブ Jacob の母》
II 《←*Rebeca*「レベッカ (ヒッチコック Hitchcock の映画)」》[女]《西. 服飾》[主に女性用の, 薄手の] カーディガン

rebeco [r̃eβéko]《←前ローマ時代語》[男]《動物》シャモア《=gamuza》

rebecú [r̃eβekú]《ボリビア》[針金の弦を張った] 小型ギター

rebelar [r̃eβelár]《←ラテン語 rebellare < re-(強調)+bellare「戦う」》
~*se* ❶ [+*contra* 権威・習慣などに] 反乱を起こす, 反旗をひるがえす; 逆らう, 背く: Los súbditos *se rebelaron contra* su señor. 家臣たちは主君に対して謀反を起こした. ~*se contra* la presión 圧力に抗する. ~*se contra* la mojigatería 偽善に対して反抗する. ❷《口語》手に負えない, 扱いにくい: La cocina española se me *rebela*. スペイン料理は私の手に余る

rebelde [r̃eβélde]《←ラテン語 rebellis》[形] ❶ 反乱の, 謀反の, 反逆する: Los soldados ~s se refugieron en el bosque. 反乱軍兵士たちは森へ逃げ込んだ. ejército ~ 反乱軍. ❷ 反抗的な, 扱いにくい, 手に負えない: La actitud ~ del muchacho molestaba mucho a sus padres. 子供の反抗的態度に両親はひどく手を焼いていた. hijo ~ 育てることをきかない息子. espíritu ~ 反抗心. ❸ 扱いにくい, 御しにくい: pelo ~ 癖毛. tos ~ しつこい咳. ❹《法律》[裁判に] 欠席した, 出廷拒否の
── [名] 反逆者, 謀反人; 反乱者, 叛徒, 暴徒. ❷《法律》[裁判への] 欠席者, 出廷拒否者

rebeldía [r̃eβeldía]《←*rebelde*》[女] ❶ 反乱, 反逆, 謀反; 反抗心. ❷ 反抗精神, 反抗心. *estar en* ~ 反抗している. espíritu de ~ 反逆精神, 反抗心. ❷《法律》[裁判への] 欠席, 出廷拒否: Por no comparecer ante el tribunal fue declarado *en* ~. 彼は裁判所に出頭しないので出廷拒否とみなされた. condenar (declarar) *en* ~ 欠席裁判をする. juicio *en* ~ 欠席裁判

rebelión [r̃eβeljón]《←ラテン語 rebellio, -onis》[女] ❶ 反乱, 反逆, 謀反《⇔*sumisión*》: reprimir una ~ 反乱を鎮圧する. *R*~ *de las Alpujarras* アルプハラスの反乱《1568～71, カトリック両王 Reyes Católicos による強制改宗政策に対して起こったムデハル mudéjar の反乱》. *La* ~ *de las masas* 『大衆の反逆』《Ortega y Gasset の著書》. ~ *militar* 軍部の蜂起. ❷《法律》反乱罪

rebelón, na [r̃eβelón, na] [形][馬が] 御しにくい, 手に負えない

rebencazo [r̃eβenkáθo] [男] ❶ [ガレー船の漕役刑囚への] 鞭打ち. ❷《南米》鞭 rebenque で打つこと

rebencudo, da [r̃eβeŋkúðo, ða] [形]《キューバ》頑固な, 頑迷な

rebenque [r̃eβéŋke] [男] ❶《歴史》[ガレー船の漕役刑囚に用いた] 鞭. ❷《船舶》短い綱 (ロープ). ❸《カナリア諸島》のろま, のろ間. ❹《中米》[乗馬用の] 太く短い鞭. ❺《キューバ》不機嫌

rebenquear [r̃eβeŋkeár] 他《中米》[馬に] 鞭をあてる

rebién [r̃eβjén] [副]《主に中米》申し分なく, 非常にすばらしく《=muy bien》

rebina [r̃eβína] [女]《農業》3度目の鋤き返し

rebinadura [r̃eβinaðúra] [女]《地方語》=**rebina**

rebinar [r̃eβinár] [他]《農業》3度目の鋤き返しをする. ❷《アンダルシア》もう一度よく考える

rebisabuelo, la [r̃eβisaβwélo, la] [名] 高祖父, 高祖母《=tatarabuelo》

rebisnieto, ta [r̃eβisnjéto, ta] [名] 玄孫, やしゃご《=tataranieto》

reblagar [r̃eβlaɣár] [8] [自]《アストゥリアス》=**rebalgar**

reblandecedor, ra [r̃eβlandeθeðór, ra] [形] 柔らかくする

reblandecer [r̃eβlandeθér]《←re-+*blando*》[39] [他] ❶ 柔らかくする; より柔らかくする: La lluvia *reblandece* la tierra. 雨は大地を柔らかくする. ❷ [厳しさを] 和らげる
── 自·~*se* ❶ 柔らかくなる: Esta carne *se ha reblandecido* al guisarla. この肉は煮込んだら柔らかくなった. ❷ [厳しさが] 和らぐ

1942

reblandecimiento [r̃eβlandeθimjénto] [男] ❶ 柔らかくなる(する)こと. ❷《医学. 古語》~ cerebral 脳軟化《症》

reblar [r̃eβlár] [自]《アラゴン》おじけづく; [危険などを前にして] あきらめる

rebobinado [r̃eβoβináðo] [男]《フィルム・テープなどの》巻き戻し《*avance*》: ~ rápido 高速巻き戻し

rebobinador [r̃eβoβinaðór] [男] 巻き戻し器

rebobinadora [r̃eβoβinaðóra] [女] 巻き戻し機《装置》

rebobinar [r̃eβoβinár]《←re-+*bobina*》[他]《フィルム・テープなど》を巻き戻す: Cuando termine la película, *rebobína*la. 映画が終わったら巻き戻しておいてくれ. ❷ [糸巻き・コイルを] 巻き直す, 巻き移す

rebocillo [r̃eβoθíʎo] [男]《古語》[女性用が顔を隠すための] ショール, 頭巾

rebociño [r̃eβoθíɲo] [男]《古語》=**rebocillo**

rebojo [r̃eβóxo] [男] くず, 残滓; パンくず

rebolada [r̃eβoláða] [女]《セゴビア》[夜明けの] 通りでの演奏 ronda

rebolera [r̃eβoléra] [女]《ムルシア》赤い雲, 朝焼け, 夕焼け

rebolla [r̃eβóʎa] [女]《地方語. 植物》=**rebollo**

rebollar [r̃eβoʎár] [男] コナラの林

rebolledo [r̃eβoʎéðo] [男] =**rebollar**

rebollidura [r̃eβoʎiðúra] [女]《大砲の内腔にできた》こぶ

rebollo [r̃eβóʎo] [男]《植物》コナラ

rebolludo, da [r̃eβoʎúðo, ða] [形] ずんぐりした《=rechoncho》

rebombar [r̃eβombár] [自] 鳴り響く, 鳴り渡る: La explosión *rebombó* por toda la aldea. 爆発音は村中にとどろき渡った

rebombe [r̃eβómbe] [男]《地方語》大音響

rebomborio [r̃eβombórjo] [男]《地方語》騒ぎ, 騒動

rebonito, ta [r̃eβoníto, ta] [形]《口語》とても美しい

reboño [r̃eβóɲo] [男] [水車小屋の川底にたまった] 汚泥, 泥土

reborda [r̃eβórða] →**pega** reborda

rebordador, ra [r̃eβorðaðór, ra] [名·形] =**rebordeador**

rebordar [r̃eβorðár] [他] =**rebordear**

reborde [r̃eβórðe]《←re-+*borde*》[男] ❶ [高くなった·突き出た] へり, 縁《~》: Esa bandeja tiene un ~. その盆は縁を高くしてある. ❷《裁縫》折り返し

rebordeado [r̃eβorðeáðo] [男]《技術》縁取り

rebordeador, ra [r̃eβorðeaðór, ra] [形][男]《技術》縁取りをする[工具]

rebordear [r̃eβorðeár] [他] …にへり (縁) をつける, 縁取りをする

reborujar [r̃eβoruxár] [他]《メキシコ》ごちゃごちゃに混ぜ合わす

rebosadero [r̃eβosaðéro] [男][余り水の] 排水口, 流出口; 放水路

rebosadura [r̃eβosaðúra] [女] =**rebosamiento**

rebosamiento [r̃eβosamjénto] [男]《水などが》あふれ出ること

rebosante [r̃eβosánte] [形][*estar*+. +*de* で] あふれんばかりの: servir la copa ~ *de* vino グラスにワインをなみなみと注ぐ. ~ *de* entusiasmo 熱気あふれた

rebosar [r̃eβosár]《←古語 rovessar < ラテン語 reversare「再び外へ出す」》[自] あふれる: 1)[液体などが主語] El agua está *rebosando* de la pila. 水が噴水盤からあふれている. La cólera *rebosó* de corazón. 彼の怒りが堰を切って爆発した. Le *rebosaba* el remordimiento. 彼は自責の念で一杯だった. 2)[容器などが主語] El vaso *rebosa* desde hace ya tiempo. コップはしばらく前からあふれている. 3) [+*de·en* で] El corazón *rebosaba de* turistas. 町は観光客で. Su corazón *rebosa de* tristeza. 彼の心は悲しみをたたえている. ~ *en* dinero 大金持ちである
── [他] ❶ あふれさせる: Su rostro *rebosaba* alegría. 彼は満面の笑みをたたえていた. ❷ 豊富にあることを示す: あふれるまで満たす

rebose [r̃eβóse] [男] =**rebosamiento**

reboso [r̃eβóso] [男]《プエルトリコ, アルゼンチン》[浜辺に打ち寄せられた] ごみ, くず

rebotación [r̃eβotaθjón] [女] はね返り, バウンド

rebotada[1] [r̃eβotáða] [女]《俗語》無礼《不作法な返答》

rebotadera [r̃eβotaðéra] [女][織布を毛羽立てる] 鉄製の櫛《$_\circ$》

rebotado, da[2] [r̃eβotáðo, ða] [形·名] ❶《西. 口語》還俗した《人》: fraile ~ 元修道士. ❷《西》[+*de*·*en*「仕事·学業に失敗して」] 転職した《人》, 転部 (転科) した《人》: Es un novelista ~ porque su primera vocación ha sido medicina. 彼は元々医者を目指していて, その後作家に転身した. ❸《口語》不機嫌な

〔人〕, 恨みを抱いている〔人〕. ❹《メキシコ》[液体が] 濁った

rebotador, ra [r̄ebotaðór, ra] [形] はねる, 弾む, バウンドする

rebotadura [r̄ebotaðúra] [女] ❶ はね返り, バウンド. ❷ [rebotadera による] 毛羽立て

rebotar [r̄ebotár]〖←re-+botar〗[自] ❶ [+en で] はね返る, はずむ: La pelota *rebota en* el suelo. ボールが床でバウンドする. Hacía ～ la pelota *en* la pared. 私はボールを壁にぶつけていた. ❷ 当たる, ぶつかる: La pelota *rebotó en* la pared y salió fuera. ボールは壁に当たり外に飛び出した. Lo empujé y su cabeza *rebotó* contra el vidrio de la ventana. 私が突き飛ばすと彼は窓ガラスに頭をぶつけた. ❸ [銃弾が] はねる, はね返る

—— [他] ❶ はね返す, はじき飛ばす, 反発する: La bicicleta chocó contra un coche, que la *rebotó*. 自転車は車にぶつかりはね飛ばされた. ❷ [尖ったものの] 先を曲げる: ～ el clavo 釘の先を曲げる. ❸ [織布の] 毛羽を立てる. ❹ …の色(品質)を変える: ～ las paredes 壁の色を変える. ❺《口語》怒らせる, いらだたせる. ❻《情報》再起動する. ❼《メキシコ, アルゼンチン》[残高不足で銀行が] 小切手の受け取りを拒絶する. ❽《コロンビア》水を濁らせる

—— **～se** ❶《西》怒る, いらだつ: *Se rebota* por una simple broma. 彼はちょっとした冗談にも腹を立てる. ❷ [品質が] 変わる, 変色する. ❸《コロンビア》[食後・飲酒後に] 具合が悪くなる, 消化不良になる

rebotazo [r̄ebotáθo] [男]《プエルトリコ》=**rebote**

rebote [r̄ebóte]〖←rebotar〗[男] ❶ はね返り, バウンド: dar un ～ en... …ではね返る, バウンドする. ruido del ～ de la pelota contra el muro ボールが壁に当たる音. ❷《西. 口語》怒り, いらだち, 不機嫌: Se ha cogido un ～ tremendo porque no lo llamaste. 君が声をかけなかったので彼はひどいご立腹だ. ❸《バスケットボール》リバウンドボール〔を取ること〕. ❹ [銃弾の] はね返り, 跳弾

de **～** 1) はね返って, バウンドして. 2) 反動で; 余波で, 間接的な結果として: Su problema me afectó a mí *de* ～. 彼の問題は結果として私に影響を及ぼした. enterarse *de* ～ 間接的に知る

reboteador, ra [r̄eboteaðór, ra] [形] [名]《バスケットボール》リバウンドボールを取りにいく〔選手〕

rebotear [r̄eboteár] [自]《バスケットボール》[ジャンプして] リバウンドボールを取る

rebotica [r̄ebotíka] [女]《西》❶ [薬局の奥の] 調剤室. ❷《古語》[在庫品などを置いてある] 店の奥の部屋

rebotín [r̄ebotín] [男] クワの2度目の葉

rebozado [r̄eboθáðo] [男]《料理》[フライなどの] 衣

rebozar [r̄eboθár]〖←re-+bozo <?古語 bucciu < ラテン語 bucca「口, 頬」〗⑨ [他] ❶《料理》[フライなどの] 衣をつける: ～ croquetas コロッケに衣をつける. ～ lomo con pan rallado ヒレ肉にパン粉をまぶす. ❷ [衣服などで顔を] 覆う, 隠す: ～ la cara con la bufanda マフラーで顔を隠す. ❸ [意図・考えを] 隠す, さとられないようにする. ❹ [+de で] ひどく汚す

—— **～se** ❶ 顔を覆う(隠す): *Se rebozó* con la capa. 彼はマントで顔を覆った. ❷ [+de] …だらけになる: Los niños *se rebozaron de* arena en la playa. 子供たちは浜辺で砂だらけになった

rebozo [r̄ebóθo]〖←rebozar〗[男] ❶《服飾》1) [マントなどの] フード. 2)《メキシコ, 中米》[女性用の細長い] ショール. ❷《文語》はっきり言わないこと; ふりをすること, 見せかけ. ❸《まれ》=**rebocillo**

de **～** ひそかに, こっそりと, 隠れて

sin **～** はっきりと, 明白に; 歯に衣を着せずに, 腹蔵なく: confesar su culpabilidad *sin* ～ はっきりと罪を認める

sin **～*s***《まれ》=***sin*** **～**

rebozuela [r̄eboθwéla] [女] =**rebozuelo**

rebozuelo [r̄eboθwélo] [男]《植物》アンズタケ〖食用のキノコ〗

rebramar [r̄ebramár] [自] ❶ [海・風が] 再びうなる(とどろく); 激しくうなる(とどろく): El mar *rebramaba* enfurecido durante la tempestad. 時化のあいだ海は激しいうなり声を立てていた. ❷ [動物が] うなり返す

rebramo [r̄ebrámo] [男] [同種の動物やおとりの鳴き声への] 返事の鳴き声, うなり返し

rebrillar [r̄ebriʎár] [自] 燦燦(さんさん)と輝く, 強く輝く

rebrillo [r̄ebríʎo] [男] きらめき, 輝き

rebrincar [r̄ebriŋkár] ⑦ [自] ❶ [喜んで] 跳びはねる: Los niños *rebrincaban* de alegría. 子供たちは小躍りして喜んだ. ❷《闘牛》[牛が暴れて] はね回る

rebrotar [r̄ebrotár] [自] ❶ [植物が] 再び芽を出す: Las plantas *rebrotan* después del invierno. 冬が過ぎて草木が再び芽をふく. ❷ [病気などが] 再発する

—— [他] …に再び現れる

rebrote [r̄ebróte] [男] ❶ 新芽, 若芽〖=retoño〗. ❷ 再び芽を出すこと. ❸ [主に有害な事物の思いがけない] 再出現; [病気などの] 再発

rebú [r̄ebú] [男]《ドミニカ》[賭け事で卓上の硬貨の] 奪い合い; 口論, けんか

rebubú [r̄ebubú] [男]《パナマ. 口語》混乱した状況, 解決の難しい事柄

rebudiar [r̄ebuðjár] ⑩ [自] [人の気配を感じてイノシシが] うなる

rebudio [r̄ebúðjo] [男] [人の気配を感じた時の] イノシシのうなり声

rebufar [r̄ebufár] [自] [牛・馬などが] 繰り返し(強く)鼻を鳴らす, 鼻息を荒くする

rebufe [r̄ebúfe] [男] 繰り返し鼻を鳴らすこと, 荒い鼻息

rebufo [r̄ebúfo] [男] ❶ [砲弾発射時の砲口・砲尾の] 衝撃波, 爆風. ❷《自転車・バイクなど》後流, ドラフティング: coger el ～ ドラフティングを利用する

rebujado, da [r̄ebuxáðo, ða] [形] しわになった, くしゃくしゃの

rebujal [r̄ebuxál] [男] ❶ [2分の1ファネガ fanega 未満の] 狭い土地. ❷ [家畜を50頭単位で数える時の] 端数の家畜

rebujar [r̄ebuxár] [他] ❶《西》くしゃくしゃ(しわくちゃ)にする; くるむ. ❷ =**arrebujar**

—— **～se**《西》[毛布・衣類などで, しっかりと] 自分の体を包む, くるまる

rebujido, da [r̄ebuxíðo, ða] [形]《キューバ》[タバコが] 生育の悪い

rebujina [r̄ebuxína] [女]《地方語》雑踏, 喧騒, 混乱

rebujiña [r̄ebuxíɲa] [女]《地方語》=**rebujina**

rebujo [r̄ebúxo]〖←re-+俗ラテン語 voluclum〗[男] ❶《西. 口語》1) くしゃくしゃに丸めたもの; 包んだ(くるんだ・まとめた)もの: Con el ～ de papeles se me cayó una foto. 私は書類を丸めて持ったので写真を一枚落としてしまった. 2) [糸などの] もつれたかたまり. ❷《古語》[女性が顔を隠すために用いる] 覆い. ❸ くず, 残滓; パンくず〖=rebojo〗

rebullicio [r̄ebuʎíθjo] [男] 大喧騒, 大混乱

rebullir [r̄ebuʎír]〖←re-+bullir〗㉑ [自]・**～se** [静止していたものが] 少し動き始める; うごめく: Con el ruido de la mañana el niño comenzó a ～*se* en la cama. 朝の騒音と共に幼児はベッドでもぞもぞし始めた

—— [他]《コロンビア》[液体を] かき回す

rebullo [r̄ebúʎo] [男]《地方語》包んだ(くるんだ・まとめた)もの〖=rebujo〗

rebullón [r̄ebuʎón] [男]《ベネズエラ》[空想上の] 不吉な鳥

rebultado, da [r̄ebultáðo, ða] [形] =**abultado**

rebumbar [r̄ebumbár] [自] [砲弾などが] うなりをあげて飛ぶ

rebumbio [r̄ebúmbjo] [男]《西, メキシコ. 口語》大騒ぎ, 混乱

rebuño [r̄ebúɲo] [男]《地方語》くしゃくしゃに丸めたもの〖=rebujo〗

reburdear [r̄eburðeár] [自]《闘牛》[牛が] うなる

reburdeo [r̄eburðéo] [男]《闘牛》[牛の] うなり

reburujar [r̄eburuxár] [他] ❶《口語》くしゃくしゃに丸める; 包む, くるむ. ❷《地方語》混ぜる, ごちゃ混ぜにする

reburujiña [r̄eburuxíɲa] [女]《キューバ, ドミニカ》くしゃくしゃに丸めたもの; 包んだもの; 混合, ごちゃ混ぜ

reburujo [r̄eburúxo] [男]《地方語》くしゃくしゃに丸めたもの〖=rebujo〗

reburujón [r̄eburuxón] [男]《地方語》くしゃくしゃに丸めたもの〖=rebujo〗

rebús [r̄ebús] [男]〖単複同形〗判じ物, 判じ絵〖絵・文字・記号などの組み合わせで語句を表わす〗

rebusca [r̄ebúska] [女] ❶ [念入りな] 捜索, 探索. ❷ [ブドウなどの] 収穫もれ, 摘み残し. ❸《西》くず, ごみ, 残りかす. ❹《エクアドル》1)《口語》少額の使い込み〖ちゃっかり使ってしまう, 一時的に失敬する〗. 2) 小商い. 3) [カカオ豆の] 再収穫

rebuscado, da [r̄ebuskáðo, ða] [形] [文体などが] 凝りすぎの; 気取りすぎた文体を書く: argumento ～ ひねりすぎの筋書き. escritor ～ 文章に凝りすぎる(気取りすぎた文体の)作家. estilo ～ 気取りすぎた文体

rebuscador, ra [r̄ebuskaðór, ra] [形] [名] ❶ 探し回る〔人〕. ❷

R

rebuscamiento
[ブドウなど] 収穫もれの果実を探す(摘む・拾う)〔人〕

rebuscamiento [r̃ebuskamjénto] 男 ❶ [文体・表現・態度など の] 気取り, わざとらしさ. ❷ 念入りな捜索(探索)

rebuscar [r̃ebuskár] [←re+buscar] 他 ❶ [+en・entre から, 念入りに] 捜索する, 探索する, 探し回る: *Rebuscó* por todos los cajones y no lo encontró. 彼は引き出しをすべて探し回ったがそれは見つからなかった. ~ datos (los montones de basura) 資料(ごみの山)をあさる. ~ setas キノコ狩りをする. ~ *en* su bolsillo unas monedas 小銭がないかポケットをさぐる. ❷ [ブドウなどの] 収穫もれを探す. ❸ [犬などが餌を] あさる
── 自 [念入りに] 探す: Estuve *rebuscando en* los estantes. 私は本棚を探し回っていた
──*se* ❶ 《アンデス, アルゼンチン, ウルグアイ》仕事を探す. ❷ 《アンデス》うまくやる

rebuscárselas 《コロンビア, ベネズエラ, ペルー, チリ, アルゼンチン, ウルグアイ, 口語》うまくやる, 都合をつける: *Se las rebuscó* para ganar más en su trabajo. 彼は仕事でもっと稼ぐためにうまくやった

rebusco [r̃ebúsko] 男 =**rebusca**

rebuscón, na [r̃ebuskón, na] 形 ❶ 《パナマ》おせっかいやきの[人], 詮索好きな[人]. ❷ 《コロンビア》=**rebuscador**

rebusque [r̃ebúske] 男 ❶ 《コロンビア, ベネズエラ, ペルー, チリ, アルゼンチン, ウルグアイ, 口語》アルバイト, パート労働. ❷ 《アルゼンチン, 隠語》内密の恋愛関係

rebus sic stantibus [r̃ébus sík estántibus] [《ラテン語》] 副 《文語》このような事情で(なので)

rebutir [r̃ebutír] 他 詰め込む, 一杯にする: *Rebutió* la almohada con plumas. 彼は枕に羽を一杯詰めた

rebuznador, ra [r̃ebuznaðór, ra] 形 [ロバが] 鳴き声をあげる

rebuznar [r̃ebuznár] 自 ❶ [ロバが] 鳴く. ❷ 《軽蔑》間抜けな話し方をする

rebuzno [r̃ebúzno] 男 ロバの鳴き声

recabador, ra [r̃ekaβaðór, ra] 形 手に入れる

recabar [r̃ekaβár] [←re-+cabo] 他 ❶ [頼みこんで, +de から] 手に入れる, 獲得する: *Ha recabado* el dinero que pedía. 彼は要求していた金を手に入れた. ❷ 《当然の権利として執拗に》要求する, 主張する: ~ la libertad de expresión 表現の自由を求める

recabita [r̃ekaβíta] 形 名 《旧約聖書》レカブ Recab の子孫(の) [イスラエルの族長レカブはその子孫に禁酒を命じた]

recacha [r̃ekátʃa] 女 《マラガ》悪天候からの避難場所

recadero, ra [r̃ekaðéro, ra] 名 [←recado] メッセンジャーボーイ, お使いさん; 使者: **E** ~ le trajo la noticia de la victoria. 伝令が彼のもとに勝利の知らせを持ってきた

recadista [r̃ekaðísta] 名 =**recadero**

recado [r̃ekáðo] [←古語 recabdar < ラテン語 recapitare「拾う」] 男 ❶ 伝言, ことづて, メッセージ: ¿Puede darle un ~ de mi parte? 彼に伝言していただけますか? ¿Hay algún ~ para mí? 私あての伝言が何かありますか? Se necesita chico para ~s. 《表示》メッセンジャーボーイ求む. ❷ 〔=recuerdos〕: Dé usted mis ~*s* a su padre. お父さんによろしくお伝え下さい. ❸ [時に 複] 外出する] 用事, 用足し; [複] [食品・日用品の] 買い物, 用足し: Tengo un ~ que hacer en el banco. 私は銀行に用事がある. Salgo a hacer unos ~*s*. ちょっと買い物に行ってきます. ❹ 小包: En la oficina de correos hay un ~ para usted. 郵便局にあなたあての小包があります. ❺ [筆記]用具一式: ~ de escribir 筆記用具. ~ de fumar 喫煙用具. ❻ 《まれ》贈り物, プレゼント. ❼ 《まれ》注意, 用心: Debes poner más ~ para no meterte en sus asuntos. 彼のことに余計な口出ししないよう気をつけるべきだ. ❽ 《中南米》鞍と馬具. ❾ 《ホンジュラス, ニカラグア》[エンパナーダ empanada の具の] ひき肉

a buen (*mucho*) ~ しっかり保管されて

coger (*tomar*) ~ [口語] 伝言を書きとめる: Si me llama por teléfono, *coge* (*toma*) ~, por favor. 電話があったら用件をメモしておいて

dar ~ *para...* [口語] …に必要なものを与える

mal ~ いたずら, 悪さ

recaer [r̃ekaér] [←re-+caer] 44 自 ❶ 再び落ちる(倒れる). ❷ 病気が再発する: *Recayó* por no cuidarse bien. 彼は体に気をつけなかったので病気がぶり返した. ❸ [+en 悪習・悪徳に] 再び陥る: *Recayó en* el alcoholismo. 彼は再びアルコール依存症になった. ❹ [恩恵・好運が, +en・sobre の] 手に入る: El premio *recayó* en un actor japonés. その賞に日本人の俳優が選ばれた. ❺ [責任・負担などが, +sobre・en に] 及ぶ, 降りかかる: *Recayó sobre* él toda la culpa. すべて彼のせいにされた. ¿*En* quién *recae* la responsabilidad del accidente? この事故は誰の責任ですか? ❻ [窓・バルコニーなどが, +a に] 面する: El balcón *recaía a* la plaza. バルコニーは広場に面していた. ❼ [講演などが, +sobre を] 話題とする, 扱う: Su conferencia *recayó sobre* la corrupción de la política. 彼の講演は政治の腐敗に関するものだった. ❽ [アクセントが] かかる: El acento *recae en* (*sobre*) la penúltima sílaba. アクセントは終わりから2番目の音節にかかる

recaída [r̃ekaíða] 女 ❶ [病気などの] 再発: tener una ~ 病気がぶり返す, ぶり返し: Si no te cuidas bien, tendrás una ~. 体に気をつけないと病気が再発するよ. ❷ [悪習・過ちなどに] 再び陥ること: Su ~ en el alcoholismo es un cho lamentable. 彼がまたアルコール依存症に陥ったのは嘆かわしい

recalada [r̃ekaláða] 女 ❶ 《船舶》陸地視認, 陸地接近. ❷ 《隠語》[大麻などの] 吸引

recalado [r̃ekaláðo] 男 濡らす(濡れる)こと

recalar [r̃ekalár] [←re-+calar] 自 ❶ 《船舶》1) 陸地を視認する, 陸地に近づく: Un velero *recaló* en el puerto. 帆船が入港した. 2) 《風・潮が》届く, 達する. ❷ 《口語》[人が] 姿を現わす: Vayamos por donde vayamos, al final siempre *recalamos* en el mismo bar. 私たちはどこをたどり歩こうと, 結局いつも同じバルに現われることになる. ❸ 潜水する, 潜る. ❹ 《中南米》行き着く, たどり着く
── 他 濡らす, 湿らせる: El chubasco me *ha recalado* hasta los huesos. 私にはわか雨でびしょ濡れになった
── *se* 濡れる, ずぶ濡れになる: El abrigo *se ha recalado* con la lluvia. 雨でコートが濡れた

recalcada[1] [r̃ekalkáða] 女 《船舶》[船体が] 限度一杯まで傾くこと

recalcadamente [r̃ekalkáðaménte] 副 ❶ ぎゅっと締めつけて, ぎゅうぎゅう詰めにして. ❷ [言葉を] ゆっくりとかみしめるように; 繰り返し何度も

recalcado, da[2] [r̃ekalkáðo, ða] 形 《地方語》ずんぐりした, 小太りの

recalcadura [r̃ekalkaðúra] 女 ❶ 強調, 力説; 反復, 繰り返し. ❷ 詰め込み, 押し込み; 圧迫

recalcar [r̃ekalkár] [←re-+calcar] 7 他 ❶ 強調する, 強く言う, 繰り返し何度も言う: 1) ~ la importancia 重要性を強調する. Nos *recalcó* que no consentiría ningún otro error. 二度の失敗は許さないと彼は私たちに強く言い渡した. ~ una palabra (una sílaba) ある句(音節)にアクセントを置く. 2) [+que+直説法] Le *recalqué que* debe jugar más en equipo. 私は彼にもっとチームプレーをすべきだと強く言った. ❷ 詰め込む, 押し込む, 押しつける: No *recalques* más la bolsa. それ以上バッグに詰め込むなよ. *Recalcaba* tanto el pañuelo que quedó muy arrugado. 彼女はあんまり強く握りしめていたのでハンカチがしわくちゃになった
── 自 《風・波によって船体が》限度一杯まで横に傾く
── *se* ❶ 言葉をかみしめるように言う. ❷ 足をひねって痛める. ❸ 《口語》ゆったりと(くつろいで)座る: *Se recalcaba en* el sofá viendo la televisión. 彼はソファでくつろぎテレビを見ていた. ❹ 《アルゼンチン, パラグアイ》脱臼する, 関節が外れる

recalce [r̃ekálθe] 男 ❶ 《農業》盛り土, 土寄せ. ❷ 《建築》土台の補強(補修). ❸ 《美術》彩色, 色つけ

recalcificación [r̃ekalθifikaθjón] 女 《医学》再石灰化, カルシウムの投与(再沈着)

recalcificador, ra [r̃ekalθifikaðór, ra] 形 男 =**recalcificante**

recalcificante [r̃ekalθifikánte] 形 男 《薬学》再石灰化を促す [薬剤]

recalcificar [r̃ekalθifikár] 7 他 《医学》カルシウムを投与する, カルシウムを再沈着させる

recalcitrante [r̃ekalθitránte] 形 ❶ 頑固な, 強情な, 言うことをきかない, 自分の非を認めようとしない: carácter ~ 強情な性格. Tu ~ negativa no te serviría de nada. 頑固に否定したって何の得にもならないよ. ❷ 根強い, 常習的な: Es un bebedor ~. 彼はすごい飲んべえだ

recalcitrar [r̃ekalθitrár] [←ラテン語 recalcitrare] 自 ❶ 言うことをきかない, 強情に反抗する: Su carácter hace que *recalcitre*. 彼が意固地に抵抗するのは性格によるものだ. ❷ [足場を固める

ために]後ずさりする

recalentado [r̃ekalentáðo] 男《メキシコ. 口語》[翌日食べる]パーティーの残り物

recalentador, ra [r̃ekalentaðór, ra] 形 過熱する; 温め直す, 再加熱する
── 男 加熱器, 再熱器

recalentamiento [r̃ekalentamjénto] 男 ❶ 過熱, オーバーヒート: El coche se paró a causa del ～. 車はオーバーヒートでエンストした。❷ 再び温まること; 温め直し, 再加熱: ～ global 地球温暖化 [=calentamiento global]

recalentar [r̃ekalentár] [←re-+calentar] 23 他 ❶ [食物などを] 温め直す, 再加熱する: Te recalentaré la comida que queda. 残った料理を温め直してあげるよ。❷ 過熱させる, 熱しすぎる: No recalientes demasiado la leche. ミルクを温めすぎないようにしてくれ。❸ 欲情をかきたてる, 興奮させる
── ～se ❶ 過熱する: Parece que se recalentó el motor. エンジンがオーバーヒートしたみたいだ。❷《農業》[作物が高温で] だめになる, 腐る。❸ 発情する: Se recalentó mirando las revistas pornográficas. 彼はポルノ雑誌を見て興奮した

recalentón [r̃ekalentón] 男 =recalentamiento

recalescencia [r̃ekalesθénθja] 女《化学》再輝[現象], 再熱[現象]

recaliente [r̃ekaljénte] 形 ❶ 過熱した; 温め直した。❷《南米》発情している

recalificación [r̃ekalifikaθjón] 女 ❶ 評価額の変更; 再評価, 再査定: ～ de los terrenos 土地の再査定。❷ 能力再開発

recalificar [r̃ekalifikár] 7 他 ❶ [土地などの] 評価額を変える; 再評価する, 再査定する。❷ [企業のニーズに合わせて労働者に] 能力再開発をさせる

recalmón [r̃ekalmón] 男《船舶》突然の凪(なぎ)

recalvastro, tra [r̃ekalβástro, tra] 形《軽蔑》額の禿げ上がった

recalzar [r̃ekalθár] 9 他 ❶《農業》[苗・木などに] 盛り土をする, 土寄せをする。❷《建築》土台を補強する。❸《美術》彩色する, 色をつける

recalzo [r̃ekálθo] 男《建築》土台の補強

recamado [r̃ekamáðo] 男 [金糸・銀糸などによる] 浮き出し刺繍, 縫い取り: El vestido de novia llevaba un ～ en hilo de plata. ウエディングドレスには銀糸の刺繍がついていた

recamador, ra [r̃ekamaðór, ra] 名 浮き出し刺繍の職人
── 男 浮き出し刺繍用の織機

recamar [r̃ekamár]《←伊語 ricamare》他 [金糸または銀糸と真珠などで] 刺繍する, 縫い取りする: vestido recamado en oro 金の縫い取りのあるドレス

recámara [r̃ekámara]《←re-+cámara》女 ❶ 用心, 慎重, 遠慮: Actuaron con ～ para que su conspiración no se hiciera pública. 陰謀が露見しないように彼らは慎重に行動した。tener mucha ～ うちとけない, よそよそしい。❷《口語》下心: hombre con ～ 下心のある男。❸ [銃の] 薬室。❹ [鉱山の] 火薬保管所; 爆薬を仕掛ける穴。❺《古語》衣装部屋, 納戸 [=vestidor]。❻ 旅行用の装身具や家具。❼《メキシコ, コロンビア, パナマ, コロンビア》[家の] 部屋; 《メキシコ, チリ》寝室; 《メキシコ》寝室の家具《化粧台, ナイトテーブル, クローゼット》。❽《コスタリカ, ベネズエラ》花火の一種

recamarero, ra [r̃ekamaréro, ra] 名《メキシコ》客室係

recambiable [r̃ekambjáβle] 形 [部品などが] 交換可能な, 取り替えられ得る

recambiar [r̃ekambjár]《←re-+cambiar》10 他 ❶ [部品などを] 取り替える, 交換する: ～ las ruedas del coche 車のタイヤを交換する。❷ 再び交換する。❸《商業》戻り [為替] 手形を振り出す

recambio [r̃ekámbjo] 男 ❶ 取り替え, 交換: Hace falta un ～ de las piezas. 部品の交換が必要だ。❷ 交換部品, スペア: ¿Tiene pieza de ～? No nos quedan ～s para este modelo. この型用の部品は予備がありません。～ de tinta スペアインク。❸ [ボールペンの] 替え芯。❹ 交代要員
de ～ 取り替え用の: rueda de ～ スペアタイヤ
volver el ～《口語》同じやり方で仕返しする

recamo [r̃ekámo] 男 ❶ =recamado。❷ 飾り紐の一種

recancamusa [r̃ekaŋkamúsa] 女《口語》[欺瞞を糊塗するための] ごまかし

recancanilla [r̃ekaŋkaníʎa] 女《口語》❶ [子供が] 片足で跳ぶこと, けんけん。❷ [語気の] 強調, 力説: Me contó sus impresiones de la entrevista con ～. 彼は会見の印象を語気を強めて語った

recantación [r̃ekantaθjón] 女《前言の》取り消し, 撤回

recantón [r̃ekantón] 男 [建物の外角に据える車よけの] 石柱

recapacitar [r̃ekapaθitár]《←ラテン語 recapitare》他 ❶ [決定などについて] 熟考する, 熟慮する: Recapacita tu decisión antes de manifestarla. 決意表明の前によく考えなさい。❷ 再考する

recapar [r̃ekapár] 他《ラプラタ》踏み面をつけ直す

recapitulación [r̃ekapitulaθjón] 女 ❶ 要約, 概要, 総括: ～ del argumento 論旨の要約。～ del suceso 事件の概要。～ de una exposición [巻末につける] 論文の概要。❷ 要点の繰り返し。❸《生物》生化学的反復

recapitulador, ra [r̃ekapitulaðór, ra] 形 要約する

recapitular [r̃ekapitulár]《←re-+capitular》他 ❶ 要約する: El profesor recapitula las explicaciones de la clase anterior. 教授は前回の説明を要約する。❷ 要点を繰り返す。❸《文語》熟考する

recapitulativo, va [r̃ekapitulatíβo, βa] 形 要約した, 概要の

recaptación [r̃eka(p)taθjón] 女《医学》再摂取

Recaredo [r̃ekaréðo]《人名》レカレド [?～601, 西ゴート王. 589年第3回トレド公会議 III Concilio de Toledo で西ゴート王国 reino visigodo のカトリック改宗を宣言]

recarga [r̃ekárɣa] 女 ❶ 再び積み込むこと。❷ 再充電, 再充填: tiempo de ～ 充電時間

recargable [r̃ekarɣáβle] 形 再充電できる; 詰め替えできる: encendedor ～《ガス・オイルの》詰め替え可能なライター

recargado, da [r̃ekarɣáðo, ða] 形 装飾過多の, ごてごてした: estilo ～ 凝りすぎた文体

recargamiento [r̃ekarɣamjénto] 男《文学・美術作品などの》装飾過多, 凝りすぎ

recargar [r̃ekarɣár]《←re-+cargar》8 他 ❶ …に再び荷を積み込む: ～ el barco 船に再び積荷を積み込む。❷ 荷を積み増す: Ha recargado el camión. 彼はトラックに荷を積みすぎた。❸ 再充電する, 再充填する, 詰め替える: ～ una cámara カメラのフィルムを交換する。～ un encendedor ライターに《ガス(オイル)を》入れる。～ una pipa パイプにタバコを詰める。～ una pluma estilográfica 万年筆にインクを入れる。～ un fusil [再び] 銃に装填する。❹ [負担などを] さらに重くする, 加重する: Me han recargado el trabajo. 私はさらに重い仕事を負わされた。～ los impuestos 税を重くする。❺ [+de で] 詰め込む, 積み込む; 入れすぎる: Ha recargado la maleta de ropas. 彼はスーツケースに衣服を一杯詰め込んだ。No recargues de sal el caldo. スープに塩を入れすぎないこと。❻ [+de で] ごてごてと飾る, 飾りすぎる: ～ las paredes de cuadros 壁に絵をごてごてと飾る。❼ 増税する; 追徴する: Han recargado el impuesto de circulación. 通行税が増税された。❽《法律. 古語的》[刑罰を] さらに重くする
── ～se ❶ 重荷を負う。❷ [+de で] ごてごてと自分を飾りたてる: Se recargaba de alhajas. 彼女は装身具をごてごてとたくさん身につけた。❸ [閉まった部屋の空気が] 汚れる, 悪くなる: Con tantos fumadores, el ambiente del salón se ha recargado. たばこを吸う人がたくさんいたのでホールの空気がよどんでしまった。❹《メキシコ, コロンビア》[+contra に] 寄りかかる, もたれる

recargo [r̃ekárɣo]《←recargar》男 ❶ 追徴金, 重加算税, 延滞税; 追徴金 [地方自治体の国税などに上位にある名目で課する] 付加料。❷ 追加料金: El taxista me pidió un diez por ciento de ～. タクシーの運転手は私に10%の割増料金を要求した。envío a domicilio sin ～ 配達無料。～ externo《保険》[事務・証券など] 手数料。～ por combustible 燃油サーチャージ。～ postal 不足郵便料金。❸ 追加の積荷; 積みすぎ, 積載超過: El ～ de peso está penalizado. 重量超過は罰金を課せられる。❹ [負担・刑罰などの] 加重。❺《医学》熱の上昇, 発熱, 高熱

recastado, da [r̃ekastáðo, ða] 形 雑種の

recata [r̃ekáta] 女 再試食, 再試飲

recatadamente [r̃ekatáðaménte] 副 慎み深く, 控えめに, 節度をもって; 高潔に; 慎重に

recatado, da [r̃ekatáðo, ða] 形 ❶ [主に女性が] 慎み深い, 控えめな: Por la vida ～da y recogida, pensaba que era una religiosa. 彼女の慎み深く控え目な生活ぶりから, てっきり修道女だと私は思っていた。mirada ～da 伏し目がちな視線。❷ まっとうな, 高潔な。❸ 慎重な, 分別のある: de forma ～da 慎重

recatar [r̃ekatár] 他 〖←re-+古語 catar「見る」〗 隠す: ~ la cara con las manos 両手で顔を隠す
— **~se** ❶ [+de から] 隠れる: Se recata de la gente. 彼は人目を避けている. ❷ [+de 自分の…を] 隠す, 分からないようにする: Se recataba de su pobreza. 彼は自分の貧しさを表に出さないようにしていた. ❸ [+de について] 慎重になる, 遠慮する: Como no vi claro el asunto, me recaté para no dar un paso en falso. その件はもう一つはっきりしないので, 私は失敗しないように慎重に構えた. No se recata de decir que tiene miedo de andar por las calles por la noche. 彼は夜街を歩くのは怖いと正直に言う. sin ~se 遠慮せずに, 思うままに
II 〖←re-+catar〗 再び味見する: Recató el queso antes de comprarlo. 彼女はチーズを買う前に再び味見した

recatear [r̃ekateár] 他 ❶ 値引する, 値段をまける. ❷《商業》[卸商から買った物品を]小売する

recatería [r̃ekatería] 女《商業》小売り

recato [r̃ekáto] 男 〖←recatarse〗 ❶ [主に女性の] 慎み深さ, 控えめ: Su comportamiento no es ~ sino mojigatería. 彼女のふるまいはしとやかなのではなくて猫をかぶっているのだ. guardar ~ 控えめにふるまう. ❷ まっとうさ, 高潔. ❸ 慎重さ, 遠慮: hablar sin ~ ずけずけと話す

recatón¹ [r̃ekatón] 男 ❶ [杖・傘・槍などの] 石突き〖=regatón〗. ❷ [馬具] 鞍の後部. ❸《コロンビア》つるはし

recatón², **na** [r̃ekatón, na] 形 名 ❶ いつも値切る〔人〕, 値切るのが好きな〔人〕. ❷《商業》小売りの

recatonazo [r̃ekatonáθo] 男 槍の石突きによる一撃

recatonear [r̃ekatoneár] 他《商業》[卸商から買った物品を]小売りする

recatonería [r̃ekatonería] 女《商業》小売り

recatonía [r̃ekatonía] 女《古語》小売り

recauchaje [r̃ekautʃáxe] 男〖チリ〗**=racauchutado**

recauchar [r̃ekautʃár] 他 **=racauchutar**

recauchutado [r̃ekautʃutáðo] 男 タイヤの再生, 踏み面のつけ直し

recauchutar [r̃ekautʃutár] 他 [タイヤに] 踏み面をつけ直す: neumático recauchutado 再生タイヤ

recaudación [r̃ekauðaθjón] 女 ❶ [税金・会費などの] 徴収額, 集金高; 取り立てた金額: hacer una buena ~ かなりの税収を得る. ~ por impuestos 租税収入. La ~ del espectáculo se enviará como ayuda a los países pobres. ショウの収益は貧しい国々へ義捐金として送られる. ❷ 徴収, 集金: ~ de donativos 寄付金集め, 募金. ~ de fondos 資金集め. ~ de impuestos 収税, 徴税. ❸ 収税局, 収税事務所〖=oficina de ~〗: Esta mañana tengo que presentarme en la ~. 今朝私は税務署に出頭しなければならない

recaudador, ra [r̃ekauðaðór, ra] 形 徴収する, 集金する
— 名 収税官〖=~ de impuestos, funcionarios ~es〗; 集金係

recaudamiento [r̃ekauðamjénto] 男 ❶ 徴収, 集金. ❷ 収税官の職務(担当地区)

recaudar [r̃ekauðár] 他 〖←ラテン語 receptare〗 ❶ [税金・会費・寄付などを] 徴収する, 集金する: ~ diez mil euros por impuestos 税金として1万ユーロ取る. ~ impuestos 徴税する. ❷ 保管する: ~ en la caja fuerte 金庫に入れておく

recaudatorio, ria [r̃ekauðatórjo, rja] 形 徴収の, 収税の

recaudería [r̃ekauðería] 女《メキシコ》香辛料店

recaudo [r̃ekáuðo] 男 ❶《文語》徴収, 集金〖=recaudación〗. ❷ 用心, 注意, 警戒: tener ~ mil cuidado 用心する. ❸《法律》保証金, 担保. ❹《メキシコ, チリ, グアテマラ》香料, 薬味, 野菜類. ❺《メキシコ, 料理》玉ネギ・トマト・ニンニクを炒めたソース〖=sofrito〗
a buen ~ 安全に(安全に)保管して: Las joyas están a buen ~. 宝石類は安全に保管されている. Voy a poner tu dinero a buen ~. 君の金はしっかりしまっておくよ

recavar [r̃ekaβár] 他 [穴などを] 再び掘る; [鍬などで] 再び掘り返す

recayente [r̃ekajénte] 形 [+a に] 面する

recazo [r̃ekáθo] 男 [剣の] つば; [ナイフの] 峰, 背

rección [r̃e(k)θjón] 女 〖←regir〗《言語》支配

recebado [r̃eθeβáðo] 男 砂(バラス)を敷くこと

recebar [r̃eθeβár] 他 ❶ [道路に] 砂(バラス)を敷く. ❷ [樽に目減りした分を] 補充する

recebo [r̃eθéβo] 男 ❶ [道路の] 敷き砂, 砂利, バラス. ❷ [目減りした樽に加える] 補充分

rececha [r̃eθétʃa] 女《狩猟》待ち伏せする〖=acechar〗

rececho [r̃eθétʃo] 男《狩猟》待ち伏せ〖=acecho〗

recedente [r̃eθeðénte] 形 [景気が] 後退した, 不況の〖=recesivo〗

recejar [r̃eθexár] 自 後退する, あとずさりする

recela [r̃eθéla] 形 男 当て馬〔の〕

recelador [r̃eθelaðór] 男 [交尾の時に雌馬を発情させるための] 当て馬

recelamiento [r̃eθelamjénto] 男 **=recelo**

recelante [r̃eθelánte] 形 疑う

recelar [r̃eθelár] 他 〖←re-+celar II〗 ❶ …ではないかと疑う, 怪しむ: Recelo que no ha dicho la verdad. 彼は本当のことを言わなかったのではないかと私は思う. 警察は犯人は彼女の恋人ではないかとみんな疑っている. ❷ [交尾の時に雌馬に] 当て馬をあてがう
— 自 ❶ [+de を] 疑う, 信用しない: La policía recela de él. 警察は彼のことを疑っている. ❷ [+de+不定詞] …するのが少し怖い, 心配である

recelo [r̃eθélo] 男 〖←recelar〗 疑念, 疑い, 不信: Me miró con ~. 彼は私を疑いの目で見た. No tengo ~ de nada. 私は何も疑っていない. inspirar ~ a+人 …に疑念を抱かせる

receloso, sa [r̃eθelóso, sa] 形 疑い深い, 信用しない: Es un hombre ~. 彼は疑い深い男である. estar muy ~ 疑心暗鬼になっている. mirada ~sa 疑いのまなざし

recena [r̃eθéna] 女 夜食

recenar [r̃eθenár] 自 夜食に…を食べる

recensión [r̃eθensjón] 女 〖←ラテン語 recensio, -onis〗《雑誌・新聞の, 文芸・科学に関する短い》書評, 評論: En la revista del colegio aparece una ~ de su última obra. 校内誌に彼の最新作についての書評が載っている

recensionar [r̃eθensjonár] 他 …の書評をする

recensionista [r̃eθensjonísta] 名 **=recensor**

recensor, ra [r̃eθensór, ra] 名 書評の執筆者

recentadura [r̃eθentaðúra] 女 パン種, イースト; 酵母

recental [r̃eθentál] 形 男 乳離れしていない〔子羊・子牛〕, 乳離れ前の, 乳飲みの

recentar [r̃eθentár] 他 ❶ [パン生地に] パン種(イースト)を入れる. ❷ 新しくする, 更新する; 再開する; 改装する
— **~se** 新しくなる, 更新される; 再開される

recentín [r̃eθentín] 形 [動物が] 乳離れしていない

recentina [r̃eθentína] 女《主にカリブ》[動物の雌が] 出産したばかりの

recentísimo, ma [r̃eθentísimo, ma] 〖reciente の絶対最上級〗 形《文語》ごく最近の: Tenemos un ejemplo ~ de este fenómeno. この現象のごく最近の例がある.

receñir [r̃eθeɲír] 20 35 〖→teñir〗 他 再び締める (縛る)

recepción [r̃eθepθjón] 女 〖←ラテン語 receptio, -onis < recipere「取る, 受け取る」〗 ❶ [ホテル・会社などの] 受付, フロント: Le dejaré el documento en la ~. あなたへの書類をフロントに預けておきます. Por favor pase a la ~ del Museo. どうか美術館の受付にお越し下さい. En el hotel nos darán un plano de la ciudad. ホテルのフロントで市街地図をもらえるだろう. dejar la llave en ~ フロントに鍵を預ける. preguntar en ~ 受付で尋ねる. ❷ 歓迎〔会〕, レセプション; パーティー: Los novios ofrecen una ~ con motivo de su boda. 新郎新婦は結婚披露パーティーを開く. ❸ 入会, 加入, 入会式: La ~ de socios está abierta todo el año. 入会は一年中受けつけている/入会随時. Muchos acudieron al acto de ~ como académica de la escritora. その女性作家のアカデミー入会の式典に多くの人が参列した. ❹ 受け取ること; 受け入れること: El plazo de ~ de solicitudes finaliza hoy. 申込の受け付けは今日までだ. La propuesta de desarme nuclear tuvo una buena ~ en Washington. 核軍縮の提案は米国政府では好意的に受け止められた. Los nuevos alumnos han tenido buena ~ entre sus compañeros. 新入生たちは同級生に快く受け入れられた. El pago se efectuará a la ~ del encargo. 支払いは仕事の依頼を受け入れた時点で行われる. Acusamos ~ de su envío.《手紙》貴便拝受いたしました. ~ de donativos 寄付の受付. ❺《放送, 通信》受信, 受信: La tormenta impidió la ~ de algunas emisoras. 嵐のせいでいくつかの局の放送が入らなかった. ❻《スポーツ》レシーブ: El equipo está bien, pero todavía falla en la entrega y ~ de la pelota. 悪いチームではないが, まだボールの

rechazar

パスとレシーブでミスをする。❼《法律》証人尋問
recepcionar [r̄eθepθjonár] 他 ❶《まれ》=**recibir**. ❷《中南米》［客を］迎え入れる, 応対する; 接待する
recepcionista [r̄eθepθjonísta] 名 受付係, フロント係; 接待係: Le preguntaré a la ～ del hotel. ホテルのフロントに尋ねてみよう. Trabaja de ～ en una empresa. 彼はある会社の受付係をしている
recepta [r̄eθé(p)ta] 女《歴史》［インディアス枢機会議 Consejo de Indias の］罰金台帳
recepción [r̄eθe(p)θjón] 女 ❶《西》［犯人・犯罪の］隠匿, 隠れ. ❷《法律》盗品の収受, 故買, 犯罪収益の隠匿
receptáculo [r̄eθe(p)tákulo]《←ラテン語 receptaculum》男 ❶ ［物を集積する］穴. ❷ 容器［=recipiente］. ❸ シェルター, 避難所. ❹《植物》花托(か(く)), 花床［=～ floral］. ❺《動物》～ seminal 受精嚢
receptador, ra [r̄eθe(p)taðór, ra]《法律》［犯罪者の］かくまう人, 隠匿者;［盗品の］故買人
receptar [r̄eθe(p)tár] 他 ❶《法律》［犯罪者を］かくまうする;［犯罪者を］隠匿する. ❷《廃語》受け取る, 受け入れる
receptibilidad [r̄eθe(p)tiβiliðáð] 女《文語》=**receptividad**
receptible [r̄eθe(p)tíβle] 形《文語》=**receptivo**
receptividad [r̄eθe(p)tiβiðáð] 女 ❶ 受容性, 理解力; 感受性: Los jóvenes muestran gran ～ a las nuevas modas. 若者は新しいファッションを非常に柔軟に受け入れる. El director ha demostrado no tener ～ alguna ante las quejas de los trabajadores. 労働者たちの不満を前に, 社長は包容力が全くないところを見せてしまった. Lola hace ejercicios con un psicólogo para aumentar su ～. ロラは感受性を高めるためにトレーニングを精神科医のもとで行なっている. ❷《医学》罹患(り(か))性: A José le han confirmado su ～ a enfermedades del riñón. ホセは腎臓病にかかりやすい体質を診断する検査を受けた
receptivo, va [r̄eθe(p)tíβo, βa]《←ラテン語 receptum < recipere 「取る, 受け取る」》形 ❶ ［+a 教育・文化などを］受け入れる［能力のある］; 感受性の強い; 影響されやすい: El Gobierno está muy ～ a las peticiones de los ciudadanos. 政府は組合の要求に耳を貸す. En clase su hija es una alumna muy ～va. 学校ではお嬢さんはとても飲み込みが早い. Tiene una actitud ～va ante los problemas ajenos. 彼は他人の問題にも心を傷めるたちだ. auditorio ～ 反応の早い聴衆
recepto [r̄eθé(p)to] 男 避難所, 安全な場所
receptor, ra [r̄eθe(p)tór, ra]《←ラテン語 receptor, -oris < recipere》形 ❶ 受け取る. 名 ❶ 受け取り人, 受取人, 受取係（盗品の［=aparato =de radio］男 ❶ 受信機, レシーバー［=aparato =de radio］; ラジオ［=～ de ondas cortas 短波受信機. ～ de toda onda オールウェーブレシーバー. ～ de cabeza ヘッドホン. ～ de teléfono 受話器. ～ de televisión テレビ受像機. ❷《生理》受容器;《生化》受容体: ～ de adenosina アデノシン受容体. ❸《歴史》裁判所の記録係［集金・証拠の受け取りなどをする］
receptoría [r̄eθe(p)toría] 女 財務局; 財務官の職務
recercador, ra [r̄eθerkaðór, ra] 形《まれ》[柵などで] 再び囲む［な］
── 男 のみ, 鑿(のみ)
recercar [r̄eθerkár] 他《まれ》[柵などで] 再び囲む; 囲い, 囲い
recesar [r̄eθesár] 自 ❶《メキシコ, ニカラグア, キューバ, ペルー, ボリビア》[団体・機関などが] 一時的に活動を停止する, 休業する. ❷《ペルー》[議会が] 休会にする; [大学などを] 休暇に入る
── 他《ペルー》[議会を] 休会にする; [大学などを] 休暇に入らせる
recesión [r̄eθesjón]《←ラテン語 recessio, -onis》女 ❶ 景気下降局面, 景気後退［時宜を得た政策で不況に陥らずに済むことがある. ～ económica］: sufrir una ～ 景気後退する. ～ con inflación スタグフレーション［景気後退とインフレが併存する］. ❷ [生産・販売などの] 落ち込み. ❸ [後退; 下降: ～

del glaciar 氷河の後退. ～ de la fiebre 熱が下がること
recesionista [r̄eθesjonísta] 形 景気後退の
recésit [r̄eθésit]《単複同形》男 ❶《カトリック》［聖職禄受給者に与えられる］特別休暇［=**recle**］
recesivo, va [r̄eθesíβo, βa]《←receso》形 ❶ 景気後退の; 景気後退させる: La situación económica se encuentra en un período ～. 現在景気は後退期にある. ❷《生物》劣性の: carácter ～ 劣性形質. gen ～ 劣性遺伝子. herencia ～va 劣性遺伝
receso [r̄eθéso]《←ラテン語 recessus》男 ❶ 分離, 乖離: ～ del Sol《天文》太陽が赤道から離れること. ❷《文語》休憩, 一休み. ❸《中南米》休業, 休会, 休校; その期間: entrar en ～ 休業する, 休会する
Recesvinto [r̄eθesβínto]《人名》レケスヴィント［?～672, 西ゴート王. 654年『西ゴート統一法典』Liber Iudiciorum を公布］
receta [r̄eθéta]《←ラテン語 recepta》女 ❶ ［薬の］処方, 処方箋: Después de la consulta, el médico me extendió una ～. 診察後, 医者は私に処方箋を出してくれた. Este medicamento no se vende sin ～ médica. この薬は医者の処方箋がなくては売っていない. llevar una ～ a la farmacia 処方箋を薬局に持って行く. ❷ 調理法, 料理法, ルセット, レシピ: No hay ～ que se le resista: es un excelente cocinero. 彼の苦手とする料理はない. 彼は料理の達人だ. Sigue la ～ al pie de la letra y el pastel te saldrá estupendo. レシピどおりに作ればすばらしいケーキができる. ❸ ［一般に］方法, やり方, コツ: La falta de preocupaciones es una buena ～ para vivir feliz. くよくよ心配しないことが幸福に暮らす秘訣である. ～ para estar sano 健康の秘訣
recetador, ra [r̄eθetaðór, ra] 形 名 薬を処方する［人］, 処方医
recetar [r̄eθetár]《←receta》他 ❶ ［薬の］処方する: El médico me recetó un antibiótico. 医者は私に抗生物質を処方した. ❷《メキシコ, エルサルバドル》［殴打を］与える
recetario [r̄eθetárjo]《←receta》男 集合 ❶ 処方, 処方箋; [病院・薬局の] 処方記録. ❷ 料理書, レシピ集［=～ de cocina］. ❸ 方法: ～ de cocina 料理書
recetor, ra [r̄eθetór, ra] 形 名 ❶ 受け手［の］, 受取人［の］. ❷ 財務官, 収入役
recetoría [r̄eθetoría] 女 ❶ =**receptoría**. ❷《歴史》聖職禄を支給する［］出納所
rechace [r̄etʃáθe]《←rechazar》男 ❶《スポーツ》リバウンド;《サッカー》［ゴールキーパーの］クリア. ❷ =**rechazo**
rechanque [r̄etʃáŋke]《チリ》粉砕機で挽いた鉱石
rechazable [r̄etʃaθáβle] 形 拒絶され得る, 拒絶されるべき
rechazador, ra [r̄etʃaθaðór, ra] 形 名 拒絶［却下］する［人］
rechazamiento [r̄etʃaθamjénto] 男 拒絶, 却下［=**rechazo**］
rechazar [r̄etʃaθár]《←古仏語 rechacier < chacier「追いかける, 追跡する」》❾ 他 ❶ 撃退する: Las líneas de vanguardia rechazan la ofensiva enemiga. 前線は敵の攻撃をはね返している. Los guerrilleros rechazaron al enemigo. ゲリラは敵を撃退した. ❷ 跳ね返す: El larguero rechazó el balón. ボールはゴールポストに当たってはね返った. El portero rechazó el balón con los puños. ゴールキーパーはボールを両手のこぶしではね返した. Este cristal rechaza las balas. このガラスは防弾になっている. ❸ ［きっぱりと］拒絶する, 却下する［⇔aceptar, admitir］: El Ayuntamiento rechazó las propuestas de la oposición. 政府は野党の申し出を拒否する姿勢を示した. El empresario rechazó la demanda del sindicato. 経営者は組合の要求をはねつけた. Los proteccionistas rechazan la globalización de la economía. 保護貿易主義者たちは経済のグローバル化に反対する. El Tribunal Superior de Justicia rechazó el recurso de apelación. 高等裁判所は上告の申し立てを却下した. En algunas escuelas rechazan a los hijos de los inmigrantes. 移民の児童の入学を他の児童の父兄が拒む学校がある. Sus compañeros de clase la rechazan. 彼女は級友たちから仲間外れにされている. Rechazamos abiertamente la violencia. 我々は暴力に公然と反対する. El joven no pudo ～ su petición. 若者は誘惑に打ち勝てなかった. No pude ～ su petición. 私は彼の頼みを断り切れなかった. ❹ 否定する: 1) ［+名詞］El ministro ha rechazado tajantemente los rumores sobre su dimisión. 大臣は辞任のうわさをきっぱりと否定した. 2) ［+不定詞］El Rey de Portugal rechazó financiar a Colón. ポルトガル国王はコロンブスへの支援を否定し

た. 3) [+que+接続法] El portavoz *rechaza que* su partido tenga responsabilidad alguna en este asunto. スポークスマンは, 党はこの件に何の責任もないと述べた. El autor del libro no *rechaza que* sea pecado el placer. その本の著者は快楽が罪であることを否定はしない. ❺ [医学]…に拒絶反応を示す: Su cuerpo *ha rechazado* el corazón trasplantado. 彼の体は移植した心臓に対する拒絶反応を起こした

rechazo [r̄et̬ʃáθo] 《←rechazar》 男 ❶ 撃退. ❷ はね返し; はね返り, 反動. ❸ 拒絶, 却下: El empresario se mostró su ~ a la propuesta del sindicato. 経営者は組合の提案を拒否する姿勢を見せた. Fueron recibidos con un fuerte ~. 彼らは激しい反発を受けた. declaración de ~ al atentado テロ反対の声明. ~ a ir al colegio 不登校. ~ frontal de propuesta 申し出に対するあからさまな(すげない)拒絶. ❹ 軽視, そっけなさ. ❺ [銃砲の] 後座. ❻ [医学] 拒絶反応, 拒否反応: Los médicos confían en que no se experimentara ~ al riñón trasplantado. 医師団は移植された腎臓に対する拒絶反応が起こらないことを信じている

de ~ [西] 副次的効果として, 余波として, 間接的に, はからずも: ~, me ofendió su compasión. 彼の同情はかえって私を傷つけた

rechenchén [r̄et̬ʃent̬ʃén] 男《キューバ》蒸留酒
rechifla [r̄et̬ʃífla] 《←rechiflar》 女 ❶ [抗議・不満を表わす] 口笛, やじ: El comediante abandonó el escenario ante la ~ del público. 役者は観客たちのやじを受けて舞台を放棄した. ❷《西》冷やかし, 冷やかし
rechiflar [r̄et̬ʃiflár] 《←re-+chiflar》 他 自 口笛を吹く; やじる
—— **~se** ❶《西》[+de+人を] からかう, 冷やかす. ❷《チリ, アルゼンチン, ウルグアイ》突然怒る
rechín [r̄et̬ʃín] 男《コロンビア》焼け焦げたもの
rechinador, ra [r̄et̬ʃinaðór, ra] 形 =rechinante
rechinamiento [r̄et̬ʃinamjénto] 男 きしむ音, キーキーいう音; 歯ぎしり
rechinante [r̄et̬ʃinánte] 形 きしむ
rechinar [r̄et̬ʃinár] 《←再声》 自 ❶ きしむ: La puerta *rechinaba* al abrirse. そのドアは開けると音がきしんだ. Le *rechinan* los dientes dormido. 彼は睡眠中に歯ぎしりをする. Con este frío me *rechinan* los dientes. この寒さで私は歯がガタガタいう. hacer ~ los dientes 歯ぎしりする ❷ [表現が] ふさわしくない, なじまない. ❸ いやいや(しぶしぶ)行なう. ❹《メキシコ, アンデス, アルゼンチン, ウルグアイ》激怒する ❺《カリブ》不平を言う; 返事する
—— 他 ❶ きしませる. ❷《メキシコ, 中米. 料理》焦がす
—— **~se** ❶《メキシコ, 中米. 料理》焦げる. ❷《チリ, アルゼンチン, ウルグアイ》激怒する
rechinido [r̄et̬ʃiníðo] 男 =rechinamiento
rechino [r̄et̬ʃíno] 男 =rechinamiento
rechistar [r̄et̬ʃistár] 《←re-+chistar》 自 [口] 主に反論しようとして] 話し始める 《主に否定文で》: Los hijos se fueron a la cama sin ~. 息子たちは文句を言わずにベッドに入った
recholata [r̄et̬ʃoláta] 女《キューバ. 口語》❶ 複雑な(混乱した)状況. ❷ [酒を飲んだり踊ったりする] お祭り騒ぎ, らんちき騒ぎ
rechoncho, cha [r̄et̬ʃónt̬ʃo, t̬ʃa] 《←?語源》形 [人・動物が] ずんぐりした, 太って背の低い
rechonchón, na [r̄et̬ʃont̬ʃón, na] 形 丸々とした, 丸くふくよかだ
rechupado, da [r̄et̬ʃupáðo, ða] 形 ひどく痩せた, やつれた, 肉づきの悪い
rechupe [r̄et̬ʃúpe] 男《金属》[鋳造でできる] くぼみ, 空洞
rechupete [r̄et̬ʃupéte] 《←re-+chupete < chupar》 **de ~**《口語》とても良い・良く, すばらしい: Esta tapa está de ~. このおつまみはとてもおいしい. Me lo pasé de ~. 私は大変楽しく過ごした
recial [r̄eθjál] 男 急流, 激流, 早瀬
reciamente [r̄éθjaménte] 副 強く, 激しく, 猛烈に
reciario [r̄eθjárjo] 男《古代ローマ》網闘士
recibí [r̄eθibí] 男 [画 ~s][時に R~] 領収済み; [受け取りの] サイン: La factura lleva el ~. その領収書にはサインが入っている. Entregó al juez unas fotocopias de las dos facturas y ~s. 彼は裁判官に2通のサイン入りの領収書のコピーを提出した. firmar el ~ 受け取りのサインをする. poner el ~ en...…に受け取りのサインをする
recibidero, ra [r̄eθiβiðéro, ra] 形 受け入れ可能な状態にある
recibido, da [r̄eθiβíðo, ða] 形《中南米》[学業を終えて] 称

号を得た〔人〕
ser bien (mal) ~ 歓迎(冷遇)される
recibidor, ra [r̄eθiβiðór, ra] 形《まれ》受け取る, 受領する
—— 図 ❶ [銀行の] 収納係. ❷ [見せ物小屋などの] 入場券売り子. ❸ 受取人, 受領人. ❹《地方語》刈り取られた羊毛を集める係
—— 男 ❶ 玄関ホール, ロビー; 控えの間: Hay una amplia puerta que da a un pequeño ~. 大きなドアを開けると, 小さな玄関ホールがある. Las llaves están sobre el mueble del ~. 鍵は玄関の家具の上に置いてある. ❷ 玄関ホールの家具
recibiente [r̄eθiβjénte] 形《まれ》受け取る; 応接する
recibimiento [r̄eθiβimjénto] 男 ❶ 応接, 面接; 歓迎, 接待: La actriz, al salir del coche, tuvo un caluroso ~. その女優は車から降りると熱烈な歓迎を受けた. La película ha tenido un frío ~ en el festival de cine. 映画祭ではその映画の評判はよくなかった. hacer (dispensar) un ~ entusiasta a …を熱烈に歓迎する. mal ~ 冷遇; 悪評. ❷ 玄関ホール〔=recibidor〕. ❸《まれ》受け取ること, 受領, 受理
recibir [r̄eθiβír] 《←ラテン語 recipere「取る, 受け取る」》他 ❶ 受け取る, もらう《⇔dar》; 領収する: 1) *Recibió* el trofeo de manos del presidente. 彼は会長の手からトロフィーを受け取った. *He recibido* su correo electrónico. 私は彼からメールをもらった. El responsable municipal *ha recibido* la propuesta de los vecinos. 市の責任者は住民たちの提案を受理した. *Recibirás* un buen dinero por este trabajo. 君にこの仕事でたっぷりお金がもらえるよ. *Recibimos/Recibido*. [領収書で] 確かに受け取りました. ~ un regalo プレゼントをもらう. 2) [受諾・受容] Lola no quiere ~ consejos de nadie. ロラは誰の忠告も聞こうとしない. Pepe *recibió* a Eva por esposa. ペペはエバを妻に迎えた. No *recibe* alimentos sólidos. 彼は固形食を受けつけない. 3) [物が主語] Este aeropuerto *recibe* pocos vuelos internacionales. この空港には国際線はあまり入っていない. La antena *recibe* señales. アンテナは信号を受信する. 4) [評価] Los vecinos no *recibieron* bien la opinión del alcalde. 市長の意見は住民にはあまり受け入れられなかった. 5) [行為の対象] *Ha recibido* un golpe en la mandíbula. 彼はあごにパンチを食らった. La obra está *recibiendo* críticas y halagos. その作品は批判もされ, ほめられもしている. ~ ayuda 援助を受ける. ~ un premio 受賞する. ~ una clase 授業を受ける. ❷ [客を] 迎え入れる, 歓迎する, 応接する, 接待する; 面会する: Toda la comunidad *ha recibido* con entusiasmo a los nuevos vecinos. 町中の人々が新しい住民たちを熱狂的に歓迎した. El enfermo no puede ~ visitas. 患者には面会できない. El director nos *recibirá* el lunes. 私たちは月曜日に所長に面会することになっている. ❸ 迎えに行く: Vamos a ~te al aeropuerto. 私たちは空港まで迎えに行くよ. La afición fue a ~ al equipo en la estación. ファンたちが選手団を駅で待ち受けた. ❹ [攻撃・危険などを] 耐える, 持ちこたえる; 待ち構える, 待ち受ける: Los soldados *recibieron* el ataque de los enemigos con valentía. 兵士たちは敵の攻撃を勇敢に耐えた. ❺ [通信] 受信する, 受信する. ❻ [建築] 固定する, 受け止める: *Recibe* bien el marco de la ventana, que no quede flojo. 窓枠がぐらぐらしないように, しっかり固定しなさい. ❼ [バレーボール] レシーブする. ❽ [闘牛] [闘牛士が止めを刺すために牛を] 待ち構える: El torero *recibe* al toro de rodillas. その闘牛士は牛の突進をひざまずいて待ち構える
—— 自 ❶ 応接する, 接客する: El doctor *recibe* todos los días. 先生は毎日診察する. ❷ [闘牛] [闘牛士が止めを刺すために] 牛を待ち構える
—— **~se** ❶ 受信される: Esa emisora *se recibe* muy mal aquí. その局の放送はこのあたりでは受信しにくい. ❷ 卒業する: [+de 資格などを] 受ける: Estudié letras, pero no *me recibí*. 私は文学を勉強したが, 中退した. Mi hija *se recibió de* maestra. 私の娘は教員免許を取得した
recibo [r̄eθíβo] 《←recibir》 男 ❶ 領収書, レシート; 受け取り証: El dependiente nos hizo un ~ de lo que habíamos pagado. 店員は私たちが支払った代金の領収書を作ってくれた. Para cambiar el producto, debe presentar el ~ de compra. 商品の交換には買った時の領収書の提出が必要だ. Firmé un ~ al mensajero cuando me entregó el paquete. 私はその小包を受け取った時, 配達員の受け取りにサインした. ❷ 受け取ること, 受領: Espero que al ~ de esta carta te encuentres mejor. この手紙が届くころには君が元気になっていることを願ってい

acusar ~《商業》[+de の] 受領を通知する: No sé si le habrá llegado el paquete, porque no me ha acusado ~ del envío. 受け取りの知らせがないので、私が送った小包が届いたかどうか分からない. Acusamos ~ de su atenta carta. 貴状拝受しました. Acusamos ~ de su pedido. ご注文確かにお受けしました

estar de ~ 1)［人が主語．訪問を受ける時に］きちんとした服装をしている, 用意ができている. 2)［事物が主語］準備ができている

pasar [el] ~ 報いを受けさせる

resultar de ~ = ser de ~

ser de ~ ［事物が主語］受け入れられる, 許容できる《主に否定文で》: Esta respuesta no es de ~. Necesito otra explicación. こんな回答は話にならない. きちんと説明してもらいたい. El trabajo que hizo no era de ~ para presentárselo a la jefa. 彼がした仕事は上司に見せられるような代物でない. No sería de ~ comunicárselo por teléfono. これは電話で済ませるような話でない. Su incompetencia no es de ~. 彼の無能さには我慢できない

reciclable [r̄eθikláβle]《形》再生利用され得る, リサイクル可能な: El papel es un material ~. 紙はリサイクル可能な材料である

reciclado [r̄eθikláðo]《男》= **reciclaje**

reciclaje [r̄eθikláxe]《←仏語 recyclage》《男》❶ リサイクル, リサイクリング, 再生処理, 再生利用: tienda de ~ リサイクルショップ. ❷ 《技術者·教師などの》再教育, 再訓練. ❸［国際的に偏在する資金の］環流

reciclamiento [r̄eθiklamjénto]《男》= **reciclaje**

reciclar [r̄eθiklár]《←reclaje》《他》❶ 再生処理する, 再生利用する: papel reciclado 再生紙. ❷［技術者·教師などを］再教育する, 再訓練する

―― **~se** 再教育(訓練)を受ける

recidiva [r̄eθiðíβa]《女》《医学》［回復後すぐの］病気の再発, ぶり返し

recidivar [r̄eθiðiβár]《自》**~se** 病気が再発する, ぶり返す

reciedumbre [r̄eθjeðúmbre]《←recio》❶ 強さ: ~ de las convicciones 信念の強さ. ~ de la voz 声の大きさ. ❷ 活力, 元気

recién [r̄eθjén] [reciente の語尾脱落形]《副》❶［+過去分詞］1)［+持続的な動きを表わす再帰動詞の過去分詞］…した(された)ばかりの: La comida está ~ hecha. 料理は出来たてだ. huevos ~ traídos 届けられたばかりの卵. edificio ~ construido 新築のビル. pared ~ pintada ペンキ塗りたての壁. tienda ~ inaugurada 開店したての店. coche ~ comprado 買ったばかりの車. película ~ estrenada 封切りしたばかりの映画. ii)［過去分詞構文で］R~ construída la torre, hubo que reforzarla. 塔を建てたばかりで, もう補強が必要になった. R~ terminada la carrera, encontró trabajo. 彼は大学を卒業してすぐ仕事が見つかった. R~ iniciada la charla, sonaron los primeros aplausos. トークショーが始まると, 早くも拍手が聞こえ始めた. ［語法］以下の他動詞とは共起不可: saber, ignorar, intentar, buscar, indagar, alabar］2)［+持続的な動きを表わす再帰動詞の過去分詞］…したばかりの: con la cara lavada y ~ peinada 顔を洗ってくしで梳いたばかりの髪の. con el pelo ~ cortado 散髪したての頭で. los ~ casados/la pareja de ~ casados 結婚したての夫婦. ［語法］以下の再帰動詞とは共起不可: alegrarse, olvidarse, reírse, vengarse］3)［+一部の自動詞の過去分詞］…したばかりの: i) una niña ~ nacida 生まれたばかりの女の子. ii)［過去分詞構文で］R~ salidos del puerto, comenzó a relampaguear. 彼らが出港してすぐ, 稲妻が光り始めた. Estuvo en Madrid ~ terminada la guerra. 彼は戦争が終わってすぐマドリードにいた. ［語法］以下の自動詞とは共起不可: saltar, caminar, llover, sonreír, asistir］❷《中南米》1) ちょっと前に, たった今: R~ llegamos de viaje. 私たちは今旅行から帰ったばかり. Mi hermana ~ tuvo una niña. 私の姉は最近, 女の子を出産した. ¿R~ tu enteras? 君は今気づいたの? 2)［+形容詞］…になったばかりの: En mi habitación, ~ limpia, echaba una siesta. 私は掃除したての自室で昼寝をしていた. 3) …するとすぐ, llegó el detective, comenzaron los interrogatorios. 探偵が着くとすぐ, 尋問が響き始めた. ¿R~ cuerdas que te lo dije ~ llegamos? 着いてすぐ私がそう言ったのを君は覚えているかい? 4) まもなく: El espectáculo ~ comienza. まもなく上演の時間だ. 5) やっと, たった: R~ ahora parece

lo rememoro me doy cuenta de que fue un sueño premonitorio. 今思い返してみると, あれは予知夢だった気がする. ~ hizo famoso a mediados del año pasado. 彼が有名になったのはほんの昨年半ばのことだ. Lo supe ~ a los tres días. 私は3日後に初めてそれを知った. ¿R~ vas con el primer capítulo? 君はまだ第1章しか読んで(書いて)いないのか? En los años veinte comenzó a escribir poemas, pero ~ en 1936 publicaría su primera novela. 彼は1920年代に詩を書き始めたが, 早くも1936年には最初の小説を出版した. ~ ayer ほんの昨日. ~ aquí まさにここで

~ llegado 新たに到着した人; 新参者: Es un ~ llegado al ruedo de la política. 彼は政界入りしたばかりだ

reciente [r̄eθjénte]《←ラテン語 recens, -entis「新しい, 新鮮な」》《形》《絶対最上級》《文語》recentísimo,《口語》recientísimo ❶ 最近の: A pesar de ser más ~, lo recuerdo con más vaguedad. その出来事の方が最近のことなのに, 記憶は逆にいっそう曖昧だ. Su muerte está demasiado ~. 彼の死は記憶に生々しい. Esos hechos están todavía ~s. それらはまだ最近の出来事だ. Es un hecho ~ que no se puede olvidar todavía. それはまだ忘れられない最近の出来事だ. El muñeco lo compré en un viaje ~. その人形は私が最近行った旅先で買ってきたものだ. Una investigación ~ demuestra su inocencia. ある最近の調査で彼の無実が分かった. Está muy contenta con su ~ maternidad. 彼女は最近出産したてとても幸せそうだ. noticia ~ 最新のニュース. ❷ 出来たての《新鮮な, 温かい》: Este bollo está ~. この菓子パンは焼きたてだ. En la tahona huele a pan ~. パン屋から焼きたてのパンの香りがする

recientemente [r̄eθjéntemènte]《副》最近, 近ごろ, 少し前に: El escándalo se ha destapado muy ~. そのスキャンダルはつい最近発覚した. Juan estuvo aquí ~. フアンは最近ここに来た. R~, habrá nevado. 最近雪が降ったようだ

recientísimo, ma [r̄eθjentísimo, ma]《形》《口語》=**recentísimo**

recilla [r̄eθíʎa]《女》《地方語》［羊·ヤギの］小さな群れ

recinchar [r̄eθintʃár]《他》帯で束ねる(結ぶ)

recinto [r̄eθínto]《男》《←?伊語》［塀·柵などで］囲まれた場所, 構内: La entrada al ~ ferial es gratuita. 見本市会場への入場は無料である. ~ de la universidad 大学キャンパス. ~ de un templo 寺院の境内. ~ amurallado (fortificado) 城塞, 城郭

recio, cia [r̄éθjo, θja] I《←?語源》《形》❶ 力強い, 頑丈な, たくましい;［気性の］荒々しい: Tenía unos brazos ~s. 彼はたくましい腕をしていた. hombre ~ たくましい男, いかつい男. ❷ 太い, 厚い: árbol ~ 太い木. cuerda recia 太縄. pared recia 厚い壁. tela recia 厚手の布地. ❸ 強烈な, 激しい; 厳しい: Se pronostican recias nevadas en las zonas montañosas. 山岳地域では大雪が予想される. Sonaron ~s golpes en la puerta. ドアを激しく叩く音がした. dar una recia bofetada 強く平手打ちする. en lo más ~ del invierno 厳冬期に. recia discusión 激論. pena recia 厳罰. ❹《声の》大きい: voz recia 大声. ❺《酒が》強い, こくがある. ❻［土地が］肥沃な

de ~ 荒々しく, 激しく

llevar ~ a + 人《キューバ, 口語》…を厳しく(手ひどく)扱う

―― 《副》❶ 力強く, 激しく; 乱暴に: Mi padre me pegó ~. 父は僕をひどく殴った. llover ~ 激しく雨が降る. luchar ~ 激しく戦う. conducir ~ 乱暴な運転をする. ❷ 大声で: hablar ~ 声高に話す; 堂々と(自信をもって)話す

II《形》《歴史, 地名》［ヨーロッパの一地方］レキア Recia/Retia の［人］

récipe [r̄éθipe]《男》《まれ》❶ 処方《箋》; 処方箋の冒頭の語. ❷ 不快感, 嫌悪感

recipiendario, ria [r̄eθipjendárjo, rja]《形》《名》❶《文語》《入会式を催して迎えられる》新《入》会員; 入会挨拶のスピーチ. ~ de la Real Academia Española スペイン王立学士院の新入会員. ❷ 受け取る［人］

recipiente [r̄eθipjénte]《←ラテン語 recipiens, -entis < recipere「受け取る」》《男》❶《一般に》容器: guardar en un ~ con tapa ふた付きの容器に入れて保存する. vaciar un ~ 容器を空にする. ~ metálico 金属製容器. ❷《化学》［蒸留用の］フラスコ; 鐘状のガラス器

―― 《形》受け取る

reciprocación [r̄eθiprokaθjón]《女》=**reciprocidad**

recíprocamente [r̄eθíprokaménte]《副》相互に, 互いに

reciprocar [r̄eθiprokár] 他 ❶ 交換させる; 対応させる. ❷ ——**se** 交換する; 対応する 《中南米》[受けた行為に対して] 同様のお返しをする
reciprocidad [r̄eθiproθiða(ð)]《←ラテン語 reciprocitas, -atis》女 ❶ 相互性, 相互関係. ❷《経済》互恵主義《=~ comercial》: tratado de ~ 互恵条約
en ~ [+a の] お返しに, 返礼に
recíproco, ca [r̄eθíproko, ka]《←ラテン語 reciprocus「後で戻る」》形 ❶ 相互の, 相互的な: acción ~ca 相互作用. amor ~ 相思相愛. concesiones ~cas 互譲. confianza ~ca 相互の信頼. relaciones ~cas 相互関係. verbo ~ 相互動詞《再帰動詞の一つ》. ❷ 逆の, 相反する: proposiciones ~cas《論理》換位命題. sentimientos ~s 相反する感情. ❸《数学》1) 逆数の. 2) razón ~ca 逆比例
——男《数学》逆数
a la ~ca 逆に, 逆もまた同じく: Yo te ayudo cuando tengas trabajo y *a la ~ca*. 君が仕事の時は私が助けてあげるし, 逆の時は君が助けてくれる
estar a la ~ca [受けた恩恵・友情に対して] 同じようにお返しをする用意がある
recirculación [r̄eθirkulaθjón] 女 [資本・資金の] リサイクル
recisión [r̄eθisjón] 女 =**rescisión**
recitación [r̄eθitaθjón] 女 ❶ 朗唱, 吟唱. ❷ 暗誦: ~ de una lección 学課の暗誦
recitáculo [r̄eθitákulo] 男 [昔の神殿の] 朗誦席
recitado [r̄eθitáðo] 男《音楽》=**recitativo**. ❷ 朗誦, 吟唱
recitador, ra [r̄eθitaðór, ra] 形 名 ❶ 朗誦(吟唱)する〔人〕. ❷ 暗誦する〔人〕
recital [r̄eθitál]《←recitar》男 ❶ 独唱会, 独奏会, リサイタル: dar un ~ de piano ピアノのリサイタルを開く. ❷ [主に作詩者による詩の] 朗誦, 朗読会: ~ poético 詩の朗読会. ❸《口語》独り舞台, 独擅場: El tenista ofreció al público un ~ de voleos. そのテニス選手は観客に見事なボレーを披露した. dar un ~ de tontería ばかげたふるまいばかりする
recitanta [r̄eθitánta] 女 →**recitante**
recitante [r̄eθitánte] 名《女 recitanta もある》喜劇(笑劇)の役者
recitar [r̄eθitár]《←ラテン語 recitare》他 ❶ 朗唱する, 吟唱する: ~ un poema 詩を吟唱する. ❷ 暗誦する: La profesora nos obligó a ~ un fragmento del Quijote. 先生は私たちにドン・キホーテの一節を暗誦させた. aprender a ~ las tablas de multiplicar 九九を声に出して覚える. ❸《音楽》[レチタティーヴォを] 歌う
recitativo, va [r̄eθitatíβo, βa]《←recitar》形 男《音楽》叙唱〔の〕, レチタティーヴォ〔の〕: secco レチタティーヴォ・セッコ《早口でせりふに近い》
reciura [r̄eθjúra] 女 力強さ, 頑健, たくましさ; [気候の] 厳しさ
recizalla [r̄eθiθáʎa] 女 [cizalla による] 再切断
reclamable [r̄eklamáβle] 形 要求(請求)される
reclamación [r̄eklamaθjón] 女 ❶ [正当な権利の] 要求, 請求; 主張: Considero que mi ~ está perfectamente justificada. 私の要求はどこから見ても正当なものであると考える. La ~ del penalti le valió al jugador una amonestación. その選手はペナルティキックを要求したため警告を受けた. ~ salarial 賃上げ要求. ~ de una indemnización 賠償請求. ❷ 異議申し立て, 抗議, クレーム: Se ha presentado una ~ al ayuntamiento. 市役所にある苦情が届いた. presentar (hacer・formular・poner) ~ 異議を申し立てる; 苦情を言う
libro (hoja・impreso) de reclamaciones 苦情書き込み用紙《ホテルなどに備えつけの, 客が当局に訴えるため》: Este establecimiento dispone de *libro de reclamaciones*. 当施設はクレーム申し立て帳を備えています
reclamador, ra [r̄eklamaðór, ra] 形 名 =**reclamante**
reclamante [r̄eklamánte] 形 名 要求(請求)する〔人〕
reclamar [r̄eklamár]《←ラテン語 reclamare < re-+clamare「叫ぶ, 求める」》他 ❶《当然の権利として, +a に》要求する, 請求する; [権利などを] 主張する: 1)〔+名詞〕*Reclamé* la maleta que he perdido *a* la compañía aérea. 私は紛失したスーツケースの補償を航空会社に請求した. *Reclamó* el sueldo *a* su jefe. 彼は上司に給与の支払いを要求した. *Reclamó* sus derechos ante el tribunal. 彼は裁判所に権利の申し立てをした. Los vecinos *reclaman* más zonas verdes en el barrio. 住民たちは地域に緑地帯を増やすよう要求している. Se me ha discriminado injustamente y *reclamo* una explicación. 私は不当に差別されたので, それの説明が欲しい. ~ su parte 分け前を要求する. ~ un billete 切符の提示を要求する. [+por の損害に対して] ~ una indemnización *por* el apagón 停電による損害の補償を請求する. 2)〔+不定詞・que+接続法 するよう〕La nueva serie de la revista tiene un diseño totalmente renovado que *reclama* ser leída. その雑誌の新シリーズは装いを一新して読者を引きつけようとしている. El senador *reclama al* Gobierno *que* cumpla los acuerdos. その上院議員は政府に協定を守るよう要求している. La multitud *reclamaba* acaloradamente *que* se hiciera justicia. 群衆は興奮して, 正義が行われるよう要求していた. ❷ 来るように要求する, 出頭を求める: Tu empresa te *reclama*. 君は会社から呼び出しが来ているよ. Lo *reclaman* en el segundo piso. 彼は3階に出頭するように言われた. *Reclaman* a un cliente en caja. レジ係がある客の呼び出しをしている. ❸ [注意・関心を] 引く; 必要とする: Los celos son la forma con la que algunos niños *reclaman* la atención de sus padres. 子供はやきもちを焼いて親の関心を引こうとすることがある. Perdona. Las lecciones de piano me *reclaman*. ごめん, そろそろピアノのレッスンがあるので. El problema *reclama* nuestra atención. その問題は私たちが何とかしなければならない. ❹《法律》[逃亡した犯罪者の] 引渡しを求める; 召喚する: La jueza *ha reclamado* al famoso estafador. 判事は有名な詐欺師を召喚した. Es un mafioso *reclamado* por la justicia de varios países. 彼は数か国の司法当局から引渡しを求められているマフィアだ. ❺《狩猟》[+para] *reclamo* 鳥を呼ぶ, おびき寄せる. ❻ [鳥が同種の鳥を] 呼ぶ
—— 自〔+contra・por に〕抗議する, 異議を唱える, 苦情を言う: Si la beca es denegada, puede ~ *contra* la decisión en la secretaría. 奨学金が給付されない場合は, その決定について の不服を事務局に申し立てることができる. Hoy concluye el plazo para ~ *por* errores en el censo. 今日は調査結果の誤りの訂正を受け付ける最終日だ. ~ *contra* la injusticia 不正に対して抗議する. ~ *contra* una decisión 決定に異議を述べる. ~ ante los tribunales 裁判に訴える
——**se**《文語の》❶ 〔+de の〕加盟を求める. ❷ 〔+de の〕自称する
reclame [r̄ekláme]《←仏語 réclame》男/女《南米》宣伝, 広告; mercadería de ~ 目玉商品
reclamista [r̄eklamísta] 形 名 宣伝(広告)をする〔人〕
reclamo [r̄eklámo]《←reclamar》男 ❶ [他の鳥を呼ぶ] 鳥の鳴き声: La perdiz deja oír su ~. ヤマウズラが仲間を求めて鳴いている. Paseando por el campo oíamos los diferentes ~s de los pájaros. 私たちが野原を散歩していると, 様々な鳥が仲間を呼ぶ鳴き声が聞こえてきた. ❷《狩猟》1) [鳥をおびき寄せるため] 鳥笛; その笛: Me he comprado un ~ que imita bien la perdiz. 私はヤマウズラの声にそっくりな音を出す鳥笛を買った. 2) [飼い馴らされた] おとりの鳥: caza con ~ おとりの鳥を使う狩猟. ❸《商業など》広告, 看板《人・動物, 事物》: Las ofertas son solo un ~ para la clientela. その特売は顧客を引きつけるためのおとりにすぎない. Como ~ para vender el coche, se regala un mes de combustible gratis. 車を販売するためのサービスとして1か月分のガソリン代がただになる. La presencia del goleador guapo en nuestro equipo es un ~ para las aficionadas. 我がチームにはハンサムなストライカーがいて女性ファン獲得に貢献している. vendedor mediante ~《コストを割って提供される》特価品, ロス・リーダー. venta ~ 目玉(おとり)商品の販売, バーゲンセール. ~ publicitario 〔おとり〕広告. ❹《印刷》1) [欄外記事などへの] 送り記号《=llamada》: Es inconveniente la lectura de este libro, donde los ~s remiten al final del capítulo. この本の注釈を見るには章の終わりに飛ばなくてはならないので, 読みづらい. 2)《聖書などで, ページ数を示す数字の代わりに》次ページ冒頭の言葉. ❺ 主張. ❻《法律》申し立て. ❼《南米》苦情, クレーム
acudir al ~ おびき寄せられる: El comprador *acude al* ~ de las rebajas. 購買者は値下げについ買いに来る
al ~ de... …にひきつけられて: Las moscas se acercan *al ~ del* pescado. ハエは魚にひきつけられて集まってくる
recle [r̄ékle]《カトリック》[聖職禄受給者に与えられる] 特別休暇
reclinable [r̄eklináβle] 形 寄りかかられ得る: asiento ~ リクライニングシート
reclinación [r̄eklinaθjón] 女 寄りかからせること; 寄りかかること

reclinar [r̃eklinár]《←ラテン語 reclinare < re-+clinare「傾ける」》他 [+sobre・en・contra に] 寄りかからせる, もたせかける: Ella *reclinó* la cabeza *sobre* mis hombros. 彼女は私の肩に頭をもたせかけた. ～ la silla *en* la pared 壁に椅子を寄せかける. ～ el asiento 背を倒す(リクライニングさせる)
— **～se** 寄りかかる, もたれかかる: *Se reclinó sobre* mí. 彼は私にもたれかかった

reclinatorio [r̃eklinatórjo] 男 ❶《カトリック》祈禱台. ❷ 寄りかかるもの, もたれかかるもの

recluir [r̃eklwír]《←ラテン語 recludere「閉じこめる」< claudere「閉じる」》48 他 [+en に] 閉じ込める, 幽閉する, 監禁する: *Recluyeron* al rey *en* el monasterio. 王は修道院に幽閉された
— **～se** 閉じこもる: *Se recluyó en* el campo. 彼は田舎に引きこもった. *Se recluyó en* el hospital para desintoxicarse del alcoholismo. 彼はアルコール依存症の治療のために入院した

reclusión [r̃eklusjón]【←recluir】女 ❶ 監禁, 幽閉; 監禁場所. ❷《法律》懲役 [→prisión 類義]: pena de ～ perpetua 無期懲役刑. ～ mayor《西》20年以上30年以下の懲役刑. ～ menor《西》12年以上20年以下の懲役刑. ❸ 隠棲, 隠遁生活; 隠遁場所

recluso, sa [r̃eklúso, sa]【←recluir】名 受刑者, 囚人 [→prisionero 類義]; 監禁(幽閉)されている人: Los ～s han intentado escaparse de la cárcel. 囚人たちは刑務所から脱走しようとした

reclusorio [r̃eklusórjo] 男 ❶ 監禁場所; 隠遁場所. ❷《メキシコ》刑務所

recluta [r̃eklúta]【←reclutar】名 徴集兵, 召集兵; 新兵, 補充兵; 志願兵: instrucción de los ～s 新兵の教育. ～ disponible 予備兵
— 男 ❶ [兵の] 徴集, 徴兵, 募兵 [=reclutamiento]. ❷ 募集. ❸《アルゼンチン》[分散した家畜の] 収容

reclutador, ra [r̃eklutaðór, ra] 名 ❶《軍事》[兵の] 徴募官, 徴兵官. ❷ 募集者, 勧誘員

reclutamiento [r̃eklutamjénto] 男 ❶ [兵の] 徴募, 徴兵 [=～ forzoso]; 募兵. ❷ [集名] 同年次兵: El ～ de este año supera en número al del pasado. 今年の徴募兵の数は昨年を上回っている. ❸ 募集: ～ de los socios de un club クラブの会員募集. ～ de técnicos 技術者の募集

reclutar [r̃eklutár]【←仏語 recruter】他 ❶ [兵を] 徴募する, 徴兵する: Al empezar la guerra, *reclutaron* a muchos jóvenes. 開戦と同時に多くの若者が徴兵された. ～ voluntarios 志願兵を募集する. ❷ [一般に人を] 募集する, 集める: Para la realización del proyecto, *reclutó* a los mejores profesionales. プロジェクト実現のために彼は最高のプロたちを集めた. ～ aspirantes 志願者を募る. ～ partidarios 支持者を募る

recobramiento [r̃ekoβramjénto] 男 =**recobro**

recobrar [r̃ekoβrár]《←ラテン語 recuperare < capere「つかむ」》他 [失っていたものを] 取り戻す, 回復する; 取り返す, 奪還する: *Recobró* el dinero que le habían robado. 彼は盗まれた金を取り戻した. ～ la forma original 原形を回復する. ～ la salud (el sentido・el honor) 健康(意識・名誉)を回復する. ～ la alegría 喜びを取り戻す. ～ una amistad 友情をよみがえらせる
— **～se** ❶ 健康を回復する: *Me recobré* del todo. 私はすっかり元気になった. ❷ [+de から物質的・精神的に] 元に戻る, 立ち直る: *Se ha recobrado de* la pérdida. 彼は損失を取り戻した. *Ya se ha recobrado del* shock. 彼はもうショックから立ち直った. ～*se de* la tristeza 悲しみを乗り越える. ❸《文語》意識を取り戻す; 落ち着きを取り戻す

recobro [r̃ekóβro] 男 取り戻すこと, 回復

recocer [r̃ekoθér]《←re-+cocer》他 ❶《料理》再び焼く(煮る): ～ las verduras 野菜を煮直す. ❷ 焼きすぎる, 煮すぎる, ゆですぎる. ❸《金属》焼きなまし する, 焼き戻す
— **～se** ❶ 煮すぎ(ゆですぎ・焼きすぎ)になる: Las patatas *se han recocido*. ジャガイモはゆですぎだ. ❷ [+de・por で・に] じりじりする, いらいらする; 内心はまれる: *Se recocía de* la envidia. 彼は羨望の念にさいなまれていた

recocha¹ [r̃ekótʃa] 女《コロンビア. 口語》衝騒, 大騒ぎ

recochinear [r̃ekotʃineár]《←re-+cochino》**～se**《西. 口語》[不愉快な言動にさらに輪をかけて, +de から] からかう, 冷やかす, あざける: *No te recochinees de* mí. 俺をばかにするのもいいかげんにしろ

recochineo [r̃ekotʃinéo] 男《西. 口語》[畳 のみ. 口語》不愉快な言動にさらに付け加える] 嫌み, からかい, 冷やかし, あざけり: No me invitaron y, con ～, me dijeron que era mejor para mí. 彼らは誘ってくれなかったばかりか, その方が私にとっていいなどと嫌みまで言った

recocho, cha² [r̃ekótʃo, tʃa] 形 男《西》よく焼けた(もの): ladrillo ～ よく焼けた煉瓦

recocido, da [r̃ekoθíðo, ða] 形 [+en に] 詳しい, 熟達した, 精通した: Está ～*da en* la cocina española. 彼女はスペイン料理に詳しい
— 男 ❶《金属》焼きなまし, 焼き戻し. ❷《アンダルシア》[腹] 凝乳; カッテージチーズ
— 女 焼きなまし [=recocido]

recocina [r̃ekoθína] 女 =**antecocina**

recodadero [r̃ekoðaðéro] 男 肘(⁽ʲ⁾) 掛け

recodar [r̃ekoðár] 自 ❶ =**～se**. ❷ [川・道が] 曲がる, 蛇行する
— **～se** 肘をつく

recodo [r̃ekóðo]《←re-+codo》男 [道・川の, 急な] 湾曲(部), 曲がり角: Ven pronto, que te esperaré en el ～ de la calle. 通りの角で待ってるから早く来いよ

recogeabuelos [r̃ekoxeaβwélos] 男《単複同形》[女性が用いる] 髷(⁽ʲ⁾)留め

recogedero [r̃ekoxeðéro] 男 ❶ 物置き; 集積場, 収集場所. ❷ ちり取り [=recogedor]

recogedor, ra [r̃ekoxeðór, ra] 形 名 [ごみなどを] 集める(人), 収集作業員
— 男 ❶ ちり取り: Barre con la escoba y después empuja la suciedad dentro del ～. ほうきで掃いてから, ちり取りにごみを集めなさい. ～ amontonar la basura en el ～ ごみをちり取りに集める. ❷ [馬が引く] 落ち穂拾い用の器具. ❸《技術》～ de aceite 油受け. ～ de aire エアスクープ, 吸気ダクト
— 女《技術》[廃棄物などを] 集める機械(装置)

recogemigas [r̃ekoxemíɣas] 男《単複同形》卓上クリーナー

recogepelotas [r̃ekoxepelótas] 名《単複同形》《テニス》ボールボーイ, 球拾い

recoger [r̃ekoxér]《←ラテン語 recolligere》③ 他 ❶ [落とした物などを] 拾う, 拾い集める: 1)[固体を] Sofía *recogió* del suelo las prendas de ropa. ソフィアは床から衣服を拾い上げた. *Recogió* la cartera que había en la mesa. 彼はテーブルの上にあった財布を手に取った. El camarero *me recogió* la cuchara del suelo. 私が落としたスプーンをウェイターが拾ってくれた. *Recoja* lo suyo y váyase. 身の回りの物を持って出て行きなさい. ～ lo *recogiendo* el puzzle. さあ, パズルを片付けなさい. ～ cristales rotos 割れたガラスの破片を拾い集める. 2)[液体を] *Recogí* el agua que se salía de la nevera. 私は冷蔵庫から漏れ出した水を拭き取った. ～ el vino desparramado こぼれたワインを拭き取る. 3)[自然に・無生物が] Esta pared *recoge* mucha humedad. この壁は湿りやすい. Este lago *recoge* toda el agua del valle. この湖には谷の水がすべて流れ込む. ❷ [色々な所から] 集める: ¿A qué hora pasan a ～ la basura? ごみの収集は何時に来ますか? Los agricultores tienen un depósito para ～ el agua de la lluvia. 農民たちは雨水を集めて貯水池にためている. *Hemos recogido* en un solo documento todas las informaciones. 私たちは全情報を一つの書類にまとめた. Necesitamos ～ más datos. もっとデータを集める必要がある. Están *recogiendo* fondos para la campaña electoral. 彼らは選挙運動の資金を集めている. La asociación de padres y maestros *recogió* bastante dinero entre los vecinos del barrio. PTAは地元の住民からかなりの金を集めた. ❸ [預けた物・配布物などを] 受け取る, 受け取りに行く: Ya tiene arregladas sus gafas: puede venir a ～las. 眼鏡の修理が終わりましたのでお越し下さい. *Recoge* el programa del curso en la secretaría. 事務室で授業科目表をお取り下さい. Tengo que ～ un certificado en Correos. 私は書留を受け取りに郵便局に行かねばならない. ～ una carta que hay en el buzón 郵便受けから手紙を取り出す. ～ la ropa del tendedero 物干し場の洗濯物を取り込む. ❹ [約束の場所へ] 迎えに行く: Pablo nos *recogió* en su coche en el aeropuerto. パブロが私たちを空港まで車で迎えに来てくれた. Ha ido a ～ a la nieta al colegio. 彼は孫娘を迎えに行った. ❺ [成果を] 収める; [結果を] 被る: El estudiante *recogió* el fruto de tantos sacrificios. その学生は苦労のかいあって成果を収めることができた. *Recogió* el premio en la ceremonia. 彼は

その式典で賞を受け取った. Mañana *recogeremos* los resultados de los análisis. 検査の結果は明日分かる. ❻ 丸める, 折り畳む; [服の] すそをたくし(まくり)上げる; 短く詰める: ～ el mantel テーブルクロスを畳む. ～ la persiana ブラインドを上げる. *Recoge* las cortinas, porque arrastran. カーテンが床についているので, 短く詰めなさい. Es mejor ～ la falda varios centímetros. スカートの丈を数センチ上げた方がいい. ❼《農業》[果実・作物などを] 摘む, 収穫する: Contratan jornaleros para ～ las aceitunas. 彼らはオリーブの実を収穫する労働者を雇っている. Aún no *han recogido* el trigo. 小麦の取り入れはまだだ. ～ una flor silvestre 野の花を摘む. ❽ [道具などを] しまう, 片付ける: *Recoge* las herramientas cuando acabes. 使い終わったら工具を片付けなさい. Tardas demasiado en ～ la mesa. 君はテーブルを片付けるのに時間がかかりすぎる. ❾ 泊める, 面倒を見る: 1) La *recogieron* unos parientes cuando se quemó su casa. 彼女は家が火事になったので親戚に引き取られた. *Recogió* a un gatito abandonado en su casa. 彼は捨て猫を拾って帰った. 2) [+en に] 収容する: Le *recogieron en* un orfanato. 彼は孤児院に入れられた. ❿ [髪を] 短く詰める: Mi madre me *recogió* el pelo en una cola. 母は私の髪をポニーテールに編んでくれた. ⓫ [内容に] 取り込む, 取り扱う: La obra *recoge* el trasfondo social de aquel momento. その作品は当時の社会的背景を取り込んでいる. El informe *recoge* las últimas estadísticas. その報告書は最新の統計を取り入れている. Esta acepción no la *recoge* ningún diccionario. この語義はどの辞書にも載っていない. Ese riesgo no está *recogido en* la póliza. その危険は保険証券には書かれていない. ⓬ [当局が刊行物を] 押収する: El juez mandó ～ la edición del mercado. 裁判官はその刊行物を回収するように命じた. ⓭《闘牛》[闘牛士が牛の攻撃を] 誘う: El diestro *recogió* al toro una y otra vez. マタドールは牛が向かってくるよう何度も誘いをかけた

—— [自] 片付ける, 整頓する: Venga, *recoge* ya, que es hora de dormir. さあ, もう寝る時間だよ. 片付けなさい

—— **～se** ❶ [就寝・祈りなどのために] 寝室に入る; 帰宅する: Siempre *nos recogemos* pronto. 私たちはいつも夜が早い. Quizá ya *se haya recogido*. もしかすると彼はもう自室に戻ったかもしれない. *Me recogí* cerca de las dos. 私が自分の部屋に引き上げたのは2時近くだった. ❷ [+en に] ひきこもる, 隠遁する: El escritor *se recogió en* una casa cerca del mar. その作家は海辺の家に引きこもった. Teresa *se recogió en* un convento. テレサは修道院にこもった. ❸ 没頭する, 専心する: *Se recogía en* sus pensamientos. 彼は考えにふけっていた. ❹ 避難する. ❺ [自分の服を] たくし(まくり)上げる: *Recógete* la falda, que te la vas a pisar. スカートをもっと上げなさい, すそを踏んでしまうよ. ❻ [自分の髪を] 短く詰める: *Se recogió* el pelo en un moño (en una trenza). 彼女は髪をアップに結った(三つ編みにした)

recogida[1] [r̄ekɔxíđa] 〖←recoger〗 [女] ❶ [ごみ・郵便物などを] 集める(引き取る)こと, 収集, 回収: El ayuntamiento tiene un servicio de ～ de muebles y trastos viejos. 市役所は古くなった家具や粗大ごみの回収サービスを行なっている. Hoy no se efectúa la ～ de basuras. 今日はごみの収集はない. hacer una buena ～ de firmas 署名をたくさん集める. campaña de ～ de ropas para los necesitados 困窮者のために衣類を集めるキャンペーン. ～ de equipajes [空港の] 手荷物受取〔所〕. ～ selectiva [ごみの] 分別収集. ❷ 迎え: Algunas jardines de infancia envían microbuses para la ～ y regreso de los niños. 一部の幼稚園は園児の送迎のためにマイクロバスを出している. ❸《農業》取り入れ, 摘み取り: Volvieron al pueblo para la ～ de la cosecha. 彼らは農作物の収穫のため村に戻った. ❹ [休息・就寝のための] 部屋への引き上げ, 退出: Ya es hora de 〔la〕 ～. もう寝る時間だ. ❺《古語》娼家に引きこもって(閉じこめられて)いる娼婦. ❻《コロンビア. 軍事》消灯ラッパ. ❼《アルゼンチン》[警察の] 手入れ, 一斉検挙

recogidamente [r̄ekɔxíđaménte] [副]《文語》❶ 熱中して, 没頭して: Rezaba ～. 彼は一心に祈っていた. ❷ 引きこもって: vivir ～ 隠棲する

recogido, da[2] [r̄ekɔxíđo, đa] [形] [名] ❶ 引きこもった; 修道院に入った: llevar una vida ～*da* 隠遁生活をおくる, 引きこもって暮らす. Ese muchacho está muy ～ en sí mismo. その若者は自分の殻に閉じこもっている. ❷ 広げて(広がって)いない, 小さくまとまった(まとめられた): Frente a los pueblos manchegos, amplios y extendidos, los castellanos son ～*s*. ラ・マンチャの村は家々が散らばっているが, カスティーリャの村は小さくまとまっている. La paloma llevaba las alas ～*das*. その鳩は羽を小さく畳んでいた. Las hojas estaban ～*das* encima de la mesa. 葉は机の上に置かれ, しおれて縮んでいた. ❸ [主に服・髪が] 短い, 小さな: falda ～*da* 短いスカート. pelo ～ ショートヘア, ショートカット. ❹ こぢんまりとした; 居心地のよい: Es muy agradable contemplar el ～ jardín del templo. その寺の小さな庭を眺めるのはとても心地よい. Me gusta el ambiente ～ de esta capilla. 私はこの礼拝堂の落ち着いた雰囲気が好きだ. ❺ [動物が] 胴の短い. ❻《闘牛》[牛の角が] 間隔の狭い. ❼《メキシコ》孤児院に収容されている〔子〕

—— [男] ❶ [衣服などを] 短く詰めること: La falda lleva un ～ por delante. そのスカートは前部が短くなっている. ❷ アップに結った髪: Se ha hecho un ～ en el pelo. 彼女は髪をアップにした

recogimiento [r̄ekɔximjénto] [男] ❶ [精神的な] 集中, 没頭, 専心: Oía la misa con ～. 彼は心を澄ましてミサを聞いていた. rezar con ～ 一心に祈る. ❷ 隠遁, 隠棲: En la ermita había silencio y ～. その庵は静寂と世俗を脱した雰囲気に包まれていた. El ～ en que vive le permite estudiar muchas horas. 彼は引きこもって暮らしているので, ゆっくり勉強ができる. vivir en ～ 隠遁生活をおくる

recognoscibilidad [r̄ekɔgnɔsθiβiliđá〔đ〕] [女]《まれ》識別可能性

recognoscible [r̄ekɔgnɔsθíβle] [形]《まれ》=**reconocible**

recolar [r̄ekolár] [他] 二度濾(こ)しする

recolección [r̄ekolε〔k〕θjɔ́n] 〖←ラテン語 recollectio, -onis < recolligere「集める」< re-+colligere「拾う」〗 [女] ❶ [農作物の] 収穫, 取り入れ: 1) Ahora es la época de la ～ del trigo. 今は小麦の収穫期である. 2) [集名] 収穫物. 3) 収穫期. ❷ [ばらばらになったものの] 寄せ集め, まとめあげ 〖行為〗: ～ de cuentos populares 民話の採集. ～ de informaciones 情報の収集. ❸《カトリック》1) 修道院; 隠遁所. 2) 瞑想, 黙想

recolecta [r̄ekolékta] [女]《まれ》寄付集め, 募金

recolectar [r̄ekolεktár] 〖←recolección〗 [他] ❶ [農作物を] 収穫する, 取り入れる: ～ patatas ジャガイモの取り入れをする. ❷ [ばらばらになったものを] 寄せ集める: ～ basuras clasificadas 分別ごみを回収する. ～ datos データを集める. ❸ [資金などを] 集める, 募金する: *Han recolectado* mucho dinero para las misiones. 伝道のためにたくさんの金が集められた

recolector, ra [r̄ekolεktɔ́r, ra] [形] [名] ❶ 収穫する〔人〕. ❷ 収集する〔人〕; 集金する〔人〕

—— [女] 収穫機; 収集機

recolegir [r̄ekolεxír] [4] [35] 〖→**corregir**〗 [他]《まれ》集める, 寄せ集める

recoleto, ta [r̄ekoléto, ta] 〖←ラテン語 recollectus〗 [形] ❶《文語》[場所が居心地が良く] 人けのない, 静かで落ち着いた, 奥まった: Nos sentamos en un ～ rincón del bosque. 私たちは森の奥の静かな一角に腰を下ろした. ❷《宗教》修道院生活をおくる, 隠遁した. ❸《まれ》隠れた, 見えない, 知られていない

—— [名] 修道士, 修道女; 隠遁者

recolocación [r̄ekolokaθjɔ́n] [女] ❶ 再雇用, 再就職. ❷ 再配置. ❸ [企業の人員整理を代行する] 転職(再雇用)斡旋業, アウトプレースメント

recolocar [r̄ekolokár] [7] [他] ❶ 再雇用する. ❷ 再配置する

recombinación [r̄ekɔmbinaθjɔ́n] [女]《生物》遺伝子組み替え 〖=～ genética〗

recombinar [r̄ekɔmbinár] [他]《生物》遺伝子を組み替える

recomendable [r̄ekomendáβle] [形] [ser+] 推奨され得る: 1) Este chico no es muy ～. この青年はあまりお薦めできない. Es un hotel poco ～. そのホテルはあまり薦められない. Es ～ la compra de acciones de esta empresa. この会社の株を買うことを勧める. Es ～ la resignación. あきらめが肝心だ. 2) [ser ～+不定詞・que+接続法] Es ～ buscar alternativas. 別の方法を探した方がいい. Es ～ *que* utilices este sistema. この装置を使ってみるといいよ. No es ～ *que* laves tu cabello a diario. 毎日髪を洗うのはよくないよ

recomendablemente [r̄ekomendáβleménte] [副] 推奨され得るように

recomendación [r̄ekomendaθjɔ́n] [女] ❶ 推薦, 推奨: Por ～ de un amigo, me han ofrecido un puesto como ingeniero del sonido en el cine. 私は友人の推薦で映画の音声技師の職を得た. ❷ 推薦状, 紹介状 〖=carta de ～〗: Le han dado el puesto a Lola porque tenía una ～. ロラは推薦状を持っていたのでその職につけた. ❸ 勧告, 忠告; 説諭: 1) Su padre le hizo una seria ～ antes del viaje. 彼は旅行の前に父親からこんこんと注意を受けた. Se ha puesto enfermo por no hacer caso de mis *recomendaciones*. 彼は私の忠告を聞かなかったので病気になった. Por la ～ del médico, me he mudado a la costa. 私は医者の勧めで海辺に転居した. 2) [+de+不定詞・que+接続法] Me resultó muy útil tu ～ *de que* comprara los billetes de avión con tiempo. 航空券を早めに購入しておけという君の忠告のおかげで私は非常に助かった. ❹《カトリック》～ del alma [臨終での] 救霊の祈り

recomendado, da [r̄ekomendádo, da] [形] [名] ❶ コネのある〔人〕. ❷《コロンビア, ウルグアイ》書留の: ～ con aviso de recibo 配達証明付き書留の

recomendador, ra [r̄ekomendadór, ra] [形] [名] 推薦(推奨)する; 推薦者

recomendante [r̄ekomendánte] [形] [名] =**recomendador**

recomendar [r̄ekomendár] 〖←re-+古語 comendar < ラテン語 comendare「委ねる」〗 [23] [他] ❶ [+a+人 に] 推薦する, 推奨する; 勧告する, 忠告する: 1) [+名詞 を] Les *recomiendo* encarecidamente este libro. 皆さんにこの本を強くお薦めします. El médico le *recomendó* tranquilidad. 医師は彼に安静にしているようにと勧めた. 2) [+不定詞・que+接続法 するように] Les *recomendí* ir al hospital enseguida. 私は彼らにすぐ病院に行くように勧めた. Me *recomendó* no esperar una noticia favorable. 彼は私にあまりいい知らせは期待しない方がいいと言った. No *recomiendo* realizar ejercicios después de comer. 食後に運動することは勧められない. Pablo *recomendó a* José *que* comprara una finca en Andalucía. パブロはホセにアンダルシア地方に農園を買うように勧めた. El médico me *ha recomendado* reiteradamente *que* haga un poco de ejercicio. 私は医者から少しは運動をするようにと何度も勧められた. ❷ 推薦する, 推挙する: 1) [+〔a〕+人 を, +a+人 に] 〖[語法] 直接目的・間接目的共に前置詞 a を付けると意味が不明瞭になる時は直接目的の a を省く〗 *Recomendé* 〔a〕 mi hermana como secretaria *a* mi jefe. 私は秘書として妹を上司に推薦した. Le *recomiendo* 〔a〕 este chico; es muy formal. この青年をお薦めします. とてもまじめです. Te *recomendé al* director para ocupar el puesto. そのポストには君をよろしくと所長に言っておいたよ. Me vinieron *recomendados* por Mario. 彼らはマリオからの推薦状を持って私のところにやって来た. 2)《メキシコ》[+a+人 を, +con+人 に] *Recomendé* a mi hermana *con* mi jefe. 私は妹を上司に推薦した. ❸ [人・事物の] 価値を保証する, いいところである. ❹《カトリック》[臨終に際し] 神の加護を求める

recomendaticio, cia [r̄ekomendatíθjo, θja] [形] 推薦する

recomendatorio, ria [r̄ekomendatórjo, rja] [形] 推薦する, 推薦の: carta ～*ria* 推薦状

recomenzar [r̄ekomenθár] [9] [23] 〖→**comenzar**〗 [自] [他] 再び始める, 再開する: ～ el trabajo [中断した] 仕事を再開する

recomer [r̄ekomér] **～se** =**reconcomerse**

recompensa [r̄ekɔmpénsa] 〖←recompensar〗 [女] 褒賞(ほうしょう), ほうび; 報酬: Se le dio la posición en ～ de sus éxitos en el negocio. 彼は仕事の成功の褒賞としてその地位をもらった. dar una ～ ほうびを与える. recibir la ～ 報いを受ける. buenas acciones dignas de ～ 褒賞に値する立派な行ない. ～ honorífica 叙勲

recompensable [r̄ekɔmpensáble] [形] ほうびに値する; 報いられる: Ha hecho un trabajo ～. 彼は褒賞に値する仕事をした

recompensación [r̄ekɔmpensaθjɔ́n] [女] =**recompensa**

recompensar [r̄ekɔmpensár] 〖←re-+compensar〗 [他] ❶ …にほうびを与える, 報いる: Los padres *recompensaron* a su hijo por su buena conducta. 両親は息子のよい行ないに対しほうびを与えた. *Recompensarán* tus trabajos. 君の骨折りは報われるだろう. ❷ 償う, 埋め合わせをする: La empresa debe ～ a los damnificados. 会社は被害者たちに補償すべきである

—— [自] [+por に] 報いる

recomponer [r̄ekɔmponér] 〖←ラテン語 recomponere〗 [60] 〖[過分] recomp*uesto*〗 [他] ❶ 組み立て直す, 再び組み立てる, 作り直す; 再組織する; 修繕する: ～ un equipo チームを再組織する. ～ un reloj 時計を修理する. ❷ 整える, 飾り立てる: Le *recompusieron* el peinado antes del debate televisivo. 彼はテレビ討論の前に髪を整えてもらった

—— **～se** 身なりを整える; おめかしする: *Se ha recompuesto* esmeradamente para la fiesta. 彼女はパーティーのために念入りにおめかしした. ～*se* el pelo 髪を整える

recomposición [r̄ekɔmposiθjɔ́n] [女] 再び組み立てること, 組み立て直し, 作り直し; 再組織; 修繕

recompra [r̄ekɔ́mpra] [女] 買い戻し

recomprar [r̄ekɔmprár] [他] 買い戻す

recompuesto, ta [r̄ekɔmpwésto, ta] [形] recomponer の [過分]

reconcentración [r̄ekɔnθentraθjɔ́n] [女] ❶ 集中, 集結, 結集: ～ de las tropas 部隊の集結. ❷ [精神の] 集中, 精神統一, 専心

reconcentrado, da [r̄ekɔnθentrádo, da] [形] [人が] あまりに精神集中した

reconcentramiento [r̄ekɔnθentramjénto] [男] =**reconcentración**

reconcentrar [r̄ekɔnθentrár] 〖←re-+concentrar〗 [他] ❶ [+en に] 集める, 集結させる, 結集させる: ～ a los jugadores *en* el estadio 選手たちをスタジアムに集める. ～ todos los vehículos *en* la plaza 全車両を広場に集結させる. ❷ [注意・関心などを] 集中させる: *Reconcentró* su interés *en* la investigación. 彼は研究に専念した. ～ todos sus odios *en*+人 憎しみのすべてを…に向ける. ❸ [感情を内に] こめる, 秘める: ～ todo el rencor 恨みのすべてを内に秘める. ❹ 凝集する, 濃縮する

—— **～se** ❶ 集まる, 集結する, 結集する: Los turistas *se reconcentraron en* el aeropuerto. 旅行者たちは空港に集合した. ❷ [+en に] 専心する, 専念する: *Se reconcentró en* el trabajo. 彼は仕事に専念した. ❸ [感情が内に] こもる: El odio *se reconcentró en* su interior. 憎しみが彼の心の内にこもった. ❹ 凝集される, 濃縮される

reconciliable [r̄ekɔnθiljáble] [形] 和解し得る

reconciliación [r̄ekɔnθiljaθjɔ́n] [女] ❶ 和解, 仲直り, 和睦: ～ nacional 国民的和解. ❷《カトリック》[瀆聖された教会の] 復聖; [異端者・破門された人などの] 教会復帰, 赦免. ❸ ～ contable 会計(帳簿)上の調整

reconciliador, ra [r̄ekɔnθiljadɔ́r, ra] [形] [名] 和解させる〔人〕

reconciliar [r̄ekɔnθiljár] 〖←re-+conciliar〗 [10] [他] ❶ [+con と] 和解させる, 仲直りさせる, 和睦させる: ～ al padre *con* su hijo/～ al padre y su hijo 父と息子を和解させる. ～ la competitividad económica *con* la solidaridad social 経済競争力と社会的連帯との調和を回復する. ❷《カトリック》[瀆聖された教会を] 復聖する, 再び聖別する, 清める; [異端者・破門された人などを] 教会に復帰させる, 赦免する

—— **～se** ❶ 和解する: Aquel matrimonio *se reconcilió* por fin. その夫婦はやっと和解した. No *me reconciliaré* nunca *con* ella. 私は決して彼女とは仲直りしないつもりだ. ～*se con* los enemigos 敵と和睦する. ❷《カトリック》[異端者・破門された人などが] 教会に復帰する, 赦免される; 告解し直す. ❸ [人が] 内面の平安を得る

reconciliatorio, ria [r̄ekɔnθiljatórjo, rja] [形] 和解に役立つ, 友好的な

reconcomer [r̄ekɔŋkomér] [他] [他人に言えないような羨望・屈辱感などが] …の心をさいなむ: La desazón me *reconcome*. 漠然とした不安感が私をさいなむ

—— **～se** [+de で] じりじりする, 悩む, 苦しむ: *Se reconcomió de* celos al ver a los dos tan íntimos. 2人がすごく親密なのを見て彼は嫉妬に苦しんだ

reconcomio [r̄ekɔŋkómjo] [男] ❶ 執拗な(抑えがたい)欲求, 熱望. ❷ いらだち, 怒り, 不快感. ❸ 疑い, 疑念

recondenar [r̄ekɔndenár] [他] ❶ [人を] 再び処罰する(有罪にする). ❷《キューバ. 口語》怒らせる, 不機嫌にする, 迷惑をかける

reconditez [r̄ekɔnditéθ] [女] 隠されたもの, 知られていないもの, 秘めたもの, ミステリー; 深奥, 奥底: en la ～ del bosque 森の奥深くに

recóndito, ta [r̄ekɔ́ndito, ta] 〖←ラテン語 reconditus < recondere「閉じこめる」〗 [形] ひそみ隠れた, 秘めた, 人目につかない, 奥深い: Se encontraban en un lugar ～. 彼らは人目につかない場所で会っていた. en lo más ～ del alma 心の奥底で. lo más ～ del asunto 問題の核心. deseos ～*s* 秘めた欲望

reconducción [r̄ekɔndu〔k〕θjɔ́n] [女] [賃貸借契約の] 更新, 期間の延長

reconducir [r̄ekɔnduθír] [41] [他] ❶《法律》[賃貸借契約を] 更新する, 継続する, 延長する. ❷ 元に戻す: *Reconduzcan* la mercancía al almacén. 商品を倉庫に戻しておきなさい. Volva-

R

reconfirmación

mos a ~ la conversación hacia el tema que nos ocupa. 話を元のテーマに戻しましょう

reconfirmación [r̄ekonfirmaθjón] 囡 予約の再確認, リコンファーム

reconfirmar [r̄ekonfirmár] 他 […の予約を] 再確認する: Quiero ~ el billete. 切符の予約確認(リコンファーム)をしたいのですが

reconfortación [r̄ekonfortaθjón] 囡 力づけること, 励まし, 慰め

reconfortador, ra [r̄ekonfortaðór, ra] =**reconfortante**

reconfortante [r̄ekonfortánte] 形 ❶ [精神的に] 力づける, 励ます, 慰める: palabras ~s 励ましの言葉. ❷ [肉体的に] 元気を回復させる
── 男 強壮剤 [=medicamento ~]

reconfortar [r̄ekonfortár] [←re-+ラテン語 confortare] 他 ❶ [精神的に] 力づける, 励ます, 慰める: Sus palabras me reconfortaron. 私は彼の言葉に元気づけられた. No se reconforta saber que están todos muy bien. みんなお元気だと知って心強いです. ❷ [肉体的に] 元気を回復させる, 活力を与える: Una copa de vino me ha reconfortado. 私はグラス1杯のワインを飲んで元気が出た

reconocedor, ra [r̄ekonoθeðór, ra] 形 名 認識する[人], 見分ける[人]; 検査(調査)する[人]

reconocer [r̄ekonoθér] [←re-+conocer] 39 他 ❶ [+por で] 認識する, 識別する, それと分かる, 見分ける: 1) [人を] La reconocí por su manera de andar. 歩き方で私は彼女だと分かった. Después de largos años de separación, no reconoció enseguida a su hija. 長年別れて暮らしていたので, 彼はすぐには娘だと分からなかった. Los familiares de la víctima reconocieron el cadáver. 被害者の遺族たちが遺体を確認した. 2) [特徴を] He reconocido tu voz. 私は声で君だと分かったよ. Reconocí el gesto que hacía con las cejas. 私は彼の眉を動かす仕草で彼だと分かった. 3) [事物に] La maleta está tan rota que no la reconozco. そのスーツケースはひどく壊れていて私は見分けがつかない. La doctora supo ~ perfectamente los síntomas de la enfermedad. 医者は病気の兆候を間違いなく識別できた. ❷ [事実であると] 認める, 承認する: 1) [+名詞] ¿Reconoce el acusado los hechos? 被告人はこれらの事実を認めますか? Reconoció abiertamente su responsabilidad en el fallo técnico. 彼は技術的欠陥における自分の責任をきちんと認めた. 2) [+que+直説法] [合法性を] 承認する, 認める: Trabaja en el nuevo gobierno reconocido en el extranjero. 彼は外国で承認された新政府に勤めている. El empleado del banco debe ~ la firma antes de abonar el importe del cheque. 銀行員は小切手の金額を支払う前にサインが正しいものか確認する必要がある. La ley reconoce ese derecho. 法はその権利を認めている. ❹ [子を] 認知する: Ha reconocido a los hijos que tuvo fuera de su matrimonio. 彼は婚外子たちを自分の子供だと認知した. ❺ 調べる, 検査する; 《軍事》偵察する: El médico reconoció a los enfermos. 医師が患者たちを診察した. El capitán reconoció el lugar antes de instalar el campamento. 隊長は野営地を設ける前にその場所を偵察した. ~ toda la casa 家探しする; 家宅捜索する. ❻ …に感謝し, 感謝の意を表わす: He querido ~ les sus favores enviándoles una caja de puros. 私は彼らの親切への感謝の気持ちとして葉巻を1箱贈った. ❼ 〔商業〕 ~ una letra 手形を引き受ける. ❽ 〔生化〕 [分子を] 適合させることによって結合する
── 個 〔俗用〕 [+de que+直説法 であると] 認める〖× Han reconocido de que había una serie de contradicciones./ ○ Han reconocido que había una serie de contradicciones. 一連の矛盾があることが確認された〗
── ~se ❶ [+主格補語/+como] 自分を…と認める: Me reconozco indigno de tal honor. 私がそのような名誉を受けるに足るとは思わない. Me reconozco algo indeciso. 私は少し優柔不断だと自分でも分かっている. Él mismo se reconoce como un jugador poco técnico. 彼は選手としての技能が足りないことを自覚している. ❷ 自白する: Ella se reconoció autora del crimen. 彼女は自分が犯人だと認めた. ❸ 自分の姿を認める: No se reconoce en su propio reflejo. 彼は自身の影を見ても自分と分からない

reconocible [r̄ekonoθíßle] 形 [ser+] 識別され得る, それと分かる: Mi tío es ~ en cualquier parte por su impecable bigote. 私の叔父は手入れの行き届いた口ひげのせいで, どこに行ってもすぐ彼と分かる. Oigo una voz ~. 聞き覚えのある声がする

reconocidamente [r̄ekonoθíðaménte] 副 ❶ 明らかに, 明白に. ❷ 感謝して

reconocido, da [r̄ekonoθíðo, ða] 形 ❶ 《文語》[estar+] 感謝している〖男性話者は reconocido, 女性話者は reconocida. =agradecido〗: Le estoy (quedo) muy ~ por su amabilidad. ご親切大変ありがとうございます. Muchas gracias. Muy ~. ありがとうございます, とても感謝しています. ❷ 著名な, 名の知れた: Contrataron a un ~ especialista en derecho laboral. 彼らは労働法の著名な専門家を雇った. Para este cargo exigen título expedido por una institución oficialmente ~da. このポストにはネームバリューのある学校を卒業した人が必要だ.

reconocimiento [r̄ekonoθimjénto] 男 ❶ 識別, 認識: La sentencia del tribunal supone el ~ de un hecho. 裁判所の判決は事実認定が前提となっている. ❷ 調査, 探査; [医学的な] 検査: El avión hace un vuelo de ~. その飛行機は偵察飛行をしている. El nuevo jugador ha superado el ~ médico. 新入団選手は健康診断に合格した. ir de ~ (偵察)に行く. avión de ~ 偵察機. ~ aéreo 空中査察. ❸ 承認; 認知: La ley admite el ~ de los hijos habidos fuera del matrimonio. 法は婚外でもうけた子を認知することを認めている. ❹ 《文語》感謝, 謝意: Ha expresado a todo el mundo su ~ por el apoyo recibido. 彼はこうむった恩に対してすべての人に感謝の意を表した. carta de ~ 感謝の手紙, 感謝状. ❺ [好意的な] 評価: El escritor manifestó su sorpresa por el ~ que había adquirido su novela. その作家は自分の小説が高く評価されたことに驚きを表わした. Su gestión al frente de la banca nacional cuenta con el ~ público. 彼が国定銀行の陣頭に立って指揮したことは誰からも評価されている. ❻《情報》 ~ del habla/~ de la voz 音声認識. ~ de locutores 話者認識. ~ táctil 指紋認証
en ~ a.../como ~ por... …の返礼に

reconquista [r̄ekoŋkísta] [←reconquistar] 囡 ❶ 再征服, 奪還, 奪回: ~ del mercado 市場の奪回. ❷《歴史》[la R~] レコンキスタ〖8世紀初頭~15世紀末, 断続的に行われたキリスト教徒によるイスラム支配からの失地回復戦争. 711年イスラム勢力がイベリア半島に侵入, 北上を続けたが, 初代の王ペラヨ Pelayo に率いられたアストゥリアス王国軍がこれに抵抗, 722年(718あるいは724年)コバドンガでイスラム軍に勝利し, これがレコンキスタの始まりとされ, 1492年カトリック両王イサベルとフェルナンドによるナスル朝グラナダ王国征服まで続いた〗

reconquistable [r̄ekoŋkistáßle] 形 再び征服され得る, 奪回され得る

reconquistar [r̄ekoŋkistár] [←re-+conquistar] 他 再び征服する, 奪回する: ~ el territorio perdido 失地を奪回する. ~ el poder 権力を奪い返す. ~ su libertad 自由を取り戻す

reconsideración [r̄ekonsiðeraθjón] 囡 再考

reconsiderar [r̄ekonsiðerár] 他 考え直す, 再考する, 検討(審議)し直す: Debemos ~ el asunto. 我々はその問題を再検討すべきだ

reconstitución [r̄ekonstituθjón] 囡 ❶ 再構成, 再組織, 再編成. ~ de un partido 党の再生. ❷ 再現, 復元: ~ de un accidente 事故の再現. ~ de un monumento histórico 史跡の復元. ❸《医学》[器官・組織などの] 回復, 再生

reconstituir [r̄ekonstitwír] [←re-+constituir] 48 他 ❶ 再構成する, 再組織する, 再編成する: ~ un regimiento 連隊を再編成する. ~ una sociedad 会社を再建する. ❷ 再現する, 復元する: ~ un crimen 犯罪を再現する. ❸《医学》[器官・組織などを] 回復させる, 再生する
── ~se ❶ 再構成される, 再編成される. ❷《医学》[器官・組織などが] 元どおりになる, 再生する

reconstituyente [r̄ekonstitujénte] [←reconstituir] 形 ❶ 再構

reconstrucción [r̃ekonstru(k)θjón] 囡 再建, 復興, 再興; 復元: ~ de una casa 家の建替え. ~ de la economía nacional 国家経済の立て直し. ~ de una ciudad destruida por el bombardeo 爆撃によって破壊された都市の復興

reconstructivo, va [r̃ekonstruktíβo, βa] 形 再建の, 復興の: ~ plan 復興計画

reconstruir [r̃ekonstrwír]《←ラテン語 reconstruere < re-+construere「建てる, 積む」》48 他 ❶ 再建する, 作り直す, 再興する: Esta iglesia fue *reconstruida* en el siglo XIX. この教会は19世紀に再建された. ~ la parte dañada del edificio ビルの壊れた箇所を作り直す. ~ un aparato de radio ラジオを組み立て直す. ~ el rompecabezas ジグソーパズルを作る. ❷ 再現する, 復元する: ~ una imagen de Buda rota 壊れた仏像を復元する. ~ la escena del crimen 犯行現場を再現する. ~ los recuerdos 記憶をよみがえらせる. ❸《言語》forma *reconstruida* 再構成

recontamiento [r̃ekontamjénto] 男 ❶ 計算のし直し, 数え直し. ❷ 話し直し, 再説

recontar [r̃ekontár] 28 他 ❶ 計算し直す, 数え直す: Contó y *recontó* su dinero. 彼はお金を何度も数え直した. ❷ 話し直す, 再び語る: Me contó y *recontó* la historia mil veces. 彼は私にその話を何度も繰り返した

recontento, ta [r̃ekonténto, ta] 形 大喜びの, 大満足の: El niño volvió a casa ~. 子供は大喜びで帰宅した ── 男 大喜び, 大満足

reconvalecer [r̃ekombaleθér] 39 自 再び回復する, 再び快方に向かう

reconvención [r̃ekombenθjón] 囡 ❶ とがめだて, いさめ, 諭し, 集言: Al viejo le gusta hacer *reconvenciones* a todo el mundo. その老人は誰にでも文句を言うのを趣味にしている. ❷《法律》反訴

reconvenir [r̃ekombenír]《←re-+convenir》59 他 ❶《穏やかに》とがめる, 叱る, いさめる, 諭す: Le *reconvinieron* por su mal comportamiento. 彼は不品行をとがめられた. ❷《法律》反訴する

reconversión [r̃ekomberβjón] 囡《←re-+conversión》❶ 再転換, 再編成, 改編した, など《industrial 産業再編成》《スペインでは1980年代に社会労働党政権下で製鉄・造船・自動車部品・家電・繊維などを対象に実施された》. ~ de la industria de guerra en la de paz 戦時産業の平和産業への転換. ❷ 再教育; 再改宗: ~ de los empleados 社員の再教育

reconversor, ra [r̃ekombersór, ra] 形 産業改編の, 近代化する

reconvertible [r̃ekombertíβle] 形 再転換 (再編成) され得る

reconvertir [r̃ekombertír]《←re-+convertir》33 他 ❶ 産業・設備などを, +en》に再転換する, 再編成する, 改編する: *Reconvirtieron* la discoteca *en* un restaurante. ディスコはレストランに改造された. ❷ 再教育する, 再改宗させる: ~ a un renegado 改宗者を再改宗させる

recoño [r̃ekóɲo] 間《西. 卑語. まれ》ちくしょう!《=coño》

recopa [r̃ekópa] 囡 チャンピオン大会, カップウィナーズカップ

recopiar [r̃ekopjár] 10 他 再び写す(コピーする)

recopilación [r̃ekopilaθjón] 囡 ❶ 収集, 集大成《行為》: ~ de los datos 資料集め. ~ de los discos レコードの収集. ❷ 作品集, 選集, 論集: Estoy leyendo una ~ de novelas de terror. 私はホラー小説集を読んでいる. álbum de ~《音楽》コンピレーション・アルバム. ~ de fábulas 寓話集. ~ de poemas españoles スペイン詩選. ❸ 法規集《~ de leyes》: la Nueva R~ 新法規集《1567年》. la Novísima《R~》最新法規集《1805年》. ❷ 要約, 概要

recopilador, ra [r̃ekopilaðór, ra] 形 収集する《人》; 選集の編集者

recopilar [r̃ekopilár]《←re-+ラテン語 compilare「略奪する, 汚染する」》他 ❶《資料などを》収集する, 《一冊に》まとめる, 集成する. ❷ 要約する: Hace años que se dedica a ~ datos para su tesis. 彼は何年も前から学位論文のための資料を集めている. ❷ 要約する

recopilatorio, ria [r̃ekopilatórjo, rja] 形 選集の; álbum ~《音楽》コンピレーション・アルバム

recoquín [r̃ekokín] 男《口語》ずんぐりむっくりの男

recórcholis [r̃ekórtʃolis] 間〔奇異・驚嘆・怒り〕何てことだ, とんでもない!

record [r̃íkorð/ré-]《←英語》囡 録音ボタン

récord [r̃ékor]《←英語 record》男〔複〕~s ❶〔新〕記録: 1) Ha conseguido el ~ de ventas. 彼は売り上げの新記録を達成した. alcanzar (establecer) un ~ 新記録を作る. batir un ~ 記録を破る《更新する》. tener un ~ 記録を持っている. 《poseedor del》~ mundial 世界記録《保持者》. ~ de velocidad スピード記録. 2)〔同格的に, 名詞+〕producción ~ 生産高の新記録. ❷《メキシコ》〔出来事の〕記録文書

en〔un〕tiempo ~〕レコードタイムで. 2) あっという間に: El mecánico cambió la rueda *en un tiempo* ~. メカニックはあっという間にタイヤを交換した

recordable [r̃ekorðáβle] 形 ❶ 記憶に残る, 記憶すべき, 忘れがたい: Su número de teléfono es ~. 彼の電話番号は覚えやすい. hecho ~ 記念すべき出来事

recordación [r̃ekorðaθjón] 囡 ❶《文語》想起, 記憶されたイメージ: en ~ de... ...を記念して, ...を偲〔しの〕んで. digno de ~ 記憶すべき. ❷ 通知状《=recordatorio》

recordador, ra [r̃ekorðaðór, ra] 形 思い出させる, 偲ばせる, 彷彿〔ほうふつ〕させる

recordar [r̃ekorðár]《←ラテン語 recordari < re-《再, 半回転》+cor, cordis「心」》28 他 ❶ 思い出す《⇔olvidar》: Recuerdo con mucho cariño los años que pasé en esa ciudad. 私はその町で過ごした年月を大変なつかしく思い出す. Recuerdo su cara, pero no *recuerdo* su nombre de ninguna manera. 私は彼の顔は思い出せるが、彼の名前が思い出せない. ❷ 覚えている, 覚えておく: 1)〔+名詞〕¿Me *recuerdas*? 私を覚えている? Tienes que ~ este número. 君はこの数字を覚えておかなければならない. *Recordaré* para siempre el favor que hiciste por mí. 君に世話になったことを私はいつまでも忘れない. 2)〔+que+直説法〕*Recuerdo que* el año pasado visitamos esa ciudad. 去年私たちがその町に行ったことを私は覚えている. Creo que *recuerdo que* después me dijo algo muy importante. その後, 彼が私にとても大切なことを言った記憶がある. *Recuerda que* el domingo tenemos la barbacoa. 今度の日曜はバーベキューがあることを忘れないで. 3)〔no+~+que+接続法〕*No recuerdo que* el año pasado visitáramos esa ciudad. 去年私たちがその町に行ったという記憶が私にはない. *No recuerdo* que haya mencionado en ninguna parte de mi obra. 私は自分の作品のどこにも, そんなことを書いた覚えはない. 4)〔+疑問詞+直説法〕No puedo ~ *por qué* estoy aquí. 自分がなぜここにいるのか思い出せない. ¿*Recuerdas cómo* era el presunto autor? その容疑者がどんな男だったか覚えている? ¿*Puedes* ~ *qué hacías* antes de venir aquí? 君がここに来る前, 何をしていたか思い出してくれないか? Ya no debe de ~ de *qué* asunto se trata. 彼はもう何の話だったか覚えていないはずだ. ❸〔+a+ante+人に〕思い出させる, 忘れないようにさせる; 注意を喚起する: 1)〔+名詞〕Aquí tuviste el accidente.— No me lo *recuerdes*, que me pongo mal. ここは君が事故を起こした場所だ.—思い出させないでくれ, 気分が悪くなる. *Recordó ante el público* los méritos del actor. 彼は聴衆に向かって, その俳優の長所を改めて説明した. He hecho mal en *recordártelo*. 君にそれを思い出させて悪かったね. 2)〔+que+直説法〕Te *recuerdo* que la última vez gané yo. 覚えているだろうが, 前回は私が勝ったんだよ. Os *recuerdo que* mañana tenéis que madrugar. いいか《念のために言うが》, 明日君たちは早起きしなくてはいけないよ. *Recuérdame* llamar a Juan después. 後でフアンに電話するのを私が忘れないようにしてくれ. Mi madre me *recordaba* insistentemente *que* cerrara la puerta. 母はドアを閉め忘れないようにと私に何度も注意した. El diario *recuerda que* ya los mayores de 65 años superan en números a los menores de 15 años. 新聞は65歳以上の人口が15歳以下の人口を上回ったことを指摘した.〔人の特徴・事物などが〕, +a+人に〕連想させる, 想起させる: Tú me *recuerdas* a tu madre. 君を見ていると君のお母さんを思い出す. Esos ojos *recuerdan* dos luceros. 彼女の目はまるで2つの輝く星のようだ. El caso *recuerda* el del intérprete de griego. その事件はギリシャ語通訳の事件と似ている. Tus palabras me *han recordado* lo importante que es la amistad. 君の言葉を聞いて友情の大切さを改めて感じた. Eso me *recuerda* que tengo que ir al banco. それで思い出したが、私は銀行に行かねばならない. ❺《手紙》Mi《Muy》*recordado*

recordativo, va

amigo 拝啓、懐かしい友よ. ❻《中南米》レコードに吹き込む、録音する. ❼《メキシコ》起こす、目を覚まさせる
── 圓 ❶ 思い出す; 覚えている: 1) *Déjame que recuerde*. 思い出すから待ってくれ. *Fuiste tú el que te empeñaste en venir, ¿recuerdas?* 私にここへ来るように言ったのは君だよ、忘れたのかい？ 2)《俗用》[+de+名詞]△*No recuerdo de la existencia del archivo*. 私はそんな文書があったかどうか覚えていない [○*No recuerdo la existencia del archivo*]. ❷《メキシコ》目を覚ます
── **~se** ❶《俗用》[+de+名詞] 思い出す; 覚えている: △*Me recuerdo de* esas campañas electorales. 私はその選挙運動のことを覚えている [○*Recuerdo* esas campañas electorales]. ❷《地方語》思い浮かぶ. ❸《メキシコ. 口語》目を覚ます: *A las siete me recordé sudando.* 私は7時に汗をびっしょりかいて目が覚めた

desde que recuerdo 私が覚えている限りでは: *Nunca regañaba a sus hijos, desde que yo recuerdo*. 私が覚えている限り、彼が子供たちを叱ったことはなかった

que yo recuerde 私が覚えている限りでは: *En aquella época, que yo recuerde, solo había dos cadenas televisivas*. 当時、私が覚えている限りではテレビのチャンネルは2つしかなかった

recordársela《メキシコ》ののしる、侮辱する

si no recuerdo mal/si mal no recuerdo 私の記憶に間違いがなければ: *Si no recuerdo mal, Francisco vive en la calle de Goya.* 記憶違いでなければ、フランシスコはゴヤ通りに住んでいる

recordar		
直説法現在	命令法	接続法現在
rec**ue**rdo		rec**ue**rde
rec**ue**rdas	rec**ue**rda	rec**ue**rdes
rec**ue**rda		rec**ue**rde
recordamos		recordemos
recordáis	recordad	recordéis
rec**ue**rdan		rec**ue**rden

recordativo, va [r̃ekorðatíβo, βa] 形 思い出させる、喚起する
── 男 通知状 [=recordatorio]

recordatorio, ria [r̃ekorðatórjo, rja] [←recordar] 形 思い出させる: *Su nombre figura en una placa ~ria en el edificio donde nació*. 彼の名は生家に飾られた記念プレートに記されている
── 男 ❶ [人・事物を] 思い出させるスピーチ (行事): *En el entierro se dieron ~s a los familiares y amigos.* 埋葬には行って遺族や友人たちに向かって、故人をしのぶスピーチが行われた. *Este ~ de que se cumplen hoy cien días del secuestro tiene un valor simbólico de la solidaridad del pueblo con el rehén.* 誘拐事件が起きて今日で100日目に行なわれるこの催しは市民と被害者との連帯を示す象徴的な意味を持つ. ❷ 通知状、通告文: *Le mandaron un ~ antes de reclamar judicialmente la deuda*. 法的に借金返済請求がなされる前に彼に通知状が送られた. ❸ [初聖体拝領・死亡など、主に宗教的な版画の] 記念カード、思い出のしおり. ❹ 思い出させるもの: *La cicatriz de la frente es un amargo ~ de la guerra.* 彼の額の傷は戦争のつらい体験を示している. ❺《電話》メッセージ [=mensaje ~]

recorderis [r̃ekorðéris] 男《コロンビア. 口語》通知

recordman [r̃ekórman/r̃ekórdman] [←仏語<英語 record+man] 男《単複同形/⦅廃⦆~s》[男性の] 新記録達成者、記録保持者: *Es el ~ de lanzamiento de martillo*. 彼はハンマー投げの記録保持者だ

record player [r̃ekór plejér] [←英語] 男《プエルトリコ》= **tocadiscos**

recordwoman [r̃ekórɡwóman] [←仏語<英語 record+woman] 女《単複同形/⦅廃⦆~s》[女性の] 新記録達成者、記録保持者

recorrer [r̃ekor̃ér] [←ラテン語 recurrere < re-+currere] 他 ❶ [+場所を、徒歩・乗り物で、くまなく] 巡る、回る: 1) *El viajero recorrió la comarca a pie.* 旅人はその地方を徒歩で巡った. *Vamos a ~ las calles de esta ciudad.* この町の様子を見て回ろう. *En el viaje de novios, hemos recorrido media Italia*. 私たちは新婚旅行でイタリアの大部分を旅して回った. ❷ [距離を] 走破する、踏破する: *Recorro esa distancia en pocos minutos*. 私はその距離を数分で回れる. *Había recorrido ape-*

nas unos kilómetros, cuando la moto se averió. 私はまだ数キロしか進まないうちにバイクが故障してしまった. *Ya he recorrido 5.000km.* 私はすでに5千キロ走破した. ❸ [+場所を] 探し回る: *La policía recorrió toda la casa*. 警察は家中くまなく捜索した. 私はその小説を探してあらゆる本屋を回った. ❹ [全体を] 見渡す: *El profesor recorría el aula con la mirada.* 教師は教室をざっと見渡した. ❺《古ște的》[本などに] ざっと目を通す: *He recorrido el periódico*. 私は新聞にざっと目を通した. *La actriz apenas recorrió el guión con la vista ya aprendía su parte de memoria*. その女優は台本にちょっと目を通しただけで、自分の台詞を暗記してしまった. ❻ [視線を] 走らせる: *Rápidamente recorrió la vista a los presentes*. 彼は出席者たちにざっと目を走らせた. ❼ [印刷] [活字を] 次のページへ送る. ❽《古語》修理する
── 巡る: *Me hubiera gustado ~ por todo el mundo en un velero.* 私は帆船に乗って世界中を回ってみたかった

recorrida [r̃ekor̃íða] 女《主に中南米》= **recorrido**

recorrido [r̃ekor̃íðo] [←recorrer] 男 ❶ 行程、路程、経路、道筋: *El autobús ha modificado su ~ habitual por las obras.* 工事のためバスは通常のルートを変更した. *Han alfombrado de flores todo el ~ de la procesión.* 祭列の通る道はすべて花が敷き詰められた. *Disfrutamos mucho durante todo el ~*. 私たちは道中ずっと楽しく過ごした. *tren de largo ~* 長距離列車. *~ de un autobús* バス路線. *~ turístico* 観光ルート. ❷ 経歴: *Tiene un brillante ~ profesional como tenista*. 彼はプロテニス選手として輝かしい経歴がある. *El ~ de su vida ha sido largo y vario*. 彼の人生の歴史は長く色々なことがあった. ❸ 巡ること、見て回ること; ツアー; 走破、踏破: *~ en jeep* ジープツアー. *~ por los museos* 美術館巡り. ❹ 探し回ること、捜索: *A las ocho empezaremos nuestro ~ por el bosque.* 8時から森の探索に出発しよう. *En su ~ por la habitación, se fijó en el armario.* 彼は部屋の中を調べているうちにたんすに目をとめた. ❺ [全体を] 見渡すこと: *Tras un ~ por el piso, aseguró que estaba interesado en comprarlo.* 彼はその物件を買うつもりがあると言った. ❻《マラソン、スキーなど》コース. ❼《ゴルフ》ラウンド、コース: *jugar un ~ con+人* …とプレーする. *completar un ~ de 70 golpes* 70打でラウンドを終了する. ❽ 範囲、レンジ: *~ temporal* タイムスパン. ❾《口語》[次々と非を挙げての] 叱責、説教: *dar un ~ a+人* …を叱る

hacer el ~ 1) 移動する、巡る、回る; 巡回する: *Hicimos el ~ de ida y vuelta en muy poco tiempo.* 私たちは短い時間で往復の旅をした. *hacer el ~ a pie* 歩行する; 歩いて回る. 2) 走行する、運行する: *Trenhotel Francisco de Goya hace el ~ entre Madrid y París.* 寝台列車フランシスコ・デ・ゴヤはマドリードーパリ間を運行している

recortable [r̃ekortáβle] 形 ❶ 切り取られ得る: *muñeca ~* 切り抜き人形. ❷ 削減され得る
── 男 [主に着せ替え人形用の] 切り抜き絵

recortado, da [r̃ekortáðo, ða] 形 ❶ 鋸歯 (ᵏʲᵒ) 状の、ぎざぎざになった: *costas ~das* 鋸歯状の (出入りの激しい) 海岸線. ❷ [散弾銃の] 銃身を短く切った. ❸ 背の低い、ずんぐりした. ❹《メキシコ》金のない、ほとんど無一文の
── 男 切り抜いた紙

recortadura [r̃ekortaðúra] 女 ❶ 切り取ること [=recorte]. ❷ ⦅複⦆切りくず

recortar [r̃ekortár] [←re-+cortar] 他 ❶ 短く切る、刈る: *Lleva el pelo recortado por encima de las orejas*. 彼は耳の上まで短く刈り上げている. *Recórteme solamente el flequillo*. 前髪だけ切って下さい. ❷ 切り取る、切り抜く: *Recortó varias figuras siguiendo la línea de puntos*. 彼は点線に沿って色々な図形を切り抜いた. ❸《メキシコ》新聞の記事を切り抜く. ❹ 切り詰める、削減する: *La productora ha recortado el presupuesto del programa*. 制作会社は番組の予算をカットした. *~ sueldos* 賃金をカットする. ❺《美術》…の輪郭を描く. ❻《メキシコ. 口語》悪口を言う、批判する
── **~se** 輪郭がくっきり浮かぶ: *El barco se recortaba en el horizonte.* 船が水平線にくっきりと見えた

recorte [r̃ekórte] 男 ❶ 切り取ること、切り抜くこと; [新聞などの] 切り抜き: *hacer ~s* スクラップする. *Su libro está hecho de ~s.* 彼の本はつぎはぎ細工 (他人の書いたものの寄せ集め) だ. ❷ 刈り込み. ❸ 切り抜き絵 [=recortable].

recorvar [r̄ekorβár] 他 =encorvar
recorvo, va [r̄ekórβo, βa] 曲がった，湾曲した〖=corvo〗
recoser [r̄ekosér]〖←re-+coser〗他 ❶［ざっと］繕う，かがる．❷ 縫い直す
recosido [r̄ekosíðo] 男 ❶ 繕い，繕った跡．❷ 縫い直し
recostadero [r̄ekostaðéro] 男 もたれ掛かる場所，寄り掛かるもの；寝椅子，ソファー
recostar [r̄ekostár]〖←re-+ラテン語 costa「肋骨」〗28 他 ［立った・座った状態で頭・背中などを，+en・sobre に］もたせかける: *Recostó* la cabeza *sobre* mi hombro. 彼女は頭を私の肩にもたせかけた．Ella *recostó* el libro sobre los otros para que no se cayera. 彼女は本が倒れないように他の本にもたせかけた
── **~se** ❶［+en・sobre に］寄り掛かる；［椅子・ベッドなどに］ねたり込む，寝そべる: *Se recostó en* el sillón, puso los pies sobre la mesa y abrió el periódico. 彼はひじ掛け椅子にだらしなく座り，足をテーブルに投げ出し，新聞を広げた．❷ 寝そべる: Voy a ~*me* un rato porque estoy cansado. 疲れているのでちょっと横になるよ
recotín, na [r̄ekotín, na] 形《メキシコ，チリ》落ち着きのない，じっとしていない
recova [r̄ekóβa] 女 ❶ 鶏卵・鶏肉を売る屋台．❷［転売用の］鶏や鶏卵の買い入れ．❸《狩猟》猟犬の群れ．❹《古語》屋根付きの市場．❺《南米》食料品市場．❻《ラプラタ》アーケード
recovar [r̄ekoβár] 他［転売用に鶏・鶏卵などを］買い入れる
recoveco [r̄ekoβéko] 男〖←re-+俗ラテン語 covus ← ラテン語 cavus, -a, -um「穴」〗❶［街路・小川などの］曲がり，カーブ: Me perdí por los ~*s* de las callejuelas del casco antiguo. 私は旧市街の曲がりくねった路地で道に迷った．conocer todos los ~*s* de la ciudad 町のすみずみを知っている．pasillo con muchos ~*s* 曲がりくねった（迷路のような）小道．asunto con muchos ~*s* 入り組んだ事件．❷［人・事物の］隠れた場所，奥まったところ，隅，困難な点: El ladrón se escondió en un ~ del jardín. 泥棒は庭の奥に身を隠した．~*s* del alma 心の奥底（ひだ）．❸［主に 複］屈折した言動，遠回しなやり方: Tiene un carácter franco, sin ~*s*. 彼は素直な性格で，ひねくれたところにない．No me vengas con ~*s*. 遠回しな言い方はよしてくれ．sin ~*s* 単刀直入に，ざっくばらんに．❹《メキシコ》ごてごてした飾り
recovero, ra [r̄ekoβéro, ra] 名［鶏・鶏卵などの］仲買人
recre [r̄ékre] 男 =recle
recreable [r̄ekreáβle] 形 気晴らしの，娯楽の，面白い
recreación [r̄ekreaθjón]〖←re-+crear, recreatio, -onis〗女 ❶ 気晴らし，娯楽，レクリエーション，休養〖=recreo〗．❷ 再創造
recreacional [r̄ekreaθjonál] 形《キューバ，ベネズエラ》centro ~ スポーツセンター；レジャーセンター
recrear [r̄ekreár]〖←re-+crear〗他 ❶ 再創造する，作り直す: ~ un ambiente medieval 中世の雰囲気を再現する．❷ 気晴らしをさせる，楽しませる；休養させる: El verde *recrea* la vista. 緑は目を休める
── **~se**［+con・en で］楽しむ，気晴らしをする: Los niños *se recreaban* viendo la televisión. 子供たちはテレビを見て楽しんでいた．~*se* con la música pop ポップスを聴いて楽しむ．~*se en* leer 読書を楽しむ
recreativo, va [r̄ekreatíβo, βa] 形 気晴らしの，娯楽のレクリエーションの: salón ~ ゲームセンター．sociedad ~*va* レクリエーションクラブ．velada ~*va* para los niños 子供のための娯楽のタベ
── 男 覆 ゲームセンター
recrecer [r̄ekreθér]〖←re-+crecer〗39 他 増やす，増大させる
── 自 ❶ 増える，増大する: Las malas hierbas han *recrecido* con la lluvia. 雨で雑草が伸びた．❷ 再び起こる，再発する
── **~se** 元気づく，活気づく: Al ver a su hijo *se le recreció* el ánimo. 息子の顔を見ると彼女は元気が出た
recreído, da [r̄ekreíðo, ða] 形〖まれ〗=recrecimiento
recrecimiento [r̄ekreθimjénto] 男 ❶ 増大，増加．❷ 元気（活気）を取り戻すこと
recreído, da [r̄ekreíðo, ða] 形〖まれ〗［タカや狩猟用の鳥が］野生に帰った

recrementicio, cia [r̄ekrementíθjo, θja] 形《生理》再帰液の
recremento [r̄ekreménto] 男《生理》再帰液
recreo [r̄ekréo]〖←recrear〗男 ❶［学校の］休み時間，休憩時間〖=hora de ~〗: En el ~ los niños juegan al fútbol en el patio. 休み時間に子供たちは校庭でサッカーをする．❷ 気晴らし，娯楽，レクリエーション；息抜き；目の保養: Mi único ~ es dar un paseo con el perro. 私の唯一の気晴らしは犬との散歩だ．viaje de ~ 物見遊山，観光旅行．❸ 行楽地，遊び場所〖=lugar de ~〗
de ~ 気晴らし用の，レクリエーション用の: Esta bicicleta es de competición, no es de ~. これは競技用自転車で，遊び用ではない
recría [r̄ekría] 女 飼育，肥育
recriador, ra [r̄ekrjaðór, ra] 名 飼育者
recriar [r̄ekrjár] 11 他［子牛などを買い，育て上げてから売るために］飼育する，肥育する
── **~se** 生まれた場所と違うところで育つ
recriminación [r̄ekriminaθjón] 女 非難，叱責，とがめだて〖行為，表現〗
recriminador, ra [r̄ekriminaðór, ra] 形 名 非難（叱責）する〖人〗
recriminar [r̄ekriminár]〖←re-+ラテン語 criminare「検閲する」〗他 ❶ 非難する，叱責する，とがめだてする: Me *recriminó por* mi falta de advertencia. 彼は私の不注意をとがめた．❷ 非難し返す，のしり返す
── **~se** 非難し合う，互いにののしり合う
recriminatorio, ria [r̄ekriminatórjo, rja] 形 非難の，叱責の: carta ~*ria* 非難の手紙
recrío [r̄ekrío] 男 =recría
recristalización [r̄ekristaliθaθjón] 女《化学》再結晶
recristalizar [r̄ekristaliθár] 9 他《化学》再結晶させる
recrucetado, da [r̄ekruθetáðo, ða]《紋章》cruz ~*da* クロス・クロスレット
recrudecer [r̄ekruðeθér]〖←ラテン語 recrudescere「再び出血する」〗39 他 ❶［良くなり始めた時に，悪いことを］再激化させる．❷ 悪化させる: La intervención de las potencias *recrudeció* la guerra. 列強による干渉が戦争を激化させた
── 自 **~se** ❶［良くなり始めた時に，悪いことが］勢いを盛り返す，激しさを増す；再発する，ぶり返す: *Recrudecía* la criminalidad. 犯罪が更に凶悪化した．El frío [*se*] *ha recrudecido*. 寒さがぶり返した．❷ 悪化する: *Se recrudecerá* el tiempo. 天候が悪化しそうだ
recrudecimiento [r̄ekruðeθimjénto] 男 ❶［良くなり始めた時の，悪いことの］再激化．❷ ~ de la guerra 戦争の激化
recrudescencia [r̄ekruðesθénθja] 女《文語》=recrudecimiento
recrudescente [r̄ekruðesθénte] 形［悪いことが］再激化する，勢いを盛り返す，ぶり返す，悪化する
recrujir [r̄ekruxír] 自 ひどく（繰り返して）きしむ
recruzado, da [r̄ekruθáðo, ða]《紋章》cruz ~*da* クロス・クロスレット〖=cruz recrucetado〗
recruzar [r̄ekruθár] 9 他 再び（2度）交差する
recta [r̄ékta]〖←recto〗女 ❶《幾何》直線．❷《スポーツ》直線コース: embalarse en las ~*s* 直線コースで猛スピードを出す．❸《経済》~ de balance 予算線，購入可能線
~ *final* 1)《スポーツ》最後の直線コース: Ha adelantado al piloto alemán en la ~ *final*. 彼は最後の直線コースでドイツ人レーサーを追い抜いた．2)《比喩》終盤戦: ¡Ánimo, que estamos en la ~ *final*! がんばれ，後少しで終わりだ！Ya está en la ~ *final* de su embarazo. 彼女は出産の臨月を迎えている
rectal [r̄ektál]〖←recto〗形《解剖》直腸の: temperatura ~ 直腸体温
rectamente [r̄ektaménte] 副 ❶ 正しく，公正に: Sabe aprovechar ~ su vida. 彼は自分の人生をまっとうに歩むことができる．❷ 文字どおりに: La "seguridad" puede ser ~ entendida, pero precisa de alguna matización. 「安全」という言葉は字義どおりに受け取ってもいいが，多少色づけが必要だ．❸ まっすぐに；正確に
rectangular [r̄ektaŋgulár]〖←rectángulo〗形 ❶ 四角形の，長方形の: mesa ~ 四角いテーブル．❷［図形が］直角を1つ以上持つ: triángulo ~ 直角三角形．❸［図形が］長方形を1つ以上持つ．❹ 直角の: coordenadas ~*es* 直交座標

rectángulo, la [r̃ektáŋgulo, la]《←ラテン語 rectangulus》形 直角を1つ以上持つ《=rectangular》
—— 男 長方形

rectar [r̃ektár] 他《まれ》まっすぐにする

rectificable [r̃ektifikáble] 形 訂正(矯正)され得る

rectificación [r̃ektifikaθjón] 女 ❶ 訂正, 修正; 訂正(修正)したもの: El Gobierno reclamó al diputado la inmediata ~ de sus declaraciones. 政府は発言をただちに訂正するようその議員に要求した. Casi no se nota la ~ del dibujo. その絵は修正個所がほとんど目立たない. ❷ 矯正. ❸ 調整, 修理: Tras la ~ del motor, el vehículo ha mejorado su rendimiento. エンジンを修理してから車の性能が良くなった. ❹《電気》整流

rectificador, ra [r̃ektifikaðór, ra] 名 ❶《電気》整流する人. ❷《技術》[金属部品の表面を] 精密に仕上げる[人]. ❸ 訂正する, 修正する. ❹ 矯正する
—— 男《電気》整流器《= ~ de corriente》
—— 女《技術》[金属部品の]精密仕上機, 研磨機

rectificante [r̃ektifikánte] 形《まれ》訂正する

rectificar [r̃ektifikár]《←ラテン語 rectificare < rectus 「まっすぐな」+facere 「する」》[7] 他 ❶ 訂正する, 修正する: El jefe de redacción rectificó las palabras de su reportero. 編集長は記者の書いた字句を訂正した. Añade sal para ~ el punto de sazón del guiso. シチューの味加減を整えるために塩を加えなさい. ~ un cálculo 計算間違いを直す. ~ un plan 計画を修正する. ❷ [行ないなどを] 正す, 矯正する: Rectifica tus palabras. 言葉づかいを改めなさい. Si no rectifica su actitud hacia la asignatura, suspenderá. その教科に取り組む態度を改めないと落第しますよ. ❸ [人に] 反論する: Me ha interrumpido para ~me. 彼は言い返そうとして私の言葉をさえぎった. ❹ まっすぐにする: Rectifica con una regla las líneas que estén torcidas. 線が曲がったら定規でまっすぐに直しなさい. He conseguido ~ la llave que se me torció. 私は鍵が曲がってしまったのを何とかまっすぐに直した. ~ una fila 列を正す. ❺ [器具などを] 調整する, 修理する: El mecánico rectificó el motor, pero aún no está bien ajustado. 修理工がエンジンを修理したが, まだ調子がよくない. El mecanismo consta de cien piezas rectificadas y ensambladas con extrema precisión. その装置は精密に調整され組み立てられた100の部品から成っている. ❻《化学》精溜する. ❼《電気》整流する. ❽《技術》[金属部品を] 精密仕上げする
—— 自 自分の言動を改める: Has obrado mal, pero estás a tiempo de ~. 君は行ないが悪かったが, 今こそ改める時だ. Asegúrese de su respuesta, porque no está permitido ~. 訂正は認められないので, 解答をよく見直しなさい
—— ~se [自分の言動を] 訂正する: El orador se rectificó cuando se dio cuenta de las consecuencias que podían tener aquellas declaraciones. 講演者は自分の主張がどんな結果をもたらすかに気づいて発言を訂正した. Al Destino no le gusta ~se. 運命の神は一度決めたことを変えるのを好まない

rectificativo, va [r̃ektifikatíβo, βa] 形 訂正する, 訂正できる

rectilíneo, a [r̃ektilíneo, a]《←ラテン語 rectilineus》形 ❶ 直線の, 直線で形成された: calles ~as 碁盤目状の街路. oficina blanca y ~a 白く直線的なオフィス. ❷ [性格・行為・思考などで] まっすぐな, 変わらない; 感情に左右されない

rectinervio, via [r̃ektinérβjo, βja] 形《植物》hoja ~via 葉脈が直線的な葉

rectitis [r̃ektítis] 女《医学》直腸結腸炎

rectitud [r̃ektitú(ð)]《←ラテン語 rectitudo》女 ❶ 正しさ, 公正さ, 義: Como político siempre actuó con ~ y transparencia. 彼は政治家として常に公正に, 裏のない行動をした. ❷ まっすぐなこと

recto, ta[2] [r̃ekto, ta]《←ラテン語 rectus》形 ❶ まっすぐな, 直線の《→derecho 類語》: 1) [名詞+] línea ~ta 直線. manga ~ta 鼻のびた袖. nariz ~ta 鼻のまっすぐ通った鼻. pantalón ~ta 股のまっすぐなズボン. andar con la espalda ~ta 背筋を伸ばして歩く. silla con el respaldo ~ 背のまっすぐな椅子. 2) [+名詞] El barrio es una zona de anchas y ~tas avenidas. その地区には広くまっすぐな大通りが走っている. 3) [ser+] Dicen que allí los caminos son tan ~s que la gente se duerme conduciendo. そこでは道があまりにまっすぐなので, 運転している間そうだ. 4) [estar+] Aléjate un poco y dime si el cuadro está ~ o torcido. 離れたところに行って, 絵がまっすぐか曲がっているか教えてくれ. ❷ [性格が] まっすぐな, 公正な, 正直な; [意

図などが] 正当な, 義のある: El director del colegio tiene fama de hombre ~. その校長は曲がったことの嫌いな人物として知られている. Ha tratado de ser ~ en mis decisiones. 私は公平な決断をしようと心がけた. Su actuación fue absolutamente ~ta; nadie se lo puede reprochar. 彼のしたことは完全に正しかった, 誰もそれをとがめることができない. El abogado ha llevado una ~ta trayectoria en su vida profesional. その弁護士はまっとうな職歴を持っている. funcionario ~ 清廉な役人. juez ~ 公正な裁判官. ❸ [語義が] 本来の, 文字どおりの《⇔figurado》: ¿Lo dices en el sentido ~ o figuradamente? 君はそれを文字どおりの意味で言っているのか, 物のたとえで言っているのか? En sentido ~, "parásito" es un organismo que vive a costa de otro de distinta especie. 「寄生物」の本来の意味は他の種類の生物に寄りかかって暮らす生物のことだ. ❹ [解釈・翻訳などが] 正確な. ❺《聖書など》[ページ・紙が] 右の, 表の《⇔verso》. ❻《幾何など》1) 直角の. 2) 垂直な: Esta pared no cae ~ta. この壁は垂直でない. ❼《音楽》flauta ~ta 縦笛
—— 副 まっすぐに《→derecho 類語》: Siga todo ~ por la calle Alcala. アルカラ通りをずっとまっすぐ行きなさい. ¡Cuidado! Ese coche viene ~ hacia nosotros. 気を付けよ! その車はまっすぐ私たちの方に向かってくるぞ
—— 男 ❶《聖書など》右ページ, 表ページ. ❷《解剖》直腸: El supositorio se introduce en el ~. 座薬は直腸に挿入する. ❸《ボクシング》ストレートパンチ: ~ de izquierda (derecha) 左(右)ストレート

rectocolitis [r̃ektokolítis] 女《医学》直腸炎

rector, ra [r̃ektór, ra]《←ラテン語 rector, -oris 「支配者」< regere 「統治する」》形 ❶ 指導的な: país ~ del mundo 世界の指導国. principio ~ 指導原理. ❷ 支配的な, 主要な: idea ~ra 大勢を占める意見
—— 名 ❶《大学の》学長, 総長; [神学校の] 校長; [病院の] 院長. ❷ 指導者; 最高責任者
—— 男 教区司祭《=párroco》

rectorado [r̃ektoráðo] 男 ❶ 学長の職(任期). ❷ 学長室

rectoral [r̃ektorál] 形 学長の
—— 女 司祭館

rectorar [r̃ektorár] 自 支配する, 統治する

rectoría [r̃ektoría] 女 ❶ 司祭館. ❷ 学長の職(職務); 学長室. ❸《文語》指導性

rectoscopia [r̃ektoskópja] 女《医学》直腸鏡検査

rectoscopio [r̃ektoskópjo] 男《医学》直腸鏡

rectriz [r̃ektríθ] 女《鳥》~ces》《鳥》尾羽

recua [r̃ékwa]《←アラビア語 rekba「騎馬の隊列」》女 ❶《集名》[荷役用の] 馬, ロバ. ❷《軽蔑》次々に押し寄せる人(事物): La policía tuvo que impedir que se acercase toda la ~ de periodistas al lugar del atentado. 警察は次々に押し寄せる記者たちが襲撃現場に近づかないよう制止しなければならなかった. una ~ de problemas 次々と起こる問題

recuadrar [r̃ekwaðrár] 他《図面などを》正方形に区画する, 四角く囲む

recuadro [r̃ekwáðro]《←re-+cuadro》男 ❶ 四角い枠: señalar con un ~ 四角で囲んで示す. ❷ [新聞などの] 囲み記事

recuaje [r̃ekwáxe] 男《古語》荷役用の馬(ロバ)の通行税

recuarta [r̃ekwárta] 女《音楽》ビウエラ vihuela の弦の一本《複弦の第2弦としての4番目の弦》

recubierto, ta [r̃ekuβjérto, ta] recubrir の 過分

recubridor, ra [r̃ekuβriðór, ra]《まれ》覆う

recubrimiento [r̃ekuβrimjénto] 覆うこと; 被覆

recubrir [r̃ekuβrír] 他 過分 recubierto 《[+con・de 薄い層で] 全面的に覆う: El orín recubre la hoja de la navaja. さびがナイフの刃一面を覆っている

recudimento [r̃ekuðimjénto] 男 =recudimiento

recudimiento [r̃ekuðimjénto] 男 [官吏・地主などに与えられる] 地代徴収権

recudir [r̃ekuðír] 他 [本来の所有者に・しかるべき金額を] 支払う
—— 自 [最初の出発点に] 戻る, 回帰する

recuelo [r̃ekwélo] 男 ❶《西, キューバ》二番煎じのコーヒー. ❷《古語的》[濾し布から出たままの] 強い灰汁(ぁ). ❸《ベネズエラ》リュウゼツランの発酵した汁から作った酒

recuenco [r̃ekwéŋko] 男 [地面の] 穴, くぼみ

recuento [r̃ekwénto]《←re-+cuento》男 ❶ 数え直し: hacer el

~ de votos 票を数え直す(集計する). ❷ 一つ一つ数え上げること; ~ sanguíneo《医学》血球数〔測定〕

recuentro [r̃ekwéntro]《男》=reencuentro

recuerdo[1] [r̃ekwérdo]【←recordar】《男》❶ 思い出, 想起, 追憶, 記憶《類義》**recuerdo** は「前にあった具体的な出来事を思い出すこと」, **memoria** は「物事を心に留めて忘れないこと」: Me vienen a la *memoria* gratos *recuerdos* de aquel verano. あの夏のすばらしい思い出がよみがえって私の記憶に刻み込まれていく]. Conocerle en estas circunstancias será un buen ~. このような状況で彼と知り合えたことはよい思い出になるだろう. No tengo un buen ~ de aquel día. あの日のことはあまりよい思い出でない. A pesar de que yo era muy pequeña, guardo un vago ~ de aquella casa. 私はとても幼かったが, その家のことはぼんやり覚えている. Gracias por el buen ~ que me has dejado. いい思い出を残してくれてありがとう. Ese accidente aún está vivo en nuestro ~. その事故はまだ私たちの思い出に新しい. Déjate de ~s. 思い出にふけるのはやめろ. ❷ 思い出の品, 記念の品: No quiero desprenderme de ese mueble, es un ~ de familia. 私はその家具を手放したくない. それは我が家の思い出深い品なのだ. Este reloj es un ~ de mi padre. この時計は父の形見だ. ❸ 土産品; それに書かれている絵や言葉: Compré unos ~s de España en el aeropuerto. 私は空港でスペインの土産品をいくつか買った. tienda de ~s 土産物店. ❹《複》[第三者を介しての挨拶] Dale ~s a tu hermano [de mi parte]. 君のお兄さんによろしく. ¡Adiós! R~s a tu padre. さようなら! お父さんによろしく. ❺ 思い出させるもの: Son muchos los ~s que quedan en Córdoba de la época árabe. コルドバにはイスラム時代を想起させるものがたくさん残っている. R~s de la Alhambra『アルハンブラの思い出』《←アルハンブラ宮殿が想起させる過去》. ❻《薬学》追加抗原刺激ワクチン〔=vacuna de ~〕
como ~ de... ...の思い出として, 記念に: Guardaré la sortija *como ~ de* este encuentro. この出会いの思い出に指輪を大事にとっておくわ. puros *como ~ de* boda 結婚記念の葉巻

recuerdo[2], **da** [r̃ekwérdo, da]《形》《コロンビア》目覚めている〔=despierto〕

recuero [r̃ekwéro]《男》馬方, 馬子

recuesta [r̃ekwésta]《女》❶《文語》要請. ❷《古語》挑戦. ❸《詩法》[風刺・挑発的な] 短詩

recuestar [r̃ekwestár]《他》要請する, 頼む

recuesto [r̃ekwésto]《男》❶《まれ》斜面, 傾斜地. ❷《アルゼンチン》上り坂

recula [r̃ekúla]《女》❶《狩猟》勢子の背後の持ち場. ❷《地方語》川が逆流しているところ
de ~ 後退しながら, 後ずさりして

reculada [r̃ekuláda]《女》❶ [人・車両の] 後退. ❷ [銃砲の] 後座. ❸《メキシコ》跳ね

reculamiento [r̃ekulamjénto]《男》=reculada

recular [r̃ekulár]【←?仏語 reculer < re-+cul「尻」】《自》❶ 後退する: hacer ~ un coche 車をバックさせる. ❷《口語》譲歩する: El ministro prefirió ~ y aceptó las condiciones que su secretario adjunto puso por la mañana. 大臣は譲歩する方を選択し次官補が午前中提案した条件を受け入れた

reculeo [r̃ekuléo]《男》《まれ》=reculada

reculillo [r̃ekulíʎo]《男》❶《キューバ》大急ぎで後退すること. ❷《プエルトリコ》恐怖, おびえ

reculo, la[2] [r̃ekúlo, la]《形》[若鶏・雌鶏が] 尾のない

reculón, na [r̃ekulón, na]《形》[主に闘牛の牛が] 後ずさりする
── ~《男》=reculada
a reculones《口語》後ずさりして, 後ろへ

recumbente [r̃ekumbénte]《他》《医学》[姿勢が] 寝た, 寝そべった

recuncar [r̃ekuŋkár]《自》《地方語》繰り返し享受する

recunque [r̃ekúŋke]《男》《地方語》繰り返し享受すること

recuñar [r̃ekuɲár]《他》[鉱山など]〔割れ目に〕くさびを打ち込む

recuperable [r̃ekuperáble]《形》❶ 回復可能な〔=envase ~〕. ❷《休んだ分の》埋め合わせすべき

recuperación [r̃ekuperaθjón]【←ラテン語 recuperatio, -onis】《女》❶ 回復する; 取り戻す: sala de ~〔手術後の〕回復室, リカバリー室. ~ de la vista 視力の回復. ~ en un retraso 遅れの取り戻し. ~ de un país 国の復興. ❷ 再利用, 回収. ❸《経済》反騰; 景気の回復〔=~ económica〕. ❹《西》examen de ~ 再試験, 追試験

recuperador, ra [r̃ekuperadór, ra]《形》《名》取り戻す〔人〕; 回復する〔人〕: máquina ~ra de líneas de pescar《漁業》ラインホーラー, 縄縫機. máquina ~ra de redes de pescar《漁業》ネットホーラー, 揚網機
──《男》《技術》レキュペレータ, 熱交換器, 廃熱回収装置

recuperar [r̃ekuperár]【←ラテン語 recuperare < capere「つかむ」】《他》❶ 回復する; 取り戻す: La risa puede ayudar a ~ la salud de los niños. 笑いは子供たちが健康を回復するのに役立ち得る. Recuperó el conocimiento. 彼は意識を回復した. ~ una amistad 友情をよみがえらせる. ~ la joya robada 盗まれた宝石を取り返す. ❷ 再利用する; 回収する: ~ chatarra くず鉄を再利用する. ❸ [欠陥品を] 再生する, 補修する: ~ artículos defectuosos 不良品を回収する. ~ una astronave 宇宙船を回収する. ❸ …の埋め合わせをする: Tendremos clases este viernes para ~ el día perdido por la nieve. 私たちは雪で潰れた日の埋め合わせに今度の金曜日に授業をすることになっている. ❹《再試・追試》を受ける: ~ las dos asignaturas 2科目追試を受ける
── **~se**《再》[+de から] 立ち直る: *Se ha recuperado de* su dificultad financiera. 彼は経済的困難から立ち直った. 健康(元気・意識)を回復する: *No se ha recuperado de* su dolor muscular. 彼は筋肉痛が治っていない

recuperativo, va [r̃ekuperatíbo, ba]《形》回復する; 回復力のある

recuperatorio, ria [r̃ekuperatórjo, rja]《形》回復に役立つ; 回復の

recupero [r̃ekupéro]《男》《アルゼンチン》回復; 立ち直り

recura [r̃ekúra]《女》[櫛の] 歯挽き鋸

recurar [r̃ekurár]《他》[歯挽き鋸で櫛の歯を] 挽く

recurrencia [r̃ekur̃énθja]《女》❶ 反復, 繰り返し; 再現, 回帰. ❷《数学》循環

recurrente [r̃ekur̃énte]【←ラテン語 recurrens, -entis】《形》❶ 反復する; 再現する: En la pintura romántica española uno de los temas más ~s fue el costumbrista. スペインのロマン主義絵画で最も繰り返しでてくるテーマの一つは風俗描写である. ❷[出発点に] 戻る, 回帰する. ❸《医学》繰り返し発生する: fiebre ~ 回帰熱. ❹《解剖》[神経などが] 反回性の. ❺《数学》循環する
──《名》《法律》上訴人

recurrible [r̃ekur̃íble]《形》《法律》[行政行為が] 審判請求の対象となり得る

recurrido, da [r̃ekur̃ído, da]《形》《法律》被上訴人〔側の〕

recurrir [r̃ekur̃ír]【←ラテン語 recurrere「再び走る」】《自》❶ [+a に] 助けを求める, 頼る: ~ a los parientes 親戚に頼myxomatosis る. no tener a quien ~ 頼る人がいない. ~ a la huelga ストライキに訴える.《法律》上訴(控訴・上告)する: ~ al tribunal supremo 最高裁に上訴する. ❷ 当局などに〕提訴する, 申し立てする. ❹ [+a を] 用いる: ~ al modo subjuntivo 接続法を用いる. ❺《医学》[病気が] 再発する, ぶり返す. ❻ [出発点に] 戻る, 回帰する
──《他》…に対して不服する, 控訴する: ~ la sentencia 判決を不服として上告する

recursividad [r̃ekursibida(d)]《女》[無限の] 反復可能性

recursivo, va [r̃ekursíbo, ba]《形》❶ 繰り返され得る, 無限の. ❷《コロンビア》才能のある

recurso [r̃ekúrso]【←ラテン語 recursus】《男》❶ 手段: No había otro ~ que la pumba. 戦争よりほかに手段がなかった. sin excluir ~ alguno 手段を選ばずに. como (en) último ~ 最後の手段として. ❷《法律》上訴, 控訴, 上告〔=~ de apelación〕; 訴状: interponer ~ contra ~ ~ a 上訴する. ~ contencioso administrativo 行政不服審査裁判. ~ de amparo《憲法裁判所への》保護申し立て. ~ de casación 破棄上告. ~ de fuerza〔教会裁判所による権利侵害に対抗し、王の援助を求めて〕世俗の裁判所への提訴. ~ de urgencia 急速審理(手続き), 行政処分. ❸ 資力, 財産: 1) Es de una familia pobre en ~s económicos. 彼は貧しい家の出だ. Esa familia está sin ~s. その家族には全く財産がない. 2)《経営》~s propios 自己資本, 株主資本. ❹ 資源: 1) Es un país pobre en ~s naturales. その国は天然資源に乏しい. ~s energéticos エネルギー資源. ~s externos 海外資金. ~s financieros 金融資産, 財源. ~s hídricos 水資源. ~s de agua 水資源. ~s humanos 人的資源. ~s turísticos 観光資源. 2) 情報資源, リソース: centro de ~s 視聴覚センター, 教材センター. 3)《情報》

recurvado, da

計算資源. ❺ 機知, 機略, 処理能力: Es un hombre de ~s. 彼は敏腕家だ. Tiene infinidad de ~s. 彼は機略縦横だ. ❻ 請願書, 嘆願書. ❼ [出発点への] 回帰

recurvado, da [r̄ekurβáðo, ða] 形 後方に曲がった
recurvar [r̄ekurβár] 自《キューバ》曲がりながら後退する
recusable [r̄ekusáβle] 形 拒否され得る
recusación [r̄ekusaθjón] 女 ❶ 拒否. ❷《法律》忌避[申し立て]
recusar [r̄ekusár] 《←ラテン語 recusare》他 ❶ [効果がない・適当でないと判断して] 拒否する, 拒絶する. ❷《法律》[陪審員など]を忌避する. ❸ [人を不適格として] 否認する
red [r̄é(ð)] 《←ラテン語 rete》女 ❶ 網: 1) El dueño del chalé tapó con ~ las ventanas. その別荘は窓を網で覆った. Hay que poner una ~ a la higuera para que los pájaros no coman la fruta. イチジクの実を鳥に食べられないように木に網をかぶせなければならない. ~ de alambre 鉄条網. ~ para cazar mariposas 捕虫網. ❷《漁業》pescar con ~ 網で漁をする. tirar la ~ al mar 海に網を投げる. cerco de ~es 巻き網. ~ de pesca 漁網. ~ de cerco 巻き網. ~ del aire かすみ網. ~ fija 定置網. ~ horizontal 立て網. 3) ヘアネット: Llevan el pelo recogido en una ~. 彼女たちは髪をまとめてネットをかけている. 4)《スポーツ》ネット: El balón pasó rozando la ~ contraria. ボールは相手側のネットをかすめた. El primer saque dio en la ~.ファーストサーブはネットにひっかかった. subir a la ~ ネットプレーに出る. 5)《繊維》網目, メッシュ. ❷ [交通・通信・経営などの] 網状組織, ネットワーク: La ~ ferroviaria se extiende por todo el país. 鉄道網は全国に広がっている. La ~ de supermercados tiene ya doscientas tiendas. そのスーパーマーケットチェーンはもう200店舗になった. La empresa intenta modernizar y ampliar su ~ comercial. 会社は取引のネットワークを刷新し拡大しようとしている. El periódico tiene una ~ de colaboradores. その新聞は協力者のネットワークを持っている. Han desarticulado una vasta ~ de tráfico de armas. 武器密輸の巨大組織が解体された. tender una ~ de pesquisas 捜査網を張る. ~ aérea 航空網. ~ de carreteras [幹線] 道路網. ~ de espionaje スパイ網, 諜報網. ~ de televisión テレビ放送網. ~ de transporte 交通網. ~ hidrográfica 水路網. ~ telefónica 電話回線 [網]. ~ vascular 血管網. ❸《西》送電線網: Ha habido una subida de tensión en la ~. 送電線網の電圧が上がった. ❹ 図表, グラフ. ~ de estadísticas 統計グラフ. ❺ 罠, 仕掛け, たくらみ: Los consumidores caerán en la ~ de nuestra publicidad. 消費者は我が社のコマーシャル戦略にひっかかるだろう. Se vio atrapado en una compleja ~ judicial. 彼は司法の複雑な網にかかってしまった. Eva tendió las ~es de sus encantos y él no se pudo resistir. エバのしかけた魅力の罠に彼は抵抗できなかった. ❻《経済》~ de relaciones de paridad [欧州通貨制度を支える] パリティ・グリッド [方式]. ❼《光学, 鉱物》格子. ❽《情報》ネット, インターネット: ¿Por qué no buscas la información en la ~? その情報をネットで検索してはどうだい? Con la ~ interna de la oficina, accedo a los ficheros de otros usuarios. 私は会社の内部ネットを利用して他のユーザーのファイルにアクセスする. colocar en la ~ ネットに掲載する. estado de ~ ネットユーザー数. ~ de área local ローカルエリアネットワーク, LAN. ~ de valor añadido/《中南米》~ de valor agregado 付加価値通信網, VAN. ❾《地方版》[夜間用の] 家畜小屋
aprisionar a+en sus ~es …を恋の虜にする; だまして支配する
echar (tender) las ~es 1)《漁業》網を打つ [張る]. 2) 準備をする, 対策を立てる
~ **social** 社会的ネットワーク: servicio de ~ social《情報》ソーシャル・ネットワーキング・サービス, SNS
tirar las ~es《カタルーニャ》[異性に対し] モーションをかける

redacción [r̄eða(k)θjón] 《←ラテン語 redactio, -onis < redigere 「減らす」》女 ❶ [文書などの] 作成, 起草. ❷ 編集: consejo de ~ 編集会議. [集名] 編集部, 編集室; 編集員, 編集部員: mandar un artículo a la ~ 編集部に記事を送る. ❹《新聞》整理部員; [集名] 整理部員. ❺《教育》レポート, 作文
redaccional [r̄eða(k)θjonál] 形 文書作成の, 編集の
redactar [r̄eðaktár] 《←ラテン語 redactus < redigere 「編集する, 順序立てる」》他 ❶ [文書などを] 作成する, 書く: En líneas generales las impresiones del viaje de los alumnos están bien

redactadas. 生徒たちの旅行感想文はおおむねよく書けている. No sé cómo ~ la carta de poder. 私は委任状の書き方が分からない. ~ un artículo 記事を書く. ~ una instancia 請願書を書く. ~ un contrato 契約書を作成する. ❷ 編集する: ~ un diccionario 辞典を編纂する
redactor, ra [r̄eðaktór, ra] ❶ 書く人; [文書の] 作成者: ~ publicitario/~ de textos/~ de anuncios コピーライター. ❷ 編集者,《新聞》整理部員: ~ jefe 編集長. ❸《情報》[文書などを] 作成する, 書く: comisión ~ra del anteproyecto 基本構想策定委員会
redada [r̄eðáða] 《←red》女 ❶《漁業》網を打つ [張る] こと: El barco llega a la alta mar y los pescadores se ocupan de la ~. 船が外洋に出ると漁師たちは網を入れる準備を始める. ❷ [集名] 網にかかったもの: Ese día cogieron una buena ~ de peces. その日彼らは大漁だった. ❸《警察》の手入れ, 一斉検挙, 一網打尽; [集名] それによる逮捕者: La policía organizó una ~ en esa famosa discoteca. 警察はその有名なディスコを手入れした
redaje [r̄eðáxe] 男《エクアドル》もつれ, 錯綜
redaño [r̄eðáɲo] 男 ❶《解剖》腸間膜 [=mesenterio]. ❷《西》[複] 気力, 勇気: hombre de muchos ~s 肝が座った男. ❸《俗語》睾丸
redar [r̄eðár] 他《漁業》網を打つ
redargución [r̄eðarɣuθjón] 女 [相手の論法を使った] 反論
redargüir [r̄eðarɣwír] 48《→argüir》他 ❶ [相手の論法を使って] 反論する. ❷《法律》[瑕疵を理由に] 異議を申し立てる
redaya [r̄eðája] 女 河川用の漁網
redecilla [r̄eðeθíʎa] 《red の示小語》女 ❶ ヘアネット: ponerse la ~ ヘアネットをかぶる. ❷ 買い物用の網袋. ❸ 網棚 [=portaequipajes]. ❹ 網目織り, メッシュ: medias de ~ メッシュのストッキング. ❺ [反芻動物の] 第二胃
redecir [r̄eðeθír] 64 [我慢]《廃語》[同じことを] しつこく言う
redédor [r̄eðeðór] 男 [集名]《まれ》輪郭
en ~/al ~《古語的》[+de の] 周囲に [=alrededor]
redefinición [r̄eðefiniθjón] 女 再明確化, 再定義
redefinir [r̄eðefinír] 他 再び明確にする, 再定義する
redel [r̄eðél] 男《船舶》船首・船尾部とビルジの間の肋材
redención [r̄eðenθjón] 《←ラテン語 redemptio, -onis < redimere》女 ❶ [身代金の支払いによる] 解放; 救済: La Orden de la Trinidad fue instituida para la ~ de los cautivos cristianos que estaban en poder de los sarracenos. 三位一体修道会はサラセン人に捕えられたキリスト教徒の解放を目的に設立された. ❷《カトリック》[主に R~, キリストによる] 贖罪, 罪の贖(ǎが)い. ❸ 払い戻し, 返済. ❹《義務・労働・刑罰などの》軽減. ❺ 救済手段, 方策
redendija [r̄eðendíxa] 女 =rendija
redentor, ra [r̄eðentór, ra]《←ラテン語 redemptor, -oris》形 名 ❶ 救済の; 救済者. ❷《カトリック》贖罪の [人]: el R~ 贖(あが)い主 [=イエス・キリストのこと]. R~ del mundo 救い主 [=イエス・キリストのこと]. ❸《歴史》神聖なる三位一体修道会 Orden de la Santísima Trinidad de los Cautivos の修道士 [通称, 救出修道会. 中世, サラセン人の海賊に捕らわれたキリスト教徒の奴隷を救出する任に当たった]. ❹ 買い戻し, 請け戻しをする人
meterse a ~ [仲裁・調停役として] 出しゃばる: Si no te hubiera metido a ~, nada de eso te habría pasado. お前がしゃしゃり出なかったら, そんなことにはならなかったはずだ
redentorismo [r̄eðentorísmo] 男《悲惨な状況からの》救済, 救出
redentorista [r̄eðentorísta] 形 名 ❶ レデンプトール修道会 orden del Santo Redentor の [修道士・修道女]. ❷ 救済の, 救済者の
redeña [r̄eðéɲa] 女《漁業》たも
redeño [r̄eðéɲo] 男《地方版》=redeña
redero, ra [r̄eðéro, ra] 形 網の
―― 名 ❶ 網作り職人. ❷《漁業》網を仕掛ける人;《狩猟》網で猟をする人
redescontable [r̄eðeskontáβle] 形《商業》再割引可能な
redescontar [r̄eðeskontár] 28 他《商業》再割引する
redescubrimiento [r̄eðeskuβrimjénto] 男 再発見
redescubrir [r̄eðeskuβrír] 他 [過分 redescubierto] 再発見する
redescuento [r̄eðeskwénto] 男《商業》再割引
redespachar [r̄eðespatʃár] 他《アルゼンチン, 口語》再送する

redespacho [r̃edespátʃo]《男》《アルゼンチン.口語》再送
redhibición [r̃edibiθjón]《女》[売り手が商品の欠陥などを前もって明らかにしなかったことによる]売買契約の取り消し(無効)
redhibir [r̃edibír]《他》[売り手が商品の欠陥などを前もって明らかにしなかったことにより売買契約を]取り消す
redhibitorio, ria [r̃edibitórjo, rja]《形》売買契約取り消しの; 売買契約を取り消す権利を与える
redicho, cha [r̃edítʃo, tʃa]《←re-(強調)+ラテン語 dictum < dicere》《無.軽蔑》[人が] 気取った話し方をする
redición [r̃ediθjón]《女》[同じことを]繰り返し言うこと
rediente [r̃edjénte]《男》《築城》凸角堡
rediez [r̃edjéθ]《rediós の婉曲的言い換え》《口語》[奇異・驚嘆・怒り] 何てことだ!
rediezmar [r̃edjeθmár]《他》《歴史》追加の十分の一税を徴収する
rediezmo [r̃edjéθmo]《男》《歴史》追加の十分の一税
redil [r̃edíl]《←red》《男》[家畜の] 囲い場
  volver al ~ 1) [放蕩などから] 立ち直る, まともになる: Antes era vago y ahora se ha vuelto trabajador. Parece que ha vuelto al ~. 彼は以前は怠け者だったが今は働き者に変わった, どうやらまともな道に戻ったようだ. 2) 元の組織に戻る, 復帰する
redilar [r̃edilár]《他》[畑に施肥させるため, 羊などを] 囲いに入れる
redilas [r̃edílas]《女》《複》《メキシコ》[トラックの] 荷台の周囲の板
redilear [r̃edileár]《他》[畑に施肥させるため, 羊などを] 繰り返し囲いに入れる
redileo [r̃edileó]《男》[畑に施肥させるため, 羊などを]〔繰り返し〕囲いに入れること
redimensionamiento [r̃edimensjonamjénto]《男》価値の再評価
redimensionar [r̃edimensjonár]《他》[新たな状況を考慮して, 企業などの] 価値を評価し直す
redimente [r̃edimjénte]《形》《法律》請け戻す; 買い戻す
redimible [r̃edimíble]《形》買い戻され得る, 請け戻され得る
redimir [r̃edimír]《ラテン語 redimere「買い戻す」》《他》❶ [+de から] 救い出す: ~ a uno y a de la ignorancia …を無知から救い出す. ❷ [身代金などを払って] 解放させる: ~ cautivos 捕虜を請け出す. ❸ 罪を許す; 《カトリック.まれ》救済する: ~ el género humano人類を贖う《宗》. ❹ [抵当などから] 請け戻す; ~ una finca de una hipoteca 地所の抵当を外させる. ❺《法律》買い戻す. ❻ [侮辱・苦痛などを] 終わらせる
  ——~se [堕落などから] 立ち直る
redingote [r̃eδiŋgóte]《男》❶《西.服飾》乗馬用コート. ❷ [18・19世紀の] フロックコート
rediós [r̃edjós]《間》《口語》[奇異・驚嘆・怒り] 何てことだ!
rediseñar [r̃ediseɲár]《他》…のデザインを一新する; 設計を変更する
redisolución [r̃edisoluθjón]《女》再溶解
redistribución [r̃edistriβuθjón]《女》再配分, 再分配: ~ de la renta 所得再分配
redistribuir [r̃edistriβwír]《48》《他》再配分する, 分配し直す
rediticio, cia [r̃editíθjo, θja]《←ラテン語 reditus, -us》《形》利子の, 利息の
rédito [r̃eδito]《男》《主に《複》》利子, 利息, 収益: El dinero que tenía en el banco le producía unos ~s muy altos. 彼が銀行に預けていた金はとても高い利子を生んでいた. prestar dinero a ~ 利子付きで金を貸す
redituable [r̃editwáβle]《形》利子(収益)を生む
reditual [r̃editwál]《形》=redituable
redituar [r̃editwár]《14》《他》[定期・継続的に] 利子(収益)を生む
redivivo, va [r̃edíβiβo, βa]《←ラテン語 redivivus》《形》《文語》生き返った, よみがえった; 生き写しの
redoblado, da [r̃eδoβláδo, δa]《形》❶ [人が背が高くなく] 頑強な, たくましい. ❷ 強化(増強)された: paso ~《軍事》速足《並足の2倍》
redobladura [r̃eδoβlaδúra]《女》強化, 増強
redoblamiento [r̃eδoβlamjénto]《男》強化, 増強; 激化
redoblante [r̃eδoβlánte]《男》[軍楽隊用の] 長太鼓; その鼓手
redoblar [r̃eδoβlár]《←re-+doblar》《他》❶ 強化する, 倍加させる: ~ sus esfuerzos 努力に努力を重ねる. ~ la vigilancia 警戒をさらに厳重にする. ~ sus gritos ときの声を張り上げる. ❷ [釘の先・布の縁などを] 折り曲げる. ❸《トランプ》[ビッドに] ダブルをかける. ❹ [太鼓を] 打ち鳴らす.

——《自》太鼓を打ち鳴らす: Los tamboleros redoblaban con fuerza. 鼓手たちは力強く太鼓を打ち鳴らしていた
redoble [r̃eδóβle]《←redoblar》《男》❶ 太鼓の連打. ❷ 強化: Ni el ~ de la vigilancia pudo evitar que los presos escaparan. 警戒を厳重にしても囚人たちの逃亡を防ぐことはできなかった. ❸《トランプ》ダブル
redoblegar [r̃eδoβleɣár]《8》《他》折る, 曲げる
redoblón [r̃eδoβlón]《形》[釘などが] 先端が曲げられた
redoblona [r̃eδoβlóna]《女》《ラプラタ》一つの賭けの賞金が次の賭けの賭け金となる賭け
redola [r̃eδóla]《女》《まれ》輪, 周囲
redolada [r̃eδoláδa]《女》《地方語》地域 [=comarca]
redolente [r̃eδolénte]《形》[罹病後に] 弱い痛みが長く続く
redolo [r̃eδólo]《男》《アストゥリアス》[人・物の] 輪, 集まり
redolón [r̃eδolón]《男》《アラゴン》ひっくり返ること, 転倒
redolor [r̃eδolór]《男》[罹病後に残る] 弱い痛み, 鈍痛
redoma [r̃eδóma]《女》《←?アラビア語 raduma「ガラス瓶」》《女》❶《化学》三角フラスコ. ❷《ホンジュラス》ホウセンカ balsamina の実. ❸《ベネズエラ.交通》ロータリー. ❹《チリ》[魚を飼育する] 水槽, 金魚鉢
redomado, da [r̃eδomáδo, δa]《←?re-+domar》《形》❶ [悪い意味で] 完全な, 全くの: Su novio es un tonto ~. 彼女の恋人は大ばか野郎だ. ❷ 札つきの, 抜け目のない: pillo ~ 名うての悪党
redomazo [r̃eδomáθo]《男》[内容物で汚すなど] フラスコによる一撃
redomón, na [r̃eδomón, na]《形》《ベネズエラ, チリ, アルゼンチン, ウルグアイ》[馬などが] 完全には馴れていない
redomonear [r̃eδomoneár]《他》《アルゼンチン》[馬などを] 少し馴らす
redonda¹ [r̃eδónda]《←ラテン語 rotunda》《女》❶《印刷》[イタリック体・ボールド体に対して] ローマ体 [=letra ~]. ❷《音楽》全音符. ❸《文語》[周辺の] 一帯, 地域, 地区. ❹ 牧草地, 牧場. ❺《船舶》横帆, 角帆
  a la ~ 周囲に・で, 一帯に・で: Es la única casa habitada en diez kilómetros a la ~. 周囲10キロで人の住んでいるのはその家だけ
redondamente [r̃eδóndaménte]《副》❶ きっぱりと, 明確に, 断定的に. ❷ 丸く, 輪状に. ❸ [周囲を] ぐるりと
redondeado, da [r̃eδondeáδo, δa]《形》[ser・estar+] 丸みをおびた, 丸に近い形の: Esta plaza es ovalada y no ~da. この広場の形は円形というより楕円形だ. Los bordes del ladrillos están ~s. それらの煉瓦の角は丸くなっている. La ~da forma de aquel paquete me hizo pensar que podía contener un sombrero. その包みは丸かったので, 中身は帽子かなと私は思った
redondeamiento [r̃eδondeamjénte]《男》❶ =redondeo. ❷《音声》~ vocálico 円唇母音
redondear [r̃eδondeár]《←redondo》《他》❶ 丸くする, 円形にする: Los ebanistas redondearon el borde de la mesa. 家具職人たちはテーブルの縁を丸くした. ❷ 端数の出ない数にする: Redondeamos por lo alto (bajo). 端数を切り上げる(切り捨てる). Ese precio era 35 euros con 16 céntimos, pero lo redondeó en 35. その値段は35ユーロ16センティモだったが, 彼は端数を切り捨てて35ユーロにした. Aquí tienes, 315 piezas.—Deme 300 para ~. 315個です.—切りのいいところで300個下さい. Redondeó generosamente la cantidad que debía abonarnos. 彼は私たちに払うべき金額を気前よく切り上げた. ❸ 完成させる, 仕上げる: Redondearon el pacto. 彼らは協定を成立させた. El equipo consiguió ~ el marcador con dos tantos a favor. そのチームは2得点をあげて試合を終えた. Para ~ una tarde espléndida, podríamos llamar a nuestros amigos. 午後を楽しく過ごすために友達を呼ぼう. ❹《服飾》裾の長さをそろえる
  ——~se ❶ 丸くなる, 凹凸がなくなる; 太る: Con el tiempo, el dibujo de los neumáticos se redondea. タイヤの溝はだんだんすり減っていく. ❷ 財産を得る, 金持ちになる; 借金を完済する
redondel [r̃eδondél]《←redondo》《男》❶《口語》円, 輪: Haz un ~ en el suelo con esta tiza. このチョークで地面に円を描きなさい. El niño pintó de colores los ~es. 男の子はいくつもの丸に色を塗った. Ensanchó su boca formando un ~ y trató de sonreír. 彼は口を輪の形に広げてほほえもうとした. Me senté en

redondela [r̃eðondéla] 囡《ペルー、チリ、アルゼンチン》円、輪

redondelano, na [r̃eðondeláno, na] 形《地名》レドンデラ Redondo の[人]《ポンテベドラ県の町》

redondeo [r̃eðondéo] 男 ❶ 丸くすること。❷ 端数の切り捨て（切り上げ）、四捨五入

redondez [r̃eðondéθ]［←redondo］囡 ❶ 丸さ、円形、球状：〜 de la Tierra 地球が丸いこと；地球の表面。❷ 丸み、角ばっていないこと：La 〜 de este coche le da una apariencia de vehículo del futuro. この自動車は丸みを帯びていて、未来の乗り物のような姿をしている。Aunque nunca fue gorda, tenía cierta tendencia a la 〜. 彼女は決して太ってはいなかったが、ぽっちゃりした体型になりがちだった。❸ 完璧さ；なめらかさ。❹《口語》［主に 囡 女性の］胸や尻：Las mujeres de bronce de aquel escultor se caracterizan por sus *redondeces*. その彫刻家のブロンズの女性像は胸や臀部に特徴が出ている

en toda la 〜 *de la tierra* 世界中で

redondillo, lla [r̃eðondíʎo, ʎa]《redondo の示小語》形［小麦が］穀粒が柔らかくて丸く赤みを帯びた。❷《印刷》ロマン体の

── 男《ベネズエラ》❶［闘牛場の］砂場。❷《料理》ミートロープ

── 囡《詩法》4行詩［脚韻が ABBA］。❷《印刷》ロマン体《=letra 〜》

redondo, da² [r̃eðóndo, da]《ラテン語 rotundus》形 ❶ 丸い、円形の、球形の：1)［ser+] La Tierra es 〜*da*. 地球は丸い。Su rostro es casi 〜. 彼の顔はほぼ円形だ。La punta del zapato es 〜*da*. その靴は先が丸くなっている。2)［estar+] Su boca no terminaba de estar 〜*da*. 彼はいつまでも口を丸く開けていた。3)［名詞+] El niño pintaba figuras 〜*das*. 男の子は丸い図形に色を塗っていた。En la cesta hay unas naranjas 〜*das* y coloradas. かごの中には丸くて色づいたオレンジが入っている。lápiz 〜 円柱形の鉛筆。mesa con las esquinas 〜*das* 角の丸いテーブル。❷《口語》申し分のない、完璧な：No toques más la novela que has escrito. Está 〜*da*. 君の書いた小説はもう手を加えるな、完璧な状態だ。La jugada ha salido 〜*da*. プレーは完璧だった。La compra de aquel terreno fue una inversión 〜*da*. その土地を買ったのは投資として大成功だった。Lo que hiciste es un pecado 〜. 君のしたことはとんでもない罪だ。hacer un negocio 〜 ぼろい商売（ぼろもうけ）をする。sonido 〜 快い音。❸ 端数のない、端数を切り捨てた：Aunque me costó 32 euros con 76 céntimos, lo cobré 32 〜 *s*. 32ユーロ76センティモかかったが、私は彼から端数を切り捨てて32ユーロ徴収した。Póngase una docena, que es una cantidad 〜*da*. 切りのいいところで10個にしなさい。en números 〜 *s* 端数を切り捨てて［切り上げて］、概数で。 número 〜／cifra 〜 *da* 切りのいい数、概数。suma 〜 *da* 端数を切り捨てた（切り上げた）額。❹ 明確な、断定的な：un "no" 〜 きっぱりした「否」。❺《自転車》ペダリングが]滑らかで一定した。❻《闘牛》［パセが]回転しながらの。❼《船舶》1)スクーナーなどの帆が]横帆の、角帆の。2)［航海が]往復の、寄港しない。❽《解剖》músculo 〜 mayor (menor) 大（小）円筋。❾《印刷》ロマン体の。❿《隠語》バイセクシュアルの。⓫《メキシコ》［切符が]往復の。⓬《チリ、口語》小太りの

── 男 ❶ 円形（球形）のもの。❷《西、料理》尻肉；ランプステーキ。❸《金属》丸棒、丸鋼。❹《古語》レコード《=disco》

caer [en] 〜/caerse 〜 意識を失って倒れる：Lola se desmayó y *cayó* 〜*da* ante la sorpresa general. ロラが意識を失って倒れたので、みんな驚いた

en 〜 1) 円を回転して：Como no había nadie conocido, giró *en* 〜 y se volvió a ir. 彼は誰も知り合いがいなかったので回れ右をして立ち去った。La bailarina giró *en* 〜 varias veces. バレリーナは何度もクルクルと回った。2)《全面的》に、徹底的に、完全に：La orquesta se negó *en* 〜 a tocar en tales condiciones. 楽団はそのような条件で演奏することは嫌だと突っぱねた。3) 周囲に

punto 〜 ［口語］［接続詞的に］議論の余地がない：Si es su voluntad, *punto* 〜. それが彼の望みなら、何も言うことはない

virar por 〜《船舶》ジャイブする

redondón [r̃eðondón] 男《まれ》大きな円（輪）

redopelo [r̃eðopélo] 男《まれ》❶［ラシャ地などを］逆なですること。❷ 子供同士のけんか

a (al) 〜《まれ》1) 逆方向に、逆なでに。2) 自然に逆らって；乱暴に

traer al 〜 *a*+人《まれ》…を虐待する、ひどい仕打ちをする

redor [r̃eðór] 男 ❶ 円形で小型のマット。❷《詩語》周辺。❸《地方語》［ブドウを入れて干す]エスパルト製の大かご

en 〜《詩語》[+de の] まわりに《=alrededor》

redorar [r̃eðorár] 他 …の金箔を貼り替える

redoso [r̃eðóso] 男《船舶》避難

redova [r̃eðóβa] 囡《メキシコ》❶ レドバ［ボヘミア起源の舞踊・音楽]。❷［腰に付ける］木製の打楽器

redox [r̃eðó(k)s] 形《単複同形》《化学》酸化還元の：reacción 〜 レドックス（酸化還元）反応

redro [r̃éðro] 副《口語》後ろに、後方に

── 男《綿羊・ヤギなどの、年齢と共に変化する]角の巻き方

redrojo [r̃eðróxo] 男 ❶ 摘み残しのブドウの小房。❷ 生育遅れの果実（花）。❸ 発育遅れの子供

redrojuelo [r̃eðroxwélo] 男 redrojo の示小語

redropelo [r̃eðropélo] 男《まれ》=redopelo

redroviento [r̃eðroβjénto] 男《狩猟》猟師の方から獲物の方に吹く風

redruejo [r̃eðrwéxo] 男 =redrojo

reducción [r̃eðu(k)θjón] ［←ラテン語 reductio, -onis］囡 ❶ 削減、減少；割引き；縮小《⇔ampliación》：El primer objetivo de la Jefatura de Tráfico es conseguir la 〜 de la velocidad en las carreteras. 警察交通本部の第1の目標は幹線道路の速度低下を達成することだ。El precio de la gasolina ha experimentado una ligera 〜. ガソリン価格がわずかに低下した。〜 de impuestos 減税。〜 de la jornada laboral 労働時間の短縮。〜 de las tarifas 料金引き下げ。❷ 制圧、平定：〜 de los sublevados 反乱の鎮圧。❸ 換算。❹《数学》約分《=〜 de una fracción》；通分《=〜 de quebrados a un común denominador》。❺《料理》［ソースなどが］煮つまること：Hierva la salsa para conseguir su 〜. ソースを熱して煮つめてください。❻《医学》整復。❼《化学》還元《⇔oxidación 酸化》。❽《写真》減力。❾《自動車》低速ギアへの切り換え。❿《音楽》編成から小編成への編曲。⓫《歴史》レドゥクシオン、先住民指定集住区［16世紀後半以降スペイン領アメリカ（特にペルー副王領）で、先住民人口の激減に直面したスペイン王室が徴税の円滑化・植民地統治の安定化・先住民のキリスト教化などを目指して実施した強制的集住政策、およびその結果生まれた共同体。特にキリスト教化を主な目的として建設された集落はミシオン misión とかドクトリナ doctrina と呼ばれる]。⓬《チリ、アルゼンチン、ウルグアイ》[壁がん nicho へ移すための] 遺体の掘り出し

〜 *al absurdo* 背理法、帰謬（ﾐﾕｳ）法、間接証明法：El político investigó los argumentos de la oposición con 〜 *al absurdo*. その政治家は背理法を用いて野党の主張を覆した

reduccional [r̃eðu(k)θjonál] 形 縮小の

reduccionismo [r̃eðu(k)θjonísmo] 男《生物、論理》還元主義

reduccionista [r̃eðu(k)θjonísta] 形《生物、論理》還元主義の

reducible [r̃eðuθíβle] 形 ❶ 減少（縮小）され得る。❷ 要約（単純化）され得る：Según la consideración de Paul Cézanne la realidad es 〜 a conos, cilindros y esferas. ポール・セザンヌの考えによれば現実は円錐、円筒、球に還元され得る

reducido, da [r̃eðuθíðo, ða] 形［ser・estar+] 狭い、小さな；少量の；限定的な：Este apartamento es un poco 〜 para tres. このアパートに3人で住むには少し狭い。El porcentaje de drogodependientes es muy 〜. 薬物依存症患者の割合はごく少ない。El control norteamericano de la política de Cuba estaba muy 〜 en aquellos años. 当時キューバの政治に及ぼすアメリカの支配はごく限られていた。vivir en una casa muy 〜*da* ごく小さな家で暮らす。espacio 〜 限られたスペース。precio 〜 廉価、割引価格。tamaño 〜 小さなサイズ

reducidor, ra [r̃eðuθiðór, ra] 名《コロンビア、ペルー、チリ、アルゼンチン、ウルグアイ》故買屋《=perista》

reducimiento [r̃eðuθimjénto] 男《まれ》=reducción

reducir [r̃eðuθír] ［←ラテン語 reducere < re-+ducere「導く」] ⓯ 他 ❶ 減らす、削減する、減少させる；下げる、弱める：1) Quiere 〜 peso. 彼は減量したがっている。Reduzca la velocidad. 速度を落としなさい。El juez no pretende 〜 la culpa del acusado.

その裁判官は被告の刑を軽くするつもりはない．2）[+a にまで] Redujo el equipaje a la mitad. 彼は荷物を半分に減らした．Le han pedido que reduzca su intervención a diez minutos. 彼は発言時間を10分で済ませてほしいと言われた．Redujo a cuatro el número de invitados. 彼は招待客を4人に減らした．Las escuelas están reducidas al mínimo. 学校は最小限の数に減らされている．3）[[+en]+数量を] ~ los gastos en un (el) 10 por ciento 出費を10%減らす．La empresa redujo su endeudamiento un 5,5%. その会社は負債を5.5%減らした．❷ 縮小する，小さくする: Hay que ~ esta fotografía. この写真を縮小しなければならない．~ la imagen 画像を縮小する．❸ [物事を，+a にまり小さなものに] 変える; 帰着させる，単純化する; 変換する: El jefe ha reducido el problema a un enfrentamiento personal. 上司はその問題を単なる個人的ないさかいと考えた．Había reducido su vida al trabajo. 彼は人生を仕事に捧げていた．Es muy difícil ~ la pintura a unos cuantos rasgos. その絵をいくつかの特徴で言い表わすのは難しい．❹ 要約する: Tengo que ~ el discurso porque tengo cinco minutos para hablar. 私は5分しか持ち時間がないのでスピーチを要約しなければならない．❺ [人を，+a+名詞・不定詞・que+接続法 の状態に] 追いやる; 説得する: Me he visto reducido al papel de mero espectador. 私は単なる傍観者の位置に追いやられた．Temía que el accidente lo redujera a ir en una silla de ruedas. 彼はその事故のせいで車椅子生活を強いられるのではないかと恐れた．Los redujeron a que viviesen juntos. 彼らは説得されて一緒に住んだ．❻ [小さい単位に] 換算する: Reduce los metros a los centímetros. メートルをセンチに直しなさい．Al ~ un litro a decilitros, se obtienen diez decilitros. 1リットルをデシリットルで表わすと10デシリットルになる．❼ [数学]約分する，通分する: El primer paso para operar es ~ las incógnitas de la ecuación. 問題を解くにはまず方程式の未知数をまとめなければならない．❽ 制圧する，平定する; 取り押さえる: El ejército redujo a los amotinados. 軍隊は反乱者たちを鎮圧した．Los policías redujeron a los secuestradores en un ataque sorpresa. 警察は誘拐犯たちを急襲して取り押さえた．❾ [医学] 整復する: ~ una fractura 骨折を整復する．❿ [化学] 還元する; [物質を構成要素に] 分解する: El carbón se utiliza para ~ óxidos o carbonatos. 酸化物や炭酸塩を還元するのに炭が使われる．hierro reducido 還元鉄．⓫ [料理] [ソースなどを] 煮つめる: Reduzca la salsa poniéndola unos minutos al fuego. ソースを数分火にかけて煮つめなさい．⓬ [自動車] [ギアを] 落とす，低速に切り替える: Reduce la marcha al entrar en la curva. カーブに入る時ギアを落としなさい．⓭ [写真] [陰画を] 減力する．⓮ [コロンビア，ペルー，チリ，アルゼンチン，ウルグアイ] 故買をする，盗品の売買をする．── ❶《自動詞》ギアを落とします，低速ギアに切り替える: Cuando vio el semáforo rojo, redujo de tercera a segunda. 彼は赤信号を見て，ギアをサードからセカンドに落とした．Vamos a bajar la cuesta. Reduce. 峠を下り坂だ．ギアを落としなさい．❷ [料理] [ソースなどが] 煮つまる．── ~se ❶ 減る，減少する: El número de socios del club se redujo por los malos resultados del equipo. チームの戦績が悪いのでファンクラブの会員数が減った．Al final de la guerra, cada día se nos iba reduciendo el cupo. 戦争末期には私たちへの配給は日に日に減っていった．El ingreso medio se redujo en una quinta parte. 平均収入が5分の1減少した．❷ [より小さなものに] 変えること; 帰着する，結局は…だけのことになる: El espejo se redujo a pedazos. 鏡は粉々になった．Todo el lío se reduce a un malentendimiento. いざこざの元は単なる誤解だ．No me parece bueno que todo se vaya a ~ a un simple saludo. 私は通り一遍の挨拶だけですむとは思わない．No soy tan tonto como para creer que todo se reduce a ser feliz. 私はあらゆることがハッピーエンドに至ると信じるほど愚かではない．Tú eres tú y eso no se puede ~ a que seas simpática o graciosa. 君の君の持ち味がある．それは感じがいいとか，面白いとかでは済ますことができない．❸ [固体・液体・気体が，+a 他の状態に] なる，変わる: El agua se reduce en estado líquido al gaseoso a 200°C. 水は摂氏100度で液体から気体に変わる．❹ [人が，+a に] 集中する，限定する: El ponente se redujo a cumplir su obligación. 彼は自分の義務を果たす

だけにとどめた．❻ [費用などを] 切り詰める: Se redujo a lo que le permitía la pensión. 彼は年金で可能な程度に生活を切り詰めた．❼ [料理] [ソースなどが] 煮つまる．❽《まれ》[場所に] 戻る

reducir	
直説法現在	直説法点過去
reduzco	reduje
reduces	redujiste
reduce	redujo
reducimos	redujimos
reducís	redujisteis
reducen	redujeron
接続法現在	接続法過去
reduzca	redujera, -se
reduzcas	redujeras, -ses
reduzca	redujera, -se
reduzcamos	redujéramos, -semos
reduzcáis	redujerais, -seis
reduzcan	redujeran, -sen

reductasa [r̄eduktása] 囡《生化》レダクターゼ，還元酵素
reductible [r̄eduktíble] 形 =reducible
reductivo, va [r̄eduktíβo, ba] 形 縮小の，縮小用の
reducto [r̄edúkto]《←ラテン語 reductus「離れ」》男 ❶ 城中の砦，本丸．❷ 消えゆく文化などの残る場所（集団），最後の砦 (=el último): Granada fue el último ~ del Islam en la Península. グラナダはイベリア半島におけるイスラム勢力の最後の砦だった．❸ わび住まい［の場所］，隠遁生活．❹ [絶滅危惧種などの] 保護区
reductor, ra [r̄eduktór, ra] 形 ❶《化学》還元する: llama ~ ra 還元炎．❷《生物》 división ~ ra 減数分裂
── 男 ❶ 還元剤．❷《自動車》[速度の] 減速装置
redundancia [r̄edundánθja]《←ラテン語 redundantia》囡 ❶ 冗長，贅言(ᢜ)．❷ [同じ表現の] 重複．❸ [技術] 冗長［性］；[情報] 冗長構成．❹ 余分，過剰
redundante [r̄edundánte] 形 冗長な；余分の: expresión ~ 冗長な表現．sistema ~《技術》冗長系
redundantemente [r̄edundántemente] 副 冗長に；余分に；重複して
redundar [r̄edundár]《←ラテン語 redundare「たくさん余る」》自 ❶ [+en 利害の] 結果になる: La nueva ley redundará en el progreso de la calidad de vida de los ciudadanos. 新しい法律は国民の生活水準の向上をもたらすだろう．❷ 過剰になる
reduplicación [r̄eduplikaθjón]《←ラテン語 reduplicatio, -onis》囡 ❶《文法》重複形；加重音節；[文字・音節の] 重複．❷《修辞》反復法．❸ 強化，倍増
reduplicar [r̄eduplikár]《←re-+duplicar》他 ❶ 強化する，ぐんと増やす；《まれ》2倍(2重)にする: ~ el esfuerzo 努力をぐんと一層の努力をする．❷《文法》[文字・音節を] 重複する
reduplicativo, va [r̄eduplikatíβo, ba] 形 強化する，ぐんと強化する
redúvidos [r̄edúβidos] 男複 《昆虫》サシガメ科
reduvio [r̄edúβjo] 男 《昆虫》サシガメ
reedición [r̄e(e)diθjón] 囡 再版，重版
reedificación [r̄e(e)ðifikaθjón] 囡 再建，再興，再起
reedificador, ra [r̄e(e)ðifikaðór, ra] 形 男 再建する（させる）；再建者
reedificar [r̄e(e)ðifikár] [7] 他 ❶ 再建する．❷ 回復する: ~ la confianza en sí mismo 自信を取り戻す
reeditar [r̄e(e)ðitár]《←re-+editar》他 再版する，重版する
reeducación [r̄e(e)ðukaθjón] 囡 ❶ 機能回復指導，リハビリテーション．❷ 再教育
reeducador, ra [r̄e(e)ðukaðór, ra] 形 男 ❶ 機能回復を指導する（人）．❷ 再教育する（人）
reeducar [r̄e(e)ðukár]《←re-+educar》[7] 他 ❶ …にリハビリテーションを施す: Los médicos le están reeducando la pierna. 医師たちは彼の脚にリハビリをしている．❷ 再教育する
reeducativo, va [r̄e(e)ðukatíβo, ba] 形 ❶ 機能回復を指導する，リハビリテーションを施す．❷ 再教育の
reelaboración [r̄e(e)laβoraθjón] 囡 再加工；再練り上げ
reelaborar [r̄e(e)laβorár] 他 ❶ 再加工する．❷ 再練り上げる，再度（入念）に作る
reelección [r̄e(e)lɛ(k)θjón] 囡 再選: Ha renunciado expre-

samente a una posible ～. 彼は再選の可能性についてきっぱりと否定した.

reelecto, ta [r̄ɛ(e)lékto, ta] [形] 再選された

reelegible [r̄ɛ(e)lɛxíƀle] [形] 再選可能な

reelegir [r̄ɛ(e)lɛxír] [4] [35] 〖→**corregir**〗 [他] 再選する

reembarcar [r̄ɛ(e)mbarkár] [7] [他] 積み換える; 再乗船させる

reembarco [r̄ɛ(e)mbárko] [男] =**reembarque**

reembarque [r̄ɛ(e)mbárke] [男] 積み換え; 再乗船

reembolsable [r̄ɛ(e)mbɔlsáƀle] [形] 返済(償還)可能な; 返済(償還)されるべき: Cooperación Financiera no *R*～ 無償資金協力

reembolsar [r̄ɛ(e)mbɔlsár] 〖←re-+embolsar〗 [他] 返済する; 払い戻す, 償還する: El televisor que compré estaba estropeada y me *reembolsaron* el dinero. 私は買ったテレビが壊れたので代金を返してもらった. ～ un adelanto 前払い金を返す

—— **～se** 返済(払い戻し・償還)を受ける

reembolso [r̄ɛ(e)mbólso] 〖←reembolsar〗 [男] ❶ 返済; 返済金. ❷ 払い戻し, 償還; 払い戻し金: ～ de derechos [輸出財に投入されている輸入原材料の] 関税払戻し, 輸出戻し税〔制度〕. ～ de obligaciones 債券の償還

contra ～/a ～ 代金引換え払いで: entrega (envío) *contra* ～ 代金引換え渡し(送り), COD

reemisor [r̄ɛ(e)misór] [男] 《放送》中継送信機

reemplazable [r̄ɛ(e)mplaθáƀle] [形] 代わられ得る; 取替可能な

reemplazamiento [r̄ɛ(e)mplaθamjénto] [男] 代理; 取り替え

reemplazante [r̄ɛ(e)mplaθánte] [形] [名] 代理をする〔人〕

—— [男] 代替品

reemplazar [r̄ɛ(e)mplaθár] 〖←仏語 remplacer〗 [9] [他] ❶ [+con・por に] 取り替える: *Reemplazamos* la vieja lavadora *por* una nueva. 私たちは古くなった洗濯機を新しいのに買い替えた. ～ una bombilla 電球を替える. ❷ 交替させる: El director general *reemplazará* al subdirector *con* el actual secretario. 総支配人は副支配人を交替させ, 現在の秘書をその地位につけた. El delantero fue *reemplazado por* otro. そのフォワードは交替させられた. ❸ [+en で] …の後を継ぐ; …に取って代わる; …の代理をする: Luis *reemplazó* a Pedro *en* el cargo de jefe de estudios. ルイスがペドロの後を継いで教務主任になった. Lo *he reemplazado en* el cargo de moderador por su indisposición. 私は司会者が体調不良のためその代理をつとめた

reemplazo [r̄ɛ(e)mpláθo] 〖←reemplazar〗 [男] ❶ 代理; 取り替え, 代替. ❷《西. 軍事》1) [集名] 召集兵, 同年兵. 2) 補充兵

de ～ 《西. 軍事》1) [職業軍人に対し] 応召兵の. 2) [士官が] 補充要員の

reempleo [r̄ɛ(e)mpléo] [男] ❶ 再雇用. ❷ [種もみ・飼料などの] 自家(自己)消費

reemprender [r̄ɛ(e)mprendér] [他] 《文語》再び取りかかる

reencarnación [r̄ɛ(e)ŋkarnaθjón] [女] [人の死後に] 魂が他の肉体に宿ること, 霊魂の再生; 化身, 生まれ変わり

reencarnar [r̄ɛ(e)ŋkarnár] 〖←re-+encarnar〗 **～se** [+en に] 生まれ変わる, 転生する

reencauchadora [r̄ɛ(e)ŋkau̯tʃađóra] [女] 《コロンビア, ペルー》タイヤの踏み面をつけ直す工場

reencauchar [r̄ɛ(e)ŋkau̯tʃár] [他] 《コロンビア, ペルー》[タイヤの] 踏み面をつけ直す

reencauche [r̄ɛ(e)ŋkáu̯tʃe] [男] 《コロンビア, ペルー》タイヤの踏み面つけ直し

reencontrar [r̄ɛ(e)ŋkɔntrár] [28] [他] [主に抽象的なものを] 再発見する; [失った性格・習慣などを] 取り戻す: ～ el rumbo 針路を再び見い出す. ～ su identidad アイデンティティを取り戻す

—— **～se** ❶ 再会する. ❷ 仲直りする. ❸ 自分の失った性格・習慣などを取り戻す

reencuadernación [r̄ɛ(e)ŋkwađɛrnaθjón] [女] 製本のし直し, 再製本

reencuadernar [r̄ɛ(e)ŋkwađɛrnár] [他] 製本し直す

reencuentro [r̄ɛ(e)ŋkwéntro] [男] ❶ 再発見; 再会: ～ con su familia 家族との再会. ❷ 衝突, ぶつかり合い. ❸《軍事》小ぜり合い

reenganchado [r̄ɛ(e)ŋgantʃáđo] [男] 《西》[兵役終了後の] 再入隊兵, 再役兵, 再応召兵

reenganchamiento [r̄ɛ(e)ŋgantʃamjénto] [男] 《西》再召集, 再入隊 〖=reenganche〗

reenganchar [r̄ɛ(e)ŋgantʃár] 〖←re-+enganchar〗 [他] 《西》[兵役終了後] 再召集する

—— **～se** ❶ 《西》[兵役終了後] 再入隊する: Se fue a la mili, año y medio. Le gustó el uniforme. *Se reenganchó* en la Escuela Militar. 彼は軍隊に1年半行った. 制服が好きになり, 士官学校に入った. ❷ [一度やめた楽しみ・悪習などを] 再び始める, 繰り返す: Acabo de venir de viaje, pero no me importaría ～*me* al vuestro e irme mañana otra vez. 僕は旅行から戻ったばかりだが, また君たちの旅行に加わって明日出発しても構わないよ. ❸《トランプ》[ペナルティーを払って] 途中からゲームに加わる

reenganche [r̄ɛ(e)ŋgántʃe] [男] ❶《西》再召集, 再入隊; 再入隊手当. ❷ [一度やめた楽しみ・やめた悪習などの] 再開: Los que ya han dado una vuelta en el tiovivo que se bajen, porque aquí no hay ～*s*. メリーゴーラウンドにもう1回乗った人は降りて下さい, 二度乗りはできません

reengendrador, ra [r̄ɛ(e)ŋxendrađór, ra] [形] [名] 再生する〔人〕; [信仰の上で] 新生させる〔人〕

reengendrar [r̄ɛ(e)ŋxendrár] 〖←re-+engendrar〗 [他] 再生する; [信仰の上で] 新生させる

reensayar [r̄ɛ(e)nsajár] [他] 再び稽古する; 再試験する, 再検査する

reensaye [r̄ɛ(e)nsáje] [男] [金属の] 再分析試験, 再試金

reensayo [r̄ɛ(e)nsájo] [男] ❶ 再稽古, 再リハーサル. ❷ [機会などの] 再試験, 再検査

reentrada [r̄ɛ(e)ntráđa] [女] 再び入ること: pequeña cápsula de ～ en la atmósfera 大気圏再突入用の小カプセル

reentrar [r̄ɛ(e)ntrár] [自] 再び入る, 再突入する

reenviar [r̄ɛ(e)mbjár] [11] [他] ❶ 再び送る. ❷ 送り返す

reenvidar [r̄ɛ(e)mbiđár] [他] [つり上げられた賭け金に] さらに上乗せする, 再びビッドする

reenvío [r̄ɛ(e)mbío] [男] ❶ 再び送ること. ❷ 送り返し

reenvite [r̄ɛ(e)mbíte] [男] 《トランプ》再度のビッド envite

reequipamiento [r̄ɛ(e)kipamjénto] [男] 再装備

reequipar [r̄ɛ(e)kipár] [他] 再装備させる

reescribir [r̄ɛ(e)skriƀír] [他] 〖[過分] reescri*to*〗 ❶ 書き直す, リライトする: ～ la Historia 歴史を書き換える. ❷《言語》書き換える

reescritura [r̄ɛ(e)skritúra] [女] ❶ 書き直し, リライト. ❷《言語》[生成文法での] 書き換え: regla de ～ 書き換え規則

reescritural [r̄ɛ(e)skriturál] [形] 《言語》書き換えの

reestrenar [r̄ɛ(e)strenár] 〖←re-+estrenar〗 [他] 再演する, 再上映する

reestreno [r̄ɛ(e)stréno] 〖←reestrenar〗 [男] 再演, 再上映, リバイバル: cine de ～ リバイバル館

reestructuración [r̄ɛ(e)strukturaθjón] [女] 再構成, 再編成, 改組, 再構築, リストラ: ～ industrial リストラ〔クチャリング〕〖企業が存続するための新規事業開発や既存事業見直しなど〗

reestructurar [r̄ɛ(e)strukturár] [他] 再構成する, 再編成する, 改組する, 再構築する, リストラする: ～ el consejo de dirección 執行部を組織し直す. ～ el campus universitario 大学キャンパスを作り変える

—— **～se** 再構成(再編成・再構築)される

reevaluación [r̄ɛ(e)ƀalwaθjón] [女] =**revaluación**

reevaluar [r̄ɛ(e)ƀalwár] [14] [他] =**revaluar**

reexamen [r̄ɛ(ɛ)(k)sámen] [男] 再試験; 再調査(検査・検討)

reexaminación [r̄ɛ(ɛ)(k)saminaθjón] [女] =**reexamen**

reexaminar [r̄ɛ(ɛ)(k)saminár] [他] 再試験する; 再調査(検査・検討)する

reexpedición [r̄ɛ(ɛ)(k)speđiθjón] [女] 返送; 転送

reexpedir [r̄ɛ(ɛ)(k)speđír] [35] [他] 送り返す; 転送する: Se ruega ～ al destinatario. 名宛人に転送されたし

reexportación [r̄ɛ(ɛ)(k)spɔrtaθjón] [女] 再輸出

reexportar [r̄ɛ(ɛ)(k)spɔrtár] [他] [輸入品を] 再輸出する

reexposición [r̄ɛ(ɛ)(k)sposiθjón] [女] 《音楽》[主題の] 再現部, 再提示部

refacción [r̄ɛfa(k)θjón] [女] ❶《文語》軽食, スナック. ❷《法律》[壊れた個所の] 修理, 修繕. ❸《口語》[量り売りなどの時の] サービス, おまけ. ❹ [複] 《メキシコ》交換部品, スペア. ❺《キューバ, プエルトリコ, ペルー》[農園などの] 維持費. ❻《南米》[拡充・改善のための] 改修, 改装

refaccionar [r̄ɛfa(k)θjonár] [他] 《中南米》❶ 改修する, 改装する. ❷ [農園などの] 耕作費用を融通する

refaccionario, ria [r̄ɛfa(k)θjonárjo, rja] [形] 《法律》修理の

—— [女] 《メキシコ》❶ 交換部品販売店. ❷ 自動車工場

refajo [r̄efáxo] 男 ❶《服飾》1)《古語的》[農婦などの防寒用の]厚手のペチコート。スカート。2)《キューバ, ドミニカ, プエルトリコ》スリップ。❷《コロンビア》レモネードで割ったビール

refajona [r̄efaxóna] 形《古語的》[女性が]田舎風の長いスカートと厚手のペチコート refajo を着けた

refalar [r̄efalár] 他《チリ, ラプラタ》取り去る, 奪う
── **~se**《チリ, ラプラタ》脱ぐ

refalines [r̄efalínes] 男 複《チリ》トボガン〘=tobogán〙

refalosa [r̄efalósa] 女 ❶《チリ, アルゼンチン》男女が離れて踊る民俗舞踊（音楽）〘=resbalosa〙. ❷ すいとんに似た料理

refalsado, da [r̄efalsádo, da] 形 偽りの, 虚偽の

refanfinflar [r̄efanfinflár] 他《西.戯語》**~la a**+人[物事が]…にとってどうでもよい, 大したことではない; うとましいことだ: No pienso acudir a la reunión de hoy: a mí toda esa gente me la refanfinfla! 私は今日の集会に出るつもりはない. あの連中のことなんかどうでもいいんだから

refección [r̄efe(k)θjón]〘←ラテン語 refectio, -onis〙女 軽食, スナック; 修理, 修繕〘=refacción〙

refeccionario, ria [r̄efe(k)θjonárjo, rja] 形《法律》=**refaccionario**

refectolero [r̄efektoléro] 男 =**refitolero**

refectorio [r̄efektórjo]〘←ラテン語 refectorium〙男［修道院などの］食堂

referee [r̄eferí]〘←英語〙名《中南米》=**referí**

referencia [r̄eferénθja]〘←ラテン語 referens, -entis < referre < re-（後方へ）+ferre「運ぶ」〙女 ❶ [+a への] 関連づけ, 言及: Hizo una ~ de pasada a los tiempos predemocráticos. 彼は民主化以前の時代についても簡単に言及した. ❷ 情報, 報告: 1) Nos hizo una ~ de su plan. 彼は計画について私たちに報告した. ─ del consejo 審議会報告. 2) 複 [人物の性格・才能などについての] Me han dado unas ~s excelentes de ella. 私は彼女を高く評価する報告を受けた.《Quién le ha dado a usted ~s mías? 誰から私についてお聞きになったのですか? 3) 複［就職に必要な］人物紹介状, 身元保証書: Trajo buenas ~s y la aceptamos. 彼女は良い紹介状を持っていたので私たちを雇った. 4)［事物についての］Me dieron buenas ~s del libro. その本は評判がよかった. En la inmobiliaria me han dado la ~ de un piso que venden. 私は売り出し中のマンションについて不動産会社に説明を受けた. El periodista redactó una breve ~ del día del concurso. 記者はコンクールのあった日のことについての短い記事を書いた. ❸ [本の] 参考（参照）個所; 出典指示, 引用; 参考図書, 参考文献〘=obra de ~〙; 参考書〘=libro de ~〙: A pie de página viene una ~ a otra obra del mismo autor. 同じ作家の別の作品が脚注に記されている. En este libro hay muchas ~s a tu investigación. この本には君の研究がたくさん引用されている. datos de ~ 参考資料. número de ~ 参照番号. ~ bibliográfica [書誌学で] 参照. ~ cruzada 相互参照. ~ múltiple 一般参照. ❹《商業》信用照会〘先〙〘=~ comercial〙: ~ bancaria 銀行による信用調査〘報告書〙. ❺ 基準: línea de ~《測量》基準線. moneda (divisa) de ~《経済》基軸通貨. punto de ~ 評価基準,《測量》基準点. sistema de ~ 準拠枠.《情報》prueba de ~ ベンチマークテスト. ❼《言語》指示, 指向
con (en) ~ a... …に関して: Con ~ a su petición, le informamos de que ha sido aceptada. 貴依頼に関し, それを受け入れることになりましたのでお知らせします
hacer ~ a... …に言及する: En su discurso hizo ~ a la corrupción de los políticos. 彼は演説の中で政界の腐敗について触れた. Este es el libro al que ha hecho ~. これが彼が引用した本だ
por ~[s] 間接的に: Sabemos por ~s que el manuscrito contenía poemas del siglo XVI. その写本には16世紀の詩が書かれていて, 私たちは漏れ聞いている

referencial [r̄eferenθjál] 形 参照用の

referenciar [r̄eferenθjár] 10 他 参照する, 言及する

referendario, ria [r̄eferendárjo, rja] 形 国民投票の, 国民審査の
── 名 =**refrendario**

referendo [r̄eferéndo] 男〘主に 複〙=**referéndum**

referéndum [r̄eferéndun]〘←ラテン語 referendum「再び民衆に諮るべき」〙男〘単複同形/複 ~s〙❶ 国民投票, 国民審査: convocar un ~ 国民投票を行なう. someter... a ~ …を国民投票

❷ [出先外交官が本国政府の指示を請う] 請訓

referente [r̄eferénte]〘←ラテン語 referens, -entis〙形 [ser+. +a] に関する: Hable sin miedo. ─Sí, es ~ a su esposa. 心配せず話して下さい. ─はい, 実はあなたの奥さまに関することなのです. El alcalde lo llamó por un asunto ~ a la construcción del centro de cultura. 市長は文化センター建設に関する件で彼を呼び出した. Tus padres saben todo lo ~ al acontecimiento. 君のご両親はその事件について何もかもご存じだ.
en lo ~ a... …に関して: En lo ~ a ti no tengo nada que decir. 君に関しては私は何も言うことがない
~ a... …に関して: Vengo a hablar ~ al anuncio puesto esta mañana en el periódico. 私は今朝の新聞に載った広告について話しに来ました. Digo ~ a lo de que Carlos vaya a ser ministro. 私はカルロスが大臣になるという件について話しているのだ
── 男 ❶ 指示物, 指示対象: La ciudad se ha convertido en el ~ de la arquitectura vanguardista. その都市は前衛的な建築で知られるようになった. ❷《言語》[記号の] 指示対象: el ~ de un pronombre 代名詞が指すもの

referí [r̄eferí] 名《中南米. サッカー》審判
réferi [r̄éferi] 名《中南米. サッカー》=**referí**

referible [r̄eferíble] 形 関連づけられ得る; 帰することができる

referir [r̄eferír]〘←ラテン語 referre「後方へ運ぶ」〙33 他 ❶《文語》[事実・創作を問わず, +a+人 に] 語る, 述べる, 伝える: 1) [+名詞] Lola refirió concisamente el triste final de la historia. ロラは物語の悲しい結末を簡潔に語った. Un vecino ha referido a los periodistas lo sucedido. 一人の住民が何が起きたか記者たちに語った. 2) [+que+直説法] Refirió que había estado allí. 彼はそこにいたことがあると語った. ❷ [読者に] 参照させる: Algunas llamadas del texto refieren al lector al apéndice. 文中の参照記号の中には, 巻末付録を見よという意味を表わすものがある〘al apéndice の a は目的語の明示〙. ❸ [動機・起源などを, +a に] 帰する: La novelista refiere la anécdota al reinado de Felipe II. 作家はその逸話をフェリペ2世治下のことだとしている. ❹ こじつける: Todo lo refiere a su teoría favorita. 彼はすべてを自分の好きな理論にこじつけてしまう. ❺ [他の単位に] 変換する: ~ la cantidad a euros 金額をユーロで表わす. calcular el tiempo referido a meses 時間を月単位で計算する. ❻《メキシコ, 中米》悪口雑言を吐く, 口汚なくののしる
── **~se** ❶ [はっきり・それとなく, +a に] 言及する, …を指す, …に関して述べる: El profesor se refería a nosotros cuando dijo que algunos no habíamos estudiado. 先生が「勉強してきていない者がいる」と言ったのは, 私たちのことを指していたのだ. Ese libro contiene varios capítulos que se refieren a la industria textil. その本には繊維産業に関する章がいくつか入っている.《A qué te refieres? 君は何を言いたいんだ? ❷ [+a に] 関係する
en (por) lo que se refiere a... …に関しては: Es muy estricto en lo que se refiere a la moral. 彼は道徳に関しては大変厳格だ. Por lo que a mí se refiere, no estoy de acuerdo contigo. 私はといえば, 君の意見には賛成できない

refirir	
現在分詞	過去分詞
refiriendo	referido
直説法現在	直説法点過去	命令法
refiero	referí	
refieres	referiste	refiere
refiere	refirió	
referimos	referimos	
referís	referisteis	referid
refieren	refirieron	
接続法現在	接続法過去	
refiera	refiriera, -se	
refieras	refirieras, -ses	
refiera	refiriera, -se	
refiramos	refiriéramos, -semos	
refiráis	refirierais, -seis	
refieran	refirieran, -sen	

refertero, ra [r̄efertéro, ra] 形《廃語》けんか（口論）好きな
refigurar [r̄efigurár] 他［かつて見たものを想像の中で］再現する

refilar [r̃efilár] 他《チリ》かすめて過ぎる

refilón [r̃efilón]《←re-+filo》*de* ~ 1) 斜めに: El sol daba *de* ~. 日光が斜めから当たっていた. mirar *de* ~ 横目で見る. 2) 軽く, かすめて. 3) 通りすがりに, ふと: oír *de* ~ unos comentarios 評判を小耳にはさむ

refilonazo [r̃efilonáθo] 男《闘牛》[牛が静止していないため] かすっただけの槍の突き刺し

refinación [r̃efinaθjón] 女 =**refinamiento**

refinadera [r̃efinaðéra] 女《古語》[チョコレート精製用の] 石棒

refinado, da [r̃efináðo, ða] 形 ❶ [ser・estar+] 洗練された, 垢抜けた, 上品な: Tiene unos gustos ~s. 彼は洗練された趣味の持ち主だ. Era una mujer ~*da* y culta. 彼女はあか抜けて, 教養のある女性だった. estilo ~ 洗練された様式. inteligencia ~*da* 鋭敏な知性. técnica ~*da* 巧みなテクニック, 精巧な技術. ~ salón 趣味のいい応接間. ❷《時に皮肉》手の込んだ: burla ~*da* 手の込んだ冗談. tortura ~*da* 残虐を極めた拷問
── 男 ❶ 精製, 精製: ~ del petróleo 石油の精製. ~ del arroz 精米. ❷ 精製されたもの

refinador, ra [r̃efinaðór, ra] 名 [金属の] 精錬工; [酒などの] 精製者

refinadura [r̃efinaðúra] 女 精錬, 精製

refinamiento [r̃efinamjénto] 男 ❶ 洗練 [されていること], 上品, 優雅: Destaca por el ~ de sus modales. 彼の物腰の洗練さは際立っている. ❷ 入念, 細心: con ~ 入念に. ~ de crueldad 残虐の極み. ❸ 細かい工夫; 高度に技術的な: Este auto es un producto de alto ~ tecnológico. この車は高度で精巧な技術の産物である. ~s modernos 現代的な設備. ❹《情報》~ por pasos 段階的[プログラム]開発法. ❺ 精製: ~ del petróleo 石油の精製

refinanciación [r̃efinanθjaθjón] 女 [計画どおりの弁済が困難になった債務者・債務国に対する] 再融資, リファイナンシング

refinanciar [r̃efinanθjár] 他 ⑩ 再融資する, 債務を更新する

refinar [r̃efinár] 他《←re-+fino》❶ 精製する: ~ el petróleo 石油を精製する. azúcar *refinado* 精製糖. cocaína sin ~ 精製されていないコカイン. ❷ 洗練させる, 上品にする, 磨きをかける: El chico *ha refinado* sus modales. その青年はふるまいが洗練されてきた. Los poetas *refinan* su lenguaje. 詩人は言葉に磨きをかけて使う. Tienes que ~ la descripción en este informe. 君はこの報告書の記述を推敲する必要がある. ❸《南米》[家畜を] 交配する
── ~se [話し方・ふるまいなどが] 洗練される, 上品になる; 行儀よくなる: Desde que se fue a vivir a la ciudad *se ha refinado*. 彼は都会で暮らすようになってからあか抜けてきた.

refinería [r̃efinería]《←refinar》女 精製所; 精油所 [=~ de petróleo]: ~ de azúcar 砂糖の精製工場

refinero, ra [r̃efinéro, ra] 形 精製する [人]
── 名 精製工場, 精製会社

refino, na [r̃efíno]《←refinar》形 大変精製された
── 男 精製 [=refinamiento]

refirmar [r̃efirmár] 他 ❶ もたせかける. ❷ 是認する; 認証する, 批准する

refistolear [r̃efistoleár] 他《ログローニョ》詮索する, かぎ回る ──《エクアドル》うぬぼれる, 気取る

refistolería [r̃efistolería] 女《キューバ, プエルトリコ, エクアドル》❶ 学者気取り, 偉ぶること. ❷ うぬぼれ, 気取り

refistolero, ra [r̃efistoléro, ra] 形《キューバ, プエルトリコ, エクアドル》学者ぶった, 知ったかぶりの. ❷《ベネズエラ》人騒がせな, トラブルメーカーの

refitolear [r̃efitoleár] 他 詮索する

refitolería [r̃efitolería] 女《西》気取り, わざとらしさ

refitolero, ra [r̃efitoléro, ra] 形 名 ❶《西》気取った [人], わざとらしい. ❷《西》[口やかましい] 人, 身だしなみのうるさい [人]. ❸《西》[食堂 refectorio の] 食事係の [修道士・修道女]. ❹ 好奇心の強い; 差し出がましい, 小うるさい. ❺《キューバ, 口語》へつらう [人]

reflación [r̃eflaθjón] 女《経済》リフレーション《デフレ要因が収束して景気(物価)上昇局面に移行すること, ⇔desinflación》

reflacionar [r̃eflaθjonár] 他《経済》リフレーションさせる

reflectante [r̃eflektánte] 形《物理》反射する

reflectar [r̃eflektár] 他《物理》[光・音・熱などを] 反射する

reflectómetro [r̃eflektómetro] 男 反射率計

reflector, ra [r̃eflektór, ra]《←英語 reflector》形《物理》反射する

── 男 ❶ 反射する: cuerpo ~ 反射体. ❷ ~ de antena アンテナの反射器. ❸ サーチライト [=proyector]; スポットライト. ❸《天文》反射望遠鏡. ❺《映画》レフ板

refleja¹ [r̃efléxa] 女《まれ》=**reflexión**

reflejamente [r̃efléxaménte] 副 反射的に

reflejante [r̃efléxánte] 形 反射する; の

reflejar [r̃efléxár]《←reflejo》他 ❶ [光・音・熱などを] 反射する: Con un espejo *refleja* los rayos del sol en los ojos. 太陽の光が鏡に反射して目に入る. ❷ 反映する, 映し出す: Su rostro *refleja* sus sentimientos. 彼の顔は感情がよく出る. El reportaje pretende ~ la realidad actual de los emigrantes. このルポは現代の移民のありのままの姿を映し出そうとしている
── ~se ❶ [+en・sobre に] 映る: La luna *se refleja en* el agua. 月が水に映っている. Mi rostro *se reflejaba en* el cristal de la ventana. 私の顔が窓ガラスに映っていた. ❷ [+en に] 表れる: Su buen humor *se reflejaba en* los ojos. 上機嫌なのが彼の目に表れていた. La devoción que profesaba a su maestro *se refleja en* toda su obra. 彼が師を崇拝していたことはその全作品に表れている. ❸ [痛みなどが] 伝わる

reflejo¹ [r̃efléxo]《←ラテン語 reflexus「後退」》男 ❶ 反射光: El sol forma ~s en los espejos. 日の光が鏡に反射している. ❷ [映しの対象] 像, 影; 反映: las nubes sobre el lago 湖面に映る雲の影. Las palabras son el ~ de su pensamiento. 言葉は思考の反映である. ❸《生理》反射運動, 反射: ~ condicionado 条件反射. ~ rotular 膝反射. ~ 反射神経: Los futbolistas deben tener buenos ~s. サッカー選手は運動神経がよくなければならない. ❹ 複 一部脱色して染めた髪, メッシュ: tener el pelo castaño con ~ rubios 栗色の髪に金のメッシュを入れている. ❺《化粧》メッシュ用の染髪料, カラーリンス: darse un ~ azul ブルーリンスを用いる

reflejo², ja² [r̃efléxo, xa] 形 ❶ 反射した: onda ~*ja* 反射波. ❷ [痛みなどが] 原因の場所とは違う所に出る. ❸《文法》再帰の [=reflexivo]: oración pasiva ~*ja* 再帰受け身文 [・行動の] 反射的な, 反射性の. ❹《論理》再帰の

reflejoterapia [r̃efléxoterápja] 女 =**reflexoterapia**

réflex [r̃éfle(k)s] 形《単複同形》《写真》レフレックス, レフレックスカメラ

reflexible [r̃efle(k)síble] 形 反射 (反映) され得る

reflexión [r̃efle(k)sjón]《←ラテン語 reflexio, -onis》女 ❶ 熟考: sin previa ~ 前もってよく考えずに. jornada de ~ 総選挙投票日の前日《選挙戦をやめ有権者に熟考の時間を与える, 期間 de ~《商業》クーリングオフ期間. ❷《哲学》反省, 自省: hacer ~ 反省させる. ❸ [主に 複] 熟考の上の 意見, 忠言: Sus *reflexiones* nos ayudaron. 彼の忠告は私たちの役に立った. ❹《物理》反射: ~ acústica 反響. ~ total 全反射. ❺《文法》再帰

reflexionar [r̃efle(k)sjonár]《←reflexión》自 [+sobre について] 熟考する, 反省する, 自省する: *Reflexiona* bien *sobre* ello. そのことについてよく考えなさい
── 他 …について熟考する

reflexivamente [r̃efle(k)síbaménte] 副 熟考して; 反省して

reflexividad [r̃efle(k)sibida(ð)] 女 思慮深さ

reflexivo, va [r̃efle(k)síbo, ba]《←ラテン語 reflexum》形 ❶ [言う・行動する前に] よく考える, 思慮深い: Fue un hombre muy ~ y no cometió esa error. 彼は大変思慮深い男でそんな失敗はしなかった. tono ~ 熟考 (反省) している口調. ❷《文法》再帰の: verbo (pronombre) ~ 再帰動詞 (代名詞). ❸ 反射しう得る. ❹《まれ》反射する [=reflectante]

reflexología [r̃efle(k)solxía] 女 足裏マッサージ術 [=~ podal]

reflexológico, ca [r̃efle(k)solóxiko, ka] 形 足裏マッサージ術の

reflexólogo, ga [r̃efle(k)sólogo, ga] 名 足裏マッサージ師

reflexoterapia [r̃efle(k)soterápja] 女 足裏マッサージ療法 [=~ podal]

reflorecer [r̃efloreθér] 自 ㊴ ❶《季節が巡って》再び花が咲く. ❷ 再び栄える

refloreciente [r̃eflorθjénte] 形 再び花が咲く (栄える) の

reflorecimiento [r̃efloreθimjénto] 男 再び花が咲く (栄える) こと

reflotación [r̃eflotaθjón] 女 =**reflotamiento**

reflotamiento [r̃eflotamjénto] 男 ❶ 船の引き上げ, 再浮上

❷ [会社・部門の] 立て直し, 再建

reflotar [r̄eflotár] 他 ❶ [沈船・座礁船を] 引き揚げる, 再び浮き上がらせる. ❷ [業績の悪い会社・部門を] 立て直す, 再建する: Un grupo de empresas *ha reflotado* el banco. ある企業グループが銀行を立ち直らせた. ❸ [失敗したことを] 再び始める; 再生させる

refluente [r̄eflwénte] 形 逆流する; [潮が] 引く

refluir [r̄eflwír] 《←ラテン語 refluere》48 自 ❶ 逆流する; [潮が] 引く. ❷ [+en という] 結果になる

reflujo [r̄eflúxo] 《←refluir》男 ❶ 干潮, 引き潮》《⇔flujo》. ❷ 退潮, 衰退: ~ económico 景気後退. ❸《医学》[血液の] 退流

refocilación [r̄efoθilaθjón] 女《まれ》=refocilamiento

refocilamiento [r̄efoθilamjénto] 男 下劣な喜びを与える(受ける)こと

refocilar [r̄efoθilár] 《←ラテン語 refocillare》他 ❶ …に下劣な(悪意のある)喜びを与える: El humorista *refocila* al público con sus chistes obscenos. その芸人はきわどい冗談で観客を喜ばせる. ❷ 元気づける. ❸《アルゼンチン, ウルグアイ》[単人称] 稲妻が光る
—— ~se [他人の不幸などを] 喜ぶ: El jefe de la tribu *se refocilaba* en el tormento de la víctima. 族長は犠牲者が苦しむのを楽しんでいた

refocile [r̄efoθíle]男《口語》下劣な喜びを受けること

refocilo [r̄efoθílo] 男 ❶ =refocile. ❷《アルゼンチン, ウルグアイ》稲妻

reforestación [r̄eforestaθjón] 女 植林

reforestar [r̄eforestár] 他 [+場所 に] 植林する: ICONA *ha reforestado* los bosques que se quemaron el verano pasado. 自然保護庁は昨夏焼失した森林に植林を施した

reforma [r̄efórma] 《←reformar》女 ❶ 改革, 改善: Han propuesto una ~ parcial del código penal. 刑法の一部改正が提案されている. aplicar las ~s 改革に乗り出す. introducir algunas ~s en la red de distribución 販売網の改善をする. ~ agraria 農地改革. ~ administrativa 行政改革. ❷ 改修, 改築: Acabamos de hacer una ~ en la tienda. 店の改修が終わった. ~ parcial 部分改修. ❸《服飾》仕立て直し. ❹《歴史》1)《キリスト教》[R~. プロテスタントによる] 宗教改革《16世紀のドイツに始まった教会改革運動. キリスト教教会の堕落を批判したプロテスタントがカトリック教会から分離した. =R~ Protestante》. 2) [一般に] 宗教改革《=~ religiosa》. ❺《歴史》レフォルマ《1) スペイン, 特にカルロス3世治世下, 財政立て直しのために実施された自由主義のインディアス政策の抜本的改革. 2) メキシコ, 1855年に始まる一連の改革運動. サンタ・アナ Santa Anna 失脚後, ベニト・フアレス Benito Juárez, レルド・デ・テハダ Lerdo de Tejada を中心に, 植民地遺制からの脱却をめざし, 軍部と教会の特権を廃止し, 三権分立の共和制の確立など, 国家の体制づくりに着手した》. ❻《政治》[革命に対して] 改革. ❼《法律》recurso de ~ 再審理請求

reformable [r̄eformáble] 形 改革され得る; 改革されるべき

reformación [r̄eformaθjón] 女《まれ》改革, 改善《=reforma》

reformado, da [r̄eformáðo, ða] 形 ❶《キリスト教》1)[ルター派に対して] カルヴァン派の. 2) プロテスタントの. ❷《古語》[軍人が] 退役した. —— 男《技術》改装, 改修

reformador, ra [r̄eformaðór, ra] 形 名 改革者〔の〕, 改革派〔の〕

reformar [r̄eformár]《ラテン語 reformare「正す, 回復させる」》他 ❶ 改革する, 改正する, 改善する, 改める: ~ las instituciones políticas 政治制度を改革する. ~ las costumbres 習慣を改める. ❷ 作り直す, やり直す. ❸ 改装する, 改修する, リフォームする: ~ la tienda 店を改装する. ❹ [修道会などを] 元の規律に復させる. ❺ [ふるまいなどを] 矯正する; 更生させる: El psicólogo *ha reformado* el carácter de mi hijo. カウンセラーが私の息子の性格を正してくれた
—— ~se ❶ 行ないを正す; 更生する. ❷ [言動を] 自制する, 慎む

reformativo, va [r̄eformatíbo, ba] 形 改革する, 改める

reformatorio[1] [r̄eformatórjo]《←reformar》男 少年院, 教護院

reformatorio[2], **ria** [r̄eformatórjo, rja] 形 改革する, 改める. 男 更生させる

reformismo [r̄eformísmo] 男《政治》改良主義: ~ social 社

1967　　**refrenar**

会改良主義. ~ borbónico ブルボン改革《18世紀, ブルボン家統治下のスペイン王室によるスペインとアメリカ植民地の政治・経済的改革》

reformista [r̄eformísta] 形 名《政治》改良主義の(主義者)

reforzado, da [r̄eforθáðo, ða] 形 強化(補強)された: plástico ~ 強化プラスチック. puerta ~*da* 補強されたドア
—— 男 ❶ 強化, 補強. ❷《服飾》スピンテープ, 伸び止めテープ. ❸《古語》指ほどの幅のテープ

reforzador, ra [r̄eforθaðór, ra] 形 ❶ 増強する; 強化する. ❷《写真》増感剤. ❸《中南米. 技術》補強剤

reforzamiento [r̄eforθamjénto] 男 強化, 増強

reforzante [r̄eforθánte] 形《技術》補強材

reforzar [r̄eforθár]《←re+forzar》9 28 [→forzar] 他 ❶ 強化する, 補強する: *Reforzaron* los cimientos con pilotes. 彼らは杭で土台を補強した. ~ la guardia 警備を強化する. ~ las medidas contra la contaminación 汚染対策を強化する. ❸《写真》[ネガを] 補刀する
—— ~se 元気づける; 元気づく

refracción [r̄efrakθjón]《←ラテン語 refractio, -onis》女《物理, 光学》屈折: doble ~ 複屈折

refractante [r̄efraktánte] 形《物理, 光学》屈折させる

refractar [r̄efraktár]《←ラテン語 frangere「砕く, 壊す」》他《物理, 光学》屈折させる
—— ~se 屈折する

refractario, ria [r̄efraktárjo, rja]《←ラテン語 refractarius「頑固な」》形 ❶ [+a 思想・意見・習慣などに] 逆らう: El niño no se muestra ~ *a* la disciplina. その子は規律を嫌っている. Durante siglos, España ha sido una sociedad ~*ria* al cambio. 数世紀にわたってスペイン社会は変化を拒んだ. ❷ [ser+. +a 学科などに] 向いていない, 不得意な. ❸ 耐熱性の, 耐火性の: vestiduras ~*rias* 耐火服. ❹《料理》[容器などが] オーブン(電子レンジ) で使える. ❺《医学》1) [+a 病気に] 抵抗力がある. 2) [病気が] 難治性の, 抗療性の. ❻《生理》[刺激に] 不応の
—— 男 耐熱材, 耐火材《=materia ~*ria*》

refractividad [r̄efraktibiðá(ð)] 女《物理》屈折性

refractivo, va [r̄efraktíbo, ba] 形 屈折する, 屈折の

refracto, ta [r̄efrákto, ta] 形 [光線が] 屈折した

refractómetro [r̄efraktómetro] 男《天文》屈折望遠鏡

refrán [r̄efrán]《←仏語 refrain「反復句」》男 諺(ことわざ), 格言: según reza al ~ 諺にもあるように
tener muchos refranes/tener refranes para todo 何事にも言い逃れがうまい

refraneador, ra [r̄efraneaðór, ra] 形 名 諺を言う(人)

refranear [r̄efraneár] 自 諺を言う

refranero, ra [r̄efranéro, ra] 形 ❶ [スピーチなどに] 諺をはさむのが好きな. ❷ 諺を含む
—— 男 諺集, 格言集: ~ meteorológico 観天望気

refranesco, ca [r̄efranésko, ka] 形 諺の, 格言めいた

refrangibilidad [r̄efraŋxibiliðá(ð)] 女 屈折性

refrangible [r̄efraŋxíble] 形 屈折性の

refranista [r̄efranísta] 名 諺(格言)を好んで引用する人

refregadura [r̄efreɣaðúra] 女 ❶ こする(磨く)こと. ❷ こすった(磨いた)跡

refregamiento [r̄efreɣamjénto] 男 こする(磨く)こと

refregar [r̄efreɣár]《←ラテン語 refricare》5 23 [→negar] 他 ❶ こする, 磨く; こすり洗いする: ~ la ropa de los niños 子供たちの服をごしごし洗う. ❷《口語》[+a 人 に] 意地悪く繰り返し言う, くどくど言う: Me van *refregando* que no queda tiempo. 私は残り時間がないと繰り返し言われ続けている

refregón [r̄efreɣón] 男 ❶ こする(磨く)こと; その跡. ❷《船舶》突風

refreír [r̄efreír]《←re+freír》36《過分》refrito《まれ》refreído 他《料理》❶ 二度揚げする. ❷ 揚げすぎる, 炒めすぎる

refrenable [r̄efrenáble] 形 抑制され得る

refrenado, da [r̄efrenáðo, ða] 形 控えめな, 抑制のある
—— 女 抑制《=sofrenada》

refrenamiento [r̄efrenamjénto] 男 抑制

refrenar [r̄efrenár]《←ラテン語 refrenare》他 ❶ [感情などを] 抑える, 抑制する: Era incapaz de ~ la cólera. 怒りを抑えるのは不可能だった. ~ su lengua 言葉を慎む. ❷《馬術》手綱を

refrenda

締める
── ～se 自分〔の感情〕を抑える
refrenda [r̄efrénda] 女《エクアドル》=**refrendación**
refrendación [r̄efrendaθjón] 女 副署(すること); 承認
refrendador, ra [r̄efrendaðór, ra] 名《ペルー》=**refrendario**
refrendante [r̄efrendánte] 形 副署する〔人〕
refrendar [r̄efrendár]《←referéndum》他 ❶《文語》〔文書に〕副署する: ～ una certificación 証明書に副署する. ❷ 承認する: ～ la constitución 憲法を承認する. ❸ ～ un pasaporte 旅券に裏書証明(査証)を行なう. ❹《口語》〔同じことを〕繰り返す: ～ una comida (una bebida) 料理(飲物)のおかわりをする
refrendario, ria [r̄efrendárjo, rja] 名《行政》副署人
refrendata [r̄efrendáta] 女 副署《署名》
refrendatario, ria [r̄efrendatárjo, rja] 形 国民投票の, 国民審査の
refrendo [r̄efréndo] 男 ❶ 副署〔行為〕. ❷ 副署の証明
refrescador, ra [r̄efreskaðór, ra] 形 涼しくする, 冷やす
── 男 冷却器, 冷却装置
refrescadura [r̄efreskaðúra] 女 涼しくする(なる)こと, 冷える)こと
refrescamiento [r̄efreskamjénto] 男 涼しくする(なる)こと, 冷やす(冷える)こと
refrescante [r̄efreskánte] 形 すがすがしい, さわやかな: Esta colonia tiene un ～ aroma. このオーデコロンはさわやかな香りだ
refrescar [r̄efreskár]《←re-+fresco》❼ 他 ❶ 涼しくする, 冷やす: La lluvia refresca el aire. 雨で空気が涼しくなる. ～ las bebidas en el río 飲み物を川で冷やす. ❷〔記憶などを〕よみがえらせる: Podré ～ lo aprendido anteriormente. 私はかつて学んだことを思い出せるだろう. ❸〔行為を〕繰り返す, 蒸し返す: ～ la lid 争いを再び始める. ❹《船舶》〔水・食糧品を〕新しくする
── 自 ❶〔単人称〕冷える, 涼しくなる: Refresca por la mañana. 朝は冷える. El tiempo refresca en septiembre. 9月になると天気が涼しくなる. ❷ 冷たいものを飲む. ❸ 気分が爽快になる, 元気が出る. ❹《船舶》〔風が〕強まる. ❺《メキシコ. 医学》回復する. ❻《コロンビア》軽食(おやつ)を食べる
── ～se ❶ 涼む; 体を冷やす, 外の空気を吸う: Voy a ～me con un buen paseo. たっぷり散歩してリフレッシュしよう. ❷ 入浴する, さっぱりする. ❸〔行為を〕繰り返す. ❹《メキシコ》お茶を飲む. ❺〔記憶などが〕よみがえる: Se me refrescaron de repente miles de ideas. 突然たくさんの考えが私の頭に浮かんだ

refresco [r̄efrésko] 男《←refrescar》 ❶《アルコールの入らない》冷たい飲み物, ソフトドリンク, 清涼飲料. ～ de limón レモネード. ～ de naranja オレンジエード. ❷〔仕事・会議の合間などの〕軽食, スナック: Después de la conferencia nos ofrecieron un ～. 講演会の後, 軽食が出た. ❸〔軽食を出す〕小パーティー.
de ～ 増援の, 新手の: caballo de ～ 替え馬. jugadores de ～ 補欠(補強)選手. tropas de ～ 増援部隊
refresquería [r̄efreskería] 女《メキシコ》清涼飲料水スタンド
refri [r̄éfri] [refrigerador・refrigeradora の縮約型] 男/女《中南米》冷蔵庫
refriante [r̄efrjánte] 男 =**refrigerante**
refriar [r̄efrjár] ⑪《古語》冷やす
── ～se 風邪を引く
refriega [r̄efrjéga]《←refregar》女 激しいけんか; [軍の] 小ぜりあい; ～ entre mafias 暴力団の抗争
refrigeración [r̄efrixeraθjón]《←ラテン語 refrigeratio, -onis》女 ❶ 冷却, 冷蔵: conservar... en ～ …を冷蔵する. ❷ En edificios 建物内の冷房. ～ por aire (por agua) 空冷(水冷). ❸ 間食, 軽食《=refrigerio》
refrigerador, ra [r̄efrixeraðór, ra] 形 冷却する, 冷房する: aparato ～ 冷却装置, 冷房装置
── 男《主に中南米》冷蔵庫《=frigorífico》. ❷〔機械などの〕冷却器, 冷却装置
── 女《主にコロンビア, ペルー》冷蔵庫《=frigorífico》; 冷蔵装置
refrigerante [r̄efrixeránte] 形 冷却用の: mezcla ～《化学》寒剤
── 男 ❶ 冷媒, 冷却剤. ❷ 冷却器, 冷却管
refrigerar [r̄efrixerár]《←ラテン語 refrigerare》他 ❶ 冷却する, 冷蔵, 冷凍する: Manténgase refrigerado《表示》要冷蔵. ❷

carne refrigerada チルド肉. contenedor refrigerado《船舶》リーファー・コンテナ. ～ el motor エンジンを冷却する. ❷ 冷房する: ～ la sala 広間に冷房を入れる
── ～se [休んだり軽食をとったりして] 体力を回復する
refrigerativo, va [r̄efrixeratíβo, βa] 形 冷やす, 冷却力のある
refrigerio [r̄efrixérjo]《ラテン語 refrigerium「安らぎ」》男 ❶《文語》間食, 軽食: Hemos tomado un ～ y hemos vuelto al trabajo. 私たちは軽食をとってから仕事に戻った. ❷ 爽快感. ❸《まれ》安堵, 慰安.
refringencia [r̄efrixénθja] 女《文語》屈折性
refringente [r̄efrixénte] 形〔物体が〕光を屈折させる
refringir [r̄efrixír] ④他 =**refractar**
refritar [r̄efritár] 他〔作品を〕焼き直す, 改作する
refrito, ta [r̄efríto, ta] [refreír の不規則な過分] 形〔作品が〕焼き直しの
── 男 ❶《料理》 1) ニンニク・パセリ・玉ネギ・パプリカなどを加えた油. 2) フライ; 炒めたもの. ❷《軽蔑》[作品の] 焼き直し, 改作
refrotar [r̄efrotár] 他 ❶ 繰り返し強くこする. ❷〔主に目の前で〕繰り返す, しつこく見せる
refucilar [r̄efuθilár] 自《中南米》 ❶〔単人称〕稲妻が光る. ❷ 稲妻のように光る
refucilo [r̄efuθílo] 男《中南米》稲妻《=relámpago》
refuerzo [r̄efwérθo]《←reforzar》男 ❶ 強化, 補強: ～ de la ayuda económica 経済援助を強めること. ❷ 補強材: poner ～ en la base de la caja 箱の底に補強材を入れる. ❸〔人員の〕増強; [集名] または[複] 増援, 加勢, 補充: El equipo necesita ～s. チームは補強が必要だ. pedir un ～ de cien soldados 兵 100 名の増援を要請する. ❹《心理》強化. ❺《写真》補正現像剤
refugiado, da [r̄efuxjáðo, ða] 形 ❶《国外へ》避難した〔人〕, 亡命した〔人〕: campo de ～s 難民キャンプ. ～ político 政治亡命者
refugiar [r̄efuxjár]《←ラテン語 refugere》⑩ 他 かくまう: Él refugió en su casa a los perseguidos. 彼は迫害されていた人々を自分の家にかくまった
── ～se 避難する, 隠れる; 亡命する: 1) [+en に] El asesino se refugió en el bosque. 殺人者が森に逃げ込んだ. 2) [+de から] ～se de la lluvia bajo un toldo 天幕の下で雨宿りする
refugio [r̄efúxjo]《←ラテン語 refugium》男 ❶ 避難所, 隠れ場所; 保護, 収容: buscar ～ 避難場所を探す, 逃げ場を求める. dar ～ a+人 ～を保護する, かくまう. ejercicios de ～ 避難訓練. casa ～ セーフ・ハウス, シェルター. ～ antiaéreo 防空壕. [anti]atómico/～ [anti]nuclear 核シェルター. ～ sagrado 聖域. ～ tributario 租税逃避地. ❷《山の》避難小屋《=～ de montaña, ～ alpino》. ❸《浮浪者などの》救護施設: Esta vivienda es un ～ para personas sin hogar. この家はホームレスたちの避難場所だ. ❹《道路》安全地帯. ❺ 頼りになるもの, 慰安となるもの
refugo [r̄efúɣo] 男《地方語》コルクのくず(使えない部分)
refulgencia [r̄efulxénθja] 女《文語》輝き
refulgente [r̄efulxénte] 形《文語》光り輝く, まばゆいばかりの
refulgir [r̄efulxír]《←ラテン語 refulgere》④自《文語》光り輝く, きらめく: A lo lejos, la cresta de las montañas refulgía bañada por los rayos de un sol. 遠くには山々の頂が日光を浴びて光り輝いていた
refundación [r̄efundaθjón] 女《組織, 特に政党の》再編, 再建
refundar [r̄efundár] 他《組織, 特に政党を》再編する, 再建する
refundición [r̄efundiθjón] 女 ❶ 鋳直し, 改鋳. ❷ 改作: En la ～ de la obra de teatro se cambió el final. その戯曲の改作では結末が変更された
refundidor, ra [r̄efundiðór, ra] 名 作り直す人; 一つにまとめる人
refundir [r̄efundír]《←ラテン語 refundere》他 ❶〔金属を〕溶かして, 鋳直す, 再鋳造する; 〔貨幣を〕改鋳する: ～ un cañón 大砲を鋳つぶす. ❷〔作品などを〕作り直す, 改作する: Ha refundido su comedia para adaptarla mejor al medio televisivo. 彼は自作の芝居をテレビ向けに手を加えて改作した. ❸ 一つに合体させる: ～ en una sola varias oficinas いくつかの事務所を一箇所に統合する. ❹《メキシコ, 中米, アンデス》[道に] 迷わせる. ❺《メキシコ, グアテマラ》懸命に守る. ❻《メキシコ》押し込める

—— 自 [事が人にとって] 利益・不利益になる
—— ~se ❶《メキシコ, 中米, アンデス》道に迷う. ❷《メキシコ》隠れる
refunfuñador, ra [r̃efunfuɲaðór, ra] 形 ぶつぶつ不平を言う, ぐちっぽい
refunfuñadura [r̃efunfuɲaðúra] 女 ぶつぶつ不平を言うこと, ぐち
refunfuñante [r̃efunfuɲánte] 形 不平(ぐち)を言う
refunfuñar [r̃efunfuɲár] 自《←擬声》不平をぶつぶつ言う, ぐちを言う: ~ entre dientes 口の中でぶつぶつ言う
refunfuño [r̃efunfúɲo] 男 不平, ぐち
refunfuñón, na [r̃efunfuɲón, na] 形 名《口語》ぶつぶつ不平を言う(人)
refusilo [r̃efusílo] 男《南米》稲妻《=relámpago》
refutable [r̃efutáβle] 形 反駁(反証)され得る, 反駁(反証)が容易
refutación [r̃efutaθjón] 女 ❶ 反駁, 論破. ❷ 反証. ❸《修辞》[演説の中の] 反論に答える部分
refutador, ra [r̃efutaðór, ra] 形 反駁する(人)
refutar [r̃efutár] 他《←ラテン語 refutare》反駁(駁)する, 論破する: El abogado *ha refutado* con hechos una por una las acusaciones del fiscal. 弁護士は検事の起訴に対し一つ一つ事実をあげて反証した. ~ una teoría ある理論を論駁する
refutatorio, ria [r̃efutatórjo, rja] 形 反駁(反証)に役立つ
reg [r̃éɣ] 男《地理》礫砂漠
regabina [r̃eɣaβína] 女《アンダルシア》[木綿・トウモロコシなどの耕作に] 畝の間で使われる犂
regabinar [r̃eɣaβinár] 他《アンダルシア》犂 regabina で畝の間を鋤く
regable [r̃eɣáβle] 形 水をまかれ得る; 水をまかれるべき
regacear [r̃eɣaθeár] 他《スカートを》膝上までたくし上げる
regacha [r̃eɣátʃa] 女《地方風》細い灌漑用水路
regada[1] [r̃eɣáða] 女 ❶ 水まき, 撒水. ❷《メキシコ, チリ. 口語》大失敗
dejar la ~《チリ. 口語》へまをする
regadera [r̃eɣaðéra] 女《←regar》❶ じょうろ, 撒水器: dispersar el agua con una ~ じょうろで水をまく. ❷ 灌漑用の水路. ❸《動物》カイロウドウケツ《俗名同穴》. ❹《メキシコ, 中米, コロンビア, ベネズエラ》1) シャワー《水, 器具》; シャワーの口. 2) 覆 シャワー室
estar como una ~《西. 口語》ちょっと頭がおかしい: No tomes en serio lo que te dice porque el pobre *está como una* ~. 彼の言うことをまじめに受け取ってはいけないよ, 気の毒に頭がちょっといかれているからね
regaderazo [r̃eɣaðeráθo] 男《メキシコ》シャワー《=ducha》
regadero [r̃eɣaðéro] 男 灌漑用の水路
regadío, a [r̃eɣaðío, a]《←regar》[土地が] 灌漑できる
—— 男《農業》❶ 撒水: sistema de ~ スプリンクラー装置. ❷ 灌漑された農地《=tierra de ~》; 灌漑: cultivo de ~ 灌漑農業
regadizo, za [r̃eɣaðíθo, θa] 形 [土地が] 灌漑できる
regado, da[2] [r̃eɣáðo, ða] 形《キューバ. 口語》自堕落な, 無責任な
—— 男 水まき, 撒水
regador, ra [r̃eɣaðór, ra] 形 名 撒水(灌漑)する(人)
regadura [r̃eɣaðúra] 女 ❶ 一回分の水撒き(撒水). ❷《カナリア諸島; コロンビア》じょうろ《=regadera》. ❸《チリ》1)《芝生などの》スプリンクラー. 2) 灌漑用水の計測単位
regaifa [r̃eɣájfa] 女 ❶ オルナソ《=hornazo》. ❷ [搾油機の] 絞ったオリーブ油の通る溝の周囲についた円形の石
regajal [r̃eɣaxál] 男《地方風》=regajo
regajo [r̃eɣáxo] 男 ❶《小川の作る》池. ❷ [ごく細い] 小川. ❸《ログローニョ》排水溝のついた沼沢地
regal [r̃eɣál] 男《音楽》[16・17世紀の] 手回しオルガン
regala [r̃eɣála] 女《船舶》舷縁(炎), 舷側
regalada[1] [r̃eɣaláða] 女《西. 古語》晴れ舞台用の馬を入れる厩舎; 複《名馬のいる厩
regaladamente [r̃eɣaláðamente] 副 安楽に, 心地よく, 快適に; ぜいたくに; 優雅に; おっしゃる通り: Me pregunto ¿se puede comer ~ sin la buena bebida? 良い酒なしに料理をおいしく食べられるだろうか, と私は思う. Me contaron cómo habían vivido ~ antes de la revolución. 彼らは革命以前はどんなに恵まれた

1969 **regalo**

暮らしをしてきたか語ってくれた. sentarse ~ en un sillón 椅子にゆったりと座る
regalado, da[2] [r̃eɣaláðo, ða] 形《ser・estar+》❶ 安楽な, 気楽な; 心地よい, 快適な: Lleva una vida ~*da*. 彼は満ち足りた生活をおくっている. ❷ 美味な: Las pechugas de palomino son tiernas y ~*das*. 小鳩の胸肉は柔らかくておいしい. ❸《口語》大変安い: Las rebajas de este año son ~*das*. 今年のバーゲンは破格の安さだ. En estos grandes almacenes la ropa está ~*da*. このデパートでは衣類が大変安い. ¡Señora, estos manteles están ~s! 奥さん, このテーブルクロスは大変お買い得ですよ! Han vendido la casa a un precio ~. 彼らは家をただ同然で売った. ❹《メキシコ, ベネズエラ, チリ. 口語》[試験が] 非常に容易な
regalador, ra [r̃eɣalaðór, ra] 形 名 贈り物をする(人), 贈り物をするのが好きな(人)
—— 男《アフリカ》ハネガヤの縄を巻き付けた棒《皮袋職人が皮の艶出しに使う》
regalamiento [r̃eɣalamjénto] 男 贈り物をすること; 楽しむこと
regalar [r̃eɣalár] 他《←仏語 régaler「もてなす」「楽しむ」》❶ [+a+人 に] 贈る: Mi hijo *regaló* unos zapatos *por* (para) mi cumpleaños. 息子は私の誕生日に靴をプレゼントしてくれた. Me *regalaba* mil sonrisas. 彼は私にいつも微笑んでくれたものだった. No lo quiero ni *regalado*. それはただでもらうのさえ嫌だ. ❷《文語》楽しませる, 喜ばせる, もてなす: 1) [人を, +con で] La prestigiosa actriz nos *regaló con* la lectura de unas poesías. その高名な女優は詩の朗読で私たちを楽しませてくれた. Las dos hermanas atendían y *regalaban* a su madre. その2人姉妹は母親に気を配り面倒をみていた. 2) [感覚を] Vive pendiente de ~ sus sentidos. 彼は五感を楽しませることに気を配って生活している. ❸ 大安売りする, 特売する: ¡Mañana, en nuestro supermercado, *regalamos* los productos de limpieza! 当スーパーでは明日, 掃除用品の特売をします!
—— ~se 再《+con+人》Se *regaló con* una visita al museo de bellas artes. 彼は美術館を訪れて楽しい時を過ごした. 2) [...を] *Nos hemos regalado* una cadena de música para nuestro aniversario de boda. 私たちは次々と音楽を聞いて結婚記念日を楽しく過ごした
regalejo [r̃eɣaléxo] 男 regalo の示小語
regalero [r̃eɣaléro] 男《離宮で》王などに花や果実を届ける役目の使い
regalgo, ga [r̃eɣálɣo, ɣa] 名《犬》ハウンドとグレーハウンドの交雑種
regalía [r̃eɣalía]《←ラテン語 regalis「王の」》女 ❶ 特権《=privilegio》. ❷《歴史》1) 国王特権: La venta de tabaco era una ~ de la Corona. たばこの販売は王室の専売だった. 2) [主に 覆] レガリア《王冠・王笏などの君主の象徴物》. 3) ~ de aposento [中世, 王城内の家の持ち主に課せられた] 兵士の宿泊を免除する代わりの税. ❸《商業》覆 1) 特許(商標・著作)権使用料, ロイヤルティ. 2) 使用料; 前払い金: El industrial que explota una mina debe pagar una ~ al propietario del terreno. 鉱山の採掘をする企業は地主に土地使用料を払わなければならない. ❹《覆》特別手当, 臨時手当, ボーナス. ❺ derecho de ~ たばこ輸入税. ❻《主に中南米》贈り物《=regalo》. ❼《カリブ》すばらしさ, 良さ. ❽《ベネズエラ. 口語》容易なこと. ❾《チリ. 口語》[子供の] 不機嫌
regalicia [r̃eɣalíθja] 女《←regaliz》=regaliz
regalillo [r̃eɣalíʎo] 男 regalo の示小語; 男《服飾》マフ《=manguito》
regalismo [r̃eɣalísmo] 男 帝王教権主義《王権に対する教会の影響を最小限に抑え, 国王に教会を認める政治的思想. スペインでは18世紀の啓蒙専制政治時代に勢力を持った》
regalista [r̃eɣalísta] 形 帝王教権主義の(主義者)
regaliz [r̃eɣalíθ]《←ラテン語 riquiritia < ギリシア語 glykyrrhiza < glykys「甘い」+rhiza「根」》男 ❶《植物》カンゾウ《甘草》; その根. ❷ 甘草エキス
regaliza [r̃eɣalíθa] 女 =regaliz
regalo [r̃eɣálo]《←regar》男 ❶ 贈り物, プレゼント: Este libro es un ~ de mis padres. この本は私の両親からの贈り物だ. Mis amigos me han hecho muchos ~*s* para mi cumpleaños. 友人たちは私の誕生日にたくさんプレゼントをくれた. tienda de ~*s* ギフトショップ. ~ de boda 結婚祝い. ~ de Navidad/~ de Reyes クリスマスプレゼント. ❷ みやげ: Me trajo muchos ~*s* del viaje al Perú. 彼は私にペルー旅行のみやげをたくさ

regalón, na

ん持って来てくれた. Te daré un ～ si te portas bien. いい子にしていたらおみやげを買ってあげよう. ❸ おまけ, 景品. ❹《文語》1）楽しみ, 喜び, 心地よいこと: Esta panorámica es un ～ para la vista. この広大な景色を眺めるのは本当に気持ちがいい. ser un ～ del oído fig. un ～ del cielo 天の賜物(語). 2）ごちそう[＝～ para el paladar]: El vino es un ～ para el paladar. ワインはこの上ない味覚の喜びだ. Los platos de este restaurante son un ～ para paladares exquisitos. このレストランの料理はすばらしいごちそうだ. ❺《古語的》[生活の] 安楽, 快適: Está acostumbrada a vivir con mucho ～. 彼女は快適な暮らしに慣れている. ❻ 甘やかし: Juan se ha criado con demasiado mimo y ～. フアンは大変甘やかされ, ちやほやされて育った. ❼《口語》格安のもの, 掘出し物: Por ese precio, el ordenador es un ～. 値段からして, そのコンピュータは掘出し物だ

con ～ de... …のおまけ付きで: Venden agua de colonia con ～ de gel, champú y camisa de polo. ボディソープ, シャンプー, ポロシャツのおまけ付きでオーデコロンを売っている

de ～ 無料で, おまけで: El coche viene con una videocámara de ～. その車を買うとビデオカメラが無料でついてくる. cosas de ～ おまけ. entrada de ～ 優待券. libro de ～ 無料配布の本

regalón, na [r̄eɣalón, na] 《←regalar》形名 ❶《口語》安楽な生活をおくっている, ぜいたく暮らしの, ぜいたくに慣れた; ぜいたく好きな人: Es un poco ～ y le gusta que le atiendan. 彼は少しお坊ちゃん的なところがあって, 他人に世話をしてもらいたがる. ❷《中南米》[好きな物を買ってもらえたりして] 甘やかされた人, お気に入り: Su pequeña hija de cinco años es la regalona de la familia. 5歳の次女は彼の末娘で家族みんなからちやほやされている. Es el ～ de su padre. 彼は父親のお気に入りだ. ❸《アンデス》愛想のよい, 気前のよい

regalonear [r̄eɣalonear] 他《チリ, アルゼンチン. 口語》甘やかす
regalonería [r̄eɣalonería] 女《チリ, アルゼンチン. 口語》甘え
regante [r̄eɣánte] 名《←regar》灌漑権の所有者, 灌漑水の利用者; 灌漑の管理者. 灌漑労働者
regañada[1] [r̄eɣaɲáða] 女《地方語》固焼きの薄いパン. ❷《メキシコ, コロンビア, ペルー》叱責; 言い争い, 口論
regañadientes [r̄eɣaɲaðjéntes]《←regañar+diente》**a ～** いやいや《a la regaña dientes とも表記》: Mi hijo hace los deberes a ～. 私の息子はいやいや宿題をする
regañado, da [r̄eɣaɲáðo, ða] 形 ❶ [栗などが] 生まれつき半開きの. ❷ [パンが] オーブンの中でひび割れした; [果実が] 熟して裂け目ができた. ❸ [+con と] 不和な, 争っている
regañadura [r̄eɣaɲaðúra] 女 =regañamiento
regañamiento [r̄eɣaɲamjénto] 男 ❶ 小言. ❷ 言い争い, 口論, 仲違い. ❸ 不平. ❹《古語的》[犬の] うなり. ❺ [熟した果物の皮などの] ひび割れ
regañar [r̄eɣaɲár]《←俗ラテン語 reganniare <ラテン語 gannire「犬がうなる」》他 [がみがみと] 叱る, 小言を言う: Su jefe lo regañó por ese acto de debilidad. 優柔不断なので上司は彼を叱りつけた
— 自 ❶ [互いに/+con+人 と] 言い争う, 口論する; 仲違いする, 絶交する: Los dos taxistas regañaron porque ninguno quería aceptar la culpa del accidente. 2人のタクシー運転手はどちらも事故の責任を認めようとしないので言い争った. Ella ha regañado con su padre. 彼女は父親と仲違いした. [+con+人 を] 叱る, 小言を言う. ❸ ぶつぶつ文句を言う, 不平を言う. ❹《古語的》[犬が] 歯を剥きだしてうなる. ❺ [熟した果実の皮などが] 裂ける, ひび割れする
regañina [r̄eɣaɲína]《←regañar》女《西》❶ 叱責〔の言葉・仕草〕: echar a+人 una ～. 叱りつける. ❷ 言い争い, 口論; 《メキシコ》口げんかをする
regañir [r̄eɣaɲír] 20《形》regañendo 自《犬などが》しつこくキャンキャン鳴く; [カラスなどが] 何度もカーカー鳴く
regañiza [r̄eɣaɲíθa] 女《メキシコ, ペルー》=regañina
regaño [r̄eɣáɲo] 男 ❶《主に中南米. 口語》叱責〔=regañina〕. ❷ [険しい言葉を伴う] 怒り・不快の表情〔仕草〕. ❸ [焼く時のひび割れによる] パンのごつごつした部分
regañón, na [r̄eɣaɲón, na] 形名《西》口やかましい〔人〕, 小言屋〔の〕
— 男《西. 口語》北西風
regar [r̄eɣár]《←ラテン語 rigare》8 23《→negar》他 ❶ …に水をや

まく(かける), 撒水(ৎৎ)する〕: ～ la planta 植物に水をやる. ～ el jardín 庭に水をまく. ❷ 灌漑する; [土地を] 潤す: El río Manzanares riega los campos de Madrid. マンサナーレス川はマドリードの農地に水を供給する. ❸ […の表面に, +de・con 液体などを], ばらまく: Regó el pañuelo con (de) lágrimas. 彼女はハンカチを涙でぬらした. Ese hombre iba regando monedas. その男は硬貨を落としながら歩いていた. ～ las galletas con chocolate ビスケットにチョコレートを塗る. ❹ [傷口を, +de・con で] 洗う. ❺《口語》料理と一緒に飲む: Regaron la cena con champán. 彼らはシャンパンを飲みながら夕食をとった. ❻ [ミツバチが幼虫のいる巣房を] 湿らせる. ❼《メキシコ, ベネズエラ》散らかす, うわさを流す. ❽《メキシコ》1）非常にふさわしくないことをする(言う). 2）しようとして失敗する. ❾《中米, アンデス》1）こぼす, まき散らす. 2）倒す; 殴り倒す. ❿《カリブ》殴る, 叩く

～la《メキシコ》[+con を] 駄目にする, 失敗する: No la riegues. 駄目にしないように気をつけなさい
— 自 ❶《カリブ, ベネズエラ》無意味(無思慮)に行なう. ❷《カリブ》冗談を言う: Está regando. 彼はからかっているんだ
— **～se** ❶《料理》肉汁を掛けながら焼く. ❷《中南米》シャワーを浴びる〔=ducharse〕. ❸《メキシコ, 中米, コロンビア》はびこる, 広まる. ❹《カリブ》不機嫌になる, 怒る

regasificación [r̄eɣasifikaθjón] 女 再ガス化
regasificador, ra [r̄eɣasifikaðór, ra] 再ガス化する
regasificar [r̄eɣasifikár] 7 他《化学》[液化天然ガスなどを] 再ガス化する
regata [r̄eɣáta] I《←伊語 regata「言い争い」》女 ヨットレース, ボートレース, レガッタ
II《←前ローマ時代語 riego「小川」》女 ❶ [灌漑用の] 溝, 用水路. ❷ [壁・天井の] 配線(配管)用の穴
regate [r̄eɣáte]《←regatear I》男《西》❶《サッカーなど》[ドリブルやフェイントなど] 相手をかわすこと; ドリブル: El delantero hizo un ～ y pasó el balón a un compañero. フォワードは相手をかわして味方にパスを送った. ❷ [厄介事からの] うまい逃げ道, 逃げ口上
regateador, ra [r̄eɣateaðór, ra] 形《中南米》=regatón[2]
regatear [r̄eɣateár] I《←古カスティーリャ語 recatar「再販する」》他 ❶ 値切る. ❷ 出し惜しむ《主に否定文で》: no ～ ni comida ni bebida 食べ物も飲み物もふんだんに提供する. no ～ esfuerzos 努力を惜しまない. ❸《文語》否定する: No le regateo inteligencia. 彼が頭がいいことは私も否定しない. ❹《西. サッカーなど》[ドリブルやフェイントなどで] 相手をかわす: El delantero regateó al guardameta. フォワードはゴールキーパーをかわす. ❺ [卸で仕入れた食料品を] 小売する
— ❶ 値引き交渉をする, 値切る: Los clientes regatean con el vendedor para obtener el mayor beneficio posible. 客たちはできるだけ大きな利益を得るために売り手と値引き交渉をする. ❷《西. サッカーなど》[ドリブルやフェイントなどで] 相手をかわす
— **～se**《中南米》[互いに] …の値引き交渉をする
II《←regata I》自 ❶ ボートレースをする. ❷《キューバ, プエルトリコ, コロンビア》[馬・車などが] 競走する
regateo [r̄eɣatéo] 男 ❶ 値切ること. ❷《西. サッカーなど》相手をかわすこと
regatera[1] [r̄eɣatéra] 女《エストレマドゥラ》[ごく細い] 小川; 灌漑用の水路
regatería [r̄eɣatería] 女 [卸で仕入れた商品の] 小売
regatero, ra[2] [r̄eɣatéro, ra] 形名《古語》食料品を卸で仕入れる(人); =regatón[1]
regatista [r̄eɣatísta] 名 ヨット・ボートレースの競走者
regato [r̄eɣáto]《←前ローマ時代語 riego「小川」》男《西》❶ [ごく細い] 小川. ❷ 水たまり
regatón[1] [r̄eɣatón] 男 ❶ [傘・杖などの] 石突き. ❷《船舶》かぎざおの先端
regatón, na[2] [r̄eɣatón, na] 形名 ❶ いつも値切る(人). ❷《古語》[小売するために] 卸で仕入れる(人.)
regatonear [r̄eɣatoneár] 他 [小売するために] 卸で仕入れる
regatonería [r̄eɣatonería] 女 [卸で仕入れた商品の] 小売; 小売業
regazar [r̄eɣaθár]《←俗ラテン語 recaptiare》9 他 [スカートを] ざ上までたくし上げる
regazo [r̄eɣáθo]《←regazar》男 ❶ [座った時の] スカートのひざの

くぼみ; [座っている人の] ひざ: La muchacha hunde la cabeza en el ～ de Rosa. 少女はロサのひざの上に顔を埋める. ❷《文語》安息の場, 避難所

regencia [r̄exénθja] 〘←regentar〙 [女] ❶ 摂政政治(期間・職): estilo *R*～ [家具などの] 摂政様式, レジャンス様式. ❷ regente の職. ❸《歴史》オスマントルコの属領. ❹《まれ》統治. ❺《プエルトリコ, コロンビア》婦人服用の綿布

regeneración [r̄exeneraθjón] [女] 再生; 更生

regeneracionismo [r̄exeneraθjonísmo] [男]《西. 歴史》刷新運動〘米西戦争の敗北(1898)を契機に, 農業改革・教育改善・政治粛正による経済的文化的衰退からの再生を唱えた〙

regeneracionista [r̄exeneraθjonísta] [形] [名]《西. 歴史》刷新運動の[支持者]

regenerado, da [r̄exenerádo, da] [形]《技術》再生工程を経た: caucho ～ 再生ゴム

―― [男] 再生品

regenerador, ra [r̄exeneradór, ra] [形] [名] ❶ 再生する[人], 再生用の. ❷ 更生させる[人]

―― [男]《技術》蓄熱器; 熱交換器

regenerante [r̄exenerante] [他] 再生させる

regenerar [r̄exenerár] 〘←ラテン語 regenerare「再現させる」〙 [他] ❶ 再生させる: ～ la piel 皮膚を再生させる. ～ la atmósfera 大気を再生させる. ❷ [廃棄物などを] 再利用する. ❸ [悪から] 更生させる, 生まれ変わらせる

―― **～se** ❶ [器官などが] 再生する: El 90% de los montes arrasados por el fuego *se ha regenerado*. 火事で壊滅した山林の90%が再生した. ❷ 更生する, 生まれ変わる: El jóven *se regeneró* en la cárcel estudiando. 若者は刑務所で勉強して更生した

regenerativo, va [r̄exeneratíbo, ba] [形] 再生の, 再生用の

regenta [r̄exénta] [女] ❶《古語》裁判所長 regente の妻. ❷ 女教師. ❸《チリ》売春宿の女主人

regentar [r̄exentár] 〘←regir〙 [他] ❶ [臨時に・代理として職務を] 果たす, 遂行する. ❷ [権威・名誉ある職務を] 執行する. ❸ [商売を] 切り回す, 運営する: Su madre *regenta* un hotel. 彼の母は一軒のホテルを切り盛りしている

regente [r̄exénte] 〘←ラテン語 regens, -entis〙 [形] [名] ❶ 摂政[の]: príncipe ～ 摂政の宮. ❷《文語》市長, 知事. ❸《古語》[薬局・印刷所などの] 支配人. ❹《まれ》支配する[人], 統治する[人]: norma ～ 支配原理

―― [男] ❶《古語》[地裁・高裁の] 裁判所長. ❷ [修道会の学校の] 生徒監〘=～ de estudios〙. ❸《古語》正教授. ❹《古語》メキシコシティの市長

regentear [r̄exenteár] [他] [権威ある職務を] 執行する, 遂行する

reggae [r̄égei] 〘←英語〙 [男]《音楽》レゲエ

regiamente [r̄éxjaménte] [副] ❶ [王のように] 偉大に, 立派に. ❷ 豪華に, 豪奢に

regicida [r̄exiθída] 〘←ラテン語 rex, regis「国王」+caedere「殺す」〙 [形] [名] 国王の殺害者[の], 弑逆(しいぎゃく)者[の]

regicidio [r̄exiθídjo] [男] 国王殺し, 弑逆[罪]

regidor, ra [r̄exidór, ra] [形] 支配する, 統治する

―― [名] ❶《映画, 演劇》助監督. ❷ 市(町・村)議会議員

―― [男]《歴史》❶ レヒドール, 市参事〘14世紀カスティーリャで王が任命した, 都市の行政面を司る上級官職者. 後に世襲化し, 私利をむさぼるようになる〙. ❷ 市参事会議員〘植民地時代のスペイン領アメリカで, 地方統治のために各都市や村に設置された参事会(カビルド cabildo, アユンタミエント ayuntamiento)を構成し, 主に行政を担当する下級官吏〙

―― [女]《歴史》regidor の妻

regidorato [r̄exidoráto] [男]《歴史》regidor の職

regidoría [r̄exidoría] [女] =**regiduría**

regiduría [r̄exiduría] [女] ❶ 支配, 統治. ❷《歴史》市会議員 regidor の職

regiego, ga [r̄exjégo, ga] [形]《メキシコ》[馬などが] 御しにくい; 飼い馴らせない

régimen [r̄éximen] 〘←ラテン語 regimen, -inis < regere「統治する」〙 [男] 〘[複] regímenes〙 ❶ 体制, 政体: establecer un nuevo ～ 新体制を確立する. durante el ～ de Franco フランコ体制の時に. antiguo ～《歴史》旧体制, アンシャンレジーム〘貴族・聖職者・平民からなる身分制社会. スペインでは1811年カディス議会 Cortes de Cádiz で廃絶が模索された〙. ～ capitalista 資本主義体制. ～ político 政治体制. ❷ [管理上の] 制度, 規則: ～ electoral 選挙制度. ～ de los hospitales 病院の管理規則. ～ de perfeccionamiento activo [EUの] 加工貿易制度〘関税を減免された原材料などを使用する〙. ❸ 食餌(しょくじ)療法, ダイエット〘=～ alimenticio〙: estar (ponerse) a ～ 食餌療法をしている(始める). ❹ 様相: ～ de vida 生き方, 生活様式. ～ de lluvias《気象》降水状況. ❺《地理》[河川の] 流量〘=～ fluvial, ～ hidrográfico〙: río con ～ de marea 感潮河川. ❻《技術》[モーターの] 回転数: ～ máximo 最大作動. ～ de crucero 経済速度運転. ❼《言語》被制辞〘他の語の支配を受ける要素. [例] 動詞 referirse の被制辞は前置詞の a〙

en ～ de... …の形(方法)で: permanecer en un hotel *en ～ de* pensión completa 3食付きでホテルに滞在する. *en ～ de* solo dormir 素泊まりで

regimentación [r̄eximentaθjón] [女] 規則的にする

regimental [r̄eximjentál] [形] [名] ❶ 連隊の; 連隊の兵士. ❷《まれ》制度の, 規則の

regimentar [r̄eximentár] [23] [他] ❶ 規則的にする. ❷《軍事》連隊に編成する

regimiento [r̄eximjénto] 〘←regir〙 [男] ❶《軍事》連隊: comandante de un ～ 連隊長. ～ de aviación 航空連隊. ❷《口語》大勢の人: El cocinero preparó comida para un ～. コックは大量の食事を用意した. ❸《歴史》市参事会〘レヒドール regidor で構成される, 都市行政の執行部〙. ❹ 支配, 統治; 統制. ❺ 市(町・村)議会議員 regidor の職

regio, gia [r̄éxjo, xja] 〘←ラテン語 regiu「王に属する」〙 [形] ❶ 王の: su ～ padre 彼の父国王. ❷ 豪華な, すぐれた, 立派な. ❸《コロンビア, チリ, アルゼンチン, ウルグアイ. 口語》[主に +名詞. 考え・場所などが] すばらしい

―― [間]《キューバ, ペルー, チリ, アルゼンチン, ウルグアイ. 口語》[提案に対する賛成] すばらしい

regiomontano, na [r̄exjomontáno, na] [形]《地名》モンテレー Monterrey の[人]〘メキシコ, Nuevo León 州の州都〙

región [r̄exjón] 〘←ラテン語 regio, -onis「限界, 領土」〙 [女] ❶ 地方, 地域〘[類義] **región** と **comarca** はどちらも複数の村落が地理的・歴史的に一つのまとまりがあると考えられる場合の「地方, 地域」だが, comarca の方が狭い. **zona** は「区域, スペース」〙: Para beber pediremos un reserva de la ～. 飲み物はこの地方のレセルバ・ワインを頼もう. estudios generales de *regiones* 地域研究. ～ andina アンデス地方. *regiones* árticas 北極地方. ～ industrial 工業地域. ❷《軍事》軍管区〘=～ militar〙: ～ naval 海軍軍管区. ❸《航空》～ aérea 空域; 空軍軍管区. ❹《解剖》部位: ～ lumbar 腰部. ～ pectoral 胸部. ❺《幾何》領域: ～ angular 角領域. ❻《哲学》[世界を構成する] 四元素〘agua, tierra, aire, fuego〙. ❼ [広い] 範囲, 領域. ❽ [学問研究の] 目標, 分野. ❾《チリ》州

regional [r̄exjonál] [形] 地方の, 地域的な: canto ～ 民謡. centro ～ 地方本部. consejo ～ 地方議会. explotación ～ 地域開発. periódico ～ 地方新聞. traje ～ 民族衣装

regionalidad [r̄exjonalidá(d)] [女]《まれ》地域性

regionalismo [r̄exjonalísmo] [男] ❶ 地方[分権・分立]主義, 地方尊重, 地域主義: ～ crítico《建築》批判的地域主義. ❷ 一地方[特有のもの]への愛着; [文学上の] 地方趣味. ❸ 一地方特有の言い回し(言葉)

regionalista [r̄exjonalísta] [形] [名] ❶ 地方[分権・分立]主義の(主義者), 地方尊重の(主義者): Liga *R*～《歴史》地方主義連合〘20世紀初頭に設立された保守的なカタルーニャの政党〙. ❷ 地方趣味の[作家]

regionalización [r̄exjonaliθaθjón] [女] ❶ 地域化, 地域分割. ❷ 地方分権化. ❸ 局地化: la ～ del hambre 飢餓の局地化

regionalizar [r̄exjonaliθár] [9] [他] ❶ 地域に分割する. ❷ 地方分権化する

regionalmente [r̄exjonálménte] [副] 地域的に

regionario, ria [r̄exjonárjo, rja] [形] [名]《カトリック, 歴史》[ローマなどの] 地域行政を担当する[聖職者]

regir [r̄exír] 〘←ラテン語 regere「統治する」< rex, regis「王」〙 [4] [35] 〘→**corregir**〙 [他] ❶ 支配する, 統治する; 制御する: Mendel descubrió las leyes que *rigen* la herencia genética. メンデルは遺伝を司る法則を発見した. ～ los destinos de... …の運命を支配する. creencias que *rigen* la conducta humana 人間の行動を律する信条. ～ los negocios 経営する. ❷《言語》[従属的要素として] とる: El verbo “depender” *rige* la preposición “de”. 動詞 depender は前置詞 de をとる. ❸ 導く; 操る

R

── 自 ❶ [法律などが] 現在行なわれている, 効力がある: Ya no *rige* esa ley. その法律は既に無効である。❷《西》正気である, 判断力がある: Después de tanto tiempo en soledad, mi abuela ya no *rige* bien. 一人になって長く, 祖母はぼけが来ている。❸ [装置などが] 正常に機能している: Este reloj no *rige* desde hace meses. この時計は数か月前からおかしい。❹《船舶》舵が効く。❺《主に中南米》el mes (el año) que *rige* 今月(今年)

── ~se ❶ [+por に] 導かれる, 支配される。❷ [腹の] 通じが良い

regir		
現在分詞	過去分詞	
rigiendo	regido	
直説法現在	直説法点過去	命令法
rijo	regí	
riges	registe	rige
rige	rigió	
regimos	regimos	
regís	registeis	regid
rigen	rigieron	
接続法現在	接続法過去	
rija	rigiera, -se	
rijas	rigieras, -ses	
rija	rigiera, -se	
rijamos	rigiéramos, -semos	
rijáis	rigierais, -seis	
rijan	rigieran, -sen	

regista [r̄exísta] 图《まれ. 演劇》演出家
registrabilidad [r̄existrabilidá(d)] 囡 登録可能性
registrable [r̄existráble] 圏 登録され得る
registración [r̄existraθjón] 囡《音楽》レジストレーション, オルガンのストップの選択
registrador, ra [r̄existraðór, ra] 圏 ❶ 記録する; 検査する: aguja ~ra 記録針。reloj ~ タイムレコーダー。❷ 自動的に記録する: barómetro (termómetro) ~ 自記気圧計 (温度計)
── 图 ❶ 登記士: ~ de la propiedad 不動産登記士。❷ 検査係。
── 男 記録計〔=aparato ~〕; 録音機: ~ de datos データロガー。~ de voces《航空》ボイスレコーダー
── 囡 金銭登録器, レジスター〔=máquina ~ra, caja ~ra〕: Hay una cola de clientes detrás de la ~ra. レジには客の列ができている。Los atracadores obligaron al dependiente a abrir la ~ra. 強盗たちは店員にレジを開けるよう命令した

registral [r̄existrál] 圏 登記の, 登録の
registrar [r̄existrár]《←registro》⑩ ❶ 〔+人 の〕身体 (所持品) 検査をする; 〔+物 を〕調べる: El servicio de seguridad *registraba* a todos los que entraban en el recinto. 敷地に入ろうとする全員を警備員が検査していた。~ a un hombre sospechoso 不審な男の所持品を調べる。~ el equipaje en la aduana 税関で荷物を検査する。❷〔+場所 を〕捜索する, 探す: La policía *registró* la casa del sospechoso de arriba abajo. 警察は容疑者の家の隅々まで家宅捜索した。*Registré* a tientas la habitación en busca de una linterna. 私は部屋の中を手さぐりで懐中電灯を探した。❸〔人・計器を〕記録する, 書き込む: *Registra* en su libro de contabilidad las entradas y salidas del día. 彼はその日の出金と入金を帳づけする。El sismógrafo *registró* la hora e intensidad del terremoto. 地震計は地震の発生時刻と震度を記録した。Este diccionario *registra* muchos neologismos. この辞書は新語がたくさん収録されている。~ un dato データを登録する。❹《法》登録する: El funcionario del municipal tiene que ~ el nombre de los recién nacidos. 市職員は新生児たちの名前を登録しなければならない。~ un invento 発明品を登録する。acción *registrada* 記名株。❺ 録音する; 録画する: La policía ha *registrado* todas nuestras conversaciones. 警察は私たちの会話を残らず録音していた。*Registró* las imágenes en DVD. 彼は映像をDVDに録画した。La caja negra del avión *registra* las conversaciones en la cabina. 飛行機のブラックボックスには操縦席での会話が記録されている。~ un disco レコードに吹き込む。❻ 検査する, 調査する。❼《まれ》〔本に〕しおりをはさむ。❽《メキシコ, 中米》〔送付物を〕書留にする。❾《メキシコ. 口語》盗む

¡*A mí*〗 *Que me registren!*《口語》[疑いをかけられて・責任を問われて] 私じゃないよ/いくらでも調べてくれ!: Yo no he tocado nada de la mesa, ¡a mí que me registren! 私はテーブルの上のものは一切触っていない。[嘘だと思うなら] 気がすむまで調べてくれ!

── ~se ❶ [自分を] 登録する: 1) Tenemos que ~nos en el consulado. 私たちは領事館に届けを出さなければならない。 2) 学籍の登録をする。 3) [ホテルに] チェックインする: A su llegada a Salamanca *se registró* en el Parador Nacional. 彼はサラマンカに着くとパラドール・ナシオナルにチェックインした。❷ 記録される; 起こる: La vibración era tan leve que no *se registró* en el aparato. その振動はごく微弱だったので計器には記録されなかった。Se han *registrado* lluvias abundantes en el norte. 北部で多量の降雨が観測された。Estos últimos meses *se ha registrado* un aumento de accidentes. ここ数か月, 事故の増加が見られる

registrero, ra [r̄existréro, ra] 图《ボリビア, アルゼンチン》布地の輸入卸売業者
registro [r̄exístro]《←ラテン語 regesta, -orum < regerere「書き写す」》男 ❶ 登録, 記録: 1) [行為] El ~ de marcas se hace en esta oficina. 商標登録はこの事務局で行なっている。 ¿Has terminado el ~? [学籍・出場などの] 登録をすませましたか? certificado de ~ 登録証明。 2) [登録・記録されたもの] Hay que presentar el ~ en el Ayuntamiento como comprobante. 市役所に証明書類としてその記録を提出する必要がある。Dame el ~ de las llamadas de ayer. 昨日の通話記録を下さい。Usted no consta en el ~ de la ciudad. あなたは市の住民として登録されていません。~ de actos de última voluntad 遺言状。~ de antecedentes penales/~ de penados y rebeldes 前科の記録。~ de matrimonio 婚姻届け。 3) 登録簿, 帳簿, 台帳〔=libro de ~〕: Los recién casados y los testigos firmaron en el ~. 新郎新婦と証人は記録台帳に署名した。Todas las empresas que han creado aparecen en el ~. 設立された企業はすべて登記簿に載っている。poner... en el ~ を帳簿に記入する。~ de nacimientos (casamientos・defunciones) 出生 (婚姻・死亡) 記録簿。~ de hotel 宿帳。~ electoral 選挙人名簿。~ genealógico 血統簿。~ mercantil 商業登録 (登記) 簿。~ parroquial 教区記録簿。❷ 登録する役所; 〔公的な〕記録保管所, 登記所: Antes de comprar el piso ve al ~ y asegúrate de que no tiene ninguna hipoteca. マンションを買う前に登記所に行って抵当に入っていないか確かめなさい。~ catastral 土地登記所。~ de Aceptaciones Impagadas〔スペイン銀行内部の〕不良債権登録局。~ de la propiedad industrial/~ de patentes y marcas 特許庁。❸〔警察などの〕捜索, 捜査: practicar un ~ en... を捜索する。~ domiciliario 家宅捜索。❹ 録音; 録画: Es un buen ~ de la sinfonía. それは交響曲の名盤だ。El ~ de sonido que se realizó ayer es defectuoso. 昨日行なった録音は欠陥がある。Está prohibido el ~ de imágenes en el interior del museo. 博物館内での撮影は禁止されている。❺ [スポーツなどの] 記録: Bajar de los diez segundos en los cien metros lisos fue un ~ histórico. 100メートル走で10秒を切るのは歴史的な記録だった。~ de la temperatura 気温の記録。~ de erratas 正誤表〔=fe de erratas〕。❼ 検査, 検分, 調査。❽ 検査所; 検査孔, マンホール; 検査窓: Los ~s del gas está en el sótano. ガスの点検孔は地下室にある。revisar el ~ de la electricidad 電気のメーターをチェックする。❾《製本》しおりひも。❿《言語》言語使用域, 言葉づかい〔=~ idiomático〕: Cuando estoy con los amigos utilizo un ~ coloquial. 私は友人らといるときは砕けた言葉を使う。Empleo un ~ formal para dirigirme a mi profesor. 私は先生と話す時は改まった言葉を使う。⓫《情報》 1) レコード〔データベースで扱う1件分のデータ〕: Esta base de datos contiene más de un millón de ~s. このデータベースには100万レコード以上の情報が入っている。¿Qué debo hacer para eliminar este ~? このデータを消去するにはどうしたらいいですか? 2) [プロセッサ内の] レジスタ。 3) ~ de cristal líquido 液晶画面。⓬《時計などの》度調整針。⓭《音楽》 1) [オルガンの] ストップ; [ピアノの] ペダル。 2) 音域, 声域: Su voz tiene un ~ tan amplio que puede cantar piezas de barítono y de bajo. 彼の声は音域が広

ので、バリトンからバスの曲まで歌うことができる. cantar en su ～ normal 地声で歌う. ～ grave (medio・agudo) 低(中・高)音域. ～ de soprano ソプラノの声域. ⑭ 側面, 様相: No conocía ese ～ de tu carácter. 私は君の性格のその一面は知らなかった. 彼は日ごとに態度をころころ変えていた. ¿Y ahora me salís por ese ～? 君たちは今になって私に対してそんな態度をとるの? adoptar (salir por) un ～ muy raro きわめて不自然な態度をとる. ⑯《印刷》見当, 見当合わせ. ⑰《船舶》積載量. ⑱《導管の》出入口, 栓, 弁. ⑲《歴史》登録商船『植民地時代後半, スペイン王室が植民地官吏の腐敗, 密輸や海賊などによる被害を防ぐために導入した登録制度によって, 正規に大西洋貿易に従事した商船』. ⑳《南米》1) 運転免許証《＝～ de conducir, ～ de conductor》. 2) 宗教的な版画. ㉑《アンデス, ラプラタ》織物問屋
de ～ de entrada チェックインの; 登録の
～ civil 1) 戸籍簿: La fecha de su boda consta en el ～ *civil*. 彼の婚姻の日付は戸籍簿に記載されている. 2) 戸籍係
～ de la propiedad 1) 不動産登記〔台帳〕《＝～ *de la propiedad inmobiliaria*》; 不動産登記係: Han inscrito su piso nuevo en el ～ *de la propiedad*. 彼の新しいマンションが登記簿に記載された. 2) ～ *de la propiedad* industrial 工業所有権登録簿. ～ *de la propiedad* intelectual 知的所有権登録簿
tener muchos (todos los) ～s《口語》色々な(あらゆる)手段がある
tocar muchos (todos los) ～s《口語》色々な(あらゆる)手段に訴える: He tocado todos los ～s para conseguir ese puesto. 私はその地位を獲得するためのあらゆる手段を使った

regitivo, va [r̄exitíβo, βa]《形》支配する, 統治する

regla [r̄éɣla]《←ラテン語 regula「基準, 法律, 長い棒」》《女》❶ 定規, ものさし, 線引き: trazar una línea con una ～ 定規で線を引く. medir con ～ ものさしで測る. ～ de cálculo 計算尺. ～ [en] T 丁定規. ❷ 規則, 規律, 規定: 1) Tenemos como ～ hablar entre nosotros en español. 私たちの決まりではお互いスペイン語で話すことになっている. observar (violar) una ～ 規則を守る(破る). ～s de convivencia 共同生活の決まり. ～s de gramática 文法規則. ～s de urbanidad 礼儀作法. ～s para cocinar bien 料理法の常識. R～s de Jamaica ジャマイカ協定, キングストン合意『1976年, IMF協定を改正して変動相場制の追認や金の廃貨を取決めた』. 2)《スポーツなど》ルール: ～s de [1] juego ゲームのルール. ～ de terreno/～ de campo グラウンドルール. Querer no tiene ～ escrita. 愛にルールはない. 3)〔修道会の〕会則, 宗規. ❸〔主に自然の〕法則《＝ley 類義》: La ～ dice que un sólido es más denso que un líquido. 法則では固体は液体より密度が高いことになっている. No escapa a la ～: el libro es mejor que la película. 映画より原作の方が優れているのは法則的に決まっているのだ. ❹《科学, 芸術》原理, 原則, 規範. ❺《数学》cuatro ～s 四則; 初歩, 基礎的知識. ～ de falsa posición さみうち法, レギュラ・ファルシ法. ～ de proporción 比例算. ～ de tres 比例算; 3の法則. ❻《口語》規則, 生理: tener la ～/estar con la ～ 生理中である. venir a+人 la ～ が生理になる. tener sus ～s 生理がある. la primera ～ 初潮. ❼ 節度, 中庸: beber con ～ ほどほどに飲む. ❽ 模範, 心得
a ～ 1) 定則で. 2) =*en ～*
en ～ 規定に合った, 正規の: No tiene los papeles *en ～*. 彼は正規の書類を所持していない
no tener ～s 型破りである
poner... en ～ ・・・を規定どおりに(きちんと)する
por esa ～ de tres そんなばかげた論法が通用するのなら: *Por esa ～ de tres*, nadie se arriesgaría a invertir en un negocio. そんなばかげた話がまかり通るなら誰も危険をおかして事業に投資する者などいないだろう
por qué ～ de tres... 一体どういうわけで・・・: Me gustaría saber *por qué ～ de tres* tengo que pagar yo siempre las consumisiones. 一体全体どんな決まりがあって私がいつも飲み代を払わされるのか知りたいものだ
por ～ general いつものように, 習慣として; 通常, 一般的に: *Por ～ general*, en esta clase de fiestas todos suelen terminar borrachos. この種のパーティーでは通例としてみんな最後に酔いつぶれてしまう
～ de oro 1) 大切な原則;《新約聖書》黄金律. 2)《数学》比

例算
salirse de la ～ やりすぎ(いきすぎ)である

regladamente [r̄eɣláðamente]《副》適度に, ほどほどに
reglado, da [r̄eɣláðo, ða]《形》❶ 規則に従う: enseñanza no ～*da* 非正規教育. tema ～ 正規の使用. ❷〔飲食などの〕節度のある, ほどほどの. ❸《数学》superficie ～*da* ルールド面, 線織面
reglador [r̄eɣlaðór]《男》革に線を引く道具
reglaje [r̄eɣláxe]《男》《技術》調整, 調節
reglamentación [r̄eɣlamentaθjón]《女》❶ 規制化. ❷《集名》規則
reglamentador, ra [r̄eɣlamentaðór, ðóra]《名》規則化する〔人〕
reglamentar [r̄eɣlamentár]《他》《←reglamento》規制する, 統制する: Esta ley *reglamenta* el negocio de seguros. この法律は保険業について定めている. precio *reglamentado* 規定料金
reglamentariamente [r̄eɣlamentárjamente]《副》規則によって, 規則に従って
reglamentario, ria [r̄eɣlamentárjo, rja]《←reglamento》《形》❶ 規定にかなう, 正規の: hora ～*ria* 規定の時間; 門限. uniforme ～ 規定どおりの制服. certificado ～ 正規の証明書. cumplir la edad ～*ria* 定年になる
reglamentarismo [r̄eɣlamentarísmo]《男》すべてを規制したがる傾向
reglamentista [r̄eɣlamentísta]《形》規則を厳守する
reglamento [r̄eɣlaménto]《←regla》《男》《集名》規則: ～ de béisbol 野球のルール. ～ de la sociedad 会社の定款. ～ interno 内規. ❷《法律》法規, 条例. ❸《ラプラタ》trabajo a ～ 順法闘争
de ～ 規定にかなう, 正規の: balón *de ～* 規定球
reglar [r̄eɣlár]《←regla》《他》❶ 規則に従わせる, 規制する. ❷〔主に定規を使って〕・・・に線を引く, 罫線を引く. ❸《言動を》控える, 抑える, ほどほどにする
——《自》《地方語》《女性が》生理がある
——～*se*《再》自制する, 慎む; 〔感情を〕抑える
——《形》《まれ. 宗教》宗教の
reglazo [r̄eɣláθo]《男》❶ 定規による殴打. ❷《口語》《生理》非常に多い出血
regleta [r̄eɣléta]《女》《印刷》インテル
regletear [r̄eɣleteár]《他》《印刷》〔インテルを入れて〕行間を空ける
reglón [r̄eɣlón]《男》❶〔煉瓦・床張り職人用の〕大型の定規. ❷《チリ》=renglón
regloscopio [r̄eɣloskópjo]《男》《自動車》ライトの光軸検査〔調整〕装置
regnícola [r̄eɣníkola]《形》❶ 王国生まれの〔人〕. ❷ 祖国特有の主題を扱う作家
regocijadamente [r̄eɣoθixáðamente]《副》歓喜して, 大喜びで
regocijado, da [r̄eɣoθixáðo, ða]《形》大喜びした
regocijar [r̄eɣoθixár]《←re-+gozo＜gozar》《他》❶ 大喜びさせる: La noticia nos *regocijó*. その知らせは私たちを大いに喜ばせた. Esos chistes *regocijaron* a todos. それらの冗談はみんなを大笑いさせた
——～*se*《再》《＋con・en・por》大喜びする; 笑う; 楽しい時を過ごす: No debemos ～*nos de* la mala suerte de otros. 私たちは他人の不運を喜ぶべきではない
regocijo [r̄eɣoθíxo]《←regocijar》《男》❶ 歓喜, 大喜び: El rescate causó ～ y celebración en el equipo. 救助できたチームは大喜びし祝った. ❷ 満足. ❸《古語》《複》祝い事: ～s públicos 祝祭

regodear [r̄eɣoðeár]《←ラテン語 re-+gaudere「喜ぶ」》～*se* ❶〔+en・con/+現在分詞 欲望などを存分に満たして〕喜びにひたる, 享楽にふける: Se *regodea* comiendo a dos carrillos. 彼はいい気分で食いまくっている. El dinero le permitía ～ *en la perversidad*. その金で彼は悪徳にふけることができた. ❷〔他人の不幸などに〕喜ぶ, 面白がる: Sus enemigos *se regodeaban* diciendo que Dios lo había castigado. 彼の敵は神が彼を罰したと言って大喜びしている. ❸《コロンビア, チリ》気難しくなっている, 不満を表わす

regodeo [r̄eɣoðéo]《男》❶〔他人の不幸などを〕喜ぶこと. ❷ 貪欲さ, 巨大さ: comer con ～ むさぼり食う
regodeón, na [r̄eɣoðeón, na]《形》《コロンビア, チリ. 口語》気難しい, なかなか満足しない
regodiento, ta [r̄eɣoðjénto, ta]《形》《中南米》=regodeón

regojo [r̃egóxo] 男《まれ》❶[食後にテーブルに残った]パンの一片. ❷ 小柄な少年
regola [r̃ególa] 女《ドミニカ》灌漑用水路
regolaje [r̃egoláxe] 男 上機嫌, 喜び
regoldano, na [r̃egoldáno, na] 形 野生のクリ regoldo の
regoldar [r̃egoldár] 28/31 自《西. 口語》げっぷをする, おくびを出す《=eructar》
regoldo [r̃ególdo] 男 野生のクリ〔の木〕
regoldón, na [r̃egoldón, na] 形《西. 口語》げっぷをする, おくびを出す
regolfar [r̃egolfár] 自. ~se ❶［水が］逆流してよどむ. ❷［風が壁などに当たって］向きを変える
regolfo [r̃ególfo] 男 ❶［水・風の］逆流, 方向転換. ❷ 入り江
regolita [r̃egolíta] 女 =**regolito**
regolito [r̃egolíto] 男《地質》レゴリス
regomello [r̃egoméʎo] 男《アンダルシア, ムルシア》［痛むほどではない］肉体的な不快感
regomeyo [r̃egoméjo] 男《アンダルシア, ムルシア》=**regomello**
regona [r̃egóna] 女 大規模な灌漑用水路
regordete, ta [r̃egordéte, ta]《←re-+gordo》形《口語》小太りの, 丸ぽちゃの: manos ~tas ぽってりした手
regordido, da [r̃egordído, da] 形《闘牛》［牛が］太り過ぎの
regorgaya [r̃egorgája] 女《ベネズエラ. 料理》臓物の煮込み
regostar [r̃egostár] ~se《まれ》[+a]好きになる, 再び欲しくなる
regosto [r̃egósto] 男《まれ》❶ 再び欲しくなること. ❷ 印象, 感想
regraciar [r̃egraθjár] 10 他《まれ》感謝の意を表わす
regradecer [r̃egradeθér] 39 他《古語》=**agradecer**
regresar [r̃egresár]《←ラテン語 regredi「戻る」< re-（後方へ）+gradi「歩く」》自 ❶[+a 出発点に, +de から]帰る, 戻る『→volver』: Regresaron de la excursión al atardecer. 彼らは夕方ハイキングから帰って来た. Lola regresó a casa a la una. ロラは1時に帰宅した. Ya han regresado de Italia. 彼らはもうイタリアから戻っている. Regresará a su país mañana. 彼は明日帰国するだろう. Saldremos a cenar y no regresaremos hasta las doce. 私たちは夕食に出かけて12時まで戻らない. María se fue a la cocina y regresó a la sala con la cafetera. マリアは台所に行き, コーヒーポットを手に居間に戻って来た. ❷［教会法に従って］放棄した利益を再取得する
── 他 ❶《まれ》帰らせる: Los soldados lo regresaban a la prisión. 兵士たちは彼を刑務所に帰らせた. ❷《中南米》返却する 《=devolver》: Me pidió que le regresara el anillo que me había regalado. 彼は前にあげた指輪を返してくれと私に頼んだ. Lola sonrió y Paco le regresó la sonrisa. ロラがほほ笑んだので, パコはほほ笑み返した
── ~se《中南米》帰る: Nos regresamos en el último tren. 私たちは最終列車で帰ります. Se había regresado a Cusco en busca de la ayuda de su padre. 彼は父親の助力を乞うためにクスコに戻っていた
regresión [r̃egresjón]《←ラテン語 regressio, -ionis》女 ❶《文語》主に比喩》後退: La ~ económica afectó indirectamente a las capas sociales más bajas. 景気の後退は最下層の人々の暮らしを直撃した. En aquellos años la empresa estaba en clara ~ de beneficios. 当時の企業は明らかに利潤が減少していた. El tumor está en proceso de ~. 腫れが広がりつつある. epidemia en ~ 勢力の衰えた伝染病. ~ del equipo チームの成績（状態）の悪化. ~ demográfica 人口の減少. ~ social 社会の退廃. ❷《歴史》退歩: Durante toda la era se vivía una verdadera ~ cultural. その時代はまさしく文化的衰退期だった. ❸《生物》退化; 減少. ❹《心理》退行: Desde que nació su hermano pequeño, el niño experimentó una ~ en sus hábitos de higiene. 弟が生まれたで, トイレの習慣が赤ちゃん返りしてしまった. ~ a la infancia 幼児退行. ❺《地質》海退［⇔transgresión］. ❻《幾何》［曲線の］回帰
regresivo, va [r̃egresíβo, βa] 形《←regresar》［ser+］《主に比喩》後退の, 逆行の《⇔progresivo》: Esta ley es ~va, se quiere volver a un Estado autoritario. この法律は逆行的だ, 独裁国家に戻ろうとしている. En los últimos años el índice de natalidad era ~. 近年, 出生率は減少傾向にある. ❷《経済》imposición ~va 逆進課税. impuesto ~ 逆進税. ❸《言語》derivación ~va［派生関係で］逆成. ❹《生物》退化する. ❺《心理》退行性の

regreso [r̃egréso] 男《←regresar》男 ❶ 帰って（戻って）くること, 戻り, 帰路, 帰宅; 復帰: El anciano soñaba con el ~ a su patria. その老人は祖国に帰ることを夢見ていた. En el billete pone que la ida es el día 3, y el ~, el 7 de julio. 切符には行きが7月3日, 帰りが7日と記されている. Tuvo un ~ a las competiciones internacionales. 彼は国際競技会に復帰した. emprender el [camino de] ~ 帰路につく, 引き返す. viaje de ~ 帰路. ❷《アメフト》リターン. ~ de patada キックオフリターン. ❸《中南米》返還《=devolución》
a su ~ 帰った時に: *A mi* ~ *te veré y hablaremos.* 私が帰ったら君に会って話し合おう
de ~ 帰る途中で: *Pronto estaré de* ~. 私はすぐ帰って来る. 2) 帰る途中で: *Tuvo un accidente de* ~ *a su casa.* 彼は帰宅途中で事故にあった
regruesadora [r̃egrwesaðóra] 女《木工》自動鉋盤
regruñir [r̃egruɲír] 20 自 ❶［豚が］ひどくブーブー鳴く; ［人が］しつこく不平を言う
── 他《ラマンチャ》厳しく叱る
regüeldo [r̃egwéldo] 男《西. 口語》おくび, げっぷ《=eructo》
reguera [r̃egéra] 女 ❶ 灌漑用水路. ❷《南米. 船舶》綱, 索; 錨
regueral [r̃egerál] 男《地方語》［液体などの］筋
reguerete [r̃egeréte] 女《ドミニカ, プエルトリコ》［事物の］長い連続; 混乱, 無秩序
regueretear [r̃egereteár] 自《プエルトリコ》散らす, ばらまく
reguero [r̃egéro]《←regar》男 ❶［液体などの］筋, 細長い跡: La rotura de la caja de transmisión deja un ~ de aceite en la avenida. ギアボックスの破損個所から一筋の油が大通りに流れていた. ~ de avión 飛行機雲. ❷ 小川, 流れ. ❸ 灌漑用水路
como [*un*] ~ *de pólvora* 急速に: *Como* ~ *de pólvora corre el rumor.* うわさはあっという間に伝わる
reguerón [r̃egerón] 男《地方語》［液体などの］太い筋
reguilete [r̃egiléte] 男《メキシコ, ペルー. 玩具》風車《=rehilete》
regulable [r̃eguláβle] 形 制御（調節）され得る
regulación [r̃egulaθjón] 女 ❶ 制御, 調節, 調整: Habrá una ~ de la producción. 生産調整が実施される見込みだ. La empresa tuvo que hacer una ~ de empleo. その企業は雇用に踏み切らざるを得なかった. ~ automática de la temperatura 温度の自動制御. ~ de natalidad/~ de nacimiento 産児制限, 計画出産. ~ del reloj 時計の調整. ［政府などの］介入, 規制: Es necesaria la ~ del tráfico es difícil en este cruce. この交差点の交通量規制は困難だ. ~ de los precios 物価統制. ~ monetaria ［中央銀行による］金融（通貨量）調節. ❸《経済》レギュラシオン［理論］. ❷《複》規則, 規定, 法規
regulado, da [r̃eguláðo, ða] 形 規則正しい
regulador, ra [r̃eguIaðór, ra] 形［ser+］制御する, 調節（調整）する: La función del órgano no es de por sí ~ra. その組織の役割はもともと調整することではない. existencias ~ras 《商業》緩衝在庫. lago ~ 調整池. válvula ~ra 調整弁. ~ de programación televisiva: Se hará una ley ~ra de la programación televisiva. テレビ番組の規制に関する法律が作られる見込みだ
── 男 制御する人
── 男 ❶ 調節器, レギュレーター: ~ de luz 調光器, ディマー. ~ de temperatura 温度調節装置. ~ de tensión 電圧調整器. ❷《潜水》レギュレーター. ❸《音楽》強弱記号
regulán [r̃egulán] 形 →**regulín**
regular [r̃egulár] I《←ラテン語 regularis「規則にのっとった」》［ser+estar+］❶ 規則的な, 一定の《⇔irregular》; 正常な: Su pulso es ~. 彼の脈は正常だ. El niño está teniendo un crecimiento ~. その子は順調に発育している. La nueva medida garantizará el funcionamiento del sistema. 新しい方式の導入で制度が本来の働きをする見込みだ. marcha ~ 一定速度の進み方. productos de calidad ~ 品質ふつうのい製品. ❷ 定期の, 定期的な: asamblea general ~ 定期大会. línea ~ de bus 路線バス. servicio ~ 定期便. ❸ 正規の, 正式な: Estos ingresos se han obtenido de forma absolutamente ~. この収入は完全にまともな方法で得たものだ. No sabían expresarse en ~ castellano. 彼らはまともなスペイン語を話せなかった. cursos ~es 正規の課程. procedimiento ~ 正式な訴訟手続き. tropas ~es 正規軍. ❹ 規律正しい, きちんとした: Llevo una vida ~. 私は規律正しい生活をおくっている. de costumbres ~es きちんとした習慣の. comporta-

miento ～ 行儀のいいふるまい. ❺ 均整のとれた: Ella tiene un rostro agraciado, de facciones ～*es*. 彼女は目鼻立ちのバランスがよく, 優美な顔をしている. edificio ～ 左右対称形の建物. ❻ 中ぐらいの, 普通の: Se halla a una distancia ～ de su casa. その場所は彼の家からそこそこの距離にある. de estatura ～ 中背の. ❼ 平凡な, まあまあの, あまりよくない: Este museo tiene obras buenas y obras ～*es*. この美術館は名品も平凡な作品も所蔵している. Es un jugador ～ para el equipo nacional. 彼はナショナルチームに選ばれるには凡庸な選手だ. A la hora de enjuiciar la situación económica actual, el 30% de los encuestados cree que es mala, el 60% que es ～, y el 10% que es buena. 現在の経済状況について問われた人の30%が「悪い」, 60%が「まあまあ」, 10%が「良い」と思っていると回答した. ¿Te encuentras bien realmente?—Si quieres que te diga la verdad, estoy ～. 君は本当に具合はいいのか?—本音を言えというのなら, あまりよくないんだ. Este verano se me presenta ～. 私は今年の夏はあまり楽しく過ごしていない. Esta película me parece solo ～. この映画は私には駄作としか思えない. Hoy la sopa me ha salido ～. 私が今日作ったスープは上出来とは言えない. ❽《文法》規則変化をする: El participio ～ de "freír" es "freído" y el irregular, "frito". freír の過去分詞規則形は freído, 不規則形は frito である. verbo ～ 規則動詞. ❾《幾何》正…: poliedro ～ 正多面体. polígono ～ 正多角形. ❿《結晶》等軸の. ⓫《植物》[花などが] 整正の. ⓬《カトリック》修道会に属する: clero ～ 修道会所属聖職者. ⓭《軍事》[兵士が] 常備軍の, 正規軍の

***por lo* ～** 1) ふだんは, いつもは: *Por lo* ～ no suele trasnochar. 彼はいつもは夜ふかししないことにしている. 2) 一般に: Para ser actriz se requiere *por lo* ～ una buena forma física. 女優になるのは普通は容姿に恵まれていることが条件だ

—— [副] まあまあ, あまりよくなく: El exámen me salió ～. 私の試験の出来はまずまずといったところだった. Su abuela lleva unos días ～, no está bien del todo. 彼の祖母の体調はここ数日まあまあといったところだ. 完全に元気というわけではない. ¿Qué tal?—*R*～. 元気かい?—あまり元気でもないよ

—— [名] ❶《カトリック》修道会所属聖職者: En esta escuela enseñan los ～*es* de la Compañía de Jesús. この学校ではイエズス会の修道会所属聖職者が教鞭をとっている. ❷《軍事》常備兵, 正規兵

—— [男] ❶《歴史》[複] [スペイン保護領時代のモロッコの] 原住民部隊; [Ceuta・Melilla の] 歩兵隊. ❷ [評価] 普通; [優・良・可の] 良

II 〖←ラテン語 regulare〗 [他] ❶ 制御する, 調節する: Antes de subirte a la bici, *regula* la altura del sillín. 自転車に乗る前にサドルの高さを調節しなさい. Este medicamento *regula* el colesterol. この薬はコレステロール値を調節する働きがある. El oído *regula* el equilibrio del cuerpo. 耳は体の平衡感覚を司っている. ～ los gastos 出費を抑える. ❷ 規制する, 制限する: La nueva ley *regulará* las importaciones de productos agrarios. 新しい法律で農産物の輸入が規制されることになる. Es urgente ～ firmemente el tráfico en la zona histórica de la ciudad. この都市の歴史地区の交通量をきちんと制限することが急務だ. ❸ 規則に従わせる, 規定する: Estas leyes *regulan* las relaciones entre el Estado y los particulares en materia de comercio. これらの法律は商取引にたずさわる個人と国家との関係を規定している

regularidad [r̄egulariđá(đ)] 〖←regular I〗 [女] ❶ 規則正しさ; きちょうめんさ: Los minerales muestran formas de gran ～ y belleza. 鉱物は非常に規則正しく美しい形をしている. La ～ de este equipo, sin altibajos, es su mejor arma. このチームの選手たちには身長差がなく, よくそろっている. これが一番の武器だ. ❷ 規律正しさ. ❸《自動車》carrera de ～ ラリー

***con* ～** 規則正しく, きちんと: Los trenes llegan *con* ～, cada diez minutos. 電車はきちんと10分おきに到着する. Yo tenía que hacerle un informe *con* ～. 私は彼に定期的に報告書を提出しなければならなかった

regularización [r̄egulariθaθjón] [女] 正規化; 正常化: Tras la huelga, la ～ del tráfico aéreo será completa mañana. ストが終わり, 空の便は明日には正常に運航される見通しだ

regularizador, ra [r̄egulariθađór, ra] [形] [名] 正規化(正常化)する〔人〕

regularizar [r̄egulariθár] [9] [他] ❶ 正規のものにする: La ley *regularizará* la situación de muchos inmigrantes. その法律によって多くの移民の身分が合法化されることになる. ❷ 正常化する: Horas después de la avería, por fin *regularizaron* el abastecimiento de agua. 故障から何時間もたって, ようやく水が正常に供給されるようになった. ～ la situación económica 経済状態を正常化する. ❸ 制御する, 調節する, 調整する: La nueva ley permitirá ～ a los inmigrantes. 新法によって移民の流入を抑えることができるだろう

—— **～se** 正常になる: Su ciclo menstual *se ha regularizado*. 彼女の生理の周期が正常に戻った

regularmente [r̄egulárménte] [副] ❶ 規則正しく; 定期的に: He venido pagando las primas ～. 私は掛け金を毎回きちんと払い続けてきた. El portero viene jugando ～ desde hace seis meses. そのゴールキーパーは半年前から毎回出場してきている. ❷ 凡庸に, あまりよくなく: Allí vivíamos ～. 私たちのそこでの暮らしはいいとは言えなかった. ❸ 普通は, たいてい: Una vez por semana, ～ el jueves, venía a verme. 彼は週に1度, たいてい木曜日に私に会いに来ていた. José va ～ en coche. ホセは外出には普通, 車を利用する

regulativo, va [r̄egulatíƀo, ƀa] [形] 制御する, 調節する

regulín [r̄egulín] [副]《主に幼児語》まあまあ, あまりよくなく〖=～ regulán〗: ¿Cómo está tu papá?—*R*～ regulán. お父さんはどう?—まあまあだよ

régulo [r̄égulo] [男] ❶ 小国の王. ❷《天文》[*R*～] レグルス. ❸《鳥》キクイタダキ. ❹《ギリシア神話》バシリスク〖=basilisco〗

regumbio [r̄egúmbjo] [男]《メキシコ. 俗語》騒音

regurgitación [r̄egurxitaθjón] [女]《生理》吐出

regurgitar [r̄egurxitár] 〖←ラテン語 regurgitare〗 [自] [他] ❶《生理》[食べた物を] 吐出する: El búho *regurgita* para alimentar a sus crías. ミミズクは食べた物を吐き出してひな鳥に与える. ❷ [容器から] あふれる

regustado, da [r̄egustáđo, đa] [形]《キューバ. 口語》喜んでいる, 満足した

regusto [r̄egústo] 〖←re-+gusto〗 [男] ❶ 後味: Esa medicina me dejaba un ～ desagradable. その薬は後味が悪かった. Aún me queda el ～ amargo de la noche. 私はまだその夜のにがい後味が残っている. ❷ [主に不快な・悲しい] 印象, 感想: Este cuadro tiene un ～ decadente. この絵は退廃的な感じがする. ❸ 類似性: Este texto tiene un ～ romántico. この文章はロマン派に似ている. ❹ 喜び, 楽しみ

rehabilitación [r̄eaƀilitaθjón] [女] ❶ 名誉回復, 復権. ❷ 社会復帰, リハビリテーション〖=～ social〗. ❸ [旧市街地などの] 修復〔工事〕: ～ de edificios antiguos 古い建築物の修復

rehabilitar [r̄eaƀilitár] 〖←re-+habilitar〗 [他] ❶ …の名誉を回復させる, 復権させる; 社会復帰させる: El ministro lo *ha rehabilitado* en su cuerpo de funcionarios después de la sentencia absolutoria. 無罪判決を受けて大臣は彼を官僚組織に戻した. ❷ 修復する, 補修する: Los arquitectos *rehabilitaron* el edificio en ruinas. 建築家たちは廃墟になっている建物を修復した

—— **～se** 名誉を回復する; 社会復帰する

rehacer [r̄eaθér] 〖←ラテン語 refacere〗 [63] [他] 〖[過分] re*hecho*〗 ❶ 再び…をする, やり直す: ～ el jersey セーターを編み直す. ～ su (la) vida 人生をやり直す. ❷ 修理する

—— **～se** [+de から] 回復する, 元気(落ち着き)を取り戻す: El equipo *se ha rehecho de* su derrota en la primera jornada. チームは初日の敗北から立ち直っている

rehacimiento [r̄eaθimjénto] [男] やり直し

rehala [r̄eála] 〖←アラビア語 rahala〗 [女]《西》❶ [大物猟の] 猟犬の群れ. ❷ [複数所有者で牧童頭は1人の] 羊の群れ

***a* ～** 他人の家畜を自分の群れに受け入れて

rehalero [r̄ealéro] [男]《西》❶ 猟犬の群れを率いる猟師. ❷ 羊の群れの牧童頭

rehalí [r̄ealí] [形] [名] 〖[複] ～es〗《モロッコ. 廃語》アラブ部族の〔農民〕

rehartar [r̄eartár] [他] 大いに満腹(飽食)させる; はなはだうんざりさせる

reharto, ta [r̄eárto, ta] rehartar の不規則な [過分]

rehecho, cha [r̄(e)étʃo, tʃa] 〖rehacer の [過分]〗 [形] [中背で] 筋骨たくましい

rehelear [r̄e(e)leár] [自] [胆汁のように] 苦い味がする

reheleo [r̄e(e)léo] [男] [胆汁のように] 苦い味がすること

rehén [r̄(e)én] 〖←アラビア語 rahn「抵当」〗 [名] 人質: tomar (tener) a+人 como (de) ～ …を人質にとる(とっている). soltar a los *rehenes* 人質たちを解放する

R

—— 男《古語》[主に 複]保証《条約遂行の保証として引き渡される要塞・城など》
rehenchido [r̃e(e)ntʃído] 男 詰めもの
rehenchimiento [r̃e(e)ntʃimjénto] 男 再び膨らませる(膨らむ)こと
rehenchir [r̃e(e)ntʃír] 38 他 ❶ 再び膨らませる. ❷ [毛・羽・羊毛などを]詰める
rehendija [r̃e(e)ndíxa] 女 =rendija
reherimiento [r̃e(e)rimjénto] 男 撃退
reherir [r̃e(e)rír] 33 他 撃退する
reherrar [r̃e(e)r̃ár] 23 他 [釘を新しくして、馬に]同じ蹄鉄を打ち直す
rehervir [r̃e(e)rβír] 33 自 ❶ 再び沸騰する. ❷ 興奮する, かっとなる
—— ~se [保存食品などが]発酵する, 酸っぱくなる
rehidratar [r̃eiðratár] 他《技術, 医学》脱水させる
rehielo [r̃ejélo] 男 [溶けた氷の]再氷結
rehilado, da [r̃eiláðo, ða] 形 =rehilante
rehilamiento [r̃eilamjénto] 男《音声》[子音の調音で付随的に生じる]震え音《例えばブエノスアイレスでは [θ], [s], [ʎ] の発音に見られる》
rehilandera [r̃eilandéra] 女《玩具》風車
rehilante [r̃eilánte] 形《音声》震え音の
rehilar [r̃eilár] 17 他 ❶《音声》[有声子音を]震え音で発音する. ❷ 紡ぎすぎる, 強く撚りをかける
—— 自《まれ》❶ [人・物が]震える, 揺れる. ❷ [矢などが風を切って飛び]ヒュッと音を立てる: Oí cómo la flecha rehilaba, pero no la vi. 私は矢がヒュッと風を切って飛ぶ音を聞いたが, 目には見えなかった
rehilero [r̃eiléro] 男 =rehilete
rehilete [r̃eiléte] 男 ❶《闘牛》=banderilla. ❷《バドミントン》シャトル, ❸ 投げ矢, ダーツ. ❹ あてこすり, からかい. ❺《メキシコ, グアテマラ, キューバ, ペルー. 玩具》風車(ぐるま). ❻《メキシコ》[芝生用の]スプリンクラー
rehiletero [r̃eiletéro] 男 ❶《闘牛》=banderillero
rehílo [r̃eílo] 男《まれ》軽い震え(揺れ)
rehilón, na [r̃eilón, na] 形《まれ》軽く震える(揺れる)
rehincho [r̃eíntʃo] 男《キューバ》床に土などの資材を詰めること
rehogado [r̃eoɣáðo] 男《料理》蒸し焼き, ソテー
rehogar [r̃eoɣár] 8 他《料理》蒸し焼きにする, ソテーする
rehollar [r̃eoʎár] 28 他 ❶ 再び踏みつける. ❷ 踏みにじる
rehostia [r̃eóstja] 女《卑語》ser la ~ …には我慢がならない
—— 間《卑語》くそっ
rehoya [r̃eója] 女 深い穴(雨裂)
rehoyar [r̃eoját] 自 [木を植えるために]穴を掘り直す
rehoyo [r̃eójo] 男 =rehoya
rehuible [r̃ewíβle] 形 避けられるべき
rehuida [r̃ewíða] 女 [恐れて・疑って]避けること
rehuir [r̃ewír]《←ラテン語 refugere》18 48 他 [恐れて・疑って]避ける; 嫌う, 拒む, 敬遠する: He observado que ella me rehúye en todas reuniones. 彼女がどの集まりでも私を避けていることが分かった
—— 自《狩猟》[獲物が]自らの足跡の上を逃げる(走る)

rehuir		
現在分詞	過去分詞	
rehuyendo	rehuido	
直説法現在	直説法過去	命令法
rehúyo	rehuí	
rehúyes	rehuiste	rehúye
rehúye	rehuyó	
rehuimos	rehuimos	
rehuís	rehuisteis	rehuid
rehúyen	rehuyeron	
接続法現在	接続法過去	
rehúya	rehuyera, -se	
rehúyas	rehuyeras, -ses	
rehúya	rehuyera, -se	
rehuyamos	rehuyéramos, -semos	
rehuyáis	rehuyerais, -seis	
rehúyan	rehuyeran, -sen	

rehumedecer [r̃eumeðeθér] 39 他 びっしょり濡らす

—— ~se びっしょり濡れる
rehundido, da [r̃eundíðo, ða] 形 穴(沈下)の露出した
—— 男《建築》❶ [地面の]掘削. ❷ [柱の]台石の基底部
rehundimiento [r̃eundimjénto] 男 ❶ 深く沈めること; さらに深くする. ❷ 深い穴
rehundir [r̃eundír] 他 ❶ [他より]深く沈める. ❷ 穴をさらに深くする. ❸ [金属を]溶かし直す, 鋳直す《=refundir》. ❹ 乱費する, 蕩尽する
rehurtar [r̃eurtár] ~se《狩猟》[獲物が猟師の予想と違う方向へ]逃げる
rehús [r̃eús] 男 ごみ, くず
rehúsa [r̃eúsa] 女《まれ》拒絶
rehusar [r̃eusár]《←俗ラテン語 refusare》18 他 断わる, 拒む: 1) ~ una invitación (una petición) 招待(要請)を断わる. 2) [+不定詞] Rehusó sentarse. 彼は座るのを断った
—— 自《馬術》[馬が]障害の前で立ち止まる
rehúso [r̃eúso] 男 拒絶
reidero, ra [r̃ejðéro, ra] 形《口語》[何度も]笑いを誘う
reidor, ra [r̃ejðór, ra] 形 ❶ よく笑う: niño ~ よく笑う子. ❷ 陽気な, 明るい: ojos ~es にこやかな目
reificar [r̃ejfikár] 7 他《哲学》具象化する
reiforme [r̃ejfórme] 形《鳥》レア目の
—— 男[複]《鳥》レア目
reilón, na [r̃eilón, na] 形《ベネズエラ, ペルー. 口語》にこやかな
reimplantación [r̃eimplantaθjón] 女 ❶《医学》再移植. ❷ 再導入, 再設置
reimplantar [r̃eimplantár] 他 ❶《医学》再移植する: Le reimplantaron el dedo amputado en el accidente. 彼は事故で切断した指をくっつけてもらった. ❷ 再導入する, 再設置する: ~ la democracia en el país その国に民主主義を回復させる
reimplante [r̃eimplánte] 男 =reimplantación
reimportación [r̃eimportaθjón] 女 再輸入, 逆輸入
reimportar [r̃eimportár] 他 [輸出したものを]再輸入する, 逆輸入する
reimpresión [r̃eimpresjón] 女 ❶ 重版, 増版. ❷ [集名] 重版本
reimpreso, sa [r̃eimpréso, sa] reimprimir の過分
reimprimir [r̃eimprimír] 他[過分] reimpreso 重版する
reina [r̃éjna]《←ラテン語 regina》女 ❶《女》女王, 王妃《⇔rey》: 1) ~ Isabel イザベル2世; エリザベス女王. Isabel II fue ~ de España en el siglo XIX. イサベル2世は19世紀スペインの女王だった. La ~ Sofía acaba de inaugurar la exposición de bellas artes. ソフィア王妃が美術展の開催を宣言したところだ. 同式典に国王が王妃を伴って出席した. ~ madre 王太后《王の母》; 亡夫から王位を継承した女王. ~ viuda 皇太后《亡未亡人になった王妃》; 未亡人になった女王. R~ de los ángeles 聖母マリア. ~ de Saba《旧約聖書》シバの女王. 2)《比喩》Todos del pueblo la eligieron ~ de las fiestas. 村人全員で彼女を祭りの女王に選んだ. La rosa es la ~ de las flores. バラは花々の女王だ. La pequeña Eva es la ~ de la casa. 幼いエバは家族から女王様のように扱われている. ~ de belleza 美の女王, 美人コンテストの優勝者. ~ de un panal de abejas ミツバチの巣の女王蜂. ❷《チェス, トランプ》クィーン. ❸《口語》[女性への親愛の呼びかけ]¿Qué deseas, ~? お嬢ちゃん, 何のご用? ¡Ven a mis brazos, ~! いらっしゃい娘さん, 私の腕の中においで! ❹ [女性名詞+. 形容詞的]最高の: etapa ~ de la vuelta ciclista 自転車レースの中心ステージ. prueba ~ メーンイベント. ❺ ~ mora《遊戯》石けり;《鳥》シトドフウキンチョウ. ❻《植物》~ de los prados セイヨウナツユキソウ. ~ margarita 白いアスター《観賞用. 学名 Aster chinensis》. ❼《隠語》ヘロイン: ~ blanca コカイン
reinado [r̃ejnáðo]《←reinar》男 ❶ [支配者の]君臨: Don Juan asumió el ~ a la muerte del rey. 国王の死に伴いフアン殿下が国を治めることになった. ❷ 君臨する期間, 治世: El ~ de Carlos I comienza en 1516. カルロス1世の治世は1516年に始まる. Durante el ~ de Carlos III se modernizó España. カルロス3世の治世下でスペインは近代化された. ❸《比喩》支配: El ~ de la gran actriz está llegando a su final. その大女優の時代も終わりに近づいている. El ~ de la imagen se va a prolongar. イメージが支配する時代はまだ続きそうだ. ~ de la ley 法の支配. ~ del peinado afro アフロヘアの大流行
reinador, ra [r̃ejnaðór, ra] 名 君臨する人, 統治者
reinal [r̃ejnál] 男 [2本縒りの]丈夫な麻紐

reinante [r̃einánte]【形】統治する、治める; 支配的な、優勢な、はびこっている: El jefe cambió el tono ～ y le habló con ternura. 上司は居丈高な口調を改めて、彼に優しく話しかけた。Se enfermó de pulmonía a causa del frío ～ durante la ceremonia. 儀式の間ずっと寒かったため彼は肺炎にかかった。El clima ～ en la sociedad española es de esperanza por el porvenir. スペイン社会では将来への期待感が支配的だ

reinar [r̃einár]【←古語 regnar < ラテン語 regnare「王である」】【自】❶【支配している】＋en 【】君臨する、支配する: El rey Felipe V reinó desde 1700. フェリペ5世は1700年に王位についた。Entonces reinaba en (sobre) España Carlos III. 当時カルロス3世がスペインを治めていた。El rey reina pero no gobierna. 王は君臨すれど統治せず。❷《比喩》Ella reina en la sociedad. 彼女は社交界に君臨している。La gimnasta reinó durante muchos años en las competiciones mundiales. その体操選手は世界大会で長年王座を守ってきた。❸《雰囲気・意見などが》支配的である: En la casa reina el desorden. 家の中はひどく散らかっていた。Tras el disparo, reinaba el terror entre la muchedumbre. 銃声が聞こえた後、群衆は恐怖にとりつかれた

reinauguración [r̃einauɣuraθjón]【女】再開

reincidencia [r̃einθiðénθja]【女】❶同じ誤り（過ち）を繰り返すこと。❷《法律》再犯、累犯

reincidente [r̃einθiðénte]【形】【名】再犯の、累犯の、常習犯（の）: Es una presa ～. 彼女は常習性のある受刑者である

reincidir [r̃einθiðír]【←re+incidir】【自】[+en 同じ誤り・過ちなど] 繰り返す: Ha reincidido en el acto de copiar. 彼はまたカンニングをした

reincorporación [r̃einkorporaθjón]【女】再統合（合併・編入）

reincorporar [r̃einkorporár]【他】❶ [+a ～] 再統合する、再合併する、再編入する。❷ 職場復帰させる
── ～se ❶ [休職後などに、+a 仕事に] 戻る: ～se a la oficina 職場に復帰する。❷ [+a] 再び一緒にする

reindustrialización [r̃eindustrjaliθaθjón]【女】再産業化、再工業化

reindustrializar [r̃eindustrjaliθár]【9】【他】再産業化（工業化）させる

reineta [r̃einéta]【←仏語 reinette】【女】《西. 果実》レイネット種のリンゴ《香りが強くデザート用。=manzana ～》

reineto [r̃einéto]【男】《西. 植物》レイネット種のリンゴの木

reinfección [r̃einfe(k)θjón]【女】《医学》再感染

reingeniería [r̃einxenjería]【女】《経営》［品質向上やコスト削減のために生産プロセスを抜本的に再構築する］リエンジニアリング

reingresar [r̃eingresár]【自】❶ 復帰する: ～ [+en ～] 復帰する: ～ en el ejército 再入隊する。～ en el partido 試合に復帰する。～ en la universidad 大学に復学する。❷ 再入院する
── 再入院させる

reingreso [r̃eingréso]【男】復帰

reinicializar [r̃einiθjaliθár]【9】【他】《情報》再起動する

reiniciar [r̃einiθjár]【10】【他】❶ [中断・休止していたものを] 再開する。❷《情報》=reinicializar

reinicio [r̃einíθjo]【男】再開

reino [r̃éino]【←ラテン語 regnum】【男】❶ 王国: 1) España es un ～ basado en una monarquía parlamentaria. スペインは議会君主制に基づく王国である。R～ Unido 連合王国《イギリスのこと。正式名称は R～ Unido de Gran Bretaña [e Irlanda del Norte]》。2)《歴史》R～ de Nápoles ナポリ王国《13～19世紀。1443年にはアルフォンソ5世によってアラゴンの支配下となり、1504年にはフェルナンド2世 Fernando II によって征服され、以後約200年間スペインの属領となる》。❷ 分野: Su nombre es famoso en el ～ de la informática 情報科学の世界で彼の名前は有名だ。❸《科学》…界: ～ animal (vegetal・mineral) 動物（植物・鉱物）界。❹ 隆盛な場所・時期: Este hospital se ha convertido en el ～ de los virus. この病院はウイルス蔓延地帯になってしまった。Los niños vivieron en el parque temático el ～ de la ilusión. 子供たちはテーマパークで夢のひとときを過ごした。De la informática 情報科学の時代。❺《歴史》《集合》［各王国の代表権を持った］代議員

～ **de los cielos / ～ de Dios**《キリスト教》神の王国; 天国: El sermón hablaba de cómo puede encontrar el hombre el ～ de Dios. その説教では善きキリスト教徒がどうすれば神の国を見い出せるかを説いていた。Es más fácil para un pobre entrar al ～ de los cielos que para un rico. 金持ちよりも貧しい者のほうが天国に入るのが容易である

reinona [r̃einóna]【女】《口語》❶ 堂々とした女、貫禄のある女。❷ 傲慢なホモセクシュアルの男; 女性の格好をした男

reinosano, na [r̃einosáno, na]【形】【名】《地名》レイノサ Reinosa の［人］《カンタブリア県の古都》

reinoso, sa [r̃einóso, sa]【名】《コロンビア》内陸部の住民

reinserción [r̃einserθjón]【女】社会復帰 《= ～ social》

reinsertado, da [r̃einsertáðo, da]【名】社会復帰する人

reinsertar [r̃einsertár]【他】社会復帰させる: ～ a un criminal 罪を犯した人を社会復帰させる
── ～se 社会復帰する

reinstalación [r̃einstalaθjón]【女】再設置; 再任

reinstalar [r̃einstalár]【他】再設置する; 再任する

reinstauración [r̃einstauraθjón]【女】再導入

reinstaurar [r̃einstaurár]【他】《法律・政治形態・習慣などを》再導入する

reintegrable [r̃einteɣráβle]【形】❶ 復帰できる。❷ 返済（償還）されるべき

reintegración [r̃einteɣraθjón]【女】❶ 復帰、復職: ～ a (en) la vida social 社会生活への復帰。❷《文語》払い戻し、償還

reintegrar [r̃einteɣrár]【←ラテン語 redintegrare「再開する」< re+integrum「すべて」】【他】❶ [+a・en ～] 復帰させる、復職させる: Le reintegraron a su cátedra del Instituto. 彼は高校の教授に復帰した。～ a los drogadictos 麻薬中毒者を社会復帰させる。❷《文語》返済する; 払い戻す: Le reintegro todo lo que le debo. お借りしていた全額を返済します。Le reintegraron el dinero que pagó. 彼は払った金を戻してもらった。❸《西. 文語》［書類などに、+con 印紙を］貼る: ～ la instancia con póliza de …euros 請願書に…ユーロの印紙を貼る。❹ 再統合する
── ～se ❶ 復帰する、戻る: Tras su enfermedad se reintegró a su trabajo. 彼は病気後、再び仕事に戻った。～se a su patria 祖国に帰る。❷ [+de ～] 取り戻す

reintegro [r̃einteɣro]【←reintegrar】【男】❶ 復帰、復職: ～ en el trabajo 職場復帰。❷ 返済、償還: ～ de derechos de aduana 関税払戻し。❸《西》《宝くじの》残念賞、末等《買った金額は戻される》: No me tocó ni el ～. 私は残念賞すら当たらなかった。❹ 印紙《=póliza》

reinterpretación [r̃einterpretaθjón]【女】再解釈; リメイク

reinterpretar [r̃einterpretár]【他】再解釈する; リメイクする

reinvención [r̃eimbenθjón]【女】創作し直すこと

reinventar [r̃eimbentár]【他】創作し直す

reinversión [r̃eimbersjón]【女】再投資

reír [r̃eír]【←ラテン語 ridere】【36】【自】❶ 笑う《⇔llorar. →risa 【類義】》: 1) Estuvieron un rato charlando y riendo animadamente. 彼らはしばらく愉快そうに雑談をし、笑っていた。Eso me hace ～ お笑いぐさだ。Quien ríe el último, ríe mejor.《諺》早まって喜ぶな《＝最後に笑う者が一番よく笑う》。2) [+con・de・por ～] Rieron mucho con mis chistes. 彼らは私のジョークに大笑いした。El ama reía de tan ingeniosa respuesta del criado. 女主人は召使いのあまりに独創的な返答に、声を上げて笑った。❷《文語》《事物が》楽しい（明るい）様子である: El campo ríe en esta época del año. この季節の田園は生き生きとしている。El alba ríe. うららかな朝の光だ。❸《口語》《靴・服が古くなって》裂ける、口を開ける《=～se》
── ～se 笑う: Me gusta que rías mis bromas. 君が私の冗談に笑ってくれるのがうれしい。Le ríen todas las gracias a la nieta. 彼らは孫娘のあらゆるかわいい仕草に声を上げて笑う。❷《まれ》嘲笑する、ばかにする
── ～se ❶ [+con・de・por ～] 笑う: Me río siempre con esas anécdotas. 私はあの逸話を何度聞いても笑ってしまう。El bebé se ríe por cualquier cosa. その赤ん坊は何にでもすぐ笑う。¿De qué os reís? 何がおかしいのですか？ ¿Cómo se atreve a ～se? あなたはよく笑っていられますね。❷ [+de ～] 嘲笑する、ばかにする: Se ríen de su modo anticuado de pensar. 彼らは彼の古くさい考え方をあざ笑う。Ese joven se ríe de las normas y hace lo que le da la gana. その若者は規則をばかにして、好き勝手なふるまいをしている。❸《口語》《靴・服が古くなって》裂ける、口を開ける: Llevaba unos zapatos que se reían por todas partes. 彼はあちこち傷んだ靴をはいていた

No me hagas ～.《口語》［不可能なこと・虚偽を言った相手に対して］笑わせるな

Me río yo. / Ríete tú.《口語》[+de は嘘であると指摘して] お

笑いぐさだ《←私は笑う/お前, 笑え》

reír
現在分詞	過去分詞	
riendo	reído	
直説法現在	直説法点過去	命令法
río	reí	
ríes	reíste	ríe
ríe	rió	
reímos	reímos	
reís	reísteis	reíd
ríen	rieron	
接続法現在	接続法過去	
ría	riera, -se	
rías	rieras, -ses	
ría	riera, -se	
riamos	riéramos, -semos	
riáis	rierais, -seis	
rían	rieran, -sen	

reis [r̃éjs] 男 複《古語》[ポルトガルとブラジルの計算貨幣] レイス
reiteración [r̃ejteraθjón] 女 ❶ 繰り返し, 反復. ❷《法律》常習的犯行, 累犯
reiteradamente [r̃ejterádamént̃e] 副 繰り返し, たびたび
reiterado, da [r̃ejteráðo, ða] 形 たびたびの
reiterar [r̃ejterár]《←ラテン語 reiterare < iterare「繰り返す, 新しくする」》他《文語》繰り返す, 反復する《＝repetir》: ~ su demanda 要求を繰り返す
Me reitero de usted a.s.《手紙》敬具《a.s. は atento servidor の略》
reiterativo, va [r̃ejteratíßo, ßa] 形 ❶ 繰り返しの, 重ねての. ❷ 反復を示す: verbo ~《文法》反復の動詞《例 visitear》
reitre [r̃éjtre] 男《古語》ドイツの騎兵
reivindicable [r̃ejßindikáßle] 形 要求され得る
reivindicación [r̃ejßindikaθjón] 女 ❶ [権利の] 要求; 複 要求事項: El gobierno no atiende a las *reivindicaciones* de los sindicatos. 政府は組合の要求に応じない. ~ laboral 労働者の経済要求. ❷ [名誉などの] 回復, 復権. ❸ [テロなどの] 犯行声明
reivindicante [r̃ejßindikánte] 形 要求する
reivindicar [r̃ejßindikár]《←ラテン語 res, rei「事柄」＋vindicare「要求する」》7 他 ❶《法律》[自分が所有権を有しているものを・権利として] 要求する: Los periodistas *reivindican* la libertad de prensa. ジャーナリストは出版の自由を要求している. ~ su herencia 自己の相続分を要求する. ❷ [名誉などを] 取り戻す, 回復する. ❸《テロなどの》犯行声明を出す: *reivindicó* el atentado contra la casa cuartel de la Guardia Civil. ETA は治安警備隊兵舎襲撃の犯行声明を出した
―**~se**《南米》[人が] 自分の真価を発揮する
reivindicativo, va [r̃ejßindikatíßo, ßa] 形 ❶ 要求の: documento ~ 要求書. ❷ 取り戻す(回復させる)ための: acto ~ de su buen nombre 名誉回復のための行動
reivindicatorio, ria [r̃ejßindikatórjo, rja] 形 要求の《＝reinvicativo》; 要求に役立つ
reja [r̃éxa] I 《←ラテン語 regia「(扉が)領主の家の」》女 ❶ 格子; 柵: cárcel sin ~s 格子なき牢獄. abrir la ~ del cementerio 墓地の鉄柵を開ける. ❷《メキシコ, ホンジュラス》刑務所. ❸《メキシコ》[服の] つぎはぎ. ❹《チリ》[家畜輸送用の] 柵のあるトレーラートラック
entre ~s/tras las ~s《口語》獄中に・で
II《←ラテン語 regula「平たい鉄の棒」》女 鋤(すき)の刃, 鋤返し: dar una ~ 畑をすく, 耕す
rejacar [r̃exakár] 7 他《地方語》＝**arrejacar**
rejada [r̃exáða] 女 鋤の刃の泥落とし棒《＝aguijada》
rejado [r̃exáðo] 男 [扉・窓・囲いの] 格子; 柵
rejal [r̃exál] 男 格子状に積み上げた煉瓦
rejalcar [r̃exalkár] 7 他《地方語. 農業》浅く掘り起こす
rejalgar [r̃exalɣár] 男 ❶《鉱物》鶏冠石. ❷《植物》キンポウゲ属の一種《学名 Ranunculus thora》
rejeada [r̃exeáða] 女 ❶《中米, コロンビア》殴打
rejego, ga [r̃exéɣo, ɣa] 形《メキシコ》[動物が] 飼い馴らされない; [人が] 手に負えない, 反抗的な, 怒りっぽい
―― 男《グアテマラ, ニカラグア》種牛

―― 女《キューバ》乳牛
rejera¹ [r̃exéra] 女 ❶《船舶》[船を固定するための] 太綱; ブイ, 錨. ❷《パナマ》鞭打ち. ❸《キューバ, エクアドル》乳牛
rejería [r̃exería] 女 ❶ 格子(金網)製造技術. ❷ 集名 格子, 金網
rejero, ra² [r̃exéro, ra] 名 鉄格子(金網)製造業者
―― 形《コロンビア》[家畜が] 端綱をおとなしく引かれる
rejilla [r̃exíλa]《reja I の示小語》女 ❶ 格子, 金網: Cerca del techo hay un respiradero con una ~. 天井のそばに格子付きの通気口がある. ~ del radiador ラジエーターグリル. ❷ 金網を張った窓, 格子窓《＝ventana de ~》: ~ del confesionario さんげ室の窓. ❸ [列車の] 網棚《＝~ para maletera》; [列車の] 荷物台用金網. ❹ [椅子の] 籐張りの部分: silla de ~ 籐椅子. ❺ [炉の] 火床用の網. ❻ あんか《＝rejuela》. ❼《電気》番組表. ❽《電気》グリッド, 制御格子. ❾《プエルトリコ, チリ. 自動車》フロントグリル, ラジエーターグリル
rejiñol [r̃exiɲól] 男 [注ぎ口からさえずり音が出る, 素焼きの] 小鳥形の水入れ
rejitar [r̃exitár] 他《狩猟》[鳥が] 吐く, 嘔吐する
rejo [r̃éxo] 男 ❶ 尖った鉄の棒. ❷ [蜂などの] 針. ❸《植物》幼根. ❸《動物》頭足類の触手. ❹ [輪投げ遊び *herrón* の] ピン, 鉄輪. ❺ [ドアの] 鉄枠. ❻ 革ひも, 綱, 縄. ❼《まれ》頑丈さ, 強さ. ❽《中南米》[動物用の] 鞭. ❾《キューバ, コロンビア, ベネズエラ》[四足獣を縛る] 縄, 革ひも. ❿《エクアドル》搾乳; 集名 乳牛
rejón [r̃exón]《reja II の示大語》男 ❶ [先端に金具の付いた] 突き棒. ❷《闘牛》槍: ~ de muerte とどめを刺すための槍. ❸ 短剣の一種. ❹ こまの先端. ❺《漁業》1) 捕えた魚を沈めておく網袋. 2) 釣り針の内側の尖った突起. ❻《ドミニカ》闘鶏用の檻
rejonazo [r̃exonáθo] 男《闘牛》槍 *rejón* による突き(突き傷)
rejoncillo [r̃exonθíλo] 男《闘牛》槍《＝rejón》
rejoneador, ra [r̃exoneaðór, ra] 名《闘牛》レホネアドール《馬上から牛に槍 *rejón* を突き刺す闘牛士》
rejonear [r̃exoneár]《←rejón》他《闘牛》槍で馬上から, 牛と闘う. ❷ [槍で突き刺して] 傷つける
rejoneo [r̃exonéo] 男《闘牛》レホネオ《馬に乗った闘牛士が槍を使って牛をしとめる》
rejudo, da [r̃exúðo, ða] 形《コロンビア, ベネズエラ》粘り気のある, ねばねばした
rejuego [r̃exwéɣo] 男 ❶《メキシコ》歓楽, にぎやかな人声. ❷《キューバ》もつれ; 紛糾
rejuela [r̃exwéla] 女 [ふたに網の付いた] あんか
rejugado, da [r̃exuɣáðo, ða] 形《中南米》ずる賢い, 抜け目のない
rejuntado [r̃exuntáðo] 男《建築》[石積みなどの合わせ目の] 修理
rejuntar [r̃exuntár] 他 ❶《口語. 時に戯語》＝**juntar**. ❷《建築》[石積みなどの合わせ目を] 修理する. ❸《メキシコ》[四足獣を] 集める; [花・キノコを] 集める, 切る
―**~se** 同棲する, 内縁関係にある
rejuvenecedor, ra [r̃exuβeneθeðór, ra] 形 若返りの
rejuvenecer [r̃exuβeneθér]《←re＋ラテン語 juventus, -utis》39 他 ❶ 若返らせる; 若く見せる: Este terapia lo *rejuvenece* su piel. この治療法はあなたの肌を若返らせます. ❷ 現代的にする, 一新する: ~ la decoración 装飾を一新する
―― 自 ~**se** 若返る
rejuvenecimiento [r̃exuβeneθimjénto] 男 若返り; 一新
relabra [r̃elábra] 女 再び細工すること, 再加工
relabrar [r̃elabrár] 他 [石・木などを] 再び細工する, 再加工する
relación [r̃elaθjón]《←ラテン語 relatio, -onis「関連づけるもの」＜ relatum ＜ referre ＜ re＋fero「運ぶ, 示す」》女 ❶ [＋entre... y... ＋ ··· との/＋entre の間の/＋con との] 関連(関係). この (事物間の) 関連. Hay una ~ estrecha *entre* el estado físico del conductor *y* el riesgo de accidente. 運転者の体調と事故の危険性との間には密接な関係がある. La policía asegura que no hay ~ *entre* los dos asesinatos. 警察は2つの殺人は無関係だと明言している. ¿Qué ~ tiene esa historia *con* nosotros? その話が私たちと何の関係があるのですか? ~ *entre* la causa *y* el efecto 因果関係. ~ real de intercambio《経済》二重生産要素交易条件, 実質交易条件. 2) [主に 複. 人間・組織間の] 交際, 交流: No está en buenas *relaciones con* su familia. 彼は家族とうまくいっていない. Los dos países mantienen buenas

relaciones diplomáticas. 両国の外交関係は良好だ. Nos une una ~ de amistad. 私たちは友情で結ばれている. Él y yo tenemos el mismo apellido, pero ninguna ~ de parentesco. 彼と私は名字は同じだが血縁関係は全くない. tener (estar en) ~ *con*+人 …と接触がある, 交際している. ponerse en ~ 関係を結ぶ, 付き合いを始める. guardar ~ *con*+人 …との関係を保つ. *relaciones* amistosas 友好関係. *relaciones* comerciales 取引関係. *relaciones* humanas 人間関係. *relaciones* Norte-Sur 南北問題. ❶［主に］恋愛関係《=*relaciones* amorosas》；肉体関係《=*relaciones* sexuales》: Pepe y Lola mantienen *relaciones* desde hace tiempo. ペペとロラは以前から付き合っている. Los dos mantuvieron dos años de *relaciones* en secreto. 2人は2年間こっそり付き合っていた. Tuvo sus primeras *relaciones* cuando era muy joven. 彼の初体験はごく早かった. tener (estar en) *relaciones con*+人 …と肉体関係にある. *relaciones* ilícitas 不倫関係. ❸［婉］知人, 交際している人；縁故: Ha acudido a todas las *relaciones* que tiene para solucionar el problema. 彼は問題解決のため, あらゆる知人の助けを求めた. Pepe tiene [buenas] *relaciones* en el Ministerio de Economía. 彼は財務省に〔いい〕コネがある. ❹［正式な］報告 (書)：~ de un viaje al Japón de un misionero del siglo XVI 16世紀の宣教師による日本旅行の報告書. ❺《法律》陳述: El abogado expuso la ~ de los hechos. 弁護士はその事件についての陳述を行なった. ❻表, リスト《=lista》: La policía ha visto la ~ de los pasajeros, y estaba ahí el nombre del sospechoso. 警察が乗客名簿を見ると, そこに容疑者の名前があった. Haga una ~ de todas las cosas que desea vender. あなたが販売しようとしている全商品のリストを作りなさい. La ~ de los que han presentado la solicitud es muy larga. 申請を出した人の数は膨大だ. ~ de víctimas 犠牲者の名簿. ~ de los objetos robados 盗難品のリスト. ~ de gastos 出費明細書. ❼比例, 比率《=ratio, razón》: El área de los dos triángulos está en la ~ 1/3. 2つの三角形の面積比は1:3である. ~ capital-producto (-trabajo) 資本産出(労働)比率. ~ de cambio 交換レート. ~ de compresión 圧縮率. ~ precio-ganancias 株価収益率, PER. ❽《数学》対応関係. ❾《メキシコ》埋蔵された宝物. ❿《アルゼンチン, ウルグアイ》［民俗舞踊で］ペア同士の掛け合い歌 *con* ~ *a*... 1) …に関して: Alguien ha lanzado un rumor *con* ~ a su familia. 誰かが彼の家族についてうわさを流した. *Con* ~ *a* su pedido, le informamos que... 貴注文に関して以下のとおりお知らせします. 2) …と比較して: Consideran que su comunidad ha sido la más perjudicada *con* ~ a otras zonas afectadas por la inundación. 彼らは自分たちの住む地方が他の地域に比べて洪水の被害が深刻だと考えている. 3) …に従って: Estos libros están dispuestos *con* ~ a un orden. これらの本はある順序に従って並べられている *en* ~ *a*... 《俗用》=*con* ~ *a*... *en* ~ *con*... =*con* ~ *a*...: Pregúntele *en* ~ *con* lo que sucedió anoche. 昨夜起きたことについては彼に尋ねて下さい. La inflación aumentó por primera vez *en* ~ *con* el mes anterior. 前月比の物価上昇が今回初めて見られた *entrar en relaciones* 1) 話を始める. 2) 関係を持つ *hacer* ~ *a*... …に言及する *hacer una* ~ *de*... …について話す: *Hizo una* ~ *de* su experiencia marinera. 彼は航海の経験談を語った *no guardar* ~ *alguna con*... …との釣合いを全く失っている ~ *jurada* 誓約書 ~ *sexual* 性交渉: Una ~ *sexual* acabe en embarazo no sobrepasan nunca el 30%. 性交が妊娠につながる可能性は30%以下である *relaciones formales* 1) 婚約 [関係]. 2)［一般に］正式な関係 *relaciones públicas* 1) パブリック・リレーションズ, 宣伝活動, 広報, PR；渉外: Hará uno gran trabajo de *relaciones públicas* para lavar la imagen de la empresa. 企業イメージを一新するには大々的にPRする必要がある. Me gustaría trabajar de *relaciones públicas* en algún hotel. 私はどこかのホテルの広報部門で働きたい. 2)《単複同形》PR係《ホテル・ディスコなどが主に客寄せのために雇う有名人》: Aquel artista es el *relaciones públicas* de la discoteca. あの芸能人はディスコの広告塔だ

sacar a ~ 引用する
relacionado, da [r̄elaθonádo, da]形 [estar-] ❶ [+*con*+事·人と]関係のある, 関連した, …に関する: La densidad de la población está estrechamente ~*da con* el clima de la zona. 人口密度はその地域の気候と密接な関係がある. Cuando era joven, aprendió todo lo ~ a la confección del calzado. 彼は若いころ靴の製造に関するすべてを学んだ. ❷ コネを持っている: El empresario José Gómez es una persona muy ~*da en* la provincia. 実業家のホセ・ゴメスはその県では大変顔の広い人物だ
relacional [r̄elaθonál] 形《技術》関連のある；関係の
relacionante [r̄elaθonánte] 形 関係を作る
relacionar [r̄elaθonár]《←*relación*》他 ❶ 関連づける: 1) ¿Por qué *relaciona* usted así las cosas? あなたはなぜそんなふうに物事を結びつけて考えるのですか？ 2) [+*con* と] El periódico *relaciona* al sospechoso *con* una banda de narcotraficantes. 新聞は容疑者が麻薬密売組織とつながりがあると報じている. *Relacionaron* el alboroto *con* la llegada del nuevo gobernador. 新着任の新しい知事の赴任と関係があると考えた. *Relacioné* tu ausencia *con* el mal tiempo. 私は君が欠席したのは天気が悪かったからだと思った. 3) [...y... …と…を] Los sociólogos *relacionan* ese fenómeno *con* el aumento de la natalidad. 社会学者たちはその現象を出生率の増加と結びつけて考える. ❷［人に］接触をもたせる, 連絡させる. ❸ 表 (リスト) にする: El jefe me ha mandado que *relacione* los pedidos de la última semana. 私は先週受けた注文の一覧を作成するように上司から命じられた. ❹《文語》報告する: *Relacione* en breves líneas el motivo de su visita a este lugar. あなたがここに来られた理由を簡潔に述べて下さい
— ~*se* ❶関係する: La sequía y la pobreza *se relacionan* directamente. 干ばつと貧困は直接に関係している. La regresión de esa especie está *relacionada con* la contaminación de su hábitat. その種の減少は生息環境の汚染と関係がある. ¡Qué yo sabré de esta casa si de lo que *se relaciona con* ella! 私はこの家のことも, 家に関係することも全く知らない！ todo lo *relacionado con*... …に関連した全て. ❷［人と］接触する, 交際する, 付き合う: Ya no *se relaciona con* sus antiguos compañeros. 彼はもう昔の友達とは付き合っていない. Raras veces *se relacionaba con* sus suegros. 彼が舅姑と顔を合わせることはなかった. ❸ コネがある, 顔が広い: José *se relaciona* mucho desde que está en la oficina central. ホセは本社勤めになって色々な方面に顔がきくようになった. *saber* ~*se* 交際術が巧みである, 人脈の作り方を心得ている

relacionero, ra [r̄elaθonéro, ra] 名 詩・物語を作る (売る) 人
relacionista [r̄elaθonísta] 共 宣伝マン, 広報担当者
reláfica [r̄eláfika] 女《ベネズエラ》長い (退屈な) 演説 (会話)
relajación [r̄elaxaxjón] 女 ❶ リラックス: La ~ total suele conseguirse mientras se duerme. 完全なリラックス状態は睡眠中に得られることが多い. música de ~ リラックス音楽. ❷ 緩み, 弛緩 (な)：~ de los músculos 筋肉の弛緩. ❸ 堕落：~ de las costumbres 良俗の堕落.《医学》1) 弛緩法, リラクセーション. 2) ヘルニア《=hernia》. ❺《物理》緩和. ❻《金属》[材料などの] 応力緩和
relajadamente [r̄elaxáðaménte] 副 リラックスして
relajado, da [r̄elaxáðo, da] 形 ❶ リラックスした；だらりとした, ぐったりした. ❷ 堕落した: administración ~*da* 放漫経営. ❸《音声》[発音が] 弛緩した. ❹《パナマ》物事を冗談として (滑稽な面で) 捉えがち. ❺《ラプラタ, 口語》下品なコメント (笑い)
relajador, ra [r̄elaxaðór, ra] 形 名 リラックスさせる [人]；緩める [人]
relajamiento [r̄elaxamjénto] 男 ❶ =*relajación*. ❷《音声》弛緩
relajante [r̄elaxánte] 形 ❶ 緩ませる. ❷ リラックスさせる: Caminar descalzo es muy ~. 裸足で歩くととてもリラックスできる. ❸《チリ, アルゼンチン. 口語》［食べ物・飲み物が］甘ったるい
relajar [r̄elaxár]《←ラテン語 relaxare < laxus「緩んだ」》他 ❶ 緩める: *Relajó* la mano y soltó el mango. 彼は手を緩め, 取っ手を離した. ~ una cuerda 綱を緩める. ~ los músculos 筋肉をほぐす. ❷［法規などを］緩和する: ~ la disciplina 規律を緩める. ❸ リラックスさせる, だらけさせる: El chiste *relajó* el am-

biente. Ja ジョークが雰囲気をなごませた. ～ la tensión 気(緊張)を緩める. ❹《法律》1)［刑罰を］減じる. 2)［宗教裁判で］死一等を減じる. 3)［宣誓・義務などを］なかったことにする. ❺《音声》[発音を] 弛緩させる. ❻《ラブラタ. 隠語》侮辱する ❼《ウルグアイ. 口語》陰口をきく
── 《プエルトリコ, チリ》［食べ物などが］甘ったるい
── ~se ❶ 緩む: Se ha relajado el control gubernamental. 政府の規制が緩和された. La presión sobre la deuda se relaja notablemente. 債務圧力が著しく緩和されている. Miró a su mujer y se le relajó el rostro. 彼は妻を見て, 表情が緩んだ. ❷［精神的に］リラックスする, 気晴らしをする: cómo hacer para ~se リラックスするためにはどうしたらよいか. ❸ 堕落する: Después del premio, el escritor se ha relajado y no escribe. 作家は受賞してからすっかり怠けて何も書かなくなっている. ❹《動物》[体の一部分が] 弛緩する, 膨張する. ❺《まれ》ヘルニアが起きる. ❻《キューバ, プエルトリコ》からかう, 嘲笑する. ❼《ラブラタ. 口語》自制を失う

relajear [r̃elaxeár] 他《キューバ》からかう, 嘲笑する

relajo [r̃eláxo]《←relajar》男 ❶ 放縦, ルーズさ; 堕落《主に西》穏やかさ; リラックス, 息抜き: buscar el ~ perdido en el estrés de la gran ciudad 大都会のストレスで失われたのどかさを求める. ❸《中南米. 口語》混乱, 大騒ぎ. ❹《メキシコ, ホンジュラス, エルサルバドル》けんか. ❺《メキシコ, キューバ, プエルトリコ, ラブラタ》からかい, 悪ふざけ. ❻《メキシコ. 口語》1) 愉快な人. 2) 問題, 困難. ❼《ドミニカ. 地方語》胃もたれ
ni de ~《メキシコ》どんなことがあっても, 絶対に［…ない］

relajón, na [r̃elaxón, na] 形《キューバ, プエルトリコ》❶《俗語》冗談（悪ふざけ）の好きな. ❷ 堕落した

relamer [r̃elamér]《←ラテン語 relambere》他 ❶ なめ回す: ~ el plato 皿をペロペロなめる. ❷《まれ》［態度などを］気取らせる, きざにする
── ~se ❶ 舌なめずりする, 舌鼓を打つ: Victoria se relame mirando los postres. ビクトリアはデザートを見て舌なめずりしている. ❷ 満足そうにする: Los periodistas se relamen ante este escándalo. 新聞記者たちはこのスキャンダルを大喜びしている. ❸ [+de] 自慢する, 得意がる. ❹ 顔を念入りにきれいにする

relamido, da [r̃elamído, ða] 形 ❶《軽蔑》[主に物腰が] 気取った, きざな, [作品などが] 凝りすぎた. ❷《中米》無礼な, 横柄な
── 女《まれ》なめ回すこと

relámpago [r̃elámpaɣo]《←re-+ラテン語 lampare「輝く」》男 ❶ 稲妻: Un ~ iluminó súbitamente la habitación. 突然稲妻が部屋を照らした. rápido como un ~ 稲妻のように速い, 電光石火のごとく. Aquellos años pasaron como un ~. その年月はあっという間に過ぎた. ❷ 閃光; [目などの] 輝き. ❸［考えなどの］ひらめき: ~ de ingenio 才知のひらめき. ❹《菓子》エクレア. ❺［形容詞的］guerra (operación) ~ 電撃戦(作戦). luz (lámpara) ~《写真》フラッシュ［=flash］. visita (viaje) ~ ごく短い訪問(旅行). ❻《獣医》[馬の] 角膜瘤(ﾘｭｳ), 目星

relampagueante [r̃elampaɣeánte] 形 ❶ 稲妻のように速い. ❷《比喩》輝く, 光輝に満ちた. ❸ 稲妻のする

relampaguear [r̃elampaɣeár] 自 ❶［単人称］稲妻が光る: *Relampagueaba* y tronaba. 稲妻が光り雷が鳴っていた. ❷ 閃光が走る, ピカッと光る: Sus ojos *relampagueaban* de furia. 彼のひとみは怒りに燃え上がった. ❸《まれ》[空などが] 稲妻を走らせる: El cielo *relampagueaba*. 空に稲妻が光っていた

relampagueo [r̃elampaɣéo] 男［稲妻の］ひらめき; 閃光

relampuso, sa [r̃elampúso, sa] 形《キューバ》無礼な, 横柄な

relance [r̃elánθe] 男《トランプなど》次の手. ❷ 2度目の機会. ❸ 偶然
al ~《闘牛》再度のかわし lance で
de ~ 偶然に, 思いがけず

relancina[1] [r̃elanθína] 女《エクアドル》偶然の出来事

relancino, na[2] [r̃elanθíno, na] 形《ベネズエラ》ずる賢い, 抜け目のない

relanzamiento [r̃elanθamjénto] 男 再売り出し; 再の促進

relanzar [r̃elanθár] 9 他 再び売り出す; 再び促進する

relapso, sa [r̃elá(p)so, sa] 形 ❶《文語》再犯(累犯)の, 再犯(累犯)者. ❷《宗教》再び異端に転向した(人)
── 男［病気の］再発

relatador, ra [r̃elataðór, ra] 形 物語る(人), 報告する(人)

relatar [r̃elatár]《←relato》他 ❶ 物語る; 報告する: Mi abuelo nos *relataba* sus aventuras. 祖父は私たちに冒険談をしてくれたものだ. ~ un cuento 話をする. ❷《法律》陳述する
── 自《地方語》けんかする, 言い争う

relatista [r̃elatísta]名《チリ》短編小説などの作家

relativamente [r̃elatiβaménte] 副 ❶ 相対的に; 比較的: Ahora se levanta ~ temprano, para su costumbre de antes. 彼はかつての生活を思えば, 今は比較的早く起きている. La casa es grande, ~ a la vecina. その家は隣の家と比べれば大きい. Es una mujer ~ joven. 彼女はどちらかと言うと若い方だ. En términos absolutos, eso es poco, pero, ~, es una cantidad normal e incluso mucho. 絶対値としては少ないが, 相対的に見れば普通の量か, むしろ多いとさえ言える. ¿Te parece bien? ──R~. それでいいですか?──まあ, いいです. ❷ [+a に]関して: R~ a los negocios, el que sabe mucho de eso es Pepe. 取引に関してその件で詳しいのはペペだ. ❸《口語》ある意味である程度は: R~, tiene razón el niño. ある意味ではその子のことは正しい. Así es, ~. ある点ではそうだとも言える

relatividad [r̃elatiβiðáð] 女 相対性, 相関性: La ~ de los datos no permitirá sacar una conclusión. それらのデータは相対的なものだったので結論が出せなかった. ❷《物理》相対性理論［=teoría de la ~］: ~ restringida (general) 特殊(一般)相対性理論

relativismo [r̃elatiβísmo] 男 ❶《哲学》相対論, 相対主義: ~ cultural 文化相対主義. ❷ 関係性

relativista [r̃elatiβísta] 形 相対性理論の, 相対主義の(主義者). ❷ 相対性理論を支持する(人)

relativización [r̃elatiβiθaθjón] 女 相対化

relativizar [r̃elatiβiθár] 9 他 相対的に考える(扱う), 相対化する

relativo, va [r̃elatíβo, βa]《←ラテン語 relativus「関する」》形 [ser+] ❶ [+a に]関係のある, 関連している: El conferenciante nos ha dado una charla ~ al tema del desempleo. 講演者は失業問題に関して私たちに話した. El sospechoso se niega a contestar a las preguntas ~vas a quién le facilitó el dinero. 容疑者は資金を提供した人物に関する質問には答えようとしない. en lo ~ a... …に関して. ❷ 相対的な《⇔absoluto》: La edad media de la población ha crecido tanto en términos ~s como absolutos. 住民の平均年齢は相対的にも絶対的にも上昇している. velocidad ~va 相対速度. ❸ [+a に]よる: El precio es ~ a varios factores, uno muy importante es la calidad del mismo. 価格はいくつかの要素によって決まり, その要素で非常に重要なのは品質である. ❹ ある程度の; あまり…でない: Ha conseguido una fama ~va. 彼はそこそこの名声しか得られなかった. Viene a verme con ~va frecuencia. 彼はたまに私に会いに来る. ❺ 本来の; ある種の; 人類の知識は程度が知れている. ¿Dices que Pepe es el mejor jugador del equipo? Eso es muy ~. ペペがチームーーの選手だって? それは人によるよ. Hay muchos que son buenos. いい選手はたくさんいる. ❻《文法》関係を示す: pronombre (adjetivo, adverbio) ~ 関係代名詞(形容詞・副詞). oración ~va 関係節. 2) superlativo ~ 相対最上級. 3) tiempo ~《直説法線過去など》. ❻《数学》valor ~ 相対的価値
── 男《文法》関係詞: oración de ~ 関係節

relato [r̃eláto]《←ラテン語 relatus》男 ❶ 物語ること: hacer un ~ de... …の話をする. ❷ 報告, 物語: libro de ~s del viaje 旅行記. ❸ 中編(短編)小説

relator, ra [r̃elatór, ra] 形 ❶《裁判所の》報告評定官; 委員会報告者. ❷ 物語る(人), 報告する(人). ❸《中南米》語り手, ナレーター［=narrador］

relatoría [r̃elatoría] 女 報告評定官・委員会報告者 relator の職務(事務室)

relauchar [r̃elautʃár] 自《チリ》[休憩のためこっそりと] 仕事を抜ける

relavar [r̃elaβár] 他 よく(徹底的に)洗う; 洗い直す

relave [r̃eláβe] 男 ❶ よく(徹底的に)洗うこと. ❷《鉱山》鉱滓(ｺｳｻｲ); [複]《洗浄鉱泥に混じった》再洗鉱を要する鉱物粒

relax [r̃elá(k)s] [←英《単複同形》] ❶ リラックス［=relajación］: hacer ~ くつろぐ, リラックスする. ❷《婉曲》「広告で」ホテル出張売春

relazar [r̃elaθár] 9 他［リボン・紐などで］結ぶ, 縛る

relé [r̃elé]《←仏語 relais》男 ❶《電気》継電器, リレー. ❷《放送》

中継ステーション

release [rilíːs]《←英語》囡《情報》[ソフトの]バージョンアップ版
relectura [r̃elektúra] 囡 読み返し, 再び読むこと
releer [r̃el(e)ér] 22 他 読み返す, 再び読む
relegación [r̃elegaθjón] 囡 格下げ; 追放
relegar [r̃elegár]《←ラテン語 relegare「遠くへ追いやる」》8 他 ❶ [+a に] 追いやる; 格下げする, 左遷する: Me he sentido *relegado a* un segundo plano. 私は脇役に回されたような気がした. Los vencidos quedaron *relegados al* olvido. 敗者たちは忘れ去られた. Vamos a ～ ese tema, porque no es tan importante. その問題は置いておこう, 大して重要ではないので. ❷《古代ローマ》[市民権を剝奪せずに]追放する
relej [r̃eléx] 男 =**releje**
relejar [r̃elexár] 自《建築》〈壁を〉傾斜させる. ❷《法律》[刑罰を]減じる
releje [r̃eléxe] 男 ❶ 轍(わだち), 車輪の跡. ❷ 口・唇にできる苔状のもの. ❸ ナイフの刃の研ぎ跡
relente [r̃elénte] 《←ラテン語 relentecer》男 ❶ 夜露, 夜の冷えた空気. ❷《まれ》しつこい悪臭
al ～ 夜に戸外で, 夜露にあたりながら: Ha pasado una noche *al ～ del* jardín. 彼は一晩庭で寝た
relentecer [r̃elenteθér] 39 自《まれ》~**se** 柔らかくなる
relentizar [r̃elentiθár] 9 他《まれ》遅くする
relevación [r̃elebaθjón] 囡 ❶《法律》[義務の]免除. ❷ 交代. ❸ [任務などからの]解放
relevador [r̃elebaðór] 男《電気》継電器, リレー《=relé》
relevancia [r̃elebánθja] 囡 ❶ 傑出, 優秀性. ❷ 重要性
relevante [r̃elebánte] [←relevar] 形 ❶ 傑出した, 特にすぐれた: una ～ personalidad del mundo literario 文学界の重鎮. ❷ 重要な, 意義のある: Lo que dice él no es ～ en este momento. 彼の発言は今のところ重要ではない. ❸《言語》特徴的な
relevar [r̃elebár]《←ラテン語 relevare < re-+levare「起こす」》他 ❶《衛兵・守備隊などを》交代させる: ～ la guardia 衛兵を交代させる. ❷ [+de から] 解任する; 解放する, 放免する: El general fue *relevado de* su puesto. 将軍は職務を解任された. ～ a+ 人 *del* compromiso 「約束はなかったことにする. ❸ 〈人と〉交代する.《スポーツ》[リレーで]…の次を走る(泳ぐ). ❹ 称揚する. ❺《技術》浮き彫りにする; 立体的に描く. ❻ 救済する, 援助する. ❼ [罪を] 許す, 赦免する
—— 自《技術》浮き彫りになっている
—— **~se** [互いに] 交代し合う: La madre e hija *se relevan* en las tareas de la casa. 母と娘が交代で家事をしている
relevista [r̃elebísta] 名《スポーツ》リレーの選手
relevo [r̃elébo]《←relevar》男 ❶ 交代: ～ de la guardia en el palacio 王宮の衛兵交代. ❷《軍事》交代要員. ❸《スポーツ》複 リレー: ～*s* 400 metros por cien metros/cuatrocientos metros ～*s* 400メートルリレー. cuatro por doscientos metros ～*s libres*《水泳》800メートル[フリー]リレー
relicario [r̃elikárjo] [←reliquia] 男 ❶《宗教》聖遺物箱. ❷《服飾》[思い出の品などを入れる]ロケット
relicenciado, da [r̃eliθenθjáðo, ða] 形《地方語》好奇心の強い, おせっかい焼きの
relíctico, ca [r̃elíktiko, ka] 形《生態》残存種の
relicto, ta [r̃elíkto, ta] 形 ❶《法律》遺産の, 死後に遺した. ❷《生態, 地学》残存する
relievar [r̃eljebár] 他 ❶ 名声を高める, 称揚する. ❷《コロンビア》浮き彫りにする
relieve [r̃eljébe]《←伊語 rilievo》男 ❶《表面の》凹凸: Cada letra mide 2 centímetros en ～. 各文字が2センチ高くなっている. dibujo en ～ 浮かし模様. mapa en ～ 立体地図. ～ acústico (sonoro) 音の立体感, 臨場感. ❷《美術》1) 浮き彫り, レリーフ: decorado con una figura en ～ 浮き彫りにした像で飾る. alto (medio・bajo) ～ 高(中・浅)浮き彫り. 2)《絵》立体感. ❸ [土地の] 起伏; 地形《=～ terrestre》: islas de mayor ～ 標高の高い島々. ～ kárstico カルスト地形. ❹ [de+人の] 重要性: persona de ～ en la ciudad 町の有力者. ❺《古語的》複 食い残し, 残飯
dar ～ a+事物 …に重要性を与える, 箔をつける
poner ～ de ～ …を際立たせる, 強調する
religa [r̃elíga] 囡 合金で付け加えられる金属
religación [r̃eligaθjón] 囡 再結合; 強い結び付き
religar [r̃eligár] 8 他 再結合させる; 強く結び付ける
religión [r̃elixjón]《←ラテン語 religio, -onis「細かい気配り」》囡 ❶ 宗教; 宗派: 1) Su ～ prohíbe comer carne de cerdo. 彼の宗教は豚肉を食べることを禁じている. guerras de ～ 宗教戦争. ～ del Estado 国教. ～ natural 自然宗教. ～ positiva [啓示・伝承に基づいた]積極的宗教. ～ revelada 啓示宗教. 2) …教, …宗: ～ budista 仏教. ～ cristiana キリスト教. ～ católica カトリック. ～ reformada (protestante) 新教, プロテスタント. ～ judía (hebrea) ユダヤ教. ～ mahometana (islámica) イスラム教. ❷ 信仰: tener ～ 信仰をもつ. ～ popular 民間信仰. ❸ 崇拝, 崇敬, 信条: Siente la ～ del trabajo. 彼は労働の尊さを感じている. ～ de la patria 祖国礼讃. ❹《カトリック》修道生活, 教団. ❺《文語》信条: Su ～ es decir siempre la verdad. 彼の信条は決して嘘をつかないことだ
entrar (profesar) en ～ 修道院に入る: Juana ha decidido *entrar en* ～. フアナは修道生活をおくることに決めた
religionario, ria [r̃elixjonárjo, rja] 名 プロテスタント, 新教徒
religiosamente [r̃elixjósamente] 副 ❶ 宗教的に: Decidió retirarse de la vida pública y vivir ～. 彼は公生活から身を引いて神に仕える決心をした. Hay que vivir ～ la Semana Santa. 聖週間の間は行ないすましに過ごさねばならない. ❷ 宗教的に, 宗教の上で; 宗教的観点から: Han decidido celebrar su boda ～. 彼らは結婚式を教会であげることにした. Es un país extraordinariamente variado, étnica, cultural y ～. その国は人種的, 文化的, 宗教的に非常に多様性に富んでいる. ❸ きちょうめんに, 律儀に, 良心的に: Pablo siempre cumple ～ con sus obligaciones. パブロはいつも義務を忠実に果たす. El dueño no paga ～ el sueldo el día cinco de cada mes. 雇い主は毎月5日の給料日にきちんと支払ってくれない. Son pocos los que asisten ～ a este curso. この講座に休まず出席する者はあまりいない
religiosidad [r̃elixjosiðá(ð)] 囡 ❶ 宗教心, 信心深さ, 敬虔さ: Es una persona de [una] profunda ～. その人は深い信仰心を持っている. La ～ de este pueblo se refleja en sus procesiones. この村人たちの信心深さは祭りの行列を見れば分かる. decidir su ～ 自身の宗教を選び取る. promover la ～ 宗教心を呼び起こす. ❷ きちょうめんさ, 律儀さ, 細心さ: Te pagaré con ～. 期日までにきちんと君に支払うよ. ❸ 宗教性
religioso, sa [r̃elixjóso, sa]《←religión》[ser+] ❶ 宗教の, 宗教上の: En su boda, a la ceremonia ～sa no asistió más que la familia. 彼の結婚式では, 教会の儀式には家族しか出席しなかった. educación ～sa 宗教教育. música (pintura) ～sa 宗教音楽(画). ❷ 信心深い, 敬虔(ぼん)な: Su madre era muy ～sa. 彼の母親は大変信心深かった. Lleva una vida profundamente ～sa. 彼は篤い信仰生活をおくっている. respeto ～ 尊崇. ❸《カトリック》修道院の; 修道会に属する: abandonar la vida ～sa 修道生活を放棄する. ❹ [義務の遂行に] きちょうめんな: Ese cliente paga con una puntualidad ～sa. その客は支払いをきちんとしてくれる. Los compromisos se iban cumpliendo con ～sa exactitud. 取り決めは大変誠実に果たされていた
—— 名 ❶ 宗教家. ❷《カトリック》修道士, 修道女: Dos ～s cuidaron al enfermo. 2人の修道士がその病人を看護した.
relimar [r̃elimár] 他 再びやすりをかける
relimpiar [r̃elimpjár] 10 他 再び清潔にする; 念入りにきれいにする
relimpio, pia [r̃elímpjo, pja] 形《口語》大変清潔な, 真新しい
La ～pia de Horcajo《ラマンチャ》潔癖性の人, 神経質ほどきれい好きの人
relinchador, ra [r̃elintʃaðór, ra] 形 [馬が] 頻繁にいななく
relinchar [r̃elintʃár] 自 [馬が] いななく
relinchido [r̃elintʃíðo] 男 =**relincho**
relincho [r̃elíntʃo] 男 ❶ [馬の] いななき: dar ～*s* いななく. ❷《口語》歓声
relinchón [r̃elintʃón] 男《植物》ダイコンモドキ, アレチガラシ
relindo, da [r̃elíndo, da] 形 大変かわいい(きれいな)
relinga [r̃elíŋga] 囡《漁網の》おもり綱, 浮標索: ～ de corcho あば綱. ～ de plomo 沈子綱. ❷《船舶》[帆の] 縁索(ぶち), ボルトロープ
relingar [r̃eliŋgár] 8 他 [漁網に] おもり綱を付ける. ❷《船舶》[帆の] 縁索を張るまで一杯に上げる
—— 自《船舶》[縁索・帆が] はためく
reliquia [r̃elíkja]《←ラテン語 reliquiae》囡 ❶《宗教》聖遺物; [聖者などの] 遺品, 遺骨. ❷《比喩》前時代の遺物, 名残り. ❸ 思い出の品, 形見: Este reloj es una ～ de mi abuelo. この時

rellamada [r̃eʎamáða] 囡《電話》リダイアル
rellanar [r̃eʎanár]《←rellano》他 平らにし直す
── **~se** =**arrellanarse**
rellano [r̃eʎáno] 男 ❶［階段の］踊り場《各戸・廊下に通じる。途中の踊り場は descansillo》．❷［坂道などの途中にある］平らな場所．❸《地理》岩棚，肩
rellena¹ [r̃eʎéna] 囡 モンゴウイカの子．❷《料理》1)《メキシコ，コロンビア．口語》モルシージャ《=morcilla》．2)《ニカラグア》［チーズ入りの］トウモロコシ粉のトルティーヤ
rellenar [r̃eʎenár]《←relleno》他 ❶ ‥に再び満たす(詰める)：~ una copa グラスに酒をつぎ足す；グラスにたっぷりつぐ．❷［すきまがなくなるまで，+de・con を］‥に一杯に満たす，詰め込む： *Rellenaron los baches del camino con gravilla.* 彼らは道路の穴を砂利で埋めた．~ la maleta スーツケースをぎゅうぎゅう詰めにする．❸ ‥に詰め物をする：~ un sillón 椅子にパッキングを詰める．~ un pollo《料理》鶏に詰め物をする．❹［空欄などを］埋める《=llenar》：~ un formulario 用紙に書き込む．contar unos chistes para ~ 話のつなぎに冗談を入れる．❺ 腹一杯食べさせる
── **~se** 腹一杯食べる
rellenito, ta [r̃eʎeníto, ta] 形［人が］丸ぽちゃの
relleno, na² [r̃eʎéno, na]《←re-+lleno》形 ❶ ［+de の］詰め物をした：*aceitunas ~nas [de anchoa]*［アンチョビ入りの］スタッフドオリーブ．*patatas ~nas* ジャガイモのひき肉詰め．*pavo ~* 詰め物をした七面鳥．❷《口語》［estar+, 人が］小太りの：*cara ~na* 丸々とした顔．❸ ぎっしり詰まった
── 男 ❶《料理・枕などの》詰め物，スタッフィング；パッキング．❷《服飾》パッド．❸《建築》充塡材．❹ 満たすこと，詰め込むこと．❺《コロンビア》~ sanitario (público) ごみ捨て場，ごみ処分場．❻《チリ》乳児手当
de ~［話などの］埋め草の，付け足しの
reló [r̃eló] 男 《覆》~s《西．古語》=**reloj**
reloj [r̃elóx]《←カタルーニャ語 relotge <ラテン語 horologium「日時計，砂時計」<ギリシア語 horologion < hora「時」+legō「数を測る」》男 時計：*Por mí ~ son las diez y media.* 私の時計では今10時半だ．*El ~ se ha parado (se ha detenido).* 時計が止まってしまった．*Este ~ es exacto.* この時計は合っている．*Tu ~ está fuera de hora.* 君の時計は合っていない．*Este ~ está adelantado (atrasado) cinco minutos.* この時計は5分進んで(遅れて)いる．*Cada mes el ~ se me adelanta (atrasa) un minuto.* 私の時計は1か月に1分進む(遅れる)．adelantar (atrasar) un ~ diez minutos 時計を10分進める(遅らせる)．*Me falló el ~ y llegué tarde.* 時計が狂っていたせいで私は遅刻した．*¿Tiene usted ~?* 時間を教えてくれませんか？ *Puse el ~ a las siete.* 私は時計を7時に合わせた．torre de ~ 時計台．~ atómico 原子時計．~ automático 自動巻き時計，オートマチック時計．~ biológico 生物時計，体内時計．~ de agua 水時計．~ de arena 砂時計，砂時計．~ de bolsillo 懐中時計．~ de caja/~ de pie グランドファーザー時計．~ de cuco《西》カッコウ（ハト）時計．~ de detención/~ de segundos muertos ストップウオッチ．~ de fichar《メキシコ》= checador タイムレコーダー．~ de flora 花時計．~ de pared 柱時計．~ [de] pulsera 腕時計．~ de sobremesa 置き時計．~ de sol 日時計．~ digital デジタル時計．~ eléctrico 電気時計．~ parlante 時報
como un ~ 1) 時間に正確な・に：*Llega siempre a la hora: es como un ~.* 彼は必ず時間にきちんと来る．とても時間に正確だ．2) 規則正しい・正しく：*Este aparato de música marcha como un ~.* この音響機器は非常に正確に動く．*No necesito laxantes porque siempre voy como un ~.* 私はお通じが規則的だから便秘薬は必要ない．3) 頑強な・に：*Mi cuerpo funciona como un ~.* 私の体はとても丈夫だ．*Mi abuelo tiene ochenta años, pero está como un ~.* 私の祖父は80歳だが，とても元気だ
contra el ~《まれ》=**contra ~**
contra ~ 1) 一秒を争って：*Hicimos el trabajo contra ~.* 私たちはその仕事を時間に追われながら行なった．2) 囡《単複同形》《スポーツ》タイムレース《=contrarreloj》：タイムトライアルレース《=carrera contra ~》：*El ciclista quedó el tercero en la contra ~.* その自転車選手はタイムトライアルレースで3位になった

pararse a+人 el ~ ‥が決まったリズムを守る
ser un ~［時計のように］時間に正確である：*Es raro que Pepe llegue tarde, porque es un ~.* ペペが遅刻するなんて珍しい．あんなに時間に正確なのに
relojear [r̃eloxeár] 他《ラプラタ．口語》監視する；詮索する
relojera [r̃eloxéra] 囡 ❶ 懐中時計用の台(袋)．❷ 時計商(時計職人)の妻
relojería [r̃eloxería] 囡 ❶ 時計店；時計工場．❷ 時計の製造(修理)技術．❸《集合》スイス製の時計
de ~ 時計仕掛けの：*bomba de ~* 時限爆弾
relojero, ra² [r̃elóxero, ra] 名 時計商，時計屋；時計職人
── *En la nochevieja los madrileños se reúnen en la Puerta del Sol y comen doce uvas con precisión ~ra.* 大みそかの晩にマドリードの人々はプエルタ・デル・ソル広場に集まり時計のように規則正しく12粒のブドウを食べる．*industria ~ra* 時計製造業
reluchar [r̃elutʃár] 自 執拗に争う
reluciángano [r̃eluθjáŋgano] 男《アンダルシア》ホタル《=luciérnaga》
reluciente [r̃eluθjénte] 形 ❶ ピカピカ光っている，輝くばかりの：*cabello negro y ~* つやつやと輝く黒髪．*zapatos ~s* ピカピカの靴．*uniforme nuevo y ~* 新品でピカピカの制服．❷［人が］太って色艶のよい
relucir [r̃eluθír]《←ラテン語 relucere「光を反射する」》40 自 ❶［主に磨かれて］輝く，キラキラ光る：*Los escudos y las espadas relucen.* 盾と剣が光り輝いている．❷ 際立つ，目立つ：*Nuestra ciudad reluce por su variedad monumental.* 私たちの町は数多くの歴史的建造物で名高い
sacar a ~［主に不都合なことを］突然言い出す，暴露する：*Tu amiga sacó a ~ todos tus defectos delante de sus amistades.* 君の女友達は友人たちの前で君のあらゆる欠点を突然並べ立てた
salir a ~［不都合なことが］突然話題として取り上げられる：*En la cena salieron a ~ nuestros problemas en la empresa.* 夕食会で我が社の問題が急に話に出た
── 他《地方語》《金属を》磨く
reluctancia [r̃eluktánθja] 囡 ❶《物理》磁気抵抗．❷《文語》反抗，反対
reluctante [r̃eluktánte]《←ラテン語 reluctans, -antis》形《文語》［+a に］気の進まない；反抗的な《=reacio》
reluga [r̃elúɣa] 囡《サンタンデール》畑の周辺部
relujado, da [r̃eluxáðo, ða] 形《メキシコ》美しく着飾った
relujar [r̃eluxár] 他《メキシコ》［靴などを］磨く
relumbrante [r̃elumbránte] 形 光り輝く，ひときわ輝く
relumbrar [r̃elumbrár]《←ラテン語 reluminare》自 光り輝く，ひときわ輝く
relumbre [r̃elúmbre] 男 強い輝き
relumbrera [r̃elumbréra] 囡《ムルシア》ホタル《=luciérnaga》
relumbro [r̃elúmbro] 男《まれ》=**relumbrón**
relumbrón [r̃elumbrón]《←relumbrar》男 ❶ 閃光，ひらめき．❷ けばけばしさ；虚栄：*vestirse de ~* 派手に着飾る
de ~ 見かけだけの：*cargo de ~* 名誉職
relumbroso, sa [r̃elumbróso, sa] 形 光り輝く，ひときわ輝く
rem [r̃én]《物理》レム
rema [r̃éma] 男《言語》題述，説述《主題 tema について述べる内容．述部》
remachado, da [r̃ematʃáðo, ða] 形 ❶ *narices ~das* ぺちゃんこの鼻．❷《コロンビア》無口な，押し黙った
── 男 ❶［釘などを］さらに深く打ち込むこと；［釘の先を］打ち曲げること．❷ リベット締め，鋲打ち
remachador, ra [r̃ematʃaðór, ra] 形 ❶［釘などを］さらに深く打ち込む；［釘の先を］打ち曲げる．❷ リベット締めにする，鋲打ちする
── 名 リベット工
── 囡 リベット打ち機
remachar [r̃ematʃár]《←re-+machar》他 ❶［釘などを］さらに深く打ち込む；［釘の先を］打ち曲げる．❷ リベット締めにする，鋲（ヴょう）打ちする．❸ 強調する；くどくど言う：~ *sus palabras* 一言一言念を押す
── **~se**《コロンビア》押し黙る
remache [r̃emátʃe]《←remachar》男 ❶［釘などを］さらに深く打ち込むこと；［釘の先を］打ち曲げること．❷ リベット締め，鋲打ち．❸［時に《集合》］リベット；《服飾》鋲．❹《テニス》スマッシ

ュ;《バレーボール》スパイク;《サッカー》シュート〖=remate〗. ❺《ビリヤード》クッションに密着した球に手球を当てること. ❻《コロンビア》頑固さ, 強情さ

remachón, na [r̄ematʃón, na] [形] ❶ くどくど言う. ❷《グアテマラ》[学習などで] 勤勉な

remada [r̄emáđa] [女] [ボートなどの] 一こぎ

remador, ra [r̄emađór, ra] [名] 漕ぐ人, 漕手(そうしゅ)

remadura [r̄emađúra] [女] 漕ぐこと

remajear [r̄emaxeár] [他]《アンダルシア》[家畜を] 牧舎の周囲に集める

remake [r̄eméi̯k]〖←英語〗[男]〖[複] ~s〗《映画, 音楽など》リメイク版

remalladora [r̄emaʎađóra] [女] 網繕い機

remallar [r̄emaʎár]〖←re-+malla〗[他] ❶ [網を] 繕う, 補強する. ❷《中南米》繕う〖=zurcir〗

remallosa [r̄emaʎósa] [女] =**remalladora**

remamada [r̄emamáđa] [形] [女性が] 授乳しすぎて疲れ果てた

remamiento [r̄emamjénto] [男] =**remadura**

remandar [r̄emandár] [他] 繰り返し(何度も)発送する

remanecer [r̄emaneθér] [39] [自]《地方語》[不意に] 再び現れる; 驚かす

remanencia [r̄emanénθja] [女]《物理》残留磁気

remanente [r̄emanénte]〖←ラテン語 remanens, -entis < remanere「残る」〗[形]《文語》残存する: cantidad ~ 残額. género ~ 売れ残り〔の商品〕

—— [男] ❶ 残り物, 残存物. ❷《経済》剰余〔額〕

remanga [r̄emáŋga] [女]《漁業》エビ網; その漁法

remangado, da [r̄emaŋgáđo, đa] [形]《口語》[鼻などが] 上を向いた

remangar [r̄emaŋgár]〖←re-+manga〗[8] [他] …の袖(裾)をまくり上げる: con la camisa *remangada* ワイシャツの袖をたくし上げて

—— **~se** ❶ [自分の] *Se remangó* para ver su reloj. 彼は時計を見るために腕まくりした. Ella *se remangó* las faldas para pasar el río. 彼女は川を渡るためにスカートをたくし上げた. ❷《口語》[思い切って] 決断する, 決意を固める

remango [r̄emáŋgo] [男] ❶《口語》腕前, 能力; 思い切り. ❷ 袖(裾)まくり; [衣服の] 腰までまくり上げた部分

remangoso, sa [r̄emaŋgóso, sa] [形]《地方語》大変腕のいい, 能力のある

remanguillé [r̄emaŋgiʎé] [女] ***a la*** **~**《口語》1) 乱雑に·な, めちゃくちゃな状態で·の: Colocó los muebles *a la* ~. 彼は家具を乱雑に置いた. habitación *a la* ~ 散らかった部屋. 2) でたらめに·な, いい加減に·な; 不適切に·な

remansado, da [r̄emansáđo, đa] [形]《文語》[事物が] 穏やかな, 静かな

remansar [r̄emansár]〖←remanso〗**~se** [水が] よどむ, たまる: El río *se remansa* y discurre en calma. 川はよどんで静かに流れている

remanso [r̄emánso]〖←古語 remaner < ラテン語 remanere「とどまる」〗[男] ❶ よどみ, 流れの緩い場所. ❷ [事物が] たまる場所: ~ de paz 静かな場所. ❸ 悠長さ, のろくささ

remante [r̄emánte] [形] [名] 漕ぐ〔人〕; 努力する〔人〕, 苦労する〔人〕

remar [r̄emár]〖←remo〗[自] ❶ 漕ぐ: ~ en bote ボートを漕ぐ. ❷ 努力する, 苦労する

remarcable [r̄emarkáble]〖←英語〗[形] 注目すべき, 著しい〖=notable〗

remarcar [r̄emarkár] [7] [他] ❶ 特に指摘する, 強調する. ❷ 印を付け直す. ❸〖←英語〗気づく. ❹《チリ, アルゼンチン, ウルグアイ》値上げする; 仕入れ価格に応じて販売価格を決める

remasa [r̄emása] [女] [一回分の] 松やに採取

remasterizar [r̄emasteriθár] [9] [他] [古い録音から] 再録する, リマスターする

rematadamente [r̄ematáđaménte] [副] 救いようもなく; 完全に

rematado, da [r̄ematáđo, đa] [形] [愚かさ·狂気などが] 救いようのないほどの: Es un imbécil ~. あれはどうしようもないばかだ. Este café está ~. このコーヒーはどうしようもなくまずい

—— [男] とどめ; 最終決断

rematador, ra [r̄ematađór, ra] [形] [名] ❶《サッカー》ストライカー;《スポーツ》[勝利を] 決定づける〔人〕. ❷ 終了させる〔人〕; とどめを刺す〔人〕. ❸《アルゼンチン, ウルグアイ》競売人〖=subastador〗

rematamiento [r̄ematamjénto] [男] =**remate**

rematante [r̄ematánte] [名] 落札者

rematar [r̄ematár]〖←re-+matar〗[他] ❶ 終える: *Rematamos* el trabajo sin dificultad. 私たちは難なく仕事を終了した. ❷ [死にかけている者を] 殺す, とどめを刺す: ~ al toro con la puntilla 短剣で牛にとどめを刺す. ❸《口語》…に決定的な打撃を与える: Si el producto no se vende, al final de cuentas lo va a ~. 製品が売れなければ, 結局彼は立ち直れないだろう. ❹ 使い果たす: ~ las provisiones 食糧を食べ尽くす. ❺ …の頂部をなす: *Remata* el edificio una cornisa. 建物の上部は軒蛇腹になっている. ❻《裁縫》~ la costura 縫いどまりを返し縫いする(玉結びを作って止める). ❼《スポーツ》[ゴール·スパイク·スマッシュを] 決める. ❽《主に中南米》1) [競売で] せり落とす: El cuadro fue *rematado* al mejor postor. その絵は最高入札者の手にせり落とされた. 2) 競売にかける. 3) [残った商品を] 安売りする. ❾《チリ》1) [馬を] 急停止させる. 2) [生徒がクラスの1位を] 争う

—— [自] ❶ [形が, +en で] 終わる: El pendón *remata en* punta. その長旗は先が細くなっている. ❷《スポーツ》[一連のプレーの後] ゴール(スパイク·スマッシュ)を決める: ~ de cabeza ヘディングシュートを決める. ❸ 終わる; 死ぬ

—— **~se** 失われる, なくなる; 尽きる; 壊れる

remate [r̄eméte]〖←rematar〗[男] ❶ 終了. ❷《口語》とどめ, 決定的な打撃. ❸ 端, 先端: La chaqueta lleva un ~ de ganchillo. 上着の端は鉤針編みになっている. ❹ 1)《テニス》スマッシュ;《バレーボール》スパイク. 2)《サッカー》シュート: ~ de cabeza ヘディングシュート. ❺ [建物や家具上部の] 装飾, 棟飾り. ❻《裁縫》返し縫い. ❼《主に中南米》1) 競売. 2) [競売·入札での] 一番札; 落札. 3) 安売り. ❽《メキシコ》布の縁(耳)

al **~**《口語》とうとう, ついに

como **~** =**para ~**

dar **~** [+a を] 終える: Este mes *dan* ~ *al* edificio. 今月にはビルが完成する

de **~** [愚かさ·狂気が] 完全な, 救いようのない: Es un tonto *de* ~. 彼はどうしようもないばか者だ

para **~** [悪いことの] その上, さらに加えて: Yo tenía mucho trabajo, y *para* ~ me mandaron preparar un informe. 私は忙しい上に, 報告書の作成まで命じられた

por **~** 最後に: *Por* ~ actuaron unos payasos bastante aburridos. 最後にとても退屈な道化師が登場した

rematista [r̄ematísta] [男] ❶《中南米》落札者. ❷《プエルトリコ, ペルー》競売人

rembolsar [r̄embɔlsár] [他] =**reembolsar**

rembolso [r̄embólso] [男] =**reembolso**

remecedero [r̄emeθeđéro] [男]《アンダルシア》ブランコ〖=columpio〗

remecedor, ra [r̄emeθeđór, ra] [名] オリーブの実を落とす人

remecer [r̄emeθér] [1] [他]《口語》繰り返し揺する

—— **~se** 繰り返し揺れる

remedable [r̄emeđáble] [形] 模倣(模造)され得る, 真似のできる

remedador, ra [r̄emeđađór, ra] [形] [名] 模倣(模造)する〔人〕; 物真似をする〔人〕

remedar [r̄emeđár]〖←俗ラテン語 reimitari〗[他] 模倣する, 模造する; [こっけいに] …の物真似をする: ~ el clásico 古典作品を模倣する. ~ la manera de hablar de... …の話し方を真似する

remediable [r̄emeđjáble] [形] [ser+] 治療され得る; 救済(解決)され得る: Ese problema aún es ~. その問題は今ならまだ解決できる. La ausencia de un líder hubiese sido ~ hace cinco años, pero ahora no. 指導者不在は5年前なら何とかなったが, 今では無理だ. El daño fue terrible, pero resultó ~. 損害は大きかったが, 結局処置できた

remediador, ra [r̄emeđjađór, ra] [形] [名] [損害を] 償う〔人〕, 食い止める〔人〕

remediar [r̄emeđjár]〖←remedio〗[10] [他] ❶ [+con で] 救済する, 改善する, 打開する; 防ぐ: 1) Mi jefe *remedió* las pérdidas *con* un crédito. 私の上司は融資を受けて損失を補った. Solo un fontanero puede ~ el desastre que hay en esta cocina. この台所のひどいありさまは水道業者に直してもらうしかない. Para ~ la situación, el presidente volverá a conversar con los líderes de la oposición. 大統領は事態打開のために野党の党首たちと再度討議する予定だ. Llorando no *remedias* nada. 泣いたって何の解決にもならないよ. Aunque traté de

R

remediavagos

avisar al conductor, no pude ~ el accidente. 私は運転手に知らせようとしたが、事故を未然に防ぐことはできなかった. No saca de mis casillas; no lo puedo ~. 私はいやっとなる. それはどうしようもないのだ. 2) [+que+接続法] No he podido ~ que Eva se fuera a casa. 私はエバが家に帰るのを止めることができなかった. Este jarabe remediará la tos del niño. このシロップを飲めば、その子の咳はおさまるだろう. ~ el despilfarro 浪費癖を治す

no poder ~+事 …を避けられない; 思わず~をしてしまう: No pude ~ echarme a reír. 私は思わず吹き出してしまった

sin poder ~+事 …をせずにはいられず; 思わず~

remediavagos [r̄emedjaβáɣos]《男》《単複同形》《軽蔑》❶ 要点を短くまとめた 解説書, 手引書. ❷ こつ, 要領

remedición [r̄emediθjón]《女》再測定

remedio [r̄emédjo]《←ラテン語 remedium < mederi「治す」》《男》❶ [+para のための/+de の/+contra に対する] 対策, 方法, 救済〔解決〕手段: Mi ~ para el cansancio es tomar un poco de té caliente. 疲れた時は私は熱いお茶を少し飲んでいやすことにしている. El ~ de este asunto llevará tiempo. この件をおさめるには時間がかかるだろう. Cantar en voz alta es un ~ muy útil contra el estrés. 大声で歌うのはストレス解消にとても効果的だ. Por fin he encontrado un ~ contra el aburrimiento. 私はようやく退屈を忘れる方法を見つけた. como último ~ 最後の手段として, せっぱつまって. ~ heroico 荒療治, 非常手段. ❷ 治療, 治療法; 薬: 1) ¿Tiene algún ~ para el dolor de oídos? 耳の痛みに効く薬はありますか? El médico me recetó un ~ contra la tos. 医師は私に咳止めの薬を処方してくれた. El trabajo es el mejor ~ contra la tristeza. 仕事は悲しみを癒やす最良の薬だ. ~ de herbolario ハーブ医薬品. A grandes males, grandes ~s.《諺》大病には荒療治. ❸《主に中南米》売薬〔=preparado〕. ❹ 助け, なぐさめ: Busca ~ en tus amigos. 君の友人たちに助けてもらいなさい. ❺ [金貨・銀貨の] 公差

a ver qué ~《俗用》[返答で強意の肯定] もちろん、そのとおり

ni para un ~《口語》全く[…ない]: Eran las fiestas de la ciudad y no se encontraba una habitación ni para un ~. 町は祭りで一部屋も見つからない

no haber más (otro) ~ **que**+不定詞 …するよりほかに仕方がない: La rueda del coche está muy gastada. No hay más ~ que cambiarla. 車のタイヤがすり切れている. 交換するよりほかに仕方がない. No había más ~ que operar. 手術以外に方法がなかった. Ya sé que no querías ir, pero no hubo más ~ que. 君が行きたくなかったのは分かっているが、ほかに仕方がなかったんだよ

no haber ~ 方法がない、処置なしである: No hay ~ para esto. これには打つ手がない

no quedar más (otro) ~ **que**+不定詞 =**no tener más (otro)** ~ **que**+不定詞: No nos queda otro ~ que aguantarnos. 私たちは我慢するより仕方がない

no quedar ~ =**no tener** ~

no tener más (otro) ~ **que**+不定詞 [人・事物が] …するよりほかに仕方がない: No tenía más ~ que estar de acuerdo con su decisión. 私は彼の決定に賛成するよりほかはなかった. Vinieron de visita y no tuve más ~ que atenderlos. 彼らが訪ねて来たので私が応接せざるを得なかった

no tener ~ [改善・矯正などの] 手段がない: El error ya no tiene ~, pero debemos analizarlo para que no se repita. そのミスはもうどうしようもないが、二度と繰り返さないように究明する必要がある. No tienes ~: ni una sola vez llegas puntual. 君にはお手上げだ. ただの一度も時間どおりに来ためしがない

poner ~ **a**+事 …を解決する: Acudió al médico para poner ~ a sus jaquecas. 彼は頭痛を治してもらうために医者に行った. Si no le ponen ~ a la situación, el problema irá a más. その状況を何とかしなければ問題はもっと悪くなるだろう

¡Qué ~**!**《口語》仕方がない!: No entiendo cómo soportas a esos vecinos. ―¡Qué ~! 君はどうしてそんな隣人に我慢しているんだ?―だってどうしようもないんだ!

~ **casero** 1) 素人療法; 民間薬: A mi abuela no le gusta tomar medicamentos recetados, y prefiere los ~s caseros. 祖母は医者が処方した薬ものを嫌がり、民間療法に頼ろうとする. 2) 容易な解決策: Mi tía conoce un ~ casero para quitar las manchas de tinta. 伯母はインクのし

みを落とす方法を知っている

ser peor el ~ **que la enfermedad** 解決策がかえって事態を悪化させる: El ~ es peor que la enfermedad.《諺》打った手の方がかえって危ない. Quiso ayudarme, pero fue peor el ~ que la enfermedad. 彼は私を助けようとしたが、ありがた迷惑だった

sin ~ どうしようもない; 仕方なく: El tiempo se nos escapa sin ~. 時間は情け容赦なく過ぎ去って行く. Es un charlatán sin ~. 彼はしようもないおしゃべりだ. situación sin ~ お手上げの状況

remedión [r̄emedjón]《男》《廃語. 演劇など》代替の演員

remedir [r̄emeðír] 35《他》測り直す, 再測定する

remedo [r̄emédo]《男》❶ 物真似: hacer ~s de los profesores 先生たちの物真似をする. ❷《軽蔑》[お粗末な] 模倣: En este pintor todo es un ~ de la obra de Miró. この画家の作品はすべてミロの真似だ

remejer [r̄emexér]《他》《文語》取り除く

remellar [r̄emeʎár]《他》[皮の] 毛を削り取る、こそげる

remembranza [r̄emembránθa]《女》《文語》思い出, 記憶

remembrar [r̄embrár] 23《他》《まれ》思い出す

rememoración [r̄ememoraθjón]《女》《文語》思い出すこと, 記憶

rememorar [r̄ememorár]《他》《文語》思い出す〔=recordar〕

rememorativo, va [r̄ememoratíβo, βa]《形》《文語》思い出させる

remendado, da [r̄emendádo, ða]《形》《西》[動物皮が] ぎざぎざの斑点模様のある
―《男》修理; [衣服の] 修繕

remendar [r̄emendár]《←re-+ラテン語 emendare「欠点を直す」》23《他》❶ [衣服などを] 繕う、継ぎを当てる: En la playa unos ancianos están remendando las redes de pesca. 浜べで老人たちが漁網を繕っている. ~ la camiseta y los pantalones シャツとズボンの繕いものをする. ❷ 修理する、修繕する. ❸ [一般に] 直す、修正する: ~ un escrito 文書を手直しする. ❹ 補う, 補足する

remendería [r̄emendería]《女》《集名》《印刷》端物の仕事

remendón, na [r̄emendón, na]《←remendar》《形》《名》❶ 靴直し職人〔=zapatero ~〕; 仕立て直し職人〔=sastre ~〕. ❷《時に軽蔑》修理専門の

remenear [r̄emeneár] ~**se**《まれ》[気取って] 肩を揺さって(腰を振って) 歩く

remeneo [r̄emenéo]《男》[踊りなどでの] 連続した速い動き

remeneón [r̄emeneón]《男》《ドミニカ、プエルトリコ. 俗語》激しい揺さぶり

remensa [r̄eménsa]《女》《歴史》移住税, レメンサ金〔カタルーニャの隷属農民が移動の自由を得るために領主に支払う税. 中世アラゴン・カタルーニャにおける6つの悪習 los Seis Malos Usos の一つ〕

de ~《カタルーニャ. 歴史》[中世, 農民が土地に縛られ] 農奴に近い生活を強いられていた

remense [r̄eménse]《形》《名》《地名》[フランスの] ランス Reims の〔人〕

remera[1] [r̄eméra]《←remo》《女》❶《鳥》風切り羽. ❷《ラプラタ》Tシャツ

remero, ra [r̄eméro, ra]《名》漕ぐ人, 漕ぎ手〔船頭〕

remesa[2] [r̄emésa]《←ラテン語 remissa「送付」》《女》❶《集名》[一回分の] 発送品: Ha llegado la ~ de material. 発送された資材が届いた. ❷ 送金〔=~ de dinero〕: ~ de emigrantes 移民からの送金. ~ de utilidades 利潤送金. ❸ 発送: hacer una ~ con las mercancías 商品を発送する. ❹《メキシコ》~ de fondos 決済

remesar [r̄emesár]《他》《まれ》❶ 発送する, 送付する; 送金する. ❷ [相手の髭・ひげを] 何度も引っ張る
― ~**se**《まれ》[自分の髪・ひげを] 何度もかきむしる(引き抜く)

remesón [r̄emesón]《男》❶《馬術》短距離のギャロップと急停止. ❷《フェンシング》相手の剣に自分の剣を滑らせて腕を伸ばす技. ❸ 髪・ひげを引き抜くこと; 引き抜かれた毛

remesonero, ra [r̄emesonéro, ra]《形》《アルゼンチン》[馬が] ギャロップの方ぞろいの

remeter [r̄emetér]《←re-+meter》《他》❶ [出てきた場所に] 戻す. ❷ [+en に] 押し込む: ~ los cables en la caja ケーブルを箱に押し込む. ~ las mantas 毛布の縁をマットレスの下にはさむ

❸ [赤ん坊の] おしめの下に当てる布 metedor を取り替える
── se 入り込む
remezón [r̃emeθón] 男 ❶《中南米》軽度の地震; 地鳴き; 突然の揺れ; 思いがけない出来事. ❷《チリ.口語》叱責; 殴打
remiche [r̃emítʃe] 男《古語》❶ [ガレー船の漕役刑囚が座る] ベンチとベンチの間隔. ❷ オールのもっとも舷側寄りに配置された漕役刑囚
remichero, ra [r̃emitʃéro, ra] 形《グアテマラ》よく騒ぐ; 手に負えない
remiel [r̃emjél] 男 サトウキビから2度目に採る糖蜜
remiendo [r̃emjéndo]《←re-+ラテン語 mendum》男 ❶ 継ぎ布, 当て切れ: El niño llevaba un pantalón lleno de ~s. 老人はつぎはぎだらけのズボンをはいていた. ❷ [応急的な] 修理, 修繕: Con este ~ el coche tirará otro año. こうして修理しておけば車はあと1年くらいは何とかもつだろう. No hay mejor ~ que el del mismo paño. 《諺》自分でするのが一番だ. ❸ 継ぎ足し, 補充, 補足. ❹ [動物の皮の] ぶち, まだら. ❺ [マントなどの左側に縫いつけた] 騎士団の記章. ❻ [印刷] 端物印刷
a ~ s 断続的に
echar un ~ a la vida 軽食をとる; ボカディージョ bocadillo を食べる
ser ~ de otro paño 別のことである
rémige [r̃émixe] 女《鳥》風切り羽 [=remera]
remigio [r̃emíxjo] 男《トランプ》ラミー
remilgadamente [r̃emilɣáðamente] 副 お上品ぶって, 偉ぶって
remilgado, da [r̃emilɣáðo, ða]《←remilgo》形 お上品ぶった, 偉ぶった
remilgar [r̃emilɣár] 他 ─ se ❶《主に女性が》お上品ぶる, 偉ぶる. ❷《アンダルシア》自分の服の袖・裾をまくり上げる
remilgo [r̃emílɣo]《←re-+ラテン語 mellicus》男《主に 複》❶ [過度の] 上品ぶった仕草: El niño no dejó de hacer ~s durante la cena. その子は夕食中ずっとお上品にふるまい続けた. ❷ 好みうるさ, 細かいことへのこだわり: No hace ~s a ninguna clase de trabajo. 彼はどんな仕事でもこだわりはない
don (doña) R~s《戯謔》偉そうにふるまう男 (女)
remilgoso, sa [r̃emilɣóso, sa] 形 ❶《地方語》=remilgado. ❷《メキシコ》ささいなことを気にする; 気まぐれな
remilitarizar [r̃emilitariθár] 他 再軍備する
remillón [r̃emiʎón] 男《ベネズエラ》あく取り用の網じゃくし [=espumadera]
remineralizar [r̃emineraliθár] 他《医学》ミネラルを補給する
rémington [r̃émiŋɡton] 男 レミントン銃
reminiscencia [r̃eminisθénθja]《←ラテン語 reminiscentia》女 ❶ おぼろげな記憶, 追憶, 名残, 面影; 思い出させるもの: La película le traía algunas ~s de su viaje a Egipto. その映画は彼にエジプト旅行のかすかな思い出をいくつか呼びさました. ❷ [主に 複. 芸術作品・建造物などにおける] 無意識の借用, 影響: Esta iglesia tiene ~s del arte románico. この教会堂はロマネスク芸術の香りをとどめている. ❸《哲学》想起
reminiscente [r̃eminisθénte] 女 [+de を] 思い出させる; おぼろげな記憶の
remirado, da [r̃emiráðo, ða] 形 慎重な;《軽蔑》上品ぶった, 気取った, 気難しい
remirar [r̃emirár]《←re-+mirar》他《口語》再び見る; よく見る: He mirado y *remirado* en Internet, pero no veo una solución. 私はインターネットをよく調べたが解決法は見つからない
── se ❶ 入念にする. ❷ 楽しんで (満足しながら) 見る
remisamente [r̃emísamente] 副 不承不承, ぐずぐずと
remise [r̃emíθ] 男/女《ラプラタ》ハイヤー
remisería [r̃emisería] 女《ラプラタ》ハイヤー会社
remisero, ra [r̃emiséro, ra] 男《ラプラタ》ハイヤーの運転手
remisible [r̃emisíβle] 形《法律》罪が許され得る, 免除され得る
remisión [r̃emisjón]《←ラテン語 remissio, -onis》女 ❶《文語》[+a 他の箇所への] 参照, 送り, 送付: En esta página hay una ~ *al* primer capítulo. このページには第1章を参照せよとの注がある. *remisiones a* l pie de página 脚注. ❷ [病気・苦痛などの] 一時的鎮静, 小康状態: 1) ~ *de* la fiebre 一時的に熱が下がること. 2) ~ *de* fase *de* ~.《医学》寛解期 [=fase de ~]. ❸《宗教, 法律》赦免, 許し [=perdón]; 特赦: ~ *de* los pecados 罪の許し. ❹ ~ *de* deuda por el trabajo 労働による借金の返済. ❺ 送ること, 発送

sin ~《口語》不可避的に, どうしようもなく
remisivamente [r̃emisíβamente] 副 [人・場所・時間などを] 参照させて, 明示して
remisivo, va [r̃emisíβo, βa] 形 参照させる, 参照用の
remiso, sa [r̃emíso, sa]《←ラテン語 remissum < remittere「送る, 静める」》形 ❶ [+a に対して] 消極的な, やる気のない: El caballo se mostró ~ *a* saltar. 馬は跳ぶのを嫌がった. ❷ 動きの鈍い, 不活発な
── 男《アンデス》徴兵忌避者
remisor, ra [r̃emisór, ra] 形 名《中南米》荷主 [の], 差出人 [の] [=remitente]
remisorio, ria [r̃emisórjo, rja] 形 [罰・義務などを] 免除する権限のある
── 女 [主に 複. 事件・囚人の] 他の裁判所への移送命令書 [=letra ~]
remite [r̃emíte]《←remitir》男《手紙》差出人の名前と住所 [の表記]: carta sin ~ 差出人の名前のない手紙
remitente [r̃emiténte]《←ラテン語 remittens, -entis》形 ❶《手紙》送り主の, 荷主の. ❷《医学》[熱が] 出たり引いたりする
── 名《手紙》差出人, 発送人 [⇔destinatario]; 荷主: Devuélvase al ~. [配達不能の場合に] 差出人にご返送ください
── 男《手紙》差出人の名前と住所 [=remite]
remitido [r̃emitíðo] 男《主に中南米》[新聞に有料で掲載してもらう] 記事, 通知
remitir [r̃emitír]《←ラテン語 remittere「送る, 放す」》他 [+a に] ❶《文語》発送する, 送る: Adjunto les *remitimos* planos del proyecto. 計画の図面を同封します. ❷ [本の中で他の箇所を] 参照させる: El autor nos *remite* a la página 25 del libro. 著者は読者に25ページを参照するよう指示している. ❸ [決定・回答などを] 任せる. ❹《宗教》[罰・義務などを] 免除する. ❺《まれ》延期する, 一時中断する
── 自 ❶ [発熱などが] おさまる: Le *ha remitido* la fiebre. 彼は熱が下がった. ❷ [+a に] 参照するようにいう: Esta llamada *remite a* la bibliografía final. この記号は巻末文献の参照を指示している
── se ❶ [いったん自分の意見などを述べた上で] それが事実や他の意見などによって同様に表されていることを訴えるために, +a を] 参考にしてほしいと言う, 見てほしいと訴える: Me *remito a* lo dicho por el presidente. 私の言いたいことについては, あとは会長の発表を参考にしてほしい. *A* las pruebas (los hechos) *me remito*. 証拠 (事実) が明らかに物語っている. ❷ [+a に] 委ねる, 従う: Me *remití a* la decisión de mi hermano. 私は兄の決定に従うことにした
remo [r̃émo]《←ラテン語 remus》男 ❶ 櫂(かい), オール: sacar los ~s オールを引き入れる. ❷《スポーツ》ボート競技, 漕艇. ❸ [主に 複. 動物の] 脚, [鳥の] 翼,《戯謔》[人の] 腕, 脚. ❹ [ガレー船での] 漕役刑. ❺ 労苦, 苦難. ❻《カナリア諸島》ブランコ
a ~ y a vela あらゆる手段を使って, できる限りの手だてを講じて
a ~ y sin sueldo 徒労に
a ~ y vela《古語》素早く, 敏速に
a(l) ~ 1) 漕いで, オールで. 2) 苦労して, 苦難を味わって
meter el ~ いらぬおせっかいをする
Remo [r̃émo] 男《ローマ神話》レムス《古代ローマの建国者ロムルス Rómulo の双子の弟》
remoción [r̃emoθjón]《←remover》女 ❶《主に中南米》取り除き, 解任, 罷免: ~ *de* tatuajes 入れ墨の除去. ❷ ~ *del* impuesto 租税回避
remodelación [r̃emoðelaθjón] 女 ❶ 改造, 改編: ~ *del* gobierno 内閣改造. ❷ 改築, 改装
remodelado [r̃emoðeláðo] 男 =remodelación
remodelaje [r̃emoðeláxe] 男《まれ》=remodelación
remodelar [r̃emoðelár] 他 ❶ …の形を作り変える; [組織を] 改造する, 改編する: El presidente quiere ~ la junta directiva del club. 会長はクラブの理事会の改変を望んでいる. ❷《建築》改築する: El ayuntamiento *remodeló* la plaza. 市は広場を改造した
remojadero [r̃emoxaðéro] 男《麻・タラなどを》水に浸す場所
remojar [r̃emoxár]《←re-+mojar》他 ❶ 浸す, ぬらす: ~ la galleta en leche ビスケットをミルクに浸す. ❷ ~ la ropa en agua antes de lavarla 洗う前に洗濯物を水につける. ❸《口語》[+事 に] 祝杯をあげる: Este ascenso habrá que ~lo.

この昇進を祝って一杯飲まなければなるまい. ❸《中南米》チップを渡す;《メキシコ》わいろを渡す
—— ~se [自身(の部位)を] 浸す, ぬらす: Entré en el baño, me remojé la cara, me peiné y salí. 私は洗面所に入り, 顔をさっと洗い, 髪をとかし, 外に出た. Ellos nunca se remojaron los pies en el agua. 彼らは決して足を水に入れなかった. ir a ~se 泳ぎに行く

remojo [r̃emóxo]【←remojar】男 ❶ [水に] 浸すこと. ❷ 祝杯をあげること. ❸《メキシコ, コロンビア》1) デビュー【=estreno】. 2) デビュー(接待)への招待. ❹《メキシコ》[衣類などの] 使い初め. ❺《パナマ, キューバ》お礼の贈り物; チップ
a ~ =en ~
echar... en ~ …の機が熟するのを待つ
en ~ 水の中に: poner (dejar) *en ~* el bacalao [塩抜きのために] タラを水につける

remojón [r̃emoxón]【←remojar】男 ❶《口語》[水で] ぬれること: Voy a darme un ~, me pinto, me peino y me cambio. 私はちょっとシャワーを浴びて, お化粧して, 髪をとかして, 着替えてくる. ❷《料理》1)《地方語》サラダの一種. 2)《アンダルシア》酢油・ミルクなどに浸したパン. ❸《メキシコ》[衣類などの] 使い初め

rémol [r̃émol] 男《魚》ブリル《カレイ目の一種. 学名 Scophthalmus rhombus》

remolacha [r̃emolátʃa]【←伊語 remolaccio】女《植物》ビート, テンサイ(甜菜): ~ azucarera サトウダイコン, テンサイ. ~ forrajera カチクビート

remolachal [r̃emolatʃál] 男 =remolachar
remolachar [r̃emolatʃár] 男 ビート畑
remolachero, ra [r̃emolatʃéro, ra] 形名 ❶ ビートの, テンサイの. ❷ ビートを栽培(販売)する[人]

remolada [r̃emoláða] 女《料理》マヨネーズに小キュウリ・パセリ・ネギ・エストラゴンなどを混ぜアンチョビ・エッセンスで香りをつけたソース

remolar [r̃emolár] 男 ❶ 櫂作り職人. ❷ 櫂作りの仕事場

remolcador, ra [r̃emolkaðór, ra] 形 牽引する; 曳航する
—— 男 ❶ レッカー車. ❷《船舶》引き船, タグボート〖=buque ~〗: ~ de puerto 港内曳船, ハーバー・タグ. ~ de altura 海洋曳船, オーシャン・タグ

remolcar [r̃emolkár]【←俗ラテン語 remulcare < remulcum < ギリシア語 rhymulkeo「私は曳航する」< rhyma「曳航索」+holkos「引っ張ること」】他 ❶ 牽引する: La grúa *remolcó* el coche averiado. レッカー車が故障車を引っぱった. ❷《船舶》曳航する. ❸ 言いなりにさせる

remoler [r̃emolér] 29 他 ❶ よく碾(ひ)く, 粉砕する. ❷《ウエルバ, ラ・パルマ, テネリフェ》反芻する. ❸《グアテマラ, ペルー》悩ませる, うんざりさせる
—— 自《ペルー, チリ. 口語》どんちゃん騒ぎをする, 浮かれ騒ぐ

remolido [r̃emolíðo] 男 洗粒を要する鉱物粒
remolienda [r̃emoljénda] 女《ペルー, チリ. 口語》どんちゃん騒ぎ
remolimiento [r̃emolimjénto] 男 よく碾くこと, 粉砕
remolinar [r̃emolinár] 自, ~se 渦を巻く. ❷ ひしめき合う
—— 他 渦を巻かせる

remolinear [r̃emolineár] 他 渦を巻かせる
—— 自, ~se 渦を巻く; ひしめき合う【=remolinar】

remolino [r̃emolíno]【←remolinar】男 ❶ 渦巻: levantar ~s de polvo 埃を巻き上げる. ~ de aire つむじ風, 竜巻. ❷ [髪などの] つむじ. ❸ 人波, 雑踏: Un ~ de gente rodeaba al cantante. 人の渦が歌手を取り巻いていた. ❹ 混乱, 無秩序: ~ de la gran ciudad 大都会のめまぐるしさ. ❺《チリ, アルゼンチン, ウルグアイ. 玩具》風車
—— 共《口語》落ち着きのない人

remollada [r̃emoláða] 女《地方語》山積み【=montón】
remolón¹ [r̃emolón] 男 ❶ [イノシシの上顎の] 牙. ❷ [馬などの] 臼歯の上部
remolón², na [r̃emolón, na]【←古語 remorón < remorar「遅れる」】形 名《口語》働きたがらない[人], 横着者[の人]: No seas ~. ぐずぐずするな
hacerse el ~ 《口語》すべきことをしない, 横着をする: No te hagas el ~ y ponte con los deberes. ぐうたらしていないで宿題に取りかかりなさい

remolonear [r̃emoloneár] 自《口語》❶ 働きたがらない, 横着をきめこむ. ❷ [用事があるかのように人の回りを] うろつく

remolque [r̃emólke]【←remolcar】男 ❶ トレーラー: ~ de camping キャンピングカー. casa ~ トレーラーハウス. ❷ 牽引; 曳航. ❸ 引き綱; 曳航索. ❹ 牽引(曳航)されるもの. ❺《南米》レッカー車
a ~ 1) [+de に] 牽引されて; 曳航されて: Las pateras llegan *a ~* de la lancha de salvamento. 小舟は救助艇に曳航されて到着する. 2) …の言いなりになって. 3) 無理やり〖=a la fuerza〗: Los niños estaban tan entusiasmados jugando en el parque, que tuve que sacarlos de allí *a ~*. 子供たちは公園で遊びに夢中だったので, 私は彼らを無理やり引きずり出さなくてはならなかった
dar ~ 曳航する

remondar [r̃emondár] 他 ❶ 再び清掃する; 念入りに清掃する. ❷ 再び剪定する

remonta [r̃emónta] 女 ❶《軍事》1) 補充用の馬(ラバ)の施設. 2) [補充用の] 馬(ラバ)の買付(飼育・世話). 3) [各部隊に] 割り当てられた馬, ラバ; 予備馬, 補充馬. ❷ [乗馬ズボンの] 当て布(革). ❸ 鞍に詰め物をすること; その詰め物. ❹ [履物の] 張替え, 修理

remontado, da [r̃emontáðo, da] 形《まれ》[知的・道徳的に] 高い
—— 女《主にスポーツ》順位が上がること

remontadora [r̃emontaðóra] 女《コロンビア》靴の修理店
remontaje [r̃emontáxe] 男《まれ》[時計などの] ねじを巻くこと
remontamiento [r̃emontamjénto] 男 [軍隊などへの] 馬の補充

remontar [r̃emontár]【←re-+montar】他 ❶ [坂・傾斜を] 登る, 登り切る; [船で・泳いで川を] さかのぼる: Los salmones *remontan* los ríos donde nacieron. サケは生まれた川をさかのぼる. ❷ [障害・困難を] 克服する: ~ las desgracias familiares 家庭内の不幸を乗り越える. ❸ [空中を] 上昇させる: ~ una cometa 凧を揚げる. ❹《主にスポーツ》1) [試合に] 勝つ. 2) [順位を] 上げる: Poco a poco iba *remontando* posiciones hasta que rodaba ya en la tercera posición. 彼は徐々に順位を上げていって, もう3位を走っている. ❺《狩猟》[獲物を山奥へ] 狩り立てる, 追い立てる. ❻ [軍隊などに] 馬を補充する. ❼ [鞍に] 詰め物をする. ❽ [履物の本体・底などを] 張り替える, 修理する. ❾ [ズボンの尻と腿に] 継ぎを当てる. ❿《まれ》[時計などの] ねじを巻く
—— ~se ❶ [鳥・飛行機などが] 高く上昇する. ❷ [+a 過去に] さかのぼる; 起源を持つ: La historia del café *se remonta al* siglo XIII. コーヒーの歴史は13世紀にさかのぼる. ❸ [+a+金額 に] 達する. ❹ [ワインが瓶詰めされてから時間がたって] 変質する. ❺ 立腹する, いら立つ. ❻ [奴隷・先住民が] 山に逃げ込む(隠れる)

remonte [r̃emónte]【←remontar】男 ❶ [スキー場の] 昇降装置〖リフト, ロープトウなど〗. ❷ 上昇, さかのぼること; 克服. ❸ 短いラケット cesta を使うペロータ pelota. ❹《地方語》[大がかりな] 修繕

remontista [r̃emontísta] 形 名 短いラケットを使うペロータの[プレーヤー]

remontuar [r̃emontwár]【←仏語 remontoir】男 竜頭[付きの懐中時計]

remoque [r̃emóke] 男《口語》辛辣(風刺的)な言葉; きわどい言葉

remoquete [r̃emokéte] 男 ❶《西. 口語》あだ名, 異名〖=apodo〗: poner ~ a+人 …にあだ名をつける. ❷《口語》痛烈(風刺)的な言葉. ❸ [げんこつによる] 殴打; 痛烈な皮肉. ❹《メキシコ》女性に言い寄ること, くどき

remoquetear [r̃emoketeár] 他《まれ》あだ名をつける

rémora [r̃émora] 女 ❶《魚》コバンザメ. ❷《文語》妨げ, 障害: Veía muy mal y eso era una ~ para sus estudios. 彼は視力が大変弱く, そのことが勉強への障害となった

remordedor, ra [r̃emorðeðór, ra] 形《まれ》後悔させる, 苦しめる, 苛(さいな)む

remorder [r̃emorðér]【←ラテン語 remordere】29 他 ❶ 後悔させる, 苦しめる, 苛む: Me *remuerde* haber sido tan duro con él. 私は彼に厳しすぎたと後悔している. ❷ しつこく噛む. ❸ [エッチングで] 再び酸で腐食させる
—— ~se [+de 羨望・嫉妬・屈辱感などで] 苦しむ, 苛まれる; 後悔する

remordimiento [r̃emorðimjénto] 男 後悔, 良心の呵責〖=~ de conciencia〗: Siento (Tengo) ~ por nada de lo que hice. 私はしたことを少しも後悔していない

remosquear [r̃emoskeár] **~se ❶**《口語》[他人の話などを聞いて]不審を抱く,話し合う. **❷**《印刷》[刷り上がったばかりの折り本が]インクの染みで汚れる

remostar [r̃emostár] 他《年代もののワインに》ブドウの果汁 mosto を加える
—— **~se ❶**[傷ついたブドウなどの房が,搾る前に]汁を出す,べとつく. **❷**[果実が互いに接触して]腐る. **❸**[ワインが]甘くなっている,ブドウ果汁の味がする

remostecer [r̃emosteθér] 39 自 **~se =remostarse**

remosto [r̃emósto] 男 **❶**[ワインに]ブドウ果汁を加えること. **❷**[傷ついたブドウなどの房が]汁を出すこと. **❸**[ワインが]甘くなっていること,ブドウ果汁の味がすること

remotamente [r̃emótamente] 副 **❶** ぼんやりと,漠然と: Me acuerdo ~ de lo sucedido. 私は起こったことをうっすらと覚えている. **❷**《まれ》遠方に; はるか昔に
ni ~ 全く[…ない]: No se parece *ni* ~ a su hermano. 彼は兄と全く似ていない. No se me ha ocurrido *ni* ~ la idea de marcharme. 私は辞去することなど考えたこともない

remotidad [r̃emotiđá(đ)] 女《中米》**❶** 遠方,遠い所. **❷** ありそうにないこと

remoto, ta [r̃emóto, ta]《←ラテン語 remotus < removere「離す」》形 **❶**[時間的に]遠い,遠く離れた: en el ~ Polo Sur はるか遠くの南極では. en tiempos ~s ずっと昔には. país ~ 遠い国. control ~ リモートコントロール《システム,装置》. **❷** 非常に困難な,ありそうにない: No existe la más ~*ta* posibilidad de... …する可能性は万に一つもない. **❸**[estar+. 人が]ほとんど覚えていない
ni por lo más ~ 決して[…ない]《=de ningún modo》: Jugando a la lotería no se remueve ningún número ni por lo más ~. 私は宝くじを買っても当たり番号にかすりもしない
no tener ni la más ~*ta idea* 全く分からない

remover [r̃emoβér]《←ラテン語 removere「離す」》29 他 **❶**[全体の一部を]動かす,かき混ぜる: ~ el café コーヒーをかき回す. **❷**[事件などを]ひっかき回す,詮索する: La prensa *removió* el asunto. 新聞は事件を調べ回った. **❸**《文語》[障害を]取り除く: El nuevo gerente *ha removido* a los antiguos empleados. 新支配人は古い社員たちを追い出した. **❹**[忘れられていたことを]再開する. **❺**《中米,エクアドル,チリ,アルゼンチン》[+de から]解任する,更迭する
—— 自 [+en を]詮索する: La policía *removió en* sus negocios y encontró las actividades ilegales. 警察は彼の事業を捜査し違法行為を発見した
—— **~se**[落ち着きなく・もぞもぞと]体を動かす: *Se removió en la cama.* 彼はベッドで体をごそごそさせた

removible [r̃emoβíβle]《←英語》形 取り外し可能な
——《情報》リムーバブルディスク《=disco duro ~》

removimiento [r̃emoβimjénto] 男 **❶**[全体の一部を]動かすこと,かき回し. **❷** 体を動かすこと. **❸**《中米,エクアドル,チリ,アルゼンチン》解任,更迭

remoyuelo [r̃emojwélo] 男《ログローニョ,エストレマドゥラ》ふすま,穀粉《=moyuelo》

remozamiento [r̃emoθamjénto] 男 若返り; 一新

remozar [r̃emoθár] 他《←re-+mozo》**❶**[…の外観を]新しくする: ~ la tienda 店の外装を変える. **❷** 若返らせる,若々しく見せる
—— **~se** 若返る; 新しくなる

remplazable [r̃emplaθáβle] 形 **=reemplazable**

remplazar [r̃emplaθár] 9 他 **=reemplazar**

remplazo [r̃emplá̃θo] 男 **=reemplazo**

remplón [r̃emplón] 男 *de* ~《地方語》突然に《=de repente》

rempujar [r̃empuxár] 他《俗語》押す,押しやる

rempujo [r̃empúxo] 男 **❶**《口語》押すこと; 押す力. **❷**《船舶》[帆を縫う時に手のひらにはめる]パーム

rempujón [r̃empuxón] 男《俗語》[強く]押すこと

remuda [r̃emúđa] 女 **❶** 交代,取替え《=remudamiento》. **❷** 着替え《服一式》

remudamiento [r̃emuđamjénto] 男 **❶** 交代,取替え; 移植. **❷** 着替え《行為》

remudar [r̃emuđár] 他《地方語》**❶** 交代させる; 取り替える. **❷** 植え替える,移植する
—— **~se**《地方語》衣服《下着》を着替える

remugar [r̃emuɣár] 8 自 **=rumiar**

remullir [r̃emuʎír] 21 他 入念に柔らかくする,よくほぐす

remunerable [r̃emuneráβle] 形 報われ得る,報われるべき

remuneración [r̃emuneraθjón] 女 **❶** 報酬,謝礼金: aumento de la ~ salarial 給料の増額. **❷** 報酬《謝礼》を与えること: La ~ es a fin de mes. 給料日は月末だ

remunerador, ra [r̃emuneraðór, ra] 形 名 **❶** 報酬を与える[人]. **❷** 金になる,もうかる《=remunerativo》

remunerar [r̃emunerár]《←ラテン語 remunerari < munus, -eris「贈り物」》他 …に報酬《謝礼》を与える,報いる: ~ la colaboración 協力に対して謝礼を払う. trabajo mal *remunerado* もうからない仕事

remunerativo, va [r̃emuneratíβo, ba] 形 金になる,もうかる: trabajo muy ~ 大変もうかる仕事

remuneratorio, ria [r̃emuneratórjo, rja] 形《法律》報酬的性質の,報酬代わりの

remusgar [r̃emusɣár] 8 自 予感がする

remusgo [r̃emúsɣo] 男 **❶** 不安; 予感,疑い. **❷** 冷たい微風

remusguillo [r̃emusɣíʎo] 男 不安; 悪い予感

renacentismo [r̃enaθentísmo] 男 ルネサンス様式

renacentista [r̃enaθentísta] 形 名《歴史》[の芸術家]: Italia ~ ルネサンス時代のイタリア. estilo ~ ルネサンス様式

renacer [r̃enaθér]《←ラテン語 renasci》39 自 **❶** 再び生まれる; 生き返る,よみがえる: Las flores *renacen* en primavera. 花々は春に再生する. **❷** 活力を取り戻す,再び元気になる: Me siento ~. 私は生き返ったような心地だ. **❸**《カトリック》[洗礼によって]新生する

renaciente [r̃enaθjénte] 形《文語》再生《復活》した,勢いを取り戻した

renacimiento [r̃enaθimjénto] 男 **❶** 再生,復活: ~ de la naturaleza 自然のよみがえり. ~ de fe 信仰復興運動. **❷**《歴史》ルネサンス,文芸復興《運動, 時期》: 1)[R~] R~ italiano イタリアルネサンス. R~ en Cataluña **=renaixença**. 2)[形容詞的]estilo ~ ルネサンス様式. **❸**[芸術・文学・科学・経済的な]新興

renacuajo [r̃enakwáxo]《←古語 ranacuajo》男《動物》**❶** オタマジャクシ. **❷** 両生類の幼生
——**❶**《軽蔑,親愛》[活発な・落ち着きのない]子供,がき

renadío [r̃enaðío] 男[未熟なうちに刈り取った後]再び芽が出た畑

renaixença [r̃enaʃénθa]《←カタルーニャ語》女《歴史》[主に R~] カタルーニャ文芸復興運動《ルネサンス》《19世紀初頭から始まり,カタルーニャの独自文化発掘と言語の回復を目的とする》

renal [r̃enál] 形《解剖》腎臓の: insuficiencia ~ 腎不全. litiasis ~ 腎臓結石

renano, na [r̃enáno, na] 形 名《地名》ライン川 el río Rin 流域の[人]

rencilla [r̃enθíʎa]《←俗ラテン語 rencir「不平を言う」》女 **❶**[主に複]ちょっとした[けんか,いさかい: ~s familiares 家庭内のもめごと. **❷**《ログローニョ》後悔; 良心の呵責

rencillar [r̃enθiʎár] 自《アンダルシア》けんかし争う; 仲違いする

rencilloso, sa [r̃enθiʎóso, sa] 形 怒りっぽい,けんか早い

renco, ca [r̃énko, ka] 形 名[腰の障害で]足の不自由な[人]

rencojo [r̃enkóxo] 形《ラマンチャ,アンダルシア》[動物が]睾丸が片方しかない,下半に去勢された

rencollo [r̃enkóʎo] 形《アストゥリアス,エストレマドゥラ》**=rencojo**

rencontrar [r̃enkontrár] 28 他 **=reencontrar**

rencor [r̃enkór]《←古語 rancor < ラテン語 rancor, -oris「古くなっていること」》男 恨み,遺恨: Siento ~ contra él. 私は彼を恨んでいる

rencorosamente [r̃enkorosámente] 副 恨んで,恨みがましく

rencoroso, sa [r̃enkoróso, sa]《←rencor》形 [ser+]恨みっぽい,怒りっぽい: persona ~*sa* 根に持つ人. carácter ~ 執念深い性格. **❷**[estar+. +con・contra・hacia を]恨んでいる: Está ~ *conmigo*. 彼は私を恨んでいる. mirar con ojos ~s 恨みがましい目で見る

rencuentro [r̃enkwéntro] 男 **=reencuentro**

renculillo [r̃enkulíʎo] 男《キューバ》かんしゃく,不機嫌

renda [r̃énda] 女 **❶**《農業》2度目の鋤き起こし《鍬入れ》. **❷**[まれ]**=renta**

rendaje [r̃endáxe] 男[集名]《馬具》[手綱など]馬勒《ば》の革ひも

rendajo [r̃endáxo] 男《鳥》**=arrendajo**

rendar [r̃endár] 他《農業》2度目の鋤き起こし《鍬入れ》をする

rendibú [r̃endiβú]《←仏語 rendez-vous「デート」》男[複 **~es**]《西

rendición

hacer el ～ a+人《西》…にぺこぺこする，ご機嫌を取る: Él siempre está haciendo el ～ a su jefe. 彼はいつも上司のご機嫌取りをしている

rendición [r̃endiθjón] 安 ❶ 降伏，投降; [城市の] 明け渡し，開城: Un intenso bombardeo logró la ～ de la ciudad sitiada. 包囲された都市は激しい砲撃を受けてついに降伏した。El general negoció una ～ honorable. 将軍は名誉ある降伏となるよう交渉した。～ incondicional 無条件降伏。～ de Breda 『ブレダの開城』《ベラスケスの作品》。❷《政治》～ de cuentas [行政機関などによる国民への] 説明責任，アカウンタビリティ

rendida[1] [r̃endída] 安《チリ，中米》悪口雑言の連続: Me echaron una ～. 私はひどくののしられた

rendidamente [r̃endídamente] 副 ❶ 屈従して; 従順に，おとなしく: Cayó ～ a los pies de Eva. 彼はエバの足元にかがみこんだ。❷ José está ～ enamorado de ti. ホセは君にほれ込んでいる。❷ 疲れ切って，ぐったりと

rendido, da[2] [r̃endído, da] 形 ❶ 疲れ切った，ぐったりした: Estaba ～ de tanto trabajar. 彼は働きすぎてくたくただった。Lola volvió a casa ～da de fatiga. ロラはへとへとになって帰宅した。Se sentó ～da en el sofá, llorando. 彼女は泣きながら崩れるようにソファに座った。❷ 崇拝する; 従順な，親切な 《=galante》: Soy tu más ～ admirador. 僕は君に首ったけだ。Era una ～da seguidora del cantante. 彼女はその歌手の大ファンだった。Juan está ～ de amor. フアンは恋の虜になっている。❸ 屈従的な: Criticaron la actitud ～da del partido de la oposición ante el Gobierno. 野党が政府に対して弱腰なのが批判された

rendidor, ra [r̃endidór, ra] 形 ❶《主に中南米》生産的な，生産性の高い; 効率の良い; 大きな利益を上げる。❷《ラプラタ》[マテ茶が同量の葉で] 味のいい茶が多くいれられる

rendija [r̃endíxa] 《〈古語 rehendija <ラテン語 fendicula》安 [細長い] すき間; ～ de la persiana ブラインドのすき間。～ de la puerta [蝶番側の] ドアのすき間《参考》ノブの側は abertura》

rendimiento [r̃endimjénto] 男 ❶ 効率，性能; 生産性: El ～ de esta máquina es de 100 unidades al día. この機械は1日に100個の製品を製造する能力がある。Un abono adecuado aumentará el ～ de la tierra. この土地は適切な施肥をすれば地味がよくなるだろう。Las máquinas funcionan a pleno ～. 機械はフル稼働している。Este carburante es el de ～ más bajo. この燃料は一番燃費が悪い。de gran ～ 高性能の。❷ 収益: Sacó un excelente ～ a sus inversiones en bolsa. 彼は株への投資で大きな収益を上げた。No debemos esperar buenos ～s a corto plazo. 短期間で高い収益を上げることを期待してはならない。tasa de ～ 収益率。～ al vencimiento 最終利回り。～ constante a escala 規模に関して収穫不変。～ de la inversión 投資収益，利回り。❸ ～s crecientes (decrecientes) 収穫逓増 (逓減)。❸ [人の] 能率，能力; 成績: El problema afectó a su ～ en el trabajo. 彼はその悩みのせいで仕事の能率が悪くなった。El entrenador se queja del ～ físico de los jugadores. 監督は選手たちの身体能力に不満を持っている。Lola es una alumna con un buen ～ escolar. ロラは学校の成績が非常にいい。～ personal 人的効率。❹ 服従，従順; 従順さ; 崇拝，敬意; おもねり: Da muestras de un excesivo ～ ante la autoridad. 彼は上にあまりにも權威になびくきらいがある。Tanto ～ de su compañero acabó por irritarla. 彼女は同僚にあまりにも親切にされるので，いら立っていた

rendir [r̃endír]《〈ラテン語 reddere「返す，渡す」》 35 他 ❶ 打ち破る《=vencer》; 征服する，従属させる: Los españoles rindieron a su enemigo en esa batalla. スペイン軍はその戦いで敵を打ち破った。El sueño la rindió. 彼女は睡魔に負けた。❷ ひどく疲れさせる: La caminata rinde a cualquiera. 遠足で子供たちは疲れている。Estos niños rinden a cualquiera. この子供たちといると誰でも疲れ果てる。❸ 引き渡す，手放す: El autor del crimen rindió su arma a la policía. 犯人は警察に武器を差し出した。～ la plaza 要塞を明け渡す。～ la voluntad 意志を曲げる。❹ [信仰・崇拝の念を] 捧げる; [敬礼などを] する: El pueblo rindió homenaje al rey. 国民は王に忠誠を誓った。❺ [信仰などを] 提出する，納める: Cada año hay que ～ cuentas a Hacienda. 毎年，財務省に収支報告をしなければならない。❺ [船旅などを] 終える: Rendimos viaje a Vizcaya. 私たちはビスカヤで旅を終えた。

[利益を] あげる: Por fin el esfuerzo rindió sus frutos. 努力がついに実った。Este negocio no rinde lo que esperábamos. この取引は私たちが期待していたほどの利益は生まない。¿Crees que lo vas a ～ con tus ruegos? 君は懇願すればかなえうるものだと思っているのか？ ❽《コロンビア》水で薄める ❾《チリ，アルゼンチン，ウルグアイ》…の試験を受ける: Tengo que ～ física en marzo. 私は3月に物理の試験を受けなければならない

—— 自 ❶ 利益をあげる; よい効果(成績)をあげる: [事物が] Voy a vender el negocio, porque no rinde. 私はもうからないので店を売却するつもりだ。Me ha rendido mucho esta mañana. 私は今朝は大変有意義に過ごした。¡Que te rinda! 君がうまくいくことを祈っている！ Trata de hacer ～ el gasto. 石けんを長持ちさせなさい。❷ [人が] Rinde más en tus estudios. 勉強でもっといい成績をとりなさい。❷《中南米》[食物が] 調理によって] ふくらむ: Este arroz rinde mucho. この米はたくさんふくらむ

—— ～se ❶ [+a·ante] 降伏する; 屈する，従う: Levanten las manos y ríndanse a la autoridad. 手を挙げて警察に降伏しなさい。Me rindo ante ti. まいった/降参だ。No nos rendiremos. 私たちは降参しない。Estaba a punto de ～se a la seducción del diablo. 彼はもう少しで悪魔の誘いに屈するところだった。No te rindas ahora que estás tan cerca de lograr lo que querías. もう少しで望みがかなうのだから，今あきらめてはいけない。❷ [+de] 疲れ切る，ぐったりする: Todos están rendidos del calor. みんな暑さでばてている。❸ [+a·ante] 魅せられる，屈し込む; 感動する: Nada más conocerlo me rendí ante sus ojos verdes y profundos. 私は出会ってすぐ彼の緑色の深みのある瞳にとりこになった。Ante tales halagos tuyos no tengo más remedio que ～me. そんなにおだてられては私も君の言うことを聞かざるを得ない。❺ 認める，受け入れる: Por fin el Gobierno se rinde a la verdad. 政府はついに事実をごまかしきれなくなった。El presidente se rindió ante la evidencia y admitió el cambio. 大統領は証拠の前に屈し，変革を承認した

rene [r̃éne] 安《まれ》腎臓《=riñón》

renegado, da [r̃enegádo, da] ❶ 背教者(の); [特に] イスラム教に改宗した(キリスト教徒)。❷ [一般に] 改宗者(の)，転向者(の)。❸ 気難しく悪口ばかり言う(人)

—— 男《トランプ》オンブル《=tresillo》

renegador, ra [r̃enegadór, ra] 形 名《まれ》しばしば悪口を言う(冒瀆の言葉を吐く)(人)

renegar [r̃enegár]《←re+negar》 8 23 →negar 自 [+de] ❶《信仰など》を捨てる《特にキリスト教からイスラム教に改宗する》: ～ del catolicismo カトリックを棄教する。❷ 嫌う; [家族として] 認めない: ～ de su hija 娘を勘当する。❸ [ひとりごとのように] 不平を言う: ～ del frío 寒いとぶつぶつ言う。❹ 冒瀆する，のろしむ，悪態をつく。❺《口語》[人の] 悪口を言う —— 他《〈まれ》[信仰などを] 捨てる。❸《地方語》…に怒る

renegociación [r̃enegoθjaθjón] 安 [条約・契約の] 改定交渉，再交渉

renegociar [r̃enegoθjár] 10 他 …の改定交渉をする，再交渉する

renegón, na [r̃enegón, na] 形 名《口語》不平屋(の)，ぶつぶつ文句ばかり言う(人)

renegrear [r̃enegreár] 自 ひどく黒ずむ，どす黒くなる

renegrido, da [r̃enegrído, da]《←re+negro》 形 ❶ 黒ずんだ，どす黒い: El techo está ～ por el humo de la chimenea. 天井が暖炉の煙で黒ずんでいる。❷《中南米》真っ黒な

—— 男《鳥》テリパネコウウチョウ

RENFE [r̃énfe] 安《略語》←Red Nacional de Ferrocarriles Españoles スペイン国営鉄道

rengífero [r̃engífero] 男《動物》=rangífero

rengle [r̃éngle]《←カタルーニャ語》男 列《=ringlera》

renglera [r̃englera] 安 列《=ringlera》

rengliz [r̃englíθ] 安《地方語》すき間《=rendija》

renglón [r̃englón]《〈古語 reglon < regla「行」》男 ❶ [文章の] 行: Es muy difícil explicar en unos renglones 3.000 años de historia. 3千年の歴史を数行にまとめて説明するのは非常に難しい。poema de cinco renglones 5行の詩。al final de un ～ 行末に。～ doble ダブルスペース。❷《口語》[短い] 記事，文書，書き物，印刷物: Te mandaré (pondré) unos renglones. 一筆書きする。❸ [収入・支出などの] 項目; 品目: ～ de las

importaciones 輸入品目. ❹《まれ》罫線
a ~ seguido［それなのに］すぐ, 引き続いて: Dijo que se quedaba y a ~ seguido se marchó sin dar explicaciones. 彼は残ると言って, その後すぐ何も説明せずに出かけた
dejar (quedarse) entre renglones なおざりにする（される）
entre renglones 言外に, 行間を〔=entre líneas〕
estos pobres renglones《文語》これらのつまらない殴り書き, 拙文

renglonadura [r̃englonaðúra]女《集名》〔用紙の〕罫, 罫線
rengo, ga [r̃éŋgo, ga]形《主に中南米》=**renco**
rengue [r̃éŋge]男《キューバ, ベネズエラ》品質の悪い布, 透き通った布
renguear [r̃eŋgeár]自《主に中南米》足を引きずって歩く. ❷《アルゼンチン》女の尻を追いかける
renguera [r̃eŋgéra]女《中南米》足の障害
reniego [r̃enjégo]男〔←**renegar**〕《口語》〔主に *pl.*〕怒った時・命じられたことをしたくない時の〕呪いの言葉, 悪態; 文句, 不平. ❷ 冒瀆（冒神）の言葉. ❸《ログローニョ》叱責
reniforme [r̃enifórme]形 腎臓のような形の
renil [r̃eníl]男 oveja ~ 不妊化した雌羊
renio [r̃énjo]男《元素》レニウム
renitencia [r̃eniténθja]女 ❶〔膚の〕張り, つややかさ. ❷ 嫌悪, 反感
renitente [r̃eniténte]形《まれ》抵抗（反対）する
reno [r̃éno]男《動物》トナカイ
renombrado, da [r̃enombráðo, ða]形〔←**renombre**〕名高い, 有名な: ~ *bandolero* 有名な盗賊
renombre [r̃enómbre]男〔←*re-+nombre*〕❶ 名声, 評判: Su ~ ha trascendido incluso más allá de las fronteras. 彼の名声は外国にまでも伝わっていた. adquirir gran ~ 名声を博する. ❷ 通り名, あだ名, 異名
de ~ 名高い, 有名な: periodista *de* ~ 高名なジャーナリスト
renovable [r̃enoβáβle]形 [ser+] ❶ 更新され得る: Este permiso es ~ por (cada) un año. この許可は1年ごとに更新可能だ. Este compromiso tendrá una duración de seis años y no será ~. この協定は6年間有効で更新されない. *crédito* ~ 回転信用, リボルビング・ローン. ❷ 再生可能な: El petróleo es un recurso natural agotable, no ~. 石油という天然資源はいつまでもあるわけではない. *energía* ~ 再生可能エネルギー. *recursos no* ~*s*〔化石燃料のような〕再生不能な資源. *recursos* ~*s* 再生（リサイクル）可能な資源
renovación [r̃enoβaθjón]女 ❶ 更新, 刷新: Mañana me encargaré de la ~ del pasaporte. 私は明日パスポートの更新手続きをするつもりだ. ¿Qué trámites son necesarios para la ~ del carné de conducir? 運転免許の更新にはどんな手続きが必要ですか? El equipo cerró ayer la ~ de las *renovaciones* de los tres jugadores hasta 2017. そのチームは昨日3人の選手の契約を2017年まで更新した. ~ *del contrato* 契約更新（更改）. ❷ 新たなる（なること）: La hoguera de San Juan es un símbolo de ~ espiritual. 聖ヨハネ祭の火は精神的よみがえりの象徴である. ❸ 入れ替え; 修復, 改装, 改造, リノベーション: La ~ de los puestos va a dar más vitalidad al Gobierno. 閣僚の入れ替えによって政府は活力を増すだろう. Es necesaria una ~ anual del filtro. 年に1回フィルターの交換が必要だ. ~ *total de las existencias* 在庫の一掃, 大棚ざらえ. ❹ 再開: ~ *de los ataques* 攻撃の再開. ❺《歴史》*R* ~ Española スペイン改革党〔1933–36年, カルボ・ソテロ Calvo Sotelo を党首とする君主制擁護の保守政党〕
renovador, ra [r̃enoβaðór, ra]形 ❶〔芸術運動などを〕革新する〔人〕. ❷ 新しくする
renoval [r̃enoβál]男 ❶〔株・枝の切り口から〕新芽の出た林. ❷《メキシコ》休耕後4年を経た潅木地. ❸《チリ, アルゼンチン》〔自生の〕若い木々の林
renovar [r̃enoβár]他〔←ラテン語 *renovare < re-+novare < novus*「新しい」〕[28]他 ❶ 更新する: Tengo que ~ el permiso de conducir. 私は免許証を更新しなければならない. *Renovaremos* el contrato por dos años más. 契約をもう2年更新しよう. ❷ 新しくする, 刷新する: Lola *ha renovado* su imagen con un nuevo peinado. ロラは髪型を変えてイメージチェンジした. Ese escritor *renovó* la literatura de su época. その作家は彼の時代の文学を刷新した. ❸ 再開する, 復活させる, 再生させる, や

り直す; 繰り返す, 反復する: La caravana *renovará* la marcha al amanecer. 夜が明けると隊商はまた旅を続けるだろう. La primavera *renueva* el verdor de los campos. 春になると野原は再び緑になる. Pepe *renovó* sus peticiones, pero no le hicieron caso. 彼はまた頼みをきいてほしいと言い始めたが, 相手にされなかった. Los dos *renovaron* la amistad. 2人は友情を復活させた. Después de un breve descanso, el caminante reemprendió el camino con *renovados* ánimos. そのハイカーは少し休憩をとって元気を回復させ, また歩き始めた. ~ *el llanto* また泣き出す. ❹ 新しく替える; 改装する, リニューアルする: El entrenador *ha renovado* los miembros. 監督はメンバーを一新した. Ya hace falta ~ un poco la tienda. そろそろ店を少しリフォームする必要がある. Van a ~ la torre de la iglesia. その教会の塔は修復される予定だ. El restaurador me *ha renovado* ese armario y parece nuevo. あの修復家に直してもらったらその棚は新品同様になった. ❺〔新しいものと〕交換する, 取り換える: Hay que ~ el agua del florero. 花瓶の水を取り換えなければならない. Cuando cambié el piso, *renové* los muebles. 私は別のマンションに移った時, 家具は買い替えた. ❻《メキシコ》〔タイヤの〕踏み面をつけ直す
—— ~**se** 女 ❶ 新しくなる: El estilo del turismo *se renueva* cada año. 観光の形態は毎年新しく変わる. ❷ 再開される, 更新される; 繰り返される: *Se renueva* la tradición de las procesiones. 祭りの行列の伝統が復活した. ❸ 別人（別物・新品）のようになる
renovero, ra [r̃enoβéro, ra]名《古語》暴利をむさぼる人〔=usurero〕
renqueante [r̃eŋkeánte]形 足を引きずって歩く
renquear [r̃eŋkeár]〔←古語形 *renco*「足の不自由な人」〕自 ❶〔よろよろと〕足を引きずって歩く, 歩行が不自由である〔=cojear〕: Anda *renqueando* con su artrosis. 彼は関節の病気で足を引きずっている. ❷〔仕事などが〕どうにかやっている: Su negocio *renquea* y aún no sabe si saldrá adelante. 彼の商売は思うようにいかず, 立ち直れるかどうかまだ分からない. ❸〔運営・関係などが〕円滑でいかない, がたぴしする, ひびが入っている. ❹〔行為・決断などを〕ちゅうちょする, ためらう
renqueo [r̃eŋkéo]男 足の障害, 歩行困難
renquera [r̃eŋkéra]女《中南米》=**renqueo**
renta [r̃énta]女〔←俗ラテン語 *rendita* < ラテン語 *reddita < reddere*「戻す, 渡す」〕女 ❶《経済》1)〔一年間の〕〔総〕所得: *política de* ~*s* 所得政策. ~ *gravable* (imponible) 課税所得. ~ *nacional* 国民所得. ~ *per cápita*/~ *por habitante* 一人当たり国民所得. ~ *estancada* 専売価収入. ~ *rentada* 固定（安定）収入. 2) ~ *antes de pagar los impuestos* 税引前当期純利益. ~ *después de pagados los impuestos*〔会計〕当期純利益, 税引利益. 3) 地代: ~ *absoluta* 絶対地代. ~ *diferencial* 差額地代. ~ *monopolística* 独占地代. ❷ 年金: ~ *constituir* ~ *vitalicia* 終身年金を設定する. *obligaciones de* ~ *fija* (variable) 確定（不確定）利付証券. ~ *de supervivencia* 遺族年金. ❸ 公債, 国債. ❹《主に中南米》賃貸借; 賃貸料: *casa de* ~《広告》貸し家
a ~ 賃貸借で
vivir de [*las*] ~*s* 過去の名声で食いつなぐ
rentabilidad [r̃entaβiliðá(ð)]女 ❶ 収益性, 採算性. ❷ 収益率〔=tasa de ~〕. ~ *sobre activos* 総資本利益率. ~ *sobre la inversión* 資本利益率. ~ *sobre recursos propios* 自己資本（株主資本）利益率
rentabilización [r̃entaβiliθaθjón]女 収益性があるようにすること
rentabilizar [r̃entaβiliθár][9]他 収益性があるようにする, 採算を取る, 元を取る: ~ *la empresa* 企業の収益性を上げる
rentable [r̃entáβle]形 ❶ 収益のある, 実入りのよい: Esta inversión no es ~. この投資は利益があがらない. La racionalización de los gastos hará ~ el negocio. その事業は支出削減をすれば黒字になるだろう. ❷ 有益な, 役に立つ
rentado, da [r̃entáðo, ða]形《チリ, アルゼンチン, ウルグアイ》有給の
rentar [r̃entár]〔←**renta**〕他 ❶〔金利・収益を〕もたらす. ❷〔借り賃として, +金額 を〕支払う. ❸《米国, メキシコ, プエルトリコ》賃貸しする: *rento casa*《表示》貸し家
renteriano, na [r̃enterjáno, na]形《地名》レンテリア Rentería の〔人〕〔ギプスコア県の村〕
rentero, ra [r̃entéro, ra]〔←**renta**〕名 ❶〔家・土地の〕賃借人,

rentilla ❷《主にメキシコ》小作人

rentilla [r̄entíʎa]《女》❶ 6個のさいころを使うゲーム。❷《トランプ》トランテ・アン treinta y una に似たゲーム

rentista [r̄entísta]《←renta》《名》❶ 金利(年金)生活者: Abandonaba la actividad comercial y convertía en simple 〜. 彼は商売をやめ単なる金利生活者になった。❷ 金利(賃貸料)の受取人

rentístico, ca [r̄entístiko, ka]《形》財政〔上〕の

rento [r̄énto]《男》小作料

rentoso, sa [r̄entóso, sa]《形》収益性のある

rentoy [r̄entój]《男》《複》〜[-e]s/rentóis]❶《西.トランプ》エカルテに似たゲーム; その切り札。❷《口語》うぬぼれ, 自慢。❸《口語》見のとがめ, あてこすり

rentrée [r̄antré]《←仏語》《女》[休暇後などの] 職場復帰, 活動再開

renuencia [r̄enwénθja]《女》《文語》❶ 気がすすまないこと; 反抗。❷ [物の] 醜さ, 扱いにくさ

renuente [r̄enwénte]《←ラテン語 renuens, -entis》《形》《文語》いやいやながらの; [+a に] 反抗的な

renuevo [r̄enwéβo]《←renovar》《男》❶ [株・枝の切り口から出た] 新芽: De los árboles podados ya han nacido 〜s. 剪定した樹々からもう新芽が出始めた. El árbol echa 〜s. 木が芽を出す。❷《まれ》更新, 再新

renuncia [r̄enúnθja]《←renunciar》《女》❶ [+a の] 放棄, 断念; 棄権: Eso significa la 〜 al proyecto. それは計画の断念を意味する。Les comunicaré mi 〜 a la herencia. 私は相続権の放棄をお知らせします. Fue una vida de sufrimientos y 〜s. その生涯は苦難と忍従の連続だった。¿Y tú aceptaste su 〜? それで君は彼が身を引くのを黙認したのですか? 〜 al uso de la fuerza 武力行使の放棄。❷ 辞職, 辞任; 辞表: Los medios de comunicación hicieron pública la 〜 del ministro. メディアは大臣の辞任について報道した. El secretario general presentará mañana la 〜 al cargo. 事務局長は明日辞表を提出する予定だ。❸《法律》棄権証書: 〜 de derechos/〜 de intereses/〜 de propiedades《保険》委付

renunciable [r̄enunθjáβle]《形》❶ 放棄し得る。❷ [放棄された職務が] 他人に移譲され得る

renunciación [r̄enunθjaθjón]《女》❶ 自己犠牲: Cuando se fue a las misiones, optó por una vía de 〜 y entrega. 彼は伝道に旅立つ時, 自己を犠牲にしてすべてを神に委ねる決心をした。❷ =renuncia

renunciamiento [r̄enunθjamjénto]《男》=renuncia

renunciante [r̄enunθjánte]《形》《名》放棄の〔人〕

renunciar [r̄enunθjár]《←ラテン語 renuntiare < re-+nuntiare < nuntius「特使」》⑩《自》❶ [+a を] あきらめる, 断念する; [権利などを] 放棄する: 1) Esta tarde mi abuelo ha tenido que 〜 a la siesta. 祖父は今日の午後は昼寝をあきらめざるを得なかった. No puedo 〜 a ti. 僕は君のことがあきられない. Ha renunciado al sueño de hacerse médico. 彼は医者になる夢を捨てた. Renunciamos a cualquier ayuda. 私たちはいかなる援助もあてにしない. El director renunció. 社長は辞任した. La reina renunció al trono. 女王は退位した. El joven renunció a la herencia. その若者は相続権を放棄した。2) [+a+不定詞・que+接続法] Lola no renunció a ser madre. ロラは子供を産むことをあきらめなかった. Renuncio a oír tu voz. 君の声なんか聞きたくない. Esto no significa que el presidente haya renunciado a que su país desempeñe un papel de primer orden en el mundo. だからと言って大統領は自国が国際的に一等国の役割を果たすのをあきらめたわけではない。❷ [好物を] 断つ: Tras su enfermedad, su padre renunció al tabaco. 彼の父親は病気した後, 禁煙した. 〜 al alcohol beber 酒する。❸《宗教》〜 al mundo 世を捨てる. 〜 a su fe 信仰を捨てる。❹《西.トランプ》1) [出す札がないので] パスする。2) 持ち札と同じ組の札を持っているのに出さない《反則》——《他》《まれ》放棄する, 断念する: El ministro ha renunciado su cargo. 大臣は辞任した。❺《宗教》自分を捨てる; 禁欲する《=〜se a sí mismo》

renunciatario, ria [r̄enunθjatárjo, rja]《名》[放棄された権利の] 譲受人

renuncio [r̄enúnθjo]《←renunciar》《男》《西》❶《トランプ》場札と同じ組の札を持っているのに出さない反則。❷《古語的》ごまかし, いんちき; pillar a+人 en un 〜 …のいんちきを見つける

renvalsar [r̄embalsár]《他》《木工》[ドア・窓などの扉の縁の] 面取りする

renvalso [r̄embálso]《男》《木工》[ドア・窓などの扉の縁の] 面取り

reñidamente [r̄eɲídaménte]《副》[けんかなどが] 激しく, 執拗に

reñidero [r̄eɲidéro]《男》動物を戦わせる場所; 闘鶏場

reñido, da [r̄eɲído, da]《形》❶ [ser・estar+. 試合・コンクールなどが] 競争のある; 接戦の, 伯仲(拮抗・緊迫)した: El partido ha sido muy 〜. それは非常に白熱した試合だった. El concurso está muy 〜. その勝ち抜き試合は大いに盛り上がっている. La final se presenta muy 〜da. 決勝戦は白熱する展開となっている. La 〜da partida de ajedrez acabó en tablas. その息詰まるチェスの対局は引き分けに終わった. en lo más 〜 de la batalla 戦いの真っ最中に。❷ [estar+. +con と 考えなどが] 対立する, 反対の, 両立しない: Eso estaría 〜 con sus principios. それは自分の主義に反するのだろう. El deporte no está 〜 con el estudio. スポーツと学業は両立しないわけではない。❸ 不仲の, 仲たがいした: Están 〜s con sus vecinos. 彼らは隣人たちと仲が悪い. Las dos familias están 〜das. その2家族は仲たがいしている

reñidor, ra [r̄eɲidór, ra]《形》けんか早い, 頻繁にけんかする

reñidura [r̄eɲidúra]《女》《口語》叱責

reñir [r̄eɲír]《←ラテン語 ringi「うなる, 怒り狂う」》⑳ ㉟ 【→teñir riñendo】《自》❶《主に西》[+por のことで] けんかする: 1) いい; Esta pareja riñe por tonterías. このカップルはつまらないことで仲たがいする. Esos dos bandidos riñen continuamente. その2つのならず者グループは絶えず争っている。2) [+con と] Riñó con su compañero de clase y llegó con un ojo morado. 彼は同級生とけんかして, 片目を紫色に腫らして帰って来た。❷《西》けんか別れする: Ha reñido definitivamente con su novio. 彼女は恋人と完全にけんか別れした ——《他》❶《西. 中米》叱る, 叱責する: 1) Cuando tu padre se entere de lo que has hecho te va a 〜. お前がしたことをお父さんが知ったら叱られるよ. Si no llego a tiempo para la comida, me reñirán. 私は昼食に間に合うように帰らないと叱られる。2) [+por について] El profesor ha reñido a los alumnos por su mal comportamiento. 教師はその生徒たちを素行が悪くないと叱った。❷《文語》[戦い・けんかを] 行なう: El chico ha reñido una batalla familiar para conseguir que le compraran una moto. その少年はバイクを買ってほしくて家族とけんかした
——《成句》echar a 〜 比較する

reo[1] [r̄éo] I《←ラテン語 reus「被告, 罪人」》《名》【rea《女》は《まれ》】[刑を宣告された] 罪人; [起訴された] 被告: 〜 de Estado 反逆者, 政治犯. 〜 de muerte 死刑囚
II《男》《魚》ブラウントラウト
III《男》《地方語》番 [=turno]; 回 [=vez]

reo[2], a[2] [r̄éo, a]《形》告訴された; 有罪とされた
——《名》《ラプラタ. 軽蔑》身なりのだらしない人, がさつな人

reobrar [r̄eoβrár]《自》[なされた行為などに対し] 好意的・非好意的にふるまう

reoca [r̄eóka]《女》ser la 〜《西. 口語》[事物・人が, 良くも悪くも] 普通でない, 桁外れである: Mi primo se ha comprado una casa que es la 〜, parece un palacio. 私のいとこはまるで御殿のようなすごい家を買った

reoctava [r̄eoktáβa]《女》《歴史》八分の一税 [=octavilla]

reoctavar [r̄eoktaβár]《他》《歴史》八分の一税を徴収する

reófilo, la [r̄eófilo, la]《形》《生態》[魚・植物が] 急流部に生息する

reóforo [r̄eóforo]《男》《電気》[電源と電気器具をつなぐ] 2本の導線のうちの1本

reojar [r̄eoxár]《他》横目で見る

reojo [r̄eóxo]《←re-+ojo》《男》《まれ》横目で見ること
——《成句》de 〜 1) 横目で: Hablan unas con otras y miran a los chicos de 〜. 彼女たちは互いに話し, 横目で男たちを見ている。2) 憎しみの目で; 用心深い目で: Ella miró de 〜 a su patrona. 彼女は女主人を憎らしげに満ちた目で見た

reómetro [r̄eómetro]《男》❶ 流量計。❷ 電流計

reordenación [r̄eordenaθjón]《女》=reordenamiento

reordenamiento [r̄eordenamjénto]《男》再整理

reordenar [r̄eordenár]《他》再整理する

reorganización [r̄eorganiθaθjón]《女》再編成: plan de 〜 económico-financiera 経済財政再編計画

reorganizador, ra [r̄eorganiθaðór, ra]《形》《名》再編成する〔人〕

reorganizar [r̄eɔrganiθár] [9] [他] 再編成する: ～ la empresa 社内を再編する. ～ el gobierno 内閣を改造する
—— **～se** 再編される
reorganizativo, va [r̄eɔrganiθatíbo, ba] [形] 再編成の
reorientación [r̄eorjentaθjón] [女] ❶ 再方向づけ. ❷ 転換, 再調整
reorientar [r̄eorjentár] [他] ❶ 再び方向づける. ❷ 転換する, 再調整する
reóstato [r̄eóstato] [男] 《電気》加減抵抗器, レオスタット
repacer [r̄epaθér] [39] [他] [家畜が草を] 食べ尽くす
repagar [r̄epagár] [8] [他] 高く払う, 払いすぎる
repajo [r̄epáxo] [男] 灌木・藪に囲まれた場所
repajolero, ra [r̄epaxoléro, ra] [形] 《口語》❶《西》[+名詞. 嫌悪・軽蔑の感情の強調] ひどい, 嫌な: No tienes ni ～*ra* idea de matemáticas. 君は数学が全然分かっていない. ❷ ならず者で愛嬌のある
repámpanos [r̄epámpanɔs] [間] [驚き・怒り・不快] 何とまあ!
repanchigar [r̄epantʃigár] [8] **～se** =**repantigarse**
repanchingar [r̄epantʃiŋgár] [8] **～se** =**repantigarse**
repanocha [r̄epanótʃa] ***ser la*** **～** 《西. 口語》[事物・人が] すごい, 普通でない; ひどい, あんまりである
repantigar [r̄epantigár] 〘←俗ラテン語 repanticare〙 [8] **～se** [椅子に] 体を伸ばし身を任せるように座る, 大の字に寝そべる
repantingar [r̄epantiŋgár] [8] **～se** =**repantigarse**
repápalo [r̄epápalo] [男] 《アンダルシア》[朝食用の甘い] 丸いプチパン, パイ
repapilar [r̄epapilár] **～se** 腹一杯食べる
reparable [r̄eparáble] [形] ❶ 修理(修復)可能な: avería ～ 修復できる不具合. ❷ 注目(注意)すべき
reparación [r̄eparaθjón] 〘←ラテン語 reparatio, -onis〙 [女] ❶ [時に [複]] 修理, 修繕, 修復; 補修工事: La ～ del televisor salió muy cara. テレビの修理はとても高くついた. estar en ～ 修理中である. efectuar *reparaciones* en... …を修理する. ～ de redes de pesca 漁網の繕い. ❷ 償い, 賠償, 補償: No sé qué ～ puede tener el daño que le he hecho. 私が彼に与えた損害を償うにはいくらかかるのか見当がつかない. exigir ～ de la ofensa 侮辱の償いを要求する. ～ del daño 損害賠償
reparado, da [r̄eparádo, da] [形] 《闘牛》[牛が] 斜視の, 目に障害のある
—— [女] [驚き・性悪などによる] 馬の突然の走り出し(後退)
reparador, ra [r̄eparadór, ra] 〘←ラテン語 reparator, -oris〙 [形] ❶ 体力(元気)を回復させる: Un buen masaje contribuye a lograr un descanso ～. よくマッサージしてもらえば疲れがとれる. Disfruta de un sueño ～. ゆっくり寝て疲れをとりなさい. ❷ 強壮用の, 滋養になる: medicina ～*ra* 強壮剤, 疲労回復剤. ❸ 修理する, 修復する: líquido ～ para la piel del sofá ソファの革の修復液. Esta crema tiene efectos ～*es* sobre la piel. このクリームは肌の若返りに効果がある. ❹ 埋め合わせの, 償いの, 弁償の: Nos pagaron una indemnización ～*ra*. 私たちは損害賠償の支払いを受けた. ❺ 揚げ足取りの. ❻《コロンビア》すぐめそめそする〘=quejica〙
—— [名] ❶ 修理工〘=mecánico ～〙: ～ de los muebles 家具修理職人. ❷ 揚げ足取りをする人
—— [男] 修復剤
—— [女] María Reparadora 修道女会の修道女
reparamiento [r̄eparamjénto] [男] =**reparo**
reparar [r̄eparár] 〘←ラテン語 reparare < re- (再)+parare「新たに準備する」〙 [他] ❶ 修理する, 修繕する, 修復する: Hay que ～ la calefacción. 暖房装置を直さなければならない. El fontanero nos *ha reparado* el grifo que goteaba. 私たちは水漏れのする蛇口を修理屋に修繕してもらった. El teléfono ha sido *reparado*. 電話の修理が終わった. ❷ 償う, 埋め合わせをする: Nos promete ～ las pérdidas que nos causó su mala administración. 彼はまずい経営で私たちに与えた損失を償うと約束した. Trató de ～ sus errores pidiendo perdón humildemente. 彼はひたすら低姿勢で謝罪することで過ちを償おうとした. La exitosa gala del cantante sirvió para ～ el descrédito que arrastraba desde hacía tiempo. その歌手は公演の成功で, 以前からの不人気を払拭した. ❸ [体力を] 回復する: A un kilómetro hay un bar. Allí *repararemos* fuerzas. あと1キロ行くとバルがある. そこで一息入れよう. ❹ 訂正する〘=corregir〙: ～ los errores del libro 本の誤植を訂正する. ❺《地方語》見る, 気づく. ❻《南米》[落第した学生に] 追試験をする. ❼《ボリビア, アルゼンチン》[他人の仕草を] まねてからかう
—— [自] ❶ [+en に] 気づく: 1) Al entrar en la habitación, *reparó en* la presencia de su madre. 彼は部屋に入るとすぐ母親がそこにいることに気づいた. Solo *reparé en* la altura del edificio en cuanto miré hacia arriba. 私が見上げてまず気づいたのはその建物の高さだった. No *había reparado* hasta ahora *en* la nueva decoración de la oficina. 私は今まで事務所が改装されたのに気づかなかった. 2) [+en que+直説法] No *reparé en que* esta silla estaba rota. 私はこの椅子が壊れていたとは気づかなかった. Leía el libro sin ～ *en que* era hora de la cena. 彼は夕食の時間だということも忘れて本を読みふけった. ❷ [実行する前に] 考える, 留意する: Cuando acepté el trabajo no *reparé en que* tendría menos tiempo libre. 私はその仕事を引き受けた時, 自由時間が短くなることは考えなかった. ❸《メキシコ》[馬などが] 跳ねる. ❹《南米》1) [落第した学生が] 追試験を受ける. 2) 雨宿りする
reparativo, va [r̄eparatíbo, ba] [形] 修理(修繕)の; 修理用の
reparcelación [r̄eparθelaθjón] [女] 再区分
reparista [r̄eparísta] [形] 《中南米》❶ 修理する. ❷ 粗探しばかりする. ❸ 体力を回復させる. ❹ 償いをする. ❺ [馬が] 突然走り出す(後退する)悪癖のある
reparo [r̄epáro] 〘←reparar〙 [男] ❶ 不賛成, 異議: Puso ～ al plan. 彼はその計画に意義を唱えた. ❷ 批判; 疑念. ❸ [遠慮・恥ずかしさによる] ためらい, 気後れ: No tengo ～ en mostrar mis sentimientos. 私は感情をすぐ表に出してしまう. informe con ～*s* 限定された報告, 控えめな報告. ❹《まれ》修理〘=reparación〙. ❺《まれ》防御物, 保護物. ❻《まれ》[目・まぶたの] 斑点, あざ. ❼《古語》[建造物などの] 修復工事. ❽《古語》[病人のみぞおちに置く] 強壮剤. ❾《フェンシング》かわし, 受け流し. ❿《メキシコ》[馬などの] 背中を丸めた跳びはね. ⓫《アルゼンチン》暑さ寒さをしのぐ場所
sin **～**[***s***] 何もしんしゃくせずに, 遠慮なく: hablar *sin* ～*s* ずけずけ話す
reparón, na [r̄eparón, na] [形] 《まれ. 軽蔑》粗探しばかりする
repartible [r̄epartíble] [形] 分配され得る, 分配されるべき
repartición [r̄epartiθjón] [女] ❶ 分配, 配分, 割り当て〘=reparto〙. ❷《チリ, アルゼンチン, ウルグアイ》[行政の] 部, 局
repartidamente [r̄epartídaménte] [副] 分割して, 少しずつ
repartidero, ra [r̄epartidéro, ra] [形] 分配すべき
repartidor, ra [r̄epartidór, ra] [形] 配達する, 配送する: camión ～ 配達用トラック
—— [名] 配達(配送)する人, 配達員, 配送係: ～ del gas ブタンガス配達業者. ～ del periódico 新聞配達
—— [男] 配電器
repartija [r̄epartíxa] [女] 《チリ, アルゼンチン. 口語》[役職・盗品などの] 山分け, 分捕り合い
repartimiento [r̄epartimjénto] [男] ❶ 分配, 配分〘=reparto〙; その証明書: Se procedió al ～ de las tierras. 土地の配分が実施された. ❷ [仕事などの] 割りふり. ❸ 課税, 賦課. ❹《歴史》レパルティミエント, 再分配〘レコンキスタ期の半島における再植民の一形態. 征服地の不動産を入植者に分配する〙. ❺《歴史》1) レパルティミエント〘=～ de indios. i) 15世紀末, コロンブスが不満を抱く植民者に土地と先住民を分与した制度. ii) 先住民労働力の徴発割当制度. 16世紀半ば, 先住民人口の激減に伴い, スペイン王室が植民者のために先住民を労働者として割り当てた制度. 先住民は有償ではあるが強制労働に使役された. iii) 強制的な物資配給制. 16世紀後半以来, 地方官吏 corregidor が先住民に無用な物資を売りつけ, 半永久的な債務状態へ追い込んだ〙. 2) レパルティミエントの権利: El rey español concedió ～*s* a los conquistadores. スペイン王はコンキスタドールたちに先住民労働力の徴発割当の権利を与えた
repartir [r̄epartír] 〘←re-+partir〙 [他] ❶ [+entre の間に] 配る, 分配する: *Repartió* sus propiedades *entre* sus cuatro hijos a partes iguales. 彼は財産を4人の子供たちに均等に分け与えた. Como no llevaron comida, *repartimos* la mía. 彼らは食べ物を持って来なかったので私のをみんなに分けた. Voy a ～les unas hojas de papel. 今から皆さんに用紙をお配りします. ～ beneficio a+人 …に利益を配分する, ボーナスを出す. ～ el impuesto 課税する. ～ la comida 料理を取り分ける. ❷ 配達する: Por la mañana el cartero *ha repartido* el correo. 郵便配達人は午前中に郵便を配った. ❸ 塗布する; 拡散させる: La cocinera *repartió* bien el chocolate por toda la tarta. コックはチョコレートをケーキ全体にたっぷりと塗った. ❹ 配置する.

R

reparto

❺ [役者に役を] 割り当てる: El director *repartió* los papeles de la obra de teatro. 演出家はその演劇作品の配役を割りふった. ❻《口語》殴りつける
— ~**se** ❶ 分配し合う: Los vencedores *se repartieron* el botín. 勝者たちは戦利品を山分けした. ❷ 分散される, 拡散する: Los invitados *se repartieron* por el jardín. 招待客は庭園のあちこちに分散した

reparto [r̃epárto]《←repartir》男 ❶ 分配, 配分, 分け前: El ~ de la riqueza del mundo no es muy desigual. 世界の富の配分は非常に偏っている. Para que no os peleéis, yo haré el ~. 君たちがけんかしないように, 私が分けよう. La maestra procedió al ~ de tareas entre alumnos. 先生は生徒たちに課題を分け与えた. ~ de premios 授賞式. ~ de beneficios《西》利益分配(制), 配当. ~ de utilidades《中南米》=~ de beneficios. acuerdo de ~ de la producción 生産物分与協定, プロダクション・シェアリング. ❷ 配達, 配送: Mi hermano se dedica al ~ de la prensa. 私の兄は新聞配達をしている. El ~ del gas será los miércoles. プロパンガスの配達は毎週水曜日. camioneta de ~ [郵便]配達車. ~ de la leche 牛乳配達. ❸ 配役, キャスト《=~ de papeles》; [集合] 出演者: La película cuenta con un buen ~. その映画はキャストが豪華だ. Todo el ~ acudió al estreno. 上映初日には出演者全員がいっせいに駆けつけた. hacer el ~ 配役を決める. actor de ~ 助演者

repasadera [r̃epasaðéra] 囡 仕上げ用の長かんな
repasado [r̃epasáðo] 男 ❶ 調べ直し, 再点検. ❷ [染色した羊毛を] 梳くこと
repasador, ra [r̃epasaðór] 形 囡 調べ直す(人), 再度点検する(人)
— 男《ペルー, ボリビア, ラプラタ》[台所用の] 布巾
— 囡 [染色した羊毛を] 梳く女工
repasar [r̃epasár]《←re-+pasar》他 ❶《丹念に》調べ直す, 再点検する: La camarera *repasó* la habitación. 客室係は部屋をもう一度見回した. Los últimos 10 minutos hay que reservarlos para ~ el examen antes de entregarlo. 最後の10分は答案にもう一度目を通すために取っておく必要がある. ❷ 復習する, おさらいをする; [授業したことを] 再度教える: ~ las lecciones 学課の復習をする. ❸ ざっと読み直す. ❹ 検算する: El resultado de esa multiplicación es incorrecto, *repásalo*. その掛け算の答えは間違っている. 検算しなさい. ❺ 再び~を通す(通る): ~ la plancha por una prenda 服に再度アイロンをかける. ~ la fregona por el suelo 床にモップをかけ直す. ❻ [作品などに] 最後の手を入れる, 仕上げる. ❼《口語》[人を] じっと見る. ❽ [裁縫] 繕う: ~ a la camisa un botón ワイシャツのボタンをつけ直す. ❾ [染色した羊毛を] 梳く(*らしい*). ❿ [鉱山] [銀鉱石に] 水銀と magistral を混ぜアマルガム化する. ⓫《中南米》[家具などを] ざっと掃除する, ほこりを払う; [皿などを] 拭く; [服に] ブラシをかける
pasar y ~ 行ったり来たりする(させる)
— ~**se** 細かい穴を通して; 湿気(液体)が染み通る
repasata [r̃epasáta]《←伊語 ripassata》囡《まれ》叱責
repaso [r̃epáso]《←repasar》男 ❶ 調べ直し, 再点検. ❷ 復習, 補習授業: dar un ~ a la lección 学課の復習をする. ir a ~ de matemáticas 数学の補習授業を受ける. ❸《口語》叱責. ❹ 繕い物《=~ de la ropa》. ❺ [機械の] 点検: ~ general オーバーホール
dar un [*buen*] ~ *a*...《口語》1)…を殴打する: Salió de la taberna sangrando por las narices. ¡Buen ~ le han dado! 彼は鼻血を流しながら居酒屋から出てきた. ぼこぼこに殴られたのだ! 2) 大酒を飲む: Me sorprendieron *dándole un buen* ~ *a la botella de coñac*. 私はコニャックをがぶ飲みしているところを見つかってしまった. 3) […の非・間違いなどを] 声高にからかう: El profesor me *dio un buen* ~ *cuando le conté lo que había hecho*. 自分のやったことを話したら, 先生は私をきつく叱った. 4) [試合・討論などで相手を] 圧倒する: El equipo visitante nos *dio un* ~ en el partido de ayer. 昨日の試合でビジターチームは我々に圧勝した
repastar [r̃epastár] I 他 ❶ [小麦粉と水などを加えて, 生地を] 再び練る. ❷ [水を加えて, モルタルを] 練り直す
II 自《家畜》に再び牧草を食べる
— 他 [家畜に] 再び牧草を与える
repasto [r̃epásto] 男 追加の牧草(飼料)
repatán [r̃epatán] 男《アラゴン》羊飼いの相方

---

repatear [r̃epateár]《←re-+patear》他 ❶《口語》困らせる, 不快にする: Esas bromitas me *repatean*. そんなジョークは不快だ. ❷《まれ》[+場所を] 何度も踏む
repatingar [r̃epatingár] 自 — ~**se**《中南米》大の字に寝そべる
repatriación [r̃epatrjaθjón] 囡 本国送還, 帰国
repatriado, da [r̃epatrjáðo, ða] 形 名 送還された(人), 帰国した(人)
repatriar [r̃epatrjár]《←re-+patria》11/10 他 本国に送還する, 帰国させる: Las autoridades no *repatriaron* a un grupo de refugiados. 当局は難民グループを本国に送還しなかった
— ~**se** 帰還する: El intelectual *se repatrió* al acabar la guerra. その知識人は戦後祖国に戻った
repe [r̃épe] 形《西. 口語》ダブった, 繰り返された《=repetido》: Lo tengo ~. 私はこれをダブって持っている
— 男《エクアドル. 料理》青いバナナを潰しチーズを混ぜて牛乳で煮たもの
repechar [r̃epetʃár] 自 ❶ 坂 repecho を上る. ❷《メキシコ》旅の途中で休む. ❸《アルゼンチン, ウルグアイ》肉体的・精神的な病気からゆっくり快復する; 経済的困難からゆっくり立ち直る
repecho [r̃epétʃo]《←re-+pecho》男 ❶ [あまり長くない] 急坂, 急傾斜: Al llegar al ~ un ciclista adelantó a los demás.《自転車》登りにさしかかって一人のレーサーがトップに出た. ❷《キューバ》欄干, 手すり
repeinado, da [r̃epejnáðo, ða] 形 入念に髪を整えた; 髪(化粧)を整えすぎた
repeinar [r̃epejnár] 他 …の髪をとかし直す(念入りにとかす)
— ~**se** [自分の] 髪をとかし直す(念入りにとかす)
repela [r̃epéla] 囡《中米》[摘み残しのコーヒー豆の] 再摘み取り
repelado [r̃epeláðo] 男《地方語》アーモンドと卵白の菓子
repeladura [r̃epelaðúra] 囡 再び皮をむくこと
repelar [r̃epelár] 他 ❶ 毛をわずかに刈る, 刈り上げる. ❷ 切る, 減らす: ~ las uñas 爪を切る. ❸ [人の] 髪を引っ張る(引き抜く): No uses ese peine, que me *repelas*. 髪が引っ張られるから, そのくしは使わないで. ❹ [馬を] ひと走りさせる. ❺ [草の] 先を切る(摘み取る). ❻《メキシコ》ぶつぶつ不平を言う; 叱る. ❼《エクアドル》[牧草を] 食べ尽くす
— ~**se**《チリ. 口語》後悔する
repelencia [r̃epelénθja] 囡 ❶ 押し戻し; 拒絶, 却下. ❷ 嫌悪感, 憎らしさ. ❸《プエルトリコ, ベネズエラ》嫌悪感, 不快感. ❹《コロンビア》ぶしつけな言動; 下品な冗談
repelente [r̃epelénte]《←ラテン語 repellens, -entis》形 ❶ 嫌悪感を起こさせる, 不快な: olor ~ 嫌な臭い. ❷《軽蔑》[主に子供が] 優等生ぶって憎らしい, 生意気な, 知ったかぶりの
— 男 防虫剤, 虫よけ
repeler [r̃epelér]《←ラテン語 repellere < re- 「後ろに」+pellere「押しやる」》他 ❶ 押し戻す; 追い返す《⇔atraer》: ~ el ataque 攻撃を撃退する. Este material *repele el agua*. この素材は水を通さない(はじく). ❷ 拒絶する, 却下する: ~ una doctrina 主義を拒絶する(はねつける). ❸ 嫌悪感を与える, 不快にする: Me *repele* la idea de que se manipule. 人が操られていると考えると私は反発を感じる. ❹《物理》反発する
— ~**se** 反発し合う: Si juntas dos imanes, pueden ~*se*. 2つの磁石を近づけると互いに反発することがある
repelillo [r̃epelíʎo] 男《プエルトリコ》恐れ, 不安
repellar [r̃epeʎár] 他 ❶ [建築] [壁に] こてでしっくいを塗る. ❷《中南米》白く上塗りする. ❸《カリブ》振る, 揺れる
repello [r̃epéʎo] しっくいを塗ること
repelo [r̃epélo]《←re-+pelo》男 ❶ [木材の] とげ; [指の] ささくれ; [髪の] 逆毛: Me he pinchado con el ~ de la madera. 私は木のとげが刺さった. ❷《口語》身震い《=repeluzno》: ~ de frío 寒さによる震え, 悪寒. Me da ~ recoger la basura. 私はごみ集めが大嫌いだ. ❸ いざこざ, ささいな衝突. ❹《メキシコ, エクアドル. まれ》古着, お下がり; ぼろ. ❺《エクアドル》なくなりかけの牧草地
a ~/*de* ~《まれ》逆なでに《=a contrapelo》
repelón [r̃epelón] 男 ❶ 髪の毛を引っ張ること. ❷ [靴下などの] ほつれ. ❸ 引きちぎられた一部. ❹ [馬の] 急な疾走. ❺ [鉱山] 炉にできた割れ目から出る炎. ❻《メキシコ》叱責; 罵詈雑言
a ~《地方語》逆なでに《=a contrapelo》
de ~《まれ》髪のところを, 髪で
repelón², na [r̃epelón, na] 形《メキシコ》不平屋の, 何にでも口答えする(人)

repeloso, sa [r̃epelóso, sa] 形 ❶ ［木材が］とげの出ている. ❷ 気難しい, 怒りっぽい
repeluco [r̃epelúko] 男 =**repeluzno**
repelús [r̃epelús] 男《口語》=**repeluzno**
　dar a+人 **el** ~《地方語》…がトランプゲームに負けたら金を払わ
repeluzno [r̃epelúθno]《←?repelo》男《口語》(寒さ・恐怖・嫌悪による) 身震い, 戦慄 (㊥): Matar un choto me da a ~. 子ヤギを殺すのは私はぞっとする
repensar [r̃epensár] 23 他 再考する, 考え直す; 熟考する: pensar y ~ じっくり考える, 思い巡らす
repente [r̃epénte]《←ラテン語 repente < repens, -entis "突然の"》男 ❶《口語》衝動: Le dio un ~ y salió de casa. 彼は衝動的に家を飛び出した. ~ de ira 突然かっとなること. ~ de celos ふっとよぎった嫉妬心. ❷《以前》心に浮かぶこと, 予感. ❸《口語》［人・動物の］突然の動作: En un ~ perdí el equilibrio. 私は突然バランスを失った. ❹《メキシコ. 医学》発作: 失神
　de ~ 1) 突然, いきなり: De ~ se levantó y empezó a insultarnos. 突然彼は立ち上がり, 私たちを侮辱し始めた. 2)《ペルー, チリ, アルゼンチン, ウルグアイ》たぶん, おそらく
　en un ~《文語》一瞬にして《=en un instante》
repentinamente [r̃epentínaménte] 副 突然, 不意に
repentino, na [r̃epentíno, na]《←ラテン語 repentinus》形 突然の, 不意の: cambio ~ de tiempo 天候の急変. enfermedad ~na 急病. muerte ~na 急死, 突然死
repentir [r̃epentír] 33 =**se**《古語》=**arrepentirse**
repentista [r̃epentísta] 名 ❶ 即興演奏家 (詩人). ❷ 初見で演奏する (歌う) 人; 即興で行なう人
repentización [r̃epentiθaθjón] 女 即興; 即興的な詩作 (演説・演奏)
repentizador, ra [r̃epentiθaðór, ra] 形 名 即興的に詩作 (演説) する [人]; 初見で演奏する (歌う) [人]
repentizar [r̃epentiθár]《←repente》9 自 ❶ 即興的に (演説) する. ❷ 初見で演奏する (歌う)
repeor [r̃epeór] 形 副《口語》さらにずっと悪い・悪く
repepena [r̃epepéna] 女 ❶ =**rebusca**. ❷《グアテマラ》再度の (念入りな) 拾い集め
repepenar [r̃epepenár] 他 ❶ =**rebuscar**. ❷《グアテマラ》再び (念入りに) 拾い集める
repera [r̃epéra] 女《以前》**ser la** ~［人・事が, 良くも悪くも］類を見ない, 異常である: Hacer paginas web con esta aplicación es la ~. このアプリケーションでwebページを作るとすばらしい
repercudida [r̃eperkuðíða] 女 =**repercusión**
repercudir [r̃eperkuðír] 自 他 =**repercutir**
repercusión [r̃eperkusjón] 女 ❶ 影響: El programa ha tenido una gran ~ en toda España. その番組はスペイン中に大きな反響を呼んだ. de amplia (ancha) ~ 影響の大きい. ❷［音の］反響. ❸ ~ del impuesto 租税の転嫁
repercusivo, va [r̃eperkusíβo, βa] 形 男《薬学》駆散効果のある; 駆散薬
repercutible [r̃eperkutíβle] 形《経済》［負担が］転嫁され得る
repercutir [r̃eperkutír]《←re-+ラテン語 percutere "傷つける"》自 ❶［+en に］影響する: El estrés de los padres repercute en los hijos. 両親のストレスは子供たちに影響を及ぼす. ❷［音の］反響する: Su grito repercutía por la casa. 彼の叫びが家中に響いた. ❸ 跳ね返る
　—— 他 ❶ 影響を及ぼせる;《経済》［負担を］転嫁する: ~ la subida en el costo del petróleo a los precios del combustible 原油コストの上昇を石油製品の価格に転嫁する. ❷《医学. まれ》［体液を］散らす, 駆散する
　—— ~**se** 反射する, 反響する
reperiquete [r̃eperikéte] 男《メキシコ》❶《口語》趣味の悪い装飾 [品]. ❷ からいばり, 強がり
reperpero [r̃eperpéro] 男《ドミニカ, プエルトリコ》騒動, 暴動
repertorio [r̃epertórjo]《←ラテン語 repertorium < reperiri "発見する"》男 ❶［文献などの］目録, 一覧表: ~ de aduanas 税関物品別課税表. ❷［作品・情報などを集めたもの］: ~ de chistes 笑い話集. un ~ de noticias 一連の情報. ❸《音楽, 演劇》レパートリー: poner... en el ~ …をレパートリーに含める. tener el ~ vasto レパートリーが広い. compañía de ~ レパートリー劇団
　de ~ お決まりの, おなじみの
repesar [r̃epesár] 他 重さを再計量する (計り直す)
repesca [r̃epéska] 女 ❶《以前》追試験《=examen de ~》. ❷

《スポーツ》敗者復活戦
repescar [r̃epeskár]《←re-+pescar》7 他 ❶《以前》［落第生を］救済する. ❷［敗者を］復活させる. ❸［追放された人を］元に戻す;［忘れられた人・物などを］取り戻す, 回復する
repeso [r̃epéso] 男 ❶ 重さの再計量; その計量場所 (担当者). ❷《コロンビア》チップ, 心付け
　de ~ 1) あらゆる権力 (権威) を用いて説得して. 2) 全重量 (全体重) をかけて
repetible [r̃epetíβle] 形 繰り返され得る
repetición [r̃epetiθjón]《←ラテン語 repetitio, -onis》女 ❶ 繰り返し, 反復: ~ de los errores 過ちを繰り返すこと. texto lleno de repeticiones 繰り返しの多い文章. reloj de ~ リピーター (二度打ち) 時計. fusil (arma) de ~ 連発銃. ❷ 落第, 留年. ❸《美術》［製作者自身による］複製《=réplica》. ❹《修辞》リピート リプレイ. ❺《テレビ》リプレイ. ❻《古語》［大学の儀式での］正教授の講演;［大学で学位を受けるための］秘密試問の前の儀式. ❼《法律》［誤った支払いなどの］返還請求
repetidamente [r̃epetiðaménte] 副 繰り返し, 何度も
repetidor, ra [r̃epetiðór, ra]《←ラテン語 repetitor, -oris》形 名 ❶ 繰り返す. ❷［銃砲が］連発式の. ❸ 落第 (留年) した; 落第生, 留年生
　—— 男《通信》中継器;《放送》中継局. ❷《古語》［教授の授業を反復する］復習教師
repetir [r̃epetír]《←ラテン語 repetere "再び向かう, 再び頼む" < re- (再)+petere "頼む"》35 他 ❶ 繰り返す: 1) Esa radio siempre repite las mismas canciones. そのラジオはいつも同じ歌をかける. Ha tenido repetidos intentos de suicidio. 彼は自殺未遂をたびたび起こした. ~ un error 過ちを繰り返す. 2) 繰り返し言う: ¿Me podría ~ la pregunta? 質問を繰り返していただけませんか. Los niños repiten lo que oyen. 子供たちは聞いたことを繰り返して言う. Venga, repitan conmigo: ... さあ, 私の後について繰り返しなさい... ... ¿Cuántas veces tengo que repetírtelo? 何度言えば分かるの？ Me repitió que me cuidara. 気をつけなさいと彼は私に何度も言った. ~ el número telefónico 電話番号を［心の中で］復唱する. ❷［学生が落第して］再履修する: ~ un curso 単位を落とす; 留年する. ❸［料理の］お代わりをする: ¿Alguien quiere ~ la sopa? 誰かスープのお代わりをいかが？ ❹《法律》返還 (支払い) を請求する
　—— 自 ❶ 繰り返して起こる: Le repitió el ataque epiléptico. 彼にまたてんかんの発作が起きた. ❷ 落第する, 留年する. ❸ ［+a+人 に, 料理などの］後味が残る: Todavía me repite alioli. 私はまだ口の中にアリオリソースの味が残っている. ❹ お代わりをする. ❺《古語》［大学の儀式で］講演をする
　—— ~**se** ❶ 同じことを繰り返す: Ese profesor se repite mucho. その教師は何度も同じことを繰り返す. ❷ 繰り返される: ¡Ojalá no se repita ese lío! そんなもめごとが二度と起きませんように! La historia se repite. ［主に良くないことについて］歴史は繰り返す. ❸［芸術家が］同じ題材・作風などを繰り返す. ❹［+a+人 に, 料理などの］後味が残る. ❺《チリ》お代わりをする: ~ de postre デザートのお代わりをする
　repetidas veces 何度も, 繰り返し: Disparó repetidas veces su pistola. 彼は繰り返しピストルを撃った
　tener... repetido 同じものを2つ［以上］持っている

repetir		
現在分詞	過去分詞	
repitiendo	repetido	
直説法現在	直説法点過去	命令法
repito	repetí	
repites	repetiste	repite
repite	repitió	
repetimos	repetimos	
repetís	repetisteis	repetid
repiten	repitieron	
接続法現在	接続法過去	
repita	repitiera	
repitas	repitieras	
repita	repitiera	
repitamos	repitiéramos	
repitáis	repitierais	
repitan	repitieran	

repetitividad [r̃epetitiβiðá(ð)] 女 繰り返されること, 反復性

repetitivo, va [r̃epetítibo, ba] 形 繰り返される，繰り返しの多い

repicado [r̃epikádo] 男 ❶ [鐘などを] 繰り返し鳴らすこと．❷《放送》他の媒体・フォーマットに落とすこと

repicador [r̃epikaðór] 男《パナマ》革1枚の太鼓

repicar [r̃epikár]【←re-+picar】7 自 [祭りなどの時，鐘が] 繰り返し鳴る
— ~ gordo/《まれ》 ~ grande [祝日が] 重要な，盛大に祝われる: día de ~ gordo 重要な祝日
— 他 ❶ [鐘などを] 繰り返し鳴らす．❷《放送》[他の媒体・フォーマットに] 落とす，移す．❸《トランプ》[ピケt cientos で] ルピク(リピック)を取る．❹ 細かく刻む；再び刺す(突く)．❺《まれ》移植する．❻《ホンジュラス》叱りつける，こらしめる
— 再 [+de se] 自慢する，鼻にかける

repicotear [r̃epikoteár] 他 ぎざぎざ(波形・歯形)で装飾する

repilo [r̃epílo] 男《植物》キノコによるオリーブの病気《学名 Cycloconium oleaginym Cas.》

repinaldo [r̃epináldo] 男 リンゴの縦長で大型の品種《香りが強く美味》

repinar [r̃epinár] 他 [坂などを] 上る
— ~ se 高く上がる

repintar [r̃epintár]【←re-+pintar】他 ❶ 再び塗る；塗り替える．❷ 厚く注意深く塗る．❸ 雑に塗る，塗りたくる
— ~ se ❶ 厚化粧をする: No te repintes tanto, que pareces mayor. そんなに厚化粧をしてはいけない，年上に見られてしまうよ．❷ [印刷された字が反対ページに] つく，うつる

repinte [r̃epínte] 男 ❶ 塗り直し；塗り替え．❷ 厚く注意深く塗ること．❸《絵画の》修復

repipi [r̃epípi]【←擬態】形 名《西. 軽蔑》ませた[子]，知ったかぶりをする[人]

repipiez [r̃epipjéθ] 女《西. 軽蔑》ませていること，知ったかぶり

repique [r̃epíke]【←repicar】男 ❶ [鐘を] 繰り返し鳴らすこと；[鐘が] 繰り返し鳴ること．❷ 不和，ささいなけんか．❸《メキシコ》侮辱；からかげ

repiqueo [r̃epikéo] 男《プエルトリコ、ペルー》=repiqueteo

repiquete [r̃epikéte]【←repique】男 ❶ [鐘を] 激しく鳴らすこと，鳴り響き．❷ けんか，衝突．❸《船舶》短い間取り決転機．❹《エストレマドゥラ》幼児の埋葬．❺《コロンビア》不快，恨み．❻《チリ》(腹)(鳥の)さえずり

repiquetear [r̃epiketeár] 自 ❶ 鐘を激しく連打する；[呼び鈴などを] やかましく鳴らす: Cuando hay bautizo repiquetean las campanas. 洗礼が行われる時は鐘が打ち鳴らされる．❷ 騒がしく叩く: Repiqueteaba en la mesa con los nudillos. 彼は指人こつでテーブルをゴツゴツ叩いていた．❸《メキシコ、チリ》[電話が] 鳴る
— ~ se《口語》ののしり合いのけんかをする

repiqueteo [r̃epikéteo] 男 鐘をうるさく鳴らすこと；鐘がうるさく鳴ること

repisa¹ [r̃epísa]【←re-+pisar】女 ❶ [壁から突き出た] 棚: ~ de chimenea マントルピース，炉棚．❷《建築》持ち送り: ~ de ventana 窓の下枠

repisar [r̃episár] 他 ❶ 再び踏む．❷ [地面などを] 突き固める．❸ 頭にたたき込む，心に刻み付ける

repiso, sa² [r̃epíso, sa]《ラマンチャ》後悔した，つらく思う
— 男 [再び踏まれたブドウからできた] 質の悪いワイン

repitajo [r̃epitáxo] 男《ムルシア》❶ 微小片．❷(腹)食べ残し，残飯

repitente [r̃epitjénte] 名《チリ》落第生，留年生

repitiente [r̃epitjénte] 形 名《古語》落第(留年)した；落第生，留年生

repizcar [r̃epikár] 7 他 =pellizcar

repizco [r̃epíkko] 男 =pellizco

replana [r̃epána] 女《ペルー》犯罪者の隠語

replanar [r̃epanár] 自《ペルー》隠語で話す

replantación [r̃eplantaθjón] 女 植え替え，移植

replantar [r̃eplantár]【←ラテン語 replantare】他 ❶ [植物を，+en+場所] [再び] [+場所 に] 植物を再び植える；〜 pinos en el bosque quemado 焼けた森に再びマツを植える．〜 el huerto 畑に苗を植える．❷ 植え替える，移植する

replanteamiento [r̃eplanteamjénto] 男 再提案；再考

replantear [r̃eplanteár]【←re-+plantear】他 ❶ [練り直して] 再提案する；[計画などを] 立て直す．❷《建築》[地面・基礎面の]，建物の図面を] 線引きする

— ~ se …を考え直す

replanteo [r̃eplantéo] 男 ❶《口語》=replanteamiento．❷《建築》[地面・基礎面への建物図面の] 線引き

replay [r̃iplé/r̃epláj]【←英語】《テレビなど》リプレイ；再生ボタン: dar... al ~ del vídeo …をビデオで再生する. ver en el ~ リプレイで見る

repleción [r̃epleθjón] 女 充満《⇔depleción》；膨腹状態

replegar [r̃eplegár]【←re-+plegar】8 23【→negar】他 ❶ 折り畳む，折り重ねる: ~ la servilleta ナプキンを畳む．❷《航空》[車輪を] 引っ込める．❸《軍事》後退させる: El general va a ~ sus tropas. 将軍は部隊に撤退を命じるだろう
— ~ se ❶《軍事》整然と撤退する，退却する．❷ [人が] 自分の殻にとじこもる，うち解けない{=~se en sí mismo}．❸《サッカーなど》ディフェンスラインまで後退する

repletar [r̃epletár]《まれ》一杯に満たす，詰め込む

repleto, ta [r̃epléto, ta]【←ラテン語 repletus < replere「満たす」】形 ❶ [estar+. +de で] 非常に一杯の: La sala estaba ~ta de gente. 会場は超満員だった. cartera ~ta de papeles 書類ではちきれそうなかばん．❷ 満腹の: Estoy ~. 私はおなか一杯だ．❸ 丸々と太った，ふくよかな

réplica [r̃éplika]【←replicar】女 ❶《文語》言い返し，反論．❷《美術》[主に製作者自身による] 複製，レプリカ．❸《法律》[被告答弁に対する] 原告の第二の訴答．❹ [地震の] 余震
— dar [la] ~《演劇》1) [役者が相手の役者に] せりふをつける，準主役を演じる: José interpreta el papel principal y le da ~ el conocido actor. ホセが主役を演じ，著名な俳優がその相手役をつとめる

replicación [r̃eplikaθjón] 女《生物》複製，レプリケーション

replicador, ra [r̃eplikaðór, ra] 形 名 しばしば口答えする[人] {=replicón}

replicar [r̃eplikár]【←ラテン語 replicare < re-+plicare「折る，畳む」】7 他《文語》…と反駁する，言い返す: Yo le repliqué que me dejara vivir en paz. ほっといてくれと私は彼に言い返した
— 自 ❶ 言い返す；[議論に対して] 反論する: No repliques!/¡Nada de ~! 口答えするな！❷《法律》第二の訴答をする

replicato [r̃eplikáto] 男 ❶ 言い返し，反論．❷《法律》[被告答弁に対する] 原告の第二の訴答

replicón, na [r̃eplikón, na] 形 名《口語》しばしば口答えする[人]

repliegue [r̃eplijége]【←replegar】男 ❶《軍事》撤退，後退．❷ [不規則な] ひだ，折り返し；[皮膚の] しわ；[土地の] 起伏．❸《文語》隠された(秘密の)部分

repo [r̃épo]《チリ》クマツヅラ科の大木《材質は固く，先住民が発火材として利用した. 学名 Ramphithamnus cyanocarpus》

REPO【←英語 repurchase agreement】男《商業》売戻し条件付きの債券取引《略:(発)先物先:》~ inverso 買戻し条件付きの債券売却，逆現先，売り現先

repoblación [r̃epoblaθjón] 女 ❶ 植林{=~ forestal}．[集名] 植林された樹木．❷ [稚魚の] 放流．❸《歴史》[国土回復戦争期の] 再植民活動《征服されたイスラム教徒領からキリスト教徒による入植活動で，無主地の占有と再分配の2つの形態がある。レコンキスタの社会的・経済的側面をなす》

repoblador, ra [r̃epobladór, ra] 形 名 ❶ 植林する．❷ 入植する；入植者

repoblar [r̃epoblár]【←re-+poblar】28 他 ❶ [+de を, +場所 に] 植林する；放流する．❷(再) 入植する
— ~ se (再) 住みつく: Con los repartimientos se repoblaron muchas zonas con gentes de toda España. レパルティミエント制によって多くの地域にスペイン全土からの再入植が進んだ

repodar [r̃epoðár] 他 …の枝(幹)を再び切り落とす，再剪定する

repodrir [r̃epoðrír] 他 =repudrir

repóker [r̃epóker] 男 =repóquer

repollar [r̃epoʎár] 自 — ~ se《植物》結球する

repollez [r̃epoʎéθ] 女《口語》趣味の悪さ

repollo [r̃epóʎo]【←re-+ラテン語 pullus「動物の子」】男 ❶《植物》キャベツ: ~ colorado (morado)《南米》赤キャベツ．~ de Bruselas 芽キャベツ {=col de Bruselas}．❷《植物》1) [葉菜類の] 結球．2)《アンダルシア，カナリア諸島》[レタスなどの] 葉球の中心部分．❸《ペルー》投げ矢 {=repullo} *ser más cursi que un ~ con lazo*[s] ひどく趣味が悪い

repolludo, da [r̄epoʎúðo, ða] 形 ❶ 小太りで背の低い. ❷《植物》結球する，結球性の. ❸ 結球状の

reponer [r̄eponer] 《←re+poner》 60 〖過分〗 *repuesto*. 命令法単数 *repón*〕他 ❶ [+en 元の場所に] 再び置く，戻す: Puedes usarlo, pero *repónlo* luego. 使ってもいいが，使ったら戻しておいてくれ. Al concluir la guerra, los obreros que reconstruyeron el templo, *repusieron* la estatua del crucifijo *en* su lugar. 戦争が終わると労働者たちは聖堂を再建し，十字架像を元の場所に戻した. ❷ [元の状態に] 戻す，補充する: Ya *han repuesto* los objetos gastados. 使い切った物品はもう補充された. He cogido unas pilas, y las *repondré* mañana. 電池をいくつか使ったので，明日補充しておくよ. ~ el cristal roto 割れたガラスを直す（入れ換える）. ❸ 復職させる: Destituyeron al director del museo, pero ya lo *han repuesto*. 博物館の館長は解任されたが，もう復職した. Al poco tiempo, lo *repusieron en* su puesto. 彼はまもなく元の職務に戻された. ❹ 再上演する，再上映する，再放送する: Todos los años *reponen* "La vida es sueño". 毎年繰り返し『人の世は夢』が上演される. Este mes *repondrán* las principales películas de la actriz fallecida. 亡くなった女優が出演した主な映画が今月リバイバル上映される予定だ. Van a ~ la serie "El detective X" que pasaron en televisión hace unos años. 数年前テレビで放送された『探偵 X』シリーズが再放送される. ❺ 答える，返事する〘原則として直説法過去・接続法過去でのみ. ただし最近は直説法現在で用いる傾向が増えている〙: 1) La invité a cenar y me *repuso* que estaba muy ocupada. 私は彼女を夕食に招待したが，とても忙しいという返事が返ってきた. Cuando se lo contaron, *repuso* que le daba igual. 彼はそう言われて「どちらでも構わない」と答えた. 2)〔直説法過去以外でも〕 Sí—*repone* el ministro. 「はい」と大臣は答える. Si alguien me preguntara, *respondría* sencillamente que no. もし誰かに尋ねられたら私は一言，否と答えるだろう. 3) [+que+接続法等でのみ] La vieja *repuso* que la siguiéramos. その老女は私たちに「ついておいで」と答えた. ❻ 弁償する: Los culpables deben ~ el daño que le han ocasionado al dueño del piso. 加害者たちはマンションの持ち主に与えた損害を弁償しなければならない. ❼ [体力を] 回復する: Detuvieron unos minutos la caminata para ~ fuerzas. 彼らは元気を取り戻すため，少し立ち止まった

—— ~se ❶ [+de から，健康・体力を] 回復する: ¿Te has *repuesto* ya *de* la gripe? 君はもう風邪が治った？ El corredor se *repone* lentamente del accidente. そのランナーは事故から少しずつ回復している. Ya está totalmente *repuesto de* su lesión de rodilla. 彼はもう膝の傷が完治した. El médico me ha mandado al campo a ~me. 医者は田舎で静養するように私に命じられた. ❷ [精神的・経済的に] 立ち直る，平静さを取り戻す: Le llevará mucho tiempo a la familia ~*se de* una tragedia semejante. 家族がそのような悲劇から立ち直るには長い時間がかかるだろう. Por fin *se ha repuesto de* su emoción. 彼はやっと感動から我に返った. La empresa *se ha repuesto de* las pérdidas. 会社は損失から立ち直った

repóquer [r̄epóker] 男《トランプ》［ポーカーの］ファイブカード

reportación [r̄eportaθjón] 女 平稳, 平静, 穏健

reportaje [r̄eportáxe] 《←仏語 reportage》 男 ❶ ルポルタージュ, 報道記事; ドキュメンタリー映画（番組）. ~ gráfico 報道写真, カメラルポ. ❷《中南米》インタビュー［=entrevista]

reportajear [r̄eportaxeár] 他《口語》ルポルタージュ（ドキュメンタリー）を作る

reportamiento [r̄eportamjénto] 男 抑制; 自制, 慎み

reportar [r̄eportár] I 《←ラテン語 reportare》他 ❶ [利益・損害を] もたらす: La asistencia a ferias no siempre *reporta* los beneficios esperados. 見本市への参加は必ずしも期待された利益をもたらさない. ❷ 持って来る, 持って行く: ~ una noticia 知らせを運ぶ. ❸ 〘衝動・感情を〙抑える: ~ su indignación 怒りを抑える. ❹ 獲得する, 勝ち取る. ❺ 〘印刷〙［原図を石版に〙転写する. ❻ 〘経済〙繰延べ（繰越し）をする

—— ~se 気を静める, 自制する
II [←英語 report] 他 ❶ 《経済》通報する, 報告する. ❷《中南米》訴え出る

—— 自 [+a+人 に] 報告をする
—— ~se《中南米》姿を現わす, 出頭する

reporte [r̄epórte] [←*reportar*] 男 ❶《主にメキシコ, 中南米》[最近の

出来事に関する] リポート, 報告書; 記事. ❷ [他人を陥れる] うわさ話, ゴシップ. ❸《印刷》［石版への］転写用プリント. ❹《経済》繰延べ, 繰越し. ❺《メキシコ》苦情, クレーム

reportear [r̄eporteár] 他《中南米》［新聞記者が重要人物に〕インタビューする;《メキシコ, アンデス》取材する

reporteril [r̄eporteríl] 形《軽蔑》報道記者の, 報道記事の

reporterismo [r̄eporterísmo] 男 報道業, 報道活動

reportero, ra [r̄eportéro, ra] [←英語 reporter] 男 報道記者, レポーター, ルポライター; ~ gráfico 報道カメラマン

reportista [r̄eportísta] 名 転写に精通した石版工

reportorio [r̄eportórjo] 男《古語》暦本

repos [r̄epós] 男《金融》買い戻し約定

reposabrazos [r̄eposaβráθos] 男《単複同形》［椅子の］ひじ掛け

reposacabezas [r̄eposakaβéθas] 男 [←reposar+cabeza]《単複同形》ヘッドレスト

reposadamente [r̄eposáðámente] 副 のんびりと, 落ち着いて

reposadera [r̄eposaðéra] 女《中米》排水管, 下水溝

reposadero [r̄eposaðéro] 男《冶金》［溶融した金属を受ける］取瓶 (σκ̇)

reposado, da [r̄eposáðo, ða] 形 [ser+] 落ち着いた, 平静な; ゆったりとした: Es un profesor muy ~, con gran sentido del humor. その先生は大変沈静で, ユーモアのセンスも大いにある. ciudad ~*da* 落ち着いた町

reposapiés [r̄eposapjés] 男《単複同形》❶《バイク》フットレスト. ❷ 足台, 足のせ台 [=banqueta]

reposaplancha [r̄eposaplántʃa] 男 アイロン置き台

reposar [r̄eposár] 《←re+俗ラテン語 pausare「やめる, 止まる」》自 ❶ 休む, 横になる; [主に昼食後に短時間] 眠る, 昼寝する: Voy a ~ cuando termine este trabajo. この仕事を終えたら休もう. Después de comer, me gusta ~ un rato en el sillón. 私は食後ひじ掛け椅子で一眠りするのが好きだ. ❷《文語》埋葬されている: Aquí *reposa* el ínclito guerrero. 高名な戦士ここに眠る. ❸〘パン生地・ワインなどが] 静置される, 寝かされる: Antes de poner la masa en el horno, tienes que dejarla ~. かまどに入れる前に, 生地は休ませなければならない. ~ el vino *reposa* varios años en cubas de roble. 良いワインはオークの樽で何年も寝かされる. ❹《文語》[物質的・精神的に] 寄りかかる, 載る: Su mano *reposaba* sobre mi hombro. 彼の手が私の肩に載せられていた. La cruz *reposa* sobre un capitel. 十字架が柱頭の上に載っている. Mi esperanza *reposa* en ti. 私の希望は君にかかっている. ❺ [液体の] 浮遊物が沈殿する

—— 他 ❶ [食べたものを] 胃の中で休息させる: ~ la comida [消化を助けるために] 食後に休む, 昼寝をする. ~ el desayuno 朝食後に休む. ❷ …に寄りかかる, 載せる: *Reposó* su cabeza sobre mi hombro. 彼は頭を私の肩に寄りかからせた. ~ los pies en la silla 足を椅子に載せる

—— ~se ❶ 休む: *Repósate* un poco. 少し休みなさい. ❷ [液体の] 浮遊物が沈殿する. ❸《まれ》落ち着く, 静まる

reposera [r̄eposéra] 女《ラプラタ》［屋外用の］長椅子, デッキチェアー

reposición [r̄eposiθjón] 女 [←reponer] ❶ 再び戻すこと; 復職. ❷ 再上演, 再上映, 再放送. ❸ 回復, 返事. ❹《文語》抗弁. ❺《経済》1) 取替: coste (precio) de ~ 取替原価. inversión en ~ 更新投資. 2) ficha de ~ かんばん［方式］《部品名・納入時期・数量などを記載した作業指図表（かんばん）を各生産工程に掲出した在庫の圧縮方式》

repositorio [r̄epositórjo] 男 貯蔵所

reposo [r̄epóso] 男 [←reposar] ❶ 休息, 休み 〘類義〙 休む長さ: **reposo**>**descanso**>**respiro**: Ha sido una semana muy activa y no he tenido ~. 非常に忙しい一週間で私は休めなかった. tomarse unas horas de ~ 数時間休息をとる. dejar la masa en ~ パン生地を寝かせる. ❷《医学》安静: hacer ~ 安静にする. clínica de ~ 回復期患者保養所. pulsaciones en ~ 安静時の脈拍数. ~ absoluto 絶対安静; 絶対的静止. ❸ 平安, 安らぎ: turbar el ~ de+人 …の心を乱す. día de ~《キリスト教》安息日. ~ eterno ~ del alma《宗教》永遠の平安, 永眠. ❹ 静止, 停止: La pc estaba en ~. パソコンは止まっていた. ~ relativo 相対的静止

el ~ del guerrero《戯語》[仕事から戻ってきた男に] 献身的に尽くす女, 甘やかす女

repostada [r̄epostáða] 女《アンダルシア; 中南米》そっけない返事, つっけんどんな返事

repostaje [r̃epostáxe] 男 〖燃料・食糧の〗補給
repostar [r̃epostár] 《←ラテン語 repositus》他 自 ❶ [+en で, 燃料・食糧などを] 補給する: Nos detuvimos para ~ gasolina *en* un pueblo. 私たちはある町でガソリンを補給するために止まった. ❷ 〖まれ〗 [+en 車に] ガソリンを入れる
reposte [r̃epóste] 男 《アラゴン》食料貯蔵室
repostería [r̃epostería] 女 ❶ ケーキ店, 菓子店 〖冷肉 fiambre なども売っている〗. ❷ 製菓 〖職業, 技術〗. ❸ 〖集〗 ケーキ店にある材料と器具類. ❹ 食糧貯蔵庫. ❺ 〖銀器などの〗食器保管場所.
repostero, ra [r̃epostéro, ra] 《←ラテン語 repositarius「調度係」》形 製菓の
—— 名 ケーキ職人, 菓子製造者
—— 男 ❶ 〖紋章で飾られた〗壁掛け. ❷ 《歴史》〖宮廷や貴族館の〗納戸役〖ベッド・家具・調度品の管理整頓係〗: ~ mayor カスティーリャ王家の御納戸役. 〖アンデス, チリ〗 1) 食料貯蔵室. 2) 食器戸棚; 小瓶. ❹〖チリ〗食堂
repregunta [r̃eprexúnta] 女 《法律》〖証人に対する〗反対尋問
repreguntar [r̃epreguntár] 他 …に反対尋問をする
reprehender [r̃epre(e)ndér] 他 =**reprender**
reprehensible [r̃epre(e)nsíble] 形 =**reprensible**
reprehensión [r̃epre(e)nsjón] 女 =**reprensión**
reprehensor, ra [r̃epre(e)ndedór, ra] 形 =**reprensor**
reprender [r̃eprendér] 《←re-+ラテン語 prehendere「つかむ」》他 〖頭ごなしに〗叱る, 叱りつける: Mi padre me *reprendió* por llegar tarde a la casa. 帰宅が遅かったので父は私を叱った
reprensible [r̃eprensíble] 形 叱責されるべき
reprensión [r̃eprensjón] 女 ❶ 叱責. ❷ 叱責の表現(理由). ❸ 《法律》戒告 (訓告) 処分
reprensor, ra [r̃eprensór, ra] 形 叱る〔人〕
represa [r̃eprésa] 女 《←ラテン語 repressus》❶ せき止め. ❷ ダム, 堰 〖=presa〗; 貯水池; 〖川などの〗よどみ. ❸ 《船舶》〖拿捕された船舶の〗奪還. ❹ 抑制
represada [r̃epresáda] 女 貯水量
represalia [r̃epresálja] 女 《←俗ラテン語 repraesaliae <ラテン語 reprehensus<「つかみ直す」》女 〖主に〗 複 〖主に国家による〗報復: Los países europeos van a tomar ~*s contra ese país*. ヨーロッパ諸国はその国に対し報復措置をとるだろう. como ~ por... …への報復措置として. ❷ 〖個人の〗復讐: por miedo a ~*s* 仕返しを恐れて. ❸ 〖戦時下の〗敵国財産の押収, 敵国人の抑留
represaliado, da [r̃epresaljádo, da] 形 処分された
represaliamiento [r̃epresaljamjénto] 男 報復する
represaliar [r̃epresaljár] 10 報復する; 〖報復措置として〗処分する
represar [r̃epresár] 《←represa》他 ❶ 〖水の流れを〗せき止める: ~ *el río y almacenar el agua* 川をせき止めて貯水する. ❷ 《文語》〖生じる・起こるのを〗抑える, 防ぐ. ❸ 《船舶》〖拿捕された船舶を〗奪還する
—— 〖水の流れが〗せき止められる, よどむ
representable [r̃epresentáble] 形 表現 (上演) され得る
representación [r̃epresentaθjón] 《←ラテン語 representatio, -onis》女 ❶ 表現, 表象, 表示; 図像: El signo "+" es la ~ de la suma. プラスの記号は加算を表わす. Su obra refleja una determinada ~ *del mundo*. 彼の作品はある観点からとらえた世界の表現だ. ~ *del santo patrono* 守護聖人の図像. ❷ 上演, 公演; 興行; 演出: La comedia ha logrado cincuenta *representaciones*. その芝居は上演50回を達成した. Me gustó mucho la ~ de "La vida es sueño". 私は『人生は夢』の上演が大変気に入った. primera ~ 初演. ❸ 〖集〗代表, 代表団: 1) Una ~ de los vecinos se entrevistó con el alcalde. 住民の代表が市長に面会した. 2) 《政治》 ~ mayoritaria 過半数代表制; 得票数による代表選出. ~ proporcional 比例代表制. ❹ 代理; 販売代理業, 販売代理権: Tenemos ~ de la marca desde hace 14 años. 当社は14年前からそのメーカーの〖販売〗代理権を持っている. contrato de ~ 代理店契約. ❺ ~ exclusiva ~ en Madrid. フアンはマドリードで権限がある. Este autor tiene poca ~ para clausurar nuestro congreso. この作家は私たちの大会で代表を任せられるほどの人物ではない. persona de ~ 重要人物. ❻ 想像: No logro hacerme una ~ clara de lo ocurrido. 私は起こったことをはっきりと思い描くことができない. ❼ 《西. 文語》等級. ❽ 《文語》複 嘆

願, 請願. ❾ 《法律》代襲相続〔権〕. ❿ 《情報》~ visual ディスプレイ〖装置〗. ⓫ 《古語》〖演劇作品の古称として〗戯曲
en ~ de... …を代表して; 代理して: Irás *en* ~ *de la familia*. 一家を代表して行って来なさい. *En* ~ *del rey hará la ofrenda al príncipe*. 皇太子が王の代理で寄贈を行なう予定だ. **por** ~ 代表して; 代理して: firmar *por* ~ 代理で署名する
representador, ra [r̃epresentadór, ra] 形 代表する
—— 名 俳優, 女優
representante [r̃epresentánte] 名 ❶ 代表者: Los ~*s* de los tres partidos se han reunido para llegar a un acuerdo. 3つの政党の代表者たちが合意するため一堂に集まった. José es el ~ de la clase. ホセは学級委員だ. ~ *de la ley* 《文語》警察官. ~ *del Japón en la ONU* 国連の日本代表部. ~ diplomático 外交代表. ~ Especial de Comercio Exterior de EEUU 米通商代表部. ~ sindical 〖労働組合の〗職場(代表)委員, ショップ・スチュワード. ❷ 代理人; 販売代理人(代理店): El ~ de la actriz anunció que esta empezará un rodaje en enero. その女優のマネージャーは女優が1月から撮影に入ると発表した. Trabaja como ~ *de joyas*. 彼は宝石販売の代理人を務めている. ¿Tiene usted ya ~*s en España*? 貴社はもうスペインに代理店をお持ちですか? ~ *de una firma alemana de maquinaria* ドイツの機械メーカーの代理店. ❸ 俳優, 女優
—— 形 代表する; 代理の: Mañana decidirán el logotipo ~ de la firma. 会社の社章は明日決定の予定だ. Han llamado al abogado ~ de los ganaderos. 牧畜業者たちの代理弁護人が招致された
representar [r̃epresentár] 《←ラテン語 repraesentare》他 ❶ 表す, 表現する: El rojo *representa* la sangre. 赤は血を表わしている. *Representaba* su dolor con los ademanes. 彼は痛みを仕草で表していた. *Representamos* sonidos mediante las letras. 私たちは音声を文字で表記する. No encuentro palabras para ~ el dolor que sufrimos. 私たちがこうむっている苦痛は筆舌に尽くし難い. La escena *representa* la sala de estar de la casa de Don Juan. 舞台はドン・フアンの家の居間である. ❷ 〖時に +a. 人が〗…歳に〗見える: Tiene cuarenta años, pero *representa* veinticinco. 彼は40歳だが, 25歳にしか見えない. *Representa* la edad que tienes. 君は年相応にしか見えるよ. Es una mujer que *representa* a unos treinta años. その女性は30歳くらいに見える. ❸ 上演する; 演じる: La compañía de teatro *representa* esta tarde "La Celestina". その劇団は今夜『ラ・セレスティーナ』を上演する. Va a ~ a don Luis en la obra "Don Juan Tenorio". 彼は『ドン・フアン・テノーリオ』でドン・ルイスの役を演じる. ~ Ibsen イプセンを上演する. ~ el papel de Hamlet ハムレットの役を演じる. ❹ 〖+para …にとって〗意味する: 1) [+名詞] Tú *representas* mucho *para mí*. 君は私にとって大切な人だ. Esa cantidad no *representa* nada *para él*. その金額は彼にとっては何でもなかった. Tu visita *representó* una gran alegría *para mí*. 君が訪ねてきてくれて私はとてもうれしかった. Esta victoria *representa* mucho *para mí*. この勝利は私にとって大きな意味がある. 2) [+que+直説法・接続法 (法の違いによる意味の差はあまりない)] La tasa de desempleo se situó en el 7,5% el pasado mes de mayo, lo que *representa que* 8,5 millones de personas están sin trabajo. 去る5月の失業率は7.5%だった. つまり仕事のない人が850万人いるのだ. Esto *representa que* el sector de la producción de vehículos sea muy importante. このことは自動車産業が非常に重要な部門であることを意味する. ❺ 代表する, 代理する: El delegado *representará* a los estudiantes en la reunión. 委員は学生たちを代表して会議に参加する. Góngora *representa* al culteranismo. ゴンゴラは誇飾主義を代表する. En esa asamblea el secretario *representa* al presidente. その会議には大統領の代理として秘書官が出席する. No es mi abogado y no me *representa* a mí. 彼は私の弁護士ではなく, 私を代理してもいない. ❻ 思い起こさせる, 想像させる. ❼ 見せる, 知らせる; 表明する; 言及する
—— ~**se** 想像する, 思い浮かべる: Cada vez que veo estas flores *se me representan* campañas otoñales. 私はこの花を見るたびに金色の鐘を連想する. No puedo *representármelo* vestido de etiqueta. 私は彼が礼装している姿など想像できない
representatividad [r̃epresentatibidáð] 女 ❶ 代表〔的〕であること; 〖社会組織の〗代表する資格(権限): La ~ *del delar*-

mento elegido demokráticamente no puede ponerse en duda. 民主的に選出された議会が国民を代表していることに疑いの余地がない. Las rapaces no tienen gran ~ en ese ecosistema. その生態系では猛禽類は大きな位置を占めてはいない. ❷ 特徴(的)であること: El progreso científico es uno de los rasgos de mayor ~ de los países industrializados. 先進国の大きな特徴の一つは科学が進んでいることだ

representativo, va [r̄epresentatíβo, βa] 【←representar】形 ❶ 代表的な; 代表的な人: Es un fabricante ~ de Japón. その会社は日本の代表的なメーカーだ. Gaudí es la figura más ~va del modernismo catalán. ガウディはカタルーニャ・モダニズムを最も代表する人物だ. No es ~ de los ciudadanos. 彼は市民を代表してはいない. cargo ~ 代表としての職務. ❷ 代表者である: democracia ~va 代表制(間接)民主主義. ❸ [+de 를] 表わす; 典型的な, 特徴的な: Esta iglesia posee muchos rasgos ~s del estilo románico. この教会はロマネスク様式の主な特徴をいくつも備えている. caso ~ 典型的な事例. enseña ~va de la patria 国を表わす記章. ❹ 重要な: Estos datos son poco ~s. これらのデータは大して意味がない

represión [r̄epresjón] 【←reprimir】囡 ❶ [衝動などの] 抑制: ~ sexual 性衝動の抑制. ❷ 鎮圧: ~ de la revuelta 暴動の鎮圧. ❸ 弾圧, 抑圧: política de ~ 弾圧政策, 抑圧政策. ❹ 《心理》抑圧

represivo, va [r̄epresíβo, βa] 【←reprimir】形 ❶ 弾圧的な, 抑圧的な; 抑制的な: Se adoptan medidas ~vas contra los autores. 犯人たちに厳しい措置がとられる. educación ~va 抑圧的教育. ❷ 高圧的な, 独裁的な

represor, ra [r̄epresór, ra] 形 名 抑圧する(人)

reprimenda [r̄epriménda] 【←reprimir】囡 叱責: echar a+人 una ~ …を叱る

reprimir [r̄eprimír] 【←ラテン語 reprimere】他 ❶ [衝動などを] 抑える, 抑制する: Apenas pude ~ la cólera. 私はほとんど怒りをこらえることができなかった. ❷ 鎮圧する, 弾圧する: La marcha de los indígenas fue reprimida violentamente. 先住民たちの行進は暴力的に制圧された. ❸ 《心理》抑圧する
—— **~se** 自分を抑える; [+de 를] 我慢する: Durante su adolescencia se ha reprimido de tomar chocolate. 彼は青春時代チョコレートを食べたいのを我慢した

reprís [r̄eprís] 〖←仏語〗囡/囲 加速性能, 急加速 〖=reprise〗
tener ~ 頭の回転が速い, 鋭敏である

reprisar [r̄eprisár] 他 再上演する

reprise [r̄eprís] 【←仏語】〖←エンジンの〗加速性能, 急加速: coche de gran ~ 出足のよい車
—— 囡 ❶ 上演, 上映. ❷ 《中南米》再上演, 再上映

reprivatización [r̄epriβatiθaθjón] 囡 再民営化
reprivatizar [r̄epriβatiθár] 他 再民営化する

reprobable [r̄eproβáβle] 形 非難(反対)されるべき, 非難(反対)され得る

reprobación [r̄eproβaθjón] 囡 非難, 反対

reprobadamente [r̄eproβáðaménte] 副 非難(反対)されて

reprobado, da [r̄eproβáðo, ða] 形 ❶《カトリック》地獄行きの〔人〕, 神から見放された〔人〕. ❷《中南米》不合格の〔学生〕
—— 名 不合格

reprobador, ra [r̄eproβaðór, ra] 形 名 非難(反対)する〔人〕

reprobar [r̄eproβár] 【←ラテン語 reprobare < re-+probare「試す」】28 他 ❶ 非難する, とがめる: ~ la conducta de+人 …の行動をとがめる. ❷《中南米》不合格にする

reprobatorio, ria [r̄eproβatórjo, rja] 形 非難(反対)する: mirada ~ria とがめるようなまなざし

réprobo, ba [r̄éproβo, βa] 【←reprobar】形 名 ❶《カトリック》地獄行きの〔人〕, 神から見放された〔人〕; 異端とされた〔人〕. ❷ 〔宗教以外の理由で〕共同体から離れた〔人〕. ❸ 邪悪な, 非難されるような

reprocesamiento [r̄eproθesamjénto] 囲《化学》再処理

reprocesar [r̄eproθesár] 他《化学》再処理する: ~ el combustible consumido 使用済み核燃料を再処理する

reprochable [r̄eprotʃáβle] 形 非難されるべき

reprochador, ra [r̄eprotʃaðór, ra] 形 名《まれ》❶ 非難の〔人〕. ❷ 非難するような

reprochar [r̄eprotʃár] 【←仏語 reprocher】他 [+人・事を] 非難する, とがめる: Le reprocharon por su egoísmo. 彼は利己主義を非難された. Le reprocharon su egoísmo. 彼の利己主義を非難された. Mi madre me reprocha y yo lo comprendo. 母は私を叱り, 私はそのことを理解している
—— **~se** 自分を責める: No tienes nada que ~te. 君には自分を責めることは何もない

reproche [r̄eprótʃe] 【←仏語】囲 ❶ 非難, 叱責: no dar lugar a ~s 非難の打ちどころがない. con un tono de ~ とがめるような口調で. ❷ 非難(叱責)の表現

reproducción [r̄eproðu(k)θjón] 【←reproducir】囡 ❶《生物》生殖, 繁殖: ~ de los osos panda パンダの繁殖. ~ sexual (asexual) 有性(無性)生殖. ❷ 再現; [音・文書・画像・映像の] 再生; 再現(再生)されたもの: ~ del sonido 音声の再生. La ~ de esta fotografía antigua solo llevará unos minutos. この古い写真のコピーはたった数分で作れる. Necesitamos mil reproducciones del folleto. そのパンフレットは千部必要だ. ❸ [主に芸術作品の] 複製, 模写〔行為, 物〕: He comprado una ~ de "Guernica". 私は『ゲルニカ』の複製を買った. Hizo una ~ del cuadro de Velázquez. 彼はベラスケスの絵を模写した. Últimamente se hizo una ~ exacta de esa pieza antigua para exponerla en el museo. 最近, 博物館に陳列するため, その古い部品の正確な模型が作られた. Esta no es una sortija original, es una ~. この指輪は本物でなく模造品だ. Se prohíbe la ~. 禁転載/不許複製. derecho de ~ [著作隣接権の一つ] 複製権. ❹ [言葉の] 繰り返し, 再現: En una ~ literal de sus palabras, dijo: "¿Por qué no te callas?" 彼の言葉をそのまま再現すると「黙らないのか?」となる. ❺ [問題などの] 再発: La ~ de la epidemia bovina preocupa a los veterinarios. 牛の伝染病がまた流行し始めたので獣医たちは懸念している. La ~ de las tensiones entre los dos pueblos provoca constantes peleas. 両部族間の緊張関係が再燃して, 絶えず抗争が起きる. ❻《経済》再生産

reproducibilidad [r̄eproðuθiβilidá(ð)] 囡 再現(再生)可能性

reproducible [r̄eproðuθíβle] 形 再現(再生)され得る

reproducir [r̄eproðuθír] 【←re-+producir】41 他 ❶ 再現する; [音・映像を] 再生する: El cuadro reproduce con detalle la batalla de Lepanto. その絵はレパントの海戦の様子を詳しく描いている. El director pretende ~ el ambiente de la época renacentista. その映画監督はルネサンス期の雰囲気を映画に再現しようとしている. Se puede ~ Blu-ray en este ordenador. このパソコンでブルーレイを観ることができる. El grabador de voz reprodujo la conversación telefónica entre el político y el empresario. 政治家と企業家の電話でのやりとりがボイスレコーダーで再生された. ❷ 模写する, …の模写である; 複製する, 複製品: Han reproducido la escultura original. オリジナルの彫刻の複製が作られた. Este cuadro reproduce uno del Museo del Prado. この絵はプラド美術館にある絵の模写だ. ¿Has reproducido el documento? Ya sabes que hay que entregarlo por triplicado. その書類のコピーを取りましたか? その書類は3部提出する必要があるのは知っていますね? En la época medieval los copistas reproducían los textos manuscritos. 中世には写字生が手書きの文書を書き写したものだった. ❸ [言葉を] 繰り返す, もう一度言う: El periodista se limitó a ~ las palabras del juez sin añadir ningún comentario. 記者はいっさいコメントを付け加えず, 裁判官の言葉をそのまま伝えるにとどめた. Intentaré ~ fielmente sus palabras. 彼の言葉を忠実に再現してみよう. ❹《経済》再生産する
—— **~se** ❶ 再現される: En ese parque temático se reproduce parte de un barrio popular cordobés. そのテーマパークにはコルドバの下町が再現されている. ❷ [問題などが] 再び起きる: Ayer se reprodujeron los desórdenes en la calle. 昨日も通りで暴動が起きた. ❸ 生殖する, 繁殖する: El ave se reproduce por huevos. 鳥類は卵生である. Las plantas que se reproducen mediante semillas son las que han aparecido más tarde. 種子によって繁殖する植物は最も遅く出現した

reproductivo, va [r̄eproðuktíβo, βa] 【←reproducir】形 ❶ 生殖の, 繁殖の; 生殖(繁殖)の: técnica ~va 繁殖技術. ❷ 利益を生む: La vaca holandesa es más ~va que un molino de viento. オランダの雌牛は風車よりもうかる

reproductor, ra [r̄eproðuktór, ra] 【←reproducir】形 ❶ 再生用の; 再現の. ❷ 生殖用の, 繁殖用の: aparato ~ [masculino・femenino] [男性・女性] 生殖器
—— 名 繁殖用の家畜, 種畜
—— 囲 再生(複製)用機器

reprografía [r̄eprografía] 囡 [電子装置などによる] 複写 [技術]

reprográfico, ca [r̄eprográfiko, ka] 形 複写 [技術] の

reprógrafo, fa [r̄eprógrafo, fa] 名 複写技師

reprogramación [r̄eprogramaθjón] 囡 予定 (プログラム) の立て直し: ～ del servicio de la deuda《経済》債務繰延べ, リスケ

reprogramar [r̄eprogramár] 他 予定 (プログラム) を立て直す; 繰延べる

repromisión [r̄epromisjón] 囡 再約束

repropiar [r̄epropjár] 10 ～se [馬などが] 言うことを聞かない

repropio, pia [r̄eprópjo, pja] 形 [馬などが] 言うことを聞かない

reprueba [r̄eprwéba] 囡 新証拠, 追加証拠

reps [r̄é(p)s]《←仏語》男《単複同形》《繊維》レップ

reptación [r̄é(p)taθjón] 囡 ❶ 這うこと, 這って進むこと. ❷《地質》土壌匍行(ほこう)

reptador, ra [r̄é(p)tadór, ra] 形 這う, 這って進む

reptante [r̄é(p)tánte] 形《文語》這う, 這って進む: inflación ～ クリーピング (忍び寄る) インフレ

reptar [r̄é(p)tár] 自 ❶ [爬虫類のように] 這(は)う, 這って進む ── ❷《古語》…に挑む

reptil [r̄é(p)tíl]《←ラテン語 reptile < repere「這って進む」》形 ❶ 爬虫類の. ❷ [人が] ぺこぺこする, 卑屈な
 fondo ─ *es*《西》[政府機関などの予算化されていない] 秘密資金, 裏金
 ──男《複》《動物》爬虫類, 爬虫綱

reptilario [r̄é(p)tilárjo] 男 爬虫類館 [飼育・展示する]

reptiliano, na [r̄é(p)tiljáno, na] 形 爬虫類の

república[1] [r̄epúblika]《←ラテン語 res publica「公共物, 国」》囡 ❶ 共和国: La R～ Argentina アルゼンチン共和国. La R～ del Ecuador エクアドル共和国. ❷ 共和政治, 共和政体: Primera R～ en España スペイン第一共和制 [1873年に国王アマデオ1世が退位した後, 翌74年に王政復古するまで]. Segunda R～ en España スペイン第二共和制 [1931年アルフォンソ13世の退位から39年フランコ軍によるマドリッド攻略まで]. ❸ ～ de las letras/～ literaria 文壇(の人々). ❹《まれ》公共, 公益. ❺《廃語》市, 町, 村《住民, 当局》

republicanismo [r̄epublikanísmo] 男 ❶ 共和主義; 共和主義者であること. ❷ 共和制, 共和政治. ❸《米国》共和党への支持

republicanizar [r̄epublikaniθár] 9 他 ❶ 共和国 (共和制) にする. ❷ 共和主義 (主義者) にする

republicano, na [r̄epublikáno, na] 形 共和国の, 共和制の; 共和主義的な: constitución ～*na* 共和国憲法. gobierno ～ 共和政府. partido ～ 共和党
 ──名 ❶ 共和主義者;《米国》共和党員. ❷ 共和国の国民
 ──男 ❶《文語》有力者, 名士. ❷《鳥》シャカイハタオリドリ

republicón, ca[2] [r̄epúblikon, ka]《文語》[主に] 男 政府要人, 国家指導者

repuchar [r̄eput∫ár] 他《アストゥリアス》嫌味を言う
 ── ～se《アンダルシア》おじけづく

repudiable [r̄epudjáble] 形 拒絶 (非難) されるべき; 拒絶 (非難) され得る

repudiación [r̄epudjaθjón] 囡 ❶ 拒絶, 非難. ❷ 離縁. ❸ [遺産などの] 放棄

repudiante [r̄epudjánte] 形 名《法律》[遺産などを] 放棄する [人]

repudiar [r̄epudjár]《←ラテン語 repudiare》10 他 ❶ [倫理的・審美的観点から] 拒絶する, 非難する: ～ la violencia 暴力を否定する. ❷ [中世などで掟に従って妻を] 離縁する. ❸《法律》[遺産などを] 放棄

repudio [r̄epúdjo] 男 ❶ 拒絶, 非難. ❷ 離縁. ❸ 放棄, 断念: ～ del mundo 世捨て. ～ de los hábitos 遺俗. ❹ 恥辱, 汚名

repudrir [r̄epudrír] 他《過分 repodrido》❶ ひどく腐らせる: El calor *repudre* los alimentos. 暑さは食品を腐らせる. ❷ むしゃむしゃしめる: Le *repudría* la soledad. 彼は孤独に苦しんでいた. ❸ 秘めた苦悩などで悩ませる: *Se repudre* de añoranza por su país natal. 彼は郷愁にさいなまれていた
 ── ～se ❶ ひどく腐る. ❷ 秘めた苦悩などで悩む

repuesto[1] [r̄epwésto] 男 ❶《食糧などの》蓄え, 備蓄: Tenemos ～ de huevos para toda la semana. 私たちは今週分の卵の買いおきがある. ❷ 予備の品; [交換用の] 品: En la excursión conviene llevar un ～ de ropa seca y limpia. 遠足には乾いた清潔な着替えを持って行くといい. Necesito un ～ de bolígrafo. 私は予備のボールペンが1本必要だ. Aquí hay una tienda de ～s de automóviles. ここに自動車部品の店がある. ❸《西》食器戸棚; カウンター. ❹ 食器戸棚の置かれた部屋
 de ～ 予備の, 交換用の: En el bolso llevo unas medias *de* ～ por si se me rompen. 破れた時のために, 私はバッグに予備のストッキングを入れている. llave *de* ～ スペアキー. pieza *de* ～ 取替部品, 交換用パーツ. rueda *de* ～ スペアタイヤ

repuesto[2], **ta** [r̄epwésto, ta] [*reponer* の過分] 形《まれ》❶ 身だしなみ (服装) のきちんとした. ❷ 隠棲した, 引退した

repugnancia [r̄epugnánθja]《←*repugnar*》囡 ❶ 嫌悪〔感〕, 反感: Tengo ～ a las cucarachas. 私はゴキブリが大嫌いだ. Siento ～ a acercarme ese tío. あいつが近づいてくると私は虫ずが走る. dar a+人 ～ …に嫌悪感を与える. con ～ いやいやながら. ❷ 吐き気. ❸《文語》矛盾;《哲学》矛盾, 非両立性

repugnante [r̄epugnánte] 形 嫌悪感を催させる, 不快な: La corrupción es ～. 汚職は腹が立つ. acción ～ いまわしい行為. olor ～ いやな臭い

repugnantemente [r̄epugnánteménte] 副 いやいやながら

repugnar [r̄epugnár]《←ラテン語 repugnare「争う」《 re-+pugnare「けんかする」》他 [a+人 に] 嫌悪感を催させる: La idea me *repugna*. 私はその考えは大嫌いだ
 ── 他《文語》…と対立する, 矛盾する: El bien *repugna* el mal. 善は悪とあいいれない. ❷ 嫌う: Siempre *ha repugnado* utilizar abonos químicos. 彼はいつも化学肥料を使うのを嫌った. ❸ 断わる; いやいやながら, 不本意ながら認める
 ── ～se《文語》対立する, 矛盾する: El amor y el odio *se repugnan*. 愛と憎しみは矛盾する

repujado [r̄epuxádo] 男 [金属・皮革の] 打ち出し細工 [品], エンボス加工 [品]

repujador, ra [r̄epuxadór, ra] 名 打ち出し細工師
 ── 男 打ち出し細工の道具

repujar [r̄epuxár]《←カタルーニャ語》他 [金属・皮革に] 打ち出し細工をする, エンボス加工をする

repulgado, da [r̄epulgádo, da] 形《口語》わざとらしい, 気取った

repulgar [r̄epulgár] 8 他 ❶《裁縫》[布を] へりを折り返して縫う, 縁縫いをする. ❷《料理》[パイなどに] 縁かざりをつける

repulgo [r̄epúlgo] 男 ❶ わざとらしさ, 気取り. ❷《口語》複 しけた細心さ (気配り). ❸《裁縫》1)[布の] 折り返し部分, へム. 2) 縁縫い, 縁かがり. ❹《料理》[パイなどの] 縁飾り. ❺《まれ》[主に装飾用の] 当て布. ❻《傷跡の》かさぶた; [木の切り口にできる] こぶ. ❼《エストレマドゥラ》[油・ワインなどの保存用の] かめ (つぼ) の上縁

repulgue [r̄epúlge] 男《アルゼンチン, ウルグアイ. 料理》縁飾り《＝repulgo》

repuliciar [r̄epuliθjár] 10 他《地方語》飾り立てる

repulido, da [r̄epulído, da] 形 ひどめかし込んだ (着飾った)

repulir [r̄epulír]《←re-+*pulir*》他 ❶ 磨く, 磨き上げる. ❷ 推敲する. ❸ 着飾らせる
 ── ～se めかし込む, 着飾る

repullar [r̄epuʎár] ～se《地方語》❶ [鳥が] 飛び立つ. ❷ 不嫌な様子を見せる

repullo [r̄epúʎo] 男 ❶《まれ》投げ矢, ダーツ. ❷《まれ》不快感の表明. ❸《地方語》驚いて跳び上がること; 仰天

repulsa [r̄epúlsa]《←ラテン語 repositus》囡 ❶ 非難, 糾弾: Expresó la ～ hacia los crímenes de guerra. 彼は戦争犯罪を糾弾した. ❷ 叱責: echar una ～ a+人 …を叱りつける. ❸ [要求などに対する] 拒絶, 拒否; 排除, 却下

repulsado [r̄epulsádo] 男《まれ》[金属の] 打ち出し細工 [品]

repulsador, ra [r̄epulsadór, ra] 名《まれ》[金属の] 打ち出し細工師

repulsar [r̄epulsár] 他《文語》非難する, 糾弾する

repulsión [r̄epulsjón]《←repulsio, -onis》囡 ❶ 撃退. ❷ 拒絶, 拒否, 却下. ❸ 反感, 嫌悪感: Su voz aguda me produce ～. 彼の甲高い声に私は嫌悪感を抱く. ❹《物理》反発, 斥力

repulsivo, va [r̄epulsíbo, ba] 形 反感をもたせる, 不快な: comida ～*va* 胸の悪くなるような食物. hombre ～ 不愉快な男

repunta [r̄epúnta] 囡 ❶《まれ》徴候, きざし. ❷《まれ》岬の先端. ❸《まれ》不快感, 腹立ち; けんか. ❹《コロンビア》非難

[川の] 水位の上昇
repuntar [ṝepuntár]【←?語源】自 ❶ きざしが現われる: La primavera repunta ya. もう春の息吹きが感じられる. ❷ [相場などが] 反発する; [景気が] 盛り返す. ❸《船舶》[潮が] 変わる. ❹《中南米》[病気などが] 発現する. ❺《チリ》[穀物が] 実る. ❻《アルゼンチン,ウルグアイ》1) 回復する, 向上する. 2) [人が] 現われる. 3) [川が] 突然増水する
── 他《チリ》[牛の群れなどを] 追う
── ~se ❶ [人に] 少し腹を立てる. ❷ [ワインが] 酸っぱくなり始める
repunte [ṝepúnte] 男 ❶ [相場などの] 反発: ~ de los precios [下がっていた] 物価の上昇. ❷《船舶》潮の変わり目. ❸《チリ》1) [植物の] 芽生え. 2) キャトルドライブ. ❹《アルゼンチン,ラプラタ》物価の上昇. ❺《アルゼンチン》[川の] 突然の増水
repurgar [ṝepurgár] 他 再び清める, 浄化し直す
reputación [ṝeputaθjón] 女《← reputatio, -onis》❶ 評判, 世評; 名声, 好評 [=fama]: El humor tiene mala ~ entre intelectuales. ユーモアは知識人の間で評判が悪い. Es difícil mantener su ~ de ser la compañía líder. トップ企業であるという評判を維持するのは難しい. acudir a un médico de ~ 高名な医者に駆け込む. adquirir buena ~ 名声を得る. perder la ~ 名声を失う. ❷《商業》~ comercial 営業権, のれん
reputado, da [ṝeputádo, da] 形 評判のよい; 有名な
reputar [ṝeputár]【←ラテン語 reputare「数える, 黙想する」< re-+putare「語る」】他《文語》❶ [+por+de と共に,…という評判である. ❷ 評価する: ~ en mucho 高く評価する
── ~se《文語》…とみなされる: El burro se reputa por terco. ロバは頑固だと言われる
requebrador, ra [ṝekeßraðór, ra] 形 图 [主に女性に] うれしがらせ(お世辞)を言う [人]
requebrajo [ṝekeβráxo] 男 [女性に対する] ほめ言葉
requebrar [ṝekeβrár]【←re-+quebrar】 23 他 ❶ [主に女性に] うれしがらせ(お世辞)を言う, 言い寄る. ❷ [一般に] へつらう, おもねる. ❸ [壊れている物を] さらに粉砕する
requechete [ṝeketʃéte] 男《グアテマラ》ずんぐりした, 太って背の低い
requemado, da [ṝekemáðo, da] 形 [焦げて] 黒っぽくなった
── 男《廃語》[マント用の] まっ黒い薄手の織物
requemamiento [ṝekemamjénto] 男 焦がす(焦げる)こと【=resquemo】
requemar [ṝekemár] 他《←re-+quemar》❶ 焦がす, 焼きすぎる: ~ el arroz お焦げを作る. ❷ [口の中を] 焼けつかせる. ❸ [熱暑が植物を] 干からびさせる, 枯らせる. ❹ いら立たせる, 逆上させる
── ~se ❶ 焦げる; 焼けつく: Se me ha requemado un poco con el sol. 私は日焼けで少しひりひりした. ❷ 干からびる, 枯れる. ❸ いら立つ, 逆上する
requemazón [ṝekemaθón] 女 焦がす(焦げる)こと【=resquemo】
requena [ṝekéna] 男 [バレンシアの] レケナ Requena 産のワイン
requenense [ṝekenénse] 形 图《地名》レケナ Requena の [人] [バレンシア県の町]
requenete [ṝekenéte] 形《ベネズエラ》ずんぐりした, 太って背の低い
requeneto, ta [ṝekenéto, ta] 形《コロンビア, ベネズエラ》ずんぐりした, 太って背の低い
requeridor, ra [ṝekeriðór, ra] 形 图 [まれ] 要請(要求)する [人]; 召喚者, 命令者, 通告者
requerimiento [ṝekerimjénto] 男 ❶ 要請, 要求: ~ judicial 召喚.《法律》命令, 通告, 要求; 質問. ❸《歴史》降伏勧告状, 催告, レケリミエント [16世紀初頭, アメリカ先住民に対してスペイン国王への臣従を要求する通告で, スペイン語で書かれていた. スペイン王室が新大陸における征服戦争を正当化するために編纂した法文書で, 戦闘行為に入る前に先住民に読んで聞かせることになっていたが, 効力は皆無に等しかった]
requerir [ṝekerír]【←ラテン語 requiere < quaerere「捜す, 頼む」】 33 他 ❶ [主に当局が, +para que+接続法で] …を要請する, 強く要求する: La autoridad me requirió para que devolviera la cantidad de un crédito. 当局は私にローンの返済を命じた. ❷ 必要とする: Cada trabajo requiere un tipo de silla. それぞれの仕事に合った椅子が必要だ. condiciones requeridas が必要とされる条件. ❸《文語》[一般に] 懇願する, 要望する. ❹

《文語》…に求愛する【=~ de amores】: El joven la requirió en matrimonio. 若者は彼女に結婚を申し込んだ. ❺《文語》…に出席 (立ち会い) を求める. ❻《文語》捜す; 調べる, 検査する. ❼ 仕向ける, 説得する
según lo requiera el caso 場合によっては, 必要に応じて
── ~se とされる《Para asistir a esta clase *se requiere* el conocimiento de gramática elemental de español. このクラスを受講するにはスペイン語基礎文法の知識が必要だ
requesón [ṝekesón]【←re-+queso】男 ❶ 凝乳, カード. ❷ カッテージチーズ
requesonero, ra [ṝekesonéro, ra] 图 凝乳(カッテージチーズ)の製造(販売)者
requete-《接頭辞》[強調] *requete*bueno この上なく良い
requeté [ṝeketé]【歴史》レケテ [スペイン内戦でフランコ軍についた, バスク・ナバラ地方を本拠とするカルロス党 carlismo の義勇軍, 義勇兵]: niño ~ カルロス党軍の少年兵
requetebién [ṝeketeβjén] 副《口語》大変よく【=muy bien】: Tu artículo está muy ~ escrito. 君の記事はすごくよく書けている
requeteguapo, pa [ṝeketeɣwápo, pa] 形《口語》すごく美男(美人)の
requeterrentable [ṝeketeṝentáβle] 形《主に中米》大変有利な
requeteserio, ria [ṝeketesérjo, rja] 形 大変まじめな, 大まじめな
requibeques [ṝekiβékes] 男 複《プエルトリコ》=requilorio
requiebro [ṝekjéβro]【←requebrar】男 ❶ [女性に対する] 言葉【=piropo】; 言い寄ること. ❷《ほとんど同じ大きさに》目破砕された鉱物
réquiem [ṝékjen]【←ラテン語 requiem < requies「休憩」】男 ❶ ~【カトリック, 音楽》レクイエム [死者への: 「彼らに永遠の安息を与えたまえ」の祈り. =misa de ~]; 鎮魂曲, 鎮魂歌, 死者のためのミサ曲
Requiescat in pace [ṝekjéskat im páke]【←ラテン語》安らかに眠れ, 死者が安らかに憩わんことを [葬儀の時に歌われ, 墓石に刻まれる文言]
requilorio [ṝekilórjo]《軽蔑》[主に 複] ❶ 不必要な飾り: habitación llena de ~s ごてごてした飾りで一杯の部屋. ❷ 儀礼, 形式的な行為; 形式的な(回りくどい) 言葉: Déjate de ~s y vamos al grano. 持って回った話はやめて本題に入ろう. hablar con ~ 婉曲に話す
requindollas [ṝekindóʎas] 女 複《ベネズエラ》[過度の] お上品ぶり, 気取り
requintado, da [ṝekintáðo, da] 形《地方語》洗練された, 繊細な
── 女《ペルー》言葉による侮辱 (挑発)
requintador, ra [ṝekintaðór, ra] 图《競売で》5分の1高く競り上げる人
requintar [ṝekintár] 他 ❶《競売で》5分の1高く競り上げる. ❷ 勝る, しのぐ. ❸《馬などの積荷を》左右均等にする. ❹《音楽》音程を5度上げる (下げる). ❺《カナリア諸島》1) [馬などに] 荷を積み過ぎる. 2) [あてこすりなどで人を] 挑発する. ❻《メキシコ, 中米, コロンビア, ラプラタ》[綱を] ピンと張る. ❼《ペルー》言葉で侮辱する
── 自《プエルトリコ》似ている
── ~se《ホンジュラス》[迷惑なことを] し始める
requintear [ṝekinteár] 他《エクアドル》[がみがみ] 叱る, 小言を言う
requinterón, na [ṝekinterón, na] 图《廃語》❶ スペイン人男性と quinterona との混血の[人]. ❷《ペルー》1) スペイン人男性と tornatrás との混血の[人]. 2) de mestizo スペイン人と quinterón de mestizo との混血の[人]; quinterón de mestizo と requinterona de mestizo との混血の[人]. 3) ~ de mulato スペイン人男性と quinterona de mulato との混血の[人]; quinterón de mulato と requinterona de mulato との混血の[人]
requintilla [ṝekintíʎa] 女《ベネズエラ》4弦ギターの弦の1本
requinto [ṝekínto] 男 ❶《音楽》1) 小型のクラリネット; その奏者. 2) レキント・ギター. ❷ [ある数量から5分の1取り除いた物に差引かれる] 2度目の5分の1. ❸《中南米》[フェリーペ2世時代に] ペルーなどの先住民に課した特別税
mandar a los ~s《メキシコ, 口語》容赦なく (きっぱりと) 断る
requirente [ṝekirénte] 形 图《法律》裁判で要求する[人]
requisa [ṝekísa]【←requerir】女 ❶ [員数・備品の] 点検, 検査.

requisar

❷ [軍隊による] 徴発, 徴用. ❸《コロンビア》[警察の] 捜索
requisar [r̃ekisár] [←*requiso*] 他 ❶ 徴発する, 徴用する, 接収する: El ejército le *requisó* a mi padre una camión que tenía. 軍隊は父の所有するトラックを徴用した. ❷ [違法な品などを] 押収する, 没収する: La policía *ha requisado* las armas que encontró en la casa. 警察は家で発見した武器を押収した. ❸《口語》横領する
requisición [r̃ekisiθjón] [←*requerir*] 囡 [軍隊による] 徴発, 徴用
requisicionar [r̃ekisiθjonár] 他《俗用》=**requisar**
requisito [r̃ekisíto] [←ラテン語 *requisitus*] 男 ❶ 必要条件: Es ~ indispensable hablar inglés. 英語ができることが不可欠な要件である. cumplir (reunir) los ~*s* para... …の必要条件をすべて満たす (備えている). ~ previo 先行 [必要] 条件. ❷《哲学》要件. ❸《経営》~*s* de reservas legales contra depositos 預金に対する支払い準備制度. ~ del puesto 職務明細書
requisitoria¹ [r̃ekisitórja] [←*requisito*] 囡 ❶《法律》[裁判官・当局者が被告人の召喚・捜索などの執行を要請する] 要請書, 請求書. ❷ 要請, 要望
requisitoriar [r̃ekisitorjár] 10《法律》[裁判官・当局者が他の裁判官・当局者に対して] 執行を要請する
requisitorio, ria² [r̃ekisitórjo, rja] 形《法律》要請書の, 請求書の
requive [r̃ekíβe] 男 =**arrequive**
res [r̃és] [←ラテン語 *res*「獲得物」] 囡 ❶ [四つ足の] 家畜《牛, 羊など》; 獣《猪, 鹿など》: unas mil ~*es* de ganado lanar 約千頭の綿羊. ~ de matadero 食肉用の家畜. ~ lanar 羊. ~ vacuna 牛. ~*es* bravas 闘牛の牛. ❷《メキシコ, 中米, アルゼンチン, ウルグアイ, 料理》牛肉 [=*carne de* ~]. ❸《メキシコ》闘鶏で死んだ雄鶏
resaber [r̃esaβér] 55 他 知悉(しっ)する, 精通する
resabiado, da [r̃esaβjáðo, ða] 形 [*estar*+] ❶ [人が] 経験から学んだ, 抜け目のない, 悪がしこい. ❷ [動物が] 癖の悪い: caballo ~ 性悪な馬. ❸《闘牛》[牛が] カポーテでなく闘牛士を狙う
resabiar [r̃esaβjár] [←*resabio*] 10 他 悪い習慣をつけさせる: Sus amigos lo *han resabiado*. 彼は友達の影響で悪くなった
—— ~*se* ❶ 悪い習慣がつく. ❷ 嫌い合う. ❸《まれ》[食物が] まずくなる. ❹《まれ》味わう; [ゆっくり] 楽しむ, 享受する
resabido, da [r̃esaβíðo, ða] 形 ❶《口語》tener+*sabido y* ~ …を熟知している. ser *sabido y* ~ que+直説法 …は分かりきっている. ❷《軽蔑》知ったかぶりしている, ひけらかしぶった
resabio [r̃esáβjo] [←ラテン語 *resapere*] 男 ❶ [不快な] 後味: La sacarina tiene un ~ notable. サッカリンにははっきりした後味がある. ❷ 癖: Todavía quedan ~*s* coloniales en este país. この国には植民地時代の悪習がまだ残っている
resabioso, sa [r̃esaβjóso, sa] 形《カリブ, アンデス》経験から学んだ; 抜け目のない; 癖の悪い [=*resabiado*]. ❷《ドミニカ》不安定な, 不確実な
resaca [r̃esáka] [←*re*-+*sacar*] 囡 ❶ 二日酔い; [麻薬などの使用後に残る] 悪い影響: Tengo ~ [*con lo que bebí ayer*]. 私は二日酔いだ. ❷ 引き波: Con esta ~ no podemos bañarnos. この引き波では水浴はできない. ❸ [特別な出来事・状況の後の] 通常の復帰 [過程]: La ~ del campeonato le ha durado al equipo un mes. チームは選手権獲得の興奮が1か月続いた. lunes de ~ ブルーマンデー. ~ de vacaciones 休みボケ. ~ blanca [黒人の公民権運動に対する] 白人の反発. ~ mitinera 政治集会後の興奮. ❹ 海岸 (河岸) に打ち寄せられた物. ❺《商業》[為替] 戻し [為替] 手形. ❼《メキシコ, 皮肉》精酸, 真髄. ❽《キューバ, プエルトリコ》殴打. ❾《コロンビア》レサカ《最高級の蒸留酒》. ❿《ラプラタ》沈泥, 泥
resacado, da [r̃esakáðo, ða] 形《メキシコ》けちな, 欲ばりな; [商品を] 値切る
—— 男 ❶《コロンビア, エクアドル》純度の高い蒸留酒; 密輸された蒸留酒. ❷《ボリビア》最高級の蒸留酒
resacador, ra [r̃esakaðór, ra] 形《地方語, 狩猟》勢子(せ)
resacar [r̃esakár] 7 他《船舶》[操帆しやすくするために索具を] 引く. ❷《コロンビア, 狩猟》勢子をつとめる
resacón [r̃esakón] 男《口語》ひどい二日酔い
resacoso, sa [r̃esakóso, sa] 形 二日酔いの
resalado, da [r̃esaláðo, ða] [←*re*-+*salado*] 形《西, 親愛》[言動が] 魅力的な, かわいい, かっこいい
resalar [r̃esalár] 他 再び塩漬けにする; また塩を入れる
resalga [r̃esálga] 囡 魚を塩漬けにするときに出る液汁, 漬け汁
resalir [r̃esalír] 62 自《まれ, 建築》[建物などから] 突き出る, 張り出す
resallo [r̃esáʎo] 男《地方語》再度の除草
resaltable [r̃esaltáβle] 形《建物などから》突き出され得る, 張り出され得る
resaltador [r̃esaltaðór] 男《アルゼンチン》[蛍光色の] マーカー
resaltante [r̃esaltánte] 形《中南米》際立った
resaltar [r̃esaltár] [←*re*-+*saltar*] 自 ❶ 目立つ, 際立つ: 1) la isla *resalta por* su abundante vegetación. その島は植生の豊かさで群を抜いている. 2) [*hacer*+. 色・重要性などが] Su negro traje hacía ~ la palidez del rostro. 黒い服を着たため彼の顔の青白さが目立った. ❷ [はずむ, バウンドする. ❸ [剥がれる. ❹《建築》[建物などから] 突き出る, 張り出す: La cornisa *resalta* mucho de la fachada. 軒がファサードからぐんと張り出している
—— 他 目立たせる, 強調する;《情報》強調表示する
resalte [r̃esálte] 男 ❶ 突出部, 出っ張り. ❷ 際立つこと
resalto [r̃esálto] 男 ❶ =**resalte**. ❷《狩猟》イノシシが隠れ場から追い出され追手を見定めようと立ち止まった瞬間狙い撃つこと
resaludar [r̃esaluðár] 他 挨拶 (礼儀) に答える, 答礼する, 返礼する
resalutación [r̃esalutaθjón] 囡 答礼, 返礼
resalvo [r̃esálβo] 男 切らずに残す木 (灌木) の新芽
resallar [r̃esaʎár] 他 再び鍬で掘り起こす
resallo [r̃esáʎo] 男 再び鍬で掘り起こすこと
resanar [r̃esanár] 他 ❶ [金めっき, 金箔の剝げた部分に] 金をかぶせる. ❷ [被害・欠陥を] 修復する. ❸《中南米》[壁の穴を] ふさぐ. ❹《メキシコ》[処女のふりをしている女性を] 結婚する
resaque [r̃esáke] 男《ベネズエラ》レサカ [=*resaca*]
resaquero, ra [r̃esakéro, ra] 男《中米》横着者の, 怠け者の
resarcible [r̃esarθíβle] 形 損害賠償され得る, 損害賠償されるべき
resarcimiento [r̃esarθimjénto] 男 損害賠償, 弁償
resarcir [r̃esarθír] [←ラテン語 *resarcire < re*-+*sarcire*「縫う, 修理する」] 2 他 [+*de*+*por*の] 損害賠償を…にする, 弁償する; 償う. Quiero ~ por las molestias. 君にかけた迷惑に償いをしたい. ~ a+人 *de* una cantidad (una pérdida) …に金額 (損害) を弁償する
—— ~*se* [+*de*+事の] 汚名を晴らす, 雪辱する; 埋め合わせをする
resbalabueyes [r̃esβalaβwéxes] 男《植物》ヒメコウガイゼキショウ
resbalada [r̃esβaláða] 囡《中南米》滑ること, スリップ
resbaladero, ra [r̃esβalaðéro, ra] [←*resbalar*] 形 滑りやすい [=*resbaladizo*]
—— 男 ❶ 滑りやすい場所. ❷《メキシコ, グアテマラ》滑り台
—— 囡 ❶《メキシコ, グアテマラ, アンデス》すべり台. ❷《パナマ》大麦から作る清涼飲料
resbaladilla [r̃esβalaðíʎa] 囡《メキシコ》滑り台
resbaladizo, za [r̃esβalaðíθo, θa] [←*resbalar*] 形 ❶ 滑りやすい: carretera ~*za* 滑りやすい道路. ❷ [事柄が] 扱いの難しい, うかつには話せない: asunto ~ 微妙な問題. ❸《口語》[人が] 対応の難しい
—— 男《ペルー》滑り台
resbalador, ra [r̃esβalaðór, ra] 形《まれ》滑る
resbaladura [r̃esβalaðúra] 囡 滑った跡
resbalamiento [r̃esβalamjénto] 男 滑ること
resbalar [r̃esβalár] [←古語 *resvarar* < ラテン語 *varus*「X脚の人」] 自 ❶ 滑る; 車がスリップする: *Resbaló y* cayó por una escalera. 彼は足を滑らせて階段から落ちた. El coche *resbaló* sobre una superficie helada. 車が氷の上でスリップした. ~ con una cáscara de plátano バナナの皮で滑る. Las lágrimas *resbalaban por* sus mejillas sin más. 訳もなく涙が彼の頬をつたって落ちた. ❷ [床などが] 滑りやすい; ¡Cuidado con el piso encerado, que *resbala* mucho! ワックスを塗った床には気をつけて, とても滑りやすいから! ❸《口語》[+a+人の] 関心を引かない, …にとってどうでもよい: A mí me *resbala* lo que digas. 君が何と言おうと私にはどうでもいい. ❹ 過ちを犯す, ミスをする
—— ~*se* ❶ 滑る: *Se me resbaló*. 私は手が滑った《物が主語で, 自分に責任はないという表現》. ❷ 足を滑らす: *Se re-*

ló bajando la calle. 彼は通りを下っていて足を滑らせた

resbalavieja [r̃esbalaβjéxa] 女《植物》オオバコの一種《学名 Plantago bellardii》

resbalera [r̃esbaléra] 女 滑りやすい場所

resbalín [r̃esbalín] 男《チリ》滑り台

resbalón [r̃esbalón]《←resbalar》男 ❶ 滑ること. ❷《口語》過ち, 失敗. ❸ 〔錠前の〕ばねで自動的にはまる舌 *dar[se] un ~/pegar[se] un ~* 1) 足を滑らす. 2)《口語》へまをする

resbalosa [r̃esbalósa] 女《チリ, アルゼンチン》❶〔マリネラ marinera のような〕男女が離れて踊る民俗舞踊; その音楽. ❷ すいとんに似た料理

resbalosería [r̃esbalosería] 女《キューバ. 俗語》だらしのないこと, 不まじめさ

resbaloso, sa[2] [r̃esbalóso, sa] 形 ❶《中南米》滑りやすい《= resbaladizo》. ❷《メキシコ. 口語》女(男)に言い寄る, 女(男)たらしの

rescacio [r̃eskáθjo] 男《魚》=**rascacio**

rescaldar [r̃eskaldár] 他 熱湯に入れる; やけどさせる

rescaño [r̃eskáɲo] 男 ❶ 残余, 残部. ❷《エストレマドゥラ》固くなったパンのかけら

rescatable [r̃eskatáble] 形 取り戻され得る, 回収可能な

rescatador, ra [r̃eskataðór, ra] 形 取り戻す〔人〕, 買い戻す〔人〕, 請け戻す〔人〕

rescatante [r̃eskatánte] 男《コロンビア》運搬業者, 取引業者

rescatar [r̃eskatár]《←re-(再)+ラテン語 capere「つかもうとする」< capere「つかむ」》他 ❶ 取り戻す: Consiguieron ~ el coche robado. 彼らは盗まれた車を取り戻すことができた. La policía ha rescatado a los rehenes. 警察は人質を救出した. ~ el cadáver 遺体を収容する. ~ su juventud 若さを回復する, 若いころに戻る. ❷ 買い戻す; 〔質から〕請け戻す: ~ una hipoteca 抵当を解除する. ❸ [+de 危険・悲惨・抑圧などから] 救い出す: ~ a+人 de la pobreza 貧しさから~を救う. ❹《一般商品と》金〔貴重品〕を交換する. ❺《中南米》行商する. ❻《メキシコ》再販する, 転売する

rescate [r̃eskáte]《←rescatar》男 ❶ 取り戻すこと; 救出: equipo de ~ レスキュー隊. ~ del alpinista desaparecido 行方不明の登山者の捜索. ❷ 身代金: exigir (imponer) ~ 身代金を要求する. ❸《保険》解約 ~ 解約返戻金. ❹《遊戯》捕まった味方を救出できる鬼ごっこ

rescaza [r̃eskáθa] 女《魚》=**rascacio**

rescindible [r̃esθinðíble] 形《法律》取り消し可能な

rescindir [r̃esθinðír]《←ラテン語 rescindere》他《法律》〔契約を〕取り消す, 無効を宣言する

rescisión [r̃esθisjón] 女《法律》取り消し, 解除

rescisorio, ria [r̃esθisórjo, rja] 形《法律》取り消し〔のための〕; 取り消しに起因する

rescoldera [r̃eskolðéra] 女 むねやけ《=**pirosis**》

rescoldo [r̃eskólðo]《←古語 rescaldo < caldo「熱い」》男 ❶〔不可〕灰で囲われた〕燠(%), 残り火: arder en ~. ❷《過去の感情・思い出などの》なごり, ほとぼり: Aún me queda algún ~ de la antigua pasión. 私にはまだ昔の情熱のほとぼりが残っている. ❸《文語》疑り, 疑い・不安

rescontrar [r̃eskontrár] 28 他《勘定項目を》相殺する

rescripto [r̃eskri(p)to] 男《カトリック》教皇答書. ❷《歴史》皇帝答書

rescriptorio, ria [r̃eskri(p)tórjo, rja] 形 教皇答書の; 皇帝返書の

rescuentro [r̃eskwéntro] 男 ❶〔勘定項目の〕相殺. ❷《ナンバーズくじの》手書きの仮票

resecación [r̃esekaθjón] 女 からからに乾燥させる(する)こと

resecamiento [r̃esekamjénto] 男 =**resecación**

resecar [r̃esekár]《←ラテン語 re-(強意)+siccare「乾かす」》[7] 他 ❶ よく乾かす. ❷《医学》~の一部を切除する
— ~**se** からからに乾く

resección [r̃ese(k)θjón] 女《医学》切除〔術〕

reseco, ca [r̃eséko, ka]《←re-+**seco**》形 ❶ 乾きすぎた: Tu cabello está ~. 君の髪はぱさついている. Tengo la boca ~*ca*. 私は口の中がからからだ. tener la piel ~*ca* 肌荒れしている. ❷〔estar+. 下からぴて〕やせこけた
— 男 ❶〔口の〕渇き感. ❷《養蜂》巣の蜜の付いていない部分

reseda [r̃eséða] 女《植物》❶ ミニョネット, モクセイソウ. ❷ ホザ

キモクセイソウ《=**gualda**》

resedáceo, a [r̃eseðáθeo, a] 形《植物》モクセイソウ科の

resegar [r̃esegár] [8] [23]《←**negar**》他 ❶〔刈り残しの干し草を〕再び刈る. ❷〔木の切り株を〕再び地面すれすれに切る

reseguir [r̃esegír] [5] [35]《←**seguir**》他〔歪んだ剣の刃を叩いて〕まっすぐにする

resellar [r̃eseʎár] 他 ❶〔貨幣を〕改鋳する
— ~**se** 他の党派に鞍替えする

resello [r̃eséʎo] 男 改鋳

resembrar [r̃esembrár] [23] 他〔失敗したので, +場所 に〕種をまき直す

resentido, da [r̃esentíðo, ða] 形 名 ❶ [+con+人/+de+事 を] 恨んでいる〔人〕, 怒っている〔人〕: No estoy ~ con nadie. 私は誰のことも恨んでいない. ❷〔社会・強者などに〕ひどい目にあったと感じている〔人〕, 怒りっぽい人, ひがみっぽい〔人〕: Es un ~ social. 彼は社会を恨み憎んでいる. ❸〔長い間〕痛い, 傷ついている: Continúa ~ de su rodilla. 彼はずっとひざが痛い. Está ~ por la broma que le gastaron. 彼はからかわれたことから立ち直っていない

resentimiento [r̃esentimjénto] 男 恨み, 怒り: guardar ~ a+人 …に恨みを抱く

resentir [r̃esentír]《←re-+ラテン語 sentire「感覚器官で感じる」》[33] 他〔まれ〕恨む, 怒る; 否定的な影響を受ける
— ~**se** ❶ 壊れかけている, がたが来る; 弱る: Con el terremoto *se resintieron* los cimientos de la casa. 地震で家の土台が崩れかけた. Con los años *se resintió* mi salud. 年齢と共に私の健康はがたが来た. ❷ [+de 古傷などの] 影響が残る, 痛む: Todavía *me resiento* de la operación. 私はまだ手術から立ち直っていない. ❸ [+con+人/+por+de+事 を] 恨む, 怒る: *Se resintió* conmigo por no ayudarle. 手伝わなかったことで彼は私を恨んだ. ❹ [+por・de・con+事 の] 否定的な影響を受ける

reseña [r̃eséɲa]《←re-+ラテン語 signa < signum「印」》女 ❶ 新刊案内, 書評《=~ de un libro》; 〔新聞・雑誌の〕小さなニュース, 短評: En la revista sale una ~ de su libro. その雑誌にはその本の書評が載った. escribir la ~ de una película 映画の紹介記事を書く. ❷ 概要, 概説〔書〕; 手短かな話〔報告〕: El guía nos hizo una ~ de la historia del castillo. ガイドはその城の歴史を簡単に説明してくれた. ❸ 容疑者などの〕特徴, 人相書き. ❹《軍事》閲兵, 観兵. ❺《主にチリ》〔四旬節第5日曜日の〕行列

reseñable [r̃eseɲáble] 形 際立たせるに値する, ニュース価値のある

reseñador, ra [r̃eseɲaðór, ra] 名 ❶ 書評家. ❷〔人・動物などの〕特徴描写をする人

reseñar [r̃eseɲár] 他 ❶〔新聞・雑誌で〕新刊案内を〔新作紹介〕する. ❷ 簡潔・明瞭に述べる〔説明する〕: *Reseña que* la falta de lluvia amenaza los grandes humedales. 彼は雨不足が広大な湿地を脅かしているとコメントしている. ❸ …の特徴を知らせる〔述べる〕. ❹《文語》言及する

resequido, da [r̃esekíðo, ða] 形〔本来湿っているものが〕偶然に乾いた

resero, ra [r̃eséro, ra] 名 ❶ 家畜を飼う人. ❷ 家畜を買う人
— 男《ラプラタ》牛の群れを追う人, カウボーイ

reserva [r̃esérβa]《←**reservar**》女 ❶ 予約: En les mes de mayo se pondrá a la venta la ~ de entradas. 入場券の予約発売は5月だ. En esta ventanilla proporcionamos facilidades de ~ de habitaciones. この窓口では宿泊の予約サービスを行なっている. ❷ 指定席《=billete de ~》: En la ~ pone que el asiento es de pasillo. その指定券には通路側であることが記されている. taquilla de ~*s* 指定券発売所. ❸ 蓄え, 予備; 貯蔵量, 埋蔵量: Antes de empezar la ascensión, hicieron ~ de víveres. 彼らは登攀を開始する前に食糧を詰めた. Tenemos ~ de agua para una semana. 私たちは1週間分の水を蓄えている. Se agotó la ~ de gasolina en mitad de la autopista. 高速道路を走行中にガソリンが切れてしまった. El país debe contar con ~*s* suficientes en caso de crisis. 国は非常事態用の十分な備蓄が必要だ. Las ~*s* petrolíferas del planeta no son inagotables. 地球の石油埋蔵量は無尽蔵ではない. disco de ~《情報》バックアップディスク. materiales de ~ 予備の資材. víveres de ~ 非常食, 保存食. ~*s* hídricas 貯水量. ❹〔話す時の〕慎重, 遠慮: Actúa con ~ porque aún no tiene confianza. 彼はまだ警戒しているので, 慎重に行動しなさい. 彼の名前を出すことは控えますが, ご了解下さい. Confío en tu ~ para que nadie más se entere. 君の慎重さを信じているので, 誰にも言わないでほしい. Cuéntamelo sin la menor ~. 遠慮(腹蔵)なく話してくれ. hablar con ~ 控え目に話す, 余計なことは言わない. ❺ ためらい, 迷い, 疑念; 留保, 留保条件: Todos manifestaron alguna ~ ante el proyecto. その計画には誰もが多少のためらいを示した. Tengo muchas ~s acerca de lo que dices. 君の言うことは全然信用できない. La policía mostró serias ~s al poner en libertad al presunto autor del crimen. 警察はその容疑者を釈放することに大いに難色を示した. aceptar con ~ 留保付きで承諾する. ● mental《法律》心裡(意中)留保. ❻《軍事》[Ia+] 予備役; 予備軍: El general ha pasado a la ~. その将軍は予備役に編入された. mandar a la ~ 予備役にする. oficial de ~ 予備役将校. ❼《スポーツ》補欠; 二軍, 補欠チーム: Es jugador de ~. 彼は補欠選手だ. ❽《経済》1) [主に 複]準備金, 予備金, 引当金, 積立金: El Banco de España ha aumentado sus ~. スペイン銀行は準備金を増額した. La empresa se ha quedado sin ~s debido a la crisis. その会社は不況のために資産がなくなってしまった. = actuarial [保険会社の]責任準備金. ● legal 法定準備金. スペインでは資本金の20%相当額. ~s bancarias legales 法定準備金, 支払い準備. ● para imprevistos/~ para contingencias 危険準備金. ~s de oro 金準備. ~s internacionales 外貨準備. ❷ ~ de valor [貨幣による]価値の保蔵. ❾《カトリック》ホスチアを病人·不参列者のために残しておくこと《=~ eucarística》. ❿ [米国の] 1) R~ Federal 連邦準備制度理事会. Banco de la R~ Federal 連邦準備銀行. 2) [先住民の]指定居住地《=~ de indios》: Estos collares los compré en una ~ india de Estados Unidos. 私はこの首飾りを米国のネイティブ·アメリカン居住地で買った. ⓫ 自然(鳥獣)保護区《=~ natural》; サファリパーク: En la ~ biológica de Doñana viven muchas especies amenazadas. ドニャーナ自然保護区には絶滅危惧種の生物がたくさん生息している. En este golfo existen ~s marinas para preservar los arrecifes de coral. この湾にはサンゴ礁を保護するための海洋保護区がいくつかある. ~ nacional 国立公園. ⓬ [複][体内のエネルギー源の]貯蔵物質: Usted tiene bajas sus ~s de hierro. あなたは体内の鉄分が減っている. Está muy delgado. No tiene ninguna ~ de grasas. 彼はひどくやせている. 脂肪の蓄えが全くない. Si la alimentación es insuficiente, el cuerpo sobrevive quemando las ~s. 栄養不足だと身体は貯蔵物質を燃焼して délen忍ぶ

a ~ de... …の条件(留保)付きで: A ~ de un análisis más profundo, tu proyecto me gusta. もっと詳しい調査が必要だが, 私は一応君の企画が好きだ

a ~ de que+接続法《主にメキシコ》[条件] …を除いて, …でなければ: A ~ de que se produzca un cambio estructural, esta medida tendrá solo un efecto limitado. 構造そのものを変えない限り, この方策は限られた成果しか上げられないだろう. 2) [目的] …するために

absoluta ~ 極秘: Se garantiza absoluta ~. 秘密厳守致します

con ~s ためらいながら: Aceptaron la propuesta con ciertas ~s. 彼らは多少ためらいつつ, その提案を受け入れた. El abogado ha dicho que me ayudará, pero con ~s. 弁護士は私を弁護してくれると言ったが, 及び腰だった

con toda ~ 極秘のうちに

hacer la ~ de... …の予約をしてある: Ya he hecho la ~ de los billetes de avión. もう航空券を予約してある. La agencia de viajes ha hecho la ~ de los billetes. 私は旅行代理店に切符の予約をしてもらった

sin ~ 1) 遠慮なく, 率直に: Dime sin ~s lo que piensas sobre este asunto. この件について君が思っていることを遠慮なく私に言いなさい. Estoy dispuesto a aceptar las críticas sin ~s. 私は批判を率直に受け入れるつもりだ. 2) 無条件で, 全面的に: Desde el principio nos ha apoyado sin ~. 彼は最初から私たちを無条件で支援している. Admira sin ~s a ese músico. 彼はその音楽家を手放しで賞賛している

tener ~ 予約不足だと身体は貯蔵の: Tenemos ~ de una mesa. 私たちはテーブル席を1つ予約してある

—— 図《スポーツ》控え(補欠)の選手: Las ~s calientan en la banda. 控えの女性選手たちはベンチでウォーミングアップしている

—— 男 [スペインワインの等級] レセルバ《赤は3年, 白·ロゼは2年以上熟成させたもの. =vino de ~》: El caballero pidió un ~ para cenar. その紳士は夕食にレセルバを1本注文した. gran ~ グランレセルバ《優良年に小樽で仕込まれ赤は5年, 白·ロゼは4年以上熟成させた長期熟成ワイン. 参考 スペインワインの熟成度による等級: **gran reserva**>**reserva**>**crianza**>**sin crianza**》

reservable [r̄eserbáble] 形 ❶ 予約可能な; 取っておける. ❷《法律》能動~ [遺産の]遺留分

reservación [r̄eserbaθjón] 囡 ❶ 取っておくこと. ❷《中南米》[部屋·旅行切符·入場券などの]予約

reservadamente [r̄eserbáðaménte] 副 内密に

reservado, da [r̄eserbáðo, ða] 形 ❶ [ser·estar+] 慎重な, 控え目な: Los informes de los técnicos son siempre muy ~s. 技術者たちの報告は常にきわめて慎重である. Desde que lo traicionaron sus amigos, está muy ~. 彼は友人たちに裏切られてから非常に疑り深くなった. Es una persona muy ~da. 彼は非常に慎重な(遠慮深い)人だ. ❷ [ser·estar+] 慎み深い, 無口な, 内気な: Es muy ~da: nunca nos cuenta sus cosas. 彼女はとても内気で, 自分のことを少しも私たちに話そうとしない. Me saludó cariñoso pero muy ~. 彼は私に親しみを込めて, しかし控え目にあいさつした. ❸ 内密の: Es información ~da, no podemos difundirla. これは機密情報だ. 外部に漏らしてはならない. Este asunto tiene un carácter ~; le ruego que no lo comente con nadie. この件は機密であり, 口外しないようにお願いします. documentos ~s 機密書類. ❹ 留保付きの. ❺ R~s todos los derechos《表示》著作権所有

—— 男 ❶ 専用席, 優先席; [レストラン·車両の]個室: El presidente le espera en un ~ del restaurante. 社長はあなた様をレストランの特別室でお待ちしています. ~ para grupos グループ席. ❷《表示》予約席, 予約済み. ❸《カトリック》聖櫃に保存されたホスチア hostia.《エクアドル》[牧草が育つように]一時的に家畜が入れないように囲われた牧草地. ❺《ペルー》便所. ❻《チリ, アルゼンチン, ウルグアイ》3年以上寝かせたワイン

reservar [r̄eserbár] 他《←古語 reservare < re+servare》❶ 予約する: Quisiera ~ una habitación sencilla en este hotel para dos noches. このホテルでシングルルームを2泊予約したいのですが. Hemos reservado una mesa en este restaurante. 私たちはこのレストランに席を予約した. Tenemos reservados dos habitaciones. 私たちは2部屋予約してある《対記 Tenemos dos habitaciones reservadas. 私たちは予約した部屋が2つある》. mesa reservada [レストランで] 予約席. ❷ [+para に] 取っておく, 蓄える: Este vino lo reservo para la fiesta de cumpleaños. このワインは誕生日パーティーのためにとってあるのだ. Reservan un cuarto para su futuro hijo. 彼らは将来子供が産まれた時のために一部屋空けてある. Tienes que ~ tus energías para las próximas ocasiones. 君はまたの機会に備えて力を蓄えておくべきだ. ❸ 留保する, 控える: Voy a ~ su nombre porque es una modelo conocida. 彼女の名前は伏せよう. 有名なモデルだから. ~ el derecho 権利を保留する. ❹《カトリック》[ホスチア hostia を] 聖櫃(🔊)に保存する

~se 1) 取っておく: Eva se reserva los dulces para el postre. エバはデザートの時まで甘いものを食べずにいる. ❷ 取っておかれる: Estas alegrías deben ~se para los padres, y no para nosotros. こういう喜びは私たちではなく, ご両親のためにとっておかれるべきだ. ❸ …を自制する, 我慢する: Me reservo para un torneo más importante. 私はもっと大事な試合のために今は全力を出さないでおく. No voy a bañarme ahora; me reservo para cuando la playa quede desierta. 私は今泳ぐのはやめて, ビーチが空くまで待つことにする. ❹ [意見を] 差し控える: Me reservo lo que pienso de ella. 私が彼女をどう思っているかについてはノーコメントです. Me reservo mi opinión para más adelante. 私の個人的な意見は今は控えておき, あとで述べます. Ustedes se reservan y no me quieren decir. ¿Qué pasa? あなた方は口をつぐんで私に言おうとしません が, どうしたのですか

reservatario, ria [r̄eserbatárjo, rja] 形《法律》heredero ~ 遺留分権利者

reservativo, va [r̄eserbatíβo, βa] 形 蓄えの, 予備の

reservista [r̄eserbísta] 形 匝 予備役の[兵], 在郷軍人: Al final de la guerra movilizaron a los soldados ~s. 戦争末期には予備役の兵士が動員された. Mi hijo es ~ del ejército 息

cional. 私の息子は国軍の予備役兵士だ
reservón, na [r̃eserbón, na] 形 ❶《軽蔑》慎重すぎる, 遠慮しすぎる. ❷《闘牛》[牛が] 闘争心のない
reservorio [r̃eserβórjo] 男 ❶《科学》貯蔵する場所: ~ del aire 空気をためておく場所. ~ de petróleo《地質》石油根源岩. ❷《解剖》槽. ❸《医学》病原体保有者, 宿主
reseso, sa [r̃eséso, sa] 形《地方語》[パンなどが時間がたって] 乾燥した, 堅くなった
resetear [r̃eseteár] 《←英語 reset》自《情報》リセットする
resfriadera [r̃esfrjaðéra] 女 ❶《金網を張った》食品戸棚. ❷《キューバ》[サトウキビの搾り汁をかき混ぜて冷やす] 鉄の鉢
resfriado [r̃esfrjáðo] 男 ❶《主に西》風邪: coger (atrapar·pillar) un ~ 風邪をひく. ~ grave (leve) ひどい (軽い) 風邪. ❷[発汗不全による] 体調不良. ❸[乾いて固い土地を耕すための] 灌水
resfriado, ra [r̃esfrjáðor, ra] 形 風邪をひかせる; 冷やす
resfriadura [r̃esfrjaðúra] 女 風邪《=resfriado》
resfriamiento [r̃esfrjamjénto] 男 冷却, さめること
resfriadero [r̃esfrjánte] 形《蒸留器の蛇管が通る》冷却槽
resfriar [r̃esfrjár] 《←re-+ラテン語 frigere「寒い」》⑪他 ❶ 風邪をひかせる. ❷ 冷やす《=enfriar》: ~ el café コーヒーを冷たくする. ❸《まれ》[愛情・情熱を] さます. ❹《カナリア諸島》[初回の耕作後の土地を] 灌水する
── 自 冷える, 寒くなる, 涼しくなる
── ~se ❶ 風邪をひく: Ahora estoy muy (algo) resfriado. 私は今ひどい (少し) 風邪をひいている. Últimamente se resfría fácilmente. 彼は最近風邪をひきやすい. ❷《まれ》《愛情・情熱》さめる
resfrío [r̃esfrío] 男《主に南米》風邪《=resfriado》
resgoso, sa [r̃esɣóso, sa] 形 ❶《中米》危険な. ❷《ベネズエラ》危険を冒す, 大胆な
resguardar [r̃esɣwarðár] 《←re-+guardar》他 ❶[+de 寒さ・雨などから] 保護する: La tienda nos resguarda de las inclemencias del tiempo. テントは過酷な天候から私たちを守ってくれる. ❷ 用心する
── ~se 身を守る: Un perro flaco se resguardaba del frío en una rinconada. やせた犬が片隅で寒さをしのいでいた
resguardecer [r̃esɣwarðeθér] ㊴ 他 =resguardar
resguardo [r̃esɣwárðo] 男 ❶《主に西》保護《するもの》; 防御: El árbol sirve de ~ para las aves. 木は鳥を守ってくれる. ❷ 受領証, 受取証; [入場券の] 半券; [荷物の] 預かり票, クレイムタッグ《=~ de depósito》; 保証書: Debemos presentar el ~ para recoger el equipaje. 荷物を受け取るには預かり証を提示しなければならない. ~ de la carta certificada 書留郵便の預かり証. ~ de consigna クロークルームの預かり証. ❸[国境などでの] 密輸防止監視, 密輸監視隊. ❹《船舶》操舵余地. ❺ 《歴史》先住民共有地《植民地時代, スペイン領アメリカで先住民共同体に割り当てられた共有地で, 共同体に帰属しない共有地で, スペイン人への売却・譲渡は認められなかった》. ❻《メキシコ》監視, 管理. ❼《コロンビア》予約
a (al) ~ de... …に守られて
residencia [r̃esiðénθja] 女《←residir》❶《文語》居住; 居住地: Ha fijado su ~ en Asturias. 彼はアストゥリアスに居を定めた. ~ en familias ホームステイ. ❷《文語》居住権; 居住許可, 在留証《= permiso de ~》: obtener la ~ en España スペインの居住権を得る. ~ permanente 永住権. ❸[主に高級な] 家, 邸宅; 官邸, 公邸《=~ oficial》: segunda ~ セカンドハウス.《修道会などの》居住施設. ❹ 学生寮《=~ universitaria》; [老人・孤児などの] 収容施設: ~ de ancianos 老人ホーム. ~ de profesores 教員住宅. ~ canina ペットホテル. ❺《公的な安い》宿泊施設. ❻[入院設備のある] 病院《=~ sanitaria》. ❼[当局などの] 居住するところ; 役所がある地. ❽ 居住地への責任者の居住義務期間. ❾ 弁理公使の職. ❿ 弾劾, 査問; 弾劾裁判《の判決》.《カトリック》《聖職者の》聖職禄を持つ場所での居住義務期間. ❿ 弁理公使の職. ❶ 弾劾, 査問; 弾劾裁判《の判決》.《カトリック》《聖職者の》聖職禄を持つ場所での居住義務期間. ⓬[専門医学の] 実習医. ⓭《中南米》臨床研修期間
residenciación [r̃esiðenθjaθjón] 女 ❶ 弾劾, 査問. ❷ 居住
residenciado, da [r̃esiðenθjáðo, ða] 形 [+en に] 在住の
residencial [r̃esiðenθjál] 形 ❶[地域の, 主に高級な] 住宅用

の: zona (barrio) ~ [高級] 住宅地. ❷[司教が] 司教区に居住すべき. ❸《まれ》居住の. ❹《まれ》[ホテルの] 素泊まり用の
── 男/女《主に南米》宿泊施設, 安ホテル
residencialidad [r̃esiðenθjaliða(ð)] 女《まれ》高級住宅地らしさ
residenciamiento [r̃esiðenθjamjénto] 男 ❶ 弾劾, 査問. ❷ 居住
residenciar [r̃esiðenθjár] ⑩ 他 ❶[裁判官が他の裁判官や当局者を] 弾劾する, 査問する. ❷ 説明を求める, 責任を問う. ❸ 居を定めさせる
residente [r̃esiðénte]《←residir》形 名 ❶ [+en に] 在住の, 外国人居留者; 居住地《国には関係なく, 生産・消費など経済的利害の中心が当該国内に存在する個人と生産者》: No está nacionalizado mexicano, solo es ~ permanente. 彼はメキシコ国籍を持っているわけではなく, 単なる永住権保持者だ. japoneses ~s en España スペインの在留邦人. no ~ 非居住者. ❷[専門医学の] 実習医. ❸《情報》[プログラムなどが] 常駐した
residentemente [r̃esiðéntemente] 副 ❶ 居住して, 定住して. ❷《情報》常駐して
residir [r̃esiðír]《←ラテン語 residere「座る」》自 ❶ [+en に] 居住する: Ese pintor español reside en Nagoya. そのスペイン人画家は名古屋に住んでいる. ❷[任務地などに] 滞在する, 駐在する; 自ら赴く: Los reyes residen en la capital. 国王夫妻は首都にいる. ❸[抽象物が] …にある, 存する: La soberanía nacional reside en el pueblo. 国の主権は国民にある. El éxito de esta obra reside en la simplicidad. この作品が成功したポイントは単純さにある
residual [r̃esiðwál] 形 残りかすの, 残留の: aguas ~es 下水, 汚水. 廃液. gas ~ 残留ガス, 廃ガス. radiación ~ 残留放射線
residuo [r̃esíðwo]《←ラテン語 residuum「残りの」》男 ❶ かす, 残り; 残余物: ~ de carbón 石炭の燃えかす. ❷《技術》《主に複》残滓(ざい); 廃棄物: ~s nucleares (radiactivos·tóxicos) 核（放射性・有毒）廃棄物. ~s sólidos《文語》廃棄物. ❸《数学》[引き算の] 余り, [割り算の] 余り
resiembra [r̃esjémbra] 女 ❶ 種をまき直し. ❷ 休耕せずに種をまくこと
resigna [r̃esíɣna] 女 聖職禄 (教会禄) の放棄
resignación [r̃esiɣnaθjón]《←re-+ラテン語 signum「しるし」》❶ あきらめ, 諦観; 甘受: Es recomendable la ~. あきらめが肝心だ. tomar con una desgracia 不幸を忍従する. ❷ [緊急時などの, 権力・任務の] 移譲; 辞職, 辞任. ❸ 聖職禄 (教会禄) の放棄
resignadamente [r̃esiɣnáðamente] 副 あきらめて
resignar [r̃esiɣnár]《←ラテン語 resignare「取り消す, 開封する」》他 ❶[権力・任務などを, +a·en に] 引き渡す, 辞職する: El alcalde resignó su cargo al teniente alcalde por su enfermedad. 市長は病気のため職務を助役に引き渡した. ❷[他者のために, 聖職禄・教会禄を] 放棄する
── ~se ❶ [+con·a を] 甘受する: Al cabo de unos intentos, se resignó. 彼は何度か試みてあきらめた. Se resigna a la idea de un Estado palestino. 彼はパレスチナ国家という考えを入れている. Los soldados se resignaron a morir. 兵士たちは死を覚悟した. ❷ [+a+不定詞] あきらめて…する: Me resigné a pensar que ya se acabó. 私はあきらめて, もう終わったと考えるようにした
resignatario [r̃esiɣnatárjo] 男 放棄された聖職禄 (教会禄) を受け取る聖職者
resiliencia [r̃esiljénθja] 女《技術》はね返り, 弾力性;《心理》回復力, 抵抗力: ~ baja 低反発; 抵抗力の低さ
resiliente [r̃esiljénte] 形《技術》はね返りの, 弾力性のある;《心理》回復力 (抵抗力) のある, すぐ立ち直る
resina [r̃esína]《←ラテン語》女 樹脂: ~ sintética (artificial) 合成樹脂. ❷ 松やに《=~ de pino》
resinación [r̃esinaθjón] 女 樹脂の採取
resinado, da [r̃esináðo, ða] 形 [ワインの] 松の香りをつけた
resinar [r̃esinár] 他 ❶[木から] 樹脂を採取する. ❷ 樹脂加工する
resinero, ra [r̃esinéro, ra] 形 ❶ [木が] 樹脂の. ❷[木の] 樹脂のある, 樹脂を分泌する
── 男 樹脂を採取する人
── 女 樹脂産業

resinífero, ra [r̃esinífero, ra] 形 樹脂を分泌する
resinificar [r̃esinifikár] 他 《化学》樹脂化させる
── **~se** 樹脂化する
resinoso, sa [r̃esinóso, sa] 形 ❶ 樹脂を分泌する．❷ 樹脂状の
resisa [r̃esísa] 女 《歴史》小売りに課せられる消費税
resisar [r̃esisár] 他 ［食品税徴収後のワイン・オリーブ油・酢の計量を］消費税分だけ少なくする
resistencia [r̃esistén̂ja]《←ラテン語 resistentia》女 ❶ ［+a・ante に対する］抵抗, 反抗: Los nativos opusieron una heroica *a* los invasores. 先住民は侵略者に対して英雄的に抵抗した． Me admira su firme ~ *ante* las adversidades. 彼が逆境に毅然として立ち向かうのには感心させられる． No comprendo tu ~ *a* ir al dentista. 君が歯医者に行くのを嫌がるのは私には理解できない． Sucumbieron casi sin ~. 彼らは抵抗らしい抵抗もせずに敗北した． ❷ ［+a に対する］抵抗力: Este niño no tiene mucha ~ *a* las enfermedades. この子は病気に対する抵抗力があまりない． Esta cuerda tiene mucha ~. このロープは頑丈だ． ❸ 持久力: Para maratón se necesita más ~ que velocidad. マラソンには速さより持久力が必要だ． hacer ejercicios de ~ [トレーニングで]持久力を養う． carrera de ~ 耐久レース, 長距離レース． ~ al fuego 耐火性． 《歴史》[la *R*~] レジスタンス, 地下抵抗運動: Durante la Segunda Guerra Mundial hubo muchos grupos de ~. 第二次世界大戦の時は多くのレジスタンス組織があった． Mi abuelo perteneció a la ~ *francesa* durante la guerra. 私の祖父は戦争中フランスのレジスタンスに加わっていた． ❹ 障害, 問題: La máquina encuentra mucha ~ para funcionar correctamente. その機械は摩擦があって, 正常に作動しない． ❺ 《物理》1) 抵抗, 強さ: Como el coche es muy bajo, opone menos ~ *al* aire. その自動車は車体が非常に低いので, あまり空気抵抗を受けない． ~ aerodinámica 空力抵抗． ~ de rozamiento 摩擦抵抗． ~ a la compresión 圧縮強さ． 2) [てこの]作用点． ❻ 《電気》1) 電気抵抗 《~ eléctrica》． 2) 抵抗器, 電熱線: Las ~s de la estufa se ponen al rojo. ストーブの電熱線が真っ赤になっている． ❼ 《医学》抵抗力, 抵抗性． ❽ 《医学》~ vascular periférica (sistémica) 末梢(全身)血管抵抗

hacer ~ 抵抗する: Si alguien trata de llevaros de aquí, *haced* ~. もし誰かが君たちをここから連れて行こうとしたら, 抵抗しなさい

~ pasiva [非暴力・非協力の]消極的抵抗: La población se ha limitado a ofrecer una ~ *pasiva* durante toda la ocupación. 占領下で住民はずっと消極的抵抗を続けるにとどまった

vencer la ~ 1) 抵抗を打ち破る． 2) 《物理》Cuando un cuerpo se desplaza, *vence la* ~ *del* aire. 物体が移動する時, 空気抵抗が生じる

resistencialismo [r̃esistén̂jalísmo] 男 ❶ 《西. 歴史》フランコ体制に対する抵抗運動． ❷ 現状維持的な態度, 保守主義

resistencialista [r̃esistén̂jalísta] 形 名 《西. 歴史》フランコ体制に対する抵抗運動の[活動家]

resistente [r̃esisténte] 形 ❶ ［+a に対して］抵抗力(耐久性)のある, 丈夫な: Las latas son más ~s *a* los golpes que los tarros de vidrio. 缶はガラス瓶より衝撃に強い． ~ al agua 耐水性の． fuerza ~ 耐久力《⇔fuerza explosiva》． materia ~ 耐久性のある素材． atleta ~ 持久力のある陸上選手． muchachito poco ~ あまり丈夫でない少年． ❷ 《物理》抵抗, の, ある．❸ 《生物》耐性のある: bacteria ~ 耐性菌． ❹ 抵抗する; レジスタンスの
── 名 レジスタンスの構成員: El régimen dictatorial tomaba duras represalias contra los ~s. 独裁政権はレジスタンスの人々に過酷な報復を行なった

resistero [r̃esistéro] 男 ❶ ［一番暑い］昼昼の時間． ❷ 照り返しによる暑さ; 照り返しを受ける暑い場所

resistible [r̃esistíble] 形 抵抗され得る, 耐えられる, 我慢できる

resistidero [r̃esistidéro] 男 ［一番暑い］真昼の時間

resistidor, ra [r̃esistidór, ra] 形 抵抗する; 耐える, 我慢できる

resistir [r̃esistír] 《←ラテン語 resistere「遅れる」<re-+sistere「置く」》 他 ❶ ［主に事物が］…に耐える: Me senté con gran cuidado, y la silla *resistió* mi peso. 私は慎重に腰を下ろし, 椅子は私の重みに耐えた． Este vaso *resiste* el calor. このグラスは耐熱性

がある． El niño *ha resistido* tres operaciones. その子は3度の手術に耐えた． Esta planta *resiste* la enfermedad. その植物は病気に侵されにくい． No creo que nuestro amor *resistiera* la dura prueba de la pobreza. 私たちの愛が貧しさという厳しい試練に耐えられるとは思えない． ❷ 我慢する: 1) Tu hermana será *al amor* de su jefe. エバは上司の求愛を拒んでいる．君のお姉さんはいい人かもしれないが, 私は付き合いきれない． Cada vez que voy no *resisto* las ganas de comprar algo. 私は外出するたびに買い物をしたい気持ちに打ち勝てない． Me he prometido ~ el dolor sin exteriorizarlo. 私は苦痛を顔色に出さずに我慢しようと決心した． 2) ［+不定詞・que+接続法］ Eva no *resistía* estar al lado de su marido y tener que vivir casi como extraños. エバは夫のそばにいながら他人も同然の暮らしをするのに我慢できなかった． No puedo ~ *que* no volvamos a vernos. 私は二度と君に会うことができないなんて我慢できない
── 自 ［+a に］抵抗する: Los habitantes *resistieron* a los invasores. 住民たちは侵略者に抵抗した． Miguel no *sistía* a sus encantos. ミゲルは彼女の魅力にあらがえなかった． Eva debía ~ *al amor* de su jefe. エバは上司の求愛を拒むべきだった． ❷ 我慢する: Si te apetece la tarta, no *resistas*. ケーキを食べたいのなら, 我慢しなくていいんだよ． Ya no puedo ~ más. 私はもう我慢できない． ❸ 耐える, 持ちこたえる: Ese edificio ya no *resiste* en pie. その建物は今にも倒壊しそうだ． El viaje es muy largo; no sé si la moto *resistirá*. 大変な長旅になるので, バイクがもつかどうか分からない． El jefe quiere que Paco abandone, pero *resiste* en su puesto. 上司は辞めてもらいたがっているが, パコは自分の職にしがみついている

── **~se** ❶ ［+a に］抵抗する; 我慢する; 反対する, 拒絶する: 1) Pocos *se resisten* hoy a la influencia de Internet. 今日インターネットの影響を拒むことのできる人はほとんどいない． *Me resistí a* su petición porque no me pareció convincente. 私は納得のいかないので彼の頼みを断った． 2) ［+不定詞・que+接続法］ *Se resiste* a cortarse el pelo. 彼女は髪を切ることに抵抗している． Los vecinos *se resisten* a ser desalojados. 住民たちは家を追い立てられるのを拒んでいる． El ministro *se resiste* a que la fiscalía estudie el caso. 大臣は検察庁がその事件を調べることを快く思っていない． 《口語》［+a+人 に］手を焼かせる, 手こずらせる: Este problema *se me resiste*. 私はこの問題で手を焼いている． Las matemáticas *se le resisten*. 彼は数学が苦手だ

resistividad [r̃esistibidá(d)] 女 《電気》固有抵抗; 抵抗率
resistivo, va [r̃esistíbo, ba] 形 抵抗力のある; 忍耐力のある
resituar [r̃esitwár] 14 他 配置換えする
resma [r̃ésma] 《←アラビア語 rizma「束」》女 ［紙の］1連 《=20 manos. =500枚》
resmilla [r̃esmíʎa] 女 ［便箋の］100枚束
resmillería [r̃esmiʎería] 女 ［500枚単位の］紙の販売
res nullius [r̃és nulíus] 《←ラテン語》女 《法律》無主物
resobado, da [r̃esobáðo, ða] 形 ❶ ［話題などが］ありふれた, 陳腐な． ❷ ［使い古して］すり切れた
resobar [r̃esobár] 他 ❶ ひどくもみくちゃにする． ❷ ［人を］こくなで回す
resobrar [r̃esobrár] 自 たくさん余る
resobrino, na [r̃esobríno, na] 男 女 甥(姪)の子
resol [r̃esól] 男 《西》日光の反射, 照り返し
resolano, na [r̃esoláno, na] 形 ❶ ［風に邪魔されずに］日光浴のできる[場所]． ❷ 《中南米》[日陰の]日光の反射, 照り返し． ❸ 《キューバ》叱責; 険しい表情
resolgar [r̃esolɣár] 8 28 =**colgar**
resoli [r̃esóli] 男 《西》［~es］《クエンカ, ムルシア》=**rosoli**
resoli [r̃esóli] 男 ［~es］《クエンカ, ムルシア》=**rosoli**
resolladero [r̃esoʎaðéro] 男 ❶ 《キューバ》地下川が再び地表に出る場所． ❷ 《プエルトリコ》換気口, 通気口
resollante [r̃esoʎánte] 形 息づかいの荒い
resollar [r̃esoʎár] 《←re-+古語 sollar<ラテン語 sufflare「吹く」》28 自 ❶ 呼吸する《=respirar》; ［音を立てて］荒い息づかいをする: El niño está tosiendo y *resollando*. その子は咳をし, ハーハーいっている． ❷ 《口語》[長い間黙っていた人が]口を開く, 沈黙を破る; [何も知らなかった人に]教える; [不在だった人が]消息を伝える: Hace tiempo que no *resuella*. 彼は長い間うんともすんとも言ってこない

no dejar [ni] ~ 《口語》ほっとさせない, のんびりさせない: Necesito unas vacaciones, porque tengo una familia nume-

rosa que no me deja ni ～. 私は休暇が必要だ、家族が多くてゆっくりさせてくれないから
　sin ～《口語》1) 一気に、一息に: beberse una botella de coñac sin ～ コニャックを1瓶一気に飲み干す。2) 黙っておとなしく、口答えせず: Los empleados aguantan las filípicas del director sin ～. 社員たちは部長の激しい叱責を我慢しておとなしく聞いている

resoltar [r̄esoltár] 28 ～**se**《コロンビア》横柄にふるまう、無礼なことを言う

resoluble [r̄esolúble] 形 解決され得る

resolución [r̄esoluθjón]《←ラテン語 resoltio, -onis「解放」》女 ❶ 決心、決意、覚悟; 決定、決議; 措置; 解決: 1) Tras mucho pensar, llegó a una ～ justa. 彼は熟慮の後、正しい決断にたどりついた。Siempre los jefes le encargaban la ～ de los casos más difíciles. 上司たちは彼にいつも一番難しい案件の解決を任せていた。2) [+de+不定詞] Su ～ de vender las acciones fue acertada. 株を売却するという彼の決断は正しかった。Se sentó para manifestar su decidida ～ de quedarse. 彼は何があっても立ち去らないという決意を示すために腰をおろした。3) [tomar+] No hay más remedio que tomar una rápida ～. 早急に決断するよりほかない。Casi todas las resoluciones las tomamos por mayoría de votos. 私たちは物事はほとんどすべて多数決で決めている。Después de pensar sobre el asunto, ha tomado la ～ de marcharse. 彼はその件について考えた結果、立ち去ることに決めた。❷ 決断力: Es un hombre de gran (mucha) ～. 彼は決断力に富んでいる/堅忍不抜の人だ。❸ 解決、解明; 解答: Hay que hallar el valor de x para la ～ de las ecuaciones. 方程式を解くにはxの値を求めなければならない。～ de un problema 問題の解決。～ de la crisis 危機の解決。❹《法律》裁定 [=～ judicial]: Pepe no puede acercarse a su ex mujer por ～ judicial. ペペは裁定により元妻に近づくことができない。Esperamos la ～ de los tribunales. 私たちは裁判所の裁定を待っている。❺《光学》分解能、解像[力・度]/[＝～ óptica]: pantalla de alta ～ 高解像度のモニター。❻《医学》[腫瘍・炎症などの] 溶解、消散 ❼《音楽》[和音の] 解決
　con ～ 敢然と、決然と、きっぱりと: Se enfrenta con ～ a las dificultades. 彼は困難には毅然と立ち向かう。Habla con ～. 彼ははっきりとものを言う。Vaciló un instante, pero luego, con ～, salió. 彼はちょっとためらったが、やがて毅然として出て行った
　en ～ 1) 結局のところ。2) 要約すれば、手短に言えば
　～ *fatal* 自殺の決意

resolutivamente [r̄esolutíbaménte] 副 断固 (決然) として、きっぱりと

resolutividad [r̄esolutibiðáð] 女 決断力

resolutivo, va [r̄esolutíbo, ba]《←resoluto》形 ❶ [ser+] 断固とした、決断力のある: No podemos perder tiempo, por eso necesitamos personas ～*vas* y solventes. 私たちは時間を無駄にできないので決断力があり有能な人物が必要だ。El periodista, ～, abrió la carpeta y consultó papeles. その新聞記者は意を決したように、ファイルを開けて書類に目を通した。Era un debate ideológico de no gran altura, pero que fue ～. そのイデオロギー論争は大したのではなかったが、決定的な影響をもたらした。❷ 解決する、解決のための: El expediente pasará pronto a manos del órgano ～. その書類はまもなく裁定を行なう機関の手に渡る予定だ。Por su designación se ha tenido en cuenta su gran capacidad ～*va*. 彼を指名するにあたっては、その問題解決能力の高さが考慮された。❸《法律》裁定の: parte ～*va* 判決の主文。❹《薬学》[腫瘍・炎症などを] 溶解する、消散する
　── 男 ❶ 決定: Todos los delegados estaban de acuerdo en incorporar ese ～. 全代議員がその決定を採り入れることに賛同した。Establecieron un claro ～ en esa dirección. 彼らははっきりとその方向に向かうような決定を下した。❷《法律》裁定。❸《薬学》溶解剤、消散剤 [＝medicamento ～]

resoluto, ta [r̄esolúto, ta]《←resolutus》形 ❶ 決断力のある、決意の固い。❷ 精通した; 巧妙な; 機敏な。❸ 簡潔な、要約した

resolutoriamente [r̄esolutórjaménte] 副 決断して

resolutorio, ria [r̄esolutórjo, rja]《←resoluto》形 ❶ 解決する。決断する。❷《法律》[法的効力を] 解除する

resolvente [r̄esolbénte] 名 形 ❶ 解決する [人]。❷ 決意する [人]

resolver [r̄esolbér]《←ラテン語 resolvere < re-+solvere「放す、ほどく」》29《過分 resuelto》他 ❶ 解決する、解明する: El detective *resolvió* el caso con facilidad. 探偵はその事件をやすやすと解決した。Ese crimen queda sin ～. その犯罪は未解決だ。Queda todavía algo urgente que ～. まだ至急解決しなければいけない問題が残っている。Eso no *resuelve* nada. それは何の解決にもならない。❷ [問題などを] 解く: He podido ～ todas las preguntas del examen. 私は試験の設問全部を解くことができた。Cuando *hayas* resuelto el crucigrama, me lo dices. クロスワードパズルが解けたら教えてくれ。❸ [+不定詞・que+接続法することを] 決意する、決心する: *Resolví* olvidarla para siempre. 私は彼女のことを永久に忘れようと決心した。*Resolvieron* no divorciarse. 彼らは離婚しないことに決めた。La Liga Española determinó ～ *que* el jugador fuera intransferible en 2015. スペインサッカー連盟は、その選手は2015年中は移籍できないという決断を下した。❹《医学》[腫瘍・炎症などを] 散らす、溶解させる。❺ [物質を] 分解する。❻《音楽》[和音を] 解決する
　── 自 決定する、決める: No sé qué hacer con estos documentos y los he traído para que *resuelvas* tú. 私はこの書類をどう処理していいか分からないので、君に決めてもらおうと思って持って来た。Ustedes *resolverán*. あなたがたの方で何とかなさい
　～**se** ❶ 解決される、解明される; 決着する: Esto no *se resuelve* con una pelea callejera. これは路上でけんかして片付く問題ではない。El juicio *se resolvió* con la condena del acusado. 裁判は被告の有罪という形で決着をみた。❷ [+a・por+不定詞することを] 決心する、決意する、覚悟する: Se *resolvió a* estudiar Literatura a pesar de la oposición de sus padres. 彼は両親の反対を押し切って文学の研究をする決心をした。No me *resuelvo* a salir con este tiempo. こんな天気では私は出かける気がしない。❸ [+en 主に重要度の低いことに] なる、変わる: La tormenta que amenazaba *se resolvió en* cuatro gotas. 嵐が来そうだったが、小雨がぱらついただけで済んだ。❹《医学》[腫瘍・炎症などが] 散る、消える

resolver		
現在分詞	過去分詞	
resolviendo	resuelto	
直説法現在	命令法	接続法現在
resuelvo		resuelva
resuelves	resuelve	resuelvas
resuelve		resuelva
resolvemos		resolvamos
resolvéis	resolved	resolváis
resuelven		resuelvan

resonación [r̄esonaθjón] 女 鳴り響くこと、反響

resonador, ra [r̄esonaðór, ra] 形 響く
　── 男 共鳴箱、共鳴器

resonancia [r̄esonánθja]《←resonar》女 ❶ 響き、反響: No se oye bien la música porque hay mucha ～. 音が大きくて音楽がよく聞こえない。❷ 影響、評判: Su película no tuvo la ～ esperada. 彼の映画は期待した反響を呼ばなかった。❸《物理》共鳴、[電気] 共振: ～ magnética 磁気共鳴。《医学》核磁気共鳴映像法、MRI [＝～ magnética [nuclear]]: hacerse una ～ de la columna vertebral 脊柱のMRIを撮られる。❹《化学》共鳴

resonante [r̄esonánte] 形 ❶ 反響する、よく響く。❷ 顕著な: éxito ～ 大成功。❸《化学》共鳴の

resonar [r̄esonár]《←ラテン語 resonare「反響する」》28 自 ❶ 鳴り響く、反響する。❶ [音が] 響く: Las cataratas *resuenan* en la selva. 滝の音が森の中に響いている。Las ruedas de la maleta *resonaban* por la calle. スーツケースのキャスターの音が通りに響いた。❷ [場所が主語、+con で] El estadio *resonaba con* los aplausos, cantos y gritos. スタジアムは拍手、歌、叫び声が響き渡っていた。❷ 反響を呼ぶ、評判になる: La noticia va a ～ en todas partes. そのニュースはきっそうに話題になるだろう。❸ [記憶などが] 再現される: Los hechos del pasado *resuenan* en el presente. 過去の出来事が現在に再び起こる。❹《物理》共鳴する

resondrar [r̄esondrár] 他《ペルー》叱る、いさめる、さとす; 面目を

resopla [r̃esópla] 嘆 おや，わぁ！《=sopla》
つぶす

resoplar [r̃esoplár]《←古語 resollar》自 ❶ 息を切らす，あえぐ，息を荒くする: Llegó *resoplando* a la línea de meta. 彼はハーハーいいながらゴールインした. ❷ ［怒って］鼻を鳴らす

resoplido [r̃esoplíđo]《←re-+soplido》男 ❶ 息切れ，荒い息づかい: dar ~s 息を切らせる，ハーハーいう. ~s de una máquina de vapor 蒸気機関のシュッシュッという音. ❷ ［怒って］鼻を鳴らすこと. ❸ とげとげしい返事

resoplo [r̃esóplo] 男 **=resoplido**

resopón [r̃esopón] 男 夜食

resorber [r̃esorβér] 他 ［医学，生理］［体液などを］吸収する

resorcina [r̃esorθína] 女 ［化学］レゾルシン

resorcinol [r̃esorθinól] 男 **=resorcina**

resorción [r̃esorθjón] 女 ［医学，生理］［体液などの］吸収

resorte [r̃esórte]《←仏語 ressort》男 ❶ ばね，スプリング; ぜんまい《=muelle》: por ~ ばね(ぜんまい)仕掛けの. ❷ 弾力. ❸ 手段，策. ❹《メキシコ，中米，コロンビア》ゴム，ゴム編み《=elástico》. ❺《メキシコ，アルゼンチン》責任; 権威

 como un ~/como movido (impulsado) por un ~ さっと，敏速に: Salté *como un ~* de mi asiento. 私ははじかれたように席から立ち上がった. *Como movido por un ~,* se levanta y se enfrenta con su enemigo. 彼はすっくと立ち上がり，敵に立ち向かう

 conocer todos los ~s de... ...のあらゆる面に精通している

 tocar (mover) todos los ~s あらゆる手段を尽くす: Tendrás que *tocar todos los ~s* para ser admitido en esa empresa. 君はその会社に入るためにはあらゆる手を使わなければならないだろう

resortera [r̃esortéra] 女《メキシコ，ペルー，ボリビア》ぱちんこ《=tirachinas》

respahilar [r̃espailár] 15 自 急いでする，あわてる

respaldar [r̃espaldár]《←re-+espalda》他 ❶ 保護する，支援する，保証する: Sus padres lo *respalda* económicamente. 両親が経済的に彼を助けている. La dirección *respaldaba* sus decisiones. 経営陣は彼の決定を支持していた. ❷ ［文書］裏面に書く; ［商業］裏書きする: El secretario *respaldó* el libro de actas. 書記は議事録の裏に署名した. ❸《情報》サポートする. ❹《中南米》［債務の］履行を保証する

 ——~se ［+en·con に］助けてもらう; 依存する: Esta decisión *se respalda en* un pronunciamiento del 2011 del Supremo Tribunal. この決定は最高裁の2011年の判決に基づいている. ❷ ［+en·contra に］寄りかかる: *Se respaldó en* la pared. 彼は壁に寄りかかった. ❸《獣医》［馬などが］背中を傷める

 ——男 ❶ ［椅子の］背《=respaldo》. ❷ ［強打などによる幹からの］樹液の滲出

respaldo [r̃espáldo]《←respaldar》男 ❶ ［椅子の］背，背もたれ; echar atrás (adelante) el ~ シートを倒す(起こす). ❷ 支援，バックアップ: sin el ~ de... の助けなしに. ❸ ［紙・文書の］裏面: En el ~ del escrito decía: ... 文書の裏には次のように書かれていた: .... ❹ ［紙・文書の］裏面に書かれる内容. ❺ 植物を寄せかける壁. ❻《商業》裏書き，保証

respe [r̃éspe] 男 **=résped**

respectar [r̃espektár]《←respecto》自 ❶ ［3人称単数形のみ］関わる: por (en) lo que *respecta* a... ...に関しては. ❷ 尊重する，重要する

respectivamente [r̃espektíβaménte] 副 それぞれ，めいめい: Los dos miembros se llamaban, ~, Alberto y Roberto. 2人のメンバーはそれぞれアルベルトとロベルトという名前だった. ❷ その点に関し

respective [r̃espektíβe]《←respecto》副 ［+a］に関しては《=respecto a...》

 al ~ それぞれ《=respectivamente》

respectividad [r̃espektiβiđáđ] 女 個別性

respectivo, va [r̃espektíβo, βa]《←respecto》形 ❶ ［主に 複］+名詞］各々の，それぞれの: Los niños van acompañados por sus ~s padres. 子供たちはそれぞれの両親に付き添われている. ❷ ［特定の人・事物に］関する，該当する

 en lo ~ a...《文語》...に関しては，...の点に関し

respecto [r̃espékto]《←ラテン語 respectus < respicere「後ろを見る」》男 **a este ~** この点に関し

 al ~ この(その)点に関し: Tengo muchas cosas que decir *al*

 ~. その問題については私は言うべきことがたくさんある

 ~.../con ~ a.../~ de... 1) ...に関して: Debo tomar la mejor decisión *con ~ a* mi relación con mi novio. 私は婚約者との関係について最善の決断をしなければならない. 2)...に比べて: En lo que va de este año, el déficit comercial de Japón ha aumentado notablemente ~ *al* anterior. 今年に入ってから現在まで，日本の貿易赤字は昨年に比べて大きく増えた

résped [r̃éspeđ] 男 ❶ ［ヘビの2つに分かれた］舌. ❷《昆虫》［ハチの］針. ❸ ［言葉にある］刺(とげ)，悪意

respegones [r̃espeγónes] 男 複《地方話. 植物》ゴボウ《=lampazo》

respeluzar [r̃espeluθár] 9 他 髪を乱す

respetabilidad [r̃espetaβiliđáđ] 女 威厳，貫禄; 人格高尚: La revista académica tiene mucha ~. その学術雑誌は非常に権威がある

respetable [r̃espetáβle]《←respetar》形 [ser+] ❶ 尊敬されるべき，立派な: Su postura es muy ~. 彼の態度は実に立派だ. Mi abuelo es un ~ anciano. 私の祖父は誰からも敬われる老人だ. *persona* ~ 尊敬に値する人. ❷ 尊重されるべき: No comparto su decisión, pero me parece absolutamente ~. 私はあなたの決定にはくみしないが，非常に立派だと思う. *opinión* ~ 耳を傾けるべき意見. ❸《口語》かなりの，相当な: He vendido la finca por una suma ~. 私は農園をかなりの高額で売却した. Llegó a contar con un grupo ~ de colaboradores. 彼はかなりの数の協力者をもつようになった. Se ha caído desde una altura ~. 彼はかなり高い所から落ちた. *a ~ distancia* かなりの距離で

 ——男 ［集名］《文語》［el+］観客，聴衆《=público》: El torero dedicó el toro *al ~*. 闘牛士は倒した牛を観衆に捧げた

respetador, ra [r̃espetađór, ra] 形《まれ》敬意を抱いている《=respetuoso》

respetar [r̃espetár]《←ラテン語 respectare》他 ❶ ［人を］重んじる，敬う，敬意を払う: Tenemos que ~ a los ancianos. 老人を敬わねばならない. Fue querido por pocos, odiado por muchos y *respetado* por todos. 彼は少数の人に愛されず，多くの人に憎まれ，みんなに尊敬された. Hija mía, algunas veces no me *respetas* nada. 娘や，お前は時々私の言うことを全然聞かないな. Este muchacho no *respeta* a nadie. この若者はなにもわからぬ. ❷ 大切にする: Por favor, *respeten* las plantas. 植物を大切に扱って下さい. No hay nada que yo *respete* tanto como el trabajo. 私は労働を何よりも尊いものだと思う. Oye, la calle no es tuya; *respeta* a los demás conductores. おい，道路は君のものじゃないぞ. 他のドライバーのことも考えて運転しろ. ❸ ［意見などを］尊重する: Tenemos que ~ la voluntad del enfermo. 私たちは病人の意思を尊重しなければならない. *Respeta* las opiniones de los demás. 他人の意見を尊重しなさい. En líneas generales *respeto* lo que dices, aunque tengo algunas objeciones. 私は，多少異論もあるが，君の言うことに大筋で賛成だ. ~ los derechos humanos 人権を尊重する. ❹ ［規則などを］守る: Respete el reglamento de la institución. この施設の規則を守りなさい. Mi padre siempre *respeta* escrupulosamente las normas de circulación. 父は交通法規をいつもきちんと守る

 hacerse ~ 自分の威厳を認めさせるようにする

respetivo, va [r̃espetíβo, βa] 形 **=respetuoso**

respeto [r̃espéto]《←ラテン語 respectus「考慮」< re-+spicere「後方を見る」》男 ❶ ［+a·por への］尊敬，敬意: Yo lo respeto a él y el me *guarda* ~ a mí. 私は彼を尊敬し，彼は私に敬意を払ってくれる. Siento mucho ~ *a (por)* ella. 私は彼女を非常に尊敬している. Les expreso mi más profundo ~. あなた方に私の深甚なる尊敬の念を表します. Todo el mundo se merece ~. どんな人でも敬意を受けるに値する. En la conversación hubo un corto silencio de ~. 会話の中で遠慮のために少し沈黙があった. ¡Oiga! ¡Un (Más) ~! おい，失礼じゃないか! ❷ 尊重，重視: Guarda ~ *al* lugar sagrado donde estás. ここは神聖な場所だから礼儀正しくしなさい. Siento gran *por* las costumbres de su pueblo. 彼は国民の伝統を非常に大切にしている. Esos muchachos no tienen ~ *a* nada. この若者たちは傍若無人だ. Más ~, por favor. もっと節度をもって行動して下さい. ~ *a* las leyes 法の遵守. ❸《婉曲》恐れ《=miedo》: Las alturas me dan mucho ~. 私は高い所が大の苦手だ. El niño tiene mucho ~ *al* dentista. その子は歯科医を

とても怖がる。 ❹ 〔複〕敬意の表明, 挨拶。 ❺ 予備のもの
campar por su ~ 《まれ》=***campar por sus ~s***
campar por sus ~s 〔規則などを尊重せず〕したいようにする: En esta ciudad los delincuentes no tienen ningún control y *campan por sus ~s.* この町では犯罪者が野放し状態で好き放題している
campear por sus ~s =***campar por sus ~s***
con ~ 丁重に, 敬意を込めて; うやうやしく: El muchacho le habló *con ~.* 青年は彼女に礼儀正しい言葉づかいで話した
de ~ 1) 予備の: Primero iba el coche en donde viajaban los reyes y luego el coche *de ~.* まず国王夫妻の乗った車が進み, 後に予備の車が従った。 2) 〔場所が〕儀式用の, 特別の: comedor *de ~* 正餐用の食堂
falta de ~ 無礼, 礼儀知らず, 傍若無人: ¡Qué *falta de ~!* 何と無礼なことか! Esta vez perdonamos su *falta de ~.* 今回はあなたの無礼を大目に見てあげましょう
faltar al ~ a +人 …に敬意を払わない, なれなれしくする: El jefe consideró que le *habían faltado al ~* con esas palabras. 彼らがそのような言葉づかいをしたのは自分に対し礼を失していると考えた
presentar sus ~s a +人 1) …に敬意を表する, 挨拶する: Se acercó a la anciana para *presentarle sus ~s.* 彼はその老婦人に挨拶するために近づいた。 2) よろしく伝える: *Presente* usted *mis ~s a* su señora. 奥様にどうぞよろしくお伝え下さい
~[s] humano[s] 世間体, 世間への義理: por *~s humanos* 義理で
sin ~ 礼を失して, 失礼な態度で: Ese niño se comporta *sin ~.* あの子はちっとも行儀がよくない

respetuosamente [ř̲espetwósaménte] 副 ❶ 敬意を持って, うやうやしく: Hay que comportarse *~* en las iglesias. 教会の中では節度をもってふるまわねばならない。 Han entrado en la iglesia con las cabezas *~* descubiertas. 彼らは礼儀正しく帽子を脱いで教会に入った。 En la rueda de prensa, el ministro contestó *~* a todas las preguntas de los periodistas. 大臣は記者会見で, 記者たちのあらゆる質問に丁寧に答えた。 Se alejó *~* para no molestar a la familia. 彼はその家族の邪魔にならないようにそっと場を離れた。 Acepto *~* la decisión. 私はその決定に賛成する。 Yo, *~*, no estoy de acuerdo con usted. 申し訳ありませんが, 私はあなたの意見には賛成できません。 Solicito muy *~* a la mesa directiva sea incluida en el diario de los debates la comparecencia de José Gómez. ホセ・ゴメスが出頭したことを今日の議事録に書き留めて下さるよう議長団に対し謹んでお願いします。 ❷ 《手紙》敬具: Saludándole *~*, José Pérez. 敬具。 ホセ・ペレス。 Atenta y *~*. 敬具。 R~ suya, Luisa García. 敬具。 ルイサ・ガルシア
respetuosidad [ř̲espetwosiðáð] 女 ❶ 敬意, 丁重, 慇懃
respetuoso, sa [ř̲espetwóso, sa] 〔←respeto〕 形 [ser・estar+. +con と] 敬意を抱く, 慇懃(いんぎん)な, 丁重な, 礼儀正しい: Este chico es muy *~* con las personas mayores. この青年はお年寄りをとても大事にする。 Lola ha cambiado mucho, ahora está siempre muy *~sa.* ロラはずいぶん人が変わった。 今ではいつも非常に礼儀正しくなった。 Un *~* camarero nos acompañó hasta la mesa. ウエイターがうやうやしく私たちをテーブルまで案内してくれた。 Debemos tener un comportamiento *~* con todas las creencias. 私たちはあらゆる信仰に敬意を持って接するべきだ。 ser *~* con la ley 法律を尊重する。 hablar en tono *~* 丁重な口調で話す。 lenguaje *~* 丁寧な言葉づかい
réspice [ř̲éspiθe] 男 ❶ 《文語》 〔短く厳しい〕 叱責。 ❷ ぶっきらぼうな返事
respigador, ra [ř̲espiɣaðór, ra] 名 〔図〕 落ち穂を拾う〔人〕
respigar [ř̲espiɣár] 〔8〕 自 〔図〕 落ち穂を拾う
respigo [ř̲espíɣo] 男 《カンタブリア》 キャベツ berza の種
respigón [ř̲espiɣón] 男 〔←re-+espigar〕 ❶ 〔爪の付け根の〕 ささくれ, 逆むけ。 ❷ 〔授乳期の女性の〕 乳腺の腫れ。 ❸ 《獣医》 〔馬などの〕 ひづめの柔らかい部分にできる腫れ物
respingado, da [ř̲espiŋɡáðo, ða] 形 =**respingón**
respingar [ř̲espiŋɡár] 〔←古語 respendar "後脚を跳ね上げる" +アストゥリアス語 respingu "逆立つ"〕 〔8〕 自 ❶ 《口語》 〔作り方・着こなしが悪くて, スカート・上着の裾が〕 持ち上がる, つり上がっている: Ese vestido no te queda bien porque te *respinga* por detrás. そのドレスは君に合っていない, 後ろがつり上がっている。 ❷ 〔馬などが積み荷などを嫌がって〕 体を振るうなる。

❸ 抵抗する, ぶうぶう不平を言いながら従う: Esta tarde te quedas en casa a estudiar y no *respingues.* お前は今日の午後は家に残って勉強しろ, ぶつくさ言うな
— ***~se*** 《地方語》 つま先立つ
respingo [ř̲espíŋɡo] 〔←respingar〕 男 ❶ 〔驚いて〕 跳び上がること, ぴくっとすること: dar un *~* 跳び上がって驚く, ぴくっとする。 ❷ 〔命令に対する〕 不満げな〔嫌そうな〕 態度。 ❸ 厳しい叱責: El padre le dio un buen *~* al niño por fumar. たばこを吸ったことで父親は子供に雷を落とした。 ❹ 〔着方が悪くて, 裾が〕 つり上がっていること: La chaqueta te hace *~* por detrás. 君の上着は後ろがつり上がっている。 ❺ 《メキシコ, チリ》 〔スカートの裾〕 ひだ, しわ
respingón, na [ř̲espiŋɡón, na] 〔←respingar〕 形 ❶ 鼻の先が上を向いた〔醜いとされる〕。 ❷ 〔尻が〕 突き出て少し持ち上がった。 ❸ 《口語》 〔着方が悪くて, 裾が〕 持ち上がっている。 ❹ 《メキシコ, チリ》 〔命令に〕 不満げな, 傷つきやすい
respingoso, sa [ř̲espiŋɡóso, sa] 形 =**respingón**
respirable [ř̲espiráβle] 形 〔健康を害さずに〕 呼吸され得る
respiración [ř̲espiraθjón] 〔←respirar〕 女 ❶ 呼吸, 息: Cierra la boca y contén la *~*. 口を閉じて息を止めなさい。 El corredor llegó a la meta con *~* jadeante. ランナーはあえぎながらゴールした。 Se le hizo (puso) penosa (difícil) la *~*. 彼は呼吸困難になった。 Se me cortó la *~*./Me faltó la *~*. 私は息が詰まった。 Los mamíferos tienen *~* pulmonar. 哺乳類は肺呼吸する。 no poder aguantar la *~* 息が長く続かない。 tener la *~* agitada 呼吸が荒い。 *~* abdominal (pectoral) 腹式呼吸。 *~* forzada 強制呼吸, 人工呼吸。 ❷ 〔外気との〕 直接の換気: Este cuarto tiene solo un ventanuco de *~*. この部屋は小さな換気口が一つあるだけだ。 Esta habitación tiene mala *~*. この部屋は風通しがよくない。 cuarto sin *~* 窓のない部屋。 《音楽》 1) 休符。 2) *~* circular 循環呼吸
cortar la ~ =***quitar la ~***
hasta perder la ~ 息が切れるほど
quitar la ~ 息を詰まらす, びっくりさせる: Las palabras de Eva le *quitaron la ~* a su padre. エバの言葉を聞いて父親は驚きのあまり声も出なかった
~ artificial 人工呼吸: Lo han sacado del agua medio ahogado y han tenido que hacerle la *~ artificial.* 彼は溺れかけた状態で水から助け上げられたので, 人工呼吸が必要だった
~ asistida 人工呼吸装置による呼吸: La paciente precisa *~ asistida.* その患者は人工呼吸装置が必要だ
sin ~ 1) 〔感動・驚きで〕 息を飲んだ〔殺した〕: La noticia nos ha dejado *sin ~*. その知らせに私たちは息をするのも忘れそうになった。 Al verla tan guapa, me quedé *sin ~*. 彼女のあまりの美しさに私は息を飲んだ。 2) 疲れ果てた: He venido corriendo y he llegado a la clase *sin ~*. 私は走って来たので教室に着いた時くたびれ果てていた。 El corredor llegó *sin ~*. 走者は息も絶え絶えになって到着した
respiradero [ř̲espiraðéro] 〔←respirar〕 男 ❶ 換気孔, 通気口: Sale vapor por los *~* del metro. 地下鉄の換気孔から蒸気が立ち上っている。 *~* del lavabo トイレの換気孔。 ❷ 〔煙突の〕 煙道。 ❸ 《鉱山》 通気用立坑。 ❹ 安堵(ど), 慰め; 休息: La noticia le ofreció un *~* a su angustia. 彼はその知らせを聞いて苦しみが和らいだ
respirador, ra [ř̲espiraðór, ra] 形 ❶ 呼吸の; 呼吸するための。 ❷ 〔解剖〕 呼吸器の: músculo *~* 呼吸筋。 órgano *~* 呼吸器官
— 男 人工呼吸装置〔=*~ artificial*〕: Debemos poner un *~* al enfermo. 患者に人工呼吸器を付けなければならない
respirar [ř̲espirár] 〔←ラテン語 respirare < ?re- (繰り返し) +spirare "息を吐く, 吸入する"〕 自 ❶ 呼吸する, 息をする: Respiró profundamente y se tranquilizó. 彼は深々と息を吸って気を落ち着けた。 ¡No *respire!* 息を止めて下さい。 Los anfibios *respiran* a través de la piel. 両生類は皮膚呼吸する。 *~* con dificultad 苦しそうに息をする, あえぐ。 *~* fuerte/ *~* con fuerza/ *~* hondo/ *~* a fondo 深呼吸する。 *~* de manera abdominal (pectoral) 腹式(胸式)呼吸をする。 ❷ 〔大仕事・困難・暑さのあとに〕 一息入れる, 休む, ほっとする: Por fin podré *~* después de los exámenes. テストが終わってやっと一息つける。 Al caer la tarde ya puedes *~*. 日が暮れると〔涼しくなって〕一息つけるよ。 Ve a dar una vuelta, porque necesitas *~*. 君は休息した方がいい。 その辺をぶらぶらしておいで。 ❸ 話す, 言葉を

発する《主に否定文で》: Casi no puedo ～ de alegría. 私はあまりのうれしさに声も出ない. Pepe no *respiró* en toda la reunión. ペペは会議の間, 一言も発言しなかった. ❹ 生きている, 死んではいない: La víctima aún *respira*. 被害者はまだ息をしている. ❺ 通気性を与える, 蒸れないようにする: No tapes la comida con una bolsa de plástico; deja que *respire*. 食べ物をビニール袋に入れず, 空気が通るようにしておきなさい. Abre las ventanas, que *respire* un poco la habitación. 窓を空けて室内に風を通しなさい. ❻ 〖単人称〗涼しくなる: Durante el día hace mucho calor, pero por las noches *respira* un poco. 日中は大変暑いが, 夜は少ししのぎやすくなる. ❼ 〖いない人か〗音沙汰がある

no dejar ～ a +人〖口語〗…にうるさくつきまとう, 一時も休ませない: Me llama dos por tres y *no me deja* ～. 彼はたびたび電話をかけてきて, 私にうるさくつきまとう. Mi jefe *no me deja* ～, critica todas las cosas que hago. 上司は私のすることに一々文句を言い, うるさくつきまとう

no poder 〔***ni***〕…《口語》疲れ果てている; 〖息をつく暇もないほど〗多忙である: Estoy haciendo inventario y estoy que *no puedo* ～. 私は報告書の作成をしていて休む暇もない

saber por dónde respira +人〖西. 口語〗=***ver por dónde respira*** +人

sin ～ 1) 少しも休まずに: Llevo más de siete horas trabajando en esto *sin* ～. 私はこの件で7時間以上ぶっ通しで働いている. Recitó el poema de corrido, *sin* ～. 彼はその詩を一息で暗誦した. 2) 熱中して, 息を凝らして: Juan escuchó la conferencia *sin* ～. フアンはその講演を熱心に聴いた

ver por dónde respira +人《西. 口語》…の考えを探る
── 歯 ❶〖空気を〗吸う〖=aspirar〗: Estos niños en el chalet vas a ～ el aire fresco de la sierra. この別荘では山のさわやかな空気が吸えるよ. En la empresa miles de trabajadores *respiraban* los gases de las minas y el humo de la fábrica. その会社では何千もの労働者が鉱山のガスや工場の煙を吸っていた. ❷《文語》〖心の状態を〗印象づける, 表わす: Es todavía una cachorra y *respira* bondad y fidelidad. その犬はまだ子犬で, 性格が良く忠実だ. Su casa de madera *respira* paz. 彼の木造の家は気持ちをほっとさせてくれる

respiratorio, ria [rrespiratórjo, rja]《←respirar》形 呼吸の: practicar ejercicios ～s 深呼吸をする. aparato ～ (sistema) ～ 呼吸器. dificultad (insuficiencia) ～ria 呼吸困難. movimientos ～s 呼吸運動

respiro [rrespíro]《←respirar》男 ❶〖仕事の〗休息, 休み〖→reposo 類義〗: Lola tomó media hora de ～ y luego siguió estudiando. ロラは30分休憩してまた勉強を続けた. Apenas se concede un ～ en el trabajo. 職場では息をつく暇もなく忙しい. A esta temporada no me dan un momento de ～. この時期は私は一息つく暇もない. plazo de ～ de tres días 3日の猶予期間. ❷〖心配・苦痛からの〗安らぎ, 安堵(ど), 慰め: ¡Qué ～ cuando me he enterado de que no te había pasado nada! 君が無事だったと知って私は本当にほっとした! No hay que pagar hasta enero, así que tienes un cierto ～. 1月まで支払わなくていいので君は多少は楽ができるよ. Es un ～ poder quitarse los zapatos después de muchas horas de pie. 長時間立ち通しの後, 靴を脱ぐとほっとする. ❸ 呼吸〖=respiración〗: dar el último ～.《文語》息を引き取る. ～ de alivio ため息, 吐息

sin ～ 休まず, 絶えず: Buscan *sin* ～ a los autores. 彼らは片時も休まず犯人たちを追っている

tomarse un ～ 一息入れる: Hemos empezado a trabajar a las siete y a las diez *nos hemos tomado un* ～. 私たちは7時に働き始めて10時に休憩をとった

resplandecer [rresplandeθér]《←re-+splendere「光を反射する」,「輝く」》39 自 ❶〖自身が・反射して〗輝く, きらめく: Hoy las estrellas *resplandecen* en el cielo. 今日は星が空に輝いている. Los tejados de oro *resplandecen* al sol. 金色の瓦屋根が日に輝いている. ❷ [+entre の中で, +de・por・en で] 際立つ: Su personalidad *resplandece* entre todos sus amigos. 彼の個性は友人たち全員の間でも際立っている. ～ *por* la virtud 美徳で際立つ. ～ *en* sabiduría 学識が深い. ❸ 《文語》〖喜びなどで表情が〗輝く: Sus ojos *resplandecen* de alegría. 彼の目は喜びに輝いている
── 他《文語》明るくする, 輝かせる

resplandeciente [rresplandeθjénte] 形 ❶ 光り輝いている: sol ～ 輝く太陽. ❷ 幸福感・満足感が現われている: rostro ～ de felicidad 幸せに輝いている顔. ❸〖完成度・偉大さで〗際立っ, 抜きん出た: era ～ de sabiduría 知性の世紀

resplandecimiento [rresplandeθimjénto] 男 ❶ 輝き, きらめき. ❷ 華麗; 栄光; 高貴

resplandina [rresplandína] 女《口語》厳しい叱責

resplandor [rresplandór]《←resplandecer》男 ❶〖強い〗光, 輝き: ～ de los focos スポットライトの光. ～ de los ojos 目の輝き. ～ del sol 日光. ～ del suelo 床の光沢. ❷ 華麗; 栄光; 高貴〖=esplendor〗

resplendente [rresplendénte]《形》《廃語》輝く, きらめく

respondedor, ra [rrespondeðór, ra] 形 名 答える〖人〗, 応じる〖人〗

responder [rrespondér]《←ラテン語 respondere < re-+spondere「約束する」》他 ❶ 答える, 返事をする《頭義》 responder と contestar はほぼ同義「返事をする」だが, 厳密には **responder** は「相手の要求を満たす対応をする（返事の内容に力点が置かれる）」, **contestar** は「問いかけに対して答える行為をする（満足がいく答えをする行為に力点が置かれる）」: Me estás *contestando*, pero no *respondes* nada. 君は私に返事をしているが, 何の答えにもなっていない. Los gobiernos *contestan* a los reclamos de sus pueblos, rara vez lo *responden*. 政府は民衆の要求に回答はするが, 本当の対応をすることはめったにない: 1) [+a 質問・提案に対し, …と] i) una pregunta demasiado grave para ～ o no ～. はい, いいえで答えるにはあまりにも深刻な問いだ. *Respondí* que sí (no) a su propuesta. 私は彼の提案に賛成(反対)と答えた. ii) [+que+直説法 であると]《参考》responder de que... は《誤用》Le *respondí que* lo hice porque me daba la gana. 彼に, 自分がそうしたかったからやったのだと答えた. iii) [+(que)+疑問詞] ¿Serás capaz de ～ le (que) por qué no te deja en paz? 君は彼に「なぜそっとしておいてくれないのですか」などと言い返せるか? 2) [質問・問題に] Me hizo una pregunta y yo la *respondí*. 彼が質問したので, 私はそれに答えた. *Respondió* correctamente las preguntas del examen. 彼は試験問題に正解した. Eso no *responde* la pregunta. それは質問の答えになっていない. *Respondió* rápidamente el cuestionario. 彼はアンケートに急いで回答した. ❷ …に応答する: Me *respondió* la carta amablemente. 彼は私の手紙に親切に答えてくれた. El secretario se encarga de ～ de las llamadas. 電話には秘書が出ることになっている. ❸ [ミサなどの] 唱和をする

── 自 ❶ 返事をする: *Respondes* siempre con la cabeza, nunca con el corazón. 君はいつも頭を下げるだけで, 心から返事をしようとはしない. Un sondeo de opinión le asigna un 50% de imagen positiva, un 40% de negativa y no *respondió* un 10%. ある世論調査によると彼を評価する人は約50%, 評価しない人は約40%, そして無回答は約10%だった. ❷ [+a に] 応答する; 応じる: 1) ¿Te *han respondido* ya? もう返事をもらったかね? ¿Por qué no me *respondes*? 君はどうして私に返事をしないのか? Ella *respondió* al odio con el amor. 彼女は憎しみに愛をもってこたえた. Ladra un perro, y otro le *responde*. 一匹の犬が吠えると別の犬がつられて吠え出す. ～ *al* saludo 答礼する. 2) [電話・手紙などに] 返信する, リプライする: He llamado tres veces, pero nadie me *ha respondido*. 私は3回電話したが誰も出なかった. Tardó varios días en ～ *a* mi carta. 彼は私の手紙に返事をするのに数日かかった. *Ha respondido a* mi correo electrónico diciendo que enviará cuanto antes el informe. 彼は私のメールに対して「すぐに報告書を送ります」と返信した. 3)〖質問などに〗《参考》《ある他動詞としての用法も可》*Responda* [*a*] mi pregunta. 私の質問に答えなさい. 4) [要望・祝福などに] José no *responde* a mis súplicas. ホセは私の頼みに耳を貸そうとしない. *Respondimos* afirmativamente a la invitación. 私たちは彼の招待に応じるとと返答した. Los novios *han respondido a* mi felicitación. 新郎新婦は私の祝辞にお礼を述べた. El público *respondió a* su actuación con calurosos aplausos. 観客は彼の演技に盛大な拍手で応えた. ～ *a* la esperanza de +人 …の期待にこたえる. 5) [+a+疑問詞] La oposición pide la dimisión del ministro si no *responde* adecuadamente a cómo pudo tener lugar tal injusticia. 野党は, そのような不正がどうして起こり得たのかについて大臣から適切な答弁が得られない場合は, 大臣の辞任を要求するとしている. ❸ 反応する: Su dolor crónico no *responde* a la medicación. 彼の慢性的な痛みは治

療効果を示さない. Los mandos de la máquina no *responden*. 機械の制御装置がいうことをきかない. ❹ 対応する, 一致する: La situación de estas ruinas *responde a*l antiguo mapa que tenemos. この遺跡の位置は私たちの持っている古地図と一致する. Esa cifra no *responde* en absoluto *a* la realidad. その数値は現実と全くかけ離れている. La economía no *responde a* leyes teóricas. 経済は理屈どおりには動かない. Su comportamiento *responde a* unas circunstancias muy especiales. 彼のふるまいはきわめて特殊な状況下のものである. Lo que acabo de decir *responde a* la verdad de los hechos. 私が今述べたことはまぎれもない事実だ. ❺ [良い] 結果が与えられる: Si el negocio *responde*, me compraré una casa. その取引がうまくいったら私は家を買うつもりだ. ❻ [+de の] 責任を取る: El asesino *respondió de* sus crímenes con la cárcel. その殺人者は刑務所に入って罪の報いを受けることになった. Cada cual *responde de* sus actos. 各人が自分の行動についての責任を持たねばならない. Si ocurre algo, yo no *respondo*. 何か起きても私は知らないよ. ❼ [+de・por について] 責任を持つ, 保証する: 1) Yo *respondo de* su honradez. 彼の誠実さについては私が請け合います. Si no acepta esta condición, no *respondo de* su seguridad personal. この条件を飲まなければ, 私はあなたの身の安全を請け合いかねます. 2) [+de que+直説法 (否定の場合は +接続法)] 〖[参考] この用法は [他] ❶ 1) ii) の《誤用》responder de que... とは異なる〗: Yo le *respondo de que* en menos de una hora quedará totalmente evacuado el edificio. 1時間足らずで建物内を完全に無人にすることを請け合います. No *respondo de que* sea verdad o sea mentira. それが事実か嘘かについては私は責任を持てない. ❽ [+por+人 の] 保証人になる: Su padre *responde por* María ante el banco. 父親が銀行に対するマリアの保証人である. ❾ [命令などに] 従わない, 反論する: Si no *respondes a* las acusaciones, te creerán culpable. その非難に反論しないと君が悪いと思われてしまうよ. ❿ [+a+名称] …と呼ばれる: Esa mujer *respondía a* Juana. その女性はファナという名前だった

respondiente [r̄espondjénte] [形] 答える, 応じる

respondón, na [r̄espondón, na] 〖←responder〗 [形] 《口語》 [ser・estar+] 口答えする, 生意気な: ¡Qué niño más ～! 何て口答えばかりする子だろう! Tu hija ha sido siempre muy *respondona*. 君の娘はいつも口答えばかりしていた

—— [名] 《口語》 口答えする人, 生意気な人: Lola, eres una *respondona*. ロラ, 君は口答えばかりするね

responsabilidad [r̄esponsabiliðá(ð)] 〖←responsable〗 [女] ❶ 責任, 責務 〖⇔irresponsabilidad〗: 1) [失敗などの] La ～ del accidente es de la empresa. その事故の責任は会社側にある. La acusada negó su ～ en el asunto. 被告人は, その件に自分は責任がないと主張した. cargar con (tomar・asumir) la ～ de... …の責任をとる. bajo su propia ～ 自己責任で. 2) [仕事などの] Era ～ tuya vigilar la puerta. 出入り口を見張るのは君の責任だったはずだ. Ignoro cuál es el alcance de su ～. 彼の責任がどこまで及ぶのか私は知らない. La regulación de los aparatos de gas es ～ de la compañía. ガス器具の調節は会社が責任をもってすべきことだ. 3) 《法律》 ～ limitada (ilimitada) 有限(無限)責任. ～ civil 民事責任. ～ criminal (penal) 刑事責任. ～ por producto 製造物責任. ❷ 責任感 〖=sentido de ～〗: No le pienso confiar mi negocio: es una persona sin ninguna ～. 私の商売を彼に任せる気はない. 彼はとても無責任な人だから. Este trabajo exige ～. この仕事は責任感が必要だ

***cargo de* ～** 責任ある地位: Me dieron un *cargo de* enorme ～. 私は非常に責任の重い地位についた. *cargo de* mucha ～ 責任の重い地位

***tener* [*la*] ～** [+de・en の] 責任がある: El conductor no *tiene* ninguna ～ *en* el accidente. 運転手はその事故には全く責任がない. *Tiene la* ～ *de* toda la fábrica. 彼は工場全体の責任を負っている. Los padres *tienen la* ～ *de* criar a sus hijos. 親には子供を養育する責任がある

responsabilizar [r̄esponsabiliθár] 〖←responsable〗 [9] [他] [+de の] 責任を…に負わせる: José *responsabilizó* a la empresa *de* su accidente. ホセは自分の事故の責任は企業側にあるとした. La policía *responsabiliza de* esos ataques a dos jóvenes. 警察はそれらの襲撃は2人の若者のしわざだとした

—— **～se** 責任を負う, 責任がある: El fabricante no *se responsabiliza de* los daños causados por mala utilización del producto. 商品の不適切な使用によって害が生じても, メーカーは責任を負わない. Nunca *se ha responsabilizado de* su familia. 彼は家族の面倒を見たことが全くない

responsable [r̄esponsáble] 〖←ラテン語 responsum < respondere 「返事する」〗 [形] ❶ [ser+. +de に] 責任のある, 責任を負うべき: 1) [失敗などの] El fabricante es ～ *de* daños. 製造者に損害の責任がある. Los operarios ～*s del* accidente serán sancionados. その事故の責任者の作業員は処罰されるだろう. Los afectados pidieron la destitución de las autoridades ～*s*. 被害者たちは当局の責任者たちの罷免を要求した. ser ～ *del* delito 犯人である. 2) [仕事などの] Soy ～ *de* la seguridad de este edificio. このビルの安全責任者は私だ. Soy ～ *de* estos niños mientras no esté su madre. 母親が留守の間は私がこの子供たちの責任者だ. Cada cual es ～ *de* sus actos. 各人は自分の行動に責任がある. ¿Cuál es la empresa ～ *del* mantenimiento de las máquinas? 機械のメンテナンスはどこの会社が請け負っているのですか? Algunas hormonas son ～*s del* crecimiento y madurez del cuerpo humano. 一部のホルモンは人体の成長と成熟に関係している. ser ～ *de* cocinar 食事係(調理担当)である. persona ～ 責任者. ❷ [ser・estar+] 責任感のある, 思慮のある: Este último curso, Paco está muy ～. この最終学年になってパコは真剣にがんばっている. Parece muy ～ y honrado. 彼は責任感が強く正直であるように思える. actitud ～ 責任ある態度

***hacerse* ～** 責任を引き受ける: 1) [+de+名詞 の] Ningún grupo *se ha hecho* ～ *del* ataque. どの組織もその襲撃の犯行声明を出していない. 2) [+de+不定詞・que+接続法] Yo *me hago* ～ *de que* la entrega se haga puntualmente. 納品の期日を守ることについては私が責任を持つ

***salir* ～** =**hacerse ～**

—— [名] ❶ [+de の] 責任者: Los padres son los ～*s de* la educación de sus hijos. 両親は子供の教育についての責任がある. ¿Quién es aquí el ～? ここの責任者は誰ですか? Eva es la ～ *de* esta sección. この課の責任者はエバだ. El informe está firmado por el ～ *del* departamento. その報告書には部長のサインがある. No soy el ～ yo solo. 責任は私以外の人にもある. Necesitamos un ～ para nuestro nuevo proyecto. 私たちは新企画の担当者を必要としている. ❷ 犯人: Ha reconocido ser la ～ *de* más de cinco robos. 彼女は自分が5件以上の窃盗の犯人であることを認めた

responsablemente [r̄esponsábleménte] [副] 責任を持って

responsar [r̄esponsár] [自] 《口語》 死者のための祈りを捧げる

responsear [r̄esponseár] [自] 《口語》 =**responsar**

responseo [r̄esponséo] [男] 《口語》 死者のための祈りを捧げること

responsión [r̄esponsjón] [女] 《建築》 柱形

responsivo, va [r̄esponsíbo, ba] [形] 返事の, 回答の; 応答の

—— [女] 《メキシコ》 保証金

responso [r̄espónso] 〖←ラテン語 responsum〗 [男] ❶ 《宗教》 死者のための祈り. ❷ 《口語》 叱責: Le cayó un buen ～. 彼は雷を落とされた

***echar un* ～** 《口語》 叱りつける: Tu superior te *echará un* ～. 君は上司のお説教を食らうぞ

responsorial [r̄esponsorjál] [形] 《カトリック》 答唱の

—— [男] 答唱集

responsorio [r̄esponsórjo] [男] ❶ 《カトリック》 答唱, 唱和. ❷ 《音楽》 答唱詩編

respuesta [r̄espwésta] 〖←ラテン語 reposita < reponere 「再び…に置く」〗 [女] ❶ [+a 呼びかけ・質問・提案への] 返事, 回答, 応答 〖[類義] respuesta と contestación はほぼ同義: Agradeceríamos su *respuesta* (*contestación*) antes del 15 de marzo. 3月15日までにお返事いただければ幸いです. 強いて言えば **respuesta** では内容に力点が置かれ, **contestación** では答える行為に力点が置かれる: No quiso dar inmediatamente la *contestación* para poder madurar la *respuesta*. 彼はすぐには答えず, よく考えてきちんとした返答をしようとした. →responder [類義]〗: 1) Su ～ *a* mi ruego fue un "no" rotundo. 私の要請に対する彼の答えはきっぱりとした拒否だった. Pues bien, ¡aquí tienes mi ～! いいか, これが私の答えだ! ¡Qué pregunta más fácil y qué ～ más difícil! 問いかけは簡単だが, 答えるのは何と難しいことだろう! 2) [問題などの] 解答: Su ～ fue errónea. 彼の解答は間違っていた. Señale sobre el papel la ～ ade-

R

cuada. 適切な答えを用紙に書きなさい. En el examen pedían 〜s claras y concisas. 試験では明確で簡潔な解答が求められた. 3)[手紙・電子メールなどの]返信, リプライ: Escríbí a Eva pero aún no tengo 〜. 私はエバに手紙を書いたが, まだ返事がない. 〜 pagada 返信料先払い. 4)《法律》derecho de 〜 反論掲載権. ❷[言葉・行為への]対応, 反応: En 〜 *a* lo mal que nos han tratado en este restaurante, no tendríamos que dejar propina. このレストランはサービスが悪かったから, 私たちはチップをあげる必要はないだろう. ❸《生理, 心理》[刺激に対する]反応: La retina se contrae como 〜 *a* un aumento de la luz. 網膜は光量の増加に反応して収縮する. 〜 inmunitaria 免疫応答. ❹《物理》応答: 〜 de frecuencia 周波数応答

dar [una] 〜 返答する: Me pareció bien su proyecto y le di una 〜 afirmativa. 私はその企画に魅力を感じたので承諾の返答をした. Mañana le *daremos una* 〜 al comprador del piso. 私たちはマンションの買い手に明日返答するつもりだ. *Dio una* clara 〜 a la pregunta. 彼はその質問に明確に答えた

recibir (obtener) [una] 〜 [+de から] 返事をもらう: Aún no *recibo* 〜 *de* Pepe. 私はまだペペからの返事をもらっていない. Llamé al timbre, pero no *obtuve* 〜. ベルを押したが返事がなかった. Los sindicatos *obtuvieron una* 〜 multitudinaria a su convocatoria de manifestación. 大群集が組合のデモ参加の呼びかけに応じた

respulear [řespuleár]《地方語》答える, 返事をする
resquebradura [řeskeβraðúra]女 =**resquebrajadura**
resquebrajadizo, za [řeskeβraxaðíθo, θa]形 ひびの入りやすい: El yeso es 〜. 石膏はひびが入りやすい
resquebrajadura [řeskeβraxaðúra]女 ひび, 割れ目: El plato (La pared) tiene una 〜. 皿(壁)にひびが入っている
resquebrajamiento [řeskeβraxamjénto]男 ひびが入ること
resquebrajar [řeskeβraxár][=resquebrar]他 ひび割れを生じさせる: Las raíces *resquebrajan* la roca al crecer. 根が伸びると岩を割ってしまう
―― 〜**se** ひびが入る: Ya *se me ha resquebrajado* una taza nueva en el lavaplatos. 皿洗い機で私の新品の茶碗にもうひびが入ってしまった
resquebrajo [řeskeβráxo]男 =**resquebrajadura**
resquebrajoso, sa [řeskeβraxóso, sa]形 =**resquebrajadizo**
resquebrar [řeskeβrár]《=res-+quebrar》自 〜**se** ひびが入る; 割れる
resquemar [řeskemár]《=res-+quemar》他 ❶[飲食物が舌などを]ひりひりさせる, 焼けつかせる. ❷ 焦がす, 焼きすぎる. ❸ いら立たせる
―― 自 いら立つ
―― 〜**se** 焦げる
resquemazón [řeskemaθón]女 =**resquemo**
resquemo [řeskémo]男 ❶[舌などを]ひりひりさせること. ❷ 焦がす(焦げる)こと. ❸ いら立たせる(いら立つ)こと. ❹[食物の]焦げくささ
resquemor [řeskemór]《=resquemar》男 ❶[表に出ない]怒り, 恨み: No siento 〜 alguno, ni impaciencia, ni dolor. 私は何も怒っていないし, いらいらしてもいないし, 悲しんでもいない. ❷ 心の痛み, 不安, もやもやした気持ち: El paso del amor le dejó un 〜 en el alma. 愛が過ぎ去り彼の心に痛みが残った. ❸《料理》焦げた味
resquicio [řeskíθjo]男《=古語 resquiezo「すき間」 < ラテン語 reexcrepitare < crepitus < crepare「破裂する」》男 ❶[ドアとかまどの間などの]すき間: mirar por un 〜 de la puerta ドアのすき間からのぞく. 〜 legal《文語》法律の抜け穴. ❷[わずかな]機会, 好機: un 〜 de esperanza 一縷(る)の望み. ❸《まれ》[全体の中の]残り. ❹《中南米》足跡, 形跡; 残存物. ❺《カリブ》小片, 少量
resta [řésta]《←restar》女 ❶《数学》1)引き算: hacer 〜s 引き算をする. 2)[引き算の答えとしての]差, 残り: La resta de diez menos dos es ocho. 10から2を引いた残りは8だ. ❷《カナリア諸島》数珠つなぎにしたもの《=ristra》
restablecer [řestaβleθér]《←re-+establecer》39 他[元の状態に]戻す, 回復させる: sanar y 〜 las finanzas 財政を健全化し立て直す. 〜 las relaciones diplomáticas 国交を回復する
―― 〜**se** ❶[元の状態に]戻る, 回復する: Se ha restable-
cido el orden. 秩序が回復した. El servicio *se restablecerá* en condiciones normales. 業務は通常の状態に戻るだろう. ❷《医学》病気から回復する
restablecimiento [řestaβleθimjénto]男 回復; 復興, 復帰: 〜 de la paz 平和を取り戻すこと. 〜 de derecho 権利の復活
restado, da [řestáðo, ða]形 大胆な, 勇敢な
restador, ra [řestaðór, ra]名《テニスなど》レシーバー
restalladera [řestaʎaðéra]女《アンダルシア》先が房になった鞭《=tralla》
restallante [řestaʎánte]形 ❶[鞭などが]ヒュッ(パシッ)と鳴る. ❷ けばけばしい, キンキラの
restallar [řestaʎár]《←re-+estallar》自[鞭などが]ヒュッ(パシッ)と鳴る; [薪などが]パチパチいう; [こすれて・割れて]ギシギシ(バリバリ)いう
―― 他[鞭などを]ヒュッ(パシッ)と鳴らす; [舌を]チッチッと鳴らす
restallido [řestaʎíðo]男[鞭などの]ヒュッ(パシッ)と鳴る音
restampar [řestampár]他 再印刷する, 再度型を取る
restante [řestánte]《←ラテン語 restans, -antis》形 残りの, 残っている: Pasó los 〜s años de su vida viajando. 彼は残りの人生を旅行して過ごした
lo 〜 残り: *Lo* 〜 queda en manos de los dueños del capital. 残りは資本所有者のものになる
los 〜***s*** 残りのもの, 残余
―― 男[引き算の答えとしての]差, 残り《=resta》
restañadero [řestaɲaðéro]男《大きな》河口, 三角江
restañadura [řestaɲaðúra]女 再度の錫めっき
restañamiento [řestaɲamjénto]男 =**restañadura**
restañar [řestaɲár] I《←re-+ラテン語 stagnare「動かなくする」< stagnum「よどんだ水」》他 ❶《文語》[液体の]流出(流入)を止める; [特に]止血する: La enfermera le *restañó* la herida. 看護師は傷口の止血をした. 〜 las heridas tras el terremoto 震災の傷を癒やす. ❷《まれ》乾かす, ぬぐう
―― 自 〜**se**《文語》血が止まる
II《=estaño》他 再度錫めっきする
III 他[鞭などを]ヒュッ(パシッ)と鳴らす《=restallar》
restañasangre [řestaɲasáŋgre]女《鉱物》紅玉髄《=cornalina》
restaño [řestáɲo]男 ❶ よどみ. ❷ 止血. ❸《古語》[タフタに似た]金糸銀糸の織物
restar [řestár]《←ラテン語 restare「止まる」< stare「しっかりしている」》他 ❶《数学》[数を, +a・de から]差し引く《⇔sumar》: *Résta*le nueve *a* dieciséis. 16から9を引きなさい. El resultado de 〜le dos *a* siete es cinco./Cuando *restamos* dos *de* siete quedan cinco. 7から2を引くと残りは5. ❷[主に非物質的なものを, から]取り去る: Su gran boca no le *resta* belleza. 大きな口は彼女の美貌を損なわない. Los escándalos le *han restado* popularidad. スキャンダルで彼の人気が落ちた. 〜 ánimo 元気をなくさせる. ❸《テニスなど》《サーバーにボールを》打ち返す, リターンする. ❹[全体から一部を]取り除く: *A* esta cifra hay que 〜le los gastos de desplazamiento. この金額から交通費を差し引かなければならない
―― 自 ❶《数学》[割り算で]余る: Diez entre cuatro son dos y *restan* dos. 10割る4は2余り2. ❷《文語》残存する. ❸《文語》[+para までに, 仕事・時間が]残っている, まだある: Ahora solo me quedan dos días *para* fregar el suelo. あとふたつけだ. *Resta* dos días *para* el examen. 試験まであと2日ある. *Resta* tiempo *para* que parta el tren. 列車が出るまで時間がある. En lo que resta de año deben acabar la construcción. 彼らは年内に建築を終えなければならない. ❹《テニスなど》サーバーにボールを打ち返す, リターンする

en lo que resta de... …の現在から終わりまでの期間内に《⇔lo que va de...》: Si no nos hemos visto hasta ahora, tampoco nos veremos *en lo que resta de* año. Los dos estamos muy ocupados. 今年私たちは今まで会っていないのだから, 年末までも超多忙だろう. 2人とも超多忙なだろう

restaurable [řestauráβle]形 修復され得る; 以前の状態に戻れ得る
restauración [řestauraθjón]女 ❶ 修復, 復元: Ese cuadro está en 〜. その絵は修復中だ. ❷ 再興, 復活: 〜 de la paz 平和の回復. ❸《歴史》1)[政治制度の]復活[王朝の]復興: 〜 de la monarquía 王政復古. *R*〜 de Meiji 明治維新. 2)[R〜]王政復古, 復古王政《スペイン史では, 独立戦争後

のフェルナンド7世の復位(1813年)と第一共和制後のアルフォンソ12世の即位(1874年)およびそれらの体制を指す』: R~ borbónica en Francia フランス復古王政. ❹ [ホテル・列車などの提供サービスの] 料理部門, レストラン部門
restaurador, ra [r̃estaurað́or, ra] 形 名 ❶ 復活させる[人]. ❷ [美術品などの] 修復家. ❸《文語》レストランの店主
restaurán [r̃estaurán] 男《文語》=restaurante
restaurante [r̃estauránte]《←restaurar》男 レストラン: ¿Comemos en casa o en un ~? 家で食べようか, 外食しようか? ir a cenar a un ~ レストランに夕食に行く
restaurantero, ra [r̃estaurantéro, ra] 形 レストランの: negocio ~ レストラン業
restaurar [r̃estaurár]《←ラテン語 restaurare「新しくする」》 ❶ [古美術品などを] 修復する, 復元する: Están restaurando ese cuadro. あの絵は修復中だ. ❷ 以前の状態に戻す; [政治制度を] 復活させる: Los aliados restauraron la democracia en Japón. 連合軍は日本に民主主義を復活させた. ~ la ley y el orden 法と秩序を回復する. ~ una dinastía 王朝を復興する. ❸ 取り戻す: Mi hijo restauró su confianza en los estudios. 私の息子は勉強への自信を取り戻した. ❹ [食事などで体力を] 取り戻す. ❺ 食事を供する
restaurativo, va [r̃estauratíβo, ba] 形 回復させる[もの], 回復力のある[もの]
restauro [r̃estáuro] 男《廃語》=restauración
restear [r̃esteár] 自《ベネズエラ》有り金残らず賭ける
restiforme [r̃estifórme] 形 ひも状の
restinga [r̃estíŋga]《←英語 rock string》女 砂嘴(し); 浅瀬; 岩礁, 暗礁
restingar [r̃estiŋgár] 男 浅瀬(岩礁・暗礁)地帯
restirador [r̃estiraðór] 男《メキシコ》[天板が動く] 製図台
restirar [r̃estirár] ~se《メキシコ.俗語》死ぬ, 死んでしまう
restitución [r̃estituθjón] 女 ❶《文語》返却, 返還; 復帰. ❷《物理》[弾性体の] 回復: coeficiente de ~ 反発係数
restituible [r̃estitwíβle] 形 返却(返還)され得る; 回復(復元)可能な
restituidor, ra [r̃estitwiðór, ra] 形 名 返却(返還)する[人]; 回復(復元)する[人]
restituir [r̃estitwír]《←ラテン語 restituere「再び置く」》48 他 ❶ 元の状態に戻す, 回復する: Restituyeron la fachada de la iglesia. 教会の正面壁が復元された. ❷ [不当に得たものなどを] 返却する, 返還する: Restituyó el dinero que había robado. 彼は盗んだ金を返した. ❸ El descanso te restituirá las fuerzas. 休めば彼の体力は戻るだろう. Quiero pasar el ~ de mi vida contigo. 私は余生を君と一緒におくりたい. ❹《口語》元気づける: Un vaso de agua me restituirá. 水を1杯飲めば私は元気が出るだろう. ── ~se [+a 出発点・元の職などに] 戻る, 復帰する
restitutorio, ria [r̃estitutórjo, rja]《←ラテン語 restitutor, -oris》形《法律》返却(回復)する(される)の; 《法律》返却・回復の
resto [r̃ésto]《←restar》男 ❶ 残り, 余り, 残額, 残金: Se puede fácilmente imaginar el ~ de la historia. 話の続きは容易に想像できる. El ~ de su familia vive en Francia. 彼の残りの家族はフランスに住んでいる. Quiero pasar el ~ de mi vida contigo. 私は余生を君と一緒におくりたい.《~s de comida》: Se llama sobras a los ~s comestibles que no se consumen de una comida. 一回の食事で消費されなかった食べられる残り物は余り物と呼ばれる. ❷ [人・動物の] 遺体, 遺骸: Sus ~s reposan en la iglesia de San Antón. 彼のなきがらはサンアントン教会に眠っている. ❹ 複《使用した物などの》残り; 廃墟, 残骸: En los muros de la nave hay ~s de la antigua decoración. 身廊の壁には昔の装飾が残っている. ~s de pintura sacra 宗教画の具の残り, ~s romanos ローマ時代の遺跡, ~s de vida 生命の痕跡. ❺《数学》[引き算の] 残り; [割り算の] 余り: Queda un ~ al repartir diez euros entre los tres. 10ユーロを3人で分けると余りが出る. ❻《テニスなど》1) [ボールの] リターン, 2) レシーバー, 3) レシーブする位置. ❼ 賭け金: ~ abierto 無制限の賭け金.《メキシコ,グアテマラ,ホンジュラス》[un+] 大量, 山積み
a ~ abierto 無制限に, 無制限で
echar el ~ あらゆる手段を尽くす: Echó el ~ para ganar el partido. 彼は試合に勝つためにあらゆる手を使った
para los ~s《西》永久に: Esa duda me acompañará ya para los ~s. その疑念は永遠に私につきまとうことになるだろう
~s mortales《文語》[人の] 遺体, 遺骸; その一部
restojo [r̃estóxo] 男 刈り株《=rastrojo》

restorán [r̃estorán] 男《主に中南米》=restaurante
restra [r̃éstra] 女《カナリア諸島》[吊るすためにニンニク・タマネギなどを] ひとつなぎにしたもの
restregadura [r̃estreɣaðúra] 女 ❶ こすること. ❷ こすった跡
restregamiento [r̃estreɣamjénto] 男 こすること
restregar [r̃estreɣár]《←俗ラテン語 stricare < ラテン語 stringere「押し潰す」+fricare「こする」》8 23 他《→negar》❶ こする: Restregó el suelo del baño con detergente. 彼は浴室の床を洗剤で磨いた. Restrega bien los sillones con el cepillo. ひじかけ椅子にブラシをかけなさい. ❷ ─ una camisa シャツをごしごし洗う. ❷《口語》[+a+人に, 意地悪く] 繰り返し言う, くどくど言う: Mi madre me restrega que soy un vago. 母は私が怠けだとくどくど愚痴をこぼす
── ~se [自分の体を] こする: Los niños se restriegan las manos para entrar en calor. 子供たちは体を暖めようと両手をこすり合わせる. ~ ~se los ojos 目をこする
restregón [r̃estreɣón] 男 こすった跡; こすること
restrellar [r̃estreʎár] 他《プエルトリコ》投げつける, 粉々に打ち破る
restreñimiento [r̃estreɲimjénto] 男 =estreñimiento
restreñir [r̃estreɲír] 20 35《→teñir》他 =estreñir
restribar [r̃estriβár] 自 重みがかかる
restricción [r̃estrik(k)θjón]《←ラテン語 restrictio, -onis》女 ❶ 制限: 1) ~ a la competencia 競争制限. ~ de la producción 生産制限. ~ voluntaria de las exportaciones 輸出の自主規制. restricciones cambiarias 為替制限. restricciones de empleo para los extranjeros en los estudios. 外国人の雇用制限の廃止. 2) [食糧などの] 供給制限: tener restricciones de agua 給水制限を受ける. ❷ 制約, 留保; 遠慮: ~ gramatical 文法上の制約, ~ mental [あいまいな言葉で相手をごまかす] 心中留保, 良心のごまかし
restrictivamente [r̃estriktíβamente] 副 制限して, 制限的に
restrictivo, va [r̃estriktíβo, ba]《←ラテン語 restrictum》形 制限する, 規制力のある: medida ~va 規制措置
restricto, ta [r̃estríkto, ta] 形《まれ》制限(限定)された
restrillar [r̃estriʎár] 他《プエルトリコ, ペルー》[鞭を] 鳴らす
── 自《プエルトリコ, ペルー》[鞭などが] ヒュッと鳴る; [木などが] パシッと音を立てる, きしむ
restrillazo [r̃estriʎáθo] 男《プエルトリコ》ヒュッ(パシッ)という音, きしみ
restringa [r̃estríŋga] 女 =restinga
restringente [r̃estrinxénte] 形 制限する, 規制する
restringible [r̃estrinxíβle] 形 制限(規制)され得る
restringir [r̃estrinxír]《←ラテン語 restringere < re-+stringere「狭める」》4 他 ❶ 制限する, 制約する, 規制する: El Gobierno restringirá la libertad. 政府は自由を制限するだろう. un número restringido de... 限られた数の... ~ a+人 a los créditos ...への融資を抑える. ❷《生理》~ gastos 支出を切り詰める. ❸《医学》[筋肉・皮膚などを] 収縮させる, 収斂(れん)させる
restriñidor, ra [r̃estriɲiðór, ra] 形 収縮(収斂)の(する)
restriñimiento [r̃estriɲimjénto] 男 ❶《筋肉・皮膚などの》❶ 収縮, 収斂. ❷ 便秘《=estreñimiento》
restriñir [r̃estriɲír] 20《廃》restriñendo 他 ❶《医学》[筋肉・皮膚などを] 収縮, 収斂(れん)させる. ❷ 便秘を起こさせる《=estreñir》
restrojo [r̃estróxo] 男 =rastrojo
resucitación [r̃esuθitaθjón] 女《医学》蘇生, 意識の回復: ~ cardiopulmonar 心肺機能回復法
resucitador, ra [r̃esuθitaðór, ra] 形 名 生き返らせる[人]; 復活させる[人]
resucitar [r̃esuθitár]《←ラテン語 resuscitare < re-+suscitare「目覚めさせる」》他 ❶ [死者を] 生き返らせる, よみがえらせる: Jesucristo resucitó a Lázaro. イエスはラザロをよみがえらせた. ❷ 復活させる, 復興させる: ~ antiguas tradiciones 古い伝統を復活させる. ❸《口語》元気づける: Un vaso de agua me resucitará. 水を1杯飲めば私は元気が出るだろう. ❹《医学》蘇生させる
── 自 生き返る, よみがえる; 復活する: Cristo resucitó al tercer día después de su muerte. イエスは死後3日目によみがえった. ~ de entre los muertos 死者の中からよみがえる
resudación [r̃esuðaθjón] 女 ❶ 汗ばむこと; 滲出. ❷ 軽い汗
resudar [r̃esuðár]《←ラテン語 resudare》自 ❶ 汗ばむ. ❷ [材木が加工前に干されて] 余分な湿気をなくす

resudor

──── 汗びっしょりにする
──── **~se** [液体が] しみ出る, にじみ出る
resudor [r̃esuðór] 男 軽い汗
resuello [r̃eswéʎo] 《←resollar》男 ❶ 荒い息づかい. ❷ 体力, エネルギー. ❸《中南米》[主に食後の] 休憩
cortar a+人 **el ~** [感動・驚きなどで] ~の息を詰まらせる
meter el ~ en el cuerpo a+人《口語》…をおどかす, びびらす: La policía secreta *ha metido el* ~ *en el cuerpo a* la población. 秘密警察は国民を震え上がらせた
sin ~ 息を切らして, 息も絶え絶えに: Subimos a pie hasta el octavo piso y quedamos *sin* ~. 私たちは8階まで歩いて登り息が上がってしまった
resueltamente [r̃eswéltaménte] 副 断固(決然)として, 果敢に
resuelto, ta [r̃eswélto, ta]《←ラテン語 resolutus. resolver の 過分》形 ❶ [ser+] 断固(決然)とした, 決意の固い: ademán ~ 決然たる態度. mujer ~*ta* 果敢な女性. ❷ 迅速な, 機敏な
resulta [r̃esúlta]《←resultar》女 [主に 複] ❶ 欠員, 空席: cubrir las ~*s* 欠員を補充する. ❷ [未消化予算の] 翌期への繰越項目: Esta partida pasa a ~*s*. この項目は来期に繰り越される. ❸《文語》結果; [討議などの] 結論: atenerse a las ~*s* 結果を受け入れる
a ~s de... = de ~s de...
de ~s de... [悪い状況で] …の結果として: Unos millones de personas mueren *de* ~*s del* tabaco. 数百万人が喫煙で死んでいる
estar a ~s de...《主に西》…を見失わないようにしている, 遅れないようにしている
por ~s de... = de ~s de...
resultado [r̃esultáðo]《←resultar》男 ❶ [原因 causa によって生じた] 結果, 成果: 1) A causa de una serie de problemas comenzaron a desencadenarse ~*s* negativos. 一連の問題が原因となって, 好ましくない結果が次々に起こり始めた. Este medicamento produce ~*s* magníficos. この薬はすばらしい効き目がある. Intentó hacerlo de nuevo, con un ~ catastrófico. 彼は再度しようとしたが, 結果はさんざんだった. ¿Cuál sería el ~? Una bancarrota. その結果はどうなると思いますか？破産ですよ. El ~ es este. 結果はこの状態だ. Fabrican telas de buen ~. 彼らが生産している布は非常に利益をあげている. 2) [dar+. 結果を出す] La reprimenda dio ~*s* muy efectivos. 叱ったのは非常に効果があった. Este chico no ha dado el ~ que yo creía. この青年は私が思っていたほどの成果はあげなかった. 3) [tener・obtener・conseguir+. 結果を得る] Obtuvo excelentes ~*s*. 彼はすばらしい成果を収めた. A ver si yendo hacia atrás conseguimos mejor ~. バックすればうまくいくかな. ❷ [試験・試合などの] 結果, 成績: Pronto anunciarán el ~ del examen. まもなく試験の結果が発表される. Obtuvo un ~ estrepitoso en los exámenes de oposición. 彼は公務員採用試験で華々しい成績を収めた. Gracias a su esfuerzo constante, llegó a un inmejorable ~. 彼はたゆまず努力したかいあって, 申し分のない結果を得た. ¿Cómo fue el ~ del torneo? トーナメントの結果はどうでしたか？[検査・調査などの] 結果: Los ~*s del* análisis fueron positivos. 検査の結果は陽性だった. Los ~*s* de la investigación policial se difundieron rápidamente. 警察の捜査の結果はたちまち広まった. [計算の] 結果, 値: Al dividir ese número entre seis, obtenemos un ~ cercano al número buscado. その数を6で割れば, 求める数に近い値が得られる. El ~ de esa multiplicación es incorrecto, repásalo. その掛け算の答えは間違っている. 検算してみなさい. ❺《スポーツ》[ある時点での] 結果, 状態, 様子: En este momento el ~ es de empate a dos goles. 現時点で試合は2対2の状態だ. El ~ de la competición está muy reñido. その競争は非常に白熱している
como ~ その結果, 従って: Anoche cayó una nevada enorme; *como* ~, las carreteras están cortadas. 昨夜大雪が降った. それで幹線道路は通行止めになっている
dar buen (mal) ~ よい(悪い)結果をもたらす; 具合がいい(悪い); Este frigorífico *ha dado* muy *buen* ~. この冷蔵庫はとても調子がいい
dar ~ よい結果を出す: *Dio* ~ el anuncio en el periódico? 新聞広告を出してみて効果はありましたか？
de ~ よい結果を出す: Es una tela *de* ~, ya verás. この布はいい出来だ, 使ってみれば分かるよ
El ~ es que+直説法 結果は…だ: *El* ~ *es que* cientos de

familias van a perder sus casas. その結果, 何百世帯もが家を失うことになるだろう. *El* ~ *fue que* cada uno expresó sus opiniones en la asamblea. その結果一人一人が会議で意見を述べることになった
sin ~ 無益に, かいなく: La negociación terminó *sin* ~. 交渉は成果を上げることなく終了した
tener buen (mal) ~ = dar buen (mal) ~: La empresa *ha tenido buenos (malos)* ~*s* este año. その会社は今年, 黒字(赤字)だった
resultancia [r̃esultánθja] 女 [まれ] = resultado
resultando [r̃esultándo] 男《法律》[主に 複] 前文 considerando に続く, 判決の] 理由
resultante [r̃esultánte] 形 [ser+. 主に 名詞+. +de から] 生じる, 結果として出る: Los pies son ~*s del* desarrollo de las aletas de los peces. 足は魚のひれが進化してできたものだ. Todos aportamos alguna idea y el documento ~ fue remitido a la dirección. 私たちみんなが意見を出し合ってできあがった書類は当局に送られた. Se decidió que la cantidad ~ se repartía equitativamente entre todos. 得られた金額は全員で均等に分配されることが決まった. El mapa político barcelonés ~ tras las elecciones es muy complicado. 選挙の結果生まれたバルセロナの政界地図は非常に複雑だ
 女/男 ❶《物理》合力《=fuerza ~》. ❷《数学》終結式《=ecuación ~》. ❸ 結果: El Estado liberal es la (el) ~ estructural de las revoluciones burguesas. 自由国家はブルジョア革命の構造的成果である. ¿Cuál sería la (el) ~ de la fusión de las dos empresas? 2社の合併はどのような結果をもたらすだろうか？
resultar [r̃esultár]《←ラテン語 resultare < re- (上方, 再)+saltare 「跳ぶ」》自 ❶《文語》[+de の] 結果である, …から生じる: Todo este lío *resulta de* un malentendido. このいざこざはすべて誤解から起こったことだ. *Del* entusiasmo de todos *ha resultado* una obra magnífica. みんなの熱意の結果, すばらしい作品が誕生した. ❷ [+主格補語] …の結果になる; 結局…であることが判明する: 1) [+名詞] El concierto *resultó* un gran éxito. コンサートは大成功だった. Su proyecto *ha resultado* una estafa. 彼の企画は結局, 詐欺だった. Lola *resulta* realmente una mujer encantadora. [会ってみたら]ロラは本当に魅力的な女性であることが分かった. 2)《文語》[+形容詞] El tabaco *resulta* cada vez más caro. たばこはどんどん値上がりする. Todos los esfuerzos *resultaron* vanos. すべては徒労に終わった. *Resulta* muy difícil de explicar un hecho como este. こんな話は非常に説明しにくい. El enemigo *resulta* más comprensivo de lo que imaginábamos. 敵は私たちが想像していたよりも物分かりがよかった. A veces *resulta* simpático. 彼は感じよく見える時もある. [+a+人にとって] El apartamento nos *resulta* pequeño. アパートは私たちには手狭になった. ¿No te *resulto* molesto? 私は君の邪魔になってはいませんか？3) [+名詞] La boda *resultó* bastante bien. その結婚式はけっこう良い式だった. El proyecto no va a ~ muy bien. その計画はあまり順調にはいかないだろう. 4) [+不定詞] *Resultó* ser la hija de mi tío. 彼女は私の伯父の娘であることが分かった. La puerta por la que desapareció Lola *resulta* ser la otra, y por eso no la encontramos. ロラが姿を消したのは別のドアなのだ. だから私たちは彼女を見失ったのだ. ❸ [一般的に] 結果がよい: Las cosas están *resultando* para ti. 事態は君にとって都合のいい方に進んでいる. Esto no me *resulta*. これは私に入らない. ❹ [+a+金額] …かかる, …である: El terreno *resultó* a veinte euros el metro. その土地は1平方メートルあたり20ユーロだった. ❺ [3人称単数で, +que+直説法. …という結果になる; …であることが分かる: 実は…だったのだ: *Resulta que* estuvimos a punto de conocernos aquella noche. 実はあの夜私たちはもう少しで鉢合わせるところだったのだ. Si se equivoca, usted me lo advierte. もし私が間違っていたら注意して下さい. *Resulta que* no tenemos derecho a eso, ¿te enteras? 私たちにはその資格がないんだ. 君には分からないかもしれないが. ¿No *resulta que* el más inteligente es el más pequeño de los tres niños? 3人の子供のうち最も頭がいいのは, 実は末っ子ではないか？Al final *resultó que* aquella persona era la timadora. とうとうその人物が詐欺師であることが分かった. Va a ~ *que* no vienen. どうやら結局, 彼らは来ないようだ. ❻《文語》[+en の] 結果をもたらす: El descuido *resultó en* un accidente grave. 不注意がもとで大事故が起きた. ❼《文

語》［人が肉体的に］魅力的である: Aunque el chico no es una belleza, *resulta*. その青年はハンサムとは言えないが, 人をひきつけるものがある. ❽《数学》［計算して］結果(値)が…である

resultativo, va [r̄esultatíβo, βa] [形]《言語》［動詞が］結果相の

resultón, na [r̄esultón, na]〘←resultar〙[形]《西. 口語》❶［主に女性・車などが］魅力的な, かっこいい: Es una chica *resultona*, pero no guapa. 彼女はすてきな娘だが, 美人ではない. ❷［人が］口の減らない, かっこをつける

resumbruno [r̄esumbrúno] [形]《鷹狩り》［鷹の羽毛が］焦げ茶色の

resumen [r̄esúmen]〘←resumir〙[男] 要約〘行為〙; 概要, レジュメ: hacer un ～ de... …を要約する, …のレジュメを作成する. ～ del contrato 契約の概要

en **～** 1) 要約して: explicar... *en* ～ …の概要を説明する. 2) 要するに: *En* ～, que no hay ningún problema por usar. 要するに使用する上で何ら問題はないということだ

resumible [r̄esumíβle] [形] 要約され得る

resumidamente [r̄esumíđaménte] [副] ❶ 要約して; 要するに. ❷ 簡潔に, 一言で

resumidero [r̄esumiđéro] [男]《中南米》下水道, 下水渠〘=sumidero〙

resumidor, ra [r̄esumiđór, ra] [形][名] 要約する〔人〕

resumir [r̄esumír]〘←ラテン語 resumere「再び取る」〙[他] ❶ 要約する, 概括する: *Resuma* el contenido del poema con sus palabras. 詩の内容をあなたの言葉で要約しなさい. Voy a ～ mi comentario en dos puntos. 私の説明を2点にまとめよう. ❷［受験者が相手の三段論法を］繰り返す

resumiendo 一言で言えば, 要するに

—— **～se** ❶［+en に］要約される: La cuestión *se resume en* estas palabras. 質問はこの一言に要約される. ❷［人・事物の］本質的な特徴が表わされる: *En* su persona *se resume* la historia reciente de España. 彼という人物にはスペインの近代史が凝縮されている. ❸ …に変わる, …になる;［予期しない］結果に終わる: Los disturbios *se han resumido en* cinco muertos. 騒乱は5人の死者を出す結果となった. *～se en* un fracaso 失敗に帰す

resunta [r̄esúnta] [女]《コロンビア》❶［大学での］開講・閉講の辞. ❷《廃語》=**resumen**

resurgencia [r̄esurxénθja] [女]《地理》［伏流の］湧出

resurgente [r̄esurxénte] [形]《地理》湧出する

resurgimiento [r̄esurximjénto] [男] 再び盛ん(元気)になること; 再起, 再生: ～ de la economía nacional 景気の回復

resurgir [r̄esurxír]〘←ラテン語 resurgere < re-+surgere「起きる」〙[4][自] ❶ 再び現われる. ❷ 再び盛んになる;［肉体的・精神的に］元気を取り戻す: *Ha resurgido* la antigua discusión. 古い議論が蒸し返されている

resurrección [r̄esur̄ε[k]θjón]〘←ラテン語 resurrectio, -onis〙[女] ❶ 復活, よみがえり: Cree en la ～ de las almas. 彼は霊魂の復活を信じる. ～ de la carne《神学》［最後の審判での］死者復活. ❷《キリスト教》1) キリストの復活〘=～ del Señor〙. 2)［*R*～］復活祭〘=Pascua de *R*～〙

resurrecto, ta [r̄esur̄ékto, ta] [形]《まれ》生き返った, よみがえった

resurtida [r̄esurtíđa] [女] はね返り

resurtir [r̄esurtír] [自]［衝突して］はね返る

resurtivo, va [r̄esurtíβo, βa] [形] はね返りの

retabillo [r̄etaβíʎo] [男]《アラゴン》［脱穀場のわらを集める］熊手

retablero [r̄etaβléro] [男] 祭壇背後の飾り壁 retablo を作る職人

retablista [r̄etaβlísta] [形] 祭壇画の

retablo [r̄etáβlo]〘←カタルーニャ語 retavle < ラテン語 retro「後ろ」+tabulo「板」〙[男] ❶ 祭壇画. ❷ 祭壇背後の飾り壁(ついたて). ❸《歴史》1) 移動できる小さな舞台. 2) 人形芝居;［人形を使う簡単な］宗教劇: El *R*～ de las maravillas『びっくり人形芝居』〘セルバンテスの演劇作品〙. escenificar el ～ de la Adoración de los Reyes 東方の三博士の礼拝の場面を人形劇にする. ❹《西. 古語的. 軽蔑》年寄り; 時代遅れの人

～ de dolores 不幸を一杯背負った人

retacado [r̄etakáđo] [男]《鉱山》［湿らないように］発破孔を粘土で覆うこと

retacar [r̄etakár] [7][他] ❶［もっと入るように, 中身を］押し詰める. ❷《ビリヤード》［キューで球を］2度突く

—— **～se** ❶《アンデス》［馬が］後ずさりする; 立ち止まる. ❷《チリ》反抗的になる, 言うことをきかない

retacear [r̄etaθeár]〘←retazo〙[他] ❶ 小片に分ける, 細かくする. ❷ 短く切る, 切り取る, 切り詰める〘=recortar〙. ❸ つぎはぎして作る: ～ una sábana パッチワークで掛け布を作る. ❹《ペルー, ラプラタ》［物質的・精神的に与えるものを］けちけちする

retaceo [r̄etaθéo] [男] retacear すること

retacería [r̄etaθería] [女][集名]［各種の布の］切れ端, はぎれ

retachar [r̄etatʃár] [他]《メキシコ. 口語》拒絶する, 入らせない

—— [自]《メキシコ》［弾が］跳ねる

retacitos [r̄etaθítos] [男][複]《グアテマラ》［パレードなどで投げる］紙吹雪

retaco, ca [r̄etáko, ka]〘←re-+taco〙[形][名]《西. 軽蔑》小太りで背の低い〔人〕

—— [男] ❶《ビリヤード》通常より短く太いキュー. ❷《まれ》［薬室を強化した］短い銃

retacón, na [r̄etakón, na] [形]《中南米. 口語》小太りの

retador, ra [r̄etađór, ra] [形] 挑戦的な, 挑戦する

—— [名]《スポーツ》挑戦者

retadoramente [r̄etađóraménte] [副] 挑むように

retaguarda [r̄etagwárđa] [女]《廃語》=**retaguardia**

retaguardia [r̄etagwárđja]〘←古語 retaguarda < カタルーニャ語 reraguarda < ラテン語 retro-(後方)+カスティーリャ語 guardia < ゲルマン語 wardon「当直に立つ」〙[女] ❶《軍事》1) 後衛〘⇔vanguardia〙. 2)［前線に対して］後方の地域, 銃後: Se calcula en 100.000 las asesinadas en la ～ de la zona sublevada. 反乱軍地区の後方では10万人が殺されたと推定されている. ❷［一般に］背後: atacar por la ～ 背後から攻撃する. ❸《スポーツ》ディフェンス, 後衛. ❹《口語》最後, 最終のもの

a ～/en la ～ ［+de の］後方に; …より遅れて: El ciclista corrió la etapa de hoy *en la* ～ *de*l pelotón. その自転車選手は今日のステージを集団の最後尾で走った. El derecho siempre está *en la* ～ *de* la tecnología. 権利は技術より常に立ち遅れている. quedarse *a* ～ しんがりを務める, 一番後に来る

retahíla [r̄etaíla]〘←ラテン語 recta hila「まっすぐな連なり」〙[女]［事物の］長い列, 羅列: Respondió con una ～ de insultos. 彼は次々と侮辱の言葉を返した. ～ de victoria 一連の勝利. ～ de desgracia 不運続き

retajadero [r̄etaxađéro] [男]《地方語》丸く切ること

retajadura [r̄etaxađúra] [女]《まれ》丸い切り口

retajar [r̄etaxár] [他] ❶ 丸く切る. ❷［羽根ペンを］削り直す. ❸《古語》…に割礼を行なう

retajo [r̄etáxo] [男] ❶ 丸く切ること. ❷ 丸く切られたもの

retal [r̄etál]〘←カタルーニャ語 retall < retallar「短く切る」〙[男]《西》❶［布・皮・紙などの］切れ端, 余り: Se hizo la falda con un ～ (a base de ～*es*). 彼女は余り切れで(パッチワークで)スカートを作った. ❷［絵画用の膠を作るための］皮の切れ端

retaliación [r̄etaljaθjón] [女]《中南米》報復, 仕返し

retallar [r̄etaʎár] [他] ❶［摩耗した銅板を］彫り直す. ❷《建築》［壁面に］突起を残す(作る)

—— [自]《廃語》=**retallecer**

retallecer [r̄etaʎeθér] [39][自]［植物が］新芽を出す

retallo [r̄etáʎo] [男] ❶《建築》壁面にできた突起. ❷ 新芽

retallón [r̄etaʎón] [男]《ベネズエラ》［主に [複]］食べ残し, 残飯

retalteco, ca [r̄etaltéko, ka] [形][名]《地名》レタルレウ Retalhuleu の〔人〕〘グアテマラ南西部の県・県都〙

retama [r̄etáma]〘←アラビア語 retam〙[女]《植物》［黄色い花をつける数種のマメ科の灌木の総称］レダマ〘=～ de olor, ～ común〙; エニシダ〘=～ de escobas, ～ negra〙; ヒトツバエニシダ〘=～ de tintes, ～ de tintoreros〙: ～ loca ビャクダン科の一種〘学名 Osyris alba〙

retamal [r̄etamál] [男] =**retamar**

retamar [r̄etamár] [男] エニシダ(レダマ)の群生地

retambufa [r̄etambúfa] [女]《まれ》背後

retamero, ra [r̄etaméro, ra] [形] エニシダの; レダマの

retamilla [r̄etamíʎa] [女]《メキシコ, チリ. 植物》メギの一種〘学名 Berberis vulgaris〙

retamo [r̄etámo] [男]《南米》=**retama**

retamón [r̄etamón] [男]《植物》レダマ〘=retama〙

retar [r̄etár]〘←古語 reptar「罪を負わせる, 非難する」< ラテン語 reputare「計算する」〙[他] ❶［+a 決闘などを］…に挑む: Me *retó a* saltar más lejos que él. 彼は自分より遠くへ跳べるかと私に挑んできた. ❷《チリ, アルゼンチン, ウルグアイ》侮辱する, 罵倒する. ❸《アルゼンチン》がみがみ叱る, 小言を言う

retardación [r̄etarðaθjón]【女】遅延、延期
retardado, da [r̄etarðáðo, ða]【形】【名】❶ 遅れて起こる: de efecto 〜 遅延作動式の. caja fuerte de abertura 〜da タイムロック式の金庫. ❷《物理》movimiento 〜 減速運動. ❸《中米、ラプラタ》知恵遅れの〔人〕
retardador, ra [r̄etarðaðór, ra]【形】《女性形 **retardatriz** もあり》❶ 遅らせる. ❷《技術》反応〔動き〕を遅らす〔抑える〕── 【男】❶ 遅延剤、抑制剤. ❷ 〜 de llamas 火炎防止器
retardante [r̄etarðánte]【形】遅らせる
retardar [r̄etarðár]【←re-+tardar】【他】❶ 〔妨害・障害が〕遅らせる、遅延させる: El mal tiempo ha retardado el comienzo del acto de graduación. 悪天候で卒業式の開始が遅れた. ❷ 〔人が〕延期する ──【自】遅れる《=〜se》── 〜**se** 遅れる; 延期される: Las tareas se retardaron casi cuatro horas. 仕事はほぼ4時間遅れた
retardatario, ria [r̄etarðatárjo, rja]【形】【名】❶ 遅れを生じさせがちな、その職に〔居őroの人〕. ❷ 文化面で保守的な〔人〕
retardativo, va [r̄etarðatíβo, βa]【形】遅らせるのに役立つ
retardatriz [r̄etarðatríθ]【女】→**retardador**: fuerza 〜 減速力
retardo [r̄etárðo]【男】❶ 遅延、延期. ❷《音楽》《和音の》掛留
retartalillas [r̄etartalíʎas]【女】複】言葉を並べ立てること; よくしゃべること
retasa [r̄etása]【女】= **retasación**
retasación [r̄etasaθjón]【女】❶ 再評価. ❷《競売品の》価格引き下げ
retasar [r̄etasár]【他】❶《価値を》評価し直す. ❷《競売品の》価格を引き下げる
retazar [r̄etaθár]【←古語 retrazar「切る」＜俗ラテン語 tractiare「引き裂く」】【9】【他】❶ 細かくする, 小片に分ける. ❷〔羊など〕を小さな群れに分ける
retazo [r̄etáθo]【←retazar】【男】❶ 〔布の〕切れ端、切れぎれ: Ha hecho la falda con un 〜 de tela de algodón. 彼女は木綿の端切れでスカートを作った. ❷ 〔話・文章などの〕断片: Solo puedo recordar un 〜 de la conversación con mis amigos. 私は友人たちとの会話のほんの一部しか思い出せない. conferencia hecha a 〜s つぎはぎだらけの講演. ❸《メキシコ》〔四足獣の〕各部の肉片
rete-《接頭辞》【強調】retebién とてもすばらしく、retecontento ひどく喜んだ
retechado [r̄etetʃáðo]【男】= **retejado**
retechar [r̄etetʃár]【他】瓦屋根の修理をする《= retejar》
retejado [r̄etexáðo]【男】瓦屋根の修理
retejador, ra [r̄etexaðór, ra]【名】瓦屋根の修理職人
retejar [r̄etexár]【他】❶ 瓦屋根の修理をする. ❷〔必要とする人に〕衣服・履物を支給する
retejer [r̄etexér]【他】❶ 目を詰めて織る
retejo [r̄etéxo]【男】❶ = **retejado**. ❷ 目を詰めて織ること
retel [r̄etél]【男】《漁業》〔淡水ガニの捕獲用の〕袋網; 袋網による漁法
retemblar [r̄etemblár]【23】【自】繰り返し揺れる
retemblón [r̄etemblón]【男】= **retemblor**
retemblor [r̄etemblór]【男】繰り返し揺れること
retemplar [r̄etemplár]【他】《中米》…に活力を与える
retén [r̄etén]【←retener】【男】❶ 〔待機する〕班、一団: El fuego quedó controlado, aunque un 〜 de bomberos quedó vigilando la zona. 火事はおさまったが, 消防士の一団が残って地域を監視した. ❷《軍事》予備隊: El capitán dejó un 〜 en el fuerte. 隊長は砦に予備隊を残した. ❸ 予備, 蓄え: 〜 de víveres 備蓄食糧. ❹《技術》固定用の部品. ❺《コロンビア、チリ》〔固定・移動の〕検問所. ❻《チリ, 自動車》ガスケット
retención [r̄etenθjón]【女】❶ 〔主に【複】〕交通渋滞: El accidente provocó retenciones de ocho kilómetros en la carretera. 事故で高速道路に8キロの渋滞が起きた. ❷ 差し引き〔された金額〕, 天引き〔額〕, 留保; 源泉徴収〔額〕: La 〜 sobre el sueldo es de un 10%. 給料からの天引き額は10%である. premio de 〜 源泉徴収の報奨金. ❸《医学》停滞, 貯留, 分泌閉止: 〜 de orina 尿閉. ❹ 保存, 保持; 記憶すること: 〜 de datos データの保存. ❺ 抑制: 〜 de las exportaciones 輸出の抑制. ❻ 引き止めること. ❼《法律》留置
retenedor, ra [r̄eteneðór, ra]【形】【名】保存〔保持〕する〔人〕

retener [r̄etenér]【←ラテン語 retinere ＜ re-+tenere「つかむ」】【58】【他】❶ 保存する, とどめる《= detener》: ¿Cuánto tiempo piensas 〜 los libros de la biblioteca? 君はいつまで図書館の本をたまにするつもりだ? El algodón empapa y retiene el agua. 綿は濡れて水分が残っている. ❷〔人を〕引きとどめる: No quiero 〜te más. これ以上引き止めないよ. 〜 a+人 para la cena …さを夕食に引き止める. ❸〔金を〕差し引く, 天引きする: 〜 un diez por ciento del sueldo en concepto de impuestos 税金として給料から10%源泉徴収する. ❹〔他の人が雇われてもその職に〕居座る. ❺ 記憶する: Tengo que 〜 muchos datos. 私はたくさんのデータを覚えなければならない. ❻ 抑制する: No puede 〜 la orina. 彼はおしっこを我慢できない. ❼ 留置する, 拘留する: 〜 a+人 en la comisaría durante 48 horas 〜 を警察署に48時間拘留する. ❽《法律》上級裁判所が自ら行使すべく下級裁判所を飛び越えて〕裁判権を掌握する. ❾《古語》〔王が教皇答書 rescripto の〕行使をやめる. ❿《まれ》《感情を》引き止める: 〜 su vehemencia 気性の激しさを抑える── 〜**se**《まれ》〔自分の衝動・感情を〕抑える
retenida [r̄eteníða]【女】〔転倒防止用の〕支え線, 支柱
retenidamente [r̄eteníðaménte]【副】じっくりと
retenimiento [r̄etenimjénto]【男】= **retención**
retentado, da [r̄etentáðo, ða]【形】《アンダルシア; ホンジュラス》怒りっぽい, 短気な
retentar [r̄etentár]【23】【他】❶〔病気などが, +人 に〕再発する, ぶり返す. ❷《闘牛》若牛の勇猛さを再度試す
retentiva[1] [r̄etentíβa]【←retener】【女】記憶力: tener buena (mala) 〜 para... …の物覚えがよい〔悪い〕
retentivo, va[2] [r̄etentíβo, βa]【形】❶ 保持力のある: poder 〜 de humedad del suelo 土壌の水分保持力. ❷ 記憶力のよい: María es muy 〜va. マリアは大変記憶力がいい
retentor, ra [r̄etentór, ra]【形】《まれ》保存する〔人〕; 差し引く〔人〕
reteñir [r̄eteɲír]【20】【35】【→teñir】【他】❶〔同じ・別の色で〕染め直す── 【自】〔金属・ガラスが〕振動音を出す; 〔耳に〕余韻が残る
retesamiento [r̄etesamjénto]【男】硬化; ぴんと張ること
retesar [r̄etesár]【他】固める; ぴんと張る
reteso [r̄etéso]【男】❶《土地の》小さな隆起. ❷ 硬化; 張り. ❸《リオハ》〔乳による〕乳房の張り
retestinado, da [r̄etestináðo, ða]【形】《トレド, アンダルシア, ムルシア》ひどく汚れた, 汚れがしみ込んだ
RETEVISIÓN [r̄eteβisjón]【女】《略語》＝ Red Técnica Española de Televisión スペインテレビ技術普及公社
reticencia [r̄etiθénθja]【←ラテン語 reticentia＜reticere「言わない」】【女】❶ ためらい; 不信: aceptar con 〜 しぶしぶ承知する. decir la verdad sin 〜s まっすぐに真実を話す. ❷〔主に悪意による〕ほのめかし, あてこすり, 皮肉. ❸《修辞》黙説
reticente [r̄etiθénte]【←ラテン語 reticens, -entis】【形】❶〔estar-ser+. +a 〜〕ためらっている; 信じていない: Ese país es 〜 a entrar en guerra. その国は開戦を躊躇している. Se mostró 〜 a aceptar. 彼はしぶしぶ承知した. ❷〔主に悪意で人・言葉が〕はっきり意見を言わない, 遠回しな, 腹に一物ある: intervención 〜 裏がありそうな口出し. palabras 〜s あいまいな言葉. ❸ ほのめかしの, あてこすりの, 皮肉の
rético, ca [r̄étiko, ka]【形】《歴史, 地名》ラエティア Retia 《現在のチロル, スイス東部》── 【男】レト・ロマン語
retícula [r̄etíkula]【女】《光学, 技術》網線
reticulación [r̄etikulaθjón]【女】《光学, 技術》網状化, 細網化
reticulado, da [r̄etikuláðo, ða]【形】= **reticular**
reticular【他】《光学, 技術》網状化する, 細網化する──【男】《コロンビア, 建築》〜 celulado ワッフルスラブ
retículo [r̄etíkulo]【男】❶《解剖》網状組織; 《動物》反芻動物の第二胃. ❷《生物》〜 endoplasmático 小胞体. ❸ = **retícula**. ❹《天文》レチクル座
reticuloendotelial [r̄etikuloendoteljál]【形】《解剖》sistema 〜 細網内皮系, 網内系
retienta [r̄etjénta]【女】《闘牛》若牛の勇猛さを試す再テスト
retín [r̄etín]【男】〔金属・ガラスの〕振動音; 〔耳に残る鐘などの〕音, チリンチリンという音
retina [r̄etína]【女】《解剖》網膜
retinal [r̄etinál]【男】《解剖》網膜の
retinar [r̄etinár]【他】〔ラシャ工場で羊毛を〕取り扱う, 処理する

retinglar [r̃etinglár] 他 《バリャドリード》破裂する
retiniano, na [r̃etinjáno, na] 形 《解剖》網膜の
retínico, ca [r̃etíniko, ka] 形 =**retiniano**
retinita [r̃etiníta] 女 《鉱物》樹脂石
retinitis [r̃etinítis] 女 《医学》網膜炎
retinoblastoma [r̃etinoblastóma] 女 《医学》網膜芽〔細胞〕腫
retinografía [r̃etinoɣrafía] 女 《医学》網膜写真
retinoico, ca [r̃etinóiko, ka] 形 《薬学》ácido ~ レチノイン酸
retinol [r̃etinól] 男 《生化》レチノール
retinopatía [r̃etinopatía] 女 《医学》網膜症, 網膜障害
retinosis [r̃etinósis] 女 《医学》網膜症
retintar [r̃etintár] 他 《まれ》❶ インクで印を付ける. ❷ 強く染める
retinte [r̃etínte] 男 ❶ 《西》見てくれ, 上っ面. ❷ 染め直し, 二度染め. ❸ =**retintín**
retintín [r̃etintín] 男 ❶《←擬声》《口語》❶ (鐘などの, 耳に残る) 余韻, チリンチリンという音. ❷ 皮肉 (いやみ) の口調: decir con ~ いやみで言う
retintinear [r̃etintineár] 自 皮肉 (いやみ) な言い方をする
retinto, ta [r̃etínto, ta] 《←ラテン語 retintus. reteñir の不規則な過分》形 ❶ [馬などの] 濃い栗色の; [人の肌・髪の色が] 黒っぽい
retiñir [r̃etiɲír] 20 自 [金属・ガラスが] 振動音を出す; [耳に] 余韻が残る
retío, a [r̃etío, a] 名 《ベネズエラ》父 (母) のいとこ
retiración [r̃etiraθjón] 女 ❶ [印刷された紙の] 裏面に印刷すること; の版
retirada[1] [r̃etiráða] 《←retirar》女 ❶ 《軍事》1) 退却, 撤退: El enemigo ha emprendido la ~. 敵は退却し始めた. cortar la ~ al enemigo 敵の退路を断つ. 2) 引揚げ, 就寝ラッパ《= toque de ~》. ❷ 引きあげること, 除去; [不用品・出資金などの] 回収; [提案・許可などの] 取り消し: La ~ de muebles viejos la hace el Ayuntamiento. 古い家具の回収は市役所が行なっている. Se llevó a cabo la ~ de la película problemática de todos los cines. その問題映画はあらゆる映画館から回収された. Al día siguiente hubo una ~ masiva de fondos en los bancos. 翌日, 銀行から大量の預金が引き出された. ~ del carné de conducir 運転免許の取り消し (停止). ❸ [欠陥商品の] リコール. ❹ 引退: Su ~ de la vida política ha sorprendido a la opinión pública. 彼が政界から身を引いたことは世論を騒がせた. Tras su ~ del tenis, se hizo médico deportivo. 彼はテニスを引退後, スポーツドクターになった. ❺《競走など》棄権

batirse en ~ 退却する, 陣地を捨てる
cubrirse la ~ [計画がうまくいかない時のために] 逃げ道を用意しておく

retiradamente [r̃etiráðaménte] 副 ❶ 隠遁して, ひっそりと. ❷ 目立たないように: Nos ha recomendado ~ el boicoteo de los productos. 彼はそれらの商品の不買運動を起こすよう私たちにこっそり勧めた

retirado, da[2] [r̃etiráðo, ða] 形 [estar+] ❶ 引退した〔人〕: Ya está ~ de la política. 彼はもう政界から引退している. oficial ~ 退役将校. torero ~ 元闘牛士. ❷ 引きこもった: Lleva una vida sencilla y ~da. 彼は慎ましな隠遁生活をおくっている. ❸ 人里離れた, へんぴな: La ermita está bastante ~da del pueblo. その庵は村からかなり離れたところにある. Viven en un lugar muy ~. 彼らは非常にへんぴな所に住んでいる
── 名 ❶ 引退した人, 定年退職者. ❷ 退役軍人
── 副《口語》遠くに: irse muy ~ 遠くに行ってしまう

retiramiento [r̃etiramjénto] 男 =**retiro**
retirar [r̃etirár] 他《←re+tirar》❶ 引きあげる, 除去する, 撤退させる: 1) [+de+場所 から] Hay que ~ los platos de la mesa. テーブルの食器を片付けなければならない. Los jóvenes retiraron la nieve del camino. 若者たちは道路の雪かきをした. Retira un poco esas bolsas para que podamos sentarnos. 私たちが座れるよう, そのバッグを少しどけなさい. El juez le retiró de la sala. 裁判官は彼を退廷させた. 2) [+a+人 から] Le retiraron el carnet de conducir 彼は運転免許証を取り上げられた. Mi tío me retiró su ayuda porque se enfadó con mis malas conductas. 伯父は私の素行が悪いのに腹を立てて私への援助を打ち切った. Se teme que el presidente norteamericano retire la confianza al gobierno japonés. 日本政府は米国大統領の信頼を失うのではないかと懸念されている. ❷ 引退させる, 退職させる: Las lesiones lo retiraron del bo-

xeo. 彼はけがのためボクシングを引退した. ❸ [事物の] 使用をやめる; 回収する; [欠陥商品を] リコールする: Han retirado ese billete de la circulación. その紙幣はもう流通していない. Retiraron los coches defectuosos de la circulación. その欠陥車は回収された. ❹ [前言などを] 撤回する: ¡Retira esas palabras! その言葉を取り消せ! Si te ofendió mi comentario, lo retiro. もし私の批評が君の気にさわったのなら撤回しよう. ~ la promesa 約束を取り消す. ~ el pleito 訴訟を取り下げる. ❺ [預金などを] 引き出す: Retiró todos sus ahorros del banco. 彼は銀行から預金を全部おろした. ❻ 遠くへ置く, 人里離れた場所に設置する. ❼ [売春婦を] 身請けする. ❽ 《印刷》裏面を刷る. ❾ 《南米》引き取る, 受け取る
── ~**se** 自 退出する: Si nos retiramos en silencio de este lugar no notarán nuestra ausencia. 私たちがここからそっと退出すれば, いなくなったのを気付かれないだろう. Puede usted ~se. もう下がっていい. ❶ [+a+場所] El jurado se retiró a una sala a deliberar. 陪審員たちは協議のため別室に退いた. ❷ 《文語》寝に行く, 帰宅する; 静養する: Yo me retiro, que mañana madrugo. 私は明日早起きしなければならないのでもう寝よう. Pepe se retiró pronto; los demás siguieron la juerga. ペペは早く家に帰ったが, 他の連中は遅くまで飲み歩いた. Tras el viaje, Eva se retira a descansar. エバは旅行から戻って以来静養している. ❸ [+de ~] 引退する, 退職する《=jubilarse》《米国》定年退職する: El profesor se retiró al cumplir los sesenta y cinco años. その教授は65歳で退職した. Como me toque la lotería, me retiro. もし宝くじに当たったら私は仕事をやめる. Se retiró pronto de la política. 彼は政界からすぐに引退した. El campeón se retiró del tenis por la puerta grande. 選手権者は栄光に包まれてテニス界から去って行った. ❹ [+a ~] Se hizo monje y se retiró a un monasterio. 彼は修道士になって修道院に引きこもった. Cuando me jubile, me retiraré al campo. 私は退職したら田舎に引きこもるつもりだ. ❺ どく, 立ち退く; 後退する: Retírate un poco de la ventana, que me quitas la luz. 窓から少し離れてくれないか. 光が入ってこないのだ. La policía ordenó a los manifestantes ~se de ahí. 警察はデモ隊にそこから立ち退くよう命令した. Por fin se ha retirado el agua. やっと水が引いた. ❻ 退却する, 撤退する: El batallón se retiró a las posiciones iniciales. 大隊は元の位置に退却した. Los sindicatos se retiraron de la mesa de negociación. 組合側は交渉のテーブルを離れた. La empresa se retiró del proyecto sin avisarnos. その会社は私たちに断りなしにその企画から降りた. ❼ [+de ~] やめる: Se ha retirado completamente de la bebida. 彼は酒をすっかり断った. ❽《競走など》棄権する: Se retiró del torneo por problemas musculares. 彼は筋肉の故障でトーナメントを棄権した. El atleta se retiró de la prueba al ser descalificado. その選手は失格になって競技を終えた. ❾《電話》切る: No se retire. 切らないで下さい

retiro [r̃etíro] 《←retirar》男 ❶ 引退, 退職; 退官, 退役: Le quedan pocos años para el ~. 彼は定年まで後数年しかない. El anuncio del ~ de la actriz sorprendió a la prensa. その女優の引退はマスコミを騒がせた. edad de ~ 定年. ❷ 引退生活; 隠遁生活, 隠居, 閑居: Desde que está en el ~ padece fuertes depresiones. 隠居してからすっかり落ち込んでいる. Durante unos años de absoluto ~, escribió un ensayo. 彼は数年間, 世間との交わりを一切断ち, 随筆を書いた. ❸ 隠遁のための住居, 隠居所: Hallaron un ~ tranquilo en plena montaña. 彼らは山奥に静かな隠れ家のような住まいを見つけた. Eva se fue a un ~ que tiene en el campo. エバは田舎にある別荘に行った. ❹ 人里離れた場所, へんぴな場所. ❺ 年金, 恩給《=pensión》: Mi abuelo solo cobra el ~. 私の祖父の収入は年金だけだ. Le ha quedado un buen ~. 彼は多額の年金を受給できた. ❻ [預金の] 引き出し. ❼《宗教》[日常の仕事から一定期間離れて行なう] 黙想, 静修: Ha estado todo el mes haciendo un ~. 彼はまるまる1か月静修を務めた. Los ~s espirituales fortalecen su fe. 精神の静修は信仰を堅固にする. ❽ parque del Buen R~ [マドリード市内にある] レティロ公園《かつて王家の休息所 retiro だった》. ❾《中南米》=**retirada**[1]

reto [r̃éto] 《←retar》男 ❶ 挑戦; 挑戦の言葉: aceptar el ~ de+人 …の挑戦を受ける. ❷ 脅し, 脅威. ❸《ボリビア, チリ》侮辱; 叱責

echar ~s 脅す, 脅威を与える

retobado, da [r̄etoƀáđo, đa] [形] ❶《メキシコ, 中米, エクアドル, アルゼンチン. 口語》口答えする, 生意気な. ❷《メキシコ, 中米, キューバ, エクアドル. 口語》頑固な, 強情な. ❸《チリ. 口語》直接の
retobar [r̄etoƀár] [他] ❶《メキシコ, 中米, エクアドル. 口語》[命令などに] 従わない, 口答えする. ❷《ラプラタ》[皮などで] 覆う
—— **~se**《ラプラタ. 口語》失礼な態度をとる, 反抗的になる
retobear [r̄etoƀeár] [自]《グアテマラ. 口語》[執拗に] 口論する; 固執する
retobo [r̄etóƀo] [男] ❶《メキシコ》ぐち, 不平. ❷《中米》[不快な] 後味. ❸《ホンジュラス, コロンビア》廃棄物, がらくた. ❹《コロンビア》痩せ馬, 駄馬. ❺《チリ》[覆い用の] 麻布, 防水布
retobón, na [r̄etoƀɔ́n, na] [形]《アルゼンチン. 口語》[動物・人が] 反抗的な
retocado [r̄etokáđo] [男] [写真などの] 修整
retocador, ra [r̄etokađɔ́r, ra] [名] [写真などの] 修整をする人
retocar [r̄etokár]《←re-+tocar》[7] [他] ❶ [絵画などを] 修正する, 手直しする: ~ un cuadro 絵に加筆する. ~ una fotografía 写真を修整する. ~ el maquillaje a+人 …の化粧を直す. ❷ 仕上げの手を加える. ❸ [絵画を] 修復する. ❹《まれ》再び(何度も)触る
—— **~se** [自分の] 化粧を直す
retomar [r̄etomár] [他] [中止したことを] 再開する, 再び始める: *Retomemos* eso de que hablamos la vez pasada. この前話していたあのことをまたやろう
retoñar [r̄etoɲár]《←retoño》[自] ❶ [剪定後に] 芽が出る(生える). ❷ 再生される: Su voz *retoñaba* en mi cabeza. 彼の声が私の脳裡によみがえった
retoñecer [r̄etoɲeθér] [39] [自] =**retoñar**
retoño [r̄etóɲo]《←re-+otoño》[男] ❶ [剪定後の] 芽, 新芽: Han salido los ~*s* de olivo. オリーブの新芽が出た. ❷《口語》[小さな] 子供, 息子: Saco a pasear a mi ~. 私は子供を散歩に連れ出す
retoque [r̄etóke]《←retocar》[男] ❶ 修正, 手直し, 仕上げ: darse un ~ [自分の] 化粧を直す. ~ del balance 粉飾決算. ❷ [既製服の] 寸法直し. ❸ [病気の] 徴候
retor [r̄etɔ́r] [男] 強い木綿布《=retorta》
rétor [r̄étɔr] [男]《古語》修辞学(雄弁術)の教師
retorcedura [r̄etɔrθeđúra] [女] =**retorcimiento**
retorcer [r̄etɔrθér]《←re-+torcer》[1] [29]《→**torcer**》[他] ❶ [強く] ねじる; [糸を] 撚(よ)り合わせる: ~ el pañuelo mojado 濡れたハンカチを絞る. ~ a+人 el brazo …の腕をねじ上げる. ❷ [真意を] ねじ曲げる: *Has retorciendo* el sentido de mis palabras. 君は私の言葉の意味を歪曲した
—— **~se** ❶ [綱などが] からむ. ❷ 体をねじ曲げる: ~*se* de dolor 苦痛に身をよじる. ~*se* de risa 腹を抱えて笑う. ❸ [自分のひげを] ねじる
retorcido, da [r̄etɔrθíđo, đa] [形] ❶ ねじ曲がった. ❷《軽蔑》[人が] 悪意のある, 腹黒い; ひねくれた. ❸ [文体などが] ひどく複雑な, 難解な
—— [男]《廃語》各種の果物で作った甘い菓子
retorcijo [r̄etɔrθíxo] [男]《廃語》=**retorcimiento**
retorcijón [r̄etɔrθixɔ́n] [男]《俗用, 主に中南米》=**retortijón**
retorcimiento [r̄etɔrθimjénto] [男] ねじる(ねじれる)こと; ゆがみ; ひねくれ
retórica[1] [r̄etórika]《←ラテン語 rhetorica》[女] ❶ レトリック, 美辞麗句: ~ de la prensa oficial 公的報道のレトリック. ❷ 修辞学, 雄弁術. ❸《軽蔑》過度なレトリック, 空疎な美辞麗句. ❹《軽蔑》[複] 空文句, 駄弁: No te andes con ~*s* y dinos claramente lo que piensas. くどくど御託を並べないで君の考えていることをはっきり言いなさい
retoricadamente [r̄etorikáđaménte] [副] 駄弁を弄して, 気取った話し方で
retóricamente [r̄etórikaménte] [副] 修辞的に, 修辞法に則して
retoricar [r̄etorikár] [7] [自] ❶ 修辞法に則して話す. ❷《口語》駄弁を弄する, 気取って話す
retorcismo [r̄etɔrθísmo] [男]《軽蔑》レトリック好き, レトリックの多用
retorcista [r̄etɔrθísta] [形]《軽蔑》レトリック好きの, レトリックを多用する
retórico, ca[2] [r̄etóriko, ka]《←ラテン語 rhetoricus < ギリシア語 rhetorikos < thetor「雄弁家」》[形] ❶ 修辞〔学〕の: interrogación ~*ca* 修辞疑問, 反語. ❷ 修辞学に精通した; 雄弁な. ❸ 表現が過度に凝った
—— [名] 修辞学者; 雄弁家
retornable [r̄etɔrnáƀle] [形] 返却され得る, 返却されるべき, リターナブルの; [空き瓶などが] 返却金のもらえる: envase no ~ 再利用不能容器
retornamiento [r̄etɔrnamjénto] [男] =**retorno**
retornar [r̄etɔrnár]《←re-+tornar》[他] ❶ [+a に] 戻す, 返す: Tengo que ~ el jarrón *a* la sala. 私は花瓶を広間に戻さなくてはならない. ❷ 再びねじる(ねじ曲げる). ❸ 後退させる
—— [自]《文語》戻る, 帰る: *Retornó a* su pueblo natal. 彼は生まれ故郷に帰った. Cuando las tropas de Alfonso V reconquistaron Ávila, los cristianos comenzaron a ~ *a* sus costumbres. アルフォンソ5世の部隊がアビラを再び征服すると, キリスト教徒たちは元の習慣を取り戻し始めた. Los libros *retornaron a* la Biblioteca Nacional. それらの本は国立図書館に戻った
retorneado [r̄etɔrneáđo] [男]《製陶》ろくろで成形した後の仕上げ
retornear [r̄etɔrneár] [他]《製陶》[ろくろによる成形後に乾燥させ] 仕上げの成形をする
retornelo [r̄etɔrnélo] [男]《音楽》リトルネロ
retorno [r̄etɔ́rno]《←retornar》[男] ❶《文語》戻ること, 帰ること: Nos encontramos en un punto sin ~, así que no hay vuelta atrás. 私たちは元に戻れない段階に来ている. だからもう後には引けない. punto de no ~《航空》最遠引き返し点. ~ terrestre《電気》アース線. viaje de ~ 帰路, 帰り道. ~ prohibido《メキシコ. 表示》Uターン禁止. ❷ 返却; 払い戻し: venta con derecho a ~ 報奨金付き販売. ~ de la inversión 投資利益率. ❸《情報》1) リターン《=~ de〔l〕carro》: ~ de carro automático 自動行送り. 2) エンターキー, リターンキー. ❹ 交換. ❺ [恩恵などに対する] 謝礼, 返礼. ❻ [出発した土地への] 帰還途上の車(馬・ラバ)
retorromance [r̄etɔr̄ománθe] [形] [男] =**retorromano**
retorrománico, ca [r̄etɔr̄ɔmániko, ka] [形] [男] =**retorromano**
retorromano, na [r̄etɔr̄ɔmáno, na] [形] [男]《言語》レト・ロマン語〔の〕
retorsión [r̄etɔrsjɔ́n]《←ラテン語 retorsus < retortus < retorquere「ねじる」》[女] ❶ ねじること, ねじれ. ❷ 報復
retorsivo, va [r̄etɔrsíƀo, ƀa] [形] ねじれた
retorta [r̄etɔ́rta]《←ラテン語 retorta「ねじ曲がり」》[女] [化学実験用の] レトルト, 蒸留器
retortero [r̄etɔrtéro]《←ラテン語 retortum < retorquere》[男] 回転, 一周
***al* ~**《西》1) ひどく混乱して; ひどく雑然として: Tiene el armario *al* ~. 彼は戸棚をごちゃごちゃにしている. 2) 周囲に《=alrededor》
***andar al* ~**《西》1) 大変忙しい. 2) [+por+事 を] 大変心配している. 3) [+por+人 に] ほれ込んでいる
***estar al* ~**《西》右往左往している, 大混乱である; ひどく雑然としている
***ir al* ~**《西》=**andar al ~**
***llevar* (*traer*) *a*+人 *al* ~**《西》1) …を夢中にさせる. 2) [一日中] …を右往左往させる. 3) [休ませないで] …をこきつかう, 忙しくさせる; 無駄なことに時間を浪費させる. 4) [偽りの約束やお世辞で] だます, 裏切る
retortijar [r̄etɔrtixár] [他] [糸などを] 強くねじる, 撚(よ)り合わせる; [髪を] カールする
retortijón [r̄etɔrtixɔ́n]《←古語 retorcijón < retorcer》[男] ❶《西》[主に [複]] 急な腹痛《=~ de tripas》. ❷ すばやく強くねじること; 強くねじり過ぎること
retostado, da [r̄etɔstáđo, đa] [形] 濃いきつね色の
retostar [r̄etɔstár]《←re-+tostar》[28] [他] [濃いきつね色になるまで] よく焼く; 焼き直す
retozador, ra [r̄etoθađɔ́r, ra] [形] 浮かれた; よくはしゃぐ
retozadura [r̄etoθađúra] [女] はしゃぎ回ること; いちゃつき
retozar [r̄etoθár]《←古語 tozo「からかい」》[9] [自]《文語》❶ [子供などが] はしゃぎ回る, ふざける. ❷ [恋人同士が] いちゃつく. ❸ [情熱・感情が] ほとばしる, こみ上げる
retozo [r̄etóθo] [男] はしゃぎ回ること; いちゃつき
~ de la risa こらえた笑い
retozón, na [r̄etoθɔ́n, na]《←retozar》[形] ❶ 浮かれた, よくはしゃぐ: Los cachorros son muy *retozones*. 子犬たちはじゃれ合うのが好きだ. ❷ [笑いなどが] すぐこみ上げてくる

R

retrabar [r̄etrabár] 自《コロンビア》[馬などが] 側対歩で進む
retracción [r̄etra(k)θjón]《←retraer》女 ❶ 収縮; 減少. ❷《医学》[器官組織の] 後退, 退縮
retractable [r̄etraktáble] 形 取り消し可能な; 取り消されるべき
retractación [r̄etraktaθjón] 女 撤回, 取り消し
retractar [r̄etraktár]《←ラテン語 retractare「修正する, 再検討する」》他 撤回する, 取り消す
── **~se** ❶ [+de 前言などを] 取り消す: *Se retractó de sus palabras.* 彼は発言を撤回した. *¡Me retracto!* 前言は撤回だ! *~se de* la acusación 非難を取り消す. ❷《法律》買い戻し権を行使する. ❸《医学》後退する, 退縮する [=retraerse]
retráctil [r̄etráktil]《←ラテン語 retractum》形 ❶《動物》[器官が] 引っ込められる, 収縮性の: *Los gatos tienen uñas ~es.* 猫は爪を引っ込められる. ❷ [車輪などが] 格納式の. ❸《文語》引っこみ思案の, 内気な [=retraído]
── 男《西》[包装用の] ラップ, 透明フィルム
retractilado [r̄etraktiládo] 男《西》ラップ (透明フィルム) による包装
retractilar [r̄etraktilár] 他《西》ラップ (透明フィルム) で包装する
retractilidad [r̄etraktiliðá(ð)] 女《動物》[器官が] 引っ込められること, 収縮性
retracto [r̄etrákto] 男《法律》買い戻し権 [=derecho de ~]: *~ arrendaticio* 売却された不動産の賃借人に与えられる買い戻し権
retraducir [r̄etraðuθír] 41 他 翻訳し直す, 重訳する
retraer [r̄etraér]《←ラテン語 re-+trahere「引っ張る」》45 他 ❶ [体の一部を] 引っ込める, 収縮させる: *La tortuga retrae sus patas y cabeza.* 亀は手足と頭を引っ込める. ❷ [+de+名詞・不定詞・que+接続法を]…に断念させる. ❸《法律》買い戻し権を行使する. ❹ 再び持って来る. ❺《古語的》非難する, とがめる: *~ a+人 las faltas* …の欠点を非難する. ❻《古語的》[写真・肖像画を] 再現する
── **~se** ❶ 逃げ込む; [+en·a に] 隠遁する; [+de から] 引退する: *Se retrajo en (a) su casa.* 彼は自分の家に引きこもった. *Decidió ~se de* la política. 彼は政界から退くことに決めた. ❷ [需要などが] 減少する, 落ち込む. ❸ [政党などが] 活動を故意に休止する, 活動が不活発になる. ❹ [+de を] 断念する: *Se retrajo del empeño.* 彼は宿願をあきらめた. ❺《医学》[器官組織の] 後退する, 退縮する. ❻ 避難する. ❼ [体の一部が] 引っ込む, 収縮する
retraído, da [r̄etraído, ða] 形 ❶ 引っこみ思案の(人), 内気な(人); 引きこもった, 孤独を好む. ❷《廃語》隠遁した; 隠遁者, 隠者
retraimiento [r̄etraimjénto] 男 ❶ [体の一部を] 引っ込めること. ❷ 隠遁, 引きこもり, 引っこみ思案, 内気. ❸ 不況. ❹ 避難所, 隠れ家; 奥の部屋
retranca [r̄etráŋka]《←ラテン語 retro- (後方)+カスティーリャ語 tranca》女 ❶ [馬の] 尻革. ❷《西.口語》下心, 底意. ❸《西. 口語》泥酔. ❹《狩猟》獣子の背後の持ち場 [=recula]. ❺《メキシコ, キューバ, コロンビア》[馬車などの] ブレーキ
retrancar [r̄etraŋkár] 7 他《西》[馬が馬車を] 減速させる
retranquear [r̄etraŋkeár] 他 ❶《建築》正面壁 [の一部] を引っ込めて作る. ❷ [ゆがみなどがないか] 片目で見て調べる
retranqueo [r̄etraŋkéo] 男《建築》正面壁 [の一部] を引っ込めて作ること. ❷ 片目で見て調べること
retranquero [r̄etraŋkéro] 男《キューバ, プエルトリコ. 鉄道》制動手
retransmisión [r̄etransmisjón]《←retransmitir》女 ❶ [ラジオ・テレビの] 中継放送: *de un concierto en directo (en diferido)* コンサートの生 (録画) 中継. *~ vía satélite* 衛星中継. ❷ 再放送. ❸ 再送信, 転送
retransmisor [r̄etransmisór] 男 送信機, 発信機
retransmitir [r̄etransmitír]《←re-+transmitir》他 ❶《西. 文語》中継放送する: *Hubo varias cadenas televisivas que retransmitieron la rueda de prensa.* その記者会見は複数のテレビ局が中継で放送した. ❷ 再放送する. ❸ 再送信する, 転送する
retrasado, da [r̄etrasáðo, ða] 形 ❶ [estar+] 遅れている: 1) [進行などが] *El niño siguió a su madre silenciosa y un poco ~.* 少年は母親を黙って引き離れながら追いかけた. 2) [発育・成長が] *Este chico va muy ~ en matemáticas.* この子は数学の勉強が大変遅れている. *La clase B de segundo es la más ~da.* 2年B組の学習が一番遅れている. *Estos dos equipos ocu-* pan las posiciones más *~das* en la clasificación. この2チームの戦績がリーグで最も悪い. *ideas ~das* 時代遅れの考え. *país ~ en tecnología* 技術的に遅れている国. *tren ~* 遅れの列車. *~ de noticias* 時勢にうとい. 2) [発育・成長が] *El crecimiento del oso panda va ~.* パンダの発育が遅れている. *planta ~da* 成長が遅れている植物. 3) [時計が] *Mi reloj siempre va un poco ~.* 私の時計はいつも少し遅れる. *Llevo el reloj ligeramente ~.* 私の時計は少し遅れている. ❷《軽蔑》[ser+] 知能遅れの [= mental]
── ❷《軽蔑》知能遅れの人; ばか, うすのろ
retrasar [r̄etrasár]《←re-+tras[1] < ラテン語 trans「もっと向こうから」》他 遅らせる, 遅延させる, 延期する《⇔adelantar》: *La niebla retrasará el vuelo.* 霧のために飛行機は遅れるだろう. *Este camión retrasa* la circulación. このトラックが原因で車の流れが悪くなっている. *Tu hermano me ha retrasado porque quería consultarme una cosa.* 私は君の兄さんの相談事を聞いていて遅くなった. *Han retrasado* la fecha de la boda. 彼らは結婚式を日延べした. *~ el reloj cinco minutos* 時計を5分遅らす
── 自 [時計が] 遅れる: *Este reloj retrasa.* この時計は遅れる
── **~se** ❶ [時計が] 遅れる: *Este reloj cuco se retrasa un poco.* この鳩時計は少し遅れる. ❷ [通常より] 遅れる; 遅刻する: *Se ha retrasado* el tren. 列車が遅れた. *La conferencia se retrasó porque hubo un apagón de luz.* 停電があったので講演会は予定より遅くなった. *Me he retrasado en mi trabajo.* 私は仕事が遅れた. *No te retrases, ¿eh?* 遅れるなよ. *Sé puntual y no te retrases.* 時間を守って, 遅れないようにしなさい. *Perdón por haberme retrasado* tanto. こんなに遅くなって申し訳ありません. ❸ 落伍する: *Se ha retrasado en sus estudios.* 彼は勉強についていけなくなった. ❹ 後方へ下がる, 退く: *Se retrasó para hablar con los que iban en la cola de la fila.* 彼は最後にいる人たちと話すため, 順番を下げた
retraso [r̄etráso]《←retrasar》男 ❶ 遅れ, 遅延: *El tren llegó con media hora de ~./El tren llegó con un ~ de media hora.* 列車は30分遅れて着いた. *El tren trae un ~ de una hora.* 列車は1時間の遅れを出している. *El autobús lleva ~.* バスは遅れている. *Los vuelos no sufrirán ~s con esta lluvia.* この雨による運航の遅れは出ない見込みだ. *interés por ~* 延滞利子. ❷ 遅刻: *Perdón por el ~.* 遅刻してすみません. ❸ タイム・ラグ
con ~ 遅れて: *El parto va con ~.* 出産が遅れている
retratable [r̄etratáble] 形《廃語》=retractable
retratación [r̄etrataθjón] 女 =retractación
retratador, ra [r̄etrataðór, ra] 名 肖像画家; 肖像写真家
retratar [r̄etratár]《←伊語 ritrattare》他 ❶《一の肖像画を描く; 肖像写真を撮る: *El pintor la retrató desnuda.* 画家は彼女の裸体画を描いた. *hacerse ~* 自分の肖像画を描いて(写真を撮る). ❷ [人物・性格などを] 描写する: *Cervantes retrata sus personajes magistralmente.* セルバンテスは登場人物を見事に描いている. ❸ 模倣する, まねる
── **~se** ❶ 肖像画を描いてもらう; 肖像写真を撮ってもらう: *Se puso el vestido nuevo para ~se.* 彼女はポートレートを撮ってもらうために新品のドレスを着た. ❷ [隠しておきたかった] 自身の肖像を公開する. ❸《口語》請求書 (借金) を支払う. ❹《古語》=retractar
retratería [r̄etratería] 女《グアテマラ, ウルグアイ》写真館
retratismo [r̄etratísmo] 男 肖像画を描くこと; 肖像写真を撮ること
retratista [r̄etratísta] 共 肖像画家; 肖像写真家
retratístico, ca [r̄etratístiko, ka] 形 肖像画の; 肖像写真の
retrato [r̄etráto]《←伊語 ritratto》男 ❶ [1人の人物の] 肖像画; 肖像写真: *Sus ~s son de un realismo estremecedor.* 彼が描く (彼を描いた) 肖像画はすさまじいばかりの写実主義の作品だ. *hacer un ~ de tamaño natural* 実物大で肖像画を描く. *~ de corte* 宮廷画. *~ robot*《メキシコ》 *~ reconstruido*《メキシコ》 *hablado*《容疑者の》モンタージュ写真, 似顔絵. ❷ [言葉による] 描写: *~ de las costumbres del viejo Madrid* 昔のマドリードの風俗描写. ❸ 生き写し: *Ana es el vivo ~ de su abuela.* アナは祖母に生き写しだ
hacer un ~ a+人《俗語》[不注意などで女性が] スカートの奥を見せてしまう

retrayente [r̃etrajénte] 形 名 ❶ [体の一部を]ひっこめる. ❷《法律》買い戻し権を行使する[人]

retrechar [r̃etret͡ʃár] 自 ❶ [馬が] 後ずさりする, しりごみする

retrechería [r̃etret͡ʃería] 女 ❶《西, 口語》[義務・告白を免れるための] はぐらかし, 言い逃れ. ❷《ベネズエラ》吝嗇(りんしょく), けち

retrechero, ra [r̃etret͡ʃéro, ra] I《←-ラテン語 retrecha「非難, 欠点」》形 ❶《西, 口語》[義務・告白を免れるための]はぐらかし(言い逃れ)のうまい. ❷《西, 古語的》[人が]感じのいい, 魅力的な. ❸《ベネズエラ》けちな
II 形《軽蔑. 地名》ダロカ Daroca の[人]《サラゴサ県の町》

retrepar [r̃etrepár] ~**se** 再 ❶ [+en 椅子に] そっくり返る. ❷《まれ》のけぞる; 後ろに傾く

retreta [r̃etréta]《←-フランス語 retraite》女 ❶《軍事》退却(帰営)のラッパ. ❷ 軍隊の夜間のパレード. ❸《中南米》[軍楽隊の]野外演奏

retrete [r̃etréte]《←-カタルーニャ語 retret「小さな私室」》男 ❶ 便所 [=servicio]; 便器. ❷《まれ》私室

retribución [r̃etriβuθjón] 女 ❶ 報酬, 給料. ❷ 報酬を与えること, 給料の支払い

retribuidamente [r̃etriβwíðamente] 副 報酬を与えて, 給料を払って

retribuir [r̃etriβwír]《←-ラテン語 retribuere < re-+tribuere「保証する, 付与する」》48 他 ❶ ...に報酬を与える, 給料を払う: ~ a los empleados 従業員に給料を支払う. Me gustaría hacer un trabajo bien *retribuido*. 私は給料のいい仕事をしたいのだが. El Estatuto de los Trabajadores otorga el derecho a disfrutar de 15 días de permiso *retribuido* por matrimonio. 労働者憲章は2週間の結婚有給休暇を取る権利を与えている. ❷《中南米》...にお返しをする, 報いる

retributivo, va [r̃etriβutíβo, βa] 形 利益を生む, 報酬(見返り)のある

retribuyente [r̃etriβujénte] 形 報酬の; 報酬を出す

retril [r̃etríl] 男《魔語》書見台; 譜面台 [=atril]

retrillar [r̃etriʎár] 他 ❶ [脱穀したものを] 再脱穀する

retro [r̃étro]《←-retrogrado》形 ❶《西, 口語》レトロな, 懐古調の: moda ~ 復古調のファッション. música ~ 懐メロ. ❷《古語的》復古的な, 旧弊な(人), 反動的な(人)
—— 男《法律》pacto de ~ 買い戻し義務付き約定
—— 女 =**retroexcavadora**

retro- [接頭辞] [後方, 回帰] *retroceder* 後退する, *retrospección* 回顧

retroacción [r̃etroa(k)θjón] 女 ❶ 後退 [=regresión]; =**retroactividad**. ❷ フィードバック

retroactividad [r̃etroaktiβiðá(d)] 女 遡及性

retroactivo, va [r̃etroaktíβo, βa]《←-retro-+activo》形 [効力が]さかのぼる, 遡及力のある, 遡及的な: efecto ~ 《法律》遡及の効果

retroalimentación [r̃etroalimentaθjón] 女《生物, 情報》フィードバック

retroarriendo [r̃etroar̃jéndo] 男 賃貸借契約付き売却

retroauricular [r̃etroauɾikulár] 形《解剖》耳介後(じ)の

retrobulbar [r̃etroβulβár] 形《解剖》球後の, 延髄後(じ)の: inyección ~ 球後注射

retrocar [r̃etrokár] 7 28《→**trocar**》他《魔語》再交換する, 再び取り換える

retrocarga [r̃etrokárga] 女 *de* ~《銃が》元込めの, 後装式の: fusil *de* ~ 後装銃

retroceder [r̃etroθeðér]《←-ラテン語 retrocedere < retro-+cedere「退出する, 去る」》自 ❶ 後退する, 後ずさりする《⇔avanzar, adelantarse》; 退却する: *Retrocedió* hasta la bifurcación. 彼は三叉路まで戻った. La policía hizo ~ unos pasos a la multitud. 警察は群衆を数歩下がらせた. Esos países *retrocedieron* en su producción energética. それらの国はエネルギー生産が後退した. ~ a la época medieval 中世に逆戻りする. ~ en el tiempo 時間を逆戻りする. ❷ あきらめる, 手を引く; しりごみする, ひるむ, たじろぐ: *Retrocedió* ante el primer fracaso. 彼は最初の失敗であきらめた. Su madre jamás *retrocedió* en su negativa. 彼の母はどうしても反対の考えを変えなかった. no ~ 決してあきらめない(譲歩しない). ❸ [銃砲が発射時に]はね返る, 後座する

retrocesión [r̃etroθesjón] 女 ❶《法律》[譲渡された権利などの]返還. ❷ 後退(後ずさり); 退却. ❸ しりごみ. ❹ [銃砲の]後座

retrocesivo, va [r̃etroθesíβo, βa] 形 後退の; 退却の

retroceso [r̃etroθéso]《←-ラテン語 retrocessus》男 ❶ 後退; 退却, 敗走; 後退, 退歩: Los glaciares alpinos siguen en ~. アルプスの氷河は後退し続けている. ~ de la civilización 文明の退歩. ~ de la enfermedad 病状の悪化. ~ en la economía 景気の後退. ~ en la negociación 交渉の後退. ❷《銃砲の》後座, 反動: cañón sin ~ 無反動砲. ❸ [良くなり始めた病状の] 再悪化, ぶり返し. ❹《ビリヤード》引き球. ❺《ベネズエラ. 自動車》バック「ギア」. ❻《情報》バックスペース

retrocohete [r̃etrokoéte] 男 逆噴射[ロケット]

retrocuenta [r̃etrokwénta] 女 カウントダウン

retrodatar [r̃etroðatár] 他 [文書を] 実際より前の日付にする

retrodonación [r̃etroðonaθjón] 女《法律》再譲渡, 返還

retroexcavadora [r̃etroe(k)skaβaðóra] 女 バックホー, 引き寄せて掘る掘削機

retroflejo, ja [r̃etrofléxo, xa] 形 =**retroflexo**

retroflexión [r̃etrofle(k)sjón] 女《医学》子宮後屈

retroflexo, xa [r̃etroflékso, sa] 形《音声》反転音の, そり舌音の

retrogradación [r̃etroɣraðaθjón] 女《天文》[惑星の] 逆行

retrogradar [r̃etroɣraðár] 自 ❶《技術》後退する. ❷《天文》[惑星が] 逆行する

retrogradismo [r̃etroɣraðísmo] 男《軽蔑》復古主義; 反動主義

retrógrado, da [r̃etróɣraðo, ða]《←-ラテン語 retrogradus < retro-(後方)+gradus「歩く」》形 ❶《軽蔑》復古的な, 旧弊な[人]; 反動的な[人]; 反動の: ideas ~*das* 古くさい考え. política ~*da* 反動政治. ❷《技術》後退の. ❸《天文》[惑星が] 逆行する

retrogresión [r̃etroɣresjón] 女 ❶ 後退, 退歩. ❷ [記憶の] フラッシュバック

retrogusto [r̃etroɣústo] 男《ワインなどの》後味

retrollamada [r̃etroʎamáða] 女《情報》コールバック

retronar [r̃etronár] 28 自 大音響を立てる, 鳴り響く

retrónica [r̃etrónika] 女《俗語》=**retórica**[1]

retroperitoneal [r̃etroperitoneál] 形《解剖》腹膜後の: tumor ~ 後腹膜腫瘍

retropié [r̃etropjé] 男《解剖》後足部

retropilastra [r̃etropilástra] 女《建築》円柱背後の柱形

retropropulsión [r̃etropropulsjón] 女 ❶ ジェット推進. ❷ [ロケットの] 逆噴射

retroproyector [r̃etroproʝektór] 男 オーバーヘッドプロジェクター

retropulsión [r̃etropulsjón] 女《医学》遠隔転移. ❷ 後方突進

retrospección [r̃etrospe(k)θjón] 女《←-ラテン語 retrospicere》回顧; 過去の検討

retrospectivo, va [r̃etrospektíβo, βa]《←-ラテン語 retrospicere「後ろを見る」》形 過去にさかのぼる, 回顧的な: Eché una mirada ~*va* a mis años de universidad. 私は自分の学生時代を振り返ってみた. estudio ~ 回顧的研究. narración ~*va* / escena ~*va*《文学, 映画》フラッシュバック
—— 女 回顧展 [=exposición ~*va*]; 回顧番組 [=programa ~]

retrotracción [r̃etrotra(k)θjón] 女 [過去に] さかのぼること; 遡及

retrotraer [r̃etrotraér]《←-retro-+traer》45 他 ❶ [記憶などを, +a の時点まで] さかのぼらせる: Escuchar a los Beatles siempre me *retrotrae* a mi infancia. ビートルズを聴くと私はいつも子供時代のことを思い出す. ❷ [法律などを] 遡及させる
—— ~*se* [過去に] さかのぼる: *Se retrotrajo* a los tiempos de la niñez. 彼は幼年期にまで記憶をさかのぼらせた.

retrovendendo [r̃etroβendéndo] 男《法律》contrato de ~ 売り・買い戻し条件付き売買契約

retrovender [r̃etroβendér] 他《法律》[同じ価格で] 売り・買い戻す

retrovendición [r̃etroβendiθjón] 女 =**retroventa**

retroventa [r̃etroβénta] 女《法律》売り・買い戻し: pacto de ~ 現先(げんさき)取引. RP [資金運用・調達のため一定期間後に一定価格で売り・買い戻す条件で債券などを買う・売る]

retroversión [r̃etroβersjón] 女 ❶《医学》後傾. ❷《教育》反訳(はんやく)

retroverso, sa [r̃etroβérso, sa] 形《まれ》後ろ向きの

retrovertido, da [r̃etroβertíðo, ða] 形《医学》後傾した

retrovirólogo, ga [r̄etrobiróloɡo, ɡa] [名] レトロウイルスの研究者

retrovirus [r̄etrobírus] [男]〖単複同形〗《生物》レトロウイルス

retrovisor [r̄etrobisór]〖←retro-+visor〗[男] バックミラー〖=～ interior〗; サイドミラー〖=～ exterior〗: mirar por el ～ バックミラーを見る

retrucar [r̄etrukár] [7] [自] ❶《口語》言い返す; [相手の論法を使って] 反論する. ❷《トランプ》[相手の上乗せに対抗して] 賭け金をつり上げる. ❸《アストゥリアス, バレンシア, バリャドリード; ペルー, チリ, ラプラタ》ぶっきらぼうな返事をする

—— [他] ❶ 反論する. ❷《ビリヤード》[一度当たった玉に] 再び当たる, キスする

retruco [r̄etrúko] [男] =**retruque**

retruécano [r̄etrwékano] [男] ❶ 語順の倒置〖言葉遊びの一種. [例] Hay que comer para vivir, y no vivir para comer. 生きていくために食べねばならないのであって, 食べるために生きていくのではない. Más vale honra sin barcos que barcos sin honra. 艦隊なき誇りは誇りなき艦隊より価値がある (無敵艦隊敗北の際のフェリペ2世の言葉)〗. ❷ [一般に] 言葉遊び. ❸《修辞》倒置反復法

retruque [r̄etrúke] [男] ❶《ビリヤード》一度当たった玉に再び当たること. ❷《トランプ》[相手の上乗せに対抗した] 賭け金のつり上げ. ❸《アンデス, アルゼンチン, ウルグアイ》断固とした反駁. ❹《ペルー. 口語》機知に富んだ返事

***de* ～**《メキシコ, チリ, アルゼンチン, ウルグアイ》思わぬ結果(余波)として, ひょうたんから駒のように

retuerto, ta [r̄etwérto, ta] [形]《廃語》ねじ曲がった〖=retorcido〗

retuitear [r̄etwiteár] [自] [他]《情報》リツイートする

retuiteo [r̄etwitéo] [男]《情報》リツイート

retumbante [r̄etumbánte] [形] ❶ 響き渡る. ❷ 大げさな, 仰々しい

retumbar [r̄etumbár]〖←擬声〗[自] 鳴り響く; [場所が] 反響する: El trueno *retumbaba* a lo lejos. 雷鳴が遠くでしていた. El pasillo *retumba* con los pasos. 足音が廊下に響き渡る. Tus palabras *retumban* en mi cabeza. 君の言葉は私の心に響いている

retumbo [r̄etúmbo] [自] ❶ 鳴り響くこと; 響き渡る音. ❷《ホンジュラス》わがまま, 不平

retundir [r̄etundír] [他] ❶ [石・煉瓦の外装面を] 均(なら)す. ❷《医学》[体液を] 散らす, 駆散する

retupido [r̄etupíđo] [男] つづれ織りの修復

retupidor, ra [r̄etupiđór, ra] [形] [名] つづれ織りを修復する〔人〕

retupir [r̄etupír] [他] [つづれ織りを] 修復する

reubicación [r̄eu̯bikaθjón] [女]《中南米》[労働者・企業などの] 再配置

reubicar [r̄eu̯bikár] [7] [他]《南米》再配置する, 移動させる

reucliniano, na [r̄eu̯klinjáno, na]〖←Johann Reuchlin (ドイツ, ルネサンス期の人文学者)〗[形] [名] [近代ギリシア人の用法に基づいた] ロイヒリン Reuchlín のギリシア語発音に従う〔人〕

reuleule [r̄eu̯léu̯le] [男]《地方語》[女性の] 歩く動き

reuma [r̄éu̯ma]〖←ラテン語 rheuma < ギリシア語 rheuma, -atos「流れ」〗[男]/《俗用》[女]《医学》❶ リウマチ〖=reumatismo〗: ～ en la sangre《西. 口語》リウマチ熱. ❷ 体液の異常分泌

reúma [r̄eúma] [男]/《俗用》[女] =**reuma**

reumatalgia [r̄eu̯matálxja] [女]《医学》リウマチ痛

reumático, ca [r̄eu̯mátiko, ka] [形] [名] リウマチの〔患者〕: fiebre ～*ca* リウマチ熱

reumátide [r̄eu̯mátiđe] [女]《医学》リウマチ性皮膚病

reumatismo [r̄eu̯matísmo]〖←ラテン語 rheumatismus〗[男]《医学》リウマチ: ～ crónico 慢性リウマチ

reumatoide [r̄eu̯matói̯đe] [形]《医学》リウマチ様の: artritis ～ 関節リウマチ. factor ～ リウマトイド(リウマチ)因子

reumatología [r̄eu̯matoloxía] [女] リウマチ〔病〕学

reumatológico, ca [r̄eu̯matolóxiko, ka] [形] リウマチ〔病〕学の

reumatólogo, ga [r̄eu̯matóloɡo, ɡa] [名] リウマチの専門医

reunificación [r̄eu̯nifikaθjón] [女] 再統一

reunificar [r̄eu̯nifikár] [7] [他] 再統一する: la Alemania *reunificada* 統一ドイツ

reunión [r̄eu̯njón]〖←reunir〗[女] ❶ 集会, 会合, 会議, ミーティング〖[類義] **reunión** は「話し合いのための集まり」, **junta** は「集団構成員全員による会合」, **comisión** は「代表者による会議」, **comité** は「権限を委任された者による会議」, **conferencia** は「代表による国家間の会議」, **convención** は「共通の特徴をもった人々による全国レベルの会議」, **consejo** は「行政・経営の運営・諮問にあたる幹部たちの会議」, **congreso** は「研究集会, 検討会議」〗: Anoche tuve una ～ con los amigos. 昨夜私は友人たちと集まった. Hoy tengo tres *reuniones* de negocios. 私は今日商談が3つある. Los socios celebran una ～ para buscar una salida a la crisis. 会員たちは危機脱出の道を探るため会議を開く. Lo hemos decidido en ～ extraordinaria de esta mañana. 私たちは今朝の臨時会議でそう決定した. libertad de ～ 集会の自由. ❷ [主に若い人たちの, 軽食とダンスのある] ホームパーティー. ❸ [集名] [集会の] 参加者: La ～ votó por unanimidad la continuación de los cargos. 出席者は満場一致で役員の任期継続を承認した. Una persona de la ～ se levantó para hablar. 参加者の一人が発言しようと立ち上がった. ❹ 集めること, 収集, 結集; 再会: La ～ de las obras de Dalí es el primer objetivo de este museo. ダリの作品をそろえるのが, この美術館の第一の目的だ. punto de ～ 合流点

reunir [r̄eu̯nír]〖←re-+unir〗[16] [他] ❶ 集める: 1) [事物を一つに] まとめる: Mi trabajo es ～ datos y materiales para el jefe. 私の仕事は上司のためにデータや材料を集めることだ. Han logrado ～ diez mil firmas. 彼らは1万人の署名を集めることに成功した. Los amigos *reunieron* el dinero necesario para comprarle un regalo. 友人たちは彼にプレゼントを買うために金を出し合った. ～ fondos 資金を集める. ～ sus fuerzas 力を合わせる. 2) [人を] El entrenador *ha reunido* a sus jugadores para un nuevo entrenamiento. 監督は選手たちを今度のトレーニングのために集合させた. *Reunió* a sus amigos en casa. 彼は友人たちを家に呼んだ. El festival *reunía* a todas las grandes de la ópera. そのフェスティバルには代表的な女性オペラ歌手がみな参加した. ¡Hola! ¿Todos *reunidos*? Así me gusta. やあ! みんな集まっているかい? それは結構だ. ❷ あわせ持つ, 兼ね備える: Esta solicitud no *reúne* los requisitos necesarios. この申請書は必要条件をきちんと備えていない. Rosa no *reunía* las características para el puesto vacante, y por eso ha sido eliminada. ロサは欠員の出たポストの要件を満たしていなかったので不採用になった. ❸ [分かれたものを] 再び一つにする: He tardado una semana en ～ los pedazos de la jarra y repararla. 私は壺の破片を集めて修復するのに1週間かかった

—— **～se** ❶ 集まる, 参集する: En la sala de reuniones *se reúne* todo el profesorado. 会議室に全教員が集合した. Los miembros del grupo parlamentario *se reunieron* ayer a la puerta cerrada para examinar el acuerdo. 国会議員たちは昨日, その協定を検討するため非公開の会議を開いた. La latinidad mundial *se reunirá* en un congreso para hablar de su común origen. 世界のラテン系諸国が共通の起源について話し合うための会議を開催することになっている. ❷ [+con と] 会う: El presidente *se ha reunido* esta mañana *con* los representantes del sindicato. 社長は今朝組合の代表者たちと会合した. Tengo que ir ya a ～*me con* mis amigos. 私は友人たちと会う約束があるので, もう行かねばならない. ❸ 一つになる: A la salida del túnel *se reúnen* los dos ramales de la autopista. その高速道路の2つの分岐はトンネルの出口で一つになる. ❹ 再会する: Rosa y Pepe *se reunieron* tras cinco años de separación. ロサとペペは別れて5年後に再会した

reunir

直説法現在	命令法	接続法現在
re**ú**no		re**ú**na
re**ú**nes	re**ú**ne	re**ú**nas
re**ú**ne		re**ú**na
reunimos		reunamos
reunís	reunid	reunáis
re**ú**nen		re**ú**nan

reuntar [r̄eu̯ntár] [他] [油脂・クリーム状のものを] 再び塗る; [油脂状のものに] 再び浸す

reusense [r̄eu̯sénse] [形] [名]《地名》レウス Reus の〔人〕〖バルセロナ県の町〗

reutilizable [r̄eu̯tiliθáble] [形] 再利用可能な

reutilización [r̄eu̯tiliθaθjón] [女] 再利用

reutilizar [r̄eu̯tiliθár] [9] [他] 再利用する

revacadero [r̄ebakađéro] [男]《キューバ》[牧場内の] 家畜の休息場所

R

revacunación [r̄eƀakunaθjɔ́n] [女] 再接種, ワクチンの再投与

revacunar [r̄eƀakunár] [他] …に再接種する, ワクチンを再投与する

reválida [r̄eƀáliđa] 〖←revalidar〗 [女] ❶《西》[高校修了の] 検定試験, 卒業試験. ❷ 再び有効にすること, 正当性の再立証: ～ de sus derechos sucesorios 相続権の回復. ❸《ラプラタ》確認, 認定

revalidación [r̄eƀaliđaθjɔ́n] [女] ❶ 再び有効にすること, 正当性の再立証. ❷《コロンビア》卒業証書

revalidador, ra [r̄eƀaliđađɔ́r, ra] [形] 再び有効にする

revalidar [r̄eƀaliđár] 〖←re-+válido〗 [他] ❶ [勝利を] 再び手にする; [選手権を] 防衛する, 再び優勝する: En el año 1995, el Partido Popular *revalidó* su victoria en Madrid. 1995年国民党はマドリードで再び勝利した. ❷ 再び有効にする, 正当性を再立証する: ～ sus estudios en el extranjero 外国での学習を[国内と同様に]認めてもらう

—— **～se** 検定(卒業)試験を受ける

revaloración [r̄eƀaloraθjɔ́n] [女]《まれ》=**revalorización**

revalorar [r̄eƀalorár] [他]《まれ》=**revalorizar**

revalorización [r̄eƀaloriθaθjɔ́n] [女] ❶ 再評価. ❷ 切り上げ: ～ de divisas 通貨切り上げ

revalorizar [r̄eƀaloriθár] 〖←re-+valorizar〗 [9] [他] ❶ [価値を] 再評価する: Los críticos *revalorizan* sus obras. 批評家たちは彼の作品を再評価している. ❷ 引き上げる, 切り上げる: La fuerte demanda *ha revalorizado* los pisos. 需要の高まりによってマンション価格が引き上げられた

revaluación [r̄eƀalwaθjɔ́n] [女]《主に中南米》❶ 再評価: ～ patrimonial 資産再評価. ❷ [固定制の下での通貨の] 平価切り上げ

revaluar [r̄eƀalwár] [14] [他]《主に中南米》❶ 再評価する. ❷ [通貨の] 平価を切り上げる 〖⇔devaluar〗

revancha [r̄eƀántʃa] 〖←仏語 revanche〗 [女] 報復, 復讐, 仕返し;《スポーツ》雪辱戦, リターンマッチ: tomarse la ～ de... …に負けた仕返しをする. dar la ～ [敗者に] 雪辱戦の機会を与える

revanchismo [r̄eƀantʃísmo] [男] 復讐心

revanchista [r̄eƀantʃísta] [形] [名] ❶ 復讐心の. ❷ 復讐心の強い[人]

revascularización [r̄eƀaskulariθaθjɔ́n] [女]《医学》血管再開通術: síndrome de ～ 血行再開後症候群

revascularizar [r̄eƀaskulariθár] [9] [他]《医学》血管を移植する

revecero, ra [r̄eƀeθéro, ra] [形] [犂・耕作用家畜が] 交代用の

—— [名] 交代用の家畜の世話をする人

reveedor [r̄eƀe[e]đɔ́r] [男]《古語》検査係 〖=revisor〗

reveillón [r̄eƀei̯ʎɔ́n] [男] 大晦日の夜のパーティー

revejecer [r̄eƀexeθér] [39] [自]・**～se** [早く] 老け込む

revejido, da [r̄eƀexíđo, đa] [形] ❶《ムルシア》老け込んだ. ❷《ムルシア; コロンビア》痩せこけた, 虚弱な

revejir [r̄eƀexír] **～se**《コロンビア》年をとる; 老け込む

revelable [r̄eƀeláƀle] [形] 明らかにされ得る, 暴露され得る

revelación [r̄eƀelaθjɔ́n] 〖←ラテン語 revelatio, -onis〗 [女] ❶ 秘密を明かすこと: La ～ de las fuentes es contraria a la ética periodística. ニュースソースを明かすのは記者にとって倫理違反だ. El grupo ecologista hizo unas *revelaciones* alarmantes sobre la contaminación atmosférica. 環境保護団体が大気汚染に関する恐るべき発表を行なった. ❷ 暴露: Las *revelaciones* sobre la vida privada del ministro lo obligaron a dimitir. 大臣は私生活を暴露されて辞任に追い込まれた. ❸ [真理などの] 啓示, 天啓: Los Evangelios son la principal fuente de la ～. 福音書が神の啓示の主な出典である. ❹ ひらめき, 霊感: De pronto tuve la ～ de que me engañaba. ふと私は彼が嘘をついていることに気付いた. La lectura de sus poemas fue para mí una ～. 私は彼の詩を読んで霊感に打たれた. ❺ [新人などの衝撃的な] 登場, デビュー: 1) Una joven directora fue la ～ del festival de cine. その映画祭で若い監督がはなばなしくデビューした. El atleta se convirtió en la ～ de la carrera. その選手はレースで彗星のようにデビューした. 2) [形容詞的] ¿Quién ha recibido el premio al mejor actor ～? 今年の最優秀新人俳優賞は誰が受賞しましたか? Les presentamos el coche ～ de este año. 今年のカー・オブ・ザ・イヤーを発表します

revelado [r̄eƀeláđo] 〖←revelar〗 [男]《写真》現像: ～ en color (en blanco y negro) カラー(白黒)写真の現像. ～ en brillo (en mate) つやあり(つやなし)の現像. ～ rápido スピード現像

revelador, ra [r̄eƀelađɔ́r, ra] 〖←ラテン語 revelator, -oris〗 [形] [ser+] ❶ 明かす, 明らかにする, 明示する: El descenso de la natalidad es ～ de un cambio en la sociedad. 出生率の低下は社会の変化の表われだ. Su repentino interés por mí es muy ～. 彼が私ににわかに興味を持ち始めたのは非常にはっきりしている. Se publicó un ～ documento sobre la corrupción. 汚職を裏付ける書類が公表された. La estadística aporta números ～*es*. その統計の数字には問題がはっきり見て取れる. El sociólogo hace en su libro un análisis muy ～ de la juventud actual. その社会学者は著書の中で現代の若者の実態を鋭くとらえた分析をしている. ❷ 暴露する. ❸ 啓示する. ❹ [服が] 肌を露出させる

—— [名] ❶ 明らかにする人; 暴露(漏洩)する人: El ～ de la trama del crimen fue un periodista desconocido. その犯罪計画を暴いたのは無名のジャーナリストだった. ❷ 啓示する人

—— [男]《写真》現像液

revelamiento [r̄eƀelamjénto] [男] =**revelación**

revelandero, ra [r̄eƀelandéro, ra] [名] 天啓を授かったと偽りの主張をする人

revelar [r̄eƀelár] 〖←ラテン語 revelare「ベールを取り去る」〗 [他] ❶ [+a+人 に, 秘密などを] 明かす, 打ち明ける; 暴露する: 1) *Revelé* la verdad *a* Alicia. 私はアリシアに真相を明かした. Te *revelaré* el secreto. 君に秘密を打ち明けよう. La prensa *reveló* la existencia de un complot financiero. マスコミが金融陰謀の存在を暴露した. 2) [受動態で] El que adquirió el lienzo fue un coleccionista cuyo nombre no fue *revelado*. その油絵を買ったのはあるコレクターだが, その名は明らかにされていない. La fecha electoral fue *revelada* en la rueda de prensa celebrada ayer. 昨日の記者会見で選挙の日程が発表された. 3) [+不定詞] Siendo un político desconocido, *ha revelado* ser un magnífico orador. 彼は無名の政治家だったが, 演説の才があることを示した. 4) [+que+直説法] Las fuentes diplomáticas *revelaron que* el gobierno tenía preparado ese plan desde hace diez años. 外交筋が明らかにしたところでは, 政府はその計画を10年前から準備していた. 5) [+疑問詞+直説法] La prensa no debe ～ quién es el donante del órgano. 臓器提供者が誰であるかはマスコミは明かしてはならない. El entrenador no *reveló* cómo jugará el próximo domingo. 監督は次の日曜日はどんなゲームの進め方をするのかを明かさなかった. ❷ [表情などが] 示す, 表わす: Su rostro *revela* fatiga. 彼の顔には疲れが見えている. Todo en ella *revela* un atento cuidado de su persona. どこから見ても彼女は細やかな気づかいをする人だと分かる. ❸ [神が] 啓示する: El Corán contiene lo que Dios *reveló* a Mahoma. コーランは神がムハンマドに与えた啓示を記している. ❹《写真》現像する: Solía llevar a ～ carretes a esta tienda. 私はかつてよくこの店にフィルムを現像してもらいに行ったものだ

—— **～se** ❶ 自分を現わす: En este libro, el dramaturgo *se revela* también como un magnífico prosista. その劇作家はこの本で散文家としてもきわめて優れていることを示している. *Se reveló* como un gran músico. 彼は偉大な音楽家としての天分を示した. ❷ 秘密を明かしてしまう. ❸ [+主格補語 という結果が] 明らかにされる: La electricidad *se reveló* imprescindible para la vida diaria. 日常生活に電気が欠かせないことが明らかになった. Su gesto de apaciguamiento *se reveló* ineficaz. 彼は平静を装ったが, 明らかに無駄だった

reveler [r̄eƀelér] [他]《医学》[病因を] 誘出させる, 誘導流出させる

revellín [r̄eƀeʎín] [男] ❶《築城》[幕壁の] 外堡. ❷ [食器棚として使われる] 暖炉のフードの縁. ❸《キューバ》1) 困難. 2) 女性の魅力

revellón [r̄eƀeʎɔ́n] [男] =**reveillón**

revenar [r̄eƀenár] [自] [切った枝先・接ぎ木の台木の切り口付近から] 芽を出す

revendedera [r̄eƀendeđéra] [女] =**revendedora**

revendedor, ra [r̄eƀendeđɔ́r, ra] [名] ❶ 小売り商. ❷ ダフ屋

revender [r̄eƀendér] [他] ❶ 再販する, 転売する. ❷ [ダフ屋が切符を] 売る

revendón, na [r̄eƀendɔ́n, na] [名]《アンダルシア; プエルトリコ》=**revendedor**

revenguecha [r̄eƀeŋgétʃa] [女]《ソリア》復讐, 報復

revenido [r̄eƀeníđo] [男]《金属》焼戻し, 焼返し

revenimiento [r̄eƀenimjénto] [男] ❶ 復元, 復帰; 収縮. ❷《鉱

R

山]陥没, 落盤

revenir [řeβenír]《←re-+venir》59 自 [本来の状態に]戻る
── ~se ❶ [少しずつ] 収縮する. ❷ [保存食品や酒が] 酸っぱくなる: El vino se ha revenido. ワインが酸っぱくなった. ❸ [壁・絵画などが] 湿気が抜ける, 水分を出す; 汗をかく, 結露する. ❹ [パンなどが湿気て] 軟らかくなる; [干からびて] 堅くなる: Guarda el pan en la bolsa, si no se reviene. パンを袋にしまっておきなさい, カチカチになってしまうから《スペインは乾燥しているので》. ❺ [固執していたことを] 譲歩する

reveno [řeβéno] 男 切った枝先・接ぎ木の台木の切り口付近から出る芽

reventa [řeβénta]《←revender》女 ❶ 再販, 再売却, 転売: [mantenimiento del] precio de ~ 再販価格[維持]. ❷ プレイガイド. ❸《集名》ダフ屋
── 名《口語》ダフ屋

reventadero [řeβentaðéro] 男 ❶ [登る・歩くのが困難な] 急峻な土地. ❷ 努力の必要な難しい仕事. ❸《メキシコ, コロンビア》水の湧出口. ❹《チリ》激しい波が打ちつける場所

reventado, da [řeβentáðo, ða] 形 [estar+] 疲れ果てた: Estoy ~. 私はへとへとだ. ❷《アルゼンチン, ウルグアイ. 俗語》麻薬中毒の; アル中の. ❸《アルゼンチン. 俗語》[性的に] 早熟な; 好色な

reventador, ra [řeβentaðór, ra] 名《口語》[興行・集会などを] 野次などで妨害する人: A pesar de la presencia de unos cuantos ~es, la representación fue un éxito. 野次で妨害する奴が何人かいたが上演は成功だった. ❷《まれ》破裂させる人; 叩き壊す人

reventar [řeβentár]《←?語源》23 自 ❶ [充満しすぎて] 破裂する: 1) La bombona de gas reventó por el calor. 熱でガスボンベが破裂した. Los capullos están a punto de ~. つぼみは開く寸前だ. 2)《比喩》Su ira reventó de repente. 彼の怒りは突然爆発した. Estoy que reviento. 私は怒りで爆発しそうだ. ❷ [波が] 砕ける: Vino una ola, reventó y me mojó la camisa. 波が来て, 砕け, 私のシャツを濡らした. ❸ [+de 感情を] に出す: El paciente reventaba de dolores inmensos. 患者はひどく痛がっていた. ~ de risa 大笑いする. ❹ [+por 不定詞] ~したくてたまらない: Yo reventaba por hablar a la chica, pero mi timidez me lo impedía. 私はその女の子に声をかけたくてたまらなかったが, 内気なためにそれができなかった. ❺《口語》疲れ果てる; 死ぬ: trabajar hasta ~ 倒れるまで働く
por mí, que revienten 私には関係ない/どうでもいい
── 他 ❶ 破裂させる; 叩き壊す: Reventó el balón al ejecutar un tiro libre. 彼はフリーキックでボールを破裂させてしまった. ~ la puerta ドアを押し破る. ~ los precios/~ el mercado 値くずれさせる, 相場を破壊する. ❷《口語》ひどく不快にする: Me revienta que él llegue siempre tarde. 彼がいつも遅刻するのは嫌だ. ❸《口語》[人に] 大打撃を与える: La crisis económica le ha reventado. 不況で彼は大打撃を受けた. ❹ [興行・集会を] 野次などで妨害する[ぶち壊す]: Un grupo de provocadores reventó la manifestación. 扇動者たちの一団がデモを妨害した. ❺ [人を] 死ぬほど酷使する, こき使う; [馬を] 病気になる(死ぬ)ほど走らせる. ❻《コスタリカ》落第を宣告する
── ~se ❶ 破裂する: Se reventó una rueda y tuvimos un accidente. タイヤがパンクして私たちは事故を起こした. ❷ [主に働きすぎて] へとへとになる. ❸《メキシコ.口語》[パーティーなどで] 疲れ果てるまで酒を飲んだり踊ったりする

reventazón [řeβentaθón] 女 ❶ 破裂. ❷ [波が] 砕けること. ❸《エク.口語》胃腸の膨満. ❹《エクアドル》[火山の] 噴火. ❺《アルゼンチン》1) [山脈の] 支脈. 2) [鉱脈の] 露頭

reventón[1] [řeβentón]《←reventar》男 ❶ 破裂; パンク: La rueda ha dado un ~. タイヤがパンクした. ❷ 急な坂. ❸ 窮地. ❹ 苦労, 非常な努力: Me di un ~ para poder llegar a la hora. 私は時間に間に合うようにがんばった. ❺《気象》ダウンバースト. ❻《メキシコ》[酒を飲んだり踊ったりして楽しむ] パーティー, 集まり. ❼《コスタリカ》強く] 押すこと. ❽《ボリビア》小山の山腹の大きな岩盤. ❾《チリ, アルゼンチン》[鉱脈の] 露頭. ❿《チリ》1)《感情の》爆発. 2) [病気・過労などの] 再発, 繰り返し. 3) [文学作品の] わいせつな一節
dar (pegar) el ~ 1) [消化不良・極度の疲労などで] くたばる, 死ぬ. 2) [危機的状況など] 苦労にさいなまれる

reventón[2], **na** [řeβentón, na] 形 破裂しそうな: ojos reventones どんぐり眼; 出目

rever [řeβér] 50 他 ❶ 再度よく見る(調べる), 見直す. ❷《法律》[上級裁判所が訴訟を] 再審理する
── ~se 賞賛する, はれぼれする

reverberación [řeβerβeraθjón] 女 ❶ 反射 [=reverbero]. ❷《化学》反射炉による焼(石灰焼成)

reverberante [řeβerβeránte] 形 反射する; 反響する

reverberar [řeβerβerár]《←ラテン語 reverberare「はね返る, 反射する」》自 ❶ 反射する; 残響させる: El sol reverberaba sobre los muros blancos de las casas. 日光が家々の白い壁に反射していた. ❷ [反射して] 光る, 輝く

reverbero [řeβerβéro] 男 ❶ [光・熱の] 反射;《物理》残響. ❷ 反射鏡. ❸ 反射鏡付きの街路灯. ❹《中南米》携帯用こんろ

reverdeceder, ra [řeβerðeθeðór, ra] 形 =reverdeciente

reverdecer [řeβerðeθér]《←re-+verde》39 自 ~se ❶ [草原・畑などが] 再び緑色になる: La pradera reverdece al llegar la primavera. 春の訪れと共に牧草地が再び緑色になる. ❷ よみがえる
── 他 ❶ [草原・畑などを] 再び緑色にする: La lluvia reverdece la tierra. 雨が降って大地が再び緑色になる. ❷ よみがえらせる

reverdecido [řeβerðeθíðo] 男 [なめす前の皮の] 柔軟化

reverdeciente [řeβerðeθjénte] 形 再び緑色にする; よみがえらせる

reverdecimiento [řeβerðeθimjénto] 男 再び緑色になる(する)こと; 蘇生, 復活

reverencia [řeβerénθja]《←ラテン語 reverentia < revereri「崇める」< vereri「尊敬している」》女 ❶ お辞儀: Hizo una ~ ante la reina. 彼は女王の前でお辞儀をした(一礼した). ❷ 尊敬, 畏敬の念: Siento verdadera ~ por su actitud. 私は彼の態度には心から尊敬の念を覚える. con ~ うやうやしく. ❸ Su (Vuestra) R~《聖職者への尊称》尊師

reverenciable [řeβerenθjáβle] 形 尊敬に値する

reverenciador, ra [řeβerenθjaðór, ra] 形 崇める, 尊ぶ

reverencial [řeβerenθjál] 形 うやうやしい

reverenciar [řeβerenθjár]《←reverencia》10 他 崇める, 尊ぶ: Los fieles reverencian la imagen de la Virgen. 信者たちは聖母マリア像を崇敬する. ~ a Dios 神をうやまう

reverencioso, sa [řeβerenθjóso, sa] 形 ❶ よくお辞儀をする. ❷ 気取った, 堅苦しい

reverendas [řeβeréndas] 女 複 ❶《カトリック》[自教区所属の神学生が他教区の司教によって叙階されることを許可する] 受品許可状. ❷ [尊敬に値する, 人の] 長所, 美点

reverendísimo, ma [řeβerendísimo, ma] 形 [枢機卿・大司教などへの敬称] いとも尊き

reverendo, da [řeβeréndo, da]《←ラテン語 reverendus「尊敬に値する」< reverentia < revereri「崇める」》形 [+名詞] ❶ [手紙などでの聖職者への敬称]…師, …様: el ~ padre Simón シモン神父様. la ~da madre superiora 女子修道院長様. ❷ もったいぶった; 重々しい. ❸ 尊敬(畏敬)すべき. ❹《主に中南米》[強意] 全くの: una ~da tontería 大しくじり
── 名 尊師

reverente [řeβerénte]《←ラテン語 reverens, -entis》形 うやうやしい, 丁重な

reversa [řeβérsa] 女《メキシコ, コロンビア, チリ》逆転, 逆進; [車の] 後退

reverse [řeβérse]《←英語》男 [カセットなどの] リバース《ボタン, 機構》

reversibilidad [řeβersiβiliðáð] 女 ❶ 可逆性. ❷ 裏も使えること

reversible [řeβersíβle]《←ラテン語 reversus「裏返し」》形 ❶ 逆にできる; 逆戻りできる. ❷《服飾》裏も使える: abrigo ~ リバーシブルのオーバー. ❸ [家具などが] 左右どちらにも使える. ❹《化学, 物理》可逆性の: reacción ~ 可逆反応. ❺《法律》[財産・権利が元の所有者などに] 返還(復帰)され得る(されるべき)

reversión [řeβersjón] 女 ❶ 元の状態に戻ること, 逆戻り. ❷《法律》[財産・権利などの] 復帰, 返還; 取戻し権. ❸《生物》先祖返り

reversional [řeβersjonál] 形《法律》[財産・権利などの] 復帰の, 返還の

reversionario, ria [řeβersjonárjo, rja] 形 元の状態に戻る, 本来の

reverso [řeβérso]《←ラテン語 reversus「裏返し」》男 ❶ [紙・硬貨などの] 裏, 裏側《⇔anverso》: firmar el cheque al ~ 小切手

の裏にサインする. ❷ [本の] 裏 (左) ページ. ❸《魚》pez ~ コバンザメ《=rémora》. ❹《コロンビア. 自動車》後退; バックギア
el ~ de la medalla (*la moneda*) 盾の半面, 別の一面；[物事の] 醜い面, 裏面

reverter [r̄ebertér]《←ラテン語 revertere < re-+vertere「回す, 回る」》24 自 限度を越える

revertir [r̄ebertír]《←reverter》33 自 ❶ [+en という] 結果になる, 結果として…の利益(不利益)になる: Los esfuerzos realizados *revertirán en* nuestro beneficio. なされた努力は我々の利益となって戻ってくるだろう. Sus beneficios no serán globales; *revertirán en* los países con nuevas tecnologías. その利益は全体的ではなく, 先進技術を持つ国々に流れるだろう. ❷《法律》[+a 元の所有者などに] 返還される: Los terrenos *revertirán a* la propiedad original. その土地は元々の所有者に返還されるだろう. ❸ [+a 元の状態に] 戻る, 逆戻りする ── 他 [通話料・代金などを] 相手負担とする. ❷ 元の状態に戻させる; 返還させる

revés [r̄ebés]《←ラテン語 reversus「裏返しの」》男 ❶ 裏《=reverso》: ~ de la tapa 表紙の裏. ~ de la mano 手の甲. ❷ 手の甲で殴ること, 逆手打ち (切り): dar a+人 un ~ …に逆手打ちをくらわす. ❸《テニス, 卓球》バックハンド《⇔derecho》. ❹《フェンシング》左から右への斜めの突き. ❺ 不運, 逆境: soportar los *reveses* 逆境に耐える. sufrir *reveses* de fortuna 運命のつまづきを経験する. ❻ 態度 (機嫌) の急変, 急な心変わり. ❼ 敗北. ❽《キューバ》タバコに付く害虫の毛虫
al ~ ❶ 反対に, 逆に: 1) Todo le salió *al ~*. すべてが彼にとって裏目に出た (ついてなかった). ir *al ~* 逆の (間違った) 方向に行く. entender las cosas *al ~* 物事を曲解する. oír *al ~* 誤解する. ponerse el jersey *al ~* セーターを裏返し (後ろ前) に着る. 2) [+de と] *al ~ de* lo que se espera 期待に反して
de ~ 逆手で・の: golpear *de ~* 逆手で打つ
del ~ 反対に, 逆に《=al ~》: volver+物 *del ~* …をひっくり返す
tomar+事 de ~ …を逆にとる, 悪く解釈する

revesa [r̄ebésa] 女《潮流現象や潮汐によって起こる》潮の逆流
revesado, da [r̄ebesáðo, ða] 形 ❶ 入り組んだ, 複雑な. ❷ いたずらな, 手に負えない, 頑固な
revesar [r̄ebesár] 他 吐く, 嘔吐する
revesero, ra [r̄ebeséro, ra] 形 ❶《まれ》不誠実な. ❷《コロンビア》[人々] 風刺する, あてこする
revesina [r̄ebesína] 女《パナマ》[冗談での] 語句の音節 (意味) の逆転
revesino [r̄ebesíno] 男《トランプ》ルヴェルシ《最少得点者を勝ちとするゲーム》
revestido [r̄ebestíðo] 形 =revestimiento
revestimiento [r̄ebestimjénto] 男 ❶ 外装, 被覆: ~ de cerámica タイル舗装. ❷ 表面を覆うもの
revestir [r̄ebestír]《←re-+vestir》35 他 ❶ [+de·con で] …の表面を覆う: ~ *de* yeso una pared 壁にしっくいを塗る. ❷ 外見を与える; [装って] 隠し, ごまかす: Algunos políticos *revisten* sus pobres mensajes *con* un lenguaje pomposo. 政治家の中には自分のメッセージの貧弱さを派手な言葉を並べてカムフラージュする者がいる. ❸ [文書などに] 美辞麗句で飾る. 《文語》[外観・性格などを] 帯びる, 呈する: Este suceso *reviste* mayor importancia que en un principio consideramos. この事件は当初我々が考えた以上の重要性をもつ. ~ la gravedad 深刻な様相を呈する. ❺ [人に, +de·con を] 与える, 付与する: ~ a+人 con (de) facultades …に才能を与える ── se ❶ [状況に応じた] 態度をとる; ~ *de* valor 勇気を奮い起こす. ❷ 様相を帯びる: El acto *se revistió de* gran solemnidad. 式典は非常に厳粛な雰囲気のもとに行なわれた. ❸ さらに上に着る;[聖職者が]司式用の服を着る. ❹ 与えられる, 有する. ❺ [考えなどに] 取りつかれる, かぶれる. ❻ 思い上がる, 慢心する

reveza [r̄ebéθa] 女 =revesa
revezar [r̄ebeθár] 9 他《農業》…の代わりをする
revezo [r̄ebéθo] 男《農業》代替, 代替物;《労役家畜の》代替用の一対
reviejo, ja [r̄ebjéxo, xa] 形《口語》非常に年をとった ── 男 [立ち木の] 枯れ枝
revientabuey [r̄ebjentaβwéi] 男《植物》クレマチスの一種《学名 Clematis recta》

revientacaballos [r̄ebjentakaβáʎos] 男《単複同形》《キューバ. 植物》ソラナム. シシンブリフォリウム
revientalobos [r̄ebjentalóβos] 男《単複同形》《ラマンチャ. 料理》魚・タマネギ・干しトマト・オリーブ油・酢の煮込み
revientapisos [r̄ebjentapísos] 名《単複同形》《住居に侵入する》強盗
reviernes [r̄ebjérnes] 男《単複同形》復活祭に続く7回の各金曜日
revigorar [r̄eβiɣorár] 他 =revigorizar
revigorizar [r̄eβiɣoriθár] 9 他 …に新たな活力を与える
Revillagigedo [r̄eβiʎaxixéðo]《人名》**Conde de ~** レビリャヒヘド伯 1) ?~1768, 本名 Juan Francisco de Güemes y Horcasitas. スペイン人政治家. ヌエバ・エスパーニャ副王. 2) 1740~1799, 本名 Juan Vicente de Güemes. キューバ生まれ. ヌエバ・エスパーニャ副王. 植民地時代の優秀な副王の一人に数えられる
revinar [r̄eβinár] 他《廃語》[ワインの新酒に] 古酒を加える
revirado, da [r̄eβiráðo, ða] 形 ❶ [木材の繊維が] 螺旋状にねじれた.《ラプラタ. 口語》1) 頭のおかしい, 気のふれた, 情緒不安定な. 2) いたずらっ子の
revirar [r̄eβirár] 他 ❶ …の向きを変える. ❷《メキシコ, コロンビア》[賭け事で] 賭け金を相手の倍にする. ❸《コロンビア. 口語》スキャンダルを起こす ── 自《船舶》再び旋回する ── **se** ❶ 方向転換する, 旋回する;[道が] 曲がる. ❷《ラプラタ》動揺する, 不安になる. ❸《キューバ》服従しない, 反抗する. ❹《ラプラタ. 口語》頭がおかしくなる, 情緒不安定になる
revire [r̄eβíre] 男《ラプラタ. 口語》=reviro
reviro [r̄eβíro] 男《ラプラタ. 口語》情緒不安定
revirón, na [r̄eβirón, na] 形《キューバ》反抗的な
revisable [r̄eβisáβle] 形 [ser+] 修正 (訂正) 可能な, 見直す得る: La ciencia siempre es provisional y ~. 科学は常に途中段階にあり, 修正可能である. El tipo de interés es fijo, los cinco primeros años del plazo. 利息は固定されているが, 5年目以降に変更可能だ
revisación [r̄eβisaθjón] 女《ラプラタ》検診; 照合
revisada [r̄eβisáða] 女《中南米》=revisión
revisador, ra [r̄eβisaðór, ra] 形《まれ》=revisor
revisar [r̄eβisár]《←re-+visar ← ラテン語 visus「見ること」》他《注意深く》点検する, チェックする: 1) El jefe *ha revisado* las fotos de la propaganda. 上司は宣伝用の写真を点検した. *Revisé* todos los documentos, pero no encontré lo que buscaba. 私はあらゆる書類を調べたが, 探していた事柄は見つからなかった. *Revisé* de arriba abajo la habitación antes de salir. 私は出かける前に部屋を隅々まで点検した. ~ los correos メールを調べる. 2) [機械などを] 点検修理する;オーバーホールする: Los técnicos *revisaron* minuciosamente el estado de la maquinaria. 技術者たちは機械の状態を入念に点検した. *Revisa* el coche antes de viajar. 旅行の前に車の調子を点検しておきなさい. [持ち物などを] 検査する: Un agente de aduana *revisó* minuciosamente su equipaje. 税関の係官が彼の荷物を詳しく検査した. ❸《鉄道など》検札する. ❹《印刷》校正する: La editora *revisó* las pruebas del texto. 編集者はゲラを校正した. ❺ 見直す, 調べ直す: *Revisa* bien el examen antes de entregarlo. テストを提出する前によく見直しなさい. ❻ 再検討する: Hay que ~ los planteamientos del trabajo. 仕事の計画を見直す必要がある. Los contratos fueron *revisados* al alza. 契約の金額が上方修正された. ~ un proceso 訴訟を再審する. ❼《中南米》診察する, 検診する

revisión [r̄eβisjón]《←revisar》女 ❶《注意深い》点検, チェック: 1) El profesor hizo una ~ detenida del examen. その教師は試験問題のチェックを入念に行なった. ~ de cuentas／contable 帳簿調べ, 会計監査. ~ salarial 勤務評定, 賃金改定. 2) [機械などの] 点検修理; オーバーホール《=~ general》.《西. 自動車》車検. ~ técnica: Mi coche necesita una ~. 私の車は点検してもらう必要がある. pasar la de... …を点検に出す. ❷ [持ち物などの] 検査. ❸《鉄道など》検札. ❹ 検診, 健康診断《= médica》: Tienes que hacerte una ~ médica periódica. 君は定期的に健康診断を受ける必要がある. Se sometió a una ~ ginecológica en el hospital. 彼女は病院で婦人科の検査を受けた. Ha pasado sin problemas la ~ médica. 彼は健康診断で異常がなかった. ❺ 校閲;《印刷》

校正. ❻ 再検討, 見直し: El Gobierno ha hecho una ～ de las estimaciones de la inflación. 政府はインフレの見通しを修正した. El texto presentado al Parlamento es la ～ del proyecto de ley. 国会に提出された文書は法案を再検討したものだ. ❼《法律》再審: demanda de ～ 再審請求

revisionismo [r̄ɛƀisjonísmo] [男] ❶ 修正論, 見直し論. ❷《政治. 時に軽蔑》修正主義: El ～ era una grave acusación entre los maxistas leninistas. マルクスレーニン主義者の間では修正主義は厳しい非難を意味していた

revisionista [r̄ɛƀisjonísta] [形] [名] ❶ 修正論の(論者), 見直し論の(論者). ❷《政治. 時に軽蔑》修正主義の(主義者): política ～ 修正主義的な政策. el ala ～ del partido 党内の修正主義派

revisita [r̄ɛƀisíta] [女] 再認識, 再評価

revisitar [r̄ɛƀisitár] [他] [新たな観点から] 再認識する, 再評価する

revisor, ra [r̄ɛƀisór, ra] 〖←revisar〗 [形] ❶ 点検(検査・チェック)する[ための]: comisión ～*ra* de cuentas 会計監査委員会. mecanismo ～ de rayos X X線検査装置. ❷ 再検討する
—— [名] ❶《西. 鉄道など》検札係. ❷ 校閲者; 校正係. ❸ 検査係: ～ de cuentas 会計検査官

revisoría [r̄ɛƀisoría] [女] revisor の職務

revista[1] [r̄ɛƀísta] 〖←re-+vista〗 [女] ❶ 雑誌: ～ mensual 月刊誌. ～ de[l] corazón/～ rosa [有名人の私生活や恋愛を報じる, 女性向けの] ゴシップ雑誌, 芸能リポート雑誌. ❷ [文学・演劇などの] 批評, 論評: ～ de libros [新聞の] 書評. ❸《演劇》1) レビュー〖歌・踊り・コントなど. =《アルゼンチン, ウルグアイ》teatro de ～〗. 2) 時事風刺劇. ❹ 点検, 検討: ～ venereológica 性病検査. ❺《軍事》1) [人員・装備などの] 点検: ～ de armamento y material 武器装備の点検. ～ de comisario [毎月初めの] 主計官による人員点検. 2) 閲兵, 観閲式; 閲兵隊形. ❻《法律》再審. ❼ 再調査, 再検査, 再考. ❽《アンデス》毛先を切ること〖=～ del pelo〗
pasar ～ 1) [+a を] 観兵する, 閲兵する; 点呼をとる: El general *pasó* ～ *a* las tropas. 将軍は部隊を閲兵した. 2) 点検する, 視察する: Antes de salir *he pasado* ～ *a* las novedades del jardín. 私は出かける前に庭に変わったことがないか調べた. Ahora *pasaremos* ～ *a* la actualidad deportiva.《放送》それでは今日のスポーツを振り返ってみましょう. *pasar* ～ *a*l presupuesto del proyecto プロジェクトの予算を点検する. *pasar* ～ *a* los últimos detalles de la corrupción 汚職事件の細部まで詳しく調べる. *pasar* ～ *a* su vida 一生を振り返る, 人生を回顧する. 3) [点検を受けるために] 出頭する

revistar [r̄ɛƀistár] 〖←revista[1]〗 [他] ❶ 閲兵する. ❷ 点検する, 視察する

revisteril [r̄ɛƀisteríl] [形] ❶《演劇》レビューの. ❷ 雑誌の

revistero[1] [r̄ɛƀistéro] 〖←revista[1]〗 [男] マガジンラック

revistero[2]**, ra** [r̄ɛƀistéro, ra] [名] ❶ [新聞の] 論評欄担当記者. ❷ レビュー出演者

revisto, ta[2] [r̄ɛƀísto, ta] rever の [過分]

revitalización [r̄ɛƀitaliθaθjón] [女] 生気の回復, 活性化

revitalizante [r̄ɛƀitaliθánte] [形] 生気回復の, 活性化する: bebida ～ 疲労回復飲料. producto ～ del cabello 髪のトリートメント剤

revitalizar [r̄ɛƀitaliθár] ⑨ [他] …の生気を回復させる, 活性化する: ～ la economía 経済を活性化する

revival [r̄iƀáiƀal] 〖←英語〗 [男] [芸術・社会運動などの] 復活, 復興; 再流行, リバイバル

revivalismo [r̄iƀaiƀalísmo] [男] [芸術・社会運動などの] 復活傾向

revivalista [r̄iƀaiƀalísta] [形] [芸術・社会運動などの] 復活傾向の

revivencia [r̄ɛƀiƀénθja] [女]《まれ》生き返り, よみがえり

revividero [r̄ɛƀiƀiđéro] [男] 蚕種(さんしゅ)の孵化場

revivificación [r̄ɛƀiƀifikaθjón] [女] 生き返らせること, 活力を取り戻させること

revivificar [r̄ɛƀiƀifikár] 〖←re-+vivificar〗 ⑦ [他] 生き返らせる, 活力を取り戻させる

revivir [r̄ɛƀiƀír] 〖←re-+vivir〗 [自] ❶ 生き返る, よみがえる: Eché el pez al agua y *revivió*. 私が魚を水に入れると息を吹き返した. Su palabra me hizo ～. 彼の言葉で私はよみがえった. ❷ [物事が] 復活する, 再現する: Tener hijos te hace ～ tu niñez. 君も子供を持つと自分の子供のころのことがよみがえってくるよ. *Reviven* los problemas. 問題が再燃する. ❸ [食物を] 弱火で煮直す
—— [他] 想起する, 思い出す: La mujer *revivió* los momentos en que dio a luz. その女性は出産の時のことを思い出した

reviviscencia [r̄ɛƀiƀisθénθja] [女] ❶《文語》生き返り, よみがえり. ❷《生物》再生能力

reviviscente [r̄ɛƀiƀisθénte] [形]《生物》再生能力のある

revocabilidad [r̄ɛƀokaƀiliđá(đ)] [女] 取り消し可能性

revocable [r̄ɛƀokáƀle] [形] 取り消され得る; 取り消されるべき

revocablemente [r̄ɛƀokáƀleménte] [副] 取り消し得る形で; 取り消されるべく

revocación [r̄ɛƀokaθjón] [女] ❶ 取り消し, 廃止. ❷《法律》[自らの] 法律行為の取り消し; [別の権力機関による] 命令・判決の破棄(代替・修正)

revocador, ra [r̄ɛƀokađór, ra] [形] 取り消す, 無効にする
—— [男] 左官

revocadura [r̄ɛƀokađúra] [女] ❶ [壁の] 塗り替え. ❷《美術》[カンバスの] フレームに覆われた部分

revocante [r̄ɛƀokánte] [形] 取り消す, 無効にする

revocar [r̄ɛƀokár] 〖←ラテン語 revocare < re-+vocare「呼ぶ」〗 ⑦ [他] ❶ [法的行為を] 無効にする, 取り消す: ～ la sentencia del juzgado de primera instancia 一審判決を破棄する. ～ una ley 法律を廃止する. ～ una orden 命令を撤回する; 注文をキャンセルする. ❷ [壁を] 磨き直す, 塗り替える. ❸ [空気の流れなどを] 逆流させる. ❹ …に思いとどまらせる, 断念させる
—— [自] 逆流する

revocatorio, ria [r̄ɛƀokatórjo, rja] [形] 取り消す, 無効にする
—— [女] ❶《コロンビア, ベネズエラ, ボリビア, ラプラタ》[判決の] 取り消し. ❷《ペルー》[法律の] 廃止

revoco [r̄ɛƀóko] 〖←revocar〗 [男] ❶ [壁の] 塗り替え. ❷ [空気などの] 逆流. ❸ 炭かごに掛けられるエニシダ(レダマ)の覆い

revolada [r̄ɛƀoláđa] [女] ❶ [鳥がとまる前に] 輪を描いて飛ぶこと. ❷ [ヤマウズラの] 夜明けの最初の飛翔

revolar [r̄ɛƀolár] ㉘ [自] ❶ [狭いところで] 飛び回る, ヒラヒラ飛ぶ. ❷ [鳥が] 再び飛ぶ. ❸《隠語》[泥棒が] 屋根(窓)からひらりと逃げる

revolcadera [r̄ɛƀɔlkađéra] [女] 転げ回る人々(動物)の騒音

revolcadero [r̄ɛƀɔlkađéro] [男] [動物の] 泥浴び場, ぬた場

revolcado [r̄ɛƀɔlkáđo] [男]《グアテマラ. 料理》トーストパン・チリソース・トマトの煮込み

revolcar [r̄ɛƀɔlkár] 〖←俗ラテン語 revolvicare < revolvi「再び倒れる」〗 ⑦ ㉘ 〖→**trocar**〗 [他] ❶ [人を] ひっくり返す; [特に牛が闘牛士を] 突き倒す, はね飛ばす: El caballo *revolcó* al jinete inexperto. 馬は新人騎手を振り落とした. ❷《口語》[議論などで相手に] 勝つ, やりこめる, 言い負かす: Ese reportero gráfico *revolcó* las principales figuras por el fango. その報道カメラマンは名士たちの体面に泥を塗った. ❸《口語》[試験で] 落第させる: Me *han revolcado* en matemáticas. 僕は数学で落とされた
—— **～se** ❶ [+en・por を, +de で] 転げ回る: *Se revolcó en* charcos. 彼は水たまりを転げ回った. ～*se de* dolor 苦痛でのたうち回る. ～*se de* risa 笑い転げる. ❷《俗語》性交する. ❸ 強情を張る, 意地になる

revolcón [r̄ɛƀɔlkón] 〖←revolcar〗 [男] ❶ 転倒, 転げ回り; [屈辱的で一方的な] 敗北, 完敗; 落第: dar un ～ a+人 …を転倒させる; …にぎゃふんと言わせる, 完勝する. ❷《西. 口語》[集名] [一組のカップルのする] 性行為
darse un ～《西. 口語》性交する: Me gustaría *darme un* ～ con él. あの人と一度寝てみたいわ

revolear [r̄ɛƀoleár] [自] 飛び回る; ぐるぐる回る
—— [他]《コスタリカ, チリ, ラプラタ》[綱などを] ぐるぐる回す;《ラプラタ》ぐるぐる回して飛ばす

revoleo [r̄ɛƀoléo] [男]《アンダルシア》[物の] 揺れ, 動き

revolero, ra [r̄ɛƀoléro, ra] [形] 飛び回る; ぐるぐる回る
—— [女] ❶ 困難の巧みなかわし方. ❷《地方語》動揺

revoletear [r̄ɛƀoleteár] [自]《中南米》=**revolotear**

revolica [r̄ɛƀolíka] [女]《隠語》騒ぎ, ごたごた

revolico [r̄ɛƀolíko] [男]《キューバ》[物の] 揺れ, 動き

revolisco [r̄ɛƀolísko] [男]《キューバ, プエルトリコ》=**revolico**

revolisquear [r̄ɛƀoliskeár] [自]《キューバ》揺れる, 動く

revolotear [r̄ɛƀoloteár] 〖←revolar〗 [自] ❶ [虫・鳥などが狭い空間を] 飛び回る, ヒラヒラ飛ぶ: Las mariposas *revolotean* por las plantas. チョウたちが植物の間を飛び回っている. ❷《口語》

R

つきまとう: Ese muchacho *revolotea* alrededor de mi hija. その少年は私の娘にまとわりついている. ❸ [軽い物が] 空中を舞う: Las octavillas *revolotearon* por el aire. ビラが宙を舞った
── 他 [投げ上げて] 宙に舞わせる

revoloteo [r̃ebolotéo] 男 ❶ 飛び回ること, ヒラヒラ飛ぶこと. ❷《口語》つきまとうこと

revoltijo [r̃eboltíxo] 男 ❶ 雑多な寄せ集め: un ~ de papeles 書類の山. ❷ 大混乱, 大騒動. ❸《料理》1) かき混ぜた炒め物: ~ de huevos スクランブルドエッグ. 2)《メキシコ》レボルティホ《魚介類・野菜の煮込み》. ❹ [飲み物の] ミックス, 混ぜ合わせ. ❺ 不可算 [羊などの] 臓物

revoltillo [r̃eboltíʎo] 男 雑多な野菜や卵の炒め物《=revoltijo》

revoltón [r̃eboltón] 男《建築》❶ 張り出し, 返り. ❷ 小穹窿

revoltoso, sa [r̃eboltóso, sa] 形《←revolver》男 ❶ [子供などが] よく騒ぐ, 手に負えない, 御しがたい; 反抗的な, 反乱 (暴動) を起こす. ❸ 錯綜した, 込み入った
── 名 ❶ いたずらっ子, 腕白小僧. ❷ 反乱者, 暴徒

revoltura [r̃eboltúra] 女 ❶《中南米》混乱. ❷《メキシコ》1) 混合. 2)《料理》たまごと野菜の炒め物. 3)《建築》モルタル, セメント

revolú [r̃ebolú] 男《プエルトリコ》混乱した事態

revolución [r̃eboluθjón] 女《←ラテン語 revolutio, -onis》 ❶ 革命; 変革: 1) provocar una ~ 革命を起こす. ~ burguesa (socialista) ブルジョア (社会主義) 革命. ~ de palacio 宮廷革命, 無血クーデター. ~ en las costumbres 風俗習慣における変革. ~ industrial 産業革命. ~ perpetua 永続革命. ~ verde 緑の革命《1960年代ごろから開発途上国で進展した稲・麦などの品種改良・施肥・灌漑による食糧増産》. 2)《歴史》R ~ Cultural 文化大革命. R ~ de Ayutla アユトラ革命《1854年3月1日, メキシコ, ゲレロ州アユトラでイグナシオ・コモンフォルト Ignacio Comonfort などが独裁者サンタ・アナ Santa Anna 打倒の国民戦線樹立を訴えた》. R ~ de 1868 9月革命《1868年9月スペイン, 進歩派の軍人たちから始まった反乱でブルボン王朝 Casa de Borbón が倒され, 立憲君主制が成立. 栄誉革命 La Gloriosa とも呼ばれる》. R ~ francesa フランス革命. R ~ rusa ロシア革命. ❷ 騒動, 暴動, 蜂起. ❸ [精神的な] 動揺, 動転; [生理的な] 異変. ❹《技術》回転 [数]. ❺《幾何》回転: cilindro de ~ 円柱. ❻《天文》公転《⇔rotación》.

revolucionar [r̃eboluθjonár] 他 ❶ 動揺させる, 動転させる; 騒ぎを引き起こす: Esa propuesta de ley *revolucionará* a los funcionarios. その法案で公務員たちは大騒ぎするだろう. ❷ 変革する, …に革命を起こす: Paco de Lucía *revolucionó* el mundo de la guitarra española. パコ・デ・ルシアはスペインギターの世界に革命をもたらした. ❸《技術》[モーターなどの] 回転数を上げる

revolucionario, ria [r̃eboluθjonárjo, rja] 形 ❶ 革命の: tropa ~ria 革命軍部隊. ideas ~rias 革命思想. ❷ 騒動を起こす, 反乱の. ❸ 革命的な, 革新的な: descubrimiento ~ 大変革をもたらす発明
── 名 ❶ 革命家. ❷ 扇動者, 破壊分子

revolucionarismo [r̃eboluθjonarísmo] 男 ❶ 革命主義

revolucionarista [r̃eboluθjonarísta] 形 ❶ 名 革命主義の(主義者)

revoluta[1] [r̃ebolúta] 女《中米》混乱, 暴動

revoluto[1] [r̃ebolúto] 男《ホンジュラス》重大な警報

revoluto[2]**, ta**[2] [r̃ebolúto, ta] 形《植物》葉辺が下側に反った

revolvedero [r̃ebolbeðéro] 男 **=revolcadero**

revolvedor, ra [r̃ebolbeðór, ra] 形《まれ》怒らす; 不安にする, 動揺させる
── 男《キューバ》[製糖工場の] サトウキビの搾り汁をかき混ぜてペースト状にする容器. ❷《メキシコ》コンクリートミキサー

revolver [r̃ebolbér] 他《←ラテン語 revolvere < re-+volvere「転がす」》❷ 過分 *revuelto* 他 ❶ かき回す, かき混ぜる; ごちゃごちゃにする: 1) *Revuelve* bien la ensalada. サラダをよく混ぜなさい. La presentadora *revolvió* las postales y extrajo una del montón. 司会者は葉書の山をかき混ぜて, 中から1枚を選び出した. ❷ los ojos en las órbitas 目の玉をぐるぐる動かす. 2) [捜し物をして] *Revolvía* el monedero en busca del dinero exacto. 彼はちょうどの金額になるように財布の中をかき回し出していた. El ladrón *revolvió* todos los cajones. 泥棒は全部の引き出しをひっかき回した. ❸ 乱雑にする, ごちゃごちゃにする: Estos niños *revuelven* la habitación dos o tres veces al día. 子供たちは一日に2, 3回部屋を無茶苦茶にする. ❸ 怒らせる, 憤慨させる: Esa ley *ha revuelto* a la población. 住民はその法律に腹を立てた. Estas tonterías me *revuelven*. この愚かさに私はどうにかなりそうだ. ❹ 不安にする, 動揺させる: No *revuelvas* a los críos, que ahora están muy tranquilos. 子供たちは今はとてもおとなしくしているから, 興奮させないでくれ. ❺ [問題を] 蒸し返す; 繰り返し考える: No *revuelvas* aquella cuestión delante de tu madre. 母親の前ではあのことについて蒸し返すのはやめた方がいいよ. Eva *revolvía* ese asunto en la cabeza desde ese día. エバはその日からの問題についてあれこれと思い悩んでた.
~ *la*《チリ. 口語》**=~ las**
~ *las*《チリ. 口語》派手に遊ぶ, 裕福に暮らす
── 自 ❶ [+en の中を] くまなく捜す, 捜し回る: ~ *en* los bolsillos ポケットの中を捜す. ❷ [+en について] 繰り返し考える; 詮索する: No debes ~ *en* tu pasado. 過ぎたことをあれこれ思い悩むべきではない.
── ~ *se* 動く, 動き回る: Cada vez que el esposo *se revuelve*, deja sin manta a la esposa. 夫が寝返りを打つたび, 妻は毛布を取られた. En aquel retrete no se puede uno ~. そのトイレは身動きできないほど狭い. ❷ [防御・攻撃などのため] 振り返る, 向きを変える: El jugador zancadilleado *se revolvió* dispuesto a devolver la patada. 足を引っかけられた選手は蹴り返そうとして振り向いた. ❸《天候が》崩れる, 荒れる: Si *se revuelve* más el tiempo, habrá que quedarse en casa. これ以上天気が悪くなれば外出は控えた方がいいだろう. ❹ [+ contra に] 立ち向かう, 刃向かう: Sus antiguos aliados *se revolvieron contra* él. かつての同盟者たちは彼に反旗を翻した. El abogado *se revuelve contra* la injusticia. その弁護士は不正と戦っている

revólver [r̃ebólber]《←英語 revolver》男 ❶ 回転弾倉式拳銃, リボルバー. ❷《技術》回転式の部品取付装置《=torno》

revolvimiento [r̃ebolbimjénto] 男 かき回し; 回転

revoque [r̃ebóke]《←revoco》男 ❶ [壁の] 塗り替え. ❷ 化粧しっくい, スタッコ

revotar [r̃ebotár] ~ *se* 前回と反対の投票をする

revuelco [r̃ebwélko]《←revolcar》男 ❶ 転倒

revuelo [r̃ebwélo] 男 ❶ 鳥が再び飛び立つこと. ❷ 群れをなして飛ぶこと. ❸ 動揺, 混乱: Este acontecimiento ha generado una gran ~ en la red. その出来事はネットで大騒ぎになった. ❹ その後ろ姿は散らばること. ❷《闘牛》al ~ de un capote《牛が》カポーテから飛び出した時に. ❸《中南米. 闘鶏》[鶏の] 跳躍と蹴爪による攻撃

armarse un gran ~ 大騒ぎになる

de ~ ついでに [言わば], ちなみに

revuelta[1] [r̃ebwélta] **I**《←ラテン語 revoluta < revolutus < revolvere「かき回す」》女 ❶ 騒乱, 暴動, 変革: Las ~ *s* callejeras precipitaron la revolución. 街で暴動が起き, 革命の勃発が早まった. La decisión del Gobierno provocó sangrientas ~ *s*. 政府の決定は血なまぐさい暴動を引き起こした. ~ estudiantil 学園紛争, 学生運動; [衝突など] 学生の騒乱. ~ militar 軍部の反乱. ~ *s* populares 民衆の蜂起. ❷《コロンビア, ベネズエラ》除草

II《←re-+vuelta》 ❶ [方向の] 変換点, 曲がり角, カーブ: Los encontré en una ~. 私は道の曲がり角で彼らを見つけた. Esa carretera tiene muchas vueltas y ~ *s*. その街道はカーブが多い. ❷ 方向変換. ❸ [状態・意見などの] 転換

revueltamente [r̃ebwéltaménte] 副 混乱して, 動揺して

Revueltas [r̃ebwéltas]《人名》**José** ~ ホセ・レブエルタス《1914 ～ 76, メキシコの小説家. 戦闘的なマルクス主義者だったが若くして投獄された. 体験をもとに書いたのが『水の壁』*Los muros de agua*》

revuelto, ta[2] [r̃ebwélto, ta] 形《revolver の過分》 ❶ 乱雑な, 混乱した: Me has dejado el armario ~. 君は私のたんすの中をごちゃごちゃにしてしまったね. cabellera ~ *ta* 乱れ髪. casa toda ~ *ta* 散らかり放題の家. ❷ [精神的に] 動揺した, 混乱した: El país está ~ por los enfrentamientos. 国は対立が続いて国内は騒然としている. Se encuentra ~ *ta*. 彼女は取り乱している. época ~ *ta* 無秩序な時代. ❸ 複雑な, 入り組んだ, 難解な. ❹ [液体が混ざった] 濁った: Las aguas del río bajan muy ~ *tas*. 川の水が濁流となって下っていく.

[海などが]荒れた,波の高い: Debido a la tormenta, el mar está muy 〜. 嵐のため海はひどく荒れている. ❻《天候が》荒れ模様の;不安定な,変わりやすい: Hoy está el tiempo un poco 〜. 今日の天気はやや荒れ模様だ. ❼《主に子供が》いたずらな,腕白な《=revoltoso》. ❽吐き気を催した: Estoy un poco 〜 del viaje. 私は少し乗り物酔いしている
── 男 ❶《料理》[+de 入りの]スクランブルエッグ《=huevos 〜s》: Tomaré 〜 de espárragos. アスパラガス入りのスクランブルエッグを食べよう. ❷《アンデス》ブドウ搾汁《=mosto》

revuelvepiedras [r̃ebwelbepjédras] 男《単複同形》《鳥》キョウジョシギ《=vuelvepiedras》

revulsión [r̃ebulsjón] 女 ❶《医学》誘導療法. ❷[主に良い結果となる]変化,反応

revulsionar [r̃ebulsjonár] 他[人・事物に,主に良い]変化をもたらす

revulsivo, va [r̃ebulsíbo, ba]《←ラテン語 revulsum》形《薬学》[便通・嘔吐を]誘導する,誘導刺激の
── 男 ❶ 強い,主に良い反応をすぐ引き起こす]刺激: El nuevo fichaje fue el 〜 del equipo. 新たな契約はチームにとっていい刺激だった. ❷《薬学》誘導刺激薬

rewind [r̃ewín]《←英語》男[テープなどの]巻き戻しボタン;リワインド機構

rexistasia [r̃e(k)sistásja] 女《地質》[地表の植生不足・欠如による]浸食期

rey [r̃éj]《←ラテン語 rex, regis》男 ❶ 王,国王《⇔reina》: 1) El 〜 de España inauguró la Olimpiada. スペイン国王がオリンピックの開会を宣言した. Lo proclamaron 〜 en una ceremonia solemne. 厳粛な儀式によって彼は王位についた. Me sé los 〜es godos de memoria. 私は西ゴート王国の歴代の王名を暗記している. libro de los 〜es《旧約聖書》列王記. Luis XIV el Rey Sol 太陽王ルイ14世. 〜 de 〜es 王の中の王《神,キリストなど》. 〜 de Romanos ローマ人の王《神聖ローマ帝国皇帝》. 2) 複 国王と王妃: Los 〜es de España visitaron Japón. スペイン国王夫妻が日本を訪問した. los Reyes Católicos《歴史》カトリック両王《アラゴンのカトリック王フェルナンド2世とカスティリャのカトリック女王イサベル1世の夫妻. カトリック王女王は,教皇アレクサンデル6世 Alejandro VI によって与えられた称号》. 3)《諺, 成句》A 〜 muerto, 〜 puesto. 空席はすぐ埋まる. Cada español es un 〜. スペイン人は一人一人が王様だ. Cada uno es 〜 en su casa. 誰でも我が家では王様だ. Hablando del 〜 de Roma[, por la puerta asoma]. うわさをすれば影《rey la ruin の言い換え》. 4) 《Reyes》王者: El león es el 〜 de la selva. ライオンはジャングルの王である. Se convirtió en el 〜 del ciclismo. 彼は自転車競技の王者になった. 〜 de la montaña《自転車》山岳王, 山岳賞獲得者. 〜 de los animales 百獣の王. 〜 del petróleo 石油王. 〜 del narco 麻薬王. ❷ 複 1)《los Reyes》《新約聖書》東方の三博士 (三賢士) 《Melchor メルキオール, Gaspar ガスパール, Baltasar バルタザールの3人. =los Reyes Magos》: Los Reyes llevaban regalos al Niño. 東方の三博士は幼子イエスに贈り物を持って行った. El niño ha pedido juguetes a los Reyes Magos. その子は東方の三賢士におもちゃが欲しいと頼んだ/キリストの公現日のプレゼントにはおもちゃが欲しいと言った. 2)《Reyes》キリストの公現日, 公現祭, 御公現の祝日《=Día de [los] Reyes [Magos]》. 1月6日. この直後に子供たちにプレゼントをもらう: En Reyes la niña recibió muchos regalos. キリストの公現日にその女の子はプレゼントをたくさんもらった. 3) キリストの公現日のプレゼント: El 6 de enero, los niños se levantan prontísimo para ver sus reyes. 1月6日には子供たちはどんなプレゼントをもらったかを見るためにとても早起きする. comprar los reyes キリストの公現日のプレゼントを買う. ❸《親愛》[子供への呼びかけ]いい子: Ven aquí, mi 〜. 坊や, こっちへおいで. ¿Dónde está el 〜 de la casa? うちのいい子はどこかな? ❹ 男 性名詞・形容詞的に]最高の: En algunos países, el béisbol es el deporte 〜. ある国々では野球が最も人気のあるスポーツだ. ❺《チェス, トランプ》キング: En la baraja española, la 〜 lleva el número 12 y no el 13. スペイン式トランプではキングは13 ではなく12である. ❻《鳥》〜 de codornices ウズラクイナ《鳥》. 〜 de armas 紋章院長官; [貴族・騎士の] 紋章官, 式部官

a cuerpo de 〜 至り尽くせりで, 何不自由なく: tratar a+人 a cuerpo de 〜 ·を丁重に遇する; ちやほやする. vivir a cuerpo de 〜 王侯貴族のような暮らしをする

del 〜《古創的》[学校が] 王立の, 公立の
el 〜 de Roma《戯論》うわさをする人と現われる人
llevar un 〜 **en el cuerpo** 命令するのは好きだが服従するのは嫌いである: Dicen que llevas, no sé si esto es medio piropo, o medio reproche, un 〜 en el cuerpo. これはほめているのか分からないが, 君は人を従えようとするが, 人の言うことはきかないそうだね
ni a 〜 **ni a Roque** 何人《俗》をも[…ない]《←キングでもルークでもない》: No respeta ni a 〜 ni a Roque. 彼は誰にも敬意を払わない
ni quito ni pongo 〜 私はどちらにも加担しない [ni] 〜 ni Roque 何人も[…ない]
servir al 〜 兵役につく: El joven estaba dispuesto a servir al 〜. その若者は兵役につく覚悟ができていた
tener un 〜 **en el cuerpo** =llevar un 〜 en el cuerpo
vivir como un 〜 **en el cuerpo** 何不自由のない暮らしをする: No te quejes, que vives como un 〜. 不平を言ってはいけない. 君はぜいたく放題の生活をしているのだから

reyar [r̃ejár] 自《プエルトリコ》[集団で] クリスマスの心付けをもらいに出かける

reyerta [r̃ejérta] 女 殴り合い, けんか, 乱闘

Reyes [r̃éjes]《人名》**Alfonso** 〜 アルフォンソ・レイエス《1889-1959, メキシコの外交官・文学研究家・作家・詩人. 多国語に通じ, ギリシア・ローマの古典と同時代の文学に関して該博な知識を備え, 膨大な著作を残しており, 続く世代の作家・詩人に多大な影響を与えた》
Rafael 〜 ラファエル・レイエス《1849-1921, コロンビアの軍人・政治家, 大統領. 独裁政治を展開》

reyezuelo [r̃ejewélo] 男 ❶《鳥》キクイタダキ. ❷《軽蔑》弱小国の王; 族長. ❸《魚》ロアデルジェ《学名 Apogon imberbis》

reykjanés, sa [r̃ejkjanés, sa] 形 名《地名》[アイスランドの]レイキャビック Reykjavík の〔人〕

reyunar [r̃ejunár] 他《アルゼンチン》[官有の馬の] 右耳を半分切る

reyuno, na [r̃ejúno, na] 名《アルゼンチン, ウルグアイ. 古語》[植民地時代の] [官有を印として右耳を半分切られた] 馬

rezado [r̃eθáðo] 男《毎日の》聖務, 祈禱

rezador, ra [r̃eθaðór, ra] 形 名 熱心に祈る〔人〕
── 名 ❶ カマキリ《=santateresa》. ❷《アルゼンチン, ウルグアイ》1)《古語》通夜で祈るのが仕事の女性. 2)[田舎で] 女まじない師

rezaga [r̃eθáɣa] 女《廃語》後衛《=retaguardia》

rezagar [r̃eθaɣár]《←re-+zaga》他 ❶ 後に残す, 置き去りにする: El viento nos rezagó. 風が後うから私たちを通り過ぎた. ❷ 遅らせる, 延期する
── 〜se 遅れる, 取り残される: La caída le hizo 〜se del grupo de cabeza. 彼は転倒したため先頭グループから遅れた. Este país va (queda) rezagado en tecnología. この国は技術面で立ち遅れている

rezago [r̃eθáɣo] 男 ❶ 未利用材, 使い残し. ❷ 散らばった牛の群れ. ❸《メキシコ, アンデス》宛先不明の郵便物. ❹《チリ, アルゼンチン, ウルグアイ》売れ残りの商品; 畜殺場で拒絶された家畜

rezandero, ra [r̃eθandéro, ra] 形《中米》熱心に祈る〔人〕
── 女《西》カマキリ《=santateresa》

rezar [r̃eθár]《←ラテン語 recitare「暗唱する」》自 他 ❶ 祈る, 祈禱する: 1) Vamos a 〜 juntos. 一緒に祈りましょう. Rezo para que no te pase nada. 君の身に何も起こらないよう祈っています. Eva, sentada a su lado, rezó en silencio. エバは彼のそばに座って黙禱した. ¡Menos 〜 y más trabajar! 祈ってばかりいないで働きなさい! 2) [+a 人] Recé a Dios para que se encontrara sano y salvo. 私は彼の無事を神に祈った. Rita rezó a su santa para que el examen le saliera bien. リタは試験に合格するよう守護聖人に祈った《聖女リタは受験の守護聖人》. ❶[+por 人]El cura rezó por los difuntos. 司祭は亡くなった人々のために祈った. Reza por tu amigo. 友人のために祈りなさい. ❷《文語》[3人称で. 文書が] 述べる, 書いてある, うたう: El letrero reza lo siguiente: «Prohibido fumar». 掲示には「禁煙」と書かれている. Como reza el contrato, no se puede variar la renta hasta el año que viene. 契約書にうたってあるとおり, 賃料は来年まで変更できない. ❸ [+con] 関係がある, 関係する: Eso no reza conmigo. それは私とは関係ない. ❹ [+con+人の] 気に入る. ❺《口語》不平を言う; 小言を言う: Deja de 〜 y ponte a limpiar tu habitación. ぶつぶつ言ってないで自分の部屋を掃

除しなさい
── …の祈りを唱える: Mi abuela *reza* cada noche el Padrenuestro. 私の祖母は毎晩、主の祈りを唱える. Este sacerdote *reza* la misa los domingos. 日曜のミサの祈りを唱えるのはこの聖職者だ. ～ el [santo] rosario ロザリオの祈りを唱える

rezno [r̃éθno] 男 ❶《動物》マダニ〖=garrapata〗. ❷〖牛・馬などの胃壁で生育する〗ウマバエの幼虫. ❸《植物》ヒマ、トウゴマ〖=ricino〗.

rezo [r̃éθo]〖←*rezar*〗男 ❶ 祈り, 祈禱(きとう)〖行為〗: Cualquier hora es buena para el ～ del rosario. ロザリオの祈りはどの時間帯に行なってもよい. En la iglesia solo se escuchaba el murmullo de los fieles. 教会では信者の祈りのつぶやきだけが聞こえた. ❷ 祈りの文句: El Ave María es uno de los ～s más populares. アベ・マリアは最も一般的に唱えられる祈りの言葉だ. Su madre le enseñó todos los ～s que conocía. 母親は知っている祈りの言葉をすべて彼に教えた. Entonaron un ～ en memoria de las víctimas. 人々は犠牲者たちを思って祈りの言葉を唱えた

rezón [r̃eθón, na]〖《船舶》4爪の小錨

── 〖《船舶》4爪の小錨

rezondrar [r̃eθondrár] 他〖《ペルー》叱る、ののしる

rezongador, ra [r̃eθoŋɡaðór, ra] 形〖《まれ》=rezongador

rezongar [r̃eθoŋɡár] 自〖《軽蔑》〖怒り・不平を表わして〗ぶつぶつ言う: Cuando le pido algo lo hace *rezongando*. 私が何か頼むと彼はぶつくさ言いながらやる. ── 他〖《ウルグアイ》叱る、小言を言う

rezonglar [r̃eθoŋɡlár] 自 =rezongar

rezonglón, na [r̃eθoŋɡlón, na] 形《口語》=rezongador

rezongo [r̃eθóŋɡo] 男〖《転》[一人が発する]怒りの声, 不平. ❷《ウルグアイ》厳しい叱責

rezongón, na [r̃eθoŋɡón, na] 形〖男 不平屋〖の〗

rezongueo [r̃eθoŋɡéo] 男〖中南米〗ぶつぶつ言う不平を言うこと

rezonguero, ra [r̃eθoŋɡéro, ra] 形 ❶ 不平の, 愚痴の. ❷ つぶつぶ不平を言う

rezumadero [r̃eθumaðéro] 男 ❶〖液体が〗しみ出る場所〖容器〗. ❷ しみ出た物. ❸ しみ出た液体を集める容器

rezumamiento [r̃eθumamjénto] 男 しみ出ること

rezumante [r̃eθumánte] 形 しみ出る

rezumar [r̃eθumár]〖←*擬態*〗自 ❶〖液体が, +de から〗しみ出る, にじみ出る: El agua *rezuma* del cántaro. かめからがしみ出る. ❷〖人・事物の性質・感情などが〗表に現われる: Le *rezuma* el cinismo. 彼は皮肉屋の顔つきをしていた ── 他 ❶ にじみ出させる: El techo *rezumaba* agua. 屋根は雨漏りがした. ❷〖人・事物の性質・感情などを〗表に現わす: Sus ojos *rezuman* felicidad. 彼の目には幸せがにじみ出ている. Estos versos *rezuman* pureza y candidez. この詩句は清らかさと純真さをかもし出している

rezumbador [r̃eθumbaðór] 男〖キューバ〗うなり独楽(こま)

rezumbar [r̃eθumbár] 自〖俗.俗語〗酒を飲む

rezumo [r̃eθúmo] 男〖アンダルシア〗❶ 容器〖が〗液体をしみ出させること. ❷ しみ出た物

Rh 〖rhesus の省略記号〗《医学》factor Rh Rh因子. Soy Rh positivo. 私はRhプラスである. madre Rh negativo Rhマイナスの母親

rhesus [r̃ésus] 男 Rh因子の発見に用いられた赤毛猿

rho [r̃ó] 男《ギリシア文字》ロー〖P, ρ〗

rhyton [r̃íton] 男《古代ギリシア》リュトン, 角杯

ria [r̃ja] 間〖地方語〗〖馬方が馬を励ます掛け声〗それっ!

ría [r̃ía]〖←*río*〗女〖地理〗1) 溺れ谷, リアス〖←Rías Altas (Bajas) ガリシア地方のフィニステレ岬より北(南)の海岸地帯〗: costa con ～s リアス〖式〗海岸. 2) 河口の広がり. ❷《スポーツ》〖障害競技の〗水壕

riacho [r̃játʃo] 男 =riachuelo

riachuelo [r̃jatʃwélo] 〖río の示小語〗男 小川

riada [r̃jáða]〖←*río*〗女 ❶〖川の急な〗増水; 洪水. ❷《口語》〖人・事物の〗殺到

rial [r̃jál] 男〖イランの貨幣単位〗リアル

riañés, sa [r̃janés, sa] 形《地名》リアニョ Riaño の〖人〗〖レオン県の町〗

riata [r̃játa] 女《メキシコ. 俗語》陰茎

riatillo [r̃jatíʎo] 男《まれ》小川

riazano, na [r̃jaθáno, na] 形《地名》リアサ Riaza の〖人〗〖セゴビア県の村〗

riba [r̃íβa]〖←ラテン語 ripa「川岸」〗副〖地方語〗上へ〖=arriba〗. ── =ribazo

ribacera [r̃iβaθéra] 女〖アラゴン〗〖運河の〗土手

ribadaviense [r̃iβaðaβjénse] 形 男《地名》リバダビア Ribadavia の〖人〗〖オレンセ県の村〗

ribadense [r̃iβaðénse] 形 男《地名》リバデオ Ribadeo の〖人〗〖ルゴ県の町〗

ribagorzano, na [r̃iβaɣorθáno, na] 形《地名》リバゴルサ Ribagorza の〖人〗(1)《歴史》ピレネーの伯爵領. 2) ウエスカ県・レリダ県の地方〗── 男 カタルーニャ語のリバゴルサ方言

ribaldería [r̃iβalðería] 女《古語》ならず者の悪行

ribaldo, da [r̃iβálðo, ða] 形 ❶《まれ》売春宿の主人. ❷《古語》悪党〖の〗, ならず者〖の〗

ribat [r̃iβát]〖←アラビア語〗男/女 リバート〖清貧行に励むイスラム神秘主義者(スーフィー) sufista の修行場. 原義は聖戦 yihad のためにイスラム教徒が築いた砦〗

ribazo [r̃iβáθo]〖←*riba*〗男 ❶ 土手; [急な]斜面, 傾斜地. ❷〖耕地の境の〗畝

ribazón [r̃iβaθón] 女 =arribazón

ribeirana [r̃iβejrána] 女 オレンセ県リベイロ特有の踊り

ribeirense [r̃iβejrénse] 形 男《地名》リベイラ Ribeira の〖人〗〖ラ・コルーニャ県の町〗

ribeiro [r̃iβéjro] 男 リベイロ〖オレンセ県のリベイロ Ribeiro 産のワイン〗

ribera[1] [r̃iβéra]〖←ラテン語 riparia < ripa「川岸」〗女 ❶ 川岸, 海岸: El hombre fue encontrado muerto en la ～ del lago. その男は湖岸で死体で発見された. ❷ 流域〖の耕地〗; 灌漑農地. ❸〖堤防の麓に作られる〗畑〖=ribero〗. ❹ ～ del Duero リベラ・デル・ドゥエロ産のワイン〖ブルゴス県・バリャドリード県・ソリア県・セゴビア県にまたがるドゥエロ川沿岸地域〗. ❺《バリャドリード》〖近郊/川周り〗ブドウ園・果樹園のある別荘. ❻《メキシコ、チリ、アルゼンチン、ウルグアイ》川岸の町; スラム街

volar la ～ 1)《狩猟》鳥を探して川岸を歩き回る. 2) 波乱〖放浪〗の人生に身を任す

Ribera [r̃iβéra] 固 **José de** ～ ホセ・デ・リベラ〖1591～1652, バロック期スペインの画家・版画家. イタリアで活動. 『聖フィリップの殉教』*El martirio de San Felipe*, 『ヤコブの夢』*El sueño de Jacob*〗

riberano, na [r̃iβeráno, na] 形《サラマンカ; ホンジュラス, エクアドル, チリ》川岸の土地に住む〖人〗

riberateño, na [r̃iβeratéɲo, na] 形 男《地名》リベラルタ Riberalta の〖人〗〖ボリビア、ベニ県の町〗

ribereño, ña [r̃iβeréɲo, ɲa]〖←*ribera*〗形 ❶ 沿岸の: países ～s del Atlántico 大西洋沿岸の諸国. ❷ 川岸の土地を所有する〖人〗. ❸《地名》アランフェス Aranjuez の〖人〗〖マドリード県の人〗

riberiego, ga [r̃iβerjéɣo, ɣa]〖←*ribera*〗形 ❶〖家畜が〗季節移動しない. ❷ 季節移動しない家畜を所有する〖人〗. ❸ =ribereño

ribero[1] [r̃iβéro]〖←ラテン語 riparius < ripa〗男〖貯水池の〗柵

ribero[2], **ra**[2] [r̃iβéro]〖地方語〗形 リベラ・デ・ナバラ Ribera de Navarra の〖ナバラ県南部のエブロ川上流地域〗

ribesiáceo, a [r̃iβesjáθeo, a] 形《植物》ユキノシタ科〖の〗〖=saxifragáceo〗

ribete [r̃iβéte]〖←アラビア語 ribat「蝶結び、縛ること」< rabat「縛る」〗男 ❶〖手芸〗〖装飾・補強用の〗縁取りテープ, パイピング. ❷〖主に話を面白くするための〗細かい付け足し: poner ～s 言い足す. ❸ 特徴, 徴候: Tiene ～s de poeta. 彼は詩人じみたなところがある. ❹〖賭博者間で〗賭け金を貸す時の利子

ribeteado, da [r̃iβeteáðo, ða] 形〖目を〗赤くはらした ── 男《手芸》縁取り

ribeteador, ra [r̃iβeteaðór, ra] 形 男〖テープで〗縁取りをする〖人〗

ribetear [r̃iβeteár] 他《手芸》〖テープで〗…に縁取りをする

Ribeyro [r̃iβéjro] 固《人名》**Julio Ramón** ～ フリオ・ラモン・リベイロ〖1929～94, ペルーの短編作家・小説家. 都市に住む名もない人たちの日常的な世界を簡潔な文体で詩情豊かに描いた作品や, カフカやボルヘスを思わせる幻想味豊かな短編を書いて, ラテンアメリカ文学に新風を吹き込んだ〗

ribo [r̃íβo] 男《コロンビア》〖海・川などの〗岸〖=orilla〗

riboflavina [r̃iβoflaβína] 女《生化》リボフラビン

ribonucleasa [r̃iβonukleása] 女《生化》リボヌクレアーゼ

ribonucleico, ca [r̃ibonukléiko, ka] 形《生化》ácido ～ リボ核酸
ribosa [r̃ibósa] 女《化学》リボース
ribosoma [r̃ibosóma] 男《生化》リボソーム
ribosómico, ca [r̃ibosómiko, ka] 形《生化》リボソームの
ribota [r̃ibóta] 女《キューバ, プエルトリコ》娯楽, 気晴らし
ricacho, cha [r̃ikátʃo, tʃa]《←rico》名《軽蔑》成金〔の〕, 成り上がり者〔の〕
ricachón, na [r̃ikatʃón, na] 形《軽蔑》大金持ちの〔人〕; 名 成金〔の〕
ricadueña [r̃ikaðwéɲa] 女《～s》《古語》＝**ricahembra**
ricahembra [r̃ikaémbra] 女《擬》《～s》《古語》大貴族の夫人 (令嬢)
ricahombría [r̃ikaɔmbría] 女《古語》大貴族の夫人 (令嬢) 《称号, 状態》
ricamente [r̃ikaménte] 副 ❶ 豊かに; 裕福に, 豪華に: vivir ～ 裕福に暮らす. ❷ 精巧に, 見事に
  muy ～/tan ～ 大変気持ちよく (安楽に): Vivían muy ～. 彼らは大変安楽に暮らしていた
ricercare [r̃itʃerkáre]《←伊語》男《古楽, 音楽》ティエント《＝tiento》
ricial [r̃iθjál] 形《地方語》❶〔土地が〕麦が熟す前に刈り取られた後で再び芽を出す. ❷〔土地が〕種を蒔かないのに芽が出る
riciforme [r̃iθifórme] 形 米粒状の
ricina [r̃iθína] 女《生化》リシン
ricino [r̃iθíno] 男《←ラテン語 ricinus》《植物》ヒマ, トウゴマ: aceite de ～ ひまし油
ricinúleo, a [r̃iθinúleo, a] 形《動物》クモムシ目の
  ━━ 男《動物》《クモムシ目の》クモムシ
ricio [r̃íθjo] 男《アラゴン》刈り取られずに残った穂を利用して種をする畑《穂を叩いたり犁をかける》
rickettsia [r̃ikétsja] 女《生物》リケッチア
rickettsiósico, ca [r̃iketsjósiko, ka] 形 リケッチア〔症〕の
rickettsiosis [r̃iketsjósis] 女《医学》リケッチア症
rickshaw [r̃ikʃo]《←日本語》男《擬》《～s》人力車
rico, ca [r̃íko, ka]《←古英語 reiks「権力のある」》形《絶対最上級 riquísimo》❶ [ser·estar+, +por·con·de によって] 金持ちの, 裕福な〈⇔pobre〉: ¿Por qué somos pobres y ellos son ～s? なぜ私たちは貧しくて彼らは金持ちなのか. Se ha hecho ～ por su propia inteligencia. 彼は自身の知性で金持ちになった. Es uno de los empresarios más ～s del país. 彼はこの国で指折りの企業家だ. niño ～ いいところの坊ちゃん. ❷ [+en·de の] 豊富な, 豊かな: Nuestro territorio es ～ en recursos naturales. 我が領土は自然資源が豊かだ. Chile tiene ricas minas de cobre. チリは豊かな銅鉱床を持っている. El kiwi es ～ en vitamina C. キウイはビタミンCが豊富だ. alimento ～ en grasas 脂肪分の多い食物. cosecha rica 豊作. persona rica en virtudes 多くの美徳の持ち主. viaje ～ en aventuras 冒険に満ちた旅.〔土地が〕Esta tierra es rica y buena para el cultivo. この土地は肥沃で耕作に適している. ❹ [+名詞] 豪華な, 高価な; 見事な: Tenía el salón cubierto con ～s tapices. 広間は豪華なタペストリーで飾られていた. ～ collar de oro すばらしい金のネックレス. ❺ [estar·ser+] 美味な: ¡Qué rica está la paella! このパエーリャは何ておいしいんだ! La sopa de lentejas de hoy está muy rica. 今日のレンズマメのスープはとてもおいしくできた. Son muy ～s estos bombones. Pruébalos. このチョコレートは絶品です. 味見して下さい. ❻《口語》〔子供が〕かわいい, 愛らしい: Tu niño está muy ～. 君の坊やは本当にかわいいね. ❼《呼びかけ》りっぱな: ¡Qué ～!〔相手への不快〕ご立派ですね! ❽《ニカラグア, キューバ, エクアドル, ペルー, チリ, アルゼンチン, ウルグアイ》〔人が〕感じのいい, すてきな; 魅力的な, 官能的な
  ━━ 名 ❶ 金持ち: ¡Me ha tocado la lotería, soy ～! 私は宝くじが当たって金持ちになった! Son caprichos de ～s. それは金持ちの気まぐれだ. ～ empresario 裕福な事業家. ❷《親愛》〔子供に対する呼びかけ〕Dale un beso a la abuela, ～ ya, おばあちゃんにキスしなさい. Canta tú, rico. お嬢ちゃん, 歌ってごらん. ❸《軽蔑, 皮肉》〔呼びかけ〕R～, a ver si te vas con la pelota a otra parte. いいか君, ボールを持ってあっちへ行きなさい. ¡Anda, ～, cállate! いいかお前は黙っていなさい
  de ～s ぜいたくな: Le dejaron pasar a una sala de ～s. 彼は豪華な広間に通された
  nuevo ～ 成金: El nuevo ～ se construyó una mansión en medio del pueblo. 成金が村の真ん中に屋敷を建てた
  ¡Vamos, ～!〔憤慨さ·虚勢など〕まさか, なめるなよ!
ricohombre [r̃ik(o)ómbre] 男《擬》ricoshombres《古語》〔スペインの〕大貴族
rictus [r̃íktus] 男《←ラテン語 rictus「半開きの口」》《単複同形》❶《文語》〔苦痛·不快で〕口元をゆがめること; 引きつった笑い: ～ de amargura 苦い笑い. ❷《医学》痙笑
ricura [r̃ikúra] 女《←rico》❶《親愛》かわいらしさ: Ese bebé es una ～. その赤ん坊はかわいい. ❷ 美味
ride [r̃íðe] **pedir ～**《メキシコ, パナマ. 口語》ヒッチハイクをする
ridi [r̃íði]《←ridículo》形《西. 戯語》ばかな, 間抜けな
  hacer el ～《西. 戯語》ばかなことをして物笑いの種になる
ridículamente [r̃iðíkulamente] 副 滑稽に, ばかばかしく
ridiculez [r̃iðikuléθ] 女《擬》《～ces》《軽蔑》❶ 滑稽なこと, ばかげたこと, 愚かなこと: ¡No digas ridiculeces! ばかなことを言うな! Lo que dices es una ～. 君の言い分はばかげている. No te pongas esos pantalones, porque son una ～. そのズボンはみっともないからはくのはよしなさい. 2) [ser una ～+不定詞·que+接続法] Es una ～ que quedarse en casa con este día tan bueno. こんな天気のいい日に家にいるなんてばかげている. Es una ～ que las chicas no puedan salir solas. 若い女性が一人で外出できないなんてばかげている. ❷ 取るに足りないこと: preocuparse por ridiculeces ささいなことを心配する. ❸ わずかなもの: La diferencia de precio es una ～. 価格の違いはわずかだ
ridiculizable [r̃iðikuliθáble] 形 からかわれ得る, あざけられ得る
ridiculización [r̃iðikuliθaθjón] 女 からかい, あざけり
ridiculizador, ra [r̃iðikuliθaðor, ra] 形 からかう, あざける
ridiculizante [r̃iðikuliθánte] 形 からかう, あざける
ridiculizar [r̃iðikuliθár] 他《擬》〔人を〕からかう, 揶揄(する), あざける; ばかにする: Este chiste del periódico ridiculiza al ministro. この新聞漫画は大臣をからかっている
ridículo, la [r̃iðíkulo, la]《←ラテン語 ridiculus < ridere「笑う」》形《軽蔑》❶ [ser·estar+, +en·por が] 滑稽な, おかしな; ばかげた, 理屈に合わない: 1) Estás ～ con ese traje amarillo. 君がその黄色いスーツを着るととても変だよ. Lleva un sombrero ～. 彼は変てこな帽子をかぶっている. No inventes pretextos ～s. くだらない言い訳をしないで. No hay amor ～. 愛することに愚かということはない. Las cosas que dice este periódico son ～las. この新聞の言っていることはばかげている. ¡Anda, no seas ～! さあさあ, ばかなまねはやめろ! Ese profesor expone una ～la teoría sobre el origen del japonés. その教授は日本語の起源についてとっぴな学説を唱えている. decir cosas ～las 滑稽な (ばかげた) ことを言う. gestos ～s 滑稽な仕草. idea ～ ばかげた考え. 2) [ser ～+不定詞·que+接続法] Es ～ no protestar en esta situación. この状況に抗議しないのは道理に合わない. Es ～ que te enfades por una tontería. 君がつまらないことで怒るのは愚かなことだ. Sería ～ que me negaras. 君が私の申し出を断ったりすれば, それは愚かなことだ. ❷ ごくわずかな; 取るに足りない: Trabajan por un salario ～. 彼らは雀の涙ほどの給料で働いている. Los ～s platos que nos han servido nos han dejado con hambre. 出された料理がごく少量だったので私たちは空腹のままだ
  ━━ 男 ❶ ばつの悪い (滑稽な) 立場 (状況): No habla en público por miedo al ～. 彼は居心地の悪い思いをするのが嫌で, 人前では話さない. Sentía un espantoso ～ vestida de esa forma. 彼女はこんな服装をして大変ばつの悪い思いをした. ❷《西. 古語》レティキュール《18世紀末～19世紀に貴婦人が持ち歩いた手提げ袋》
  caer en el ～ ＝**quedar en el ～**
  correr un ～ ばかげたことをする
  dejar a+人 **en ～** ＝**poner a**+人 **en ～**
  hacer el ～ 愚かな言動をする, 物笑いの種になる: He hecho el ～ al decir lo que todos sabían ya. 私は誰でも知っていることを言って物笑いの種になった
  quedar en ～ 愚かなふるまいをする, 失態を演じる, 笑いものになる: Quedamos en ～ delante de ella. 私たちは彼女の前でばかなふるまいをした
  poner a+人 **en ～** …を笑いものにする, からかう: Me has puesto en ～ delante de todos. No te perdonaré nunca. 君は私をみんなの前で物笑いの種にした. 絶対君を許さない
  ponerse en ～ ＝**quedar en ～**
Ridruejo [r̃iðrwéxo]《人名》**Dionisio ～** ディオニシオ·リドルエホ《1912～75, スペインの詩人. 内戦後, 反体制的立場から,

現代スペイン社会の移り変わりを生き証人として書き残した. 厳格な古典派の詩人で, ガルシラソ Garcilaso の影響を受けたソネットは高い評価を受けている》

riego [rjéɡo]《←*regar*》男 ❶ 水まき, 撒水(ﾏｷ): camión de ～ 撒水車. ❷ 灌漑: agua de ～ 灌漑用水. política de ～ 灌漑政策. ❸ 液体を振りかけること. ❹《解剖》～ sanguíneo 血液の循環. ❺《コロンビア》[不可算][行列の通る道にまかれる] 花や葉

Riego [rjéɡo]《人名》**Rafael del ～ y Núñez** ラファエル・デル・リエゴ・イ・ヌニェス《1785～1823, スペインの将軍, 自由主義者》: Himno de ～ リエゴ賛歌《第二共和制 Segunda República 下のスペイン国歌》. más liberal que ～ きわめて自由主義的な

riel [rjél]《←カタルーニャ語 *riell*「まっすぐな棒」》男 ❶ カーテンレール. ❷《鉄道》レール《=*rail*》. ❸《金属》インゴット, 鋳塊

andar sobre ～ 順調に進む

rielar [rjelár]《←古語 *rehilar*》自 ❶《詩語》[水面などが揺らめきながら] 光る, 輝く: La luna *rielaba* en el mar. 海面の月がゆらゆら光っていた. ❷ 震える, 揺れる

rielera [rjeléra] 女 インゴット鋳造用の型

rienda [rjénda]《←ラテン語 *retina* < *retinere*「引き止める」》女 ❶ [主に 複] 手綱《比喩的にも》: poner las ～ al caballo 馬に手綱をつける. tirar [de] la[s] ～[s] a... 手綱を引いて…を止める; [+人] 抑制する, 支配する. *falsa* ～ 予備に付けておく手綱. ❷ 抑制, 引き締め

a ～ suelta ❶ 抑制なしに, 思う存分. 2) 全速力で

aflojar las ～s 手綱(統制)を緩める; 一切を投げ出す

coger las ～s =*tomar las ～s*

dar ～ suelta a... 1) [+人に] 好き(自由)にさせる. 2) *dar ～ suelta a la imaginación* 想像力を解放する. *dar ～ suelta a los deseos* 思う存分欲望にふける. *dar ～ suelta a su pasión* 情熱のおもむくままに任せる. *dar ～ suelta al llanto* 好きなだけ泣く

empuñar las ～s =*tomar las ～s*

llevar las ～s 手綱を握っている; 実権を握っている: Como él es un verdadero inútil, es su mujer la que *lleva las ～s del negocio*. 彼は全く能なしなので, 商売を動かしているのはその妻だ

perder las ～s de... …の抑制を失う

sin ～ =*a ～ suelta*

soltar las ～s a... =*dar ～ suelta a...*

tener las ～s =*llevar las ～s*

tomar las ～s 手綱を握る; 実権を握る

volver [las] ～s 1) 引き返す. 2) 背を向ける

riente [rjénte] 形 にこやかな; 陽気な

riepto [rjé[p]to] 男《古語》❶ 挑戦《=*reto*》. ❷ 決闘, 決闘裁判

riera [rjéra] 女《アラゴン》雨溝

riesgo [rjésɡo]《←伊語 *risico*》男 危険: 1) Todos los negocios tienen su ～. どんな商売にも多少のリスクはつきものだ. No creo que haya ningún ～ inmediato en ello. それには当面の危険は皆無だと思う. A vista de los ～s, respondió negativamente a la oferta. 彼はリスクが高いと判断して, その申し出を断った. La operación que le propongo es sin ～. 私があなたに提案する手術は危険がありません. tener mucho ～ 危険が多い. deporte de ～ 危険を伴うスポーツ. factor de ～ リスク因子. grupo de ～ 罹病傾向のある集団, 予備軍. población de ～ [罹病の] 危険人口. ～ biológico バイオハザード. 2) [+de の] El ～ de accidente aumenta con la velocidad. 交通事故の危険性はスピードが増すにつれて高まる. Con este medicamento tiene el ～ de quedarte dormido conduciendo. この薬を服用すると運転中に居眠りする危険性があります. Persisten los ～s de tormenta. 嵐による危険性はまだ続いている. Llevaron al hospital a un paciente con ～ de infarto cerebral. 脳梗塞の危険のある患者が病院に搬送された. 3)《商業, 保険など》cubrir el ～ …のリスクをカバーする. capital de ～ ベンチャー資本. seguro de ～ de guerra 戦争保険. ～ del cambio [外貨建ての取引に伴う] 為替 [変動] リスク. ～ del crédito [貸付などの] 信用リスク; 信用危険《=輸出業者や前払い輸入業者がこうむる代金回収上の危険》. ～ de liquidez 流動性リスク. ～ moral (subjetivo) モラル・ハザード; 道徳的危険. ～ [representado por un] país カントリー・リスク

a ～ de+名詞・不定詞・*que*+接続法 …の危険をおかして: Decidió hacerlo *a ～ de* perder todo su bien. 彼は全財産を失う危険をおかしてもそれをしようと決心した. El gobierno ha juzgado preferible no concluir el acuerdo *a ～ de que* su postura pueda interpretarse como rígida. 政府はかたくなな態度をとっていると受け取られかねないのを覚悟の上で, その協定を結ばない方がいいと判断した

a ～ y ventura《法律》危険を認識した上で

a todo ～《保険》全危険担保(担保)の, オールリスクの, 全災害の: Tengo el seguro del coche *a todo ～*. 私は自動車総合保険に入っている. seguro *a todo ～* 全危険保険, 全災害保険, 総合保険

aun a ～ de+名詞・不定詞・*que*+接続法 …の恐れはあるが: Aun a ～ de incomprensión, hay que recordarles esto. 誤解を招く恐れはあるが, あなたにたにこのことについて念を押しておく必要がある

con ～ de+名詞 …の危険をおかして: *con ～ de* la vida 命がけで

contra todo ～ =*a todo ～*

correr ～ 危険をおかす《*riesgo* は定冠詞・不定冠詞が付いたり, 複数形になることがある》: 1) La vida de los heridos *corre ～*. 負傷者たちは生命の危険にさらされている. *Corres un gran ～* si te adelantas más en esta cueva. この洞窟をこれ以上進むのは危険だ. *Corría un gran ～* con la operación, pero todo salió bien. 大変な危険をおかす手術だったが, 万事うまくいった. No quiero *correr ～s* innecesarios. 私は不必要な危険はおかしたくない. Su puesto de trabajo no *corre ～*. 彼の仕事のポストにはリスクはない. 2) [+de の] Tendrás que *correr el ～* de invertir para saber si el negocio es bueno o malo. その取引の是非を知るには投資の危険をおかしてみる必要がある

correrse ～ 危険がある: 1) Los expertos habían advertido *de los ～s* que *se corrían* si tomaba esa decisión. そう決断した場合に起きる危険性について専門家たちは以前から指摘していた. 2) [+de の] De esa forma *se corre el ～* de rayar la superficie de la lente. そんなやり方ではレンズの表面に傷をつける危険がある

por su cuenta y ～ 自分の責任において, 自己責任で: has firmado este contrato *por tu cuenta y ～*, ¿no? 君は自分の責任においてこの契約書に署名したのではないのかい? El periodista publicó un reportaje sensacional *por su cuenta y ～*. そのジャーナリストはセンセーショナルなルポを自己責任で公表した

riesgoso, sa [rjesɡóso, sa] 形《中南米》危険な

rifa [ífa]《←擬態》女 ❶ 福引き, くじ引き, ラッフル: Esta ～ tiene por objetivo reunir fondos. この福引きは資金集めを目的としている. ❷《古語》口論, けんか. ❸《コロンビア》屋台店

sacarse la ～ del elefante《キューバ》骨折り損のくたびれもうけ

rifador, ra [rifaðór, ra] 名《まれ》福引き(くじ引き)をする人

rifadura [rifaðúra] 女《船舶》[帆の] 破損

rifamicina [rifamiθína] 女《薬学》リファマイシン

rifampicina [rifampiθína] 女《薬学》リファンピシン

rifar [rifár]《←*rifa*》他 ❶ を賞品に福引き(くじ引き)をする: *Rifaron* una bicicleta. 福引きで自転車が賞品になっている

— 自《古語》[+con+人 と] けんかする, 敵対する. ❷《メキシコ》際立つ, 傑出する

～se ❶《口語》…を奪い合う: Es tan bueno en su trabajo que *se rifan* varias empresas por él. 彼は非常に仕事が有能なので数社が彼を得ようと争っている. ❷《船舶》[帆が] 破損する

rifeño, ña [iféɲo, ɲa] 形《地名》リーフ Rif の〔人〕《モロッコ北部の山岳地帯》

— 男 リーフ語, タリフィット語

riff [íf] 男《音楽》[ジャズの] リフ

rififí [ifif]í 男《隠語》隣から すきま を空けて侵入する窃盗の手口《=*sistema* [de ～]》; その窃盗

rifirrafe [ififráfe] 男《西. 口語》小さな争い, ちょっとしたけんか: Hubo un ～ entre el Gobierno y la oposición. 政府と野党との間にさいかがあった

rifle [ífle]《←英語》男 ライフル銃: ～ de caza [ライフル式の] 猟銃

riflero, ra [rifléro, ra] 名 ❶《中南米. 古語》ライフル銃を持った

兵士. ❷《チリ, アルゼンチン》無許可の商人, 違法な取引をする商人; 無資格の医者(建築業者など)
Rigel [r̄ixél] [女]《天文》リゲル〖オリオン座の β 星〗
rigente [r̄ixénte] [形]《詩語》=**rígido**
rígidamente [r̄íxiđaménte] [副] 厳しく, 厳格に
rigidez [r̄ixiđéθ] [女] ❶ 硬さ; 剛性〖⇔flexibilidad〗: metal de gran ～ 剛性の高い金属. módulo de ～ 剛性モジュール. ～ dieléctrica 誘電剛性. ❷ [体の] こわばり, しこり; 硬直: ～ abdominal 腹部のしこり. ～ cadavérica 死後硬直. ❸ 厳格さ. ❹ [表現の] ぎこちなさ; 無表情. ❺《経済》～ a la baja [価格の] 下方硬直性
rigidizar [r̄ixiđiθár] [9] [他]《まれ》硬くする; 厳格にする
rígido, da [r̄íxiđo, đa]〖←ラテン語 rigidus〗[形] ❶ 硬い, 硬くて曲がらない; 硬直した: quedarse ～ 硬くなる; こわばる, 硬直する. metal ～ 硬い金属. pierna ～*da* こわばった脚. ❷ 厳格な: ～ con sus hijos 息子たちに厳しい. educación ～*da* 厳しいしつけ. moral ～*da* 厳格な道徳. ❸ 柔軟性のない, 頑固な: carácter ～ 融通のきかない性格. ❹ [表現が] ぎこちない; 無表情な
rigodón [r̄iɡođɔ́n] [男] リゴドン〖プロバンス地方起源の舞踊〔曲〕〗
rigola [r̄iɡóla] [女]《ドミニカ》灌漑用水路
rigor [r̄iɡɔ́r]〖←ラテン語 rigor, -oris「硬さ, 不屈」〗[男] ❶ 厳格さ; 厳正: castigar (educar) con ～ 厳罰に処する(厳しくしつける). ❷ [気候などの] 厳しさ: soportar el ～ del invierno 厳しい冬をしのぐ. ❸ 厳密さ, 正確さ: ～ científico 科学的な厳密さ. ❹ とげとげしさ, 無愛想. ❺ 窮極. ❻《医学》[病気の初めに不意に襲ってくる] 激しい悪寒. ❼《サラマンカ, アンダルシア》体力. ❽《チリ, アルゼンチン, ウルグアイ》棒による殴打: dar un ～ a+人 棒で…を叩く
de ～ 1) [規則・習慣などによって] 絶対必要とされる: Es *de* ～ el traje de etiqueta. 礼服着用のこと. 2) お決まりの: discurso *de* ～ 型どおりのスピーチ
en ～ 実際は, 事実は; 厳密に言うと: *En* ～, no dijo nada nuevo. 厳密に言うと私は何も新しいことは言わなかった
ser el ～ de las desdichas《西. 皮肉》不幸な星の下に生まれる, 不幸のかたまりのような人である
un ～ de...《アンデス》多くの…
rigorismo [r̄iɡorísmo] [男]《軽蔑》❶ [道徳・規律面などでの] 厳格さ. ❷ 厳格主義; 禁欲主義
rigorista [r̄iɡorísta] [形] [名]《軽蔑》[道徳・規律面などで] 厳格な〔人〕, 厳しすぎる〔人〕; 厳格主義者
rigor mortis [r̄iɡɔ́r mɔ́rtis]〖←ラテン語〗[男]《医学》死後硬直
rigorosamente [r̄iɡorósaménte] [副] =**rigurosamente**
rigoroso, sa [r̄iɡoróso, sa] [形]《文語》=**riguroso**
rigüe [r̄íɡwe] [男]《ホンジュラス. 料理》エロテ elote のトルティーヤ
riguridad [r̄iɡuriđá〔đ〕] [女]《アラゴン, サラマンカ; チリ》=**rigor**
rigurosamente [r̄iɡurósaménte] [副] ❶ 厳しく: observar ～ las reglas 規則を厳守する. ❷ 厳密に: No es ～ necesario. それは厳密には必要でない. ❸ 絶対に, 完全に: cálculo ～ exacto 絶対正しい計算
rigurosidad [r̄iɡurosiđá〔đ〕] [女] =**rigor**
riguroso, sa [r̄iɡuróso, sa]〖←rigor〗[形] ❶ 厳格な, 容赦ない: aplicación ～*sa* del reglamento 法規の厳しい適用. árbitro ～ 厳しい審判. castigo ～ 厳罰. neutralidad ～*sa* 厳正中立. ❷ [気候などが] 厳しい: invierno ～ 厳冬. hados ～*s* 苛酷な運命. ❸ 厳密な, 正確な: con ～*sa* puntualidad 時間に全く正確に. examen ～ 精密検査. investigación ～*sa* 綿密な調査
rija [r̄íxa] [女] ❶《医学》涙瘻(るいろう). ❷ けんか, 騒動
rijador, ra [r̄ixađɔ́r, ra] [形] =**rijoso**
rijo [r̄íxo] [男]《まれ》好色, 淫蕩; 色欲
rijosidad [r̄ixosiđá〔đ〕] [女] 好色, 淫蕩
rijoso, sa [r̄ixóso, sa] [形] ❶《軽蔑》好色な, 淫蕩(いんとう)な. ❷ [動物・人が] 盛りのついた; 雌・女性の前で落ち着きがなくなる(興奮する): Los gatos están ～*s* en primavera. 猫は春に発情期を迎える. ❸ けんか早い
rila [r̄íla] [女]《コロンビア》❶ 家禽の糞. ❷ 軟骨
rilar [r̄ilár] [自]《文語》震える, 身震いする
—— **～se**《口語》[決意をひるがえして] しりごみする
rilkiano, na [r̄ilkjáno, na] [形]《文語》[オーストリアの詩人] リルケ Rilke の
rilsán [r̄ilsán]〖←商標〗[男] [合成繊維] リルサン
rima [r̄íma] **I**〖←古オック語 rima < rim < ラテン語 rhythmus「リズム」〗[女]《詩法》❶ 韻, 脚韻: octava (sexta) ～ 8(6)行詩体. tercia ～ 3韻句法. ～ asonante/media ～ 類音韻, 母音韻. ～ consonante (consonántica) 同音韻, 子音韻. ～ perfecta (imperfecta) 完全(不完全)韻. ～ interna 中間韻. ❷ [複] 韻文; 叙情詩. ❸ [集名] 韻を踏む語(詩句); 詩中に用いられた韻
II [女] =**rimero**
III [女] 割れ目, すき間
rimado, da [r̄imáđo, đa] [形]《詩法》韻のある
rimador, ra [r̄imađɔ́r, ra] [形] [名]《軽蔑》[韻ばかり気にする] へぼ詩人〔の〕
rimar [r̄imár] [自] ❶ [+con と] 韻を踏む. ❷ 韻文を作る
—— [他] 韻を踏ませる
rimaya [r̄imája] [女]《地理》[氷河の] クレバス
rimbombancia [r̄imbɔmbánθja] [女]《軽蔑, 皮肉》盛大, 派手; [文体などの] 仰々しさ
rimbombante [r̄imbɔmbánte]〖←rimbombar < 伊語 rimbombare〗[形]《軽蔑, 皮肉》❶ 盛大な, 派手な: Lleva unas gafas muy ～*s*. 彼はひどく派手な眼鏡をかけている. ❷ [文体などが] 仰々しい, もったいぶった: lenguaje ～ 仰々しい言葉
rimbombar [r̄imbɔmbár] [自] 鳴り響く, 反響する
rimbombe [r̄imbɔ́mbe] [男] =**rimbombo**
rimbombo [r̄imbɔ́mbo] [男] 響き, 反響
rímel [r̄ímɛl]〖←商標〗[男]《化粧》マスカラ: Se le ha corrido el ～. 彼女はマスカラが流れてしまっている. ponerse el ～ マスカラをつける
rimero [r̄iméro]〖←?語源〗[男] [集名] 積み重ね: ～ de libros 山積みの本
rimú [r̄imú] [男]《植物》オキザリスロバータ
rin [r̄ín] [男] ❶《メキシコ, コロンビア》ホイール, リム. ❷《ペルー》公衆電話; 電話用のコイン
rinalgia [r̄inálxja] [女]《医学》鼻痛
rinanto [r̄inánto] [男]《植物》❶ サルビアの一種〖学名 Salvia verbenacea〗. ❷ ～ menor ゴマノハグサ科リナンサス属の一種〖学名 Rhinanthus minor〗
rincha[1] [r̄íntʃa] [女]《地方語. 魚》サバ〖=caballa〗
rinche, cha[2] [r̄íntʃe, tʃa] [形]《チリ》縁まで一杯の
rinchi [r̄íntʃi] [男]《遊戯》[鬼ごっこで捕虜を入れておく] 陣地
rinchola [r̄intʃóla] [女]《アラゴン》丸い小石
rincocéfalos [r̄iŋkoθéfalɔs] [男] [複]《動物》ムカシトカゲ目
rincón [r̄iŋkɔ́n]〖←古語 rencón < アラビア語 rukun〗[男] ❶ 隅(すみ)〖→esquina [類義]〗: Galicia está en el ～ septentrional de la Península Ibérica. ガリシアはイベリア半島の北隅にある. Dejé olvidado el paraguas en el ～ de la entrada. 私は傘を入口の隅に置き忘れた. Siempre se acumula pelusa en los *rincones*. 部屋の隅にはすぐほこりがたまる. La encontré llorando en un ～ del aula. 私は彼女が教室の隅で泣いているのを見た. ❷ ひっそりした場所, 目立たない場所, 片隅: Esta ciudad tiene *rincones* muy bonitos. この町にはとてもすてきな場所がある. Guárdalo en un ～ de la memoria. そのことを頭の片隅にとどめておきなさい. ～ de la gran ciudad 大都会の片隅. ❸ 狭い場所: Suelo trabajar en este ～. 私はたいていここにこもって仕事をしている. ❹ 物を隠す(しまう)場所; 納戸: Te he dejado un ～ para poner tus cosas. 君の持ち物を置くために場所をあけておいた. ❺ 片隅にしまいこんだ(置き忘れられた)もの. ❻《ボクシング》コーナー: ～ rojo (azul) 赤(青)コーナー. ～ neutral ニュートラルコーナー
poner (***castigar***) ***a***+人 ***en el*** ～ [罰として] …を部屋の隅に立たせる
por los rincones 黙って, 孤独に
sacar rincones 隅々まで掃除する
sin dejar rincones 隅から隅まで, くまなく
todos los rincones いたるところ: Registraron *todos los rincones* de la casa. 彼らは家中をくまなく調べた
último ～ del mundo 世界の果て, 地の果て: Aunque te escondas *en el último ～ del mundo*, te encontraré. お前がたとえ地の果てに隠れようとも私は見つけ出す
rinconada [r̄iŋkonáđa]〖←rincón〗[女] ❶ [通りなどの] 角, 隅: En la ～ hay una taberna. その角には居酒屋がある. ❷《コロンビア, アルゼンチン》[自然・人工の境界で区切られた] 農園の一部
rinconero, ra [r̄iŋkonéro, ra]〖←rincón〗[形] [名詞+. 家具が] コーナー用の: sofá ～ コーナーソファ
—— [女] ❶ コーナー用の家具〖主に三角形のソファ, 戸棚, テー

R

ブルなど]; コーナーキャビネット: En aquella esquina vamos a poner una ～*ra*. あの隅にはコーナー家具を置こう. ❷《建築》[角から窓までの]壁面. ❸《まれ》隅, コーナー
rinde [rínde]《男》《アルゼンチン. 経済》収益, 収益性
rinencéfalo [rinenθéfalo]《男》《解剖》嗅脳
ring [←英語]《男》《俗》《～s》❶《ボクシング, レスリング》リング: subir al ～ リングにのぼる. ❷《文語》ボクシング
II 間《男》[主に繰り返して電話の呼び出し音]リンリン
ringgit [Ríngít]《男》[マレーシアの通貨]リンギット
ringla [Ríngla]《女》《口語》列《=fila》
en ～《キューバ》完全に, すばらしく
ringle [Rǐngle]《男》=**ringla**
ringlera [Ringléra]《女》[ものが順序どおり並んだ]列
ringlero [Ringléro]《男》[字の書き方を習う時の]罫線
ringlete [Ringléte]《男》《名》《アンデス, アルゼンチン, ウルグアイ》せかせかした〔人〕
── 《男》《コロンビア. 玩具》風車
ringletear [Ringleteár]《自》《チリ》街をぶらつく
ringorrango [Ringoŕángo]《男》《一擬声》《西. 口語》❶[文字の, 不用な]飾り書き. ❷[主に《複》]ごてごてした飾り
ringuelete [Ringeléte]《男》❶ =**ringlete**. ❷《コロンビア, チリ》街をぶらつく人
ringueletear [Ringeleteár]《自》《コロンビア, チリ》街をぶらつく
rinitis [Rinítis]《女》《医学》鼻炎: ～ alérgica アレルギー性鼻炎, 花粉症
rino [Ríno]《男》《まれ》=**rinoceronte**
rino- [接頭辞][鼻]*rinoscopia* 鼻鏡検査
rinoceronte [Rinoθerónte]《男》《動物》サイ(犀)
rinoceróntido, da [Rinoθeróntido, da]《形》サイ科の
── 《複》《動物》サイ科
rinofaringe [Rinofarínxe]《女》《解剖》鼻咽頭
rinofaríngeo, a [Rinofarínxeo, a]《形》鼻咽頭の
rinofaringitis [Rinofarinxítis]《女》《医学》鼻咽頭炎
rinofima [Rinofíma]《男》《医学》鼻を変形させるにきび
rinolalia [Rinolálja]《女》《医学》鼻音症
rinología [Rinoloxía]《女》鼻科学
rinológico, ca [Rinolóxiko, ka]《形》鼻科学の
rinólogo, ga [Rinólogo, ga]《名》鼻科医
rinoplastia [Rinoplástja]《女》《医学》鼻形成術
rinorrea [Rinořéa]《女》《医学》鼻漏, 鼻汁
rinoscopia [Rinoskópja]《女》《医学》鼻鏡検査
rinrán [Rinŕán]《男》《バレンシア, ムルシア. 料理》トマト・ピーマン・ジャガイモ・タラまたはマグロの煮込み
riña [Ríɲa]《女》《←reñir》❶ けんか; 口論: Recibió un navajazo en una ～ callejera. 彼は街中でけんかをしてナイフで刺されてしまった. No parece demasiado grave. Ni es una ～ entre novios. 心配するには及ばない. ただの恋人同士のけんかだ. Ha tenido una ～ con su novio. 彼女は恋人と仲たがいした. ～ sangrienta 血まみれの殴り合い. ～ de gallos 闘鶏. ❷ 叱責: Las ～s de su padre son terribles. 彼の父親の叱り方はすごい

riñón [Riɲón]《←俗ラテン語 renio, -onis < ラテン語 ren, rentis》《男》❶《解剖》腎臓: ～ artificial 人工腎臓. ～ flotante 浮遊腎. ～ de vaca《料理》キドニー. ❷ 中心: vivir en el ～ de Tokio 都心部に住む. ❸ 要点: ～ del asunto 問題の核心. ❹《複》腰《=cadera》《類義》: dolor en los *riñones* 腰痛. ❺《鉱物》[別の岩石に包まれた]円塊. ❻《建築》[アーチの内輪の]迫元に近い部分
con riñones 勇気を持って, 根性で
costar un ～《中南米. 口語》高価につく
cubrirse el ～ 金持ちになる: Muchos emigraron a América pensando *cubrirse el* ～. 多くの人が金持ちになることを夢見てアメリカ大陸に渡った
pegarse al ～ 栄養価が高すぎる《主に否定文で》: Las ensaladas no *se pegan al* ～. サラダは栄養過多にはならない
por riñones 無理やり, 有無を言わさずに; いやおうなしに: En el servicio militar tienes que obedecer las órdenes *por riñones*. 兵役に行ったら君はいやおうなしに命令に従わなければならない
tener [*bien*] *cubierto el* ～ 裕福である: Le tocó la lotería y ahora *tiene bien cubierto el* ～. 彼は宝くじが当たって今は金持ちだ
tener riñones 根性がある, 胆がすわっている

riñonada [Riɲonáda]《女》❶《料理》1)腰肉. 2)腎臓の煮込み. ❷ 腎脂
costar un ～《中南米. 口語》高価につく
riñonera [Riɲonéra]《女》❶[腰を保護する]コルセット. ❷ ウエストポーチ, ウエストバッグ; マネーベルト. ❸《医学》膿盆
río [Río]《←ラテン語 rivus「小川」》《男》川, 河川: El ～ Nilo es el más largo del mundo. ナイル川は世界最長の川である. Nos bañamos en el ～ todo el verano. 私たちは夏じゅう川で泳いだ. Con las lluvias el ～ baja bastante alto. 雨が降って川はかなり水かさを増して流れている. ～ *abajo* (*arriba*) 川下(川上)へ〔向かって〕. R～ Amarillo 黄河. ～ *deslizante* ウォータースライダー, 水上滑り台. ～ *suena*, *agua lleva*.《諺》火のない所に煙は立たない
～ *revuelto* (*vuelto*) 混乱状態, 無秩序状態: A ～ *revuelto*, *ganancia de pescadores*.《諺》世の中が乱れると不正をうける奴が出てくる. *pescar en* ～ *revuelto* 混乱に乗じて不正な利益を得る, 漁夫の利を占める
～*s de*... ～ の ～ の...
un ～ *de*...[人・物の流れが]大勢の…, 大量の…: Pasaba *un* ～ *de gente por la calle hacia la plaza*. 大勢の人が広場に向かって通りを進んでいた. *Un* ～ *de cartas llega todos los días a la oficina*. 事務所には毎日郵便物が山のように届く. *un* ～ *de palabras* 言葉の洪水
Río [Río]《人名》*Andrés Manuel del* ～ アンドレス・マヌエル・デル・リオ《1764～1849, スペイン出身で主にメキシコで活躍した化学者・鉱物学者. バナジウムを発見》
riobambeño, ña [Riobambéɲo, ɲa]《形》《名》《地名》リオバンバ《エクアドル, チンボラソ州の》の〔人〕
riograndense [Riograndénse]《形》《地名》[ブラジルの]リオ・グランデ・ド・スル Río Grande del Sur 州の〔人〕
riohachero, ra [Rjoatʃéro, ra]《形》《名》《地名》リオアチャ Riohacha の〔コロンビア, ラ・グアヒーラ県の県都〕
rioja [Rjóxa]《男》ラ・リオハ La Rioja 産のワイン: ～ *libre* 赤ワインとコーラをベースにした清涼飲料
Rioja [Rjóxa]《人名》*Francisco de* ～ フランシスコ・デ・リオハ《1583～1659, スペインのセビーリャ派 Escuela Sevillana の抒情詩人. フェリペ4世の司書官でカスティーリャの年代記作成に携わった. 特に花や美徳をうたったシルバ silva やソネット soneto が知られている》
riojanismo [Rjoxanísmo]《男》ラ・リオハ特有の語・言い回し
riojano, na [Rjoxáno, na]《形》《名》ラ・リオハ La Rioja 〔スペイン北部の州; アルゼンチン北西部の州・州都〕の〔人〕《カスティーリャ語の》ラ・リオハ方言
riolada [Rjoláda]《女》《口語》[多くの物・人の]流れ, 流入; 殺到
riolita [Rjolíta]《女》《地質》流紋岩
riomunense [Rjomunénse]《形》《名》《地名》[赤道ギニアの]リオ・ムニ Río Muni の〔人〕
rionegrense [Rjonegrénse]《形》《名》《地名》リオ・ネグロ Río Negro の〔人〕《ウルグアイ西部の県》
rionegrino, na [Rjonegríno, na]《形》《名》《地名》リオ・ネグロ Río Negro の〔人〕《アルゼンチン中南部の州》
rioplatense [Rjoplaténse]《形》《名》《地名》ラ・プラタ川 Río de la Plata 〔流域〕の; その地方の住民
riosellano, na [Rjoseʎáno, na]《形》《名》《地名》リバデセリャ Ribadesella の〔アストゥリアス州の町〕
Ríos Morales [Ríos moráles]《人名》*Juan Antonio* ～ フアン・アントニオ・リオス・モラレス《1888～1946, チリの弁護士・政治家, 大統領》
riostra [Rjóstra]《女》《建築》すじかい
riostrar [Rjostrár]《他》《建築》すじかいを入れる
RIP《ラテン語》《男》《略記》←*requiescat in pace*《墓碑銘》安らかに憩わんことを
ripa [Rípa]《女》《アラゴン》高い土手(傾斜地)
ríper [Ríper]《男》《～s》《古語》[1920年ごろの]貸し馬車
ripia [Rípja]《女》❶[薄く切った木材の]ざらざらの面. ❷《地方語》《集合》屋根瓦を支える木材
ripiado, da [Ripjádo, da]《形》❶《キューバ》かわいそうな. ❷《コロンビア》《服が, 靴が》ぼろぼろの服を着た
ripiar [Ripjár]《他》❶[穴・すき間に]瓦礫を詰める. ❷《カリブ》こなごなに砕く. ❸《キューバ, コロンビア》浪費する. ❹《ドミニカ, プエルトリコ》固いもので殴る. 《ドミニカ》[人を]何度も強く殴る. ❺《コロンビア》1)繊維用植物の緑色の部分を取り除く. 2)

[人を]混乱させる, 当惑させる
ripícola [ripíkola] 形《植物》川岸特有の
ripieno [ripjéno] 男《古語. 音楽》〖合奏協奏曲 concerto grosso で, 独奏楽器群に対する〗総奏, リピエーノ
ripiera [ripjéra] 形《キューバ》無頼の, 卑劣な〔人〕
ripiería [ripjería] 女《キューバ》無頼の徒, くずのような連中
ripio [rípjo]〖←?語源〗男 ❶ ［文章の］埋め草, 付け足し. ❷ ［詩の押韻などのための］冗語, 冗句.〖建築〗裏込め材, 塡材. ❹ 瓦礫, 残り物, くず. ❺ 丸い小石.〖ドミニカ〗1) 陰茎. 2) 細長い布(紙). 3) 痩せた醜女. ❼《コロンビア》品質の悪いコーヒー. ❽《ペルー, チリ, アルゼンチン》不可算〖舗装・コンクリート用の〗砂利
　no perder ~ 《口語》1) 一言も聞き漏らさない: *No pierde ~ en clase.* 彼は授業で一言も聞き漏らさない. 2) 細部までおろそかにしない
ripioso, sa [ripjóso, sa] 形 ❶ ［詩で］冗語(冗句)の多い;［詩人が］冗語(冗句)を多用する. ❷《キューバ, ドミニカ》ぼろをまとった
ripofobia [ripofóbja] 女 不潔恐怖症, 排便恐怖症
ripollense [ripoʎénse] 形 女 =**ripollés**
ripollés, sa [ripoʎés, sa] 形 名〖地名〗リポル Ripoll の〔人〕〖ヘロナ県の村〗
ripper [ríper]〖←英語〗男〖複 ~s〗《土木》リッパー［を装着したブルドーザー・ユニブ〗
ripple-mark [rípelmark]〖←英語〗男〖複 ~s〗《地理》リップルマーク, 砂上の波紋
riqueza [fikéθa]〖←rico〗女 ❶ 富, 財産: *La ~ del rey era famosa en todo el mundo.* 王の財力は世界中に知られていた. *La ~ de nuestra familia se incrementó considerablemente durante el último año.* 私たち一家の資産は昨年かなり増えた. *La agricultura constituye la ~ más importante del país.* 農業がその国の最も重要な財産である. *La mayor ~ es la voluntad contenta.* (諺)最高の富は満足する心にあり. *~ de un país* 一国の富. *~ nacional* 国富〖国全体の実物資産と対外純資産の合計〗. ❷ ［物質的・精神的な］豊かさ: *Sus novelas tienen gran ~ de vocabulario.* 彼の小説は語彙が非常に豊かだ. *~ de materias primas* 資源の豊かさ. *~ del suelo* 土地の肥沃さ. *~ de la imaginación* 想像力の豊かさ. *~ espiritual* 心の豊かさ;見聞가. *~ de la decoración* 装飾の豪華さ. ❹ ［主に複］資源, 大切なもの: *Nuestra ciudad cuenta con innumerables ~s arquitectónicas.* 私たちの町には無数のすばらしい建築がある. *~s naturales* 自然資源, 自然の富
riqui [ríki] 名《米国》かっこいい人, 面白い人
riquiña [fikíɲa] 女《ベネズエラ》［裁縫箱に使う］イグサを編んだ小さいかご
riquiñeque [ɾikiɲéke] 男《コロンビア》けんか
riquirriqui [fikiríki] 男《ベネズエラ》幼児の単調な歌と遊びの一種
riquísimo, ma [fikísimo, ma]〖rico の絶対最上級〗形 名 ❶ 大金持ち〔の〕. ❷ 非常に美味な: *Haces unas croquetas ~mas.* 君の作るコロッケは絶品だね
risa [rísa]〖←ラテン語 risus < ridere「笑う」〗女 ❶ 笑い〖類義〗 **reír・risa** は声を出して笑う, **sonreír・sonrisa** は声を出さずに笑う, ほほえむ: *Entre ~s, me contaron su secreto.* 彼らは笑いながら私に秘密を教えてくれた. *Déjate de ~s.* 笑うのはよせ. *Se rió con una ~ nerviosa.* 彼の笑いは引きつっていた. *La entró la ~ y no pudo parar.* 彼女は笑いがこみ上げて止まらなくなった. *provocar la ~ de+名 …の笑いを誘う. tener una ~ fácil* すぐに(よく)笑う. *cara de ~* にこやかな顔, 笑顔. ❷ 笑い声;笑い声や音楽が聞こえる. *Eva tiene una ~ simpática.* エバの笑いは感じがいい. ❸《口語》笑いの対象・原因: *Las historias que cuenta son una ~.* 彼が語る物語はおかしくて笑ってしまう. *Ella fue la ~ del barrio (del mundo).* 彼女は町内(世間)の物笑いの種だった
　caerse de ~ =**morirse de ~**
　comerse de ~ =**contener la ~**
　contener la ~ 笑いをこらえる: *No puede contener la ~ de alegría.* 彼はうれしくて笑いが止まらない
　dar ~ 笑いを誘う: *Me da mucha ~ ver al cómico.* その喜劇俳優を見ていると, 私は吹き出しそうになる

de ~ 1) 滑稽な, 喜劇の: *Le gustan las películas de ~.* 彼はコメディ映画が好きだ. 2) 愚かな;並外れた;奇妙な: *He hecho un examen de ~.* 私のテストの出来はさんざんだった. *Esa tienda tiene unos precios de ~.* その店の商品には法外な値段がついている
descoserse (descoyuntarse) de ~ =**morirse de ~**
devanarse de ~《中米》=**morirse de ~**
echar a ~ =**tomar〔se〕a ~**: *No echéis a ~ el problema de la contaminación ecológica.* 環境汚染問題をあなどってはいけない
echar (hacer) unas ~s《口語》楽しくおしゃべりする
mearse (mondarse) de ~ =**partirse de ~**
morirse de ~ 大笑いする, 笑い転げる, 腹を抱えて笑う: *Nos morimos de ~ cuando apareció con esas ropas.* 彼がそんな服装で現れたのを見て私たちは大笑いした. *Todos se morían de ~ con el chiste.* そのジョークが面白くてみんな大笑いした
partirse de ~《口語》大笑いする, 笑い転げる: *El público se partió de ~ con sus chistes.* 観衆は彼のジョークに爆笑した. *Es tan gracioso que todo el mundo se parte de ~ con él.* 彼は大変愉快なので, 彼といると誰もが大笑いしてしまう
¡Qué ~! 笑ってしまうよ/面白い!
reventar〔se〕de ~ =**morirse de ~**
~ de conejo 作り笑い
~ sardónica 1) 冷笑, せせら笑い: *No aguanto que me mires con esa ~ sardónica cuando te estoy hablando; es como si me estuvieras llamando imbécil.* 私が話している時の君のその冷笑には我慢がならない. 私が何とも愚かだと言わんばかりだ. 2) 引きつった笑顔. 3) 作り笑い: *Nos recibió con una ~ sardónica que nos hizo temer una trampa.* 彼は作り笑いをして私たちを迎えたので, 私たちはこれは罠ではないかと恐れた
tomar〔se〕a ~ 嘲笑する, ばかにする: *No tomes a ~ lo que te digo. Te lo estoy diciendo en serio.* 私の言うことを笑ってはいけない. 真剣に言っているのだ. *Rita se toma a ~ sus consejos.* リタは彼の忠告にまじめに耳を貸そうとしない
troncharse de ~《口語》=**partirse de ~**: *Cuando empieza a hacer tonterías, me troncho de ~ con él. Él es que es tan gracioso que me parto de ~ con él.* 彼が愚かなことをし始めると, 私は腹を抱えて笑ってしまう
risada [risáða] 女〖まれ〗哄笑, 爆笑〖=**risotada**〗
risca [ríska] 女 ❶《サンタンデル》割れ目, 亀裂. ❷《ラマンチャ, アンダルシア》そそり立った岩山〖=**risco**〗
riscadillo [riskaðíʎo] 男《中南米》木綿のハンカチーフ
riscal [riskál] 男 そそり立った岩山だらけの土地
risco [rísko]〖←ラテン語 riesco < ラテン語 resecare「切る」〗男 ❶ そそり立った岩山, 岩壁. ❷ 蜂蜜を塗って山形に積み重ねた揚げ菓子. ❸ 危険. ❹《ラマンチャ》投げられるほどの小石. ❺《アンダルシア》パンの残ったかけら. ❻《カナリア諸島》市街地の高台にある集落
riscoso, sa [riskóso, sa] 形 そそり立った岩山だらけの; そそり立った岩山の
risibilidad [risiβiliðað] 女 笑う能力; すぐに笑う傾向
risible [risíβle]〖←ラテン語 risibilis < risum < ridere「笑う」〗形 [ser+] 笑うべき, 笑うのにふさわしい, ばかばかしい, 笑止千万の: *A pesar de sus extrañas ropas, no tenía ningún aspecto ~.* 彼は奇妙な服装だったが, 笑われるようなところはどこにもなかった. *¿He dicho algo ~?* 私は何かおかしなことを言いましたか? *Ni Chaplin hubiera sido tan ~ como él.* チャップリンでさえ, 彼ほど笑いを誘わなかっただろう. *Lo ~ de esta donación es que no la hizo de su propio bolsillo.* この寄付のばかばかしさは, 彼が自分のふところから出したのではない. *Es una propuesta ~, sin fundamento.* その提案は笑止千万, 根拠がない
risiblemente [risíβleménte] 副 おかしく, 滑稽に
risica [rísíka] 女 =**risita**
risilla [risíʎa] 女 =**risita**
risita [risíta] 女 ❶ くすくす笑い: *Con una ~, ella contestó que no.* 彼女はちょっと笑いながら「いいえ」と答えた. ❷ 作り笑い
risión [risjón] 女 ❶ あざけり, 嘲笑. ❷ 嘲笑の的
riso [ríso] 男《古語》微笑
risolé [risolé] 形《まれ. 料理》オーブンで焦げ目をつけた
risorio [risórjo] 男 ❶《解剖》笑筋〖=**músculo ~**〗. ❷《地方語》=**risión**

risotada [r̃isotáđa]《←risa》囡 [品のない] ばか笑い, けたたましい笑い: La duquesa soltó una ～ que nos dejó sorprendidos. 侯爵夫人はけたたましい笑い声をあげ, 私たちはあっけにとられた
risotear [r̃isoteár] 圁 ばか笑いする, けたたましく笑う
risoteo [r̃isotéo] 男 ばか笑い, けたたましい笑い《行為》
risotero, ra [r̃isotéro, ra] 形《地方語》よく笑う
risotto [r̃isóto]《←伊語》男《料理》リゾット
rispar [r̃ispár] 圁《グアテマラ, ホンジュラス》あわてて逃げる
rispiajo [r̃ispjáxo] 男《地方語》傾斜地
rispidez [r̃ispiđéθ] 囡 怒りっぽさ, 荒っぽさ, 粗野
ríspido, da [r̃íspiđo, đa] 形 ❶《主に中南米》怒りっぽい, 荒っぽい. ❷ [土地が] でこぼこな, 岩だらけの
rispión [r̃ispjón] 男《地方語》[麦などの] 刈り株
rispo, pa [r̃íspo, pa] 形 ❶ =**ríspido**. ❷ 無愛想な, つっけんどんな
risquería [r̃iskería] 囡《チリ》そそり立った岩山だらけの土地
risquero, ra [r̃iskéro, ra] 形 そそり立った岩山の
── 囡 そそり立った岩山だらけの土地
ris-ras [r̃í(s)r̃as] 擬男 開いたり閉じたりする音; 行ったり来たりする音
ristra [r̃ístra]《←古語 riestra < ラテン語 restis「綱」》囡 ❶ [吊るすために玉ネギ・乾燥果実などを] 数珠つなぎにしたもの: una ～ de ajos 1つなぎのニンニク. ❷《口語》一連のもの [語法] +de+限定詞+名詞 は不可: × una ～ de *las* palabras]: una ～ de palabras sin sentido 無意味な言葉の羅列
ristre [r̃ístre] 男 [鎧の胸の] 槍受け
en ～ 1) [槍などを] 構えて: lanza en ～ 槍を構えた状態で. 2) [作業のための道具などを] きちんと用意して: Bolígrafo en ～, comenzó a escribir. 彼はボールペンを手にとって書き始めた
ristrel [r̃istrél] 男《建築》[ひさしなどの] 板張りを支える横木
risueño, ña [r̃iswéɲo, ɲa]《ラテン語 risus「笑い」》形 [ser・estar+] ❶ 笑いを見せる, にこやかな; [人が] すぐ笑う: Me gusta hacerle mimos al niño porque es muy ～. その子はすぐ笑ってくれるのが, あやすのがとても楽しい. ❷ Esa camarera es muy ～ña. あのウェイトレスはとても陽気だ. Está muy ～ esta noche. 彼は今夜はとても上機嫌だ. El jefe entró ～ en el despacho. 上司は笑顔でオフィスに入ってきた. cara ～ña 笑顔. expresión ～ña にこやかな表情. ❷ [事物が人に] 心楽しませる, 明るい気分にさせる; 恵まれた, 楽しんた, 輝かしい: A lo lejos se oye la ～ña musiquilla del tiovivo. メリーゴーラウンドの陽気で単調な音楽が遠くから聞こえてくる. A nuestro país nos espera un porvenir muy ～. 我が国にはとても明るい未来が待っている. paisaje ～ 心地よい景色. perspectivas ～ñas 期待の持てる展望
Rita [r̃íta] 囡《口語》[拒絶・不信を表わす文の主語・目的語] ¡Que lo haga ～! 誰がやるものか/誰か(他の者)にやらせろ! ¡Que vaya ～! 誰が行くものか! ¡Que se lo coma ～! そんなものの誰が食べるものか! Cuéntaselo a ～. 誰か他の奴に言え
rita [r̃íta] 囡 =**rite**
ritardando [r̃itarđándo] 副《音楽》リタルダンドで, 次第に緩やかに
rite [r̃íte] 擬 羊飼いが羊を移動させる掛け声
ritidectomía [r̃itiđektomía] 囡《医学》[しわ取りの] リフティング手術
ritidoma [r̃itiđóma] 男 不可算《植物》幹の枯れた外皮
ritmado, da [r̃itmáđo, đa] 形《まれ》=**rítmico**
ritmar [r̃itmár] 他 …にリズムをつける
rítmica[1] [r̃ítmika] 囡 ❶ 音律学. ❷ 新体操
rítmicamente [r̃itmikaménte] 副 リズミカルに
rítmico, ca[2] [r̃ítmiko, ka]《ラテン語 rhythmicus》形 ❶ リズムのある, リズミカルな, 律動的な: movimientos ～s リズミカルな動き. ❷《音楽》リズムが先行する《⇔melodioso》: instrumento ～ リズム楽器. música ～ca リズミカルな音楽. ❸ リズムの
ritmista [r̃itmísta] 囲《音楽》リズムセクションの人
ritmo [r̃ítmo]《←ラテン語 rhythmus <ギリシア語 rhytmos < theo「私は流れる」》男 ❶ リズム, 律動, 拍子, 調子で: 1) ～ de vida 生命のリズム. ～ respiratorio (ventricular) 呼吸(鼓動)のリズム. 2)《音楽, 舞踏》節奏: marcar el ～ リズムをとる. perder [el] ～ リズムを失う. ❸ alegre 陽気なリズム. 3) [詩社] 韻律: mudar de ～ 韻律が変わる. ❷ ペース, 速度: La capital sigue creciendo a un ～ acelerado. 資本は急ピッチで増え続けている. trabajar a ～ lento のんびり(だらだら)働く. suave ゆっ

くりした(楽な)ペース. ～ de la producción 生産の速度. ～ de trabajo 仕事のペース
rito[1] [r̃íto] 男 ❶《←ラテン語 ritus「習慣」》❶ [宗教的な] 儀式, 祭儀, 祭式: ～s fúnebres 葬式. ～s católicos カトリックの典礼. ～ de iniciación/～ iniciático [未開社会での] 成人式. ～ de paso 通過儀礼. ❷ 習わし, 慣習
II 男《ムルシア》ブタ(豚)
III 男《チリ》[粗い糸で織った] 厚手の毛布(ポンチョ)
rito[2], **ta** [r̃íto, ta] 形《古語》正当な, 合法的な
ritomelo [r̃itomélo] 男 =**ritornello**
ritón [r̃itón] 男《古代ギリシア》リュトン, 角(つ)杯
ritornelo [r̃itornélo]《←伊語》男 ❶《音楽》リトルネロ. ❷《文語》反復句, リフレイン
ritornello [r̃itornélo] 男 =**ritornello**
ritual [r̃itwál]《←ラテン語 ritualis < ritus》形 ❶ 祭儀の: canto ～ 典礼歌. ❷ 儀式の, 儀式的の, 慣習の, 習慣の
── 男 ❶ 集合 祭式. ❷ [カトリック] 典礼式定集. ❸《医学》[ノイローゼなどの] 典型的な症状. ❹ しきたり, 慣習: ～ social 社会的慣習
de ～ 慣例になった: Aquí es de ～ ir todos los domingos a comer con la familia. ここでは毎日曜日は家族と食事に出かけるのが慣習となっている
ritualidad [r̃itwaliđáđ] 囡 儀式尊重, 典礼遵守
ritualismo [r̃itwalísmo] 男 ❶ 儀式偏重, 典礼偏重. ❷ [英国国教会の] 典礼尊重主義
ritualista [r̃itwalísta] 形 名 儀式(典礼)偏重の; 儀式(典礼)を偏重する[人]
ritualización [r̃itwaliθaθjón] 囡 儀式化; 慣習化, 習慣化
ritualizar [r̃itwaliθár] 他 儀式化する; 慣習化する, 習慣化する
riu-rau [r̃juráw] 男《アリカンテ県マリナ地区特有の》ブドウを干すための建物《平屋で片側にアーチが付く》
Riva Agüero [r̃íβa aɣwéro]《人名》**José Carlos de la ～** ホセ・カルロス・デ・ラ・リバ・アグエロ《1783～1858, ペルーの軍人・政治家. 独立期の英雄で, ペルー共和国初代大統領》
Rivadavia [r̃iβađáβja]《人名》**Bernardino ～** ベルナルディーノ・リバダビア《1780～1845, ラプラタ川諸州連合 Provincias Unidas del Río de la Plata の政治家, 大統領》
rival [r̃iβál]《←ラテン語 rivalis「競争している人」< rivus「川」》名 競争相手, 好敵手: vencer a su ～ ライバルに勝つ. ver a+人 como un ～ …をライバル視する
── 競争する, 対抗する: bloquear al defensor ～ 相手ディフェンダーをブロックする
rivalidad [r̃iβaliđáđ]《←ラテン語 rivalitas, -atis》囡 ❶ 競争(対抗)関係. ❷ 競争心; 敵意, 反感
rivalizar [r̃iβaliθár] 圁 他 [+en で, +con と, +por を得ようと] 競争する, 対抗する: Las dos *rivalizan en* habilidad. 2人は技を競い合っている. ～ *por* la copa del mundo ワールドカップを競う. ～ *por* el liderazgo 主導権争いをする. ～ *dentro de* un equipo チーム内でライバル争いする
Rivas [r̃íβas]《人名》**Duque de ～** リバス公爵《1791～1865, スペインの劇作家・詩人. 本名 Ángel de Saavedra. 急進的な政治思想により迫害を受け, イギリス・イタリア・フランスで亡命生活をおくる. その間にロマン主義の洗礼を受け, 自国の伝統や史実を題材にした作品を執筆, スペイン・ロマン主義を確立した.『ドン・アルバロまたは運命の力』*Don Álvaro o La fuerza del sino* はヴェルディのオペラ『運命の力』の原作》
rivense [r̃iβénse] 形 名《地名》リバス Rivas の[人]《ニカラグア南西部の県・県都》
rivera [r̃iβéra] 囡 小川《=arroyo》
Rivera [r̃iβéra]《人名》**Diego ～** ディエゴ・リベラ《1886～1957, メキシコの画家. フリーダ・カーロ Frida Kahlo の夫. シケイロス Siqueiros とともに壁画運動 muralismo の中心人物》
José Eustasio ～ ホセ・エウスタシオ・リベラ《1889～1928, コロンビアの作家. 国家公務員としてアマゾン奥地に長年赴任. その体験をもとに書いた小説『渦』*La vorágine* はコロンビアとベネズエラの国境地帯の過酷な自然と, そこでゴム採集をしている労働者の置かれた現実を描いたもの》
José Fructuoso ～ ホセ・フルクトゥオソ・リベラ《1784～1854, ウルグアイの軍人・政治家. 初代大統領(1830～34)》
riverense [r̃iβerénse] 形 名《地名》リベラ Rivera の[人]《ウルグアイ北部の県・県都》
riyal [r̃iɟál] 男《サウジアラビア・カタールの貨幣単位》リヤル

riza[1] [r̄íθa] [女] ❶［大規模な］破壊. ❷ 熟す前に刈り取った大麦の刈り株
hacer ～［主に戦争で］ひどく破壊し殺戮する
rizado, da [r̄iθáđo, đa] [形] 巻き毛の, カールした: con cabello ～ カーリーヘアの
—— [男] ❶ 巻き毛にすること, カールさせること. ❷《スポーツ》［障害競走の］ウェーブ
rizador, ra [r̄iθađór, ra] [形] 巻き毛にする, カールさせる
—— [男] ❶ ヘアアイロン. ❷《メキシコ, ボリビア, アルゼンチン》ヘアカーラー
rizadura [r̄iθađúra] [女]《地理》砂紋
rizal [r̄iθál] [形] =**ricial**
rizaleño, ña [r̄iθaléɲo, ɲa] [形] [名]《地名》=**rizalino**
rizalino, na [r̄iθalíno, na] [形] [名]《地名》［フィリピンの］リサル Rizal 州の〔人〕
rizapestañas [r̄iθapestáɲas] [男]《化粧》ビューラー, まつげカーラー
rizar [r̄iθár]〖←?古語 erizar「カールさせる」〗[9] [他] ❶［髪を］巻き毛にする, カールさせる: Le *rizaban* el pelo con unas tenazas. 彼女はこてで髪をカールしてもらっていた. ❷［風が］さざ波を立たせる: El viento ha comenzado a ～ el mar. 風が海面にさざ波を立て始めた. ❸［布・紙などに］細かいしわをつける. ❹《菓子》leche *rizada* ミルクフラッペ
—— **～se** ❶［髪が］巻き毛になる;［自分の髪を］カールする: *Se* le *rizó* el pelo con la lluvia. 雨で彼女の髪は縮れてしまった. ❷［海などが］さざ波を立てる, 波立つ
rizo[1] [r̄íθo]〖←?伊語 riccio「ハリネズミ」〗[男] ❶ 巻き毛, カール: hacerse ～*s* en el pelo 髪の毛をカールさせる. ❷《繊維》輪奈(わな)織り: toalla de ～ パイル地のタオル. ❸ さざ波, 波紋. ❹《航空》宙返り飛行: hacer el ～ 宙返りをする. ❺《フィギュアスケート》ループ. ❻《船舶》リーフポイント, 縮帆索
rizar el ～ 1)《口語》［難しいことを］首尾よくやってのける: A (Para) *rizar el* ～, la patinadora hizo el triple axel. そのスケート選手は見事にトリプルアクセルを決めた. 2)［物事を］一層厄介(複雑)にする. 3)《航空》宙返りをする
rizo[2], **za**[2] [r̄íθo, θa] [形] ❶《繊維》［ビロードの］輪奈織りの. ❷《地方語》巻き毛の, カールした
rizo-《接頭辞》［根］*rizo*ide 根状の
rizobio [r̄iθóbjo] [男]《生物》根粒菌, 根粒バクテリア
rizocárpico, ca [r̄iθokárpiko, ka] [形]《植物》宿根性の
rizófago, ga [r̄iθófago, ga] [形]《生物》根を食う, 食根性の
rizofito, ta [r̄iθofíto, ta] [形] 有根植物の
—— [女] [複]《植物》有根植物
rizófito, ta [r̄iθófito, ta] [形] [女] =**rizofito**
rizófora [r̄iθófora] [女]《植物》担根体
rizoforáceo, a [r̄iθoforáθeo, a] [形] ヒルギ科の
—— [女] [複]《植物》ヒルギ科
rizofóreo, a [r̄iθofóreo, a] [形] [女] =**rizoforáceo**
rizogénesis [r̄iθoxénesis] [女]《植物》発根
rizógeno, na [r̄iθóxeno, na] [形]《植物》発根させる
rizoide [r̄iθójđe] [形] [男]《植物》根状の; 仮根
rizoma [r̄iθóma] [男]《植物》根茎, 根状茎: un trozo de ～ de jengible ショウガ1かけ
rizomatoso, sa [r̄iθomatóso, sa] [形] [女]《植物》根茎のある; 根茎植物
rizón [r̄iθón] [男]《船舶》三爪の小錨
rizópodo, da [r̄iθópođo, đa] [形] 根足虫綱の
—— [男] [複]《動物》根足虫綱
rizoso, sa [r̄iθóso, sa] [形]［髪が］カールした, 巻き毛の
RNA [男]《略語》=**ARN**
RNE [女]《略語》←Radio Nacional de España スペイン国営ラジオ
ro [r̄ó]〖←擬声〗[男]［繰り返して, 赤ん坊を寝かしつける］よしよし
—— [女] =**rho**
roa [r̄óa] [女]《船舶》［船首の］水切り, 船首材
Roa Bastos [r̄óa bástos]《人名》**Augusto ～** アウグスト・ロア・バストス〖1917～2005, パラグアイの作家. 映画的な手法を駆使して暴力と不正が支配する独立後の自国の歴史を描きつつ, その中で抑圧搾取されている先住民の置かれた現実と彼らの復権救済をうたった長編小説『汝, 人の子よ』*Hijo del hombre*, バロック的な文体を用い内的独白や特異な語りで現代までを照射したきわめて野心的な小説『至高の存在たる余は』*Yo el supremo*〗
roanés, sa [r̄oanés, sa] [形] [名]《地名》［フランスの］ルーアン Ruán の〔人〕
roano, na [r̄oáno, na] [形]［馬が］葦毛(あしげ)の
roatense [r̄oaténse] [形] [名]《地名》ロアタン Roatán の〔人〕〖ホンジュラスの Islas de la Bahía 県の県都〗
rob [r̄ób] [男] 果汁に蜂蜜(糖蜜)を混ぜたもの
robacarros [r̄obakár̄os] [名]〖単複同形〗《コロンビア, ベネズエラ》自動車泥棒
robada [r̄obáđa] [女]《ナバラ》農地面積の単位〖=8.98アール〗
robadera [r̄obađéra] [女]《農業》［2頭の馬に引かせる］地ならし器
robadizo [r̄obađíθo] [男]［水の流れによって］容易に削り取られる土地;［そこにできる］小さな谷
robador, ra [r̄obađór, ra] [形] [名] 盗む; 泥棒
robaesteras [r̄obaestéras] [男]〖単複同形〗《ラマンチャ》無職の貧乏人
robaliza [r̄obalíθa] [女]《魚》ヨーロッパスズキ róbalo の雌
robalo [r̄obálo] [男]《地方語. 魚》=**róbalo**
róbalo [r̄óbalo] [男]《地方語. 魚》❶ ヨーロッパスズキ. ❷ スズキ目モロネ科の一種〖=lubina〗. ❸《メキシコ, カリブ》ブラックフィンスヌーク
robaperas [r̄obapéras] [名]〖単複同形〗《軽蔑》まっとうで安定した生活手段のない人, 取るに足りない人
robar [r̄obár]〖←ゲルマン語 raubon「略奪する, 盗む」〗[他] ❶［+a+人から］盗む, 泥棒する: 1) Me *han robado* la cámara. 私はカメラを盗まれた. ¡Todo me lo *han robado*! 私は何もかも盗まれた! Esta señora dice que usted le *robó* su bolso. こちらのご婦人があなたにバッグを盗られたと言っています. Alguna que otra idea les *robó a* sus compañeros de trabajo. 彼は同僚たちからいくつもアイデアを盗んだ. *A* mí nadie me puede ～ a Paco. 私からパコを奪える人など誰もいない. Que no me *roben* a mi hijo. 私から息子を取り上げないでくれ. 2)《比喩》Con su risa me *ha robado* el corazón. 私は彼女の笑顔に心を奪われた. No quiero ～le su tiempo; me iré enseguida. お時間はとらせません. すぐ失礼します. Antonio *roba* horas *al* sueño para estudiar. アントニオは睡眠時間を削って勉強している. ❷［土地などを］削り取る; 浸食する: El mar *ha robado* terreno a la playa. 波で海岸の土が削り取られた. ❸ 襲って奪う: *Han robado* el banco. 銀行が強盗に襲われた. ❹《トランプ, ドミノなど》［札を］積み札から取る: En el dominó entre dos, el jugador que no puede colocar *roba* ficha. 二人制のドミノでは出す札がないプレーヤーは積み札から取る. ❺《主にメキシコ, ニカラグア, エルサルバドル, キューバ》誘拐する: *Robaron* un niño. 子供が誘拐された
—— [自] ❶ 盗む, 泥棒する: 1) Lo metieron en la cárcel por ～. 彼は窃盗の罪で牢に入れられた. Anoche *robaron* en la joyería. 昨夜, 宝石店に泥棒が入った. 2)［+a+人 から］Los ladrones entraron en la casa de Lola, le *robaron* y quisieron matarla. 泥棒たちはロラの家に入り, 物を盗み, 彼女を殺そうとした. ❷《口語》暴利をむさぼる, ぼったくる: En esa tienda te *roban*. その店では高い値をふっかけられるよ. ❸《トランプ, ドミノなど》積み札から札を取る: Si no te quedan cartas de este palo, tienes que ～. この組札が手にない時は, 山から取らねばならない. Te toca ～. 君が積み札から取る番だよ
—— **～se**《中南米》盗む〖主に間接目的語がない場合〗: Paco *se robó* el carro. パコは自動車を盗んだ
robda [r̄óbđa] [女] =**robla**
robellón [r̄obeʎón] [男]《植物》カラハツタケ〖食用のキノコ〗
roberto [r̄obérto] [男]《コロンビア. 隠語》盗み, 強盗
robezo [r̄obéθo] [男]《地方語. 動物》シャモア〖=gamuza〗
robín [r̄obín] [男]［鉄などの］さび〖=orín〗
robinia [r̄obínja] [女]《植物》ニセアカシア〖=acacia falsa〗
robinsón [r̄obinsón]〖←Robinsón Crusoe ロビンソン・クルーソー〗[男] 社会と隔絶して一人で生きていける人
robinsonianismo [r̄obinsonjanísmo] [男] 社会と隔絶した生活〔様式〕; その思想
robinsoniano, na [r̄obinsonjáno, na] [形] ロビンソン・クルーソーのような, 社会と隔絶して一人で生きていく
robla [r̄óbla] [女] ❶《古語》1)［移動牧畜業者が夏の終わりに牧草地を離れる際に, 借料に加えて］パンとワインで支払う税. 2) echar la ～［牧畜業者が］契約の印としてワインを1杯飲む. ❷《地方語》仲介者へのリベート〖=robra〗
robladero, ra [r̄obladéro, ra] [形]［釘などが］先を打ち曲げるこ

R

とのできる
robladura [r̄ɔbladúra] [女] ［釘などの］先の打ち曲げ
roblar [r̄ɔblár] [他] ❶ ［打ち抜いた釘などの］先を打ち曲げる. ❷《古語》=**robrar**
roble [r̄ɔ́ble]〖←古語 roble < ラテン語 robur, -oris〗[男] ❶《植物》ヨーロッパナラ〖=～ albar〗; オーク〖カシ・ナラなどブナ科コナラ属の総称〗: ～ negral (borne) ピレネーオーク〖学名 Quercus pyrenaica, Quercus toza〗. ～ carrasqueño コナラの一種〖学名 Quercus faginea, Quercus lusitanica〗. ❷ 頑健な人; 頑丈な物
***más fuerte que un* ～** 非常に堅い(強い)
robleda [r̄ɔbléđa] [女] =**robledal**
robledal [r̄ɔbleđál] [男] ヨーロッパナラの林; オーク林
robledo [r̄ɔbléđo] [男] =**robledal**
roblería [r̄ɔblería] [女]《チリ》=**robledal**
roblizo, za [r̄ɔblíθo, θa] [形] 頑丈な, 丈夫な
roblón [r̄ɔblón] [男] ❶《技術》リベット. ❷ 先端打ち曲げ用の釘. ❸ 瓦屋根の畝. ❹《コロンビア》下向きに葺く丸瓦
roblonado [r̄ɔblonáđo] [男] リベットを打つこと
roblonar [r̄ɔblonár] [他] …にリベットを打つ
robo [r̄ɔ́bo]〖←robar〗[男] ❶ 盗み, 泥棒すること, 窃盗〖=～ menor〗; 強盗〖=～ mayor〗: ～ de coches 自動車泥棒. ～ de niños 幼児誘拐. ❷ 盗品, 盗難品: El valor del ～ asciende a cien mil euros. 盗難品の金額は10万ユーロに上る. ❸《口語》法外な請求, ぼったくり: Pedir tanto dinero por este piso tan pequeño es un ～. こんな小さなマンションにそんな値をつけるとは泥棒同然だ. ❹《トランプ, ドミノなど》積み札から札を取ること. ❺《医学》盗血, 盗流. ❻《釣り》a〔l〕～ 細かいしゃくりで・の
II [男]《ナバラ》［穀粒の計量単位］ロボ〖=28.13リットル〗
III [男]《チリ》［川底・湖底などの］泥土
roboración [r̄ɔboraθjɔ́n] [女]《まれ》強化, 補強
roborar [r̄ɔborár] [他]《まれ》❶ 強化する, 補強する. ❷ ［仮説などを］確証する, 裏づける
roborativo, va [r̄ɔboratíbo, ba] [形]《まれ》強化(補強)に役立つ
robot [r̄ɔbó]〖←英語 robot < チェコ語 robota「仕事」〗[男]〖[複] ～s〗❶ ロボット: ～ industrial 産業用ロボット. ～ de cocina フードプロセッサー. ❷ 機械的に何も考えず惰性で(他人の意のままに)動く人
robótico, ca [r̄ɔbótiko, ka] [形] [女] ロボット学〔の〕, ロボット工学〔の〕
robotismo [r̄ɔbotísmo] [男]《まれ》ロボット化傾向
robotización [r̄ɔbotiθaθjɔ́n] [女] ❶ ロボット化. ❷ [集名] ロボット化された工程
robotizado, da [r̄ɔbotiθáđo, đa] [形] ロボットによる; ロボットのような
robotizar [r̄ɔbotiθár] [9] [他] ❶ ［工程などを］ロボット化する. ❷ ［人を］ロボットのようにする
robra [r̄ɔ́bra] [女] ❶ ［売り手・買い手による］仲介者への接待(リベート): pagar la ～ リベートを払う. ❷《古語》売買の安全性を保証する書類
robrar [r̄ɔbrár] [他]《古語》［売買契約の］安全性を書類で保証する
robre [r̄ɔ́bre] [男] =**roble**
robredal [r̄ɔbređál] [男] =**robledal**
robustamente [r̄ɔbústaménte] [副] 頑丈に, たくましく
robustecedor, ra [r̄ɔbusteθeđɔ́r, ra] [形] 頑丈(頑健)にする, 強化する
robustecer [r̄ɔbusteθér]〖←robusto〗[39] [他] ❶ ［物を］頑丈にする: Los contrafuertes *robustecen* las paredes. バットレスは壁を補強する. ❷ ［人を］頑健にする
—— **～se** ❶ 頑丈になる. ❷ 頑健になる: Con esta medicina *te robustecerás*. この薬を飲めば丈夫になるよ
robustecimiento [r̄ɔbusteθimjénto] [男] 頑丈にすること, 強化
robustez [r̄ɔbustéθ] [女] 頑丈さ, たくましさ
robusteza [r̄ɔbustéθa] [女] =**robustez**
robusto, ta [r̄ɔbústo, ta]〖←ラテン語 robustus < robus < robur「ヨーロッパナラ」〗[形] ❶ 頑丈な, がっしりした: árbol ～ がっしりした木. casa ～*ta* 頑丈な家. ❷ 頑健な: cuerpo (hombre) ～ たくましい体(男). niño ～ 丈夫な子供
roca[1] [r̄ɔ́ka]〖←ラテン語 rocca〗[女] ❶ 岩, 岩石: Encontraron su mochila sobre una ～. 彼のリュックサックが岩の上で発見された. *R*～*s* gigantes cayeron sobre la población. 巨大な岩が集落に落ちてきた. escalada de las ～*s* ロッククライミング, 岩登り. pared de ～*s* 岩壁, 岩場. ❷ 岩盤. ❸ 岩山: la *R*～ ジブラルタル海峡の東端に突出している岩山. ❹ きわめて固いもの: ～ de hielo 氷の塊. ❺ 硬骨漢, 意志の堅い人; 心を動かさない人, 冷淡な人. ❻《鉱物》1) 単一の鉱物から成る岩. 2) ～ orgánica 生物岩, 有機岩. ❼《隠語》ヘロインの結晶
***ablandar una* ～**《口語》冷徹な人の心も和らげる: Ver llorar a un niño inocente es algo que *ablanda una* ～. いたいけな子供が泣くのを見るとどんな冷徹な人でも心を動かされるものだ
Roca [r̄ɔ́ka]《人名》**Julio Argentino ～** フリオ・アルヘンティノ・ロカ〖1843～1914, アルゼンチンの軍人, 大統領〗
rocada [r̄ɔkáđa] [女] ［糸巻き棒に絡みつける］羊毛(亜麻)のかたまり
rocadero [r̄ɔkađéro] [男] ❶ 糸巻棒の松かさ形の頭部. ❷《古語》紙製のとんがり帽子〖=coroza〗
rocador [r̄ɔkađɔ́r] [男] ❶ 糸巻棒の松かさ形の頭部〖=rocadero〗. ❷《サラマンカ》［女性が着ける］半円形のマンティーリャ mantilla. ❸《アビラ》［田舎の人がかぶる］つばの広い円錐形の帽子
Rocafuerte [r̄ɔkafwérte]《人名》**Vicente ～** ビセンテ・ロカフエルテ〖1783～1847, エクアドルの作家・政治家. 大統領(1835～39). 独立後のエクアドルの基礎を確立〗
rocalla [r̄ɔkáʎa]〖←仏語 rocaille〗[女] ❶ [集名] ［岩を割った］石ころ, 砕石. ❷ ［装飾用の］大きなビーズ玉. ❸《美術》ロカイユ様式
rocalloso, sa [r̄ɔkaʎóso, sa] [形] 石ころ(砕石)の多い
rocambola [r̄ɔkambóla] [女]《植物》ネギ属の一種〖ニンニクの代用として使われる. 学名 Allium controversum〗
rocambolesco, ca [r̄ɔkambolésko, ka]〖←Rocambole (フランスの作家 Ponson du Terrail の小説の主人公)〗[形] 奇想天外な, 波瀾万丈の, 途方もない: El viaje ha sido una aventura ～*ca*. それは信じられないような冒険の旅だった
rocambor [r̄ɔkambɔ́r] [男]《南米. トランプ》オンブレ tresillo に似たゲーム
rocamborear [r̄ɔkamboreár] [自]《南米. トランプ》rocambor をする
rocano, na [r̄ɔkáno, na] [形]《エルサルバドル》年老いた
roce [r̄ɔ́θe]〖←rozar〗[男] ❶ こする(こすれる)こと, 摩擦; その跡: Sintió el ～ de una mano sobre su cara. 彼は手で顔をこすられるのを感じた. Estos guantes están estropeados por el ～. この手袋はすり切れている. ～ de la plancha アイロンの跡. ～ de los zapatos 靴ずれ. ❷ ［人との頻繁な］つきあい, 交際: El ～ hace el cariño. つきあっていれば愛情が生まれる. ❸ ［ちょっとした］いさかい, もめごと: Ayer tuve un ～ con mi novio. 昨日私は恋人とちょっとけんかした
roceño, ña [r̄ɔθéɲo, ɲa] [形] [名]《地名》ラス・ロサス Las Rozas の〔人〕〖マドリード県の町〗
rocera [r̄ɔθéra] [形] leña ～ 耕地にするための伐採 rocha でできた薪(たきぎ)
rocería [r̄ɔθería] [女]《コロンビア》=**rocha**[1]
rocha[1] [r̄ɔ́tʃa] [女] ［耕地にするための］灌木の伐採と除草; 灌木の伐採と除草をした土地
rochar [r̄ɔtʃár] [他]《チリ》違法行為をしている…の不意をつく
rochela [r̄ɔtʃéla] [女]《コロンビア, ベネズエラ》無秩序で騒がしい状態
rochelear [r̄ɔtʃeleár] [自]《コロンビア, ベネズエラ》大騒ぎする; はしゃぎ回る, ふざける
rochelero, ra [r̄ɔtʃeléro, ra] [形]《コロンビア, ベネズエラ》騒ぐのが好きな; ふざけ好きの
rochelés, sa [r̄ɔtʃelés, sa] [形] [名]《地名》［フランスの］ラ・ロシェル La Rochela の〔人〕
rochense [r̄ɔtʃénse] [形] [名]《地名》ロチャ Rocha の〔人〕〖ウルグアイ東部の県・県都〗
rocho[1] [r̄ɔ́tʃo] [男] ロック鳥〖『アラビアン・ナイト』Las mil y una noches などに出てくる巨大な怪鳥〗
rocho[2]**, cha**[2] [r̄ɔ́tʃo, tʃa] [形] [名]《地方語》［土地が］やせて石だらけの
rociada[1] [r̄ɔθjáđa]〖←rociar〗[女] ❶ 振りかけること; 撒水(さんすい), 水やり: Sazonó la ensalada con una ～ de vinagre. 彼はサラダに〔たっぷり〕酢をかけた. ❷ [不可算] 露〖=rocío〗: Esta mañana ha caído una buena ～. 今朝露がかなり降りた. ❸ [集名] まき散らされた物, 雨あられと降りそそぐ物: Cayó una ～ de perlas sobre el suelo. 床に真珠が飛び散った. ❹ ［一連の］厳し

R

い叱責, 非難, 罵倒. ❺ 多くの人に対する中傷. ❻ [馬の薬とされた]露の降りる草

rociadera [r̃oθjaðéra]【←rociar】囡 じょうろ《=regadera》

rociado, da² [r̃oθjáðo, ða] 形 露で濡れた
—— 男 撒水, 水やり

rociador [r̃oθjaðór] 男 ❶ スプレー: ~ de moscas 殺虫スプレー. ❷《農業》スプリンクラー. ❸ 霧吹き

rociadura [r̃oθjaðúra] 囡 =**rociado**

rociamiento [r̃oθjamjénto] 男 =**rociado**

rociar [r̃oθjár]【←俗ラテン語 roscidare < roscidus <「露に覆われる」】⑪ ⑯ ❶ [+con・de を] …に振りかける: *Rociaron a los recién casados con arroz.* 新郎新婦はライスシャワーを浴びせられた. ~ el plato con un poco de salsa 料理にソースを少しかける. ~ a+人 con el gas de un aerosol …にスプレーガスをかける. ~ las calles de confeti 通りに紙吹雪をまく. ~ la habitación con un líquido desinfectante 部屋に消毒液を散布する. ❷ …に水をまく: ~ los campos 畑に水をまく. ~ la ropa antes de plancharla アイロンをかける前に洗濯物に霧を吹く. ❸ [料理に, +con 飲み物を] 添えて飲む: ~ el plato con un vino 料理をワインで流し込む. ❹ [賭博場で金を貸してくれた人に] 謝礼をする
—— 圓 [単人称] 露が降りる: *Esta noche ha rociado.* 昨晩露が降りた

rociero, ra [r̃oθjéro, ra] 形 名 ロシオ村 el Rocío の巡礼に参加する〔人〕

rocín [r̃oθín] 男 ❶ 駄馬. ❷ 荷役・農作業用の馬. ❸ 粗野で無知な人

rocina [r̃oθína] 囡《ボリビア》荷役の上手な雌ラバ

rocinal [r̃oθinál] 形 駄馬の

rocinante [r̃oθinánte]【←Rocinante ロシナンテ (Don Quijote の愛馬)】男 やせた老いぼれ馬

rocino [r̃oθíno] 男 =**rocín**

rocío [r̃oθío]【←rociar】❶ 不可算 露: *Las hierbas están cubiertas de* ~. 草は露に覆われている. *mojado del* ~ *nocturno* 夜露に濡れた. *punto de*《物理》露点. ~ *del mar* 波しぶき. ❷ [物] 降雨, [霧の] 霧雨. ❸ [撒かれる] 細かい水滴, 霧: *desodorante en* ~ 霧状の消臭剤. ❹ [R~. ウエルバ県のロシオ村 el Rocío の礼拝堂に向かう] 巡礼. ロシオ巡礼祭《→romería》. ❺《植物》 del Sol モウセンゴケ《=drosera》

roción [r̃oθjón]【←】[海の] 激しい波しぶき

rock [r̃ók]【←英語】男《音楽, 舞踊》ロック: ~ duro ハードロック

rockabilly [r̃okabíli]【←英語】男《音楽》ロカビリー

rock and roll [r̃okanr̃ól]【←英語】男《音楽, 舞踊》ロックンロール

rockanrollero, ra [r̃okanr̃oléro, ra] 形 名《口語》ロックンロールの〔愛好者〕

rocker [r̃óker]【←英語】名 [複 ~s] ロックの歌手・演奏家; ロックファン

rockero, ra [r̃okéro, ra] 形 名 ロックの〔歌手・演奏家〕; ロックファン

rockódromo [r̃okóðromo] 男 =**rocódromo**

roco, ca² [r̃óko, ka] 形 名《コスタリカ》老人〔の〕

rococó [r̃okokó]【←仏語 rococo】 男《美術》ロココ式〔の〕, ロココ調〔の〕

rocódromo [r̃okóðromo] 男《西, 登山》人工壁, クライミングジム

rocolo, la [r̃okólo, la] 形 名《コスタリカ》=**roco**
—— 囡《メキシコ, 中米, コロンビア》ジュークボックス

rocoso, sa [r̃okóso, sa]【←roca】形 岩だらけの: *montaña* ~*sa* 岩山. *pared* ~*sa* 岩壁

rocote [r̃okóte] 男《コロンビア》ロコト《=rocoto》

rocotín [r̃okotín] 男《コロンビア, エクアドル》自分の背中に当てられた指が何本かを当てる子供の遊び

rocoto [r̃okóto] 男《南米. 植物, 香辛料》ロコト《小型のピーマン位の大きさの激辛トウガラシ》

roda¹ [r̃óða]【←ガリシア語 roda】囡《船舶》[船首の] 水切り, 船首材
—— 男 [隠語] 自動車

roda² [r̃óða] 囡 ❶《古語》移動牧畜業者がパンとワインで支払う税《=robla》. ❷ 仲介者へのリベート《=robra》

rodaballo [r̃oðaβáʎo] 男 ❶《魚》イシビラメ: ~ *menor* ブリル. ❷ ずる賢い人, 抜け目のない人

rodachina [r̃oðatʃína] 囡《コロンビア》❶《玩具》風車. ❷ キャス

ター

rodada¹ [r̃oðáða]【←rodar】囡 ❶ 轍 (ゎだち), 車輪の跡: *marcar las* ~*s sobre la nieve* 雪の上に轍を残す. ❷《チリ, アルゼンチン, ウルグアイ. 口語》落馬

rodadero, ra [r̃oðaðéro, ra] 形 転がり落ちやすい
—— 男 [土砂崩れしやすい] 石ころだらけの急斜面

rodadizo, za [r̃oðaðíθo, θa] 形 転がり落ちやすい

rodado, da² [r̃oðáðo, ða] 形 ❶ 車両〔交通〕の: *A consecuencia de la nieve, ha quedado suspendido el tráfico* ~. 雪のために車両交通がストップした. *transporte* ~ 車両による輸送. ❷ [文体・話し方が] 流暢な, 滑らかな. ❸ [人が] 経験豊富な; 試用期間を終えた. ❹ [馬が] 濃い色のぶちのある. ❺ [鉱石片が] 鉱脈から自然に剥離した
salir ~ *a*+人《口語》=*venir* ~ *a*+人: *La frase me salió* ~*da.* そのせりふが滑らかに私の口をついて出た
venir ~ *a*+人《口語》❶ …に機会が訪れる, うまくいきそうな: *Las cosas le vinieron* ~*das.* 彼にとって事態はひとりでにうまく進んだ. *Le vino* ~ *un buen trabajo.* 彼にいい仕事が舞い込んだ
—— 男 ❶《チリ, アルゼンチン, ウルグアイ. 文語》車両; 乳母車. ❷《チリ》崖崩れ, なだれ

rodador, ra [r̃oðaðór, ra] 形 転がる, 回転する: *planta* ~*ra* 転がり草
—— 名《自転車》平地に強い選手
—— 男 ❶《魚》マンボウ《=pez luna》. ❷《キューバ. 昆虫》蚊の一種《血を一杯に吸うと転がり落ちる》

rodadura [r̃oðaðúra] 囡 ❶ [タイヤの] トレッド, 踏み面《=banda de ~》. ❷ 回転. ❸ わだち

rodaja [r̃oðáxa]【←ラテン語 rota】囡 ❶ 輪切り [にしたもの]: *cebolla cortada en* (a) ~*s* 輪切りのタマネギ.《語法》rodaja[s] de+単数名詞で用いる: *una* ~ *de tomate*/~*s de tomate*/*una* ~ *de tomates* トマトの輪切り》. ❷ [木材・金属などの] 円盤, ディスク. ❸ 拍車の歯車. ❹ [椅子などの] キャスター. ❺《口語》[首・腕・脚の] ぜい肉

rodaje [r̃oðáxe]【←ラテン語 rota】男 ❶《映画》撮影;《テレビ》収録: *En el* ~ *de la película intervendrán cientos de extras.* その映画の撮影には何百人ものエキストラが参加する予定だ. ❷《自動車など》1) [新車などの] ならし運転; その期間: *Su coche estaba en* ~. 彼の車はならし運転中だ. *Esta en* ~. …ならし運転中だ. 2) アイドリング: *El motor está en* ~. エンジンはアイドリング中だ. ❸ [職につく前の] 実習, 見習い; その期間: *Aún le falta* ~ *como profesora. Ella es una magnífica profesora, pero aún le falta* ~. 彼女が一人前の教師になるにはもう少し修行が必要だ. *Su* ~ *en el puesto fue largo y dificultoso.* 彼のその職の見習い期間は長くてつらいものだった. ❹《航空》タキシング. ❺《まれ》車両交通《=tráfico rodado》

rodal [r̃oðál]【←ラテン語 rota】男 ❶ [まわりと色合いなどの違う] 丸い部分. ❷ 集合 隣接した土地とは種類の違う植物; 周囲と植生の違る土地. ❸《アストゥリアス, カンタブリア, レオン》集合 車輪《スポークがない》. ❹《カンタブリア》車輪が板の荷車《スポークがない》

rodalán [r̃oðalán] 男《チリ. 植物》チャボツキミソウ, ツキミタンポポ

rodamiento [r̃oðamjénto]【←rodar】男《技術》軸受け: ~ *de bolas* 玉軸受け, ボールベアリング. ~ *de rodillos* ころ軸受け, ローラーベアリング. ❷《まれ》走行

rodamina [r̃oðamína] 囡《化学》ローダミン

rodanizado [r̃oðaniθáðo] 男 めっきによる] 金属表面のナトリウム被覆

rodante [r̃oðánte] 形 ❶ [車輪によって] 移動する, 移動に適した: *casa* ~ トレーラーハウス. ❷《チリ》動く, 一か所にとどまらない

rodapelo [r̃oðapélo] 男《まれ》[ラシャ地などを] 逆なですること

rodapié [r̃oðapjé] 男 ❶ [ベッド・テーブルなどの脚を隠す] 覆い板. ❷ [壁の最下部の] 幅木 (はばき). ❸ [ベランダの, 立つ人の足元を隠す] 防護板, 防護柵. ❹《ラマンチャ》[水くみ水車の] 馬が回る場所

rodaplancha [r̃oðaplántʃa] 囡 鍵の刻み

rodar [r̃oðár]【←ラテン語 rotare「転がり落ちる」】② 圓 ❶ 転がる, 回転する: *El balón rodó mansamente hacia la portería.* ボールはゴールに向かってゆっくりと転がった. *El aro rueda hacia la pared.* 輪は壁の方へ転がっていった. *Tenemos que hacer* ~ *el barril hasta aquel lado.* 私たちは樽を向こう側まで転がしていかねばならない. ❷ [+desde から, +por を] 転がり落ちる:

rodea 2036

Una piedra grande *rodó desde* lo alto de la cumbre. 大きな岩が山頂から転がり落ちた. El esquiador *rodó* por la pista. スキーヤーはゲレンデを転がり落ちた. ❸《自動車, 自転車など》[+*por を*] 走る: 1) *Ruedan* los camiones *por* la autopista. トラックが高速道路を走っている. Una moto *rodaba* a gran velocidad. 一台のバイクが猛スピードで走っていた. 2)《主にレース, 人が, +*con* 車で》Los ciclistas *rodaban* a más de sesenta kilómetros por hora. 自転車選手たちは時速60キロ以上のスピードで走っていた. /No [te] andes con ~*s*. 持って回った言い方をしないさい. rechazar con ~*s* 遠回しに断わる. hablar sin ~*s* 単刀直入に言う. ❸《牛などの頭数を数えたり売ったりするため》駆り集め; 駆り集めた牛などを入れる囲い. ❹《カウボーイの技を競う》ロデオ. ❺一周すること, 回ること. ❻《追跡者を避けるための》言い逃れ, 逃げ口上. ❼《サラマンカ》《家畜の》日陰での休息

dar un ~ 迂回する, 回り道をする: Deberemos dar un largo ~ para alcanzar el aparcamiento. 私たちは駐車場へ行くために大回りをしなければならないらしい

ródeo [fōðéo] 男《魚》ウグイの一種《スペインの河川で一般的. 学名 Chondrostoma arcasii》

rodeón [roðeón] 男《まれ》一回転; 半回転

rodera[1] [rōðéra] 女 ❶ 轍(の) 〔=rodada〕. ❷ 〔野原の中の〕荷車輪

rodericense [rōðeriθénse] 形名《地名》シウダ・ロドリゴ Ciudad Rodrigo の〔人〕《サラマンカ県の古い町》

rodero[1] [rōðéro] 男 移動牧畜業者が支払う税 roda の徴収人

rodero[2], **ra**[2] [rōðéro, ra] 形《まれ》車輪の, 車輪用の

rodesiano, na [rōðesjáno, na] 形名《歴史, 国名》アフリカの/ローデシア Rodesia の(人)

rodete [rōðéte] 男 ←ラテン語 *rota*] 男 ❶ 荷物を頭に載せる時に敷く当て布. ❷《髪型》〔主に三つ編みを丸めた〕束髪〔ラブタ〕シニョン. ❸《技術》1)〔タービンの〕羽根車. 2) ベルト車, プーリー. ❹〔馬車の〕転向輪. ❺ 錠の中の突起〔=guarda〕. ❻《紋章》〔かぶとの頂部の〕飾りひも

rodezno [rōðéθno] 男 ❶ 湾曲羽根の付いた水平型水車. ❷《製粉機の》挽き臼に直結した歯車と噛み合う歯車

rodezuela [rōðeθwéla] 女 rueda の示小語

rodiado [roðjáðo] 形 ロジウムめっき

rodiar [roðjár] 他⑩《金属》ロジウムめっきする

rodil [roðíl] 男 耕地にはさまれた牧草地

rodilla [roðíʎa] [←ラテン語 *rotella < rota*「車輪」] 女 ❶ 膝(ひざ): Tengo un gato en las ~*s*. 私は猫を膝の上にのせている. plegar las ~*s* 膝を曲げる. con la falda por encima de la ~ 膝上までのスカートをはいた. pantalones con ~ 膝の出たズボン. ❷〔四足動物の〕前肢の膝. ❸《技術》玉継ぎ手〔=rótula〕. ❹ 雑巾. ❺〔荷物を頭に載せる時に敷く〕当て布〔=rodete〕

de ~*s* ひざまずいて; へりくだって: caer de ~*s* 膝をついて崩れ落ちる. orar de ~*s* ひざまずいて祈る. pedir... de ~ ~ を懇願する. ponerse de ~*s* ひざまずく

doblar la ~〔尊敬を示すために〕片膝をつく, 膝を曲げておじぎする〔礼拝する〕; 屈服する

hincar la ~ =doblar la ~

hincar las ~*s* ひざまずく

~ en tierra 片膝を地について

rodillada [roðiʎáða] 女 ❶ 膝での一撃, 膝げり. ❷ 膝に受けた打撲. ❸ 片膝をついたおじぎ

rodillazo [roðiʎáθo] 男 ❶ 膝での一撃, 膝げり. ❷《闘牛》両膝(片膝)をついての pase

rodillera[1] [roðiʎéra] 女 ❶〔鎧などの〕膝当て; 膝用サポーター; 膝あわて. ❷〔ズボンの〕膝のたるみ; 膝の継ぎ布. ❸《音楽》抑揚. ❹〔馬の〕膝の傷. ❺《サラマンカ, ドミニカ》〔荷物を頭に載せる時に敷く〕当て布〔=rodete〕

rodillero, ra[2] [roðiʎéro, ra] 形 ❶《服》膝までの. ❷ 膝の, 膝に関する

rodillo [roðíʎo] [←ラテン語 *rotulus < rota*「車輪」] 男 ❶ ローラー: 1)〔塗装用の〕pintar a ~ ローラーでペンキを塗る. 2)《技術》~ de guía 案内ローラー. ~ de leva カムローラー. ~ tensor テンションローラー. ❷ ころ: desplazar sobre los ~*s* ころで運ぶ. ❸《料理》麺棒(ぼう)〔=~ de amasar〕. ❹《軽蔑》〔与党, 軍部による〕圧倒的な支配: ~ parlamentario 圧倒的多数に

—

Una piedra grande *rodó desde* lo alto de la cumbre. 大きな岩が山頂から転がり落ちた. El esquiador *rodó* por la pista. スキーヤーはゲレンデを転がり落ちた. ❸《自動車, 自転車など》[+*por を*] 走る: 1) *Ruedan* los camiones *por* la autopista. トラックが高速道路を走っている. Una moto *rodaba* a gran velocidad. 一台のバイクが猛スピードで走っていた. 2)《主にレース, 人が, +*con* 車で》Los ciclistas *rodaban* a más de sesenta kilómetros por hora. 自転車選手たちは時速60キロ以上のスピードで走っていた. 3) 車を制限速度以下で走らせる. ❹ 回る, 回転する: La ruleta *rodaba* y la bola giraba en su interior. ルーレットが回転し, 中の球が転がった. ❺《当てもなく》移動する, 転々とする: 1)〔人が〕*Rodó* de oficina en oficina en busca de un certificado. 彼は証明書をもらいに, 役所でたらい回しにされた. Mi tío *ha rodado por* toda Europa. 私の伯父はヨーロッパ各地を転々とした. 2)〔物が〕El manuscrito *había rodado* de mano a mano desde hace siglos. その稿は何世紀も前から人の手から手へと渡ってきた. Este jarrón *rueda por* toda la casa. この壺は家の中でよく置き場所が変わる. En aquella casa *rueda* el dinero. あの家では金の出入りが激しい. ❻〔事態が〕進む, 運ぶ: Este negocio no *rueda*. この取り引きはうまく進まない. ❼ [+*por* のために] 労をいとわない: Quiere mucho a su hermana y *rueda por* ella. 彼は大変な妹思いで, 妹のためなら何でもする. ❽ 出回る, 存在する; 〔続いて〕生じる. ❾《航空》タキシングする. ❿《メキシコ, アルゼンチン》〔馬が〕つまずく, よろめく

andar rodando =ir rodando

echar [*lo todo*] **a ~**《口語》激情に駆られて台なしにする: Tu indiscreción *echó* a ~ todos nuestros proyectos. 君の軽率さのせいで私たちの計画はすべておじゃんになった

ir rodando 〔何かを求めて〕あちこちに行く, 決まった住居がない

~ bien (mal) 順調に進む(進まない): Las cosas no *ruedan* nada bien. 事態は全然うまくいっていない

— 他 ❶ 転がす: Unos críos jugaban a ~ los neumáticos. 子供たちがタイヤを転がして遊んでいた. ❷〔車を〕運転する; 〔新車の〕ならし運転をする: He hecho este viaje para ~ el coche. 私は車のならし運転のためにこのドライブに出かけた. ❸《映画》撮影する, 〔テレビ〕収録する: *Rodé* toda la boda de mi hermano con mi videocámara. 私は兄の結婚式をすべてビデオカメラで撮影した. ❹〔映画に〕出演する: Antonio es un actor veterano que *ha rodado* ya más de veinte películas. アントニオはベテランの映画俳優でこれまでに20作以上に出演した. ❺《まれ》[+*場所を*] 走破する; 転落する. ❻《中南米》1) 蹴り倒す. 2)〔家畜を〕駆り集める. ❼《カリブ》1) つかむ. 2) 刑務所に入れる

— **~se** ❶《映画》¡Se rueda! スタート! ❷《アンデス》ねじ山が壊れる

rodea [rōðéa] 女《バレンシア》〔台所の〕布巾

rodeabrazo [rōðeabráθo] *a ~* 腕を振り回して

rodeador, ra [rōðeaðór, ra] 形 取り囲む, 取り巻く

rodeante [rōðeánte] 形 取り囲む, 取り巻く

rodear [rōðeár]《←rodear「転がり落ちる」》自 ❶ [+*por*] 迂回する: El camino *rodea* por la ciudad medieval. 道はその中世都市を迂回している. ❷ 回りくどい説明をする: No *rodees* tanto. そんな回りくどい言い方をするな. ❸《まれ》[+*por*] 一周する: *Rodead por* el paseo nueva. 新しくできた遊歩道を一回りしてきなさい. ❹《サラマンカ》〔家畜が〕日陰で休む

— 他 ❶ 一周する: Las murallas *rodean* la ciudad. 城壁が町を囲んでいる. Tardamos una hora en ~ el lago. 湖を一周するのに1時間かかる. ❷ [+*con で*] 取り巻く, 包囲する: Le *rodeaba* la muchedumbre. 群集が彼を取り囲んでいた. Ella me *rodeó* el cuello con los brazos. 彼女は私の首に両腕をからめてきた. ❸ 迂回する: ~ el tema 本題に入らない, 回りくどい話し方をする. ❹ 方向転換させる: No pudo ~ la mula ni a un lado ni a otro. 彼はラバをどちらの側にも向けることができなかった. ❺ [+*de を*] …に与える. ❻《ニカラグア, キューバ, コロンビア, ペルー, チリ, アルゼンチン》〔散らばった家畜を〕集める

— **~se** ❶ [+*de* 物+人を] 自分の周囲に集める: ~*se de* comodidades 便利な設備をそろえる. ~*se de* las amistades 友情に包まれる. ❷ 体を動かす, 動き回る

rodela [rōðéla] [←伊語 *rotella*] 女 ❶ 円形の盾. ❷《チリ》〔荷物を頭に載せるときに敷く〕当て布

—

rodelero [rōðeléro] 男《古語》❶ 円形の盾を使う兵士. ❷ 剣と円形の盾を持って夜うろつく若者

rodenal [rōðenál] 男 カイガンショウの林

rodeno, na [rōðéno, na] 形〔土地・岩などが〕赤みを帯びた

rodense [rōðénse] 形 名《地名》ラ・ロダ La Roda の〔人〕《アルバセテ県の村》

rodenticida [rōðentiθíða] 形 男《薬学》殺鼠剤〔の〕

rodeño, ña [rōðéɲo, ɲa] 形 名 =rodense

rodeo [rōðéo] [←rodear] 男 ❶ 迂回路, 回り道: Por el ~ daremos más. 迂回路を行くともっと時間がかかるよ. ❷《主に複》遠回しな説明, 婉曲な言い回し; 間接的な方法: No
よる〕圧倒的な支配: ~ parlamentario 圧倒的多数に

rog

よる議会支配. ❺《スポーツなど》圧勝
rodillona [r̄odiʎóna]《女》《ベネズエラ》老嬢;［太った］中年女性
rodilludo, da [r̄odiʎúdo, da]《形》［人・動物が］膝の大きな
rodio[1] [ŕódjo]《男》《元素》ロジウム
rodio[2]**, dia** [ŕódjo, dja]《形》《地名》［ギリシアの］ロードス島Rodasの〔人〕
rodiota [r̄odjóta]《形》《名》=**rodio**[2]
rodo [ŕódo]《男》❶ ころ；［地ならし用の］ローラー. ❷《地方語》石炭供給用のスコップ. ❸《レオン》［マラガテリーア Maragateríaの女性が着る］前合わせスカート manteo. ❹《サラマンカ》ワイシャツの裾［しばしばワイシャツの他の部分より布地が粗末］》
a ～ 大量に, たくさん
Rodó [r̄odó]《人名》**José Enrique ～** ホセ・エンリケ・ロドー〖1871～1917, ウルグアイのエッセイスト・思想家. ヨーロッパから学び取りつつ新大陸独自のものを大にし考え, 雑誌を通して様々な形で文化的啓発を行なった. エッセイ『アリエル』*Ariel*では洗練された詩的文体で米国の功利主義に反論し, ギリシア・ローマに端を発するラテン文化の優位性を説いた〗
rodocrosita [r̄odokrosíta]《女》《鉱物》菱マンガン鉱
rodofne [r̄odófne]《女》《植物》キョウチクトウ
rodofdendro [r̄ododéndro]《男》《植物》《総称》ツツジ；［特に］アルペンローゼ
rodofíceo, a [r̄odofíθeo, a]《形》紅藻綱の
── 《女》《植物》紅藻綱
rodofito, ta [r̄odófito, ta]《形》紅藻植物の
── 《男》《植物》紅藻植物門
rodomiel [r̄odomjél]《男》蜂蜜とバラ水を混ぜた薬用シロップ
rodomontada [r̄odomontáda]《女》《文語》虚勢, からいばり
rodona [r̄odóna]《形》《まれ》売春婦. ❷《アンダルシア》［女性が］あちこちに行く；決まった住居のない
rodonita [r̄odoníta]《女》《鉱物》バラ輝石
rodopsina [r̄odop(.)sína]《女》《生化》ロドプシン
rodriga [r̄odríga]《女》《農業》支柱, 添え木
rodrigar [r̄odrigár]《8》《他》《植物に》支柱をかう, 添え木する
rodrigazón [r̄odrigaθón]《女》《農業》支柱をかう（添え木する）時期
Rodrigo [r̄odrígo]《人名》ロドリゴ〖?～711, 西ゴート王国 reino visigodo 最後の王. 711年イスラム軍の侵攻を受け戦死〗
Joaquín ～ ホアキン・ロドリゴ〖1901～99, スペインの作曲家. 『アランフェス協奏曲』*Concierto de Aranjuez*,『ある貴紳のための幻想曲』*Fantasía para un gentilhombre*〗
rodrigón [r̄odrigón]《男》❶《農業》支柱, 添え木. ❷《西. 古語》〖貴婦人に付添う年配の〗侍臣, 従者
rodríguez [r̄odríɣeθ]《西. 口語》*dejar de ～ a +人*〖夫を〗一人放って出かける
estar (quedarse) de ～ ［妻子が避暑などに出かけて一時的に〗単身である: Aprovecha que está de ～ para salir por las noches. 彼は家族と離れて生活しているのをいいことに夜遊びしている
Rodríguez [r̄odríɣeθ]《人名》**Abelardo ～** アベラルド・ロドリゲス〖1889～1967, メキシコの軍人・政治家, 大統領(1932～34). カトリック教会と対立〗
Rodríguez de Francia [r̄odríɣeθ de fránθja]《人名》**José Gaspar ～** ホセ・ガスパル・ロドリゲス・デ・フランシア〖1766～1840, パラグアイの独裁者. 反対派を弾圧, 鎖国政策を採る〗
Rodríguez de la Cámara [r̄odríɣeθ de la kámara]《人名》=**Rodríguez del Padrón**
Rodríguez de Montalvo [r̄odríɣeθ de mõntálbo]《人名》**Garci ～** ガルシ・ロドリゲス・デ・モンタルボ〖1440?～1500?, スペインの作家. セルバンテスにも影響を与えた騎士道小説の傑作『アマディス・デ・ガウラ』*Amadís de Gaula* の編纂者・出版者. 14世紀に既にスペイン各地に流布していた3巻本を加筆修正し, 新たに第4巻, 続編第5巻を執筆出版した〗
Rodríguez del Padrón [r̄odríɣeθ del padrón]《人名》**Juan ～** フアン・ロドリゲス・デル・パドロン〖1390?～1450?, スペインの詩人・小説家. 15世紀に芽生えた感傷小説 novela sentimental の先駆けとなる自伝的な恋愛物語を残す. 恋に身を捧げる吟遊詩人としても知られる〗
Rodríguez Lara [r̄odríɣeθ lára]《人名》**Guillermo ～** ギリェルモ・ロドリゲス・ララ〖1924～76, エクアドルの軍人・政治家. 独裁者として統治(1972～76)〗
roedor, ra [r̄oedór, ra]《形》❶《動物》齧歯類目の. ❷ 齧る；心をさいなむ, 胸を痛ませる

2037

── 《男》《複》《動物》齧歯([.])目
roedura [r̄oedúra]《女》❶ 齧ること. ❷ 齧った跡；齧り取った部分
roel [r̄oél]《男》《紋章》小円形
roela [r̄oéla]《女》金・銀の円盤
roentgen [r̄éŋgen]《男》《複 ～s》《物理》［主に *R ～*］レントゲン: *rayos R ～* レントゲン線, X線
roentgenio [r̄eŋɡénjo]《男》=**roentgen**
roentgenografía [r̄eŋɡenoɣrafía]《女》レントゲン写真術
roentgenográfico, ca [r̄eŋɡenoɣráfiko, ka]《形》レントゲン写真の
roentgenoterapia [r̄eŋɡenoterápja]《女》X線療法
roentgenterapia [r̄eŋɡenterápja]《女》=**roentgenoterapia**
roer [r̄oér]〖←ラテン語 *rodere*〗《46》《他》❶ 齧([*])る: Los ratones *roen* queso. ネズミはチーズを齧る. ❷ ［骨から］肉を齧りとる: Tenía tanta hambre que *roía* los huesos del pollo. 彼は腹がへっていたので鶏の骨付き肉をきれいに齧った. ❸ 侵食する, むしばむ: El agua *roe* las rocas. 水が岩を侵食する. ～ *la fortuna* 財産を少しずつ削り取る. ～ *la salud* 健康をむしばむ. ❹…の心をさいなむ, 胸を痛ませる: Me *roe* la conciencia. 私は良心の呵責にさいなまれている. ❺ ［蜜蜂が, 閉じた後の女王蜂の巣房を］食べてしまう
roete [r̄oéte]《男》ザクロの果汁入りの薬用ワイン
rogación [r̄oɣaθjón]《女》❶ 懇願, 頼み. ❷《カトリック》《複》キリスト昇天祭前3日間の連禱
rogado, da [r̄oɣáðo, ða]《形》❶《法律》〖証人が〗裁判に必要な. ❷ ［人が］懇願されるのが好きな
rogador, ra [r̄oɣaðór, ra]《形》《名》懇願する〔人〕
rogante [r̄oɣánte]《形》=**rogador**
rogar [r̄oɣár]〖←ラテン語 *rogare*〗《8》《28》《他》❶ 懇願する, 願う, 頼む: 1) Los organizadores *rogaron* puntualidad a los participantes. 主催者は参加者に時間を守ることを求めた. Vete de aquí, te lo *ruego*. お願いだから出て行ってくれ. 2) ［+不定詞/ *que*+接続法］i) Le *ruego* informar (*que informe*) al jefe. 上司に知らせて下さい〖語法〗間接目的語がある場合, 中南米では ［+不定詞］が好まれるが, スペインでは ［+*que*+接続法］が多い. Le *rogué que* volviera conmigo. 一緒に戻ってくれるよう私は彼に頼んだ. Te *ruego que* no hables. Deja quieta la cuestión. 頼むから何も言わないで. その問題はそっとしておいてくれ. ii) 〖改まった文書では *que* を略すことがある〗Le *rogamos* de manera atenta se sirva publicar la siguiente carta. 以下の手紙を公表して下さいますよう, よろしくお願い申し上げます. ❷〖神などに〗祈る, 祈願する: *Rogaba* a la Virgen *que* no lloviera ni una gota. 彼は雨が一滴も降らないように聖母に祈っていた. *Ruega* a Dios por mí. 神様に私のことを祈ってくれ
── 《自》祈る, 頼む: Tuvimos que ～ para que nos concediera una entrevista. 彼への面会が許されるよう, 私たちは頭を下げなければならなかった
hacerse [de] ～ ［相手に］懇願させる, もったいぶる: No te hagas ～ y ven a la fiesta. もったいぶらずにパーティーに来てくれ
～ se ［不特定］*Se ruega* no fumar. たばこはご遠慮下さい. *Se ruega* a quien tenga noticias sobre su paradero se ponga en comunicación con la comisaría de policía más próxima. この人の居所について何かご存じの方はもよりの警察にお届け下さるようお願いします

rogar	
直説法現在	点過去
ruego	rogué
ruegas	rogaste
ruega	rogó
rogamos	rogamos
rogáis	rogasteis
ruegan	rogaron
命令法	接続法現在
ruega	ruegue
	ruegues
	ruegue
	roguemos
rogad	roguéis
	rueguen

rogativa[1] [r̄oɡatíβa]《←rogar》[主に 複] 豊作などの] 祈願, 祈禱: El público hizo ~s para que cese pronto el incendio forestal. 人々は山火事が早くおさまるように祈った. Nuestra ~ es que dispongamos de agua suficiente. 私たちの願いはたっぷりの水を使えることだ

rogativo, va[2] [r̄oɡatíβo, βa] 形 懇願を含む, 懇願の: mirada ~va 懇願のまなざし

rogatorio, ria [r̄oɡatórjo, rja] 形 懇願の
—— 女《チリ》[主に 複] 祈願

rogelio, lia [r̄oxéljo, lja] 名《口語》左翼の〔人〕

rogerina [r̄oxerína] 女《闘牛》両手でケープを持ち前後に動かすさばき lance 歩きながら行ない, 牛の突進方向を変えさせる〕

rogo [r̄óɡo] 男《詩語》たき火

rogón, na [r̄oɡón, na] 名《メキシコ. 口語》習慣的に懇願する人
—— 女《メキシコ》色っぽい女性, 男好きの女性

roído, da [r̄oído, ða] 形 わずかな, 些少の

rojal [r̄oxál] 形 赤みをおびた; 〔人が〕赤毛の
—— 女 赤みをおびた土地
—— 女《アルバセテ》ロハル種のブドウ

Rojas [r̄óxas]《人名》**Fernando de ~** フェルナンド・デ・ロハス〔1465?〜1541,『ラ・セレスティーナ』*La Celestina* の作者 (この作品の一部を執筆したに過ぎないという説もある). 改宗ユダヤ人 converso としての苦悩が様々な形でこの作品に反映されているとされる〕
Manuel ~ マヌエル・ロハス〔1896〜1973, チリの短編作家・小説家. 各地を放浪しつつ転職を繰り返し, 独学で欧米の作家の作品を読みあさった. その後, 自己の体験をもとに創作を始めた. 短編集『南部の人々』*Hombres del sur*, 自伝的小説『泥棒の息子』*Hijo de ladrón*〕
Ricardo ~ リカルド・ロハス〔1882〜1957, アルゼンチンのジャーナリスト・作家. 批評家としてアルゼンチン的文化の本質を探求し,『アルゼンチン文学史』(全8巻) *Historia de la literatura argentina*, ホセ・デ・サン・マルティン *José de San Martín* の生涯を描いた『聖戦士』*El Santo de la Espada*〕

Rojas Pinilla [r̄óxas piníʎa]《人名》**Gustavo ~** グスタボ・ロハス・ピニーリャ〔1900〜75, コロンビアの軍人・政治家, 大統領 (1953〜57). インフラの整備や暴力の時代 La Violencia の収束につとめ, 女性の参政権などを認めた〕

Rojas Zorrilla [r̄óxas θor̄íʎa]《人名》**Francisco de ~** フランシスコ・デ・ロハス・ソリーリャ〔1607〜48, スペインの劇作家. 黄金世紀に国王の庇護を受け, 聖餐神秘劇 auto sacramental や世俗劇 teatro profano を数多く残した. 独創的な悲劇や軽妙なリズムを持つ喜劇に特色がある.『王以外は容赦せず』*Del rey abajo, ninguno*〕

rojear [r̄oxeár] 自 赤みをおびる; 赤色を見せる, 赤く映える: Ya *rojean* las fresas. イチゴはもう色づいている. ❷《口語》左翼思想に染まる (共鳴する)

rojelio, lia [r̄oxéljo, lja] 名《口語》=rogelio

rojeras [r̄oxéras] 名 複《西. 軽蔑》左翼の, アカの; 共産主義者たち

rojería [r̄oxería] 女《集合·西. まれ》=rojerío

rojerío [r̄oxerío] 男《集合·西. 主に軽蔑》左翼, アカ, 共産主義者

rojete [r̄oxéte] 男《化粧》頬紅 =colorete〕

rojez [r̄oxéθ] 女 ❶ 赤み: ~ de las mejillas 頬の赤み. ❷ [皮膚の] 赤いしみ: Tenía *rojeces* en la cara. 彼の顔には赤いしみがあった

rojiblanco, ca [r̄oxiβláŋko, ka] 形 ❶《サッカー》アトレティック・デ・ビルバオの〔選手〕, アトレティコ・デ・マドリードの〔選手〕〔~rojo 赤と blanco 白のチームカラー〕. ❷ 赤と白の, 紅白の

rojizo, za [r̄oxíθo, θa] 形 赤みがかかった

rojo, ja [r̄óxo, xa]《←ラテン語 russus》形 ❶ 赤い: Lleva una camiseta *roja* de color ~. 彼は赤いTシャツを着ている. lápiz ~ 赤鉛筆. rosa *roja* 赤いバラ. ❷ 〔興奮·恥ずかしさ·日焼けなどで, 顔や皮膚が〕赤い: Lola se acercó a él *roja* de rabia. ロラは怒り顔をして彼に近づいた. ❸《髪が》赤毛の: La actriz tiene el pelo ~. その女優は赤毛だ. ❹《口語. 時に軽蔑》左翼の; ソ連の; [スペイン内戦で] 共和国派の: Es muy *roja* y odia a los conservadores. 彼女は筋金入りの共産主義者で保守派を憎んでいる. ejército ~ 赤色軍. sindicato ~ 赤色組合
poner ~ a+人 …を赤面させる: La *he puesto roja* delante de todos al contar lo que hizo. 私は彼女を皆の前で真っ赤にした

ponerse ~ 赤面する, 顔が赤くなる: *Se puso roja* al entender la indirecta. 彼女はそのほのめかしが分かって赤面した
—— 男《口語. 時に軽蔑》左翼, 共産主義者; [スペイン内戦で] 共和国派
—— 男 赤, 赤色: El ~ te sienta bien. 君には赤が似合うね. ~ de labios 口紅. ~ cinabrio 朱色. ~ clavel カーネーションレッド
al ~ =al vivo
al ~ blanco 白熱の
al ~ vivo 1) [金属が高熱で] 真っ赤な: hierro al ~ vivo 真っ赤に焼けた鉄. 2) ひどく熱い: No me puedo tomar la sopa porque está al ~ vivo. このスープは熱すぎて飲めない. 3) ひどく興奮した, 激高した; [状況が] 白熱した: El debate se puso al ~ vivo. 議論が白熱した. El partido está al ~ vivo. 試合が大いに盛り上がっている

rojura [r̄oxúra] 女 =rojez

rol [r̄ól] 男〔←仏語 rôle < ラテン語 rotulus「円柱」〕 ❶ 役割 〔=papel〕; 機能. ❷《演劇》役. ❸ 名簿, リスト; 目録. ❹《船舶》乗組員名簿. ❺ juego de ~ ロールプレイングゲーム

rola [r̄óla] 女《ベネズエラ》警察署

rolada [r̄oláða] 女《船舶》風向きが変わること

rolandiano, na [r̄olandjáno, na]《人名》ローラン Roldán の〔フランスの叙事詩『ローランの歌』*Canción de Roldán* の英雄〕; ローラン伝説の

rolar [r̄olár] 自《船舶》1) 〔風が〕向きを変える. 2) 〔船が〕旋回する, ぐるぐる回る. ❷《メキシコ. 口語》ぶらつく, 散歩する. ❸《チリ. 口語》書類に記載される
—— 他《メキシコ. 口語》[人を場所から] 動かす
~la de...《メキシコ. 口語》…として働く

roldana [r̄oldána] 女《機械》滑車の綱輪, シーブ

Roldán Jiménez [r̄oldán ximéneθ]《人名》**Francisco ~** フランシスコ・ロルダン・ヒメネス〔1462〜1502, スペイン人航海者・探検家. コロンブスの第2次航海に参加. エスパニョーラ島で反コロンブス運動を指揮〕

roldar [r̄oldár] 自他 周囲を回る

rolde [r̄ólde]《アラゴン, アルバセテ》[人の] 輪

roldón [r̄oldón] 男《植物》ドクウギ〔学名 Coriaria myrtifolia〕

roleo [r̄oléo] 男《建築》[柱頭や螺旋] 形の装飾モチーフ

roleta [r̄oléta] 女《中南米》=ruleta

roletazo [r̄oletáθo] 男《野球》ゴロ

rolfing [r̄ólfiŋ]《←Rolf (人名)》男 ロルフィング

roliverio [r̄oliβérjo] 男《ベネズエラ》❶ 棍棒. ❷ 形の悪いもの

rolla [r̄óʎa] 女 ❶《口語》ベビーシッター. ❷ [くびきを馬のむながいにつなぐ] 皮で覆ったガマの茎の組みひも

rollar [r̄oʎár] 他 巻く〔=arrollar〕

rollazo, za [r̄oʎáθo, θa] 形《口語》ひどく退屈な〔もの〕

rollista [r̄oʎísta] 名 ❶《口語》[長話などで] うんざりさせる〔人〕, 退屈な〔人〕. ❷ 嘘つきの〔人〕, ほらふきの〔人〕

rollito [r̄oʎíto] 男《料理》 ~ [de] primavera 春巻

rollizo, za [r̄oʎíθo, θa] 形《←rollo》❶ ぽっちりした, むっちりした: niña ~za 丸ぽちゃの女の子. brazo ~ むっちりした腕. ❷ 円筒形の. ❸ [人·動物が] がっしりした, 丈夫な
—— 男 丸太材

rollo [r̄óʎo]《←ラテン語 rotulus「円柱」》男 ❶ 円筒状に巻いたもの, ロール: un ~ de papel higiénico トイレットペーパー1巻き. ❷ ~ de alambre 針金1巻き. ❷ 〔映画·写真フィルムの〕1巻き. ❸《西. 軽蔑》うんざりさせる〔人〕, 退屈な〔こと·人〕: La vida es un ~. 人生は退屈だ. ¡Qué ~! ああ, うんざりだ! 何ていうことだ! まらない! ❹《軽蔑》[全くの] 作り話, 大嘘: Eso que has contado es un ~. 君の話は全くの作り話だ. ❺《西. 口語》雰囲気, 環境〔=ambiente〕: [un] mal ~ 悪い雰囲気. ❻《西. 俗語》事柄, 件, 用件: entrar en el ~ 用件に入る. ❼《料理》~ de carne ミートローフ. ~ de pollo チキンロール. ~ [de] primavera 春巻. 2) ロールケーキ〔=《西》 pastel〕〔=《アルバセテ, ムルシア》リング状の菓子パン. ❽《い》肉: Tiene ~s en la cintura. 彼は腹が肉がついている. ❾《口語》情事; その相手: buscar ~ ナンパする. ❿《空疎など》長話: Déjate de ~s y vamos al grano. 無駄なおしゃべりはやめ, 本題に入ろう. soltar el ~ a+人 …に長広告をふるう. ⓫ 円柱

(円筒)形の道具. ⓬ 巻き物, 巻き軸. ⓭ 円柱状の石. ⓮ 〖皮を剝いだ〗丸太. ⓯〖上級裁判所の〗訴訟文書(記録) 《昔は羊皮紙に書いて巻いていた》. ⓰〖先端が十字の〗石柱《昔, 統治・管轄の境界を示し, さらに首柱にもなった》. ⓱〖くびきを馬のむながいにつなぐ〗皮で覆った太い棒ひも. ⓲《口語》〖1970年代の〗ロックと麻薬に代表される文化状況.⓳《隠語》生活環境, 生活形態

¡Corta de ~! 話はそのくらいにして／ぐだぐだ言うな!
dar con ~ 〖口語〗しつこくする, 退屈させる
dar mal ~《西.口語》不快(不安)にする
¡Qué mal ~!《西.口語》嫌だなあ／納得いかないなあ!
~ de manteca〖幼児の〗太った体つき: Es un ~ de manteca. その子は丸々としている
~ macabeo =~ patatero
~ patatero 嫌なこと, うんざりさせること, 我慢のならないこと
tener [mucho] ~《西.口語》つまらないことを長々と話す(書く)
—— 男《口語》重苦しい, 退屈な: conferencia ~ 長ったらしい講演

rollón, na [r̄olón, na] 形〖赤ん坊で〗おむつに包まれた
—— 男〖飼料などに使う〗わずかに小麦粉の混ざったふすま
—— 女《口語》ベビーシッター
niño de la ~ 子供っぽい大人

rolo¹ [r̄ólo] 男 ❶〖カナリア諸島〗バナナの茎. ❷《コロンビア》〖印刷機の〗ローラー. ❸《ベネズエラ》1) 棍棒. 2) トウモロコシ粉のかゆ
pasar el ~ a... 《プエルトリコ》…を拒絶する, 反対する: Pasaron el ~ al proyecto de ley. 彼らは法案に反対した

rolo², la [r̄ólo, la] 名《コロンビア.軽蔑》内陸部の人, ボゴタ Bogotá の人

rom [r̄ón] 〖←ジプシー語〗形 男 ジプシーの〖男〗 = gitano
ROM [r̄ón] 区《情報》読み出し専用記憶装置, ROM
Roma [r̄óma] 女 ❶〖地名〗ローマ《歴史, 国名》古代ローマ《= antigua ~》: 1) ~ imperial 帝政ローマ. 2) 《諺》Por todas partes se va a ~. / Todos los caminos llevan (van) a ~. すべての道はローマに通ず／やり方は色々ある. ~ no se hizo (se construyó) en un día. ローマは1日にしてならず. ❷ 教皇庁, ローマ法王庁, バチカン
a ~ por todo 《口語》努力すれば何でもかなう
confundir ~ con Santiago ばかばかしい間違いをする
ir a ~《口語》〖言われたことが〗明らかである, 真実である
revolver (remover) ~ con Santiago 八方手を尽くす, あらゆる手段を尽くす: Ella estuvo más de dos años revolviendo ~ con Santiago para que le anulasen su matrimonio, pero no consiguió nada. 彼女は離婚を求めて2年以上あれこれ手を尽くしたが, 何の効もなかった

romadizar [r̄omaðiθár] 自 ~se 《まれ》鼻風邪をひく
romadizo [r̄omaðíθo] 男《まれ》鼻風邪
romaico, ca [r̄omáiko, ka] 形 名 現代ギリシア語〖の〗
romaji [r̄ómaji] 〖←日本語〗男 ローマ字
Roma locuta, causa finita [r̄óma lokúta káusa finíta]《←ラテン語》ローマの一言で一件落着／鶴の一声
román [r̄omán] 男 ~ paladino《戯語》~ paladino《戯語》~ 専門語などでなく〗普通の言葉
romana¹ [r̄omána] 《←? 語源》女 ❶ 天秤(ばん), 竿秤(さおば). ❷〖闘牛〗牛の体重

romanador [r̄omanaðór] 男〖畜殺所の〗卸売り肉の計量監視係

romanar [r̄omanár] 他 天秤(竿秤)で計る

romanato [r̄omanáto] 男〖屋根裏部屋の〗屋根窓のアーチ形の小屋根

romance [r̄ománθe] 《←ラテン語 romanice「ロマンス語の」》形《言語》ロマンス語の《= románico》: lenguas ~s ロマンス諸語《ラテン語はスペイン語のほかイタリア語・フランス語・ポルトガル語・ルーマニア語など, ラテン語から派生した現代諸語の総称. ローマ帝国滅亡後, 俗ラテン語 latín vulgar が地方ごとに分化し現在のロマンス諸語となった》
—— 男 ❶ ロマンス語. ❷《文語》スペイン語. ❸《文学》ロマンセ《1.スペイン起源の口承による伝統の詩. 中世の武勲詩などが起源とされ, 物語詩としての性格と共に, 口承によって加味された民衆的な詩情を特徴とする. 伝統的なものを古ロマンセ romancero viejo, それらを範として新たに創作されたものを新ロマンセ romancero nuevo として区別する. 黄金世紀の戯曲に

題材を提供するなど文学的遺産としての側面もある. 2)〖詩形〗主に一行8音節詩で, 行数自由. 偶数行は母音押韻で奇数行は無韻. 3) ロマンス語で書かれた詩〗: ~ corto 6または7音節詩句のロマンセ. ~ heroico (real) 11音節詩句のロマンセ. ❹《文学》〖散文・韻文の〗騎士道物語. ❺〖短期間の〗恋愛, ロマンス《まれ》= ~ de amor》: Tuvo un ~ con una bailarina. 彼はあるバレリーナと行きずりの恋をした. ❻〖長々とした〗言い訳. ❼ 複〖知ったかぶりの〗おしゃべり
en buen ~ 〖返答が〗はっきりと
hablar en ~ 簡明直截に説明する, 単刀直入に話す
venir con ~s くだらない話を持ち込む

romanceador, ra [r̄omanθeaðór, ra] 形 名 ロマンス語に翻訳する〖人〗

romancear [r̄omanθeár] 他 ❶〖ラテン語を〗ロマンス語に翻訳する, ロマンス語に訳す: Biblia romanceada ロマンス語訳聖書. ❷《まれ》〖詩などを〗ロマンス語で書く
—— 自《チリ》〖しなくてもいいことに〗時間を浪費する

romancerista [r̄omanθerísta] 名 ロマンセの作者

romancero, ra [r̄omanθéro, ra] 名 ロマンセの詩人(歌い手)
—— 男 ロマンセーロ, ロマンセ集: R~ gitano『ジプシー歌集』《1928, ガルシア・ロルカ García Lorca の代表的詩集. ロマンセの詩形をとり, アンダルシアの民間伝承に斬新な比喩やシンボルを巧みに組み合わせ, 愛と死に彩られた詩的空間を構築している》

romancesco, ca [r̄omanθésko, ka] 形 小説のような, 小説的な

romanche [r̄omántʃe]〖スイスの〗ロマンシュ語

romancillo [r̄omanθíλo]《romance の示小語》6または7音節詩句のロマンセ

romancista [r̄omanθísta] 形 名 ❶《古語》〖ラテン語ではなく〗ロマンス語で書く〖人〗. ❷ ロマンセの作者

romancístico, ca [r̄omanθístiko, ka] 形 ロマンス語の, ロマンス語による

romanear [r̄omaneár] 他 ❶〖闘牛〗〖牛の〗角で宙に持ち上げる. ❷ 天秤(竿秤)で計る. ❸《船舶》〖船の〗積荷のバランスを取る
—— 自 釣合い重りを増やす

romanense [r̄omanénse] 形 名〖地名〗ラ・ロマナ La Romana の〖ドミニカ共和国南部の町〗

romaneo [r̄omanéo] 男 romanear すること

romanería [r̄omanería] 女《古語的》天秤(竿秤)の販売店(製造所)

romanero [r̄omanéro] 男〖畜殺所の〗卸売り肉の計量監視係

romanesco, ca [r̄omanésko, ka] 形《まれ》❶ ローマ人の《= romano》. ❷ 小説のような, 小説的な
—— 男 ローマ方言

romanescu [r̄omanésku] 女《植物》ロマネスク〖食用〗

romaní [r̄omaní]〖← romanó〗形 名《複 ~es》《隠語》ジプシー〖の〗, ロマ〖の〗 = gitano
—— 男 ジプシー語, ロマ語

romanía [r̄omanía] de ~《廃語》突然, すぐに; 乱暴に

romániko, ca [r̄omániko, ka] 形《←ラテン語 romanicus》❶《美術, 建築》ロマネスク様式の: En la plaza se levanta una catedral de estilo románico. 広場にはロマネスク様式の聖堂が建っている. arte ~ ロマネスク美術. ❷《言語》1) ロマンス語の《→ romance》: el gallego, el catalán y el castellano son lenguas ~cas. ガリシア語, カタルーニャ語, カスティーリャ語はいずれもロマンス語である. 2) ロマンス諸語の: voces ~cas ロマンス〖諸〗語の単語. fonética ~ ロマンス諸語の発音
—— 男 ロマネスク様式《10世紀末から13世紀初頭にかけて西ヨーロッパに広まったキリスト教美術・建築様式. ゴシック様式に先行する》: El ~ utiliza mucho los arcos de medio punto y las bóvedas en cañón. ロマネスク様式は半円アーチと半円筒ボールトを多用している

romanidad [r̄omaniðáð] 女 ❶《歴史》集合 古代ローマ帝国に統合された諸民族. ❷ ラテン民族らしさ

romanilla¹ [r̄omaníλa] 女《ベネズエラ》〖住宅の食堂などで使われる〗格子状の引き戸

romanillo, lla [r̄omaníλo, λa] 形 letra ~lla《イタリックやボールド体に対して》ローマン体

romanina [r̄omanína] 女 こまを回し細長い台の上のピンを倒す遊び

romanismo [r̄omanísmo] 男 ❶ 古代ローマの制度・文化. ❷

ローマ法研究. ❸《まれ》古代ローマ人であること
romanista [r̄omanísta] 图 ❶ ローマ法学者. ❷ ロマンス語学者 ── 圏《まれ》ローマ法を専門とする; ロマンス語を専門とする
romanístico, ca [r̄omanístiko, ka] 圏 ロマンス語学者の; ローマ法学者の ── 囡 ロマンス語研究
romanización [r̄omaniθaθjón] 囡 ローマ化
romanizar [r̄omaniθár] 9 他《言語・風俗・法律を》ローマ化する
romano, na[2] [r̄ománo, na]《←ラテン語 romanus》 圏 图 ❶《地名》[イタリアの] ローマ Roma の〔人〕. ❷《歴史, 国名》古代ローマの; 古代ローマ人: en tiempo de los ~s 古代ローマ時代に. conquista ~na de Britania ローマによるブリタニア征服. ❸ ローマカトリック教会の. ❹ ラテン語の
a la ~na 1)《料理》フライに〔した〕: trucha *a la ~na* マスのフライ. 2)《敬史が》古代ローマの・に; ファシスト式の・に
de ~《隠語》[警備員・兵士などが] 制服姿で
de ~s 1)[映画が] 古代ローマ時代ものの. 2)《口語》[仕事が] きつい, 重労働の
── 圐 ❶ ラテン語 [=lengua latina]. ❷《西. 古語》警官
romanó [r̄omanó]《←rom》 圐《隠語》ジプシー語 [=caló]
romanones [r̄omanónes] 圐《歴史》騎馬警官《アルフォンソ13世の時代に Romanones 伯爵が創設》
romanticismo [r̄omantiθísmo] 圐 ❶《文学, 音楽, 美術など》[主に R~] ロマン主義〔の時代〕, ロマン派: En ella ~ se vuelve a emplear el romance. ロマン主義の時代になるとロマンセの詩形の使用がよみがえった. música del ~ temprano (tardío) 前期 (後期) ロマン派音楽. ❷ ロマン派的心情, ロマンチシズム
romántico, ca [r̄omántiko, ka]《←仏語 romantique》 圏 ❶ ロマン主義の, ロマン派の《芸術家》: literatura ~*ca* ロマン主義文学. música ~*ca* ロマン派音楽; ロマンチックな音楽. pintura ~*ca* ロマン主義絵画. teatro ~ ロマン主義演劇. ❷ ロマン派的な, ロマンチックな〔人〕, 夢を追う〔人〕: La noche en que hay luna llena estoy más ~*ca*. 私は満月の夜はとてもロマンチックな気分になる
romantizar [r̄omantiθár] 9 他 ❶ ロマン主義的にする; ロマンチックにする: ~ los días pasados 過去をロマンチックに思う. ❷ ロマンス語に翻訳する
romanza [r̄ománθa]《←伊語》囡《音楽》ロマンス《叙情的な歌曲・器楽曲》: ~ de zarzuela サルスエラのロマンス歌曲
romanzador, ra [r̄omanθaðór, ra] 圏 =**romanceador**
romanzar [r̄omanθár] 9 他 =**romancear**
romañolo, la [r̄omaɲólo, la] 圏 图《地名》[イタリアの] ロマーニャ Romaña・Romagna の〔人〕
romaza [r̄omáθa] 囡《植物》ギシギシ
rombal [r̄ombál] 圏《幾何》菱形の
rómbico, ca [r̄ómbiko, ka] 圏《幾何》菱形の;《鉱物》斜方晶系の
romblonense [r̄omblonénse] 圏 图《地名》[フィリピン中部の州] ロンブロン Romblón の〔人〕
rombo [r̄ómbo]《←ラテン語 rhombus <ギリシア語 rhombos》 圐 ❶《幾何》菱形. ❷《トランプ》ダイヤ [=diamante]. ❸《魚》イシビラメ [=rodaballo]
rombododecaedro [r̄ombododekaéðro] 圐《地質》菱形十二面体
romboédrico, ca [r̄omboéðriko, ka] 圏 斜方六面体の, 菱面体の
romboedro [r̄omboéðro] 圐《幾何》斜方六面体, 菱面体
romboidal [r̄omboiðál] 圏《幾何》偏菱形の
romboide [r̄omboíðe] 圐《幾何》偏菱形, 長斜方形
romboideo, a [r̄omboiðéo, a] 圏 =**romboidal**
romear [r̄omeár] 他《アンダルシア》=**rumiar**
romeo[1] [r̄oméo] 圐 ──《シェークスピアの戯曲 Romeo y Julieta『ロミオとジュリエット』》圐《戯曲》❶ [ある女性の] 恋人. ❷ 恋する男
romeo[2]**, a** [r̄oméo, a] 圏 ビザンチン系ギリシアの〔人〕
romeraje [r̄omeráxe] 圐 =**romería**
romeral [r̄omerál] 圐 マンネンロウ畑, ローズマリー畑
romería [r̄omería]《←romero》囡 ❶ 巡礼の旅 [=peregrinación]. ❷ 巡礼祭《町外れの教会堂の聖人像参拝をかねて, 大勢で繰り出し, 歌や踊りを楽しむ》: R~ de El Rocío エル・ロシオ巡礼《ウエルバ県アルモンテ Almonte にあるエル・ロシオ礼拝堂 Ermita de El Rocío で聖霊降臨の祝日 Pentecostés に行われる》. ❸ 圐《場所を訪れる》大勢の人: Durante las exe-

quias, una ~ de gente ocupó el parque. 葬儀の間, おびただしい人が公園を埋めた
romeriego, ga [r̄omerjéɣo, ɣa] 圏 巡礼の旅の道連れ
romerillo [r̄omeríʎo] 圐 ❶《魚》ラダーフィッシュ《学名 Centrolophus niger》. ❷《中南米》主に自家製の薬に使われる種々の野草
romerito [r̄omeríto] 圐《メキシコ》❶《植物》ローズマリー [=romero]. ❷ ロメリート《ローズマリー・ジャガイモ・ゴマ・エビの団子をチリソースで煮込んだクリスマス料理》
romero, ra [r̄oméro, ra]《←古語 romeo <俗ラテン語 romaeus》 圐 巡礼者 [=peregrino]; 巡礼祭 romería に参加する人
── 圐 ❶《植物》マンネンロウ, ローズマリー. ❷《魚》1) パイロットフィッシュ [=pez piloto]. 2)《カナリア諸島》タラの一種《学名 Trisopterus minutus》
Romero [r̄oméro] 固《人名》**Carlos Humberto ~** カルロス・ウンベルト・ロメロ《1924~. エルサルバドルの軍人・政治家, 大統領. 恐怖政治を敷くが, 1979年, 青年将校によるクーデターで失脚》 **José Rubén ~** ホセ・ルベン・ロメロ《1890~1952, メキシコの小説家. メキシコ革命を背景にしたピカレスク風の小説『ピト・ペレスの自堕落な人生』*La vida inútil de Pito Pérez*》
romesco [r̄omésko] 圐《カタルーニャ. 料理》ロメスコ《揚げたニンニク・パン・トマト・カラシ・アーモンド・油・酢・香辛料で作るソース》
romescu [r̄omésku] 圐 =**romesco**
romí [r̄omí]《←rom》圏《植物》azafrán ~ ベニバナ ── 囡 ジプシーの女 [=gitana]
romín [r̄omín] 圐《植物》=**romí**
romo, ma [r̄ómo, ma]《←ラテン語 rhombus <ギリシア語 rhombos「独楽」》圏 ❶[刃先が] 尖っていない: tijeras de punta *roma* 刃先の丸いはさみ. ❷[鼻が] 低くて小さい〔人〕, 鼻ぺちゃの〔人〕 [=chato]. ❸[知的な] 鋭さに欠ける, 鈍い: El director escribe unos artículos muy ~s. 編集主幹の書く記事は知的な鋭さが非常に欠けている. ❹ 間抜けな [=torpe]. ❺ 圐《ムルシア. 俗語》身長の低い, 小柄な. ❻《ムルシア. 俗語》身長の低い, 小柄な
rompebarrigas [r̄ompebar̄íɣas] 圐《単複同形》《植物》イネ科ウシノケグサ属の一種《学名 Festuca scariosa》
rompebolas [r̄ompebólas] 圐《単複同形》《ラプラタ》しつこい奴, 迷惑な奴
rompecabezas [r̄ompekaβéθas]《←romper+cabezas》 圐《単複同形》❶ パズル, ジグソーパズル;《集合》そのピース: poner una pieza en el ~ パズルの一片をはめる《比喩的にも》. recoger un ~ パズルを片付ける. ❷ 難問, 頭の痛い問題. ❸ 鉄鋲付きの棍棒《武器》
rompecoches [r̄ompekótʃes] 圐《単複同形》[貧民の衣服に使われた] 粗末なウール地
rompecorazones [r̄ompekoraθónes] 圐《単複同形》[相手を恋に落ちさせるように振って悲しませる] 薄情な人
rompedera[1] [r̄ompeðéra] 囡 ❶ [鉄に穴を開ける] 大型ポンチ. ❷《火薬の粒用の》革製のふるい
rompedera[1] [r̄ompeðéra] 圏《アルゼンチン, ウルグアイ. 口語》*~ de cabeza* 難問
rompedero[2]**, ra**[2] [r̄ompeðéro, ra] 圏 壊れやすい, もろい
rompedizo, za [r̄ompeðíθo, θa] 圏 壊れやすい, もろい
rompedor, ra [r̄ompeðór, ra] 圏 ❶ 壊す; [服を] すり切らす. ❷ 目立つ; 調和を乱す〔人〕
rompedura [r̄ompeðúra] 囡 破壊, 破損; 断絶
rompefilas [r̄ompefílas] 圐《単複同形》《チリ》通行許可 [=pase]
rompegalas [r̄ompeɣálas] 圐《単複同形》身の回りがだらしのない人, 服装の汚らしい人
rompehielos [r̄ompejélos]《←romper+hielos》圐《単複同形》砕氷船;[その船首の] 衝角
rompehuelgas [r̄ompeweélɣas] 圐《単複同形》スト破り [=esquirol]
rompenecios [r̄ompeneθjos] 圐《単複同形》《廃語》他人を平気で利用する人
rompenueces [r̄ompenwéθes] 圐《単複同形》クルミ割り [=cascanueces]
rompeolas [r̄ompeólas] 圐《←romper+olas》圐《単複同形》❶ 防波堤, 波よけ. ❷[波が砕ける] 岩礁
rompepiernas [r̄ompepjérnas] 圐《単複同形》《西. 自転車》[脚の筋肉に負担のかかる] アップダウンの続く[コース]
rompepoyos [r̄ompepójos] 圐《単複同形》《廃語》怠け者, 放浪

者

romper [rompér] 《←ラテン語 rumpere》他《過分 roto》❶ 壊す、ばらばらにする、折る、破る《類義 基本的に **romper** は「手で扱えるほどの大きさのものを壊す」、**estropear** は「だめにする、破損させる、使えなくする」、**destruir** は「大規模・重大な破滅・破壊・倒壊を引き起こす」のニュアンスがある》: 1) He roto un plato al tirarlo al suelo. 私は皿を床に落として割ってしまった. Los niños *rompieron* el escaparate con un balonazo. 子供たちはボールをぶつけてショーウインドウを割ってしまった. El vendaval *rompió* algunas tejas. 強風でかわらが何枚か割れた. Los niños *rompieron* el balón con una navaja. 子供たちはナイフでボールに穴を開けた. El cachorro *rompió* las cortinas de las ventanas. 子犬が窓のカーテンを引き裂いた. He roto la cerradura porque he metido una llave que no era. 私は違う鍵を差し込んで錠前を壊してしまった. *Rompió* el papel en mil pedazos y los tiró en la papelera. 彼は紙を細かくちぎってごみ箱に捨てた. ~ la puerta ドアを破る. ~ una rama 枝を折る. 2)《比喩》El velero *rompe* las aguas del lago. ヨットが湖水を突き進んでいく. Los manifestantes consiguieron ~ el cordón policial. デモ隊は警察の警戒線を突破することに成功した. El corredor *rompió* el récord mundial. そのランナーは世界記録を破った. La proyección de una película *rompió* el silencio de la sala. 映画の上映が始まって場内の静けさが破られた. Su llanto me *rompió* el alma. 私は彼の泣き声を聞いて心が張り裂けそうだった. la espesura del bosque 深い森を切り開く. ~ la armonía 調和を乱す.《口語》故障させる: Si llenas tanto la lavadora, terminarás *rompiéndo*la. そんなに一杯詰め込むと、洗濯機が壊れるよ. ❸《衣服などを》すり減らす: Tengo los zapatos *rotos* por la suela y el tacón. 私の靴は底とかかとがすり減ってしまった. Iba todo *roto*. 彼はぼろぼろの服を着ていた. ❹《関係などを、+con と》断つ、解消する、破棄する: Nunca *rompe* sus promesas. 彼は決して約束を破らない. La guerrilla *rompió* la tregua. ゲリラは停戦を破棄した. El delegado *rompió* las negociaciones. 代理人は交渉を打ち切った. El presidente decidió ~ las relaciones diplomáticas con ese país. 大統領はその国と国交を断絶する決心をした. Los últimos acontecimientos han roto las relaciones entre ambos países. 最近の事件のせいで両国の関係は悪化した. ❺《軍、スポーツ》《列などを》乱す、解く: Los jugadores no *rompieron* la fila hasta que terminara el himno. 選手たちは国歌が鳴り止むまで列を崩さなかった. ❻《ラプラタ. 俗語》邪魔をする

—— 自 ❶ [+con と/互いに] 縁を切る、絶交する: Hace poco *rompió con* la pareja. 彼は最近、恋人と別れた. Los novios han roto. その恋人たちは別れた. Ha roto con su empresa y ahora busca trabajo. 彼は会社とけんか別れして、今は仕事を探している. Necesita ~ con el pasado e iniciar una nueva vida. 彼は過去と決別して新生活を始めるべきだ. ❷ [+a+不定詞/+en+名詞. 突然に]…し始める《不定詞は llorar・reír・hablar・gritar などに限られる》: Al saber la noticia, *rompió* a llorar (en lágrimas). 彼はその知らせを聞くといきなり泣き出した. Con tanto miedo no era capaz de ~ a hablar. 彼は恐ろしさのあまり話すことができなかった. Al finalizar el espectáculo, el público *rompió* en un largo y sonoro aplauso. 演目が終わると観客は大きな拍手をいつまでも続けた. ❸ [+con・sobre に当たって、砕ける]《波》砕ける: Las olas *rompen* sobre el dique. 波が防波堤に打ちつけている. ❹ [+por から] あふれる、漏れる、崩れる: Hay peligro de que el agua *rompa* por el muro de contención. 水が堤防からあふれ出す危険がある. Tanta tensión contenida tenía que ~ por algún lado. それほど張りつめた空気がいずれどこかで破れざるを得なかった. ❺《花が》開く: Las flores de cerezo están a punto de ~. 桜はまもなく開花するだろう. ❻ 始まる. ❼ 道を切り開く.《口語》大いに成功する, [その結果] 目立つ: Su novela *rompió* y se colocó en lo más alto de las listas de ventas. 彼の小説は大当たりしてベストセラーの上位を占めた

de rompe y raja《アルゼンチン》ぜいたくに
de rompe y rasga《口語》[人々で] 大胆な、決然とした: Es una mujer *de rompe y rasga*. 彼女は肝っ玉のすわった女性だ

—— **~se** ❶ 捻挫する、筋を痛める、骨折する: Levanté aquella caja y noté cómo *se me rompía* en la espalda. 私はあの箱を持ち上げて、ぎっくり腰になってしまったことに気づいた. Se le *rompió* un brazo esquiando. 彼はスキーをしていて片腕を折ってしまった.《語法》Al caerse por las escaleras, *se rompió* la pierna./..., se le *rompió* la pierna. 彼は階段から落ちて脚を骨折した. a+人 を加えた方が、「彼がけがの受け手である」という意味が強くなる. ~ se las cuerdas vocales 声帯を痛める. **brazo** *roto* 骨折した腕.《皮肉、戯言》体を壊す、無理をする: No te vayas a ~ de tanto trabajar. そんなに働いて体を壊すなよ. ❷ 割れる、壊れる、折れる、破れる: 1) El vaso cayó y *se rompió* en añicos. グラスが落ちて粉々に割れた. Retire las cosas que puedan ~ *se*. 壊れそうなものは片付けなさい. No se apoyes en esa rama, que puede ~ *se*. その枝につかまらないほうがいい. 折れるかもしれないよ. Esta rama está *rota*. この枝は折れている. Este papel *se rompe* fácilmente. この紙は破れやすい. Tienes los zapatos *rotos*. 君の靴は穴があいている. calcetín *roto* por el talón かかとの破れた靴下. cristal *roto* 割れたガラス. lápiz de punta *rota* 先の折れた鉛筆. reloj *roto* 壊れた時計. vaqueros *rotos* ダメージ加工ジーンズ. 2) [+a+人] Se te han *roto* los pantalones. 君のズボンはすり切れているよ. Al verla llorar, *se me rompió* el alma. 彼女が泣くのを見て私の心は張り裂けそうだった. ❹《口語》故障する: Se ha *roto* el televisor. テレビが故障した. La lavadora está *rota* y no funciona. 洗濯機が故障して動かない. ❺《関係が》断たれる: *Se rompieron* abruptamente las negociaciones. 交渉はにわかに決裂した. *Se rompió* el acuerdo. 協定が破られた. ❻ [+con と] 縁を切る、絶交する: María *se ha roto con* José. マリアはホセと別れた. ❼《自転車》《集団が》ばらばらになる. ❽《ラプラタ. 口語》努力する

rompesacos [rompesákos] 男《単複同形》《植物》イネ科エギロプス属の一種《学名 Aegilops triuncialis》
rompesquinas [rompeskínas] 男《単複同形》街角に立ってけんかを売る人
rompetechos [rompetétʃos] 名《単複同形》《西. 口語》ちび、背の低い人
rompevientos [rompebjéntos] 男《単複同形》《ラプラタ. 服飾》セーター; アノラック
rompezaragüelles [rompeθaraɣwéʎes] 男《単複同形》《植物》ショウジョウハゼ
rompible [rompíble] 形 壊れ得る
rompido, da [rompído, ða] =**roto**《**romper** の過分 としては rompido は《廃語》》

—— 男 開墾地

rompiente [rompjénte] 《←romper》男 ❶ [波が砕ける] 岩礁. ❷ 暗 砕け波
rompilón, na [rompilón, na] 形 [人が] ものをすぐ壊す
rompimiento [rompimjénto] 男 ❶ 断絶; 絶交, けんか別れ, 不和: ~ de la rutina 日常性との断絶. ~ de las relaciones entre los dos países 両国の国交断絶. ❷ 破壊, 破損. ❸ 亀裂, 裂け目. ❹《美術》[別世界の光景などがかいま見える] 絵画の背景に描かれた開口部: En ese cuadro religioso se pintan unos ramos de rosas en el suelo y en un ~ celestial, entre nubes, la Santísima Trinidad. その宗教画ではバラの花束が地面に描かれ、背後の雲の間からのぞいた天国の空間に聖なる三位一体像が描かれている. ❺《演劇》[舞台の背景がかいま見えるアーチ形などの] 幕の切り込み. ❻《鉱山》2つの地下掘削場を結ぶ坑道. ❼《まれ》極度の疲労. ❽《まれ》開墾
rompope [rompópe] 男《メキシコ, 中米, エクアドル》ロンポペ《ラム酒で作る冷たい卵酒》
rompopo [rompópo] 男《メキシコ, 中米, エクアドル》=**rompope**
Rómulo [rómulo] 固《ローマ神話》ロムルス《赤ん坊の時に狼に育てられた、古代ローマの建国者. レムス Remo の双子の兄》
ron [rón] 《←英語 rum》男 ❶ ラム酒. ❷《ペルー》メタノール、工業用ラム
ronca[1] [róŋka] I《←roncar》女 ❶ 発情期にダマシカの雄が雌を呼ぶ鳴き声; ダマシカの発情期. ❷《まれ》[主に 複] からいばり、こけおどし. ❸《ペルー》echar ~ s からいばりする

II《←ラテン語 runca》女 矛《{ほこ}》 partesana の一種
roncadera [roŋkaðéra] 女《エクアドル、ボリビア》=**roncadora**
roncador, ra [roŋkaðór, ra] 形 いびきをかく; [人]
—— 男《魚》イサキ科の一種《学名 Pomadasys benneti》. ❷《ムルシア; ペルー》大型の打ち上げ花火
—— 女《エクアドル、ペルー、ボリビア、アルゼンチン》非常に大型の輪形の拍車

R

roncal [ROŋkál] 男 ❶ [ナバラ地方の] 羊乳チーズ. ❷《鳥》ナイチンゲール《=ruiseñor》

roncalés, sa [roŋkalés, sa] 形 名《地名》ロンカル谷 valle de Roncal の[人]《ナバラ県》
—— 男 バスク語のロンカル谷方言

roncamente [rόŋkaménte] 副 ❶ 不作法に, 粗雑に. ❷ かすれ声で

roncar [roŋkár]《←ラテン語 rhonchare < rhonchus < ギリシア語 rhonchos「いびき」》[7] 自 ❶ いびきをかく: *Ronca* fuertemente por la noche. 彼は夜ひどいいびきをかく. ❷ [発情期にダマシカの雄が] 雌を呼んで鳴く. ❸ [海・風などが] うなる. ❹《口語》脅す. ❺《口語》眠る. ❻《アンデス, アルゼンチン, ウルグアイ. 口語》いばっている, 親分肌である

ronce [rόnθe] 男《口語》甘言, おだて

roncear [ronθeár] 自 ❶ [いやいや] ぐずぐず(だらだら・のろのろ)と行なう. ❷ [船舶] ゆっくり航行する. ❸《口語》おだてる
—— 他《メキシコ, チリ, アルゼンチン》❶ [重い物をてこなどで] 動かす. ❷ 見張る

ronceria [ronθería] 女 ❶ [いやいや] ぐずぐず行なうこと. ❷ [船の] のろのろした航行. ❸《口語》甘言, おだて

roncero, ra [ronθéro, ra]《←?語源》形 ❶ [命じられたことを] だらだら行なう, 腰が重い. ❷ 愚痴のろのろ遅い. ❸ 口のうまい, 甘言を弄する. ❹ 不平の多い. ❺《中米, アンデス, アルゼンチン, ウルグイ》ずる賢い; お節介な

Roncesvalles [ronθesbáʎes] 女《地名》ロンセスバリェス《叙事詩『ローランの歌』でカール大帝 Carlomagno の軍が壊滅した戦闘の舞台となったナバラ地方の山峡》
ser un ~ 大合戦である; 歴史的壊滅である

roncha [rόntʃa]《←ラテン語 ronchum》女 ❶ [皮膚の] 赤い腫れ物, 発疹: La loción me levantó unas ~s tremendas. ローションで私の肌にひどい発疹が出た. ❷ [打ち身による] 青あざ. ❸ [詐欺による] 金銭的被害
levantar ~s《口語》[他人の感受性・感情を] 傷つける, 怒らせる: Sus artículos de crítica literaria son tan violentos, que siempre *levantan ~s* entre los escritores. 彼の文芸批評はとても激越でいつも作家たちをいらだたせる
II《←ラテン語 rota「車輪」》女 [薄い] 輪切り: una ~ de chorizo チョリーソ1枚

ronchar [rontʃár] I《←仏語 ronger「噛む」》他 [食べ物を] カリカリ音をたてて噛む
—— 自 [生煮えのため, 食べ物が] 噛むと[カリカリ]音がする
II 他 …に赤い腫れ(青あざ)を作る
❶《アラバ》回転する. ❷《サラマンカ》滑る

ronchón [rontʃón]《roncha の示大語》男 赤い腫れ; 青あざ

ronco¹ [rόŋko] 男《キューバ. 魚》アオスジイサキ《学名 Haemulon plumieri》

ronco², ca² [rόŋko, ka]《←ラテン語 raucus》❶ [声が]かれた, しわがれた: Estoy ~ de tanto gritar. あんまり大声を出したので私は声がかれている. 声や *~ca* しわがれ声, かすれ声. ❷ 耳障りな: ruido ~ del oleaje 海鳴り

roncollo [roŋkόʎo]《←ポルトガル語 roncolho》形 ❶ 睾丸が1個欠けた [動物]; 睾丸が隠れた [動物]

roncón¹ [roŋkón]《ガリシア》[バグパイプの低音用の管]

roncón², na [roŋkón, na] 形《コロンビア, ベネズエラ》金持ちの(才能がある)ふりをする

ronda [rόnda]《←古語 robda < アラビア語 rubt < rabita「騎兵のパトロール」》女 ❶ ❶ 警備員・兵士などの, 主に夜の〉巡回, 見回り; その一団(部隊): hacer la ~ 巡回する, 見回る. ❷《西, メキシコ》[青年たちが若い娘の家の前を] 歌って回ること[一団]: Esta noche vamos a ir de ~ a las casas de las compañeras del curso. 今晩私たちは同級生の女の子たちの家の前を歌って回る予定だ. ❸《西》[町の] 外周道路, 環状線 [~ de circunvalación]. 2)《城壁の上などの》巡視路, 警邏路.《口語》[飲食店で一同にゆきわたる, 酒などの] 一回分の注文: Pidimos otra ~ de bebidas. 私たちは飲み物のお代わりを頼んだ. Yo pago la primera ~. 1杯目は私が払う. Invitó a un par de ~s a todos. 彼は全員に2杯おごった. ❺《トランプ》[全体でなく] 一回の勝負. ❻《自転車》ステージレース. ❼《鳥などの》旋回. ❽ 交渉: R~ Uruguay [GATTの] ウルグアイ・ラウンド. R~ Doha [WTOの] ドーハ・ラウンド. ❾《狩猟》[クマ・シカなどの] 夜の狩猟. ❿《まれ》円, 丸 [=círculo]. ⓫《ペルー, チリ, アルゼンチン》子供たちが並んで作る輪; その遊戯
~ de consultas 座談会

rondada [rondáða] 女《地方語》青年の一団が歌い演奏して回ること

rondador, ra [rondaðór, ra] 形 名 ❶《西, メキシコ》歌い演奏して回る[人]. ❷ 巡回する, 夜回りする
—— 男《エクアドル. 音楽》パンフルートの一種

rondaflor [rondaflór] 男《まれ》歌い演奏して回る男; まとわりつく男

rondalla [rondáʎa]《←ronda》女 集名 ❶《西, メキシコ》歌い演奏して回る青年の一団. ❷ ギターやマンドリンの楽団. ❸ [全くの] 作り話, 大嘘

rondana [rondána] 女 ❶ [鉛・革製の] 座金. ❷《メキシコ》綱車 [=roldana]

rondar [rondár]《←古語 robdar「巡回する」》他 ❶ [主に夜に] 巡回する, 見回る;《軍事》[哨所を] 点検して回る: Los policías *rondan* el barrio. 警官たちが地域を巡回する. ❷ [街を] 夜に散歩する. ❸ しばしば…を訪れる. ❹ つきまとう: Una idea me *ronda* por la cabeza. ある考えが私の頭を離れない. ❺ 語的》[女性に] 言い寄る. ❻ [病気などが] …に起こりそうである: Me está *rondando* un resfriado. 私は風邪をひきそうだ. De momento me *ronda* el sueño. 私は今眠気がさしている. ❼ [年齢・価格などが] 約…である: La edad de tres de ellos *ronda* los 30 años. 彼らの内の3人の年齢は約30歳だ. El precio *ronda* los 18,24 euros. 価格は18.24ユーロ前後である. ❽《まれ》…の周囲を回る: Las polillas *rondan* la luz. ガが明かりの周りを飛ぶ
y lo que te rondaré, [*morena*]《俗語》[自分の話の中で同じ事がえんえんと続くのを嫌って] 後ははしょらせていただくとして: Aquellas señoras me van a dar latazo contándome sus quejas, estropearme el fin de semana, *y lo que te rondaré, morena.* あのご婦人方には愚痴を聞かされ, 週末を台なしにされるだろう. その後の災難にはくどくならないようにはしらせてもらうがね
—— 自 ❶ 青年たちが若い娘の家の前を] 歌い演奏して回る. ❷ [夜に通りを] 散歩する. ❸ 夜回りをする. ❹ 夜狩猟をする

rondeau [rondó]《←仏語》男《音楽》=*rondó*

rondel [rondél]《詩法》ロンデル《フランス詩で15世紀まで多く使われたロンド形式》

rondeño, ña [rondéno, ɲa] 形 名《地名》ロンダ Ronda の[人]《岩の上に築かれたマラガ県の町》; [ロンダ近郊の] セラニア・デ・ロンダ Serranía de Ronda 地区の[人]
—— 女 ロンデニャ《ロンダの民謡・舞踊》

rondín [rondín] 男 ❶ [歩哨の監視点検するための] 伍長(分隊長)の巡回; [海軍工廠の] 盗難見張り番. ❷《まれ》夜回りする人. ❸《グラナダ》交通警官. ❹《エクアドル, ペルー》ハーモニカ [=armónica]. ❺《ボリビア, チリ》夜警

rondís [rondís] 男《宝石の》テーブル

rondiz [rondiθ] 男 =*rondís*

rondó [rondó]《←仏語 rondeau》男 複 rondoes ❶《音楽》ロンド, 回旋曲. ❷《詩法》ロンド《繰り返しを多く含むフランス風の詩》

rondón [rondón] I《←古語 [de]randon < randir「猛烈と走る」》*de* ~ 呼ばれもしないのに; 許可なしに, 遠慮なしに: Se coló *de* ~ en la sala de juntas. 彼は立場から勝手に入り込んだ
II 男 ❶《ナバラ, アラゴン, バレンシア. 舞踊》円を描いて踊るホタ jota. ❷《ホンジュラス. 昆虫》ニジダイコクコガネ属の一種《学名 Phanaeus amithaon》

ronear [roneár]《←隠語》❶ ぶつぶつ不平を言う. ❷ 自慢する, 強がりを言う

roneo [ronéo] 自《隠語》❶ ぶつぶつ不平を言うこと. ❷ 自慢, 強がり. ❸ ナンパ [=ligue]

rongacatonga [roŋgakatóŋga] 女《アルゼンチン》輪になって歌いながら回る子供の遊び

ronquear [roŋkeár] I《←ronquera》自 声がかれている(しわがれている)
—— 他 いばる, 強がりを言う
II 他 [マグロなどを] ぶつ切りにする, 切り刻む

ronquedad [roŋkeðá(ð)] 女 [声が] かすれて(しわがれて)いること; [音が] 割れていること

ronquera [roŋkéra]《←ronco²》女《疾患による》声のかすれ, しわがれ: tener ~ しわがれ声である

ronquez [roŋkéθ] 女《まれ》=*ronquera*

ronquido [roŋkíðo]《←roncar》男 ❶ [主に 複] いびき: dar

ronquillo [ɾoŋkíʎo] 男《プエルトリコ. 口語》❶ いびき《=ronquido》. ❷ 声のかすれ、しわがれ《=ronquera》

ronrón [ɾonrón] 男 ❶《グアテマラ, ニカラグア, ホンジュラス》❶《昆虫》フンコロガシの一種《学名 Scarabaeus sacer》. ❷《玩具》[菱形の薄板に紐を付けて振り回す] うなり板. ❷《植物》ウルシ科の一種《学名 Astronium graveolens》. ❸ うわさ話

ronronear [ɾonɾoneár]《←擬声》自 ❶《猫が》喉をゴロゴロ鳴らす: Cuando le rasco la cabeza, el gato se pone a 〜. 私が頭をなぜてやると猫は喉をゴロゴロ鳴らす. ❷《エンジンが》ブルンブルンいう. ❸《固定観念などが人を》不安にする、さいなむ: Hace días que no le *ronronea* la idea de cambiar de trabajo. 彼は数日前から転職の考えにとりつかれている.

ronroneo [ɾonɾonéo] 男 ❶ 猫が喉をゴロゴロ鳴らすこと. ❷ エンジンがブルンブルンいうこと

ronsoco [ɾonsóko] 男《ペルー. 動物》カピバラ

ronza [ɾónθa] 女《船舶》a la 〜 風下に

ronzal [ɾonθál]《←アラビア語 rasan》男 ❶《馬具》頭絡(とう). ❷《船舶》1)《帆を畳み込むための》索. 2)《万力滑車の》ロープ

ronzar [ɾonθár]《←擬声》他 ❶《食べ物が》パリパリ(カリカリ)と音を立てる
── 他 ❶《固いものを》パリパリ(カリカリ)と音を立てて食べる. ❷《錨を》てこで動かす

roña [ɾóɲa]《←ラテン語 aranea 《疥癬》女 ❶ 不可算 《こびりついた》汚れ、垢: lleno de 〜 垢だらけの. ❷ 不可算 錆: Las rejas tienen 〜 porque hace dos años que no se pintan. 2年間塗装していないので鉄格子は錆びついている. ❸《綿羊類の》疥癬(が). ❹《軽蔑》けち: No hagas las cosas con tanta 〜, sé un poco más desprendido. そんなにけちけちしないで、もう少し気前よくしよう. ❺《伝染する》堕落、不道徳. ❻ 計略、ペテン. ❼ ブドウの木の病気. ❽《地方語》マツ(松)の樹皮. ❾ サラマンカ; エルサルバドル、プエルトリコ》敵意、反感. ❿《キューバ. 口語》いらだち、怒り; 恨み. ⓫《コロンビア、ベネズエラ. 口語》1) 怠惰; 仮病、怠ける口実. 2) へつらい、おねり. 3) 発疹、吹き出物. 4) 故障、破損. 5) ざらつき. ⓬《エクアドル》賭け事》のいかさま
──《軽蔑》けちな人、吝嗇ン家: Al 〜 de tu primo no le dejo ni un céntimo más. 君の従兄弟のあのけち野郎には一銭たりとも貸してやるものか

roñal [ɾoɲál] 男 ❶《サモラ、サラマンカ》[その後なめし革工場に運搬するための] 山中の樹皮貯蔵場所

roñar [ɾoɲár] 自 ❶《アストゥリアス、アラゴン》不平を言う. ❷《アストゥリアス》けちけちする. ❸《ナバラ、リオハ》錆びつかせる、錆びる. ❹《アラゴン》叱る

roñería [ɾoɲeɾía]《←roña》女《軽蔑》けち、吝嗇(やつ)

roñero, ra [ɾoɲéɾo, ra]《ベネズエラ》怠惰な、不精な

roñía [ɾoɲía] 女《サラマンカ》いらだち、反感、敵意

roñica [ɾoɲíka]《←roña》共《軽蔑》けちな人

roñosería [ɾoɲoseɾía] 女 けち、さもしさ

roñoso, sa [ɾoɲóso, sa]《←roña》形 ❶《estar+》錆びついた: Los barrotes metálicos de la escalera están 〜s. 階段の金属製の手すりが錆びついている. ❷《estar+》垢だらけの、汚れた. ❸《estar+》疥癬(や)にかかった. ❹《軽蔑》《ser+》けちな、けちん坊な: No seas 〜. けちけちするな. ❺《メキシコ、カリブ》激怒している、いらだっている; 敵意のある、冷淡な. ❻《コロンビア、エクアドル》ざらざらの. ❼《アンデス》いかさまの

rookie [ɾúki]《←英語》男《主にスポーツ》新人、ルーキー

ropa [ɾópa] 《←古語 roupa <ゲルマン語 raubon》女 ❶ 衣服、服《布製で上着・下着用》: 1)《時に集名》¿Ya os vestís con 〜 de invierno? 君たちはもう冬服を着ているの? En el trabajo se pone la 〜 de faena. 職場では仕事着を着用する. Casi no tengo 〜 de vestir y no sé qué ponerme para la fiesta. 私はろくな服を持っていなくて、パーティーに着ていくものがない. Le gusta llevar 〜 interior de seda. 彼女はシルクの下着を好んでいる. Estaba tan cansado que se acostó sin quitarse la 〜. 彼は大変疲れていたので服を着たまま寝た. Para salir a cenar necesito cambiarme de 〜. 外で夕食をするのなら、私は着替えなければならない. Adelgacé tanto que me queda grande la 〜. 私はとても痩せたので服がぶだぶだになった. salir a comprar 〜 服を買いに行く. 〜 íntima《主に中南米》下着. 〜 de agua 雨具. 〜 de baño《ペルー》水着. 〜 de deporte スポーツウエア. 〜 de trabajo 作業着. 〜 usada 古着. La 〜 sucia se lava en casa.《諺》内輪のもめ事は内輪で片付ける方がよい. 2)《隠》La modelo lucía 〜s de vistosos colores. そのモデルは派手な色の服を着ていた. Las 〜s de José no me sirven. Me vienen grandes. ホセの服は大きすぎて私には合わない. Se arregló los pliegues de sus 〜s. 彼は服のしわを伸ばした. 〜 de bebé《南米》産着《=fajos》. ❷《時に集名》シーツ・タオルなどを含めた》衣服、布類: 〜 de cama シーツ・枕カバー類. 〜 de casa シーツ・テーブルクロスなど. 〜 de mesa テーブルクロス・ナプキンなど. ❸《時に集名》洗濯物: La 〜 ya está seca. 洗濯物はもう乾いている. En esta zona tienden 〜 sobre una cuerda y en la barandilla. このあたりでは洗濯物をひもでベランダに干している. 〜 de color 色物

a quema 〜 至近距離から; あけすけと、ずけずけと《=a quemarropa》

en 〜*s menores*《まれ》下着姿で

haber 〜 *tendida*《口語》口のきき方に気をつけなければいけない人がいる: No sigas hablando, que *hay* 〜 *tendida*. それ以上話すな. 聞いている人がいる

guardar la 〜《危険を避けて》用心して行動する

nadar y guardar la 〜《最小限の危険で最大限の利益を得るように》抜け目なく立ち回る: Él no se arriesga; intenta *nadar y guardar la* 〜. 彼は決して危険を冒さず、ひどい目に遭わないようにする

no mover la 〜《まれ》微動だにしない

no tocar a+人 *la* 〜 [*al cuerpo*]《口語》[脅し文句で] …に危害を加えない、髪の毛一本傷つけない

〜 *blanca* 1) シーツ・タオル類; テーブルクロス・ナプキン類: El apartamento que alquilé estaba provisto de 〜 *blanca*. 私が借りたアパートにはシーツ・タオル類が付いていた. 2)《淡い色の》下着

〜 *vieja*《主にメキシコ. 料理》残り物の肉を使った煮込み: Con pollo y morcillo hizo 〜 *vieja*. 彼女は鶏肉と牛のもも肉で煮込みを作った

tentarse la 〜《口語》[あらかじめ] じっくり考える: Tiéntate *la* 〜 *antes de contestarle*. 彼に返事する前によく考えた方がいいよ

ropaje [ɾopáxe]《←ropa》男 ❶ 集名 衣服: Cuando vas de vacaciones no cargues el coche de 〜 inútil. バカンスに出かける時は必要のない衣服は車に積み込まない方がいい. ❷《時に集名 正装用の長い》豪華な衣装: Al retirarse al dormitorio, el rey se despojó de sus pesados 〜s. 王は寝室に入ると、重い衣装を脱ぎ捨てた. ¿Dónde con tanto 〜? 厚着してどこに行くの? ❷ 厚着. ❸ 言葉づかい、表現法、語調; 美辞麗句

ropálico [ɾopáliko] 形《詩法》verso 〜 [ギリシア詩で] 後続語になるにつれて1音節ずつ増える詩句

ropavejería [ɾopabexeɾía] 女 古着屋

ropavejero, ra [ɾopabexéɾo, ra]《←ropa+ラテン語 vetus, -eris《古い》》男 古着屋

ropavieja [ɾopabxéxa] 女《メキシコ. 料理》ロパビエハ《牛肉・トウガラシ・ジャガイモ・玉ネギ・トマトの煮込み》

rope [ɾópe] 男《アルゼンチン》犬《=perro》

ropería [ɾopeɾía] 女 ❶《既製服の》洋服店. ❷《劇団などの》衣装部屋. ❸《農作業用の》衣類・用具小屋

ropero, ra [ɾopéɾo, ra]《←ropa》形《たんす・部屋などが》衣類用の、衣類をしまうための
── 男 ❶ 洋服だんす; クローゼット: Mete (Guarda) las camisas y los jerséis en el 〜 del dormitorio. シャツとセーターは寝室の洋服だんすにしまいなさい. He dejado tu abrigo en el 〜. 君のコートは洋服だんすにしまったよ. Cuelga esa chaqueta en el 〜. その上着は洋服だんすにかけなさい. ❷ 衣類を支給する慈善団体: Llevaré lo que ya no me ponga al 〜 de la parroquia. 私はもう着ない衣類を教区の衣類チャリティーに出すつもりだ. ❸ 衣類預かり所、クローク: Trabaja de encargada del 〜 de un hotel. 彼女はホテルのクローク係として働いている. ❹ ハンガー、洋服掛け. ❺《一人の持ち》衣類: Ellas tienen un 〜 muy variado. 彼女たちは色々な衣類を持っている. ❻《羊飼いなどの》衣類・用具小屋; そこで働いている少年. ❼《羊小屋の》チーズ製造係. ❽《中南米. 婉曲》太った男、たくましい男

ropeta [ɾopéta] 女 =ropilla

ropilla [ɾopíʎa]《ropa の示小語》女《古語》《胴着の上に着る》長袖の上着

dar a+人 *una* 〜 …をやんわりとたしなめる、優しく叱る

ropón [r̃opón]《ropaの示大語》男 ❶ [他の服の上に着る] 長くゆったりした服, ガウン. ❷ 厚手の布を重ねて縫ったキルティング. ❸《地方語》馬具に使う毛布. ❹《コロンビア, ベネズエラ, チリ》婦人用の乗馬服

roque [r̃óke] I《←アラビア語 ruhh「馬車」》男 ❶《チェス》ルーク [=torre]. ❷《古語》城内の塔. ❸《地方語》岩
la casa de tócame R~《俗語》大勢がそれぞれ勝手気ままに暮らしている家: Aquí no hay manera de encontrar nada en su sitio; esto parece la casa de tócame R~. ここには物があるべき場所にあったためしがない, 無秩序な家もいいとこだ
II 形《西. 口語》[グーグー] 眠り込んでいる: Tan pronto como apagué la luz, me quedé ~. 私は明かりを消すとすぐにぐっすり寝入ってしまった

roqueda [r̃okéda] 女 =**roquedal**
roquedal [r̃okedál] 男 岩だらけの土地
roquedo [r̃okédo] 男《古語》岩. =**roquedal**
roquefort [r̃okefór] 男《←仏語》ロックフォールチーズ
roqueño, ña [r̃okéɲo, ɲa] 形 ❶ 岩だらけの; 岩のように固い. ❷ 岩の; 岩の上に建造された [=**roquero**]
roquería [r̃okería]《アルゼンチン》[海岸で] オタリアの群棲地
roquerío [r̃okerío]《チリ》岩場
roquero, ra [r̃okéro, ra] I《←**roca**》形 ❶ 岩の上に建造された: castillo ~ 岩山の上の城. 男 ❶《鳥》ヒヨドリ: ~ rojo コシジロイソヒヨドリ. ~ solitario イソヒヨドリ. ❷《集名》岩 [=**roquedo**]
II《←rock》形 名 =**rockero**: música ~ra ロックミュージック
roqueta [r̃okéta] 女 ❶《←**roque**「塔」》《古語》城郭内の小さなやぐら, 監視塔. ❷《植物》キバナスズシロ, ルッコラ, ロケット
roquete [r̃okéte] I《←カタルーニャ語 roquet》男《キリスト教》[司教などの着る] 短い白衣
II《←古仏語 rochet》男 ❶《古語》馬上槍試合に使う槍の先端の分かれた穂先. ❷《古語》[大砲の] 込め棒. ❸《紋章》ジャイロン, 盾を8等分する3角形
roquetense [r̃oketénse] 形《地名》ロケタス Roquetas の [人]《タラゴナ県の町》
roquetero, ra [r̃oketéro, ra] 形 名《地名》ロケタス・デ・マル Roquetas de Mar の [人]《アルメリア県の町》
rorar [r̃orár] 他《まれ》露で覆う
rorcual [r̃orkwál] 男《動物》ナガスクジラ: ~ azul シロナガスクジラ
ro-ro [r̃óro]《←英語》男《船舶》自動車運搬船
rorro [r̃óro]《←**ro-**》男 ❶《幼児語》赤ちゃん: Buenas noches, mi ~. おやすみ, 赤ちゃん. ❷ [赤ん坊を寝かしつける] よしよし. ❸《メキシコ》青い目の人; 人形
ros [r̃ós] 男《西》[歩兵用の低い] 筒形軍帽
rosa[1] [r̃ósa]《←ラテン語》女 ❶ バラの花: No hay ~ sin espinas. とげのないバラはない. agua de ~ バラ水. el puño y la ~ バラを握ったこぶし《社会民主政党のシンボルマーク》. ~ de té 紅茶の香りのする黄色いバラ. ❷《植物》1) バラ [=**rosal**]: ~ almizcleña マスクローズ. ~ canina [ヨーロッパ]イヌバラ. ~ de pitiminí ツルバラ. 2) palo de ~ シタン (紫檀). ~ albardera 《まれ》ボタン. ~ de Jericó アンジャンジュ. ~ del azafrán サフランの花.《参考》~ de azafrán [ラマンチャ地方で] サフラン. ~ del Japón ツバキ [=**camelia**]. ~ laurel キョウチクトウ. ❸ [皮膚の] 赤い血斑. ❹《菓子》1) クレープの一種 [=**fruta de sartén**]. 2)《複》ポップコーン [=**palomitas**].《建築》[天井などの] ばら形装飾 [=**rosetón**]. ❺ バラの模様. ❻《船舶》~ de los vientos~, ~ náutica 方位磁. ❼《鉱物》~ del desierto 砂漠のバラ《結晶化した石膏》. ❿《英国史》Guerra de las [dos] R~s «バラ戦争»: R~ Roja de Lancaster 赤バラ党. R~ Blanca de York 白バラ党. ⓫《闘牛》[紙製のリボン飾りの付いた] 短い槍 rejón. ⓬ ローズカットのダイヤモンド [=**diamante** ~]. ⓭《天文》尾が枝分かれした彗星 [=**cometa crinito**, **cometa** ~]. ⓮《チリ》リボン飾り
como una ~ 元気のはつらつとした: Tu abuelo está como una ~. 君のおじいさんは健康そのものだね. Me he recuperado y ahora estoy como una ~. 私は元気になって今ではとても調子がいい. cutis como una ~ 絹のように滑らかな肌
estar como las propias ~s 安楽に暮らす
florecer como ~ en mayo 今を盛りに咲く
una ~ en un estercolero はきだめに鶴
vivir en un lecho de ~s 甘美 (安逸) な暮らしをする
── 形《男女は時に単複同形》❶ ピンク色 [の]: camisa ~《複 camisas ~ [s]》ピンク色のシャツ. cortinas ~ vivo 鮮やかなピンク色のカーテン. ~ coralino コーラルピンク. ~ fosforito ショッキングピンク. ~ viejo グレイッシュピンク. ❷ 恋愛の, ロマンスの: novela ~《軽蔑》甘ったるい恋愛小説. ❸《隠語》同性愛者たちの. ❹《メキシコ》Zona R~ [メキシコシティの] 上流階級地区, 観光客向きの地区
de color [**de**] ~《比喩》ばら色の: El porvenir se presenta de color de ~. 未来はばら色だ. vida de color [de] ~ ばら色の人生
de ~ 非常に柔らかい: cutis de ~ 柔肌
ver (pintar) +事 **de color de** ~ …をばら色に見る, 楽観的である: Tú no ves todo de color de ~. 君はすべてに楽観的だ

rosáceo, a [r̃osáθeo, a]《←ラテン語 rosaceus》形 ❶ ピンク色の, バラ色の: Cuando lavo, mis manos se ponen de color ~. 私は水仕事をすると手が赤くなる. nube ~a あかね色の雲. ❷ バラ科の
── 女 ❶《医学》酒 [さ] さ, 酒焼け. ❷《植物》複 バラ科
rosacruciano, na [r̃osakruθjáno, na] 形 薔薇十字団の
rosacruz [r̃osakrúθ] 男 女《複 ~ces》薔薇十字団員
rosada[1] [r̃osáða] 女《ガリシア, アストゥリアス, カンタブリア, リオハ》霜; 露
rosadelfa [r̃osaðélfa] 女 アザレア, 西洋ツツジ [=**azalea**]; [総称] ツツジ
Rosa de Lima [r̃ósa de líma]《人名》**Santa** ~ サンタ・ロサ・デ・リマ《1586~1617. ペルーのリマ生まれの修道女. ラテンアメリカ最初の聖人. ペルーの国家警察とアルゼンチンの軍隊の守護聖人》
rosado, da[2] [r̃osáðo, ða]《←**rosa**》形 ❶ ピンク色 [の], ピンク色がかった: mejillas ~das ばら色の頬. piel ~da 血色のいい肌. ❷ [ワインの] ロゼ [=vino ~]. ❸ novela ~da ハッピーエンドの小説. ❹《コロンビア, チリ, アルゼンチン》[馬が] 赤と白の毛色の
rosal [r̃osál]《←**rosa**》男《植物》バラ [の木・茂み・生垣]: ~ silvestre 野バラ
rosaleda [r̃osaléða] 《←**rosal**》女 バラ園
rosalera [r̃osaléra] 女 =**rosaleda**
Rosales [r̃osáles]《人名》**Eduardo** ~ エドゥアルド・ロサレス《1836~73, スペインの画家.『遺言を伝えるカトリック女王イサベル』*Doña Isabel la Católica dictando su testamento*, 『眠れる裸婦』*Mujer desnuda dormida*》
Luis ~ ルイス・ロサレス《1910~92, スペインの詩人. 内戦前に活動を始め, 前期の作品では保守的思想と古典主義的詩法が顕著に見られるが, 内戦後は家族や友人の思い出や愛をうたった自由詩に転じた》
rosamaría [r̃osamaría] 女《メキシコ》マリファナ, 大麻
rosar [r̃osár] I **~se** 顔を赤らめる, 紅潮する [=**sonrojarse**]
II 自《ガリシア, アストゥリアス, カンタブリア, リオハ》[単人称] 露が降りる [=**rociar**]
rosariazo [r̃osarjáθo] 男 ロザリオによる一撃
rosariero, ra [r̃osarjéro, ra] 形《まれ》ロザリオの
── 名 ロザリオ職人 (売り)
── 男《植物》センダン [=**cinamomo**]. ❷ ロザリオケース
rosarino, na [r̃osaríno, na] 形 名《地名》ロサリオ Rosario の [人]《アルゼンチン, サンタフェ州の県・県都》
rosario [r̃osárjo]《←**rosa**》男《カトリック》1) ロザリオ, 数珠: pasar las cuentas del ~ ロザリオをつまぐる. 2) ロザリオの祈り. 3) ロザリオの祈りを捧げる人々の集団; 集団でのロザリオの祈り. ❷ 数珠つなぎ (一続き) のもの: un ~ de salchichas 1つなぎのソーセージ. un ~ de desdichas 相つぐ不幸. ❸ 背骨 [=**columna vertebral**]. ❹ [揚水・浚渫用の] チェーンポンプ. ❺《建築》玉縁飾り. ❻《キューバ, プエルトリコ》[主に複] うわさ話, ゴシップ
acabar (terminar) como el ~ **de la aurora**《口語》1) 混乱のうちに (意見がまとまらないまま) 終わる. 2) 取っ組み合い (殴り合い) のけんかで終わる: Juan y Pedro empezaron a discutir con buenas palabras, pero al final *terminaron como el* ~ *de la aurora*. フアンとペドロは最初は丁寧な言葉でやり合っていたが, 最後には殴り合いになった
Rosas [r̃ósas]《人名》**Juan Manuel de** ~ フアン・マヌエル・デ・ロサス《1793~1877, アルゼンチンの軍人・政治家, カウディーリョ. 私兵を率いて多数の先住民を殺害》
rosbif [r̃osβíf]《←英語 roastbeef》男《複 ~ [e] s》《料理》ローストビーフ

rosca[1] [r̄ɔ́ska] 〖←?語源〗 [女] ❶ 円筒状のもの: ～*s* de calamar イカの胴. ～ de mazapán マジパン用の型. ❷ 太って肉が輪状に盛り上がった部分〖首, 腕, 脚など〗. ❸《技術》1) ねじ山, ねじ溝. 2) 螺旋(らせん), スパイラルスクリュー: tapón de ～ ねじぶた. ～ de Arquímedes 螺旋水揚げ機, ねじポンプ. ❹《料理》リングパン; リングケーキ. ❺《建築》アーチの前面(後面). ❻《サッカー》インサイドキックでボールにかけたスピン. ❼《廃語》ボルトとナットで組み立てられた機械. ❽《コロンビア, ボリビア》派閥. ❾《チリ, アルゼンチン, ウルグアイ》1)［荷物を頭に載せる時に敷く］当て布. 2) 騒ぎ, 騒動; 騒々しい言い争い. 3)《トランプ》プレイヤーの輪

a ～［部品が］ねじ込み式の〖⇔a bayoneta〗

en ～［船が］空荷の

***hacer la ～ a*+人**《西. 口語》［意図があって］…をおだてる, おべっかを使う: En esta empresa, todos le *hacen la ～ al* jefe para conseguir aumentos de sueldo. この会社では給料を上げてもらおうと誰もが上司におべっかを使う

hacerse ～《メキシコ》横着をきめこむ

hecerse una ～［横たわる時に］体をくの字にする(丸める)

no comerse* (*jamarse*) *una ～《西. 俗語》［異性に］もてない;［主に男が女を］ナンパできない: Pedro tiene aspecto de *no haberse jamado una ～* en su vida. ペドロは一生のうち一度も女を引っかけたことがないような顔をしている

pasarse de ～ 1)［言動が］行き過ぎる: No *te pases de ～*; a un niño tan pequeño no puedes exigirle que permanecer una hora seguida al piano. ゆきすぎはいけない, あんな幼い子供を1時間続けてピアノの前に座らせるようなことをするべきでない. 2)［ねじが］空回りする, しっかり締まらない: Este tornillo *se ha pasado de ～*. このねじ釘は溝がだめになっている

pasarse una ～ すっかり消耗する

tener ～《コロンビア. 口語》顔がきく, 影響力がある

roscadero [r̄ɔskađéro] [男]《アラゴン》［果実・野菜の運搬用の］背の高いかご

roscado, da [r̄ɔskáđo, đa] [形] 螺旋のある
—— [男] ねじを切ること

roscador, ra [r̄ɔskađɔ́r, ra] [形] ねじを切る(刻む)
—— [女] ねじ切り機

roscar [r̄ɔskár] [7] [他]《技術》ねじを切る(刻む): cojinete de ～ ダイス

rosco[1] [r̄ɔ́sko] 〖←rosca〗 [男] ❶《西. 料理》リングパン; リングケーキ〖=rosca〗. ❷《西. 学生語》0点. ❸《中南米》中間商人, ブローカー

no comerse un ～《西. 口語》［異性に］もてない;［主に男が女を］ナンパできない

rosco[2], **ca**[2] [r̄ɔ́sko, ka] [形]《ボリビア》がにまたの

roscón [r̄ɔskɔ́n] 〖rosca の示大語〗 [男] ❶《料理》［大型の］リングパン; リングケーキ: ～ de Reyes 公現祭のパン〖中に小さな人形 sorpresa などが入れてあり, それに当たると幸運〗. ❷《学生語》0点〖=rosco〗

rosear [r̄oseár] [自] ピンク色をしている

rosedal [r̄oseđál] [男]《アルゼンチン, ウルグアイ》バラ園

rosellonense [r̄oseʎonénse] [形] [名]《地名》=**rosellonés**

rosellonés, sa [r̄oseʎonés, sa] [形] [名]《地名》［フランス南部の地方］ロセリョン Rosellón の〔人〕
—— [男] カタルーニャ語のロセリョン方言

rosense [r̄osénse] [形] [名]《地名》ロサス Rosas の〔人〕〖ヘロナ県の町〗

róseo, a [r̄óseo, a] [形] ピンク色の

roséola [r̄oséola] [女]《医学》❶ ばら疹(しん). ❷ ～ epidémica 風疹〖=rubéola〗

rosero, ra [r̄oséro, ra] [名] サフランの花を摘む人
[男]《エクアドル》シロップ・香辛料・エッセンス・パイナップル片で作る聖体の祝日独特のデザート

roset [r̄ɔsét] [男]《魚》ハゼ科の一種〖学名 Pseudaphya ferreri〗

roseta [r̄oséta] 〖rosa の示小語〗 [女] ❶ 頬の赤味: En cuanto bebe un poco de vino, le sale la ～. 彼はワインを少し飲むと, すぐに頬が赤くなる. ❷ [複] ポップコーン〖=～*s* de maíz〗. ❸［じょうろなどの］散水口. ❹ 周囲に小さな石をあしらった宝石. ❺ 小さなバラの花;［リボンなどの］バラ結び〔飾り〕;《植物》ロゼット〔状〕;《金属》純銅のクラスト;《アンデス, アルゼンチン, ウルグアイ》［拍車の］花車. ❻［シカなどの］角(つの)の根本のごつごつした環状部分. ❼《アルゼンチン》ロールパン

rosetón [r̄osetɔ́n] 〖roseta の示大語〗 [男] ❶《建築》1) ばら窓. 2)［天井などの］ばら形装飾. ❷ 頬の赤いしみ. ❸ 大きなバラの花

rosetti [r̄oséti] [形] [女] 粒が大きく皮の厚い生食用の〔ブドウの品種〕

rosicler [r̄osiklér] 〖←仏語 rose clair〗 [男] ❶《文語》朝焼けの薄いピンク色. ❷《鉱物》淡紅銀鉱, 濃紅銀鉱〖=plata roja〗

rosigar [r̄osiɡár] [8] [他]《アラゴン, アルバセテ, ムルシア》齧る
—— [自]《アラゴン, ムルシア》ぶつぶつ不平を言う

rosigón [r̄osiɡɔ́n] [男]《テルエル, アルバセテ, ムルシア》固くなったパンのかけら

rosillo, lla [r̄osíʎo, ʎa] [形] ❶［馬が］葦毛(あしげ)の. ❷ ピンク色の, 赤みがかった. ❸《アルゼンチン》白髪の〔多い〕

rosita [r̄osíta] [女] ❶ [複] ポップコーン〖=～*s* de maíz〗. ❷《植物》ミニバラ. ❸《チリ, アルゼンチン, ウルグアイ》イヤリング〖=pendiente〗

andar de ～《中南米》仕事がない, 無職である

de ～《メキシコ》楽々と, たやすく

de ～s 1) 代金(代償)を支払わずに: Después de haberte invitado a comer, no te van a dejar salir *de ～s*, seguro que te van a pedir que les ayude a pintar la pared. 食事に招いてくれたからには, お返しなしに君を帰してくれるはずがない, きっと壁のペンキ塗りを手伝ってくれと言うはずだ. 2) 楽々と, たやすく: Al amor de tu vida no debes dejar irse así *de ～s* como si fuera uno más. 君の一生をかけたこの愛を, まるで数ある恋の一つに過ぎないかのように, あっさりとあきらめてしまってはいけない

——[形] [女]《コスタリカなど》女々しい〔男〕

rosjo [r̄ɔ́sxo] [男] [集名]《サラマンカ》コナラ encina の葉

rosmar [r̄ɔsmár] [自]《地方語》ぶつぶつ不平を言う

rosmarino[1] [r̄ɔsmaríno] [男]《植物》マンネンロウ, ローズマリー〖=romero〗

rosmarino[2], **na** [r̄ɔsmaríno, na] [形] 薄い赤色の

rosmaro [r̄ɔsmáro] [男]《動物》セイウチ

rosmón, na [r̄ɔsmɔ́n, na] [形]《地方語》ぶつぶつ不平を言う

roso[1] [r̄óso] [形] はげた, 毛のない

a ～ y velloso 完全に, 例外なく

roso[2], **sa**[2] [r̄óso, sa] [形]《まれ》赤い

rosoca [r̄osóka] [女]《コロンビア》コンセント〖=enchufe〗

rosol [r̄osɔ́l] [男] =**rosoli**

rosoli [r̄osóli] [男]《酒》ロゾリオ〖バラ・オレンジなどの花びらを漬けたリキュール〗

rosolí [r̄osolí] [男] =**rosoli**

rosón [r̄osɔ́n] [男]［反芻動物・単蹄動物の胃壁で生育する］ウマバエの幼虫

rosqueado, da [r̄ɔskeáđo, đa] [形] 螺旋形の

rosquear [r̄ɔskeár] [自]《チリ. 口語》口論をする

rosquero, ra [r̄ɔskéro, ra] [形]《チリ, アルゼンチン》論争好きの, すぐ口論する

rosquete [r̄ɔskéte] 〖rosca の示小語〗 [形] [男] ❶ 大型のドーナツ. ❷《ペルー. 軽蔑》ホモ〔の〕

entregar el ～《ボリビア, アルゼンチン, ウルグアイ. 口語》死ぬ

rosquetón, na [r̄ɔsketɔ́n, na] [形]《中南米. 口語》おかまみたいな, 女性的な

rosquilla [r̄ɔskíʎa] 〖rosca の示小語〗 [女] ❶《料理》ドーナツ: ～ tonta アニスの入った甘くないドーナツ. ❷［ハマキガなど, 危険時に身を丸める］害虫の幼虫, 毛虫

no comerse una ～［異性に］もてない;［主に男が女を］ナンパできない

saber a ～s［事物が］良い気持ちにさせる, 満足させる

venderse como ～s 飛ぶように売れる

rosquillero, ra [r̄ɔskiʎéro, ra] [名] ドーナツを作る(売る)人

rosquillo [r̄ɔskíʎo] [男] ドーナツ〖=rosquilla〗

rosquituerto, ta [r̄ɔskitwérto, ta] [形]《コロンビア, エクアドル》=**rostrituerto**

rostelo [r̄ɔstélo] [男]《動物》［条虫類の］額嘴(がくし)

rosticería [r̄ɔstiθería] [女]《メキシコ, ニカラグア, チリ》ローストチキン店

rostizar [r̄ɔstiθár] [9] [他]《メキシコ. 料理》焼く: pollo *rostizado* ローストチキン

rostrado, da [r̄ɔstráđo, đa] [形] =**rostral**

rostral [r̄ɔstrál] [形] ❶《美術》船嘴(せんし)装飾のある: columna ～ 海戦記念柱. ❷［くちばし・船首の水切りのように］先の尖った
—— [男]《地方語. 馬具》頭絡の鼻の上を通る部分

rostrata [r̄ɔstráta] [形]《美術》columna ～ 海戦記念柱

rostriforme [r̄ɔstrifɔ́rme] [形] くちばし形の

rostrillo [r̄ostríɲo] 男 ❶ [1オンス600個の] 形のいびつな小粒の真珠: ～ menudo 小粒で不ぞろいの1オンス700個の真珠. ❷《古語》[女性の] 顔の周囲に付ける飾り《現在では聖母像などに付ける》

rostritorcido, da [r̄ostritorθíðo, ða] 形 =**rostrituerto**

rostrituerto, ta [r̄ostritwérto, ta] 形《怒り・悲しみなどで》しかめっ面した

rostrizo [r̄ostríθo] 男《パレンシア, ブルゴス, リオハ. 料理》乳飲み豚の丸焼き

rostro [r̄óstro]《←ラテン語 rostrum》男 ❶ [人の] 顔, 表情: La mujer llevaba el ～ cubierto por el velo. その女性は顔をベールで覆っていた. tener un bello ～ 顔が美しい. con ～ serio まじめな表情で. retrato de ～ entero 正面からの顔写真. ❷《口語》厚かましさ, 鉄面皮. ❸ くちばし状の突起. ❹《古語. 船舶》船嘴 [=espolón]. ❺《鳥の》くちばし
a ～ firme 面と向かって, 気後れせずに
conocer de ～ a+人 …を個人的に知っている
cruzar el ～ a+人 …に平手打ちをくわせる, 殴りつける
dar a+人 en ～ con+事 …のことで…を非難する
echar en ～... a+人 ❶ …のことで…を非難する: Debido al alto cargo que ejercía en aquella ciudad, nadie se atrevía a echarle en ～ su conducta inmoral. 彼はその町で高位の職についていたため, 誰一人その不道徳な行為をあえて非難するものはいなかった. ❷ …のことで…に恩を着せる
echar ～ a+事物《西. 口語》…である(…が自分のものである)かのような顔をする
hacer ～ 1)《敵に》抵抗する. 2) [意見に] 反対する
～ pálido《西. 時に戯語》白人《←昔のアメリカ先住民の表現》
tener [el] ～ 厚かましい, 恥知らずである: ¡Hay que tener ～ para pedir cien euros para una comida tan miserable! あんなひどい料理に100ユーロもとるなんて何て厚かましい! *tener mucho ～* ひどく厚かましい
tener un ～ que se lo pisa ひどく厚かましい
torcer el ～ 不快な表情をする
volver el ～[歓迎して] 視線を向ける;[軽蔑して] 視線をそらす

róstrum [r̄óstrun] 男《文語》演壇

rota[1] [r̄óta] I 《←マレー語 rotan》女《植物》籐(½)
II 《←ラテン語 rupta》女 ❶《文語》敗北. ❷《船舶》航路, 針路
III 《←ラテン語 rota》女《カトリック》❶ [R～] ローマ教皇庁控訴院《正式名称 Tribunal de la R～ Romana》. ❷ R～ de la Nunciatura Apostólica《西》最高法院
IV 女 [中世の] ツィターに似た弦楽器

rotáceo, a [r̄otáθeo, a] 形 車輪状の

rotación [r̄otaθjón]《←ラテン語 rotatio, -onis》女 ❶ 回転 [=movimiento de ～]: ～ de una rueda 車輪の回転. ❷ 交代, ローテーション; 循環: ejercer la presidencia por ～ 交代で議長をつとめる. ～ en el trabajo 配置転換, 職務歴任制. ❸《経済》～ de capital 資本回転率. ～ de existencias 棚卸資産回転率. ～ del trabajo(/)～ de la mano de obra 労働移動. ❹《天文》自転(/)～ revolución(/)～ de la Tierra(/)～ terrestre 地球の自転. ❺《農業》～ de cultivo[s] 輪作

rotacional [r̄otaθjonál] 形《技術》回転の

rotacismo [r̄otaθísmo] 男《音声》[母音間のsの] 震え音化, r音化

rotador, ra [r̄otaðór, ra] 形《まれ》回転する

rotafolios [r̄otafóljos] 男《単複同形》書見台

rotal [r̄otál] 形 ローマ教皇庁控訴院の

rotamente [r̄otaménte] 副 でたらめに, ぞんざいに

rotámetro [r̄otámetro]《←商標》男《技術》流量計

rotar [r̄otár]《←ラテン語 rotare < rota「車輪」》自 ❶ 回る, 回転する. ❷ 交代する, 輪番する. ❸《アストゥリアス, アラゴン》げっぷをする
── 他 回す; 交代で…をする
──～ se《メキシコ》交替で使用する

rotario, ria [r̄otárjo, rja] 男女 ロータリークラブ Club Rotario の [会員]

rotativo, va [r̄otatíβo, βa]《←rotar》形 ❶ 回転する, 回転式の: fondo ～ 回転資金. horno ～ 回転炉. ❷ 交代制の, 輪番制の. ❸ 輪転式の
── 男《文語》新聞 [=periódico]. ❷《チリ》各回入れ替えなしの映画館
── 女《印刷》輪転機 [=máquina ～va]

rotatorio, ria [r̄otatórjo, rja]《←rotar》形 ❶ 回転する: bomba ～ria 回転ポンプ. movimiento ～ 回転運動. puerta ～ria 回転ドア. ❷《化学》poder ～ 旋光性

rotavirus [r̄otaβírus] 男《単複同形》《医学》ロタウイルス

roten [r̄otén] 男 ❶《植物》籐(½). ❷ 籐のステッキ

rotenona [r̄otenóna] 女《化学》ロテノン

roteño, ña [r̄otéɲo, ɲa] 形《地名》ロタ Rota の [人]《カディス県の村》

roteque [r̄otéke] 形《チリ. 軽蔑》取るに足りない人

rotería [r̄otería] 女《チリ. 口語》❶ 思慮に欠ける行為, 不作法. ❷《軽蔑》下層民, 大衆

roterío [r̄otério] 女《集合》《チリ. 口語》下層民, 大衆

roticuaco, ca [r̄otikwáko, ka] 形《チリ. 軽蔑》=**roteque**

rotífero, ra [r̄otífero, ra] 形 輪虫類の
── 男 複《動物》輪虫(﹅)類

rotisería [r̄otisería] 女《チリ, アルゼンチン, ウルグアイ》ハム・ソーセージとローストチキン店

roto, ta[2] [r̄óto, ta]《←ラテン語 ruptus. romper の過分》形 ❶《口語》[estar+] 疲れ果てた: Estoy ～ de tanto caminar. 私は歩き疲れてくたくただ. Los jugadores acabaron ～s el partido. 選手たちはくたくたになって試合を終えた. ❷ ぼろを着た. ❸ [声が] 震えた, 震え声の. ❹《チリ. 軽蔑》下層民の; 無作法な. ❺《プラタ》[器具が] 壊れた
── 男 ❶《メキシコ》派手に着飾った村人, おしゃれな村人. ❷《ペルー, アルゼンチン. 軽蔑》チリ人. ❸《チリ. 軽蔑》下層民; 無作法な人
── 男《西》破れ目, 割れ目: Tienes un ～ en el pantalón. ズボンが破れているよ
haber un ～ para un descosido 割れなべにとじぶた: No te vas a quedar soltero, siempre hay un ～ para un descocido. 君にいつでも独身ではいやよ. 誰にでもお似合いの相手がいるものさ
servir (valer) igual para un ～ que para un descosido [人・物が] どんなことにも役立つ: Ese empleado está muy capacitado, e igual me sirve para un ～ que para un descosido. その社員は非常に有能で, 私が何をさせてもうまくこなす

rotograbado [r̄otograβáðo] 男 ❶《印刷》輪転グラビア. ❷《プラタ》[新聞の] 付録

rotonda [r̄otónda]《←伊語》女 ❶《交通》ロータリー, 円形交差点: girar a la derecha en la próxima ～ 次のロータリーで右に曲がる. ❷ 円形 (半円形) の広場 (建物・部屋)

rotondo, da[2] [r̄otóndo, da]《まれ》円形の

rotor [r̄otór]《←rotar》男 ❶《電気》回転子: ～ en jaula de ardilla かご形回転子. ❷《ヘリコプターの》回転翼: ～ de cola 尾部ローター. ～es en tándem タンデムローター

rotoso, sa [r̄otóso, sa] 形 ❶《南米. 口語》[服が] ぼろの; ぼろを着た. ❷《チリ. 軽蔑》下層階級の

rottweiler [r̄otβáiler]《←独語》男《犬》ロットワイラー

rótula [r̄ótula]《←ラテン語 rotula「小車輪」》女 ❶《解剖》膝蓋(½)骨, 膝がしら. ❷《技術》玉継ぎ手. ❸《古語. 薬学》薬剤を細かくしたもの [=trocisco]

rotulación [r̄otulaθjón] 女 ❶ ラベル貼り. ❷ 看板(表示板)の取り付け;[時に集合] 看板. ❸ 文字を書くこと, レタリング

rotulado [r̄otuláðo] 男 レタリング

rotulador, ra [r̄otulaðór, ra] 形 ❶ ラベル貼りの. ❷ 文字を書く, レタリングする
── 男女 レタリングのデザイナー; 看板書き
── 男《西》フェルトペン, マーカー: escribir con un ～ マーカーで書く. ～ permanente (no permanente) 油性 (水性) マーカー. =**rotuladora**
── 女 ❶ ラベル貼り機. ❷ レタリングマシン

rotular[1] [r̄otulár] I 他 ❶ [瓶などに] ラベルを貼る. ❷…に看板(表示板)を取り付ける. ❸ 見出しをつける. ❹ [地図・版版の] 文字を書く; レタリングをする
II《←rótula》形《解剖》膝蓋(½)[骨]の

rotulata [r̄otuláta] 女《まれ》ラベル; 看板; 貼り紙

rotuliano, na [r̄otuljáno, na] 形《解剖》膝蓋 [骨] の [=rotular]

rotulista [r̄otulísta] 共 レタリングデザイナー

rótulo [r̄ótulo]《←ラテン語 rotulus》男 ❶ [瓶などの] ラベル: Deberá figurar en el ～ una lista de ingredientes. ラベルには材料の表が載っていなければならない. ❷ 看板, 表示板, 案内板,

立て札; 貼り紙: Hay un ～ indicador de caminos del parque natural. 自然公園に行く道路の案内板が出ている. ～ luminoso ネオンサイン. ❸［記事の］見出し, キャプション: poner ～*s* sensacionalistas en los artículos 記事に派手な見出しをつける. ❹《テレビ》～ de salida クレジット. ❺［地図の］注記. ❻《カトリック》列福に先立ってローマ教皇庁が出す対象者の美徳に関する通達

rotunda[1] [r̄otúnda] [女]《文語》円形(半円形)の建物(部屋・広場)〖=rotonda〗

rotundamente [r̄otúndaménte] [副] きっぱりと, 断固として

rotundez [r̄otundéθ] [女] =**rotundidad**

rotundidad [r̄otundiđá(đ)] [女] 明確さ: con ～ はっきりと, きっぱりと

rotundidez [r̄otundiđéθ] [女] =**rotundidad**

rotundo, da[2] [r̄otúndo, da]〖←ラテン語 rotundus < rota「車輪」〗[形] ❶［返答が］きっぱりとした, 断定的な: Me contestó con un ～ no. 彼ははっきり否と私に返事してきた. ❷［言葉が］明確な, 表現力に富んだ. ❸［人体が］丸みを帯びた, 豊満な

de ～ きっぱりと, 断定的に

rotuno, na [r̄otúno, na] [形]《チリ》貧民の, 下層の, 卑俗な

rotura [r̄otúra]〖←roto〗[女] ❶ 切断, 破壊, 亀裂, ひび〖行為, 状態〗: 1) Las oficinas sufrieron la ～ de cristales. 事務所のガラスが割られた. ～ de lunas 車上狙い(荒らし). ～ de un dique 堤防の決壊. ～ en la tubería 水道管の破裂. 2)《物理》carga de ～ 破壊荷重. esfuerzo de ～ 破壊応力. límite de ～ 破壊点. 3)《医学》Tiene una ～ de fémur. 彼は大腿骨にひびが入っている. ～ de ligamentos 靭帯の損傷. ❷ 断絶, 中断: ～ de una amistad 仲たがい, 絶交. ～ de las relaciones diplomáticas 国交の断絶. ❸《獣医》脱臼・弛緩などの治療用の膏薬. ❹《古語》堕落, 放蕩. ❺《カンタブリア》開墾地, 耕された土地

roturación [r̄oturaθjón] [女] ❶ 開墾. ❷ 新しく開墾された土地

roturador, ra [r̄oturađór, ra] [形][名] 開墾する〔人〕; 耕す〔人〕

—— [女] 回転耕耘機

roturar [r̄oturár]〖←rotura〗[他] 開墾する, 開拓する; 耕す, すく

roturo [r̄otúro] [男]《地方語》開墾

rouge [r̄úʃ]〖←仏語〗[男]《古語的》［口紅の］紅

rough [r̄áf]〖←英語〗[男]《ゴルフ》ラフ: irse al ～ ラフに入る

roulada [r̄ouláđa/r̄uláđa] [女]《料理》=**rulada**

roulotte [r̄ulóts/rulóte]〖←仏語〗[女]《西》トレーラーハウス

round [r̄áun]〖←英語〗[男]〖[複] ～s〗❶《ボクシング》回, ラウンド: en el primer ～ 第1ラウンドで. ❷ 予選ラウンド: el segundo ～ 第2次予選. ❸［交渉の］段階: el primer ～ de las conversaciones sobre desarme 第1回軍縮交渉

round-robin [r̄áun r̄obín]〖←英語〗[男]/[女] 総当たり戦

rousseauniano, na [r̄usonjáno, na] [形] =**rusoniano**

router [r̄úter]〖←英語〗[男]《情報》ルーター

routier [r̄utjér]〖←仏語〗[男]《自転車》平地に強い選手〖=rodador〗

rover [r̄óber]〖←英語〗[男] 宇宙探査車

roya[1] [r̄ója] [女]《植物, 農業》［総称］さび〔病〕菌; さび病: ～ blanca 白さび病

royada [r̄ojáđa] [女]《地方語. 農業》さび病〖=roya〗

royal [r̄ojál] [女]《ナバラ》赤みがかったブドウの一種

royalty [r̄ojálti]〖←英語〗[男]〖[複] royalt*ies*〗ロイヤリティ, 権料, 特許権(著作権)使用料

royo, ya[2] [r̄ójo, ja] [形] ❶《レオン》［果実が］熟していない; ［食べ物が］火が十分に通っていない. ❷《アラゴン》金色の; 赤色の

roza [r̄óθa]〖←rozar〗[女] ❶［壁・天井の］配線(配管)用の穴. ❷ 焼き畑農業. ❸ 灌木や雑草の除去, 除草. ❹ [集名] 取り除かれた灌木や雑草. ❺［種まきのために］灌木や雑草が取り除かれた土地. ❻ 山すその雑草(小灌木). ❼《マラガ》山腹の小川

rozadera [r̄oθađéra] [女] 草刈鎌〖=rozón〗

rozado [r̄oθáđo] [男]《アルゼンチン》伐採し下草を焼いて耕作の準備ができた土地

rozador, ra [r̄oθađór, ra] [名]［耕地にするため］灌木の伐採と除草をする人; 開墾者

—— [男]《ベネズエラ》マチェテ, 山刀

rozadura [r̄oθađúra]〖←rozar〗[女] ❶［人の］すり傷: Los zapatos nuevos me han hecho una ～. 私は新しい靴を履いたので靴ずれができた. Tengo una ～ fuerte en la espalda por llevar la mochila. 私はリュックを背負っていて背中にひどいすり傷ができている. ❷［物の］こすれ〖結果〗: La camisa tiene ～*s* en el cuello. そのワイシャツはえりがすり切れている. La carrocería está bien, solo tiene alguna ～. この車は少しすり傷があるだけで, ボディは問題ない. ❸［精神的な］傷. ❹《植物》樹皮の剝がれによる木の病気. ❺《まれ》こすれること

rozagante [r̄oθagánte] [形] ❶［服装が］目立つ, 派手な. ❷ 満足した, 自慢げな. ❸《中南米》［人の外観が］健康的な

rozamiento [r̄oθamjénto] [男] ❶ すり傷: ～ del zapato 靴ずれ. ❷ こすれること, こすれ: El fuego comenzó por el ～ de los postes con el cable. 火事の原因は電線が電柱にこすれたためだ. ❸［軽い］いさかい, あつれき: Hay un ～ permanente entre los dos países. 両国間には絶えずあつれきがある. ❹《物理》摩擦: ～ de deslizamiento 滑り摩擦. ～ de rodadura 転がり摩擦. ～ por adherencia 静止摩擦

rozar [r̄oθár]〖←俗ラテン語 ruptiare < ruptus「壊れた」〗[9] [他] ❶ かすめる, こする; かすり傷をつける: El balón *rozó* el poste. ボールはゴールポストをかすめた. La flecha le *rozó* la mejilla. 矢が彼の頬をかすめた. El niño me *rozó* en la herida y me hizo mucho daño. 私は子供に傷口を触られて, とても痛かった. La rueda *ha rozado* el bordillo. 車輪が縁石をこすってしまった. La mesa *ha rozado* la pared. テーブルでこすられて壁に傷がついた. *Has rozado* los bajos de los pantalones por llevarlos demasiado largos. 君のズボンは長すぎて, 裾がすり切れているよ. Me *rozan* estos zapatos. この靴は靴ずれができる. ❷ …に近い, …すれすれである, もう少しで…である: La inflación *roza* el 5%. インフレ率は5%に近い. El precio de este traje *roza* los cien euros. このスーツは100ユーロ近くする. Apenas *roza* los diez años. 彼は10歳になるかならないかだ. *Roza* la genialidad. 彼は天才肌だ. El equipo *rozó* la medalla de oro. そのチームはあと一歩で金メダルだった. Pasa por la vida *rozando* peligrosamente los límites establecidos. 彼は違法すれすれのきわどい暮らしをしている. ❸ …の木を切り払う; 雑草を取り除く, 除草する: Hay que ～ la huerta, que se ha crecido mucha hierba. 雑草が茂ってしまったので, 畑の草取りをしなければならない. ❹［家畜が］草を食べる. ❺［壁・天井に電気などの配線・配管用の］穴をあける: La pared es tan delgada que es imposible ～la. その壁は薄すぎて, 配管の穴があけられない

—— [自] ❶ こすれる: La puerta no cierra bien porque *roza* con (en) el suelo. そのドアは建てつけが悪くて床にこすれ, ぴったり閉まらない. ❷［+en に］近い: Su modo de hablar *roza en* la pedantería. 彼の話し方は教養をひけらかしているように受け取られかねない. ❸ 関係がある

—— **～se** ❶［自分の…を, +con に］こする, 軽く触れる: Al pasar por el pasillo, *me rocé* el pantalón *con* el bote de pintura. 私は廊下を通る時, ズボンがペンキの缶に触れてしまった. *Se rozó* la frente. 彼は額をなでた. ❷ 触れ合う, こすれ合う: Nuestras manos están muy cerca, casi *rozándose*. 私たちの手はすぐ近くにあり, 触れ合わんばかりだった. ❸ すり切れる; すり傷を負う: La chaqueta *se* le *ha rozado* por los codos./*Se* le *han rozado* los codos de la chaqueta. 彼の上着の肘の所がすり切れた. No me cojas la mano. Mis manos *se rozan* y ya no son como antes. 手を取らないで下さい. 私は手が荒れて, もう以前のようではありません. ❹［+con と/互いに］交際する, 付き合う: No *me rozo con* los vecinos. 私は近所の人との付き合いがない. No somos de la familia, pero *nos hemos rozado* mucho. 私たちは血のつながりはないが, 非常に親しく付き合っている

roznar [r̄oznár] [他] パリパリ(カリカリ)と音を立てて食べる

—— [自]《まれ》［ロバが］鳴く

roznido [r̄ozníđo] [男] ❶［パリパリ・カリカリと］歯で噛み砕く音. ❷《まれ》ロバの鳴き声

rozno [r̄ózno] [男]《まれ》ロバ

rozo [r̄óθo] [男] ❶ 薪〖=leña〗. ❷《地方語. 植物》エリカ・アルボレア; カルーナ〖=brecina〗. ❸《アストゥリアス, カンタブリア》草原から取り除かれた小灌木や雑草

ser de buen ～《口語》食欲旺盛である, 食べ尽くす

rozón [r̄oθón] [男] ❶［長柄の］草刈鎌, 半月鎌. ❷ ひっかき傷, こすった跡: Me han hecho un ～ en el coche. 私は車にこすり傷をつけてしまった

rpm《略語》←revoluciones por minuto 回毎分

rps《略語》←revoluciones por segundo 回毎秒

rr [ér̄e] [女] スペイン語の旧アルファベットの一字

-rragia《接尾辞》［流出］hemo*rragia* 出血

-rrea《接尾辞》［湧出］verbo*rrea* 多弁

-rrino, na〔接尾辞〕[鼻] plat*irrino* 広鼻猿類
-rrizo, za〔接尾辞〕[根] car*rizo* ダンチク
Rte.《略語》←remitente 差出人
RTVE〔女〕《略語》←Radiotelevisión Española スペイン放送協会
rúa [r̄úa]〔←ラテン語 ruga「通り,道」〕〔女〕❶《西》[主に固有名詞として] 通り〖=calle〗. ❷《古語》coche de 〜 市内用の馬車〖⇔coche de camino 旅行用の馬車〗
ruaco, ca [r̄wáko, ka]〔古語〕〔人〕白色症の
ruada [r̄wáda]〔女〕《古語》夜に通りで行なわれる祭り
ruán [r̄wán]〔男〕《古語》[フランスのルーアン Ruán 製の] 多色プリントの木綿布
—— [馬が] 葦毛(あしげ)の〖=roano〗
ruana[1] [r̄wána]〔女〕❶ 毛織物. ❷ すり切れた毛布. ❸《南米.服飾》[前が開いた] ポンチョの一種
ruanada [r̄wanáda]〔女〕《ベネスエラ》粗野,無教養
ruandés, sa [r̄wandés, sa]〔形〕〔名〕《国名》ルワンダ Ruanda の(人)
ruanés, sa [r̄wanés, sa]〔形〕〔名〕《地名》=**roanés**
ruano, na[2] [r̄wáno, na] **I**〔形〕❶ [馬が] 葦毛(あしげ)の〖=roano〗. ❷《アルゼンチン》[馬が] たてがみと尾が白い
II〔←rota〕〔形〕輪の形をした; 輪になった
III〔男〕《中世の》ブルジョアの
ruar [r̄wár] [14]〔自〕《古語》❶[徒歩・馬・自動車で] 街を散歩する. ❷ 女性を誘惑するために街をぶらつく
rubato [r̄ubáto]〔←伊語〕〔男〕《音楽》ルバート〖テンポを自由に動かす演奏〗
rubefacción [r̄ubefa(k)θjón]〔女〕《医学》[炎症・刺激による] 発赤(ほっせき)
rubefaciente [r̄ubefaθjénte]〔形〕《薬学》発赤させる; 発赤剤
rubelita [r̄ubelíta]〔女〕《鉱物》ルーベライト, 紅電気石
rúbeo, a [r̄úbeo, a]〔←ラテン語 rubeus「赤っぽい」〕〔形〕赤みがかった
rubeola [r̄ubeóla]〔女〕=**rubéola**
rubéola [r̄ubéola]〔女〕《医学》風疹
rubescente [r̄ubesθénte]〔形〕《文語》赤みがかった
rubeta [r̄ubéta]〔女〕《動物》アマガエル
rubí [r̄ubí]〔←カタルーニャ語 robi < ラテン語 rubinus < rubens「赤みがかった」〕〔男〕❶《鉱》~〔e〕s〕❶《鉱物》ルビー, 紅玉. ❷《医学》punto 〜 ポートワイン血管腫, 単純性血管腫
rubia[1] [r̄úbja] **I**〔←ラテン語 rubia〕〔女〕❶ 淡色ビール. ❷《植物》アカネ科の一種〖学名 Rubia tinctorum〗; その根から採った染料. ❸《西.古語》《俗》1ペセタ貨〖銀と錫製で金めっきされた〗. ❹ アラブの金貨〖=4分の1 ciani〗. ❺《古語.自動車》[一部が木製の] ステーションワゴン
II〔←rubio〕《魚》有気管鰾魚類の小型の食用淡水魚
rubiáceo, a [r̄ubjáθeo, a]〔形〕アカネ科の
—— 〔複〕《植物》アカネ科
rubial [r̄ubjál]〔形〕《まれ》[主に土地・植物が] 金色の; [主に少女が] 金髪の
—— 〔男〕アカネ畑
rubiales [r̄ubjáles]〔←rubio〕〔形〕〔名〕《単複同形》《西.親愛》金髪の(人): Anda enamoriscado de una 〜 de ojos azules. 彼は金髪で青い目の女の子に淡い恋心を抱いている
rubianco, ca [r̄ubjáŋko, ka]〔形〕《時に軽蔑》金髪の〔人〕
rubiasco, ca [r̄ubjásko, ka]〔形〕《時に軽蔑》金髪の〔人〕
rubicán, na [r̄ubikán, na]〔形〕[馬が] 赤と白の混ざった毛色の
rubicela [r̄ubiθéla]〔女〕《鉱物》ルビセル
Rubicón [r̄ubikón]〔男〕《地名》[イタリア北部の] ルビコン川: pasar (atravesar) el 〜 ルビコン川を渡る, 思い切った決断をする《←カエサル César の故事》
rubicundez [r̄ubikundéθ]〔女〕❶[顔の色などが] 赤みがかっていること. ❷《医学》発赤(ほっせき)
rubicundo, da [r̄ubikúndo, da]〔←ラテン語 rubicundus〕〔形〕❶[顔の色などが] 赤みがかっている, 赤ら顔の. ❷ 赤みがかった金色の. ❸〔髪が〕赤みがかった
rubidio [r̄ubíðjo]〔男〕《元素》ルビジウム
rubiel [r̄ubjél]〔男〕《アストゥリアス.魚》ニシキダイ〖=pagel〗
rubiera [r̄ubjéra]〔女〕❶《プエルトリコ》お祭り騒ぎ. ❷《ベネスエラ》いたずら, 悪事
rubificar [r̄ubifikár] [7]〔他〕赤くする, 赤色に染める
rubilla [r̄ubíʎa]〔女〕《植物》クルマバソウ, ウッドラフ〖学名 Galium odoratum〗

rubín [r̄ubín] ❶ ルビー〖=rubí〗. ❷ 錆〖=robín〗
rubinejo [r̄ubinéxo]〔男〕rubí の示小語
rubio, bia[2] [r̄úbjo, bja]〔←ラテン語 rubeus「赤みがかった」〕〔形〕❶ 金色の; 金髪の: Es alto y muy 〜. 彼は背が高くて濃い(赤っぽい)金髪の. pelo 〜 金髪. chica *rubia* [oro・platino・ceniza]〔ゴールド・プラチナ・アッシュ〕ブロンドの髪の少女. ❷[たばこが] 葉が薄茶色で香り・味の軽い; [ビールが] 淡色の〖⇔negro〗. ❸《ボリビア》酔っぱらった
—— 〔男〕: *rubia* oxigenada/*rubia* de bote 髪を漂白した女. *rubia* tonta 頭の悪い金髪娘
—— 〔男〕《魚》ホウボウの一種〖学名 Trigloporus lastovitza〗. ❷ 金色, ブロンド: 〜 claro 砂色. ❸ 葉が薄茶色で香り・味の軽いたばこ〖=tabaco 〜. ⇔negro〗. ❹《闘牛》〔複〕[牛の] 簪甲(けんこう)(の部分) cruz の中心
rubioca [r̄ubjóka]〔女〕《魚》シロカクレウオ属の一種〖学名 Carapus acus〗
rubión [r̄ubjón]〔形〕〔男〕ルビオン種の〔小麦〕
rublo [r̄úblo]〔男〕[ロシアなどの貨幣単位]ルーブル
rubor [r̄ubór]〔←ラテン語 rubor, -oris〕〔男〕❶[恥ずかしさによる顔の] 紅潮, 赤面: Se me sube el 〜 de tu amor. 私は君への愛で顔が赤くなる. causar 〜 a+人 …を赤面させる. ❷ 恥ずかしさ, 羞恥(しゅうち): Cobraban sobresueldos de 600 euros mensuales, sin el menor 〜. 彼らは少しの恥ずかしげもなく毎月600ユーロの追加給を受け取っていた. No siente 〜 al mentir. 彼は臆面もなく嘘をつく. ❸ 鮮やかな赤色, 真紅. ❹《医学. アルゼンチン. 化粧》チーク. ❺《メキシコ, アルゼンチン. 化粧》チーク
ruborizado, da [r̄uboriθáðo, ða]〔形〕[恥ずかしさで] 赤面した; 恥じ入った
ruborizar [r̄uboriθár] [9]〔他〕❶[恥ずかしさで] 赤面させる. ❷ 恥じ入らせる
—— 〔自〕恥じ入る
—— 〜se〔再〕❶顔を赤らめる. ❷ 恥じ入る: sin 〜se 恥ずかしげもなく, 臆面なく
ruborosamente [r̄uborósaménte]〔副〕赤面して; 恥じ入って: Bajó 〜 los ojos. 彼は真っ赤になって目を伏せた
ruboroso, sa [r̄uboróso, sa]〔形〕[ser+. すぐに] 赤面する; [estar+] 赤面した
rúbrica [r̄úbrika]〔←ラテン語 rubrica「赤土」〕〔女〕❶ 署名に添える飾り書き, 花押(かおう); 略署名. ❷〔書〕表題: bajo la 〜 de... …の見出しで. ❸《文語》最後, 締めくくり. ❹《木工》fabril 木材切断の目印につける線, 代赭(たいしゃ). ❺《カトリック》典礼に関する規則. ❻ 〜 lemnia アルメニア産粘土. 〜 sinópica 酸化鉛, 鉛丹; 朱砂, 辰砂. ❼《文語》赤色の印
 de 〜《文語》決まりきった, 習慣的な, 儀礼的になっている: Todos los días, a la misma hora, había que dar el paseíto *de* 〜. 彼は毎日同じ時刻にお決まりの散歩に出かけなければならなかった
rubricante [r̄ubrikánte]〔男〕《廃語》[閲議録への花押記入を担当する] 最新入閣の大臣
rubricar [r̄ubrikár]〔←ラテン語 rubricare〕[7]〔他〕❶ …に花押を記す, 略署名をする. ❷[文書の末尾に] 署名押印する. ❸ …に同意する, 同調する; 証言する. ❹[+con で] 終了する, 締めくくる
rubriquista [r̄ubrikísta]〔男〕《カトリック》典礼規則に精通した者
rubro[1] [r̄úbro]〔男〕❶《主に中南米》領域; 題名, 見出し. ❷《南米》1)〔集合〕同一種の〕商品: separar por 〜 品目ごとに分ける. 2)《商業》記帳; 勘定科目: 〜 salarios 人件費
rubro[2], **bra** [r̄úbro, bra]〔形〕《主に生物》赤色の
ruc [r̄úk]〔男〕ロック鳥〖=rocho〗
ruca[1] [r̄úka] **I**〔女〕《植物》❶ キバナスズシロ, ルッコラ. ❷ 〜 marina オニハマダイコン, シーロケット
II〔女〕《チリ, アルゼンチン》[先住民の] 掘っ建て小屋
rucamar [r̄ukamár]〔男〕《地方語. 植物》アブラナ科の一種〖学名 Cakile maritima〗
rucaneado, da [r̄ukaneáðo, ða]〔形〕《ベネスエラ》粗野な, 下品な
rucanear [r̄ukaneár]〔他〕《ベネスエラ》俗化させる; 通俗化させる
rucanito, ta [r̄ukaníto, ta]〔形〕《メキシコ. 口語》年老いた
rúcano [r̄úkano]〔男〕《ベネスエラ》かさばる物
ruche [r̄útʃe]〔男〕❶ 若いロバ〖=rucho〗. ❷《アビラ》お金
 estar (*quedar*) *a* 〜《リオハ, バリャドリード, エストレマドゥラ, グラナダ, ムルシア》一文なしである(になる)
ruchique [r̄utʃíke]〔男〕《ホンジュラス》[ココアの, 木製の] 受け皿
rucho[1] [r̄útʃo]〔男〕❶ [飼い馴らされていない] 若いロバ. ❷《レ

rucho², cha [rútʃo, tʃa] 形《アンデス》[果物などが] 熟しすぎの, 傷みかけた

ruciadera [ruθjaðéɾa] 女《廃語》[油・酢などの] 食卓用の小瓶

ruciniega [ruθinjéɣa] 女《地方語》昆虫 ウマバエ

rucio, cia [rúθjo, θja] 形《←ラテン語 roscidus < ros「露」》名 ❶《動物の毛色が》灰色の: perro ～ くすんだ毛色の犬. ❷[人が] 白髪まじりの. ❸《動物》ロバ《=asno》: Sancho cabalgaba en su ～ al lado de Don Quijote. サンチョはドン・キホーテの横でロバにまたがっていた. ❹《軽蔑》[人が] 鈍い, 愚鈍な. ❺《チリ. 口語》金髪の(人)

ruco, ca² [rúko, ka] 形《メキシコ, エルサルバドル. 口語》老年の; 老人. ❷《中米》役立たずの; [馬が] 痩せて傷だらけの

rucre [rúkre] 男《ペルー》山野を開拓して得られた耕地

ruda¹ [rúða] 女《植物》1) ヘンルーダ《＝～ común》. 2) ～ cabruna ガレガ, ガレガソウ《学名 Galega officinalis》. ～ muraria 微細なシダ植物《急斜面に生える. 学名 Asplenium ruta-muraris》. ❷《地方語. 魚》ヘダイの一種《=chopa》

rudamente [rúðaménte] 副 粗野に, 厳しく

ruderal [ruðerál] 形《生物》人里植物の

rudeza [rúðéθa] 女 ❶ 粗野, 厳しさ. ❷ ざらざらしていること

rudimental [ruðimentál] 形 =**rudimentario**

rudimentario, ria [ruðimentárjo, rja] 形 ❶ 初歩的な, 基礎程度の; 原始的な: Es un aparato ～, pero todavía funciona. それは原始的な器械だが, まだ動く. ❷ 単純な, 簡単な. ❸[器官が] 未発達の; 痕跡的な

rudimento [ruðiménto]《←ラテン語 rudimentum < rudis「粗野な」》男 ❶ 初歩, 基礎: Aprendió los ～s de la lectura y la escritura. 彼は読み書きの基礎を学んだ. ❷《生物》1) 原基, 痕跡器官. 2) 生命体の未発達部分

rudista [ruðísta] 形 厚歯二枚貝の
── 男《古生物》厚歯二枚貝

rudo, da² [rúðo, ða]《←ラテン語 rudis》形 ❶ 粗野な, 細やかなでない; 教養のない: Quien vive en el desierto se vuelve ～. 砂漠に住むと荒っぽくなる. Tienes razón, pero me parece que tu comentario es un poco ～. 君は正しいが, そのコメントはちょっとデリカシーに欠けると思う. ❷[人が] 学習困難な, 愚鈍な. ❸[主に＋名詞] 厳しい; 骨の折れる: ～ golpe 強打, 手ひどい打撃. *ruda* tarea 困難な任務. entrenamiento ～ 猛訓練.《ser-》ざらざらの, 磨かれていない;《estar+. 回転などの動きが》ぎこちない. ❹ 芸術的でない, 美的でない, 洗練されていない: Esta cerámica es *ruda*. この陶器は無骨だ
── 名《プロレス》ヒール, 悪役,《⇔técnico》

rúe [rúe]《←仏語 rue》女《西. 口語》通り《=calle》

rueca [rwéka]《←?ゲルマン語 rokko》女 ❶ 糸巻棒. ❷ 回転, ねじ

rueda [rwéða]《←ラテン語 rota》女 ❶[タイヤ部分を含めて] 車輪: Se me ha pinchado una ～ de la bici. 私の自転車のタイヤがパンクしてしまった. Me marcharon la delantera para poder continuar el viaje. 私は走り続けられるように前輪のパンクを応急修理してもらった. Con tanto peso, traes las ～s algo bajas. こんなに重いとタイヤが少しへこむでしょう. poner la ～ de repuesto (de recambio) スペアタイヤと取り換える. recambiar una ～ タイヤを取り換える. vehículo de dos ～s 二輪車. ～ doble 複輪. ❷ キャスター: nevera con ～s キャスター付きの冷蔵庫. ～ de transportación, 自在車輪. ～《各種装置の》車: vapor (buque) de ～ 外輪船《... de ～s は両舷に外輪がある》. ～ catalina 鎖歯車, スプロケット; 重要な要素. ～ de fricción 摩擦車. ～ de molino 水車の輪. ～ de paletas(～ de álabes) 羽根車. ～ de Santa Catalina [時計の] がんぎ車. ～ de dentada 歯車. ～ hidráulica 水車. ～ libre フリーホイール《=piñón libre》. ❹[人の] 輪: Los payasos actuaban en medio de una ～ de niños. ピエロたちは子供たちの輪の中で演技をしていた. Tienes que entrar en la ～ para jugar. 遊びたければ君もみんなの輪に入っていかなくちゃ. ❺[丸い食品の] 薄い切り身, スライス, ラウンド: Pon unas ～s de limón alrededor de la fuente. 大皿の縁にレモンの輪切りを並べなさい. ～ de bacalao タラの筒切り. ❻ 一連の行為: Se inició una ～ de preguntas. 次々と質問が飛び出した. Está metido en la ～ del trabajo y la rutina diaria. 彼は日々の仕事と日常事にかかりきりになっている. ❼《体育》側転, 横転《=メキシコ》carreta;《ラプラタ》～ de carro》: hacer la ～ 側転をする. ❽《バスケットボール》[ウォーミングアップでの] 一人ず

つ順番でするシュート. ❾ 車状の回転花火. ❿《まれ》順番: esperar ～ 順番を待つ. ⓫《コロンビア, ベネズエラ, ボリビア, チリ》観覧車《=メキシコ》～ de la fortuna,《コロンビア, チリ》～ de parque;《ボリビア, チリ》～ giratoria,《ペルー, アルゼンチン, ウルグアイ》～ gigante;《グアテマラ, パナマ, コロンビア, ペルー, パラグアイ, チリ》～ Chicago》

a [*la*] ～《自転車》[風圧を避けるため] 先行車のすぐ後についている

¡*Ande la* ～! 乗りかかった船だ/なるようになれ!

chupar ～ 1)《自転車》[風圧を避けるため] 先行車のすぐ後につく. 2)《口語》人の後を行く. 3)《口語》他人の努力を利用する

comulgar con ～*s de molino*《口語》1) でたらめを信じる, 簡単にだまされる: Todos aceptaron la versión oficial, pero a él no le iban a hacer *comulgar con* ～*s de molino*. みんな公式見解を信じたが, 彼はそうやすやすとは丸め込まれなかった. 2) 侮辱を耐え忍ぶ

dar de ～《自転車》後続を振り切る

hacer la ～ 1)[クジャクが] 尾羽を広げる. 2) [＋a＋人 に] へつらう, 取り入る; [女性に] 言い寄る, 口説く

hacer una ～ 輪になる: Hacían una ～ en el centro de la clase y cantaban con la profesora. 子供たちは教室の中央で輪になり, 先生と一緒に歌を歌った

perder de ～《自転車》=*dar de* ～

～ *de consultas* 座談会

～ *de identificación* =～ *de reconocimiento*

～ *de la fortuna* 1)《運命の女神が回す》運命の紡ぎ車; 運命(の転変), 栄枯盛衰: Yo espero que me elijan, pero todos estamos sujetos a la ～ *de la fortuna*. 私は選ばれることを望んでいるが, 誰しも運を天に任せるしかない. La ～ *de la fortuna* quiso que los dos volvieran a encontrar. 運命に導かれて2人は再会した. 2) ルーレット《=ruleta》

～ *de prensa* 記者会見: Se celebró (Se convocó) una ～ *de prensa*. 記者会見が開かれた. El presidente dará una ～ *de prensa*. 大統領は記者会見を開く予定だ

～ *de presos* =～ *de reconocimiento*

～ *de reconocimiento* 面通しのための容疑者の列

～ *informativa* =～ *de prensa*

sobre ～*s* 順調に, 支障なく: El proyecto de la nueva película va *sobre* ～*s*. 新作映画の計画は順調に進んでいる

tener a＋人 *en* ～《口語》…をあちこちに行かせる

tragárselas como ～*s de molino*《口語》=*comulgar con* ～*s de molino*

Rueda [rwéða]《人名》**Lope de** ～ ロペ・デ・ルエダ《1505?～65, スペインの劇作家. イタリア喜劇の影響を受け, ユーモラスな会話を中心に巧みな筋立ての喜劇を制作, 興行した. また幕間の寸劇 paso を上演し, 後の黄金世紀に完成をみる喜劇の礎となった.『オリーブの実』*Las aceitunas*》. **Salvador** ～ サルバドル・ルエダ《1857～1933, スペインの詩人・小説家. 作品の音楽性や色彩の華麗さ, 新しい韻律の試みなどからモデルニスモの先駆者とされる》

ruedecilla [rweðeθíʎa] 女《家具・スーツケースなどの》キャスター; mesa con ～ キャスター付きのテーブル

ruedecita [rweðeθíta] 女 =**ruedecilla**

ruedero, ra [rweðéro, ra] 名 車輪作り職人

ruedita [rweðíta] 女 =**ruedecilla**

ruedo [rwéðo]《←rueda》男 ❶[闘牛場の] アレナ, 砂場: El torero, al terminar la faena, dio la vuelta al ～. 闘牛士は闘牛を終えると場内を一周した. El cuarto de la tarde salió al ～. その日の4頭目の牛が登場した. abandonar el ～ 退場する. ❷ まわりを囲み・保護するもの: expropiar los ～s de los pueblos 村々の周囲の土地を収用する. ❸[丸い物の] 縁, へり: ～ de una falda スカートの裾. ❹ 丸いござ, マット. ❺[人の] 輪: Se formó un ～ de personas alrededor del futbolista. そのサッカー選手のまわりに人垣ができた. ❻[活躍の] 場, 舞台: Está deseando saltar al ～ político internacional. 彼は国際政治の舞台に躍り出たいと願っている. volver al ～ 活躍の場に復帰する. ～ deportivo スポーツ界. ～ escénico 演劇界. ～ literario 文壇. ～ musical 音楽界. ❼《文語》el ～ ibérico スペイン. ❼《車輪などの》回転, 輪.《集名》農家の周囲の土地. ❿《中米裁縫》2度折り返して縫った) へり, 裾. ⓫《チリ, アルゼンチン, ボリビア》運, 幸運

echarse (saltar・lanzarse) al ～ [参加などを] 決意する:

ruego [r̄wéɣo] 《←rogar》[男] ❶ 懇願, 願い, 頼み: Se negó a aceptarlo a pesar de mis ～s. 彼は私がいくら頼んでもそれを引き受けようとしなかった. Debe presentar su ～ por escrito. 依頼は書面で申し出なければならない. Solo le pedimos que escuche el ～ de los vecinos. あなたにお願いしたいのは, 住民の願いに耳を傾けて下さるようにということだけです. atender los ～s de+人 …の願いを聞き入れる. ❷ 祈り: Elevó sus ～s al dios. 彼は神への祈りを捧げた. ～ por la paz 平和への祈り

a ～ *de*+人 …に頼まれて: El abogado aceptó la defensa de Paco *a* ～ *de* un político. 弁護士はある政治家に頼まれてパコの弁護を引き受けた

hacer un ～ *a*+人 …に懇願する, 頼む: Yo le *hago un* ～ personal. あなたに個人的な頼みがあります. Tengo *un* ～ que *hacer*le. あなたに頼みたいことがあります. Me *hizo un* ～ antes de morir, y debo cumplirlo. 彼は死ぬ前に私に頼みごとをしたので, 私はそれを果たさなくてはならない

～*s y preguntas* [自由] 質疑応答: A continuación os facilitamos los ～*s y preguntas* divididos por temas. 引き続きテーマ別の質疑応答を行ないます

ruejo [r̄wéxo] [男] ❶《地方語》[主に挽き臼の] 丸い大きな石. ❷《アラゴン》水車の車輪

rueño [r̄wéɲo] [男]《アストゥリアス, カンタブリア》[荷物を頭に載せる時に敷く] 当て布《=rodete》

ruezno [r̄wéθno] [男]《地方語》[殻を包んでいる] クルミの緑色の外皮

rufa[1] [r̄úfa] [女] ❶《パラグアイ. 動物》ハナジロハナグマ《=coatí》. ❷《ペルー. 廃語》[馬に引かせる] 地ならし器

rufar [r̄ufár] [自]《狩猟》[追いかうていたイノシシが] 低くうなる

rufeta [r̄ufeta] [女]《サラマンカ》黒色のブドウの一種《味は甘く実の皮が薄い》

rufián[1] [r̄ufján] [男]《←伊語 ruffiano「ぽん引き」》[男] ❶ 詐欺師, いかさま師; ごろつき: Ese ～ me estafó. あのいかさま師が私をだました. ❷ 売春宿の主人, ひも

rufián[2], **na** [r̄ufján, na] [形] ❶《キューバ. 口語》からかい好きの, ひょうきんな. ❷《ドミニカ》楽しい, うれしい

rufianada [r̄ufjanáða] [女] ❶ 売春の幹旋. ❷《キューバ》冗談, からかい

rufianear [r̄ufjaneár] [自] 売春を幹旋する

rufianería [r̄ufjanería] [女] ❶ 売春の幹旋. ❷ 売春宿の主人らしさ, ひもらしさ

rufianesco, ca [r̄ufjanésko, ka] [形] 売春幹旋業の, ひもの
—— [女] 詐欺師（よた者）の世界・生活

rufianismo [r̄ufjanísmo] [男] 売春幹旋業

rufo, fa[2] [r̄úfo, fa]《←ラテン語 rufus》[形] ❶《西. 文語》1) ひも rufián のような. 2) 虚勢を張る, からいばりする. ❷ 金髪の; 赤毛の. ❸ 縮れ毛の. ❹《レオン》頑健な, たくましい. ❺《アラゴン》目立つ, 派手な

rugar [r̄uɣár] [8] [他] =**arrugar**

rugbístico, ca [r̄uɣbístiko, ka] [形] ラグビーの

rugby [r̄úɣbi]《←英語》[男]《スポーツ》ラグビー: ～ sin contactos タッチラグビー

rugeo [r̄uxéo] [男]《サラマンカ》どんちゃん騒ぎ

rugible [r̄uxíβle] [形] ほえることができる; ほえ声の真似ができる

rugido [r̄uxíðo] [男] ❶ [ライオン・虎などの] ほえる, うなる. ❷ どなり声 [風・海などの] うなり, とどろき: ～ del viento 風のゴーゴーいう音. ❸ 大きな音, 騒音. ❹ [空腹で] おなかがグーグーいう音: Todo el mundo oye el ～ de mis tripas. 私のおなかがグーグー鳴るのをみんなに聞かれている

rugidor, ra [r̄uxiðór, ra] [形] ほえる

rugiente [r̄uxjénte] [形] =**rugidor**

ruginoso, sa [r̄uxinóso, sa] [形]《まれ》錆びた

rugir [r̄uxír]《←ラテン語 rugire》[4] [自] ❶ [ライオン・虎などが] ほえる. ❷ [人が] うなり声（叫び声）をあげる; ～ de ira どなる. ❸《文語》[風・海が] 激しく鳴る, とどろく: Durante la tempestad *ruge*. 嵐の間, 海が鳴る. ❹ 大きな騒音を立てる. ❺ [空腹で] おなかが鳴る. ❻《西. 口語》悪臭を放つ. ❼ 表面化する
—— [他]《まれ》うなりながら言う, 叫んで言う

rugosidad [r̄uɣosiðáð] [女] ❶ しわ: cara llena de ～*es* しわだらけの顔. ❷ ごつごつしていること: ～ del terreno 地形の厳しさ

rugoso, sa [r̄uɣóso, sa]《←ラテン語 rugosus＜ruga「しわ」》[形] ❶

ruibarbo [r̄wiβárβo] [男]《植物》ルバーブ, ダイオウ（大黄）

ruido [r̄wíðo] [r̄wíðo]《←ラテン語 rugitus「ほえ声」》[男] ❶ 騒音, 物音: Molesta el ～ que hace la moto. オートバイの出す音は不快だ. Los dos bailaron sin ～*s*. 2人は音を立てずに踊った. Hay mucho ～ en mi trabajo. 私の仕事場はやかましい. Se oyó el ～ de una puerta al abrirse. ドアが開く音がした. Se oye arriba un gran ～ de tirar cosas. 階上から何かを投げる大きな音がする. He oído unos ～*s* abajo. 私は下から物音がするのを聞いた. La música ahogó el ～ del disparo. 銃声は音楽でかき消された. Creció el ～ del ambiente. 周囲の騒音はだんだん大きくなった. El ～ de la fiesta duró toda la noche. 祭りの騒音は一晩中続いた. ❷ 騒ぎ, 騒動; 風評, うわさ: Que cada uno se meta en su cuarto y basta de ～*s*. それぞれ自分の部屋に入りなさい. 騒動はもうたくさんだ. No creo que merezca tanto ～ una boda. 結婚式で大騒ぎすることはないと思う. ❸ 雑音, ノイズ: ～ blanco《物理》白色雑音, ホワイトノイズ. ～ de fondo 暗騒音. Sus palabras eran un ～ en medio del debate. 討論の中で彼の発言は単なるノイズにすぎなかった

armar ～ 1) 物議をかもす, 論議を呼ぶ. 2) 大騒ぎする
con ～ 音を立てて
hacer ～ 1) 音を立てる: *Hace* mucho ～ en la calle. 通りがやかましい. Entró sin *hacer* el menor ～. 彼はコトリとも音を立てずに入った. Mi ordenador *hace* un ～ extraño. 私のパソコンは変な音がする. 2) =meter ～
meter ～ 1) うるさい, やかましい: La guitarra *mete* mucho ～. ギターの音がひどくうるさい. 2) 騒ぐ: No *metáis* tanto ～. 君たち, そんなに大騒ぎしてはいけない. 3) 物議をかもす, 論議を呼ぶ

Mucho ～ *y pocas nueces.*《口語》大山鳴動して鼠一匹《←クルミを割る音は大きいが中身は少ない》: Mi padre amenaza mucho pero no es peligroso: *mucho* ～ *y pocas nueces*. 私の父はきついことを言うが恐ろしくはない. 口先だけだ. Después del escándalo, todo ha quedado igual; *mucho* ～ *y pocas nueces*. その騒動の後も何一つ変わらなかった. 話題になりしても実りがなかった

mundanal ～《文語, 戯語》世俗の騒がしさ: Quiso huir del *mundanal* ～. 彼は俗世の騒がしさから逃れようと思った. Siempre deseaba vivir lejos (alejado) del *mundanal* ～. 彼は世間から離れてひっそり暮らしたいといつも願っていた

～ *de sable* [*s*] 1) [軍部による] 反乱の動き. 2) 武力による威嚇: Con los atentados aumentó el ～ *de sables*. テロが横行するにつれ, 力ずくで押さえ込もうとする風潮が強まった

ser más el ～ *que las nueces*《口語》意外に大した問題ではない: Se insultaron y amenazaron, pero *fue más el* ～ *que las nueces*. 彼らはののしり合い脅し合ったが, 見かけほど深刻な仲たがいではなかった

ruidosamente [r̄wiðosaménte] [副] 大きな音（声）を立てて, 騒々しく, うるさく, にぎやかに: Se sonó ～. 彼は大きな音を立てて鼻をかんだ. La taberna estaba llena de aldeanos que conversaban ～ entre sí. 居酒屋は声高に話す村人たちで一杯だった

ruidoso, sa [r̄wiðóso, sa] [形] [ser・estar+] ❶ 騒がしい, やかましい, うるさい: Esta lavadora es muy ～*sa*. この洗濯機は騒音がひどい. Nuestros vecinos de arriba son muy ～*s*. 我が家の上の階の住人たちはひどく騒がしい. Los alumnos están muy ～*s*. 生徒たちはとても騒がしくしている. bar ～ 騒がしいバル. zona ～*sa* 騒音のひどい地区. ❷ 世間を騒がす, 世間で評判の: El alcalde apareció en la prensa por sus ～*sas* declaraciones. 市長は問題発言のためにマスコミに取り上げられた. acontecimiento ～ 話題の事件. boda ～*sa* 世間を騒がす結婚. despido ～ 問題となる解雇

ruin [r̄wín]《←古語 ruino「崩れかけた, 陥りかけた」》[形] ❶ 下劣な, 情けない: Es ～. 彼は卑劣な奴だ. acción ～ 下劣な行為. ❷ けちな, さもしい: Es tan ～ que ni come. 彼はけちで食べることさえしない. ❸ 少しの, ちっぽけな: inteligencia ～ ごくわずかな知性. niño ～ 小さな子供. ❹《動物》癖の悪い; 従順でない. ❺《カナリア諸島; キューバ》[雌の牛・羊・ヤギが] 発情期にある
—— [男] ❶ ネコの尻尾の端. ❷《アラブ. 鳥》キクイタダキ《=reyezuelo》

el ～ *de Roma*《戯語》うわさをすると現われる人《=el rey de Roma》

ruina [r̄wína]【⟵ラテン語 ruina < ruere「倒れる」】⼥ ❶ [財産など の] 大きな損失, 大損害; 破産, 倒産: La cosecha de este año ha sido una ~. 今年の収穫は大損失だった. Los bancos están en la ~. それらの銀行は倒産している. ❷ [建造物の] 崩壊: Esta pared amenaza ~. この壁は今にも崩れそうだ. edificio en ~ 倒壊したビル. ❸ [国などの] 破滅, 滅亡: El nazismo llevó a Alemania a la ~. ナチズムがドイツを破滅に導いた. Corría hacia su ~ sin saberlo. 彼はそれと知らずに破滅への道を突き進んでいた. ~ del Imperio Romano ローマ帝国の崩壊. ❹ 崩壊(破滅・損失)の原因. ❺ 複 廃墟, 瓦礫(がれき), 遺跡: ~s de los mayas マヤの遺跡. ❻ 落ちぶれた人; ひどくやつれた人. ❼ [隠語]長期刑

ruinar [r̄winár] 他 =**arruinar**

ruindad [r̄windá(đ)] ⼥ ❶ 下劣さ, さもしさ. ❷ 卑劣な行為: cometer ~es 下劣なことをする

ruinera [r̄winéra] ⼥《カンタブリア, アビラ, ムルシア》[病気による]衰弱

ruinmente [r̄wí(m)ménte] 副 下劣に, 卑劣に, さもしく

ruinoso, sa [r̄winóso, sa]【⟵ruina】形 ❶ 崩壊しかけた: Viven en un edificio ~. 彼らは崩れかけた建物に住んでいる. ❷ 破産させる, 損失が生じる危険性のある: negocio ~ ひどく危ない事業. ❸ ちっぽけな, 貧弱な

ruiponce [r̄wipónθe] 男〖植物〗カンパニュラ・ラプンクルス

ruipóntico [r̄wipóntiko] 男〖植物〗ルバーブ, 食用ダイオウ

ruiseñor [r̄wiseɲór] 男〖鳥〗ナイチンゲール, サヨナキドリ. ❷ ~ bastardo ウグイスの一種〖学名 Cettia cetti〗

ruiseñoril [r̄wiseɲoríl] 形 〈まれ〉ナイチンゲールの, サヨナキドリの

Ruiz [r̄wíθ]《人名》**Juan** ~ →**Arcipreste de Hita**

Ruiz de Alarcón [r̄wíθ đe alarkón]《人名》**Juan** ~ フアン・ルイス・デ・アラルコン〖1581～1639, メキシコ出身の劇作家. スペインで活躍し, ロペ・デ・ベガやティルソ・デ・モリーナと共にスペイン黄金世紀を代表する. 文体・技法・人物造形に優れ, 現世的で俗的なテーマを扱い, 社会と人間への痛烈な批判を込めている. 社会の欺瞞・虚飾を嘲笑した『疑わしい真実』*La verdad sospechosa*, 『壁に耳あり』*Las paredes oyen*〗

Ruiz Iriarte [r̄wíθ irjárte]《人名》**Víctor** ~ ビクトル・ルイス・イリアルテ〖1912～82, スペインの劇作家. 幻想と現実を巧みに組み合わせ, ユーモアと温かみに満ちた楽観主義的な作風〗

rujiar [r̄uxjár] 他《ナバラ, アラゴン, ムルシア》水を, 撒水する

rula [r̄úla] ⼥ ❶《アストゥリアス, マラガ》1) 魚の薄切り. 2) 魚の卸し市場. ❷《アラゴン》ホッケーに似た球技〖=chueca〗; それに使われるスティック. ❸《アラゴン》たが回し

rulada [r̄uláđa] ⼥〖料理〗[主に赤ピーマン・オリーブを添えた]円形の冷肉

rular [r̄ulár] 自 ❶【⟵仏語 rouler】自 ❶ 転がる, 回転する. ❷《西.口語》[機械が] 動く, 作動する: Esta máquina de foto no *rula*. このカメラは故障している. ❸《西. 隠語》マリファナたばこを巻く. ❹ [ぶらぶらと]散歩する, そぞろ歩く
—— 他 転がす

rule [r̄úle] 男《口語》回転

rulé [r̄ulé] 男《口語》[人の]尻

rulemán [r̄ulemán]《アルゼンチン, ウルグアイ. 技術》ベアリング

rulenco, ca [r̄uléŋko, ka] 形《チリ》病気がちの, 衰弱した

rulengo, ga [r̄uléŋgo, ga] 形《チリ》=**rulenco**

rulero [r̄uléro] 男《ペルー, ラプラタ》ヘアカーラー

ruleta [r̄uléta] ⼥【⟵仏語 roulette】〖ゲーム, 道具〗: girar la ~ ルーレットを回す. ~ rusa ロシアンルーレット

ruletear [r̄uleteár] 自《メキシコ, 中米. 口語》タクシーの運転をする

ruletero, ra [r̄uletéro, ra]《アンデス地方《メキシコ, 中米. 口語》1) ルーレットの所有者・経営者. ❷《メキシコ, 中米. 口語》1) [通りを流して客を拾う]タクシー運転手. 2) 街娼

Rulfo [r̄úlfo]《人名》**Juan** ~ フアン・ルルフォ〖1918～86, メキシコの小説家. 革命後の動乱期に幼少年期をおくり, 公務員として働きつつ執筆した. フォークナー等の影響下で実験的な手法を駆使した短編集『燃える平原』*El llano en llamas*, 死者の声が幾重にも共鳴するメキシコの寒村を舞台に主人公が父親を探すという神話的モチーフを極限まで凝縮させた『ペドロ・パラモ』*Pedro Páramo*〗

rulo [r̄úlo] [⟵rular] 男 ❶ [地ならし用の大型の] ローラー: pasar el ~ por+場所 ⋯にローラーをかける. ❷《化粧》ヘアカーラー: ponerse los ~s カーラーをつける. ❸ カールした髪, 巻き毛. ❹ 大きな球; [転がりやすい] 丸い物. ❺ [搾油機などの]円錐台形の回転石. ❻《チリ》灌漑設備のない農地

rulot [r̄uló(t)] ⼥【⟵仏語】キャンピングカー

ruma [r̄úma] ⼥《南米》山積み, 大量〖=montón〗: Hay una ~ de barro. 泥の山がある

rumanche [r̄umántʃe] 男 =**romanche**

rumano, na [r̄umáno, na] 形〖国名〗ルーマニア Rumania〖人・語〗の; ルーマニア人
—— 男 ルーマニア語

rumantela [r̄umantéla] ⼥《カンタブリア》どんちゃん騒ぎ, 浮かれ騒ぎ

rumazo [r̄umáθo] 男《コロンビア》山積み, 大量

rumazón [r̄umaθón] ⼥ 集合〖船舶〗雲

rumba [r̄úmba] ⼥〖舞踊, 音楽〗1) ルンバ〖キューバ起源〗: ~ cubana キューバン・ルンバ. 2) ルンバフラメンカ, ルンバフラメンコ〖ルンバのリズムを取り入れたフラメンコ. =*flamenca*〗. ❷《カリブ, コロンビア》どんちゃん騒ぎ, 浮かれ騒ぎ
irse de ~《ホンジュラス, パナマ, キューバ, ベネズエラ》飲んだり踊ったりのはしごをする

rumbada [r̄umbáđa] ⼥〈古語〉=**arrumbada**

rumbador [r̄umbađór] 男《コロンビア. 玩具》うなり板〖=bramadera〗

rumbancha [r̄umbántʃa] ⼥《キューバ》=**cumbancha**

rumbanchear [r̄umbantʃeár] 自《キューバ》=**cumbanchar**

rumbantela [r̄umbantéla] ⼥《キューバ》=**rumantela**

rumbar [r̄umbár] 自 ❶《サラマンカ, ムルシア》気前のいいところを見せる. ❷《南米》[犬たちが] うなる. ❸《コロンビア》うなる; 低い振動音をたてる, ブンブンいう. ❹《チリ》1) どんちゃん騒ぎをしに出かける. 2) 進路を取る, 向かう
—— 他《ホンジュラス, コロンビア》投げる

rumbático, ca [r̄umbátiko, ka] 形《南米》気前のいい, 見栄っぱりな

rumbeador [r̄umbeađór] 形《アルゼンチン》道に詳しい; 道案内をする人

rumbear [r̄umbeár] 自 ❶ ルンバを踊る. ❷《船舶》針路をとる. ❸《中米》1) 進む, 向かう. 2) さまよう, うろうろする. ❹《キューバ, コロンビア》飲んだり踊ったりのはしごをする, どんちゃん騒ぎをしに出かける
—— 他《ニカラグア》応急修理をする, 繕う

rumbero, ra [r̄umbéro, ra] 形 ❶ ルンバの; ルンバの踊り手, ルンバの好きな[人]. ❷《コロンビア. 口語》どんちゃん騒ぎの好きな

rumbo [r̄úmbo] 男 ❶【⟵rhombus】❶《船・飛行機などの》方向, 針路; 〖羅針盤で〗…点: 1) Un barco navega con ~ nornoroeste. 一隻の船が北北西に針路をとっている. abatir el ~ 針路を風に下に変える. cambiar de ~ 方向転換する. corregir el ~ 〖風圧偏角を考慮して〗針路を修正する. ir con ~ a…/seguir su ~ hacia… …に向かう. perder el ~ 針路を外れる. 2)《比喩》El seleccionado ya puso ~ a Sudáfrica. 代表チームはついに南アフリカに向けて出発した. cambiar el ~ de su vida 人生の方向転換をする. tomar un ~ equivocado 間違った道を歩く. ❷〖船舶〗船体に開けられた穴. ❸〖紋章〗菱形を丸く抜かした菱形. ❹《中南米》パーティー. ❺《チリ, アルゼンチン, ウルグアイ》切り傷
de mucho ~ =**rumboso**
hacer ~ [+a・hacia に] 針路をとる
ponerse =**hacer**
~ *a…* …に向かって
sin ~ *fijo* あてどなく: Su barco navegaba *sin* ~ *fijo*. 彼の船はあてどなく航行していた
viajar con ~ 豪華な旅行をする
II【⟵廃語】男 ❶《口語》豪華さ, ぜいたく: vivir con mucho ~ ぜいたくに暮らす. ❷《コロンビア》ざわめき, 騒音. ❸《ムルシア》犬のうなり声. ❹《グアテマラ》どんちゃん騒ぎ

rumbón, na [r̄umbón, na]【⟵rumbo】形《口語》気前のよい, 無欲の

rumbosamente [r̄umbósaménte] 副《口語》気前よく, 無欲に

rumbosería [r̄umboseríá] ⼥ 気前のよさ, 無欲

rumboso, sa [r̄umbóso, sa]【⟵rumbo】形 ❶《口語》[見栄・ぜいたくで]気前のよい, 太っ腹な: ¡Estás muy ~ hoy! 今日はばかに気前がいいね! Hoy me siento ~ y alegre. 今日私は気が大きくて機嫌がいい. ❷《口語》豪華な, ぜいたくな: boda ~*sa* 豪華な結婚式

rumear [r̄umeár] 他《アンダルシア》=**rumiar**

rumeliota [r̄umeljóta] 形 名 [ブルガリアの]ルメリア Rumelia 地方の[人]

rumen [r̄úmen] 男 [反芻動物の] 第一胃, こぶ胃

rumí [rumí] 男 複 ~es [モーロ人の間での呼称] キリスト教徒
rumia [rúmja] 女 熟考
rumiación [rumjaθjón] 女 熟考
rumiador, ra [rumjaðór, ra] 男 形 反芻する〔動物〕
rumiadura [rumjaðúra] 女《まれ》=rumia
rumiante [rumjánte] 形 ウシ亜目の, 反芻亜目の
── 男 複《動物》ウシ亜目, 反芻亜目
rumiar [rumjár] 《←ラテン語 rumigare》10 他《←ラテン語 rumigare》10 他 ❶ 反芻(はんすう)する. ❷《口語》繰り返し考える, よく考える. ❸《口語》ぶつぶつ不平を言う
rumio [rúmjo] 男 =rumia
rumión, na [rumjón, na]《口語》繰り返し考える, よく考える; ぶつぶつ不平を言う
rummy [rúmi]《←英語》男〔トランプ〕ラミー
rumo [rúmo] 男 樽の最上部のひだ
rumor [rumór]《←ラテン語 rumor, -oris》男 ❶ うわさ, 風聞: Circula el ~ de que los antiguos mayas marcaron la fecha del fin de la humanidad. 古代マヤでは人類最後の日を記したといううわさが流れている. difundir (hacer correr) un ~ うわさを流す. según el ~ que corre うわさによれば. ❷ ざわめき: ~ del mercado 市場のざわめき. ❸〔ぼんやりした〕物音: ~ de un río 川のせせらぎ
rumorar [rumorár] ~**se**《中南米》=**rumorearse**
rumoreante [rumoreánte] 形 =**rumoroso**
rumorear [rumoreár]《←rumor》自 ❶ うわさが流れる. ❷《まれ》ざわめく, 物音がする
── 他 ❶ うわさを流す. ❷《まれ》物音を立てる
── ~**se**〔3人称のみ〕うわさが流れる: Se rumorea la salida de una nueva versión. 新バージョン発売のうわさが流れている
rumoreo [rumoréo] 男 うわさが流れること
rumorología [rumoroloxía] 女 風説 (風聞) の流布
rumoroso, sa [rumoróso, sa] 形《文語》物音を立てる: oleaje ~ 潮騒
rumpero [rumpéro] 男《ボリビア》鉱夫の助手
rumpiata [rumpjáta] 女《チリ. 植物》ムクロジ科の一種〔学名 Bridgesia incisifolia〕
rumrum [rumrún] 男 =**runrún**
runa[1] [rúna] I 〔古代スカンジナビアの〕ルーン文字
II 形 名《エクアドル. 軽蔑》山地地帯出身の〔人〕, 先住民〔の〕. ❷《ボリビア, アルゼンチン》〔ゆでるのに時間がかかる〕小さなジャガイモ
runazambo, ba [runaθámbo, ba] 形 名《エクアドル》黒人男性と先住民女性との混血の〔人〕
runcha[1] [rúntʃa]《ベネズエラ. 玩具》うなり板〔=bramadera〕
runchera [runtʃéra] 女《コロンビア》愚直さ, 愚かさ
runcho[1] [rúntʃo] 男《コロンビア. 動物》オポッサム, フクロネズミ
runcho[2], **cha**[2] [rúntʃo, tʃa] 形 ❶《パナマ》けちな, 欲ばりの. ❷《コロンビア》無知な, 愚かな
rundir [rundír] 他《メキシコ》保管する; 隠す
rundún [rundún] 男 ❶《メキシコ, ペルー, チリ, アルゼンチン. 玩具》うなり板〔=bramadera〕. ❷《アルゼンチン》ハチドリ〔=colibrí〕
runfla [rúnfla] 女 ❶《口語》大量 (一連) の同種のもの. ❷《中南米. 口語》群衆
runflada [runfláða] 女 =**runfla**
runflar [runflár] 自《カンタブリア》あえぐ, 息を切らす
runges [rúnxes] 男 複《チリ》葉・芽を取り除いた幹, 棒
rungo, ga [rúngo, ga] 形《ホンジュラス》ずんぐりした; 小さな
── 男《サラマンカ》生後1年未満のブタ
rungue [rúnge] 男《チリ》❶ 器 callana で焼いている穀粒をかき回す一握りの棒. ❷ 葉を取り去った幹 (茎)
rúnico, ca [rúniko, ka] 形 ルーン文字 runa の
runo, na[2] [rúno, na] 形 =**rúnico**
runrún [runrún]《←擬音》男 ❶ ざわめき; 〔機械の〕うなり: El ~ lejano de las voces llega a mi habitación. 遠くの話し声が私の部屋まで届く. Es ensordecedor el ~ de los coches. 車の騒音で耳がガンガンする. ❷《口語》うわさ〔=rumor〕. ❸ 猫がゴロゴロいうこと, エンジンがブルブルいうこと. ❹《メキシコ, チリ, アルゼンチン. 玩具》うなり板〔=bramadera〕. ❺〔鳥〕❶《チリ》メガネインコランチョウ. ❷〕ハチドリ〔=colibrí〕
runrunear [runruneár]《←runrún》❶ 猫がゴロゴロいう; 〔エンジンが〕ブルブルいう〔=ronronear〕
── 他 うわさする; ぶつぶつ言う
runruneo [runrunéo] 男 ❶ ざわめき. ❷ うわさ〔=rumor〕.

ruñar [ruɲár] 他〔蓋縁がはまる溝を〕樽の内側に彫る
ruñir [ruɲír] 20 35《現》ruñendo. →**teñir** 他《メキシコ》…に穴をあける
Rupa Rupa [rúpa rúpa] 女《地理》ルパ・ルパ帯〔アンデス山脈東側のアマゾン地帯, ケチュア語 omagua 帯と下の熱帯雨林地帯〕
rupescente [rupesθénte] 形《生物》岩上に生育する
rupestre [rupéstre]《←ラテン語 rupestris < rupes「岩」》形 ❶ 岩壁に描かれた (彫られた): pintura ~ 洞窟壁画. ❷《植物》岩の間に生える
rupia [rúpja] I 《←サンスクリット語 rupya「銀貨」》❶《インド・パキスタン・インドネシアなどの貨幣単位》ルピー, ルピア. ❷《古語》ペセタ〔=peseta〕
II《←英語》女《医学》カキ殻疹
rupicabra [rupikáβra] 女 =**rupicapra**
rupicapra [rupikápra] 女《動物》シャモア〔=gamuza〕
rupícola [rupíkola] 形《生物》岩場に生息する
rupofobia [rupofóβja] 女 不潔恐怖症
ruptor [ru(p)tór] 男 ❶《電気》〔自動〕接触遮断器. ❷〔内燃機関の〕コンタクト・ブレーカー
ruptura [ru(p)túra]《←ラテン語 ruptura < rumpere「壊す」》女 ❶〔関係の〕崩壊, 絶交, 絶縁: ~ de la pareja カップルの解消. ~ de (las) negociaciones 交渉決裂. ~ de (las) relaciones diplomáticas 国交断絶. ❷ 切断, 破壊〔=rotura〕. ❸《テニス》サービスブレーク
rupturismo [ru(p)turísmo] 男《政治》既存体制との断絶姿勢
rupturista [ru(p)turísta] 形 名《政治》既存体制との断絶姿勢をとる〔人〕
ruquear [rukeár] 自《エクアドル. 口語》熟睡する
ruqueta [rukéta] 女《植物》❶ キバナスズシロ, ルッコラ〔=oruga〕. ❷ エダウチナズナ, セルバチコ
rural [rurál]《←ラテン語 ruralis < rus, ruris「田舎」》形 ❶ 農村の, 田舎の: casa ~〔de alquiler〕〔貸し〕別荘; 小ホテル, 民宿〔=pensión〕. ciudad ~ 田園都市. industria ~ 農村工業. maestro ~ 田舎教師. vida ~ 田園生活. ❷《まれ》粗野な, 田舎じみた, 洗練されていない
── 男 複《歴史》地方警察軍〔1860年代初頭, メキシコ政府が地方の治安維持を目的に組織した. ディアス Díaz 政権時代にはスパイ的な役割を担うようになり, 革命後カランサ Carranza の時代に消滅〕
── 女《ラプラタ. 自動車》ワゴン車〔=camioneta ~〕
ruralia [rurálja] 女《まれ》農村らしさ; 田舎の環境
ruralidad [ruraliðá(ð)] 女《まれ》農村らしさ
ruralismo [rurálísmo] 男 ❶ 田園生活. ❷ 田舎言葉, 田舎語
ruralista [ruralísta] 形 名 田園生活の〔擁護者〕, 農村らしさを大事にする〔人〕
ruralizar [ruraliθár] 9 他 農村 (田舎) 風にする
ruralmente [rurálménte] 副 農村 (田舎) 風に
rurrupata [ruřupáta] 女《チリ》子守歌
rus [rús] 男《植物》ウルシ〔=zumaque〕
rusalca [rusálka] 女《スラブ神話》水の精〔男を誘惑して殺すとされる〕
rusco [rúsko] 男《植物》ナギイカダ
rusel [rusél] 男 綾織りの毛織物, サージ
rusentar [rusentár] 他 真っ赤に熱する, 白熱化する
rusia [rúsja] 女《キューバ》〔ハンモック用の〕粗布
rusiente [rusjénte] 形《文語》白熱した: hierro ~ 真っ赤に焼けた鉄
rusificación [rusifikaθjón] 女 ロシア化
rusificar [rusifikár] 他 ロシア Rusia 化させる
── ~**se** ロシア化する
Rusiñol [rusiɲól]《人名》**Santiago** ~ サンティアゴ・ルシニョール〔1861〜1931, カタルーニャ出身の画家.『オレンジの谷』El valle de los naranjos. 劇作家でもあり, カタルーニャ文芸復興運動 Renacimiento en Cataluña を推進〕
ruso, sa [rúso, sa] 形 ❶《国名》ロシア Rusia〔人・語〕の; ロシア人: 1) estepa rusa ロシア・ステップ地帯. ❷《歴史》gran ~ 大ロシアの〔人〕. pequeño ~ 小ロシアの〔人〕. blanco 白ロシアの〔人〕. ❷ ソビエトの〔人〕〔=soviético〕. ❸《菓子》クリームまたはチョコレートをはさんだ四角 (三角) 形のケーキ. ❹《服飾》厚手のオコート
rusófilo, la [rusófilo, la] 形 名 ロシア好きの〔人〕
rusófono, na [rusófono, na] 形 名 =**rusohablante**
rusohablante [rusoaβlánte] 形 名 ロシア語を話す〔人〕

rusoniano, na [r̃usonjáno, na] 形《人名》[フランスの啓蒙思想家] ルソー Jean-Jacques Rousseau の
rusoparlante [r̃usoparlánte] 形 名 =**rusohablante**
rústica¹ [r̃ústika] 女《製本》*a la* ~*ca* =**en** ~**ca**
  en ~*ca* 仮綴じの, 紙装の, ペーパーバック版の: libro *en* ~*ca* 並装本
rusticación [r̃ustikaθjón] 女 [気晴らし・静養のため] 田舎に出かけること, 田舎暮らし
rustical [r̃ustikál] 形《文語》=**rural**
rústicamente [r̃ústikaménte] 副 ❶ 田舎風に. ❷ 粗野に, 無教養に
rusticano, na [r̃ustikáno, na] 形 [植物が] 野生の
rusticar [r̃ustikár] 7 自 [気晴らし・静養のため] 田舎に出かける, 田舎で暮らす
rusticidad [r̃ustiθiðáð] 女 田舎風
rusticismo [r̃ustiθísmo] 男 ❶ 田舎風. ❷ 田舎言葉
rústico, ca² [r̃ústiko, ka]《←ラテン語 rusticus < rus「田舎」》形 名 ❶ 田舎の〔人〕, 田舎風の: En las comedias de Lope de Vega los ~*s* desempeñan un papel fundamental. ロペ・デ・ベガの戯曲では田舎の人々がきわめて重要な役割を果たしている. finca ~*ca* 田舎にある地所. lenguaje ~ 田舎言葉. ❷《軽蔑》粗野な: modales ~*s* 垢抜けない態度
  ── 男《ベネズエラ, 自動車》ジープ, ランドローバー
rustidera [r̃ustiðéra] 女《料理》ロースト用のトレイ
rustiquez [r̃ustikéθ] 女 =**rusticidad**
rustiqueza [r̃ustikéθa] 女 =**rusticidad**
rustir [r̃ustír] 他 ❶《アストゥリアス, レオン, アラゴン. 料理》焼く. ❷《アラゴン, ムルシア》齧る. ❸《ムルシア》音を立てて噛み砕く. ❹《ベネズエラ》[労苦・苦痛などを] 耐え忍ぶ
rustro [r̃ústro] 男《紋章》中央を丸く抜いた菱形
rúsula [r̃úsula] 女《植物》[総称] ベニタケ
ruta [r̃úta] 女《←仏語 route》❶ 道: Seguimos la ~ de la playa. 私たちは海岸沿いの道を行く. ~ aérea 航空路. ~ marítima 航路, シーレーン. ~ marítima del Norte 北極海航路. ~ montañosa 山道. ~ nacional 国道. ❷ 経路, 道程: establecer la ~ del viaje 旅程を組む. ~ de servicio del autobús バスの運行経路. ❸ やり方, 手順: Has tomado una ~ equivocada en este asunto. 君はこの件について手順を間違えたのだ. ❹《キューバ》バス〔=autobús〕. ❺《主に南米》幹線道路〔=carretera〕
  en ~ 1) 幹線道路で: *En* ~, use el cinturón de seguridad. 高速道路ではシートベルトを締めて下さい. 2) 旅行中の: El equipo ya está *en* ~ hacia China. チームはすでに中国への途上にある
rutáceo, a [r̃utáθeo, a] 形 ミカン科の
  ── 女 複《植物》ミカン科
rutar [r̃utár] 自 ❶《アストゥリアス, カンタブリア, ブルゴス, パレンシア》ぶつぶつ不平を言う. ❷《アストゥリアス》げっぷをする. ❸《カンタブリア, ブルゴス, パレンシア》かすかな音を立てる, ささやく; うなる, ブンブンいう. ❹《パレンシア, バダホス》回転する
rute [r̃úte] 男《サンタンデル》うわさ〔=rumor〕

rutenio¹ [r̃uténjo] 男《元素》ルテニウム
rutenio², **nia** [r̃uténjo, nja] 形 名《まれ》=**ruteno**
ruteno, na [r̃uténo, na] 形 名 ❶ [ウクライナ人の祖先とされる] ルテニア人〔の〕. ❷《キリスト教》[ローマ皇帝の権威を認めた] ウクライナ正教の〔信者〕
  ── 男 ルテニア語
ruteño, ña [r̃uténo, ɲa] 形 名《地名》ルテ Rute の〔人〕《コルドバ県の村》
rutero, ra [r̃utéro, ra] 形 ❶ 道路の. ❷《自転車》[人が] ロードレース専門の. ❸《自動車》オンロード用の. ❹ 新聞を販売店に配達する
Ruth [r̃út] 女《旧約聖書》ルツ《若くして未亡人となるが義母ナオミ Noemí のもとにとどまる》; ルツ記
rutiar [r̃utjár] 10 自《レオン》街をぶらつく〔うろつく〕
rutilación [r̃utilaθjón] 女《文語》強く輝くこと
rutilancia [r̃utilánθja] 女 きらめき
rutilante [r̃utilánte]《←ラテン語 rutilans, -antis》形《文語》❶ 強く輝く: estrella ~ キラキラ輝く星. ❷ 輝かしい, 卓越した: Miles de bombillas *rutilan* en las calles los días de navidad. クリスマスの時期には無数の電球が街に輝く
rutilar [r̃utilár]《←ラテン語 rutilare》自《文語》強く輝く, きらめく: Miles de bombillas *rutilan* en las calles los días de navidad. クリスマスの時期には無数の電球が街に輝く
rutilo [r̃utílo] 男《鉱物》ルチル, 金紅石
rútilo, la [r̃útilo, la]《文語》強気な金色の; 光り輝いている
rutina [r̃utína] **I**《←仏語 routine》女 ❶ [考え・行動などの] 決まり切った型, 習慣的な行動: caer en la ~ 型にはまる. alejarse (apartarse・salirse) de la ~ diaria 日常性を離れる. ❷《情報》ルーチン. ❸ 習熟, 慣れ. ❹ 因習, 旧弊
  de ~ 型どおりの, いつもの: inspección *de* ~ 型どおりの検査
  por ~ 型どおりに, 習慣で: Vuelve a casa todos los días a la misma hora *por* ~. 彼は判で押したように毎日同じ時刻に帰宅する. *por mera* ~ 単なるしきたりとして
  II《←*ruda*》女《薬学》ルチン
rutinario, ria [r̃utinárjo, rja]《←*rutina* I》形 ❶ 型にはまった, いつもどおりの, 決まりきった: No aguanto más, mi trabajo es muy ~. 私はもう我慢できない, 毎日同じ仕事ばかりだ. procedimientos ~*s* 習慣どおりの手続き. ❷《人が》習慣どおりに行動する〔人〕; 旧弊にこだわる〔人〕, 旧弊な〔人〕
rutinarismo [r̃utinarísmo] 男 慣例固執, 杓子定規
rutinero, ra [r̃utinéro, ra] 形 名 ❶ 旧習にこだわる〔人〕, 旧弊な〔人〕. ❷《キューバ》とっぴな〔俗っぽい〕服装〔話し方〕をする〔人〕
rutón, na [r̃utón, na] 形《サンタンデル》不平屋の, 文句の多い
rútulo [r̃útulo] 名《古代イタリアの》ラティウム族〔の〕
rutuna [r̃utúna] 女《ペルー》[先住民の間で] 鎌
ruyir [r̃ujír] 他《プエルトリコ》齧る〔=roer〕
ruzafa [r̃uθáfa] 女《まれ》[アラビア人の間で] 庭, 庭園
Rvido., da.《略語》──reverendo, da ...師

S

s [ése] 囡 アルファベットの第20字
s. 《略語》←septiembre 9月
s. 《略語》←segundo 秒; siglo 世紀; siguiente 次の
S. 《略語》←sur 南; San 聖…『男性』
s/. 《略語》←sobre …を担保にして, …について, …に対して
S.A. 《略語》←Su Alteza 殿下; Sud América 南米;《西》Sociedad Anónima 株式会社
Saadí [sa(a)dí] 形 囲 サアド朝[の]『16世紀初頭~1659年, モロッコを支配したイスラム王朝』
Saadita [sa(a)díta] 形 名 =**Saadí**
Saavedra Fajardo [sa(a)bédra faxárdo]《人名》**Diego de ~** ディエゴ・デ・サアベドラ・ファハルド『1584~1648, スペインの作家・外交官. 歴史や国家のあり方に関する該博な知識をもとに, カトリック擁護の立場から数多くの著作を残す. 愛国主義的で表現力に富んだ作品はヨーロッパで高い評価を得ている.『キリスト教君主の理念』Idea de un príncipe político cristiano, representada en cien empresas』
sáb. 《略語》←sábado 土曜日
sabaco [sabáko] 囲《キューバ. 魚》モンガラカワハギの一種『学名 Balistes sabaco』
sabacú [sabakú] 囲《アルゼンチン. 鳥》シラガゴイ
sabadellense [sabaðeʎénse] 形 名《地名》サバデル Sabadell の(人)『バルセロナ県の町』
sabadeño [sabaðéno] 囲《パレンシア, バリャドリード, ログローニョ. 料理》豚の臓物と質の悪い肉で作った腸詰め
sabadete [sabaðéte] 囲 週末の夜の歓楽: Sábado, ~ [camisa limpia y polvete]. 週末はおめかししてお出かけだ
sabadiego, ga [sabaðjéɣo, ɣa] 形《地方語》土曜日の
— 囲《アストゥリアス, レオン》=**sabadeño**
sábado [sábaðo] 囲《←ラテン語 sabbatum < ヘブライ語 sabbath「週の休み」< sabath「休む」》❶ 土曜日『→semana 参考』: ~ de Gloria/~ Santo 復活祭の土曜日.❷《カトリック》安息日『金曜日の日没から土曜日の日没まで』: guardar el ~ 土曜日の安息日を守る
**hacer [de] ~《西》[土曜日に] 週に一度の大掃除をする
sabalar [sabalár] 囲 ニシンダマシ漁用の網
sabalera [sabaléra] 囡 ❶ [反射炉の] 火格子.❷ [地引き網漁に似た] ニシンダマシ漁の方法
sabalero [sabaléro] 囲 ニシンダマシ漁師
sabaleta [sabaléta] 囡《コロンビア, ボリビア》ニシンダマシに似た食用の淡水魚『学名 Brycon henni』
sábalo [sábalo] 囲《魚》ニシンダマシ『食用の海水魚』: ~ real ターポン
sabana [sabána]《←ハイチのタイノ語》囡《地理》サバンナ, 熱帯草原
sábana [sábana]《←ラテン語 sabana < sabanum < ギリシア語 sabanon「バスタオル」》囡 ❶ シーツ『上下2枚あり, その間で寝る』: meterse entre las ~s シーツの間にもぐり込む, ベッドに入る. extender (cambiar) las ~s シーツを敷く (取り替える). ~ bajera/~ de abajo アンダーシーツ, 敷布. ~ encimera/~ de arriba アッパーシーツ. ~ ajustable/~ de cuatro picos/《メキシコ》~ de cajón フィットシーツ, ボックス型シーツ. ~ de baño バスタオル.❷《カトリック》S~ Santa [キリストの]聖骸布.❸《西. 古語》大きな千ペセタ紙幣; 千(5千・1万)ペセタ紙幣.❹ 祭壇の掛け布.❺ [ヘブライ人などが用いる] 衣服としても身にまとう布.❻《アンダルシア, ムルシア》[わらなどを詰めて運ぶ] 目の粗い網.❼《メキシコ. 料理》ビーフカツ『=escalope』
en ~《医学》[出血が] にじみ出るような, 毛細管性の
pegarse las ~ a +人《口語》~ 寝坊をする, 遅く起きる: Perdón por el retraso. Se me han pegado las ~s. 遅刻してすみません. 寝坊してしまいました
~ de agua 豪雨
sabanal [sabanál] 囲《プエルトリコ》草原
sabanalamar [sabanalamár] 囲《キューバ》沿岸地帯の草原
sabanazo [sabanáθo] 囲《キューバ》小さな草原
sabandija [sabandíxa]《←前ローマ時代の語》囡《主に軽蔑》❶ [不快な] 小型の爬虫類; 虫: El jardín está descuidado y lleno de ~s. 庭は手入れされずに虫だらけだ.❷ 見下げはてた奴, 虫けらのような奴: Ese tío es una ~ que engaña a todos. あいつはみんなをだます虫けらのような奴だ
— 囡《ラプラタ》不良少年, ちんぴら
sabanear [sabaneár] 画 ❶《メキシコ, 中米, コロンビア, ベネズエラ》[馬で] サバンナ sabana を移動する; 牛追いをする.❷《中米》1) 取る, 捕える. 2) ごまをする, おべっかを言う.❸《グアテマラ, ベネズエラ》[人を] 追いかける, 追跡する
sabanero, ra [sabanéro, ra] 形 名 ❶ サバンナ sabana の; サバンナに住む(人).❷《アンダルシア, ムルシア》網 sábana にわらなどを詰めて運ぶ人
— 囲《鳥》キマユクビワズズメ.❷《中南米》[サバンナの] 牛追いの男
❸《ベネズエラ》サバンナに住む無毒の蛇『学名 Cotophis mutabilis』
sabanilla [sabaníʎa]《sábana の示小語》囡 ❶ [小型の敷布に似た] アイロンかけに使う布.❷ 祭壇の掛け布.❸《まれ》[ハンカチなど] 麻の布切れ.❹《チリ》[ベッドカバーとして用いる] 薄手の毛織物
sábano [sábano]《レオン》麻のシーツ
sabañón [sabanón]《←?語源》囲 ❶ しもやけ, 凍瘡(ｿｳ): Me salen sabañones en las manos en invierno. 私は冬になると手にしもやけができる.❷《アストゥリアス》[夏の終わりに時々形成される] ミツバチの第2の群れ.❸《キューバ. 植物》ノウゼンカズラ科の一種『学名 Tecoma lepidophylla』
comer como un ~ 並外れてたくさん食べる
sabao [sabáo]《西. 菓子》小さなスポンジケーキ, マフィン
sabara [sabára] 囡《ベネズエラ》もや『=neblina』
sabatario, ria [sabatárjo, rja] 形《古語》❶ 土曜日の安息日を守っていたことから』ヘブライ人の.❷『キリスト教の初期に土曜日の安息日を守っていた』改宗したユダヤ人の
sabateño [sabaténo] 囲《ベネズエラ》境界標; 道標, 里程標
sabático, ca [sabátiko, ka] 形 ❶《カトリック》土曜日の.❷『大学教授などの, 主に7年ごとの』休暇年度, サバティカル: El profesor tomó un año ~. 教授は1年間のサバティカルをとった.❸ [古代ユダヤ教の7年ごとの] 安息年『=año ~』
sabatino, na [sabatíno, na] 形《カトリック》土曜日の; 土曜日に行われる
— 囡《カトリック》土曜日の祭式.❷《古語. 教育》[週の復習をする] 土曜日の特別授業; 土曜日の議論の訓練.❸《チリ》殴打
sabatismo [sabatísmo] 囲 ❶ 土曜日を安息日とすること.❷ せっせと働いた後の休息
sabatizar [sabatiθár] 国 画 土曜日を安息日とする
Sábato [sábato]《人名》**Ernesto ~** エルネスト・サバト『1911~2011, アルゼンチンの作家. 妄執に囚われた画家の恋を描いた中編小説『トンネル』El túnel. その後フランス実存主義の影響を受けて, 人間存在の根底に潜む闇・狂気を描きつつ, それを自国アルゼンチンのものに重ね合わせた野心的な長編小説『英雄たちと墓』Sobre héroes y tumbas, その続編『根絶者アバドン』Abaddón, el exterminador を発表. その後創作活動を中止し, 70年代の軍政下で行方不明となった人々の消息を求める運動に関わった. セルバンテス賞受賞』
sabaya [sabája] 囡《アラゴン》[物置用の] 屋根裏部屋
sabayón [sabaʝón]《←伊語》囲《料理》サバイヨン
sabbat [sabát]《←ヘブライ語》囲《ユダヤ教》安息日, 土曜日
sabedor, ra [sabeðór, ra] 形《文語》[+de+事 を] 知っている, 気づいている: ~s de la inminente quiebra de la empresa. 彼はその会社が倒産目前であることを知っている
sabeísmo [sabeísmo] 囲《太陽・月などを祭る》シバ Saba の宗教
sabela [sabéla] 囡《動物》ケヤリムシ
sabelección [sabele(k)θjón] 囲《キューバ. 植物》マメグンバイナズナ
sabelianismo [sabeljanísmo] 囲《キリスト教》サベリウス主義『2世紀, サベリウス Sabelio が唱えた, 三位一体を否定する異端の

理論】

sabeliano, na [sabeljáno, na] 形《キリスト教》サベリウス Sabelio 派の; 名 サベリウス主義の

sabélico, ca [sabéliko, ka] 形《古代イタリアの》サビニ族(語)の; サムニウム族(語)の

sabello [sabéʎo] 男《地方語. 魚》=**sábalo**

sabelotodo [sabelotóðo]《←saber+lo+todo》形 名《単複同形》《軽蔑》物知りぶった(人)

sabeo, a [sabéo, a] 形 名《歴史. 国名》シバ Saba の(人), サバの(人)〔紀元前950～115. アラビア半島南部にあった王国〕
── 男 シバ語, サバ語

saber [saβér]《←ラテン語 sapere》55 他 ❶ 知っている, 分かっている〔類義〕**saber** は事態・事柄について知識や情報を持っている, **conocer** は見たり聞いたり・学習して体験的に知っている〕: 1) [+que+直説法] ¿Sabes que se ha trasladado? 彼が引っ越したことを知っているか? Yo no sabía que se había operado el corazón. 私は彼が心臓の手術を受けたことを知らなかった. Ya sé que quiere que le diga que es muy guapa, pero no estoy dispuesto a regalarle los oídos. 彼女が自分の美しさのことを言ってほしいことは私もよく分かっているのだが, 私はお世辞は言いたくない. 2) [+間接疑問] No sé si dice la verdad. 彼が本当のことを言っているか私には分からない. No sabe qué camino seguir. 彼はどの道を行くべきか知らない. Sé cómo se llama. 私は彼の名前を知っている. Ya sé cómo decírselo. 私はどう言ったらいいかもう分かる. sin ～ qué hacer どうしたらいいか分からずに. [感嘆] No sé cómo te arreglas para hacer tantas cosas a la vez. 君はこんなにたくさんの事を同時にさばいているのか. 3) [+不定代名詞など] Yo sabía algo andaba mal. 私は何かがうまくいっていないことを知っていた. Lo he sabido por ahí. それをここで小耳にはさんだんだ. ¿Sabes (una cosa)? — No./¿Sabes lo que te digo? — ¿Qué (me dices)? あのね. — 何? sin ～ nada de ello そうとは全く知らずに. No sabe que tienes hasta que lo pierdes. 〔諺〕失って初めてそのありがたみが分かる. 4) [+名詞] Sé su dirección. 私は彼の住所を知っている. Ni él mismo sabe los años que tiene. 彼自身すら自分が何歳かも知らない. ～ la noticia ニュースを知っている. ❷ 知る, 分かる〔=**enterarse**〕: Supe se había casado. 彼が結婚したことを知った. Lo supe por el telediario de las ocho. 私は8時のニュースでそれを知った. ❸ 理解し記憶する. 身にしみる. 私はその教訓が身にしみた. ❹ できる〔→**poder**〕〔類義〕: 1) [+名詞] Sabe mucha física. 彼は物理がよくできる. Sabe inglés. 彼は英語ができる. ¿Cómo te fue en el examen? — Supe casi todo. 試験はどうだった? — ほとんどできた. 2) [+不定詞. 助動詞的. 技能・知恵・知識] Sabe nadar. 彼は泳げる. No sé tocar la guitarra. 私はギターを弾けない. Ella sabe acomodarse a las circunstancias. 彼女は状況に適応するすべを心得ている. No sé todavía andar por Madrid. 私はまだマドリードの地理が分からない. No sabe volver a su casa. 彼は方向音痴だ. ❺《中南米》～する習慣である, よく～する: No saben venir por aquí. 彼らはこちらにはめったに来ない

¿A que no ～...? [決めつけて] …を知らないでしょう?

a ～ 1) すなわち, 列挙するならば: Las virtudes teologales son tres; a ～ fe, esperanza y caridad. 対神徳は3つある. すなわち, 信, 望, 愛である. 2) =**cualquiera sabe**: A ～ dónde lo tiene guardado. 彼はそれを一体どこにしまったのやら

a ～ si =**cualquiera sabe**

¡Andá a ～!《中南米》=**¡Vete a ～!**

aquello que sabe 〔遠回しに〕例のこと・もの

cómo lo sabes《口語》〔話し相手がほのめかしたことを確認して〕そのとおり

cualquiera sabe 〔疑い〕誰にも分からない: Cualquiera sabe dónde estará la llave que perdí. 私のなくした鍵は一体どこにあるのやら

dejar ～《中南米》=**hacer ～**

es a ～ すなわち, つまり

eso que sabe =**aquello que sabe**

falta ～ =**cualquiera sabe**

¡Haberlo sabido! それを知っていたらなあ!

hacer ～《文語》1) [+a+人] 知らせる, 通知する: Por la presente les hacemos ～ que+直説法. 本状にて…をお知らせいたします. 2) 公表する

hacerse ～《文語》知られる; 公表される

lo que sabe =**aquello que sabe**

¡Lo que sabe...! 何と…はずる賢いのだろう!

no ～ dónde meterse《口語》〔恥ずかしくて〕穴があったら入りたい. 〔怖くて〕どこかへ逃げ込みたい

no ～ lo que hace 何をしているのか自分でも分からない

no ～ lo que se pesca 全く分かっていない; 方向を見失っている: No sabes lo que te pescas. 君は自分が何をしているのか分かっていない〔大変なことになるぞ〕

no ～ por dónde anda (se anda·va) 任務を果たす能力がない

no ～ por dónde cogerlo 1) すべてよくない, 全くひどい. 2) 申し分ない, すばらしい

¿No sabes? あのね.

no sé [はっきりと答えられなくて] さあ[どうかな]

no sé cuánto 私にはいくつか分からない, どれだけかの: No sé cuánta gente me ha preguntado. どれくらいの人が私に質問してきたか分からない. Había gente, hombres y mujeres, no sé cuántos. 人々が, 大勢の男女がいた. Ha pagado no sé cuánto por el piso. 彼がそのマンションにどれだけ支払ったか分からない

no sé cuántos 〔覚えていない・明らかにしたくないことについて〕私が覚えていない〔分からない〕; だれそれ, 某…: Es una película antigua del cine mudo, del año no sé cuántos. それは無声映画時代の古い作品で, 何年のものだったかもはっきりしない. Le llamó un señor no sé cuántos. 何とかという人からお電話がありました

no sé qué te diga [意見をちゅうちょして] どう言えばいいのだろう

no sé quién 誰か〔知らない人〕〔=**alquien**〕: Vino no sé quién. 誰か知らない人が来た

para que (lo) sepas《口語》〔念押し〕分かる?/念のため言っておくが

que yo sepa 私の知る限りでは

¡Quién sabe!〔疑い・恐れ・期待・無知など〕さあ〔どうだろう〕/そうかも知れない!

quién sabe si+直説法〔疑念〕…かどうか誰に分かるものか: Quién sabe si es bueno o malo. それが良いか悪いか誰にも分からない

quién sabe+疑問詞+直説法未来〔自問〕…だろうか?

～ es bueno 1)〔脅し文句で〕思い知る, 罰を受ける. 2) 大満足を覚える

¿Se puede ～...?〔釈明を要求して〕…を教えてくれないか/一体…?: ¿Se puede ～ por qué me miras así? 一体なぜそんな目で私を見るのだ?

¡Si lo saber 未来形!!…はよく分かっている!: ¡Si sabré yo lo que pasaron en la carrera! 私はレースで何が起きたかちゃんと分かっている!

¿Tú qué sabes? お前なんかに何が分かるものか!

un no sé qué 〔物事について〕私が覚えていない; どう説明していいか分からない: Hay un no sé qué en sus ademanes. 彼女の仕草には何とも言えないものがある

¡Vete a ～!/¡Vaya usted a ～!《口語》〔疑い・不信〕とうてい分からない!: ¡Vete a ～ lo que hay detrás de todo eso! このことすべての裏に何があるか分かったものじゃない!

── 自 ❶ [+a+無冠詞名詞] 1) …の味がする: Esta medicina sabe a naranja. この薬はオレンジ味だ. Esta salsa me sabe demasiado a ajo. このドレッシングは私にはニンニクの味が強すぎる. 2) …に似ている: Esto sabe a revolución. これは革命に近い. ❷ [+de について] 知っている〔知識・情報などがある〕; 知る: De sus intenciones sabes tú más que yo. 彼の意図については君の方が私よりよく知っている. Hace un mes que no sé de mi hermano. 1か月前から私の兄から便りがない. No quiero volver a ～ más de ustedes. もうあなたがたとは関わり合いになりたくない. ❸ 精通している, 物知りである: Sabe mucho de ordenadores. 彼はコンピュータにとても詳しい. ❹ 聡明で抜かりがない: ¡Este sí que sabe! こいつはもちろんよく分かっている! ❺ [目的に] 適合している

～ a poco a+人《西》…にとっては物足りない: El empate me ha sabido a poco. 私は引き分けでは不満だ

～ bien a+人《西. 口語》[+que+接続法] …の気に入る: No le supo bien que saliéramos, porque ya era tarde. もう遅くなってから私たちが外出するのは彼は気に入らなかった

～ mal a+人《西. 口語》…の気に入らない, 怒らせる: 1) Toda la comida le sabe mal. 彼はその料理のすべてが気に入らない.

2) [+que+接続法] Isabel le *sabía mal que* bebiera sola. イサベルは一人で飲むのが嫌いだ
── **~se** 《学生語》…を覚える, 分かる: Ningún día *se sabe* la lección. 彼には授業が分かりっこない。❷ [+主格補語. 確かに] 自分が…であると思っている: Un foxterrier *se sabe* elegante y suele mostrarse presumido. フォックステリアは自分が上品であることを知っていて気取って見せることがよくある
ni se sabe 《口語》[質問などに対し] 全然分からない
sabérselas todas 《口語》[経験豊富で] よく知っている; [様々な状況で] うまくやっていける
sabérselo todo 《時に皮肉》何でも知っている
se sabe que+直説法 …は知られている
sin ~ 知らないで; 知らないうちに, 知らず知らず

saber	
直説法現在	点過去
sé	supe
sabes	supiste
sabe	supo
sabemos	supimos
sabéis	supisteis
saben	supieron
未来	過去未来
sabré	sabría
sabrás	sabrías
sabrá	sabría
sabremos	sabríamos
sabréis	sabríais
sabrán	sabrían
接続法現在	過去
sepa	supiera, -se
sepas	supieras, -ses
sepa	supiera, -se
sepamos	supiéramos, -semos
sepáis	supierais, -seis
sepan	supieran, -sen

── 男 集名 [学習・経験によって得られる, 科学・技術の深い] 知識, 学識; 学問, 学術: El ~ no ocupa lugar. 《諺》知識がありすぎて困ることはない。compilar todo el ~ humano 人類の叡智をまとめる。~ *científico* 科学的知識
según mi (*nuestro*) *leal ~ y entender* 私(私たち)の理解では, 私(私たち)の承知しているかぎりでは

sabiá [sabjá] 男《鳥》キバラツグミ
sabiamente [sábjamente] 副 賢明にも; 学者らしく
sabichoso, sa [sabitʃóso, sa] 形《キューバ, プエルトリコ. 口語》物知りぶった, 学者気取りの
sabicú [sabikú] 男《植物》サビク《西インド諸島産のマメ科の木》
sabidillo, lla [sabiðíʎo, ʎa] [←ラテン語 *sapidus*「分別のある」] 形名《軽蔑》物知りぶった[人]
sabido, da [sabíðo, ða] 形名 ❶ [ser+. 事柄が] 広く知られている, おなじみの: ser ~ que+直説法 は周知のことである。como es ~ 広く知られているように, 周知のように。❷《皮肉》[ser+] 物知りの, 物覚えのよい; 理解力のある。❸ 習慣的な, いつもの: Vino con las *das* disculpas. 彼はお決まりの言い訳をした。❹《コロンビア》大変便利な(賢い)[人]。❺《エクアドル. 口語》1) 不公正に利益を追求する。2) 利口ぶった[人]。3) 常習的なこそ泥
de ~ 確かに, もちろん
── 男 ❶《アラゴン》固定給。❷《エクアドル》人間に害をなしたり悪い誘惑をする超自然的な存在
sabidor, ra [sabiðór, ra] 形名《廃語》=**sabedor**
sabiduría [sabiðuría] [←ラテン語 *sapidus*「分別のある」] 女 ❶ 賢明さ, 思慮, 知恵: Con la experiencia y conocimiento se adquiere ~. 経験と知識によって賢さは得られる。actuar con gran ~ 思慮分別をもって行動する。Libro de la *S*~ 《旧約聖書》知恵の書。~ *popular* [諺・格言などに込められた] 庶民の知恵。❷ 学識, 知識: Respetaban el ~ del emperador. 彼らは皇帝の学識を尊敬していた。❸ 認識
sabiendas [sabjéndas] [←ラテン語 *sapienda*「知るべきこと」] *a ~* 1) わざと; [+de que+直説法] 知っていて: La empresa emplea el asbestocemento *a ~ de que* ese producto es

cancerígeno. その会社は発癌性があるのを承知で石綿を使っている。2) 確実に
sabihondez [sabjondéθ] 女《軽蔑, 皮肉》物知りぶっていること
sabihondo, da [sabjóndo, da] [←*sabiondo* < *sabio*+*-ondo*] 形名《軽蔑, 皮肉》物知りぶった[人], 街(ﾁﾏﾀ)の学者; 優等生ぶった[人]
sabijondo, da [sabixóndo, da] 形名《地方語》=**sabihondo**
sábila [sábila] 女《メキシコ, 中米. 植物》アロエ《=áloe》
sabina[1] [sabína] 女《植物》ビャクシン《~ *rastrera*, ~ *real*, ~ *chaparra*》: ~ *albar* 白ビャクシン《学名 *Juniperus thurifera*》。~ *común* サビナビャクシン。~ *negra* (*negral*) フェニキアビャクシン
sabinar [sabinár] 男 ビャクシンの群生地
sabine [sabíne] 男 [吸音の単位] セビン
sabinilla [sabiníʎa] 女《チリ. 植物》バラ科の灌木の一種《果実は食用. 学名 *Margyricarpus pinnatus*》
sabino[1] [sabíno] 男《植物》=**sabina**[1]
sabino, na[2] [sabíno, na] 形名 ❶ [古代イタリアの] サビニ人(の), サビニ族。❷ [馬が] 葦毛の[=*rosillo*]。❸《キューバ. 口語》好奇心が強く他人事に口をはさみがちの
sabio, bia [sábjo, bja] [←ラテン語 *sapidus*「分別のある」] 形 ❶ 絶対最上級 *sapientísimo*) ❶ 学識(学問)のある, 博学の: 1) Es uno de los químicos más ~*s* del país. 彼はこの国で最も学識に富んだ化学者の一人だ。Es ~ en su profesión. 彼は自分の仕事について造詣が深い。2)《軽蔑, 皮肉》物知りぶった(学者・優等生)ぶった[=**sabihondo**]。❷ [主に +名詞. 事が] 賢明な, 思慮のある: tomar una *sabia* decisión 賢明な決定をする。~ *consejo* 分別ある忠告。❸ [動物が] よく芸を仕込まれた: perro ~ 学者犬。❹《トランプ》[オンブレ *tresillo* で, puesta が] 3つの
── 名 ❶ 物知り, 学者: 1) Pocos ~*s* lograban buena fama durante su vida. 存命中に名声を得た学者は稀だった。❷ 思慮深い人, 賢人: Es de ~ *s no dar* consejos a quien no los desea. 忠告を欲しない者にはそれを与えないのが賢い人だ。De ~*s* es mudar de opinión.《諺》君子は豹変する。los siete ~*s de Grecia* ギリシアの七賢人《Thales, Bías, Pítaco, Solón, Quilón, Cleóbulo, Periandro》。Comité de *S*~*s* 賢人会議, 専門家会議。❸《軽蔑》知識をひけらかす人, 学者ぶる人

sabiola [sabjóla] 女《アルゼンチン, ウルグアイ. 口語》[人の] 頭; 才能
sabiondez [sabjondéθ] 女 =**sabihondez**
sabiondo, da [sabjóndo, da] 形名 =**sabihondo**
sablazo [sabláθo] [←*sable*-1] 男 ❶《返済の意思のない借金など》法外な額の料金請求: Vive de dar ~*s* a los amigos. 彼は友人たちに金を無心して生活している。❷ サーベルの一撃; 刀傷: Tenía un ~ en la mejilla. 彼は頬に刀傷があった。dar un ~ サーベルで一撃する。❸《闘牛》とどめの一突き《=*estocada*》
sable [sáble] I [←独語 *sabel*] 男 ❶ サーベル, 刀《→*espada*》。❷ 《軽蔑, 皮肉》武力, 軍事権力; 軍の強権, 軍事支配。❸ 人に金をたかる巧妙さ。❹《キューバ. 魚》タチウオ
colgar el ~ 《キューバ. 口語》仕事をやめる, 引退する
guindar el ~ 《キューバ. 口語》死ぬ
sacar el ~ 《キューバ. 口語》公衆の面前で批判する; 意図的に私事を暴露する
II 〖←仏語 *sable*〗 男《紋章》黒色
III 〖←ラテン語 *sabulum*〗 男《アストゥリアス, カンタブリア》[海岸・河岸の] 砂原
sableador, ra [sableaðór, ra] 名 巧みに金をたかる人, 頼み屋
sablear [sableár] 他《口語》…に金をたかる《返済の意思のない借金など》
sablero, ra [sabléro, ra] 形名 =**sablista**
── 男《アストゥリアス》砂地
sablista [sablísta] 名 常習的に金をたかる人
sablón [sablón] 男 粗い砂
saboga [sabóga] 女《魚》ニシンダマシ属の一種《食用. 学名 *Alosa fallax*》
sabogal [sabogál] 男 *saboga* 漁用の網
sabonera [sabonéra] 女《植物》アカザ科の灌木《=*sayón*》
saboneta [sabonéta] 女《古語》蓋付きの懐中時計
sabor [sabór] [←ラテン語 *sapor, -oris*] 男 ❶ 味, 風味: 1) El agua no tiene ni ~ ni olor. 水は無味無臭である。Sentía el ~ *de la sangre* en la boca. 私は口の中に血の味がした。ser de buen ~ 味がよい, おいしい。2) [+a+無冠詞名詞] …のような

味: helado con ～ a fresa ストロベリーアイスクリーム. con ～ a queso チーズ味の. ❷《比喩》味わい; 面白み: La experiencia le dejó un ～ amargo. その経験は彼ににがい味を残した. probar el ～ de la victoria 勝利を味わう. sin ～ 味気ない. ❸《風也》…の趣: poema de ～ clásico 古典風の詩. ～ local 地方色. ❹《馬具》[主に複]馬銜(はみ)に付ける数珠状の玉. ❺《まれ》香辛料, 調味料
　a ～《文語》好みに合わせて, 望みどおりに
　dejar buen (mal) ～ de boca a+人 [自分の言動が] …にとっていい(悪い)思い出である
saborea [saboréa] 囡《植物》セイボリー; ウィンターセイボリー; サマーセイボリー
saboreable [saboreáble] 形 味わうことのできる; 享受され得る
saboreador, ra [saboreaðór, ra] 形 ❶ 味わう; [ゆっくり]楽しむ, 享受する. ❷ 味をつける, 風味を添える
saboreamiento [saboreamjénto] 男 味わうこと; [ゆっくり]楽しむこと, 享受
saborear [saboreár] 他 ❶ 味わう: ～ el vino ワインを味わって飲む. ❷《ゆっくり》楽しむ, 享受する: ～ la belleza 美を鑑賞する. ❸ …に味を付ける, 風味を添える. ❹《まれ》[甘言などで]釣る
saboreo [saboréo] 男 味わうこと; 享受
saborete [saboréte] 男 sabor の示小語
saborizante [sariβiθánte] 形 味を付ける; 化学調味料, 人工香味料
sabotaje [sabotáxe]《←仏語 sabotage》男 ❶ サボタージュ, 怠業; [機械・設備の]破壊, 破壊工作, 破壊活動: El descarrilamiento del tren fue debido a un ～. 列車の脱線は破壊工作によるものだ. ❷ [意図的・悪意による] 妨害, 邪魔
saboteador, ra [saboteaðór, ra] 形 サボタージュをする〔人〕
sabotear [saboteár] 他 サボタージュする; 破壊する; 妨害する
saboteo [sabotéo] 男 =sabotaje
saboyano, na [sabojáno, na] 形《地名》[南フランスの]サボイ Saboya の〔人〕
　── 囡 ❶《古語. 服飾》前開きのスカート. ❷《菓子》[シロップをしみ込ませてラム酒を振りかけた]サボイビスケット
sabra [sábra] 囡 サブラ〔イスラエル生まれのユダヤ人〕
sabrosamente [sabrósaménte] 副 風味よく, おいしく
sabrosear [sabroseár]《ベネズエラ》～se 楽しむ, 楽しく過ごす; 舌鼓を打つ
sabroseo [sabroséo] 男《ベネズエラ》=saboreo
sabrosera [sabroséra] 囡 ❶《中南米》美味なもの. ❷《中米》楽しみ; 心地よさ, 快感
sabroso, sa [sabróso, sa]《←古語 saboroso < ラテン語 saporosus < sapor「味」》形 ❶ 風味のある, おいしい, 味のよい〔=bueno, rico〕: El cochinillo estaba en su punto, crujiente y ～. 子豚はほどよく焼けていて, パリパリし, おいしかった. ❷ 軽く塩味のついた: Las comidas me gustan más bien ～sas. 私は少し塩辛い料理の方が好きだ. ❸ 心地よい, 楽しい; [内容が]充実した, 興味深い: conversación ～ 味わいのある会話. ❹《悪意的に》かなりの: gratificación ～sa たっぷりの報酬. ❺ 悪意のある, 皮肉を込めた; 機知に富んだ: comentario muy ～ 皮肉のきいたコメント. ❻ [estar+] 少しお太り. ❼《中南米》感じのよい, 話好きな. ❽《キューバ, ベネズエラ》[音楽・舞踊などが]リズミカルな, 陽気な, 響きの良い. ❾《コロンビア. 口語》sentirse ～ 自分を重要人物だと思う. ❿《アンデス. 口語》[人が]面白い, 愛嬌のある
　vivir de ～《キューバ》只飯を食う
sabrosón, na [sabrosón, na] 形《中南米. 口語》❶[食べ物が]おいしい; [気候が]快い. ❷ [人が]よくしゃべって感じのよい. ❸《メキシコ, コロンビア, ベネズエラ》[音楽・リズムなどが]心地よい. ❹《キューバ, プエルトリコ》[主に他人の働きに寄生して]安楽に暮らす. ❺《中南米》[女性が]セクシーな. ❻《ベネズエラ, アンデス. 口語》[女性が]かわいい, 魅力的な. ❼《ベネズエラ. 口語》[飲酒で]陽気になった. ❽《ペルー. 口語》[事物が]楽しい
sabrosura [sabrosúra] 囡《中南米》美味. ❷《メキシコ, 中米, カリブ》心地よさ, 快感; 喜び, 楽しみ
sabú [sabú] 男《地方語. 植物》セイヨウニワトコ〔=saúco〕
sabucal [sabukál] 男 セイヨウニワトコの群生地
sabucán [sabukán] 男《キューバ, メキシコ, ベネズエラ》=cibucán
sabuco [sabúko] 男《植物》セイヨウニワトコ〔=saúco〕
sabueso, sa [sabwéso, sa] 男《犬》ブラッドハウンド〔=perro ～〕 —— 形《口語》[有能な] 刑事, 調査員
sabugal [sabuɣál] 男 =sabucal
sabugo [sabúɣo] 男《地方語. 植物》セイヨウニワトコ〔=saúco〕
sabúlico, ca [sabúliko, ka] 形 砂地に住む
sábulo [sábulo] 男 粗く重い砂
sabuloso, sa [sabulóso, sa] 形 砂の入った(混じった)
saburra [saβúrra] 囡《医学》舌苔(ぜったい); 食物残渣(ざんさ)
saburral [saβurrál] 形 舌苔の; 食物残渣の
saburroso, sa [saβurróso, sa] 形 舌苔のある: lengua ～sa 苔舌
saca [sáka] I《←saco》❶[粗布製の丈夫な深い] 大袋: ～ de correo 郵袋
　II《←sacar》囡 ❶ 取り出すこと. ❷ [公証された] 謄本, 副本. ❸ [果実などの]輸出. ❹ [たばこ・印紙などの]専売から一般販売への変更. ❺ [鉱脈の]高品位の部分. ❻《アラゴン. 法律》優先買戻し権. ❼《エストレマドゥラ, アンダルシア》[穀物などの]収穫期. ❽《中南米. 闘鶏》鶏の所有者の取り分. ❾《コロンビア》[移動させられる]家畜の群れ
　estar de ～ 売り出し中である; [女性が] 婚期を迎えている
sacabala [sakabála] 囡《軍》弾丸摘出鉗子
sacabalas [sakabálas] 囡《単複同形》[先込め銃などから]弾を抜き出す槊杖(さくじょう)
sacabarros [sakabárros] 男《単複同形》[削岩機で開けた穴の]泥を取り除くシャベル
sacabasura [sakabasúra] 囡《チリ》ちりとり
sacabera [sakaβéra] 囡《アストゥリアス》❶ サンショウウオ〔=salamandra〕. ❷ 悪口ばかり言う人, 中傷する人
sacabocado [sakaβokáðo] 男 =sacabocados
sacabocados [sakaβokáðos] 男《単複同形》❶ 押し抜き器, 打ち抜き器. ❷ こつ, 要領
sacabotas [sakabótas] 男《単複同形》V字形の長靴脱ぎ用器具
sacabrocas [sakabrókas] 男《単複同形》[靴屋の使う] 鋲抜き
sacabuche [sakabútʃe] 男 ❶《音楽》サックバット〔トロンボーンに似た中世の楽器〕. ❷《船舶》手押しポンプ. ❸《アンダルシア》ナイフを引き抜く仕草. ❹《メキシコ》先端の尖ったナイフ
sacabullas [sakaβúʎas] 男《単複同形》《メキシコ. 口語》ナイトクラブの]用心棒
sacaclavos [sakaklávos] 男《単複同形》釘抜き
sacacorchos [sakakórtʃos] 男《←sacar+corcho》男《単複同形》[ワインなどの] コルク抜き, コルクスクリュー
　sacar... a+人 con ～《口語》[巧みに質問したりして] …から…を聞き出す
sacacuartos [sakakwártos] 男《単複同形》《西. 口語》❶ がらくた, つまらぬもの. ❷ [つい金を出してしまうような] たわいない見世物(ゲーム・本)
　❸《中南米. 口語》金をだまし取る人, いかさま師, ペテン師
sacada [sakáða] 囡 ❶ [管区・県・王国などの] 飛び地. ❷《トランプ》[オンブル tresillo で] 宣言者 hombre が勝った回. ❸《アンデス》抜歯. ❹《チリ, アルゼンチン. 口語》引き出すこと, 取り出し
sacadera [sakaðéra] 囡《地方語. 釣り》たも〔=salabre〕. ❷《サラゴサ》1) 石炭を集めるフォークの一種. 2) 羊飼いに牧畜権が与えられる年. ❸《アラゴン》ブドウの取り入れ時のかご. ❹《グアテマラ》密造酒の蒸留. ❺《コロンビア, ペルー. 口語》de plata 高価な物
sacadilla [sakaðíʎa] 囡《狩猟》小規模な狩り立て
sacadinero [sakaðinéro] 男 =sacacuartos
sacadineros [sakaðinéros] 男《単複同形》=sacacuartos
sacadizo, za [sakaðíθo, θa] 形《カンタブリア》[二輪荷車を3頭で引く] 先頭の〔去勢牛〕
sacador, ra [sakaðór, ra] 形 男囡 ❶ 引き出す〔人〕, 取り出す〔人〕. ❷《バレーボールなど》サーバー
　── 男《技術》排出装置
　── 囡《釣り》たも〔=salabre〕
sacadura [sakaðúra] 囡 ❶ バイアスに裁つこと. ❷《チリ》引き出すこと, 取り出し
sacafilásticas [sakafilástikas] 男《単複同形》《船舶》《大砲の】火門栓を引き抜く針金
sacáis [sakáis] 男《隠語》両目〔=ojos〕
sacalagua [sakaláɣwa] 男《ペルー》[顔つき・髪の色は黒人的で] 皮膚の色が白いムラート mulato
sacaleches [sakalétʃes] 男《単複同形》[母乳の] 搾乳器

sacaliña [sakalíɲa] 囡 ❶ 鈎竿(釣). ❷ 術策, 手管
sacamanchas [sakamántʃas] 男 [単複同形] しみ抜き剤 [= quitamanchas]
sacamantas [sakamántas] 男 [単複同形] 収税の督促係官
sacamantecas [sakamantékas] 名 [単複同形]《西. 口語》ばらばら殺人犯
sacamiento [sakamjénto] 男 引き出すこと, 取り出し
sacamolero [sakamoléro]《古語》= **sacamuelas**
sacamuelas [sakamwélas] 名 [単複同形] ❶《軽蔑, 戯語》歯医者; [古] 抜歯屋. ❷《西. 口語》よくしゃべる人
── 名《ベネズエラ. 口語》キャラメル
sacamuestras [sakamwéstras] 男 [単複同形] サンプル抽出用器具
sacanabo [sakanábo] 男 [臼砲から砲弾を取り出すための] 鉤付きの鉄棒
sacanete [sakanéte] 男《トランプ》銀行に似たゲームの一種
sacaniguas [sakaníɣwas] 名《コロンビア》爆竹
sacapelotas [sakapelótas] 男 [単複同形] [火縄銃の銃手が用いた] 銃から弾丸を取り出す道具
── 名 軽蔑されるべき人
sacaperras [sakapéras] 名 [単複同形]《西》❶《口語》= **sacacuartos**. ❷ ゲーム機械 [= tragaperras]
── 名《西. 口語》= **sacacuartos**
sacaplatos [sakaplátos] 形 [単複同形] paño ～《ボリビア, チリ》布巾
sacapotras [sakapótras] 男 [単複同形]《廃語. 軽蔑》外科のやぶ医者
sacapuntas [sakapúntas] 男 [単複同形] [小型の] 鉛筆削り器: afilar el lápiz con ～ 鉛筆削り器で鉛筆を削る
sacar《ポーゴト語 sakan「訴訟を起こす」》[7] 他 ❶ [+de から, +a に] ❶ 引き出す, 取り出す《⇔meter》: Ya *saqué* la ropa de verano. 私はもう夏物の服を取り出した. El oficial *sacó* la espada *de* la vaina. 士官は剣をさやから抜いた. Al levantarme la mañana *saco* las plantas *al* balcón. 私は朝起きると植物をバルコニーに出す. ～ aire *del* neumático タイヤから空気を抜く. ～ dinero *del* banco 銀行からお金を引き出す. ～ la lengua 舌を出す; 引き離す; [困難から] 救い出す: *Saca* al niño de paseo. 赤ん坊を散歩に出しなさい. Me *sacaron de* mi puesto en recepción y ahora estoy en secretaría. 私は受付の部署から引き抜かれ今は秘書課に配属されている. Está convencido de que tiene razón y no hay quien le *saque de* ahí. 彼は自分が正しいと信じ込んでいて誰もそこから抜け出させることができない. ～ a+人 *de* la pobreza ～を貧困から救う. ～ *de* entre infieles 異教徒から救い出す. ❸ 得る: 1)［利益・情報などを］*Saqué* poco dinero *de* la venta. 私は売ってほとんどもうからなかった. No *sacas* nada con disgustarte. 腹を立てても仕方ないだろう. ¿De dónde has *sacado* esos datos? そんなデータをどこから得たんだ? *Saco* la consecuencia de que él no estaba allí. 彼はそこにいなかったとの結論にある得ている. Eso lo ha *sacado* de su madre. それは母親ゆずりだ. 2)［成績を］*Sacó* un diez en física. 彼は物理で満点を取った. He *sacado* tres notables. 私は良を3つ取った. 3)［称号・免許などを］Quiero ～ mi carnet de conducir. 私は運転免許を取りたい.《西》合格な: He *sacado* todos mis estudios. 私は全科目合格した. ❺［金を］出す《主に否定文で》: No *sacará* un céntimo para ese negocio. 彼はその事業に一銭も賭けないだろう. ❻［くじ・賭けで］当てる: ～ el premio gordo (un diez mil euros) *de* la lotería 宝くじで大当たり(1万ユーロ)を当てる. ❼［体の一部を］とび出させる: Los soldados *sacan* el pecho al andar. 兵士たちは胸を張って歩く. ～ la cabeza 頭を出す. ～ la barbilla あごを突き出す(しゃくる). ～ bíceps 力こぶを作る. ❽［能力などを］示す, 見せる: Todavía no ha *sacado* su genio. 彼はまだ才能を発揮していない. ❾［裁縫］［上げ・裾出しで］下ろす, 伸ばす: ～ la chaqueta un poco 上着の幅を出す. ❿［量を］産出する; [+de から] 抽出する; 製造する: Me ha *sacado* una maravilla de traje. 彼はすばらしい服を作ってくれた. ～ el oxígeno *del* aire 空気から酸素を取り出す. ～ el vino *de* las uvas ブドウからワインを作る. ⓫［新たに］作り出す; 流布(流通・流行)させる: Han *sacado* un nuevo modelo de coche. 新車が発表された. espacio adecuado para ～ los conciertos コンサートをするのに適したスペース. ～ a+人 motes …にあだ名をつける. ⓬［問題などを］解決する; 推論する: ～ la cuenta *de*... …を計算する. ～ una

ecuación 式を解く. ～ la verdad por el rostro 表情から真実を見抜く. ⓭［投票などで］当選させる: Lo *sacaron* presidente. 彼は選挙で大統領に選ばれた. ⓮ 引用する, 名前をあげる [= citar]: Esta cita está *sacada del* Quijote. これは『ドン・キホーテ』からの引用だ. Ha *sacado* para apoyar su petición una disposición antigua. 彼は自分の申請のためどこそこと古い条項を持ち出した. ⓯［切符を］買う: ～ la entrada del cine 映画の入場券を買う. ⓰［写真・映画を］撮る; 写す, 映画にとる; [コピーを] とる: Os voy a ～ una foto. 君たちの写真を撮ってあげる. *Saqué* en la foto un avión que pasaba en aquel momento. 私はその時飛んでいた飛行機の写真を撮った. ～ una copia del escrito 文書をコピーにとる. ⓱ [+a+人 を] …上回る: Al terminar la carrera le *sacaba* 100 metros *al* adversario. 私は相手を100メートルリードしてゴールした.   Le *saca* 5cm *a* su hermano. 彼は弟より5センチ背が高い. ⓲ 除外する; 除く: *Sacan* a los jóvenes menos de veinte años. 20歳以下の若者は除外される. *De* siete, *sacando* tres, quedan cuatro. 7から3を引くと4残る. ⓳ [+de+人 の] 分別 (理性) を失わせる: La pasión te *saca de* ti. 情熱は君の理性を失わせる. ⓴［洗濯物を］すすぐ. ㉑［汚れなどを］除去する: ～ una mancha しみを取る. ㉒《サッカー》［試合開始・再開で, ボールを］キックする; 《テニス, バレーボールなど》サーブする, 打つ. ㉓《トランプ》［札を］出す. 《ドミノ》［牌を］出す. ㉔《西》［あだ名を］つける: Le *sacaron* el nombre de Caramala. 彼女は変な顔というあだ名をつけられた. ㉕《西》 [+a+人の, 欠点・失敗を] 見つけ出す, 暴露にする. ㉖《口語》［マスコミに］登場させる: ～ a+人 por la tele …をテレビに出す. ㉗《アンダルシア, カナリア諸島》穀物を運搬する. ㉘《主に中南米》1) 取り除く: ～ la funda del paraguas 傘のカバーを取る. 2) 取り上げる. 3) 解雇する. ㉙《メキシコ》非難する, とがめる
── 自 ❶《サッカー》1)［試合開始・再開で］キックする: ～ de puerta (de esquina) ゴール(コーナー)キックをする. 2) ～する《テニス, バレーボールなど》サーブする
～ *carpiendo*《アルゼンチン, ウルグアイ. 口語》きっぱりと断る
～ *de la nada a*+人 …を引き立ててやる, 昇進させる
～ *de sí a*+人 …の判断力を失わせる: La emoción desbordada lo *saca de ti* mismo. 感情が抑え切れなくなると君は自分を見失う
～*le*《メキシコ. 口語》不安に感じる
～ *zumbando*《アルゼンチン, ウルグアイ. 口語》= ～ *carpiendo*
──～*se* ❶ [+de 自分の…から] …を取り出す: *Se sacó* la mano *del* bolsillo. 彼はポケットから手を出した. ❷ 取得する: ～ el carnet de conducir. 彼は運転免許を取った. ❸《主に中南米》［自分から］…を取り除く: ～*se* los zapatos 靴を脱ぐ. ❹《メキシコ》立ち去る

sacar	
直説法点過去	接続法現在
sa**qué**	sa**que**
sacaste	sa**ques**
sacó	sa**que**
sacamos	sa**quemos**
sacasteis	sa**quéis**
sacaron	sa**quen**

sacarasa [sakarása] 囡《生化》インベルターゼ [= invertina]
sacarato [sakaráto] 男《化学》サッカラート
sacárico, ca [sakáriko, ka] 形《技術》砂糖の
sacárido [sakáriðo] 男《化学》糖類
sacarífero, ra [sakarífero, ra] 形《植物》糖を生じる(含む)
sacarificación [sakarifikaθjón] 囡 糖化
sacarificar [sakarifikár] [7] 他《化学》糖に変える, 糖化する
sacarígeno, na [sakaríxeno, na] 形《物質が》糖化し得る
sacarimetría [sakarimetría] 囡 検糖法
sacarímetro [sakarímetro] 男 検糖計, サッカリメーター
sacarina[1] [sakarína] 囡《化学》サッカリン
sacarino, na[2] [sakaríno, na] 形 ❶ 糖を含む, 糖質の. ❷ 糖のような
sacaroideo, a [sakaroiðéo, a] 形《鉱物》[砂]糖状の
sacaroládo [sakaroláðo] 形《薬学》含糖剤
sacarómetro [sakarómetro] 男 = **sacarímetro**
sacaromiceto [sakaromiθéto] 男《生化》サッカロミケス [酵母菌の一種]

sacarosa [sakarósa] [女]《生化》サッカロース, 蔗糖(しょとう)
sacarracacha [sakaṙakátʃa] [女]《コロンビア. 植物》セリ属の一種〘学名 Arracacia acuminata〙
sacaruro [sakarúro] [男]《薬学》ドライシロップ, 含糖顆粒剤
sacasebo [sakaséƀo] [男]《キューバ. 植物》アメリカスズメノヒエ
sacasillas [sakasíʎas] [男]〘単複同形〙《演劇》[大道具の出し入れをする] 舞台係
sacatapón [sakatapɔ́n] [男] =**sacacorchos**
sacatepesano, na [sakatepesáno, na] [形] [名]《地名》サカテペケス Sacatepéquez の〔人〕〘グアテマラ南部の県〙
sacatinta [sakatínta] [女]《植物》サカティンタ〘中米産の小灌木. 葉から青紫の染料がとれる〙
sacatón, na [sakatɔ́n, na] [形]《メキシコ. 口語》人の言いなりになる, 弱虫の
sacatrapos [sakatrápɔs] [男]〘単複同形〙[先込め銃などから] おくりを抜き出す螺旋状の道具
sacavera [sakaƀéra] [女] =**sacabera**
sacavinos [sakaƀínɔs] [男]〘単複同形〙[生産高を上げるために] ブドウの剪定で残した長い若枝
sacavueltas [sakaƀwéltas] [名]〘単複同形〙《チリ. 軽蔑》いつも義務や責任から逃げる人
sacayán [sakaján] [男]《フィリピン》小舟 baroto の一種
sacbé [sakƀé]〘←マヤ語 sac「白い」+be「道」〙[男]〘[複] sacbeob〙マヤの道, サクベ〘直線状にマヤの都市国家を結ぶ道〙
sacciforme [sa〔k〕θifɔ́rme] [形]《解剖》嚢(のう)状の
sacerdocio [saθɛrđóθjo] [男] ❶ 祭司の職(位). ❷《カトリック》司祭の職(位): Su hermano ejerce el ～ en una parroquia del barrio. 彼の兄はその地区の教会で司祭の任にあたっている. ❸ 自己犠牲・献身を伴う仕事, 聖職: considerar la enseñanza como un ～ 教育を聖職と考える
sacerdotal [saθɛrđotál] [形] 祭司の; 司祭の: casa ～ 司祭館
sacerdote [saθɛrđóte]〘←ラテン語 sacerdos, -otis < sacer「聖なる」〙[男] ❶ 聖職者, 僧侶, 神官, 祭司. ❷《カトリック》司祭〘→órden [女] ❷ [参考]〙: ～ obrero 労働司祭
sacerdotisa [saθɛrđotísa] [女] 女祭司, 巫女(みこ)
sácere [sáθere] [男] カエデ〘=arce〙
sachaguasca [satʃagwáska] [女]《アルゼンチン. 植物》ノウゼンカズラ科のつる植物〘学名 Dolichandra cynanchoides〙
sachamédico, ca [satʃaméđiko, ka] [名]《アルゼンチン》民間療法医, 呪術医
sachar [satʃár] [他] [雑草を] 取り除く, 除草する
sachet [saʃét] [名]《アルゼンチン, ウルグアイ》[プラスチックなどの] 密閉容器
sacho [sátʃo] [男] ❶ 除草用の小鍬. ❷《カナリア諸島》刃の長い鍬. ❸《チリ》[小型船で錨またはバラストとして使われる] 木枠に入れた石
saciable [saθjáƀle] [形] すぐに満足する; 食が細い
saciador, ra [saθjađɔ́r, ra] [形]《まれ》満足させる
saciar [saθjár]〘←ラテン語 satiare < satis「かなり」〙[10] [他] ❶ [空腹・渇きを] 満たす: ～ la sed 渇きをいやす. ❷ [欲望などを] 満足させる: ～ su ambición 野望を満足させる. ～ su curiosidad 好奇心を満足させる
—— **～se** [+de に/+con で] 堪能する: *Se sació* un poco *con* el aperitivo. 彼は前菜で空腹を少し満たした. comer hasta ～*se* 腹一杯食べる〘満足感を表わしている〙. ～*se de* dulces お菓子に飽きる. ～*se de* poesía 詩を堪能する
saciativo, va [saθjatíƀo, ƀa] [形]《まれ》満足させる
saciedad [saθjeđá〔đ〕]〘←saciar〙[女] 満足; 満腹: comer hasta la ～ 腹一杯食べる. sensación de ～ 満腹感
hasta la ～ しつこく, ひどく繰り返して: repetir hasta la ～ うんざりするほど繰り返す
saciña [saθíɲa] [女]《植物》ヤナギ属の一種
sacio, cia [sáθjo, θja] [形] 満足した; 満腹の
saco [sáko]〘←ラテン語 saccus〙[男] ❶ [大型の] 袋; その中身: dos ～*s* de cemento セメント2袋. carrera de ～*s* [両足を袋に入れた袋跳び] 競走. ～ de arena《ボクシング》サンドバッグ;《軍事》砂嚢, 砂袋. ～ de mano 手提げバッグ. ～ de noche《まれ》一泊旅行用バッグ. ～ postal 郵袋. ～ terreno 土嚢. ❷ 寝袋〘=～ de dormir〙. ❸《服飾》1) だぶだぶの外套. 2) 粗布製の衣服. 3)《古代ローマ》[戦時に着用した] 短衣. 4)《カナリア諸島; 中南米》上着, ジャケット. 5)《中南米》カーディガン. 6)《メキシコ, パナマ, プエルトリコ, チリ》～ de pingüino/《コロンビア》～ leva 燕尾服. 7)《アンデス》ジャンパー. ❹ 略奪〘=saqueo〙: ～ de Roma ローマの略奪〘1527年〙. ❺《解剖, 生物》嚢: ～ aéreo [鳥の] 気嚢. ～ lagrimal 涙嚢. ～ polínico《植物》花粉嚢(袋). ～ vitelino 卵黄嚢. ❻《西》1) 麻布, ズック〘=arpillera〙. 2)《古語》千ペセタ紙幣. ❼ イギリスの乾量単位. ❽ 刑務所, 牢獄. ❾《スポーツ》=**saque**. ❿《船舶》[入口の狭い] 湾, 入り江. ⓫《中南米》ハンドバッグ
a ～ ずかずかと: Los ladrones entraron *a* ～ en la tienda. 泥棒たちは店に乱入した
a ～s たくさん, 大量に
al que le venga (quede) el ～ que se lo ponga《口語》そのほのめかしに思い当たることがあれば自分のことと思うがいい
caer en ～ roto《口語》聞き流される, 問題にされない, 忘れられる: La suya era una propuesta inviable y pronto *cayó en ～ roto*. 彼の提案は実行不能だったので, たちまち問題にされなくなった
dar a+人 ***por*** ～ …をやっつける
echar+事 ***en ～ roto*** …を軽視する, 忘れる〘主に否定文で〙: No *eches en ～ roto* los consejos que te he dado. 今までの忠告を忘れてはいけないよ
en el ～ 手に入れた; 味方につけた: A mi padre ya lo tengo *en el* ～. 私はもう父をちゃんと抱き込んである
mandar a+人 ***a tomar por*** ～ …にあっちへ行けと言う
meter... en el mismo ～《口語》…を一まとめにする, いっしょくたにする
no ser (parecer) ～ de paja どこにでもある存在ではない, 軽視できない
ponerse el ～《メキシコ. 口語》ほのめかしを自分のことだと思う
～ de huesos《口語》やせ細った人
～ de papas《チリ. 口語》ぶよぶよ太った人
～ sin fondo 湯水のように浪費する人
ser un ～ de... …な人間である: Ese chaval *es un ～ de* problemas. あの子は問題だらけだ
tener a+人 ***en el*** ～ …の信頼(支持)を得ている, 説得する
sacoleva [sakoléƀa] [男]《コロンビア. 服飾》モーニングコート
sacolevita [sakoleƀíta] [男]《コロンビア. 服飾》=**sacoleva**
sacomano [sakománo] [男] 略奪〘=saqueo〙
sacón, na [sakɔ́n, na] [形] ❶《メキシコ. 口語》怖がりの, 臆病な. ❷《中米》告げ口屋の, たれ込み屋の; おべっか使いの
—— [男] ❶《メキシコ. 口語》dar un ～ [殴打などを] よける. ❷《ラプラタ. 服飾》長いジャケット, ショートコート〘=chaquetón〙. ❸《ペルー, ボリビア. 服飾》ダッフルコート〘=trenca〙
saconería [sakonería] [女]《中米》おべっか, お世辞
sacra[1] [sákra] [女]《カトリック》読誦表〘祭壇の上の額入りの, ミサの主な祈りの抜粋〙
sacral [sakrál] [形]《文語》=**sagrado**
sacralidad [sakraliđá〔đ〕] [女]《文語》神聖さ, 聖性
sacralización [sakraliθaθjɔ́n] [女] ❶ 神聖化, 神聖視. ❷《医学》腰椎の仙骨化, 第五腰椎と仙骨の癒合
sacralizador, ra [sakraliθađɔ́r, ra] [形] 神聖化する
sacralizante [sakraliθánte] [形] 神聖化する
sacralizar [sakraliθár] [9] [他] 神聖化する, 神聖視する
—— **～se** 神聖になる
sacralmente [sakrálménte] [形]《文語》神聖に
sacramentación [sakramentaθjɔ́n] [女] 病人に終油の秘跡を授けること
sacramental [sakramentál]〘←sacramento〙[形] ❶《カトリック》1) 秘跡の, 秘跡にまつわる. 2) 準秘跡の. ❷ [言葉などが] 儀礼的な, 儀式に習慣的な. ❸ 由緒ある, 歴史的価値のある
—— [男]《カトリック》❶ [複] 準秘跡〘聖水を用いたり, 十字を切ったりすること〙. ❷ 聖体を信仰する信心会の会員
—— [女] ❶ 教区墓地. ❷ 聖体を信仰する信心会
sacramentalidad [sakramentaliđá〔đ〕] [女]《カトリック》秘跡であること
sacramentalismo [sakramentalísmo] [男]《カトリック》秘跡の重視, 典礼主義
sacramentalista [sakramentalísta] [形] 秘跡を重んじる, 典礼主義の
sacramentalmente [sakramentálménte] [副] ❶ 秘跡によって. ❷ 告解において
sacramentar [sakramentár]〘←sacramento〙[他] ❶《カトリック》1) [病人に] 終油の秘跡を授ける. 2) [パン・ブドウ酒を] 聖別する, 祝別する. 3) Jesús *sacramentado* 化体したイエス・キリスト〘聖別されたホスチア hostia のこと〙. ❷《まれ》隠す, 秘める

S

sacramentario, ria [sakramentárjo, rja] 形 名 ❶《プロテスタント》礼典形式主義の(主義者); 礼典の. ❷《カトリック》秘跡の
— 男《カトリック》典礼書
sacramente [sákraménte] 副 =sagradamente
sacramentino, na [sakramentíno, na] 形 名《カトリック》永久聖体礼拝 adoración perpetua del Santísimo Sacramento 修道会の〔会員〕
sacramento [sakraménto]《←ラテン語 sacramentum》男 ❶《カトリック》1) 秘跡, サクラメント『キリストが人間の霊魂の聖化のために定めた7つの儀式(秘跡): bautismo 洗礼, eucaristía 聖体, confirmación 堅信, penitencia 告解, unción de los enfermos 病者の塗油 (1972年第二バチカン公会議以前は extremaunción 終油), orden sacerdotal 叙階, matrimonio 婚姻』: administrar (recibir) los ~ 秘跡を授ける(受ける). Santísimo S~/~ del altar 聖体. últimos ~s 臨終の秘跡. 2) 化体したイエス・キリスト『聖体のこと』. ❷《プロテスタント》礼典, 聖礼典『主に bautismo と eucaristía 聖餐』を備えた
con todos los ~s すべてを備えた
sacratísimo, ma [sakratísimo, ma] 形《文語》sagrado の絶対最上級
sacre [sákre] 男 ❶ →**halcón** sacre. ❷ 泥棒
sacrificable [sakrifikáble] 形 犠牲となり得る
sacrificadero [sakrifikaðéro] 男《古語》いけにえを殺す場所
sacrificador, ra [sakrifikaðór, ra] 形 名 ❶《宗教》犠牲を捧げる, 供犠者. ❷ 畜殺者
sacrifical [sakrifikál] 形《宗教》=sacrificial
sacrificante [sakrifikánte] 形 犠牲を捧げる〔=sacrificador〕
sacrificar [sakrifikár]《←ラテン語 sacrificare》他 ❶《宗教》〔犠牲として〕供える, 捧げる: Los judíos *sacrificaban* un cordero a los dioses. ユダヤ人は羊をいけにえとして神々に捧げた. ❷〔+por・a のために〕犠牲にする; あきらめる, 我慢する: *Sacrificó* el equipo *por* dinero. 彼は金のためにチームを手放した. ~ a su familia *por* su trabajo 仕事のために家族を犠牲にする. ❸ 畜殺する, 屠殺する: *Sacrificarán* al perro enfermo de rabia. 狂犬病にかかった犬は処分されるだろう
— **~se** ❶《宗教》犠牲になる: ~*se* a Dios 神に一身を捧げる; 聖職者になる. ❷ 献身する, 自分を犠牲にする, 我慢する: Los padres *se sacrifican por* sus hijos. 親たちは子供のために自らを犠牲にする
sacrificatorio, rja [sakrifikatórjo, rja] 形《まれ》犠牲に適した
sacrificial [sakrifiθjál] 形《宗教》犠牲の, いけにえの
sacrificio [sakrifíθjo]《←ラテン語 sacrificium < sacrum+facere「神聖な奉納をする」》男 ❶ 犠牲, 供犠, いけにえ: 1) ofrecer... en ~ ...をいけにえに捧げる. ~ humano 人身御供(ごくう). 2) 犠牲的行為: Este asunto le costará muchos ~*s*. この事件は大きな犠牲を彼に強いるだろう. hacer un ~ para... ...のために犠牲を払う. espíritu de ~ 犠牲的精神. ~ de sí mismo 自己犠牲. ❷《カトリック》ミサ〔=misa〕: celebrar el santo ~ ミサを捧げる. ~ del altar 聖体. ❸ 畜殺. ❹《廃語》出血が多く危険な外科手術
sacrilegamente [sakrílegaménte] 副 冒瀆的に, 不敬に
sacrilegio [sakriléxjo]《←ラテン語 sacrilegium < sacrum「神聖な」+legere「つかむ」》男《宗教》瀆聖, 冒瀆, 不敬: Robar las imágenes de la iglesia es un ~. 教会の聖像を盗むことは瀆聖の罪にあたる
sacrílego, ga [sakrílego, ga]《←ラテン語 sacrilegus》形 名 ❶《宗教》冒瀆的な, 不敬な; 冒瀆者. ❷ 不義の, 不義の子
sacris [sákris] 男《俗語》sacristán「聖具納室係」の省略語
sacrismoche [sakrismótʃe] 男《俗語》〔聖具納室係と同じ黒色の〕ぼろをまとった人
sacrismocho [sakrismótʃo] 男《俗語》=sacrismoche
sacrista [sakrísta] 男 聖具納室担当の高位聖職者, 宝物庫管理人
sacristán, na [sakristán, na]《←ラテン語 sacrista》名 ❶ 聖具納室係『ミサでの司祭の補佐, 祭服の管理, 教会と聖具納室の清掃管理などを担当する』. ❷〔教会で雑事を担当する〕用務係, 堂守, 寺男
~ de amén《口語》他人の言いなりになる人
ser gran ~ 非常にずる賢い
— 男 ❶《鳥》クロサバクヒタキ〔=collalba negra〕. ❷ =sa-crista. ❸《古語. 服飾》ファージンゲール〔=tontillo〕

sacristanesco, ca [sakristanésko, ka] 形《軽蔑》聖具納室係の
sacristanía [sakristanía] 女 ❶ 聖具納室係の職務. ❷ sa-crista の位
sacristía [sakristía]《←sacristán》女 ❶ 〔教会の〕聖具納室, 香部屋. ❷ =sacristanía
sacro, cra[2] [sákro, kra]《←ラテン語 sacrum》形 ❶ =sagrado; arte ~ 宗教美術. S~ Imperio〔Romano〕神聖ローマ帝国. ❷ 仙骨の: nervios ~*s* 仙骨神経
— 男《解剖》仙骨〔=hueso ~〕
sacroilíaco, ca [sakroilíako, ka] 形《解剖》仙腸関節の
sacrolumbar [sakrolumbár] 形《解剖》仙腰の
sacrosantamente [sakrosántaménte] 副 極めて神聖に
sacrosanto, ta [sakrosánto, ta] 形《文語》至聖の, 不可侵の
sacuara [sakwára] 女《ペルー》『凧の骨などに使う』細い茎
sacudida[1] [sakuðíða]《←sacudir》女 ❶〔突然の〕揺れ; 震動: El avión dio una ~ fuerte. 飛行機は激しく揺れた. Las ~*s* del barco me marean. 船が揺れて私は気持ちが悪い. Cuando pica el pez, la caña da una ~. 魚が食うと竿がブルッと震える. ~ de la bomba〔爆弾の〕爆風. ❷ 揺さぶり; はたくこと: Le dio una ~ a la alfombra. 彼はじゅうたんを振るった(はたいた). ❸ 電気ショック, 感電〔=~ eléctrica〕. ❹〔精神的な〕衝撃, ショック: Su muerte fue una ~ para nosotros. 彼の死は私たちにとってショックだった. ❺〔状況の〕急激な変化, 激変. ❻ ~ de la rodilla〔生理〕膝反射〔=~ rotular〕;《口語》貧乏ゆすり
sacudido, da[2] [sakuðíðo, ða] 形《西》❶ 性格の悪い, 手に負えない. ❷ 遠慮のない, 決心の強い, 強情な
sacudidor, ra [sakuðiðór, ra] 形 名 揺り動かす〔人〕, はたく〔人〕
— 男 ❶〔じゅうたんなどの〕叩き棒. ❷《メキシコ》羽根製のはたき
sacudimiento [sakuðimjénto] 男 揺り動かすこと, 揺さぶり
sacudión [sakuðjón] 男《俗用, 中南米》激しい揺れ〔揺さぶり〕
sacudir [sakuðír]《←ラテン語 succutere》他 ❶ 揺り動かす, 揺さぶる: El viento *sacudía* los árboles. 風で木が揺れていた. Los gallos *sacuden* las alas. 鶏たちが羽をバタバタさせる. ❷ はたく; 振り払う, 払い落とす: ~ una alfombra por la ventana じゅうたんを窓で振るう(はたく). ~ un mueble 家具にはたきをかける. ~ a+人 la nieve ...の雪を払い落とす. ~ el polvo de su falda スカートのほこりを払い落とす. ❸《口語》殴る; 打撃を与える: Tiene miedo de que le *sacudan* si lo descubre. 彼は見つかったら殴られるのを恐れている. ~ a+人 en la cara ...の顔を殴る. ❹〔精神的な〕衝撃を与える: La victoria *sacudió* las almas de todos. その勝利はみんなの魂を揺るがした. ❺《口語》金(かね)を出す
— 自《メキシコ, チリ, アルゼンチン, ウルグアイ》ほこりを払う
— **~se** ❶〔自分の〕体を振る, 〔蝿・蚊を〕振り払う: El yegua *se sacudía* las moscas con la cola. 馬は尾で蝿を追い払った. ❷ ...を厄介払いする: Incluso el Gobierno *se sacude* responsabilidades con argumentos como "hacemos lo que nos piden". 政府さえ「命じられたことをするだけだ」などと言って責任逃れをする. ~*se* a sus vecinos 近所づきあいから逃れる
sacudón [sakuðón] 男 ❶《中南米》激しい揺さぶり. ❷《アンデス, 口語》動揺, 衝撃
sáculo [sákulo] 男《解剖》〔内耳の〕球形嚢
sadhu [sáðu]《←サンスクリット語》男〔インドの〕賢人, 放浪の聖人, 苦行者
sádico, ca [sáðiko, ka]《←sadismo》形 サディズムの; 残酷な
— 名 サディスト
sadismo [saðísmo]《←marqués de Sade サド侯爵》男 ❶《医学》サディズム, 加虐趣味, 加虐性愛〔⇔masoquismo〕. ❷ 極度の残虐さ
sadista [saðísta] 名 サディスト
sado [sáðo] 男 =sadomasoquista
— 男 =sadomasoquismo
sadoca [saðóka] 形 名《口語》=sádico
sadomasoquismo [saðomasokísmo] 男 サドマゾヒズム
sadomasoquista [saðomasokísta] 形 サドマゾヒズムの, SMの〔愛好者〕
saduceísmo [saðuθeísmo] 男 サドカイ派の教義
saduceo, a [saðuθéo, a] 形 名《ユダヤ教》サドカイ派〔の〕

Sáenz Peña [sáenθ pépa]《人名》**Luis ～** ルイス・サエンス・ペニャ《1822～1907, アルゼンチンの政治家, 大統領》**Roque ～** ロケ・サエンス・ペニャ《1851～1914, アルゼンチンの政治家, 大統領(1910～14). 普通選挙法を実施. ルイス・サエンス・ペニャの息子》

saeta [saéta]《←ラテン語 sagitta》 女 ❶《文語》矢《=flecha》. ❷〔時計・磁石の〕針. ❸〔剪定のあと幹に残る〕ブドウのつるの先. ❹《植物》スターフルーツ. ❺《動物》毛顎動物門, ヤムシ. ❻《音楽》サエタ《一般に聖週間の行列に向かって歌われるアンダルシアの宗教歌》. ❼《天文》[S～]矢座《=Flecha》. ❽《カトリック》射禱《=jaculatoria》. *echar ~s* 怒りを露わにする

saetada [saetáda] 女 =**saetazo**

saetar [saetár] 他 =**saetear**

saetazo [saetáθo] 男 ❶ 矢を射る(矢傷を負わせる)こと. ❷ 矢傷

saetear [saeteár] 他 矢を射る; 矢傷を負わせる

saetera[1] [saetéra]《←saeta》女 ❶《築城》矢狭間( ). ❷ 細い高窓

saetero, ra[2] [saetéro, ra] 形 矢の ── 名《西》サエタ saeta の歌い手 ── 男《歴史》弓兵

saetí [saetí] 男《廃語. 繊維》サテン《=satén》

saetía [saetía] 女 ❶《船舶》3檣一層甲板のラテン帆装船. ❷《築城》矢狭間《=saetera》. ❸《キューバ. 植物》ネズミノオの一種《家畜の飼料用. 学名 Sporobolus saetia》

saetilla [saetíλa] 女 ❶〔時計・磁石の〕針. ❷《音楽》サエタ《=saeta》. ❸《植物》セイヨウオモダカ《=sagitaria》

saetín [saetín] 男 ❶〔頭のない〕細釘. ❷〔水車に水を導く〕導水溝. ❸《廃語. 繊維》サテン《=satén》

safagina [safaxína] 女《コロンビア》大騒ぎ, 大混乱

safari [safári] 男《←アラビア語 safara「旅する」》❶〔狩猟などの〕遠征旅行, サファリ: *~ fotográfico*〔野生動物の〕撮影旅行. ❷〔放し飼いにしてある〕動物園, サファリパーク. ❸《服飾》サファリジャケット

safena [saféna] 女《解剖》伏在静脈《=vena ~》:〔vena〕~ *mayor* (*menor*) 大 (小) 伏在静脈

sáfico, ca [sáfiko, ka] 形《詩法》サッフォー Safo 風の. ❷《文語》女性の同性愛者の《=lesbiano》── 男《詩法》サッフォー詩体《11音節のギリシア・ラテン詩句. =verso ~》── 女 ❶《詩法》サッフォー詩節《サッフォー詩体の3行とアドニス格の1行から成る. =estrofa ~ca》. ❷《文語》女性の同性愛者

safio [sáfjo] 男《キューバ. 魚》ウミヘビ科の一種《学名 Ophichthus ophis, Uranichthys brachycephalus》

Safira [safíra] 女《旧約聖書》サフィラ《アナニア Ananías の妻》

safismo [safísmo] 男《文語》女性の同性愛主義《=lesbianismo》

safista [safísta] 形 女《文語》女性の同性愛者の(の) 《=lesbiano》

s.afmo [略語]←*su afectísimo* 親愛なる

safo [sáfo] 男《隠語》ハンカチ《=pañuelo》

safranina [safranína] 女《化学》サフラニン

saga [sáɣa] I《←独語 sage「伝説」》女 ❶《文学》サガ, 北欧伝説. ❷ 家族史, 一族物語: ~ *de los Alba* アルバ公爵家の歴史. ❸〔何代にもわたって著名な〕一族, 家族, 家系: ~ *de los Strauss* シュトラウス一族

II《←ラテン語 saga》女《占い師を装って》妖術を使う女

sagacidad [saɣaθiðá(d)] 女 慧眼, 明敏

sagallino [saɣaλíno] 男《カンタブリア》草を運ぶのに使う》四隅に綱を付けたシート

sagapeno [saɣapéno] 男 阿魏( ), アサフェティダ

sagardúa [saɣarðúa] 女《ビスカヤ, ギプスコア. 酒》シードル《=sidra》

sagarrera [saɣaréra] 女《コロンビア》激しい口論, けんか

Sagasta [saɣásta]《人名》**Práxedes Mateo ～** プラクセデス・マテオ・サガスタ《1827～1903, スペインの政治家. 1880年自由党 Partido Liberal を結成し, 保守党 Partido Conservador との二大政党制による近代王政の安定を目指す》

sagatí [saɣatí] 男《繊維》~es〔縦糸が白で横糸が色付きの毛織の〕サージ

sagaz [saɣáθ]《←ラテン語 sagax, -acis》形《繊維》~ces ❶ 慧眼( )の, 聡明な: *Tenemos que ser más sagaces que los enemi-*

gos. 我々は敵に負けなくなければならない. policía ~ 鼻のきく警官. ❷〔獲犬が〕勘のよい

sagazmente [saɣáθménte] 副 抜け目なく; 明敏に

sagita [saxíta] 女《数学》矢, 正矢

sagitado, da [saxitáðo, ða] 形《植物》hoja ~*da* 矢じり葉

sagital [saxitál] 形 ❶ 矢形の. ❷《解剖》矢状縫合の

sagitaria [saxitárja] 女《植物》セイヨウオモダカ

sagitario [saxitárjo] 男《占星》〔主に S～〕射手座《→zodíaco 参考》. ❷ 弓兵《=saetero》

ságoma [sáɣoma] 女《建築》〔線引き用の〕パターン, 型板

sagradamente [saɣráðaménte] 副 崇敬して

sagrado, da [saɣráðo, ða]《←ラテン語 sacratus < sacer, sacra, sacrum》形《絶対最上級 sacratísimo》❶ 聖なる《類義 **sagrado** (=**sacro**) は「神に捧げられた」→「神聖な」で, この場合の「神」はキリスト教の神だけではなく, むしろ古代ギリシア・ローマや仏教・イスラム教などについてよく用いられる. **santo** は「神(キリスト教の場合が多い)の掟や決まりをきちんと守り抜くことで尊敬を受け, 聖なるものとみなされる」: *fuego ~* 聖火. *libros ~s* 聖典. *zona ~da/recinto ~* 聖域. *S~ Corazón* 聖心《キリストの心臓》; 聖心像. *S~da Familia* 聖家族《ヨセフ, マリア, キリスト》; 聖家族教会, サグラダ・ファミリア《ガウディ Gaudí が設計しバルセロナに建築中のカトリック教会》. ❷〔聖なるものとして〕崇拝すべき: *En la India la vaca es un animal ~.* インドでは牛は神聖な動物である. *~da memoria* 聖なる記憶. ❸ 畏敬すべき: *La patria es lo más ~ para ellos.* 彼らにとって祖国とは最も大切なものだ. ❹《廃語》憎らしべき, 忌々しい ── 男 ❶〔犯罪者などの〕避難場所. ❷ 聖域《教会, 修道院など》: *acogerse a*[1] ~ 聖域に逃げ込む

sagrario [saɣrárjo]《←ラテン語 sacrarium》男《カトリック》❶〔オスチア hostia を納めておく〕聖櫃. ❷〔祭壇付近の〕聖域, 至聖所. ❸〔大聖堂内の〕小礼拝堂

sagú [saɣú] 男 ❶《植物》1) サゴヤシ, ソテツ. 2)《中米, キューバ, コロンビア》クズウコン. ❷ サゴヤシなどから採れる澱粉

saguaipé [saɣwajpé] 男《ラプラタ》肝蛭( )《綿羊類などの寄生虫》; それによる病気

saguaro [saɣwáro] 男《植物》カルネギア属の大サボテン《学名 Carnegiea gigantea》

sagüero, ra [saɣwéro, ra] 形 名《地名》サグワ・ラ・グランデ Sagua la Grande の《Villa Clara 州の町》

ságula [sáɣula] 女《古語》スリットの入った袖《=sayuelo》

ságum [sáɣun] 男《古代ローマ》〔主に軍用の〕マント;〔イベリア人の〕フード付きのマント

saguntino, na [saɣuntíno, na] 形 名《地名》サグント Sagunto の〔人〕《バレンシア州の町. ローマ時代の遺跡で有名》

sah [sá]《←ペルシア語》男 シャー, 国王

Sahagún [sa(a)ɣún]《人名》**Bernardino de ～** ベルナルディノ・デ・サアグン《1499?～1590, スペイン宣教師・年代記作者. 1529年にヌエバ・エスパーニャへ渡り, 先住民教育に従事. 先住民から収集した情報をもとに『ヌエバ・エスパーニャ総覧』*Historia general de las cosas de Nueva España*(別名『フィレンツェ絵文書』*Códice Florentino*)を編纂》

saharaui [sa(a)ráwi] 形 名《地名》西サハラ Sahara Occidental の〔人〕《旧スペイン領》

sahariano, na [sa(x)arjáno, na] 形 名《地名》サハラ砂漠〔desierto del〕Sahara の〔人〕── 女《服飾》サファリジャケット

sahárico, ca [sa(x)áriko, ka] 形 =**sahariano**

saheliano, na [saxeljáno, na] 形 名《地名》サハラ砂漠南端のサヘル地域 Sahel の

sahib [sájb]《←ヒンディー語》男《インドで召使いが自分の主人に対して用いる敬称》旦那様

sahína [saína] 女 =**zahína**

sahinar [sajnár] 男 =**zahinar**

saho [sá(x)o] 男《エチオピア北部で話される》サホ語の〔の〕

sahornar [saornár] ~se《身体の一部が》すりむける; ひりひりする

sahorno [saórno] 男 すりむけること; ひりひりすること

sahumado, da [saumáðo, ða] 形 ❶〔何かが付加されて〕よくなった. ❷《中南米》少し酔った, ほろ酔い機嫌の

sahumador [saumaðór] 男 ❶ 香炉. ❷〔衣服乾燥用の〕格子付きの丸テーブル *camilla*

sahumadura [saumaðúra] 女 =**sahumerio**

sahumar [saumár] 〖←ラテン語 suffumare〗 [18] [他] ❶ …に香をたき込める: ～ el altar 祭壇に香をたく. ❷《チリ》金(銀)メッキをする

sahumerio [sauméɾjo] 〖←sahumare〗 [男] ❶ 香の煙. ❷ 香, 香木. ❸ 香をたき込めること

sahúmo [saúmo] [男] =**sahumerio**

S.A.I.《略語》←Su Alteza Imperial 皇帝(皇后)陛下

saica [sái̯ka] [女]《船舶》[15世紀にトルコ人とギリシア人が使った] トゲルンスルのない2檣帆船

saídico [saíđiko] [男] サイード方言〖上エジプトのコプト語方言の一つ〗

saiga [sái̯ga] [男]《動物》サイガ

saimirí [sai̯mirí] [男]《動物》コモンリスザル, リスザル

saín [saín] 〖←俗ラテン語 saginum〗 [男] ❶ 獣脂; 魚油. ❷ [帽子などに付いた] 垢

sainar [sai̯nár] [15] [他] [動物を] 太らせる

sainete [sai̯néte] 〖saín の示小語〗 [男] ❶《演劇》サイネーテ〖一幕物の風俗喜劇. 黄金世紀の幕間狂言 entremés やロペ・デ・ルエダ Lope de Rueda のパソ paso などをその源流とし, 18世紀を中心にスペインで人気を博し, さらにその流れはヘネロ・チーコ género chico に継承された. 代表的な劇作家はラモン・デ・ラ・クルス Ramón de la Cruz〗. ❷《比喩》喜劇, こっけいな状況: Su divorcio más que una tragedia parece un ～. 彼の離婚は悲劇というよりむしろこっけいな芝居に見える. ❸ [料理の味を引き立てるための] ソース, 調味料. ❹ [美味しいものの] ひと口. ❺ [料理・食物の] 口あたりのよさ. ❻ 価値を際立たせるもの. ❼ [衣服などの] 特別な装飾

de ～《主に軽蔑》こっけいな, 面白い

sainetear [sai̯neteár] [自] ❶ サイネーテを上演する. ❷《廃語》微妙な味わい(興趣)を添える

sainetero, ra [sai̯netéro, ra] [形] [名] サイネーテの〔作者〕

sainetesco, ca [sai̯netésko, ka] [形] サイネーテの

sainetista [sai̯netísta] [名]《まれ》サイネーテの作者〖=sainetero〗

saíno [saíno] [男]《動物》ペッカリー

saíta [saíta] [形] [名]《歴史, 地名》[下エジプトの古代都市] サイス Sais の〔人〕

saisi [sái̯si] [男]《ボリビア》チチャとトウガラシで作る強い酒の一種

saja [sáxa] [女] ❶ 切開〖=sajadura〗. ❷ アバカ abacá の葉柄

sajador [saxađóɾ] [男] ❶《医学》乱切刀〖=escarificador〗. ❷《古語》瀉血師

sajadura [saxađúɾa] [女] 切開

sajar [saxár] 〖←古仏語 jarser〗 [他]《医学》[膿を出すために腫れ物を] 切開する

sajelar [saxelár] [他]《製陶》[粘土から] 小石などの不純物を取り除く

sajeño, ña [saxéɲo, ɲa] [形] [名]《地名》サス Sax の〔人〕〖アリカンテ県の村〗

sajía [saxía] [女] 切開〖=sajadura〗

sajín [saxín] [男]《中米》わきの下の汗, わきが〖=sobaquina〗

sajino [saxíno] [男]《中米》わきの下の汗, わきが〖=sobaquina〗

sajón, na [saxón, na] [形] [名] ❶《歴史》サクソン人〔の〕. ❷《地名》[ドイツの] ザクセン地方 Sajonia の〔人〕

—— [男] [低地ドイツ語の] ザクセン方言

sajonizar [saxoniθáɾ] [9] [他] 〔アングロ〕サクソン風にする

sajornar [saxɔrnár] [他]《キューバ》不快にする

sajú [saxú] [男]《南米. 動物》ノドジロオマキザル〖=mono capuchino〗

sajumaya [saxumája] [女]《キューバ》呼吸困難を引き起こす豚の病気

sajuriana [saxurjána] [女]《ペルー》[靴底で床を打ち, すばやくすり足をする] 2人で踊る昔の舞踊

sake [sáke] 〖←日本語〗 [男] 酒, 日本酒

saki [sáki] [男] =**sake**

sakí [sakí] [男]《動物》[オマキザル科の] サキ

sal [sál] 〖←ラテン語 sal, salis〗 [女] ❶ [不可算] 塩: sazonar con ～ 塩で味をつける. echar ～ a la ensalada サラダに塩をかける. agua ～ 塩漬け用の塩水. ～ común 塩, 食塩. ～ de ajo ガーリックソルト. ～ gorda/～ de cocina 食塩. ～ de mesa/～ fina 食卓塩. ～ gema/～ de roca/～ pedrés/～ [de] piedra 岩塩. ～ marina 海塩. ～ yodada ヨウ素添加食卓塩. ❷ 機知, しゃれ; 面白み; [人の] 生気, 屈託のなさ: Tiene mucha ～. 彼はとても面白い. Es la ～ de la fiesta. 彼はパーティーを楽しくする. poner ～ a sus palabras 話にしゃれを織り込む. ～ de la vida 人生の〔ぴりっとした〕味わい. ～ ática 上品で鋭いしゃれ. ❸《化学》塩(えん): ～ de acederas シュウ酸カリ. ～ de la Higuera/～ epsomita エプソム塩, 硫酸マグネシウム. ～ de perla 酢酸石灰. ～ de plomo/～ de Saturno 酢酸鉛. ～ de soda《ペルー》苛性ソーダ. ～ de urao セスキ炭酸ソーダ. ～ fumante 塩酸. ～ infernal 硝酸銀. ～*es* minerales 無機塩. ～*es* orgánicas 有機塩. ❹ [複] 入浴剤〖=～*es* de baño〗. ❺《薬学》1) ～ de fruta〔s〕/《中米》～ de eno [家庭医学で使われる] 沸騰性の緩下剤の一種. ～ volátil 炭酸アンモニア水〖気付け薬〗. 2)《古語》[複] [気付け用の] 芳香塩, かぎ薬〖=～*es* aromáticas〗. ❻《メキシコ, 中米, ドミニカ》不運

echar la ～《メキシコ. 口語》縁起の悪いことを言う(する)

echar ～ en las llagas 傷口に塩を塗る, 一層ひどい思いをさせる

no alcanzar (llegar) a+人 ***la ～ al agua*** …には資力がない

～ gorda/～ gruesa 1) 粗塩. 2) きわどい(下品な)冗談

～ y pimienta 1)《口語》生気, 活気. 2)《口語》[きわどい・辛辣な] 冗談: Contó varias anécdotas con toda su ～ *y pimienta*. 彼は冗談を織り交ぜて逸話をいくつか語った. 3)《まれ》灰色がかった

sala [sála] 〖←ゲルマン語 sal「家」〗 [女] ❶ [家の中心である] 居間, リビングルーム〖=～ de estar〗; [客を迎える] 広間, 応接間〖=～ de visitas, ～ de recibo〗: Toda la familia está reunida en la ～. 家族全員が居間に集まっている. Haga pasar a los señores a la ～. 紳士方を応接間にお通しして下さい. ❷ [特定目的の] 部屋; [公共施設などの] ホール, 会場: ～ blanca クリーンルーム. ～ de banderas 衛兵詰め所. ～ de conciertos コンサートホール. ～ de conferencias 講堂, 講演会場; 会議場, 会議室. ～ de espera [病院・駅などの] 待合室. ～ de fiesta〔s〕ナイトクラブ; パーティー会場. ～ de juegos 賭博場, カジノ; ゲームセンター; [ホテル・船などの] 遊戯室. ～ de juntas [取引所の] 立合場. ～ de lectura/～ de consulta 閲覧室, 読書室. ～ de masajes マッサージ室. ～ de muestras/～ de exhibición ショールーム. ～ de prensa 報道記者室, プレスルーム; 印刷室. ～ de reuniones/～ de consejos 集会室, 会議室. ～ de teatro 劇場. ～ de vapor サウナ室. ～ del museo 博物館の展示室. ❸ [ホテル・空港の] ロビー, ラウンジ: ～ de autoridades [ファーストクラス客など用の] 空港ラウンジ. ～ de embarque/～ de salidas 出発ロビー. ❹ 居間(応接間)の家具〔セット〕: ～ de estilo inglés 英国風の応接セット. ❺ [集名] [ホール・会場にいる] 人々, 聴衆, 観客: La ～ ovacionó al premiado. 会場の人々は受賞者に拍手をおくった. ❻ [病院の] 病棟, 大きな病室〖=～ de hospital〗: ～ abierta (cerrada) 開放(閉鎖)病棟. ～ de operaciones/～ operatoria 手術室. ～ de partos/～ de alumbramiento 分娩室. ～ de urgencias 救急病棟, 救急治療室. ❼ 劇場; 映画館〖=～ de cine〗: ～ de estreno 封切館. ～ X《西》ポルノ映画館. ❽ 法廷〖=～ de justicia〗; [集名] 裁判官: mandar desalojar la ～ 退廷を命じる. guardar ～ 法廷の秩序を守る. ～ de apelación 控訴院. ～ de lo civil 民事法廷; 民事部. ～ de lo penal (lo criminal) 刑事法廷; 刑事部. ❾ ～ cuna《チリ》託児所. ～ de clases《チリ, アルゼンチン, ウルグアイ》教室

salabardear [salaƀarđeár] [自]《漁業》[salabardo で] 獲れた魚を網から取り出す

salabardo [salaƀárđo] [男]《漁業》[獲れた魚を大網から取り出すための] すくい網

salabre [saláƀre] [男]《漁業》たも

salacenco, ca [salaθéŋko, ka] [形] [名]《地名》サラサール谷 valle de Salazar の〔人〕〖ナバラ州の険しい谷〗

salacidad [salaθiđá〔đ〕] [女]《文語》好色, 淫乱

salacot [salakɔ́〔t〕] 〖←タガログ語 salakot〗 [男] 〖[複] ～s〗 [熱帯地方の日よけ用の] ヘルメット, 日よけ帽

salada[1] [saláđa] [形]《コロンビア. 隠語》冗談

saladamente [saláđaménte] [副] 機知に富んで, 軽妙に

saladar [salađáɾ] 〖←sal〗 [男] ❶ 塩性沼沢地, 塩湿地. ❷ 塩田〖=salina〗

saladería [salađería] [女] 塩漬け肉製造業

saladeril [salađeríl] [形] 塩漬け肉製造業の

saladero [salađéro] [男] ❶ [肉・魚などの] 塩漬け加工場. ❷《歴史》畜殺場, 牛肉の塩漬け工場〖植民地時代, 南米の牧童 gaucho はパンパ pampa で野牛を畜殺したが, 18世紀後半から19世紀にかけて牛肉の輸出が拡大すると, 畜殺や食肉の保存が

saladilla[1] [saladíʎa] 囡 ❶《植物》ハマアカザの一種《学名 Obione glauca》. ❷ 炒って塩味をつけたアーモンド. ❸《グラナダ》皮に塩粒を入れたパン

saladillo, lla[2] [saladíʎo, ʎa] [sal の示小語] 形 ❶《ナッツなどが》炒って軽い塩味をつけた. ❷《西》《豚の脂身 tocino が》塩漬けの日žev の少ない
── 男《お茶と一緒に食べる》塩味のついたビスケット

saladito [saladíto] 男《ラプラタ》《酒の》おつまみ

salado, da[2] [saládo, ða] 形 ❶ [ser+] 塩分を含んだ, 塩けのある; [estar+] 塩のききすぎた: Esta carne está algo ～ da. この肉は少し塩辛い. ❷ [土地が] 硝石過多のために不毛な. ❸《西》[ser+] 1) 《人が》愛嬌のある, 気のきいた. 2) [冗談などが] ピリッとした, どぎつい. ❹《アルゼンチン, グアテマラ, ニカラグア, カリブ, アンデス》不幸な, 不運な. ❺《メキシコ, コスタリカ, コロンビア》《人が》呪いをかけられた;《メキシコ. 口語》悪運をもたらす, 縁起の悪い.《チリ, ラプラタ. 口語》[価格が] 高い: precios ～s 高値
── 男 ❶ 塩漬け《行為》;《地方語》塩漬けの肉・魚. ❷《植物》オカヒジキ《=caramillo》: ～ negro オカヒジキ属の一種《= zagua》

salador, ra [salaðór, ra] 形 塩漬けにする〔人〕
── 男 塩漬け加工場《=saladero》

saladura [saladúra] 囡 ❶ 塩漬け《行為》. ～ de las pieles [防腐のために] 生皮に塩をすりこむこと. ❷《ワインの清澄さ・安定性・アルブミノイド物質沈殿促進のため》ブドウ搾汁に塩を加えること

salamanca [salamáŋka] 囡 ❶《地名》[S ～] サラマンカ《カスティーリャ=レオン州の県・県都》. ❷《チリ, アルゼンチン, ウルグアイ》[岩山の] 洞窟《そこで魔女が魔術を行なう》. ❸《チリ, アルゼンチン》魔法, 魔術. ❹《アルゼンチン》サラマンカ《頭部が平たいサンショウウオ. 先住民は悪霊と考えた》. ❺《フィリピン》手品《=juego de manos》

salamandra [salamándra] 囡 ❶《動物》1) サンショウウオ: ～ común ファイアサラマンダー. 2) ～ acuática イモリ《=tritón》. ❷ [主に無煙炭を使う] サラマンダーストーブ. ❸《ゲルマン神話》サラマンダー《火の精霊. 炎に包まれたトカゲの姿をしている. 四大元素 espíritus elementales の一つ》

salamandrja [salamándrja] 囡 ヤモリ《=salamanquesa》

salamándriga [salamándriga] 囡《エストレマドゥラ》=**salamandra**

salamandrino, na [salamandríno, na] 形 サンショウウオの, サンショウウオのような

salamanqueja [salamaŋkéxa] 囡《中南米》ヤモリ《=salamanquesa》

salamanquero, ra [salamaŋkéro, ra] 名《フィリピン》手品師

salamanqués, sa[1] [salamaŋkés, sa] 形 名 サラマンカの〔人〕《=salmantino》

salamanquesa[2] [salamaŋkésa] 囡 ❶《動物》ヤモリ: ～ común ムーアカベヤモリ. ～ de agua イモリ《=tritón》

salamanquino, na [salamaŋkíno, na] 形 名 サラマンカの〔人〕《=salmantino》
── 《チリ》ヤモリ《=salamanquesa》

salamántiga [salamántiga] 囡《サラマンカ, エストレマドゥラ》=**salamandra**

salamateco, ca [salamatéko, ka] 形 名《地名》サラマ Salamá の〔人〕《グアテマラ, Baja Verapaz 県の県都》

salame [saláme] 男《ラプラタ》サラミソーセージ《=salami》
── 形 名《アルゼンチン, ウルグアイ. 軽蔑》ばかな〔人〕, 判断力がほとんどない〔人〕

salami [salámi] 男《←伊語》《料理》サラミソーセージ

salamín [salamín] 男《ラプラタ》豚肉風味のソーセージ《長さ約15センチ直径3～4センチ, ピリ辛のもそうでないのもある》
── 形 名《アルゼンチン, ウルグアイ. 軽蔑》ばかな〔人〕《=salame》

salamunda [salamúnda] 囡《植物》=**sanamunda**

salangana [salaŋgána] 囡《鳥》コシジロアナツバメ

salar [salár] 《←sal》他 ❶ 〔肉・魚などを〕塩漬けにする: ～ un bacalao タラを塩漬けにする. ❷ 〔料理に〕塩を入れる; 塩を入れすぎる: Espero que no sale la paella como la otra vez. この前の時のようにパエリーヤに塩を入れすぎないように願いたい. ❸《鉱山》[鉱脈を偽装するために] 鉱物を埋める. ❹《中南米》不運にする. 2) [計画などを] 台なしにする, 駄目にする. ❺《中米, カリブ》[名声などを] 汚す, 面目を失わせる. ❻《アンデス》[家畜に] 塩をやる
── ～se 《メキシコ. 口語》台なしになる, 駄目になる
── 男 ❶ ～ de Uyuni ウユニ塩湖《塩原》《ボリビア中部》. ❷《チリ》塩田

salariado [salarjáðo] 《←salario》男 賃金制度

salarial [salarjál] 形 給与の, 賃金の: aumento ～ 賃上げ

salariante [salarjánte] 名《パナマ》日雇い労働者

salariante [salarjánte] 他《まれ》=**asalariar**

salario [salárjo] 《←ラテン語 salarium「兵士たちに対する塩購入手当」 < sal「塩」》男 給与, 賃金; [特に] 日給, 週給 [類語] 主に salario は一般労働者・工員 obreros や召使いの給与で, sueldo は事務職員や会社員 empleados の給与で通常は月給: pagar (cobrar) el ～ 給料を払う (受け取る). ～ directo (indirecto) 直接 (間接) 賃金. ～ elevado 高賃金. ～ mínimo 最低賃金. ～ social 生活賃金, 生活給

Salas [sálas]《人名》Manuel de ～ マヌエル・デ・サラス《1754～1841, チリの教育学者. チリの独立を支持し, 共和国の建設に参加》

Salas Barbadillo [sálas barβaðíʎo]《人名》Alonso Jerónimo de ～ アロンソ・ヘロニモ・デ・サラス・バルバディーリョ《1581～1635, スペインの小説家, 劇作家, 詩人. 同時代のセルバンテスと親交を結ぶ. 様々な文体を駆使して多様なジャンルの作品を手掛けり, とりわけ, 17世紀マドリードの風俗を活写したピカレスク小説 novela picaresca や風俗劇 comedia de costumbres で本領を発揮した》

salaz [saláθ] 形《稀》~ces《文語》好色な, 淫乱の

Salazar Bondy [salaθár bóndi]《人名》Sebastián ～ セバスティアン・サラサル・ボンディ《1924～65, ペルーの作家・批評家. ペルー文学50年世代を代表する論客としてバルガス・リョサ Vargas Llosa など多くの作家を発掘する一方, 戯曲や詩を書いた》

salazarismo [salaθarísmo] 男 [ポルトガルの政治家 Antonio de Oliveira Salazar (1889～1970) の] サラザール体制, サラザール主義

salazarista [salaθarísta] 形 名 サラザール体制支持の《支持者》, サラザール主義の《主義者》

salazón [salaθón] 《←salar》囡 ❶ [保存食品の] 塩漬け. ❷ 複 塩漬けの肉・魚. ❸ [主に 複] 塩漬け食品加工業. ❹《メキシコ, 中米, キューバ. 口語》[人のもつ] 不運, 悪運

salazonero, ra [salaθonéro, ra] 形 ❶ [食品の] 塩漬けの. ❷ 塩漬け食品加工業の〔人〕

salbanda [salβánda] 囡《鉱山》鉱脈の境目の粘土層

salbutamol [salbutamól]《薬学》サルブタモール

salce [sálθe] 男 ヤナギ《=sauce》

salceda [salθéda] 囡 =**salcedo**

salcedo [salθéðo] 男 ヤナギの林《並木》

salchicha [saltʃítʃa]《←伊語 salciccia》囡 ❶《料理》1) ソーセージ《主に豚肉類で加熱用》: ～ de Francfort フランクフルトソーセージ. ～ de Viena ウインナーソーセージ. 2)《地方語》複 チョリソ用のひき肉. ❷《築城》[枝の束をまとめるのに使われる] 長い束柴《蛇籠》. ❸《古語》導火袋《火薬を詰めた布筒》. ❹ [第一次世界大戦でフランス軍が用いた] 飛行船
── 《犬》ダックスフント《=perro》

salchichada [saltʃitʃáða] 囡 ソーセージをたくさん使った料理

salchichería [saltʃitʃería] 囡 ソーセージ店

salchichero, ra [saltʃitʃéro, ra] 名 ソーセージ製造 (販売) 業者

salchichón [saltʃitʃón]《salchicha の示大語》男 ❶《料理》[サラミ風の] ソーセージ《主に豚肉製で生食用》. ❷《築城》太い束柴

salchichonería [saltʃitʃonería] 囡《中南米》ソーセージ店;《メキシコ》高級食品店

salchucho [saltʃútʃo] 男《アラバ, ナバラ, リオハ, アラゴン》破壊, 悪事; やっつけ仕事; 騒動, 混乱

salcina [salθína] 囡《植物》ヤナギ属の一種《学名 Salix eleagnos, Salix incana》

salcinar [salθinár] 男《アラバ, アラゴン》ヤナギ林《=salceda》

salcochar [salkotʃár] 《←sal+cocho (cocer の不規則な 過分)》他《料理》[肉・魚・豆などを] 塩ゆでする

salcocho [salkótʃo] 男《料理》1)《カナリア諸島》塩魚・ジャガイモ・サツマイモの煮込み《=zancocho》. 2)《中南米》[味つける前の] 塩ゆで, 下ゆで. ❷《キューバ》不可算 [豚のえさ用の] 残飯

saldar [saldár]【←伊語 saldare「強化する」< saldo「全体の」】他 ❶ 決済する, 清算する: Ahora no puede ~ sus deudas. 今彼は借金を清算することができない. ~ la cuenta corriente 当座勘定を締める. ❷ [在庫を安値で] 見切り売りする: ~ los artículos para cerrar el negocio 店じまいのためのバーゲンセールをする. ❸ …に決着をつける, 終わらせる: ~ sus diferencias 意見のくい違いを解消する
── **~se**《文語》[+con の結果に]終わる, 決着がつく

salderita [saldeníta] 女《アラバ》小トカゲ

saldista [saldísta] 名 在庫見切りセールをする人; 見切り品売買商, バッタ屋

saldo[1] [sáldo]【←伊語 saldo < soldo < ラテン語 solidus「固い」】男 ❶ 安売り, 特売 〖=venta de ~s〗: La ropa de invierno está de ~. 冬物特売中. ❷《集合》[主に 複]見切り品, 特売品: No lo he encontrado en los ~s. 特売品の中にはそれはなかった. ❸ 決済, 清算. ~《商業》勘定の清算(残高). ❹ [貸借の]差引残高. ~ acreedor 貸方, 貸方残高. ~ deudor 借方, 借方残高. ~ a cuenta nueva 次期繰越. ~ comercial 貿易収支バランス. ~ en cuenta corriente 経常収支尻. ~ positivo (negativo) 黒字(赤字); [一般に]よい(悪い)結果. ❺ [比較考量の末の]結果. ❻《文語》[事故・試合などの]結果: La manifestación concluyó con un ~ de 15 detenidos. デモは15人の逮捕者を出して終わった. ❼ くず, かす

saldo[2], da [sáldo, da] 形《中南米》決済された, 清算された

saldorija [saldoríxa] 女《ムルシア. 植物》キダチハッカの一種〖学名 Satureja obovata〗

saldubense [saldubénse] 形 名《歴史, 地名》サルドゥバ Sálduba の人〖《ローマ時代, サラゴサ Zaragoza の近くにあった町》〗

sale [sále] 男《米国》安売り, 特売

salea [saléa] 女《アストゥリアス》小型船による航海

salear [saleár] ~**se**《アストゥリアス》小型船で航海する

saledizo, za [saleðíθo, θa]【←salir】形 突き出た: techo ~ 張り出している屋根
── 男 [建物の] 突き出た部分, 張り出し部分, コンソール

salega [saléɣa] 女《家畜用》岩塩; 塩やり場〖=salegar〗

salegar [saleɣár] 男《家畜用》塩やり場
── 自 他《家畜》に塩をなめる;《家畜》に塩をやる

salema [saléma] 女《魚》タイ科の一種〖学名 Sarpa salpa〗

salentino, na [salentíno, na] 形 名《歴史》サレンティノ族[の]〖イタリア南東部 Mesapia 地方の古代民族〗

salep [salép] 男 サレップ〖ラン科植物の球根を乾かした粉. 食用〗

salera [saléra] 女《家畜》に塩やり用の容器. ❷《サラマンカ》塩・香辛料の容器 (小戸棚)

salernitano, na [salernitáno, na] 形 名《地名》[イタリア南西部の]サレルノ Salerno の[人]

salero [saléro]【←sal】男 ❶ [食卓・台所用の]塩入れ: ¿Me podría pasar el ~? 塩を回していただけますか? ❷ 塩の貯蔵場所; [家畜用の]塩やり場. ❸《西》1) [ほめ言葉 piropo で]愛嬌, 機知; [性的な]魅力: tener ~ para el baile 色気たっぷりの踊りをする. 2) 愛嬌のある人. ❸《チリ, アルゼンチン, ウルグアイ》塩田〖=salina〗

salerón [salerón] 男《アンダルシア》ワインの濃度測定用の試験管

saleroso, sa [saleróso, sa]【←salero】形《西》愛嬌のある, 気のきいた: Su hija era ~sa por demás. 彼の娘はとても愛くるしかった

salesa [salésa] 形 女《カトリック》聖母訪問会 Visitación de María の〖修道女〗

salesiano, na [salesjáno, na] 形 名《カトリック》サレジオ会 congregación de San Francisco de Sales の〖会員〗

saleta [saléta] [sala の示小語]女 ❶ [国王・王族の]控えの間の前室. ❷ 控訴院〖=sala de apelación〗

── 女《キューバ》控えの間, いい加減な人

saletino, na [saletíno, na] 形 名《地名》[モロッコの]サレ Salé の[人]

salfumán [salfumán] 男《化学》塩酸〖=sal fumante〗

salgada [salɣáða] 女《植物》ハマアカザ〖=orzaga〗

salgadera [salɣaðéra] 女《植物》ハマアカザ〖=orzaga〗

salgar [salɣár] 自 他《家畜》に塩をやる

salgareño [salɣaréɲo] ~**pino** salgareño

salgueiro [salɣéjro] 男《地方語》ヤナギ〖=sauce〗

salguera [salɣéra] 女《地方語》ヤナギ〖=sauce〗: ~ blanca コリヤナギ

salguero [salɣéro] 男《地方語》ヤナギ〖=sauce〗

salicáceo, a [salikáθeo, a] 形《植物》ヤナギ科の
── 女《植物》ヤナギ科

salical [salikál] 形《植物》ヤナギ目の
── 女《植物》ヤナギ目

salicaria [salikárja] 女《植物》エゾミソハギ

salicilato [saliθiláto] 男《化学》サリチル酸塩(エステル)

salicílico, ca [saliθíliko, ka] 形 ácido ~ サリチル酸

salicina [saliθína] 女《化学》サリシン

salicíneo, a [saliθíneo, a] 形 名 = **salicáceo**

sálico, ca [sáliko, ka] 形《歴史》サリ支族の〖=salio〗: ley ~ ca サリカ法典〖女子の王位継承権と土地相続権を認めない〗

salicor [salikór] 男《植物》オカヒジキの一種〖学名 Salsola soda. ~ borde, ~ fino〗: ~ duro アッケシソウの一種〖学名 Salicornia perennis〗. ~ pollo = **salicornia**

salicornia [salikórnja] 女《植物》アッケシソウ

salicultura [salikultúra] 女 製塩[業]

salida[1] [salíða]【←salir】女 ❶ 出ること: Fijaron la ~ del trabajo para las cinco. 退社は5時と定められている. detener la ~ de sangre 出血を止める. ~ del campo de gravitación 重力圏からの離脱. ~ del puerto 出港. ~ del sol 日の出. ❷ 出発〖⇔llegada〗: 1) El tren tiene su ~ a las dos. 列車は2時に発車する. hora de ~ (発車)時刻. ~ del tren [列車の] 発車. ~s nacionales (internacionales)《表示》国際(国内)線出発口. 2)《スポーツ》スタート: bloque (taco) de ~ スターティングブロック. ~ agachada (parada) クラウチング(スタンディング)スタート. ~ en falso/~ nula フライング. 3)《警察・消防などの》出動: Ayer se produjo la ~ de bomberos para sofocar un incendio. 昨日火事を消すために消防車が出動した. ❸ 出口〖⇔entrada〗: No encuentro la ~. 出口が見つからない. Bolivia no tiene ~ al mar. ボリビアには海への出口がない. calle sin ~ 行き止まりの通り. ~ de emergencia/~ de socorro/~ de incendios 非常口. ~ del metro 地下鉄の出口. ❹ 旅行; 遠足; 散歩; 外出: Me gustaría hacer alguna ~ en moto. ちょっとオートバイで一回りしたい. durante una ~ de compras 買い物に出かけている最中に. en su primera ~ al extranjero 彼の最初の外国旅行で. ~ por la noche 夜遊び, 夜の外出. ❺ [商品の] 出荷, 発送. ❻ 販売, 発売: 1) precio de ~《競売の》最低売価. ~ al mercado del nuevo modelo ニューモデルの発売. 2) 売れ行き [の見込み]. ❼ [主に 複] 雇用・職業面での] 可能性: Estudiar informática tiene muchas ~s. 情報科学を勉強すると就職口が多い. Esta carrera tiene poca ~ laboral. この学科は就職先がほとんどない. ❽ 支出, 出金: Las ~s han sido muy elevadas. 支出が大変多かった. ❾《経済, 商業》1) 貸記 [項目]. 2) ~ a bolsa 株式の公開 (上場). 3) ~ de capitales 資本逃避. ❶《事業・関係などの》終了, 清算. ⓫《困難を解決する》手段; 口実, 言い訳: El gobierno no encuentra ~ para esta situación. 政府はこの状況を乗り切る解決法が見つからない. No tenemos otra ~ que pedir un préstamo. 私たちには借金を頼む以外に手段がない. buscar una ~ 言い訳を探す. ⓬ 才気, 機知に富んだ言動: Tiene unas ~s que son para morirse de risa. 彼女は爆笑させるほど愉快なことを言う. ⓭ [村・町の入口に隣接した] レクリエーション用の野原. ⓮ 出っ張り, 突出部. ⓯《船舶》1) 発進(の駆動). 2) [主にエンジン停止時の慣性による] 船足. ⓰《軍》[包囲軍に対する] 出撃, 急襲. ⓱《闘牛》かわし技によって牛が進む方向. ⓲《技術》[機械からの製品・導管からの液体などの] 排出部, 取出し口. ⓳《演劇》1) 退場; 登場〖→salir〗. 2) 出演 〖~ a escena〗. ⓴《情報》出力, アウトプット: ~ impresa ハードコピー. ㉑ [ドラマなど最初にプレイすること, その順番. ㉒《服飾》~ de baño ビーチローブ;《アルゼンチン, ウルグアイ》バスローブ. ~ de teatro イブニングコープ

a la ~ de... 1) …の終了時に, …が終わってから: A la ~ de clase fuimos a pasear. 放課後私たちは散歩に行った. 2) …のはずれに

dar la ~《スポーツ》スタートの合図をする: El juez dio la ~ a los corredores. 審判は走者たちにスタートの合図をした

dar ~ a... …に出口を与える, 放出する: Dan ~ a las aguas por los vertederos. 余水吐きから水が放出される

de ~ 最初から

~ de bombero 《西. 戯語》大失敗: ¡Vaya ~s de bombero que tuvo! 彼は何てひどいどじを踏んだんだ!

~ **de pie de banco**《口語》=~ **de tono**
~ **de tono** 場違いな話題、的外れ
tomar la ~《スポーツ》スタートを切る
salidero, ra [salidéro, ra] 形 出歩くのが好きな、遊びでばかりいる
── 男《まれ》出口《=salida》
salidizo [salidíθo] 男《建築》=**saledizo**
salido, da [salído, ða] 形 ❶ 突き出た、出っ張った: *dientes* ~s 出っ歯。❷《西. 口語》1)《女性形のみ. 動物の雌が》発情した、さかりのついた。2)《軽蔑》《人が》性的に興奮した。❸ 性欲が強い〔人〕。❸《ベネズエラ. 口語》おせっかいな
── ❶《俗語》性的強迫観念、色情狂。❷《地方語》〔主に塀で囲まれた〕庭
salidor, ra [salidór, ra] 形 名《中南米》《夜遊びに》出かけるのが好きな〔人〕
saliente [saljénte]《←*salir*》形 ❶ 突き出た、張り出した: *pómulos* ~s 出っ張った頬骨。*tener el vientre* ~ 腹が出ている。*línea* ~《建築》アリス、稜線。❷ 傑出した、目立った、際立った: *rasgo* ~ 際立った特徴。❸ やめていく、離任する。❹《太陽などが》出る、のぼる: *Sol* ~ のぼる太陽
── 男 ❶ 突出部、出っ張り: *darse un trompazo con el* ~ *de la pared* 壁の出っ張りに激突する。~ *de la costa* 海岸線の出っ張った部分。❷ 奥行きの寸法。❸《文語》東《=levante. ⇔poniente》
salífero, ra [salífero, ra] 形《文語》塩分を含んだ
salificable [salifikáβle] 形 塩化し得る: *base* ~ 塩基
salificación [salifikaθjón] 女 塩化
salificar [salifikár] 7 他《化学》塩化する
salima [salíma] 女《植物》アキギリ、サルビア《=salvia》
salimiento [salimjénto] 男 外出、出発《=salida》
salín [salín] 男 塩の貯蔵場所
salina[1] [salína]《←ラテン語 salinae》女 ❶〔時に 複〕塩田、製塩所。❷ 岩塩坑。❸〔主に 複〕潮だまり; 塩性沼沢地、塩湿地
Salinas [salínas]《人名》**Pedro** ~ ペドロ・サリナス《1891-1951、スペインの詩人。27年世代 Generación del 27 の代表的詩人。知性と軽やかな抒情性をあわせもつ優れた詩を完成させ、後期には内省的でありながらも、社会の危機をテーマにしたきわめて完成度の高い詩作品を残した。文学研究者でもある》
salinero, ra [salinéro, ra]《←*salino*》形 ❶ 塩田の、製塩の: *industria* ~*ra* 製塩業。❷〔牛が〕赤茶と白のぶちの
── 名 製塩業者
── 男 塩田《=salina》
salinidad [saliniðáð]《←*salino*》女 ❶ 塩気、塩け。❷ 海水の塩分濃度
salinizar [saliniθár] 9 他 ❶〔淡水に〕塩分を含ませる、海水化する。❷ 塩で処理する、塩化する
── ~*se*〔淡水が〕塩分を含む
salino, na[2] [salíno, na] 形 ❶ 塩分を含んだ; 塩からい: *terreno* ~ 塩分を含んだ土地。❷ 塩の。❸〔牛が〕白い斑点のある
salinómetro [salinómetro] 男 塩分計、検塩計
salio, lia [sáljo, lja] **I** 形《古代ローマ》〔軍神マルス Marte に仕える神官〕サリー〔の〕
── **II** 男《歴史》〔フランク族の〕サリ支族〔の〕
salipirina [salipirína] 女《薬学》サリチル酸アンチピリン
salir [salír]《←ラテン語 salire「跳ぶ」》62 自 ❶ [+de から, +a に] 出る《⇔entrar》: 1) *Salgo al pasillo*. 私は廊下に出る。*El barco sale a alta mar*. 船が沖に出る。*Sale agua de la roca*. 岩から水が出る。*El humo sale del quemadero de basuras*. 煙はごみ焼却場から出ている。*No me sale el anillo*. 指輪が抜けない。*El ladrón salió por la ventana*. 泥棒は窓から出た。*El piano no sale por la puerta*. ピアノはドアから出ない。*No le salen las palabras*. 彼は言葉が出ない。2) 外出する: *Hoy no he salido en todo el día*. 私は今日一日中、外出しなかった。3) [+de+動作の名詞に] 出かける: *Las mujeres amamos* ~ *de compras*. 私たち女性は買い物に出かけるのが好きだ。*Salieron de viaje*. 彼らは旅行に行った。*Salió a pasear*. 散歩に出た。5) [+para に向けて] 出発する《→*partir*》〔類義〕: *Salieron los reyes de Madrid para Barcelona*. 国王夫妻はマドリードを立ってバルセロナへ向かった。*El barco sale a mediodía*. 船は正午に出る。6) [+con 異性と] 交際する、付き合う: *Sale con un chico desde hace un año*. 彼女はある青年と1年前から付き合っている。*No tengo amigas, solo salgo con mi novio siempre*. 私には女性の友人はいない、

salir

いつも婚約者とデートしかしない。7) 遊びに出かける: *He dejado de* ~ *por las noches*. 私は夜遊びするのはやめた。8)〔狭い場所などから〕脱出する: *Salimos del barrizal*. 私たちはぬかるみを脱した。9)〔悪い状況を〕脱する、免れる: *Tengo ganas de* ~ *de este trabajo*. 私はこの仕事から逃れたい。*Salió de la duda*. 彼は疑問を免れた。*Ahora la necesidad puede* ~ *una solución tecnológica*. 必要性があるところに技術的な解決策は見い出され得る。~ *del atolladero* 窮地を脱する。10)〔職務などから〕離任する: *Este año sale de presidente*. 彼は今年大統領の任期が終わる。~ *del partido* 脱党する、離党する。~ *del hospital* 退院する。❷〔仕事などが〕終える: *Los miércoles salimos tarde del trabajo*. 私たちは毎週水曜日は仕事が遅くなる。*Paso por tu casa al* ~ *del trabajo*. 仕事から帰りに君の家に寄るよ。~ *de la escuela* 下校する。*Sal del programa*.《情報》プログラムを終了しなさい。❸〔期間が〕終わる、去る: *Hoy sale el verano*. 今日で夏が終わる、+*a* に通じる: *Esta calle va a* ~ *a la plaza*. この道を行くと広場に出る。❺〔汚れが〕消える: *Este lamparón no sale con ningún quitamanchas*. この油じみはどのしみ抜きでも落ちない。❻ [+de 分別などを] 失う: *Salió fuera de tino*. 彼は分別を失った。❼ [+de 制限・常態などを] 外れる、逸脱する。❽ [+de 売り払う, 手放す] *Ya he salido de todo mi grano*. 私は穀物を全部売り払った。❾ 現れる、見つかる、表明される: 1) *Va a* ~ *el Sol*. もうすぐ日が出だ。¿*Dónde han salido mis guantes*? 私の手袋はどこにあった? *Le sale la satisfacción a la cara*. 満足な様子が彼の顔に表れている。*Ahora le salen las penalidades de la guerra*. 戦争の苦労が彼の今の体調に現れている。2)〔芽などが〕出る: *Pronto van a* ~ *flores*. もうすぐ花が咲きそうだ。*Al bebé le han salido los dientes*. 赤ん坊に歯が生えた。3) 出版される、〔レコードなどが〕発売される: *La revista sale mensualmente. その雑誌は毎月出る*. 4) [+en 写真・テレビなどに] *María sale en una foto de la revista*. マリアは雑誌の写真に出ている。*El gobernador salió en televisión*. 知事がテレビに出た。5) [+en+行為名詞] …に現われる: *Los amigos salieron en su defensa*. 友人たちが彼の弁護にやってきた。❿ 立場〔態度〕を明らかにする: ~ *contra* (*a favor de*)+人 …への反対(支持)を表明する。⓫ 生じる、産出される: *De las manzanas sale la sidra*. リンゴからシードル酒はできる。*Todas estas dificultades salen del mal planteamiento de la cuestión*. これらの難しさは問題の立て方が悪いことから生じる。⓬〔好機などが, +a+人を〕訪れる: *Si sale una finca en buenas condiciones, la compraré*. 条件のいい地所があれば買うだろう。*Le ha salido una colocación*. 彼に就職の話が来た。*No le sale novio*. 彼女に恋人は現われない。⓭ [+主格補語] 1)〔結果として〕…になる: *La manzana salió muy sabrosa*. そのリンゴはとてもおいしかった。*El negocio ha salido redondo*. ぼろい商売だった。*Ha salido verdad lo que él anunció*. 彼が言ったことは本当だった。*Me suelen* ~ *muy ricos los macarrones*. 私がマカロニを作るといつも上出来だ。2)〔性格・能力などを〕現わす、見せる: *Debería ser amable con su novia, pero no me sale*. 彼女には優しくすべきだが、私には優しくない。*Salió muy juicioso*. 彼は大いに分別のあるところを見せた。⓮〔計算などで〕…になる: *No le salen las cuentas de dinero*. 彼は金の計算が合わない。2) *Sale a* 一個・一人当たりの金額/+*por* 価格] *Sale a dos euros metro*. メートル当たり2ユーロになる。*A mi me salió por* 800 *euros anuales*. 私は年に800ユーロ入った。⓯ [+現在分詞, 結果として] …になる: ~ *ganando en*…… で利益を得る。⓰ [くじで] 当たる: *Salió para África*. 彼はアフリカ旅行が当たった。⓱ [投票で] 選ばれる: *Antón ha salido alcalde*. アントンは市長に選ばれた。⓲ 突き出ている、目立つ《=sobresalir》: *Esta cornisa sale demasiado*. この軒蛇腹は突き出しすぎている。⓳ [+a+人 に] 似る: *Este niño ha salido a su madre*. この子は母親に似てきた。*El discípulo salió al maestro*. 生徒は先生に似る。⓴〔口語〕場違いな・思いがけないことを〕言い出す、しでかす: *Me salió con que yo tengo la culpa*. 彼が突然私に言い出したことには私が悪いんだとさ。*Nunca sabe por dónde va a* ~. 彼は自分が何をしようとしているか全く分かっていない。*Salió contra la propuesta*. 彼は提案とは違うことをした。㉑ [+con 障害などを] 克服する: *Estoy seguro de que saldrá con su propósito*. 彼は目的を完遂できると

salisipan

私は信じている. ㉒ [+por を] 保証する, 請け合う; 弁護する, 味方につく: Cuando hubo problemas, nadie *salió por* él. 問題が起きた時, 誰も彼の味方をしなかった. ㉓ 《サッカーなど》[主に ディフェンスが] 一時的に本来のポジションより前に出る. ㉔ 《船舶》[同行の他船に] 先行する. ㉕ 《口語》[+de+人 を] 自発性によるものであることである. ㉖ 《口語》[+de+人 を] 退場する: ROSA. — ... No me acompañes, Ramón. (*Sale* Rosa.) ロサ: ... ラモン, 私は一緒には行かないよ. (ロサ, 退場). 2) 登場する 《黄金世紀など古典作品に多い》: ¿Llama vuestra señora? 召使いのファビオ登場. 奥様, お呼びですか? 3) [+de の役で] 出演する: El actor *salía de* extra. その役者 はエキストラとして出ていた. ㉗ 《トランプなど》1) 最初にプレーをする: Te toca ~ a ti. 君から下. 2) 上がる: Este solitario no *sale* casi nunca. この一人占いはほとんど上がれない. *Salió con* el as de copa. 彼は杯のエースで上がった. ㉘ [鶏の卵が] 孵る(かえる): Han *salido* ocho huevos de los doce que echó. 12個産まれた卵のうち8個が孵った. ㉙ 解決される: Le *salen* casi todos los problemas. 彼の問題はほとんどすべて解消する. ㉚ 《コロンビア》1) [+con に] 調和する. 2) [+de を] 手助けする
a lo que salga 《口語》当てずっぽうに, 結果がどうなろうとも: Voy *a lo que salga.* 私は出たとこ勝負でいく. escribir *a lo que salga* 思いついたことを書く
no me sale ahora 私はど忘れしてしまった
no ~ de+人 1) [秘密が] …の口から漏れない. 2) …とは別の人から提起される
sal lo que salga (*saliere*) =a lo que salga
~ bien 1) 成功する: *Salió bien* del (en el) examen. 彼は試験に合格した. Parece que va a ~ *bien* este negocio. この取引はうまくいきそうだ. 2) no ~ *bien* けんかする
~ juntos [主語は複数] 交際する, 付き合う
~ corriendo 大急ぎで出かける, あわてて走り出す
~ disparado =**~ corriendo**
~ mal 1) 失敗する; よくない結果になる: *Salí mal* en el examen. 私は試験に落ちた. Todo nos *salió mal* contra lo que esperábamos. 期待に反して, 我々にとってすべてが駄目になってしまった. 2) けんかする
~ pitando | **~ corriendo**. 2) [議論などで] 急に熱くなる
━ ~se ⓘ 外に出る; 抜け出す: El avión *se salió de* la pista. 飛行機は滑走路を外れた. ❷ [液体・容器などが] 漏れる, あふれる: El aire *se sale del* neumático. タイヤから空気が漏れる. Este cántaro *se sale.* この壺は水漏れする. La balsa *se salió* por arriba. 水がため池があふれた. ❸ [沸騰など] 吹きこぼれる: *Se ha salido* la leche. ミルクが吹きこぼれた. ❹ [制限・常態などを] 外れる: Pinta el dibujo, procurando no ~*te.* はみ出さないように気をつけて画を描きなさい. ❺ [西. 口語] 性的に興奮する. ❻ [+de 巻いてある所から] 外れる. ❼ [+de 組織などから] 離れる: *Se ha salido del* partido. 彼は離党した. ❽ [+con 場違いな・思いがけないことを] 言い出す, しでかす. ❾ [目標としたものを] 獲得する; [ゲームで] 勝利に必要な点数を集める. ❿ 《古語》[検事・当事者として] 出廷する. ⓫ 《チリ》 したたる
~se con la suya 自分の思いどおりにする

salir		
直説法現在	直説法未来	直説法過去未来
salgo	saldré	saldría
sales	saldrás	saldrías
sale	saldrá	saldría
salimos	saldremos	saldríamos
salís	saldréis	saldríais
salen	saldrán	saldrían
命令法	接続法現在	
	salga	
sal	salgas	
	salga	
	salgamos	
salid	salgáis	
	salgan	

salisipan [salisípan] 男 《フィリピン》[海賊が使う] 快速の手漕ぎ舟
salitrado, da [salitrádo, ða] 形 硝石を含む; 硝石を混ぜた

salitral [salitrál] 形 男 硝石を含む; 硝石床
salitre [salítre] 男 ❶ 《化学》硝石, 硝酸カリウム. ❷ 《チリ》硝石
salitrera[1] [salitréra] 女 ❶ 硝石床. ❷ 《チリ》チリ硝石の採取場, 硝石工場
salitrería [salitrería] 女 硝石工場
salitrero, ra[2] [salitréro, ra] 形 名 ❶ 硝石の; 硝石業者. ❷ 《チリ》チリ硝石の
salitroso, sa [salitróso, sa] 形 [土地が] 硝石を含む
saliva [salíßa] 《←ラテン語》不可算 唾液, つば, よだれ [=baba]: arrojar ~ por la boca 口からつばを飛ばす. mojarse los dedos con ~ 指につばをつける
  ahorrar ~ 余計な口出しを控える, 無駄口をきかない
  gastar ~ **[en balde]** 《口語》話して(説得しようとして)無益に終わる: No *gastes* ~ en necios. 愚かな連中に関わって無駄な労力を費やすな
  tragar ~ 怒りを抑える, 黙って耐える: "No hay problema", dije mientras *tragaba* ~. 私は「問題ない」と怒りを抑えつつ言った. En el negocio tengo que *tragar* mucha ~. 商売では私は自分をじっと抑えなければならない
salivación [salißaxjón] 女 ❶ 《生理》唾液分泌. ❷ 《医学》流涎(りゅうぜん)症
salivadera [salißaðéra] 女 《アンダルシア; 南米》痰壺
salivajo [salißáxo] 男 =**salivazo**
salival [salißál] 形 《生理》唾液の: glándulas ~*es* 《解剖》唾腺
salivar [salißár] 《←saliva》自 ❶ 唾液を分泌する, つばが出る: El perro está enfermo porque *saliva* más de lo normal. その犬は唾液の出る量がいつもより多いので病気だ. El olor de la comida le hizo ~. 食べ物のにおいで彼はよだれが出た. ❷ 《中南米. 文語》痰を吐く
  ━ 他 つばで濡らす
  ━ =**salival**
salivazo [salißáθo] 男 [吐かれた] つば
saliveo [salißéo] 男 =**salivación**
salivera [salißéra] 女 ❶ 《馬具》[主に複] 馬銜(はみ)に付ける玉. ❷ 《中南米》痰壺
salivoso, sa [salißóso, sa] 形 ❶ 唾液を大量に分泌する, よだれを垂らす. ❷ 唾液のような
sallador, ra [saʎaðór, ra] 名 除草(草取り)をする人
salladura [saʎaðúra] 女 ❶ 除草, 草取り
sallar [saʎár] 他 ❶ 除草する, 鍬で掘り起こす. ❷ [倉庫に保管するために大きな材木を] ころに横たえる
sallete [saʎéte] 男 除草の道具
salma [sálma] 女 《古語》❶ トン [=tonelada]. ❷ 《リオハ, ソリア. 馬具》荷鞍
salmanticense [salmantiθénse] 形 名 =**salmantino**
salmantinismo [salmantinísmo] 男 サラマンカへの愛好
salmantino, na [salmantíno, na] 形 名 サラマンカ Salamanca の[人] 《カスティーリャ=レオン州の県・県都》
salmar [salmár] 他 ❶ hilo de ~ 麻の細ひも. ❷ 《リオハ, ソリア》[馬などに] 荷鞍をつける
salmear [salmeár] 自 詩編を唱える
salmer [salmér] 男 《←仏語 *sommier*》男 《建築》[アーチの] 迫元(せりもと)石: mover de ~ [アーチの] 迫元石に持ちかかる
salmera [salméra] 女 《馬具》aguja ~ 荷鞍職人が使う太い針
salmerón [salmerón] 男 穂が長く芽の少ない品種の[小麦]
sálmico, ca [sálmiko, ka] 形 《旧約聖書》詩編の
salmis [sálmis] 《←仏語》男 《料理》サルミ 《ローストした野鳥のソース煮; そのソース》
salmista [salmísta] 男 ❶ 《旧約聖書》詩編作者 《特にダビデ David 王を指す》. ❷ 詩編朗唱者
salmo [sálmo] 男 ❶ 《旧約聖書》詩編 《詩編全体は *S~s*》. ❷ 聖歌, 賛美歌
salmodia [salmóðja] 女 ❶ 詩編朗唱; 聖歌(賛美歌)詠唱. ❷ 単調な朗読の仕方, 単調な話し方(歌い方). ❸ しつこい頼み(不平)
salmodiar [salmoðjár] 10 自 詩編を唱える; 聖歌を詠唱する: Los monjes *salmodian* al atardecer. 修道士たちは夕方になると聖歌を詠唱する
  ━ 他 一本調子で読む(話す・歌う): Los marineros *salmodian* una canción melancólica. 船乗りたちは哀調をおびた歌を単調に歌う

salmódico, ca [salmóðiko, ka] 形 詩編朗唱の
salmodioso, sa [salmoðjóso, sa] 形 [詩編朗唱のように] 音が単調で長く続く
salmón [salmón] 《←ラテン語 salmo, -onis》 男 《魚》サケ (鮭)、サーモン: ～ de altura スズキ目モロネ科の一種《=sabina》── 形 サーモンピンクの: papel de color ～ サーモンピンクの紙
salmonado, da [salmonáðo, ða] 形 ❶ [魚が] サケに似た: trucha ～*da* ベニマス (紅鱒). ❷ サーモンピンクの
salmonela [salmonéla] 女 =**salmonella**
salmonella [salmonéla] 女 ❶ サルモネラ菌. ❷ =**salmonelosis**
salmonelosis [salmonelósis] 女 《医学》サルモネラ感染症
salmonero, ra [salmonéro, ra] 形 サケの ── 男 《漁業》浮き延縄 (^{なわ}) ── 女 ❶ サケ漁用の網. ❷ [サケの遡上を助ける] 魚梯
salmonete [salmonéte] 男 《魚》サルモネテ《ヒメジの一種. 学名 Mullus barbatus. =～ de fango》: ～ de roca ヒメジの一種《学名 Mullus surmuletus》
salmónido, da [salmóniðo, ða] 形 サケ科の ── 男複《魚》サケ科
salmorear [salmoreár] 他 《ベネズエラ》 …にお説教をする, 叱る
salmorejo [salmoréxo] 男 《←salmuera》 ❶ 《西. 料理》サルモレッホ 1) フレンチドレッシングの一種. 2) 《アンダルシア》ガスパチョの原型と言われるトマトスープ. ❷ 叱責, 懲らしめ
salmuera [salmwéra] 《←ラテン語 sal+muria「塩水」》女 ❶ 《製塩》の, 鹹水 (^{かん}). ❷ 《料理》[塩漬け用の] 塩水, 立て塩汁. ❸ 塩漬けされたものから出る汁. ❹ [冷却装置の] ブライン
salmuerar [salmwerár] ～se《家畜が》塩分の摂取過多で病気になる
salobral [salobrál] 男 塩性沼沢地
salobre [salóbre] 《←sal》 形 塩味の; 塩分を含んだ: agua ～ 塩けのある水. lago ～ 鹹水 (^{かん}) 湖
salobreño, ña [salobréŋo, ŋa] 形 [土地が] 塩分を含んだ ❷ =**salobral**
salobridad [salobriðáð] 女 塩分, 塩け; 塩味: ～ del agua del mar 海水の塩分
salol [salól] 《←商標》 男 《薬学》サロール, サリチル酸フェニル
saloma [salóma] 《←ラテン語 celeusma》 女 《船舶》[力を合わせる時の] はやし歌, よいとまけの歌, 仕事歌
salomar [salomár] 自 《船舶》はやし歌で勢いをつける
Salomé [salomé] 女 《新約聖書》サロメ《ヘロデ Herodes 王の娘. 洗礼者ヨハネ san Juan Bautista の首を求めた》
salomeo [saloméo] 男 《パナマ》労働者のはやし歌
salomón [salomón] 男 ❶ 《旧約聖書》[S～] ソロモン《古代イスラエルの王》: sabiduría de S～ ソロモンの知恵. ❷ 知恵者, 大変賢明な人
salomónico, ca [salomóniko, ka] 形 《旧約聖書》ソロモン Salomón の: decisión (justicia) ～*ca* 賢明な決断 (裁き)
salón [salón] I《sala の示大語》男 ❶ [公共の建物などの] 大広間, サロン, ホール: Se ha celebrado el acto en el ～ del ayuntamiento. その行事は市役所のホールで行われた. ～ de actos 講堂, 集会室. ～ de baile 舞踏室. ～ de demostraciones ショールーム. ～ de fiestas ダンスホール. ～ de fumadores 喫煙室. ～ de los pasos perdidos 待合室. ～ de plenos del Ayuntamiento 市議会室. ～ de reuniones 集会室. ～ de sesiones 会議場, 集会室. ❷ …店: ～ de belleza エステティックサロン;《主に中南米》美容院. ～ de juegos 賭博場, カジノ, ゲームセンター;[ホテル・船などの] 遊戯室. ～ de masaje マッサージ店. ～ de pintura 画廊; 美術館. ～ de té 喫茶店. ～ recreativo ゲームセンター. ❸ 応接間, 式場 [=sala]. ❹ [家の] 居間, 応接間 [=sala]: Yo me encontraba en el ～ de la casa viendo la televisión. 私は自宅の居間にいてテレビを見ていた. ～ comedor リビング・ダイニングルーム. ❺ [ホテルなどの] ダイニングルーム. ❻ [年ごとの] 美術館. ～ de mayo 5月展. ❼ [新製品などの] 展示会: ～ del automóvil モーターショー. ～ náutico 新型ヨット展示会. ❽《集合》居間 (応接間) の家具, 応接セット. ❾ [歴史の]《貴婦人の催す》サロン, 名士の集い: ～ literario 文学サロン. ❿《宗教》～ del Reino [エホバ証人の] 王国会館《教会に相当する》. ⓫《地方語》公衆遊歩道. ⓬《中南米》《菓子・酒・清涼飲料を売る》高級食料品店. ⓭《メキシコ, パナマ, プエルトリコ, ペルー, アルゼンチン, ウルグアイ》教室 [=～ de clase]. ⓮《エクアドル》[主に軽音楽の聴ける] 酒場

de ～ 1) [作家・作品などが] 通俗的な, 軽薄な. 2) 《軽蔑》空理空論の: estratega *de* ～ 机上の戦略家. boxeo *de* ～ 机上のボクシング. 3) 《闘牛》[練習で, 本物の牛ではなく] 模型の牛などを使う
II《←sal》男 ❶ [豚の飼料用の] 塩入りのふすま. ❷《まれ》塩漬け肉 (魚)
salona [salóna] 女 《地方語》[家の] 主室
saloncillo [salonθíʎo] 男 ❶ [喫茶店・レストランなどの] 個室, 小部屋. ❷ [劇場の] 休憩室
salonicitano, na [saloniθitáno, na] 形 《地名》[ギリシアの] サロニカ Salónica の [人]
salonero, ra [salonéro, ra] 名 《エクアドル》[酒場 salón の] バーテンダー
salouense [salowénse] 形 《地名》サロウ Salou の [人] 《タラゴナ県の港町》
salpa [sálpa] 女 ❶ 《動物》サルパ. ❷ 《地方語. 魚》=**salema**
salpicada [salpikáða] 女 《メキシコ》 =**salpicadura**
salpicadera [salpikaðéra] 女 《メキシコ, グアテマラ, ドミニカ, ボリビア, チリ. 自転車》フェンダー
salpicadero [salpikaðéro] 《←salpicar》 男 ❶ 《西. 自動車》ダッシュボード, 計器板. ❷ 《馬車前部の》泥よけ
salpicadura [salpikaðúra] 女 ❶ しぶきがかかること, [複] その汚れ: El suelo está lleno de ～s de aceite. 床は油のはねだらけだ
salpicar [salpikár] 《←?語源》 [7] 他 ❶ [+de・con] …にはねをかける: Un coche me *salpicó de* barro. 車の泥はねが私にかかった. ❷ [はねなどが] …にかかる: El agua de la lluvia *salpica* las ventanas. 雨が窓にかかった. ❸ …にまき散らす: *salpicar* la ensalada *con* sal. 彼はサラダに塩をふりかけた. ～ el papel *con* diferentes colores 紙に様々な色の絵の具をまき散らす. ❹ 散らばる: Miles de islas *salpican* el Atlántico. 数千の島々が大西洋に散らばっている. ❺ [悪評などが] …に及ぶ: El escándalo *salpicó* al embajador. 醜聞が大使に及んだ. ❻ [話に, +de・con を/…を, +en 話に] はさむ: ～ la conversación *con* chistes/～ chistes *en* la conversación 会話に冗談をはさむ. ❼ [あれやこれや] 中途半端にする: ～ la lectura de un libro 本を拾い読みする ── ～se [自身に対し] はねをかける, はねを上げる
salpicón [salpikón] 《←salpicar》 男 ❶ =**salpicadura**. ❷《西. 料理》サルマガンディ 《鶏・魚介類などを火を通してから刻み, ドレッシングとみじん切りの野菜であえたサラダ》. ❸ 細かくした物, 砕いた物. ❹《アストゥリアス》クルミのクッキー. ❺《コロンビア, エクアドル》果実片・果汁・炭酸水などを混ぜた清涼飲料
salpimentar [salpimentár] 《←sal+pimienta》《規則変化》/《文語》[23] 他 ❶《料理》…に塩こしょうをする: Hay que ～ un poco el lomo antes de freírlo. 揚げる前にヒレ肉に少し塩こしょうをしなければならない. ❷ [冗談などを交えて話を] 楽しくする, 面白くする
salpimienta [salpimjénta] 女 《料理》塩こしょう《混合物》
salpingitis [salpinxítis] 女 《医学》耳管炎, 卵管炎
salpingografía [salpingografía] 女 《医学》卵管撮影 [法]
salpingoplastia [salpingoplástja] 女 《医学》卵管形成術
salpique [salpíke] 男 ❶ はねがかかること. ❷ =**salpicadura**
salpiquear [salpikeár] 他 《プエルトリコ, コロンビア》 =**salpicar**
salpresamiento [salpresamjénto] 男 塩漬け
salpresar [salpresár] 他 《料理》[重しを載せて] 塩漬けにする
salpreso, sa [salpréso, sa] 形 塩漬けにした
salpuga [salpúga] 女 《アンダルシア. 昆虫》毒アリの一種
salpullido [salpuʎíðo] 男 =**sarpullido**
salpullir [salpuʎír] [21] 他 =**sarpullir**
salsa [sálsa] 《←ラテン語 salsa「サラダ」< sol, salis「塩」》女 ❶《料理》ソース; 肉汁, グレービー; ドレッシング: Voy a probar langostinos con ～ rosa. ピンクソースでエビを食べてみよう. preparar una ～ ソースを作る. acompañar la carne con una ～ 肉にソースをかける. ～ americana アメリケーヌソース. ～ bechamel (besamel) ベシャメルソース. ～ blanca ホワイトソース. ～ cóctel 《西》カクテルソース. ～ de tomate トマトソース, ケチャップ. ～ golf 《中南米》 =～ cóctail. ～ holandesa オランデーズソース. ～ mayonesa (mahonesa) マヨネーズソース. ～ mexicana [タコス tacos にかける] チリソース. ～ roja 《メキシコ》赤トマト・チレセラーノ・ニンニクのソース. ～ rubia きつね色のルー. ～ verde グリーンマヨネーズソース. ～ vinagreta ビネグレッ

salsamentaría トソース, フレンチドレッシング. Vale más la ~ que los perdigones.《諺》つまらないものも添え物がよければ引き立つ. ❷ 興を添えるもの; 機知, 面白み: Sus monólogos son la ~ de la película. 彼らの独白がその映画の面白いところだ. ❸《音楽, 舞踊》［カリブ諸国の］サルサ: bailar ~ サルサを踊る

dar la ~ *a*... 1)《プエルトリコ, アルゼンチン. 口語》…んぴったく.
2)《アルゼンチン. スポーツ》…に大勝する
dar una ~ *a*＋人《アルゼンチン》…をひっぱたく
en su (*propia*) ~《口語》［人が］生き生きとした, 水を得た魚のような: José se encuentra *en su propia* ~ *cuando dirige una coral*. ホセは合唱団を指揮する時, 水を得た魚のようだ
~ *de San Bernardo* 空きっ腹
—— 形《メキシコ. 口語》上手な

salsamentaría [salsamentaría] 女《コロンビア》総菜店
salsamento [salsaménto] 男《まれ》塩漬けの魚
salsear [salseár] 他《料理》にソースをかける
—— 自《ナバラ, ムルシア》口出しする, おせっかいをやく
salsedumbre [salseḓúmbre] 女《まれ》塩辛さ, 塩気
salsera [salséra] 〔←salsa〕女 ❶ ソース入れ. ❷ =**salserilla**
salsereta [salseréta] 女 =**salserilla**
salsería [salseríːa] 女［色々なソースが付く］フライドポテト店
salserilla [salseríːa] 女［溶液・絵の具などを混ぜたり少分けする］底の浅い小カップ
salsero, ra[2] [salséro, ra] 形 ❶《音楽, 舞踊》サルサの; サルサ愛好家の. ❷《料理》ソース（ドレッシング）を使う（作る）のが好きな. ❸《ナバラ, ムルシア》おせっかいな
—— 名《チリ》製塩業者
—— 男《ガリシア》海水のしぶき
salserón [salserón] 男《ブルゴス》［穀粒などの容量単位］=8分の1セレミン celemín
salseruela [salserwéla] 女 =**salserilla**
salsifí [salsifí]〔←仏語 salsifis〕男《植》〔 ~es 〕《植物》バラモンジン, セイヨウゴボウ; ~ de España/ ~ negro フタナミソウの一種《学名 Scorzonera hispanica》
salsifís [salsifís] 男《まれ》=**salsifí**
salsoláceo, a [salsoláθeo, a] 形 女《植物》アカザ科〔の〕《=quenopodiáceo》
salsoso, sa [salsóso, sa] 形《キューバ》性的に誘惑的な好きな〔人〕, 男（女）たらしの
salsoteca [salsotéka] 女 サルサのダンス場
salsoyódico, ca [salsojóḓiko, ka] 形《化学》塩化ナトリウムとヨウ化ナトリウムを含む
saltabanco [saltabáŋko]〔←伊語 saltimbanco〕男 ❶《古語》［公道で薬などを売る］香具師（?）. ❷ 手品師. ❸ 面倒ばかり起こす人
saltabancos [saltabáŋkos] 男〔単複同形〕=**saltabanco**
saltabardales [saltabařḓáles] 男〔単複同形〕《まれ》無鉄砲な若者
saltabarrancos [saltabařáŋkos] どこでもちょこまかと歩き走り飛び回る人
saltable [saltáble] 形 飛び越され得る
saltacaballo [saltakabáʎo] 男《建築》〔迫石の〕アーチの水平部に直接載っている部分
saltacercas [saltaθéřkas] 男〔単複同形〕《昆虫》メガツラマジロウラジャノメ〔蝶〕
saltacharquillos [saltatʃařkíʎos] 男〔単複同形〕気取ってま先立って歩く若者
saltación [saltaθjón] 女《まれ》跳躍; 舞踊
saltada[1] [saltáḓa] 女《漁業》刺し網による漁網
saltadero [saltaḓéro] 男 ❶ 跳躍に適した場所. ❷ 噴水;［小川の狭まった場所にできる］滝
saltadizo, za [saltaḓíθo, θa] 形 壊れやすい, ひび割れやすい
saltado, da[1] [saltáḓo, ḓa] 形［目が］突き出た〔=saltón〕
saltador, ra [saltaḓór, ra] 形 跳躍する, 高く跳ぶ
—— 名 ❶《スポーツ》ジャンプ競技の選手: 1) ~ *de altura* （走り高跳びの）・ ~ *de longitud* （走り幅跳びの）・ ~ *de pértiga* （棒高跳び・三段跳びの）選手. 2) ~ *con esquí* スキーのジャンパー. 3)《水泳》飛び込みの選手. ❷〔曲芸の〕高跳び芸人
—— 男 縄跳びの縄〔=comba〕
saltadura [saltaḓúra] 女［加工時の］石材表面の破損（欠け・傷）
saltaembanco [saltaembáŋko] 男 =**saltabanco**

saltaembancos [saltaembáŋkos] 男〔単複同形〕=**saltabanco**
saltaembarca [saltaembářka] 女《古語》頭から着る短衣 ropilla
saltagatos [saltaɣátos] 男〔単複同形〕《コロンビア》=**saltamontes**
saltamonte [saltamónte] 男《まれ》=**saltamontes**
saltamontes [saltamóntes]〔←saltar+monte〕男〔単複同形〕《昆虫》〔直翅目の多種の総称〕バッタ, キリギリス, イナゴ
saltana [saltána]《アルゼンチン》［川を渡る］飛び石, 渡し板
saltaneja [saltanéxa] 女《キューバ, コロンビア》〔家畜が頻繁に通るために道・土地にできる〕溝
saltanejal [saltanexál] 男《キューバ》水たまりや溝 saltaneja だらけの地面
saltanejo [saltanéxo] 男《キューバ》=**saltaneja**
saltanejoso, sa [saltanexóso, sa] 形《キューバ》［地面が］うねった, 起伏のある
saltante [saltánte] 形《ペルー》際立った, 注目すべき
saltaojos [saltaóxos] 男〔単複同形〕《植物》〔イベリア半島産の〕ボタン, シャクヤク
saltapajas [saltapáxas] 男〔単複同形〕《バレンシア, リオハ》=**saltamontes**
saltaparedes [saltapařéḓes] 男〔単複同形〕=**saltabardales**
saltaperico [saltaperíko] 男《キューバ. 植物》ムラサキルエリア. ❷《ベネズエラ》爆竹, ねずみ花火
saltapericos [saltaperíkos] 男〔単複同形〕《ラマンチャ》=**saltamontes**
saltaprados [saltapráḓos] 男〔単複同形〕《アストゥリアス》バッタ〔=saltamontes〕
saltapurriche [saltapuřítʃe] 男《メキシコ》下手でつぶれた屋の騎手
saltar [saltár]〔←ラテン語 saltare〕自 ❶［+de から, +a に］跳ぶ, 飛び上がる: 1) *Los chicos saltaban de una orilla a otra del arroyo*. 子供たちは小川の岸から岸に飛び移っていた. *Saltan y bailan los peces en el río*. 川の魚が飛び跳ねる. *Salta la pelota*. ボールがはねる. 2)《比喩的》*En tres días salté de un extremo a otro de Europa*. 私は3日でヨーロッパの端から反対の端に移動した. *La noticia saltó a la primera página de los periódicos*. そのニュースは各紙の一面に躍り出た. ~ *de susto* びっくりして飛び上がる. ~ *de la cama* ベッドからはね起きる; 飛び降りる; 飛び出る. ~ *del tren* 列車から飛び降りる. ~ *a* (*en*) *tierra* 地面に飛び降りる. ~ *al agua* 水に飛び込む. *El banderillero saltó al redondel*. バンデリリェーロが闘牛場に躍り出た. ❸〔+sobre〕飛びかかる: *El tigre saltó sobre su presa*. トラは獲物に飛びかかった. ❹ 飛び散る, 飛びはねる;［液体が］吹き上がる;［栓・ボタンなどが］飛ぶ; 破裂する: *Saltó el champán cuando lo destapamos*. 私たちが栓を抜くとシャンパンが吹き上げた. *Al abrochar el botón ha saltado*. ボタンをかけようとして取れた. ❺〔我慢できずに〕突然怒り出す; 喜びを表に出す: *Está dispuesto a ~ por cualquier cosa*. 彼はいつ何時どんなことで怒り出すか分からない. ❻〔+con 場面など・思いがけないことを〕言い出す: *Después que ya estaba todo arreglado, saltó el con esa objeción*. すべて話がまとまった後で彼は異議を言い出した. ❼ 首になる, 解任される: *Por fin ha saltado de la secretaría*. 彼はとうとう秘書をやめさせられた. ❽〔話・思考が〕飛躍する: *Salta constantemente de un tema a otro*. 彼は絶えず話が飛ぶ. ❾〔省く〕跳ばす. ❿ *Con esta victoria el equipo ha saltado al segundo*. この勝利でチームは2位に浮上した. ⓫《自転車》集団を抜け出す. ⓬〔川の水が〕落下する. ⓭ 際立つ, 突出する. ⓮ 突然思い浮かぶ. ⓯〔ばねが〕急に外れる;〔装置などが〕作動する: *Saltó la alarma*. 突如警報が鳴った. ⓰ 際立って清潔である. ⓱《サッカーなど》〔選手が〕グラウンドに入場する. ⓲《賭博》〔胴元が〕破産する. ⓳《チリ》〔歯・磁石などが〕欠ける

estar (*andar*) *a la que salta*《口語》〔好機などを〕待ちかまえている
hacer ~ *a*＋人 …を解任する; 怒らせる
—— 他 ❶ 飛び越える; 跳ぶことができる: ¡*A que no eres capaz de* ~ *esa tapia*! 君にその土塀を飛び越えられるものですか. *Salto un metro setenta*. 私は〔走り高跳びで〕170センチ跳べる. ~ *una zanja* 溝を飛び越える. ❷〔故意に・過失で〕省略する, 抜かす〔~＝~se〕. ❸《チェスなど》〔他の駒を〕飛び越す. ❹《賭

salubre

博〕〔胴元を〕破産させる.❺《トランプ》〔モンテ monte でカードの1枚に賭ける意〕置く.❻《船舶》〔綱を〕緩める.❼〔四足動物の雄が〕交尾する.❽《チリ,アルゼンチン,ウルグアイ.料理》強火で炒める,ソテーする《=saltear》
── ～se ❶〔故意に・過失で〕…を省略する,抜かす,飛ばす: Nos hemos saltado las tres primeras lecciones. 私たちは最初の3課は飛ばした. Creo que te has saltado dos líneas. 君は2行抜かしたようだ. ～se el ejercicio トレーニングを休む. ～se el postre デザートを省略する.❷〔規則などを〕無視する: Se ha saltado un semáforo. 彼は信号を無視した.❸〔飛び越える.❹〔ボタンなどが〕飛ぶ,外れる: Se me ha saltado un botón. 私はボタンが取れてしまった.❺〔塗装などが〕剥がれる: Se me ha saltado el esmalte. 私はマニキュアが剥がれてしまった.

saltarel [saltarél] 男 =**sartarelo**
saltarelo [saltarélo] 男 サルタレロ〔イタリア起源の,スペインの古い舞踏・音楽〕
saltarén [saltarén] 男 ❶《地方語》=**saltamontes**.❷ 古い舞踏用ギター曲
saltarín, na [saltarín, na]《←saltar》形 ❶ 落ち着きのない〔人〕,動きが活発な〔人〕: Tu hijo está muy ～ hoy. 君の息子は今日はひどく落ち着かない.❷〔人・動物が〕ピョンピョン跳びはねる.❸ 踊る〔人〕,ダンサー
── 男《昆虫》トビムシ目の一種〔学名 Arrhopalites gnaspinius〕.❷《魚》アフリカンマッドスキッパー
saltarregla [saltaŕégla] 女 角度定規
saltarrocas [saltaŕókas] 女《動物》クリップスプリンガー
saltarrostro [saltaŕóstro] 男《エストレマドゥラ》=**salamanquesa**
saltaterandate [saltaterandáte] 男《手芸》縫い目の長い刺繍
saltatorio, ria [saltatórjo, rja] 形 跳躍用の
saltatrás [saltatrás] 名《単複同形/saltatrases》《古語》=**tornatrás**
saltatriz [saltatríθ] 女《廃語》踊り子
saltatumbas [saltatúmbas] 名《単複同形》《まれ,軽蔑》金もうけのために手段を選ばない人,守銭奴;《古語》主に葬式の稼ぎで暮らす聖職者
salteador, ra [salteaðór, ra] 名 山賊,追いはぎ〔=～ de caminos〕: No debes viajar solo por aquella región por temor a los ～es. 追いはぎにあう恐れがあるのでその地域の一人旅はすべきでない
── 女 ❶ 山賊と暮らす女.❷《まれ》フライパン
salteamiento [salteamjénto] 男《山賊·追いはぎが》襲撃
saltear [salteár]《←salto》他 ❶《料理》強火で炒める,ソテーする: ～ la cebolla y la carne 玉ネギと肉を炒める.❷〔順番に〕飛ばす,抜かす; 飛び飛びにする: Se leyó la novela en un día, pero salteando. 彼は一日でその小説を読了したが,飛ばし読みだった. Apenas se distinguían en el documento unas letras salteadas y borrosas. 書類は文字が消えかけて飛び飛びにしか判読できなかった.❸《まれ》〔山賊·追いはぎが〕襲う;〔一般に〕不意に攻撃する; 〔不意に〕驚かす,どきっとさせる;〔災難などが〕降りかかる; 先手を打つ,機先を制する
── ～se《まれ》抜かす,飛ばす
saltense [salténse]《←Salta》形《地名》サルト Salt の〔人〕《ヘロナ県の町》
salteño, ña [salténo, ɲa] 形《地名》サルト Salto の〔人〕《アルゼンチン北東部の州·州都; ウルグアイ西部の州·州都》
salteo [saltéo] 男《まれ》襲撃
saltera[1] [saltéra] 女《まれ》フライパン
salterio [saltérjo] 男 ❶《音楽》プサルタリー,プサルテリオン〔チターに似た古代からの弦楽器〕.❷ 詩編のみの合唱集.❸《旧約聖書》〔S～〕詩編,詩篇集.❸〔天使祝詞を150回唱えるロザリオの〕祈り
saltero, ra[2] [saltéro, ra] 形 山家育ちの; 粗野な
saltigallo [saltiǵaʎo] 男《サモラ,サラマンカ》=**saltamontes**
saltígrado, da [saltíǵrado, ða] 形《動物》跳びはねて行く
saltillo [saltíʎo] 男《船舶》舷梯
saltimbanco [saltimbáŋko] 男 =**saltabanco**
saltimbanqui [saltimbáŋki] 男《口語》=**saltabanco**
saltimboca [saltimbóka] 女《古代ローマ·料理》ハム·セージで巻いた子牛肉のバター焼き
saltmetro [saltmétro] 男 =**saltómetro**
saltito [saltíto]《salto の示小語》男 andar a ～s スキップする

dar un ～ 軽く跳ぶ
salto [sálto]《←ラテン語 saltus「跳躍」》男 ❶ 飛び上がること,跳ぶ,ジャンプ; dar un ～ 跳ぶ. dar ～s ジャンプする. ～ de carnero〔馬が乗り手を振り落とそうとする〕はね跳び.❷《スポーツ》1) ～ mortal/～ de campana 宙返り,とんぼ返り. 2)《体操》跳馬《競技》. 3)《陸上》～ de altura (de longitud) 走り高跳び(幅跳び). ～ con (de) pértiga/～ con garrocha 棒高跳び. triple ～ 三段跳び《参照》primer ～ ホップ, segundo ～ ステップ, tercer ～ ジャンプ; 《スケート》トリプルジャンプ. 4)〔跳躍の〕距離; 高さ. 5)《スキー》ジャンプ,《フリースタイル》の エアリアル. 6)《水泳》飛び込み《=～ de agua》; ～ de palanca 高飛び込み. ～ de trampolín 飛び板飛び込み. ～ del ángel スワンダイブ. 7)《馬術》障害物越え. ～ de obstáculos》: caballo de ～s 障害レース用の馬. 8) パラシュートによる降下.❸《遊戯》1) 馬跳び. 2) ～ de caballo 升目に並べた文字を桂馬跳びして言葉を作る遊び.❹〔跳んだり高所に〕飛ばないと越せない〕障害物.❺《地理》1) 断崖. 絶壁. 2) 落水,滝. 落水用排水口《=～ de agua》: S～ de Ángel エンジェルフォール《ベネズエラ,ギアナ高地にある落差が世界最大(979m)の滝》.❻ 墜落,落下. 7)〔突然の激しい〕動悸: Me dio un ～ el corazón. 私は心臓が飛び出しそうになった.❼ 大きな進展,躍進,飛躍; 段階を飛ばしての昇進: ～ atrás〔元の状況への〕後退. ❾〔数量·程度などの〕大きな差; 断絶,不連続《時代の》. Desde que me sigue hay un ～ de seis años. 私とすぐ下の弟とは年齢が6歳も離れている. Entre esos dos sucesos hay un ～ de diez años. それらの2つの出来事の間には10年の隔たりがある. ～ en el tiempo 時間的飛躍.❿ 読み飛ばし; 書き飛ばし,写しもらし: Aquí hay un ～ de tres páginas. ここで3ページが抜けている.⓫《服飾》～ de cama〔婦人用の〕化粧着,ガウン.⓬《情報》飛び越し,ジャンプ.⓭《自転車》集団を抜け出すこと.⓮《闘牛》～ de campana〔闘牛士が牛に突き飛ばされて〕空中で一回転すること. ～ de la garrocha 闘牛士が牛の前でカエルのように跳び越えること. ～ de la rana 闘牛士が牛の前でカエルのように跳び越えること.⓯《船舶》〔綱の〕少しの緩み.⓰《気象》風向の急変.⓱《築城》～ de lobo 大堀.⓲《西. 口語》上 夫婦間の〕不実.⓳《古語》〔靴の〕かかと.⓴《古語》襲撃; 略奪,強奪

a ～ de mata《口語》1)〔計画·生活設計がなく〕行き当たりばったりの,その日暮らしで. 2)〔逃げるように〕急いで,こそこそと
a ～s 1) ピョンピョン跳びながら. 2) とびとびに: leer a ～s 飛ばし読みする
al ～《キューバ》即金で,現金で
dar el ～ 1)〔+a に〕飛び込む; 参入する,転職する: dar el ～ a la moda ファッション業界に飛び込む. 2)《西. 口語》浮気をする,不貞を働く
dar ～s de alegría 大喜びする; 喜んで跳びはねる
en (de) un ～ 1) 一跳びで: Se levantó de la cama de un ～. 彼はベッドからはね起きた. En caso de necesidad estaría aquí *en un ～*. 必要になったら一跳びで来ます. 2) 中間を飛び越えて,一躍: De un ～, se plantó a la cabeza. 彼は一躍首位に立った
hacer (pegar) el ～《西. 口語》浮気をする,不貞を働く
pegar ～s de alegría =*dar ～s de alegría*
perder el ～《地方語》機会を逃す
～ de mata〔罰を恐れての〕逃亡
saltómetro [saltómetro] 男〔跳躍競技のバーの〕支柱
saltón, na [saltón, na]《←saltar》形 ❶〔目·歯が〕突き出た: dientes *saltones* 出っ歯. ojos *saltones* 出目.❷〔ピョンピョンと〕跳びはねる.❸《コロンビア,チリ》〔煮すぎの,生焼けの. ❹《アンデス》疑い深い. ❺《エクアドル》元気のよい,活発な
── 男 ❶=**saltamontes**.❷ ベーコンやハムにわく蛆〈ぢ〉.❸《魚》イカナゴの一種〔=aguacioso〕.❹《昆虫》～ de playa ヨコノミ〔学名 Orchestia gammarella〕
── 女 ❶《カナリア諸島》〔時に 複〕セギディーリャのような〕軽快なリズムの民俗舞踊. 2)〔釣り糸の〕最初の毛鉤
saltuario, ria [saltwárjo, rja] 形《まれ》〔相続などが〕順序どおりでない
saltuñate [saltuɲáte] 男《キューバ》親指の爪の上に玉を乗せて弾き飛ばす子供の遊び
salubérrimo, ma [saluβérimo, ma] 形 salubre の絶対最上級
salubre [salúβre]《←ラテン語 salubris < salus, -utis「健康」》形《絶

salubridad

対最上級 salubérrimo ▶ ❶ 健康によい, 健康的な: clima 〜 健康によい気候. ❷ ❷ 健康そうな

salubridad [salubriðá(ð)] 囡 ❶ 健康によいこと. ❷［統計的に表わされた］〔公衆〕衛生, 衛生状態: La 〜 ha mejorado en los últimos meses. ここ数か月で衛生状態が改善された

salucita [saluθíta] 間《中米, 口語》乾杯!

salud [salú(ð)]《←ラテン語 salus, -utis》囡 ❶［囲 のみ］健康; 健康状態, 体の具合: La 〜 es la mayor riqueza. 健康は最高の財産である. Está bien de 〜./Goza de buena 〜. 彼は健康な状態である／no le permite trabajar. 彼の健康状態では働くのは無理だ. Mejora de 〜. 彼は元気になりつつある. conservar (mantener) la 〜 健康を保つ. estar mal de 〜 健康を害している. perder la 〜 健康を損なう. rebosar 〜 健康ではちきれんばかりである. tener poca 〜/tener una 〜 enfermiza 病弱である. hombre de mucha 〜 大変健康な人. centro de 〜 pública 保健所. Organización Mundial de la S〜 世界保健機構, WHO. 〜 mental 精神的健康. ❷《宗教》1)［神の］恩寵の状態. 2) 救済《=salvación》. 3) 聖域［に逃げ込んだ者の特権］. ❸［個人・組織などの］健全性, 繁栄, 安寧: 〜 de la economía nacional 経済の健全さ. 〜 de la nación 国家の安寧. 〜 del alma 魂の平安. ❹《まれ》囲 挨拶

beber (brindar) a la 〜 ［+de+人 に］乾杯する
con 〜 元気で, 健康に
curarse en 〜 対策（逃げ道）を用意しておく
en sana 〜 完璧な健康である
¡Por la 〜 *de...!* …の命にかけて［誓います］!
sangrarse en 〜 元気なうちから養生する
sin 〜 体を壊して, 病気で, 不健康で
vender 〜《ラプラタ》健康にあふれている
── 間 ［健康を祈って］乾杯!: ¡A tu 〜! 君の健康を祈って乾杯! ¡S〜 y suerte a todos! みんなの健康と幸運を祈って乾杯! ¡S〜, amor y dinero!《西》健康と愛と繁栄のために乾杯. ❷［会った時・別れる時の挨拶］¡S〜 a ti y a la compaña! やあ（それじゃあ）みんな! ❸［主に中南米］［くしゃみをした人に］お大事に!《=Jesús》

saluda [salúða] 囡 ［無署名の形式的な］挨拶状

saludable [saluðáble] 形 ❶［心身に］よい: Practicar el yoga es muy 〜. ヨガは大変健康にいい. alimentación 〜 健康食品. clima 〜 健康によい気候. 顔 〜 健康そうな顔. ❷ 有益な, ためになる

saludablemente [saluðáblemènte] 副 健康的に

saludación [saluðaθjón] 囡 =**salutación**

saludador, ra [saluðaðór, ra] 形 囲 ❶ 挨拶（敬礼）する〔人〕, 歓迎する〔人〕. ❷［迷信的な祈禱で治療する］まじない師

saludar [saluðár]《←ラテン語 salutare < salus, -utis「健康」》 他 ❶［言葉・身振りで］〜に挨拶する, よろしくと言う; 敬意を表する: Fue *saludado* con abrazos por sus compañeros. 彼は仲間から抱擁の挨拶を受けた. Me *saludó* dándome un beso. 彼は私に挨拶のキスをした. Le *saluda* muy atentamente...《手紙》敬具. *Saluda* de mi parte a tu madre. 僕からよろしくと君のお母さんに伝えてくれ. Es un gran placer para mí poder 〜le personalmente, señor alcalde. 市長さん, お目にかかってご挨拶できるのは私にとってこの上もない幸せです. ❷《軍事》敬礼する《挙手, 礼砲, 捧げ銃など》. ❸ 迎える, 歓迎する: El día nos *saludó* con un sol radiante. その日は輝く太陽が私たちを迎えた. ❹《船舶》［旗を少し下げて他船に］〔航海の無事の祈念〕を表明する. ❺［事柄・科目などの］基礎知識を得る, うわっつらだけを習得する. ❻［呪術医が狂犬病などを治す］まじないをする. ❼《古語》王（皇帝・君主）に宣する

no 〜 *a*+人 ［口語］怒り（敵意）をもって…に対応する
── 〜*se* 挨拶を交わす: *Se saludan* siempre que se ven. 彼らは会うといつも挨拶をする. *Se saludaron* con un beso. 彼らはキスをして挨拶した. Solo *nos hemos saludado*. 私たちは挨拶の言葉を交わしただけだった. Hace tiempo que no *se saludan*. 彼らはしばらく顔を合わせていない

saludo [salúðo]《←*saludar*》囲 ❶ 挨拶（の身振り・言葉）, 会釈: dirigir a+人 un 〜 frío …にそっけない挨拶をする. devolver un 〜 a+人 …に挨拶を返す. 〜 de (la) paz《キリスト教》平和の接吻, 和解の接吻. ❷ [〜=militar] 敬礼. ❸ ［手紙］［時に 複］Un 〜 cariñoso a Miguel ミゲルによろしく. S〜s a tu familia. お家の方々によろしく. Un 〜 afectuoso (cordial)/Con mis mejores 〜s 敬具. Reciba mi más sincero 〜. 心をこめてご挨拶します. ❹《船舶》〜 con la bandera 旗を少し下げての挨拶［歓迎の表明; 航海の無事を祈念する表明］. 〜 a la voz 登檣礼. 〜 con las velas 登檣礼

retirar (quitar) el 〜 *a*+人/*dejar a*+人 *con el* 〜 *en la boca* …に挨拶しない, 無視する

salumbre [salúmbre] 囡 塩の花

salurético, ca [salurétiko, ka] 形《医学》塩分排泄の

salutación [salutaθjón]《←ラテン語 salutatio, -onis》囡 ❶《文語》挨拶《=saludo》: fórmulas de 〜 挨拶の決まり文句. ❷《新約聖書》〜 angélica 天使祝詞, アベマリア

salutatorio, ria [salutatórjo, rja] 形《文語》挨拶の

salutíferamente [salutíferaménte] 副 健康的に

salutífero, ra [salutífero, ra] 形《文語》健康によい

salva[1] [sálba]《←古語 salvar「挨拶する」.《←ラテン語 salvare》囡 ❶ ［連続して撃つ］礼砲, 祝砲: tirar una 〜 de 21 cañonazos 21発の礼砲を打つ. 〜 entera《船舶》［実弾を込めた］礼砲. 〜 fría《船舶》礼砲の1発目［まだ砲が冷えている］. ❷［鳴りやまぬ］拍手喝采［〜 *de aplausos*］: Una 〜 de aplausos iba acompañada al líder de la carrera de maratón. マラソンのトップを走る選手に拍手が送られ続けていた. ❸ 挨拶（の身振り・言葉）; 歓迎（の言葉）. ❹［王侯の食事の］毒見. ❺［中世に行われた］神明裁判. ❻ 宣誓, 誓約. ❼［器を置くくぼみのある］盆, トレイ. ❽《医学》〜 de extrasístoles［心臓］の頻発性の期外収縮

hacer la 〜 発言の許可を求める

salvabarros [salbabárros]《単複同形》=**guardabarros**

salvable [salbáble] 形 救われ得る, 救済され得る

salvachia [salbátʃja] 囡《船舶》索輪《²》

salvación [salbaθjón] 囡 ❶《宗教》救済: 〜 eterna 永遠の救済. Ejército de S〜 救世軍. ❷ 救い, 救助《=rescate》

no tener 〜 救いようがない, どうしようもない

salvada [salbáða] 囲 ❶《ペルー》救助. ❷《チリ, 口語》1) 避難, 脱出. 2)《サッカー》セービング

salvadera [salbaðéra] 囡 ❶《古語》［インクを乾かすために振りかける砂の入った］砂入れ. ❷《キューバ, 植物》スナボコノキ《=jabilla》. ❸《コロンビア》撒砂筒

salvado [salbáðo] 囲 ［飼料などに使う］ふすま, ぬか: 〜 *de trigo* 小麦ふすま

salvador, ra [salbaðór, ra] 形 救助する
── 囲 救助者, 救済者: 〜 *del país* 救国者. el S〜 救世主［イエスキリスト］. El S〜《国名》エル・サルバドル『中米の共和国. 首都はサン・サルバドル San Salvador』

Salvador Allende [salbaðór aɟʝénde]《人名》サルバドル・アジェンデ『1908〜73, チリの政治家. 1970年大統領に就任し銅産業の国有化, 農地改革に着手したが, 73年ピノチェト Pinochet 将軍のクーデターにより死亡』

salvadoreñismo [salbaðoreɲísmo] 囲 ❶ エル・サルバドル特有の言葉や言い回し. ❷ エル・サルバドルの文化・伝統への愛好

salvadoreño, ña [salbaðoréɲo, ɲa] 形 囲 囡《国名》エル・サルバドル El Salvador の［人］, エル・サルバドル人

salvaguarda [salbaɣwárða]《←*salvar*+*guarda*》囡 ❶ 保護, 庇護: 〜 *del orden público* 治安維持. 〜 *del patrimonio cultural* 文化財保護. ❷ 番人, 監視員. ❸ 通行証. ❹［病院・宗教施設・博物館などに対する］戦時法による保護.［兵隊が危害を加えないよう］戦時に集落や民家の入口に付ける標識. ❺《経済》セーフガード

salvaguardar [salbaɣwarðár] 他 ❶ 保護する, 庇護する: La ONU fue creada para 〜 la paz en el mundo. 国連は世界平和を守るために作られた. ❷《情報》保存する, セーブする;［データの］バックアップを行なう

salvaguardia [salbaɣwárðja] 囡 =**salvaguarda**

salvajada [salbaxáða] 囡 ❶ 野蛮な言動. ❷ 愚かな（常識外れの）言動

salvaje [salbáxe]《←オック語 salvatge < ラテン語 silvaticus「森に特有の」< silva「森」》形 ❶［動植物が］野生の: animales 〜s 野生動物. plantas 〜s 自生植物. ❷［土地が］開拓されていない, 荒涼とした. ❸［口語］1)［人が］野性的な, 粗野な; 乱暴な, 残酷な. 2)［民族などが］未開の: civilización 〜 原始文明. tribu 〜 未開の部族. ❹ 不法な: edificación 〜 違法建築. ❺ 無規律の, 無規律の. ❻［思想・決定などが］暴力的な. ❼ 非常に大きい（激しい）

── 囲 粗野な人, 不作法者; 乱暴者; 未開人, 原始人
── 囲《エクアドル, 植物》サルオガセモドキ

salvajemente [salbáxeménte] 副 野性的に, 乱暴に; 無統制に
salvajería [salbaxería] 囡《まれ》野蛮(粗野)の言動
salvajez [salbaxéθ] 囡《まれ》野蛮さ
salvajina[1] [salbaxína] 囡 ❶［時に［集名］］野生動物. ❷ 野生動物の肉〔皮〕. ❸［イノシシ・シカなど］山に生息するような動物
salvajino, na[2] [salbaxíno, na] 形 ❶［動植物が］野生の. ❷《料理》carne ~ na 猟肉, ジビエ. ❸ 未開人の〔ような〕
salvajismo [salbaxísmo] 男 ❶ 未開人の習俗. ❷ 野蛮さ, 残酷さ: ~ de las imágenes de la tortura 拷問の映像の残酷さ
salvamano [salbamáno] *a* ~ 安全に, 無事に
salvamanteles [salbamantéles]〖←salvar+mantel〗男《単複同形》《西》ランチョンマット; 鍋敷き
salvamente [sálbaménte] 副 安全に, 無事に
salvamento [salbaménto]〖←salvar〗男 ❶ 救助, 救出; 救済: equipo de ~ レスキュー隊. lancha de ~ 海難救助船, サルベージ船. ~ de los montañeros 登山者の救出. ❷《まれ》救護所; 安全地帯, 避難場所
salvamiento [salbamjénto] 男 =**salvamento**
salvante [salbánte] 前《古》~ を除いて〔=salvo〕
salvapantallas [salbapantáʎas] 男《単複同形》《情報》スクリーンセーバー
salvar [salbár]〖←ラテン語 salvare < salvus「無事な, 健康な」〗他 ❶ 救う, 助ける: 1) El perro *salvó* al niño, que estaba a punto de ahogarse. 犬は溺れかかっていた子を助けた. ~ la vida (de)人 ~の命を救う. 2)［+de から］Nos *salvó de* la ruina. 彼は我々を破産から救ってくれた. Me *has salvado de* tener que aguantar a ese pelma. 君のおかげで僕はあのしつこい奴を我慢しなくてすんだ. ~ el cuadro *del* incendio 絵を火事から救い出す. ❷［障害・危険などを］避ける, 乗り越える: Ya hemos *salvado* la principal dificultad. 私たちはもう一番の難関は越えた. ~ el desnivel 格差を克服する. ~ el monte 山を越える. ❸ 除外する: Al quejarse de sus parientes, siempre le *salva* a él. 彼女は親戚について不平を言う時, いつも彼のことは除外している. ❹［通常より短い時間で］走破する: *Salvó* la distancia en 40 minutos. 彼はその距離を40分で走り抜けた. ❺［の高さを越える: La torre *salva* las copas de los árboles. その塔は木々の梢の上にある. ❻《情報》［データなどを］保存する, セーブする. ❼《宗教》救済する: ~ al género humano 人類を救済する. ~ su alma 己の魂を救う. ❽《サッカーなど》un gol ゴールシュートをセーブする. ❾［文書の末尾に, 加除訂正内容を有効とするための］注を付ける. ❿ 無実を証明する. ⓫ 節約する. ⓬《ペルー, ウルグアイ》［試験に］合格する
── 自 ❶《王侯の食事の》毒味をする. ❷《古語》礼砲を撃つ
~**se** ❶ 助かる, 命拾いする: *Se salvó* de la muerte. 彼は死をまぬがれた. ~*se de* un peligro 危険から逃れる. ❷《宗教》救済される, 救いを得る
¡*Sálvese quien* (*el que*) *pueda*! 他人のことなんか構ってられない/我がちに逃げろ!
salvariego [salbarjégo] 男《地方語. 魚》トラぎスの一種〔=araña〕
salvarsán [salbarsán]〖←商標〗男《薬学》サルバルサン
salvaslip [salbaslíp] 男〖←s〗《西》生理用ナプキン
salvataje [salbatáxe] 男《エクアドル, ペルー, チリ, アルゼンチン, ウルグアイ》救助
salvaterreño, ña [salbateřéŋo, ŋa] 形 名《地名》サルバテラ Salvaterra の〔人〕《メキシコ, Guanajuato 州の町》
salvatiqueza [salbatikéθa] 囡《まれ》未開
salvauñas [salbáuɲas] 男《単複同形》《西》［食器洗い用の］スポンジたわし
salvavidas [salbabídas]〖←salvar+vida〗男《単複同形》❶ 浮き袋, 浮き輪: Al caer al agua le echaron un ~. 彼が水に落ちると人々が浮き輪を投げてくれた. agarrarse a un ~ de goma ゴムの浮き袋にしがみつく. ❷［形容詞的］balsa ~ 救命いかだ. bote ~ 救命ボート. boya ~ 救命ブイ. chaleco (cinturón) ~ 救命胴衣. ❸［路面電車前部の］排障器
── 名 ライフセーバー
salve [sálbe]〖←ラテン語〗間《古語》［挨拶］ごきげんよう!
── 囡《カトリック》聖母マリアの交唱, 聖母賛歌〖*Dios te salve, Reina y madre*（ラテン語では Salve Regina）で始まる祈り・聖歌〗
salvedad [salbeðáð]〖←salvo〗囡 ❶ 限定条件, 制限, 留保:

2071　　**samaritano, na**

con la ~ de que... …というただし書きを付けて. no hacer ninguna ~ 何ら例外を設けない. ❷《文書中の訂正を有効とする注記》承認. ❸《監査人による監査報告書への》意見の留保（限定）, 除外事項
salvelino [salbelíno] 男《魚》カワマス
salve regina [sálbe řexína] 男《カトリック》［ラテン語による］聖母マリアの交唱
salvia [sálbja] 囡 ❶《植物》1) ~ アキギリ, サルビア: ~ *de los prados* サルビア・プラテンシス, メドーセージ. ~ *real* (*común*) ヤクヨウサルビア, セージ. ~ *romana* オニサルビア, クラリーセージ. 2)《中南米》サルビア［地域によって異なる各種の薬用植物］. ❷《香辛料》セージ
salvífico, ca [salbífiko, ka] 形《文語》健康（救い）をもたらす
salvilla [salbíʎa] 囡 ❶［器を置くくぼみのある］盆, トレイ. ❷《まれ》調味料入れ
salvilora [salbilóra] 囡《アルゼンチン. 植物》フジウツギの一種〖学名 Buddleia mendozensis, Buddleia cordubensis〗
salviniales [salbinjáles] 囡《植物》サンショウモ目
salvio [sálbjo] 男《地方語. 植物》キク科のイヌラの一種〖学名 Inula crithmoides〗
salvo[1] [sálbo]〖←ラテン語 salvus〗前《古語的》…を除いて〔=excepto.《語法》+人称代名詞 は主格: salvo *tú*〗: 1) Aprobaron todos, ~ los descontentadizos de siempre. 全員が賛成した, いつもの不満分子を除いて. ~ *pocas excepciones* 少数の例外を除けば. 2)［+que+直説法］No hay ninguna novedad, ~ *que* tenemos una llamada. 電話が1本かかってきた事をわたことはありません. 3)［条件. +si+直説法/+que+接続法］Estaré allí a las seis en punto ~ *si* no me encuentro bien. 調子が悪くなければ私は6時ちょうどにそこへ行っています. Mañana saldré, ~ *que* llueva. 明日雨でなければ, 私は外出する
a ~ 無事に: Tu familia está *a* ~. 君の家族は無事に. sentirse *a* ~［助かったと］ほっとする, 胸をなでおろす
dejar a ~ 除外する, 対象から外す
en ~ =*a* ~
poner a ~ 安全な場所に身を置く
~ *buen fin* (*cobro*)《銀行》入金を確認した上で
salvo[2], **va**[2] [sálbo, ba] 形 無事な
salvoconducto [salbokondúkto]〖←salvo+conducto〗男 ❶《軍などの発行する》通行許可証: viajar por países en guerra con ~ 通行許可証で戦時下の国々を旅行する. ❷ ［一般に］自由・権利の承認
salvohonor [salbo〔o〕nór] 男《口語》[人の] 尻
salzburgués, sa [salzburgés, sa] 形 名《地名》オーストリアの ザルツブルク Salzburgo の [人]
Salzillo [salθíʎo] 人名 *Francisco* ~ フランシスコ・サルシーリョ〖1707～83, バロック期スペインの彫像彫刻家〖*Belén*》〖ゲッセマネの祈り〗*La Oración del Huerto*〗
salzmimbre [salzmímbre] 男《アラゴン. 植物》ポッキリヤナギ〖学名 Salix fragilis〗
Sam [sám] 男 アンクル・サム, サムおじさん〖米国［政府］の擬人化. =el Tío ~〗
sama [sáma] 囡《魚》ニシキダイ〔=pagel〕
sámago [sámago] 男［建材に適さない］白太, 辺材
samán [samán] 男《植物》サマン, アメリカネム
Samaniego [samanjégo] 人名 *Félix María* ~ フェリクス・マリア・サマニエゴ〖1745～1801, スペインの寓話作家. イソップやラ・フォンテーヌに想を得て, 軽快な韻律と機知に富んだ語り口をもつ寓話集を出版した〗
samanta [samánta] 囡 (ナバラ) 薪の束
samaquear [samakeár] 他《ベネズエラ》=**zamarrear**
sámara [sámara] 囡《植物》翼果
samaramuja [samarumúxa] 囡《植物》ウスベニタチアオイ, ビロードアオイ
samareño, ña [samaréŋo, ŋa] 形 名《地名》サマル Samar の [人]《フィリピン中部の島・州》
samarillo [samaríʎo] 男《植物》イブキジャコウソウ
samario[1] [samárjo] 男《元素》サマリウム
samario[2], **ria** [samárjo, rja] 形 名《地名》サンタ・マルタ Santa Marta の [人]《コロンビア, Magdalena 県の県都》
samarita [samaríta] 囡 =**samaritano**
samaritano, na [samaritáno, na] 形 ❶《歴史, 地名》サマリア Samaria の [人]. ❷ サマリア教徒の
buen ~《新約聖書》よきサマリア人; 困っている人を助ける哀れ

み深い人: El buen ～ no pregunta quién es el que necesita ayuda. よきサマリア人は誰が助けを必要としているかを問わない

samartinense [samartinénse] 形 名 《地名》サン・マルティン San Martín の〔人〕《ペルー北部の県》

samaruco [samarúko] 男 《チリ》〔猟師が食糧・獲物などを入れる布製の〕肩掛けかばん

samarugo[1] [samarúgo] 男 ❶《魚》ヴァレンシア属の淡水魚《学名 Valencia hispanica》. ❷《古語》稚魚, 幼魚. ❸《アラゴン》オタマジャクシ

samarugo[2], **ga** [samarúgo, ga] 形 《アラゴン》口数の少ない, 不言実行の《無口で見かけは鈍いが独力で望みを遂げる》

samaruguera [samarugéra] 女 《稚魚用の》目の細かい網

samba[1] [sámba] 【←zamba】女 ❶《舞踊, 音楽》〔ブラジルの〕サンバ. ❷《トランプ》サンバ《カナスタ canasta の一種》;〔サンバで〕同じ組の7枚続き

sambar [sambár] サンバを踊る

sámbar [sámbar] 男 《動物》サンバー

sambayo, ya [sambájo, ja] 形 名 《歴史》〔中南米の〕lobo と先住民との混血の〔人〕

sambenitar [sambenitár] 他 ❶《まれ》〔宗教裁判の結果〕贖罪服〔地獄服〕を着せる. ❷中傷する, 悪評を立てる

sambenito [sambeníto]《←San Benito》男 ❶《歴史》〔宗教裁判で悔い改めた者に着せる〕贖罪服;〔火刑に処せられる異端者に着せる〕地獄服. ❷《歴史》〔教会に置かれた〕悔悛者の名前と刑罰が書かれた掲示板. ❸《軽蔑》悪名, 悪評. ❹中傷 *colgar (poner) el ～ a+人* …に悪評を立てる: Sus compañeros le *colgaron el ～ de vago.* 仲間たちは彼に怠け者のレッテルを貼った

sambista [sambísta] 名 サンバの踊り手

samblaje [sambláxe]《←仏語 assemblage》男 〔木製部品などの〕組立て

sambo[1] [sámbo] 男 《格闘技》サンボ

sambo[2], **ba**[2] [sámbo, ba] 名 黒人とアメリカ先住民の混血の人

sambrano [sambráno] 《ホンジュラス. 植物》マメ科の木《根が発汗剤. 学名 Cassia reticulata》

sambuca [sambúka] 《古語》❶ハープに似た弦楽器. ❷台を高く引き上げて城壁に橋を渡す攻城兵器

sambucucú [sambukukú] 男 《コロンビア. 口語》裏取引

sambumbe [sambúmbe] 男 《コロンビア》❶《料理》バナナまたはカボチャを細かく切り塩・酢・玉ネギで味付けしたもの. ❷《口語》〔雑多な〕寄せ集め

sambumbia [sambúmbja] 女 ❶《メキシコ, プエルトリコ, コロンビア, ベネズエラ》まずい飲み物〔食べ物〕. ❷《メキシコ》パイナップル・水・砂糖または蜂蜜入りの発酵した大麦で作った飲み物. ❸《キューバ》サトウキビの搾り汁・トウガラシで作られた飲み物. ❹《コロンビア》細かく砕かれた物. ❺《ベネズエラ》具の少ない煮込み料理. ❻《ペルー》水・氷・チャンカカ chancaca または砂糖・レモン・ビスケットで作った飲み物

sambumbiería [sambumbjería] 女 《メキシコ, キューバ》sambumbia の製造〔販売〕所

sambumbiero, ra [sambumbjéro, ra] 名 《メキシコ, キューバ》sambumbia の製造〔販売〕者

samio, mia [sámjo, mja] 形 名 《地名》〔エーゲ海の〕サモス Samos 島の〔人〕

samiota [samjóta] 形 名 =samio

samnita [samníta] 形 名 《歴史, 地名》〔古代イタリアの〕サムニウム Samnio の; サムニウム族

samnítico, ca [samnítiko, ka] 形 《歴史》〔古代イタリアの〕サムニウム族の

samoano, na [samoáno, na] 形 名 《国名》西サモア Samoa Occidental の〔人〕

samosateno, na [samosaténo, na] 形 名 《歴史. 地名》〔古代アジアの〕サモサタ Samosata の〔人〕

samotana [samotána] 女 《ホンジュラス, ニカラグア, コスタリカ》歓声, にぎやかな人声

samotracio, cia [samotráθjo, θja] 形 名 《地名》〔エーゲ海北部の〕サモトラキ島 Samotracia の〔人〕

samovar [samobár]《←露語》男 サモワール, 紅茶用湯沸かし器

samoyedo, da [samojéđo, đa] 形 名 ❶《シベリアなどの》サモイェード族の〔人〕. ❷サモイェード犬 ── 男 サモイェード語

sampa [sámpa] 女 《アルゼンチン. 植物》アカザ科の灌木《硝石を含む土地に育つ. 学名 Obione pamparum》

sampablera [sampabléra] 女 《ベネズエラ. 口語》騒ぎ; 派手なけんか

sampaguita [sampaǥíta] 女 《植物》マツリカ, アラビアジャスミン《フィリピンの国花》

sampán [sampán]《←中国語》サンパン《小舟の一種》

sampedrada [sampeđráđa] 女 《アラゴン, リオハ》サン・ペドロ San Pedro 祭

sampedrano, na [sampeđráno, na] 形 名 《地名》サン・ペドロ San Pedro の〔人〕《パラグアイ中央部の県・県都》; サン・ペドロ・スラ San Pedro Sula の〔人〕《ホンジュラス, Cortés 県の県都》

sampedrito [sampeđríto] 男 《エストレマドゥラ. 昆虫》テントウムシ《=mariquita》

sampianito [sampjaníto] 男 《コロンビア》〔植民地時代にボゴタで流行した〕スペイン起源の舞踊の一種

samplegorio [samplegórjo] 男 《ベネズエラ》どんちゃん騒ぎ; 楽しみ

sámpler [sámpler]《←英語》男 《複》～s《音楽》サンプラー, サンプリング楽器

samplero, ra [sampléro, ra] 名 《音楽》サンプラーの

sampsuco [sam(p)súko] 男 《植物》ハナハッカ, マヨラナ《=mejorana》

samsonita [samsoníta] 女 《鉱物》サムソナイト

Samuel [samwél] 男 《旧約聖書》〔イスラエルの預言者〕サムエル; サムエル記

samuga [samúga] 女 《地方語》=jamuga

samugazo [samuǥáθo] 男 《拳・棒による》殴打

samugo, ga[2] [samúǥo, ǥa] 形 《アラゴン, アルバセテ》頑固で無口な人

samuhú [sam(u)ú] 男 《アルゼンチン. 植物》トックリキワタ

samurái [samuráj] 男 《←日本語》男 《複》～s 侍, 武士

samuray [samuráj] 男 =**samurái**

samurear [samureár] 自 《ベネズエラ》うつむいて〔体を屈めて〕歩む

samurgar [samurǥár] 他 《古語》浸す, 沈める

samuro [samúro] 男 《コロンビア, ベネズエラ. 鳥》ヒメコンドル《=aura》

san [san] 形 聖…《→**santo**》: 1) *San Francisco* 聖フランシスコ; サン・フランシスコ《西. 松市》. *San José* 聖ヨセフ. 2)《国名》*San Cristóbal y Nevis* セントクリストファー・ネービス, *San Marino* サン・マリノ, *San Vicente y las Granadinas* セント・ビンセントおよびグレナディーン諸島《ベネズエラ》無尽講の一種

sanable [sanáble] 形 治癒され得る

sanabrés, sa [sanabrés, sa] 形 名 《地名》サナブリア La Sanabria 地区の〔人〕《サモラ県の高原地帯》

sanaco, ca [sanáko, ka] 形 《キューバ. 口語》思慮に欠ける〔人〕, 時と場所を考えない〔人〕

sanador, ra [sanađór, ra] 形 ❶治す: *fuerza ～ra* de la naturaleza 自然治癒力. ❷民間療法の〔療法医〕, 呪術医〔の〕

sanadura [sanađúra] 女 治すこと

sanagoria [sanaǥórja] 形 《アルゼンチン》愚かな, ばかな

sanagustín [sanaǥustín] 男 《ムルシア. 俗語》バッタ《=saltamontes》

sanalotodo [sanalotóđo] 《←sanar+lo+todo》男 《単複同形》❶〔黒色の〕万能膏. ❷万能の解決策

sanamente [sánaménte] 副 ❶健康〔的〕に; 健全に. ❷誠実に

sanamunda [sanamúnda] 女 《植物》ジンチョウゲ科の一種《学名 Thymelaea sanamunda》

sanandresano, na [sanandresáno, na] 形 名 《地名》サン・アンドレス San Andrés の〔人〕《コロンビア, San Andrés y Providencia 県の県都》

sananería [sanaːnería] 女 《プエルトリコ》ぼけ, 鈍さ, 愚かさ

sananica [sananíka] 女 《レオン. 昆虫》=**sanfrancisco** あるいは =**mariquita**

sanano, na [sanáno, na] 形 《キューバ, プエルトリコ》〔理解力の〕鈍い, 愚かな

sanantón [sanantón] 男 《アンダルシア, カナリア諸島. 昆虫》テントウムシ《=mariquita》

sanantona [sanantóna] 女 《サラマンカ. 鳥》セキレイ《=lavandera》

Sanantonio [sanantónjo] 男 《アンダルシア, カナリア諸島. 昆虫》テン

トウムシ《=mariquita》
San Antonio [san antónjo] 男《ウルグアイ. 昆虫》テントウムシ《=mariquita》
sanapudio [sanapúdjo] 男《カンタブリア. 植物》セイヨウイソノキ《=arracalán》
sanaquería [sanakería] 女《キューバ. 口語》無邪気な(愚かな・面白みのない)言動
sanar [sanár]《←ラテン語 sanare》自［+de 病気・傷が］治る, 治癒する: Le llevó unos días ～ de su enfermedad. 数日で彼の病気はよくなった
── 他 ❶［人・病気・傷を］治す: El reposo le *sanó* en poco tiempo. 安静にしていたら彼はすぐ治った. El medicamento *ha sanado* la herida. 薬で私の傷は治った. ❷《まれ》［壊れた物を］直す
sanata [sanáta] 女《アルゼンチン, ウルグアイ. 口語》［いつもの］退屈(無内容)な話
sanativo, va [sanatíbo, ba] 治す, 治癒力のある
sanatorial [sanatorjál] 療養所の; サナトリウムの
sanatorio [sanatórjo]《←sanar》男 ❶ 療養所, サナトリウム. ❷《コロンビア》精神病院. ❸《アルゼンチン》［一般に］病院
sanavirón, na [sanaβirón, na] 名《歴史》サナビロン族《の》《スペインによる征服期, アルゼンチンの Santiago del Estero の南部および現在の Córdoba 州北部の先住民》
San Bernardo [san beɾnáɾđo] 男《犬》セント・バーナード《=perro [de] ～》
sancarlino, na [saŋkaɾlíno, na] 形 名《地名》サン・カルロス San Carlos の[人]《チリ中央部 Provincia de Ñuble 州の町》
sanchecia [santʃéθja] 女《ペルー. 植物》キツネノマゴ科の一種《学名 Sanchezia glaucophyla, Sanchezia nobilis》
sanchete [santʃéte] 男《歴史》[ナバラ王国の] サンチョ大王 Sancho el Mayor などが鋳造した銅貨
Sánchez [sántʃeθ] 男《人名》**Florencio** ～ フロレンシオ・サンチェス《1875～1910, ウルグアイの劇作家. アナーキストと親交があり, すべての人が平等に暮らせる世界を夢見て, 社会の不正や不平を告発した作品を数多く書いた. 新聞売りの少年の苦難を描いた『カジンタ』*Canillita*, 移民ज़国へのOT系サンチョは ガウチョ風に描いた『わが子は医者』*M'hijo el doctor*》|
Luis Alberto ～ ルイス・アルベルト・サンチェス《1900～94, ペルーの文芸評論家・政治家. アプラ党 APRA の重鎮として政界で活躍する一方, ゴンサレス・プラダ González Prada の研究に取り組む》
Sánchez Albornoz [sántʃeθ alβoɾnóθ] 男《人名》**Claudio** ～ クラウディオ・サンチェス・アルボルノス《1893～1984, スペインの歴史家・政治家. 専門は中世史. スペイン共和国亡命政府の大統領(1962～71).『スペイン 歴史の謎』*España, un enigma histórico*》
Sánchez Cerro [sántʃeθ θéro]《人名》**Luis** ～ ルイス・サンチェス・セロ《1889～1933, ペルーの軍人・政治家, 大統領(1931～33). レギア Leguía を倒して政権に就くが, 経済不況による政情不安を解消できず, 暗殺される》
Sánchez Cotán [sántʃeθ kotán]《人名》**Juan** ～ フアン・サンチェス・コターン《1560～1627, バロック期スペインの写実主義画家. もっぱら野菜の静物画を描いた.『猟鳥と野菜と果物の静物画』*Bodegón de caza, hortalizas y frutas*》
Sánchez Ferlosio [sántʃeθ feɾlósjo]《人名》**Rafael** ～ ラファエル・サンチェス・フェルロシオ《1927～, スペインの小説家. ピカレスク小説の伝統を継承しつつ, そこにユーモアと幻想性を加えた『アルファンウイ』*Industrias y andanzas de Alfanhuí*. ナダル賞を受賞した『ハラマ川』*El Jarama* では休日に川べりにつどう若者グループの会話を通して現代社会の様々な側面を浮き彫りにしている》
sanchina [santʃína] 女《サラマンカ》ダニ, ヒゼンダニ
Sancho [sántʃo] 男《人名》～ **II el Fuerte** 強王サンチョ2世《1038?～72, カスティーリャ王. 弟アルフォンソ6世との王位継承争いに勝利するが, サモラ攻囲中に暗殺される》
sancho, cha [sántʃo, tʃa] 名《アラゴン, ラマンチャ》豚
── 男《メキシコ》陰茎
Sancho Garcés [sántʃo gaɾθés]《人名》～ **I** サンチョ・ガルセス 1世《?～925, ナバラ王. 905年ヒメノ朝ナバラ王国を創始》
～ **III el Mayor** 大王サンチョ・ガルセス3世《988?～1035, ナバラ王. カスティーリャ伯・レオン王・バルセロナ伯を臣下とし, イベリア半島北部のキリスト教国の覇者となった》
sanchomo [santʃómo] 男《グアテマラ》ラム酒の一種《昔 San Jerónimo と呼ばれた》
sanchopancesco, ca [santʃopanθésko, ka] 形 ❶ サンチョ・パンサ Sancho Panza の『ドン・キホーテ』の登場人物》. ❷ サンチョ・パンサのような《現実的で理想主義とは縁遠い》: tener un espíritu ～ サンチョ・パンサのような現実的な精神の持ち主である
sanchopancismo [santʃopanθísmo] 男 サンチョ・パンサらしさ《現実主義的な農民性》
sanchopanza [santʃopánθa] 男 理想を持たない人物
sanción [sanθjón]《←ラテン語 sanctio, -onis》女 ❶ 懲戒, 制裁: poner (imponer) una ～ económica a (contra)... …に経済制裁を加える. ❷［慣習などの］承認, 認可;［法律］批准, 裁可: La comisión dio su ～ a la quema de libros. 委員会は焚書を承認した. ❸《スポーツ》サスペンション, 出場停止. ❹ 法規, 法律. ❺［罪・過失から生じる罰としての］害悪. ❻［倫理学で, 行為から生じる］制裁, 報い
sancionable [sanθjonáβle] 形 罰せられ得る, 制裁に値する
sancionador, ra [sanθjonaðóɾ, ra] 形 名 罰するのに役立つ, 罰する
sancionar [sanθjonáɾ]《←sanción》他 ❶ 罰する, 制裁する: Su omisión u ocultación será severamente *sancionado*. 彼の怠慢あるいは隠蔽は厳しく罰せられるだろう. ～ a+人 con una multa ～ に罰金を科する. ❷ 承認する, 認可する. ❸ 批准する, 裁可する: La Cámara de Diputados *sancionó* la Ley de Aduanas. 国民議会は関税法を批准した. ～ un castigo 刑罰を裁可する
sancionatorio, ria [sanθjonatóɾjo, rja] 形 懲戒の, 制裁の
sancirole [sanθiɾóle] 男 =sansirolé
sanco [sáŋko] 男 ❶《アルゼンチン》小麦粉・四足獣の血・脂肪・玉ネギ・ニンニクのシチュー. ❷《チリ》1) トウモロコシ粉(小麦粉)のかゆ. 2) 非常に濃い泥
sancochado [saŋkotʃáðo] 男 ❶《ペルー》=sancocho. ❷《チリ. 飲料》チチャ chicha の一種
sancochar [saŋkotʃáɾ] 他《主に中南米》湯がく, 湯通しする. ❷《カナリア諸島》［ジャガイモ・サツマイモなどを］柔らかくなるまで煮る. ❸《ラプラタ》肉を腐らす
sancocho [saŋkótʃo]《←ラテン語 semicoctus》男 ❶ 生煮えの料理. ❷《カナリア諸島》塩ゆでのジャガイモ・サツマイモなど. ❸《中南米》［昼食に食べる］バナナ・キャッサバ・魚(鶏)のシチュー. ❹《中米》紛糾, もめごと. ❺《キューバ》[不可算] =salcocho. ❻《ウルグアイ. 口語》がらくた
sancta [sáŋkta] 女《ユダヤ教》聖所
sanctasanctórum [saŋktasaŋktóɾum]《←ラテン語 sancta sanctorum》男［単複同形］❶《ユダヤ教》至聖所『聖所 sancta の奥の, 幕 velo で仕切られた場所. 契約の櫃 arca del Testamento が安置されている』. ❷［建物の, 神秘的な］深奥部;［よその人をあまり通さない］大切な場所(部屋). ❸ 中枢, 枢要; [人にとって] とりわけ大切なもの
sanctórum [saŋktóɾum] 男《フィリピン. 古語》教区の教会に納められる分担金
sanctus [sáŋktus] 男［単複同形］《カトリック》三聖唱, サンクトゥス
sancudo [saŋkúðo] 男［単複同形］《カナリア諸島. 鳥》ハクセキレイ《=lavadera blanca》
sandalia [sandálja]《←ラテン語 sandalium < ギリシア語 sandalion》女《服飾》❶ サンダル［類義］**sandalia** はふだんにでかかとまでおさえるタイプ. つっかけ式は **zueco**, 鼻緒だけのビーチサンダル風のは **chanclas**》: calzarse las ～s サンダルをつっかける. salir en ～s サンダルばきで出かける. ❷ サンダルシューズ
sandalino, na [sandalíno, na] 形 ビャクダンの
sándalo [sándalo] 男 ❶《植物》1) ビャクダン(白檀). 2) ～ rojo シタン(紫檀). 3) ハッカの一種《学名 Mentha aquatica》. ❷ ビャクダンのエキス
sandáraca [sandáɾaka] 女 ❶ サンダラック樹脂. ❷《鉱物》鶏冠石《=rejalgar》
sandez [sandéθ]《←sandio》女［複 -ces］❶ 愚直さ: ser una ～ 不定詞・que+接続法 ...するのは愚かである. ❷ 愚かな言動: decir *sandeces* ばかなことを言う
sandía [sandía]《←アラビア語 sindiyya (インドの Sind 国)》女《植物, 果実》スイカ《西瓜》
de ～《地方語》[綿布が] 白地か黒地に大きな赤い花模様の
sandial [sandjál] 男 =sandiar
sandialahuen [sandjaláwen]《チリ. 植物》バーベナ属の一種

《食欲増進・利尿剤》
sandiar [sandjár] 男 スイカ畑
sandiego [sandjéɣo] 男《キューバ. 植物》センニチコウ, センニチソウ
sandiez [sandjéθ] 男《俗用. 婉曲》[呪いの言葉などで]神《＝dios》
—— 間《俗用》[驚き・抗議・不快] くそっ!
sandinismo [sandinísmo] 男 サンディニスモ《ニカラグアの革命家 Augusto César Sandino の思想》
sandinista [sandinísta] 形 ⑳ サンディニスタ[の]《1979年ソモサ Somoza 政権を倒したニカラグアの民族解放戦線 Frente Sandinista de Liberación Nacional》
Sandino [sandíno]《人名》**Augusto César** ～ アウグスト・セサル・サンディーノ《1895〜1934, ニカラグアの革命家で国家的英雄. 米国軍のニカラグア占領に対する抵抗を指揮. アナスタシオ・ソモサ Anastasio Somoza 将軍に敗れるが国民的英雄》
sandio, dia [sándjo, dja][←古語 sandio < ラテン語 sancte Deus "聖なる神"] 形《文語》愚かな[人], お人好し[の]
sandiola [sandjóla] 男《俗用》くそっ!《＝sandiez》
sanducero, ra [sanduθéro, ra] 形 ⑳《地名》パイサンドゥ Paysandú の[人]《ウルグアイ西部の州・州都》
sánduche [sándutʃe]《コロンビア》サンドイッチ
sandullo [sandúʎo] 男《ドミニカ》豚肉のソーセージ
sandunga [sandúnga] 女 ❶《西. 口語》[元々人に備わっている] 愛嬌, 魅力. ❷ サンドゥンガ《メキシコ・グアテマラの民俗舞踊・音楽》. ❸《メキシコ, プエルトリコ, コロンビア, ペルー, チリ》どんちゃん騒ぎ
sandunguero, ra [sandungéro, ra] 形《西. 口語》愛嬌のある, 魅力的な
sandwich [sánwitʃ][←英語] 男 ⑳ ～[e]s ❶《料理》サンドイッチ《スペインではトーストした bocadillo, 中南米ではロールパンのサンドイッチの場合もある》. ❷ サンドイッチ状のもの, 重ね合わせたもの
día ～《中南米》飛び石連休の間の日を休日に変えてつなげる, その休みの日
sándwich [sánwitʃ] ＝**sandwich**
sandwichera [sanwitʃéra] 女 サンドイッチ・トースター
sandwichería [sanwitʃería] 女《主に中南米》サンドイッチ店
saneable [saneáβle] 形 衛生化はされうる
saneado, da [saneáðo, ða][ser+. 財政などが] 健全な: Tenemos un ～ negocio familiar. 我が家の商売はうまくいっている
—— 男 [財政などの] 健全化
saneamiento [saneamjénto] 男 ❶ 衛生的にすること: ～ ambiental 環境衛生. ～ dental 歯科衛生. ❷《西》1) 㕱《建物・地域などに》衛生設備, 衛生化: Se ha realizado el ～ de los edificios antiguos de la ciudad. 町の古い建物に衛生設備が設置された. 2) 㕱 衛生器具. ❸ [財政などの] 健全化: plan de ～ financiero 財政立て直し計画
sanear [saneár][←sano] 他 ❶ [場所を] 衛生的にする: ～ un edificio 建物の衛生設備を改善する. ❷ [財政などを] 健全化する: ～ la economía 経済を立て直す. ～ la moneda 通貨を安定させる. ❸ [場所を] 乾かす: Tienen que ～ la casa si no quieren que se hunde. 家を崩れさせたくなければ彼らは家の湿気を取り除く必要がある. ❹ [問題点を] 解決する: ～ los problemas de la seguridad social 社会保障問題を解決する. ❺ 損害賠償を保証する. ❻《法律》[買い手に対して] 瑕疵(かし)を担保する
sanecanes [sanekánes] 男《単複同形》犬の糞回収容器
sanedrín [saneðrín] 男 ❶《歴史》[S～] サンヘドリン《古代ユダヤ, 特にエルサレムの最高評議会, 高等法院》. ❷《文語》幹部会議; 秘密会議《集会》
sanedrita [saneðríta] 男《歴史》サンヘドリンの評議員
saneras [sanéras] 女《単複同形》丁寧で性格のいい人
sanero, ra [sanéro, ra] 形《ベネズエラ》賭けの胴元
Sanes [sánes] *¡Voto a～!*《怒り》くそ, ちくしょう
sanfaina [sanfájna] 女《西. 料理》ラタトゥイユ, 野菜の煮込み
sanfasón [sanfasón] 男[←仏語 sans façon] 厚かましさ, ずうずうしさ
—— 㕱 行儀の悪い人
a la ～《ラプラタ. 口語》怠慢に, 不注意に
sanfelipeño, ña [sanfelipéɲo, ɲa] 形 ⑳《地名》サン・フェリペ San Felipe の[人]《チリ, Aconcagua 県の町》

sanfeliuense [sanfeljwénse] 形 ⑳《地名》サン・フェリウ・デ・リョブレガ San Feliu de Llobregat の[人]《バルセロナ県の町》
sanferminero, ra [sanferminéro, ra] 形 サンフェルミン祭の
sanfermines [sanfermínes] 男 ⑥ サンフェルミン San Fermín 祭《パンプローナ Pamplona で聖フェルミン San Fermín の日(7月7日)の前日から14日まで1週間にわたって開催される祭り. 牛追い encierro で有名》
sanfernandino, na [sanfernandíno, na] 形 ⑳《地名》サン・フェルナンド San Fernando の[人]《チリ, Colchagua 県の町》
sanfor [sanfór][←商標] サンフォライズ加工
sanforizado, da [sanforiθáðo, ða] 形 サンフォライズ加工した
sanfrancia [sanfránθja] 女 口論, けんか
sanfrancisco [sanfranθísko] 男《主に西. 飲料》黒スグリ・オレンジなどのミックスジュース《カクテルにすることもある》
sangacho [sangátʃo] 男 マグロの血合い
sangaretear [sangaretéar] 自《コロンビア》[独楽が] 跳びはねる
sangley [sangléj][←中国語] 男 ❶ フィリピン在住の中国人. ❷《古語》フィリピンで商いする中国人商人
sango [sángo] 男《エクアドル, ペルー》小麦粉・四足獣の血・脂肪・玉ネギ・ニンニクのシチュー《＝sanco》
sangochado [sangotʃáðo] 男《ムルシア》[昼食に食べる] バナナ・キャッサバ・魚(鶏)のシチュー《＝sancocho》
sangonera [sangonéra] 女《アラゴン, バレンシア》ヒル《＝sanguijuela》
sangordilla [sangorðíʎa] 女《ナバラ. 動物》イワカナヘビ《＝lagartija》
sangraco [sangráko] 男《ペルー》[先住民の] 瀉血師
sangradera [sangraðéra] 女[←sangrar] ❶ 灌漑用水路; [余った水を流す] 水門. ❷《医学》1) [瀉血の] 血受け皿. 2) ランセット《＝lanceta》. ❸《地方語》[畜殺の際の] 血受け用バケツ. ❹《地方語》灌漑. ❺《アンダルシア; 中南米》ひじの内側
sangrado [sangráðo] 男 ❶ 出血: ～ nasal/～ por la nariz 鼻血. ❷《印刷》字下げ(の); 《情報》インデント
sangrador, ra [sangraðór, ra] 形 瀉血する; 瀉血医
—— 男 [タンクの] 排出口
sangradura [sangraðúra] 女[←sangrar] 女 ❶ 瀉血[のための静脈切開]. ❷《農業》排水[口]. ❸ 肘窩(ちゅうか), 肘(ひじ)の内側
sangramiento [sangramjénto] 男《中南米》＝sangrado
sangrante [sangránte] 形 ❶ 血だらけの: herida ～ 出血している傷口. Cristo ～ 血を流しているキリスト. ❷ 血の出るような, 厳しい; 生々しい: injusticia ～ 人の心を傷つける不正
sangrar [sangrár][←sangre] 自 ❶ 出血する: *La herida sangra todavía.* 傷口からまだ血が出ている. *Sangraba por la nariz.* 彼は鼻血を出していた. ❷《文語》[＋a＋人の心を] 苦しめる, 悲しませる: *Aún me sangra la humillación.* 私はその侮辱にまだ傷ついている
estar sangrando [事が] 起こって間がない, まだ新しい, 新鮮である. 2) 明々白々である
—— 他 ❶ 瀉血[治療]する, 刺絡(しらく)する. ❷ 痛ましい思いをさせる. ❸《口語》くすねる, ちょろまかす. ❹ [場所・容器から] 液体を排出させる. ❺ [金属] 湯出し口をあける. ❻ [ガスタービンの圧縮機から] 空気を抜く. ❼《印刷》字下げにする. 《情報》インデントする. ❽ [樹液を取るために樹皮を] 切り付けをする, 樹脂を取る. ❾《口語》くすねる, ちょろまかす
—— *se* 瀉血(刺絡)を受ける
sangraza [sangráθa] 女《軽蔑》[汚れた・腐った] 血
sangre [sángre] 《←ラテン語 sanguis, -inis》女 ❶《不可算》血, 血液:
1) Le sale ～ de la nariz. 彼は鼻から出血している. donar ～ 献血する. sacar (tomar) ～ 採血する. escasez de ～ 貧血《＝anemia》. animal de ～ caliente (fría) 温血 (冷血) 動物. ～ arterial (roja) 動脈血. ～ renosa (negra) 静脈血. 2) 《無脊椎動物の》体液, 血リンパ: de ～ buena 血統のよい. de ～ real 王家の血を引く. hermano de la misma ～ 血を分けた兄弟. lazo de ～ 血縁, 血のきずな. los de su ～ 血縁者. pura ～ ＝**purasangre**. ❷ 流血, 殺傷: Solo se sabe que hubo mucha ～ y que la actriz fue trasladada al hospital. 大規模な流血事件があって女優が病院に運ばれたことしか知られていない. delito de ～ 殺傷事件. ❸ ～ de Cristo ～ de drago 龍の血《リュウケツジュからとる紅色染料》. ～ de toro 黒っぽく濃い赤ワイン. ～ y leche 白い筋のある赤大理石
a primera ～《古語》[決闘の決着の条件] 片方が負傷した

a ~ caliente 興奮して: La mató *a ~ caliente*. 彼はかっとなって彼女を殺した

a ~ fría 冷静に, 沈着に: Cometió el crimen *a ~ fría*. 彼は平然と犯罪をやってのけた

a ~ y fuego 1) 敵を容赦しない: La liberación de los países se hizo *a ~ y fuego*. その国々の解放は殺し合いと化した. 2) 激しく, 譲歩せずに: Está dispuesta a defender sus derechos *a ~ y fuego*. 彼女は断固として自分の権利を守る用意がある

alterar la ~ *a*+人 =*calentar la ~* *a*+人

arder la ~ *a*+人 *la ~* =*bullir la ~* *a*+人 la ~ [en las venas]

arrebatar la ~ *a*+人 =*calentar la ~* *a*+人

bañado en ~ 血まみれの〖比喩的に犯罪者についても〗

beber la ~ *a*+人 …をひどく憎む

buena ~ よい性格, 善意

bullir la ~ [en las venas] …の血が騒ぐ: Le bulle la ~ al ser espectadora de tanta malignidad. 彼女はそれほどの悪意を目にすると居ても立ってもいられなくなる

calentar la ~ *a*+人 …を怒らせる

chorrear ~ [事が] 明らかに不当である, ひどく残酷である

chupar la ~ *a*+人〖口語〗…から少しずつ金を巻き上げる; 徐々に破滅させる: Chupan la ~ a los trabajadores inmigrantes. 移民労働者たちは搾取されている

con la ~ en el ojo《チリ, アルゼンチン, ウルグアイ》恨みを忘れずに

correr ~ 血が流される, 負傷 (死傷) 者が出る: Corrió ~ en calles del suburbio. 郊外の通りで流血の惨事があった

dar su (la) ~ por... …のために命を捧げる

de ~ 動物の: tiro *de ~* 狩猟

encender la ~ *a*+人 …をいらだたせる, 怒らせる

encenderse la ~ *a*+人 …がいらだつ: *Se le enciende la ~* cuando escucha conversaciones entre mujeres. 彼は女たちの会話を耳にするといらいらする

escribir con ~ 非常な犠牲を払って事を成し遂げる; 筆者の非常な苦しみを込めて書く; 手厳しいことを書く

estar que le hierve la ~ 興奮している, 血が煮えたぎっている: Estoy *que me hierve la ~*. 私はかっかしている

freír la ~ *a*+人 =*encender la ~* *a*+人

hacer ~ *a*+人〖少し血が出るくらい〗…をつけさせる; 精神的に傷つける

hacerse mala ~ 1)〖避けられないことに〗いら立つ, 思い悩む; 自分を責める. 2)《中南米. 口語》〖大して難しくない状況で〗心配する

hacerse ~ 血が出る: *Me he hecho ~* en el codo. 私はひじをけがして血が出ていた

helar ~ *a*+人 …をぞっとさせる

helarse *a*+人 *la ~* [en las venas]〖恐怖・驚きで〗…の血が凍る

hervir la ~ *a*+人 *la ~* =*bullir la ~* *a*+人 la ~ [en las venas]

lavar con ~ 〖侮辱などを〗血でそそぐ

llevar... en [la masa de] la ~ 生来…の素質 (傾向) がある: *Lleva en la ~* la pasión por México. 彼のメキシコへの情熱は生まれつきだ

mala ~ 意地悪な性格

no llegar la ~ al río [対立などが] 深刻な事態に至らずにすむ: Al final los vecinos se pusieron de acuerdo y *no llegó la ~ al río*. 結局住民たちの間で話し合いがつき, 大事には至らなかった

no quedar ~ en el cuerpo (*en las venas*)〖恐怖・驚きで〗血の気がひく

no tener ~ en las venas =*tener ~ de horchata*

pedir ~《口語》復讐を求める

pudrir la ~ *a*+人 =*encender la ~* *a*+人

quedarse sin ~ en las venas 〖恐怖・驚きで〗血の気がひく

quemar la ~ *a*+人 =*encender la ~* *a*+人

requemar la ~ *a*+人 =*encender la ~* *a*+人

revolver la ~ *a*+人 =*encender la ~* *a*+人

~ azul 高貴な血, 貴族の血統〖一白い日焼けしていない肌は労働しない貴族の象徴とされ, そのような肌には青い静脈が目立った〗: tener ~ azul 貴族の出である

~ ligera《中南米》感じのいい人

~ nueva《比喩》新しい血

~ pesada《中南米》感じの悪い人

~, sudor y lágrimas 血のにじむような苦労

ser de ~ caliente =*tener ~ caliente*

ser de ~ fría =*tener ~ fría*

subirse *a*+人 *la ~ a la cabeza* …の頭に血がのぼる: *Se le subió la ~ a la cabeza* y sacó la pistola. 彼はかっとなってピストルを抜いた

sudar ~ 血のにじむような努力をする: He tenido que *sudar ~* para encontrar información útil. 有益な情報を見つけるために私は苦心惨憺した

tener... en [la masa de] la ~ =*llevar... en [la masa de] la ~*

tener ~ caliente 熱血漢である, 血の気が多い

tener ~ de atole《メキシコ》あまりにも冷静である, 感情を表に出さない

tener ~ de horchata 感情的でない, 感情に動かされない; 過度に冷静である

tener ~ de pato《チリ, アルゼンチン, ウルグアイ. 口語》=*tener ~ de atole*

tener ~ de tayote《プエルトリコ》落ち着いた性格である

tener ~ fría 冷静である

sangrecilla [saŋgreθíʎa] 囡《地方語》犠牲にした動物の血〖食材にする〗

sangredo [saŋgrédo] 男《植物》❶《アストゥリアス》クロウメモドキ〖=aladierna〗. ❷《カンタブリア》セイヨウイソノキ〖=arraclán〗

sangregorda [saŋgregórda] 囲 のんびりした[人], 悠長な

sangrentar [saŋgrentár] 23 他〖廃語〗=**ensangrentar**

sangrero [saŋgréro] 男《地方語》❶ 瀉血医. ❷ 臓物(屋)商

sangría [saŋgría]《~sangre》囡 ❶《酒》サングリア〖赤ワインにレモンなどの果物・砂糖・炭酸水などを加えた飲み物〗. ❷ [大量の] 出血, 流血. ❸ 瀉血(法), 刺絡(法); [瀉血のための] 静脈切開, 静脈穿刺. ❹ [継続的な] 出費, 損失: Cada viaje es una ~ en mi cartera. 旅行のたびに私は財布をはたく. ❺ [財産などを] 少しずつくすねること. ❻ [金属] 湯出し口をあけること; 溶銑. ❼ [樹液をとるための樹皮への] 切り付け, 切り口. ❽ [印刷] 字下がり. ❾ [情報] インデント. ❿ 肘窩(か) 〖=sangradura〗. ⓫ [川・水路の] 排水, 分岐. ⓬〖古語〗瀉血を受ける人への見舞品

~ suelta 1) とめどない出血. 2) 際限 (見返り) のない出費 (損失)

sangricio [saŋgríθjo] 男《カンタブリア. 植物》クロウメモドキ〖=aladierna〗

sangrientamente [saŋgrjéntaménte] 副 血を流して, 血みどろになって; 残酷に

sangriento, ta [saŋgrjénto, ta] 〖←俗ラテン語 sanguinentus〗形 ❶ 血の出る; 血にまみれた: herida *~ta* 出血している傷口. ❷ 血を流させる: accidente ~ 流血の惨事. batalla *~ta* 血みどろの戦い. ❸ 辛辣な, 残酷な: burla *~ta* 聞くに耐えない冗談. ❹ 血を好む, 獰猛な(な). ❺ 血の色の

sangrigordo, da [saŋgrigórdo, da] 形《カリブ》感じの悪い, 気難しい[人]

sangriligero, ra [saŋgrilixéro, ra] 名《中米. 口語》感じのいい[人], 優しい[人]

sangripesado, da [saŋgripesádo, da] 形 名《中米. 口語》感じの悪い[人], 気難しい[人]

sangriza [saŋgríθa] 囡《まれ》月経

sangrón, na [saŋgrón, na] 形 名 ❶《メキシコ, キューバ. 口語》感じの悪い[人], 嫌な [奴], 気難しい[人]. ❷《エクアドル. 口語》利益のために友人関係を利用する[人]

sanguaraña [saŋgwarána] 囡 ❶ サングアラーニャ〖ペルーの民俗舞踊・音楽〗. ❷《エクアドル, ペルー》複 遠回しな言い方, 回りくどい表現

sanguaza [saŋgwáθa] 囡 ❶ [果物などから出る] 赤みがかった汁. ❷ =**sangraza**

sánguche [sáŋgutʃe] 男《チリ. 口語》サンドイッチ

sangüeño [saŋgwéɲo] 男《植物》セイヨウミズキ〖=cornejo〗

sangüesa [saŋgwésa] 囡《果実》キイチゴ〖=frambuesa〗

sangüesino, na [saŋgwesíno, na] 形 名《地名》サングエサ Sangüesa の[人]〖ナバラ県の町〗

sangüeso [saŋgwéso] 男《植物》キイチゴ〖=frambueso〗

sanguífero, ra [saŋgífero, ra] 形 血を含んだ

sanguificación [saŋgifikaθjón] 囡《生理》[ガス交換による] 静脈血の動脈血への転換; 造血

sanguificar [saŋgifikár] [7] [他] 造血させる, 造血を促す
sanguijolero, ra [saŋgixoléro, ra] [名]《古語》=**sanguijuelero**
sanguijuela [saŋgixwéla] [女] ❶《動物》ヒル(蛭)〖昔は医者がヒルに患者の血を吸わせて治療した〗. ❷《軽蔑》他人の金を吸い取る(横取りする)人: El administrador es una ～, se está quedando con los bienes de toda la familia. その管財人はヒルのような奴だ, 家族の全財産を横取りしようとしている
sanguijuelero, ra [saŋgixweléro, ra] [名]《古語》ヒルを捕獲(販売)する人; ヒルで血を吸い取る人
sanguina[1] [saŋgína] [女] ❶《果実》ブラッドオレンジ〖=naranja ～〗. ❷ [赤鉄鉱から作った] 赤褐色のクレヨン(チョーク); そのクレヨン画
sanguinario, ria [saŋginárjo, rja]〖←ラテン語 sanguinarius〗[形] [集団・動物が] 血を好む, 獰猛(どうもう)な: pueblo ～ 残虐な民族
—— [女] ❶《鉱物》ブラッドストーン. ❷《植物》1) ミチヤナギ〖=centinodia, ～*ria* mayor〗. 2) サンギナリア, ブラッドルート〖=～*ria* del Canadá〗. 3) ナデシコ科の一種〖薬草. 学名 Paronychia argentea〗
sanguineidad [saŋgineiđá(đ)] [女]《まれ》多血質, 怒りっぽさ
sanguíneo, a [saŋgíneo, a]〖←ラテン語 sanguineus〗[形] ❶ 血液の: productos ～*s* 血液製剤. vaso ～ 血管. ❷ 血液を含む; 血液の多い. ❸ 多血質の, 怒りっぽい〖→temperamento [参考]〗. ❹ 血の色の: rojo ～ 濃紅色
sanguino, na[2] [saŋgíno, na] [形] ❶ 血の色の. ❷ 血液の〖=sanguíneo〗. ❸《レオン》自分の家族・家系に非常に執着する
—— [男]《植物》セイヨウミズキ〖=cornejo〗; クロウメモドキ〖=aladierna〗
sanguinolencia [saŋginolénθja] [女] 出血, 血が混じっていること; [目の] 充血
sanguinolento, ta [saŋginolénto, ta]〖←ラテン語 sanguinolentus〗[形] ❶ 出血している, 血の混ざった; 血に染まった: herida ～*ta* 血だらけの傷口. mancha ～*ta* 血のしみ. ❷ [目が] 赤い, 充血した, 血走った
sanguinoso, sa [saŋginóso, sa]〖←ラテン語 sanguinosus〗[形] ❶ [色などが] 血のような. ❷ 血を好む, 獰猛な
sanguiñuelo [saŋgiɲwélo] [男]《植物》セイヨウミズキ〖=cornejo〗
sanguis [sáŋgis]〖←ラテン語〗[男]〖単複同形〗《カトリック》ミサに使うワイン, 聖血
sanguisorba [saŋgisórƀa] [女]《植物》オランダワレモコウ〖=pimpinela〗; ワレモコウ〖=pimpinela mayor〗
sanguisuela [saŋgiswéla] [女] =**sanguijuela**
sanguja [saŋgúxa] [女] =**sanguijuela**
sanícula [saníkula] [女]《植物》ウマノミツバ属の一種〖=～ macho. 学名 Sanicula europaea〗: ～ hembra アストランティア
sanidad [saniđá(đ)]〖←ラテン語 sanitas, -atis〗[女] ❶ 健康さ; 健全さ: cuidar la ～ del cuerpo 健康に気をつける. carta de ～ 健康証明(診断)書. ❷ 衛生〔状態〕: cuerpo de ～ militar《軍事》衛生隊. inspector de ～ 衛生設備検査官. ～ animal 動物福祉. ❸ [行政サービスとしての] 保健, 医療: 〔Ministerio de〕*S*～ 厚生省. ～ pública 国民医療, 地域住民医療; 公衆衛生
sanidina [saniđína] [女]《鉱物》玻璃(はり)長石, サニディン
sanie [sánje] [女] =**sanies**
sanies [sánjes] [女]《医学》膿漿
sanioso, sa [sanjóso, sa] [形] 膿漿の〔ような〕
San Isidro →**Isidro**
sanisidros [sanisíđros] [男] [複] [マドリードの] 聖イシドロ San Isidro 祭〖5月15日を主日とした数日間〗
sanitación [sanitaθjón] [女] =**saneamiento**
sanitar [sanitár] [他] =**sanear**
sanitario, ria [sanitárjo, rja]〖←ラテン語 sanitas, -atis〗[形] 健康の, 医療の; 公衆(保健)衛生の: avión ～ 救急航空機. centro ～ 医療センター, 病院. ciudad ～*ria* 病院都市. tren ～ 病院列車
—— [名] ❶ 保健所員. ❷《軍事》衛生兵
—— [男] ❶ [複] 衛生設備〖便器, 浴槽など〗. ❷《メキシコ, コロンビア, ベネズエラ》公衆便所
sanjacado [saŋxakáđo] [男]《歴史》[オスマントルコ帝国の] sanjaco の統治領
sanjacato [saŋxakáto] [男] =**sanjacado**
sanjaco [saŋxáko] [男]《歴史》[オスマントルコ帝国の] 直轄領の総督
sanjacobo [saŋxakóƀo] [男]《西. 料理》チーズをはさんだトンカツ(ハムカツ)
sanjavieреño, ña [saŋxaƀjeréɲo, ɲa] [形] [名]《地名》サン・ハビエル San Javier の〔人〕〖ムルシア州の町〗
sanjoderse [saŋxođérse] ～ ***cayó en lunes*** (***en viernes***)《俗語》あきらめが肝心だ, 我慢が大切だ
San Jordi →**Jordi**
San José [san xosé]《地名》サン・ホセ〖1) コスタリカの首都・中央部の州. 18世紀半ばに建設. 2) ウルグアイ南部の県・県都〗
sanjosense [saŋxosénse] [形] [名]《地名》サン・ホセ San José の〔人〕〖ウルグアイ南部の県・県都〗
sanjosino, na [saŋxosíno, na] [形] [名] =**sanjosense**
sanjuanada [saŋxwanáđa] [女]《西》[特にソリア Soria の] 聖ヨハネ San Juan の夜祭り〖6月24日〗; その前の数日〔の祭り〕
San Juan de la Cruz →**Juan de la Cruz**
sanjuaneño, ña [saŋxwanéɲo, ɲa] [形] [果実が] 聖ヨハネ祭のころに熟する〖=sanjuanero〗
sanjuanero, ra [saŋxwanéro, ra] [形] [名] ❶ [果実が] 聖ヨハネ祭のころに熟する; [木が] その果実を付ける. ❷《地名》リオ・サン・フアン Río San Juan の〔人〕〖ニカラグア南部の県〗; サン・フアン・バウティスタ San Juan Bautista の〔人〕〖パラグアイ, Las Misiones 県の県都〗
sanjuanes [saŋxwánes] [男] [複] 聖ヨハネ San Juan 祭〖6月24日〗
sanjuanista [saŋxwanísta] [形] [男]《歴史》聖ヨハネ騎士団 orden militar de San Juan de Jerusalén の〔団員〕
sanjuanito [saŋxwaníto] [男] サンファニート〖エクアドルのアンデス地域の, ペアでハンカチを振りながら踊る民俗舞踊; その音楽〗
sanjueña [saŋxwéɲa] [女]《植物》スイカズラ属の一種〖学名 Lonicera xylosteum〗
sanki [sáŋki] [男] =**sanqui**
sanlorenzano, na [sanlorenθáno, na] [形] [名]《地名》サン・ロレンソ San Lorenzo の〔人〕〖ボリビア, Tarija 県の町〗
sanluiseño, ña [sanlwiséɲo, ɲa] [形] [名]《地名》サン・ルイス San Luis の〔人〕〖アルゼンチン中西部の州・州都〗
sanluisero, ra [sanlwiséro, ra] [形] [名] =**sanluiseño**
sanluqueño, ña [sanlukéɲo, ɲa] [形] [名]《地名》サンルーカル・デ・バラメダ Sanlúcar de Barrameda の〔人〕〖カディス県の町〗; サンルーカル・ラ・マヨル Sanlúcar la Mayor の〔人〕〖セビーリャ県の町〗
sanmarinense [sa(m)marinénse] [形] [名]《国名》サン・マリノ San Marino 共和国の〔人〕
sanmarinés, sa [sa(m)marinés, sa] [形] [名] =**sanmarinense**
sanmartín [sa(m)martín] [男]《西》❶ 聖マルタン San Martín 祭〖11月11日〗. ❷ 豚の畜殺〔時期〕〖=San Martín〗
llegar (***venir***) ***a***+人 ***su*** ～《口語》…にいずれは苦難の時(破滅・死)が訪れる: Disfrute, que ya te *llegará tu* ～. 今はせいぜい楽しんでおくことだ, いずれお前の破滅の時が来るからだ. A cada cerdo (cochino・puerco) le *llega su* ～.《諺》生者必滅/因果応報〖←豚には必ず殺される日が来る〗
san Martín [sam martín] [男]《エクアドル, ペルー》鞭〖=zurriago〗
San Martín [sam martín] **I** [男] ❶《人名》聖マルタン〖316～397, フランスの守護聖人〗. ❷ 豚の畜殺〔時期〕〖Día de *San Martín* (11月11日) のころに豚を殺してハムやチョリーソを作り, 冬の食糧とした〗
II《人名》**José de** ～ ホセ・デ・サン・マルティン〖1778～1850, アルゼンチン生まれの将軍. アルゼンチン・チリ・ペルーの独立運動指導者〗
sanmartinada [sa(m)martináđa] [女] 豚の畜殺〔時期〕〖=San Martín〗
sanmartiniano, na [sa(m)martinjáno, na] [形]《人名》ホセ・デ・サン・マルティン José de San Martín の
sanmateos [sa(m)matéos] [男] [複] [ログローニョ Logroño の] 聖マテオ San Mateo 祭〖9月21日〗
sanmiguelada [sa(m)migeláđa] [女] 9月30日ごろ〖聖ミゲル San Miguel 祭(9月29日)の翌日ごろ. 貸借契約を結ぶことが多い〗
sanmigueleño, ña [sa(m)migeléɲo, ɲa] [形] [名] ❶《地名》サン・ミゲル San Miguel の〔人〕〖エル・サルバドル東部の県・県都〗. ❷ [果実が] 聖ミゲル祭(9月29日)のころに熟する; [木が] その果実を付ける
sano, na [sáno, na]〖←ラテン語 sanus「健康な, 良識のある」〗[形] ❶ [estar+] 健康な, 丈夫な〖⇔enfermo〗: Ya estoy ～, mañana

voy a ir al colegio. 僕はもう病気が治って，明日は学校に行ける. Los niños crecen 〜s y seguros. 子供たちは健康で安全に育っている. mantener los dientes 〜s 歯を健康に保つ. belleza sana 健康美. niño 〜 健やかな子. ❷健康によい，健康的な: clima 〜 健康によい気候. ❸〖精神的に〗健全な〖比喩的にも〗; 正当な; 誠実な，善意の: diversiones sanas 健全な娯楽. finanzas sanas 健全財政. ideas sanas 健全な思想. negocio 〜 確かな商売. persona sana まじめな人. Vemos con sana envidia crecimiento de ese país. 私たちはその国の発展を素直にうらやましいと思っている. Alma (Mente) sana en cuerpo 〜. 〘諺〙健全な精神は健全な肉体に宿る. ❹〖estar+, 物の状態が〗良好な，傷んでいない: Las sillas están todas sanas. 椅子は一脚も傷ついていない. taza sana 欠けていないカップ

cortar por lo 〜 大胆な(思い切った)処置をする
〜 y salvo 無事に: Ella volvió sana y salva a casa. 彼女は無事帰宅した.

sanofele [sanoféle] 男〘ベネズエラ. 口語〙蚊
San Pedro [san pédro]〘人名〙**Diego de 〜** ディエゴ・デ・サン・ペドロ〖1437?〜98?, スペイン・ルネサンス期の詩人・小説家. 不運な恋物語『愛の牢獄』*Cárcel de amor* は15世紀の感傷小説 novela sentimental を代表する作品で，『ラ・セレスティーナ』やセルバンテスの『模範小説集』にも影響を与えた〗
sanqui [sáŋki] 女 プレハブ住宅
San Quintín [san kintín] **armarse (organizarse) la de 〜**〘口語〙大騒ぎが持ち上がる〖←1557年フェリペ2世がサン・カンタンの戦いでフランス軍に大勝利をおさめた〗
sanroqueño, ña [sanr̄okéɲo, ɲa] 形 名 ❶〘西〙〖果実が〗聖ロケ San Roque の祭り(8月中旬)のころに熟する; 〖木が〗その果実を付ける. ❷〘地名〙サン・ロケ San Roque の〖人〗〖カディス県の町〗
sansa [sánsa] 女〘アラゴン〙オリーブの実の搾りかす
sanscritismo [sanskritísmo] 男 サンスクリット学
sanscritista [sanskritísta] 共 サンスクリット学者
sánscrito, ta [sánskrito, ta] 形 男 サンスクリット語(の): 〜 védico 古サンスクリット語. 〜 clásico 古典サンスクリット語
sans-culotte [saŋkulót]〖←仏語〙形 男〘歴史〙サンキュロット(の), 平民(の)
sanseacabó [sanseakabó]〖←san+se+acabó〗間〘口語〙〖議論などに決着をつける. 主に y〗/それでおしまい: Te he dicho que no coges la bicicleta, y 〜. 自転車に乗ってはいけません，言いたいのはそれだけです
sansevieria [sansebjérja] 女〘植物〙チトセラン; 〖特に〗アツバチトセラン
sansimoniano, na [sansimonjáno, na] 形 名 サン・シモン主義の(主義者)
sansimonismo [sansimonísmo] 男〘フランスの社会主義者〗サン・シモン Saint-Simon の思想, サン・シモン主義
sansirolada [sansirolá̞da] 女〘口語〙間抜けさ
sansirolé [sansirolé] 共〘口語〙間抜けな, とんま
sansivieria [sansibjérja] 女 =**sansevieria**
sansón, na [sansón, na]〖←Sansón サムソン(イスラエルの士師)〗名 怪力の人: Miguel es un 〜. ミゲルはばか力だ
santa[1] [sánta] 女〘口語〙妻 [=**esposa**]
santabárbara [santabárbara] 女〖昔の軍艦の〗火薬庫; その前室
santabarbarense [santabarbarénse] 形 名〘地名〙サンタ・バルバラ Santa Bárbara の〖人〗〖ホンジュラス南西部の県・県都〗
Santa Claus [santa kláys] 男〖←英語〗サンタクロース [=**San Nicolás**]
santacruceño, ña [santakruθéɲo, ɲa] 形 名〘地名〙❶サンタ・クルス・デ・テネリフェ Santa Cruz de Tenerife の〖人〗〖カナリア諸島の県・カナリア州の州都〗. ❷サンタ・クルス Santa Cruz の〖人〗〖ボリビア東部の県・県都; アルゼンチン南部の州〗
santacrucero, ra [santakruθéro, ra] 形 名 サンタ・クルス・デ・テネリフェの〖人〗[=**santacruceño**]
santacruzano, na [santakruθáno, na] 形 名〘地名〙サンタ・クルス・デル・キチェ Santa Cruz del Quiché の〖人〗〖グアテマラ, El Quiché 県の県都〗
santafecino, na [santafeθíno, na] 形 名 =**santafesino**
Santa Fe de Bogotá [santa fé de boɣotá] 男〘地名〙サンタ・フェ・デ・ボゴタ〖コロンビアの首都ボゴタ Bogotá の旧称〗
santafereño, ña [santaferéɲo, ɲa] 形 名〘地名〙サンタ・フェ・デ・ボゴタ Santa Fe de Bogotá の〖人〗
santafesino, na [santafesíno, na] 形 名〘地名〙サンタ・フェ Santa Fe の〖人〗〖アルゼンチン中央北部の州・州都〗
santaláceo, a [santaláθeo, a] 形 ビャクダン科の
——女 複〘植物〙ビャクダン科
santalales [santaláles] 女 複〘植物〙ビャクダン目
santalucense [santaluθénse] 形 名 ❶〘国名〙セントルシア Santa Lucía の〖人〗〖カリブ海の島国〗. ❷〘地名〙サンタ・ルシア Santa Lucía〖ウルグアイ, Canelones 県の町〗
santamente [sántaménte] 副 ❶神聖に. ❷単に, あっさりと
santana [santána] 女〘ラマンチャ. 昆虫〙ツチハンミョウ [=**aceitera**]
Santana [santána]〘人名〙**Pedro 〜** ペドロ・サンタナ〖1801〜64, ドミニカ共和国の軍人・政治家, 初代大統領(1844〜48)〗
Santander [santandér]〘人名〙**Francisco de Paula 〜** フランシスコ・デ・パウラ・サンタンデル〖1792〜1840, コロンビアの法学者・軍人・政治家, 大統領(1832〜36). 独立戦争の英雄〗
santandereano, na [santandereáno, na] 形 名〘地名〙サンタンデール Santander の〖人〗〖コロンビア北東部の県〗; ノルテ・デ・サンタンデール Norte de Santander の〖人〗〖コロンビア, サンタンデールの北にある県〗
santanderiense [santanderjénse] 形 名〘まれ〙=**santanderino**
santanderino, na [santanderíno, na] 形 名〘地名〙サンタンデール Santander の〖人〗〖カンタブリア州の州都〗
santaneco, ca [santanéko, ka] 形 名〘地名〙サンタ・アナ Santa Ana の〖人〗〖エル・サルバドル西部の県・県都〗
santanica [santaníka] 女〘キューバ. 昆虫〙ヒアリ〖学名 Wasmannia auropunctata〗
santanita [santaníta] 女〘昆虫〙テントウムシ [=**mariquita**]
santapolero, ra [santapoléro, ra] 形 名〘地名〙サンタ・ポラ Santa Pola の〖人〗〖アリカンテ県の村〗
Santa Rita [santa r̄íta] 女〘ラプラタ. 植物〙ブーゲンビリア
santarrita [santar̄íta] 女〘プエルトリコ, ラプラタ. 植物〙=**Santa Rita**
santarroseño, ña [santar̄oséɲo, ɲa] 形 名〘地名〙サンタ・ロサ Santa Rosa の〖人〗〖グアテマラ南部の県〗
santateresa [santaterésa] 女〘昆虫〙ウスバカマキリ
Santa Teresa de Jesús →**Teresa de Jesús**
santear [santeár] 他〘隠語〙〖泥棒などを〗手引きする
santelmo [santélmo] ❶ セント・エルモの火 [=**fuego de Santelmo**]. ❷〘まれ〙救い主, 援助者
santeño, ña [santéɲo, ɲa] 形 名〘地名〙ロス・サントス Los Santos の〖人〗〖パナマ南部の県〗
santería [santería] 女 ❶〘軽蔑〙信心(迷信)に凝り固まっていること. ❷〘中米〙サンテリア〖アフリカ起源の宗教でカトリックの要素もある〗. ❸〘アルゼンチン, ウルグアイ〙聖像販売店
santero, ra [santéro, ra]〖←**santo**〗形 迷信的に聖像を崇拝する
——名 ❶〘軽蔑〙聖人への信心(迷信)に凝り固まっている人. ❷〖聖人像のご利益で治療する〗祈禱師. ❸ 聖域(修道院)の番人(管理人): El 〜 barría cada día la ermita. 番人は毎日礼拝堂の掃除をした. ❹ 聖人像を家から家へ運び歩き一定期間預けたり上で拝むことを求める人. ❺ 聖人像を作る(売る)人. ❻〘隠語〙泥棒などの〗手引きをする人
Santiago [santjáɣo] **I** 男〘人名〙サンティアゴ〖聖ヤコブ San Jacob のこと〗〖スペインの守護聖人〗: ¡〜 [y cierra España]! 〖国土回復戦争時の鬨の声〗突撃!; 〜 el Mayor (el Menor) 大(小)ヤコブ

camino de 〜 1) 銀河. 2) 〖主に el *Camino de 〜*〗サンティアゴ・デ・コンポステーラへの巡礼の道

dar un 〜〘廃語〙突撃する
II 男〘地名〙サンティアゴ〖チリの首都. 1541年, スペイン人コンキスタドール, バルディビア Valdivia が建設. 正式名称 〜 de Chile〗
santiaguense [santjaɣénse] 形 名〘地名〙サンティアゴ・デ・ロス・カバリェロス Santiago de los Caballeros の〖人〗〖ドミニカ, サンティアゴ県の県都〗
santiagueño, ña [santjaɣéɲo, ɲa] 形 名 ❶〘西〙〖果実が〗サンティアゴの祭り(7月25日)のころに熟する; 〖木が〗その果実を付ける. ❷〘地名〙サンティアゴ・デ・ラ・エスパダ Santiago de la Espada の〖人〗〖ハエン県の町〗; サンティアゴ・デル・エステロ Santiago del Estero の〖人〗〖アルゼンチン北部の州・州都〗; サンテ

santiaguero, ra ィアゴ・デ・ベラグアス Santiago de Veraguas の〔人〕〖パナマ, Veraguas 県の県都〗

santiago, ra [santjagéro, ra] 形《地名》サンティアゴ・デ・クーバ Santiago de Cuba の〔人〕〖キューバ南東部の州・州都〗; サンティアゴ・デ・ロス・カバリェロス Santiago de los Caballeros の〔人〕〖ドミニカ共和国, サンティアゴ県の県都〗

santiagués, sa [santjagés, sa] 形 名《地名》サンティアゴ・デ・コンポステーラの〔人〕〖=compostelano〗

santiaguino, na [santjagíno, na] 形 名《地名》サンティアゴの〔人〕〖チリの首都〗

santiaguiño [santjagíɲo] 男《動物》ヒメセミエビの一種〖食用. 学名 Scyllarus arctus〗

santiaguista [santjagísta] 男 サンティアゴ(聖ヤコブ)騎士団 orden militar de Santiago の〔団員〕

santiamén [santjamén]〖←santo+amén〗男《口語》ごく短時間: Se fueron todos en un ～. あっというまに誰もいなくなった.

santidad [santiðáð]〖←ラテン語 sanctitas, -atis〗女 ❶ 聖性, 神聖さ: vida de ～ 聖人のような暮らし. ❷ Su S～〖ローマ教皇の尊称〗聖下

santificable [santifikáβle] 形 神聖化され得る; 列聖に値する; 神聖であるべき

santificación [santifikaθjón] 女 ❶《宗教》成聖, 列聖; 神聖化. ❷〔日曜・祭日を〕神聖視すること

santificador, ra [santifikaðór, ra] 形 神聖化する, 聖別する

santificante [santifikánte] 形 =**santificador**

santificar [santifikár]〖←ラテン語 sanctificare〗他 ❶《カトリック》〖教皇庁が〕聖人にする, 成聖する: ～ a la Madre Teresa マザー・テレサを列聖する. ❷《宗教》〖人・物・場所を〕神聖にする, 聖別する: Y bendijo Dios el día séptimo y lo *santificó*.《旧約聖書》神は七日目を祝してこれをめたまえり. Que Dios *santifique* esta casa y a los que en ella viven. この家とそこに住むものが清められますように. Dios nos *ha santificado*. 私たちは、神の恩寵がある. ❸《聖なるものとして〕あがめる; 神に捧げる: *santificado* sea Tu Nombre 御名があがめられますように. ～ las fiestas 祭日を聖とする. ～ la figura del mártir 殉教者の像をあがめる. ❹〖人を〕弁護する, 弁明する; 許す

santificativo, va [santifikatíβo, βa] 形 神聖化する力のある

santiguación [santigwaθjón] 女《まれ》十字を切ること

santiguada [santigwáða] 女《まれ》十字を切ること *para su* ～ 1)〖十字架に〕誓って. 2)《まれ》内心, 黙って

santiguadera [santigwaðéra] 女 ❶ 〖治療などのために〕呪文を唱えながら〕十字を切ること. ❷ 女呪術師, 女まじない師

santiguador, ra [santigwaðór, ra] 名〖呪文を唱えて十字を切る〕呪術師, まじない師

santiguamiento [santigwamjénto] 男 十字を切ること

santiguar [santigwár]〖←ラテン語 sanctificare〗⓭ 他 ❶〖人・物に〕十字を切る. ❷〖治療などのために, +人 に〕呪文を唱えながら十字を切る. ❸〖暴力で〕痛めつける, 虐待する
——～se 〖キリスト教〗十字を切る ❶《カトリック》では手を額から胸, 左肩から右肩に動かす(正教会では右肩から左肩)〗: El monje *se santiguó* antes de acostarse. 修道士は寝る前に十字を切った. ❷《西. 口語》驚愕(奇異・呆然)の様子を見せる: *Se santiguó* ante las opiniones inauditas. 彼はとんでもない意見を聞いて驚きの表情を浮かべた

santigüero, ra [santigwéro, ra] 名《プエルトリコ》〖十字を切って治療する〕まじない師

santiguo [santíɣwo] 男 ❶ 十字を切ること. ❷《レオン》=**santiamén**: en un ～ あっというまに

Santillana [santiʎána]《人名》**Marqués de** ～ サンティリャーナ侯爵〖1398～1458, スペイン初期ルネサンスの人文学者・詩人. 本名 Íñigo López de Mendoza. 多言語に通じ, 文学の庇護者として活躍する一方, 詩論・政治風刺詩・教訓詩などを書いた. 羊飼いの娘と騎士の出会いをうたった詩『セラニーリャス』*Serranillas*〗

santimonia [santimónja] 女 ❶《植物》アラゲシュンギク. ❷《まれ》聖人らしさ, 神聖さ

santísimo, ma [santísimo, ma]〖santo の絶対最上級〗形 la Virgen S～*ma* 聖母マリア. S～ Padre ローマ教皇 *hacer a+人 la* ～*ma* …をうんざりさせる, 不快にする —— [el S～] 聖体(の秘跡), 聖餅

santo, ta[2] [sánto, ta]〖←ラテン語 sanctus「聖なる」< sancire「罰する, 神聖化する」〗〖語源〗〖男性の固有名詞の前に置かれるときは *san* となる. ただし To-・Do- の前では *santo* のまま: *Santo Tomás*, *Santo Domingo*, *Santo Toribio*〗 ❶ 聖なる, 神聖な 〖→sagrado 類義〗; 聖者の, 聖人の: 1) año ～《カトリック》聖年〖25年ごとの大赦の年〗. ～s lugares 聖地. ～s mártires 神聖な殉教者たち. *San Lucas* 聖ルカ. *Santa Isabel* 聖エリザベート. *la isla de Santa Elena* セントヘレナ島. 2)《国名》*Santa Lucía* セント・ルシア. *S*～ *Tomé y Príncipe* サントメ・プリンシペ. ❷ 聖人のような: llevar una vida ～*ta* 聖人のような生活をおくる. ❸ 特別に神に捧げられた;〖宗教的に〕崇拝すべき; 神聖不可侵の. ❹ よい結果をもたらす, 役に立つ: ～ consejo ありがたい忠告. ❺ [+名詞] 1) 戒律にのっとった, 道徳にかなった. 2) [強調] Cayó de bruces al ～ suelo. 彼は何と床にうつぶせに倒れた. ❻ 聖週間(の各日)の. ❼〖建築〗〖焼く時, 煉瓦が〕磁器化した. ❽〖治療に〕特効のある. ❾《チリ》自分の守護聖人の日を祝う
—— 名 1) 聖人; 聖像: Los protestantes no rezan plegarias a ningún ～. プロテスタントは聖者に祈りを捧げることはしない. día de Todos los *S*～*s*《カトリック》諸聖人の日, 万聖節〖11月1日〗. víspera del día de Todos los *S*～*s* ハロウィン『万聖節の前日』. ❷〖時に皮肉, 軽蔑〗聖人君子, 模範的人物: Es lo más parecido a un ～ que hemos visto en vida. 彼は私たちが今までに会った中で最も聖人に近い
—— 名 ❶《西. 口語》〖主に 俚〗挿し絵; libro con ～*s* 絵本. ❷《カトリック》霊名の祝日〖洗礼名の同じ聖人の祝日で, 祝いごとをする. =el día de su ～〗: Hoy es mi ～. 今日は私の霊名の祝日だ. Su ～ se celebra el día 19 de marzo. 彼の霊名の祝日のお祝いは3月19日だ. ❸《西》聖画. ❹《古語》合い言葉に用いた聖人名

¿A ～ de qué...? / ¿A qué ～...?[不承認・不都合] 一体どんな理由で…?: ¿A ～ de qué lo dices? 君は一体なぜそんなことを言うの

adorar al ～ por la peana《口語》将を射んとして馬を射る

alumbrar a su propio ～《メキシコ. 口語》親しい人に借金などを頼む(つてを求める)

alzarse 〈cargarse〉 con el ～ y la limosna [他人の分まで] 一人占めする

comer[se] los ～s《口語》信心深い

dar de ～s《メキシコ. 口語》〔困難な状況だったが〕ありがたいことに助かる

dar el ～ 1) [隠語][犯罪者などが聖人の名を] 合い言葉にする; 合い言葉を言う. 2)《キューバ. 口語》神がかりの状態になる

deber a cada ～ una vela《メキシコ, ホンジュラス, キューバ, プエルトリコ, ベネズエラ, チリ, アルゼンチン, ウルグアイ. 口語》〖人が〕危機的な状況にある

desnudar a un ～ para vestir a otro 一方を犠牲にして他方の利益をはかる

dormir como un ～ ぐっすり眠る

hacer su ～ta voluntad《皮肉, 軽蔑》自分の意志を押し通す: Siempre *hace su* ～*ta voluntad*. 彼はいつも好き勝手にやる

irse a+人 el ～ al cielo《口語》…が何を言おうと(しようと)していたのか忘れてしまう: No sé lo que iba a decir, *se me ha ido el* ～ *al cielo*. 何を言おうとしていたのか私はど忘れしてしまった

llegar y besar el ～《西. 口語》望んでいたものを早く容易に手に入れる: Fue *llegar y besar el* ～: lo pude despachar en diez minutos. 簡単なことだった. 私はそれを10分で片付けることができた

mano de ～ 効き目のあるもの, 決め手: Es *mano de* ～ para úlceras. それは潰瘍の特効薬だ

no acordarse [ni] del ～ del nombre《口語》[+de+人 を] 全く忘れている

no es mi ～《俗用. 軽蔑》[拒絶] とんでもない

no ser ～ de la devoción de+人《口語》…に反感(不信感)を与える: Ese pintor *no es* ～ *de mi devoción*. 私はその画家が嫌いだ

¡Por todos los ～s! / ¡Por lo más ～! [不当なことをやめさせようとして] お願いだから, 後生だから!

quedarse para vestir ～s《口語》[女性が] ずっと独身のままでいる, 売れ残る

quitar a un ～ para vestir a otro =**desnudar a un ～ para vestir a otro**

～ de los ～s《ユダヤ教》至聖所〖=sanctasanctórum〗

~ **y bueno**［提案・事柄などの承認］了解; やむなし
~ **y seña**《軍事》合い言葉
ser de madera de ~ 善良である
ser llegar y besar el ~ 非常に容易である
ser［**el**］~ **de la devoción**《口語》[+de+人]にとって]楽しい、快い《主に否定文で》
subirse el ~《キューバ. 口語》神がかりの状態になる
subirse el ~ **a la cabeza**《キューバ. 口語》激昂している
tener el ~ **de cara** (**de espaldas**)《口語》幸運(不運)である
tener el ~ **subido**《キューバ. 口語》=**subirse el** ~ **a la cabeza**
tener ~**s en la corte**《チリ. 口語》強いコネがある
[**todo**] **el** ~ **día**《口語》[不愉快・不都合なことが]一日中, 朝から晩まで: Pasa *todo el* ~ *día frente al televisor*. 彼は一日中テレビを見ている
trabar para su propio ~《メキシコ. 口語》=**alumbrar a su propio** ~

Santo Domingo [santo domíngo] 男《地名》サント・ドミンゴ《ドミニカ共和国の首都. 1498年, コロンブスの弟バルトロメー Bartolomé Colón が建設》
santolear [santoleár] 他《メキシコ. 口語》…の葬式をあげる
santolina [santolína] 女《植物》ワタスギギク《=abrótano hembra》
santolio [santóljo] 男《口語》聖油《=santo óleo》
santomadero [santomadéro] 男《メキシコ》プルケ pulque を入れる木製容器
santón¹ [santón] 男 ❶《イスラム教など》修道僧, 托鉢僧. ❷《集団内の》重要人物, 大物. ❸《軽蔑》えせ聖人, 偽者者
santón², **na** [santón, na] 形 名［古代ケルト］のサントネス族[の]
santónico¹ [santóniko] 男《植物》シナヨモギ, セメンシナ; シナヨモギなどヨモギ属の植物の頭花《サントニンを抽出する》
santónico², **ca** [santóniko, ka] 形 サントネス族 Santones の
santonina [santonína] 女《薬学》サントニン
santoñés, **sa** [santonés, sa] 形《地名》サントニャ Santoña の［人］《カンタブリア州の町. 昔はフランス領》
santoral [santorál]〖←ラテン語 sanctorum〗 男 ❶ 聖人伝; 聖人歴, 殉教録. ❷［聖人の］祭日表: Los niños se bautizaban con *ese* nombre del ~. 赤ん坊たちは祭日表から一つ名前をとって洗礼を受けたものだ
santorra [santóra] 女《地方運. 動物》クモガニの一種《学名 Maja squinado》
Santos [sántos]《人名》**Eduardo** ~ エドゥアルド・サントス《1888～1974, コロンビアの政治家. 大統領(1938～42)》
Santos Atahualpa [sántos atawálpa]《人名》**Juan** ~ フアン・サントス・アタワルパ《1710?～56?. ペルーのクスコ生まれで, インカ王の末裔を自称. 1742年, インカ帝国の復興を目指して反乱を指揮》
Santos Chocano [sántos tʃokáno]《人名》**José** ~ ホセ・サントス・チョカーノ《1875～1934, ペルーの詩人. 政治に関わったり, 傲慢で自尊心が強く論争好きだったこともあり, 亡命を繰り返し, 時に入獄した. 波乱に富んだ生涯をおくる中で, 華麗な措辞を用いた文体で詩を書き, ペルーを代表するモデルニスモの詩人として知られる》
santuario [santwárjo]〖←ラテン語 sanctuarium〗 男 ❶ 聖地, 巡礼地: viaje al ~ de Lourdes 聖地ルルドへの旅. ❷《古代宗教の》神殿, 聖堂. ~ sintoísta 神社. ❸《ユダヤ教》聖所《幕屋 tabernáculo の前部. 幕の奥の至聖所 sanctasanctórum に契約の櫃が安置されている》. ❹ 聖域, サンクチュアリ. ❺ 避難場所, 保護施設. ❻ 死守される場所. ❼ 私生活, 内輪. ❽《カリブ, アンデス》[先住民が崇拝する]偶像. ❾《コロンビア》[ある場所にしまわれた]宝物
santucho, **cha** [santútʃo, tʃa] 形 名《軽蔑》=**santurrón**
santulón, **na** [santulón, na] 形 名《アルゼンチン. 軽蔑》=**santurrón**
santurrón, **na** [santurón, na] 形 名《軽蔑》信心に凝り固まった[人]; えせ信心家
santurronería [santuroneŕía] 女《軽蔑》信心狂い; うわべだけの信心
sanvicenteño, **ña** [sambiθenténo, na] 形 名《地名》サン・ビセンテ・デ・アルカンタラ San Vicente de Alcántara の［人］《バダホス県の村》
sanza [sánθa] 女《音楽》サンザ《親指で金属の棒をはじいて音を出すアフリカの楽器》

saña [sápa]〖←ラテン語 sanna〗 女 ❶《攻撃的》執拗さ, 激烈さ: La gente lo rodeó y lo atacó con ~. 人々は彼を取り囲み, しつこく攻撃した. golpear con ~ 猛烈に殴る. ❷《軽蔑》残忍さ. ❸ 激怒, 憤怒. ❹《俗語》財布, 札入れ
sañero [sapéro] 男《口語》《隠語》すり
sañosamente [sapósaménte] 副 =**sañudamente**
sañoso, **sa** [sapóso, sa] 形 =**sañudo**
sañudamente [sapúðaménte] 副 執拗に; 残忍に
sañudo, **da** [sapúðo, ða] 形 ❶ 執拗な, しつこい. ❷《軽蔑》残忍な
sao [sáo] 形 名［アフリカ, チャド湖沿岸の］サオ族［の］. —— 男《植物》モクマオウの一種《=labiérnago》. ❷《キューバ》小潅木の茂みや林が点在している小さな草原
sapa¹ [sápa] 女 キンマ buyo を噛んだ残りかす
sapada [sapáða]《カンタブリア》足の裏のただれ. ❷《レオン, サラマンカ》うつぶせの転倒
sapajú [sapaxú] 男《中南米. 動物》コモンリスザル《=saimirí》
sapán [sapán] 男《フィリピン. 植物》スオウ《=sibucao》
sapance [sapánθe] 形《コスタリカ》粗野な, 野蛮な
sapaneco, **ca** [sapanéko, ka] 形《ホンジュラス》ずんぐりした, 太って背の低い
sapear [sapeár] 他《ベネズエラ, アンデス. 口語》密告する, 告発する. ❷《チリ. 口語》こっそり見張る
sapeli [sapéli] 男《植物》=**sapelli**
sapelli [sapéli] 男《植物》サペリ《家具材として珍重される》
sapenco [sapénko] 男《動物》灰色の縞のあるカタツムリ
sapero, **ra** [sapéro, ra] 形《チリ》[人が] 運のいい, ついている
sapidez [sapiðéθ] 女《文語》味わい, 風味
sápido, **da** [sápiðo, ða]〖←ラテン語 sapidus〗 形 ❶《文語》[ある種の] 味のある, 風味のある. ❷《まれ》味の
sapiencia [sapjénθja]〖←ラテン語 sapientia〗 女 ❶《文語》知恵, 英知, 知識, 知識《=sabiduría》: anciano de mucha ~ 豊かな知恵をもつ老人. científico de ~ excepcional 並外れた学識をもつ科学者. ❷《旧約聖書》知恵の書
sapiencial [sapjenθjál] 形《文語》英知の; 学識の, 知識の: Libro S~《旧約聖書》知恵の書
sapiens [sápjens] 男 複 人類《=homo sapiens》
sapiente [sapjénte] 形《文語》英知を備えた; 学識のある
sapientísimo, **ma** [sapjentísimo, ma] 形 sabio の絶対最上級
sapillo [sapíʎo] 男 ❶《動物》sapo の示小語: ~ moteado パセリガエル《学名 Pelodytes punctatus》. ~ pintojo イロワケガエルの一種《学名 Discoglossus galganoi》. ❷《アンダルシア. 植物》オカヒジキの一種《=salicor》. ❸《メキシコ, キューバ, プエルトリコ, ベネズエラ》[赤ん坊の] アフタ, 口内炎
sapina [sapína] 女《地方遷. 植物》オカヒジキの一種《=salicor》
sapindáceo, **a** [sapindáθeo, a] 形 ムクロジ科の —— 女 複《植物》ムクロジ科
sapino [sapíno] 男《植物》モミ《=abeto》
sapito [sapíto] 男 ❶《アルゼンチン, ウルグアイ》[赤ん坊の] アフタ《=sapillo》. ❷《アルゼンチン. 口語》散水用のノズル
sapituntún [sapituntún] 男《コスタリカ》カエルのように跳ぶ子供の遊び
sapo¹ [sápo]〖←擬声〗 男 ❶《動物》ヒキガエル: ~ común ヨーロッパヒキガエル. ~ corredor ハシリヒキガエル《学名 Bufo calamita》. ~ de espuelas ニンニクガエル《学名 Pelobates fuscus》. ~ partero サンバガエル《学名 Alytes obstetricans》. ~ verde ヨーロッパミドリヒキガエル. ❷《魚》1) ~ marino アンコウ. 2)《キューバ》ガマアンコウ科の一種《学名 Batrachus tau》: ~ bocón/~ de boca blanca ウミガマ《食用》. ❸《水の中の虫など》名前のわからない不快な小動物. ❹《サモラ》織物の疵(きず). ❺《メキシコ, チリ》つき, 幸運. ❻《コスタリカ》整理箱. ❼《ペルー, ボリビア, チリ, アルゼンチン, ウルグアイ》カエルの置き物の口にコインやメダルを投げ入れる遊び《=rana》. ❽《チリ》[結晶過程ででた] 宝石級の傷
ojos de ~ はちきれんばかりに膨らんだ目
~ *s y culebras*《口語》1) 悪態, ののしりの言葉: echar (soltar)［por la boca］~ *s y culebras* 怒りをぶちまける, どなりちらす, 悪態をつく, ののしる. 2) ろくでもない(危険な)ものの寄せ集め
ser ~ *de otro pozo*《チリ, アルゼンチン, ウルグアイ. 口語》[階級差などで] 勝手が違う, 居心地が悪い

sapo, pa

tragar ~s 苦笑して我慢する
tragarse un (el) ~《口語》不快な状況でも受け入れざるを得ない

sapo[2], **pa**[2] [sápo, pa] 形 名 ❶ 動きの鈍い〔人〕. ❷《中米, キューバ, コロンビア, エクアドル, チリ》『警察の』密告屋. ❸《ベネズエラ, アンデス. 口語》ずるい

sapoconcho [sapokóntʃo] 男《地方語》カメ〖=tortuga〗
sapolio [sapóljo] 男《チリ, アルゼンチン, ウルグアイ》磨き粉
sapón, na [sapón, na] 形 名《ベネズエラ》無遠慮でうわさ話の好きな〔人〕
saponáceo, a [saponáθeo, a] 形《化学》石鹸性の
saponaria [saponárja] 女《植物》〖=jabonera〗
saponificación [saponifikaθjón] 女《化学》鹸化
saponificar [saponifikár] 7 他《化学》鹸化(ｶﾝ)させる
saponina [saponína] 女《化学》サポニン
saponita [saponíta] 女《鉱物》サポナイト
saporífero, ra [saporífero, ra] 形 味をつける
saporreto, ta [sapoɾéto, ta] 形 名《ベネズエラ》ずんぐりした〔人〕
saporro, rra [sapóro, ra] 形《主に中米》背が低く丸々と太った
sapotáceo, a [sapotáθeo, a] 形 アカテツ科の
―― 女 複《植物》アカテツ科
sapote [sapóte] 男《植物》=zapote
sapristi [saprísti] 間〖れ. 戯語〗驚き・賛嘆〗これはこれは
saprobio, bia [sapróbjo, bja] 形 =saprofito
saprófago, ga [sapɾófaɣo, ɣa] 形《生物》腐敗物を栄養源とする, 腐生の
saprofítico, ca [saprofítiko, ka] 形《植物》腐生の
saprofitismo [saprofitísmo] 男《植物》腐生, 腐食性
saprofito, ta [saprofíto, ta] 形 ❶《植物》腐生〔腐食〕の. ❷《医学》腐生菌の
saprófito, ta [saprófito, ta] 形 =saprofito
saprógeno, na [sapɾóxeno, na] 形 腐敗を起こす
saprolegnia [saproléɣnja] 女《植物》ミズカビ
saprolegniosis [saproleɣnjósis] 女《サケなどの》ミズカビ病
sapropel [sapropél] 男《地質》腐泥
saque [sáke] 男《←sacar》 形 ❶《サッカーなど》〖試合開始・再開でのボールを〗キック: 〔tirar un〕 ~ de esquina コーナーキック〖をする〕. ~ de banda／~ lateral スローイン;《ラグビー》ラインアウト. ~ de castigo ペナルティキック. ~ de honor〖始球式の〕キックイン. ~ de puerta／~ de portería ゴールキック. ~ inicial キックオフ. ~ libre フリーキック. ❷《テニス, バレーボールなど》1) サーブ: hacer el ~ サーブをする. romper el ~ サーブをブレイクする. falta de ~ サービスミス, フォールト. ~ ganador (directo) サービスエース. 2) サービスライン〖=línea de ~〗. ❸ 引き出す〔取り出す〕こと. ❹《コロンビア》〖蒸留酒の〕蒸留所. ❺《アルゼンチン》コカインの量
tener buen ~《口語》大食である
―― 〖バレーボール〗サーバー;《ラグビーなど》キッカー
saqueador, ra [sakeaðór, ra] 形 名 略奪する; 略奪者
saqueamiento [sakeamjénto] 男 =saqueo
saquear [sakeár]《←伊語 saccheggiare》7〖主に兵士が占領地で〗略奪する: Los piratas saquearon el pueblo. 海賊が村を荒らし回った. ❷ 品を不当に次第次第に奪う. ❸ すべて (大部分) 自分のものにする: Saquearon toda la nevera antes de irse a dormir. 彼らは寝る前に冷蔵庫の中味をすっかり平らげた
saqueo [sakéo] 男 略奪 [美術館などの] 襲撃
saquera[1] [sakéra] 女 aguja ~ 袋を縫うための針
saquería [sakería]《←saco》女 ❶ 袋の製造. ❷ 集名 袋
saquerío [sakerío] 男 集名 袋
saquero, ra[2] [sakéro, ra] 形 袋の
―― 名 ❶ 袋の製造 (販売) 者. ❷《チリ. 口語》えこひいきをする審判
saquete [sakéte]〖saco 示小語〗男〖大砲の〕薬嚢
saquí [sakí]《エクアドル. 植物》リュウゼツラン〖=agave〗
saquilada [sakiláða] 女《満杯でない》一袋分
saquito [sakíto] 男 小さな袋
SAR [sár] 男《西. 略語》←Servicio Aéreo de Rescate 空軍レスキュー隊
S.A.R.《略語》←Su Alteza Real 殿下
Sara [sára] 女《旧約聖書》サラ〖Abraham の妻, Isaac の母〗
sarabaíta [saɾaβaíta] 女〖廃語〗〖宗教〗隠遁生活をせず俗界に住む〗堕落した修道士
saraguate [saɾaɣwáte] 男《中米. 動物》ホエザルの一種〖学名 Stentor villosus〗
saraguato [saɾaɣwáto] 男《メキシコ. 動物》=saraguate
saragüete [saɾaɣwéte] 男 内輪の夜会 sarao
sarama [saɾáma] 女《ビスカヤ》ごみ〖=basura〗
sarampión [sarampjón]《←俗ラテン語 sirimpio, -onis》男 ❶《医学》麻疹(ﾊｼ), はしか: No has pasado el ~. 君はしかをすませていない. tener el ~ はしかにかかっている. ❷ 一時的な熱中 (関心)
sarampionoso, sa [sarampjonóso, sa] 形 麻疹の, はしかの; はしかにかかった
sarandí [sarandí] 男《アルゼンチン. 植物》ヤマタマガサ属の灌木〖海岸・河岸に育つ. 学名 Cephalanthus sarandi〗
sarandisal [saɾandisál] 男《アルゼンチン》sarandí の林
sarango [saɾáŋɡo] 男《プエルトリコ. 俗語》はしか〖=sarampión〗
sarantonio [saɾantónjo] 男《カナリア諸島. 昆虫》テントウムシ〖=mariquita〗
sarantontón [sarantontón] 男《カナリア諸島. 昆虫》テントウムシ〖=mariquita〗
sarao [saɾáo]《←ガリシア語 serao「日が暮れる」》男 ❶《西. 皮肉》どんちゃん騒ぎ, 大騒ぎ: Está en todos los ~s. 彼はにぎやかな集まりならどこへでも顔を出す. ❷《西. 皮肉》もめごと, 難しい状況. ❸〖古語〗〖ダンスや音楽を楽しむ上流社会の〗夜会. ❹〖戯語〗パーティー
sarape [saɾápe] 男《服飾》サラペ〖メキシコ人などの着るカラフルなポンチョ〗
sarapia [saɾápja] 女《植物》トンカビーンズ〖建材用〗
sarapico [saɾapíko] 男 ❶《鳥》チュウシャクシギ〖=zarapito〗. ❷《アストゥリアス, ビスカヤ》はしか〖=sarampión〗
Sarapis [sarápis] 男 =Serapis
sarasa [saɾása] 男《西. 軽蔑》ホモ, 女っぽい男
Sarasate [sarasáte] 男《人名》**Pablo de ~** パブロ・デ・サラサーテ〖1844～1908, スペイン国民楽派 nacionalismo musical の作曲家・バイオリニスト.《チゴイネルワイゼン》Aires gitanos,《カルメン幻想曲》Fantasía de Carmen〗
saratano, na [saratáno, na]《コロンビア》〖鳥の羽が〕黄色・白・黒の斑点のある
saratauca [saɾatáuka] 女《ボリビア. 遊戯》乗り手をはねばそうとする馬跳び
Saravia [saráβja]《人名》**Aparicio ~** アパリシオ・サラビア〖1856～1904, ウルグアイの軍人・詩人, カウディーリョ〗
saraviado, da [saɾaβjáðo, ða] 形《コロンビア, ベネズエラ》〖鳥の羽が〕斑点 (水玉模様) のある, まだらの: ave ~ 斑点のある鳥
sarazo, za [sarásɔ, θa] 形 ❶《アンダルシア》〖メキシコ, カリブ, チリ, アルゼンチン, ウルグアイ》〖トウモロコシ・果実などが〕熟れ始めた. ❷《グアテマラ, コロンビア, ベネズエラ》ほろ酔い機嫌の. ❸《プエルトリコ, エクアドル》〖ココナッツが〕固いと柔らかいの中間の; 熟したココナッツミルク
sarcasmo [sarkásmo]《←ラテン語 sarcasmus < ギリシア語 sarkasmos < sarkazo「私は皮を剝ぐ」< sarx, sarkos「肉」》男 痛烈な皮肉, 当てこすり, 冷笑;〖修辞〗痛烈な皮肉を使う文彩
sarcásticamente [sarkástikaménte] 副 皮肉たっぷりに, いやみっぽく
sarcástico, ca [sarkástiko, ka]《←sarcasmo》形 名 皮肉たっぷりの, 当てこすりの, いやみな〔人〕: decir a+人 palabras ~cas …にいやみを言う. risa ~ca 皮肉な笑い
sarcia [sárθja] 女 荷, 荷物
sarcillo [sarθíʎo] 男《サンタンデール》柄が2本の鍬
sarcina [sarθína] 女《生物》サルチナ〖属〗
sarcocarpio [sarkokárpjo] 男《植物》果肉, 肉果
sarcocele [sarkoθéle] 男《医学》睾丸腫瘤
sarcocola [sarkokóla] 女《植物》サルココラ〖透明なゴム状の樹液〗
sarcodario, ria [sarkoðárjo, rja] 形 男《動物》根足虫綱の〖=rizópodo〗
sarcófago [sarkófaɣo] 男《←ラテン語 sarcophagus < ギリシア語 sarkophagos》〖彫刻や碑文が刻まれている, 古代の〕石棺, 棺: (ﾉ₂) ~ del faraón ファラオの棺
sarcolema [sarkoléma] 男《解剖》筋細胞膜
sarcoma [sarkóma] 男《医学》肉腫: ~ de Kaposi カポジ肉腫
sarcomatosis [sarkomatósis] 女《医学》全身性肉腫症
sarcomatoso, sa [sarkomatóso, sa] 形《医学》肉腫の; 肉腫に似た
sarcoplasma [sarkoplásma] 男《解剖》筋形質

sarcopto [sarkó(p)to] 男《動物》ヒゼンダニ
sarcótico, ca [sarkótiko, ka] 形 筋線維の再生を促す
sarda¹ [sárđa] 女 ❶《魚》1)サバ《=caballa》. 2)《サラマンカ》川にすむ小魚. ❷《地方語》灌木の茂み. ❸《アストゥリアス》[炉の上で栗・ヘーゼルナッツを干すための]籐で編んだすのこ. ❹《アラゴン》未開墾地, 荒れ地
sardana [sarđána] 女 サルダーナ《カタルニア地方の, 輪になって踊る民俗舞踊. その音楽》
sardanapalesco, ca [sarđanapalésko, ka] 形 [前9世紀ごろのアッシリアの王サルダナパロス Sardanapalo のように]自堕落な, 放埒な, 享楽的な
sardanés, sa [sarđanés, sa] 形 名《地名》セルダーニャ Cerdaña の[人]《ピレネー山脈東部のフランスとスペインにまたがる地域》
sardanista [sarđanísta] 形 名 サルダーナ sardana の[踊り手]
sardanístico, ca [sarđanístiko, ka] 形 サルダーナ sardana の
sardesco, ca [sarđésko, ka] 形 ❶[馬などが]小型の. ❷[人が]性格の悪い, ひねくれた. ❸ risa ～ 冷笑
sardiano, na [sarđjáno, na] 形《歴史, 地名》[小アジア, リディア Lidia 王国の]サルディス Sardes の[人]
sardicense [sarđiθénse] 形 名《歴史, 地名》[トラキア Tracia の]サルディカ Sárdica の[人]《現在のブルガリアの首都ソフィア》
sardina¹ [sarđína] 《←ラテン語》女 ❶《魚》サーディン, イワシ：～s en aceite オイルサーディン. ～s en escabeche イワシのマリネー. ❷[開中. 軽蔑]小型の牛. ❸《ベネズエラ. 口語》非常に感心されやすい人; 慣れていなくてなかなか自分の仕事を終えられない人; 想像力の乏しい人
como ～ *en banasta*《まれ》*=como* ～ *s* [*en lata*]
como ～ *s* [*en lata*]《口語》ぎゅうぎゅう詰めになって
sardinada [sarđináđa] 女《西》イワシ料理の食事会; イワシづくしの料理
sardinal [sarđinál] 男 ❶ イワシ漁の立て網. ❷ イワシ漁船
sardinel [sarđinél] 男 ❶《建築》煉瓦小端立《訳》積み《最大側面を腹合わせにした積み方》. ❷《アンダルシア》[家・部屋の入口の]段. ❸《コロンビア, ベネズエラ, ペルー》[歩道の外側の縁の]段. ❹《コロンビア, ペルー》中央分離帯. ❺《コロンビア》歩道
sardinero, ra [sarđinéro, ra] 形 サーディンの, イワシの：pesca ～ra イワシ漁
――名 ❶ イワシ売り. ❷《コロンビア. 口語》青少年に対する性犯罪者
――男 イワシ漁船《=barco ～》
sardineta [sarđinéta] 女 ❶《西》[相手の手を, 時に唾液で濡らした]人さし指と中指で打つこと, しっぺ. ❷《西》小型のイワシ：pesca de ～ 小イワシ漁. ❸[型枠からはみ出て]切り取られたチーズ片. ❹《軍》二本線の山形記章
sardino, na² [sarđíno, na] 形《キューバ, コロンビア》[幼児と大人の間の]青少年[の]
sardiñada [sarđiɲáđa] 女《地方語》=**sardinada**
sardio [sárđjo] 男 =**sardónice**
sardo, da² [sárđo, đa] 形 名 ❶《地名》[イタリアの]サルデーニャ島 Cerdeña の[人]. ❷[牛が]黒・白・赤のぶちの
――男 ❶《鉱物》=**sardónice**. ❷《アストゥリアス》[チーズを乾燥させるための]エニシダの床. ❹《アストゥリアス》[かまどの上に置かれる]ヤナギのすのこ. ❺《メキシコ》兵士
sardón [sarđón] 男 ❶《アストゥリアス》雑草地, 荒れ地. ❷《サモラ, レオン》コナラのこんもりとした茂み
sardonal [sarđonál] 男《サモラ, レオン》コナラの灌木地
sardonia [sarđónja] 形 risa ～ 冷笑, せせら笑い
――女《植物》タガラシ《樹液が微笑のような顔面の痙攣を引き起こす》
sardónica¹ [sarđónika] 女 =**sardónice**
sardónice [sarđóniθe] 女《鉱物》サードニクス, 紅縞瑪瑙《訳》
sardónico, ca² [sarđóniko, ka] 形《←sardonia》冷笑の, 小ばかにしたような
sardonio [sarđónjo] 男 =**sardónice**
sardónique [sarđónike] 女 =**sardónice**
sarga¹ [sárga]《←ラテン語 serica《絹》》女 ❶《繊維》サージ. ❷《絵の描かれた》壁掛け布, タピスリー. ❸《植物》キヌヤナギ
sargadilla [sargađíʎa] 女《イベリア半島産の》アガサの一種《学名 Chenopodium splendens》
sargado, da [sargáđo, đa] 形《繊維》サージの
sargal [sargál] 男 キヌヤナギの林

sargantana [sarganána] 女《ナバラ, アラゴン. 動物》イワカナヘビ《=sardinada》
sargantesa [sarganésa] 女《ナバラ, アラゴン. 動物》イワカナヘビ《=sardinada》
sargatillo [sargaíʎo] 男《植物》キヌヤナギの一種《学名 Salix eleagnos》
sargazo [sargáθo]《←モサラベ語 zaguarço》男《植物》ホンダワラ：mar de los S～s サルガッソー海
sargenta¹ [sarxénta] 女 ❶《カトリック》サンティアゴ会 Orden de Santiago の助修女. ❷[男のように体格がよく]いばった女, つっけんどんな女. ❸《古語的》軍曹の妻. ❹《古語》[軍曹の持つ]矛槍
sargentear [sarxenteár] 他 ❶[軍曹として]指揮する. ❷《中南米. 口語》[勝手に]取り仕切る, 牛耳る
sargentería [sarxentería] 女 軍曹の職務
sargentía [sarxentía] 女 軍曹の職[の地位]：～ mayor 曹長の職[の地位]
sargento, ta² [sarxénto, ta]《←仏語 sergent＜ラテン語 serviens, -entis＜servire「仕える」》名 ❶《陸軍, 空軍》軍曹《訳》兵曹：～ mayor 軍曹; 兵曹長. ～ mayor de brigada 先任曹長; 先任兵曹長. ～ mayor de provincia《歴史》[アメリカ植民地の]副総督. ❷ primero 一等軍曹; 一等兵曹. ❷ 巡査部長. ❸《軽蔑》いばりちらす人, やかまし屋: 彼の義兄さんはまるで鬼軍曹だ. Mi jefa es una ～*ta*. 私の上司は口やかましい女性だ
sargentona [sarxentóna]《←sargento》女《軽蔑》[男のように体格がよく]いばった女, つっけんどんな女, 気立ての悪い女
sargo [sárgo] 男《魚》クロダイ（黒鯛）, チヌ：～ breado アフリカダイの一種《学名 Diplodus trifasciatus》. ～ común 白い色のタイ《学名 Diplodus sargus》
sarguero, ra [sargéro, ra] 名 キヌヤナギ sarga の
――男 壁掛け布 sarga に絵を描く画家
sari [sári] 男《服飾》[インド女性の着る]サリー
sarí [sarí] 男 =**sari**
sariá [sarjá] 女《アルゼンチン. 鳥》ノガンモドキ《=chuña》
sariama [sarjáma] 女《コロンビア》ノガンモドキ
sariga [saríga] 女《ペルー, ボリビア. 動物》オポッサム《=zarigüeya》
sarilla [saríʎa] 女《植物》ハナハッカ, マヨラナ, オレガノ
sarillo [saríʎo] 男 ❶《西》=**sarrillo**. ❷《ガリシア, カナリア諸島》糸繰り機《=devanadera》
sarín [sarín] 男《化学》サリン：gas ～ サリン[ガス]
sarisa [sarísa] 女《古語》[マケドニアの重装歩兵の]長槍
sarita¹ [saríta] 女《ペルー》麦わら帽子
sarito, ta² [saríto, ta] 形《ラマンチャ》[子供が]すばしっこい, 抜け目のない
SARM [sárm] 男《略語. 医学》←staphylococcus aureus resistente a meticilina メチシリン耐性黄色ブドウ球菌, MRSA
sármata [sármata] 形 名《歴史, 地名》サルマティア Sarmacia の[人]
sarmático, ca [sarmátiko, ka] 形 名 =**sármata**
sarmentador, ra [sarmentađór, ra] 名 剪定したブドウのつるを拾い集める人
sarmentar [sarmentár] 自 名 剪定したブドウのつるを拾い集める
sarmentazo [sarmentáθo] 男 ブドウのつるによる打撃[殴打]
sarmentera [sarmentéra] 女 ❶[薪用の]ブドウのつる置き場. ❷ 剪定したブドウのつるを拾い集める
sarmenticio, cia [sarmentíθjo, θja] 形《古語. 軽蔑》[ブドウのつるで焼身した]古代のキリスト教徒の
sarmentoso, sa [sarmentóso, sa] 形 ブドウのつるのような：tallo ～ 細長い茎
sarmiento [sarmjénto] 男 ❶[細長くしなやかで節のある]ブドウの若いつる. ❷ ～ cabezudo [挿し木用の]小枝
Sarmiento [sarmjénto] **Domingo Faustino** ～ ドミンゴ・ファウスティーノ・サルミエント《1811～88, アルゼンチンの作家・政治家, 大統領. 1840年チリに亡命, その後祖国やヨーロッパを遍歴しつつ故国の独裁者を批判し続けた. 『文明と野蛮: ファン・ファクンド・キロガの生涯』*Civilización y barbarie: vida de Juan Facundo Quiroga*》
Sarmiento de Gamboa [sarmjénto đe gamboá]《人名》**Pedro** ～ ペドロ・サルミエント・デ・ガンボア《1530?～92, スペイン人探検家・年代記作者.『インカ史』*Historia de los incas*》
sarna [sárna]《←ラテン語》女 ❶《医学》疥癬《訳》：S～ con gusto no pica.《諺》好きで選んだ道だ／責任も苦痛も引き受けなく

てはいけない. ❷《植物》そうか病, 黒星病
más viejo que la ～ ひどく年を取った（古い）
sarniento, ta [sarnjénto, ra] 形 =**sarnoso**
sarnoso, sa [sarnóso, sa] 形 名 疥癬にかかった〔人・動物〕: Este perro está ～. この犬は疥癬にかかっている
sarong [sarón] 男 [服飾 ～s] サロン, 腰布
sarpullido [sarpuʎíðo] 男 ❶《医学》細かい発疹, あせも. ❷ ノミに食われた跡
sarpullir [sarpuʎír] 21 他《医学》細かい発疹を起こさせる, かぶれさせる
――*se* 細かい発疹が出る, かぶれる
sarraceniáceo, a [saraθenjáθeo, a] 形《植物》サラセニア科の
―― 女 複《植物》サラセニア科
sarracénico, ca [saraθéniko, ka] 形 サラセン人の
sarraceno, na [saraθéno, na]〔←アラビア語 sarquiyyin < sarqui「東方の」〕形 名《歴史》サラセン人の〔《中世ヨーロッパで, アラブ人・トルコ人・ベルベル人などのイスラム教徒を総称して呼んだ名称》
sarracín, na[1] [saraθín, na] 形 名 =**sarraceno**
sarracina[2] [saraθína] 女《西》❶〔多人数による猛烈な, 時に死傷者まで出るような〕けんか, 乱闘. ❷ 大破壊, 大虐殺. ❸《西》大量の落第（不合格）
sarracino, na[3] [saraθíno, na] 形 名 =**sarraceno**
sarrapia [saŕápja] 女 =**sarapia**
sarria [sárja] 女〔わらを運ぶのに使う〕目の粗い網
sarrieta [sarjéta] 女〔荷役用牛馬などに与える餌を入れる〕細長い籠
sarrillo [saŕíʎo] 男 ❶《植物》アラム〔=aro〕. ❷《廃語》〔瀕死時の〕あえぎ, 喘鳴
sarrio [sárjo] 男《西. 動物》〔ピレネー山地特有の〕シャモア
sarro [sáŕo] 男〔←ラテン語 saburra「重し」〕形 不可算 ❶ 酒石; 湯あか. ❷ 歯石: quitar el ～ de los dientes 歯石を取る. ❸ 舌苔: tener la lengua llena de ～ 舌苔がでている
sarroso, sa [saróso, sa] 形 酒石（湯あか・歯石・舌苔）のある
sarruján [saruxán] 男《カンタブリア》羊飼いの助手
sarrumas [sarúmas] 男《カリブ》チーズ・パンなどのかす
sarrusofón [sarusofón] 男《音楽》サリュソフォーン
sarta [sárta]〔←ラテン語 sarta「結ばれた物」< sarere「編む」〕女 ❶ 数珠つなぎ〔のもの〕: una ～ de perlas 一つなぎの真珠. ❷ 一連〔のこと〕: contar una ～ de mentiras 一つながりの嘘を話す. ～ de injurias 悪口の連発
sartal [sartál] 男 一連〔のこと〕〔=sarta〕
sartén [sartén]〔←ラテン語 sartago, -inis〕女 ❶ フライパン: freír la carne en la ～ フライパンで肉を焼く. Dijo la ～ a la caldera: "Quítate allá, culinegra".《諺》目くそ鼻くそを笑う. dulce de ～ ドーナツ, 揚げ菓子. ❷〔一度に焼く〕フライパン1つ分〔の量〕
tener la ～ *por el mango* 勝手に取り仕切っている, 牛耳っている
―― 男《コロンビア, チリ》小型のフライパン
sartenada [sartenáða]〔←sartén〕女〔一度に焼く〕フライパン1つ分〔の量〕: Se comió una ～ de pimientos verdes. 彼はフライパン一杯のピーマンを平らげた
sartenazo [sartenáθo] 男 ❶ フライパンによる殴打. ❷ ひどい一撃, 強打. ❸《闘牛. 軽蔑》下手なとどめの一突き
sarteneja [sartenéxa] 女 ❶ 小型のフライパン. ❷《アンダルシア; メキシコ, エクアドル》1）沼地が干上がってできる窪地. 2）粘土質の土地が乾燥した時にできる割れ目. 3）泥の中の家畜の足跡
sartenejal [sartenexál] 男 ❶《エクアドル》窪地 sarteneja の多いサバンナ〔植生がほとんどない〕. ❷《ベネズエラ》石で覆われた土地
sartenero, ra [sartenéro, ra] 形 フライパン製造（販売）業者
sartorial [sartorjál] 形 仕立屋の
sartorio [sartórjo] 男《解剖》縫工筋〔=músculo ～〕
Sartorius [sartórjus]《人名》**Luis José** ～ ルイス・ホセ・サルトリウス《1817～71, 別名 Conde de San Luis サン・ルイ伯爵. ポーランド移民の血を引き, 穏健派自由主義政党を率いた政治家. 1853～54年にイサベル2世下で政権を担った》
sartriano, na [sartrjáno, na]《人名》〔フランスの作家・思想家〕ジャン＝ポール・サルトル Jean-Paul Sartre の
sasafrás [sasafrás] 男《植物》ササフラス
sasánida [sasániða] 形《歴史》〔ペルシアの〕ササン朝の: ～ persa ササン朝ペルシア

―― 男 複 ササン朝
sasasa [sasása] 男《ベネズエラ》〔建築に使われる〕細かい砂
saso [sáso] 男〔←ログローニョ, ナバラ, アラゴン〕石ころだらけの乾燥した土地
s.a.s.s.《略語》←su atento y seguro servidor 敬具
Sastre [sástre]《人名》**Alfonso** ～ アルフォンソ・サストレ《1926～, スペインの劇作家. アーサー・ミラーの影響を受け, 演劇を社会変革の手段と考え, フランコ体制下の検閲と闘いながら作品を書き続けた. 内戦後のスペイン演劇界を代表する一人.《猿ぐつわ》*La mordaza*》
sastre, tra [sástre, tra]〔←ラテン語 sartore〕名 ❶〔紳士服の〕仕立屋, 洋服屋: ～ remendón 仕立て直し職人. Entre ～ no se pagan hechuras.《諺》武士は相身互い〔←仕立屋同士は手間賃を払わない〕. ❷〔劇場の〕衣装係, 着付け係
[*eso*] *será la que cante un* ～〔まれ〕=[*eso*] *será lo que tase un* ～
[*eso*] *será lo que tase un* ～《口語》うまくいくか怪しいものだ／どうなっても仕方がない
―― 男〔主＋. 婦人用の〕男物仕立ての服, 男装用の服: chaqueta ～ 男装用ジャケット. pantalones ～ 男物風のパンツ. traje ～ 婦人物のスーツ. ❷《動物》ピンクスクワットロブスター
―― 女 仕立屋の妻
sastrería [sastrería] 女 ❶ 仕立屋〔仕事場, 店〕. ❷ 仕立業
sastresa [sastrésa] 女 ❶ 仕立屋の妻. ❷《アラゴン》女性の仕立屋〔=sastra〕
satán [satán] 男 ❶〔S～〕=**Satanás**. ❷《植物》かさが灰白色の毒キノコの一種〔学名 Boletus satanas〕
Satanás [satanás]〔←ラテン語〔←ヘブライ語 satan「敵」〕〕男〔宗教〕サタン, 魔王: ～ tentó a Jesucristo. サタンはイエス・キリストを誘惑した.《口語》〔やんちゃ坊主・ガキ大将を叱る時〕Eres más malo que ～. お前の悪さを見たら悪魔も腰を抜かすぞ
¡*Vive* ～!〔怒り〕いやはや!
satandera [satandéra] 女《アラバ. 動物》イタチ
satanelo [satanélo] 男《動物》ヒメクロコネコ
satánicamente [satánikaménte] 副 悪魔のように
satánico, ca [satániko, ka] 形 ❶ サタンの, 魔王の: himnos ～s 悪魔讃歌. ritos ～s 悪魔儀礼. tentaciones ～cas 悪魔の誘惑. ❷ 悪魔のような, 邪悪な: Se me ha ocurrido un plan ～ para fastidiarlos. 彼らに嫌がらせをする悪賢い計画を私は思いついた. maldad ～*ca* 悪魔のような意地悪
satanismo [satanísmo] 男 ❶ 悪魔崇拝, 悪魔信仰: En la secta juvenil se practica el ～. 若い異端派の中で悪魔崇拝が行われている. ❷ 悪魔的所業, 極悪非道な仕打ち: Se comenta mucho el ～ de ese asesinato. あの殺人事件の残虐ぶりが取り沙汰されている. ❸《文学》悪魔主義
satanista [satanísta] 形 名〔まれ〕悪魔崇拝者〔の〕
satanización [sataniθaθjón] 女 悪魔化, 邪悪化
satanizar [sataniθár] 9 他 悪魔化する, 邪悪にする
satelitario, ria [satelitárjo, rja] 形 取り巻きの, 腰巾着の
satélite [satélite]〔←ラテン語 satelles, -itis「護衛」〕男 ❶《天文》衛星: La Luna es el ～ (natural) de la Tierra. 月は地球の衛星である. 人工衛星〔=～ artificial〕: lanzar un ～ 人工衛星を打ち上げる. emisión vía ～ 衛星放送. programa vía ～ 衛星放送番組. ～ de (tele)comunicaciones 通信衛星, CS. ～ de televisión 放送衛星, BS. ～ de exploración 探査衛星. ～ espía スパイ衛星. ～ meteorológico 気象衛星. ❷ 取り巻き, 腰巾着: Aparecíó el jefe con sus inevitables ～s: Pepe y Juan. ボスは必ずついてくるぺぺとフアンと共に姿を現わした. ❸《政治》衛星国〔=país ～ (複 paises ～(s))〕. ❺《技術》遊星歯車
satelización [sateliθaθjón] 女 ❶ 人工衛星化. ❷《政治》衛星国化
satelizar [sateliθár] 9 他 ❶〔人工衛星を〕軌道に乗せる, 人工衛星化する. ❷《政治》衛星国にする
sateloide [sateloiðe] 男《技術》人工衛星
satén [satén]〔←仏語 satin < 俗アラビア語 zaituni, aceituni < Zaitun 泉州（サテンを産した中国の町）〕名 ❶《繊維》サテン〔raso より品質が劣る, 裏地用〕. ❷ 東インドシスボクの木材
satín [satín] 男《主に中南米》=**satén**
satina [satína] 女《繊維》サージに似た布
satinado, da [satináðo, ða] 形 ❶ papel ～ 光沢紙. ❷〔表面が〕サテンのような

—— [男] つや出し, 光沢加工; 光沢, つや

satinador, ra [satinađór, ra] [形] 光沢をつける, つや出しをする
—— [女]《印刷》つや出し機, 光沢機, カレンダー

satinar [satinár]〚←仏語 satiner〛[他] [紙・布地に] つやを与える

sátira [sátira]〚←ラテン語 satyra < satura「混合, マセドニアンサラダ」< satur「満腹した」〛[女] ❶ 風刺: La película es una ～ contra la clase política. その映画は政治家たちを風刺したものだ. ❷《文学》風刺文学, 風刺詩

satiriasis [satirjásis] [女]〚単複同形〛《医学》男子性欲亢進, 男子色情症〚⇔ninfomanía〛

satíricamente [satírikaménte] [副] 風刺的に, 風刺して

satírico, ca [satíriko, ka] [形] ❶ 風刺の, 風刺的な: poema ～ 風刺詩. escritor ～ 風刺作家. ❷ 風刺を好む; 辛辣な, 痛烈な. ❸《ギリシア神話》サテュロス sátiro の
—— [名] ❶ 風刺詩人(作家). ❷ 風刺好きの人, 皮肉屋

satirio [satírjo] [男]《動物》ミズハタネズミ

satirión [satirjón] [男]《植物》スポッテッドオーキッド

satirismo [satirísmo] [男] =**satiriasis**

satirizante [satiriθánte] [形] 風刺する, 風刺の, 風刺的な

satirizar [satiriθár]〚←sátira〛[9] [他] 風刺する, 皮肉る: El periodista *satiriza* las costumbres contemporáneas. 記者は同時代の風俗を風刺している
—— [自] 風刺文(風刺詩)を書く

sátiro [sátiro] [男] ❶《ギリシア神話》サテュロス〚半人半獣の森の神で酒と女を好む〛. ❷ 色魔, 好色家, 漁色家. ❸《昆虫》ジャノメチョウ. ❹《廃語》サテュロス劇, 艶笑劇

satis [sátis] [男]〚単複同形〛《まれ》[主に学生の, 短い] 休暇, 休校〔日〕; 休息

satisdación [satisđaθjón] [女]《法律》保証; 抵当

satisfacción [satisfa〔k〕θjón]〚←ラテン語 satisfactio, -onis〛[女] ❶ 満足, 満足感: Es para mí una ～ poder serte útil. お役に立ててうれしいです. expresar su ～ [+por に] 満足の意を表明する. con un aire de ～ 満足気に. ～ de haber sido yo elegido 私が選ばれた満足感. ❷ [欲望などを] 満たすこと, 充足; [苦情・不満などの] 解消〔手段〕: ～ de la necesidad 欲求の充足. ❸ [侮辱・損害などの] 償い: exigir a+人 una ～ por... …の償いを…に要求する. ❹《カトリック》贖罪. ❺ うぬぼれ, 思い上がり; 自信

***a* 〔*plena*〕 ～ *de*+人** …に〔完全に〕満足のいくように: Se ha terminado el asunto *a mi* completa ～. その件は私が完全に満足できるかたちで終わった

***tomar* ～ *de*...** …の復讐をする

satisfacer [satisfaθér]〚←ラテン語 satisfacere < satis「十分に」+facere「する」〛[63]〚[過分] satisf*echo*〛[他] ❶ 満足させる; 喜ばせる: Le *satisface* el triunfo de su hijo. 彼は息子の成功を喜んでいる. No me *satisface* del todo su última novela. 彼の最新の小説は私には少し気に入らないところがある. ❷ [欲望などを] 満たす, 充足させる: *Satisface* todos los caprichos de sus hijos. 彼は子供たちのわがままをすべて許す. ～ la curiosidad 好奇心を満たす. ～ el (al) estómago 食欲を満たす. ～ la duda 疑問に答える. ～ las condiciones 〔requeridas〕 条件をクリアーする. ❸《文語》[債務を] 弁済する, 支払う: ～ la deuda 借金を返す. ～ los alquileres 賃貸料を支払う. ❹ [侮辱・損害などの] 償いをする: cantidad *satisfecha* 賠償金額. ❺《カトリック》～ su culpa 罪を償う(あがなう). ❻ [功績などに] 報いる, 褒賞を与える. ❼ [感情を] 静める, 落ち着かせる: ～ la ira 怒りを静める. ❽《数学》…の条件を満たす
—— [自]《カトリック》贖罪(しょくざい)をする
—— **～se** ❶ [+con で] 満足する, 納得する: El ser humano jamás *se satisface con* lo que tiene, siempre quiere tener más y más. 人間は持っているものでは決して満足しない, 常により多くのものを持とうとする. ❷《まれ》[+de の] 仕返しをする

satisfacer

現在分詞	過去分詞	
satisfaciendo	satisf**echo**	
直説法現在	**直説法点過去**	
satisfa**go**	satisfi**ce**	
satisfaces	satisf**i**ciste	
satisface	satisf**izo**	
satisfacemos	satisf**i**cimos	
satisfacéis	satisf**i**cisteis	
satisfacen	satisf**i**cieron	
直説法未来	**直説法過去未来**	**命令法**
satisfar**é**	satisfar**ía**	
satisfar**ás**	satisfar**ías**	satisfa**z**/satisface
satisfar**á**	satisfar**ía**	
satisfar**emos**	satisfar**íamos**	
satisfar**éis**	satisfar**íais**	satisfaced
satisfar**án**	satisfar**ían**	
接続法現在	**接続法過去**	
satisfa**ga**	satisf**i**ciera	
satisfa**gas**	satisf**i**cieras	
satisfa**ga**	satisf**i**ciera	
satisfa**gamos**	satisf**i**ciéramos	
satisfa**gáis**	satisf**i**cierais	
satisfa**gan**	satisf**i**cieran	

satisfactoriamente [satisfaktórjaménte] [副] 満足のゆくかたちで, 申し分なく: Cumplió su misión ～. 彼は十分に使命を果たした

satisfactorio, ria [satisfaktórjo, rja]〚←ラテン語 satisfactorius〛[形] ❶ 満足のゆく, 申し分のない: El curso ha sido ～. 講座は満足できるものだった. posición ～*ria* 申し分のない(願いどおりの)地位. ❷ [疑問などを] 解消できる; [侮辱などを] 償い得る: Sus excusas no son ～*rias*. 彼の言い訳には納得がいかない. ❸ [債務を] 弁済し得る, 支払える. ❹ 快い, 順調な

satisfecho, cha [satisfétʃo, tʃa]〚satisfacer の [過分]〛[形] ❶ [+con・de に] 満足した〚→contento [類義]〛: Está muy ～ *con* la reforma. 彼は改革に大変満足している. No está ～ *de* sí mismo. 彼は自分自身に満足していない. No podemos dejar ～*s* a todos. 全員を満足させることはできない. ❷ 得意気な, うぬぼれた〚=～ *de* sí mismo〛. ❸ [estar+] 満腹した: Estoy ～ después de este estupendo banquete. こんなすばらしいごちそうの後で, もうおなか一杯です. ❹《チリ. 口語》[ser+] 面の皮の厚い, 鉄面皮な

***darse por* ～ *con*+事物** …に満足する

sativo, va [satíƀo, ƀa] [形]《植物》栽培種の〚⇔silvestre〛

sato, ta [sáto, ta] [形] ❶《キューバ, プエルトリコ》[犬が] 小型でよく吠える野良の. ❷《コロンビア, ベネズエラ》[家畜が] 太ってずんぐりした
—— [男]《まれ》種をまいた土地

satori [satóri]〚←日本語〛[男] 悟り

sátrapa [sátrapa] [男]《古代ペルシア》地方総督, 太守
—— [名]《軽蔑》豪奢な生活をしている人; 暴君, 上司風を吹かせる奴, 偉そうにふるまう奴

satrapía [satrapía] [女] ❶《古代ペルシア》太守の権威; 州. ❷《軽蔑》暴政

satsuma [satsúma]〚←日本語〛[女]《果実》ウンシュウ(温州)ミカン

saturable [saturáƀle] [形] 過剰になり得る; 飽和状態になり得る

saturación [saturaθjón] [女] ❶ 過剰, 飽和: No puedo aceptar más encargos porque tengo ～ de trabajo. もう手一杯なのでこれ以上注文をお受けできません. ～ alcohórica 過剰飲酒, アルコール中毒. ～ del mercado 市場の飽和〔状態〕. ❷ 満足感; 膨満感: Cuando le gusta una canción, la pone y la repite hasta la ～. 彼は歌が気に入ると, 飽きるまでその歌をプレイヤーにかける. ❸《化学》飽和〔状態〕: punto de ～ 飽和点. ❹《美術》彩度, 飽和度

saturado, da [saturáđo, đa] [形] ❶《化学》[+de で] 飽和した, 飽和状態の: aire ～ *de* vapor de agua 水蒸気を一杯含んだ空気. compuesto ～ 飽和化合物. ❷ 充満した, 一杯になった. ❸ 彩度の, 飽和度の
—— [男]《化学》飽和溶液

saturante [saturánte] [形] 飽和状態にする, 充満させる; 水蒸気を一杯含ませる

saturar [saturár]〚←ラテン語 saturare〛[他] ❶ [+de・con で] 過剰にする: El director *satura de* trabajo a los empleados. 社長は社員に手一杯の仕事をさせている. ～ el mercado *con* el nuevo producto 新製品で市場を埋めつくす. ❷ 満足させる; 満腹にする: La comida nos *saturó* a todos. 料理は私たち全員が食べるだけあった. ❸《化学》飽和状態にする
—— **～se** ❶ 過剰である: El mercado *se saturó de* productos de imitación. 市場には模造品があふれていた. ❷ 満足する: *Nos hemos saturado de* arroz y no queremos nada más. 私たちはご飯を一杯食べたので何もほしくない. ❸《化学》飽和

S

saturnal [saturnál] 形 ❶《ローマ神話》サトゥルヌス Saturno の. ❷ 土星の.
── 女《主に 複》❶ 乱痴気騒ぎ, どんちゃん騒ぎ. ❷《古代ローマ》サトゥルヌス祭《12月に行われる収穫祭》

saturnino, na [saturníno, na]《←Saturno》形 ❶《文語》むっつりした, 陰気で無口な. ❷ 土星の. ❸ 鉛の. ❹《医学》鉛中毒の: cólico ～ 鉛疝痛. ── 名 土星人

saturnio, nia [satúrnjo, nja] 形 ❶《詩法》versos ～s サターン韻律. ❷《まれ》=**saturnal**

saturnismo [saturnísmo] 男《医学》鉛中毒, 鉛毒

Saturno [satúrno] 男 ❶《天文》土星. ❷《ローマ神話》サトゥルヌス神.《農耕司. ユピテル Júpiter 以前の黄金時代 edad de oro の主神, ギリシア神話のクロノス Cronos に相当》. ❸《錬金術で》鉛
ser un ～ 憂鬱な性格である, ネクラである

sauale [sawále] 男《フィリピン》[サトウキビの皮で作った] すだれ, 日除け

saucal [saukál] 男 セイヨウニワトコ林

sauce [sáuθe]《←ラテン語 salix, -icis》男《植物》ヤナギ(柳): ～ blanco セイヨウシロヤナギ. ～ llorón/～ de Babilonia シダレヤナギ

sauceda [sauθéda] 女 柳林

saucedal [sauθeðál] 男 =**sauceda**

saucera [sauθéra] 女 =**sauceda**

saucillo [sauθíʎo] 男《植物》ミチヤナギ(路柳)

saúco [saúko] 男 ❶《植物》セイヨウニワトコ. ❷ [馬の蹄を覆う] 2枚目の角質層

saudade [sauðáðe] 女《←ポルトガル語》《文語》望郷の念, 郷愁, 懐かしさ, 人恋しさ: sentir ～ de su tierra 故郷を懐かしく思う

saudadoso, sa [sauðaðóso, sa] 形 =**saudoso**

saudí [sauðí] 形 名《複 ～[e]s》❶《国名》サウジアラビア Arabia Saudí〔人〕の; サウジアラビア人. ❷《歴史》イブン・サウド Ibn Saud 王朝の《1880～1953》

saudita [sauðíta] 形 名 =**saudí**

saudosismo [sauðosísmo] 男《文語》望郷の念にかられやすいこと

saudoso, sa [sauðóso, sa]《←ポルトガル語》形《文語》望郷の念 saudade を抱いた, 懐かしい, 人恋しい

saúgo [saúɣo] 男《カナリア諸島》トウモロコシの小さな穂軸

Saúl [saúl] 男《旧約聖書》サウル《預言者サムエルに油を注がれた古代イスラエル初代の王. ダビデに人々の賞讃が集まるのを妬んだ》

sauna [sáuna]《←フィンランド語》女 サウナ《風呂, 浴場》: meterse en una ～ サウナに入る

sauquillo [saukíʎo] 男《植物》カンボク《=**mundillo**》

Saura [sáura]《人名》Antonio ～ アントニオ・サウラ《1930～98, スペインの画家・作家. 1957年前衛芸術家集団エル・パソを結成. 内戦後のスペインのアンフォルメル芸術 informalismo の巨匠》
Carlos ～ カルロス・サウラ《1932～, スペインの映画監督・脚本家. 『狩り』*La Caza*, アントニオ・ガデス Antonio Gades 主演の『血の婚礼』*Bodas de sangre*, 『カルメン』*Carmen*, 『恋は魔術師』*El Amor brujo*》

saurio, ria [sáurjo, rja] 形 トカゲ亜目の
── 男 ❶《動物》複 トカゲ亜目. ❷ 恐竜

sauropoda [sauropóða] 女《古生物》竜脚下目, カミナリ竜

saurópodos [saurópoðos] 男 複 =**sauropoda**

sausería [sausería]《←仏語 saucerie》女 [王宮・高級レストランの] 配膳係

sausier [sausjér]《←仏語 saucier「ソース作り専門のコック」》男 [王宮・高級レストランの] 配膳係シェフ

sauté [soté]《←仏語》男《料理》ソテー

sautor [sautór]《←仏語 sautoir》男《紋章》X形(斜め)十字

sauvástica [sauβástika] 女 まんじ

sauz [sáuθ] 男《複 ～ces》《植物》=**sauce**

sauzal [sauθál] 男 =**sauceda**

sauzgatillo [sauzɣatíʎo] 男《植物》チェストベリー, チェストツリー, イタリアニンジンボク《学名 Vitex agnuscastus》

savarín [saβarín]《←仏語 savarin》男《菓子》サバラン

savan [saβán]《←仏語 savant》男《医学》síndrome del ～ サヴァン症候群《=síndrome del sabio》

savantismo [saβantísmo] 男《医学》サヴァン症候群《=síndrome del sabio》

savia [sáβja]《←ラテン語 sapa「濃縮されたワイン」》女 ❶ 樹液: ～ ascendente (descendente)/～ bruta (elaborada) 上昇(下降)樹液. ❷《文語》精気, 活力: Los jóvenes son la ～ que la sociedad necesita para renovarse. 若者は社会が刷新する時に必要な活力源である

savoir faire [sabwár fér]《←仏語》男 世間知, 処世術

saxafrax [sa(k)safrá(k)s] 女《単複同形》《植物》ユキノシタ《=**saxífraga**》

saxátil [sa(k)sátil] 形《生物》岩生の, 岩にへばりついて育つ

sáxeo, a [sá(k)seo, a] 形 石の, 岩の

saxífraga [sa(k)sífraɣa] 女《植物》❶ ユキノシタ. ❷ =**sasafrás**

saxifragáceo, a [sa(k)sifraɣáθeo, a] 形 ユキノシタ科の
── 女 複《植物》ユキノシタ科

saxifragal [sa(k)sifraɣál] 形 ユキノシタ目の
── 男 複《植物》ユキノシタ目

saxifragia [sa(k)sifráxja] 女《植物》=**saxífraga**

saxo [sá(k)so]《saxofón の略語》男《音楽》サックス: ～ alto (tenor) アルト(テナー)サックス

saxofón [sa(k)sofón]《←Sax (人名)》男《音楽》サキソフォン: ～ soprano ソプラノサキソフォン
── 名 サキソフォン奏者

saxofonista [sa(k)sofonísta] 名 サキソフォン奏者

saxófono [sa(k)sófono] 男 =**saxofón**

saya [sája]《←俗ラテン語 sagia》女 ❶《服飾》1) [民族衣装などの] フリルのある長スカート, ペチコート《重ね着することがある》. 2)《古語》[男性・女性用の] チュニックのような服. 3)《キューバ》i) ～ pantalón キュロットスカート. ii) 巻きスカート. ❷《アンデス》女性

sayagués, sa [sajaɣés, sa] 形 名 ❶《地名》サヤゴ Sayago の《サモラ県のなだらかな牧草地帯》. ❷ 粗野な, がさつな
── 男《スペイン古典劇で》ひなびた物言い

sayal [sajál] 男 毛織物, 粗ラシャ; その衣類

sayalería [sajalería] 女 毛織物 sayal 業

sayalero, ra [sajaléro, ra] 男 毛織物 sayal 職人

sayalesco, ca [sajalésko, ka] 形 毛織物 sayal の

sayalete [sajaléte] 男 薄手の毛織物 sayal

sayama [sajáma] 女《エクアドル》蛇の一種

sayo [sájo]《←saya》男 ❶《古語的》[農民・芸術家などの着る, ボタンなしで膝までの] 簡単なゆったりした服, チュニック, スモック. ❷《軽蔑》野暮ったいスカート(ドレス)
cortar a+人 *un* ～ …の陰口を言う
decir para su ～ 心の中で思う, ひとりごとを言う

sayón [sajón]《←俗ラテン語 sagio, -onis》男 ❶ [雇われて] 暴力をふるう人, 用心棒; [顔つきが] 恐ろしげな人, 強面(がお)の男. ❷ [聖週間の行列で] チュニック姿で歩く信徒. ❸《イベリア半島の海岸部に生育. 学名 Obione portulacoides》. ❹《歴史》[中世の都市自治体の] 法の執行吏, 執達吏. ❺《古語》死刑執行人

sayona [sajóna] 女《ベネズエラ. 口語》[夜更かし子供をおびえさせる] 亡霊, 幽霊

sayonaras [sajonáras] 女 複《ペルー》[主にかかとのない] 紐で足に結びつけるサンダル

sayuela [sajwéla] 形 イチジクの
── 女 ❶ [聖職者の着る] 粗布 estameña 製のシャツ. ❷《狩猟》おとりのシャコが入った鳥かごを覆う緑色のカバー. ❸《キューバ. 服飾》ペチコート

sayuelo [sajwélo] 男《レオン. 古語》[ラ・マラガテリア La Maragatería の女性たちの服の] スリットの入った袖

saz [sáθ] 男《地方語. 植物》=**sauce**

sazón [saθón]《←ラテン語 satio, -onis「種まきの時期」< satus < serere「種をまく」》女 ❶ 成熟[した状態], 円熟: Las mies está en ～. 穀類が熟している. ❷ 味, 味付け[の具合い]: Echa sal y pimienta hasta darle el punto de ～. 彼はちょうどいい味になるまで塩コショウを加えた. ❸ 好機, チャンス: Tengo que encontrar la ～ apropiada para hablar. 私は話を切り出すチャンスを見つけなければならない. ❹《農業》植え付けに適した土の状態. ❺《中南米》美味
a la ～《文語》その時, 当時: *A la* ～ *el escritor había decidido no escribir novelas de aventuras.* その時作家は冒険小説を書くことをやめようと決めていた

en ～ 折よく、ちょうどいい時に
fuera de ～ 折悪しく、あいにく、間の悪い時に
── 形《中南米》[果物などが] おいしい、熟した
sazonadamente [saθonaðaménte] 副 折よく、ちょうどいい時に
sazonado, da [saθonáðo, da] 形 ❶ [文章・言葉が] 気のきいた、味わい深い、中味の濃い、内容のある。❷ 食べ頃の、旬(しゅん)の; おいしい、味のよい
sazonador, ra [saθonaðór, ra] 形 味つけをする; 味を添える
sazonamiento [saθonamjénto] 男《まれ》味つけ、調味
sazonar [saθonár] 《←sazón》他 ❶ …に味つけをする、調味する; 塩コショウする: guiso muy bien *sazonado* ほどよく味のきいた煮込み。❷ 熟させる; [土壌を] 改善する: ～ el campo con abonos 畑に肥料をやる。❸ …に妙趣を添える
── 自・～se [果物などが] 熟する、食べ頃になる: Las uvas *se sazonan* en otoño. ブドウは秋が旬(しゅん)である
S.C. 女《略語》←Sociedad Civil 社団法人; Sociedad Colectiva 合名会社
s/c《略語》←su casa 貴社、貴店
scalextric [eskaléstrik]《←商標》男 ❶《玩具》レーシングカー〖車と立体コースのセット〗。❷《古語》立体交差
scalp《←英語》男 頭皮剝離
scanner [(e)skáner]《←英語》男 =escáner
scat [(e)skát]《←英語》男《音楽》スキャット
scay [(e)skáj]《←英語》男 皮を模した合成素材
s/ch.《略語》←su cheque 貴小切手
scheelita [ʃelíta/selíta] 女《鉱物》灰重石(かいじゅうせき)
scherzo [(e)skértso]《←伊語》男《音楽》スケルツォ
schnauzer [esnáuθer]《←英語》男 シュナウザー
schop [ʃóp] 男《チリ》[ビールの] ジョッキ
schopería [tʃopería] 女《チリ、アルゼンチン、ウルグアイ》ビヤホール
schuss [tʃús]《←独語》男《スキー》急斜面での滑降
S.C.I. 女《略語》←Sociedad Comercial e Industrial 産業株式会社
SCLV 男《略語》←Servicio de Compensación y Liquidación de Valores 証券取引清算機構
SCN 男《略語》←Sistema de Cuentas Nacionales 国民勘定体系、SNA
scon [(e)skón] 男 =**escón**
scooter [(e)skúter]《←英語》男 スクーター〖=escúter〗
-scopia《接尾語》[観察、試験] crioscopia 氷点法
-scopio《接尾語》[観察・検査用器具、調べる道具] microscopio 顕微鏡
score [(e)skór]《←英語》男《複 ～s》《スポーツ》スコア、試合の結果
Scorza [skórθa]《人名》**Manuel** ～ マヌエル・スコルサ〖1928～83、ペルーの小説家。オドリア Odría 政権下で亡命して以降、反体制的な詩人として創作活動を開始する。すさまじい弾圧・抑圧・搾取に苦しめられている農民たちの世界を描いた小説『沈黙の戦い』*La guerra silenciosa*、『ランカスのための弔鐘』*Redoble por Rancas*〗
scotch [(e)skótʃi]《←英語》男 ❶《酒》スコッチウイスキー。❷ cinta ～《中南米》セロテープ
scout [(e)skáut]《←英語》形 名《複 ～s》ボーイ(ガール)スカウト[の]
scoutismo [(e)skautísmo] 男 =**escultismo**
scratch [(e)skrátʃ]《←英語》男 ❶《スポーツ》ハンディキャップを受けない走者。❷《ゴルフ》スクラッチ〖ゲーム〗。❸《音楽》[ディスクジョッキーの] スクラッチ
screen [(e)skrín]《←英語》男《プエルトリコ》網戸〖=mosquitera〗
screening [(e)skrínin]《←英語》男《複 ～s》《医学、経済》スクリーニング
script [(e)skríp]《←英語》男《映画》台本、スクリプト
── 名《映画》記録係、監督の秘書
s/cta.《略語》←su cuenta 貴勘定
scud [(e)skúd]《←英語》男 スカッドミサイル
scull [(e)skúl]《←英語》男《複 ～s》《スポーツ》スカル: doble ～ ダブルスカル
s.d.《略語》←sine die [本の刊行・書類の作成などの] 日付なし; su despacho 貴発送
S.D.《略語》←sin datos データ入手不能
sdad.《略語》←sociedad 会社

sdo.《略語》←saldo 残高、勘定尻
se [se]《←ラテン語 se》代 **I** 再帰代名詞の3人称単数・複数形 自分; それ自身〖語法〗再帰代名詞は1人称単数 me、2人称単数 te、3人称単数 se、1人称複数 nos、2人称複数 os、3人称複数 se と変化し再帰動詞 se を構成する。〖語法〗1) 再帰代名詞は常に動詞の前に置かれるが、不定詞・現在分詞・肯定命令形では語尾に付ける: No podía levantar*me*. 私は起きることができなかった。Me respondió levantándo*se*. 彼は起き上がりながら私に答えた。Leván*tate*. 起きなさい。2) 動詞句の場合《口語》では主動詞の前に置かれることがある: *Me* voy a levantar pronto. 急いで起きよう。3) 複合時制以外の過去分詞では再帰代名詞が消える: ¿Todavía estás levantada? まだ君は起きているの? ❶ [直接再帰: 再帰代名詞が他動詞の直接目的代名詞となる。主語=再帰代名詞] 自分を: 1) María *se* peina. マリアは髪をとかす。Narciso *se* miró en las aguas. ナルキッソスは水の中の自分を見た。*Me* lavo todos los días. 私は毎日体を洗う。Ninguna chica *se* cree guapa. 女の子は誰も自分が美人だとは思わない。¿Cómo *se* llama usted?—Me llamo Juan Tenorio. お名前は何といいますか?―フアン・テノリオといいます。2) [他動詞が再帰代名詞を伴うことによって自動詞の意味に変わる] i) [主語(人)と行為者は同じ] *Se* acercó a mí. 彼は私に近寄った。ii) [主語(人)と行為者は別] Esta tarde los alumnos han de examinar*se* de matemáticas. 今日の午後生徒たちは数学の試験がある。iii) [主語(事物)と行為者は別] El agua *se* evapora. 水が蒸発する。*Se* rompieron los cristales. ガラスが割れた。❷ [間接再帰: 再帰代名詞が他動詞の間接目的代名詞となる。主語=再帰代名詞] 1) 自分自身に: Ella *se* pregunta qué debe hacer. 彼女はどうすべきかを自問する。Antonio *se* ha construido un chalet (él solo). アントニオは(一人で)別荘を建てた。〖語法〗主語の行為であることを明らかにするためには solo や mismo をつける〗。2) [主語の所有を表わす: 身体の一部や衣服などを直接目的代名詞とする他動詞の…を: *Me* lavo el pelo. 私は髪を洗う。*Se* quitó los zapatos. 彼は靴を脱いだ。3) [主語にとっての利害得失] Recién *se* compró la casa. 彼は最近家を購入した。Jesús *se* rompió un brazo esquiando. ヘススはスキーをしていて腕を折った。❸ [相互再帰: 主語が複数あるいは集合名詞の場合] 互いに: 1) [直接再帰: 再帰代名詞が他動詞の直接目的代名詞となる] Nos conocimos en un viaje. 私たちは旅先で知り合った。*Se* miran unos a otros. 彼らは見つめ合う。Las galaxias *se* alejan unas de otras. 銀河系は互いに遠ざかっている。*Se* acusan mutuamente. 彼らは互いに非難し合う。2) [間接再帰: 再帰代名詞が他動詞の間接目的代名詞となる] Nos escribimos correos electrónicos. 私たちはメールを出し合っている。Juan y José *se* preguntan el uno al otro. フアンとホセは互いに質問し合う。*Se* comunican un[os] con otro[s]. 彼らは連絡を取り合う。3) [自動詞の相互再帰] Cuando *se* pelean, pasan meses sin hablar*se*. 彼らはけんかをすると、お互い一言も口をきかずに何か月も過ごす〖語法〗他動詞の再帰用法と区別する必要がある時は「相互」を意味する副詞 entre, unos a otros, mutuamente などを補うことがある〗。❹ [再帰動詞としてのみ使われるもの] *Se* queja de su desgracia. 彼は自分の不幸を嘆く。*Se* arrepiente después de hacer algo. 彼は何かした後で後悔する。*Se* jacta de su inteligencia. 彼は自分の知性を鼻にかけている。❺ [再帰動詞として使われると意味が変わるもの] La tapicería del sofá *se* parece mucho a la tela de las cortinas. ソファの布地はカーテンの生地とよく似ている。Ella no *se* acuerda de nada. 彼女は何も覚えていない。❻ [再帰代名詞を伴うことによって意味が強められたり、表現に微妙な変化が与えられる動詞] 1) [自動詞] Ya *me* voy, que es tarde. もう帰ります、遅いので。Mi abuelo siempre *se* duerme viendo la televisión. 私の祖父はいつもテレビを見ながら眠り込んでいる。*Se* ha marchado al extranjero. 彼は外国へ行ってしまった。*Se* muere de ganas de verte. 彼は君に会いたくて死にそうだ。Una manzana *se* ha caído del árbol. 木からリンゴが落ちた。2) [他動詞] *Me* bebí una botella de whisky. 私はウイスキーを1瓶空にした。José *se* comió paella para dos personas. ホセはパエリヤ2人前をぺろりと平らげた。*Se* ha llevado mis llaves sin darse cuenta. 知らない間に彼は私の鍵を持っていってしまった。**II** [再帰受け身; 主語は事物・不特定の人。se+他動詞の3人称 (単数・複数は主語に一致)] …される: *Se* come mucha carne en Argentina. アルゼンチンでは肉がたくさん食べられる。¡*Se* componen paraguas y sombrillas! 傘・日傘の修理しますよ! *Se* buscan dos depen-

dientas. 女性店員2名求む. Se prohibió entrar a los menores de edad. 未成年者の入場は禁止だった. En la reunión se elegirán los representantes. その会議で代表が選ばれるだろう. Se ha colocado una fuente en el parque. 公園に噴水が設置された. 〖語法〗1) 再帰受け身では, 行為者を表わす「por+定冠詞+名詞」と組むのは〈まれ〉: △La tubería se arregla por el fontanero. 配管は水道屋によって修理される. 2) 「再帰代名詞+能動態の動詞」を能動態と受動態の中間という意味で中間態 voz media と呼び, 動詞の示す行為あるいは自然界の現象が主語に起こることを表わすとする考え方がある: El barco se hundió. 船が沈んだ. Este coche se vende bien. この車はよく売れる. Se entusiasma con el teatro. 彼は演劇に熱中している. En primavera los campos se llenan de flores. 春になると野は花で満ちあふれる. ❽〖無人称文: 無主語で se+3人称単数形の動詞〗人は, ある人は, 人びとは 〖話し手を含むことも含まないこともある〗: En ese restaurante se come bien. そのレストランはおいしい. No se es feliz persiguiendo la felicidad. 幸福を追い求めると人は幸せではない. De noche se está bien aquí, al fresco. 夜はこの屋外にいると誰でも気持ちがいい. Entre los gitanos se respeta mucho a los ancianos. ジプシーたちの間では人々はお年寄りに敬意を払っている. Se dice que van a construir un rascacielos por aquí. このあたりに超高層ビルが建設されるそうだ. En la reunión se habló mucho sobre la crisis del sector. 会合ではその業界の危機がずいぶんと話題になった. 〖語法〗1) 次のような無人称文は多用されているが, 再帰受け身の方が推奨される: △Se vende pisos. マンション売ります. (=◯Se venden pisos.) △Se repara televisores. テレビ修理します. (=◯Se reparan televisores.) 2) 無人称文の se は動詞句に前置する: ×¿Con cuánto dinero puede vivirse bien aquí?/◯¿Con cuánto dinero se puede vivir bien aquí? ここではいくらお金があればいい暮らしができますか? 3) 再帰代名詞はすべての目的格代名詞に先行する: Se les pagará buen sueldo. 彼らには十分な給料が支払われるだろう. Se me ha caído la cafetera. 私はコーヒーポットをうっかり落としてしまった. Se te nota alegre. 君のうれしそうなのが分かる. ❾〖口語〗〖謙譲〗Siéntese un ratejo con nosotros, ¿hace?—Se agradece. しばらく私どもとお座りしていかがですか?—おそれいります.

se				
再帰動詞	levantarse			
yo	me	levanto	nosotros	nos	levantamos
tú	te	levantas	vosotros	os	levantáis
él			ellos		
ella	se	levanta	ellas	se	levantan
usted			ustedes		

II 〖間接目的代名詞の3人称単数・複数形: 間接目的代名詞3人称の le・les+直接目的代名詞3人称の lo・la・los・las の場合, 間接目的の le・les を se に変える: Le puse los zapatos a mi hijo. 私は子供に靴を履かせた. →Se los puse. Les compro caramelos. 私は彼らにキャンディを買ってやる. →Se los compro. 不定詞・現在分詞・肯定命令形の場合: Ella tiene que leer Fábulas de Esopo a su niña. 彼女は子供にイソップ物語を読んでやらなければならない. →Tiene que leérselas. Estoy escribiendo una tarjeta de felicitación de Año Nuevo a mis padres. 私は両親に年賀状を書いているところだ. →Estoy escribiéndosela. Dedica a su antiguo profesor tu primer libro. 恩師に君の最初の著書をお贈りするんだよ. →Dedícaselo.〗 Tenía pintados un poco los ojos y le volví a ver lo noté. 彼女は少しアイシャドーを塗っている, 私は彼女に会ってそれと気づいた. El estudio y todos los lujos de los hijos se los pagaba el padre, dueño del Gran Hotel. 息子たちのマンションやぜいたくな生活のすべてを, グランドホテルの父親が面倒を見ていた. ¿A quién se lo iba a decir?—No sé, a Emilio, a tus amigos, díselo si quieres.—No se lo diré, no te preocupes. 私どもにこれを言うというのかね?—さあ, エミリオにか, 君の友人たちにか. 彼らに言いたい, 言いなさい. —誰にも言いはしないよ, ご心配ご無用だ.

SE 〖略記〗←sureste 南東
S.E. 〖略記〗←Su Excelencia 閣下: *S.E.* el Presidente de la República 共和国大統領閣下
SEAT [seát] 囡〖略記〗←Sociedad Española de Automóviles de Turismo スペイン自動車会社, セアット社

seat only [sit ónli]〖←英語〗囲 日帰り旅行
seba [séba] 囡〖動物〗複足類の一枚貝の一種〖カキの養殖に被害を与える. 学名 Crepidula unguiformis〗
sebáceo, a [sebáθeo, a]〖←sebo〗形〖生理〗脂肪を分泌する, 皮脂腺の: *glándula* ~a 皮脂腺. quiste ~ 皮脂嚢胞
sebastianismo [sebastjanísmo] 囲 セバスティアン Sebastián 主義〖16世紀後半, ポルトガルを救済し繁栄に導く英雄の出現を待望する熱狂的メシア待望主義運動. 1578年国王セバスティアンがモロッコにおけるモーロ人との戦いで行方不明になり死亡したとされたことが原点〗
sebastiano [sebastjáno] 囲〖植物, 果実〗アッシリア・プラム〖学名 Cordia myxa〗
SEBC 囲〖略記〗←Sistema Europeo de Bancos Centrales 欧州中央銀行制度, ESCB
sebe [sébe] 囡 ❶〖長い枝をより合わせた〗柵囲い. ❷〖アストゥリアス〗生け垣, 垣根. ❸〖ビスカヤ〗〖低い山の〗灌木の茂み
sebera [sebéra] 囡〖チリ〗獣脂を入れる皮袋
sebestén [sebestén] 囲〖植物, 果実〗=sebastiano
sebiche [sebítʃe] 囲〖料理〗=cebiche
sebiento, ta [sebjénto, ta] 形〖チリ〗脂質の; 油染みた
sebillo [sebíʎo] 囲〖廃語〗〖手をすべすべにする〗獣脂; 石けん
sebiya [sebíja] 囡〖キューバ. 鳥〗ペニヘラサギ
sebo [sébo]〖←ラテン語 sebum〗囲 ❶〖ろうそく・石けんの原料になる〗獣脂, 脂身: vela de ~ 獣脂ろうそく. ❷〖人・動物の〗脂肪, 肥満度: Este cerdo tiene mucho ~. この豚はよく太っている. ❸ 脂汚れ, 油汚れ. ❹〖生理〗皮脂. ❺〖口語〗酔い, 酩酊
hacer ~ 〖ラプラタ. 口語〗のらくらする, サボる
poner ~ *a*+人〖コロンビア. 口語〗…をうんざりさせる, いやがらせをする
sebón, na [sebón, na] 形〖グアテマラ, アルゼンチン〗怠け者の, 怠惰な, 無精な
seboro [sebóro] 囲〖ボリビア. 動物〗川ガニの一種
seborragia [seborráxja] 囡 =seborrea
seborrea [seborréa] 囡〖医学〗脂漏
seborreico, ca [seborréiko, ka] 形〖医学〗脂漏性の
seboruco [seborúko] 囲〖キューバ〗海岸にある多孔質の石
seboso, sa [sebóso, sa] ❶ 脂質の, 脂気の多い; 脂身の: *carne muy* ~sa 脂身の多い肉. ❷〖口語〗肥満の: Últimamente Lola está ~sa. 最近ロラは太った. ❸〖口語〗垢まみれの 〖=mugriento〗. ❹ 油〖バター〗を塗った. ❺ 慇懃〖⛋〗無礼な, 下丁寧な
sebucán [sebukán] 囲〖キューバ, コロンビア, ベネズエラ〗❶〖潰したユッカから水分を取り, 粉 casabe を取り出すための〗ヨシ・ヤシ製のたも網. ❷ 民俗舞踊の一種
seca[1] [séka] 囡 ❶〖医学〗1)〖膿疱の〗乾燥期. 2) 腺梗塞〖⛋〗. ❷ 病害による植物の乾燥状態. ❸ 中洲, 砂洲. ❹〖地方語〗旱魃〖⛋〗〖=sequía〗. ❺〖アンダルシア. 料理〗薄く伸ばしたパイ生地. ❻〖アルゼンチン〗喫煙者が吸い込むタバコの煙の量
secada [sekáda] 囡〖中南米〗乾かすこと, 乾燥〖=secado〗
secadal [sekadál] 囲 ❶ 乾燥地. ❷ 灌漑設備のない土地
secadero, ra [sekadéro, ra]〖←ラテン語 siccatorium〗形〖果実・タバコなどが〗乾燥保存に適した, 乾燥用の
—— 囲 乾燥室, 乾燥場; 乾燥機, 乾燥設備: ~ de jamón ハムの乾燥室. ~ de tabaco 葉タバコ乾燥場
—— 囡〖中南米. 農業〗〖タバコなどの〗病気の一種
secadillo [sekadíʎo] 囲 砕いたアーモンドの実・レモンの皮・砂糖・卵白で作る菓子
secadío, a [sekadío, a] 形 乾きがちの, 干上がった: *arroyo* ~ 涸〖⛋〗れた小川
secado [sekádo] 囲 乾かすこと, 乾燥: ~ de la ropa 洗濯物を干すこと. ~ del pelo 髪を乾かすこと
secador, ra [sekadór, ra] 形 乾かす
—— 囲 ❶〖髪・手などの〗ドライヤー: ~ de pelo ヘアドライヤー. ❷〖メキシコ, グアテマラ, ベネズエラ, ニカラグア, ペルー, ボリビア〗〖台所用の〗布巾. ❸〖ペルー, チリ, ウルグアイ〗〖紐を格子状に張った〗衣類乾燥台. ❹〖ペルー, アルゼンチン〗タオル. ❺〖アルゼンチン〗〖柄の付いた〗ゴム製の床拭き具
—— 囡 ❶〖衣類などの〗乾燥機. ❷〖メキシコ〗ヘアドライヤー
secafirmas [sekafírmas] 囲〖単複同形〗〖インク〗吸い取り紙
secaje [sekáxe] 囲 =secado
secamanos [sekamános] 囲〖単複同形〗ハンドドライヤー
secamente [sékaménte] 副 ❶ 冷淡に, ぶっきらぼうに, 無愛想

secamiento [sekamjénto] 男 乾かす(乾く)こと

secano, na [sekáno, na] 《←seco》形 ①《まれ》灌漑(然)設備のない. ❷《地方語》乾いた; 細い ―― 男 灌漑設備のない農地: cultivo de ～ 乾地農法. ❷ 洲, 中洲, 《沿岸の》砂地の小島 **de ～**《西》1)《口語》[人が] 濡れるのが嫌いな, 風呂嫌いな; 内陸部の住民で水に慣れていない. 2)《戯語》[人が] 習慣としてあまり水を飲まない《主に否定文で》. 3)《口語》[人が] 働かない. 4)《軽蔑》[弁護士が] はやらない, 成功していない

secansa [sekánsa]《←仏語 séquence》女《トランプ》31に似たゲーム, シークエンス

secante [sekánte] I《←ラテン語 siccans, -antis < siccare「乾かす」》形 ❶ 乾かす; 速乾性の: aceite ～ 乾性油. ❷ 不快な, 迷惑な. ❸《ラプラタ. 口語》退屈な. ❹《ウルグアイ》悪運をもたらす, ついていない ―― 男《サッカーなど》厳しいマークで相手選手のプレーを封じる人 ―― 男 ❶ 吸取紙〔=papel ～〕: pasar el ～ sobre la firma 署名の上に吸取紙を当てる. ❷〔塗料の〕乾燥剤 II《←ラテン語 secans, -antis < secare「切る」》形《幾何》❶〔線・面が他の線・面と〕交わる, 交差する ―― 女《幾何》❶ 割線〔=línea ～〕. ❷ [三角法の] 正割, セカント〔=～ de un ángulo〕

secapelos [sekapélɔs] 男《単複同形》ヘアドライヤー〔=secador〕

secaplatos [sekaplátɔs] 男《単複同形》❶〔食器の〕水切りかご〔=escurreplatos〕. ❷《ボリビア, チリ》paño ～ 布巾

secar [sekár]《←ラテン語 siccare「乾かす」》他 乾かす, 干す: Hay que ～ la ropa mojada al sol. ぬれている洗濯物は日に干さねばならない. ～ higos al aire イチジクを空気乾燥させる. ❷ 拭く, ぬぐう: ～ los platos con un paño 布巾で皿を拭く. ～ a+人 las lágrimas …人の涙を拭いてやる. ❸ 枯らす: El calor *ha secado* la hierba. 暑さで草が枯れた. ❹ 無感動にする, 心をすからびさせる. ❺《サッカーなど》厳しいマークで相手選手のプレーを封じる. ❻〔傷などを〕癒合させる, 治す. ❼ うんざりさせる, いら立たせる. ❽《まれ》横領する. ❾《ウルグアイ》悪運をもたらす ―― **～se** ❶ 乾く: El pan *se ha secado*. パンが乾いた. ❷〔自分の体を〕拭く: Mi hermana *se está secando* el pelo con la toalla. 私の姉はタオルで髪を拭いている. *Se secaba* la sangre de la boca. 彼は口の血をぬぐった. ～*se* los ojos 涙を拭く. ❸〔川などが〕干上がる: *Se secó* el estanque. 池が干上がった. ❹〔植物が〕しおれる, 枯れる: Las plantas *se han secado* por falta de riego. 水不足で植物が枯れた. ❺〔人が〕無感動になる, 心が干からびる; 気が狂う. ❻〔肌が〕荒れる. ❼《口語》喉がからからに渇く. ❽〔口語〕癒合する, 治る. ❾ うんざりする, いら立つ. ❿《まれ》痩せ細る, やつれる

secaral [sekarál] 男 =**secarral**

secarón, na [sekarón, na] 形《地方語》非常に乾燥した

secarral [sekařál] 男 非常に乾燥した土地〔=sequedal〕

secarropas [sekařópas] 男《単複同形》《ラプラタ》[洗濯物の] 乾燥機

secatón, na [sekatón, na] 形《まれ》面白みのない, 味気ない

secatura [sekatúra] 女《まれ》味気なさ, 退屈, うんざりすること

secayó [sekajó] 男《ラマンチャ, ムルシア. トランプ》ブリスカ brisca に似たゲーム

sección [seɣθjón]《←ラテン語 sectio, -onis < secare「切る」》女 ❶ [会社などの] 課, 部門: Miguel trabaja en la ～ de informática de esa empresa. ミゲルはその企業の情報処理課で働いている. ～ de contabilidad 経理課. ❷〔デパートなどの〕売場: ～ de comestibles 食品売り場. ❸ 部分, 区画, [バスなどの] 区間: una ～ del edificio ビルの一画. ❹〔新聞・雑誌の〕欄; 〔本の〕節: ～ de anuncios 広告欄. Ese capítulo consta de tres *secciones*. その章は3節から成っている. ❺〔オーケストラなどの〕楽器部: ～ de cuerdas 弦楽器のパート. ～ rítmica リズムセクション. ❻《軍事》小隊: Lo nombraron teniente de ～ de la primera compañía. 彼は第1中隊第2小隊の中尉に任命された. ❼ 断面図, 切断面: 横断面〔=～ trans-versal〕: ～ de la región lumbar 腰部の断面図. ～ longitudinal de una mina. 抗道の縦断面図. ～ transversal de un barco 船の横断面図. ～ áurea 黄金分割. ～ cónica 円錐の断面. ～ eficaz《物理》断面. ～ transversal《経営》クロス・セクション〔分析〕. ❽ 切断, 切開: Una pequeña ～ en el tronco es suficiente para que salga la resina del pino. 少し切を切るだけで松ヤニが出てくる. hacer una ～ en la piel 皮膚を切開する

seccionador, ra [sɛ(k)θjonaðór, ra] 形 切断〔分割・区分〕する ―― 男《電気》断路器

seccional [sɛ(k)θjonál] 形 ❶《コロンビア》部署〔=sección〕. ❷《ラプラタ》警察の管区; 警察署

seccionamiento [sɛ(k)θjonamjénto] 男 切断, 分割, 区分

seccionar [sɛ(k)θjonár] 他 切断〔分割・区分〕する: La cuchilla le *seccionó* el dedo al operario. 作業員はナイフで指を切断した

secco [séko] →**recitativo** secco

secesión [seθesjón]《←ラテン語 secessio, -onis < secedere「分かれる」< se-〔分離〕+cedere「立ち去る」》女 ❶《政治》分離独立〔運動〕: Guerra de S～《米国の》南北戦争. ❷〔芸術運動・政治組織などからの〕離脱, 脱退: La ～ de un grupo de dadaístas dio lugar al Surrealismo. 一グループがダダイスムを離脱したことによってシュルレアリスムが生まれた

secesionar [seθesjonár] 他 …から分離独立する; 脱退する

secesionismo [seθesjonísmo] 男《政治》分離独立主義〔運動〕

secesionista [seθesjonísta] 形 名 ❶《政治》分離独立主義の〔主義者〕. ❷ 離脱の, 脱退の

seceso [seθéso] 男《廃語》排便

seco¹ [séko] 男 ❶《パナマ》サトウキビから作った白色の蒸留酒. ❷《コロンビア》メインディッシュ. ❸《ペルー》肉・魚・ジャガイモなどで作るクレオル風料理. ❹《チリ》1)《口語》[頭などへの] 殴打, 打撃. 2)〔こま遊びで〕こまの先を別のこまにぶつけること

seco², ca² [séko, ka]《←ラテン語 siccus》形 ❶ 乾いた, 乾燥した《⇔mojado》: La ropa ya está *seca*. 洗濯物はもう乾いている. ❷ [estar+. 川・井戸などが] 干上がった: El arroyo está ～. 小川が涸れている. manantial ～ 涸れた泉. Tengo que hacer un regalo y estoy ～ de ideas. 私は何か贈り物をしなければならないのにアイデアが尽きている. ❸〔植物が〕しおれた, しなびた; 枯れた: árbol ～ 枯れ木. hojas *secas* 枯れ葉. ❹《口語》喉がからからの: Tenía la boca *seca* de miedo. 私は怖くて口の中が渇いていた. ❺《料理》1)[果実・魚などを] 干した, 干物にした: higos ～s サトウイチジク. bacalao ～ 干ダラ. 2)〔こま遊びで〕ジューシーでない, ぱさぱさの. 3)〔煮込みが〕スープなしの: guiso ～ de gallina 鶏の蒸し煮. ❻ [ser・estar+. 気候・土地が] 乾燥した: El clima en Andalucía es muy ～. アンダルシアの気候は非常に乾燥している. La tierra está *seca* por la falta de lluvia. 雨が降らないので土地が乾燥している. país ～ 乾燥した国. ❼ [ser+. 皮膚・髪が] 脂気のない《⇔graso》: cutis ～ 乾燥肌. cabello ～s 傷んだ髪. ❽〔果実が〕殻の堅い, ナッツ類の. ❾ [ser+. 酒の] 1) 辛口の《⇔dulce》. 2)〔蒸留酒が〕混ぜ物のない. ❿ [打撃・音が] 余韻のない, 乾いた;《音楽》音が鋭く切られた, セッコの: dar un golpe ～ ゴツンと〔激しく〕叩く. sonido ～ 高く乾いた音. ⓫ 厳格な: sentencia *seca* 厳しい判決. ⓬ 冷淡な, 無愛想な, 厳しい: Me contestó con un «no» ～. 彼はぶっきらぼうに「ノー」と答えた. Su padre es muy ～. 彼の父親はとてもぶっきらぼうだ. respuesta *seca* つっけんどんな返事. ⓭ 面白味のない, 味わいに欠ける: El estudio de las matemáticas es ～. 数学の勉強は無味乾燥だ. dueño de un estilo ～ 堅苦しい文体の持ち主. ⓮ 信仰心のない, 堅苦しい. ⓯ [口語] [人が] 痩せこけた, 痩せぎすの: estar ～ como un palo がりがりに(骨と皮ばかりに)痩せている. ⓰《口語》感激した, 呆然とした. ⓱ 不妊の. ⓲ 付加のない: cobrar el sueldo ～ 給料の基本の給だけを受け取る. una semana a pan ～ パンだけの1週間. ⓳ [人が] 酒を飲まない, 下戸の, [パーティーが] 酒抜きの. ⓴《建築》空(窓)積みの: pared *seca* 空積み壁. ㉑《化学》溶剤を使わない **a secas** 単独で, それだけで: tomar una cerveza *a secas* おつまみなしでビールを飲む. En EEUU, al fútbol americano lo llaman football *a secas* y al football lo llaman soccer. 米国ではアメリカンフットボールは単にフットボールと呼ばれ, フット

ボールはサッカーと呼ばれている. Me dijo *a secas* que no. 彼は私は違うよとだけ言った
***dejar** a*+人 — 1)…を即死させる: Le *dejó* ~ de un tiro. 彼は1発で死んだ. 2) 呆然とさせる
***en** ~ 1) 陸に上がって; 乾いた所で. 2) 突然: Mi bebé se calló *en* ~. 私の赤ん坊は突然静かになった. parada *en* ~ 急停止. frenar *en* ~ 急ブレーキを踏む. 3) 理由もなく; 実行手段を持たずに. 4) lavado (limpieza) *en* ~ ドライクリーニング. lavar (limpiar) *en* ~ ドライクリーニングをする. 5)《建築》piedra *en* ~ [モルタルを使わない] 石材空(から)積み
***quedarse** ~《口語》即死する
***ser** ~ **para**+事《チリ》…に熱心である
***tener** ~ *a*+人《コロンビア,チリ,アルゼンチン,ウルグアイ》…にとって十分である, うんざりしている
***tomar**[**se**]... **al** ~《チリ》[酒を] ストレートで飲む; 一気に飲む
—— 男《コロンビア.料理》メインディッシュ

secoya [sekója] 女 =**secuoya**
secre [sékre] 名《口語》秘書〔=secretario〕
secreción [sekreθjón]《←ラテン語 *secretio, -onis*「分離」》女 ❶《生理》分泌(作用); 分泌物, 分泌液: ~ interna (externa) 内(外)分泌. ❷ 分離, 解氷
secreta[1] [sekréta] 名《西・口語》秘密警察官, 私服刑事〔=*policía* ~〕
—— 女 ❶《カトリック》密誦《ミサでパンとワインの奉献 offertorio の前に行われる祈り》〔=*oración* ~〕. ❷ 秘密警察. ❸《大学の》卒業試験. ❹ [弾劾された人・査問される人に対する] 秘密調査. ❺《廃語》便所
secretamente [sekrétaménte] 副 ひそかに, 秘密裏に, そっと, 内緒で
secretar [sekretár]《←ラテン語 *secretum*》他《生理》分泌する: ~ la hormona de crecimiento 成長ホルモンを分泌する
secretaría [sekretaría]《←secretario》女 ❶ 秘書課, 事務局, 書記局《組織, 場所》; 事務室: La ~ de la empresa está en el primer piso. 会社の秘書室は2階にある. S~ 女 Gereral de las Naciones Unidas 国連事務局. ❷ 秘書, 書記. ❸ 秘書(書記・幹事)の職《地位・任務》: Le han ofrecido la ~ de asociación a Pilar. ピラールは連盟の秘書の仕事をもらった. ❹《西》~ de Estado 大臣の職. 《S~, メキシコなどの》S~ de Estado《米国など》国務省. S~ de Relaciones Exteriores《メキシコ》外務省
secretariado [sekretarjáðo] 男 ❶ 秘書学: estudiar ~ 秘書学の勉強をする. curso de ~ 秘書養成科. ❷ 秘書課, 事務局, 書記局.《集合》事務職員, 秘書, 書記. ❸ 秘書(書記・幹事)の職〔=secretaría〕: ~ del partido 党書記局. ❹ 女《=secretaría》: S~ del Medio Ambiente 環境省(庁)
secretarial [sekretarjál] 形 秘書の, 書記の: estudios ~ es 秘書学
secretario, ria [sekretárjo, rja]《←ラテン語 *secretarium* < *secretus*「離れた, 秘密」》名 ❶ 事務職員, 秘書; 秘書官: Nuria trabaja de ~*ria* en un bufete de abogados. ヌリアは弁護士事務所で事務職員として働いている. Es ~ *ria* del director general. 彼女は総支配人の秘書である. Tiene una ~*ria* particular a su sobrina. 彼は姪を私設秘書にしている. ~ de dirección 社長付秘書; 大臣秘書官. ~ de imagen 広報担当員, 渉外係. ~ de prensa 報道官. ~ de rodaje《映画》スクリプター. ❷ 書記, 幹事;《大使館の》書記官〔= de embajada〕: primer ~ 一等書記官; 第一書記. ~ general 書記長, 幹事長, 事務局長《スペインなどで政党・労働組合の最高指導者》. ~ general de las Naciones Unidas 国連事務総長. ~ judicial 裁判所の書記. ~ municipal 町役場の書記. ❸ ~ de Estado《西》副大臣, 次官〔*ministro* y subsecretario の間》. S~ de Estado (de Defensa) de los Estados Unidos 米国の国務(国防)長官. ~ adjunto《西》次官補. ❹ ~ de redacción [雑誌の] 割付係;[新聞の] 整理部員. ❺《メキシコ, ウルグアイ》大臣
—— 男《鳥》ヘビクイワシ〔=*pájaro* ~〕
—— 男《廃語》秘密を明かせる, 腹心の

secretear [sekreteár]《←secreto》自 他 ひそひそ話(内緒話)をする, ささやく: Es de mala educación ~ delante de los compañeros. 同僚の目の前でひそひそ話をするのは失礼だ
—— ~**se**《中南米》耳元にささやく
secreteo [sekretéo] 男 ひそひそ話, 内緒話

secreter [sekretér]《←仏語 *secrétaire*》男 書き物机
secretero, ra [sekretéro, ra]《地方語》形 内緒事の好きな
secretina [sekretína] 女《生化》セクレチン
secretismo [sekretísmo] 男 秘密厳守, 秘密主義
secretista [sekretísta] 形 ❶ 自然の秘密について書く(人). ❷ ひそひそ話の好きな
secreto[1] [sekréto]《←ラテン語 *secretus*「離れた場所, 辺鄙な所」》男 ❶ 秘密, 内緒事, 秘め事; 機密: guardar un ~ 秘密を守る. divulgar (revelar) un ~ ajeno 他人の秘密を漏らす(あばく). con gran ~ こっそりと, ごく内々に. ~ bancario 銀行の守秘義務. ~ de alcoba 閨房秘話. ~ de estado 国家機密. ~ de fabricación 企業秘密. ~ de la correspondencia 信書の秘密. ~ militar 軍事機密. ~ profesional 職業上の秘密. ~ sumarial/~ del sumario 裁判手続き上話せないこと. ❷ 秘訣, コツ, 極意: Esta receta es un ~ de cocina. このレシピには料理のコツが書いてある. ~ del éxito 成功の秘訣. ❸ 神秘(的なこと), 謎: ~s del origen de la vida 生命の起源の謎. ~ del comportamiento humano 人間の行動をめぐる謎. ❹ [家具の中にこしらえられた] 秘密の隠し場所. ❺ [錠前の] からくり, 秘密の鍵の開け方. ❻《音楽》共鳴板
***en el** ~ **de**+事…について熟知している
***en** ~ こっそりと, 秘密に: hablar *en* ~ 内緒話をする. verse *en* ~ 逢いびきする. tener (guardar・llevar) *en* ~ 秘密にする
~ a voces 公然の秘密: Lo de tu boda es ya un ~ *a voces*. 君が結婚することはもう公然の秘密になっている

secreto[2], **ta** [sekréto, ta] 形 ❶ 秘密の, 内密の; 機密の: guardar el tesoro en un lugar ~ 宝を秘密の場所に隠す. unirse en matrimonio ~ 隠れて結婚する. agente ~ 秘密諜報員, スパイ. policía ~ 秘密警察官. arma ~*ta* 秘密の武器. documento ~ 機密文書. envidia ~*ta* ひそかな羨望. puerta ~*ta* 隠しドア, 隠し戸. ❷ 隠し立てする, 口の堅い. ❸《カトリック》oración ~*ta* 密誦〔=secreta〕

secretor, ra [sekretór, ra] 形《生理》分泌(液)の: glándula ~*ra* 分泌腺
secretorio, ria [sekretórjo, rja] 形 =**secretor**
secta [sékta]《←ラテン語 *secta*「生き方」< *sectum* < *sequi*「従う」》女 ❶ 〔主に宗教上の〕分派, 宗派; 異端派: ~ religiosa 新興宗教, カルト教団. ❷ 宗派, セクト; 学派: formar una ~ 一派を作る(立てる)
sectador, ra [sektaðór, ra] 形 名《まれ》=**sectario**
sectario, ria [sektárjo, rja]《←secta》形 ❶ 分派の(人): Las agrupaciones ~*rias* no están bien vistas por la Iglesia. ローマ教会は宗派でまとまることをよしとしていない. no ~ 無党派の(人), ノンセクトの(人). ❷ セクトの(人), 無教会派の(.). ❷ セクトの(人), 排他的な(人), 偏狭な(人); 狂信的な(人): Actúan por una actitud ~*ria*. 彼らはセクト的な態度で行動している
sectarismo [sektarísmo] 男《軽蔑》党派心, 派閥主義, セクト主義, セクショナリズム
séctil [séktil] 形《技術》切断され得る
sector [sektór]《←ラテン語 *sector, -oris*「切る道具」< *secare*「切る」》男 ❶ 部門, 分野: 1) Un ~ de la opinión pública rechaza el divorcio. ある方面の世論は離婚制度に反対している. ~ externo 対外部門. ~ público (privado) 公共(民間)部門. 2) 〔産業〕~ agrario 農業(部門). ~ de servicios サービス産業. ~ primario (secundario・terciario) 第1(2・3)次産業. ~ cuaternario 第4次産業《情報産業, レジャー産業など》. 3)《社会学》~ estructurado インフォーマルセクター. no ~ estructurado / informal インフォーマルセクター. ~ intermedio 中間層. ~ marginado (marginal) 貧困階層. ❷ 地区, 区域: en el ~ norte de la ciudad 町の北部地域で. ~ derecho del cine 映画館の右側の座席. ❸ 分派, 党派: el ~ más radical del partido 党内の最過激派. ❹《幾何》扇形〔= ~ circular〕: ~ esférico 球底円錐. ❺《軍》セクター
sectorial [sektorjál] 形 部門ごとの, 部門に分かれた, 分野の: estudio ~ 分野別研究. política ~ 産業別政策. ❷ 地区の, 局部的な. ❸《幾何》扇形の
sectorialización [sektorjaliθaθjón] 女 =**sectorización**
sectorización [sektoriθaθjón] 女 部門への配分; 地域への割り当て
sectorizar [sektoriθár] 9 他 [活動・権限を] 部門に配分する; 地域に割り当てる

secua [sékwa] 安《キューバ, プエルトリコ, ベネズエラ. 植物》ウリ科の一種《学名 Fevillea cordifolia》

secuacidad [sekwaθiðá(ð)] 安《まれ》傾倒, 盲従

secuano, na [sekwáno, na] 形 名《歴史》セクアニ族〔の〕《ガリアの一部族》

secuaz [sekwáθ] 《←ラテン語 sequax, -acis「従順な」< secundus「次の人」< sequi「続く」》形《蔑》~ces〔軽蔑〕〔熱心な〕信奉者〔の〕, 追従する〔人〕; 取巻きの, 子分の: El tren fue asaltado por el Billy el Niño y sus *secuaces*. 列車はビリー・ザ・キッドとその手下どもに襲われた

secuela [sekwéla]《←ラテン語 sequela「随員, 結果」》安 ❶〔主に悪い〕影響, 結果: La crisis actual es la ~ del anterior derroche y falta de previsión. 将来のことも考えずに金を浪費した結果, 今の危機がやってきた. ❷《医学》後遺症, 余病: Esta enfermedad deja frecuentemente ~s serias. この病気はひどい後遺症が残ることが多い. ❸《チリ》裁判の経過〔進行〕

secuencia [sekwénθja]《←ラテン語 sequentia「連続, 一続き」》安 ❶ 連続, 一続きの事物: Oí una ~ de ruidos. 物音が続いて聞こえた. ~ de números pares 偶数が続くこと. ❷《映画》シークエンス, 一続きの映像〔場景〕. ❸《数学》列, 数列. ❹《情報》シーケンス, 順序. ❺《文法》〔文中の〕語順. ❻《音楽》続唱, セクエンツィア; 反復進行. ❼《カトリック》〔ミサ曲の〕続誦. ❽《まれ》結果〔= consecuencia〕

secuenciación [sekwenθjaθjón] 安 順序づけ, 逐次配列

secuenciador, ra [sekwenθjaðór, ra] 形 順序づける
—— 男《情報, 音楽》シーケンサー

secuencial [sekwenθjál] 形 一連の; 連続〔要素・演算〕の: acceso ~《情報》逐次アクセス, 順アクセス. control ~ シーケンス制御. sistema ~ 逐次システム

secuenciar [sekwenθjár] 他 順序づける, 逐次配列する

secuestración [sekwestraθjón] 安 ❶ 誘拐. ❷ 乗っ取り, ハイジャック〔= secuestro〕

secuestrador, ra [sekwestraðór, ra] 形 ❶ 誘拐する. ❷ 乗っ取る, ハイジャックする; 人質をとる. ❸《法律》差し押さえる, 押収する
—— 名 ❶ 誘拐犯. ❷ 乗っ取り犯, 立てこもり犯. ❸《法律》差し押さえ人

secuestrar [sekwestrár]《←ラテン語 sequestrare < sequester「受託者, 仲介者」》他 ❶ 誘拐する: Unos encapuchados *secuestraron* al hijo de un industrial. 目出し帽をかぶった数人の男たちが実業家の子息を誘拐した. ❷〔飛行機・船などを〕乗っ取る, ハイジャックする; 〔人質をとって〕…に立てこもる: El grupo extremista *secuestró* un avión para exigir la liberación de varios presos. 過激派が飛行機をハイジャックし, 数人の囚人の釈放を要求した. ❸《法律》〔印刷物を〕発禁処分にする; 〔財産を〕差し押さえる, 押収する, 接収する

secuestrario, ria [sekwestrárjo, rja] 形 ❶ 誘拐の. ❷ 乗っ取りの. ❸《法律》差し押さえの

secuestro [sekwéstro]《←ラテン語 sequestrum》男 ❶ 誘拐: ~ de niños 幼児誘拐. ❷ 乗っ取り, 立てこもり, ハイジャック〔= ~ aéreo〕: ~ de un autobús バスジャック. ❸《法律》1) 差し押さえ, 押収. 2) 差し押さえ財産

secula [sékula] → **in secula seculorum**; **per secula seculorum**

secular [sekulár]《←ラテン語 saecularis < saeculum「世紀」》形 ❶ 世俗の, 現世の〔= seglar〕: brazo ~《カトリック》俗権. señor ~ 世俗領主. ❷ 在俗の, 修道院に属さない: clero ~ 在俗の聖職者. ❸ 遠い昔からの; 昔からの, 古くからの: ruinas ~es 古い遺跡. ❹ 100年ごとの; 100年以上の, 数百年に及ぶ: tradición ~ 数百年にわたる伝統. ❺ 長期の, 長期的な
—— 男《宗教》教区付き司祭, 在俗司祭〔= sacerdote ~, clero ~〕

secularidad [sekulariðá(ð)] 安 世俗性, 俗心, 非宗教性; 俗事

secularismo [sekularísmo] 男 世俗主義, 非宗教主義

secularista [sekularísta] 形 世俗主義の, 非宗教主義の

secularización [sekulariθaθjón] 安 ❶《カトリック》還俗〔転〕: El Papa puede permitir la ~ de los religiosos. ローマ教皇は聖職者の還俗を許可する権限がある. ❷ 世俗化, 非宗教化. ❸〔教会財産を〕世俗用に供すること. ❹〔教育を〕教会から切り離すこと

secularizador, ra [sekulariθaðór, ra] 形 世俗化する〔人〕,

非宗教化する〔人〕, 教会から切り離す〔人〕

secularizante [sekulariθánte] 形 世俗化する, 非宗教化する

secularizar [sekulariθár]《←secular》他 ❶《カトリック》還俗させる. ❷ 世俗化する, 非宗教化する: ~ la enseñanza 教育を宗教〔教会〕から切り離す. cultura *secularizada* 世俗文化. humanismo *secularizado* 世俗的人間主義. ❸〔教会財産を〕世俗用に供する, 解放する, 国有〔民有〕化する: En el siglo XIX los liberales *secularizaron* muchos bienes eclesiásticos. 19世紀に自由主義者たちは多くの教会財産を解放した
—— ~se ❶ 還俗する. ❷ 宗教色が薄まる: La vida moderna *se ha secularizado* con mucha rapidez. 現代生活は急速に宗教色を失ってきている. ❸ 在俗司祭になる

secularmente [sekularménte] 副 ❶ 非宗教的に, 世俗的に; 俗人として. ❷ 数世紀このかた, 何百年にもわたって〔語り継がれて〕

secundador, ra [sekundaðór, ra] 形 名 支持する, 擁護する; 支持者

secundar [sekundár]《←ラテン語 secundare「都合がいい」< secundus「恵み深い, 続く」》他 ❶ 支持する, 支援する, 擁護する: Los consejeros *secundaron* la propuesta del administrador. コンサルタントたちは経営者の提案を支持した. ❷ 模倣する

secundaria [sekundárja] 安 中等教育〔= enseñanza ~〕

secundariamente [sekundárjaménte] 副 二次〔副次〕的に

secundario, ria[2] [sekundárjo, rja]《←ラテン語 secundarius < secundus「第2位の」》形 ❶ 2番目の, 第2位の; 2次の: bosque ~ 2次林. corriente ~ria 2次電流. ❷ 二次的な, 付随的な, あまり重要でない: Esta excusa es ~ria. この言い訳は2番目だ〔もっと大きな理由がある〕. El espíritu es lo que importa, y lo demás es ~. 精神が重要で, その他のものは副次的だ. interpretar un papel ~ 脇役を演じる. efecto ~ 副作用, 副次的効果. factor ~ 副次的要因. ❸ 中等教育の: escuela ~ria 中学校. ❹《経済》第2次産業の. ❺《地質》中生代の. ❻《化学》alcohol ~ 第2級アルコール. átomo de carbono ~ 第2級炭素原子. ❼《情報》裏側の, バックグラウンドの: proceso ~ バックグラウンド処理. ❽《演劇》助演の. ❾《医学》sangramiento ~ 続発性出血. ❿《美術など》color ~ 等和色
—— 名《演劇》助演者
—— 男《電気》〔変圧器の〕2次回路〔= circuito ~〕

secundina [sekundína] 安 ❶《植物》内種被, 胚珠内皮. ❷《医学》胞 後産

secundípara [sekundípara] 形《女性が》2度目の出産の

secuoia [sekwója] 安 = **secuoya**

secuoya [sekwója]《←Sequoiah《チェロキーインディアンの人名》》安《植物》セコイアオスギ, ジャイアントセコイア

secura [sekúra] 安《まれ》❶ 早魃〔乾〕, 日照り. ❷ そっけないこと, 無愛想

securizado [sekuriθáðo] 男 安全にすること

securizar [sekuriθár] 他 = **seguirizar**

sed [sé(ð)]《←ラテン語 sitis》安〔主に 単〕❶〔喉・口の〕渇き: Tengo ~. 私は喉が渇いている. No consigo saciar la ~ con nada. 私は何を飲んでも喉の渇きがおさまらない. He pasado mucha ~ en la sauna. 私はサウナで喉がカラカラに乾いた. ❷ 水不足: Esta hortensia tiene ~. このアジサイは水が足りない. ❸ 渇望, 切望: ~ de venganza〔libertad・cariño〕復讐〔自由・愛情〕を渇望していること

una ~ de agua〔口語〕ちっぽけな物, ひどく安い物

seda [séða]《←古ラテン語 seta「馬の剛毛」< saeta》安 ❶ 絹; 生糸〔= ~ cruda, ~ salvaje〕; 絹糸〔= hilo de ~〕; 絹織物〔= tela de ~〕: blusa de ~ natural 正絹のブラウス. industria de la ~ 絹産業. ruta de la ~《歴史》シルクロード. ~ artificial 人絹, レーヨン〔= rayón〕. ~ dental デンタルフロス. ❷〔豚・猪の〕剛毛. ❸《植物》~s de mar アマモ

como una (la) ~ 1) 容易な〔に〕, 障害のない, 問題なく: El interrogatorio fue *como una* ~. 尋問はスムーズに進んだ. 2)〔人が〕従順な, おとなしい

de ~ きめが細かい, なめらかな: Ella tiene un cutis *de* ~. 彼女は絹のような肌をしている

hacer ~〔口語〕眠る

sedación [seðaθjón] 安《医学》鎮静, 鎮痛. ❷〔苦しみを〕和らげること〔静めるな〕

sedadera [seðaðéra] 安〔麻をほぐす〕すきぐし

sedado, da [seðáðo, ða] 形《まれ》穏和な, おとなしい

sedal [seðál]《←seda》男 ❶〔釣り〕道糸, 釣り糸. ❷〔手術用

sedalina [seðalína] 女 シルケット加工された綿糸(綿布); 人絹, レーヨン

sedán [seðán] 男 《自動車》セダン

sedancia [seðanθja] 女 《医学》鎮静, 鎮痛

sedano [seðáno] 男, 絹のリボン(紐)

sedante [seðánte] 形 ❶ 《薬学》鎮静作用のある, 痛みを鎮める; 鎮静剤, 鎮痛剤. ❷ 心を落ち着かせる, 気持を静める: Esta música tiene sobre mí un efecto ~. この曲は私の心を穏やかにしてくれる

sedar [seðár] 《←ラテン語 sedare「座らせる」< sedere「座っている」》 他 ❶ 鎮静剤(鎮痛剤)を飲ます: Isabel se encarga de ~ a su madre. イサベルは母親に鎮静剤を飲ませる役を引き受けている. ❷ [気持ちを] 和らげる, 平静にする. ❸ 《アストゥリアス, レオン》ひび入らせる, ひび割れさせる
—— **~se** 鎮静剤(鎮痛剤)を飲む; 心が落ち着く: Puedes ~te con una tila. シナノキ茶を飲めば気が落ち着くよ

sedativo, va [seðatíβo, βa] 形 = **sedante**

sede [séðe] 《←ラテン語 sedes「椅子, 座席」》女 ❶ [機関・団体などの] 本部, 本拠[地]; El banco tiene su ~ central en Santander. その銀行の本店はサンタンデルにある. ~ de la ONU 国連本部. ~ de operaciones 本部, 司令部. ~ de un partido político 党本部. ~ del gobierno 政府の中枢機関. ~ social 本社. ❷ 中心地: Barcelona, ~ del sindicalismo 労働組合運動のメッカ, バルセロナ. ❸ [大きな行事の] 開催地: la próxima ~ olímpica (de la olimpiada) オリンピックの次回開催地. ❹ 《カトリック》1) 教皇庁, 法王庁, バチカン 《=Santa S~》: La delegación ha firmado un concordato con Santa S~. 代表団は教皇庁の政教条約に署名した. 2) 教皇座, 法王聖座 《=~ apostólica, ~ pontificia, ~ vaticana》. 3) 司教座 《=~ episcopal》; 司教区
con* ~ *en +場所 …に本部のある

sedear [seðeár] 他 [宝飾品を] 手ぼうきの sedera で掃除する

sedentariedad [seðentarjeðá(ð)] 男 = **sedentarismo**

sedentario, ria [seðentárjo, rja] 《←ラテン語 sedentarius < sedere「座っている」》 形 ❶ 《職業・生活が》座ったままの, ほとんど動かない: La vida ~ria es mala para la salud. 座ったままの生活は体によくない. labor ~ 座ったままの仕事. profesión (ocupación) ~ria 座業. ❷ 定住する, 定住性の: Los pueblos agricultores se hicieron ~s. 農耕民族は定住することになった. tribu ~ria 定住部族

sedentarismo [seðentarísmo] 男 ❶ 長く座ったままの生活形態. ❷ 定住(性)

sedentarización [seðentariθaθjón] 女 《遊牧民の》定住化

sedentarizar [seðentariθár] 他 定住化させる

sedente [seðénte] 形 《←ラテン語 sedens, -entis》《文語》座った(姿勢の), 座っている: escultura ~ 座像

sedeño, ña [seðéɲo, ɲa] 《←seda》形 ❶ 《文語》絹のような, きめ細やかな: cabello ~ シルキーな髪. ❷ 《動物が》剛毛のある. —— 男 ❶ 麻くず, 麻綱. ❷ [麻くずから作られる] 原糸, 生地. ❸ 《アストゥリアス, サンタンデル》釣り糸 [=sedal]

sedera[1] [seðéra] 女 手ぼうき; [剛毛の] ブラシ

sedería [seðería] 《←seda》女 ❶ 製糸業, 絹織物業; 絹製品店, 服地店. ❷ 集合 絹製品, 絹織物

sedero, ra[2] [seðéro, ra] 形 絹の: industria ~ra 絹織物業 —— 絹製品製造(販売)業者, 絹物商, 服地商

sedicente [seðiθénte] 《←仏語 soi-disant》《皮肉》[+名詞] 自称, いわゆる…: el ~ poeta 自称詩人. la ~ embajadora 自称大使夫人

sediciente [seðiθjénte] 形 = **sedicente**

sedición [seðiθjón] 《←ラテン語 seditio, -onis》女 騒乱, 暴動, 決起: delito de ~ 騒乱罪. ~ contra el gobierno 反政府暴動

sediciosamente [seðiθjósaménte] 副 暴動を引き起こすように, 決起を促して

sedicioso, sa [seðiθjóso, sa] 《←ラテン語 seditiosus》形 ❶ 暴動を引き起こす, 暴動に加わった: La celebración de ayer fue un acto ~. 昨日の祝賀会は暴動をあおる暴徒であった. ❷ 暴徒が行なった(口にした). —— 名 反逆者, 暴徒, 暴動参加者; 扇動者
sedientes [seðjéntes] **bienes** sedientes

sediento, ta [seðjénto, ta] 《←sed》形 [estar+] ❶ 喉が渇いた[人]: Ella está ~ta. 彼女は喉がカラカラだ. ❷ [土地・植物が] 乾燥した, 水不足の: terreno ~ 乾ききった土地. vegetación ~ta 水が足りない草木. ❸ [+de を] 渇望する: Estoy ~ de venganza. 私は仕返ししたくてうずうずしている

sedimentación [seðimentaθjón] 女 沈澱, 堆積: velocidad de ~ globular 《医学》血沈[速度], 赤沈

sedimentar [seðimentár] 《←sedimento》他 ❶ [かすなどを] 沈澱させる: El agua de esta región *sedimenta* la cal en las tuberías. この地方の水に含まれる石灰分が水道管に堆積する. ❷ 鎮める, 落ち着かせる
—— 自 **~se** 沈澱する, 堆積する: El limo *se sedimenta* en el fondo del mar. 泥土が海底に堆積する. Esas tonterías que ven por la tele *se sedimentan* en el alma infantil. テレビでやっているようなばかげたふるまいが子供の心に蓄積されていく. ❷ 落ち着く, 平静になる

sedimentario, ria [seðimentárjo, rja] 《←sedimento》形 沈澱物の, 沈澱の: materias ~rias 沈澱物. roca ~ria 堆積岩

sedimentívoro, ra [seðimentíβoro, ra] 形 《動物》沈澱物を食する

sedimento [seðiménto] 男 ❶ [時に 複] 沈澱物, 澱(おり); 《地質》堆積物. ❷ [精神的な] 痕跡: La experiencia dejó en su alma un ~ de amargura. その経験によって彼の心ににがい思い出が残った

sedimentología [seðimentoloxía] 女 《地質》堆積学

sedoso, sa [seðóso, sa] 《←seda》形 絹のようにつやつやかな(すべすべした): pelo ~ 絹のようにつややかな髪. piel ~ 絹のようにすべすべの肌

seducción [seðu(k)θjón] 女 誘惑, そそのかし; 魅惑, 魅力: ~ del dinero 金の誘惑. ~ de una voz 声の魅惑

seducir [seðuθír] 《←ラテン語 seducere「それとなく、伴われる」< se- (離れ) +ducere「導く」》41 他 ❶ 誘惑する, たらし込む; [性交に至るまで] 口説き落とす; [悪事に] 誘い込む: Con su discurso el político *sedujo* al auditorio. その政治家は演説で聴衆を魅了した. Carolina *seduce* a sus compañeros con su coquetería. カロリーナは持ち前のお色気で同僚たちに迫っている. El joven *sedujo* a una mujer casada. 若い男は人妻を口説き落とした. Trató de ~me para que lo secundara en su engaño. 彼はペテンの手助けをするよう私を誘おうとした. ❷ [事物が] 魅惑する, うっとりさせる: Ella se dejó ~ por la riqueza del hombre. 彼女はその男の財産に心を動かされた. No me *seduce* la idea de pasar las vacaciones en Suiza. 私はスイスで休暇を過ごすことには魅力を感じない. A Ismael le *seducen* las joyas. イスマエルは宝石に夢中だ. ❸ 引き立てる, 美しく見せる

seductivo, va [seðuktíβo, βa] 形 誘惑の; 魅惑的な, 心そそる

seductor, ra [seðuktór, ra] 《←seducir》形 名 誘惑する; 魅力的な; 誘惑者; [特に] 女たらし

sefardí [sefardí] 《←ヘブライ語 sefardi》名 《複 ~[e]s》《歴史》セファルディ(の) [1492年にイベリア半島から追放され国外に移住したユダヤ人の子孫. 現在も当時のスペイン語や宗教的習慣を保持している] —— 男 セファルディ語

sefardita [sefardíta] 形 名 = **sefardí**

seg. 《略記》 ←según ∥ によれば

sega [séga] 女 《口語》[ゲームでやる順番が] 2番目

segable [seɣáβle] 形 刈り取られ得る; 刈り取り時になった, 収穫期の来た

segada [seɣáða] 女 刈り取り, 収穫

segadera[1] [seɣaðéra] 女 ❶ 半円形の鎌. ❷ 《廃語》刈り入れをする女

segadero, ra[2] [seɣaðéro, ra] 形 収穫期の来た

segado [seɣáðo] 男 《まれ》刈り取り

segador, ra [seɣaðór, ra] 形 刈り取り用の —— 名 刈り取り(刈り入れ)をする人 —— 男 《昆虫》ザトウムシ, メクラグモ —— 女 刈り取り機, 草刈り機: ~ra atadora (agavilladora) バインダー. ~ra trilladora コンバイン. ~ra de césped 芝刈り機

segallo [seɣáʎo] 男 《アラゴン》1歳未満の子ヤギ

segar [seɣár] 《←ラテン語 secare「切る」》[8] [23] [→**negar**] 他 ❶ 刈る, 刈り取る: ~ el trigo 麦の刈り入れをする. ❷ [突き出ている部分を] 切り落とす, 切り取る: El caballero le *segó* la pluma del sombrero con la espada. 騎士は剣で帽子の羽根を切り落とした. ~ la cabeza 首をはねる. ❸ [成長などを] 妨げる: Aquel fracaso *segó* sus últimas esperanzas. あの

失敗によって彼の最後の希望は断たれてしまった. ~ la juventud a+人 …の青春を奪う

segazón [seɣaθón] 囡 刈り入れ, 収穫; 収穫期
segedano, na [sexedáno, na] 形《地名》サフラ Zafra の〔人〕《バダホス県の町》
Segismundo [sexismúndo] シヒスムンド《カルデロン・デ・ラ・バルカ作『人生は夢』*La vida es sueño* の主人公》
seglar [seɣlár]《←古語 sieglo「現世」←ラテン語 saecularis < saeculum「世紀, 世代」》形 名《キリスト教》❶ 俗世の, 俗世間の: Abandonó la vida ~ y se ordenó sacerdote. 彼は俗世間の暮らしを棄て司祭になった. ❷ 聖職者でない〔人〕, 在俗の〔人〕; congregación ~ 在俗〔修道〕会
seglaridad [seɣlaɾiðá(ð)] 囡《キリスト教》俗世性; 在俗
seglarismo [seɣlaɾísmo] 男《キリスト教》俗世主義
seglarmente [seɣlaɾménte] 副《キリスト教》俗世的に, 俗世的に
segmentación [seɣmentaθjón] 囡 ❶ 分割, 区分: ~ del mercado de trabajo 労働市場の分節化. ❷《生物》卵割, 分裂. ❸《言語》分節
segmentado, da [seɣmentáðo, ða] 形《動物》環形体節からなる
segmental [seɣmentál] 形《言語》分節の
segmentar [seɣmentár]《←segmento》他 ❶ 分割する, 分裂させる. ❷《言語》分節する
── ~se〔部分に〕分かれる, 分裂する: Algunos organismos se reproducen al ~se. 分裂すると再生する体をもつ動物がいる
segmentario, ria [seɣmentáɾjo, ɾja] 形 分割の, 区分の, 部分の
segmento [seɣménto]《←ラテン語 segmentum「切断」< secare「切る」》男 ❶《幾何》[線・図形などの] 部分, 切片: ~ circular 弓形, 弧. ~ esférico 球台. ~ lineal/~ de recta 線分. ~ de pared 壁の一部分. ❷ 部門, 分野 [=sector]: ~ de edad 年齢集団. ❸《動物》環形体節. ❹《言語》部分. ❺《情報》セグメント. ❻《技術》1)〔機械の〕弓形〔扇形〕部分: ~ de freno ブレーキライニング. 2) ピストンリング〔=~ de émbolo〕
segobrigense [seɣoβɾixénse] 形 名《古代ローマ, 地名》セゴブリカ Segóbrica の〔人〕《現在のセゴルベ Segorbe》
segorbino, na [seɣoɾβíno, na] 形 名《地名》セゴルベ Segorbe の〔人〕《カステリョン県の町》
segote [seɣóte] 男《アストゥリアス》小型の長柄の草刈り鎌
Segovia [seɣóβja]《人名》**Andrés** ~ アンドレス・セゴビア《1893 ~ 1987, アンダルシア出身のギタリスト. クラシック・ギターの現代奏法の父と呼ばれる》
segovianismo [seɣoβjanísmo] 男〔カスティーリャ州の〕セゴビア Segovia らしさ; セゴビア好き
segoviano, na [seɣoβjáno, na] 形 名 ❶《地名》セゴビア Segovia の〔人〕《カスティーリャ州の県・県都》. ❷ セゴビア・ヌエバ Nueva Segovia の〔人〕《ニカラグア北部の県・県都》
segoviense [seɣoβjénse] 形 名 =**segoviano**
segregación [seɣɾeɣaθjón] 囡 ❶ 隔離, 差別, 隔離政策: ~ racial 人種隔離, 人種分離. ~ de hábitat《動物》住み分け. ❷《生理》分泌 [=secreción]. ❸《生化》[遺伝子・形質の] 分離. ❹《金属》偏析
segregacionismo [seɣɾeɣaθjonísmo] 男 人種隔離政策, アパルトヘイト
segregacionista [seɣɾeɣaθjonísta] 形 名 人種隔離主義の〔主義者〕
segregar [seɣɾeɣár]《←ラテン語 segregare「分ける」< se-「乖離」+grex, gregis「群れ」》他 ❶〔人種・宗教・性の違いなどによって〕分離する, 隔離する, 差別する: *Segregaron* un pueblo del distrito a que antes pertenecía. ある民族がかつて属していた地域から隔離された. La empresa quiere ~ la producción de motores. 会社はエンジンの製造〔部門〕を分離したい. ❷《生理》分泌する. ❸《生化》[遺伝子・形質を] 分離する
── ~se 分離される, 隔離される: El barrio *se segregó* de la ciudad y formó un municipio independiente. その地区は市から分離され, 独立した町になった
segregativo, va [seɣɾeɣatíβo, βa] 形 分離〔隔離〕する; 分泌する
segrí [seɣɾí] 男《複 ~es》〔婦人服用の〕丈夫で刺繍された絹布
segueta [seɣéta]《←伊語 seghetta》囡 糸鋸, ジグソー

segueteado [seɣeteáðo] 男 糸鋸で切ること
seguetear [seɣeteár] 他 糸鋸で切る
seguida[1] [seɣíða]《←seguir》囡 ❶ 続けること. ❷《古語. 舞踊》セギディーリャ seguidilla の一種
a ~《まれ》[=enseguida]
coger la ~ 調子をつかむ, 慣れる; 要領を覚える
de ~ 1)《俗用》すぐに [=enseguida]. 2)《口語》続いて, 続けて
en ~ すぐに [→enseguida]
en ~ *de*+不定詞《*que*+直説法・接続法》…するとすぐに: *En* ~ *de que salga de allí voy a llamarte.* 向こうを出たらすぐ君に電話をするよ. *en* ~ *de cenar* 夕食後すぐに
tomar la ~ 1) 続行する. 2) =**coger la** ~
seguidamente [seɣíðaménte] 副 ❶ 続けて, 連続して, 中断せずに, 引き続き. ❷ すぐに, 直ちに
seguidero [seɣiðéɾo] 男 罫線
seguidilla [seɣiðíʎa]《←seguido》囡 ❶《舞踊, 音楽》[主に 複] セギディーリャ《軽快な3拍子. フラメンコの場合は悲痛な内容の4行の歌で, 3行目は11音節》: ~ manchega (flamenca・murciana) ラマンチャ〔フラメンコ・ムルシア〕風のセギディーリャ. ❷《詩法》セギディーリャ《民衆性の強い伝統的な詩型. 代表的な4行連のものでは1・3行目が7音節, 2・4行目が5音節, 偶数行だけ母音押韻で奇数行は無韻. 3行の反復句をともなう形もあり, 句の構成は1・3行目が5音節で母音押韻, 2行目が7音節で無韻》. ❸《ボリビア, アルゼンチン, ウルグアイ》〔類似し時間的に近く感じられる, 主に良くない〕一連の事物: La semana pasada hubo una ~ de falsas amenazas de bombas. 先週一連の爆弾虚報事件があった
seguidismo [seɣiðísmo] 男《軽蔑》盲従
seguidista [seɣiðísta] 形《軽蔑》[規範・指示などに] 盲従する
seguido, da[2] [seɣíðo, ða] 形 ❶〔時間的・空間的に〕連続した: Había una fila ~ *da* de casas. 家々が一直線に並んでいた. Falta a la oficina dos días ~*s* (una semana ~*da*). 彼は2日〔1週間〕続けて欠勤している. Me tomé dos cañas ~*das*. 私はビールを2杯立て続けに飲んだ. ❷ 直線上に, まっすぐな: Tome esta calle ~*da* hasta el cruce. この通りをまっすぐに交差点まで行きなさい. ❸ 長引く: enfermedad muy ~*da* 長患い. ❹〔順位. +de〕続いて…: En Barajas septiembre fue el que tuvo mayor número de pasajeros, ~ *de* octubre. バラハス空港では9月が旅客数が最も多く, 続いて10月が多い
── 副 ❶ まっすぐに, 曲がらずに: En la primera esquina gire a la izquierda y vaya todo ~. 最初の角を左折して, まっすぐ行きなさい. Continúe por aquí ~. この先をずっとまっすぐ行きなさい. ❷ 時間を置かずに, すぐに, 直後に: Se visitaban mutuamente bastante ~. 彼らはあまり間を置かずに訪問し合った. Por aquí ~ se llega a mi casa. このすぐ次の家が私の家です. Su coche iba primero y ~ el mío. 彼の車が先に行き, すぐ私の車が続いた. ❸《中南米》しばしば: Nos gusta vernos ~. 私たちは頻繁に会いたい
── 男 ❶《服飾》[ストッキングなどの足先部分の] 減らし目. ❷
seguidor, ra [seɣiðóɾ, ɾa] 形 名 ❶ 従う〔人〕: ~ de Ned Ludd ラッダイト運動信奉者《Ned Ludd はラッダイト運動 ludismo という名前の由来となった架空の人物》. ~ económico《商業》価格受容者, プライステーカー. ❷ 信奉者, 弟子; 愛好者; [チームなどの] ファン, サポーター; 追っかけ屋. ❸《情報》フォロワー
── 男 ❶ 求愛者, 求婚者. ❷《席運》罫, 罫線
seguimiento [seɣimjénto] 男 ❶ 後について行くこと; 追跡, 追尾: comisión de ~ de los acuerdos pactados 協定監視委員会. estación de ~〔人工衛星〕の追跡基地. sistema de ~ automático 自動追尾システム. ~ del eclipse 日食の追跡. ❷ 支持. ❸《放送》1) 続き, 続編. 2) 視聴. ❹《統計》フォローアップ
en ~ *de*... …を追いかけて: *Voy en* ~ *de la noticia día a día*. 私は日々ニュースを追い求めている. *ir en* ~ *de la oportunidad* 機会を追い求める
seguir [seɣíɾ]《←ラテン語 seguire < segui》[5] [35] 他 ❶ …の後について行く, 随伴する; 後を追う, 追跡する, 尾行する: 1) *Sígame todos en una línea recta, no se separen*. みんな一列になって私についてきて下さい, ばらばらにならないで. *La escolta seguía a la carroza*. 護衛隊が馬車の後に従って行った. *Los pe*-

seguiriya

rros *seguían* al jabalí. 犬たちがイノシシを追跡している. ～ el rastro (las huellas・los pasos) de+人 …の跡を追う; 模倣する. ～ a+人 con la mirada …を目で追う. El que la *sigue*, la consigue./El que *sigue* la caza, ese la mata.《諺》為せば成る. 2)［説明・考えなどに］ついていく, 理解する: ¿Me *seguís*?［私の言っていることが］分かりますか? 3) 探し求める, 追い求める. 4) 追いかける, 付きまとう;［女性に］言い寄る. ❷［道・経路を］進む, たどる: *Siguió* el camino hasta llegar al cruce. 彼は十字路に出るまでその道を進んだ. La enfermedad *sigue* su curso. 病気が進行する. ❸ …を見習う, 引き継ぐ;［規範・忠告などに］従う;［思想・主義などに］追随する, 追従する: Debes ～ la recomendación del manual. 君は手引書の勧めるとおりにすべきだ. *Sigue* tu propio criterio. 自身の判断基準に従いなさい. En este punto *sigue* fielmente a Aristóteles. この点では彼はアリストテレスに忠実に追随している. ～ la opinión de la mayoría 多数意見に従う. ～ la moda 流行を追う. ～ sus impulsos 衝動に従う. ❹［変化などを］注視する, 注目し続ける: *Sigue* con mucho interés la política de su país. 彼は自国の政治を強い関心をもって見守っている. ～ el partido 試合の流れを追う. ❺［番組・講演などを］見る, 聴く: El público *siguió* con silencio el sermón del sacerdote. 人々は聖職者の説教を沈黙して聴いた. ❻［講座などを］取る; 学び続ける: Estoy *siguiendo* un curso de español. 私はスペイン語の講座を取っている. ～ el estudio 研究を続ける. ～ la abogacía 弁護士の道を進む. ❼［リズムを］取り続ける. ❽ 続行する, 再開する. ❾《西》［取引・訴訟などを］扱う, 処理する

——[自]❶［+現在分詞・過去分詞・形容詞. ある時点における継続の強調］…し続ける, …であり続ける: 1) *Sigue* trabajando en la fábrica. 彼は工場で働き続けている. *Siga* cantando, por favor. 歌い続けて下さい. *Sigue* rota la pantalla. ディスプレーが壊れたままだ. *Sigue* enfermo. 彼はずっと病気だ. 2)［+前置詞］*Sigue* en Tokio en abril. 彼は4月は東京にいる. *Sigue* con sus preocupaciones. 彼は心配し続けている. Él *sigue* con mi hermana con la cual tiene tres hijos. 彼は私の妹と関係が続いていて, 子供が3人いる. ❷［+por 道を］続ける: *Sigue por* esta calle y encontrarás la iglesia. この通りを道なりに行きなさい. そうすれば教会があります. *Sigo* para Cádiz. 私は道をカディスの方にとる. ❸ 続く: 1) El Cinturón de Fuego empieza en Chile, *sigue* por Perú, Ecuador, Colombia... 火山帯はチリに始まり, ペルー, エクアドル, コロンビア, …と続く. ¡*Siga*! 続けなさい, どんどんやれ!/《中南米》どうぞこちら!/ ¡No *sigas*! その辺にしておきなさい! Bájate en la estación que *sigue*. 次の駅で降りなさい. la semana (el mes) que *sigue* 来週 (来月). 2)［+a に. 後続］*sigue* al dorso《表示》裏 (次ページ)へ続く. ❹［+con 職を］継ぐ. ❺［情報］フォローする: ～ en Twitter ツイッターでフォローする

a ～ bien［別れの挨拶］ごきげんよう

～ sin+不定詞 依然として…ない: *Sigo* sin entender. 私はまだ理解できない

—— **～se** ❶［+de から］推論される. ❷［+de の］結果として起こる: De ese error se *siguieron* consecuencias desastrosas. その誤りがひどい結果を招いた. ❸［後続. +a に］続く. ❹ 注視される: La boda real se *siguió* con mucho interés. 王家の結婚式は大変な注目を集めた

seguir		
現在分詞	過去分詞	
siguiendo	seguido	
直説法現在	直説法点過去	命令法
sigo	seguí	
sigues	seguiste	sigue
sigue	siguió	
seguimos	seguimos	
seguís	seguisteis	seguid
siguen	siguieron	
接続法現在	接続法過去	
siga	siguiera, -se	
sigas	siguieras, -ses	
siga	siguiera, -se	
sigamos	siguiéramos, -semos	
sigáis	siguierais, -seis	
sigan	siguieran, -sen	

seguiriya［segiríja］《女》=**siguiriya**

según［según］《←ラテン語 secundum》《前》《語法》+人称代名詞は主格. Según *yo*, esto no es un drama. 私に言わせれば, これはドラマではない》《準拠》❶ …に従って, …のとおりに: Todo ocurrió ～ tus predicciones. すべて君の予言どおりのことが起きた. ～ el contrato 契約どおりに. ～ la ley 法律に従って. ～ el orden alfabético アルファベット順に. ❷ …に応じて, …しだいで: Se te pagará ～ lo que trabajes. 君の仕事ぶりに応じて支払われるだろう. El salario varía ～ las circunstancias familiares. 給料は家族の状況に応じて変わる. ❸［見解・情報など］…によれば: Él había cometido homicidio, ～ el presidente de la Audiencia, pero yo creo que era incapaz de matar a un piojo. 裁判所長の話では彼は殺人を犯したが, 私は彼はシラミ一匹殺せないと思う. S～ él, la sociedad avanza constantemente hacia la perfectibilidad. 彼の考えによると, 社会は常に完成に向かって進んでいく. ～ el pronóstico del tiempo 天気予報によると

——《接》［未来のこと・仮定は +接続法］❶ …するとおりに: Lo he hecho ～ me has indicado. 私は君に指示されたとおりにした. Todo queda ～ estaba. すべて元のままだ. ❷ …するのに応じて: Tengo un gallo de plástico que cambia de color ～ esté el tiempo. 私は天気によって色が変わるプラスチック製の鶏を持っている. ～ vengan 2 o 3 来るのが2人か3人かによって. ❸ …するのによれば: S～ están las cosas, es mejor no decir nada. こんな事態では何も言わない方がいい. Entre los asistentes, ～ supe después, había algún reportero. 後で知ったところによると, 出席者の中にどこかの記者がいた. ～ dice 彼が言うところによると. ～ dicen うわさによれば. ❹［同時］…する時に, …しながら: S～ salía del avión un agente me vió y gritó. 飛行機から降りていくと係官が私を見て叫んだ. S～ se va haciendo viejo se está volviendo más irascible. 彼は年を取るにしたがって怒りっぽくなっていく. ❺［+y como］S～: los árboles hay que enderezarlos cuando son tiernos, los vicios hay que corregirlos... 木々は若いうちにまっすぐにしなければいけないのと同様に, 悪癖も[若いうちに]矯正しなければいけない

——《副》《口語》［単独で］場合によって: Respondo sí o no, ～. 私ははいと答えるかも知れないし, いいえと答えるかも知れない. 状況しだいだ. ¿Vas a comprar ese suéter?—S～. そのセーターを買うかい?—場合によっては

～ cómo+接続法 どのように…するかによって: ¿Puedo salir con mis amigos?—S～ cómo te portas. 友達と出かけていい?—いい子にしていればね

～ que+接続法 1) …するのに従って; …するのによれば: Llevaré a los niños al parque, ～ *que* llueva o no. 雨が降るかどうかによって私は子供たちを公園に連れて行くかどうか決めよう. 2) …するとおりに

～ y como (cómo)...［+直説法・接続法］…するとおりに; …するに応じて: Todo te lo devuelvo ～ *y como* lo recibí. 私が受け取ったそのまま君に返そう. Nadie duda que sea buena la igualdad, pero ～ *y como*. 平等がいいことは誰も疑わないが

～ y conforme 状況によって, 場合によりけりで

segunda[1]［segúnda］《女》❶《自動車》［ギアの］セカンド: reducir a ～ セカンドに減速する. ❷［乗り物の］2等: ir en ～ 2等で行く. ～ de ～ 2等車. ❸《稀》下心, 底意《= ～ intención》: hablar con ～s 底意のあるような話し方をする. ir con ～s 下心がある. ❹《音楽》1)［音程の］2度. 2)［弦楽器の］第2弦. ❺［錠の］2回転開閉式

de ～s 2度目に: casarse *de ～s* 再婚する

segundamente［segúndaménte］《副》《稀》2番目に

segundar［segundár］《他》《稀》❶ =**secundar**. ❷ もう一度行なう, やり直す

——《自》《稀》2番になる, 2位につける

segundariamente［segundárjaménte］《副》=**secundariamente**

segundario, ria［segundárjo, rja］《形》=**secundario**

segundero, ra［segundéro, ra］《形》［果物などが］その年2度目の収穫の, 2番なりの

——《男》［時計の］秒針

segundilla［segundíʎa］《女》❶［お勤めの時間を知らせる修道院の]小さな鐘. ❷《アラバ》ヤモリ. ❸《コロンビア》軽食, スナック. ❹《アルゼンチン》［小麦などの］2度目の芽生え

segundillo [seɡundíʎo] 男 [修道院で出される] パンのお代わり 《最初より小さい》; メインディッシュのお代わり

segundino [seɡundíno] 男 《チリ》蒸留酒と卵黄を混ぜた飲み物

segundo[1] [seɡúndo] 男 ❶ [時間の単位] 秒: Él registró un tiempo de 9.95 ~s. 彼は9秒95のタイムを出した. velocidad por ~ 秒速. ❷ ちょっとの間, 瞬間: No tarda ni un ~. 彼は一瞬たりとも遅れない. Espérame un ~. ちょっと待ってね. ❸ [角度の単位] 秒 [= ~ de arco, ~ sexagesimal]. ❹ 《カリブ魚》アジ科の一種 [学名 Caranx secundus].
en un ~ 直ちに
—— 副 第2に

segundo[2], **da**[2] [seɡúndo, da] [←ラテン語 secundus < sequi「後について行く」] 形 ❶ [序数詞] 2番目の, 第2の: Se lo he dicho por ~ da vez. 彼に 2度目にそう言うのは今度が2度目だ. doblar a la izquierda en la ~da esquina 2番目の角を左折する. vigésimo ~ 22番目の. óptimo ~ 次善の策, セカンド・ベスト. ❷ [地位が] ナンバーツーの: secretario ~ 第2秘書. ❸ [演劇] 助演の ~da derecha (izquierda) 上手(下手)奥 [⇔primero]. ❹ [名詞 +. 傍系親族が] 二親等離れた: sobrino ~ またいとこ, はとこ. ❺ 《まれ》好都合な, 有利な
sin ~ 比類のない
—— 名 ❶ 2番目の人: Soy el ~ de la lista. 私はリストの2番目だ. ❷ [地位が] ナンバーツーの人; [艦船の] 副長. ❸ 助手, 補佐役: Puede usted exponerle el asunto a este señor que es mi ~. その件はこの男に言って下さい, 彼は私の補佐役です. ❹ 《ボクシング》セコンド: ¡S~s fuera! セコンドアウト!

segundogénito, ta [seɡundoxénito, ta] 形 名 《文語》第二子の

segundogenitura [seɡundoxenitúra] 女 第二子の身分 (権利)

segundón, na [seɡundón, na] 男 ❶ [口語] トップになれない人, 次席に甘んじている人, ナンバーツー. ❷ [特に相続権のある] 第二子. ❸ 第一子以外の子供

seguntino, na [seɡuntíno, na] 形 名 [地名] シグエンサ Sigüenza の[人] 《グアダラハラ県の大聖堂で有名な町》

segur [seɡúr] 女 《文語》大斧, まさかり. ❷ 《農業》円形鎌. ❸ 《古代ローマ》ファスケス fasces の斧

segurador [seɡuraðór] 男 保証人, 身元引受人

seguramente [seɡurámente] 副 ❶ [まれに +接続法] おそらく, たぶん: Os mostramos algunas novedades que ~ no conocíais. おそらく君たちが知らないニュースをいくつか教えます. ¿Va a venderlo?—S~. 彼は売るだろうか?—おそらく. ❷ 確かに [= con certeza]: Si no lo sabes ~, no lo digas. はっきりと知らないのなら言うな.

seguranza [seɡuránθa] 女 《アストゥリアス, サラマンカ, アンダルシア, プエルトリコ》安全 [=seguridad]

segurata [seɡuráta] 名 《若者語》警官, 警備員

seguridad [seɡuriðáð] [←ラテン語 securitas, -atis] 女 ❶ 安全, 安全性: Este puente no ofrece ~. この橋は安全ではない. Las joyas están en ~. 宝石は安全なところにある. cerradura (prisión) de alta ~ 安全度の高い錠前 (警備の万全な刑務所). ~ ciudadana 治安, 法と秩序. ~ individual 個人の安全. ❷ 安全対策, 安全保障: Tratado de S~ 安全保障条約. ❸ 確かさ, 間違いのなさ: Garantizamos la ~ de la previsión. 予測の確かさを保証します. método de una gran ~ 大変確実な方法. ~ de juicio (de la mano) 判断 (腕前) の確かさ. ❹ [+en への] 確信, 自信 [= ~ en sí mismo]: Tiene mucha ~ en sí mismo. 彼は大変な自信家だ. ❺ 保障: Esto les da la ~ para la vejez. これは彼らの老後の保障となる. ~ social 社会保障, 国民保険. ❻ 《商業》担保 [= ~ real]. ❼ 警備部門. [医学] 警備担当者: Llamen a ~. 警備の者を呼んで下さい.
con ~ 1) 安全に: conducir con ~ 安全運転をする. usar por Internet con ~ 安全にインターネットを使う. 2) 確信 (自信)をもって: Lo sé con ~. 確かにそれは知っている. Hablaba con mucha ~. 彼は確信を持ってしゃべっていた. 3) [+que+直説法] 確かに…である: ¿Cómo puedo saber con ~ que Dios es real? 確かに神は実在するとどのようにして知ることができるのか? 4) 必ず, きっと
de ~ 1) 安全の: coeficiente de ~ 安全係数. 2) 安全のための: cerradura de ~ 安全錠; 安全装置. disco de ~ 《情報》バックアップディスク. distancia de ~ 《自動車の》車間距離. lámpara (linterna) de ~ 非常灯, 携行灯. medidas de ~

安全措置. sistema de ~ セキュリティシステム. 3) 治安を守る: agente de ~ 治安警察官. empresa de ~/compañía de ~ privada 警備会社. cámara de ~ 防犯カメラ. 4) 《チリ, アルゼンチン, ウルグアイ》casa de ~ セーフ・ハウス, シェルター [=casa refugio]
sobre ~ 安全第一に

seguro, ra [seɡúro, ra] [←ラテン語 securus] 形 ❶ 安全な, 危険のない: Hay un lugar ~ para esconder el tesoro. 宝を隠すのに安全な場所が一つある. Se siente ~ porque es amigo del ministro. 彼は大臣と友人なので身に危険は及ばないと思っている. El parto en casa es ~. 自宅での出産は安全である. ¿Es que el bebé duerma boca arriba si podría regurgitar? 赤ん坊が吐出する恐れがある場合あお向けに寝るのは安全だろうか? inversión ~ra 安全な投資. ❷ [ser+] 確実な, 確定した; 信頼できる: 1) Es un método ~ para quitar las manchas de tinta. これはインク汚れを落とす確実な方法だ. Su triunfo es ~. 彼の勝利は確実だ. Corre a una muerte ~ra. 彼は確実に死に向かって走っている. Ya es ~ra la fecha de la boda. 結婚式の日取りはもう確定している. Cuenta con amigos ~s. 彼には信頼できる友人たちがいる. cálculo ~ 確かな計算. fuente ~ra 確かな情報源. información ~ra 確実な情報. prueba ~ra 確かな証拠. 2) [ser ~ que+直説法 (確実性が弱い場合・主節が否定文では →+接続法)] Es ~ que viene mañana. 彼が明日来るのは確かだ/間違いなく彼は明日来る. Es ~ que algo le pueda pasar. 何か彼に起こる可能性があるということだ. No es ~ que los pueblos nos sigan. 国民が私たちについてくるか確かでない. ❸ [estar+] 確信した, 疑いのない; 安心している: 1) Es una persona muy ~ra de sí misma. 彼は大変な自信家だ. Están ~s en sus posiciones. 彼らは自分たちの地位に安心している. 2) [+de+不定詞·que+直説法 (主節が否定文では +接続法)] Estoy ~ de haber actuado de buena fe. 私は善意で行動したと自信がある. Estoy ~ de haber entendido correctamente. 私は正しく理解しているか自信がある. Estoy ~ de que nos espían. 私たちはスパイされていると私は確信している. No estoy ~ de que se haya comprado el billete. 彼が切符を買ったとは断言できない. ❹ 堅固な, しっかりした: El clavo está ~. 釘はしっかり留まっている. ❺ 《中南米》正直な, 誠実な

sentir más ~ 自信をつける; ほっとする, 落ち着く
—— 副 確かに, きっと: Creo estar embarazada, pero no lo sé ~. 私は妊娠したと思うけど, はっきりとは分からない. Te visitaré ~. 必ず君のところに行くよ. ¿Te interesa?—S~. 面白い?—確かに. ¿Hará buen día mañana?—S~. 明日は晴れるだろうか?—確実だ. Estamos dispuestos a aceptarlo.—Sí, sí, ~. 《皮肉》私たちはそれを受け入れる用意がある.—そうだろ, そうだろ
a buen ~ 確かに, きっと: A buen ~ habrán llegado ya. 彼らはもう着いているだろう
a ~ 無事に, 安全に: estar a ~ 安全である. ponerse a ~ 安全になる
de ~ =a buen ~
en ~ 無事に, 安全
ir sobre ~ =jugar sobre ~
jugar sobre ~ 危険を冒さない, 冒険をしない
~ que+直説法 …は確かだ: S~ que prefiere el bañador amarillo. 彼女はきっと黄色い水着を選ぶだろう. ¿S~ que conoces el camino? 本当に道を知っているのかい?
sobre ~ 確実に, 安全に
tener... por ~ …を確信する《主に命令形で》: Ten por ~ que va a llegar tarde. 彼は絶対遅刻するよ
—— 男 ❶ 保険; 保険証券: Tenemos un ~ de (contra) incendios. 私たちは火災保険に入っている. ¿Tienes el ~ del coche? 車の保険証券を持っていますか? cartilla de ~ 保険証. cobertura del ~ 保険金; 保険の保障内容. empresa de ~s 保険会社. ~ colectivo 団体保険. ~ de (contra) accidentes 災害保険. ~ de cambio 為替ヘッジ[取引]; 為替変動保険. ~ de crédito a la exportación 輸出信用保険. ~ de desempleo 失業保険. ~ de enfermedad 健康保険. ~ de renta 年金保険. ~ de responsabilidad civil 責任保険. ~ de responsabilidad civil de automóviles 自賠責保険. ~ de vida 生命保険. ~ del coche 自動車保険. ~ mixto/~ [de] ahorro 養老保険. ~ no de vida 損害保険. ~ obligatorio 強制保険. ~ social 《主に中南米》社会保障, 社会保険. ~ temporal 定期保険, 掛捨て保険. ~ volunta-

seibo

rio 任意保険. ❷ [武器・器具などの] 安全装置: El fusil lleva un ~. 銃には安全装置がかかっている. Echó el ~ del coche. 彼は車のドアをロックした. ❸ [el+. 時に el S~]. 公的な] 医療扶助〖制度, 機関〗: He ido a la consulta del ~ y me han dado la baja. 私は医療扶助の相談窓口に行って罹病証明をもらった. médico del ~ 公的医療制度の医師, 一般医〖⇔médico de pago〗. ❹〖口語〗医療協会《保険料納付者に対して予防・治療を行なう民間団体》. ❺ 保障, 秘訣: Esta fruta es un ~ para mantener fuerte y sano el corazón. この果物は心臓を強く健康に保つのによい. ❻ 通行許可, 特別な許可. ❼ 安全; 確実; 確信, 信頼. ❽ [ゲームで, 駒を取られない] 安全地帯, 島. ❾《メキシコ, 中米》安全ピン〖=imperdible〗. ❿《メキシコ, コロンビア, ボリビア, チリ, アルゼンチン》くさび〖=cuña〗. ⓫《プエルトリコ》老齢年金

hacerse un ~ 保険に加入する: *Se han hecho un ~ contra robos.* 彼らは盗難保険に加入した

seibo [séjbo] 男《植物》セイボ《アルゼンチンの国花》

seibó [sejbó] 男〖←英語 sideboard〗《コロンビア, ベネズエラ》食器戸棚, サイドボード〖=aparador〗

seico [séjko] 男〖集名〗《アラブ》6束の穀物の積み重ね

seis [séjs]〖←ラテン語 sex〗形 ❶《基数詞》6〖の〗. ❷ 6番目の. ❸《プエルトリコ》セイス《サパテアード zapateado に似た陽気な民俗舞踊; その音楽》

seisavar [sejsaβár] 他 正六角形にする

seisavo, va [sejsáβo, βa] 形 ❶《分数詞》6分の1〖の〗. ❷ 六角形〖の〗

seiscentista [sejsθentísta] 形《文語》17世紀の

seiscientos, tas [sejsθjéntos, tas]〖←ラテン語 sexcentos〗形 ❶《基数詞》600〖の〗. ❷ 600番目の. ❸ 17世紀〖の文化〗. ❹《西》600ccの小型乗用車《1960〜70年代に流行した》

seise [séjse] 男《西》[特定の祭日に] 大聖堂で歌舞を披露する通常6人の少年たちの各人

seisén [sejsén] 男 =sesén

seiseno, na [sejséno, na] 形 =sexto

seisillo [sejsíʎo] 男《音楽》6連符

seísmo [seísmo]《文語》地震〖=sismo〗

seismología [sejsmoloxía] 女 地震学

seje [séxe] 男《植物》ココヤシに似たヤシ《学名 Oenocarpus bataua》

sel [sél] 男《アストゥリアス, サンタンデール, ビスカヤ》共有の牧草地

SELA [séla] 男《略語》←*Sistema Económico Latinoamericano* ラテンアメリカ経済機構

seláceo, a [seláθeo, a] 形 =selacio

selacio, cia [seláθjo, θja] 軟骨魚類の, サメ・エイ類の
—— 男 複《魚》軟骨魚類, サメ・エイ類

selaginela [selaxinéla] 女《植物》イワヒバ

seldjúcida [seldxúθiða] 形 名《まれ》=seljúcida

selección [seleкθjón]〖←ラテン語 selectio, -onis < seligere「選ぶ」〗女 ❶ 選ぶこと, 選択, 選別, 選抜: *Haremos una ~ de los libros más interesantes.* 私たちは一番面白い本を選ぶつもりだ. reglas de ~《物理など》選択則, 選択律;《心理, 言語》選択規則. ~ al azar ランダムサンプリング. ~ de la cartera《証券》資産選択, ポートフォリオ・セレクション. ~ de las basuras ごみの分別. ~ de personal《経営》人選. ~ multiple 多肢選択, 多項選択方式. ❷〖集名〗選ばれた人;《スポーツ》〖国・地方の〗代表選手, 選抜チーム: ~ nacional (absoluta) ナショナルチーム. ~ española de fútbol サッカーのスペイン代表チーム. ❸〖集名〗選ばれたもの;《文学, 音楽》［時に 複］選集, 傑作選, セレクション: ~ de Calderón カルデロン選集. ~ de cuentos populares 民話選集. ❹《生物など》淘汰: ~ artificial 人為淘汰. ~ natural (biológica) 自然淘汰, 自然選択

seleccionable [seleкθjonáβle] 形《スポーツ》〖国・地方の〗代表選手候補の

seleccionado, da [seleкθjonáðo, ða] 形 名 ❶〖国・地方の〗代表選手〖の〗. ❷ 選りすぐりの, 極上の
—— 男《主にアルゼンチン, ウルグアイ》代表チーム, 選抜チーム; ナショナルチーム

seleccionador, ra [seleкθjonaðór, ra] 形 選ぶ, 選抜する: proceso ~. 選抜過程
—— 名《スポーツ》代表選手選考委員; 〖選抜チームの〗監督: ~ nacional de baloncesto バスケットボールのナショナルチームの監督
—— 男/女 =selector

seleccionar [seleкθjonár] 他 選ぶ, 選り分ける〖→elegir〗〖類義〗; 選抜する: *Los técnicos deportivos seleccionan a los mejores atletas del país.* 監督たちはその国で一番優れた選手たちを選び出す. *Seleccioné los libros que me parecían curiosos.* 私は興味があると思う本を選んだ

seleccionismo [seleкθjonísmo] 男 ❶《生物》自然淘汰の原理. ❷ 淘汰される傾向

selectas [seléktas]《ラテン語》選集, 詞華集〖=florilegio〗

selectividad [selektiβiðá(d)] 女〖集名〗選考; 選考基準: La ~ de esas pruebas deportivas es muy dura. そのスポーツの代表選考会は大変厳しい. ❷《西》[COUを終えた人を対象とする] 大学入学資格試験〖=pruebas de ~〗. ❸ [ラジオ受信機などの] 選択度, 分離度

selectivo, va [selektíβo, βa]〖←ラテン語 selectivus < seligere「選ぶ」〗形 ❶ 選択の, 選抜する: bombardeo ~ 限定爆撃. herbicida ~ 選択性除草剤. tala ~*va* 選択伐採. ❷ [人が] 精選した, 好みのうるさい: *Es muy ~ en sus amistades.* 彼は友人を厳しく選ぶ. ❸ 選考のための. ❹ [ラジオ受信機などが] 選択度のいい, 分離度の高い
—— 男 [大学の専門課程に入る前の] 準備課程, 予備講座〖=curso ~〗

selecto, ta [selékto, ta]〖←ラテン語 selectus < seligere「選ぶ」〗形 精選された, 選り抜きの: *Allí estaba lo más ~ de la sociedad.* 社交界のえり抜きの人たちがそこにいた. *La clientela del restaurante es muy ~.* そのレストランは非常に客筋がいい. ambiente ~ 極上の雰囲気. música ~*ta* 名曲選. ~*ta* educación 最高の教育

selector, ra [selektór, ra]〖←ラテン語 selector〗形 選別する, 選抜する
—— 男 ❶ 選別器;《電気, 情報》セレクター: ~ de canales《テレビ》チャンネルボタン. ❷《バイク》ギアペダル

Selene [seléne]《ギリシア神話》セレネ《月の女神》

selénico, ca [seléniko, ka] 形《天文》月 luna の; 月の運行の

selenio [selénjo] 男《元素》セレン, セレニウム

selenita [selenita]〖←ギリシア語 selenites〗月 luna の
—— 名 [昔, 月に住むとされた] 月世界人, 月人
—— 女 ❶《鉱物》セレナイト, 透明石膏. ❷《化学》亜セレン酸塩

selenitoso, sa [selenitóso, sa] 形 石膏を含む

seleniuro [selenjúro] 男《化学》セレン化物

selenocéntrico, ca [selenoθéntriko, ka] 形《天文》月を中心とする

selenografía [selenoɣrafía] 女《天文》月面図; 月理学, 月面誌

selenógrafo, fa [selenóɣrafo, fa] 名 月面図の専門家

selenología [selenoloxía] 女《天文》月学

selenológico, ca [selenolóxiko, ka] 形 月学の

selenosis [selenósis] 形《単複同形》《医学》〖爪にできる〗白斑

seleúcida [seleúθiða] 形 名《歴史》〖マケドニアの〗セレウコス王朝〖の人〗

self-control [sélf kontról]〖←英語〗男 =autocontrol

self-made-man [sélf mejd man]〖←英語〗男 自力で努力して成功を収めた人, 叩き上げの人, 立志伝中の人物

self-service [sélf sérβis]〖←英語〗男 セルフサービス〖の店〗〖=autoservicio〗

seljúcida [selxúθiða] 形 名《歴史》〖トルコの〗セルジューク朝〖の人〗

selkup [selkúp] 男 ❶〖シベリア西部の〗セリクープ語〖の〗

sella [séʎa] 女《地方語》木桶〖=herrada〗

sellado [seʎáðo] 男 ❶ 捺印, 押印; 封印. ❷《自動車》アンダーコーティング

sellador, ra [seʎaðór, ra] 形 名 押印する〖人〗, スタンプを押す〖人〗; 切手〖印紙〗を貼る〖人〗
—— 男 押印機, スタンプ

selladura [seʎaðúra] 女 ❶ 捺印, 押印. ❷ 切手〖印紙〗の貼付. ❸ 封, 封印

sellante [seʎánte] 形 名 ふさぐ〖物〗

sellar [seʎár]〖←ラテン語 sigillare〗他 ❶ 捺印〖⁀〗する, 押印する, 判〖スタンプ〗を押す: *Este documento sin ~ no tiene validez.* この書類は判がないので無効だ. ❷ 切手〖印紙〗を貼る. ❸ 封をする, 封緘〖⁀〗する: ~ una carta 手紙を封にする. ❹ 封印する: *Los enterradores sellaron la tumba.* 埋葬者たちは墓を封印した. ❺ 確かなものにする; 終了したものとする: *Sellaron la*

alianza con un apretón de manos. 彼らは同盟を結んだ後, 握手した. ━ 《自動車》アンダーコーティングする
━ 値《西》失業者として登録する

sello [séʎo] 《←ラテン語 sigillum「印, 符号」》男 ❶ 印, 証印, 印鑑, 判; スタンプ: estampar el ~ en el documento 書類に判を押す. ~s de prima 割引(商品引換)スタンプ. ~ de caucho/~ de goma ゴム印. ❷《主に西》郵便切手 《=~ de correo》: El coleccionista reúne ~s de animales. そのコレクターは動物切手を収集している. poner dos ~s de un euro en la carta 手紙に1ユーロ切手を2枚貼る. matar el ~ 消し印を押す. álbum de ~s 切手帳. hoja de ~s 切手シート. ~ de urgencia 速達切手. ❸ 印紙, 証紙; impuesto de ~s 印紙税. ~ fiscal 収入印紙. ❹ 《手紙などの》封印; シール, 封緘(ふうかん)紙: abrir el ~ 封印を外す. quebrantamiento (violación) de ~s《法律》封印破棄. ❺ 印章(印鑑)付きの指輪. ❻《レコード・CDの》ラベル 《=~ discográfico》 ❼《金の》極印. ❽《作品などに表われた》特徴, 個性 《=~ distintivo》. ❾ カプセル錠; オブラートにはさんだ粉薬. ❿《植物》~ de Santa María アマドコロ, ナルコユリ 《=~ de Salomón》. ⓫《コロンビア, ペルー, チリ》貨幣の裏面
  echar el ~ a... ...を終わらせる, 仕上げる
  marcar a+人 con el ~ de...《人》に...の烙印を押す
  no pegar [ni] ~《西》《怠け者が》働かない, 働くべきことをしない
  poner el ~ a... =echar el ~ a...
  ~ de Salomón 1) ソロモンの封印《2つの正三角形を組み合わせた六星形. 魔よけになる》. 2)《植物》アマドコロ, ナルコユリ
seltz [sélθ] 《←独語 Seltzers》男 セルツァ水《発泡性ミネラルウォーター. 今では agua de ~》
selva [sélba] 《←ラテン語 silva「森」》女 ❶《主に熱帯の》密林, ジャングル: 1) ~ virgen 原生林. S~ Negra [ドイツの] シュヴァルツヴァルト, 黒い森. 2)《地理》セルバ, 熱帯雨林《=~ tropical》. 3) 弱肉強食の社会: ~ urbana 都会のジャングル. ❷ 雑多な寄せ集め; ~ de libros 本の山. ❸ もつれ, 紛れ. ❹《まれ》森林 《=bosque》
selvático, ca [selbátiko, ka] 形 ❶ 密林の, ジャングルの. ❷ 野性の, 未開の; 野蛮な, 粗野な
selvatiquez [selbatikéθ] 女《文語》❶ 密林(ジャングル)らしさ. ❷ 野性味; 野蛮さ
selvicultor, ra [selbikultór, ra] 名 =silvicultor
selvicultura [selbikultúra] 女 =silvicultura
selvoso, sa [selbóso, sa] 形 ❶ 密林の; 密林に覆われた. ❷《まれ》森林の
selyúcida [seljúθiða] 形《歴史》《西アジアの》セルジューク朝の《人》: Imperio ~ セルジューク朝
sema [séma] 男《言語》意味素
semafórico, ca [semafóriko, ka] 形 交通信号の; 信号機の
semaforización [semaforiθaθjón] 女 信号機の設置
semáforo [semáforo] 《←ギリシャ語「印」+phero「私は持つ」》男 ❶ 交通信号《主に3色 rojo・ámbar・verde のもの》: El ~ está [en] verde. 信号は青だ. El ~ se pone en ámbar. 信号が黄色になる. detenerse en un ~ rojo 赤信号で止まる. obedecer (saltarse) el ~ 信号を守る(無視する). poner un ~ en la calle 通りに信号機を設置する. ~ de peatones 歩行者用信号. ❷《鉄道》腕木式信号[機];《船舶》沿岸信号所
semana [sémana] 女《←ラテン語 septima < septem「7」》女 ❶ 週: El primer día de la ~ es el lunes. 週の第1日目は月曜日である《参考》キリスト教の典礼では週の始まりを日曜とするが, 一般的には月曜から始まるとされる》. ¿Qué día [de la ~] es hoy? 今日は何曜日ですか? esta ~ la ~ próxima/la ~ que viene/la ~ entrante 来週. la ~ pasada 先週. fin de ~ →fin.《参考》曜日《すべて男》: lunes 月曜, martes 火曜, miércoles 水曜, jueves 木曜, viernes 金曜, sábado 土曜, domingo 日曜. 1) [Hoy] Es jueves.〔今日は〕木曜日です. 2)《副詞句. 定冠詞などの限定語で》Voy a misa el domingo. 私は日曜日にはミサに行く. Viene cada sábado. 彼は土曜ごとに来る. Nos veremos el lunes [que viene].[来週の]月曜日に会おう. 3)《複》Voy a misa [todos] los domingos. 私は毎週日曜日にはミサに行く. hace dos lunes 先々週の月曜に. 4)[曜日+日付] Hoy es miércoles 19 de agosto de 2015. 今日は2015年8月19日水曜日です. ❷ 1週間, 7日間: Hace tres ~s que estudió japonés. 彼は3週間前に日本語を勉強し始めた. quedarse tres ~s en Madrid マドリードに3週間滞在する.

después de una ~ 1週間後に. en una ~ 1週間以内に. por varias ~s 何週間も. a las dos ~s de... から2週間後に. ...veces por (a la) ~ 週に...回. ❸ [laboral] de 40 horas 週40時間労働. ~ laboral de 5 días 週休5日制. ~ inglesa 土曜の午後と日曜は休む制度. ❸ 週間: ~ blanca [通常カーニバルとある週の] 2月の冬休み. ~ de bondad 親切週間. S~ Santa/~ grande (mayor)《カトリック》聖週間《復活祭前の週. その祭り》; その祈禱書, 祭式. S~ Trágica 悲劇の1週間《1909年アフリカ派兵に反対してバルセロナで起こった暴動》. ❹ 週給, 1週間分の給料. ❺ 石蹴り遊びの一種《地面に描く区画に曜日の名を付ける》. ❻《まれ》[月・年・世紀などの] 7単位の期間: una ~ de siglos 7世紀間. ❼《コロンビア》ポケットマネー. ❽《チリ》corrida [労働者の賃金支払いについて] 通常の週《たとえ祝日があっても1週間分支払われる》
  día de ~《中南米》平日, ウィークデー
  entre ~ 週に, 平日に: No tiene tiempo libre *entre ~*. 彼は平日は暇がない. *ir al cine entre ~* 平日に映画を見に行く. *días entre ~* 平日, ウィークデー
  la ~ de tres jueves/la ~ que no tenga viernes 決してありえない
semanada [semanáða] 女《地方語》週給
semanal [semanál] 形 ❶ 毎週の: Editó una revista ~. 彼は週刊誌を発刊した. En España los autónomos trabajan 45 horas ~es. スペインでは自営業者は週45時間働く. Tiene dos días de descanso ~. 彼は週に2日休みがある. ❷ 1週間続く: Es un curso ~ y consta de 15 horas, repartidas en 5 días de lunes a viernes. それは1週間の講座で, 月曜から金曜までの5日間に計15時間行なわれる
  ━ 男《地方語》週給《=salario ~》
semanalmente [semanálménte] 副 毎週, 週に1回
semanario, ria [semanárjo, rja]《←semana》形 =semanal
  ━ 男 ❶ 週刊誌, 週刊新聞. ❷ 7つの環からなるブレスレット《=~ de pulseras》. ❸ [時計の] 曜日表示機構《=reloj ~》. ❹《ニカラグア》1週間分の子供の小遣い
semaneo [semanéo] 男 短期の投資の回収
semanería [semanería] 女 ❶ 週給労働者の職(仕事). ❷ [裁判所の] 週1回の査察
semanero, ra [semanéro, ra] 形 週給の〔労働者〕, 1週間契約の〔労働者〕
semanilla [semaníʎa] 女 聖週間 Semana Santa の祭式について書かれた本
semanista [semanísta] 名 1週間続く会議(集会など)の出席者
semantema [semantéma]男《言語》意味素
semántica[1] [semántika]《←仏語 sémantique < ギリシャ語 semantikos「意味の」< semaino「私は印をつける, 意味する」》女《言語》意味論. ~ general 一般意味論. ~ generativa 生成意味論. ❷《論理》意義学. ❸ 記号論
semántico, ca[2] [semántiko, ka] 形 意味の, 語義の; 意味論の: cambio ~ 意味変化. campo ~ 意味野
semantista [semantísta] 名 意味論学者
semasiología [semasjoloxía] 女《言語》意味変化論, 語意義論
semasiológico, ca [semasjolóxiko, ka] 形 意味変化論の, 語意義論の
semblante [semblánte]《←カタルーニャ語 semblant < ラテン語 similans, -antis < similare「似ている」》男 ❶ 表情, 顔つき; 顔色, 血色: Al recibir la noticia, se le mudó el ~. 知らせを受け取ると彼の顔つきが変わった. componer el ~ 表情を取り繕う. mudar de ~ 顔色を変える. con ~ triste 悲しげな表情で. ❷ 様相, 様子, 局面: Me preocupa el ~ que está tomando el asunto. 問題が帯びつつある様相が私は気になる. ❸《文語》顔立ち, 相貌
  alterar el ~ a+人 ~を取り乱させる
  tener buen ~ 健康そうである; 機嫌がいい
  tener otro ~ 別の顔を持つ; 違った様相を帯びる
semblantear [semblanteár]《←メキシコ, グアテマラ, エルサルバドル, ニカラグア, チリ, ラプラタ. 口語》[気持ち・意図を見抜くために] ...の顔を見つめる, 出方(顔色)をうかがう. ❷《メキシコ》ちらっと見る
semblanza [semblánθa]《←カタルーニャ語 semblança》女 ❶ 人物素描;〔個人の〕経歴紹介, 略歴: Antes de ceder la palabra al invitado, haremos una breve ~. 来賓にお話しいただく前に簡単に経歴をご紹介しましょう. ❷ [2人の間の] 類似性

sembrada¹ [sembráḍa] 囡 種をまいた畑 [=sembrado]
sembradera [sembraḍéra] 囡 =**sembradora**
sembradero [sembraḍéro] 男《コロンビア》種まき用の畑
sembradío, a [sembraḍío, a] 形 [土地が] 種をまくのに適した, 種まき用の
sembrado¹ [sembráḍo] 男 [種をまいた] 畑
sembrado², da [sembráḍo, ḍa] 形 [estar+. 人が] 機知に富んだ, ユーモアにあふれた
sembrador, ra [sembraḍór, ra] 形 名 種をまく [人]
── 囡 播種(はしゅ)機, 種まき機
sembradura [sembraḍúra] 囡 播種(はしゅ), 種まき
sembrar [sembrár]《←ラテン語 seminare < semen「種」》23 他 ❶ [種を] まく: 1) ~ trigo 小麦の種まきをする. el que *siembra* recoge《諺》自分でまいた種は自分で刈り取る. 2) [+場所 に, +de・con に] ~ un campo *de* nabos 畑にカブの種をまく. ❷ [大量・乱雑に] …にばらまき, まき散らす: ~ dinero 金をばらまく. ~ el camino *de* flores para la procesión de Corpus 聖体の祝日の行列のために道に花をまく. ~ minas en un estrecho/~ un estrecho *de* minas 海峡に機雷を設置する.《文語》原因を作る;[成果を産む] 下準備をする: Los padres *siembran* y los hijos recogerán el fruto. 両親が種をまき息子たちが成果を手にする. ~ el terror 恐怖心を引き起こす. ~ la discordia (el desconcierto/la división) en (entre)… …に(の間)に不和の種をまく. ~ la fe en los corazones 心に信仰の種をまく. ❹ [情報を] 広める, 流布させる. ❺ [微生物などを] 植être, 植える. ❻ [植物を] 植える: Vamos a ~ tulipanes y primaveras en el jardín. 庭にチューリップとサクラソウを植えよう. ❼ [人に罪を着せるため, 麻薬・武器などを] 所持品に入れる. ❽《メキシコ, 口語》殺す;[騎手を] 放り投げる
sembrío [sembrío] 男《ペルー》畑 [=sembrado]
semeja [seméxa] 囡 ❶ [主に 複] しるし, 兆候. ❷《廃語》似ていること, 相似点
semejable [semexáble] 形 似ている可能性のある
semejado, da [semexáḍo, ḍa] 形 似ている, 相似した
semejante [semexánte]《←semejar》形 ❶ [+a に, +en が] 似た, 類似の: Tu anorak es ~ al mío. 君のアノラックは私のに似ている. Juan es muy ~ *a* ti en el carácter. フアンは性格が君とそっくりだ. Los edificios son ~s. 建物は互いに似ている. Una poesía ~ consonaba en todo el país. そのような詩があらゆるところで同じような歌声の曲が流れていた. ❷ そのような[あれほど大きな]: 1) [名詞+. 強調] Nunca he visto injusticia ~. 私はあんなひどい不正は見たことがない. 2)《軽蔑》[+無冠詞名詞] No existe ~ hombre y, si existiese, ¿cómo podríamos comunicarnos con él? そんな男は存在しないし, もしいたとしても私たちはどうしたらコミュニケーションをとれるだろうか?《幾何》[+トランプ] 同じ数(絵)の. ❺《メキシコ, チリ, アルゼンチン, ウルグアイ》巨大な
~... *que* +直説法 [強調の結果構文] それほどの…なので…する
~ *sitio* / *parte* 《俗用. 戯語. 冗談》[主に 複] あそこ
── 男 ❶ [主に 複] 同胞, 同類: Hay que ayudar a nuestros ~s. 私たちの同胞を助けなくてはいけない. ❷《まれ》類似性 [=semejanza]; 模倣. ❸《古語. 修辞》直喩 [=símil]
No tiene ~ …に類を見ない
semejantemente [semexántemente] 副 似通って, 相似して
semejanza [semexánθa]《←semejante》囡 ❶ 類似性: Existe una clara ~ entre las dos obras. その2つの作品は明らかに似ている. ~ *de* familia よく似ていること.《幾何》相似. ❸《修辞》直喩 [=símil]
a ~ *de*… …のように: A ~ *de* su padre, también estudió derecho. 父親同様に彼も法律を学んだ
semejar [semexár]《←俗ラテン語 similiare < ラテン語 similis「似た」》自《文語》《繫辞動詞. +名詞》…のようである: El entrechocar de los cubiertos *semejaba* en un torneo medieval. ナイフやフォークがぶつかり合う様子は中世の馬上槍試合のようだった
── **se**《文語》❶ [+a に, +en が] 似ている: *Se semeja* mucho *a* su padre. 彼は大変父親似だ. ❷ 互いに似ている: *Se semejan en* las caras. 彼らは顔が似ている
semeje [seméxe] 男《地方語》類似; 外観
semema [seméma] 男《言語》[一つの語の] 意味素, 意味的内容
semen [sémen]《←ラテン語 semen, -inis「種」》男 ❶《生理》精液 [=esperma]. ❷ 種, 種子 [=semilla]

semencera [semenθéra] 囡《地方語》=**sementera**
semencontra [semenkóntra] 囡《薬学》シナ花
semental [semental]《←ラテン語 sementis》形 男 ❶ 種付け用の [雄]; 種畜: caballo ~ 種馬, 牡種馬(ぼしゅば). ❷《軽蔑》種馬のような[男]. ❸ 種付用の, 植え付け用の
sementar [sementár]《←sementar》他《農業》種まき: hacer la ~ 種まきをする. ❷ [種をまいた] 畑: El ganado ha pateado las ~s. 家畜が種をまいた畑を踏み荒らした. ❸ 種まきの時期. ❹ 作付けされたもの. ❺ [不快なことの] 種, 源, 原因. ❻《アンダルシア》穀類, 実った穀類
sementero [sementéro] 男 ❶ [種まき用の] 種入れ袋. ❷ 種まき [の時期] [=sementera]
sementino, na [sementíno, na] 形 種の, 種子の
semestral [semestrál] 形 ❶ 半年ごとの, 年2回の: asamblea ~ 年2回開かれる会議. revista ~ 半年ごとに出る雑誌. ❷ 半年間の, 6か月の: asignatura ~ セメスター科目
semestralmente [semestrálmente] 副 半年ごとに, 年2回; 半年間にわたって
semestre [seméstre]《←ラテン語 semestris「半年ごとの, 半年間の」》❶ 半年, 6か月間; [年2学期制の] 学期, セメスター: Este ~ he leído muchos más libros que de siempre. このセメスターに私はいつもより多くの本を読んだ. primer ~ 前期, 上半期; 春学期. segundo ~ 後期, 下半期; 秋学期. ❷ [年金・会費などの] 半年ごとの受給 (支払い) 期. 《雑誌》[新聞・雑誌などの] 半年分の号: Me faltan tres ~s de la revista del Ateneo. 私の手元には1年半分の文芸協会誌がない
── 形 =**semestral**
semi-《接頭辞》[半] *semi*círculo 半円; [準] *semi*final 準決勝
semiabierto, ta [semjaβjérto, ta] 形 半開きの
semiadaptado, da [semjaḍa(p)táḍo, ḍa] 形 [+a に] 一部合わせた
semialto, ta [semjálto, ta] 形《音声》vocal ~ 半高母音
semianalfabetismo [semjanalfaβetísmo] 男 初歩的な読み書きしかできない, 準文盲
semianalfabeto, ta [semjanalfaβéto, ta] 形 名 初歩的な読み書きしかできない[人], 読めるが書けない [人]
semianticadencia [semjantikaḍénθja] 囡《音声》半上昇調
semiárido, da [semjáriḍo, ḍa] 形《地理》半乾燥の: zona ~*da* 半乾燥地
semiautomático, ca [semjautomátiko, ka] 形 半自動の: fusil ~ セミオートマチックの銃
semibreve [semibréβe] 男《音楽》全音符
semicadencia [semikaḍénθja] 囡《音楽》間を取ったあと抑揚が少し上がること.《音楽》半終止
semicapro [semikápro] 男《神話》半人半羊の怪物
semicilíndrico, ca [semiθilíndriko, ka] 形《幾何》半円筒 [状] の
semicilindro [semiθilíndro] 男《幾何》半円筒
semicircular [semiθirkulár] 形《幾何》半円[形]の
semicírculo [semiθírkulo] 男《幾何》半円: ~ graduado 分度器 [=transportador]
semicircunferencia [semiθirkunferénθja] 囡《幾何》半円周
sémico, ca [sémiko, ka] 形《言語》意味の, 意味に関する
semiconductor, ra [semikonduktór, ra] 形 男《電気》半導体 [の]: industria del ~ 半導体産業
semicónico, ca [semikóniko, ka] 形 半円錐形の
semicono [semikóno] 男 半円錐
semiconsciente [semikonsθjénte] 形 半ば意識のある, 意識が完全ではない
semiconserva [semikonsérβa] 囡《殺菌処理がされず, 冷蔵庫で10日ほど日持ちする》保存食品
semiconsonante [semikonsonánte]《←semi-+consonante》形 囡《音声》半子音 [の] [例 piedra [pjéḍra] の j, huevo [wéβo] の w]
semiconsonántico, ca [semikonsonántiko, ka] 形《音声》半子音のように発音される
semiconspiración [semikonspiraxjón] 囡 陰謀まがいのこと
semicopado, da [semikopáḍo, ḍa] 形《音楽》=**sincopado**
semicoque [semikóke] 男《燃料》半成コークス
semicorchea [semikortʃéa] 囡《音楽》16分音符

semicromático, ca [semikromátiko, ka] 形《音楽》全音階と半音階から成る
semicualificado, da [semikwalifikáðo, ða] 形《職人などが》半熟練の, 半人前の
semicultismo [semikultísmo] 男《言語》半教養語《部分的にラテン語の元の形を留めている語》
semiculto, ta [semikúlto, ta] 形 名 ❶《言語》半教養語上の. ❷ 並の教養しか備えていない〔人〕, 普通の教養の〔人〕
semicupio [semikúpjo] 男《キューバ, グアテマラ》[座浴・腰湯用の] バスタブ
semicúpla [semikúpla] 女《建築》半円ドーム
semideo, a [semiðeo, a] 名《詩語》=**semidiós**
semideponente [semiðeponénte] 形《言語》verbo 〜 準異態動詞
semidescremado, da [semiðeskremáðo, ða] 形 =**semidesnatado**
semidesértico, ca [semiðesértiko, ka] 形 半砂漠の
semidesierto, ta [semiðesjérto, ta] 形 閑古鳥の鳴いている, さびれた
semidesintegración [semiðesinteɣraθjón] 女《物理》periodo de 〜 半減期
semidesnatado, da [semiðesnatáðo, ða] 形 [牛乳が] 低脂肪の
semidesnudo, da [semiðesnúðo, ða] 形 半裸の, セミヌードの
semidestruir [semiðestrwír] 48 他 半壊させる
semidiámetro [semiðjámetro] 男 半径《=radio》;《天文》天体の角半径
semidifunto, ta [semiðifúnto, ta] 形 ほとんど死んだも同然の
semidiós, sa [semiðjós, sa] 名《←semi+dios》❶《ギリシア・ローマ神話》半神; 神人. ❷《時に皮肉》常人離れした人
semiditono [semiðítono] 男《音楽》短三度
semidivino, na [semiðiβíno, na] 形 半神の
semidoble [semiðóβle] 形《カトリック》[祝日・祭式が] 複誦 doble と単誦 simple の中間の
semidormido, da [semiðormíðo, ða] 形 うたた寝をした, うとうとした: Discúlpame, pero estoy 〜. すみません, ついうとうとしてしまって
semidragón [semiðraɣón] 男《神話》半人半竜, 竜人
semidulce [semiðúlθe] 形《ワインが》セミドゥルセの, ほのかに甘口の
semiduro, ra [semiðúro, ra] 形《鉱物》準硬石の
semieje [semjéxe] 男 ❶《幾何》半軸. ❷《自動車など》ハーフシャフト
semielaborado, da [semjelaβoráðo, ða] 形 半加工の
semienterrado, da [semjentetáðo, ða] 形 半ば埋もれた
semiesfera [semjesféra] 女 半球《=hemisferio》
semiesférico, ca [semjesfériko, ka] 形 半球〔形〕の《=hemisférico》
semiespacio [semjespáθjo] 男《幾何》半空間
semiesquina [semjeskína] 副《広告で》準角地で
semiestrenar [semjestrenár] 他《主に広告で》新品同様に買う
semiestreno [semjestréno] 男《主に広告で》新品同様
semifallo [semifáʎo] 男《西. トランプ》手に組札が1枚しかないこと
semifetal [semifetál] 形 en posición 〜 胎児のような姿勢で
semifijo, ja [semifíxo, xa] 形 半移動式の, 半固定式の; 準固定の
semifinal [semifinál]《←semi+final》女 [主に 複] 準決勝: Hoy se juegan las 〜es europeas de tenis. 今日テニスヨーロッパ大会の準決勝がある
semifinalista [semifinalísta] 形 名 準決勝進出の〔選手・チーム〕
semiflexible [semifle(k)síβle] 形 ある程度しなやかな, セミフレキシブルの
semifluido, da [semiflwíðo, ða] 形 =**semilíquido**
semifondo [semifóndo] 男《スポーツ》中距離: carrera de 〜 中距離競走
semiforme [semifórme] 形 半ば形作られた, 半形成済みの
semifusa [semifúsa] 女《音楽》64分音符
semigrupo [semiɣrúpo] 男《数学》半群, 準群
semihilo [sem(i)ílo] 男《主に綿との》混紡の布
semihombre [semjómbre] 男〔想像上の部族の, 身長40センチほどの〕侏儒(㍇), 小人

semiinconsciencia [semi(i)ŋkonsθjénθja] 女 半意識
semiinconsciente [semi(i)ŋkonsθjénte] 形 半ば意識のある, 意識のはっきりしない
semi-industrializado, da [semi(i)ndustrjaliθáðo, ða] 形 país 〜 準工業国
semiínfero, ra [sem(i)ínfero, ra] 形《植物》[萼・子房が] 中位の, 半下位の
semiinscrito, ta [semi(i)nskríto, ta] 形《幾何》一部内接する
semilíquido, da [semilíkiðo, ða] 形 半流動体の
semilla [semíʎa]《←ラテン語 seminia < seminium「種子」》女 ❶ [果実の] 種子, 種, 覆 [小麦・大麦以外の] 畑にまく種: sembrar las 〜s de rábano ハツカダイコンの種をまく. uvas sin 〜 種なしブドウ. 〜s de girasol ヒマワリの種. ❷ 原因: Mi padre puso la 〜 de este negocio. 父がこの商売の元を作った. 〜 de la discordia 不和の種. 〜 de la revolución 革命の火種. ❸ 精液《=semen》. ❹《中南米》[桃・オリーブなどの] 核, 種《=hueso》. ❺《チリ, アルゼンチン, ウルグアイ》幼児; 匿名 少年たち
semillado [semiʎáðo] 男 種まき
semillar [semiʎár] 他《主に休耕地に, 種を》まく《=sembrar》
semillero [semiʎéro]《←semilla》男 ❶ 苗床: planta de 〜 苗. ❷ 源, 発生地: La reunión resultó ser un 〜 de enfrentamientos políticos. 集会を開いた結果, 政治的な対立が生まれた. 〜 de discordias 不和の種. 〜 de delincuencia 犯罪の温床. ❸ [主に研究用の] 種の保存場所
semilunar [semilunár] 形《解剖》半月状の, 半月形の, 三日月形の ── 男《解剖》月状骨《=hueso 〜》
semilunio [semilúnjo] 男 太陰月の半月
semimanufactura [semimanufaktúra] 女《商業》[主に 複] 半製品
semimaterial [semimaterjál] 形 半物質的な
semimedio, dia [semiméðjo, ðja] 形《音声》→**vocal** semimedia ── 男《ボクシング》ウェルター級《=peso 〜》
semimembranoso, sa [semimembranóso, sa] 形《解剖》[筋肉が] 半膜様の
semimetal [semimetál] 男《化学》半金属
semimetálico, ca [semimetáliko, ka] 形 半金属の
seminal [seminál]《←semen》形 ❶《生理》精液の: vesícula 〜 《解剖》精嚢. ❷《植物》種子の
seminario [seminárjo]《←ラテン語 seminarius < semen, -inis「種子」》男 ❶ 神学校 《=〜 conciliar》;《カトリック》大神学校《=〜 mayor》: 〜 menor 小神学校. ❷《大学の》ゼミナール《組織, 教室》: 〜 de historia de América 新大陸史のゼミナール. ❸《中等学校の》同じ専門の先生たち; [その先生たちが集まる] 研究室: La revisión de examen será en el 〜 de latín. 試験問題のチェックはラテン語研究室で行われる. ❹ 苗床; 温床
seminarista [seminarísta] 名 ❶ 神学生. ❷《俗用》ゼミナールの学生; セミナー参加者
seminegro, gra [seminéɣro, ɣra] 形《印刷》中太字の
seminífero, ra [seminífero, ra] 形《生理》精液を生じる〔含む〕: glándula 〜ra 精液腺. ❷《植物》種子を生じる
semínima [semínima] 女 ❶《まれ》取るに足りないこと, 些事. ❷《廃語》4分音符《=negra》
seminívoro, ra [seminíβoro, ra] 形《動物》種子食の
seminola [seminóla] 形 名 セミノール族の〔《北米先住民》
seminole [seminóle] 形 名 =**seminola**
seminómada [seminómaða] 形《人・動物が》半定住の, 半遊牧民の《定住地を持ちながら季節移動する》
seminomadismo [seminomaðísmo] 男 半定住, 半遊牧
seminternado [semintetáðo] 男《通学生への》給食制度. ❷ 寮はないが〕給食制度のある学校
seminuevo, va [seminwéβo, βa] 形《主に広告で》新品同様の
semiología [semjoloxía]《←仏語 semiologie》女 ❶ 記号学, 記号論. ❷《医学》症候学《=〜 clínica, sintomatología》
semiológico, ca [semjolóxiko, ka] 形 記号学の; 症候学の
semiólogo, ga [semjóloɣo, ɣa] 名 記号学者; 症候学者
semionda [semjónda] 女《物理》半波点
semioruga [semjorúɣa] 男 半無限軌道式車両《前は車輪, 後ろはキャタピラ》

semioscilación [semjɔsθilaθjón] 囡《物理》準振動
semioscuridad [semjoskuriðáð] 囡 薄暗がり
semiotecnia [semjotéknja] 囡《音楽》記譜法
semiótico, ca [semjótiko, ka] 形 ❶ 記号論の, 記号論的な. ❷ 症候学的, 症候学的な
—— 男 記号論の専門家
—— 囡 ❶ 記号論. ❷《医学》症候学〖=sintomatología〗
semiparásito, ta [semiparásito, ta] 形 **=hemiparásito**
semipedal [semipeðál] 形《物理》足半分の長さの
semipelagianismo [semipelaxjanísmo] 男《キリスト教》半ペラギウス主義《ペラギウス説 pelagianismo と正統教義を折衷させた思想. 6世紀に異端とされた》
semipelagiano, na [semipelaxjáno, na] 形 名 半ペラギウス主義の(主義者)
semipenumbra [semipenúmbra] 囡 かすかな影
semiperímetro [semiperímetro] 男《幾何》半円周
semiperíodo [semiperíoðo] 男《電気》半周期
semipermeable [semipɛrmeáble] 形 半透性の: membrana ~ 半透膜
semipesado [semipesáðo] 男《ボクシング》ライトヘビー級〖=peso ~〗
semiplano [semipláno] 男《幾何》半平面
semiplantígrado, da [semiplantíɣraðo, ða] 形《動物》蹠行(しょこう)性の
semiplena [sempléna] 形 →**prueba** semiplena
semiplenamente [semiplenaménte] 副 証拠不十分で
semipleno [semipléno] 男《ボーリング》スペア
semiprecioso, sa [semipreθjóso, sa] 形《鉱物》宝石より価値の低い, 準宝石の
semiproducto [semiproðúkto] 男 ❶《経済》半製品. ❷《数学》積の半分
semiprofesional [semiprofesjonál] 形 名 半職業的な〔スポーツ選手〕, セミプロ(の)
semipúblico, ca [semipúβliko, ka] 形 ❶ 半公共的な, 半官の: empresa ~ca 準公営企業, 第三セクター. espacio ~ セミパブリック・スペース. ❷《カトリック》〖オラトリオ会が〗半公開の
semirrecto, ta [semirékto, ta] 形《幾何》ángulo ~ 45度の角
—— 囡《幾何》半直線
semirrefinado, da [semiřefináðo, ða] 形 azúcar ~ 半精製糖
semirremolque [semiřemólke] 男《自動車》セミトレーラー〖前輪がない〗
semirrígido, da [semiříxiðo, ða] 形 半剛体の, 半硬式の, 半硬質の
semis [sémis] 男〖単複同形〗《古代ローマ》セミス銅貨〖=1/2アス〗
semisalvaje [semisalβáxe] 形 すっかり飼い馴らされてはいない, 野性味の残った
semiseco, ca [semiséko, ka] 形〖ワインなどが〗やや辛口の
semisintético, ca [semisintétiko, ka] 形 半合成の
semisólido, da [semisóliðo, ða] 形 半固体の
semisótano [semisótano] 男 半地下室
semi-subterráneo, a [semisuβteřáneo, a] 形 半地下式の
semisuma [semisúma] 囡《数学》合計の2分の1
semita [seméta] I 〖←Sem〗 形 名 セム族(の): lenguas ~s セム語派(の). ❷ ユダヤ人(の)
II 男 ❶〖まれ〗菓子パンの一種. ❷《ホンジュラス, エルサルバドル, ニカラグア, ボリビア, エクアドル》ふすまと小麦粉のパン
semitendinoso, sa [semitendinóso, sa] 形《解剖》〔筋肉の〕半腱様(はんけんよう)の
semítico, ca [semítiko, ka] 形 ❶ セム族の; セム語の: cultura ~ca ユダヤ文化. ❷ ユダヤの
—— 男 セム語〔派〕
semitismo [semitísmo] 男 ❶〖集名〗セム(ユダヤ)人気質; ユダヤ〔人〕問題. ❷ セム(ヘブライ)語的な表現. ❸ セム語学
semitista [semitísta] 名 ❶ セム〔語・文化〕学者. ❷ ユダヤ人シンパ
semitono [semitóno] 男《音楽》半音: ~ diatónico (mayor) 全音階的半音. ~ cromático (menor) 半音階的半音
semitrailer [semitraílɛr] 男〖←英語〗〖圏 ~〗**=semirremolque**
semitransparente [semitransparénte] 形〖←semi-+transparente〗

形 半透明の, 透明に近い: camisa ~ シースルーのシャツ
semitrasparente [semitrasparénte] 形 **=semitransparente**
semitrino [semitríno] 男《音楽》短いトリル
semiuncial [semjunθjál] 形 半アンシャル体の〖3〜9世紀, ギリシア語・ラテン語の筆写に使う丸みのある大文字の字体〗
semivacío, a [semibaθío, a] 形 ほとんど空(から)の
semivelado, da [semibeláðo, ða] 形 ojos ~s 半閉じの眼
semivida [semibíða] 囡《物理》半減期
semivivo, va [semibíβo, ba] 形 半死半生の, 虫の息の
semivocal [semibokál] 〖←semi-+vocal〗 形 囡《音声》❶ 半母音(の)〖〖[j], [u]〗. ❷ 半子音の〖=semiconsonante〗
semivocálico, ca [semiboκáliko, ka] 形《音声》半母音の
semnopiteco [semnopitéko] 男《動物》〔オナガザルの一種〕ハヌマンラングール
sémola [sémola] 〖←伊語 semola〗 囡《料理》❶〖スープの浮き身用の〗粒状のパスタ. ❷〖パスタ用の上質の小麦粉〗セモリナ粉
—— 形 azúcar ~ 粉砂糖
semolero, ra [semoléro, ra] 形 粒状のパスタの; セモリナ粉の
semoviente [semoβjénte] 形 ❶〖主に法律〗〔資産としての〕家畜(の): bienes ~s 家畜資産. ❷《戯語》人間(の)
sempervirente [sempɛrβirénte] 形《植物》常緑の
sempiterna[1] [sempitérna] 囡 ❶ 粗い毛織物. ❷《植物》ムギワラギク〖=perpetua〗
sempiternamente [sempitɛrnaménte] 副《文語》永遠に, とこしえに
sempiterno, na[2] [sempitérno, na] 〖←ラテン語 sempiternus〗 形《文語》❶ 永遠に続く, 終わりのない, 永遠の, 永久の〖=eterno〗. ❷ いつもの, あいかわらずの: Entonces apareció él, con su ~na sonrisa. その時彼がいつもの笑顔を浮かべて現われた
sen [sén] I 男《植物》センナ; 〔特に〕チンネベリーセンナ, アレキサンドリアセンナ
II 男〖日本の通貨単位〗銭
sena [séna] I 囡《植物》センナ〖=sen〗
II 囡《ゲーム》〖さいころの〗6の目; 6のぞろ目
senada [senáða] 囡 ふところやエプロンのポケットに入るだけの量
senado [senáðo] 〖←ラテン語 senatus〗 男 ❶〖主に S~. 議会の上院〖機関, 会議, 建物〗: En las elecciones al S~ el partido no ha obtenido ningún escaño. 上院議員選挙で彼の党は一議席も取れなかった. ❷《古代ローマ》元老院. ❸ 評議員会, 理事会. ❹《文語》〖集名〗尊敬すべき人たち
senadoconsulto [senaðokonsúlto] 男《古代ローマ》元老院議決: ~ último 元老院最終勧告
senador, ra [senaðór, ra] 名 ❶ 上院議員: Su tía es ~ra por Pontevedra. 彼の伯母はポンテベドラ選挙区選出の上院議員である. ❷《古代ローマ》元老院議員, 評議員, 理事
senaduría [senaðuría] 囡 ❶ 上院議員の職(地位・権威・任期): La ~ le otorga la inmunidad parlamentaria. 彼は上院議員なので議員特権がある. ❷ 評議員(理事)の職(地位・任期)
senara [senára] 囡《地方語》❶〖農場の監督などの〗自営地〖地主が給料の付加として与えた〗; そこの生産物. ❷ 種をまいた土地, 畑. ❸ 共有地, 入会地
senario, ria [senárjo, rja] 形 6つの要素(単位・数字)から成る, 6個一まとまりの
—— 男〖ギリシア・ローマ詩の〗6脚詩〖=verso ~〗
senatorial [senatorjál] 形 ❶ 上院の; 上院議員の. ❷《古代ローマ》元老院の; 元老院議員の. ❸ 評議員の, 理事の. ❹《文語》高齢の
senatorio, ria [senatórjo, rja] 形 上院〔議員〕の; 元老院〔議員〕の〖=senatorial〗
S.en C. 囡《略語》←Sociedad en Comandita 合資会社
sencido, da [senθíðo, ða] 形《リオハ, ソリア, アラゴン, アンダルシア》〖牧草が〗刈られていない; 〖家畜に〗食べられていない, 踏まれていない
sencillamente [senθiʎaménte] 副 ❶ 単純に, 単に: S~, porque no me da la gana. ただ単に私はそんな気持ちにはなれないからさ. ❷ 簡単に, たやすく: Eso se soluciona ~. それを解くのはわけない. ❸ あっさりと, 簡素に: Mi hermana mayor vestía ~, pero con mucha elegancia. 姉さんは飾り気のない服装をしていたが, かっこよかった. ❹ 本当に: Aquella jugada ha sido ~ sensacional. あのプレイは本当にすばらしかった
sencillez [senθiʎéθ] 囡 ❶ 単純さ; 簡単さ, 平易さ: Los pro-

blemas del examen eran de un gran ～. 試験問題はめちゃくちゃ難しかった. ❷ 簡素; 素朴: Miguel decora la sala con ～. ミゲルは居間の装飾をすっきりしたものにした. ❸ 無邪気さ, お人好し

sencillo, lla [senθíλo, λa]《←俗ラテン語 singillus < singulus「ただ一つ」》形 ❶ 単純な, 簡単な, 平易な: Este es un ～ acertijo. これは簡単ななぞなぞだ. instrumento ～ 簡単な道具. ❷ [表現が] 率直な, 明解な: Su forma de redactar es ～lla. 彼の文体は直截(せつ)的である. ❸ 簡素な, 飾り気のない, あっさりした: Su hermana viste de una forma ～lla. 彼の妹は目立たない服装をしている. ❹ [人が] 素直な, 純朴な; お人好しの, 素朴な: Me gusta estar con ella, porque es muy ～lla. 彼女は性格がとても素直だから, 私は一緒にいるのが好きだ. ❺ [布地などが] 薄手の: forro ～ 薄手の裏地. tabique ～ 薄い間仕切り. ❻《植物》[花が] 一重の. ❼《西, メキシコ》[切符が] 1回(1人)限り有効の. ❽《地方風》病弱な ── 男 ❶ シングルレコード [=disco ～]. ❷《西》片道切符. ❸《競馬など》連勝単式 [=apuesta doble contra ～].❹《中南米》小銭

senda [sénda]《←ラテン語 semita》女 ❶ [山・森などの] 小道, 踏み分け道: Atravesaron el bosque por una ～. 彼らは森の小道を抜けていった. S～s de Oku『奥の細道』. ❷《比喩》道, 道路: Los dos primos siguieron ～s distintas en la vida. 2人のいとこは違った人生をたどった. del bien (del mal) 正道(悪の道). ❸ [目的を達成する] 方法, 手段: La literatura es la ～ que le conducía al éxito. 彼女を成功へ導いたのは文学だった. ❹《建築》横道, 私道. ❺《情報》～ crítica クリティカル・パス. ～ de datos データ経路

sendecho [sendétʃo]男《メキシコ》[チチャ chicha に似た] トウモロコシを発酵させて作る飲み物

Sender [sendér]《人名》**Ramón José** ～ ラモン・ホセ・センデル《1902〜82, スペインの小説家. 左派系の新聞記者として出発し, アナキストとして内戦を戦い, 戦後米国に亡命. スペイン社会に生きる人々を主人公に, その人間性に焦点を当てた作品に優れたものが多い.『カルタヘナのウィット氏』Mister Witt en el Cantón,『あるスペインの農夫のための鎮魂ミサ』Réquiem por un campesino español》

senderar [senderár]他 =**senderear**

senderear [senderár]他 ❶ [人に] 細道の案内をする, 細道に導く. ❷ 細道を切り開く: ～ un bosque 森林に細い道を切り開く ── 自 [行動・考え方において] 普通とは変わった道を進む

senderina [senderína]女《地方風》=**senderuela**

senderismo [senderísmo]男《スポーツ》軽度の山歩き; 平地のぶらぶら歩き

senderista [senderísta]名 ❶《スポーツ》軽度の山歩き(平地のぶらぶら歩き)をする人. ❷ センデロ・ルミノソ Sendero Luminoso の構成員

sendero [sendéro]男《←senda》❶ 小道, 踏み分け道 [=senda]: Quien está perdido no duda de su ～.《諺》道を間違える者は自分の歩いている道を疑わない. ❷ S～ Luminoso センデロ・ルミノソ《ペルーの左翼武装組織. 1980年代に過激なテロ活動を繰り広げた》. ❸《建築》側道, 小道. ❹ ～ cortafuegos 防火線

senderuela [senderwéla]女《リオハ, 植物》シバフタケ《食用のキノコ》

sendos, das [séndos, das]《←ラテン語 singulos「各個に1つ」》形 複 ❶ 各人(各個)に1つずつの: Se comieron ～das tortas. 彼らは各自ケーキを1つ食べた. Los tres excursionistas iban con ～das mochilas de colores. 3人のハイカーはそれぞれカラフルなリュックを背負っていた. con ～das peculiaridades その人その人の独自性を発揮して. ❷《口語》途方もない, ひどい

séneca [séneka]男《主に皮肉》知識人, 学識者

Séneca [séneka]《人名》**Lucio Anneo** ～ ルキウス・アンナエウス・セネカ《前2?〜65, コルドバ出身の古代ローマの政治家・哲学者. 小セネカ Séneca el Joven とも呼ばれる. 皇帝ネロに仕えたが謀反の嫌疑を受け自殺.『道徳書簡集』*Epistulae morales ad Lucilium*》

senecio [senéθjo]男《植物》セネシオ, セネキオ: ～ gigante ジャイアントセネシオ

senecto, ta [senékto, ta]形《文語》老いた; 老人

senectud [senektúð]《←ラテン語 senectus, -utis「老い」》女《文語》老年, 老年期, 老境: en su ～ 老境にあって

senegalés, sa [seneɣalés, sa]形 名《国名》セネガル Senegal の(人)

senense, sa [senénse, sa]形 名 =**senés**

senequismo [senekísmo]男 セネカ Séneca 哲学的な生き方; 禁欲主義, ストア主義

senequista [senekísta]形 名 セネカ Séneca 哲学的な生き方の, セネカ哲学の〔信奉者〕; セネカ研究者

senés, sa [senés, sa]形 名《地名》[イタリアの] シエナ Siena の〔人〕

senescal [seneskál]《←仏語 sénéchal》男《歴史》❶ [中世の王室などの] 執事, 家令; [王侯貴族に料理を給仕する] 給仕頭. ❷ 王権を行使する将校. ❸ 国王軍を率いる貴族, 重臣

senescalado [seneskaláðo]男 ❶ 将校(貴族)に委ねられた領地. ❷ =**senescalía**

senescalía [seneskalía]女 給仕頭(執事・将校・貴族)の職(地位・権限)

senescencia [senesθénθja]女《文語》老い, 老化, 老衰

senescente [senesθénte]形《文語》老い始めた, 老化が始まった

senil [seníl]《←ラテン語 senilis < senex, senis「老い」》形 ❶ 老いの; 老年期の: achaques ～es 老人病. demencia ～ 老人性認知症. ❷ 老衰した, ぼけた. ❸ 老人特有の, 老年の: voz ～ 年寄りじみた声

senilidad [seniliðáð]女 ❶ 老衰, 老齢化, 老化現象: La ～ de tu padre es evidente. 君のお父さんの老化は明らかだ. ❷《文語》老齢 [=ancianidad]

sénior [sénjor]《←ラテン語 senior「より年老いた」》形 名《単複同形〜s》❶ [←英語] [同名の家族の中で] 年上の方の [⇔júnior]; 年上の人: J. Gutiérrez ～ firmará ejemplares de su libro de poemas. 父親の方のJ.グティエレスが自分の詩集にサインをすることになっている. ❷《サッカーなど》シニアの〔選手〕《júnior とベテラン veterano の中間, 20・21歳以上》

seno [séno]《←ラテン語 sinus「曲折, くぼみ」》男《文語》❶ 〔女性の〕1) 乳房 [=pecho]: mujer de opulentos ～s 豊かな胸の女. 2) 胸元, ふところ: La mujer guardó la carta en el ～. 女は手紙をふところにしまった. ❷ 〔動物の〕子宮, 胎内 [=matriz]: Josefina lleva el hijo en su ～. ホセフィーナはお腹に子を宿している. ～ materno 母胎. ❸ 穴, くぼみ: fregadero de dos ～s ダブルシンク. ❹ 避難場所, 隠れ家: Se refugiaron en el ～ de la montaña. 彼らは山中の隠れ家に逃げこんだ. acoger a+人 en su ～ …をかくまう. ❺ 〔具体的・抽象的なものの〕内部, 内奥: En el ～ de sociedades medievales convivían distintos estamentos. 中世社会では様々な身分が共生していた. nacer en el ～ de una familia burguesa あるブルジョア家庭に生まれる. ～ de la tierra 大地の奥底. ～ del mar 海の真っただ中. ❻ 入り江. ❼《解剖》[骨などの] 洞, [特に] 副鼻腔: ～ frontal 前頭洞. ❽《建築》[連続したアーチの] 外輪の間の空間. ❾《幾何》1) 正弦, サイン. 2) ～ verso 正矢(せいし). ❿ 〔ユダヤ教〕～ de Abrahán 信仰の篤い人の霊魂が贖(あがな)い主を待つところ, 天国

senografía [senoɣrafía]女 =**mamografía**

senógrafo [senóɣrafo]男《医学》乳房X線撮影装置

senoí [senoí]男《民族》[マレー半島の先住民]

senoidal [senoiðál]形《幾何》正弦曲線の, シヌソイドの

senojil [senoxíl]男 =**henojil**

senología [senoloxía]女《医学》乳房疾患の研究

senón, na [senón, na]形《歴史》セノネス族[の]《ガリアの一部族》

senoniense [senonjénse]男《地質》白亜紀晩期

sensación [sensaθjón]《←ラテン語 sensatio, -onis》女 ❶ [感覚 sentido による] 感じ, 気分: causar cierta ～ agradable de paladar ある種の味覚の快感を引き起こす. ❷ 印象; 予感: Tengo la ～ de que no va a venir. 彼は来ないような予感がする. ～ de soledad 孤独感. ❸ 感覚 [=sentido]: ～ auditiva 聴覚. ～ cutánea 皮膚感覚. ～ de dolor 痛覚. ～ térmica 風速冷却指数. ❹ 感動; 驚き: Con ese vestido provocó ～ en la fiesta. そのドレスを着て彼女はパーティーにセンセーションを巻き起こした

dar la ～ 1) 印象を与える: Me *dio la* ～ de ser una persona enigmática. 彼は謎の人物という印象を私に与えた. 2) 予感させる

de ～《口語》すばらしい [=sensacional]; すばらしく

hacer ～ 感動(センセーション)を引き起こす

sensacional [sensaθjonál] [形] 世間を驚かせる, 大評判になる;《口語》すばらしい: liquidación a precios ～*es* 驚異的価格のバーゲンセール. noticia ～ センセーショナルなニュース. obra ～ 人々をあっと言わせる作品

sensacionalismo [sensaθjonalísmo] [男] [報道などの] 扇情主義

sensacionalista [sensaθjonalísta] [形] [名] 扇情主義的な〔人〕

sensatamente [sensátaménte] [副] 慎重に, 思慮深く

sensatez [sensatéθ] [女] 思慮分別, 良識, 賢明さ: con ～ 慎重に

sensato, ta [sensáto, ta]〖←ラテン語 sensatus < sensa「思考」〗[形] [名] 思慮分別のある〔人〕, 良識のある〔人〕, 賢明な: Has tomado una decisión ～*ta*. 君は良識ある決断をした

senserina [senserína] [女]《サラマンカ. 植物》タイム, タチジャコウソウ

sensibilidad [sensiƀiliđá(đ)]〖←ラテン語 sensibilitas, -atis〗[女] ❶ [繊細な] 感受性, 感性: Alis es un músico con una gran ～ tanto para componer como tocar. アリスは作曲でも演奏でも感性の豊かな音楽家だ. ～ artística 芸術的感受性. ～ humana 人間的感性. ❷ [刺激に対する] 感覚〔能力〕: Tiene poca ～ en la retina. 彼は網膜の感覚がほとんどない. perder la ～ en los brazos 腕の感覚がなくなる. ～ a la luz 光に対する感覚. ❸ [計器などの] 感度, 精度: Este termómetro tiene gran ～. この温度計は精度が高い. ❹《写真》感光度. ❺《哲学》感性

tener ～ a flor de piel [人が] ひねくれている

sensibilización [sensiƀiliθaθjón] [女] ❶ 敏感にすること. ❷《写真》増感. ❸《医学》感作(かんさ)

sensibilizado, da [sensiƀiliθáđo, đa] [形] 敏感になった, 感じやすい

sensibilizador, ra [sensiƀiliθađór, ra] [形] 敏感にする, 感じやすくする

—— [男]《写真》感光薬, 増感剤

sensibilizante [sensiƀiliθánte] [形] [男]《医学》感作(かんさ)体〔の〕

sensibilizar [sensiƀiliθár]〖←ラテン語 sesibilis〗[9] [他] ❶ 敏感にする, 感じやすくする: La música *sensibiliza* el oído. 音楽は聴覚を鍛える. ❷ 関心を持たせる: ～ a la opinión pública 世論を喚起する. ❸《写真》増感作用を高める, 感光しやすくする. ❹《医学》抗原に対して敏感にする, 感作する

—— **～se** 敏感になる

sensible [sensíƀle]〖←ラテン語 sensibilis〗[形] ❶ 感覚能力のある; [+a に] 敏感な, 感じやすい: Los animales son seres ～*s*. 動物には感覚能力がある. Es una persona muy ～ *a* los cambios de temperatura. 彼は気温の変化にとても敏感だ. poco ～ *a* las picaduras de los insectos 虫に刺されてもほとんど気にならない. ～ *a* la injuria 悪口を気にする. parte ～ del cuerpo 体の敏感な(感じやすい)部分. sustancia ～ *a* la luz 光に敏感な物質. ❷ 感受性の鋭い; 情にもろい, 思いやりのある: Ella es una chica muy ～. 彼女はとても感じやすい(多感な)女性だ. ser ～ *a* la poesía 詩趣を解する. ❸ [計器・フィルムなどが] 感度のよい: receptor de radio muy ～ 高感度のラジオ. papel ～ *al* calor 感熱紙. ❹ はっきり感じられる, 顕著な: Esa provincia ha experimentado una ～ mejoría en sus datos de desempleo. その県の失業者数は顕著に改善されてきた. ❺ つらい, 悲しむべき: Es ～ que malogre sus buenas cualidades con la pereza. 怠惰によって彼の美点が失われたのは残念だ. ❻ 感覚でとらえられ得る: ser ～ *a* la vista 目に見える. mundo ～ 感覚界. ❼《音楽》導音の: nota ～ 導音. ❽〖←英語〗良識(分別)のある, 賢明な

sensiblemente [sensíƀleménte] [副] ❶ はっきりと, 目に見えて, 顕著に: El tiempo ha mejorado ～. 天気ははっきりとよくなった. ❷ 苦痛を抱えて

sensiblería [sensiƀlería] [女]《軽蔑》感傷癖, 過度のセンチメンタリズム

sensiblero, ra [sensiƀléro, ra] [形]《軽蔑》[人・事柄が] 感情過多の

sensismo [sensísmo] [男]《哲学》感覚論〖=sensualismo〗

sensista [sensísta] [形] [名]《哲学》感覚論の(論者)〖=sensualista〗

sensitivo, va [sensitíƀo, ƀa] [形] ❶ 感覚の, 感覚を伝える: facultad ～*va* 感覚能力. nervio ～ 感覚神経. órgano ～ 感覚器官. ❷ 感覚能力のある: area muy ～*va* ひどく刺激を感じやすい部位. ❸ 感受性を刺激する. ❹《文語》[人が] 感じやすい, 繊細な: Es muy ～, en seguida se dio cuenta de que yo estaba triste. 彼はとても敏感で, 私が悲しんでいるのにすぐ気付いた. ❺ [機械・物質などが] 感度のよい: Este aceite es muy ～ al calor y pierde sus propiedades buenas. この油は熱に弱くて良い特性を失ってしまう

—— [名]《文語》感じやすい人, 繊細な人

—— [女]《植物》オジギソウ, ネムリグサ〖=mimosa〗

sensitometría [sensitometría] [女]《写真》センシトメトリ, 感光度計測

sensitómetro [sensitómetro] [男]《写真》感光度計

sensomotor, ra [sensomotór, ra] [形]〖女性形 **sensomotriz** もある〗《心理》感覚運動の

sensomotricidad [sensomotriθiđá(đ)] [女]《心理》感覚運動能

sensomotriz [sensomotríθ] [形] →**sensomotor**

sensor [sensór] [男] センサー, 感知器, 感知装置: ～ de presión 気圧(圧力)センサー. ～ de temperatura 温度感知器. ～ luminoso 光センサー, 光検出器

sensorial [sensorjál] [形]《生理》感覚〔上〕の, 知覚〔上〕の; 感覚器の: órgano ～ 感覚器官. placer ～ 感覚上の喜び

sensorialidad [sensorjaliđá(đ)] [女]《まれ》感受性; 感覚〖=sensibilidad〗

sensorio, ria [sensórjo, rja] [形] =**sensorial**

—— [男]《生理》感覚中枢; 頭脳

sensorizar [sensoriθár] [9] [他] [主に [過分]] センサーを備える

sensual [senswál]〖←ラテン語 sensualis〗[形] ❶ 官能の, 官能的な, 肉感的な, みだらな: boca ～ 肉感的な口もと. mirada ～ 色っぽいまなざし. ❷ 好色な, 淫蕩な: Es un hombre ～ y descarado. その男は好色で恥知らずだ. ❸ 感覚の, 感覚による: placer ～ 快楽

sensualidad [senswaliđá(đ)] [女] 官能性, 官能的(肉感的)なこと, みだらさ, 好色: Aquella actriz tiene una gran ～. あの女優はひどくなまめかしい

sensualismo [senswalísmo] [男] ❶《哲学》[18世紀フランスの哲学者コンディヤック Condillac の] 感覚論. ❷《まれ》官能主義, 肉感主義; 官能性; 好色

sensualista [senswalísta] [形] [名] ❶ 感覚論の(論者). ❷ 官能主義の(主義者), 肉感主義の; 快楽にふける, 快楽主義者; 好色な〔人〕

sensualmente [senswálménte] [副] 官能的に, 肉感的に, みだらに

sensu contrario [sénsu kontrárjo]〖←ラテン語〗[副] 逆に

sensuntepecano, na [sensuntepekáno, na] [形] [名]《地名》センスンテペケ Sensuntepeque の〔人〕〖エル・サルバドル, Cabañas 県の県都〗

sensu stricto [sénsu estríkto]〖←ラテン語〗[副] [形] =**stricto sensu**

sentada[1] [sentáđa]〖←sentar〗[女] ❶ [抗議・支援のための] 座り込み: Los pequeños comerciantes hicieron una ～ de cuatro horas delante del Ministerio. 小商店主たちは省の前で4時間の座り込みを行なった. ❷ 人が続けて座っている時間: Se daba unas buenas ～*s* estudiando. 彼はじっくり腰を据えて勉強していた. ❸《中南米》[手綱をひいて] 馬を止めること, 馬の急停止

de (en) una ～ 一気に, 一度に: Jaime revisó todas las cuentas del año *de una* ～. ハイメは一気呵成(かせい)にその年の勘定をすべて調べ上げた

tener una ～ sobre... …についてじっくり検討(議論)する

sentadera [sentađéra] [女] ❶《中南米》[椅子などの] 座, 座部. ❷《ラプラタ. 口語》[複] お尻

sentadero [sentađéro] [男] 石・切り株・材木など座れるところ

sentadilla [sentađíʎa] [女] ❶《スポーツ》スクワット: hacer ～*s* スクワットをする. ❷《馬術》a ～*s* [女性が鞍に] 横座りに, 横乗りに

sentado, da[2] [sentáđo, đa] [形] ❶ [estar+] 分別(良識)のある; 沈着な, 落ち着いた: hablar de una forma ～*da* 理性的な話し方をする. ❷《植物》無柄(むへい)の: hoja ～*da* 無柄葉. ❸ [パンが] 少し固くなった

—— [男] 置くこと, 積むこと

dar... por ～ [よく考えもせず] …を当然の(正しい)ことと思う: *Doy por* ～ que me ayudarás. 私は君が助けてくれると決め込んでいた. *Dieron por* ～ que les habíamos invitado a la boda, aunque yo no les mandé la invitación. 彼らは当然結

婚式に招待されるとばかり思っていたが, 私は招待状を送っていなかった

sentador, ra [sentaðór, ra] 图《チリ, アルゼンチン, ウルグアイ》[服・髪型などが]似合う

sentajo [sentáxo] 男《地方語》粗末な椅子

sentamiento [sentamjénto] 男《建築》[上に載る物の重さによる] 沈下, 下降, 沈み

sentar [sentár] 《←古語 asentar < 俗ラテン語 adsedentare < ラテン語 sedere「座っている」》 他 ❶ [手を貸して, +en に] 座らせる: La madre *sentó* al niño *en* sus rodillas. 母親は子供を膝の上に座らせた. ❷ [理論・関係などを] 築く, 基礎を固める: En su discurso el director *sentó* los principios de actuación de la empresa. 社長は訓話の中で会社の経営方針を打ち出した. ~ sus ideas sobre la base de... …の基礎の上に考えを構築する. ❸ しっかりと置く(積む). ❹ [ローラー・アイロンなどで] 平らにする, 表面をならす: ~ las costuras con la plancha アイロンで縫い目を伸ばす. ❺ 当然(無論)のこととする. ❻《簿記》~ en el libro diario 仕訳帳に記入する. ❼《コロンビア》[精神的に] 打ちのめす, ぐうの音も出なくする. ❽《エクアドル, ペルー, チリ, アルゼンチン》[馬を]急に抑える《前脚を上げ後脚で立たせる》
── 自 [+a+人に, +bien·mal] ❶ [食べ物が] 消化される・さない: El ajo no me *sienta bien*. 私はニンニクは体に合わない. ❷ [体に] よい・悪い: A ustedes les *sienta mal* el cannabis. 大麻はあなたがたの体によくありません. ❸ …に似合う・似合わない: 1) La ropa entallada te *sienta mal*. 体にぴったりした服は君に似合わない. El hablar modesto no le *sienta bien*. 謙虚な話し方は彼に似合わない. 2)[主に女性同士のほめ言葉で省略] 似合う: Te *sienta*. お似合いよ. ❹ [que+接続法 が主語] …の気に入る・気に障る: Le *sentó* muy mal *que* cancelaran el programa. 彼は番組がキャンセルされたのでひどくご機嫌斜めだ. ❺《口語》安定する; [通常の状態に] 戻る. ❻ 沈殿する
── ~se ❶ 座る, 腰かける《⇔levantarse》: 1) Se *sentó* a la mesa. 彼は食卓についた. Siéntese, por favor. おかけ下さい. ¡Sentándose! [劇場などで邪魔な人に] 座って下さい! 2) [+en に] Está *sentado* en el sofá. 彼はソファに座っている. Los niños *se sentaron en* el suelo. 子供たちは床に座った. 3) [+a+不定詞] 座って~する: Los dos *se sentaron a* jugar al ajedrez. 2人は座ってチェスをした. ❷《口語》安定する; [通常の状態に] 戻る. Quizás *se siente* este tiempo. この天気は回復するかもしれない. ❸《西》[身に着けているものが] こすれて(押し付けられて)体を傷つける: Se le ha *sentado* el contrafuerte de un zapato. 彼にかかとに靴ずれができた. ❹ [食べたものが] 胃にもたれる. ❺ [新しい建築物が重みで] 沈下する, 亀裂を生じる

sentar		
直説法現在	命令法	接続法現在
siento		siente
sientas	sienta	sientes
sienta		siente
sentamos		sentemos
sentáis	sentad	sentéis
sientan		sienten

sentencia [senténθja] 《←ラテン語 sententia「意見, 助言, 投票」》 女 ❶《法律》裁定, 判決, 宣告; 判定: pronunciar una ~ 判決を言い渡す. ~ capital/~ de muerte 死刑の判決. ~ condicional [離婚の] 仮判決. ~ firme 確定判決. ~ límite (definitiva) 最終判決. ❷ 格言, 警句 [=máxima]: Las populares ~s eran apreciadas por los humanistas. 庶民の諺は人文主義者から高く評価された. ❸《口語》[最終的な] 判断, 見解: Con la ~ que dio el profesor sobre el asunto terminó la discusión de los alumnos. 先生のその問題についての見解を述べたので生徒たちの議論にけりがついた. ❹《文法》文 [=oración]. ❺《生化》センテンス

sentenciador, ra [sentenθjaðór, ra] 形 图 判決を下す(人), その権限を持つ(人)

sentenciar [sentenθjár] 10 他 ❶ [+a 判決を] …に言い渡す: Los jueces lo *sentenciaron* a muerte por matar a su mujer. 裁判官は妻を殺したかどで彼に死刑の判決を下した. ~ el libro *a* la hoguera 本を焚書(**こ**)にする. ❷ [格言・警句を] 言う. ❸ 非難し, とがめる: Tú ya me has *sentenciado*, sin

dejar siquiera que te lo explique. 説明もさせないまま, 君は私を. ❹《口語》[最終的な] 見解を出す. ❺ 復讐すると言って脅す
── 自 判決を述べる

sentención [sentenxjón] 女《口語》厳しすぎる判決

sentenciosamente [sentenθjosámente] 副 もったいをつけて; 格言風に, 警句的に

sentenciosidad [sentenθjosiðá(d)] 女《まれ》もったいをつけること

sentencioso, sa [sentenθjóso, sa]《←ラテン語 sententiosus》 形 ❶ もったいをつけた: con ademán ~ もったいぶった態度で. voz ~ sa もったいぶった声. ❷ [言葉などが] 格言を含んだ, 警句的な, 名言風の

senticar [sentikár] 男 サンザシの茂み, とげの多い植物の茂み

sentidamente [sentíðamente] 副 悲しい気持ちで; 心から, まごころを込めて

sentido¹ [sentíðo] 《←sentir》男 ❶ 感覚, 知覚《機能》: No tengo ~ de [la] orientación. 私は方向音痴だ. órgano de los ~ s 感覚器官. cinco ~s 五感《参考》vista 視覚, oído 聴覚, gusto 味覚, olfato 嗅覚, tacto 触覚》. sexto ~ 第六感, 直感. ~ del equilibrio バランス感覚. ❷ 認識能力, センス: tener ~ de la estética/tener ~ estético 美的感覚(審美眼)がある. ~ del humor ユーモアのセンス. ❸ 意識 [=conocimiento]: perder el ~ 意識を失う, 失神する. recobrar el ~ 意識を回復する. ❹ 分別, 判断力: Tiene ~ para distinguir lo bueno de lo malo. 彼はいいことと悪いことを見分ける判断力がある. Tiene embotado el ~ de [la] justicia. 彼は正義感が麻痺している. tener mucho ~ práctico 大変実際的である. persona con gran ~ del deber 義務感の強い人. ❺ 常識, 良識《= ~ común, buen ~》. ❻ 意味: «Hueco» tiene en este caso un ~ peyorativo. hueco にはこの場合軽蔑的な意味がある. coger el ~ de una frase 文章の意味をつかむ. hablar con ~ irónico 皮肉の意味を込めて話す. en cierto ~ ある意味では. en un ~ restringido 狭い意味で, 狭義では. en el propio ~ (en el ~ original) de la palabra 語の本来の意味で. ❼《文書などの》解釈: La Sagrada Escritura tiene varios ~s. 聖書にはいくつかの解釈がある. ❽ 意義, 存在理由: vida con ~ 意義ある人生. ~ de la vida 生きていることの意義. ❾ 見方, 観点: Tiene un ~ muy particular de la humanidad. 彼は誠実さについて独特の考えを持っている. ❿ [事に当たっての] 知性, 理解力. ⓫ 方向, 向き《=dirección》: Sígase el ~ de las flechas. 矢印の方向に進みなさい. girar en el ~ de las agujas (las manecillas) del reloj 時計の針の方向に回る. en ~ horizontal 水平方向に. cambio de ~ 方向変更, Uターン. calle de ~ único/calle de un [solo] ~ 一方通行の通り. circulación de ~ único 一方交通. coche que va en ~ contrario 対向車. ⓬ [朗唱などでの表現手段としての] 抑揚: con ~ 抑揚をつけて. ⓭ [法律などの] 精神, 理念. ⓮《中南米》こめかみ《=sien》

buen ~ 1) 良識, 常識《= ~ común》: ir contra el *buen* ~ 良識に反する. 2) センスのよさ: conversación llena de *buen* ~ 気の利いた会話

con los (sus) cinco ~s en... 細心の注意を払って; 懸命に

doble ~ 二重の(表と裏の)意味: tener un *doble* ~ 二重の(裏の)意味がある. tomar con *doble* ~ 裏の意味に取る. palabra de *doble* ~ かけことば

en ese ~ その意味で: En ese ~ me lo habrá dicho. そういう意味で私に言ったのだろう

en ~ contrario [+a·de と] 反対に: Corrió *en* ~ *contrario a* las agujas (las manecillas) del reloj. 彼は時計の針と反対方向に走った. Tomó mis palabras *en* ~ *contrario de*l que tenían. 彼は私の言葉を逆の意味にとった

hacer perder el ~ a+人 …の気を奪う, 殺す

no tener ~ 意味をなさない, 非論理的である: Esas palabras *no tienen* ~. これらの言葉は意味をなさない. *No tiene* ~ que, teniendo prisa, se vaya a pie. 急いでいるのに歩いて行くなんてナンセンスだ. *No* hagas caso a eso, *tiene* mucho ~. あの忠告は気にしなくていい, 大して意味はない

poner los (sus) cinco ~s en... 細心の注意を払って…する; 懸命に…に尽くす

quitar el ~ a+人 =hacer perder el ~ a+人

~ común 常識, 良識《人生経験による判断力, 世人共通の

sentido, da

考え方・習慣］: tener poco ~ común 分別がない. juzgar según el ~ común 常識で判断する. decisión de ~ común 道理にかなった決定
~ social 社会的意義; 社会意識
sin ~ 意識を失って; 分別のない; 意味のない
un ~ 大変な高価格: costar un ~ きわめて高価である

sentido², da [sentído, đa] 形 ❶ 感情のこもった: [Le doy・Le transmito] Mi más ~ pésame. 心からお悔やみ申し上げます. Es una muerte muy ~*da*. 大変残念な死だ. ❷ [ser+] 情にもろい, 怒りっぽい. ❸ [estar+] 感情を害した. ❹ [ser+. 子供が, 叱責などに対して] 感じやすい, 繊細な. ❺ 《メキシコ, グアテマラ》［土器・ガラス器などが］わずかにひびの入った

sentidor, ra [sentiđór, ra] 形 名 《まれ》感じることのできる〔人〕, 感覚のある〔人〕

sentiente [sentjénte] 形 《まれ》感じる

sentimental [sentimentál] 《←sentimiento》 形 名 ❶ 感傷的な, センチメンタルな: ponerse ~ 感傷的になる. novela ~ 感傷小説. serie ~ お涙ちょうだいの連続ドラマ. ❷ 涙もろい〔人〕, 感じやすい〔人〕. ❸ 恋愛の: compañero ~ 愛人 [=amante]. relaciones ~*es* 恋愛関係. vida ~ 愛人生活. ❹ 感情の: educación ~ 感情(情緒)教育. valor ~ ［思い出などによる］感情価値

sentimentalidad [sentimentaliđáđ] 女 感傷的なこと; 涙もろさ

sentimentalismo [sentimentalísmo] 男 ❶ 感傷主義. ❷ 感傷過多, 感傷的な言動

sentimentalizar [sentimentaliθár] 自 他 《まれ》感傷的にする; 涙もろくする

sentimentalmente [sentimentálménte] 副 感傷的に, センチメンタルに, 涙もろく

sentimentaloide [sentimentalójđe] 形 《軽蔑》偽って感傷的になる; 空涙を流す

sentimiento [sentimjénto] 《←sentir》男 ❶ ［愛憎・恐怖などの］感情, 心理状態, 気持ち: 1) Tenía un ~ de culpa. 彼には罪悪感があった. cantar con mucho ~ 感情を込めて歌う. demostrar (disimular) su ~ 感情を表わす（隠す）. ~ de soledad 孤独感. 2) ［主に 複］理性に対して］ abandonarse a sus ~*s* 感情に走る; 感情におぼれる. ❷ 思いやり; ［主に 複］好意, 情愛: confesar sus ~*s* 人に…に思いのたけを打ち明ける. tener ~*s* 情にもろい, 思いやりがある. ❸ 心痛: Le acompaño en el ~ [por la muerte de…].［…の死を悼み］心からお悔やみ申し上げます. ❹ ［義務・責任の］自覚, 意識: Lo hace por ~ del deber. 彼は義務感で彼はやる.
buenos ~*s* 親切心, 同情心, 思いやり
malos ~*s* 悪感情, 憎しみ
sin ~*s* ［人が］思いやりのない, 冷酷な

sentina [sentína] 《←ラテン語》女 ❶ ［船舶］ビルジ, 淦(^{あか}): bomba de ~ ビルジ・ポンプ. ❷ 不潔で悪臭のする所: Yo no vuelvo a esa ~. 私はあんな掃きだめみたいな所へは戻らない. ❸ 悪徳の巣, 悪の温床 [= ~ de vicios].

sentir [sentír] 《←ラテン語 sentire「感覚器官で知覚する」》[33] 他 ❶ ［視覚以外で］感じる: 1) *Sentí* el corazón latiendo por ti. 私は君に対して心臓が高鳴るのを感じた. ~ el contacto de un hierro 鉄に触れたのを感じる. ~ la fatiga 疲れを感じる. ~ frío (sed) 寒さ（喉の渇き）を感じる. ~ un dolor 痛みを感じる. 2) 気づく, 感知する, 察知する, 予感する: *He sentido* olor de café. 私はコーヒーの香りに気づいた. *Sentía* que no merecía ser amada por nadie. 自分は誰にも愛されるに値しないと私は思った. ~ el peligro 危険を感じる. 3) ［口語］聞く: No te *siento* bien. 私は君の言っていることがよく聞き取れない. 4) ［感情］*Siente* la dignidad de su misión. 彼は自分の使命に誇りを感じている. ~ tristeza (alegría) 悲しみ（喜び）を感じる. ~ ira 怒りを覚える. ❷ 残念に思う, 申し訳なく（悔しく）思う: 1) *Siento* mucho pérdida de tu bebé. 君の赤ちゃんの死は大変残念だ. ¡Lo *siento*! すみません, ごめんなさい! ~ la muerte de+人 […の死を悼む]. 2) ［+不定詞］~ +不定詞: *Sentimos* no poder ayudarle. 遺憾ながらご援助できません. *Siento* mucho haberle causado a usted tantas molestias. 大変ご迷惑をおかけして申し訳ありません. *Sentí* no encontrarte en casa. 君が家にいなかったのは残念だった. *Sentiría* haber perdido la pluma. ペンをなくしたら後悔するだろう. 3) ［+que+接続法］*Siento que* no estés aquí. 君がここにいないのは残念だ. ❸ 考える, 思う: Te lo digo como lo *siento*. 思ったとおりに言うよ. No le hagas caso: no *siente* lo que dice. 彼の言うことは気にするな. 本心で言っているのだから. ❹ ［芸術などを］味わう, 理解する: ~ la poesía 詩情を解する. ❺ ［肉体的・精神的に］…の後遺症に悩む. ❻ ［植物が］…の被害を受ける: Los rosales no *sienten* las heladas. バラは霜に強い. ❼ 《主に中南米》嗅ぐ; 味がする: ~ el olor a quemado 焦げた臭いがする. no ~ ningún gusto a... …は何の味もしない
¡Cuánto lo siento! =**Lo siento mucho**
dar a+人 que ~ 不快感を与える
dejarse ~ ［事柄が主語］感じられるようになる: Empieza a dejarse ~ el calor. 暖かさが感じられるようになってきた
hacerse ~ =**dejarse ~**
Lo siento muchísimo. =**Lo siento mucho.**
Lo siento mucho. 大変残念（遺憾）です／申し訳ありません／お気の毒です!: *Lo siento mucho,* pero tengo que hacerle levantar. 大変申し訳ありませんが, お立ちしなければなりません
ni ~ ni padecer 感情がない, きわめて冷静である
sin ~ 気づかずに: Las horas pasan sin ~. 時間は気づかないうちに過ぎる. Ha hecho la carrera sin ~. 彼はその課程を難なくこなした
── ~se [+不定詞・主格補語] 自分が…だと感じる: *Me sentía* volar en el cielo. 私は空を飛んでいるようだった. *Me siento* optimista. 私は自分を楽観主義者だと思う. *Se sintió* repentinamente fatigado. 彼は突然疲れを覚えた. ~*se* feliz 幸せに思う. ~*se* importante 自分をひとかどの人物だと思う. ❷ [+de 体の一部に] 痛み（不快）を感じる: *Se siente del* pie que se rompió. 彼は足が折れたのを感じた. ❸ 《西》[+de 病気を] 患う: Vuelve a *sentirse del* reúma. 彼はリューマチが再発した. ❹ [+de …について] 文句を言う, 恨む. ❺ 腐る. ❻ [+para への] 心の準備ができている. ❼ 《主にメキシコ, チリ》[+con+人 に] 気を悪くする, 怒る: *Se sintió con* nosotros porque no lo invitamos a viajar. 旅行に誘わなかったので彼は私たちのことを怒っている. ❽ 《主にメキシコ》ひびが入る: *Se ha sentido el* vaso al echar la leche caliente. 熱いミルクを入れたらコップにひびが入った

sentir		
現在分詞	過去分詞	
sintiendo	sentido	
直説法現在	直説法点過去	命令法
siento	sentí	
sientes	sentiste	siente
siente	sintió	
sentimos	sentimos	
sentís	sentisteis	sentid
sienten	sintieron	
接続法現在	接続法過去	
sienta	sintiera, -se	
sientas	sintieras, -ses	
sienta	sintiera, -se	
sintamos	sintiéramos, -semos	
sintáis	sintierais, -seis	
sientan	sintieran, -sen	

── 男 ❶ 意見, 考え, 見解: decir su ~ sobre... …について意見を述べる. en mi ~ 私の考えでは. ❷ popular 民意. ❷ 感情, 心情, 気持ち: Comprendo bien su ~. お気持ちはよく分かります

sentón [sentón] 男 ❶ 《メキシコ》尻もち. ❷ 《グアテマラ, エルサルバドル, エクアドル》手綱をぐいっと引くこと; 馬の急停止

senufo [senúfo] 形 名 ［西アフリカの］セヌフォ族〔の〕

seny [sén] 女 カタルーニャ人に対するあだ名［言動の穏健さ・慎重さに対して］

senyera [seɲéra] 《←カタルーニャ語》女 カタルーニャ（バレンシア）の州旗

seña [séɲa] 《［ラテン語 signa < signum「合図, 印」]》女 ❶ ［主に 複］合図, サイン; 身振り: Me hizo ~*s* con la mano [para] que me escondiera. 隠れるように彼は手で私に合図した. hacerse ~*s* 互いに合図する. hablar por ~*s* 手まね（手話）で話す. ❷ ［主に 複］判別するための］印, 特徴: Le dieron más ~*s* al protagonista. 彼らは主役をもっと特徴づけた. ~*s* personales 身体的特徴. ❸ ［複］住所 [=dirección]: Dame tus ~*s* que te lo envío. 送り先の住所を教えてくれ. poner las

～*s* en el sobre 封筒に住所を書く. libro de ～*s* 住所録. ❹《古語. 軍事》合い言葉〘=santo y ～〙. ❺《古語》軍旗, 隊旗. ❻《メキシコ》粗野なふるまい. ❼《チリ》ミサの合図の鐘〘一定間隔をおいて3回ずつ繰り返し鳴らされる〙. ❽《ラプラタ》前払い金, 保証金

Las ～s son mortales. 自明の理である/分かりきっている

por (para) más ～ さらに詳しく説明すると, もっと手がかりを言うと

señal [seɲál]〘←seña〙[女] ❶ 印; 兆候, 前兆: El color rojo en la fruta es〔una〕～ de madurez. 果物の赤色は熟している印だ. Es una buena ～ que la llama de la vela queme uniformemente la cera. ろうそくの炎がろうを均一に燃やすのはよい兆候である. ❷ 合図, 信号: 1) El jugador solo podrá reingresar tras la ～ del árbitro. 選手は審判の合図があって初めて復帰できる. Les hice ～*es* de que me esperan para ir juntos. 一緒に行くから待ってくれるよう私は彼らに合図した. El faro hacía ～*es*. 灯台は信号を送っていた. dar la ～ de arrancar 出発の合図をする. hacer la ～ de la victoria Vサインを送る. ～ de peligro 危険信号. ～*es* de humo のろし. 2)《スポーツ》サイン. 3)《道路, 鉄道》信号, 標識〘=～ de tráfico, ～ de tránsito, ～ de circulación〙: ～ de alto 停止信号. ～ vertical 道路標識. 4)《軍事》定められた記号による通信文. ❸ 記号, 符号, 目印〘=signo〙: El ladrón hizo una ～ en la puerta de la casa. 泥棒は家のドアに目印をつけた. ～ de luto 喪の印. ❹ 跡, 痕跡〘=huella〙; 傷跡. ❺《電話, 放送》信号音; 信号波: ～ para marcar 発信音. ～ de llamada 呼び出し音. ～ de ocupado 話中音. ～ horaria 時報信号. ❻ 内金, 保証金, 手付金〘=paga y ～〙: dar (dejar) una ～ 手付けを打つ. ❼ 境界標; 里程標. ❽《漁業》[漁網などの配置の] 表示ブイ. ❾《医学》[病状診断の基準となる] 発作, 症状の変化, 徴候. ❿ 奇跡, 驚異. ⓫《古語》[団体・軍隊などの] 旗, 記章. ⓬《古語》盾形紋章; その図形

dar ～es de... …の存在を示す: no *dar ～es de* vida 生死不明である; 音沙汰がない

en ～ 1) [+de の] 印として〔の〕: Se quitó el sombrero *en ～ de* respeto. 彼は敬意を表わして帽子を取った. besar a+人 en el rostro *en ～ de* amistad 親愛の印として…の顔にキスする. bandera a media asta *en ～ de* duelo 哀悼の印としての半旗. 2)《地方語》[雌羊が] 4歳未満の

ni ～〔es〕 全く〔…ない〕: No hay *ni* ～ del autor del robo. 窃盗犯の手がかりは全くない

señala [seɲála][女]《チリ》[家畜の] 耳印

señalada[1] [seɲaláđa][女]《アルゼンチン》[羊などの耳に切り込みを入れて] 印を付けること; その時期; それを祝う祭り

señaladamente [seɲaláđaménte][副] 特に, とりわけ; 顕著に, はっきりと: Es un día ～ importante para nuestra comunidad. それは私たちの共同体にとってきわめて大切な日だ. Su comportamiento es ～ grosero. 彼のふるまいははっきり言って下品だ

señalado, da[2] [seɲaláđo, đa][形] ❶ めざましい, 顕著な; 特別の: victoria ～*da* めざましい勝利. Mañana es un día ～, es la natividad de Nuestro Señor. 明日は特別な日, イエス・キリストの誕生日だ. hacer un ～ favor 格別の好意を寄せる. ❷ 著名な: autor ～ 有名な作家. ❸ [estar+. +como の] 容疑をかけられた

señalador, ra [seɲalađór, ra][形] 印をつける

—— [男] [本の] しおり〘=～ de libros, marcapágina〙

señalamiento [seɲalamjénto][男] ❶ 指示, 指定. ❷《法律》[裁判の] 日取りの指定

señalar [seɲalár]〘←señal〙[他] ❶ …に印をつける: Tenía *señalado* con una cruz en el mapa la localización de la librería. 私は地図の中の本屋の場所に×印をつけてあった. ❷ 指摘する, 言及する: El informe *señala* la necesidad de invertir en educación. 報告書では教育投資の必要性が指摘されている. como *señalé* más atrás 私が先に言った(記した)ように. ❸ 指し示す: Dijo "es el terrorista" *señalando* con el dedo. 彼は「テロリストだ」と指さしながら言った. La aguja *señala* al (hacia el) Norte. 針は北を指す. La manecilla *señalaba* las doce. 時計の針は12時を指していた. La extensión .html *señala* que corresponde a una página de Internet. 拡張子 .html はインターネットのページに対応することを示している. ❹ [時間・場所などを] 指定する: *Señalaron* la fecha límite de inscripción. 申し込み期限が決められた. día *señalado* 指定日, 予定日, 当日. ❺ …の印(前兆)である: Los cerezos *señalan* la llegada de la primavera. 桜が春の到来を告げる. ❻ [特に顔に] 傷をつける: Se hizo una herida que le *ha señalado* para toda su vida. 彼はけがをして, 一生その傷が残った. ❼ …のそぶりを見せる: ～ una estocada 剣で突く真似をする. ❽ …の存在を合図で知らせる: El vigía *señaló* dos naves. 見張りは2隻の船が見えると合図した. ❾ …に花押を記す; 略署名をする. ❿ [価格を] 決定する. ⓫《トランプ》[各自の得点を] 記録する. ⓬《チリ, ラプラタ》[羊などの耳に切り込みを入れて] 所有者の印を付ける

—— **～se** 目立つ, 傑出する: Ella siempre *se señala* por su elegancia. 彼女はいつも優雅さで人々の目を引く

señalero, ra [seɲaléro, ra][名] ❶ [主に船・空港の] 信号係. ❷《アルゼンチン. 鉄道》[信号所の] 信号手

—— [男]《ボリビア, チリ, ウルグアイ. 自動車》方向指示器, ウインカー

señalización [seɲaliθaθjón][女] ❶ 標識の設置. ❷ [集名] 標識, 信号システム: ～ vertical 道路標識

señalizador, ra [seɲaliθađór, ra][形] 信号する: luz ～*ra* 信号灯

—— [男] 信号機

señalizar [seɲaliθár]〘←señal〙[9][他] ❶ [道路などに] 標識(信号機)を設置する. ❷ [標識・信号機で] 信号する

señera[1] [seɲéra][女] **=senyera**

señero, ra[2] [seɲéro, ra] **I**〘←ラテン語 singularius < singulus「ただ一つ, 一度に一つ」〙[形] ❶ 比類のない, 唯一無二の, 卓越した, 傑出した: Madame Bovary es una obra ～*ra* de la literatura francesa.『ボヴァリー夫人』はフランス文学で傑出した作品である. ❷ 孤立した, 孤独な: Un árbol ～ se erguía majestuoso en el páramo. 一本の木が荒れ地に堂々とそびえていた

II [形]《古語》[国王の即位式で, 領地が] 旗を立てるだけの力を備えた

seño [séɲo]〘señorita の短縮形〙[女]《西. 幼児語》女の先生

señolear [seɲoleár][自] おとり señuelo を使って猛禽類の狩りをする

señor, ra [seɲór, ra]〘←ラテン語 senior, -oris「より年老いた」〙[名]〘略語 Sr., Sra.〙❶ …氏, …夫人〘señor は成人男性, señora は既婚女性(現代のスペインでは既婚・未婚を問わず成人女性)への敬称. [語法] 姓の前に置く. 呼びかけ以外では定冠詞が必要. señora の後には de を入れることが多い〙: 1) Buenos días, ～ García. こんにちは, ガルシアさん. Esta es la ～*ra*〔*de*〕Gómez Dantés. こちらがゴメス・ダンテス夫人です. Recuerdos a su ～*ra* de mi parte. 私がよろしくと申していたと奥様にお伝え下さい. 2) [複] …氏夫妻: Esta tarde vendrán los ～*es* Calvo. 今日の午後カルボ夫妻がやって来る. 3)《文語》[役職名などにつけて] …様, …殿: El ～ ministro visitó Málaga. 大臣閣下がマラガを訪問なさった. la ～*ra* esposa 奥様. la duquesa ～*ra* 公爵夫人. 4)《手紙》…様; [複] …御中: Estimado *Sr.* López: 拝啓ロペス様. Distinguida ～*ra*: 拝啓, 奥様. *Sres.* Banco del Perú: ペルー銀行御中. 5) [初めての電話や自己紹介での形式ばった表現] Oiga usted, aquí la ～*ra* Díaz. もしもし, こちらはディアスと申します. Quisiera ver al señor Álvarez. Soy el ～ Yamamoto. アルバレス氏にお目にかかりたいのですが. 私は山本と申します. 6) [～*ra*+doña] *S*～*ra* Doña María 聖母マリア様. 7)《俗用》[+名] ～ Pedro ペドロさん. ～*ra* Luisa ルイサさん. 8)《中南米》[+名+姓] ～ Pedro González ペドロ・ゴンサレスさん. ～*ra* Luisa Pérez ルイサ・ペレスさん. ❷ [主に敬意を込めて] 男(女)の人: 1) Un ～ espera en el vestíbulo. 男の方が玄関であなたをお待ちになっています. En un naufragio las ～*ras* y los niños se salvan primero. 難破した時はまずご婦人方と子供が救助される. ～*ra* mayor 年配のご婦人. 2) [貴族・金持ちなどに雇われた] Esta ～*ra* es la portera de mi casa. この女性は私の家の管理人です. ～*ra* de compañía [夫人・令嬢の外出の際の] お付きの女性. ～*ra* de la limpieza 掃除婦. ❸ [丁寧な呼びかけ] 1) Buenos días, ～*ra*. お早うございます, 奥さん. ¿Cómo no?, ～*ra*. もちろんです, 奥様. ¡*S*～!: se le ha caído el pañuelo. もしもし! ハンカチが落ちましたよ. ¿Tiene usted algo que declarar?—No, ～. 申告品はお持ちですか?—いいえ. ¿Qué deseaba el ～? どのようなご用でしょうか? *S*～*ras* y ～*es* 紳士淑女の皆様/ご来場の皆さん. 2) [+名詞] *S*～*ras* y ～*es* pasajeros tengan todos ustedes muy buenas tardes. 乗客の皆様こんばんは. ❹ 大人: Es una cafetería muy de ～*ras* merendando tortitas. そこはおやつにパイを食べるような大人の女性向けの喫茶店だ. ❺ [教養のある] 紳士,

señorada

淑女: Es todo un ～. 彼は立派な紳士だ。❻ 持ち主; [召使いが仕える] 主人, 雇い主 [＝dueño]: ～ de tierras 地主. ¿Está el ～? ご主人様はいらっしゃいますか? Nadie puede servir a dos ～es.《新約聖書》誰も2人の主人に仕えることはできない／こちらを立てればあちらが立たず 主人であるキリスト。❼ 貴族; 領主: tener el título de ～ 貴族の称号を持っている. gran ～ 大貴族. el Gran S～ トルコ皇帝. ～ feudal 封建領主. ～ latifundista 荘園領主. ～ natural 血筋による領主. ～ de la guerra 司令官, 将軍. ❽ [口頭・文書による] 王族に対する敬称. ❾《キリスト教》[S～] 1) 主(₎)［神; イエス・キリスト］: el S～ 神. Nuestro S～ 我らの主 [イエス・キリスト］. Nuestra S～ra 聖母マリア. 2) 聖体: recibir al S～ 聖体を拝領する. día del S～ 聖体の祝日 [＝día de Corpus]. 3) 聖人名の前に付ける敬称: S～ san Pedro 聖ペドロ様. ❿ 指揮(統御)する人: En su casa no hay más ～ra que ella. 彼女が家を取り仕切っている。No es ～ de sus pasiones. 彼は情熱を抑えられない。⓫《口語》義父, 義母. ⓬《古語》～ de horca y cuchillo [死刑判決を行なえる] 上級の裁判官. ⓭《魔國》物語の主人公
del S～《文語》西暦の: en el año del S～ 1526 西暦1526年に
descansar (dormir・morir) en el S～ 死ぬ, 死んでいる
～ mío [未知の人などへの丁寧な呼びかけ] Sepa usted, ～ mío, que... …ということをご承知おき下さい
～ mío Jesucristo《カトリック》[この言葉で始まる] 祈り, 祈禱
─ 形 [+名詞] ❶ [人が] 高貴な, 堂々とした: El padrino de esta boda es un ～ caballero. この結婚式の付添人は立派な紳士だ。❷ [事物が] 優雅な, 上品な: El bridge es un juego ～. ブリッジは紳士淑女のゲームである。❸《口語》[+名詞. 強調] Era un ～ melón. それはすばらしいメロンだった. Me dio un ～ disgusto. 私はひどく不快に感じた。Se produjo una ～ra herida. ひどい傷ができた. ❹ 所有する, 支配する. ❺ 自由な: ser ～ de+不定詞 自由に…できる
─ 男《俗用》夫 [＝marido]
─ 女 ❶ [既婚婦人］: ¿Es usted ～ra o señorita? ミセスですか, ミスですか. ❷ [未婚・既婚を問わず, 若い女性との対比で] 年配の女性. ❸ [主に中南米] 妻 [自分の・他人の妻. →esposo [類義]]: Mi ～ra no vino conmigo a la cena. 家内は一緒に夕食に来なかった。❹ 女主人, 女将(霧). ❺《アラゴン》～ra y mayora [主に未亡人で母親の] 女家長
de ～ras 女性用の [⇔de caballero]: ropa de ～ras 婦人服
～ra de honor [宮殿の] 侍女, 女官 [dama に次ぐ位]
S～ras《表示》女性用
─ 間 [不快・抗議] くそっ; [驚き・嘆き] おやおや, やれやれ: ¡Pero S～!, ¿qué has hecho? おや! 何をしているの?

señorada [señoráda] 女 主(婆)らしさ, 紳士らしいふるまい
señoreador, ra [señoreaðór, ra] いばりちらす, 我が物顔にふるまう
señoreaje [señoreáxe] 男《経済》通貨発行益, シニョリッジ効果
señoreante [señoreánte] 形《文語》高くそびえる, そびえ立つ
señorear [señoreár] 他 [←señor] ❶ [主人として] 支配する; [一般に] 横柄に命令する, 我が物顔に使う: Cuando no estaba el amo, el portero señoreaba la finca. 主人がいない時は管理人が地所を支配していた。❷《文語》…の上に高くそびえる. ❸ [自分の感情を] 抑える, 抑制する. ❹ [人に] 過剰に señor の敬称を付ける
─ 自 [+sobre+en を] 支配する
─ ～se ❶ 尊大（我が物顔）にふるまう; 威厳をもって（堂々と）ふるまう. ❷ [+de を] 我が物とする, 牛耳る: ～se de una ciudad 町を牛耳る
señoría [señoría] 女 [←señor] ❶ [su・vuestra+. 裁判官・議員などへの敬称] 閣下, その敬称が付く人: Soy culpable, su ～. 私は有罪です, 裁判長様. ❷ [中世イタリア的] 共和制都市国家: la ～ de Venecia ベネチア共和国. ❸ 支配, 統治
señorial [señorjál] 形 [←señor] ❶ 領主の: tierra ～ 領主の土地. ❷ 堂々とした, 威厳のある: casa ～ 豪壮な家, 豪邸. ❸ 上品な, 気品のある. ❹ [税の] 封臣によって主に支払われる
señorialmente [señorjálmente] 副 領主然として; 堂々と, 気品(威厳)をもって

señoril [señoríl] 形《文語》=**señorial**
señorío [señorío] 男 ❶ [領主の] 支配（権), 統括（権). ❷ 領地, 所領. ❸ 領主の地位. ❹ [態度・行動の] 威風, 風格, 優雅さ, 上品さ; [堂々とした] 理性的なふるまい. ❺《西》[集合] 上流人士; 著名人: Está reunido todo el ～ del pueblo en el casino. 町じゅうの名士たちがカジノに集まっている
señorita [señoríta]《señora の示小語》女《略語 Srta.》❶ [未婚女性への敬称] …嬢, お嬢さん [現代スペインでは成人前の女性のみ. 姓と名の両方で用いられる. señora と異なって doña とは用いない]: S～ Juana, teléfono. フワナさん, お電話です. ❷ [領主・上流階級の] 娘, 令嬢. 《古語》[召使いなどが主人の娘に使う] 奥様: ¿Conoces de algo a aquella ～? あのお嬢さんのことを何か知っていますか? ¡S～! Usted está muy bonita esta noche. お嬢さん, あなたは今晩とても美しい. ❸ [未婚・既婚を問わず小学校の女性の先生, 秘書・役所の職員・店員や接客の仕事をする女性, また一般に若い女性に対する敬称] Hace quince días que no hay clase. La ～ está enferma. この2週間授業がない。先生が病気なのだ。En la tienda había una ～ que me atendió muy amablemente. 店にはとても親切に応対してくれる女店員がいた。❺ 細く短い葉巻. ❻《鳥》ハクセキレイ [＝lavandera blanca]
～ de pan pringado 上流階級を誇示しているが下品さがしばしば見える娘
señoritil [señoritíl] 形《軽蔑》お坊っちゃんの, どら息子の
señoritingo, ga [señoritíŋgo, ga] 形《señorito の示小語》《西. 軽蔑》金持ち（上流）を鼻にかけた [お坊っちゃん・お嬢様], 上品ぶった [人], 偉ぶった [人]: María es una ～ga, pero no tiene tanto dinero como dices. マリアは令嬢気取りだが, 君が言うほど金持ちではない
señoritismo [señoritísmo] 男《西. 軽蔑》坊ちゃん気質, ぬるま湯育ち, 世間知らず: El hijo del dueño se comporta con ～. オーナーの息子は世間知らずのふるまいをしている
señorito [señoríto]《señor の示小語》男 ❶ 領主（上流階級）の息子. ❷《古語》[召使いなどが若主人に使う敬称] お坊っちゃま, 若旦那さま: El ～ Castro le espera en casa. カストロ坊ちゃまはお出かけです. ❸ [金持ち・権力者の子で働かない] お坊っちゃん, 《軽蔑》どら息子, 道楽者. ❹ [相手の身分が分からない時, señor の代わりに] …さん
señorón, na [señorón, na]《señor の示大語》形 名《戯譴, 軽蔑》金持ちの [紳士・婦人]; 上流ぶっている人: Este club lleno de señorones. このクラブは大物ぶった人でいっぱいだ
señuelo [señwélo] 男 ❶《鷹狩り》おとりの鳥; [鳥などを引きつける] おとり: Esta perdiz es muy buen ～. このウズラはいいおとりになる. ❷ ペテン, 罠: Me intentó convencer con el ～ de una gran paga. 彼は高給を差し出してだまして私を説得しようとした. ❸《ボリビア, アルゼンチン, ウルグアイ》[家畜の群れを導く] 誘導牛

seo [séo] 女《アラゴン》大聖堂 [＝catedral]
seó [seó] 男《まれ》seor の語尾脱落形
seor [seór] 男 señor の語中音消失形
seora [seóra] 女 señora の語中音消失形
sépalo [sépalo] 男《植物》萼片(桁)
sepaloide [sepalóiðe] 形《植物》萼片のような, 萼片様の
sepaloideo, a [sepalóiðeo, a] 形《植物》=**sepaloideo**
sepancuantos [sepaŋkwántos] 男《単複同形》《古語》処罰, 叱責; 殴打 [←sepan cuantos《勅令・国王の書簡などの冒頭の言葉》]
separabilidad [separaβiliðáð] 女《単複同形》分離（取り外し）可能性
separable [separáβle] 形 分離可能な: con capucha ～ 取り外し可能なフード付きの
separación [separaθjón] 女 [←ラテン語 separatio, -onis] ❶ 分けること, 分離. ～ de bienes《法律》夫婦財産の分離. ～ de la propiedad y la dirección de una empresa 所有と支配 [経営] の分離. ～ de la religión y la política 政教分離. ～ de los poderes 三権分立. ❷ 別離: Se encontraron después de 17 años de ～. 彼らは別れて17年後に会った.《法律》[夫婦の] 別居 [＝～ matrimonial, ～ conyugal]: ～ de cuerpos 裁判上の別居. ❹ [時間的・空間的] 隔たり, 間隔: No hubo mucha ～ entre los dos sucesos. 2つの事件の間に大した時間の隔たりはなかった. ❺ 免, 解任 [＝～ del cargo]. ❻《鉱山》[脈石からの] 鉱石の分離. ❼《情報など》seis grados de ～ 6次の隔たり

separadamente [separáđaménte] 副 別々に、離れて、分けて、離して: Colócalos ~. それらを分けて置きなさい。Las dos hermanas siempre actúan ~. 2人の姉妹はいつも別々に行動する

separado, da [separáđo, đa] 形 別居中の〔夫・妻〕: Conozco muchas parejas ~*das*. 私は別居中の夫婦を大勢知っている
 por ~ 別々に: Esta muñeca tiene muchos accesorios que se compran *por* ~. この人形には別売の付属品がたくさんある。*tratar dos problemas por* ~ 2つの問題を切り離して論じる

separador, ra [separaðór, ra] 形 名 分離させる〔人〕; 分離用の
── 男 ❶ 分離器, 分離装置。❷〖電気〗〖蓄電池の〗隔離板。❸〖情報〗区切り文字, セパレーター。❹ ~ *de libro*〖本の〗しおり〖=marcapágina〗。❺〖パナマ、キューバ、コロンビア、交通〗中央分離帯

separar [separár]〖←ラテン語 separare < parare「並べる」〗他 ❶ 分離する, 分ける; 切り離す: 1) [+de から] El maestro *separó* a los niños *de* las niñas. 先生は男子と女子を別々にした。~ *el armario de la pared* たんすを壁から離す。~ *las sillas de la mesa* 椅子をテーブルから遠ざける。~ *un vagón del tren* 列車から1両切り離す。2) [+en 部分に] ~ *la palabra en sílabas* 単語を音節に分ける。❷ 別れさせる, 離別させる: Los negocios le *separan de* la familia. 仕事で彼は家族と別々に暮らしている。~ *a los novios* 恋人同士を引き裂く。❸〖けんかしている人を〗引き離す。❹ 別にする, とっておく: ~ *las yemas de las claras de los huevos* 卵の黄身と白身を分ける。~ *la basura* ごみを分別する。❺ 区別する, 識別する: ~ *la teoría de la práctica* 理論と実践を区別して考える。❻〖仕事を〗罷免する, 免職する〖=destituir〗: ~ *del servicio*〖軍事〗除隊させる。❼〖法律〗〖権利などを〗放棄する
 ── ~*se* ❶ 分かれる, 離れる: ~*se de* la cama ベッドを離れる。*tener las muelas muy separadas* 歯と歯の隙間が広くなっている。*llevar vidas separadas* 別々の人生を歩む。❷ 離別する; 〖グループが〗解散する: Los Beatles *se separaron* en 1970. ビートルズは1970年に解散した。❸〖夫婦が〗別居する; 離婚する: *Se separaron* mis padres el año pasado. 私の両親は昨年別居した（別れた）。❹〖組織・関係から〗離脱する: El ministro *se separó del* partido. 大臣は脱党した。❺〖政治〗分離〖独立〗する: *Se separó del* partido otra facción importante. 別の大きな派が党から離れた。❻ 離職する

separata [separáta]〖←ラテン語〗女 ❶〖印刷〗抜き刷り。❷〖雑誌などの〗別冊付録

separatismo [separatísmo] 男〖政治〗❶ 分離主義; 分離〖独立〗運動: ~ *vasco* バスク独立運動。❷ 分離主義政党

separatista [separatísta] 形〖政治〗分離主義の（主義者）

separativo, va [separatíβo, βa] 形 分離性の, 分離の

separatorio, ria [separatórjo, rja] 形〖まれ〗=separador

séparo [séparo] 男〖メキシコ〗独房

sepe [sépe] 男〖ボリビア、昆虫〗シロアリ〖=comején〗

sepedón [sepeđón] 男〖動物〗カラカネトカゲ〖=eslizón〗

sepelio [sepéljo] 男〖文語〗〖宗教儀式を伴う・伴わない〗埋葬

sepetecientos, tas [sepeteθjéntos, tas] 形 複 数百の

sepia [sépja]〖←ラテン語・ギリシャ語〗女 ❶〖動物〗コウイカ〖=jibia〗; オルビニコウイカ〖=chopito〗。❷〖美術〗セピア
 ── 男 セピア色〖の〗

sepiola [sepjóla] 女〖動物〗ダンゴイカの一種〖学名 Sepiola rondeleti〗

sepiolita [sepjolíta] 女〖鉱物〗海泡石〖=espuma de mar〗

sepsis [sépsis] 女 =septicemia

sept.〖略語〗← septiembre 9月

septembrino, na [se(p)tembríno, na] 形 9月の; 〖革命などが〗9月に起こった
 ── 女 [La S~*na*] 9月革命〖=Revolución de 1868〗

septembrista [se(p)tembrísta] 形 1828年9月にボリーバル Bolívar の暗殺を企てた〖人〗

septena[1] [se(p)téna]〖集名〗7つ並んだもの, 7単位で構成されるもの

septenado [se(p)tenáđo] 男 =septenato

septenal [se(p)tenál] 形 7年ごとの, 7年間続く

septenario, ria [se(p)tenárjo, rja]〖←ラテン語 septenarius〗形 7つの要素〖単位・数〗から成る
 ── 男 ❶〖カトリック〗7日間の祈禱。❷〖文語〗週〖=semana〗。❸ 7韻脚からなるラテン詩

septenato [se(p)tenáđo] 男 [任期の] 7年間

septenio [se(p)ténjo] 男 7年間

septeno, na[2] [se(p)téno, na] 形 男〖文語〗=séptimo

septentrión [se(p)tentrjón]〖←ラテン語 septentriones〖< septem「7」+trio, -onis「耕作用の牛」〗男 ❶ [=norte]: *países del* ~ 北方の国々。❷ 北風〖=viento ~〗。❸ [S~]〖天文〗大熊座〖=Osa Mayor〗; 北斗七星

septentrional [se(p)tentrjonál] 形〖文語〗北の〖⇔meridional〗: *región* ~ 北部地域

septeto [se(p)této] 男〖音楽〗七重奏〖唱〗〖団・曲〗

septicemia [se(p)tiθémja] 女〖←ギリシャ語 septos「腐った」+haima「血」〗〖医学〗敗血症

septicémico, ca [se(p)tiθémiko, ka] 形 敗血症の

septicida [se(p)tiθíđa] 形〖植物〗胞間裂開の

septicidad [se(p)tiθiđáđ] 女〖植物〗胞間裂開性

séptico, ca [sé(p)tiko, ka]〖←ギリシャ語 septos「腐った」〗〖医学〗腐敗を起こす, 腐敗性の; 敗血性の: *fiebre* ~*ca* 敗血症

septiembre [se(p)tjémbre]〖←ラテン語 septembris, -bris「7番目の月」〗男 9月〖→mes 参考〗: Revolución de ~ 9月革命〖=Revolución de 1868〗

septifraga [se(p)tifráɣa] 形〖植物〗胞軸裂開の

septillizo, za [se(p)tiλίθo, θa] 形 名 7つ子〖の〗

septillo [se(p)tíλo] 男〖音楽〗7連符

séptima [sé(p)tima] 女 ❶〖音楽〗7度: ~ *mayor* (*menor*) 長（短）7度。❷〖詩法〗7行詩。❸〖トランプ〗〖ピケット〗*cientos* で 7枚シークエンス

septimino [se(p)timíno] 男〖音楽〗七重奏曲〖=septeto〗

séptimo, ma[2] [sé(p)timo, ma]〖←ラテン語 septimus〗形〖序数詞〗7番目の; 〖分数詞〗7分の1〖の〗: ~ *arte* 第7芸術〖映画のこと〗
 ── 副 7番目に

septingentésimo, ma [se(p)tinxentésimo, ma] 形 男〖序数詞〗700番目の; 〖分数詞〗700分の1〖の〗

septisílabo, ba [se(p)tisílabo, ba] 形 7音節の

septo [sé(p)to] 男〖解剖〗中隔, 隔壁

septoplastia [se(p)toplástja] 女〖医学〗鼻中隔形成術

septoria [se(p)tórja] 女〖植物〗〖葉枯れ病菌の〗セプトリア

septoriosis [se(p)torjósis] 女〖植物〗セプトリア葉枯病

septotomía [se(p)totomía] 女〖医学〗鼻中隔切開術

septuagenario, ria [se(p)twaxenárjo, rja] 形 名 70歳代の〖人〗

septuagésimo, ma [se(p)twaxésimo, ma] 形 男〖序数詞〗70番目の; 〖分数詞〗70分の1〖の〗
 ── 女〖カトリック〗七旬節の主日

séptuple [sé(p)tuple] 形〖まれ〗7つの要素から成る

septuplicación [sé(p)tuplikaθjón] 女 7倍にすること

septuplicar [sé(p)tuplikár] 7 7倍にする

séptuplo, pla [sé(p)tuplo, pla] 形〖まれ〗7倍〖の〗

sepulcral [sepulkrál] 形 ❶ 墓の: *inscripción* ~ 墓碑銘。*lápida* ~ 墓碑。❷ 墓場のような, 陰気な, 不気味な: *frío* ~ 死人のような冷たさ。*silencio* ~ ぞっとするような静けさ

sepulcro [sepúlkro]〖←ラテン語 sepulcrum〗男 ❶ 墓, 墳墓〖→tumba 類語〗: Santo S~〖エルサレムにあるキリストの〗聖墳墓。~ *blanqueado*〖新約聖書〗白く塗られた墓; 偽善者。❸〖カトリック〗〖祭壇の〗聖遺物安置所
 bajar al ~ 死ぬ
 ser un ~ きわめて口が固い, 秘密を固く守る

sepultador, ra [sepultaðór, ra] 形 名 埋葬する〖人〗

sepultar [sepultár]〖←ラテン語 sepelire < sepelire〗他 ❶〖墓に〗埋葬する: *Sepultaron* a los muertos del accidente en el cementerio. 事故の犠牲者たちを墓地に葬られた。❷ 隠す, 覆う, 覆い隠す: La avalancha de barro y tierra *sepultó* el vehículo. 土砂崩れが車を飲み込んだ。*los sepultados vivos* 生き埋めになった人々。*Sepulta* los recuerdos del pasado y vive el presente. 過去の思い出は忘れて今この時を生きよ。❸ 悲嘆の淵に沈ませる: Los recuerdos acabarán *sepultándote*. 思い出のせいで君は悲しくなるだろう
 ── ~*se* ❶ [+en に] 陥る: Ella *se sepultó en* la tristeza. 彼女は悲嘆に暮れた。❷ 埋もれる, 覆われる

sepulto, ta [sepúlto, ta]〖sepultar の不規則な 過分〗形 埋葬された

sepultura [sepultúra]〖←ラテン語〗女 ❶ 埋葬〖=entierro〗: Genio (Natural) y figura hasta la ~. 《諺》雀百まで踊り忘れず/三つ子の魂百まで. ❷ 墓, 墓穴, 墓場《→tumba 類》: La ~ familiar está en Huelva. 家族の墓はウエルバにある. Las ~s del pueblo las hace el sacristán. 村人の墓穴は堂守が掘る. estar con un pie aquí y otro en la ~ 棺桶に片足を突っこんでいる, 死にかけている. ❸《古語的》《教会の中にある》遺族が故人への供物をそなえる場所

cavar su〔*propia*〕~ 自ら墓穴を掘る
dar ~ *a*+人 ...を埋葬する: *Dieron* ~ *al difunto ayer*. 故人は昨日葬られた. *dar cristiana* ~ *a*+人 ...を教会葬にする
recibir ~ 埋葬される

sepulturero, ra [sepulturéro, ra] 图 墓掘り人, 埋葬する人: En su pueblo el ~ y el alcalde son la misma persona. 彼の村では墓掘り人と村長は同一人物である
—— 形《まれ》墓掘り人の

Sepúlveda [sepúlbeda]《人名》**Juan Ginés de** ~ フアン・ヒネス・デ・セプルベダ《1490～1573, スペインの哲学者・法学者・年代記作者. アリストテレス研究. スペインの新大陸の征服と支配をめぐりラス・カサスと激しく対立.『第二のデモクラテスもしくは戦争の正当原因についての対話』*Democrates secundus, sive de justis belli causis*》

sepulvedano, na [sepulbeðáno, na] 形 图《地名》セプルベダ Sepulveda の〔人〕《セゴビア県の村》

sequedad [sekeðá(ð)] 《←seco》女 ❶ 乾燥〔状態〕: ~ *de la piel* 肌のかさかさ. ❷ 冷淡, そっけなさ, 無愛想

sequedal [sekeðál] 男 非常に乾燥した土地, 干からびた土地;《地理》乾燥地

sequeral [sekerál] 男 =sequedal

sequero [sekéro] 男 ❶ 干からびたもの. ❷ 干し場. ❸ 灌漑設備のない農地《=secano》

sequerón, na [sekerón, na] 形《地方語. 主に軽蔑》乾いた, うるおいのない

sequeroso, sa [sekeróso, sa] 形 汁気（うるおい）を失った, からからの, 干からびた, 水気の足りない

sequete [sekéte] 男 ❶ 干からびたパン切れ. ❷［動かない機械などを］ドンと叩くこと. ❸ ぶっきらぼう, 無愛想

sequía [sekía]《←seco》女 ❶［長期の］日照り, 早魃《災》: *Los cactos son resistentes a la* ~. サボテンは早魃に耐える. ❷《アンダルシア, ムルシア; コロンビア》喉の渇き

sequillo [sekíʎo] 男《菓子》砂糖（糖衣）をかけたドーナツ（ケーキ・ビスケット）

sequío [sekío] 男 ❶ 灌漑設備のない土地. ❷ 干からびたもの

séquito [sékito]《←伊語 seguito < seguitare「従う」< ラテン語 sequi》男《集合》❶ 随員, 従者; 一行; 取り巻き: *Aparecerán los Reyes con su* ~. 国王夫妻は随員と共に現われるだろう. ~ *de admiradores de un cantante* ある歌手の追っかけ（親衛隊）. ❷ 余波, 影響, 副産物: *La guerra trajo consigo un* ~ *de penurias y calamidades para la ciudad*. 戦争は町に貧困と災厄をもたらした

sequizo, za [sekíθo, θa] 形 乾きがちな, よく干からびる

sequoia [sekwója] 女 =secuoya

ser [sér] 自《←ラテン語 sedere「座っている; である, 存在する」》51 直 I《繋辞動詞》...である: ❶ ［+形容詞］1) ［+品質形容詞. 永続的な性質, 属性］*Juana* es *muy alta*. フアナは大変背が高い《対照 *Juana está muy alta*. フアナはとても背が高くなった/とても高いのには》. *Eres generoso*. 君は気前がいい. *El agua* es *transparente*. 水は透明である《対照 *El agua está transparente*. 水は透明になった（変化の結果）》. *La película* es *aburrida*. この映画は退屈だ《対照 *Es un ordenador del siglo XX*. これは何ですか？—20世紀のパソコンです. ¿*La señora Ortega?*—*Sí, soy yo*. オルテガ夫人ですか？—ええ, 私です. *El murciélago no*

es *un ave*. コウモリは鳥ではない. *Dos y cuatro* son *seis*. 2足す4は6. *Un trato es un trato*. 約束は約束だ《語法》反復表現は同一冠詞が原則》. *Yo* soy *yo y tú* eres *tú*. 私は私であり君は君である. *El culpable* soy *yo*. 責任は私にある《語法》補語が人称代名詞の場合, 動詞として動詞の人称・数はその人称代名詞に一致する》. *Todo esto* son *cosas personales*. このすべては個人的なことだ《語法》主語と補語の名詞の数が異なる場合, 複数形が優先する》. 2) ［+不定詞/+que+直説法・接続法］*El saber* es *amar*. 知は愛なり. *El problema* es *que no tengo tiempo*. 問題は私は時間がないことだ. *Lo ideal* es *que terminemos todo en un día*. すべて一日で終われば理想的だ. 3) ［+lo+形容詞］*La amistad* es *lo mejor del mundo*. 友情はこの世で最良のものである. 6) ［時間. +女性定冠詞+数詞］¿*Qué hora* es？—*Son las siete*. 何時ですか？—7時です. 7) ［曜日・日付・月・季節など］*Hoy* es *miércoles, 19 de abril*. 今日は4月19日, 水曜日です《対照 *Estamos a miércoles*. 今日は水曜日です》. *Mi cumpleaños* es *el veinte de julio*. 私の誕生日は7月20日です. *Ya* es *diciembre*. もう12月だ《=Ya estamos en diciembre》. *Ya* es *otoño*. もう秋だ《=Ya estamos en otoño》. *Todavía no* es *Navidad*. まだクリスマスは来ていない. ¿*Cuánto* es？—*Son mil euros*. いくらですか？—1千ユーロです. ❸［属性の変化］...になる: 1) ［未来時制・過去時制で］*Olvida el pasado y* serás *feliz*. 過去のことは忘れろ, そうすれば君は幸福になるだろう. *Al fin y al cabo fue él el primero*. 結局彼が1位になった. 2) ［接続法現在で］*Ya lo entenderás cuando* seas *mayor*. 君が大きくなったら, そのことが分かるだろう. 3) ［不定詞］*Una enfermera no puede* ~ *una persona impresionable*. 神経質な人は看護婦にはなれない. *Me prometió* ~ *más formal*. 彼はもっと行儀よくすると私に約束した. 4) ［比較表現で］*El fútbol femenino* es *cada día más popular*. 女子サッカーは日ごとに人気が高まる. ❹［+一部の形容詞・副詞で動作的］...する: *Sed buenos*. いい子にしてなさい. ¡*Que* sea *así*! そうあってほしいものだ! ❺［線過去で遊びの虚構］...の役をする: *Yo era papá y tú la mamá*. 僕がパパで, 君はママだ. ❻［不定詞/que+直説法が主語］*Sería interesante poder compartir experiencias*. 経験を共有できたら面白いだろう. *Es interesante que hay personas que lloran*. 泣いている人たちがいるのは面白い. *Es necesario que digas la verdad*. 君は本当のことを言わなくちゃ. ❼［+副詞］1) ［様態の副詞］*La vida* es *así*. 人生とはこうしたものだ. *El camino* es *cuesta arriba*. 道は坂を上る《対照 *Nuestra casa* está *cuesta arriba*. 私たちの家は坂を上ったところにある》. 2) ［時の副詞］*Ya* es *tarde*. もう遅い. *Todavía* es *temprano*. まだ早い. ❽［強調構文］1) ［関係詞を使用］*No* es *esta muñeca la que he comprado*. 人形は私が買ったのとは違う. *Aquí* es *donde nos conocimos*. まさにここで私たちは知り合ったのだ. *Es los miércoles por la tarde cuando no hay clase*. 授業がないのは水曜の午後だ. *Es de eso precisamente de lo que yo hablo*. 君が私たちに話しているのはまさにそのことだ. 《語法》1) ser の時制は直説法現在または関係節と同じ時制: *Es* (*Era*) *a ti a quien yo quería ver*. 君こそ私の会いたかった人だった. 2) ser の人称・数は焦点の語に一致する: *El único que puede salvarte* soy *yo*. 君を助けられるのは私だけだ》 2) ［que を使用］*Fue por eso que se durmió*. だから彼は眠ってしまった《=*Fue por eso por lo que se durmió*》. *Fue así como nos conocimos*. そういう風にして私たちは知り合った《=*Así es como nos conocimos*》. 《特に中南米》［疑問詞に焦点をあてる］¿*Dónde* es *que estás*？ 君いるのはどこ？《=¿*Dónde estás*？》 3) ［si 条件節を使用］*Si presumo de algo,* es *de saber un poco de ello*. 私が自慢するとしたら, そのことを少し知っていることだ. *Si vive,* será *en su tierra natal*. もし彼が〔どこかで〕暮らしているなら, 故郷だろう

II ［一般動詞］❶《文語》［単独で使用］存在する《=existir》: *Pienso, luego* soy. 我思う故に我在り. *Dios* es. 神は存在する. ~ *o no* ~ 「ハムレット Hamlet のせりふ」生きるべきか死ぬべきか. ❷［+場所・時・様態の副詞句で, 特定の事件・行事・行為が〕ある, 起こる］1) *El partido* es *hoy, a las siete*. 試合は今日の7時からだ. *La exposición* es *en el museo*. 展覧会は博物館で行なわれる. *Juegos Olímpicos de Barcelona* fue *en 1992*. バルセロナオリンピックは1992年だった. ¿*Cómo* fue *el asesinato*？ 殺人はどのようにして行なわれたのか？ *Eso no puede* ~. そんなことはありえない. 2) ［+de について］¿*Qué* será *de Japón ma-*

ñana? 明日の日本はどうなるのだろう？ ¿Qué *ha sido de* ellos? 彼らはどうなったのですか？ ❸ 《口語》[+場所の副詞. 配置] ある, いる〖類義 *estar* は人・物が存在する場所を表わし, **ser** は具体的な位置・業務を表わす〗: He oído que por aquí cerca está la museo. Pero ¿dónde *es*? このあたりに博物館があると聞いたのですが, どこですか？《近くにあるのは知っているが具体的な位置が不明》 ¿Dónde está Correos?—*Es* aquí. 郵便局はどこにありますか？—ここです〖対照〗Aquí *es* el correo. 郵便局〖の業務〗はここです》 **III** [+前置詞] ❶ [+a] …に従事する, 献身する: Todos *eran a* llevar recados. みんなプレゼント運びに大忙しだった。 ❷ [+de] 1) [材料など] …でできている: El cilindro *es de* hierro. シリンダーは鉄製である。 La tela *es de* color rojo. その布は赤である。 2) [所有・帰属] …のものである: Este terreno *es de* mi familia. この土地は私の家族のものだ。 Los Sacramentos *son de* la Iglesia. 秘跡は教会に属する。 3) [出身・出所] …の出である: *Somos de* Aragón. 私たちはアラゴン出身だ。 Estos vinos *son de* Chile. このワインはチリ産だ。 No *soy de* aquí. 私はこの土地の者でない〖ので地理に不案内だ〗。 4) [起点] La clase *es de* 10 a 12 horas. 授業は10時から12時だ。 El viaje *es de* Madrid a Barcelona. 旅行はマドリッドからバルセロナまでだ。 5) [価格] *Es de* mil euros. それは1千ユーロだ。 6) [期間] El viaje *es de* 7 noches y 8 días. 旅行は7泊8日だ。 7) [学年. 無冠詞の序数詞/〈文語的〉+定冠詞+序数詞] *Soy de* primero. 私は1年生だ。 8) [相応・該当] *Es* muy de María eso de llegar tarde. 遅刻するとはいかにもマリアらしい。 9) [部分] Miguel no *es de* los que lucha si sabe que hay derrota segura. ミゲルは負けるのが分かっている争いをするような男ではない。 10) [+他動詞の不定詞] …されるべきである, …されるにふさわしい: Eso no *es de* arriesgar tanto. それは身を危険にさらすほどのことはない。 [que 以下が主語] *Es de* ver que ese mecanismo resulta correcto siempre. その装置が常に正確であるところに注目すべきだ。 ❸ [+desde. 起点] …からである: El viaje *es desde* Madrid (el lunes 16). 旅行はマドリッドから(16日の月曜)からだ。 ❹ [+para] 1) [手紙などが] …あてである: Este carta *es para* ti. この手紙は君あてだ。 Esas flores *son para* mi mujer. この花は私の妻へのものだ。 2) [用途・適性など] Este cuchillo *es para* cortar carne. この包丁は肉切り用だ。 Ese curso *es para* principiantes. その講座は初心者向きだ。 La cosa no *es para* bromas. それは冗談ではない

IV [単人称動詞. 時間] …である: Todavía *es* temprano para tomar decisiones. 決定を下すのはまだ早い。 Ya *es de* día. もう昼だ

―― 助 [受動態. +他動詞の過分 (主語に性数一致)+por/〈まれ〉de+動作主] ❶ [行為] Alemania *fue* vencida por España. ドイツチームはスペインチームに敗れた。 La propuesta *fue* comentada *por* expertos juristas. その提案には法律の専門家たちからコメントが寄せられた。〖語法 1) ser+他動詞の過分 の受動態.《口語》では一般的に使われることがあり,《文語》として新聞・雑誌や論文・文学作品などで使用されている。 2) 能動文の間接目的語は受動文の主語になれない: ×Mi abuelo fue entregado el premio. (私の祖父は賞を手渡された)←Entregaron el premio *a mi abuelo*. ただし新聞・雑誌では preguntar などの例外がある: ○El ministro fue preguntado por los periodistas si era supersticioso. 大臣は新聞記者たちに迷信家かどうか尋ねられた。←Los periodistas preguntaron al *ministro* si era supersticioso.》 ❷ [状態. adorar・conocer・considerar・respetar・saber・temer などの過分 に限られる] La corrupción política *es* conocida *por* los ciudadanos. その腐敗は市民に知られている。 La actriz fue querida *por (de)* todos. その女優はみんなに好かれた

[o] *somos no somos* [皮肉] [無節操に対し] 一体どっちなんだ, はっきりしろ(右か左かどっちかに決めろ): Ese político era del partido de izquierda y ahora se postula como candidato de la extrema derecha; *o somos o no somos*. その政治家は前は左翼政党に属していたが, 今度は極右の候補者として選挙に出ている。一体どうなっているんだ

¡Sea! [古語的] [承認・許可] よし, そうしよう!: Si me lo permite usted, *¡sea!* それを許して下さるのなら, 了承了

sea..., sea... 《文語》[分離・配分] …かあるいは…か [過去は fuera..., fuera...]: Un ciudadano español puede vivir en cualquier país de la UE, *sea* en Italia, *sea* en Alemania. スペイン国民はEUのどの国にも, イタリアであろうとドイツであろう

と, 住むことができる

ser		
現在分詞		過去分詞
siendo		sido
直説法現在	点過去	線過去
soy	fui	era
eres	fuiste	eras
es	fue	era
somos	fuimos	éramos
sois	fuisteis	erais
son	fueron	eran
命令法	接続法現在	接続法過去
	sea	fuera, -se
sé	seas	fueras, -ses
	sea	fuera, -se
	seamos	fuéramos, -semos
sed	seáis	fuerais, -seis
	sean	fueran, -sen

―― 男 ❶《哲学》存在: ciencia de ～ 存在論. el ～ y la nada 存在と無. ❷ 存在物: El hombre es un ～ dotado de razón. 人は理性を備えた存在である. ～ acuático 水中の生きもの. ～ fantástico (imaginario) 空想(想像)上の存在. ～ humano 人間. ～ real 実在物. ～ viviente (vivo) 生物. ❸ 本質, 本性: desde lo más profundo de su ～ 心の底から. ❹ [事物の] 価値, 値打ち: En esta palabra está todo el ～ de su filosofía. この語の中に彼の哲学すべての価値が組み込まれている. ❺《口語》人, 奴: Es un ～ cándido. 彼は無邪気な人だ. ～*es* desgraciados かわいそうな奴ら

dar el ～ 生み出す, 産む: Sus padres le *dieron* el ～. 彼は両親からその生を受けた

SER [sér] 囡《略語》←Sociedad Española de Radiodifusión スペインラジオ放送

sera [séra] 《←アラビア語 saira》囡《西》[主に石炭運搬用の, 取っ手のない] 大かご

serado [serádo] 男 集名《西》大かご sera

seráficamente [seráfikaménte] 副 ❶ セラフィムのように, 天使のように. ❷ 優しく, 穏和に

seráfico, ca [seráfiko, ka]《←ヘブライ語 seraph》形 ❶ セラフィム serafín の〔ような〕. ❷ アッシジの聖フランチェスコ San Francisco de Asís の; フランチェスコ修道会の: los ～*s* de Asís アッシジの聖フランチェスコが書いた文書類. ❸ [天使の] 寛大な, 優しい; 〈軽蔑〉お人好しの: Su abuelo es una persona ～*ca*. 彼の祖父は人がよすぎる. ❹ 温和な, 穏やかな: sueño ～ 安らかな眠り

serafín [serafín]《←ラテン語・ヘブライ語 seraphim》男 ❶ [旧約聖書] セラフィム, 熾〔天〕天使〔3対の翼をもつ. →ángel 参考〕. ❷ [一般に] 天使の; [天使のように] かわいい子, 美しい女性: Paula es un ～ auténtico. パウラは本当にかわいい

serafina [serafína] 囡 ベーズ bayeta に似た毛織物

seraje [seráxe] 男 集名 [石炭運搬用の] 大かご

seranear [seraneár] 自 [サラマンカ, エストレマドゥラ] 夜の集まり serano に出る

serano [seráno] 男 [サラマンカ] [田舎で行なわれる] 夜の集まり tertulia

serapino [serapíno] 男 =sagapeno

Serapis [serápis] 男 [エジプト神話] サラピス《Osiris と Apis の合成神》

serasquier [seraskjér] 男《歴史》[トルコの] 軍司令官

serba [sérba] 囡 ナナカマドの実〔食用〕

serbal [serbál] 男《植物》ナナカマド

serbio, bia [sérbjo, bja] 形《国名》セルビア Serbia〔人・語〕の; セルビア人

―― 男 セルビア語

serbo [sérbo] 男《植物》ナナカマド〔=serbal〕

serbobosnio, nia [serbobósnjo, nja] 形 名 セルビア系ボスニア人〔の〕

serbocroata [serbokroáta] 形 名《歴史》セルビアクロアチア Serbia y Croata〔人・語〕の; セルビアクロアチア人

―― 男 セルビアクロアチア語

serbokosovar [serbokosobár] 形 名 セルビア系コソボ人〔の〕

sere [sére] 囡《植物》遷移系列

serena[1] [seréna] [女] ❶ [昔吟遊詩人が歌った] 小夜曲, 夜の詩. ❷ バダホス県セレナ Serena 渓谷産の羊乳チーズ. ❸《地方語》夜露, 夜気
serenamente [serénaménte] [副] 冷静に, 穏やかに; 静かに
serenar [serenár] 〘←sereno²〙 [他] ❶ 静める, 落ち着かせる, 和らげる: Este paisaje te *serenará*. この景色を見たら君の心は落ち着くだろう. ❷ [濁った液体を] 澄ませる
—— [自]《アンダルシア; コロンビア》霧雨が降る
—— **~se** ❶ 静まる, 落ち着く, 冷静になる: ¡*Serénate!* 落ち着け! ❷ [液体が] 澄む. ❸ 凪(な)ぐ; 晴れ上がる: Saldremos cuando *se serene* el mar. 海が凪いだら出港しよう. ❹《コロンビア, ベネズエラ》夜露に濡れる
serenata [serenáta] 〘←伊語〙 [女] ❶《音楽》1) セレナード, 夜想曲〘夜, 屋外で誰かのために歌われたり, 演奏されたりする歌〙: Por la noche Horacio fue a cantarle una ~ a su novia. 夜オラシオは恋人のためにセレナードを歌いに行った. 2) 組曲と交響曲との中間的な器楽曲. 3) 小夜曲. ❷《皮肉》しつこくうるさい音; 迷惑, 厄介: No aguanto más la ~ de las máquinas del edificio de al lado. 隣のビルの機械の音がうるさくて私は我慢できない. ❸《プエルトリコ. 料理》バナナ・ジャガイモ・鱈などのサラダ
dar la ~ うんざりさせる: No me *des* más *la* ~, hija, no te daré más dinero. 娘よ, しつこく言ってもこれ以上お金はあげませんよ
serendipia [serendípja] [女] ❶《科学》セレンディピティ, 思わぬ発見〔をする能力〕. ❷ ものをうまく見つけ出す能力, 捜し物上手
serendipidad [serendipiđá(đ)] [女] =**serendipia**
serenense [serenénse] [形] [名]《地名》ラ・セレナ La Serena の〔人〕〘チリ, Coquimbo 県の県都〙
serenero [serenéro] [男] ❶《古語》[夜露を防ぐための婦人用の] かぶり物. ❷《アルゼンチン》[頭にかぶる] スカーフ
serení [serení] [男] 〘[複] ~es〙 ❶ [昔の軍艦に積載されていた] 小型ボート. ❷《キューバ. 植物》コミヤマカタバミ〘=aleluya〙
sereniano, na [serenjáno, na] [形] [名]《地名》セレナ Serena の〔人〕〘バダホス県の地区〙
serenidad [sereniđá(đ)] 〘←sereno²〙 [女] ❶ 冷静, 平静, 落ち着き: Afrontó los problemas con ~. 彼は冷静に問題に対処した. ❷ [天候の] 晴朗, 穏やかさ, のどかさ. ❸ [su・vuestra+. 王子・王女への敬称] …殿下, …王女様
serenísimo, ma [serenísimo, ma] 〘sereno の絶対最上級〙 [形] [王子・王女への尊称] Su Alteza ~*ma* …殿下, …王女様
—— [女]《歴史》la *S~ma* 〔República de Venecia〕静謐(せいひつ)この上なきベネチア共和国
sereno[1] [seréno] 〘←ラテン語 serenum < serum「午後, 夜」〙 [男] ❶ 夜露, 夜気: mojado de ~ 夜露に濡れた. ❷《古語的》[街を見回り, 家々の玄関の鍵の開閉を任せられた] 夜警, 夜回り. ❸《ログローニョ》[露天の] 堆肥置き場. ❹《エクアドル》セレナータ, 夜想曲
al ~ [夜に] 野天で, 夜露にぬれて: dormir *al* ~ 野宿する
sereno[2], **na**[2] [seréno, na] 〘←ラテン語 serenus「静かな, 雲のない」〙 [形] ❶ 晴れ上がった, 雲一つない; [晴れて] 穏やかな: El cielo está ~. 空は晴れ渡っている. ❷ 穏やかな, 静かな: El acusado se mostró muy ~. 被告はとても落ち着いた態度を見せた. con una ~*na* mirada 平静なまなざしで. ❸ 酔いがさめた, しらふの: Teresa ya está ~*na*, puede conducir. テレサはもう酔いがさめたので運転できる
sereta [seréta] [女]《地方語》[取っ手のない] 小かご
serete [seréte] [男]《地方語》=**sereta**
sergas [sérgas] [女] [複]《古語》[特に騎士道物語の主人公の] 武勲, 手柄, 偉業
seri [séri] [形] [名] セリ族〔の〕〘メキシコ, ソノラ州の先住民〙
seriación [serjaθjɔ́n] [女] 続きものにすること, シリーズ化
serial [serjál] 〘←serie〙 [形] ❶ 続きものの, シリーズものの. ❷《音楽》十二音技法の: música ~ 十二音音楽. ❸《情報》順次〔アクセス方式〕の: acceso ~ 順次アクセス. comunicación ~ シリアル通信. ordenador ~ 直列式コンピュータ
—— [男] [テレビ番組などの, 主にお涙ちょうだいの] シリーズもの, 続きもの; [新聞・雑誌などの] 連載もの
serialidad [serjaliđá(đ)] [女] 続きものであること, シリーズ性
serialismo [serjalísmo] [男]《音楽》十二音技法
serialización [serjaliθaθjɔ́n] [女] =**seriación**
serializar [serjaliθár] [9] [他] =**seriar**
seriamente [sérjaménte] [副] ❶ まじめに, 真剣に, 本気で; かしこまって: Tengo que hablar muy ~ contigo. 私は君と真剣に話をしなければならない. Tu mamá está ~ preocupada. 君のママは本気で心配している. ❷ ひどく; 重く
seriar [serjár] 〘←serie〙 [10] [他] ❶ [主に [過分]] シリーズもの(続きもの)にする: novela *seriada* 連載小説. ❷ 通し番号を振る: *He seriado* todos los papeles del archivo. 私はファイルにあるすべての書類に通し番号を振った. ❸ [主に [過分]] 大量生産する: arte *seriado* 大量生産される美術品
seríceo, a [seríθeo, a] [形] 絹の
sericícola [seriθíkola] [形] 養蚕〔業〕の
sericicultor, ra [seriθikultór, ra] [名] 養蚕家
sericicultura [seriθikultúra] [女] 養蚕〔業〕
sérico, ca [sériko, ka] [形] ❶《医学》血清の. ❷ 絹の; 絹のような
sericultor, ra [serikultór, ra] [名] =**sericicultor**
sericultura [serikultúra] [女] =**sericicultura**
serie [sérje] 〘←ラテン語 series < serere「織る, 鎖でつなぐ」〙 [女] ❶ 一続き, シリーズ, 連続, 系列: una ~ de artículos 一連の記事. número de ~ 通し番号, シリアルナンバー. ~ de billetes 回数券. ~ cronológica (temporal) 時系列〔分析〕. ❷ [製品の] シリーズ; [切手・コインなどの] シリーズもの〔の一組〕: Me falta un sello para completar esta ~. 私はあと1枚でこのシリーズの切手がそろう. modelo de la ~ 5 de BMW《自動車》BMW 5シリーズのモデル. restos de ~ [旧モデルなどの] 売れ残り品. ~ Gemini《宇宙》ジェミニ計画. ❸《放送》連続もの(番組・ドラマ): A Rafa le gusta ver la ~ de las once. ラファは11時の連続ドラマを見るのが好きだ. ❹《映画》ジャンル: ~ B B級作品. ~ negra フィルムノワール. ❺ [集名] [共通点のある] いくつかのもの: recorrer una ~ de tiendas 色々な店を見て回る. ❻《スポーツ》1) 予選: quedar 〔el tercer〕 clasificado en la ~ 予選を〔3位で〕通過する. 2)《野球》~ mundial ワールドシリーズ. 3) [トレーニングの] セット: hacer 10 ~*s* de 400 metros 400メートルを10本走る. ❼《数学》級数: ~ aritmética (geométrica) 等差(等比)級数. ~ de Fourier フーリエ級数. ❽《情報》1) ~ cronológica タイムシリーズ. 2) [形容詞的に] 順次アクセス方式の: puerta ~ シリアルポート. ❾《音楽》十二音の音列. ❿《化学》系, 列. ⓫《言語》系列. ⓬《植物》遷移系列
de ~《西. 自動車》標準装備の: aire acondicionado *de* ~ エアコン標準装備
en ~ 1) 大量生産の・で: La poesía no se ajusta a la producción *en* ~, como los coches. 詩は自動車のように大量生産できるものではない. 2) 続いた: asesino *en* ~ 連続殺人犯. 3)《電気》直列の〘⇔en paralelo〙: circuito *en* ~ 直列回路. 4)《情報》順次〔アクセス方式〕の: acceso *en* ~ 順次アクセス
fuera de ~ 1) 図抜けた, 抜群の; [名]〘単複同形〙図抜けた人: Esa bailarina era una *fuera de* ~. そのバレリーナは並外れていた. 2) 手作りの, 大量生産でない: artículos *fuera de* ~ 特製品, 特注品
seriedad [serjeđá(đ)] 〘←serio〙 [女] 真剣さ, 本気; 重大さ: hablar con ~ まじめに話す. carecer de ~ 不まじめである. ¡Un poco de ~! さあ, 冗談は(ふざけるのは)そのくらいにしよう!
serifio, fia [serífjo, fja] [形] [名]《地名》[エーゲ海キクラデス諸島の] セリフォス島 Serifo の〔人〕
serigrafía [serigrafía] [女] シルク〔スクリーン〕印刷; その印刷物
serigrafiado [serigrafjáđo] [男] シルク印刷〘行為〙
serigrafiar [serigrafjár] [11] [他] シルク印刷する
serigráfico, ca [serigráfiko, ka] [形] シルク印刷の
serigrafista [serigrafísta] [名] シルク印刷家
serija [seríxa] [女] 小かご
serijo [seríxo] [男] ❶ [干しぶどうなどを入れる] 小かご. ❷《地方語》[エスパルト製などの] スツール, 腰掛け
serilla [seríʎa] [女] 小かご
serillo [seríʎo] [男] ❶ 小かご. ❷《アンダルシア》[飼い葉用の] 四角いかご
serín [serín] [男]《鳥》セリン, カナリア
serina [serína] [女]《生化》セリン
seringa [seríŋga] [女]《植物》ラバーウッド, パラゴムノキ〘ゴムを採取する〙;《中南米》採取されたゴム
serio, ria [sérjo, rja] 〘←ラテン語 serius〙 [形] ❶ 真剣な, まじめな; 堅苦しい, 無愛想な, 陰気な: Se quedó mirándome muy ~. 彼は私を見ながら深刻な表情を浮かべた. Es demasiado ~, casi nunca sonríe. 彼はまじめすぎる(暗い), めったに笑わない.

S

¿Por qué él está hoy tan ～? なぜ彼は今日あんなにむっつりしているのだろう？ Me voy a poner ～ contigo si no te portas bien. 行儀よくしないと怒るぞ. con una cara *seria*/con un aire ～ まじめな顔をして. colocación *seria* 固い職業. estudiante poco ～ 不まじめな学生. libro ～ 堅い本. promesas *serias* 誠実な約束. ❷ 重大な, 憂慮すべき: pérdida *seria* 重大な被害, 多大な損害. asunto ～ 重大な事件. situación *seria* 深刻な(由々しい)事態. ❸《医学》重篤な: tener efectos secundarios ～s 重大な副作用がある. enfermedad *seria* 重病. ❹《俗用》「責任者などが」信頼できる, 篤実な: Contrató a la empresa más *seria* del ramo. 彼はその分野で最も堅い会社と契約した. ❺ 激しい, きつい: trabajo ～ きつい仕事. esfuerzo ～ 懸命な努力. ❻ [色などが] 落ち着いた: Este color es demasiado ～ para una chica. この色は若い女性には地味すぎる. ❼ [ser ～ que+接続法. ふるまいが] 威厳のある: No es ～ que un magistrado se ponga un gorro de papel. 司法官が紙の帽子をかぶるのは威厳を損なる. ❽《闘牛》[牛が] じっとしていて体が大きく角が立派な

en ～ 真剣に, まじめに, 本気で: Estoy hablando *en* ～. 私はまじめに話しているのだ

ir en ～ 本気である, 本気に考えている: ¿Va usted *en* ～? 本気ですか？/まじめにそう考えていますか？ Ahora *va en* ～ en sus estudios. 今度は真剣に勉強に取り組んでいる

ser [*una*] *cosa seria*《口語》[賞賛・強調] すばらしい: La paternidad *es una cosa seria*. 父親であることはすばらしい

tomar... en ～ 本気にする, 真に受ける; 深刻に受けとめる: Es el momento *tomar* las cosas *en* ～. 事態を深刻に考えるべき時だ

seriógrafo [serjóɣrafo]《医学》X線の連続撮影機
sermón [sermón]《←ラテン語 sermo, -onis「会話, 対談」》男 ❶《主にカトリック》説教: Durante el ～ el sacerdote habló sobre el Evangelio. 司祭は説教の時, 福音書について話した. *S* ～ de la Montaña《新約聖書》山上の垂訓. ❷《皮肉, 軽蔑》小言, 説教: Mi padre me ha echado un ～ por llegar tarde. 遅く帰ったので父は私に小言をいった
sermonar [sermonár] 自《廃語》説教をする
sermonario, ria [sermonárjo, rja] 形《まれ》説教の; 説教をする
―― 男 説教集
sermoneador, ra [sermoneaðór, ra] 形・名《皮肉, 軽蔑》[主にしょっちゅう] 小言をいう(人), お説教好きの(人); [話などが] 説教じみた
sermonear [sermoneár]《←sermón》自《主にカトリック》説教をする: El cura *sermonea* solo en la misa de mañana. 司祭は朝のミサでだけ説教をする
―― 他《皮肉, 軽蔑》…に小言をいう, お説教をする: En casa todos los días te *sermonean* tus padres. 君は毎日家で両親に叱られている
sermoneo [sermonéo] 男《皮肉, 軽蔑》小言, お説教(行為)
sermonero, ra [sermonéro, ra] 形・名《地方語》説教を聞くのが好きな(人)
serna [sérna] 女 ❶ 播種用地;《地方語》[耕し種をまいた] 畑, 耕作地. ❷《歴史》陳 1) 領主直営地. 2) 労働地代 [領主直営地における賦役]
seroalbúmina [seroalβúmina] 女《医学》血清アルブミン
serodiagnosis [seroðjaɣnósis] 女《単複同形》《医学》血清診断法
serodiagnóstico [seroðjaɣnóstiko] 男《医学》血清 [学的感染症]診断
serófilo, la [serófilo, la] 形《植物》乾燥地(砂地)に生える
seroglobulina [seroɣloβulína] 女《医学》血清グロブリン
serogrupo [seroɣrúpo] 男 血清群
seroja [seróxa] 女 ❶ [木から落ちた] 枯葉. ❷ 薪くず. ❸《地方語》[松脂を採るために] 幹に切り込みを入れる時にできる木くず
serojo [seróxo] 男 枯葉; 薪くず 〖=seroja〗
serología [seroloxía] 女 血清学
serológico, ca [serolóxiko, ka] 形 血清学の; 血清の
serón[1] [serón]《←sera の示大語》男《西》[馬の背などに乗せる] 運搬用の縦長のかご; 大かご

ser más fino (*basto*) *que un* ～《西》ひどく行儀が悪い; 下品できわまりない

serón[2]**, na**[1] [serón, na] 名《地名》ラ・セレナ La Serena の

〖人〗《バダホス県東部の地域》
serona[2] [seróna] 女《地方語》教会の世話をする女性
serondo, da [seróndo, da] 形 [果実が] 晩生の
seronegativo, va [seroneɣatíβo, βa] 形《医学》[血清診断, 特にエイズのHIV抗体検査で] 陰性反応の(人)
seronero, ra [seronéro, ra] 名 運搬用の縦長のかご serón の製造(販売)者
seropositivo, va [seropositíβo, βa] 形《医学》[血清診断, 特にエイズのHIV抗体検査で] 陽性反応の(人)
―― 男 血清感染
seroprofilaxis [seroprofilá(k)sis] 女《医学》血清注射による予防
serora [seróra] 女《地方語》教会の世話をする女性
serosidad [serosiðáð] 女《生理》漿液(しょう)
seroso, sa [seróso, sa]《←ラテン語 serum》形《生理》漿液(性)の, 漿液の ～*sa*《生理》漿膜. membrana ～*sa*《解剖》漿膜. otitis media ～*sa* 滲出性中耳炎
seroterapia [seroterápja] 女 血清療法
serótino, na [serótino, na] 形《文語》[主に果実が] 晩生の
serotonina [serotonína] 女《生化》セロトニン
serotonínico, ca [serotoníniko, ka] 形 セロトニンの
serpa [sérpa] 女《ブドウの木の》つる, 茎
serpeante [serpeánte] 形《文語》くねくねくねる, 蛇行する
serpear [serpeár] 自《まれ》=**serpentear**
serpentaria [serpentárja] 女《植物》❶ テンナンショウ 〖=dragontea menor〗. ❷ ～ virginiana ウマノスズクサの一種〖根茎は薬用. 学名 Aristolochia serpentaria〗
serpentario [serpentárjo] 男 ❶ 蛇の飼育施設, 蛇園. ❷《天文》[*S* ～] へびつかい座 〖=Ofiuco〗
serpenteado, da [serpenteáðo, ða] 形 曲がりくねった, 蛇行した
serpenteante [serpenteánte] 形 くねくねと這う; 蛇行する
serpentear [serpenteár]《←ラテン語 serpens, -entid「蛇」》自 ❶ [蛇のように] くねくねと這う(²): La cola de la cometa *serpentea* movida por el viento. 凧のしっぽは風に吹かれてくねくねしている. ❷ 蛇行する, つづら折りになっている: El camino *serpenteaba* a través de campos llanos. 道は平原を曲がりくねって走っていた
serpenteo [serpentéo] 男 くねくねと這うこと; 蛇行
serpentiforme [serpentifórme] 形 蛇状の, 蛇の形の
serpentígero, ra [serpentíxero, ra] 形《詩語》蛇を連れた, 蛇をもつ
serpentín [serpentín]《←ラテン語 serpens, -entid》男 ❶ [蒸留器の冷却用の] らせん管, 蛇管. ❷ [火縄銃の] 火縄ばさみ; [火縄銃・火打ち石式銃の] 撃鉄. ❸ 蛇紋岩 〖=serpentina〗
serpentina [serpentína]《←serpentín》女 ❶ [パレードなどで投げる] 紙テープ: En la fiesta tiramos ～s y confeti. 私たちはパーティーで紙テープと紙吹雪を投げた. ❷《鉱物》蛇紋岩. ❸ [穂先が曲がりくねった] 投げ槍. ❹ らせん管 〖=serpentín〗. ❺《植物》サトイモ科の一種〖学名 Dracunculus vulgaris〗
serpentinamente [serpentináménte] 副 蛇のように, 蛇状に
serpentinizar [serpentiniθár] 自 ～*se*《鉱物》蛇紋石化する
serpentino, na[2] [serpentíno, na] 形 ❶ 蛇の, 蛇のような. ❷《文語》曲がりくねった, 蛇行する
serpentón [serpentón] 男《音楽》❶ セルパン〖昔の木管楽器〗. ❷ セルペントン〖軍楽隊が使った金属製の朝顔付きU字形の木管楽器〗
serpeo [serpéo] 男《まれ》くねくねと這うこと; 蛇行
serpeta [serpéta] 女《昆虫》オレンジの木につく寄生虫〖学名 Mytilaspis citricola〗; その寄生虫病
serpezuela [serpeθwéla]《sierpe の示小語》女 小型の蛇
serpiente [serpjénte]《←ラテン語 serpens, -entis < serpere「這って進む」》女 ❶《動物》ヘビ(蛇): ～ de anteojos インドコブラ. ～ [de] cascabel ガラガラヘビ. ～ de mar =～ marina,《魚》シギウナギ. ～ de vidrio アシナシトカゲ. ～ marina ウミヘビ;《神話》大海蛇. ❷ ヘビ革: zapatos de ～ ヘビ革の靴. ❸《カトリック》悪魔, 悪への誘惑者〖←旧約聖書でイブを誘惑した蛇〗. ❹ 気の許せない奴, 陰険な奴. ❺《天文》[*S* ～] 蛇座. ❻《アステカ神話》～ emplumado 羽毛の生えた蛇〖ケツァルコアトル Quetzalcóatl のこと〗. ❼《経済》1) ～ inflacionaria クリーピング・インフレ. 2) スネーク〖1972年からECが実施した為替相場の共同フロート制. =～ monetaria〗

serpiginoso, sa [sɛrpixinóso, sa] 形《医学》匐行性発疹の

serpigo [sɛrpígo] 男《医学》匐行(ミポ)性発疹; [特に] 輪癬, たむし

serpillo [sɛrpíʎo] 男《植物》=**serpol**

serpol [sɛrpól] 男《植物》イブキジャコウソウ

serpollar [sɛrpoʎár] 自 新芽を出す, 芽吹く

serpollo [sɛrpóʎo] 男《←カタルーニャ語 serpoll》[切り株などから出た] 新芽, ひこばえ

sérpula [sérpula] 女《動物》ヒトエカンザシ

Serra [séřa] 《人名》**Junípero** 〜 フニペーロ・セッラ《1713〜84, スペイン生まれの聖職者。ヌエバ・エスパーニャ北部の布教活動に従事, 多くの伝道村 misiones を建設》

serradella [sɛřaðéʎa] 女《植物》ツノウマゴヤシ

serradizo, za [sɛřaðíθo, θa] 形 鋸で簡単にひける, 製材しやすい

serrado, da [sɛřáðo, ða] 形 鋸歯状の, ぎざぎざの: En el horizonte se veía el perfil 〜 de las montañas. 地平線には山々のぎざぎざした輪郭が見えていた

serrador, ra [sɛřaðór, ra] 男女 鋸でひく, 製材する人; 木挽(ミナ)き ── 女 製材機《=**máquina** 〜**ra**》

serradura [sɛřaðúra] 女《←serrar》女 不可算《主に 複》おがくず《=**serrín**》

serrallo [sɛřáʎo] 男《←伊語 serraglio》《文語》❶ ハーレム《=**harén**》❷ いかがわしい場所, 売春宿

serramiento [sɛřamjénto] 男《まれ》鋸でひくこと

serrán [sɛřán] 男《地方語. 魚》ベラの一種《学名 Symphodus》

serrana[1] [sɛřána] 女《←serrano》女 ❶《詩法》セラニーリャに似た詩. ❷《音楽》セラナ《ロンダの山岳地帯起源のカンテ・オンド cante jondo の一種》

serranía [sɛřanía] 女 山地, 山岳地帯

serraniego, ga [sɛřanjéɣo, ɣa] 形 山地の《=**serrano**》

serranil [sɛřaníl] 男 短剣・短刀の一種

serranilla [sɛřaníʎa] 女《←serrano》女《詩法》セラニーリャ《15〜16世紀に流行した, 6ないし8音節詩句で, 騎士と羊飼いの娘の恋をうたった田園詩》

serrano, na[2] [sɛřáno, na] 形《←ラテン語 serra》形名 ❶ 山地の〔人〕, 山岳地帯の; 山家育ちの, 山出しの〔人〕. ❷《西. 文語》〔体つきが〕健康的で美しい: cuerpo 〜 美しい体;《詩法》〔男性が女性を讃えて〕すてきなお嬢さん, 君. ❸《アンダルシア》ジプシー; 粋な人, いい男・女 ── 男《魚》ペインテッド・コンバー《学名 Serranus scriba》**de S〜**《地方語. 軽蔑》〔若者が〕金持ちで俗物の **no querer cuentos con** 〜**s**《口語》悪い連中と関わりたくない

Serrano y Domínguez [sɛřáno i domíŋɡes]《人名》**Francisco** 〜 フランシスコ・セラーノ・イ・ドミンゲス《1810〜85, スペインの軍人・政治家》オドンネル O'Donnell から連合自由党 Unión Liberal を引き継ぎ, 党首となる. 9月革命 Revolución de 1868 に参加し立憲君主制の成立に貢献。アマデオ1世の下で首相を歴任》

serrar [sɛřár] 他《←ラテン語 serrare》23 他 鋸でひく, ひき切る: 〜 una tabla 板を鋸でひく

serrátil [sɛřátil] 形《医学》❶ →**pulso** serrátil. ❷〔関節に〕鋸歯状不整の

serrato [sɛřáto] 男《解剖》鋸筋《=**músculo** 〜》

serreño, ña [sɛřéɲo, ɲa] 形 山地の《=**serrano**》

serrería [sɛřería] 女《←serrar》女 製材所

serreta [sɛřéta] 女 ❶ 鼻輪, 鉄の歯の付いた鼻革. ❷《鳥》カワアイサ, アイサ. ❸ 〔鋸状の〕飾りひも. ❹ 〔片方の縁がぎざぎざになった〕金・銀糸の飾り紐. ❺《まれ》小型の鋸

serretazo [sɛřetáθo] 男 ❶ 〔馬をこらしめるために〕鼻勒 serreta を引くこと. ❷ 手荒いお仕置き

serrezuela [sɛřeθwéla] 女 ❶ 小型の鋸

serrijón [sɛřixón] 男 小さな山脈

serrín [sɛřín] 男《←serrar》男 不可算 おがくず; 切りくず: 〜 **metálico** 金くず

tener la cabeza llena de 〜/**no tener más que** 〜 **en la cabeza**《口語》脳みそが足りない, おつむが空である

serrino, na [sɛříno, na] 形 鋸の, 鋸のような

serrón [sɛřón] 男 ❶ 〔少し湾曲した〕両柄の大型の鋸. ❷《レオン》片柄の短い鋸

serrote [sɛřóte] 男《メキシコ》=**serrucho**

serruchar [sɛřutʃár] 他《プエルトリコ, チリ, アルゼンチン, ウルグアイ》幅広の鋸 serrucho でひく. ❷《コロンビア》[悪事によるもうけを] 山分けする

serrucho [sɛřútʃo] 男《←serrar》❶ 〔片柄の〕幅広の鋸. ❷《チリ》1)《軽蔑》他人の足を引っ張る人. 2)《口語》車掌. ❸《キューバ, プエルトリコ. 魚》ノコギリエイ **al** 〜《キューバ》半分に **hacer** 〜《コロンビア. 口語》陰険なやり方をする

seruendo, da [serwéndo, da] 形《主に地方語》[果実が] 晩生の

serum [sérun] 男《←ラテン語》男 =**suero**

servador [sɛrbaðór] 形《詩語》[ユピテル Júpiter を形容して] 守護者の

serval [sɛrbál] 男《動物》サーバル

servato [sɛrbáto] 男《植物》カワラボウフウの一種《学名 Peucedanum officinale》

serventesio [sɛrbentésjo] 男《詩法》❶ シルバント《中世プロバンス地方の風刺詩》. ❷ 第1と第3および第2と第4行が押韻する11音節4行詩

serventía [sɛrbentía] 女《アストゥリアス, カナリア諸島; メキシコ, キューバ》[私有地を走る] 細道, 小道

Servet [sɛrbét]《人名》**Miguel** 〜 ミゲル・セルベット《1511?〜53, ナバラ生まれで, 宗教改革期の人文主義者・神学者。フランス語名 Michel Servet. 三位一体説を批判したためカトリックとプロテスタント双方から異端とされ, ジュネーブで Calvino により焚刑に処せられた。血液循環説を唱えた医学者でもあった》

servia [sérbja] 女《サンタンデル. 魚》カンパチ《=**pez limón**》

servible [sɛrbíble] 形 役に立つ, まだ使える

service [sérbis] 男《ラプラタ》車検

serviciador [sɛrbiθjaðór] 男《古語》税金や山林通行料の徴収人

servicial [sɛrbiθjál] ❶ [ボーイなどが] 親切な, よく気のつく. ❷ [一般に, +con+人 に] 世話好きな: vecino 〜 親切な隣人 ── 男 ❶《まれ》浣腸《=**servicio**》; 浣腸液. ❷《コロンビア, ボリビア》召使い, 下男

servicialmente [sɛrbiθjálmente] 副 かいがいしく, 愛想よく

serviciar [sɛrbiθjár] 10 他《古語》[税金や山林通行料を] 払う; 徴収する

servicio [sɛrbíθjo]《←ラテン語 servitium》男 ❶ 〔主人に〕仕えること, 奉公;《集名》家事使用人, 召使い《=〜 **doméstico**》: estar al 〜 **de**+人 …に仕えている. estar en el 〜 doméstico 召使いをしている. muchacha de 〜 家政婦, メード. ❷ 公的業務; 公共機関, 公的部門; その人員: coche de 〜 [バス・タクシー・救急車など] 公共用の車. tarifa de los 〜s **públicos** 公共料金. 〜 **de bomberos** 消防隊. 〜 **de correos** 郵便業務. 〜 **diplomático** 領事館. 〜 **público** 公共企業体. 〜 **secreto**/〜 **de inteligencia** 秘密情報部, 情報機関. S〜 de Compensación y Liquidación de Valores《西》証券取引清算機構. ❸ サービス, 客あしらい: El ambiente, la comida y el 〜 en este restaurante son excelente. このレストランの雰囲気, 料理, サービスはすばらしい. 〜 **de reparaciones** 修理サービス. 2) 営業: 〜 **permanente**/〜 **de 24 horas** 24時間営業. 3) 給仕, 食事のサービス: **libre** 〜 セルフサービス《=**autoservicio**》. ❹ サービス料: el 〜 **incluido**/el 〜 **inclusive** サービス料込みで. 〜 **aparte** サービス料は抜き《別》で. 〜 **e impuestos incluidos**《表示》税サービス料込み. ❺《政治・経済など》❹ 用役, サービス: **empresa de** 〜**s públicos** 公益事業《日常生活に不可欠な電力・ガス・上下水道・郵便・交通輸送などのサービスを提供する》. 〜**s comunales** 地域サービス. 〜**s mínimos** 公共必需サービス《ストライキ中でも提供される警察・消防・医療機関・鉄道輸送など》. 〜**s públicos** 公共サービス. 〜**s sociales** ソーシャル・サービス《教育・公衆衛生・住宅などの公的な社会施策の総称》. ❻ [主に公務員の] 勤務: 1) años de 〜 勤続年数. calificación de 〜s 勤務評価. hoja de 〜 職歴. 2) 当直: estar de 〜 当直である, 勤務中である. estar fuera de 〜 非番である. entrar (salir) de 〜 当直に入る(非番になる). persona de 〜 当直員. 〜 **nocturno**/〜 **de noche** 夜勤. 3) 兵役《=〜 **militar**》; 軍務: Todavía no ha hecho el 〜. 彼はまだ兵役を終えていない. Su padre hizo el 〜 militar en la Marina, en Cartagena. 彼の父親はカルタヘナの海兵隊で兵役を終えた. 〜 **en tierra** 陸上勤務. ❼ 〔乗り物の〕運行, 便: La naviera alemana ofrecerá un nuevo 〜 desde Sudáfrica a Argentina. ドイツの船会社が南アフリカからアルゼンチンへの新航路を提供きする予定だ. entrar en ～ 営業を始める; 就航する. **vuelo de ～** 定期飛行便. ❽ [商品などの] 配達, 配送 [= ～ a domicilio]. ❾ [病院の] ～科: jefe de ～ de cirugía 外科部長. ❿ [時に 複. 無償に] 世話, 奉仕; 貢献, 功労: Muchos médicos ofrecieron sus ～s voluntariamente. 多くの医者がボランティアで診療を行なった. Hizo un gran ～ a su país. 彼は大いに国に貢献した. ⓫ [物の] 役立ち, 使用: Aquí se guardan las ropas que no están de ～. 使われていない服はここにしまわれる. tener... en ～ …を使用中である. ～ **pesado**《技術》酷使に耐えるように作られていること. ⓬ [食器などの] セット, 一式: 1) ～ de mesa [フォーク・テーブルクロスなど全部含んだ] 食器セット. ～ de té 紅茶セット. 2) [その1人分のセット] Aquí faltan dos ～s. ここに2人分欠けている. vajilla de doce ～s 12ピース一組の食器セット. ⓭ [集合] 食卓に一度に並べられた料理. ⓮ [牧畜] 種付け. ⓯ [テニスなど] サーブ: Le falta ～. 彼はサーブが下手だ. Pasa el ～ al otro jugador. 相手選手にサーブ権が移る. **romper el ～** 相手のサービスゲームをブレークする. **línea de ～** サービスライン. ⓰ [便器 [= taza, retrete]; 溲瓶(しゅびん)], おまる, 室内用便器. ⓱ [西] [時に 複] トイレ, 洗面所: ¿Dónde está el ～?/¿Dónde están los ～s? トイレはどこですか? ir al ～ トイレに行く. ～s **públicos** 公衆便所. [医学] 浣腸 [(液・器)]. ⓲ [商業] pagos por el ～ de la deuda pública 公債費. ～ de la deuda 国債費 [債務にかかわる] 年間元利支払額. ⓳ [宗教] 礼拝, 勤行 [= ～ religioso]. ⓴ [カトリック] [聖職者に含まれる] 住居と使用人. ㉑ [時に 複] 台所など家事用の部屋; 使用人部屋. ㉒ [歴史] 国王などへの] 献金; 家畜税. ㉓ [中南米. 自動車] 車検. ㉔ [アルゼンチン] [野営地などの] 簡易便所; 汚らしい場所

a su ～ 1) 承知しました. 2) Estoy (Me tiene usted) a su ～. 何なりとお申しつけ下さい.

de ～ 1) [設備が] 副次的な: puerta de ～ 裏口, 勝手口, 通用門. 2) 家事使用人用の: cuarto (habitación) de ～ メード室

en acto de ～ 勤務中に: morir en acto de ～ 殉職する

fuera de ～《揭示》故障中

prestar ～s 世話をする; 役立つ: Esta máquina presta diversos ～s. この機械は色々な役に立つ

servidero, ra [serbiḋéro, ra] 形《廃語》❶ 使いやすい, 使うのに適した. ❷ 救護を求める (必要とする)

servidor, ra [serbiḋór, ra] 名 ❶ [丁寧] [へりくだって自分] 1) ¿Quién es el último de la cola?—Su ～. 列の最後の人はどなたですか?—私です. ¡S～ de usted! どうぞよろしくお願いします/何でもお申し付け下さい. Aquí tiene un ～ para cualquier cosa que se le ofrezca. どんなご用命も承ります/何なりとお申し付け下さい. Téngame por su humilde ～. よろしく, ご主人様. 2) [主語. 動詞は3人称で] Un ～ piensa que no ha sido para tanto. 大したことはなかったと自分は思います. 3) ［古語的. 手紙］Su seguro ～ 敬具. ❷ 召使い, 家事使用人. ❸ [武器・機械などの] 操作者. ❹ 公僕, 公務員. ❺ [まれ] おまる, 室内用便器. ❻ [廃語] 貴婦人に言い寄る男. ❼ 《チリ, アルゼンチン, ウルグアイ》～ del orden 警官
—— 男 ❶ ［情報］1) サーバー: ～ de red ネットワークサーバー. 2) プロバイダー, ISP

servidumbre [serbiḋúmbre] 【← ラテン語 servituḋo, -inis < servire 「仕える」】 女 ❶ [集合] [一つの家の] 召使いたち, 使用人たち: habitaciones de la ～ 使用人部屋. ❷ 召使い, 奴隷, 隷従, 隷属, 奴隷 (隷属) の身分・状態; 束縛. ❸ 悪癖・感情などへの] 従属, とりこになること. ❹ [法律] 地役権: ～ de acceso アクセス権. ～ de agua 用水権, 水利権. ～ de luces 日照権. ～ de miras 眺望権. ～ de paso 通行権. ❺ 農奴 (奴隷) の仕事. ❻ [古語] 便所

servil [serbíl] 【← ラテン語 servilis < servus「農奴」】 形 ❶ 農奴の, 奴隷の; 下僕 (下婢) の. ❷ 卑屈な, 隷属的な: **tomar una actitud ～ hacia**... …に卑屈な態度をとる. ❸ [職業などが] 下賎な, 社会的評価の低い: He hecho de todo desde las ocupaciones más ～es hasta los oficios más respetables. 私は人が嫌がる仕事ばかりしてから人に尊敬される仕事まですべてやってきた. ❹ 手本をなぞるだけの, 独創性のない: Sus narraciones son poco imaginativas y ～es. 彼の物語は想像力に乏しく手本を真似ているだけだ.

けだ. ❺《歴史》1)《軽蔑》[19世紀の] 絶対王政を支持する. 2) [当園] 農奴に与えられた
—— 名 《歴史. 軽蔑》絶対王政の支持者

servilismo [serbilísmo] 男 ❶ 卑屈さ, 追従, 奴隷根性: El ～ de Teresa con su jefa se comenta en la oficina. テレサが上司にペこぺこしていることが会社で取り沙汰されている. ❷ 手本をなぞるだけの行動, 盲従的なふるまい. ❸《軽蔑》奴隷状態, 隷属. ❹《歴史》[19世紀初頭の王党派に対する蔑称] 尊王派

servilla [serbíḷa] 女《廃語》軽く底の薄い靴

servilleta [serbiḷéta] 【← 仏語 serviette】 女 [テーブル用の] ナプキン: ～ **de papel** 紙ナプキン

doblar la ～《口語》死ぬ

estar (ir) de ～ prendida《古語的》他人の家で食事をごちそうになる

servilletera [serbiḷetéra] 女《メキシコ, チリ, ウルグアイ》= **servilletero**

servilletero [serbiḷetéro] 男 ナプキンリング; ナプキン立て

servilmente [serbílménte] 副 ❶ 奴隷 (召使い) のように; 卑屈に, へつらうように. ❷ 忠実に

servilón [serbilón] 男《歴史》[19世紀初頭の] [絶対] 専制主義者のあだ名

servinacuy [serbinakúi] 男《ペルー》セルビナクイ【先住民の男女が結婚前に夫婦生活を疑似体験する施設; 試し婚】

servio, via [sérbjo, bja] 形 名 = **serbio**

serviola [serbjóla] 女 ❶《船舶》吊錨架, キャットヘッド【錨を留めておく支架】. ❷《魚》カンパチ
—— 男《船舶》[吊錨架の近くに立つ] 夜の見張り

servir [serbír] 【← ラテン語 servire < sercus「奴隷」】 ㉟ 自 ❶ [+a に] 仕える, 勤める: Servía a un rey. 彼は王に仕えていた. ～ a Dios 神に仕える. 2) [+de 家事使用人として] 働く: ～ de chófer en la familia... 家のお抱え運転手をする. ❷ 助ける, 手伝う; [店員が客に] 相手をする: ¿Puedo ～le en algo?/¿En qué puedo ～le? 何かお手伝いしましょうか/何のご用件でしょう? ¿Ya le sirven a usted? ご注文はうけたまわっておりますか? ❸ 給仕する, 食事を出す. ❹ 役立つ, 適している: 1) [+para ために] Estas tijeras sirven para podar. このはさみは剪定に適している. 2) [+de・como・として] Sirve de nada mirar hacia atrás. 後ろを振り返っても何の役にも立たない. Las espinas sirven como alfileres. とげはピンとして役立つ. ❺ 兵役を務める: ～ en infantería 歩兵として入隊する. ❻ 勤務する: Sirve en la embajada española en Japón. 彼は在日スペイン大使館に勤めている. ❼ [+で 仕事・職業で] 他人の代わりをする: ～ de mayordomo 執事の代わりをする. ❽ [トランプ] 1) 最初に出されたのと同じ組の札を出す. 2) カードを配る. ❾《テニスなど》サーブする. ❿ [製パン・製陶で] オーブン (窯) を熱する. ⓫ 商品を配達する: Servimos a domicilio. ご自宅まで配達します

estar servido 最終段階にある, 大詰めに来ている

ir servido《口語》してやられる, 痛い目に遭う: Vas servido si quieres ser líder. リーダーになりたいなどと思ったら痛い目に遭うぞ. 2) 思い違いをする. 3) もてなしを受ける

no ～ de nada [+que+接続法 することは] 無駄である: No sirve de nada que hagas esa instancia. そんな申請をしても何の役にも立たないよ

para ～le (～ a usted) 1) 何なりとお申しつけ下さい. 2) [初対面の挨拶で名乗った後に続けて] よろしく: ¿Es usted Rafael?—Para ～le. ラファエルさんですか?—よろしく
—— 他 ❶ [料理・飲み物を] 出す, 供する; [大皿から] 取り分けて出す: Sírveme un tequila. テキーラを1杯下さい. ～ frío 冷やして出す. ❷ [商品を] 配達する: Le serviremos su pedido inmediatamente. ご注文の品をすぐお届けします. ❸《スポーツ》サーブする. ❹ [職・地位を] 勤める: Sirve este mismo puesto desde hace diez años. 彼は10年前からこのポストに勤めている. ❺ [武器, 機械などの] 操作を担当する. ❻ [神・聖人に] 信仰を捧げる. ❼ [歴史] [国王などに] 献金する. ❽《廃語》[人に] 言い寄る, 口説く. ❾《キューバ, ペルー, アルゼンチン, ウルグアイ. 牧畜》種付けをする
—— ～se ❶《文語》[+de] 使う, 利用する: Aprendieron a ～se del tenedor y el cuchillo. 彼らはナイフとフォークを使うことを学んだ. Se sirvió del cónsul para obtener la información. 彼は領事を利用して情報を得た. ❷ [料理を] 自分で取る; [飲み物を] 自分でつぐ: Sírvase, por favor. [大皿など] どうぞご自由にお取り下さい. Sírvete el azúcar. 自分で砂糖を

servita

入れなさい。José regresó a la cocina y *se sirvió* otra copa. ホセは台所に戻って自分のグラスにまた酒を注いだ。❸《敬語》[＋不定詞]…して下さる: *Sírvase* sentarse. どうぞお座り下さい. *Se ha servido* venir. 彼は来て下さった

servir		
現在分詞	過去分詞	
sirviendo	servido	
直説法現在	点過去	命令法
sirvo	serví	
sirves	serviste	sirve
sirve	sirvió	
servimos	servimos	
servís	servisteis	servid
sirven	sirvieron	
接続法現在	接続法過去	
sirva	sirviera, -se	
sirvas	sirvieras, -ses	
sirva	sirviera, -se	
sirvamos	sirviéramos, -semos	
sirváis	sirvierais, -seis	
sirvan	sirvieran, -sen	

servita [serbíta] 形 名《カトリック》聖母マリア下僕会 Orden de frailes Siervos de María の《修道士・修道女》

servo [sérbo] 男 servomecanismo・servomotor の省略語

servo-《接頭辞》[補助システム，補助機構] *servofreno* サーボブレーキ

servoamplificador [serboamplifikaðór] 男《電気》サーボ増幅器

servoasistido, da [serboasistíðo, ða] 形《技術》サーボ制御の

servobosnio, nia [serbobósnjo, nja] 形 名 =**serbobosnio**

servocroata [serbokroáta] 形 =**serbocroata**

servodirección [serboðireˈk]xjón] 女《自動車》パワーステアリング

servofreno [serbofréno] 男《技術》サーボブレーキ

servokosovar [serbokosobár] 形 名 =**serbokosovar**

servomando [serbomándo] 男《技術》サーボ操縦〔装置〕

servomecanismo [serbomekanísmo] 男《技術》サーボ機構

servomotor [serbomotór] 男《技術》サーボモーター

servosistema [serbosistéma] 男《技術》サーボ系

sesada [sesáða] 女《←seso》❶《料理》〔羊などの〕脳みそのフライ. ❷《動物》の脳

sesámeo, a [sesámeo, a] 形 ゴマの，ゴマに似た

sésamo [sésamo] 男《←ラテン語 sesamum＜ギリシア語 sesamon》❶《植物》ゴマ；不可算 その種 [=ajonjolí]: aceite de ～ ゴマ油. ¡Ábrete (Ciérrate), ～! 開け（閉じろ）, ゴマ! ❷《菓子》ゴマ・アーモンド・クルミ・松の実のクッキー

sesamoideo, a [sesamoiðéo, a] 形《解剖》hueso ～ [ゴマに似た形の] 種子骨

sescuncia [seskúnθja] 女《古代ローマ》重さ1.5オンスの銅貨《＝8分の1アス as》

seseante [seseánte] 形 名《音声》seseo で発音する〔人〕

sesear [seseár] 自《音声》seseo で発音する

sesén [sesén] 男《古語》旧アラゴンの通貨単位《＝6ブルゴス・マラベディ maravedís burgaleses》

sesena [seséna] 女《古語》=**sesén**

sesenta [sesénta] 形 男《←古語 sessaenta＜ラテン語 sexaginta》❶《基数詞》60〔の〕. ❷60番目の. ❸ [los＋] 1960年代；60歳代. ❹《船舶》Estridentes (Bramadores) S～s 絶叫する60度《南緯60度から70度にかけての海域》. ❺《性数》～ y nueve シクスティ・ナイン, 69

sesentavo, va [sesentáβo, βa] 形 男《分数詞》60分の1〔の〕

sesentena [sesenténa] 女 60歳代と70歳代: Ahora andan en la ～. 彼らは今6, 70歳代だ

sesentón, na [sesentón, na] 形 名〔主に揶揄して〕60歳代の〔人〕

seseo [seséo] 男《音声》se 法《ce・ci・z を [s] で発音すること. アンダルシアと中南米に多い》

seseoso, sa [seseóso, sa] 形《音声》se 法 seseo で発音する

sesera [seséra] 女《←seso》❶《口語》〔人・動物の〕頭，頭蓋. ❷《口語》頭脳，知力，知能: Este niño cualquier día se rompe la ～. この子はいつ頭がおかしくなっても不思議ではない. Eso demuestra que él tiene poca ～. それで彼が頭がよくないことが分かる. ❸《口語》脳《＝seso》: Se venden las ～s de cordero muy ricas en el mercado. 市場でとてもおいしい子羊の脳みそが売られている
quitar de la ～ 思い止まらせる
sorber la ～ 夢中にさせる

sesga[1] [sésɣa] 女 =**nesga**

sesgadamente [sesɣáðaménte] 副 ❶斜めに, はすかいに. ❷極度に偏って. ❸穏やかに, 落ち着いて

sesgado, da [sesɣáðo, ða] 形 ❶斜めに置かれた（切られた）: Las rayas del bolsillo quedan ～das. ポケットのラインは斜めにカットされている. ❷〔考えなどが〕あまりにも偏った，主観的な: Tu visión del problema está ～da. 君のその問題の見方は偏っている. ❸穏やかな，落ち着いた《＝sosegado》

sesgadura [sesɣaðúra] 女《裁縫》バイアスに裁つこと

sesgamente [sésɣaménte] 副 =**sesgadamente**

sesgar [sesɣár]《←古語 sesgar＜ラテン語 sessicare「設置する」》他 ❶斜めに切る.《裁縫》[布地を] バイアスに裁つ. ❷傾ける，斜めに置く. ❸偏らせる. ❹《アルゼンチン》目的を棄てる（諦める）
―― 自 斜めに向く，斜めになる

sesgo[1] [sésɣo] 男《←sesgar》❶《文語》斜め，傾斜. ❷《裁縫》バイアス. ❸ [物事の, 主に良くない] 成り行き, 雲行き: La discusión está tomando un ～ desagradable. 議論は不愉快な方向に進んでいる. ❹《商売での》経過, 推移: Estamos contentos con el ～ de nuestra nueva tienda. 私たちは新しい店の方向性に満足している
al ～ 1) 斜めに・の, はすかいに・の, ねじれて: mirar *al* ～ 横目で見る. 2) バイアスに

sesgo[2]**, ga**[2] [sésɣo, ɣa] ❶斜めの, 傾斜した; 斜めに切られた〔置かれた〕. ❷ [表情が] 深刻そうな, 歪んだ

sesí [sesí] 男《キューバ, プエルトリコ. 魚》アツクチイサキ《食用》

sésil [sésil] 形《植物》無柄《ﾑﾍｲ》の: hoja ～ 無柄葉. ❷《生物》固着の, 着生の

sesión [sesjón]《←ラテン語 sessio, -onis》女 ❶ [企業・機関の] 会議: El Presidente no asistió a la ～ del Parlamento. 大統領は国会審議に出席しなかった. abrir (celebrar) la ～ 開会する. levantar (clausurar・cerrar) la ～ 閉会する. estar en ～ 開会〔開廷〕中である. ❷ [ある活動を行なう] 集まり, 会: ～ de espiritismo 降霊会. ～ de lectura de poesías 詩の朗読会. ～ fotográfica 撮影会. ～ informativa デブリーフィング, 聴取. ❸《映画》上演, 上映, 公開: Iremos a la ～ de las diez de la noche. 夜10時の回を見に行こう. Es cansado representar dos *sesiones* diarias. 一日2回の上演は疲れる. ～ numerada 各回入れ替え制の上映. ～ continua 各回入れ替えなしの上映. ～ de tarde 午後の部. ❹《治療・モデルなどの》1回の時間: Notó una mejoría a partir de la tercera ～. 彼は3回目の治療から体がよくなるのが分かった. Necesitan unas *sesiones* de rayos. 彼らはレントゲン写真を何枚か撮る必要がある. precio por ～ 1回の料金. ❺《まれ》着席, 着座
de ～ *continua*《戯語》継続中の, 中断のない: verano con calores *de* ～ *continua* 暑さが途切れずに続く夏

sesionar [sesjonár] 自 ❶ 会議（委員会）を開く, 開会する, 開廷する, 開催する. ❷ 会議に出席し討論に加わる

sesma [sésma] 女《歴史》1) セスマ, 所領内地域《大所領に導入された, 通常6分割の地域割り制度; その各地域》. 2) =**sesmo**. ❷《廃語》6分の1《＝sexma》. ❸《コロンビア》〔長さの単位〕セスマ《＝8分の1バラ vara》

sesmero [sesméro] 男《歴史》❶ [領主に任命された] セスマ sesma の管理責任者, 領主代理. ❷ sesmo の管理者

sesmo [sésmo] 男《歴史》[市町村連合が所有する共有財産での] 土地部門

seso [séso] 男《←ラテン語 sensus, -us「感知, 感覚」》❶脳《＝cerebro》. ❷《料理》複 [食用獣の] 脳みそ: fritada de ～s/～s fritos 〔子羊などの〕脳みそのフライ. ❸頭脳, 知力: Este niño tiene mucho ～. この子は頭がいい. tener poco ～/no tener ～ 脳みそが足りない. ❹思慮, 分別. ❺《脳を火にかける》五徳
beber el ～ *a*＋人《軽蔑》=*sorber el* ～ *a*＋人
cabeza sin ～ 1) 空っぽの頭, 軽薄. 2) 頭が空っぽの人, 軽薄な人
devanarse (estrujarse・calentarse・hacerse) los ～*s* 1)《口語》知恵を絞る, 頭をひねる. 2)《中米》でたらめを言う

hacerse a+人 los ~s agua [頭を使いすぎて]…の頭がおかしくなる,正気でなくなる
perder el ~ 逆上する, 正気を失う
sorber el ~ a+人〈軽蔑〉…を夢中にさせる, とりこにする
sorber los ~s a+人〈まれ〉=sorber el ~ a+人
tener de mosquito / tener menos ~s que un mosquito〈口語〉脳みそが足りない
tener sorbido el ~〈軽蔑〉1)[+a+人に]強い影響力を及ぼす:La televisión les *tiene sorbido el ~*. 彼らはテレビにすっかり影響されている. 2)[+por+人に]ほれ込んでいる:Sergio *tiene sorbido el ~ por* la colombiana. セルヒオはコロンビア人の女に首ったけだ
volverse a+人 los ~s agua =hacerse a+人 los ~s agua

sespiriano, na [sespirjáno, na] 形《人名》シェークスピア Shakespeare の
sesqui-《接頭辞》❶ [1倍少]*sesquicentenario* 150年祭. ❷ [+序数詞, 分数] *sesquitercio* 3分の1. ❸《化合物の元素比率が3分の2の, セスキ…》*sesquisulfuro* セスキ硫化物
sesquiáltero, ra [seskjáltero, ra] 形 3対2の, 1倍半の
sesquicarbonato [seskikarbonáto] 男《化学》セスキ炭酸塩
sesquicentenario, ria [seskiθentenárjo, rja] 形 150年祭〔の〕, 150周年の
sesquimodio [seskimódjo] 男《容量単位》=1.5モディウス modio
sesquióxido [seskjó(k)siðo] 男《化学》三二酸化物, セスキ酸化物
sesquipedal [seskipeðál] ❶《長さが》1フィート半の. ❷《文語》《言葉》が大変長い
sesquiplano [seskipláno] 男《航空》一半葉機
sesquiquinto [seskikínto] 男 5分の1
sesquisulfuro [seskisulfúro] 男《化学》セスキ硫化物
sesquitercio [seskitérθjo] 男 3分の1
sestaoarra [sestaoárˈa] 形《地方語. 地名》セスタオ Sestao の〔人〕《ビスカヤ県の都市》
sestar [sestár] 他《古語》据える, 置く
sesteadero [sesteaðéro] 男《家畜が休む》日陰の場所
sesteante [sesteánte] 形 昼寝をする; 無為に過ごす
sestear [sesteár] 自《←ラテン語 sexta (hora)「12時」》❶ 昼寝をする: Yo *sesteaba* un poco después de comer. 私は昼食後少しシエスタをとったものだ. ❷《暑い時間帯に家畜が》日陰で休む: Los toros *sestean* a la sombra de las encinas. 雄牛たちはカシの木陰で休む. ❸《口語》《時に皮肉》《顔か頭の, 学者の》さすらう: Como sigas *sesteando* te van a echar a la calle. 君はぶらぶらしていたら解雇されるぞ
sesteo [sestéo] 男 ❶ 昼寝〔行為〕. ❷《家畜が》日陰で休むこと, 昼の時間. ❸ のらくらすること, さすらい. ❹《コスタリカ》《家畜が休む》日陰の場所
sestercio [sestérθjo] 男《古代ローマ》セステルティウス銀貨: *~ de bronce* セステルティウス青銅貨
sestero, ra [sestéro, ra] 昼寝の
── 男 ❶ =sesteadero. ❷ 昼寝〔行為〕; 昼寝の時間
sestil [sestíl] 男 =sesteadero
sesudamente [sesúðaménte] 副 ❶ 思慮深く, 分別さく. ❷ 聡明にも
sesudez [sesuðéθ] 女 ❶ 思慮, 分別. ❷ 聡明さ
sesudo, da [sesúðo, ða]《←seso》形 ❶ 思慮深い, 分別のある: La música clásica no es solo para *~s* espectadores adultos. クラシック音楽は分別のある大人の聴衆のためだけにあるのではない. ❷《時に皮肉》聡明な, 頭の切れる, 学者の: David simplemente fue un tirano, dice un *~* profesor americano. ダビデは単なる暴君だと, ある物知りの米国人教授が述べている

set [sét]《←英語》男《複 ~s》❶《テニス, バレーボールなど》セット: ganar por tres *~s* a uno セットカウント3対1で勝つ. ❷《映画など》セット〔=plató〕. ❸《器具の》一式, 一そろい: comprar un *~* de herramientas 工具セットを買う

seta [séta] I〈←?語源〉女 ❶《主に食用の》キノコ: coger (cosechar) *~s* キノコを採る, キノコ狩りをする. tortilla con *~s* キノコ入りのオムレツ. *~ común* マッシュルーム. *~ de cardo* エリンギ. *~ venenosa* 毒キノコ《料理》〔キノコ形の〕濾(こ)し棒
II《←ラテン語 seta》女〔豚・猪などの〕剛毛

setabense [setabénse] 形 名《地名》《歴史》サエタビス Sae-

---

tabis の〔人〕《前ローマ時代の町. 現在のバレンシア県ハティバ Játiva》. ❷ ハティバの〔人〕〔=jatibés〕
setabitano, na [setabitáno, na] 形 名 =setabense
setal [setál] 男 キノコの群生地
set-ball [sét ból]《←英語》男《複 ~s》《テニス, バレーボールなど》セットポイント, マッチポイント
setecentista [seteθentísta] 形 18世紀の
setecientos, tas [seteθjéntos, tas]《←ラテン語 septem+centum》❶《基数詞》700〔の〕. ❷ 700番目の. ❸ 1700年代, 18世紀
setembril [setembríl] 形《まれ》=septembrino
setembrino, na [setembríno, na] 形 =septembrino
setena[1] [seténa] 女 ❶ =septena. ❷《古語》〔罰〕通常の7倍払いの罰則
setenado, da [setenáðo, ða] 形 罪以上に罰せられた, 必要以上の
── 男 7年間, 7か年
seteno, na[2] [seténo, na] 形《まれ》7番目の〔=séptimo〕
setenta [seténta]《←ラテン語 septuaginta》❶《基数詞》70〔の〕. ❷ 70番目の. ❸ [los~] 1970年代, 70歳代
setentavo, va [setentáβo, βa] 形《分数詞》70分の1〔の〕
setentena [setenténa] 女 ❶ una ~ de…〔約〕70の…. ❷ 70歳代
setentón, na [setentón, na] 形 名《主に揶揄して》70歳代の〔人〕
setero, ra [setéro, ra]《←seta》形 ❶ キノコを採る〔人〕; キノコ採りが好きな〔人〕. ❷《植物》→**cardo setero**
setiano, na [setjáno, na] 形《歴史》〔グノーシス主義者の〕セツ派の
sética [sétika] 女《ペルー. 植物》セクロピア
setiembre [setjémbre] 男 =septiembre
sétimo, ma [sétimo, ma] 形 男 =séptimo
seto [séto]《←ラテン語 saeptum「柵, 囲まれた所」》男 垣根, 柵; 生け垣〔= ~ vivo〕: El ~ de boj rodea los macizos de flor. ツゲの生け垣が花壇を囲んでいる
setter [séter]《←英語》名《複 ~s》《犬》セッター: ~ inglés イングリッシュセッター
setuní [setuní] 男 =aceituní
seudo, da [séuðo, ða] 形《まれ》=pseudo
seudo-《接頭辞》〔にせ・偽り〕*seudocipo* 仮足
seudocientífico, ca [seuðoθjentífiko, ka] 形 えせ科学の
seudoescorpión [seuðoeskorpjón] 男《動物》カニムシ
seudohermafrodita [seuðoermafroðíta] 形 名 偽半陰陽の〔人〕, 偽雌雄同体の〔動物〕
seudohermafroditismo [seuðoermafroðitísmo] 男 偽半陰陽(偽雌雄同体)現象
seudoictericia [seuðoikterίθja] 女《医学》偽黄疸
seudónimo, ma [seuðónimo, ma]《←seudo-+ギリシア語 onoma「名前」》形 男 ペンネーム〔の〕, 筆名〔の〕; 芸名〔の〕: Algunos escritores usan *~s* para firmar sus libros. 著者名をペンネームにする作家がいる
seudópodo [seuðópoðo] 男《原生動物などの》仮足, 虚足
seudosolución [seuðosoluθjón] 女《化学》偽溶液
seulense [seulénse] 形《地名》〔韓国の〕ソウル Seúl の〔人〕
s.e.u.o.《略語》←salvo error u omisión 誤記脱漏はこの限りでない
severamente [seβeraménte] 副 厳しく, 厳格に, 情け容赦なく
severidad [seβeriðáð] 女 ❶ 厳しさ, 厳格さ. ❷ 飾り気のなさ, 地味さ
severo, ra [seβéro, ra]《←ラテン語 severus》形 ❶ [+con で] 厳しい, 厳格な: Me ha tocado un juez muy *~* +en で] 厳しい, 厳格な: Me ha tocado un juez muy *~*, las infracciones de tráfico. 私は交通違反にとても厳しい判事に当たった. Siempre es *~ en* sus juicios. 彼はいつも厳格な判定をする. castigo *~* 厳罰. crítica *~ra* 辛辣な批判. mirada *~ra* 厳しい(きつい)眼差し. régimen *~* 厳しい食餌療法. semblante *~* 厳しい(険しい)表情. ❷《季節・天候などが》厳しい: El invierno ha sido *~*. 今年の冬は厳しかった. ❸ 厳しい寒さ. ❹ 飾りのない, 地味な: casa de aspecto *~* 簡素な外見の家. ❹ 深刻な, 手痛い: accidente *~* シビアアクシデント, 過酷事故. ❺《医学》重度の: fallo cardiaco *~* 重度心筋病
seviche [seβítʃe] 男《パナマ, エクアドル, ペルー》=cebiche
sevicia [seβíθja]《←ラテン語 saevitia》女《文語》❶ 残酷, 野蛮

sevilla

❷ 虐待, いじめ
sevilla [seβíʎa] 囡 ❶《地名》[S～] セビーリャ《アンダルシア州の州都・県・都市》. ❷《キューバ. 鳥》ベニヘラサギ
sevillana¹ [seβiʎána] 囡《主に 履》セビジャーナ[ス], セビリャーナ[ス]《アンダルシア地方の民俗舞踊・音楽, フラメンコの一つ》: bailar una ～ セビリャーナスを踊る. ❷《中南米》ナイフ, 包丁
sevillanismo [seβiʎanísmo] 男 セビーリャ好き
sevillanista [seβiʎanísta] 形 セビーリャ好きの[人]
sevillano, na² [seβiʎáno, na] 形 名《地名》セビーリャ Sevilla の[人]
sevillismo [seβiʎísmo] 男 ❶《サッカー》セビーリャC.F. へのサポート. ❷ セビーリャ好き
sevillista [seβiʎísta] 形 名 ❶《サッカー》セビーリャC.F. のファン[の]. ❷ セビーリャ好きの[人]
sexador, ra [se(k)saðór, ra] 名［動物の］性を鑑別する人: ～ de pollos ヒナ鑑別師
sexagenario, ria [se(k)saxenárjo, rja] 形 名 60歳代の[人]
sexagésima¹ [se(k)saxésima] 囡《カトリック》六旬節の主日《復活祭前60日目》
sexagesimal [se(k)saxesimál] 形 60を基準とする, 60進法に基づく; 小数の: numeración ～ 60進法
sexagésimo, ma² [se(k)saxésimo, ma] 形 名《序数詞》60番の;《分数詞》60分の1[の]
sexagonal [se(k)saɣonál] 形 =hexagonal
sexángulo, la [se(k)sánɡulo, la] 形 =hexágono
sex-appeal [se(k)sapíl]《←英語》男 セックスアピール, 性的魅力: Su novia tiene mucho ～. 彼の恋人はセックスアピールがすごい
sexar [se(k)sár] 他［動物の］性を鑑別する
sexcentésimo, ma [se(k)sθentésimo, ma] 形《序数詞》600番目の;《分数詞》600分の1[の]
sexcentista [se(k)sθentísta] [en]《文語》=seiscentista
sexenal [se(k)senál] 形 6年の, 6年ごとの
sexenio [se(k)sénjo] 男 6年間
sexi [sé(k)si] 他 =**sexy**
sexismo [se(k)sísmo] 男［女性に対する］性差別［主義］
sexista [se(k)sísta] 形 名 性差別主義の[者]
sexitano, na [se(k)sitáno, na] 形 名《地名》アルムニェカル Almuñécar の[人]《グラナダ県の町》
sexma [sé(k)sma] 囡 ❶ 6分の1;［特に長さが］6分の1バラ vara. ❷《歴史》=**sexmo**. ❸《古代ローマ》=**sextula**
sexmero [se(k)sméro] 男《歴史》行政区画 sexmo の責任者
sexmo [sé(k)smo] 男《歴史》[共有財産を管理するための, 市町村連合による] 行政区画
sexo [sé(k)so]《←ラテン語 sexus, -us》男 ❶ 性; 性別: El ～ de los pollos es difícil de determinar a simple vista. 一目でひよこの雌雄を見分けるのは難しい. sin distinción de ～ 男女なく. sin ～ 無性の; 性感情のない. igualdad de derechos entre los dos ～s 男女同権. ❷ ～ masculino (fuerte, feo) 男性. ～ femenino (débil)/bello ～ 女性. ～ opuesto 異性. ❸ 性器, 生殖器. ❹《集名》性行為［=sexualidad］: ～ seguro［性病を予防する］安全な性交
hablar del ～ de los ángeles 無駄な議論をする
sexología [se(k)soloxía] 囡 性科学, 性研究
sexológico, ca [se(k)solóxiko, ka] 形 性科学の
sexólogo, ga [se(k)sóloɣo, ɣa] 名 性科学者, 性研究者
sex-shop [se(k)sʃóp]《←英語》男《履》~s ポルノショップ
sex-symbol [sék símbol]《←英語》名《履》~s セックスシンボル
sexta¹ [sé(k)sta]《←ラテン語》囡 ❶《音楽》6度: ～ mayor 増6度和音. ～ diminuta (disminuida) 減6度和音. ～ mayor (menor) 長(短) 6度. ❷《カトリック》6時課《正午に行われる聖務日課》. ❸《古代ローマ》[一日を4分した] 3番目の時間区分《午後0～3時》. ❹《トランプ》[ピケットで] 6枚続きのカード
sextaferia [se(k)staférja] 囡《歴史》道路の補修などのための夫役《アストゥリアスとカンタブリアで一年のある時期, 毎週金曜日に住民が参加する》
sextaferiar [se(k)staferjár] 自《歴史》夫役 sextaferia を行なう
sextantario, ria [se(k)stantárjo, rja] 形《古代ローマ》セクスタ銅貨の重さの
sextante [se(k)stánte]《←ラテン語 sextans, -antis》男 ❶《船舶》

六分儀. ❷《天体》[S～] 六分儀座. ❸《古代ローマ》セクスタンス銅貨《アス as 銅貨の6分の1の価値で, 重さ2オンス》
sextario [se(k)stárjo] 男《古代ローマ》[容積の単位] セクスタリウス《=約0.6リットル》
sextavado, da [se(k)staβáðo, ða] 形 6角形の
sextavar [se(k)staβár] 他 6角形にする
sexteto [se(k)stéto] 男 ❶《音楽》六重奏(唱)団, 六重奏(唱)曲. ❷《詩法》[一行8音節以上の] 6行詩
sextil [se(k)stíl] 形《天文》互いに60度離れた
sextilla [se(k)stíʎa] 囡《詩法》[一行8音節以下の] 6行詩
sextillizo, za [se(k)stiʎíθo, θa] 形 名 六つ子[の]
sextillo [se(k)stíʎo] 男《音楽》=**seisillo**
sextina [se(k)stína] 囡《詩法》セスティーナ, 6行6連体
sexto, ta² [sé(k)sto, ta]《←ラテン語 sextus》形《序数詞》6番目の;《分数詞》6分の1[の]
—— 男 ❶《旧約聖書》[十戒の] 第六戒. ❷《カトリック》教令集の第6冊
séxtula [sé(k)stula] 囡《古代ローマ》重さ6分の1オンスの銅貨
séxtuple [sé(k)stuple] 形 6つの要素から成る
sextuplicación [se(k)stuplikaθjón] 囡 6倍にすること
sextuplicar [se(k)stuplikár] 7 他 6倍にする
—— **se** 6倍になる
por sextuplicado 6回; コピーを6通作って
séxtuplo, pla [sé(k)stuplo, pla] 形《倍数詞》6倍の[数]
sexuado, da [se(k)swáðo, ða] 形《生物》有性の, 生殖器を備えた《⇔asexuado》: reproducción ～ 有性生殖
sexual [se(k)swál] 形《←sexo》性の, 性的な: acto ～ 性交. caracteres ～es primeros (secundarios) 第一(二)次性徴. conducta ～ 性行為. deseo ～ 性欲. educación ～ 性教育. hormonas ～es 性ホルモン. moral ～ 性道徳. órganos ～es 生殖器, 性器. relaciones ～es 性交渉, 性交
sexualidad [se(k)swaliðá(ð)] 囡 ❶《集名》性的な特徴: ～ masculina (femenina) 男(女)の性的特徴. ❷《快感を求めての》性行為: ～ satisfactoria 満足のいく性行為. ❸ 性欲. ❹ 性別, 雌雄の別: determinar la ～ de los pollos ひよこの雌雄の別を見分ける
sexualismo [se(k)swalísmo] 男 性的なことの称揚
sexualización [se(k)swaliθaθjón] 囡 性的特徴の付与
sexualizar [se(k)swaliθár] 9 他 性的特徴を付与する
sexualmente [se(k)swálmente] 副 性的に; 性行為によって
sexy [sé(k)si]《←英語》形 セクシーな: vestido ～ セクシーなドレス
—— 男 セックスアピール《=sex-appeal》: Tiene ～. 彼には性的魅力がある
seychelense [seitʃelénse] 形 名《国名》セーシェル Seychelles の[人]
s/f.《略語》←su favor 貴方あての
sfumato [(e)sfumáto]《←伊語》男《美術》スフマート
SGM 囡《略語》—la Segunda Guerra Mundial 第二次世界大戦
SGP 男《略語》—Sistema Generalizado de Preferencias 一般特恵関税制度, GSP
SGR 囡《略語》—Sociedad de Garantía Recíproca 相互保証会社
sgte《略語》—siguiente 次の
sh [ʃ] 間 しーっ, 静かに!
sha [sá/ʃá] 男 シャー《ペルシア (イラン) 国王》
shakesperiano, na [ʃekspirjáno, na] 形《人名》[英国の劇作家] シェイクスピア Shakespeare の; その作品の
shampoo [ʃámpu]《←英語》男 シャンプー《=champú》: ～ para la caspa ふけ取りシャンプー
shanghainés, sa [ʃanɡainés, sa] 形 名《地名》[中国の] 上海 Shangai の[人]
shantung [ʃantún] 男《履》《繊維》シャンタン
shapra [ʃápra] 形 名 シャプラ族[の]《ペルー, アマゾン地帯の先住民》
share [ʃér]《←英語》男《放送》視聴率
sharia [ʃárja]《←アラビア語》囡 シャリーア《イスラム法》
shekel [ʃékel] 男《履》~s [イスラエルの貨幣単位] シュケル
sheol [ʃeól] 男《旧約聖書》シェオル, 冥府《死者のいる場所》
sheriff [ʃérif]《←英語》男《履》~s [米国の] 郡保安官; [英国の] 州長官
sherpa [ʃérpa] 形 名 シェルパ, シェルパ族の
sherry [ʃéri]《←英語》男《履》~s《酒》シェリー《=jerez》

shetland [ʃétlan]【←英語】男《繊維》シェットランド
shiatsu [ʃjátsu]【←日本語】男 指圧
shií [ʃií] 名【複 ~es】《イスラム教》シーア派
shiita [ʃíita] 名《まれ》→**shií**
shock [ʃók]【←英語】男《単複同形/複 ~s》=**choque**: ~ petróleo オイルショック
shogun [ʃógun]【←日本語】男 将軍
shogunado [ʃogunádo] 男 =**shogunato**
shogunal [ʃogunál] 形 将軍の
shogunato [ʃogunáto] 男 幕府
shopping [sópin]【←英語】男《複 ~s》ショッピング, 買物《行為》
short [ʃórt]【←英語】男《複 ~s》《服飾》[スポーツ用・夏用の] ショートパンツ: ~ de baño《ラプラタ》トランクス型の水着
shortcake [ʃortkéjk]【←英語】男《菓子》ショートケーキ: ~ de fresas イチゴのショートケーキ
shorts [ʃórs] 男 複 =**short**
show [ʃóu]【←英語】男《複 ~s》❶ [キャバレーなどの] ショー, 興行: ~ de magia マジックショー. ❷《口語》だだをこねること: La niña organizó un ~ en medio de la calle. 女の子は通りの真ん中でだだをこねた
    montar el (un) ~《西.軽蔑》醜態を演じる: Una vieja muy bebida chillaba en el metro y montaba el ~. 泥酔した老女は地下鉄の中でかん高い声で叫び醜態を見せていた
show-business [ʃóu bísnes]【←英語】男《単複同形》ショービジネス《の世界》, 娯楽産業
showgirl [ʃóugerl]【←英語】男《複 ~s》ショーガール
showman [ʃóuman]【←英語】男《複 ~s》ショーマン, 芸人
show-room [ʃóurum]【←英語】男《複 ~s》ファッションショー会場
shrapnel [e(s)rápnel]【←英語】男《複 ~s》《古語.軽蔑》榴散弾
shuar [ʃwár] 形 名《エクアドル》シュアル族《の》《アマゾンのジャングルに住む先住民》
shunt [ʃánt]【←英語】男《複 ~s》《電気》分路, 分流
shuntar [ʃantár] 他《電気》分路する
shute [ʃúte]《グアテマラ》けんか早い
si[^1] [si]【←ラテン語 si】《条件・仮定の接続詞》❶ [条件・仮定] もし…なら: 1) [単なる条件. +直説法《ただし未来(完了)形・過去未来(完了)形は使わない》] Si no llueve mañana, saldré. もし明日雨が降らなかったら外出します. ¿Me escribes si tienes tiempo? 時間があったら手紙をくれないか? Si salió de casa al mediodía, llegará pronto. もし彼が正午に家を出たのなら, もうすぐ着くだろう. ¿Cómo queréis bailar si no hay música? 音楽がないのに踊る気にならないよね. Si no hacía tanto frío que hace, me bajaba al bar a tomar un café. こんなに寒くなかったら, 私は下りてバルでコーヒーを飲んだものだった. 2) [現在の事実に反する仮定, 実現性の乏しい仮定. +接続法過去ra形・se形. 帰結節は現在・未来に言及すれば +直説法過去未来《口語》直説法線過去《古語的》接続法過去ra形)], 過去に言及すれば +直説法過去未来完了または接続法過去完了ra形] Si tuviera dinero, haría (hacía・hiciera) un viaje. もし私にお金があるなら旅行するのだが. Si no lloviera mañana, saldría. 明日もしかして雨が降らなければ外出するのだが. Si no lloviese mañana, saldría. もし私に金があるなら旅行するのだが. (同上) Si no tuviera (tuviese) una buena razón para casarse con un viejo, habrías (hubieras) querido tener hijos. もしあなたが[私のような]年寄りと結婚しているのでなければ, 子供を欲しいと思ったことだろう. 3) [過去の事実に反する仮定. +接続法過去完了ra形・se形. 帰結節は接続法過去完了ra形または +直説法過去未来完了形] Si no hubiese llovido, habría (hubiera) salido. 雨が降らなかったら私は出かけたのに. [帰結節が +直説法過去未来形] Si hubieras llegado antes, tendrías sopa. 君はもっと早く着いていたらスープにありついていただろう. 4) [帰結節の省略. 不安・願望] Si tuviera que pagar el precio total. 全額払わねばならなかったらどうしよう! ¡Si pudiera detener tiempo! 時間を止めることができたらなあ! ¡Si yo hubiera estado allí! 私がそこにいたらなあ! ❷ [間接疑問] …かどうか: [+直説法] Me han preguntado si soy gallego o vasco. 私はガリシア人かバスク人かと尋ねられた. Me pregunto si habrás recibido mi regalo. 君は私のプレゼントを受け取ったかな. No me acuerdo de si lo he visto o no. 私は彼に会ったかどうかも覚えていない.[語法] que+接続法 を要求する動詞でも原則は si+直説法: ×Depende de si lluvia. ○Depende de que llueva.} Se celebró un debate sobre si la religión debe

ser obligatoria en los colegios. 学校教育で宗教を教えるべきか否かについての討論が行われた. 2) [+不定詞] …すべきかどうか: No sé si agradecer la información. 私はその情報に礼を言うべきか分からない. 3) [単独で自問] ¿Si será la verdad? それは本当なのだろうか? ❸ [抗議・強調] でも…なのに [=pero si+直説法] ¿Por qué no me lo dijiste? —Si no lo sabía. 私に言わなかったの? —だってそんなことは知らなかったんだ! ❹《文語》[事実の提示・対立] …ではあるが: ¿Queréis haceros, si no ricos, al menos independientes? 君たちは金持ちにはならなくても, 少なくとも自立したいのか? Si hay buenos, hay malos. 善人がいれば悪人もいる. ❺《文語》[譲歩] たとえ…しても《法・時制は ❶ と同じ. =**aunque**}: Si me matan, resucitaré. 私はたとえ殺されても生き返ってくる

si a eso fuésemos.../si a eso vamos... [相手の主張を容れて] 仮にもし…を本当だと言うのなら…: Si a eso vamos, tú también tienes que pagar la multa por exceso de velocidad permitida. もしそれが本当だと言うのなら, 君もスピード違反で罰金を払わねばならない. Si fuéramos a eso, nadie podría comer la carne vacuna. もしそれが本当だとしたら, 誰も牛肉を食べられなくなってしまうだろう

si bien →**si bien**

si es que +直説法 1) …ということならば: Si es que no le gusta, dímelo por favor. お気に召さないのでしたら, そうおっしゃって下さい. 2) [相手が知っていることを前提として説明] …だから: No tienes que renunciar a nada, ni ella a ti si es que te quiere. 君は何もあきらめる必要はないし, 彼女も君をあきらめる必要はない [君も知ってのとおり] 彼女は君を愛しているのだから

¡Si hubiera +過去分詞! [願望・非難] ¡Si me hubiera caído la lotería! 私に宝くじが当たっていたらなあ!

si llegar a +不定詞 もし…していたら [直説法現在で接続法過去完了の代用]: Siento miedo al ir a mi trabajo, y ayer si no llego a encerrarme, me mata. 私は仕事に行くのが怖い. 昨日も家に閉じこもっていなかったら, 私は殺されていた. Si lo llego a saber, te habría llamado. もし私がそれを知ったのであったら電話したのだが

si no [独立的に使われて] さもなければ [=o, si no]: Levántate, si no, llegarás tarde. 起きなさい, そうしないと遅刻するよ

si no es... …を除いて; …でなかったら: Ha sido tu hermano si no es que no me falle mi vista. 私の見間違えでなければ, それは君の兄さんだった

si no fuera (fuese) por +名詞 (**porque** +直説法) …がないとしたら: El festival estaría en números rojos si no fuese por la ayuda municipal. 市の援助がなければ祭りは赤字だろう. Si no fuera porque el maletero de este coche es un poco más grande, me compraría el otro. この車のトランクがもう少し大きいということがなければ, 私はもう一台の方を買うだろう

si no hubiera sido (hubiese sido) por +名詞 (**porque** +直説法) …がなかったとしたら: Si no hubiera sido por él, nos hubiéramos muerto. 彼がいなかったら, 我々は命を落としていたことだろう

si que ⇒**si bien**

si y solo si... もし…であれば, そしてその時に限って: Dos rectas son paralelas si y solo si tienen la misma pendiente. 2本の直線が同じ傾きをもてば, その時に限り平行である

un si es no es acre. この句は少し酸っぱい味がする. Su nariz, aunque no deforme, era un si es no es acaballada. 彼の鼻はゆがんではいないが, 少し馬の顔のようだ

¿Y si +直説法現在? [勧誘] …しないか?: ¿Y si hablamos del futuro para el mundo entero? 世界全体の未来について話さないか?

y, si no [言ったばかりのことを訂正して] それがだめなら: Ven a las siete… y, si no, ven un poco más tarde. 7時に来なさい. それがだめなら, もう少し遅く来なさい

si[^2] [sí] 男《音楽》シ, ロ音
SI 男 [1960年に定められた] 国際単位系
sí [sí] I【←ラテン語 sibi < sui】代《再帰代名詞3人称 se の前置詞格. [語形] 再帰前置詞格は1人称単数 mí, 2人称単数 ti, 3人称単数 sí, 1人称複数 nos, 2人称複数 os, 3人称以外は普通の前置詞格と同形である. sí は con+ では consigo となる》自分; それ自身: No piensa más que en sí

misma. 彼女は自分のことしか考えない。 Solo actúa para defenderse a *sí* misma. 彼女は自分の身を守ろうとしただけだ。 Trabajan para *sí* mismos. 彼らは自分自身のために働く。 Salió de viaje llevando *consigo* al perro. 彼は犬を連れて旅行に出かけた。《語法》無人称文では *sí* より uno を主に用いる: ○Es fácil mentir cuando se habla de *sí* mismo./○Es fácil mentir cuando se habla de *uno* mismo. 自分自身のことを話す時は嘘をつきやすい》

de por sí 元来, それ自体: La niña ya es guapa *de por sí*. その女の子はもともとかわいい。 Es una situación ya *de por sí* complicada. 状況は既に込み入っている
de sí =de por sí
en sí =de por sí: El cuento *en sí* se parece mucho a los dibujos de Disney. 物語自体はディズニーの漫画とよく似ている
entre sí 心の中で, 誰にも聞こえないように《=para sí [mismo]》: Él maldijo su suerte *entre sí*. 彼は内心自分の運命を呪った
estar en sí 意識がはっきりしている; 正気である, 平常心を失わないでいる
estar sobre sí 1) 冷静である, 用心している。 2) 高慢である, いばっている
para sí [***mismo***] 自身の中で: sonreír *para sí* 心の中で微笑する。 hablar *para sí* [*mismo*] ひとりごとを言う;〔口に出さず〕心中で思う。 Guárdese *para sí* sus pensamientos. 自分の考えは胸の内にしまっておきなさい
por sí o por no 万が一のため, 念のため
por sí solo 1) ひとりでに: Una estatua se mueve *por sí sola*. 像がひとりでに動く。 2) 独力で
por sí y ante sí 独力で
Ⅱ《←ラテン語 sic》 副 ❶ 肯定.《⇔no》 ❶ [応答] はい: 1) ¿Has leído el periódico?—*Sí*. 新聞読んだ?—はい。 ¿Vendrás tarde?—*Sí*. 今日の午後来るか?—はい。 ¿Piensas que vendrá?—Creo que *sí*. 彼は来ると思うかい?—来ると思う。 ¿Sabes que se ha casado Miguel?—¡Ah, *sí*? ミゲルが結婚したの知ってる?—ええっ, 本当? Un dedo en alto es que *sí*. 指を 1 本上げたら「はい」の意味である。 2) [承諾] よろしい: ¿Vamos al bar?—*Sí*, me encantaría. バルに行こう。—はい, 喜んで。 3) [否定疑問・否定命令に対して] いいえ: ¿No le gusta la música clásica?—*Sí*, mucho. クラシック音楽はお嫌いですか?—いいえ, 大好きですよ。 No le digas.—*Sí*, lo diré. 言うなよ。—いや, 言うぞ。《否定語句に続けて》 No va pero yo *sí*. 彼は行かないが, 私は行く。 No tiene hijos, pero *sí* tres hijas. 彼には息子はいないが, 娘が 3 人いる。 ❸ [肯定の強調] 本当に, もちろん: 1) Ellos *sí* vendrán. 彼らは確かに来る。 Ahí *sí* me duele. そこがひどく痛い。 La casa es bonita pero cuesta mucho.—Bueno, eso *sí*. その家はすばらしいが高い。—そう, 全くそのとおりだ。 Apenas tiene para comer, pero eso *sí*, no le falta. 彼は食べるものに困らないが, それでも酒は欠かさない。 2) [不定詞+sí+活用形. 動詞の強調] Gustarme, *sí* me gusta. それは好きと言えば好きだ。 ❹ [点呼に答えて] はい: Adolfo García.—*Sí*. アドルフォ・ガルシア。—はい。 ❺ [電話を受けて] もしもし, はい [長く伸ばして発音する》

decir de sí はいという, 肯定する
estar de que sí [何でも承諾するほど] 機嫌がよい
¿Sí? 1) [軽い疑い] そうですか?: Pensaba casarme.—*¿Sí?* 私は結婚しようと思っていたんだ。—そう? 2) [電話] [掛かってきた方が] はい, もしもし?
sí pues (中南米) もちろん
sí que 1) [文頭・挿入で強調] 確かに: *Sí que* me lo dijo. 確かに彼は私にそう言った。 *Sí que* tienes razón, pero me cuesta seguir tu consejo. 君の言っていることは全く正しいが, 君の忠告に従うのは難しい。 Pero yo *sí que* lo oigo. だが私は本当に聞いたんだ。 Esto *sí que* ha sido una gran sorpresa. これは本当にすごい驚きだ。 ¡Eso *sí que* no! そんなことは絶対にない! 2) [皮肉] ¡Pues *sí que* estoy yo para bromas! 冗談を言っている場合かよ! 3) [まれ] しかし《=si bien》
¡Sí que!+直説法! [反語で不快] …なんてとんでもない!《=¡Pues sí que!+直説法!》
¡Sí tal! [まれ] もちろん!
—— 男《略》 síes》 ❶ 肯定 (承諾) の返事, 同意: No puedo hacer un viaje hasta que mi padre me dé el *sí*. 私は父の了解

を得るまでは旅行には行けない。 Todavía no tenemos el *sí* para dar comienzo al proyecto. 我々はまだ計画を開始する承諾を得ていない。 el *sí* de las niñas 娘たちの「はい」という返事. ❷《略》賛成票: 8 *síes* y 12 noes 賛成 8 票反対 12 票. una mayoría de *síes* 過半数の賛成
un sí es no es+形容詞 (***de***+名詞) ほんの少しの, ごくわずかの: Mi abuela la mencionaba con *un sí es no es* de picardía. 祖母は彼女のことを話す時いつもごくわずか悪意を込めていた

sial [sjál] 男《地質》シアル
sialagogo, ga [sjalagógo, ga] 形 男《薬学》唾液分泌促進の; 催唾薬
siálico, ca [sjáliko, ka] 形《地質》シアルの
sialis [sjális] 男《単複同形》《昆虫》センブリ
sialismo [sjalísmo] 男《医学》流涎 (カネ) 症, 唾液〔分泌〕過多
sialoadenitis [sjaloadenítis] 女《医学》唾液腺炎
sialografía [sjalografía] 女《医学》唾液腺撮影法
sialorrea [sjaloᵭéa] 女 =sialismo
siamés, sa [sjamés, sa] 形 男 ❶《歴史, 地名》シャム Siam の〔人〕。 ❷《略》シャム双生児《=gemelos *siameses*, hermanos *siameses*》 男 でシャム双生児の片方》。 ❸ シャム猫《=gato ～》
—— 男 シャム語
sibarita [sibaríta] 形 男 ❶《歴史, 地名》[イタリア南部の] シバリス Síbaris の〔人〕《豪奢で有名な都市》。 ❷ ぜいたく好きの〔人〕, 遊蕩〔三昧の〔人〕, 享楽的な〔人〕
sibaríticamente [sibaritikaménte] 副 遊蕩三昧で, 享楽的に
sibarítico, ca [sibarítiko, ka] 形 遊蕩三昧の, 享楽的な
sibaritismo [sibaritísmo] 男《軽蔑》遊蕩三昧の暮らし, 享楽, 奢侈
siberiano, na [siberjáno, na] 形《地名》シベリア Siberia の〔人〕
siberita [siberíta] 女《鉱物》シベライト
sibí [sibí] 男《キューバ. 魚》=cibi
sibil [sibíl] 男 ❶ [地下の] 小さな食糧貯蔵室。 ❷ ほら穴, 洞窟
sibila [sibíla] 女《←ラテン語 sybilla < ギリシア語 sibylla》《古代ギリシア・ローマ》[神託を告げる] 巫女 (ポ) , 占い師, 女予言者
sibilancia [sibilánθja] 女《医学》喘鳴 (ゼ ン)
sibilante [sibilánte]《←ラテン語 sibilans, -antis》形 ❶ [呼吸など が] 笛のような音を出す, シューシューいう。 ❷《音声》歯擦音 [の]《[s], [θ] など》; 歯擦音文字 《=letra ～》
sibilinamente [sibilináménte] 副 謎めいて, 予言者風に
sibilino, na [sibilíno, na] 形 ❶ 巫女 sibila の: oráculos ～s 巫女の託宣。 ❷《文語》予言的な; [神託のように] 謎めいた, 分かりにくい: tono ～ 謎めいた口調
sibilítico, ca [sibilítiko, ka] 形 =sibilino
siboney [sibonéj] 形 男 シボネイ族〔の〕《キューバ最古の先住民》
sibucao [sibukáo] 男《植物》スオウ (蘇芳)
sic [sík]《←ラテン語 sic「そのように」》副 [引用などの注記で] 原文のまま, ママ
sicalipsis [sikalí[p]sis] 女《単複同形》《古語的》❶ エロチシズム, 猥褻 (ネ) . ❷ 好色文学; ポルノ映画 (写真)
sicalíptico, ca [sikalí[p]tiko, ka] 形《古語的》エロチックな, 猥褻な, いかがわしい, ポルノ的な
—— 女 売春婦
sicambro, bra [sikámbro, bra] 形 男 シカンブリ族〔の〕《ゲルマニア北部の古い部族》
sicamor [sikamór] 男 =ciclamor
sicano, na [sikáno, na] 形 男 シカニア人〔の〕《スペインからイタリアに渡りシカニア Sicania (現在のシチリア島) に定住したと言われる古い部族》
sicario, ria [sikárjo, rja]《←ラテン語 sicarius < sica「短剣」》名《文語》殺し屋, 刺客
sicasiqueño, ña [sikasikéɲo, ɲa] 形 男《地名》シカシカ Sicasica の〔人〕《ボリビア, ラ・パス県の村》
sicastenia [sikasténja] 女《医学》=psicastenia
sicasténico, ca [sikasténiko, ka] 形《医学》=psicasténico
sicigia [siθíxja] 女《天文》朔望 (シ ク)
siciliano, na [siθiljáno, na] 形 男《地名》シチリア島 Sicilia の〔人〕
—— 男《イタリア語の》シチリア方言
sicionio, nia [siθjónjo, nja] 形 男《古代ギリシア, 地名》[ペロポネソス半島の] シキュオン Sición の〔人〕

sicler [siklér] 男《自動車》=**chiclé**
siclo [síklo] 男《歴史》❶ [古代バビロニア・フェニキア・ユダヤの重量単位] シェケル. ❷ [イスラエルの] シェケル銀貨
sico- [接頭辞] =**psico-**
sicoactivo, va [sikoaktíbo, ba] 形 =**psicoactivo**
sicoanálisis [sikoanálisis] 男 =**psicoanálisis**
sicoanalista [sikoanalísta] 名 =**psicoanalista**
sicoanalítico, ca [sikoanalítiko, ka] 形 =**psicoanalítico**
sicoanalizar [sikoanaliθár] 9 他 =**psicoanalizar**
sicodelia [sikoðélja] 形 =**psicodelia**
sicodélico, ca [sikoðéliko, ka] 形 =**psicodélico**
sicodelismo [sikoðelísmo] 男 =**psicodelia**
sicodiagnóstico [sikoðjaɡnóstiko] 男 =**psicodiagnóstico**
sicodrama [sikoðráma] 男 =**psicodrama**
sicofancia [sikofánθja] 女《まれ》中傷; 密告
sicofanta [sikofánta] 男《文語》中傷する人; 密告者
sicofante [sikofánte] 男《文語》=**sicofanta**
sicofármaco [sikofármako] 男 =**psicofármaco**
sicofarmacología [sikofarmakoloxía] 女 =**psicofarmacología**
sicofísico, ca [sikofísiko, ka] 形 =**psicofísico**
sicofisiología [sikofisjoloxía] 女 =**psicofisiología**
sicofonía [sikofonía] 女 =**psicofonía**
sicógeno, na [sikóxeno, na] 形 =**psicógeno**
sicolingüista [sikoliŋɡwísta] 女 =**psicolingüista**
sicolingüístico, ca [sikoliŋɡwístiko, ka] 形 女 =**psicolingüístico**
sicología [sikoloxía] 女 =**psicología**
sicológico, ca [sikolóxiko, ka] 形 =**psicológico**
sicologismo [sikoloxísmo] 男 =**psicologismo**
sicólogo, ga [sikóloɡo, ɡa] 名 =**psicólogo**
sicometría [sikometría] 女 =**psicometría**
sicomoro [sikomóro] 男《植物》❶ シカモア《=falso plátano》. ❷ エジプトイチジク, イチジクグワ
sícómoro [sikómoro] 男 =**sicomoro**
siconeurosis [sikoneurósis] 女 =**psiconeurosis**
sicono [sikóno] 男《植物》イチジク果, 隠花果, 嚢托花
sicópata [sikópata] 名 =**psicópata**
sicopatía [sikopatía] 女 =**psicopatía**
sicopatología [sikopatoloxía] 女 =**psicopatología**
sicopedagogía [sikopeðaɡoxía] 女 =**psicopedagogía**
sicopedagogo, ga [sikopeðaɡóɡo, ɡa] 名 =**psicopedagogo**
sicoquinesia [sikokinésja] 女 =**psicokinesis**
sicoquinesis [sikokinésis] 女 =**psicokinesis**
sicosis [sikósis] 女 ❶ =**psicosis**. ❷《医学》毛嚢炎, 毛包炎
sicosocial [sikososoθjál] 形 =**psicosocial**
sicosociología [sikososjoloxía] 女 =**psicosociología**
sicosomático, ca [sikosomátiko, ka] 形 =**psicosomático**
sicote [sikóte] 男《キューバ, プエルトリコ, ベネズエラ, エクアドル, ペルー, パラグアイ》[汗による] 足の汚れ (悪臭)
sicotecnia [sikotéknja] 女 =**psicotecnia**
sicotécnico, ca [sikotékniko, ka] 形 =**psicotécnico**
sicotera [sikotéra] 女《キューバ, プエルトリコ》=**sicote**
sicoterapeuta [sikoterapéuta] 名 =**psicoterapeuta**
sicoterapéutico, ca [sikoterapéutiko, ka] 形 =**psicoterapéutico**
sicoterapia [sikoterápja] 女 =**psicoterapia**
sicótico, ca [sikótiko, ka] 形 名 =**psicótico**
sicotrópico, ca [sikotrópiko, ka] 形 =**psicotrópico**
sicótropo, pa [sikótropo, pa] 形 =**psicótropo**
sicotudo, da [sikotúðo, ða] 形《キューバ, プエルトリコ》足に汚れ (悪臭) sicote のある
sicrometría [sikrometría] 女 =**psicrometría**
sicrómetro [sikrómetro] 男 =**psicrómetro**
Sic transit gloria mundi [sik transit ɡlórja múndi]《←ラテン語》この世の栄光はこのようにして [はかなく] 消え去る
sicu [síku] 男《アンデス. 音楽》パンフルート
sículo, la [síkulo, la] 形 名《文語》=**siciliano**
sicuri [sikúri] 男《アンデス》❶ パンフルート奏者. ❷ =**sicu**
sida [síða] 女 [síndrome de inmunodeficiencia adquirida (後天性免疫不全症候群) の略号] 男《SIDA とも表記》《略語. 医学》エイズ: ~ de los hemofílicos por hemoderivados contaminados 薬害エイズ. ~ declarado 末期のエイズ
sidafobia [siðafóbja] 女 エイズ恐怖症
sidático, ca [siðátiko, ka] 形 名《まれ》=**sidoso**
sidazo [siðáθo] 男《口語》=**sida**
sidecar [siðekár]《←英語》男《嚢 ~es》[オートバイの] サイドカー
sideración [siðeraθjón] 女《医学》電撃ショック
sideral [siðerál] 形《天文》恒星の: día (año) ~ 恒星日 (年)
siderar [siðerár] 他《医学》電撃ショックを与える
sidéreo, a [siðéreo, a] 形 =**sideral**
siderita [siðeríta] 女《鉱物》菱(りょう)鉄鉱
sideritis [siðerítis] 女《植物》シデリティス
siderito [siðeríto] 男《鉱物》鉄隕石
siderolito [siðerolíto] 男《鉱物》シデロライト, 石鉄隕石
siderometalúrgico, ca [siðerometalúrxiko, ka] 形 鉄鋼の
sideronatrita [siðeronatríta] 女《化学》曹鉄鉱, シデロナトライト
siderosa [siðerósa] 女 =**siderita**
siderosis [siðerósis] 女《医学》鉄沈着症, 鉄塵肺症
siderurgia [siðerúrxja] 女《←ギリシア語 siderourgia》❶ 製鉄業. ❷ 製鉄会社
siderúrgico, ca [siðerúrxiko, ka] 形 製鉄の: sector ~ 製鉄部門
── 名《主にラプラタ》製鉄労働者
── 女 製鉄所
sidítico, ca [siðítiko, ka] 形 名 =**sidoso**
sido [síðo] ser の 過分
sidol [siðól]《←商標》男 クレンザー, 磨き粉
sidonio, nia [siðónjo, nja] 形 名《歴史, 地名》[フェニキアの] シドン Sidón の [人]
sidoso, sa [siðóso, sa] 形 名《口語》エイズの [患者]
sidra [síðra]《←ラテン語 sizdra < sicera「酒」》女《発泡性の》リンゴ酒, シードル
sidrería [siðrería] 女 リンゴ酒の販売店; リンゴ酒中心のバル
sidrero, ra [siðréro, ra] 名 リンゴ酒の [製造・販売者]
sidrícola [siðríkola] 形 リンゴ酒製造の
sidrificación [siðrifikaθjón] 女 リンゴ酒の製造
siega [sjéɡa]《←segar》女 ❶ [穀物の] 刈り入れ; 草刈り: ~ del trigo 麦刈り. ❷ [穀物の] 収穫期, 刈り入れ時《=época de la ~》. ❸ 集合 刈り取られた穀物
siembra [sjémbra]《←sembrar》女 ❶《主に穀物の》種まき: hacer la ~ 種まきをする. patata de ~ ジャガイモの種イモ. ❷ 播種(¹ゅ)期. ❸ [種まき・作付けされた] 畑《=sembrado》. ❹《生物》培養. ❺ [感情などを] 引き起こすこと; [成果を生むための] 下準備
siemens [sjéméns] 男《電気》[コンダクタンスのSI単位] ジーメンス
siemensio [sjeménsjo] 男 =**siemens**
siempre [sjémpre]《←ラテン語 semper》副 ❶ いつも, 常に: S~ me decía lo mismo. 彼はいつも私に同じことを言っていた. S~ está aquí a esta hora. 彼はこの時間にはいつもここにいる. Me acordaré ~ de ti. 君のことはどんな時も忘れないよ. S~ te estás quejando. 君は始終文句ばかり言っている. No está ~ trabajando. 彼はいつも働いているわけではない. S~ hay una primera vez. 何にでも初めての時がある. ❷ ともかく, それでも: Quizá no logre mi intento, pero ~ me quedará la satisfacción de haber hecho lo que debía. たぶんだめかもしれないが, やるべきことはやったという満足感は残るだろう. ❸ [強調] S~ has de ser tú el que se queja. 君はクレーマーということで世間では通っている. S~ tendrá sus cuarenta años. 彼だって少なくとも40歳台だろう. ¡Hombre...!, ~ se va mejor en coche que a pie. もちろん! どうしたって歩いて行くより車で行った方がいい. ❹《メキシコ》[強調] 結局. ❺《誤用》❸《=todavía》: ¿Vives ~ en la misma casa? 君は前と同じ家に住んでいるの? 2) 確かに, 間違いなく. 3) にもかかわらず
como ~ いつものように, あいかわらず: Está guapa *como ~*. 彼女はあいかわらずきれいだ
de ~ 1) いつもの: Te espero en el lugar (a la hora) *de ~*. いつもの場所で (時間に) 待っているよ. 2) ずっと以前から [の], 昔から [の]: *De ~* es sabido que.... ……ということは昔から知られている. Somos amigos *de ~*. 私たちは昔からの友人だ
desde ~ ずっと以前から, 昔から: Manolo ha sido un aficionado al fútbol *desde ~*. マノロはずっと以前からサッカーファン

siempretieso

だった. Eso se viene haciendo *desde* ~. それは昔から行なわれてきた
no ~ ……であるとは限らない『→no ❷』
para ~ 〖*jamás*〗永久に, 永遠に; [特に] 一生ずっと: No puedo quedarme aquí *para* ~. 私はいつまでもここに留まっているわけにはいかない. Quiero un amor que dure *para* ~. 永遠に続く愛が欲しい
por ~ 〖*jamás*〗いかなる時も, 絶えず; 永久に, 永遠に: Te querré *por* ~ *jamás*. ずっと君を愛する. *Por* ~ sea alabado y bendito. 永遠に讃えられ祝福されんことを
~ *jamás* 〖強調〗ずっといつも
~ *que…* 1) [+直説法] …する時はいつも: Me trae dulces ~ *que* viene. 彼は来る時は必ずお菓子を持ってきてくれる. 2) [+接続法] …という条件で: Te llevaré al cine ~ *que* seas bueno. いい子にしてたら映画に連れて行ってあげよう
~ *y cuando*+接続法 …という条件で; …であるならば
~ *y cuando que*+接続法 〖まれ〗……という条件で

siempretieso [sjempretjéso] 男《玩具》起き上がり小法師〖=dominguillo〗

siempreviva [sjempreβíßa] 女《植物》ムギワラギク; センペルビブム; マンネングサ: ~ azul ハナハマサジ. ~ de las nieves エーデルワイス. ~ de montaña モンタナム, 夕山桜. ~ mayor ヤネバンダイソウ. ~ menor シロバナマンネングサ, モリムラマンネングサ. ~ picante オウシュウマンネングサ

sien [sjén] 〖←ゲルマン語 sinn (sentir の影響)〗女 こめかみ; 鬢(びん): dar un masaje en las ~es こめかみをマッサージする

siena [sjéna] 形 暗黄色(の), ダークイエロー(の), シエナ色 (の): ~ tostada 代赭(たいしゃ)色, 赤土色

sienés, sa [sjenés, sa] 形 名《地名》[イタリアの] シエナ Siena の(人)

sienita [sjeníta] 女《鉱物》閃長岩: ~ nefelínica 霞石閃長岩

sierpe [sjérpe] 女 ❶《文語》〖大型の〗ヘビ(蛇): ~ volante アメリカワヒヘビ属の一種〖=culebra voladora〗. ❷ 怒りっぽい人, 凶暴な人. [顔つきの] 恐ろしげな人, 醜悪な人. ❸〖蛇のように〗くねくねと動くもの. ❹《植物》吸枝(きゅうし). ❺《アストゥリアス》凧

sierra [sjéřa] 〖←ラテン語 serra〗女 ❶ のこぎり: ~ abrazadera [木挽きの] 大のこ, ひきわりのこ. ~ circular 丸のこ. ~ de cadena チェーンソー. ~ de calar [木工用の] 糸のこ. ~ de cinta/~ continua 帯のこ盤. ~ de contornar 挽き回しのこ. ~ de mano 手挽きのこ. ~ de vaivén 細挽のこ. ~ mecánica (eléctrica) 機械のこ, 電動のこ. ❷ 山脈, 連峰〖類義 **cordillera** より小さい, またはその支脈〗: 1) S~ Madre シエラ·マドレ山脈. S~ Morena シエラ·モレナ山脈. S~ de la Costa シエラ·コスタ山脈『ベネズエラ』. 2) [S~, 特にマドリードで] グアダラマ Guadarrama 山脈; 市の北東部. ❸〖近郊の〗山, 丘, 高原: Esta noche habrá precipitaciones de nieve en la ~. 今夜, 山地では雪が降るだろう. ir a la ~ 山(歩き)に行く. pasar las vacaciones en la ~ 山で休暇を過ごす. ❹《地理》~ plana 海岸段丘. ❺《国名》S~ Leona シエラレオネ. ❻《魚》ノコギリエイ〖=pez ~〗

Sierra [sjéřa]《人名》**Justo** ~ フスト·シエラ『1848~1912, メキシコの作家·政治家.『未来の天使』*El ángel del porvenir*』

sierraleonés, sa [sjeřaleonés, sa] 形 名《国名》シエラレオネ Sierra Leona の(人)

sierro [sjéřo] 男《サラマンカ》〖岩山·丘の〗平らな頂上

siervo, va [sjérβo, βa]〖←ラテン語 servus〗名 ❶《歴史》〖封建時代の〗農奴: ~ de la gleba [土地に縛られた] 世襲農奴. ❷《比喩》奴隷〖のように何でも言うことをきく人〗: 1) Ella se piensa que soy su ~. 彼女は私が自分の言いなりになる奴隷だと思っている. 2)《謙遜, 丁寧》Mándeme lo que quieras, soy tu ~. この私に何なりとお申しつけ下さい. ❸《宗教》〖信徒会員が自らを謙遜して〗僕(しもべ): ser *va* de San José 聖ヨゼフの僕である
~ *de Dios* 1)《カトリック》[福者·聖者に列せられる前の] 尊者; 神の僕(しもべ). 2) キリスト教徒. 3) 不幸な人, 悲嘆に暮れた人
~ *de la pena*《歴史》[鉱山などで働かされる] 終身懲役囚
~ *de los* ~*s de Dios*《カトリック》[ローマ教皇の自称] 神の僕の僕

sieso[1] [sjéso] 男 肛門〖=直腸〗, 直腸の最下部

sieso[2]**, sa** [sjéso, sa] 形《方言》❶ [人が] 嫌味のある, いけ好かない. ❷ ばかな, 間抜けな. ❸ 薄汚い, 汚れた

siesta [sjésta]〖←ラテン語 sexta (hora)「第6時 (正午ごろ)」〗女 ❶《スペイン·中南米·地中海諸国で, 昼食後の》昼寝, 休息; 昼食後の睡眠: Tengo sueño; voy a *echar*[*me*] una ~. 私は眠いので昼寝をする. Se acostó a dormir (hacer) la ~. 彼は横になって昼寝をした. ~ del carnero/~ del canónigo/~ del fraile《古語》昼食前のうたた寝. ❷ [一番暑い] 昼すぎの時間, 昼下がり. ❸ 午後教会で歌われる歌(演奏される曲)

siestear [sjesteár] 自《チリ》昼寝をする

siete [sjéte] 形《基数詞》7(の). 名 7 7番目の. ❸《口語》かぎ裂き: hacerse un ~ en la camisa ワイシャツにかぎ裂きを作ってしまう. ❹《トランプ》tres ~ 21. las (el) ~ y media 黒ブラックジャックに似たゲーム. ❺ クランプ, 留め具〖=barrilete〗. ❻《ニカラグア, コロンビア, ラプラタ. 卑語》[人の] 肛門〖=ano〗
como ~ =*más que*
más que ~ うんと, どっさり: comer (beber) *más que* ~ 大食いする(大酒を飲む). hablar *más que* ~ しゃべりまくる
por ~ =*más que*
saber más que ~ 非常に抜け目がない
~ *octavas* 形《服飾》8分の7支の[コート]
—— 男《中南米》*de la gran* ~ 巨大な; [不快·怒り·幻滅] ひどい
hijo de la gran ~ こんちくしょうめ, くそやろう
¡*La gran* ~! わあ/ひどい!

sietecolores [sjetekolóres] 男《単複同形》《鳥》❶《バレンシア, ブルゴス》ゴシキヒワ. ❷《エクアドル, ペルー, アルゼンチン, チリ, ウルグアイ》ゴシキタイランチョウ

sietecueros [sjetekwéros] 男《単複同形》❶《ホンジュラス, コロンビア, エクアドル, チリ》足のかかとにできる胼胝(たこ). ❷《ニカラグア, キューバ, コスタリカ, ベネズエラ, ペルー》ひょう疽〖=panadizo〗

sieteenrama [sjete(e)nřáma] 男《植物》キジムシロの一種〖=tormentila〗

sietelevar [sjeteleβár] 男《トランプ》[バカラ banca で7点になる] 3番の手

sietemachos [sjetemátʃos] 男《単複同形》《軽蔑》小男

sietemesino, na [sjetemesíno, na] 形 名 ❶ [主に2か月早い] 早産の, 未熟児(の). ❷《軽蔑》いけ好かない(奴); おつむが足りない(奴); 大人ぶった(若者), 青二才(の); 発育不全の(子), ひよわな(子)

sieteñal [sjeteɲál] 形 7歳の

sievert [sjéβert] 男《物理》〖放射線の線量当量〗シーベルト

sifaca [sifáka] 男《動物》シファカ: ~ de Verreaux ベローシファカ, 飛べ猿

siffonnier [sifonjér] 男 =**chiffonnier**

sifilazo [sifiláβo] 男《口語》梅毒の感染; =**sífilis**

sifilicomio [sifilikómjo] 男《まれ》梅毒病院

sifílide [sifílide] 女《医学》梅毒疹

sífilis [sífilis]〖←Syphulus (詩の主人公)〗女《単複同形》《医学》梅毒

sifilítico, ca [sifilítiko, ka] 形 名 梅毒の(患者)

sifilografía [sifiloɣrafía] 女《医学》梅毒学

sifilográfico, ca [sifiloɣráfiko, ka] 形 梅毒学の

sifilógrafo, fa [sifilóɣrafo, fa] 名 梅毒学者

sifiloma [sifilóma] 男《医学》梅毒腫

sifón [sifón]〖←ラテン語 sipho, -onis < ギリシア語 siphon, -onos「管, 導管」〗男 ❶〖炭酸水を入れる〗サイフォン瓶;《西》炭酸水, ソーダ水: whisky con ~ ウイスキーソーダ, ハイボール. ❷ サイフォン, 吸い上げ管: barómetro de ~ サイフォン式気圧計. ❸〖排水用の〗トラップ, U字管. ❹《動物》水管, 吸管. ❺《地理》自然のトンネル. ❻《コロンビア》樽入りのビール, 生ビール

sifonado, da [sifonádo, da] 形《動物》水管(吸管)をそなえた

sifonáptero, ra [sifoná(p)tero, ra] 形 隠翅目の
—— 男 複《昆虫》隠翅目

sifonar [sifonár] 他 サイフォンで送る(吸い上げる)

sifonazo [sifonáθo] 男《まれ》サイフォン瓶による一撃

sifonero, ra [sifonéro, ra] 男《アルゼンチン》ソーダ水を販売·配達する人

sifónico, ca [sifóniko, ka] 形 bote ~ [排水用の] U字管

sifonóforo, ra [sifonóforo, ra] 形 クダクラゲ目の
—— 男 複《動物》クダクラゲ目

sifonógamo, ma [sifonóɣamo, ma] 形 女 =**fanerógamo**

sifosis [sifósis] [女]《医学》脊柱後湾症

sifrino, na [sifríno, na] [形] [名]《南米. 軽蔑》気取った, 外国かぶれの

sifué [sifwé] 〖←仏語 surfaix〗 [男] 〖[複] ~s〗《馬具》腹帯 〖=sobrecincha〗

sig 《略語》←siguiente 次の, 下記の, 続く

SIG [男]《略語》←Sistema de Información Gerencial 経営情報システム, MIS

siga [síga] [女]《チリ. 口語》***a la*** ～ ぴったり後ろについて

Sigfrido [sigfríðo] [男] ジークフリート 〖ドイツの英雄叙事詩『ニーベルンゲンの歌』Cantar de los Nibelungos の主人公〗

sigilación [sixilaθjón] [女] 秘密保持;《まれ》封印

sigilar [sixilár] [他] ❶ 秘密にする, 隠す. ❷《まれ》封印する 〖=sellar〗

sigilaria [sixilárja] [女]《古植物》シギラリア

sigillata [sixiláta] [女]《地質》テラ・シギラタ

sigilo [sixílo] 〖←ラテン語 sigillum「事柄に隠された秘密」〗 [男] ❶ 秘密, 口外しないこと: Este asunto se ha de llevar con ～. この件は内緒で進めなければいけない. ～ profesional [医者や弁護士の] 職業上の守秘義務. ～ sacramental《カトリック》[司祭の] 告解の守秘義務. ❷ 静かさ, 音を立てないこと: Entra con mucho ～ para no despertar al bebé. 彼は赤ちゃんを起こさないようにそっと中に入った. ❸《まれ》封印, シール

sigilografía [sixilografía] [女] [古文書の] 印章学

sigilográfico, ca [sixilográfiko, ka] [形] 印章学の

sigilosamente [sixilósaménte] [副] こっそりと, 秘密裏に;《軽蔑》こそこそと

sigiloso, sa [sixilóso, sa] [形] ❶ 秘密の, 内密の;《軽蔑》こそこそした: Su actitud era ～*sa*. 彼は秘密主義的な態度だった. ❷ 静かな, 音を立てない: El gato avanzaba ～ hacia el plato del pescado. 猫は魚の皿の方へ忍び足で進んだ

sigisbeo [sixisbéo] [男]《古語》=**chichisbeo**

sigla [sígla] 〖←ラテン語 sigla, -orum「数字, 略語 (複数形)」〗 [女] ❶ [頭文字を連ねた] 略語, 略号 〖[語法] 元の語が複数形の場合は頭文字を繰り返す: *E*stados *U*nidos アメリカ合衆国 →EE. UU.〗: OMS es la ～ de la Organización Mundial de la Salud. OMSは世界保健機構の略語である. ❷ [略語として使われる] 頭文字: La ～ de norte es N. norte (北)の頭文字はNである. ❸ [固有名詞の] 頭文字: La ～ de su nombre es J.F.K. 彼の名前のイニシャルはJ.F.K.である 〖John Fitzgerald Kennedy〗

siglo [síglo] 〖←ラテン語 saeculum「世代, 一世代の間」〗 [男] ❶ 世紀, 100年 〖[語法] 世紀の数はローマ数字で表記し siglo の後に置かれる. 10世紀ごろまでは主に序数で読み, それ以降は基数で読む〗: Quintiliano es retórico hispano del ～ I (primero). クウィンティリアヌスは1世紀のイスパニア出身の修辞学者である. Estamos en el ～ XXI (veintiuno). 今は21世紀だ. Tomás de Aquino vivió en el ～ XIII. トマス・アクィナスは13世紀の人だ. Tardaron más de un ～ en construir la catedral. 大聖堂の建設には100年以上かかった. a comienzos (a fines) del ～ XVIII 18世紀初頭(末)に. entrado en el ～ III (tercero) antes de Cristo 紀元前3世紀に入って. medio ～ 半世紀. un cuarto de ～ 四半世紀. ～ de Pericles ペリクレスの世紀 〖紀元前5世紀. アテネの黄金期〗. ～*s* medios 中世 〖=Edad Media〗. *S*～[*s*] de Oro [スペイン文学史上の] 黄金世紀 〖16～17世紀〗. *S*～ de las Luces/*S*～ de la Ilustración 啓蒙の世紀, 光の世紀 〖18世紀〗. ～ del átomo 原子力の世紀 〖20世紀〗. ❷《口語》[un+/[複]] 長い間: Hace ～*s* (un ～) que te escribí. だいぶ前にお手紙を差し上げました. ❸《キリスト教》[聖職者としての生活・修道院での生活に対し] 世間, 世俗, 俗界, 浮世: María deja el ～ para hacerse monja. マリアは俗界を離れて修道女になる

del ～ 一世紀に一度というほどの: el invento *del* ～ 世紀の大発明. el jugador *del* ～ 100年に一度の選手

fin* (*final*) *de ～ 世紀末: literatura de *fin de* ～ 世紀末文学

por* (*en*) *los* ～*s de los* ～*s 永遠に, 永久に: Se quedará en cárcel *por los* ～*s de los* ～*s*. 彼は永久に刑務所から出られないだろう

～ ***de oro*** 1) →❶ *S*～[*s*] de Oro. 2)《ギリシア神話》金の時代 〖=edad de oro〗. 3) [一般に] 黄金時代: Fue un ～ *de oro* de las letras inglesas. 時はイギリス文学の絶頂期だった

～ ***de plata*** 《ギリシア神話》白銀の時代 〖=edad de plata〗

sigma [sígma] [女]《ギリシア文字》シグマ 〖Σ, σ〗

sigmoidectomía [sigmoidektomía] [女]《医学》S状結腸切除

sigmoideo, a [sigmoiðéo, a] [形] ❶《解剖》S字状の: colon ～ S状結腸. ❷ シグマ Σ 形の

sigmoides [sigmóiðes] [形] =**sigmoideo**

signáculo [signákulo] [男] [文書への] 押印, 捺印(なついん)

signar [signár] 〖←signo〗 [他] ❶《文語》[重要な文書などに] 署名する; 調印する, 捺印する. ❷《文語》汚点を残す; 特徴づける. ❸《カトリック》…に十字を切る 〖=santiguar, persignar〗. ❹《古語》指し示す

—— ～**se** 《カトリック》[額・口・胸に] 3回十字を切る

signatario, ria [signatárjo, rja] 〖←signar〗 [形] [名] ❶《文語》署名者〔の〕; 調印者〔の〕. ❷《まれ》署名用の; 捺印用の

signatura [signatúra] 〖←ラテン語 signatura < signum「印」〗 [女] ❶ [本・書類などを分類する] 記号, 符号. ❷《文語》[文書への] 署名, 調印. ❸《印刷》折り記号, 背丁(せちょう). ❹ [*S*～. ローマ教皇庁の] 〔使徒座署名院〕最高裁判所 〖=*S*～ Apostólica〗

signear [signeár] [他]《米国》…に署名する 〖=firmar〗

sígnico, ca [sígniko, ka] [形]《まれ》記号の

signífero, ra [signífero, ra] [形]《詩語》しるし(記章)のある

significación [signifikaθjón] [女] ❶ 意味すること, 意味を持つこと; 意味, 意味するもの: Es un saludo rutinario sin ～ oculta. それは型どおりのの挨拶で, 秘められた意味はない. No sabía la ～ del cuadro. 私にはその絵の意味が分からなかった. ❷ 語義, 語意. ❸ 意義, 重要性; 影響力: Este descubrimiento tiene una gran ～. この発見は重大な意味を持つ. Este es un regalo de gran ～ para mí. これは私にとってきわめて重要な贈り物だ. ❹《統計》nivel de ～ 検定の危険率, 有意水準. ❺ 思想傾向

significado, da [signifikáðo, ða] [形] [+名詞. 人が] 重要な, 傑出した: Es uno de los más ～*s* políticos del país. 彼はその国の最も中心的な政治家の一人だ

—— [男] ❶ 意味: comprender mal el ～ de una frase 文章の意味を取り違える. captar el ～ de una palabra 言葉の意味をとらえる. ❷《言語》シニフィエ, 所記, 記号内容 〖⇔significante〗. ❸ 意義, 重要性 〖=significación〗

significador, ra [signifikaðór, ra] [形] 意味する, 意味を表わす

—— [名] 意味する人(もの)

significancia [signifikánθja] [女]《まれ》意義, 重要性

significante [signifikánte] [形] 意味のある; 重要な, 意義深い

—— [男]《言語》シニフィアン, 能記, 記号表現 〖⇔significado〗

significar [signifikár] 〖←signo+ラテン語 facere「する」〗 [7] [他] ❶ 意味する, 示す: El rojo *significa* peligro. 赤は危険を意味する. El procesamiento no *significa* que el acusado sea culpable. 起訴は被告の有罪を意味しない. La adopción de esta medida *significaría* un desorden. この措置をとると混乱が起きるかも知れない. ❷ 表明する: Deseo ～ mi condolencia. 哀悼の意を表したいと思います. ❸ [+para+人 に] 重要性を持つ: El dinero no *significa* nada *para* él. 金は彼にとって何の意味も持たない. ❹ [人が] 影響力を持つ: Él *significa* muy poco en el consejo. 彼は代表会議ではほとんど影響力がない

—— ～**se** ❶《西, メキシコ》[+por 性質などで] 際立つ, 傑出する: La niña *se significa por* su habilidad para el dibujo. その女の子は際立って絵が上手だ. ❷ [+como としての立場を] 表明する: *Se significó como* un reformista. 彼は自分は改革派であると公表した

significativamente [signifikatíbaménte] [副]《文語》❶ 著しく: La paciente ha mejorado ～. 患者は目に見えて回復した. ❷ 意味ありげに, 暗示的に, 含みをもたせて

significatividad [signifikatibiðá(ð)] [女]《文語》❶ 重要さ. ❷ 意味ありげであること, 意味深長

significativo, va [signifikatíbo, ba] 〖←ラテン語 significativus〗 [形]《文語》❶ 重要な, 意義のある: Los detalles también pueden ser ～*s*. 細部もまた重要なことがあり得る. ❷ 特別な意味を持つ, 意味深長な: 1) gesto ～ de desdén はっきり軽蔑と分かる仕草. ～ cambio 重大な変化. 2) [ser ～ que+接続法] Es ～ *que* no haya venido a la fiesta. 彼がパーティーに来なかったのは象徴的だ(意味ありげだ)

signo [sígno] 〖←ラテン語 signum「印」〗 [男] ❶ 印, 表われ; 兆候: Dar la mano es ～ de amistad. 握手するのは友情の印である. Ruborizarse es un ～ de timidez. 赤くなるのは内気な証拠である. Ella tenía ～*s* de abuso de drogas. 彼女は薬物濫用の兆候が表われていた. ～*s* vitales バイタルサイン, 生命兆候. ❷

S

《文語》特徴, 性格: Esta situación tiene un ~ negativo. この状況は否定的だ. invertir el ~ de la tendencia 流れを転換する. estrategia de ~ modernizador 近代化戦略. ~ de los tiempos 世相. ❸ 記号, 符号; 標章; 身振り: poner los ~s de interrogación (admiración) 疑問符(感嘆符)を付ける. ~ de la victoria Vサイン. ~ postal 〈郵便〉消印. ❹《数学》Esta cantidad es de ~ positivo (negativo). これはプラス(マイナス)の値だ. poner el ~ más (menos) en una cifra 数字にプラス(マイナス)記号を付ける. ~ igual 等号. ❺《占星》[…座, …宮《= ~ del zodíaco》]:¿De qué ~ eres? 君は何座ですか? Soy del ~ Aries./Mi ~ es Aries. 私は牡羊座だ. los que nacieron bajo el ~ de Virgo 乙女座生まれの人. 2) 運命, 宿命: predecir el trágico ~ 悲劇の運命を予言する. ❻《音楽》記号, 符号, 音符. ❼《言語》記号 《= ~ lingüístico》. ❽《経済》通貨記号《= ~ monetario》: monetario genérico 国際通貨記号. ❾《キリスト教》[祝福のための]十字架のしるし《= ~ de la Cruz》. ❿ [公証人が] 署名に添える飾り書き. ⓫《医学》[人体に表われる] 病変

sigte《略語》←siguiente 次の

sigua [sígwa] 囡《キューバ》❶《植物》=**cigua**. ❷ 巻き貝の一種

siguapa [sigwápa] 囡 ❶《キューバ, コスタリカ. 鳥》ナンベイトラフズク. ❷《ドミニカ》[民間信仰で] 妖怪, お化け, 幽霊

siguaraya [sigwarája] 囡《キューバ. 植物》センダンの一種 [葉は丹毒に効く. 学名 Trichilia glabra]

sígueme [sígeme] 囡《航空》マーシャラーカー

siguemepollo [sigemepóλo] 男 [女性が背中に垂らす] 飾りのリボン

Sigüenza y Góngora [sigwénθa i góŋgora]《人名》**Carlos de** ~ カルロス・デ・シグエンサ・イ・ゴンゴラ [1645–1700, ヌエバ・エスパーニャ Nueva España 副王領の学者・詩人. 大学で天文学と数学を学びコペルニクスやデカルト等の著書にも通じていた. 膨大な著作を残したが,その多くは散逸. ピカレスク風の小説『アロンソ・ラミレスの悲運』*Los infortunios de que Alonso Ramírez padeció en poder de ingleses piratas*]

siguiente [sigjénte]《←ラテン語 sequens, -entis》形 ❶ [場所・順序] 次の 《⇔anterior》: Voy a bajar en la estación ~. 次の駅で降ります. Esteban vive en la casa ~ a la nuestra. エステバンは私たちの隣の家に住んでいる. la vez ~ 次回. ❷ 次に続く, 次のような: El nuevo presidente habló como lo ~. 新大統領は次のように語った. con las ~s condiciones 以下のような条件で. ❸ [時間] 翌…: El día ~ era fiesta. 翌日は休日だった. Dijo que saldría a la semana ~. 彼は「来週出発する」と言った. Al año ~ se marchó para Praga. 翌年彼はプラハに行ってしまった. en los días ~s 続く数日に —— 名 次の人: Haga usted pasar al ~. 次の方を通してください

siguiriya [sigiríja] 囡《音楽, 舞踊》シギリーヤ『アンダルシア民謡の一種, フラメンコの一形式』

siguiriyero, ra [sigirijéro, ra] 名 シギリーヤの歌い手

sij [síx] 形《圏 ~s》シーク教の (教徒): religión ~ シーク教

sijú [sixú] 男《圏 ~es》《カリブ. 鳥》キューバズズメフクロウ

sikh [sík]《←英語》形 名《圏 ~s》=**sij**

sikhara [sikára] 囡 バラモン教の寺院

siku [siku] 男《アンデス. 音楽》=**sicu**

sil [síl] 男 ❶《鉱物》黄土《=ocre》. ❷ 黄土色

sílaba [sílaba] 囡《←ラテン語 syllaba < ギリシア語 syllabé「集まり」< syn- (について)+lambano「私は取る」》《言語》音節, シラブル: ~ abierta (libre) 開音節 [母音で終わる音節]. ~ cerrada (trabada) 閉音節 [子音で終わる音節]. ~ directa 子音+母音からなる音節. ~ inversa 母音+子音からなる音節. ~ mixta 子音+母音+子音からなる音節. ~ aguda (tónica・fuerte) 強勢音節, アクセントのある音節. ~ átona (débil) 弱勢音節, アクセントのない音節. ~ breve (corta) 短音節. ~ postónica (pretónica) 強勢後(前)の音[節]. ❷《音楽》階名

silabación [silabaθjón] 囡 =**silabeo**

silabar [silabár] 自 =**silabear**

silabario [silabárjo] 男 [言葉が音節に区切られている] 初級教本

silabear [silabeár] 自 他 音節を区切って発音する

silabeo [silabéo] 男 音節に分けること, 分節法, 分綴法; 音節ごとに発音すること

silábico, ca [silábiko, ka] 形 音節の, 音節からなる; 音節主体の 《音楽》シラブル型『一音節に一音符を当てる』

silabismo [silabísmo] 男 分節法; 音節文字法

sílabo [sílabo] 男《まれ》索引, カタログ

silampa [silámpa] 囡《中米》霧雨《=llovizna》

silanga [siláŋga] 囡《フィリピン》海峡

silba [sílba]《←silbar》囡 [主に大勢の人の, やじ・抗議として] 口笛: Todo el campo le dedicó una gran ~ al árbitro. グラウンドの全員が審判員に抗議の口笛を吹いた

silbable [silbáble] 形《音楽作品が》口笛で吹ける

silbador, ra [silbaδór, ra] 形 名 口笛を吹く〔人〕

silbante [silbánte] 形 ❶ ピーピー (ヒューヒュー) 鳴る. ❷《医学》[呼吸時に] ゼイゼイいう, 喘鳴(セメス)の: respiración ~ ゼイゼイいう息づかい. ❸《音声》=**sibilante**

silbar [silbár]《←ラテン語 sibilare「口笛を吹く」》自 ❶ [メロディーを] 口笛を吹く: El viejo *silbaba* una canción nostálgica. 老人は懐かしい歌を口笛で吹いていた. ❷ 口笛を吹く(合図する): Él *silba* del balcón a una chica. 彼はバルコニーから口笛で少女に合図をする. ❸ 口笛を吹いてやじる: El público *ha silbado* la obra estrenada esta noche. 今夜初演された作品は観客のブーイングを受けた —— 他 ❶ 口笛を吹く: No sé ~. 私は口笛が吹けない. ❷ 口笛でやじる, ブーイングする: El público *silbó* ruidosamente. 観客はうるさく口笛を吹いた. ❸ [風が] ヒューヒュー吹く; [弾丸や矢が] うなりをあげる: Solo se oía ~ el viento. 風のうなりばかり聞こえなかった. Las balas *silbaban* sobre su cabeza. 弾が彼の頭上をうなりをあげて飛んでいた. ❹ [呼吸時に] ゼイゼイいう. ❺ [耳が] 鳴る: Me *silban* los oídos. 私は耳鳴りがする

silbatina [silbatína] 囡《エクアドル, ペルー, チリ, ラプラタ》[大勢の人のやじ・抗議の] 口笛

silbato [silbáto]《←silbar》男 ❶ [呼子の] 笛: El árbitro hizo sonar el ~. 審判が笛を吹いた. ❷ 汽笛, 号笛: ~ del tren 列車の汽笛 (発車ベル). ~ de alarma 警笛. ❸《空気が通る・液体が漏れる》すき間

silbido [silbíδo]《←silbar》男 ❶ 口笛 [の音]: El perro acudió al oír el ~ de su amo. 犬は飼い主の口笛を聞いて走って来た. A su paso levantaba ~s de admiración. 彼女が通ると賛嘆の口笛が鳴ったものだ. ❷ [ホイッスル・汽笛などの] ピーピーいう音. ❸ [風の] ヒューヒュー吹く音; [弾丸や矢の] ヒュッとうなる音; [蛇の] シューという音: Se oía el ~ del viento entre los árboles. 木立の中でヒューヒューと鳴る風の音が聞こえた. ❹ [やじ・抗議の] 口笛. ❺ [息の] ゼイゼイいう音, 喘鳴(セメス). ❻ 耳鳴り《= ~ de oídos》

silbín [silbín] 男《グアテマラ, プエルトリコ. 自動車》ライト《=faro》

silbo [sílbo] 男《文語》=**silbido**

silbón [silbón] 男《鳥》ヒドリガモ《=ánade ~》

silboso, sa [silbóso, sa] 形 ヒューという音を出す

silbote [silbóte] 男《音楽》《chistu より大きい, バスク地方の》笛

silboteair [silboteár]《自》《軽蔑》下手な口笛を吹く

silembloc [silemblók] 男 =**silentbloc**

silenciador, ra [silenθjaδór, ra] 形 名 沈黙を守る〔人〕; 沈黙を強いる〔人〕—— 男 ❶ [銃の] 消音器, サイレンサー. ❷ [エンジンの] マフラー. ❸ [ラジオの] ノイズ除去回路

silenciamiento [silenθjamjénto] 男 沈黙を守ること, 言及しないこと

silenciante [silenθjánte] 形《まれ》沈黙を守る, 言及しない

silenciar [silenθjár]《←silencio》10 他 ❶ …について沈黙を守る, 言及しない: La prensa *silenció* el hecho. 新聞はその事実を伏せた. Siempre *silenció* sus problemas económicos. 彼は金に困っていることをいつも黙っていた. ❷ [敵の] 発砲を止めさせる, 砲火を沈黙させる. ❸ …に沈黙を強いる; 口止めする: Los gritos de protesta fueron *silenciados* con aplausos. 抗議の叫びは拍手喝采によって沈黙させられた. ❹ [銃に] サイレンサーをつける; [エンジンに] マフラーをつける

silenciario, ria [silenθjárjo, rja] 形 [人が] 静粛 (沈黙) を守り続ける —— 名《まれ》[邸や寺院で] 静粛を守らせる係

silenciero, ra [silenθjéro, ra] 形 名 静粛を守らせる〔人〕

silencio [silénθjo]《←ラテン語 silentium < silere「黙っている」》男 ❶ 静けさ, 静寂: Había un ~ sepulcral. 墓場のように静まりかえっていた. ~ de la noche 夜のしじま. ❷ 沈黙, 無言: Hagan ~. 静かにして下さい. En las bibliotecas se guarda ~. 図書

館では静粛が守られる. romper el ~ ［長い間の］沈黙を破る. ~ administrativo 行政側の無回答［請求などに対する暗黙の承認・却下］. El ~ es oro.《諺》沈黙は金. ❸ 秘密［を守ること］, 言及しないこと: El ministro guardó ~ sobre eso. 大臣はそれについて語ろうとしなかった. comprar el ~ de＋人 に口止め料を払う. ［ejercer el] derecho al ~ 黙秘権［を行使する］. ❹ 音信不通, 音沙汰のないこと: Tu ~ me preocupa. 君から連絡（便り）がないので心配だ. ❺《音楽》休止; 休符: ~ de cuadrada (redonda・blanca・negra・corchea・semicorchea・fusa) 倍全 (全・2分・4分・8分・16分・32分) 休符. ❻ 無音: detección de ~ 無音検出. señal de ~ 無音信号
en ~ 1) 静かに; 黙って: La casa estaba *en* ~. 家はしーんとしていた. Los alumnos escuchaban *en* ~. 生徒たちは黙って聞いていた. permanecer *en* ~ ［人が］無言でいる; ［場所が］しーんとしている. 2) 逆らわずに, 不平を言わずに: Sufrió su desgracia *en* ~. 彼は黙々と不幸を耐え忍んだ
imponer ~ ［+a＋人 を］黙らせる, 静かにさせる; 口止めする; 抗議させない
pasar... en ~ …について口を閉ざす; 触れずにおく
reducir al ~ *a*＋人 …を黙らせる: El capataz *redujo al* ~ *a los obreros*. 現場監督は作業員たちを静まらせた
——❶ 静かに!/しいっ!;¡S~!¡Se rueda!《映画》用意! スタート!

silenciosamente [silenθjósaménte] 副 無言で; 静かに, ひっそりと

silenciosidad [silenθjosiðá(ð)] 囡《まれ》無言; 静かさ

silencioso, sa [silenθjóso, sa]《←ラテン語 sillentiosus》形 ❶ 無言の: Todos escuchaban ~*s sus palabras*. みんな彼の発言にじっと耳を傾けていた. mayoría ~*a* サイレント・マジョリティー. multitud ~*sa* 声なき大衆. protesta ~*sa* 無言の抗議. ❷ 無口な, 寡黙な: Es un chico muy ~. その子は大変おとなしい（口数が少ない）. ❸ 静かな, ひっそりとした: habitación ~*sa* 静かな部屋. ❹ 音の静かな; 無音の: motor ~ 静かなエンジン
—— 男 =silenciador

silene [siléne] 囡《植物》フクロナデシコ

sileno [siléno] 男 ❶《ギリシア・ローマ神話》シレノス《サテュロスに似た水の精》. ❷《動物》シシオザル

silense [silénse] 男《地名》シロス Silos の〔人〕《ブルゴス県の村. → glosa 参考》

silentbloc [silemblók]《←英語. 商標》男《機》~s《技術》サイレントブロック

silente [silénte] 形《文語》静かな, 落ち着いた; 無口な, おとなしい

silepsis [silé(p)sis] 囡《単複同形》❶《言語》シレプシス, 意義的一致法《意味上から性数・人称の一致を行なうこと》: *Acudieron multitud de gentes*. 大勢の人が駆けつけた］. ❷《修辞》兼用法, 双叙法《一つの語を本来の意味と比喩的意味に同時に使うこと: poner a uno más *suave* que un guante …を完全に手なずける（一手袋よりも柔らかくする）》

siléptico, ca [silé(p)tiko, ka] 形 ❶《言語》シレプシスの. ❷《修辞》兼用法の, 双叙法の

silería [silería] 囡 サイロ群のある場所

silero [siléro] 男 =silo

silesiano, na [silesjáno, na] 形 名 =silesio

silesio, sia [silésjo, sja] 形 名《地名》〔東欧の〕シレジア Silesia の〔人〕

Siles Zuazo [síles θwáθo]《人名》Hernán — エルナン・シレス・スアソ《1914～96, ボリビアの政治家, 大統領 (1956～60, 82～85). 在任中に政敵を弾圧し金権政治を行なったりしたため, クーデターが頻発》

sílex [sílɛ(k)s] 男《単複同形》《鉱物》火打石, 燧石(ｽｲｾｷ)

sílfide [sílfiðe] 囡 ❶《ゲルマン神話》〔女の〕空気（風）の精. ❷《話》ほっそりして優美な若い女性

silfo [sílfo] 男《ゲルマン神話》〔男の〕空気（風）の精, シルフ《美しい娘の姿をした. 四大元素 espíritus elementales の一つ》

silga [sílɣa] 囡《船・網の》引き綱《=sirga》

silgado, da [silɣáðo, ða] 形《エクアドル》ひどく痩せた, きゃしゃな

silgar [silɣár] 8 自 櫂(ｶｲ)で漕ぐ, 艪(ﾛ)を漕ぐ
—— 他《船・網など》引く

silguero [silɣéro] 男《鳥》=jilguero

silicatar [silikatár] 他《化学》ケイ酸塩処理する

silicato [silikáto] 男《化学》ケイ酸塩

sílice [sílίθe] 囡《化学》シリカ, 二酸化ケイ素

silíceo, a [silíθeo, a] 形 二酸化ケイ素の(を含んだ): tierra ~*a* 珪質土

silícico, ca [silíθiko, ka] 形《化学》シリカ（珪素）と化合した: ácido ~ ケイ酸. anhídrido ~ 無水ケイ酸

silicícola [siliθíkola] 形《植物》ケイ酸質の土壌に生育する: planta ~ ケイ酸植物

silicio [silíθjo] 男《元素》ケイ素, シリコン

siliciuro [siliθjúro] 男《化学》ケイ化物, ケイ素化合物

silicona [silikóna] 囡《化学》シリコン樹脂, シリコン

silicosis [silikósis] 囡《医学》珪肺（症）, 珪粉症

silicoso, sa [silikóso, sa] 形 =silicótico

silicótico, ca [silikótiko, ka] 形 珪肺の［患者］

silicua [silíkwa] 囡 ❶《植物》長角果. ❷ 昔の重量単位《=4グラム》

silícula [silíkula] 囡《植物》短角果

silingo, ga [silíŋgo, ga] 形 名 シリンゴ族〔の〕《5世紀にスペインに侵入したゲルマン系部族の一つ》

silla [síʎa]《←ラテン語 sella < sedere「座っている」》囡 ❶ 椅子(ｲｽ) 《背付きでひじ掛けのないもの》: sentarse en una ~ 椅子に腰かける. ofrecer una ~ *a*＋人 …に椅子をすすめる.［ir en］~ de ruedas 車椅子［に乗る］. ejecución por ~ eléctrica 電気椅子による処刑. ~ abuelita《中米》~ de hamaca. ~ aérea《コロンビア, チリ, アルゼンチン, ウルグアイ》=telesilla. ~ alta 小児の食事用の椅子. ~ curul《古代ローマ》［按察官の］象牙の椅子;《メキシコ》国会の議席. ~ de hamaca ロッキングチェア. ~ de la reina／~ de oro 手車《2人で手を組み合わせて人を乗せる》. ~ de niño ベビーカー. ~ de playa《中南米》デッキチェア (=hamaca). ~ de tijeras［座部が × に布の］折り畳み椅子. ~ gestatoria 教皇が乗る椅子つきの輿. ~ musicales/juego de las ~*s*《遊戯》椅子取りゲーム. ❷ 鞍(ｸﾗ)《= ~ de montar》. ~ de amazona 横乗り鞍《=jamugas》. ~ jineta 競馬用の鞍. Quien (El que)〔se〕fue a Sevilla perdió su ~.《諺》一度失った席はもう取り戻せない.《遊戯のはやし言葉》いったん椅子を取られた者はもうそこに座る権利がない. ❸［身障者のための］1)《スキー》~ carreras de ~*s sobre hielo* アイススレッジスピードレース. hockey *en* ~ *sobre hielo* アイススレッジホッケー. ❹《カトリック》~ arzobispal 大司教座. ~ episcopal (obispal) 司教座. ~ pontificia 教皇座. ❺ ~ volante［1頭立てで2人乗りの］二輪馬車. ~ de posta《古語》駅馬車. ❻《解剖》turca トルコ鞍. ❼《西. 料理》［子牛などの］鞍下肉: ~ de cordero 羊の鞍下肉. ❽《口語》肛門《=ano》. ❾《パナマ, コロンビア, ベネズエラ, ペルー, チリ》サドル《=sillín》
calentar la ~ 1) 長居する. 2)［不相応な］地位に居座る
mover la ~ *a*＋人 …の立場を密かに奪っている
pegarse la ~ *a*＋人 …は長い間座っている; 尻が長い
~ *de manos* 1)《王侯貴族を運ぶ, 椅子つきの》輿(ｺｼ), 輦(ﾚﾝ). 2)《コスタリカ, コロンビア, チリ》手車《=sillita de la reina》

sillada [siʎáða] 囡《山の斜面にある》平坦地

sillar [siʎár]《←*silla*》男 ❶《建築》切り石: ~ de clave かなめ石. ❷《馬術》〔鞍を置く〕馬の背

sillarejo [siʎaréxo] 男《建築》〔荒削りの〕小型の切り石

sillazo [siʎáθo] 男 =silletazo

sillense [siʎénse] 形 名《地名》シリャ Silla の〔人〕《バレンシア県の村》

sillera[1] [siʎéra] 囡《廃語》椅子つきの輿(ｺｼ)を置く場所

sillería [siʎería]《←*silla*》囡 ❶《集合》［一室の］椅子とソファの一そろい. ❷《集合》［教会・劇場などの］連結式の座席; 聖歌隊席. ❸ 椅子店（工場）. ❹《建築》切り石積み建築;《集合》その切り石

sillerilla [siʎeríʎa] 囡《植物》ハンニチバナ科の灌木《学名 Fumana ericoides》

sillero, ra[2] [siʎéro, ra] 名 ❶ 椅子製造（販売）者. ❷《教会の》椅子係

silleta [siʎéta] 囡 ❶ 溲瓶(ｼﾋﾞﾝ), おまる. ❷《古語》その上でチョコレートを加工する石板. ❸《アラゴン, アルバセテ》手車《=silla de la reina》. ❹《アラゴン. 馬具》横乗り用の鞍. ❺《中南米》椅子, 腰掛け

silletazo [siʎetáθo] 男 椅子での一撃

sillete [siʎéte] 男《ログローニョ》［座部がわら・ガマの葉製の］腰掛け

silletero [siʎetéro] 男 ❶ 椅子つきの輿(ｺｼ)のかつぎ手. ❷《廃

silletín 語》椅子製造(販売)者

silletín [siʎetín] 男》《レオン, サモーラ》足のせ台

sillico [siʎíko] 男《まれ》溲瓶《医》, おまる

sillín [siʎín] 《silla の示小語》男 ❶《自転車, オートバイ》サドル. ❷《馬具》軽量で簡素な鞍; [豪華な木彫りの] 横乗り鞍; 馬車馬に付ける小型の鞍

sillita [siʎíta] 女 ～ de la reina 手車《2人で手を組み合わせて人を乗せる》

sillón [siʎón] 《silla の示大語》男 ❶ ひじ掛け椅子: Está sentado cómodamente en su ～. 彼はゆったり腰かけている. ～ de ruedas 車椅子. ❷《馬具》[女性用の] 横乗り鞍. ❸《キューバ, プエルトリコ, ペルー》ひじ掛けのある揺り椅子. ❹《ドミニカ》[主に革張りの] 長椅子. ❺《コロンビア, ペルー》[ロバ・去勢牛用の] 折り畳み式の鞍

sillonero, ra [siʎonéro, ra] 形《ベネズエラ, ボリビア》[馬などが] 鞍を置かれ慣れた

silo [sílo] 《バスク語 zulo「穴」》男 ❶ サイロ(1) 穀物・飼料などセメント・砂利などの貯蔵庫. 2) 地下のミサイル格納庫・発射台》. ❷《チリ サイレージ》貯蔵用に圧縮された牧草

silogismo [siloxísmo] 男《論理》三段論法《=modo del ～》: ～ abreviado 省略三段論法

silogístico, ca [siloxístiko, ka] 形 三段論法の
—— 女 三段論法研究

silogizar [siloxiθár] 9 自 三段論法で論じる(推論する)

silueta [silwéta] 《仏語 silhouette < Silhouette (フランスの政治家)》女 ❶ 体の輪郭, 体型: Ese vestido realza su ～. その服は彼女の体型を際立たせる. tener una ～ esbelta ほっそりした体つきをしている. ❷ シルエット, 影: Se veían tres ～s de animales, pero no podíamos identificarlas. 動物のシルエットが3つ見えたが, 正体を突きとめられなかった. En la pared se perfilaba su ～. 壁には彼の影が映っていた

siluetar [silwetár] 他 =**siluetear**

siluetear [silweteár] 他 ❶ …の輪郭を描く. ❷ …のシルエットを映す, シルエットに描く

siluriano, na [siluɾjáno, na] 形 男 =**silúrico**

silúrico, ca [silúɾiko, ka] 形 男 シルル紀 (の)

siluriforme [siluɾifórme] 形 ナマズ目の
—— 男 複《魚》ナマズ目

siluro [silúɾo] 男 ❶《総称》ナマズ: ～ de Danubio ヨーロッパオオナマズ. ～ eléctrico 電気ナマズ. ❷《軍事》自動推進式魚雷

silva [sílba] 女 ❶ 雑文集, 雑記録. ❷《詩法》[16世紀半ばの] 7音節と11音節を自由に組み合わせた詩形. ❸《サラマンカ》キイチゴ《=zarza》. ❹《レオン》ナナカマドの実《=serba》

Silva [sílba]《人名》José Asunción ～ ホセ・アスンシオン・シルバ《1865～96, コロンビアの詩人. ポードレールらの著作から強い刺激を受けて詩作を行なう. 人間の心の繊細微妙な動きに共鳴し反発する詩語の響き合う音・アクセント, そこから生まれるイメージなどで表現できる稀有な詩人で, モデルニスモの先駆者と言われる》

silvanita [silbaníta] 女《鉱物》シルバニア鉱

silvano [silbáno] 形 =**selvático**
——《ローマ神話》シルウァヌス《森の半神》

silvático, ca [silbátiko, ka] 形 =**selvático**

silvestre [silbéstɾe]《←ラテン語 silvestris < silva「密林」》形 ❶《植物の》野生の, 野生種の《⇔sativo》: Esta es una variedad ～ de cardo. これはアザミの一変種だ. plantas ～s 野生植物. flor ～ 野の花. fresa ～ 野イチゴ. ❷《動物の》野生の《⇔doméstico》. ❸ 未開の: tierras ～s 未開墾地. ❹ 粗野な, 教養のない

silvestrino, na [silbestɾíno, na] 形《カトリック》[ベネディクト会の] 聖シルベストレ San Silvestre 派の

silvícola [silbíkola]《←selva》形 密林の, 密林に住む; セルバ セルバの

silvicultor, ra [silbikultóɾ, ra] 名 植林者

silvicultura [silbikultúɾa]《←ラテン語 silva+cultura》女 ❶ 植林, 造林. ❷ 林学

silvina [silbína] 女《鉱物》カリ岩塩, シルビン

silvinita [silbiníta] 女《鉱物》シルビナイト

silvoso, sa [silbóso, sa] 形 =**selvoso**

sim-《接頭辞》➡**sin-** II: *sim*biosis 共生

SIM 男《西. 略語》←Servicio de Inteligencia Militar 軍情報局

sima [síma] 女 ❶ [地面の] 深い穴 (亀裂), 深淵. ❷《建築》[円柱の土台部分の] 刳り形《=escocia》
—— 男《地質》シマ

simarruba [simarúba] 女《中南米》=**simaruba**

simaruba [simarúba] 女《中南米. 植物》シマルパ, カセッター《ニガキ科の巨木. 樹皮は解熱剤》

simarubáceo, a [simaɾubáθeo, a] 形 ニガキ科の
—— 女 複《植物》ニガキ科

simba [símba] 男 ❶《ペルー》[先住民女性が三つ編みを結ぶ] リボン. ❷《ボリビア》三つ編みの堅い革紐. ❸《アルゼンチン》=**simpa**

simbionte [simbjónte] 形 男《生物》共生の; 共生者

simbiosis [simbjósis] 女 ❶《単複同形》❶《生物》共生. ❷ 混合, 混淆, 融合, 結合: Su teoría es una ～ de conceptos muy distintos. 彼の説は様々な考えを混ぜ合わせたものだ. ❸ 相互協力, 相互援助: Las dos empresas han llegado a una ～. 2つの会社は相互援助することになった

simbiótico, ca [simbjótiko, ka] 形 共生の

simbol [simból] 男《アルゼンチン. 植物》チカラシバの一種《茎はかご作りに用いられる. 学名 Pennisetum rigidum》

simbólicamente [simbólikaménte] 副 象徴的に; 形式的に

simbólico, ca [simbóliko, ka]《←símbolo》形 ❶ 象徴的な, 象徴の, 表象の: significación ～ca 象徴的な意味. escritura ～ca 象形文字. ❷ 記号の, 符号の, 記号による: lenguaje ～ 記号言語. lógica ～ca 記号論理学. ❸ 実質を伴わない, 形だけの: Jaime ha recibido una cantidad ～ca como agradecimiento por su trabajo. ハイメは仕事をした謝礼として形だけのわずかな額を受け取った. abrazo ～ 形ばかりの抱擁. precio ～ 形だけの料金, ただ同然の値段

simbolismo [simbolísmo] 男《集合》象徴表示, 象徴(記号) 体系. ～ amoroso 愛の象徴体系. ～ matemático 数学記号体系. ～ religioso 宗教の象徴体系. ❷ 象徴性, 象徴的な意味. ❸《芸術》象徴主義, サンボリズム

simbolista [simbolísta] 形 ❶《文学, 美術》象徴主義の (主義者の). ❷ 象徴派の《作家》. ❷ 象徴を用いる《人》, 記号(符号) 使用者. ❸ 象徴(記号) 体系の; 象徴的な意味をそなえた

simbolizable [simboliθáble] 形 象徴可能な

simbolización [simboliθaθjón] 女 象徴化, 表象化; 記号化

simbolizador, ra [simboliθaðóɾ, ra] 形 象徴する

simbolizante [simboliθánte] 形 象徴する

simbolizar [simboliθáɾ]《←símbolo》9 他 ❶ 象徴する: La bandera *simboliza* la patria. 国旗は祖国の象徴である. Chopin *simbolizó* con estas notas la lluvia. ショパンはこれらの音で雨を象徴した. ❷ 象徴化する; 記号化する
—— ～**se**《+con で》表わされる: El sodio *se simboliza con* Na. ナトリウムはNaで表わされる

símbolo [símbolo]《←ラテン語 symbolum < ギリシア語 symbolon》男 ❶ 象徴, シンボル: Una paloma blanca con un ramito de olivo en el pico es el ～ de la Paz. 口にオリーブの木の枝をくわえた白鳩は平和の象徴である. ～ de status/～ de posición social ステータスシンボル. ❷《言語》象徴《外的現実と純粋に慣習的な関係しかもたない記号》. ❸ 記号, 符号《=signo》: 1) El reloj blando en algunos surrealistas es un ～ muy complejo. あるシュルレアリストたちにおいては溶けた時計がとても複雑な意味をもつ記号となる. ～ chino 漢字. ～ fonético 発音記号. 2) 元素記号《=～ atómico》; 化学記号《=～ químico》. ❹《カトリック》信経, 信仰告白. ～ de los apóstoles/ ～ de Nicea/ ～ de la fe 使徒信経. ❺《貨幣・メダルの》図像, 紋様. ❻ 格言

simbología [simboloxía] 女 象徴学; 象徴体系

simetría [simetɾía]《←ラテン語 symetria < ギリシア語 symmetria》女 ❶ 対称, 相称, シンメトリー: 1) Entre la parte izquierda y la derecha de un hombre hay ～. 人の左半身と右半身は対称になっている. ～ bilateral 左右対称. ～ radial《生物》放射対称. 2)《幾何, 物理》eje de ～ 対称軸. plano de ～ 対称面. ❷ 均整, 釣り合い, 調和

simétricamente [simétɾikaménte] 副 対称的に

simétrico, ca [simétɾiko, ka] 形 ❶ 対称の, 対称的の: línea ～ca 対称線. posición ～ca 対称的な位置. ❷ 均整のとれた

simetrizar [simetɾiθáɾ] 9 他 ❶ 対称にする. ❷ 均整のとれたものにする

símico, ca [símiko, ka] 形 類人猿の; 猿の

símido, da [símiðo, da] 形 男《動物》ショウジョウ科(の)《=póngido》

simiente [simjénte]《←ラテン語 sementis「種まき」》囡 ❶《文語》種, 種子《=semilla》.❷《比喩》《感情などの》種: ~ de un conflicto 争いの種. ❸ 精液《=semen》.❹《植物》~ de papagayos ペニバナ《=alazor》
  guardar para ~ de rábanos《戯語》[人・事物に] 見込みのないことをする
  no quedar para ~ de rábanos《戯語》死は避けがたい
  para ~ de rábanos《戯語》死蔵用の
simienza [simjénθa] 囡《古語》種まき
simiesco, ca [simjésko, ka] 形 類人猿の; 猿のような
simiforme [simifórme] 形 真猿亜目の
  ── 男《動物》真猿亜目
símil [símil]《←ラテン語 similis「類似の」》❶《修辞》直喩. ❷ 比較: No me parece correcto el ~ que estableces entre tu caso y el mío. 君の場合と私の場合を比較するのは正しくないと思う. ❸ 類似
  ── 形《まれ》よく似た, 類似した
similar [similár]《←símil》形 [事物が, +a に] 類似した: Las características del modelo son ~es a las del anterior. そのモデルの特徴は前のモデルとそっくりである. figura ~《幾何》相似形
similaridad [similariðá(ð)] 囡 類似性
similicadencia [similikaðénθja] 囡《文学》2・3の句を類音語で終わらせる修辞法
similitud [similitú(ð)] 囡 類似性: ¿Crees que hay alguna ~ entre su proyecto y el mío? 君の計画と私の計画に似たところがあるとでも君は思っているのか?
similitudinario, ria [similituðinárjo, rja] 形 類似した, 似通った
similor [similór] 男 ピンチベック, 模造金
  de ~ にせ物の, まがいものの
simio, mia [símjo, mja] 形 類人猿(の); 猿の(ような)
  ── 男《動物》[学名として] 類人猿
SIMM [sím]《←英語》男《圏》~s《情報》シム
simón [simón]《←Simón (マドリードの貸し馬車業者)》男《西》[主にマドリードの昔の] 貸し馬車, 貸し馬車屋; 辻馬車の御者
simonía [simonía]《←Simón [Mago](新約聖書の登場人物)》囡《カトリック》聖物売買, 聖職売買, 沽聖(.)《聖物売買により利益を得ること》
simoníacamente [simoníakaménte] 副 聖物(聖職)売買によって
simoniaco, ca [simonjáko, ka] 形 =**simoníaco**
simoníaco, ca [simoníako, ka] 形 聖物(聖職)売買の(売買者), 沽聖をなす
simoniático, ca [simonjátiko, ka] 形 =**simoníaco**
simonizar [simoniθár] 他《ペルー》ワックスを塗る
simoun [simún]《←仏語》男 =**simún**
simpa [símpa] 囡《ペルー, アルゼンチン. 髪型》三つ編み
simpar [simpár] 他《ペルー, アルゼンチン. 髪型》三つ編みにする
simpatectomía [simpatektomía] 囡《医学》交感神経切除
simpatético, ca [simpatétiko, ka] 形《言語》dativo ~ 共感的与格, 所有の与格《例 El perro *me* mordió la pierna. 私は犬に脚を咬まれた (me で pierna が me のものであることを示す)》

鳴. ❹《解剖》交感神経[系]の; 自律神経[系]の: sistema nervioso ~ 交感神経[系], 自律神経[系]. ❺《キューバ, ベネズエラ, ボリビア. 口語》[人が] よく似た, そっくりの
  ── 囡 感じのいい人
  ── 男《解剖》gran ~ 交感神経[系]; 自律神経[系]
simpaticolítico, ca [simpatikolítiko, ka] 形 男《薬学》交感神経遮断作用の; 交感神経遮断剤
simpaticomimético, ca [simpatikomimétiko, ka] 形 男《薬学》交感神経模倣作用の; 交感神経模倣剤
simpaticón, na [simpatikón, na] 形 囡《口語》一見感じのいい [人], とっつきのいい [人]
simpaticote, ta [simpatikóte, ta] 形 囡《口語》=**simpaticón**
simpaticotonía [simpatikotonía] 囡《医学》興奮状態
simpaticotónico, ca [simpatikotóniko, ka] 形 男《薬学》交感神経興奮作用の; 交感神経興奮剤
simpaticótropo, pa [simpatikótropo, pa] 形 男《薬学》=**simpaticotónico**
simpatina [simpatína] 囡《生化》ノルアドレナリン《=noradrenalina》
simpatizador, ra [simpatiθaðór, ra] 形 共感させる, 好感を抱かせる
simpatizante [simpatiθánte] 形 [+con と] 共鳴する, 同調する; 同情的な
  ── 囲 共鳴者, 同調者, シンパサイザー: Ese partido político tiene muchos ~s. その政党には多くの支持者がいる
simpatizar [simpatiθár]《←simpatía》自 ❶ [+con と/互いに] 気が合う, 共感する, 共鳴する: *Simpaticé con* Juana enseguida. 私はすぐフアナと意気投合した (仲よくなった). ❷ [+con 思想などに] 共鳴する. ❸《チリ》…の気に入る
simpátrico, ca [simpátriko, ka] 形《生物》同所(性)の
simpecado [simpekáðo] 男《アンダルシア》無原罪の宿り Sine labe concepta の銘句の書かれた旗《聖母信徒会 cofradía de la Vírgen の行列の先頭に掲げられる》
simpétalo, la [simpétalo, la] 形《植物》合弁の
simplada [simpláða] 囡《中米, コロンビア》愚かなこと, ばかなこと
simple [símple]《←俗ラテン語 simplus》形 ❶ 簡単な: El examen ha sido muy ~. 試験はとても易しかった. idea ~ 単純な考え. instalación ~ 単純(簡単)な装置. trabajo (procedimiento) ~ 簡単な仕事(手順). ❷ [+名詞] 単なる, ただの: Esto es un ~ trámite. これは単なる形式にすぎない. Soy un ~ oficinista. 私は一介の会社員だ. Él dice que es un artista, no un ~ provocador. 自分はただの扇動者ではない, 芸術家だと彼は言っている. Me basta con tu ~ palabra, sin más garantías. 私は君の言葉だけでいい, その他の保証は何もいらない. por ~ descuido 単なる不注意で. ❸ 素朴な, 飾り気のない: habitación ~ 飾り気のない部屋. comida ~ 質素な食事. ❹ 愚鈍な, ばかな, お人好しの: Es tan ~ que se cree todo lo que le dicen. 彼はとても単純で人の言うことを何でも信じてしまう. ❺ 単一の《⇔múltiple》: maquinilla de ~ 一枚刃のかみそり. ojo ~《動物》単眼. ~ muralla 一重の城壁. ❻《化学》単一元素からなる: sustancia ~ 単体. ❼《言語》1) [複合時制に対して] 単純時制の. 2) [複文に対して] 単文の. 3) palabra ~ [複合語に対して] 単純語《例 casa, libro》. ❽《商業》単利の. ❾《数学》単比例の. ❿《カトリック》[祝日・祭式が] 単誦の. ⓫ [文書の写しが] 公証されていない. ⓬ 味のない, まずい
  ── 囡 単純[素朴]な人, ばか, お人好し
  ── 男 ❶《スポーツ》シングルス《⇔doble》: jugar un ~ シングルスの試合をする. ❷ 薬草, 生薬. ❸《アルゼンチン》食パンで作ったサンドイッチ
simplejo [simpléxo] 男《心理. 時に軽蔑》シンプレックス
simplemente [símpleménte] 副 ❶ 簡単に, たやすく; 単純に: Eso no se soluciona tan ~ como tú crees. それは君が思っているほど簡単には解決しない. ❷ ただ単に: S~ le dije que se fuera. 私は彼に出て行けとだけ言った. Lo tuyo es ~ un catarro. 君のはただの風邪だ. Eso se arregla ~ dándole dinero. それは彼に金をやれば済むことだ. ❸ 本当に, 全くに: Son ~ geniales. 彼らはまぎれもなく天才だ. ❹ 絶対的に, 無条件に
  pura y ~ 掛け値なしに, 全く
símplex [símpleks] 男《単複同形》《通信》単信回線; 単信回線による通信; 単信回線で送受信されたメッセージ
simpleza [simpléθa]《←simple》囡 ❶ 素朴さ, 愚鈍さ, 愚かさ: No te ofendió por su mala intención, sino por ~. 彼は悪気

simplicidad

があって君を侮辱したのではなく, 単純素朴だからだ. ❷ 愚かな言動: No digas más *~s*. ばか(つまらない)ことばかり言うな. ❸ つまらないもの: Le regalaré cualquier ~. 何かちょっとした物を彼に贈ろう. ❹《古語》簡単さ, 単純さ. ❺《廃語》野暮ったさ; だらしなさ

simplicidad [simpliθiðá(ð)]《←ラテン語 simplicitas, -atis》囡 ❶ 素朴さ, 無邪気さ. ❷ 簡単さ, 単純さ: ~ en el manejo 取扱いの簡単さ. ~ de la vida 生活の簡素さ. ❸《←英語》[人・習慣などの] 野暮ったさ

simplicísimo, ma [simpliθísimo, ma] 形 simple の絶対最上級

simplicista [simpliθísta] 名 ❶ あまりに単純な考え方をする[人], 短絡的な[人], 浅薄すぎわまる[人]: Tu colega es muy ~, todo lo ve fácil. 君の同僚は無邪気すぎるよ, すべてを安易な目で見ている. ❷ 薬草商, 漢方医

simplificable [simplifikáble] 形 単純化(簡略化)され得る
simplificación [simplifikaθjón] 囡 単純化, 簡略化
simplificador, ra [simplifikaðór, ra] 形 単純化(簡略化)する
simplificar [simplifikár]《7》他 ❶ 単純にする, 簡単にする: ~ los trámites 手続きを簡略化する.《数学》~ una fracción 約分する

simplificatorio, ria [simplifikatórjo, rja] 形《まれ》=**simplificador**

simplísimo, ma [simplísimo, ma]《simple の絶対最上級》形 ひどくのろまな, 浅はかな

simplismo [simplísmo] 男 ❶ 単純化傾向. ❷ 単純(一面的)な考え

simplista [simplísta] 形 名 ❶ [物事を] あまりに単純化して考える[人], 一面しか見ない[人], 短絡的な[人]: solución ~ 一面的な解決法. ❷ 薬草(生薬)の専門家

simplocáceo, a [simplokáθeo, a] 形 ハイノキ科の
── 囡 複《植物》ハイノキ科

simplón, na [simplón, na]《simple の示大語》形 名《軽蔑》愚鈍な[人], おめでたい[人], お人好しの

simplote [simplóte] 形《口語》=**simplón**

simposio [simpósjo]《←ギリシア語 symposion「宴会」》男 シンポジウム: celebrar un ~ de medicina preventiva 予防医学についてのシンポジウムを開く

simposium [simpósjun] 男《~s》=**simposio**

simulación [simulaθjón] 囡 ❶ シミュレーション, 模擬実験: ~ del vuelo フライトシミュレーション. ❷ ふりをすること, 見せかけ: ~ de una enfermedad 仮病. ❸《法律》故意に事実関係・法律関係を隠蔽し外形を偽装すること

simulacro [simulákro]《←ラテン語 simulacrum < simulare》男 ❶《軍事など》[本番さながらの] 演習, 模擬戦《= ~ de combate》: hacer un ~ de desembarco 上陸演習をする. ~ de incendio 火災訓練. ~ de salvamento 救助訓練. ❷ 見せかけ: hacer el ~ de+不定詞 …するふりをする. Su alegría era un ~ para despistar a los periodistas. 彼が喜んだのは新聞記者をだます演技だった. ❸《文語》偶像, 似姿. ❹《ベネズエラ》手本, 見本

simuladamente [simuláðamente] 副 演技して, 擬装して
simulador, ra [simulaðór, ra] 形 見せかけの, 人の目をあざむく; 外見を偽る[人], ふりをする[人]
── 男 シミュレーター, 模擬実験(操縦)装置: ~ de vuelo フライトシミュレーター

simular [simulár]《←ラテン語 simulare》他 ❶ …のふりをする, …に見せかける: 1) Los decorados *simulan* una ciudad medieval. 舞台装置はいかにも中世の都市らしく作ってある. ~ el accidente 事故を装う. ~ un ataque de nervios ヒステリーを起こしたふりをする. ~ una enfermedad 仮病を使う. 2)《+ que+直説法》Manolo *simula que* trabaja. マノロは働いているふりをしている. ❷《情報》シミュレートする

simúlido, da [simúliðo, ða] ブユ科の
── 男 複《昆虫》ブユ科

simultánea¹ [simultánea] 囡《チェス》同時対局

simultáneamente [simultáneamente] 副 ❶《+a と》同時に: Sonia atiende ~ dos cosas. ソニアは2つのことを同時にする. *S ~ a* la celebración de este homenaje tuvo lugar otro en su pueblo natal. これと同時に彼に敬意を表する催しが故郷でも行われた. ❷《+con と》一緒に: Entré ~ *con* Marta. 私はマルタと一緒に中に入った

simultanear [simultaneár]《←simultáneo》《西》[2つを/+

simultaneidad [simultaneiðá(ð)] 囡 同時性: El ordenador permite la ~ de varias operaciones. コンピュータを使えばいくつもの作業を同時にこなすことができる

simultaneísmo [simultaneísmo] 男《文学, 美術》❶ 同時主義, シミュルタネイスム《複数の詩をからめて叙情を表わす詩作法; 時間と空間の相互連関的変化を同一画面に同時に表現しようとする画法》. ❷ 同時話法《異なる場所で起きた出来事を並行して示す小説技法》

simultaneísta [simultaneísta] 形 名《文学, 美術》❶ 同時主義の(主義者), シミュルタネイスムの. ❷ 同時話法の

simultáneo, a² [simultáneo, a]《←ラテン語 simultas, -atis「競争」》形《2つが/+con と》同時の: Pensar en ti y que me llamaras por teléfono fue ~. 君のことを思い浮かべるのと同時に君から電話がかかってきた. La explosión fue casi *~a con* el despegue. 爆発が起こったのは離陸とほとんど同時だった. procesos ~s 同時進行過程

simún [simún] 男 シムーン《サハラやアラビアの砂漠で吹く乾いた熱風》

sin [sin]《←ラテン語 sine》前《欠如》❶ …なしに; …のない《⇔con》: 1) Lo hizo ~ ayuda. 彼は誰の助けも借りずにそれを成し遂げた. Está ~ empleo. 彼は失業中だ. Redacta con facilidad, ~ apenas tachaduras. 彼はすらすらと, ほとんど訂正せずに文章を書く. Apúrate o me marcho ~ ti. 急がないと置いて行くよ. Toda su vida estudió ~ maestro. 彼は生涯を通じて師につかずに学んだ. café ~ leche ミルクなしのコーヒー. los ~ trabajo 失業者たち. 2)《+除外・疑惑・論争などを表わす語で肯定を強調する慣用句》Díselo a todos ~ excepción. 漏れなく全員に伝えなさい. Estos jugadores son, ~ duda, los mejores del país. これらの選手は疑いなく, この国最強の人たちだ. ¡Tírate! ¡*Sin* miedo! さあ飛ぶんだ! 怖がらないで! Al final me ayudara, pero lo hace ~ mucha gana. 彼は最後には助けてくれるのだろうが, それも嫌々ながらだ. ❷《+不定詞・que+接続法》…せずに: Escribe a máquina ~ mirar las teclas. 彼はキーを見ずにタイプが打てる. Salió ~ comer. 彼は食事せずに出掛けた. Llevo un mes ~ fumar. 私はこの1か月たばこを吸っていない. Por favor, ~ empujar. 押さないで下さい. Se despertó ~ *que* le llamara nadie. 彼は誰にも起こされないのに目をさました. Llamó a la puerta ~ *que* le respondiesen. 彼はドアをノックしたが, 返事がなかった. ❸《+不定詞》1)《未遂・未完》まだ…せずに, …しないままに: La cena está ~ hacer. 夕食はまだ済んでいない. Sigo ~ entender. 私はまだ理解できていない. Son las nueve y el chico ~ venir. 9時なのにその青年はまだ来ない. Hay muchos misterios de la naturaleza ~ resolver. まだ解明されていない自然の神秘が数多くある. 2)[条件]…しないと: Parecerá más inteligente ~ abrir la boca. 黙っていたほうがもっと賢く見えるだろう. No puede estar contenta ~ tener dinero. 彼女はお金がないと満足できない. 3)[否定文で]…せずに: …しない, decir ~ a: No me voy ~ verlos. 私は彼らに会わずに帰るようなことはしない. 4)[受動的] Esto está aún ~ terminar. これはまだ終わっていない. camisa ~ planchar アイロンがけのしていないワイシャツ. ❹《…のほかに, …と別に, …を勘定に入れないで》: Me costó treinta euros ~ los portes. それは送料を別にして30ユーロかかった. Este juego de té cuesta quinientas libras ~ IVA. この紅茶セットは付加価値税抜きで500ポンドする. Llevo tanto en dinero, ~ las alhajas. 私は現金でそれだけ持っていて, それとは別に宝石がある

no ~[弱い肯定]1) かなりの: *No* ~ dificultad conseguimos pasar la prueba. 私たちが試験に受かるのはかなり難しかった. *No* lo decía ~ misterio. 彼は内緒めかしてそう言った. Aceptó, *no* ~ poner muchas condiciones. 彼は承諾したが, あれこれ条件を付けた上だった. 2)[婉曲的な肯定] 無いわけではなく: *No* lo dijo ~ intención. 彼は何の意図もなしにそれを言ったのではない/何の意図をもってそう言った. Agarré esa rana *no* ~ repugnancia. 私は少し気持ち悪いよと思いながら, そのカエルをつかまえた. Entré, *no* ~ miedo, con algún miedo. 私は入った時, 全く怖くなかったわけではなく, 少し怖かった. 3)[+不定詞] 必ず…する: *No* pasa un día ~ aprender una cosa. 一日に必ず一つは学ぶものだ

***no ～ antes*+不定詞** [主動詞より] 以前に…する: Se marchó, *no ～ antes* decir lo que pensaba. 彼は帰って行ったが, その前に考えていたことを言った

～ qué ni para (por) qué*/*～ venir a qué 何の理由もなく: Se desmaya Julia ～ *qué ni para qué*. フリアは特に理由もなく気を失う

—— [形]《口語》ノンアルコールの: Tomaré una cerveza ～. 私はノンアルコールのビールにする

sin- **I**〘←ラテン語 sine〙《接頭辞》[無] *sin*sabor 味気なさ **II**〘←ギリシア語 sym〙《接頭辞》〘p, b の前では sim-〙[混合, 同時] *sín*tesis 総合

sinaco, ca [sináko, ka] [形]《地方語》ばかな, 愚かな

sinagoga [sinaɡóɡa]〘←ラテン語 synagoga < ギリシア語 synagoge < synago「私は集める」〙[女] ❶ シナゴーグ〘ユダヤ教の礼拝堂〙. ❷ [集名] [シナゴーグに集まった] ユダヤ教徒; [その] 信徒会. ❸《軽蔑》[違法目的の] 会合

sinagogal [sinaɡoɡál] [形] シナゴーグの

Sinaí [sinaí] [男]《地名》monte ～ シナイ山. península del ～ シナイ半島

sinaítico, ca [sinaítiko, ka] [形]《旧約聖書》シナイ山 monte Sinaí の

sinalagmático, ca [sinalaɡmátiko, ka] [形]《法律》双務契約の

sinalefa [sinaléfa] [女]《音声》母音融合, 母音の統合〘語末の母音と次の語の語頭の母音を縮約して, 1つの母音または二重母音のように発音すること: l*a* *a*lfombra [lalfɔ́mbra], s*u* *a*buela [swaƀwéla]〙

sinalefar [sinalefár] [他]《音声》母音を融合させる

sinalgia [sinálxja] [女]《医学》交感疼痛, 遠隔痛

sinaloense [sinaloénse] [形] [名]《地名》シナロア Sinaloa の[人]〘メキシコ西部の州〙

sinamay [sinamái̯] [男]《フィリピン》シナマイ〘マニラ麻の細い繊維を織った布〙

sinamayera [sinamajéra] [女]《フィリピン》シナマイなどの布を売る女

sinandro, dra [sinándro, dra] [形]《植物》合着雄蕊(ずい)の

sinántropo [sinántropo] [男]《人類学》北京原人, シナントロプス

sinapismo [sinapísmo] [男] ❶《医学》からし泥(軟膏)[療法]. ❷《口語》[人に対する] 思い切った手段, 効果てきめんの方法. ❸《口語》厄介な人; 面倒なこと

sinapizado, da [sinapiθáđo, đa] [形] baño ～ からし風呂

sinapsis [siná(p)sis] [女]〘単複同形〙❶《解剖》シナプス. ❷《生物》シナプシス, 対合(たいごう)

sináptico, ca [siná(p)tiko, ka] [形]《解剖》シナプスの: espacio ～ シナプス間隙. transmisión ～*ca* シナプス伝達

sinarca [sinárka] [名]《歴史》共同支配者

sinario [sinárjo] [男]《廃語》運命; 兆候

sinarquía [sinarkía] [女] ❶《歴史》共同支配. ❷ 大企業グループが国の政治経済に対して及ぼす影響・支配

sinárquico, ca [sinárkiko, ka] [形]《歴史》共同支配の

sinartrosis [sinartrósis] [女]《解剖》不動結合, 関節癒合症

sinaxis [siná(k)sis] [女]《カトリック》[初期教会の] 礼拝式, ミサ聖祭

sincárpico, ca [siŋkárpiko, ka] [形]《植物》合成心皮を有する

sincategorema [siŋkateɡoréma] [男]《論理》命題の主題・述語として単独では使用され得ない語

sincategoremático, ca [siŋkateɡoremátiko, ka] [形]《論理》命題の主題・述語として単独では使用され得ない

sinceración [sinθeraθjɔ́n] [女] 心を開くこと, すべてを打ち明けること

sincerador, ra [sinθeradɔ́r, ra] [形] [名] 容疑を晴らす[人]

sinceramente [sinθéraménte] [副] ❶ 心から, 率直に[言って]. ❷《手紙》[*S*～] 敬具

sincerar [sinθerár]〘←sincero〙[他] 弁明する, 嫌疑を晴らす

—— **～se** ❶ [+de に関して, +con・ante+人 に] 心を開く, すべてを打ち明ける: Mi nuera *se sinseró con*migo. 息子の嫁は私に心中を語ってくれた. ❷ 自身の嫌疑を晴らす: Los padres *se sinceraron ante* el juez. 両親は裁判官に自分たちの正当性を主張した

sinceridad [sinθeriđá(đ)]〘←ラテン語 sinceritas, -atis〙[女] ❶ 嘘偽りのないこと, 率直さ: Empecé a dudar de la ～ de sus palabras. 私は彼の言葉の信憑性を疑い始めた. Se lo digo con toda ～. 私は心からそう言っているのです. ❷ 誠実さ: Carece de ～. 彼は誠意に欠けている

sincero, ra [sinθéro, ra]〘←ラテン語 sincerus「手を触れていない, 腐敗していない」〙[形] ❶ 誠実な〘言行に嘘偽りのない〙: Creo que es ～, y está arrepentido de verdad. 彼の態度に嘘偽りはないと私は思います, 本当に後悔しているのです. Sea ～ consigo mismo. 自分に正直であれ. actitud ～*ra* 誠実な態度. persona ～*ra* 正直な人. ❷ 心からの, 率直な: Mi más ～*ra* felicitación a... 心から…おめでとう. amistad ～*ra* 心からの友情

para ser[te] ～ 本当のところを言うと, 正直に言って: *Para serte* ～, yo también tuve mucho miedo. 正直に言って, 私もとても怖かった

sincio [sínθjo] [男]《地方語》[主に悪い] 切実な欲求

sincitio [sinθítjo] [男]《生物》合胞体

sinclinal [siŋklinál] [形] [男]《地質》向斜の〘⇔anticlinal〙; 向斜谷[の]

sinclinorio [siŋklinórjo] [男]《地質》複向斜

síncopa [síŋkopa] [女] ❶《言語》語中音消失〘[例] Navidad←Natividad, hidalgo←hijodalgo〙. ❷《音楽》シンコペーション

sincopación [siŋkopaθjɔ́n] [女]《まれ》シンコペーション〘=síncopa〙

sincopadamente [siŋkopáđaménte] [副]《音楽》シンコペートして

sincopado, da [siŋkopáđo, đa] [形]《音楽》シンコペートした, シンコペーションの

sincopal [siŋkopál] [形]《医学》失神した; 心肺停止の

sincopar [siŋkopár] [他] ❶《言語》語中音を消失させる. ❷《音楽》シンコペートする. ❸ 要約する, 省略する

síncope [síŋkope]〘←ラテン語 syncope < ギリシア語 synkope < synkopto「私は切る」〙[男] ❶《医学》失神; 心肺停止: En plena discución le dio un ～. 討論の最中に彼は気を失った. ～ cardíaco 心拍停止. ❷ 語中音消失〘=síncopa〙

sincopizar [siŋkopiθár] [9] [他] 失神させる

—— **～se** 失神する

sincorbatismo [siŋkɔrƀatísmo] [男]《古語的》ノーネクタイ主義

sincorbatista [siŋkɔrƀatísta] [形] [名]《古語的》ノーネクタイ主義の[人]

sincrético, ca [siŋkrétiko, ka] [形] ❶《哲学など》混合主義の, 諸説混合の. ❷《言語》融合の

sincretismo [siŋkretísmo] [男] ❶《哲学など》混合主義, 諸説混合;《宗教》習合主義: ～ de culturas 種々の文化の融合. ❷《言語》[語形・機能の] 融合

sincretista [siŋkretísta] [形] [名] 混合主義の(主義者); 習合主義の(主義者)

sincretizar [siŋkretiθár] [9] [他]《哲学など》混合する

sincro [síŋkro] [男]《電気》同期装置

sincrociclotrón [siŋkroθiklotrɔ́n] [男]《物理》シンクロサイクロトロン

sincronía [siŋkronía]〘←sin- II+ギリシア語 khronos「時」〙[女] ❶ 同時性; 同時発生: Hubo ～ entre ambos hechos históricos. 2つの歴史的事実の間には同時性があった. ❷《言語》共時態, 共時論〘⇔diacronía〙

sincrónicamente [siŋkrónikaménte] [副] ❶ 時を同じくして, 同時に; 同時発生的な視点に立てば: funcionar ～ 同時に作用する. ❷《言語》共時態的に見て

sincrónico, ca [siŋkróniko, ka] [形] ❶ 時を同じくする, 同時発生の: proceso ～ 同時発生の過程. mecanismo ～ 同時発生のメカニズム. ❷《物理》同期の: péndulos ～*s* 同期運動の振り子. ❸《言語》共時態の: lingüística ～*ca* 共時言語学

sincronismo [siŋkronísmo] [男] ❶ 同時性〘⇔diaconismo〙; 同時発生; 時の一致: ～ de dos sucesos históricos 2つの歴史的事件の同時発生. ❷《物理》同期性;《映画, テレビ》[映像と音声の] 同期, 同調

sincronización [siŋkroniθaθjɔ́n] [女] ❶ 同時化, 同調: La ～ de las velocidades de dos máquinas es importante. 2つの機械のスピードを同調させることが大事だ. ❷《映画, テレビ》シンクロナイズすること, 同時録音. ❸《物理》同期化;《情報》タイミング, 同期

sincronizador, ra [siŋkroniθađɔ́r, ra] [形] 同時化(同調)させる

—— [男] ❶《映画, テレビ》シンクロナイザー. ❷《自動車》シンクロメッシュ, 等速かみ合い装置

sincronizar [siŋkroniθár] [9] [他] ❶ …の時刻を合わせる: Los alpinistas *sincronizaron* los relojes antes de iniciar la as-

S

cención a la montaña. 登山家たちは登山を始める前に時計を合わせた. ❷ [+con と] [+con と] 同時性を持たせる, 同時化(同期化)させる;《映画, テレビ》同調させる, シンクロナイズする: ~ las imágenes *con* los sonidos en una película 映画の映像と音声を同時録音する

síncrono, na [síŋkrono, na] =**sincrónico**
sincrotrón [siŋkrotrón] 男《物理》シンクロトロン
sincrotrónico, ca [siŋkrotróniko, ka] 形《物理》シンクロトロンの
sindactilia [sindaktílja] 女《医学》合指症
sindáctilo, la [sindáktilo, la] 名《医学》合指症の〔人〕;《鳥》合指の
sindéresis [sindéresis] 女《単複同形》良知, 良能〖生まれつき基本的な道徳律を知っていること〗
sindesmofito [sindesmofíto] 男《医学》靱帯石灰化症
sindesmografía [sindesmografía] 女《医学》靱帯記述
sindesmología [sindesmoloxía] 女《医学》靱帯学
sindesmopexia [sindesmopé(k)sja] 女《医学》靱帯再建術
sindesmosis [sindesmósis] 女《医学》靱帯結合
sindesmotomía [sindesmotomía] 女《医学》靱帯切開術
sindhi [síndi] 形 名〖パキスタン南部に住む〗シンド族〔の〕
 ―― 男 シンド語
síndica [síndika] 女〖セゴビア県サマラマラ Zamarramala の聖アゲダ Águeda 祭を取り仕切る〗女町長
sindicable [sindikáβle] 形 労働組合に加入できる
sindicación [sindikaθjón] 女 ❶《主に西》〔労働者の〕組合加入; 労働組合の組織化. ❷ 組合(シンジケート)の組織化.❸《中南米.文語》告発
sindicado, da [sindikáðo, ða] 形 ❶ 労働組合に加入している; 労働組合員: Casi todos los obreros están ~s. ほぼすべての労働者が組合に入っている. ❷《ホンジュラス, エルサルバドル, 南米》起訴された; 被告人
 ―― 男〖まれ〗利益代表者 síndico の会
sindicador, ra [sindikaðór, ra] 形 名 労働組合に加入させる〔人〕; 労働組合を組織する〔人〕
sindical [sindikál] 形〔←**síndico**〕❶ 労働組合の; シンジケートの: central ~〔労働組合の〕ナショナル・センター. movimiento ~ 労働組合運動. organización ~ 組合組織. ❷ 利益代表者 síndico の
sindicalismo [sindikalísmo] 男 ❶ 労働組合運動(活動). ❷ 労働組合主義, サンディカリスム
sindicalista [sindikalísta] 形 労働組合主義の, サンディカリスムの; 労働組合の〖=**sindical**〗
 ―― 名 ❶ 組合活動家; 労働組合員. ❷ 労働組合主義者, サンディカリスト
sindicalizar [sindikaliθár] 他〖=**sindicar**〗労働組合に加入させる; 組合に組織する〖=**sindicar**〗
 ―― **~se** 労働組合に加入する
sindicar [sindikár]〔←**síndico**〕他 ❶〔労働者を〕組合に加入させる; 組合に組織する. ❷〖資金・商品などを〕シンジケートの管理下におく. ❸《主に南米.文語》告発する, 告訴する: ~ a un compañero 同僚を告訴する. ❹〔人を〕非難する
 ―― **~se** ❶ 労働組合に加盟する. ❷ 労働組合を組織する: Los trabajadores del metal *se sindicaron* para actuar conjuntamente. 金属労働者たちは一緒に行動するために組合を作った. ❸ シンジケートを形成する
sindicato [sindikáto] 男 ❶ 労働組合〖~ laboral, ~ obrero, ~ de trabajadores〕; 複 労働組合連合: ~ industrial 産業別組合. ~ profesional 職業別労働組合, クラフト・ユニオン. ~ horizontal〔職業別の〕横断的組合. ~ vertical 垂直的組合〖国の意志や命令を上意下達するための組合で労使双方を含む. スペイン・フランコ時代のそれは悪名高く, 組合を管理・抑圧するのに利用された〗. S~ Nacional de Trabajadores de la Construcción 全国建設労働組合. S~ español universitario スペイン大学生組合. ❷ シンジケート〖債券・株式の〕引き受け組合: ~ agrícola 農業者連合会. ~ bancario〖協同融資の〗銀行団. ~ de acreedores 債権者団体. ~ de aseguradores 引受シンジケート団, S団. ~ de quiebra 破産管財人団. ❸ 犯罪シンジケート, 犯罪組織〖~ del crimen〗

 casar por el ~ de las prisas (de la vía rápida)《口語》できちゃった結婚をする
sindicatura [sindikatúra] 女 破産管財人の職(事務所)〖=~ de una quiebra〗

síndic de greuges [síndik de gréu̯xes] 男〖カタルーニャ州・バレンシア州の〗オンブズマン, 国民擁護官
síndico, ca² [síndiko, ka]〔←ラテン語 syndicus「町の弁護士」＜ギリシア語 syndikos「守護者」＜ syn- +dike「正義」〕名 ❶〖住民・組織の〕利益代表者, 共益委員. ❷〖裁判所から権限を付与された〕清算人;〖他人の財産の〗受託者: ~ de una quiebra/~ en bancarrota 破産管財人. ~ de banco 銀行の監査役. ❸〖托鉢僧に与えられる〗お布施の管理者
sindiós [sindjós] 男 女《単複同形》無神論の; 無神論者
síndone [síndone] 女《キリスト教》〖主に S~〕聖骸布(%)
sindonología [sindonoloxía] 女 聖骸布研究
sindonológico, ca [sindonolóxiko, ka] 形 聖骸布研究の
síndrome [síndrome]〔←ギリシア語 syndrome「集合」〕男《医学》症候群: ~ de abstinencia 離脱(禁断)症候群. ~ de aplastamiento 挫滅症候群, クラッシュ症候群. ~ de [la] clase turista エコノミークラス症候群. ~ de Cockayne コケイン症候群. ~ de Creutzfeldt-Jakob クロイツフェルト-ヤコブ症候群. ~ de Down ダウン症候群. ~ de Estocolmo ストックホルム症候群〖誘拐された人が誘拐犯に共感を抱く心理作用〗. ~ de fatiga crónica 慢性疲労症候群. ~ de inmunodeficiencia adquirida 後天性免疫不全症候群, エイズ. ~ del edificio enfermo シックハウス症候群. ~ del sabio サヴァン症候群. ~ metabólico メタボリックシンドローム. ~ premenstrual 月経前緊張. ~ respiratorio de Oriente Medio 中東呼吸器症候群, MERS. ~ tóxico 毒ショック症候群
sindrómico, ca [sindrómiko, ka] 形《医学》症候群の
sinécdoque [sinékðoke] 女《修辞》提喩(%)法, 代喩〖例 filo「刃」で espada「剣」を, vela「帆」で barco「船」を表す〗
sinecología [sinekoloxía] 女 群〖集〗生態学
sinecura [sinekúra]〔←ラテン語 sine cura「心配なし」〕女《文語》楽で収入のよい仕事
sine die [sine díe]〔←ラテン語〕副 無期限に〖古代ローマの政治・外交用語〗: aplazar la discusión ~ 討論を無期延期にする. aplazarse ~ 無期延期になる
sinedrio [sinéðrjo] 男《歴史》サンヘドリン〖=**sanedrín**〕; 小サンヘドリン, 衆議所〖古代ユダヤで地方の事件を処理した〗
sine labe concepta [sine láβe konθépta]〔←ラテン語〕女《キリスト教》無原罪の御宿り
sine qua non [sine kwa nón]〔←ラテン語〕形 絶対不可欠の: condición ~ 必要不可欠の条件, 必須条件
sinéresis [sinéresis]〔←単複同形〕女《音声》母音の縮約, 合音〖別の音節に属する2母音を結合させ, 1音節のように発音する. 例 pa-se-o→pa-seo, a-ho-ra→aho-ra〕
sinergia [sinérxja] 女 ❶ 相乗効果. ❷《生理, 薬学》〖2つ以上の器官・薬の〕共力作用, 協同作用, 相乗作用
sinérgico, ca [sinérxiko, ka] 形 相乗効果の. ❷《生理, 薬学》共力作用の
sinérgido, da [sinérxiðo, ða] 形《生物》célula ~*da* 助細胞
sinergismo [sinerxísmo] 男《生理, 薬学》共力作用〖=**sinergia**〕
sinergista [sinerxísta] 名《薬学》協力剤, 相乗剤, 共力剤
sinestesia [sinestésja] 女 ❶《生理》共感覚. ❷《修辞》共感覚的表現〖例 voces blancas「白い声」〕
sinfalangia [sinfalánxja] 女《医学》無指骨症
sínfilo [sínfilo] 男 コムカデ綱の
 ―― 男 複《動物》コムカデ綱
sinfín [sinfín]〖←sin- I+fin〕男〖冠 のみ〕無数: Cada año se siguen produciendo un ~ de accidentes laborales. 毎年数知れない労働災害が起こり続けている
 ―― 形 エンドレスの〖=sin fin〗
sínfisis [sínfisis] 女《単複同形》❶《解剖》〔線維軟骨〕結合, 半関節. ❷《植物》結合, 癒合
sínfito [sínfito] 男《植物》ヒレハリソウ〖=**consuelda**〕
sinfonía [sinfonía]〔←ギリシア語 symphonia「調和」〕女《音楽》❶ シンフォニー, 交響曲: ~ número cuatro en do menor シューベルトの交響曲第4番ハ短調. la quinta ~『交響曲第5番』. ~ de las ranas カエルの合唱. ❷ シンフォニア〖バロックオペラやオラトリオなどに含まれる序曲や間奏曲のような17世紀の器楽曲〗. ❸〖色彩などの〕調和: La sala es una ~ de luz y color. その広間は光と色のハーモニーである. ❹《古語》楽器. ❺《サンタンデル》アコーデオン
sinfónico, ca [sinfóniko, ka] 形 シンフォニーの, 交響曲の;

poema ~ 交響詩
―― 囡 交響楽団 [=orquesta ~ca]: S~ca de Madrid マドリード交響楽団
sinfonier [sinfonjér] 男 =**chiffonnier**
sinfonismo [sinfonísmo] 男 シンフォニーの作曲
sinfonista [sinfonísta] 名 ❶ シンフォニーの作曲家. ❷ 交響楽団員
sinfonola [sinfonóla] 【←商標】男 ジュークボックス
singa [sínga] 囡〘船舶〙「櫂・オールで」漕ぐこと
singalés, sa [siŋgalés, sa] 形 名 =**cingalés**
singamia [siŋgámja] 囡〘生物〙配偶子合体
singani [siŋgáni] 男〘ボリビア. 酒〙シンガニ《マスカットなどのブドウから作る蒸留酒》
singaporense [siŋgaporénse] 形 名 =**singapurense**
singapurense [siŋgapurénse] 形 名〘国名〙シンガポール Singapur の(人)
singapurés, sa [siŋgapurés, sa] 形 名 =**singapurense**
singar [siŋgár] 自〘船舶〙「櫂・オールで」漕ぐ
singenésico, ca [siŋxenésiko, ka] 形〘植物〙葯(ﾔｸ)で合着した
singladura [siŋgla̧ðúra]【←**singlar**】囡 ❶〘船舶〙[一日の] 航行距離, 航海日; [真夜中から真夜中までの] 航海. ❷ 航路, 針路, 方針. ❸ 船旅. ❹ 展開, 発展
singlar [siŋglár]【←仏語 cingler】自〘船舶〙[一定の針路で] 航行する
single [síŋgl]【←英語】形 名 ❶ [主に南米. テニスなど] [時に複] シングルス(の). ❷〘鉄道〙シングルの [一等寝台の2人部屋に1人で使用する]. ❸〘音楽〙シングル盤(の). ❹〘中南米〙[部屋が] シングルの
singspiel [sínspil]【←独語】男〘演劇, 音楽〙ジングシュピール
singuel [siŋgél] 男〘まれ〙シングル盤 [=single]
singular [siŋgulár]【←ラテン語 singularis「唯一の, 孤独な」】形 ❶ 特異な, 独特な, 奇抜な: carácter ~ ユニークな(変わった)性格. persona ~ 風変わりな人. ❷〘文語〙並外れた, まれに見る: dotes ~es 際立った才能. ❸〘文法〙単数の《⇔plural》: sustantivo ~ 単数名詞. tercera persona ~ 3人称単数. ❹ ただ一つの: combate ~ 一対一の決闘, 一騎打ち
―― 男〘文法〙単数: poner el adjetivo en ~ 形容詞を単数形にする
en ~ 1) 特に, 特別に: No me refiero a nadie en ~. 私は特に誰と言っているのではない. 2) 単数形で
singularia tantum [siŋgulárja tántun]【←ラテン語】男〘文法〙絶対単数, 単数形でしか用いられない名詞《例 caos, cenit, salud》
singularidad [siŋgulariðá(ð)] 囡 ❶ 特異性, 風変わり; 独自性: La ~ de esa casa es que no tiene calefacción. その家が変わっているのは暖房がないことだ. ❷〘天文〙特異点. ❸ 一つであること, 単独(性), 単一[性]
singularizar [siŋgulariθár] 他 ❶〘文語〙目立たせる, 注目させる: Ana tiene un modo de hacer las cosas que la singulariza. アナの物事のやり方はほかの人とは違って独特だ. ❷〘文法〙[普通は複数形の語を] 単数形で使う, 単数形にする: No debes ~ la palabra «vacaciones». vacaciones (休暇) という言葉を単数形で使ってはいけない
―― 自 特別扱いする
~se 〘文語〙[+por で] 目立つ, 際立つ: Se singulariza por un abundante sentido de humor. 彼はあふれるようなユーモア感覚を備えている点が特徴だ
singularmente [siŋgulárménte] 副 ❶ 別個に, 別々に. ❷ 際立った(違った)かたちで; 特に, とりわけ; 非常に: Me gusta ~ el segundo. 私は特に2番目が好きだ
singulto [siŋgúlto] 男 ❶ すすり泣き [=sollozo]. ❷ しゃっくり [=hipo]
singultoso, sa [siŋgultóso, sa] 形〘まれ〙泣きじゃくる
sinhueso [sinwéso] 囡〘戯語〙[la+. 話す器官としての] 舌 [=lengua]: No para de darle a la ~. 彼はずっとしゃべりまくっている
sínico, ca [síniko, ka] 形〘まれ〙[事物が] 中国の
siniestra[1] [sinjéstra] 囡〘文語〙左手 [=mano ~tra]
siniestrabilidad [sinjestrabiliðá(ð)] 囡〘まれ〙=**siniestralidad**
siniestrable [sinjestráble] 形〘まれ〙事故(災難)にあう可能性のある

siniestrado, da [sinjestráðo, ða] 形 ❶〘文語〙罹災した, 事故(災難)にあった, 罹災者, 被害者, 負傷者. ❷〘紋章〙左側にある
siniestralidad [sinjestraliðá(ð)] 囡〘統計〙災害率, 事故指数 [=índice de ~]
siniestramente [sinjéstraménte] 副 不吉にも, 不運にも; 忌まわしくも; 意地悪く, 不気味にも
siniestro, tra[2] [sinjéstro, tra]【←俗ラテン語 sinexter < ラテン語 sinister, -tra】形 ❶ 不吉な, 縁起の悪い《⇔diestro》: día ~ 縁起の悪い日. casualidad ~tra 不運な偶然. vacaciones ~tras 忌まわしい(不幸な)休暇. ❷ 悪意のある, 邪悪な; 不気味な: idea ~tra 腹黒い考え. mirada ~tra 陰険な目つき. persona ~tra 邪悪な人間. sonrisa ~tra 意地悪そうな微笑. ❸〘文語〙左の [=izquierdo]. 《⇔diestro》: lado ~ del altar 祭壇の左側. mano ~tra 左手
―― 男〘文語〙事故; [海難・火事など不可抗力による, 主に保険の補償対象となる] 災害, 災難: ~ marítimo 難破, 海事事故. ~ total《保険》全損
sinistralidad [sinistraliðá(ð)] 囡〘心理〙左利き
sinistrocardia [sinistrokárðja] 囡〘医学〙左心症
sinistrógiro, ra [sinistróxiro, ra] 形 左にそれる(傾く)
sinistrorso, sa [sinistrórso, sa] 形〘植物, 貝〙左巻きの《⇔dextrorso》
sinjusticia [siŋxustíθja] 囡〘古語〙=**injusticia**
sinnúmero [sinnúmero]【←sin-I+número】男〘単のみ〙無数; un ~ de personas おびただしい数の人
sino[1] [sino]【←si+no】接〘背反〙[no+] …ではなくて…である: 1) No lo hizo él ~ ella. それをしたのは彼ではなく彼女だ. Hoy no es mi cumpleaños, ~ mi santo. 今日は私の誕生日ではなくて霊名の祝日だ. No es militar ~ abogado. 彼は軍人ではなくて弁護士だ. 2) [sino 以下に先行文とは違う動詞が来る場合は sino que…の形をとる] No vino, ~ que llamó. 彼は来たのではなくて, 電話をしてきた. No la compraba, ~ que la vendía. 彼はそれを買っていたのではなく, 売っていたのだ. ❷ [否定語+] …を除いては[…ない], …のほかは[…ない], ただ, しか[…ない]: Nadie lo sabe ~ él. 彼だけがあのことを知っている. No hay preceptos generales ~ en corto número. 広く通用する教訓なんてごくわずかだ. No hacemos ~ lo que vosotros nos mandáis. 私たちは君たちが命じることだけをしている. No puede haberlo dicho [por otra cosa] ~ por broma. 彼はただ単に冗談で言っただけだ. No deseo ~ verle. 私はただ彼に会いたいだけだ. No cabe otra cosa ~ que lo diga él. 彼がそれを言った以外にありえない. ❸ [疑問詞+. 反語] ¿Dónde ~ aquí puede ocurrir eso? ここ以外のどこでそんな事が起こり得るだろうか? ¿Quién ~ tú llamaría a estas horas? 君以外の誰がこんな時間に電話をかけてくるというのだ? ❹ [+por el contrario など] むしろ, それどころか: No quiero que vuelva, ~ al contrario, que se vaya más lejos. 彼に戻ってもらいたいどころか, もっと遠くへ行ってしまって欲しい. No me desengaño, ~ que, antes bien me animo. 私は失望するどころか元気が出る. ❺ [肯定文で. 制限] Todos lloraban ~ ella. 彼女のほかは全員が泣いていた
no haber ~ +不定詞 …してばかりいる: No hace ~ pedir. 彼は人に頼んでばかりいる. No podemos hacer ~ esperar. 私たちは待つことだけしかできない
no hay ~ 《ベネズエラ. 口語》[相反するもののうち] 一つを選ばねばならない
¡No, ~ no...! 全く…だ!
sino[2] [síno]【←ラテン語 signum「印」】男〘文語〙[占星術などに基づく] 運命, 宿命: Su ~ era morir joven. 彼は若くして世を去る運命にあったのだ. El ~ de esta casa parece que es ser habitada por recién casados. この家は新婚夫婦が住む運命にあったようだ. ❷〘古語〙欠点, 難点. ❸〘古語〙印; 徴候
sinoble [sinóble]〘紋章〙=**sinople**
sinocismo [sinoθísmo] 男〘古代ギリシア〙都市合併
sinodal [sinoðál] 形 宗教会議 sínodo の
―― 囡 宗教会議での決定
sinodático [sinoðátiko] 男〘古語. カトリック〙[毎年, 宗教会議の時, 在俗の聖職者が司教に出す] 貢ぎもの, 拠出金
sinódico, ca [sinóðiko, ka] 形 ❶〘天文〙合の: período ~ 朔望周期. ❷〘カトリック〙宗教会議の
sínodo [sínoðo]【←ギリシア語 synodos < sin+odos「道」】男 ❶《カトリック》宗教会議, 公会議: ~ diocesano 教区司祭会議. ~

sinología

episcopal 司教会議. ❷《プロテスタント》聖職者会議, 牧師会議. ❸ ~ israelita イスラエル宗教会議. Santo S~ [ロシア正教会の] 宗務院. ❹《天文》《惑星の》合[②], 会合

sinología [sinoloxía] 囡 中国研究, 中国学
sinólogo, ga [sinóloɣo, ɣa] 图 中国研究家
sinonimia [sinonímja] 囡 ❶ 類義性, 同義性. ❷《修辞》[強調のための] 類似語の畳用
sinonímico, ca [sinonímiko, ka] 厖 類義語の; 類義語の, 同義語の
sinonimizar [sinonimiθár] 自[まれ] 類義語を作る
sinónimo, ma [sinónimo, ma]《←ギリシア語 synonymos < syn-（共通で）+onoma「名前」》 厖 類義の, 同義の: palabras ~mas 類義語
—— 匢 類義語, 同義語《⇔antónimo》: 'Fallecer' es ~ de 'morir'.「逝去する」は「死ぬ」の類義語である
sinopense [sinopénse] 厖《地名》[トルコ北部の港町] シノプ Sinope の《人》
sinopia [sinópja] 囡 ❶ シノピア《赤鉄鉱から作る顔料》. ❷ [シノピアで描く] フレスコ画の下絵
sinópico, ca [sinópiko, ka] 厖 =sinopense
sinople [sinóple] 厖 匢《紋章》緑色[の]《無彩色図では左上から右下への斜線で示される》
sinopsis [sinó(p)sis]《←ギリシア語 synopsis》囡《単複同形》❶ [問題などの, 整理された] 概要, 梗概(ぷ), 要約, 摘要, シプシス: El director no hizo una ~ sobre la organización de la empresa. 社長は会社の機構についてかいつまんで話してくれた. ❷ 一覧表, 概念図, 概要図. ❸ [小説などの] あらすじ. ❹《ウルグアイ. 映画》予告編
sinóptico, ca [sinó(p)tiko, ka] 厖 概観的な, 要約な: cuadro ~ 一覧表
sinoptizar [sino(p)tiθár] 自 梗概を作る, 要約する
sinoptóforo [sinó(p)tóforo]《医学》シノプトフォア
sinostosis [sinostósis] 囡《医学》骨癒合症
sinovia [sinóbja] 囡《生理》滑液
sinovial [sinobjál] 厖 滑液の: derrame ~ =**sinovitis**. glándula ~ 滑液分泌腺. membrana ~《解剖》滑液膜
sinovitis [sinobítis] 囡《医学》滑膜炎: ~ del codo テニス肘
sinquehacer [siŋkeaθér]《ベネズエラ》失業, 無職
sinrazón [sinrraθón]《←sin- I+razón》囡《権力の乱用による》不正, 不当な行為: El director cometió toda clase de *sinrazones*. 部長はあらゆる不正を働いた. ❷ 不合理, ばからしさ, 無茶（無体）なこと
sinsabor [sinsabór]《←sin- I+sabor》匢《主に 耰》❶ 不愉快なこと, 嫌なこと, 不満, 悩み, 苦労の種: La vida está llena de ~*es*. 人生は不愉快なことに満ちている. proporcionar a+人 ~ …を不快にする, 悩ませる. ❷《まじ・まれ》無味乾燥
sinsentido [sinsentído] 匢 理屈に合わない言動, ばかげた言動
sinsilico, ca [sinsilíko, ka] 厖《メキシコ》ばかな, 間抜けな
sinsombrerismo [sinsombrerísmo] 匢《まれ》無帽主義
sinsombrerista [sinsombrerísta] 厖 图《まれ》無帽主義の[人], 帽子をかぶらずに外出する習慣の[人]
sinsonte [sinsónte] 匢 ❶《鳥》マネシツグミ. ❷《キューバ》ばか, 間抜け
sínsoras [sínsoras] 囡 耰《プエルトリコ. 口語》[存在の疑わしい] どこか遠い場所
sinsorgada [sinsorɣáða] 囡《ビスカヤ, アラバ, ナバラ, ムルシア》中身がなく軽薄な言葉
sinsorgo, ga [sinsórɣo, ɣa] 图《ビスカヤ, アラバ, ナバラ, ムルシア》=**sinsustancia**
sinsubstancia [sinsu(b)stánθja] 图《口語》=**sinsustancia**
sinsustancia [sinsustánθja] 图《口語》中身のない人, 軽薄な人
sintáctico, ca [sintáktiko, ka] 厖《言語》統語論の, シンタックスの; 統語上の: análisis ~ 統語論的な分析
sintagma [sintáɣma] 匢《言語》連辞; 句: ~ adjetival (adjetivo) 形容詞句. ~ nominal 名詞句. ~ preposicional 前置詞句. ~ verbal 動詞句
sintagmático, ca [sintaɣmátiko, ka] 厖《言語》連辞的, 統合的な
—— 囡 連辞研究
sintasol [sintasól]《←商標》匢《西》ビニタイル
sintaxis [sintá(k)sis] 囡《単複同形》❶《言語》シンタックス, 統語論, 構文法. ❷《論理》統辞論. ❸《情報》[プログラミング言

語・システム命令などの] 文法, シンタックス
sinterizar [sinteriθár] 他《金属》焼結する
síntesis [síntesis]《←ギリシア語 synthesis》囡《単複同形》❶ 総合, 統合; 総合（統合）したもの, 集大成: el análisis y la ~ 分析と総合. ❷ 要約, 概括: Tengo que preparar para mañana una ~ de este artículo. 私は明日までにこの記事を要約しなければならない. hacer una ~ del problema 問題を要約する. ❸《哲学》演繹的推論; 総合, ジンテーゼ: El filósofo hizo una ~ de todas sus ideas. 哲学者は自分のすべての思想をまとめた. ❹《化学, 生物》合成. ❺《医学》接骨, 復位. ❻《言語》総合: ~ del lenguaje 言語の総合, 複合語を作ること
en ~ 一言で言えば, つまり
sintéticamente [sintétikaménte] 副 総合的に; 要するに
sintético, ca [sintétiko, ka]《←ギリシア語 synthetikos》厖 ❶ 総合する, 総合的な: Soy muy ~, en cambio tú eres más analítico. 私にはまとめる力があり, それにひきかえ君は分析能力がある. juicio ~ 総合的判断. ❷ 要約の, 概括的な: explicación ~*ca* 概括的説明. ❸《言語》総合的な: lengua ~*ca* 総合的言語《代表例はラテン語》. ❹《化学》合成の: petróleo ~ 合成石油. marihuana ~*ca* 合成マリファナ
sintetismo [sintetísmo] 匢《美術》総合主義, サンテティスム
sintetizable [sintetiθáble] 厖 総合され得る; 合成しやすい
sintetización [sintetiθaθjón] 囡 ❶ 総合, 統合. ❷《化学》合成
sintetizador, ra [sintetiθaðór, ra] 厖 総合する
—— 匢《音楽など》シンセサイザー: ~ de voz《情報》音声合成装置
sintetizar [sintetiθár]《←síntesis》他 ❶ 総合する, 統合する; 集大成する: Kant intentó ~ posturas empiristas y racionalistas. カントは経験論と合理論を統合しようとした. ~ los informes 情報を総合する. ❷ 要約する, 概括する: El ilustre profesor *sinterizó* varias teorías en una ley. その有名な教授はいくつもの理論を一つの法則にまとめた. ❸ 具体化する, 実現する. ❹《化学》合成する
sinto [sínto] 匢 =**sintoísmo**
sintoísmo [sintoísmo]《←日本語 shinto》匢 神道
sintoísta [sintoísta] 厖 图 神道の[信者], 神道家: religión ~ 神道
síntoma [síntoma]《←ラテン語 symptoma < ギリシア語 symptoma「一致」》匢 ❶《医学》症状, 症候: El niño tiene todos los ~*s* de una gripe. その子は風邪のすべての症状を備えている. ~ de rabia 狂犬病の兆候. ~ subjetivo (objetivo) 自覚（他覚）症状. ❷ 兆し, 前兆, 兆候: La falta de confianza entre ellos es un ~ de que su relación no marcha bien. 彼らの間に信頼感がないのは関係がうまくいかない前兆だ
sintomático, ca [sintomátiko, ka] 厖 ❶《病気の》徴候を示す, 症候性の: tratamiento ~ 対症療法. ❷ 前兆となる, 暗示的な
sintomatología [sintomatoloxía] 囡《医学》❶ 症候学. ❷ 耰[ある病気の] 総体的症状, 症候的所見: Por la ~, parece que tienes una infección viral. 症状を総合すると君はウイルス性の感染症にかかっているようだ
sintomatológico, ca [sintomatolóxiko, ka] 厖 総体的症状の
sintonía [sintonía]《←sin- II+ギリシア語 tonos「調子」》囡 ❶《物理, 電気, 放送》チューニング, 同調: La ~ de esa emisora es deficiente en esta zona. その放送局はこの地域では受信できない. ❷《放送》[番組の] テーマ音楽. ❸《主に人と人との》調和, [考えの] 一致: Ayer me sentí al momento en ~ con tus amigos. 昨日私はすぐに君の友人たちと気が合うだろうと感じた
sintónico, ca [sintóniko, ka] 厖 同調した
sintonismo [sintonísmo] 匢 同調性
sintonización [sintoniθaθjón] 囡 ❶ 同調: mando de ~ 選局ダイアル《つまみ》. ❷ [人と人の] 調和: En la amistad es importante la ~ entre las personas. 友情においては気が合うことが大事だ
sintonizador [sintoniθaðór] 匢 同調装置, チューナー《=aparato ~》: ~ de radio ラジオのチューナー
sintonizar [sintoniθár]《←síntoma》他 ❶《物理, 電気, 放送》同調させる: *Sintonicé* el receptor para escuchar el curso de español. 私はスペイン語講座を聞くためにラジオの周波数を合わせた. ~ radio nacional 国営放送に周波数を合わせる
—— 自 ❶ [+con と, +en で] 同調する: No *sintonizo con*

tu novia, lo siento. すまないけれど, 僕は君の恋人とは波長が合わない. ❷ [+con と] 同調させる, 周波数を合わせる: *Sintoniza con* la emisora local. 彼は地方の放送局に合わせる

sint ut sunt, aut non sint [sínt ut súnt áut non sínt] 《←ラテン語》副 そのうならなうならずに《そのままに》

sinú [sinú] 形 名 《歴史》シヌー族〔の〕《コロンビア, シヌー Sinú 川下流域の先住民》

sinuosidad [sinwosiðáð] 女 ❶ 曲がりくねり, 蛇行: ~ de la costa del mar 海岸線の曲がりくねり. ❷ 回りくどさ: ~ de la diplomacia 外交の回りくどいやり方. ❸ うろ, へこみ, くぼみ

sinuoso, sa [sinwóso, sa]《←ラテン語 sinuosus < sinus, -us「曲折」》《文語》形 ❶ 曲がりくねった, 蛇行した: Una *sa* carretera nos conduce a su chalet. つづら折りの道をたどると彼の別荘に着く. movimiento ~ 波状の動き. ❷ [真意を隠して] 回りくどい, 陰険な: Sus propuestas me parecen muy ~ *sas*. 彼の提案は下心があるように思われる. Rosa tiene un carácter ~. ロサは奥ゆかしい性格をしている

sinusal [sinusál] 形《医学》[心臓の] 洞(ξ)の: nódulo ~ 洞結節

sinusitis [sinusítis] 女《医学》副鼻腔炎, 静脈洞(ξ)炎, 蓄膿症

sinusoidal [sinusoiðál] 形 正弦曲線の

sinusoide [sinusóiðe] 男《数学》正弦曲線, サインカーブ, シヌソイド

sinventura [simbentúra] 形 =**desventurado**
―― 女 =**desventura**

sinvergonzada [simberɡonθáða] 女 汚い手口, 恥知らずなやり方

sinvergonzón, na [simberɡonθón, na] 《sinvergüenza の示大語》形 名《口語.時に親愛》ひどく恥知らずな〔人〕; ひどくわんぱくな〔子供〕: ¡Qué ~ eres, menudas cosas se te ocurren! 君はひどく恥知らずな奴だ, 結構なことを思いついてくれたもんだぜ!

sinvergonzonada [simberɡonθonáða] 女《主に中南米》=**sinvergonzada**

sinvergonzonería [simberɡonθonería] 女《口語》厚かましさ, ずうずうしさ; 恥知らずな言動: Está irritado por tanta ~. 彼はその卑劣さに腹を立てている

sinvergüencería [simberɡwenθería] 女《口語》=**sinvergonzonería**

sinvergüenza [simberɡwénθa]《←sin- II+vergüenza》形 名 ❶ 恥知らずな〔人〕, 厚かましい〔人〕, ずうずうしい〔人〕; 破廉恥漢: Él es un ~. 厚かましい奴だ. ❷ ごろつき〔の〕, ならず者〔の〕: No seas ~, y devuélvele el dinero. 悪いことをするのはよせ, 彼に金を返しなさい. ❸《戯謔》いたずらな〔子供〕, わんぱくな: ¡Qué ~ eres, me decía siempre mi abuelo! お前はやんちゃだな, と祖父はよく僕に言ったものだ

sinvergüenzada [simberɡwenθáða] 女《口語》=**sinvergonzada**

sinvivir [simbibír] 男《地方語》[不安・緊張での] 生きた心地がしない状態;[恋愛などでの] 夢見心地

Sión [sjón] 男 ❶ [エルサレムの] シオンの山; その神殿, 天堂. ❷《古語》エルサレム《=Jerusalén》. ❸ ユダヤ民族. ❹ 天国

-sión [接尾辞]《動詞+. 名詞化. 動作・結果・状態》comprensión 理解, 印象 impresión 印象

sionismo [sjonísmo]《←Sión》男 シオニズム

sionista [sjonísta] 形 名 シオニズムの; シオニスト

sioux [sjú(k)s] 形《単複同形》=**siux**

sipedón [sipeðón] 男《動物》カラカネトカゲ《=eslizón》

sipi [sípi] 副《古語的》はい《=sí》

sipia [sípja] 女《ムルシア》=**jibia**

sipo, pa [sípo, pa] 形《エクアドル》あばたのある

sipón [sipón] 男《ドミニカ》糊のきいたペチコート《アンダースカート・スリップ》

sipotazo [sipotáθo] 男《中米》平手打ち

sipunkúlido, da [sipuŋkúliðo, ða] 形 星口動物の
―― 男 複《動物》星口(ξ)動物

sique [síke] 女 =**psique**

Siqueiros [sikéjros]《人名》**David Alfaro ~** ダビッド・アルファロ・シケイロス《1896～1974, メキシコの画家. リベラ Rivera らと共に壁画運動 muralismo を指導. マルクス主義者として積極的に政治活動にも参加. 『人類の行進』*La Marcha de la Humanidad* など》

siquiatra [sikjátra] 名 =**psiquiatra**

siquiatría [sikjatría] 女 =**psiquiatría**

siquiátrico, ca [sikjátriko, ka] 形 =**psiquiátrico**

síquico, ca [síkiko, ka] 形 =**psíquico**

siquier [sikjer] 接 =**siquiera**[1]

siquiera[1] [sikjera] 接 [+接続法] ❶ たとえ…でも《=aunque》: 1) Merece castigo ~ fuera otro el que la mandara. たとえほかに命じられたにせよ彼は罰に値する. No dejes de llamarme, ~ sean las doce. 12時になっても構わないから電話を下さい. 2)《まれ》[繰り返して] たとえ…にせよ…にせよ: ~ venga, ~ no venga 来るにせよ, 来ないにせよ. ❷《コロンビア》…するなら

siquiera[2] [sikjéra]《←古語 siquier < si+quier < ラテン語 quarere「捜す, 求める」》副 ❶《=por lo menos》: Lávate la cara. せめて顔ぐらい洗え. ¡Si pudiera comer ~ hasta hartarme! せめて腹一杯食べられたらなあ! ❷ [否定の強調] …さえ〔…ない〕: No dijo una palabra ~. 彼は一言も言わなかった. Se marchó sin volverse ~. 彼は振り返りもせずに行ってしまった. ❸ [疑問文で反語] ¿Se le ha ocurrido ~ que yo podía sentirme herida? 私の心が傷ついたかもしれないなんて考えてみなかったでしょうか?

ni ~ 1) …さえも…ない《❷ よりさらに強調》: Ni ~ su maestro supo solucionar el enigma. 彼の師匠ですらその謎が解けなかった. Ni ~ lo conozco. 私は彼と面識さえありません. Ni ~ me permitieron que hablara en defensa de él. 私は彼をかばって発言することすら許されなかった. No tengo ni ~ un caramelo. 私はあめ一個さえ持っていない. Ya no viene nadie, ni ~ mis íntimos amigos. もう誰も, 私の親友さえも来ない. 2)《まれ》少しも…ない

ni tan ~ =**ni** ~: *Ni tan* ~ me ha dado las gracias. 彼はお礼すら言わなかった

tan ~ 少なくとも: Dame *tan* ~ una oportunidad. せめて一度はチャンスを下さい

―― 間《アラゴン》どうか…しますように!《=ojalá》: ¡S~ llegue a tiempo! どうか間に合いますように!

siquis [síkis] 名 =**psiquis**

siquismo [sikísmo] 男 =**psiquismo**

sir [ser/sír]《←英語》男 サー ❶ 英国で男性に対する敬称. 2) 準男爵・ナイト爵の人の称号. 姓名と併用する》: A los Beatles, la reina les otorgó el título de ~. 女王はビートルズにサーの称号を与えた. *Sir* Lawrence Olivier サー・ローレンス・オリヴィエ

siracusano, na [sirakusáno, na] 形 名《地名》[シチリア島の] シラクサの〔人〕

siraguo, gua [siráɡwo, ɡwa] 形《ベネズエラ》[家畜が] 毛色が暗色の斑点のある黒色の

sirca [sírka] 女《チリ》鉱脈

sircar [sirkár] 7 他《チリ》[鉱脈から] 余分なものを取り去る

sire [síre] 男《古語》[いくつかの国で国王・王妃への敬称] 陛下

sirena [siréna]《←ラテン語 sirena < siren -enis < ギリシア語 seiren》女 ❶《ギリシア神話》セイレン《『オデュッセイア』に登場する, 美しい声で人を誘惑し船を難破させる魔の精》. ❷ 警笛, サイレン《器具》: hacer sonar la ~ サイレンを鳴らす. ~ de ambulancia 救急車のサイレン. ~ de niebla/~ antiniebla 霧笛

sirenazo [sirenáθo] 男 警笛《サイレン》を鳴らすこと

sirénido, da [siréniðo, ða] 形 名 =**sirenio**

sirenio, nia [sirénjo, nja] 形 ジュゴン目の
―― 男 複《動物》ジュゴン目

sirex [síre(k)s] 男《昆虫》キバチ

sirga[1] [sírɡa]《←?sirgo[1]》女《網・船を引く》綱: llevar a la ~ una embarcación 岸から綱で船を引く. camino de ~ [運河や川沿いの] 引き船道

sirgar [sirɡár] 8 他《船を》綱で引く

sirgo[1] [sírɡo] 男 縒(δ)の絹糸; 絹布, 絹の刺繡のある布

sirgo[2], **ga** [sírɡo, ɡa] 形《アストゥリアス, レオン》[家畜が] 白と黒のぶちのある

sirguero [sirɡéro] 男《鳥》=**jilguero**

siriaco, ca [sirjáko, ka] 形 名《国名》シリア〔人〕の; シリア人《=sirio》
―― 男 シリア語《18世紀までシリアで話されていたアラム語の一種》

siríaco, ca [siríako, ka] 形 名 =**siriaco**

sírice [síriθe] 男《昆虫》モミノオキバチ

sirimbo, ba [sirímbo, ba] 形《キューバ》ばかな, 間抜けな
―― 女《キューバ》失神, 気絶

sirimbombo, ba [sirimbómbo, ba] 形《キューバ》気弱な, 臆病

sirimiri [sirimíri]《←擬声》男 霧雨, こぬか雨: El ～ es propio de las zonas del norte peninsular. 霧雨はイベリア半島北部に特有だ
siringa [siríŋga]女 ❶《文語》パンフルート《=flauta de Pan》. ❷《南米. 植物》パラゴムノキ
siringe [sirínxe]女《動物》〔鳥の〕鳴管
siringomielia [siriŋgomjélja]女《医学》脊髄空洞症
sirio, ria [sírjo, rja]形《国名》シリア Siria《人》の; シリア人. —— 男 ❶《天文》[S～] シリウス. ❷《現代アラビア語の》シリア方言
siripa [sirípa]女《ドミニカ》❶ 気絶, 失神. ❷ 事故
siripi [sirípi]男《ボリビア》〔チチャ酒を作るための〕篩(ふるい)にかけたトウモロコシ
siripita [sirípíta]女《ボリビア》❶《昆虫》コオロギ《=grillo》. ❷ 小柄で無遠慮な人
sirirí [sirirí]男《アルゼンチン. 鳥》シロガオリュウキュウガモ
sirla [sírla]女《西. 口語》❶ ナイフ《=navaja》. ❷〔ナイフを使っての〕強盗《行為》: La pasma los pilló en plena ～. 警察は彼らを強盗の現行犯で捕まえた
sirlar [sirlár]他《西. 隠語》〔ナイフを使って〕強盗をする
sirle [sírle]《←前ローマ時代語》男〔羊・山羊の〕糞.《ラマンチャ》〔ウサギの〕糞
sirlero, ra [sirléro, ra]名《西. 隠語》〔ナイフを使っての〕強盗《人》
sirmiense [sirmjénse]形《古代ローマ. 地名》〔属州パンノニア Panonia の〕シルミウム Sirmio の〔人〕
siro, ra [síro, ra]形名 =**sirio**
siroco [siróko]《←伊語 sirocco》男 シロッコ《サハラ砂漠から地中海に吹く熱く乾燥した風》; 南東風
sirope [sirópe]《←仏語 sirop》男《料理》シロップ: ～ de arce メープルシロップ
sirria [sírja]女 =**sirle**
sirtaki [sirtáki]男《ギリシアの民俗舞踊》シルタキ
sirte [sírte]女《海底の》砂州
siruposo, sa [sirupóso, sa]形 シロップの; シロップのようにどろっとした
sirventés [sirbentés]男《詩法》=**serventesio**
sirviente, ta [sirbjénte, ta]《←ラテン語 serviens, -entis < servire「仕える」》形《法律》下位の, 従属する. ❷ 仕えている; 奉仕する —— 名 家事使用人, 召使い; メイド, お手伝い, 女中: En su casa, los marqueses tienen varios ～s. 侯爵夫妻は邸に数名の召使いを抱えていた
—— 男〔武器・機械などの〕操作手《=servidor》
sirvinaco [sirbináko]男《アンデス》=**sirvinacuy**
sirvinacu [sirbináku]男《アンデス》=**sirvinacuy**
sirvinacuy [sirbinakúj]男《アンデス》セルビナクイ《先住民の旧習である足入れ婚》
sirviola [sirbjóla]女《地方語. 魚》カンパチ
sisa [sísa]《←古仏語 assise「税金」》女 ❶《西》くすねた金, ちょろまかした金; くすねること, ちょろまかすこと: Los niños hacen alguna ～ al ir a hacer los recados de casa. 子供たちはお使いに行くとお金をちょろまかす. ❷《裁縫》切り込み,〔特に〕袖ぐり. ❸《歴史》食品税《アラゴン王国で, 量を減らす形で徴収された. =derecho de ～》. ❹〔金めっき工や金箔師が使う〕媒染剤
sisador, ra [sisadór, ra]名《西》〔金を〕くすねる〔人〕, ちょろかます〔人〕
sisal [sisál]《←Sisal (ユカタン半島にある港)》男《植物, 繊維》サイザル麻: hilo ～《チリ, アルゼンチン, ウルグアイ》麻ひも
sisalló [sisaʎó]男《植物》オカビジキ《=caramillo》
sisar [sisár]《←sisa》他 ❶《西》〔金を〕くすねる, ちょろまかす: ～ dinero de la compra a+人 …から買い物の金をちょろまかす. ❷《裁縫》切り込みを入れる; 袖ぐりを大きくする. ❸《コスタリカ》駄目にする, 台なしにする. ❹《エクアドル, ボリビア》割れたガラス片〔陶片〕をつなぎ合わせる
sisardo [sisárdo]男《アラゴン. 動物》シャモア
sisear [siseár]《←擬声》自〔不満を表明したり黙るように求めて〕チッチッ〔シーシー・シーッ〕と言う: El público siseó a los actores por su mala interpretación. 観客は演技が下手な俳優たちにブーイングをした. Es de mala educación ～ a la gente por la calle. シーシーと言って外で人を呼び止めるのは失礼だ

siseo [siséo]男 ❶ チッチッ〔シーッ〕と言うこと. ❷《音声》[s] に特有の音色
sisebuta [sisebúta]女《ラプラタ. 口語》口やかましい女, 亭主を尻に敷く女
sisero [siséro]男《食品税 sisa の》徴税係
Sísifo [sísifo]《ギリシア神話》シーシュポス, シシュフォス《コリントの王. 死後地獄に堕ち, 大石を山に押し上げる罰を受けたが, 大石は頂きに近づくたびに元の場所に転がり落ちた》
sisimbrio [sisímbrjo]男《植物》カキネガラシ《垣根芥子》
sisique [sisíke]男《メキシコ. 酒》プルケ《=pulque》
sismar [sismár]自《ウルグアイ》沈黙黙考する, 思索する, よくよく考える, 思いをめぐらす
sismatiquerías [sismatikerías]女《コロンビア》気取り; 気まぐれ, 移り気
sismicidad [sismiθiðáð]女 地震活動の活発さ
sísmico, ca [sísmiko, ka]形 地震の: observación ～ca 地震観測. zona ～ca 地震帯
sismo [sísmo]《←ギリシア語 seismos「揺さぶり, 衝撃」< seio「私は揺する」》男 地震
sismografía [sismografía]女 地震観測〔術〕
sismográfico, ca [sismográfiko, ka]形 地震観測の
sismógrafo [sismógrafo]男 地震計
sismograma [sismográma]男 震動図
sismología [sismoloxía]女 地震学
sismológico, ca [sismolóxiko, ka]形 地震学の
sismólogo, ga [sismólogo, ga]名 地震学者
sismómetro [sismómetro]男 =**sismógrafo**
sismonastia [sismonástja]女《植物》傾震性
sisón, na [sisón, na]形《←カタルーニャ語》〔《西》しばしば金をくすねる〔ちょろまかす〕〔人〕, 手癖の悪い〔人〕
—— 男《鳥》ヒメノガン
sistema [sistéma]《←ギリシア語 systema < synistemi「私は集める・構成する」》男 ❶ 制度, 組織: 1) antiguo ～ colonial 植民地遺制. ～ económico capitalista 資本主義的経済制度. ～ educativo español スペインの教育制度. ～ feudal 封建制度. ～ tributario 税制. ❷ [el+] 体制 [: ～ establecido]: el actual ～ 現体制. el ～ socialista 社会主義〔体〕制. 3)《経済》～ de creadores de mercado マーケット・メーカー方式. ～ de explotación del trabajador 苦汗制度. ～ de reintegro 関税払戻し制度. ～ de subasta オークション方式. ～ de suspensión〔加工貿易のための〕保税制度. ～ de zonas para la fijación de precios 地帯〔別〕価格制. ～ patrón oro 金本位制. S～ Armonizado 国際統一商品分類, HS. ～ de Cuentas Nacionales 国民経済計算体系, SNA. ～ de información gerencial 経営情報システム, MIS. S～ Europeo de Bancos Centrales 欧州中央銀行制度, ESCB. ～ Generalizado de Preferencias 一般特恵関税制度, GSP. S～ Monetario Europeo 欧州通貨制度, EMS. ❷ 体系, 学説: ～ filosófico de Ortega y Gasset オルテガ・イ・ガセーの哲学体系. ～ teórico de Copérnico コペルニクスの理論体系. ～ Stanislavski《演劇》スタニスラフスキー・システム. ❸ 方式, 方法: Tiene un buen ～ de viajar. 彼はうまい旅行のやり方を知っている. Emplean un ～ nuevo de distribución. 新しい供給方式が採用される. ❹ 系, 系統: 1) ～ cristalino/～ cristalográfico 結晶系. ～ de canales de riego 灌漑用水路体系. ～ montañoso/～ de montañas 山系, 連峰. S～ Central〔イベリア半島の〕セントラル山地. ～ nervioso central 中枢神経系. ～ respiratorio 呼吸器系統. 2) 単位系, 計量法: ～ binario 2進法. ～ decimal 10進法. ～ cegesimal/～ c.g.s. CGS単位. S～ Internacional [de medidas] 国際単位系. ～ métrico [decimal] メートル法. ❺ 装置, 機構: ～ automático 自動装置. ～ de alarma 警報装置. ～ de altavoces 拡声装置. ～ de señales 信号システム. ～ Argos アルゴスシステム. ❻〔情報〕システム: salir del ～ ログアウトする. ～ experto エキスパートシステム. ～ operativo オペレーティングシステム, OS. ❼《自動車》～ anticolisión de a bordo プリクラッシュセーフティシステム
por ～〔わけなく〕決まって, 判で押したように, 習慣的に: Por ～ te dirá siempre que no. 彼は決まっていつも君に嫌だと言うに違いない

～ **óptico** 1) 光学系. 2) 光学装置; 組合わせレンズ
～ **solar** 1) 太陽系. 2) ソーラーシステム
sistemar [sistemár]他《中南米》=**sistematizar**
sistemática[1] [sistemátiko]女 分類学, 系統学; 分類法

sistemáticamente [sistemátikaménte] 副 体系的に, 組織的に; 一貫して, 規則的に
sistemático, ca[2] [sistemátiko, ka] [←sistema] 形 ❶ 体系的な, 組織的な; 計画的な; 徹底的な: estructura ~*ca* 整然とした構造. estudio ~ 系統立った研究. ❷ [人が] 規則正しい, 型にはまった; 断固とした, 一徹な: Mi padre es muy ~. Se levanta y se acuesta todos los días a la misma hora. 父は大変きちょうめんで毎日同じ時間に起き寝ている
sistematismo [sistematísmo] 男 体系偏重, 体系主義
sistematización [sistematiθaθjón] 女 体系化, 系統化, 組織化
sistematizar [sistematiθár] 9 他 体系化する, 組織づける; 順序立てる: El director quiere ~ los procesos. 社長は工程を体系づけたいと思っている
sistémico, ca [sistémiko, ka] 形 ❶ 体系全体の. 《生理》全身の; 《医学》全身の血液循環の
sistemista [sistemísta] 名 《情報》システム専門家
sístilo [sístilo] 形 《建築》集柱式の, 二径間式の
sístole [sístole] 女 ❶ 《生理》《心》収縮《⇔diástole》. ❷ 《詩法》[韻律を整えるための] 音節短縮
sistólico, ca [sistóliko, ka] 形 《心》収縮の: presión ~*ca* 最高血圧
sistro [sístro] 男 《音楽》システラム《古代エジプトで女神イシスIsisの礼拝に用いられたガラガラに似た打楽器》
sitácido, da [sitáθiðo, ða] 形 女 =psitácido
sitaciforme [sitaθifórme] 形 名 =psitaciforme
sitacismo [sitaθísmo] 男 =psitacismo
sitacosis [sitakósis] 女 《医学》=psitacosis
sitar [sitár] 男 《音楽》シタール
── 他 《ベネズエラ》[人を呼ぶために] 口笛を吹く
sitatunga [sitatúŋga] 男 《動物》シタツンガ《学名 Tragelaphus spekei》
sitgetano, na [sitxetáno, na] 形 名 《地名》シッチェス Sitges の[人]《バルセロナ県の村》
sitiado, da [sitjáðo, ða] 形 名 包囲された[人]: ciudad ~*da* 攻囲下の都市
sitiador, ra [sitjaðór, ra] 形 名 ❶ 攻囲する; 攻囲者. ❷ 複 攻囲軍, 寄せ手
sitial [sitjál] 男 [高位者の] 儀式用の椅子
sitiar [sitjár] [←古サクセン方言 sittian「座る」] 10 他 ❶ [城などを] 包囲する, 攻囲する《→asediar》[類義]: La ciudad estaba *sitiada* por el enemigo. 町は敵に包囲されていた. ~ por mar y tierra 海からも陸からも包囲する. ❷ [人を] 追い詰める; 窮地に追い込む
sitibundo, da [sitiβúndo, da] 形 《詩語》[喉が] 渇いている
sitiero, ra [sitjéro, ra] 名 《キューバ》農場主, 農場の賃借人
sitín [sitín] [←英語 sit-in] 男 《メキシコ》座り込み《=sentada》
sitio [sítjo] I [←ラテン語 situs「立場」] 男 ❶ 場所, ところ《→lugar》[類義]: 1) Idos a vuestros ~*s*. 自分の席へ行け. No he cogido un buen ~ para ver la película. 私は映画を見るのにいい席がとれなかった. Acapulco es un ~ precioso. アカプルコは美しい所だ. Su casa está en el mejor ~ de Madrid. 彼の家はマドリードで最上の場所にある. 2) [全体の中の一部] Hay una mancha en un ~ muy visible. とても目立つ所に汚れがある. No sé en qué ~ de México está. それがメキシコのどこにあるのか私は知らない. En algún ~ vivirá, si es que vive. 生きていくということなら, 彼はどこででも生きていけるだろう. 3) 広さ, スペース: Habrá ~ de sobra. 場所は十分あるだろう. Hay ~ para más. まだ余裕がある. No hay ~ a eso. それは場所がない. Esta mesa ocupa mucho ~. このテーブルはひどく場所をとる. ❷ 位置, 地位: ~ de una persona en la sociedad 社会における人の位置. ~ de la lingüística entre las ciencias 学問の中で言語学の占める位置. Cada cosa en su ~ y un ~ para cada cosa.《諺》適材適所. ❸ 《情報》サイト: ~ oficial 公式サイト. ~*s* relacionados 関連サイト. ❹ 別det: Real S~/ S~ Real 王家の休養地, 離宮. ❺ 《考古》~ tipo 標式遺跡. ❻ 《メキシコ, キューバ》小さな農場. ❼ 《メキシコ》タクシー乗り場. ❽ 《エクアドル, チリ, アルゼンチン》[居住地域の] 地所, 建築用地
cambiar de ~ 場所を変える, 動く; [+con と] 場所を入れかわる
ceder el ~ =dejar el ~
dejar a+人 en el ~ 《西. 口語》…を即死させる
dejar el ~ 席(場所)を譲る; 明け渡す
en algún ~ どこかで・に
en cualquier ~ どこにでも
en todos los ~*s* どこにでも, 至る所に
hacer [*un*] ~ [+a+人 のために] 場所をあける: Nos apretamos para *hacerte* [*un*] ~. 君が座れる(入れる)ように詰めて. Trataremos de *hacerle un* ~ en el equipo. 彼がチームに入れるようにしよう
ir de un ~ *a* [*en·para*] *otro* 動き回る
llegar a los ~*s* 目的地に着く: Aprende a preguntar cómo *llegar a los* ~*s* en español. 目的地への行き方についてのスペイン語での尋ね方を覚えなさい
poner a+人 en su ~ 《口語》…に身の程を思い知らせる, 立場をわきまえさせる
quedarse en el (*su*) ~ 《西. 口語》即死する

II [←sitiar] 男《軍事》包囲[戦]: levantar el ~ 包囲を解く. poner ~ a la ciudad 町を包囲する. S~ de Gibraltar ジブラルタル包囲戦《1779〜83, スペインとフランス対イギリス》

sito, ta [síto, ta] [←ラテン語 situs, -a, -um] 形《文語》位置している, 置かれた: casa *sita* en el número doce de la calle... …通り12番地に所在の家屋

Sit tibi terra levis [sit tíβi té̃ra léβis]《←ラテン語》あなたにとって土が軽くありますように《墓碑銘》

situación [sitwaθjón] [←situar] 女 ❶ 立場, 境遇; [人·物の] 状況, 状態: Está en una ~ difícil. 彼は難しい立場にある. No estoy en ~ de hacer un viaje. 私は旅行がそのような状況にない. La ~ del edificio es ruinosa. ビルの状態は荒廃している. ~ anímica/~ de ánimo 精神状態. ❷ [国家·社会などの] 情勢, 状況: juicio de la ~ 状況判断. ~ económica 経済状態, 景気; [個人の] 経済的地位. ~ internacional 国際情勢. ~ política 政治状況, 政情. ❸ 社会的地位[=~ social]; 職: Se casará en cuanto consiga una ~. 彼は就職でき次第, 結婚するつもりだ. tener una ~ 安定した職についている. crearse una ~ 経済的に自立する. en ~ activa [公務員が] 在職中の. en ~ pasiva [公務員が] 休職中の, 退職した. ❹ [家·町などの] 位置, 場所: Hemos comprado una casa con una excelente ~. 私たちは大変いい場所にある家を買った. ~ de una estrella 星の位置. ❺ 《演劇》 comedia de ~ シチュエーションコメディ. ❻ 《政治》[la+] 権力者グループ. ❼ 配置[行為]; 配置; ❽ 《まれ》境遇, 立場《=situado》
~ *límite* 覆 *situaciones límite*[*s*] 非常事態, 危機的状況; 極限状況: poner a+人 en ~ *límite* …を極限状況に追い込む

situado, da [sitwáðo, ða] 形 [estar+] ❶ 位置した: La casa está bien ~*da*. 家はいい場所にある. ciudad ~*da* a orillas del mar 海沿いの都市. ❷ 立派な地位(職)についた《⇔marginado》: estar bien ~ いい職についている; よい境遇にある
── 男《まれ》❶ [タクシーなどの] 乗り場. ❷ 屋台, 露店. ❸ [生産的資産に対して設定された] 賃料, 料金

situar [sitwár] [←ラテン語 situare] 14 他 ❶ [+en に] 配置する; 位置づける: El capitán *situa* unos vigilantes *en* la torre. 大尉は塔に見張りを置いた. Esa novela le *situa entre* los mejores escritores de nuestra época. この小説で彼は当代随一の作家の一人となった. *Sitúan* el pueblo de Macondo *en* el Estado de Santa María, Colombia. マコンドの町はコロンビアのサンタ·マリア州にあると設定されている. ~ a+人 *en* una posición embarazosa …を厄介な立場に置く. ❷ [資金を] に割り当てる, 充当する; 預金する, 投資する: *Situó* una cantidad para la dote de su hija. 彼はある金額を娘の持参金にした. ~ parte de su salario para los estudios de su hijo 給料の一部を子供の学資に充てる. *Situó* fondos *en* el extranjero. 彼は資金を国外に持ち出した. ~ su dinero *en* un banco suizo スイスの銀行に金を預ける. ❸ [賃料を, +sobre 不動産などに] 設定する: *Situó* una pensión para su sobrina *sobre* una finca. 彼は姪を受取人にして地所に賃料を設けた
── ~*se* ❶ 位置する: El camarero *se situó* detrás de la barra. ウェーターはカウンターの後ろにいた. Por favor, en la escalera mecánica, *sitúense* a la derecha para permitir el paso. エスカレーターではお急ぎの方のために右側にお寄り下さい. ~*se* en el primer lugar 1位になる. ❷ 立派な地位(職)につく, 出世する: *Se ha situado* muy bien. 彼は大変出世した. ❸ 《文語》[数値が] …である: La tasa de crecimiento *se sitúa* en un 4%. 成長率は約4%である

situs [sítus] 男《医学》[器官の] 正常位置, 原位置

síu [síu]〖男〗《チリ》ゴシキヒワによく似た鳥
siurell [sjuréĺ]〖《カタルーニャ語》〗〖男〗〖複 ~s〗シウレル〖マヨルカ島産の白地に赤と緑の模様の素焼きの人形で, 笛になっている〗
siútico, ca [sjútiko, ka]〖形〗❶《ボリビア, チリ》気取った. ❷《チリ》〖服が〗へんてこな, 品のない
siutiquería [sjutikería]〖女〗《ボリビア, チリ》気取り, 気取った言動
siutiquez [sjutikéθ]〖女〗《ボリビア, チリ》=**siutiquería**
siux [sjú]〖形〗〖名〗〖単複同形〗スー族〖の〗〖北米先住民〗
Siva [síβa]〖《ヒンズー教》〗シバ神
Si vis pacem, para bellum [si bís páθem pára bélum]〖←ラテン語〗平和を望むなら戦いに備えよ
sizerín [siθerín] →**pardillo** sizerín
sizigia [siθíxja]〖女〗《天文》朔望
ska [(e)ská]〖←英語〗〖男〗《音楽》スカ
skai [(e)skáj]〖男〗=**skay**
skateboard [(e)skéjtborđ]〖←英語〗〖男〗《スポーツ》スケートボード〖道具, 競技〗
skater [(e)skéjter]〖←英語〗〖名〗スケートボーダー
skay [(e)skáj]〖←英語, 商標〗〖男〗模造皮革, 合成皮革
skeet [(e)skít]〖←英語〗《スポーツ》スキート射撃
sketch [(e)skétʃ]〖←英語〗〖男〗〖複 ~(e)s〗〖時事風刺的な〗寸劇, コント
ski [(e)skí]〖←英語〗〖男〗=**esquí**
skibob [(e)skibób]〖←英語〗〖男〗《スポーツ》スキーボブ
skiff [(e)skíf]〖←英語〗〖男〗〖複 ~s〗《船舶》スキフ〖一人乗りの小型ボート〗
skijama [(e)skixáma]〖←商標〗〖男〗《服飾》ニット製のぴったりしたパジャマ
skimmer [(e)skímer]〖←英語〗〖男〗〖複 ~s〗〖プールのごみを除去する〗スキマー
skimming [(e)skímiŋ]〖←英語〗〖男〗〖キャッシュカードの〗スキミング
skin [(e)skín]〖←英語〗〖形〗〖名〗=**skin head**
skin head [(e)skinxé(đ)]〖←英語〗〖形〗〖名〗〖複 ~s〗スキンヘッド〖の若者〗〖頭髪を剃り, 白人至上主義・ネオナチズムなどを主張する暴力的な若者〗
skip [(e)skíp]〖←英語〗〖男〗〖複 ~s〗《鉱山》鉱石運搬用エレベータ
skua [(e)skúa]〖←英語〗〖男〗〖鳥〗トウゾクカモメ
sky line [(e)skáj lajn]〖←英語〗〖男〗〖都会の〗地平線, 建物の輪郭
Skype [skájp]〖男〗《情報》スカイプ
SL《略語》←sus labores 家事, 専業主婦
S.L.〖女〗《西. 略語》←Sociedad Limitada 有限会社
slalom [(e)slálom]〖←ノルウェー語〗〖男〗〖複 ~s〗❶《スキー》回転〖= ~ especial〗. ~ gigante 大回転. ~ supergigante スーパー大回転. ❷《カヌー, バイク》スラローム
slip [(e)slíp]〖←英語〗〖男〗〖複 ~s〗《服飾》❶ブリーフ: en ~ ブリーフをはいて. ❷水泳パンツ〖= ~ de baño〗. ❸《まれ》パンティ
slogan [(e)slógan]〖←英語〗〖男〗=**eslogan**
slot [(e)slót]〖←英語〗〖男〗〖複 ~s〗《情報》スロット: ~ de expansión 拡張スロット
S.M.《略語》❶←Su Majestad 国王陛下〖複 SS.MM.〗. ❷ sus manos あなたの手もと, 貴援助. ❸=**S.R.M.**
smash [(e)smáʃ]〖←英語〗〖男〗〖複 ~es〗❶《テニス》スマッシュ. ❷《バスケットボール》ダンクシュート
SME《略語》←Sistema Monetario Europeo 欧州通貨制度
smear [(e)smeár]〖←英語〗〖男〗《技術》スミア
smithsonita [(e)smiθsoníta]〖女〗《鉱物》菱亜鉛鉱
smog [(e)smóg]〖←英語〗〖男〗《気象》スモッグ
smoking [(e)smókiŋ]〖←英語〗〖男〗〖複 ~s〗=**esmoquin**
s.n.《略語》=**s/n**
s/n《略語》←sin número 無番地
snack [(e)snák]〖←英語〗〖男〗〖複 ~s〗❶軽食, スナック. ❷=**snack-bar**
snack-bar [(e)snák bár]〖←英語〗〖男〗〖カウンター席とテーブル席のある〗スナック, 軽食堂
snif [(e)sníf]〖間〗〖泣きべそ〗クスン
snifada [(e)snifáda]〖女〗=**esnifada**
snifar [(e)snifár]〖他〗〖隠語〗=**esnifar**
snipe [(e)snípe]〖←英語〗〖男〗《船舶》〖センターボードが可動式の, 競技用の〗小型帆船
snob [(e)snób]〖←英語〗〖形〗〖名〗=**esnob**

snobismo [(e)snobísmo]〖男〗=**esnobismo**
snorkel [(e)snórkel]〖←英語〗〖男〗《中南米》シュノーケル
snowboard [(e)snóubor(d)]〖←英語〗〖男〗《スポーツ》スノーボード〖行為, 道具〗
snowboarder [(e)snoubórder]〖←英語〗〖名〗スノーボーダー
so¹ [so]〖前〗《古語》…の下で・に〖=bajo, debajo de〗
so² [só]〖副〗❶〖+軽蔑の形容詞. 強調〗〖口語〗…め: ¡Ten cuidado, so tonto, me manchas! ばかめ, 気をつけろ, 汚れるじゃないか! ¡So asno! 間抜けめ!
── 〖間〗❶〖馬を制して〗どうどう! ❷《中南米》しーっ, 静かにしろ!
  dar mismo ~ que arre 両者に大した違いはない
SO《略語》←suroeste 南西
so-《接頭辞》❶〖下〗soterrar 埋める. ❷〖軽微〗sofreír 軽く炒める
S.O.《略語》←su oficina 貴事務所
s/o《略語》←su orden 貴注文, 貴指図
soalzar [soalθár]〖他〗〖まれ〗軽く持ち上げる
soasar [soasár]〖他〗《料理》ミディアムに焼く, さっと焼く
soata [soáta]〖女〗《コロンビア. 料理》トウモロコシとカボチャの煮込み
soba [sóβa]〖女〗❶〖布・紙などを〗しわくちゃにすること, もむこと. ❷殴ること. ❸《口語》〖強い〗殴打: propinar a+人 una ~ …をボカボカ殴る
── 〖形〗《隠語》眠っている
sobacal [soβakál]〖形〗《口語》腋の下の
sobaco [soβáko]〖男〗〖←?ラテン語 subhircus+subala〗❶《解剖》腋窩(えきか), 腋(わき)の下〖→axila〖頭語〗〗: Me ha salido un golondrino en el ~. 私は腋の下にできものができた. ❷《建築》スパンドレル, 合入小間(こま)
  pasarse por debajo del ~《口語》重視しない
sobacuno [soβakúno]〖形〗《口語》腋臭(わきが)の〖の〗
sobadero, ra [soβadéro, ra]〖形〗手でもんで柔らかくされ得る
── 〖男〗〖皮なめし工場の〗打ちなめし場
── 〖女〗《コロンビア. 口語》嫌なこと, 不快
sobado, da [soβádo, da]〖形〗❶〖服などが〗ぼろぼろの, 着古した: Tenía los puños de la camisa muy ~s. 彼は袖口がすり切れたシャツを着ていた. ❷言い古された, 月並みな: Cambiemos de tema, que este ya está ~. 話題を変えよう, これはありきたりだから. excusa ~da 使い古された言い訳. ❸《口語》寝入った, 眠り込んだ: quedarse ~ ぐっすり眠っている. ❹〖パンが〗オリーブ油やバターをたっぷり使った. ❺《コロンビア. 口語》困難な, 厳しい
── 〖名〗《コロンビア. 口語》厚かましい人
── 〖男〗❶手でもんで柔らかくすること. ❷《菓子》1)《西》=**sobao**. 2)《コスタリカ》スポンジ状の黒砂糖菓子
sobador, ra [soβadór, ra]〖名〗〖人を〗なで回す, しつこく触る
── 〖男〗もんで柔らかくする器具
sobadura [soβadúra]〖女〗もみくちゃにすること
sobajadura [soβaxadúra]〖女〗=**sobajamiento**
sobajamiento [soβaxamjénto]〖男〗なで回す〖しつこく触る〗こと
sobajar [soβaxár]〖他〗❶なで回す, しつこく触る. ❷もみくちゃにする. ❸《メキシコ》面目を失わせる, 屈辱を与える
sobajear [soβaxeár]〖他〗なで回す, しわくちゃにする
sobajeo [soβaxéo]〖男〗もみくちゃ〖しわくちゃ〗にすること
sobaleras [soβaléras]〖名〗〖単複同形〗《中米》=**sobalevas**
sobalero, ra [soβaléro, ra]〖形〗〖名〗《ホンジュラス, エルサルバドル》=**sobalevas**
sobalevas [soβaléβas]〖形〗〖単複同形〗《ホンジュラス, エルサルバドル》おべっか使いの
sobanda [soβánda]〖女〗〖見ている人の正反対の側の〗樽の曲面
sobandero [soβandéro]〖男〗《コロンビア, ベネズエラ》脱臼をマッサージで治す民間療法医
sobao [soβáo]〖男〗《カンタブリア》ソバオ〖バターかオリーブ油をたっぷり使ったふかふかの菓子パン〗
sobaquera [soβakéra]〖←sobaco〗〖女〗❶〖服飾〗1)〖腋の下につける〗汗よけ, ドレスシールド. 2)アームホール. ❷《口語》=**sobaquina**. ❸《俗語》ショルダーホルスター
  coger a+人 las ~s《口語》…の好意を得る
sobaquillo [soβakíʎo]〖sobaco の示小語〗〖男〗a ~ バックハンドで〖=de ~〗
  de ~ 1)〖石などの投げ方〗バックハンドで. 2)《闘牛》〖バンデリーリャの打ち込み方が正面からでなく, 牛をかわしてから〗牛の頭部の斜め後方から

sobaquina [soƀakína] [女] 腋(わき)の下の汗; 腋臭(わきが) 〖=olor a ～〗: Huele a ～. 腋臭がにおう

sobar [soƀár] **I** 〖←?俗ラテン語 subagere〗 [他] ❶ もみくちゃにする, しわくちゃにする: No *sobes* la camisa antes de ponértela. 着る前にシャツをくしゃくしゃにしてはいけない. ❷《軽蔑》[人を] なで回す, しつこく触る: Don Antonio intentaba ～la siempre que podía. ドン・アントニオは機会さえあれば彼女の体に触ろうとした. ❸ [パン生地を] こねる; [皮を] 打ちなめす. ❹ [罰として] 殴る: Hijo, estáte quieto, que no quiero ～te. ぼく, じっとしてなさい, さもないと叩くわよ. ❺ しつこく邪魔する, うるさくする. ❻《メキシコ, ペルー, アルゼンチン》マッサージする. ❼《コロンビア, ベネズエラ》[民間療法医が] 脱臼を治す. ❽《コロンビア. 口語》困らせる, 不愉快にする, 嫌な思いをさせる. ❾《エクアドル》強くこする. ❿《ペルー. 口語》へつらう, 媚びる. ⓫《チリ》やっつける, 勝利する. ⓬《アルゼンチン》[馬を酷使して] 疲れさせる

—— **～se** ❶ [自分の体を] 繰り返し触る: ～*se* el mentón 顎(あご)をなで回す. ❷ しわくちゃになる, 駄目になる

II 〖←ジプシー語〗 [自]《西. 口語》眠る: Ha estado *sobado* tres horas seguidas. 彼は3時間ぶっ続けで寝た

sobarba [soƀárƀa] [女] ❶《馬具》鼻革, 鼻勒(びろく). ❷ 二重顎

sobarbada [soƀarƀáđa] [女] ❶ 手綱を引くこと. ❷ がみがみ叱ること, とがめだて

sobarbo [soƀárƀo] [男] [水車の] 水受け, 羽根

sobarcar [soƀarkár] [7] [他] ❶ 小脇に抱えて運ぶ, 小脇にはさんで行く. ❷ [服を] 胸までたくし上げる

sobe [sóƀe] [男]《口語》なで回すこと

sobejos [soƀéxɔs] [男] [複] 残飯, 食べ残し

sobeo [soƀéo] [男]《馬具》❶ [馬車・犂の長柄をくびきにつなぐ] 革帯. ❷《ウルグアイ》端綱

soberado [soƀeráđo] [男]《アンダルシア; アンデス》屋根裏部屋 〖= desván〗

soberanamente [soƀeránaménte] [副] ❶ すばらしく, 最高に, この上なく: El aria fue ～ interpretada por un joven tenor. アリアは若いテノール歌手によって見事に歌われた. ❷ ひどく: Me aburrí ～. 私はとことん退屈した. ❸ 主権(至上権)をもって: El general gobernaba ～ la isla. 将軍は絶対の権限をもって島を統治した

soberanear [soƀeraneár] [自] 君主のように命じる(支配する)

soberanía [soƀeranía] 〖←soberano〗 [女] ❶ 主権, 至上権: ejercer su ～ sobre... …に対して主権を行使する. poner en peligro la ～ del país 国家の主権をおびやかす. ～ del consumidor 消費者主権. ～ nacional 国家主権, 国民主権. ❷ 統治権, 支配権: El Imperio Español mantenía su ～ en estas islas. スペイン帝国はこれらの島々の統治権を持ち続けた. violar la ～ marítima (aérea) 領海(領空)を侵犯する. ❸ 独立, 自治: La colonia obtuvo su ～. 植民地は独立を遂げた. ❹ 卓越, 至上: Estas montañas se llevan la ～ de las cumbres de nuestra geografía. これらの山々は我が国の最高峰にほかならない. ❺ 君主の身分(地位)

soberano, na [soƀeráno, na] 〖←俗ラテン語 superianus < ラテン語 superius「一番上に」〗 [形] ❶ 至上権を有する, 主権を持つ: estado (país) ～ 主権国家. pueblo ～ 主権を有する国民. ❷ 統治(支配)権を備えた. ❸ 至高の, 最高の: belleza ～*na* この上ない美しさ; 飛び切りの美人. ～*na* interpretación 最高の演奏. poder ～ 至上権. ❹《口語》ひどい, すごい: ～*na* paliza ものすごいビンタ. fracaso ～ とんでもない失敗

—— [名] 君主, 国王, 女王

—— [男] [昔のイギリスの] ソブリン金貨, 1ポンド金貨

soberbia[1] [soƀérƀja] 〖←ラテン語 superbia〗 [女] ❶《軽蔑》尊大, 傲慢; プライド: No soportamos su ～. 私たちは彼のおごり高ぶりには我慢ならない. ❷ [建物などの] 立派さ, 壮大さ. ❸ [反対された時などの] 憤怒(ふんぬ), 憤慨, 激怒. ❹《古語》ふしだらな言動

soberbiamente [soƀérƀjaménte] [副] ❶ 尊大に: Me contestó ～. 彼は高飛車に私に答えた. ❷ 立派に, 見事に: Este es un ejemplar ～ encuadernado. これは見事に装丁された本だ

soberbiar [soƀerƀjár] [10] [他]《エクアドル》[状況に対し] おごり高ぶった態度を示す, 横柄にする; [軽蔑して] 受け入れない

soberbio, bia[2] [soƀérƀjo, ƀja] 〖←ラテン語 superbus〗 [形] ❶ 尊大な, 傲慢な 〖⇔humilde〗; プライドの高い: No seas ～. おごり高ぶってはいけないよ. Es ～ para 〔con〕 (hacia) los inferiores. 彼は目下の者に対して尊大だ. ❷ りりしい, さっそうとした: Su hijo tiene un aspecto ～ con ese uniforme. 彼の息子はその制服を着るとりりしい姿になる. ❸ 印象深い, 感動的な: La actriz tuvo una actuación ～*bia*. 女優は心に残る演技を見せた. ❹ [建物などが] 壮麗な, 豪華な: Esta empresa está en un edificio ～. この会社は立派なビルに入っている. ❺ ひどい, 大変な: Los profesores le han dado un ～ disgusto. 彼は先生たちにひどい不満を覚えた

—— [間] [感嘆・興奮] うひゃあ: ¿Qué te ha parecido el coche?—*S*～.—¿Y la casa?—*S*～*bia*. 車はどう思ったんだい?—どひゃあさ.—で, 家は?—どひゃあだよ

soberbiosamente [soƀerƀjósaménte] [副]《まれ》尊大に, 傲慢に

soberbioso, sa [soƀerƀjóso, sa] [形]《まれ》尊大な 〖=soberbio〗

sobermejo, ja [soƀerméxo, xa] [形] 暗朱色の

soberna [soƀérna] [女]《エクアドル》❶ 心配事, 重荷. ❷ 過負荷, 積載オーバー

sobernal [soƀernál] [男]《コロンビア》=**soberna**

sobetear [soƀeteár] [他] [物に] しつこく触る, いじくり回す

sobijo [soƀíxo] [男] ❶《中南米》=**soba**. ❷《コロンビア》擦りむくこと, 擦過

sobina [soƀína] [女] 木釘

sobo [sóƀo] [男] =**soba**

sobón, na [soƀón, na] 〖←sobar I〗 [形] [名] ❶ なで回す〔人〕, やたらと触る〔人〕;《軽蔑》痴漢, 触り魔. ❷ 怠け者〔の〕, さぼり屋〔の〕. ❸《コスタリカ, キューバ, ペルー》おべっか使い〔の〕

***de un* ～**《南米》一気に, いっぺんに

sobordo [soƀórđo] [男]《船舶》❶ [船長が記す] 船荷目録, 貨物明細書. ❷ [書類と対照させる] 船荷検査. ❸ [戦時航海の] 特別報酬, 危険手当

sobornable [soƀɔrnáƀle] [形] 買収され得る

sobornación [soƀɔrnaθjɔ́n] [女] 買収, 贈賄

sobornado, da [soƀɔrnáđo, đa] [形] pan ～ [パン焼きがまの中で] 2列のパンの間に置くパン 〖形が不ぞろいになる〗

sobornador, ra [soƀɔrnađór, ra] [形] [名] 買収する〔人〕, 贈賄する〔人〕

sobornal [soƀɔrnál] [男] ❶《競馬》[ハンデキャップ戦の] 負担重量. ❷《チリ. 鉄道》[複] [特別車両に積まれる] ばらの貨物

sobornar [soƀɔrnár] 〖←ラテン語 subornare〗 [他] 買収する, 贈賄(ぞうわい)する, わいろを使う: El cantante *sobornó* al jurado para que lo eligieran ganador. 歌手は受賞者に選ばれるよう審査員を買収した

soborno [soƀɔ́rno] 〖←ラテン語 superbus〗 [男] ❶ 買収, 贈〔収〕賄; わいろ: El investigador consiguió esa información con ～*s*. 研究員はわいろを使ってその情報を手に入れた. aceptar ～ 収賄する, わいろを受け取る. delito de ～ 贈賄罪, 収賄罪. ❷《ボリビア, チリ》[通常以上の] 追加分の荷物

***de* ～**《ボリビア》おまけに, 加えて

sobra [sóƀra] 〖←sobrar〗 [女] ❶ 過剰, 超過: ～ de producción 生産過剰. ～ de una mercancía 商品の供給過剰. ❷ [複] 余り, 残り. ❸ [複] 食べ残し, 残飯 〖=～s de comida〗. ❹ [複] くず, 廃物. ❺ [複] 兵士の給料の一部として毎週(毎日)支給される現金. ❻《まれ》侮辱, 無礼

***de* ～** 余分の・に; あり余るほど〔の〕, 十二分な・に: Tengo dinero *de* ～. 私は余分なお金を持っている/あり余るほど金がある. Con tres metros de tela tienes *de* ～ para el vestido. 布が3メートルではドレスを作るには多すぎるよ. Tengo tiempo *de* ～. 私は時間を持て余している. Tengo motivos *de* ～ para negarle el saludo. 私は山ほど理由があって彼に挨拶しないのだ. Él lo sabe *de* ～. 彼はそのことは十分知っている. con tiempo *de* ～ 十分時間の余裕を見て

de* ～*s《地方語》=**de ～**

***estar de* ～** 余計である, 邪魔である: *Estás de* ～. お前は余計者だ/邪魔だ

hasta dejarlo de* ～*s《口語》極度に

sobradamente [soƀráđaménte] [副] 十二分に, あり余るほど; 非常に, 大いに: Con eso está ～ pagado. それで彼にやる金としては多すぎるくらいだ

sobradar [soƀrađár] [他] [建物に] 屋根裏部屋を作る

sobradero [soƀrađéro] [男]《アラバ, ログローニョ, アラゴン》オーバーフロー管

sobradillo [soƀrađíʎo] [男]《建築》[窓・バルコニー上の] ひさし

sobrado, da [soƀráđo, đa] [形] ❶ あり余るほどの, 十分な; 余分な: 1) Tenemos tiempo ～. 私たちには時間はあり余るほどある.

S

sobrador, ra

Tienen ~s motivos de queja. 彼らが不平を言うには十二分な理由がある. Tiene ~da razón. 彼はきわめて正しい. 2) [人が主語. estar+. +de が] 十二分にある: Estamos ~s de amistades. 私たちは多くの友人に恵まれている. ❸《西》裕福な: Parece que no anda muy ~. 彼は金に困っているらしい. ❹《まれ》無礼な, 無遠慮な. ❹《ベネズエラ, ペルー, チリ》巨大な: tener un tamaño ~ 巨大なサイズである. ❺《エクアドル》からいばりする, 強がり屋の. ❻《チリ, 軽蔑》思い上がった, うぬぼれた

hasta dejárselo ~《口語》極度に

── 副 ❶ 十二分に: Está ~ bien hecho para como te lo pagan. 君への謝礼金からすれば[君のこの仕事は]全く申し分のない出来だ. ❷《アンデス》容易に

── 男 ❶ 屋根裏部屋 [=desván]. ❷《古語》階上階. ❸《アンダルシア, チリ》[主に 複] 食べ残し, 残飯. ❹《コロンビア, ベネズエラ》余り, 残り. ❺《ペルー》[人より長所などが] 上回る,

sobrador, ra [soβraðór, ra] 形 名《アルゼンチン, ウルグアイ. 軽蔑》傲慢な[人], 思い上がった[人], うぬぼれている[人]

sobrancero, ra [soβranθéro, ra] 形 名 ❶ 定職のない[人], 無職の[人]. ❷《ムルシア; キューバ, ベネズエラ》余った, 超過した. ❸《ムルシア》代理仕事をする[若者]

sobrante [soβránte] 形 余分な, 過剰な; 残りの, 余りの: Para los profesores hay sillas ~s. 先生用の椅子が余っている. tierra ~ 残土

── 男 残り, 余分

sobrar [soβrár] [←ラテン語 superare 「より優れている, 勝る」] 自 ❶ 余る, 残る: Me ha sobrado medio metro de tela de la que compré para el vestido. 私がドレスを作るために買った生地が50センチ余った. Diez entre tres son tres y *sobra* uno. 10割る3は3余り1. Le *sobra* dinero. 彼には金がありあまるほどある. Es mejor que *sobre* que no que falte. 足りないよりは余る方がいい. ❷ 余分である, 余計である: Tú *sobras* en esta fiesta. お前はこのパーティーの邪魔だ. Todo eso que has dicho *sobra*. 君の言ったことはすべて余計だ. *Sobrarán* los detalles. 詳細は不要だろう. ❸ [単人称] 十分である: Con diez minutos *sobra* para arreglarlo. それは10分もあれば準備できる

salir sobrando《メキシコ》不必要である

── 他 ❶《廃語》上回る, しのぐ. ❷《チリ》余らせる. ❸《ラプラタ》見下す;[軽蔑して]からかう

~se ❶《西》[人・事物が] 十分にある. ❷《地方語》[中身・容器が] あふれる. ❸《ペルー》[人より長所などが] 上回る, 優れている

sobrasada [soβrasáða] 女《料理》ソブラサーダ『バレアレス諸島産の熟成期間の長いソーセージ』

sobrasar [soβrasár] 他 [よく煮えるように] 鍋の下に煴火(いぶりび)を置く

sobrayo [soβrájo] 男《魚》オオワニザメ

sobre[1] [sóβre] [←ラテン語 super] 前 ❶ [空間] …の上に [→encima, 類義] 1): [接触・表面] El libro está ~ la mesa. その本は机の上にある. La cabellera cae ~ sus espaldas. 髪が彼女の背中に垂れている. El invitado derramó el café ~ el mantel. 客はテーブルクロスにコーヒーをこぼした. dibujar ~ el papel 紙の上に絵をかく; esculpir ~ mármol 大理石を刻む. 2) [上方・上部] El avión pasó ~ nosotros. 飛行機が私たちの上を通る. S~ nosotros veíamos la cumbre nevada. 私たちの上に雪をかぶった山頂が見える. La torre del campanario está ~ el palacio. 鐘楼は王宮の高みにある. el río Miño ~ el puente 橋の上流のミーニョ川; el puente ~ el río 川に架かる橋. 3) [身体の一部, 支点] …で: El perro andaba ~ dos patas. 犬は二本足で歩いていた. ❷ [基準] El termómetro marca tres grados ~ cero. 温度計は3度を指している. mil metros ~ el nivel del mar 海抜千メートル. ❸ [上位・優位] S~ él tiene un jefe. 彼には上役が1人いる. El capitán está ~ el teniente. 大尉は中尉の上である. El bien común está ~ los intereses particulares. 共同の利益は個々の利益に優先する. Francisco destaca ~ los demás gracias a su ingenio. フランシスコはその才能で他の人々から際立っている. Se convirtió en líder, con 45 segundos de ventaja ~ el segundo. 彼は2位を45秒引き離して首位に立った. triunfar ~ ese equipo そのチームに勝つ. ❹ [加算・付加] …に加えて: Le di quinientos euros ~ lo estipulado. 私は約束した額に50ユーロ上乗せして彼に与えた. Los Reyes llegaron cinco minutos de atraso ~ la hora prevista. 国王夫妻は予定時刻より5分遅れて到着した. ~ su inteligencia tiene una gran memoria. 彼は理解力の上に抜群な記憶力もある. ❺《口語》[+表

定詞]…である上に: S~ ser malo, es caro. それは品質が悪い上に値段が高い. S~ no hacer nada, estorbaba frecuentemente. 彼は何もしない上に邪魔ばかりしている. ❻ [近接] 1) …のそばに: La ciudad está ~ el río. 町は川のほとりにある. Ya están ~ Madrid. 彼らはもうマドリードに到着した. 2) …に面して: Tiene dos balcones ~ la calle. そこには通りに面したバルコニーが2つある. La fachada da ~ la plaza. 建物の正面は広場に面する. 3) …に近づく: La policía está ~ la pista del asesino. 警察は殺人犯の手がかりをつかんでる. ❼ [主題] …に関して: Habló ~ los orígenes de la novela. 彼は小説の起源について話した. S~ esto no hay nada escrito. これに関しては書いたものは何もない. Discutimos ~ lo que debíamos hacer. 私たちは何をなすべきかについて話し合った. revista ~ modas モード雑誌. ❽ [近似値] 約…: ¿Sabes cuánto cuesta? ─S~ los ocho mil euros, creo. いくらかかるか知ってるの?─8千ユーロぐらいだと思うよ. ¿Cuánta gente va a venir?─S~ las cien. 何人くらい来ることになっているのですか?─100人くらいかな. Mide ~ [los] 150 centímetros de estatura. 彼の身長は150センチぐらいだ. Yo creo que estará terminado ~ el quince de agosto. 8月15日ごろには終わっていると私は思うよ. Vendrá ~ las once. 彼は11時ぐらいに来るだろう. ❾ [方向・対象] …の方へ: La muchedumbre inició una marcha ~ la capital. 群衆は首都に向かって行進を始めた. El ejército marchaba ~ la ciudad. 軍隊は市街地に向けて進軍していた. ❿ [攻撃] …に対して, …を襲って: Los atracadores dispararon ~ nosotros. 強盗は我々に発砲した. Se abalanzó ~ Arturo. 彼はアルトゥーロにとびかかった. La desgracia se abatió ~ la familia. 不幸が一家を襲った. ⓫《頭義》contra はより「荒々しさ・激しさ」を表わす ⓬ [時間] …の後に, …の後で: ~ comida/ ~ mesa 食後に. ~ siesta 昼寝の後で. ~ parto 産後に. ⓬ [権力・権威, 影響力, 優位性] …に対して: No tengo poder ~ vosotros. 私は君たちに対して何の権限もない. Manda ~ toda la división. 彼は課全体に命令する. Sus padres siempre están ~ los hijos. その両親はいつも子供たちから目を離さない. ⓭ [回転の中心] La rueda gira ~ el eje. 車輪は軸を中心に回転する. Me di media vuelta ~ el pie. 私は回れ右をした. ⓮《商業, 経済》1) [為替振出し] …あてに, [決済] …で: Giramos la letra ~ usted por el importe. 貴下あてにその金額で手形を振出しました. Sírvanse reembolsarse ~ el Banco N por el importe. その金額をN銀行で決済して下さい. 2) …を担保に: S~ esta joya, préstame mil euros. この宝石をかたにチューロ貸してくれ. pedir una hipoteca ~ la casa 家屋を担保にして貸付を求める. 3) [課税などの評価] …に対する: censo ~ una casa 家屋に対する評価査定. ⓯ [割合] …に対して, …と比べて: descuento de 10 por 100 ~ el montante 総額に対して1割の値引き. aumento del 5 por 100 ~ la matrícula del año pasado 昨年の登録者数と比べて5パーセントの増加. ⓰ [分数・百分率] x ~ y y分のx [x/yと表記する]. diecinueve ~ veinte 20分の18 [18/20と表記する]. treinta ~ cien 30パーセント. ⓱ [名詞 ~ +同一名詞. 繰り返し・蓄積] Ha dicho tonterías ~ tonterías. 彼はばかげたことを次から次へと口にした. Como no cambies de actitud, seguirás teniendo castigo ~ castigo. 行ないを改めないようでは何度も罰を受けることになるぞ. Acumuló éxito ~ éxito. 彼は成功に成功を重ねた. ⓲《口語》[準拠] …に従って [=según, por]: Le creo ~ su palabra. 私は彼の言葉から彼を信じる. ~ encargo 依頼によって. ~ medida 寸法に合わせて

sobre[2] [sóβre] [←?語源] 男 ❶ 封筒: El profesor repartió a los alumnos los ~s con las notas. 教師は生徒たちに成績表の入った封筒を配った. introducir los billetes en el ~ 紙幣を封筒に入れる. ~ aéreo/ ~ [de] vía aérea 航空便用の封筒. ~ de paga 給料袋. ~ de ventanilla 窓付き封筒. ~ monedero 現金封筒. ❷ [封筒の表・裏表の] 上書き [=sobrescrito]. ❸ 小さな袋: sopa de ~ [袋入りの] インスタントスープ. ~ de té ティーバッグ. un ~ de azúcar 砂糖1袋. ❹《口語》支払い, 給料; わいろの金. ❺《俗語》[=cama]: A las once ya está en el ~. 11時には彼はもう寝ている. meterse en el ~ 寝る. ❻《サモラ, サラマンカ. 遊戯》隠れんぼ. ❼《中南米》書類カバン

sobre- [接頭辞] ❶ [上に] *sobre*mesa テーブルクロス. ❷ [さらに・越えて・過度に・代わりの] *sobre*humano 超人的な, *sobre*dosis 薬の飲みすぎ. ❸ [強調] *sobre*abundar あり余る. ❹ [動詞化. 突然の行為] *sobre*saltar びっくりさせる

sobreabundancia [soβreaβundánθja] 囡 過多, 過剰: Había ~ de trigo. 小麦があり余っていた. ~ de alimentación 食べすぎ, 栄養過多

sobreabundante [soβreaβundánte] 形 あり余るほどの, 過剰な, 過多の

sobreabundantemente [soβreaβundánteménte] 副 あり余るほど, 過剰に

sobreabundar [soβreaβundár]《←sobre-+abundar》自 多すぎる, あり余る; [+en を] 余るほど持っている: Aquí *sobreabundan* los sinvergüenzas. ここには恥知らずがいやというほどいる. Este país *sobreabunda en* arroz. この国は米が余っている

sobreactividad [soβreaktiβiðáð] 囡《医学》[器官の] 過度活動性

sobreactuación [soβreaktwaxjón] 囡 演技過剰; やりすぎ

sobreactuar [soβreaktwár] 14 自他 大げさに演じる; やりすぎる

sobreaguar [soβreagwár] 13 自《まれ》水面を歩く, 水面にいる

sobreagudo, da [soβreagúðo, ða] 形《音楽》最高音域〔の〕

sobrealiento [soβrealjénto] 男 呼吸困難, 息切れ, あえぎ

sobrealimentación [soβrealimentaθjón] 囡 ❶ 過度の食物を与えること, 栄養過多. ❷《医学》高栄養療法

sobrealimentador [soβrealimentaðór] 男《エンジンの》過給機

sobrealimentar [soβrealimentár]《←sobre-+alimentar》他 ❶ …に過度の食物 (栄養) を与える: No es bueno ~ a los animales domésticos. ペットに餌をやりすぎるのは好ましくない. ❷ [エンジンなどに] 過給する, 与圧する: motor *sobrealimentado* ターボチャージ付きエンジン

sobrealzar [soβrealθár] 9 他 あまりにも高く持ち上げる

sobreañadir [soβreaɲaðír] 他《一杯の上に》さらに付加する: No debes ~ agua a la paella. パエーリャに水を加えすぎてはいけない

sobreañal [soβreaɲál] 形《動物の》1歳を過ぎたばかりの

sobreaño [soβreáɲo] 形《ラマンチャ》《子牛·子羊の》1歳前後の

sobrearar [soβreαrár] 他《犂で》耕し直す

sobrearco [soβreárko] 男《建築》隠しアーチ

sobreasada [soβreasáða] 囡 =sobrasada

sobreasar [soβreasár] 他 [焼いたもの·煮たものを] 再び火に掛ける

sobreático [soβreátiko] 男《建築》[主に増築で加えられる] ペントハウスの2階

sobrebarato, ta [soβreβaráto, ta] 形 超廉価の, ひどく安い

sobrebarrer [soβreβařér] 他 軽く掃く (掃除する)

sobrebeber [soβreβeβér] 自 再び酒を飲む; 痛飲する

sobrebota [soβreβóta] 囡《中米》なめし革製のゲートル

sobrecalentador [soβrekalentaðór] 男《技術》過熱器

sobrecalentamiento [soβrekalentamjénto] 男 [主に大気の] 過熱

sobrecalentar [soβrekalentár] 23 他 ❶ 過熱させる. ❷《技術》高温に熱する
—— 再 過熱する, オーバーヒートする

sobrecalza [soβrekálθa] 囡《服飾》ゲートル

sobrecama [soβrekáma] 囡《主に中米》ベッドカバー〔=colcha〕

sobrecamisa [soβrekamísa] 囡《服飾》[上着として着る] 長袖シャツ

sobrecaña [soβrekáɲa] 囡《獣医》[馬の] 管骨瘤

sobrecapacidad [soβrekapaθiðáð] 囡《経済》設備過剰

sobrecarga [soβrekárga]《←sobrecargar》囡 ❶ [荷の] 積みすぎ, 重量超過: Este camión lleva ~. このトラックは積載超過だ. ❷ [人への] 過度の負担; 新たな負担: Mantener a mis padres es una ~ para mí. 両親を養うことは私には重すぎる負担だ. Y además ahora Adela tiene la ~ de su marido enfermo. アデラは加えて今度は病気の夫を抱えている. ❸《電気》過負荷; 過充電. ❹ [切手の価格訂正などの] 重ね刷り. ❺《商業》追加料金, 課徴金; 追徴金: ~ de importación 輸入課徴金. ❻ 荷縄, ロープ

sobrecargar [soβrekargár]《←sobre-+cargar》8 他 ❶ [+con を] …に積みすぎる: Están *sobrecargando* la camión *con* tantos sacos. 彼らはトラックにあまりに多くの袋を積み込んでいる. ~ un coche 車に人を乗せすぎる. ❷ [+con で] 飾りすぎる: Vas a ~ la habitación *con* tantas fotos. これでは君は部屋を写真で飾りすぎることになる. ❸ 過度の負担をかける: No debe ~ las rodillas. 膝を使いすぎてはならない. ❹《裁縫》伏せ縫いをする. ❺《電気》負荷をかけすぎる, 過充電する

sobrecargo [soβrekárgo]《←sobrecargar》男 ❶《航空》パーサー, 客室乗務員〔のチーフ〕. ❷《船舶》事務長, パーサー; 上乗〔み〕人
—— 囲 追加料金

sobrecaro, ra [soβrekáro, ra] 形 超高値の, とても値が張る

sobrecarta [soβrekárta] 囡 ❶ [手紙用の] 封筒. ❷《法律》[1回目が実行されない時の] 2回目の法廷命令

sobrecebadera [soβreθeβaðéra] 囡《船舶》スプリットスル, 斜檣帆, スプリットヤード

sobrecédula [soβreθéðula] 囡《古語》[勅令を遵守させるため王が出す] 第2の勅令

sobreceja [soβreθéxa] 囡 眉のすぐ上のひたい

sobrecejo [soβreθéxo] 男 しかめつら, 渋面, 眉根を寄せること

sobrecelestial [soβreθelestjál] 形 最も高空の

sobrecenar [soβreθenár] 自 2度目の夕食をとる

sobreceño [soβreθéɲo] 男 激怒して逆立った眉

sobrecerco [soβreθérko] 男 [包囲を強化するための] 二重の包囲

sobrecerrado, da [soβreθeřáðo, ða] 形 厳重に締められた (鍵を掛けられた)

sobrecielo [soβreθjélo] 男 天蓋〔の〕; ひさし, 張り出し

sobrecincha [soβreθíntʃa] 囡《馬具》[馬の上からする] 上腹帯

sobrecincho [soβreθíntʃo] 男 =sobrecincha

sobreclaustra [soβreklaústra] 囡 =sobreclaustro

sobreclaustro [soβreklaústro] 男 回廊の上にある部屋 (住居)

sobrecogedor, ra [soβrekoxeðór, ra] 形 どきりとさせる, 驚かせる, 怖い

sobrecoger [soβrekoxér]《←sobre-+coger》3 他 どきりとさせる, ぎょっとさせる, びくつかせる: Me *sobrecoge* mirar hacia abajo desde tanta altura. 私はこんなに高い所から下を見ると身がすくむ
—— se どきりとする, 怖じ気づく: El chico *se sobrecogió* al oír un ruido extraño. 青年は奇妙な音を聞いてすくみ上がった

sobrecogimiento [soβrekoximjénto] 男 どきりとする (させる) こと: La noticia del terremoto produjo un ~ en la población. 地震のニュースは町の人々を震え上がらせた

sobrecomida [soβrekomíða] 囡《まれ》デザート〔=postre〕

sobrecompensación [soβrekompensaθjón] 囡《心理, 生理》超回復

sobrecompensar [soβrekompensár] 他《心理, 生理》超回復させる

sobrecopa [soβrekópa] 囡 グラス copa の蓋

sobrecorrida [soβrekoříða] 囡《カナリア諸島》[農地の] 3度目の灌漑

sobrecoser [soβrekosér] 他《中米》伏せ縫いをする

sobrecoste [soβrekóste] 男 超過コスト

sobrecostilla [soβrekostíʎa] 囡《チリ, 料理》リブロース

sobrecostura [soβrekostúra] 囡《裁縫》伏せ縫い

sobrecrecer [soβrekreθér] 39 自 過度に成長する, 成長しすぎる

sobrecruz [soβrekrúθ] 男《水車の輪の》輻(°) [4本ある]

sobrecubierta [soβrekuβjérta]《←sobre-+cubierta》囡 ❶ [本などの] カバー, ジャケット. ❷《船舶》上甲板

sobrecuello [soβrekwéʎo] 男《服飾》❶《聖職者用の》ローマンカラー. ❷ 付け襟, 当て襟

sobrecumbrera [soβrekumbréra] 囡《カリブ, コロンビア》ヤシの葉でふいた屋根の上に渡された棒

sobrecurar [soβrekurár] 他 ❶ いいかげん (中途半端) な治療をする. ❷ 傷を表面だけ癒着させる

sobredezmero [soβreðeθméro] 男《古語》十分の一税収税吏に同行するの検査官

sobredicho, cha [soβreðítʃo, tʃa]《←sobre-+dicho》形《文語》上記の〔者〕, 前記の〔者〕, 前述の〔者〕: Repito las palabras ~chas. 前述の言葉を繰り返します

sobrediente [soβreðjénte] 男 八重歯

sobredimensión [soβreðimensjón] 囡《経済》粉飾

sobredimensionar [soβreðimensjonár] 他 ❶《経済》[規模などを] 大きく見せかける, 粉飾する. ❷ 誇張する, 脚色する: La prensa *ha sobredimensionado* el asunto. ジャーナリズムは問題を大げさに騒ぎ立てた

sobredorar [soβreðorár] 他 ❶ [主に銀に] 金をかぶせる: plata *sobredorada* 金張りの銀器. ❷《西》[善意からしたことだと] 言い訳をする, 言い繕う. ❸ 粉飾する, 糊塗(ここ)する

sobredosificación [soβreðosifikaθjón] 女《医学》薬の量を普通より多く処方すること

sobredosis [soβreðósis] 女《sobre-+dosis》《単複同形》❶《医学》オーバードース, 薬物過剰摂取, 服用過多: Este paciente se tomó una ~ de barbitúricos. この患者は睡眠薬を飲みすぎた. ❷ 麻薬(幻覚剤)の乱用: Los jóvenes murieron por ~. 若者たちは麻薬を乱用して死んだ

sobreedificar [sobre(e)ðifikár] [7] 他 増築する, 建て増しをする

sobreelevar [sobre(e)leβár] 他《通常より》高くする

sobreempeine [sobre(e)mpéjne] 男《靴の甲 empeine の上に垂れる》ゲートルの下部

sobreempleo [sobre(e)mpléo] 男 ❶ [生産に必要な人数を超えた] 過剰雇用. ❷ 過剰就業《他に雇用機会が見つからず, 低賃金・低生産性分野に残留を強いられる》

sobreenfriado, da [sobre(e)nfrjáðo, ða] 形《化学》agua ~*da* 過冷却水

sobreenfriamiento [sobre(e)nfrjamjénto] 男《化学》過冷却《=sobrefusión》

sobreentender [sobre(e)ntendér] [24] 他・**~se** =**sobrentender**

sobreentrenamiento [sobre(e)ntrenamjénto] 男 トレーニングのしすぎ, 練習過多

sobreesdrújulo, la [sobre(e)sðrúxulo, la] 形 =**sobresdrújulo**

sobreesfuerzo [sobre(e)sfwérθo] 男 努力のしすぎ, 力の入れすぎ

sobreestadía [sobre(e)staðía] 女 =**sobrestadía**

sobreestimación [sobre(e)stimaθjón] 女 過大評価

sobreestimar [sobre(e)stimár] 他 過大評価する, 買いかぶる: *Sobreestimas* mucho la seguridad de tu coche. 君は車の安全性を過信している
── **~se** うぬぼれる, つけ上がる

sobreestrés [sobre(e)strés] 男 過度の緊張

sobreexceder [sobr(e)(k)sθeðér] =**sobrexceder**

sobreexcitación [sobr(e)ɛ(k)sθitaθjón] 女 極度の興奮; 異常なほどの興奮, 熱狂

sobreexcitar [sobr(e)ɛ(k)sθitár] 他 極度に興奮させる; 熱狂させる: La música hip-hop la *sobreexcitaba* siempre. ヒップホップ音楽はいつも彼女を異常に熱狂させた
── **~se** 極度に興奮する; 熱狂する

sobreexplotación [sobr(e)ɛ(k)splotaθjón] 女 過剰開発, 乱開発

sobreexplotar [sobr(e)ɛ(k)splotár] 他 乱開発する

sobreexponer [sobr(e)ɛ(k)sponér] [60] 他《写真》露出過度にする

sobreexposición [sobr(e)ɛ(k)sposiθjón] 女《写真》露出過度, 露出過多

sobrefalda [soβrefálda] 女《服飾》オーバースカート《飾りのためにスカートの上に重ねてはく短いスカート》

sobrefatiga [soβrefatíγa] 女 ひどい疲労

sobrefaz [soβrefáθ] 女《圏 ~ces》表(おもて), 表面, 外面

sobreflor [soβreflór] 女 花の中央から生まれるもう一つの花

sobrefrenada [soβrefrenáða] 女 =**sofrenada**

sobrefusión [soβrefusjón] 女《化学》過冷却

sobreganar [soβreγanár] 他 大勝する, ぼろ勝ちする: ~ una partida 試合に大勝する

sobregirar [soβrexirár] 他《商業》当座貸越しを行なう

sobregiro [soβrexíro] 男《商業》[預金残高を超えた] 当座貸越し

sobreguarda [soβreγwárða] 男 ❶ 監視員(警備員)のチーフ (責任者). ❷ [安全のための] 予備の監視員(警備員)

sobrehaz [soβreáθ] 女《圏 ~ces》❶ =**sobrefaz**. ❷ カバー, 表紙. ❸ 外見, 外観

sobreherido, da [sobre(e)ríðo, ða] 形 軽傷(かすり傷)を負った

sobrehilado [soβreiláðo] 男《裁縫》[布のほつれ止めの] 裁ち目かがり

sobrehilar [soβreilár] [15] 他《裁縫》裁ち目をかがる

sobrehilo [soβréilo] 男 =**sobrehilado**

sobrehueso [soβrewéso] 男 ❶ [骨の上の] 固い腫瘍, 外骨腫. ❷《重荷, 面倒, 目ざわり; 苦労, 迷惑

sobrehumano, na [soβreumáno, na]《←sobre-+humano》形 人間業(わざ)とも思えない, 神業の: hacer un esfuerzo ~ 超人的努力をする

sobrehúsa [soβreúsa] 女《アンダルシア》❶ 玉ネギ・ニンニク・パプリカなどのソースで煮込んだ魚のシチュー. ❷ あだな, 愛称

sobreimpresión [soβreimpresjón] 女 ❶《映画》オーバーラップ. ❷《写真》二重焼付け. ❸《印刷》重ね刷り

sobreimpreso, sa [soβreimpréso, sa] sobreimprimir の過分

sobreimprimir [soβreimprimír] 他 [過分 sobreimpreso]《❶《映画》オーバーラップさせる. ❷《写真》二重焼付けする. ❸《印刷》刷り加える, 重ね刷りする

sobreimpuesto [soβreimpwésto] 男《地方自治体が国税など上位にある本税に上乗せする》付加税

sobreintendencia [soβreintendénθja] 女 =**superintendencia**

sobreintendente [soβreintendénte] 男 =**superintendente**

sobrejalma [soβrexálma] 女 荷鞍 jalma の上に敷く毛布

sobrejuanete [soβrexwanéte] 男《船舶》ロイヤルスル, 最上檣帆

sobrelecho [soβrelétʃo] 男《建築》[台座に載せた] 石材の下面

sobrellavar [soβreʎaβár] 他《主に司法の命令でドアに》2つ目の鍵をかける

sobrellave [soβreʎáβe] 女 第2の鍵, 補助錠
── 男 第2の鍵を保管する仕事

sobrellenar [soβreʎenár] 他 あふれさせる, ふんだんにする

sobrelleno, na [soβreʎéno, na] 形 あふれるほどの, 充満した, 非常に豊富な

sobrellevar [soβreʎeβár] 他《←sobre-+llevar》❶ [苦しみ・不幸などに] 耐える, 我慢する; 忍従する, 甘んじる: Su padre *sobrellevaba* las contrariedades con resignación. 彼の父親はあきらめて苦境に耐えていた. ❷ [荷物を] 運んでやる; [負担を] 軽減してやる. ❸ [欠点・過失を] 見逃してやる, 大目に見る

sobreltado [soβreltáðo]《紋章》

sobremanera [soβremanéra]《←sobre-+manera》副《文語》きわめて, ひどく: Le gustan ~ las películas del Oeste. 彼はことのほか西部劇を好む

sobremano [soβremáno] 女《獣医》[馬の蹄にできる] 骨腫瘍

sobremarcha [soβremártʃa] 女《自動車》オーバードライブ

sobremesa [soβremésa]《←sobre-+mesa》女 ❶ [会話をしたりコーヒーを飲んだりなどの] 食後のひととき, 食後の会話: El otro día la ~ se alargó hasta la hora de cenar. 先日は食後のくつろぎ時間が夕食時まで延びた. fumar un puro en la ~ 食後に葉巻を吸う. ❷《テレビ》昼食前後の時間, 午後: programación de ~ 午後の番組 ❸《まれ》テーブルクロス, テーブルセンター. ❹《まれ》デザート《=postre》
de ~ 1) 卓上用の: encendedor *de* ~ 卓上用ライター. 2)《情報》デスクトップの: edición *de* ~ デスクトップパブリッシング. 3) 食後の: charla *de* ~ 食後のおしゃべり
hacer ~ 食後のおしゃべりを楽しむ

sobremesana [soβremesána] 女《船舶》ミズン・トップスル, 後檣の上檣帆

sobremodo [soβremóðo] 副《古語》=**sobremanera**

sobremuñonera [soβremuɲonéra] 女《軍事》砲耳蓋

sobrenadar [soβrenaðár] 自 ❶ 表面に浮かぶ, 漂う: El aceite *sobrenada* en el agua. 油は水に浮く. ❷《文語》生存する
── 他 …の表面に浮かぶ

sobrenatural [soβrenaturál]《←sobre-+natural》形 ❶ 超自然的な, 摩訶(まか)不思議な: lo ~ 超自然のもの. fenómeno ~ 超自然現象. fuerzas ~*es* 超自然力. mundo ~ 超自然界. seres ~*es* 摩訶不思議な存在. ❷ 死後に存在する: vida ~ 死後の生活, 来世. ❸ この世のものとは思えない, 神々しい: La actriz tenía una belleza ~. その女優はこの世のものとは思えない美しさを備えていた

sobrenaturalismo [soβrenaturalísmo] 男 超自然主義

sobrenaturalizar [soβrenaturaliθár] [9] 他《まれ》超自然的なものにする

sobrenaturalmente [soβrenaturálménte] 副 超自然的に, 摩

詞不思議にも

sobrenjalma [soβreŋxálma] 囡 =**sobrejalma**

sobrenoche [soβrenótʃe]《まれ》深夜, 夜ふけ

sobrenombre [soβrenómbre]【←sobre-+nombre】男 ❶ 異名, 通称: José Martínez Ruiz tenía el ~ de Azorín. ホセ・マルティネス・ルイスはアソリンという通称を持っていた. ❷ あだ名《=apodo》

sobrentender [soβrentendér]【←sobre+entender】24 他《~se》それとなく分かる, 暗黙のうちに了解する: Ha sobrentendido que cada uno pagaba lo suyo. 彼は割り勘だということがそれとなく分かった. Se sobrentendía una velada amenaza. 彼はひそかではないけれど暗に脅迫されていることを察した.

sobrentendido [soβrentendíðo] 男 それとなく分かること, 暗黙の了解

sobreño, ña [soβréɲo, ɲa]《サラマンカ》[家畜が] 1歳になったばかりの

sobrepaga [soβrepáɣa] 囡《まれ》賞与, 特別手当

sobrepaño [soβrepáɲo] 男《まれ》[服の上に] 羽織るもの

sobreparto [soβrepárto] 男 ❶《古語的》産後, 産褥期: Murió de ~. 彼女は産後の肥立ちが悪くて死んだ. ❷ 産後のデリケートな健康状態

sobrepasar [soβrepasár]【←sobre-+pasar】他 ❶ 上回る, 越える: Sus ingresos no sobrepasan el sueldo mínimo. 彼の収入は最低賃金を越えていない. ~ el límite de velocidad 制限速度を越える. ❷ [+en で, 人に] 勝る, 凌駕する《=superar》: Me sobrepasa en altura. 彼は身長で私を上回る. ❸ 追い抜く. ❹《航空》[滑走路を] オーバーランする
—— ~se [道徳的正しさで] …に勝る, しのぐ

sobrepaso [soβrepáso]《競走》追い抜き

sobrepeine [soβrepéine] 副《口語》軽く, おざなりに《=sobre peine》

sobrepelliz [soβrepeʎíθ]【←ラテン語 superllicium < super- (上) +pellicium「毛皮の服」】囡《陽》~ces》《カトリック》[聖職者が法衣の上に着る, 長袖で膝まで達する] 白衣

sobrepelo [soβrepélo] 男《アルゼンチン, ウルグアイ. 馬具》鞍敷, 鞍下

sobrepeso [soβrepéso] 男 ❶ 体重オーバー: El boxeador tenía un ~ de un kilo y medio. そのボクサーは1.5キロ体重オーバーだった. ❷ 重量超過: pagar un plus por ~ de equipaje 荷物の重量超過料金を払う

sobrepié [soβrepjé] 男《獣医》[馬の蹄にできる] 骨腫瘍

sobrepintar [soβrepintár]《~se》[女性が] 厚化粧する

sobreplán [soβreplán] 男《船舶》ハトック, 中間肋材《⌘》

sobrepoblación [soβrepoβlaθjón] 囡 人口密集, 人口過剰

sobrepoblado, da [soβrepoβláðo, ða] 囲 人口密集の, 人口過剰

sobreponer [soβreponér]【←sobre-+poner】60 他《過分 sobrepuesto》❶ [+a に] 重ねる, 上に置く. ❷ [+a に] 優先させ上位に置く, 重視する
—— ~se ❶ 自制する, 自己を制御する. ❷ [+a に] 打ち勝つ, 克服する: El héroe se sobrepuso a la fatiga y al dolor. 主人公は疲れと痛みに打ち勝った. ❸《チリ》[服を] 肩から羽織る

sobreportal [soβreportál] 男《建築》まぐさ《=dintel》

sobreprecio [soβrepréθjo] 男 割増価格, 追加料金; マークアップ: Este artículo lleva un ~. この商品は割高になっています

sobrepresión [soβrepresjón] 囡《物理》圧力過剰

sobreprima [soβrepríma] 囡 付加(割増)保険料

sobreproducción [soβreproðu(k)θjón] 囡【←sobre-+producción】過剰生産, 生産過剰

sobreprotección [soβreprote(k)θjón] 囡 過保護

sobreprotector, ra [soβreprotektór, ra] 囲 過保護の

sobreproteger [soβreproteχér] 他 過保護にする

sobrepuerta [soβrepwérta] 囡 ❶ ドアの上方に飾る横長の絵 (布など). ❷ ドアに掛けるカーテン. ❸ カーテンボックス

sobrepuesto, ta [soβrepwésto, ta] sobreponer の《過分》
—— 男《手芸》アップリケ《=bordado ~》. ❷ ミツバチの巣の2番目. ❸《養蜂》[ミツバチが2層目の巣を作るように] 1層目の巣の上にかぶせる壺(籠)

sobrepujamiento [soβrepuxamjénto] 男 勝ること, しのぐこと

sobrepujanza [soβrepuxánθa] 囡 強すぎる勢い, 力のかけすぎ

sobrepujar [soβrepuxár] 他 [+en・por で] …に勝る, しのぐ: Mónica sobrepuja a todas en belleza. モニカはとびきりの美人だ

sobrequilla [soβrekíʎa] 囡《船舶》内竜骨

sobrero, ra [soβréro, ra] I【←sobrar】男 ❶《闘牛》予備の (牛). ❷《まれ》余っている
II【←sobre】囡 封筒作り職人
III 男《サラマンカ. 植物》コルクガシ《=alcornoque》

sobrerrealidad [soβreřealiðáð] 囡 超自然, スーパーリアリティ

sobrerrealismo [soβreřealísmo] 男 =**surrealismo**

sobrerrevelar [soβreřeβelár] 他《写真》現像しすぎる

sobrerrienda [soβreřjénda] 囡《チリ, アルゼンチン》予備に付けておく手綱《=falsa rienda》

sobrerronda [soβreřónda] 囡《再確認のための逆の順路による》2回目の巡回

sobrerropa [soβreřópa] 囡《まれ》外套《=sobretodo》

sobres [sóβres]《単複同形》囲《メキシコ. 口語》[estar+] 飾り立てている, 優美である
ponerse ~ con+人《メキシコ. 口語》…を見張る
—— 男《メキシコ. 口語》[賛成] 確かに

sobresalienta [soβresaljénta] 囡 →**sobresaliente**

sobresaliente [soβresaljénte]【←sobresalir】囲 ❶ 傑出した, 目立つ: Eva es una alumna ~. エバはずば抜けた生徒だ. ❷《建築》突き出た, 張り出した
—— 男《評点》秀, 優《→calificación》《参考》: Su hijo ha sacado seis ~s. 彼の息子は優を6つとった
—— 囮《闘牛 sobresalienta もある》《闘牛, 演劇など》[あらかじめ訓練された] 代役[の俳優・闘牛士], 助手

sobresalir [soβresalír]【←sobre-+salir】62 自 ❶ [+entre・en の中で, +por・de で] 際立つ, 傑出する: El novelista galardonado pronto sobresalió por su talento. 受賞した小説家はまもなく優れた才能を発揮した. ❷《建築》突き出る, 張り出す: El balcón sobresale de la fachada de la casa. バルコニーは家のファサードから張り出している

sobresaltado, da [soβresaltáðo, ða] 囲 びっくりしたような

sobresaltar [soβresaltár]【←sobre-+saltar】他 びっくりさせる, ぎょっとさせる: Me sobresaltó la explosión en la calle. 外で爆発音がしたので私はぎくりとした
—— ~se びっくりする, ぎょっとする: No le oí entrar y me sobresalté al verle. 彼が入ってくる音が聞こえなかったので姿を見た時私はどきりとしっぱなしだ

sobresalto [soβresálto] 男【←sobresaltar】❶ びっくりすること, ぎょっとすること, 驚き, 仰天: Con tantos teléfonos estoy en continuo ~. 次々と電話がかかってくるので私はどきりとしっぱなしだ. ❷ 恐怖, 恐れ
de ~ 突然, 出し抜けに

sobresanar [soβresanár] 自 ❶ [傷口が] うわべだけ治癒する, ふさがる. ❷ [欠陥・欠点を隠して] ごまかす, うわべだけ取り繕う

sobresano [soβresáno] 副 ❶ うわべだけ治癒して. ❷ ごまかして, 偽って
—— 男《船舶》填材《⌘》

sobresaturación [soβresaturaθjón] 囡《化学》過飽和

sobresaturar [soβresaturár] 他《化学》過飽和にする

sobrescribir [soβreskriβír]【←sobre+escribir】他《過分 sobrescrito》❶ [封筒に] 上書きする, あて名を書く. ❷《情報》上書きする《⇔insertar 挿入する》

sobrescrito [soβreskríto] 男 ❶ [封筒の表・裏蓋の] 上書き, あて名. ❷《まれ》あて名が書かれた封筒

sobresdrújulo, la [soβresðrúxulo, la] 囲 男《言語》アクセントが最後から4番目の音節にある [語]

sobreseer [soβrese(é)r]【←ラテン語 supersedere「の前に座る」】22 他《現分 sobreseyendo, 過分 sobreseído》《法律》[証拠不十分などで審理を] 打ち切る: El tribunal supremo ha sobreseído el juicio. 最高裁は審理を打ち切った
—— 自 [義務の遂行を] 断念する, あきらめる

sobreseimiento [soβreseimjénto] 男《法律》[審理の] 打ち切り: ~ libre [犯罪が存在しないの理由による] 訴えの却下, 却下判決

sobresellar [soβreseʎár] 他 副印章を押す, 二重封印をする

sobresello [soβreséʎo] 男《権威と確かさを付与するための》副印章, 二重封印

sobresembrar [soβresembrár] 23 他《農業》[種を] 二度播きする

sobreseñal [soβreseɲál] 囡《古語》[騎士の] 紋章の銘

sobresfuerzo [sobresfwérθo] 男 = **sobreesfuerzo**
sobresolar [sobresolár] 28 他 [すり切れた靴底の上に] 新しい靴底を張り付ける
sobrestadía [sobrestadía] 女 [商業, 船舶] 滞船, 超過停泊, 留置; 滞船日数(期間); 滞船料, 超過停泊料金, 留置料
sobrestante [sobrestánte] 〖←sobre-+estar〗 男 ❶ [建設の]現場監督: ~ de obras públicas 公共事業の現場監督. ❷《古語》[王族の]車両係〖= ~ de coches〗
sobrestantía [sobrestantía] 女 現場監督の職(事務所)
sobrestimar [sobrestimár] 他 = **sobreestimar**
sobresueldo [sobreswéldo] 〖←sobre-+sueldo〗 男 [追加の仕事などに対する] 特別手当, ボーナス: Cada semana cobra un ~ por las clases de inglés. 彼は毎週英語の授業に対する手当をもらっている
sobresuelo [sobreswélo] 男 新しく張り付けた靴底
sobretarde [sobretárde] 女 夕暮れ, たそがれ
sobretasa [sobretása] 女 追加料金, 課徴金; 追徴金: ~ de importación 輸入課徴金
sobretasación [sobretasaθjón] 女 追加料金の査定
sobretendón [sobretendón] 男 [獣医] 馬の屈筋腱の腫瘍
sobretensión [sobretensjón] 女 [電気] 過電圧
sobretercero [sobreterθéro] 男 [歴史] 十分の一税の収税(収納)係
sobretiempo [sobretjémpo] 男 [ペルー, チリ] ❶ 残業, 残業手当. ❷《スポーツ》延長戦
sobretiro [sobretíro] 男 抜き刷り〖= separata〗
sobretodo [sobretódo] 男 [服飾] [薄手の] 外套, コート;[南米] [主に男物の] オーバー
sobrevaloración [sobrebaloraθjón] 女 ❶ 過大評価. ❷《商業》~ de exportaciones オーバーインボイス
sobrevalorar [sobrebalorár] 他 過大に評価する: moneda sobrevalorada 過大に評価された通貨
sobreveedor [sobrebe(e)dór] 男[西. 歴史] 主任検察官
sobrevenida [sobrebeníða] 女 [良くない事物の] 突然の発生(到来), 突発
sobrevenir [sobrebenír] 〖←sobre-+venir〗 59 自 [3人称のみ. 良くない事物が] ❶ 突然(思いがけず)起こる: Al paciente le sobrevino otro de sus ataques. 患者はまた突然発作に襲われた. Sobrevino una explosión tras el silencio. 静寂の後で爆発が起きた. ❷《まれ》不意にやって来る
sobreventa [sobrebénta] 女 オーバーブッキング〖= ~ de billetes〗
sobreverter [sobrebertér] 24 ~se 大量にこぼれる
sobrevesta [sobrebésta] 女 = **sobreveste**
sobreveste [sobrebéste] 女《古語》[鎧などの上に羽織る] 袖なしの上着, チュニック
sobrevestir [sobrebestír] 35 他 [着ているものの上に] 羽織る
sobrevida [sobrebíða] 女 ❶ [医学] 生存時間, 余命: tasa de ~ a cinco años 5年生存率. ❷《チリ, アルゼンチン, ウルグアイ》生存, 生き残り
sobrevidriera [sobrebiðrjéra] 女 ❶ [窓ガラスを補強する] 金網. ❷ 暴風窓, 二重窓
sobrevienta [sobrebjénta] 女 ❶ びっくりすること. ❷《まれ》激怒, 逆上. ❸《まれ》突風が吹きつけること
a ~《まれ》突然, 出し抜けに
sobreviento [sobrebjénto] 男《まれ》突風が吹きつけること
sobreviraje [sobrebiráxe] 男 [自動車など] オポジットロックステアリング
sobrevirar [sobrebirár] 自 [自動車など] カーブから外へはみ出そうとする力が働く
sobrevista [sobrebísta] 女 ❶ [モリオン morrión 鉄兜の] 面頬(ほお). ❷《まれ》= **sobreveste**
sobrevivencia [sobrebibénθja] 女 = **supervivencia**
sobreviviente [sobrebibjénte] 形 名 = **superviviente**
sobrevivir [sobrebibír] 〖←sobre-+vivir〗 自 ❶ 生きのびる, 死を免れる: 1) El herido no podría ~ sin respiración asistida. そのけが人は人工呼吸器なしでは生きられないだろう. 2) [+a を] El bebé sobrevivió al accidente. 赤ん坊はその事故に遭っても生きのびた. El abuelo ha sobrevivido a nuestros padres. 祖父は私たちの両親より長生きした. ❷ 勝ち残る, 勝ち進む: Los que sobrevivan a la eliminatoria irán a la final. 予選を勝ち抜いた者たちが決勝に出場することになる. ❸ どうにか生きていく: Conseguimos ~ solo con el sueldo de mi mujer. 私たちは妻の給料だけで何とか食いついないでいる
sobrevolar [sobrebolár] 〖←sobre-+volar〗 28 他 …の上空を飛ぶ: El avioneta sobrevoló la zona peligrosa. 小型飛行機は危険地帯の上空を飛んだ
sobrevuelo [sobrebwélo] 男 上空を飛ぶこと
sobrexceder [sobre(k)sθeðér] 〖←sobre-+exceder〗 自 [+a を] 上回る, 凌駕(りょうが)する: Arturo sobrexcede a todos en prudencia. 慎重という点では誰もアルトゥロにかなわない
sobrexcitación [sobre(k)sθitaθjón] 女 = **sobreexcitación**
sobrexcitar [sobre(k)sθitár] 他 = **sobreexcitar**
sobreyectivo, va [sobrejektíβo, βa] 形《数学》全射的な: función ~ 全射
sobriamente [sóbrjaménte] 副 ❶ 節制して, 控えめに. ❷ 簡素に, 質実に
sobriedad [sobrjeðá(ð)] 女 ❶ [主に飲酒の] 節制, 節度, 控えめ: beber con ~ 酒をほどほどにする. ❷ 簡素, 地味: El románico se caracteriza por la ~. ロマネスク様式は簡素さに特徴がある. ~ de las costumbres 素朴な生活習慣. ~ de estilo 簡潔な文体. ~ de gustos 渋好み. ~ en la manifestación 感情を表に出さない
sobrinazgo [sobrináθgo] 男 ❶ 甥(姪)の姻戚関係. ❷《まれ》身内びいき, 縁者の優遇〖= nepotismo〗
sobrino, na [sobríno, na] 〖←ラテン語 sobrinus〗 名 甥(おい), 姪(めい)〖= ~ carnal〗: ~ nieto 甥(姪)の子. ~na política 義理の姪
sobrio, bria [sóbrjo, βrja] 〖←ラテン語 sobrius〗 形 ❶ [ser+. +en・de 飲酒・態度などの] 節制した, 節度のある, 控えめな: Miguel es ~ en comer y beber. ミゲルは飲食については控えめだ. ~ en sus costumbres 生活習慣に節度のある. ~ en la manifestación de sus sentimientos 感情をあまり表に出さない. ~ de ademanes 態度が控え目な. desayuno ~ 軽い朝食. ❷ [ser+. 装飾などが] 簡素な, あっさりとした, 地味な: vestir de forma sobria 地味な服装をしている. sobria decoración 地味な装飾. habitación sobria 飾り気のない部屋. discurso ~ 短いスピーチ. ❸ 無口な, 寡黙な: Tu tío es ~ de conversación. 君の伯父さんは口数が少ない. ❹ [文体に関して] 簡潔な, 分かりやすい: poesía sobria 簡潔な詩. ❺ [難局に際して] 動じない, 落ち着いた: Josefina suele mantenerse sobria en momentos de riesgo. ホセフィーナは危機に瀕しても泰然自若でいる. ❻ [estar+] 酔っていない, しらふの〖⇔ ebrio〗: Estoy ~ y yo conduciré. しらふだから私が車を運転するよ
—— 名 しらふの人
sobros [sóβros] 男 複《中米》食べ残し, 残飯, 残りもの
soc.《略記》←sociedad 会社, 会
soca [sóka] 女 ❶《音楽》ソカ〖ソウルとカリプソが混ざり合ったカリブ諸国のポピュラー音楽〗. ❷《中米》[3回目の収穫以降に出る] サトウキビの新芽, 酩酊. ❹《コロンビア》[開花後の] タバコの新芽. ❺《エクアドル》高級たばこ. ❻《ボリビア》収穫した稲のもみから出る新芽
hacerse el ~《口語》知らばくれる, 無知を装う
socairar [sokajrár] 他《まれ》保護する, 庇護する
socaire [sokájre] 男 [主に船舶] 風をさえぎるもの
al ~ [+de] …に風をさえぎられて; …に保護(庇護)されて. ❷ 仕事をいやがって(怠けて); 人づきあいを避けて
socairero [sokajréro] 形 [船舶] [船員が] 怠惰な, サボり癖のある
socalce [sokálθe] 男 [建築] 壁面下部の補強
socaliña [sokalíɲa] 女 [西] [うまく手に入れるための] 術策, 話術: Pedro consiguió que Pilar le invitara con ~s. ペドロはピラールを言いくるめて自分を招待させた
socaliñar [sokaliɲár] 他 [西] [+a+人 から] 術策を用いて(言葉巧みに)…を手に入れる
socaliñero, ra [sokaliɲéro, ra] 形 名 [西] 術策を用いる[人], 言葉巧みな[人]
socalzar [sokalθár] 9 他 [建築] 壁面下部を補強する
socapa [sokápa] 女〖so capa とも表記〗《まれ》もっともらしい口実
a ~ /de ~《古語》こっそりと, 内緒で; 注意深く, 慎重に
socapar [sokapár] 他 [メキシコ, エクアドル, ボリビア] [他人の失敗を] 隠す, かばう
socapiscol [sokapiskól] 男 = **sochantre**
socar [sokár] 7 他 [中米] ❶ 抱き締める, 握り締める. ❷ 邪魔をする, 困らせる; 疲れさせる. ❸ 酔わせる
—— 自・~se [中米] 酔う, 酔っぱらう

socarra[1] [sokářa] 囡 ❶ 表面を焼く(焦がす)こと; 表面の焦げ. ❷ 悪知恵, ずる賢さ; 皮肉, いやみ

socarrar [sokařár] 《バスク語 sukarra「炎」》他 …の表面を焼く, 焦がす: Has socarrado la paella. 君はパエーリャを焦がした. ——~se 焦げる: Se nos socarron las lentejas. 私たちはヒラマメを焦がしてしまった

socarrat [sokařát] 《←カタルーニャ語》男《料理》パエーリャのお焦げ

socarrén [sokařén] 男《建築》のき, ひさし

socarrena [sokařéna] 囡《地方語》❶ くぼみ, へこみ. ❷《建築》[床板・屋根板の] すき間

socarreña [sokařéɲa] 囡《地方語》農機具を置く小屋, 納屋

socarrina [sokařína] 囡 ❶ 焦がす(焦げる)こと. ❷《農業》葉枯れ病

socarro, rra[2] [sokářo, řa] 形《古語, ホンジュラス》=**socarrón**

socarrón, na [sokařón, na]《←socarrar》形 ❶ 無邪気を装って（陰でからかう[人]，陰険な[人]，悪賢い[人]: ¡Menudo ~ es tu hermano! 君の弟はずる賢いね! ❷ [強調] ふざけた; 皮肉をこめた: mirada socarrona からかうような視線. risa socarrona あざけるような笑い. ——男 [地下の] 穴, 陥没

socarronamente [sokařónamente] 副 悪賢く; ふざけて

socarronería [sokařoneríа]《←socarrón》囡 ❶ 陰険; 悪知恵, ずる賢さ: Utiliza su ~ para ocultar su inseguridad. 彼は自信がないのを隠そうと悪知恵を働かす. ❷ 皮肉を含んだからかい, 悪ふざけ, あざけり: Estoy harto de sus ~s. 彼の悪い冗談にはうんざりする

socava [sokába] 囡 ❶ 掘る(穴をうがつ)こと. ❷ [植物に水をやるための] 根元に掘った穴

socavación [sokabaθjón] 囡 掘る(穴をうがつ)こと〔=socava〕

socavar [sokabár] 他《←so-+cavar》❶ …の下を掘る, 穴をうがつ: Un torrente subterráneo ha socavado los cimientos del edificio. 地下水の流れでビルの土台の下がえぐられてしまった. ❷ [肉体的・精神的に] 弱める: Esa propaganda socava su prestigio. その宣伝活動によって彼の名声は揺らいでいる

socavón [sokabón] 男《←socavar》❶ 地下の穴; 地下の空洞などによる [地盤の沈下, 陥没: ~ de la carretera 道路の陥没]. ❷ 横穴, ほら穴. ❸《鉱山》地表から斜めに掘った坑道

socaz [sokáθ] 男《水車小屋の下にある》水路

soccer [sóker] 男《←英語》サッカー [=fútbol]

sochantre [sotʃántre] 男《カトリック》聖歌隊長, 聖堂楽長;《古語》先唱者〔=chantre〕

soche [sótʃe] 男 ❶《コロンビア, エクアドル. 動物》鹿の一種〔学名 Mazama rufina〕. ❷《コロンビア》[子羊・子鹿・子ヤギの] なめし革

sociabilidad [soθjabiliðáð] 囡 ❶ 社交性, 人づきあいのよさ. ❷《ウルグアイ》社会生活

sociabilizar [soθjabiliθár] [9] 他 社交的にさせる, 人づきあいをよくさせる

sociable [soθjáβle]《←social》形 ❶ 社交的な, つきあいのよい, 愛想のよい: No es muy ~. 彼はあまりつきあいがよくない. ❷ [動物が] 人によく馴れる

social [soθjál]《←ラテン語 socialis「社交的な, 同盟した」》形 ❶ 社会の, 社会的な: El hombre es ~ por naturaleza. 人間は本来社会的である. conciencia ~ 社会意識. organización ~ 社会的組織. política ~ 社会政策. seres ~ 社会的存在. ❷ 社会階級の, 社会主義の: luchas ~es 社会階級間の争い. partido ~ demócrata 社会民主党. ❸ 社交[界]の, 上流社会の. ❹ 会社の, 法人の. ❺《動物》群居的な;《植物》群生する: animal ~ 社会性動物. ——男《西》公安の警察官. ——囡 覆 ❶《教育》社会科学〔=ciencias ~es〕. ❷《西. 口語》警察官の一隊〔=brigada de policía ~〕. ❸《コロンビア, プラタ. 口語》新聞の社会面. ❹《アルゼンチン》社会生活

socialcapitalismo [soθjalkapitalísmo] 男 社会資本主義

socialcristiano, na [soθjalkristjáno, na] 形 キリスト教社会主義の

socialdemocracia [soθjaldemokráθja] 囡 社会民主主義

socialdemócrata [soθjaldemókrata] 形 囝 社会民主主義の(主義者), 社会民主党員: partido ~ 社会民主党

socialero, ra [soθjaléro, ra] 形 囝《まれ. 軽蔑》=**socialista**

socialidad [soθjaliðáð] 囡 社会性, 群居性

socialismo [soθjalísmo] 男 社会主義: ~ de autogestión 自主管理社会主義. ~ estatal/~ de estado 国家社会主義. ~ en un solo país 一国社会主義. ~ real 現実社会主義

socialista [soθjalísta] 形 社会主義の: partido ~ 社会党. realismo ~ 社会主義リアリズム. ——囝 社会主義者; 社会党員

socialización [soθjaliθaθjón] 囡 ❶ 資本の社会化, 社会化; 共有化, 国有化: ~ de fondos 資金のプール[制]. ❷ [幼児などの] 社会化, 社会生活への同化. ❸ [家事労働の] 社会化

socializador, ra [soθjaliθaðór, ra] 形 社会主義化する; 共有化(国有化)する

socializante [soθjaliθánte] 形 社会主義的な, =**socializador**

socializar [soθjaliθár]《←social》[9] 他 ❶ 社会主義化; 共有化(国有化)する: ~ los ferrocarriles 鉄道を国有化する. ❷ [個人を] 社会化する, 社会的習性を身につけさせる, 社会生活に同化させる. ——~se 社会化する, 社会的習性を身につける, 社会生活に同化する

socialrealismo [soθja(l)řealísmo] 男 社会主義リアリズム

socialrealista [soθja(l)řealísta] 形 囝 社会主義リアリズムの(信奉者)

sociata [soθjáta] 形 囝《西. 軽蔑》社会主義者[の]; 社会党員

sociedad [soθjeðáð]《←ラテン語 societas, -atis「同伴」》囡 ❶ 社会, 共同体: vivir en ~ 社会生活を営む. alta ~ 上流社会. ~ conyugal [民法上の] 夫婦. ~ de abejas ハチの社会. ~ de consumo 消費社会. ~ del bienestar 福祉社会. ~ industrial 工業化社会, 産業社会. ~ moderna 現代社会. ❷ 協会, 団体: ~ de ahorro y crédito 貯蓄信用組合. ~ de socorros mutuos 共済組合. ~ deportiva スポーツクラブ. ~ protectora de animales 動物愛護協会. ~ secreta 地下組織, 秘密結社. S~ Económica de Amigos del País《歴史》祖国の友・経済協会《18世紀後半, 主にスペインで啓蒙思想を背景に展開された, 民衆的工業振興と技術普及を目指す民間組織. ナポレオン軍の侵略によって衰退した》. S~ para el Desarrollo Industrial 産業開発公社《1972年ガリシア産業開発公社を皮切りにスペイン各地域に創設》. ❸ 会社, 法人: fundar (montar) una ~ 会社を設立する. ~ colectiva/~ por acciones 株式会社. ~ anónima mixta 合弁会社. ~ de capital riesgo ベンチャー・キャピタル, ベンチャー会社. ~ de cartera [de inversiones]/~ de control/~ de inversiones 持株会社. ~ de garantía recíproca《西》相互保証会社《中小企業 PYMES が銀行融資を受ける際の債務保証を行なう》. ~ [de responsabilidad] limitada 有限会社. ~ de valores 証券会社. ~ en comandita [por acciones]/~ comanditaria 合資会社. ~ financiera [割賦]販売金融会社. ~ ilimitada/~ en nombre colectivo 合名会社. ~ instrumental ペーパーカンパニー. ~ mercantil (comercial) 商事会社. ❹ 交際, 社交: Le falta ~. 彼は友人関係が狭い. vida de ~ 社交生活. ❺ 社交界: entrar (presentarse) en ~ 社交界にデビューする. presentar en ~ を社交界にデビューさせる. presentación en ~ 社交界へのデビュー. crónica de ~ 社交界の記事. fiesta de ~ 社交界のパーティー. ❻《まれ》上流階級

buena ~ 上流社会〔=alta ~〕; 社交界

mala ~ 悪い社会; 下層社会

societal [soθjetál] 形《まれ》社会の

societario, ria [soθjetárjo, rja] 形 団体の; [特に] 労働組合の, 労働組合に属する

socinianismo [soθinjanísmo] 男《神学》ソッツィーニ Socino 主義《16世紀イタリアの神学者. 三位一体論やキリストの神性に反対した異端思想》

sociniano, na [soθinjáno, na] 形 囝 ソッツィーニ主義の(主義者)

socio, cia [sóθjo, θja]《←ラテン語 socius「仲間」》囝 ❶ [クラブなどの] 会員: hacerse ~ de un club de tenis テニスクラブの会員になる. ❷ [仕事の] 相棒, 同僚: Hay cinco ~s en el negocio. 5人で商売をしている. ❸ 共同出資者, 共同経営者, 出資社員: ~ accionista 出資株主, 株主. ~ capitalista (industrial) [無限責任社員の内の] 財産(労務)出資社員. ~ colectivo 無限責任社員; 出資者. ~ comanditario [合資会社の] 有限責任社員; 出資者. ❹ [隠語] [親愛の呼びかけで, 遊びの] 仲間, 友人: ¿Qué tal ~? 元気かい? 相棒. ❺《戯語, 軽蔑》人, やつ: ¿Quién es ese ~? あいつは誰だ?

——［女］《軽蔑》売春婦

socio- [接頭辞]［社会の・社会］sociología 社会学, sociocultural 社会文化的な

sociobiología [soθjoβjoloxía]［女］社会生物学

sociobiológico, ca [soθjoβjolóxiko, ka]［形］社会生物学の

sociobiólogo, ga [soθjoβjólogo, ga]［名］社会生物学者

sociocultural [soθjokulturál]［形］社会文化的な

sociodemográfico, ca [soθjoðemográfiko, ka]［形］社会人口統計学的な

socioeconomía [soθjoekonomía]［女］社会経済

socioeconómico, ca [soθjoekonómiko, ka]［形］社会経済の, 社会的経済的な

sociofobia [soθjofóβja]［女］対人恐怖症〖=antropofobia〗

sociografía [soθjografía]［女］社会誌学

sociohistórico, ca [soθjoistóriko, ka]［形］社会歴史的な

sociolaboral [soθjolaβorál]［形］社会の, 社会的労働の

sociolecto [soθjolékto]［男］《言語》社会方言

sociolingüista [soθjoliŋgwísta]［名］社会言語学者

sociolingüístico, ca [soθjoliŋgwístiko, ka]［形］［名］社会言語学〔の〕

sociología [soθjoloxía]〖←socio-+ギリシア語 logos〗［女］社会学

sociológico, ca [soθjolóxiko, ka]［形］社会学の, 社会学的な

sociologismo [soθjoloxísmo]［男］社会学〔中心〕主義; 社会学的表現

sociologista [soθjoloxísta]［形］社会学〔中心〕主義の

sociólogo, ga [soθjólogo, ga]［名］社会学者

sociometría [soθjometría]［女］計量社会学, ソシオメトリー

sociométrico, ca [soθjométriko, ka]［形］計量社会学の

sociópata [soθjópata]［名］社会病質者, 反社会的人間

sociopático, ca [soθjopátiko, ka]［形］社会病質の: personalidad ～ca 社会病質人格

sociopatología [soθjopatoloxía]［女］社会病理学

sociopolítico, ca [soθjopolítiko, ka]［形］社会政治的な

socioprofesional [soθjoprofesjonál]［形］職業の社会的側面の

sociorreligioso, sa [soθjorelixjóso, sa]［形］社会宗教的な

sociosanitario, ria [soθjosanitárjo, rja]［形］社会衛生の

socioterapia [soθjoterápja]［女］社会療法, ソーシャルセラピー

socket [só[k]ket]〖←英語〗［男］《複》～s《メキシコ》ソケット〖=portalámpara〗

soco, ca [sóko, ka]［形］❶《中南米》[人・動物が]片手(片足)のない, 隻腕の. ❷《中米》酔った, 酔っ払った. ❸《アルゼンチン》[馬が]役立たずの, ごくつぶしの.
——［男］《コロンビア》❶[木の]切り株. ❷ 使い古したマチェテ machete. ❸[切断された]手足の残り部分

socobe [sokóβe]［男］《中米》ヒョウタンの容器

socochar [sokotʃár]［他］《地方語. 料理》半ば火を通す

socola [sokóla]［女］❶《リオハ. 馬具》尻繋. ❷《中米, コロンビア, エクアドル》草刈り; 伐採

socolar [sokolár]［28］［他］《中米, コロンビア, エクアドル》雑草を刈り取る; 伐採する

socollada [sokoʎáða]［女］《船舶》❶ 帆のはためき. ❷ 船首のかぶり

socollar [sokoʎár]［男］[動物の]首輪の下に巻く布

socollón [sokoʎón][soko.ʎón]［男］❶《中米, キューバ》[人・物が物とぶつかった]激しい衝撃(揺れ). ❷《キューバ》荒っぽく曳く動作

socolonear [sokoʎoneár]［他］《中米, キューバ》激しい衝撃を与える, 激しく揺さぶる(揺する)

socolor [sokolór]［男］もっともらしい口実(言い訳)
～ **de...** …を口実にして, …という名目で〖=so color de...〗

soconusco [sokonúsko]〖←Soconusco（メキシコの地名）〗［男］❶ バニラなど粉末香料のミックス〖かつてはチョコレートに混ぜていた〗; [その香料入りの] ココア〖=polvo de S～〗. ❷《キューバ》後ろめたい商売, やばい仕事

socoro [sokóro]［男］《教会》聖歌隊席の下の場所

socorredor, ra [sokoreðór, ra]［形］［名］援助する〔人〕, 救援する〔人〕

socorrer [sokorér]〖←ラテン語 succurrere「救いに駆けつける」〗［他］❶［困窮者などを］援助する〖→ayudar〗〖類義〗: Los países de UE enviaron víveres para ～ a los damnificados. EU諸国は被災者に食糧を送った. ¿No puede usted ～ a un pobre? 貧しい者にお助けを!

socorrido, da [sokoríðo, da]［形］❶［困難を解決する手段とし

て］役立つ, 頼りがいのある: Los analgésicos son medicinas muy ～das. 鎮痛剤はとても便利な薬だ. ❷［必要なものが］何でもある, 容易に見つかる: El supermercado es la tienda más ～da ahora. 今はスーパーマーケットが一番よく商品がそろっている. ❸ 古くさい, どこにでもある: Es un ～ primer plato. それは一皿目の料理としてよく出てくる. tema ～ 陳腐なテーマ

socorrismo [sokorísmo]［男］❶［海岸などの］ライフセービング〖=salvamento y ～〗. ❷ 救急医療［行為］, 応急手当

socorrista [sokorísta]［名］❶［海岸などの］ライフセーバー, 救護員. ❷ 救急隊員, 救護班員: equipo de ～s 救護班

socorro [sokóro]〖←socorrer〗［男］❶ 救助, 救援: Dos policías prestaron ～ a una anciana. 2人の警官が老婆を助け出した. acudir en ～ de+人 …を救助しに行く. pedir ～ 助けを求める. ❷ 救援物資; [物質的な] 援助: Enviaron ～ a la zona siniestrada. 被災地域に援助物資が送られた. ❸ 救援隊〖=equipo de ～〗; 援軍, 救援部隊〖=tropa de ～〗. ❹《軍事》糧食, 補給物資
——［間］助けてくれ!: ¡S～, que me ahogo! 助けて, 溺れる! ¡S～, fuego! 火事だ, 助けて!
de ～ 1) puerta de ～ 非常ドア. 2) bautismo de ～ 略式の洗礼. 3) línea de ～ 悩み事相談電話

socorva [sokórβa]［女］《エクアドル. 獣医》[馬の] 腫瘍

socotroco [sokotróko]［男］《キューバ, アルゼンチン, ウルグアイ. 口語》[パンなどの] 大きな一片

socoyol [sokojól]［男］《植物》オキザリス

socoyote [sokojóte]［男］=xocoyote

socrático, ca [sokrátiko, ka]［形］［古代ギリシアの哲学者］ソクラテス Sócrates の; ソクラテス派〔の〕: filosofía ～ca ソクラテス哲学. método ～ ソクラテス的対話法

socratismo [sokratísmo]［男］ソクラテス主義

socrocio [sokróθjo]［男］❶ サフラン入りの膏薬. ❷《エクアドル》糖蜜・卵白・レモン果汁を混ぜて作る菓子

socucho [sokútʃo]［男］《中南米. 軽蔑》[豚小屋のような] 狭く汚く採光・換気の悪い部屋

socuellamino, na [sokweʎamíno, na]［形］［名］《地名》ソクエリャモス Socuéllamos の〔人〕〖シウダ・レアル県の村〗

soda [sóða]［女］〖←伊語 soda＜アラビア語 sanda〗❶《不可算》ソーダ水, 炭酸水〖=agua de ～〗. ❷《化学》ソーダ〖=sosa〗. ❸《米国》清涼飲料〖=refresco〗. ❹《中米》喫茶店
——［女］《コロンビア》とてもいい, すてきな

sodado, da [soðáðo, ða]［形］《化学》ソーダを含む

sodalicio [soðalíθjo]［男］《文語》協会, 団体

sodalita [soðalíta]［女］《鉱物》方ソーダ石

sodero [soðéro]［男］《アルゼンチン》ソーダ水売り

sódico, ca [sóðiko, ka]［形］《化学》ナトリウムの: carbonato ～ 炭酸ナトリウム

sodio [sóðjo]［男］《元素》ナトリウム: carbonato de ～ 炭酸ソーダ. luz de ～ ナトリウム灯

Sodoma [soðóma]［固］《旧約聖書》ソドム〖住民の背徳によってゴモラ Gomorra と共に神に滅ぼされたとされる死海南岸の都市〗

sodomía [soðomía]〖←Sodoma〗［女］ソドミー〖男色, 獣姦など〗

sodomita [soðomíta]［名］［形］❶ ソドミー(男色)を行なう〔人〕, 男色者. ❷《旧約聖書. 名》ソドム Sodoma の〔人〕

sodomítico, ca [soðomítiko, ka]［形］ソドミーの, 男色の

sodomizar [soðomiθár]［9］［他］…にソドミー(男色)を行なう

soez [soéθ]〖←古語 sohez＜so-〖強調〗+hez「最も賎しい, 汚さ」〗［形］《複》～ces 下品な, 卑猥〖猥〗な, 淫らな: El cantante escadalizaba a las señoras con gestos soeces. その歌手は卑猥なしぐさをして貴婦人のひんしゅくを買った. palabra ～ 野卑な言葉

sofá [sofá]〖←仏語 sofa＜アラビア語 suffa「クッション」〗［男］《複》～s ソファ: Los dos se sentaron en el ～. 2人がソファに腰をおろした
～ cama〖複 ～s cama〗ソファベッド: El niño duerme en el ～ cama del salón. 男の子はリビングのソファベッドで寝ている

sofaldar [sofaldár]［他］❶ スカートをめくる(たくし上げる). ❷［ある物を見つけるために, 別の物を］上にあげる

sofaldear [sofaldeár]［他］=sofaldar

sofí [sofí]［男］《複》～es《歴史》ソフィー〖16～18世紀初めのペルシア王の称号〗
——［形］スーフィー sufí 教の(教徒)〖イスラム教の神秘主義の一派〗

sofía [sofía]［女］❶《植物》クジラグサ. ❷《昆虫》ラトニアヒメギンポシボウモン, スペインヒョウモン〖蝶〗. ❸《地名》[S～, ブルガ

リアの首都] ソフィア

sofión [sofjón]《←イタリア語 soffione》男 ❶ つっけんどんな答え; 怒声, 罵声: Ella nos ha contestado con un ~ tremendo. 彼女は私たちにけんもほろろな答えをした. ❷《地理》[火山性の] 水蒸気噴出. ❸ ラッパ銃

sofisma [sofísma]《←ラテン語・ギリシア語 sophisma「巧妙」》男 詭弁(&), こじつけ, へ理屈: Lo que dices me parece un ~ poco convincente. 君が言っていることはあまり説得力のない詭弁のように思える

sofismo [sofísmo] 男 スーフィー sufí 教の教義

sofista [sofísta]《←ギリシア語 sophistes》形 名 詭弁を弄する[人], 詭弁家[の]
── 《古代ギリシア》ソフィスト, 哲学・修辞学の教師: Sócrates estaba en contra del relativismo de los ~s. ソクラテスはソフィストたちの相対主義に反対の立場をとった

sofistería [sofistería] 女 ❶ 詭弁法. ❷ 嘘, 偽り

sofística¹ [sofística] 女 ❶《集名》詭弁術. ❷《哲学》ソフィズム

sofisticación [sofistikaθjón] 女 ❶《知的な》洗練, 素養; 自己韜晦(&): Ernesto viste con mucha ~. エルネストはしゃれた服の着方をしている. ❷ 過度の技巧, ひどく凝ること; 精巧化: La ~ de estas máquinas es increíble. これらの機械の複雑さときたら信じられないほどだ. ❸ 詭弁を弄すること, 屁理屈

sofisticado, da [sofistikádo, da] 形 ❶《知的に》洗練された, センスのある: mujer ~da あか抜けした女. ~ caballero 優雅な物腰の紳士. ❷《趣味・態度などが》気取った, きざな: lenguaje ~ 気取った言葉づかい. ❸《物事が》自然(素朴)さに欠ける, 凝りすぎた. ❹ 精巧な, 高性能の: El nuevo avión es un arma muy ~da. その新型機は精巧な兵器だ. ~ tecnología ~da 高度な(精密化された)技術

sofisticar [sofistikár]《←sofista》[7] 他 ❶ 洗練する; [機械などを] 複雑化する, 精巧にする, 高性能にする: Hoy día han sofisticado mucho el proceso informático. 今日, 情報処理はひどく複雑化されてきている. ❷《自然さ・素朴さを損うほど》ひどく凝る, 手を加えすぎる: Tanta modernidad sofistica su aspecto. あまりにも斬新なために彼女の素顔のよさが損なわれている. ❸ 偽造する, 混ぜ物をする. ❹ ~ la realidad 現実を偽る

sofístico, ca² [sofístiko, ka] 形 ❶ 詭弁の, こじつけの, へ理屈の: argumento ~ 詭弁. ❷ ソフィストの, ❸ 偽りの, 見せかけの. ❹《軽蔑》詭弁を弄する, へ理屈を言う

sofistiquez [sofistikéθ] 女 詭弁を弄すること, こじつけ

sofito [sofíto] 男《建築》[軒蛇腹などの] 下板, 下端(&); [アーチの] 内輪

soflama [sofláma]《←so-（下）+flama》 女《西》❶ [人々を扇動するような] 熱弁, 檄(&): El líder lanzó una ~ a sus partidarios. 指導者は支持者に向かって熱弁をふるった. ❷《軽蔑》長広舌. ❸《顔の》紅潮, 赤面. ❹ 口車に乗せること, 甘言を弄すること. ❺《まれ》ちろちろ燃える火, とろ火. ❻《ラマンチャ》苦労, 骨折り

soflamado [soflamádo] 男《料理》軽くあぶること

soflamar [soflamár]《←soflama》他 ❶《料理》軽く火であぶる. ❷《まれ》口車に乗せる, 言葉巧みにだます. ❸《まれ》《顔を》紅潮させる, 赤面させる
── ~se ❶《料理》軽く焦げる. ❷《まれ》赤面する

soflamero, ra [soflaméro, ra] 名 ❶ 口車に乗せる[人], 言葉巧みにだます[人]. ❷《メキシコ》メロドラマ調の, 大げさな[人]

sofocación [sofokaθjón] 女 ❶《火などを》消すこと; 消火, 鎮火《= ~ del incendio》. ❷ 息苦しさ, 息が詰まること: El excesivo calor me produjo sofocaciones. あまりの暑さに私は息苦しくなった. ❸《医学》呼吸困難, 窒息. ❹ ひどい不快感. ❺ 赤面

sofocado, da [sofokádo, da] 形《声・音が》こもった; 息が詰まった

sofocador, ra [sofokaðór, ra] 形 息苦しい《=sofocante》

sofocamiento [sofokamjénto] 男 息苦しさ(なる)こと

sofocante [sofokánte] 形 息苦しい, 息の詰まるような: Hace un calor ~. むせ返るような暑さだ. Este aire es ~. ここの空気は重苦しい

sofocar [sofokár]《←ラテン語 suffocare < fauces「喉」》[7] 他 ❶ 息苦しくさせる, 窒息させる. ❷ [火などを] 消す: ~ las llamas 炎を消す. ~ la rebelión 反乱を鎮圧する. No tienes que ~ tus sentimientos. 君の気持ちを抑える必要はない. ❸ 赤面させる, 恥じ入らせる: Las palabras de mi novio me sofocaron. 恋人の言葉に私は顔を赤らめた. ❹ 嫌な思いをさせる, うんざりさせる, 不機嫌にさせる: No sofoques al niño con los estudios. 子供に勉強しろとうるさく言うのはやめなさい. Esta atmósfera sofoca a cualquiera. この雰囲気では誰でも息が詰まる
── ~se ❶ 息苦しくなる, 息が詰まる: La abuela se sofoca subiendo escaleras. 祖母は階段を上ると息が切れる. ❷ 赤面する, 恥じ入る: El joven se sofoca con cualquier cosa. 若者はちょっとしたことで赤面する. ❸ 嫌な思いをする, いらだつ: No vale la pena ~te por tan poca cosa. そんなつまらないことで腹を立てても仕方ないよ

sofocativo, va [sofokatíβo, βa] 形《まれ》息苦しくさせる

sofocleo, a [sofokléo, a] 形《人名》ソフォクレス Sófocles 風の《古代ギリシアの悲劇詩人》

sofoco [sofóko]《←sofocar》男 ❶ 息苦しさ, 息切れ: Si sigue corriendo le va a dar un ~. 走り続けたら彼は息が苦しくなるだろう. ❷ 恥ずかしさ, きまり悪さ, 冷や汗の: Tengo mucho ~. 汗顔の至りです. ❸ 嫌な思い, いらだち: El joven se sofoca con cualquier cosa. 若者はちょっとしたことで赤面する. ❹ 悲しみ, 失望: Se va a llevar un ~ al enterarse. 彼が知ったらさぞかし頭にくることだろう. ❹《生理》[閉経期の] 一過性熱感, ホットフラッシュ《= ~ de calor》

sofocón [sofokón]《←sofocar》男《口語》[問題に対する] 強い不快感: llevarse un ~ 頭にカチンとくる, かっとなる

Sofonías [sofonías] 男《旧約聖書》ソフォニア《紀元前7世紀のヘブライの預言者》

sofoquina [sofokína]《←sofocar》女《口語》❶ ひどい息切れ, むせ返るような暑さ: Tengo ~ de subir las escaleras. 私は階段を上る時息切れがひどい. ❷ 激怒, 逆上

sófora [sófora] 女《植物》エンジュ（槐）

sofreír [sofreír]《←so+freír》[36]《過分 sofrito が不規則より一般的》《料理》軽く炒める, 少し焦げ目をつける: ~ una cebolla cortada menuda 玉ネギのみじん切りをさっと炒める

sofrenada [sofrenáda] 女 ❶《文語》《感情の》抑制. ❷《馬術》手綱を引くこと. ❸《まれ》厳しい叱責

sofrenar [sofrenár]《←so-（強調）+frenar》他 ❶《文語》《感情を》制御する, 抑制する: Sofrena tu ira. 怒りを静めなさい. ❷《馬術》手綱を引く: Sofrena bien al caballo, no lo dejes suelto. 手綱をぐっと引いて, 緩めてはいけない. ❸《まれ》厳しく叱る, 譴責する, とがめる

sofrito, ta [sofrito, ta] sofreír の不規則な 過分
── 男《料理》玉ネギ・トマト・ニンニクを炒めたソース

sofrología [sofroloxía] 女《医学》自律訓練法

sofrológico, ca [sofrolóxiko, ka] 形 自律訓練法の

sofronizar [sofroniθár] [9] 他 自律訓練法でリラックスさせる

sofrosine [sofrosíne] 女 穏健, 思慮分別, 節度, 知性

soft [sóft] 男 =software

software [sófwer]《←英語》男《情報》ソフトウェア《⇔equipo》: ~ compartido シェアウェア. ~ de dominio público パブリックドメインソフトウェア

soga [sóga]《←ラテン語 soca》女 ❶ [アフリカハネガヤ製の] 縄, 荒縄: El verdugo le puso la ~ al cuello. 死刑執行人は彼の首にロープをかけた. atar... con una ~ ～を縄で縛る. juego de la ~ 綱引き. Siempre se rompe (se quiebra) la ~ por lo más delgado.《諺》弱者はいつも損する《←ロープは必ず一番細い所から切れる》. ❷ 土地面積の単位《地方によって異なる》. ❸《建築》[工場の壁面に見える] 切石や煉瓦の一部
a ~《建築》[煉瓦の] 長手積みの
a ~ y cordel 直線的に
con la ~ al cuello/con la ~ en la garganta 苦境にある, 破滅に瀕している
dar ~ a+男 =echar ~ a+男
dar ~ a+人 1) …の気をひく, そそる; [みんなの好きな話題に]話を持っていく. 2) …をからかう, 冷やかす
echar ~ tras el caldero ますます損をする, 損失がふくらむ
echar ~ a+男 …を長引かせる, 押し進める
estar con la ~ al cuello (a la garganta) 窮地に陥っている, 絶体絶命の危機にある: En la crisis todo el mundo está con la ~ al cuello. 危機に陥って誰もが青息吐息である
mentar (hablar de) la ~ en casa del ahorcado タブーの話題を持ち出す, 人が嫌がる話をする《←首吊りをした人の家でロープの話をする》: No hay que *mentar la ~ en casa del ahorcado*.《諺》相手にさしさわりのある話題は禁物
saltar a la ~《パナマ, ペルー, ボリビア, アルゼンチン》縄跳びをする

—— [男] 狡猾な男, 陰険な男
sogalinda [soɡalínda] [女]《ビスカヤ. 動物》ヤモリ
sogatira [soɡatíra] [男] [バスク地方の] 綱引き〖=soka-tira〗
sogdiano, na [soɡđjáno, na] [形] [名]《歴史, 地名》[中央アジアの] ソグディアナ Sogdiana の〔人〕〖現在のサマルカンド〗
—— [男] ソグド語
sogüé [soɡwé] [形] [名]《パラグアイ》無一文の〔人〕; 無気力な〔人〕, 勤労意欲のない〔人〕
sogueado, da [soɡeáđo, đa] [形]《美術》縄目模様の, 縄文式の
soguear [soɡeár] [他] ❶《農業》[麦などの穂についた朝露を落とすために] 縄を穂の上に張り渡す. ❷《アラゴン》縄を使って長さを測る. ❸《中南米》[家畜を] 革紐でつなぐ. ❹《キューバ》[動物を] 飼い馴らす; [人を] なじませる
—— **~se**《コロンビア》[+de+人 を] からかう
soguería [soɡería] [女] ❶ 縄作り. ❷ 縄製造(販売)所. ❸ [集名] 縄
soguero, ra [soɡéro, ra] [名] 縄製造(販売)業者
—— [男] ポーター, 人足〖=mozo de cordel〗
—— [形]《ムルシア》生後2週間から6か月の
soguilla [soɡíʎa]〖soga の示小語〗[女] ❶ 細い三つ編みの髪. ❷ アフリカハネガヤ製の三つ編みのひも
—— [男] [市場・駅で] 軽い荷物を運ぶ少年, ポーター
sogún [soɡún] [男] =**shogun**
soirée [swaré]〖←仏語〗[女] ❶ 夜会, 夜のパーティー: traje de ～ イブニングドレス. ❷《演劇, 映画》夜興行, 夜の部〖⇔matiné〗
soja [sóxa]〖←日本語「しょう油」〗[女]《植物, 豆》ダイズ(大豆): aceite de ～ 大豆油. leche de ～ 豆乳. pasta de ～ 味噌. salsa de ～ しょう油. semilla de ～ 大豆マメ. sopa de ～ 味噌汁. ～ verde en rama 枝豆
sojuzgador, ra [sɔxuzɡađór, ra] [形] [名]《文語》征服する, 屈服させる, 支配する; 征服者, 支配者
sojuzgamiento [sɔxuzɡamjénto] [男]《文語》征服; 支配
sojuzgar [sɔxuzɡár]〖←ラテン語 subjugare (juzgar の影響)〗[8] [他]《文語》征服する; [暴力で] 支配する: Napoleón *sojuzgó* a Europa. ナポレオンはヨーロッパを征服した
soka-tira [sokatíra] [男] [バスク地方の] 綱引き
sol [sɔ́l] **I**〖←ラテン語 sol, solis〗[男] ❶ 太陽〖天文学では主に Sol〗: 1) La Tierra gira alrededor del *Sol*. 地球は太陽のまわりを回っている. pesar el *Sol*《船舶》太陽の高さを測る. ～ figurado 人の顔で表わされた太陽. *Sol* Negro [日食の] 黒い太陽. 2)《諺, 成句》Aún hay ～ en las bardas. まだ望みはある. Cuando el ～ sale, para todos sale. 太陽は万人のために輝く/誰でも自分の利益を享受する権利がある. Donde entra el ～, no entra el médico. 日当たりのよい家は健康によい. No hay nada nuevo bajo el ～. 天(あめ)が下に新しき事なし. ❷ 日光, 日照; 晴天; 日なた: El ～ decolora las cortinas. 日光でカーテンの色があせる. Quiero terminar la faena con ～. 日のあるうちに作業を終えたい. Con este ～ no hay quien salga. この日ざしでは外出する人はいない. una tarde de ～ ある晴れた午後. habitación donde entra el ～ 日当たりのよい部屋. lámpara de ～ artificial 日焼けランプ. ❸《西. 口語》善良な人, 優しい人: Fue un ～ para todo el mundo y fue querida por todos. 彼女は誰にも優しく, みんなから好かれた. ❹《西. 口語》[子供などに対する親愛の呼びかけ] ¡*Sol* de mi vida!/¡*Sol* mío! ねえ, 坊や! ¡Qué ～ de niño! 何てかわいい子だ! ❺《闘牛》日なた席〖=tendido de ～. ⇔sombra〗. ❻ 恒星. ❼《植物》～ de las Indias ヒマワリ〖=girasol〗. ❽ Nuevo *Sol* [ペルーの貨幣単位] ヌエボ・ソル. ❾《古語》[錬金術で] 金. ❿《古語》レース編みの一種
al ～ 日の当たる場所に: sentarse *al* ～ 日なたに座る
al ～ puesto 日が沈んでから; 遅い時刻に
arrimarse al ～ que más calienta《口語》寄らば大樹の陰
bajo el ～ 1) 日なたで. 2) 地球上で
como el ～ que nos alumbra 火を見るより明らかな
dar el ～ [+a に] 日が当たる: *El* ～ que me *da* en la cara no me permite ver bien. 顔に日が当たって私はよく見えない
de ～ a ～ 日の出から日の入りまで; 一日中
dejarse caer (sentir) el ～ ひどく暖める
estar al ～ que más calienta《口語》=**arrimarse al ～ que más calienta**
hacer ～ 日が出ている, 日が照っている: *Hace* mucho ～. 日ざしが強い. Ya *había* ～ cuando nos despertamos. 私たちが目を覚ました時にはもう日が照っていた
más claro que el ～ きわめて明白な
no dejar a+人 ni a ～ ni a sombra …から片時も離れない, つきまとう: Siempre está pegando a ti, *no* te *deja ni a* ～ *ni a sombra*. 彼はいつも君にくっついている, 影法師のように
pegar el ～ 日ざしが強い
pegarse el ～ a+人 …が日焼けする
picar el ～ =**pegar el ～**
ponerse al ～ que más calienta《口語》=**arrimarse al ～ que más calienta**
¡Salga el ～ por Antequera (y póngase por donde quiera)!/¡Salga el ～ por donde quiera! 何が起ころうとも/絶対に!
sentarse el ～ a+人 =**pegarse el ～ a+人**
～ de justicia 1)《西》強烈な日ざしと暑さ: Aquí hace un ～ *de justicia*. ここは日ざしが強烈で非常に暑い. 2) [un+] 正義の太陽〖イエスキリストのこと〗
～ naciente 朝日, 日の出〖⇔～ poniente〗; 日の丸〔の旗〕: Seguí los pasos de Marco Polo, me fui hacia el ～ *naciente*. 私はマルコ・ポーロの足取りに従い, 朝日に向かって出発した. el país del ～ *naciente* 日出ずる所の国, 日本.
～ poniente 夕日, 日の入り, 落日〖⇔～ naciente〗: Los últimos rayos del ～ *poniente* doran la catedral. 沈みゆく太陽の残照が大聖堂を金色に照らしている. La montaña tragó la luz del ～ *poniente*. 夕日は山かげに隠れた
～ y sombra 1)《闘牛》途中で日陰(日当たり)になる席〖闘牛は主に日陰側近くで行なわれるので料金の高さは sombra>sol y sombra>sol〗. 2)《西》アニス酒とブランデーのカクテル
tomar el ～ 1) 日光浴をする, 日に当たる. 2)《船舶》[六分儀で] 太陽の高度を計る
tomar ～《中南米》日光浴をする, 日に当たる
—— [副]《古語》…だけ, 単に〖=solamente〗
II [男]《音楽》ソ, ト音, G音: clave de ～ ト音記号. sinfonía en ～ mayor ト長調の交響曲
III〖←(aero)sol〗[男]《化学》ゾル
solacear [solaθeár] [他]《文語》=**solazar**
solada [soláđa] [女] ❶ 沈殿物, おり. ❷《アンダルシア》地面に散らばったもの; [特に] 木から落ちた果物
solado [soláđo] [男] ❶ 床張り, フローリング〖行為〗. ❷ 煉瓦(平石)を敷き詰めること
solador, ra [solađór, ra] [名] 床張り職人
soladura [solađúra] [女] ❶ 床張り〖行為, 状態〗. ❷ 床張りの材料
solaje [soláxe] [男]《アンダルシア》ぶどう酒のおり(沈殿物)
solamente [sólaménte]〖←solo〗[副] …だけ, ただ…; 単に; もっぱら〖=solo〗: Tengo ～ calderilla. 私は小銭しか持っていない. Vale ～ 2,50 euros. それは2.5ユーロしかしない. *S*～ invitó a sus amigos. 彼は友人だけ招いた. Vino a Tokio ～ para eso. 彼はそのためだけに東京に来た. Quiero ～ que me oigas. 私は君に話を聞いてもらいたいだけだ
no ～..., sino que... …であるだけでなく…でもある: *No* ～ no me pidió perdón, *sino que* me dijo una mentira. 彼は私に謝らないばかりか, 嘘をついた
***～ con que*+接続法/*con ～ que*+接続法** 単に…だけで; …しさえすれば: *S*～ *con que* me dé un poco de sol, ya me salen manchas en la cara. 私はちょっと日に当たっただけで, すぐ顔にしみができる
～ que... 1) [+直説法. 制限] ただ…だけである: Está muy agradecido, ～ *que* no sabe expresarlo. 彼は大変感謝している. ただそれを表現できないだけだ. 2) [+接続法. 条件] …しさえすれば: *S*～ *que* hiciese un poco menos frío, saldría. もう少し暖かかったら出かけるのだが
tan ～ ほんの…だけ: *Tan* ～ tiene cinco años. 彼はわずか5歳にすぎない
solana[1] [solána]〖←sol I〗[女] ❶ 日なた, 日だまり: en la ～ 日なたで. ❷ [強い] 日ざし: Ahora hay mucha ～. 今, 日が一杯照っている. ❸《地方語》[日当たりのよい] テラス, ベランダ; サンルームギャラリー. ❹《アンダルシア》階上階; 屋根裏部屋
solanáceo, a [solanáθeo, a] [形] ナス科の
—— [女] [複]《植物》ナス科
solanar [solanár] [男]《アラゴン》❶ 日なた〖=solana〗. ❷ [日当たりのいい] ベランダ, バルコニー; サンルーム
solanas [solánas] [形]《隠語》一人の, 仲間のない〖=de ～〗
solanera[1] [solanéra]〖←solana〗[女] ❶ 強すぎる日ざし: ¡Vaya ～

que hace hoy! 今日は何て日ざしが強いんだ! ❷ 強い日ざしが当たる場所に座った: El anciano se sentó en plena ～. 老人は日ざしの真ん中に座った. ❸ [日当たりのいい] ベランダ, バルコニー; サンルーム. ❹ 日焼け; 日射病: Llegó a casa con una ～ terrible. 彼はひどく日焼けして帰宅した. ❺《闘牛》日なた席[の客]

solanero, ra[1] [solanéro, ra] **I** 形 日なたの, 日ざしを浴びた
II 形名《地名》ラ・ソラナ La Solana の[人]《シウダ・レアル県の村》

solanina [solaniná] 女《生化》ソラニン

solano, na[2] [soláno, na] 形男 ❶《西》東の; 東風. ❷《アラバ, ブルゴス》[むせ返るような] 熱風. ❸《植物》イヌホオズキ

solapa [solápa] 〖←solapar〗女《服飾》❶ 襟《上着などの》1) llevar una flor en el ojal de la ～ 襟の飾りボタン穴に花を挿している. 2) [ポケットの] ふた, フラップ: bolsillo con ～ ふた付きのポケット. ❷《製本》[カバーの] そで, 折り返し: La foto y la biografía del autor aparecen en la ～. 作者の写真と略歴はカバーの折り返しにある. ❸ [封筒の] ふた: El remite se escribe en la ～ de los sobres. 差出人の住所氏名は封筒のふたに書くものだ. ❹ 作り話, 口実, ごまかし. ❺《獣医》潰瘍のくぼみ
de ～ 隠れて, ひそかに〔=a solapo〕

solapadamente [solapáðaménte] 副 陰険に, 腹黒く, 陰でこそこそと

solapado, da [solapáðo, ða] 形 ❶ 陰険な, 腹黒い, ずるい, 陰でこそこそする: Su manera de ser es muy ～*da*. 彼の人となりはひどく陰険だ. sonrisa ～*da* 腹に一物ある笑い. ❷ 隠れた, ひそかな. ❸《まれ》襟のある

solapar [solapár] 〖←lapa「地表から突き出た岩」〗他 ❶《悪意で・用心のために》隠す: *Solapaba sus perversas intenciones con amables palabras.* 彼は優しい言葉の下に邪悪な意図を隠していた. ❷ 一部分が重なり合うように置く: ～ una fila de libros sobre una mesa テーブルの上に一列に本を重ね合わせて並べる
── 自《服飾》前が打ち合わせになっている: Esta chaqueta no *solapa* lo suficiente. この上着は打ち合わせが浅い
── *～se* ❶ 重なり合う: Las escamas de un pez *se solapa* unas sobre otras. 魚のうろこは互いに重なり合っている. ❷ [+con] 符合する: Eso *se solapa con* lo que dijo antes. それは彼が以前言ったことと符合している. ❸《アルゼンチン》[くっ付いていたものが] 剥がれる

solape [solápe] 男 ❶ 隠蔽. ❷ =solapa

solapín [solapín] 男《まれ》小さな襟

solapo [solápo] 男 ❶ =solapa. ❷ [瓦などのように] 互いに重なり合ったもの. ❸ 衝撃, 一撃
a ～ 隠れて, ひそかに

solaque [soláke] 男《コロンビア》煉瓦の粉末を使ったセメント

solaquear [solakeár] 他《コロンビア》solaque で舗装する

solar [solár] **I**〖←sol 1〗形 ❶ 太陽の: calor ～ 太陽熱. rayos ～*es* 太陽光線. ❷ 太陽エネルギーで動く: reloj ～ ソーラー時計. ❸ 日光を防ぐ: crema [de protección] ～ 日焼け止めクリーム. ❹ 太陽暦の〖⇔lunar〗: día ～ 太陽日. ❺《まれ》晴れの
II〖←ラテン語 solum「床」〗男 ❶ 敷地, 地所: Compré un ～ para hacerme una casa. 私は家を建てるために土地を買った. ❷《文語》漠然と土地〖=suelo〗: ～ de sus mayores 父祖の地. ～ español スペインの地. ～ patrio 祖国の地. ❸ 旧家, 名門: Su padre venía del ～ de Vegas. 彼の父はベガス家の出だ. ❹《地方語》脱穀場. ❺《キューバ, ペルー》アパート〖=casa de vecinos〗. ❻《コロンビア, ベネズエラ》裏庭
── 形 旧家の, 名門の〖=solariego〗: casa ～ 旧家[の館]
── 他 ❶…に煉瓦(敷石)を敷く; 床板を張る
III〖←ラテン語 solea「靴底」〗 他《靴の》底をはり替える

solariego, ga [solarjégo, ga] 〖←solar II〗 形 ❶ 旧家の[人, 名門の[人]: casa ～*ga* [一族で最も由緒ある] 旧家[の館]. escudo ～ 由緒ある家柄の紋章. tierras ～*gas* 父祖伝来の土地. villa ～*ga* 歴史的に重要な都市. ❷《歴史》《封建時代の》隷属農民[の]

solario [solárjo] 男 =solárium

solárium [solárjun] 男《単複同形/圏~s》❶ [プールサイドなどの] サンデッキ, テラス. ❷《療養所などの》日光浴室, サンルーム

solarización [solariθaθjón] 女《写真》露光過度にすること

solarizar [solariθár] 他《写真》露光過度にする; ソラリゼーションを施す

solateras [solatéras] 形《隠語》一人の, 仲間のいない

solaz [soláθ] 〖←古オック語 solatz < ラテン語 solacium < solari「慰める」〗男 ❶《文語》気晴らし, 娯楽: La lectura es su único ～. 読書は彼のたった一つの楽しみである. ❷ 慰め, 安らぎ: Dice que la familia es el ～ más sano. 家族は一番健全な安らぎをもたらすと彼は言っている. ❸ 休養, くつろぎ
a ～ ❶ 喜んで, 快く

solazar [solaθár] 他《文語》❶ 楽しませる, 喜ばせる: Un paseo por el parque *solaza* a los niños. 公園を散歩すると子供たちは喜ぶ. ❷ 慰める, 安らぎをもたらす
── *～se* ❶ [+con] 楽しむ, 喜びを見い出す: Ellos *se solazaban con* la música clásica. 彼らはクラシック音楽を聴いて楽しんだ. ❷ 安らぐ, くつろぐ

solazo [soláθo] 〖sol の示大語〗男《口語》焼けつくような強い日ざし: La gente aguantaba el ～ del mediodía. 人々は真昼の厳しい日ざしに耐えていた

solazoso, sa [solaθóso, sa] 形《まれ》❶ 楽しい, うれしい. ❷ 癒(いや)やされる, 安らぐ

soldabilidad [soldabiliðá[ð]] 女 溶接され得ること

soldable [soldáble] 形 溶接され得る

soldada [soldáða] 〖←ラテン語 solidus〗女 ❶ [兵士・水兵などの] 俸給, 給料;《古語》[特に農業労働者の] 賃金. ❷《魚》舌ビラメに似た小型の魚《学名 Microchirus ocellatus》. ❸《地方語》[定期的に支払われる] 婚礼の持参金

soldadera [soldaðéra] 女《メキシコ, グアテマラ》[メキシコ革命で兵士たちと共に] 従軍する女

soldadesca[1] [soldaðéska] 〖←soldado〗女 ❶《軽蔑》[集名] 規律の乱れた] 軍隊, 兵士ども: La ～ ha saqueado algunas viviendas. 兵隊のやつらがいくつかの家で掠奪を働いた. ❷ 軍人の務め, 軍人生活, 兵役

soldadesco, ca[2] [soldaðésko, ka] 形《軽蔑》兵隊の: a ～*ca* 兵隊式に, 軍隊式の・に. lenguaje ～ 兵士用語

soldadito [soldaðíto] 〖soldado の示小語〗男 ～ de Pavía タラの切り身の唐揚げ〔=soldado de Pavía〕. ～ de plomo 鉛の兵隊〔=soldado de plomo〕

soldado [soldáðo] 〖←soldada (伊語 soldato の影響)〗名 ❶ 軍人; [下士官より下位の] 兵士, 兵隊: ～ primero (segundo)/～ de primera (segunda)《陸軍》一(二)等兵. ～ de primero《空軍》一等兵. ～ cumplido 退役軍人. ～ de marina 海兵隊員. ～ de plomo《玩具》鉛の兵隊. ～ desconocido 無名戦士. ～ romano《聖週間の行列で》ローマ軍兵士. ～ voluntario 志願兵. ～ niños ～ 少年兵たち. ❷ [主義主張などのために戦う] 戦士, 闘士: ～ de la libertad 自由の闘士. ～ de su fe 信仰の戦士. ❸ 軍事専門家. ❹《昆虫》hormiga ～ 兵隊アリ. ❺《ログローニョ》塩漬けのニシン
para que te vayas con los ～s《口語》結局ひどい目にあうよ, 後悔するはめになるぞ
──《西. 料理》～ de Pavía タラの切り身の唐揚げ

soldador, ra [soldaðór, ra] 名 溶接工; はんだ付け工
── 男 はんだごて: ～ eléctrico 電気はんだごて
── 女 溶接機

soldadote [soldaðóte] 男《軽蔑》態度が乱暴な将校, いばりちらす兵隊

soldadura [soldaðúra] 〖←soldar〗女 ❶ 溶接; はんだ付け: ～ al arco アーク溶接. ～ a tope 突き合わせ溶接. ～ autógena ガス溶接. ～ blanda (fuerte) [はんだなどによる] 軟(硬)鑞(ろう)付け. ～ oxiacetilénica アセチレン溶接. ～ por puntos [電気溶接による] スポット溶接. ～ por resistencia 電気抵抗溶接. ❷ 接合: ～ por ultrasonidos 超音波接合. ❸ [溶接・はんだ付けの] 接合部分, 継ぎ目. ❹ 鑞, はんだ, しろめ; 接合材料〖錫など〗. ❺《医》接合棒; はとめ. ❻《医》骨つぎ. ❼ [誤りの] 訂正; [失敗の] 埋め合わせ: no tener ～ 訂正(埋め合わせ)のしようがない

soldán [soldán] 男《古語》[特にペルシア・エジプトの] スルタン, サルタン

soldanela [soldanéla] 女《植物》❶ ハマヒルガオ. ❷ イワカガミダマシ

soldar [soldár] 〖←ラテン語 solidare〗圈 他 ❶ 溶接する; はんだ付けする: soplete (lámpara) de ～ 溶接トーチ, ブローランプ. ～ por puntos スポット溶接する. ❷ 接合させる. ❸ 骨つぎをする. ❹ [誤りを] 正す; [失敗の] 埋め合わせをする
── *～se* ❶ 接合する. ❷ 骨がくっ付く: Los huesos *se sueldan con* reposo. 骨は安静にしていればよくくっ付く

soldeo [soldéo] 男 ❶ 溶接; はんだ付け. ❷ 接合; 骨つぎ. ❸

soleá [soleá]〖←soledad〗〖集 soleares〗〖フラメンコ〗[主に 囡]ソレアー、ソレアーレス〖舞踊・音楽の形式の一つで、8分の3拍子; 非常に古いカンテ〗: bailar por *soleares* ソレアーレスを踊る

soleado, da [soleáđo, đa] 形 ❶ 晴れ渡った、雲一つない: un día 〜 よく晴れた一日. ❷ 日のよく当たる、日当たりのよい、日ざしを浴びた
── 男 日に当てること
── 囡〖地方語〗熱中症

soleamiento [soleamjénto] 男 ❶ 日に当てること、天日干し. ❷〖地方語〗太陽が輝くこと

solear [soleár]〖←sol I〗他 日に当てる、日にさらす、日干しにする: tender una sábana a 〜 シーツを干す
── 自〖地方語〗太陽が輝く
── 〜**se** ❶ 日なたに置かれる、日にさらされる: *Se está soleando* la colada. 洗濯物が干されている. ❷ 日光浴をする

solearilla [soleaɾíʎa] 囡〖フラメンコ〗短いソレアーレス

solecismo [soleθísmo]〖←ラテン語 soloecismus <ギリシア語 soloikismos「語法違反」< soloikos「誤った話し方をする」〗男〖言語〗文法上の誤り、語法違反、誤用、破格語法

soledad [soleđá(đ)]〖←ラテン語 solitas, -atis〗囡 ❶ 孤独; ひとり暮らし、独居: La 〜 le permite pensar más en sus problemas. 彼は孤独でいることで自分の問題を考えるようになった. ❷ 寂しさ、わびしさ; [人・物を失った] 哀しみ、寂寥(誤)感: sentir 〜 孤独を感じる. en la 〜 de su retiro 引退生活の寂しさで. Enfermó de 〜 cuando murió su hermana. 彼は妹が死んだ時哀しみのあまり寝込んだ. ❸〖文語〗[主に 複] 寂しい(人けのない・人里離れた)場所: El alpinista llegó a la 〜 de la montaña. 登山家は山の人けのない所にたどり着いた. vivir en las 〜*es* 人里離れて暮らす. ❹ ノスタルジー、あこがれ. ❺ =**soleá**

soledoso, sa [soleđóso, sa] 形 ❶〖文語〗孤独な、ひとりだけの. ❷〖まれ〗哀しみにとらわれた、寂寥感を覚える

soledumbre [soleđúmbɾe] 囡〖廃語〗人けのない場所; 荒涼とした所

solejar [solexáɾ] 男 =**solana**

solemne [solémne]〖←ラテン語 sollemnis「聖別された、決まった日に式が行なわれる」〗形 ❶ 盛大な、華やかな: acto 〜 大がかりな催し. 〜 fiesta 盛大なパーティー. ❷ 荘厳、厳粛な、荘重な雰囲気、重々しい: ambiente 〜 厳粛な雰囲気. bodas 〜*s* おごそかな結婚式. funerales 〜*s* しめやかな葬儀. misa 〜 荘厳ミサ. ❸ もったいぶった、しかつめらしい; まじめな: El novio usó un tono 〜 para anunciar el compromiso. 恋人はまじめな口調で婚約を発表した. hablar con tono 〜 もったいぶった(重々しい)口調で話す. ❹〖軽蔑〗[+名詞.強調] 全くの、ひどい: Esto es una 〜 tontería. これは全くばかげている. 〜 error とんでもない間違い. ❺〖法律〗正式の

solemnemente [solémnemente] 副 ❶ 盛大に、おごそかに. ❷ もったいぶって

solemnidad [solemniđá(đ)]〖←ラテン語 solemnitas, -atis〗囡 ❶ 盛大さ; 荘厳、厳粛さ、重々しさ: con 〜 盛大に; おごそかに. ❷ もったいぶること、しかつめらしさ: El locutor dio la noticia con excesiva 〜. アナウンサーはあまりにもものものしい様子でニュースを伝えた. ❸ 複 [盛大・厳粛な] 儀式、祭典、[里] その個々の] 行事: La inauguración del curso es una 〜 académica. 入学式は学校の厳粛な行事だ. ❹〖宗教的な〗祭り、〖カトリック〗祭日〖=fiesta ❷〗. ❺〖法律〗正規の手続き
de 〜 [悪い意味の形容詞+.強意] ひどく…: Fue pobre *de* 〜. 彼は見るからに(とんでもなく)貧しかった

solemnizar [solemniθáɾ]〖←solemne〗他 ❶ 荘厳な雰囲気を与える: La presencia de las autoridades *solemnizaba* el acto. お歴々が出席したので行事は厳粛なものになった. ❷ 盛大に祝う、盛大に行なう: Para 〜 las bodas de plata de mis padres contrataron una orquesta. 私たちは両親の銀婚式を盛大に祝うために楽団と契約を結んだ. ❸ 強調する、力説する

solen [sólen] 男〖貝〗マテモドキ〖=〜 siliqua〗

solenodonte [solenođónte] 男〖動物〗ソレノドン

solenoide [solenóiđe] 男〖電気〗ソレノイド

soleo [soléo] 男 ❶ [オリーブの実の収穫前に] オリーブの木の下の地面を掃除すること. ❷〖アンダルシア〗木から落ちたオリーブの実を拾い集めること

sóleo [sóleo] 男〖解剖〗ヒラメ筋

soler [soléɾ] **I**〖←ラテン語 solere「習慣的に…する」〗自 他 [+不定詞] 習慣的に…する、いつも…する、…するのが常である〖語法〗直説法現在・線過去・現在完了でのみ〗: *Suele* venir tarde. 彼はいつも遅刻する. Yo *solía* jugar al fútbol cuando era joven. 私は若い時よくサッカーをしたものだ. *Suele* llover mucho en este país. この国はいつもたくさん雨が降る. Los andaluces *suelen* ser morenos. アンダルシア人は普通浅黒い. 2) [no+] めったに…ない: No *suele* venir los martes. 彼は火曜日にはめったに来ない. La guerra no *suele* ser un buen medio para solventar conflictos. 戦争が紛争を解決するいい方法であるとは言えない

soler		
現在分詞	過去分詞	
soliendo	solido	
直説法現在	命令法	接続法現在
suelo		suela
sueles	suele	suelas
suele		suela
solemos		solamos
soléis	soled	soláis
suelen		suelan

II〖←カタルーニャ語 soler〗男 船底の板張り床

solera [soléɾa]〖←?ラテン語 solum「基盤、地面」〗囡 ❶ 伝統、由緒、格式: Este es uno de los barrios con más 〜 de Madrid. ここはマドリードで一番古い町並みの一つだ. casa con 〜 由緒ある家柄. ❷〖酒〗1) [ワインの] 年代物: Este vino no tiene 〜. このワインは年代物ではない. vino de 〜 年代物のワイン〖風味を付けるため新酒に混ぜるブレンド用〗. 2)〖ワインの〗澱〖風味を付けるため新酒に混ぜるブレンド用〗. 3) sistema de 〜 [シェリー酒の熟成法] ソレラ・システム. ❸〖建築〗根太(だ); 大引(かか)〖根太を支える横木〗. ❹〖銅像・柱などの〗礎石、土台石、台座. ❺〖運河・用水路などの〗底、炉床. ❻〖鉱山〗坑道の下部分. ❼〖ナバラ、アラゴン〗敷居、門口. ❽〖メキシコ〗敷石、煉瓦. ❾〖ペルー〗敷布、シーツ. ❿〖チリ、アルゼンチン、ウルグアイ〗肩ひものドレス、サンダレス. ⓫〖チリ〗歩道の縁石
de 〜〖賞賛〗古くて有名な: festival *de* 〜 伝統のあるフェスティバル. marca *de* 〜 伝統を誇る銘柄、古いのれん. torero *de* 〜 ベテラン闘牛士

solercia [soléɾθja] 囡 巧妙さ、ずる賢さ

solería [soleɾía] 囡 ❶ 舗装(床張り)用材〖アスファルト、敷石、木材など〗. ❷ 舗装; [各階の] 床張り. ❸〖西〗集 靴底用の革

solero [soléɾo] 男〖アンダルシア〗❶ [ワインの] 澱. ❷ [水車の] 土台石

solerte [soléɾte] 形 抜け目のない、敏腕な、慧眼(はい)の

solespones [solespónes] *a* 〜〖地方語〗夕方に、日の入りに

soleta[1] [soléta] 囡 ❶〖まれ〗[靴下の底の] 継ぎはぎ用の布. ❷〖まれ〗厚かましい女、図々しい女. ❸〖メキシコ〗=**soletilla**. ❹〖ドミニカ〗粗末な皮製のサンダル
dar 〜 *a*+人 …を追い出す
tomar 〜〖皮肉〗早々に逃げ出す

soletar [soletáɾ] 他〖まれ〗[靴下の底の] 継ぎはぎを当てる

soletear [soleteáɾ] 他〖廃語〗=**soletar**

soletero, ra [soletéɾo, ɾa] 名〖古語〗[靴下の底の] 継ぎはぎ職人

soletilla [soletíʎa] 囡〖西.菓子〗細長いスポンジケーキ〖=bizcocho de 〜〗

soleto, ta[2] [soléto, ta] 形〖地方語〗恥知らずな

solevación [soleβaθjón] 囡〖まれ〗=**solevamiento**

solevamiento [soleβamjénto] 男〖まれ〗❶ 反乱、謀反. ❷ 押し上げること

solevantado, da [soleβantáđo, đa] 形〖まれ〗=**soleviantado**

solevantamiento [soleβantamjénto] 男〖まれ〗❶ 押し上げること. ❷ 扇動、教唆

solevantar [soleβantáɾ] 他〖まれ〗❶ 押し上げる. ❷ [騒乱・謀反を起こすように] 扇動する、そそのかす

solevar [soleβáɾ] 他〖まれ〗❶ 押し上げる. ❷ 反乱を起こさせる、蜂起させる
── 〜**se**〖まれ〗反乱を起こす、決起する

solfa [sólfa]〖←sol II+fa〗囡 ❶〖音楽〗1) ソルフェージュ. 2) 集 音符. ❷ 音楽: poner (en) 〜 〜 音楽をかける. ❸〖口語〗殴打: Le voy a meter una 〜. あいつを張り飛ばしてやる. ❹〖コスタ

カ》[複] 1) 嘘つき. 2) 嘘, ぺてん
estar en ～ [書かれたものが] 判読できない
poner+事物 en ～ 1)《西》…を順序よく並べる, 整理する. 2) からかう, 物笑いの種にする: El crítico *ha puesto en* ～ la obra que se estrenó ayer. 批評家は昨日初演された作品を物笑いの種にした
presentar+事物 en ～ ぶざまな姿(形)で提示する
tomar a ～《口語》[相手の話に] 取り合わない; [人を] 小ばかにする
solfatara [sɔlfatára]〘←伊語〙[女]《地質》[火山の] 硫気孔
solfeador, ra [sɔlfeađór, ra] [形] [名]《音楽》階名で歌う〔人〕
solfear [sɔlfeár]〘←solfa〙[他] ❶《音楽》階名(ドレミファ)で歌う. ❷ 殴る, 殴りつける. ❸ うるさく叱る, しつこくとがめる
solfeo [sɔlféo] [男] ❶《音楽》ソルフェージュ〘=solfa〙; 基礎理論教育. ❷《口語》殴打; うるさく叱ること, 小言
solferino, na [sɔlferíno, na]〘←1869年ナポレオン3世が勝利を収めた Solferino の戦い〙[形]《まれ》赤紫色の
solfista [sɔlfísta] [名]《音楽》❶ 基礎理論教育を受ける学生. ❷ 階名で歌う人
solicitación [soliθitaθjɔ́n] [女] ❶ 申請, 申し込み; 懇願, 請願: Recibimos muchas *solicitaciones* para ayuda. 我々のもとに援助の要請が多く寄せられている. ❷ 気を引くこと, 誘い, 誘惑: Es difícil resistir a tantas *solicitaciones* como brinda la vida moderna. 現代的な生活がもたらす誘惑に抵抗するのは難しい. ❸《商業》～ de fondos 払込み請求
solicitado, da [soliθitáđo, đa] [形]《ベネズエラ. 口語》警察が捜索している
―― [女]《チリ, アルゼンチン, ウルグアイ. 新聞》[有料で掲載してもらう] 記事, 通知, 広告
solicitador, ra [soliθitađór, ra] [形] [名]《まれ》❶ =**solicitante**. ❷ 代理人, 代理者
solícitamente [solíθitaménte] [副] かいがいしく, まめまめしく
solicitante [soliθitánte] [形] [名] 申請する〔人〕, 申し込み者; 懇願する〔人〕, 請願者: Los ～*s* deberán rellenar este formulario. 申し込み者はこの用紙に書き込んで下さい
solicitar [soliθitár]〘←ラテン語 sollicitare〙[他] ❶《文語》申請する, 申し込む; [熱心に・絶えず] 懇願する, 請願する: Esos estudiantes *solicitan* beca. その学生たちは奨学金を申請している. *Solicitó* una entrevista con el ministro. 彼は大臣との会見を求めた. ¡*Solicito* un momento de atención! ちょっと聞いて下さい! Te giraremos la cantidad *solicitada*. 頼まれた金額を君に送金します. Responderé con gusto a quienes *soliciten* una explicación. 説明してほしいという人には喜んでお答えしましょう. ～ una muestra サンプルを請求する. ～ una gracia del rey 国王の恩赦を請願する. ❷ 言い寄る, 求愛する; 友人になってくれと頼む: Manoli es una chica muy *solicitada*. マノリは大変人気がある. Le *solicitan* en todas las fiestas. 彼はあらゆるパーティーで引っ張りだこだ. ❸ [注意・興味などを] 引く, 喚起する. ❹《物理》引きつける. ❺ [用件などを] 処理する, 実行する
―― [自]《古語》急を要する
solícito, ta [solíθito, ta]〘←ラテン語 sollicitus < sollus「全部の」+citus < ciere「動かす」〙[形] [+con+人 に] 思いやりのある, よく気のつく: Es muy ～ *con* sus padres. 彼は親孝行だ. mostrarse ～ *con*+人 …にかいがいしく接する. ～*tas* abejas 働き者の蜂たち
solicitud [soliθitú(đ)]〘←solícito〙[女] ❶ 思いやり, 心づかい: Todos lo quieren por su ～. 彼は思いやりがあるのでみんなから好かれている. atender con ～ a un enfermo 心を尽くして病人の面倒を見る. ❷ 申請, 申し込み; 懇願, 請願; 申請書, 申し込み書, 請願書〘=carta de ～〙: La empresa ha rechazado su ～ de empleo. 会社は彼の就職申し込みを断わった. dirigir una ～ 申請する, 懇願する. presentar una ～ 申請(請願)書を出す, 請求する. atender la ～ 申請に応じる. ～ de exportación 輸出申請〔書〕. ～ de patente 特許出願. ～ del proyecto 案件の要請. ❸ 処理, 実行
***a* ～** 申し込みにより: Se enviarán muestras *a* ～. 御請求下されば見本をお送りします
sólidamente [sóliđaménte] [副] ❶ 堅固に, しっかりと. ❷ 確かな理由(大義)に基づいて
solidar [soliđár] [他] ❶ 強固にする〘=consolidar〙. ❷ 立証する, 証明する
solidariamente [soliđárjaménte] [副] 一致団結して, 連帯して, 結束して
solidaridad [soliđariđá(đ)]〘←solidario〙[女] ❶ 団結, 連帯, 結束: ～ internacional entre los países latinoamericanos ラテンアメリカ諸国間の国際連帯. conciencia de ～ 連帯意識. falta de ～ 団結心(連帯意識)の欠如, 思いやりのなさ. fondo de ～ [労働組合などの] 闘争資金. ❷ [利害・感情・目的などの] 一致, 共有; 共同利害. ❸《法律》連帯責任. ❹《まれ》連帯デモ
por ～ con... …との連帯感から, …に共鳴して: Carlos se unió a la huelga *por* ～ *con* los compañeros. カルロスは仲間との連帯感からストライキに参加した
solidariedad [soliđarjeđá(đ)] [女] 団結, 連帯〘=solidaridad〙
solidario, ria [soliđárjo, rja]〘←ラテン語 solidus〙[形] ❶ [+con と] 連帯した, 結束した: Me siento ～ *con* todos vosotros. 私は君たち全員と団結している気がする. ❷ [+de と, 利害・感情・目的などが] 一致した, 共有した; 共同利害の: Me hago ～ *de* esta causa. 私はこの大義を共有しているつもりだ. ❸《法律》連帯責任の; 連帯責任を持つ: obligación ～*ria* 連帯債務. responsabilidad ～*ria* 連帯責任, 共同責任. ❹《技術》連動式の, 連結した
solidarismo [soliđarísmo] [男] 連帯主義
solidarizar [soliđariθár]〘←solidario〙[9] [他] ❶ [+con と] 連帯させる, 団結させる, 結束させる: La opresión *solidarizó* a los pueblos. 弾圧によって様々な民族が結束した. ❷《法律》連帯責任を負わせる
―― **～se** ❶ 連帯する, 結束する: Ellos *se solidarizaron con* los huelguistas. 彼らはストライキ参加者と連帯した. ❷ 支援する, 援助する
solideo [soliđéo] [男]《カトリック》[聖職者用の] 半球帽, カロッタ〘教皇は白色の, 枢機卿は赤色の, 司教は紫色の, ほかは黒色のを使う〙
solidez [soliđéθ] [女] ❶ 堅固さ, 丈夫さ: ～ del terreno 地面の固さ. ～ de un mueble 家具の耐久性. ❷ [論拠などの] 確かさ, 確固としていること: ～ de las creencias 信念の固さ. ～ de una relación 関係の揺るぎなさ. ❸ 色あせしないこと. ❹《幾何》体積, 容積〘=volumen〙
solidificación [soliđifikaθjɔ́n] [女] 凝固, 凝結, 固体化: punto de ～ 凝固点
solidificar [soliđifikár] [7] [他] 凝固させる, 固体化する
―― [自]・**～se** 凝固する, 固まる, 固体になる〘⇔fundirse〙: *Se ha solidificado* la leche. 牛乳が凝固した
sólido, da [sólido, đa]〘←ラテン語 solidus〙[形] ❶ 堅固な, 丈夫な: Estos muros son ～*s*. この壁はしっかりしている. calzado ～ 長持ちする靴. cimiento ～ しっかりした土台. coche ～ 頑丈な車. estructura ～*da* 堅固な構造. ❷ [論拠などが] 確かな, しっかりした: convicción ～*da* 固い信念. teoría ～*da* しっかりした理論. ～*da* cultura 確かな教養. ～*da* fortuna かなりの財産. ❸ 色あせしない, 変色しない: color ～ 落ちない色. ❹ 固体の, 固形の: alimento ～ 固形食. ❺ [外形・海岸線が] 凹凸の少ない
―― [男] ❶ 固体〘=cuerpo ～〙; [複] 固形食. ❷《幾何》立体, 立方体: ～ platónico 正多面体. ❸《古代ローマ》ソリドゥス金貨〘=約25デナリウス〙
solifluxión [soliflu(k)sjɔ́n] [女]《地質》土壌流, 流土
solífugo, ga [solífugo, ga] [形] ヒヨケムシ目の
―― [男] [複]《動物》ヒヨケムシ目
soliloquiar [solilokjár] [10] [自] ひとりごとを言う;《演劇》独白する
soliloquio [solilókjo]〘←ラテン語 soliloquium〙[男] ❶ ひとりごと, 独言: ～*s* del alma con Dios 神を相手の魂のひとりごと. ❷《演劇》独白
solimán [solimán] [男] ❶《化学》昇汞(しょうこう)〘=sublimado〙. ❷《古語》水銀を用いた化粧品
solimitano, na [solimitáno, na]〘語頭音消失〙[形] [名] =**jerosolimitano**
solina [solína] [女]《地方語》日焼け
soling [sóliŋ]〘←英語〙[男]〘[複] ～s〙《船舶》ソリング級ヨット
soliningo, ga [soliníŋgo, ga] [形]《ドミニカ. 軽蔑》一人ぼっちの, 孤独な
solio [sóljo]〘←ラテン語 solium〙[男] [天蓋つきの] 玉座, 王座: ocupar el ～ real 王座につく. ～ pontificio 教皇の座
solípedo, da [solípeđo, đa] [形] 単蹄動物の; 単蹄の
―― [男] [複]《動物》単蹄動物
solipsismo [soli(p)sísmo] [男]《哲学》独我論, 唯我論, 独在論

S

solpsista

solipsista [soli(p)sísta] 形 名 独我論の(論者)
solisombra [solisómbra] 女 光と影の混合
solista [solísta]《←solo》名 ❶《音楽》独奏者, 独唱者, ソリスト. ❷ [バレエの] ソリスト. ❸《中南米》一人でしゃべりまくる人
——形 ソリストの; 独奏用の
solitaria[1] [solitárja] 女 ❶《動物》ジョウチュウ(条虫, サナダムシ. ❷ [定員一人の] 駅馬車
solitariamente [solitárjaménte] 副 孤独に, 一人ぼっちで
solitario, ria[2] [solitárjo, rja]《←ラテン語 solitarius》形 ❶ 孤独な, 単独の, 寄るべない; 孤独を好む: Lleva una vida muy ~ria. 彼は一人寂しい暮らしをおくっている. hombre ~ 孤独を好む男. Ana vive ~ria en un bloque de apartamentos cerca de la playa. アナは海岸近くのアパートに一人で暮らしている. ❷ 人けのない; 人里離れた: Esto está muy ~, vámonos de aquí. ここは人っ子一人いない, こんなところ, おさらばしようぜ. calle ~ría 人のない通り
——名 ❶ 孤独な生活を好む人, 一人でいるのが好きな人; 一人ぼっちの人. ❷ 隠者, 世捨て人;《キリスト教》独住修士. ——男 ❶《トランプ》一人遊び, 一人占い, ソリテール. ❷ [指輪の] 一つはめダイヤモンド, ソリティア. ❸《動物》ヤドカリ. ❹《鳥》ヒトリツグミ
en ~《競走など》単独の・で, 一人の・で: El campeón reina en ~ desde hace tres años en las pruebas de lanzamiento de martillo. チャンピオンは3年前からただ一人ハンマー投げ界で君臨し続けている. escalada en ~ 単独登攀. vuelta al mundo a vela en ~ y sin escalas ヨット単独無寄港世界一周
solito, ta [solíto, ta]《solo の示小語》形 ❶《文語》[estar+] 一人ぼっちの: Ella está ~ta en el mundo. 彼女は天涯孤独だ. ❷《副詞的》たった一人で, ~だけで: ¿Vas a resolver tú ~ la crisis de la empresa? 君はたった一人で会社の危機を救うつもりか? Así podremos hablar los dos ~s un ratito. そうすれば私たちはしばらく2人だけで話せる
——男《プエルトリコ, コロンビア》よちよち歩き
sólito, ta [sólito, ta] 形《文語》いつもの, 平常の, 習慣となった **de ~** 習慣的に
solitud [solitú(d)] 女《まれ》=soledad
soliviadura [solibjaðúra] 女 持ち上げることを手助けすること; 腰を浮かせること
soliviantado, da [solibjantáðo, ða] 形 いら立った, 動揺した, 不安な, 落ち着かない
soliviantar [solibjantár]《←古語 solevar <ラテン語 sublevare》他 ❶ [+contra に反抗・反抗しないように] 扇動する, 使嗾(しそう)する; 反抗的な態度をとる: Los padres acusan al maestro de ~ a los niños contra las familias. 父兄は家族に対して反抗的な態度をとるようにそそのかした先生を非難している. ❷ いらいらさせる, 動揺させる, 不安にする, 惑わす: Sus tonterías me soliviantan. 彼のばかげた言動に私はいらいらする. ❸ あてもない希望(ばかげた望み)を抱かせる: Deja de ~la con planes absurdos. ふざけた計画を立てて彼女にあてもない希望を抱かせるのはやめろ
——**~se** ❶ 反抗する: Rosa se soliviantará en seguida en clase. ロサはすぐに授業中に反抗的な態度をとるだろう. ❷ いら立つ, 不安になる: Tranquilo, te soliviantas sin razón. 落ち着きたまえ, 君はいたずらに腹を立てている
solivianto [solibjánto] 男 ❶ 扇動; 反抗. ❷ いら立ち, 動揺, 不安
soliviar [solibjár] 10 他 ❶《まれ》持ち上げることを手助けする.《アルゼンチン, 口語》盗む, 泥棒する
——**~se** [座っている状態から] 腰を浮かせる; [寝ている状態から] 上半身を少し起こす
solivio [solíβjo] 男《まれ》持ち上げることを手助けすること; 腰を浮かせること
solivión [soliβjón] 男《まれ》[下敷きになっているものを] 引っ張り出すこと
solivo [solíβo] 男《ギプスコア, ナバラ. 建築, 船舶》柱・支柱用木材, 梁
soljoz [solxóθ]《←露語》男 =sovjós
solla [sóʎa] 女《地方語. 魚》プレイス
sollado [soʎáðo] 男《船舶》最下甲板
sollamar [soʎamár] 他 ❶《まれ》さっと焙(あぶ)る, 軽く焼き目をつける
——**~se**《ラマンチャ》顔を赤らめる, 赤面する
sollastre [soʎástre] 男 ❶ 厨房の下働き, 皿洗い.《人》

❷ 札付きの悪者, 極悪人
sollastría [soʎastría] 女《まれ》厨房の下働きの仕事, 皿洗い
sollerense [soʎerénse] 形 名《地名》ソリェル Sóller の〔人〕《マジョルカ島の町》
solleta [soʎéta] 女《魚》ヒラメの一種《学名 Citharus linguatula》, カレイ目の一種《学名 Microchirus variegatus》
sollo [sóʎo] 男《地方語》チョウザメ《=esturión》
sollozante [soʎoθánte] 形 すすり泣く, むせび泣く, 泣きじゃくる
sollozar [soʎoθár]《←俗ラテン語 suggluttiare <ラテン語 singultare》9 自 すすり泣く, むせび泣く, 泣きじゃくる: La niña sollozaba en la cama. 女の子はベッドで泣きじゃくっていた
sollozo [soʎóθo] 男《←俗ラテン語 suggluttium <ラテン語 singultus》男 すすり泣き, むせび泣き, 嗚咽(おえつ): Rompió en ~s. 彼はすすり泣きを始めた. decir entre ~s すすり泣きしながら〔しゃくり上げながら〕言う
solo[1] [sólo]《←ラテン語 solum》副《語義》形容詞の solo と区別がつかない場合はアクセント符号をつけてもよい (sólo) ❶ …だけ, ただ…, 単に; もっぱら: S~ su perro no le ha traicionado. 犬だけが彼を裏切らなかった. La conferencia duró ~ media hora. 講演は30分しかかからなかった. Trabaja ~ por las mañanas. 彼は午前中だけ働く. S~ a ti te diré la verdad. 君にだけ本当のことを言おう. No quiero comer nada: ~ voy a tomar un café. 何も食べたくない. コーヒーを1杯だけ飲もう. S~ he venido a verte. 君に会うためにわざわざやって来たのだ. Tan ~ quiero que me dejen en paz. ただ私をそっとしておいてほしいだけです. Venga usted aunque ~ sea un momento. ちょっとでいいですからいらして下さい. ❷《まれ》[+不定詞] …の直後, …するやいなや: S~ levantarse ella oyó su voz. 彼女が起きるとすぐ彼の声が聞こえた
con ~+不定詞 …するだけで: Con ~ decir esta palabra, le enojarás. この言葉を言っただけで, 彼を怒らせてしまうよ
con ~ que+接続法 …しさえすれば, …するだけで: Con ~ que estudies un par de horas cada día, puedes dominar el español. 毎日2時間勉強しさえすればスペイン語をマスターできるよ
no ~... antes... 単に…だけでなく, かえって…: No ~ no me contestó, antes me volvió la espalda. 彼は私に答えなかったばかりか, かえって背を向けた
no ~... sino 〔también〕... …だけでなく…もまた: No ~ en las Américas sino en África hay países hispanohablantes. 南北アメリカだけでなくアフリカにもスペイン語を話す国がある. No ~ vinieron sus padres sino 〔también〕 sus abuelos. 彼の両親だけでなく, 祖父母もやって来た. No ~ vinieron sino que 〔también〕 nos trajeron muchos regalos. 彼らは来ただけではなく, 私たちにたくさんの贈り物を持って来た
~ con ~+不定詞 =con ~+不定詞
~ con que+接続法 =con ~ que+接続法: S~ con que falte una persona, no podemos hacer nada. 1人が欠けただけでも私たちは何もできない
~ le falta hablar《口語》[動物・事物などが生きているように・ありのままに描かれていて] 完璧である: A este caballo ~ le falta hablar. この馬は申し分ない
~ que+直説法 ただし, しかし…: Me gustó la camisa, ~ que era demasiado pequeña. そのシャツは気に入ったけど, ただ小さすぎた
y no ~ eso それだけではなくて
solo[2]**, la** [sólo, la]《←ラテン語 solus, -a, -um》形 ❶ ただ一つの, 唯一の《=único》: 1)[+名詞] Tenía este ~ sombrero. 彼の所持品はこの帽子一つだけだった. Su sola preocupación es divertirse. 彼の唯一の関心は楽しむことだ. Contestaron como un ~ hombre. 彼らは一斉に返事をした. No dijo ni una sola crítica. 彼は文句一つ言わなかった. No conoce este libro [ni] un ~ estudiante. 一人の学生もこの本のことを知らない. una sola China 一つの中国.《参考》副詞 solo で置き換えられることが多い: Hay una sola dificultad. ただ1個困難な点がある. 《=Hay solo una dificultad.》 2) [ser+] Es la pobre mujer era sola. 気の毒にその女性は一人ぼっちだった. ser ~ en su género 類がない. ❷《副詞的》1)[名詞+] …だけ: Come pan ~. 彼はパンだけを食べる. Ella solo lo sabe. 彼女だけがそれを知っている. 2) 助力なしで, 一人で; ひとりでに: Lo haré yo ~. 私一人でやる. Vive sola. 彼女は一人暮しだ. Ese juguete se ha roto ~. そのおもちゃはひとりでに壊れた. ❸ 孤独な, 単独の; ひとけのない: [名詞+] Es un hombre muy ~.

彼は大変孤独だ/一人ぼっちだ. vuelo 〜 単独飛行. 2)［estar+］Está *sola* en casa. 彼女は家に一人でいる. Se quedó 〜 a los seis años. 彼は6歳で孤児になった. sentirse 〜 孤独を感じる. ❹《音楽》ソロの, 独奏の, 独唱の: violín 〜 ソロバイオリン, バイオリン独奏. Suite para Violonchelo *S* 〜 無伴奏チェロ組曲. ❺［舞踊］ソロの. ❻［コーヒーが］ブラックの: ¿Café 〜 o con leche? ブラックコーヒーそれともカフェオレ?
a solas 1) 一人で, 自分たちだけで: Quiero estar *a solas* contigo. 私は君と2人でいたい. hablar *a solas* ひとりごとを言う. 2) 助力なしで: Déjale que lo resuelva él *a solas*. 彼が自力で解くように放っておきなさい
a sus solas 独りで, 一人で
de 〜 *a* 〜 一対一で, さし向かいで
quedarse más 〜 *que la una* 全くの一人ぼっちになる, 孤立無援になる: Se *quedaron* en la lucha *más* 〜*s que la una*. 彼らは争いで全く孤立した
quedarse 〜《皮肉》1) かなう相手がいない: Inventando historias *se queda* 〜. 話をでっち上げにかけては彼の右に出るものはない. 2) 一人でしゃべりまくる: Empezó a hablar y *se quedó* 〜. 彼は話し始めて, 一人で話しまくった
—— 男 ❶《音楽》1) 独奏, 独唱《行為》: Cantó los 〜s de soprano. 彼はソプラノの独唱した. El concierto comenzó con un 〜 de piano. コンサートはピアノ独奏で始まった. 2)［舞踊］ソロ《行為》. ❸《西》ブラックコーヒー. ❹《トランプ》ソロ. ❺《魚》ターポット
a 〜 独奏で・の, 独唱で・の: canto *a* 〜 独唱
dar a+人 *un* 〜《口語》…を退屈させる

sololateco, ca [sololatéko, ka]《まれ》形 名《地名》ソロラ Sololá の〔人〕《グアテマラ西部の県・県都》
solomillo [solomíʎo]《-so-+lomillo》男《料理》［牛の］ヒレ肉, サーロイン
solomo [solómo]《まれ. 料理》❶ =**solomillo**. ❷ 豚ロース肉のマリネー
solón [solón] 男《ベネズエラ》強烈な日ざし; うだるような暑さ
Solórzano [solórθano]《人名》**Carlos** 〜 カルロス・ソルオサノ《1922〜2011, グアテマラ出身の劇作家. もっぱらメキシコで演劇活動を行なっていたが, 一時期フランス行き前衛劇に出会って衝撃を受け, メキシコに戻ってからペケット, イヨネスコなどの芝居を紹介・上演した. 『神の手』*Las manos de Dios*》
Solórzano Pereyra [solórθano peréjra]《人名》**Juan** 〜 フアン・ソルオサノ・ペレイラ《1575〜1655, スペイン人法学者. インディアス法 Leyes de Indias の権威. ペルー, リマの聴訴官 oidor. 『インディアス政策論』*Política indiana*》
solovox [soloβó(k)s] 男《音楽》電子オルガンの一種
solrayo [solrájo] 男《魚》オオワニザメ
solsonense [solsonénse] 形 名《地名》ソルソナ Solsona の〔人〕《レリダ県の町》
solsticial [solstiθjál] 形 夏至の; 冬至の
solsticio [solstíθjo] 男《天文》至の(:): 〜 de invierno/〜 hiemal/〜 de diciembre 冬至. 〜 de verano/〜 de estío/〜 de junio 夏至
soltadero [soltaðéro] 男《メキシコ》子馬の牧場; 放牧場
soltadizo, za [soltaðíθo, θa] 形《廃語》うまく(こっそり)放たれる
soltador, ra [soltaðór, ra] 形 名［つかんだものを］放つ〔人〕
—— 男 ❶《カナリア諸島》扇動者. ❷《メキシコ, グアテマラ. 闘鶏》鶏をけしかける男, 鶏の世話係
soltaní [soltaní] 男《複 -es》帝政時代のトルコの金貨
soltar [soltár]《-tar: solutum < solvere》❷ 他《放す, 放つ, ほどく, 緩める; 外す: 1) No *sueltes* la cuerda. ロープを放すな. *Suélte*me la mano. 手を放して下さい. No *suelta* el abrigo ni aunque haga calor. 彼は暑くないのにオーバーを手放さない. No hay quien le haga 〜 un duro. 誰が頼んでもあいつはびた一文出しはしない. 2)［解放］〜 un pájaro 鳥を放す. 〜 a un preso 囚人を釈放する. 3)［放棄］Él no *suelta* el puesto por nada. 彼はどんなにあっても地位を手放さない. ❷［不用意な言葉などを］発する, 口走る, もらす: *Soltó* esas palabras adrede. 彼はわざとそんなことを言ったのだ. No *sueltes* ni media palabra. 一言もしゃべるな. 〜 un estornudo くしゃみをしてしまった. 〜 una carcajada 高笑いする. 〜 mentiras 嘘をつく. ❸［殴打を］与える: 〜 a+人 *una bofetada* …に平手打ちを食らわす. *Soltó* un puñetazo contra la mesa. 彼はこぶしでテーブルを叩いた. ❹ 放出する: 〜 un terrible olor ひどいにおいを発する. La carne *ha soltado* mucho jugo. 肉から肉汁がたくさん出た. Este jersey *suelta* pelo. このセーターは毛が抜ける. ❺ 〜 el vientre *a*+人 …の便通をつける. ❻《まれ》言いふらす. ❼《まれ》［巻いた物などを］伸ばす. ❽《古語》債務を免除する. ❾《古語》無効にする, 廃止する. ❿《廃語》［問題などを］解決する, 片付ける
—— 〜*se* ❶［自分の…を］解く; 緩める: De regreso en casa *se soltó* el cabello. 彼女は家に帰ると髪をほどいた. ❷ ほどける, 緩む; 外れる: La cuerda *se soltó*. 綱がほどけた. ❸［+de を］放してしまう: No *te sueltes de* mi mano. 私の手を放してはいけないよ. ❹ 放される: La cantimplora *se soltó de* la mano y rodó ladera abajo. 水筒が手から放れて斜面を転がり落ちていった. ❺ 自分を解き放つ; 自制心を失う: Logró 〜*se de* las manos del policía. 彼は警官の手をふりほどくことができた. *Se soltó* el perro. 犬が逃げた. Cuando bebe *se suelta*. 彼は飲むと自分を抑えられなくなる. ❻［+en に］熟練する, 自在に操る: Ya empieza a 〜*se en* inglés. 彼はもう英語がぺらぺらになってきた. ❼［+a+不定詞］初めて…する: A los diez meses el niño *se soltó a* andar. 10か月でその子は歩き始めた. ❽［+con を］突然発する: *Se soltó con* frases obscenas. 彼はいきなりみだらな言葉を吐いた. ❾ *Se soltó* el vientre. 腹が下った. ❿《まれ》独立する

soltar		
直説法現在	命令法	接続法現在
su**e**lto		su**e**lte
su**e**ltas	su**e**lta	su**e**ltes
su**e**lta		su**e**lte
soltamos		soltemos
soltáis	soltad	soltéis
su**e**ltan		su**e**lten

soltería [soltería] 女 未婚〔であること〕, 独身〔生活〕: Elisa está muy bien en su 〜 y no se casa. エリサは独身生活を謳歌していて結婚しない
soltero, ra [soltéro, ra]《ラテン語 solitarius < solitum < solvere 「解き放つ」》形 ❶ 独身の, 未婚の《⇔casado》: Está todavía 〜. 彼はまだ独身だ. Soy 〜. 私は独身だ. madre 〜*ra* シングルマザー, 未婚の母. apellido (nombre) de 〜*ra*［女性の］結婚前の姓, 本姓, 旧姓. la señora Gómez, de 〜*ra* López ゴメス夫人, 本姓ロペス. ❷ 自由気ままな, 身軽な
—— 名 独身者, 未婚者
solterón, na [solterón, na] 形 名《軽蔑, 戯謔》婚期を過ぎた独身の〔人〕《主に女性》: despedida de 〜［結婚式直前の男性のために開かれる］独身お別れパーティー
—— 男《コロンビア》伊達男, 洒落者, やさ男
soltura [soltúra]《←soltar》女 ❶［動作などの］巧みさ, 自在さ, 敏捷さ: Se expresa en japonés con 〜. 彼は流暢に日本語で表現する. ❷《主に中米》〜 de vientre/〜 de estómago 下痢. ❸ 放縦, 放埒, 無礼. ❹《法律》［囚人の］釈放. ❺《古語》赦免, 許し. ❻《古語》［問題などの］解決
solubilidad [soluβiliðá(ð)]《←ラテン語 solubilis》女 ❶ 可溶性, 溶解性. ❷《化学》溶解度. ❸ 解決（解答）の可能性
solubilizar [soluβiliθár] 動 他《化学》溶かす; 可溶性にする
soluble [solúβle]《←ラテン語 solubilis》形 ❶［+en に］溶ける, 可溶性の: 〜 *en agua* 水溶性の. café 〜 インスタントコーヒー. sustancia 〜 可溶性物質. ❷［問題が］解決され得る: Es un problema 〜. それは解決できる問題だ
solución [soluθjón]《←ラテン語 solutio, -onis》女 ❶［問題・事件の］解決, 解答, 解決策: La 〜 del conflicto llegó de forma inesperada. 紛争の解決は予期せぬ形でやって来た. Los ciudadanos reclaman *soluciones* para la contaminación ambiental. 市民は環境汚染を解決してほしいと訴えている. Huir de los problemas no es una buena 〜. 問題から逃げるのはよい解決法ではない. El revelador indicio le condujo a la 〜 del enigma. 彼はその明示的な兆候を見て謎の解明にこぎつけた. llegar a una 〜 解決がつく. ❷［映画・小説などの］結末, 大詰め, 大団円. ❸［訴訟・商談などの］決着. ❹《化学》溶解; 溶液. 〜 normal 規定液. ❺《数学》［方程式の］解; 解法. ❻ 支払い, 決済
sin 〜 *de continuidad* 切れ目なく, 連続して: Pasamos de un tema a otro *sin* 〜 *de continuidad*. 私たちは休む間もなく一つのテーマから別のテーマに移った

solucionable [soluθjonáble] 形 解決され得る
solucionador, ra [soluθjonaðór, ra] 形 解決する〔人〕
solucionar [soluθjonár] 他 ❶ 解決する, 解決法を見出す: El jefe *solucionó* con rapidez el asunto pendiente. 上司は懸案事項をすぐに解決した. ❷ 解答をする
── **~se** 解決される, 打開策が見つかる: Nuestros problemas no *se solucionan* con palabras. 我々の問題は言葉では解決されない
solucionario [soluθjonárjo] 男 解答集: con ~ 解答集付きの
solunar [solunár] 形 《天文》太陽と月の
solutivo, va [solutíβo, βa] 形 男《薬学》便秘に効く; 通じ薬, 下剤
soluto [solúto] 男《化学》溶質〔⇔solvente〕
solutrense [solutrénse] 形《歴史》ソリュートレ文化〔期〕の
solvatación [solβataθjón] 女《化学》溶媒化, 溶媒和
solvencia [solβénθja] 女 ❶ [債務の] 支払い能力, 信用力: Su ~ económica es muy fuerte. 彼の経済的な信用力はとてもしっかりしている. Le falta ~. 彼には資金力がない. ❷ [債務の] 支払い, 返済. ❸ [職務を遂行する] 能力: abogado de gran ~ profesional 大変有能な弁護士. ❹ [一般に] 信頼性: según fuentes de toda ~ 信頼すべき筋の情報によれば
solventar [solβentár] 他〔←solvente〕❶〔債務を〕返済する: Ya hemos *solventado* todas nuestras deudas. 私たちはもう借金をすっかり清算した. ❷〔困難を〕解決する, 打開策を見出す: Los dos *solventaron* sus diferencias en una negociación. 両者は交渉によって意見の食い違いを埋めた
solvente [solβénte]〔←ラテン語 solvere「解き放つ」〕形 ❶〔債務の〕支払い能力のある: Esta es una empresa ~. これは信用力のある企業だ. ❷〔債務の〕ない: cliente ~ 借金のない顧客. negocio ~ 無借金経営. ❸〔職務遂行について〕能力のある, 有能な: director ~ 有能な部長. ❹ 信頼できる: según fuentes ~s 信頼すべき筋の情報によれば. ❺《化学》溶かす, 溶解力のある
── 男《化学》溶媒〔⇔soluto〕; 溶剤
soma [sóma]〔←ギリシア語 soma, -atos「体」〕男 ❶ 二番粉〔=cabezuela〕;《アラバ, ログローニョ》二番粉で作ったパン. ❷《生物》体(¿)
-soma〔接尾辞〕|小体| cromo*soma* 染色体
somalí [somalí] 形 名〔複〕~[e]s〔国名〕ソマリア Somalia の〔人〕
── 男 ソマリ語
somanta [sománta]〔←so- (強調)+manta〕女《西. 口語》〔棒などによる〕殴打: Jaime recibió una ~ de palos. ハイメは棒でぶん殴られた
somarrar [somařár] 他《リオハ, アラゴン》焦がす
── **~se** 表面が焼ける〔焦げる〕
somarro [somářo]《サモラ, サラマンカ, セゴビア, クエンカ, アンダルシア. 料理》〔主に〕豚の〕切り身肉の炭火焼き
somatada [somatáða] 女《中米》殴りつけ, ビンタ
somatar [somatár] 他《中米》殴りつける, ビンタを食らわす
── **~se** 〔自殺でもするかのように〕したたか自分を殴る
somatén [somatén] 男 ❶《歴史》〔カタルーニャの〕民兵, 自警団. ❷ 大騒ぎ, 混乱. ❸《カタルーニャ》警報, 警鐘
somatenista [somatenísta] 男《歴史》〔カタルーニャの〕自警団員, 防犯隊員
somático, ca [somátiko, ka]〔←ギリシア語 somatikos〕形 ❶ 肉体の, 身体の〔⇔psíquico〕: enfermedad ~*ca* 体の病気. ❷《生物》体 soma の: célula ~*ca* 体細胞
somatización [somatisaθjón] 女《医学》身体化: trastorno de ~ 身体化障害
somatizar [somatisár]〔←soma〕自 他《医学》〔精神的な変調などを〕身体(器官)で表わす, 具体化する
somatología [somatoloxía] 女 自然人類学;《古語》体質学, 体形学
somatón [somatón] 男《中米》〔棒での〕一撃
somatopsíquico, ca [somato(p)síkiko, ka] 形《心理》身体性精神疾患の, 身体精神の
somatotípico, ca [somatotípiko, ka] 形《心理》体型の
somatotipo [somatotípo] 男《心理》体型
somatotrofina [somatotrofína] 女《生化》ソマトトロピン, 成長ホルモン
sombra [sómbra]〔←ラテン語 umbra〕女 ❶ 陰, 日陰; 影〔⇔luz〕: 1) Los árboles hacen ~. 木々が陰を作っている. El edificio da ~ a la plaza. ビルが広場に影を落とす. Declinaba el sol y se cubría el redondel de ~. 日が傾き, 闘牛場のアレナは陰になっていた. El rincón está en ~. 隅は陰になっている. Los árboles proyectan su ~ sobre la calle. 木々が通りに影を落としている. La lámpara proyectó mi ~ sobre la pared. 電灯の明かりで私の影が壁に写った. ~s chinescas/~s chinas/~s invisibles/teatro de ~s 影絵芝居. 2)《比喩》[兆候・類似・愛想] Se notaba una ~ de tristeza en sus ojos. 彼女は少し悲しそうな目をしていた. arrojar ~ de duda 疑惑の影を投げかける. 3) [離れずつきまとう人] Miguel se ha convertido en su ~. ミゲルは彼のように彼に付き添った/彼の腰巾着になった. ❷ [主に〔複〕] 闇, 暗がり: Las ~s de la noche cayeron sobre el castillo lentamente. 城はゆっくりと宵闇に包まれていた. ❸ 幻影, 幽霊, 亡霊: En la casa siento flotar en el ambiente la ~ de los antepasados. この家では先祖たちの霊がただよっているのが感じられる. ❹《文語》欠陥, 汚点: Es una ~ de su carácter. それが彼の性格上の欠点だ. ❺《古語》[主に〔複〕] 無知, 疎いこと; 漠然としていること; 不安, 懸念: Tengo muchas ~s. 私には分からないことがたくさんある. No veo más que ~s alrededor de mí. 私のまわりは悲観的なこと〔不安材料〕ばかりだ. ❻ 保護, 庇護, 恩恵. ❼ [ものの] 姿, すこし一部: Tiene una ~ de parecido con su primo. 彼はいとこ兄弟と少し似たところがある. ❽《口語》運, つき. ❾《口語》才気, 機知: Esa broma tiene muy ~. その冗談はひどく悪趣味だ. Tiene ~ esa historieta. その小話は面白い. ❿《西. 口語》優雅さ: mujer con ~ 気品のある女性. ⓫《美術》陰影, 暗部. ⓬ アイシャドー〔化粧法, 化粧品. =~ de ojos, ~ para ojos〕. ⓭ 黄色みがかった焦げ茶色, アンバー; ~ tostada 焦げ茶色. ⓮《闘牛》日陰側の席〔⇔sol〕. ⓯《天文》本影. ⓰《通信》電波の届かない場所〔地域〕. ⓱《ボクシング》シャドーボクシング: hacer ~ シャドーボクシングをする. ⓲《メキシコ, 中米, チリ, アルゼンチン, ウルグアイ》天幕, 日よけ; ポーチ. ⓳《中米》[窓・扉の] ひさし. ⓴《ホンジュラス》下敷き罫紙. ㉑《チリ》パラソル, 日傘
a la ~ 1) 日陰に・で: Ayer tuvimos 30 grados *a la ~*. 昨日は日陰で30度だった. sentarse *a la ~* de un árbol 木陰に座る. 2)《口語》刑務所に: poner *a la ~* 投獄する. estar *a la ~* 刑務所に入っている. 3)〔+de〕の庇護を受けて; 陰に隠れて
buena ~ 1) 才気, 機知: Tiene muy *buena ~* para contar chistes. 彼は冗談がとてもうまい. 2) 幸運: Le acompaña la *buena ~*. 彼はついている
burlarse de su ~ =*reírse de su ~*
dejar de hacer ~《口語》[人が] 死ぬ
en la ~ 陰の・で: permanecer *en la ~* 人に知られないままでいる. trabajar *en la ~* よからぬ仕事をする. gobierno *en la ~* 陰の内閣, シャドー・キャビネット. poder *en la ~* 陰の実力者, 黒幕
hacer la ~ a*+人 〔まれ〕=*hacer ~ a*+人
***hacer ~ a*+人** 1)…に対して光をさえぎる; 目立たなくしてしまう: No te pongas delante que me *haces ~*. 前に立たないでくれ. 私が陰になってしまう. Pepita es muy guapa, pero su hermana le *hace ~*. ペピタは大変美人だが, 姉と比べるとかすんでしまう. 2)…を庇護する
mala ~ 悪運: ¡Qué *mala ~*! 何て運が悪いんだ! 2) 悪意, 意地悪
ni por ~ 少しも (決して) …ない: No sospeché de él *ni por ~*. 私はいささかも彼のことを疑っていなかった
no fiarse ni a su ~ きわめて用心深い, 誰も信用しない
no ser su ~ /*no ser ni ~ de lo que era* 見る影もなくっている: Cuando volvió del hospital, *no era ni ~* de lo que había sido. 彼は退院した時, 見る影もなくやつれていた
no tener [ni] ~ de... 全く…を欠いている: *No tiene ni ~* de talento. 彼には才能のかけらもない
reírse de su ~ 自分のことまで茶化してしまう
sin ~ de duda 露ほども疑わずに, 疑いの余地なく
temer su misma ~ =*tener miedo hasta de su ~*
tener buena ~ 1) 面白い人である, 感じがよい. 2) 好運をもたらす
tener mala ~ 1) 悪意がある; つまらない, 感じが悪い: ¡Pero qué *mala ~* tiene! 彼は何て悪いことを考えているんだ! 2) 悪運につきまとわれている; 周囲の人に悪影響を及ぼす
tener miedo hasta de su ~ 自分の影におびえる

sombraje [sombráxe] 男《まれ》❶ 日陰. ❷ =sombrajo

sombrajo [sombráxo]《←ラテン語 umbraculum》男 ❶《木の枝や籠製の》日よけ. ❷ 小さな日陰. ❸〔わざと人の前に立って作る〕陰
hacer ~*s*〔人が〕陰を作る，光をさえぎる

sombrar [sombrár] 他《廃語》陰を作る

sombreado, da [sombreádo, da] 形 影のある；影になった
——— 男 ❶ 影を落とすこと. ❷《美術》陰影. ❸ 織物の縦糸と横糸の作り出す陰影. ❹《光学》シャドーイング

sombreador, ra [sombreaðór, ra] 形 陰を作る
——— 男《化粧》アイシャドー

sombrear [sombreár]《←sombra》他 ❶ 影を落とす: Los árboles *sombrean* la calle. 木々が通りに影を落としている. ❷《美術》陰影をつける
~*se*《化粧》アイシャドーをする

sombrera [sombréra] 女《ボリビア》〔上流階級の女性が用いる〕帽子

sombrerada [sombreráda] 女 ❶ 帽子一杯の分量

sombrerazo [sombreráθo] 男 ❶《口語》❶ 帽子をとってする大げさな身ぶりの挨拶. ❷ 帽子で叩くこと

sombrerera[1] [sombreréra] 女 ❶ 帽子箱. ❷《植物》フキタンポポ〔=fárfara〕. ❸《口語》〔人の〕頭. ❹〔プエルトリコ，エクアドル，ペルー〕帽子掛け

sombrerería [sombrerería] 女 ❶ 帽子店，帽子製造所. ❷ 帽子製造（販売）業

sombrerero, ra[2] [sombreréro, ra] 名 帽子製造（販売）業者
——— 男《まれ》❶ 帽子箱. ❷ 帽子掛け

sombrerete [sombreréte]《sombrero の示小語》男 ❶〔キノコの〕かさ〔=sombrerillo〕. ❷《建築》煙突笠，煙突帽

sombrerillo [sombreríʎo]《sombrero の示小語》男 ❶〔キノコの〕かさ. ❷《植物》~ de agua ウォーターマッシュルーム. ❸ 巻き貝の一種〔=ombrigo de Venus〕. ❹《古語》〔囚人が牢の鉄格子の外に吊して〕通行人に施しものを入れてもらうかす

sombrero [sombréro]《←sombra》男 ❶〔つばのある〕帽子: Se ha puesto el ~. 彼は帽子をかぶった. Quitaos el ~. 帽子をとりなさい. tener un ~ puesto 帽子をかぶっている. clavarse el ~ 帽子を目深にかぶる. pasar el ~〔寄付などを集めるために〕帽子を回す. con el ~ puesto 帽子をかぶったままで. ~ apuntado〔へりの両側をまくり上げた〕三角帽. ~ de copa [alta] シルクハット. ~ de muelle オペラハット. ~ de canal/~ de canoa〔聖職者のかぶる〕つばの反り上がった帽子. ~ de tres picos 三角帽子〔=tricornio〕. ~ flexible 中折れ帽，ソフト帽. ~ gondolero かんかん帽〔=canotier〕. ~ hongo 山高帽. ~ jíbaro《カリブ》ヤシの葉で作った手作りの簡単な帽子. ❷〔説教台の〕天蓋. ❸〔キノコの〕かさ〔=sombrerillo〕. ❹《古語》ソンブレロ〔ボールを手の甲上に浮かして落とすフェイント技〕. ❺〔大公爵 grande de España が持つ〕国王の前でも帽子をかぶっている特権. ❻〔発酵中の搾汁の表面に浮かぶ〕ブドウの皮・軸の層. ❼《船舶》キャプスタンのドラム
colgar el ~〔仕事から〕引退する
quitarse el ~〔+ante に〕脱帽する，敬服する
sacarse el ~《エクアドル，ペルー，ボリビア，アルゼンチン》=*quitarse el* ~

sombría[1] [sombría] 女 常に日陰の所〔=umbría〕

sombrilla [sombríʎa]《sombra の示小語》女 ❶ ビーチパラソル: *colocar* la ~ *en*... …にパラソルを立てる. ❷《女性の小型の》パラソル，日傘. ❸《クラゲの》傘〔=umbrela〕. ❹《コロンビア》〔女物の〕雨傘
~ *nuclear*《政治》核の傘: *protegido bajo la* ~ *nuclear de Estados Unidos* 米国の核の傘に守られている

sombrillazo [sombriʎáθo] 男 パラソルで殴ること

sombrío, a [sombrío, a]《←sombra》❶《文語》❶ 暗い，薄暗い〔類語〕*oscuro* と違って薄気味悪さ・陰気さを伴っている〕: *bosque* ~ 薄暗い森. *El tiempo está* ~. 曇っている. ❷ 陰気な，陰鬱な；死の: *carácter* ~ 陰気な性格. *porvenir* ~ 暗澹たる未来. *rostro* ~ 暗い顔. ❷《美術》陰影の，暗影の

sombrón, na [sombrón, na] 形《口語》悲しげな

sombroso, sa [sombróso, sa] 形 ❶ 日陰が一杯ある. ❷ 薄暗い

somelier [someljér]《←仏語 sommelier》男 ソムリエ〔=sumiller〕

somera[1] [soméra] 女〔昔の印刷機を支える2本からなる〕丈夫な木材

someramente [soméramente] 副 表面的に，ざっと，大まかに

somero, ra[2] [soméro, ra]《←古語 somo < ラテン語 sommus「最も高い」》形 ❶ 表面的な，皮相的な；大まかな: *Este es un estudio* ~, *poco detallado*. この研究は上っ面をなでただけで大ざっぱだ. *análisis* ~ 表面的な分析. ❷ 表面に近い: *aguas* ~*ras* 水面近くの所，ごく浅い所. *roca* ~*ra* 浅い所にある岩

somestésico, ca [somestésiko, ka] 形《心理》体感の，体感覚の: *sistema* ~ 身体感覚系. *zona* ~*ca* 体性感覚野

someter [sométer]《←ラテン語 submittere < sub-+mittere「送る，放つ」》他 ❶ [+a に] …に受けさせる，課する: *Se requiere* ~ *el barro a altas temperaturas*. 粘土を高温下に置く必要がある. *Sometieron al acusado a un hábil interrogatorio*. 被告は巧みな尋問にあった. ~ *a un enfermo a tratamiento* 病人に治療を受けさせる. ❷〔判断などを，+a に〕従わせる: *Someto mi opinión a la de la mayoría*. 私は多数意見に従う. ❸ [+a 承認・検討などに] 委ねる，任せる: ~ *una cuestión a votación* 問題を票決に付する. ~ *un proyecto a la comisión* 計画を委員会に付託する. ❹ 服従させる；降伏させる: ~ *a los rebeldes* 反乱軍を降伏させる
~*se* 従う: *Me someto a lo que tu digas*. 君の言うとおりにするよ. ~*se a una ley* 法律に従う. ❷ 自分を委ねる: ~*se a una operación* 手術を受ける. ❸ 服従する；降伏する

sometimiento [sometimjénto] 男 ❶ 服従；降伏. ❷ [+a テスト・検査などに] かけること. ❸〔決定・審査などに〕委ねること，任せること

somier [somjér]《←仏語 sommier》男《複 ~(e)s》〔ベッド下部の，スプリング入りまたは木製の〕マットレスを置く台

somita [somíta] 男《生物》体節，原節

sommelier [someljér]《←仏語》男 ソムリエ〔=sumiller〕

somnambulismo [somnambulísmo] 男《まれ. 医学》夢中遊行，夢遊症，夢遊病

somnámbulo, la [somnámbulo, la] 形 名《まれ. 医学》夢遊症の；夢遊症者

somnífero, ra [somnífero, ra]《←ラテン語 somnus「睡眠」+ferre「運ぶ」》形 催眠性の；睡眠薬，催眠剤

somnílocuo, cua [somnílokwo, kwa] 形 寝言を言う〔人〕

somnolencia [somnolénθja]《←ラテン語 somnolencia < somnus「睡眠」》女 ❶ 眠気；けだるさ: *Las pastillas contra mareo le produjeron una gran* ~. 彼は酔い止め薬のせいでひどい眠気に襲われた. *Me entra* ~. 私は眠い. ❷ 半睡状態，まどろみ

somnoliento, ta [somnoljénto, ta]《←ラテン語 somnolentia》形 ❶ 眠そうな: *aspecto* ~ 眠そうな様子. ❷ 眠気を催させる: *monotonía* ~*ta* 眠気を誘う単調さ

somontano, na [somontáno, na] 形 名 ❶ ふもとの〔住民〕, 山麓の. ❷《地名》ソモンタノ Somontano の〔人〕〔アラゴン州のピレネー山麓地域〕

somonte [somónte]《←so-（下）+monte》男 山麓に広がる土地
de ~ 1）粗野な，不作法な. 2）〔品質が〕粗い，粗悪な: *paño de* ~ 粗布. 3）〔ブドウ搾汁が〕発酵前の

somorgujador [somorguxaðór] 男《古語》潜水夫
somorgujar [somorguxár] 自《文語》潜る，潜水する
——— 他《文語》沈める，潜らせる

somorgujo [somorgúxo] 男 =*somormujo*

somorgujón [somorguxón] 男《鳥》=*somormujo*

somormujar [somormuxár] 他 =*somorgujar*

somormujo [somormúxo] 男《鳥》カイツブリ: ~ *cuellibrojo* カイツブリ科の一種〔学名 Podiceps griseigena〕. ~ *lavanco* カンムリカイツブリ
a (*lo*) ~ 水面下で；こっそりと，隠れて
ser un ~〔人が，何も言わないで〕ずるい

somoteño, ña [somoteɲo, ɲa] 形 名《地名》ソモト Somoto の〔人〕〔ニカラグア，Madriz 県の県都〕

Somoza [somóθa]《人名》**Anastasio** ~ アナスタシオ・ソモサ 1）1896～1956, ニカラグアの軍人・政治家. 大統領（1950～56）. 2）1925～80, ニカラグアの軍人・政治家. 大富豪の大統領を2期務める（1967～72, 1974～79）. 独裁政治を行ない，暗殺される〕
Luis ~ ルイス・ソモサ〔1923～67, アナスタシオ・ソモサ 1）の息子. ニカラグアの政治家，大統領（1957～63）〕

sompesar [sompesár] 他 =*sopesar*

sompopo [sompópo] 男《ホンジュラス，ニカラグア》=*zompopo*. ❷《ホンジュラス. 料理》ラードでソテーした肉の煮込み

son [són]《←古オック語 son < ラテン語 sonus》男 ❶ 不可算《音楽的な・快い》音: *En Galicia se oye el* ~ *de la gaita*. ガリシ

son-

地方ではバグパイプの音が聞こえる. ❷ やり方, 流儀: estudiar a su ~ 自己流で勉強する. ❸ うわさ, 風聞: Corre el ~ de que se ha fallecido. 彼は亡くなったというわさが流れている. ❹ ソン〖アフリカ音楽の影響を受けたキューバ・メキシコなどの民俗舞踊・音楽〗ソン. ❺〖音量の単位〗ソン〖=40 fon〗
　¿a qué ~?/¿a ~ de qué? [動機を尋ねて] なぜ?: ¿A ~ de qué me llama ahora? なぜ今私を呼ぶの?
　al ~ de... の音に合わせて: Bailan con alegría al ~ de la música. 彼らは楽しげに音に合わせて踊っている. al ~ del bandoneón バンドネオンの音に合わせて
　bailar a poco ~ 理由なしに行動する
　bailar al ~ que tocan 付和雷同する, 大勢に従う
　bailar sin ~ =bailar a poco ~
　en ~ de... …の態度[調子]で: Los indios llegaban en ~ de paz. 先住民たちは友好的な態度でやって来た
　sin ~ これといった理由もなく〖=sin ton ni son〗: Comenzó a insultarme sin ~. 彼は理由もなく私をののしり始めた

son-《接頭辞》〖下〗 sonreír 微笑する

sonable [sonáble] 形 ❶ 響きわたる, 騒々しい. ❷ 有名な, 高名な

sonada[1] [sonáda] 女《廃語》❶ ソナタ〖=sonata〗. ❷ 音〖=son〗

sonadera [sonaðéra] 女 鼻をかむこと

sonado, da[2] [sonáðo, da] 形 ❶ [ser+] 有名な, よく知られた: Su fiesta es ~da. 彼女のパーティーは有名だ. ❷ [estar+]《ボクシング》パンチドランカーになった. ❸〖口語〗[estar+] 頭がおかしい〔人〕, どこか抜けた〔人〕: No le hagas caso, que está ~da. 彼女の話に耳を貸すことないよ, ちょっとおかしいので. ❹《中南米. 口語》面倒くさいことになっている, 困難な状態にある
　hacer una [que sea] ~da《西》醜聞を引き起こす, 世間のひんしゅくを買う

sonador, ra [sonaðór, ra] 形 響き渡る, 騒々しい
　—— 男 ❶ 呼び鈴〖=timbre〗. ❷ [鼻をかむための] ハンカチ

sonaja [sonáxa] 女 ❶《音楽》1) ハイハットシンバル; タンバリンの枠に付いている鈴. 2)《古通的》皮の張っていないタンバリン. ❷《アラゴン. 植物》. ❸《アンダルシア; メキシコ. 玩具》がらがら〖=sonajero〗

sonajas [sonáxas] 男〖単複同形〗《軽蔑》何の取り柄もない奴, うだつの上がらない輩

sonajeo [sonaxéo] 男《まれ》タンバリン sonajas の音

sonajero, ra [sonaxéro, ra] 形《まれ》鳴る, 響く
　—— 男《玩具》がらがら
　—— 女《チリ. 口語》騒音

sonambúlico, ca [sonambúliko, ka] 形 夢遊病の

sonambulismo [sonambulísmo] 男 夢遊病, 夢中遊行

sonámbulo, la [sonámbulo, la]〖←ラテン語 somnus「睡眠」+ambulare「歩く」〗形 夢遊病の; 夢遊病者

sonancia [sonánθja] 女 響き渡ること, 反響

sonanta [sonánta] 女《地方語. 音楽》ギター

sonante [sonánte] 形 ❶ 響き渡る, 反響する〖=sonoro〗. ❷《音声》有声の
　en ~ 現金で, 即金で〖=en efectivo〗

sonántico, ca [sonántiko, ka] 形《音声》有声の

sonar [sonár] I〖←ラテン語 sonare〗活 自 ❶ 鳴る, 鳴り響く; 音を立てる: El cascabel suena al agitarlo. 鈴は振ると鳴る. Ha sonado el teléfono. 電話が鳴った. Sonaron las doce en el reloj de cuco. 鳩時計が12時を打った. ❷ 言及される: Su nombre suena entre los posibles ministros. 彼の名前は大臣候補たちの中に入っている. ❸〖口語〗[+a+está cual/+主格補語のように] 思われる: Sus palabras suenan a vanas promesas de político en campaña electoral. 彼の言葉は政治家の選挙公約のように空々しく聞こえる. Eso suena a falso. 嘘みたい. ❹〖口語〗[漠然と, +a+人の] 記憶に残っている: Su cara me suena. 彼の顔には見覚えがある. No me suena ese apellido. その名前に記憶はない. ❺ [+que+直説法 の] うわさが流れている: Suena que habrá cambio de director. 社長の交代があるだろうと言われている. ❻ [文字が] 発音される: La h, en español, no suena. スペイン語では発音されない. ❼《メキシコ, ベネズエラ. 口語》[人を] 叩く, 殴る. ❽《チリ, アルゼンチン, ウルグアイ. 口語》1) …に失敗する, 嫌な目に遭う. 2)〖道具・機械が〗壊れる. ❾《チリ, アルゼンチン》1)〖地位・仕事を〗失う; [賭けなどで] 負ける. 2)〖出来事・変化の〗被害(悪影響)をこうむる. ❿《ラプラタ. 口語》死ぬ, 不治の病になる

[así] como suena [奇異かもしれないが] 文字どおり: Dijo a su jefe que se largara, así como suena. 彼は上司に向かって出て行けと言ったんだ. 本当だよ
　hacer ~《チリ, アルゼンチン, ウルグアイ. 口語》厳しく罰する; けんかで相手を倒す
　lo que sea (fuere) sonará そのうち分かるさ/いずれはっきりするよ
　~ bien (mal) a+人 [言葉が] …の耳に心地よく(不快に)響く
　tal como suena =[así] como suena
　—— 他 ❶ 鳴らす: Sonó el duro en el mostrador. 彼はドゥーロ貨をカウンターでカチカチ鳴らした. ~ la campanilla 鈴を鳴らす. ❷〖～の洟をかんでやる. ❸《メキシコ. 口語》打つ, 叩く; 打ち負かす
　~se 洟をかむ〖=~se los mocos, ~se las narices〗: Tengo un pañuelo para ~me. 洟をかむためのハンカチを持っています. ❷ [+que+直説法 の] うわさが流れている

sonar 直説法現在	命令法	接続法現在
sueno		suene
suenas	suena	suenes
suena		suene
sonamos		sonemos
sonáis	sonad	sonéis
suenan		suenen

II〖←英語 sonar〗男《軍事》ソナー

sónar [sónar] 男《軍事》ソナー〖=sonar〗

sonarista [sonarísta] 男《軍事》ソナー係

sonata [sonáta]〖←伊語〗女《音楽》ソナタ, 奏鳴曲: ~ para piano ピアノソナタ

sonatina [sonatína] 女《音楽》ソナチネ

sonatista [sonatísta] 名 ソナタの作曲家

soncera [sonθéra] 女《中南米》=zoncera

soncle [sóŋkle] 男《メキシコ》=zontle

sonco [sóŋko] 男《アルゼンチン》〖主に牛・馬の〗肝臓, レバー

sonda [sónda]〖←仏語 sonde〗女 ❶〖船舶〗1) 測深機; 測深. 2)〖海図の〗等深線. 3)〖海図〗の〖鉱山など〗のボーリング機. ❸〖気象用などの〗観測機, 探査機: cohete ~ 気象観測用ロケット. globo ~〖 globos ~〗気象観測気球; [相手の反応をみるための] 故意に流す情報. ❹《医学》ゾンデ, 探針, 消息子: hacer una ~ gástrica 胃の検査をする. ~ uretral 尿道ゾンデ. ❺〖一般に〗探査, 調査: ~ del subsuelo 地下探査

sondable [sondáble] 形 ❶ 測深され得る. ❷ 探査(検査)可能な

sondador, ra [sondaðór, ra] 形 男《まれ》測深する; 測深器

sondaje [sondáxe] 男《船舶》測深

sondaleza [sondaléθa] 女《船舶》測深綱

sondar [sondár]〖←sonda〗他 ❶《船舶》測深する. ❷〖地下・海中を〗探査する〖気象・宇宙などを〗. ❸《医学》ゾンデなどで調べる. ❹〖鉱山などを〗ボーリング機で探る〔試掘〕する. ❺〖一般に〗探査, 調査する; [人の心に] 探りを入れる

sondeador, ra [sondeaðór, ra] 形 名《まれ》探る〔人〕

sondear [sondeár]〖←仏語 sonder〗他 ❶〖地下・海中を〗探査する〖=sondar〗. ❷ [意図・意見などを] 探る: Sondéala, a ver si averiguas qué quiere que le regalemos. 彼女に探りを入れてみろよ, 何をプレゼントして欲しいか分かるかもしれないから. ~ la opinión pública 世論調査をする. ~ el mercado 市場調査をする. ❸ 秘かに調べる, 探りを入れる

sondeo [sondéo] 男 ❶《船舶》測深, 水深調査. ❷ 探査, 観測; ボーリング調査, 試掘. ❸〖意見などの〗調査: Hicieron un ~ de opinión entre 1000 adolescentes. 若者1000人に意見調査が行われた. ~ de audiencia 視聴者調査. ~ a la opinión pública 世論調査. ~ realizado a la salida de las urnas 投票所の出口調査. ~ telefónico 電話調査. ❹ [人の心中に] 探りを入れること: Hizo un ~ a sus amigos. 彼は友人たちに探りを入れた

sondista [sondísta] 名 地質調査の専門家

sonduro [sondúro] 男《プエルトリコ》タップダンスに似た踊り

sonecillo [soneθíʎo]〖son の示小語〗男 ❶ かすかな音, 小さな音.

❷ にぎやかで軽快な音
sonería [sonería] 囡 ❶［時計の］時報を知らせる仕掛け
sonero, ra [sonéro, ra] 形 图 ソン son の[踊り手・演奏者]
sonetear [soneteár] 直［まれ］ソネットを書く
soneteo [sonéteo] 男［まれ］ソネットの作詩
sonetico [sonetíko] 男 ❶ =**sonetillo**. ❷ 指先でテーブルを叩く音
sonetillo [sonetíʎo] 男《詩法》[1行8音節以下の] 短詩行のソネット
sonetista [sonetísta] 图 ソネットの作者, ソネット詩人
sonetizar [sonetiθár] 9 直 =**sonetear**
soneto [sonéto] 男《詩法》ソネット, 14行詩［普通1行11音節］: ~ caudato 追加詩節つきのソネット
songa¹ [sóŋga] 囡 ❶《メキシコ》卑猥な冗談, 猥談. ❷《中米》ひそかな冷笑（嘲笑）, 腹に一物ある様子 (当てこすり)
songay [soŋgái] 形 图《アフリカ西部》ソンガイ族[の]
—— 男 ソンガイ語
songo, ga [sóŋgo, ga] 形 ❶《メキシコ, コロンビア》本来持っている実力を表に出さない（出し惜しみする）. ❷《メキシコ》1) ずるい, 悪賢い. 2) 不機嫌な, 仏頂面の. ❸《コロンビア》1) 偽装した, ごまかしの. 2) ばかな, 間抜けな
—— 男《コロンビア. 口語》音, うなり音
sónico, ca [sóniko, ka] 形 ❶ 音速の. ❷ 可聴音の
sonidista [sonidísta] 图 音響技師, 録音技師
sonido [sonído] 男《←ラテン語 sonitus, -us「騒音」》❶《不可算》音, 音響: Desde aquí no se puede oír el ~ de las campanas. ここからでは鐘の音は聞こえない. ~ del metal 金属音. ~ de un disparo 発射音. ~ estereofónico ステレオサウンド. ~ musical 楽音. ❷《集名》音響機器: tienda de ~ オーディオ店. ❸《音声》音(ホ): ~ de la 'll' ll の音. ❹［言葉の］文字どおりの意味. ❺ 情報; 評判
soniquete [sonikéte] 男 ❶ トントン（コツコツ）という音［=**sonsonete**］. ❷ かすかな音
sonista [sonísta] 图 音響（録音）技師
sonitonto, ta [sonitónto, ta] 形《プエルトリコ》呆然とした, ぼうっとした
sonlocado, da [sonlokádo, da] 形 半ば気の狂った, 常軌を逸した
sonoboya [sonobója] 囡《軍事》ソノブイ
sonochada [sonotʃáda] 囡［まれ］❶ 宵の口. ❷ 夜に入ってから数時間眠らずにいること
sonochar [sonotʃár] 直［まれ］夜に入ってから数時間眠らずにいること
sonógrafo [sonógrafo] 男《物理, 情報》音響記録装置; ソノグラフ, 音波ホログラフィーによる三次元像
sonoluminiscencia [sonoluminisθénθja] 囡《物理》音ルミネセンス
sonometría [sonometría] 囡 ソノメーターによる計測
sonómetro [sonómetro] 男《主に音楽》ソノメーター
sonoquímico, ca [sonokímiko, ka] 形《音響化学》[の]
sonoramente [sonoráménte] 副 響きよく; 声高らかに: reírse ~ 大声で笑う. roncar ~ 大いびきをかく
sonorense [sonorénse] 形 图《地名》ソノーラ Sonora の[人]《メキシコ北西部の州》
sonoridad [sonoridá(d)] 囡 ❶ 音の響き, 響き具合い: Sus palabras tenían una ~ que llenaba la sala. 彼の話し声は会場に響き渡った. ❷［人間の耳に聞こえる］音の強さ: instrumento de ~ estridente 耳にキンキン響く音を出す楽器. ~ perceptible ようやく聞こえるぐらいの音
sonorización [sonoriθaθjón] 囡 ❶《映画》音入れ. ❷ 音響装置[の設置]. ❸《音響》[効果]. ❹《音声》[無声子音の] 有声化
sonorizador, ra [sonoriθaðór, ra] 形 图 ❶《映画》音入れをする[人];《ラジオなど》擬音係. ❷［劇場・音楽会場などの］音響係. ❸《音声》[無声子音を] 有声化する[人]
sonorizar [sonoriθár]《←sonoro》9 他 ❶《映画》音入れをする, 音を入れる. ❷［劇場・音楽会場などに］音響装置を設置する, 音響効果を整える. ❸［無声子音を] 有声化する
—— ~se《音声》[無声子音が] 有声化する
sonoro, ra [sonóro, ra]《←ラテン語 sonorus》形 ❶［名詞+］音の; 音の出る: La abuela da unos besos ~s. 祖母は何回かチュッチュッとキスをした. efectos ~s 音響効果, 擬音. máximo nivel ~ aceptable 騒音環境基準. onda ~ra 音波. ❷［主

に +名詞］大きく響く, 響きのよい: ~ra bofetada 大きな音の平手打ち. ~ras campanas よく響く鐘. ~ra voz よく通る声. ❸ 格調高い響きの, 朗々たる名調子の: No es momento de ~s discursos, sino de proponer soluciones. 朗々たる名調子の演説をしている時ではなく解決策を打ち出す時だ. frase ~ra 格調高い文章. ❹《音声》有声の［⇔sordo］: consonante ~ra 有声子音
—— 男《映画》サウンドシステム
—— 囡《音声》有声音
sonoroso, sa [sonoróso, sa]《文語》格調高い響きの, 高らかな響きの
sonoteca [sonotéka] 囡 レコードライブラリー, 録音資料保管所
sonotone [sonotóne]《←商標》男《西. 口語》補聴器［=audífono］
sonreír [sonrreír]《←ラテン語 subridere》36 直 ❶ ほほえむ, 微笑む, にっこりする［→risa 類義］: Cuando su padre le regaló el bicicleta, el niño sonrió. 父親に自転車をプレゼントされた時, その子は笑みを浮かべた. Sus ojos sonreían de felicidad. 彼の眼は幸福に輝いていた. ❷［事が, +a+人］に有利になる, 運が開ける: La victoria nos sonrió. 勝利の女神が我々にほほ笑んだ. El futuro le sonríe. 彼の未来が開けてきた
—— ~se 微笑む, 微笑する
sonriente [sonrjénte]《←sonreír》形 微笑を浮かべた, にこにこしている: semblante ~ にこやかな表情
sonrisa [sonrrísa]《←sonreír》囡 微笑, ほほえみ［→risa 類義］: esbozar una ~ ほほえみを浮かべる. no perder la ~ 笑みを絶やさない. con una ~ ほほえみを浮かべて, 笑顔で, にこやかに. ~ de Gioconda モナリザの微笑. ~ japonesa ジャパニーズスマイル
sonrisita [sonrrisíta] 囡 sonrisa の示小語
sonriso [sonrríso] 男《廃語》微笑, ほほえみ
sonrisueño, ña [sonrriswéɲo, ɲa] 形 图《廃語》ほほえむ[人], にこやかな
sonrodar [sonrrodár] ~se [馬車などの] 車輪が動かなくなる
sonrojar [sonrroxár]《←son-+rojo》他 赤面させる: Con tantas alavanzas y elogios me vas a ~. そんなにほめそやされると恥ずかしくなるよ
—— ~se 赤面する, 恥ずかしくなる: Me sonrojo con facilidad porque soy muy tímido. 私は気が小さいのですぐに顔が赤くなる
sonrojear [sonrroxeár] 他 =**sonrojar**
sonrojo [sonrróxo] 男 ❶ 赤面, 紅潮. ❷ 恥ずかしさ, きまりの悪さ
sonrosado, da [sonrrosádo, da] 形［子供・健康な人の肌など］バラ色の, 赤みのさした
sonrosar [sonrrosár]《←son-+rosa》他《文語》［主に顔の色を］バラ色にする, 赤面させる: El esfuerzo de subir la cuesta sonrosaba las mejillas del abuelo. 祖父ががんばって坂道を登ったので頬が紅潮していた
—— ~se《文語》顔を赤らめる, 赤面する
sonrosear [sonrroseár] 他《文語》=**sonrosar**
sonroseo [sonrroséo] 男《文語》赤面, 紅潮
sonsaca [sonsáka] 囡 巧みに聞き出すこと
sonsacador, ra [sonsakadór, ra] 形 图 [秘密などを] 聞き出す[人]
sonsacamiento [sonsakamjénto] 男 =**sonsaca**
sonsacar [sonsakár]《←son-+sacar》7 他 ❶ [+a+人 から, 知っている・隠していることを] 巧みに聞き出す: La policía lo interrogó detenidamente, pero no pudo ~le nada. 警察はじっくり彼を尋問したが, 何も探り出せなかった. ❷ [言葉巧みに] 巻き上げる, せびり取る: Le sonsaca a su madre el dinero. 彼は母親から金をせびり取っている. ❸ [人材を] 引き抜く
sonsaque [sonsáke] 男 =**sonsaca**
sonsear [sonseár] 直《中南米》ばかなことをする, 間抜けなことを言う, ふざける
sonsera [sonséra] 囡《コロンビア, ラプラタ》ばかなこと, 愚かな言動
sonso, sa [sónso, sa] 形 图《カナリア諸島; 中南米》❶ ばかな[人], 間抜けな[人]. ❷ 面白くない. ❸［暑さで］頭がぼうっとした
sonsonateco, ca [sonsonetéko, ka] 形 图《地名》ソンソナテ Sonsonate の[人]《エル・サルバドル南西部の県・県都》
sonsonete [sonsonéte]《←son-+son》男 ❶ [単調な連続の] トントン（コツコツ）という音: ~ de las máquinas tragaperras スロ

sonsonetear [sonsonteár] 自《メキシコ, コロンビア》[人に] しつこくからむ, しつこくからかう

sonsoniche [sonsoníʧe] 間《まれ》静かに, しっ!
── 男《キューバ. 軽蔑》= **sonsonete**

sonsorito [sonsoríto] 男《キューバ》民衆の舞踊

sonto, ta [sónto, ta] 形 ❶ [一対のうち] 片方だけになった. ❷《グアテマラ, ニカラグア, ホンジュラス》[馬が捨てられた印として] 耳を切られた

soñación [soɲaθjón] 女 *ni por ~* まさか [夢にも思わないことだ]

soñado, da [soɲáðo, ða] 形《コロンビア, ラプラタ. 口語》神々しい
que ni ~ 非常にすばらしい

soñador, ra [soɲaðór, ra] 形 名 夢みがちな, 夢想にふける; 夢想家, 空想家: con unos ojos ~*es* 夢みるような目つきで

soñar [soɲár]《←ラテン語 somniare < somnium》 28 自 ❶ [+con・a の] 夢をみる: *Sueño pocas veces*. 私はほとんど夢をみない. *Me parece estar soñando*. 夢をみているようだ. *Esta noche he soñado contigo*. ゆうべ君の夢をみたよ. ❷ 夢想にふける; [+con を] 切望する: 1) *Sueña con una moto*. 彼はオートバイをとても欲しがっている. ~ *con* el éxito 成功を夢みる. 2) [+con+不定詞/que+接続法] *Sueña con hacer ese viaje*. 彼はとてもその旅行をしたがっている. ~ *con ser estrella de cine* 映画スターを夢みる. *Sueña con que* su padre le regale un coche. 彼は父親に車を買ってもらいたがっている. ❸ [脅し文句] Me vas a ~. [お前]覚えていろ. Yo os haré que me *soñéis*. 覚えていろ
── 他 [+que+直説法線過去 するのを] 夢でみる: *He soñado que me ahogaba*. 私は溺れる夢をみた
ni ~lo/ni lo sueñes《口語》まさか [そんなことは夢でさえ起こらない]: ¿Que te quiero? ¡*Ni ~lo*! 私があなたを愛してるって? とんでもない!
~ despierto 白昼夢にふける, 非現実的な夢を描く

soñar		
直説法現在	命令法	接続法現在
sueño		sueñe
sueñas	sueña	sueñes
sueña		sueñe
soñamos		soñemos
soñáis	soñad	soñéis
sueñan		sueñen

soñarra [soɲára] 女《地方語》強烈な眠気

soñarrera [soɲaréra] 女《西. 口語》❶ [強烈な] 眠気: Me ha dado una ~ terrible. 私は睡魔に襲われた. ❷ 熟睡, 深い眠り

soñera [soɲéra] 女《口語》[強烈な] 眠気 [= soñarrera]

soñolencia [soɲolénθja] 女 = **somnolencia**

soñolientamente [soɲoljentaménte] 副 眠気を催して, 眠そうに, 夢うつつで, 気だるそうに

soñoliento, ta [soɲoljénto, ta]《←ラテン語 somnolentus》形 ❶ 眠い, 眠たい [= somnoliento]. ❷ 眠気を催させる. ❸ 眠そうな, うとうとした: ojos ~s 眠たそうな目. ❹ のろい; 怠惰

sopa [sópa]《←ラテン語 suppa》女 ❶ [不定量]《料理》スープ 【願解】sopa は薄切りパンや野菜などがたっぷり入ったスープ, **caldo** はブイヨン, コンソメは caldo de carne, ポタージュは crema]: comer (tomar) ~ スープを飲む. plato de ~ スープ皿. ~ con pasta パスタ入りのスープ. ~ de fideos ヌードルスープ. ~ de leche ポタージュ [= crema]. ~ juliana [実だくさんの] 野菜スープ. ~ seca 米とパスタ類. De la mano a la boca se pierde la ~. 《諺》油断禁物 [スープは手から口に至るまでにこぼれる]. No hay más que dos ~s./No queda más que una ~. 《中南米.諺》万事休す [←スープ2杯しかない/スープ1杯しかない]. ❷ [パン粥など] 1) スープに浸すパン; パン粥 [= ~ de pan]. 3) 图 [スープに入れる] パンの薄切り; その料理: ~s de leche ミルクに浸し砂糖・シナモンをかけたパン. ~s de vino ワイン入りのスープにパンを浸したもの. 4)《古語》[修道院などで貧者に供する] 慈善の食事 [= ~ boba. 多くはパンかスープのみ]. 《口語》酔い: quitarse la ~ 酔いがさめる. ❸ ~ de letras 言葉遊び [三角や四角に並べた文字から縦・横・斜めに言葉を見つける]. ❹《メキシコ》1) [スプーン代わりに使う] トルティーリャの切れ端. 2) 複 [間投詞的. 驚き・熱狂] わあ; すごい.《墨字》inglesa トライフル
andar a la ~ boba/comer la ~ boba《口語》= *vivir a la ~ boba*
como una ~/hecho una ~《口語》1) [人が] ずぶ濡れになる: Sin paraguas nos hemos puesto *como una ~*. 傘がなかったので私たちはずぶ濡れになった. 2) ぐでんぐでんに酔っ払った. 3)《西》ひどく風邪 (特に鼻風邪) を引いた
dar ~s con honda a+人《口語》…よりはるかに優れている: Mi primo nos *da a todos ~s con honda* en matemáticas. いとこは私たち全員よりもはるかに数学ができる
dar una ~ de su propio chocolate《メキシコ》相手と同じ手で報復する
estar ~《西. 口語》= **quedarse ~**
hasta en la ~《口語》[あまりにも・うんざりするほど] 至るところに: En Londres encuentras españoles *hasta en la ~*. ロンドンにはどこにもスペイン人がわんさかいる
poderse comer ~s en... …は非常に清潔である
ponerse ~《口語》びしょ濡れになる, 濡れネズミになる
quedarse ~《西. 口語》1) 眠っている, 眠り込んでいる: Me *quedé ~* en el cine porque estaba cansado. 私は疲れていたので映画館で眠った. 2) 酔っ払っている
soltar la ~《メキシコ. 口語》口を滑らす
~ boba《西》[la+] 1) [教会などが行なう貧窮者への] 無料給食 [主にパンとスープ]. 2) andar (estar) a la ~ *boba*/comer la ~ *boba* [働かないで] 寄食する, 居候生活をする
vivir a la ~ boba《口語》親のすねを齧って暮らす; 居候をする: Ella todavía *vive* con sus padres *a la ~ boba*. 彼女はまだ実家で親のすねを齧っている

sopada [sopáða] 女《ムルシア. 料理》カスタードクリーム [= natillas]

sopaipa [sopáipa] 女《地方語. 菓子》蜂蜜を塗った厚いクレープ

sopaipilla [sopaipíʎa] 女《チリ, アルゼンチン. 料理》泡立てて揚げた生地 (おやつ・朝食に食べる): ~ pesada《チリ》揚げた生地を蜂蜜などに浸したもの
con la ~ pasada《チリ. 口語》酔っぱらった

sopalancar [sopalaŋkár]《←so-+palanca》[7] 他 [持ち上げる・動かすために] てこを入れる

sopalanda [sopalánda] 女 = **hopalanda**

sopalmo [sopálmo] 男《アンダルシア》突き出た岩, 張り出した岩山

sopanda [sopánda] 《←仏語 soupent < souspendre「吊るす」》女 ❶《建築》1) 根太, 梁. 2)《ナバラ, ログローニョ》[屋根の] 最上部の梁. ❷《古語》馬車のサスペンションに使った幅広の革ひも. ❸《中南米》スプリング入りマットレス

sopapear [sopapeár] 他 ❶ 顔を手のひらで叩く, 平手打ちする; 顎の下を軽く叩く. ❷ いじめる, 虐待する

sopapina [sopapína] 女《口語》[顔を軽く] 手のひらで連続して叩くこと, 平手打ちの連続; 顎を続けて叩くこと

sopapo [sopápo]《←so-+(下)+papo》男 ❶《口語》手のひらによる顔の殴打, 平手打ち; 顎の下を軽く叩くこと: arrear a+人 un ~ …を平手打ちする, びんたを食らわす. ❷《闘牛》とどめの一突き [= estocada]. ❸《チリ》ラバーカップ [= desatascador]

sopar [sopár] 他 浸す, 漬ける [= sopear]; ずぶ濡れにする

sopas [sópas/θópas] 男《単複同形》《西》s を [θ] で発音する人

sopazas [sopáθas] 名《単複同形》《口語》ばか, 間抜け

sopazo [sópe] 男《メキシコ. 料理》揚げたトルティーリャに野菜を載せサルソースをかけたもの

sopear [sopeár] I《←sopa》他 ❶ [液体に] 浸す, 漬ける. ❷《メキシコ, チリ》[パンを, +en ミルク・ソースなどに] 浸す
── 自《メキシコ》スプーンを使って食べる
── ~*se*《アルゼンチン》人の話に割りこむ, 口出しをする
II《←ラテン語 suppedare》《まれ》❶ 踏む, 踏みつける. ❷ 服従させる; いじめる, 虐待する

sopeña [sopéɲa] 女 [岩の下の] ほら穴

sopeo [sopéo] 男 [液体に] 浸すこと, 漬けること

sopero, ra [sopéro, ra]《←sopa》形 ❶ [皿・スプーンが] スー

プ用の. ❷ スープ好きの〔人〕. ❸《ムルシア; コロンビア》好奇心の強い〔人〕, うわさ話の好きな〔人〕
—— 男 スープⅢ〔=plato ~〕
—— 女 ❶〔スープを取り分ける, ふた付きの〕スープ鉢. ❷ スープ用のスプーン〔=cuchara ~〕

sopesar [sopesár]〔←so-+pesar〕他 ❶ 手に持って重さを量る: La señora *sopesaba* los dos melones. 奥さんはメロンを2つ手にもって重さを測っていた. ❷〔利害得失などをあらかじめ〕検討する; 熟慮する, よく考える: Yo *sopesé* los pros y los contras del negocio y lo acepté. 私はその商談の損得を検討した上で受け入れることにした

sopeta [sopéta] 女《地方語》ワインに浸したパン

sopetear [sopeteár] 他 ❶〔パンを〕何度もスープ(シチュー)に浸す. ❷ いじめる, 虐待する

sopetón [sopetón] 男 ❶《まれ》突然の・思いがけない出来事による驚き. ❷《まれ》〔不意の〕平手打ち, びんた. ❸《地方語》オリーブ油に浸したパン
de ~《口語》不意に, 思いがけず, いきなり, 出し抜けに: Le soltó la noticia de la muerte de su madre de ~. 母が死んだ知らせを彼は突然聞かされた

sopicaldo [sopikáldo] 男《軽蔑, 戯語》具がほとんど入っていないスープ

sopicón, na [sopikón, na] 形《地名. 軽蔑》ソス・デ・レイ・カトリコ Sos de Rey Católico の〔人〕《サラゴサ県の町》

sopié [sopjé] 男 山麓に広がる土地〔=somonte〕

sopista [sopísta] 共 ❶ 寄食する人, 居候生活をする人. ❷《古語》慈善に頼る貧乏学生

sopita [sopíta] 〔*sopa* の示小語〕 女 *estar para ~s* 〔y *buen vino*〕〔人が〕老衰している, 老いぼれている

sopitipando [sopitipándo] 男《西. 主に戯語》気絶, 失神; 発作

sopla [sópla] 間《驚き・賞賛》おや, わあ!: ¡S~, vaya coche! まあ, すてきな車だこと! ¡S~, qué caras están las almejas! いやはや, アサリは高いな!

sopladero [sopladéro] 男 地下からの強い風の吹き出し口, 風穴, 通風口

soplado, da [sopládo, ða] 形 ❶《口語》酔った. ❷《西》過度に洗練(整頓)された; 清潔な. ❸《西. まれ》思い上がった, 高慢な; 学者ぶった. ❹《コスタリカ》速い, 急いだ. ❺《キューバ》1)興奮・不安で〕あわてふためく. 2)《口語》頭のいい, 賢い
—— 男 ❶〔ガラスの〕吹込み成形〔行為, 工程, 製品〕. ❷《鉱山》〔土地の〕深い亀裂, 大きな穴

soplador, ra [sopladór, ra] 形 ❶ 吹く; 吹いてふくらます. ❷〔人を〕あおり立てる
—— 女 ガラスの吹込み成形をする人
—— 男 ❶ ふいご, 通風機. ❷ =**sopladero**. ❸《地方語》うちわ〔=soplillo〕. ❹《エクアドル. 演劇》プロンプター

sopladura [sopladúra] 女 吹くこと; 吹きガラス

soplagaitas [soplaɣáitas] 共《単複同形》《西. 軽蔑》ばかな〔人〕, 間の抜けた〔人〕

soplamocos [soplamókos] 男《単複同形》《口語》〔顔への〕平手打ち: Como no te calles te voy a dar un ~. 黙らないとひっぱたくぞ

soplante [soplánte] 形 男《技術》吹く, 吹込む; 吹込み機

soplapitos [soplapítos] 共《単複同形》❶《口語》下手な審判. ❷《キューバ》街をぶらぶら遊び歩く人, 遊び歩くのらくら者

soplapollas [soplapóʎas] 形 名《単複同形》《西. 卑語》〔罵倒して〕ばかな〔人〕, とんまこの

soplapollez [soplapoʎéθ] 女《西. 卑語》ばかな言動, くだらないこと

soplar [soplár]〔←ラテン語 sufflare〕自 ❶ 息を吹きかける; 〔道具で〕空気を吹き送る: *Sopló* sobre la tinta aun fresca. 彼はまだ濡れているインクに息を吹きかけた. El cazador *sopló* por el reclamo para atraer a los patos. 猟師はカモをおびき寄せるために鳥笛を吹いた. ❷〔風が〕吹く; *Sopla* mucho el levante. 東風が強く吹いている. ❸《口語》酒を大量に飲む. ❹《中南米. 口語》性交する
—— 他 ❶ …に息を吹きかける: *Sopló* la sopa porque estaba muy caliente. スープが熱かったので彼はフーフー吹いた. ❷ 吹き飛ばす: ~ *las velas de la tarta* ケーキのろうそくを吹き消す. ❸〔道具で〕…に空気を吹き送る: ~ *el fuego con el fuelle* ふいごで火をおこす. ❹ ふくらます: ~ *un globo* 風船をふくらます. ❺《口語》〔+a+人 ~ *el vidrio* ガラスの吹き込み成形をする. ❺《口語》〔+a+人 に〕盗む, だまし取る: Me *soplaron* la cartera en el metro. 私は地下鉄で財布をすられた. ❻ …に着想を与える, 思わせる. ❼《口語》〔+a+人 に, 言うべきこと・思い出せないことなどを〕こっそり(小声で)教える: Le *soplaron* una pregunta en el examen. 彼は試験で問題をこっそり教えてもらった. ❽《口語》密告する, 告げ口する: ~ *a la policía el nombre del autor* 犯人の名前を警察に密告する. ❾〔殴打〕を与える: ~ a+人 *una bofetada* …にびんたを与える. ❿《チェッカーなど》〔相手が自分の駒を取るべきなのに取らなかったので逆に相手の駒を〕取る. ⓫《西. 口語》大量に食べる(飲む). ⓬《戯語》取り去る, 奪う. ⓭《コスタリカ. 演劇》せりふをつける〔=apuntar〕. ⓮《パナマ, プエルトリコ, ペルー》溝をかむ
—— *~se* ❶〔自分の体に〕息を吹きかける: *~se* las manos frías こごえた手に息を吹きかける. ❷《口語》…を大量に食べる(飲む): *Se sopló* seis copas de coñac. 彼はコニャックを6杯も飲んだ. ❸ 高慢になる, 思い上がる. ❹《カナリア諸島》怒る, 腹を立てる. ❺《中南米. 口語》勝つ, 打ち負かす. ❻《メキシコ, ペルー. 口語》〔退屈なことを〕我慢する. ❼《メキシコ, ラプラタ. 口語》殺す. ❽《メキシコ. 口語》性交する. ❾《コスタリカ》殴る

sopleque [sopléke] 形 男《アルゼンチン》うぬぼれ屋の〔奴〕, 思い上がった〔奴〕, 生意気な〔奴〕, 気取った〔奴〕

soplete [sopléte]〔←仏語 soufflet〕男 ❶《技術》1) バーナー, トーチ: ~ *oxiacetilénico* アセチレンガスバーナー. 2)〔吹きガラスの〕吹きざお. ❷《音楽》〔バグパイプの〕ブローパイプ. ❸《チリ, アルゼンチン, ウルグアイ》1) スプレーガン. 2) こっそり答えを教える学生

soplido [soplíðo] 男〔強い〕一吹き; 一吹きの量: de un solo ~ たった一吹きで

soplillo [sopíʎo] 男 ❶〔火をかき立てるのに使うエスパルトやシュロ製の〕うちわ. ❷《西. 菓子》〔非常に柔らかい〕スポンジケーキ. ❸《西》〔人の〕立った大きな耳〔=oreja de ~〕: tener las orejas de ~ 耳が立っている. ❹ 微細なもの, 軽いもの. ❺ 軽くて薄い絹織物. ❻ moneda de ~〔17世紀スペインの〕低価値の銅貨. ❼《アンダルシア. 口語》人のうわさをして回る人, 陰口屋. ❽《キューバ》アリの一種. ❾《チリ》まだ熟していない小麦〔炒って食べる〕; 熟す前の小麦を炒ったもの

soplo [sóplo]〔←soplar〕男 ❶ 吹くこと; 〔un+〕一吹き〔の量〕: La despeinó un ~ de aire. 一陣の風に彼女の髪が乱れた. Apagó la cerilla de un ~. 彼は一吹きでマッチを消した. ❷《口語》密告, 密告屋, 告げ口屋: dar el ~ a la policía 警察に密告する. ❸ 一瞬, 短時間: El verano pasó como un ~. 夏はあっという間に過ぎ去った. vestirse en un ~ またたく間に服を着る. ❹《医学》〔聴診での〕雑音, 心雑音. ❺〔録音の〕暗騒音. ❻《エクアドル》〔他人を陥れる〕うわさ話, ゴシップ

soplón, na [soplón, na] 名 ❶《口語》〔警察の〕密告屋, たれこみ屋. ❷《メキシコ》警官. ❸《中米. 演劇》プロンプター. ❹《アンデス》秘密警察の刑事

soplonear [soploneár] 他《まれ》密告する, たれ込む

soplonería [sploneríá] 女《まれ》告げ口, 密告

sopón, na [sopón, na] 名 ❶《古語》慈善に頼る貧乏学生〔=sopista〕. ❷《カリブ, ベネズエラ》おせっかいな, 出しゃばりな
—— 男 スープに入れる大型のパン片

soponcio [sopónθjo]〔←?sopetón+arreponcio〕男 ❶《口語》失神, 気絶〔=desmayo〕: Le dio un ~. 彼は気絶した. ❷《口語》強い驚き; 激怒. ❸ まずいスープ

sopor [sopór]〔←ラテン語 sopor, -oris "深い眠り" < sopire "まどろむ"〕男 ❶ 眠気: ¡Qué ~ tengo! ああ, 眠い! ❷《医学》1) 昏睡. 2) 病的な眠気

soporífero, ra [soporífero, ra]〔←sopor+ラテン語 ferre "運ぶ"〕形 ❶ 催眠性の; 〔退屈で〕眠気を誘う: Las comidas familiares de los domingos son ~*ras*. 日曜日に家で昼食をしていると眠たくなる. ❷ 迷惑な, うっとうしい
—— 男 ❶ 催眠剤, 睡眠薬〔=somnífero〕. ❷〔寝酒など〕眠気をもたらすもの

soporífico, ca [soporífiko, ka] 形《まれ》〔退屈で〕眠気を誘う〔=soporífero〕

soporoso, sa [soporóso, sa] 形 ❶《医学》昏睡状態にある; 昏睡を特徴とする: estado ~ 昏睡状態. fiebre ~*sa* 昏睡を伴う発熱. ❷《まれ》眠気を誘う

soportable [soportáble] 形 我慢され得る, 耐えられ得る: dolor ~ 我慢できる痛み

soportación [soportaθjón] 女 耐えること; 支えること

soportador, ra [soportaðór, ra] 形 名 耐える〔人〕; 支える〔人〕

soportal [soportál] 【←so-(強調)+portal】男 **❶**〖建〗〖複〗ポルチコ、アーケード：*es de la calle Mayor* マヨール街のアーケード. **❷**〖屋根付きの〗玄関口、ポーチ

soportalado, da [soportaláðo, ða] 形〖まれ〗ポルチコ(アーケード)のある

soportar [soportár]【←ラテン語 supportare】他 **❶**〖荷重を〗支える: *Los muros soportan la cúpula.* 壁がドームを支える. *El dique soportó* la presión del agua. 堤防は水の圧力に耐えた. **❷**〖苦痛・逆境などに〗耐える, 耐え忍ぶ, 我慢する, 辛抱する: 1) *No puedo ~ este olor.* 私はこのにおいには耐えられない. ~ *su enfermedad con resignación* あきらめて病気を耐える. 2) [+que+接続法] *No soporto que me griten.* 私はギャーギャーわめかれるのには我慢できない. **❸**〖情報〗〖システムなどが〗対応している

soporte [sopórte]【←soportar】男 **❶** 台, 支え: *~ de una estantería* 本棚の支柱. *Su mujer era su ~.* 妻が彼の支えだった. **❷**〖実験器具の〗スタンド: *~ de tubos de ensayo* 試験管立て. *~ universal* 万能台 《=*pie universal*》. **❸**〖化学〗〖触媒反応の〗担体. **❹**〖美術〗支持体〖その上に絵を描く素材・材料〗. **❺**〖情報〗情報媒体, 伝達媒体: *diccionario en ~ electrónico* 電子辞書. *~ físico (lógico)* ハード(ソフト)ウェア. *~ informático* 情報サポート. **❼**〖紋章〗盾の左右を支える図案

sopórtico [sopórtiko] 男〖廃語〗ひさし, 屋根

sopranista [sopranísta] 男〖音楽〗ソプラニスタ, 男性ソプラノ歌手

soprano [sopráno]【←伊語】男〖音楽〗ソプラノ —— 名 ソプラノ歌手: *niño ~* ボーイソプラノ. *~ lírica* リリックソプラノ

sopuntar [sopuntár] 他〖文字・単語・文の下に、1つ・複数の〗点を打つ, 点線を引く

soquear [sokeár] 自《コロンビア》〖タバコの木が〗新芽 socas を出す

sóquet [sóke(t)] 男〖複 ~s〗《メキシコ》=**socket**

soquete [sokéte]【←仏語 socquette】形 名《コロンビア、ラプラタ、ロ語》ばかな〔人〕 —— 男 **❶**《チリ、アルゼンチン、ウルグアイ》ソックス、短靴下. **❷**《チリ、電気》=**socket**

soquetear [soketeár] 他《プエルトリコ、コロンビア》〖修行のために、肉体を〗痛めつける, 苦しめる

sor [sór]【←*sóror*の短縮形】女 **❶**〖修道女の名の前に置く敬称〗*Sor Juana Inés de la Cruz* フアナ・イネス・デ・ラ・クルス尼〖1651~95, メキシコのバロック閨秀詩人〗. *Sor María* シスター・マリア. **❷**〖主にカトリック〗修道女, 尼僧 —— 男〖古語〗=**seor**

sora[1] [sóra] 男 **❶**〖インド東部などの〗ソラ語. **❷**《南米》トウモロコシを発酵させて作る酒

sorateño, ña [sorateɲo, ɲa] 形〖地名〗ソラタ Sorata の〔人〕〖ボリビア、ラ・パス県, Larecaja 郡の主市〗

sorbedor, ra [sorβeðór, ra] 形 名 すする〔人〕

sorber [sorβér]【←ラテン語 sorbere】他 **❶** すする, ちびちび飲む: *Sorbía lentamente la horchata.* 彼はオルチャータをちびちび飲んでいた. **❷** 吸い上げる, 吸い込む: 1) *Esta esponja sorbe mucha agua.* このスポンジは水をよく吸う. 2)〖比喩〗*La mar sorbió los restos del naufragio.* 海は難破船の残骸を飲み込んだ. *La ciudad turística ha sorbido a los extranjeros.* その観光都市は外国人たちを飲み込んでしまった. **❸** 熱心に聞く, 傾聴する: *Sorbían las palabras del poeta.* 彼らは詩人の言葉に聞き入っていた. **4**〖口語〗〖鼻水を〗 —— 自 する: *Julián siempre sorbía de la cuchara.* フリアンはいつもスプーンを使ってすすっていた. —— *~se*〖鼻水を〗する: *El niño se sorbía los mocos.* その子は鼻水をすすっていた

sorbete [sorβéte]【←伊語 sorbetto】男 **❶**〖菓子〗シャーベット: *~ de limón* レモンシャーベット. **❷**《中南米》ストロー

sorbetear [sorβeteár] 他《チリ、口語》音を立ててすする

sorbetera [sorβetéra] 女 シャーベット製造器

sorbetón [sorβetón] 男〖口語〗**❶**〖主に鼻で〗強く吸うこと. **❷** ごくりと飲むこと

sorbible [sorβíβle] 形 すすられ(吸われ)得る

sorbición [sorβiθjón] 女〖廃語〗すすること, 吸い込むこと

sorbitol [sorβitól] 男〖化学〗ソルビット, ソルビトール

sorbo [sórβo]【←sorber】男 **❶** すすること, 一飲み: *El niño tomó el jarabe de un ~.* その子は一口でシロップを飲んだ. —— 一度に飲む量: *Bebió un ~ de leche.* 彼は牛乳を一口飲んだ. **❸**〖液体の〗少量, 微量: *un ~ de café* 少量のコーヒー

a ~s すすりながら: *beber el coñac a ~s* コニャックをちびちび飲む

de un ~ 一度に、一気に

II 男〖植物〗ナナカマドの一種〖学名 Sorbus torminalis〗

sorche [sórtʃe] 男《西. 俗語》新兵. **❷**《エストレマドゥラ》いたずら者, やんちゃな子

sorchi [sórtʃi] 男 =**sorche**

sorda[1] [sórða] 女 **❶**〖鳥〗タシギ; ヤマシギ. **❷**《船舶》〖船の進水に用いる〗太綱

sordamente [sórðaménte] 副 密かに音もなく: *gruñir ~* 低くうなる

sordera [sorðéra]【←sordo】女 聴覚障害; 難聴: *A mi abuelo la ~ se le hacía cada día peor.* 祖父は一日一日と耳が遠くなっていった. *~ súbita* 突発性難聴. *~ verbal (mental・psíquica)* 心理的難聴

sordez [sorðéθ] 女〖音声〗無声

sórdidamente [sórðiðaménte] 副〖文語〗 **❶** むさ苦しく, 汚く. **❷** あさましく

sordidez [sorðiðéθ] 女〖文語〗**❶** むさ苦しさ, 汚さ. **❷** あさましさ

sórdido, da [sórðiðo, ða]【←ラテン語 sordidus「軽蔑すべき」<*sor-des*「汚れ」】形 **❶**〖文語〗むさ苦しい, 汚い; みすぼらしい, ひどく貧しい: *ambiente ~* むさ苦しい環境. *habitación ~da* 汚れた部屋. **❷**〖文語〗卑しい, あさましい; けちな, 欲深の: *negocios ~s* 卑しい商売. **❸**〖文語〗みだらな, 下品な: *conductas ~das* みだらなふるまい. **❹**〖医学〗化膿した, 化膿性の

sordina [sorðína] 女 **❶**〖音楽〗1) 弱音器, ミュート: *trompeta con ~* 弱音器付きのトランペット. 2) 〖ピアノの〗止音器. **❷**〖時計の〗ベルが鳴る〖時を打つ〗のを止める装置

a la ~ 密かに, 音を立てずに

con (en) ~ 密かな~に, こっそりと: *Los cambios los hicieron con ~ y no nos enteramos nadie.* 交代は密かに行われたので私たちは誰も気がつかなかった

poner ~ 弱める: *poner ~ a los privilegios del pasado* 過去の特権を弱める

sordino [sorðíno] 男〖音楽〗バイオリンに似た弦楽器

sordo, da[2] [sórðo, ða]【←ラテン語 surdus】形 **❶** 耳の聞こえない, 耳の不自由な: 1) [ser+] *Es ~ del oído izquierdo.* 彼は左耳が聞こえない. *ser algo (un poco) ~* 耳が遠い. 2) [estar+. 一時的に] *Desde el accidente Daniel está ~.* 事故以来ダニエルは耳が聞こえない. **❷** [estar+. +*a ante*] 耳を貸さない: *Ella se mantuvo ~da ante su petición de ayuda.* 彼女は助けてくれと頼んでも耳を貸さなかった. **❸** 静かな, 音のしない: *con pasos ~s* 足音を忍ばせて. **4**〖音・痛みなど〗鈍い, こもった, 陰気な: *~agudo*: *grito ~* くぐもった悲鳴. *ruido ~ de una explosión* 鈍い爆発音. *dolor ~* 鈍痛. **❺**〖音が〗かすかな, 遠い: *ruido ~ del oleaje* おぼろげに聞こえる波の音. **❻**〖感情など〗表面に表われない, 密かな: *El dueño dejaba entrever su ~da cólera.* 主人は内に秘めた怒りをかいま見せた. *guerra ~da* 宣戦布告なしの戦争. **❼**〖言語〗無声の〖⇔*sonoro*〗: *consonante ~da* 無声子音. **❽**〖宝石が〗完璧に透明ではない, 輝きがにぶい. **❾**〖潮流の方向が〗風の方向と異なる. **❿**《メキシコ》〖馬などが〗手綱どおりに動かない

a lo ~/a la ~da/a ~das 密かに, こっそりと

—— 名 耳の不自由な人: *No hay peor ~ que el que no quiere oír.*〖諺〗聞こうとしない人は聞こえない人よりも始末が悪い/馬の耳に念仏

hacerse el ~ 聞こえないふりをする; [+*a* 依頼・命令を] 無視する, 耳を貸そうとしない

sordomudez [sorðomuðéθ] 女 聾唖

sordomudo, da [sorðomúðo, ða]【←sordo+mudo】形 名 聾唖(ろうあ)の; 聾唖者: *colegio de ~s* 聾唖学校

sordón [sorðón] 男〖古語. 音楽〗ファゴットの一種

soreque [soréke] 形《メキシコ》耳の不自由な, 耳の遠い

sorete [soréte] 男《南米. 俗語》糞

sorgo [sórɣo] 男〖植物〗モロコシ; その粒

sorguiño, ña [sorɣíɲo, ɲa] 名〖地方語〗魔法使い

soria [sórja] 男 ソリア Soria 産の山羊乳チーズ

sorianense [sorjanénse] 形 名〖地名〗ソリアノ Soriano の〔人〕

【ウルグアイ南西部の州】
sorianismo [sorjanísmo] 男 ソリア好き; ソリア方言
soriano, na [sorjáno, na] 形 《地名》ソリア Soria の〔人〕《カスティーリャ=レオン州の県・県都》── [ログローニョ]〔リオハに向かって吹く〕南西風
soriasis [sorjásis] 女 =**psoriasis**
sorimba [sorímba] 女 《カナリア諸島》❶ 〔風を伴う〕小ぬか雨, 霧雨. ❷ 怖れ, 恐怖
sorites [sorítes] 男 《論理》連鎖式
sorna [sórna] 女 《←?古オック語 sorn》❶ 皮肉, いやみ: Adolfo le dijo con ～ que el vestido es muy original. ユニークな服だねとアドルフは皮肉をこめて彼に言った. ❷ 悠長, 緩慢; [わざと] のろのろすること
sornador, ra [sornaðór, ra] 名 《隠語》睡眠・泥酔中に盗む窃盗犯
sornar [sornár] 《←ラテン語 surnia「フクロウ」》 自 ❶ 《隠語》眠る. ❷ 外泊する, 宿泊する
soro[1] 男 [シダ植物の] 胞子嚢(のう)
soro[2]**, ra**[2] 形 ❶ 最初の羽毛の抜け替わり前に捕えられた鷹. ❷ 《アラゴン》金色の, 赤味がかった
sorochar [sorotʃár] ～**se** ❶ 《コロンビア, ペルー, ボリビア》高山病にかかる. ❷ 《チリ》[暑さで・力を入れて] 赤くなる; [恥ずかしくて] 赤面する
soroche [sorótʃe] 男 ❶ 《南米》高山病. ❷ 《ボリビア》方鉛鉱 【=galena】
sorocho, cha [sorótʃo, tʃa] 形 《コロンビア》❶ 《料理》[焼きが] ミディアムの. ❷ [果物が] まだ熟していない
soroco, ca [soróko, ka] 形 《プエルトリコ》[手足を] 切断された
Sorolla [soróʎa] 《人名》**Joaquín** ─ ホアキン・ソローリャ[1863～1923, スペインの画家. 光彩主義 luminismo と呼ばれる独自の表現法を確立.『海辺の散歩』*Paseo por la playa*,『浜辺の子供たち』*Niños en la playa*]
soror [sorór] 女 《まれ》=**sóror**
sóror [sorór] 女 《まれ》修道女の名の前につける敬称【=sor】
sororal [sororál] 形 [まれ] 修道女の
sororato [sororáto] 男 ソロレート婚《妻を亡くしたり, 不妊の妻を持ったりした夫が妻の姉妹と結婚する慣習》
sororidad [sororiðá(ð)] 女 《カリブ》婦人会, 婦人クラブ
sorosilicato [sorosilikáto] 男 《化学》珪酸塩(エステル)
sorosis [sorósis] 女 《単複同形》《植物》桑果(そうか)
sorprendente [sorprendénte] 形 ❶ 驚くべき, 驚嘆すべき. ❷ 珍しい, 意外な
sorprender [sorprendér] 《←仏語 surprendre》他 ❶ …の不意をつく;《軍事》奇襲する: La *sorprendieron* las visitas cuando estaba en arreglar. 彼女はしばしば寝起きに訪問を受けた. La *sorprendí* escondida. 私は彼女が隠れているのを見つけた. Me *sorprendió* un aguacero. 私はにわか雨にあった. La muerte siempre nos *sorprende* por varias razones. 死は様々な理由でいつも突然訪れたに訪れる. ❷ [秘密などを] 見つける, かぎ当てる: *Sorprendió* el lugar donde guardaban el tesoro. 彼は財宝の隠し場所を見つけた. ❸ 驚かす, 意表を突く: 1) No *sorprendió* llegando sin avisar. 彼は予告なしにやって来て私たちを驚かせた. Me *sorprendió* mucho que hubiera llegado a esquiar tan bien. 彼があんなにスキーが上手になったなんて大変意外だった. 2) [+con で] *Sorprendió* a todos *con* su singular sombrero. 彼女はその変わった帽子でみんなをびっくりさせた. 3) 《婉曲》[不快で] Nos *ha sorprendido* mucho su decisión. 私たちは彼の決定にひどく驚かされた. ❹ [善意の人を] 欺いて引っかける
No me sorprendería que+接続法 …だとしても私は驚かない, 何も不思議ではない
── 自 驚くべきことである: *Sorprende* observar a pequeños de siete años concentrados en el arte. 7歳の子供が絵に集中しているのを見てびっくりさせられる. *Sorprende* la destreza narrativa. その語りの上手さは驚きである
── ～**se** [+con で] 驚く: *Me sorprendí con* su éxito. 彼の成功に私はびっくりした. *Me sorprendí* al verle tan flaco. 彼がそんなにやせているのを見て私は驚いた
sorpresa [sorprésa] 女 《←**sorprender**》❶ 驚き: Les pienso dar una ～ llegando sin avisar. 予告なしに彼らを驚かせてやろうと思う. ¡Qué ～ encontrarme contigo aquí! ここで君に会うとは奇遇だ. ¡Vaya ～! わあ驚いた(うれしい)! para mi ～ 私にとって意外なことに. ❷ 驚くべきこと, 思いがけないこと: Tu visita ha sido una ～ muy agradable. 君の訪問はうれしい驚きだった. Le traigo una ～, padre Domingo. ドミンゴ神父さん, あなたをびっくりさせるようなものを持って来ました. ❸ 思いがけない贈り物 【=regalo ─】: En el armario había una ～ bonita. 戸棚の中にプレゼントが隠してあった. ❹ 《玩具》caja de ～ びっくり箱. ❺ [形容詞的] ataque ～ 奇襲, 急襲, 不意打ち. fiesta ～ びっくりパーティー. resultado ～ 思いがけない結果. ❻ 《西》[公現祭のパンに入れた] 小さな人形 【→**roscón** de Reyes】
coger a+人 *por* (*de*) ～ …の不意をつく
con gran ～ *por mi parte* =*para mi gran* ～
de ～ =*por* ～: visita *de* ～ 不意の(不意の)訪問
para mi gran ～ 私が大変驚いたことに: *Para mi gran* ～, todavía no se sabe ciertamente dónde es la inauguración del congreso. 私が驚いたことに, 大会の開会式がどこであるのか, まだはっきり分かっていない
por ～ 不意の・に, 意表をつく・ついて: Preguntaba *por* ～. 彼は思いもよらない質問をしたものだった. ataque *por* ～ 奇襲 【=ataque sorpresa】
sorpresivamente [sorpresiβamente] 副 ❶ 驚いたように. ❷ 《主に中南米》不意に, 思いがけずに
sorpresivo, va [sorpresíβo, βa] 形 ❶ 驚いた, びっくりした. ❷ 《主に中南米》[事が] 不意の, 思いがけない, 予期しない
sorquín [sorkín] 男 《ボリビア》殴りつけること, 殴打
sorra [sóra] 女 ❶ 《船舶》[バラスト用の] 大粒の砂. ❷ マグロの片身
sorrajar [soraxár] 他 《メキシコ. 口語》❶ 殴る, 叩く. ❷ 傷つける, 負傷させる
sorrapear [sorapeár] 他 《カンタブリア》[鍬などで] …の雑草を取り除く, 除草する
sorrasear [soraseár] 他 ～**se** 《アンダルシア; メキシコ. 料理》[特に肉を] 中くらい(ミディアム)に焼く
sorregar [soreɣár] [8] [23] 他 ❶ 《アンダルシア》[雨が畑を] 偶然に潤す. ❷ 《アンダルシア》[硬い土地に] 何度も水をまく
sorriba [soríβa] 女 《カナリア諸島》❶ 堤防, 土手; 急な坂道. ❷ 《カナリア諸島》開墾, 開拓
sorribar [soriβár] 他 《カナリア諸島》[なおざりにしていた事業などを] 興す
sorriego [soɾjéɣo] 男 ❶ [雨が畑を] 偶然に潤すこと. ❷ 畑を潤す水, 灌漑用の水
sorrongar [soroŋɡár] [8] 自 《コロンビア》ぶつぶつ不平を言う, ぐちをこぼす
sorrongo, ga [soróŋɡo, ɡa] 形 《コロンビア》ぶつぶつ不平を言う, ぐちっぽい
sorrostrada [sorostráða] 女 ❶ 横柄さ, 傲慢な態度. ❷ 《ログローニョ》1) こっぴどい罰. 2) 侮辱, はずかしめ
sorrostricar [sorostrikár] [7] 他 《コロンビア》❶ [修行などで] 肉体を痛めつける; [一般に] 苦しめる. ❷ 邪魔する, わずらわせる
sorsogueño, ña [sorsoɣéɲo, ɲa] 形 《名》ソルソゴン Sorsogón の〔人〕《フィリピン, ルソン島南部の県・県都》
sort [sórt] 《←英語》男 《情報》ソート
sortario, ria [sortárjo, rja] 形 《ベネズエラ》幸運な, ついている
sorteable [sorteáβle] 形 ❶ 回避され得る, 回避されるべき. ❷ くじを引ける
sorteador, ra [sorteaðór, ra] 形 名 抽選(くじ引き)をする〔人〕
sorteamiento [sorteamjénto] 男 =**sorteo**
sortear [sorteár] 《←ラテン語 sors, sortis「運」》他 ❶ 抽選(くじ)で決める: *Sortean* varias bicicletas en una rifa. 福引きで何台もの自転車が当たる. ❷ [危険・障害などを] 巧みに回避する: Supo ～ los riesgos admirablemente. 彼は見事に危険を回避するすべを心得ていた. Tuvimos que ～ la montaña. 私たちは山を避けて遠回りしなければならなかった. ❸ 《闘牛》[牛と] 戦う, 突進をかわす. ❹ 《軍事》[当局が兵役者の] 赴任地(地位)を抽選で決める: *Han sorteado* a Lionel y le ha tocado Ceuta. リオネルは抽選でセウタに赴任することになった. ❺ 《米国》選別する, えり分ける
── ～**se** 抽選(くじ)で決められる: *Se sortearon* los regalos entre todos los participantes. プレゼントは出席者全員でくじを引いて分けた
sorteo [sortéo] 《←sortear》男 ❶ 抽選, くじ引き: Juan ha sido elegido por ～ para esta misión. フアンは抽選でこの任務に選ばれた. No ha salido en el ～. 彼は抽選に外れた. *S*～ *Extraordinario de Navidad* 《西》クリスマス特別宝くじ [12月22

日に抽選会が行なわれる〗. ❷［危険・障害などを巧みに］すり抜けること, かわすこと. ❸《闘牛》［牛の］突撃をかわすこと. ❹《軍事》［兵役者の］赴任地(地位)の抽選による決定: El muchacho ya entra este año en el ～ de la mili. 青年は早くも今年兵役の赴任地抽選にかけられる

sortero, ra [sɔrtéro, ra] [名] ❶ 占い師, 預言者;［時に］縁起でもないことを言う占い師. ❷ 抽選で品物が当たった人

sortiaria [sɔrtjárja] [女]［トランプ占いなど］当てにならない(迷信的な)占い

sortija [sɔrtíxa]〖←ラテン語 sorticula < sors, sortis「運命」〗[女] ❶［主に宝石付きの］指輪: Las ～*s* suelen llevarse en los dedos corazón y anular. 指輪は中指と薬指にはめるものだ. ～ de sello 認め印付きの指輪. ❷［輪状の］巻き毛, カール. ❸《遊戯》指輪捜し〖円陣の誰が指輪を手に隠し持っているかを当てる遊び〗. ❹ 輪, リング〖=anilla〗. ❺《古語》［指輪取り競技の］指輪〖馬を走らせ, 柱などの先に吊るした指輪を槍の先で取る競技〗: correr ～*s* 指輪取り競技をする

sortijero [sɔrtixéro] [男] 指輪入れ〔の小皿・小箱〕

sortijilla [sɔrtixíʎa]〖sortija の示小語〗[女]［輪状の］巻き毛, カール

sortilegio [sɔrtiléxjo]〖←ラテン語 sors, sortis「運」+legere「拾う」〗[男] ❶［迷信的な］占い: El brujo hacía ～*s* para descubrir dónde habían enterrado el tesoro. 呪術師は宝物がどこに埋められているか占った. ❷ 魔法, 妖術; 魔力: deshacer el ～ 魔法を解く. ❸［抗しがたい］魅力: Nadie puede resistirse al ～ de la belleza. 美貌の魅力には誰もあらがうことはできない

sortílego, ga [sɔrtílego, ga] [形][名] 占い sortilegio をする; 占い師, 魔法使い, 魔術師

sorullo [sorúʎo] [男]《プエルトリコ. 料理》トウモロコシ粉を練って焼いた(揚げた)もの

SOS [ése ó ése/sɔ́s] [男]〖単複同形〗❶ エス・オー・エス, 遭難信号: lanzar un ～ [+a に] SOSを発信する. ❷ 援助の要請: Nos ha lanzado un ～, que tiene mucho trabajo. 彼は忙しくて私たちに手助けを求めてきた

sos-《接頭辞》［下］*sos*tener 支える

sosa[1] [sósa]〖←カタルーニャ語〗[女] ❶《化学》1）ソーダ: bicarbonato de ～《西》重曹. 2）炭酸ソーダ〖=carbonato de sodio〗. 3）ソーダ灰〖=～ comercial〗. 4）苛性ソーダ〖=～ cáustica〗. ❷《植物》1）オカヒジキ. 2）～ blanca ハママツナ

sosaina [sosáina]〖←soso〗[形][名]《西. 軽蔑》面白味のない〔人〕, 野暮な〔人〕, さえない〔人〕: ¡Qué ～ eres, hay que ser un poco más salerosa! 君は何てそっけないんだ, もう少し愛嬌がなくては!

sosal [sosál] [男] オカヒジキ畑

sosamente [sósaménte] [副] 面白みもなく, 味気なく, つまらなく, 野暮ったく

sosañar [sosaɲár] [他] ❶ 叱る, とがめる. ❷《古語》侮辱する, からかう

sosar [sosár] [男] オカヒジキ畑〖=sosal〗

sosco [sɔ́sko] [男]《コロンビア》切れ端, 断片

sosedad [soseđá(đ)] [女] ❶ 面白味のなさ, 退屈さ; 愛嬌のなさ. ❷ 無味〖=sosería〗

sosegadamente [soseɡáđaménte] [副] 穏やかに; おとなしく: La reunión discurrió ～. 会議は波乱もなく進んだ

sosegado, da [soseɡáđo, đa] [形] ❶ 穏やかな, 落ち着いた: llevar una vida ～*da* y tranquila 安らぎのある静かな生活をおくる. ❷ 温和な, おとなしい: hombre de ～*da* apariencia 穏和な感じの男

sosegador, ra [soseɡađór, ra] [形][名] 穏やかにする, 落ち着かせる〔人〕; 安心させる〔人〕; なだめる人, 仲裁者

sosegante [soseɡánte] [形] 穏やかにする; なだめる

sosegar [soseɡár]〖←古語 sessegar < ラテン語 sesicare < sedere「座っている」〗[8] [23]〖→**negar**〗[他] ❶ 静める, 穏やかにする: El médico *sosegó* a mi ánimo con palabras cariñosas. 医者は優しい言葉で私の気持ちを静めてくれた. ❷ 安心させる: Tu noticia me *ha sosegado*. 君の知らせでほっとしたよ

—— [自] 静まる, 穏やかになる

—— **～se** ❶ 静まる, 穏やかになる: *Se sosegó* el mar. 波がおさまった. *Sosiégate*, niño. 坊や, おとなしくしなさい. ❷ 休息する, 体を休める; 眠る: Solo *me sosiego* un poco al llegar a casa. 私は帰宅してやっと少しくつろぐ

sosegate [soseɡáte] [男]《アルゼンチン, ウルグアイ. 口語》［行ないを正すための, 主に子供への］叱責, 注意

sosera[1] [soséra] [女]《口語》=**sosería**

soseras [soséras] [形][名]〖単複同形〗《西. 口語》面白味のない〔人〕, 野暮な〔人〕

sosería [sosería]〖←soso〗[女] ❶ 面白味のなさ, 味気なさ: ¡Qué ～ de canción! 何てつまらない歌だろう! La película es una ～. その映画は面白くも何ともない. ❷ 面白味(愛嬌)のない言動, 野暮

sosero, ra[2] [soséro, ra] [形] オカヒジキを産する

sosia [sósja]〖←Sosia 古代ローマの劇作家プラウトゥス Plauto の作品『アンピトゥルオ』Anfitrión の登場人物〗[男]《文語》そっくりな人, 瓜(うり)二つの人: Es tu ～. 彼は君と瓜二つだ

sosias [sósjas] [男]〖単複同形〗=**sosia**

sosiega [sosjéɡa] [女] ❶［労働の後などの］休息, くつろぎ. ❷［労働後・食後などの］飲酒;［特に］寝酒, ナイトキャップ. ❸ 平穏〖=sosiego〗

sosiego [sosjéɡo]〖←sosegar〗[男]［土地・人などの］平穏, 落ち着き, 平静さ, 静寂: Me gusta el ～ del campo. 私は田舎の落ち着いた暮らしが好きだ. Trabaja todo el día sin un momento de ～. 彼は一時も休まず一日じゅう働きづめだ

soslayar [sɔslajár]〖←soslayo〗[他] ❶［困難などを］回避する, 切り抜ける: El presidente *soslayó* todas las preguntas difíciles. 首相は難しい質問をすべて上手にかわした. ❷［狭い所を通れるように］斜めにする: *Soslaya* los esquís para que puedan pasar por la puerta. 戸口を通れるようにスキーを傾けて持ちなさい

soslayo, ya [sɔslájo, ja]〖←古仏語 d'eslais < s'eslaissier「勢いよく飛び出す」〗[形] 斜めの, 傾いた

***al* ～**《まれ》=**de ～**

***de* ～** 1）斜めに, はすに: Si pones *de* ～ el cuadro, podrás meterlo en el coche. 絵を斜めにすれば車に入れられるよ. 2）表面的に

***mirar de* ～** 横目で見る

soso, sa[2] [sóso, sa]〖←ラテン語 insulsus〗[形] ❶ 味(風味)のない, まずい;［特に］塩味の足りない: Para mi gusto este guiso te ha quedado un poco ～. 私の好みから言えば君のこのシチューは少々塩が足りない. ❷ 面白味のない, 無味乾燥な, 野暮な: Vimos una película *sosa* y aburrida. 私たちは面白くない退屈な映画を見た. Es un hombre ～. 彼はつまらない男だ. ❸［女性が］愛嬌のない: Es guapa, pero *sosa*. 彼女は美人だが愛嬌がない. ❹ 生気(精彩)のない: Su rostro es ～. 彼の顔は生気がない

¡no seas tan ～! そんなに水くさくするなよ!

—— [名] 面白くない人間, つまらない人間: Es un ～, nunca le apetece ir a ningún sitio. 彼はどこにも行きたがらない朴念仁だ

sosobrejuanete [sosobrexwanéte] [男]《船舶》スカイスル

sospecha [sɔspétʃa]〖←ラテン語 suspicio, -onis〗[女]［兆候などを根拠にした］疑惑, 嫌疑: La policía tiene vivas ～*s* de él. 警察は彼に強い嫌疑をかけている. disipar las ～*s* 疑いを晴らす. infundir a+人 ～*s* …の疑惑を招く. tener a+人 en ～《法律》…に嫌疑をかける. fuera (por encima) de toda ～ 疑いの余地のない

sospechable [sɔspetʃáble] [形] 疑わしい, 疑いの余地のある, 怪しい〖=sospechoso〗

sospechar [sɔspetʃár]〖←ラテン語 suspectare < suspectus, -a, -um < suspicio〗[他]［兆候などを根拠に］推量する, 予測する; 疑う: 1）[+名詞] Fue ese hombre el que lo robó.—Ya lo *sospechaba*. 盗んだのはその男だった.—思っていたとおりだ. El amo *sospechaba* la infidelidad de su criado. 主人は召使いの忠誠心を疑っていた. 2）[+que+直説法] Por la hora que es, *sospecho que* ya no vendrá el profesor. こんな時間だから先生はもう来ないだろう. *Sospecho que* él miente. 彼は嘘をついていると私は思う. *Sospecho que* no tardarán en dar fruto. もうすぐ成果が現われるような気がする. 3）［軽い疑惑. +que+接続法］Todos *sospechan que* él pueda ser el autor. 彼が犯人かもしれないとみんな疑っている

—— [自] [+de+人 に] 嫌疑をかける: La policía *sospecha de* él como autor del robo. 警察は盗みの犯人として彼を疑っている. *Sospecha de* su marido. 彼女は夫に不信感を抱いている

sospechosamente [sɔspetʃósaménte] [副] 怪しげに: Este logo era ～ parecido al logo de canal 5. このロゴは5チャンネルのロゴとおかしなほど似ている

sospechoso, sa [sɔspetʃóso, sa]〖←sospecha〗[形] ❶ 疑わしい: Su comportamiento es muy ～. 彼の態度は実に怪しい. Es

sosquín [soskín] 男 ❶ [卑怯な] 横からの殴打; 不意の殴打. ❷《キューバ》広角, 鈍角

sostén [sostén]〔←*sostener*〕男 ❶ 支え, 支柱: ~ del muro 塀の支え. Es el ~ de su familia. 彼が一家の大黒柱だ. precio de ~ 最低保障価格, 支持価格. ~ del gobierno 政府の支持者. ~ moral 心の支え, 精神的支柱. ❷《服飾》[時に複] ブラジャー: ponerse (llevar) los *sostenes* ブラジャーをつける(つけている). ❸ 食べ物: ganarse el ~ 食いぶちを稼ぐ. ❹《船舶》支え, 支持
—— 女 ❶ 支えること

sostenedor, ra [sosteneðór, ra] 形 支える[人]; 支援する[人], 支持者, 後援者

sostener [sostenér]〔ラテン語 sustinere〕58〖命令法単数 sostén/sostén〗他 ❶ 支える. Se apoyó *sostener* en. 台座が像を支える. Yo *sostenía* la cuerda por un extremo y el por el otro. 私がロープの片端を持ち彼がもう一方の端を持っていた. *Sostenía* al anciano por el brazo. 彼は老人の腕を支えていた. ❷ 費用を負担する, 扶養する: *Sostiene* un asilo de ancianos. 彼は老人ホームを支えている. ~ a la familia 一家の生計を支える. ❸ 支援する, 支持する, 擁護する; 励ます: Su mujer era la única que lo *sostenía*. 妻だけが彼の支えだった. Le *sostienen* en la jefatura sus amigos. 友人たちが彼のリーダーシップを支えている. ❹ [考えなどを]変えない, 主張し続ける[意見を]持つ: Galileo *sostenía* que la Tierra era redonda. ガリレオは地球は丸いと主張していた. *Sostuvo* su palabra hasta el último momento. 彼は最後まで約束を守った. Yo no *sostengo* la misma opinión. 私の意見は違う. ❺ [行為を]行なう; [状態を]続ける: *Sostuve* una larga conversación con él. 私は彼と長話をした. No podré ~ este tren de vida que llevo. 今のこんなぜいたくな暮らしは続けられないだろう. ~ buenas relaciones 友好関係を保つ. ~ un breve encuentro con+人 …と短時間会談する. ~ un enfrentamiento con+人 …と意見が衝突する. ❻ …の生命(健康)を維持する. ❼ [株価などを]維持する. ❽《音楽》[音の大きさを]保つ. ❾《まれ》耐え忍ぶ, 我慢する: ~ los trabajos 労働に耐える
—— ~**se** ❶ 自分を支える; [倒れず・落ちずに]持ちこたえる: No podía ~*se* de cansado que estaba. 彼は疲れていて立っていられなかった. El niño *se sostiene* de pie solo. その子は一人で立てる. *Se sostiene* en un saliente de la pared. それは壁の出っぱりにかろうじて載っている. La cometa *se sostiene* quieta en el aire. 凧が空中でじっと動かない. ❷ [+con・por で]生計を立てる; 生存する: *Se sostiene* a duras penas *con* lo que gana escribiendo artículos. 彼は記事を書いた稼ぎでやっと暮らしている. ~*se por* sus propios medios 自分で働いて生計を立てている, 自立している. ~*se con* unos trozos de pan パン数切れでしのぐ. ❸ 続ける; [状態が]続く: El chico no puede ~*se* mucho rato callado. 子供は長い間じっとしていられない. ~*se* en su negativa 拒否の姿勢を変えない. ❹ 生命(健康)を維持する: *Se sostiene* a fuerza de inyecciones. 彼は注射のおかげで持ちこたえている. ❺ [職・地位を]保持する: Solo se preocupan de ~*se* en el poder. 彼らは権力の保持にきゅうきゅうとしている

sostenible [sosteníβle] 形 支えられ得る; サステイナブル, 持続可能な; 発展(crecimiento) ~ 持続可能な開発(成長)《生態系の保全・途上国の貧困克服・世代間の公平などを維持しながらの開発・成長》. uso ~ [自然資源・環境の]持続可能な利用

sostenido, da [sosteníðo, ða] 形 ❶《音楽》半音高い: sol ~ 嬰(ｴｲ)ト音. en fa ~ mayor 嬰ヘ長調の. ❷ 持続する, 絶え間ない: esfuerzos ~s 不断の努力. atención ~*da* 不断の注意. ❸ [相場などが]支持され, 堅調な: desarrollo (crecimiento) ~ 恒常的成長《実質国民所得が一定率で伸びる成長》
—— 男 ❶《音楽》嬰記号, シャープ: doble ~ ダブルシャープ. ❷《舞踊》ポアント, つま先立ち

sostenimiento [sostenimjénto] 男 ❶ [+de を]支えること, 支持: El objeto de estas columnas es el ~ de la cubierta. これらの柱の目的は屋根を支えることである. ❷ 維持, 保全; 経営: ~ de un chalet 別荘の維持. ~ de una empresa 企業経営. ~ de la familia 家族の扶養. ❸ 集名 生きるための糧(ﾃ)

sostituir [sostitwír] 48 他《古語》=**sustituir**

sostre [sóstre] 男 ❶《ムルシア》屋根裏[部屋]. ❷《古語》屋根

sota [sóta] 女 ❶《西トランプ》10の札《絵柄は子供》. ❷ 横柄で恥知らずな女. ❸《口語》売春婦
hacerse el (la) ~《アルゼンチン, ウルグアイ. 口語》分からないふりをする, しらばくれる
—— 男 ❶《料理》~, caballo y rey スープとシチューとメインディッシュ. ❷《エストレマドゥラ》副執事. ❸《ムルシア》[靴工場の]裁断工. ❹《チリ》[土木工事の]現場監督
—— 形《チリ》優秀な, 傑出した

sotabanco [sotaβáŋko] 男《建築》❶ [蛇腹上の]屋上階; 屋根裏部屋. ❷ [アーチの]迫(ｾﾘ)持ち受け

sotabarba [sotaβárβa] 女 ❶ 二重顎 [=papada]. ❷ [顎の線に沿った]顎ひげ

sotacola [sotakóla] 女《馬具》尻繋(ｼﾘｶﾞｲ) [=ataharre]

sotacómitre [sotakómitre] 男《古語》ガレー船の漕刑囚の監督補

sotacoro [sotakóro] 男 =**socoro**

sotacura [sotakúra] 女《中南米》教区の助任司祭; 司教代行; [イエズス会の]幇(ﾎｳ)助司祭

sotalugo [sotalúgo] 男 [樽・桶の]2番目のたが

sotamano [sotamáno] 男《スポーツ》[ペロータで, ノーバウンドのボールを]アンダーハンドで打つこと

sotaministro [sotaministro] 男 =**sotoministro**

sotamontero [sotamontéro] 男 勢子頭 montero mayor 代理

sotana [sotána]〔←伊語 sottana「下スカート」〕女 ❶《カトリック》スータン《司祭の平服》: colgar la ~ 還俗する. ❷《口語》聖職者, 司祭. ❸《口語》殴打; [子供の]尻を叩くこと

sotanear [sotaneár]〔←伊語 sottanino〕他《口語》殴る, [子供の]尻を叩く

sotaní [sotaní] 男〖複 ~s〗[プリーツのない]短いアンダースカート

sotanilla [sotaníʎa] 女《カトリック》[侍者・神学生の着る]スータン sotana

sótano [sótano]〔←俗ラテン語 subtulum < subtus「下に」〕男 地下室, 地階: Una empresa alquiló el ~ para almacén. ある会社が倉庫用に地下室を借りた. primer (segundo) ~ 地下1(2)階

sotapatrón [sotapatrón] 男 [漁船などの]船長補

sotaventar [sotaβentár] ~**se**《船舶》風下に流される(傾く)

sotaventear [sotaβenteár] ~**se** =**sotaventarse**

sotavento [sotaβénto]〔←sota-+カタルニャ語 vent「風」〕男 ❶《船舶》1) 風下《⇔*barlovento*》: de ~ 風下の. a ~ de... …の風下に. virar a ~ 下手回しをする. 2) [船の]風下側. ❷ 山の風下側

sote [sóte] 男《コロンビア》ハマトビムシ, スナノミ [=nigua]

sotechado [sotetʃáðo] 男 物置, 納屋, 掘立て小屋

sotechado

soteño, ña [sotéɲo, ɲa] 形 ❶ [鳥などが]森 soto に育つ. ❷《地名》ソト Soto の[人]《スペイン語圏にたくさんある町村名》

sotera [sotéra] 女《アラゴン》浅い掘り起こし用の鍬(ｸﾜ)

soteriología [soterjoloxía] 女《神学》[救世主の]救済論

soteriológico, ca [soterjolóxiko, ka] 形《神学》救済論の

soterrado, da [sotéřaðo, ða] 形 地下の: paso ~ 地下通路

soterramiento [sotéřamjénto] 男 ❶ 埋めること, 埋蔵. ❷ 隠すこと, 秘匿. ❸ 胸の奥にしまうこと

soterraño, ña [sotéřaɲo, ɲa] 形《文語》地下の [=subterráneo]

soterrar [sotéřar]〔←so-(下)+ラテン語 terra「地面」〕23 他 ❶ 埋める: Antes los piratas *soterraban* los tesoros en las islas caribeñas. 昔海賊たちはカリブの島々に宝物を埋めた. ❷ [記憶・感情などを]しまい込む; [意見・問題などを]隠す: Va a ~ los recuerdos amargos. 彼は苦い思い出を胸の奥にしまうもりだ

sotho [sóto] 形 名《アフリカ南部の》ソト族[の]

sotileza [sotiléθa] 女《まれ》=**sutileza**. ❷《カンタブリア. 釣り》はりす

sotillo [sotíʎo] 男 [河岸などにある]小さな林

soto [sóto]〔←ラテン語 saltus「森」〕男 ❶ [河岸などにある]森, 雑木林, 木立ち; やぶ, 茂み: pasar la siesta en el ~ 午後森で休む. ❷《エクアドル》1) 糸の結び目. 2) [こぶなど]皮膚の突起物; 腫れもの, おでき

Soto [sóto]《人名》**Domingo de ~** ドミンゴ・デ・ソト〖1494～1570, スペイン人神学者. バリャドリード論争 Junta de Valladolid に参加.『正義と法について』*De justitia et jure*〗
Hernando de ~ エルナンド・デ・ソト〖1500?～42, スペイン人コンキスタドール. 中米で発見・征服事業に携わった後, インカ帝国の征服に参加〗
sotobosque [sotobóske]男〖森の木々の根もとに生える〗下ばえ, 下草
sotol [sotól]男《メキシコ. 植物》ダシリリオン, 白亜竜〖学名 Dasylirion wheeleri. アルコール飲料の原料〗; それから作る蒸留酒
sotole [sotóle]男《メキシコ. 植物》=**sotol**
sotoministro [sotominístro]男〖イエズス会の〗幇(⁺)助修士
Soto y Alfaro [sóto i alfáro]《人名》**Bernardo ~** ベルナルド・ソト・イ・アルファロ〖1854～1931, コスタリカの弁護士・軍人・政治家. 大統領(1886～91)在任中に甘い改革を行なう〗
sotreta [sotréta]形名 ❶《中米》1)〖馬が〗うまく歩けない. 2)〖人が〗信用のない. ❷《アルゼンチン, ウルグアイ》1)《軽蔑》悪意で行動する[人]; 欠陥(欠点)だらけの[人]. 2)〖雌が〗不妊の. ❸《アルゼンチン. 軽蔑》1)〖不器用で〗怠け者[の]. 2)臆病な, 臆病者
sotrozo [sotróθo]男 ❶《軍事》〖砲車の〗車輪止めピン. ❷《船舶》〖耳栓の〗耳型止め
sotto voce [sóto bótʃe]《←伊語》副形 ❶《音楽》ソット・ヴォーチェ〖ひそやかな声で, ひそひそと〗. ❷ 小声で, 低い(静かな)声で; 密かに
sotuer [sotwér]《←仏語 sautoir》男《紋章》X 型十字
en ~ X 字形に
soturno, na [sotúrno, na]=**saturnino**
sotuto [sotúto]男《ボリビア. 昆虫》スナノミ〖=**nigua**〗
soufflar [suflár]自 =**suflar**
soufflé [suflé]《←仏語》男〖複 ~s〗《料理》スフレ: ~ dulce [デザートとしての]甘いスフレ. ~ de espinacas ホウレンソウのスフレ. ~ de gambas 小エビのスフレ
souflar [suflár]自 =**suflar**
souflé [suflé]男〖複 ~s〗=**soufflé**
soul [súl]男〖←英語〗形〖単複同形〗《音楽》ソウル[の]: música ~ ソウルミュージック. cantante de ~ ソウル歌手
soutien [sutjén]《←仏語》男《アルゼンチン, ウルグアイ》ブラジャー〖=**sostén**〗
souvenir [subenír]《←仏語》男〖複 ~s〗〖旅行の〗記念品, みやげ物: Te hemos traído unos ~s de Estambul. イスタンブールみやげを買ってきたよ. tienda de ~ みやげ物店
soviento [sobjénto]男《アンダルシア》綿くず, 毛くず
soviet [sóbjet]《←露語》男〖複 ~s〗《歴史》 ❶ ソビエト, 労働者評議会. ❷ ソビエト政府. ❸ ソビエト連邦最高会議〖= ~ supremo〗
soviético, ca [sobjétiko, ka]形名《歴史, 国名》ソ連 Unión Soviética[人]の; ソ連人: economía ~ca ソ連経済. socialismo ~ ソ連型社会主義 *Unión de Repúblicas Socialistas S~cas* ソビエト社会主義共和国連邦
sovietismo [sobjetísmo]男 共産主義
sovietista [sobjetísta]形《まれ》共産主義の
sovietización [sobjetiθaθjón]女 ソビエト化
sovietizar [sobjetiθár]9 他 ソビエト化する; ソ連の影響化に置く
sovietología [sobjetoloxía]女 ソ連研究
sovietólogo, ga [sobjetólogo, ga]名 ソ連研究者
sovjós [sobxós]《←露語》男〖歴史〗ソホーズ, 国営農場
sovoz [soboθ]a ~《古》小声で, そっと
soya [sója]女《中南米》=**soja**
soyacal [sojakál]男《グアテマラ》〖先住民が使う〗ヤシの葉で作った蓑(⁺)
soyanza [sojánθa]女《エクアドル》賞賛, お世辞〖=**uyunza**〗
SP 男《西. 略語》←*servicio público* 公共企業体
s/p《略語》←*su pagaré* 貴約束手形
spaghetti western [espagéti wéstern]男〖単複同形〗《映画》マカロニウエスタン
spahí [(e)spaí]男 =**espahí**
spanglish [espángliʃ]《←英語》男〖米国のスペイン語系住民などが話す〗英語を多用したスペイン語, スペイン語なまりの英語
spaniel [espanjél]男《犬》スパニエル
sparring [(e)spárin]《←英語》男《ボクシング》スパーリングパートナー

speaker [(e)spíker]《←英語》男〖複 ~s〗❶〖英国・米国の〗下院議長. ❷《古語的》アナウンサー, ニュースキャスター〖男性. =**locutor**〗
speech [(e)spítʃ]《←英語》男〖時に戯謔, 軽蔑〗スピーチ〖=**discurso**〗
speed [(e)spíd]《←英語》男〖隠語〗スピード〖覚醒剤〗; それによる陶酔状態
speedball [(e)spídbol]《←英語》男〖隠語〗コカインとヘロインを混ぜた速効性の麻薬
spelear [(e)speleár]他《米国》…のスペルを言う
spencer [(e)spensér]《←英語》男〖複 ~s〗《服飾》スペンサージャケット
speos [(e)spéos]男〖単複同形〗岩窟寺院
spi [(e)spí]《船舶》**spinnaker** の省略語
spider [(e)spíder]《←英語》男〖単複同形〗《自動車》スパイダー
spiedo [(e)spjédo]男《チリ, アルゼンチン, ウルグアイ》pollo al ~ ひな鶏の串焼き
spin [(e)spín]《←英語》男〖複 ~s〗《物理》スピン〖=**espín**〗
spinnaker [(e)spinakér]《←英語》男〖複 ~s〗《船舶》スピンネーカー
spinning [(e)spínin]《←英語》男 エアロバイク〖運動〗
spinto, ta [(e)spínto, ta]《←伊語》名《音楽》スピントの[歌手]
spiritual [(e)spiritwál]《←英語》男〖複 ~s〗《音楽》黒人霊歌〖=**espiritual**〗
spleen [(e)splín]《←英語》男〖複 ~s〗《文語》憂鬱(⁺)
spoiler [(e)spojlér]《←英語》男〖複 ~s〗《航空, 自動車》スポイラー
sponsor [(e)sponsór]《←英語》名〖複 ~s〗スポンサー, 広告主
sponsorizar [(e)sponsoriθár]9 他〖スポンサーとして番組などを〗提供する
spóntex [(e)spónte(k)s]《←商標》女 =**espóntex**
sport [(e)spór]《←英語》形〖複 ~s〗スポーツ〖=**deporte**〗; スポーティーな[deportivo]: traje [de] ~ カジュアルウェア
sportman [(e)spórman]男〖複 ~s〗《廃語》スポーツマン〖=**deportista**〗
spot [(e)spót]《←英語》男〖複 ~s〗❶〖映画, テレビ〗スポット広告〖= ~ publicitario〗. ❷《主にチリ, アルゼンチン, ウルグアイ》スポットライト
── 形《商業》mercado ~ スポット市場. precio ~ スポット価格〖=*precio al contado*〗
spray [(e)spráj]《←英語》男〖複 ~s〗スプレー《液体, 容器》: ~ de pintura 塗料スプレー
en ~ スプレー式の: desodorante en ~ スプレー式脱臭剤. laca en ~ ヘアスプレー
spre.《略語》=*siempre* 常に
spread [(e)spréd]《←英語》男〖債券・商品の〗差額, 値幅
sprint [(e)sprín]《←英語》男〖複 ~s〗❶ スパート, 全力疾走; [特に]ラストスパート: Realizaremos un pequeño ~ para terminar el trabajo. 私たちは仕事を仕上げるためにちょっとスパートをかけるつもりだ. ❷《自転車など》スプリント, 短距離走
sprintar [(e)sprintár]《←英語》自 スパートする, 全力疾走する; ラストスパートする
sprinter [(e)sprintér]《←英語》名〖複 ~s〗《自転車など》スプリンター, 短距離選手
squash [(e)skwáʃ]《←英語》男《スポーツ》スカッシュ
squatter [(e)skwáter]《←英語》名〖複 ~s〗〖空き家の〗不法居住者〖=**okupa**〗
squech [(e)skétʃ]《←英語》男《演劇》寸劇
Sr.《略語》=*señor* [男性]…様
Sra.《略語》〖複 Sras.〗=*señora* [既婚女性]…様, …夫人
SRAS《略語》=*síndrome respiratorio agudo severo* 重症急性呼吸器症候群, SARS
sre.《略語》=*sobre* …に関して, …に対して
Sres.《略語》=*Señores* 御中
srilankés [(e)(s)rilaŋkés]形〖複同形〗《国名》スリランカ Sri Lanka の[人]
srilanqués [(e)(s)rilaŋkés]形 =**srilankés**
S.R.L.《略語》=*Sociedad de Responsabilidad Limitada* 有限会社
S.R.M.《略語》=*Su Real Majestad* 陛下
Srs.《略語》=*Señores* 御中
Srta.《略語》=*Señorita* [未婚女性]…様

SS.《略語》←siguientes 次の
S.S.《略語》←Su Santidad 教皇聖下; =**S.S.S.**
SSE《略語》←sudsudeste 南南東
SS.MM.《略語》←Sus Majestades 陛下ご夫妻
SSMO.P.《略語》←Santísimo Padre 教皇, ローマ法王
SSO《略語》←sudsudoeste 南南西
S.S.S.《略語. 古語》←su seguro servidor［公用文で］敬具〖現在では =cordialmente など〗
S.s.s.q.b.s.m. =**S.s.s. que b.s.m.**
S.s.s. que b.s.m. ←Su seguro servidor que besa su mano［公用文で］敬具.
Ss.Ss. ←seguros servidores［発信人が会社・団体］敬具
sta.《略語》←santa［女性］聖…
stabat [(e)stábat] [男] =**stabat mater**
stabat mater [(e)stábat máter]〖←ラテン語〗[男]〖[単] のみ〗スターバト・マーテル〖悲しみの聖母の聖歌. stabat mater「悲しめる聖母は立てり」で始まり, キリストが十字架にかけられた時の聖母の悲しみを歌う〗
STABEX [(e)stabé(k)s]〖←英語 Stabilization of Export Earnings の略語〗[女] 輸出所得安定化制度, スタベックス〖ロメ協定 Convención de Lomé を承けて ACP(アフリカ・カリブ・太平洋)諸国の一次産品輸出の所得安定化のために設立〗
stablishment [(e)stábliʃmen] [男] =**establishment**
staccato [(e)stakáto]〖←伊語〗[男]《音楽》スタッカート, 断奏
stack [(e)sták]〖←英語〗[男]〖[複] ～s〗《情報》スタック, 一時的記憶装置
stádium [(e)stáđjun] [男]〖[複] ～s〗競技場, スタジアム〖=estadio〗
staff [(e)stáf]〖←英語〗[男] [集名]〖[複] ～s〗スタッフ, 幹部グループ: Trabaja en el ～ de la clínica. 彼は病院のスタッフとして働いている
stage [estáĵ]〖←仏語〗[男]《スポーツなど》スタージュ, 研修; チーム練習
stagflación [(e)stagflaθjón] [女]《経済》スタグフレーション
stajanovismo [(e)staxanoƀísmo] [男]《経済》=**estajanovismo**
staliniano, na [(e)estalinjáno, na] [男] =**estaliniano**
stalinismo [(e)stalinísmo] [男] =**estalinismo**
stalinista [(e)stalinísta] [形] [名] =**estalinista**
stand [(e)stán(đ)]〖←英語〗[男]〖[複] ～s〗❶［博覧会・祭りなどの］展示場, パビリオン; スタンド, 屋台: Pequeños ～*s* están dedicados cada uno a una marca. 小さなスタンドが各メーカーに1つずつ割り当てられている. ～ de Japón en la exposición universal de Sevilla セビリア万博の日本館. ❷《植物》［一定面積に対する］立ち木の数(密度), 株立本数
standard [(e)stándar]〖←英語〗[男] =**estándar**
standardizar [(e)standarđiθár] ⑨ [他]《古語的》=**estandarizar**
standarizar [(e)standariθár] ⑨ [他]《古語的》=**estandarizar**
stand by [(e)stán bái̯]〖←英語〗[男] ❶《商業》信用状, LC. ❷ 控え, 予備; 待機
standing [(e)stándiŋ]〖←英語〗[男]〖[複] ～s〗［経済的・社会的に高い］地位, 生活レベル: Es una zona de alto ～. そこは高級住宅街だ. Su novio es un ejecutivo de alto ～. 彼女の恋人はセレブな重役である. alcanzar un ～ elevado 高い生活水準に達する
star [(e)stár]〖←英語〗[名]〖[複] ～s〗〔映画〕スター〖=estrella de cine〗
—— [男]［ヨットの］スター級
starking [(e)stárkiŋ]〖←英語〗[女]［リンゴの品種］スターキング
starlet [(e)stárlet]〖←英語〗[女]［まだ無名だがスターを目指している］若手女優, 新進女優, スターの卵
starlette [(e)stárlet] [女]《まれ》=**starlet**
startear [(e)starteár] [他]《米国》発車(スタート)させる
starter [(e)stárter]〖←英語〗[男]〖[複] ～s〗❶《自動車》エンジンの始動装置: abrir (cerrar) el ～ エンジンをかける(切る). ❷《スポーツ》スタート計測装置
-stática[1]《接尾辞》［平衡］hidro*stática* 液体静力学
-stático, ca[2]《接尾辞》［平衡］electro*stático* 静電気の
-stato《接尾辞》［安定装置］termo*stato* サーモスタット
statu quo [(e)státu kwó] [男] =**status quo**
status [(e)státus]〖←ラテン語〗[男]〖単複同形〗［社会的な］地位, ステータス: Al ascender en la empresa, él ha cambiado de ～ social. 社内で出世するにつれて彼の社会的地位は変わってきた. Su ～ económico no es malo. 彼の経済的地位は悪くない
status quo [(e)státus kwó]〖←ラテン語〗[男]《主に外交》現状, そのままの状態: mantener el ～ de... …の現状を維持する
steak tartare [(e)stík tartár] [男]《料理》タルタルステーキ
stencil [(e)sténθil] [男]〖[複] ～s〗《技術》ステンシル
-stenia《接尾辞》［弱さ］neura*stenia* 神経衰弱
stent [(e)stént] [男]《医学》ステント
stéreo [(e)stéreo] [形] [男] =**estéreo I**
sterilet [(e)sterilét]〖←英語〗[男] 避妊用子宮内リング〖=DIU〗
steroide [(e)steróide] [男] =**esteroide**
sterol [(e)steról] [男] =**esterol**
stick [(e)stík]〖←英語〗[男] ❶《ホッケー》スティック. ❷《化粧》リップスティック
stilb [(e)stílƀ]〖←英語〗[男]〖[複] ～s〗［輝度の単位］スチルブ
stilton [(e)stíltɔn]〖←英語〗[男]《料理》スティルトンチーズ
Sto., Sta.《略語》←santo［男性］聖…
stoa [stóa] [女]《古代ギリシア》柱廊
stock [(e)stók]〖←英語〗[男]〖[複] ～s〗《商業》在庫, ストック: Tienen demasiadas mercancías en ～. 彼らはあまりにもたくさんの在庫を抱えている
stock option [(e)stók ɔpsjón]〖←英語〗[女]《商業》ストックオプション, 新株予約権
stokes [stóu̯ks]〖←英語〗[女]［運動粘性率のCGS単位］ストークス
STOL [(e)stól] [男]〖[複] ～s〗《航空》短距離離着陸機
stop [(e)stóp]〖←英語〗[男]〖[複] ～s〗❶［交通標識の］赤信号: La culpa del accidente fue del camión que se saltó el ～. 事故の原因はトラックの信号無視だった. ❷［電文を区切る］ストップ, 段落: Llego a las doce ～ Elisea. 12時に着きます. エリセア. ❸［DVD・CDなどの］停止ボタン. ❹《コロンビア. 自動車》ブレーキランプ
—— [間] 止まれ, やめろ!
stop and go [(e)stóp an góu̯]〖←英語〗[男]《経済》ストップ・アンド・ゴー政策
store [(e)stór]〖←仏語〗[男] =**estor**
Storni [stórni]《人名》**Alfonsina ～** アルフォンシナ・ストルニ〖1892～1938, アルゼンチンの詩人. モデルニスモの影響を受け, 愛・失意・死・激しく揺れ動く感情を率直にうたいあげた〗
storyboard [(e)stóriƀɔrđ]〖←英語〗[男]《広告など》絵コンテ
stotinka [(e)stotíŋka] [男]〖[複] stotink*i*〗［ブルガリアの貨幣単位］ストティンカ〖[複] ストティンキ. 1レフ lev =100ストティンキ〗
stradivarius [strađiƀárjus] [男]［バイオリンの名器］ストラディバリウス
strass [(e)strás]〖←独語〗[男]［模造宝石用の］鉛ガラス
streaking [(e)stríkiŋ]〖←英語〗[男]〖[複] ～s〗《古語的》ストリーキング
strelitzia [(e)strelíθja] [女]《植物》ストレリチア, 極楽鳥花
stress [(e)strés] [男] =**estrés**
stretching [(e)strétʃiŋ]〖←英語〗[男]〖[複] ～s〗《スポーツ》ストレッチ
stricto sensu [estríkto sénsu]〖←ラテン語〗[副] [形] 厳密な意味で〔の〕〖⇔lato sensu〗
strike [(e)strái̯k]〖←英語〗[男]《野球》ストライク
stripper [(e)strípεr]〖←英語〗[名] ストリッパー: ～ masculino (hombre) 男性ストリッパー
striptease [(e)stri(p)tís]〖←英語〗[男]〖単複同形〗❶ ストリップショー: hacer ～ ストリップをする; 裸になる. ～ masculino 男性ストリップ. ❷ ストリップ劇場(小屋). ❸《戯語》裸にする(なる)こと
Stroessner [stroesnér]《人名》**Alfredo ～** アルフレド・ストロエスネル〖1912～2006, パラグアイの軍人・政治家. 大統領として35年にわたり独裁政治を行なう(1954～89)〗
stromatolito [(e)stromatolíto] [男]《地質》ストロマトライト
stupa [(e)stúpa] [男]《仏教》ストゥーパ, 仏舎利塔
su [su]〖suyo の語尾脱落形〗[形]〖所有形容詞短縮形. →suyo [類義]. 名詞の前に置かれる. [語形] 所有者の人称と数に従って1人称単数 **mi**, 2人称単数 **tu**, 3人称単数 **su**, 1人称複数 **nuestro**, 2人称複数 **vuestro**, 3人称複数 **su** と変化する. さらに, 所有されるものの数に従って語尾変化し, nuestro と vuestro は所有されるものの性に従って語尾変化する. [語法] 1) 所有形容詞短縮形はそれ自体で限定の働きをしているので todo 以外の限定詞との併用はできない: ○Te dejará *todos sus* libros.

彼は彼が持っている本を全部君に貸してくれるだろう。3) 3人称の su は「彼の，彼女の，あなたの，彼らの，彼女らの，あなた方の(男・女)，それらの」を表わす：Su casa es muy grande. 彼[ら]の(彼女[ら]・あなた[がた])の家はとても大きい。文の前後関係からも su が誰を指しているか分かりにくい時は 定冠詞+名詞+de+所有者(前置詞格人称代名詞・名詞) で所有者を特定する：Este es el coche de ella (de Juana). これは彼女(フアナ)の車です。José e Inés viven en casa del tío de aquel (de esta). ホセとイネスはホセ(イネス)の伯父の家で生活している。3) 所有形容詞と de+所有者 を同時に使うことはできない：×su casa de ella. しかし usted・ustedes が儀礼的に使われている場合にこの限りではない：La (Su) tía de usted me ha llamado. あなたの伯母様が私に電話をかけてきて下さった。4) 所有関係が明確な時は所有形容詞は使わない：Metió la mano en el bolsillo. 彼はポケットに手を入れた。Vendió la casa y el chalé. 彼は家と山荘を売り払った。❶ [彼][彼の]，彼女[ら]の；それ[ら]の；あなた[がた]の：1) [所有] Allí está su ropa interior. そこに彼の下着がある。2) [話題にしている人・事物の] Su pedantería es insoportable. 彼の知識をひけらかす態度には我慢がならない。Eran unos edificios históricos y su demolición originó protestas. それらは歴史的建造物だったのでその解体には抗議の声が沸き上がった。España y su historia conmueven y su historia. 3) [血縁・姻戚関係] Aquí vienen Carlos y sus hijos. カルロスとその息子たちがやって来る。4) [所属] ¿Cuántos chicos hay en su colegio? あなたの勤めている小学校には何人の子供がいるのですか？¿Hay un supermercado en su barrio? あなたの住んでいる地域にスーパーマーケットはありますか？5) [使用対象] Esta es su mesa de trabajo. これがあなたの事務机です。Rogamos a los señores pasajeros de vuelta a sus asientos. 各自のお席にお戻り下さいますよう乗客の皆様にお願い申し上げます。su número de teléfono 彼の電話番号[=el número de su teléfono]. 6) [公共機関・団体・団体] Ahí viene su autobús. そこにあなたの乗るバスが来ました。¿Cuál es su equipo de fútbol? あなたの応援しているサッカーチームはどこですか？su pueblo あなたの町。7) [最上級] 所有形容詞が定冠詞と同じ働きをする『Platero y yo』es su obra más conocida.『プラテーロとわたし』は彼の最も知られた作品である。Su mejor amiga es Ana. 彼女の最も親しい友達はアナだ。【語法】所有形容詞の不使用：1) 再帰代名詞によって所有関係が明確になっている場合：Me lavo la cara. 私は顔を洗う。Me he puesto la nueva blusa. 私は新しいブラウスを着た。Se quitó la chaqueta. 彼は上着を脱いだ。Me duelen el estomago y la cabeza. 私はお腹と頭が痛い。2) 間接代名詞によって所有関係が明確になっている場合(スペイン語では身体の部位や所有物に行為が及ぶ時，部位や所有物に定冠詞を付し，その所有者を間接・直接目的格代名詞で表わされるため所有関係が明確になる)：El médico le curó la herida. 医者は彼の傷を治療した。Le robaron la cartera. 彼は財布を盗まれた。El cristal le hirió en la mano. 彼はガラスで手を切った）❷ [行為の主体・客体] Mira su foto. 彼の(写した・写っている)写真を見てごらん。Su evaluación es muy alta. 彼の下した(彼に対する)評価は大変高かった。Debemos mucho a su estudio. 私たちは彼の〔に〕研究に負うところ大である。Necesitamos mucho su estudio. 私たちは大いにそれを研究する必要がある。【語法】所有形容詞によって修飾される名詞が『行為』の意味合いを内包している時，その意味合いが他動詞的であれば行為を行なう主体である場合と行為を受ける客体である場合とがあり，そのどちらであるかは文脈，発話の背景，あるいは文型などで判断することになる。自動詞的であればそのような現象は起こらない）❸ [+propio. 明示・再確認] 自分の：Asegúrese con sus propios ojos. 自分の目で確かめなさい。Vive en su propia casa. 彼は持ち家に住んでいる。Ella enseña a sus propios hijos. 彼女は自分の子供たちを教えている。❹ [uno と共に名称性。暗に話し手の考えとして一般的に] 人は誰でも自分の；Inevitablemente uno piensa en su familia. 人は誰でも自分の家族のことを考えるのは避けられない。❺ [習慣・慣例・通例. 所有関係が明確でも所有形容詞を用いる] いつもの，例の，それなりの：Ella lleva su delantal sucio. 彼女はいつもの汚れたエプロンをしている。Se toma cada día su zumo de tomate. 彼女は毎日きまってトマトジュースを飲む。Cada uno tiene sus preocupaciones. 人はそれぞれの心配事があるものだ。❻ [所有関係の強調] それなりの，かなりの，…ふさわしい：Los malos tienen su castigo. 悪人はそれなりの罰を受ける。En eso hay sus dudas. それには疑問の余地

がある。un cocido con su buen chorizo とてもおいしいチョリソの入った煮込み料理。❼ [概数・不定] Distará sus dos kilómetros. 距離はまず2キロぐらいだろう。Ese coche debe de costar sus tres millones de yenes. その車は300万円ぐらいはするだろう。Tendrá unos setenta años. 彼は結構70歳くらいだと思うよ。❽ [手紙] 貴社の，貴団体の：Agradecemos su amable pedido. 貴社よりのご注文まことにありがたく存じます。❾ [尊称] Sus Majestades 陛下御夫妻. Su Alteza [Real] 殿下. Su Eminencia [枢機卿] 猊下. Su Excelencia [大臣・知事などに] 閣下. Su Ilustrísima [司教に] 猊下. Su Señoría [議員などに対して] 閣下. ❿ [俗用][+人名(配偶者・子供)] ¿Tuvo usted un hijo el año pasado: su Fernandito? 昨年あなたは一子フェルナンディートさんをもうけられたのですね？ ⓫ [俗用][話し手の反応．怒り・侮辱] ¡su puta madre! ちくしょうめ/ばかやろう/売女め！ ⓬ [中南米] 君たちの [=vuestro]: ¡Felicitaciones en su matrimonio! 結婚おめでとう！

suaca [swáka] 女《メキシコ》殴打
suácate [swákate] 間《チリ. 口語》殴打
de un ~《チリ》一挙に
suadir [swaðír] 他《廃語》助言する；説得する
suahili [swaxíli] =**suajili**
suajili [swaxíli] 男 スワヒリ語
suampo [swámpo] 男《←英語 swamp》《中米》湿地，沼地
suancino, na [swanθíno, na] 形《地名》スアンセス Suances の［人］《カンタブリア州の町》
suarda [swárða] 女 =**juarda**
Suárez [swáreθ]《人名》**Adolfo** ~ アドルフォ・スアレス《1932〜，スペインの政治家・弁護士，民主主義への移行期の首相(76〜81)》
Francisco ~ フランシスコ・スアレス《1548〜1617，スペイン生まれの神学者・法学者. スコラ学を集大成し，俊秀博士 Doctor Eximius と呼ばれる.『法律および立法者なる神に関する考察』Tractatus de legibus ac Deo legislatore》
suarismo [swarísmo] 男 スアレス Francisco Suárez 主義
suarista [swarísta] 形 女 スアレス主義の(主義者)
suasorio, ria [swasórjo, rja]《←ラテン語 suasorius》形《文語》説得の
—— 女《まれ》説得するための演説
suástica [swástika] 女 かぎ十字
suato, ta [swáto, ta] 形 女《メキシコ》ばかな〔人〕，間抜けな〔人〕
suave [swáβe]《←ラテン語 suavis》形 ❶ 手触りのよい，柔らかくなめらかな：Tengo el pelo ~ y manejable. 私の髪の毛は柔らかく扱いやすい. cutis ~ すべすべした肌，柔肌. ~ como el terciopelo / ~ como la piel de un niño (de una manzana) 絹のようになめらかな. ❷ [形状・動きなどが] 穏やかな調子の，穏やかな：Prefiero los colores ~s a los colores fuertes. 私は鮮やかな色より柔らかい(落ち着いた)色の方がいい. La tarde era ~. 穏やかな午後だった. curva ~ 緩いカーブ. dirección ~ スムーズな操縦性. paso ~ 軽い足どり. pendiente ~ なだらかな斜面. regla ~ 緩い規則. sabor ~ まろやかな味. trabajo ~ 楽な仕事. viento ~ 心地よい風. voz ~ ソフトな声. ~ murmullo del arroyo 小川の軽やかなせせらぎ. ❸《時に皮肉》[estar+. 人・性質が] おとなしい，柔和で；落ち着いた，節度のある；従順な，御しやすい：Es un hombre de maneras ~s. 彼は物腰が柔らかい. No le digas nada, que hoy está ~. 彼に何も言うな，今日はナイーブになっているよ. palabras ~s 優しい言葉. reprensión ~ 軽い叱責. ❹ [ワインが] 口当たりのよい，軽い. ❺ [化粧品・医薬品などが] 効き目が穏やかな，マイルドな. ❻ [金属] acero ~ 軟鋼. ❼《ギリシア語の気音符》=**espíritu** suave. ❽《メキシコ》1) [主に女性に向けて] きれいな，魅力的な，すばらしい. 2) 快い，満足のいく. 3)《口語》すごい：paliza ~ 強烈な殴打
cogerlo ~《パナマ，プエルトリコ》急がない；怒らない
—— 副 ❶ 柔らかく，なめらかに. ❷ 慎重に，こっそりと. ❸《メキシコ. 口語》[同意] ¿Vamos a comer? —¡S~! 食べようか？—オーケー！
—— 男《隠語》蒸留酒 [=aguardinete]
suavemente [swaβeménte] 副 柔らかく，静かに；なめらかに
suavidad [swaβiðað] 女 ❶ なめらかさ：~ de la piel 肌のなめらかさ. ❷ 穏やかさ：tratar con ~ 優しく扱う. ❸ 柔和，従順さ：~ de su carácter 彼の性格の優しさ
suavización [swaβiθaxjón] 女 なめらか(穏やか)にすること

suavizador, ra [swaƀiθaðɔ́r, ra] [形] なめらかにする; 穏やかにする
—— [男] [かみそりを研ぐ] 革砥(かわと)
suavizante [swaƀiθánte] [形] なめらか(穏やか)にする
—— [男] ❶ [洗濯の] 柔軟仕上げ剤: Di una mano de ～ a las toallas antes de meterlas en la lavadora. 私は洗濯機に入れる前にタオルに軽く柔軟剤をかけた. ❷ ヘアーリンス: ponerse el ～ en el pelo 髪をリンスする. ❸ [心などを] いやしてくれるもの: El mejor ～ de las tensiones es la música. 一番よく緊張を解きほぐしてくれるのは音楽だ
suavizar [swaƀiθár] 〖←suave〗 [9] [他] ❶ なめらかにする: ～ la superficie 表面をなめらかにする. ❷ 穏やかにする: La miel *suaviza* los catarros. 蜂蜜は風邪を和らげる. ～ asperezas 事を丸く収める
—— **～se** ❶ なめらかになる. ❷ 穏やかになる: Con los años *se suavizó* su carácter. 年をとるにつれて彼は性格が丸くなった
suaza [swáθa] [男] パナマソウを材料にコロンビア南西部のスアサ Suaza で生産される帽子
suazi [swáθi] [形] [名] 《国名》スワジランド Suazilandia の(人)
—— [男] スワジ語
suazilandés, sa [swaθilandés, sa] [形] [名] =**suazi**
suazili [swaθíli] [形] [名] =**suazi**
sub [súƀ] …歳以下の: Mundial ～ 20《サッカー》U-20ワールドカップ
sub- 《接頭辞》❶ [下] *sub*marino 潜水艦. ❷ [副, 次, 準, 亜] *sub*director 副社長, *sub*agudo 亜急性の. ❸ [少] *sub*desarrollo 後進性
suba [súƀa] [女] 《ラプラタ》価格の上昇: Las acciones están en ～. 株価が上昇している
subacepción [suƀaθɛpθjɔ́n] [女] 《言語》副次的語義
subacetato [suƀaθetáto] [男] 《化学》塩基性酢酸塩
subacuático, ca [suƀakwátiko, ka] 〖←sub-+acuático〗 [形] ❶ 水面下の, 水中の; 水中にある: arqueología ～*ca* 水中考古学. ❷《生物》半水性の
subafluente [suƀaflwénte] [男] [支流からさらに分かれる] 支流
subagudo, da [suƀaɡúðo, ða] [形] 《医学》亜急性の
subalar [suƀalár] [形] 《航空》翼の下にある
subalcaide [suƀalkái̯ðe] [男] 市(町・村)長代理, 助役
subalimentación [suƀalimentaθjɔ́n] [女] 栄養不良, 栄養失調
subalimentado, da [suƀalimentáðo, ða] [形] 栄養不良(失調)の
subalpino, na [suƀalpíno, na] [形] ❶ アルプス山麓の. ❷《生物》亜高山の
subalquilar [suƀalkilár] [他] =**subarrendar**
subalternar [suƀaltɛrnár] [他] 服従させる, 従属させる
subalterno, na [suƀaltɛ́rno, na] 〖←sub-+alterno〗 [形] ❶ [地位などが] 下位の, 下級の: oficial ～《軍事》[大尉以下の] 下級将校, 尉官. ❷ [仕事が] 熟練(専門性)を必要としない; [地位が] 平社員の: trabajo ～ 単純な仕事. personal ～ 平社員, 下級職員. ❸ 二次的な, 副次的な: Eso tiene una importancia ～*na* ahora. それは今や二の次の重要性しか持っていない
—— [名] ❶ 部下, 下役: Se lleva muy bien con sus ～*s*. 彼は部下たちと和やかに仕事をしている. ❷《闘牛》マタドールの補佐〖banderillero や picador など cuadrilla の一員〗
subálveo, a [suƀálƀeo, a] [形] [男] 《地理》河床の下の〔水流〕
subaracnoideo, a [suƀaraknoi̯ðéo, a] [形] 《解剖》クモ膜下の: hemorragia ～*a* クモ膜下出血
subarbustivo, va [suƀarƀustíƀo, ƀa] [形] 小灌木の
subarbusto [suƀarƀústo] [男] 《植物》小灌木
subarrendador, ra [suƀar̄endaðɔ́r, ra] [名] ❶ 又貸し人. ❷ 又借り人〖=subarrendatario〗
subarrendamiento [suƀar̄endamjénto] [男] =**subarriendo**
subarrendar [suƀar̄endár] 〖←sub-+arrendar〗 [23] [他] 転貸貸する, 又貸し(借り)する: Yo *subarrendaría* una habitación, pero nadie se atreve a alquilármela. 僕は部屋を又貸しするつもりだが, 誰も借りようとする人がいない
subarrendatario, ria [suƀar̄endatárjo, rja] [名] ❶ 又借り人. ❷ 又貸し人〖=subarrendador〗
subarriendo [suƀar̄jéndo] 〖←subarrendar〗 [男] ❶ 転貸借, 又貸し, 又借り; 転貸借契約. ❷ 転貸借料
subártico, ca [suƀártiko, ka] [形] 北極圏に接する, 亜北極の
subasta [suƀásta] 〖←subastar〗 [女] ❶ 競売, 競り売り, オークション: poner un cuadro a ～ 絵を競売にかける. adquirir... en ～ …を競り落とす. sala de ～*s* 競売場. ～ a la baja 競り下げ競売. ～ de ganado 家畜の競り. ❷ 入札: El hospital saca a ～ la contrata de limpieza para el año próximo. 病院は来年の清掃契約を入札にかける. ～ pública 公開入札. ❸《トランプ》賭け金の吊り上げ
subastación [suƀastaθjɔ́n] [女] 《まれ》競売〖=subasta〗
subastador, ra [suƀastaðɔ́r, ra] [形] [名] 競売する; 競売人
—— [女] 競売所, オークション会社
subastar [suƀastár] 〖←ラテン語 subhastare〗 [他] ❶ 競売(オークション)にかける: Los herederos *subastaron* varios cuadros. 遺産相続者は数枚の絵画を競売にかけた. ❷ 入札にかける: La Administración *subastará* las obras del puente. 役所は橋の工事を入札にかけることになっている. ❸《トランプ》賭け金を吊り上げる
subastero, ra [suƀastéro, ra] [名] [差し押さえ物件の] 競売参加者
subatómico, ca [suƀatómiko, ka] [形] 《物理》原子を構成する, 原子より小さい〔粒子の〕; 原子内で生じる: partícula ～*ca* 原子構成粒子
subbético, ca [suƀƀétiko, ka] [形] 《地名》[アンダルシアの] スブベティカ Subbética 山脈の
subcamarero [suƀkamaréro] [男] [ホテルの] 客室係助手
subcampeón, na [suƀkampeɔ́n, na] [形] [名] 準優勝の; 準優勝者
subcampeonato [suƀkampeonáto] [男] 準優勝
subcategoría [suƀkateɡoría] [女] 下位区分, 下位範疇
subcelurar [suƀθelurár] [形] 《生物》細胞より小さい, 亜細胞の
subcentral [suƀθentrál] [形] 中心に近い, 中心下の
subcepción [suƀθɛpθjɔ́n] [女] 《心理》閾下(いきか)知覚
subceptivo, va [suƀθɛ〔p〕tíƀo, ƀa] [形] 閾下知覚の
subcinericio [suƀθineríθjo] [形] [パンが] 残り火(埋み火)で焼いた
subclase [suƀkláse] [女] 下位区分; 《生物》亜綱
subclavero [suƀklaƀéro] [男] 《歴史》[騎士団の] 副城代, 城代代理〖=teniente de clavero〗
subclavio, via [suƀkláƀjo, ƀja] [形] 《解剖》鎖骨下の: arteria ～*via* 鎖骨下動脈
—— [女] 鎖骨下静脈〖=vena ～*via*〗
subclímax [suƀklíma〔k〕s] [女] 《植物》亜極相
subclínico, ca [suƀklíniko, ka] [形] 《医学》準臨床的な
subcolector [suƀkolɛktɔ́r] [男] 収税吏(徴税官)の代理
subcomandante [suƀkomandánte] [名] 《軍事》副指揮官, 副司令官
subcomarca [suƀkomárka] [女] 地域, 地区〖comarca の下位区分〗
subcomarcal [suƀkomarkál] [形] 地域の, 地区の
subcomendador [suƀkomendaðɔ́r] [男] 副騎士団長, 騎士団長代理
subcomisario, ria [suƀkomisárjo, rja] [名] 副委員, 分科会委員
subcomisión [suƀkomisjɔ́n] [女] 小委員会, 分科会: Se formarán *subcomisiones* para estudiar el tema. 問題を検討するためにいくつかの小委員会ができるだろう
subcomité [suƀkomité] [男] =**subcomisión**
sub conditione [sub kɔnditjóne] 〖←ラテン語〗 [副] 条件付きで
subconjunto [suƀkɔŋxúnto] [男] 《数学》部分集合
subconsciencia [suƀkɔnsθjénθja] [女] 潜在意識〖=subconsciente〗
subconsciente [suƀkɔnsθjénte] 〖←sub-+consciente〗 [形] 《心理》潜在意識の, 意識下の: deseos ～*s* 意識下の欲望
—— [男] 潜在意識, 下意識: en el ～ 潜在意識で
subconservador [suƀkɔnsɛrƀaðɔ́r] [男] juez conservador が任命した裁判官
subconsumo [suƀkɔnsúmo] [男] 《経済》過少消費
subcontinente [suƀkɔntinénte] [男] 《地理》亜大陸: ～ indio インド亜大陸
subcontrata [suƀkɔntráta] [女] 《西》=**subcontratación**
subcontratación [suƀkɔntrataθjɔ́n] [女] ❶ 下請, 外注, 外製, 外部委託, アウトソーシング〖行為, 関係. =～ de servicios propios〗; 海外部品調達. ❷ 下請契約, 委託契約
subcontratante [suƀkɔntratánte] [形] 下請をする: empresa ～ 下請会社, 委託企業

S

subcontratar [subkontratár] 他 …に下請をさせる, 外注する, 外部委託する; 下請（委託）契約を結ぶ: Una empresa *subcontrata* a otras en los grandes proyectos de obras públicas. 大規模な公共事業では会社が別の数社と下請契約を結ぶ

subcontratista [subkontratísta] 名 下請業者, 委託業者: primer (segundo) 〜 一次（二次）下請

subcontrato [subkontráto] 男 =**subcontratación**

subcortical [subkortikál] 形《解剖》皮質下の

subcostal [subkostál] 形《解剖》肋骨下の

subcrítico, ca [subkrítiko, ka] 形《物理》準臨界の

subcultura [subkultúra] 女《社会学》サブカルチャー

subcultural [subkulturál] 形《社会学》サブカルチャーの

subcutáneo, a [subkutáneo, a]【←sub-+cutáneo】❶ 皮下にある: tejido 〜 皮下組織. ❷ 皮下に挿入する: inyección 〜a 皮下注射

subdelegable [subðeleɣáβle] 形 再委託（再委任）され得る

subdelegación [subðeleɣaθjón] 女 ❶ 再委託, 再委任. ❷ 代理人の部下（代理人の代理人）の職（事務所）

subdelegado, da [subðeleɣáðo, ða]【←sub-+delegado】形 名 ❶ 代理人の部下〔の〕; 代理人の代理人〔の〕. ❷《歴史》下部区画 partido を統轄する役人〔の〕

subdelegar [subðeleɣár] 8 他〔代理人が他の者に〕再委託（委任）する

subdelirio [subðelírjo] 男《医学》亜譫妄（せん）

subdérmico, ca [subðérmiko, ka] 形 =**subcutáneo**

subdesarrollado, da [subðesařołáðo, ða] 形 低開発の, 発展途上の: país 〜 開発（発展）途上国

subdesarrollo [subðesařóło] 男〔経済的・社会的な〕低開発〔状態〕

subdesértico, ca [subðesértiko, ka] 形 ❶《地理》亜砂漠の: clima 〜 亜砂漠性気候. ❷ 砂漠の縁にある

subdiaconado [subðjakonáðo] 男《カトリック》副助祭職

subdiaconal [subðjakonál] 形 副助祭の

subdiaconato [subðjakonáto] 男 =**subdiaconado**

subdiácono [subðjákono] 男《カトリック》副助祭【→órden ❷参照】女

subdialecto [subðjalékto] 男 方言の変種

subdirección [subðire(k)θjón] 女 subdirector の執務室（職・地位）

subdirector, ra [subðirektór, ra] 名 副社長, 副支配人, 次長: 〜 de la Biblioteca Nacional 国立図書館副館長

subdirectorio [subðirektórjo] 男《情報》サブディレクトリー

subdistinción [subðistinθjón] 女 さらに細かい区別（分類）

subdistinguir [subðistinɣír] 5 他〔区別・分類したものを〕さらに細かく区別（分類）する

súbdito, ta [súbðito, ta]【←ラテン語 subditus】形〔+de の〕支配を受ける, 従属している: Los vasallos eran 〜s de los señores feudales. 封臣は封建領主に臣従していた
—— 名 ❶〔封建制下の〕臣下, 臣民, 家来. ❷〔ある国の〕所属民: Los 〜s españoles tienen que respetar y cumplir la Constitución. スペイン国民は憲法を尊重し守らねばならない. 〜 norteamericano 米国人

subdividir [subðiβiðír]【←sub-+dividir】他〔区分・分割したものを〕区分に区分（分割）する, 再区分（分割）する
—— 〜se さらに区分（分割）される, 再区分（分割）される: Cada una de las partes de la novela se *subdivide* en capítulos. 小説の各部はさらに章に分けられる

subdivisión [subðiβisjón] 女 ❶ 再区分, 再分割, 下位区分. ❷ 間仕切り, 仕切り壁

subdominante [subðominánte] 形 ❶《音楽》下属音〔の〕. ❷《生態》亜（次）優占種〔の〕

subducción [subðu(k)θjón] 女《地質》サブダクション, プレートの沈み込み

subduplo, pla [subðúplo, pla] 形〔数量が〕ちょうど2分の1の（半数の）

subecuatorial [subekwatorjál] 形 亜赤道帯の

subeibaja [subejβáxa] 男《遊具》シーソー

subejecutor, ra [subexekutór, ra] 名〔他の人に委託・指示されて〕実行する人

subempleado, da [subempleáðo, ða] 形 不完全雇用の, 過少雇用の; 十分に活用されていない

subempleo [submpléo] 男《経済》〔完全雇用水準に達しない〕不完全雇用, 過少雇用; 〔資源などの〕不完全利用

subenfriar [subenfrjár] 11 他《技術》サブクーリングをする: líquido *subenfriado* サブクール液体

subentender [subentendér] 24 他 =**sobrentender**

subeo [subéo] 男〔馬車・犂の長柄をくびきにつなぐ〕革帯【=sobeo】

súber [súber] 男《植物》コルク組織, コルク質

suberificación [suβerifikaθjón] 女 コルク質化

suberificar [suβerifikár] 7 〜se《植物》コルク質化する

suberina [suβerína] 女 コルク質, スベリン

suberinización [suβeriniθaθjón] 女 =**suberificación**

suberización [suβeriθaθjón] 女 =**suberificación**

suberizar [suβeriθár] 9 〜se =**suberificarse**

suberoso, sa [suβeróso, sa] 形 コルク質（状）の

subescapular [subeskapulár] 形《解剖》肩甲下の, 肩甲骨の下の

subespecie [subespéθje] 女《生物》亜種

subestación [subestaθjón] 女 変電所【= 〜 de transformación】; サブステーション

subestimación [subestimaθjón] 女 過小評価

subestimar [subestimár] 他【←sub-+estimar】過小評価する, あなどる: 〜 al enemigo 敵を見くびる
—— 〜se〔自分を〕過小評価する: No te *subestimes*, eres capaz de hacerlo. 自分を過小評価することはない, 君にはそれをやるだけの力がある

subexponer [sube(k)sponér] 60 他《写真》露出不足にする

subexposición [sube(k)sposiθjón] 女《写真》露出不足

subfamilia [subfamílja] 女《生物》亜科

subfase [subfáse] 女 小位相

subfebril [subfebríl] 形《医学》微熱性の

subfiador, ra [subfjaðór, ra] 名《法律》副保証人

subfilo [subfílo] 男 =**subfílum**

subfílum [subfílum] 男《生物》亜門

subforo [subfóro] 男 また貸し,《法律》別荘（農場）譲渡契約

subfusil [subfusíl] 男 自動小銃: 〜 ametrallador 機関銃

sobfusión [subfusjón] 女《化学》=**sobrefusión**

subgénero [subxénero] 男 ❶《生物》亜属. ❷〔一般に〕サブジャンル

subglaciar [subɣlaθjár] 形《地理》氷河下の: lago 〜 氷底湖

subgobernador, ra [subɣoβernaðór, ra] 名 ❶ 副総裁, 副長官; 州副知事. ❷ 副総督

subgrupo [subɣrúpo] 男 下位集団, サブグループ;《数学》部分群

subhúmedo, da [subúmeðo, ða] 形《気象》clima 〜 亜湿潤気候

subibaja [subiβáxa] 男 =**subeibaja**

subida[1] [subíða]【←subir】❶〔+bajada〕❶ 登ること, 上昇: 〜 del (al) monte Fuji 富士登山. 〜 en globo 気球に乗っての上昇. 〜 de un avión 飛行機の上昇. ❷〔数値・数量の〕上昇, 増大: 〜 de precios 物価の上昇. 〜 de temperatura 温度の上昇. ❸ 坂, 登り道; 登り口, 上り口: En 〜s es necesario inyectar más combustible al motor. 登り坂ではエンジンにより多くの燃料を送り込む必要がある. ❹〔パン生地の〕ふくれ上がり. ❺〔麻薬などによる〕発作, 感情の激発. ❻ 昇進, 昇格
ir de 〜 上昇中である, 上向きである: El calor *va de* 〜. だんだん暑くなる

subidero, ra [subiðéro, ra] 形〔道具が〕上に登るのに役立つ
—— 男 上がり口
—— 女《アンダルシア》〔オリーブの実を落とすための〕長い竿

subido, da[2] [subíðo, ða] 形 ❶〔色・においなどが〕強烈な: corbata de color 〜 派手な色のネクタイ. rojo 〜 強烈な赤色. ❷〔口語〕〔しゃれなどが〕どぎつい, 下品な: broma (película) 〜da〔口語〕どぎつい冗談（どぎつい映画）. ❸〔通常より〕高い: Piden por el piso un precio muy 〜. そのマンションは大変高い値段がつけられている. ❹〔西. 口語〕極上の, 最高級の. ❺〔西. 口語〕思い上がった, 増長した. ❻〔植物が〕穂の出た. ❼〔辛口のワインで〕アルコール度数の高い
—— 男《コロンビア》スポンジ状の黒砂糖菓子

subidón [subiðón] 男〔口語〕麻薬の影響による強烈な感覚

subidor, ra [subiðór, ra] 名《自転車》上り坂に強い選手
—— 男 強力（ごうりき）, 高所への荷物の運び屋

subienda [subjénda] 女《コロンビア》〔一年の〕魚が豊富な時期

subiente [subjénte] 形 上に登る, 上昇する

──― 男《建築》[柱などの] 螺旋状の装飾
subigüela [subigwéla]《サラマンカ. 鳥》ヒバリ《=alondra》
subilla [subíʎa] 女 突き錐《=lezna》
subilón, na [subilón, na] 形《ペルー》[酒が] すぐに酔いの回る、強い
subimiento [subimjénto] 男 上昇《=subida》
subín [subín] 男《グアテマラ、ホンジュラス. 植物》キンコウカン
subíndice [subíndiθe] 男《数学》下付き数字
subinspección [subinspe(k)θjón] 女 副検査(監査)官の職(執務室)
subinspector, ra [subinspektór, ra] 名 ❶ 副検査官, 副監査官. ❷《私服の》警部補《=~ de policía》
subintendencia [subintendénθja] 女 副主計官の職(執務室)
subintendente [subintendénte] 名 副主計官, 主計官代理
subintración [subintraθjón] 女《医学》❶《頭蓋骨骨折のときのように》骨と骨が重なること. ❷ 前の熱が下がらないうちに次の熱が上がること
subintrar [subintrár] 自 ❶《医学》1)《頭蓋骨骨折のように》骨と骨が重なる. 2) 前の熱が下がりきらないうちに再び熱が上がる. ❷《まれ》他の人の後について入る、他の人の代わりに入る
subir [subír]《←ラテン語 subire「下から上の方に近づいていく」》自 ❶ [+a に] 登る, 上がる; 上昇する《⇔bajar. 関連 **subir·bajar** と **ascender·descender** はほぼ同義だが, 前者は口語的で後者は文語的であるが, 結果として「物や人の位置が上昇・下降する」には subir·bajar, 「数値などが高く・低くなる」には ascender·descender が用いられることが多い.「昇進する・降格する」は 主に ascender·descender》: *Sube* a dormir. 上(2階)に行って寝なさい. Te proponemos que *subas* al campanario de la iglesia para ver el paisaje. 景色を見るには教会の鐘楼に上がることをお勧めする. *Sube* el cohete. ロケットが上昇する. Un ruido atronador *subía* desde la calle. 耳をつんざくような騒音が下の通りから聞こえてきた. ~ a un monte (un árbol) 山(木)に登る. ~ al quinto piso 6階まで登る(に行く). ~ a (sobre) la mesa テーブルの上に乗る. ~ por la escalera 階段を登る(で上がる). ❷ [+a 馬・乗り物に] 乗る, 乗り込む: *Subió* al caballo sin ningún problema y lo dominaba como nadie. 彼は難なく馬に乗り, 誰よりも上手に乗りこなしていた. ~ al tren (al barco) 乗車(乗船)する. ~ a la bicicleta 自転車に乗る. ❸ [水位・温度などが] 上がる: Ha *subido* el río. 川が増水した. *Sube* la leche al hervir, *sube*. 牛乳は沸騰すると吹き上がる. Ha *subido* la temperatura. 気温が上がった. ❹ [価格などが] 上がる: *Sube* la gasolina. ガソリンが値上がりする. El costo ha *subido* mucho. コストがひどく増加した. *Han subido* los valores de la bolsa. 相場が上昇した. ❺ [勘定・負債などが, +a に] 達する: ¿A cuánto *sube* la factura del teléfono? 電話料金はいくらになりますか?. La deuda *sube* a cien millones de dólares. 負債は1億ドルにのぼる. ❻ [+de] 昇進する, 出世する: La protección de mi tío me ha hecho ~ en la empresa. 私は叔父に引き立ててもらって社内で出世した. Ha *subido* de categoría. 昇格した. ❼ 向上する: Este niño ha *subido* mucho este año. この子は今年とても成績が上がった. ❽ [音・調子が] 高くなる: La discusión ha *subido* mucho de tono. 議論は白熱した. La voz *sube*. 声が高くなる. ❾ [病気が] 悪化する, 蔓延(まんえん)する: Le ha *subido* mucho la fiebre. 彼はひどく熱が出た. ❿ [程度・効果が] 高まる, 強まる. ⓫ [植物に] 穂が出る. ⓬《テニス》ネットに近づく. ⓭《隠語》[麻薬が] 効き始める

de sube y baja 上下され得る: lámpara de sube y baja 高さを調節できるランプ

sube y baja《口語》[恒常的な] 上げ下げ

~ y bajar 行ったり来たりする

──― 他 ❶ 登る, 上がる: Este coche *sube* bien las cuestas. この車は坂を楽々と登る. ~ una escalera 階段を上る. ~ la escalera mecánica エスカレーターで上る. ❷ 持ち上げる, 運び上げる: ~ a un niño en brazos 子供を高くさし上げる. ¿*Puedes* ~ este equipaje a mi habitación, por favor? すみませんが, この荷物を私の部屋に上げてくれますか? ❸ 乗せる: ~ a un niño en el coche 子供を車に乗せる. ~ el equipaje al tren 荷物を列車にのせる. ❹ [位置を] 上げる, 高くする: ~ la persiana ブラインドを上げる. ~ la muralla 城壁を高くする. ❺ [傾いているものを] まっすぐに立てる: ~ la cabeza 頭を上げる(まっすぐにする). ❻ [階級・数値などを] 高くする, 引き上げる: El panadero ha *subido* el pan. パン屋は値上げした. ~

los sueldos, ha aumentado la productividad. 賃金を上げると生産性が高まった. ~ a+人 de categoría: ~ を昇格させる. ~ la temperatura 温度を上げる. ❼ [音・調子などを] 上げる, 強くする: ~ la voz (la televisión) 声(テレビの音)を大きくする. ❽《情報》アップロードする

──― ~se ❶: El gato [se] *subió* al árbol. 猫は木によじ登った. Vamos a ~[nos] a mi cuarto. 僕の部屋に上がろう. Nunca [se] ha *subido* a un caballo. 彼は一度も馬に乗ったことがない. ❷ [自分の…を] 高くする: *Súbete* los calcetines. 靴下を上げなさい. Te has *subido* medio tono. 半音上がったよ. ❸ [アルコールが, +a+人 を] 酔わせる, 体に回る; [事柄が] 思い上がらせる: Se me ha *subido* a la cabeza la copita de coñac. 私はコニャックの小グラス1杯で酔った. El éxito se le ha *subido*. 成功で彼はのぼせ上がった. ❹《口語》[+a+人 に] 大きな顔をする, 無礼な態度をとる: Ten cuidado para que los alumnos no se te *suban*. 生徒たちに付け上がられないように気をつけろ. ❺ [パン生地が] 発酵してふくれる. ❻ [衣服に] 上にずれる

súbitamente [súbitaménte] 副 突然, だしぬけに: El coche apareció ~ en la carretera. 車がいきなり道に出てきた
subitáneamente [subitáneaménte] 副《文語》=súbitamente
subitaneidad [subitaneiðá(d)] 女《文語》突然性
subitáneo, a [subitáneo, a]《←ラテン語 subitaneus》形《文語》突然の, 急に起こる
súbito, ta [súbito, ta]《←ラテン語 subitus < subire「密かに入り込む」》❶ 突然の, 急な: Ella sufrió un ~ mareo. 彼女は急に乗り物酔いを感じた. muerte ~ta 急死. ~ cambio de tiempo 天候の急変
──― 副 突然, いきなり, にわかに, 急激に
de ~ 突然に: El marido llegó *de* ~ a la casa. 夫が突然家に帰ってきた
subjefe, fa [subxéfe, fa] 名 ❶ 次長, 副主任: ~ comercial 営業副主任. ❷ [駅の] 助役
subjetivación [subxetiβaθjón] 女 主観化
subjetivar [subxetiβár] 他 =subjetivizar
subjetividad [subxetiβiðá(d)] 女 主観的であること, 主観性, 主体性《⇔objetividad》: Se dejó llevar por su ~. 彼は自分の主観性に身を任せた
subjetivismo [subxetiβísmo] 男 ❶《哲学》主観論, 主観主義, 主観的論法《⇔objetivismo》. ❷ [行動などの] 主観的傾向: El ~ de tus razones me desespera. 君の挙げた理由が主観的なので僕はがっかりした
subjetivista [subxetiβísta] 形 名 ❶ 主観論の(論者), 主観主義の. ❷ [行動などに] 主観的傾向のある[人]
subjetivización [subxetiβiθaθjón] 女 主観化
subjetivizar [subxetiβiθár] 9 他 主観的にする
──― ~se 主観的になる
subjetivo, va [subxetíβo, βa]《←ラテン語 subjectivus》形 ❶ 主観の, 主観的な《⇔objetivo》: Los juicios estéticos son siempre ~s. 美的評価は常に主観的である. ❷ 個人的な, 私的な, 自分なりの: desde mi punto de vista ~va 私の個人的な観点から見れば. ❸《文法》主語の, 主格の: complemento ~ 主語補語. genitivo ~ 主格属格. ❹《医学》自覚的な: síntoma ~ 自覚症状
sub judice [sub júdiθe]《←ラテン語》副《法律》審理中に・の, 未決での
subjuntivo, va [subxuntíβo, βa]《←ラテン語 subjunctivus「従属関係に属する」》形《文法》接続法の
──― 男 接続法《=modo ~》
sublegado [subleɣáðo] 男《法律》遺産の遺留分
subletal [subletál] 形 亜致死の, 致死量に近い
sublevación [subleβaθjón] 女 反乱, 蜂起: ~ húngara《歴史》ハンガリー動乱
sublevamiento [subleβamjénto] 男 =sublevación
sublevar [subleβár]《←ラテン語 sublevare》他 ❶ 反乱を起こさせる, 蜂起させる: El coronel consiguió ~ su guarnición. 大佐は指揮下の守備隊を蜂起させることに成功した. ❷ 怒り(いきどおり)を感じさせる: Me *sublevó* la injusticia. 不正に私は激怒した
──― ~se ❶ 反乱を起こす; 逆らう: Los jóvenes se *sublevaron* contra el tirano. 若者たちは暴君に対して反乱を起こした. ❷ 怒る, いきどおる: Tranquilízate, te *sublevas* por cualquier

cosa. 落ち着け，君はすぐかっとなるからな
sublimable [sublimáble] 形《芸術, 心理》昇華され得る
sublimación [sublimaθjón] 女 ❶《芸術, 心理》[精神的に] 高めること, 昇華, 純化, 浄化: ~ de una pasión 情念の昇華. ❷ 称揚, 理想化: ~ de la Naturaleza 自然礼讃. ❸《化学》昇華: ~ regresiva 気体から固体への昇華
sublimado [sublimáđo] 男《化学》❶ 昇華物. ❷ 昇汞(ごう), 塩化水銀〖=~ corrosivo〗
sublimador, ra [sublimađór, ra] 形 男 昇華させる; 昇華装置
sublimar [sublimár] 〖←sublime〗他 ❶《芸術, 心理》昇華させる, 純化する: Ella *sublimó* su desesperación. 彼女は自身の絶望を昇華した. ❷ 称揚し, 理想化する: ~ la hazaña del guerrero 戦士の武勲を讃える. ❸《化学》昇華させる
—— ~se《化学》昇華する
sublimatorio, ria [sublimatórjo, rja] 形《芸術, 心理, 化学》昇華させる, 昇華の
sublime [sublíme]〖←ラテン語 sublimis「非常に高い」〗形 ❶ [行為・作品など] 崇高な, 気高い: Esta señora realizaba una obra ~ con los pobres y enfermos. この婦人は貧しい人々や病人に立派な事業を行なった. abnegación ~ 崇高な自己犠牲. las palabras ~s de la Biblia 聖書の崇高な言葉. ~ composición musical 荘厳な音楽作品. ❷ 卓越した, 傑出した: ~ escritor すぐれた作家
sublimemente [sublímeménte] 副 崇高に, 気高く
sublimidad [sublimiđáđ] 女 崇高さ, 気高さ. ❷ 卓越性: Los lectores elogiaron la ~ de su obra. 読者は作品のすばらしさをほめ讃えた
subliminal [subliminál]〖←sub-+ラテン語 limen, -inis「敷居」〗形《心理》識閾(しきいき)下の, 潜在意識に働きかける: efecto ~ サブリミナル効果. mensaje ~ サブリミナル・メッセージ. percepción ~ 識閾下知覚. publicidad ~ サブリミナル広告
subliminar [sublimimár] 形 =**subliminal**
sublimizar [sublimiθár] 9 他《まれ》昇華させる; 称揚する〖=sublimar〗
sublingual [sublingwál] 形《解剖》舌下の: arteria ~ 舌下動脈. glándula ~ 舌下腺
subliterario, ria [subliterárjo, rja] 形 亜流文学作品の, 文学以下の
subliteratura [subliteratúra] 女 亜流文学作品, 文学以下の作品
sublunar [sublunár]《文語》❶ 月下の. ❷ 地上の, 現世の: mundo ~ 現世, この世
subluxación [sublu(k)saθjón] 女《医学》亜脱臼, 不全脱臼
submarinismo [submarinísmo] 男 ❶ 潜水, ダイビング. ❷ [集名] 潜水に必要な知識・技術. ❸ 海底調査
submarinista [submarinísta] 共 ❶ 潜水の: técnica ~ 潜水技術. ❷ 海底開発の
—— 共 ❶ ダイバー: equipo de ~ ダイビング用具セット. ❷ 潜水艦の乗組員
submarino, na [submaríno, na]〖←sub-+marino〗形 海中の, 海底の: cable ~ 海底ケーブル. corriente ~na 下層流. fotografía ~na 水中撮影. fusil ~ 水中銃. mina ~na 海底鉱山. relieve ~ 海底の起伏. túnel ~ 海底トンネル. volcán ~ 海底火山. yacimiento ~ de petróleo 海底油田
—— 男 ❶ 潜水艦, 潜水艇〖=buque ~〗: ~ atómico (nuclear) 原子力潜水艦. ❷ 頭を水に漬ける拷問. ❸ 他の党へ入り込んで内情を探る活動家. ❹《ラプラタ》ココアを溶かし入れたホットミルク
submaxilar [subma(k)silár] 形《解剖》下顎の; 顎下腺の
submersión [submersjón] 女《まれ》=**sumersión**
submerso, sa [submérso, sa] 形《植物》水中で生息する, 沈水生の
submeseta [submeséta] 女《地理》準台地, 準高原
submicrón [submikrón] 形《単複同形》サブミクロンの, 1ミクロン未満の
submicroscópico, ca [submikroskópiko, ka] 形 超顕微鏡的な, 極微小物体の
subministración [subministraθjón] 女《まれ》=**suministración**
subministrador, ra [subministrađór, ra] 形 名《まれ》=**suministrador**
subministrar [subministrár] 他《まれ》=**suministrar**

submúltiplo, pla [submúltiplo, pla] 男《数学》約数[の]
submundo [submúndo] 男 下層社会; 暗黒街
subnesosilicatos [subnesosilikátos] 男《化学》珪酸塩基
subnitrato [subnitráto] 男《化学》次硝酸塩
subnormal [subnormál] 形 名 知的障害の(障害者); 《軽蔑》低能の[人]
subnormalidad [subnormaliđá(đ)] 女 知的障害; 知恵遅れ
subnota [subnóta] 女 注記に付けられた注記
subnutrición [subnutriθjón] 女《医学》栄養不足
suboccipital [subo(k)θipitál] 形《解剖》後頭骨下部の, 後頭下の, 大脳後頭葉下の
subocupación [subokupaθjón] 女 =**subempleo**
suboficial [subofiθjál] 男 ❶《軍事》下士官〖軍曹, 曹長〗. ❷ [警察の] 警部補
subóptimo, ma [subó(p)timo, ma] 形 男 次善の[策], セカンド・ベスト[の]
suborbital [suborbitál] 形 ❶《解剖》眼窩(がんか)下の. ❷ [人工衛星などが] 軌道に乗らないように設計された
suborden [subórđen] 男《生物》亜目
subordinación [suborđinaθjón] 女 ❶ 従属[関係], 服従; 下位に置くこと: La ~ a la disciplina militar marcó su carácter. 軍規に従うところに彼の性格が見てとれる. ~ económica hacia la potencia 大国への経済的従属. ❷《文法》[文・節の] 従属, 従位
subordinada[1] [suborđináđa] 女《文法》節, 従属節
subordinadamente [suborđináđaménte] 副 従属的に, 服従して
subordinado, da[2] [suborđináđo, đa] 形 ❶ 従属した, 下位の: personal ~ 下級職員. ❷《文法》従属の, 従位の. ❸《哲学》[概念が] 下位の
—— 名 部下, 配下
subordinante [suborđinánte] 形《文法》❶ 主節[の], 主文[の]. ❷ 従位を表わす, 従属節を導く
subordinar [suborđinár]〖←俗ラテン語 subordinare〗他 ❶ [+a に] 従わせる; 下位に置く: Siempre *subordinó* su bienestar al de su familia. 彼は自分の幸せよりも家族の幸せが大事だといつも考えた. ❷《文法》従位の関係に置く
—— ~se ❶ 従属する, 従う: *Se subordinó* a la autoridad de los superiores. 彼は上司たちの権威に従った. ❷《文法》従位の関係にある: Esta proposición *se subordina* a la principal. この節は主節に従属する
subordinario, ria [suborđinárjo, rja] 形《哲学, 情報など》下位の
subordinativo, va [suborđinatíbo, ba] 形《文法》従属節を導く
subóxido [subó(k)siđo] 男《化学》亜酸化物
subpárrafo [subpárafo] 男《文書の》従属(補足)的な段落
subperitoneal [subperitoneál] 形《解剖》腹膜下の
subpolar [subpolár] 形 極地に近い, 亜極の
subprefecto [subprefé(k)to] 男 prefecto の補佐役
subprefectura [subprefe(k)túra] 女 subprefecto の職(事務所・管轄地域)
subproducto [subprođú(k)to] 男 副産物, 第二次製品
subproletariado [subproletarjáđo] 男 劣悪な経済状況にあるプロレタリアート
subranquial [su(b)raŋkjál] 形《動物》鰓(えら)の下にある
subrayable [su(b)rajáble] 形 下線を引かれ得る; 強調に値する
subrayado [su(b)rajáđo] 形《印刷》[強調のために] 字体を変えた
—— 男 ❶ 下線部[の箇所]. ❷ 下線を引くこと. ❸《印刷》[強調のために] 字体を変えること
subrayante [su(b)rajánte] 形《商業》activo ~ 原資産
subrayar [su(b)rajár]〖←sub-+rayar 1〗他 ❶ …に下線を引く: *Subrayamos* los párrafos más interesantes. 私たちは一番面白い段落に下線を引いた. ❷ 強調する: *Subrayó* ante todos la importancia de la reunión. 彼はみんなを前に会議の重要性を説いた
subregión [su(b)rexjón] 女《地理》[región の中の] 小区, 小地域;《生物》亜区
subregional [su(b)rexjonál] 形 小区の; 亜区の
subregionalización [su(b)rexjonaliθaθjón] 女 小区統合
subreino [su(b)réjno] 男《生物》亜界
subrepción [su(b)repθjón] 女 ❶《まれ》秘密工作, 内密の行

動. ❷《法律》隠蔽

subrepticiamente [su(b)r̄e(p)tíθjaménte] [副] 密かに, こっそりと

subrepticio, cia [su(b)r̄e(p)tíθjo, θja] 〖←ラテン語 subrepticius〗 [形] 内密の, 密かに企図された, 裏取引の: Él todo lo consiguió con unas maniobras ～*cias*. 彼は秘密工作を行なってすべてをやり遂げた

subrigadier [su(b)r̄igađjér] [男] ❶《古語》[近衛連隊の] 二等軍曹. ❷ [昔は海兵隊の] 伍長勤務上等兵; [現在は海軍兵学校生徒の] 副班長

subrogación [su(b)r̄ogaθjón] [女] ❶《法律》代位〔弁済〕. ❷ [一般に] 肩代わり

subrogante [su(b)r̄ogánte] [形] [名]《法律》代位させる〔人〕

subrogar [su(b)r̄ogár] 〖←ラテン語 subrogare〗 [8] [他]《法律》代位させる: El inquilino *subrogó* el contrato del alquiler en favor de su hija. 借家人は娘のために賃貸契約の肩代わりをした
—— **～se** 代位する

subrutina [su(b)r̄utína] [女]《情報》サブルーチン

subsahariano, na [su(b)sa(j)arjáno, na] [形] サハラ砂漠以南の

subsanable [su(b)sanáble] [形] 償われ得る, 埋め合わせ可能な; 解決(改善)可能な

subsanación [su(b)sanaθjón] [女] ❶ 埋め合わせ, 償い. ❷ 解決, 克服. ❸ 改善すること: Los informáticos trabajan en la ～ de errores del programa. 情報処理の専門家たちはプログラムの誤りを直す仕事をしている

subsanar [su(b)sanár] 〖←sub-+sanar〗 [他] ❶ [誤り・欠陥などを] 償う, 埋め合わせをする; [不足を] 補う: Ella buscaba la excusa que pudiera ～ su descuido. 彼女は自分の不注意を埋め合わせる言い訳を探した. ❷ [困難を] 解決する, 克服する: *Subsanaron* los problemas técnicos para continuar la emisión. 放送を続けるための技術上の問題点が解決された. ❸ 改善する: La chica reconocía su defecto y quería ～*lo*. 少女は自分の欠点を知っていたので改めたかった. ❹ かばい立てする, 容赦する

subscribir [su(b)skribír] [他] 〖[過分] subscri*to*〗 =**suscribir**

subscripción [su(b)skripθjón] [女] =**suscripción**

subscripto, ta [su(b)skrí(p)to, ta] [名] =**suscrito**

subscriptor, ra [su(b)skri(p)tór, ra] [名] =**suscriptor**

subscrito, ta [su(b)skríto, ta] [名] =**suscrito**

subscritor, ra [su(b)skritór, ra] [名] =**suscriptor**

subsecretaría [su(b)sekretaría] [女] 次官の職務(執務室)

subsecretario, ria [su(b)sekretárjo, rja] [名] ❶ 書記局員補佐, 秘書官補佐. ❷《西》[各省の] 次官: ～ de Asuntos Exteriores 外務次官

subsector [su(b)sektór] [男] ❶ 小区分, 小部門. ❷ 係, 班

subsecuente [su(b)sekwénte] [形]《文語》その後の, 続いて起こる 〖=subsiguiente〗

subseguir [su(b)segír] 〖←sub-+seguir〗 [5] [35] 〖→**seguir**〗 [自]・**～se** [+a・de の] すぐ後に続く: El contrato *se subsigue del* proyecto. 契約はプロジェクトが立てられた後すぐ結ばれる

subsidencia [su(b)siđénθja] [女]《地理》[川の流域などの] 地盤沈下, 沈降

subsere [su(b)sére] [女]《植物》二次遷移系列

subsidial [su(b)siđjál] [形] 補助金の, 助成金の

subsidiar [su(b)siđjár] [10] [他] …に補助金(助成金)を給付する: El ministerio *subsidía* programas educativos. 省は教育プログラムの助成金を出した

subsidiaria[1] [su(b)siđjárja] [女] 子会社: ～ en propiedad absoluta 100パーセント出資子会社

subsidiariamente [su(b)siđjárjaménte] [副] ❶ 補助(助成)金によって. ❷《法律》埋め合わせて

subsidiaridad [su(b)siđjariđá(đ)] [女] =**subsidiariedad**

subsidiariedad [su(b)siđjarjeđá(đ)] [女] [国家の援助が] 補助的であること: principio de ～ 補完性原則 〖EUに関わる決定と責任は可能な限り市民に近い行政レベルに委ね, 各国・各地域で対処不能な分野のみEUが補完すると欧州連合条約に謳われた〗

subsidiario, ria[2] [su(b)siđjárjo, rja] 〖←subsidio〗 [形] ❶ 補助金の, 助成金の, 扶助の: empleo ～ 失業対策による雇用. ❷《法律》[責任をとって・行動を起こして] 主要な責任(行動)を補う, 埋め合わせる. ❸ 〖←英語〗 補助的な, 補足の: medida ～*ria* 第二(代わり)の手段

subsidio [su(b)síđjo] 〖←ラテン語 subsidium「予備軍」〗 [男] ❶ [個人に対する公的な] 補助金, 助成金; 公的扶助, 給付: Desde que dejó de trabajar, está cobrando el ～ de desempleo (de paro). 彼は仕事をやめてから失業手当をもらっている. ～ de invalidez 身障者手当. ～ de vejez 老齢年金. ～ familiar 家族手当. ❷《コロンビア, エクアドル》心配, 不安, 懸念

subsiguiente [su(b)sigjénte] [形] すぐ後に続く, 直後の: La operación, la hospitalización y la ～ rehabilitación le han costado mucho dinero. 彼は手術, 入院とそのすぐ後のリハビリで大金がかかった

subsistema [su(b)sistéma] [男]《技術》サブシステム

subsistencia [su(b)sisténθja] 〖←subsistir〗 [女] ❶ 生存: El tío le daba todo lo necesario para la ～. 伯父は彼に生活に必要なものすべてを与えた. ❷ [主に [複]] 日々の糧(ｶﾃ), 生活物資, 生活必需品: Fue al pueblo a buscar más ～*s*. 彼は食糧を探しに町へ行った. ❸ 存続, 残存: En una dictadura es imposible la ～ de las libertades individuales. 独裁制下では個人の自由は存在できない

subsistencial [su(b)sistenθjál] [形] 生存の

subsistente [su(b)sisténte] [形] [依然として] 残っている, 残存している; 生き残っている

subsistir [su(b)sistír] 〖←ラテン語 subsistere〗 [自] ❶ 存続する, 残存する: En muchos pueblos *subsisten* costumbres tradicionales. 多くの町や村には伝統的な風俗習慣が残っている. ❷ 生存する, 生計を維持する: La familia *subsiste* con el sueldo del hijo mayor. その家族は長男の給料で暮らしている

subsolador [su(b)solađór] [男] 耕作用の農機具

subsolano [su(b)soláno] [男] 東風

subsolar [su(b)solár] [他] [土を] 耕す

subsónico, ca [su(b)sóniko, ka] [形] 亜音速の; 可聴下周波の, 低周波の

sub specie [sub (e)spéθje] 〖←ラテン語〗 [副] …の形態の下に

sub specie aeternitatis [sub (e)spéθje eternitátis] 〖←ラテン語〗 [副] 本質的・普遍的な姿の下に

substancia [su(b)stánθja] [女] =**sustancia**

substanciación [su(b)stanθjaθjón] [女] =**sustanciación**

substancial [su(b)stanθjál] [形] =**sustancial**

substancialidad [su(b)stanθjaliđá(đ)] [女] =**sustancialidad**

substancialismo [su(b)stanθjalísmo] [男] =**sustancialismo**

substancialmente [su(b)stanθjálménte] [副] =**sustancialmente**

substanciar [su(b)stanθjár] [10] [他] =**sustanciar**

substancioso, sa [su(b)stanθjóso, sa] [形] =**sustancioso**

substantivación [su(b)stantibaθjón] [女] =**sustantivación**

substantivamente [su(b)stantíbaménte] [副] =**sustantivamente**

substantivar [su(b)stantibár] [他] =**sustantivar**

substantividad [su(b)stantibiđá(đ)] [女] =**sustantividad**

substantivo, va [su(b)stantíbo, ba] [形] [男] =**sustantivo**

substitución [su(b)stituθjón] [女] =**sustitución**

substituible [su(b)stitwíble] [形] =**sustituible**

substituidor, ra [su(b)stitwiđór, ra] [形] =**sustituidor**

substituir [su(b)stitwír] [48] [他] =**sustituir**

substitutivo, va [su(b)stitutíbo, ba] [形] [男] =**sustitutivo**

substituto, ta [su(b)stitúto, ta] [名] =**sustituto**

substracción [su(b)stra(k)θjón] [女] =**sustracción**

substractivo, va [su(b)straktíbo, ba] [形] =**sustractivo**

substraendo [su(b)straéndo] [男] =**sustraendo**

substraer [su(b)straér] [45] [他] =**sustraer**

substrato [su(b)stráto] [男] =**sustrato**

substrátum [su(b)strátun] [男] =**sustrato**

subsuelo [su(b)swélo] [男] ❶《地質》心土, 下層土: aguas (recursos) del ～ 地下水(資源). ❷《チリ》地下室 〖sótano〗

subsumir [su(b)sumír] [他] ❶《論理》包摂する, 包含する. ❷《文語》組み込む, 組み入れる

subsumpta [su(b)súm(p)ta] [女]《論理》[三段論法の] 第三の命題

subsunción [su(b)sunθjón] [女] ❶《論理》包摂, 包含. ❷《文語》組み込み, 組み入れ

subte [súbte] 〖subterráneo の省略語〗 [男]《アルゼンチン, ウルグアイ》地下鉄 〖車両, 線路, 駅などの施設〗

subtender [subtendér] [24] [他]《幾何》❶ [弦・辺が弧・角などに] 対する. ❷ [弧に対して] 弦を引く; [折れ線などの両端を] 線

S

subtenencia [subtenénθja] 囡《軍事》准尉の職
subteniente, ta [subtenjénte, ta] 名《軍事》准尉
subtensa[1] [subténsa] 囡《幾何》弦, 対辺
subtenso, sa[2] [subténso, sa] subtender の不規則な 過分
subterfugio [subterfúxjo]《ラテン語 subterfugium》男 もっともらしい口実, 言い逃れ: Se inventó un ~ para no hacer los deberes. 彼は宿題をしたくないばかりに言い訳をひねり出した
subterráneamente [su(b)teráneaménte] 副 地下で, 地中で
subterráneo, a [su(b)teráneo, a]《←sub-+ラテン語 terra「地面」》形 ❶ 地下の, 地中の: aguas ~as 地下水. paso ~ 地下道. recursos ~s 地下資源. río ~ 伏流水. tallo ~《植物》地下茎. túnel ~ 地下トンネル. ❷ 秘められた, 秘められた: sentimientos ~s 秘められた思い. odios ~s 根深い憎悪
— 男 ❶ 地下道: Un ~ une el castillo con el parque. 地下道が城と公園をつないでいる. ❷ 地下室, 地下貯蔵庫. ❸《アルゼンチン, ウルグアイ》地下鉄 [=subte]
subtipo [subtípo] 男 ❶ 亜類型, 特殊型, サブタイプ. ❷《生物》亜門 [=subfilum]
subtitular [subtitulár]《←subtítulo》他 ❶ …に副題(サブタイトル)をつける: Ha titulado su novela "Lucha bajo el sol" y la ha subtitulado "Historia de un odio". 彼は小説に「日射しのもとの戦い」という題をつけた上で「憎しみの物語」という副題をつけた. ❷《映画, テレビ》字幕(スーパー)をつける: La película va a ser subtitulada en español. その映画はスペイン語の字幕がつくことになっている
— ~se 副題(サブタイトル)がついている. ❷ 字幕(スーパー)がついている
subtítulo [subtítulo]《←sub-+título》男 ❶《主に 複》副題, サブタイトル. ❷《映画, テレビ》《主に 複》字幕, スーパー[インポーズ]: leer los ~s 映画の字幕を読む. proyectar con ~s en japonés 日本語の字幕つきで上映する. ❸《まれ》[写真の] キャプション [=pie]
subtotal [subtotál] 男 小計
subtropical [subtropikál] 形《地理》亜熱帯[性]の: región (zona) ~ 亜熱帯地域
subumbilical [subumbilikál]《解剖》臍下(さいか)の
subungueal [subungeál]《医学》爪下(そうか)の: exóstosis ~ 爪下外骨腫
suburbano, na [suburbáno, na]《←suburbio》形 ❶ 大都市の郊外の, 近郊の: áreas ~nas 近郊地域, 郊外. población ~na 郊外に暮らす住民. ❷ [町外れの] スラムの: barrio ~ 場末の界隈(かいわい)
— 男 郊外電車 [=ferrocarril ~]
suburbial [suburbjál] 形 郊外の; スラムの [=suburbano]
suburbiano, na [suburbjáno, na] 形 名 郊外の[住民], スラムの[住民]
suburbicario, ria [suburbikárjo, rja] 形 ❶《カトリック》[ローマ近郊の] 司教管区の. ❷ 都市近郊住宅地区の
suburbio [subúrbjo]《ラテン語 suburbium》男《時に 複》❶ 主に貧しい人々の住む〕郊外, 場末; スラム: La familia vive en un ~, pero está pensando trasladarse al centro de la ciudad. その家族は郊外に住んでいるが, 都心に引っ越したいと考えている. chabola en los ~s スラムにある掘っ建て小屋
suburense [suburénse] 形 名《地名》シッチェス(シトヘス) Sitges の[人]《バルセロナ県の町, 旧称 Subur》
subutilizar [subutiliθár] 他 十分(有効)活用できていない, 持ち味を生かし切れていない: ~ los recursos naturales 天然資源をうまく活用できていない
subvaloración [su(b)baloraθjón] 囡 ❶《商業》~ de exportaciones アンダーインボイス. ❷ 過小評価
subvalorar [su(b)balorár] 他 過小評価する, みくびる: Subvaloras mucho su capacidad creativa. 君は彼の創造力をひどく過小評価している. moneda subvalorada 過小評価された通貨
— ~se 自分を過小評価する: Mi amigo se subvalora ante sus superiores. 私の友人は上司の前で自分を過小評価している
subvaluado, da [su(b)balwádo, da]《経済》moneda ~da 過小評価されている通貨
subvención [su(b)benθjón]《ラテン語 subventio, -onis < subvenire「助けに来る」》囡 ❶ [主に公的な] 補助, 助成: ~ de intereses 利子補給. ❷ 補助金, 助成金; 奨励金: El sector agrícola recibe *subvenciones* de la Unión Europea. 農家はEUの補助金を受けている. ~ a la exportación 輸出奨励金. ~ del estado 国からの助成金. ~ general 一般補助金《地方交付税のように使途が無制約》. ~ finalista 特定補助金《使途が制約され地元も一部負担する》. ~ en bloque (~ global)《比較的広い行政分野が補助対象で, 使途は地方自治体の裁量による》. *subvenciones* agrícolas 農業奨励金
subvencionar [su(b)benθjonár] 他 …に補助金(助成金)を出す: La fundación *subvenciona* varias publicaciones. 財団は様々な出版物に助成金を出している
subvenir [su(b)benír]《ラテン語 subvenire》59 自 ❶ [+a の] 費用を負担する; 養う: *Subvino* a la educación de los huérfanos. 彼は孤児たちの学費を出した. ❷ 補う, 埋め合わせをする
subversión [su(b)bersjón] 囡 [体制の] 打倒, 転覆. ❷《秩序・価値観など》破壊, 崩壊
subversivo, va [su(b)bersíbo, ba]《ラテン語 subversum》形 ❶《秩序・価値観など》破壊する, 崩壊させる: ideas ~vas 破壊思想. ❷ 反体制的な, 破壊的な: manifestaciones ~vas 反体制的なデモ. panfleto ~ 体制批判のチラシ
subversor, ra [su(b)bersór, ra] 形 名《秩序・価値観など》破壊する[人]; 反体制的な[人], 体制の打倒を目ざす[人]
subvertidor, ra [su(b)bertidór, ra] 形 名 =subversor
subvertir [su(b)bertír]《ラテン語 subvertere》33 他 ❶《秩序・価値観など》破壊する, 崩壊させる: El joven intentó ~ los valores morales. 若者は道徳観を覆すことを狙った. ❷ [体制]を打倒する, 転覆をはかる
sub voce [sub bóθe]《ラテン語》副《百科事典の》項目内で
subyacente [su(b)jaθénte]《sub-+yacente》形 ❶ 下にある; 下部組織. ❷《感情など》隠れた, 表面に出ない. ❸《言語》[生成文法で] 下接の, 境界の
subyacer [su(b)jaθér]《sub-+yacer》42 自 ❶ [+en の] 下にある. ❷《感情など》隠れている: Tras su apariencia tosca *subyacía* una gran sensibilidad. 彼の垢抜けしない風貌の下に偉大な感性が眠っていた. ❸ 影響を受けている, 決定づけられている
subyugable [subjuɣáble] 形 征服(支配)され得る
subyugación [subjuɣaθjón] 囡 ❶ 征服, 支配. ❷ 魅了
subyugador, ra [subjuɣaðór, ra] 形 名 ❶ [暴力的に] 支配する; 征服者, 支配者. ❷ 魅了する, 魅力的な[人]
subyugante [subjuɣánte] 形 ❶ [暴力的に] 支配する, 服従させる. ❷ 魅了する, 虜(とりこ)にする
subyugar [subjuɣár]《ラテン語 subjugare》8 他 ❶ 征服する, 支配する, 服従させる: Hitler *subyugó* a media Europa. ヒトラーはヨーロッパの半分を征服した. ❷ 魅了する: La música me *subyugó*. 私はその音楽の虜になった
succínico, ca [su(k)θíniko, ka] 形《化学》琥珀酸(の)
succinita [su(k)θiníta] 囡《まれ》琥珀 [=ámbar]
succino [su(k)θíno] 男 琥珀 [=ámbar]
succión [su(k)θjón]《ラテン語 suctio, -onis < sunctum < sugere「吸う」》囡 ❶ 吸うこと, 吸引; しゃぶること. ❷ 吸収
succionador, ra [su(k)θjonaðór, ra] 形 男 吸う, 吸引する; 吸引機
succionar [su(k)θjonár] 他 吸う, 吸引する; しゃぶる [=chupar]: Esos lactantes *succionan* los chupetes mientras duermen. その乳児たちは睡眠中おしゃぶりを吸う. ❷ 吸収する: La lluvia ha sido *succionada* por la arena. 雨は砂に吸い込まれた
sucedáneo, a [suθeðáneo, a]《ラテン語 succedaneus「後継の, 代わりの」》形 代わりになる, 代用の
— 男 ❶ 代用品, 代替物: ~ del azúcar 砂糖の代用品. ❷ [質の悪い] 模造品; [下手な] 模倣作品: ~ de la heroína ヘロインのまがいもの. Este libro es un ~ de novela. この本は小説のまがいものだ
suceder [suθeðér]《ラテン語 succedere》他 ❶ [+en 職務における] …の跡を継ぐ, 後継者(他 になる; 王位を継承する; 遺産を相続する: *Sucedió* a su padre *en* la dirección de la empresa. 彼は父親の跡を継いで会社を経営した. No tiene hijos que le *sucedan*. 彼には跡を継ぐ(遺産を相続する)息子がいない. ❷ [空間的・時間的に, +a に] …の次に続く《a は主語と目的語の区別のため》: A ese salón *sucedía* otro todavía mayor. この広間の向こうにはさらに大きな広間が続いていた. La primavera *sucede al* invierno. 冬の次には春が来る. A una pena *suce-*

de una alegría. 苦しみの後には喜びが来る
── 動 [3人称のみ. 自然現象や出来事などが] 起こる: 1) En esta calle *sucedió* un accidente. この通りで事故が起きた. *Suceda* lo que *suceda*, nunca te olvidaré. 何があろうと, 私は君のことは忘れない. ¿Qué *sucede*?─Nada. どうしたの?─何でもない. A las mujeres nos *sucede* lo mismo. 私たち女性の場合にも同じことが言えます. 2) [+que+直説法] *Sucede que* necesitamos un empleado. たまたま従業員を一人探しているところです. *Sucedió que* llegamos más pronto de lo que pensábamos. 私たちは思ったより早く着いてしまった
lo que sucede es que*+直説法* [説明・弁明の導入] 実を言うと…: *Lo que sucede es que* nunca está en casa a esas horas. 彼はその時間帯には家にいたためしがないのね
sucedido [suθeðíðo] 男 ❶《文語》[実際に起きた] 出来事, 事件. ❷《チリ》在る ─ al trono 王位後継順位. ❸《アルゼンチン, ウルグアイ》[主に教訓的な, 異常な出来事についての] お話
sucesible [suθesíβle] 形 後に続き得る; 起こり得る
sucesión [suθesjón]《←ラテン語 successio, -onis》女 ❶ 後継, 継承: Guerra de S ─ Española スペイン継承戦争〖1701〜14, カルロス2世の後継者を巡り, アンジュー公フィリップ(即位してフェリペ5世)のスペイン王位位を賭けたヨーロッパ諸国間の戦争. スペイン国内は旧アラゴン連合王国 Corona de Aragón が蜂起して内戦となった〗. Guerra de S ─ Austriaca オーストリア継承戦争〖1740〜48〗. ❷《法律》相続権; 相続財産; 相続税: impuesto de *sucesiones* 相続税. ~ forzosa 遺留分の相続. ~ intestada 無遺言相続, 法定相続. ~ testada 遺言相続. ~ universal 包括相続. ❸ 直系の子孫, 跡取り: morir sin ~〖=descendencia〗後継者 ; 跡継ぎを残さずに死ぬ. ❹ 連続: Su vida era una ~ de días iguales y monótonos. 彼の生活は同じような単調な日々の連続だった. en ~ 相次いで, 連続して. una ~ de hechos fortuitos 一連の偶然の出来事. ❺《生物》遷移 ~《生態》遷移 ~ ecológica) : ~ primaria (secundaria) 一次(二次)遷移. ❻《数学》数列: ~ convergente 収束数列. ~ divergente 発散数列. ~ de Fibonacci フィボナッチ数列

sucesivamente [suθesíβamente] 副 次々と, 相次いで: Todo ha ido ocurriendo ~ en cuatro días. すべて4日間のあいだに続けて起きた. ...*y así* ~ …以下同様

sucesivo, va [suθesíβo, βa] 形《←suceder》相次ぐ, 立て続けに起こる: Los aficionados están muy enojados con los ~*s* tropiezos del equipo en su campo. ファンたちはホームチームの立て続けのミスに激怒している. ponerse tres inyecciones en días ~*s* 毎日続けて3本注射する. acontecimientos ~*s* 続発する事件
en lo ~ 今後は: Te comportarás mejor *en lo* ~. これからはもっと行儀よくしなさい

suceso [suθéso] 男《←ラテン語 successus》❶ [主に重大な] 出来事: Ha ocurrido un ~ muy grave. 大変なことが起きた. sin ningún ~ digno de mención 取り立てて言うほどのこともなく. ❷ [主に 複]. 犯罪・事故などの] 事件: ~*s* del 11 de septiembre 9月11日事件《米国の同時多発テロ》. ~*s* de Tiananmen 天安門事件. ❸《新聞》覇 雑報欄, 三面記事 : *sección de* ~*s, crónica de* ~*s*: programas de ~*s*《テレビ》ニュースショー, ワイドショー ❹《文語》成功: La representación fue todo un ~. 興行は大成功だった. ❺《数学など》事象: ~ de probabilidad 事象の確率. ~*s independientes* 独立した事象. ❻ 時間の経過
buen ~ 幸せな結果: con *buen* ~ 成功裏に

sucesor, ra [suθesór, ra]《←ラテン語 successor, -oris》形 名 [+en 職務の] 後継の, 後継者の, 後継の[人]; 相続者; 《法律》受遺者: Me nombró ~ *en el puesto*. 彼は後任に私を指名した. No tiene ~*es*. 彼は跡継ぎがいない. ~ *en el trono* 王位継承者. ❷《商品の》後継の, 後続の: la ~*ra* de Xbox Xboxの後継機種

sucesorio, ria [suθesórjo, rja] 形 相続の, 継承の: derecho ~*rio* 相続権. impuesto ~ 相続税. ley ~*ria* 相続法. línea ~*ria* 相続順位

suche [sútʃe] 形 ❶《ニカラグア, チリ. 軽蔑》[企業などで] 最下位の雇い人の, 平社員の. ❷《ベネズエラ》[果実など] すっぱい, 固い, 熟していない
── 男 ❶《コロンビア》[先住民の村で] 装飾用の小型のカタツムリ. ❷《エクアドル, ペルー. 植物》モクレンの一種《学名 Talauma plumieri》. ❸《チリ》悪党, ごろつき. ❹《アルゼンチン》にきび, 吹

き出もの
súchel [sútʃel] 男《キューバ. 植物》モクレンの一種
súchil [sútʃil] 男 ❶《メキシコ. 植物》モクレンの一種. ❷《グアテマラ》冷たい飲み物
suchitepesano, na [sutʃitepesáno, na] 形 名《地名》スチテペケス Suchitepéquez の[人]〖グアテマラ南西部の県〗
suciamente [suθjaménte] 副 ❶ 汚く, 薄汚れた格好で. ❷ 卑劣に, 不正に
suciedad [suθjeðáð]《←sucio》女 ❶ 汚さ, 不潔さ: ~ *de las aguas del río* 河の川の水の汚さ. ❷ [ごみ・ほこりなどの] 汚いもの: vivir rodeado de ~ 不潔な所で暮らす. ❸ 下品(卑劣・卑猥)な言動
sucintamente [suθíntaménte] 副 手短に, 簡潔に, かいつまんで
sucintar [suθintár] ~*se*《まれ》❶ 手短に(簡潔に)話す. ❷《服飾》丈が短い
sucinto, ta [suθínto, ta]《←ラテン語 succinctus》形 ❶ 手短な, 簡潔な, 要約した: Le he preparado un ~ informe de lo que ha ocurrido. 起きたことを簡潔にまとめた報告書をお持ちしました. ❷ [服, 服飾] 丈を詰めた; 体にぴったり密着した
sucio, cia [súθjo, θja]《←ラテン語 sucidus「汁気の多い」》形 ❶ [estar+] 汚い, よごれた, 不潔な《⇔limpio》; 汚染された: Tienes las manos *sucias*. 君の手はよごれている. Tiene muy *su-cia* su habitación. 彼は部屋を大変不潔にしている. La camisa está *sucia*. ワイシャツがよごれている. agua *sucia* 汚水; まずいコーヒー. ❷ [ser+] よごれやすい: El blanco es un color muy ~. 白は大変よごれが目立つ. ❸ [ser+] 1) [人・動物が身の回りを] 不潔にしている, よごす, 汚くする: Ese perro es muy ~. その犬は大変なよごし屋だ. 2) [物が周囲を] よごす, 汚染する: Hay unos combustibles más ~ que otros. 他より汚染がひどい燃料がある. ❹ けがらわしい, 卑猥な; 下品な: tener una lengua *sucia* 口汚い. lenguaje ~ みだらな言葉. mente *su-cia* けがれた心. ❺ 卑劣な, 不正な: dinero ~ よごれた金, 不法に手に入れた金. juego ~ 汚いプレー. negocio ~ いかがわしい商売. razón *sucia* 不純な動機. ❻ [色が] くすんだ, さえない: cielo de color ~ くすんだ色の空. ❼ 雑な, 粗(い)い: bordado ~ 雑な刺繍. ❽ [舌に] 舌苔(ぜ)のついた: lengua *su-cia* 白くなった舌
de ~ 下書き用の: cuaderno *de* ~ 下書き用のノート
en ~ 1) 下書きで, 草稿で: Antes de pasarlos a limpio siempre escribe los textos *en* ~. 彼は清書する前にいつも原稿を下書きする. 2) ごみや不用物を取り除いて・取り除いた: peso *en* ~ ごみや不用物を取り除いた重量
── 男 不正に, 違反して: jugar ~ 反則のプレーをする
suco, ca [súko, ka] 形 ❶《アンデス》ぬかるんだ, 泥地の. ❷《エクアドル》金髪の, 赤毛の. ❸《ペルー》オレンジ色の
── 男 ❶《古語》ジュース. ❷《ベネズエラ, ボリビア, チリ》ぬかるんだ土地, 泥地
sucopira [sukopíra] 女《植物》スコーピラ〖学名 Bowdichia major, Bowdichia virgilioides〗
sucrasa [sukrása] 女《生化》スクラーゼ
sucrato [sukráto] 男《化学》スクロース化合物
sucoso, sa [sukóso, sa] 形《まれ》ジューシーな〖=jugoso〗
sucotrino, na [sukotríno] 形 → áloe sucotrino
sucre [súkre]《←Antonio José de Sucre》男 [エクアドルの旧貨幣単位] スクレ〖現在は米ドル〗
Sucre [súkre] 形 Ⅰ《地名》スクレ〖ボリビアの憲法上の首都でチュキサカ Chuquisaca 県の県都. かつてラ・プラタ La Plata あるいはチャルカス Charcas とも呼ばれた〗
Ⅱ《人名》**Antonio José de** ~ アントニオ・ホセ・デ・スクレ〖1795〜1830, ベネズエラ生まれの政治家・軍人. 南アメリカ独立運動の英雄の一人. のちボリビアの大統領(1825〜28)〗
sucrense [sukrénse] 形《地名》スクレ Sucre の[人]〖コロンビア北部の県 ; ベネズエラ北東部の州; =**sucreño**〗
sucreño, ña [sukréno, ɲa] 形《地名》[ボリビアの] スクレ Sucre の[人]
suctor, ra [suktór, ra] 形 吸着性動物の
── 男 覆《動物》吸着性動物, 吸管虫
sucu [súku] 男《ビスカヤ. 料理》トウモロコシ粉と牛乳のかゆ
súcubo [súkubo] 男 覆 夢魔〖女の姿になって男と交わると信じられている〗
sucuchear [sukutʃeár] 他《ボリビア. 俗語》隠す, 隠蔽する
sucucho [sukútʃo] 男 ❶ 片隅, 角(ど). ❷《船舶》[肋骨の間の] 狭い片隅. ❸《中南米. 軽蔑》狭く汚い換気・採光の悪い部

súcula [súkula] 囡 巻き上げ機〖=torno〗

suculencia [sukulénθja] 囡 ❶ 美味, 滋味; 滋養豊富. ❷ 分量が多くおいしい料理. ❸《植物》多肉, 多汁

suculentamente [sukulentaménte] 副 美味に, 滋味豊かに

suculento, ta [sukulénto, ta]〖←ラテン語 suculentus < succus「汁, 樹液」〗形 ❶ 美味な, 滋味豊かな; 滋養豊富な; 分量の多い: Esto está ~, voy a repetir. これはおいしい, お代わり下さい. El banquete fue ~. 宴会の料理はたっぷりあっておいしかった. ❷ 良いものがたっぷりある: ~ta oferta おいしい話. ❸《植物》多肉の, 多汁の. ❹《医学》〖傷口などが〗じくじくしている

suculum [súkulun] 囲《カナリア諸島》これでおしまい, 話はここまで

sucumbé [sukumbé] 男《ボリビア. 飲料》エッグ・ノッグ

sucumbir [sukumbír]〖←ラテン語 succumbere「屈服する」〗自 ❶ [+a に] 屈服する, 負ける: La ciudad sucumbió a un ataque de Roma. 町はローマの攻撃に屈した. Él parece ~ a la tentación. 彼は誘惑に負けそうだ. ❷〖事故などで〗死ぬ: Los viajeros sucumbieron en el accidente de avión. 乗客たちは飛行機事故で亡くなった. ❸ 滅びる, 消えてなくなる: La democracia sucumbió ante el golpe de Estado. 民主主義はクーデターによって潰(つい)えてしまった. ❹《スポーツ》敗れる, 負ける. ❺《法律》敗訴する, 裁判に負ける

sucursal [sukursál]〖←仏語 succursale < ラテン語 succursus「救助, 援助」〗形 支店の, 支社の, 出張所の
— 囡 支店, 支社, 出張所〖⇔central〗: Han abierto una nueva ~ bancaria en este pueblo. この町に銀行の新しい支店ができた. La empresa tiene ~es en casi todos los países del mundo. その会社は世界中ほとんどの国に支社を置いている. ~ que no presenta declaración separada de sus ingresos 連結子会社

sucursalismo [sukursalísmo] 男 チェーンストア方式

sucurucú [sukurukú] 男《動物》ブッシュマスター〖南米の毒蛇〗

sucusión [sukusjón] 囡《医学》〖薬の〗震盪(とう), よく振ること

sud-〖接頭辞〗〖南〗sudamericano 南アメリカの

sudaca [suðáka] 形 囲囡《西. 軽蔑》南米の〖人〗

sudación [suðaθjón] 囡〖主に治療を目的とする〗発汗: aumentar la ~ 発汗を促す

sudadera [suðaðéra]〖←sudar〗囡 ❶《服飾》スウェット, トレーナー. ❷ 汗をかくこと: Se quedó frío después de una ~ y cogió una pulmonía. 彼は汗をかいた後冷えて肺炎になった. ❸ 汗ふき〖の布〗. ❹《馬具》鞍敷〖=sudadero〗. ❺ 蒸し風呂, サウナ室〖=sudadero〗

sudadero [suðaðéro] 男 ❶《馬具》鞍敷. ❷《アラゴン, エストレマドゥーラ, アンダルシア》〖毛を刈る前に〗羊を閉じ込めて汗をかかせる場所. ❸ 汗ふき用の麻布. ❹ 蒸し風呂, サウナ室. ❺《グアテマラ. 服飾》〖スポーツ用の上下の〗ジャージー

sudador, ra [suðaðór, ra] 形《まれ》汗かきの; 汗をかくのが好きな
— 男《ドミニカ. 服飾》ジャージー〖=sudadero〗

sudafricano, na [suðafrikáno, na] 形 名 ❶《国名》南アフリカ〖República de〗Sudáfrica の〖人〗. ❷ アフリカ大陸南部の〖人〗, 南アフリカの〖人〗

Sudamérica [suðamérika] 囡《地名》南アメリカ

sudamericano, na [suðamerikáno, na] 形 名 南アメリカの, Sudamérica の〖人〗

sudamina [suðamína] 囡《医学》汗疹, あせも

sudanés, sa [suðanés, sa] 形 名《国名》スーダン Sudán の〖人〗
— 男 スーダン語

sudante [suðánte] 形 汗をかいている〖人〗

sudar [suðár]〖←ラテン語 sudare〗自 ❶〖人・部位が〗汗をかく: Si hago ejercicio, en seguida sudo. 私は運動をするとすぐ汗をかく. Está sudando. 彼は汗をかいている. Me sudaron las manos. 私は手に汗をかいた. ❷《口語》懸命に働く; 苦労する: El sudó como un esclavo. 彼は真っ黒になって〖汗水たらして〗働いた. Ha sudado mucho hasta llegar a esa posición. 彼は骨身を削ってようやく今の地位を得た. ❸〖植物〗〖樹液〗を出す. ❹〖物の表面に〗水滴ができる: Hay tanta humedad que suda la pared. 湿気が多くて壁が汗ばむ.
hacer ~ a+人 を大いに働かせる; 苦労させる: Me pagan bien, pero me hacen ~. 給料はいいが仕事はきつい
— 他 ❶ 汗で濡らす: Sudó toda la ropa de cama. 彼は汗でシーツをびっしょりにした. ❷《口語》苦労して手に入れる: Ganó mucho, pero lo ha sudado. 彼は大金を稼いだが, それ は汗水たらして得たものだ. Le hacen sudar lo que le pagan. 彼は給料分しっかり働かされている. ❸〖仕方なしに・いやいや しぶしぶ〗与える: Me ha hecho ~ un euro. 彼は無理やり私に1ユーロ出させた. ❹ 汗にして出す: Suda el agua que se ha bebido. 彼は飲んだ水を汗にして出している. Hay que ~ ese catarro. そんな風邪は汗をかいて治さなくてはいけない. ❺〖植物が〗分泌する: Los pinos sudan resina. 松は樹脂を分泌する
~la a+人《西. 俗語》〖人・事物が〗~にとって何の重要性もない: Esto me la suda. こんなことはどうでもいい

sudarábigo, ga [suðarábigo, ga] 形 名《地名》アラビア半島南部の〖人〗
— 囡 シバ語〖の〗〖=sabeo〗

sudario [suðárjo]〖←sudar〗男 ❶ 死者の顔を覆う布; 屍衣(しい), 経かたびら: Santo S~《キリスト教》聖骸布. ❷《廃語》汗ふき用の麻布〖=sudadero〗

sudatorio, ria [suðatórjo, rja] 形 =sudorífico

sudcoreano, na [suðkoreáno, na] 形 名 =surcoreano

sudeslavo, va [suðeslábo, ba] 形《まれ》=yugoslavo

sudestada [suðestáða] 囡《アルゼンチン》強い南東風〖しばしば長雨を伴うラプラタ川沿岸部を襲う〗

sudeste [suðéste] 男 =sureste

sudeta [suðéta] 形 囲 =sudete

sudete [suðéte] 形 名《地名》〖チェコの〗ズデート山地の〖人〗

sudista [suðísta] 形《歴史》〖米国の南北戦争における〗南部連合派〖の〗, 南軍の〖⇔nordista〗: ejército ~ 南軍

suditálico, ca [suðitáliko, ka] 形 南イタリアの

sudoccidental [suðo(k)θiðentál] 形 =suroccidental

sudoeste [suðoéste] 男 =suroeste

sudón, na [suðón, na] 形《中南米》汗かきの, よく汗をかく

sudor [suðór]〖←ラテン語 sudor, -oris〗男 ❶ 汗: Está bañado〖empapado〗 en ~. 彼は汗びっしょりだ. Le chorrea el ~ por la frente. 彼の額には汗が流れている. ganarse la comida con el ~ de su frente 額に汗して働いて食べる物を得る. limpiar el ~ 汗を拭く. tener ~es fríos 冷や汗をかく. eliminación de ~ 発汗. ❷〖物の表面にできる〗水滴: ~es de una botella 瓶の外の水滴. ❸〖樹液〗松ヤニ〖松の木が流す樹液, 松やに〗. ❹《口語》骨折り, 苦労: Le ha costado muchos ~es terminar la carrera. 彼は大学を卒業するのにさんざん苦労した. ❺《口語》〖主に 複〗不安・不安: Hablar en público me produce ~es. 私は人前で話すのは冷や汗ものだ. ❻《廃語》発汗療法. ❼《コロンビア》発汗剤〖=sudorífico〗
nadar en ~ 汗びっしょりである

sudoral [suðorál] 形《医学》汗の

sudoriental [suðorjentál] 形 =suroriental

sudoriento, ta [suðorjénto, ta] 形《まれ》汗びっしょりの, 汗でぬれた

sudorífero, ra [suðorífero, ra] 形 =sudorífico

sudorífico, ca [suðorífiko, ka] 形 男 発汗を促す;《薬学》発汗剤

sudoríparo, ra [suðoríparo, ra] 形《生理》汗分泌の: glándulas ~ras《解剖》汗腺

sudoroso, sa [suðoróso, sa] 形 ❶ [estar+] 汗びっしょりの: cara ~sa 汗ばんだ顔, 汗だらけの顔. ❷ [ser+] 汗かきの, 汗のよく出る

sudoso, sa [suðóso, sa] 形《まれ》汗をかいた

sudras [súðras] 男《歴史》シュードラ, 首陀羅〖インドのカースト制度の最下位. 農耕・畜殺などを生業とする〗

sudsudeste [suðsuðéste] 男 南南東〖の風〗

sudsudoeste [suðsuðoéste] 男 南南西〖の風〗

sudueste [suðwéste] 男 =suroeste

sudvietnamés, sa [suðbjetnamés, sa] 形《まれ》=sudvietnamita

sudvietnamita [suðbjetnamíta] 形 名《歴史. 国名》南ベトナム Vietnam del Sur の〖人〗

suecano, na [swekáno, na] 形 名《地名》スエカ Sueca の〖人〗〖バレンシア県の町〗

suecia [swéθja] 囡《皮革》スエード

sueco, ca [swéko, ka] 形 名《国名》スウェーデン Suecia〖人・語〗の; スウェーデンの〖人〗
— 男 スウェーデン語
hacerse el ~《西. 軽蔑》聞こえない〖見ていない・分からない〗ふりをする: No te hagas el ~ y contéstame. 分からないふりをしないで答えなさい

suegra [swégra]《←俗ラテン語 socra < ラテン語 socrus》囡 ❶ 姑(しゅうとめ), 義母. ❷ リングパンの端の部分《細く, 一番焼けている所》. ❸《カナリア諸島》[荷物を頭に載せる時に敷く]当て布
lo que ve la ~《口語》[掃除が]目立つ所だけすます

suegro [swégro]《←*suegra*》男 ❶ 舅(しゅうと), 義父. ❷ 〜s 舅と姑, 義父母

suela [swéla]《ラテン語 solea》囡 ❶ [靴・サンダルなどの]底, 底: ~ *de los botas* ブーツの底. *zapatos con* ~ *de goma* ゴム底の靴. ❷ [靴底などに使う]革: *Estos zapatos son de* ~. この靴は革底だ. ❸《靴下の》足裏. ❹《牛・羊の分趾蹄の》足の裏. ❺《蛇口の》座金. ❻《ビリヤード》キュー先端の革. ❼《口語. 料理》[一度煮たりして冷えて]靴底のように固くなった切り身肉. ❽《魚》シタビラメ(舌平目). ❾《建築》1) 土台, 台石. 2) 幅木. ❿ [修道士などが履く]サンダル
de siete (tres・cuatro) ~*s*《口語》ひどい: *Roberto es una cardura de siete* ~*s*. ロベルトはひどく面の皮が厚い
duro como la ~ *de un zapato*《口語》[肉などが]靴底のように固い
media ~ 1) [主に 靴. 靴前部の修理用の]半底; *echar medias* ~*s* 半底を取り替える. 2) その場しのぎ, 弥縫(びほう)策
no llegar a+人 *a la* ~ *del zapato (de los zapatos)*《口語》…の足元にも及ばない: *Escribiendo no le llegas a tu hermano ni a la* ~ *del zapato*. 君はものを書く点では兄さんの足元にも及ばない

suelada [sweláda] 囡《コロンビア》=*suelazo*

suelazo [sweláθo] 男《ベネズエラ, エクアドル, チリ》転倒; [転倒による]強打
hacer ~《ペルー. 口語》ゆかで寝る

suelda [swélda] 囡《植物》ヒレハリソウ《=*consuelda*》

sueldacostilla [sweldakostíʎa] 囡《植物》チャイブ

sueldo [swéldo]《←俗ラテン語 solidus(金貨の一種)》男 ❶ 給与, 賃金《→*salario* 類義》: *Cobra de* ~ *tres mil euros al mes*. 彼は月給3千ユーロだ. *cobrar un buen* ~ 高い給料をとっている. *pagar el* ~ 給料を払う. *aumento de* ~ 賃上げ. *matrimonio con dos* ~*s* 共働きの夫婦. *vacaciones con* ~ 有給休暇. ~ *mensual* 月給. ~ *base* 基本給. ❷ [昔の貨幣単位]スウェルド《国・時代によって価値が異なる》: ~ *de oro* 6分の1オンス硬貨. ~ *menor* アラゴン王国の銅貨
a ~ 1) 給料で: *Trabaja (Está) a* ~ *como traductora*. 彼は翻訳家として給料をもらって働いている. 2) 金で雇われた: *El protagonista es un asesino a* ~. 主役は殺し屋だ

suelear [sweleár] 他《アルゼンチン》投げる, 脱ぎ捨てる

suelo [swélo]《ラテン語 solum「基盤, 底」》男 ❶ 地面: *Los niños están jugando en el* ~. 子供たちは地べたの上で遊んでいる. *esparcirse por el* ~ 地面に散らばる. ❷ 床(ゆか): *Este cuarto tiene el* ~ *de linóleo*. この部屋の床はリノリウムだ. *sentarse en el mismo* ~ むき出しの床の上に(床の上じかに)座る. ~ *de tarima* 床張り材, フローリング. ❸ 土壌, 土質: *árido* ~ 乾燥して不毛な土壌. ❹ [耕作用の]土地: *explotación del* ~ 農地開発, 開拓. *precio del* ~ 土地価格. ❺ 地方, 国: *en* ~ *extranjero* 異郷で. ~ *natal (patrio)* 故郷, 母国. ❻《体操》床運動 [=*prueba de* ~]. ❼ 地上, 地中. ❽ [建物の]敷地, 地所. ❾ [建物の]階. ❿ [タイル・敷石などによる]舗装. ⓫《鍋・容器の》底, 裏側. ⓬《沈殿物, 滓(かす)》. ⓭ 脱穀後に地面に残る穀物[年を越えて]穀物置き場(殻倉)の底に残るわら(穀物). ⓮《馬の》蹄. ⓯《まれ》終わり. ⓰《古語》肛門. ⓱《アンダルシア》オリーブの木の周囲の掘り起こし
arrastrar... por el ~ *(los* ~*s)* …を屈服させる, 恥をかかせる: *arrastrar el nombre por el* ~ 名前に泥を塗る
arrastrarse por el ~ *(los* ~*s)* 卑下する, 屈服する
besar el ~ うつぶせに倒れる
besar el ~ *donde (que) pisa*+人《口語》…に敬意を払う
caerse al ~ 1) 地面(床)に倒れる, 転ぶ. 2) =*irse al* ~
dar consigo en el ~ 倒れる
dar en el ~ *con...* ~ を倒す; 壊す, だめにする
echar... por los ~*s (el* ~*)/echar... al* ~ …を打倒する, 破壊する: *echar su reputación por los* ~*s* 自分の評判を台なしにする
echarse por el ~ *(los* ~*s)* =*arrastrarse por el* ~ *(los* ~*s)*
hacer ~*s*《地方語》[木々の周囲の]茂みや切り株を取り除く

irse al ~ だめになる, 失敗する: *Todas sus esperanzas se han ido al* ~. 彼の望みはすべて露と消えてしまった
medir el ~ [*con su cuerpo*]《口語》ばったりと倒れる, のびる; 横になる
poner... por el ~ *(los* ~*s)*《口語》…を屈服させる, 恥をかかせる; やりこめる
por los ~*s (el* ~)《口語》1) 衰えて: *Tiene la moral por los* ~*s./Él está por los* ~*s*. 彼は全く元気がない. *Tiene la popularidad por los* ~*s*. 彼の人気は低迷している. 2) 非常に安く, 底値で: *Las acciones están por los* ~*s*. 株はひどく値下がりしている
~ *mojado* 厚い雲に覆われた空
tirar... por el ~ *(los* ~*s)* =*arrastrar... por el* ~ *(los* ~*s)*
tocar ~ 最低水準に達する
venir [se] al ~ 倒れる; 破滅する, 崩壊する: *Se vino al* ~ *su ilusión*. 彼の夢は破れた

suelta¹ [swélta] 囡 ❶ 放す(自由にする)こと: ~ *de palomas* 鳩を放すこと. ❷ *del ganado* 家畜の放し飼い. ❸ 馬の足枷(あしかせ). ❹ [牛車を引く予備の]牛. ❺ 放牧地
dar ~ *a*+人 [短時間] …を自由にさせる

sueltamente [swéltaménte] 副 ❶ 流暢に, 淀みなく. ❷ のびのびと, 自由に

suelto, ta² [swélto, ta]《ラテン語 solutus < solvere 「ほどく」. *soltar* の不規則な過分》形 ❶ 解き放たれた; 解けた: *Las vacas pastaban* ~*tas s los cordones de los zapatos*. 靴ひもがほどけているよ. *Lleva el pelo* ~. 彼女は髪を[束ねずに]垂らしている. *El broche está* ~. ブローチが外れている. *Este libro tiene varias hojas* ~*tas*. この本はページがとれかかっている. ❷ 緩い, 締めつけていない: *El cuerpo del vestido queda* ~. ドレスの胴のところがゆったりしている. *malla* ~*ta* 粗い網目. ❸ ばらばらの, くっついていない: *En una buena paella el arroz debe quedar* ~. おいしいパエーリャではご飯がぱらぱらになっていなければならない. ❹ 流暢な, 上手な, [文体などが]平明で軽やかな: *Está muy* ~ *en japonés*. 彼は日本語がとても上手だ. *Tiene la mano* ~ *para el dibujo*. 彼は絵がうまい. ❺ 奔放な, 束縛されていない: *Es muy* ~ *de lengua*. 彼はおしゃべりだ/口が軽い. *mujer* ~*ta* 奔放な女. *movimientos* ~*s* 自由な動き. ❻ ばらの, そろっていない: *Estas tazas no se venden* ~*tas*. このカップはばら売りしない. *Tengo algunos números* ~*s de esa revista*. 私はその雑誌のバックナンバーを何冊か持っている. *pares* ~*s*《表示》半端物. *zapato* ~ 片方だけの靴. *palabras* ~*tas* かたこと, 片言隻語. *un trozo* ~ *del Quijote*『ドン・キホーテ』のある一節. ❼ 容器に入っていない, 包装されていない: *Venden el arroz* ~. 米は量り売りされている. ❽ 小銭の: *¿Tienes dos euros* ~*s*? 10ユーロくずれないか? ❾ 軽快な, す早い; 迅速な, 機敏な. ❿《婉曲》下痢をしている [=~ *de vientre*]. ⓫《舞踏》[ペアが]組み合わない, 離れた: *bailar* ~ パートナーと離れて踊る. ⓬《闘牛》[牛が]ムレータ(カパ)に注目しない, 逃げてしまう. ⓭《古語》独身の
~ *de madrina*《コロンビア》自立した, 自分で責任が取れる
── 男《西, メキシコ 集合》小銭 [=*dinero* ~]: *No llevo* ~ *para el autobús*. 私はバスの小銭を持ちあわせていない. ❷《まれ》[無署名の]小さな記事
por ~ 離れて, ばらばらに: *escapar por* ~ ばらばらに脱出する

sueñecito [sweɲeθíto] 男 短時間の睡眠, うたた寝, 仮眠

sueñera [sweɲéra] 囡《中南米》《俗語》ひどい眠気, 睡魔

sueñista [sweɲísta] 男《ベネズエラ》夜家人が静寂まっているところに忍び込む泥棒

sueñito [sweɲíto] 男《南米》=*sueñecito*

sueño [swéɲo]《←ラテン語 somnus「眠ること」》男 ❶ 睡眠, 眠り [⇔*vigilia*]: *El niño me estorbó (impidió) el* ~. 子供がうるさくて私は眠れない. *Me falta* ~./*Tengo falta de* ~. 私は寝不足だ. *coger un* ~ *profundo* 熟睡する. *tener un* ~ *profundo (ligero)* 眠りが深い (浅い). *sumirse en el* ~ 眠りに入る. *enfermedad del* ~《熱帯アフリカの》睡眠病. *privación de* ~ 睡眠不足. *horas de* ~ *al día* 一日の睡眠時間. ~ *crepuscular*《医学》半麻酔. ~ *pesado* [なかなか覚めない]深い眠り. ~ *REM* レム睡眠. ~ *sin REM/* NREM ノンレム睡眠. ~ *de las plantas* 植物の睡眠状態. ❷ 眠気: *Tengo mucho* ~. 私はひどく眠い. *Me ha entrado (dado)* ~. 私は眠くなった. *Tengo* ~ *atrasado*. 私は今ごろ眠くなって

きた. tomar café para quitar el ～ 眠気ざましにコーヒーを飲む. cara de ～ 眠たそうな表情. ❸ 夢; 夢を見ること: Esta noche he tenido un mal ～. 昨夜私は嫌な夢(悪夢)を見た. tener un ～ agradable 楽しい夢を見る. Me parece un ～. それは夢のようだ. La vida es ～. 人生は夢だ(はかない). ～ húmedo 性夢. ❹ [時に 複] 夢に描いている目標, あこがれ, 理想; [主に 複] くだらない夢想: No es más que un ～. それは夢にすぎない. Ha sido mi ～ ser piloto. パイロットになるのが私の夢だった. Déjate de ～s y trabaja un poco. 夢のような話はやめて少しは働いたらどうだ. tener muchos ～s 夢が多い. vivir de [sus] ～s 夢ばかり追いかける, 空想の世界に生きる. país de ～ 夢の国. ～ americano アメリカンドリーム. ～s y realidades 夢と現実. ❺ [口語] [夢のように] すばらしい(美しい)もの: La chica que nos presentaste era un ～. 君が僕らに紹介してくれた女性は夢のようだった. He visto un palacio que es un ～. 私は夢のような宮殿を見た. ❻ 《文語》死. ❼ [18世紀の] 官能的な舞踊

a ～ suelto 深い眠りに落ちて, ぐっすりと, 熟睡して
caerse de ～ ひどく眠い: *Me estoy cayendo de ～./Estoy que me caigo de ～.* 私は眠くてたまらない/どうしようもなく眠い. *Ayer me caía de ～ en el cine.* 昨日私は映画館で睡魔に襲われた
coger el ～ 寝つく: *No le cuesta nada coger el ～.* 彼は寝つきがいい. *No puedo coger el ～.* 私はどうも眠れない. *tardar en coger el ～* 寝つきが悪い, なかなか眠れない
conciliar el ～ 寝つく [=coger el ～]: *Tiene que tomar somníferos para conciliar el ～.* 彼は睡眠薬を飲まないと眠れない
de 《主に女性語》[夢のように] すばらしい, 美しい: *¡Qué coche de ～!* 何てすてきな車! *isla de ～* 夢のような島
de sus ～s 夢の, あこがれの: *El río se llevó la casa de mis ～s.* 私の夢見た家は川に流された
descabezar un (el) ～ [主に横にならずに] うたた寝する: *Mi abuela descabeza un ～ en el sillón después de comer.* 祖母は昼食後, 肘かけ椅子でうたた寝する
dormir el ～ de los justos 安眠する
dormir el ～ eterno/dormir el último ～ 《文語》永眠する
dulce ～ [+de+人の] 愛する人, 恋する人
echar un ～ [主に横にならずに] うたた寝する
echarse un ～ 短時間眠る, 一寝入りする, まどろむ, うとうとする; うたた寝する
en ～s 夢の中で: *Te he visto en ～s.* 君の夢を見たよ
entre ～s 夢うつつで, 寝ぼけまなこで: *Me dijiste adiós entre ～s.* 君は夢うつつでさよならと言った
entregarse al ～ 眠気に負ける: *Aquella paz invitaba a entregarme al ～.* 眠気を誘うだった
estar en siete ～s ぐっすり眠っている, 熟睡している
ni en ～s/ni por ～ [否定・拒否の強調] *Ni en ～s podía yo pensar tendría tanta suerte.* こんなに運が回ってくるなんて私は夢にも思わなかった. *No vuelvo a prestarle mi libro ni en ～s.* 彼には二度と本を貸すものか. *No conseguirá ese puesto ni por ～.* 彼は絶対そんな地位につけないだろう
no ver de ～ =*caerse de ～*
perder el ～ por... ～を気にする, …のことで頭を悩ます: *No pierdas el ～ por lo que te he contado.* 僕が君に話したことを気に病むことはないよ
quitar a+人 el ～ …をひどく心配させる, 悩ませる: *El porvenir de sus hijos le quita un ～.* 彼は子供たちの将来が気になって仕方がない
～ dorado バラ色の夢: *Su ～ dorado era ver el mar Mediterráneo.* 彼の一番の(永年の)夢は地中海を見ることだった. *Mi abuelo por fin realizó el ～ dorado de visitar Roma.* 祖父はローマに行きたいという長年の夢をやっとかなえた
～ eterno 《文語》永遠の眠り, 死: *entrar en el ～ eterno* 永遠の眠りにつく, 死ぬ
～ guajiro 《メキシコ》妄想, 不可能な夢
tener un ～ que no ver ひどく眠い [=*caerse de ～*]

suero [swéro]《←ラテン語 *serum*》男 ❶ 《医学》1) 血清 [=～ sanguíneo]; 漿液(⼩⽔): ～ antidiftérico 抗ジフテリア血清. ～ inmune 免疫血清. 2) [栄養補給などの] 塩水: ～ de la verdad 自白剤, ペントタール. ❷ 乳清, ホエイ [=～ de la leche]

sueroso, sa [sweróso, sa] 形 =**seroso**
sueroterapia [sweroterápja] 女 《医学》血清療法
suerte [swérte]《←ラテン語 *sors, sortis*「運命」》女 ❶ 運命, 天命: Lo que la ～ dispone. それが運命だ. Mi ～ está decidida. 私の運命は決まっている. La ～ es ciega. 運命の神は盲目である. La ～ está echada. 賽(ポュ)は投げられた《シーザーの言葉》. confiar... a la ～ …を運命に任せる. ❷ 運, 幸運 [=buena ～. ⇔desgracia]: Con un poco de ～ ganaremos. 少し運が向けば我々が勝つだろう. Te deseo buena ～./Que la ～ te acompañe. 幸運を祈るよ. *¡Qué ～!* ついてる/うらやましいですね! confiar en la ～ 運に頼る. hombre de ～ ついている男. La ～ de la fea la guapa la desea.《諺》美人薄命/美より運が勝る. ❸ 偶然, なりゆき: Dejaré a la ～ la fecha del viaje. 旅行はなりゆきにまかせる. Mi ～ me llevó al parque a esa hora. 私はたまたまその時間にその公園にいたのだ. ❹ 境遇, 身の上: mejorar la ～ de los campesinos 農民の状態を改善する. Creo que ha mejorado de ～. 彼はよくなってきようすようにいになっているようだ. ¡Quién sabe la ～ que nos espera! 誰にも明日の我が身は分からない. ❺ 抽選, くじ: 1) elegir pareja por (a la) ～ くじ引きでペアを決める. confiar a la ～ el itinerario 旅程をくじに任せる. 2)《西》[割当て数の招集兵を選ぶ] 兵役くじ. ❻《文語》種類, 部類: Tenemos toda ～ de licores. あらゆる種類の酒をとりそろえております. Conoce a toda ～ de personas. 彼は顔が広い. ❼《文語》[+de+無冠詞名詞] 類似の人・事物: Era una ～ de casa excavada en la roca. それは岩に掘られた一種の家だった. ❽ [耕地の] 一区画. ❾《闘牛》[ケープ・バンデリーリャ・ムレータなどを使った] 技, 演技; 場面: cambio de ～ 次の技に移ること. ～ de varas 槍の場. ～ de banderillas バンデリーリャの場. ～ de matar 殺しの場. ❿ ～ supremo 最後の技. ⓫《印刷》ソート [「活字の一そろい」の意]. ⓬ [序数+. 商品などの] 等級: ron de primera ～ 第一級のラム酒. ⓭《トランプ》勝ち札,《ダイス》勝ち目 [⇔azar]. ⓮《古語》仕方, やり方 [=manera]: Si andamos de esta ～, no llegaremos ni en dos horas. こんな風に歩いていたら, 私たちは2時間かかっても着かないだろう. ⓯《古語》書物占い [書物の偶然に開いた場所に書かれた言葉などで占う]: ～s de Homero/～s homéricas ホメロス占い. ～s de Virgilio/～s virgilianas ウェルギリウス占い. ⓰《古語》資本, 資産. ⓱《ペルー》くじ兄, 抽選券. ⓲《アルゼンチン, ウルグアイ》面積の単位. ⓳《アルゼンチン》[お手玉遊び用の距骨 taba の] S字形に凹んだ部分

a ～s =por ～
abandonar a su ～ [人・事物を] 完全にほったらかしにする, 全く面倒を見ない
¡Buena ～! 好運を祈ります/がんばって!
caer a+人 en ～ =tocar a+人 en ～
correr bien (mal) a+人 la ～ …は幸福(不幸)である; 幸運(不運)である
de otra ～ さもなければ; そうでなく, 別な風に
de ～ que +直説法 《文語》1) [結果] それで…, 従って…: Te he tratado muy bien de ～ que no tienes por qué quejarte. 私は君を優遇してきた. だから不平を言う理由はないはずだ. 2) [様態] …のように: Me lo mandó de ～ que parecía que me lo rogaba. 彼は頼んでいるように見えて[実は]私に命令したのだ. Hay que guardarlo de ～ que no se estropee. 壊れないようにそれを保管しなければならない
de tal ～ que +直説法 1)《文語》=*de ～ que*+直説法. 2) そういう風に…だから; それはどのようで
de tal ～ que +接続法 [目的・様態] …のために; …のように
de todas ～s 《文語》何がどうあろうと, ともかく
dejar a su ～ =*abandonar a su ～*
desafiar a la ～ 危険を冒す, 一か八かやってみる
echar a (s) くじで決める: *Echaron a ～s quién iba a salir con ella.* 誰が彼女とデートするか彼らはくじで決めた
echar ～s 《まれ》=*echar [s]*
entrar en ～ 抽選の対象になる
leer la ～ a+人 …の運勢を見る, 占う
mala ～ 悪運: *Me tocó la mala ～ de encontrarme con ella.* 私は運悪く彼に出くわした. *¡Mala ～!* ついてないね! *nacer con mala ～* 不幸な運命の下に生まれる
¡Mucha S～! =*¡Buena S～!*
número de la ～ ラッキーナンバー: El veinte es mi *número*

de la ~. 20は私のラッキーナンバーだ
por ~ 幸運なことに、運よく: *Por* ~ no tuvo que hacer la mili. 彼は運よく兵役を免れた. *por* ~ o desgracia 幸か不幸か
probar ~ 1) 運をためす、くじを引く. 2)［幸運を信じて］思い切ってやってみる: Decidió *probar* ~ y montó un negocio por cuenta propia. 彼は思い切って自己資金で店を始めた
repetir la ~ また同じことをする
¡S~! =¡Buena S~!
~ que＋直説法 幸運なも…である: *S*~ *que* no comí la carne. 私はその肉を食べなくてよかった
tener buena ~ =tener ~
tener la ~ **de cara**《西. 口語》運がよい
tener la ~ **de espaldas**《西. 口語》運が悪い
tener mala ~ 運が悪い: *Tuve mala* ~ en los temas que me salieron. あんな問題が出るとは運が悪かった
tener ~ 運がよい、ついている: *Tienes* ~ de vivir con tu familia. 君は家族と暮らせて恵まれているよ. Era bastante enamoradizo, pero no *tuvo* ~ con los hombres. 彼女はかなり惚れやすいたちだったが、男運が悪かった. *Tuvo* ~ y encontró unos buenos asientos. 彼は（大変）運よくいい席を見つけた. ¡Que *tenga*［mucha］~!うまくいきますように!
tener una ~ **loca** (**de mil demonios**) 非常に運がよい
tentar a la ~ =desafiar a la ~
tocar a＋人 **en** ~ 1) ［くじで］…に当たる: Me *tocó* en ~ una televisión. くじでテレビが当たった. 2) 偶然…に起こる

suertero, ra [swertéro, ra]《ホンジュラス、ニカラグア、エクアドル. 口語》運のよい、幸運な
───《ペルー》宝くじ売り
suertoso, sa [swertóso, sa] 形《口語》運のよい
suertudo, da [swertúðo, ða] 形《主に中南米. 口語》運のよい
suesetano, na [swesetáno, na] 形 名《歴史》スエセタノ族の〔人〕《ナバラ中央部のケルト系先住民》
suestada [swestáða] 女《アルゼンチン》=sudestada
sueste [swéste] 男 ❶《船舶》❷［つばの前部がそり上がり後部が垂れた］防水帽. ❷ ～=sureste
suéter [swéter] 男 [複 ~es]《服飾》❶《主に中南米》《主に薄手の》セーター. ❷《コロンビア》カーディガン
suévico, ca [swéβiko, ka] 形 スエビ族の
suevo, va [swéβo, βa] 形 名《歴史》スエビ族の〔人〕《ゲルマン系部族. 5世紀初頭にイベリア半島に侵入. 現ガリシア地方にスエビ王国 Reino suevo を建てたが、585年西ゴート王国に併合された》
sufeta [suféta] 男 =sufete
sufete [suféte] 男《歴史》［カルタゴ・フェニキアでの］執政官《2人制》
sufí [sufí] 形 名［複 ～e]s］スーフィー教 sufismo の〔教徒〕《イスラム教の神秘主義》
suficiencia [sufiθjénθja] 女 ❶ 適性、能力: Los aspirantes deben mostrar su ~ ante los examinadores. 志願者は試験官の前で自分の能力を示さなければならない. prueba (examen) de ~ 適性検査. ❷《軽蔑》独善、ひとりよがり、自己満足. ❸ 十分、足りること
suficiente [sufiθjénte]《←ラテン語 sufficiens, -entis < sufficere「足りる」< facere「作る」》形 ❶［+para］十分な、足りる: 1) Siempre hay ~ comida. 彼女はいつもたくさん料理を作る. Aquí no hay ~ vino para nosotros. ワインが足りません. No tengo dinero ~. 私はお金が足りない. explicación ~ 満足のいく説明. 2)［+para+不定詞・que+接続法］Tiene ~ inteligencia para comprender esto. 彼にはこれを十分理解する力がある. Me dio espacio ~ para que me acostara. 彼は私が横になれるように場所をあけてくれた. 3) ［lo+］Tenemos lo ~ para vivir. 私たちには暮らしていくだけのものは十分ある. Nunca se podrá lamentar lo ~ su muerte. 彼の死は惜しんでもあまりある. ❷ 適性のある、能力のある. ❸《軽蔑》独善的な、ひとりよがりの
ser ~ 十分である、足りる: Es ~ con esto, gracias. ありがとう、これで十分です
───《教育》［評点］可. ❷ 男 必要量: Gana ~ para vivir. 彼は生活に必要な金額を稼いでいる
suficientemente [sufiθjéntemente] 副 十分に: He trabajado ~. 私は十分働いた. ~ amplio 十分に広い
［*lo*］［+形容詞・副詞］［+*como*］+*para*+不定詞・*que*+接続法

2171

十分に…なので…、…なほど十分に…: La tarta es *lo* ~ grande *como para que* todos puedan comer. ケーキはみんなが食べられるほど十分大きい
sufijación [sufixaθjón] 女 接尾辞の付加による新語形成;［新語を形成するための］接尾辞の付加
sufijal [sufixál] 形 ❶ 接尾辞の. ❷ 接尾辞の機能を備えた、接尾辞の形をとった
sufijar [sufixár] 他［新語を形成するために］接尾辞を付加する
sufijo, ja [sufíxo, xa]《←ラテン語 suffixus》形 男《言語》接尾〔の〕《⇔prefijo》
sufijoide [sufixóiðe] 男 接尾辞に似た機能と形を備えた
sufismo [sufísmo] 男 スーフィー教《イスラム教の神秘主義》
sufista [sufísta] 形 名 スーフィー〔の〕、スーフィー教徒〔の〕《イスラム教の神秘主義者》
suflar [suflár] 自《古語》息を吹きかける〖=soplar〗
suflé [suflé]《←仏語 soufflé》形 ❶《料理》スフレ. ❷《まれ》ふくらますこと（ふくらみ）
sufocación [sufokaθjón] 女 =sofocación
sufocador, ra [sufokaðór, ra] 形 =sofocador
sufocante [sufokánte] ～=sofocante
sufocar [sofokár] 他 =sofocar
sufra [súfra] 女 ❶《地方語》馬車の軛(くびき)を引く馬の鞍につなぐ革ベルト. ❷《コルドバ、バレンシア》夫役、勤労奉仕
sufragáneo, a [sufragáneo, a] 形 男 の管轄下にある
───男《カトリック》補佐司教〖=obispo ~〗
sufragar [sufragár]《←ラテン語 suffragari「投票する、支持する」》 ❶ 他 ❶ …の費用を負担する（まかなう）.［資金的に］援助する: Su tía *sufraga* sus gastos universitarios. 彼の伯母が大学の費用を出している. ❷ 支持する、応援する: La mayoría de los ciudadanos *sufragaron* el proyecto. 市民の大多数が計画を支持した
───自《中南米》［+por 候補者・提案などに］投票する
~se ～…の費用をまかなう（捻出する）: Trabaja para ~ *se* los estudios. 彼は学費をまかなうために働いている
sufragio [sufráxjo]《←ラテン語 suffragium「投票」》男 ❶ 選挙《制度、方法》: derecho de ~ (activo) 選挙権. derecho de ~ pasivo 被選挙権. ~ directo (indirecto) 直接（間接）選挙. ~ censitario (restringido) ［所得制限のある］制限選挙. ~ universal 普通選挙. ~ femenino 婦人参政権. ❷《文語》投票、票〖=voto〗: recuento de ~s 票読み、開票. ❸ 援助、助成: Pueden enviarse los ~s para las víctimas del terremoto. 地震の被災者向けの援助物資を送ることができる. ❹《カトリック》代禱、死者のためのとりなしの祈り: Se oficia una misa en ~ por los difuntos. 亡くなった人々の冥福を祈る代禱のミサが行なわれる
sufragismo [sufraxísmo] 男［特に20世紀初め、英国の］婦人参政権運動
sufragista [sufraxísta] 形 名 婦人参政権運動の（運動家）、婦人参政権論の（論者）
sufrible [sufríβle] 形 耐えられ得る、我慢できる
sufridero, ra [sufriðéro, ra] 形 =sufrible
sufrido, da [sufríðo, ða] 形 ❶ 我慢強い、忍耐強い: Es muy ~ en la adversidad. 彼は逆境に強い. ❷［布などが］色落ちしない; 汚れが目立たない; 丈夫な、長持ちする. ❸［夫が］妻の浮気を許している
sufridor, ra [sufriðór, ra] 形 名 苦しむ〔人〕
───男《コロンビア、ベネズエラ. 馬具》鞍敷き
sufrimiento [sufrimjénto] 男 ❶［心身の］苦痛、苦悩. ❷ 忍耐、辛抱
sufrir [sufrír]《←ラテン語 suffere「支える、耐える」》他 ❶［主に肉体的・精神的苦痛や不快なことを］受ける: *Sufrió* una operación hace una semana. 彼は1週間前に手術を受けた. Él *sufrirá* las consecuencias de su imprevisión. 彼は先を見通せなかった報いを受けるだろう. ~ un accidente アクシデントにあう. ~ una vergüenza terrible 大恥をかく. ~ hambre 飢えに苦しむ. ❷［不快な事・人を］耐え忍ぶ、我慢する; 容認する: *Sufrió* persecuciones por la causa. 彼は主義主張のために迫害に耐えた. No puedo ~ a Juan. 私はフアンを我慢ならない. No *sufre* la menor descortesía. 彼はどんなささいな不作法も許さない. ~ los insultos 侮辱を耐え忍ぶ. ❸［重さ・圧力に］耐える: Este eje *sufre* casi todo el peso del camión. この車軸はほぼトラックの全重量に耐えられる. ❹［変化などを］受ける: *Ha sufrido* un cambio grandísimo desde la última vez que

sufumigación

le vi. 最後に会って以来，彼はすっかり変わってしまった．El renacuajo *sufre* metamorfosis. オタマジャクシは変態する．❺ [罪に]報いを受ける．❻ [試験を]受ける．❼ [釘・鋲を打ち込む作業などで，部材の反対側から]しっかり押さえる
── 自 ❶ 苦しむ，悩む: 1) Durante la guerra *sufrimos* mucho. 戦争中私たちは大変な苦しみを味わった．Ha sufrido mucho por su mujer. 彼は妻にひどく苦労させられた．2) *sufriendo* [生活レベルを表わして] 貧窮している．❷ [+de 病気など]を[患う；…が痛む: *Sufría de* un trastorno obsesivocompulsivo. 彼は強迫性障害に襲われていた．*Sufre del* corazón. 彼は心臓が悪い．❸ 《古語》自制する
hacer ~ *a*+人 …を苦しめる: No me *hagas* ~. 私を苦しめないで．La ingratitud de sus amigos le *hizo* ~. 彼は友人たちの恩知らずに悩まされた
── ~*se* 耐え忍ばれる，我慢される: Estas impertinencias no *se sufren*. このような無礼は容認しがたい．❷ 《まれ》耐え忍ぶ，我慢する

sufumigación [sufumiɣaθjón]《女》《医学》燻煙(くん)法
sufusión [sufusjón]《女》❶《医学》溢血(いっけつ)，溢血(いっけつ)．❷ 白内障の一種
sugerencia [suxerénθja]《女》《←sugerir》《女》提案，勧め，示唆，暗示: No hizo caso de mis ~*s*. 彼は私の提案を無視した．admitir la ~ 提案を受け入れる．por ~ de +人 …の勧めで
sugerente [suxerénte] ❶ 暗示(示唆)に富んだ；[+de ～を]連想させる: El lenguage de la radio es más ~ que el de la televisión. ラジオで聞く言葉はテレビで聞く言葉より想像力に訴えかける．frase ~ 暗示的な文章．estampa ~ de tiempos pasados 懐しい切手．❷ 魅力的な: Es un proyecto muy ~, lleno de agradables perspectivas. それはとても魅力的な計画で，面白いことがたくさんありそうだ．❸ [服装などが]きわどい，刺激的な: blusa ~ 肌も露わな(すけすけの)ブラウス
sugeridor, ra [suxeriðór, ra]《形》=**sugerente**
sugerir [suxerír]《←ラテン語 suggerere「下へ運ぶ」》33 他 ❶ 想起させる，思いつかせる，連想させる: El viaje por Italia le *sugirió* el tema de una novela. イタリアに旅行したことで彼は小説のテーマを思いついた．Esa nube *sugiere* un león. あの雲はライオンみたいだ．❷ [+que+接続法 …するように] 示唆する，遠回しに勧める: Le *sugerí* *que* no trabajara tanto. 私はそんなに働かないように彼にそれとなく勧めた
sugestión [suxestjón]《←ラテン語 suggestio, -onis》《女》❶《心理》暗示: estar bajo los efectos de la ~ 暗示にかかっている．obedecer a una ~ 暗示にかかる．poder de ~ 暗示力．hipnótica 催眠暗示．❷ 示唆，婉曲な勧め: ~ de un diablo 悪魔のささやき
sugestionable [suxestjonáβle]《形》暗示にかかりやすい；影響(感化)されやすい
sugestionador, ra [suxestjonaðór, ra]《形》暗示的な，ほのめかす
sugestionar [suxestjonár] 他 ❶ 暗示にかける: El hipnotizador *sugestionó* a los participantes para que se levantaran. 催眠術師は立ち上がるように参加者に暗示をかけた．❷ …の考え(判断)に影響を与える，感化する．❸ 魅了する，魅惑する
── ~*se* ❶ [+con ～に]自己暗示にかかる: No te *sugestiones* con eso, que no tiene importancia. 思い込みをするな，それはささいなことだ．❷ 固定観念にとらわれる
sugestivo, va [suxestíβo, βa]《←sugestión》《形》《名》❶ [本・考えなどが] 示唆に富んだ; 暗示的な: El tema de esta película es muy ~. この映画のテーマはとても暗示的だ．❷ 魅力的な: Me expuso un plan muy ~ para este verano. 彼は今年の夏のすばらしい計画を提案してくれた．❸ [服装などが] きわどい，刺激的な．❹ 暗示にかける(人)
suich [swítʃ]《男》《中米》=**suiche**
suiche [swítʃe]《←英語 switch》《男》《コロンビア，ベネズエラ》[電灯などの]スイッチ
suicida [swiθíða]《←suicidio》《名》自殺者
── 《形》自殺する，自殺的な，向こう見ずな，無謀な: atentado ~ 自爆テロ．avión ~ comando ~ 特攻隊，決死隊
suicidar [swiθiðár]《←suicidio》── ~*se* 自殺する: El joven *se suicidó* por un desengaño amoroso. 若者は失恋で自殺した
suicidario, ria [swiθiðárjo, rja]《形》自殺の
suicidio [swiθíðjo]《←ラテン語 cadere「殺す」》自殺: Un viaje sin guía por la selva sería un ~. ガイドなしでジャングルに入るのは自殺

行為だろう．~ doble 心中．~ político 政治的自殺行為
suido, da [swíðo, ða]《男》《動物》イノシシ科の
── 《男》《複》《動物》イノシシ科
suiforme [swifórme]《形》イノシシ亜目の
── 《男》《複》《動物》イノシシ亜目
sui géneris [swi xéneris]《←ラテン語》《形》一風変わった，他に類を見ないような，独特の
suindá [swindá]《男》《ラプラタ．鳥》アナホリフクロウ
suirirí [swirirí]《男》《アルゼンチン．鳥》スイリリハエトリ
suita [swíta]《女》《ホンジュラス．植物》ヤシの一種 [学名 Geonoma congesta]
suite [swít]《←仏語》《女》❶ [ホテルの] スイートルーム，続き部屋: ~ nupcial 新婚用のスイートルーム．~ real ロイヤルスイート．❷《音楽》組曲: ~ para piano ピアノ組曲．❸ 随員; 取り巻き
suiza[1] [swíθa]《女》❶ [祭りの] 兵隊の仮装行列．❷《古語》《娯楽》行なわれる軍隊の模擬戦．❸《古語》けんか，口論，いざこざ；騒動．❹《古語》[コンクール・学位審査などでの] 文学論争．❺《中米，キューバ》縄跳び．❻《中米》殴打
suizo, za[2] [swíθo, θa]《形》《国》スイス Suiza [人]の; スイス人．── 《男》スイス人護衛隊 guardia suiza [の護衛兵]．── 《男》❶《西》甘い小型の丸パン．❷《西》クリームココア．❸《古語》模擬戦．suiza の歩兵．❹《廃語》盲目的な支持者(傾倒者)
suizón [swiθón]《男》[スイス兵の] 槍
suje [súxe]《sujetador の省略形》《西》ブラジャー
sujeción [suxeθjón]《←ラテン語 subiectio, -onis]《女》❶ 締める(留める)こと，締める(留める)もの: Esta piedra sirve de ~ de la puerta. この石はドアを押さえておくのに使える．❷ [+a ～への] 隷属，服従; 束縛，拘束: Antes la ~ de las hijas *a* los padres se prolongaba hasta el matrimonio. 昔，娘たちは結婚するまで親の言いなりになっていたものだ．La ~ *a* las normas de disciplina del colegio me resultaba insoportable. 私は校則に縛られるのが苦痛だった．❸《修辞》[弁士・作家が自答するための] 自問．2) 予弁法 [=prolepsis]
con ~ *a...* …に従って: *con* ~ *a* la disciplina del partido 党規に従って
sujetador, ra [suxetaðór, ra]《形》締める，留める
── 《男》❶《西．服飾》ブラジャー [=sostén]; [ビキニ水着の] トップ: ~ con (sin) aro ワイヤー入り(なし)のブラジャー．~ deportivo スポーツブラ．❷ 髪留め [= para pelo]．❸ 留めるの: ~ para papeles 紙ばさみ，クリップ．❹《ベネズエラ》くさび [=cuña]
sujetalibros [suxetalíβɾos]《男》《単複同形》本立て，ブックエンド
sujetapapeles [suxetapapéles]《男》《単複同形》[紙をはさむ] クリップ: ~ tabla ─ 《情報》クリップボード
sujetar [suxetár]《←ラテン語 subjectare「下に置く」》他 ❶ 支配する，[+a に] 服従させる: Este muchacho necesita a alguien que lo *sujete*. この少年には誰か言うことを聞かせる人が必要だ．Los quehaceres de la casa la *sujetan*. 彼女は家事に縛られている．~ al pueblo 民衆を支配する(抑えつける)．~ a los alumnos al reglamento 生徒たちを規則で縛る．❷ 押さえつける，つかまえる: Los soldados lo *sujetaron* para que no se escapase. 兵士たちは逃げないように彼を取り押さえた．❸ [落ちたり動いたりしないように] 固定する，留める: Unos corchetes le *sujetan* al niño la cubierta de pañales. その子のおむつカバーはホックで留めてある．❹ [+a に] 適合させる．❺《闘牛》[牛の視線を] ムレータ(ケープ)に釘付けにさせる
── ~*se* ❶ 自分の…を留める: *Sujétense* los cinturones. シートベルトをお締め下さい．~ *se* el pelo con unas horquillas 髪をピンで留める．❷ [+a に] 合わせる: Sin cinturón no *se sujeta*. ベルトがないとズボンがずり落ちる．❸ [+a に] つかまる，しがみつく: Para no caer me *sujeté a*l pasamano. 私は落ちないように手すりにつかまった．¡*Sujétese* bien! しっかりつかまって下さい．❹ [+a 義務などに] 従う，適合する: Hay que ~*se a* la constitución. 憲法を遵守しなければならない．No *se sujeta* a trabajar. 彼はおとなしく働かない．*Se sujeta a* su sueldo. 彼は給料に合わせた生活をしている
sujeto[1] [suxéto]《形》❶《軽蔑》[名前を挙げないで] 人，奴; 軽蔑すべき人，いやな奴: Ese ~ intentó seguirme. あいつは私のあとをつけようとした．La policía detuvo a un ~ sospechoso. 警察は容疑者を逮捕した．❷《文語》[話す・書く時の] テーマ．❸《音楽》[主にフーガの] 主題．❹《文法》主語，主部: ~ agente 動作主．~ paciente 被動作主．❺《哲学》主体，主観

《⇔objeto》;《論理》主語, 主辞. ❺《法律》~ activo〔del impuesto〕課税者. ~ pasivo〔del impuesto〕納税者. ❻《医学》被験者; 患者: Han sometido al ~ a una regresión hipnótica. その被験者は催眠術による退行をした. ❼《歴史》〔スペイン植民地時代のアメリカで都市 altepetl の〕属邑(ぞくゆう)

sujeto², ja [suxéto, ta]〔←ラテン語 subjectum < subjicere「下にる」[estar+]〕❶ 固定された, 縛られた: Los muebles estaban bien ~s. 家具はしっかり固定してあった. El cuadro está ~ de un clavo. 絵は釘で留めてある. El cordón está bien ~. ひもはしっかり結んである. ❷ [+a に] 拘束された, 抑えられた: Está ~ al tiempo (al trabajo). 彼は時間に縛られている(仕事でがんじがらめになっている). Tiene a su hijo muy ~. 彼は息子を抑圧している. ❸ [+a に] 依存している, 応じる: Todo está ~ a lo que me paguen. すべては報酬次第だ. Este proyecto está ~ a modificaciones. この計画は必要があれば修正される. Ese asunto queda ~ a revisión. その件は見直される. ~ a derechos arancelarios 関税のかかる. ~ a la aprobación de+人 …の承認が必要な

sujo, ja [súxo, xa] 图《チリ. 軽蔑》奴, あま; くだらない人

sula [súla] 囡《サンタンデル. 魚》❶ トウゴロウイワシ目の一種〔学名 Atherina presbyter〕. ❷ ニギス科の一種〔学名 Argentina sphyraena〕

suletino, na [suletíno, na] 圏〔地名〕〔フランス・バスク語の〕スール Soule の
—— 男 バスク語のスペロラ Zuberoa 方言

sulfa [súlfa]〔sulfamida の省略語〕囡《隠語》サルファ剤

sulfamida [sulfamíða] 囡《薬学》スルホンアミド, サルファ剤

sulfamídico, ca [sulfamíðiko, ka] 圏 サルファ剤の

sulfatación [sulfataθjón] 囡 ❶ 硫酸銅溶液の噴霧: ~ de los árboles frutales 果樹への硫酸銅溶液の噴霧. ❷ 蓄電池の鉛板への硫酸塩化合物の沈積

sulfatado [sulfatáðo] 男 =sulfatación

sulfatador, ra [sulfataðór, ra] 图 硫酸銅溶液を噴霧する〔人〕
—— 男 硫酸銅溶液噴霧器

sulfatar [sulfatár] 他《農業》〔ブドウの木などに〕硫酸銅溶液を噴霧する
—— ~se 〔蓄電池の鉛板に〕硫酸塩化合物が沈積する

sulfatino [sulfatíno] 男《中米. 植物》ノボタン科の一種〔煎じて解熱剤. 学名 Schwackaea cupheoides〕

sulfato [sulfáto] 男《化学》硫酸塩, 硫酸エステル: ~ amónico 硫酸アンモニウム, 硫安. ~ cálcico 硫酸カルシウム. ~ de cobre 硫酸銅. ~ sódico 硫酸ナトリウム

sulfhidrato [sulfiðráto] 男《化学》硫水化物

sulfhídrico, ca [sulfíðriko, ka] 圏《化学》❶ ácido ~ 硫化水素. ❷ 硫化水素の

sulfido [sulfíðo] 男《化学》硫化物

sulfitar [sulfitár] 他 亜硫酸塩で処理する

sulfito [sulfíto] 男《化学》亜硫酸塩

sulfobacteria [sulfoβaktérja] 囡《生物》硫黄バクテリア

sulfohemoglobina [sulfoemoβloβína] 囡《医学》硫化ヘモグロビン

sulfona [sulfóna] 囡《化学》スルホン

sulfonación [sulfonaθjón] 囡《化学》スルホン化

sulfonado, da [sulfonáðo, ða] 圏 aceite ~ スルホン化油

sulfonal [sulfonál] 男《薬学》スルホンメタン

sulfonamida [sulfonamíða] 囡 =sulfamida

sulfonato [sulfonáto] 男《化学》スルホン酸塩

sulfónico, ca [sulfóniko, ka] 圏 ácido ~ スルホン酸

sulfurado, da [sulfuráðo, ða] 圏 硫化した, 硫化物の

sulfurar [sulfurár] 他〔←ラテン語 sulphur「硫黄」〕❶ 怒らせる. ❷《化学》硫化する
—— ~se ❶: Se sulfura en seguida. 彼はすぐむきになる. Está muy sulfurado esta mañana. 彼は今朝かんかんに怒っている

sulfúreo, a [sulfúreo, a] 圏《化学》❶ 6価の硫黄を含む〔=sulfúrico〕. ❷ 硫黄質の

sulfúrico, ca [sulfúriko, ka] 圏 ❶《化学》6価の硫黄を含む. ácido ~ 硫酸. ácido ~ fumante 発煙硫酸〔=óleum〕. ❷《エクアドル. 俗語》怒りっぽい

sulfuro [sulfúro] 男《化学》硫化物: ~ de carbono 硫化炭素

sulfuroso, sa [sulfuróso, sa] 圏 ❶ 硫黄質の: fuente de aguas ~sas 硫黄泉. ❷ 4価の硫黄を含む: ácido ~ 亜硫酸

sulky [súlki]《一英語》男〔競走用の〕1人乗り1頭立て軽車;《チリ, アルゼンチン》キトリン quitrín に似た馬車

sulla [súʎa] 囡《植物》イワオウギ

sulpiciano, na [sulpiθjáno, na] 圏 图《カトリック》聖シュルピス会 Congregación de San Sulpicio の〔修道士・修道女〕

sultán [sultán]〔←アラビア語 sultan「君主」〕男 ❶ スルタン《イスラム教国の君主, トルコ皇帝》. ❷《戯語》ハーレムを持つ男, 同時に何人もの愛人のいる男. ❸ 豪勢な暮らしをする男

sultana [sultána] 囡 ❶ スルタンの妃(側室). ❷《古語》トルコ海軍の旗艦. ❸《西. 料理》ココナッツ入りのパイ. ❹《ボリビア》ハーブティー

sultanado [sultanáðo] 男 スルタンの領土〔=sultanato〕

sultanato [sultanáto] 男 スルタンの領土(治世・位)

sultanía [sultaní.a] 囡 スルタンの領土〔=sultanado〕

sultánico, ca [sultániko, ka] 圏 スルタンの

suma¹ [súma]〔←ラテン語 summa「最高」〕囡 ❶ 金額, 総額: Le he prestado una ~ importante. 私は彼に大金を貸した. Necesito una buena ~ de dinero para comprar el piso. マンションを買うのに私はかなりの金が必要だ. La factura llegó a la ~ de mil euros. 請求書の合計は1千ユーロになった. ~ de todo lo que he gastado. これが私の使った金の総額だ. cheque por ~ de 70 dólares 金70ドルの小切手. ❷ 合計;《数学》加法: ~ de cuatro y cinco es nueve. 4足す5は9. hacer ~s 足し算をする. ~ vectorial ベクトルの和. ~ de cero〔政治など〕ゼロサムゲーム. ❸〔抽象的に〕総和: La Divina Comedia es la ~ del conocimiento medieval.『神曲』は中世の知識の総和だと考えられている. El retrato es una ~ de perfecciones del artista. その肖像画は画家の集大成である. Es la ~ y compendio de todas las virtudes. 彼女はあらゆる美徳の塊である. ❹〔ある分野に関する〕全書, 大全: La S~ Teológica『神学大全』. ❺ 最重点, 要諦. ❻《まれ》要約, 概要

en ~ 結局のところ, 要するに: En ~, que no me conviene. つまり, 私にとっては都合がよくないのだ

sumaca [sumáka]〔←蘭語 smak〕囡〔南米で使われた〕2本マストの平底沿岸航行船

sumado, da [sumáðo, ða] 圏《紋章》〔図形が〕上部が他の図形と接している

sumador, ra [sumaðór, ra] 图 足し算をする〔人〕, 合計する〔人〕
—— 囡 加算器, 計算器

sumamente [súmaménte] 副 最高に, 非常に, きわめて, 極度に: El problema es ~ difícil. 問題はひどく難しい. Le estoy ~ agradecido. あなたに大変感謝しています

sumando [sumándo] 男《数学》加数

sumar [sumár]〔←suma〕他 ❶ 合計する, 加える〔⇔restar〕: Suma todo lo que has ganado. 稼いだ金を合計しなさい. ~ dos números 2つの数を足す. signo de ~ プラス記号. ❷ 総計…に達する: Dos y tres suman cinco. 2足す3は5. Los ángulos exteriores suman 360 grados. 外角の和は360度である. Todos sus ingresos suman diez mil euros. 彼の総収入は1万ユーロになる. ❸ 収集する. ❹《魔語》要約する

suma y sigue 1)《商業》次葉へ繰越し. 2) 連続, 繰り返し: Mi vida es un suma y sigue de fracasos y desgracias. 私の一生は失敗と不運の連続だ
—— ~se ❶ [+a 集団などに] 加わる: ~se a la manifestación デモに加わる. ❷ [+a に] 付け加わる: Otras ventajas que se suman a la exactitud son la rapidez y la facilidad del manejo. 長所としては正確のほかに速さと操作のしやすさがある. ❸ 賛成する: Se sumó a nuestra idea. 彼は私たちの考えに同意した

sumaria¹ [sumárja] 囡《法律》❶ 書面による手続き; 起訴〔状〕. ❷〔軍事法廷の〕予審

sumarial [sumarjál] 圏 ❶ 書面による手続きの, 起訴に関する. ❷ 予審に関する, 予審のための

sumariamente [sumárjaménte] 副 ❶ 簡潔に, 要約して. ❷《法律》略式で: juzgar ~ 略式で裁判する

sumariar [sumarjár] 他《法律》〔予審で〕起訴する

sumario, ria² [sumárjo, rja]〔←sumar〕圏 ❶ 簡潔な, 要約した: discurso ~ 演説の要旨. ❷《法律》略式の: juicio ~ 略式裁判, 即決裁判. ❸ 略式の訴訟手続き
—— 男 ❶ 目次: buscar en el ~ 目次から捜す. ❷《法律》起訴〔状〕, 予審: Ese juez instruye el ~. その判事が予審を担

sumarísimo, ma

当する. ❸ 概要, 要約: Haremos un ~ de los hechos más importantes. 一番重要な事柄だけ要約します

sumarísimo, ma [sumarísimo, ma] 形 《法律》即決の: procedimiento ~ 《軍事》juicio ~ 即決裁判

sumarro [sumář̥o] 男 《地方語. 料理》 =**somarro**

sumativo, va [sumatíβo, βa] 形 《教育》積み重ねの, 総合的な: evaluación ~va 総括的評価

sumergible [sumerxíβle] 形 ❶ 水に沈められ得る, 水中用の: reloj ~ 防水時計. ❷ 《船の》潜水できる
—— 男 潜水艦 《=submarino》

sumergido, da [sumerxíðo, ða] 形 ❶ 《企業・商売が》脱税をする: economía ~da 地下経済. ❷ 水中で生息する; 水面下にある

sumergimiento [sumerximjénto] 男 =**sumersión**

sumergir [sumerxír] 《←ラテン語 submergere > sub-+mergere「沈める」》 ④ 他 ❶ [+en に] 浸す; 水中に沈める, 水没させる: Sumerja bien la película en el revelador. フィルムを現像液によく漬けなさい. ~ la mano en el agua del baño 風呂の湯の中に手を入れる. ❷ 没入させる, 没頭させる. ❸ [人・国などを, 主に否定的な状況に] 陥 (おちい) れる: La guerra fría sumergió al país en un clima histórico de sospechas. 冷戦のせいでその国は疑心暗鬼でヒステリックな雰囲気に陥った
—— ~se ① 浸る: Los submarinistas se sumergieron en el lago. ダイバーたちは湖に潜った. ciudad sumergida en el mar 海に沈んだ都市. ❷ 没入する, 没頭する: Pude ~me en mis pensamientos a pesar del ruido que había en el bar. バルは騒がしかったが私は自分の思いに浸ることができた

sumérico, ca [sumériko, ka] 形 《歴史, 地名》 =**sumerio**

sumerio, ria [sumérjo, rja] 形 名 《歴史, 地名》シュメール Sumer 《人・語》の; シュメール人
—— 男 シュメール語

sumeroacadio, dia [sumeroakáðjo, ðja] 形 《歴史》シュメールとアッカド Acad の

sumersión [sumersjón] 《←ラテン語 submersio, -onis》 女 ❶ 水中に完全に沈める (沈む) こと, 水没, 潜水; 《物理》沈下 《⇔emersión》. ❷ 没入, 没頭

sumidad [sumiðáð] 女 《まれ》先端, 最上部

sumidero [sumiðéro] 《←sumir》 男 ❶ 下水口; 下水道, 下水渠. ❷ 《プエルトリコ》1) 汚水溜め. 2) 湿地, 沼地

sumido, da [sumíðo, ða] 形 ❶ 衰弱した, やせ細った 《=consumido》. ❷ 《メキシコ, コロンビア》へこんだ

sumidora [sumiðóra] 女 《ボリビア》濾し器 《=colador》

sumiller [sumiʎér] 《←仏語 sommelier》 男 ❶ 《レストランの》ワイン係, ソムリエ. ❷ [宮廷の] 侍従; 執事, 家令

sumillería [sumiʎería] 女 ❶ ソムリエの部屋 (仕事). ❷ 侍従の執務室 (役職)

suministrable [suministráβle] 形 供給され得る, 供給されるべき

suministración [suministraθjón] 女 =**suministro**

suministrador, ra [suministraðor, ra] 形 名 供給する; 供給者
—— 女 供給会社

suministrar [suministrár] 《←ラテン語 subministrare》 《文語》 [+a に] 供給する, 支給する, 補給する: La compañía suministra energía eléctrica a esta región. その会社がこの地域に電力を供給している. ~ los datos データを提供する

suministro [suminístro] 《←suministrar》 男 ❶ 供給, 支給, 補給: El asedio interrumpió el ~ de víveres a la ciudad. 包囲によって町への食糧の補給が途絶えた. ~ de agua 給水. ❷ 供給品, 補給品. ❸ 《軍事》複 糧食, 兵糧

sumir [sumír] 《←?ラテン語 absumere < sumere「のみ込む」》他 ❶ [+en の行為に] 没頭させる, ふけらせる: El anuncio de la competencia ha sumido a nuestra empresa en una lucha por los precios. ライバル会社のコマーシャルのせいで私たちの会社は価格競争に突入した. ❷ [+en の状態に] 追い込む, 陥 (おとしい) れる: La bancarrota lo sumió en miseria. 彼は破産して路頭に迷った. La regalada vida del conde lo sumía en el más absoluto aburrimiento. 伯爵は何不自由ない生活をおくるあまり, 退屈でたまらなくなった. ❸ [水に] 沈める; [土に] 埋める: El oleaje sumió la balsa en el fondo del mar. いかだは大波に飲まれ海底に沈んだ. ❹ 《カトリック》 [司祭がミサで聖体を] 拝領する. ❺ 《メキシコ, コロンビア》へこませる
—— ~se ❶ 没頭する, ふける: Agustín se sumió en hondas reflexiones. アウグスティヌスは深い思索にふけった. ❷ 追い込まれる, 陥る: La madre se sumirá en la desesperación. 母親は絶望に陥るだろう. ❸ 沈む; 埋まる: Los cuerpos se sumieron en el pantano. 彼らの体は池に沈んだ. ❹ [雨水などが] 吸い込まれる, 染み込む. ❺ 《メキシコ, コロンビア》へこむ

sumisamente [sumisaménte] 副 従順に, 素直に, おとなしく

sumisión [sumisjón] 女 ❶ 服従 《⇔rebelión》; 降伏: ~ a las órdenes 命令への服従. ❷ 従順さ, 素直さ

sumiso, sa [sumíso, sa] 形 ❶ [+a に] 従順な, 素直な, おとなしい: empleado ~ 従順な従業員. niño ~ a su madre 母親の言いつけをよく守る子供. ❷ 服従した; 降伏した

sumista [sumísta] 形 要約の, 概説の
—— 名 ❶ 要約者, 要約の筆者. ❷ もぐりの神学者. ❸ 計算 (足し算) が上手な人

summa cum laude [súma kun láuðe] 《←ラテン語》 副 《博士論文について》最優等で, 首席で

súmmum [súmu(n)] 《←ラテン語 summus》 男 [el+] 最高度, 頂点: El restaurante es barato, pero es el ~ de la pulcritud. そのレストランは安いが, きわめて清潔だ. Hemos llegado al ~ de la paciencia. 私たちは忍耐の極みに達した

Summum jus, summa injuria [súmu(n) xús súma inxúrja] 《←ラテン語》 正義が過剰なら不正も過剰となる

sumo[1] [súmo] 《←日本語》 男 相撲: luchador de ~ 相撲取り, 力士

sumo[2]**, ma** [súmo, ma] I 《←ラテン語 summus「最も高い」》 形 [+名詞. 地位・順位が] 最高の: El hombre posee la suma inteligencia entre los seres vivos. 人間は生物の中で最も高い知性を持っている. suma autoridad 最高権威. S~ Pontífice 《文語》 ローマ教皇. el ~ sacerdote [ユダヤ教の] 最高位の聖職者. ❷ 極度の, 途方もない; 至上の: Obró con prudencia suma. 彼はひたすら慎重に行動した. Ella hace gala de una discreción suma. 彼女はとてもない才気をひけらかす. con ~ cuidado 細心の注意を払って. de ~ interés とても興味深い. la suma alegría この上ない喜び. de suma importancia きわめて重要な

a lo ~ せいぜい, 多くても: A lo ~ tendrá treinta años. 彼はせいぜい30歳ぐらいだろう. Por mucho que corra, estará aquí a lo ~ a las diez. どんなに走っても, 彼がここに着くのは早くて10時だろう. Esta tarde estudiaremos a lo ~ tres horas. 私たちは今日の午後, 最大で3時間勉強するつもりだ

de ~ 全く, 完全に

II 形 名 スモ族〔の〕《ホンジュラスとニカラグアのカリブ沿岸地域の先住民》

sumonte [sumónte] 男 de ~ =**somonte**

sumoscapo [sumoskápo] 男 《建築》柱頭

súmulas [súmulas] 女 複 《古語》論理学の基本原理が含まれた概説

sumulista [sumulísta] 男 《古語》súmulas を教える (学ぶ) 者

sumulístico, ca [sumulístiko, ka] 形 《古語》súmulas の

suna [súna] 女 =**sunna**

sunchar [suntʃár] 他 《ボリビア》突き刺す

suncho [súntʃo] 男 ❶ [補強用の] 金属, 帯鋼 《=zuncho》. ❷ 《植物》1) 《南米》チルカ《=chilca》. 2) 《ボリビア》シオン

sunción [sunθjón] 女 《カトリック》[司祭がミサで行なう] 聖体拝領

sunco, ca [súŋko, ka] 形 《チリ. 口語》手・腕が不自由な 《=manco》

suncuán [suŋkwán] 女 《ホンジュラス》ばか者, 間抜けな人

sundanés [sundanés] 男 《ジャワ島の》スンダ語

sundín [sundín] 女 《アルゼンチン》クレオル風の踊りをする下層級のパーティー

sungo, ga [súŋgo, ga] 形 《コロンビア》[人が] 輝くような肌の, 肌が黒光りする

suni [súni] I 形 名 =**suní**
II 女 《地理》スニ帯《アンデスの標高4000mくらいまでの高原地帯. プナ puna 帯とキチュア quechua 帯の間》

suní [suní] 形 名 《複 ~es》 《イスラム教》スンニ (スンナ) 派 《los suníes の〔人〕》

sunicho [suníʧo] 男 《ボリビア》体高の低い馬

sunita [suníta] 形 《イスラム教》スンニ派の, スンナ派

sunna [súnna] 《←アラビア語》 女 ❶ 《イスラム教》スンナ《モハメッドの口伝の律法》. ❷ 《広義で》イスラム教

sunni [súnni] 形 =**suní**

sunní [sunní] 形 =**suní**
sunnita [sunníta] 名 =**sunita**
suntuario, ria [suntwárjo, rja]《←suntuoso》形 ❶ 奢侈(しゃし)に関する; 贅沢にぜいたくな: impuestos ~s 奢侈税. gasto ~ ぜいたくな出費. ❷《美術》装飾的な
suntuosamente [suntwósaménte] 副 豪華に, きらびやかに, ぜいたくに
suntuosidad [suntwosiða(ð)] 女 ❶ 豪華さ, きらびやかさ, ぜいたく. ❷ 優雅さ, 雅(みやび)
suntuoso, sa [suntwóso, sa]《←ラテン語 sumptuosus < sumptus「出費」》形 ❶ 豪華な, 豪奢(ごうしゃ)な, 贅沢にぜいたくな: fiesta ~sa 豪勢なパーティー. vida ~sa ぜいたく三昧の暮らし. ❷ [立ち居ふるまいが] 優雅な, 気品のある
suomi [swómi]《←フィンランド語》形 名 フィンランドの(人)《=fi-nés》
suo tempore [swo tempóre]《←ラテン語》副 しかるべき時に, タイムリーに
supe [súpe]《ベネズエラ. 料理》肉のソース煮込み
supedáneo [supeðáneo] 男《主に十字架を立てる》礎石, 台石
supeditación [supeðitaθjón] 女 ❶ [+a より] 下位に置くこと, 従属: ~ de los propios intereses a los de la colectividad 個人の利益より共同体の利益を優先させること. ❷ 依存, 条件づけ: ~ del desarrollo industrial al respeto a la naturaleza 産業の発展が自然への畏敬に依存していること
supeditar [supeðitár]《←ラテン語 suppeditare「増援軍を送る」》他 ❶ [+a より] 下位に置く, 従属させる 《=subordinar》: Él supedita siempre su interés al de sus hijos. 彼はいつも自分の利益よりも子供たちの利益を優先させている. ❷ [+a に] 合わせる, 任せる
── ~se [+a の意志・基準などに] 合わせる, 従う, 服従する: Es incapaz de ~se a un horario. 彼は時間割を守れない
super [súper] 形 副 名 女 =**súper**: ~ espía スーパースパイ. ~ jugar スーパー選手
super-《接頭辞》❶ [大変な, すごい] superbueno 大変すばらしい. ❷ [上, 超] superponer 重ねる, supernacional 超国家的な
súper [súper] I 《←ラテン語 super》形《単複同形》《口語》すごい, すばらしい: Ese vestido es ~. その服はかっこいい. Soy ~ llorón en el cine. 私は映画館ではすごくよく泣く. Te ha quedado ~, me encanta. 君にぴったりだ, 僕は気に入った. títere de las ~ potencias 超大国の操り人形. vino ~ 文句なしのワイン
── 副《口語》すごく, とても, 非常に, すばらしく; 上手に: Nos lo pasaremos ~. めちゃくちゃ楽しく過ごそうぜ
II《supermercado の省略語》男 スーパー [マーケット]《=supermercado》: Van al ~. 彼らはスーパーへ行く
III《supercarburante の省略語》男《自動車》ハイオク[ガソリン]: gasolina ~ y sin plomo 無鉛ハイオクガソリン
superable [superáble] 形 乗り越えられる: Ese nivel no es fácilmente ~. その水準は容易には乗り越えられない
superabundancia [superaβundánθja] 女 過多, 過剰, だぶつき
superabundante [superaβundánte] 形 きわめて多い; 多すぎる, あり余る
superabundantemente [superaβundánteménte] 副 きわめて多く; 過剰に, あり余るほど
superabundar [superaβundár]《←super-+abundar》自 非常に多くなる; あり余る: El verano pasado superabundaban las medusas en las playas de Málaga. 去年の夏マラガの海水浴場はクラゲだらけだった
superación [superaθjón] 女 克服, 凌駕(りょうが), 乗り越えること: ~ de dificultades 困難に打ち勝つこと. ~ de uno mismo 克己, 自己を乗り越えること. afán de ~ 向上心
superádito, ta [superáðito, ta] 形《まれ》付加された
superado, da [superáðo, ða] 形《紋章》幾何学的な図形が上にあるが接触していない
superaeropuerto [superaeropwérto] 男 巨大空港
superaleación [superaleaθjón] 女 超合金
superalimentación [superalimentaθjón] 女 =**sobrealimentación**
superalimentar [superalimentár] 他 =**sobrealimentar**
superar [superár]《←ラテン語 superare < super「上に」》他 ❶ [+en で]…に勝る, しのぐ: El modelo supera al anterior en funciones y capacidad. このモデルは機能性と容量で旧モデルより優れている《a は目的語の明示》. Le superó al campeón en el primer asalto. 彼は第1ラウンドでチャンピオンをリードした. ❷ [障害などを] 乗り越える, 克服する: Hemos superado la primera etapa. 私たちは第1段階を突破した. Superó el rechazo de sus compañeros y acabó ganándose su confianza. 彼は仲間から嫌われていたのを克服し, 彼らの信頼を勝ち取った. estar superado 乗り越えられている, 過去のものとなっている. ❸ [限度などを] 上回る, 越える: ~ la previsión 予想を上回る. ~ una plusmarca 記録を破る. ❹《文語》[試験に] 合格する
── ~se 自己を乗り越える; 向上する: El atleta se ha superado en esta prueba. 選手はこの種目で自己記録を更新した. intentar ~se 向上心を持つ
superautomático, ca [superautomátiko, ka] 形 全自動式の: lavadora ~ca 全自動洗濯機. máquina para café ~ca 全自動コーヒーメーカー
superautopista [superautopísta] 女 ~s de la información 情報スーパーハイウェー
superávit [superáβi(t)]《←ラテン語 superavit < superare「限度を越える」》男《単複同形/~s》❶《主に〘経〙》黒字, 剰余[金]《状態, 金額. ⇔déficit》: Hemos tenido este año un ~ superior al año pasado en un 2%. わが社は今年は去年より黒字幅が2%増えた. La empresa ha cerrado con ~. その会社は決算で黒字を出した. ~ comercial 貿易黒字. ~ del balance de pagos 国際収支の黒字. ~ del consumidor (del productor) 消費者(生産者)余剰. ❷ 過剰, 超過: ~ de ofertas 供給過剰
superavitario, ria [superaβitárjo, rja] 男 黒字の
superbacteria [superβaktérja] 女《生物》超細菌, スーパーバクテリア
superbarato, ta [superβaráto, ta] 形 激安の
superbo, ba [supérβo, βa]《廃語》=**soberbio**
superbomba [superβómba] 女《軍事》超強力爆弾
superbombardero [superβombarðéro] 男《航空》超爆撃機《=avión ~》
superbueno, na [superβwéno, na] 形 超すばらしい
supercarburante [superkarβuránte] 男《自動車》ハイオク, 高オクタン価ガソリン
supercarretera [superkařetéra] 女《チリ, アルゼンチン, ウルグアイ》高速道路
supercavitación [superkaβitaθjón] 女《物理》スーパーキャビテーション
supercemento [superθeménto] 男 スーパーセメント
superchería [supertʃería] 女《←伊語 superchieria「権力の乱用」< soperchio「過剰」》❶ ぺてん, 詐欺, いんちき: El robo fue una ~ para cobrar la póliza del seguro. 強盗事件は保険金を得るための狂言だった. ❷ [宗教的な] まやかし, 迷信: Tiene la ~ de que eso trae mala suerte. 彼はそれが悪運をもたらすという迷信を持っている
superchero, ra [supertʃéro, ra] 形 名 ぺてんにかける, だます; ペてん師, 詐欺師
superciliar [superθiljár] 形《解剖》眉, 眉の上の: arco ~ 眉弓(びきゅう)
superclase [superkláse] 女《生物》上綱; 亜門
── 形《口語》超高級な, 超一流の
supercoche [superkótʃe] 男《自動車》スーパーカー
supercompensación [superkompensaθjón] 女《心理》超補償
supercomputadora [superkomputaðóra] 女《情報》スーパーコンピュータ
superconducción [superkondu(k)θjón] 女 =**superconductividad**
superconductividad [superkonduktiβiða(ð)] 女《物理》超伝導
superconductor, ra [superkonduktór, ra]《物理》超伝導の: aleación ~ra 超伝導合金
── 男 超伝導体
supercongelado, da [superkonxeláðo, ða] 形《物理》過冷却の: agua ~ra 過冷却水
supercontinente [superkontinénte] 男《地質》超大陸《例えばパンゲア Pangea はローラシア Laurasia とゴンドワナ Gondwana の2大陸に分かれたとされる》

supercorriente [superkorjénte] 男 超伝導電流
supercostal [superkostál] 形《解剖》肋骨の上部にある
supercrecer [superkreθér] 39 自《医学》過成長する
supercross [superkrós]《←英語》男《スポーツ》スーパークロス《人工的な障害によるモトクロス》
superdirecta [superdirékta] 女《自動車》オーバードライブ
superdominante [superdominánte] 女《音楽》下中音
superdotación [superdotaθjón] 女 きわめて優れた才能があること
superdotado, da [superdotáðo, ða]《←super-+dotado》形 名［主に知的に］きわめて優れた才能のある〔人〕: Es un ～ para las matemáticas. 彼は数学の天才だ
superego [superéɣo] 男《心理》超自我
supereminencia [supereminénθja] 女 卓越性, 傑出性
supereminente [supereminénte] 形 抜きん出た, 秀でた
superenfriamiento [superenfrjamjénto] 男《化学》過冷却《=sobrefusión》
superentender [superentendér] 24 他（まれ）検査する, 監視する, 監督する, 管理する
supererogación [supereroɣaθjón] 女《←ラテン語 supererogatio, -onis》女《文語》必要以上（職務外）の仕事, 余計な努力
supererogatorio, ria [supereroɣatórjo, rja] 形《文語》必要以上のことをする, 義務（職務）以上の
superestimar [superestimár] 他 過大評価する, 買いかぶる
superestrato [superestráto] 男 ❶《地質》上層. ❷《言語》上層〔言語〕
superestrella [superestréʎa] 名 スーパースター
superestructura [superestruktúra]《←super-+estructura》女 ❶《建築, 哲学》上部構造〔⇔infraestructura〕: ～ de un puente material (religiosa) イデオロギー（宗教）的上部構造. ❷《船舶》甲板上の構築部分
superestructural [superestrukturál] 形 上部構造の
superfamilia [superfamílja] 女《動物》上科
superfecundación [superfekundaθjón] 女《医学》過妊娠, 複妊娠
superferolítico, ca [superferolítiko, ka] 形《西. 戯語》繊細（優雅）すぎる, きざな, 気取った: palabras ～cas 凝った言葉づかい. elegancia ～ca 気取った上品さ
superfetación [superfetaθjón] 女《生物》異期複妊娠, 過受胎
superficial [superfiθjál]《←superficie》形 ❶ 表面の, 表層の: aguas ～es 地上水, 地表水. extensión ～ 表面積. quemadura (herida) ～ 軽い火傷（軽傷）. ❷《軽蔑》［考察などが］表面的な, 皮相な, 浅薄な: Tu trabajo es un poco ～, deberías profundizar más. 君のレポートは少し内容が浅い, もっと掘り下げるべきだった. conversación ～ 内容のない会話. idea ～ 薄っぺらな考え. ❸《軽蔑》見せかけの, 口先だけの: Su amabilidad es ～. 彼の親切はうわべだけだ. amistad ～ うわべだけの友情. ❹《軽蔑》［人が］外見（うわべ）だけを気にする, 物事の本質を見ない, 軽薄な
superficialidad [superfiθjaliðáð] 女 ❶ 表面的であること, 皮相さ, 浅薄さ〔⇔profundidad〕: Me molestó la ～ con que se trató el tema. 彼の問題の取り上げ方が皮相的だった点が私は気に食わなかった. ～ de la herida 軽傷であること. ❷ 軽薄さ
superficialmente [superfiθjálménte] 副 ❶ 表面的に: ¿Lo has leído?—Solo ～. 読んだかい？—ざっとだけね. Juzga las cosas solo ～. 彼は表面的にしかものを見ない. ❷ 外見上: Son unas estructuras ～ idénticas. それらは一見よく似た構造だ. ❸ 軽薄にも
superficiario, ria [superfiθjárjo, rja] 形《法律》地上権の
superficie [superfíθje]《←ラテン語 superficies < super「上に」+facies「顔」》女 ❶《主に単》表面, 外面, 面: Ha barnizado toda la ～ del suelo. 彼は床全面にニスを塗った. ～ del agua 水面. ～ de rodadura 〔タイヤの〕接地面. ～ de rozamiento 摩擦面. ❷ 面積: ¿Cuál es la ～ de esta finca? この地所の面積がどのぐらいか？ Este jardín ocupa una ～ de 600 metros cuadrados. この庭は600平方メートルある. ❸ 外見, 見かけ: Solo conozco la ～ del problema. 私は問題の表面的なことしか知らない. Las apariencias se solo de ～. 彼女の優雅さはうわべだけだ. ❹ 区域, 広がり: ～ de la ciudad 市区域. ～ aprovechable 農耕地. ❺《幾何》面: ～ curva 曲面. ～ esférica 球面. ～ plana 平面. ❻《軍事》misil ～-aire (艦)

対空ミサイル. misil ～-～ 地対地（艦対艦）ミサイル
aflorar (salir) a la ～ 1)［秘密などが］表沙汰になる, 露見する: Después de muchos años salió a la ～ la verdad del asesinato. 何年も経ってから殺人事件の真相が明るみに出た. 2)［潜水艦が］浮上する
de ～［交通・輸送で］水上の, 陸上の: transporte de ～ 水上（陸上）交通
gran ～ 1) 大型スーパーマーケット: gran ～ de alimentación 大型食品スーパー. 2) grandes ～s 大規模小売店舗《百貨店, スーパーマーケット, ショッピング・センターなどの総称》
～ de la Tierra/～ terrestre 地表: La mayoría de la ～ de la Tierra (70%) está cubierta de agua. 地表の大部分（70％）は水に覆われている.
superfino, na [superfíno, na] 形 ❶ 極細の: bolígrafo con punta ～na 極細のボールペン. ❷《商品が》極上の, 最高級の
superfluamente [supérflwaménte] 副 余分に, 無駄に: Has gastado medio millón de yenes ～. 君は50万円余計に使った
superfluencia [superflwénθja] 女 あり余るほどあること
superfluidad [superflwiðá(ð)] 女 ❶ 過剰, 過多, 余分（不要）であること. ❷ 余分な事物: Dejemos las ～es. よけいなことはやめよう
superfluidez [superflwiðéθ] 女《物理》超流動
superfluido, da [superflwíðo, ða] 形 男《物理》超流動の; 超流動体
superfluo, flua [supérflwo, flwa]《←ラテン語 superfluus < superfluere < super-+fluere「外れる, 滑る」》形 余分な, 不要な, 無駄な: Las últimas medidas del alcalde son ～fluas. 市長がとった最終措置は不要だ. Todo lo gastas en cosas ～fluas. お前はすべて余計なものに費やしている. gastos ～s 余分な出費. palabras ～fluas 無駄口
superforofo, fa [superforófo, fa] 名 超熱狂的なファン
superfosfato [superfosfáto] 男《化学》過リン酸石灰
supergallo [superɣáʎo] 男《ボクシング》スーパーバンタム級
supergigante [superxiɣánte] 男《スキー》スーパー大回転, ジャイアントスラローム
superguay [superɣwái] 形 副 とてもすばらしい, とてもすばらしく
superhéroe [superéroe] 男 スーパーヒーロー
superheterodino [supereteroðíno] 形 男《通信》スーパーヘテロダインの〔受信機〕
superhombre [superómbre] 男 ❶《主に戯語》スーパーマン: No puedo hacer lo que me pides, no soy un ～. 君の頼みにはこたえられない, 僕はスーパーマンじゃないから. ❷《哲学》超人
superhumeral [superumerál] 男《カトリック》〔司祭がミサで使う〕肩衣
superíndice [superínðiθe] 男《印刷》上付き文字（記号）
superintendencia [superintendénθja] 女 ❶ 最高責任者の権限, 監督権. ❷ 最高責任者の職（執務室）. ❸ 監督局
superintendente [superintendénte] 名 ❶ 最高責任者, 会長, 理事長: ～ de la Fundación 財団の理事長. ❷ 監督官, 監督者
superior[1] [superjór]《←ラテン語 superior, -oris < superus「高い」》形〔⇔inferior〕❶〔+a より〕位置が〕上の, 上部の, 上方の, 上層の: Vive en el piso ～ al mío. 彼は私より上の階に住んでいる. en el ángulo ～ derecho de la tarjeta 葉書の右上の隅に. parte ～ de una pared 壁の上部. ❷《地理》上流の; 高地の: Egipto S～ エジプトのナイル川上流地方. Germania S～ 高地ゲルマニア. ❸［質が］まさる, 上等の: Este café es de clase ～ a la que compré la última vez. このコーヒーは前回買ったより上質だ. papel de calidad ～ 上質紙. ❹［人が道徳的・知的に］より優れた: Le critican, pero es ～ a todos ellos. 人は彼を批判するが, 彼らの誰より人物が優れている. sentirse ～ a+人 …に対して優越感を抱く. ❺ 大きい, 多い; 上回る: El termómetro ha registrado temperaturas ～es a las de ayer. 温度計は昨日よりも高い気温を示した. los números ～es a doce 12より大きい数. ❻ 上級の, 高位の: Fue dos años ～ a mí en la universidad. 彼は大学で私より2年上級だった. Ocupa un cargo ～ al nuestro. 彼は私たちより地位が上だ. curso ～ 上級コース. enseñanza ～ 高等教育. equipo ～ 上位（格上）のチーム. ❼《生物》高等な ～ 高等動物. ❽《考古, 地質》後期の: Paleolítico ～ 旧石器時代後期. Cretácico ～ 白亜紀後期. ❾《印刷》〔活字が〕上付きの. ❿《トランプ》〔札が〕高位の, より強い
—— 名 ❶ 上司, 上官; 先輩, 目上の人: Él es mi ～. 彼は私

の上司だ. ❷ [現場の] 指揮者, リーダー

superior², **ra** [superjór, ra] 图《カトリック》修道院長〖=padre ～〗, 女子修道院長〖=madre ～ra〗

superiorato [superjoráto] 男 修道院長（女子修道院長）の職務（権威・任期）

superioridad [superjoridáđ] 女 ❶ [+sobre に対する] 優越, 優位; 威厳: Tiene una ～ manifiesta sobre el adversario. 彼は対戦相手より明らかにまさっている. hablar con unos aires de ～ いくらか冒下すような調子で話す. luchar con ～ 形勢有利に戦う. sentimiento de ～ 優越感. ❷《文語》[la+] 当局, 官憲〖個人,[集合]〗: dirigir una instancia a la ～ 当局に陳情する. por reciente disposición de la ～ 当局の最近の指示により

superiormente [superjórménte] 副 ❶ 上の部分が. ❷ すばらしく, 見事に, 立派に, 優れて

superjumbo [superxúmbo] 男《航空》スーパージャンボ機

superlación [superlaθjón] 女 最高であること

superlativamente [superlatíbaménte] 副 最高に, この上なく

superlativo, va [superlatíbo, ba]〖←ラテン語 superlativus < superferre「持ち上げる」〗形 ❶ 最高の, 最上の: Era hermosa en grado ～. 彼女はとびきりの美人だった. El caserón es ～. 大邸宅はすばらしい. ——— 男《文法》最上級〖=forma ～va〗: ～ absoluto 絶対最上級. ～ relativo 相対最上級; [一般に] 最上級. ～ relativo de superioridad (inferioridad) 優等（劣等）最上級

superligero [superlixéro] 男《ボクシング》ライトウェルター級

superlíquido, da [superlíkiđo, đa] 形 超流動体の〖=superfluido〗

superlujo [superlúxo] 男 超豪華, 超デラックス: coche de ～ 超デラックスな車

superlumínico, ca [superlumíniko, ka] 形 光の速度より速い, 超光速の

supermán [supermán]〖←英語〗男《口語》スーパーマン

supermercado [supermerkáđo]〖←super+mercado〗男 スーパーマーケット: hacer compras en un ～ スーパーで買い物をする

supermillonario, ria [supermiʎonárjo, rja] 形 图 超大富豪〖の〗

superministro, tra [superminístro, tra] 图《口語》超大臣級の人

supermujer [supermuxér] 女 スーパーウーマン, 超人的女性

superno, na [supérno, na] 形《まれ》最高の

supernova [supernóba] 女《天文》超新星

supernumerario, ria [supernumerárjo, rja]〖←super+numerario〗形 ❶ 定数（定員）外の, 余分な. ❷ [軍人・役人が] 休職中の ——— 男 ❶ [役所の] 定員外（臨時雇い）の職員. ❷ [オプスデイの] 平会員

súpero, ra [súpero, ra] 形《植物》[尊・子房が] 上位の, 上に付いた

superorden [superórđen] 男《生物》上目（じょうもく）

superordenador [superorđenađór] 男 スーパーコンピュータ

superordinario, ria [superorđinárjo, rja] 形《哲学, 情報など》上位の

superpesado [superpesáđo] 男《ボクシング》スーパーヘビー級

superpetrolero [superpetroléro] 男《船舶》[排水量が5万トン以上の] 超大型タンカー

superpluma [superplúma] 男《ボクシング》スーパーフェザー級

superpoblación [superpoblaθjón]〖←super+población〗女 過剰人口, 人口過剰

superpoblado, da [superpobláđo, đa] 形 [estar+] 人口過剰の, 人口過密の

superpoblar [superpoblár] 28 他 人口過剰にする

superpoliamida [superpoljamíđa] 女《化学》スーパーポリアミド

superponer [superponér]〖←super+poner〗60《過分》superpuesto. 命令также単数 superpón〗他〖[+sobre・a に]〗❶ 重ねる, 積み重ねる, 上に置く; 重ね着する: No superpongas el mantel sobre el otro. テーブルクロスを2枚重ね合わせてはいけない. ～ las imágenes イメージを重ね合わす. vestidos superpuestos 重ね着した服. ❷ [+a より] 優先する, 重視する: ～ su trabajo a su familia 家庭より仕事を大事にする. ❸《情報》上書きする ——— ～se ❶ 重なる, 重なり合う: Su voz se superpuso a la mía. 彼女の声は私の声と重なった. ❷ [+a より] 優先される.

Sus decisiones siempre se superponían a las mías. 彼の決定が私の決定よりいつも優先された

superponible [superponíble] 形 ❶ 重ねられ得る. ❷ 同等の

superposición [superposiθjón] 女 ❶ 重ねる（重なる）こと, 重なり. ❷ 優先, 重視

superpotencia [superpoténθja] 女《主に核武装した》超大国

superproducción [superprođu[k]θjón]〖←super+producción〗女 ❶ 生産過剰, 過剰生産: La ～ de arroz ocasionó la baja de precios. 米が豊作だったので価格が下がった. ❷《映画》超大作

superprotector, ra [superprotektór, ra] 形 過保護な

superpuesto, ta [superpwésto, ta] superponer の 過分

superrealismo [superre̞alísmo] 男 =**surrealismo**

superrealista [superre̞alísta] 形 图 =**surrealista**

super-rico, ca [super ríko, ka] 图《口語》大金持ち

supersaturar [supersaturár] 他《化学》過飽和にする

supersecreto, ta [supersekréto, ta] 形 極秘の, 最高機密の

supersensible [supersensíble] 形 超高感度の

supersónico, ca [supersóniko, ka] 形 超音速の: avión ～《航空》超音速機

superstar [superestár]〖←英語〗图〖圏 ～s〗=**superestrella**

superstición [superstiθjón]〖←ラテン語 superstitio, -onis「生存」< superstare「生き残る」〗女 ❶ 迷信, 盲信, 縁起かつぎ; [信仰と無関係な・理性では説明のつかないものを] 信じること: Es una ～ pensar que el número trece da mala suerte. 数字の13は縁起が悪いと考えるのは迷信だ

supersticiosamente [superstiθjósaménte] 副 迷信にとらわれて, 縁起をかつぎ

supersticioso, sa [superstiθjóso, sa]〖←ラテン語 superstitiosus〗形 ❶ 迷信の, 迷信的な: creencias ～sas 迷信的な信仰. ❷ 迷信深い〖人〗, 縁起をかつぐ〖人〗

supérstite [superstíte] 形 图《主に法律》生き残っている〖人〗, 存命中の〖人〗: derechos sucesorios del cónyuge ～ 残された配偶者の相続権

superstrato [superstráto] 男《言語》上層

supertalla [supertáʎa] 女《服飾》特大サイズ

supervacáneo, a [superbakáneo, a] 形《まれ》余分な, 不要な

supervaloración [superbaloraθjón] 女 過大評価, 買いかぶり

supervalorar [superbalorár] 他 過大評価する〖⇔infravalorar〗: Supervaloras la capacidad de tu hermana para ganar el campeonato de natación. 妹が水泳選手権で勝つなんて, それは君の買いかぶりだね ——— ～se 自分を過大評価する

supervedette [superbedét] 女 [バラエティーショーなどの] 大スター, スーパースター

supervención [superbenθjón] 女《法律》新法が次々に生まれること

superveniencia [superbenjénθja] 女 突然の発生, 突発

supervenir [superbenír] 59 自 突発する〖=sobrevenir〗

superventas [superbéntas]〖単複同形〗ベストセラー〖の〗, ベストヒット〖の〗: lista de ～ de este mes 今月のベストセラーリスト

supervigilar [superbixilár] 他《主に南米》厳しく管理する

supervisar [superbisár]〖←super+visar〗他 [仕事などを] 監督する: El inspector supervisa las cuentas todos los meses. 監査役は毎月会計検査をする

supervisión [superbisjón] 女 監督, 管理, 監修〖行為〗: bajo la ～ del jefe 上司の監督下で. ～ de una obra 作品の監修

supervisor, ra [superbisór, ra] 形 图 監督する〖人〗, 管理する, 指導する, 監修者

supervivencia [superbibénθja]〖←super+vivencia〗女 ❶ 生き残る（生き抜く・生き延びる）こと: El aventurero hizo todo lo que pudo por su ～ en el mar. 冒険家は海で生き抜くために力の限りを尽くした. Gana lo justo para su ～. 彼は生きていくのにやっとしか稼いでいない. lucha por la ～ 生き残り競争. ～ del fuerte/～ del apto/～ de los mejor adaptados 適者生存. tasa de ～ 5 años《医学》5年生存率. ❷ 存続, 存続. ～ de las tradiciones 伝統のなごり. ❸《法律》生存者権〖生存者が合有財産を取得する権利〗

superviviente [superbibjénte]〖←ラテン語 supervivens, -entis〗形 图 ❶ [危険な状況などを] 生き残った〖人〗, 生き残り, 生存者: ¿Cuántos ～s ha habido del accidente? 事故の生存者は何人だったのか? la última ideología ～ 最後まで生き残ったイ

デオロギー. ❷［死別して］後に残された〔人〕: esposa ～ 夫に先立たれた妻, 未亡人

supervivir [supεrƀiƀír] [自] 生き残る, 生き抜く, 生き延びる〖=sobrevivir〗

superwelter [supεrwéltεr] [男]《ボクシング》ライトミドル級

superyó [supεrjó] [男] =**superego**

supia [súpja] [男]《ベネズエラ》食べ残し, 残飯

supinación [supinaθjón] [女] ❶《解剖》［手の］回外. ❷ あお向け, 仰臥位

supinador, ra [supinađór, ra] [形]《解剖》回外の

—— [男]《解剖》回外筋〖=músculo ～〗: ～ largo 腕橈骨筋

supino, na [supíno, na]〖←ラテン語 supinus「怠惰な」〗[形]《文語》❶ あお向けの, 仰臥(ぎょうが)の〖⇔prono〗: Colóquese en posición ～*na*. あお向けになって下さい. ❷［マイナスイメージのことが］極度で明白な, ひどい: melancolía ～*na* 見てすぐ分かるひどい憂鬱

—— [男]《ラテン語文法》動詞状名詞, 動名詞

supitaño, ña [supitáɲo, ɲa] [形]《まれ》突然の〖=súbito〗

súpito, ta [súpito, ta] [形] ❶《まれ》突然の〖=súbito〗. ❷《メキシコ, コロンビア. 口語》当惑した, 呆然とした. ❸《メキシコ. 口語》眠った; 気絶した

suplantable [suplantáƀle] [形] 取って代わられ得る

suplantación [suplantaθjón] [女] ❶ 取って代わること, 地位を奪うこと; 別人になりすますこと〖=～ de persona, ～ de personalidad〗. ❷［文書などの］改竄(かいざん)

suplantador, ra [suplantađór, ra] [形] [名] 取って代わる〔人〕, 地位を奪う〔人〕; 別人になりすます〔人〕

suplantar [suplantár]〖←ラテン語 supplantare「足を掛けて倒す」〗[他] ❶［不当に］…に取って代わる; …になりすます: Miguel *suplantó* a su tío para cobrar la herencia. ミゲルは伯父になりすまして遺産を受け取った. ❷［公文書などを］改竄(かいざん)する. ❸《チリ, アルゼンチン, ウルグアイ》代用する〖=suplir〗

suple [súple] [男]《チリ》❶ 短くなった材木の補充. ❷［工員の］給料の前借り

supleción [supleθjón] [女]《まれ》追加, 補充〖=suplemento〗

suplefaltas [suplefáltas] [名]〖単複同形〗《口語》［称号・位階のない］身代わり, 代理人, 代人

suplementación [suplementaθjón] [女] 追加, 補足

suplemental [suplementál] [形] =**suplementario**

suplementar [suplementár] [他] 追加する, 補足する

suplementario, ria [suplementárjo, rja]〖←suplemento〗[形] ❶ 追加の, 補足の: crédito ～ 追加融資. clase ～*ria* 補講, 補習. pedido ～ 追加注文. presupuesto ～ 追加予算. profesor ～ 臨時教員. trabajo ～ 超過勤務. tren ～［増発の］臨時列車. ❷《幾何》ángulo ～ 補角. arco ～ 補弧

suplementero, ra [suplementéro, ra] [名]《チリ》新聞売り

suplemento [supleménto]〖←ラテン語 supplementum < supplere「補う」< sub-+plere「満たす」〗[男] ❶ 補足物, 付属品: La máquina lleva varios ～*s* según los usos. その機械には用途に応じて付属品がいくつかある. ❷ 追加, 補充, 補足: ～ de información 情報の補足. ❸ 割増金, 追加料金: pagar un ～ sobre... …のほかに割増金を払う. ～ de noche 夜間割増料金. ～ de primera clase《鉄道》一等の割増料金. ～ por exceso de equipaje《航空》荷物の重量超過による追加料金. ❹ 付録, 補遺, 増補: La revista lleva un ～. その雑誌には別冊付録が付いている. ～ de un diccionario 辞書の補巻. ❺《新聞》特集版: ～ dominical 日曜版. ～ literario 文芸特集. ❻ サプリメント, 補助食品: ～ culturista プロテイン. ～ vitamínico ビタミン剤. ❼《文法》補完補語〖[例] Aspira *a rector*〗. ❽《幾何》補角, 補弧

suplencia [suplénθja]〖←suplir〗[女] ❶ 代理, 代行: hacer la ～ a+人 …の代行をする. ❷ 代理(代行)の期間

suplente [suplénte]〖←suplir〗[形]［役職などの］代理の, 代行の: juez ～ 予備判事. profesor ～ 代用教員. equipo ～ 補欠チーム

—— [名] ❶ 代理人, 代行者. ❷《スポーツ》控えの選手, 交代要員, 補欠, サブ〖=jugador ～〗

supletoriedad [supletorjeđá(đ)] [女] 補足性

supletorio, ria [supletórjo, rja]〖←suplir〗[形] 補足する, 補足用の: cama ～*ria*［付き添い用などの］補助ベッド. mesa ～*ria* 袖机. juramento ～《法律》補足宣誓

—— [男] ❶ 補足物: La mesa tenía un ～ para la impresora. 机にはプリンター用の補助机がついていた. ❷《西》［親子電話の］子機〖=teléfono ～〗: teléfono con ～〔*s*〕親子電話

súplica [súplika]〖←suplicar〗[女] ❶ 懇願, 哀願: a ～ de+人 …に懇願されて, …の依頼(要請)により. ❷ 陳情書, 嘆願書: elevar su ～ a la autoridad 当局に請願書を出す. ❸《法律》1)［末尾の］申し立て条項. 2) 上訴(控訴)申立書〖=recurso de ～〗

suplicación [suplikaθjón] [女] ❶ 懇願, 嘆願. ❷《法律》上訴(控訴)申立て. ❸《古語. 菓子》［アイスクリームの］細い筒状のコーン

suplicacionero, ra [suplikaθjonéro, ra] [名]《古語》コーン売り

suplicador, ra [suplikađór, ra] [形] =**suplicante**

suplicante [suplikánte] [形] [名] 懇願する, 哀願する; 懇願者, 陳情者: Me dijo en un tono ～ que lo perdonase. 彼は許してくれと哀願するような調子で私に言った

suplicar [suplikár]〖←ラテン語 supplicare < supplex, -icis「ひれ伏す人」〗[7] [他] ❶［へりくだって, +不定詞・que+接続法 するように］懇願する, 哀願する, 強く頼む〖《西》では +不定詞 は《まれ》〗: Te *suplico que* me dejes cien euros. お願いだから100ユーロ貸してくれ. ❷《法律》上訴する, 控訴する

—— **～se**［+不定詞. 不特定］*Se suplica* no fumar. たばこはご遠慮下さい

suplicatorio, ria [suplikatórjo, rja]〖←suplicar〗[形] 懇願の, 哀願する: tono ～ 訴えるような調子

—— [男] ❶《西》=**suplicatoria**. ❷［議員に対する］逮捕許諾請求

—— [女]《法律》［上級裁判所〔判事〕への］審理要請書

suplicio [suplíθjo]〖←ラテン語 supplicium「犠牲」〗[男] ❶ 拷問;［激しい苦痛を伴う］刑罰, 体刑: someter a ～ a+人 …を拷問にかける. ❷ 拷問(体刑)を受ける場所. ❸ 死刑執行〖=el último ～〗. ❹［肉体的・精神的な］責め苦, 難儀: Esos peinados eran un ～ para las mujeres. その髪型は女性にとってひどい苦痛でしかなかった. Aguantar a Carlos es un verdadero ～. カルロスのことを我慢するのは本当に苦労だ

～ de Tántalo 欲しいものが目の前にありながら手に入らない苦しみ

suplico [suplíko] [男] =**súplica**

suplido [suplíđo] [男]［主に [複]］前受け金, 手付け金

suplidor, ra [supliđór, ra] [形] [名] =**suplente**

suplir [suplír]〖←ラテン語 supplere < plere「満たす」〗[他] ❶［…の欠除を, +por・con で］補う, 代用する: *Suplieron* el dinero robado con el del bolsillo. 彼らは盗まれた金をポケットマネーで埋め合わせてくれた. *Suplió* el cuchillo *por* unas tijeras. 彼はナイフの代わりにはさみを使った. ❷ …の代理を務める, 代行する: Un ayudante *suple* al catedrático en sus clases. 助手が教授の代講をする. ❸ 立て替える: Yo *suplo* los gastos. 私が立て替えておきます. ❹ かばう. ❺ 行間の意味を読み取る. ❻《コロンビア》供給する

—— **～se**《アンダルシア》じっと耐える, 我慢する

supo [súpo]〖supositorio の省略語〗[男]《口語》座薬

suponedor, ra [suponeđór, ra] [形] [名] 仮定する〔人〕, 推測する〔人〕

suponer [suponér]〖←ラテン語 supponere「下に置く」〗[60]〖[適分] *supuesto*. 命令法単数 supón〗[他] ❶ 仮定する, 想定する: 1) *Supongamos* un triángulo ABC. 三角形ABCがあるとしよう. 2)［+que+直説法（疑念が強い時は接続法）］*Supongamos que* el ángulo en O es igual al ángulo en P. Oの角度とPの角度が同じだとしよう. *Supón que* haya partido a las nueve; pues antes de las once puede estar aquí. 仮に彼が9時に出発したとしたまえ, それだったら11時前にはここに来れるはずだ. 3)［現在分詞で. +que+接続法］…であるとすれば: *Suponiendo que* haya partido a las nueve, antes de las once puede estar aquí. 彼が9時に出発したとすれば11時前にはここに来れるはずだが. ❷ 推測する, 推定する〖→imaginar [類義]〗: 1) Le *supongo* unos 50 años. 私は彼は50歳ぐらいだと思う. *Supongo que* es usted el doctor Livingstone. リヴィングストン博士とお見受けしますが. 2)［+que+直説法の未来時制・接続法］*Supongo que* pensará venir, porque, si no, me hubiera avisado. 彼は来るつもりだと思う. なぜなら, もし来ないなら連絡があっただろうから. *Supongo que* no llegue a la hora. 彼は時間どおりに来ないかもしれない. ❸ 前提とする, 当然予想させる; 意味する: La libertad *supone* responsabilidad. 自由は責任を前提とする. Tener asistenta *supone* cuatrocientos euros al mes. 家政婦を雇うには月400ユーロが必要になってくる. La he-

S

rencia *supone* un pequeño respiro económico. その遺産で多少は暮らしが楽になるはずだ. La experiencia le *ha supuesto* un productivo aprendizaje. 彼はそれまでの経験のおかげで効率よく習得した. El electricidad *supuso* un gran progreso. 電気は一大進歩だった.
como es de ~ 想像されるように
ser de ~ *que*+直説法・接続法 …は考えられる, あり得る: *Es de* ~ *que* haya millones de personas como yo. 私のような人が何百万人もいるかもしれない
ser mucho ~ *que*+接続法 …とはとても考えられない
vamos a ~ 1) [〔確認されていないことを〕推測として言えば: *Vamos a* ~ *que* lo *que* dice él es verdad. 彼の言っていることが事実だとしよう. *Vamos a* ~ *que*, navegando en una cápsula del tiempo, retrocediéramos al Tokio de hace cien años. タイムカプセルに乗って東京へ, 100年前の東京に戻ったと仮定しよう. 2) [発言の最後で] 今言ったことは推測だが: Si tu barco naufragara precisamente en el medio del Pacífico, *vamos a* ~. もし君の乗った船が太平洋の真ん中で難破したとしたら, まあこれはたとえばの話だが
── 自 [+en で] 重きをなす; 重要性(意味)がある: El matrimonio *supone* mucho *en* la vida. 結婚は人生において大きな意味がある. Este pequeño gasto extra *no supone* nada para mí. こんなささいな臨時出費は私にとって何でもない
── ~*se* 想像する: 1) Como *me suponía*, llegamos por los pelos a la estación. 想像どおり我々は時間ぎりぎりに駅に着いた. Ya *me lo suponía*. それは想像していた. 2) [+que+直説法] *Suponte que* os pasa algo. 君たちに何か起きたと想像してみなさい. *Me supongo que* no irá. 彼は行かないだろうと私は思う
── 男 《口語》 仮定, 推測, 推定 [=suposición]: [*Es*] *Un* ~. それは推測に過ぎない

suponible [suponíble] 形 《まれ》 推測され得る
suportación [suportaθjón] 女 《廃語》 我慢, 辛抱
suportar [suportár] 他 我慢する [=soportar]
suposición [suposiθjón] 女 [←suponer] 1 推測, 憶測; 仮定: No es más que una ~. それは推測にすぎない. hacer *suposiciones* sobre.... ……について憶測をめぐらす. ~ *gratuita* 根拠のない推測. 2 《法律》 [子供の実の母親を偽る] 出産偽称 [=~ de parto]. 3 《論理》 代示. 4 《まれ》 権威, 卓越性, 名声; persona de ~ 権威, 大家. 5 《まれ》 中傷, 虚偽
supositicio, cia [supositíθjo, θja] 形 《まれ》 見せかけの, 偽りの
supositivo, va [supositíβo, βa] 形 推測の, 仮定の
supositorio [supositórjo] 男 《薬学》 座薬
supporter [supórter] 《←英語》 名 《サッカーなど》 [選手・チームの] ファン, サポーター
supra [súpra] 副 [文書で] 前の(上記)…ページに
supra- 《接頭辞》 [上, 超] *supra*clavicular 鎖骨の上方にある, *supra*sensible 超感覚的な
supraclavicular [supraklaβikulár] 形 《解剖》 鎖骨の上方にある
supracondíleo, a [suprakondíleo, a] 形 《解剖》 顆状突起の上方にある, 顆上の
supraconductividad [suprakonduktiβiðá(ð)] 女 =**superconductividad**
supraconductor, ra [suprakonduktór, ra] 形 男 =**superconductor**
supracostal [suprakostál] 形 《解剖》 肋骨の上方にある
supradicho, cha [supraðítʃo, tʃa] 形 =**sosodicho**
supraestatal [supraestatál] 形 超国家の
supraestructura [supraestruktúra] 女 上部構造 [=**superestructura**]
supraestructural [supraestrukturál] 形 上部構造の
suprahepático, ca [supraepátiko, ka] 形 《解剖》 肝上の
supraliminar [supraliminár] 形 《心理, 生理》 刺激閾(ʾ)を超えた, 閾上の
supra litoral [súpra litorál] 形 《地理》 zona ~ 潮上帯
supramamario, ria [supramamárjo, rja] 形 《解剖》 乳腺の上方にある
supramundano, na [supramundáno, na] 形 超俗界の, 霊界の
supranacional [supranaθjonál] 《←*supra*-+*nacional*》 形 [権力・組織などが] 一国の枠組を越えた, 超国家的な: proyecto de colaboración ~ 超国家的な協力計画

supranacionalidad [supranaθjonaliðá(ð)] 女 超国家性
supranormal [supranormál] 形 通常の限度を越えた, 過剰な
supraorbital [supraorβitál] 形 《解剖》 眼窩の上方にある
suprarreal [supraréál] 形 《文語》 =**surreal**
suprarrealismo [supraréalísmo] 形 =**surrealismo**
suprarrenal [supraréñál] 形 《解剖》 腎臓の上方にある, 副腎の: corteza ~ 副腎皮質. glándula ~ 副腎腺
suprasegmental [suprasegmentál] 形 《言語》 超分節的な, 分節の上にある
suprasensible [suprasensíβle] 形 超感覚的な, 感覚を超えた
supraspina [supraspína] 女 《解剖》 棘上窩(ﾆﾔｸ)
supraterreno, na [supratéreno, na] 形 現世を超えた
suprema[1] [supréma] 女 1 《料理》 1) 鶏胸肉のベシャメル・ソース煮. 2) 《西》 魚の最も大きな切り身. 2 《歴史》 異端審問所の最上級審
supremacía [supremaθía] 女 [←英語 *supremacy*] 1 至高, 最高位: El presidente tiene la ~ del país. 大統領は国の最高の地位を占めている. ~ de la Constitución/~ constitucional 国の最高法規としての憲法. 2 覇権, 支配的地位: El equipo contrario no consiguió superar la ~ de España en el waterpolo. 相手チームは水球におけるスペインの覇権を揺るがすことはできなかった. 3 優遇, 優先権: En el accidente los niños y las mujeres tenían ~ sobre los demás. 事故では子供と女性が他の人よりも優先的に手当を受けた
supremacismo [supremaθísmo] 男 [民族などの] 優位主義, 至上主義: judío ユダヤ至上主義
supremacista [supremaθísta] 形 [民族などの] 優位主義の(主義者), 至上主義の(主義者): ~ blanco 白人至上主義の(主義者)
supremamente [suprémaménte] 副 1 最高に: En aquel pueblo de ensueño se vivía ~ bien. あのあこがれの村では人々は申し分のない暮らしをしていた. 2 極めて, 最も高く
suprematismo [suprematísmo] 男 《美術》 シュプレマティズム, 絶対主義
suprematista [suprematísta] 形 シュプレマティズムの
supremo, ma[2] [suprémo, ma] 《←ラテン語 *supremus* < *superus* 「高い」》 形 1 至高の, 最高の, 最高権威の [⇔ínfimo]: jefe ~ del ejército 軍の最高司令官. Ser *S* ~ 至高存在, 神. autoridad ~ 最高権威. 2 至上の, 最高度の: de calidad ~*ma* 最高品質の. gozo ~ 無上の喜び. mujer de ~*ma* belleza とびきりの美女. 3 最後の, 究極の; 最も重要な, 決定的な: momento ~ 決定的瞬間; 臨終. situación ~*ma* 正念場
── [*S*~] 《西》 最高裁判所
supremum vale [suprémun βále] 《←ラテン語》 男 最後の別れ
supresión [supresjón] 女 《←ラテン語 *suppressio*, -*onis*》 1 廃止, 撤廃: ~ de una prerrogativa 特権の廃止. ~ de cargas fiscales 税負担の撤廃. 2 削除, 消去, 省略: La ~ de los detalles nos ayudará a conservar la visión de conjunto. 細部を省略したので全体がよく見えるだろう. *supresiones* en un texto テキストの一部削除. 3 禁止, 抑圧. 4 《電気》 抑制
supresivo, va [supresíβo, βa] 形 [←*suprimir*] 廃止の; 省略の
── 女 廃止
supreso, sa [supréso, sa] *suprimir* の不規則な 過分
supresor, ra [supresór, ra] 形 男 廃止する〔人〕
── 男 《電気》 抑制器
suprimible [suprimíβle] 形 廃止され得る
suprimir [suprimír] 《←ラテン語 *supprimere* 「沈める」 < *premere* 「締めつける」》 他 1 廃止する, 撤廃する: ~ un impuesto 税を廃止する. ~ puestos de trabajo 雇用を削減する. Los problemas económicos la obligaron a ~ ciertos lujos. 経済的に苦しいので彼女はぜいたくをやめなざるを得なくなった. 2 削除する, 省く: ~ unos versos del poema 詩のいくつかの節を削る. 3 禁止する, 抑圧する: Han *suprimido* las telenovelas. 連続テレビドラマの放映が禁止された. 4 《電気》 抑制する
suprior, ra [suprjór, ra] 名 《カトリック》 副修道院長
supriorato [suprjoráto] 男 《カトリック》 副修道院長の職
supuestamente [supwéstaménte] 副 推定上, おそらく
supuesto[1] [supwésto] 《←ラテン語 *suppositum*》 男 1 推測, 仮定, 前提: Todo esto no es un ~. ここまで話したことはすべて推測だ. partir de un ~ ある仮定から出発する. 2) [+de que+接続法] En el ~ *de que* hayan perdido el tren, ¿por qué no han llamado? 彼らが電車に乗り遅れたとしたら, なぜ電話を掛けてこなかったのだろう? 2 複 資料, データ

dar por ~ 確かだ(間違いない)と思う: *Doy por ~ que esta lección ya os la habéis estudiado.* 君たちがこの課を勉強したことは間違いないと私は思う

por ~ [同意] もちろん、いうまでもない: *¿Puedo sentarme aquí?—Por ~.* もちろん、いいですか?—*Por ~ que lo primero es entender.* もちろん一番大切なのは理解することだ

~ que... 1) [+直説法] …であるから: *No son admisibles, ~ que ni siquiera son auténticas.* それらは認められません、本物ではありませんから. 2) [+接続法] …であると仮定したら: *S~ que él no venga, iríamos nosotros allí.* 彼が来ないのなら、私たちの方から出かけよう

supuesto², ta [supwésto, ta] [*suponer*の過分] ❶ 偽りの、にせの: 1) *bajo nombre ~* 仮名で、偽名を使って. 2) 自称…: *~ caballero* 自称紳士. ❷ [+名詞] ‥の容疑(嫌疑)がかかった: *~ culpable* 容疑者. *~ asesino (ladrón)* 窃盗(殺人)の容疑者

supuración [supuraθjón] 囡 《医学》化膿, 膿が出ること: *~ de una herida* 傷口の化膿. *~ de pus* 排膿

supurante [supuránte] 形 膿んでいる、化膿している

supurar [supurár] [←ラテン語 *suppurare*] 自 膿が出る、化膿する: *El dedo ya no me supura.* 私の指はもう化膿していない — 他 《文語》[膿を]もつ: *La herida supuraba pus.* 傷口が膿んでいた

supurativo, va [supuratíβo, βa] 形 ❶ 化膿性の: *hidrosadenitis ~va* 化膿性汗腺炎. ❷ 膿を出させる — 形 膿を出させる膏薬

supuratorio, ria [supuratórjo, rja] 形 **=supurante**

suputación [suputaθjón] 囡 《まれ》❶ 計算, 算定. ❷ 教会暦での移動祭日の計算 [≒ *eclesiástico*]

suputar [suputár] 他 《まれ》計算する、算定する: *los años de un eclipse solar* 日食の年を計算する

suque [súke] 男 《コロンビア》左から右への殴打

suquinay [sukináj] 男 《グアテマラ, 植物》灌木の一種《芳香性の花》

sur [súr] [←中世英語 *suth*] 男 ❶ [方位. しばしば *Sur*] 南, 南方; 南部 [⇔*norte*]: 1) *México está al ~ de los Estados Unidos.* メキシコは米国の南にある. *部屋は南向きだ. Europa del ~* 南ヨーロッパ. 2) [同格で, 名詞+] *costa ~ de España* スペインの南海岸. ❷ 南風 [=*viento (del) ~*]. ❸ [主に *Sur*. 南北問題での] 南側

sur- [接頭辞] =**sud-**: *suramericano* 南アメリカの

sura [súra] 男 《イスラム教》スーラ [コーランの章]

surá [surá] 男 薄くしなやかな絹織物

surada [suráða] 囡 南風の吹きつけ; 吹き続ける南風

surafricano, na [surafrikáno, na] 形 =**sudafricano**

sural [surál] 形 《解剖》ふくらはぎの, 腓(腹)の: *arteria ~* 腓腹動脈. *músculo ~* 腓腹筋

suramericano, na [suramerikáno, na] 形 名 =**sudamericano**

surata [suráta] 囡 長い順に並べられたコーランの章

surazo [suráθo] 男 《チリ, アルゼンチン, ウルグアイ》南極からの冷たい強風

súrbana [súrβana] 囡 《キューバ, 植物》カラードギニアグラス《イネ科の牧草. 学名 *Panicum coloratum*》

surcador, ra [surkaðór, ra] 形 ❶ 《文語》波・風を切って進む. ❷ 畝を作る[人]

surcal [surkál] 男 [集名] [地方語] [畑の] 畝

surcar [surkár] [←*surco*] 他 ❶ 《文語》[波・風を切って] 進む: *Unos yates surcaban el lago.* 数隻のヨットが波を切って湖面を進んでいた. ❷ …に畝(^)をつける: *~ el campo con el arado* 畝を犂で耕す. ❸ [畑・顔(に)]: *Profundas arrugas surcan sus mejillas.* 彼の頬には深いしわが刻まれている. *Nubes rosadas surcaban el cielo.* バラ色の筋雲が空にたなびいていた

surco [súrko] [←ラテン語 *sulcus*] 男 ❶ [畑の] 畝(^), 溝: *abrir ~s en la tierra* 地面に畝をつける. *echar las semillas en el ~* 畝に種をまく. ❷ 溝, 筋: *hacer ~s en...* …に溝をつける. *~ de disco* レコードの溝. ❸ 車輪の跡, わだち; 航跡: *~s de las ruedas en el barro* 泥に残ったわだち. *El barco deja un ~ en el agua.* 船が水面に航跡を残す. ❹ [皮膚の] しわ [=*arruga*]. ❺ 《地理》地溝. ❻ 《コロンビア》花壇

echarse al (en el) ~ 《西》怠惰で(やる気がなくて)仕事(会社)をやめる

surcoreano, na [surkoreáno, na] 形 名 《国名》韓国 Corea del Sur [人]の; 韓国人

surculado, da [surkuláðo, ða] 形 《植物》吸枝の

súrculo [súrkulo] 男 《植物》吸枝

surculoso, sa [surkulóso, sa] 形 吸枝を出す

surdir [surdír] 自 《船舶》[傾いた船が] 復元する

surear [sureár] 自 《チリ》南極からの冷たい強風が吹く

sureño, ña [suréɲo, ɲa] 形 名 南の、南部の[人] [⇔*norteño*]

surero, ra [suréro, ra] 形 《ボリビア, アルゼンチン》=**sureño** — 男 南風

surestada [surestáða] 囡 《アルゼンチン, ウルグアイ》長雨を降らせる南東風

sureste [suréste] 男 [主に *S~*] 南東[の風]: *S~ asiático* 東南アジア

surf [súrf] [←英語] 男 =**surfing**: *tabla de ~* サーフボード

surf-casting [súrf kástiŋ] 男 《釣り》磯釣り

surfear [surfeár] 自 サーフィンをする

surfer [surfér] 名 =**surfista**

surfero, ra [surféro, ra] 名 =**surfista**; スノーボーダー

surfilar [surfilár] 他 《ラプラタ》=**sobrehilar**

surfing [súrfiŋ] [←英語] 男 《スポーツ》サーフィン: *practicar (hacer) ~* サーフィンをする. *~ a vela* ウィンドサーフィン

surfista [surfísta] 名 サーファー: *~ a vela* ウィンドサーファー

surgencia [surxénθja] 囡 《水の》湧出地

surgidero [surxiðéro] 男 《船舶》停泊所, もやい場

surgidor, ra [surxiðór, ra] 形 名 投錨する[人]

surgimiento [surximjénto] 男 ❶ 湧出. ❷ 出現: *~ de las especies de homínidos* 人類の誕生

surgir [surxír] [←ラテン語 *surgere*] [4] 自 ❶ [+de から, +en に. 水などが] わき出る: *Del manantial surgía un agua cristalina.* 泉から透明な水がわき出ていた. *Por todas partes surgen manantiales.* そこらじゅうに泉がある. *De repente surgió el petróleo.* 突然石油が噴出した. ❷ 《突然に》現れる、生じる: *Ha surgido una situación inesperada.* 思いがけない事態が生じた. *Entre los reunidos surgió la idea de hacerle un homenaje.* 彼を表彰しようという考えが参会者たちの頭に浮かんだ. ❸ 《船舶》[主に 過分] 投錨する: *Se divisaban unos balandros surgidos.* 数隻のヨットが停泊しているのが見えた. ❹ 高くそびえる: *Surgen los rascacielos entre un montón de casas miserables.* みすぼらしい家々の間に超高層ビルがそびえていた

suri [súri] [←アイマラ語] 男 ❶ 《ペルー》高級毛織物. ❷ 《ボリビア, アルゼンチン, 鳥》レア [=*ñandú*]

hacerse el ~ 何も見ない(知らない)ふりをする

suriano, na [surjáno, na] 形 《メキシコ》南部の[人]

suricacina [surikaθína] 囡 《ボリビア》❶ レアの卵. ❷ 臆病者, 腰抜け

suricata [surikáta] 囡 《動物》ミーアキャット

suricato [surikáto] 男 《動物》=**suricata**

surigauense [surigawénse] 形 名 《地名》スリガオ Surigao の [人]《フィリピン, ミンダナオ島の町》

surimbo, ba [surímbo, ba] 形 名 《メキシコ》ばかな[人], 愚かな[人] — 男/囡 《コロンビア》一連の軽い殴打(鞭打ち), 尻を叩くこと

surimi [surími] 《←日本語》男 《料理》カニかま

Surinam [surinán] 男 《国名》スリナム

surinamés, sa [surinamés, sa] 形 名 《国名》スリナム Surinam の[人]

suripanta [suripánta] 囡 ❶ 《まれ》売春婦; 《軽蔑》蓮っ葉な女, 尻の軽い女. ❷ 《古語的》コーラスガール

surmenage [surmenáxe] [←仏語] 男 《主に南米》過労; ストレス; 過度の精神的疲労, ノイローゼ

surmenaje [surmenáxe] 男 [仏語] =*surmenage*

surmontado, da [surmontáðo, ða] 形 《紋章》幾何学的な形が上にあるが接触していない [=*superado*]

suroccidental [suroɣθiðentál] 形 南西の

suroeste [suroéste] 男 [しばしば *S~*] 南西[の風]: *El ~ suele traer lluvia.* 南西風が吹くとよく雨が降る

suroriental [surorjentál] 形 南東の

surplus [surplús] [←仏語] 男 過剰 [=*excedente*]

surquear [surkeár] 〜**se**《ベネズエラ》不快な印象を抱く

surra [súřa] 囡《医学》スーラ病, スルラ病

surradero [suřaðéro] 男《パナマ》すべり台〔=tobogán〕

surreal [suřeál] 形 =surrealista

surrealismo [suřealísmo]《←仏語 surréalisme》男 ❶ シュルレアリスム, 超現実主義. ❷《口語》理不尽〔荒唐無稽な言動〕

surrealista [suřealísta] 形 囵 シュルレアリスムの; シュルレアリスト. ❷《口語》理不尽な, 荒唐無稽な

surribe [suříbe]《エストレマドゥラ》男 殴打, 鞭打ち

sursudoeste [sursuðoéste] 男 南南西の風〔が吹く地域〕

sursum corda [sursún kóřða] 男《西. 戯言》=sursuncorda

sursuncorda [sursuŋkóřða]《←ラテン語 sursum corda「心を奮い立たせよ」》男《西. 戯言》[el+. 不特定な] お偉方: No lo haré, aunque me lo mande el 〜. たとえお偉いさんのご命令でも私はしない
—— 間〔激励〕がんばれ

sursureste [sursuréste] 男 =sudsudeste

sursuroeste [sursuroéste] 男 =sudsudoeste

surtida[1] [surtíða] 囡 ❶〔城塞〕抜け穴〔に通じる扉〕;〔軍事〕出撃路. ❷〔船舶〕船渠, 造船台; 修理ドック〔=varadero〕. ❸《まれ》隠し扉

surtidero [surtiðéro] 男 ❶〔貯水池などの〕排水口. ❷〔水の〕噴出; 噴水

surtido, da[2] [surtíðo, ða] 形 ❶ 取り合わせた, 盛り合わせの: caja de bombones 〜s 箱入りのチョコレート詰め合わせ. cesta de fruta 〜da フルーツバスケット. ❷ [estar+. 商品の量・種類が] 豊富な品ぞろえの: Estamos bien 〜s de géneros para primavera. 私どもは春ものを色々取りそろえております. ❸ 様々な種類の: barrio muy bien 〜 de tiendas 様々な店が軒を並べている地区
—— 男 ❶〔集名〕取り合わせ, 詰め合わせ: Me han regalado un 〜 de chocolates belgas. 私はベルギー製のチョコレートの詰め合わせを贈られた. ❷〔集名〕品ぞろえ, 在庫: En esta tienda tienen un gran (magnífico) 〜 de sombreros. この店は色々な帽子を豊富に取りそろえている. ❸ 仕入れ, 買い入れ. ❹ 供給, 補給

surtidor, ra [surtiðór, ra]《まれ》供給する
—— 男 ❶ 噴水; 水のほとばしり. ❷ ガソリンポンプ, 給油機. ❸《自動車》キャブレターノズル, 気化器噴出口

surtimiento [surtimjénto] 男 供給, 補給

surtir [surtír]《←?カタルーニャ語 sortir》他 ❶ [+de 主に必要なものを] …に与える, 供給する: Mi hermano me ha surtido de corbatas. 兄は僕にネクタイをくれた. Este conducto surte de gas natural al país. このパイプはその国に天然ガスを供給する. ❷〔効果を〕もたらす: no 〜 el efecto esperado 期待した効果をもたらさない. ❸《メキシコ. 口語》殴る
—— 自《文語》〔水などが上方に〕噴出する, 湧き出る: El agua surtía a los cielos. 水は空に向かって噴き出していた
—— 〜**se** [+de 主に] 仕入れる, 供給される: Nos surtimos de verduras en el mercado. 我々は市場で野菜を仕入れている

surto, ta [súrto, ta] 形 ❶〔船舶〕[+en に] 停泊中の, 投錨した. ❷《まれ》落ち着いた, 休息した, 静かな

súrtuba [súrtuβa] 囡《コスタリカ. 植物》巨大なシダ〔髄は焼いて食用〕

surubí [suruβí] 男《ラプラタ. 魚》=suruví

suruco, ca [surúko, ka] 形《プエルトリコ》ほろ酔いの, 一杯機嫌の
—— 男 ❶《プエルトリコ》1) 歓声, 騒ぎ. 2) スキャンダル, 醜聞, ひんしゅく. 3) ほろ酔い. ❷《チリ》〔人間の〕糞便, 排泄物

surucucú [surukukú] 男《動物》ブッシュマスター〔毒蛇〕

surullo [surúʎo] 男《プエルトリコ》❶ 卑劣な男, ごろつき. ❷ =sorullo

surumbo, ba [surúmbo, ba] 形 囵《グアテマラ, ホンジュラス》そっかしい〔人〕, 間抜けな〔人〕. 愚かな〔人〕

surumpe [surúmpe] 男《ペルー, ボリビア》〔雪の反射光による〕目の炎症, 雪目, 雪盲

surupí [surupí] 男《ボリビア》=surumpe

suruví [suruβí] 男《ラプラタ. 魚》タイガーキャットフィッシュ〔ナマズの一種で食用. 学名 Pseudoplatystoma corruscans〕

survietnamita [surβjetnamíta] 形 囵《歴史. 国名》=sudvietnamita

sus[1] [sus] →**su**

sus[2] [sús] 間《まれ》❶〔激励〕がんばれ, それゆけ, しっかり! ❷〔犬などを追いやる時の〕しっ!

sus-〔接頭辞〕〔下〕*suspender* ぶら下げる

susa [súsa] 囡《地方語. 植物》アンズタケ〔食用. 学名 Cantharellus cibarius〕

Susana [susána] 囡《旧約聖書》スザンナ〔ダニエル書に登場する貞女〕

suscepción [susθepθjón] 囡《まれ》受容

susceptibilidad [susθe(p)tiβiliðá(ð)] 囡 ❶ 敏感さ: El mercado presenta una gran 〜 a las situaciones internacionales. 海外情勢にひどく敏感な相場展開になっている. ❷ 傷つきやすさ, 過敏な. ❸ 落ち込みやすさ; 怒りっぽい: Tu hermano es de una 〜 exagerada. 君の兄さんはひどく傷つきやすい〔血の気が多い〕

susceptible [susθe(p)tíβle]《←ラテン語 susceptibilis ＜suscipere「取る, 引き受ける」》形 ❶《文語》[+de の] 余地がある, 可能な: El programa es 〜 de cambios. プログラムは変更される可能性がある. Este trabajo es 〜 de mejora. この仕事は改善の余地がある. ❷ [人が, +a に] 感じやすい, 感受性が強い; 傷つきやすい, 繊細な, 落ち込みやすい; 怒りっぽい; 影響されやすい: Es muy 〜 a las críticas. 彼は批評を大変気にする. No seas tan 〜, que no se te puede decir nada. そんなにかりかりする〔くどる〕な, 誰も君に何も言えなくなるから. ❸〔病気に〕かかりやすい

susceptivo, va [susθe(p)tíβo, βa] 形 =susceptible

suscitación [susθitaθjón] 囡〔感情などを〕呼び起こすこと; 騒乱などを〕引き起こすこと

suscitar [susθitár]《←ラテン語 suscitare「持ち上げさせる」》他 ❶〔感情・考えを〕呼び起こす, かき立てる: Sus palabras *suscitaron* una risa general. 彼の話はみんなの笑いを誘った. La fuente de los datos que has utilizado *suscita* dudas de su veracidad. 君が使ったデータの出どころからすると信憑性が疑われる. ❷〔騒乱・反対などを〕生じさせる, 引き起こす: Su discurso *suscitó* una violenta reacción por parte del público. 彼の演説は民衆側の激しい反発を招いた

suscribir [suskriβír]《←ラテン語 subscribere》他〔過分 suscrito〕❶《文語》〔文書の末尾に〕署名する, 記名する: El director *suscribió* la petición. 校長は要望書にサインした. El que *suscribe*+人名 下記に署名する…は. ❷ …に同調する, 同意する: He *suscrito* todo lo dicho por mi compañero. 私は同僚が言ったことすべてに賛同した. ❸ [+a 定期購読・入会などを] …のために申し込む: ¿Me *suscribes* a esa revista? その雑誌の定期購読を申し込んでくれますか? ❹ …に出資する; [国債を買う]: 〜 acciones de una compañía ある会社の株を買う〔株主になる〕
—— 〜**se** ❶ [+a 定期購読などに] 申し込む, 応募する: Andrés se *suscribió* a una revista de modas. アンドレスはファッション雑誌の予約購読を申し込んだ. ❷ 入会する: Me *suscribí* a una asociación benéfica. 私は慈善団体に登録した. ❸《手紙》Me *suscribo* de usted su atto. y s.s. 敬具

suscripción [suskripθjón] 囡 ❶〔出版物の〕予約, 定期購読; [入会などの] 申し込み, 応募: Consiguió tres *suscripciones* para nuestra revista. 彼は我々の雑誌の定期購読を3つ取ってきた. Abre (Cierra) la 〜. 購読〔入会〕申し込み期間が始まる〔終わる〕. 〜 en favor de los damnificados 被災者への寄付. ❷ 定期購読料: cobrar la 〜 anual de la revista 雑誌の年間購読料を徴収する. ❸ 出資: La 〜 de bonos se la anotaremos en su cuenta corriente. 国債の購入代金はあなたの当座預金口座から出しておきます. derecho de 〜 [preferente sobre las nuevas acciones] 新株〔優先〕引受権. ❹ 署名, 記名; 同意

suscriptor, ra [suskri(p)tór, ra] 囲 ❶ 定期購読者. ❷ 申込者: 〜 de una emisión de acciones 株式〔証券〕発行の引受業者. ❸ 出資者. ❹ 署名者

suscrito, ta [suskríto, ta]〔suscribir の 過分〕形《商業》acción 〜*ta* 応募資本
—— 男 ❶〔定冠詞+〕署名者

suso [súso] 副《まれ》上に: de 〜 上から

susoayá [susoajá] 男《アルゼンチン. 植物》薬草の一種

susodicho, cha [susoðítʃo, tʃa]《←古語 suso「上に」+カスティーリャ語 dicho》形 ❶ [+定冠詞] 上記の, 前記の, 件の: 〈〉の: El 〜 individuo pretendía hacerse pasar por policía. 上述の男は警官になりすますつもりだった

suspendedor, ra [suspendeðór, ra] 形 吊るす〔人〕, ぶら下

suspender [suspendér]【←ラテン語 suspendere < pendere「吊り下げられている」】他 ❶ [+de から, +en に] 吊るす, ぶら下げる: ~ una araña del techo 天井からシャンデリアを吊るす. ~ la jaula del pájaro en un árbol 鳥かごを木に吊るす. ❷ [予定していたことを]やめる; [いったん始まったことを]途中でやめる, 中断する; [再開を考えて]一時停止する: Debido a la lluvia han suspendido el partido. 雨のため試合は取り止めになった(後日に延期された・一時中断された). Han suspendido el trabajo hasta nueva orden. 仕事は別命があるまで中止された. El servicio del barco quedó suspendido. 船は運休になった. ❸ 停職(停止)処分にする; [→aprobar]: Estudia, no sea que te suspendan. 落第しないように勉強しなさい. Lo han suspendido en matemáticas. 彼は数学を落とした. He suspendido inglés. 私は英語を落とした. ❺《文語》魅了する, うっとりさせる. ❻《化学》懸濁(%)させる
── 自《西》落第する, 不合格になる, 留年する: Suspendió en los exámenes de conducir. 彼は運転免許試験に落ちた
~se ❶ 中止(中断・休止・停止)になる: Se ha suspendido la reunión. 会議は中止された(途中で終わった). Se suspende momentáneamente la respiración. 呼吸が一瞬止まる. ❷ ぶら下がる. ❸ 陶酔する, うっとりする. ❹ [馬が]後ろ足で立つ

suspense [suspénse]【←英語】男《西》[映画・小説などの]サスペンス: con mucho ~ はらはらどきどきさせるように. novela de ~ サスペンス小説

suspensión [suspensjón]【←ラテン語 suspensio, -onis】女 ❶ 中止, 中断, 一時停止; 延期: ~ de causa a petición del fiscal 検察官による公訴の取消し. ~ de empleo y sueldo 停職. ~ de las hostilidades 停戦. ~ de las pruebas nucleares 核実験の停止. ~ de pagos [債務の]支払い停止[措置]. ~ temporal《法律》減刑. ❷《機械》サスペンション, 懸架[装置]: ~ hidráulica 油圧懸架装置. ~ independiente 独立懸架. ❸《化学》懸濁(%) [状態・液]; 《物理》浮遊[状態]: en ~ 懸濁状態で・の; 浮遊状態で・の. ❹《体操》 invertida 懸垂倒立. ❺ [職務・俸給などの]停止, 休止. ❻《主に中南米》サスペンス[=suspense]. ❼ 陶酔, 呆然.《宗教》法悦. ❿《音声》複合文の文末における抑揚の維持. ⓫《音楽》掛留, 《修辞》懸延法《物語の主要部を後に延ばして読者の関心を高める》

suspensivo, va [suspensíβo, βa]【←suspender】形 ❶ → **puntos** suspensivos. ❷ 保留(停止)権のある: orden ~va contra la obra de teatro 芝居の上演中止命令

suspenso, sa [suspénso, sa]【←ラテン語 suspensum < suspendere「吊るす, 宙に浮かせる」】形 ❶《西》不可を取った, 落第した. ❷ びっくりした, 呆然とした, 決心のつかない; うっとりした: Ante esa pregunta se quedó ~. その質問を受けて彼は呆然とした. ❸ 吊り下がった, 宙ぶらりんの. ❹ 一時中断した
── 名《西》落第生, 不合格者
── 男 ❶《西》[評点]不可, 落第[→calificación 参考]: Me dieron dos ~s. 私は2科目落とした. ❷《中南米. 文学, 映画》サスペンス[=suspense]
en ~ 保留されて: El asunto está en ~. その件は懸案になっている. dejar en ~ la decisión 決定を棚上げにする. condena en ~ de dos años de cárcel 禁固2年の執行猶予付き判決

suspensoide [suspensójde]男《化学》懸濁コロイド, 懸濁質

suspensor, ra [suspensór, ra]《医学》=**suspensorio**
── 男 ❶《服飾》[複]《プエルトリコ, アンデス》[ズボンの]サスペンダー. ❷《パナマ, コロンビア, ボリビア, チリ》ストラップ. ❸《ペルー, アルゼンチン》アンダーサポーター[=suspensorio]

suspensorio, ria [suspensórjo, rja] 形《主に医学, 解剖》吊り下げ用の, 懸垂式の
── 男 ❶《医学》[陰嚢用などの]懸垂帯, 吊り包帯;《スポーツ》[男子選用の]アンダーサポーター. ❷《解剖》提睾筋, 提靭(ない)帯

suspicacia [suspikáθja] 女 疑い深さ, 猜疑心, 不信感

suspicaz [suspikáθ]【←ラテン語 suspicax, -acis < suspicari「疑う」】形《隈 ~ces》猜疑[心]の強い, 人を信用しない, 疑い深い: Ella es tan ~ que piensa que la están engañando. 彼女は疑い深くて, 人にだまされていると考えている

suspicazmente [suspikáθménte] 副 疑い深く

suspirado, da [suspiráðo, ða] 形 [主に +名詞] 待望の, 熱望された, 待ちに待った: Les llegó la ~da sanción pontificia. 彼らに待望の教皇裁可が届いた

suspirar [suspirár]【←ラテン語 suspirare「深呼吸する」< sub-+ spirare】自 ❶ [+de 苦しみ・切望・退屈・安堵などの]ため息をつく: Se quedó suspirando de pena. 彼は嘆き悲しみでため息ばかりついていた. ~ de amor 恋の病いでため息をつく. ❷ [+por] 熱望する, 渇望する: Suspira por [volver a] su tierra. 彼は望郷の思いにかられている. Hace años que suspira por ella. 彼は何年も前から彼女に思い焦がれている. Ella suspira por un abrigo de pieles. 彼女は毛皮のコートをひどく欲しがっている

suspiro [suspíro]【←suspirar】男 ❶ ため息: dejar escapar un ~ de satisfacción 満足のため息をもらす. Cuando me vio sano y salvo dio un ~ de alivio. 私が無事なのを見て彼は安堵の胸をなで下ろした. último (postrer) ~ 最後の息. ❷《音楽》[ため息に似た]かすかな音: ~ del viento かすかな風の音. ❸《口語》[がりがりに]痩せた人: Desde que hace dieta está hecha un ~. 彼女はダイエットをしてがりがりに痩せてしまった. ❹ ほんのわずかな時間, 一瞬: La película se me pasó en un ~. 映画はあっという間に終わってしまった. ❺《西》小麦粉・砂糖・卵で作った菓子: ~ de monja アーモンド入りのメレンゲ. ❻《音楽》4分休止符[符]. ❼ [甲高い音]の小さなガラス製の笛. ❽《植物》1)《アンダルシア; チリ》パンジー, 三色スミレ. 2)《アルゼンチン》野生のアサガオ
dar (exhalar) el último ~ 死ぬ, 息を引き取る
pesar menos que un ~ 羽のように軽い

suspirón, na [suspirón, na] 形 ため息ばかりつく

suspiroso, sa [suspiróso, sa] 形 ため息のような

susquinear [suskineár] 自《プエルトリコ. 俗語》❶ かわす, よける. ❷ [狭い所を通るために]体を斜めにする

sustancia [sustánθja]【←ラテン語 substantia < sub-「下に」+stare「有る」】女 ❶ 物質, 物体: ¿De qué ~ está hecho? それはどんな物質でできていますか. ~ líquida 液体[状の物質]. ❷ 実質; 要点, 重要性. ❸ 価値, 利益: Este será un negocio de ~. これはおいしい商売だろう. ❹ 滋養分; 抽出物: comer alimentos con ~ 栄養のあるものを食べる. caldo sin ~ 栄養のないスープ. ~ de carne 肉のエキス. ❺《哲学》実体, 本質. ❻《口語》分別, 成熟: Eres una chica sin ~. 君は世間知らずな女の子だね. ❼《解剖》blanca (gris・negro) 白(灰色・黒)質. ❽《化学》pura 混ぜものない物質, 純物質
en ~ 1) 要するに, 一言で言えば [=en resumen]: Esto es en ~ lo que ha dicho el ministro. 要はこれが大臣が話したことだ. 2) 実質的に: En ~ estoy de acuerdo. 私は大体賛成だ
sin ~ 《口語》1) 判断力のない, 精神的に成熟していない: Es un hombre guapo, pero sin ~. 彼は美男子だが頭がからっぽだ. 2)[話などで]内容のない: Era una novela sin ~. 内容のない小説だった

sustanciación [sustanθjaθjón] 女 ❶《法律》審理. ❷ 具体化

sustancial [sustanθjál]【←sustancia】形 ❶ 本質的な, 根本的な: reforma verdaderamente ~ 真に本質的な改革. ❷ 内容のある, 実質的な: El ministro no dijo nada ~. 大臣は実質的なことは何も言わなかった. Esa manera de hablar es ~ en él. それはいかにも彼らしい話し方だ. punto ~ de un discurso 講演の要点. ❸ [ser ~ que+接続法]重要な: Es ~ que la habitación esté agradable. 肝心なのは部屋が快適なことだ. ❹ 価値(利益)のある. ❺《まれ》栄養のある, 滋養に富んだ

sustancialidad [sustanθjaliðá(ð)] 形 本質(実質)的であること

sustancialismo [sustanθjalísmo] 男《哲学》実体論

sustancializar [sustanθjaliθár] 他《哲学》実体(実質)化する

sustancialmente [sustanθjálménte] 副 ❶ 実質的に. ❷ 内容的に: Difieren formal y ~. それらは形式的にも内容的にも異なっている. ❸ 要するに: Esta es, ~, la propuesta que plantean. 要するに彼らが持ちかけている提案だ. ❹ かなり, ひどく: El nivel de los alumnos ha mejorado ~. 生徒のレベルは目立って改善されてきた

sustanciar [sustanθjár]【←sustancia】他 ❶ 要約する, 簡潔にまとめる, 簡略化する. ❷《法律》審理する; 立証する

sustancioso, sa [sustanθjóso, sa]《←sustancia》形 ❶ 内容の充実した; 実質的な: Ha sido un día ～. 今日は充実した一日だった. discurso ～ 中味の濃い講演. contrato ～ 条件のよい契約. ❷ 滋養に富む: comida ～sa 栄養たっぷりの食事
sustantivación [sustantibaθjón] 女 名詞化
sustantivamente [sustantibaménte] 副 本質的に, 実質的に
sustantivar [sustantibár]他《文法》名詞(実詞)化する: ～ un adjetivo 形容詞を名詞化する
sustantividad [sustantibiðáð] 女 本質(実質)的な存在; 本質(実質)的であること, 実質性
sustantivizar [sustantibiθár] 9 他 本質的にする; 重要にする
—— ～se 本質的になる; 重要になる
sustantivo, va [sustantíbo, ba]《←ラテン語 substantivus》形 ❶ 本質的な, 実質的な. ❷ 重要な, 根本的な: La dificultad ～va es convencer a la madre para que venda su parte. 難しいが大事なのは持ち分を売るように母親を説得することだ. ❸ 名詞の, 名詞として用いられた
—— 男《文法》名詞[=nombre]; 実詞
sustentable [sustentáble] 形 ❶ [学説などが] 支持され得る: opinión ～ 賛成できる意見. ❷ 維持(持続)され得る: desarrollo ～ 持続可能な開発
sustentación [sustentaθjón] 女 ❶ 支えること: bases de ～ del edificio ビルを支える基礎部分. ❷ 生計を支えること, 扶養: La ～ de la familia depende de sus ingresos. 家族の扶養は彼の収入にかかっている. ❸ 支持, 擁護: Echaba mano de los más raros argumentos para la ～ de sus teorías. 彼は自説を主張するために非常に奇妙な論拠を使った. ❹《航空》揚力[=fuerza de ～]. ❺《修辞》懸話法[=suspensión]
sustentacular [sustentakulár] 形《文脈》支えの
sustentáculo [sustentákulo] 男《文語》支え: El padre es el único ～ de la familia. 父親は家族の中でただ一人の働き手である
sustentador, ra [sustentaðor, ra] 形 女 支える〔人〕: superficie ～ra《航空》翼面. ～ principal de la familia 主要な家族の担い手
sustentamiento [sustentamjénto] 男 =sustentación
sustentante [sustentánte] 形 支える; [学説などの] 支持者, 擁護者
—— 男 ❶《建築》支持材, 支柱; [建物の] 土台. ❷《船舶》グースネック
sustentar [sustentár]《←ラテン語 sustentare「支える」》他 ❶ 扶養する, 食べさせる: Desde muy joven sustenta a toda la familia. 彼は小さいころから家族全員を養っている. ❷ 維持する, 持続させる: Hay que ～ la moral del pueblo. 国民の士気が落ちないようにしなければならない. ❸ 支える[=sostener]: Cuatro maderos sustentaban el toldo. 4本の柱が日よけを支えていた. ❹ [意見・思想を] 支持する, 擁護する: Las ideas que sustentaba eran erróneas. 彼が擁護している思想は誤りだった. ❺ 唱える, 断言する: Sustenta una nueva teoría sobre la nacionalidad. 彼は国籍について新説を唱えている
—— ～se ❶ [+con・de 食物を] 摂取する: Las vacas se sustentan con hierba. 牛は草を食べる. ❷ [+en に] 支えられている: El puente se sustenta en sólidos pilares. 橋脚は堅牢な柱で支えられている. Su esperanza se sustenta en sus intenciones. 彼の希望は意志に支えられている. ❸ 生計を営む: Los tíos se sustentan gracias a la ayuda que les proporcionan sus amigos. 伯父夫婦は友人たちの援助のおかげで生計を立てている. ❹ [+en によって, 学説などが] 支持される, 擁護される: Esta teoría científica se sustenta en años de investigación. この科学理論は長年にわたる研究によって支持されている
sustentatorio, ria [sustentatórjo, rja] 形《まれ》支えとなる
sustento [susténto]《←sustentar》男 ❶ 食物; 生活の糧(⸲): ganar su ～ 生活の糧を稼ぐ. ❷ 支え: Tu opinión carece de ～. 君の意見は根拠がない
Sustine et abustine [sustíne et abustíne]《←ラテン語》耐えよそして慎しめ《ストア学派の金言》
sustitución [sustituθjón]《←sustituir》女 ❶ 置き換え, 入れ替え: Nadie notó la ～ del original por la copia. 原本がコピーと入れ替えられていたことに誰も気づかなかった. ❷ 代用, 代替: ～ de importaciones 輸入代替. ❸《法律》代襲相続. ❹《化学》置換. ❺《数学》代入, 置換
sustituible [sustitwíble] 形 ❶ 取り替えられ得る, 取り替えられ

るべき. ❷ 代替可能な
sustituidor, ra [sustitwiðor, ra] 形 ❶ 取って代わる. ❷ 代わりをする, 代理の
sustituir [sustitwír]《←ラテン語 substituere》48 他 ❶ …の代わりをする, 代わりを務める; 取って代わる: 1) El vicepresidente *sustituye* al presidente cuando este no está. 大統領が不在の時は副大統領が代行する. 2) [目的語を明示する +a] La república *sustituyó* a la monarquía. 共和制が王制に取って代わった. ❷ [+por・con と] 置き換える, 入れ替える: El entrenador *sustituyó* a un defensa *por* un delantero. 監督はディフェンダーをフォワードに代えた. ❸ 代替する: La gente *sustituyó* el coche *por* la bicicleta. 人々は車をやめて自転車に乗るようになった
sustitutivo, va [sustitutíbo, ba] 形 代用品の, 代替の: bienes (productos) ～s 代用品
—— 男 代用品, 代替物: La achicoria fue un ～ del café durante la guerra. チコリは戦時中コーヒーの代用品だった
sustituto, ta [sustitúto, ta]《←sustituir》名 ❶ 代理, 代行者; 身代わり: El profesor está ausente y dará la clase un ～. 先生はお休みなので, 代講になります. ❷ 後任者; 補欠. ❸《演劇, 映画》代役. ❹《法律》[相続人の] 代襲者
—— 男 代用品, 代替物
sustitutorio, ria [sustitutórjo, rja] 形 [人・物の] 代わりの, 代理の, 代用の
sustituyente [sustitujénte] 形 男 代わりをする; 代用品[の]
susto [sústo]《←擬態》男 ❶ [思いがけないことによる, 恐怖・心配を伴った] 驚き, どきっ(ぞっ)とすること: La niña escondió detrás de la puerta para darle un ～ a su madre. 女の子は母親を驚かすためドアの後ろに隠れた. Me has dado un ～ de muerte. 僕は死ぬかと思うほどぞっとしたよ. ¡Qué ～ pasamos! ああ, びっくりした! traer cara de ～ たまげたような顔をする. ❷ [悪い結果が起きないかという] 怖れ, 心配: Tiene un ～ terrible porque su hija ha salido con un chico. 娘が男の子とデートに出かけたので父親はひどく心配している. No podía quitarme el ～ de la cabeza. 恐怖感が私の頭から離れなかった. ❸《ペルー》神経衰弱, ノイローゼ
caerse de(*l*) ～《口語》びっくり仰天する, 度肝を抜かれる: Esa broma era para *caerse del* ～. そのジョークには彼は肝をつぶされた
darse(*llevarse*) *un* ～ =pegarse un ～
meter el ～ *en el cuerpo*《口語》[+a+人 に] 不安(恐怖)を感じさせることを言う
pegar a+人 *un* ～ …をおびえさせる
pegarse un ～ おびえる
que da un ～ *al miedo*《西》醜悪な, 身の毛のよだつような, ぞっとする
sustracción [sustra(k)θjón] 女 ❶《文語》掏(⁷)ること, 盗み: El conserje fue acusado de la ～ de un objeto valioso. コンシエルジュは貴重品の横領で告発された. ❷ 取り去ること. ❸ 控除, 天引き. ❹《数学》引き算, 減法[⇔adición]
sustractivo, va [sustraktíbo, ba] 形 引き算される
sustraendo [sustraéndo] 男《数学》引く数, 減数[⇔minuendo]
sustraer [sustraér]《←sub-+ラテン語 extrahere「引き出す」》45 他 ❶《文語》[+a+人 から] 掏(⁷)る, 盗む: Le *sustrajeron* el bolso en plena calle. 彼女は通りの真ん中でバッグをすられた. ❷ [+de から] 取り去る, 抜き取る: *Sustrajimos* varias papeletas *del* montón. 私たちは積み上げた中から用紙を数枚抜き取った. ❸ [+a から] 差し引く, 引く:《数学》Si *sustraemos* tres *a* cinco, quedan dos. 5から3を引くと2残る. ❹《まれ》[+a+人 から, +de を] 引き離す
—— ～se ❶ [+a・de 義務・面倒などから] 逃れる, 避ける: *Se sustrajo* muy bien *a* las preguntas indiscretas. 彼はぶしつけな質問を上手にはぐらかした. Siempre procura ～*se de* todos los problemas. 彼はいつもあらゆる厄介事から逃れようとする. ❷ 抵抗する, あらがう
sustrato [sustráto]《←sus-+ラテン語 stratus「層」》男 ❶ 土台, 基盤: ～ cultural de una sociedad 社会の文化的基盤. ❷《地質》基層; 下層土, 心土. ❸《哲》実体, 実質. ❹《言語》基層〔言語〕[⇔superstrato]. ❺《生化》底質, 基底. ❻《生物》培養基. ❼《化学》基体. ❽《情報》[集積回路の] 基板
susubano, na [susubáno, na] 形《プエルトリコ. 俗語》茫然とした, ぼうっとした

susungá [susuŋgá] 女《コロンビア, エクアドル. 料理》あく取り用の網じゃくし《=espumadera》
susunguear [susuŋgeár] 他《コロンビア》穴(傷)だらけにする
susurración [susuraθjón] 女 [秘密めいた] ささやき, つぶやき
susurrador, ra [susuraðór, ra] 形 名 ささやく[人], つぶやく[人]
susurrante [susuránte] 形 ささやく: voz ～ ささやき声
susurrar [susurár]《←ラテン語 susurrare「うなる, 鳴り響く」》他 ささやく: Me *susurraba* al oído palabras galantes. 彼は私の耳もとで口説き文句をささやいた
—— 自 ❶ ささやく, つぶやく: No *susurres* cuando estamos en el cine. 映画館にいるときはささやかないでくれ. ❷《文語》かすかな(軽やかな)音を立てる: El fuente *susurraba* en el centro del jardín. 噴水は庭園の中央でかすかな水音を立てていた. *Susurra* el viento. 風がサラサラ鳴っている
—— **se** うわされる, うわさされる: La mala noticia se *susurra*. 嫌なニュースが流れている
susurrido [susuríðo] 男 そよぎ, せせらぎ
susurro [susúro]《←ラテン語 susurrus》男 ❶ ささやき, つぶやき: Al fondo de la iglesia se oía el ～ de las viejas. 教会の奥の方で老女たちのささやき声が聞こえた. ❷《文語》かすかな音, 軽やかな音: ～ de las hojas 葉のざわめき. ～ del arroyo 小川のせせらぎ. ～ del viento 風のささやき. ～ lejano del mar 遠い潮騒
susurrón, na [susuřón, na] 形 名 密かにささやくのが好きな[人], 陰口屋[の]
sutape [sutápe] 男《ベネズエラ》[すり潰した後の] カカオ豆のかす
sutás [sutás]《←仏語 soutache》男 [単複同形]《軍服・婦人服の》飾り紐
sute [súte] 形 名《コロンビア, ベネズエラ》小柄で貧弱な感じの[人]
—— 男 ❶《ホンジュラス》アボカド. ❷《コロンビア》乳飲み豚
sutil [sutíl]《←ラテン語 subtilis》形 ❶ 薄い, 細かい: filamento muy ～ 極細の繊維. ～ velo 薄いベール. ❷ 淡い, 繊細な, 微妙な, かすかな: aroma ～ ほのかな香り. color ～ 柔らかい(淡い)色. diferencia ～ 微妙な差異. palabras ～ es 巧妙な(遠回しな)言葉. ❸ 才気(洞察力)のある, 明敏な: Sus críticas y comentarios son muy ～es. 彼の批評と解説は洞察力に富んでいる. persona ～ 鋭敏な人. ❹ 鋭い, 染み通るような: viento ～ 身を刺すような風. sabor ～ 染みるように染み入るような味
sutileza [sutiléθa] 女 ❶ 薄さ; 繊細さ: ～ de la tela 布の薄さ. ❷ 巧緻さ; 凝った言い回し: El ministro rehuyó contestar con mucha ～. 大臣は巧妙に答弁を避けた. ❸ 詭弁, 屁理屈: Trata de envolvernos con ～s. 彼は詭弁を弄して僕たちをやりこめようとする. ❹ 動物の本能. ❺《カトリック》他者の体の中に入ることができること《浄福者の4能力 cuatro dotes del cuerpo glorioso の一つ》
～ **de manos** [盗みの] 手口の見事さ, 手際のよさ
sutilidad [sutiliðáð] 女《文語》=sutileza
sutilizador, ra [sutiliθaðór, ra] 形 名 巧みに述べる[人]
sutilizar [sutiliθár] 自 ❶ 巧みに述べる: ～ los argumentos 微妙な論じ方をする. ❷ 薄くする. ❸ 磨く, 錬磨する
sutilmente [sutílménte] 副 巧みに, 緻密に
sutorio, ria [sutórjo, rja] 形《まれ》製靴技術の
sutura [sutúra]《←ラテン語 sutura「縫うこと」< suere「縫う」》女 ❶《医学》縫合: Se hizo una brecha en la cabeza y le dieron seis puntos de ～. 彼は頭かけがで6針縫った. ❷《解剖》[頭蓋骨などの] 縫合線. ❸《植物》縫合, 縫い目
sutural [suturál] 形 縫合の
suturar [suturár] 他《医学》縫合する: El médico *suturó* la herida con tres puntos. 医者は傷口を3針縫った
suversión [subersjón] 女《古語》=subversión
suversivo, va [subersíβo, ba] 形《古語》=subversivo
suvertir [subertír] 他《古語》=subvertir
suyo, ya [sújo, ja]《←ラテン語 suus》形《所有形容詞完全形. 語形》所有者の人称と数に従って1人称単数 **mío**, 2人称単数 **tuyo**, 3人称単数 **suyo**, 1人称複数 **nuestro**, 2人称複数 **vuestro**, 3人称複数 **suyo** と変化する. さらに, 所有されるものの性数に従って語尾変化する》❶ 彼[ら]の, 彼女[ら]の, それ[ら]の, あなた[がた]の [名詞・代名詞のあとにふつう限定詞 (冠詞・指示詞・数詞・todo を除く不定形容詞) が付く] Este coche ～ es de muy buena calidad. この彼[ら]・彼女[ら]・あなた[がた]の車はとても性能がいい. He visto a una hija *suya* en la biblioteca. 図書館であなたの娘さんに会いました. No he leído ningún libro ～. 私は彼の本は一冊も読んだことがない. 《語法》1) *suyo* が誰を指しているのかを特定する必要がある時は de+él・ella・usted・ellos・ellas・ustedes とする: El llavero de él apareció bajo el sofá. 彼のキーホルダーがソファの下から出てきた. 2) No quiero nada ～. 彼のものは何も欲しくない 2) [ser+. 主格補語. 所有を強調] Ese bolígrafo es *suyo*. そのボールペンは彼(彼女・あなた)のだ. Esta bici es más *suya* que tuya. この自転車はあなたのではなくて彼のものなのよ. Esta noche es *suya*, diviértase. 今夜はあなたが主人公で, 楽しんで下さい.
《語源》1) 短縮形 **su** は聞き手にとって既知のものに使うのに対し. 完全形 **suyo** は未知のものに使う: Mañana viene *mi* amigo, Juan. 明日私の友達のファンが来る (聞き手にとって友達のファンだが既知でない場合は Mañana viene un amigo *mío*. 明日ある私の友達が来る). La chica del centro es *mi* hermana. [既に妹のことを話題にしていて] 真ん中の女の子が私の妹だ/La chica del centro es hermana *mía*. [初めて妹のことを話題にして] 真ん中の女の子は私の妹だ. 2) 一般に完全形は短縮形よりも所有者が誰であるかを強調する傾向がある: No es asunto *suyo*. あなたの知ったことではない. ❷ 自分[たち]の: Él engañó a un amigo ～. 彼は自分の友人の一人をだました. [主に ser muy+] 特徴的な; 控えめな, 無口な; 自己中心的な, 他人に左右されない;《西》変わり者の: Las locuciones son muy *suyas*. その言い回しはいかにも彼(彼女・あなた)らしい. Es [un hombre] muy ～. 彼は非常に自分中心の男だ/他人に左右されない/風変わりだ. La que me preocupa es Natalia, tan *suya*. 私が心配なのはナタリアです, 変わり者なので. ❹《手紙》Atentamente ～/Sinceramente ～/S～ afectísimo 敬具《差出人が女性・団体の場合は *suya*・*suyos*》. ❺《主に中南米. 口語》[alrededor・cerca・delante・detrás・encima など場所の副詞+] Está sentada delante ～. 彼女は彼の前に座っている《=... delante de él》
hacer ～ [考えなどを] 自分のものにする, 賛同する: Hizo *suyas* las aspiraciones del pueblo. 彼は国民の願いを我が事のように考えた
hacer[se] ～ *a*+人 …の心をひきつける: Se hace ～s a sus compañeros. 彼は仲間の心をつかんだ
—— 代 [定冠詞+所有形容詞完全形. 定冠詞と所有形容詞完全形は所有されるものの性数に一致する] ❶ 彼[ら](彼女[ら]・あなた[がた])のそれ: Mis trajes son mejores que los ～s. 私の服は彼[ら](彼女[ら]・あなた[がた])のより上等だ. Él no ha tomado la boina de usted sino la *suya*. 彼はあなたのベレー帽ではなく自分のを手に取ったのです.《語法》主語が3人称の時, 文中の所有者は主語を所有者とするのが普通であるから, 主語以外の3人称の所有者は de+前置詞格人称代名詞 で表わす》Mis hermanas y las *suyas* salieron juntas. 私の姉妹と彼の姉妹が一緒に出かけた.《語法》1) 所有代名詞は名詞に代わって所有関係を示す: ¿Qué dices de los coches?—Que el *mío* (=mi coche) es más rápido que el *suyo* (=su coche). 車がどうしたって?—私の方が彼のより速いってことさ. 2) 所有代名詞3人称 el *suyo* los *suyos* の内容を特定する必要がある時は, 定冠詞+de+前置詞格人称代名詞・名詞 とする: Mi piso es semejante al de ella (de José). 私のマンションは彼女 (ホセ) のそれに似ている》❷ 自分[たち]の: Usted confunde mis lápices con los ～s. あなたは自分の鉛筆と私の鉛筆を間違えています.《語法》主格補語が所有形容詞なら単に所有者を表わすが, 定冠詞を伴って所有代名詞になるといくつかの中から特定化する: ¿De quién son estos bolígrafos?—Son *suyos*. これらのボールペンは誰のですか?—彼のです. ¿Cuál de estos bolígrafos es *suyo*?—Ese es el *suyo*. これらのボールペンのうちどれが彼のですか?—それが彼のです
dar a+人 *lo* ～《口語》…に当然の報いを与える
de las suyas《口語》[una・alguna・otra と共に]. 彼[ら]・彼女[ら]・あなた[がた]の] いつもの…《悪ふざけ, 失敗など否定的な行為》: Ya ha dicho José una de las *suyas*. ホセまたしてもばかなことを言った. Cuando salía con una ocurrencia *de las suyas* nos moríamos de risa. 彼がいつものつまらないことを言い出すと私たちは笑い転げたものだ
de ～ それ自体, 本来, 生来: El asunto es *de* ～ complicado. その事件自体が込み入っている. Es *de* ～ colérico. 彼は生まれつき怒りっぽいのだ
Eso cae de ～.《中南米》それは言うまでもない

〔*Esta*〕*Es la suya.* 1）これは好機だ: *Esta es la suya*, no deje escapar la ocasión. 今こそ絶好のチャンスだ. 好機逸すべからずだ. 2）〔口語〕〔激励〕好機なのでがんばって下さい: Señores, *esta es la suya*: podrán ganar muchísimo dinero invirtiendo en esta nueva compañía. 皆さん, がんばりどころです. 今度の新しい会社に投資して大金を得ることができます

hacer 〔*una*・*alguna*・*otra*〕*de las suyas* いつものいたずら（悪ふざけなど否定的な行為）をする, あいかわらずばかげたことをする: Está *haciendo de las suyas* con los gatos. 彼はまた猫にいたずらをしている. ¿Ha hecho otra vez *alguna de las suyas*? あいつはまたばかげたことをしでかしたのか？

ir a la suya =**ir a lo ~**

ir a lo ~ 自分勝手なことをする, 自分の利益だけを考える: No cuentes con él, porque siempre *va a lo suyo*. あいつを当てにするな, いつも自分のことしか考えないのだから

ir de ~《文語》固有である, 基本的である

la suya〔巡ってきた〕好機

lo ~ 〔男性単数形で, 抽象的に所有物・関係・特性〕1) 彼〔ら〕（彼女〔ら〕・あなた〔がた〕）のこと（もの）: Te doy la mitad de *lo ~*. 彼のを半分君にあげよう. *Lo ~* es suyo. 彼のものは彼のものだ. Cada uno a *lo ~*. それぞれ自分のことに専念するように. 2) 彼〔ら〕（彼女〔ら〕・あなた〔がた〕）の得意（本分）, 傑出している事柄: *Lo ~* es el deporte. 彼の得意な分野はスポーツだ. Está contenta, ahora trabaja en *lo ~*. 今は自分に合った仕事をしているので彼女は満足している. El español es *lo ~*. スペイン語は彼はお手の物だ. Sabe *lo ~* de matemáticas. 彼は数学が非常によくできる. 3) 〔ser+. 適切, 好都合〕Dejar una propina en los restaurantes es *lo ~*. レストランではチップを置くのが望ましい. Si quieres aprobar, *lo ~* sería que te pusieras a estudiar. もし合格したいのなら, ともかく勉強に取りかかることだよ. 4) 〔数量の強調〕十分, とても: José se ha divertido *lo ~*. ホセは十分楽しんだ. Ella ha dormido *lo ~*. 彼女はぐっすり眠った. La sortija vale *lo ~*. その指輪はとても高い

los ~s 〔男性複数形で, 所有者と関係の深い人たち〕彼〔ら〕（彼女〔ら〕・あなた〔がた〕）の家族（友人・仲間・部下・味方など）: Siempre está hablando de *los ~s*. 彼はいつも自分の家族のことを話している. *Los ~s* vienen a pasar el fin de semana. 彼の仲間たちが週末を過ごしにやって来る. Saludos a *los ~s*. ご家族の皆さんによろしく

salirse con la suya 〔最終的に〕望みをとげる; 我を通す: Él *se sale* siempre *con la suya*. 彼はいつも言い分を通してしまう/いつも彼の思うつぼにはまってしまう. Siempre busca la manera de *salirse con la suya*. いつも彼は結局自分の思惑どおりに事を運ぶ道を探し求めている

tener lo ~〔口語〕1）思ったより難しい, 見かけより複雑である: El encargo que te ha hecho la jefa *tiene lo ~*, porque no es nada fácil encontrar esos datos. チーフが君に依頼した件の内もそれらに関するデータを探し出すのが何としても難しいから. 2）悩み・心配事などを抱えている: No quiero preocupar a Teresa, porque sé que ella ya *tiene lo ~*. 私はテレサをわずらわせたくないんだ, なぜなら彼女はそうでなくても心配事を抱えているのだから

ver la suya 好機を見い出す

suzón [suθón]男《植物》ノボロギク〖=hierba cana〗

s.v.《略語》←*su valor* 貴方価格

s/v《略語》←*sobre vagón* 貨車渡しで

svástica [sbástika]女=**esvástica**

swahili [swaíli]男 スワヒリ語

swami [swámi]《←英語》男〔ヒンズー教の教師に対する尊称〕スワーミー

swap [swáp]《←英語》男 働 ~s《経済》スワップ: ~ *de moneda* 通貨スワップ

swazi [swáθi]形 图 =**suazi**

swing [(e)swín]《←英語》男 働 ~s《ボクシング, ゴルフ, 音楽》スイング

switch [(e)swítʃ]《←英語》男《メキシコ, コロンビア》〔電気の〕スイッチ；《メキシコ. 自動車》イグニッションスイッチ

switchear [(e)switʃeár]他《情報》〔正しく〕スイッチを入れる

syllabus [siλábus]男 ❶《カトリック》謬説（*びゅうせつ*）表, シラバス《特に1864年にピウス Pius 6世が誤謬であると宣告した80の命題》. ❷〔大学などの〕講義概要, シラバス

symposium [simpósjun]《←ラテン語》男 ❶=**simposio**. ❷《古代ギリシア》酒宴, 饗宴

T

t [té] 囡 アルファベットの第21字: hierro (viga) de doble ～ T形鋼(梁)
T 《略語》←tonelada トン
t. 《略語》←tomo 巻
t/ 《略語》←talón 小切手帳
ta [tá] **I** 《←擬声》間 ❶ =tate. ❷ [ドアを叩く音] ドンドンドン **II** 《ウルグアイ. 口語》 ❶ [行為が] 終わった. ❷ [申し出に対して] 承知した/オーケー
taba [tába] 《←2語源》囡 ❶ 《解剖》距骨 《=astrágalo》. ❷ 《遊戯》1) [時に 複] la+. 距骨や金属片を投げるお手玉に似た遊び. 2) 《アルゼンチン, ウルグアイ》牛の足根骨を投げる遊び《柔らかい的 queso に向かって投げ, くぼみのある側 carne が上になると勝ち, その反対側 culo が上になると負け, 盛り上がった側 pen-ca が出ると引き分け》. ❸ 《メキシコ》おしゃべり, よもやま話. ❹ 《南米》うんざりする話, 面倒くさいこと. ❺ 《コロンビア》《水道管の》空気を抜く孔; [水の状態を調べる] のぞき穴. ❻ 《ペルー》 1) 靴. 2) 会社
　　mover (menear) las ～s 1) 《口語》[主に急いで] 歩く. 2) 《アルゼンチン》おしゃべりする
tabacal [tabakál] 男 タバコ畑, タバコ農園
tabacalero, ra [tabakaléro, ra] 形 名 タバコ栽培の(栽培者); たばこを製造(販売)する[人]; タバコの ～*ra* industria (販売). ━囡 ❶ たばこ会社. 《西》[T～] たばこ《専売》公社. ❷ 《メキシコ》たばこ工場
tabacazo [tabakáθo] 男 ❶ 《軽蔑》[喫煙用の]たばこ. ❷ 《エクアドル. 口語》たばこの灰を溶かした蒸留酒を飲んだことによる酩酊状態《意識を失ったり神経の変調をもたらす》
tabachín [tabatʃín] 男 《メキシコ. 植物》オウコンチョウ
tabaco [tabáko] 《←イタリア語》男 ❶ 《植物》タバコ; その葉: máquina de ～ タバコ刈り取り機. ～ capero 葉巻の上巻き葉用葉タバコ. ～ de hoja 葉タバコ《主に葉巻の上巻き葉用のもの》. ～ en rama 非発酵葉タバコ. ～ en (de) polvo [喫煙用の] たばこ. ❷ [集合的] たばこ: ¿Tienes ～? たばこ持ってるかい? hilar ～《中南米》嚙みタバコを紐状にする. prender el ～ たばこに火をつける. ～ de liar 手巻きタバコ. ～ de mascar 嚙みタバコ. ～ de pipa パイプたばこ. ～ de Virginia/～ amarillo/～ americano バージニア種のたばこ. ～ groso [粉にしてから小さく丸めた] 粒たばこ. ～ holandés (holandilla) オランダ産の巻きが緩く香りの少ないたばこ. ～ picado/～ de picadura/～ al cuadrado 刻みたばこ. ～ turco 東欧産の色が濃く香りの強い刻みたばこ. 2) 嗅ぎたばこ《～ en polvo》: tomar ～ 嗅ぎたばこを嗅ぐ. 3) 《特にメキシコ, カリブ, コロンビア》葉巻《=cigarro》. ～ colorado 熟成の少ない淡色の葉巻. ～ maduro 色が濃く熟成した葉で作った強い葉巻. ❸ 《乾燥したタバコの葉の》緑がかった茶色. ❹ 《植物》1) ～ de montaña ユーカリ. 2) 黒菌病. ❺ 《中南米》マリファナ. ❻ 《カリブ》ビンタ, 平手打ち
　　acabarse a+人 el ～ 《チリ, アルゼンチン》…が一文無しになる
　　ponerse de mal ～ 《中米》むくれる, 不機嫌になる
　　sin ～ 一文無しの, 困窮した
　　━━ 形 《主に中南米》緑がかった茶色の《乾燥したタバコの葉の色》
tabacón [tabakón] 男 《植物》 ❶ 《メキシコ》マリファナ, 大麻. ❷ 《プエルトリコ》ナス科の木《用材として利用される》
tabacoso, sa [tabakóso, sa] 形 ❶ たばこ臭い, たばこのにおいが染みついた: No se puede entrar en su despacho, cerrado y ～. 閉め切られたてたばこ臭い彼の研究室には入る気がしない. ❷ 《口語》嗅ぎたばこが好きな. ❸ 《植物》黒菌病にかかった
tabaiba [tabájba] 囡 《植物》1) ユーフォルビア属の木. 2) 《キューバ, プエルトリコ》プルメリア. ❷ 《カナリア諸島》哀れな奴, ばかな奴
tabal [tabál] 男 ❶ 《アストゥリアス, カンタブリア, アンダルシア》イワシやニシンを塩漬けにする樽. ❷ 《古語》=atabal
tabalada [tabaláða] 囡 ❶ 《口語》尻餅をつくこと. ❷ 《廃語》平手打ち, ビンタ
tabalario [tabalárjo] 男 《口語》お尻
tabalear [tabaleár] 自 《軽く板を》指でコツコツと叩く: ～ encima de la mesa 指でテーブルをトントン叩く
　　━━ 他 揺らす, 揺さぶる, 振る
tabaleo [tabaléo] 男 指でコツコツと叩くこと
tabaná [tabaná] 囡 《ドミニカ》[首筋・頭を] 殴りつけること
tabanazo [tabanáθo] 男 《まれ》平手打ち, ビンタ
tabanco [tabáŋko] 男 ❶ 《西. まれ》[食料品を売る] 露店, 屋台. ❷ 《地方語. 軽蔑》飲み屋 《=taberna》. ❸ 《カセレス》工員たちの作業場. ❹ 《中米》屋根裏部屋
tabanera [tabanéra] 囡 アブだらけの場所
tábano [tábano] 男 ❶ 《昆虫》大型のアブ(虻) 《雄は花の蜜を吸い, 雌は家畜の血を吸う》: ～ común ウシアブ. ❷ 《口語》うるさい人, 迷惑な人: Tu amigo es un auténtico ～. 君の友人にはほとほと参った. ❸ 《キューバ. 植物》アオイ科の一種《学名 Urena typhalea》
tabanque [tabáŋke] 男 ❶ 《製陶》[足で回す] ろくろ下部の円盤, はずみ車. ❷ 小かご
tabaola [tabaóla] 囡 =bataola
tabaque [tabáke] 男 ❶ 《籐の》小かご. ❷ [tachuela より少し長い] 平釘
tabaqueada [tabakeáða] 囡 ❶ 《メキシコ》めった打ち. ❷ 《ペルー, ボリビア》タバコの葉と腐肉の餌《コンドルを酔わせて捕える》
tabaquear [tabakeár] 自 《アンデス》タバコの葉を吸う《=fumar》
tabaquera[1] [tabakéra] 囡 ❶ 刻みたばこ入れ, 嗅ぎたばこ入れ. ❷ パイプの火皿, ボウル
tabaquería [tabakería] 囡 《主に中米》たばこ店; 葉巻き工場
tabaquero, ra[2] [tabakéro, ra] 《←tabaco》形 名 ❶ タバコの. ❷ 《主に中南米》タバコ栽培の(栽培者); たばこを製造(販売)する[人] ━━ 男 ❶ 《メキシコ》タバコを害する毛虫. ❷ 《ボリビア》ハンカチ 《=pañuelo》
tabáquico, ca [tabákiko, ka] 形 《医学》たばこの: hábito ～ 喫煙習慣
tabaquillo [tabakíʎo] 男 《アルゼンチン. 植物》ナス科の一種《学名 Petunia propinqua》
tabaquismo [tabakísmo] 男 《医学》喫煙; たばこ中毒, ニコチン中毒: ～ pasivo 受動喫煙, 自然吸煙
tabaquista [tabakísta] 名 ❶ ヘビースモーカー, ニコチン中毒者. ❷ タバコの[品質]鑑定者
tabardete [tabarðéte] 男 《医学》 ❶ 熱中症, 日射病《=insolación》. ❷ 《廃語》腸チフス
tabardillo [tabarðíʎo] 男 《西》 ❶ 《古語》日射病《=insolación》. ❷ 《西. 口語》うるさい奴, 騒々しい奴: Estas chicas son unos ～s. この娘たちは騒がしい
tabardo [tabárðo] 男 《服飾》 ❶ 《革製などの》袖なしの外套《脇に手を通すスリットがある》. ❷ 冬用の荒毛の上着. ❸ 防寒用の上着. ❹ [昔の司法職杖捧持者や伝令官が着た] 紋章付きのガウン(マント)
tabarés, sa [tabarés, sa] 形 《地名》タバラ Tábara 地区の[人] 《サモラ県》
tabarquino, na [tabarkíno, na] 形 名 《地名》タバルカ Tabarca 島の[人] 《アリカンテ県》
tabarra [tabárra] 《←古語 tabarro < tábano》囡 《西》厄介事, うんざりさせること: No me gusta el trabajo que hago ahora, es una ～. 今やっている仕事は好きではない, うんざりしているよ
　　dar la ～ a+人 《西》[同じ話題・要求を繰り返して] 《口語》うんざりさせる, 手を焼かせる: El niño lleva todo el día *dando la ～ a* sus padres. その子は一日じゅう両親を困らせている
tabarrera [tabaréra] 囡 ❶ 《口語》=tabarra. ❷ 《アンダルシア》スズメバチの巣. ❸ 《ムルシア》アブ, ウマバエ
tabarrista [tabarísta] 形 《西. 口語》=tabarroso
tabarro [tabáro] 男 ❶ =tábano. ❷ 《アンダルシア》スズメバチ《=avispa》
tabarroso, sa [tabaróso, sa] 形 《西. 口語》…をうるさがらせる, 手を焼かせる
tabasco [tabásko] 《←商標》男 ❶ 《料理》タバスコ[ソース]. ❷ 《メキシコ. 果実》[タバスコ

tabasqueño, ña [tabaskéɲo, ɲa] 形 名 《地名》タバスコ Tabasco の〔人〕《メキシコ南東部の州》

tabea [tabéa] 女 《ブルゴス, バレンシア. 料理》〔豚の内臓の〕チョリーソ

tabear [tabeár] 自 ❶《グアテマラ, アルゼンチン》距骨 taba 投げ遊びをする. ❷《アルゼンチン, パラグアイ》おしゃべりをする, よもやま話をする

tabefe [tabéfe] 男 《アンダルシア, カナリア諸島》凝乳; カテージチーズ

tabellar [tabeʎár] 他 ❶ 〔毛織物などを〕折り畳む. ❷ 〔布地に〕工場のマークをつける. ❸ 〔扇子の製造で〕紙に折り目をつける

taberna [tabérna] 〖←ラテン語 taberna「店」〗女 ❶ 〔酒を売り料理も出す〕居酒屋, 飲み屋: Siempre echamos una partida de cartas en la ～. 私たちはいつも居酒屋に行ってカードで一勝負する. ❷《古代ローマ》小商店. ❸《メキシコ》テキーラの蒸留所. ❹《アルゼンチン》賭博場

tabernáculo [tabernákulo] 〖←ラテン語 tabernaculum「テント」< taberna「部屋」〗男 ❶《カトリック》聖体のパンを納める〗聖櫃 ({せいひつ}); 〔教会の〕至聖所. ❷ 〔旧約聖書〕〔ヘブライ人が契約の櫃 arca del Testamento を納めていた〕幕屋 ({まくや}): fiesta de los ～s《ユダヤ教》仮庵祭, 幕屋祭. ❸《口語》居酒屋〖=tabernal〗. ❹《古語》ヘブライ人の住むテント. ❺ 〔聖画を納める〕小廟

tabernario, ria [tabernárjo, rja] 形 ❶《軽蔑》〔居酒屋 taberna 特有の〕下劣な, 低俗な, がさつな: tener un lenguaje ～ 品のない言葉づかいをする. ❷ 居酒屋の, 居酒屋特有の

tabernense [tabernénse] 形 名 《地名》タベルネス・デ・バルディグナ Tabernes de Valldigna の〔人〕《バレンシア県の町》

tabernería [tabernería] 女 居酒屋業, 居酒屋の仕事

tabernero, ra [tabernéro, ra] 名 居酒屋 taberna の主人 (給仕) —— 男 《魚》ベラの一種 《学名 Ctenolabrus rupestris, Ctenolabrus suillus》

tabernizado, da [taberniθáðo, ða] 形 ❶ 居酒屋特有の

tabernucha [tabernútʃa] 女 《軽蔑》狭くみすぼらしい居酒屋

tabernucho [tabernútʃo] 男 《軽蔑》=**tabernucha**

tabes [tábes] 女 〔単複同形〕《医学》痨 ({ろう}), 消耗症: ～ dorsal 脊髄痨

tabético, ca [tabétiko, ka] 形 痨の, 消耗病にかかった —— 名 〔梅毒が原因の〕脊髄痨患者

tabí [tabí] 男 《複 ～es》《古語》光沢のある波形模様の絹地

tabica [tabíka] 女 《建築》❶ カバープレート, 穴 (くぼみ) を覆う板. ❷ 〔階段の〕蹴込 ({けこ}み) 〔板〕

tabicado, da [tabikáðo, ða] 形 ❶《建築》壁 tabique で仕切った (囲った). ❷《電気》コイルが絶縁され層を成している

tabicar [tabikár] 他 ❶ 〔入口などを, 壁 tabique で〕ふさぐ: Tabicamos la ventana del garaje para que no entren los gamberros. 不良たちが悪いようにしに私たちは車庫の窓をふさいだ. ❷ 〔開けておくべきものを〕詰まらせる —— ～se ❶ ふさがる, 詰まる: Con el catarro se me han tabicado las narices. 私は風邪をひいて鼻が詰まってしまった. ❷ 〔自分の目・耳などを〕ふさぐ

tabicón [tabikón] 男 ❶ 〔通常より厚い〕仕切り壁. ❷《トレド》日干し煉瓦〖=adobe〗. ❸《バダホス, アンダルシア》厚手の板

tábido, da [táβiðo, ða] 形 ❶ 〔肺結核で〕衰弱した. ❷《廃語》腐った, 腐敗した

tabífico, ca [tabífiko, ka] 形 《まれ》肺結核を起こす

tabina [tabína] 女 《アラブ, バリャドリード, サラマンカ》〔豆類の〕さや

tabinete [tabinéte] 男 《古語》〔婦人靴用の〕繻子 ({しゅす}) のような布地

tabique [tabíke] 〖←アラビア語 tasbik「煉瓦の壁」〗男 ❶ 〔部屋などの薄い〕壁, 仕切り壁, 間仕切り: ～ cerradizo アコーディオンカーテン. ～ colgado カーテンウォール. ～ de carga 煉瓦を横に寝かせて積んだ仕切り壁. ～ de panderete 煉瓦を縦に (立てて) 積んだ仕切り壁〖=もろい〗. ❷ 〔解剖〕nasal 鼻中隔. ❸《メキシコ》真四角の煉瓦. ❹《エクアドル. 誤用》〔屋根の〕のき, ひさし

tabiquería [tabikería] 女 《集名》〔一連の〕仕切り壁

tabiquero [tabikéro] 男 《まれ》仕切り壁を作る職人

tabiro [tabíro] 男 《メキシコ. 口語》たばこ〖=cigarillo〗

tabiro, ra [tabíro, ra] 形 《地方語》やせ細った

tabla [táβla] 〖←ラテン語 tabula〗女 ❶ 〔主に木の〕板; 台: mesa de ～ de mármol 大理石の天板のテーブル. ～ de cortar el pan パン用カットボード. ～ de dibujo 画板. ～ de lavar 洗濯板. ～ de planchar アイロン台. ～ (para (de) picar/～ de cocina まな板〔普通の家庭ではまな板は使われない〕. ❷ 棚板, 横板. ❸ 表, 一覧表: 1) ～ de precios 値段表. ～ input-output/～ de insumo-producto 産業連関表, 投入係数表. 2)《数学など》〔簡易計算用の〕数表: ～ de multiplicar/～ de multiplicación/～ pitagórica/～ de Pitágoras 九九の表. ～ de logaritmos 対数表. ～ astronómica 天体暦, 天体位置表. ～ de pesos atómicos 原子量表. 3) 〔本の〕索引〖=～ de materias〗. 4)《情報》表示式のデータ. ❹《服飾》〔幅広の〕ひだ, プリーツ: falda de (con) ～ プリーツスカート. ❺ 〔2列の並木・水路などで区切られた〕畑; 〔灌漑するため〕農地の区画分け; 〔長方形の〕野菜畑, 花壇. ❻《スポーツ》1)《水泳・水上スキー・サーフィンなど》の板, ボード: hacer ～《ウィンド》サーフィンをする. 2)《スキー》板ボディボード. スキー板: zona para dejar las ～s y bastones スキー板とストックを置いておく場所. 3) サーキットトレーニング〖=～ de gimnasia, ～ de ejercicios〗. ❼ 〔トイレの〕便座. ❽《料理》〔皿などに載せた同一種の〕取り合わせ: ～ de embutidos 各種ソーセージの盛り合わせ. ～ de quesos 各種チーズの盛り合わせ. ❾《美術》1) タブロー, 板絵: ～ flamenca フランドル派の板絵. 2) 〔遠近法の前提で〕絵が垂直に設置されること. ❿《音楽》～ armónica/～ de armonía 〔弦楽器の〕胴, 共鳴板. ⓫ 〔宝石のカットで〕上部の平滑面, テーブル. ⓬ 〔体の〕平らな部位: ～ del pecho 胸板. ⓭ ～ redonda《アーサー王伝説の》円卓. ⓮《闘牛》〔アレナを囲む〕木柵, 防壁〔闘牛士が牛の攻撃をかわして逃げ込む〕: El toro saltó las ～s. 牛が柵を跳び越えた. ⓯《演劇など》アレナ. ⓰《演劇など》1) 舞台: pisar las ～s 舞台を踏む, 演じる. salir (subir) a las ～s 舞台に登場する, ステージに立つ. 2) 〔舞台上での〕自在さ, 舞台慣れ. ⓰《旧約聖書》律法の石板, モーセの十戒〖=～s de la ley〗. ⓱《古代ローマ》十二表法. ⓲《チェス》引き分け; 〔一般に交渉の〕物別れ: quedar (acabar) en ～ 引き分けになる; 物別れに終わる. ⓳《ゲーム》〘複〙バックギャモン〖=～s reales〗. ⓴ 〔角材の幅の広い方の〕面; 〔小口寸法が canto に対して〕幅. ㉑ 掲示板. ㉒ 国境の税関. ㉓ 精肉店のカウンター; 肉などを売る露店. ㉔ 〔勾配が少ないため〕川より広がり流れが緩む場所〖=～ de agua, ～ de río〗. ㉕《口語》同性愛者. ㉖《古語》地図. ㉗《古語》〘複〙〔朝課のため修道士を起こすのに鳴らす3枚の板片でできた柄付きの〕鳴子 ({なるこ}). ㉘《古語》地図. ㉙《古語》銀行施設. ㉚《廃語》テーブル, 机. ㉛《ムルシア》用水路税の徴収

a raja ～ 厳しく, 断固として, 何があっても〖=a rajatabla〗

cantar la ～《コロンビア. 口語》叱る

como ～《チリ. 口語》しっかりと, 強固に

escaparse en una ～/escaparse por ～ 危ういところを逃れる, すんでのところで危険を免れる

estar ～s《メキシコ. 口語》同点である

hacer (facer) ～《古語》食事に招待する

hacer ～ rasa 1) [+de+事・{まれ} +con+事 を] 無視する, 知らないふりをする: Hace ～ rasa de todas las conveniencias sociales. 彼は社会的な約束事をすべて無視している. 2) 白紙に戻す, 一から出直す: Hay que hacer ～ rasa de verdad. 事実だけをもとに一からやり直す必要がある

por ～ 間接的に, 遠回しに

por ～s《口語》奇跡的に〖助かるなど〗

salvarse en una ～/salvarse por ～ =**escaparse en una ～**

～ de juego 賭博場

～ de salvación 最後の手段, 頼りの綱

～ rasa 1)《哲学》〘主に原初の精神に〙白紙状態, タブラ・ラサ. 2) まだ何も描かれていない画板

tener muchas ～s《西, メキシコ. 口語》専門家である, 熟練している: Esa presentadora tiene muchas ～s. その女性キャスターは場慣れしている

tener ～s 〔俳優などが〕上手に (のびのびと) 演じる

tablachina [taβlatʃína] 女 木製の盾〖=broquel〗

tablacho [taβlátʃo] 男 水門, 堰 ({せき})

tablada [taβláða] 女 ❶《地方語》畑の区画;《バレンシア》灌漑のために区切られた畑. ❷《地方語》流れが感じられない, 川幅が広くなった個所. ❸《カナリア諸島》〔頂上が平らな〕低く長く伸びた山. ❹《アルゼンチン, ウルグアイ》〔屠殺場へ送られる前の〕家畜の集積 (選別) 場. ❺《パラグアイ》畜殺場

Tablada [tabláða]《人名》**José Juan ～** ホセ・フアン・タブラダ《1871～1945, メキシコの詩人。モデルニスモの紹介につとめた。その後日本を訪れて俳句や漢詩に出会い, そこから独自の前衛的な新しい詩の創造を目指した。『詞華集』*El florilegio*》

tablado [tabláðo]《男》❶ [板張りの] 壇, 舞台; 桟敷, 観覧席: salir (subir) al ～ 舞台に上がる, 登場する. ❷《西》=**tablao**. ❸ 板張り(の床), 寄せ木張り(の床). ❹ 絞首台, 処刑台《～ para la ejecución》. ❺ [荷車の] 床, 床板. ❻ [板張りの] ベッドの台秤. ❼ [隠語]《人の》顔. ❽《古語》[騎士が投げ槍の練習で標的にする] 高櫓.
sacar al ～ 1) 公にする, 世間に言い触らす. 2) 舞台に上げる; 世に出す

tablaje [tabláxe]《男》❶《集名》板材. ❷ 賭博場

tablajería [tablaxería]《女》❶ 賭博癖, ばくち好き. ❷ 賭博のもうけ. ❸《まれ》精肉店, 肉屋

tablajero, ra [tablaxéro, ra]《名》❶ 賭博場の常連客. ❷《まれ》精肉商. ❸《廃語》[闘牛などの] 観覧席を作る大工; 観覧料の徴収人. ❹《地方語》大工. ❺《アルゼンチン. 軽蔑》[医師・薬剤師の] 助手

tablao [tabláo]《←tablado》《男》《西》タブラオ《=～ *flamenco*. フラメンコショーをする舞台のあるバル・レストラン》

tablar [tablár]《男》❶ 区切られた畑. ❷ [流れが感じられない] 川幅が広くなった個所. ❸ [荷車の] 荷台の側板《=*adral*》── 《他》《農業》[畑などを] 長方形に区切る

tablatura [tablatúra]《女》《音楽》タブラチュア

tablazo [tablaθo]《男》❶《海・川の》浅瀬. ❷ 板での殴打. ❸《サラマンカ》高原台地《=*meseta*》

tablazón [tablaθón]《←tabla》《女》❶《集名》[船の甲板などの] 板, 板材, 板張り. ❷ 板を使う建築

tableado [tableáðo]《男》《集名》[1枚の布の] プリーツ. ❷ プリーツをつけること

tablear [tableár]《←tabla》《他》❶《服飾》[主に《過分》] プリーツをつける: falda *tableada* プリーツスカート. ❷ [木材を挽いて] 板にする; [鋼材を] 薄板にする. ❸ [畑・花壇を] 区画する. ❹ [馬に引かせた板で耕地を] 平らにならす. ❺《チリ》[パン生地を] 延ばす

tableño, ña [tabléɲo, ɲa]《形》《名》《地名》ラス・タブラス Las Tablas の《人》《パナマ, ロス・サントス県の県都》

tableo [tabléo]《男》❶ 製材, 製版. ❷ 畑の区画分け. ❸《服飾》ひだ付け

tablera [tabléra]《女》《廃語》聖ラザロの鳴子 *tablillas de San Lázaro* を鳴らして布施を求める婦人

tablerazo [tableráðo]《男》《闘牛》防壁 *tabla* に牛がぶつかること

tablería [tablería]《女》《集名》《木工》板材. ❷ 板材販売業

tablero[1] [tabléro]《←tabla》《男》❶ 板; 板張り: ～ de anuncios 掲示板, ～ de dibujante 画板; 製図板. ❷ 《西》 ～ de mármol 大理石板. ❸ 黒板《=*pizarra*》, パネル, ボード. ❹ ゲーム盤; チェス盤《～ de ajedrez》: ～ chino ダイヤモンドゲーム盤. ❹ [板状の] ～ de gráficos 〈情報〉[ペン入力の] デジタイザ, ～ de instrumentos/～ de mandos 〈自動車〉ダッシュボード, 〈航空〉計器板; [工場の] 制御盤. ❺《バスケットボール》バックボード. ❻《闘牛》闘牛場の柵. ❼ 賭博場. ❽ [仕立屋などの] 作業台. ❾ [果樹園などの] 長方形の畑(区画). ❿ [貯水池・運河の堰の] 締め固めた底. ⓫ [テーブル・机の] 表面. ⓬《建築》1) [装飾用の] 突起した平面. 2) [柱頭上部の] アバクス, 頂板. 3) [ドア・窓の] 扉板. ⓭《船舶》隔壁. ⓮《弩の》臂, 台座. ⓯《印刷》白紙を乗せる板. ⓰ 橋桁. ⓱《美術》[祭壇背後の飾り壁の] 絵の描かれた四角い板. ⓲ そろばん, 計算盤《～ *contador*》. ⓳ 物事が展開する場所. ⓴ 図, 図表. ㉑《鳥》マダラフルマカモメ. ㉒《植物》～ de damas チェッカーズ・リリー. ㉓《古語》[店の] カウンター. ㉔《古語》絞首台, 処刑台. ㉕《キューバ》[飴などの売り子が持つ] 浅い木箱
a ～ vuelto《チリ》切り符売りの掲示の仕方

tablero[2], **ra** [tabléro, ra]《形》製材に適した

tablestaca [tablestáka]《女》《建築》[掘った個所を支えるために地中に打ち込む] 板材, パネル

tablestacado [tablestakáðo]《男》《集名》[桟橋を守る壁面の] 板, パネル

tableta [tabléta]《*tabla* の示小語》《女》❶ [平たい] 錠剤: una ～ para dolor de cabeza 頭痛薬1錠. ❷《菓子》[チョコレート・トゥロン turrón の] 四角い板《さらにいくつかに分けられている》: comprar una ～ de chocolate 板チョコを買う. ❸《アルゼンチン》アルファホール《アーモンド・くるみ・蜂蜜をはさんだクッキー》. ❸《古代ギリシア・ローマ》[その上に文字を書く] 木板, 粘土板. ❹《情報》タブレット: ～ terminal タブレット端末, ～ タブレットPC. ❺ [主に床張り用の] 板材. ❻《古語》～s de San Lázaro 聖ラザロの鳴子《=*tablillas de San Lázaro*》

tableteado [tableteáðo]《男》[板を打ち合わせた時などの] カチカチ(ガタガタ)と鳴る音

tabletear [tableteár]《←tableta》《自》❶ [板を打ち合わせた時などに] カチカチ(ガタガタ)と鳴る. ❷ [機関銃が] ダダダダ(バリバリ)と発射音を立てる

tableteo [tabletéo]《男》❶ [板などが] カチカチ(ガタガタ)と鳴ること; その音. ❷ [機関銃が] ダダダダ(バリバリ)と発射音を立てること; その音

táblex [táble(k)s]《←商標》《男》合板

tablilla [tablíʎa]《*tabla* の示小語》《女》❶ 小さな板; 小型の掲示板: ～ de mesón 宿屋の看板. ❷ [いくつもある職業で] 日次業務指示票. ❸《ビリヤード》クッション. ❹《医学》副木, 当て木. ❺《音楽》[オルガンの] ストップの制御スイッチ. ❻《古語》～s de San Lázaro 聖ラザロの鳴子《ハンセン病者のために布施を求める時や物乞いで鳴らす. 3枚の板片ででき, 柄付き》. ❼《古語》[施しを求める者の] 記章, 聖像, 祈りの文句. ❽《古語》[蝋引きの] 書字板. ❾《メキシコ》板チョコ, チョコレートバー. ❿《グアテマラ》闘鶏場. ⓫《プエルトリコ》自動車ナンバープレート

tabloide [tablóiðe]《←英語 tabloid》《中南米》タブロイド判の新聞, タブロイド紙: ～ deportivo タブロイド判のスポーツ新聞

tablón [tablón]《*tabla* の示小語》《男》❶ 厚板. ❷ 掲示板《～ de anuncios》: La fecha se hará pública en el ～ de anuncios. 日取りは掲示板で知らされるだろう. ❸《口語》酔い: agarrar un ～/coger un ～ 酔っ払う. ❹《服飾》箱ひだ, ボックスプリーツ《チリ, アルゼンチン, ウルグアイ》幅広のひだ. ❺《船舶》竜骨翼板, ガーボード. ❻《隠語》食卓. ❼《中南米》農地の一区画; 耕地, 畑

tablonaje [tablonáxe]《集名》厚板

tablonazo [tablonáθo]《男》《キューバ》ぺてん, いかさま

tabloncillo [tablonθíʎo]《*tablón* の示小語》《男》❶ 便器の蓋. ❷ 厚板. ❸《まれ. 闘牛》[屋根のない桟い] 最上段の観覧席. ❹《キューバ, プエルトリコ》床材

tablonear [tabloneár]《他》《メキシコ》❶ 地ならしする. ❷ [畑を] 区分けする

tabloneo [tablonéo]《男》《メキシコ》❶ 地ならし. ❷ [畑の] 区分け

tabloza [tablóθa]《女》《廃語. 美術》パレット

tabo [tábo]《男》《フィリピン》ヤシの実の殻で作られた容器(椀)

tabobo [tabóbo]《男》《カナリア諸島. 鳥》ヤツガシラ

taboca [tabóka]《女》《ボリビア》[竹などの] 節間〈容器として使われる〉

tabolango [tabolángo]《男》《チリ. 昆虫》双翅目の一種《悪臭を放つ. 学名 *Paradoxomorpha crassa*》

tabón [tabón]《男》《ブルゴス, パレンシア》土の塊

tabona [tabóna]《女》《考古》《カナリア諸島特有の》石製のナイフ

tabonuco [tabonúko]《男》《プエルトリコ. 植物》タボヌコ《高さ25m に達する巨木. 樹脂は教会用の香として用いられる》

tabor [tabór]《男》❶《歴史》スペイン保護領時代, スペイン軍に属した》モロッコの現地人部隊《セウタとメリーリャで》歩兵大隊. ❷ [主に昔の] 太鼓

tabora [tabóra]《女》《カンタブリア》泥水の水たまり, 沼地

taborga [tabórga]《女》《ボリビア》煮立てて濾していないコーヒー

tabre [tábre]《チリ》いかさま賭博師; ぺてん師

tabú [tabú]《←ポリネシア語》《男》《複 ～es》❶ タブー(の), 禁忌(の): palabra ～ 忌み言葉, 禁忌. tema ～ タブーの話題. diversos ～es sexuales さまざまな性的タブー. ❷《ポリネシアの宗教で》食べたり触ったりすることが禁じられていること

tabuco [tabúko]《男》《軽蔑》狭く見すぼらしい部屋. ❷《ドミニカ》雑草, 茂み, やぶ

tabulación [tabulaθjón]《女》表にすること, 作表; 表式組成

tabulador [tabulaðór]《男》❶《情報》キーボードのタブキー; 文書作成ソフトのタブ. ❷ [タイプライターの, 各行の端をそろえる] タビュレーター

tabuladora [tabulaðóra]《女》《情報》[リスト・表を打ち出す] タビュレーター

tabular [tabulár] **I**《←ラテン語 tabulare》《他》❶ 表(²)で示す, 表にする, 作表する: ～ los datos データを表にする. ❷《情報》1) タブキーを押してスペースを作る. 2) [穿孔カードで] 作表する

tabula rasa [tábula řása]《←ラテン語》女 白紙状態《=tabla rasa》

tabulario [tabulárjo] 男《古代ローマ》[公共の] 古文書館, 史料館

tabulatura [tabulatúra] 女 =**tablatura**

tabuquino [tabukíno] 男《エストレマドゥラ》[ヤギの] 乳漿, 乳清

taburete [tabuřéte]《←仏語 tabouret》男 ❶ [背もたれも肘かけもない] 腰掛け, スツール: ～ de cocina 台所用のスツール. ～ de la barra de un bar バルのカウンター席のスツール. ～ de piano ピアノの椅子. ❷ [子牛の革やビロードで飾られた] 低い背もたれ付きの椅子. ❸ 足台, 足載せ台

tac [ták] 男 [繰り返して, 心臓の鼓動のような規則正しい音] ドクドク, チクタク, カチカチ

TAC [ták] 男《略語》❶ ←Tomografía Axial Computerizada CTスキャン. ❷ ←total autorizado de capturas [200海里経済水域内の] 漁獲許容量

taca [táka] 女 ❶ [壁のくぼみに作られた] 食料 (食器) 戸棚. ❷ 小さなタンス. ❸ [鍛冶場の] るつぼの金属板. ❹《アストゥリアス, アラゴン》1) 汚れ, 染み. 2) 全体とは違う色をした部分. ❺《チリ. 貝》マルスダレガイ属の一種《学名 Venus dombeyi》
── 男 女 **tiqui taca**

tacaco [takáko] 男《コスタリカ. 植物》ウリ科の一種《学名 Cyclanthera pittieri》

tacada [takáda] 女 ❶《ビリヤード》[キューで] 玉を突くこと, 一突き; 連続キャノン. ❷《船舶》くさび
de una ～ 一気に, 一息に: Leyó la novela *de una ～*. 彼は一気に小説を読んだ

tacalote [takalóte] 男《メキシコ. 植物》ソラマメ

tacamaca [takamáka] 女《メキシコ》[植物] コパイババルサムノキ. ❷ コパイババルサム樹脂《香料, 香油用. ＝～ angélica》

tacamacha [takamátʃa] 女《メキシコ》=**tacamaca**

tacamanaca [takamanáka] 女《メキシコ》=**tacamaca**

tacamazo [takamáθo] 男《アルゼンチン》体で押すこと, 体当たり

tacán [takán] 男《航空》戦術航法方式

tacana [takána] 女 ❶《メキシコ》臼の取っ手. ❷《コロンビ》銀鉱石. ❸《アンデス, アルゼンチン》階段耕地, 段々畑. ❹《チリ, アルゼンチン, ウルグアイ》警察《=policía》

tacanear [takaneár] 他《アルゼンチン》踏みつける, 踏み潰す, すり潰す

tacañamente [takaɲaménte] 副 けちくさく, けちけちと

tacañear [takaɲeár] 自 けちる, 金を出し惜しみする

tacañería [takaɲería] 女 ❶ 吝嗇, 強欲. ❷ けちくさいふるまい, 金を出し渋ること

tacaño, ña [takáɲo, ɲa]《←伊語 taccagno》形 名 ❶ けちな [人], しみったれた. ❷ [人] に対してけちな: Es muy ～ con la comida. 彼は食事に金を使わない. No seas ～. けちけちするな. ❷《廃語》ずる賢い [人], 狡猾な [人]

tacar [takár] 他 ❶《古語》[穴・汚れ・傷などを作って] 示す. ❷《コロンビア》1) [銃砲を] 装填する. 2) [パイプに] たばこを詰める; [紙巻きたばこを] 何度も軽く叩く. 3)《ビリヤード》[球を] キューで打つ. 4) 抱き締める, 握り締める. 5) 一杯に満たす: baúl *tacado de ropas* 衣類を詰め込んだトランク. 6) 空欄を埋める
── *～se*《まれ》うんざりする, 飽き飽きする

tacarigua [takaríɣwa] 女《エルサルバドル, ベネズエラ. 植物》ダイオウヤン. ❷《ベネズエラ. 船舶》浮 フロート, 浮き

tacarpo [takárpo] 男《ペルー》[土に穴を掘る] 棒

tacatá [takatá] 男《擬声》[園 ～s] [幼児用などの] 歩行器: Pon al niño en el ～. 子供を歩行器に乗せなさい
── 間 [馬のギャロップの音] パッカッパッ

taca-taca [takatáka] 男 ❶《西》=**tacatá**. ❷《チリ. 玩具》サッカーゲーム

tacataca [takatáka] 男《西》=**tacatá**

tacay [takáj] 男《コロンビア. 植物》トウダイグサ科の高木《学名 Caryodendron orinocense》

tacazo [takáθo] 男《ビリヤード》キューでの突き

taceta [taθéta] 女 [オリーブオイルを容器別の容器へ移す, 銅製の] ひしゃく

tacha [tátʃa] I《←仏語 tache》女 ❶ 汚点, 欠点, きず: La suya es una familia sin ～. 彼のところは文句のつけない家族だ. Siempre pone ～s a mi trabajo. 彼はいつも私の仕事にけちをつける. ❷《法律》[証言への] 異議申し立て. ❸ [大きな] 鋲《(ᵉᵗᶜ)》, 留め鋲
II《中南米》[サトウキビのシロップを煮る] 大型の平鍋《=tacho》

tachable [tatʃáble] 形 ❶ 非難されるべき. ❷ 抹消され得る

tachador, ra [tatʃaðór, ra] 形 名 けちをつける [人], 欠点をあげつらう [人]

tachadura [tatʃaðúra]《←tacha I》女 ❶ 線を引いて消すこと, 抹消: No se pueden hacer ～s en los documentos oficiales. 公文書では抹消するわけにいかない. ❷ 抹消した跡: Este manuscrito está lleno de ～s. この原稿には消した跡が一杯ある

tachar [tatʃár]《←tacha I》他 ❶ [語などに線を引いて] 消す, 抹消する: Tachen la contestación que no convenga. 適さない答を抹消しなさい. Lo *tachado*, vale. [いったん訂正した個所を] 元に戻す/イキ [にする]. ❷ [+de] を非難する, ケチをつけるとがめる: Lo *tachan de* tacaño. 彼はけちだと非難されている. Muchos libros fueron *tachados de malos y nocivos* para la doctrina cristiana. 多くの本がキリスト教の教えにとって有害な悪書であると烙印をおされた. ❸《法律》[証言の] 信憑性に異議を申し立てる

tachero, ra [tatʃéro, ra] 名《ラプラタ. 口語》タクシー運転手《=taxista》
── 男《中南米》❶ [砂糖の精製で] 平鍋 tacho を操作する工員. ❷ 平鍋などの製造 (修理) 職人

tachigual [tatʃiɣwál] 男《メキシコ》[レースに似た] 綿布, 亜麻布

tachín [tatʃín] 男《口語》❶ 主に《複》[pie]: Te huelen los *tachines*. 君の足は臭い. ❷ 睾丸《=testículo》❸ 靴

tachín tachín [tatʃín tatʃín] 男《軽蔑》[ドラムとシンバルによる] 単調なリズムの音楽

tachirense [tatʃirénse] 形 名《地名》タチラ県 Táchira の [人]《ベネズエラ北西部の県》

tachismo [tatʃísmo] 男《←仏語 tachisme》《美術》タシスム

tachista [tatʃísta] 形《美術》タシスムの [信奉者]

tacho [tátʃo] 男 ❶《アンダルシア》[床掃除や洗濯用の] バケツ, 桶. ❷《カナリア諸島》[小型で足が短い] 闘鶏. ❸《中南米》砂糖キビの汁を煮る大型の平鍋. ❹《中南米》料理用の平鍋, しんちゅう・ブリキ・プラスチック製などの容器. ❺《エクアドル, ペルー, アルゼンチン, ウルグアイ》ごみ箱《=papelera》. ❻《チリ》シチュー鍋, キャセロール. ❼《チリ. 口語》タクシー
irse al ～《ボリビア, チリ, アルゼンチン, ウルグアイ. 口語》失敗する; 死ぬ
mandar al ～《アルゼンチン, ウルグアイ》[人・事を] 失敗させる

tachón [tatʃón] I 男 ❶ 書いたものを消している線, 抹消線. ❷《廃語》飾り紐, 金モール. ❸《ベネズエラ. 服装》プリーツ
II《←古語 chatón》男 [家具などの] 飾り鋲《(ᵉᵗᶜ)》

tachonar [tatʃonár] 他 ❶ …に飾り鋲を打つ. ❷《文語》[+con・de] を一杯にちりばめる: el cielo *tachonado de estrellas* 星をちりばめた空

tachonear [tatʃoneár] 他 =**tachonar**

tachonería [tatʃonería] 女 飾りひも (金モール) 作りの手仕事

tachoso, sa [tatʃóso, sa] 形 欠点 (欠陥) のある

tachuela [tatʃwéla] 女 ❶ 主に装飾用の鋲《(ᵉᵗᶜ)》, すくぎ. ❷《自転車》[レース区間にある] 急坂. ❸《ベネズエラ. 服装, ペルー. 古語》[大がめのそばに置いてある水飲み用の] 銀製のカップ. ❹《メキシコ. 口語》長時間の迷惑な訪問. ❺《キューバ, コロンビア》食べ物・液体を温める] 金属製の容器
── 形 名《メキシコ. 口語》背が低く小太りの [人]

tachuelo [tatʃwélo] 男《コロンビア. 植物》マメ科の一種《学名 Pictetia aculeata》

tachunda [tatʃúnda] →**chunda** tachunda

tachyon [tákjon]《←英語》男《複 ～s》《物理》タキオン

tacifiro [taθifíro] 男《グアテマラ》ナイフ, 匕首《(ʰⁱ)》

tacilla [taθíʎa] 女《アストゥリアス. 植物》～s de algodón キク科の一種《学名 Logfia minima》

tacís [taθís] 男《ベネズエラ》鉈《(ⁿᵃᵗᵃ)》

tacita [taθíta] 女《tazaの示小辞》*ser una ～ de plata* [住居などがよく掃除されて] ピカピカである
～ de Plata カディス Cádiz の異名

tácitamente [táθitaménte] 副 暗黙のうちに; 言外に, それとなく

tácito, ta [táθito, ta]《←ラテン語 tacitus < tacere「黙る」》形 ❶ 暗黙の; 言外の: acuerdo ～ 暗黙の了解. ❷ 無言の, 静かな

taciturnidad [taθiturniðá(ð)] 女 ❶ 無口, 寡黙《(ʷᵃ)》. ❷ 憂鬱, 陰気

taciturno, na [taθitúrno, na]《←ラテン語 taciturnus》形 ❶ [ser+] 口数の少ない, 無口な, 寡黙な: Mi padre, hombre agradable, es ~. 父は優しいが, 口数が少ない. ❷ [estar+] 悲しげな, 寂しげな, 陰鬱な, ふさぎ込んだ: Pilar está muy ~na últimamente. ピラールはこのところとても寂しそうにしている

tacizo [taθíθo] 男《コロンビア》非常に狭い 独房

tacle [tákle]《←英語 tackle》男《中南米. スポーツ》タックル《=bloqueo》

taclear [takleár] 他《中南米》タックルする《=bloquear》

taclia [táklja] 女《ペルー》先端に金属または石の刃をつけた棒《土を砕くための先住民の農具》

taclobo [taklóbo]《貝》オオシャコガイ

tacneño, ña [taknéɲo, ɲa] 形《地名》タクナ Tacna の[人]《ペルー南部の県・県都》

taco¹ [táko]《←?語源》男 ❶ くさび: poner un ~ a la pata de un mueble 家具の脚にくさびをかませる. ❷ 紙の綴り: calendario de ~ 日めくりカレンダー. ~ de billetes de metro 地下鉄の回数券の綴り. ❸《西. 口語》悪態; 野卑な言葉: Si vuelves a soltar otro ~ te lavo la cara con jabón. また汚い言葉を口にしたら石けんで顔を洗ってやるからね. ❹《西. 口語》混乱, 錯乱. ❺《西. 口語》人だかり; 大量: Había un ~ de gente en el mercado. 市場には黒山の人だかりができていた. ❻《西. 口語》年齢: Tiene 62 ~s. 彼は62歳だ. Ya cumple 35 ~s. 彼はもう35歳になる. ❼《料理》1)《西》角切り, 小片;[おつまみ用の]切ったもの: un ~ de queso 小さめの目に切ったチーズ1個. ~s de jamón ハムのおつまみ. 2)《米国, メキシコ, 中米》タコス《ひき肉やチーズをトルティーヤで巻いたもの》. 3)《メキシコ》[食べ物の]一口. ❽ [壁掛け用の]ピン. ❾《スポーツ》[靴の]スパイク. ❿《自動車》[自動計測である]スターティングブロック. ⓫《ビリヤード》キュー. ⓬《木製の》おもちゃの鉄砲. ⓭《古語》[銃の]槊杖, 込め矢. ⓮《中南米》[婦人靴の]かかと《=tacón》: zapatos de ~ alto《チリ, アルゼンチン, ウルグアイ》ハイヒールの靴. ~ alfiler《チリ, アルゼンチン, ウルグアイ》スパイクヒール. ~ chino《アルゼンチン》ウェッジソール. ~ terraplén《チリ》=chino. ⓯《メキシコ, 中米, カリブ》ずんぐりした男. ⓰《メキシコ, チリ, アルゼンチン, ウルグアイ》障害, 邪魔. ⓱《中米, カリブ》心配, 不安, 怖れ. ⓲《コロンビア》1)《軽蔑》傲慢な人. 2) 薬莢(さや); カートリッジ. ⓳《ベネズエラ》有能な人, エキスパート. ⓴《アンデス》お偉方, 大物. ㉑《チリ, アルゼンチン, ウルグアイ》ずんぐりした男. ㉒《チリ》1) 交通渋滞. 2)《口語》酒を1杯飲むこと

  armarse un ~ =**hacerse un ~**
  darse ~《米国, メキシコ, ホンジュラス, エルサルバドル, キューバ》自慢する
  dejar hecho un ~ a+人 …を混乱させる; 言い負かす
  echarse un ~ de ojo《メキシコ. 口語》[魅力的な人を]見つめる
  hacer [un] ~《メキシコ. 口語》くるむ, 巻く
  hacer un ~ a+人 =**dejar hecho un ~ a+人**
  hacerse un ~ [+con で] 頭が混乱する, わけが分からなくなる: Al salir del metro me he hecho un ~ con las calles. 地下鉄を出たら通りがいくつもあって私はわけが分からなくなった
  meter los ~s《米国, メキシコ》怖がらせる

taco², ca [táko, ka] 形《キューバ, プエルトリコ》❶ 流行に敏感な. ❷ 屈託のない, のびのびした. ❸ ハンサムな, 美人の

tacógrafo [takóɣrafo] 男《自動車》タコグラフ, 運行記録計

tacómetro [takómetro] 男《自動車など》タコメーター, 回転速度計

tacón [takón]《←taco》男 ❶ [靴の]かかと, ヒール; ハイヒール《= ~ alto》: zapatos de ~ [alto]《チリ》ハイヒールの靴. ~ bajo ローヒールの靴. ~ [de] aguja / ~ alfiler スパイク(ピン)ヒール. ~ corrido《コロンビア》ウェッジソール. ~ cubano《ベネズエラ》~ corrido.《フラメンコ》かかとで床を打つ技. ❷《印刷》[用紙の位置を決める]紙差しゲージ. ❸《船舶》竜骨の最後尾部《=talón》. ❹ 小銭入れ. ❻《メキシコ, プエルトリコ, アルゼンチン》くさび《=cuña》

taconazo [takonáθo] 男 ❶ かかとによる打撃, かかとを打ちつけること: cuadrarse dando un fuerte ~ かかとをカチッと鳴らして敬礼する. ❷《サッカー》ヒール·キック: marcar gol de un ~ ヒール·キックでゴールする

taconear [takoneár]《←tacón》自 ❶ [急ぎ足で·元気よく] かかとを鳴らして歩く《特に女性がハイヒールで》: No taconeéis en la escalera, que pueden molestarse los vecinos. 近所迷惑になるから階段で靴音を立てないようにしなさい. ❷《フラメンコ》

ど》かかとで床を打って踊る. ❸《軍事》かかととかかとを打ち合わせる《直立不動の姿勢など》
—— 他《チリ》詰め込む, 一杯に満たす; ふさぐ

taconeo [takonéo] 男 [歩く·踊る時に] かかとを鳴らす音

tacopaste [takopáste] 男《メキシコ. 植物》ウマノスズクサ科の一種《毒蛇の毒の解毒剤》

tacopatle [takopátle] 男《メキシコ. 植物》=**tacopaste**

tacotal [takotál] 男《ホンジュラス》沼地, ぬかるみ. ❷《ニカラグア, コスタリカ》深い雑草に覆われた未開墾地

tactación [taktaθjón] 女《医学》内診, 触診《=tacto》

tactar [taktár] 他《医学》内診する, 触診する

tactear [takteár] 他触る; 触る

táctica¹ [táktika]《←ギリシャ語 taktike「部隊の配置·指揮術」》女 ❶《時に[集名]》《軍事》戦術《= ~ guerrera, ~ de guerra. 時に戦略 estrategia に対して. 比喩的にも》: El complemento de la estrategia es la ~. 戦術は戦略を補完する. La ~ de la oposición para derribar al gobierno da resultado. 政府を倒す野党の作戦は功を奏している. ❷ 策略, 駆け引き; 抜け目のなさ: utilizar una buena ~ うまい手を使う ❷ 選挙戦術. ❷ 作戦: El equipo siguió una ~ defensiva. チームはディフェンス重視の作戦を取った. ~ de la campaña electoral 選挙戦術

tacticismo [taktiθísmo] 男《軽蔑》[戦略のない] 戦術

táctico, ca² [táktiko, ka]《←ギリシャ語 taktikos < tasso「私は配置する」》形 戦術の; 戦術上の, 戦術的な: arma nuclear ~ca 戦術核兵器. maniobra ~ca 戦術的機動作戦. plan ~ 戦闘計画
—— 名 戦術家

táctil [táktil]《←ラテン語 tactilis》形 ❶ 触覚の: sensación ~ 触感. ❷ 触知できる. ❸《美術》実体感のある

tactismo [taktísmo] 男《生物》走性: ~ negativo 負の走性

tacto [tákto]《←ラテン語 tactus》男 ❶ 触覚《= ~ sensitivo, sentido del ~》: Los invidentes tienen muy desarrollado el sentido del ~. 目が見えない人は触覚がよく発達している. ❷ さわること; 感触, 手ざわり: ¡Qué ~ más suave tiene esta tela! この生地はとても柔らかい. Reconoció mi chaqueta con (por) el ~. 彼はさわった感じで自分の上着とわかった. mecanográfico al ~ [キーボードの] ブラインドタッチ ❸ 細心の心づかいができること, 機転, 如才なさ: tener ~ 機転がきく, 如才ない. hablar con ~ 話し上手である. ❹《医学》内診, 触診; ~ rectal 直腸内診. ~ vaginal 膣内診
  ~ de codos 1) 結束, 団結. 2)《軍事》整列; その号令

tacú 男《ボリビア》木製の大型の臼

tacuacha [takwátʃa] 女《キューバ》嘘, 偽り

tacuache [takwátʃe] 男 ❶《中南米. 動物》キューバソレノドン. ❷《メキシコ. 植物》ヒルガオ科の一種《学名 Ipomoea jalapa》. ❸《カリブ》嘘, 偽り

tacuacín [takwaθín] 男《中米, 中米. 動物》キューバソレノドン《=tacuache》

tacuaco, ca [takwáko, ka] 形《チリ》[人·動物が] ずんぐりした, 太って背の低い; 短足の, 脚の短い

tacuara [takwára] 女《ラプラタ. 植物》ホテイチク《竹の一種. = caña ~》

tacuaral [takwarál] 男《ラプラタ》ホテイチクの林

tacuarembó [takwarembó] 男《ラプラタ. 植物》細く長いアシ《学名 Chusquea ramosissima》

tacuaremboense [takwaremboénse] 形名《地名》タクアレンボ Tacuarembó の[人]《ウルグアイ北部の県·県都》

tacuazín [takwaθín] 男《メキシコ. 動物》キューバソレノドン《=tacuache》

tacuche [takútʃe] 形《メキシコ. 軽蔑》[人が] 軽蔑すべき
—— 男 ❶《メキシコ》ぼろの包み. ❷《時と場所にふさわしい》服, スーツ

tacuro [takúro] 男《ベネズエラ》[サイコロ遊び用の] サイコロ壺

tacurú [takurú] 男《複 ~ [e]s》《ボリビア, ラプラタ》蟻塚; 《昆虫》蟻塚を作るアリ《学名 Camponotus punctulatus》

tacuruzal [takuruθál] 男 蟻塚がたくさんある場所

-tad [接尾辞]《抽象名詞》amistad 友情, facultad 能力, lealtad 忠実

tadorna [tadórna] 女《鳥》ツクシガモ

tadyiko, ka [tadʒíko, ka] 形《国名》=**tayik**

tadyko, ka [tadíko, ka] 形《国名》=**tayik**

TAE [tae]《略語》←tipo anual efectivo 年間実効金利

taedium vitae [tédjum bíte]《←ラテン語》男 生の倦怠の日, 厭

世(ﾖ)): El ~ suele ser consecuencia de una vida inactiva y sin objeto. 生の倦怠は往々にして無気力で無目的な生活の結果である

taekwondista [taekwondísta] 名 テコンドーの選手
taekwondo [taekwóndo] 男〖スポーツ〗テコンドー
tael [taél] 男〖複 ~s〗〖まれ〗[フィリピンで使われた昔の中国の貨幣・衡量単位] 両, テール
taf [taf] 男《西. 略記》←tren articulado Fiat 軽油エンジンの特急列車
tafallés, sa [tafaʎés, sa] 形 名〖地名〗タファジャ Tafalla の〔人〕〖ナバラ州の町〗
tafallica [tafaʎíka] 形 名〖地方語〗=tafallés
tafanario [tafanárjo] 男〖まれ〗お尻
tafeta [tafetá] 女〖中南米〗=tafetán
tafetán [tafetán] 男〖←ペルシア語 tāftah「織り」〗❶〖繊維〗タフタ〖織り〗. ❷ 旗, 国旗. ❸〖まれ〗〖複〗〖女性の〗盛装, 礼装. ❹〖古語〗~ inglés/~ de heridas 絆創膏(ﾊﾞﾝｿｳｺｳ)
tafia [táfja] 女〖ドミニカ, ボリビア, ラプラタ.酒〗タフィア〖サトウキビの蒸留酒〗
tafilete [tafiléte] 男 モロッコ革〖柔らかく光沢のあるヤギ革. コードバン cordobán より薄い〗
tafiletear [tafileteár] 他 モロッコ革を使って作る, モロッコ革で飾る
tafiletería [tafiletería] 女 モロッコ革の加工〔業〕〖加工工場・製品販売店・製品〗. ❷=marroquinería
tafite [tafíte] 男《メキシコ》❶ ばか, 間抜け. ❷［頭などを〕指ではじくこと
tafo [táfo] 男《レオン, サモラ, アラバ, ログローニョ》嫌なにおい, 悪臭
tafón [tafón] 男《動物》腹足類の一種《学名 Taphon striatum》
tafurea [taforéa] 女《古語》〖馬運搬用の〗平底船
tag [tág] 男〖←英語〗〖複 ~s〗❶ タグ, 壁の落書. ❷〖情報〗タグ: poner unos ~s タグを付ける
tagalo, la [tagálo, la] 形 名 タガログ人〔の〕
—— 男 タガログ語
tagalog [tagalóg] 男〖まれ〗=tagalo
tagarino, na [tagaríno, na] 形〖歴史〗キリスト教徒に混じって暮らしたモリスコ morisco〔の〕
tagarnia [tagárnja] 女《中米, アンデス》❶ 満腹, 飽食. ❷ 酔い, 酩酊
tagarnina [tagarnína] 女〖←ベルベル語 thiqornina〗❶《戯語》品質の悪い葉巻. ❷〖地方語. 植物〗キバナアザミ〖=cardillo〗. ❸《メキシコ, コロンビア. 口語》酔い, 酩酊. ❹《メキシコ》革製の刻みタバコ入れ
tagarnioso, sa [tagarnjóso, sa] 形《コロンビア》気が立った, 興奮した
tagarote [tagaróte] 男 ❶〖鳥〗アメリカチョウゲンボウ. ❷ 書記, 代書人. ❸ 背高のっぽの男. ❹《古語》〔人にたかって暮らす〕貧乏郷士. ❺《グアテマラ》あくどい人, 恥知らずな人. ❻《コスタリカ, ペルー》重要人物, 大物
tagarotear [tagaroteár] 自 すばやくきれいに字を書く
tagasaste [tagasáste] 男《カナリア諸島. 植物》マメ科の灌木〖学名 Chamaecytisus proliferus〗
taginaste [taxináste] 男《カナリア諸島. 植物》タヒナステ〖=tajinaste rojo〗
tagllo [tágʎo] 男《ペルー》〔先住民が使う〕犂(ｽｷ)
tagua [táɣwa] 女 ❶《コロンビア》ヤドリギ科の一種〖学名 Loranthus tagua〗. 2)《エクアドル》アメリカゾウゲヤシ. ❷《チリ. 鳥》ナンベイオオバン
taguán [tagwán] 男《フィリピン. 動物》ムササビの一種〖=guigui〗
taguar [tagwár] 13 他《エクアドル》〔アメリカゾウゲヤシの実を〕収穫する
taguara [tagwára] 女《ベネズエラ》安食堂
taha [tá(a)] 女〖←アラビア語 taa「権限」〗女 地方, 地区
tahalí [ta(a)lí] 男〖←アラビア語 tahlil「お守りを入れる小箱」〗男〖複 ~(e)s〗❶〖剣を吊ったり太鼓を支える〗肩帯, 負い革. ❷〖腰に付ける, 剣用の〗鞘(ｻﾔ). ❸《古語》〔兵士が遺品や形見を入れる〕革の小箱
taharal [ta(a)rál] 男 ギョリュウの林〖=tarayal〗
taheli [taelí] 男《魔法》=tahalí
taheño, ña [taéɲo, ɲa] 形〖まれ〗❶〖髪の〗赤毛の. ❷ 赤ひげの
tahitiano, na [taitjáno, na] 形 名〖地名〗タヒチ Tahití の〔人〕
—— 男 タヒチ語

tahona [taóna] 女〖←アラビア語 tahuna「粉挽き臼」〗❶《西》パン店〖=panadería〗. ❷《西》〖馬などが引く〗粉挽き臼. ❸《キューバ》=tajona. ❹《エクアドル》杖, 権(ｼﾞｮｳ), オール
tahonero, ra [taonéro, ra] 形《西》❶ パン屋の〔主人・従業員〕. ❷ 粉挽き臼の持ち主
tahuanacota [tawanakóta] 形 名〖地名〗タワマヌ Tahuamanu の〔人〕〖ボリビア, パンド県の町〗
tahúlla [taúʎa] 女〖《グラナダ, アルメリア, ムルシア》灌漑農地の面積の単位〖=11.18アール〗
tahullense [tauʎénse] 形 名〖地名〗タウル Tahull の〔人〕〖レリダ県の古い町〗
tahúr, ra [taúr, ra] 〖←アラビア語 tarkfur「アルメニア王」〗形 名 いかさま師〔の〕; 賭博師〔の〕, ばくち打ち〔の〕
tahurería [tauyería] 女 ❶ いかさま. ❷ いかさま癖, 賭けごと癖. ❸ 賭博場, カジノ
tahuresco, ca [tayrésko, ka] 形 いかさま師特有の, 賭博師らしい
taibola [tajβóla] 女《ラマンチャ》❶ フェレットの巣穴. ❷ 隠れ家, アジト,〖泥棒の〗巣窟(ｿｳｸﾂ)
taichí [tajtʃí] 男〖←中国語〗太極拳
taichino, na [tajtʃíno, na] 形《言語》シナ・チベット語族〔の〕
taifa [tájfa] 女 ❶〖歴史〗タイファ〖後ウマイヤ朝 Califato de Córdoba の崩壊期にアンダルス Al-Ándalus に出現したイスラム教の群小王国. =reino de ~〖s〗〗. ❷ 群雄割拠状態, 分裂状態. ❸ 党派, 派閥. ❹〖文属〗ごろつき〔悪党〕の集団; 娼婦仲間. ❺《カナリア諸島》〔有名の, 庶民の〕ダンスパーティー
—— 形〖歴史〗タイファの
taifal [tajfál] 形〖歴史〗タイファの
taifismo [tajfísmo] 男〖タイファのような〗群雄割拠状態
taifista [tajfísta] 形〖タイファのような〗群雄割拠の
taiga [tájɣa] 女〖←露語〗〖地理〗タイガ, 針葉樹林帯
tailandés, sa [tajlandés, sa] 形 名〖国名〗タイ Tailandia〔人・語〕の; タイ人
—— 男 タイ語
tailleur [teʎér] 〖←仏語〗男〖服飾〗婦人用スーツ
taima [tájma] 女 ❶ 悪意, ずるさ. ❷《チリ》固執, 強情, 憂鬱, 不機嫌
taimado, da [tajmádo, ða] 形〖←ポルトガル語 taimado < teima「固執」〗形 ❶ 悪意のある〔人〕, 悪知恵のはたらく〔人〕, ずる賢い〔人〕: Es una persona ~da. 彼は詐欺師の才能がある. ❷《エクアドル, アルゼンチン》怠け者〔の〕, 怠惰な〔人〕. ❸《チリ》強情で機嫌の悪い〔人〕
taimar [tajmár] —se《チリ, アルゼンチン》❶ かたくなになる, 態度を硬化させる, 意地を張る; 怒って〔押し黙って〕うつむく. ❷ 悪賢くなる, 悪さをする
taimería [tajmería] 女 悪意, ずるさ
taina [tájna] 女 ❶《古語》〖競走の〗ゴール地点. ❷〖地方語. 遊戯〗隠れんぼの一種. ❸《バレンシア, バリャドリード, サラマンカ, アビラ, セゴビア》〖馬などが〗蹴ること; 蹴られること, 〖人の〗足蹴にすること; 後ろ蹴り. ❹《ソリア, グアダラハラ》家畜小屋, 牛舎
tainada [tajnáða] 女《ソリア, グアダラハラ, ムルシア》家畜小屋, 牛舎
tainismo [tajnísmo] 男 タイノ語特有の語彙・言い回し
taíno, na [taíno, na] 形 名 タイノ族〔の〕〖タイノ語を話した先住民. 16世紀半ばまでに絶滅〗
—— 男 タイノ語〖先スペイン期, カリブ海のエスパニョーラ島で話されていた先住民語で現在はブラジルに居地に残る. 例 canoa「カヌー」, hamaca「ハンモック」, tabaco「タバコ」〗
taipear [tajpeár] 他《米国》タイプする
taira [tájra] 女《パラグアイ. 動物》タイラ
taire [tájre] 男《ソリア, ラマンチャ, ハエン》平手打ち, ビンタ
tairona [tajróna] 形 名〖単複同形/複 ~s〗タイロナ族〔の〕〖コロンビア北部, サンタ・マルタ湾沿岸の先住民〗: cultura ~ タイロナ文化
—— 男 タイロナ語
taita [tájta] 男 ❶〖幼児語〗お父ちゃん. ❷《カナリア諸島》ばか, 恥知らず. ❸《コスタリカ, ペネズエラ, エクアドル, チリ, アルゼンチン》お父さん〔父親・家長・尊敬する人への親称・親愛の呼びかけ〕…様〔カリブ〕〖黒人の老人に対する敬称〗…さん. ❹《ベネズエラ》父親, 家長. ❺《チリ. 口語》洞察力の鋭い人; 熟達した人. ❻《ラプラタ. 口語》1)〖ガウチョの間で〗けんか早い男, 殺し屋. 2) 売春宿の主人. 3) 男前, 美男子; 勇気ある男
taitabuico [tajtaβwíko] 男《キューバ. 料理》青いバナナを揚げて潰し豚肉と混ぜたもの

taitetú [taitetú] 男《ボリビア. 動物》ペッカリー【=pécari】

taitón, na [taitón, na] 名《キューバ》チキンにはめおじいちゃん

taiwanés, sa [taiwanés, sa] 形 名《地名》台湾 Taiwán の〔人〕

taja [táxa] 女 ❶［荷を支えるための］鞍の上に載せる木組み. ❷《まれ》切断, 切り口. ❸《まれ》大盾【=tarja】. ❹《レオン》洗濯板

tajá [taxá] 女《キューバ. 鳥》キューバアオゲラ

tajada[1] [taxáda]【←tajar】女 ❶《料理》1) 切り身, スライス: ¿Cuántas ~s de pollo quieres? チキンは何切れ欲しいの？ una ~ de jamón ハム1枚. una ~ de melón メロン1切れ. 2) シチューに入った肉. ❷《西. 俗語》酔い【=borrachera】: Lleva una ~ terrible, no puede tenerse en pie. 彼はぐでんぐでんに酔っ払っていてちゃんと立てない. coger (pillar) una ~ 酔っぱらう. ❸ 切り傷. ❹《口語》［風などによる］かすれ声, ぜいぜい声

hacer ~s *a* +人《口語》［脅迫で］…をナイフでちょん切る

llevarse muy buena ~ ［分け前の］いいところをとる, 甘い汁を吸う

sacar ~ ［←軽蔑］【de+事物 で】利益を得る, もうけにありつく: Todos pensaban sacar ~ de la construcción de la escuela. 誰もが学校の建設工事でひともうけすることを考えていた

tajadera [taxadéra] 女 ❶［半月形の］庖丁: El camarero cortó el queso con la ~. ウェイターは庖丁でチーズを切った. ❷［肉切り用の］まな板: Si quieres cortar el jamón, hazlo sobre la ~. ハムを切りたいのなら, まな板の上でやりなさい. ❸《技術》冷たがね【=cortafríos】. ❹《アラゴン》圏 水門, 堰

tajadero [taxadéro] 男［肉切り用の］まな板

tajadilla [taxadíλa] 女 ❶《料理》肉入りのシチュー. ❷《アンダルシア》蒸留酒を飲む人に売られる少量のレモン(オレンジ)

tajado, da[2] [taxádo, ða] 形 ❶［海岸・岩が］切り立った, そそり立った: Es un acantilado rocoso, ~ sobre el mar. そこは海に張り出した, 岩だらけの, 切り立った崖だ. ❷《紋章》［盾で］右上から左下に斜線で2分割された

tajador[1] [taxadór] 男 ❶ まな板【=tajo】. ❷［革・段ボールなどを切る］ナイフ. ❸《アビラ》［肉を細かく切るための］包丁の付いた木の皿. ❹《ペルー, ボリビア》鉛筆削り器

tajador[2]**, ra** [taxadór, ra] 形 ❶ 切る〔人〕

tajadura [taxadúra] 女 ❶ 切断. ❷《まれ》切断されたもの, 一切れ, 一片. ❸《地方語》峡谷【=tajo】

tajalán, na [taxalán, na] 形《キューバ》怠け者の, ぐうたらな

tajalápiz [taxalápiθ] 男《コロンビア》鉛筆削り器

tajaleo [taxaléo] 男《キューバ》❶ 食べもの, 食事. ❷ 紛糾, 混乱. ❸ 騒動, スキャンダル

tajalón, na [taxalón, na] 名《ドミニカ》大きくなった（成長した）少年（少女）

tajamanil [taxamaníl] 男《メキシコ》［屋根を葺く］こけら, こば

tajamar [taxamár] 男 ❶［昔の船の船首の・橋脚の上流側の］水切り. ❷《中米, チリ》防波堤. ❸《コロンビア, ペルー, エクアドル, チリ》［川沿いの］堤防, 土手. ❹《ペルー, アルゼンチン》ダム, 堰

tajamiento [taxamjénto] 男 切断

tajancia [taxánθja] 女《まれ》断定的であること, きっぱりしていること

tajante [taxánte]【←tajar】形 ❶ 断定的な, きっぱりとした, 明確な: Nos ha dado una ~ negativa. 彼は私たちにきっぱりと断られた. *separación* ~ *entre su trabajo y su vida privada* 仕事と私生活の完全な分離. ❷ 妥協を許さない, うやむやにしない: Has estado demasiado ~ en la discusión de hoy. 君は今日の議論で白黒をはっきりさせすぎた. ❸ 鋭利な, よく切れる

—— 男《まれ》肉屋, 精肉商, 肉を売る人

tajantemente [taxánteménte] 副 断定的に, きっぱりと, 明確に: Mi padre me prohibió ~ asistir a la fiesta. 父は私にそのパーティーに行くことをきつく禁じた

tajaplumas [taxaplúmas] 男［単複同形］《まれ》=**cortaplumas**

tajar [taxár]【←俗ラテン語 taleare＜ラテン語 talea「芽」】他 ❶［刃物で］切る, 切り分ける, 切断する: A Pepe le han tajado la cara en una pelea. ペペはけんかで顔をむりれた. ❷ las mieses con la hoz 鎌で麦を刈る. ❸［羽根ペンの軸を］削る. ❸《コロンビア, ペルー》尖らす【=afilar】

—— ~*se* 《口語》酔っぱらう: Anoche estuvimos cenando fuera de casa y Juan se tajó. 昨夜私たちが外食した時ファンが酔っぱらった

tajaraste [taxaráste] 男 カナリア諸島の民俗舞踊の一種

tajarría [taxaría] 女《キューバ, プエルトリコ. 馬具》鞦

tajea [taxéa] 女 ❶ 下水管【=atarjea】. ❷［道路の地下の］下水溝, 排水溝

tajeadura [taxeaðúra] 女《チリ, アルゼンチン, ウルグアイ》［口の開いた］大きな切り傷

tajear [taxeár] 他《中南米》［刃物で］切断する

tajelar [taxelár] 他《地方語》食べる【=comer】

tajero [taxéro] 男 切る人

tajibo [taxíβo] 男《アルゼンチン, ボリビア. 植物》タユヤ【=tayuyá】

tajín [taxín]【←アラビア語】男《料理》タジン［肉・野菜の蒸し煮のマグレブ料理］; タジン鍋

tajinaste [taxináste] 男《カナリア諸島. 植物》~ rojo タヒナステ, エキウム

tajo [táxo]【←tajar】男 ❶［刃物で深く］切ること: Le hice un ~ en la pierna. 私は彼の足に切り傷を負わせた. ❷《西》［するべき］仕事【=trabajo】: ¡Vuelta al ~! 仕事に戻れ. Por hoy se ha terminado el ~. 今日の仕事は終わりだ. ❸《西》作業の終わりの地点; 仕事場, 作業場: Los segadores, a veces, dormían en el ~. 草刈り人たちは時々現場で居眠りをした. ❹ 峡谷, 渓谷; 断崖, 絶壁: El río corre entre profundos ~s. 川は深い渓谷の間を流れている. T~ *de Ronda* ロンダ峡谷. ❺ 刃【=filo】: El ~ de este sable está afilado. このサーベルの刃は鋭利だ. ❻ まな板【=~ de cocina】. ❼ 断頭台, 首切り台. ❽《鉱山》切羽（きりは）. ❾［三脚の］腰掛け, スツール【=tajuelo】: sentarse en ~ スツールに座る. ❿《フェンシング》右から左への切り corte. ⓫《サモラ》洗濯板. ⓬《ドミニカ》肉切り, 肉庁. ⓭《プエルトリコ》［偶然か八百長でつけ勝てない］競走馬. 2) 詐欺, ぺてん. ⓮《南米》スリット【=raja】. ⓯《コロンビア, ベネズエラ》馬車が通れない細い道. ⓰《コロンビア》［オレンジなどの］房【=gajo】

[*a*] ~ *parejo* 《地方語》一様に・な; 見境なしに・の, 区別なく・なしの

de un ~ ばっさりと

tajón [taxón] 男 ❶ まな板【=tajo】. ❷ 寸法より短い木材. ❸ 居酒屋【=mesón】. ❹《アンダルシア》石灰岩, 石灰石. ❺《メキシコ》屋外の畜殺場

tajona [taxóna] 女《キューバ. 舞踊. 音楽》タホーナ［ダンソン danzón の一種］

tajonear [taxoneár] 自《コスタリカ》ぶらつく, うろつく【=callejear】

tajoneo [taxonéo] 男《キューバ》［馬が］駆け出してくてうずうずしていること

tajonero [taxonéro] 形《プエルトリコ》［闘鶏が］相手の攻撃をかわすために下げた頭を左右に動かす

tajú [taxú] 男《フィリピン. 料理》［先住民が朝食にとる］茶・ショウガ・砂糖を煮たもの

tajuela [taxwéla] 女 ❶［三脚の］スツール；［背もたれのない］椅子. ❷《サモラ, エストレマドゥラ》［洗濯や洗い物をする時］膝の下に敷く板

tajuelo [taxwélo] 男［粗末な木製の, 主に三脚の］腰掛け

tajugo [taxúɣo] 男《地方語. 動物》アナグマ

tajurear [taxureár] 自《プエルトリコ》闇取り引きをする, 密売する

tajureo [taxuréo] 男《プエルトリコ》闇取引, 詐欺

tal [tál]【←ラテン語 talis】形［不定形容詞］❶［類似］そのような, こんな・あんな［種類の］: 1)［比較的指示. +名詞 のような］No vuelvas a hacer ~ cosa. 二度とそんな（こんな）ことはするな. No hay ~ hombre tonto; es fruto de imaginación. 狼男などというものはいない. 想像の産物だ. Nunca le oí ~ cosa que me llevara un susto tan grande. 私を非常に驚かすようなそんな話をそれまで彼から聞いたことがなかった. No me suenan ~es nombres. そんな名前は聞いた覚えがない【語法】名詞が複数形で, como+名詞・不定詞が比較対象の場合, tales は名詞に後置されるのが普通: No me suenan nombres ~*es* como X, Y.... X, Y.... のような名前は聞いた覚えがない. 2)［冠詞+］既出のの人・事物を指して］あの, 例の: La ~ felicidad no existe más que en mis sueños. そのような幸福は私にとっては夢でしかない. 3)［名前］Le he visto en el sitio ~. 私は彼とその場所で会った. 4)［軽蔑語の繰り返しを嫌って］¡Eh, idiota! ¿A dónde miras?... El muy ~. このばか！ どこを見ているんだ？ …どのしようもない奴め. ❷ 前述（以上）のような: *Tal* es mi opinión. 以上が私の意見です. ❸ 明言を避けて］しかじかの: No tienes más que decir: —He gastado tanto dinero para ~ cosa. 君は「しかじかのことにしかじかの金を使った」と言うだけでいい. ❹［類似の並置］De ~ padre, ~ hijo. 親も親なら子供も

子供だ/あの親にしてこの子あり. ❺ [強調] それほどまでの〔程度の〕: *Tal* falta no la puede cometer él. それほどの過失を彼が犯すわけがない. No he visto nunca ～ descaro. 私はあんな厚かましい奴に会ったことがない. Pedro puede levantar con los brazos un coche, tiene ～ fuerza. ペドロは自動車を腕で持ち上げることができる, それほどすごい力持ちなのだ. ❻ [軽蔑]〔冠詞・指示詞＋～＋人名〕 …とかいう奴: Vino un ～ Andrés preguntando por ti. アンドレスとかいう男が君のことを尋ねて来た. ¿Quién será el ～ Carlos? そのカルロスっていうのは誰?
—— [代]《まれ》[不定代名詞] ❶ そのような事(物・人): 1) ¡No hay ～! そういうことはない, そんな事はない! Esa ～ que mencionas es pariente mía. 君の言うその人は私の親戚だ. 2) [不定性が強い場合は +que+接続法] Tal podría sentirse así. そのように感じる人もいるだろう. ❷ [軽蔑][冠詞＋] Ese es un ～. そいつはあんな奴だ. La ～ es mentirosa. あの女は嘘つきだ. una ～ 売春婦
—— [副]《文語》❶ [主に cual・como・que と組んで] …と同じ: *Tal* te lo cuento *como* a mí me lo han contado. 私は聞いたとおりに君に話している. ❷ [接続詞的に] …のように: Le gusta subirse a los árboles como si fuera un gato, y, ～ los gatos, no sabe bajarse de ellos. 彼は猫みたいに木登りが好きで, 猫と同じように木から降りられない

que si ～ y cual/que si ～ [～] **que si cual**《口語》＝～ **y cual**: Me dijo *que si* ～ *que si cual* para convencerme. 彼は私を説得しようとあれこれ言った

～ como 1) …するそのままに〔どのようなそんな: T～ *como* me lo contaron te lo cuento. 私が聞いたとおりを話してあげるよ. Déjalo ～ estaba. 元どおりにしておきなさい. Hay que decir las cosas ～ *como* son. 物事はありのままに言わなければならない. La vida hay que aceptarla ～ es. 人生はあるがままに受け入れなければならない. Quiero unos zapatos ～*es como* los que llevaba puestos María. 私はマリアが履いていたのと同じような靴が欲しい. Este dibujo es ～ *como* yo quería. この柄は私が望んでいたとおりのものだ. 2) [譲歩] であっても: Este reloj es un trasto; pero, ～ *como* es, hace su papel. この時計はポンコツだけど, それだとしても役には立っている. 3) [理由] そうであるから: T～ *como* me encuentro hoy, no pienso salir. 私は今日そんな状況なので出かけるつもりはない. 4) ～ *como* vienen las cosas, hay muy más remedio. 現態がこんなで他に仕方がない. 4) [例示] 例えば, …のような: derechos humanos fundamentales, ～*es como* la libertad de expresión, la igualdad ante la ley, ... 基本的人権, 例えば, 表現の自由, 法の下の平等…

～ cual 1) …するそのままに〔＝～ como〕: Ahora comienzo a vivir ～ *cual* siempre soñé. 私はいつも夢見ていたそのままの生活を今は始めている. Lo había dejado ～ *cual* estaba antes. 彼はそれを元のままにしておいた. Debemos aceptar al alumno ～ *cual* es y ayudarlo a progresar. 私たちは生徒をあるがままに受け入れ, 彼が進歩するのを手助けするべきである. No lo pienses más y hazlo ～ *cual* como te he dicho. よけいなことは考えないで, 私が言ったとおりにすればいい. *Tal cual* me lo dijeron, así te lo dije. 彼らに言われたとおりに, 君に言った. 2)《口語》[名詞＋] まずまずの, 並の[＝] ～ *cual*. 彼は平凡な男だ. 3) ほどほど: ¿Cómo sigue usted?—*Tal cual*. いかがですか?—まあまあです. 4)《まれ》[+単数名詞] わずかな

～ es así《文語》あまりそうなので

～ es así que+直説法 だからこそ… 〔＝tanto es así que+直説法〕: Me encanta la ciudad, ～ *es así que* la visito cada verano. 私はこの町が大好きだ, だからこそ毎夏訪れる

～ o cual 1) これこれしかじかの: la ley de ～ *o cual* país そこその国の法律. 2) 誰か: *Tal o cual* pensará en eso. そんなことは誰かが考えるだろう

～ para cual 1)《軽蔑》[ser+. 人が] 似たりよったりの: Ambos son ～ *para cual*. 2人はどんぐりの背比べだ/どっちもどっちだ. 2) [名詞＋]《メキシコ. 口語》ごろつき

～ parece que+直説法 だから…のようだ: La situación política es inestable, *tal parece que* en primavera habrá elecciones. 政治状況は不安定だ, だから春には選挙があるだろう

～ por cual《主に中南米. 婉曲》[＝hijo de puta] ¿Qué es lo que hace el ～ *por cual*? あいつは何をやってるんだ?

～ que+直説法 [強調の結果導入] それほどなので…: Pedro tiene una fuerza ～ *que* puede levantar con los brazos un coche. ペドロは力持ちなので自動車を腕で持ち上げることができる. El frío era ～ *que* no quise salir. あまりの寒さに私は出かける気にならなかった

～ que+名詞《俗用》[例えば] …のような: Tomaremos algo ligero ～ *que* una tortilla. トルティージャのような何か軽いものを食べよう

～ que así《俗用》そういう風な・に: No hay música ～ *que así*. そんな音楽はない

～ y como＝**como**《y が入る方が強調的》

～ y cual あれこれや, しかじか: Dijo ～ *y cual*, pero no me enteré de nada. 彼はあれこれ言ったが, 私には少しも分からなかった. Si no nos arreglamos un poquito, luego dicen los hombres que ～ *y cual*. あたしたちがちょっとお化粧しないと男の人はすぐ何だかんだ言う

un ～ y ～ y cual: Dime: Quiero ～*es y* ～*es libros*, y te los voy a comprar. 「これこれの本が欲しい」と言いなさい, そうすればそれを買ってあげよう

un ～ y un cual あんな人だ, こんな人だと: Dicen de él que es *un* ～ *y un cual*. 彼についてあれこれうわさされている

... y ～ [列挙して] …など: Había tapas, bebidas *y* ～. つまみや飲み物などがあった

... y ～ [列挙して] …などなど

～ vez →vez

tala [tála]《←talar》[女] ❶ 木を切ること, 伐採: ～ de un bosque 森林の伐採. ❷ [畑・建物・村などの] 破壊. ❸《築場》穴を開けること, 穿孔,《人》 (まれ) 穴
taladrador[taladŕaðor̥]《←taladrar》[女] ❶《技術》ドリル, ボール盤: ～ portátil ハンドドリル. ❷《鉄道など》～ de billetes 切符切りのはさみ. ❸《鉱山・建築など》削岩機〔＝taladro〕
taladrante[talaðránte][形] 耳をつんざくような
taladrar[talaðrár]《←taladro》[他] ❶ [きりなどで] …に穴を開ける: El vecino nos ha *taladrado* la pared del salón. 隣人はうちのリビングの壁に穴を開けてしまった. ❷ [耳を] つんざく, 聾(ろう)する: La máquina de la obra me *taladra* los oídos. 工事の機械の音が耳をつんざくようだ. ❸ ひどい苦痛をもたらす. ❹《まれ》洞察する, 見抜く. ❺《コロンビア》盗む, くすねる
taladro[taláðro]《←ラテン語 taratrum》[男] ❶《鉱山・建築など》ドリル, 削岩機: ～ eléctrico 電気ドリル. ～ neumático 空気ドリル. ❷ [＝barrena], ボール盤〔＝taladradora〕. ❸ ドリルで開けた穴
talaje[taláxe][男] ❶《メキシコ, ホンジュラス. 昆虫》[豚・人間の血を吸う] ヒゼンダニ〔学名 Ornithodorus talaje〕. ❷《ペルー, アルゼンチン》空き地; 遊び場. ❸《チリ, アルゼンチン》牧場で家畜が草を食べること; 放牧料; 牧畜地
talalgia[találxja][女]《医学》距骨痛(きょこつつう)
talamate[talamáte][男]《メキシコ. 植物》イチジクの一種
talamera[taláméra][女]《まれ》[ハトをおびき寄せる] おとりの鳥を止まらせておく木
talamete[talaméte][男]《船舶》[小型船の] 船首甲板
talámico, ca[talámiko, ka][形]《医学》視床の
talamite[talamíte][男]《古代ギリシアなど. 船舶》下段列の漕ぎ手
tálamo[tálamo]《←ラテン語 thalamus < ギリシア語 thalamos》[男] ❶

talamoco, ca [talamóko, ka]《エクアドル》[動物・人が]白子の, 白皮症の

talán [talán]《←擬声》男 [主に繰り返して, 鐘の音]カーンカーン, ガランガラン, キンコンカン

talanquera [talaŋkéra] 女 ❶ 柵; 防禦壁, バリケード: El potro saltó la ～ del corral. 子馬は牧場の柵を飛び越えた. ❷ 安全な場所, 避難所. ❸《キューバ》粗末なドア. ❹《コロンビア, ベネズエラ》タラ(竹)を編んだ囲い

talante [talánte]《←ラテン語 talentum <ギリシア語 talanton》男 ❶ 気分, 機嫌: Hoy el jefe está de mal ～. 上司は今日機嫌が悪い. No le contó de buen ～. 彼は上機嫌で私にその話をした. ❷ 気質: Es una persona de buen ～. 彼は明るい気質だ. ❸ 意欲: Tu madre me ayudó de muy buen ～. 君のお母さんは進んで僕の手伝いをしてくれた. Limpiaba el cuarto de mal ～. 彼はしぶしぶ部屋を掃除していた. ❹ 外見

talantoso, sa [talantóso, sa]《まれ》機嫌がいい, 上機嫌の

talar [talár] I《←ゲルマン語 talon <俗ラテン語 talare》他 ❶[木を根元から]切り倒す, 切り倒して, 伐採する. ❷[畑・家・町などを]荒らす, 荒廃させる, 焼き払う. ❸《エストレマドゥラ, アンダルシア》[オリーブやカシの木を]剪定する, 刈りこむ. ❹《プエルトリコ》[野菜畑などを]作る
── 自《チリ》[家畜が]牧草を食べる
II《←ラテン語 talaris < talus「かかと」》形 [主に聖職者の衣服が]裾が長い, かかとまで届く
── 男《ローマ神話》メルクリウス Mercurio のかかとに生えた黄金の翼
III《←tala》男《アルゼンチン》エノキ林

talasemia [talasémja]《医学》地中海貧血, サラセミア

talasocracia [talasokráθja]《←ギリシア語 thalassa「海」+krateo「私は治める」》女 制海権, 海上の覇権, 海上権: ～ ateniense アテネの制海権

talasocrático, ca [talasokrátiko, ka] 形 制海権の

talasoterapia [talasoterápja] 女《医学》[海水浴・航海などによる]海水(海洋空気)療法, タラソテラピー

talaspico [talaspíko] 男《地方語, 植物》ノハラガラシ

talavera [talaβéra] 男《まれ》タラベラ焼き《トレド県の町, タラベラ・デ・ラ・レイナ Talavera de la Reina 産の磁器》
Talavera [talaβéra]《人名》→**Arcipreste de Talavera**

talaverano, na [talaβeráno, na]《地名》タラベラ Talavera の〔人〕《Talavera de la Reina (トレド県の町), Talavera la Real (バダホス県の村)など》

talaya [talája] 女 ❶《レオン》ナラ(楢)の若木. ❷《アンダルシア》監視塔〔=atalaya〕; 高い丘

talayano, na [talajáno, na] 形《地名》[フィリピンの町]タラヤン Talayán の〔人〕

talayot [talajɔ́t] 男(複) ～s《考古》バレアレス諸島の巨石建造物《先史時代の円錐台形の石垒・石塔》

talayote [talajɔ́te] 男 ❶ =**talayot**. ❷《メキシコ, 植物, 果実》ガガイモ科の一種《学名 Gonolobus erianthus》

talayótico, ca [talajɔ́tiko, ka] 形《考古》バレアレス諸島の巨石建造物の

talchocote [taltʃokóte] 男《メキシコ, ホンジュラス, ニカラグア; 植物》ニガキ科の高木《学名 Simarouba glauca》

talco [tálko]《←アラビア語 talq》男 ❶《鉱物》滑石, タルク. ❷《化粧》タルカムパウダー, 白粉粉〔=polvos de ～〕: Ponle ～ al bebé. 赤ちゃんにベビーパウダーを付けてやりなさい. ❸[刺繡などに使う]箔(-)糸

talcoso, sa [talkóso, sa] 形 滑石を[多く]含む

talcualejamente [talkwaléxamente] 副 あまりよくなく, まあまあ

talcualillo, lla [talkwalíʎo, ʎa]《←tal cual》形 ❶ 凡庸な, 並の. ❷ まあまあの, まずまずの. ❸《口語》[病状が]回復しつつある

talde [tálde]《←バスク語》男 テロリストの支援部隊

tálea [tálea] 女《古代ローマ》[ローマ軍が野営地を囲む]柵

taled [talɛ́(d)] 男 タリス《ユダヤ人が礼拝時にかぶるショール》

talega [taléɣa]《←アラビア語 taliqa「肩に掛ける袋」》女 ❶ [幅広で浅い]袋, バッグ: ～ de arroz 米袋. ～ de ropa sucia 洗濯物を入れる袋. ❷ 一袋分の量: Me han regalado una ～ de lentejas. 私は一袋分のヒラマメを贈られた. ❸《まれ》[主に複]金, 財産: tener muchas ～s 金持ちである. ❹《まれ》[懺悔すべき]罪. ❺《古語》銀貨で1000ドゥーロの額. ❻《古語》髪型を保護するために頭にかぶる布袋. ❼《古語》おむつ. ❽《レオン》[ブドウの収穫用の]籐製のかご. ❾《メキシコ, ボリビア, 俗語》睾丸

talegada [taleɣáða] 女 ❶《口語》転倒による全身打撲〔=talegazo〕. ❷ 一袋に入る量. ❸《アラバ, ナバラ, ログローニョ, アンダルシア》頂門を強く打つこと

talegazo [taleɣáθo] 男 ❶《口語》転倒による全身打撲: Se ha dado un ～ con la bici. 彼は自転車とぶつかって倒れ全身打撲を食った. ❷《口語》転倒. ❸ 袋 talego で殴ること. ❹《グアテマラ》殴打

talego [taléɣo]《←talega》男 ❶ [貯蔵・運搬用の]細長い袋: Hemos comprado dos ～s de azúcar para el pueblo. 私たちは村人のために砂糖を2袋買った. ❷《西, 隠語》刑務所: Lo apresaron y ahora está en el ～. 彼は逮捕され今はムショに入っている. ❸《西, 古語》千ペセタ紙幣: ¿No tendrás un ～ para prestarme? 千ペセタ貸してくれないか. ❹ 腰回りの太った人, ヒップの大きい人, ずんぐりむっくりの人. ❺《コロンビア》[買い物用の]手さげ袋, 紙袋, ポリ袋

talegón, na [taleɣón, na] 形《メキシコ, 口語》無気力な, 怠け者の

taleguero, ra [taleɣéro, ra] 形《西, 隠語》刑務所の

taleguilla [taleɣíʎa]《←talega》女《服飾》トレアドールパンツ《闘牛士のはく膝下までのズボン》
～ de la sal 家庭の一日の経費

talento [talénto]《←ラテン語 talentum <ギリシア語 talanton》男 ❶ [仕事をする]能力, 才能, 手腕, 適性: Tiene ～ para cantar. 彼は歌う才能がある. Los negocios exigen empresarios de ～. 商売には有能な企業家が必要だ. mostrar (probar) su ～ 才能を発揮する, 素質を示す. cirujano de ～ 有能な外科医. joven con ～ 才能ある若者. ❷ 頭がいいこと, 知性: Es una niña de mucho ～. 彼女はとても頭のいい女の子だ. ❸ 才能のある人: Es un ～ para las finanzas. 彼は財務に秀でている. ❹《修辞》[換喩]理解[力]. ❺《古代ギリシア・ローマ》1タラント貨幣《重さ1タラントの金または銀》. 2)《重さの単位》タラント〔=20～27kg〕

talentoso, sa [talentóso, sa] 形 才能のある, 才能に恵まれた, 有能な

talentudo, da [talentúðo, ða] 形 =**talentoso**

talerazo [taleráθo] 男《チリ, ラプラタ》[太く短い乗馬用の]鞭

talero [taléro] 男《チリ, ラプラタ》[太く短い乗馬用の]鞭

tálero [tálero] 男[15～19世紀ドイツの銀貨]ターラー〔=3マルク〕

Talgo [tálɡo] 男《西, 略語》←tren articulado ligero Goicoechea Oriol タルゴ, ディーゼル特急

talguate [talɡwáte] 男《グアテマラ》❶ 牛の顎・喉の肉垂れ. ❷[人の]たるんだ皮膚(筋肉)

talguatudo, da [talɡwatúðo, ða] 形《グアテマラ》たるんだ皮膚(筋肉)の

talgüen [talɡwén] 男《チリ, 植物》クロウメモドキ科の灌木《用material, 学名 Talguenea costata》

Talía [talía]《ギリシア神話》タレイア《三美神 Gracias の一人.「開花」の意》

talibán [talibán] 男 形[単複同形/複]～es アフガニスタンのイスラム教過激派〔タリバン〕の

talidad [taliðá(ð)] 女[人・事物が]かくかくしかじか ser tal であるための条件

talidomida [taliðomíða] 女《薬学》サリドマイド

talidomídico, ca [taliðomíðiko, ka] 形 名 サリドマイド患者〔の〕

taliforme [talifórme] 形《植物》葉状体の形をした

talingo [talíŋɡo] 男 ❶《鳥》ミゾハシカッコウ. ❷《パナマ》黒人

talio [táljo] 男《元素》タリウム

talión [taljón]《←ラテン語 talio, -onis < talis「そのような, 同様の」》男 同害の刑, タリオンの掟《旧約聖書でいう「目には目を, 歯には歯を」のように, 同じ被害を与えることに限定して科される刑》: ley del ～ 反座法, 同害刑法. pena del ～ 同害報復

talionar [taljonár] 他 同害の刑に処する

taliónico, ca [taljóniko, ka] 形《まれ》反座法の, 同害刑法の

talisayo [talisájo] 形《キューバ, ベネズエラ》[雄鶏が]羽と首の毛が黄色で胸が黒色の

talismán [talismán]《←ペルシア語 tilismat＜ギリシア語 telesma「宗教的儀式」》男 ❶《福を呼び災いを払う》お守り, 魔よけ, 護符: No viajo si no llevo en el bolsillo mi ～ de la buena suerte. 私は旅行する時は必ずポケットに幸運のお守りを入れている

talismánico, ca [talismániko, ka]形 お守りの, 魔よけの

taliste [talíste]男 ❶《メキシコ, グアテマラ》霜で堅くなった果実; 堅く弾力性のあるもの. ❷《メキシコ. 植物》野生のマメ科の一種《学名 Willardia mexicana》

talit [talit]《←ヘブライ語》男 タリス《=taled》

talk show [tálk tʃóu]《←英語》男《～s》《テレビ》トークショー

talla [táʎa] I 《←tallar》女 ❶ 彫ること, 彫刻; 彫刻品: ～ de una figura ecuestre 騎馬像の彫刻. ～ media ～ 半浮き彫り, ～ plana 浅浮き彫り. 巨大な会長の彫像がロビーを見下ろしている. ❷ [宝石の] カット, 研磨: ～ de diamante ダイヤのカット. ❸ [知的・肉体的な] 力量, 素質: He encontrado a un rival de mi ～. 私は自分と同じくらいのレベルの相手とぶつかった. escritor de gran ～ 才能豊かな作家, 大作家. ～ futbolística サッカー選手としての才能. ❹ 身長: Su ～ es de 1,80. 彼の身長は1メートル80だ. Tiene poca ～. 彼は背が低い. ser de ～ regular 中背である. ❺ 身長の計測; 身長計; [馬の] 体高計. ❻ [衣服の] サイズ, …サイズの人: ¿Qué ～ de ropa usas? 君の服のサイズは? Yo tengo una 40 ～. 私はサイズ40です. Gasta la ～ 44 en chaqueta. 彼の上着のサイズは44だ. ¿Tiene la ～ 38 de estos pantalones? このパンツのサイズ38はありますか? Necesito una ～ menor. 私はもう一回り小さいサイズでなくてはだめだ. de ～ única フリーサイズの. ❼《捕虜救出の》身代金; [犯人逮捕の] 懸賞金. ❽《医学》切石術, 膀胱結石の除去手術. ❾《トランプ》1)《1回ごと・全体としての》勝負. 2) 持ち札, 手. ❿ 一定量の金属から鋳造されるべき貨幣量. ⓫ [印刷] 彫版. ⓬ [歯車の] 歯切り加工. ⓭ ガラス細工. ⓮《アラゴン》1) [買掛けの記録・精算に用いる] 縦半分に割って切り込みのある棒. 2) [封建時代の] 租税. ⓯《メキシコ》けんか

dar la ～ [入隊などの] 身長の基準に達する; 必要な基準を満たす: Las aspirantes a azafata han de *dar la* ～ superior a 160 cm. 客室乗務員志望者は身長が160cm以上でなくてはならない. No *da la* ～ para ser jefe. 彼には課長になれる能力がない

ser de ～ *de*＋人 …のサイズである: Este vestido *es de su* ～. このドレスはあなたにぴったりのサイズです

ser de (tener) ～ *para*＋不定詞 …できる: No tiene ～ *para* hacer este trabajo. 彼にはこの仕事をする能力がない

II 《←ポルトガル語 talha》女 ❶《アンダルシア》素焼きの水がめ(つぼ・水差し). ❷《カナリア諸島》大型の土器. ❸《中南米. トランプ》札を配る人, 親. ❹《中米》嘘, 根も葉もないこと, でっち上げ. ❺《チリ, アルゼンチン. トランプ》モンテ《=monte》. ❻《コロンビア》殴打. ❼《チリ, アルゼンチン, ウルグアイ》おしゃべり, 雑談; うわさ話. ❽《チリ》気の利いた言葉; 人を小ばかにした冗談, ピロポ: echar una ～ a＋人 …に冗談を言う; 冷やかす

III 《←伊語 taglia》女《船舶》滑車

tallado[1] [taʎáðo]男 ❶ 彫る(切る)こと; その技術. ❷ [宝石の] カット, 研磨; その技術: ～ de brillantes [ダイヤモンドの] ブリリアントカット. ❸《隠語》ゆったりした長スカート. ❹《メキシコ》1) 磨くこと; こすること, 不快にすること; 怒らせること

tallado[2], **da** [taʎáðo, da]形 ❶ [bien＋] かっぷくの良い, [mal＋] 貧弱な体格の. ❷《服飾》muy ～ 体にぴったりと合う, ボディコンの. ❸《紋章》[花・果実などに] 色違いの茎の付いた: ～ de sinople 緑色の茎のある

tallador, ra [taʎaðór, ra]男女 ❶《銅凹版・メダルの》細工師, 彫金師. ❷《新兵の》身長計測員. ❸《メキシコ, グアテマラ, ペルー, チリ, アルゼンチン. トランプ》札を配る人, 親. ❹《コスタリカ. 服飾》ブラジャー《=sostén》

tallar [taʎár] I 《←?伊語 tagliare＜俗ラテン語 taleare「切る」》他 ❶ [木材・石などを] 彫る, 切る; 彫刻する, 彫る: 1) ～ el ébano 黒檀を彫る. 2) [形を, ＋en に] Miguel Ángel *talló* el David. ミケランジェロはダビデ像を彫った. ～ el hacha de piedra 石斧を作る. ～ en una roca la imagen de la Virgen 岩を刻んで聖母マリア像を作る. ～ *en* una plancha de cobre una Santa Cena 銅板に最後の晩餐を彫る. ❷ [宝石を] カット, 研磨する: ～ un diamante ダイヤモンドをカットする. ❸ [人の] 身長を測る. ❹ [歯車を] 歯切りする. ❺《トランプ》[札を] 配る; 親になる. ❻ [皮膚を] 褐色にする, 日焼けさせる. ❼《古語》[価値を] 評価する: ～ la cosecha

作柄を決める. ❽《メキシコ》磨く; こする. ❾《キューバ. 口語》口説く, 言い寄る; 手に入れようとする. ❿《コロンビア》1) 邪魔をする, 不快にする, 立腹させる. 2) ひっぱたく

── 自 ❶ 課税する. ❷《口語. 会話・議論などに》口出しする. ❸《口語》役割を果たす. ❹《口語》目立つ; 現れる. ❺《キューバ, アルゼンチン, パラグアイ》おしゃべり(うわさ話)をする

── ～se《メキシコ》自分を磨く(こする). ❷《口語》よく働く, 懸命にする

II 《←tallo》形 切り倒され得る, 切断され得る: monte ～ 伐採可能な山林. leña ～ 切断可能な薪

tallar 男 ❶ 伐採が可能になった森林. ❷ 小型の櫛(✓)

tallarín [taʎarín]男《←伊語 taglierino》《料理》《複》タリアテッレ《パスタの一種》; 麺(✗): *tallarines* con salsa de tomate トマトソース・タリアテッレ

tallarola [taʎaróla]女《ベルベット地の綿毛を切り取る》細いナイフ

talle [táʎe]男《←仏語 taille》❶ 胴, ウエスト; [衣服の] 胴回り: Ella tiene un ～ pequeño, envidiable. 彼女はうらやましいような細いウエストをしている. El ～ de esta falda me está un poco estrecho. このスカートの胴回りは私には少しきつい. chaqueta ceñida de ～ ウエストを絞った上着. ❷ 体つき, 体形, 容姿, スタイル, プロポーション: Ella tiene buen ～. 彼女はプロポーションがいい. ❸ [採寸で] 首の下からウエストまでの丈: Su ～ largo la hace muy esbelta. 彼女は胴が長いので, ほっそり見える. ❹《チリ》[女性用の] 胴着. ❺《ラプラタ》[衣服の] サイズ《=talla》

tallecer [taʎeθér] 39 自・～se 芽を出す, 発芽する

taller [taʎér] I 男《←仏語 atelier＜ラテン語 astella「小さな板」》❶《自動車》修理工場: ～ mecánico, ～ de reparación: Ha llevado el coche al ～. 彼は車を修理工場に持って行った. ❷ [職人などの] 手作業の仕事場, 工房, 工場: ～ de carpintería 大工の仕事場. ～ *es* gráficos 印刷所. ～ [工場などの] 部門, セクション: ～ de apresto 仕上げ加工部門. ～ de montaje 組立部門. ～ de pruebas [写真の] 焼き付け部門. ❸ [芸術家・科学者の] 門下, 流派; 門弟スタッフ. ❺ [芸術家などの] アトリエ: obra de ～ 《美術》個人作品でなく》工房作品. ～ de encuadernación 製本工房. ❻ ワークショップ, セミナー《共同の仕事場, 研究集会, 研修会》: En el instituto han organizado un ～ de teatro. 学校では演劇のワークショップが開かれた. ～ de cerámica 陶芸教室. ❼ [学校の] 実習室

II 《←仏語 tailloir》男《対になった》酢入れとオリーブ油入れ

táller [táʎer]男《チリ, アルゼンチン, ウルグアイ》[乗馬用の] 鞭

tallerina [taʎerína]女《貝》チチュウカイザクラ《食用》

tallero, ra [taʎéro, ra]形《カナリア諸島》嘘つきの; まやかしな

talleta [taʎéta]女《菓子》❶《南米》ジャムなどをはさんだトルティーヤ. ❷《ベネズエラ》タピオカの菓子. ❸《ボリビア, アルゼンチン》アーモンド・蜂蜜のアルファホールの一種

tallista [taʎísta]男女 木彫家; [宝石の] カット職人

tallito [taʎíto]男《植物》茎の芽

tallo [táʎo]男《←ラテン語 thallus＜ギリシア語 thallos「しなやかな・緑色の枝」》❶《植物》1) 茎, 幹: El ～ del rosal tiene espinas. バラの茎にはとげがある. 2) 芽, 新芽: La planta ha echado ya ～s. 作物はもう芽を出した. ❷ 果実の砂糖漬. ❸《アンダルシア, ムルシア. 料理》《=churro》. ❹《コロンビア》キャベツの一種. ❺《チリ. 植物》サントリソウ, キバナアザミ《=cardo santo》

tallón [taʎón]男《古語》身代金, 保釈金《=talla》. ❷《コロンビア》[殴られた跡の] あざ, 擦過傷

talludito, ta [taʎuðíto, ta]形《西. 口語》[人が, まだ青いところがあるが] もう一人前の: Hijo, ya eres ～, podrías ser más responsable. お前はもう一人前の大人なんだからもっと責任を負ってくれてもいいだろう

talludo, da [taʎúðo, da]形《西. 口語》=**talludito**. ❷ 茎の太く長い, 茎の多い. ❸ 背が伸びた, よく育った. ❹《癖・習慣が》染みついた

tallullo [taʎúʎo]男《キューバ. 料理》トウモロコシの葉で包んで湯煎したタマール tamal

talma [tálma]《←Talma《フランスの悲劇役者》》女 タルマ《19世紀, 男性用の大きなケープや女性用のゆったりした感じの短外套》

talmente [tálménte]副《俗用》❶《時に＋como》全く…のまま, まさに…のように: Se sentía ～ *como* un chaval. 彼は少年

talmotocle [talmotókle] 男《メキシコ.動物》大型で灰色のリス《しばしば畑を荒らす》

talmud [talmú(đ)]《←ヘブライ語》男 タルムード《ユダヤの口伝律法ミシュナー Mishná とその解説ゲマーラー Guemará から成る》

talmúdico, ca [talmúđiko, ka] 形 タルムードの

talmudismo [talmuđísmo] 男 タルムードの教え

talmudista [talmuđísta] 名 タルムード学者

talo [tálo] 男 ❶《植物》葉状体. ❷《サンタンデル,アラバ,ビスカヤ,ナバラ》[発酵していないコーンミールで作る] パイ

talofítico, ca [talofítiko, ka] 形《植物》葉状体の

talofito, ta [talofíto, ta] 形 葉状植物門の
—— 男/女 複《植物》葉状植物門

talón [talón] I《←俗ラテン語 talo, -onis < ラテン語 talus「かかと」》男
❶ [足の] かかと: 1) Tengo una ampolla en el ~. 私はかかとにまめができている. 2) [靴・靴下などの] ヒール: Tenía un agujero en el del calcetín. 私の靴下のかかとに穴が開いていた. 3) [馬の] 後足のかかと (ひづめ). 2)《西》1) [talonario の] 片券. 2) 領収書, レシート. 3)《古遺的》小切手《1987年以降スペインでは小切手は cheque と呼ばれている》: Extendió un ~ de diez mil pesetas. 彼は1万ペセタの小切手を切った. 4) ~ de ferrocarril 鉄道貨物受取証. ❸ [銃の] 台尻. ❹ [バイオリンの弓などの] 握り部分. ❺《建築》蒼花 (きば) 線刻り型. ❻《自動車》[タイヤの] 輪縁. ❼《船舶》竜骨の最後尾部. 2) 傾斜度. ❽《アルバセーテ》ナイフの刃の柄 (つか) に近い部分. ❾《中南米》[小切手帳などの] 控え. ❿《メキシコ. 口語》1) 売春. 2) 信用 [= ~ crédito]

apretar los talones [人が] 走り出す, 一目散に逃げ出す

girar sobre sus (los) talones 手のひらを返す, 態度を180度変える

pisar los talones a+人《口語》…のすぐ後に従う, 急追する: El atracador consiguió huir, pero la policía le *pisaba los ~es*. 強盗は逃げたが警察はすぐ後に迫っていた

~ de Aquiles 1)《解剖》アキレス腱 (けん) [=tendón de Aquiles]. 2) 弱点, 急所: El ~ de Aquiles del equipo es la defensa. チームの泣きどころはディフェンスだ

tener... en los talones [食事を] 摂ってから長時間たっている

II《←talar》男《隠語》居酒屋; [田舎の] 食堂兼旅館

III《←仏語 étalon》男《貨幣の》本位《= patrón》

talonada[1] [talonáđa] 女 かかとで馬を蹴ること

talonado, da[2] [talonáđo, đa] 形《中南米》[クーポン券などの] 綴りの

talonario[1] [talonárjo]《←talón》男 ❶ [クーポン券・引換券などの] 綴り: ~ de entradas 入場券綴り. ❷ 小切手帳 [= ~ de cheques]

talonario, ria[2] [talonárjo, rja] 形 綴り式の: billete ~ クーポン券

talonazo [talonáθo] 男 かかとで蹴ること

taloneador [taloneađór] 男《ラグビー》フッカー

taloneante [taloneánte] 形 [行進の仕方が] かかとを強く打ちつける

talonear [taloneár] 他《ラグビー》[スクラムで] かかとでボールをかき出す, フッキングする. ❷《アンダルシア; メキシコ, コロンビア, チリ, アルゼンチン》[乗り手が馬を] かかとで蹴って促す
—— 自 ❶ 急ぎ足で歩く, せかせか歩く. ❷《メキシコ》1)《口語》[主に金を] せがむ, ねだる. 2) 街娼をする. 3)《口語》当てもなく長く歩く

talonera[1] [talonéra] 女 ❶《裁縫》[ズボンの] 裾かがり. ❷ [スキー] [ズボンに付ける] 板の流れ止め. ❸《メキシコ. 軽蔑》売春婦. ❹《グアテマラ, ペルー, チリ》[乗馬用のかかとに当てる] 革切れ. ❺《コロンビア》[靴の] かかと, ヒール. ❻《チリ, ラプラタ》[長靴のかかとの] 革製の拍車固定具

talonero, ra[2] [talonéro, ra] 男 かかとの, ヒールの

talonesco, ca [talonésko, ka] 形《口語》かかとの, ヒールの

taloso, sa [talóso, sa] 形《植物》茎 (幹) のある

talpa [tálpa] 女《医学》[主に首筋・陰嚢などに] ほくろ

talparia [talpárja] 女 = **talpa**

talpetate [talpetáte] 男《グアテマラ》[道路建設に用いられる] 黄土と細かい砂の層土

talpetatoso, sa [talpetatóso, sa] 形《グアテマラ》黄土と細かい砂の層土が豊富な

talpuja [talpúxa] 女《グアテマラ》黄土と細かい砂の層土が豊富な土地

talque [tálke] 男 [るつぼの材料となる] 滑石を多く含む土

talquera [talkéra] 女 タルカムパウダーの容器

talqueza [talkéθa] 女《中米. 植物》スズメノヒエの一種《小屋の屋根ふきに使われる. 学名 Paspalum virgatum》

talquino, na [talkíno, na] 形《地名》タルカ Talca の《人》《チリ中部の県・県都》

talquita [talkíta] 女《鉱物》滑石片岩

taltuza [taltúθa] 女《中米. 動物》ホリネズミの一種《学名 Geomys heterodus》

talud [talú(đ)]《←仏語 talus》男 ❶ [土地・壁の] 傾斜, 勾配; 斜面. ❷《地理》[大陸棚と深海の間の] 大陸斜面 [= ~ continental]

taludín [taluđín] 男《グアテマラ. 動物》カイマン《ワニ》の一種

talvina [talβína] 女《料理》❶ [アーモンドミルクで作る] かゆ. ❷《カナリア諸島》[炒ったトウモロコシやふすま入りの] ミルクがゆ

tamagás [tamaɣás] 男《中米. 動物》クサリヘビの一種《毒蛇. 学名 Porthidium 属》

tamahaq [tamaxák] 形 男 タマハク語(の) [→トゥアレグ tuareg 語の方言]

tamajagua [tamaxáɣwa] 女《エクアドル. 植物》= **damajagua**

tamal [tamál]《←アステカ語 tamalli》男 ❶《米国, 中南米》1)《料理》タマル, タマレス《バナナの葉やトウモロコシの皮で巻き, 蒸した焼いたもの, トウモロコシ粉の肉入りもある [= de cazuela タマル入りのシチュー]. 2) でっち上げ, 陰謀, 罠: hacer un ~ 罠を仕掛ける. 3) 難局, 窮状: meterse en un ~ 窮地に陥る. ❷ もめごと, 騒ぎ. ❸《メキシコ, チリ》[衣服などの包装状態の悪い] 大きな包み

tamalada [tamaláđa] 女《メキシコ, 中米, アルゼンチン》タマル tamal を中心とした食事

tamalayote [tamalajóte] 男 カボチャの砂糖漬け

tamalear [tamaleár] 他《メキシコ. 口語》❶ [トウモロコシ粉などを] こねる; タマル tamal を作る. ❷ [女性を] なで回す, まさぐる

tamalera[1] [tamaléra] 女 ❶ 集名《メキシコ》うわさ話が好きな連中, 陰口屋. ❷《ボリビア》三角巾

tamalería [tamalería] 女《南米》タマル店

tamalero, ra[2] [tamaléro, ra] 男《中南米》[主に街頭の] タマル tamal 売り
—— 男《チリ》いかさま賭博師

tamalito [tamalíto] 男《メキシコ. 料理》小型のタマル tamal

Tamames Gómez [tamámes gómeθ]《人名》Ramón ~ ラモン・タマメス・ゴメス《1933~. スペインの経済学者・政治家》

tamanaco, ca [tamanáko, ka] 名《ベネズエラ》タマナコ族(の)《オリノコ河流域の先住民》
—— 男 タマナコ語

tamanduá [tamandwá] 男《動物》アリクイ [=oso hormiguero]

tamango [tamáŋgo] 男 ❶《南米. 古語》[主に 複]. 農作業で使われた] 粗末な革製の履き物. ❷《チリ, アルゼンチン, ウルグアイ》靴, 履き物; 履き古した靴

tamangudo, da [tamaŋgúđo, đa] 形《チリ, ラプラタ》ぶかぶかの靴を履いた

tamañamente [tamáɲamente] 副 それほど大きく: Una derrota ~ impensable como la que estamos viviendo no hará reflexionar sobre nuestro fútbol. 今我々は思ってもいなかったようなひどい敗戦を目の前にして, 我が国のサッカーについて深く考えさせられます

tamañito, ta [tamaɲíto, ta] 形 当惑した, 恐縮した; おじけづいた, おろおろした: dejar (quedar) ~ 当惑させる (する)

tamaño[1] [tamáɲo]《←ラテン語 tam magnus「それほど大きな」》男 ❶ 大きさ, サイズ: El perro es de ~ mediano. その犬は中型犬だ. ¿De qué ~ es el sombrero? 帽子のサイズはいくつですか? animal de gran ~ 体の大きな動物. de ~ portátil 持ち運びできる大きさの. ❷ [名詞+(de+)] foto ~ carné 証明写真サイズの写真. fotografía (de) ~ postal 葉書大の写真. botella (de) ~ familiar 徳用瓶. (de) ~ natural 実物(原寸・等身)大の. (de) ~ bolsillo ポケットサイズの. ~ baño《ラプラタ》大型の石けん大の. ❸ 重大さ, 重要性: El ~ de las acusaciones lo obligó a responder. 彼は手厳しい非難を浴びせられて応答せざるを得なかった

tamaño[2], **ña** [tamáɲo, ɲa] 形《文語》❶ [+名詞] それほど大き

támara [támara] 囡 ❶〖植物〗[カナリア諸島産の]ナツメヤシ; 〜の林. ❷ 覆〖房になった〗ナツメヤシの実. ❸ 細い薪, たきぎ

tamarao [tamaráo] 男〖フィリピン. 動物〗ミンドロ水牛

tamarazo [tamaráθo] 男〖地方語〗ナツメヤシの実による打撃

tamarear [tamareár] 自〖茂みの中を歩いて〗ザワザワと音を立てる

tamaricáceo, a [tamarikáθeo, a] 形 ギョリュウ科の —— 囡 覆〖植物〗ギョリュウ科

tamarilla [tamaríʎa] 囡〖植物〗ロックローズ〖たきぎに使われる. 学名 Helianthemum nummularium〗

tamarindillo [tamarindíʎo] 男〖中南米. 植物〗イピルイピル, ギンネム

tamarindo [tamaríndo] 男 ❶〖植物, 果実〗タマリンド〖果実は砂糖漬けにする〗. ❷〖植物〗キンキジュ. ❸〖地方語. 植物〗=**tamariz**. ❹〖メキシコ. 口語〗交通警官〖タマリンドの色のとび色の制服を着ている〗

tamarino [tamaríno] 男〖動物〗タマリン, シシザル: 〜 bigotudo クチヒゲタマリン. 〜 emperador エンペラータマリン

tamariscáceo, a [tamariskáθeo, a] 形 =**tamaricáceo**

tamariscíneo, a [tamarisθíneo, a] 形 =**tamaricáceo**

tamarisco [tamarísko] 男 =**tamariz**

tamaritano, na [tamaritáno, na] 形 名〖地名〗タマリテ・デ・リテラ Tamarite de Litera の〖人〗〖ウエスカ県の村〗

tamariz [tamaríθ] 男〖植物, 果実〗ギョリュウ〖=taray〗

tamarón [tamarón] 男〖地方語. 植物〗大型のナツメヤシ

tamarrizquito, ta [tamařiθkíto, ta] 形〖まれ〗とても小さな

tamarrusquito, ta [tamařuskíto, ta] 形〖まれ〗=**tamarrizquito**

tamarugal [tamarugál] 男《チリ》tamarugo の林

tamarugo [tamarúgo] 男《チリ, アルゼンチン. 植物》イナゴマメに似た木〖学名 Prosopis tamarugo〗

tamaulipeco, ca [tamaulipéko, ka] 形 名〖地名〗タマウリパス Tamaulipas の〖人〗《メキシコ北東部の州》

Tamayo [tamájo] 〖人名〗**Rufino 〜** ルフィノ・タマヨ〖1899–1991, メキシコの画家. メキシコの伝統文化とヨーロッパのフォービズムを融合したような画風. ミクソグラフィー mixografía と呼ばれる形式の版画にも取り組む〗

Tamayo y Baus [tamájo i báys] 〖人名〗**Manuel 〜** マヌエル・タマヨ・イ・バウス〖1829–98, スペインの劇作家. 同時代の社会に題材を取り, カトリック的な立場から観客の道徳的教化をめざした戯曲を数多く手掛けた.『愛の狂気』La locura de amor 〗

tamazul [tamaθúl] 男〖動物〗大型のヒキガエル

tamba [támba] 囡《エクアドル. 古語》[先住民女性の]腰巻き

tambache [tambátʃe] 男《メキシコ. 口語》❶[衣類などの大きな]包み, 荷物. ❷ ぶよぶよ太った女. ❸ 後ろめたいこと; いかさま: hacer 〜 a + 人《メキシコ》〜に汚い手段を用いる

tambachi [tambátʃi] 男《メキシコ》身の回り品

tambal [tambál] 男《エクアドル. 植物》=**tambán**

tambaleante [tambaleánte] 形 よろめく; ぐらつく

tambalear [tambaleár] 〖←bambalear+temblar〗自. ~se ❶ よろめく, ふらつく: Se tambaleó por el golpe que había recibido. 彼はぶつかって足元がふらついた. ❷ ぐらつく, がたつく. ❸ 不安定である: Se tambalea su poder. 彼の権力は揺らいでいる —— 他〖まれ〗よろめかせる; ぐらつかせる

tambaleo [tambaléo] 男 よろめき; ぐらつき

tambalillo [tambalíʎo] 男〖地方語〗物売り台〖=tenderete〗

tambalisa [tambalísa] 囡《キューバ. 植物》キク科の一種〖学名 Soliva tomentosa〗

tambán [tambán] 男《エクアドル. 植物》ロウヤシの一種

tambanillo [tambaníʎo] 男〖建築〗[ドア・窓に重ね合わせた]ペディメント

tambar [tambár] 他 ❶《メキシコ》牢獄に入れる. ❷《コロンビア, エクアドル》[食べ物を]かき込む, 急いで食べる, 丸飲みする

támbara [támbara] 囡 ❶《ブルゴス, サラマンカ》[花などの]支柱, 添え木. ❷《ブルゴス, サラマンカ, ログローニョ》細い薪, たきぎ. ❸《カナリア諸島. 植物》ナツメヤシ

tambarilla [tambaríʎa] 囡〖植物〗ツツジ科の一種〖学名 Daboecia cantabrica〗

tambarillo [tambaríʎo] 男 丸く湾曲したふた付きの箱

tambarria [tambářja] 囡 ❶《ホンジュラス, ニカラグア, コロンビア, エクアドル》浮かれ騒ぎ, どんちゃん騒ぎ. ❷《コロンビア》始終つけまわすこと, いじめ

tambau [tambáu] 男《エクアドル. 植物》=**tamban**

tambembe [tambémbe] 男《チリ. 戯語》お尻

tambero, ra [tambéro, ra] 形 名 ❶《南米. 古語》宿屋 tambo の〖主人・使用人〗. ❷《アルゼンチン》[乳牛などの]

también [tambjén]〖←tan+bien〗副 ❶ …もまた〖⇔tampoco〗: 1)〖普通は修飾する語の後〗Tengo sed.—Yo 〜. のどがかわいた.—僕もだ. 2)〖新しいことを導入する場合は修飾する語の前〗Si tú asistes, 〜 yo asisto. 君が出席するなら, 私も出席する. T〜 de eso es usted responsable. それに関してもあなたは責任がある. ❷〖前後にカンマを置いて虚辞的に〗その上に: Anoche leí una novela y, 〜, escribí una carta. 昨夜私は小説を1冊読み, それに手紙を1通書いた. ❸〖口語〗[非難・不快・奇異]しかも…

pero —— それでもやはり: Por aquí no tenemos esas temperaturas tan altas *pero* 〜 hace calor. このあたりはそれほど高温にはならないが, それでもやはり暑い

si que 〜 =**pero**

sí que 〜〖まれ〗しかしその上に

〜 *sería*〖まれ〗[+que+接続法過去] 後は…するだけで

¡Y 〜!《ラプラタ. 口語》驚くことはない!

tambo [támbo] 男 ❶〖←ケチュア語〗❶《メキシコ, グアテマラ》バケツ. ❷《メキシコ, ニカラグア》牢屋, 刑務所. ❸《南米》1) 搾乳所. 2)《古語》宿屋, 旅館. ❹《アンデス. 歴史》宿駅, 旅行者用休息所〖インカ帝国時代に王道 Cápac Nan 沿いに建設された〗. ❺《ペルー》[田舎の]小商店. ❻《チリ, アルゼンチン》売春宿. ❼《パラグアイ》[家畜をつなぐ]杭, 立木

tambobón [tambobón] 男《フィリピン》[石造りの]米蔵

tambocha [tambótʃa] 囡《コロンビア. 昆虫》頭が赤く肉食の毒アリ

tambor [tambór] 男〖←ペルシャ語 tabir〗男 ❶ 太鼓〖2本のスティックまたは手, あるいは1本のばちで叩く〗: tocar el 〜 太鼓を打つ(鳴らす). ❷ [円形の]刺繡(台)枠. ❸〖建築〗[ドームを支える]鼓筒. ❹〖築城〗[城塞前の]防柵. ❺ [各種部品の]円筒; [ロープ・釣り糸の]ドラム; [リボルバーの]回転弾倉: 〜 de freno ブレーキドラム. 〜 de la lavadora 洗濯機の[回転]水槽. 〜 de detergente 洗剤の缶. 〜 magnético〖情報〗磁気ドラム. ❻〖解剖〗鼓膜. ❼[製菓用の]砂糖ふるい. ❽ コーヒーの焙煎機. ❾〖魚〗クマサカフグ. ❿《メキシコ, ペルー》黄麻製の粗布. ⓫《メキシコ, コロンビア, チリ, アルゼンチン, ウルグアイ》ドラム缶. ⓬《メキシコ》スプリング付きのベッドの下枠. ⓭〖エクアドル. 料理〗ユッカと牛乳入りのタマル tamal

a 〜 *batiente* ❶ 意気揚々と, 威勢よく. 2) 太鼓を打ち鳴らして

—— 名 鼓手, 太鼓を叩く人, 太鼓奏者, ドラマー: 〜 mayor〖軍事〗鼓手長, 軍楽隊長

tambora [tambóra] 囡 ❶〖音楽〗1) 大太鼓. 2)《コロンビア, ベネズエラ》2本のスティックで叩く太鼓. ❷《キューバ》大嘘

tamborada [tamboráða] 囡 太鼓行列

tamborear [tamboreár] 自 ❶ 太鼓を叩く(鳴らす). ❷ 指で軽く叩く

tamboreo [tamboréo] 男 太鼓を叩く(鳴らす)こと; 太鼓の響き

tamborero [tamboréro] 男〖地方語〗鼓手, 太鼓を叩く人〖=tamborilero〗

tamboreta [tamboréta] 囡〖古語〗[ガレー船の]砲甲板

tamborete [tamboréte] 男〖船舶〗檣帽, 帆桁冠

tamboril [tamboríl]〖←tambor〗男 ❶〖音楽〗小太鼓, 長太鼓〖1本のスティックで叩く〗. ❷〖魚〗クマサカフグ

tamborilada [tamboríláða] 囡 ❶〖口語〗尻もち. ❷ [手で]頭や背中をぽんと叩くこと

tamborilazo [tamboríláθo] 男 =**tamborilada**

tamborilear [tamborileár] 自〖←tambor〗❶ 小太鼓を叩く. ❷ [小太鼓を叩くように指などで]コツコツ叩く: No *tamborilees* sobre la mesa, me distraes. 気が散るから, テーブルを指で叩くのはやめてくれ —— 他 ❶ ほめる, ほめそやす. ❷〖印刷〗[ならし木で, 活字を]平らにする

tamborileo [tamboríléo] 男 ❶ 小太鼓を叩くこと. ❷ [指などで軽く]コツコツ叩くこと. ❸ [鳥・ゴリラの]ドラミング

tamborilero, ra [tamboriléro, ra] 名 鼓手, 太鼓奏者, ドラマー

tamborilete [tamboriléte] 男《印刷》ならし木

tamborín [tamborín] 男《まれ》=**tamboril**

tamborino [tamboríno] 男《まれ》=**tamboril**; **tamborilero**

tamborilear [tamboriletár] =**tamborilear**

tamboritero, ra [tamboritéro, ra] 名《地方語》鼓手, 太鼓を叩く人《=tamborilero》

tamborito [tamboríto] 男《パナマ》タンボリート《太鼓を主にした2/4拍子の民俗舞踊・音楽》

tamborrada [tamboṟáda] 女《ナバラ》タンボラーダ《たくさんの太鼓を叩きながら行進する祭りの行列》; その激しい太鼓の音

tamborrero [tamboṟéro] 男《地方語》鼓手, 太鼓を叩く人《=tamborilero》

tambre [támbre] 男《コロンビア》堰(⸺); 貯水池

tambú [tambú] 男《アルゼンチン》[田舎の人たちがフライにして食べる] 昆虫の幼虫

tambuche [tambútʃe] 男《キューバ》=**tambucho**

tambucho [tambútʃo] 男 ❶《船舶》ハッチ, 艙口. ❷ ブラインドボックス. ❸《キューバ》[金属・プラスティック製などの] ドラム缶, ごみバケツ

tamegua [tamégwa] 女《グアテマラ, エルサルバドル》トウモロコシ畑の除草

tameguar [tamegwár] 13 女《メキシコ, 中米》除草する, 雑草を引き抜く

tameme [taméme] 男 ❶《メキシコ. 古語》[旅行者のお供などをする] 先住民の荷物持ち. ❷《エルサルバドル》ポーター《=mozo de cuerda》

tamil [tamíl] 形 名 タミール人〔の〕
男 タミール語

tamilleo [tamiʎéo] 男《ボリビア》[コカの木の幹から] 葉を湿らせる苔をこそげ取る作業

tamínea [taminéa] 形 =**taminia**

taminia [tamínja] 形 uva ~《植物》ヒエンソウ《=albarraz》

tamiz [tamíθ] 男《←ラテン語 tamis < フランク語 tamisi》[目の非常に細かい] ふるい: pasar... por el ~ ~ をふるいにかける; 選別する, より分ける. ~ vibratorio 振動ふるい. ❷ 選別

tamización [tamiθaθjón] 女 ふるいにかけること

tamizado [tamiθádo] 男 =**tamización**

tamizador, ra [tamiθaðor, ra] 形 名 ふるいにかける〔人〕

tamizar [tamiθár] 《←tamiz》9 他 ❶ ふるいにかける: La harina normal es *tamizada* para elaborar la harina de cocina. 普通の小麦粉は料理用小麦粉を精製するためにふるいにかけられる. ❷ 選別する; 浄化する: Los partidos políticos *tamizan* la información que pasan a los periodistas. 政党は新聞記者に流す情報を取捨選択している. sus palabras 言葉を選ぶ. ❸ 透けて見えるようにする: Una pantalla amarilla *tamiza* la luz de la lámpara. ランプの光が黄色の笠から透けて見える

tamo [támo] 男 ❶ [布地から抜けた] 毛(ヶ)くず, けば: El ~ del jersey se pega a la ropa. セーターのけばは服にくっつく. ❷ 綿ぼこり. ❸ 細かいわらくず, もみがら. ❹《エクアドル》わら

tamojal [tamoxál] 男 tamojo の群生地

tamojo [tamóxo] 男《植物》アカザ科ハロキシロン属の一種《=matojo》

támpax [támpa(k)s] 男《←商標》男《単複同形》《生理用の》タンポン《=tampón》

tampiqueño, ña [tampikéɲo, ɲa] 形《名》タンピコ Tampico の〔人〕《メキシコ, ベラクルス州の町》

tampoco [tampóko]《←tan+poco》副《否定副詞》❶《主に修飾する語の後》…もまた〔…ない〕《⇔también》: Este lápiz no es negro y aquel ~ (aquel no es negro ~). この鉛筆は黒ではないし, あれも黒ではない. Si tú no asistes, yo ~. 君が出席しないなら, 私もしない. A mí no me gusta esto.—Yo ~. 私はこれは嫌いだ.—私もだ. ❷ その上〔…もない〕: No dijo una palabra y ~ se volvió. 彼は一言も言わなかったし, 振り返りもしなかった. No éramos ricos, pero ~ pobres. 私たちは裕福ではないが, 貧乏でもなかった. ❸《口語》[付加の意味なしに, 抗議]…ではない

ni ~《俗用》…さえも…ない

tampón [tampón]《←ラテン語 tampon》男 ❶ [生理用の] タンポン;《医学》止血栓. ❷《西》スタンプ台, 印肉, スタンプ: El funcionario pasó el sello por el ~ y me selló el pasaporte. 役人は判をスタンプ台につけ, 私のパスポートに判を押した. ❸《化学》

solución ~ 緩衝溶液

tam-tam [tamtán]《←擬声》男《圈 ~s》❶《音楽》タムタム; その演奏. ❷《まれ》ゴング, ドラ

tamtan [tamtán] =**tam-tam**

tamuga [tamúga] 女 ❶《中米》細長い袋《=talego》. ❷《エルサルバドル, コスタリカ》バナナ・砂糖などをトウモロコシの葉やバナナの皮で包んだもの

tamuja [tamúxa] 女 ❶ マツの落ち葉, 落ちた松葉. ❷《地方語》=**tamujo**

tamujal [tamuxál] 男 tamujo の群生地

tamujo [tamúxo] 男《植物》ヒトツバハギの一種《ほうきを作る. 学名 Colmeiroa buxifolia, Securinega buxifolia》

tamul [tamúl] 形 名 =**tamil**

tamunango [tamunáŋgo] 男《ベネズエラ》黒人の民俗舞踊

tan [tán] I《←ラテン語 tam》副 ❶《+形容詞・副詞. más·menos·mayor·menor·mejor·peor·antes·después の前では tan ではなく **tanto**》それほど, そんなに: 1) Yo no sabía que la diabetes es una enfermedad ~ mala. 私は糖尿病がそれほど悪質な病気だとは知らなかった. Perdón por avisarte ~ tarde. お知らせするのがこんなに遅くなって申し訳ない. 2)《+前置詞句》Ya no voy al fútbol ~ a menudo como antes. もう私は前ほど頻繁にサッカーを見に行かない. Los restaurantes japoneses están ~ de moda. 和食レストランはとてもはやっている. 3)《文語》[+現在分詞 (callando·corriendo など)] Llega la noche ~ callando. 夜は突如やって来る. ❷ [+como. 同等比較] 1) ~ と同じくらい: El 47,8% se siente ~ catalán como español. 47.8%の人たちは自分をカタルーニャ人であると同時にスペイン人だと感じている. Resolveré la cuestión ~ pronto *como* sea posible. できる限り早急にその問題を解決しよう. Desaparecen ~ rápidamente *como* aparecieron. それらは現れたのと同じくらいの早さで消える. Lo digo ~ en serio *como* tú. 私は君と同じように真剣に言ってるんだ. 2)《否定文で》…ほど〔…でない〕: La forma no es ~ importante como el contenido. 形式は内容ほど重要ではない.《同等比較の否定は劣等比較に〔ほぼ〕等しい; =La forma es *menos* importante *que* el contenido.》 3)《配分》~ と同様に: María es ~ bella *como* buena. マリアは美人でもあり善人でもある. Critica ~ innecesaria *como* duramente a José. 彼はホセを不必要に厳しく批判する. 4)《como+接続法. 人・物の特徴・性質を強調》考えも及びえないほど: Tan roñoso *como* te lo puedas imaginar. あんなけち人坊がいるなんて君は想像できないよ. ❸《+que+直説法》あまり…なので…する: 1) Es ~ barato *que* puedo comprármelo con mi dinero. それはとても安いので僕の小遣いで買える. El puñetazo es ~ rápido *que* no lo ves. そのパンチは速すぎて君には見えない. 2)《主節が否定文の時は +que+接続法》No es ~ caro *que* yo solo no pueda comprarlo. それを一人で買えないほど高くはない. El problema no es ~ sencillo *que* se pueda solucionar en un día o dos. 1日や2日で解決できるほど問題は簡単ではない. ❹《感嘆文. ¡Qué+名詞+~+形容詞!》何と…だろう! ¡Qué paisaje ~ bonito! 何と美しい景色だろう!

de ~+形容詞·副詞《+*como·que*+直説法》あまり…なので: No podía dormir *de* ~ preocupado《*como* estaba》. 私は心配のあまり眠れなかった

en ~ que...…している間に《=en tanto que》

¿Qué ~+形容詞·副詞?《メキシコ》どれほど…, どのくらい…?: ¿*Qué* ~ rápido es tu sitio web? 君のウエブ・サイトはどのくらい早いの? ¿*Qué* ~ lejos? どのくらい遠いの?

~... cuanto...《古語的》《同等比較》…と同じくらい; [配分]…と同様に: ~ mediante procedimientos ~ ingeniosos *cuanto* eficaces 巧みかつ効果的な手順によって

~ así es que+直説法 =~ **es así que**+直説法

~ cual...《まれ》…のような

~ es así que+直説法 だからこそ…《=tanto es así que+直説法》

~ siquiera せめて, 少なくとも: 1) Déme ~ *siquiera* un mendrugo de pan. せめてパンの一かけらでもください. 2)《否定副+》…さえ〔ない〕: Yo tampoco podía, ni ~ *siquiera* imaginar. 私にもできなかった, 想像することすらも

~ solo... ほんの…だけ: ~ *solo* hace ocho días わずか1週間前に

II《←擬声》男 [太鼓の音] ドン, タン: El tambor hacía ~, ~, ~, monótonamente. 太鼓はタンタンタンと単調な音で鳴っていた

III《←?語源》男 コナラ encina の樹皮
tana¹ [tána] *el año de la* ~ 昔々その昔
tanaca [tanáka] 女《アンデス》汚れた女, ぼろを着た女
tanaceto [tanaθéto] 男《植物》タナセタム, ヨモギギク
tanagra [tanágra] 女 ❶《古代ギリシア》タナグラ人形. ❷《鳥》ヤブフウキンチョウ
tanate [tanáte] 男 ❶《メキシコ, 中米》[食料を運ぶ革製・シュロ製などの] かご. ❷《メキシコ. 口語》陰嚢 [=testículo]. ❸《中米》[抜け出せない] 難しい事態, 苦境. ❹《中米》複 がらくた, 不用品
 cargar con los ~s《中米》ずらかる, 立ち去る; 引っ越す
tanatear [tanateár] 他 引っ越す, 転居する
tanático, ca [tanátiko, ka] 形《文語》死の: impulso ~ 死への衝動
tanatofilia [tanatofílja] 女《医学》死愛好, タナトフィリア
tanatofobia [tanatofóbja] 女 死恐怖症
tanatografía [tanatografía] 女 死亡記事
tanatología [tanatoloxía] 女《医学》死亡学
tanatológico, ca [tanatolóxiko, ka] 形 死亡学の
tanatólogo, ga [tanatólogo, ga] 名 死亡学の研究者
tanatopraxia [tanatoprá(k)sja] 女 死体保存法
tanatorio [tanatórjo] 男《西》[霊安室のある] 葬儀場
tánatos [tánatɔs] 男 ❶《心理》[集合] 死への衝動 [⇔eros]. ❷《ギリシア神話》[T~] タナトス《死の神》
tanatosala [tanatosála] 女 [通夜などをする] 遺体安置所, 霊安室
tanay [tanái] 男《ペルー》タップダンス
tanbur [tambúr] 男《音楽》リュートの一種《ラウード laúd よりネックより ボディーが小さい》
tancaje [taŋkáxe] 男《技術》タンクへの貯蔵
tancal [taŋkál] 男《コロンビア》[渡河用の] 船首が2つある小型のカヌー
tancolote [taŋkolóte] 男《メキシコ》[商品を運ぶ] かご
tancredismo [taŋkreðísmo] 男《政治》[tancredo のような] 平然と危機に対処する態度, 大胆な行動, 無謀なるまい
tancredístico, ca [taŋkreðístiko, ka] 形 平然とした, 大胆な, 無謀な
tancredo [taŋkréðo] 男《←Tancredo López (闘牛士の名)》闘牛台に載ってじっと牛を待ち構える闘牛士
tanda [tánda]《←アラビア語 támda < dammád「包帯をする」》女 ❶ [分けられた] 群れ, 組: Dividieron a los niños en tres ~s para las duchas. 子供たちを3交代でシャワーを浴びさせられた. ❷ [同じもの・似たものの] 一続き, 一連なり: una ~ de inyecciones 注射を何本も次々と打つこと. una ~ de azotes 何回もボコボコに殴ること. ❸《西》[順番の] 番: ¿Me da ~? [列の] 番は誰ですか? ❹《ビリヤード》[一試合, 一勝負. una ~ de jugadas 立て続けにプレーすること. ❺《中南米, 演劇》[劇の] 第一部. ❻《メキシコ, 中米, 口語》サボテンの生えた土地. ❼《アルゼンチン, ウルグアイ. 放送》[番組放送中の] コマーシャルの時間. ❽《アルゼンチン》嫌な後味; 悪い癖
tandariola [tandarjóla] 女《メキシコ》騒ぎ, 騒動
tandear [tandeár] 自 ❶ 組に分ける. ❷《チリ. 口語》冗談を言う, からかう
tándem [tánden]《←アラビア語 tanzim「配列」》男《複》~[-e]s 男 ❶ 2人乗り用自転車: paseo en ~ タンデム自転車でのサイクリング. ❷ [同乗用法で] salto ~ タンデムジャンプ, タンデムスカイダイビング. vuelo ~ [パラグライダーなどの] タンデムフライト. ❸《集合》2人組: Los dos jugadores formaban un ~ invencible. 2人の選手は無敵なコンビを組んでいた. ❹ 補完要素. ❺《古語》[馬を縦につなげた] 2頭立て馬車
 en ~ 1) 組んで, 連繋して. 2) 《電気, 技術》直列の
tandeo [tandéo] 男《チリ》[灌漑用水の] 順番割り当て. ❷《チリ. 口語》面白いこと; するのが容易なこと
tandero, ra [tandéro, ra] 形 名《チリ》しょっちゅう冗談を言う[人], 冗談好きな[人]
tandilense [tandilénse] 形 名《地名》タンディル Tandil の [人]《アルゼンチン, ブエノスアイレス州の町》
tandista [tandísta] 男《中南米》演劇ファン
tanela [tanéla] 女《コスタリカ. 菓子》蜂蜜をかけたパイ
tanga [táŋga] I《←トゥピ語》男《まれ: 中南米》《服飾》タンガ, 超ビキニ《水着, 下着》
 II《←tángano》女 ❶ 地面に立てた棒を石ではじき飛ばす遊び; その棒 [=chito]. ❷《コロンビア》殴打, 平手打ち

tangado, da [taŋgáðo, ða] 形《セビーリャ》嘘つきの
—— 男《セビーリャ》嘘, ごまかし
tángala [táŋgala] 女《地方語》= **tángana** I
tangalear [taŋgaleár] 自《ホンジュラス, コロンビア》[業務の遂行などを] わざと遅らす
tangán [taŋgán] 男《エクアドル》[天井から吊るした] 四角い板 (よしず)《上に食料をのせて保存する》
tangana [taŋgána] 女 = **tángana** I
tángana [táŋgana] I 女 ❶《主にサッカーの試合での》けんか騒ぎ. ❷ 賭け金を載せた棒を瓦 (石片) を投げて倒すゲーム; その棒. ❸ いんちき, ぺてん. ❹《キューバ, プエルトリコ, ベネズエラ》もめごと, 騒ぎ. ❺《ペルー》[大河で使う] 櫂
 II《地方語》モルシージャ [= morcilla]
tanganazo [taŋganáθo] 男《コロンビア, ベネズエラ》[人・物への] 強い一撃. ❷《セビーリャ》強い酒 [=trago largo]. ❸《エクアドル》棍棒による一撃. ❹《ペルー》蒸留酒をぐいっと飲むこと
tanganear [taŋganeár] 他《アンダルシア; カリブ》ひっぱたく; 棍棒で一撃する
—— ・~**se**《ベネズエラ》肩 (腰) を振って歩く, 気取って歩く
tanganillas [taŋganíʎas] *en* ~ 不安定に, ふらふらと, よろめいて, 倒れそうに
 a ~ = *en* ~
tanganillo [taŋganíʎo] 男 ❶ [棒・石など, 一時的に] 支える (押さえる) もの, つっかい棒. ❷《狩猟》[禁猟期に獲物を追いかけないように] 犬の首に掛ける棒. ❸《アラバ》石蹴り遊び. ❹《バレンシア, バリャドリード, セゴビア》小型のソーセージ
tángano [táŋgano] 男《地方語. 狩猟》犬の首に掛ける棒 [= tanganillo]. ❷《まれ》賭け金を載せた棒を瓦 (石片) を投げて倒すゲーム; その棒 [= tángana]
—— 形《メキシコ》背の低い, ずんぐりした
tangar [taŋgár] 8 他《セビーリャ》だます, 欺く, 隠す: Creo que me *han tangado* en el Rastro. 蚤の市でだまし取られたのだと思います
tangará [taŋgará] 女《アルゼンチン, パラグアイ. 鳥》ヤブフウキンチョウ [= tanagra]
tángara [táŋgara] 女 = **tangará**
tangencia [taŋxénθja] 女《幾何》❶ 接線であること. ❷ 接点; 接平面
tangencial [taŋxenθjál] 形 ❶《幾何, 物理》接線の: coordenadas ~es 接線座標. aceleración ~ 切向 (接線) 加速度. ❷ [話題などが] 本質的でない, 脇道にそれた: Eso es un asunto ~; fijémonos en lo que nos importa. それは派生的な問題です, 重要な点に注目しましょう
tangente [taŋxénte]《←ラテン語 tangens, -entis》形《幾何》[線・面に, +a に] 接する: curvas ~s en un punto 1点で接する2曲線
—— 女 ❶《幾何, 物理》接線 [= línea ~]: trazar una ~ a una curva 曲線に接する直線を引く. ❷《幾何》タンジェント, 正接. ❸《音楽》タンジェント《クラヴィコードの鍵の先端の打弦棒》
 salirse (irse・escapar[se]) por la ~ 巧みに言い逃れる, 答えをはぐらす: De su dimisión el ministro *se salió por la* ~. 大臣は自身の辞任についてのらりくらりと答えるばかりだった
tangerino, na [taŋxeríno, na] 形 名《地名》[モロッコの] タンジール Tánger の [人]
—— 女 ❶《植物》タンジェリン. ❷《果実》マンダリンオレンジ [= mandarina]
tangible [taŋxíble]《←tañer》形 ❶ 触知され得る, 有形の: La electricidad no es algo ~. 電気は触ることのできる物ではない. patrimonio ~ e intangible 有形無形の遺産. pruebas ~s 物的証拠; 確かな証拠. ❷ 具体的な, はっきりした: Son pruebas ~s de su culpa. それらは彼のせいだという明白な証拠に. contribución ~ 目に見える貢献. progreso ~ 具体的な進展. ❸《商業》activo ~ 有形資産. ganancias ~s [帳簿でなく] 実際のもうけ; 明白な利益
tangidera [taŋxiðéra] 女《船舶》太綱, 太索
tangir [taŋxír] 4 他《まれ》触れる [=tocar]
tangirreceptor, ra [taŋxiřeθe(p)tór, ra] 形《生物》触覚受容器官
tango¹ [táŋgo]《←擬声》男 ❶《舞踊, 音楽》1) タンゴ《19世紀後半, アルゼンチンの首都ブエノスアイレスの河口, ボカ Boca 地区で誕生した》: ~ argentino アルゼンチンタンゴ. ~ continental コンティネンタル・タンゴ《アルゼンチンタンゴと区別して, ヨーロ

tangón

ッパ大陸生まれのタンゴを指す]. ~ milonga タンゴ・ミロンガ《強烈なリズムが特徴》. 2) タンギーリョ [=tanguillo]. 3) 《中南米. 廃語》黒人・貧しい人々の祭り・踊り. 4) 《ホンジュラス》タンゴ『先住民が使う打楽器』. ❹《コロンビア》[葉を巻いた] 噛みたばこの棒 [=tanga]

del tingo al ~ 《メキシコ. 口語》[目的もなく] うろうろと
hacer un ~ 《メキシコ. 口語》感情を誇張する
II [←tanga II] 男 賭け金を載せた棒を瓦(石片)に投げて倒すゲーム; その棒 [=tanga]

tangón [tangón] 男《船舶》帆桁; 係船桁
tanguarniz [tangwarniθ] 男《メキシコ》酒を一口(ぐいと)飲むこと
tanguear [tangeár] 自 ❶《エクアドル》[酔って] 千鳥足で歩く. ❷《アルゼンチン, ウルグアイ》タンゴを踊る(演奏する・歌う)
—— 他《コロンビア》噛みたばこ tango を作る
tanguería [tangería] 女《アルゼンチン, ウルグアイ》タンゲリア《タンゴの踊り場・演奏場のあるレストランや; 舞台タンゴとも呼ばれるショー》
tanguero, ra [tangéro, ra] 形 名《アルゼンチン, ウルグアイ》タンゴの; タンゴ好きの[人]; タンゴの歌手(踊り手)
tanguilla [tangíʎa] 女《地方語》地面に立てた棒を石ではじき飛ばす遊び [=tanga]
tanguillo [tangíʎo] 男 ❶《舞踏, 音楽》タンゴフラメンコ, タンギーリョ《アンダルシア, カディス Cádiz の謝肉祭に起源をもつ, フラメンコのリズム》. ❷《アンダルシア. 玩具》[鞭で打って回す] こま [=peonza]
tanguista [tangísta] 名 ❶ タンゴの歌手. ❷ [ナイトクラブの] 歌手, ダンサー
—— 女《古語的》[キャバレーなどで] 客の踊りの相手をする女性
tánico, ca [tániko, ka] 形《化学》タンニンの, タンニンを含む: ácido ~ タンニン酸
tanificar [tanifikár] 7 他 ❶ [ワインに] タンニンを含ませる. ❷ [革に] タンニンをつけてなめす. ❸《技術》タンニンを使って処理する
tanilla [taníʎa] 女《アラゴン》むながいをくびきに固定する棒
tanino [taníno] 男《化学》タンニン
taninole [taninóle] 男《メキシコ. 料理》サツマイモ(カボチャ)の牛乳煮
Tanit [tanít] 女《カルタゴ神話》タニト『豊穣の女神』
tanjarina [taŋxarína] 女《果実》マンダリンオレンジ [=mandarina]
tano, na² [táno, na] 《napolitano の語頭音消失》形 名《ラプラタ. 口語》イタリア系の[人]; 《軽蔑》ナポリ野郎[の]
—— 男 その言語
tanobia [tanóbja] 女《アストゥリアス》[穀物倉 hórreo の] 階段の踊り場用の厚板《出入りを容易にする》
tanor, ra [tanór, ra] 形 名《フィリピン. 歴史》[植民地時代に] スペイン人に強制的に家事労働をさせられた[先住民]
tanoría [tanoría] 女《フィリピン. 歴史》[植民地時代に] 先住民がスペイン人に強制的にさせられた家事労働
tanque [táŋke] I [←ポルトガル語 tanque < 英語 tank] 男 ❶ [水・ガス・石油などの] タンク: ~ de agua 水槽. ~ de gasolina ガソリンタンク. ~ de propano プロパンガス・タンク. ❷《自動車》タンクローリー. ❸《船舶》石油タンカー; 給水船. ❹《軍事》戦車: columna de ~s 戦車部隊. ~ pesado (ligero) 重(軽)戦車. ❺ [主にビールの] 大ジョッキ: En las fiestas se bebe ~s de cerveza. パーティーでは大ジョッキでビールを飲む. ❻《経営》~ de talento シンクタンク. ❼《俗語》太った人, 巨漢. ❽《ガリシア, カナリア諸島》池, 貯水池. ❾《中南米》1) [水洗トイレの] 水槽. 2) 車庫, ガレージ. ❿《メキシコ》プール. ⓫《キューバ. 口語》刑務所, 留置所
II 男 プロポリス, 蜂蠟 [=própoleos]
tanquero [taŋkéro] 男 ❶《カリブ》タンカー. ❷《エクアドル, ペルー, ボリビア》タンクローリー
tanqueta [taŋkéta] 女《軍事》車輪式の軽戦車
tanquilla [taŋkíʎa] 女《ベネズエラ》[道路の] 側溝
tanquista [taŋkísta] 名《軍事》戦車兵
tanta¹ [tánta] 女《動物》フォークキツネザル
—— 男《ペルー, ボリビア》トウモロコシまたはキノア quinua のパン
tantalio [tantáljo] 男《元素》タンタル
tantalita [tantalíta] 女《鉱物》タンタライト
tántalo [tántalo] 男 ❶《鳥》トキコウ: ~ africano アフリカトキコウ. ~ americano アメリカトキコウ. ❷《元素》=tantalio.

tantán [tantán] ❶《まれ》[船の] 銅鑼(どら). ❷《チリ. 幼児語》音を立てるキス
tantarán [tantarán] 男 =tantarantán
tantarantán [tantarantán] [←擬声語] 男 ❶《口語》強い殴打(ビンタ). ❷《口語》[太鼓の音] ドンドン, トントン
tanteada [tanteáda] 女《メキシコ. 口語》人をだますこと; 予期せぬふるまい
tanteador, ra [tanteaðór, ra] 形 見積る
—— 名《スポーツ》得点記録係, スコアラー
—— 男《スポーツ》スコアボード, 得点表示板; 試合の結果
tanteante [tanteánte] 形《まれ》見積る
tantear [tanteár] 他 ❶ [おおよその価値・数量などを] 見積る, 見当をつける: Antes de comprar un pollo vivo mi abuela lo tanteaba bien. 祖母はひよこを買う前にその値打ちがあるかどうかよく見積っていた. ~ el peso 手で重さの見当をつける. ~ el tamaño 大きさを目分量で測る. ❷ 調べる, 試す: Tanteó el piso con el pie para ver si era fuerte. 彼は床が丈夫かどうか足で確かめた. Han tanteado varias soluciones, pero han acabado divorciados. 彼らはさまざまな解決の道を模索したが, 結局離婚した. ❸ …を探りを入れる, 打診する: Le he tanteado antes de pedirle permiso. 私は許可を求める前に彼の意向を打診してみた. Tantéalo bien antes de contratarlo. 契約する前に内容をよく検討することだ. ❹《スポーツなど》得点を記録する, スコアをつける. ❺《美術》素描する. ❻《闘牛》[本番前に牛の] 状態や勇猛さなどを調べる. ❼《美術》素描する, スケッチする. ❽《競売》で最高値をつける. ❾《メキシコ. 口語》だます, ばかにする. ❿《ホンジュラス》[襲うために] つけ狙う
—— 自 ❶ 手探りで進む: Tuvimos que bajar la escalera tanteando. 私たちは手探りで階段を降りなければならなかった. ❷《スポーツなど》得点を記録する: Mi amigo fue el encargado de ~ toda la tarde. 友人が午後の間ずっと得点係をした. ❸《競売》で最高値を支払うことに応じる
—— **se** [不動詞の了] 自重する
tanteo [tantéo] [←tantear] 男 ❶ 見積り, 見当《行為》: Calculó el peso por ~ sin equivocarse. 彼は目の子勘定で重さを当てた. hacer un ~ de... ~の見当をつける. ❷ 探り, 打診: De momento, solo es un ~ de las posibilidades. 今のところは様々な可能性を探っているだけだ. pregunta de ~ 探りの質問. ❸《競技》得点, スコア: El ~ está muy igualado. スコアは接近している. Ganamos con un ~ de tres contra uno. 私たちは3対1で勝った. ❹《闘牛》[牛の攻撃を] かわすこと. ❺《美術》素描, 下絵. ❻《法律》[落札価格と同額で獲得する] 優先権, [不動産の] 買取権

a ~/por ~ 1) 目分量で, 概数で: Dime a ~ el dinero de que dispones. 使う金のおよその額を教えてくれ. 2) 当てずっぽうで
tantico [tantíko] 男《主に中南米》少量: un ~ de sal 塩ほんの少々
tantito, ta [tantíto, ta] 形《メキシコ》少しの
—— 男《メキシコ》少量
—— 副《メキシコ》少し
tanto, ta² [tánto, ta] 《←ラテン語 tantus, -a, -um》《数量の不定詞》形 ❶ それほど多くの: 1) ¿Qué puedo hacer con ~ dinero? これほどたくさんの金をどうしたらいいのだろう? ¿Por qué siguen muriendo ~tas mujeres durante el embarazo y el parto? 妊娠から出産の過程でこれほど多くの女性がなくなり続けているのはなぜだろう? La serie gozó de ~ta popularidad. そのシリーズは大変な人気を博した. Me equivocaba como ~tas otras veces (otras ~tas veces). 私は何度もそうしたようにまた間違った. Tengo muchos amigos. Seguro, pero no creo que ~s amigos hubiera. たくさん友人はいるよ. おそらく君には他の人の友人はいるまい. 2) [cuanto と共に] →cuanto². ❷ [+como. 同等比較] …と同じくらい多くの: 1) Tengo ~s discos compactos como él. 彼と同じくらいたくさんCDを持っている. Hubo ~tas mujeres como hombres. 男性と同じだけ多くの女性がいた. Te lo explico ~tas veces como sea necesario. 必要なだけ何度でも説明してあげる. Gonzalo termina en un día ~ como los demás en tres. ゴンサロは他の人が3日かかるのを1日で終える. 2) [否定文で] …ほど[…ない]: No tengo ~s vaqueros como él. 私は彼ほどたくさんジーパンを持っていない. No hace ~ frío como para encender la es-

tufa. ストーブをつけるほど寒くはない. Nada vale ~ como la amistad. 友情は ~ ほど大切なものはない. 1) [+que+直説法] あまり多くの…なので…する: 1) Hay ~ ruido que no puedo oírle bien. 騒音がひどすぎてよく聞き取れません. Anoche comí ~ta carne que tengo el estómago pesado hoy. 私はゆうべ肉をたくさん食べたので, 今日は胃が重い. Vinieron ~tas personas que no pude contarlas. 人が大勢来たので, 私は数え切れなかった. 2) [主節が否定文では que+接続法] No debes tomar ~ café que no puedas dormir por la noche. 夜眠れないほどコーヒーをたくさん飲んではいけない. ❹ [数詞の代用] いくらかの: Le presté ~s euros. 私は彼に何ユーロか貸した. treinta y ~s hombres 三十何人 [参考] 接尾辞的に使われることがある: diecitantos hombres 十数人]
── 代 ❶ それほどの人・事物: 1) Haces muchas fotos, pero no necesitas ~tas. 君はたくさん写真を撮るが, それほど多くは必要ない. A ~ la arrastraron los celos. 嫉妬に駆られて彼女はそんなことをしてしまった. Soy uno de ~s. 私は大勢の中の一人にすぎない. 2) [+como. 同等比較] …と同じくらい多くの人・事物: Vinieron ~s como esperábamos. 期待どおりたくさんの人が来た. ¿Compraste muchas cosas en el mercado?—No ~tas como quería; eran caras. 市場でたくさんの物を買ったかな?—いや, 思っていたほどは買わなかった. 3) [cuanto と共に] →cuanto². ❷ [数詞の代用] Tiene cincuenta y ~s años. 彼は五十何歳かだ. Ya son las ~tas. もうこんな[遅い] 時刻だ. el año mil ochocientos ochenta y ~s 千八百八十何年. [参考] 接尾辞的に使われることがある: Estábamos a veintitantos de mayo. 時は5月20何日かだった. ❸ [+que+直説法] あまりに多くの人・事物が…なので…する: No conviene invitar a ~s que no quepan en el salón de actos. 式場に入り切らないほどたくさんの人を招待するのはよくない. He comprado ~ que no me cabe en la bolsa. 私はたくさん買い物をしたので, 袋に入り切らない. Los aspectos negativos del plan son ~s que no puedo recomendarlo. その計画には否定的な側面があまりに多いので, 私は勧める気になれない
── 副 [語形] +形容詞・副詞 では tan となる: No conozco a un chico tan travieso. 私にこれほどいたずらな子は見たことがない. →tan] ❶ それほど多く, そんなに: La velocidad no aparenta ~. 速度はそれほど出ているようには見えない. No es para ~. それほどのことはない. No bebas ~. そんなに飲むな. ❷ [+como] 1) [同等比較] …と同じくらい: Yo te quiero ~ como Pedro. 僕はペドロと同じくらい君が好きだ. Necesito pintar ~ como respirar. 私にとって絵を描くのは呼吸するのと同じくらい必要なことだ. Dobla el cabo, pero no ~ como para que se rompa. 端を曲げなさい, しかし折れるほどではなく. Es difícil, pero ~ como eso no creo. それは確かに難しいが, それほどのことはないと思う. Puedes gastar dinero ~ como quieras. 使いたいだけ金を使ってもよい. 2) [配分] …と同様に, ~: Hubo ~ mujeres como hombres. 女性も男性もいた. T~ Carlos como yo estamos conformes con usted en eso. 私と同じでカルロスもその点ではあなたと同意見だ. El abuso de alcohol afecta ~ al corazón como al cerebro. アルコールの過剰摂取は心臓にも脳にも悪影響を及ぼす. Te llevaré al médico ~ si quieres como si no. 君が望もうが望むまいが私は医者に連れて行く. El fracaso no se debe ~ a su ignorancia como a su pereza. 失敗は彼の無知のせいというよりは, むしろ彼の怠惰のせいだ. 3) [文をつないで] 問題の…も…も [あり得ない・信じられない]: T~ te irás tú a vivir a Hawai como tomar un hábito. 君がハワイに行って暮らすなんて, 修道院に入ると言うようなものだ[信じられない]. ❸ [+que+直説法] 1) あまり…なので…する: Es ~ alto que a veces se da con la cabeza en el dintel de la puerta. 彼は背が高いので, 入り口の鴨居に時々頭をぶつける. He caminado ~ que me duelen los pies. 私はたくさん歩いたので足が痛い. 2) [主節が否定文では que+接続法] El peligro no es ~ que vuelvan a drogarse. 彼らが再び麻薬を使用するほどの危険な状態ではない. ❹ [+比較語] 一層, さらに: 1) Este fenómeno es ~ mayor a medida que crece la velocidad. この現象は速度が上がるにつれて顕著になる. 2) [cuanto+比較語と共に] →cuanto².
── 男 ❶ [時に 俗. 知らないか言いたくない] ある数量; [主に不定冠詞・定冠詞+. 特に取り決めて] 金額: Cada uno pagó un ~ al mes. 私は毎月何がしかもらっている. Cada uno pagó un ~ para comprar el regalo. 贈り物を買うための分担金を各自が払った. Recibimos el ~ por ciento por todas las ventas del

tanto, ta

mes. 私たちは一か月の総売上に対して決まった割合の金額を受け取っている. ¿Qué ~ será? 《中南米》いくらですか? a ~s de agosto 8月何日か. ❷ 得点, 点数: El equipo ganó por dos ~s a uno al equipo local. そのチームはホームチームに2対1で勝った. apuntar los ~s スコアをつける. conseguir un ~ 1点獲得する. marcar el segundo ~ 2点目を決める. empatar a 4 ~s 4対4で引き分ける. ❸ 好結果, 好評価: apuntarse un ~ a favor (en contra) 点数を稼ぐ(失う)

a las ~tas とても遅くに: Iba a llegar a las diez y se presentó a las ~tas. 彼は10時に着くはずだったのに, 非常に遅くにやって来た

a ~s de ~s [日付を明確にしたくなくて] 某月某日に

al ~ [+de] 知って, 注意を払って; …の世話をして: Debemos estar al ~ de la realidad. 私たちは現実を知らなくてはいけない. estar al ~ todos los días 毎日注意を怠らない

algún ~ 少し, 少々, いくらか: El frío ha cedido algún ~. 寒さが少し緩んだ

apuntar un ~ 的中させる; 点数を稼ぐ

apuntarse un ~ 1) 1点入れる. 2) [他の人より] 有利な立場に立ち, 点数を稼ぐ: Teniendo un don de palabra, se apunta un ~ en muchas ocasiones. 彼は弁が立つので色々な場合に得をしている. *apuntarse un ~ en [su] contra* 不利な立場に立ち, 失点させる

de ~+不定詞/de ~+名詞+que・como+直説法 あまりに…なので: A Manolo le duele el cuello de ~ mirar el cielo. マノロは空を見つめすぎて首が痛い. ¡Parece que estamos en pleno verano de ~ calor que hace! あまり暑いので真夏みたいだ

de ~ en cuanto =de ~ en ~

de ~ en ~ 《←カタルーニャ語 de tant en tant》時々, たまに: De ~ en ~ me invitaron para la cena. 時おり彼らは私を夕食に誘ってくれた. Necesito salir de ~ en ~. 私はたまに出かける必要がある

de ~ que・como+直説法 あまりに…なので: Todos quieren verle de ~ que (como) he hablado de usted. 私があなたのことをあまり話すので皆が会いたがっている

en ~ 1) 《文》その間に 《=entretanto》: Tú ve haciendo la comida y, en ~, yo pondré la mesa. 君は料理を始めたまえ. その間に僕は食卓の用意をしておくよ. 2) …であるという点では: En ~ ya son pasados, no pueden ser objeto del periodismo. それがもはや過去のものであるという点ではニュースにはなり得ない. 3) [+no] …しないうちは; …するまでは: La máquina no funcionará en ~ no se le eche la gasolina. ガソリンを入れない限りエンジンは動かないだろう

en ~ en cuanto →cuanto

en ~ que... [+直説法] …している間に, そのうちに…; …だが一方では: Estudia tu lección, en ~ que yo acabo de ducharme. 勉強しなさい. その間に私はシャワーを浴びてしまう. Brindó con un campari, en ~ que María lo hizo con un vaso de agua mineral. 彼はカンパリで乾杯し, 一方マリアはミネラルウォーターで乾杯した. 2) 《文》[+直説法] であるという点で. 3) [+接続法. 条件] …する限りは, …しさえすれば: No puede haber democracia en ~ que siga habiendo torturas. 拷問がある限りは民主主義であるとは言えない. 4) 《←仏語》[+名詞] として: Habló en ~ que candidato pero no como primer ministro. 彼は首相としてではなく候補者として話した. la Iglesia en ~ que institución 組織としての教会

entre ~ =entretanto

hasta las ~tas とても遅くまで

hasta ~ [+que+直説法/hasta ~ que [no] +接続法 …しないうちは, …するまでは [主節が否定文の場合, 虚辞の no が現れるのが原則]: El ejército no estará listo hasta ~ no se haya dado el equipamento a las tropas. 各部隊に装備が与えられないうちは軍隊は戦闘態勢に入れないだろう. No recibirá a nadie hasta ~ que no le lleguen instrucciones. 指令が届かないうちは彼は誰も受け入れないだろう

las ~tas 《口語》遅い時刻, 深夜: Ya son las ~tas. もうこんな(かなり遅い)時間だ. hasta las ~tas とても遅くまで

ni ~ así 少しも[…ない]: No me siento ni ~ así de mal. 私は気分は全く悪くない

ni ~ ni tan poco 《口語》[非難] ほどほどに[しなさい]

no ser para ~ [大げさな考えを打ち消して] それほどでもない: La cosa no es para ~; no te escandalices. 大したことでは

otro ~ 1) 同じ[数量・事]: Compré dos kilos de carne y otras ~*tas* de patatas. 私は肉を2キロとジャガイモも2キロ買った. Ayer subió tres puntos y hoy aumentará *otro* ~. 昨日3ポイント上昇し, 今日も同じだけ上昇するだろう. Miguel me insultó y José hizo *otro* ~. ミゲルが君を侮辱し, ホセも同じことをした. 2) 2倍(以上): Mi hija se comería *otro* ~ del pastel. 私の娘はケーキをその2倍ぐらいは平らげる. más grave que *otro* ~ 類のないほど重大な
poner al ~ [+*de* を] 知らせる; …の世話をする
por [*lo*] ~ [原因] それゆえに, だから, そのため, したがって: Pensé que no estabas en casa, *por lo* ~ no te invité. 君は家にいないと思ったので, それで私は君を誘わなかったのだ. Dejé el examen en blanco y, *por lo* ~, tendré que repetir la asignatura en el siguiente semestre. 私は答案を白紙で出し, 次のセメスターに再履修しなければならないだろう. Nací y *por lo* ~ existo. 私は生を受け, それゆえに生きている
¿Qué ~*+動詞・名詞?* 《中南米》どれほど[の], どれくらい[の]?: *¿Qué* ~ *lo quiere?* どのくらい彼を愛しているの? *¿Qué* ~ *tiempo requiere?* それはどれほどの時間が必要ですか?
T~..., ~... [数量的に] …すればするほど〜する: *T*~ gana, ~ gasta. 彼は稼ぐそばから使ってしまう. *T*~ tienes, ~ vales. 財産ができたらできるだけ, 人の値打ちが上がる
¡T~ *bueno* [*por aquí*]*!* ようこそ! {=¡Cuánto bueno [por aquí]!}
~ *como para*+不定詞・*que*+接続法 …するほど…: No comas ~ *como para* marearte. 気分が悪くなるほど食べるんじゃないよ. No gritéis ~ *como para que* nos volvamos locos. 私たちの気が変になるほど, そんなに大声を出すな
~ *da* [無関心] どちらでもいい: *T*~ *da* que se lo digas o no. 君がそのことを彼に言おうが言うまいがどちらでもいい
~ *es así que*+直説法 [強調構文] だからこそ…: Me encantó la ciudad, ~ *es* (*era*) *así que* la visitaba cada verano. 私はその町がとても気に入った, だからこそ毎夏訪れた
~ *más que*+直説法《まれ》…であるだけそれだけ一層
~ *más si*+直説法 Tendrás que ahorrar sin gastar en estos momentos, ~ *más si* no quieres sufrir después de jubilarte. 退職後に苦労したくないのなら, 今余分な金を使わずに貯めておくことだ. *T*~ *más barata* será la compra *si* es masiva la utilización. 使用量が大量であれば, それだけ買い付け価格は安くなる
~ *mejor* [すでに述べたこととの関係で] ずっといいことだ, もっと結構なことだ: 1) Pero si os quedáis a cenar, ~ *mejor*. でも君たちが夕食をしてくれるのなら, なおさら結構だ. *¿Vamos juntos a la fiesta? T*~ *mejor si me pasas a buscar en tu coche*. 一緒にパーティーに行く? 君の車で迎えに来てくれるともっとありがたいけど. 2) 《皮肉》Y si no quiere ir con nosotros, ~ *mejor*. もし彼が私たちと一緒に行きたくないと言うのなら, それでかえっていい
~ *menos que...* だからなおのこと…でない
~ *monta* [, *monta* ~] 《西》[どちらでも] 同じことだ: 1) *T*~ *monta, monta* ~ *Isabel como Fernando*. イサベルとフェルナンドは同権である《カトリック両王は権利が等しい》. 2) *¿Vamos primero al mercado o a Correos?—T*~ *monta*. 先に市場に行こうか, それとも郵便局に行く?―どちらでもいいよ. [+接続詞+接続法] *T*~ *monta que* se lo consultes a Luis o a su mujer. ルイスに相談しても彼の奥さんに相談しても, どちらも同じことだ
~ *nos da* 私たちにとってどうでもいい
~ *peor* 事態はもっと(かえって)悪くなる: El problema ya lo tenemos, ~ *peor si* no quiere colaborar con nosotros. 私たちは既に問題を抱えているが, 彼が協力してくれないとさらにまずいことになる. Se retrasó y se le olvidó llevar el pasaporte; ~ *peor*. 彼は遅刻した上にパスポートを持ってくるのを忘れた, 最悪だった
~ *por ciento* パーセンテージ {=porcentaje}: Hay que fijar el ~ *por ciento de ganancia*. 何パーセントの利益を見込むのか決めなくはならない. Recibió un crédito a un ~ *por ciento* bastante bajo. 彼はかなり低利で貸し付けを受けた
T~ *se me* (*te・le*...) *da*. …にとってどうでもいいんだ, も構わない
T~ *si..., como si...* [二者択一] もし…でも, あるいは…でも〔結果は同じだ〕: *T*~ *si* vas hoy, *como si* mañana, no cam-

biará mucho el estado del enfermo. 君が今日行くか明日行くか, どちらにしても患者の病状は変わらないだろう
T~ *vales cuanto tienes*. →*cuanto*
~ *y cuanto* →*cuanto*
~ *y tantas* (*y tantos*) たくさんの〔こと〕: Te lo he dicho *tantas y tantas veces*. 僕は何度も君に言ったよ
~*s más* (*otros*) =*y* ~*s más* (*otros*)
un ~ 1) [金額を言わずに]《金》Mis hijos me dan *un* ~ al mes. 息子は毎月何がしかを私にくれる. 2) [主に非難して] 少し; かなり: Tienes *un* ~ *de culpa*. 責任の一端は君にある. Su hijo es *un* ~ *gandul*. 彼の息子は少しぐうたらだ. Estaba *un* ~ *triste*. 彼はちょっとしょげていた
un ~ *cuanto* →*cuanto*
uno de ~*s* 普通の(月並みな・ありふれた) 人・事物: Son *una de* ~*tas familias que se vinieron desde España*. 彼らはスペインから移住してきたそんな一家だ
¡Y ~*!* 《西. 口語》[同意の強調] そのとおりだ!: *¡Necesitarás unas vacaciones!—¡Y* ~*!* 休暇が必要かい?—まさにそのとおりだ, 必要だ! — *¿Que vas? ¡Y* ~ *que iré!* 行くのかって, 私は行くとも!
y ~*s*〔概数. 10の単位の数詞+〕Tiene cuarenta *y* ~*s años*. 彼は四十何歳かだ
y ~*s más* (*otros*) [列挙して] その他色々[の]
—— 男《古語》[計算に用いる] 珠(な)

tantra [tántra]《←サンスクリット語》男《宗教》タントラ, 聖典
tántrico, ca [tántriko, ka] 形 タントラの; タントラ教徒
tantrismo [tantrísmo] 男 タントラ教
tantum ergo [tántun érgo]《←ラテン語》男《カトリック》タントゥム・エルゴ《ミサ曲 Pange lingua の最後の2節, 「ゆえに〔秘蹟は〕偉大なり」の意》
tantundem [tantúnden]《←ラテン語》男《カタルーニャ. 法律》[夫から妻に贈られる] 結納金
tanza [tánθa] 女 釣り糸, 幹糸
tanzanés, sa [tanθanés, sa] 形 名 =tanzano
tanzaniano, na [tanθanjáno, na] 形 名 =tanzano
tanzaniense [tanθanjénse] 形 名 =tanzano
tanzanio, nia [tanθánjo, nja] 形 名 =tanzano
tanzano, na [tanθáno, na] 形 名《国名》タンザニア Tanzania の(人)
tañar [taɲár] 他《隠語》[人の性質・意図などを] 推し量る, 察する
tañedor, ra [taɲeðór, ra] 名《文語》打楽器・弦楽器奏者
tañer [taɲér]《←ラテン語 tangere》19 他〔文語〕❶ [打楽器・弦楽器を] 弾く, 演奏する: Ella *tañe el arpa como los ángeles*. 彼女はとても上手にハープを弾く. ❷ [鐘を] 鳴らす: El sacristán no quiere ~ *las campanas en días de difuntos*. 教会の聖具係は死者の日(11月2日)には鐘を鳴らしたがらない
—— 自 ❶ 指で軽く叩く: ~ *sobre la mesa* 指でテーブルをトントン叩く. ❷ 鐘が鳴る
tañido [taɲíðo] 男 [楽器・鐘などの] 音
tañimiento [taɲimjénto] 男 [楽器を] 弾くこと, 演奏; [鐘を] 鳴らすこと
tañir [taɲír] 20 他《俗用》=tañer
taño [táɲo] 男 タンニンを抽出するための樹皮 {=casca}
tao [táo] I 《←tau (ギリシア語アルファベットの T)》男 T形十字 {=cruz ~. 聖アントニウス騎士団員・聖ヨハネ騎士団員の紋章》
II 《←中国語》男 [主に *Tao*] 道《5》《宗教的原理; 人としての正しい行ない》
taoísmo [taoísmo] 男 道教; 老荘哲学
taoísta [taoísta] 形 道教の(信者); 老荘哲学の, 道士, 道家
taos [táos] 男 タオス語《ニュー・メキシコの先住民の言語》
tapa [tápa] I《←?ゴート語 tappa》女 ❶〔箱・瓶・鍋などの〕ふた: levantar la ~ *de una caja* 箱のふたをあける. *del piano* ピアノのふた. *corona* 《中南米》瓶の王冠. ❷ [本・雑誌の] 表紙: Se ha despegado la ~ *del libro*. 本の表紙が取れた. *libro de* ~[*s*] *dura*[*s*] ハードカバー. ~*s de piel* 革表紙. ❸〔料理〕《西》[時に 複] タパス《酒のつまみやアペリチフとして食する少量の料理》: En un bar pidió una cerveza y una ~ *de gambas*. 彼はバルでビール1杯とおつまみにエビを頼んだ. Nos vamos de ~*s*. 「子飲みに」外もも肉. 3)《アンデス》ランプ肉のステーキ. 4)《フィリピン》干し肉, 燻製肉. ❹ [上着・コートの] 上えり. ❺ [靴の] かかとの底《地面と接する部分》: Quiero que el zapatero me cambie las ~*s*. 私は靴屋にかかとを替えてもらいたい. ❻ [馬の] ひづめの角ばった部分.

tapate

❼《ナバラ》屋根瓦. ❽《自動車》1)《メキシコ》ハブキャップ. 2)《パナマ》ボンネット《＝～ del motor》. ❾《カリブ》委員会《=comisión》. ❿《キューバ》お金. ⓫《プエルトリコ, チリ》シャツの胸の部分. ⓬《ボリビア》1) 蜂の巣; [一般に] 巣, ねぐら. 2) 散らかった部屋. ⓭《チリ. 口語》毛布
hacer una ～ a+人《チリ. 口語》…を拒絶する
levantar la ～ de los sesos a+人《ピストルなどで》…の頭を打ち抜く
ponerle la ～ a+人《アルゼンチン. 口語》…を上気させる, …を唖然とさせる
volar (saltar) la ～ de los sesos a+人 =*levantar la ～ de los sesos a*+人
II 囡《ホンジュラス. 植物》シロバナヨウシュチョウセンアサガオ《=estramonio》
III 囡《ポリネシアで》樹皮から採った布

tapabalazo [tapabaláθo] 男 ❶《船舶. 古語》砲弾であいた穴をふさぐ）檻皮でくるむ円筒形の木栓. ❷《中南米》[ズボンなどの] 前開き. ❸《パナマ》[婦人用民族衣装の] 飾りひも, レースひも

tapabarro [tapabárɾo] 男《ペルー, チリ》フェンダー《=guardabarros》

tapaboca [tapabóka] 男 ❶《服飾》[幅の広い] マフラー. ❷《軍事》[砲口の] 木栓, 砲栓. ❸《フェンシング》たんぽでの一撃. ❹他の人を黙らせるような理屈(言分). ❺ 口への平手打ち. ❻《ウルグアイ》[医師・看護師の用いる] マスク

tapabocas [tapabókas] 男《単複同形》マフラー, 砲栓《=tapaboca》

tapacamino [tapakamíno] 男《ボリビア, アルゼンチン, 鳥》ハサミオヨタカ

tapacete [tapaθéte] 男 ❶《船舶》滑動天幕, 覆甲板(おおいぶた). ❷ [車・馬車の] 日除け, 小カーテン

tapachiche [tapatʃítʃe] 男《メキシコ, 中米. 昆虫》羽の赤い大型のイナゴ

tapachichi [tapatʃítʃi] 男《メキシコ, 中米. 昆虫》=tapachiche

tapacostura [tapakɔstúɾas] 男《単複同形》《裁縫》縫い目を隠すテープ

tapacubos [tapakúbos] 男《←tapar+cubo》《単複同形》《自動車》ハブキャップ, ホイールキャップ

tapaculo [tapakúlo] 男 ❶《西》野バラの実. ❷《カディス; キューバ. 魚》カレイ《=rodaballo》. ❸《チリ, アルゼンチン. 鳥》オタテドリ

tapada¹ [tapáda] 囡《古語》[正体を隠すため] マントに身を包んだ女

tapadera [tapadéɾa] 囡《←tapar》❶ [鍋などの] ふた: *poner la ～ a la olla* 鍋にふたをする. ❷ 隠れみの, 偽装: *La agencia de viajes era la ～ de sus actividades fraudulentas.* 旅行会社は彼の詐欺行為の隠れみのになっていた. ❸《メキシコ》[瓶の] 栓

tapadero [tapadéɾo] 男 [穴などを] ふさぐもの

tapadillo [tapadíʎo] 男《←tapar》❶《音楽》[オルガンの] 笛止め栓. ❷《口語》ラブホテル. ❸ 真実を隠すこと, 偽装. ❹《廃語》[女性がマントやベールなどで] 顔を隠すこと
de ～《西》こっそり, 内緒で・と: *Tenía una novia de ～.* 彼には秘密の恋人がいた

tapadizo [tapadíθo] 男 ❶《まれ》❶ [雨よけの] ひさし, のき. ❷ 納屋, 小屋

tapado, da² [tapádo, da] 形 ❶《料理》*carne ～da* 煮込み肉, シチュー. ❷《魔語》[女性がマントやベールなどで] 顔を隠した. ❸《コロンビア, ベネズエラ, ペルー》鈍感な, 頭が悪い. ❹《チリ, アルゼンチン》[馬の毛色の] 一色の, 斑点のない. ❺《アルゼンチン》[動物・人が] 価値が隠れたままの
―― 名《メキシコ》[既に選挙前に確定的な] 次期大統領(首相)
―― 男 ❶ ふたをすること. ❷《まれ》ラブホテル. ❸《メキシコ, プエルトリコ, ペルー》賭けが終わるまで目隠しされている闘鶏. ❹《ホンジュラス, コロンビア. 料理》先住民が地面に穴を掘って作るバナナと肉の蒸し焼き. ❺《ペルー, ボリビア, チリ, アルゼンチン, ウルグアイ》[主に女性・子供用の] オーバー, コート. ❻《チリ, ボリビア, アルゼンチン》埋蔵された宝物. ❼《ホンジュラス》[ダンスパーティーで] 女性が最後に踊る曲

tapador, ra [tapadór, ra] 形 ふたをする[人]; 栓をする[人]《=tapadera》
―― 囡 閉栓機

tapadura [tapadúɾa] 囡 ❶《まれ》ふたをすること; 覆うこと. ❷《メキシコ, アルゼンチン》虫歯の充填材

tapafunda [tapafúnda] 囡 ❶ [ピストルの] ホルスターのふた. ❷《コロンビア. 馬具》鞍覆い

tapagujeros [tapaguxéɾɔs] 男《単複同形》《口語》❶ 下手な左官屋. ❷ 代役, 替え玉

tapajuntas [tapaxúntas] 男《単複同形》《建築》[窓・ドアの] サッシ

tapalcate [tapalkáte] 男《メキシコ, 中米》役立たず[人]; がらくた, 不用品

tápalo [tápalo] 男《メキシコ》[女性が顔・頭を覆う] ショール

tapalodo [tapalódo] 男《プエルトリコ, ペルー. 自動車》泥よけ, フェンダー

tapaluz [tapalúθ] 男《地方語》よろい戸《=contraventana》

tapamiento [tapamjénto] 男 ❶ ふたをすること; 覆うこと

tápana [tápana] 囡《アルバセテ, ムルシア. 植物》フウチョウボク《=alcaparra》

tapanca [tapáŋka] 囡 ❶《アンデス. 馬具》馬衣. ❷《チリ》尻, 臀部(でんぶ)

tapanco [tapáŋko] 男 ❶《メキシコ, グアテマラ》ペントハウス《=ático》. ❷《メキシコ》ベッド代わりの台; 保管用の台. ❸《フィリピン》[天井を覆う] 竹製の日よけ

tapaojo [tapaóxo] 男 ❶《古語. 馬具》おもがい. ❷《コロンビア, ベネズエラ》1)《馬具》おもがい飾り; 遮眼帯. 2) フィクション, 作り話; 複雑な筋立て(プロット)

tapapiés [tapapjés] 男《単複同形》《古語. 服飾》絹のチュニック

tapaporos [tapapóɾɔs] 男《単複同形》下塗り用塗料; にじみ止め糊

tapapuntos [tapapúntɔs] 男《単複同形》=tapacosturas

tapar [tapár]《←tapa I》他 ❶ [見えないように] 覆う: 1) *La colcha tapa las mantas.* ベッドカバーが毛布を覆っている. *Una nube va a ～ el sol.* 雲が太陽を覆い隠そうとしている. 2) [+con で] ～ *la herida con una gasa* 傷口をガーゼで覆う. ～ *al niño dormido con una manta* 眠った子供に毛布を掛ける. ❷ふさぐ, 防ぐ: *El árbol tapa el sol a la ventana.* 木にさえぎられて窓に日が当たらない. *El muro nos tapa el viento.* 塀が風を防いでくれる. ～ *el panorama (la vista)* 眺望(視線)をさえぎる. ❸ ふさぐ: *Una gran piedra tapaba la entrada de la cueva.* 大きな岩が洞窟の入り口をふさいでいた. ～ *los agujeros de la pared* 壁の穴をふさぐ. ～ *la puerta* ドアをしめる. ❹ …にふた(栓)をする: ～ *la olla con su tapadera* 鍋にふたをする. ～ *una botella* 瓶に栓をする. ❺ [誤りなどを] かくす, かくまう: *Roberto siempre tapa a su hermano y nunca sabemos dónde anda.* ロベルトはいつも弟の消息を隠すので彼がどこにいるか全く分からない. ～ *una falta* 失敗を隠蔽(いんぺい)する. ～ *a un criminal* 犯人をかくまう. ❻《中南米》1) 虫歯に充填する. 2) [配管を] ふさぐ. ❼《ベネズエラ》種をまく
―― ～*se* 身をくるむ: *Tápate bien, que hace frío.* 寒いから厚着しなさい. ❷ 自分の…を覆う(ふさぐ): *El acusado se tapó la cara con la chaqueta.* 被告は上着で顔を覆った. ～*se los ojos (los oídos)* 目(耳)をふさぐ. ❸ [+a+人の] 耳・鼻などがふさがる, 詰まる: *Se me tapan los oídos.* 私は耳に膜が張ったようだ

tapara [tapáɾa] 囡《中南米》ケーパー《=alcaparra》. ❷《ベネズエラ, コロンビア》フクロノキ taparo の実(で作った容器)
vaciarse como una ～《ベネズエラ》自分の身に起きたことをすべて話す; 真情を吐露する, 言いたいことを洗いざらいぶちまける

tápara¹ [tápaɾa] 囡《植物》フウチョウボク《=alcaparra》

taparear [tapaɾeár] 他《ベネズエラ》❶ 覆い隠す, 見えなくする. ❷ …の酒癖を治す

tapareró [tapaɾeɾó] 男《ベネズエラ》中傷, 陰口

taparo [tapáɾo] 男《ベネズエラ》❶《植物》フクロノキ. ❷ 頭の切れる男

táparo, ra² [táparo, ra] 形 名《コロンビア》❶ 片目の[人]. ❷ 反応が鈍い; 頑固な
―― 男《コロンビア》点火器《=yesquero》

taparrabo [tapařábo] 男 =taparrabos

taparrabos [tapařábos] 男《←tapar+rabo》《単複同形》❶《服飾》ふんどし; 腰布: *en ～* ふんどしを締めた; 腰布を巻いた. ❷《口語》[男性用の] ビキニ型水泳パンツ. ❸《ペルー, チリ. 自動車》泥よけ, フェンダー

tapasol [tapasól] 男《ベネズエラ, ペルー. 自動車》サンバイザー

tapate [tapáte] 男《コスタリカ. 植物》シロバナヨウシュチョウセンアサガオ

tapatío, a [tapatío, a] 形 名 《地名》グアダラハラ Guadalajara の［人］《メキシコ、ハリスコ州の州都》
— 男 《メキシコ》トルティーヤの保温器

tapayagua [tapajáɣwa] 女 《メキシコ, ホンジュラス》❶ 霧雨 [=llovizna]. ❷ 嵐が来そうな雲ゆき、暗雲

tapayagüe [tapaɣéɣwe] 男 《メキシコ》=**tapayagua**

tape [tápe] 形 名 ❶《歴史》タペ地区の［グアラニー族の先住民］《現在のブラジルのリオ・グランデ・デル・スル州にあったミシオネス misiones》. ❷《ラプラタ、軽蔑》先住民のような顔立ちで黒っぽい肌の人
—— 男 《地方語》ふた [=tapa]

tapear [tapeár] 自《西》タパス tapa を食べる

tapegua [tapéɣwa] 女 《ホンジュラス、狩猟》罠、仕掛け

tápena [tápena] 女 《アルバセテ, ムルシア. 植物》フウチョウボク [=alcaparra]; その芽、つぼみ《食用》

tapenera [tapenéra] 女 《アルバセテ, ムルシア》フウチョウボクの茂み

tapeo [tapéo] 男 《西》タパス tapa を食べること: ir de 〜 [タパスを食べに] バルへ行く

tapeque [tapéke] 男 《ボリビア》旅行用品

tapequear [tapekeár] 〜se 《ボリビア》旅行用品を手に入れる（調達する）

tapera [tapéra] 女 ❶《南米. 口語》廃村; 廃屋, 荒れた部屋, 荒廃した農場. ❷《軽蔑》田舎の；粗末な家、バラック

taperujar [taperuxár] 〜se だらしない身なり（格好）をする

taperujo [taperúxo] 男 ❶《口語》ふた（栓）がしっかり閉められていないこと. ❷ だらしない身なり（格好）

tapescle [tapéskle] 男 《メキシコ》❶［聖像を運ぶ］輿(ì); ❷ 担架

tapesco [tapésko] 男 ❶［ヨシを編んだ］簡易ベッド, 寝棚. ❷ 持ち送り [=repisa]; 壇 [=tarima]

tapeste [tapéste] 男 《メキシコ》トレイ, 盆. ❷《エルサルバドル》簡易ベッド [=tapesco]

tapestle [tapéstle] 男 《メキシコ》簡易ベッド [=tapesco]

tapeta [tapéta] 女 《服飾》上えり [=tapa]

tapetado, da [tapetáðo, ða] 形 暗色の、地味な

tapete [tapéte] 男［←ラテン語 tap < ギリシャ語 tapes, -etos］男 ❶ テーブルセンター；［ソファなどの］背（肘）カバー; ［家具上の］小さい敷物. ❷［緑のフェルトが張られた］トランプ用テーブル, 賭博台 [=〜 verde]. ❸《まれ》小さいじゅうたん. ❹《メキシコ, エルサルバドル, 南米》玄関マット; ［メキシコ, ペルー, ボリビア］バスマット; 《メキシコ》じゅうたん. ❺《コロンビア》鼻への殴打
colocar... sobre el 〜 =poner... sobre el 〜
estar sobre el 〜 審議（検討）中である, 話題になっている: Está sobre el 〜 el problema de los aumentos salariales. 賃上げ問題が討議されている
poner... sobre el 〜 …を議題（話題）として取り上げる, 俎上にのせる: Puso sobre el 〜 la necesidad de reducir la plantilla. 彼はリストラの必要性を俎上にのせた

tapeteado, da [tapeteáðo, ða] 形 《エクアドル》気まぐれな、勝手な；頑固な

tapetí [tapetí] 男 《動物》モリウサギ

tapetusa [tapetúsa] 男 《アンデス》密売（密造）の蒸留酒

tapia [tápja] 女 ❶［←古語 tapiz < tap（壁土を固める擬音）］土塀《土を型枠に入れて付き固め、日干しにし、積み上げる. →頸義 muro》: Sobre la 〜 hay cristales con las puntas hacia arriba para la seguridad. その塀の上部には、防犯のために先端を上に向けたガラスの破片が埋め込まれている. saltar la 〜 del patio 中庭の塀を飛び越える. ❷ 板塀、柵、囲い. ❸《マドリード. 古語》［左官の面積単位］=49〜50平方フィート
a caballo en la 〜 どちらに転んでもいいように
estar [sordo] como una 〜/estar (ser) más sordo que una 〜 全く耳が聞こえない、ひどく耳が遠い

tapiado [tapjáðo] 男 壁でふさぐこと; 土塀で仕切ること

tapiador [tapjaðór] 男 塀作り職人

tapial [tapjál] 男 ❶［土塀 tapia のように作られた］土壁. ❷［土塀工事用の、2枚の板から作られた］型枠. ❸《セゴビア》荷車の横板

tapialar [tapjalár] 他《メキシコ, エクアドル》=**tapiar**

tapialera [tapjaléra] 女 《エクアドル》土塀 [=tapia]

tapialero [tapjaléro] 男 《エクアドル》塀作り職人

tapiar [tapjár] ［←tapia] 10 他 ❶ 壁でふさぐ: Los albañiles están tapiando las ventanas de la antigua fábrica. 左官たちは古い工場の窓を壁で塞いでいる. ❷ 土塀で仕切る; 囲いを作る

El Ayuntamiento nos obliga a 〜 el aparcamiento de los coches. 市役所は私たちに駐車場を塀で囲むように命じている

tapicería [tapiθería] ［←tapiz] 女 ❶ 集合 ［壁掛け・ソファなどの］つづれ織り, タペストリー; cartón de 〜 つづれ織りの下絵. ❷ タペストリーの工房（販売店）. ❸ つづれ織りの織法（職）

tapicero, ra [tapiθéro, ra] 男女 つづれ織りの織工

tapichí [tapitʃí] 男 《ボリビア、アルゼンチン》死んだ母体から生まれた子牛

tapido, da [tapíðo, ða] 形 布目の詰んだ; 濃い, 詰まった

tapiería [tapjería] 女 集合 ［一軒の家・一つの土地の］土塀, 土壁

tapiero [tapjéro] 男 《コロンビア》塀作り職人

Tàpies [tápjes] 《人名》**Antoni** 〜 アントニ・タピエス《1923〜2012、バルセロナ出身の美術家. シュルレアリスムの影響を受けた後、アンフォルメル運動 informalismo を実践. 『雲と椅子』 Nube y silla, 『靴下』 Calcetín》

tapilla [tapíʎa] 女 《チリ》［靴の］かかとの滑り止め

tapín [tapín] 男 ❶［火薬入れの］金属製のふた. ❷《船舶》［甲板又の釘の頭を隠す］木製のかぶせもの. ❸《アストゥリアス, レオン》［移植用に］四角に剥ぎ取った芝土

tapina [tapína] 女 《エストレマドゥラ》［樽・桶の］栓、コック

tapinga [tapíŋɡa] 女 《チリ. 馬具》❶ 馬などを荷車のながえに結び付ける] 腹帯. ❷［鞍なしで乗馬するための］鞍覆

tapiñar [tapiɲár] 他《隠語》食べる [=comer]

tapioca [tapjóka] 女 ❶［←トゥピ・グァラニー語 tipiok「残り、凝固物」］《料理》タピオカ《キャッサバの根からとる澱粉》. ❷ タピオカのスープ

tapir [tapír] 男 《動物》バク: 〜 asiático マレーバク. 〜 terrestre アメリカバク

tapírido, da [tapíriðo, ða] 形 バク科の
—— 男複 《動物》バク科

tapirujar [tapiruxár] 〜se 《口語》=**taperujarse**

tapirujo [tapirúxo] 男 《口語》❶ 蓋（栓）がしっかり閉められていないこと. ❷ だらしない身なり（格好）

tapis [tápis] 男 《単複同形》《フィリピン. 服飾》［先住民の女性が締める、暗色の］広い帯

tapisca [tapíska] 女 ❶《メキシコ, 中米》トウモロコシの取り入れ. ❷《メキシコ》コーヒー豆の収穫

tapiscar [tapiskár] 他《中米》トウモロコシを収穫し実を取る

tapita [tapíta] 女 《カリブ》[estar+] 全く耳の聞こえない

tapití [tapití] 男 《アルゼンチン, パラグアイ. 動物》ノウサギの一種《学名 Lepus brasiliensis》

tapiz [tapíθ] 男 ［←古仏語 tapiz < ギリシャ語 tapiti < tapes, -etos] 男 ［複 〜ces] ❶［壁掛け用の］つづれ織り, タペストリー, タピスリー. ❷《レスリング》マット. ❸《文語》［草花の］表皮
arrancado de un 〜 奇妙な顔つきの

tapizado [tapiθáðo] 男 ❶［ソファなどの］布地を張ること; その布地. ❷［壁などを］タペストリーで飾ること

tapizamiento [tapiθamjénto] 男 布地を張ること; タペストリーで飾ること

tapizar [tapiθár] ［←tapiz] 9 他 ❶［ソファなどに］布地を張る. ❷［壁などに］タペストリーを飾る（掛ける）: Los reyes tenían la costumbre de 〜 los palacios con ricos tapices. 王たちは宮廷を豪華なタペストリーで飾る習慣があった. ❸［表面などを］覆いつくす: Miles de octavillas tapizaban las calles. 無数の宣伝ビラが街路を埋めつくしていた

tapoatafa [tapoatáfa] 男 《動物》クロオファスコガーレ

tapolcate [tapolkáte] 男 《グアテマラ, エルサルバドル》がらくた、役に立たないもの

tapón[1] [tapón] ［←仏語 tapon] 男 ❶［瓶などの］栓、ふた: quitar (arrancar) el 〜 de una botella de vino ワインボトルの栓を抜く. 〜 del depósito de gasolina ガソリンタンクのふた. 〜 de desagüe ドレーンプラグ、排水口の栓. Al primer 〜, zurrapa.《西. 諺》最初はうまくいかないものだ. ❷ 耳栓. ❸《医学》止血栓、綿球；［生理用の］タンポン: Le han puesto un 〜 en la nariz para que no sangre. 彼は鼻血が出ないように栓をされた. ❹《口語》背が低く太った人、ずんぐりした人《=〜 de alberca, 〜 de cuba》: Mi primo es un 〜 y tiene una bicicleta muy pequeña. 私の従兄はずんぐりだが、かなり低い自転車に乗っている. ❺［進行などの］障害, 妨害: Se produce un 〜 en la circulación. 交通渋滞が起きている. Tardé mucho por el 〜 que había en la Granvía. グランビアで車が渋滞していて私はひどく遅れた. La pila está atascada: debe haber un

~ en la tubería. シンクが流れない. 配管が詰まっているにちがいない. ❻《バスケットボール》シュートをインターセプトすること. ❼ 耳垢《=~ de cerumen》: Quiero que me saques los *tapones* de los oídos. 君に耳垢を取ってもらいたい. ❽ 状態 ~ 緩衝国. ❾《メキシコ, チリ, アルゼンチン, ウルグアイ》ヒューズ《=fusible》. ❿《パナマ》小鳥を捕える罠. ⓫《アルゼンチン》家具に塗るニス. ⓬《ボリビア》冠毛のある雌鶏. ⓭《チリ》~ volcánico 溶岩尖塔

tapón² [tapón, na]《パナマ》尾の短い, 尾のない

taponador, ra [taponaðór, ra] 囲 瓶に栓をする係の人
—— 囲 打栓機

taponamiento [taponamjénto] 囲 ❶ 栓をすること. ❷《医学》[傷口に] ガーゼ(綿)を詰めること, 止血. ❸《コロンビア, ラプラタ》交通渋滞

taponar [taponár]《←tapón》囮 ❶ …に栓をする, ふさぐ, 詰め物をする: *Tapona* bien la pila, que se va el agua. 水がもれるから洗面台の栓をきちんとしめなさい. ~ una botella 瓶に栓をする. ~ un orificio 穴に栓をする. ~ la brecha すき間を埋める. ❷ [ガーゼ・綿などで] タンポンを挿入する: Los médicos le *taponaron* la herida. 医師たちは彼の傷口の出血を止めた. ~ la hemorragia 止血する. ❸ 妨害する, さまたげる: Un camión volcado *taponaba* la autopista. 横転したトラックが高速道路をふさいでいた. ❹《バスケ》シュートをインターセプトする
—— ~se ❶ 自分の…に詰める: Se *taponó* los oídos. 彼は耳栓をした. ❷ [+a+人の耳・鼻などが] ふさがる, 詰まる: Se me ha *taponado* la nariz. 私は鼻が詰まっている

taponazo [taponáθo] 囲 ❶ [炭酸飲料などの栓を抜く時の] ポンという音; その飛んだ栓が当たること: Los ~s de las botellas de cava animaban la fiesta. カバの瓶の栓をポンポン開ける音がしてパーティーの雰囲気が盛り上がった. ❷ 大型の栓. ❸《中南米》発砲

taponería [taponería] 囡 ❶《集名》[コルクなどの] 栓, ふた. ❷ 栓製造業, 栓製造工場, 栓販売店

taponero, ra [taponéro, ra] 形 [コルクなどの] 栓の, ふたの
—— 囲 栓製造(販売)業者

tapora [tapóra]《ボリビア》冠毛のある雌鶏

tapsia [tá(p)sja] 囡《植物》タプシア〖学名 Thapsia garganica〗

tapucho, cha [tapútʃo, tʃa]《チリ》❶ [動物が] 尾のない. ❷ 半裸の. ❸ 寸足らずの, 寸詰まりの

tapujar [tapuxár]《まれ》ごまかす, 隠す
—— ~se《まれ》顔を覆い隠す

tapujero [tapuxéro] 囲《グアテマラ》密輸業者《=contrabandista》

tapujo [tapúxo]《←tapa》囲 ❶ 主に 履 隠し立て, 糊塗, 偽り, ごまかし: andar con ~s つまらぬ隠し立てをする, 秘密めく. ❷ 覆面, 仮面; 覆い隠すもの
sin ~s 隠さずに; あけすけに: Reconoció sin ~s su culpa. 彼は包み隠さず自分の罪を認めた. Me preguntó sin ~s por mi opinión sobre ese asunto. 彼はその件に関する私の意見を遠慮なく尋ねた

tapujón, na [tapuxón, na] 形《真実》を包み隠す

tapuso, sa [tapúso, sa] 形《プエルトリコ》寸足らずの, 寸詰まりの

tapuya [tapúja] 囡 囲《ブラジル東部の先住民. アメリカ大陸発見時代にブラジルの大部分に住んでいた》

taque [táke]《←擬声》囲《まれ》❶ [ドアに鍵をかける音] ガチャリ. ❷ [ドアを叩く音] ドンドン

taqué [také]《←仏語 taquet》囲《自動車》タペット, 凸子(セギ)

taquear [takeár] 囮《中米》発砲する. ❷《アルゼンチン, ビリヤード》[玉を] 突く
—— 囮 ❶《メキシコ, ペルー, アルゼンチン》ビリヤードをする. ❷《メキシコ》タコスを食べる. ❸《キューバ》派手に着飾る, 華美な服装をする. ❹《チリ, アルゼンチン. 口語》[ハイヒールを履いた女性などが] かかとを鳴らす
—— ~se ❶《中南米》詰め込む, 一杯にする. ❷《コロンビア》金持ちになる, 裕福になる

taquera¹ [takéra]《ビリヤード》キュー立て

taquería [takería] 囡 ❶《メキシコ》タコスのレストラン(屋台). ❷《キューバ》遠慮のなさ, 自在さ; 厚かましさ; 汚いやり方, 卑怯な手. ❸《アルゼンチン. 隠語》刑務所

taquero, ra [takéro, ra] 形《西. 口語》悪態をつく(野卑な言葉を使う)のが好きな
—— 囲 ❶《メキシコ》タコス売り. ❷《パラグアイ》警官. ❸《チリ》井戸掘り人夫; 下水溝清掃人

taquete [takéte] 囲《メキシコ》[木製の] 栓

taqui-《接頭辞》[速い] *taqui*grafo 速記者

taquia [tákja]《ペルー, ボリビア》家畜の糞《燃料に使われる》

taquiara [takjára] 囡《コロンビア》グアヒラ Guajira 半島の住人が使うスカーフ

taquicardia [takikárðja] 囡《医学》頻脈, 頻拍, 心拍急速: Con nervios me da ~. 私は神経が高ぶると頻脈になる. ~ paroxística 発作性頻脈. ~ sinusal 洞性頻脈. ~ ventricular 心室性頻拍

taquicárdico, ca [takikárðiko, ka] 形《医学》頻脈の

taquichuela [takitʃwéla] 囡《パラグアイ》お手玉遊び《=juego de cantillos》

taquigrafía [takiɣrafía]《←taqui+ギリシア語 graphe「書くこと」》囡 速記, 速記術: tomar... en ~ …を速記する

taquigrafiar [takiɣrafjár] ⑪ 囮 速記する: *Taquigrafía* unas palabras que oye. 彼は聞こえてくる言葉を速記する
—— ~se 速記がとられる: Las sesiones de las Cortes se *taquigrafían* oficialmente. 国会での審議は公式に速記がとられている

taquigráficamente [takiɣráfikaménte] 副 速記で

taquigráfico, ca [takiɣráfiko, ka] 形 ❶ 速記の, 速記術の: método ~ moderno 最新式の速記法. ❷ 速記で書かれた. ❸ 要約された, 概略的な: Escríbeme una redacción, pero que no sea ~ca. 省略したものでなく, きちんとしたレポートを書いて下さい

taquígrafo, fa [takíɣrafo, fa] 名 速記者, 速記係
—— 囲 速度計, スピード計

taquilla [takíʎa]《←taca+illo》囡 ❶ [劇場・駅などの] 切符売り場, 窓口, 出札口: En ~ puedes adquirir el billete de tren. 乗車券は切符売り場で買えるよ. ❷ [切符] 売上金: Obtuvieron una ~ de varios millones. 数百万の売り上げがあった. ❸《西》整理棚, 分類棚, ファイリングキャビネット. ❹ [学校などの] ロッカー, 物入れ箱: En el gimnasio cada uno tiene una ~. 各自は体育館にロッカーを持っている. ❺《中米》居酒屋. ❻《コスタリカ, エクアドル, チリ》短い釘. ❼《コスタリカ》地下のワイン置き場, 酒蔵. ❽《チリ. 口語》1) 娯楽, 人気. 2) 若者が集まる人気スポット
éxito de ~《芝居などで》大当たり

taquillaje [takiʎáxe] 囲 ❶《集名》切符, 入場券: El ~ de esta sesión de cine es reducido. この回の映画の切符は数が少ない. ❷ 切符(入場券)売上高: El ~ de los últimos días ha sido muy pequeño. ここ数日の切符の売り上げはとても少ない

taquillazo [takiʎáθo]《西. 口語》切符売上金

taquilleo [takiʎéo] 囲《チリ》[若者が集まる] 人気スポットに行くこと

taquillero, ra [takiʎéro, ra]《←taquilla》 ❶ 切符売り, 窓口係. ❷《コスタリカ》居酒屋の主人
—— 形 ❶ [ser+. 出し物・俳優などが] 大当たりする: Esta cantante es muy ~ra. この女性歌手はドル箱だ. película ~ra《映画の》ヒット作. ❷《チリ. 口語》[若者に] 人気の, 流行の
—— 囲 ロッカー, 物入れ: He alquilado un ~ en el gimnasio. 私はスポーツクラブにロッカーを借りた

taquillo [takíʎo] 囲《メキシコ》ウエハース; アイスクリーム用のコーンbarquillo

taquillón [takiʎón]《taquilla の示大語》囲《西》[応接室の] キャビネット, サイドボード, 飾り戸棚

taquimeca [takiméka] 囡《口語》女性速記タイピスト

taquimecanografía [takimekanoɣrafía] 囡 速記タイプ技術

taquimecanógrafo, fa [takimekanóɣrafo, fa] 名 速記タイピスト

taquimetría [takimetría] 囡 スタジア(視距)測量

taquimétrico, ca [takimétriko, ka] 形 スタジア(視距)測量器の

taquímetro [takímetro] 囲 ❶ スタジア(視距)測量器. ❷ タコメーター, 回転速度計《=tacómetro》; 速度計

taquín [takín] 囲 距骨; [それを投げる] お手玉に似た遊び《=taba》

taquinero, ra [takinéro, ra] 名《アラゴン》お手玉に似た遊び taba をする人

taqui onquoy [táki oŋkój]《←ケチュア語「踊り病」》囲《歴史》タキ・オンコイ《アンデスで1560年代に勃発した土着主義的運動. スペイン支配下, 伝統的な信仰や権威の復活を目指し, キリス

taquipnea

教をはじめとする異文化やスペイン支配を拒否するように説いたが, 武装蜂起には至らなかった]

taquipnea [takipnéa] 囡《医学》頻呼吸

taquirari [takirári] 男《ボリビア. 舞踊. 音楽》タキラリ《太鼓と笛の伴奏つきの田舎の踊り; そのリズム》

taquistoscopio [takistoskópjo] 男《心理》タキストスコープ

tara [tára]《←アラビア語 tarah「値引き」》囡 ❶ [物の] 欠陥, 傷: Estos vestidos tienen ~s inapreciables y son muy baratos. これらの服にはわずかな傷があるのでとても安い. ❷ [人の, 肉体的な, 主に重大で遺伝的な] 障害: Muchas ~s hereditarias se pueden conocer antes del parto. 遺伝的な障害の多くは出産前に知ることができる. ❸ 《風袋(ﾁﾞｬｲ)》: El arroz pesa diez kilos con ~. この米は風袋込みで10キロある. ❹ 《自動車》車体重量: La ~ de esta furgoneta es de ochocientos kilos. このミニバンの重量は800キロだ. ❺ 《天秤の》容器分の重さの分銅. ❻ [棒に刻み目を入れた] 符木, 合い札. ❼ 《コロンビア》1) 《口語》恐怖症, 不合理な恐怖. 2) 《動物》毒蛇の一種. ❽ 《ベネズエラ. 昆虫》1) ウスバカマキリ〖=santateresa〗. 2) モルフォチョウ《大型の蝶. 不吉とされる》. ❾ 《ペルー, チリ. 植物》ジビジビ《葉と茎が染料になる》

taraba [tarába] 囡《コロンビア. 馬具》あぶみ

tarabilla [tarabíʎa] 囡 ❶ 《口語》早口で性急に話す言葉; 早口でまくし立てる人: No aguanto su ~. 彼にまくし立てられて私は我慢できない. Mi tía es una ~ que no deja hablar a nadie. 伯母は早口でまくし立てるので誰も口をはさめない. ❷ [戸・窓の戸締まり用の] 栓. ❸ 挽き臼の上に吊り下げた木の板 〖=cítola〗. ❹ 《農業》犁柱. ❺ 《鳥》ノビタキ: ~ canaria カナリアノビタキ. ~ norteña マミジロノビタキ. ❻ 《サラマンカ》小型のマトラカ matraca. ❼ 《メキシコ, チリ》 糸車. 2) 《廃語》うなり板〖=bramadera〗

soltar ~ 《口語》まくし立てる

tarabita [tarabíta] 囡 ❶《ベルト》のバックルの針（舌）. ❷ 《南米》空中ケーブル. ❸ 《エクアドル, ペルー》 [手で空中ケーブルをたぐって川や谷を渡る] 渡しかご

tarabuqueño, ña [tarabukéɲo, ɲa] 形名《地名》タラブコ Tarabuco の［人］《Chuquisaca 県の町》

taracea [taraθéa]《←アラビア語 tarsia「はめ込み」》囡 寄せ木細工, モザイク《技術, 作品》: suelo de ~ 寄せ木細工の床

taracear [taraθeár] 他 寄せ木細工を施す

taraco [taráko] 男《ボリビア》[防寒用の毛糸の] 覆面, 目出し帽

taracol [tarakól] 男《カリブ. 動物》カニに似た甲殻類の一種

taracú [tarakú] 男《ボリビア. 服飾》ヘアーバンド, バンダナ

taradez [taradéθ] 囡《メキシコ, エルサルバドル, アルゼンチン, ウルグアイ》愚かな言動

tarado, da [taráðo, ða]《←tara》形名 ❶ 〖estar+. 物が〗傷んだ, 欠陥のある: mercancía ~da 傷んだ商品. ❷ 《親愛, 卑称》精神に障害のある〖人〗, ばか〖な〗, とんま〖な〗: Esos violadores son unos auténticos ~s. その違反者たちは本当に間抜けだね

tarafe [taráfe] 男《まれ》さいころ

taragallo, lla [taraɣáʎo, ʎa] 形《キューバ, ベネズエラ》 [子供のわりに] 体がでかい, 図体ばかりが大きい

—— 男 **=tarangallo**

taragontía [taraɣontía] 囡《植物》ドラクンクルス《学名 Dracunculus vulgaris》

tarahal [tar(a)ál] 男《地方語. 植物, 果実》ギョリュウ〖=taray〗

tarahumara [tarau̯mára] 形《メキシコ北部山岳地帯の先住民. 走る民族として名高い》

—— 男 タラウマラ語

tarajal [taraxál] 男《カナリア諸島. 植物, 果実》ギョリュウ〖=taray〗

tarajallo, lla [taraxáʎo, ʎa] 形《口語》 [子供のわりに] 体がでかい, 図体ばかりが大きい

—— 男《キューバ. 植物》花菖, 根生花梗

taraje [taráxe] 男《地方語. 植物, 果実》ギョリュウ〖=taray〗

tarama [taráma] 囡 ❶ 《エストレマドゥラ, アンダルシア》 [薪として使われる] 細い枝, カシの枯れ葉. ❷ 《ベネズエラ》[鍔付きの] サーベルの柄

taramba [tarámba] 囡《ホンジュラス》木の弓と針金の弦からなる楽器《弦は木片で叩く》

tarambana [tarambána]《←擬声》形名《口語》思慮の足りない〖人〗, 頭のおかしい〖人〗: Te da buenas palabras, pero no hace nada, es un ~. 彼は君に調子のいいことを言うが何もしない, いい加減な奴だ

tarambeta [tarambéta] 囡《地方語》宙返り〖=voltereta〗

tarambuco [tarambúko] 男《口語》[精神病患者用の] 内側にクッションを張った個室

taramela [taraméla] 囡《カナリア諸島》[戸口などの] 桟

taramellita [trameʎíta] 囡《鉱物》タラメライト

taranconense [taraŋkonénse] 形名 **=taranconero**

taranconero, ra [taraŋkonéro, ra] 形名《地名》タランコン Tarancón の［人］《Cuenca 県の町》

tarando [tarándo] 男 トナカイ〖=reno〗

taranga [taráŋga] 囡《地方語. 時に軽蔑. 料理》[米などを加えない] 普通のモルシージャ morcilla

tarangallo [taraŋɡáʎo] 男《猟犬が頭を地面まで下げないようにしつけるための》首輪に垂直につける長さ約50センチの棒

tarángana [taráŋɡana] 囡《地方語. 料理》[米などを加えない] 普通のモルシージャ morcilla

taranta[1] [taránta]《←伊語》囡《アンダルシア, ムルシア》[主に 複] タランタス《フラメンコの歌・舞踊の一つ. 鉱夫の歌が起源》. ❷ 《アンダルシア; アルゼンチン, エクアドル. 動物》**=tarántula**. ❸ 《メキシコ》酩酊, 酔い. ❹ 《ホンジュラス》[打撲などによる] 気絶, 失神, めまい, 意識喪失. ❺ 《コスタリカ, エクアドル》[突然の一時的な] 感情の激発; 激発

—— 名《カナリア諸島》[脳みその足りない] 軽薄な人

tarantear [taranteár] 自《アルゼンチン》 ❶ 突飛な行動をとる, 思いがけないふるまいをする. ❷ 《ひんぱんに》つきあい・仕事などを変える

tarantela [tarantéla]《←伊語 tarantella》囡《舞踊, 音楽》タランテラ

dar a+人 la ~ 《口語》[非論理的に] …が急に決心する

tarantera [tarantéra] 囡 ❶ 《メキシコ》1) 熱中, 夢中になること. 2) 発作, 引きつけ. ❷ 《ベネズエラ》めまい, 気絶

tarantín [tarantín] 男 ❶ 《メキシコ, 中米, キューバ, ドミニカ》がらくた, 不用品. ❷ 《キューバ. 建築》足場. ❸ 《ベネズエラ》[食べ物を売る] 屋台, しけた店

tarantinear [tarantineár] 他《グアテマラ. 音楽》[ギターなどの] 弦を押さえる; フレットを取り付ける

taranto[1] [taránto] 男 **=taranta**[1]

taranto[2]**, ta**[2] [taránto, ta] 形 ❶ 《コロンビア》茫然自失した, ぼうっとした. ❷ 《ベネズエラ》酔っぱらった

tarántula [tarántula] 囡《動物》タランチュラコモリグモ

picado de la ~ 《口語》1) 落ち着きのない, そわそわした. 2) 色情狂の

tarantulado, da [tarantuláðo, ða] 形 ❶ 茫然自失した, ぼうっとした. ❷ タランチュラコモリグモに嚙まれた

tarapaqueño, ña [tarapakéɲo, ɲa] 形名《地名》タラパカ Tarapacá の［人］《チリ北部の県》

tarapé [tarapé] 男《植物》**=tarope**

tarar [tarár] 他 ❶ 《風袋の重さを量る, 風袋を差し引く. ❷ [物に] 傷を付ける, 欠陥を生じさせる; [人に] 障害をもたらす. ❸ 《コロンビア》茫然自失させる; 愚かにする

tarara [tarára] 囡 **=tarará**

tararaco [tararáko] 男《キューバ. 植物》ヒガンバナ科の一種《学名 Amaryllis punicea》

tararases [tararáses] 男複 無法者たち, アウトローの連中

tarareador, ra [tarareaðór, ra] 形名 鼻歌を歌う〖人〗, ハミングする〖人〗

tararear [tarareár] 自他 [ta, ra, la などと] 鼻歌を歌う, ハミングする; …を鼻歌で歌う

tarareo [tararéo] 男 鼻歌, ハミング

tararí [tararí]《←擬声》男 ❶ [ラッパの音] プープー: El agudo ~ nos despertó a todos. 甲高いラッパの音がして我々全員目をさました

—— 間《西. 口語》❶ 懐疑》そうかな, まさか. ❷ 〖否定・拒絶〗いや〖=~ que te vi〗: ¿Quieres que te ayude esta noche?—T~. 今夜, 手伝ってやろうか?—いやけっこうだ. ❸ [提案] …したらどうだ

—— 形《口語》〖estar+〗気の変な: Nuestro profe está ~. 僕たちの先生はちょっとおかしい

tararira [taraíra] 囡 ❶ 《西. 口語》どんちゃん騒ぎ. ❷ 《ラプラタ. 魚》ホーリー《大型で肉食の淡水魚》

—— 名《西. 口語》よく考えずに行動する人, 分別のない人

―― 間《西. 口語》[懐疑] そうかな, まさか

tarasa [tarása] 囡《ペルー, チリ. 植物》アオイ科の一種〖学名 Malvastrum plumosum〗

tarasca[1] [taráska] 〖←Tarascón (フランスの町)〗囡 ❶ [聖体の祝日に担ぎ出される] 張りぼての大蛇. ❷《西. 軽蔑》1) 横柄な女, 厚かましく意地悪な女. 2) 醜い女. 3)《まれ》牝豚. ❹《コスタリカ, チリ. 口語》[人・動物の] 大きな口

tarascada [taraskáda] 〖←tarasca〗囡 ❶ すばやく激しい一噛み (ひっかき・殴打), その傷: El niño le está dando buenas ~s al otro. その子供はほかの子にしっかり噛みついている. El gato me ha lanzado una ~. 猫が私をひっかいた. ❷《口語》つっけんどんな返事: Aquel jefe me da unas ~s terribles. あの上司はけんもほろろな返事をしやがった. ❸《闘牛》[角による] 激しい突き上げ

tarascar [taraskár] 〖←?古語 tarazar (mordiscar の影響)〗[7] 他《主に犬が》噛みつく: El perro le ha tarascado. 犬が彼に噛みついた

tarascazo [taraskáθo] 男《コロンビア》噛みつき

tarasco[1] [tarásko] 男《エクアドル》咳; 噛み傷

tarasco[2], **ca**[2] [tarásko, ka] 形 名《メキシコ, ミチョアカン州の先住民. 13世紀ごろから独特の青銅文化を築いた. 言語はプレペチャ purépecha 語で, アステカ王国からは独立していた》

tarascón [taraskón] 男《南米. 口語》[動物が] 噛むこと

tarasí [tarasí] 男《紳士服の》仕立屋〖=sastre〗

tarasquear [taraskeár] 他《メキシコ, ニカラグア》[動物が] 噛む

taratana [taratána] 囡《メキシコ》❶《植物》ハネセンナ. ❷《鳥》セイタカシギ科の一種〖学名 Himantopus nigricollis〗

taratántara [taratántara] 男《擬声》ラッパの音

tarateño, ña [tarateño, ɲa] 形 名《地名》タラタ Tarata の〖人〗〖ボリビア, コチャバンバ県の町〗

taray [taráj] 男《植物. 果実》ギョリュウ〖御柳〗

tarayal [tarajál] 男 ギョリュウの林

tarayar [tarajár] 自 =**tarayal**

taraza [taráθa] 囡《昆虫》イガ〖=polilla〗,《船舶》フナクイムシ

tarazana [taraθána] 囡 =**atarazana**

tarazanal [taraθanál] 男 =**atarazana**

tarazar [taraθár] [9] 他 ❶ かじる, 丸かじりする. ❷《まれ》[人の] 邪魔をする, 悩ます, わずらわす

tarazón [taraθón] 男 一かじり, 一切れ: arrancar un ~ 一かじりもぎとる

tarbea [tarβéa] 囡《廃語》大広間, 大ホール

tarbus [tárβus] 男 トルコ帽〖=fez〗

tarca [tárka] 囡《ボリビア》[先住民の] 四角い笛

tarco [tárko] 男《アルゼンチン. 植物》❶ ジャカランダ〖=jacandá〗. ❷ クノニア科の一種〖学名 Weinmannia organensis, Weinmannia paullinifolia〗

tardado, da [tarðáðo, ða] 形《メキシコ》遅い〖=lento〗

tardador, ra [tarðaðór, ra] 形《廃語》時間がかかる〖人〗, 手間どる〖人〗

tardanaos [tarðanáos] 男《魚》〖単複同形〗コバンザメ〖=rémora〗

tardanaves [tarðanáβes] 男《魚》〖単複同形〗クロコバン

tardanza [tarðánθa] 囡〖←tardar〗遅れ, 遅延, 遅さ: Perdóname por la ~ en escribirte. 手紙を書くのが遅れてすみません. sin ~ 遅れずに, ぐずぐずしないで

tardar [tarðár] 〖←ラテン語 tardare「遅らせる」〗自 ❶ [+en+不定詞するのに] 遅れる, 手間どる, ぐずぐずする: El tren tarda en llegar. 列車は到着が遅れている. He tardado un poco porque me he encontrado con una amiga por el camino. 私は途中で友人に会ったので少し遅れた. Tarda en contestar, a lo mejor no está en casa. 彼はなかなか電話に出ない, おそらく留守だ. No tardes en venir. 早く来なさい. Si tardas en salir, perderás el tren. 出かけるのにぐずぐずしていると, 列車に乗り遅れるよ. ❷ 時間がかかる, 時間を要する: Este trabajo tarda mucho. この仕事は大変時間がかかる. Tardó poco tiempo. 時間はほとんどかからなかった. Tarda mucho en pintarse. 彼女は化粧に大変時間をかける. No tardaré mucho en terminarlo. 私はもうちょっとでそれを終えます. Todavía tardarán en empezar las obras. 彼らはまだ工事を始めるのに時間がかかるだろう

a más ~ 遅くても: A más ~, iré la semana que viene. 遅くとも来週には行きます. Volveré el lunes a más ~. 遅くとも月曜には戻ります

sin ~ すぐに, ぐずぐずせずに: Lo recibirá usted *sin* ~. それは間もなくお受け取りになれます

―― 他 [時間を] 要する: 1) *Tardó* más de una hora *en* arreglarlo. 彼はそれを片付けるのに1時間以上かかった. 2)[行程]¿Cuánto *tarda* el tren de Madrid a Salamanca? この列車はマドリードからサラマンカまで行くのにどれくらい時間がかかりますか? *Tardamos* una hora de la universidad al centro. 大学から市中心部へ行くのに1時間かかる

~**se** [一般に] 時間がかかる: *Se tarda* cinco minutos (*en ir*) de mi casa a la estación. 私の家から駅まで5分かかる

tarde [tárðe] 〖←ラテン語 tarde < tardus〗囡 ❶ 午後〖昼の12時から日没まで; スペインでは2時ごろ (昼食時) から10時ごろ (夕食時) まで. ⇔mañana〗: Las ~s invernales son muy cortas. 冬の午後はとても短い. Dediqué toda la ~ a cuidar el jardín. 私は午後じゅう庭仕事をした. Por la ~ nos veremos. 午後会いましょう. ¿Tienes algún compromiso mañana por la ~? 明日の午後は予定がありますか? Solo trabaja por la ~. 彼は午後だけ働いている. Yo solía ir a aquel café con mis libros durante la ~. 私は午後は本を持ってその喫茶店に行くことにしていた. ❷ 夕方; 夜遅い時間: Jugamos a las cartas todas las ~s. 私たちは毎晩トランプをする

a la ~《主に南米》午後に, 夕方に〖=por la ~〗

de la ~ [時刻計] の: La clase termina a las cinco *de la* ~. 授業は午後5時に終わる

de ~ ❶ [衣服の] 昼用の, [興行が] 夕方の, 昼の〖⇔de noche〗: vestido *de* ~ アフタヌーンドレス. función *de* ~ 昼興行, マチネー. ❷《主に南米》夕方に, 午後に〖=por la ~〗

de ~ *en* ~ たまに, 時おり: Viene por aquí muy *de* ~ *en* ~. 彼はごくたまにここにやって来る

en la ~《主に中南米》午後に, 夕方に〖=por la ~〗

media ~ 1) 午後の軽食 (おやつ). 2) *a media* ~ 午後6時ごろ

―― 副 ❶ 遅く, 遅い時間に〖⇔temprano〗: Él suele cenar ~. 彼はしばしば遅い時間に夕食をとる. Me levanté ~ 起きた. Si vienes ~, encontrarás cerrado el portal. 夜遅く来ると, 玄関は閉まっているよ. Iré por la mañana, pero ya ~. 私は午前中に行くつもりだったが, もう遅い. Ya es ~ para salir. 出かけるにはもう遅い. ❷ 遅れて, 遅刻して〖⇔a tiempo〗: Llega muchas veces ~ a la oficina (a clase). 彼はしばしば会社 (学校) に遅れる. No vengas ~ a almorzar. 昼食に遅れるな. ❸《諺》El remedio llegó ~. 治療は手遅れだった. Más vale ~ que nunca. 遅くともしないよりはまし/六十の手習い. Nunca es ~ si la dicha es buena. よい便りはいつでも歓迎だ. Quien ~ se levanta todo el día trota. 始めに時間を無駄にすると取り戻すのは難しい〖=遅く起きる者は一日中駆け回る〗. Siempre llega ~ el arrepentimiento. 後悔先に立たず

hacerse ~ *a*+人 [時刻が]…にとって遅くなる: *Se me hizo* ~ y no pude ir al cine. 遅くなってしまったので私は映画に行けなかった

lo más ~ いくら遅くても: Ya son las once; deberían estar aquí *lo más* ~. もう11時だ. いくら遅くても彼らはここに来ていないといけないのに

más ~ 後で, のちほど: *Más* ~ te telefonearé. 後で電話するよ. Semanas *más* ~ volvió a su país. 彼は数週間後に帰国した

más ~ *o más temprano* 遅かれ早かれ, いつかは: *Más* ~ *o más temprano* tendré que recurrir a él. 私はいつかは彼に助けを求めなければならないだろう. Esa pareja se separará *más* ~ *o más temprano*. あのカップルはいつか別れるだろう

~, *mal y nunca* 1) のろいし, 下手だし, ちゃんとやりとげたことがない. 2) 不都合な事に, もうどうでもいい時に: Hay muchas quejas de que los socorros llegaron ~, *mal y nunca*. 援助物資の到着が遅いという苦情がたくさん寄せられている

o temprano ~ =**más ~ o más temprano**

Zurra, que es ~. しつこすぎるぞ

tardear [tarðeár] 自 ❶《闘牛》[牛が] 攻撃をためらう. ❷ [必要以上に] 手間どる, 遅れる

tardecer [tarðeθér] [39] 自 =**atardecer**

tardecica [tarðeθíka] 囡《まれ》=**tardecita**

tardecida [tarðeθíða] 囡《まれ》=**atardecida**

tardecita [tarðeθíta] 囡 日暮れ, 夕方

tardecito [tarðeθíto] 副《中米, アルゼンチン》少し (かなり) 遅れて

tardíamente [tarðjáménte] 副 ❶ 遅く, のろのろと. ❷ 遅れて,

tardígrado, da

おそまきながら、遅い時間(時期)に
tardígrado, da [tardíɣraðo, ða] 形 緩歩類の —— 男 《動物》緩歩類
tardinero, ra [tarðinéro, ra] 形 《まれ》[動作などが] 遅い、緩慢な {=tardo}
tardío, a [tardío, a] 《←tardar》形 ❶ 遅い {⇔temprano}: llegada ~a 延着. ~ en reaccionar reacción のろい(鈍い). ❷ 時期を失した、時季外れの: consejo ~ 手遅れの忠告. Las nevadas ~as no permitieron abrir las puertas. 季節外れの雪でドアが開かなかった. ❸ 《農業》晩生の: melocotones ~s おそなりの桃. ❹ 晩年の: amor ~ 老いらくの恋. hijo ~ 遅くできた子供. ❺ 《言語など》晩期の、後期の: griego ~ 後期ギリシャ語. latín ~ 後期ラテン語. Renacimiento ~ 後期ルネサンス. ❻ 《俗語》耳が遠い —— 男 ❶ 《農業》[主に 複] 晩生(^{せい})種の畑. ❷ 《カンタブリア、サラマンカ》秋の牧草地 {=otoñada}

tardísimo [tarðísimo] 副 非常に遅く

tardo, da [tárðo, ða] 《←ラテン語 tardus》形 ❶ 《文語》[動作などが] 遅い、のろい、緩慢な: 1) Tiene un hablar ~. 彼はしゃべり方がのろい. ser ~ de oído 聴覚が鈍い. con paso ~ ゆっくりした足どりで. ~da tortuga のろまな亀. ~das horas de espera 長々とした待ち時間. 2) [+en+不定詞] ~ en comprender 物分かりの悪い. ❷ ワンテンポ遅れた、時機を逸した. ❸ 飲みこみが悪い; 説明がもつく

tardo- [接頭辞] [晩期] *tardo*barroco 晩期バロック

tardofranquismo [tarðofraŋkísmo] 男 フランコ体制 franquismo 晩期《1972~75年》

tardolatino [tarðolatíno] 形 後期ラテン語

tardón, na [tarðón, na] 《←tardar》形 名 《口語》 ❶ のろまな [人]、ぐずな[人]. ❷ 《口語》頭の回転の遅い[人]

tarea [taréa] 《←アラビア語 tariha》女 ❶ [課せられた] 仕事、任務: Cada miembro del equipo realiza una ~. チームのメンバーが1つのタスクを実行する. Está en las ~s del campo. 彼は畑仕事をしている. Esto es mi ~. これは私の仕事だ. Es muy importante la ~ del organismo regulador de los mercados. 調整機関としての市場の役割は非常に重要だ. dar una ~ a+人 人に仕事を課す. ❷ 《複》 domésticas 家事 [労働]. ~s oficiales 公務. ❷ [一定時間内に終えるべき] 仕事、職務: Después de descansar proseguí con la ~. 私は休憩の後、仕事を続けた. Esta tarde no podremos terminar la ~. 私たちは今日の午後には仕事を終えられない. Esto no es ~ de unos días. これは2、3日で片付く仕事ではない. ❸ 《情報》タスク: ~ múltiple マルチタスク. ❹ [主に中米] 宿題 {=deberes}: ~ escolar[es] 学校の宿題. ❺ 《アンダルシア》 15 ファネガ fanega の収穫されたオリーブの実. ❻ [面積の単位] 1)《グアテマラ》=576 (または 900) 平方バラ vara. 2) 《ドミニカ》=約 629 平方メートル —— ~ *te* (*le*) *mando*[相手の困難を予測して] 一筋縄ではいかないよ/大変だぞ

tareche [tarétʃe] 男 《ボリビア. 鳥》 カラカラ {=caracará}

tareco [taréko] 男 《キューバ、エクアドル、エクアドル》がらくた、不用品、古道具

tarefero [tareféro] 男 《パラグアイ》請負仕事人

tarentino, na [tarentíno, na] 形 《地名》[イタリア南部の] タレント Tarento の[人]

target [tárɣet] 《←英語》男 《商》 ~s 標的

TARGET 《←英語 Trans-European Automated Real-time Gross settlement Express Transfer》男 自動決済システム、ターゲット 《EU 各国の中央銀行や民間銀行の取引を発生時点で即座にリンクする. 1999年始動》

targuí [tarɣí] 男 《アンダルシア》刑務所[の].

tárgum [tárɣun] 男 タルグム《アラム語訳旧約聖書》

tarida [taríða] 女 [12世紀以来、地中海で馬や軍需物資を運ぶのに使われていた] 輸送船

tarifa [tarífa] 《←アラビア語 tarifa "定義"》女 ❶ [主に 複] 料金、定価: Las nuevas ~s de Iberia entran en vigor el día uno de mayo. イベリア航空の新運賃は5月1日から適用される. En este hotel tenemos ~s únicas: no distinguimos la temporada alta de la baja. 当ホテルの宿泊料金は単一で、ハイシーズンとローシーズンを区別しません. Han subido las ~s de la luz. 電気料金が上がった. ~ de los crudos 原油価格. ~ de los taxis タクシー料金. ❷ 関税: ~ *ad valorem* 従価 [関税]税. ~ *antidumping* 不当廉売 (ダンピ

ング) 防止関税. ~ *compensatorio* 相殺関税. ~ *de emergencia* 緊急関税. ~ *de escala móvil* スライド関税. ~ *de represalias* 報復関税. ~ *diferencial* 差別関税. ~ *exterior común* 対外(域外)共通関税. ~ *preferencial* 特恵関税. ~ *recíproca* 互恵関税. ~s *fiscales* 税率[表]. ❸ 料金表、定価表

tarifación [tarifaθjón] 女 料金の設定(適用)

tarifar [tarifár] 《←tarifa》他 ❶ …の料金を定める; 料金を適用する: El Colegio Oficial de Notarios *ha tarifado* los servicios. 公証人会は料金を定めた. ❷ …の料金を支払う —— 自 《西. 口語》[+con と] 口論する、敵対する: Antonio *salió tarifando con* todos los de la clase. アントニオはクラス全員と仲違いしてしまった

tarifario, ria [tarifárjo, rja] 形 料金の; 料金設定の —— 男 料金表

tarifeño, ña [tariféno, ɲa] 形 名 《地名》タリファ Tarifa の[人] 《カディス県の町》

tarificación [tarifikaθjón] 女 ❶ 料金設定: ~ *de propia experiencia* 経験料率方式《労災保険の料率を業種・事業所別に過去の実績に応じて算定する》. ❷ 関税化

tarificar [tarifikár] 他 料金を定める {=tarifar}

tarijeño, ña [tarixéɲo, ɲa] 形 名 《地名》タリハ Tarija の[人] 《ボリビア南部の県・県都》

tarilongo [tarilóŋgo] 男 《チリ》[先住民の] ヘアーバンド、バンダナ

tarima [taríma] 《←アラビア語 tarima》女 ❶ [移動できる] 壇、教壇: El profesor se cayó de la ~ ayer. 昨日先生は教壇から落ちた. ❷ [parqué より広く厚い板を張った] 床(^{ゆか}). ❸ [輸送用の] 台、パレット. ❹ 《重量挙げ》プラットフォーム、競技台. ❺ 《メキシコ》革ひもを編んだベッド

tarimaco [tarimáko] 男 《キューバ》がらくた、不用品

tarimador, ra [tarimaðór, ra] 名 壇を作る(床を張る)職人

tarimón [tarimón] 男 《ラマンチャ、ムルシア》[背もたれのある木製の] 長いベンチ、長椅子

tarina [tarína] 《←仏語 terrine》女 《廃語》[肉・魚料理を盛る] 中位の大きさの鉢

Táriq [tárik] 名 ~ **Ibn Ziyad** ターリク・イブン・ズィヤード 《?~720. ウマイヤ朝 Califato Omeya の軍人. 711年ジブラルタルに上陸、ロドリゴ Rodrigo 率いる西ゴート軍を撃破》

tarja [tárxa] 女 ❶ 《騎士の馬上用の》大盾. ❷ 《古語》掛け売りの]小札. ❸ 《古語》バッジ、徽章(^{きしょう}). ❹ 《古語》[16世紀に使われた] 銅と銀の合金の硬貨. ❺ 《古語》殴打

tarjador, ra [tarxaðór, ra] 名 《古語》合い札に掛け売りの印をつける人

tarjar [tarxár] 他 ❶ 合い札に掛け売りの印をつける. ❷ 《ペルー、チリ》[線を引いて] 消す、抹消する

tarjear [tarxeár] 他 《プエルトリコ》[帽子を編むためにヤシの葉を] 細かく裂く

tarjero, ra [tarxéro, ra] 名 《古語》=tarjador

tarjeta [tarxéta] 《←古仏語 targette "小盾"》女 ❶ カード: 1) Me ha enviado una ~ de felicitación con una caja de bombones. 彼はチョコレートボンボン 1 箱にお祝いのカードを添えて送ってきた. marcar ~ [de horario]/《メキシコ》checar ~ タイムカードを押す. ~ *de cumpleaños* バースデーカード. ~ *de invitación* 招待状、招聘状. ~ *de Navidad* クリスマスカード. ~ *de lectura de marcas* マークシート. ~ *verde* 《中米》グリーンカード《外国人に対する米国の永住証明書》. 2) sacar dinero con ~ カードでお金を引き出す. ~ *de dinero/bancaria* 銀行カード、キャッシュカード. ~ *de pago/de débito* デビットカード. ~ *electrónica* (magnética) 磁気カード. ~ *inteligente* ICカード、スマートカード. ~ *telefónica* テレフォンカード. 3) クレジットカード {=~ *de crédito*}; ショッピングカード {=~ *de compra*[*s*]}: pagar con ~ カードで支払う. ❷ 絵葉書 {=~ *postal*}. ❸ 名刺 {=~ *de visita*, ~ *personal*}: Me dio su ~. 彼は私に名刺をくれた. El jefe comprobó la referencia del visitante en su ~. 所長は来客の名刺を見てどういう人物なのか確認した. dejar ~ [訪問先に] 名刺を置く. pasar ~ [取次ぎの人を通じて] 名刺を渡す. ❹ 《鉄道》 ~ *dorada* シルバーパス《60歳以上の人の割引券》. ❺ joven 若者用割引カード. ~ *turística* [スペイン国内の] 乗り放題切符. ❺ 《サッカーなど》カード: sacar (mostrar) la ~ amarilla (roja) a+人 …にイエロー(レッド)カードを出す(示す). ❻ 《情報》~ *de expansión* 拡張カード. ~ *de sonido* サウンドカード. ~ *de vídeo* ビデオカード. ~ *gráfica* グラフィックカード. madre (base) マザーボード. ~ protectora de disco duro ハードディスクのバックアップ装置

tarjetahabiente [tarxeta(a)bjénte] 男《メキシコ, ベネズエラ》クレジットカードの名義人

tarjetazo [tarxetáθo] 男《サッカー》イエロー（レッド）カードを示すこと

tarjetear [tarxeteár] ~se 葉書で文通し合う

tarjeteo [tarxetéo] 男 しばしば葉書をやりとりすること

tarjetera¹ [tarxetéra] 女《中南米》=tarjetero¹

tarjetero¹ [tarxetéro] 男 カード入れ, 名刺入れ

tarjetero², ra² [tarxetéro, ra] 男《サッカーなど》《審判が》イエローカードやレッドカードを乱発する

tarjetón [tarxetón] 男《招待状などの》大型のカード

tarlaqueño, ña [tarlakéno, na] 形 名 《地名》タルラック Tarlac の（人）《フィリピン, ルソン島中央部の州》

tarlatán [tarlatán] 男《繊維》=tarlatana

tarlatana [tarlatána] 《←仏語 tarlatane》女《繊維》ターラタン, 薄地モスリン

tarmacadam [tarmakaðán] 男 タールマカダム; タールマカダム舗装道路

taro [táro] 男 ❶《コロンビア, ベネズエラ. 植物》サトイモ. ❷《アルゼンチン. 鳥》カラカラ [=caracará]

taropé [taropé] 男《アルゼンチン, パラグアイ. 植物》スイレンの一種《学名 Dorstenia brasiliensis》

tarot [taró(t)] 《←仏語》男《圖》~s》 タロットカード [=cartas de ~]: una baraja de ~ 一組のタロットカード. ❷ タロット占い, タロット占い: Voy a ver qué me dice el ~. タロット占いでどう出るか見てみよう

tarpán [tarpán] 男《動物》ターパン馬

Tarpeya [tarpéja] 固《ローマ神話》タルペーイア《ローマを裏切りサビニ人 sabinos に砦を明け渡した女性》. ❷《古代ローマ》タルペーイアの岩《ローマのカピトリウムの丘にあった岩. 国事犯はここから突き落とされた》

tarpón [tarpón] 男《魚》ターポン [=sábalo real]

tarquín [tarkín] 《←アラビア語 taskin》男《洪水で運ばれて来た》泥土: Los campos de frutales quedaron llenos de ~ después de la inundación. 洪水のあと果樹園は泥だらけになった

tarquina¹ [tarkína] 《←伊語》形《船舶》台形の帆 [=vela ~]

tarquinada [tarkináda] 《←Sexto Tarquino（古代ローマのセクストゥス・タルクイニウス）》女《まれ》《女性に対する》暴行, 強姦

tarquino, na [tarkíno, na] 形《アルゼンチン》《牛の》純血種の, 血統書付きの

tarra [tára] 形 名《西. 軽蔑》もう若くない〔人〕, 老いぼれ〔の〕: Presume de joven, pero está hecho un ~. 若ぶっているが, いいさんじゃないか
── [tára] 女《地方語》《主に牛乳を入れる, エスパルトの取っ手付きの》陶製の器

tarrabasquiña [tařabaskína] 女《ベネズエラ》癇癪（にく）, 怒り

tarraconense [tařakonénse] 形 名 ❶ タラゴナ Tarragona の〔人〕《カタルーニャ州の県・県都》. ❷《古代ローマ》タラコネンセ《=España ~. 現在のガリシアからカタルーニャに至る州》

tarrafa [tařáfa] 女《地方語》主にイワシ漁用の網

tárraga [tářaga] 女 17世紀ごろのスペインの舞踊の一種《jácara や zarabanda に似ている》

tarrago [tařágo] 男《植物》オニサルビア, クラリーセージ

tarragona [tařagóna] 女 タラゴーナ Tarragona 産のワイン

tarraja [tařáxa] 女 ❶《技術》ダイス回し. ❷《ベネズエラ》掛け売りを記録する生皮製の帯

tarrajazo [tařaxáθo] 男 ❶《アンダルシア, カリブ》〔予期しない〕不快な出来事, 不意. ❷《中米》打撃, 衝突; 傷. ❸《エクアドル. 口語》切断; 切り傷

tarralí [tařalí] 男《コロンビア. 植物》野生のヒョウタン《食用. 学名 Posadea spherocarpa》

tarramenta [tařaménta] 女《キューバ》角（にく）[=cornamenta]

tarranquera [tařaŋkéra] 女 ❶《アルゼンチン》泥にはまって動けない荷車を引っ張り出す〔ラバ〕. ❷《ナバラ》闘牛場の門

tarrañuela [tařaɲwéla] 女《カンタブリア, ビスカヤ, ブルゴス, パレンシア. 音楽》《陶製の》カスタネット

tarrasbaquiña [tařasbakína] 女《ベネズエラ》癇癪（にく）, 怒り

tarrasense [tařasénse] 形 名《地名》タラサ Tarrasa の〔人〕《バルセロナ県の町》

tarraya [tařája] 女 =atarraya

tarrayazo [tařajáθo] 男 ❶《メキシコ, カリブ, コロンビア》1）《漁業》網打ち. 2）《比喩》一網打尽. ❷《プエルトリコ, ベネズエラ》強烈な打撃

tarraza [tařáθa] 女 ❶《廃語》土器. ❷《ベネズエラ》〔馬などの〕尻

tarrear [tařeár] 他《キューバ》〔夫・妻を裏切って〕浮気する, 不貞を働く

tarrecer [tařeθér] 自動《アストゥリアス》ためらう

Tárrega [tářega] 固《人名》 Francisco ~ フランシスコ・タレガ《1852～1909. スペインのギター奏者・作曲家. ギターの地位向上に貢献.『アルハンブラの思い出』Recuerdos de la Alhambra》

tarreña [tařéna] 女《音楽》《陶磁器製の》カスタネット

tarria [tářja] 女《古語. 馬具》しりがい

tarribroco, ca [tařibróko, ka] 形《キューバ》左右の角（つの）が接近した

tarrico [taříko] 男《植物》アカザ科オカヒジキ属の一種《学名 Salsola vermiculata》

tarrina [tařína] 女《料理》テリーヌ《容器》

tarriza [taříθa] 女《アラゴン, ソリア》洗い桶, たらい, 手洗い鉢

tarro [táro] 男 I 《←古語 tarrazo「壺」<俗ラテン語 terraceum「土製の」》男 ❶《縦長の, 主にガラス製で蓋付きの》壺, 広口瓶: ~ de mermelada ジャムの壺. ❷《鳥》ツクシガモ [=~ blanco]: ~ canelo アカツクシガモ. ❸《西. 戯語》頭 [=cabeza]. ❹《サラマンカ》蜂蜜に入っている巣房の滓. ❺《アンダルシア; チリ, アルゼンチン, ウルグアイ》〔食用油などの〕缶; ドラム缶. ❻《メキシコ, キューバ》四足動物の角（つの）. ❼《メキシコ, キューバ》茶器 [=taza]. ❽《メキシコ》水差し [=jarra]. ❾《キューバ》ややこしい問題, 難題. ❿《コロンビア, エクアドル, ペルー, ボリビア》シルクハット [=sombrero de copa]. ⓫《エクアドル, チリ, アルゼンチン. 俗語》幸運, つき. ⓬《エクアドル, チリ, アルゼンチン. 俗語》~ de basura ごみ箱.
comer el ~ a+人《西. 隠語》~をまるめ込む, そそのかす: A los chicos no nos gusta que los profes coman el ~. 僕たち男子は先生の話に乗せられるのが好きじゃない
comerse el ~ con...《西. 隠語》…のことをくよくよ考える, …で頭が一杯になる: No te comas más el ~ con el trabajo y vamos a pasear. もう仕事のことを心配するのはやめて散歩に行こう
mear fuera del ~《アルゼンチン, ウルグアイ》話題からそれる, とんちんかんなことを言う
pegar (poner) los ~s《キューバ. 口語》=tarrear
II 《←口語》男《鳥》ツクシガモ [=~ blanco]: ~ canelo アカツクシガモ

tarsal [tarsál] 形《解剖》足根〔骨〕の; 瞼板の

tarsana [tarsána] 女《コスタリカ, エクアドル, ペルー》セッケンボクの樹皮《石けんの代用をする》

tarsero [tarséro] 男《動物》メガネザル

tarsios [társjos] 男《動物》メガネザル属

tarso [társo] 男《解剖》 ❶ 足根〔骨〕; 〔昆虫の〕跗節; 〔鳥の〕跗蹠（ふしょ）. ❷ 瞼板（けん）[=cartílago ~]

tarsorrafia [tarsořáfja] 女《医学》瞼板縫合〔術〕

tarta¹ [tárta] 《←仏語 tarte》女《菓子》ケーキ 類義 tarta は主に大きなケーキ, デコレーションケーキ. **pastel** は小さなケーキおよび総称: ~ de cumpleaños バースデーケーキ. ~ de queso チーズケーキ. ~ de Reyes クリスマスケーキ. ~ de Santiago サンティアゴ・ケーキ《粉砂糖で十字架を描いたアーモンド粉のケーキ》. ~ helada アイスケーキ. ~ nupcial /~ de boda ウェディングケーキ. ❷《口語》パイ [=torta]. ❸《口語》権力・財産・市場などの〕分け前 [=pastel]. ❹《情報》パイ図表, 円グラフ [=gráfico de ~]. ❺ ケーキ（パイ）焼き皿 [=tartera]. ❻ 甘ったるい映画（芝居）

tártago [tártago] 男 ❶《植物》ホルトソウ: ~ de Venezuela サケパイトロパ, コーラルブッシュ. ❷〔不幸な出来事・災難による〕不快, 苦悩. ❸ 執拗ながらかい. ❹《ベネズエラ, アルゼンチン, パラグアイ》ひまし油

tartaja [tartáxa] 形 名《軽蔑》=tartamudo

tartajal [tartaxál] 男《植物》ギョリュウ属の一種《学名 Tamarix africana》

tartajeante [tartaxeánte] 形《軽蔑》=tartamudo

tartajear [tartaxeár] 自動《軽蔑》=tartamudear

tartajeo [tartaxéo] 男《軽蔑》=tartamudeo

tartajo, ja [tartáxo, xa] 形《ベネズエラ. 軽蔑》=tartamudo

tartajoso, sa [tartaxóso, sa] 形《軽蔑》=tartamudo

tartalear [tartaleár] 自動 ❶ 乱れた動きをする, 震える. ❷ うまく

tartaleta [tartaléta]《←仏語 tartelette》囡《菓子》タルト, タルトレット

tartamudear [tartamuđeár]《←tarta-（擬声）+mudo》自 どもる, 口ごもる: Jaime *tartamudea* en público. ハイメは人前ではたどたどしい話し方をする ―― 他《まれ》どもりながら言う

tartamudeo [tartamuđéo] 男 どもること, 口ごもること

tartamudez [tartamuđéθ] 囡 吃音

tartamudo, da [tartamúđo, đa]《←tarta-（擬声）+mudo》形 どもりの〔人〕, 吃音（きつおん）の〔人〕

tartán [tartán] **I**《←仏語》男 ❶《服飾》タータンチェック〔の毛織物〕 **II**《←商標》男 タータンターフ〔競技場用の人工芝〕

tartana [tartána]《←擬声》囡 ❶《田舎の幌付きの》二輪馬車. ❷《口語》ぼろ自動車, ポンコツ車. ❸《船舶》タータン《一本マスト, 三角帆の小型帆船》. ❹《漁業》底引き網, トロール網. ❺《ムルシア》その上で蚕を育てるよしず

tartancho, cha [tartántʃo, tʃa] 形《ボリビア》=**tartamudo**

tartanero [tartanéro] 男 二輪馬車の御者

tartano [tartáno] 男《ビスカヤ, アラバ》蜜蜂の巣房

tartáreo, a [tartáreo, a] 形《詩語》地獄の, 冥府の

tartarí [tartarí] 男《古語》高級な織物生地

tartárico, ca [tartáriko, ka] **I** 形《化学》酒石の: ácido ~ 酒石酸 **II** 形《文語》地獄の

tartarinesco, ca [tartarinésko, ka] 形《文語》虚勢を張る, からばずりする

tartarización [tartariθaθjón] 囡 酒石で処理すること, 酒石化

tartarizar [tartariθár] 他 《化学》酒石で処理する, 酒石化する

tártaro, ra [tártaro, ra] **I**《←トルコ語 tatar「タタール族」》形 名 ❶《歴史》タタール人〔の〕, 韃靼（だったん）の〔人〕. ❷《料理》bistec ~ タルタルステーキ, salsa ~ra タルタルソース ―― 男 ❶ 歯石〔=sarro〕. ❷《化学》1)〔ワインを作る時にできる〕酒石. 2) 吐酒石, 酒石酸アンチモニルカリウム〔=emético〕. ❸ タタール語 **II**《←ラテン語 Tartarus》男《詩語》地獄, 冥府

tartaroso, sa [tartaróso, sa] 形《化学》酒石を含んだ

tartazo [tartáθo] 男 ケーキ（パイ）をぶつけること

tarteleta [tarteléta] 囡《チリ, アルゼンチン, ウルグアイ》=**tartaleta**

tartera[1] [tartéra] 囡 ❶《←tarta》❶《西》弁当箱〔=fiambrera〕: En la ~ pusimos una tortilla y ensalada mixta. 私たちは弁当箱にトルティージャとミックスサラダを入れた. ❷《料理》1) ケーキ（パイ）焼き皿. 2)《アルゼンチン, ウルグアイ》タルト型

tartero, ra[2] [tartéro, ra] 形《まれ》molde ~ ケーキ型

tartésico, ca [tartésiko, ka] =**tartesio**

tartesio, sia [tartésjo, sja] 形 名《歴史》タルテッソスの〔人〕《紀元前10～6世紀, イベリア半島南部のTartéside（現在のセビーリャ, ウエルバ, カディス）に存在したイベリア半島最古の王国. その首都がTartessos》

tarto, ta [tárto, ta] 形《エクアドル》たどたどしい話し方をする, 訥弁（とつべん）の

tartracina [tartraθína] 囡 タートラジン, タルトラジン《黄色の染料, 食用色素》

tartrato [tartráto] 男《化学》酒石酸塩

tartrectomía [tartrektomía] 囡 歯石除去

tártrico, ca [tártriko, ka] 形 =**tartárico**

tartufismo [tartufísmo] 男《文語》〔主に宗教的な〕偽善

tartufo [tartúfo]《←Tartufe（モリエールの喜劇「タルチュフ」の主人公）》男 ❶《文語》〔主に宗教的な〕偽善者, うわべだけの人. ❷《菓子》チョコトリュフ・アイス

taruca [tarúka] 囡《動物》ペルーゲマルジカ

taruga [tarúga] 囡《動物》❶《エクアドル, ペルー, ボリビア, アルゼンチン》シカの一種〔学名 Cervus antisiensis〕

tarugada [tarugáđa] 囡 ❶《メキシコ, 中米》粗野な言動, 不作法. ❷《メキシコ》愚かさ, 愚かな言動

tarugo [tarúgo]《←?celta tarucon》男 ❶〔太く短い〕木材の切れ端, 木切れ, 木片, 木煉瓦. ❷ パンの大きなかけら〔=~ de pan〕: Con los ~s de pan mi madre hacía sopas. 母はパンの切れ端でスープを作ったものだ. ❸〔軽蔑〕1) 頭の悪い人; 粗野な人: Eres un ~, otra vez se te ha olvidado comprar el pan. しょうがない人ね, またパンを買うのを忘れてしまって. 2) 小太りな, ずんぐりした人: Ahora tiene una novia simpática, pero un poco ~. 彼には感じのいい恋人ができたけれど, ちょっと寸足らずなんだ. ❹〔隠語. 医学〕〔薬剤の使用に応じて医師・病院へ支払われる〕製薬会社からのコミッション. ❺《アラゴン》〔田舎風の, 壁に取り付た〕ベンチ, 長椅子. ❻《グアテマラ, ペルー, スポーツ》スパイク《金具》. ❼《キューバ, ドミニカ》〔劇場・サーカスの〕使い走りの少年. ❽《キューバ》気まずさ, 嫌な時間. ❾《ドミニカ》おべっか使い. ❿《コロンビア》心配の種, 懸念

tarugueo [tarugéo] 男《俗語》❶〔公務員の〕汚職, 腐敗. ❷ 贈賄, 買収; 収賄

taruguista [tarugísta] 名《俗語》汚職に手を出す医者

tarumá [tarumá] 男《アルゼンチン. 植物》クマツヅラ科の一種《果実は食用. 学名 Vitex taruma》

tarumba [tarúmba]《←擬態》形《口語》[estar+] 茫然とした, 狂乱した: Estoy ~. 面食らったよ. volverse ~ 面食らう, 茫然とする

tarúpido, da [tarúpiđo, đa] 形《南米. 戯語》頭の悪い〔人〕

tarusa [tarúsa] 囡《レオン, パレンシア, サモラ》石を投げて棒を倒す遊び〔=chita〕

taruya [tarúja] 囡《コロンビア. 植物》ミズアオイ科の一種《学名 Pontederia azurea》

tarwi [tárwi] 男《南米. 植物》マダラハウチワマメ

tarzán [tarθán] 男《口語》〔ターザン Tarzán のような〕かっこいいスポーツマン

tárzano [tárθano] 男《アストゥリアス》〔鍋を吊るし火に掛ける〕自在鉤

tas [tás]《←仏語》男〔銀細工師が使う〕小型の鉄床（かなとこ）

tasa [tása]《←tasar》囡 ❶ 公共料金, 公定価格; 税金: Se dice que el Gobierno modificará la ~ del pan. 政府がパンの価格を変えるという話だ. Han subido las ~s académicas. 授業料が上がった. ~ de carné de conducir 運転免許取得料. ~ de importación 輸入税; 輸入率. ~ municipal de recogida de basuras 市のゴミ収集料. ❷〔統計などの〕率, パーセンテージ: La ~ de natalidad ha descendido en los últimos años. ここ数年, 出生率が下がっている. ~ de actividad 労働力率. ~ de crecimiento económico 経済成長率. ~ de descuento〔手形の〕割引率. ~ de descuento oficial 公定歩合. ~ de desempleo no aceleradora de la inflación 自然失業率《スペインでは1960年代の4％から90年代には17％に上昇した》. ~ de inflación インフレーション率. ~ de interés 利率. ~ de interés preferencial プライムレート, 標準金利. ~ de mortalidad infantil 乳幼児死亡率. ~ de paro 失業率. ~ de reemplazo 人口補充出生率. ~ interna de rendimiento 内部収益率, IRR. ❸ 相場: Ha subido la ~ sobre los crudos. 原油価格が上がった. ❹〔価格などの〕査定, 見積もり: La ~ de los daños es muy elevada. 損害の見込みは高額に上る. ❺ 上限

sin ~ [*ni medida*] 桁外れな; 限りなく: Gasta *sin* ~. 彼は見境なくお金を使う. codicia *sin* ~ 途方もない強欲

tasación [tasaθjón] 囡 ❶〔価格などの〕査定〔額〕: Los peritos de las compañías de seguros no se ponen de acuerdo con la ~ de los daños del accidente. 保険会社の鑑定人は事故の損害の査定額に同意していない. ❷《経済》〔資産の〕鑑定〔額〕: ~ de los activos de una sociedad 協会の資産評価額

tasadamente [tasáđámente] 副 ❶ 限定的に, わずかに. ❷ 公定価格を決めて

tasador, ra [tasađór, ra] 形 名 査定する〔人〕, 評価する〔人〕; 鑑定人, 鑑定士: La ~ra ha inspeccionado ya los daños de la camión. 鑑定人はすでにトラックの損害額を査定した

tasaigo [tasáigo] 男《カナリア諸島. 植物》アカネ属の灌木《Rubia fruticosa》

tasajar [tasaxár] 他〔肉を〕切る

tasajear [tasaxeár] 他 ❶《中南米》干し肉を作る. ❷《メキシコ, グアテマラ, ボリビア》〔刀剣などで人を〕切る, 刺す. ❸《ベネズエラ》〔物を〕下手に（ふぞろいに）切る

tasajera [tasaxéra] 囡《キューバ》干し肉置き場

tasajería [tasaxería] 囡《キューバ》干し肉店

tasajito [tasaxíto] 男《中南米》豚の干し肉

tasajo [tasáxo]《←ポルトガル語 tassalho》男 ❶《料理》干し肉〔=cecina〕. ❷ 一般に〕切り分けた肉片. ❸ 切断. ❹《キューバ》馬肉のシチュー. ❺《アンデス》ひょろっとした人, 痩せぎすの人

tasajón, na [tasaxón, na] 形《中米》ひょろっとした, のっぽの

tasajudo, da [tasaxúđo, đa] 形《中南米》ひょろっとした, のっぽの

tasaña [tasáɲa] 囡 《カナリア諸島》[除草・移植用の] 鍬形の農具

tasar [tasár] 《←ラテン語 taxare》 他 ❶ …の公定価格を決める: El gobierno *tasa* los productos de primera necesidad. 政府が生活必需品の価格を決定する。 ❷ [+en と] 査定する, 評価する: La compañía de seguros *tasó* la alhaja *en* tres mil euros. 保険会社は宝石を3千ユーロと評価した。～ alto un cuadro 絵を高く値踏みする。～ los costes de la reparación 修理代を見積る。 ❸ 制限する, 限度を設ける: ～ la comida a un enfermo 病人に食事制限をする。 ❹ 出し惜しむ: ～ el dinero 金を出し惜しむ

tasarte [tasárte] 男《魚》ハガツオ【学名 Orcynopsis unicolor】

tasca [táska]《←ケルト語 taskos「ピン, 杭」》囡 ❶《西. 口語》酒場, 居酒屋: Voy a la ～ de la esquina. 私は角の酒場に行く。❷[評判の悪い] 賭博場。❸《口語》けんか。❹[ピレネー山脈の] 牧草地, 枯れ草。❺《ペルー》1) [海岸への上陸を困難にする] 大波。2) 波止場, 防波堤

tascador [taskaðór] 男 ❶ [麻を柔らかくする時に用いる] ナイフ espadilla。❷ 山刀 {=machete}

tascalate [taskaláte] 男《西. 軽蔑》ピノーレ {=pinole}

tascar [taskár] [7] 他 ❶ [動物が草を] ムシャムシャ食べる。❷ [亜麻・麻などを] 打ちつける, 叩く。❸《エクアドル》嚙む, 嚙み砕く

tasco [tásko] 男 麻の繊維を採った後の屑

tasconio [taskónjo] 男 滑石を多く含む土

tascucia [taskúθja] 囡《西. 軽蔑》=tascucio

tascucio [taskúθjo] 男《西. 軽蔑》飲み屋, 居酒屋

tasi [tási] 男《アルゼンチン. 植物》ガガイモ科のつる植物【果実は食用. 学名 Morrenia odorata, Phisianthus albens】

tasín [tasín]《エクアドル》男 ❶《動物》蜂の巣, ねぐら。❷ [荷物を頭に載せる時に敷く] 当て布 {=rodete}。❸ [土鍋を載せる] 輪型の敷きもの

tasio, sia [tásjo, sja] 形 名《地名》[ギリシアの] タソス島 Tasos の[人]

tasita [tasíta]《taza の示小語》囡《南米》casa como una ～ de té 大変清潔な家

tasmano, na [tasmáno, na] 形 名《地名》[オーストラリアの] タスマニア島 Tasmania の[人]

taso [táso] 男《植物》ガガイモ科の灌木【学名 Araujia hortorum】

taspito, ta [taspíto, ta] 形《ニカラグア》浅い, 表面的な

tasquear [taskeár] 自 ❶《西》[主に連れ立って] バルや居酒屋 tasca のはしごをする: Quedamos con los amigos a las diez para ～ antes de la cena. 私たちは何軒か酒場をめぐって夕食を食べるために10時に会う約束をした。❷《ペルー》海辺で働く(仕事をする)

tasqueo [taskéo] 男《西》バルや居酒屋のはしご

tasquera[1] [taskéra] 囡《口語》けんか, 口論

tasquero, ra[2] [taskéro, ra] 形 ❶《西. まれ》酒場の, 居酒屋の。❷《ペルー》海辺で働く
— 名《西. まれ》酒場の主人(従業員)
— 男《ペルー》波が荒い時に沖仲仕の手伝いをする男

tasquil [taskíl] 男 [石を加工する時に] 飛び散る破片

Tassis y Peralta [tásis i paráltá]《人名》→**Villamediana**

tastabillar [tastabiʝár] 自《チリ, ウルグアイ》❶ つまずく, よろめく {=trastabillar}。❷ ためらう

tastana [tastána] 囡 ❶ [クルミ・オレンジ・ザクロなどの] 実を包む薄皮 (薄い膜)。❷ [耕作地に早魃でできた] 地層

tastar [tastár] 他 ❶《まれ》味わう。❷《古語》手で触れる

tástara [tástara] 囡《ラゴン》大きなもみ殻

tastarazo [tastaráθo] 男《プエルトリコ》頭をぶつけること, 頭突き

tastaz [tastáθ] 男 [金属を磨くために使われる] 古いつぼの粉

tastazo [tastáθo] 男《グアテマラ》[頭などを] 爪ではじくこと

taste [táste] 男《地方語》腐りかけている嫌な味

tasugo [tasúɣo] 男《動物》アナグマ {=tejón}

tata[1] [táta]《←ラテン語》囡《西. 幼児語》ベビーシッター {=niñera}; 家政婦, お手伝いさん: La ～ ha mandado al niño a la cama. お姉ちゃんは子供を寝かしつけた
— 男《中南米. 口語》❶ [親愛をこめて] 親父, パパ; おじいちゃん。❷ [雇い主への敬称] ご主人様
T～ Dios 1)《中南米. 口語》神様。2)《ラプラタ. 昆虫》ウスバカマキリ

tatabro [tatábro] 男《コロンビア. 動物》小型のイノシシの一種【学名 Dycotiles labiatus】

tatagua [tatáɣwa] 囡《キューバ. 昆虫》大型の蛾の一種【学名 Erebus odorata】

tataibá [tatajbá] 男《アルゼンチン, パラグアイ. 植物》野生のクワ【果実は黄色く渋い. 学名 Morus tataiba】

tatami [tatámi]《←日本語》男《圏 ～s》《柔道》たたみ

tatané [tatané]《アルゼンチン, パラグアイ. 植物》=**tataré**

tatarabuelo, la [tataraβwélo, la]《←ラテン語 trans-+カスティーリャ語 abuelo (tataranieto の模倣)》名 高祖父(母)

tataradeudo, da [tataraðéu̯ðo, ða] 名 遠い昔の親戚, 遠い祖先

tataranieto, ta [tataranjéto, ta]《←古語 trasnieto < ラテン語 trans-+カスティーリャ語 nieto》名 玄孫, やしゃご

tatarata [tataráta] 囡《グアテマラ》よく跳ねる独楽(ᵈ)

tataratear [tatarateár] 自 ❶《メキシコ. 口語》口ごもる, どもる。❷《中米, ベネズエラ》苦労して行なう

tataratero, ra [tataratéro, ra] 形《グアテマラ》独楽が) よく跳ねる

tataré [tataré]《アルゼンチン, パラグアイ. 植物》ネムノキ科の高木【材木は黄色く家具用. 学名 Pithecolobium scalare, Pithecolobium tortum】

tatarear [tatareár] 他《俗用》=**tararear**

tatareo [tataréo] 男《俗用》=**tarareo**

tataretas [tatarétas] 男《複》《コスタリカ》よく跳ねる独楽(ᵈ)

tatareto, ta [tataréto, ta] 形《ベネズエラ》うかつな, そそっかしい

tatarrete [tatařéte] 男《グラナダ》小型の壺, 広口びん

tate [táte]《←擬態》間 ❶《納得》分かった: ¡*T*～!, ya entiendo lo que querías decir! そうか, やっと君が言いたかったことが分かったぞ! ❷《驚き・奇異》おや!: ¡*T*～!, esto es sospechoso! あれ, これはおかしいぞ! ❸《嘆息》あーあ! やれやれ! ほら: ¡*T*～!, ya están aquí los invitados! さあ, 招待客が到着しましたよ! ❹ ゆっくり, 徐々に!
— 男《幼児語》チョコレート; ココア。❷《口語》大麻
— ～ tú 《注意喚起》そこ君, 今朝談って

tateai [tatea̯i]《ベネズエラ》静かにしろ, さもなければ出て行け

tatear [tateár] 自《地方語》=**tartamudear**

tatemado, da [tatemáðo, ða] 形《メキシコ. 料理》焼いた

tatemar [tatemár] 他《メキシコ》❶《料理》焼く, 焙(ᵃ)る。❷ 焦がす; やけどさせる

tatetí [tatetí] 男《ta-te-ti とも表記する》《アルゼンチン, ウルグアイ》三目並べ {=tres en raya}

Tato [táto] [el+. 想像上の存在] *hasta el* ～ [肯定の強調] 絶対に…である: *Hasta el* ～ *me adelantó en la última carrera*. この前のレースでは絶対に彼が私を追い抜いた
ni el ～ [否定の強調] 絶対に…ない: *No invierte ni el* ～. 彼は絶対に投資しない

tato, ta[2] [táto, ta]《幼児語》お兄ちゃん, お姉ちゃん: El ～ está enfadado esta mañana. お兄ちゃんは今朝怒っている
— 形《吃音のせいで》c と s の音が t の音に変わる
— 男 ❶《チリ, アルゼンチン. 動物》アルマジロ。❷《アルゼンチン》弟

tatole [tatóle] 男《メキシコ. 口語》[数人の間での] 協定; 陰謀

tatú [tatú] 男《ボリビア, ラプラタ. 動物》《総称》アルマジロ {=armadillo}

tatuador, ra [tatwaðór, ra] 名 入れ墨師, 刺青師

tatuaje [tatwáxe]《←tatuar》男 入れ墨, 刺青, タトゥー【行為, 絵】: En el brazo llevaba un ～ con un nombre de mujer. 彼は腕に女の名前の入れ墨をしていた

tatuar [tatwár]《←英語 tattoo < ポリネシア語 tatan「刺青」》[14] 他 ❶ …の入れ墨をする: Carmen quería que le *tatuaran* una flor en el hombro. カルメンは肩に花の入れ墨をしてもらいたがっていた。❷《医学》[至近距離からの銃の発射による] 傷口の火薬痕
— ～*se* [自分の体に] 入れ墨をする: *Se tatuó* los brazos durante su viaje. 彼は旅行中に腕に入れ墨をした

tatucera [tatuθéra] 囡 ❶ アルマジロの巣穴。❷《ラプラタ》墓地; 地下の隠れ場所 (隠し場所)

tatuco [tatúko] 男《ベネズエラ》大型のひょうたん【容器】

tatuejo [tatwéxo] 男《まれ. 動物》アルマジロ {=armadillo}

ture [tatúre] 男《ベネズエラ》つるを編んだ丸いかご

taturo [tatúro] 男《ベネズエラ》❶ 飲むのに使うひょうたん【容器】。❷ 不思議な形をしたもの

tatusia [tatúsja] 囡《パラグアイ, ウルグアイ. 動物》アルマジロの一種

tau [táu̯] 囡 ❶《ギリシア文字》タウ【T, τ】。❷《単複同形》《生化》タウ【タンパク質】{=proteína ～}

tauca

—— 男 ❶ ヘブライ語アルファベットの最終文字. ❷ T形十字《=tao》

tauca [táuka] 女《チリ》金をしまう大きな袋

taúca [taúka] 女 ❶《エクアドル, ボリビア》大量, 山積み. ❷《ボリビア》衣服の折り目

taucar [taukár] 7 他《エクアドル, ボリビア》積み上げる

taujel [tauxél] 男《左官用の》大型定規

taujía [tauxía] 女 =**ataujía**

taula [táula] 女《考古》《バレアレス諸島の》T字型メガリス

taulaga [tauláɣa] 女《植物》マメ科のとげのある灌木〖学名 Genista hispanica〗

taumaturgia [taumatúrxja] 女 奇跡を起こす力, 神通力: Dios concede a algunos santos el poder de la ～. 神はある聖人たちに奇跡を行なう力をお与えになった

taumatúrgico, ca [taumatúrxiko, ka] 形 奇跡を起こす力の, 神通力の

taumaturgo, ga [taumatúrɣo, ɣa]〖←ギリシア語 thaumatourgos < thauma, -atos「驚異的なこと」+ergon「作品」〗名 奇跡を起こす人, 神通力のある人: Hace curaciones tan extraordinarias que la gente cree que es un ～ y no un médico. 彼はすばらしい治療をするので医者ではなく奇跡を起こす人だと思われている

taunachi [taunátʃi] 男《ボリビア》脚に巻いて鳴らす一連の鈴《=paichachú》

tauquear [taukeár] 他 積み上げる

táurico, ca [táuriko, ka] 名《文語》=**taurino**

taurina[1] [taurína] 女《生化》タウリン

taurinamente [taurináménte] 副 闘牛の観点から; 闘牛のように

taurinismo [taurinísmo] 男 ❶ 闘牛《活動》; 闘牛界. ❷ 闘牛好きなこと

taurino, na[2] [tauríno, na] 形 ❶ 闘牛の: La afición ～na en España es muy grande. スペインの闘牛熱はものすごい. ❷ 闘牛好きの〖人〗

taurios [táurjos] 男複《古代ローマ》〖競技で〗人が牛と闘う

tauro [táuro] 男《天文, 占星》〖T～〗牡牛座〖→zodíaco 参考〗

taurobolio [tauroβóljo] 男《歴史》〖キュベレ Cibeles などの神に捧げられた〗犠牲の牛

tauróbolo [tauróβolo] 男 =**taurobolio**

taurocólico [tauroκóliko] 形《化学》ácido ～ タウロコール酸

taurofilia [taurofílja] 女《文語》闘牛への愛好

taurofílico, ca [taurofíliko, ka] 形《文語》闘牛への愛好の

taurófilo, la [taurófilo, la] 形名《文語》闘牛好きの〔人〕; 闘牛への愛好の

taurofobia [taurofóβja] 女 雄牛恐怖症

taurófobo, ba [taurófoβo, βa] 形名《文語》闘牛開催反対の〔人〕

taurómaco, ca [taurómako, ka] 形名《文語》❶ 闘牛術の. ❷ 闘牛通の〔人〕, 闘牛に詳しい〔人〕

tauromaquia [tauromákja] 女 ❶ 闘牛術, 闘牛の技: reglas de ～ 闘牛のルール. vocabulario de ～ 闘牛用語集. ❷ 闘牛に関する本〔作品〕

tauromáquico, ca [tauromákiko, ka] 形《文語》闘牛術の

tauteo [tautéo] 男《アルゼンチン, チリ》〖キツネの鳴き声〗コンコン

tautología [tautoloxía] 女〖←ギリシア語 to auto「同一」+logos「演説」〗❶《修辞》トートロジー, 類語反復〖例 subir arriba 上に昇る〗. ❷《論理》同語反復〖例 Yo soy yo. 私は私〗

tautológico, ca [tautolóxiko, ka] 形《文語》トートロジーの; 同語反復の: definición ～ca 同語反復による定義. razonamiento ～ 堂々めぐりの思考

tautomería [tautomería] 女《化学》互変異性

tautomerizar [tautomeriθár] 9 自・～**se**《化学》互変異性化する

tautosilábico, ca [tautosiláβiko, ka] 形《音声》同一音節に属する

TAV 男《西. 略語. 古語》←Tren Alta Velocidad 高速鉄道

tavgui [táβɣi] 男 タウギ語

Tawantin Suyu [tawantín súju]《歴史》タワンティン・スウユ〖インカ帝国の正式名称,「4つの地方」の意〗

taxáceo, a [ta(k)sáθeo, a] 形 イチイ科の

—— 女複《植物》イチイ科

taxativamente [ta(k)satiβaménte] 副 議論〔反論〕の余地のなく, 明確に, 厳密に, きっぱりと

taxativo, va [ta(k)satíβo, βa] 形〖←ラテン語 taxatum < taxare「制限する」〗形 議論〔反論〕の余地のない, 明確な, きっぱりとした; 厳密な: definir de forma ～va 明確に定義する. norma ～ 明確な規準. cumplimiento ～ de las normas 規則厳守

taxi [tá(k)si] 〖taxímetro の語尾脱落形〗男 タクシー: Iremos en ～ a casa. タクシーで家に行こう. Los ～ s circulan por la calle en busca de clientes. タクシーが町を流している. coger un ～ tomar un ～ タクシーを拾う. llamar un ～ タクシーを呼ぶ. ～ aéreo =**aerotaxi**

—— 女《俗語》〖ひもを養う〗売春婦

taxi-〖接頭辞〗〖秩序・分類〗taxidermia 剥製術

taxia [tá(k)sja] 女《生物》走性〖=tactismo〗

taxidermia [ta(k)sidérmja]〖←taxi-+ギリシア語 derma「皮」〗女 ❶ 剥製《化》術. ❷《まれ》剥製〖行為〗

taxidermista [ta(k)sidermísta] 名 剥製を作る人, 剥製職人

taxidermizar [ta(k)sidermiθár] 9 他《まれ》…の剥製を作る

taxímetro [ta(k)símetro] 〖←仏語 taximètre 訳〗男〖タクシーの〗料金メーター, タクシーメーター: El ～ marca 35 euros. 料金メーターは35ユーロだ. parar ～ 料金メーターを止める. ❷《まれ》タクシー〖=taxi〗

taxis [tá(k)sis] 女 ❶《生物》走性〖=tactismo〗. ❷《医学》〖ヘルニアなどの〗整復法

—— 男《俗語》〖=taxi〗

taxismo [ta(k)sísmo] 男《生物》走性〖=tactismo〗

taxista [ta(k)sísta] 名 タクシー運転手: Le han dado la licencia de ～. 彼はタクシー運転手の免許を取った

—— 男《俗語》〖売春婦の〗ひも

taxo-〖接頭辞〗=**taxi-**: taxonomia 分類学

taxodiáceo, a [ta(k)soðjáθeo, a] 形 スギ科の

—— 女複《植物》スギ科

taxón [ta(k)són] 男《生物》分類群, 類名

taxonomía [ta(k)sonomía] 女 ❶《生物》分類学. ❷〖一般に〗分類〖法〗. ❸《言語》タクソノミー

taxonómico, ca [ta(k)sonómiko, ka] 形 ❶ 分類学の. ❷ 分類〖法〗の. ❸《言語》タクソノミーの

taxonomista [ta(k)sonomísta] 名 =**taxónomo**

taxónomo, ma [ta(k)sónomo, ma] 名 分類学者

taya [tája] 形《コロンビア》性格の悪い

—— 女《コロンビア. 動物》テルシオペロ〖毒蛇〗. ❷《ペルー》〖漁師・狩人の〗お守り, 護符

tayacán [tajakán] 男 ❶《メキシコ》乗馬して主人に従う少年. ❷《中米》犂で耕す少年. ❸《ニカラグア》勇敢な男; 首領

tayik [tajík] 形《国名》=**tayiko**

tayiko, ka [tajíko, ka] 形《国名》タジキスタン Tayikistán の〔人〕

taylorismo [tailorísmo]〖←Taylor (米国の人名)〗男《経済》テーラー主義, テーラーシステム

taylorización [tailoriθaxjón] 女 =**taylorismo**

tayote [tajóte] 男 →tener **sangre** de tayote

tayú [tajú] 男《チリ. 植物》キク科の木〖樹皮は解熱剤. 学名 Dasyphyllum diacanthoides〗

tayuyá [tajujá] 男《アルゼンチン, ウルグアイ, パラグアイ. 植物》タユヤ〖根は薬用. 学名 Cayaponia tayuya〗

tayuyo [tajújo] 男《キューバ. 料理》タマル tamal の一種

taz [táθ] ～ **a** ～《まれ》〖交換が物同士だけで〗金銭の追加なしで

taza [táθa] 女〖←アラビア語 tassa「深いスープ皿」〗女 ❶〖取っ手付きの〗茶碗, 茶碗 1 杯〖分〗: Se preparó una ～ de café después de almorzar. 彼は朝食後コーヒーを1杯入れた. He tomado dos ～ s de leche. 私はミルクを2杯飲んだ. una ～ de caldo スープ1杯. ～ de café (de té) コーヒー〔ティー〕カップ. ～ de desayuno モーニングカップ. ❷ 便器〖=～ del inodoro, retrete〗. ❸ 噴水盤〖=pila〗. ❹〖剣の椀形の〗つば. ❺《コロンビア》1) 植木鉢〖=maceta〗. 2) 〖貧民が衣類入れなどに使う〗ふた付きの柳かご. ❻《アルゼンチン, チリ》洗面器. ❼《アルゼンチン, ウルグアイ》おまる. ❽《ラプラタ. 自動車》ハブキャップ〖=tapacubos〗

tazaña [taθáɲa] 女《廃語》張りぼての大蛇〖=tarasca〗

tazar [taθár] 他 ❶〖服の折り目・裾などを〗すり切れさせる. ❷《廃語》〖切ったり・嚙んだりして〗壊す, だめにする

—— ～**se**〖服の折り目・裾などが〗すり切れる, ほころびる

tazcal [taθkál] 男《メキシコ》トルティーヤを入れるかご

tazmía [taθmía] 女 ❶《古語》〖収穫者が納める〗穀物の十分の一税; 〖収穫者同士で〗十分の一税を負担する割合. ❷〔主にサトウキビの〕大体の収穫本数

tazol [taθól] 男《グアテマラ》トウモロコシ・サトウキビの柔らかい葉

【飼料】

tazón [taθón]【taza の示大語】男 ❶ マグカップ, 椀(㌘), 鉢, ボウル; un ~ de caldo マグ(椀)1杯分のスープ. ❷ 噴水盤 [=pila]. ❸ 《髪型》corte de ~ マッシュルームカット. ❹ 《アンダルシア》洗面器
— a ~ 《髪型》ヘルメット型に・の

Tazumal [taθumál] 男《地名》タスマル《エル・サルバドル, チャルチュアパ Chalchuapa 遺跡の内の一つ. ピラミッドがある》

te[1] [te]《←ラテン te》代《人称代名詞2人称単数》❶ [直接目的] 君を, 君たちを: Te espero aquí. ここで君を待ってるよ. ❷ [間接目的] 君に; 君にとって, 君から: ¿Te leo este cuento? このお話を読んであげる？ Te me presenta. 彼は私を君に紹介する[×Me te presenta]. Te será fácil entenderlo. 君には理解するのは君にとっては易しいだろう. Te han robado la cartera. 君は財布を盗まれた. ❸ [再帰代名詞] →**se**: Levántate ya. もう起きろ

te[2] [té] 女 ❶ 文字 t の名称. ❷ T字形の部品

té [té]《←中国語》男《腹 ~s》❶ 《飲料》茶; 《特に》紅茶《=té inglés, té negro》: 1) 不可算 preparar té/hacer té お茶を入れる. tomar té お茶を飲む. servir el té a+人 …にお茶を出す. casa de té 《茶道》茶室; 《中国の》茶館; 《アルゼンチン》紅茶を飲みウエールズ風フルーツケーキを食べる》喫茶店. té con leche ミルクティー. té con limón レモンティー. té [de] manzanilla カモミールティー. té de Oolong ウーロン茶. té moro (monuro) ミントティー. té verde 緑茶, 日本茶; 抹茶. 2) 可算 [カップ入りの] Toma dos tés todas las mañanas. 彼は毎朝お茶を2杯飲む. ❷ 午後のお茶, アフタヌーンティー《菓子などの軽食と》ティーパーティー, 茶話会《スペインではまし》: Un té a media tarde es beneficioso. 午後6時ごろにはお茶を飲むと元気が出る. Iremos al té de doña Elisea. 私たちはドニャ・エリセアの茶会にいくつもりだ. dar un té お茶の会をする. invitar a+人 a un té 《茶》に招く. hora del té 《文語》お茶の時間. ceremonia del té [日本の] 茶道, 茶の湯; 茶会. té canasta 《中南米》慈善目的の》紅茶とカナスタ canasta の集まり. té danzante《古語の》ダンスのあるティーパーティー. ❸《植物》1) チャノキ; その葉. 2) 可算 《茶の木》 té de España (Europa・México) アリタソウ. ❹《中南米》ハーブティー: té de cedrón レモンバーベナ茶. té de los jesuitas/té del Paraguay マテ茶 [=mate]. ❺《アンデス酒》té con té テコンテ《シンガニ singani に温かい紅茶を混ぜたもの》

— **dar a+人 el té** …をうんざりさせる, わずらわせる

tea [téa]《←ラテン語 teda < taeda《マツの樹脂を分泌する枝》》女 ❶ たいまつ, トーチ. ❷《比喩》En verano los bosques son una ~. 夏は森でよく火災が起きる. arder como una ~ パッと燃え上がる. convertirse en una ~ 紙屑のようによく燃える. ❸ ナイフ; 包丁. ❹《口語》酔い, 酔態 [=borrachera]: Con la ~ que lleva tenemos que meterlo en la cama enseguida. 彼は酔っ払っているのですぐに寝かせる必要がある. coger una ~ 酔っ払う. ❺《船舶》錨綱, アンカーロープ. ❻《カナリア諸島》松material.

— **~s nupciales** (*maritales*) 《まれ》結婚

teáceo, a [teáθeo, a] 形 ツバキ科の
— 女《植物》ツバキ科

teame [teáme] [古語] 磁石と逆の性質がある石

teamide [teamíðe] 女 [古語] =**teame**

teatina[1] [teatína] 女《チリ. 植物》カラスムギの一種《帽子の材料. 学名 Avena hirsuta》

teatino, na[2] [teatíno, na] 形 名《カトリック》テアティノ修道会 Congregación Teatino の 《修道士・修道女》

teatral [teatrál] 形 ❶ 演劇の: ~ 演劇グループ. obra ~ 戯曲, 演劇作品. representación ~ 芝居の上演. temporada ~ 演劇シーズン. ❷《軽蔑》芝居がかった, わざとらしい: No le hagas caso, es muy ~. あいつに取り合うことはない, 大げさな奴だから. actitud ~ 芝居がかったふるまい

teatrería [teatrería] 女《軽蔑》芝居がかっていること, わざとらしさ

teatrero, ra [teatréro, ra] 形 ❶《軽蔑》芝居がかった, わざとらしい〔人〕. ❷《まれ》演劇好きの

teatralidad [teatraliðáð] 女 ❶ 演劇性, 演劇の質が高いこと: La ~ del nuevo espectáculo es indudable. 新しい演〔し〕物の質が高いことに疑いがない. ❷《軽蔑》芝居がかっていること, わざとらしさ: ~ de los discursos 演説が芝居がかっていること, わざとらしさ. ❸《スポーツ》シミュレーション《反則行為を受けたふりをして審判を欺こうとする行為》: El árbitro no soporta la ~ de los jugadores que se fingen lesionados. 審判は負傷させられたふりをする選手たちに我慢ならない

teatralismo [teatralísmo] 男《軽蔑》芝居がかっていること, わざとらしさ

teatralización [teatraliθaθjón] 女 劇化, 脚色

teatralizar [teatraliθár] 他 ❶ 劇化する, 舞台化する: ~ un relato 物語を戯曲化する. ❷ [仕草・表現を] 大仰にする, 大げさにする
— — 自 [時に軽蔑] 大仰 (大げさ) にふるまう: No teatralices, que nadie te ha faltado al respeto. そんなに大騒ぎすることはないよ, 誰も君をないがしろにしたわけじゃないから

teatralmente [teatrálménte] 副 ❶ 演劇的に; 芝居がかって, 大げさに: El político expuso, algo ~, la postura de su partido. その政治家はやや大層に政党の方針を表明した. ❷ 演劇で: Consigo expresar ~ lo que cinematográficamente no podría. 私は映画ではできないことを演劇でなら表現することができる. ❸ 演劇の視点に立てば: T~, la representación es floja, pero el contenido erótico atrae a muchos. 演劇という視点から見れば公演は不出来だったが, エロティックな内容は多くの人をひきつけた

teatrero, ra [teatréro, ra] 形 名 ❶ 芝居好きの〔人〕. ❷《軽蔑》芝居がかった〔人〕. ❸《口語》演劇の, 芝居の

teátrico, ca [teátriko, ka] 形《まれ》❶ 演劇の. ❷ 芝居がかった

teatrillo [teatríʎo] 男 ~ de títeres 人形劇の舞台

teatrino [teatríno] 男《まれ》ミニチュアの劇場

teatro [teátro]《←ラテン語 theatrum < ギリシア語 theatron < theaomai「私は見る」》男 ❶ 劇場, 芝居小屋; 集合 観客: Fuimos al ~ a ver una obra de García Lorca. 私たちはガルシア・ロルカの作品を見に劇場に行った. El ~ aplaudió a los actores. 観客は役者たちに拍手をおくった. ~ de calle ストリートシアター. ~ de cámara ミニシアター. ~ de la ópera オペラ座, 歌劇場. ~ de variedades 演芸場. ❷ 演劇, 芝居, 演劇界; 舞台俳優の職; 作劇: Siento más afición por el ~ que por el cine. 私は映画より演劇が好きだ. No es fácil vivir en el ~. 演劇界で生きるのは容易ではない. dedicarse al ~ 役者をしている. escribir para el ~ 戯曲を書く. actriz de ~ 舞台女優. escritor de ~ 劇作家. crisis del ~ 演劇の危機 (衰退). teoría del ~ 演劇理論. el ~ del mundo《文語》この劇的な世界. ❸ 集合 劇〔作品〕, 戯曲: ~ de Calderón カルデロンの戯曲. ~ de los Siglos de oro 黄金世紀の戯曲. ~ barroco バロック演劇. ~ chileno チリの劇作品. ~ vocacional《アルゼンチン》アマチュア演劇. ❹ 事件などの〕現場, ~ de la Segunda Guerra Mundial 第2次世界大戦の舞台. ❺《軍事》~ de la guerra/~ de la batalla 戦域, 交戦圏. ~ de operaciones 作戦区域. ❻《軽蔑》わざとらしい言動, 大げさな言動: No le duele nada, todo es ~. 彼は心を痛めたりしない, すべて派手な言動で塗り固められている. Lo tuyo es puro ~. 君のしていることは全くの芝居だ. ❼《中南米》映画館

— **echar ~ a+事** …を大げさに言う
— **hacer ~** 1) 芝居をする; 騒ぐ; 大げさにする. 2)《中南米. 口語》[+a+人 を] だましにかかる
— **tener ~** 芝居がかる, 大げさにする

tebaico, ca [tebájko, ka] 形 ❶《化学》→**extracto** tebaico. ❷《地名》[古代エジプトの] テーべの〔人〕[=tebano]

tebaida [tebáiða] 女 ひっそりと寂しいこと, 人けがないこと

tebaína [tebáina] 女《化学》テバイン

tebaísmo [tebaísmo] 男《医学》アヘン中毒

tebano, na [tebáno, na] 形 名 ❶ [古代エジプトの] テーべ Tebas の〔人〕. ❷ [ギリシア南東部の] テーバイ Tebas の〔人〕

tebenque [tebéŋke] 男《キューバ. 植物》ヒルガオ科の一種《芳香のある黄色い花をつける. 学名 Evolvulus arbuscula》

tebeo[1] [tebéo]《←TBO (バルセロナの雑誌)》男《西》[子供向けの] 漫画雑誌, 漫画本
— **de ~**《口語》ふまじめな, ふざけた: Tiene unas ideas de ~. 彼はふまじめなことを考えている
— **más visto que el ~**《軽蔑》新鮮味がない, 陳腐な: Esas modelos están más vistas que el ~. それらのモデルたちは出すぎだよ

tebeo[2], **a** [tebéo, a] 形 名《廃語》=**tebano**

tebete [tebéte] 男《カナリア諸島. 植物》トケイソウの一種《学名

TEC

Patellifolia webbiana

TEC 囡《略語》←tarifa exterior común 対外(域外)共通関税

teca[1] [téka] 囡 ❶《植物》チーク; チーク材. ❷《植物》[コケ植物の] 胞子囊(?);[蘚類の] 萌(?);[被子植物の] 花粉囊. ❸《動物, 解剖》包膜. ❹《カトリク》[塔型の] 聖遺物箱. ❺《古》かつてアラウカ族が栽培していた穀物

-teca《接尾辞》[保存場所] biblio*teca* 図書館

tecali [tekáli] 男《メキシコ》[プエブラ州の Tecali 産の] あざやかな色とりどりの雪花石膏

techado, da [tetʃádo, da] 形 屋根のある
—— 男 ❶ 屋根 [=techo]: dormir bajo ~ [野天ではなく] 屋根をふくんで寝る. ❷ 屋根をふくむこと

techador, ra [tetʃadór, ra] 图 屋根[ふき]職人

techar [tetʃár] 他 ❶ [建物の] 屋根をふく, 天井をつける. ❷《まれ》限度を設ける

techichi [tetʃítʃi] 男《メキシコ》昔の小型犬の一種《トルテカ族が飼育していた. 学名 Canis caribaeus》

techo [tétʃo] 《←ラテン語 tectum < tegere「覆う, 隠す」》男 ❶ 天井; [トンネルなどの] 上部, 頭上部; habitación de ~ alto (bajo) 天井の高い(低い)部屋. falso ~ 吊り天井. ❷ 屋根 [=tejado];《自動車》ルーフ: El gato está en el ~. 猫が屋根の上にいる. ~ de paja わらぶき屋根. ~ solar (corredizo) サンルーフ. acoger a+人 bajo su ~ …を自宅に迎え入れる. acogerse bajo ~ 雨宿りする; 日ざしを避ける. vivir bajo el mismo ~ 一つ屋根の下に住む. ❸《文語》雨露をしのぐ場所, 住まい: Trabajó mucho para tener un ~ que vivir. 彼は雨露をしのぐ場所を手に入れるために懸命に仕事をした. ❹ [高さの] 限界, 限度; 頂点, トップ: El partido de la oposición alcanzó en las elecciones el ~ previsto. 野党は予想どおり選挙で最高得票を達成した. En esa asignatura el aprobado es mi ~. その科目はいくらがんばっても私は「可」を取るのが関の山だ. sobrepasar el ~ previsto 予想された限度を越える. ❺《航空》上昇限度, 最高高度. ❻《経済》最高限度, シーリング. ❼《主にバスケットボール》チームで一番身長の高い選手. ❽《鉱山》鉱脈より上の土

sin ~ ホームレスの: los sin ~ ホームレスたち
tocar ~ 限界に達する; 最高高度に達する

techomite [tetʃomíte] 男《メキシコ》厚く丈夫な布

techumbre [tetʃúmbre] 囡《←techo》屋根, 屋根組み: La ~ de la casa será restaurada. 家の屋根は修復されるだろう. Son peligrosas las cabañas con la ~ de paja. わらぶき屋根の小屋は危険だ

tecina [teθína] 囡《ホンジュラス》[トルティーヤを作る·一番つらい家事をする] 家政婦, お手伝いさん

teckel [tékel] 图 《獣 ~s》《犬》ダックスフント

tecla [tékla] 囡《←アラビア語 teqra「木箱」》图 ❶ [ピアノなどの] 鍵(%); ~s de un clavecín ハープシコードの鍵盤. ~ blanca (negra) 白(黒)鍵. ❷《情報》キー: tocar las ~s キーを打つ. ~ [de] borrar (comando·control·escape·función·mayús·retorno·tabulación) デリート(コマンド·コントロール·エスケープ·ファンクション·シフト·リターン·タブ)キー. ~ con flecha 矢印キー. ❸《口語》[問題を解決するための] 方策, 手段: No te preocupes, yo sé qué ~s hay que tocar para salir del lío. 心配するな, 私はこの騒ぎを収拾する手立てを知っているから. tocar (pulsar) muchas ~s 色々な手を打つ, 多くのことに気を配る. tocar (pulsar) todas las ~s あらゆる手段をとる. ❹ 微妙(デリケート)なこと

dar en (con) la ~《口語》正確に合う, うまく当たる
tocar una ~《口語》わざと問題を引き起こす

tecladista [tekladísta] 图《主に中南米》キーボード奏者 [=teclista]

teclado [tekládo] 《←tecla》男 ❶《音楽》1) 鍵盤. 2) キーボード. ❷《情報》キーボード: ~ numérico テンキーパッド

tecle [tékle] 男《←英語 tackle》《船舶》テークル, 滑車装置
—— 形《チリ》病弱な, やせこけた

tecleado [tekleádo] 男 キーを打つ(叩く·押す)こと

teclear [tekleár] 《←tecla》❶《音楽, 情報》…のキーを打つ(押す), キーボードを叩く: *Tecleó* el importe en la registradora. 彼はレジに代金を打ち込んだ. ~ su número de identificación ID 番号とげて打ち込む. ❷《口語》[目的達成のために] …に働きかける: *Está tecleando* a sus amigos en el ayuntamiento. 彼は市役所にいる友だちをつてにして問題解決を模索している. ❸《まれ》[器具·機械の] ボタンを押す

—— 圓 ❶ ピアノをひく; キーを打つ: *Teclea* con más cuidado. 彼は慎重にひく. ❷ 指でトントン叩く; ~ sobre la mesa 指で机を叩く. ❸《アンダルシア; チリ, アルゼンチン, ウルグアイ》[仕事などが] 不調である, 商売が行き詰まっている. ❹《チリ, アルゼンチン, ウルグアイ》重病である, 死に瀕している

tecleño, ña [teklépo, ɲa] 形《地名》ヌエバ·サン·サルバドル Nueva San Salvador の[人]《エル·サルバドル, ラ·リベルタ県の県都. 旧称サンタ·テクラ Santa Tecla》

tecleo [tekléo] 男 キーを打つ(キーボードを叩く)こと; その音

tecleteo [tekletéo] 男《口語》ひんぱんにキーを打つ(キーボードを叩く)こと

teclista [teklísta] 图 ❶《情報》キーオペレーター. ❷《音楽》キーボード奏者

tecné [tekné] 男《文語》技術

tecnecio [teknéθjo] 男《元素》テクネチウム

-tecnia《接尾辞》[技術] lumino*tecnia* 照明技術

técnica[1] [téknika] 《←ラテン語 technicus < ギリシア語 tekhnikos < tekhne「技術, 産業」》囡 ❶ 技術: 1) [科学の応用としての] ~ ha cambiado la vida del hombre. 技術は人の暮らしを変えた. progresos de la ~ 技術の進歩. ~ mecánica 機械技術. ~ electrónica 電子工学. ~ financiera 財テク. 2) [芸術的な] 技法, 手法: Aprendió en Italia la ~ del claroscuro. 彼はイタリアで明暗法を学んだ. ~ de la acuarela 水彩画の技法. ~ literaria 文学的手法. 3) [うまい] やり方, 秘訣: Tiene una ~ especial para hacer bizcochos. 彼はスポンジケーキを作ることを心得ている. echar mano de ~s sutiles 巧妙な技巧を弄する. 4) 技量, 腕前: Tiene inspiración, pero le falta la ~. 彼はひらめきはあるのだが, [それを形にする] 技量がない. aprender la ~/adquirir la ~ 技術を身につける. tener una ~ 技術を持っている. adelantar en la ~ 技術で向上する. jugador con ~ うまい(技巧派)の選手. ❷《格闘技》技(?;): ~ de suelo 寝技. ❸《バスケットボール》テクニカルファウル

técnicamente [téknikaménte] 副 ❶ 技術面で, 技術的に: *T*~, no es bueno, pero físicamente es espectacular. それは技術的にはまずいが体の動きとしてはすばらしい. ser ~ imposible 技術的に不可能である. ❷ 専門的に, 厳密に; 術語を使って: Eso debe solucionarse ~. それは専門的な方法で解決すべきだ. Le gusta abordar los problemas muy ~. 彼は厳密に問題に取り組むのが好きだ. Se expresa demasiado ~. 彼は表現に専門用語を使いすぎる. ❸ 巧みに, 上手に: Juega muy ~, pero le falta fuerza y agresividad. 彼は巧みにプレイするが, 力強さと攻撃性に欠ける

tecnicidad [tekniθidá(d)] 囡 専門性, 専門的方法

tecnicismo [tekniθísmo] 男 ❶ 専門性, 専門的であること: El ~ del discurso hace difícil su comprensión. 講演の内容が専門的なせいで分かりにくかった. ❷ 専門用語, 術語, テクニカルターム

tecnicista [tekniθísta] 形《主に軽蔑》専門性, 専門的であること

técnico, ca[1] [tékniko, ka] 《←técnica》形 技術の, 技術的な; 専門的な: Por razón ~*ca* no funciona la máquina automática. ATM は技術的な理由で動いていません《「ATM に入っていた現金が底をついたので引き出しができません」の意》. ayuda ~*ca* 技術援助. conocimientos ~s 専門知識. diccionario ~ 技術用語辞典. palabras ~*cas* 専門用語, 術語. renovación ~*ca* 技術革新. ❷ 専門教育の: escuela ~*ca* 専門学校, 技術学校. arquitectura ~*ca* 建築専門課程. ingeniería ~*ca* 工業専門課程. ❸ 技術者の; 専門家の: cuerpo ~ de Atlético de Madrid《サッカー》アトレティコ·デ·マドリードの監督·コーチ陣. ❹ 高い技術をもつ: Es un jugador de tenis muy ~. 彼は高度な技を備えたテニス選手だ. actor poco ~ 演技力の足りない俳優

—— 图 ❶ 技術者; [特殊技術の] 専門家: Avisamos a los ~s para que nos arreglen el ascensor. エレベーターを修理してくれるように我々は専門技術者に連絡した. ~ de sonido 音響技師. ~ de laboratorio 実験室の助手. ~ en restauración de pinturas 絵画修復の専門家. ❷《スポーツ》1) [選手に対して] 監督, コーチ [=entrenador, ~ deportivo]. 2) 技巧派. 3)《プロレス》ベビーフェース, 善玉 [⇔*rudo*]

tecnicolor [teknikolór] 《←商標》《映画》テクニカラー

tecnificación [teknifikaθjón] 囡 技術導入

tecnificar [teknifikár] 他 進んだ技術を…に導入する

tecno [tékno] 男《音楽》テクノ[ポップ]

tecno-《接頭辞》[技術] *tecno*burocracia 技術官僚制
tecnocracia [teknokráθja] 囡 ❶ テクノクラシー. ❷《集合》専門技術者, 技術官僚
tecnócrata [teknókrata] 形 名 ❶ テクノクラート〔の〕, 専門技術者〔の〕, 技術官僚〔の〕. ❷《軽蔑》技術優先のテクノクラート
tecnocrático, ca [teknokrátiko, ka] 形 テクノクラシーの, 技術主義的な
tecnocratismo [teknokratísmo] 形 技術官僚主義
tecnoestructura [teknoestruktúra] 囡 ❶《集合》《経済》〔大企業の意思決定に参加する〕技術者集団
tecnoestructural [teknoestrukturál] 形《経済》技術者集団の
tecnografía [teknografía] 囡 工芸記載学; 科学史, 技術史
tecnología [teknoloxía]《←ギリシア語 tekhnologia》囡 ❶ テクノロジー, 科学技術; 科学技術術: La empresa tiene ～ punta. その会社は最先端の技術を持っている. La empresa realizó una fuerte inversión en ～. 会社は巨額の技術投資を行なった. alta (baja) ～ ハイテク（ローテク）. ～ espacial 宇宙開発技術. ～ informática 情報技術, IT. ～ química 化学工学. ❷《集合》[科学・芸術の] 専門語
tecnológico, ca [teknolóxiko, ka] 形 科学技術の; 工芸の
tecnólogo, ga [teknólogo, ga] 名 科学技術者, 工業技術者
tecno-pop [teknopóp]《←英語》男《音楽》テクノポップ
tecnotrónico, ca [teknotróniko, ka] 形 電子技術の
teco, ca[2] [téko, ka] 形《グアテマラ》酔っ払った
tecol [tekól] 男《メキシコ》リュウゼツランにつく毛虫〔学名 Bombix agavis〕
tecolero [tekoléro] 男《メキシコ》❶ 厩舎係. ❷ 剪毛中に傷ついた羊の手当をする助手
tecolines [tekolínes] 男 複《メキシコ. 口語》お金, 銭（"）
tecolio [tekóljo] 男《メキシコ》リュウゼツランの中に虫を入れて発酵させた飲み物
tecolota [tekolóta] 囡《メキシコ. 俗語》葉巻の吸い殻
tecolote [tekolóte] 男 ❶《メキシコ, グアテマラ, ホンジュラス, エルサルバドル. 鳥》フクロウ〔=lechuza〕. ❷《メキシコ》1)《口語》夜勤の警官. 2) [カード賭博の] 一手 ――男《メキシコ, グアテマラ, ホンジュラス, エルサルバドル》酔っ払った. ❷《コスタリカ》褐色の
tecomal [tekomál]《コスタリカ. 植物》=**tecomate**
tecomate [tekomáte] 男 ❶《メキシコ, グアテマラ, エルサルバドル. 植物》ノウゼンカズラの一種〔学名 Crescentia alata〕; そのヒョウタン型の果実製の容器. ❷《メキシコ》素焼きの碗
tecorral [tekořál] 男《メキシコ. 口語》石を空（"）積みした囲い（壁）, 石垣
tectiforme [tektifórme] 形《考古》屋根型の, 覆いの役目をする
tectita [tektíta] 囡《鉱物》テクタイト
tectología [tektoloxía] 囡《生物》組織形態学
tectónico, ca [tektóniko, ka] 形 名 ❶《地質》構造地質学〔の〕, 地体構造の: ～*ca* de placas プレートテクトニクス. ❷《構造》の
tector, triz [tektór, tríθ] 形《動物》覆う ――男 [鳥の] 羽根
tecuán [tekwán] 男《アステカ神話》人肉を食べる怪獣
tecuco, ca [tekúko, ka] 形《メキシコ》欲深い, 食欲な, けちな
tecuhtli [tekútli] 男《歴史》テクトリ〔アステカの伝統的貴族. 共に新興の軍人貴族テキワ tequihua と対立する〕
tecuil [tekwíl] 男《メキシコ. 口語》=**tecuile**
tecuile [tekwíle] 男《メキシコ. 口語》粗末な小屋, 掘っ建て小屋
teda [téđa] 囡《詩》たいまつ〔=tea〕
teddy-boy [tédi bój]《←英語》男 テディーボーイ〔1950～60年代イギリスの細身のズボンをはいた不良がかった若者たち〕
tedero [teđéro] 男 たいまつ立て, トーチ架
tedesco, ca [teđésko, ka] 形 名《文語》ドイツの（人）〔=alemán〕
tedeum [teđéun] 男〔単複同形〕《カトリック》テデウム〔朝課・早禱・祝勝などの時に神に捧げる感謝と賛美の言葉. Te Deum laudamus「神よ私たちはあなたをほめたたえます」で始まる〕
tediar [teđjár] 他《廃語》毛嫌いする, うんざりする
tedio [téđjo] 男《←ラテン語 taedium < taedere「嫌悪する, うんざりする」》❶ 飽き飽き（うんざり）すること: Ha sido una noche de completo ～. 本当に退屈な夜だった. La oficina me produce ～. 私は会社が面白くない. provocar ～ en+人 …をうんざりさせる. ❷ 倦怠（"）, 無気力: El ～ se apoderó de mi madre. 母は無

気力状態に陥った
tedioso, sa [teđjóso, sa] 形 退屈な, うんざりさせる
tee [tí]《←英語》男《ゴルフ》ティー; ティーグラウンド
teenager [tinéijer]《←英語》名〔複 ～s〕ティーンエージャー
tefe [téfe] 男《コロンビア, エクアドル》皮（布）の切れ端. ❷《エクアドル》顔の切り傷
teflón [teflón]《←商標》男 テフロン: sartén de ～ テフロン加工のフライパン
teflonar [teflonár] 他 テフロン加工する
tefrita [tefríta] 囡《地質》テフライト
tegenaria [texenárja] 囡《動物》イエタナグモ
tegeo, a [texéo, a] 形《古代ギリシア, 地名》テゲア Tegea の〔人〕
tegmen [tégmen] 男 ❶《植物》内種皮, 包被. ❷《昆虫》翅鞘（"）, さやばね
tegua [tégwa] 形《コロンビア》専門家なのに下手な; 名ばかりの専門家 ――名《コロンビア》呪術師; 民間療法医
tegual [tegwál] 男《歴史》[グラナダ王国の] 魚税
Tegucigalpa [teguθigálpa] 囡《地名》テグシガルパ〔ホンジュラスの首都. 「銀の山」の意. 16世紀にスペイン人が建設〕
tegucigalpense [teguθigalpénse] 形 名《地名》テグシガルパ Tegucigalpa の〔人〕
tegue [tége] 男《ベネズエラ. 植物》サトイモ科の一種〔乳液と根は食用. 学名 Caladium arboreum〕
tegüe [tégwe] 形《ベネズエラ. 植物》=**tegue**
tegui [tégi] 男《俗語》車尾棒
teguillo [tegíʎo] 男〔張り天井を作るための〕細長い板
tégula [tégula] 囡《考古》古代ローマ時代の瓦
tegumentario, ria [tegumentárjo, rja] 形《動植物の》外被の, 被包の
tegumento [teguménto] 男《動植物の》外被, 被包
Tegus [tégus] 囡《地名》=**Tegucigalpa**
tehuacán, na [tewakán, na] 形《地名》テワカン Tehuacán の〔人〕《メキシコ, プエブラ州の町》
tehuelche [tewéltʃe] 形 名 テウェルチェ族〔の〕《南米パタゴニアの先住民》 ――男 テウェルチェ語
teína [teína] 囡〔茶に含まれる〕カフェイン, テイン
teinada [teináđa] 囡《まれ》家畜小屋〔=tinada〕. ❷《ログローニョ》たくさんのブドウのつる
teísmo [teísmo]《←ギリシア語 theos「神」+-ismo》《宗教》❶ 有神論《⇔ateísmo》. ❷ 一神論《⇔politeísmo 多神論, panteísmo 汎神論》
teísta [teísta] 形 名 有神論の（論者）《⇔ateo》; 一神論の（論者）
teja [téxa] I《←ラテン語 tegula》囡 ❶ 瓦（"）: Las ～*s* de las casas españolas suelen ser acanaladas. 普通のスペインの家の瓦は波型である. techo de ～ 瓦屋根. ～ árabe 三角瓦. ～ [de] cumbrera 棟瓦. ～ flamenca 桟瓦. ～ plana 平瓦. ～ acanalada《キューバ, プエルトリコ, コロンビア》セメントと石綿製の波瓦. ❷ 司教の帽子〔=sombrero de ～〕. ❸ 赤褐色〔スペインの瓦の色. =color ～〕. ❹《菓子》瓦型のクッキー. ❺《植物》シナノキ〔=tilo〕. ❻ 鋼の刃. ❼〔女性の〕大きな飾り櫛（"）. ❽《ナバラ, リオハ, アラゴン, バレンシア》用水路の水量の単位〔ナバラ・リオハ・アラゴンは fila の4分の1, バレンシアは20分の1〕. ❾《メキシコ》鞍の後部
a ～ vana 〔屋根だけで〕天井のない
a toca ～《西》即金で, 現金で
correrse a+人 la ～《コロンビア. 口語》…が気が変になる
de ～s [para] abajo この世では, 現世では
de ～s arriba 天国では, あの世では
resbalarse a+人 la ～《ニカラグア. 口語》…が気が変になる
tener la ～ corrida《コロンビア. 口語》気が変になっている
II 男《植物》ノジリポダイジュ〔=tilo〕
tejabán [texabán] 男《メキシコ》=**tejavana**
tejabana [texabána] 囡《メキシコ》=**tejavana**
tejadillo [texađíʎo] 男 ❶〔窓・ドアなどの〕ひさし, 軒先. ❷《古語》馬車などの〕幌（"）
tejado [texáđo] 男《←teja》❶《西》[主に瓦ぶきの] 屋根: Ha subido al ～ a cambiar la antena. 彼は屋根に登ってアンテナを替えた. ❷《鉱山》露頭
empezar la casa por el ～《口語》手順どおりにしない, 手順を踏まない: ¿Diseñas el cartel antes de escribir el guión del teatro? Eso sería *empezar la casa por el ～*. 君は芝

居の台本を書く前にポスターのデザインをしているのかい? それは順番が逆だ
tirar piedras a ⟨contra⟩ su propio ~ 自分に不利になることを言う(言う), やぶ蛇になる

tajamaní [texamaní] 男《中南米》=**tejamanil**
tajamanil [texamaníl] 男《中南米》[屋根をふく]こけら, こば
tejano, na [texáno, na] 形 名《地名》[米国の] テキサス Texas の[人]
—— 男《服飾》❶[主に 複] ジーンズ《=pantalón ~》. ❷《西》デニム. ❸《中米》テンガロンハット《=sombrero ~》
tejar [texár] 他 [屋根に] 瓦をふく
—— 男 瓦(煉瓦)製造工場
tejaroz [texaróθ] 男《建築》ひさし, 軒(のき)
tejaván [texabán] 男《メキシコ》=**tejavana**
tejavana [texabána] 女《メキシコ》屋根だけで天井のない粗末な家, 掘っ建て小屋
tejazo [texáθo] 男 瓦で殴ること
tejedera [texeðéra] 女 ❶《まれ》女性の織り手《=tejedora》. ❷《昆虫》アメンボ《=escribano del agua》
tejedor, ra [texeðór, ra] 形 名 ❶ 織る, 編む; 織工, 織り手, 織物職人. ❷《ペルー, チリ. 口語》陰謀家(の), 策士(の)
—— 男 ❶《昆虫》1) アメンボ《=zapatero》. 2) シロアリモドキ. ❷《鳥》ハタオリドリ. ❸《ドミニカ》編み棒
—— 女 織機《=máquina ~ra》
Tejedor [texeðór]《人名》**Carlos ~** カルロス・テヘドル[1817-1903, アルゼンチンの法学者・政治家.『アルゼンチン刑法』*Código penal argentino*]
tejedura [texeðúra] 女 ❶ 織ること. ❷ 織り方, 織り目《=textura》
tejeduría [texeðuría] 女 ❶ 織る技術; 織り方. ❷ 織物工場; 織物産業
tejemaneje [texemanéxe]《←tejer+manejar》男 ❶《口語》熱心に(てきぱきと・あわただしく)立ち回ること, 大忙し: Se trae mucho ~ para limpiar la pieza. 彼は部屋の掃除に大忙しだ. ❷《軽蔑》[ちょっとした] 策謀, 小細工: Con algunos ~s logró que le admitieran en el club. 彼は策をめぐらせてクラブの入会許可を取りつけた
tejendero, ra [texendéro, ra] 名《チリ》織工
tejer [texér]《←ラテン語 texere》他 ❶ 織る, 織り上げる: ~ con (de) seda 絹で織る. alfombra *tejida* a mano 手織りのじゅうたん. máquina de ~ 織機. ❷ 編む: Está *tejiendo* patucos para su futura nieta. 彼女は産まれてくる孫のために毛糸の靴を編んでいる. ~ una cesta de mimbre 柳の枝でかごを編む. ~ una corona de flores 花の冠を編む. ❸ [クモ・蚕などが巣・まゆを] 糸で作る: La araña ha *tejido* una gran tela. クモが大きな巣をかけた. ❹ [計画などを] 作る, 編成する, 構想する; [陰謀などを] たくらむ: Llevan todo el mes *tejiendo* planes para las vacaciones. 彼らはその月じゅう夏休みの計画を練っている. *Teje* un embuste tras otro. 彼は次々に嘘を考え出す. *Tejieron* la calumnia entre todos. 彼らみんなで互いに中傷し合った. ❺ 用意する, 準備する: ~ su ruina 自身の破滅の道を準備する. ❻ [ダンスなどで腕・足を] 交差させて踊す
~ y destejer 計画などをぐらぐら変える, 定見がない: No terminará su cuadro, porque no hace más que ~ *y destejer*. 彼の絵は完成しないだろう. 描き直しばかりしているから. 2) 男 朝令暮改, 無定見
—— 自《主に中南米》編み物をする. ❷《コロンビア, ペルー, チリ》策略をめぐらす
~se [ダンスなどで] 互いの体を交差させて戻す
tejera[1] [texéra] 女 瓦(煉瓦)製造工場《=tejar》
tejerazo [texeráθo] 男《歴史》治安警察の Antonio Tejero 中佐が1981年2月23日にマドリードで起こしたクーデター未遂事件
tejería [texería] 女 瓦(煉瓦)製造工場《=tejar》; 瓦(煉瓦)製造業
tejeringo [texeríŋgo] 男《バダホス, アンダルシア. 菓子》棒状のチューロ *churro*
tejero, ra[2] [texéro, ra] 名 瓦(煉瓦)製造職人
—— 男《地方語. 鳥》アトリ
tejido [texíðo]《←tejer》男 ❶ 織物, 布《=tela》: Para ese vestido iría bien un ~ elástico. その服のためには伸縮性のある布地が適するだろう. tienda de ~s 布地店. ~ de seda (algodón・lana) 絹(綿・毛)織物. no ~ 不織布. ❷ 織り方, 織り目: Las telas se diferencian por el ~ y por la fibra. 布地は

織り方と繊維によって異なる. tela de ~ ralo 目の粗い布. ❸ 編んだもの: ~ de alambre 金網. ~ de paja もじろ, 藁で編んだもの. ❹《生物》組織: implante de ~ cutáneo 皮膚組織の移植. ~ conjuntivo (conectivo) 結合組織. ~ muscular 筋肉組織. ~ nervioso 神経組織. ❺ ~ social 社会組織. ❻ [事柄の] 連鎖, 連鎖: un ~ de aventuras 一連の冒険. ❼《中南米》編み物《=labor de punto》
tejillo [texíʎo] 男《古語》[女性がベルトとして使う] 飾りひも, レースのひも
tejo [téxo] I 男《←teja 1》 ❶ [的当て遊びで投げる] 瓦や石のかけら; 碁盤目に向かってコイン(石)を投げる遊び《=rayuela》; *chita* で賭け金を置く目印の棒. ❷《貨幣の地板: ~ barra インゴット《=lingote》. ❸《古語》1ドゥーロ硬貨
tirar ⟨echar⟩ a+人 los ~s《西. 口語》[男が女を] 口説く; [女が男に] 秋波を送る: Durante toda la fiesta no paró de *tirar*le los ~s a Ángel. 彼女はパーティーの間ずっとアンヘルに色目をつかっていた
II 男《植物》ヨーロッパイチイ
III 男《地方語. 動物》アナグマ《=tejón》
tejocote [texokóte] 男《メキシコ. 植物, 果実》サンザシの一種《学名 Crataegus mexicana》
tejoleta [texoléta] 女 ❶ 瓦(煉瓦)のかけら. ❷ [陶器製の] カスタネット《=tarreña》
tejolote [texolóte] 男《メキシコ》乳棒, すりこぎ
tejón [texón] I 男《動物》アナグマ《=~ común》; その革[革服に使う]: ~ americano アメリカアナグマ
II 男 ❶ 板状の金《=tejo》. ❷《ナバラ, ログローニョ, アラゴン》[屋根の] 棟瓦
tejonera [texonéra] 女 アナグマの巣穴
tejú [texú]《南米. 動物》テグー[トカゲに似た爬虫類]
tejuela [texwéla] 女 ❶ 瓦(煉瓦)のかけら. ❷《馬具》鞍骨(くらぼね)
tejuelo [texwélo] 男 ❶《ラテン語 指小語》❶ 背[書名を記して本の背に貼る, 主に革の]ラベル, 題箋; 書名. ❷《獣医》[馬の] 蹄底(ていてい)の骨. ❸《技術》ピボット軸受け, スラスト
tel.《略語》←teléfono 電話
tela [téla]《←ラテン語 tela》女 ❶ 布, 布地: Las damas vestían con ricas ~s. 貴婦人たちは豪華な布地の衣装を着ていた. cubierto con una ~ 一枚の布で覆われた. ~ de lana ウール地. ~ de lino 麻布地. ~ de saco《メキシコ, コロンビア》= costal ズック, 袋用麻布地. ~ metálica 金網. 《クモなどの作る》網: ~ de araña クモの巣. ❸《美術》画布, カンバス《=lienzo》; 油絵: Antes de pintar, esboza el dibujo sobre la ~. 色を塗る前に彼はカンバスに下絵を描く. exposición de muchas ~s de Velázquez ベラスケスの多くの油絵の展覧会. ❹ 話題, 議題; 題材: Tienen ~ para rato. 彼らには話題がたくさんある/暇つぶしの仕事がある. ❺ 薄い膜: ~ de cebolla 玉ねぎの各層の間の薄膜; 薄っぺらで弱い事. ~ de la leche 牛乳の表面にできる皮膜. ❻ 果実の殻の内側の薄皮, 乾燥した種の薄皮. ❼《解剖》膜: ~ del corazón 心膜. ❽《医学》[角膜の] 白斑, 目の星. ❾《西. 口語》[ser+] 厄介, 手間: El viaje con toda la carretera cubierta de hielo fue ~. 全面凍結した道路での運転は大変だった. ❿《西. 口語》[形容詞的に, 名詞+] すごい, すばらしい: Se ha comprado un coche ~. 彼はすごい車を買った. ⓫《西. 口語》紛料; 大嘘. ⓬《西. 口語》金《=dinero》; 大金: Este coche te habrá costado mucha ~. この車は高かったでしょう. ⓭ [印刷機の圧胴の] 胴張りの布. ⓮《戦場で包囲するために敵を張りめぐらせる場所. ⓯ 一度に織機にかける材料. ⓰《闘牛》ケープ; ムレータ. ⓱《エブロ川での》ニシンダマシ属の一種 saboga 漁用の網. ⓲《人》[猟, 競技・祭りなどのための] 囲われた場所. ⓳《歴史》[馬上槍試合で向かい合って走る2頭の馬が衝突するのを避けるための] 中間の仕切り柵《=valla de ~》. ⓴《廃語》[問題解明のための] 検討, 議論, 論争. ㉑《チリ》adhesiva 絆創膏, ガーゼ付き絆創膏
de ~ 布製の: bolso *de ~* 布のバッグ
estar en ~ de juicio 疑いが持たれている; 厳しく検討される: La veracidad de sus declaraciones *está en ~ de juicio*. 彼の陳述の真実性には疑いがもたれている
haber ~ [de] que cortar 話題がたくさんある; 検討すべき点が多い: Sobre mi tema *hay ~ que cortar*. そのテーマについてはネタがいろいろでもある. Respecto a sus comportamientos *hay ~ que cortar*. 彼のふるまいには問題として取り上げるべき点がいくつもある
llegar a las ~s del corazón 胸をうつ, 痛ましい

poner... en ~ de juicio ⋯に疑いを持つ; 厳しく検討する
~ marinera [《西. 口語》 1) [ser+] 厄介, 手間: Este curso es ~ marinera, es el que requiere más estudio y dedicación. この講座は大変だ, もっと勉強してがんばらなくてはならないの. 2) [形容詞的に, 名詞+] すごい, すばらしい: Tiene un piso ~ marinera. 彼はすばらしいマンションを持っている. Este niño es ~ marinera. この子はすごい
tener ~ 《西. 口語》 1) 厄介である, 手間がかかる: Hay que pintar toda la casa, así que *tengo* ~ para varios días. 家じゅうのペンキ塗りをしなければならないので, 私は何日か忙しい. 2) 話題がたくさんある: Hace mucho que no se veían, así que *tienen* ~ para rato. 彼らは長い間会っていなかったので, 話すことがたくさんある
―― 副《西. 口語》非常に, すごく: Me costó ~ convencerle. 彼を説得するのは一苦労だった

telabrejo [telabréxo] 男《南米》がらくた, 屑, はんぱ物, 不用品
telamón [telamón] 男《美術》男像柱〔=atlante. ⇔cariátide〕
telángana [telángana] 女《西. 口語》金〔=dinero〕
telar [telár]【←tela】男 ❶ 織機, 手織機. ~ industrial 力織機. ~ automático 自動織機. ❷ 複 織物工場. ❸《建築》窓・戸などの〕抱き. ❹《演劇》舞台の〕天井, 簀(す). ❺《映画, テレビ》スタジオの天井部. ❻《製本》かがり台. ❼《自動車》〔ディスク〕ホイール
tener... en el ~ ⋯を作成中である

telaraña [telarápa]【←俗ラテン語 tela aranea】女 ❶ クモの巣: En el techo hay una ~. 天井にクモの巣がある. ❷ 複 非常に薄い雲; [目の前にかかる] もや: Veo ~s. ものが霞んで見える. ❸ すかなもの, はかないもの. ❹《情報》ウェブ. ❺《地方語》ハチふさツリガネの毛虫
mirar las ~s 注意が散漫になっている, ぼんやりしている
tener ~ en los ojos 1) 判断力を失っている, 物がよく見えていない. 2) 〔年齢のせいで〕目がかすんで見えにくくなる

telarañoso, sa [telarapóso, sa] 形 クモの巣だらけの
telarquía [telarkía] 女《生理》乳房の発育
telaspio [teláspjo] 男《植物》グンバイナズナ
teldense [teldénse] 形《地名》テルデ Telde の;〔人〕《ラス・パルマス県の町》
tele [téle]《televisión・televisor の省略形》女《口語》テレビ《受像器, 放送システム》: La madre se encontraba durmiendo en el sofá con la ~ encendida. 母親はテレビをつけたままソファで眠っていた. ¿Qué ponen esta noche en la ~? 今晩はテレビで何がありますか

tele-《接頭辞》❶ [遠い] *tele*fono 電話. ❷ [テレビジョン] *tele*diario テレビニュース
teleadicto, ta [teleadíkto, ta] 形 名 《過度に》テレビ好きの
telealarma [telealárma] 女《警察などの》警報・通報装置
telebanca [telebáŋka] 女 =telebanco
telebanco [telebáŋko] 男《プエルトリコ, コロンビア, ペルー, ボリビア》〔銀行の〕現金自動預金支払機
telebasura [telebasúra] 女《テレビ》俗悪番組
telebrejo [telebréxo] 男《メキシコ》がらくた, 不用品
telecabina [telekabína] 女《口語》〔小型の〕ゴンドラ式ロープウエー
telecámara [telekámara] 女 テレビカメラ
telecine [teleθíne] 男 テレシネ, テレビ用フィルム映写装置
telecinesis [teleθinésis] 女 =telequinesis
teleclub [teleklúb] 男 テレビ視聴室
teleco [teléko] 名《口語》[主に] 複 =telecomunicación
―― 名《口語》電話会社技師
telecobaltoterapia [telekoboltoterápja] 女《医学》コバルト遠隔照射療法
telecomandar [telekomandár] 他《技術》遠隔操作する
telecomando [telekomándo] 男《技術》テレコマンド, 遠隔操作
telecomedia [telekomédja] 女《テレビ》コメディ番組
telecompra [telekómpra] 女 テレビショッピング
telecomunicación [telekomunikaθjón] 女《電話・電信・ラジオ・テレビなどによる》遠距離通信, 電気通信;〔集合的に〕その手段・技術: ingeniero de *telecomunicaciones* 通信技師
teleconferencia [telekomferénθja] 女 テレビ会議
telecontrol [telekontról] 男 遠隔操作
teleculebra [telekulébra] 女《ベネズエラ. 口語》テレビ小説, 長編メロドラマ

teledebate [teleðeβáte] 男 テレビ討論〔会〕
teledetección [teleðete(k)θjón] 女《天文など》リモートセンシング
telediario [teleðjárjo] 男《西》〔スペイン国営テレビ TVE の定時の〕テレビニュース
teledifusión [teleðifusjón] 女 テレビ放送
teledirección [teleðire(k)θjón] 女 遠隔操縦, 無線誘導: equipo de ~ 遠隔操縦装置
teledirigir [teleðirixír] 他 遠隔操縦する, 無線誘導する: Los cohetes espaciales son *teledirigidos* desde una base. 宇宙ロケットは基地から遠隔操作される. coche *teledirigido* ラジコンカー. proyectil *teledirigido* 誘導ミサイル
teledocumentación [teleðokumentaθjón] 女 遠隔文書作成
teledrama [teleðráma] 男 テレビドラマ
teléf.《略記》←teléfono 電話
telefacsímil [telefaksímil] 男 =telefax
telefax [telefá(k)s] 男《単複同形》電話ファクス《器具, 文書》: Tenemos ~ en la oficina y en casa. 私たちは会社と家にファクスがある. Enviamos un ~ con tus propuestas. 君の提案を書いたファクスを送る
teleférica[1] [teleférika] 女《メキシコ, パナマ, コロンビア, アルゼンチン》=telesilla
teleférico[1] [teleferiko]【←仏語 telephéfique】男 ロープウエー《ゴンドラ, 設備, システム》: Esperamos el ~ para subir al monte. 私たちは山に登るためにロープウエーを待っている
teleférico, ca[2] [teleferiko, ka] 形 ロープウエーの
telefilm [telefílm] 男《複 ~s》=telefilme
telefilme [telefílme] 男 テレビ映画
telefílmico, ca [telefílmiko, ka] 形 テレビ映画の
telefio [teléfjo] 男《植物》ムラサキベンケイソウ
telefonazo [telefonáθo] 男《口語》電話をかけること: Dame un ~ antes de salir. 出かける前に電話をくれ
telefoneada [telefoneáða] 女《チリ》=telefonazo
telefonear [telefoneár] 自 [+a] 電話する, 電話をかける〔=llamar〕: *Telefonée*me esta noche. 今晩電話を下さい
―― 他 電話で知らせる: Le *telefoneare* los resultados de los análisis en cuanto sepamos algo. 何かわかり次第, 分析結果を電話でご連絡します
telefonema [telefonéma] 男 電報電報
telefonera [telefonéra] 女 電話台
telefonía [telefonía] 女 ❶ 電話《システム》: ~ móvil (celular) 移動電話, 移動通信サービス. ~ sin hilos/~ inalámbrica 無線〔電話〕. ❷ 電話の設置《取り扱い》技術. ❸ 電話サービス
telefónicamente [telefónikaménte] 副 電話で, 電話を使って: conversar ~ 電話で会談する
telefónico, ca [telefóniko, ka] 形 電話の: aparato ~ 電話機. compañía ~ca 電話会社. comunicación ~ca 通話. línea ~ca 電話線, 電話回線
―― 名 電話会社の社員
telefonillo [telefoníʎo] 男《西》インターホン〔=interfono〕: Llama al ~ cuando llegues. 着いたらインターホンを押してくれ
telefonín [telefonín] 男《口語》インターホン〔=interfono〕
telefonista [telefonísta] 名 電話交換手
teléfono [teléfono]【←ギリシャ語 tele「遠い」+phoneo「私は話す」】男 ❶ 電話: 1) José está al ~. ホセは今電話中だ. Su ~ está comunicando. 彼は通話中です. contestar el ~ 電話に出る. hablar por ~ con+人 ⋯と電話で話す. ~ de la esperanza 悩み事相談電話. ~ gratuito フリーダイアル. 2) 電話機: Desde este ~ no se pueden hacer llamadas al extranjero. この電話では国際電話はかけられません. coger (descolgar) el ~ 受話器を取る. colgar el ~ 受話器を置く, 電話を切る. ~ automático《古語》自動電話. ~ de teclado プッシュホン. ~ inalámbrico/~ sin hilos コードレス電話. ~ inteligente スマートフォン. ~ interno インターホン. ~ móvil (celular・portátil) 携帯電話. ~ público 公衆電話. ~ rojo ホットライン. ❷ 電話番号〔=número de ~〕: Dame tu ~. 君の電話番号を教えてくれ. Con que me digas tu ~ basta. 君の電話番号を言ってくれればそれで十分だ. ¿Tienes mi ~? 私の電話番号知っているの? Reserva de localidades en el ~ ...《表示》座席予約は電話番号で. ❸ 電話料金〔=tarifa de ~〕: Ha subido el ~. 電話代が上がった. ❹ 複 電話会社: Voy a T~s a poner una conferencia. 私は電話局に行って長距離電話をかける. ❺〔シャワーの〕ヘッド: ducha de ~ 固定式でないシャ

ワー. ❻ ～ descompuesto 伝言ゲーム.
llamar a+人 por ～ …に電話をかける: Te *llaman por* ～. 君に電話だよ
ponerse al ～ 電話に出る: ¿Puede *ponerse al* ～ Miguel, por favor? ミゲルを電話に出していただけますか?
telefonómetro [telefonómetro] 男 [電話会社の] 電話利用度記録計
telefoto [telefóto] 女 telefotografía の省略語
telefotografía [telefotoɣrafía] 女 ❶ 電送写真〘技術, 写真〙. ❷ 望遠写真〘技術, 写真〙
telefotógrafo [telefotóɣrafo] 男 電送写真機
telegenia [telexénja] 女 テレビ映りがよいこと
telegénico, ca [telexéniko, ka] 形 テレビ映りのよい
telegestión [telexestjón] 女 遠隔処理, 遠隔手続き
telegospia [teleɣóspja] 女 〖テレビ〗文字放送
telegrafía [teleɣrafía] 女 ❶ 電信 [システム, 設置・取り扱い技術, サービス]: ～ múltiple 多重送信. ～ óptica 光通信〖古語〗光を使った信号. ～ sin hilos/～ inalámbrica 無線電信
telegrafiar [teleɣrafjár] 11 他 電信で送る, 電報で知らせる: *Te-legrafíanos* la fecha de tu llegada. 君の到着日を電報で知らせてくれ. Me *telegrafió* que llegaría al día siguiente. 明日着くと彼から電報が来た
—— 自 [+a に] 電報を打つ, 打電する: Te *telegrafiaré* en cuanto llegue. 着いたらすぐ君に電報を打つよ
telegráficamente [teleɣrafikaménte] 副 ❶ 電報(電信)で: La noticia le fue comunicada ～. ニュースは電信で彼に伝えられた. ❷ 詳細に: Lo describiré ～. それを詳しく話そう
telegráfico, ca [teleɣráfiko, ka] 形 ❶ 電信の, 電報による: comunicación ～*ca* 電信通信. línea ～*ca* 電信回線. 電信電話局. ❷ [言葉づかいが] 簡潔な: Es muy ～ hablando. 彼は話す時は言葉数が少ない. estilo ～ 簡潔な文体. mensaje ～ 電文を思わせる短い伝言
telegrafista [teleɣrafísta] 共 無線士, 電信士; 電信技師, 電信技手
telégrafo [teléɣrafo] 男〖←ギリシア語 tele「遠い」+grafo「書くこと」〗❶ 電信〘システム〙; 電信機: ～ sin hilos 無線通信. ❷ 電信電話局. ❸ 信号; 信号機: ～ marino/～ de banderas 〘船舶〙手旗信号, 信号旗. ～ Morse モールス信号
hacer ～*s* 身振りで伝える〖話〗で話す
telegrama [teleɣráma] 男〖←ギリシア語 tele「遠い」+gramma「書かれた記号」〗電報, 電文; 電報用紙: avisar por ～ 電報で知らせる. enviar (expedir・mandar・poner) un ～ a+人 …に電報を打つ. recibir un ～ 電報を受け取る. distribuidor de ～*s* 電報配達人. ～ cifrado/～ en cifra/～ en clave 暗号電報. ～ de felicitación 祝電. ～ urgente 至急電報
teleguiar [teleɣjár] 11 他 =**teledirigir**
teleimpresor [teleimpresór] 男 =**teletipo**
teleindicador [teleindikadór] 男 遠隔計測器
teleinformática [teleinformátika] 女〖情報〗テレマティーク〘=telemática〙
telekinesia [telekinésja] 女 =**telequinesis**
telekinesis [telekinésis] 女 =**telequinesis**
telele [teléle] 男〖←擬声〗男〖西. 戯話〗❶ 失神, 気絶; 精神ショック: dar a+人 el ～ …を気絶(卒倒)させる. ❷ 気力の衰え, 元気のなさ
Telémaco [telémako] 男〖ギリシア神話〗テレマコス〘オデュッセウス Ulises とペネロペ Penélope の息子. 父親探しの旅に出た〙
telemando [telemándo] 男 ❶ リモートコントロール. ❷ リモコン装置: El vídeo tiene ～. ビデオにはリモコンがついている. ～ de la televisión テレビのリモコン
telemanía [telemanía] 女 テレビマニア, テレビ狂
telemarketing [telemárketiŋ] 男 電話勧誘販売
telemático, ca [telemátiko, ka] 形〖情報〗テレマティーク〖インターネットなどによる情報サービス〗
telemedicina [telemediðína] 女 [インターネットなどによる] 遠隔医療
telemédico, ca [telemédiko, ka] 形 遠隔医療の
telemetría [telemetría] 女〖技術〗遠隔測定, 遠隔計測
telemétrico, ca [telemétriko, ka] 形 遠隔測定の: distancia ～*ca* 遠隔測定で割り出した距離
telémetro [telémetro] 男 ❶ 遠隔測定器, テレメーター. ❷ [カメラ・銃などの] 距離計
telencéfalo [teleŋθéfalo] 男〖解剖〗終脳

telendo, da [teléndo, da] 形 さっそうとした, りりしい
teleneurona [teleneuróna] 女〖解剖〗神経終末
telengues [teléŋges] 男 《中米》ごちゃごちゃした道具類: ～ de la cocina 炊事道具
telenoticiero [telenotiθjéro] 男《中南米》テレビニュース
telenovela [telenoβéla] 女 [主にメロドラマの] 連続テレビドラマ, 昼メロ, テレノベラ
telenque [teléŋke] 形 名 ❶《まれ》とんまな, 愚かな. ❷《グアテマラ》瘦せ細った. ❸《エルサルバドル》がたがたの[人]. ❹《チリ, アルゼンチン, ウルグアイ》病弱な[人]
—— 男《グアテマラ》がらくた, 不用品
teleobjetivo [teleoβxetíβo] 男〖写真〗望遠レンズ: Las fotos de la estrella fueron sacadas con ～. 星の写真は望遠レンズで撮影された. tomar con un ～ de 135 mm 135ミリの望遠レンズで撮る
teleología [teleoloxía] 女〖哲学〗目的論
teleológico, ca [teleolóxiko, ka] 形 目的論の, 目的論的な
teleoperador, ra [teleoperadór, ra] 名 [企業などの] 電話相談(勧誘)員
—— 男 [電話・テレビ・インターネットなどの] 通信サービス会社
teleósteo, a [teleósteo, a] 形 硬骨類の, 真骨類の
—— 男〖魚〗硬骨類, 真骨類
teleoyente [teleojénte] 共〖まれ〗聴取者〘=radioyente〙
telépata [telépata] 名 テレパシー能力者
telepate [telepáte] 男《中米. 昆虫》ヒゲダニ〘=talaje〙
telepatía [telepatía] 女 テレパシー, [遠隔]精神感応; 以心伝心: Ella dice que puede saber cómo están los niños por ～. 彼女は子供たちがどうしているかテレパシーで分かると言っている
telepático, ca [telepátiko, ka] 形 テレパシーの: percepción ～*ca* テレパシーによる感知
telepedido [telepeðído] 男 電話・ファックス・メールなどによる注文
teleperiodismo [teleperjoðísmo] 男 テレビ・ジャーナリズム
telepizza [telepítsa] 女〖←商標〗電話注文によるピザのチェーン店
teleplatea [teleplatéa] 女《チリ, アルゼンチン, ウルグアイ》視聴率
teleportación [teleportaθjón] 女 テレポート, テレポーテーション
telepredicador, ra [telepredikadór, ra] 名 テレビ説教(伝道)師
teleprocesamiento [teleproθesamjénto] 男 =**teleproceso**
teleprocesar [teleproθesár] 他〖情報〗遠隔処理する
teleproceso [teleproθéso] 男〖情報〗[情報の] 遠隔処理
teleproducto [teleprodúkto] 男 テレビショッピングの商品
teleproyectil [teleprojektíl] 男〖軍事〗誘導弾, 誘導ミサイル
telequinesia [telekinésja] 女 =**telequinesis**
telequinesis [telekinésis] 女 テレキネシス, 念動
telequinético, ca [telekinétiko, ka] 形 テレキネシスの
telera[1] [teléra] 女 ❶ [犂の] 犂柱. ❷ [馬車の踏み段と長柄をつなぐ] 軸棒. ❸ [砲架の] 横梁. [万力などの] あご. ❺《漁業》[網の端を通して止める] 横木. ❻ [家畜の囲い場の] 出入り口. ❼《エストレマドゥラ, アンダルシア; メキシコ, チリ》[労働者が食べる, 大きな] 楕円形のパン. ❽《キューバ》1) 細長く切ったパン. 2) 四角形の薄いビスケット
telerín [telerín] 男《バリャドリード》荷車の横板
telero[1] [teléro] 男 [馬車の] 手すり板
telero[2], **ra**[2] [teléro, ra] 名 [布地の] 行商人
telerón [telerón] 男 [砲架の前部を補強する] 木板, 鋼板
telerradiodifusión [telerradjodifusjón] 女 無線放送, ラジオ・テレビ放送
telerradiografía [telerradjoɣrafía] 女《医学》テレラジオグラフィー, 遠隔画像診断
telerruta [telerrúta] 女 [電話などによる] 道路交通情報
telescópico, ca [teleskópiko, ka] 形 ❶ 望遠鏡の, 望遠鏡による: observaciones ～*cas* 望遠鏡観察. fusil con mira ～*ca* 照準器(サイトスコープ)付きの銃. ❷ 望遠鏡でなければ見えない: planetas ～*s* 望遠鏡によってのみ見られる惑星. ❸ 入れ子式の, 伸縮できる: antena ～*ca* ロッドアンテナ. pasarela ～*ca* 伸縮式ローディングブリッジ
telescopio [teleskópjo] 男〖←tele-+ギリシア語 skopeo「私は見る, 観察する」〗❶ [主に天体用の] 望遠鏡: ～ astronómico 天体望遠鏡. ～ electrónico 電子望遠鏡. ～ reflector/～ de reflexión 反射望遠鏡. ～ refractor/～ de refracción 屈折望

遠鏡. ~ en el espacio 宇宙望遠鏡. ❷《天文》望遠鏡座
teleserie [teleserje] 囡《テレビ》連続もの
telesilla [telesíʎa] 囡《スキー》リフト: sentarse en la ~ リフトに座る
telesismo [telesísmo] 男《地学》震源が遠い地震
telespectador, ra [telespektaðór, ra] 名 テレビ視聴者
telespiratorio, ria [telespiratórjo, rja] 形《医学》presión ~ria de CO2［麻酔の］終末呼気二酸化炭素分圧
telesquí [teleskí]《運》［e]s]《スキー》Tバーリフト
telestesia [telestésja] 囡 遠距離知覚
telestésico, ca [telestésiko, ka] 形 遠距離知覚の
teleta [teléta] 囡 ❶［インクの］吸い取り紙. ❷［製紙機の］濾過用の網
teleteatro [teleteátro] 男《テレビ》舞台中継
teleteca [teletéka]囡《まれ》テレビグラフィ, 放送済みの録画集
teletermografía [teletermoɣrafía] 囡《医学》遠隔温度記録
teletex [teleté(k)s]《←商標》［単複同形］《情報》テレテックス『端末間のデータ送受信システム』
teletexto [teleté(k)sto]男《テレビ》文字［多重］放送
teletienda [teletjénda] 囡 テレビショッピング『販売形態』
teletipo [teletípo]《←英語 teletype》男 テレタイプ
teletón [teletón]《廃語》タフタに似た絹織物
teletonta [teletónta] 囡《戯語》テレビ
teletrabajo [teletraβáxo] 男［インターネットなどを利用した］在宅勤務, テレワーク
teletransmisión [teletransmisjón] 囡［インターネットなどを利用した］遠距離伝達
teletransmitir [teletransmitír] 他［インターネットなどを利用して］遠距離に伝達する
teletratamiento [teletratamjénto] 男《情報》=**teleproceso**
teleutospora [teleuṯospóra] 男《植物》冬胞子
televendedor, ra [teleβendeðór, ra] 名 電話によるセールスマン
televentas [teleβéntas] 囡［複］電話によるセールス
televidente [teleβiðénte] 名 テレビ視聴者［=telespectador］
televisación [teleβisaθjón] 囡［テレビによる］放映: derechos de ~ 放映権
televisar [teleβisár]《←televisión》他 テレビで放映する: La primera cadena *televisará* la final del campeonato de natación sincronizada. 1チャンネルでシンクロナイズド・スイミング選手権の決勝を中継する. debate *televisado* テレビ討論. discurso *televisado* テレビ演説
televisión [teleβisjón]《←tele-+visión》囡 ❶ テレビジョン（放送, 番組）: Veo poca ~ ./Veo poco la ~ . 私はあまりテレビを見ない. ver la ~ テレビを見る. ver un partido de fútbol en [la] ~ テレビでサッカーの試合を見る. pasar... en ~ ...をテレビで放送する. emisión de ~ テレビ放送. estación (emisora) de ~ テレビ局. programa de ~ テレビ番組. presentador de ~ テレビ番組の司会者. ❷ テレビ受像機［=televisor］: Sube la ~, porque no se oye. テレビのボリュームを上げてくれ, 聞こえないから. encender (poner) la ~ テレビをつける. apagar la ~ テレビを消す. ❸ テレビジョンシステム: ~ digital terrestre 地上デジタルテレビ放送, 地デジ. ~ por (en) circuito cerrado/circuito cerrado de ~ 閉回路（有線）テレビ. ~ por abonados ペイテレビ, 有料テレビ放送. ~ por cable ケーブルテレビ. ❹ テレビ放送局: El ministro será entrevistado por una ~ estadounidense. 大臣は米国のあるテレビ局のインタビューを受けることになっている. Es un programa subvencionado por la ~ autónoma. それは自治州テレビ局の後援を受けた番組だ. T~ Española スペイン国営テレビ放送『TVE』. ~ privada 民営テレビ, 民間放送局
televisionario, ria [teleβisjonárjo, rja] 形 名《まれ》テレビ視聴者［の］
televisista [teleβisísta] 形 名《古語的》テレビの専門家［の］
televisivo, va [teleβisíβo, ba] 形 ❶ テレビの: medio ~ テレビ［という通信手段］. programa ~ テレビ番組. propaganda ~va テレビを使ったプロパガンダ. ❷ テレビに適した: imagen ~va/rostro ~ テレビ向きの顔, テレビ映りのいい顔. noticia ~va テレビにふさわしいニュース
televisor [teleβisór] 男 テレビ受像機: ~ digital デジタルテレビ
televisual [teleβiswál] 形 テレビの
télex [téle(k)s] 男《←英語 telex》［単複同形］テレックス『システム, 装置, 文書』: enviar (poner) un ~ テレックスを打つ
telgopor [telɣopór] 男《アルゼンチン》ポリスチレン

telilla [telíʎa] 囡 ❶［液体の表面に生じる］皮膜. ❷ キャムレット camelote より薄い毛織物. ❸《金属》［灰吹法で生じる］鉱滓
telina [telína] 囡《貝》=**tellina**
tell [tél] 男《考古》テル, ごみと瓦礫の山
tellina [teʎína] 囡《貝》ニッコウガイ
telliza [teʎíθa] 囡《まれ》ベッドカバー［=colcha］
Tello [téʎo]《人名》*Julio C.* ~ フリオ・C・テリョ『1880〜1947, ペルーの外科医・考古学者,「ペルー考古学の父」. チャビン文化 Cultura Chavín, パラカス文化 Cultura Paracas を発見』
telo [télo] 男《アルゼンチン》ラブホテル
telofase [telofáse] 囡《生物》［有糸分裂の］終期
telolecito, ta [teloleθíto, ta] 形《生物》［卵が］端黄の
telón [telón]《←**tela**》男 ❶《演劇, 映画》［引く・上げる］幕; 緞帳: ~ = ~ *de boca*: Se alza (Se levanta・Se abre) el ~. 幕が開く. alzar el ~ 幕を上げる, 開幕する. ❷ ~ *de acero* 鉄のカーテン, ~ *de bambú*［中国の］竹のカーテン. *a* ~ *subido* (*bajado*)［人々に］よく知られて（知られずに）. *bajar el* ~［衆人環視の的にならないように］中断する, 中止する. ~ *de fondo*/~ *de foro* 1)［演劇］舞台奥の（背景幕, バックドロップ: El ~ *de fondo* representa un paseo marítimo. 背景幕には海辺の散歩道が描いてある. 2)［一般に］遠景: Como ~ *de fondo*, las torres de la catedral se teñían con el rojo del atardecer. 遠景では大聖堂の鐘楼が夕焼けに赤く染まっていた. 3)［事件などの］背景, 裏事情: Como ~ *de fondo* estaba la guerra europea de 1914. 背景には1914年に始まったヨーロッパの戦争があった
telonero, ra [telonéro, ra] 形 名 ❶［ショーなどの］前座の［人］: cantante (partido) ~ 前座の歌手（試合）. En el mitín de mañana como ~s intervendrán tres presidentes provinciales de la comunidad. 明日の集会では3人の県連代表が前座の弁士を務めることになっている. ❷ 駆け出しの芸人; 新米の選手. ❸ 幕作りの職人, ❹［劇場の］幕ひき係
telonio [telónjo] 男《廃語》収税所
telson [télson] 男《動物》［甲殻類などの］尾節
telugu [teluɣú] 男《言語》［南インドの］テルグ語
telúrico, ca [telúriko, ka] 形《←ラテン語 tellus, -uris「地球」》❶ 地の, 地球の: corriente ~*ca* 地電流. sacudida ~*ca*/temblor ~ 地震. ❷ 風土の影響の: paisaje ~ 風土を感じさせる風景. ❸《化学》テルルの. ❹ ものすごい, 印象的な: terror ~ ものすごい恐怖. escritor ~ 印象深い作家
telurio [telúrjo] 男《元素》テルル
telurismo [telurísmo] 男［住民の生活への］風土の影響
teluro [telúro] 男 =**telurio**
tema [téma]《←ギリシア語 thema, -atos》男 ❶ 主題, 議論, テーマ: ¿Cuál es el ~ de este cuadro? この絵の主題は何ですか？ El ~ que se tratará en la mesa redonda es la drogadicción. パネル・ディスカッションで取り上げられるテーマは麻薬依存症である. atenerse al ~ 本題から逸脱しない. ~ *de un discurso* 講演の主題. ~ *principal* 主要なテーマ; テーマソング, テーマミュージック. ❷《口語》話題 [= ~ *de la conversación*]; 商談: No me interesa el ~ de los embutidos. 私はソーセージの話には興味がない. ser ~ *de actualidad* 時事ネタになる. 新聞種になる. tener ~ *para un rato* 話題が豊富である. cambiando de ~ 話題を変えて. ❸［勉強・試験の］課題, 問題: Nos salieron los ~s difíciles. 難しい問題が出た. En el primer examen entraban veinte ~s. 一次試験では20題出た. ❹《授業科目》［= lección］: En el examen entran veinticinco ~s. 試験範囲は25課までだ. ❺《音楽》1) 主題, 主旋律: Todos los ~s de la novena sinfonía me fascinan. 私は第九交響曲のすべての主題に魅せられている. Rapsodia sobre un ~ de Paganini パガニーニの主題による狂詩曲. 2) 歌, 曲: Tocó solo un par de ~s de su primer álbum. 彼はファーストアルバムの中から2曲だけ演奏した. ❻《言語》1) 主題. 2) 語幹［語根と語幹母音から成る］. ❼《まれ》囡《文語》固定観念, 執着, 偏執
en ~s *de...* ...に関する: experto *en* ~s *de banca* 銀行関係の専門家
temario [temárjo]《←**tema**》男［集合］❶［研究・討議などの］テーマ, プログラム; 議事次第. ❷［試験の］科目; 課: ~ *de Derecho Civil* 民法の授業内容. En el examen entra todo el ~.

すべての課が試験範囲に入っている

temascal [temaskál] 男《メキシコ, グアテマラ, ニカラグア》❶ 先住民が蒸し風呂として使っていた密閉した部屋. ❷ 蒸し暑い所

temático, ca [temátiko, ka] 形《←tema》❶ 主題に関する, テーマの: enciclopedia ~ca テーマ別百科事典. núcleo ~ de una obra 作品の核心的な主題. ❷《音楽》主題の: variación ~ テーマの変奏. ❸《言語》語幹の, 語基の. ❹《まれ》固定観念を持つ, 偏執的な
— 女《集合》❶《一つの作品・作家などの》主題, テーマ; 文学傾向: ~ca amorosa 恋愛のテーマ. ❷ 問題: ~ca de actualidad 現代が抱える問題. ~ca de los obreros parados 失業労働者の問題. ~ca de mi ascenso 私の昇進の問題

tematizar [tematiθár] 他 主題にする, 中心テーマにする

temazate [temaθáte] 男《メキシコ. 動物》マザジカ

temazcal [temaθkál] 男《グアテマラ, メキシコ, ニカラグア》=**temascal**

tembetá [tembetá] 男《ペルー, ボリビア, ラプラタ》先住民が下唇に付けている骨製・木製の円盤の飾り

tembladal [tembladál] 男 沼沢地, 湿地《=tremedal》

tembladera[1] [tembladéra] 女 ❶《口語》《激しい》体の震え, 身震い《=temblequ e》: Cuando el juez pronunció su nombre, le entró una ~ incontrolable. 判事名を呼ばれた時、彼はブルッと震えた. ❷《両取っ手付きの、金・銀・ガラス製の》ごく薄手の碗. ❸《魚》シビレエイ《=torpedo》. ❹《植物》コバンソウ. ❺ 冠羽状の飾り《=tembleque》. ❻《カナリア諸島》凧の糸. ❼《アルゼンチン》1)《アンデス地方で, 冷え・過度の疲労・毒草などによる》馬などの突然の痙攣. 2)《足元がゆらゆらする》沼沢地, 湿地《=tremedal》

tembladeral [tembladerál] 男《メキシコ, アルゼンチン, ウルグアイ》=**tremedal**

tembladerilla [tembladeríʎa] 女《チリ. 植物》❶ ロコ草《マメ科. 動物が食べると体が震える》. ❷ セリ科の野草《学名 Hydrocotyle poeppigii》

tembladero, ra[2] [tembladéro, ra] 形 震える, おののく
— 男 沼地, 湿地《=tremedal》

temblador, ra [tembladór, ra] 形, 男女 ❶ 震える〔人, 身震いする〕人. ❷ クエーカー教徒《=cuáquero》
— 男《コロンビア, ベネズエラ. 魚》シビレエイ《=torpedo》

temblante [temblánte] 形《古語》震える
— 男 腕輪

temblar [temblár]《←俗ラテン語 tremulare < ラテン語 tremulus 震える》23 自 ❶《小刻みに》震える, 揺れる; 身震いする: 1)《人が主語. +de・con のために》No podía dejar de ~ de frío. 彼は寒さで震えるのをやめることができなかった. ~ con el susto 恐怖で震える. 2)《体の部位が主語. +a+人 の》El abuelo ya tenía mucha edad, por eso le *temblaban* las manos y se le caía la comida de la boca. 祖父は大変齢をとっていたので, 手が震えて食べ物がよく口からこぼれた. 3)《物が》El sismo hizo ~ los muebles. 地震で家具が揺れた. El flan *tiembla* cuando se mueve un poco del plato. 皿が少しでも動くとプディングは揺れる. hacer ~ la tierra 大地を揺るがす. 4)《光・音が》La voz le *temblaba* al hablarme. 私に話す彼の声は震えていた. ❷ 心配する, 恐れる: El soldado *temblaba* por su vida. 兵士は命を心配していた. hacer ~ 人 ~を震え上がらせる. ❸《口語》《現在分詞で. dejar・estar・quedar+》乏しい, 尽きかけている: Acabo de comprar un regalo y me he quedado *temblando*. 私はプレゼントを買ったばかりで, ふところが寂しい. Dejaron la cuba de vino *temblando*. 彼らはワインの樽をほとんど空にした
— ~se《俗用》心配する, 恐れる

temblar		
直説法現在	命令法	接続法現在
tiemblo		tiemble
tiemblas	tiembla	tiembles
tiembla		tiemble
temblamos		temblemos
tembláis	temblad	tembléis
tiemblan		tiemblen

tembleque [tembléke]《←temblar》男 ❶《口語》震え, 身震い《=temblor》: Le entró un ~. 彼は身震いした. ❷ 震えて〔揺れて〕いる人・物. ❸《螺旋形の針金に宝石を取り付けた》冠羽状の飾り. ❹《コロンビア, プエルトリコ》テンブレケ《ココナッツ・牛乳・

砂糖と米またはコーンスターチで作る菓子》
— 形 震える, 揺れる《=tembloroso》

temblequear [temblekeár] 自《口語》❶《寒さ・恐怖で》震える, 身震いする: Hijo, no *temblequees*, que no pasa nada. 大丈夫だから震えることはないよ. ❷ 恐れる, おびえる

temblequera [temblekéra] 女《口語》❶ 震え; 地震. ❷《カリブ, アンデス》臆病さ, 意気地なし

tembleq ueteo [tembleketéo] 男《口語》〔続いている〕かすかな震え《震動》

tembletear [tembleteár] 自《まれ》=**temblequear**

tembliquear [temblikeár] 自《まれ》=**temblequear**

temblón, na [temblón, na] 形《口語》よく震える, 震え続ける; おののく, わななく
— 男 ❶《植物》ヨーロッパヤマナラシ《=álamo ~》. ❷《魚》シビレエイ《=torpedo》

temblor [temblór]《←temblar》男 ❶ 震え, 震動; 身震い: El niño tenía fiebre y ~*es*. 子供は高熱で震えている. Tengo pequeños ~*es* en la cara. 私は顔がぴくぴくする. ~ de las piernas 脚の震え. ~ de la voz 声の震え. ❷ 地震《=~ de tierra》: Después de un gran terremoto siempre continúan pequeños ~*es*. 大きな地震の後にはいつも小さな揺れが続く. ❸《文語》感動《=emoción》

temblorear [tembloreár] 自《まれ》身震いする; 震える

tembloreo [tembloréo] 男《まれ》身震い; 震え

temblorina [temblorína] 女《メキシコ》=**tembleque**

tembloroso, sa [temblor óso, sa] 形 震える, 揺れる: con manos ~*sas* 震える手で. con voz ~*sa* 震え声で, 声を震わせて

tembl otear [tembloteár] 自《口語》=**temblequear**

tembo, ra [témbo, ba] 形《アンデス》〔人が〕愚かな; そそっかしい

temedero, ra [temedéro, ra] 形《廃語》恐るべき《=temible》

temedor, ra [temedór, ra] 形《まれ》恐れる〔人〕, 怖がる〔人〕

temer [temér]《←ラテン語 timere》他 ❶ 恐れる, 怖がる: Teme mucho a su padre. 彼はひどく父親を怖がっている. Los pastores *temen* un ataque de los lobos. 羊飼いたちはオオカミの襲撃を恐れる. ❷〔+不定詞・que+接続法 するのではないかと〕心配する, 疑う: *Temo* que *llegar* tarde a clase. 私は学校に遅刻しやしないかと心配だ. *Temía* que *llegara* tarde a clase. 私は学校に遅刻しやしないかと心配していた. *Temí* que *pudieran* surgir problemas. 私は問題が起こるかもしれないと恐れた. ❸〔+que+直説法 であると〕否定的に考える: *Temía* que *llegaría* tarde a clase. 私は学校に遅刻するのではないかと思っていた. *Temo* que *vendrán* mayores males. 私はもっと悪いことが起きるのではないかと思う. ❹ 畏敬する, 畏怖する: ~ a Dios 神を畏敬する
no ~ ni a Dios ni al diablo 何物も恐れない
— 〔+por+物 を〕心配する: *Temía* por su hijo. 彼は息子のことを心配していた. No *temas*: llegará a tiempo. 心配しないで. 彼は間に合うよ
ser de ~ 危険である: *Es de ~* el tifón de este año. 今年の台風は手強い
— ~se ❶〔+que+直説法〕否定的に考える: Me *temo* que no voy a aprobar el examen. 私は試験に落ちないかと思う. Me *temo* que tu ayuda ya no es necesario. おそらく君の助けはもう必要ない. ❷〔+que+接続法〕心配する, 疑う. ❸ 互いに恐れを抱く

temerariamente [temerárjaménte] 副 無鉄砲に, 向こう見ずに, 無分別に, 軽率に

temerario, ria [temerárjo, rja]《←ラテン語 temerarius「無思慮な, 軽はずみな」》形 ❶ 無鉄砲な, 無謀な, 向こう見ずな: Ese luchador es ~. そのレスラーは恐れを知らない. conducción ~*ria* 乱暴な運転. ❷ 軽率な, 無分別な: juicio ~ 軽率な判断. ❸ 身の程知らずの, 不遜な《?》

temeridad [temeridáð]《←ラテン語 temeritas, -atis》女 ❶ 無鉄砲, 向こう見ず. ❷ 無謀な行為. ❸ 軽率な判断, 早計

temerón, na [temerón, na] 形, 男女 ❶《口語》空《元気の〔人〕, はったり屋》. ❷《アンダルシア》臆病な, 臆病者

temerosamente [temerosaménte] 副 恐る恐る, おずおずと

temerosidad [temerosidáð] 女 臆病さ, 怖がり

temeroso, sa [temeróso, sa] 形 ❶〔+de を〕恐れる, 恐ろしい: 1) Ella caminaba ~*sa* por las calles desiertas. 彼女は人けのない街を恐る恐る歩いていた. Con pasos ~*s* se acercó a la ventana. 彼女は窓にこわごわ近づいた. Ahora está ~. 彼は今びくびくしている. *Es ~ de Dios*. 彼は神を畏敬して

いる. 2) [+de que+接続法] Está ~ de que le riñan. 彼は叱られるのではないかと怖がっている. 臆病な: niño ~ 怖がり屋の子供. ❸《まれ》恐ろしい: El tifón es ~. 台風は恐ろしい. oscuridad ~sa 恐ろしい暗闇

temible [temíble]《←temer》形《絶対最上級 temibilísimo》恐るべき, 恐ろしい, ぞっとする: ~ competidor 手ごわい競争相手. ~ enfermedad ~ 恐い病気

temor [temór]《←ラテン語 timor, -oris》男 ❶ [+a・de の可能性への] 恐れ, 不安, 心配, 懸念《→miedo [類義]》: El estado económico de la empresa causaba ~ a sus empleados. 会社の経済状態を知って従業員たちは不安を抱いた. Los niños tienen ~ a la oscuridad. 子供たちは暗闇を恐れる. No dije nada por ~ a herir sus sentimientos. 私は彼の気持ちを傷つけることを恐れて何も言わなかった. El ~ a hacer el ridículo lo paraliza. ばかなことをするのではないかという恐れで彼は身がすくんでしまう. ~ a (de) la muerte 死の恐怖. por el ~ al castigo 罰が怖くて. ❷ [+de que+接続法] Le angustia el ~ de que haya ocurrido una desgracia. 彼は何か不幸が起きたのではないかという不安にさいなまれている. No hay ~ de que llueva. 雨になる恐れはない. ❷《カトリック》~ de Dios 神を畏れる心, 信心深さ. ❸《隠語》刑務所, 牢獄

temoso, sa [temóso, sa] 形 ❶《まれ》頑固な, 強情な. ❷《カナリア諸島》1) しつこい; 退屈な. 2) 怖かった, 身震いした

temp.《略語》←temperatura 温度

tempanador [tempanadór] 男《養蜂》[蜜蜂の巣箱の] コルクの蓋を開けるナイフ

tempanar [tempanár] 他 ❶《養蜂》[蜜蜂の巣箱に] コルクの蓋をかぶせる. ❷ [樽に] 蓋をする

tempanil [tempaníl] 男《アラゴン》豚の前脚の腿

tempanizar [tempaniθár] [9] 他 [地面と水を] 氷の板に変える

témpano [témpano]《←ラテン語 tympanum < ギリシャ語 tympanon 「太鼓」》男 ❶ [薄い板状の] 氷 [= ~ de hielo]: ~ flotante 流氷. ❷ 冷たい人, 高尚くとまっている人: Su mujer es un ~. 彼の妻は氷のような女だ. ❸《音楽》1) 小型の太鼓. 2) [太鼓・タンバリンの] 皮. ❹《建築》タンパン [=tímpano]. ❺ [樽・桶の] 上部の蓋, 鏡. ❻《養蜂》[蜜蜂の巣箱の] 蓋. ❼ [腿肉からとった] 脂身のスライス
como un ~ とても寒い, こごえた: La casa estaba *como un ~*. 家の中は寒々としていた. *quedarse como un ~* こごえる, かじかむ

tempate [tempáte] 男《ホンジュラス, ニカラグア, コスタリカ. 植物》ヤトロファ, タイワンアブラギリ《薬草》

témpera [témpera]《←ラテン語 temperare「適切に混ぜる」》女《美術》テンペラ画; テンペラ画法

temperación [temperaθjón] 女 ❶ 和らげる(和らぐ)こと, 緩和. ❷《医学》鎮静. ❸《中米, コロンビア, ベネズエラ》転地 [療養]; 避暑

temperadamente [temperádamente] 副 =templadamente

temperadero [temperadéro] 男 =templadero

temperado, da [temperádo, da] 形 ❶《音楽》十二平均律の. ❷《主にアンデス》節度のある, 温和な [=templado]

temperamental [temperamentál] 形 ❶ 気質の: característica ~ 個性. ❷ 気性の激しい, 感情の起伏の大きい; 気分がよく変わる: artista ~ 感情の起伏が大きい(気分にむらがある)芸術家

temperamento [temperaménto]《←ラテン語 temperamentum < temperare「結合させる, 適切に混ぜる」》男 ❶ 気質, 気性, 性分: Tiene un ~ débil (muy fuerte). 彼はおとないたち(激しい気性の持ち主)だ. ❷《古園》体質 ❸《中世, 人間の気質は体液 humor の配合によって4つに分類されるとされた: sanguíneo 多血質, nervioso 憂鬱質, linfático 粘液質, bilioso 胆汁質》. ❸ 生気, 活力; 積極性: Ese viejo es todo ~. その老人は精気がみなぎっている. Es una mujer de mucho ~. その女性はやる気満々だ. lleno de ~ 元気はつらつとした. ❹ [芸術家などの] 資質, 適性, 表現力. ❺《音楽》平均律. ❻《中南米》1) 気温, 気候. 2) 夏. 避暑

temperancia [temperánθja] 女《まれ》節度, 穏健 [=templanza]: ~ en la comida 節度ある食事

temperante [temperánte]《←ラテン語 temperans, -antis》形 名 ❶ 和らげる. ❷《医学》鎮静の. ❸《南米》禁酒主義の(主義者)

temperar [temperár]《←ラテン語 temperare》他 ❶ 和らげる. ❷《医学》[鎮静剤で興奮を] 静める. ❸《音楽》調律する

—— 自《中米, コロンビア, ベネズエラ》転地 [療養] する; 避暑をする

temperatísimo, ma [temperatísimo, ma] 形 とても温和な, とても穏やかな

temperatura [temperatúra]《←ラテン語 temperatura < temperare「結合させる, 適切に混ぜる」》❶ 温度; 気温: La ~ está alta (baja) para la estación. この季節にしては気温が高い(低い). Sube (Baja) la ~. 温度が上がる(下がる). La ~ actual es de treinta grados. 現在の気温は30度だ. Hoy hace una ~ deliciosa. 今日は気持ちのいい気温だ. A menudo tenemos ~s de helada en invierno. 冬にはしばしば気温が氷点下になる. El hierro se funde a elevadas ~s. 鉄は高温になると溶ける. servir el vino a (la) ~ ambiente ワインを室温で出す. ~ de la habitación 室温. ~ interna (de la superficie) 内部(表面)温度. ~ muy baja 極低温. ❷ [体温;《口語》病気による] 熱 [=fiebre]: Tiene 38 grados de ~. 彼は熱が38度ある. Le puso el termómetro a la niña para ver si se había subido la ~. 彼は子供の熱が上がったかどうか見るために体温計を当てた. tomar la ~ a+人 ...の体温を計る. animal de ~ variable (fija) 変温(恒温)動物. ❸ 強い関心: La ~ política se está subiendo en aquel país. あの国では政治熱が高まってきている

temperie [tempérje] 女《気象》[気温・湿度など] 大気の状況

tempero [tempéro]《←俗ラテン語 temperium < ラテン語 temperies「温度」》男 ❶ [土地の乾湿が] 種まき・耕作に適した状態: En este mes hay que aprovechar el ~ para sembrar. 今月の種まき時期を逃してはならない. ❷ 天候 [=tiempo]

tempestad [tempestá(d)]《←ラテン語 tempestas, -atis「天候, 悪天候」< tempus, temporis》女 ❶ 嵐, 暴風雨: Amenaza ~. 嵐が来そうだ. Se enfureció la ~. 嵐が荒れ狂った. Ha pasado la ~. 嵐が通り過ぎた. Nos cogió una ~. 私たちは嵐にぶつかった. Había una ~ de viento y nieve. 吹雪だった. El barco naufragó a causa de la ~. 船は時化(しけ)のために難破した. ~ de arena / ~ de polvo 砂嵐. ~ de nieve 雪嵐. ~ de ímpetu《文学》シュトゥルム・ウント・ドラング. ❷ [感情の] 激発, 激情: La ira contenida estalló en una ~. 堪忍袋の緒が切れた. ❸ 割れんばかりの拍手; ひどいブーイング: La conferencia acabó con una ~ de aplausos y vivas. 講演が終わると嵐のような拍手喝采が浴びせられた. levantar una ~ de protestas 抗議の嵐を引き起こす. ❹ 卑猥 [下品] な言葉
~ en un vaso de agua コップの中の嵐, ささいなことが原因の大騒ぎ

tempestear [tempesteár] 自《まれ》❶ [無人称] 嵐が来る, 暴風雨になる. ❷ 怒りをあらわにする, かんかんになる

tempestividad [tempestibidá(d)] 女《まれ》時宜をえていること

tempestivo, va [tempestíbo, ba] 形《まれ》都合のよい, 時宜の

tempestuosamente [tempestwósaménte] 副 嵐のように, 荒れ模様に

tempestuosidad [tempestwosidá(d)] 女《まれ》嵐が来そうなこと, 荒れ模様

tempestuoso, sa [tempestwóso, sa]《←ラテン語 tempestuosus》形 ❶ 嵐の来そうな; 嵐の: El tiempo está ~. 天候は荒れ模様だ. Algunas tardes de verano son muy ~s. 夏の午後は大荒れの天気になることがある. ❷ 波瀾万丈の, 騒々しい: Su vida ha sido muy ~sa. 彼の人生は波瀾に満ちていた. ❸ [気性が] 激しい, 血の気が多い

tempisque [tempíske] 男《メキシコ, ホンジュラス, ニカラグア, コスタリカ. 植物, 果実》アカテツ科の一種《果実は食用. 学名 Sideroxylon capiri》

templa [témpla] I《←templar》女 ❶《美術》テンペラ絵の具. ❷ [ビールの醸造で] 熱湯と細かく砕かれた麦芽を混ぜたもの
II《←ラテン語 tempora》女《まれ》[主に 複] こめかみ [=sien]
III 女《カナリア諸島; キューバ, プエルトリコ》[平鍋 tacho に入った] サトウキビのシロップ

templabilidad [templabilidá(d)] 女《金属》[鋼鉄の] 焼き入れで厚くできる性質

templadamente [templadaménte] 副 穏やかに, 温和に; 程よく, 節度をもって

templadero [templadéro] 男 徐冷炉 [=carquesa]

templado, da [templádo, da] 形 ❶ [気候が] 暖かい, 暑くも寒くもない: La tarde está ~da. 暖かい午後だ. clima ~ 温暖な気候. ❷ [湯などが] ぬるい, 温かい: Desayuno un vaso de leche ~do. 私は朝食に温かい牛乳をコップ1杯飲む. agua

templador, ra

~*da* ぬるま湯. sopa ~*da* 温かいスープ. ❸ [人が] 落ち着いた, 沈着な; [高潔で] 肝のすわった: Es muy ~ y estuvo tranquilo en la tormenta. 彼は沈着な人で激変の中でも泰然自若としていた. ❹ [人が, +en に] 控え目な, 節度のある: Fue ~ *en* la bebida. 彼は酒はたしなむ程度だった. ❺ 正解に少し近い [→*caliente* ❻]. ❻ 《日本》[ガラスなど消し] cristal ~ すりガラス. ❼ [鉄が] 焼きが入った: acero ~ 鋼鉄. ❽《カナリア諸島, プエルトリコ, コロンビア》ほろ酔い機嫌の. ❾《メキシコ, 中米》頭のいい, 利口な. ❿《アンデス, チリ, アルゼンチン, ウルグアイ》[estar+] 恋をしている. ⓫《アンデス》[性格的に] 情け容赦ない, 厳しい, 強い

templador, ra [templaðór, ra] 形 ❶ 和らげる, 鎮める. ❷《音楽》調律する, 調弦する; 調律師, 調弦師
── 男 ❶《音楽》調律器具. ❷《コロンビア》搾り機の底を動かし黒砂糖の塊を作る人

templadura [templaðúra] 女 ❶ 和らげる(和らぐ)こと. ❷《音楽》調律, 調弦

templamiento [templamjénto] 男《廃語》緩和

templanza [templánθa] 女 [←*templar*] ❶ 節度, 穏健: Es una mujer de mucha ~. 彼女はとても節度のある女性だ. actuar con ~ 節度をもってふるまう. ❷ [気候の] 温暖さ: La ~ del Mediterráneo es ideal para vivir. 地中海の温暖な気候は生きていくのに理想的だ. ❸《カトリック》節制「枢要徳 virtud cardinal の一つ」. ❹《美術》色彩の調和: Es un cuadro con mucha ~. その絵は色合いの調和がとれている

templar [templár] 〖←古語 temprar＜ラテン語 temprare「結合させる, 適切に混ぜる」〗他 ❶ 和らげる, 静める: La brisa marina *templa* el calor. 海からの微風が暑さを和らげる. Hay que ~ la cólera. 怒りを静めなければいけない. ❷ [技術] 焼きを入れる: ~ el acero 鋼に焼き入れをする. ❸ [熱いものはさまし, 冷たいものは温めて] 適温にする: Ella *templa* la leche para preparar el biberón. 彼女は哺乳瓶の用意をするためにミルクを適温にする. *Témplame* un poco el café. コーヒーをちょっと温めてくれ. ❹ [ねじなどを] 締める: ~ las bisagras ちょうつがいを締め直す. ❺《音楽》調律する, 調弦する: ~ la guitarra ギターの調弦をする. ❻ 薄める: ~ el vino con gaseosa ワインを炭酸水で割る. ❼《美術》[絵の具を] 混ぜて調和させる. ❽《闘牛》[牛の攻撃に応じてムレータやカポーテを] さばく. ❾《船舶》[帆を] 張って合わせる, トリミングする. ❿《日本》うんざりさせる. ⓫《ラマンチャ, アンダルシア, コスタリカ》鞭で打つ, 殴る. ⓬《カナリア諸島, 料理》味付けをする, 調味料をふる. ⓭《ホンジュラス, エクアドル》危険に立ち向かう. ⓮《コロンビア, エクアドル》押し倒す, 打ちのめす. ⓯《アンデス》殺す
── 自 ❶ 暑さ(寒さ)が和らぐ, しのぎやすい季節になる. ❷《闘牛》[牛の攻撃に応じて] ムレータやカポーテをさばく: El diestro *templó* bien con la muleta. マタドールは見事なムレータ捌きを見せた. ❸《カリブ》1) 逃げる. 2) 性交する. ❹《南米》恋をする, 惚れる
── ~**se** ❶ 和らぐ, 静まる: Sus nervios *se templaron* cuando vio que había aprobado. 彼は合格したと分かるとほっとした. ❷ [+en を] 節制する; [感情を] 抑える: ~ *en* comer 食事を腹八分目にする. ❸ 適温になる, 暖まる, 温まる: A mediodía ya *se habrá templado* el agua del mar. 昼には海水は温まっているだろう. ❹《カナリア諸島, カリブ, アンデス》酔っ払う, 酔いつぶれる. ❺《メキシコ, キューバ》逃げる, 逃亡する. ❻《中米, アンデス》死ぬ. ❼ 危険に立ち向かう. ❽《南米》恋をする〖= enamorarse〗. ❾《チリ》度を越す; 女性にいたずらをする

templárselas 1)《メキシコ, カリブ》逃げる. 2)《アンデス》しっかりと維持する

templario, ria [templárjo, rja] 形 男《歴史》テンプル(聖堂)騎士団の[騎士], テンプル騎士団員(の): orden ~*ria* テンプル騎士団

temple [témple] I [←*templar*] 男 ❶ [困難・危険に立ち向かう] 強靭さ, 勇気: Tuvo ~ para salir del coche en llamas. 彼は炎上した車から脱出する沈着さがあった. Tienes que tener mucho ~ para que no te desanimes. 君は落胆しないよう気を強く持たねばならない. hombre de ~ 筋金入りの男. ❷ 機嫌: Ahora está de buen (mal) ~. 彼は今は上機嫌だ(機嫌が悪い). ❸《美術》テンペラ画〖= pintura al ~〗: *templar* al ~ el muro 壁にテンペラ画を描く. ❹《技術》1) 焼き入れ, 焼戻し: hierro forjado al ~ 鍛鉄. 2) 硬化; 硬度, 弾性度. ❺《闘牛》[牛の攻撃をかわす] ムレータ(カポーテ)さばき. ❻ [2つのものの] 中ほど, 平均. ❼《音楽》調律, 調弦. ❽

《まれ》気温, 温度. ❾《地方語》炉を温めること. ❿《チリ》恋をすること, 惚れること
II 〖←仏語〗男《歴史》❶ [T~] テンプル(聖堂)騎士団〖12世紀初頭, エルサレムの聖域を守る目的で創設された. = orden militar del T~〗. ❷ テンプル騎士団が所有した教会

templén [templén] 男《織機の》伸子(しんし)

templete [templéte] 〖*templo* の示小語〗男 ❶ [聖画などを納める] 小廟, 祠(ほこら). ❷ 野外音楽堂, 東屋(あずまや)

templista [templísta] 共《美術》テンペラ画の画家

templo [témplo] 〖←ラテン語 templum〗男 ❶ 神殿, 寺院; 聖堂: ~ budista 仏教寺院. ~ cristiano キリスト教寺院. ~ griego ギリシアの神殿. ~ musulmán イスラム寺院. ~ sagrado 神に礼拝するための寺院. ~ sintoísta 神社. ~ zen 禅寺. ❷ [広義に] 殿堂, 聖地: París es el ~ del Impresionismo. パリは印象主義の聖地だ. ~ de la música (del saber) 音楽(知識)の殿堂

como un ~《口語》巨大な; すごい, ひどい

una verdad como un ~《口語》まぎれもない事実(真実): Es *una verdad como un* ~ que te ha estado engañando. 彼がずっと君をだましていたことは疑いのない事実だ

tempo [témpo] 〖←伊語〗男 ❶《音楽》テンポ. ❷《文語》[事柄が進行する] 速さ, 進行: El ~ de la novela es muy lento. その小説のストーリー展開は遅すぎる

tempoespacial [tempoespaθjál] 形 時空の, 時間と空間の

témpora [témpora] 〖←カトリック〗 [主に 複] 四季の斎日〖各季第1週の特別な節食〗

temporada [temporáða] 〖←ラテン語 tempus, -oris〗女 ❶ 季節, シーズン: En setiembre comienza la ~ de fútbol. 9月にサッカーシーズンが始まる. En esta ~ de año recuerdo cosas de mi madre. 一年の今ごろになると私は母のことを思い出す. rebaja por ~ 期末バーゲン. ~ teatral 演劇シーズン. ❷ [数日ないし数か月の] 期間, 期間: Pasamos la mejor ~ de la vida en Puerto Montt. 私たちは人生で一番幸せな時期をプエルト・モンで過ごした. Esta ~ casi no han hablado. このところ彼らはほとんど口もきかない. Llevo una ~ de mucho trabajo. 私はこのところずっと仕事で忙しくしている

a o por ~*s* 断続的に, 間欠的に

de ~ 1) [魚・野菜・果物などが] 旬(しゅん)の: fruta *de* ~ 旬の果物. traje *de* ~ 季節の服装. 2) 一時的な: trabajo *de* ~ 一時的な仕事, 季節労働

~ *alta* シーズンの盛り, 最盛期, 繁忙期〖vacaciones や週末・休日〗: Los precios son más caros en la ~ *alta*. ハイシーズンは値段がもっと高い

~ *baja* シーズンオフ, 閑散期: En este hotel no tenemos ~ *baja*. 私どものホテルではローシーズンというものはありません

~ *media* 最繁期とシーズンオフの中間: A aquella pareja le gusta viajar en la ~ *media*. あのカップルは観光客の数がまだあまり多くない時季に旅行するのが好きだ

temporal [temporál] I 〖←ラテン語 temporalis ＜ tempus, -oris「時」〗形 ❶ 一時的な, 時間的に限りのある〖⇔*eterno*〗; 臨時の, 仮の: cierre ~ 臨時休業. contrato ~ 期間限定の契約. empleo ~ 臨時雇い. obrero ~ 臨時(季節)労働者. trabajo ~ 臨時労働, アルバイト. ❷〖⇔*trabajo indefinido* 無期限労働〗. sepultura ~ 仮の墓. ❷《宗教》1) 世俗の, 俗界の, 宗教的でない: intereses ~*es* 世俗の利害. poder ~〖del Papa〗[ローマ教皇の]世俗の権力. 2) 滅ぶべき, 永遠でない. ❸《言語》1) 時の, 時を示す. 2) 時制の, 時制を示す: adverbio ~ 時制の副詞. conjunción ~ 時制の接続詞. oración subordinada ~ 時制を示す従属節. ❹ 時間の, 時間的な: unidad ~ 時間の単位. ❺《アンダルシア》季節労働者の, 出稼ぎの
── 名 ❶《アンダルシア》[農村の] 季節労働者, 出稼ぎ労働者. ❷《カリブ》容疑者
── 男 ❶ 嵐, 突風, 暴風雨: El ~ ha arrojado un pesquero contra los arrecifes. 嵐のため漁船が岩礁に乗り上げた. ~ de nieve 雪嵐. ❷《気象》1) 疾強風〖風力8〗. 2) ~ fuerte 大強風〖風力9〗. ~ duro 全強風〖風力10〗. ~ muy duro 暴風〖風力11〗. ~ huracanado 颶風(ぐふう)〖風力12〗. ❸ 長雨, 霖雨: El fuerte ~ provocó inundaciones. 豪雨のために洪水が起きた

capear el ~ [四苦八苦しながら] 困難(嵐)をうまく乗り切る: Chile *ha capeado el* ~ económico. チリは経済危機を乗り越えた

—— [女]《文法》時制を示す従属節

II 〘←ラテン語 temporalis < tempora「こめかみ」〙[形]《解剖》こめかみの, 側頭の: músculo ～ 側頭筋. región ～ 側頭部

—— [男]《解剖》側頭骨〘=hueso ～〙

temporalear [temporaleár] [自] [単人称] 荒れ模様になる, 嵐になる; 長雨になる

temporalero, ra [temporaléro, ra] [形] [名]《メキシコ》季節の; 季節労働者

temporalidad [temporaliđá(đ)] [女] ❶ 一時性, かりそめのこと: ～ de un trabajo 仕事が臨時のものであること. ～ de la vida del hombre 人間の命のはかなさ. ❷ 世俗的なこと: ～ de su pensamiento 彼の考えが野卑なこと. ～ de la visión del mundo 世界観が世俗的であること. ❸ [複] [聖職者の] 世俗的財産(収入)

temporalismo [temporalísmo] [男]《宗教》世俗的なことの重視

temporalista [temporalísta] [形]《宗教》世俗的なことを重視する

temporalizar [temporaliθár] [9] [他]《文語》❶ [永続的なものを] 時間的に限りあるものにする. ❷ [精神的・宗教的なものを] 世俗化する

temporalmente [temporálménte] [副] ❶ 一時的に, 臨時に: La central estará parada ～. 発電所はしばらく停止するだろう. ❷ 時間限定で: Me han contratado ～. 期間限定で私は契約を結ばれた. ❸ 世俗的に, 現世的に

temporáneo, a [temporáneo, a] [形]《主にアルゼンチン, ウルグアイ》一時の, 一時的な, つかの間の; 臨時の

temporario, ria [temporárjo, rja] [形]《主に南米》一時的な〘=temporal〙

témporas [témporas] [女] [複]《カトリック》斎時, 四季斎日〘3日間の節食〙

tempore [témpore] →**in illo tempore**

temporejar [temporexár] [自]《船舶》帆を揚げたまま停止して強風をやりすごす

temporero, ra [temporéro, ra] 〘←ラテン語 temporarius〙[形] [名] ❶ 季節労働の(労働者), 臨時雇いの〔人〕. ❷《チリ. 口語》[人が] 移り気な

—— [女]《フラメンコ》アンダルシアの農場の雇い人特有のカンテ cante

temporil [temporíl] [男]《アンダルシア》[農村の] 季節労働者

temporización [temporiθaθjón] [女] タイマーをかけること

temporizador [temporiθađór] [男] [電気器具などの] タイマー

temporizar [temporiθár] [9] [自]《まれ》❶ 時勢に迎合する(おもねる). ❷ 暇つぶしをする

temporomandibular [temporomandiƀulár] [形]《医学》trastornos de la articulación ～ 顎関節症

temporomaxilar [temporoma(k)silár] [形]《解剖》側頭下顎骨の

temporoparietal [temporoparjetál] [形]《解剖》側頭頭頂の

tempranada [tempranáđa] [女]《地方語》[通常・予定より] 1時間早めること

tempranal [tempranál] [形] [男] 早生ものの〔畑・植え付け〕

tempranamente [tempránaménte] [副] [時期的に] 早すぎる: *T*～ han brotado los rosales. あまりにも早くバラが芽ぶいた

tempranear [tempraneár] [自] ❶ 早起きする; [特に] 夜明けと共に起きる. ❷《ムルシア》[果実が] 早期に熟す; [野菜が] 早く育つ; 収穫を早める; 初めて実をつける. ❸《チリ, アルゼンチン, ウルグアイ》早期に種をまく

tempranero, ra [tempranéro, ra] 〘←temprano〙[形] ❶ [時期的に通常より] 早い; 早生(わせ)の: calores ～*s* いつもより早い暑さ. ❷ いつも早起きの; 性急な, せっかちな: ¡Qué ～ estás, últimamente! このところ君は早起きだね. costumbres ～*ras* 何事も早めにすませる習慣. ❸ 珍しく早起きした. ❹《ログローニョ》[果物などが] 早摘みの, 早生の: fresas ～*ras* 早摘みのイチゴ

tempranilla [tempraníʎa] [形] [女] 早摘み(早生)の〔ブドウ〕

tempranillo [tempraníʎo] [男] テンプラニーリョ〘赤ワインに適した高級品種のブドウ〙

tempranito [tempraníto] [副]《口語》[時期的に] 非常に早く

temprano, na [tempráno, na] 〘←ポルトガル語 temporao < 俗ラテン語 temporanus「時間どおりの」< ラテン語 tempus, -oris〙[形] ❶ [時期的に・時間が] 早い〘⇔tardío. →pronto [類義]〙: Ya en el siglo XIII empiezan a aparecer manifestaciones ～*nas* del renacimiento en pintura. 美術では早くもすでに13世紀にルネッサンスが現われ始めた. Desarrolló una ～*na* habilidad para la música. 彼は若くして音楽の才能を発揮した. He cenado a una hora ～*na*. 私は早い時間に夕食をとった. aborto ～ 早期の中絶. escarcha ～*na* 早霜. literatura ～*na* 初期の文学. otoño ～ 秋口, 初秋. retiro ～ 早期退職. tratamiento ～ 早期治療. ❷ [作物が] 早生(わせ)の: arroz ～ 早場米. patatas ～*nas* 新ジャガ. rosal ～ 早咲きのバラ

—— [副]〘⇔tarde. →pronto [類義]〙❶ [朝・夜の] 早い時間に; [季節などの] 早い時期に: Se levantó ～ a la mañana para ir al trabajo. 彼は仕事に行くために早起きした. Siempre nos acostamos ～. 私たちはいつも早寝する. Todavía es ～ para levantarnos. 起きるにはまだ早い. Los nísperos aparecen ～ en el mercado. ビワが早い時期に市場に出ている. salir a correr por la mañana ～ 早朝ランニングに出かける. desde ～ 早くから. ❷ [いつもより] 早く, 急いで: Este año los cerezos han florecido ～. 今年は桜の咲くのが早かった. Llegó muy ～ a la cita. 彼は約束の時間よりとても早く着いた. Me desperté, vi que era ～ y me volví a dormir. 私は目が覚めたが, まだ時間が早かったのでまた寝た. cerrar ～ la tienda 店を早じまいする. a lo más ～ 早くとも

—— [男] 早生種の畑: Ha comenzado la cosecha de los ～*s*. 早生の畑では収穫が始まった

tempus fugit [témpus fúgit] 〘←ラテン語〙光陰矢のごとし

temu [tému] [男]《チリ. 植物》フトモモ科の一種〘学名 Blepharocalyx cruckshanksii〙

temucano, na [temukáno, na] [形] [名]《地名》テムコ Temuco の〔人〕〘チリ, カウティン県の県都〙

temulencia [temulénθja] [女]《まれ》酒に酔うこと, 酩酊

temulento, ta [temulénto, ta] [形]《まれ》酔っ払った, 酔った

temuquense [temukénse] [形] [名]《地名》=**temucano**

ten [tén] **I** 〘←tener〙 **～ con ～**《口語》1) [男]〘単複同形〙慎重, 自制: Los dos viven en un ～ *con* ～. 2人は何とか譲り合って暮らしている. 2) [副]《中米》ふらふらと, 千鳥足で: Va andando ～ *con* ～. 彼はよろめきながら歩いていく

II [男]《ベネズエラ》幼児のよちよち歩き

tena [téna] [女] 家畜小屋

tenace [tenáθe] [形]《廃語》頑固な, 強情な〘=tenaz〙

tenacear [tenaθeár] [他] =**atenacear**

—— [自] しつこく言う, こだわる

tenacero, ra [tenaθéro, ra] [名] ❶ [鉄床の上で] やっとこ tenaza で物をはさむ人. ❷ やっとこの製造(販売)業者

tenacidad [tenaθiđá(đ)] 〘←tenaz〙[女] ❶ 粘り強さ; 頑固さ: Es persona de poca ～. 彼は粘りに欠ける. ❷ [金属などの] 靭性(じんせい)

tenacillas [tenaθíʎas] 〘tenaza の示小語〙[女] [複]《西》❶ ヘアアイロン, カールごて〘=～ de rizar el pelo〙. ❷《料理》トング: ～ de dulces ケーキトング. ～ del azúcar シュガートング. ❸ ろうそくの芯切りばさみ〘=despabiladeras〙

tenáculo [tenákulo] [男]《医学》支持鉤(こう)

tenada [tenáđa] [女] ❶ 家畜小屋〘=tinada〙. ❷《地方語》干し草置き場

tenado [tenáđo] [男]《カナリア諸島》家畜小屋〘=tinada〙

tenaja [tenáxa] [女]《地方語》=**tinaja**

tenallón [tenaʎón] 〘←仏語 tenaillon〙[男]《築城》副壁の一種

tenamaste [tenamáste] [男] ❶《メキシコ》かまどの石〘3個あり, その上に鍋を置く. その中の1つ〙. ❷《中米》がらくた, 不用品

—— [形]《メキシコ, 中米》頑固な, 強情な

tenanche [tenántʃe] [女]《メキシコ》聖堂・聖像の掃除婦

tenante [tenánte] [男]《紋章》盾を持つ天使(人物)

tenar [tenár] [形]《解剖》手のひらの: eminencia ～ 母指球

tenate [tenáte] [男]《メキシコ, 中米》かばん, 袋〘=tanate〙

tenaz [tenáθ] 〘←ラテン語 tenax, -acis〙[形]〘[複] ～*ces*〙❶ 粘り強い, 辛抱強い; [ほめて] 頑固な, 強情な〘→terco [類義]〙: Carolina encontrará lo que busca porque es muy ～. カロリーナは忍耐強いので捜し物を見つけるだろう. hombre ～ 一徹者, 頑固者. ❷ 強靭な: El hierro es ～. 鉄は強い. ❸ [痛み・汚れなどが] 取れにくい, 執拗な: dolor ～ しつこい痛み. lluvia ～ なかなか止まない雨. mancha ～ しつこい汚れ. ❹《コロンビア. 口語》[状況・問題が] 困難な

tenaza [tenáθa] 〘←tenaz〙[女] [主に [複]] ❶ やっとこ, くぎ抜き; ペンチ, プライヤー; 火ばさみ;《料理》トング: coger con las ～*s* ペンチではさむ. ❷ [エビ・カニの] はさみ〘=pinza〙. ❸ 鉗子(かんし), ピンセット; [万力の] あご; [クレーンのアーム先の] はさみ. ❹《美容》カールごて. ❺《築城》凹角堡(おうかくほ). ❻《軍事》挟撃隊形

tenazada [tenaθáða] 囡《まれ》❶ [やっとこ・ペンチなどで] はさむこと. ❷ 強く噛みつくこと

tenazazo [tenaθáθo] 男 [やっとこ・ペンチなどで] 叩くこと

tenazmente [tenáθménte] 副 しつこく, 粘り強く

tenazón [tenaθón] *a (de)* — 1) [叩く時] 狙いを定めずに, やみくもに. 2) 出し抜けに, いきなり

tenazuelas [tenaθwélas] 囡複 毛抜き [=pinzas]

tenca [ténka] 囡 ❶ 《魚》テンチ《食用の淡水魚》. ❷ 《チリ, アルゼンチン, 鳥》チリーマネシツグミ《ヒバリに似た鳴禽》. ❸ 《チリ》嘘, だまし

tencal [tenkál] 男《メキシコ》❶ [闘鶏を運ぶ] 籐製の筒状のかご. ❷ [棒を並べた] トウモロコシの穂軸の保存小屋

tencha [téntʃa] 囡《グアテマラ》刑務所, 救護施設

tención [tenθjón] 囡 [←tener] 囡 [廃語] 持つこと

tencolote [tenkolóte] 男《メキシコ》❶ 檻; 鳥かご. ❷ [商品を入れて運ぶ] かご

tencua [ténkwa] 囮 图《メキシコ》口唇裂の〔人〕

tendajo [tendáxo] 男《メキシコ》=**tendejón**

tendajón [tendaxón] 男《メキシコ》みすぼらしい商店

tendal [tendál] 男 [←ラテン語 tenda] 男 ❶ [日よけの] 天幕, キャンバス. ❷《農業》オリーブの実を落とす時に下に広げておく大きな布. ❸ 物干し場.〔集合〕そこで干されているもの. ❹《中米, アンデス》カカオ豆・コーヒー豆の干し場. ❺《メキシコ, ペルー, チリ, ラプラタ, 口語》〔集合〕地面にばらまかれている物. ❻《カリブ, アンデス》煉瓦工場. ❼《アンデス》平原. ❽《チリ, アルゼンチン, ウルグアイ》羊の毛刈り場. ❾《チリ》[行商人の] 屋台店. ❿《ラプラタ, 口語》細長い跡

un ~ de...《主に中南米》たくさんの…: Tiene *un ~ de* denuncias a lo largo y ancho del país. 彼は国中から大量の告発を受け取っている

tendalada [tendaláða] 囡《中南米, 口語》[地面・床に乱暴に広げられている, +de+人・物] たくさんの…, 大量の…: La carga de la policía dejó una ~ de manifestantes heridos en la calle. 警官隊が突撃して, あとには負傷したデモ参加者が通りに横たわっていた

tendalera [tendaléra] 囡《口語》[地面・床に] 無秩序に放り出されているたくさんのもの

tendalero [tendaléro] 男《地方語》物干し場 [=tendedero]

tendedera [tendeðéra] 囡 ❶《メキシコ, 中米, カリブ, ボリビア》物干し用の網 [針金]. ❷《コロンビア》=**tendalera**. ❸《アンデス》平原, 平野

tendedero [tendeðéro] [←tender] 男 ❶ 物干し場. ❷ [針金などを何本も張った] 物干しハンガー; 物干し綱; 物干し竿: ~ extensible 伸縮できる物干し竿

tendedor, ra [tendeðór, ra] 图 [綱などを] 張る人; [洗濯物を] 干す人
── 男 =**tendedero**

tendedura [tendeðúra] 囡 張る (干す・広げる) こと; 傾向があること

tendejón [tendexón] 男 ❶ [しけた] 小さい店. ❷《地方語》バラック, 差し掛け小屋

tendel [tendél] 男《建築》❶ モルタル (漆喰) の層. ❷ [煉瓦などを積む時に] 水平・縦横をそろえるためのひも

tendencia [tendénθja] 囡 [←tender] 囡 ❶ [+a への] 傾向: Tengo una ~ hereditaria a la calvicie. 私は遺伝的に禿げる傾向にある. La ~ es al alza (a la baja). 価格が上昇 (下降) 傾向にある. ❷ [主に] 風潮・芸術などの〕傾向, 趨勢: Hay una ~ a despreciar la vida. 生命を軽視する風潮がある. Este escritor tiene ~ al realismo. この作家はリアリズムの傾向がある. ~ izquierdista 左翼系の傾向. ~ económicas 経済の動向. ~s filosóficas 哲学的風潮. ❸ 性癖: Tiene una ~ a la pereza. 彼は怠けがちだ

tendencial [tendenθjál] 囮 傾向を示す (表わす)

tendenciosamente [tendenθjósaménte] 副 傾向的に; 偏向して, 偏って

tendenciosidad [tendenθjosiða(ð)] 囡 偏向, 偏っていること

tendencioso, sa [tendenθjóso, sa] [←tendencia] 囮 偏向した, 客観性を欠いた: La noticia que daba el periódico era ~sa. その新聞が流すニュースは偏向していた. literatura ~sa [批判的に] 傾向文学. versión ~sa 意図的に曲げた解釈

tendente [tendénte] 囮《主に西》[+a を] 目指す, 目的とする, …するような; …の傾向のある: medidas ~s a paliar el paro 失業を一時的に減らす方策

tender [tendér]《←ラテン語 tendere「広げる, 伸ばす」》24 他 ❶ [+sobre の上に] 広げる [=extender]: Ella *tendió* el mantel *sobre* la mesa. 彼女はテーブルにテーブルクロスをかけた. ~ unas cortinas カーテンを広げる. ~ las velas 帆を張る. ❷ [洗濯物を] 干す: Voy a ~ la ropa. 洗濯物を干して来ます. ❸ 差し出す, 差し伸べる: Le *tendí* un lápiz. 私は彼に鉛筆を差し出した. El embajador *tendió* la mano al ministro. 大使は大臣に手を差し出した. ❹ [綱などを] 張る, 張り渡す: ~ una cuerda entre dos árboles 2本の木の間にロープを張る. ~ la línea telefónica hasta... …まで電話線を引く. ~ la vía を通す. ~ un puente 橋をかける. ❺ 横たえる: ~ al enfermo *sobre* la cama ベッドに病人を寝かせる. ❻ [欺瞞・罠を] 仕掛ける. ❼《建築》壁・天井に, 石灰などを〕塗る. ❽《中米》~ la cama ベッドメーキングをする [=hacer la cama]. ~ la mesa 食卓の用意をする
── 自 [+a] ❶ ~の傾向がある; 性質をもつ: Los precios *tienden* a subir. 物価は上昇傾向にある. Últimamente *tiende a* ensimismarse. 彼は最近自分に没頭しがちだ. Las plantas *tienden* hacia la luz. 植物は光の方向に伸びる. La moda *tiende* hacia lo feo. いろいろな醜いファッションが流行しつつある. ❷ […の性質などに] 似る, 近づく: El color de la tela *tiende* a azul. その布の色は青みがかっている. amarillo que *tiende a* blanco 白みがかった黄色. ❸《数学》近づく: El valor *tiende* a cero. その値はゼロに近づく. ~ a infinito 無限大に近づく
── **~se** ❶ [ベッドなどに] 横たわる: *Se tendía* en el sofá y se dormía profundamente. 彼はソファに横になってぐっすり眠っていた. ~*se* de espaldas en el suelo 床に仰向けに寝る. ❷《トランプ》[勝敗が決まる時に] すべての手札をさらす. ❸ [馬が, 疾走中に] 身を地面に近づけて脚を伸ばす. ❹ うっかりする, 不注意で放棄する. ❺ [実った穀物などが] 倒れる

dejar tendido a+人 …を打ち倒す: De un golpe le *dejé tendido* en el suelo. 私は一発で彼を倒した

largo y tendido たくさん, 広範に: hablar *largo y tendido* あれやこれやと話す

tender		
直説法現在	命令法	接続法現在
tiendo		tienda
tiendes	tiende	tiendas
tiende		tienda
tendemos		tendamos
tendéis	tended	tendáis
tienden		tiendan

ténder [téndér]《←英語 tend》男 [蒸気機関車の] 炭水車

tenderete [←tender] 男 ❶《西, メキシコ, プエルトリコ》[露天の] 売り台: Trabaja en un ~ al lado del mercado. 彼は市場のそばの露店で働いている. ❷ [針金などを何本も張った] 物干しハンガー. ❸〔集合〕散らばったもの. ❹ 敷設された] 電線 [=~ eléctrico]. ❸〔集合〕[~された] 洗濯物: recoger ~ el patio 中庭の洗濯物を取り込む. ❹《闘牛》[barrera より上で屋根のない] 前列席: ~ baja (alto) 前列席の低い (高い) 方の席. ❺《建築》1) [屋根の] 平 (?) 部. 2) [壁・天井に塗った] 石灰などの層. ❻ [手芸] [型から外さない] 一編み分のレース. ❼ [発酵のため] 板に並べ

tendero, ra [tendéro, ra]《←俗ラテン語 tenda》图 ❶ [主に食品関係の店の] 店主, 店員. ❷ テント作りの職人

tendida¹ [tendíða] 囡《アンダルシア》布; テーブルクロス

tendidamente [tendíðaménte] 副 あまねく

tendido [tendíðo] [←tender] 男 ❶ [電線・橋・線路などの] 敷設. ❷〔集合〕[敷設された] 電線 [=~ eléctrico]. ❸〔集合〕[~された] 洗濯物: recoger ~ el patio 中庭の洗濯物を取り込む. ❹《闘牛》[barrera より上で屋根のない] 前列席: ~ baja (alto) 前列席の低い (高い) 方の席. ❺《建築》1) [屋根の] 平 (?) 部. 2) [壁・天井に塗った] 石灰などの層. ❻ [手芸] [型から外さない] 一編み分のレース. ❼ [発酵のため] 板に並べ

たパン生地. ❽《ログローニョ》晴れわたった空. ❾《アンダルシア》布; テーブルクロス. ❿《メキシコ, コロンビア》[集合] シーツ, ベッドカバー [=ropa de cama]. ⓫《メキシコ》1) [主に路上に商品を並べた] 露店. 2) [特に通夜での] 遺体. ⓬《パナマ》長さ約12メートルの綱.《キューバ》[オオハマボウの樹皮でできた] 長さ約25尋(ひろ)の綱

tendido², da [tendído, ða] 形 ❶《馬術》[ギャロップで] 体を平行になるほど脚を伸ばして疾走するう; [人・動物が] 疾走する: El caballo corre a galope ~. 馬が疾走する. ❷《闘牛》[剣が] 本来より水平に牛の体に突き刺さった
tendiente [tendjénte] 形《中南米》=**tendente**
tendinitis [tendinítis] 囡《医学》腱炎, 腱鞘炎
tendinoso, sa [tendinóso, sa] 形《解剖》腱の, 腱から成る
tendón [tendón] 男 ❶《一仏語 tendon》[解剖] 腱(けん): ~ de Aquiles アキレス腱; 弱点, 急所. ~ de la corva ハムストリング. ❷《コロンビア》[ある程度の広さのある] 土地, 地面
tendral [tendrál] 男《地方誌》[メロンの種類などについて] 柔らかい
tenducha [tendútʃa] 囡《西. 軽蔑》=**tenducho**
tenducho [tendútʃo] 男《西. 軽蔑》[品ぞろえの悪い] みすぼらしい店, しけた店
tenebrario [tenebrárjo] 男 ❶《カトリック》[聖週間の最後の3日間に灯される15本のろうそくが立つ] 三角形の大燭台 candelabro. ❷《天文》ヒアデス星団 [=Híades]
tenebrio [tenébrjo] 男《昆虫》ゴミムシダマシ
tenebrismo [tenebrísmo] 男《美術》テネブリズム《光と影を対比させるスペインやイタリアのバロック期の技法》
tenebrista [tenebrísta] 形 名 テネブリズムの《画家》
tenebrosamente [tenebrósaménte] 副 陰で, こっそりと, 密かに
tenebrosidad [tenebrosiðáð] 囡《文語》❶ 暗闇, 暗さ, 薄暗さ: La ~ de las habitaciones no es buena para los niños. 部屋が薄暗いのは子供のためによくならない. ~ de las perspectivas 見通しの暗さ. ❷ 後ろ暗さ, いかがわしさ, 陰険さ
tenebroso, sa [tenebróso, sa]《一ラテン語 tenebrosus》形 ❶ 暗闇の, 暗い, 闇に包まれた: El bosque está ~. 森は薄暗くなっている. porvenir (pasado) ~ 暗い未来(過去). ❷ 不吉な: Según las cartas del tarot me espera un ~ porvenir. タロット占いによると縁起でもない未来が待っている. asunto ~ 不吉な事件. ❸ 後ろ暗い, いかがわしい, 陰険な, 邪悪な: conspiración ~sa 腹黒い陰謀. maquinaciones ~sas 忌まわしい企み. personaje ~ 腹黒い人物. plan ~ よこしまな計画
tenebrura [tenebrúra] 囡《まれ》暗さ
tenedero [teneðéro] 男《船舶》投錨地
tenedor¹ [teneðór]《←tener》男 ❶ フォーク: 1) comer con un ~ フォークで食べる. ~ libre《表示》バイキング, 食べ放題. 2) [フォーク1本から5本までのレストランのランク付け] restaurante de cinco ~es 5つ星のレストラン. ❷《ベネズエラ》搾乳容器 を載せる三脚. ❸ フォークのような形の, 家畜の)耳印
tenedor², ra [teneðór, ra] 名 ❶ [手形などの] 所持者, 持参人: ~ de acciones 株主. ❷ ~ de libros 簿記係, 帳簿係. ❸ 球技の) 球拾い
── 囡《メキシコ, グアテマラ, ニカラグア. 馬具》しりがい [=baticola]
teneduría [teneðuría] 囡 ❶ 簿記, 簿記係の職務 [= ~ de libros, contabilidad]. ❷ 簿記事務所
tenejal [tenexál] 男《メキシコ》[トウモロコシをゆでる時に使う] 粉末状の石灰
tenencia [tenénθja] 囡 ❶ 所有, 所持; 占有: ~ de drogas 麻薬の所持. ~ ilícita de armas 武器の不法所持. ❷ 中尉の職(位階). ❸ ~ de alcaldía 助役の職(執務室). ❹《歴史》財産国王委託領《特定の貴族にその経営管理を委託された王領地》; その財産は由来する領主の収入. ❺《古語》財産. ❻《メキシコ》道路税
teneño, ña [tenéɲo, ɲa] 形 名《地名》テナ Tena の《人》《エクアドル, ナポ県の県都》
tener [tenér]《←ラテン語 tenere》58 他 **I** 持つ: ❶ [所有] *Tiene* una casa de campo en Valencia. 彼はバレンシアに別荘を1軒持っている. *Tienen* mucho dinero. 彼らはお金をたくさん持っている. *Tuvimos* noticias de Juan. 私たちはファンの消息を知った. ❷ [所持・保持・保管] 1) *Tiene* un libro en la mano. 彼は手に本を1冊持っている. *Tenemos* el documento a mano. その書類は私たちの手元にある. Aquí hay un cacharro para ~ las galletas. ここにビスケットを入れておく器がある. Me *tenía* por un brazo y me ayudaba a andar. 彼は私の腕を支えて, 歩くのを助けていた. 2) [命令形で] 取る [=tomar]: *Tenga* usted la vuelta. お釣りをどうぞ. ❸ [+人] …がいる: 1) [直接目的の前置詞 a なしで. 家族・友人などの有無] ¿*Tiene* usted hijos? お子さんはおありですか? *Tengo* tres hermanos. 私には兄弟が3人いる. Hoy *tengo* muchos invitados. 今日は客がたくさんある. *Tienen* un corresponsal en Roma. ローマに特派員が置かれた. 2) [+a. 一時的であることを表わす形容詞を伴って, 特定の人の状況] *Tiene* a un hijo enfermo. 彼には病気の子供が一人いる. *Tengo* a mi mujer en cama. 私は病身の妻をかかえている.《語法》不治の病気・障害を負っている場合は a をとらない: Tiene un hijo invidente. 彼には目の不自由な子供が一人いる. *Tuvimos* al profesor A el año pasado. 私たちは昨年A先生が担任だった. ❹ [肉体的・精神的特徴が] ある: 1) Ella *tiene* los ojos azules. 彼女は目が青い. *Tiene* la cabeza hueca. 彼は頭が悪い. 2) [状態] Este niño *tiene* las manos frías. この子は冷たい手をしている. 3) [+de. 類似] El animal *tiene* de lobo que de perro. その動物は犬というよりは狼に似たところがある. Su aspecto *tiene* un no sé qué de criminal. 彼の顔にはどことなく犯罪者じみたところがある. ❺ [付属物・部分として] 付いている; [条件としても] 含む: La casa *tiene* cuatro habitaciones. その家には部屋が4つある. El cargo *tiene* una buena retribución. その仕事は報酬がよい. ❻ [形状を] なしている: 1) El edificio *tiene* una forma extraña. その建物は奇妙な形をしている. La caja *tiene* el aspecto de una concha grande. その箱は大きな貝の形格好をしている. 2) [+数詞] El día *tiene* veinticuatro horas. 一日は24時間ある. La habitación *tiene* 3 metros por 10. その部屋の広さは3×10メートルある. Este río *tiene* aquí una profundidad de 5 metros. この川はここで5メートルの深さがある. Hoy *tenemos* 32 grados a la sombra. 今日は日陰で32度ある. ❼ [+動詞概念の名詞を] する; [状態] Ellos *tienen* su llegada a Madrid esta tarde. 彼らは今日の午後マドリードに到着する. *Tengo* una cita a las tres de la tarde. 私は午後の3時に約束がある. *Tiene* influencia en la temperatura. それは気温に影響を与える. Eso *tiene* fácil remedio. それは簡単に処置できる. *Tenemos* el control de esa región. 我々はその地方を制圧している. ❽ [感情を] 持つ, 抱く: *Tuve* un verdadero desengaño. 私は本当に失望した. *Tendrá* una sorpresa. 彼は驚くだろう. El abuelo nos *tiene* cariño. 祖父は私たちをかわいがってくれる. *Tiene* afición al fútbol 彼はサッカーが好きだ. ❾ [会合などを] 開く: *Tenemos* una reunión en el ayuntamiento. 私たちは市役所で集会がある. El ministro *tiene* una rueda de prensa esta tarde. 大臣は今日の午後記者会見をする. ~ la barbacoa バーベキュー(パーティー)をする. ❿ [業務・授業など] El doctor *tiene* consulta todos los días de tres a cinco. その先生は毎日3時から5時まで診察する. Mañana *tenemos* aeróbic. 私たちは明日エアロビクスがある. Se me olvidó que hoy *tenía* dentista. 私は今日歯医者の予約をしていたのを忘れた. ⓫ [日・時を] 過ごす; [+para の時間が] ある: He *tenido* un día muy bueno. 私はいい一日を過ごした. Pronto *tendremos* las vacaciones de verano. もうすぐ夏休みになる. Que *tengan* ustedes un buen viaje. 楽しいご旅行をなさって下さい. No *tengo* tiempo *para* ir a la peluquería. 私は理髪店に行く時間がない. ⓬ [+時間を表わす語. 時が] たっている: 1) *Tenemos* diez años de vivir en esta ciudad. 私たちはこの町に住んで10年になる. La casa *tiene* ya muchos años. その家は建ってから長い年月がたった. 2) [年齢] ¿Cuántos años *tienes*?—*Tengo* veinte años. 何歳ですか?—20歳です. ⓭ [場所を示すなど] …にある: Enfrente *tenemos* Correos. 私たちの正面が郵便局です. ⓮ [慣用表現. +無冠詞名詞] *Tengo* calor (frío). 私は暑い(寒い). Ayer yo *tenía* dolor de cabeza. 昨日私は頭が痛かった. Mi madre *tiene* miedo de caer enferma. 母は病気を心配している. ¿Qué *tienes*?—No *tengo* nada. どうしたの?—何でもありません. ⓯ [+直接目的語+que+不定詞] …すべき~がある: Parece que *tiene* algo que decirnos. 彼は何か私たちに言うことがあるらしい. *Tengo* mucho *que* contaros de este viaje. 私はこの旅行について君たちに話すことがたくさんある. Es cosa que *tiene* que ver. それは見ておかなければならない事柄だ. Es una ciudad que *tiene que* ver. それは一見に値する町だ. ⓰ [+en mucho 高く/+en poco 低く] 評価する: 1) Le *tienen* en poco en aquella casa. あの家では

teneres

彼を軽んじている。 2)［+estima・aprecio・consideración では en は省略可能］Te *tendrán* [*en*] más aprecio cuanto más modesto te muestres. 慎ましくふるまえば君はますます評価されるだろう。 ❼ 判断する: 1)［+por・como. 命令形でよく使われる］No le *tengáis por* informal. 彼を無作法だとは思わないでもらいたい。 Se *tiene* el (al) melón *como* una fruta indigesta. メロンは消化の悪い果物だと考えられている〚a は目的語の明示〛. *Tenga por* seguro que ellos lo saben tanto como usted. 彼らがそれをあなたと同じくらいよく知っているのは確実だと思って下さい。 *Ten por* cierto que vendré. もちろん（必ず）行くよ。 2)［+a. 熟語的］Él lo *tiene a* desprecio. 彼はそれをさげすんとっている。 Lo *tenemos a* [mucha] honra. 私たちはそれを〔大変な〕名誉だと思っている。 ❽ ［+直接目的語+形容詞（句）（直接目的語と性数一致）. →II ］1)［状態］…を…している: *Tengo* amarga la boca. 私は口の中が苦い。 *Tenemos* enferma a nuestra hija. 私たちの娘は病気です〚=Nuestra hija está enferma〛. 2)［使役］…を…の状態にする: El profesor *tiene* a Luis de pie. 先生はルイスを立たせている。 Nos *tiene* intranquilos la falta de noticias. ニュースが入らないので私たちは落ち着かない。 ❾ ［+直接目的語+現在分詞］1)［使役］…を…させておく: *Tengo* un taxi esperando abajo. 私はタクシーを下に待たせてある。 2)［状態］*Tengo* a mi hija trabajando en el hospital. 私の娘は今病院で働いている。 ❿ 維持する; 果たす: ~ una promesa 約束を守る。 ⓫ 出産する: Va a ~ un niño. 彼らに子供が産まれる。 ⓬ 支配する。 ⓭ 守る, 保護する。 ⓮《廃語》止める, 引き止める。 ⓯《メキシコ, コロンビア, ペルー》時間がたつ, 時間がかかる〚=llevar tiempo〛.

II ［助動詞的］❶ ［+過去分詞（直接目的語と性数一致）. 完了・状態・結果・反復］…する: *Tengo* mojados los pies. 私は足が濡れている。〚参考〛He mojado los pies. 私は足を濡らした／Te *tengo* dicho mil veces que no fumes. 君にはたばこを吸うなと何度も言っている。 *Tiene* alquilado un piso en ese barrio. 彼はその街にマンションを借りている。 ❷ ［+*que*+不定詞］1)…しなければならない, …する必要がある〚→hay que+不定詞〛〚類義〛: i) *Tengo que* levantarme temprano mañana por la mañana. 私は明日の朝は早起きしなければならない。 No *tienes que* venir a trabajar mañana. 君は明日は仕事に来なくていい。 Preferiría no ~ *que* hacerlo. 私はできればそれをしないでする方がいい。 Sé que ella es muy capacitada, *he tenido que* contratarla, porque es hija del director. 彼女に才能がないとは分かっているが, 雇うより他に仕方がなかった。彼女は社長の娘なのだ。 ii)［過去未来形で婉曲］*Tendrías que* asistir a la fiesta. 君はパーティーに出なくてはいけないのだが。 2)…するに違いない: *Tiene que* estar loco para ir allí. あそこへ行くなんて彼はどうかしているに違いない。 ¡*Tenía que* ser el imbécil de tu hermano! やっぱり大ばか者の君の弟のせいだったんだ! ❸ ［*de*+不定詞］1)《古語》…しなければならない〚= ~ *que*+不定詞〛: *Tengo de* decírselo a su padre. 私はそのことを彼の父親に言わなければならない。 2)…するつもりである〚1 人称単数のみ. その他の人称は《古語》〛: *Tengo de* averiguarlo. 私はそれを調べるつもりだ。

¡Ahí tienes (tiene usted)!［表明の強調］ほらね!: Se enfadó por lo que le dije.—¡*Ahí tienes*! 彼は僕の言ったことで腹を立てたよ。―それ見たことか!

Aquí tienes (tiene usted)… 1)［物を手渡しながら］ここに…がありますよ, どうぞ: *Aquí tienes* la llave. これが鍵です／鍵をどうぞ。 2)［人を紹介する時に］こちらが…さんです: *Aquí tiene usted* a mi amigo, el señor Gómez. こちらが私の友人のゴメス氏です。 3)［場所を示しながら］ここが…です: *Aquí tiene usted* el comedor. ここが食堂です

[*Conque*] **¿Esas tenemos?**《西. 口語》［不信・怒り］何だって／そうだろうか?: *Conque ¿esas tenemos? ¿Te niegas a trabajar?* 何だ? 働きたくないだと?

no ~ más que+不定詞 …しさえすればよい: Usted *no tiene más que* llamarme por teléfono de antemano. あなたは事前に私に電話するだけでよい。

no ~ por dónde cogerla (dejarla)［主語は人・事物］非常に悪い, 悪人である

no ~las todas consigo 1) 自信がない: *No las tiene todas consigo* para lograr el éxito. 成功を収める自信が彼にはない。 2)［+de que+接続法 するか］不安（心配）である: Aunque me lo ha prometido, *no las tengo todas conmigo de que lo cumpla*. 彼は約束したが, 彼が本当に守るか私は不安だ。

るかどうか確信を持てない

~… para sí …を考えている; 疑っている; 納得している

~ ante sí 目前にある;［事柄が］切迫している

~ encima［労苦などに］苦しむ: *Tiene encima* muchas preocupaciones. 彼は多くの心配事に苦しんでいる

~ lo suyo［事物が］それなりの価値（魅力）がある: No es una obra genial, pero *tiene lo suyo*. それは傑作ではないが, なかなかいい

~ que ver con+事・人 …と関係がある: Él *tiene* algo *que ver con* el robo. 彼は盗みと何か関係がある

~ siempre que+不定詞［人を非難して］本当は…しなければならない: Él *siempre tiene que* darse a entender. 彼は自分の考えをはっきり言うべきだ

~la con…《チリ, アルゼンチン, ウルグアイ》［+事物］…について話すと止まらない;［+人］…につらく当たる

~la tomada con+人 …を嫌う, 非難する

***tenga usted…* =aquí tiene usted…**

—— 自 金持ちである: 1) Sí, ellos *tienen*. そう, 彼らは金持ちだ。 2)《諺》Quien más *tiene*, más quiere. 人は金持ちになればなるほど, さらに金を欲しがる。 Tanto vales cuanto *tienes*./Tanto *tienes* tanto vales. 人は金持ちであればあるほど高い評価を受ける

—— **~se** ❶［物が倒れたり落ちたりせずにその位置を］保つ;［人が倒れずに］立っている: Este muñeco *se tiene* de pie. この人形は立っている。 Esta copa *se tiene* mal con el pie que *tiene*. このグラスの脚では安定が悪い。 *Se tiene* la pelota sobre la punta de la nariz. ボールは彼の鼻の上にのっている。 Este niño ya *se tiene* solo. この子はもう一人で立てる。 *Tiene* tanto sueño que no *se tiene*. 彼はとても眠くてたっていられない。 ❷ 立ち止まる; 自制する, 我慢する: ¡*Tente*! 止まれ! ❸［自分を, +por と］考える: *Se tiene por* inteligente. 彼は自分は頭がいいと思っている。 ❹［+a に］賛同する, 味方する: *Me tengo a* lo dicho. 私は言われこうに賛成する

no poder ~se へとへとに疲れている, ひどく弱っている

~se a menos de+不定詞 …である（…する）のを屈辱的だと思う

~se en mucho 自分を高く評価する; 威厳を保つ

~se en poco 自信がない, 卑下している

tenérselas con+人《西. 口語》［議論・けんかで］…に敢然と立ち向かう, 食い下がる

tener

直説法現在	点過去	
tengo	tuve	
tienes	tuviste	
tiene	tuvo	
tenemos	tuvimos	
tenéis	tuvisteis	
tienen	tuvieron	
直説法未来	過去未来	命令法
tendré	tendría	
tendrás	tendrías	ten
tendrá	tendría	
tendremos	tendríamos	
tendréis	tendríais	tened
tendrán	tendrían	
接続法現在	接続法過去	
tenga	tuviera, -se	
tengas	tuvieras, -ses	
tenga	tuviera, -se	
tengamos	tuviéramos, -semos	
tengáis	tuvierais, -seis	
tengan	tuvieran, -sen	

teneres [tenéres] 男 複《ドミニカ》財産, 富

tenería [tenería] 女 ❶ なめし革工場, 製革所。 ❷ 革なめし技術, 革の加工技術

tenerifeño, ña [teneriféɲo, ɲa] 形 ⟦= **tinerfeño**

tenérrimo, ma [tenérrimo, ma] 形《まれ》tierno の絶対最上級

tenesmo [tenésmo] 男《医学》しぶり, テネスムス

tengue [téŋge] 男《キューバ. 植物》マメ科の木〚学名 Acacia arborea, Acacia armata〛

tenguerengue [teŋgeréŋge] 男《キューバ》［見かけの悪い］粗末

な小屋
en ~《西》ぐらぐらと、ゆらゆらと；不安定に

tenia [ténja] 囡 ❶《動物》ジョウチュウ(条虫)、サナダムシ. ❷《建築》タイニア、平縁(½).

teniasis [tenjásis] 囡《医学》条虫症

tenida [teníða] 囡 ❶ [フリーメーソン支部の] 集会、会議. ❷《チリ》[集合] [場所にふさわしい] 衣服一式: Las modelos desfilaron en ~ de calle, traje de baño y ~ de noche. モデルたちはタウンウア、水着、イブニングドレス姿でウォーキングした

tenienta [tenjénta] 囡 ❶ →**teniente**. ❷《古語的》中財の妻

tenientazgo [tenjentáθɣo] 男 中財(警部補・助役) teniente の地位(職務)

teniente [tenjénte] [←tener] 名 囡 **tenienta** もあるが、普通は例えば la *teniente*) ❶《陸軍、空軍》中尉: ~ coronel 中佐. ~ general 中将. ❷《海軍》[海軍] 大尉. ❸ ~ [de] alcalde [市町村の] 助役. ❹ 警部補
―― 形《西. 戯語》[estar+] 耳の遠い、耳が悪い、耳が聞こえない: Hay que chillarle, está un poco ~. 彼は少々耳が遠いので大声で話しかけなければならない. ❷ [果実が] 熟していない；[野菜が] 火が通っていない. ❸《まれ》わずかな、雀の涙ほどの

tenífugo [tenífuɣo] 男《薬学》条虫駆除剤

tenique [teníke] 男《カナリア諸島》[3個並べた] かまどの石. ❷ 乱暴者、粗野な人；間抜け、とんま

tenis [ténis] 男《←英語 tennis》男 [単複同形] ❶《スポーツ》テニス、庭球: jugar al ~ テニスをする. ~ de mesa ピンポン、卓球. ~ de pala パドルテニス. ❷ テニスコート. ❸《メキシコ. 服飾》復 スニーカー、スポーツシューズ =zapatilla|.
colgar los ~《メキシコ、中米. 口語》死ぬ

tenista [teníṡta] 共 テニスの選手(プレーヤー)

tenístico, ca [teníṡtiko, ka] 形 テニスの: mundo ~ テニス界

tenita [teníta] 囡《鉱物》テーナイト

teniú [teniú] 男《チリ. 植物》ユキノシタ科の木《良材で樹皮は薬用. 学名 Weinmannia trichosperma》

Tenochititlan [tenótʃtitlan] 囡／男 =**Tenochtitlán**

Tenochtitlán [tenotʃtitlán] 囡《歴史、地名》テノチティトラン《アステカ王国の首都で、現在のメキシコ市の一部. 1325年から45年に当時のテスココ Texcoco 湖上に建設される》

tenonitis [tenonítis] 囡 =**tendinitis**

tenor [tenór] 男《←伊語 tenore》男《音楽》テノール；テノール歌手
II 《←ラテン語 tenor, -oris「続きの順番」< tenere「持つ」》男 ❶ [文書などの] 内容、文面: El ~ de su carta decía así. 彼の手紙の趣旨はこうだった. ❷ [物事の] 構造、組織
a este ~ この調子で、こんな風に
a [l] ~ de (con)… …によれば、…から判断して: A ~ de lo visto, la exposición será muy buena. 見た限りではそれは立派な展覧会になるに違いない

tenora [tenóra] 囡《音楽》テノラ《スペインの民俗的なオーボエ》

tenorino [tenoríno] 男《まれ. 音楽》カウンターテナー

tenorio [tenórjo] 男《←[Don Juan] Tenorio [ドン・フアン]テノーリオ《ティルソ・デ・モリーナ Tirso de Molina 作「セビリアの色事師と石の招客」の主人公》》男 女たらし、漁色家: Mi abuelo en su juventud fue un ~. 祖父は若いころドン・フアンだった

tenorita [tenoríta] 囡《鉱物》黒銅鉱

tenosinovitis [tenosinoβítis] 囡《医学》腱滑膜炎

tenositis [tenosítis] 囡 腱炎、腱鞘炎 [=tendinitis]

tenotomía [tenotomía] 囡《医学》腱切開術

tenoxicam [teno(k)sikán] 男《薬学》テノキシカム

tenrec [tenřék] 男《動物》テンレック

tensado [tensáðo] 男 ぴんと張ること

tensador, ra [tensaðór, ra] 男 ぴんと張る[もの]

tensar [tensár] [←tenso] 他 [縄などを] ぴんと張る: ~ el arco 弓を引き絞る. ~ la situación 場の空気を張りつめさせる

tensímetro [tensímetro] 男 =**tensiómetro**

tensino, na [tensíno, na] 形《地名》テナ谷 Valle de Tena[の人]《ウエスカ県》

tensoactivo, va [tensoaktíβo, βa] 形《化学》界面活性の、表面活性化の；界面活性剤、表面活性剤

tensiómetro [tensjómetro] 男 ❶《医学》血圧計. ❷《物理》表面張力計

tensión [tensjón] I 《←ラテン語 tensio, -onis》囡 ❶ 張り: dar más ~ a las cuerdas de la guitarra ギターの弦をもっと強く張る. Los músculos están en estado de ~. 筋肉が張っている. ❷ [精神的な・関係の] 緊張: La novia ha sufrido muchas ten-*siones* estos días de la boda. 新婦は結婚式前の数日間は神経が非常に張りつめていた. La ~ antes de subir al escenario es muy fuerte. 舞台に登場する前の緊張感は大変なものだ. Crece la ~ internacional. 国際緊張が高まっている. poner en ~ los nervios 神経を張りつめる. provocar *tensiones* en la pareja 2人の間のあつれきを生じさせる. con una cara de ~ 緊張した面持ちで. ~ entre razón y sentimiento 理性と感情との間の緊張関係. ❸《物理》1) 張力: Los tirantes del puente no aguantaron la ~. 吊り橋の線は張力に耐えられなかった. ~ superficial 表面張力. 2) 応力 [=~ mecánica]. 3) 圧力: ~ de vapor 蒸気圧. ❹ 電圧 [=~ eléctrica]: cable de alta ~ 高圧線. baja ~ [650ボルト以下の] 低電圧. ~ de cien voltios 100ボルトの電圧. ❺《医学》1) 血圧 [=~ arterial]: Él tiene la ~ alta (baja). 彼は血圧が高い(低い). Me mareé porque tuve una bajada de ~. 私は血圧が下がってめまいがした. 2) ストレス. ~ premenstrual 月経前緊張. ❻《音声》[発声器官の] 緊張 [⇔distensión]
II 囡《まれ》=**tensón**

tensional [tensjonál] 形 ❶《医学》血圧の. ❷《物理》張力の

tensionamiento [tensjonamjénto] 男 ❶ ぴんと張ること. ❷ 緊張

tensionar [tensjonár] 他 ❶ =**tensar**. ❷ [外交関係を] 緊張させる

tensivo, va [tensíβo, βa] 形 張力の；圧力の

tenso, sa [ténso, sa] 形《←ラテン語 tensus < tendere「広げる、伸ばす」》❶ [縄などが] ぴんと張った [⇔flojo]: La cuerda está ~sa. 弦は張っている. Se me ponen ~s los músculos de las piernas. 私は脚の筋肉が張ってる. cable ~ ぴんと張った綱. ❷ [精神的・関係が] 張りつめた、緊張した: Había un ambiente ~ en la habitación. 室内にはぴんと張り詰めた空気が漂っていた. No te pongas ~, el examen es fácil. 緊張することはないよ、試験は易しいから. Las relaciones entre los dos países están muy ~sas. 両国間の関係は緊迫している. calma ~sa 緊張した平穏. ❸《音声》[発声器官の] 緊張した

tensó [tensó] 男 =**tensón**

tensoactivo, va [tensoaktíβo, βa] 形 agente ~ 界面活性剤

tensón [tensón] 男《詩法》[プロヴァンスの、詩人同士の主に恋愛をめぐる] 論争詩

tensor, ra [tensór, ra] 《←ラテン語 tensor, -oris》形 ぴんと張らせる ―― 男 ❶ 張り綱、支え柱. ❷《技術》ターンバックル、引き締めねじ. ❸《解剖》張筋 [=músculo ~]. ❹《数学、物理》テンソル

tensorial [tensorjál] 形 ❶ 張り綱の、支え柱の. ❷《解剖》張筋の

tentabuey [tentaβwéj] 男《アラブ. 植物》ハリモクレン

tentación [tentaθjón] 《←ラテン語 temptatio, -onis》囡 ❶ 誘惑；心をそそるもの、好物；衝動: 1) Los helados son mi ~. 私はアイスクリームがたまらなく好きだ. El proteccionismo es una ~ de todos los Estados. どの国も保護貿易政策を実施したい誘惑にかられる. Este chico es una auténtica ~. この青年は私の本当に好きなタイプだ. 2) [+de+不定詞] …したい気持ち: No podía resistir la ~ de abrir la caja. 彼はその箱を開けてみたいという誘惑に耐えきれなかった. Me dan *tentaciones de* irme al cine. 私はふと映画に行きたくなることがある. Tuvo la ~ de llamarte. 彼は急に君に電話をかけたくなった. ❷ 悪事に誘う人・事物. ❸《服飾》テディ、ベビードール [=picardías]. ❹《メキシコ. 口語》好奇心、探求心. ❺《キューバ. 菓子》テンタシオン《赤ワインとシロップで味つけしたバナナ》. ❻《チリ、アルゼンチン、ウルグアイ》笑いたい欲求
caer en la ~ 誘惑に負ける

tentacular [tentakulár] 形《動物》触手の；触手のある: movimientos ~es 触手のような動き

tentáculo [tentákulo] 《←ラテン語 tentaculum < tentare》男 ❶《動物》[タコ・イカなどの] 足. ❷ 強い影響力: escapar a los ~s de la muerte 死の強い力から逃れる

tentadero [tentaðéro] 男《闘牛》子牛の勇猛さを試し評価する囲い場 corral

tentado, da [tentáðo, ða] 形 [estar+, +de+不定詞する] 誘惑に駆られた

tentador, ra [tentaðór, ra] 形 名 誘惑する[人]、心を惑わす[人]、悪の道に誘う[人]: No seas ~ con esas ideas. そんな話をして誘惑しないでくれ. Esta tarta está ~ra. このケーキにはつい手が出そうになる. ofertas ~ras つい買いたくなるバーゲン品. precio ~ 魅力的な値段

tentadura

―― 男 ❶ [el T~] 悪魔 〖=Diablo〗. ❷《闘牛》子牛の勇猛さを試し評価する人

tentadura [tentadúra] 女 ❶ 銀鉱石の水銀検査; 銀鉱石の水銀検査用サンプル. ❷《まれ》[お仕置きの] 殴打, ピンタ

tentalear [tentaleár] 他 ❶ 何度も触る. ❷《主にメキシコ》手探りする

tentar [tentár]《←ラテン語 temptare》23 他 ❶ 誘惑する, 心をそそる: 1) Me *tienta* ese viaje. その旅行には心が動く. No me *tienta* el dinero. 私は金には興味がない. 2) [悪の道に] El diablo *tienta* siempre a los mejores. 悪魔はいつも善人を誘惑する. 3) [+a+不定詞 するように] Me *tentó a* fumar. 彼は私をそそのかしてたばこを吸わせようとした. ❷ [探って, 手で] 触る, 手探りする: Buscaba la puerta *tentando* las paredes con el bastón. 彼は杖で壁を触りながらドアを探した. ❸ 試みる, 調べる. ❹《闘牛》garrocha で首筋を刺激し, 子牛の] 勇猛さを試す. ❺《医学》消息子で検査する. ❻ふるまわせる. ❼ 試飲する

~ a Dios/~ al diablo 神を恐れぬふるまいをする, ばちあたりなことをする, 向こう見ずな行動に走る

―― *se*《チリ, アルゼンチン, ウルグアイ》誘惑される(負ける); 笑いたい

tentaruja [tentarúxa] 女《口語》しつこく触ること

a la ~《口語》手探りで; 当てずっぽうで 〖=a tientas〗

tentativa[1] [tentatíβa]《←ラテン語 temptatus》女 ❶ 試み, 企て: Ha sido descubierta una ~ de fuga en la cárcel. 刑務所で脱走計画が発覚した. quedar en ~ 試み(未遂)に終わる. ❷《法律》未遂(罪): Lo condenaron por la ~ de asesinato. 彼は殺人未遂で有罪になった. ❸《スポーツ》試技: En la segunda ~ logró saltar esa altura. 彼は2回目の試技でその高さをクリアできた

tentativo, va[2] [tentatíβo, βa] 形《文語》探りを入れるための, 試験的な

tente [ténte]〖←tener〗 名詞+*y* **~ tieso**《戯語》…に頼る硬直姿勢 〖=名詞+y tentetieso〗

de ~ mientras cobro《口語》売る時だけ飾りたてた, うわべだけの

tentemozo [tentemóθo] 男 ❶ 支え, 支柱. ❷ つっかい棒, 突っ張り棒. ❸ =**tentetieso**. ❹《馬具》頭絡の頬に回すベルト 〖=quijera〗

tentempié [tentempjé]〖←tente < tener+en+pie〗 男 〖複 ~s〗 ❶ 間食, 軽食 〖=refrigerio〗. ❷ =**tentetieso**

tentenelaire [tentenelájre] 名 ❶ cuarterón の男性とムラート mulato の女性との間に生まれた混血の人. ❷《廃語》ヒバロ jíbaro の男性と中国系住民 albarazado の女性との間に生まれた混血の人. ❸《廃語》1)《メキシコ》スペイン人の男性と tornatrás の女性との間に生まれた混血の人; スペイン人の男性と requinterón の女性との間に生まれた混血の人; calpamulo の男性と cambujo の女性との間に生まれた混血の人; cambujo の男性と先住民の女性との間に生まれた混血の人; calpamulo の男性と zambo の女性との間に生まれた混血の人. 2)《メキシコ, ベネズエラ》メスティソ mestizo の男性とメスティソの女性との間に生まれた人. 3)《コロンビア》tercerón の男性とムラートの女性との間に生まれた混血の人; cuarterón の男性と tercerón の女性との間に生まれた混血の人

―― 男《ペルー, アルゼンチン. 鳥》ハチドリ 〖=colibrí〗

tentenublo [tentenúβlo] 男《ログローニョ》祈りの時間に鳴る鐘

tentetieso [tentetjéso]〖←tente < tener+tieso〗 男《玩具》起き上がり小法師

名詞+*y ~*《戯語》…に頼る硬直姿勢: palo *y ~* 抑圧的な体制

tentón [tentón] 男 ❶《口語》突然急いで手探りすること. ❷《闘牛》子牛の勇猛さを試すテスト tienta で使う) 馬. ❸《グアテマラ》重傷

a[*l*] *~* 手さぐりで 〖=a tientas〗

tentúo, túa《アンダルシア》[人が] 大変臆病で決断力のない

tenue [ténwe]《←ラテン語 tenuis》形《文語》[主に +名詞. 厚さ・太さが] 薄い, 細い: ~ tela 薄い布. ~ niebla 薄い霧. ❷ 微細な, 弱い; [色調が] 淡い: Una ~ brisa me acariciaba el pelo. かすかな風が私の髪をなでていた. ~ claridad ほのあかり. ~ color ~ 淡い色. voz ~ 弱々しい声. ❸ 取るに足りない, あまり重要でない. ❹ 素朴な, 地味な

tenuemente [tenweménte] 副 淡く; かすかに, 弱く

tenuidad [tenwiðáð] 女 ❶ 薄さ, 細さ. ❷ 微細さ, 微弱さ, かすかなこと. ❸ 取るに足りないこと

tenuirrostro, tra [tenwiřóstro, tra] 形《鳥》くちばしが細く長

tenuta [tenúta] 女《法律》[係争中の財産を] 一時預かること

tenutario, ria [tenutárjo, rja] 形《法律》[係争中の財産を] 一時預かりのことの

tenzón [tenθón] 男 =**tensón**

teñible [teɲíβle] 形 染色され得る

teñido [teɲíðo] 男 染色, 染め上がり

teñidura [teɲiðúra] 女 =**teñido**

teñir [teɲír]《←ラテン語 tingere》20 35 他 ❶ [+de・con 色に, +con で] 染める, 染め上げる, 着色する: Teresa *ha teñido de* azul la chaqueta. テレサは上着を青に染めた. El técnico de laboratorio *tiñe* las preparaciones de tejido nervioso. 実験室の助手は神経組織のプレパラートに染色した. ~ *con* té 紅茶染めをする. ❷《文語》[+de の] ニュアンスを帯びさせる: *Tiñó* su discurso de pesimismo. 彼は講演をペシミスティックな感じにまとめた. El recuerdo de su propia vida *tiñe* todas las páginas del libro. 本のすべてのページが彼自身の思い出で彩られている. ideología *teñida de* totalismo 全体主義的傾向のイデオロギー. ❸《美術》[暗い色と混ぜて] 色調を落とす, 地味な感じに抑える

―― *~se* ❶ 染め上がる, 色づく; ニュアンスを帯びる: Todo el país *se tiñe de* tristeza. 国じゅうが悲しみに沈んでいる. ❷ [自分の…を] 染める: *Se ha teñido* el pelo de rubio./*Se ha teñido de* rubia. 彼女は金髪に染めた. Lleva el pelo *teñido de (en)* negro. 彼女は髪を黒く染めている

teñir		
現在分詞	過去分詞	
tiñendo	teñido	
直説法現在	直説法点過去	命令法
tiño	teñí	
tiñes	teñiste	tiñe
tiñe	**tiñó**	
teñimos	teñimos	
teñís	teñisteis	teñid
tiñen	tiñeron	
接続法現在	接続法過去	
tiña	tiñera, -se	
tiñas	tiñeras, -ses	
tiña	tiñera, -se	
tiñamos	tiñéramos, -semos	
tiñáis	tiñerais, -seis	
tiñan	tiñeran, -se	

teo-《接頭辞》[神] *teocracia* 神権政治

teobroma [teoβróma] 男《植物》カカオ 〖=cacao〗

teobromina [teoβromína] 女《薬学》テオブロミン

teocalli [teokáli]《←ナワトル語 totl「神」+calli「家」》男 [先スペイン期にメソアメリカで建設された] 神殿, 丘上祭壇, ピラミッド

teocéntrico, ca [teoθéntriko, ka] 形 神を思想の中心とする, 神中心主義の

teocentrismo [teoθentrísmo] 男 神を思想の中心とする考え, 神中心主義

teocinte [teoθínte] 男《メキシコ, 中米》=**teosinte**

teocomite [teokomíte] 男《メキシコ. 植物》イトバドクゼリモドキ 〖=biznaga〗

teocracia [teokráθja] 女 神権政治, 教権政治, 神政; 神による統治

teocrático, ca [teokrátiko, ka] 形 神権政治の: estado ~ 神政国家

teocratismo [teokratísmo] 男 神政主義, 教権主義

teodicea [teoðiθéa] 女《哲学》弁神論, 神義論

teodolito [teoðolíto] 男《測量》経緯儀

teodosiano, na [teoðosjáno, na]《人名》❶ 大帝テオドシウス1世 Teodosio I el Grande の〖346~395, スペイン出身の古代ローマ皇帝. キリスト教を国教と定めた〗. ❷ Teodosio II の〖401?~450, 東ローマ帝国皇帝. テオドシウス1世の孫〗: Código T~ テオドシウス法典

teofanía [teofanía] 女《神学》神の顕現 (出現)

teofánico, ca [teofániko, ka] 形 神の顕現 (出現)の

teofilantropía [teofilantropía] 女《歴史》神人愛主義〖18世紀フランスで生まれた理神論 deísmo 的宗教〗

teofilántropo, pa [teofilántropo, pa] 名《歴史》神人愛主義

者

teofilina [teofilína] [女]《薬学》テオフィリン

teogonía [teogonía] [女] 神々の系譜, 神統記

teogónico, ca [teogóniko, ka] [形] 神々の系譜の, 神統記の

teologado [teologáđo] [形]《カトリック》[神学校の] 神学の研究機関(研究所)

teologal [teologál] [形] ❶《カトリック》対神の, 神を対象とした. ❷ 神学の〖=teológico〗

teología [teolɔxía]〖←ギリシア語 theologia〗[女] 神学: facultad de ～ 神学部. ～ de la liberación 解放の神学〖1960年代第2バチカン公会議 Concilio Vaticano II 以降, 主に中南米のカトリック司祭によって始められたキリスト教社会主義. 民衆の中での実践活動が重視された〗. ～ dogmática 教理神学. ～ mística 神秘神学. ～ natural 自然神学. ～ positiva 天啓神学. ～ revelada 啓示神学

no meterse en ～s《戯語》知らないことは話さない; ややこしいことには手を出さない

teológicamente [teolɔ́xikaménte] [副] 神学的な言葉で言えば; 神学の原理によれば

teológico, ca [teolɔ́xiko, ka] [形] 神学の: conocimientos ～*s* 神学的な知識. estudios ～*s* 神学研究

lugares ～s 神学の原点

teologismo [teolɔxísmo] [男] 神学主義

teologizar [teolɔxiθár] [9] [自] 神学的に研究する; 神学を論じる

teólogo, ga [teólogo, ga]〖←ギリシア語 theologus〗[名] ❶ 神学者. ❷ 神学生

teomanía [teomanía] [女]《医学》宗教狂, 神教狂〖自分を神と信じる妄想狂〗

teomaníaco, ca [teomaníako, ka] [形] [名] 宗教狂の〔人〕

teorba [teɔ́rba] [女]《音楽》テオルボ〖=tiorba〗

teorema [teoréma]〖←ラテン語・ギリシア語 theorema〗[男]《数学など》定理, 法則: ～ de Arquímedes アルキメデスの原理. ～ de la autopista《経済》ターンパイク定理〖最速の均衡成長経路を示す〗. ～ de la evolución 進化の法則. ～ de Pitágoras ピタゴラスの定理

teoremático, ca [teoremátiko, ka] [形] 定理の, 法則の

teorético, ca [teorétiko, ka] [形]《文語》理論的な, 理論上の〖=teórico. ⇔práctico〗

—— [女] 理論〖=teoría〗

teoría [teoría]〖←ギリシア語 theoria < theoreo「私は調べる」〗[女] ❶ 理論; 学説: crear una ～ 学説を立てる. profundizar en la ～ 理論を深く掘り下げる. pasar los exámenes de ～ y de práctica 理論と実地の試験に合格する. ～ de la música 音楽理論. ～ de Keynes ケインズ理論. ～ general 総論. ❷ 説, 意見, 主張, 持論: Yo tengo la ～ de que no crecerá más. もう成長しないというのが私の見解だ. ❸《古代ギリシア》宗教的な行列

en ～ [実践的に証明されてはいないが] 理論上は; 理屈では: *En* ～ cualquiera puede hacerlo, pero no todos lo hacemos. 理論的には誰でもできるが私たち全員がするとは限らない

teórica[1] [teórika]〖←ラテン語 theorica〗[女] 理論〖=teoría. ⇔práctica〗: aprobar la ～ y la práctica 理論と実地の試験に合格する

teóricamente [teórikaménte] [副] 理論上〔は〕, 理論的に〔は〕: Hemos perdido ante un equipo ～ inferior. 我々は理論上は格下のチームに負けてしまった. No lo expliques solo ～, pon algún ejemplo. 理屈ばかりこねていないで, 何か実例を挙げてそれを説明しなさい

teoricidad [teoriθiđá(đ)] [女]《まれ》理論的であること

teórico, ca[2] [teóriko, ka]〖←ラテン語 theoricus〗[形] ❶ 理論の, 理論的な; 理論上の: Ese es un caso puramente ～, en la realidad no ocurre así. それは全く理論上の話で実際にはそんなことは起こらない. ciencia ～*ca* 理論科学. física ～*ca* 理論物理学. fundamentos ～*s* 理論的な根拠. ❷《軽蔑》理論だけの: Sus conocimientos son solo ～*s*. 彼の知識は理論の上だけだ

—— [名] ❶ 理論家. ❷《軽蔑》空論家, 理屈屋: Es un ～ de la igualdad entre los sexos. 彼は男女同権を唱えるだけの空論家にすぎない

teorización [teoriθaθjɔ́n] [女] 理論づけ, 理論立て, 学説を立てること

teorizador, ra [teoriθađɔ́r, ra] [形] [名] 理論を立てる〔人〕, 理論づける〔人〕

teorizante [teoriθánte] [形] [名] =**teorizador**

teorizar [teoriθár]〖←teoría〗[9] [自] ❶ [現実を無視して] 理屈をこねる: No *teorices* tanto, es mejor que busques una solución rápida. 理屈をこねまわすのはやめて早く解決策を見つけた方がいいよ. ❷ [+sobre について] 理論(学説)を立てる, 理論づける: Muchos filósofos *han teorizado sobre* la existencia de Dios. 多くの哲学者が神の存在について理論づけをしてきた

—— [他] [事柄を] 理論的に扱う

teosinte [teosínte] [男]《メキシコ, 中米. 植物》ブタモロコシ〖トウモロコシの起源と言われる〗

teoso, sa [teóso, sa] [形]《まれ》❶ たいまつ tea の. ❷ [材木が] 樹脂の豊富な

teosofía [teosofía] [女]《宗教》神知学, 接神論

teosófico, ca [teosófiko, ka] [形] 神知学の, 接神論の

teosofismo [teosofísmo] [男] =**teosofía**

teosofista [teosofísta] [名] =**teósofo**

teósofo, fa [teósofo, fa] [名] 神知学者, 接神論者

Teotihuacán [teotiwakán] [女]/[男]《考古》テオティワカン〖3～7世紀, オルメカ olmeca 文明の流れを汲んでメキシコ中央高原地帯で隆盛を誇った古代都市.「神々の都市」の意. 太陽のピラミッド pirámide del Sol, 月のピラミッド pirámide de la Luna などで有名〗

teotihuacano, na [teotiwakáno, na] [形] [名]《地名》テオティワカン Teotihuacán の〔人〕

tepache [tepátʃe] [男] ❶《メキシコ》テパチェ〖パイナップルの皮・黒砂糖・様々な果汁を混ぜた発酵酒〗. ❷《ホンジュラス》蒸留酒の密造と密売

regar el ～《メキシコ. 口語》へまをする

tepalcate [tepalkáte] [男]《メキシコ》❶ 役に立たない物. ❷ [複] 陶器のかけら

tépalo [tépalo] [男]《植物》花被片

tepanche [tepántʃe] [男]《メキシコ. 動物》イグアナの一種〖学名 Iguana rhynolopha〗

tepate [tepáte] [男]《メキシコ, 中米. 植物》シロバナヨウシュチョウセンアサガオ

tepe [tépe]〖←擬声〗[男] [植付け用の] 芝生ブロック, 切り芝

estar ～ a ～《プエルトリコ. 口語》[場所が] 人で超満員である

tepegua [tepégwa] [女]《昆虫》グンタイアリ

tepeguaje [tepegwáxe] [男]《メキシコ. 植物》アカシアの一種〖材質は堅い. 学名 Acacia acapulcensis〗

tepehuaje [tepewáxe] [男]《植物》マメ科の高木の一種〖熱帯アメリカ産. 学名 Lysiloma watsoni〗

tepeiscuincle [tepei̯skwíŋkle] [男]《メキシコ, コスタリカ》=**tepezcuinte**

tepeizcuinte [tepei̯zkwínte] [男]《メキシコ, コスタリカ》=**tepezcuinte**

tepemechín [tepemetʃín] [男]《グアテマラ, ホンジュラス, コスタリカ. 魚》小型の淡水魚の一種〖美味. 学名 Agonostoma sp.〗

teperete [tepeeréte] [形]《グアテマラ》[手・足が] 奇形の

tepescuincle [tepeskwíŋkle] [男]《メキシコ, コスタリカ》=**tepezcuinte**

tepestate [tepestáte] [男]《メキシコ》潰したトウモロコシを入れる木製のたらい

tepetate [tepetáte] [男] ❶《メキシコ, ニカラグア. 鉱物》ライムストーン. ❷《メキシコ, ホンジュラス. 鉱山》ぼた

tepeterepe [tepeterépe] [男]《キューバ》気絶, 失神

tepetomate [tepetomáte] [男]《メキシコ. 植物》クワ科の一種〖実は食用, 根は薬用効果があり, 木材は家具用. 学名 Pseudolmedia oxyphyllaria〗

tepezcuinte [tepezkwínte] [男]《メキシコ, 中米. 動物》テペスクインテ〖パカ paca の一種. 食用. 学名 Coelogenys paca〗

tepezcuintle [tepezkwíntle] [男]《メキシコ, コスタリカ》=**tepezcuinte**

tepidario [tepiđárjo] [男] =**tepidarium**

tepidarium [tepiđárjun]〖←ラテン語〗[男]〖単複同形〗《古代ローマ》[公衆浴場の] ぬるま湯風呂

tepiqueño, ña [tepikéɲo, ɲa] [形] [名]《地名》テピック Tepic の〔人〕〖メキシコ, ナヤリット州の州都〗

Tepito [tepíto] [男]《地名》テピト〖メキシコ市で最も古い地区. 先スペイン期, トラテロルコ Tlatelolco に住むアステカ人の役人が支配〗

tepocate [tepokáte] [男]《メキシコ, グアテマラ》❶ 小石. ❷ 少年, 小さな子. ❸ オタマジャクシ. ❹ 頭でっかちの人

T

teponascle —— 形《メキシコ》ずんぐりした
teponascle [teponáskle] 男《メキシコ》=**teponaztle**
teponaztle [teponáztle] 男《メキシコ》❶《音楽》先住民の小太鼓. ❷《植物》メキシコラクウショウ
teporocho, cha [teporótʃo, tʃa] 名《メキシコ》飲んだくれ〔の乞食〕
tepotzo [tepótso] 男《動物》チュウオウアメリカハブ〔=nauyaca〕
tepozán [tepoθán] 男《メキシコ. 植物》フジウツギ
TEPT《略記》←trastorno por estrés postraumático 心的外傷後ストレス障害, PTSD
tepú [tepú] 男《チリ. 植物》フトモモ科の木〔学名 Tepualia stipularis〕
tequense [tekénse] 形 名《地名》ロス・テケス Los Teques の〔人〕《ベネズエラ, ミランダ州の州都》
tequeño[1] [tekéɲo] 男《ベネズエラ. 料理》小型のチーズクレープ
tequeño[2], **ña** [tekéɲo, na] 形 名《ベネズエラ》
teque-que-teque [téke ke téke] 副《キューバ, プエルトリコ. 口語》[しつこさ・わずらわしさにうんざりして] またもや, だらだらと, しつこく〔=dale que dale〕
tequesquite [tekeskíte] 男《メキシコ》[塩湖が干上がってできた] 岩塩
tequezquite [tekezkíte] 男《メキシコ》=**tequesquite**
tequi [téki] 男《隠語》自動車
tequiar [tekjár] 10 他《中米》[人を] 害する, 損害を与える
tequiche [tekítʃe] 男《ベネズエラ. 料理》テキーチェ《炒ったトウモロコシ粉・ココナッツミルク・バター・黒砂糖で作ったデザート》
tequihua [tekíwa] 男《歴史》テキワ《領土拡大と共に台頭したアステカの軍人貴族》
tequila [tekíla] 女《ナワトル語》男《まれ》《酒》テキーラ
tequio [tékjo] 男 ❶《中南米》鉱夫の出来高払いの対象となる鉱石. ❷《メキシコ. 歴史》[スペイン人が先住民に租税として課した] 強制労働, 労役. ❸《中米》厄介事, 損害
tequioso, sa [tekjóso, sa] 形《中米》厄介な, 迷惑な, わずらわしい
Ter [tér] 男《西. 略記》←Tren Español Rápido 電車特急
tera-《接頭辞》[1兆] *teragramo* 1兆グラム
terabecquerel [teraβekeɾél] 男《物理》テラベクレル
terabyte [teraβájt]《英語》男《情報》テラバイト
teragramo [teragrámo] 男 1兆グラム
teralita [teralíta] 女《地質》貫入岩, セラル岩
terapeuta [terapéwta] 名 ❶ 療法士, セラピスト: ~ ocupacional 作業療法士. ❷ テラペウタイ派 Therapeutae の人《ユダヤ教の禁欲主義者》
terapéutico, ca [terapéwtiko, ka]〔←ギリシア語 therapeutikos〕形 治療の, 治療に関する: *método* ~ 治療法 — 女 治療: El enfermo está respondiendo a la ~*ca* que se le aplica. 患者は採用された治療法の効果が出始めている. ~*ca ocupacional* 作業療法
terapia [terápja]〔←ギリシア語 therapeia「治療」〕女 治療〔法〕: ~ *de grupo* 集団療法, グループ治療. ~ *de pareja* 結婚生活相談. ~ *hormonal* ホルモン療法. ~ *intensiva*《メキシコ, ラプラタ》集中治療〔室〕. ~ *ocupacional* 作業療法
-terapia《接尾辞》[治療] *talasoterapia* タラソテラピー
teratogénesis [teratoxénesis] 女《単複同形》《生物》奇形発生, 催奇形成
teratogenia [teratoxénja] 女 =**teratogénesis**
teratógeno, na [teratóxeno, na] 形《生物》催奇の, 奇形生成の
teratología [teratoloxía] 女 奇形学
teratológico, ca [teratolóxiko, ka] 形 奇形学の
teratoma [teratóma] 男《医学》奇形腫
terbio [térβjo] 男《元素》テルビウム
tercamente [térkaménte] 副 頑固に, 強情に, 執拗に
tercelete [terθeléte] 男 →*arco tercelete*
tercena [terθéna] 女 ❶《まれ》[主にたばこなどの専売品を扱う] 国営販売店. ❷《エクアドル》肉屋, 精肉店
tercenco, ca [terθéŋko, ka] 形《アラゴン》[羊などが] 3歳以下の
tercenista [terθenísta] 名《まれ》国営販売店 *tercena* の店主
tercer [terθér] 形 →*tercero*
tercera[1] [terθéro, ra] 女 ❶ [列車などの] 3等: *vagón de* ~ 3等車. ❷《自動車》[ギアの] サード: *La* ~ *entra mal*. サードギアの入りが悪い. ❸《音楽》1) 3度〔音程〕: ~ *mayor (menor)* 長(短)3度音程. 2) [弦楽器の] 第3弦. ❹《西式トランプ》棍棒の3枚続き〔=*tercia*〕. ❺ やり手ばばあ〔=*alcahueta*〕
a la ~ 3回目に
de ~ 三流の, 低級な: *película de* ~ 三流映画
tercerear [terθereár] 自《まれ》[仲裁〔調停〕役を務める《アラバ, ナバラ》第三耕を施す〔=*terciar*〕
tercería [terθería] 女 ❶《売春などの》取り持ち, 仲介: *Los amantes del siglo XVI recurrían a la* ~ *de una vieja celestina.* 16世紀の恋人たちはやり手ばばあの恋の取り持ちに頼っていた. ❷ 調停, 取りなし: *Gracias a mi labor de* ~ *se reconciliaron las dos familias.* 私が間に入ったかいがあって両家族が仲直りした. ❸《法律》第三者異議〔の訴え〕. ❹ [城砦などの] 臨時の倉庫
tercerilla [terθeríʎa] 女《詩法》[短句型arte menor の] 3行連句, 3行詩
tercerista [terθerísta] 名《法律》第三者異議の申立人
tercermundismo [terθermundísmo] 男《主に軽蔑》第三世界らしさ; [第三世界特有の] 後進性
tercermundista [terθermundísta] 形 第三世界の;《軽蔑》[+名詞] 第三世界的な
—— 男 第三世界の国
tercero, ra[2] [terθéro, ra]〔←ラテン語 *tertiarius*〕形 ❶《語形》[+形容詞] =男性単数名詞 では **tercer**: *el tercer mayor banco* 3番目に大きな銀行《序数詞》3番目の, 第3の: *tercer mundo* 第三世界. ~*ra vía de solución* 第3の〔中間的な〕解決策. *el tercer partido* 第3党. ❷ 3分の1の: *una* ~*ra parte del pastel* ケーキの3分の1. ❸ 仲介する, 調停する, 仲裁する. ❹《カトリック》第三会員の. ❺ [名詞+.傍系親族が] 三親等離れた: *sobrino* ~ またいとこの子
al tercer día (y al del medio) 一日おきに
cada tercer día 時おり, たまに
~*ra persona* 第三者, 仲介者: *Me llegó la noticia por* ~*ra persona.* 第三者を通じて私に知らせが届いた. *Se complica la cosa si se mete en eso una* ~*ra persona.* そこに第三者が入ると事はややこしくなる
—— 名 ❶ 主 第三者: *seguro contra* ~*s/seguro de daños a* ~*s* 第三者暗償責任保険. ❷ 仲介者; 調停人, 仲裁人: *en discordia*《法律》第三調停人. ❸ 恋をとりもつ人; ポン引き. ❹《カトリック》第三会員《主に慈善・教育を担う信徒会員》
—— 男 ❶ 3分の1. ❷ 第三国: *transmitir la tecnología nuclear a* ~ 核技術を第三国に移転する. ❸ [角度の単位] 60分の1秒. ❹《歴史》十分の一税の収税〔収納〕係〔=*sobretercero*〕
tercerol [terθeról] 男《船舶》❶ リーフ, 縮帆部. ❷ [ボートで] 3番目の漕ぎ座
tercerola [terθeróla] 女〔←伊語 *terzeruolo*〕女 ❶〔騎兵用の〕銃身の短い銃. ❷《音楽》[フルートとピッコロの中間の] 小型の笛. ❸ [中程度の容量の] 樽. ❹《古語的. 戯語. 鉄道》3等
tercerón, na [terθerón, na] 形《廃語》ムラートの女性 *mulata* と白人男性との混血の〔人〕
terceto [terθéto] 男〔伊 *terzetto*〕男 ❶《音楽》三重奏〔唱〕団〔=*trío*〕; 三重奏〔唱〕曲: ~ *para cuerda* 弦楽三重奏曲. ❷《詩法》[一行11音節の] 3行連句, 3行詩
tercia[1] [térθja]〔←ラテン語 *tertia*〕女 ❶《古代ローマ》[一日を4分割した] 2番目の時間区分《午前9~12時》. ❷《典礼》日課の] 3時課《午前9時ごろの礼拝》. ❸《西式トランプ》棍棒の3枚続き. ❹ [長さの単位] 3分の1バラ *vara*〔=78.6mm〕. ❺ 小口寸法が幅1/3バラで厚さ1/4バラの角材. ❻《農業》[ブドウ畑の] 3回目のすき返し. ❼ 3分の1〔=*tercio*〕. ❽《歴史》1) ~*s reales* [教会への十分の一税のうち] 国王に差し引かれる9分の2. 2) 十分の一税として徴収した物の保管所
terciado, da [terθjáðo, ða] 形 ❶ 中位の大きさの: *El toro es* ~. その闘牛は中型だ. ❷〔砂糖が〕コーヒー色の. ❸〔パンが〕3分の2が小麦粉で3分の1が大麦か小麦粉で作られた
—— 男 ❶ 約5センチ幅の木材. ❷ 広幅の短いリボン
terciador, ra [terθjaðór, ra] 形 名 仲介〔仲裁〕する〔人〕
—— 男《リオハ》[石を割る] 大槌
terciana [terθjána] 女《医学》[主に複] 間欠熱, 三日熱: ~ *de cabeza* 間欠的な頭痛
tercianaria[1] [terθjanárja] 女《植物》タツナミソウ
tercianario, ria [terθjanárjo, rja] 形 ❶ 間欠熱〔三日熱〕にかかった〔人〕. ❷ 3日ごとにぶり返す

tercianela [terθjanéla]《←伊語 terzanella》囡 短く太い絹製の紐

terciar [terθjár]《←tercio》⑩ 圓 ❶ [+entre の間を] 仲介する, 仲裁する: Manifestó que *terciaría entre* patronal y sindicatos para que negociaran. 彼は経営者側と組合側が交渉するように仲裁に入ると表明した. ❷ [第三者として, +en 討論などに] 参加する, 発言する: *Tercié en* la conversación y di mi opinión. 私は会話に加わり意見を述べた. ❸ [ゲームなどの] 人数不足を補う. ❹ [月が] 三日月になる
── 他 ❶ [衣服などを] 斜めに掛ける, たすき掛けにする: ~ la banda a+人 …に懸章を掛けてやる. ~ la capa al brazo [畳んだ] ケープを腕に掛ける. ❷ [積み荷の重さが左右同じになるように] 釣合いを取る. ❸ 3等分する, 3分割する. ❹《農業》第三耕を施す. ❺ [植物の根元を] 3分の1を残して切る. ❻《メキシコ, コロンビア, ベネズエラ》背中にかつぐ. ❼《メキシコ》[ワイン・牛乳などに] 水を混ぜる, 混ぜ物をする
── ~se ❶ [自分の体に] …を斜めに掛ける, たすき掛けにする: *Se terció* la escopeta en la espalda. 彼は猟銃を背中に斜めに背負った. ❷《西》[3人称単数のみ. 好機など] 偶然生じる: Si *se tercia*, iremos a la costa. 機会があったら海に行こう. ❸《メキシコ, コロンビア, ベネズエラ, アルゼンチン》かつぐ, 背負う

terciario, ria [terθjárjo, rja]《←ラテン語 tertiarius》彫 ❶《経済》第三次産業の. ❷《地質》第三紀の. ❸《化学》alcohol ~ 第三アルコール. carbono ~ 第三炭素. ❹ 3番目の. ❺《アルゼンチン, ウルグアイ》高等教育の
── 名《カトリック》第三会員《修道会の戒律に従って暮らしている平信徒》
── 男《地質》第三紀

terciarización [terθjariθaθjón] 囡《経済》第三次産業の拡大
terciazón [terθjaθón] 囡《農業》第三耕
terciero, ra [terθjéro, ra] 名《メキシコ》[収益の3分の1を取得する] 分益小作人
tercio, cia² [térθjo, θja]《←ラテン語 tertius》彫《序数詞》[主に2桁以上の序数で] 3番目の: vigésimo ~ 23番目の
── 男 ❶《分数詞》3分の1: Vinieron solo un ~ (dos ~s) de los alumnos. 生徒の3分の1(3の2)しか来なかった. ❷《歴史》1) [16~17世紀スペインの] 歩兵連隊. 2) [カルロス党などの] 義勇軍, 志願兵部隊. ❸ [治安警備隊などの] 部隊, 方面隊. ❹《闘牛》1) [闘牛場の] 砂場 ruedo を同心円状に3分割した各部分; [特に] 中央 medio と木柵付近 tablas の中間部分《ここでピカドールは牛を刺さなければならない》. 2) [一回の闘牛を構成する] 3段階《varas, banderillas, muerte》. ❺《西》[ビールの] 3分の1リットル瓶. ❻ ロザリオの祈りの3つの部分《玄義》の一つ. ❼ [梱包した] ラバの振り分け荷物の半分. ❽ [漁師・網元による] 漁業組合. ❾ ストッキングのふくらはぎの部分. ❿ 頭と尾, 頭と胸, 肩と尾. ⓫ 荷物, 包み. ⓬ [人間の体を3分割した各部分] 第1: ひづめから膝まで; 第2: 肩先(肩甲骨の先端が出会う首元の部分)まで; 第3: 肩甲(両肩甲骨間の隆起)まで. ⓭《馬術》馬の走りに用いられる3分けた各段階《歩調, 走行, 停止》. ⓮ ガレー船の守備隊. ⓯《アンダルシア》1) 1年ごとに使用する耕地(牧草地). 2) フラメンコの歌詞の各部: ~ de entrada 導入部. ~ de remate 終結部. ⓰《カナリア諸島》ワイン用の小樽. ⓱《キューバ》重量約1/4 quintal のタバコの包み. ⓲《ドミニカ》1) 2頭立ての牛. 2) 旅などの] 道連れ, 同行者. 3) 家の中でのロザリオの祈り. ⓳《ベネズエラ. 隠語》[不特定の] 男, やつ
cambiando de ~《口語》話題を変えて
hacer buen ~ *a*+人 …の助け(利益)になる
hacer mal ~《メキシコ. 口語》[2人きりでいたい恋人たちの] 邪魔者になる

terciodécuplo, pla [terθjoðékuplo, pla] 彫 男《倍数詞》13倍(の)
terciopana [terθjopána] 男《繊維》別珍(殿)《=pana lisa》
terciopelado, da [terθjopeláðo, ða] 彫《まれ》=aterciopelado
── 男《繊維》毛切りにした(輪奈(ಀ)織りの)ビロード
terciopelero, ra [terθjopeléro, ra] 名 ビロード織り工
terciopelo [terθjopélo]《←tercio+pelo》男 ❶《繊維》ビロード, ベルベット. ❷《中南米》ヌヌラ《学名 Gynura aurantiaca》. ❸《チリ》ノウゼンカズラ科の園芸植物《学名 Argylia puberula》
de ~ 非常になめらかな, すべすべした
── 囡 ❶《動物》カイサカ《毒蛇. 学名 Bothrops atrox》. ❷

tercianela 《ペルー》恐妻, 気の荒い女
terciopersonal [terθjopersonál] 彫《文法》[動詞が] 3人称〔単数〕にのみ活用する
terco, ca [térko, ka]《←?ケルト語 tercos》彫 名 ❶ [けなして] 頑固な[人], 頑迷な[人], 強情な[人]〔類義〕頑固さの он: **obstinado<porfiado<pertinaz<terco<tozudo<testarudo<cabezón<contumaz. tenaz** はいい意味で頑固な》: Mi abuelo es muy ~ y no cambiará de opinión. 私の祖父はひどく頑固なので意見を変えようとはしないだろう. ❷ [動物が] 飼い馴らしにくい, 御しにくい: Este gato es muy ~. この猫はなかなかなつかない. ❸ [物が] 扱いにくい, 細工にくい. ❹《エクアドル》冷淡な, 無愛想な
tere [tére] 彫《コロンビア》❶ 泣き虫の. ❷ 無礼な, ずうずうしい
terear [tereár] 圓《アルゼンチン》[タグリの一種 tero が] さえずる
terebeco, ca [terebéko, ka] 彫 名《ホンジュラス, コスタリカ》体が弱くて震える[人]
terebenteno [terebenténo] 男《化学》テレペンチン
terebequear [terebekeár] 圓《ホンジュラス, コスタリカ》[人が] ぶるぶる震える
terebintáceo, a [terebintáθeo, a] 彫 ウルシ科の
── 囡 複《植物》ウルシ科
terebinto [terebínto] 男《植物》テレビンノキ
terebrante [terebránte] 彫 [痛みなどが] 突き刺すような
terebrátula [terebrátula] 囡《貝》腕足貝
tereco [teréko] 男《エクアドル》がらくた, 不用品
terédine [terédine] 囡 =teredo
teredo [teréðo] 男《貝》フナクイムシ《=broma》
teredón [teredón] 男 =teredo
tereftálico [tereftáliko] 彫《化学》ácido ~ テレフタル酸
terenciano, na [terenθjáno, na] 彫《人名》テレンティウス Terencio の《紀元前185~159, ローマの喜劇作家》
tereniabín [terenjabín] 男《ペルシアやアラビアの潅木の葉から採れる》下剤用の粘液
tereque [teréke] 男《ニカラグア, プエルトリコ, コロンビア, ベネズエラ》がらくた, 古道具
tereré [teréré] 男《アルゼンチン, パラグアイ》冷水でいれたマテ茶
teresa [terésa] 囡 ❶ カルメル会聖テレジア派の修道女. ❷《戯語》[主に 複] 女性の] 乳房: En verano ellas están en las playas con las ~s al aire. 彼女たちは夏になると浜辺でおっぱいをさらけ出している

Teresa de Jesús [terésa de xesús]《人名》**Santa** ~ サンタ・テレサ・デ・ヘスス《聖テレサ, 聖テレジア》《1515~82, スペインの修道女・作家, 教会博士 doctora de la Iglesia との名. カルメル会 Orden Carmelita を改革. サン・フアン・デ・ラ・クルス San Juan de la Cruz と並ぶ神秘思想家. 率直で平易な散文で文学的価値の高い宗教書を著す》

Teresa de Mier [terésa de mjér]《人名》**Servando** ~ セルバンド・テレサ・デ・ミエル《1763~1827, メキシコ生まれの聖職者. メキシコ独立を促す政治文書を著す》

teresiana¹ [teresjána] 囡 ケピ(帽)《=quepis》
teresiano, na² [teresjáno, na] 彫 名 ❶《人名》聖テレサ Santa Teresa de Jesús の. ❷《カトリック》カルメル会聖テレジア派の〔修道女〕
teresita [terésita] 囡 ❶《まれ》[女性の] 胸, 乳房. ❷《地方語. 菓子》イェマ, ジェマ《=yema》
terete [teréte] 彫 [体つきが] 頑丈な, がっしりした
terfenadine [terfenadíne] 囡《薬学》テルフェナジン
tergal [tergál]《←商標》男 テルガル《ポリエステル系の合成繊維》
tergiversable [terxibersáble] 彫 歪曲され得る
tergiversación [terxibersaθjón] 囡 歪曲
tergiversador, ra [terxibersadór, ra] 彫 名 歪曲する[人]
tergiversar [terxibersár]《←ラテン語 tergiversari < tergum「背中」+vertere「向ける」》⑩ 他 ❶ [事実を] 曲げる, 歪曲(する): El periodista *tergiversó* mis declaraciones. 新聞記者は私の言明を歪めて伝えた. ❷ 言い逃れをする
tergo [térgo] 男《解剖》背中
teriaca [terjáka] 囡《廃語》=triaca
teriacal [terjakál] 彫《まれ》=triacal
teridofito, ta [teriðofíto, ta] 彫 名 =pteridofito
teriomorfismo [terjomorfísmo] 男 獣人, 半人半獣
terliz [terlíθ] 男 [マットレスなどに使われる] 丈夫な麻布(綿布)
terma [térma] 囡《ペルー》電気ポット
termal [termál]《←termas》彫 温泉の: aguas ~es 温泉. cura

termalidad
～ 湯治, 温泉療法
termalidad [termaliðá(d)] 囡 [20度以上の] 温泉であること
termalismo [termalísmo] 男 温泉開発; 温泉の利用
termalista [termalísta] 名 ❶ 湯治客, 温泉療法を受ける人. ❷ 温泉開発者
termalístico, ca [termalístiko, ka] 形 温泉開発の
termalización [termaliθaθjón] 囡《物理》[中性子を減速させることによる] 熱中性子化
termanestesia [termanestésja] 囡《生理》温覚消失
termas [térmas]《←ラテン語 thermae＜ギリシア語 therma》囡 複 ❶《古代ローマ》共同浴場, 公衆浴場 [≒ romanas]. ❷ 湯治場, 温泉 [施設]. ❸《地理》源泉
termes [térmes] 男《単複同形》《昆虫》シロアリ (白蟻)
termestino, na [termestíno, na] 形 名《歴史, 地名》ティエルメス Termes の [人]《現在のソリア県にある古代の町》
termia [térmja] 囡《物理》サーム
-termia《接尾辞》=-termo: hipotermia 低体温症
térmico, ca [térmiko, ka]《←termas》形 ❶ 熱の, 温度の: aislante ～ 断熱材. conductibilidad ～ca 熱伝導性. energía ～ca 熱エネルギー. energía solar ～ca 太陽熱エネルギー. luneta ～ca リア熱線グラス. sensación ～ca/sentido ～ 温覚. ❷ 熱エネルギーで動く: máquina ～ca/motor ～ 熱機関. central ～ca solar 太陽熱発電所. relé ～ 熱継電器.《医学》fiebre ～ca 熱射病. colapso (choque) ～ ヒートショック. proteína de choque ～ 熱ショックタンパク質
── 囡《気象》サーマル
termidor [termiðór] 男《←仏語 thermidor》《歴史》テルミドール, 熱月《フランス革命暦の第11月》
termidoriano, na [termiðorjáno, na] 形 名《歴史》テルミドール派 [の]
terminable [termináble] 形 終わりのある, 終わることのできる
terminacho [terminátʃo]《口語》❶ 下品な言葉, 卑語. ❷ 耳慣れない (不適切な) 言葉
terminación [terminaθjón]《←ラテン語 terminatio, -onis》囡 ❶ 終わり, 終えること: Proyectan la ～ de la vivienda para el verano. 住宅建設工事の完了は夏までに計画されている. La ～ del teatro fue trágica. 芝居の結末は悲劇的だった. ～ del mandato [議員の] 任期満了. ❷ 末端: Los aviones llevan luces en la ～ de sus alas. 飛行機は翼端にライトがある. coser un volante en la ～ de las mangas 袖の端にフリルを縫い付ける. ～ nerviosa《解剖》神経終末. ❸《文法》語末, 語尾: ～ en -ado「-ado」で終わる語尾. ❹《詩学》[詩句の] 韻を示す末尾の文字.《医学》[病人の] 回復し始めの状態. ❺《チリ, アルゼンチン, ウルグアイ》複《配管設備の》部品.《アルゼンチン, ウルグアイ. 技術》最終仕上げ
terminado [termináðo] 男《技術》最終仕上げ
terminador, ra [terminaðór, ra] 形 名 仕上げをする [人], 完成させる [人]
terminajo [termináxo] 男《口語》=**terminacho**
terminal [terminál]《←término》形 ❶《文語》最終の, 最後の [≒último]: fase ～ 最終局面. ❷《医学》[病気・患者が] 末期 [症状] の: cáncer ～ 末期癌. enfermo ～ 末期患者. ❸《植物》頂生の: yema ～ 頂芽
── 男《電気》端子, ターミナル
── 囡 ❶ ターミナル駅, 終着駅 [≒estación ～]; 空港ターミナル: ～ de autobuses/～ de autobús バスターミナル. ～ de carga 貨物集積場. ～ de embarque 搭乗 (乗船) ターミナル. ❷《解剖》～ nerviosa 神経終末
── 男/囡《情報》端末装置 [=unidad ～]
terminante [terminánte] 形 ❶ 結論的な, 断定的な, 決定的な: Fue ～ en su respuesta. 彼の返事はきっぱりとしていた. medida ～ 断固とした手段. ❷ 最終的な, 終わる: decisión ～ 最終決定. ❸ 確固の, 沈着な
terminantemente [terminántemẽnte] 副 厳しく, 断固として: Queda ～ prohibido utilizar el fax. ファックス使用厳禁. Prohibido entrar ～. 入場厳禁, 立ち入り拒否する
terminar [terminár]《←ラテン語 terminare》他 ❶ 終える, 完了する: Terminó su jornada de trabajo y se fue a casa. 彼は仕事を終えて帰宅した. Esta semana terminaremos el balance. 今週には決算を終えます. Terminó sus días en la pobreza. 彼は貧困のうちに死んだ. Ni siquiera terminaron el colegio. 彼らは中学校すら卒業していなかった. ❷ 仕上げる: Ya me han terminado la casa. 私の家がもう完成した. ❸ 消

費し尽くす: No terminó su comida porque se sentía mal. 彼は気持ちが悪くて食事を残した
── 自 ❶ 終わる: 1) Tuvimos muchos problemas, pero todo terminó bien. 我々は多くの問題を抱えていたが, 最後にはすべてうまくいった. El camino termina aquí. この道はここで行き止まりだ. En abril quedará terminado el puente. 4月には橋が完成の予定だ. 2) [形状が, +en で] Esa cúpula termina en punta. そのドームは先端が尖っている.《Capaz》termina en «z». Capazはzで終わる. 3) [+por で] Terminará por marcharse al extranjero. 彼はついには外国に行ってしまうことになるだろう. 4) [+主格補語] Terminó arruinado. 彼は結局は身を滅した. 5) [+現在分詞] La niña terminó durmiéndose. 少女はとうとう眠り込んだ. ❷ [+con+名詞] 1) …を終わらせる: El granizo terminó con la cosecha. ひょうで収穫がだめになった. Tenemos que ～ con la corrupción. 我々は汚職をなくさなければならない. 2) [+con+人 と不和になって] 別れる: Ha terminado con su novio. 彼女は恋人と別れた. ❸ [+de+不定詞] …し終える: Déjame ～ [de hablar]. 最後まで話させて下さい. ❹ [病気で] 末期に入る.《文語》死ぬ. ❺《情報》終了する

no ～ de+不定詞 [期待・計画どおりには] …し終えない: Lo sorprendió la muerte y no terminó de escribir su última novela. 彼は突然死んで最後の小説を書き終えることができなかった. No terminamos de ver el alcance de este problema. この問題はどこまで及ぶか想像もつかない
para ～ 終わりにあたって
～ bien (mal) よい (悪い) 結果に終わる
──se ❶ 尽きる, なくなる: Se ha terminado el pan. パンがなくなった. Se nos han terminado las provisiones. 我々は食糧が尽きた. [期間・行為が] 終わる: Se ha terminado el curso. 講座は終わった. Se terminó la función en medio de los aplausos del público. 公演は観客の喝采のうちに終了した. ❷ をすばやく終える: Termínate el desayuno. 朝食をさっさと済ませろ. Me terminé el libro en un día. 私はその本を1日で読み終えた. ❹ [目的などに] 向かう
terminativo, va [terminatíβo, ba] 形《スコラ哲学で》行為の限界 (目的) の
terminismo [terminísmo] 男 唯名論 [=nominalismo]
terminista [terminísta] 共 ❶ 唯名論の (論者) [=nominalista]. ❷《チリ》もったいぶった言い方をする人, 気取った言葉を使う人
término [término]《←ラテン語 terminus》男 ❶《文語》終わり, 最終段階: Las vacaciones llegan a su ～. 休暇は終わりだ. Llegamos al ～ del viaje. 我々は旅の終着点に達した. Está en el ～ de su carrera. 彼はもうすぐキャリアを終える. esperar ～ de sus días 死を迎える. al ～ de la función 公演が終わって. ❷ 端, 末端; 限界 [≒límite]: Al ～ de este camino hay un monasterio. この道の行き止まりには修道院がある. llegar al ～ de la paciencia 忍耐の限界に達する. ❸ 期限, 期日: Debe entregarlo en el ～ de veinticuatro horas. それは24時間以内に引き渡さねばならない. fijar un ～ para el pago 支払い期日を定める. señalar un ～ de cinco años 5年の期限を指定する. al ～ de una semana 1週間たったら. ❹ 位置, 順位: poner... en el segundo ～ de la lista …をリストの2番目に置く. ❺ [市町村の] 行政区域: ～ municipal 市域. ❻ [国・行政区域などの] 境界 (線); 境界柱: El ～ de la cárcel queda delimitado por una alambrada. 刑務所の境界は鉄条網で区切られている. ❼ 用語, 術語: ～ culto 教養語, 雅語. ～ técnico 専門用語, テクニカルターム. ～ de la medicina 医学用語. ❽ 言葉づかい, 表現; 態度, ふるまい: Se expresó en ～s conciliatorios. 彼は相手をなだめるような言葉づかいをした. No te dirijas a él en esos ～s. 彼にそんな言い方で話しかけてはいけない. ❾ 条件: Los ～s del trato le benefician a más que a mí. その契約条件は私より彼に有利だ. ❿ 想定, 推定. ⓫ 複 観点: hablar en ～s económicos 経済的観点から話す. ⓬ 複 合, 構成要素: considerar ～ por ～ 細かく分けて考える. ⓭《数学》項: ～s de una fracción 分数の項 [分子と分母]. ～s semejantes 同類項. ～ algebraico 代数項. ⓮《論理》名辞, 項辞: ～ mayor 大名辞. ～ medio 中名辞, 中項. ～ menor 小名辞. ⓯《哲学》ある概念が完全に包含される領域. ⓰《言語》1) 辞項 [≒～ de la oración). 2) 直接補語: ～ de una preposición 前置詞の補語. ⓱《演劇, 美術》primer ～ 前景. segundo ～ 中景. último (tercer) ～ 後

景. ⑱《建築》[古代ローマの境界の神テルミヌス Término に擬して] 上部に人面の付いた支柱. ⑲《音楽》音の高さ, ピッチ. ⑳《天文》1) ~ eclíptico 月が交点に位置する時の地球からの距離. 2) 覆 惑星の影響が最大となる領域. ㉑ ターミナル駅, 終着駅; 空港ターミナル [=terminal]. ㉒ [人・事物の] 状態: llegado a este ~ この状態に立ち至って. ㉓ 体つき, 体格. ㉔ [病人の] 回復し始めた状態. ㉕《まれ》[何かをする] 正確な日時・場所. ㉖《まれ》目的. ㉗《まれ》[何かの目的のために] 指定された場所: ~ del nuevo hospital 新病院のための敷地. ㉘《メキシコ,コロンビア. 料理》肉の焼き加減. ㉙《チリ》気取った言葉

a ―《商業》1) 期限付きの; 満期の: depósito *a* ~ 定期預金. 2) 先物の, 先渡しの: tipo de cambio *a* ~ 先物為替相場

dar ~ a... …を終える: Pronto doy ~ *a* este trabajo. この仕事はすぐ片付けます

en buenos ~s はっきり言えば

en el ~ de la distancia《コロンビア. 口語》到着するまでの間に

en otros ~s 言いかえれば

en primer ~ まず第一に

en último ~ 最後の手段として: En último ~, nos iremos a pie. 最後の手段として歩いていこう

estar en buenos (malos) ~s [+con+人 と] 仲がよい(悪い)

hablando en ~s generales 一般的に言って

invertir los ~s 1) 立場を変えてみる. 2) 解釈(提起の仕方)を変える. 3)《数学》項を入れ換える

llevar a (feliz) ~ 完了する, 完成する

poner ~ a... …を終わらせる: Puso ~ *a* la conversación. 彼は話を打ち切った

~ medio 1) 平均《=promedio》: Por ~ medio hay veinte alumnos por aula. 平均して一教室20人の生徒がいる. Los trabajadores de las grandes empresas ganan como ~ medio doce mil euros al año. 大企業の労働者は平均年収1万2千ユーロを得ている. 2) 中庸, 間をとった解決策: No hay ~ medio entre esas dos fracciones. その2つの派閥の間には妥協の余地はない

~s de referencia 業務範囲

terminología [terminolɔxía]《女》❶《集名》専門用語, 術語: ~ gramatical 文法用語. ~ textil 繊維用語. ❷ 術語研究, 用語法

terminológico, ca [tɛrminolóxiko, ka]《形》専門用語の: diccionario ~ 専門語辞典

terminólogo, ga [tɛrminólogo, ga]《名》専門用語研究者

terminote [tɛrminóte]《男》《口語》きざな言葉, 教養をひけらかす言葉

termión [tɛrmjón]《男》《物理》熱イオン, 熱電子

termiónico, ca [tɛrmjóniko, ka]《形》熱イオンの, 熱電子の

termistor [tɛrmistór]《男》《電気》サーミスター

termita [tɛrmíta]《女》❶《昆虫》シロアリ《=termes》. ❷《技術》テルミット

termite [tɛrmíte]《男》《まれ》=**termes**

térmite [tɛ́rmite]《男》《まれ》=**termes**

termitera [tɛrmitéra]《女》=**termitero**

termitero [tɛrmitéro]《男》シロアリの巣

termítido, da [tɛrmítiðo, ða]《形》シロアリ科の
―― 《昆虫》シロアリ科

termo [tɛ́rmo]《←ギリシア語 thermos「熱い」》《男》❶ 魔法瓶: Hay un ~ de café. コーヒー入りの魔法瓶がある. echar la horchata en el ~ 魔法瓶にオルチャータを入れる. ❷ =**termosifón**. ❸《チリ》やかん, 湯わかし

termo-《接頭辞》[熱, 温度] *termo*dinámica 熱力学

-termo《接尾辞》[熱, 温度] poiquilo*termo* 変温動物

termoaislante [tɛrmoaislánte]《形》断熱する; 断熱材

termoanalgesia [tɛrmoanalxɛ́sja]《医学》温覚消失

termobomba [tɛrmobómba]《女》《技術》サーモポンプ

termocauterio [tɛrmokautérjo]《医学》焼灼(しゃく)器

termociclador [tɛrmoθikladór]《男》《生物, 医学》サーマルサイクラー

termoclina [tɛrmoklína]《女》[海水などの] 変温層, 躍層

termocompresor [tɛrmokompresór]《男》《技術》サーモコンプレッサー

termoconductor [tɛrmokonduktór]《男》《物理》熱伝導体

termodinámico, ca [tɛrmoðinámiko, ka]《形》❶ 熱力学

〔の〕. ❷ 熱量を動力に利用する

termoelasticidad [tɛrmoelastiθiðá(ð)]《女》《物理》熱弾性

termoelectricidad [tɛrmoelɛktriθiðá(ð)]《女》《物理》熱電気; 熱電気学

termoeléctrico, ca [tɛrmoeléktriko, ka]《形》熱電気の: central ~*ca* 汽力発電所. efectos ~s 熱電効果. par ~ 熱電対

termoelemento [tɛrmoeleménto]《男》《物理》熱電対, 熱電流計

termoestable [tɛrmoestáble]《形》❶ 熱硬化性の: plástico ~ 熱硬化性プラスチック. ❷《生化》熱安定の, 耐熱の

termofax [tɛrmofá(k)s]《←商標》《男》サーモファックス

termófilo, la [tɛrmófilo, la]《形》《生物》好熱性の, 好熱菌

termofón [tɛrmofón]《男》《中南米》温水暖房機《=termosifón》

termofónico, ca [tɛrmofóniko, ka]《形》《音が》温度の変化によって生じる

termófono [tɛrmófono]《男》温度の変化によるサウンドジェネレーター

termofotografía [tɛrmofotografía]《女》=**termografía**

termogénesis [tɛrmoxénesis]《女》《単複同形》《生物》熱発生, 産熱

termografía [tɛrmografía]《女》温度記録法, サーモグラフィー

termográfico, ca [tɛrmográfiko, ka]《形》サーモグラフィーの

termógrafo [tɛrmógrafo]《男》自記温度計, サーモグラフ

termograma [tɛrmográma]《男》温度記録図;《医学》熱像

termogravimetría [tɛrmograbimetría]《女》《化学》熱重量分析, 熱重量測定

termoiónico, ca [tɛrmojóniko, ka]《形》=**termiónico**

termolábil [tɛrmolábil]《形》《生化》熱不安定性の, 易熱性の

termolipólisis [tɛrmolipólisis]《女》熱による脂肪溶解

termólisis [tɛrmólisis]《女》❶《化学》熱分解. ❷《生理》体温発散

termología [tɛrmolɔxía]《女》熱学

termológico, ca [tɛrmolóxiko, ka]《形》熱学の

termoluminiscencia [tɛrmoluminisθénθja]《女》《物理》熱ルミネセンス, 熱発光

termomanómetro [tɛrmomanómetro]《女》[ボイラーの] 蒸気圧計

termomecánico, ca [tɛrmomekániko, ka]《形》análisis ~ 熱機械分析. tratamiento ~ 加工熱処理

termometría [tɛrmometría]《女》《物理》温度測定〔学〕, 検温

termométrico, ca [tɛrmométriko, ka]《形》温度計の; 温度測定の, 検温の

termómetro [tɛrmómetro]《←termo-+ギリシア語 metron「大きさ」》《男》❶ 温度計: El ~ marcaba once grados bajo cero. 温度計は氷点下11度を指していた. ~ centígrado セ氏温度計. ~ de Fahrenheit カ氏温度計. ~ de alcohol アルコール温度計. ~ de mercurio 水銀温度計. ~ de máxima (de mínima) 最高(最低)温度計. ~ de máxima y mínima 最高最低温度計. ~ diferencial 示差温度計. ❷ 体温計《=clínico》: ponerse el ~ [口中に] 体温計を入れる. ~ digital デジタル体温計

termonuclear [tɛrmonukleár]《形》熱核〔反応〕の: bomba ~ 熱核爆弾. explosión ~ 熱核爆発

termopar [tɛrmopár]《男》《物理》熱電対

termopausa [tɛrmopáusa]《女》熱圏界面《熱圏 termosfera の最上層部》

termopila [tɛrmopíla]《女》[主に 覆] サーモパイル, 熱電堆

termoplástico, ca [tɛrmoplástiko, ka]《形》熱可塑性の〔物質〕

termopropulsado, da [tɛrmopropulsáðo, ða]《形》熱推進による

termopropulsión [tɛrmopropulsjón]《女》熱推進

termopropulsivo, va [tɛrmopropulsíbo, ba]《形》熱推進の

termoquímico, ca [tɛrmokímiko, ka]《形》熱化学の〔の〕

termorreceptor, ra [tɛrmor̄eθe(p)tór, ra]《生物》温度刺激を受容する: órgano ~ 温度受容器

termorregulación [tɛrmor̄eguláθjón]《女》温度調節;《生物》体温調節

termorregulador, ra [tɛrmor̄eguladór, ra]《形》《男》温度調節する; 温度調節装置

termos [tɛ́rmos]《男》《古語的》魔法瓶《=termo》

termoscopio [tɛrmɔskópjo] 男 示差温度計〖=termómetro diferencial〗
termosfera [tɛrmɔsféra] 女 熱圏〖大気の中間層より上の部分〗
termosifón [tɛrmɔsifón] 男 ❶ 給湯器; 温水暖房器. ❷《物理》熱サイホン
termosolar [tɛrmɔsolár] 形 central ～ 太陽熱発電所
termostable [tɛrmɔstáble] 形 =**termoestable**
termostático, ca [tɛrmɔstátiko, ka] 形 サーモスタットの
termostato [tɛrmɔstáto] 男 サーモスタット, 自動温度調節器
termóstato [tɛrmɔ́stato] 男 =**termostato**
termotanque [tɛrmɔtáŋke] 男《ラプラタ》温水タンク: ～ solar 太陽熱温水器
termotaxia [tɛrmɔtá(k)sja] 女 =**termotaxis**
termotaxis [tɛrmɔtá(k)sis] 女《生物》走熱性
termotecnia [tɛrmɔtéknja] 女 熱工学
termotécnico, ca [tɛrmɔtékniko, ka] 形 熱工学の
termoterapia [tɛrmɔterápja] 女 温熱療法
termoventilación [tɛrmobentilaθjón] 女 温風暖房
termoventilador [tɛrmobentilaðór] 男 温風暖房機
termovisión [tɛrmobisjón] 女 サーモビジョン, サーモグラフィー, 赤外線撮影
terna [tɛ́rna]〖←**terno**〗女 [集名] ❶〖そこから1人選ぶ〗3人の候補者〔の名簿〕. ❷〖さいころ遊びで〗3のぞろ目. ❸〖闘牛〗〖1回のcorridaに出場する〕3人のマタドール. ❹《アラゴン》〖つなぎ合わせる布の〕…枚分〖=paño〗
ternada [tɛrnáða] 女《ペルー, チリ. 服飾》三つぞろい〖=**terno**〗
ternario, ria [tɛrnárjo, rja]〖←ラテン語 ternarius〗形 ❶〖3要素〕からなる: compuesto ～《化学》3元化合物. rítmo (compás) ～《音楽》3拍子
—— 男《カトリック》3日間の勤行(ごよう)
ternasco [tɛrnásko] 男 ❶《アラゴン》乳離れしていない子羊, まだ牧草を食べていない子羊. ❷《ナバラ》子ヤギ
terne [tɛ́rne]〖←ジプシー語 terno「若い」〗形〖西. 口語〗❶ 頑固な, 強情な: Con los años me he vuelto ～ y cabezota. 年をとるにつれ私は頑固で融通がきかなくなった. ❷ 元気な, 健康な: La abuela tiene noventa años, pero sigue ～. 祖母は90歳になるが, かくしゃくとしている. ❸《まれ》からいばり屋〔の〕, 威勢のいい〔奴〕, 強がり屋〔の〕. ❹《ボリビア, アルゼンチン》殺し屋
ternejal [tɛrnexál] 男〖口語〗威勢のいい〔奴〕, 強がり屋〔の〕
ternejo, ja [tɛrnéxo, xa] 形《エクアドル, ペルー》精力的な, 元気一杯の
ternejón, na [tɛrnexón, na] 形 名 涙もろい, 心やさしい〖=**ternerón**〗
ternera[1] [tɛrnéra]〖←**tierno**〗女《西. 料理》牛肉〔→vaca〖類義〗]; 〔特に〕子牛肉
terneraje [tɛrneráxe] 男 [集名]《アルゼンチン》子牛
ternerío [tɛrnerío] 男 [集名]《地方語》子牛
ternero, ra[2] [tɛrnéro, ra] 男 〖1歳までの〕子牛: ～ recental/～ de leche 乳飲み子牛
ternerón, na [tɛrnerón, na] 形 名 涙もろい, 心やさしい
—— 男 ❶《メキシコ, チリ》体格の大きな若者. ❷《チリ. 口語》甘えん坊の少年
terneza [tɛrnéθa]〖←**tierno**〗女 ❶ 優しさ〖=**ternura**〗. ❷〖主に 複〗愛の言葉, 愛情の表現: La mamá acunaba al niño mientras le decía ～s. 母親は優しい言葉をかけながら子供をあやしていた
ternilla [tɛrníʎa] 女 ❶《西. 口語》軟骨〖=cartílago〗: Se le ha roto la ～ de la nariz. 彼は鼻の軟骨が折れた. ❷《メキシコ, ニカラグア, キューバ》鼻の軟骨. ❸《キューバ》〔牛の〕仮肋骨. ❹《チリ》〔子牛用の〕口輪
ternilloso, sa [tɛrniʎóso, sa] 形《まれ》❶ 軟骨からなる. ❷ 軟骨に似た
ternísimo, ma [tɛrnísimo, ma]《文語》**tierno** の絶対最上級
terno [tɛ́rno]〖←ラテン語 ternus「3倍」〗男 ❶《文語. 服飾》〖上着 chaqueta・ベスト chaleco・ズボン pantalón からなる, 背広の〕三つぞろい: Se compró un ～ de lana. 彼はウールの三つぞろいを買った. ❷《文語》呪いの言葉, ののしり, 悪態: echar ～s 毒づく. ❸《カトリック》ミサの司式にあたる三人の司祭〖司祭 oficiante, 助祭 diácono, 副助祭 subdiácono〗. ❹〖同じ種類の〕3つで一組のもの.《印刷》巻3つ折. ❺《古語》〔宝くじの〕組になった3つの当たり数字. ❼《キューバ, プエルトリコ》イヤリング・首飾り・ブローチの宝飾品3点セット
ternstroemiáceas [tɛrnstroemjáθeas] 女 複《植物》ツバキ科〖=teáceas〗
ternura [tɛrnúra]〖←**tierno**〗女 ❶ 優しさ: Cuida con mucha ～ de su perro. 彼は愛情をこめて飼い犬の世話をしている. ～ de la leona amamantando a sus cachorros 子供に乳をやる母ライオンの優しい仕草. ～ de los pinceles de Monet モネの柔らかな筆づかい. ❷〖主に女性に対する〕愛の言葉, 甘美な言葉
ternurismo [tɛrnurísmo] 男 過度の優しさ, しつこい優しさ
ternurista [tɛrnurísta] 形 過度に優しい
tero [téro]《ラプラタ. 鳥》タゲリの一種〖学名 Belenopterus chilensis, Vanellus cayenensis〗
terópodo, da [terópoðo, ða] 形 獣脚亜目の
—— 男 複《古生物》獣脚亜目
terotero [terotéro]《ボリビア, アルゼンチン. 鳥》=**tero**
terpeno [terpéno] 男《化学》テルペン
terpenoide [terpenóiðe] 男《化学》テルペノイド
terpina [terpína] 女《化学》テルピン
terpinol [terpinól] 男《化学》テルピノール
Terpsícore [ter(p)síkore] 女《ギリシア神話》テルプシコラー〖竪琴を持ち, 歌舞を司る女神 musa〗
terquear [terkeár]〖←**terco**〗自 頑固(強情)な態度を示す
terquedad [terkeðá(d)]〖←**terco**〗女 ❶ 頑固, 強情: Mostró su ～ negándose a ir al médico. 彼は医者に行くのを拒み強情さを発揮した. ❷ 粘り強さ, しつこさ. ❸《エクアドル》冷淡, 無関心
terquería [terkería] 女《まれ》=**terquedad**
terqueza [terkéθa] 女《まれ》=**terquedad**
terracampino, na [teřakampíno, na] 形《地名》ティエラ・デ・カンポスTierra de Camposの〔人〕〖パレンシア県・バリャドリード県・サモラ県にまたがる地域〗
terracería [teřaθería] 女《メキシコ》❶〖建設中の道路の〕盛り土: carretera de ～ 未舗装道路. ❷〖穴などに詰める〕土
terracota [teřakóta]〖←伊語 terracotta〗女 ❶ テラコッタ: cenicero de ～ テラコッタの灰皿. piso de ～ テラコッタの床. ❷ テラコッタ彫刻
—— 形 赤褐色の
terrada [teřáða] 女《地質》瀝青の一種
terrado [teřáðo] 男 平屋根, 屋上〖=azotea〗
terraja [teřáxa] 女 ❶《技術》ダイス, ダイス回し. ❷〖刳形用の〕型板
—— 名《ウルグアイ. 軽蔑》趣味の悪い〔人〕, 低俗な〔人〕
terraje [teřáxe] 男 小作料, 地代〖=terrazgo〗
terrajo [teřáxo] 男《地方語》狭い耕地
terral [teřál] 男〖スペインの地中海岸・メキシコ・アンデス山地で〕弱い陸風〖=viento ～〗
—— 男《メキシコ, アンデス》砂ぼこり, 土けむり〖=polvareda〗
terramara [teřamára] 女《考古》〖イタリア北部の〕湖上住居群〖そこの〕アンモニア性沈積土
terramicina [teřamiθína] 女《薬学》テラマイシン
terranova [teřanóba] 名 ニューファンドランド犬〖=perro ～〗
terra nullius [téřa nulíus]〖←ラテン語〗女 所有者のいない土地〖=tierra de nadie〗
terrapene [teřapéne] 男《動物》ダイヤモンドガメ
terraplén [teřaplén]〖←仏語 terre-plein〗男 ❶〖鉄道・道路などの〕盛り土. ❷〖窪地・穴を〕埋めたところ. ❸ 急勾配, 崖. ❹ 堤防
terraplenado [teřaplenáðo] 男 盛り土〖行為, 状態〗
terraplenar [teřaplenár] 他 ❶〖鉄道・道路に〕盛り土をする. ❷〖窪地・穴を〕埋める, ならす. ❸〖土砂を〕集める
terráqueo, a [teřákeo, a]〖←ラテン語 terraqueus < terra+aqua〗形 ❶ 地球の. ❷ 水陸からなる: globo ～ 地球
terrario [teřárjo] 男〖爬虫類など小動物の〕飼育容器, テラリウム
terrarium [teřárjun] 男 =**terrario**
terrasado, da [teřasáðo, ða] 形 =**terrazado**
terra sigillata [téřa sixiláta]〖←ラテン語〗女《古代ローマ》型押し文様のある陶器
terrateniente [teřatenjénte] 名 大地主, 大土地所有者, 大農場主
terraza [teřáθa]〖←**terrazo**〗女 ❶ テラス, 広いベランダ, 大型バル

コニー: Esta casa tiene ~. この家はテラス付きだ. Tiene muchas macetas en la ~. 広いバルコニーに植木鉢をたくさん置いている. ❷《西》[カフェなどの]テラス席: beber en la ~ de un bar バルのテラス席で飲む. ❸ 屋上 [=azotea]: tendedero en la ~ 屋上の物干し場. ❹《地理》段丘: ~ aluvial 河岸段丘, 堆積段丘. ~ conformada por las olas/~ costera 海岸段丘. ❺ [段々畑の]段; 園 段々畑, 棚田: cultivos en ~s 棚田の耕作. ❻《口語》頭: No anda bien de la ~. 彼は頭の具合がおかしい. ❼《紋章》[盾の先端にある] 土地の起伏の紋様. ❽《まれ》釉薬をかけた陶器製の》[取っ手の水差し

terrazado, da [teřaθádo, ða]《形》《紋章》[図形が] 起伏 terraza の上に置かれた

terrazgo [teřázɣo]《男》❶ [狭い] 畑, 農地. ❷ 小作料, 地代

terrazguero [teřazɣéro]《男》《古語》小作人

terrazo [teřáθo] 《男》❶《ラテン語 terraceus <terra》《男》❶《美術》[風景画の] 下塗り, 地塗り, バック. ❷《西, 建築》テラゾー

terrear [teřeár]《自》❶ [種をまいた畑で] 土が見える. ❷《グアテマラ》[羊などが] 塩分を含んだ土をなめる. ❸《エクアドル》足を引きずって歩く

terrecer [teřeθér] 39《他》《まれ》おびえさせる, 怖がらせる
── 《自》《アストゥリアス, レオン》おびえる, 怖がる

terregal [teřeɣál]《男》《メキシコ》砂ぼこり, 土けむり

terregoso, sa [teřeɣóso, sa]《形》[畑が] 土くれだらけの

terremoteado, da [teřemoteádo, ða]《形》《名》《チリ》地震で壊れた, 地震の犠牲となった; 地震の犠牲者

terremoto [teřemóto]《男》《ラテン語 terremotus <terra 「地面」+motus 「動き」》❶ 地震: Hubo un gran ~ en esa isla. その島で大地震があった. ❷《口語》大変動. ❸《口語》活発で落ち着きのない人(動物)

terrenal [teřenál]《形》《ラテン語 terreno》❶ 現世の, 世俗の: paraíso ~ エデンの園, 地上の楽園. ❷ [精神的に対して] 物質的な: bienes ~es 現世的な財産

terrenalidad [teřenalidáð]《女》《文語》現世的であること, 世俗性

terrenidad [teřenidáð]《女》《文語》土質

terreno[1] [teřéno]《ラテン語 terrenus <terra》《男》❶ 土地, 地所 [類語] **terreno** は [何らかの理由で] 区切られた土地, **tierra** は一般的な意味での土地]: Compró un ~ para parcelarlo. 彼は分譲する目的で土地を買った. Se edificará en ~ cedido por el ayuntamiento. それは市から譲られた土地に建つ予定だ. casa con ~ 土地付き家屋. precio de un ~ 地価. propietario del ~ 土地所有者. ~ para viviendas 宅地. ❷ 畑, 耕地, 農地 [= ~ agrícola]. ~ plantado de olivos オリーブ畑. ❸ 地形, 地表: ~ accidentado 起伏の多い土地(地形). ~ lunar 月の表面. ❹ [活動の] 場, 分野, 領域: Ese asunto está fuera de mi ~. それは私の専門外だ. en el ~ de la medicina 医学の分野で. ❺《スポーツ》コート, グラウンド [= ~ de juego]. ❻《地質》地層: Los ~s secundarios abundan en la Península Ibérica. イベリア半島には中生代の地層が多い. ~ cretáceo 白亜紀層. ~ terciario 第三紀層. ❼《闘牛》[闘牛場での] 牛の攻撃が闘牛士の防御より有利な地域

allanar el ~ a+人 =preparar el ~ a+人
ceder ~ a+人・事物 ~に屈する, 負ける
comer [el] ~ 優勢になる, 地歩を得る: El equipo se dejó *comer el ~*. そのチームは劣勢だった
conocer el ~ que pisa =saber el ~ que pisa
encontrarse en su propio ~ =estar en su propio ~
estar en su propio ~ 有利な位置にある; 得意領域にいる
ganar ~ 優勢になる, 地歩を得ている: Este diario ha ido *ganando ~*. この新聞が勢力を伸ばしてきている
hallarse en su propio ~ =estar en su propio ~
jugar en su propio ~ =estar en su propio ~
llamar a+人 a ~《チリ, 口語》…を叱る, 不平を言う
llevar a su ~ 自分の陣地(得意分野)に引っぱり込む
minar el ~ a+人 [陰謀を企てて] …の計画をぶち壊す
perder ~ 劣勢になる, 地歩を失う: Ha perdido mucho ~. 彼はひどく劣勢になった
pisar a+人 el ~ …の領域に入り込む, お株を奪う
preparar el ~ a+人 …のために下工作する, 根回しする
saber el ~ que pisa 事情に通じている
sobre el ~ 1) 現場で, 現地で: Tengo que ir a Madrid para resolver las dificultades *sobre el ~*. 私はマドリードへ行って現地で問題の解決にあたらねばならない. Me gusta estar *sobre el ~*. 私は[デスクなどでなく]現場にいるのが好きだ. tropas de la OTAN desplegadas *sobre el ~* en Bosnia ボスニア現地に展開しているNATO軍. 2) あらかじめ計画を立てずに, 準備なしに: Ya lo iremos solucionando *sobre el ~*. 我々は既にその件をその場で解決しつつある
tantear el ~ 状況を見きわめる, 相手の腹を探る
~ abonado《比喻》温床, 好適な場所(環境): La marginación es ~ *abonado* para la delincuencia. 差別は犯罪の温床である
~ agarrado 鋤も通らない固い土地
~ conocido よく知っている場所; 得意な分野
~ propicio =~ abonado
trabajar el ~ a+人 =preparar el ~ a+人

terreno[2], **na** [teřéno, na]《形》《詩》❶ 現世の, この世の: mundo ~ この世, 現世. preocupaciones ~nas 現世の悩み. vida ~na この世の生活

terreño, ña [teřéno, ɲa]《形》《地方語》土の [=terrero]

térreo, a [téřeo, a]《形》《ラテン語 terreus》《形》土の, 土のような: color ~ 土色

terrera[1] [teřéra]《女》❶《鳥》1) ヒメコウテンシ. 2) ヒバリ [=alondra]. ❷ [植物の生えていない] 急勾配の土地, 切り立った土地. ❸ 土運び用のかご. ❹《地方語》小型の土器. ❺《カナリア諸島, プエルトリコ》平屋建ての家

terrerilla [teřeríʎa]《女》《地方語. 鳥》ヒメコウテンシ

terrero, ra[2] [teřéro, ra]《ラテン語 terrarius》❶ 土の, 地面の: saco ~ 土嚢. desnivel ~ 地面の段差. ❷ 土運び用のかごの. ❸ [鳥の] 低空飛行の. ❹ [馬が] あまり前脚を上げずに歩く. ❺ 身分の低い(卑しい). ❻《カナリア諸島》casa ~ra 平屋 ── 《男》❶《鉱山》廃土の山, ぼた山. ❷ テラス [=terraza]. ❸ 大量の土砂; [河川などの] 堆積物. ❹ 標的, 的. ❺ 公共広場. ❻《ムルシア》川べり, 川岸. ❼《カナリア諸島》土砂捨て場. ❽《ホンジュラス, プエルトリコ》[家畜がなめる] 硝石を含んだ土

terrestre [teřéstre]《形》《ラテン語 terrestris <terra》❶ [地球の] 陸上の: comunicaciones ~s 陸上交通. fuerzas ~s 陸軍, 陸上兵力. televisión digital ~ 地上デジタルテレビ放送. ❷ 陸生の: animales (plantas) ~s 陸生動物(植物). ❸ 地球の: eje ~ 地軸. órbita ~ 地球の軌道. ❹ 現世の, 俗界の: esta vida ~ この現世の生活
──《名》地球人 [=terrícola]

terrezuela [teřeθwéla]《女》❶ 猫の額ほどの土地. ❷ あまり値打ちのない土地

terribilidad [teřiβilidáð]《女》《廃語》恐ろしさ

terribilísimo, ma [teřiβilísimo, ma]《形》terrible の絶対最上級

terrible [teříβle]《ラテン語 terribilis》《形》❶ 恐ろしい, 怖い; 忌まわしい: Este ha sido un año ~ para la economía española. 今年はスペイン経済にとって厄年だった. Anoche tuve una pesadilla ~. ゆうべ私は恐ろしい悪夢を見た. El cáncer es una enfermedad ~. 癌は忌まわしい病気だ. monstruo ~ 恐ろしい怪物. con los ojos ~s 怖い目で. ❷ すさまじい, 我慢ならない, 手に負えない; ひどい: Tiene un genio ~. 彼はひねくれ者だ. El niño de mi vecina es ~: no hay quien pueda con él. 隣の奥さんの息子はひどいやんちゃ坊主で誰もが手をあげてます. Tengo una ~ sequedad en la piel. 私は皮膚がかさかさに乾いている. Hace un frío ~. ひどい寒さだ. envidia ~ ひどい妬み心. imagen ~ ひどく悪いイメージ. ~ dolor ひどい痛み. ~ sed もの凄い喉の渇き. ❸《口語》悲しい, 辛い: Es ~ no poder contar con su amistad. 彼の友情をあてにできないのは悲しいことだ

terriblemente [teříβleménte]《副》ひどく, ものすごく: Sois ~ pesados. 君たちはひどくうっとうしい. Está ~ guapa hoy. 彼女は今日はえらくめかしこんでいる

terriblez [teříβleθ]《女》《まれ》恐ろしさ

terribleza [teříβléθa]《女》❶《まれ》恐ろしい事柄・行為. ❷《古語》恐ろしさ

terrícola [teříkola]《形》《名》❶ [SF小説などで] 地球人(の) [⇔ extraterrestre]. ❷《戯語》内陸部に住む人. ❸《植物》陸生の

terrier [teřjér]《ラテン語 仏語》《男》《犬》テリア [= ~ perro]: ~ de Yorkshire ヨークシャーテリア

terrificar [teřifikár] 7《他》震え上がらせる, 怖がらせる

terrífico, ca [teřífiko, ka]《形》=terrorífico

terrígeno, na [teříxeno, na]《形》❶《地質》陸成の: sedimento ~ 陸源堆積物. ❷ 地から生じた

terrina[1] [teřína]《女》《料理》テリーヌ《料理, 容器》

terrino, na² [teríno, na] 形《まれ》土の.
territorial [teřitorjál] 形 ❶ 領土の: extensión ~ 領土の拡張. mar ~ 領海. ❷ 管轄区域の
territorialidad [teřitorjalidá(d)] 女 ❶ 領土であること; 属土権, 治外法権. ❷ 縄張り意識;《生物》縄張り制. ❸ 放送エリア
territorialismo [teřitorjalísmo] 男《生物》縄張り制, 棲み分け 〔制〕
territorializar [teřitorjaliθár] [9] 他 領土に割りふる
territorialmente [teřitorjálmente] 副 領土との関係で, 領土的に
territorio [teřitórjo]《←ラテン語 territoriium < terra》 男 ❶ 領土: La Cordillera de los Andes separa los ~s argentino y chileno. アンデス山脈がアルゼンチン領とチリ領を分けている. perder su ~ 領土を失う. ~ del condado 伯爵領. ❷ 国土〔= nacional〕: ~ regado por el Ebro エブロ川によって潤される国土. ❸ 管轄区域, 地区 ~ provincial〔修道会の〕管区. ~ de la diócesis 司教区. ❹《生物》縄張り, テリトリー〔《暴力団などの勢力範囲も〕: disputarse el ~ 互いに縄張り争いをする. ❺〔活動の〕場, 分野, 領域: Me siento a gusto hablando de setas, porque es mi ~. キノコの話をするのは楽しい, 私の得意な分野だからだ. ❻〔解剖〕〔動脈が血液を送る・神経が支配する〕領域. ❼ 準州〔完全な自治権を持たない州〕. ❽〔メキシコ, アルゼンチン〕中央政府の直轄行政区
terrizo, za [teříθo, θa] 形 ❶ 土の, 泥の; 土でできた: vasija ~za 土器. ❷ 舗装していない, 土のままの: calle ~za 未舗装の街路
── 男 ❶《西》洗い桶, たらい. ❷《地方語》〔洗い桶で作る〕ワイン・砂糖・シナモン・果実で作る飲み物. ❸《地方語》地面. ❹《アンダルシア》敷石をはっていない脱穀場
── 女《地方語》洗い桶, たらい〔=terriso〕
terromontero [teřomontéro] 男 小さな丘
terrón [teřón]《←ラテン語 terra》男 ❶ 土の塊: Separan los terrones de las raíces antes de trasplantar. 移植する前に根から土塊が取り払われる. ❷ 塊〔特に〕角砂糖〔=~ de azúcar〕: ~ de harina 粉の塊, だま. Se toma el café con dos terrones. 彼はコーヒーに角砂糖を2個入れて飲む. ❸《文語》耕地, 畑: Viven pegados a sus terrones. 彼らは畑にしがみついて生活している. Cada vez más se abandonan los terrones para trabajar en la industria. 工場で働くために畑を捨てることが増えている. ❹ オリーブの搾りかす
terronazo [teřonáθo] 男 土の塊をぶつけること
terronera [teřonéra] 女 ❶《まれ》〔集名〕土の塊. ❷《コロンビア》〔強い〕恐怖感
terror [teřór]《←ラテン語 terror, -oris》男 ❶〔激しい〕恐怖〔→miedo 類義〕: Le da ~ ver los reptiles. 彼は爬虫類を見るとひどく怖がる. sentir ~ 恐怖を感じる. ❷ [el~] 恐怖を与える人〔事物〕: Ese perro era el ~ de la vecindad. その犬は隣近所の人々の恐怖の的だった. gobernar por el ~ 恐怖政治を行なう, 圧政をしく. ❸《歴史》〔7~〕フランス革命の時代〔恐怖政治下, 死刑が次々に行われた1793年5月〜1794年7月〕. ❹〔映画・小説などの〕ホラー: película (literatura) de ~ ホラー映画(文学). ❺ ~es nocturnos 悪夢
terrorífico, ca [teřořífiko, ka] 形 ❶ 恐怖を与える, 恐ろしい, ぞっとするような. ❷〔口語〕ひどい, 猛烈な
terrorismo [teřořísmo] 男 ❶ テロリズム, テロ, テロ行為, テロ活動. ❷ 恐怖政治〔=~ de Estado, ~ institucional〕
terrorista [teřořísta] 形 名 ❶ テロリズムの; テロリスト〔の〕: Estado ~ テロリスト国家. organización ~ テロ組織. ❷ 恐怖政治の
terrosidad [teřosidá(d)] 女 土のようであること; 泥汚れ
terroso, sa [teřóso, sa] 形《←ラテン語 terra》形 ❶ 土のような: cara ~sa 土気色の顔. ❷ 土を含む: aguas ~sas 泥水. ❸《隠喩》土塊
terruñero, ra [teřuŋéro, ra] 形《まれ》❶ 故郷に愛着のある. ❷ 生まれ故郷の, 郷土の
── 男《まれ》農民, 農夫
terruño [teřúŋo]《←ラテン語 terra》男 ❶ 生まれ故郷, 郷土: Recuerdo con añoranza mi ~. 私はふるさとを懐かしく思い出す. saber a ~ 郷土臭がある. ❷〔口語〕[主に生活手段としての] 狭い] 私有地, 地所, 耕作地. ❸ 土くれ, 小土の塊; 土質
tersar [tersár] 他 ❶〔綱などを〕ぴんと張る. ❷ きれいにする, 透

明にする. ❸ [言葉づかいなどを] 洗練させる
tersidad [tersidá(d)] 女 ❶ 張りのあること
terso, sa [térso, sa]《←ラテン語 tersus < tergere「清潔にする」》形 ❶ しわのない, なめらかな, 張りのある: La chica tiene un cutis ~ y suave. 少女はすべすべした柔らかな肌をしている. ❷ つやのある, 艶のある: 澄んだ, 透明な: superficie ~sa 光沢のある表面. ~ mar 澄んだ海. ❸ [言葉づかいなどが] 明るく自然な, 整った, 洗練された: El estilo de Fray Luis de Granada es ~. ルイス・デ・グラナダ師の文体は明るく自然の
tersura [tersúra] 女 ❶ なめらかな, すべすべしていること, 張り. ❷ きれいなこと, 艶のあること
tertel [tertél]《チリ》[心土の下にある] 固い地層
tertium non datur [tértjun nón dátur]《←ラテン語》第三者はいない, 中間はない
tertulia [tertúlja] 女 ❶ [親しい者同士の] いつもの集い, 歓談, テルトゥリア; [同好者の] サロン, 同好会: Los amigos asistieron a la ~ del café. 友人たちがいつものように喫茶店に集まった. En el patio mamá hace ~ con sus amigas. 中庭で友人たちとおしゃべりをする. Las ~s literarias de principio de siglo XX eran muy importantes. 20世紀初頭の文学サロンは非常に重要だった. ❷ [カード遊びやビリヤードをする] カフェの奥の部屋. ❸《古語》[劇場の高いところにある] 立ち見席. ❹《キューバ》[映画館・劇場の] 天井桟敷. ❺《アルゼンチン, ウルグアイ》[劇場の] 平土間の正面席
tertulianismo [tertuljanísmo] 男 テルトゥリアヌス Tertuliano の教義(思想)《160〜240, カルタゴ生まれの初期キリスト教神学者》
tertulianista [tertuljanísta] 形 名 テルトゥリアヌスの教義(思想)の信奉者
tertuliano, na [tertuljáno, na] 形 名 テルトゥリア tertulia の 〔参加者〕
tertuliante [tertuljánte] 形 名 テルトゥリア tertulia に参加する人
tertuliar [tertuljár] [10] 自 テルトゥリア tertulia に参加する; 歓談する
tertuliero, ra [tertuljéro, ra] 形 テルトゥリア tertulia の
tertulio, lia [tertúljo, lja] 形 名 =tertuliano
teru [téru] 男《ラプラタ》鳥》=tero
teruelita [terwelíta] 女《鉱物》テルエル Teruel 特有の苦灰石
teruncio [terúnθjo] 古代ローマの硬貨〔=4分の1アス as〕
teruteru [terutéru] 男 [teru teru とも表記]《ラプラタ》鳥》=tero
── 《ボリビア, パラグアイ》賢い, 利口な
terzón [terθón] 男《歴史》テルソン《カタルーニャ州北西端, アラン Valle de Arán の行政区分. 当初は3つに分かれていた》
terzuela [terθwéla] 女 [3時課 tercia の聖歌隊への出席後に] 司教座聖堂参事会員の受け取る分配物
terzuelo [terθwélo] 男 ❶ 3分の1. ❷《鷹狩り》雄のタカ halcón
tesa¹ [tésa] 女《メキシコ》縄(糸)をぴんと張ること
tesálico, ca [tesáliko, ka] 形 =tesalio
tesaliense [tesaljénse] 形 名 =tesalio
tesalio, lia [tesáljo, lja] 形 名《地名》[ギリシア中央部の] テッサリア Tesalia の 〔人〕
── 男 テッサリア語
tesalonicense [tesaloniθénse] 形 名《古代ギリシア. 地名》サロニカ Tesalónica の 〔人〕
tesalónico, ca [tesalóniko, ka] 形 名《古代ギリシア. 地名》=tesalonicense
tesar [tesár]《←俗ラテン語 tesus < ラテン語 tensus》他《船舶》[索・帆などを] ぴんと張る
── 自〔くびきをかけられた牛が〕後ずさりする
tesaurismosis [tesaurismósis] 女《医学》蓄積症
tesaurizar [tesauriθár] [9] 他 =tesorizar
tesauro [tesáuro] 男 ❶ 類語辞典. ❷《情報》シソーラス
tescal [teskál] 男《メキシコ》火山岩(溶岩)に覆われた土地
tescalamate [teskalamáte] 男《メキシコ. 植物》フィカス・ペティオラリス《クワ科》
teschenita [testʃeníta] 女《鉱物》テッシェナイト, テッセン岩
tesela [teséla]《←ラテン語 tessella》[モザイク用の] 四角い嵌石(晶), モザイク片
teselado, da [teseládo, da] 形 四角い嵌石を敷き詰めた
── 男 モザイク床, 嵌石舗装
Teseo [teséo] 男《ギリシア神話》テセウス《ミノタウロス Minotauro

tésera [tésera] 囡 ❶ [古代ローマ][割り符や勲章などに使われた]骨(象牙・木)の小片. ❷ =**tesela**

tesgüino [tesgwíno] 男《メキシコ》発酵したトウモロコシから作るアルコール飲料《タラウマラ tarahumara 族が祭りで飲む》

tesina [tesína] [tesis の示小語] 囡 [博士課程に入る学生が求める]研究論文; [licenciatura を取得するための]卒業論文, 修士論文

tesio [tésjo] 男《植物》ビャクダン科の一種《学名 Thesium pyrenaicum》

tesis [tésis]《←ラテン語・ギリシア語 thesis「置くこと」》囡《単複同形》❶ 主張, 説, 見解, 論点: No comparto tu ～. 私は君の意見には与しない. Su ～ es muy forzada. 彼の論点には無理がある. defender una ～ 論旨を擁護する. novela de ～ 問題小説, 傾向小説《特定のイデオロギーのためにかかれた小説. スペイン文学ではペレス・ガルドスやアラルコンに代表される》. ❷ 博士論文, 学位論文《=～ doctoral》: Es el director de mi ～. 彼は私の博士論文の指導教官だ. ❸《哲学》命題, テーゼ, 定立. ❹《音楽》下拍《⇔arsis》

tesitura [tesitúra]《←伊語 tessitura》囡 ❶ 機嫌, 気分, 精神状態: Estaba muy cansado, y no me encontraba en ～ de pensar en eso. 私は大変疲れていてそのことを考える気分にはなかった. ❷ 状態, 状況: Las relaciones se encuentran en una ～ compleja. 関係はややこしい状況にある. ❸《音楽》テッシトゥーラ, 音域, 声域

tesla [tésla] 男《物理》[磁束密度の単位]テスラ

tesmoforias [tesmofórjas] 囡《古代ギリシア》テスモポリア祭《大地と豊穣の女神デメテル Deméter の祭りで女性のみが参加》

tesmotete [tesmotéte] 男《古代ギリシア》司法官, 法務執政官

teso[1] [téso]《←tesar》男 ❶ [頂上が平らな]低い丘: La feria de ganado se celebra en el ～. 畜産市は丘の上で行われる. ❷ [なめらかな表面にある]突起. ❸《トレド》家畜の品評会場. ❹《カナリア諸島》広い空き地

teso[2]**, sa**[2] [téso, sa] 形 ❶《メキシコ》ぴんと張った《=tenso》. ❷《コロンビア.口語》頭の回転が速すぎる

Tesobonos [tesobónos]《←Bonos del Tesoro》男 複《メキシコ》テソボノス《米ドルにリンクしたペソ建て短期国債》

tesón [tesón]《ラテン語 tensio, -onis》男 [精神的な]強さ, 揺るぎなさ; 断固とした態度: Todo se consigue con ～. 強い意志があればすべてが達成される

tesonería [tesonería] 囡 精神的な強さ; 強情, 執拗

tesonero, ra [tesonéro, ra] 形 精神的に強い, 断固とした; 強情な, しつこい

tesoquite [tesokíte] 男《メキシコ》陶土

tesorería [tesorería] 囡 ❶ 財務局; 財務行政: Certificado de T～ 大蔵証券. ❷ 会計係・経理課の職(職務). ❸ [主に企業の]流動資産, 資金: La ～ del club están en números rojos. クラブの経営は赤字だ. ❹《商業》acción de ～ 金庫株, 自己株式. ❺《古語》宝物庫

tesorero, ra [tesoréro, ra]《←tesoro》囡 ❶ 財務官: ～ del Banco de España スペイン銀行財務官. ❷ 会計係, 経理課員;《軍事》主計官: Cualquier gasto debe ser aprobado por el ～. どんな経費でも会計係の承認が必要だ. ❸ [聖遺物等を管理する]司教座聖堂参事会員. ❹《歴史》[中世の]財務長官

tesorización [tesoriθaxjón] 囡《経済》退蔵

tesorizar [tesoriθár] 自 他《経済》退蔵する

tesoro [tesóro]《←ラテン語 thesaurus》男 ❶ 宝, 宝物; 埋蔵物: Los piratas guardaban el ～ en una cueva. 海賊は宝物を洞穴に隠した. T～s Imperiales de Japón 三種の神器. ❷ 財産, 大金: El coleccionista tiene un auténtico ～ privado. その収集家は紛れもない財産を私蔵している. valer un ～ 一財産ほどの価値がある. ❸《経済》[T～]国庫《=T～ público, T～ nacional》. 財務省, 大蔵省: hacer pasar al T～ 国庫に入れる. obligación de ～ 財務省証券, 国債. ❹ 貴重なもの(人); 宝庫: 1) Este mapa antiguo es un ～. この古地図は逸品である. Esa cocinera es todo un ～. あの女料理人は大切な宝だ. Esta chica es un ～. この子は本当にかわいい. 2) [呼びかけ]愛する人, 大切な人, ダーリン: ¡T～ mío!, no llores. よしよし, 泣かないでね! ❺ [辞典などの書名として]宝典: T～ de la lengua castellana o española『スペイン語宝典』

《コバルビアス Sebastián de Covarrubias y Horozco 著. 黄金世紀のすぐれた辞書で古典を読むのに必携》

tespíades [tespíades] 囡《ギリシア神話》テスピアイ Tespias (古代ギリシアの都市)のミューズたち

test [tés(t)]《←英語》男 複 ～s/単複同形 ❶ [心理・知能・性能などの]テスト, 試験, 検査: someter a un ～ de alcoholemia 血中アルコール濃度検査を受ける. ～ de comprensión 理解度テスト. ～ de inteligencia 知能テスト. ～ de embarazo 妊娠テスト. ～ de estrés ストレステスト. ～ psicológico 心理テスト. ❷《教育》多項選択式・短い問題の〕テスト

testa [tésta]《←伊語》囡 ❶《文語》[人・動物の]頭, 頭部《=cabeza》; 額《=frente》: Salió el primer toro, con una ～ imponente. 堂々とした頭をもつ1頭目の闘牛が登場した. 《皮肉》～ coronada 君主, 王. ❷《植物》種皮. ❸ ～ de ferro =**testaferro**. ❺ 前部, 顔の部分. ❺ 頭脳, 知力

testáceo, a [testáθeo, a] 形《動物》殻のある, 有殻の

testación [testaxjón] 囡 遺言すること, 遺言状の作成

testada[1] [testáda] 囡 頭をぶつけること《=testarada》

testado, da[2] [testádo, da] 形 ❶ 遺言を残して(遺言状を書いて)死んだ. ❷ [遺産相続的]遺言どおりの

testador, ra [testaðór, ra] 名 遺言者

testadura [testaðúra] 囡 遺言をすること, 遺言状を書くこと

testaférrea [testaférea] 囡 =**testaferro**

testaferro [testaféro]《←ポルトガル語 testa de ferro》男 [名目だけの]名義人, ダミー

testal [testál] 囡《メキシコ.料理》まだ焼いていないトルティーヤ, トルティーヤ用のトウモロコシ粉を丸めた生地

testamentaría [testamentaría] 囡 ❶ 遺言の執行. ❷《集合》遺言執行関係書類. ❸ 遺言執行期間中の財産. ❹ 遺言執行者の会議

testamentario, ria [testamentárjo, rja]《←testamento》形 遺言の: consejeros ～s 遺言執行コンサルタント. disposición ～ria 遺言の規定(条項). documento ～ 遺言書. papeles ～s 遺言執行関係書類
—— 名 遺言執行者

testamentifacción [testamentifa(k)θjón] 囡 遺言能力, 遺言状の作成能力

testamento [testaménto]《←ラテン語 testamentum》男 ❶ 遺言, 遺言書: Aquel mismo día hizo ～ y murió rodeado de todos los suyos. まさにその日に彼は遺言書を作成し, 家族全員に囲まれて死んだ. apertura del ～ 遺言状の開封. ～ abierto (cerrado) 公正(秘密)証書による遺言. ～ político 政治的遺言. ❷ 遺作. ❸《時に軽蔑》ひどく長い文書; ひどく厚い本: Esta novela es un ～ interminable. この小説はいつまでも終わるともしれない長い作品だ. ❹《時に皮肉》[高位者が]辞職する時の気持ち: El sentimiento de que la ciudad es de todos fue el ～ de nuestro alcalde. 町は市民のものであるという思いが市長が辞めた時の気持ちである. ❺ Antiguo (Viejo) T～ 旧約聖書. Nuevo T～ 新約聖書

testar [testár]《←ラテン語 testari》自 ❶ 遺言する, 遺言書を作成する: Ha muerto sin ～. 彼は遺言書を書かずに亡くなった. ❷《文語》頭をぶつける
—— 他 ❶ [人・物を]テストする: Testaron el automóvil en el taller. 修理工場で車の検査が行われた. ❷ 線を引いて消す, 抹消する. ❸《エクアドル》下線を引く

testarada [testaráða] 囡《まれ》頭をぶつけること, 頭突き《=cabezazo》. ❷ しつこさ, 頑固さ

testarazo [testaráθo]《←testa》男《口語》❶ 頭をぶつけること, 頭突き《=cabezazo》: No vio la persiana y se dio un ～. 彼はブラインドが見えず頭をぶつけた. ❷ 打撃, 殴打; 衝突: darse un ～ con... …とぶつかる

testarear [testareár] 自 ❶《メキシコ, 中米》頭をぶつける; 出会いがしらに衝突する. ❷《中米》[馬が]頭を上下に動かす

testarrón, na [testarón, na] 形《地方語》=**testarudo**

testarronería [testaronería] 囡《口語》頭固, 強情

testarudez [testaruðéθ] 囡 頑固, 意固地, 強情

testarudo, da [testarúðo, da]《←testa》形 ❶ [きかなしの]頭が固い[人], 頑固な[人], 強情な[人], 意地っぱりの[人]《→terco 類義》: No seas ～ y reconoce que estabas equivocado. 君は意地を張るのはやめて間違いを認めることだ

testatorio, ria [testatórjo, rja] 形 遺言のための

teste [téste] 男 ❶《解剖》睾丸《=testículo》. ❷《アルゼンチン.口語》[手の指の]いぼ

testear [testeár] 他《南米》[人を] 検査する, テストする
tester [téster]《←英語》男《電気》テスター
testera [testéra] 女❶《動物の》額, 顔の上部. ❷ 前面; [建物の] ファサード. ❸ 馬の額につける飾り. ❹ [溶解炉の] 炉壁. ❺《まれ》馬車の前向きの座席
testerada [testeráda] 女 頭をぶつけること, 頭突き《=testarada》
testerazo [testerázo] 男 =testarazo
testerillo, lla [testeríʎo, ʎa] 形《ラプラタ》[馬の額に] 白い水平の斑点のある
testero [testéro] 男❶ 正面, 前面; [建物の] ファサード. ❷ [部屋の] 壁. ❸ 鉱物の塊. ❹ [暖炉・かまどの] 背壁
testicular [testikulár] 形《解剖》睾丸の
testiculina [testikulína] 女《戯語》勇気
testículo [testíkulo] 男《←ラテン語 testiculus「男らしさの証拠」》男 ❶《解剖》睾丸《蜜》, 精巣. ❷《植物》~[s] de perro ランの一種《学名 Orchis morio》
testificación [testifikaθjón] 女 ❶ 証言[行為]; 証拠. ❷ 立証: ~ de un hecho 事実に関する立証. ❸《地質》土壌サンプルの採取
testificador, ra [testifikaðor, ra] 形 証言する; 立証する
testifical [testifikál] 形 証人の, 証言者の: prueba ~ 証人による立証
testificante [testifikánte]《←ラテン語 testificare》[7] 他 ❶ 立証する: El fiscal testificó que la muerte fue un asesinato. 死は殺人によるものであることを検事は立証した. ❷ 証言する
　── 自 ❶ 証言する: Ayer testificó la secretaria del acusado. 昨日, 被告の秘書が証言に立った. ❷ [物が] 証拠となる
testificativo, va [testifikatíbo, ba] 形 証拠となる, 裏づけとなる
testigo [testíɣo] 男《←古語 testiguar < ラテン語 testificare < testis「証人」+facere「行なう」》❶ 証人: La vista no se pudo celebrar por falta de ~. 審理は証人がいなかったので行なうことができなかった. hacer de ~ 証人になる. ~ de cargo 原告(検察)側証人, ~ de descargo 被告(弁護)側証人, ~ de oídas 直接耳で聞いた証人. ❷ 目撃者《=~ ocular, ~ de vista, ~ presencial》: Fue ~ presencial del accidente. 彼は事故の目撃者だった. No hubo ~ oculares del asesinato. 殺人の目撃者がいなかった. Más vale un ~ de vista que cientos de oídas.《諺》百人のうわさ話より一人の目撃証人. ❸《法律》立会人, 介添え役: Leticia fue ~ en mi boda. レティシアは私の結婚の立会人だった. ❹ ~ de Jehová エホバの証人の信者
　── 男 ❶ 証拠(き), 証明《=prueba》: Esa herida es ~ del accidente que sufrió. その傷は彼が事故にあった証拠だ. La muralla es ~ del asentamiento romano en Barcelona. 城壁はローマ人がバルセロナに定住していたことを物語っている. ❷ [リレーの] バトン: En el segundo relevo no se pasaron el ~ correctamente. 2人目のバトンタッチがうまくいかなかった. cambio de ~ バトンタッチ. ❸《実験》対照標準. ❹ 標識, 境界標. ❺《鉱物, 地質》サンプル. ❻《キリスト教》~ de Jehová エホバの証人, ものみの塔
　Díos es ~ 神かけて誓います(断言します): *Dios es ~* de que no miento. 誓ってもいいけれど私は嘘をついていない
　poner por ~ a+人 …に立会ってもらう
　pongo a Dios (al cielo) por ~《ラプラタ》=Díos es ~
　*salir de ~《ラプラタ》*証言する, 証人になる
testiguero [testiɣéro] 男《鉱物, 地質》サンプル採取者
testimonial [testimonjál]形《←ラテン語 testimonialis》❶ 証拠となる: documento ~ 証拠書類. prueba ~ 証人による証拠, 人的証拠. Con esta estatuilla la Academia pone de manifiesto el reconocimiento al valor ~ de la película. 当アカデミーはこの映画で証明された価値を認め, そのしるしにこの小さな像を贈ります
　── 女 複《法律》証拠書類. ❷《カトリック》[司教が出す] 品行方正証明書
testimoniar [testimonjár]《←testimonio》[10] 自 他 ❶ 証言する: ~ en (a) favor de+人 …に有利な証言をする. La testigo *ha testimoniado* que vio cómo el acusado amenazaba al joyero. 目撃者は被告が宝石商を脅迫している現場を見たと証言した. ❷ 立証する, 証明する: Estas ruinas *testimonian* una antigua civilización. この遺跡は古い文明が存在したことを物語っている. ❸《気持ち》示す; 表す: Le *testimonié* mi agradecimiento. 私は彼に感謝の気持ちを伝えた
testimoniero, ra [testimonjéro, ra] 男 女 ❶ 偽証する; 偽証

者. ❷ 偽善者[の]
testimonio [testimónjo]《←ラテン語 testimonium》男 ❶ 証言: dar ~ a las autoridades 当局に証言する. ❷ 証拠, 証(ぁ)《=prueba》: Su apoyo ha sido el mejor ~ de su amistad. 彼が支援してくれたことが友情の何よりの証だった. como ~ de agradecimiento 感謝のしるしとして. ❸ 証拠書類; 証書
　falso ~ 1) 偽証[罪]: El juez lo ha acusado de *falso ~*. 判事は彼を偽証罪で告発した. 2) 虚偽告訴, 誣告(ぶ)
　levantar falso ~ 中傷する: No podemos hacerle caso, está *levantando falsos* ~s. 私たちは彼の話には耳を貸せない, 悪口を言っているから
testimoñero, ra [testimoɲéro, ra] 形 男 女 =**testimoniero**
Testis unus, testis nullus [téstis únus téstis núlus]《←ラテン語》一人だけの証言は無いに等しい
testón [testón] 男《古語》[イタリアやフランスの] 銀貨
testosterona [testosteróna] 女 ❶《生化》テストステロン. ❷《映画など》暴力シーン
testudíneo, a [testudíneo, a] 形 亀に似た: paso ~ 亀のような足取り
testudo [testúðo] 男 ❶《古代ローマ》[攻城の際に兵士の頭上を守る] 亀甲状掩蓋(ぶ)車; 亀甲状に連ねた盾. ❷《医学》亀甲帯
testuz [testúθ]《←testa》男/女 [馬などの] 額; [牛などの] 首の後ろ, 首筋
testuzo [testúθo] 男 =**testuz**
tesura [tesúra]《←tieso》女 硬直, こわばり
teta [téta]《←擬態》女 ❶《動物の》乳房. ❷《口語》[人間の女性の] 乳房《=pecho》; (俗用)母乳《=leche》: dar [la] ~ a un niño 子供におっぱいをあげる, 授乳する. quitar la ~ a un niño 子供を乳離れさせる. ❸ 主に動物の雄の] 乳首《=tetina》. ❹《哺乳瓶の》乳首. ❺ 乳首の形の小山. ❻ ~ gallega [ガリシア産の] 円錐形のチーズ. ❼ ~ de vaca《植物》フタナミソウ; 《菓子》~ de monja 大きなメレンゲ
　de ~ 授乳期の: niño *de* ~ 乳児, 乳飲み子
　mamar a dos ~*s*《中米. 口語》二枚舌を使う
　mejor que ~ *de monja* 本当にすばらしい
　── 男《単複同形》《西. 若者語》《estar+》すばらしい《=muy bueno》: He leído una novela ~. 私はすてきな小説を読んだ. Me he comprado unos zapatos ~. 私はとても良い靴を買った
　── 副《西. 若者語》すばらしく《=muy bien》: Lo pasamos anoche con tus amigos. ゆうべ私たちは君の友人たちと楽しく過ごした. En ese restaurante se come ~. そのレストランの料理はとてもおいしい
tetada [tetáda] 女 赤ん坊が一回に飲む乳の量
tetamen [tetámen] 男《西. 俗語》[女性の両方の] 乳房
tetania [tetánja] 女《医学》テタニー, 強直痙攣
tetánico, ca [tetániko, ka] 形《医学》破傷風の[患者]: bacilo ~ 破傷風菌. ❷ 強直痙攣の
tetanizar [tetaniθár] [9] 他《医学》テタニーを引き起こす
tétano [tétano] 男《まれ》=**tétanos**
tétanos [tétanos] 男《医学》❶ 破傷風. ❷《激烈な》筋肉の強直痙攣
tetar [tetár] 他《地方語》乳を飲ませる《=atetar》
tetartoédrico, ca [tetartoéðriko, ka] 形《鉱物》[結晶体の] 4半面像の, 4分の1面体の
tetartoedro [tetartoéðro] 男《鉱物》[結晶体の] 4半面像, 4分の1面体
tete [téte] 男 ❶《チリ, アルゼンチン, ウルグアイ》[哺乳瓶の] 乳首《=tetina》. ❷《チリ. 口語》混乱
tête à tête [téta tét] 副《←仏語》向かい合って《=cara a cara》. ❷《単複同形》対面, 対談
tetelememe [tetelemémé] 形《ペルー, チリ. 口語》ばかな, 間抜けな
tetelemeque [tetelemekéé] 形《ペルー, チリ. 口語》[人が] 活力のない, 個性のない
tetepón, na [tetepón, na] 形《メキシコ》[人が] ずんぐりむっくりな
tetera [tetéra]《←té》女 ❶ 紅茶ポット, 急須(きゅ). ❷《アンダルシア; 中南米》[赤ん坊用の] おしゃぶり《=tetilla》. ❸《メキシコ, 中米, カリブ》哺乳瓶. ❹《メキシコ, アンデス》やかん, 湯わかし: ~ eléctrica 電気ポット. ❺《ドミニカ》[哺乳瓶の] 乳首《=tetina》
　agarrar la ~《中南米. 口語》酔っ払う

tetería [tetería] 女 ティールーム, 紅茶専門店
tetero [tetéro] 男《コロンビア, エクアドル》哺乳瓶
teticiega [tetiθjéɣa] 形《アラゴン》[家畜が] 乳腺が詰まった
teticoja [tetikóxa] 形《アンダルシア》[ヤギが] 乳房が片方しかない
tetilla [tetíʎa]《←指小形》女 ❶ [男性の・動物の雄の] 乳首. ❷ [哺乳瓶の] 乳首 [=tetina]. ❸《料理》テティージャ《ガリシア産の乳房型のチーズ》. ❹《チリ, 植物》ユキノシタ科の薬用植物《学名 Tetilla hydrocotylaefolia》
tetina [tetína] 女《←フランス語》[哺乳瓶の] 乳首
Tetis [tetís] 女《ギリシア神話》テティス《海の精 Nereida の一人. アキレウス Aquiles の母》
tetón, na [tetón, na] 形 ❶ [動物の雌が] 乳房の大きい;《俗語》[女性が] 巨乳の, ポインの. ❷《リオハ》[豚が] 授乳期の, 乳飲み豚
—— 男 [枝を剪定した後の] 幹のこぶ
—— 女《俗語》巨乳の女, ポインの女
tetorras [tetóřas] 女複《俗語》巨乳, ポイン
tetra [tétra] 男《魚》《総称》テトラ
tetra-《接頭辞》[4] tetrasílabo 4音節の
tetrabranquiado, da [tetraβraŋkjáðo, ða] 形 四鰓亜綱の
—— 男複《動物》四鰓亜綱
tetrabrik [tetraβrík]《←商標》男《〜s》[飲料などの, 主に4面体の] 紙・アルミ製容器, テトラパック
tetracampeón, na [tetrakampeón, na] 形《スポーツ》4回優勝の
tetraciclina [tetraθiklína] 女《薬学》テトラサイクリン
tetracilíndrico, ca [tetraθilíndriko, ka] 形《自動車》4気筒の: motor ～ 4気筒エンジン
tetracloroetileno [tetrakloroetiléno] 男《化学》テトラクロロエチレン
tetracloruro [tetraklorúro] 男《化学》四塩化物
tetracoco [tetrakóko] 男《生物》四連球菌
tetracordio [tetrakórðjo] 男《音楽》❶ 4音音階. ❷ [古代ギリシアなどの] 四弦琴
tetracordo [tetrakórðo] 男 =tetracordio
tétrada [tétraða] 女 4つ組. ❷《生物》四分子;四分染色体
tetradáctilo, la [tetraðáktilo, la] 形 4本指の
tetradínamo, ma [tetraðínamo, ma] 形《植物》四強雄蕊の
tetradracma [tetraðrákma] 男《古代ギリシア》4ドラクマ銀貨
tetraédrico, ca [tetraéðriko, ka] 形《幾何》四面体の
tetraedrita [tetraeðríta] 女《鉱物》四面銅鉱
tetraedro [tetraéðro] 男《幾何》四面体
tetrafluoretileno [tetrafluoretiléno] 男《化学》テトラフルオロエチレン
tetragésimo, ma [tetraxésimo, ma] 形 男 =cuadragésimo
tetragonal [tetraɣonál] 形《幾何》四角形の
tetrágono [tetráɣono] 男《幾何》四角形[の], 四辺形[の]
tetragrama [tetraɣráma] 男《音楽》[グレゴリオ聖歌の] 四線譜
tetragrámaton [tetraɣrámaton] 男《まれ》❶ 4文字言葉. ❷ 4文字で表わす神の名《特にイエスの名 INRI》
tetralina [tetralína] 女《←商標》《化学》テトラリン
tetralogía [tetraloxía] 女 ❶ [小説・戯曲などの] 4部構成, 4部作. ❷《古代ギリシア》四部劇. ❸《医学》4徴候
tetrámero, ra [tetrámero, ra] 形 ❶《化学》4量体[の]. ❷《植物》[花が] 4分裂の, 4片の. ❸《昆虫》4節の, 4体節からなる
tetrámetro [tetrámetro] 男《詩法》四歩格
tetramorfo [tetramórfo] 形 ❶ [古代オリエントの空想上の動物で] 4種の生き物の形を持つ《人間の頭, ワシの翼, 獅子の前足, 牛の後足》. ❷《結晶》4形の
—— 男複《キリスト教》[主に T～. 中世ロマネスクの] 四福音書記者を象徴する組合せ図像《マタイが人間, ルカが雄牛, マルコが獅子, ヨハネが鷲》
tetramotor [tetramotóř] 男 =cuatrimotor
tetraodontiforme [tetraoðontifórme] 男《魚》フグ目の
—— 男複《魚》フグ目
tetrapak [tetrapák]《←商標》男《単複同形/複 ～s》[飲料用容器の] テトラパック
tetrapartito, ta [tetrapartíto, ta] 形《まれ》=cuatripartito
tetraplejia [tetrapléxja] 女《医学》四肢麻痺
tetraplejía [tetraplexía] 女 =tetraplejia
tetrapléjico, ca [tetrapléxiko, ka] 形 四肢麻痺の

tetraploide [tetraplóiðe] 形《生物》[染色体が] 4倍性の;四倍体
tetrápodo [tetrápoðo] 形 ❶《動物》四肢動物[の], 四足獣[の]. ❷《消波用の》テトラポッド
tetráptero, ra [tetrá(p)tero, ra] 形《昆虫》4翼のある, 4翅の
tetraquenio [tetrakénjo] 男《植物》4つの痩果から成る果実
tetraquishexaedro [tetrakise(k)saéðro] 男《幾何》四方六面体
tetrarca [tetrárka] 男 ❶《古代ローマ》四分領主. ❷ [属領の] 分国王
tetrarquía [tetrarkía] 女《古代ローマ》四分領の統治・統治期間
tetrarreactor, ra [tetrařeaktór, ra] 形《航空》4発ジェットの;4発ジェット機
tetras [tétrás] 男複《南米, 魚》コイ科の一種
tetrasilábico, ca [tetrasiláβiko, ka] 形 =tetrasílabo
tetrasílabo, ba [tetrasílaβo, ba] 形《言語, 詩法》4音節の〔語・詩句〕
tetrástico, ca [tetrástiko, ka] 形《詩法》4行詩の
tetrástilo, la [tetrástilo, la] 形《建築》[神殿などの正面が] 4柱式の
tetrástrofo, fa [tetrástrofo, fa] 形《詩法》4連から成る: ～ monorrimo 《中世の教養派俗語文芸で》一連4行単韻詩 [=～ monorrimo alejandrino, cuaderna vía]
tetratómico, ca [tetratómiko, ka] 形《化学》4原子の, 4価の
tetravalencia [tetraβalénθja] 女《化学》4価
tetravalente [tetraβalénte] 形《化学》4価の
tétrico, ca [tétriko, ka]《←ラテン語 taetricus < taeter「おぞましい, ぞっとするような」》形 ❶ 陰鬱(%)な, 気の滅入るような; 死を連想させる; 薄気味悪い: Me sobrecogí al ver aquel ～ paisaje. 私はあの暗澹(%)たる光景を目にしてぞっとした. ❷ ふさぎこんだ, 陰気な: Hoy estás de un humor ～. 今日は気がふさいだ顔をしているね
tetrodo [tetróðo] 男《電気》4極 [真空] 管
tetrosas [tetrósas] 女複《化学》四炭糖, テトロース
tetróxido [tetró(k)siðo] 男《化学》四酸化物
tetuaní [tetwaní] 形 男《〜es》[モロッコの] テトゥアン Tetuán の〔人〕《かつてのスペイン領モロッコの首都》
tetudo, da [tetúðo, ða] 形《時に軽蔑》乳房の非常に大きい, 巨乳の
tetunte [tetúnte] 男 ❶《グアテマラ, ホンジュラス》形のはっきりしない大きな物;いびつ (不格好)な包み. ❷《エルサルバドル》石
teucali [teukáli] 男 =teocali
teucrio [téukrjo] 男《植物》ニガクサ
teucro, cra [téukro, kra] 形 男 トロイ Troya の〔人〕《=troyano》
teúrgia [teúrxja]《←ラテン語 theurgia》女 [天上の霊に影響を及ぼそうとする, 古代の] 魔術, 神わざ
teúrgico, ca [teúrxiko, ka] 形 魔術 teúrgia の
teúrgo [teúrɣo] 男《まれ》[teúrgia の] 魔術師
teutón, na [teutón, na] 形 男 ❶《歴史》チュートン人[の]. ❷《口語》ドイツ人[の]《=alemán》
teutónico, ca [teutóniko, ka] 形 名 ❶ チュートン人の, ドイツ人の. ❷ チュートン騎士団 orden teutónico の[団員]
—— 男 高地ドイツ語;チュートン語
tex [té(k)s] 男《単複同形》[織物の1m当たりのグラム重量] テックス
texcal [te(k)skál] 男《メキシコ》=tescal
texcalera [te(k)skaléra] 女《メキシコ》=tescal
Texcoco [teskóko] 男《地名》テスココ《メキシコ, メヒコ州の町. アステカの都市国家》
tex-mex [té(k)s mé(k)s]《←英語》形《米国, 料理》メキシコやテキサス風の
textal [te(k)stál] 男《メキシコ》=testal
textil [te(k)stíl]《←ラテン語 textilis》形 名 ❶ 織物の, 繊維の: exportación ～ 繊維製品の輸出. fábrica ～ 織物工場. planta ～ 繊維植物. producto ～ 繊維製品. ❷《西》非ヌーディストの[人]: playa ～ 非ヌーディスト海岸
—— 男 繊維 [=fibra ～]. 複 [経済分野などとしての] 織物, 繊維, テキスタイル
—— 女 ❶ 繊維産業 [=industria ～]; 繊維会社. ❷《チリ, アルゼンチン, ウルグアイ》織物工場
texto [té(k)sto]《←ラテン語 textum「織り物」》男 ❶ [翻訳などに

textorio, ria

対して）原文, テクスト: Busco un ～ inglés del siglo XVIII. 私は18世紀の英語の原文を探している. leer "La rebelión de las masas" en el ～ 『大衆の反逆』を原書で読む. ❷［序・注・解説などに対して］本文; 印刷部分: El libro tiene poco ～ y muchas fotos. その本は文章はほとんどなくて写真が多い. Debajo de cada lámina hay un ～ que la comenta. それぞれの図版の下に解説文がついている. al margen del ～ 本文の余白に. comentario de ～ 本文註釈. grabado fuera de ～ ページー杯の挿絵. ❸ 印刷物, 本: Tiene todos los ～s de Gómez de la Serna en su biblioteca. 彼は蔵書にゴメス・デ・ラ・セルナの全作品をそろえている. conocer a través de los ～s 本から知識を得る. ❹［文学作品の］抜粋, 引用: citar un ～ de Baroja バローハの一節を引用する. ❺ 教科書［=libro de ～］: ～ de arte 美術の教科書. ❻《音楽》歌詞. ❼《言語》テクスト
textorio, ria [te(k)stórjo, rja]形《まれ》織り方の, 編み方の
textual [te(k)stwál]形 coherencia ～ 文章の首尾一貫性. comentarios ～es 本文註釈. ❷ 原文どおりの, 文字どおりの: Son palabras ～es del autor. それは著者の言葉そのままだ. Tus palabras ～es fueron:《jsal de aquí!», así que no mientas ahora. お前は文字どおり「ここから出て行け」と言った. だから今さら嘘をつくな. ❸ 正確な, 正しい. ❹［音楽なども含めて］オリジナルの作品と同じ
textualidad [te(k)stwaliðá(ð)]女 原文どおりであること
textualista [te(k)stwalísta]名《聖書などの》原文主義者《原文を重視する研究者》
textualmente [te(k)stwálménte]副 原文どおりに, 文字どおりに; 一字一句違わずに: El capítulo dos reproduce ～ un conocido artículo de 1926. 第2章は1926年の有名な条項をそのまま写し取っている. traducir ～ 逐語訳をする

citar の ❷ の意味に ～ 引用する な: No quería que ningún "imbécil" ―cito ～ ―le quitara el puesto. 彼はどこの「ばか」にも―私は言葉をそのまま引用している―自分の仕事を取られるのはまっぴらだと思っていた

textura [te(k)stúra]《ラテン語》女 ❶ 織り方, 織り目; 織り〔の状態〕. ❷［皮膚・木材などの］きめ, 手ざわり: piel de una ～ fina きめの細かい肌. ❸［作品などの基本的・全体的な］構造, 構成: ～ de un discurso 講演の組み立て
texturador, ra [te(k)sturaðór, ra]名 合成繊維をある織り方にする
textural [te(k)stural]形 織り方の
texturar [te(k)sturár]他=**texturizar**
texturizar [te(k)sturiθár]9 他［合成繊維を］ある織り方にする
teyo, ya [téjo, ja]形《歴史, 地名》《小アジアの》テオス Teos の〔人〕
teyolote [tejolóte]男《メキシコ. 建築》裏込め材, すき間を詰めるための砕石
teyú [tejú]男《ラプラタ. 動物》イグアナ, トカゲ, ヤモリ
tez [téθ]《←古語 atez < aptez < ラテン語 aptus "完璧な"》女《文語》［顔の］肌, 皮膚〔→faz〕❶［→piel〕: Tienen una ～ curtida por el aire y el sol. 彼らは日差しに鍛えられたような肌をしている. de ～ blanca 白い肌の. ❷《まれ》［物の］表面
tezado, da [teθáðo, ða]形=**atezado**
Tezcatlipoca [teθkatlipóka]男《アステカ神話》テスカトリポカ〔主神.「煙を吐く鏡」の意〕
tezontle [teθóntle]男《メキシコ》赤い火山岩《家の建設用》
Tezozómoc [teθoθómɔk]〔人名〕Fernando A. ～ フェルナンド・A・テソソモク〔1537?～1609, アステカ王国の君主の血を引く先住民の年代記作者. 『クロニカ・メシカナ』*Crónica mexicana*〕
thai [táj]形《国名》=**tailandés**
thalweg [talbéɡ]《←独語》男 ❶《地理》凹線, 谷線. ❷［国境線］主要航水路の中央線
theótocos [teótokɔs]女《美術》幼児イエスを膝の上に抱いた聖母マリアの図像
thenardita [tenarðíta]女《鉱物》芒硝石, テナルド石
theta [téta]女《ギリシア文字》シータ, セータ Θ, θ
tholos [tólɔs]男《ギリシア語》《建築》トロス, 周柱円形堂,〔特に〕丸天井式地下墳墓
thrash [tráʃ/θráʃ]男《←英語》《単複同形》《音楽》スラッシュロック〔の〕
thriller [θríler]男《←英語》男《画》～s《映画, 文学》スリラー
ti [tí]《←ラテン語 tibi》代《前置詞格の人称代名詞2人称単数.

con+ は contigo となる》君, お前: 1) Esta carta es para *ti*. この手紙は君に. Pero lo digo por *ti*. 君は私にはお前にはと思って, そう言っているんだ.《語法》他の前置詞格人称代名詞と等位接続では使用できない: ×para ella y *ti*/○para ella y para *ti* 彼女と君のために. ×entre ella y *ti*/○entre ella y tú 彼女と君の間に) 2)［再帰前置詞格］No tienes confianza en *ti*. 君は自分に自信がない. 3)［a+. 目的代名詞と重複させて強調］*A ti* te quiero. 僕は君が好きだ

a ti qué...《西. 口語》［相手にとってどうでもいいことなどを無礼にも質問する］¿*Y a ti qué* te regaló Juana? それでフアナから何をもらったんだい?

de ti para mí ここだけの話だが, 内密に: Y, *de ti para mí*, te confieso que... こっそり白状するけど…

por ti 1) 君としては: ¿*Por ti*, no intentas impedirlo? 君はそれを阻もうとしないのか? 2) 君が言うなら, 君の頼みだから: *Por ti*, accedo a ir con ellos. 君の頼みだから私は彼らと行くことで構わない. *Por ti* perdono a tu hijo por esta vez. 君に免じて今回は息子さんを勘弁してやる

tiaca [tjáka]女《西》❶ あま, 女; 図体が異常に大きい女. ❷《チリ. 植物》ユキノシタ科の木〔学名 Caldcluvia paniculata〕
Tiahuanaco [tjawanáko]男《地》=**Tiwanaku**
tialina [tjalína]女《生化》プチアリン
tialismo [tjalísmo]男《医学》流涎(ぜん)症, 唾液過多
tiamina [tjamína]女《生化》チアミン
tiangue [tjáŋge]男《メキシコ》=**tianguis**
tiánguez [tjáŋges]男《メキシコ》=**tianguis**
tianguis [tjáŋgis]《←ナワトル語》男《単複同形》《メキシコ, 中米》［祭りの日の］仮設市場, 定期市
tiara [tjára]《←ラテン語・ギリシア語 tiara＜ペルシア語 tara》女 ❶《カトリック》［ローマ教皇の］三重冠; 教皇の権威. ❷《古代近東諸国の》王冠, 宝冠;《古代ペルシア人の》高い縁なし帽. ❸［女性の正装用の, 宝石などをちりばめた］髪飾り, ティアラ
tiarrón, na [tjařón, na]名《西. 口語》背が高くがっしりした体格の人
tiatina [tjatína]女《チリ. 植物》野生のカラスムギ
tibante [tibánte]形《ラマンチャ, コロンビア》尊大な, 高飛車な, うぬぼれた
tíbar [tíbar]男 oro de ～ 純度の高い金
tibe [tíbe]男《鉱物》❶《キューバ》砥石(といし). ❷《コロンビア》鋼material
tiberino, na [tiberíno, na]形《地名》［ローマ市内を流れる］テベレ Tíber 川の
tiberio [tibérjo]男 ❶《西. 口語》大騒ぎ, 大混乱: Se montó un ～ en la plaza. 広場で大騒ぎが持ちあがった. ❷《メキシコ, グアテマラ》浮かれ騒ぎ, どんちゃん騒ぎ
tibetanización [tibetaniθaxjón]女《文語》文化的孤立化
tibetano, na [tibetáno, na]形《地名》チベット Tibet〔人・語〕の; チベット人の: cordilleras ～nas チベット山脈. monje ～ チベット僧
—— 男 チベット語
tibetobirmano, na [tibetobirmáno, na]形 男 チベット・ビルマ語族〔の〕
tibi [tíbi]女《ペルー. 鳥》ウミツバメ
tibí [tibí]女《中米》カフスボタン
tibia¹ [tíbja]《←ラテン語》女 ❶ 向こうずね;《解剖》脛骨(けいこつ). ❷《昆虫》体節. ❸《古代ローマ》フルートに似た楽器
tibial [tibjál]形《解剖》脛骨の
—— 男《解剖》～ anterior 前脛骨筋
tibiamente [tíbjaménte]副 煮え切らない様子で, 渋々, 不熱心に
tibiar [tibjár]10 他《まれ》温める〔=entibiar〕
—— ～**se** ❶《まれ》温まる. ❷《中米, ベネズエラ》［一瞬］腹を立てる, むかっとする
tibiera [tibjéra]女《ベネズエラ》迷惑, 不快
tibieza [tibjéθa]女 ❶ 生ぬるさ, 生暖かさ. ❷ 煮え切らない態度. ❸ 熱意のなさ
tibio, bia² [tíbjo, bja]《←ラテン語 tepidus》形 ❶［estar+］生ぬるい, 生暖かい: La leche está *tibia*. 牛乳は生ぬるくなっている. agua *tibia* 温かい水, ぬるま湯. viento ～ 生暖かい風. ❷ 煮え切らない, 優柔不断の; 微温的な. ❸ 熱意のない: Estos días está *tibia* conmigo. 近ごろ彼女は私によそよそしい. carácter ～ さめた〔やる気のない〕性格. ❹《ニカラグア, プエルトリコ, ベネズエラ, パラグアイ》怒った, 腹を立てた

no estar ni ～《コロンビア. 口語》全く分からない

poner ～ a+人《西．口語》…をこきおろす；侮辱する
ponerse ～ 1)《西．口語》[+de を] 食べ飽きる，食傷する．2) ひどく汚れる (濡れる)
── 男《中米》トウモロコシ粉と砂糖を湯で溶いた飲み物
tibioperoneo, a [tibjoperonéo, a] 形《解剖》脛腓骨の
tibiotarsiano, na [tibjotarsjáno, na] 形《鳥の》脛跗骨の
tibiotarso [tibjotárso] 男《鳥の》脛跗
tibisí [tibisí] 男《キューバ．植物》野生のヨシ《学名 Bambutia minor》
tibor [tibór] 男 ❶《中国・日本製の，外部に装飾を施した》大壺，甕．❷《メキシコ》ヒョウタン《容器》．❸《キューバ》おまる《=orinal》
tiborna [tibórna] 女《エストレマドゥーラ．料理》クルトン
tiburón [tiburón] ⟨←語源⟩男 ❶《魚》サメ〈鮫〉；〔特に〕ホホジロザメ《= blanco》: aleta de ～《料理》フカヒレ．～ azul ヨシキリザメ；アオザメ．～ bonito アオザメ．～ coludo (zorro) オナガザメ．～ de agallas アブラザメ．～ mamón (cazón) ホシザメ．～ vaca エビスザメ．❷ 野心家，貪欲な男．❸《企業の》乗っ取り屋
tiburoneo [tiburonéo] 男《企業の》乗っ取り
tiburtino, na [tiburtíno, na] 形名《歴史，地名》〔イタリア，ティヴォリ Tivoli の古代名〕ティブール Tibur の〔人〕
tic [tík] 男《←仏語》複 ～s ❶《医学》《顔面などの》痙攣，チック《= nervioso》: Tiene un ～ en los ojos. 彼は目にチック症が出ている．❷〔悪い〕癖: No puede quitarse el ～ de tocarse el pelo mientras habla. 彼は話しながら髪に触る癖が直らない．❸〔チェックなどの〕しるし．❹ ≒ tictac
tica [tíka] 女《ホンジュラス》おはじきに似た遊戯
ticera [tiθéra] 女 ❶《地方語》〔炭焼き用の〕狭い穴《= boliche》．❷《コロンビア》《教室の》チョーク tiza の粉入れ
tichela [titʃéla] 女《ペルー，ボリビア》〔木から〕生ゴムを採取する容器
ticholo [titʃólo] 男《アルゼンチン，ウルグアイ》❶ グアバ《サトウキビ》の生地で作るプチパン．❷ 通常より小型の煉瓦
ticiano [tiθjáno] 男 画家ティツィアーノ Tiziano が使った赤味を帯びた金色
ticinense [tiθinénse] 形名 ❶《地名》❶《歴史》〔イタリア，パヴィア Pavía の古代名〕ティキヌム Ticiano・Ticinum の〔人〕．❷ パヴィアの〔人〕
ticket [tíke(t)] 《←英語》男 複 ～s ❶ = tique．❷《米国》切符；交通違反カード
tico, ca² [tíko, ka] 形名《中南米．口語》コスタリカの〔人〕《= costarricense》
ticónico, ca [tikóniko, ka] 形名 ティコ・ブラーエ Tycho Brahe の新宇宙説の〔信奉者〕
tictac [tikták] 《←擬声》男 複 のみ．時計などの音 チクタク，コチコチ: El ～ del despertador no la deja dormir. 目覚まし時計のカチカチという音が聞こえて彼女は眠れないわ．hacer ～ チクタクいう．～ de una bomba 爆弾のカチカチいう音．～ del corazón 心臓のドキドキする音
tictaquear [tiktakeár] 自 チクタクという音がする
ticte [tíkte] 男 ❶《エクアドル，ペルー》いぼ．❷《エクアドル》1)〔チチャ酒を作る原料の〕トウモロコシのふすま．2) = tiste
tie-break [táj brék] 《←英語》男 複 ～s《テニスなど》タイブレーク
tiemblo [tjémblo] 男《植物》ヨーロッパヤマナラシ《= álamo temblón》
tiempla [tjémpla] 女《コロンビア》酔い，酩酊
tiempo [tjémpo] 《←ラテン語 tempus, temporis》男 I ❶ 不可算 時，時間: ¡Qué rápido pasa el ～! 時の経つのは早いものだ! ¿Cuánto ～ hace que vive usted en Madrid? マドリードにどのくらいお住まいですか? ¿Cuánto ～ hace que ha salido el autobús? どれほど前にバスは出ましたか? ¿Cuánto ～ tardas en venir a la escuela? 学校に来るのにどのくらい時間がかかるの? Todavía hay suficiente ～ antes de que salga el tren. 発車までまだ十分時間がある．medir el ～ 時間を計測する．viaje en el ～ タイムトラベル．El ～ es oro.《諺》時は金なり．[かなり長い・十分な時間] Llevo ～ sin entrenar. 私はしばらくトレーニングしていない．El abogado no ha tenido ～ para preparar la defensa. 弁護士は弁護の準備がなかった．❷〔個人的な〕時間，余暇: Paso el ～ libre en la lectura. 私は読書の時間を過ごす．Tenemos mucho ～ para charlar. おしゃべりする時間はたっぷりある．¿Tienes ～ [libre]? 暇ですか? Ahora no tengo ～. 私は今時間〈暇〉がない．¿Hay ～?—Para nada. 時間はある?—全然．～ de reposo 休憩時間．❸ 時期；時代: Hace frío durante este ～ del año. 一年のこの時期は寒い．Le llegará su ～ a la vejez. 彼にも老いる時が来る．Llegará un ～ en que no exista el dinero. 金が存在しなくなる時代が来るだろう．Vivimos malos ～s. 悪い時代に．en ～s las costumbres eran muy diferentes. 私の若いころの風俗は今とは大違いだった．Hubo un ～ en que iba al cine a diario. 私は毎日のように映画を見に行った時期があった．Nació en el ～ de la República. 彼は共和制の時代に生まれた．en el de Augusto アウグストゥスの時代に．en ～ de guerra 戦時に．en los ～s en que mi padre era joven 私の父が若かった時代に．de aquel ～ 当時の．～s antiguos 古代，昔．❹ 好機，潮時: 1) Llega el buen ～. 好機が到来した．Habrá ～ para hablar de eso. いつかその話をしよう．Estamos en ～ de ostras. 今はカキがしゅんだ．Cuando sea ～, sembraremos las semillas. 時機を待つことが大切だ/時期が来たら種をまこう．[ser ～ de + 不定詞・que + 接続法] Ahora es ～ de acabar con esos vicios (de que se tome una medida drástica contra el narcotráfico). 今こそその悪弊を絶つ（麻薬取引に対して断固たる措置をとる）時だ．Todavía no es ～ para (de) sembrar. まだ種まきの時期ではない．❺《文法》時，時称，時制; 時制による動詞の語尾変化: "Comía" está en ～ pasado. comía は過去時制である．poner el verbo en ～ futuro 動詞を未来形に変える．adverbio de ～ 時の副詞．～ de un verbo 動詞の時制．～ simple (compuesto) 単純（複合）時制．❻《体操・舞踊などの》一動作: El portero hizo una parada en dos ～s. ゴールキーパーは2つの動作でボールをセーブした．ejercicio en seis ～s 6つの動作からなる体操．～s《重量挙げ》男 ジャーク《= modalidad de dos ～s》．❼《スポーツ》1) タイム: hacer el mejor ～ ベストタイムを出す．2) ハーフタイム《中南米》= medio ～: a los diez minutos del primer ～ 前半10分で．en el segundo ～ 後半に．3) solicitar un ～ muerto/ pedir ～ [muerto] タイム〈アウト〉をとる．4) ～ suplementario (complementario) 延長時間，エキストラタイム．❽《フェンシング》クードン《相手の攻撃を無効化した上で自分の攻撃を成立させる突き．= golpe de ～》．❾《音楽》1) 速度，テンポ，拍: ～ rápido (enérgico) アップテンポの．2) 楽章: El sonata suele tener tres ～s. ソナタは主に3楽章である．❿《宗教》1)〔典礼暦上の〕季節，節《= ～ litúrgico》: ～ de pasión 受難節．2) 俗 この世: El último día de los ～s, Dios juzgará a los vivos y a los muertos. 終末の日，神は生者と死者に審判を下すだろう．⓫《天文，地理》時《≒ ～》: ～ sidéreo (sideral) 恒星時．～ solar (verdadero) 真太陽時．～ medio 平均〈太陽〉時．～ medio de Greenwich グリニジ標準時．～ universal 世界時．⓬《技術》1)〔エンジンの〕サイクル: motor de cuatro ～s 4サイクルエンジン．2)〔操作機の〕段階: ～ muerto《制御機器などの》不動作時間．⓭《情報》en ～ real リアルタイム．～ compartido タイムシェアリング．～ de acceso アクセスタイム．～ de ejecución ランタイム．⓮《音》～ de reverberación 残響時間．⓯《心理》～ de reacción 反応時間．⓰〔子供・動物の子・事物の〕年齢: ¿Qué (Cuánto) ～ tiene este ternero?—Seis meses. この子牛は何歳ですか?—6か月です．Tu hijo y el mío son del mismo ～. 君の子と私の子は同じ歳．Este televisor ya tiene mucho ～. このテレビはもう古い．

II ❶ 天候，天気: ¿Qué ～ hace en Barcelona? バルセロナはどんな天気ですか? Hace buen ～. 天気がよい．～ malo (malísimo). 天気が悪い(悪い)．Tuvimos buen (mal) ～. 天候がよくて楽しかった（悪くてつまらなかった）．En esta época del año el ～ es lluvioso. 一年のこの時期，天候は雨だ．¡Qué ～ más molesto! 何て嫌な天気だ! avión de caza para todo ～ 全天候戦闘機．espectacular con buen y mal ～. 雨天決行の催し物．hombre del ～〔放送局の〕天気予報係；気象予報士．A mal ～, buena cara.《諺》不幸な時こそ明るくふるまうの/武士は食わねど高楊子．❷《船舶》嵐，時化《:》: aguantar un ～. 嵐を耐える，嵐を乗り切る

a su debido ～ よい時機に，必要になった時に《= a su ～》
a su ～ 1) よい時機に，必要になった時に: A su ～ conocerás mi decisión. その時来れば私の決心を教えるよ．2) ちょうどよい時に

a ～ 間に合って《⇔ tarde》，ちょうどよい時に: Si no os dais prisa, no llegaréis ～ al concierto. 急がないとコンサートに

tiempo

間に合わないよ. Has llegado *a* ~. いい時に来たね/君は間に合った. Más vale llegar *a* ~ que rondar un año. 《諺》長い間待った人よりチャンスをつかんだ人の方が勝つ
- *a* ~ **completo** フルタイムの・で: trabajar *a* ~ *completo* フルタイムの仕事をする. trabajador *a* ~ *completo* フルタイマー. trabajo *a* ~ *completo* フルタイムの仕事. profesor *a* ~ *completo* [専任ではないが] 常勤の先生
- *a* ~ **parcial** パートタイムの・で: trabajar *a* ~ *parcial* パート労働をする. contrato *a* ~ *parcial* パート契約. trabajador *a* ~ *parcial* パート労働者
- *a* ~ **que**+直説法 …する時に: Llegaron *a* ~ *que* anocheció. 彼らは日暮れに着いた
- *a* **un** ~ 同時に: Levantamos la mesa los dos *a un* ~. 私たち2人で同時に机を持ち上げる. No puede estar en los dos sitios *a un* ~. 同時に2つの場所にいることはできない/体は1つしかない
- **acomodarse al** ~ 状況に従う
- **al correr del** ~ =**andando el** ~
- **al mismo** ~ 同時に: 1) Hablaron *al mismo* ~. 彼らは同時に話した. 2) [+que と] Salí *al mismo* ~ *que* él. 私は彼と同時に出発した. *Al mismo* ~ *que* llegué a casa, empezó a llover. 私が家に着くと同時に雨が降り出した
- **al poco** ~ 間もなく
- **al propio** ~ まさにその時: *Al propio* ~ empezaron a sonar las campanas de la iglesia. ちょうどその時, 教会の鐘が鳴り始めた
- **al** ~ 1) =**al mismo** ~: *al* ~ que+直説法〔ちょうど〕…する時に. 2) 時間がたてば分かることである《=y, si no, al ~》. 3) 《メキシコ, 口語》〔飲み物が〕室温の, 冷えていない, 熱くない
- **algún** ~ 少しの間, 短期間
- **alzar[se] el** ~ 晴れ間がのぞく, 雨がやむ
- **andando el** ~ 将来になって, 時がたってから, 後になって: *Andando el* ~ se veía quién tenía razón. 後になって誰が正しかったのか分かった
- **andar con el** ~ なりゆきに任せる; 強者に媚び従う
- **antes de** ~ 予定 (思っていた) より早い・早く: Ha nacido *antes de* ~. 彼は予定より早く生まれた. fruta cogida *antes de* ~ 摘み取りの早すぎた果実
- **cada cierto** ~ 時々, たびたび
- **caer a** ~ [事が] タイミングよく起こる, 時機が到来する
- **con el correr del** ~ =**andando el** ~
- **con el** ~ 時がたつにつれて, やがて: *Con el* ~ se le pasará la tristeza. 時間がたてば彼の悲しみも癒えるだろう
- **con** ~ あらかじめ, 余裕を見て: Me gusta llegar a los sitios *con* ~. 私は早目に約束の場所に行っているのが好きだ
- **correr el** ~ 時間がたつ: *Corría el* ~ sin que llegara nadie. 時はたったが誰も到着しなかった
- **¡Cuánto** ~ [*sin vernos*]! 久しぶりですね!
- **dar** ~ *a*+人 [単人称] …にとって時間がある, 時間の余裕を与えられる: Lo haré si me *da* ~. 時間があればやります. Me ha *dado* ~ a coger el tren de las dos. 私は2時の列車に乗る時間の余裕があった. No me *daba* ~ a pensar. 私は考える時間がなかった
- **dar** ~ 好機を待つ: *Dale* ~ *al* ~. チャンスを待て/あせるな
- **de algún** (*cierto*) ~ **a esta parte**/**de algún** ~ **atrás** 少し前から
- **de medio** ~ 《中南米》パートタイムの・で [=*a* ~ *parcial*]
- **de** ~ かなり以前の: Esta situación ya viene *de* ~. この状況は大分前から続いている
- **de** ~ **en** ~ 時々: *De* ~ *en* ~ aparece por aquí. 彼は時々ここに顔を出す
- **de un** ~ **a esta parte**/《口語》**de un** ~ **acá** 少し前から
- **dejar... al** ~ …に対して手を打たない, 時が解決するのに任せる
- **del** ~ 1) [果物などが] 旬の: verduras *del* ~ 季節の野菜. 2) [飲み物が] 冷えていない, 室温の: beber la cerveza *del* ~ 冷えていないビールを飲む
- **del** ~ **del rey que rabió** はるか昔, 大昔に, むかしむかし
- **durante un** ~ 一定期間: *Durante un* ~ mi tío remediará nuestras necesidades económicas. しばらくは伯父が私たちの困窮を救ってくれるだろう
- **echarse** *a*+**el** ~ **encima** 時間に追われる

- **el** ~ **dirá** 時がたてば分かることである《=y, si no, al ~》
- **en los** ~**s de catapún** 昔々の昔
- **en los** ~**s que corren** 今日《話》
- **en nada de** ~ わずかな時間で
- **en otro** ~ 以前に, かつて
- **en otros** ~**s** 昔, かつては
- **en poco** ~ 短時間で, たちまちのうちに
- **en** [**su**] ~ =**a su** ~
- **en sus** [**buenos**] ~**s** 若いころは
- **en** ~**s** [**pasados**] 昔は, かつては: *En* ~*s* fue una mujer muy hermosa. 彼女も昔は美人だった
- **engañar el** ~ =**matar el** ~
- **entretener el** ~ =**matar el** ~
- **faltar** *a*+人 ~ **para**+不定詞 1) …たちまち…をする: Le faltó ~ *para* contarme la noticia. 彼はすぐニュースを教えてくれた. 2) …が…する時間が足りない
- **fuera de** ~ 1) 時期 (季節) 外れに: Nieva *fuera de* ~. 季節外れの雪が降っている. 2) 時機を失して
- **ganar** ~ 1) 時間を節約する: Mientras yo enciendo el fuego ve tú pelando las patatas para *ganar* ~. 私は火をおこしているからその間, 時間を節約するためにジャガイモの皮むきをしてくれ. 2) 時間かせぎをする: Tú entretenle con promesas para *ganar* ~. 時間かせぎに彼を約束だけで引き止めておいてくれ
- **gastar el** ~ 時間を無駄にする, 無為に過ごす; 無駄なことをする
- **hacer** *a* ~ 《ラプラタ》時間が十分ある
- **hacer** ~ 1) [単人称で] ずっと前から…: *Hacía* ~ que no llovía. 長い間雨が降っていなかった. *Hacía* ~ que no te veía tan contento. 君がそんなに喜ぶのを見るのは久しぶりだった. *Hará* ~ de eso que cuentas. それは話せば長いことだ. Tengo una idea en mi cabeza desde *hace* ~. 私にはしばらく前からある考えがある. 2) [予定の時刻が来るまで他のことをして] 時間つぶしをする: Estuve leyendo una revista en la sala de espera del médico para *hacer* ~. 私は医者の待合室で時間つぶしに雑誌を読んでいた
- **hacerse** ~ 《南米》時間を見つける
- **llevar** *a*+人 ~ …が手間どる: Los preparativos de la fiesta nos *llevaron* mucho ~. 私たちはパーティーの支度に大変手間どった
- **malgastar el** ~ =**gastar el** ~
- **matar el** ~ 《口語》=**pasar el** ~: Algunos hacen crucigramas para *matar el* ~. 時間つぶしのためにクロスワードパズルをする人もいる
- **medio** ~ 《中南米, スポーツ》ハーフタイム
- **meterse el** ~ **en agua** 長雨が降る
- **pasar el** ~ 《口語》[単なる] 気晴らし (暇つぶし) をする: Me puse a ver una película para *pasar el* ~. 私は気晴らしのために映画を見始めた. La cuestión es *pasar el* ~. その質問は意味がない
- **perder** [**el**] ~ 時間を無駄に過ごす, 無為に過ごす: Esa chica está *perdiendo el* ~ con ese muchacho. その女の子は男の子と遊び回っている. Con esa discusión infructuosa *hemos perdido* ~. その不毛の議論のせいで私たちは時間を無駄にした
- **por** ~**s** 段階的に
- **sin perder** ~/**sin pérdida de** ~ 時を移さず, 直ちに: Hay que avisar al médico *sin perder* ~. 直ちに医師に知らせなければならない
- **¡Tanto** ~ **sin vernos!** 久しぶりですね!
- ~ **completo** [勤務形態] フルタイム: profesor de ~ *completo* 専任教員
- ~ **parcial** [勤務形態] パートタイム
- ~ **perdido** 1) 無駄に過ごした時間: Es ~ *perdido* el que gastes hablando con él. 君が彼と話したのは無駄な時間だった. 2) 《口語》時間の無駄: Todas esas idas y venidas son ~ *perdido*. そんな行ったり来たりは時間の無駄だ
- **todo el** ~ いつも
- **tomar el** ~ **como viene**/**tomar los** ~**s como vienen** なりゆき任せにする
- **tomarse** [**el**] ~ 時間をかける, じっくり行なう: *Se tomó* ~ para dar una contestación. 彼はじっくり時間をかけて返事をした. Puedes *tomarte todo el* ~ que necesites para pen-

sarlo. 考えるのに必要なだけ時間をかけていいよ **un ~**〔文語〕1) 昔は，かつて．2) この先，いつか **Y, si no, al ~** 時間がたてば分かることである

tienda [tjénda]〔←俗ラテン語 tenda < ラテン語 tendere「広げる，伸ばす」〕囡 ❶ 店，商店．Voy a la ~ a comprar comestibles. 私は店に行って食料品を買ってくる. Mi tío tiene una ~ de productos artesanales típicos de la zona. 私の叔父はその土地の民芸品を扱う店を持っている. zona de ~ 商店街. ~ con artículos económicos y variados 〔無理なく購買できる価格帯の商品を多様にとりそろえて〕バラエティストア. ~ de animales ペットショップ. ~ de descuento/~ de saldos ディスカウントショップ. ❷〔=~ de campaña〕テント〔=~ de campaña〕: montar (desmontar) la ~/armar (desarmar) la ~ テントを張る（畳む）．vivir en una ~ テント暮らしをする. ~ de oxígeno〔医学〕酸素テント. ❸〔船の甲板の〕天幕; 〔馬車の〕幌. ❹〔中南米〕〔食料品店以外の〕商店. ❺〔ホンジュラス〕洋服店. ❻〔キューバ, ベネズエラ, チリ, ラプラタ〕生地店
ir de ~s 買い物に行く; ウインドーショッピングをする

tienta [tjénta] 囡 ❶〔闘牛〕若牛の勇猛さをテストする. ❷ 明敏さ，洞察力. ❸〔医学〕探り針, 消息子
a ~s 1) 手さぐりで: buscar *a ~s* el interruptor de la luz 手さぐりで電灯のスイッチを捜す. 2) 行きあたりばったりで, 不確かなまま: La policía anda *a ~s* con lo del secuestro. 警察は誘拐事件を行きあたりばったりで調べている. decir *a ~s* 当て推量で言う. tomar la decisión *a ~s* 手さぐり状態で決断を下す
andar a ~ paredes〔暗闇の中を〕壁を手さぐりで歩く
tientaguja [tjentaɣúxa] 囡〔建築用地の地質検査用の〕鉄製の測棒
tientaparedes [tjentaparéðes]男〔単複同形〕〔まれ〕行きあたりばったりに生きる人
tientayernos [tjentajérnos] 男〔単複同形〕〔植物〕ゴマノハグサ科の一種〔=acigutre〕
tiento [tjénto]〔←tentar〕男 ❶ 用心, 注意: Actúa con mucho ~, que no te engañen. だまされないように行動しなさい. ❷ うまさ, 熟練: dibujar con buen ~ 絵が上手である. ❸ 感触, 手ざわり, 手探り: No pudo reconocerlo solo por el ~. 彼は触感だけでそれを確かめることはできなかった. ❹〔口語〕殴打: Mi abuelo me amenazaba con un ~ si me portaba mal. 祖父は私が悪いことをするとげんこつで脅した. ❺〔西．口語〕〔食べ物・飲み物の〕一口: dar (tirar) un ~ a... …を一口食べる（飲む）. ❻〔西．口語〕口を丸ごとにすること, 愛撫. ❼〔盲人用の〕杖. ❽〔綱渡り用の〕バランス棒. ❾〔美術〕絵筆を持つ手の支え: 腕鎮, マールスティック. ❿〔音楽〕1) ティエント〔昔の楽曲形式の一つ〕．2)〔フラメンコ〕囲 ティエント〔タンゴの影響を受けた様式〕．3) 音合わせ. ⓫〔水汲み水車と馬をつなぐ〕水平の回転棒. ⓬〔動物〕触角. ⓭〔メキシコ, パナマ, ボリビア, チリ, アルゼンチン, ウルグアイ〕なめしていない細い皮片〔ひもなどを作る〕
a ~ 手触りで
con ~ 用心して
dar un ~ al jarro (a la bota)〔酒を〕一杯飲む

tiernamente [tjérnaménte] 副 柔らかく, 優しく
tierno, na [tjérno, na]〔←tentar tener, -era, -erum〕形〔絶対最上級〕〔文語〕ternísimo,〔口語〕tiernísimo〕❶ 柔らかい〔⇔duro〕: 1) Este pollo está muy ~. この鶏肉はとても柔らかい. pan ~ 柔らかいパン. 2)〔若くて〕brote ~ 若芽. tallos ~s まだ弱々しい茎. ❷ 優しい, 思いやりのある, 愛情の深い: Está muy ~ conmigo. 彼は私に対して優しい. carácter ~ 優しい性格. mirada ~ 優しいまなざし. pareja muy ~na 愛情のこもった仕草を見せるカップル. ❸ 幼い, あどけない: niño ~ 幼児. ~*na* edad いたいけ盛り. ❹ 涙もろい, 泣き虫の: Estos jóvenes son muy ~s. この若者たちは大変涙もろい. ❺〔グアテマラ, ニカラグア, エクアドル, チリ〕〔果実などが〕未熟な, 熟れていない
~ de ojos 目がいつも少し充血している
—— 图〔グアテマラ, ニカラグア〕赤ん坊, 乳飲み児; 〔一般に〕子供

tierra [tjéřa]〔←ラテン語 terra〕囡 ❶〔主に T~〕地球: La T~ es el tercer planeta del sistema solar. 地球は太陽系の第3惑星である. órbita de la ~ 地球の軌道. ❷ 陸, Divisaron ~ después de un mes de navegación. 彼らは1か月の航海の後, 陸に到達. transporte por ~ 陸上輸送. viaje por ~, mar y aire 陸海空の旅. ❸ 地面, 大地: Se sentó en la ~ a la sombra de un árbol. 彼は木陰の地面の上に座った.

2243　tierra

Cayó *a* ~ del empujón. 彼は押されて地面に倒れた. Sobre la ~ se desarrolla la vegetación. 大地の上で植物は育つ. cavar la ~ 地面を掘る. dormir en ~ 地面で寝る. ❹ 土地〔→terreno 類義〕: mil metros cuadrados de ~ 1千平方メートルの土地. 暑い（中位の・寒い）土地〔海抜約1200m以上〜2200m・2200m以上〕の土地. ~ de Canaán〔旧約聖書〕カナンの地〔→T~ Prometida〕. T~ del Fuego フエゴ島, ティエラ・デル・フエゴ〔南アメリカ大陸南端の島. アルゼンチンとチリに分割されている〕. T~ Prometida/T~ de Promisión〔旧約聖書〕約束の地〔神がイスラエル人に約束した理想郷カナンCanaánの地. パレスチナのこと〕; 〔一般に〕富や幸福をもたらす〕希望の地, 理想郷, 楽園. T~ Santa 聖地〔イエス・キリストが生まれ・生き・死んだパレスチナのこと〕. ❺ 陸〔不動産としての〕土地, 地所; 耕地, 畑 ~ de labranza: Tiene ~s en Andalucía. 彼はアンダルシアに土地を持っている. Esas ~s dan una buena cosecha todos los años. それらの畑は毎年いい収穫をもたらしてくれる. En estas ~s se produce trigo. これらの畑では小麦が作られる. comprar ~ 土地を買う. ~s comunales 共有地. ❻〔経済〕〔生産要素としての〕土地: productos de la ~ 土地からの生産物. ~ marginal 耕作の限界, 耕境. ~ túmera: ~ de brezo ヒース土壌. ~ baldía 不毛の地, 荒蕪地. ~ campa 木の生えていない土地〔穀物地帯に使われる〕. ❽〔不可算〕土, 泥: 1) El chico traía los pantalones llenos de ~ luego de la caminata. 少年は遠足の後, ズボンを泥だらけにしていた. Se te han llenado los zapatos de ~. 君の靴は泥だらけになった. tirar un puñado de ~ ひと土くれを投げる. cubrir... de ~ …に土をかける. camino de ~ 舗装されていない道路, 泥道. 2)〔各種の〕~ de alfareros 陶土. ~ de batán〔織物の脱脂に使う〕白土, 漂土. ~ de Holanda/~ de Venecia〔鉱物〕オークル, 黄土〔=ocre〕. ~ vegetal (negra) 腐植土, 腐葉土; 表土. ~s grises〔地質〕ポドゾル, 灰白土. ~s pardas forestales 褐色森林土. ❾〔時に〕国, 地方; 故郷〔=~ natal〕: Deseaba volver a su ~ para visitar a su familia. 彼は田舎に帰って家族を訪ねたいと願っていた. El que quiera ser feliz, que no salga de su ~. 幸福でいたい人は故郷を出てはいけない. En mi ~ se hacen unos dulces buenísimos. 私の地方ではとてもおいしい菓子が作られる. abandonar su ~〔故郷〕を捨てる. pasar las vacaciones en su ~ 休暇を故郷で過ごす. pisar ~ extranjera 外国の土を踏む. Importan tabaco desde ~s cubanas. 彼らはキューバの国からタバコを輸入している. ~ mexicana メキシコ. ❿ 囲〔領土の〕住民. ⓫〔天国に対して〕地上, 現世; 地上の人々: Estamos muy pendientes de la ~, alejados del espíritu. 我々は精神的なものから遠ざかり現世べったりの暮らしをしている. No hay nadie en la ~ que te quiera como yo. 私ほどあなたを愛している人はいない. desgracias en la ~ この世の不幸. ⓬〔テニス〕~ batida クレーコート. ⓭〔電気〕アース, 接地〔=toma de ~〕: conectar a ~/hacer ~/dar ~ アースする. ⓮〔技術〕línea de ~ 基準線; 〔建築〕基線, 基礎線. ⓯〔歴史〕属領〔中世都市の周辺地域〕. ⓰〔元素〕~s raras 希土類. ⓱〔軍事〕misil ~-aire (~-~) 地対空（地対地）ミサイル. ⓲〔美術〕シエナ色, シエナ土〔黄褐色, 赤褐色. =~ de Siena, ~ de sombra〕. ⓳〔口語〕質の悪いハシッシュ（大麻）. ⓴ japónica カテキュー, 阿仙薬〔=cato〕. ㉑〔中南米〕砂（土）ぼこり〔=polvo〕.

bajo ~ 1) 地下の・に: a cien metros *bajo* ~ 地下100メートルのところに. 2) 埋葬されて: Vine y lo encontré a dos metros *bajo* ~. 来てみたら彼は墓の中だった〔dos metros は死体を埋める穴の深さが2メートルとされることから〕. 3) 秘密の; 秘密裏に: llevar a cabo *bajo* ~ 水面下で実行する
besar la ~〔口語〕うつぶせに倒れる: Al salir de casa tropezó y *besó la* ~. 彼は家を出て転びて前のめりに倒れた. 2)〔敬意・感謝の印として〕大地に口づける
besar la ~ que (donde) pisa+人〔口語〕…に敬意を払う, 謝意を表す: María *besa la* ~ *que pisas*. マリアは君にとても感謝している
caer por ~ 1) 地面に倒れる. 2) 崩壊する: *Cayeron por* ~ todas mis esperanzas. 私の希望はすべて打ち砕かれた
dar en la ~ a+人〔エルサルバドル. 口語〕…の高慢の鼻を折る
dar ~ en 1)〔主に重い物に〕倒す, 落とす; 壊す: Golpeó el florero y *dio en* ~ rompiéndose. 彼は花瓶にぶつかり, 落として割った. 3)〔+con〕を打倒する, 破滅させる: Un jefe inep-

tierrafría [tjerafría] 图《コロンビア》[アンデス山脈の] 高地の住民

tierral [tjerál] 男《メキシコ》土煙, 土ぼこり, 砂ぼこり, 砂塵

tierrazo [tjeráðo] 男《ドミニカ》砂ぼこり, 土ぼこり

tierrero [tjeréɾo] 男《メキシコ, 中米, コロンビア, ベネズエラ》❶ 土煙, 土ぼこり, 砂ぼこり. ❷ 大量の土. ❸ 混乱, 騒動

tiesamente [tjésaménte] 副 硬直して, こわばって

tieso, sa [tjéso, sa]《←古語 teso < 俗ラテン語 tesus < ラテン語 tensus「敷設」》形 ❶ 硬直した, こわばった: Esta camisa tiene el cuello 〜. このワイシャツはカラーがごわごわしている. Le quedó 〜sa la pierna izquierda. 彼は左脚が曲がらなくなっていた. ❷ まっすぐ立った, ぴんと張った; 胸を張った, 背筋を伸ばした: El perro tiene el rabo y las orejas 〜s. その犬はしっぽと耳をぴんと立てている. andar muy 〜 ほこほこばって歩く. ❸《軽蔑》思い上がった, 傲慢な: Anda siempre 〜, no saluda a nadie. 彼はいつもお高くとまっていて誰にもあいさつしない. ¡Mírale, qué 〜 va! ほら, 見ろ, えらそうにしちゃって! ❹《軽蔑》[態度が] 堅苦しい, 冷淡な: No me cae bien, es muy 〜. 彼とは馬が合わない, まじめすぎて. Nos recibió muy 〜. 彼は私たちを冷ややかに迎えた. ❺ [estar+] 健康な, 元気な: Está usted muy 〜 para la edad que tiene. あなたは歳のわりにかくしゃくとしている. ❻《口語》寒さでかじかんだ, 死んだ, 即死した. ❼《西. 口語》金のない. ❽《コロンビア》1)《パン・肉が》固い. 2)《口語》[人が] 勇敢な

**dejar a... ** 1) …を殺す: El camión dejó 〜 al pobre gato. かわいそうにトラックが猫を轢いた. 2)《ショックで》唖然とさせる

manteńérselas 〜sas《まれ》=**teńérselas 〜sas**

quedarse 〜 1)《寒さで》こわばる, かじかむ. 2) 死ぬ, くたばる: Inclinó la cabeza de repente y se quedó 〜 sobre la mesa. 彼は突然首をがくっとさせテーブルの上で息を引き取った. 3) 唖然とする

tenerse 〜 1) [物が] まっすぐ立っている. 2) [人が] 自分の位置からしりぞかない, 確固たる思想 (意見) がある

tenérselas 〜sas《口語》1) [議論・けんかで, +a に] 敢然と立ち向かう, 食い下がる. 2) [+con の] 話に耳を貸さない

—— 副 ❶ 強く, 勢いよく; 元気よく. ❷《アンデス》腹一杯で, 食べすぎ

tiesta[1] [tjésta] 女《樽の蓋・底に使われる》板. ❷《古語》頭

tiesto[1] [tjésto]《←ラテン語 testu「ふた, 土器」》男 ❶ 植木ばち《= maceta》; 植木ばちに入った植物: regar los 〜s 植木ばちに水をやる. ❷《陶磁器》のかけら. ❸《古語》頭蓋. ❹《チリ, ウルグアイ》入れもの, 容器; 陶器

mear (escupir·regar) fuera del 〜《口語》的外れ (場違い) なことをする (言う): Me parece que estás meando fuera del 〜. 君はピント外れなことを言っているように思うけど

salirse del 〜《口語》急に大胆になる

—— 副《廃語》強く, したたかに; 厳しく

tiesto[2]**, ta**[2] [tjésto, ta] 形 ❶ [物で] 一杯の. ❷ ぴんと立った. ❸《廃語》硬直した, こわばった

tiesura [tjesúɾa] 女 ❶ ぴんと立っていること. ❷ 硬直, こわばり. ❸ きまじめなこと, 冷ややかなこと

tifáceo, a [tifáθeo, a] 形 ガマ科の

—— 女《植物》ガマ科

tífico, ca [tífiko, ka] 形《医学》チフスの; チフスにかかった

—— 名 チフス患者

tifingo, ga [tifíŋgo, ga]《コロンビア》真っ黒な, 漆黒の

tiflología [tifloloxía] 女《医学》盲目学

tiflológico, ca [tiflolóxiko, ka] 形 盲目学の

tiflólogo, ga [tiflólogo, ga] 名 盲目 (治療) 学者

tifo[1] [tífo] 男《医学》❶ チフス《=tifus》. ❷ 〜 asiático 真性 (アジア) コレラ. 〜 de América 黄熱病. 〜 de Oriente 腺ペスト

tifo[2]**, fa** [tífo, fa]《口語》❶ 飽き飽きした, うんざりした. ❷ 満ちた, 満腹の

tifódico, ca [tifóðiko, ka] 形 =**tífico**

tifoideo, a [tifoiðéo, a] 形 チフス性の; 腸チフスの

—— 女 腸チフス

tifón [tifón]《←ギリシア語 typhon「旋風」< typhos「蒸気」》男 ❶

---

tierrafría

to ha dado en 〜 con toda la organización. 無能な上司が組織全体をだめにしてしまった. 4) 追放する, 追い出す: Con el congreso dieron en 〜 con el secretario general. 会議で書記長は更迭された

dar 〜 a+人 …を葬る, 埋葬する: Hoy hemos dado 〜 a su padre. 今日私たちは彼の父を埋葬した

dar 〜 sagrada a+人 …をキリスト教の墓地に埋葬する

de la 〜 1) [食品などが] その土地の産の, 国産の: vino de la 〜 地ワイン. 2) 土着の, 先住民の; 現地人の

dejar en 〜《口語》[乗り物に] 乗れないでいる, 置き去りにする

echar por (a·en) 〜 失敗 (挫折) させる: La negativa de la dirección echó por 〜 nuestro proyecto. 執行部の不可により我々の計画は挫折した. Ha echado en 〜 el esfuerzo de tantos años. 彼は長年の努力を無にしてしまった. Alicia ha echado en 〜 mis ilusiones. アリシアは私の夢を潰してしまった

echar 〜 a (sobre)+事/echar 〜 encima de+事 [それ以上] 言及しない, 蒸し返さない: Vamos a echar 〜 a este asunto. この件は忘れることにしよう. Echaron 〜 sobre ciertas pruebas del caso porque comprometía a gente importante. 大物と関わりがあったので事件の証拠は闇に葬られた

echar 〜 a+人《メキシコ. 口語》…の悪口を言う

echarse por (a·en) 〜 へりくだる; 謙遜を装う

en toda 〜 de garbanzos《口語》《使用・知識が》至る所で, どこにでも

faltar (la) 〜 debajo de los pies 1) 足元がふらつく, よろめく. 2) 確信がない

ganar 〜 1)《船舶》岸に近づく, 接岸する. 2) 地歩を占める; 進歩する《=ganar terreno》

irse a 〜 1) 崩れる. 2) だめになる, 失敗に帰す

perder la 〜 亡命する, 母国を離れる, 流浪する; 宙に浮く

perder 〜 [人が] 足を滑らせる; 宙に浮く

poner 〜 [de] por medio《口語》大急ぎで逃げる: Decidieron poner 〜 por medio y se marcharon al extranjero. 彼らはずらかることに決め, 外国に行った

quedar[se] en 〜《口語》[満員などで乗り物に] 乗れない, 乗り損なう. 2) 旅行を取りやめる, 旅行に行けなくなる

sacar... de debajo de [la] 〜 苦労してやっと…を手に入れる

ser de su 〜《口語》[人が] ばかげたことを思いつく

〜 de nadie 1) 所有者のいない土地, 無人の地. 2)《軍事》敵味方の中間 (緩衝) 地帯. 3) 帰属をめぐって2国間で争われている土地: Los dos países se disputaron por una 〜 de nadie que había en la zona de frontera. 両国は国境地帯にある帰属未定の土地をめぐって争った

〜 firme 1) [海に対して] 大陸, 陸地; [島に対して] 本土, 内地. 2) 地盤のしっかりした土地. 3) T〜 Firme《歴史》ティエラ・フィルメ《16世紀, 現パナマから南米北部を含む地方一帯の呼称》

〜 perdida 1) 失地: recuperar la 〜 perdida 失地を回復する. 2) 失われた土地, ロストワールド: aventura de buscar una 〜 perdida 失われた土地を捜す冒険

〜 quemada 1) 焦土《状態, 戦術》. 2) 経営基盤焦土作戦《敵対的企業買収に抵抗する際, 故意に企業の魅力を減殺するため最重要部門の売却などを行なう》

¡T〜 trágame! =**¡Trágame 〜!**

tirar por 〜 =**echar por 〜**: Ha tirado por 〜 el honor de su familia. 彼は一族の名誉を汚した

tocar 〜 1)《船が》接岸する. 2)《飛行機が》着陸する: El avión tocó 〜 en la Ciudad de México. 飛行機はメキシコシティーに着陸した

tomar 〜 1)《船が》接岸する. 2)《飛行機が》着陸する: El avión está tomando 〜. 飛行機が下降し, 着陸しようとしている; 飛行機を下りる. 4) [人・物の] 扱いに慣れる. 5) 地に足をつける, 現実的になる

¡Trágame 〜! 穴があったら入りたい!: Cuando me encontré con su padre pensé «trágame 〜». 彼女の父親に出くわした時私は穴があったら入りたいと思った

tragar[se] la 〜 1) [+a+人] …が忽然 (忍) と姿をくらます: ¿Dónde está Josefina? Parece que se la ha tragado la 〜. ホセフィーナはどこにいるのかな, まるで忽然と姿を消したみたいだ. 2) [+a+物] …が跡形もなく姿を消す

tragárselo la 〜 a+人 …がよく人前で姿を見せなくなる

《気象》台風. ❷［海・湖の］竜巻. ❸《メキシコ》露頭している鉱脈
tifosi [tifósi] 男 複 ティフォージ《イタリアのサッカーファン》
tifus [tífus]《←ギリシア語 typhos「蒸気, 昏睡」》男《単複同形》《医学》チフス: ~ exantemático 発疹チフス. ~ icteroides 黄熱病. ~ vulgar 腸チフス. ❷《口語》《劇場の》招待席; [ここに座る] 招待客
tigana [tigána] 女《ベネズエラ. 鳥》ジャノメドリ
tigelina [tixelína] 女《コロンビア》[木から] 生ゴムを採取する容器
tigmotropismo [tigmotropísmo] 男《生物》屈触性, 接触性
tigra [tígra] 女 ❶《まれ》雌のトラ [=tigresa]. ❷《南米》雌のジャガー
  ponerse como una ~ parida《コロンビア, アルゼンチン》怒り狂う
tigre [tígre]《←ラテン語・ギリシア語 tigris》男 ❶《動物》1) トラ（虎）: ~ de Bengala ベンガルトラ. ~ de Tasmania フクロオオカミ, タスマニアタイガー. ~ de papel 張り子の虎, こけおどし. 2)《中南米》ジャガー [=~ americano, jaguar]. ❷ 残忍な人, 血に飢えた奴. ❸《口語》トイレ; [特に] 公衆便所. ❹《料理》ムール貝のベシャメルソース詰め. ❺《ドミニカ》ろくでなし, チンピラ. ❻《コロンビア》ミルクを少量入れたコーヒー. ❼《ベネズエラ. 口語》臨時の仕事. ❽《エクアドル》雌鶏より少し大型のトラの毛色の鳥
  hecho un ~ ひどく怒って
  matar el ~《ニカラグア. 口語》空腹をしのぐ
  oler a ~《西. 口語》[人・場所が] 嫌なにおいがする, 悪臭を放つ
  portarse como un ~《南米》勇敢なところを見せる
  ser un ~《南米》傑出していて決断力がある
tigrero, ra [tigréro, ra] 形《アルゼンチン》大胆な, 勇敢な
  —— 男《メキシコ, 中米, チリ, アルゼンチン》ジャガーの猟師
tigresa [tigrésa] 女 ❶ 雌のトラ. ❷《口語》魅力的で性関係に積極的な女性
tigrillo [tigríʎo] 男《中南米. 動物》ヤマネコ（山猫）; ジャガー猫, オセロット
tigris [tigrís] 男《隠語》トイレ, 公衆便所
tigrito [tigríto] 男《コロンビア, ベネズエラ》地下牢
tigrón [tigrón] 男 ❶ 虎の雄とライオンの雌から生まれた雑種. ❷《ベネズエラ》強がりの男
tigua [tígwa] 女《ドミニカ, プエルトリコ. 鳥》ヒメカイツブリ
tigüero [tigwéro] 男《プエルトリコ》ヤシの花を包む仏炎苞〔ほう〕; それで作った容器
tigüilote [tigwilóte] 男《中米. 植物》ムラサキ科の木《染色に使われる. 学名 Cordia alba》
tija [tíxa] 女《ドミニカ, プエルトリコ. 鳥》ヒメカイツブリ《鍵の》心棒, 軸. ❷《自転車》サドル支柱
tijera [tixéra]《←古語 tiseras < ラテン語 tonsorias》«切り込む» 女 ❶《主に 複》はさみ: cortar un papel con ~s はさみで紙を切る. abrir (cerrar) las ~s はさみを開く（閉じる）. ~s de barbero 理容ばさみ. ~s de cocina 料理用ばさみ. ~s de podar 剪定（植木）ばさみ. ~s de jardinero 刈込み（植木）ばさみ. ~s de sastre 裁ちばさみ. ~s dentadas すきばさみ. ~s [X字形の] 木ばさみ. ❷《口語》《レスリング》はさみ締め, シザーズ [=toma de ~]. ❹《体操》両脚開閉. ❺《サッカー》シザーズキック [=tijereta]. ❻《闘牛》両腕をクロスさせてケープを持ち正面から牛を迎える技. ❼《湿地の》排水溝. ❽ 蛇の舌. ❾《すり》人差し指と中指を使って財布などを盗む方法. ❿《ログローニョ, アラゴン. 建築》切妻. ⓫《メキシコ, ホンジュラス》甲殻類のはさみ
  cortado con (por) la misma ~ 瓜二つの
  de ~《椅子などが》折畳み式の: escala (escalera) *de ~* 脚立〔立て〕. mesa *de ~* 折畳み式テーブル. silla *de ~* 折畳み椅子
  echar la ~ =meter la ~
  meter la ~ 1)《思い切って》はさみを入れる, 思い切って切る: Metió la ~ en la tela sin miedo. 彼は怖がらずにはさみを入れた. Méteme bien a ~ en el flequillo. 前髪をばっさり切って下さい. 2)《記事・映画などの一部を》カットする: Antes los censores *metían la ~* sin piedad en las películas. 昔, 検閲官は情け容赦なく映画にはさみを入れたものだ
  ¡Piensa antes de echar la ~!《まれ》物事を行なう時はよく考えてやるべきだ!

ser una buena ~ 1) 仕立てが上手である. 2) うわさ好きである. 3) 健啖家（大食い）である
tijerada [tixeráda] 女 はさみで一気に切ること
tijeral [tixerál] 男《チリ》屋根の切妻枠
tijerazo [tixeráθo] 男《プエルトリコ, コロンビア》はさみで一気に切ること
tijerería [tixerería] 女《まれ》はさみ製造工場, はさみ販売店
tijerero, ra [tixeréro, ra] 男女 はさみ製造（販売）業者
tijereta [tixeréta] 女 ❶《昆虫》ハサミムシ. ❷《体操》両脚開閉. ❸《サッカー》シザーズキック《ジャンプし片足を上げ, 次に反対の足でオーバーヘッドキックをする》. ❹《西》《ブドウの》巻きひげ. ❺《鳥》1)《中南米》アメリカングンカンドリ（軍艦鳥）. 2)《メキシコ, 中米, コロンビア, ペルー, パラグアイ》エンビタイランチョウ. ❻《コスタリカ》折畳み式ベッド
tijeretada [tixeretáda] 女 =tijeretazo
tijeretazo [tixeretáθo] 男 はさみで一気に切ること: Ella se cortó un mechón de pelo de un ~. 彼女ははさみでバサリと髪を切った. Me ha dado varios ~s en la gabardina. 彼は私のコートをはさみでジョキジョキ切った
tijeretear [tixereteár] 他 ❶《誤って・下手に》はさみで切る: Ella se enfadó y empezó a ~ las cortinas. 彼女はかっとなってカーテンをはさみでジョキジョキ切り始めた. ❷《口語》おせっかいを焼く. ❸《メキシコ, アルゼンチン, ニカラグア》うわさ話をする
  —— 自《サッカー》シザーズキックをする
tijereteo [tixeretéo] 男 はさみでジョキジョキと切ること（音）
tijerilla [tixeríʎa] 女 ❶《闘牛》両腕を交差させてカポーテを持ち牛を挑発する技. ❷《西》《ブドウの》巻きひげ. ❸《植物》複 ケマンの一種《学名 Corydalis clavidulata》
tijeruela [tixerwéla] 女 =tijerilla
tijuil [tixwíl] 男《中米. 鳥》ミゾハシカッコウ
tijuy [tixuxí] 男《ベネズエラ》悪魔
Tikal [tikál] 男/女《考古》ティカル《グアテマラのペテン盆地 Cuenca del Petén にあるマヤ文明の都市遺跡》
tiki [tíki] 男 ティキ《マオリ族の神の木・石彫像》
tila [tíla] 女 ❶《植物》シナノキ [=tilo]; その花. ❷ シナノキ茶《シナノキの花を煎じた飲み物》. ❸《隠語》マリファナ
  que le den ~《地方語》[+a+人] うんざりさせる, 退屈な
tilacoide [tilakóide] 男《生物》チラコイド
tilán [tilán] 擬《主に tilín の後で, 鐘の音》カラン
tilar [tilár] 男《地方語. 植物》シナノキ林
tilapia [tilápja] 女《魚》ティラピア: ~ de Nilo ナイルティラピア
tilbe [tílbe] 男《アルゼンチン》魚を獲る仕掛け
tílburi [tílburi]《←英語 Tilbury（発明者名）》男 ティルバリー《2人乗りの軽装二輪馬車》
tilcoate [tilkoáte] 男《メキシコ》=tilcuate
tilcuas [tílkwas] 女 複 ぼろ [=harapos]
tilcuate [tilkwáte] 男《メキシコ》黒色の巨大な水棲の蛇
tildar [tildár]《←カタルーニャ語 tilde < ラテン語 titulare》他 ❶《人, +de 欠点で》指摘する: *Tildó* a su interlocutor *de* ignorante. 彼は相手を無知蒙昧な奴とみなした. ❷《文法》ティルデ（アクセント記号）tilde をつける. ❸《まれ》《書いたものを》抹消する
tilde [tílde]《←ラテン語 titulus》女 ❶❷ ではまれに 男 ❶《文法》ティルデ《口蓋音化記号: ñ の ~》; アクセント記号《´》. ❷ 欠点, 欠陥, 傷. ❸ 取るに足りないこと, 些細なこと
tildón [tildón] 男《廃》抹消線, 削除の線 [=tachón]
tile [tíle] 男《中米》炭; 煤〔すす〕
tilia [tílja] 女《植物》シナノキ [=tilo]
tiliáceo, a [tiljáθeo, a] 形 シナノキの
  —— 女 複《植物》シナノキ科
tiliche [tilítʃe] 男《メキシコ, 中米》《主に 複. 行商人などが扱う》がらくた品, 安物
tilichento, ta [tilitʃénto, ta] 形《メキシコ. 口語》ぼろを着た; ぼろぼろの
tilichera¹ [tilitʃéra] 女《メキシコ, 中米》がらくたをしまう袋（箱）
  —— 男《集名》がらくた, 安物
tilichero, ra² [tilitʃéro, ra] 男女《メキシコ, 中米》❶ 安物を売る〔人〕. ❷《がらくたを取っておくのが好きな〔人〕
  —— 男《メキシコ, 中米》がらくたをしまう袋（箱）[=tilichera¹]
tilico, ca [tilíko, ka] 形《メキシコ, ボリビア》❶ 病気がちの〔人〕, 痩せこけた〔人〕, ひ弱な〔人〕. ❷ 臆病な〔人〕, 弱虫〔の〕
tilín [tilín]《←擬声》男《鈴の》チリンチリン（リンリン）という音: El ~ de la campanilla de la puerta la distrajo de su lectura.

tilinches

ドアベルがチリンチリンと鳴ったので彼女は読書の気をそがれた **en un ~**《コロンビア,ベネズエラ,チリ》もう少しで, すんでのところで **hacer (tener) ~ a+人**《西. 口語》[人・事物が] ひどく…に気に入る: *Esa chica me hace ~*. 私はその娘が大好きだ

tilinches [tilíntʃes] 男 複《メキシコ》ぼろ切れ, ぼろ

tilingo, ga [tilíŋgo, ga] 形 名《メキシコ,ペルー. 軽蔑》卑怯で愚かで下劣な[人], 《メキシコ》《ラプラタ. 軽蔑》くだらない[人], おかしな[人], ばかなことばかり言う[人]

tilinguear [tiliŋgeár] 自《ラプラタ》ばかみたいにふるまう, ばかげたことを言う

tilintar [tilintár] 他《中米》[縄などを] 伸ばす, 引っ張る

tilinte [tilínte] 形《中米》ぴんと張った, 張りつめた. ❷《グアテマラ》めかしこんだ, 優美な, 上品な. ❸《ホンジュラス》飽きた; 満腹の

tilintear [tilinteár] 自 [鈴・ベルが] 鳴り響く

tilla [tíʎa] 女 ❶ [舟の, 釣り道具・衣類などをしまう] 敷板. ❷《カナリア諸島》火を起こすための木片

tillado [tiʎádo] 男《地方語》板張りの床

tillar [tiʎár] 他《地方語》…に床板を張る

tillitas [tiʎítas] 女 複《ボリビア》氷河による堆積物

tilma [tílma] 女《メキシコ. まれ》田舎の人がポンチョやケープのように着る] 木綿の毛布

tilo [tílo] 男 ❶ 《植物》シナノキ, ボダイジュ (菩提樹); 《特に》ナツボダイジュ. ❷《チリ,アルゼンチン,ウルグアイ》シナノキ茶. ❸《コロンビア》トウモロコシの花芽

tilón [tilón] 擬《主に》tilín の後で, 大きな鐘の音》カラン: *La campanas sonaban haciendo tilín, ~, tilín, ~*. 鐘がキンコン, カンコンと鳴っていた

tilonorrinco [tilonoř̃iŋko] 男《鳥》ニワシドリ

tilópodo, da [tilópoðo, ða] 形《動物》ラクダ亜目の, 核脚亜目の
—— 男《動物》ラクダ亜目, 核脚亜目

tiloso, sa [tilóso, sa] 形《中米》垢だらけの, 汚れた

tiltil [tiltíl] 男《チリ. 農業》麦わらの山, 麦の束; 干し草の山

tiluche [tilútʃe] 男《ボリビア. 鳥》セアカカマドドリ
—— 形《ボリビア》落ち着かない, そわそわした

timador, ra [timaðór, ra] 名 詐欺師, ペテン師: *No te fies, es un ~*. 信じちゃいけないよ, あいつはペテン師だから

tímalo [tímalo] 男《魚》カワヒメマス

timar [timár] 〖←古語 atimar「終わらせる」<アラビア語 temm〗 他 ❶ [+con を買った時に; +en で] …からだます: *Me timaron con este coche.* 私はこの車を買った時にだまされた. ❷《まれ》[空約束などで] だます
—— se《西》[互いに/+con+人 に] 色目を使う, 仕草で愛情を伝える: *La secretaria se timaba en las reuniones con su novio*. 秘書は会議中に恋人にウィンクをしていた

timba [tímba] 女 ❶《口語》[賭け事, 特にカードの] 勝負, ゲーム: *¿Jugamos una ~ de póquer?* ポーカーを一勝負やろうか? ❷《口語》賭博場. ❸《中米》太鼓腹, ビール腹. ❹《キューバ》1) グアバで作るゼリー状の菓子. 2) 太い木材. ❺《フィリピン》井戸から水を汲むバケツ
echar ~《エルサルバドル,ニカラグア. 口語》太る, 腹が出る
tener ~《中米》困難(厄介)である

timbal [timbál] 〖←アラビア語 tabal+カスティーリャ語 timpano〗 男 ❶《音楽》ティンパニー. 2)《祭りなどで叩く》長太鼓〖=tamboril〗. 3)《南米》ティンバレス[2対の高音の太鼓]. ❷《料理》タンバル[の型]. ❸《カリブ. 俗語》勇気. ❹《キューバ,ドミニカ》複 睾丸. ❺《チリ》凧の攻撃用尾部

timbalero, ra [timbaléro, ra] 名 ティンパニー奏者; 鼓手

timbear [timbeár] 自《ラプラタ. 口語》賭け事をする

timbembe [timbémbe] 形《アンデス. 口語》= **timbembo**

timbembo, ba [timbémbo, ba] 形《アンデス. 口語》震える

timbeque [timbéke] 男《キューバ》❶ 黒人(下層民)の舞踊. ❷ スキャンダル

timbero, ra [timbéro, ra] 形《ラプラタ. 口語》賭け事好きの

timbiriche [timbirítʃe] 男 ❶《メキシコ,キューバ,ベネズエラ》しけた店, ちんけな店. ❷《メキシコ. 植物》パイナップル科の一種〖学名 Bromelia caratas〗; その果実で作ったアルコール飲料

timbirimba [timbirímba] 女 ❶《メキシコ,ペルー》1) 賭博場. 2) 何だか名前を知らないもの. ❷《コロンビア》原始的な先住民の楽器の一種

timbo [tímbo] 男 ❶《ホンジュラス》悪魔, お化け. ❷《コロンビア》アフリカ出身の黒人. ❸《アルゼンチン》靴
del ~ al tambo《ベネズエラ》駆けずり回って; あちらこちらに

行ったり来たりして

timbó [timbó] 男《ホンジュラス》先住民の伝説上の動物の一種. ❷《ラプラタ. 植物》マメ科の巨木〖カヌーを作るのに用いられる. 学名 Enterolobium cortotisiliquum〗

timbón, na [timbón, na] 形《メキシコ,中米》太鼓腹の[人]

timbrado, da [timbráðo, ða] 形 ❶《印紙(印紙)を貼った, 証印のある: *papel ~*[様々な金額が刷り込まれた, 国税などの] 国への納付用紙. ❷ [+con] レターヘッドに刷り込まれた: *papel ~ con el nombre de la empresa* 社名がレターヘッドに刷り込まれた便箋. ❸《主に bien+. 声》耳に快い, 響きのよい: *Tiene una voz bien ~da*. 彼はなかなかすてきな声をしている
—— 男 証紙(印紙)を貼ること
——《まれ》= **timbrazo**

timbrador, ra [timbraðór, ra] 名 証紙(印紙)を貼る人, 証印を押す人
—— 男 押印機

timbrar [timbrár] 他 ❶ [書類などに] 証紙(印紙)を貼る, 証印を押す: *~ la instancia oficial* 申請書に印紙を貼る. ❷ [声を] 響かせる; [痰がからんだ声などを] きれいな声にする. ❸《紋章》頂飾をつける. ❹《技術》許容圧力を表示する
—— 自《コロンビア》呼び鈴を鳴らす
~se《コロンビア. 口語》いらいらする, 緊張する

timbrazo [timbráθo] 男 呼び鈴を鳴らす音; 呼び鈴(ベル)を強く鳴らすこと: **dar un ~** 呼び鈴を鳴らす

timbre [tímbre] 〖←仏語 timbre「ハンマーで鳴らす鐘」〗 男 ❶ 呼び鈴, ベル, ブザー: *Llamé pero el ~ no sonaba*. 私は呼び鈴を押したが鳴らなかった. *tocar (sonar) el ~/llamar al ~* 呼び鈴を鳴らす(押す). *~ de alarma* 非常ベル. *~ [de puerta] musical* [ドア]チャイム. ❷ [他と区別される] 音色, 響き: *El ~ de su voz me era desconocido*. その声は聞き覚えのない声だった. *Me gusta el ~ del saxo*. 私はサックスの音色が好きだ. ❸ [税金を払ったことを示す・商品などに貼る] 証紙; [公文書に貼る] 印紙: *impuesto del ~* 印紙税. *~ fiscal (móvil)* 収入印紙. ❹ 証印, スタンプ: *Los pasaportes llevan estampado un ~ en relieve sobre la fotografía*. パスポートの写真には打ち出し印が押してある. *~ de agua* 透かし[模様]. *~s comerciales*《商業》トレーディングスタンプ. ❺ [印紙・証紙・公文書発行などによる] 国庫の歳入. ❻ あっぱれなふるまい, 名誉を高める行動〖=~ de gloria, ~ de honor〗. ❼《紋章》[盾の] 頂飾. ❽《技術》許容圧力[の表示板]. ❾《メキシコ,中米》切手〖=sello〗. ❿《チリ》ゴム印

timbreo, a [timbréo, a] 形 名《歴史,地名》小アジア, トロイアの都市 ティンブラ Timbra の

tímbrico, ca [tímbriko, ka] 形《音響,音声》音色の
—— 女《音響》音色の研究; [研究対象としての] 音色

timbrofilia [timbrofílja] 女 証紙(印紙)収集趣味

timbrófilo, la [timbrófilo, la] 形 証紙(印紙)収集家の
—— 名 証紙(印紙)収集家

timbrología [timbroloxía] 女 証紙(印紙)に関する知識

timbrólogo, ga [timbrólogo, ga] 名 証紙(印紙)研究家

timbusca [timbúska] 女《料理》《コロンビア,エクアドル》濃い味のスープ. ❷《ペルー》田舎風のシチュー

timeleáceo, a [timeleáθeo, a] 形 ジンチョウゲ科の
—— 女《植物》ジンチョウゲ科

Timeo hominem unius libri [tímeo omínem únjus líbri] 〖←ラテン語〗 1冊の本を読んだだけの人を私は恐れる〖1冊しか読んでいないがよく知っている人は恐るべき相手だ, の意. トマス・アクィナス Tomás de Aquino の言葉より〗

time out [tájm áwt] 〖←英語〗男《スポーツ》[作戦協議・水分補給などの] タイムアウト. ❷《チェス》時間切れ, 時間停止

time sharing [tájm ʃáriŋ] 〖←英語〗男《コンピュータ》❶ 休暇用賃貸住宅の共同利用. ❷《情報》1台のコンピュータの複数ユーザーによる利用

timiama [timjáma] 男 [ユダヤ教の儀式に使われる] 香料

tímidamente [tímiðaménte] 副 ❶ おずおずと, 遠慮がちに; はにかんで: *Me miró ~*. 彼女はおずおずとこちらに目をやった. ❷ ちょっとだけ, ほんのわずかに: *La Bolsa aumentó ~ al conocerse los nuevos tipos de interés*. 新しい利率が知られたとき相場は少し上昇した. *Ella bebía ~*. 彼女はちびちびと飲んでいた

timidez [timiðéθ] 女 内気, 恥ずかしがり; 気の弱さ

tímido, da [tímiðo, ða] 〖←ラテン語 timidus < timere「恐れる」〗 形 ❶ 内気な[人], 恥ずかしがりの[人], 遠慮がちな[人], 人見知りをする[人]; 気の弱い[人]: *Es una chica muy ~da y por* eso no habla con nadie. 彼女はとても内気なせいで誰とも話をしない. Anda, no seas ~. 遠慮しないで, さあどうぞ. ❷ [+名詞] それとは分からない程度の, かすかな: Las protestas han sido muy ~das. 抗議は控えめだった. ~ sol 弱々しい日差し. ~da sonrisa かすかな笑み. ❸ [動物が] 怖がりの, 驚きやすい

timina [timína] 囡《生化》チミン
timing [táimiŋ]《←英語》男 時間配分
timo [tímo] I《←timar》男 ❶《軽蔑》詐欺, ぺてん, かたり: En seguida te lo cuento del ~ y no compré una joya falsa. すぐに私はぺてんに気がついたので偽物の宝石をつかまされたんだよ. ❷ 見かけ倒し, うたい文句とは違うもの: Esta película es un ~. この映画は羊頭狗肉もいいところだ. ❸《西. 口語》流行語
dar el (un) ~ a+人《から詐欺をし, だます
~ de la estampita にせ札詐欺
II《←ラテン語 thymum <ギリシア語 thymon》男《解剖》胸腺
III《男》《魚》カワヒメマス《=tímalo》
timocéntrico, ca [timoθéntriko, ka] 形《心理》情感中心的な
timocracia [timokráθja] 囡 金権政治
timócrata [timókrata] 形 名 金権政治を支持する〔人〕, 金権政治家
timocrático, ca [timokrátiko, ka] 形 金権政治の
timol [timól] 男《化学》チモール
timolado, da [timoláđo, đa] 形《化学》チモールを含む
timón [timón]《←ラテン語 temo, -onis》男 ❶《船舶》舵; 舵輪, 舵柄: Sujeta fuerte el ~. しっかりと舵を握っていろ. manejar el ~ 舵を取る. poner el ~ a estribor (babor) 面も舵(取り舵)にする. ~ mecánico 自動操舵装置. 2)《比喩》llevar el ~ de una empresa 会社の舵取りをされる, 経営する. ❸《航空など》操縦桿: ~ de dirección 方向舵. ~ de profundidad 昇降舵. ❸《牛馬をつなぐ》ながえ, 梶棒; [すきの] 柄. ❹《まれ》尾羽. ❺《中米, キューバ, コロンビア, ペルー. 自動車》ハンドル《=volante》; 《グアテマラ, パナマ, キューバ, ドミニカ, ペルー. 自転車, バイク》ハンドル《=manillar》
timonear [timoneár] 自 舵を取る: Conoce estos mares y timonea muy bien. 彼はこの辺の海をよく知っているので操船は手慣れたものだ
—— 他 ❶《メキシコ, グアテマラ, ドミニカ, コロンビア》[人を] 指揮する; [経営などを] 采配をふるう. ❷《コロンビア, ペルー》[自動車を] 運転する
Timoneda [timonéđa]《人名》Juan de ~ フアン・デ・ティモネダ《1518?~83, スペイン, カタルーニャの劇作家・編纂者・出版者. 宗教劇および世俗劇の作者, 民間伝承詩ロマンセや逸話の編者》
timonel [timonél] 名 ❶《船舶》操舵手, 舵取り. ❷《ボート》コックス: ~ con (sin) ~ 舵つき(なし)…. ❸政治的指導者
timonera [timonéra] 囡 ❶ [鳥の] 尾羽《=pluma ~》. ❷《船舶》操舵室
timocéntrico, ca [timoθéntriko, ka] 形《心理》情感中心の
timonero, ra [timonéro, ra] 形 犂(ﾊﾞ)の. ❷ 舵の
—— 名《まれ》操舵手《=timonel》
timoratez [timoratéθ] 囡《まれ》小心さ, 決断力のなさ; 道徳に凝り固まっていること
timoratismo [timoratísmo] 男《まれ》道徳に凝り固まった態度, 偽善
timorato, ta [timoráto, ta]《←ラテン語 timoratus < timor「恐れ」》形 名 ❶ 小心な〔人〕, 決断力のない〔人〕: Anda, no seas ~ y habla con ella. さあ, そう人見知りしないで彼女に話をするんだ. ❷ 道徳に凝り固まった〔人〕, 倫理感の強すぎる〔人〕, 偽善者〔の〕: No es un espectáculo para gente ~ta. それは堅物向きのショーではない
timorés, sa [timorés, sa] 形 名《国名》東ティモール Timor Oriental の〔人〕
timorense [timorénse] 形 名 **=timorés**
timpánico, ca [timpániko, ka] 形 ❶《解剖》[中耳の] 鼓室の, 鼓膜の. ❷《医学》鼓膜による: sonido ~ 鼓音
timpanismo [timpanísmo] 男《医学》**=timpanización**
timpanítico, ca [timpanítiko, ka] 形《医学》中耳炎の〔患者〕
timpanitis [timpanítis] 囡《医学》鼓膜
timpanización [timpaniθaθjón] 囡《医学》鼓膜になること, 腹部膨張
timpanizar [timpaniθár] 9 **~se**《腹部がガスなどで》膨張する, 鼓腸になる
tímpano [tímpano]《←ラテン語 tympanum <ギリシア語 tympanon》男 ❶《解剖》1) 鼓膜《=membrana del ~》: La explosión le ha roto los ~s. 爆発のせいで彼は鼓膜が破れた. 2) 鼓室, 中耳腔. ❷《音楽》1) ケトルドラム; ティンパニー. 2)《まれ》太鼓《=tambor》. ❸《建築》タンパン, ティンパヌム. ❹ [樽の] 蓋, 底. ❺《印刷》チンパン, 圧盤と印刷紙の間に入れる紙(布)
timpanoplastia [timpanoplástja] 囡《医学》鼓膜形成〔術〕
timplar [timplár] 他《地方語》ふくらます, 満たす
timple [tímple] 男《ムルシア, カナリア諸島. 音楽》ティンプレ《小型の弦楽器》
tin [tín] 擬 [tin tan・tin ton と並べて, 鐘の音] チンチン
tina [tína]《←ラテン》囡 ❶ [主に木製の大きな] 樽, 桶. ❷《古語的》[浴用の] たらい. ❸ [染色などに使う] 大きな釜状の容器; [素焼きの] かめ. ❹《アンダルシア》ハーフサイズのワイン用革袋. ❺《主に中南米》浴槽《=bañera》. ❻《メキシコ》手桶《=cubo》. ❼《チリ》観葉植物用の植木鉢
tinacal [tinakál] 男《メキシコ》プルケ酒 pulque の 酒樽置き場
tinaco [tináko] 男 ❶ [木製の] 小型の桶. ❷ 積み重ねたオリーブの実から取る灰汁(ｱｸ). ❸《中米》[屋上に置く家庭用の, 金属製の] 大型水タンク. ❹《エクアドル》[チャを入れる] 長く大きい素焼きのつぼ
tinada [tináđa] 囡 ❶ 家畜小屋. ❷ 薪(ﾏｷ)の山
tinado [tináđo] 男 小屋; [主に] 家畜小屋
tinador [tinađór] 男 **=tinado**
tinagero, ra [tinaxéro, ra]《←英語 teenager》形 名《プエルトリコ》ティーンエージャー
tinaja [tináxa]《←tina》囡 ❶ [油・ワイン・塩漬け肉の保存用の] 大型のかめ(つぼ); [素焼きの] かめ. ❷ [油・ワインなどの] 大型のかめ1杯分. ❸《浴用》たらい. ❹《フィリピン》[液量の単位] =16 gantas
tinajería [tinaxería] 囡 ❶《集名》大型のかめ(つぼ). ❷《アンダルシア》水がめ置き場
tinajero, ra [tinaxéro, ra] 形 大型のかめ tijaga の
—— 名 大型のかめの製造(販売)者
—— 男 大型のかめ置き場
tinajón [tinaxón] 男 素焼きの大型のかめ
tinajona [tinaxóna] 囡《コロンビア》**=tinajón**
tinamaste [tinamáste] 男《中米》かまどの石《=tenamaste》
tinamiformes [tinamifórmes] 男 複《鳥》シギダチョウ目
tinamú [tinamú] 男《鳥》シギダチョウ
tinapá [tinapá] 男《フィリピン》干して燻製にした魚
tinca[1] [tíŋka] 囡 ❶《アンデス. 口語》努力. ❷《ペルー》九柱戯. ❸《ボリビア, チリ, ラプラタ》予感, 虫の知らせ. ❹《ボリビア》[ダンスをする・クリスマスプレゼントをもらう] びっくりパーティー
tincada [tiŋkáđa] 囡《アンデス. 口語》予感, 虫の知らせ
tincal [tiŋkál] 男《鉱物》天然ホウ砂
tincana [tiŋkána] 囡《エストレマドゥーラ》ブランコ《=columpio》
tincanque [tiŋkáŋke] 男《チリ》[主に頭を] 指ではじくこと
tincar [tiŋkár] 7 他《チリ, アルゼンチン》指ではじく
—— 自《チリ》予感がする, 虫が知らせる
tincazo [tiŋkáθo] 男《エクアドル, アルゼンチン》[主に頭を] 指ではじくこと
tinción [tinθjón]《←ラテン語 tinctio, -onis》囡《文語》染色《=teñido》
tinco, ca[2] [tíŋko, ka] 形《アルゼンチン》[牛などが] 足を引きずる
tincudo, da [tiŋkúđo, đa] 形《アルゼンチン》[人・動物が] がに股の
tincunaco [tiŋkunáko] 男《アルゼンチン》互いに紙吹雪と粉を掛け合う儀式《=topamiento》
tindalización [tindaliθaθjón] 囡《化学》間欠滅菌法
tindalizar [tindaliθár] 7 他《化学》間欠滅菌法を行う
tindalo [tindálo] 男《フィリピン. 植物》マメ科の木の一種《学名 Eperua falcata》
tindío [tindío] 男《ペルー. 鳥》アジサシ
tínea [tínea] 囡《医学》白癬《=tiña》
tinelar [tinelár] 男《古語》召使い用食堂の
tinelero, ra [tineléro, ra]《古語》召使い用食堂の管理係
tinelo [tinélo] 男 [大邸宅の] 召使い用食堂
tíner [tíner] 男《中南米》溶剤, シンナー
tinera [tinéra] 囡《ソリア》炉の薪を支える石
tinerfeño, ña [tinerféŋo, ŋa] 形 名《地名》テネリフェ島 Tenerife の〔人〕《カナリア諸島の一つ》

tinga [tínga] 囡 ❶《メキシコ》1) 挽肉・トマト・タマネギ・トウガラシの料理. 2) 騒ぎ, 騒動, 混乱. ❷《グアテマラ》[体の] 不快感, 違和感

tingar [tingár] 他《エクアドル, アルゼンチン》はじく, 軽く叩く ── 自《エクアドル》予感がする

tingazo [tingáθo] 男《エクアドル》❶ 指ではじくこと, 軽く叩くこと. ❷ 小さな努力. ❸ 何でもいい理由

tinge [tínxe] 男《鳥》ワシミミズク

tingible [tinxíβle] 形 染色され得る

tingitano, na [tinxitáno, na] 形《地名》[モロッコの都市タンジール Tánger の旧名] Tingis の[人]; タンジールの[人] [= tangerino]

tingladillo [tingladíʎo] 男《船舶》[小型船の外板の] 下見板張り

tinglado [tingládo] 男 [←古語 tinglar「板を部分的に重ねる」< 古仏語 tingler] ❶ 陰謀, 悪だくみ: En la empresa tienen un ~ raro con las facturas. 会社では送り状をごまかすおかしな企みが行われている. ❷《西》混乱, 大騒ぎ: ¡Vaya un ~ que se ha armado en el vecindario! おや, 隣り近所は大騒ぎになっているぞ! ❸ 納屋, 物置 [= cobertizo]; 倉庫. ❹ [板張りの] 壇, ステージ; 観覧席
todo el ~ 《口語》何もかもすべて

tinglar [tinglár] 他《チリ》[小型船の外板を] 下見板張りする

tinglera [tingléra] 囡《ドミニカ》屋根の骨組み

tingo [tíngo] 男 ❶ →del tingo al tango. ❷《エクアドル, アルゼンチン》=tincazo

tingue [tíngue] 男《エクアドル, アルゼンチン》=tincazo

tinguián, na [tingján, na] 形 名 ティングイアン族[の] [フィリピン, ルソン島の先住民]

tinguiñazo [tinginaθo] 男《ラプラタ》=tincazo

tiniebla [tinjéβla] 囡 [←古語 tiniebra]《主に 複》❶ 闇, 暗黒: No veía nada en las ~s. 私は暗闇の中で何も見えなかった. La habitación estaba en ~s. 部屋は闇に包まれていた. ~ de la noche 夜の闇, 夜陰. ❷《文語》[複] 無知, 蒙昧(もうまい), 頭が混乱していること: Estamos en ~s sobre lo que pueda ocurrir. 何が起こるのか我々にはまったくわからない. sacar al pueblo de sus ~s 国民を無知蒙昧から抜け出させる. ❸《カトリック》[複] 暗闇の聖務, テネブレ [聖週間の最後の3日間に行われるキリスト受難記念の朝課と讃歌]. ❹《文語》[複] [infierno] 地獄; las ~s の諸勢力. ❺《宗教》[複] [las ~s] 神を知らない状態, 神から離れている状態: trasladarse del reino de las ~s al reino de la luz 闇の王国から光の王国へ入る

tinillo [tiníʎo] 男 ブドウの絞り汁を溜める大型の容器

tinnitus [tinnítus] 男《単複同形》《医学》耳鳴り: tener ~ 耳鳴りがする

tino [tíno] I [←?古語 atinar「的に当てる」] 男 ❶ 射撃の腕前: No tiene ~. 彼は射撃が下手だ. ❷ [一般に] 狙い(目測)の確かさ: Tú que tienes más ~, divide el pastel en diez partes. 君の方が見当をつけるのが上手だからケーキを10個に切り分けてくれ. ❸ 分別, 判断力, 賢明さ: Con un poco de ~ te podría quedar un traje precioso. ちょっと頭を使えばすばらしいスーツが君のものになるだろう. perder el ~ 分別を失う. con mucho ~ 思慮深く. ❹ 節度, 節制: beber con ~ ほどほどに酒を飲む
a ~ 手探りで
sacar de ~ *a*+人 …を怒らせる
sin ~ 度を越して: comer sin ~ 無茶食いする. gastar sin ~ 湯水のように金を使う
tener buen ~ いつもよく言い当てる, 狙いがよい
II [←ラテン語 tinus] ❶《染色用の》たらい. ❷ [羊毛の] 洗浄槽. ❸ [ブドウ・オリーブの] 圧搾桶. ❹ [ログローニョ] 大型のバケツ
III 男《植物》トキワガマズミ [= durillo]

tinoco [tinóko] 男《パナマ》ごみ容器

tinola [tinóla] 囡《フィリピン, 料理》ティノラ [鶏肉のみじん切りとカボチャ入りのスープ]

tinoso, sa [tinóso, sa] 形《コロンビア, ベネズエラ》腕のいい, 上手な, 器用な

tinquear [tinkeár] 自《アルゼンチン》予感がする

tinta[1] [tínta] [←ラテン語 tincta「濡れること」< tingere「濡らす, 染める」] 囡 ❶ [筆記・印刷用の] インク: escribir con ~ インクで書く. ~ china 墨. ~ de imprenta 印刷用インク. ~ simpática (invisible) 隠しインク, あぶり出しインク. ❷ [イカ・タコの] 墨: soltar su ~ 墨を吐く. calamares en su ~《料理》イカの墨煮. ❸ 色合い, 色調: paisaje de ~s apagadas くすんだ色の景色. ❹《美術》[色の] 配合, 調合. ❺《印刷》a (en) dos (tres) ~s 2(3)色で・の. ❻ 染料, [まれ] 染色. ❼《植物》リンゴ疫病菌; その害
cargar las ~s 誇張する, 大げさに言う: No conviene cargar las ~s sobre los peligros de la noche. 夜の危険性について大げさに言うのは避けたい
correr (ríos de) ~ *sobre...* [新聞・雑誌などで] …が盛んに書かれる, 取り沙汰される: Sobre la boda de ese actor ha corrido mucha ~. その俳優の結婚についてあれこれと書き立てられた
de buena ~ 確かな筋からの: Mis informes son de buena ~. 私の報告は信頼できる筋によるものだ
gastar ~ 書く
media ~《美術》[色彩の] 半濃淡; [明暗の] 中間色, ハーフトーン
medias ~s 婉曲な言葉, ほのめかし; 曖昧模糊(もこ)とした話, 雲をつかむような話: Es muy amiga de medias ~s: nunca dice algo claramente. 彼女はどっちつかずの話し方が好きで, 何事もはっきり言おうとしない. Déjate de esas medias ~s y dime todo lo que piensas. そんな曖昧な言い方はやめて, 思っていることをすべて私に言いなさい
recargar las ~s =cargar las ~s
sudar ~ (*china*) 努力を重ねる, 苦労する: He sudado ~ para aprobar el examen. 私は試験に合格するために血のにじむような努力をした

tintada [tintáda] 囡 染色 [=teñido]

tintado [tintádo] 男 染色 [=teñido]

tintán [tintán] 男 鐘の音

tintar [tintár] 他 染める [=teñir]

tinte [tínte] [←tinta] 男 ❶ 色を変えること; 染色 [=teñido]; 染料, 着色液: ~ de cabello 染髪剤, ヘアカラー. ~ verde 緑色の染料. ❷《西》クリーニング店, 染物店 [=tintorería]: Llevaré este vestido al ~ para limpiarlo. 私はこのドレスをクリーニング屋に持って行き, きれいにしてもらう. ❸ 色合い, ニュアンス [=matiz]: El artículo tiene un ~ científico. この記事は科学的な色合いがある. ❹ 見てくれ, 上っ面: Engaña con su ~ de hombre educado. 彼は教養のある男に見せかけて人をだます

tinterazo [tinteráθo] 男 インク瓶による殴打

tinterillada [tinteriʎáda] 囡《中南米》❶ 大嘘, ごまかし, ペテン, 不正な手口. ❷ 悪徳弁護士独特のふるまい

tinterillo [tinteríʎo] 男 ❶《軽蔑》下っ端社員. ❷《中南米》悪徳弁護士

tintero [tintéro] 男 [←tinta] ❶ インク瓶(壺): ~ de escritorio《メキシコ, パナマ, コロンビア, ボリビア, チリ, アルゼンチン, ウルグアイ》[トレイに載せた] ペン・インク・吸取紙のセット. ❷《印刷機の》インク・カートリッジ, インク壺. ❸ 馬の門歯のくぼみの黒い部分 [=negulla]
dejar[se]... en el ~ …を言い(書き)忘れる; …に言及しない
quedarse en el ~ [+a+人に] 忘れられて, 言及されずに: Se le quedó en el ~ lo que me había dicho. 彼は私に言ったことを私に言い忘れた

tintilla [tintíʎa] 囡 ❶ ティンティリャ《カディス県ロタ Rota 産の甘口の赤ワイン》. ❷ つるが赤褐色で粒が小さく黒いブドウ [= uva ~]

tintillo [tintíʎo] 形 vino ~ やや明るい赤色のワイン

tintín [tintín]《擬声》男 ❶ [鈴・コップなどの鳴る音] チリンチリン, リンリン, カチンカチン. ❷ 乾杯《グラスを合わせながらの掛け声》

tintinar [tintinár] 自 =tintinear

tintinear [tintineár] 自 ❶ チリンチリン(カチンカチン)と鳴る: Te tintinean las monedas en el bolsillo. 君のポケットの中で小銭がチャリンチャリンと音を立てているよ. ❷ グラスを合わせて乾杯する

tintineo [tintinéo] 男 チリンチリン鳴ること

tintirintín [tintirintín]《擬声》男 [ラッパなどの音] パンパカパン, プカプカ

tinto[1] [tínto] 男 ❶ 赤ワイン [=vino ~]. ❷《コロンビア》ブラックコーヒー

tinto[2], **ta** [tínto, ta] [←ラテン語 tinctum] 形 暗赤色の: ~ en sangre《文語》血に染まった, 血で汚れた

tintóreo, a [tintóreo, a] 形 染色用の; [植物が] 染料の原料となる

tintorera[1] [tintoréra] 女 ❶ 染物師の妻. ❷《魚》1) ヨシキリザメ. 2)《メキシコ》雌のサメ. ❸《プエルトリコ》染め直した古いコート

tintorería [tintorería] 女 ❶《主に西》クリーニング店. ❷ 染色の仕事

tintorero, ra[2] [tintoréro, ra] 名 ❶《主に西》クリーニング業者(店員). ❷ 染物師, 染色工

tintorro [tintóro] 男《親愛, 軽蔑》[主に安物の・きつい味の・質の悪い] 赤ワイン

tintura [tintúra] 女《←ラテン語 tinctura》❶ 染色《=teñido》. ❷ 染料液, 染色液. ❸《薬学》チンキ[剤]: ~ de yodo ヨードチンキ. ❹ 皮相(薄っぺらな知識. ❺《まれ》顔に色を塗ること

tinturar [tinturár] 他《まれ》❶ 染色する. ❷ かいつまんで話す

tiña [típa] 女 ❶《←ラテン語 tinea》❷《魚》白癬(#), しらくも, 田虫. ❷《昆虫》ハチノスツヅリガ. ❸《口語》不潔, 汚れ: Tienen la casa llena de ~, no friegan nunca. 彼らの家は汚れに汚れている, めったに掃除なしない. ❹《口語》けち, しみったれ: Mi padrino era de una ~ terrible: me daba un euro por mi santo. 代父はひどいけちで私の聖人の祝日に1ユーロくれただけだった. ❺《チリ. 遊戯》隠れんぼ

más viejo que la ~ ひどく古い

tiñería [tipería] 女《地方語》けち, しみったれ《=tiña》

tiñoso, sa [tipóso, sa] 形 名 ❶ 白癬にかかった[人]. ❷《軽蔑》けちん坊[な], しみったれた[人]《軽蔑》くさい食事. ❸《アビラ, アラゴン》[賭け事で] つきが回ってきた[人], 勝ち運に恵まれた[人]
── 男 ❶《地方語. 鳥》クロジョウビタキ《=colirrojo negro》. ❷《アストゥリアス. 魚》カサゴ《=cabracho》

tiñuela [tipwéla] 女 ❶《貝》フナクイムシ, フナムシ. ❷《植物》ナナシカズラ

tío, a [tío, a]《←ラテン語 thius, thía <ギリシア語 theios, theia》名 ❶ おじ(伯父, 叔父), おば(伯母, 叔母): 1) Hoy es el cumpleaños de mi ~. 今日は私のおじの誕生日だ. ~ abuelo (tía abuela) 大おじ(大おば). ~ segundo 父(母)のいとこ. 2)《口語, 呼びかけ》¿Cómo está usted tía? おばさん, ご機嫌いかが? 3)《呼》おじ夫婦: casa de los ~s おじ夫婦の家. ❷《既婚者・年輩の人に対して, +洗礼名》…おじさん, …おばさん: El ~ Antonio aparenta menos edad de la que tiene. アントニオおじさんは実際の歳より若く見える. ❸《主に西. 尊敬, 軽蔑》人, 奴($): Aquel ~ ganó una millonada. あの人はものすごい大金をかせいだ. ¡Qué tía más lista! 何て頭の切れる女性だ! Eres un ~ grande. 君はすごい奴だよ. ¡Qué ~ más grosero! 何て失敬な奴だ! No aguanto más a este ~. こんな奴にはもう我慢できない. ❹《主に西》[名前を知らない・言いたくない人] El ~ aquel pregunta por ti. あそこにいる人が君のことを尋ねていた. Nos recibió un ~ con poca amabilidad. 私は無愛想な奴の出迎えを受けた. ❺《主に西. 口語》[知人・特に友人への呼びかけ] お前, あんた: ¿Qué ha pasado, ~? お前さん, どうしたんだ? ❻《口語》売春婦. ❼《口語》粗野(不作法)な人. ❽《アラゴン, エストレマドゥラ》継父, 継父; 義父, 義母. ❾《アルゼンチン》[年をとった黒人に対する親愛の呼びかけ] あんた

casa de tía《口語》牢獄

cuéntaselo a tu tía《俗語》そんな話は信じるものか, ほかの人に言え: No te creo nada, ve con tu historia y cuéntasela a tu tía. 私は君のことは全く信じていない, 君の話はどこかへ行ってほかの人に言え

no hay tu tía《口語》どうしようもない, 打つ手がない: Se lo he dicho un montón de veces, pero no hay tu tía, no cambia de idea. そのことは私は何度も何度も言ってきた, しかしどうしようもない, 彼は考えを変えない

tener un ~ en América (en las Indias)《口語》[夢物語のように] 急場を救ってくれる ❶ 大金持ちの親戚(知り合い)がいる, いい話があがたにもくる

~ bueno《西. 口語》[体つきが] 魅力的な人: ¡Qué tía buena! 何ていい女だ!

Tío Sam 米国[政府]; 典型的アメリカ人; 米連邦政府の捜査官

tioalcohol [tjoalk[o]ól] 男《化学》チオアルコール

tiofénico, ca [tjoféniko, ka] 形《化学》チオフェンの: núcleo ~ チオフェン核

tiofeno [tjoféno] 男《化学》チオフェン

-tión《接尾辞》[動詞+. 名詞化. 動作・結果] suges*tión* 示唆

tión [tjón] 男《アラゴン》❶《高齢の》独身者《=solterón》. ❷《独身のまま家についた》相続人の兄弟

tioneo [tjonéo]《ギリシア神話》バッカス Baco の

tiónico, ca [tjóniko, ka] 形《化学》硫黄の

tiorba [tjórba] 女 ❶《音楽》テオルボ《laúd に似ているが, 棹が長く, 糸倉が2つある》. 2)《アンダルシア. 口語》ギター. ❷《アラゴン》おまる, 室内用便器

tiorro, rra [tjóro, ra] 名《軽蔑》❶ 人, 奴; [特に] 女. ❷ レスビアン

tiouracilo [tjouraθílo] 男《化学》チオウラシル

tiourea [tjouréa] 女《化学》チオ尿素

tiovivo [tjoβíβo]《tio+vivo》男《西》メリーゴーランド, 回転木馬: montar en el ~ メリーゴーランドに乗る

tip [típ] 男《メキシコ》[問題解決に役立つ] 情報, 手がかり

tipa[1] [típa] 女 ❶《植物》シタンの一種《マメ科の高木. 学名 Tipuana tipu》. 2) ふしだらな女, あばずれ女. ❸《アルゼンチン》[細い棒または籐製の] ふたのないかご

tipaches [tipátʃes] 男複《グアテマラ, エルサルバドル. 玩具》くぼみのある蠟製の円盤

tiparraco, ca [tipařáko, a] 名《軽蔑》おかしな奴, 見下げはてた奴《=tipejo》

tiparrajo, ja [tipařáxo, xa] 名《軽蔑》おかしな奴, 見下げはてた奴《=tipejo》

tipazo [típáθo] 男 ❶ [人の] とてもいい外見; 外見のとてもいい人, かっこいい人

tipear [tipeár] 他自《中南米》タイプライターを打つ《=escribir a máquina》

tipejo, ja [tipéxo, xa] 名《←tipo》《軽蔑》おかしな奴, 変な奴, 見下げはてた奴: El profesor es un ~ maniático. 先生はどうしようもない変わった人だ

tiperrita [tipeříta]《←英語 typewriter》女《キューバ》女性タイピスト

típex [típe[k]s]《←商標》男 修正液, ホワイト

tipi [típi] 男 ティピ《北米先住民の円錐形のテント》

-tipia《接尾辞》《印刷》lino*tipia* ライノタイプ

tipiadora [tipjaðóra] 女 ❶ タイプライター. ❷ 女性タイピスト

tipiar [tipjár] 他 《中南米》タイプライターで組む

tipical [tipikál] 形《戯曲》[観光名所などとして] 代表的な

tipicidad [tipiθiðá(d)] 女 ❶ 典型性: La ~ de estas danzas populares es única. これらの民衆的な舞踊のもつ特徴は比類がない. ❷《法律》犯罪構成要件の該当性

tipicismo [tipiθísmo] 男 =tipismo

típico, ca [típiko, ka]《←tipo》形 [人・事物が] 典型的な, 代表的な; 伝統的な: Es la casa de piedra ~ca de montaña. それは山岳地帯に典型的な石造りの家だ. Es un ~ comportamiento machista. それはマチスタ特有のふるまいだ. Se fue sin pagar.—T~ de él. 金を払わないで出て行った.—いかにも彼らしい. ejemplo ~ 典型的な例. plato ~ de la región 郷土料理

tipificable [tipifikáβle] 形 標準型(典型)とされ得る; 特徴づけられ得る

tipificación [tipifikaθjón] 女 ❶ 標準化, 標準型にすること. ❷ 分類, 特徴づけること

tipificador, ra [tipifikaðór, ra] 形 標準型にする

tipificar [tipifikár] 他 ❶ …の典型である, 典型を示す, 特徴を表わす; 分類する: El escritor *tipifica* a las mujeres. 作家は女性たちを類型化する. ~ los virus ウイルスを分類する. ❷ 標準型にする, 規格に含める, 統一化する: La reforma monetaria *tipificó* las monedas europeas. 通貨改革によってヨーロッパの貨幣は共通化された. El laboratorio *tipifica* los procedimientos. その実験室では手続きが標準化される. ❸《法律》刑罰の対象となる行為を定義する

tipidor [tipiðór] 男《エクアドル》トウモロコシの穂軸を開くナイフ

tipil [tipíl] 男《アルゼンチン》テレピンノキ製のかご

tipismo [tipísmo] 男 ❶集合 特徴: abandonar el ~ 特徴を失う. ~ andaluz アンダルシアの特徴(郷土色). ❷ 典型性; 特有性

tiple [típle]《←古語 triple》男 ❶《音楽》1) ソプラノ; 最高音部楽器: voz de ~ ソプラノの声. 2) ティプレ《高音部の12弦小型ギター.《カタルニア》サルダーナの演奏に使われるオーボエの小型の管楽器》. ❷《船舶》1) 一本柱のマスト. 2) フェラッカ船 falu-

tiplisonante

cho の畳まれた帆.
── 图 ❶ソプラノ歌手〖=soprano〗. ❷ティプレの奏者

tiplisonante [tiplisonánte] 形 ソプラノの声を持った

tipo¹ [típo]〖←ラテン語 typus <ギリシア語 typos「模範,個性」〗男 ❶模範,手本;典型.1) Esa casa es el ~, y después se construirán muchas casas otras iguales. その家はモデルで,今後同じタイプの家が数多く建てられるだろう. 2)［形容詞的］Tiene una pelambrera ~ Tarzán. 彼はターザンのような長い髪をしている. casa ~ モデルハウス. documento ~ 見本(ひな型)書類. ❷種類,型,タイプ,型式;1) Leo libros de todo ~. 私はあらゆる種類の本を読む. personas de todo ~〔年齢・地位など〕あらゆるタイプの人々. hombre de ~ eslavo スラブ系の男. ~ ideal 理念型. 2)［+de+無冠詞名詞］Es del ~ de personas que no soporto. 彼は私の我慢できないタイプの人間だ.¿Qué ~ de bicicleta quieres comprar? どんな種類の自転車を買いたいの? nuevo ~ de coche 新型車. distintos ~s de viviendas 様々なタイプの住居. este ~ de cámara/cámara de este ~ この種のカメラ. ~ de datos《情報》データタイプ. 3)［形容詞的］El español es el ~ de la mañana en el desayuno. 平均的なスペイン人は朝食にコーヒーを飲む. sombrero ~ Bogart ボガートタイプの帽子. ❸匿名［主に服を着た時の］体つき,スタイル: Esa chica tiene buen ~; los vestidos ceñidos le sientan estupendamente. あの女の子はスタイルがとてもよく,体にぴったりしたドレスがよく似合う. ❹［文学作品の］登場人物〖=personaje〗: ~ donjuanesco ドン・ファン型の人物. ❺《印刷》1) 活字;altura del ~ 活字の高さ. 2) 字体;書体;フォント: ~ Courier クーリエ体. ~ de letra con correspondencia de bits ビットマップフォント. ~ delineada アウトラインフォント. ❻《生物》門［=filo］. ❼《貨幣・メダルの》図柄,意匠. ❽《経済》率,レート. ~ de cambio 外国為替相場,為替レート. ~ de cambio al contado (a plazo) 直物(先物)為替相場. ~ de cambio fijo (flotante) 固定(変動)為替相場. ~ de cambio efectivo 実効為替レート. ~ de descuento［手形の］割引率. ~ oficial de descuento 公定歩合. ~ de interés 利率. ~ de interés activo (pasivo) 貸出(預金)金利. ~ de interés preferencial プライムレート,標準金利. ~ de referencia［銀行の］基準貸出金利〖スペインでは一般に MIBOR を採用〗. ~ de seguro 保険料率. ~ diferencial スプレッド,利鞘［設定金利と貸出金利との差］. ❾しるし,符号;象徴. ❿《法律》刑罰の対象となる行為の定義. ⓫《神学》予型

aguantar el ~ = *mantener el ~*

jugarse el ~《西》命をかける,身を危険にさらす: Conduciendo a esta velocidad te estás *jugando el ~*. こんなスピードを出していたら君は命がいくつあっても足りない

mantener el ~《口語》［危険・困難を前に］平然としている,たじろがない,冷静に対処する: A pesar de la gravedad de su enfermedad, *mantuvo el ~* en todo momento. 彼は重病にもかかわらず,いつも平然としていた. La oposición atacó al primer ministro, pero él supo *mantener el ~*. 野党は首相を攻撃したが,首相は冷静な対処でそれを乗り切った

ser su ~《口語》…の好きなタイプの人である: Es simpático, pero no es *mi ~*. 彼は感じはいいけど,私の好みではない

── 图《チリ,アルゼンチン,ウルグアイ》人〖=individuo〗

tipo², **pa**² [típo, pa] 图 ❶［主に軽蔑］［誰だか知らない・言いたくない］人,奴: Es un ~ extraordinario. そいつはとんでもない奴だ. Un ~ me empujó y me caí. ある男に押されて転んだ. Había ~s sospechosos. 怪しい奴らがいた. Ese ~ no me gusta nada. そういう奴は私は大嫌いだ. Es un buen ~. 彼はいい奴だ. ❷変わり者. ❸《エクアドル.植物》ペニーロイヤルミント. ❹《チリ,アルゼンチン,ウルグアイ》人〖=individuo〗

tipocromía [tipokromía] 图 カラー印刷
tipografía [tipoɣrafía] 女 ❶活版印刷［術］;植字. ❷字体研究. ❸印刷術,印刷工場
tipografiar [tipoɣrafjár] 他 印刷する
tipográfico, ca [tipoɣráfiko, ka] 形 ❶活版印刷［術］の;植字の: error ~ 活字の誤り,誤植,印刷ミス. ❷字体研究の. ❸印刷所の,印刷工場の
tipógrafo, fa [tipóɣrafo, fa] 图 活版印刷工,植字工
tipoí [tipoí] 男 图 ~s《アルゼンチン,パラグアイ.服飾》ティポイ〖かつて修道女が着ていて現在も先住民の女性が着ているスクエアカットで半袖のチュニック〗
tipolitografía [tipolitoɣrafía] 女 石版印刷［術］
tipología [tipoloxía] 女 ❶類型学,分類学: ~ de los delitos 犯罪類型学. ❷《言語》類型論. ❸《神学》予型論,予表論〖新約聖書の中の出来事はすべて旧約聖書の中で予表されていたとする説〗
tipológico, ca [tipolóxiko, ka] 形 ❶類型学の. ❷《言語》類型論の. ❸《神学》interpretación ~ca 予型論的解釈
tipometría [tipometría] 女《印刷》活字(組み版)の計測
tipómetro [tipómetro] 男《印刷》活字尺
tipoy [tipói] 男 图 ~s《ボリビア,アルゼンチン》= **tipoí**
tippex [típe(k)s] 男 图 修正液
típula [típula] 女《昆虫》ガガンボ
tipúlido, da [tipúlido, ða] 形 ガガンボ科の
── 男《昆虫》ガガンボ科
tique [tíke] I〖←英語 ticket〗男 图 ~s ❶領収書,レシート〖= ~ de compra〗;証書;債券. ❷切符,入場券〖=billete〗;食券
 II 男《チリ.植物》トウダイグサ科の木〖学名 Agotoxieum punctatum〗
tiquet [tiké(t)] 男 图 ~s = **tique** I
tíquet [tíket] 男 图 ~s = **tique** I
tiquete [tikéte] 男《メキシコ,中米,キューバ,コロンビア》= **tique** I
tiqui [tíki] 間 ❶ → **tiqui taca**. ❷《チリ》［繰り返して,鶏を呼ぶ掛け声］コッコッコッコ
tiquicia [tikíθja] 女〖←el país de los ticos〗《中米.戯語》コスタリカ
tiquín [tikín]《フィリピン》［小舟を動かす］棹(ᵃᵒ)
tiquismiquis [tikismíkis] ❶［一擬声］《単複同形》《口語》細かいことが気になる人,潔癖性の人;ひどく上品ぶる人: Niño, no seas tan ~ para comer. いいかい,食事の時にそんなに神経質になるもんじゃないよ
── 男 ❶ 枝葉末節にこだわること,取り越し苦労: En las excursiones no me preocupo de ~. 私はピクニックに行く時は余計な心配はしないことにしている. ❷［怒り・口論の理由が］どうでもいいこと: Siempre discuten por ~. 彼らはいつもくだらないことで口げんかしている. ❸ 気取った変な表現,ばかばかしい言葉: Es un cursi que nos aburre con sus continuos ~. 彼はきざな奴でずっと変なことを言って私たちをうんざりさせる
tiquismo [tikísmo] 男《中米》コスタリカ方言
tiqui taca [tíki táka] 間 图 ❶繰り返して,打撃の音］カタカタ
tiquizque [tikíθke] 男《ニカラグア,コスタリカ.植物》ココヤム,アメリカサトイモ
TIR [tír] I〖←仏語〗男《略語》国際道路輸送
 II 女《略語》←tasa interna de rendimiento 内部収益率
tira [tíra] I〖←カタルーニャ語 tira <古仏語 teri〗女 ❶細長い布(紙),紐,テープ: En el escote pondré una ~ bordada. 私は刺繍をした縁飾りを襟ぐりに付けるつもりだ. romper la sábana en ~s シーツをずたずたに(細長く)裂く. zapatos de ~s ストラップ・シューズ. ~ adhesiva 粘着テープ,○印の紙テープ. ❷《料理》cortar en ~s 短冊に切る,薄く切る. ~s de zanahoria 拍子木切りにしたニンジン. ❸［数こまの］続き漫画〖= ~ cómica〗. ❹［綴り式の］回数券. ❺《チリ.口語》1) ぼろ着. 2) 総称 服
de ~ 一触即発の,危機をはらんだ
hacer ~s《口語》1)［+物］びりびりに裂く,こなごなに砕く: La niña *ha hecho ~s* el libro. 女の子は本をびりびりに破いてしまった. 2)［+人］殺す: Mi madre me dijo que como no estudie me va a *hacer ~s*. 勉強しなかったらぶっ殺すわよ,と母は私に言った
la ~《西.口語》1) たくさん,とても: Ella se ha divertido *la ~* en la Granja. 彼女はラグランハで大いに遊んだ. 2)［+de］たくさんの…: He ido *la ~ de* veces a verlo. 私は何度もそれを見に行った. Vino *la ~ de* gente. 大勢の人が来た. desde hace *la ~ de* tiempo ずっと前から
sacar las ~s del pellejo 酷評する,こき下ろす
~ y afloja → *tirar*
── 图《メキシコ,グアテマラ,エルサルバドル,ペルー,チリ.口語》警察官;《メキシコ,コロンビア,ペルー,チリ,アルゼンチン,ウルグアイ.口語》潜入(秘密)捜査官
 II 間《プエルトリコ,アルゼンチン》❶［家畜を脅す・静止させる・歩かせる時の掛け声］はいっ. ❷《コロンビア》［犬を追い払う時の掛け声］しっ

tirabala [tirabála] 男《木製の》おもちゃの鉄砲
tirabalas [tirabálas] 男《単複同形》= **tirabala**
tirabeque [tirabéke] 男 ❶《植物》キヌサヤ. ❷《アラバ,ナバラ,ログローニョ》= **tirachinas**

tirabotas [tiraƀótas] [男]〖単複同形〗[乗馬靴を履くための] ブーツフック
tirabraguero [tiraƀraɡéro] [男]《医学》脱腸帯
tirabrasas [tiraƀrásas] [男]〖単複同形〗《アラバ, アルバセテ》火ばし
tirabuzón [tiraƀuθɔ́n]〖←仏語 tire-bouchon「コルク抜き」〗[男] ❶ [髪の] 縦ロール, 渦巻毛. ❷ コルク抜き〖=sacacorchos〗. ❸《野球》スクリューボール, シュート. ❹《水泳》ひねり飛び込み
tiracantos [tirakántɔs] [男]〖単複同形〗❶《口語》役立たず, 能なし. ❷《ログローニョ》=**tirachinas**
tiracero [tiraθéro] [男]《古語》アラブの絹織物 tiraz の製造者
tirachinas [tiratʃínas]〖←tirar+china〗[男]〖単複同形〗[石などを飛ばす] ぱちんこ
tirachinos [tiratʃínɔs] [男]《セビーリャ》=**tirachinas**
tiracol [tirakɔ́l] [男] ❶《まれ》革ひも. ❷《アラバ, ナバラ, リオハ》ふんどし〖=baticola〗
tiracuello [tirakwéʎo] [男]《まれ》[剣を吊る] 負い革
tiracuero [tirakwéro] [男]《軽蔑》靴屋
tirada[1] [tiráđa]〖←tirar〗[女] ❶ 印刷: ～ de los periódicos 新聞の印刷. ～ aparte [書籍・雑誌の] 抜刷り, 別冊. ❷ [集名] [一度に・一日に刷られる] 印刷物; 印刷部数: Esta revista tiene una ～ de cinco mil ejemplares. この雑誌は発行部数5千部だ. ❸《口語》かなり長い時間(距離): Estuve en cama una ～ de días. 私は何日間も病床にふせっていた. Falta una ～ para las vacaciones. 休暇はまだ先だ. De mi pueblo al suyo hay una ～ de diez kilómetros. 私の村から彼の村まで数十キロもある. ❹ [言動の] 一続きのこと: Nos leyó una ～ interminable de versos. 彼は私たちに長い詩を読んでくれた. ❺ 投げる(引く)こと; [さいころの] 一振り〖=una ～ de dados〗; [賭け事などの] 開始. ❻《軽蔑》売春婦. ❼《中南米》長広舌. ❽《メキシコ. 口語》目的, 意図, 計画. ❾《プエルトリコ》欺瞞, ごまかし. ❿《チリ. 競馬》地響き
de una ～/en una ～ 一度に, 中断せずに: Anduve treinta kilómetros *de una* ～. 私は30キロ休まずに歩いた
tiradera [tirađéra] [女] ❶《地方語. 製陶》[粘土をかき落とす] へら. ❷《地方語. 漁業》[底に鉛の重しを付けた] 小型の円錐形の漁網. ❸《アラゴン》[木材を引くのに使う] 鎖付きの大型の釘. ❹《中南米》[先住民が使った, 鹿角のやじりの] 長い矢. ❺《中米, キューバ, チリ》[スリップの] 肩ひも; [ズボンの] サスペンダー. ❻《パナマ》[人への] 反感. ❼《コロンビア》[しつこい] からかい, 冷やかし
tiradero [tirađéro] [男] [猟師が獲物を] 待ち伏せする場所
tirado, da[2] [tiráđo, đa] [形] ❶ 市場にあふれている; 安売りされている: En época de rebaja la ropa está ～*da* de precio. バーゲンの時期になると衣類は安くなる. ❷《口語》[人が] 自堕落な, 軽蔑すべき, 恥知らずの; 服装がだらしのない. ❸《西. 口語》非常に容易な, たわいない: Esa asignatura está ～*da*. その課目は非常に易しい. ❹《西. 口語》粗悪な, 安っぽい. ❺《船舶》[船体が] 背が低く長い
—— [名]《口語》自堕落な人, 恥知らずな人: Ha demostrado ser un ～ al abandonar así a su familia. 家族を捨てるなんて彼は本当に恥知らずだ
—— [男] ❶ [金などの金属の] 線引(伸線)加工. ❷ 印刷〖=tirada[1]〗
tirador, ra [tirađór, ra] [名] ❶ [銃・弓などの] 射手: ser buen ～ 銃(弓)が上手である. ❷《スポーツ》1) キッカー, シューター. 2) フェンシングの選手. ❸ [金属の] 線引工, 伸線工; 針金製造業者: ～ de oro 金の伸線職人. ❹ 同業者組合の決まりを守らないタクシー運転手. ❺ 印刷工
—— [男] ❶ 引いて鐘(ベル)を鳴らすひも; [ドア・箱などの] 取っ手, 握り. ❷ ぱちんこ〖=tirachinas〗. ❸ [オルガンの] 共鳴板と結ぶ木製の柄(ᵉ). ❹ 引っ張る(引き伸ばす)道具. ❺ [製図用の] からす口. ❻ [石工用の] 鉄製の定規. ❼《服飾》1)《プエルトリコ, ラプラタ》[複] [ズボンの] サスペンダー. 2)《ボリビア, ラプラタ》チャップス〖=zahón〗. 3)《ラプラタ》[ガウチョの用いる幅広でポケット・銀貨の飾り付きの] 革ベルト
tirafondo [tirafɔ́ndo] [男] ❶ [大型の] 木ねじ. ❷《医学》[傷口の奥を探って異物を取り出す] 鉗子
tirafuera [tirafwéra] [男]《アラバ. 釣り》柄の長いたも
tiragomas [tiraɡómas] [男]《カンタブリア, ソリア》=**tirachinas**
tirahilos [tiraílɔs] [男] [織機の] 糸を引っ張る重し
tiraje [tiráxe] [男] ❶《主に中南米》印刷〔部数〕, 発行〔部数〕: edición de ～ reducido 限定版. ❷《写真》ネガからの焼き増し. ❸《医学》陥没呼吸. ❹ 投げること; 射撃. ❺《メキシコ, チリ, アルゼンチン, ウルグアイ》[暖炉などの] 通風, 吸い込み: de ～ forzado《技術》排煙機付きの
tiralevitas [tiraleƀítas] [名]〖単複同形〗《西. 軽蔑》おべっか使い, ごまをする人
tiralíneas [tiralíneas] [男]〖単複同形〗[製図用の] からす口
tiramiento [tiramjénto] [男]《まれ》引く(投げる・伸ばす・広げる)こと
tiramillas [tiramíʎas] [名]〖単複同形〗《西. 口語》[足で・乗り物で] 長距離を速く走る人
tiramina [tiramína] [女]《生化》チラミン
tiramira [tiramíra] [女] ❶ 長く並んでいる物・人. ❷ 長い距離. ❸《廃語》細長い山脈
tiramisú [tiramisú]〖←伊語 tiramisu〗[男]《菓子》ティラミス
tiramollar [tiramoʎár] [自]《船舶》[しっかり留めていたものを緩めるために] ロープを引っ張る
tirana[1] [tirána] [女] ❶ [スペインの] 3拍子の古謡. ❷《サモラ, サラマンカ, アビラ》[スカートの下部を飾る] 穴のあるラシャ地の縁飾り. ❸《サモラ, サラマンカ》芽が3つ以上あるブドウ
tirandillo [tirandíʎo] tirando (tirar の [現分]) の示小語: No me quejo, ¿y a ti?—Pues ya lo ves, ～. 私はまあまあだ, で君は?—見たとおり, どうにかこうにかだ
tiranía [tiranía]〖←tirano〗[女] ❶ 専制政治, 圧政, 独裁: Los pueblos siempre han protestado contra la ～. 民衆はずっと専制政治に対して抗議してきた. bajo la ～ de... …の圧政下に. ❷ 権力の濫用, 横暴; いじめ: ～ de un padre 父親の暴君ぶり. ❸ [感情などの] 圧倒的な支配: ～ de ambición 抑えがたい野心. ❹ [薬物への] 依存状態, 中毒: ～ de la droga 麻薬への依存. ❺《歴史》僭主政治, 専制国家
tiránicamente [tiránikaménte] [副] 暴君のように, 傍若無人に, 横暴に
tiranicida [tiraniθíđa] [形] [名] 暴君殺しの〔実行者〕
tiranicidio [tiraniθíđjo] [男] 暴君殺し, 暴君殺害
tiránico, ca [tirániko, ka] [形] ❶ 専制的な, 圧政の: gobierno ～ 独裁政府. poder ～ 独裁的権力. régimen ～ 専制体制. ❷ 暴君の, 圧政者の: decisiones ～*cas* 横暴な決定. marido ～ 横暴な夫, 亭主関白
tiranización [tiraniθaθjɔ́n] [女] ❶ 圧政(専制政治)を行なうこと. ❷ 傍若無人(横暴・わがもの顔)にふるまうこと
tiranizar [tiraniθár]〖←ラテン語 tyrannizare〗[9] [他] ❶ …に圧政(専制政治)を行なう; 横暴にふるまう: El gobernante *tiranizó* al pueblo. 統治者は国民に暴政を敷いた. ❷ 傍若無人(横暴・わがもの顔)にふるまう: Su padre las tiene *tiranizadas*: les exige estar en casa antes de las diez. 父親は暴君のように彼女たちにふるまい, 10時前に帰宅するよう求めている
tirano, na[2] [tiráno, na]〖←ラテン語 tyrannus < ギリシア語 tyrannos〗[形] [名] ❶ 暴君[の], 専制君主;《歴史》僭主: El viejo ～ ahora se dedica a pescar. 年老いた暴君は現在釣りに精を出している. ❷ わがままな: niño ～ 勝手気ままな男の子. ❸ [感情が] 抗しがたい: Soy víctima de un amor ～. 私は抑えられない愛情の犠牲者だ
—— [男]《鳥》オウサマタイランチョウ
tiranosaurio [tiranosáu̯rjo] [男]《古生物》ティラノザウルス
tirantas [tirántas] [女] [複]《メキシコ, コロンビア》[ズボンの] サスペンダー
tirante [tiránte]〖←tirar〗[形] ❶ ぴんと張った, 張りつめた, 突っ張った: Ponga la cadena más ～.《自転車》チェーンをもっと締めて下さい. Este cable está poco ～. このケーブルはたるんでいる. ❷ [関係が] 緊迫した, 緊張した; 険悪な: relaciones ～*s* 緊張関係; 険悪な関係. situación ～ 緊迫した状況. estar ～ con+人 …と仲が悪い. ❸ 引く, 引っ張る
—— [男] ❶《服飾》1) [下着・エプロンなどの] ストラップ, 肩ひも: sin ～*s* ストラップレスの. 2) [複] サスペンダー: llevar ～*s* サスペンダーをしている. 3) [主に [複]. 男性用の] 長靴下. ❷ [馬車の] 引き綱. ❸ 支柱を引っ張って支える綱(索);《建築》下弦材, つなぎ梁; [吊橋の] 桁, 補剛桁. ❹ [ボイラーなどの] 耐張力部品. ❺ 小口寸法幅14cm厚さ9cmの角材. ❻《中南米》[複] 凧の糸
a ～s largos [馬車が] 御者2名の4頭立てで
tirantear [tiranteár] [自]《グアテマラ, チリ》❶ 伸ばす. ❷ [引いたり緩めたりの] 綱引きをする
tirantez [tirantéθ]〖←tirante〗[女] ❶ [ケーブルなどが] ぴんと張っていること, 張り. ❷ [関係の] 緊張, 緊迫: ～ de las relaciones entre dos países 2国間の緊迫した関係. ❸ [2点間の]

T

tirantillo 直線距離. ❹《建築》[アーチ・丸天井の] 組積面の向き

tirantillo [tirantíʎo] 男《西》[スーツケースなどの] ふたが開きすぎないように留めるリボン

tirapié [tirapjé] 男 =**tirapiés**

tirapiés [tirapjés] 男《単複同形》[靴屋が靴を縫う時の] 靴を支える革ベルト

tirapo [tirápo] 男《ドミニカ》玩具のピストル

tirar [tirár]《←?語源》他 ❶ 投げる《類義》tirar・lanzar・arrojar・echar は4語のうちではもっとも一般的な動詞で,「手に持ったものを投げる」というニュアンスがいつも根底にある: *tirar* una piedra a la ventana 窓に石を投げる. **lanzar** には「力を込めて」のニュアンスが強く感じられる: *lanzar* una mirada de rencor 怨嗟(という精神的な力)を込めた視線を投げる, *lanzar* una flecha 槍を投げつける. **arrojar** は「ばらまく」とか「投げ捨てる」のニュアンスがある: *arrojar* objetos a la vía del tren 線路上にものを投げる, *arrojar* bombas desde del avión 飛行機から爆弾を投下する. **echar** は tirar に次いで一般的な「投げる」の意味の動詞だが,「相手への思いを意識して投げ入れる」というニュアンスがやや感じられる: *echar* el balón al delantero フォワードにボールをパスする: El cómico le *tiró* la tarta en la cara. コメディアンは彼の顔にケーキを投げつけた. ~ agua a ~ に水をひっかける. Estos trastos están ya para ~ los. この靴はもうお払い箱だ. ❷ 浪費する, 投げ売りする: Comprar esto es ~ el dinero. これを買うのは金を捨てるようなものだ. Está *tirando* su fortuna. 彼は財産を濫費している. ~ los precios ダンピングする, 捨て値をつける. dinero *tirado* 無駄金. ❸ [わざと・不注意で] 落とす: *Tiraron* la fruta de los árboles vareándolos. 彼らは木々を揺すって果実を落とした. Ve despacio, no *tires* lo que llevas en la bandeja. ゆっくり行きなさい, お盆の上のものを落とさないで. ~ el pañuelo ハンカチを落とす. ❺ 倒す; 取り壊す, 倒壊させる《=~ abajo》: El fuerte viento ha *tirado* los árboles. 強風で木々が倒れた. Le *tiró* al suelo de un puñetazo. 彼は暴漢を一撃で殴り倒した. La policía *tiró* la puerta. 警察はドアを押し破った. ~ el jarrón con el codo 肘で花瓶を倒す. ~ la vieja casa 古い家を壊す. ❻ 引き伸ばす, [まれ]《金属を》線引きする, 伸線する: ~ el oro en hebras muy finas 金をごく細い糸に引き伸ばす. ❼ 引っ張る, 張る: ~ las cuerdas de la guitarra ギターの弦を張る. ❽《美術, 幾何》[線を] 引く《=trazar》: ~ una línea 1本の線を引く. ~ paralelas 平行な線を引く. ❾ [+打撃動作の名詞, 身体に被害を及ぼす] …をする: ~ a+人 una coz …を蹴つける. ~ a+人 un pellizco …をつねる. ❿ 印刷する; [定期刊行物が, 一定の部数を] 発行する: La imprenta *tiró* la primera edición. 印刷所は初版を刷った. Esa revista *tira* cien mil ejemplares. その雑誌は刷り部数10万部だ. ~ un panfleto ビラを印刷する. ~ un pliego 一葉刷る. ⓫ 撃つ, 発射する: ~ un cañonazo 大砲を1発撃つ. ~ cohetes 花火を打ち上げる. ⓬ [写真を] 撮る; プリントする: Les *tiré* unas fotos a los niños. 子供たちの写真を何枚か撮った. ⓭《西. 口語》[試験に] 不合格にする《=~ abajo》: Le *tiraron* en el segundo ejercicio de la oposición. 彼は採用試験の第2次審査で落とされた. ⓮ [サイコロを] 振る; [トランプ] [札を] 出す, 捨てる: *Tiró* los dados y sacó nueve puntos. 彼はサイコロを振って9を出した. Tienes que ~ un basto. 君は棍棒を出さなければならない. ⓯ [ビールを] 注ぐ: No sabe ~ la cerveza, todo es espuma. 彼はビールの注ぎ方を知らない, 泡ばかりだ. ⓰《古語》取り去る, 奪う. ⓱《古語》[人を] 連れ出す. ⓲《廃語》生み出す, 獲得する, 稼ぐ: ~ sueldo 給料を得る. ⓳《古語》[手紙を] 出す. ⓴《カリブ, アンデス, アルゼンチン, ウルグアイ》運ぶ, 運搬する. ㉑《キューバ, ベネズエラ》[ドアなどを] 強く閉める. 2) [嫌味・皮肉を] 言う. ㉒《アンデス》使う, 用いる. ㉓《チリ》[競走で] …にスタートの合図をする. 2) [宝くじ・福引などで] …に当てる.

dejar tirado 1) 放置する: No *dejes* tus cosas *tiradas* por toda la casa. 自分のものを家中に散らかしっぱなしにするな. 2) 見捨てる, なすすべのない状態に置く: Se ha ido de vacaciones y *ha dejado tirado* a su perro. 彼は休暇に出かけて犬を置き去りにした. El coche me *ha dejado tirado*. 車は私を置き去りにした. Anularon el vuelo y nos *dejaron tirados* en el aeropuerto. 便が欠航になって私たちは空港に足止めされた.

estar que lo tira《口語》[人が主語に] 1) 威勢がいい. 2) [肉体的に] 魅力的である

tira y afloja 男 1) 硬軟の巧みな使い分け, 緩急自在の駆け引き, あめとむち; のらりくらりとした言い逃れ: Después de un largo *tira y afloja* llegaron a un compromiso. 長きに渡る巧みな引いたり引かれたりして協定にこぎつけた. 2) 罰金遊びの一種《各々がテープ(ハンカチ)の一方の端, 親が他方の端を持ち, 親の指図でそれを引くか緩めるかする. 間違えた人が罰金を払う》

~ **la**《俗用》[+人+場所 に] 向かう: ¿*Dónde la tiran* estas señoritas? このお嬢さんたちはどこに行くのだろうか?

~ **la de...** …を気取る《=*tirárselas de...*》

── 自 ❶ [+de] 引く, 引っ張る, 引き寄せる《⇔empujar》: La locomotora *tira de* los vagones. 機関車が客車を引く. El imán *tira del* hierro. 磁石は鉄を引きつける. Siempre tengo que ~ *de* ella para que estudie. 私はいつも彼女を引っ張ってきて勉強させなければならない. ~ *de* una cuerda 綱を引く. ~ a+人 *de* la mano …の手を引っ張る. T~ [ドアの表示] 引く. ❷ [+de] リードする, 推進する: El consumo está estancado y no *tira de* la economía. 消費が低迷していて経済を牽引しない. ~ *de* la familia 家族を引っ張り, 家族の主導権を握る. ❸ [+a+人 を] 引きつける, …の気に入る: No le *tira* el estudio. 彼は勉強が嫌いだ. Me *tiran* los dulces. 私は甘いものが大好きだ. La patria *tira* siempre. 故郷はいつも懐かしい. ❹《主に西》進み続ける: 1) Vamos, *tira*. さあ, このまま行こう. ~ por la calle de enfrente 正面の道をまっすぐ進む. 2) [+hacia の方向に] Al llegar a la esquina, *tire* usted a la derecha. 曲がり角に来たら右折して下さい. ❺ [しばしば 現分]. +a の] 傾向がある,《口語》似ている: *Tira* más bien a prudente. 彼はどちらかというと慎重な方だ. marrón *tirando* a negro 黒みを帯びた茶色. La hija *tira* más al padre. その娘は父親似だ. ❻ [密かに, +a を] 目指す, 狙う; [好み・資質から, +para になる] 途上にある. *Tira* a presidente. 彼は大統領の椅子を狙っている. Ella *tira* para estrella de cine. 彼女は映画スターを目指している. ❼ きつい, 小さすぎる: Me *tira* el hombro de la chaqueta. 私にはこの上着の肩のところがきつすぎる. ❽ [車などが] 馬力がある, 性能が良い: Este coche no *tira* en las cuestas. この車は登攀力がない. ❾《西》持ちこたえる, 何とか使える《口語》正常に作動する: El camión *tirará* aún un par de años. そのトラックはまだ2年はもつだろう. Aún *tiran* esos zapatos. その靴はまだま履けるだろう. Este motor no *tira* bien. このエンジンは調子が悪い. ❿ [暖炉などが] 空気を通す: Esta chimenea no *tira*. この煙突は煙の通りが悪い. ⓫ [+de 武器・道具などを] 取り出す, 手に持つ; 使用する: *Tiraron de* espadas dispuestos a batirse. 彼らは剣を抜いて戦う構えだった. *Tiró de* la cartera. 彼は財布を取り出した. ⓬ [+a に向けて] 射撃する, 発射する: *Tiró al* aire para intimidar a los atracadores. 彼は強盗をおどかすために空に向けて撃った. ~ al blanco 的を撃つ. ⓭ [+a+人] 投げる, 投球する. ⓮《競技》[+a 武器] 操る; ~ a la espada 剣を巧みに操る. ⓯《製本》[表紙・背に] 箔押しする. ⓰ [ゲームで] プレーする, 札を引く: Ahora te toca ~ a ti. 今度は君が引く番だ. ⓱《競技》ペースメーカーとなる. ⓲《闘牛》銛打ちに失敗して急いで退場する. ⓳ [皮膚などが] 張る: La herida está cicatrizando y la piel *tira* mucho. 傷口は治りかけていて皮膚が盛り上がっている. Al despertar lo *tiraban* las sienes y le dolía la cabeza. 彼は目が覚めるとこめかみが張って頭痛がしたものだ. ⓴《俗用》[自分にふさわしくない境遇に] 甘んじる, 我慢する. ㉑《まれ》堕落する, 品位を落とす. ㉒《地方語》[+con と] 生活する. ㉓《中南米. 俗語》性交する. ㉔《メキシコ, ラプラタ. 口語》[+a+人 の] 欲望をそそる, 得たいと思わせる: ¿A usted no le *tira* ser presidente algún día? いつか大統領になりたいとは思いませんか?

a todo (**mucho**・**más**) ~ 多くても, せいぜい: Tendremos combustible, *a todo* ~, para un mes. 我々にはせいぜい1月分の燃料しかないようだ

de ~ [馬が荷車などを] 引くのに使われる

ir tirando《口語》何とかやっていく: El enfermo *va tirando*. 病人は持ちこたえている. ¿Cómo estás?—*Voy tirando*. 元気かい?—何とかやっているよ. *Van tirando* con la pensión. 彼らは年金で何とか暮らしている

tirando corto (**largo**) 多くても(少なくても): Hay que irse a acostar para levantarse a las seis, *tirando corto*. 遅くても6時には起床するためには寝に行かなくてはならない

tirando por lo alto (**bajo**) =*tirando corto* (**largo**)

~ *a matar* 1)《口語》悪意である(言う): *Tiró a matar* en cada una de las preguntas. 彼の質問はどれも悪意に満ちたも

のだった. 2)［的に当てることよりもしろ］強く引くことを重視して弓を射る. 3) 射殺する

—— ～se ❶ [+de から, +en·a に] 身を投げる: Los polizones se tiraron del tren en marcha. 無賃乗車の連中は走っている列車から飛び降りた. Se tiró por la ventana. 彼は窓から身を投げた. ～se al suelo de risa 床の上を笑いころげる. ～se en la cama ベッドに身を投げ出す. ～se al río 川に飛び込む. ❷［横になって］体を伸ばす. ❸ [+sobre·a に] 飛びかかる: Se me tiró un perro. 犬が私に飛びかかってきた. ～se sobre el ladrón 泥棒にとびかかる. ❹ [+a+不定詞] あわてて（早まって）…する: Se tiró a insultar a todos. 彼は早まって皆を侮辱してしまった. ❺ ［時間が］過ぎる; ［時間を］過ごす: Se ha tirado el día lloviendo. 一日中雨だった. Se tiró la mañana ordenando los papeles. 彼は午前中ずっと書類を整理していた. Me tiré dos horas de cola. 私は2時間列に並んだ. Se tiró toda la semana con gripe. 彼は1週間ずっと風邪だった. ❻《口語》[おなら・げっぷなどを] 発する, 出す. ❼《西. 卑語》[+a+人 と] 性交する. ❽《キューバ》1) 度を超す, 乱用する. 2) …を食べる, 飲む. ❾《コロンビア, ラプラタ》倒れる. ❿《コロンビア. 口語》…をだめにする

—— *tirárselas de…* …を気取る: *Se las tira de* valiente. 彼は勇気のあるところを見せた

tirata [tiráta]〚女〛《コロンビア》❶ 印刷 [=tirada]. ❷ だまし, いんちき. ❸ からかい, 嘲笑

tiratacos [tiratákos]〚男〛《単複同形》木製の管

tiratira [tiratíra]〚女〛《コロンビア》❶ 糖蜜菓子. ❷ 噛み砕くのが難しいもの

tiratiros [tiratíros]〚男〛《単複同形》《アラバ, ナバラ. 植物》フクロナデシコ [=colleja]

tiratrillo [tiratríλo]〚男〛《ソリア, アラゴン》脱穀機に家畜の引き綱を引っ掛ける木製のアーム

tiratrón [tiratrón]〚男〛《電気》熱陰極ガス管

tiraz [tiráθ]〚男〛〚複 -ces〛《古語》[アラブの] 多色の絹織物

tirela [tiréla]〚女〛 縞模様の布地

tírese [tírese]〚男〛《印刷》校了［指示］

tireta [tiréta]〚女〛 固定用の帯（テープ）

tiricia [tiríθja]〚女〛《俗語》黄疸 [=ictericia]

tirigaña [tiríɣápa]〚女〛《地方語. 植物》ムシトリスミレの一種《学名 Pinguicula grandiflora》

tiriguillo [tiriɣwíλo]〚男〛《ドミニカ》[ほうき代わりに使われる] ヤシの扇形の葉

tiriguro [tiríɣuro]〚男〛《コスタリカ. 植物》ゴレンシ

tirijala [tirixála]〚男〛〚女〛《カナリア諸島, プエルトリコ》糖蜜菓子

tirilla [tiríʎa]〚女〛《tira の示小辞》❶《服飾》[カラーをとじつける] 台衿, カラー（ネックバンド）. ❷《カナリア諸島》[鶏小屋を作るための]細長い板. ❸《チリ, アルゼンチン, ウルグアイ》ぼろ布で作った服

tirillas [tiríʎas]〚男〛《単複同形》《西. 口語, 軽蔑》❶ 小男, やせっぽち, ひ弱な人: Chico, eres un ～, no puedes con esa maleta. おい, 君は力弱だからそのスーツケースを運ぶのは無理だ. ¡Vete, ～! 出ていけ, ちび! ❷《うぬぼれた》取るに足らない人, つまらない奴

tirillento, ta [tiriʎénto, ta]〚チリ. 口語》ぼろぼろの, 使い古し

tirintio, tia [tiríntjo, tja]〚形〛〚名〛《古代ギリシア, 地名》ティリンスTirinto の［人］

tirio, ria [tírjo, rja]〚形〛〚名〛《古代フェニキア, 地名》ティルス Tiro の［人］《海港》

—— ～*s y (o) troyanos* 敵味方, 犬猿の仲

tirirú [tirirú]〚男〛《ボリビア》おまるとして使われるヒョウタン

tiristor [tiristór]〚男〛《電気》サイリスタ

tirisuya [tirisúja]〚女〛《ペルー. 音楽》チリミーア《=chirimía》

tirita [tiríta]〚女〛《←商標》❶《西》ガーゼ付き絆創膏(ばんそうこう): ponerse una ～ en… …にガーゼ付き絆創膏を貼る. ❷《ベネズエラ. 服飾》ストラップ

tiritadera [tiritaðéra]〚女〛《地方語》=tiritera

tiritaina [tiritájna]〚女〛《地方語》=tiritera

tiritamiento [tiritamjénto]〚男〛《寒さ・発熱による》震え

tiritaña [tiritápa]〚女〛《←仏語 tiretaine》❶ もろい（弱い）絹地. ❷ どうでもしこと, ささいなこと

tiritar [tiritár]〚←擬声〛〚自〛[+de 寒さ・発熱で] 震える: Le encontré tiritando de frío. 見ると彼は寒くてガタガタ震えていた

—— *estar (quedarse·dejar) tiritando* 破滅寸前である（になる・に追い込む）

tiritera¹ [tiritéra]〚女〛《口語》[寒さによる] 激しい震え

tiritero, ra² [tiritéro, ra]〚名〛《口語》=titiritero

tiritirí [tiritirí]〚女〛《ボリビア》[ゆっくりとしたリズムの] 首を傾けながら踊る民俗舞踊

tirito [tiríto]〚男〛 コカインの1回分の服用量

tiritón, na [tiritón, na]〚←tiritar〛〚形〛激しく震える

—— 〚男〛 震え

—— 〚女〛 [寒さ・発熱による] 震え, 悪寒: Le entró tal *tiritona* que decidió meterse en la cama. 彼はひどい悪寒に襲われたので寝ることにした

tiro [tíro] **I**〚←tirar〛〚男〛❶ 発砲, 発射: Se cruzaron varios ～s entre las dos tropas. 両軍の間で銃撃が交わされた. El revólver cayó al suelo y se disparó un ～ accidental. 拳銃が床に落ちて暴発した. dar (pegar·disparar) un ～ 一発撃つ. matar de un ～ 一発で仕止める. ejercicios de ～ 射撃練習. ～ de ～ 射撃. revólver de ～s 6連発銃. 銃声（砲声）: Se oyen ～s. 銃声（砲音）が聞こえる. ❸ 弾痕; 弾傷: En la pared había muchos ～s. 壁にはたくさんの弾痕があった. Le dieron dos ～s en la pierna. 彼は脚に2発受けた. ❹ 射撃練習場. ❺ 射程（距離）: El ～ de esta pistola es de 50 metros. このピストルの射程は50メートルだ. a un ～ de cañón 大砲の射程距離内に. ❻ 弾道; ～ oblicuo 斜射. ～ rasante 接地射. ❼ [1回に火器に装填する] 弾薬量: Nos quedaban pocos ～s. 我々には弾薬がほとんど残っていない. ❽ 投げること; 引くこと. ❾《スポーツ》1) ～ al blanco 標的射撃; 射撃場. ～ de precisión 精密射撃. ～ olímpico オリンピックの種目. 2)〚集合〛射撃およびアーチェリー. 3)《地方語》～ de barra 棒引き. ❿《バスケットボール, サッカー》シュート; 《ゴルフ》ショット: El delantero lanzó un magnífico ～ a puerta. フォワードがゴールにすばらしいシュートを放った. largo ～ ロングシュート; ロングショット. ～ libre フリースロー; フリーキック. ～ directo (indirecto) 直接（間接）フリーキック. ⓫〚集合〛[馬車を引く] 馬: ～ par 4 頭立て. ⓬ [馬車などの] 引き革, 引き綱; 《滑車・機械に掛けられた》引き上げ用ロープ. ⓭ 一続きの階段 [=tramo]. ⓮ 織った物の長さ. ⓰ [暖炉などの] 通風, 吸い込み: Esta chimenea tiene muy buen ～. この暖炉は吸い込みがいい. de ～ forzado 《西. 技術》排煙機付きの. ⓱《服飾》1) [ズボンの] 股上(またがみ): Estos jeans tienen el ～ muy corto. このジーンズは股上がとても浅い. pantalón de ～ alto 股上の深いズボン. 2) [ズボンなどの] 太さ, 足回り, わたり幅: Estos shorts son demasiado largos de ～. このショートパンツはわたり幅が広すぎる. 3) 肩紐. 4)《アルゼンチン》〚複〛[ズボンの] サスペンダー. ⓭〚複〛剣帯. ⓳〚集合〛《鉱山》立坑; 深さ. ⓴〚隠語〛吸引された麻薬. ㉑〚まれ〛[肉体的・精神的] 深刻な被害, 不慮の災難. ㉒〚まれ〛だまし, ごまかし. ㉓〚まれ〛万引き, こそ泥, 詐欺. ㉔〚まれ〛[人へ] あてこすり, 遠回しの非難. ㉕《廃語》魔女. ㉖《中南米》[遊びに使う] 瓦のかけら, ビー玉. ㉗《ホンジュラス》[木材を引きずる] 切り出し道. ㉘《キューバ》[農産物, 特にサトウキビの] 輸送. ㉙《ベネズエラ》屁理屈, こじつけ. ㉚《チリ. 競馬》コース

a ～ 1) 射程距離内に: Tienes el jabalí *a ～*. イノシシは君の射程内にいる. 2) 手の届くところに: ¿Me pasas la sal, que la tienes *a ～*? 塩を取ってくれない？ 手の届くところにあるよ. 3) 可能に: Si se pone *a ～*, compraré el coche. 手の届く値段なら車を買おう

a ～ [un] ～ de piedra/a ～ de ballesta《口語》[+de の] すぐ近くに: Vivo *a ～ de piedra* del parque. 私は公園のすぐそばに住んでいる

a ～ hecho 意図して, あらかじめ考えて; 狙いを定めて: Fuimos a comprar *a ～ hecho*. 私たちは何を買うか決めて出かけた

a ～ limpio 激しく銃撃して

a ～s 銃撃して, 銃弾を浴びせて

al ～《コスタリカ, コロンビア, エクアドル, ペルー, チリ》すぐに, ただちに 《=enseguida》: Voy al ～. 今すぐ行きます

caer como un ～ a+人《口語》=*sentar como un ～ a+人*

cebar el ～《メキシコ. 口語》失敗する, 見込みが外れる, 当て外れに終わる

como un ～《主に南米》突然, 電光石火の如く

de a ～/del ～《メキシコ, グアテマラ. 口語》1)［確言］本当に. 2) 一挙に, 完全に

de ～［動物の］牽引用の: caballo *de ～* 馬車馬

de ～s largos 1)《西》着飾って: Fue *de ～s largos* a la boda. 彼は着飾って結婚式に行った. 2) 豪華で入念に 3) ［馬車が］御者2名の4頭立てで《=a tirantes largos》

tirocalcitonina

echar ~《メキシコ. 口語》いい気になる
errar el ~ 失敗をする, 当てが外れる: Tratamos de convencerle, pero *erramos el* ~. 私たちは彼を説得しようとしたが, 失敗した
ir como un ~ *a*+人 =sentar como un ~ *a*+人
ir por ahí los ~*s*《西》当たらずといえども遠からずである, 決して的外れではない: Creo que estás equivocado. *Por ahí no van los tiros.* 君は間違っていると思う, それは的外れだよ
ni a ~*s*《口語》1) 決して〔…さい〕: No llueve *ni a* ~*s*. 雨は絶対に降らない. 2)〔不快〕ごめんだね!: ¿Quieres venir conmigo?—¡*Ni a* ~*s*! 一緒に来るかい?—まっぴらだ!
pegar cuatro (*dos*) ~*s a*+人/*pegar un* ~ *a*+人 …を射殺する
pegarse un ~ 自分を撃つ, 銃で自殺する
saber por dónde van los ~*s*〔流行・事態の〕動向を知っている
salir a+人 *el* ~ *por la culata*《口語》…にとって望みとは逆の結果になる, 当てが外れる, 裏目に出る, 失敗する: Pensaba heredar la casa y le *ha salido el* ~ *por la culata*. 彼は家を継ごうと思っていたのにその当てが外れた
sentar como un ~ *a*+人《口語》1)〔肉体的・精神的に〕…に打撃を与える: La comida me *ha sentado como un* ~. その料理で私はお腹をこわした. Cuando sepa la verdad le *sentará como un* ~. 彼が事実を知ったらショックを受けるだろう. 2) 全く似合わない
sin pegar un ~ 一戦も交えずに, 易々と
II 男《動物》❶《アンダルシア》サンショウウオ; イベリアトゲイモリ. ❷《コロンビア》アノールトカゲ

tirocalcitonina [tiroκalθitonína] 女《生化》サイロカルシトニン
tirocinio [tiroθínjo] 男《廃語》見習い, 初心者
tiroglobulina [tiroγloβulína] 女《生化》サイログロブリン
tirohioideo, a [tirojoiðéo, a]《解剖》甲状舌骨の
tiroidectomía [tiroiðektomía] 女《医学》甲状腺摘出術
tiroideo, a [tiroiðéo, a]《解剖》甲状腺の, 甲状軟骨の: *hormona* ~*a* 甲状腺ホルモン
tiroides [tiróiðes] 男/女〔単複同形〕《解剖》甲状腺〔の〕〔=*glándula* ~〕; 甲状軟骨〔の〕〔=*cartílago* ~〕
tiroidina [tiroiðína] 女《薬学》甲状腺剤
tirol [tiról] 男《メキシコ》〔装飾として〕ごつごつした外見の屋根
tirolés [tirolés, sa] 形《地名》〔ヨーロッパ・アルプスの〕チロル Tirol の〔人〕: *sombrero* ~ チロリアンハット
—— 男 ❶ ドイツ語のチロル方言. ❷ 金物(玩具)商人
—— 女 ❶《音楽》ヨーデル: *cantar a la tirolesa* ヨーデルで歌う. ❷ チロリアンダンス
tirolina [tirolína] 女〔つかまって水に飛び込むための〕プール上に垂らしたロープ; descenso en ~ ロープにつかまっての水への飛び込み
tirón [tirón] I ←*tirar* 男 ❶ 強く引くこと: Me dio un ~ *de oreja*. 彼は私の耳を引っ張った. dar un ~ *a la puerta* ドアをぐいと引く. ❷ ひったくり: Dieron un ~ *al bolso de una turista*. 観光客のバッグがひったくられた. ❸〔筋肉の〕引きつり, けいれん; 軽い肉離れ: Le dio un ~ *en la pierna*. 彼は脚がつった. ❹《西》〔人物・思想などの〕魅力, 人気: El ecologismo tiene un gran ~ *entre la juventud*. エコロジーは若者の間で大変人気がある. *novela de mucho* ~ 大変人気のある小説. ❺《スポーツ》スパート: *dar un* ~ スパートする. ❻ 急激な伸び(膨張). ❼〔自動車・エンジンの〕急な振動(動き). ❽《経済》相場の急変: ~ *a la baja* 暴落. ❾《ラプラタ》長い時間(距離)
de un ~ 一気に, 一度に: Me leí la novela *de un* ~. 私はその小説を一気に読んでしまった. 2) *dormir de un* ~ 〔長時間〕ぐっすり眠る
ni a dos (*tres*) *tirones*《口語》いくらがんばっても…できない
II 形 ←*tiro, -onis*〕男《口語》見習い, 初心者
tirona [tiróna] 女《漁業》〔地中海のマグロ漁などで使われる〕定置網
tironazo [tironáθo] 男《時に軽蔑》乱暴に引っ張ること
tironear [tironeár] 自/他《主に中南米. 口語》強く引っ張る, 引きずる
tironero, ra [tironéro, ra] 名《隠語》❶ ひったくり犯. ❷ 同業者組合の決まりを守らないタクシー運転手〔=*tirador*〕
tironiano, na [tironjáno, na] 形《人名》マルクス・テリウス・ティロ Marcus Tellius Tiro の《スペイン名 Tirón. 紀元前1世紀ごろキケロ Cicerón の書生を務め, 速記法を導入したと言われる》

—— 女 複 ティロ式速記法
tiroriro [tiroríro] 男《口語》❶〔笛などの音〕ピーヒャラリ. ❷ 複 笛などの楽器
tirosina [tirosína] 女《生化》チロシン
tirotear [tirotear] 他〔←*tiro*〕〔繰り返し・何発も〕…に発砲する: *Han tiroteado* la oficina del alcalde. 市長室に銃弾が数発撃ち込まれた
—— *se* ❶ 撃ち合う. ❷《古語的》言い争う, 口げんかをする
tiroteo [tirotéo] 男 ❶〔繰り返し・何発もの〕発砲, 激しい銃撃, 撃ち合い. ❷《古語的》言い争い, 口げんか
tirotomía [tirotomía] 女《医学》甲状腺切開, 甲状軟骨切開
tirotoxicosis [tirotо(k)sikósis] 女《医学》甲状腺中毒, 甲状腺亢進
tirotricina [tirotriθína] 女《生化》チロトリシン
tirotrofina [tirotrofína] 女《生理》チロトロフィン
tirotropa [tirotrópa] 女《生理》甲状腺刺激ホルモン
tiroxina [tiro(k)sína] 女《生化》チロキシン
tirreno, na [tirréno, na] 形 名《地名》ティレニア海 Tirreno イタリアの〔人〕〔=*etrusco*〕; ティレニア族〔の〕
tirria [tírrja]〔←*agriar*〕女 ❶《口語》〔人・物などに対する, いわれのない〕憎しみ, 敵意, 反感: Le tengo una ~ *que no puedo ni verlo*. あいつのやつに私は顔も見たくない. ❷《古語》不快感, 腹立ち. ❸《古語》激論(口論)を繰り返すこと
tirrioso, sa [tirrjóso, sa] 形 憎しみのこもった, 反感を抱いた
tirro [tírro] 男《ベネズエラ》粘着テープ
tirso [tírso] 男 ❶《ギリシャ神話》テュルソス《酒神バッカスとその信奉者が持っていた杖》. ❷《植物》密錐花序
Tirso de Molina [tírso ðe molína] ティルソ・デ・モリナ《1579–1648, スペイン黄金世紀の劇作家. 本名 Gabriel Tellez. 教養豊かで抒情性に満ちた文体と鋭い心理描写を得意とし, ロペ・デ・ベガ Lope de Vega, カルデロン Calderón と共にスペイン演劇の最盛期を築いた. 『セビーリャの色事師または石の招客』 *El burlador de Sevilla y convidado de piedra*,『不信心ゆえ地獄堕ち』*El condenado por desconfiado*》
tirulato, ta [tiruláto, ta] 形 =*turulato*
tirulillo [tirulíλo] 男《エストレマドゥラ》揚げ菓子
tirulo [tirúlo] 男〔葉巻の中心の〕葉を巻いた(刻んだ)部分
tis [tís] 形《地方語》肺結核にかかった
tisaje [tisáxe] 男《古語》はさみ〔=*tijeras*〕
tisana [tisána]〔←ラテン語 ptisana <ギリシャ語 ptisane < ptisso「私は潰す」〕女 せんじ薬, ハーブティー: *tomar una* ~ *de manzanilla* カモミールティーを飲む
tisanuro [tisanúro, ra] 形 シミ目の, 総尾目の
—— 男《昆虫》シミ目, 総尾目
tischar [tistʃár] 他《ボリビア》指先ではじく(軽く叩く)
tischelina [tistʃelína] 女《ペルー》=*tichela*
tiseras [tiséras] 女 複《古語》はさみ〔=*tijeras*〕
tísico, ca [tísiko, ka] 形 名《古語》❶ 肺結核にかかった〔人〕. ❷ 肺結核の
tisiógeno, na [tisjóxeno, na] 形 肺結核の原因となる
tisiología [tisjoloxía] 女 結核病学
tisiológico, ca [tisjolóxiko, ka] 形 結核病学の
tisiólogo, ga [tisjólogo, ga] 名 結核専門医
tisis [tísis]〔←ギリシャ語 phthisis < phthio「私自身を終える」〕女《医学》肺結核; 肺病
tissue [tisú]〔←英語〕男 複 ~*s* ティシュペーパー: ¿Tienes un ~ *para limpiarme las gafas*? 眼鏡を拭こうと思うけどティシュあるかい?
tiste [tíste] 男 ❶《メキシコ, 中米》炒ったトウモロコシ粉にココア・アチョーテ・砂糖を加えた清涼飲料. ❷《ボリビア, アルゼンチン》ノパルサボテンのとげが刺さってできるいぼ
tisú [tisú]〔←仏語 tissu〕男 複 ~〔e〕s ❶ ティシュペーパー: *sonarse la nariz con un* ~. ティシュで洟をかむ. ❷《繊維》ラメ: ~ *de oro* 金糸を織り込んだラメ
tisular [tisulár] 形《生物》生体組織の: *debilitamientos* ~*es* 生体組織の衰え
titán [titán] 男 ❶《ギリシャ神話》〔T~〕ティタン, タイタン《ウラノス Urano とガイア Gea を父母とする巨人族》. ❷《比喩》巨星, 大物, 巨人, 超人: ~ *de las finanzas* 財界の大物. ❸ 大型クレーン
Titania [titánja] 女〔中世の伝説で〕ティタニア《妖精の国の女王》
titánico, ca [titániko, ka]〔←*titán*〕形 ❶ 超人的な, 途方もな

い: esfuerzo ~ 超人的な(並大抵でない)努力. ❷《ギリシア神話》ティタン Titán の
titanio[1] [titánjo]男《元素》チタン
titanio[2], **nia** [titánjo, nja]形《ギリシア神話》ティタン Titán の
titanita [titaníta]女《鉱物》チタン石
titano [titáno]男 [=titanio]
titanomagnetita [titanomagnetíta]女《鉱物》チタン磁鉄鉱
titear [titeár]自《ウズラがひなを呼ぶように》ピーチク鳴く
── 他《医学》親愛》[el・la+
titeo [titéo]男 ❶ ウズラがひなを呼ぶ鳴き声. ❷《ボリビア, ラプラタ》からかい, 冷やかし
títere [títere]男《← 擬声》❶ 操り人形; 指人形 [=~ de guante]: ~ de trapo 布で作られた 操り人形. ❷ 人形劇, 人形芝居: ver los ~s 人形劇を見る. ❸《軽蔑》他人の言いなりになる人, 傀儡(ホホミセ): gobierno ~ 傀儡政権. ❹《気取って・いい気になって》奇妙なかっこうをした人; だらしのない, 貧相な人. ❺ 固定観念. ❻《プエルトリコ》腕白小僧, やんちゃ坊主; 放浪者

dejar ~ con cabeza《口語》[否定表現で] 1) ひどく破壊する: Los vándalos pasaron por el territorio sin *dejar ~ con cabeza*. バンダル人は乱暴の限りを尽くして領土を通り過ぎた. 2) [あることに関わったグループの連中を] 全面的に批判する

quedar ~ con cabeza《口語》[否定表現で] 1) ひどく破壊される. 2) [あることに関わったグループの連中が] 全面的に批判される

titerería [titerería]女 人形遣いの技術
titerero, ra [titeréro, ra]形 人形遣いの [=titiritero]
titeretada [titeretáda]女《口語》人形遣いらしさ, 不まじめさ
titerista [titerísta]共 [=titiritero]
titi [tití]名《擬》~s❶《西. 若者語》[魅力的な] 若者《主に女性》: La ~ del bar le robó hasta los pantalones. バルにいた若い娘は彼のズボンまで盗んだ. ❷《マドリード, 親愛》[el・la+, 3人称単数で表わして]奴: Siempre decía mi primo: «*el ~ no lee el periódico en el trabajo, el ~ se informa*». いとこはいつも言っていたね,《奴は仕事で新聞を読みもしないで, 情報通なんだ》
tití [tití]《←アイマラ語 titi「小型のネコ」》男《襲》~es《動物》[オマキザル科の] ティティ
titiaro [titjáro]男《ベネズエラ. 植物》モンキーバナナ
Titicaca [titikáka]《地名》チチカカ湖《アンデス山中のペルーとボリビアにまたがる淡水湖. 標高3800mに位置し, 先住民ウロ uro 族が浮島で暮らす》
titilación [titilaθjón]女 ❶《文語》震え; [星・光の] またたき. ❷《医学》ピクピク動かすこと
titilador, ra [titiladór, ra]形《文語》=titilante
titilante [titilánte]形《文語》震える; またたく
titilar [titilár]自《←ラテン語 titillare》❶《文語》震える, ピクピク動く: Sus párpados *titilaban* cuando estaba muy nervioso. 彼は彼女のまぶたがとまることを得て震えた. ❷ [星・光が] きらめく, またたく: En el pueblo comenzaban a ~ las primeras luces. 村では最初に灯した明かりがきらめき始めた. ❸《軽蔑》[鼻・まぶたなどを] ピクピク動かす
titileo [titiléo]男《文語》震え; [星・光の] またたき
titímalo [titímalo]男《植物》トウダイグサ [=lechetrezna]
titímico, ca [titímiko, ka]形《グアテマラ》少し酔いの
titingó [titingó]男《キューバ》けんか騒ぎ, どんちゃん騒ぎ
titipuchal [titiputʃál]男《メキシコ. 口語》大量, 潤沢さ
titiribí [titiribí]男《コロンビア. 鳥》ショウジョウコウカンチョウ
titirimundi [titirimúndi]男《襲》~s =cosmorama
titiritaina [titiritáina]女《口語》笛などの雑然とした音. ❷ にぎやかな音: ~ de la fiesta パーティーのにぎやかざわめき
titiritaje [titiritáxe]男《ドマンイカ》体の震え, 悪寒
titiritar [titiritár]自 =tiritar
titiritero, ra [titiritéro, ra]《←títere》名 ❶ 人形遣い, くぐつ師. ❷ [旅回りの] 曲芸師, 軽業師
titismo [titísmo]男《旧ユーゴスラビアの》チトー Tito 主義
tito[1] [títo]男《← 擬声》男《まれ》溲瓶(ヒ), おる. ❷《地方語. 植物》レンリソウ [=almorta]; その種. ❸《バリャドリード, サモラ, サラマンカ》[果実の] 種. ❹《アラゴン》グリーンピース, えんどう豆. ❺《ムルシア》鶏肉
tito[2], **ta** [títo, ta]名《幼児語》おじ, おば [=tío]
titoísmo [titoísmo]男 =titismo

titola [titóla]女《地方語》陰茎 [=pene]
Titono [titóno]男《ローマ神話》ティトノス《アウロラ Aurola の夫. 神々によって蝉に変えられた》
titubar [titubár]自 =titubear
titubeante [titubeánte]形 口ごもる: con voz ~ つっかえつっかえ言いよどみながら. contestación ~ しどろもどろの答え
titubear [titubeár]自《←ラテン語 titubare》❶ 口ごもる, 言いよどむ, 言葉に詰まる: Hablando francés *titubea* muchas veces. 彼はフランス語を話す時しばしば口ごもる. No *titubees* y contesta claramente. もぐもぐ言わず, はっきり答えなさい. contestar sin ~ すらすら返答する. ❷ [+en で] ちゅうちょする, ためらう: Como llovía, *titubeó* antes de salir. 雨が降っていたので彼は外出をためらった. Tubea en la elección. 彼は選択に迷っている. ❸ よろめく, ぐらつく: La abuela *titubea* mucho cuando anda. 祖母は歩く時よく足元がふらつく
titubeo [titubéo]男《襲》~s ❶ ちゅうちょ, ためらい: Un ~ al pasar por el control de policía lo dilató. 彼は検問を通る時ためらうところがあったので手間取った. Dime lo que quieras sin ~s. ちゅうちょせず(遠慮なく)何でも言ってくれ. ❷ よろめき, ぐらつき. ❸ 口ごもり
titulación [titulaθjón]女 ❶ 学位; 学歴, 学卒の資格: Su hija ha obtenido la ~ de Doctora en Medicina. 彼の娘は医学博士号を取得した. tener la ~ de economista 経済学士の資格がある. ❷ 題名(表題)をつけること: ~ de los capítulos 章題つけ. ❸《集》《不動産の》権利証書. ❹《化学》滴定
titulado, da [tituládo, da]形 ❶ [+en で] 学士〔の〕, 資格のある〔人〕: María es ~*da en* Ciencias Económicas. マリアは経済学の学位を持っている. ~ medio [大学の3年間の] 基礎課程卒業者. ~ superior (universitario) 大学卒業者. ❷ 爵位のある〔人〕. ❸《中南米》自称~, ~という触れ込みの
titulador, ra [tituladór, ra]形 題名(表題)をつける〔人〕
titular I《←título》形名 ❶《正規の》肩書(資格)を持った〔人〕: El (jugador) ~ tuvo un esguince y salió a jugar el reserva. そのレギュラー選手がねんざしたので, 補欠選手が出場した. juez ~ 正判事. médico ~ 正規の医師. miembro ~ 正会員. ❷《法律》[+de の] 名義人である人: Soy el ~ de esta cuenta de Banco de Santander. 私がサンタンデル銀行のこの口座の名義人だ. socios ~es de acciones 株式の名義人で会員である者. entidad ~ 当該の機関. ~ de la patente 特許権の所有者. ~ propietario 名義人である所有者. ❸《スポーツ》正選手. ❹《西》准教授 [=profesor ~. → **profesor**]. ~ interino [臨時で短期に採用される] 准教授代行. ❺《印刷》letra ~ 見出し用の大文字
── 男 [主に 襲] ❶《新聞, 雑誌》見出し: La noticia apareció con (en) grandes ~es. そのニュースは大見出しで報じられた. ~ radio, televi トップニュース
II《←ラテン語 titulare》他 ❶ [作品に, +目的格補語 という] 題名をつける: Joaquín Rodrigo *tituló* su obra maestra "Concierto de Aranjuez". ホアキン・ロドリーゴは代表作に『アランフエス協奏曲』という題名をつけた. un poema *titulado* "sueños"『夢』と題する一編の詩. ❷ [人に] 肩書き(資格・称号)を与える
── 男 ❶ 爵位(貴族の称号)を得る. ❷《化学》滴定する
── ~se [+en・de の] 学位(学卒の資格)をとる: Felipe *se tituló en* Derecho por la Universidad de Sevilla. フェリペはセビーリャ大学の法学の学位を取得した. ❷ …という題名である: La película *se titulaba* "El espíritu de la colmena". その映画は『みつばちのささやき』という題名だ
titularidad [titularidáð]女 名義
titularización [titulariθaθjón]女 ❶ 正式な肩書き(資格・称号)にすること; 正式な任命(任用・登用). ❷ [銀行などが保有する市場性の乏しい貸付債権の流動化を図る] 資産の証券化
titularizar [titulariθár]他 正式な肩書き(資格・称号)にする; 正式に任命(任用・登用)する
titulatura [titulatúra]女《集》一個人・企業のもっている権利証書, 証券; 資格, 肩書
titulillo [titulíʎo]男《印刷》柱, 欄外見出し
titulitis [titulítis]女 過度の学歴重視
título [título]男《←ラテン語 titulus》❶ 題名, 表題, 見出し: ¿Cuál es el ~ de esa película? その映画は何という題名ですか? Ponle un ~ sugerente a la redacción. 示唆に富んだ題を作文につけなさい. Se van a exhibir 20 ~s de recientes filmes. 最新映画20作品が公開される予定である. índice de ~s

de la colección literaria 文学叢書所収の書名索引. ~ de una canción 歌の題名. ~ de una conferencia 講演の表題. ❷ 肩書き, 資格, 学位; その免状: No tiene más que el ~ de licenciado en filología. 彼は文学士のほかに肩書がない. ~ universitario (de bachiller) 大卒(高卒)の資格. ❸ 称号, 爵位 [=~ nobiliario]; 貴族: Tiene el ~ de condesa. 彼女は伯爵夫人の称号を持っている. Quiere casar a su hija con un ~ importante. 彼は娘を高位の貴族と結婚させたがっている. ❹ [不動産の] 権利証書: ~ de propiedad 不動産の登記書. ❺ [有価]証券; 株: Compra tú ~ s de Telefónica. テレフォニカの株を買いなさい. ~ al portador 無記名(持参人払い)証券. ~ público 国債. ❻ [法律] [法典の] 編: el ~ primero de la constitución española スペイン国憲法第1編. ❼ [+de・para に対する] 資格, 権利: Usted no tiene ~ para quitarle la casa. あなたには彼の家を奪う権利はない. ❽《スポーツなど》選手権, タイトル: Tiene el de Miss Universe ミス・ユニバースのタイトル. Este año el ~ de liga será de nuestro equipo. 今年のリーグ優勝は俺たちのチームがもらったぜ. ❾ 資質, 長所: Tiene ~ s suficientes para ser el jefe de la sección. 彼は主任になるだけの十分な資質を備えている

a (en) ~ de... 1) …として, …の資格(名目)で: Acepto este dinero *a* ~ *de* préstamo. この金は借りにしておきます. Te doy un consejo *en* ~ *de amigo*. 私は友達として君に忠告する. 2) …を言い訳として

~ de crédito 1) 信用証券. 2) [映画] ~ s *de crédito* クレジットタイトル

título-valor [título balór] 男《証券》 [債券現物が存在する] 有価証券, 登録債 [⇔derecho-valor]
tiufado [tjufádo] 男 [歴史] [西ゴート族の] 千人部隊の隊長
tiuque [tjúke] 男《チリ. 口語》狡猾な[人], 腹黒い[人]
— 男《チリ, アルゼンチン. 鳥》チマンゴカラカラ
-tivo, va《接尾辞》→**-ivo**
Tiwanaku [tiwanáku] 固《考古》ティワナク, ティアワナコ [紀元前6世紀~紀元後12世紀, アンデス南部チチカカ湖周辺の標高3900m近くの高原で栄えた巨石文明の遺跡. 太陽の門 Puerta del Sol などで有名]
tixotropía [ti(k)sotropía] 女《化学》揺変性, チキソトロピー
tixotrópico, ca [ti(k)sotrópiko, ka] 形《化学》揺変性の
tiyanguis [tijángis] 男 [先スペイン期からメソアメリカの先住民が週の決まった日に開く] 青空市
tiza [tíθa] 女 [←アステカ語 tizatl「白い土」] ❶ 白墨, チョーク: escribir con ~ チョークで書く. caja de ~s チョーク箱. ~s de colores カラーチョーク. ❷ [裁縫] チャコ. ❸ [ビリヤード] [キューの先端に塗る] チョーク. ❹ 焼いた鹿の角

poner ~ a+事《コロンビア. 口語》…を複雑にする

tizana [tiθána] 女《グアテマラ》木炭の小片 [=zaragalla]
tizar [tiθár] 他《チリ》[布に] チャコで印をつける. ❷ [競技場・コートに] ラインを引く
tizate [tiθáte] 男《グアテマラ, ホンジュラス, ニカラグア》白墨 [=tiza]
tizna [tíθna] 女 煤, 汚れ
tiznado, da [tiθnádo, da] 形《中米》酔っぱらった
— 男 煤けさせること; 煤けること
tiznadura [tiθnadúra] 女 煤けさせること, 煤けること; 汚れ
tiznajo [tiθnáxo] 男《口語》煤による汚れ; 黒い汚れ
tiznao [tiθnáo] 男《ラマンチャ. 料理》タラ・ジャガイモ・ピーマン・タマネギ・ショウガの煮込み
tiznar [tiθnár]《←古語 tizonar < ラテン語 titio, -onis「燃えさし」》他 ❶ [煤などで] 黒く汚す, 煤けさせる. ❷ [一般に] 汚す: *Tiznaste* los puños de la camisa con la grasa del coche. 君はワイシャツの袖口をカー・グリースで汚した. ❸ …の名誉(名声)を汚(ヒガセ)す: El asunto *ha tiznado* a varios directivos. その事件が何人かの役員の名声に傷をつけてしまった

— ~**se** 再 [+con・de] [自分の身体を] 黒く汚す: *Se tiznó con* el hollín de la chimenea. 彼は暖炉の煤で汚れた. *Te has tiznado* la nariz de chocolate. 君の鼻がチョコレートで汚れた. ❷《メキシコ, 中米, チリ, アルゼンチン》酔っ払う

tizne [tíθne] 男 [←tizón] 男 ❶ 煤(ご). ❷ 汚れ: Ella tenía las manos manchadas del ~ de la sartén. 彼女はフライパンの煤で汚れていた. ❸ 燃えさし [=tizón]. ❸ [ログローニョ] 黒穂病 [=tizona]
tiznero, ra [tiθnéro, ra] 形 ❶ [煤などで] 汚す, 汚れる. ❷ [名声などを] 汚す
tiznón [tiθnón] 男 煤による汚れ: Estás con la cara llena de *tiz-*

-nones. 君の顔は煤だらけだ
tizo [tíθo] 男 [くすぶる] 燃えさし: Apaga los ~s de la chimenea antes de acostarse. 寝る前に暖炉の燃えさしを消しなさい
tizón [tiθón] 男 ❶ [←ラテン語 titio, -onis] 男 ❶ [新などの] 燃えさし, 燠(ぉき). ❷ [建築] [煉瓦の] 一番小さい面: a ~ 小口積みの. ❸ [植物] 黒穂病; 黒穂病菌. ❹ [名声などについた] 傷, 汚点
negro como un (el) ~ 真っ黒な
— 形 黒い
tizona [tiθóna] 女 [←Tizona (el Cid の剣)] 女《文語》剣, 刀
tizonada [tiθonáða] 女 =tizonazo
tizonazo [tiθonáθo] 男 ❶ 燃えさし tizón の一撃. ❷ [主に複] 地獄の業火(ぎぅゕ), 火責めの刑 [=~ del infierno]
tizoncillo [tiθonθíʎo] 男 ❶ tizón の示小語. ❷ 黒穂病
tizonear [tiθoneár] 自 燃えさしを積み上げる
— 他 [火・不和を] かき立てる
tizonera [tiθonéra] 女 [木炭にするために] 燃えさしを積み上げた所
tlacatillo [tlakatíʎo] 男《メキシコ》大人と同様の農作業をする少年
tlachichol [tlatʃitʃól] 男《メキシコ》しけた店, 見栄えのしない店
tlachique [tlatʃíke] 男《メキシコ》リュウゼツランの汁; 半分発酵したプルケ pulque
tlaco [tláko] 男《メキシコ》[スペイン統治時代の] 銀貨 [=8分の1レアル]
tlaconete [tlakonéte] 男《メキシコ》ナメクジ [=babosa]
tlacopacle [tlakopákle] 男《メキシコ. 植物》キク科の一種 [学名 Viguiera excelsa]
tlacote [tlakóte] 男《メキシコ. 口語》腫れもの
tlacoyo [tlakójo] 男《メキシコ. 料理》トラコヨ [豆などの詰め物をした大型のトルティーヤ]
tlacuache [tlakwátʃe] 男《メキシコ. 動物》オポッサム [=zarigüeya]
tlacuachi [tlakwátʃi] 男《メキシコ. 動物》オポッサム [=zarigüeya]
tlacual [tlakwál] 男《メキシコ》[先住民. 農民の間で] 食べ物
tlacualero, ra [tlakwaléro, ra] 名《メキシコ》[農場 hacienda で] 労働者に昼食を運ぶ人
tlalayote [tlalajóte] 男《メキシコ. 植物, 果実》トウワタ [=talayote]
Tlaloc [tlalók] 固《アステカ神話》トラロック [雨と雷の神]
tlapa [tlápa] 男《メキシコ. 植物》ヒマ, トウゴマ
tlapalería [tlapalería] 女《メキシコ》ペンキ店, 金物店
tlapaneco, ca [tlapanéko, ka] 形 名 トラパネカ tlapaneca 族 [の] 《メキシコ, ゲレロ Guerrero 州の先住民》
tlapeño, ña [tlapéɲo, ɲa] 形 caldo ~《メキシコ. 料理》カルド・トラペーニョ [アボカド入りのチキンスープ]
tlascal [tlaskál] 男 ❶《メキシコ, 中米》[トウモロコシ粉の] トルティーヤ. ❷《メキシコ》ヌマヒメ
tlascalteca [tlaskaltéka] 形 名 =tlaxcalteca
tlaspi [tláspi] 男《植物》グンバイナズナ
Tlatelolco [tlatelólko] 固《歴史, 地名》トラテロルコ [アステカ人がテスココ Texcoco 湖上の島に築いた商業都市. 植民地時代に埋め立てられ, 現在はメキシコ市の一部. 三文化広場 Plaza de las Tres Culturas (アステカ時代・植民地時代・現代の3文化が交わる所) として知られる. 1968年, 国軍による学生弾圧事件が起きた (トラテロルコの虐殺 Matanza de Tlatelolco)]
tlaxcalteca [tla(k)skaltéka] 形 名 ❶ [地名] トラスカラ Tlaxcala の[人], トラスカラ州中央部の州・州都. ❷ [歴史] トラスカラ人[の], トラスカラ王国の[人] 《メキシコ中央高原, トラスカラ地方の先住民. アステカと敵対していた. 16世紀前半, スペイン人に協力してアステカ王国の征服に大きな役割を果たし, 国王より特権を受ける》
tlazol [tlaθól] 男《メキシコ》❶ サトウキビやトウモロコシの茎の先端部 [飼料にする]. ❷ ごみ
tlazole [tlaθóle] 男《メキシコ》=tlazol
Tlazoltéotl [tlaθolteótl] 女《アステカ神話》トラソルテオトル [愛と豊穣の女神]
TLC 男《略語》←Tratado de Libre Comercio de América del Norte 北米自由貿易協定, NAFTA
tlemole [tlemóle] 男《メキシコ. 料理》トマト入りのチリソース
Tm.《略語》←tonelada métrica 重量トン
tmesis [tmésis] 女《文法》分語法 [複合語や句の間に他の語をはさむこと. 例 respublica vero →res *vero* publica]
TNT [té éne té] 男《略語》←trinitrotolueno トリニトロトルエン, TNT火薬

to [tó] 間《俗語》❶ [犬などを呼ぶ掛け声] おいで! ❷ [驚き・賞賛] あね!

toa [tóa] 囡《中南米. 船舶》太綱, 曳航索

toalla [toáʎa]《←古語 toaja <ゲルマン語 thwahljo》囡 ❶《時に 複》タオル: Se encontraba tendida en una cama, con la cabeza envuelta en ～s. 彼女は頭にタオルを巻いてベッドに横たわっていた. secarse las manos con una ～ タオルで手をふく. un juego de ～ 3タオルセット. ～ continua/～ sin fin ローラータオル. ～ de baño バスタオル. ～ de manos ハンド [手ふき用タオル]. ～ de playa ビーチタオル. ～ de papel ペーパータオル. ～ higiénica《中南米》生理用ナプキン. ～ refrescante [主に紙製の] お手ふき, おしぼり. ～《繊維》タオル地: albornoz de ～ タオル地のバスローブ. ❷ 枕カバー. ❸《中南米》[台所用の] 布巾
tirar (arrojar・echar) la ～ 1)《ボクシング》タオルを投げ入れる. 2) [困難にぶつかって計画を] 投げ出す, 放棄する

toallero [toaʎéro] 男 タオル掛け

toalleta [toaʎéta] 囡《まれ》ナプキン《=servilleta》

toallita [toaʎíta] 囡 フェイスタオル; おしぼり

toar [toár] 他《船舶》[船を] 曳航する

toast [tóas]《←英語》男 ❶《料理》[食パンの] 焼きサンドイッチ. ❷《まれ》乾杯《=brindis》

toba [tóba] I 囡 ❶《地質》凝灰岩《=～ volcánica》. ❷ [人差し指・中指で] はじくこと. ❸ 堅い外皮. ❹《植物》オオヒレアザミ《=cardo borriquero》. ❺《口語》たばこの吸い殻《=colilla》. ❻《口語》子供の陰茎. ❼ 歯石
II 形 名 トバ族の [アルゼンチン, ピルコマヨ Pilcomayo 川からベルメホ Bermejo 川にかけて居住する先住民]
—— 男 トバ語

toballa [tobáʎa] 囡 タオル《=toalla》

tobar [tobár] I 男 凝灰岩の採石場
II 自 形《まれ》=**toar**

tobera [tobéra] 囡 ❶《高炉の》羽口 (鼻), 通気管, 通風管. ❷ [ジェット機関の] 排気コーン; [ロケットの] ガス噴出口

tobiano, na [tobjáno, na] 形《チリ, アルゼンチン, ウルグアイ》[馬の] 胴の上部に白い大きな斑点のある

Tobías [tobías] 男 ❶《旧約聖書》❶ トビアス書《ドゥエー聖書 Biblia de Douai の一つ》. ❷ トビヤ, トビア《トビト Tobit の息子で大天使ラファエルの旅の友となった》

tobillero, ra [tobiʎéro, ra]《←tobillo》形《服飾》足首まで届く: falda ～ra マキシスカート
—— 名《くるしなどの》サポーター: jugar con una ～ra サポーターをつけてプレイする. ❷《コロンビア》[女性用の] 短い靴下

tobillo [tobíʎo]《←俗ラテン語 tubellum <ラテン語 tuber「ふくらみ」》男《解剖》足首, くるぶし: Tengo el ～ hinchado. 私はくるぶしが腫れている. llevar la pistolera en el ～ 足首にホルスターをつけている
no llegar a+人 ni al ～ (a los ～s) …の足元にも及ばない

tobo [tóbo] 男《ベネズエラ》バケツ, ごみバケツ

toboba [tobóba] 囡《コスタリカ, ニカラグア. 動物》アメリカハブ属の毒蛇

tobogán [toboɣán] 男《←英語 toboggan》男 ❶ [遊園地・プール・緊急脱出用の] すべり台. ❷《スポーツ》トボガン; そのコース. ❸ [貨物積み込み用の] スロープ. ❹ [道路の] 急坂

toboseño, ña [toboséɲo, ɲa] 形《地名》トボソ Toboso の [人]《トレド県の村. ドン・キホーテの思い姫ドゥルシネア Dulcinea が住むとされた》

tobosesco, ca [tobosésko, ka] 形 名《まれ》=**toboseño**

toboso, sa [tobóso, sa] 形 凝灰岩 toba でできた

tobralco [tobrálko] 男《商標》男《繊維》トブラルコ《キャラコに似た綿織物》

toc [tók] 間 [主に繰り返して, 打撃音] トン

toca[1] [tóka]《←古語 tauca <ペルシア語 taq「ベール」》囡 ❶《服飾》1) [各地方特有の] 婦人のかぶりもの: vestir ～ かぶりものをする. 2) [つばの狭い・縁なしの] 婦人用の帽子. 3) [修道女の] 頭巾《=monjil》. ❷ 覆《社員の死亡後》未亡人や娘に対して与えられる援助
—— 名《メキシコ, 中米》同名の人《=tocayo》

tocable [tokáble] 形 ❶ 触れられる得る. ❷《音楽》演奏可能な

tocacintas [tokaθíntas] 男《単複同形》《中南米》カセットデッキ, テーププレコーダー

tocación [tokaθjón] 形《チリ》[薬の] 塗布

tocada[1] [tokáða] 囡 ❶《メキシコ, アルゼンチン. 口語》[主にロックの] コンサート. ❷《チリ. 闘鶏》傷つけない打撃

tocadiscos [tokaðískos]《←toca+disco》男《単複同形》レコードプレーヤー《=giradiscos》: poner un ～ レコードをかける

tocado[1] [tokáðo] 男 ❶《服飾》かぶりもの, 髪飾り: llevar un ～ de seda 絹のかぶりものをしている. ❷《主に西》《女性の》髪型《=peinado》. ❸ [リボン・レースなど女性の] 装飾品一式. ❹《レスリング》フォール. ❺《フェンシング》トゥシェ. ❻《古語》化粧《=maquillaje》

tocado, da[2] [tokáðo, ða] 形 [estar+] ❶《婉曲》頭が少しおかしい, 気のふれた [＝～ de la cabeza]: Estás ～. ¿Cómo se te ocurre eso? 君は頭がいかれているよ, どうしてそんなことを思いつくんだ? ❷《スポーツ》1) [+de+部位が] 少し病気の, 軽い傷を負った. 2)《ボクシング》パンチドランカーの. ❸ [果実が] 傷むだ, 腐りかけた. ❹ [+de の] 特徴が少しある: Esta creencia está ～da de heterodoxia. この信仰は極端の気味がある. ❺ 品質の良い. ❻《キューバ》[酒で] ご機嫌の; [麻薬で] ラリっている. 2) 優雅に着こなした

estar ～ del mal de la rabia ひどく動揺している

tocador[1] [tokaðór]《←tocar II》男 ❶ 化粧台, 鏡台. ❷ 化粧品入れ, 化粧ポーチ. ❸《古語》化粧室; [公共の場所の] 女性用の洗面所 (トイレ) [＝～ de señoras]. ❹《古語》婦人用のかぶりもの. ❺《アンダルシア》[弦楽器の] 調律器具
de ～ 化粧用の: agua de ～ 化粧水
ir al ～《婉曲》トイレに行く, お化粧直しに行く

tocador, ra[2] [tokaðór, ra]《←tocar I》名《楽器》弾く; 演奏者: ～ de guitarra ギター奏者

tocadura [tokaðúra] 囡 ❶ かぶり物, 髪飾り《=tocado》. ❷《まれ》手で触ること. ❸《アラゴン》鞍ずれ, 馬具による擦り傷

tocamiento [tokamjénto] 男 ❶ 触れること, 手で触ること. ❷ 着想, ひらめき, インスピレーション

tocante [tokánte] 形 触れる
en lo ～ a…《文語》…に関して, …について: No se comentó nada ～ al sueldo. 給料のことは何もコメントされなかった

tocar [tokár] I 他《←擬音》❶ [+con で] 触る, 触れる: 1) [人が] ¡No *toque* el cable! 電線に触らないで下さい! Tanto la figura y al final se ha roto. あんまり人形をいじっているうちに壊れてしまった. Me *tocó* la espalda *con* el dedo. 彼は私の背中を指でつついた. No *ha tocado* el diccionario. 彼は辞書を開いていない. No puede ～ el alcohol. 彼は一滴もアルコールを飲んではいけない. Mis ahorros no los quiero ～. 私は貯金には手をつけたくない. 2) [物が] El respaldo de la silla *toca* la pared. 椅子の背が壁に触れている. El árbol ya *toca* el techo. その木はもう天井に届いている. La pelota *tocó* la red. ボールはネットに触れた. 3) [言及] Al marido no se lo *toques*. 彼女の夫のことに一言も触れてはいけないよ. 4) [心に] Supe ～ le el corazón y conseguí el permiso. 私は彼女の心の琴線に触れることができて, 許可をもらえた. Tu comentario *tocó* su amor propio. 君のコメントは彼の自尊心を傷つけた. 5) [影響・関係] Ese tema no me *toca* en lo más mínimo. そのテーマは私には全く関わりがない. 6) [主に否定文で, 変更] Esta poesía está bien, no hay que ～la. この詩はよくできている, 手を加える必要はない. ❷ [楽器・作品を] 弾く: ¿*Toca* usted el violín? バイオリンが弾けますか? Toca muy bien la flauta. 彼はフルートが上手だ. ～ al (con el) piano …をピアノで演奏する. En la radio *tocaban* viejas canciones mexicanas. ラジオから古いメキシコの曲が流れていた. ❸《ベル・合図など》鳴らす: El reloj *tocó* las cinco. 時計が5時を打った. El general ordenó ～ [la] retirada. 将軍は退却ラッパを吹くよう命じた. ～ las campanas 鐘を鳴らす. ❹ [結果を] 被る: *Tocó* los resultados de su imprevisión. 彼は先見の明がなかった報いを受けた. ❺《西. 口語》…と血縁関係にある: ¿María te *toca* algo?—Ella no me *toca* nada. マリアは君の親戚かい?—彼女と私は何のつながりもない. ¿*Qué* te *toca* José? ホセは君の何に当たるの? ❻《西. 口語》[技術者・選手などを] 引き抜きにかかる. ❼《船舶》[竜骨が海底に] 接触する. ❽ [金・銀の純度を] 試金石で調べる. ❾《美術》加筆する. ❿ [品質を音で確かめるために] …を叩く. ⓫《効力を受けるために》近づける: ～ un hierro al imán 鉄を磁石に近づける. ⓬《アルゼンチン》[ボールを] パスする
—— 自 ❶ [+a+人] 1) …に順番 (役割) が当たる: *Toca* a ti. 君の番だ. ¿A quién le *toca* cocinar hoy? 今日の料理当番は誰ですか? 2) [くじなどで] …に当たる: Le *tocó* el primer premio. 彼に1等が当たった. Le *ha tocado* cien mil euros en las quinielas. 彼はキニエラで10万ユーロ当てた. Me *tocó* el

tocario, ria [tokárjo, rja] 形 名《まれ》[東トルキスタンの] トハラ族[の], トカラ族[の]
―― 男 トハラ語

tocasalva [tokasálba] 女 [器を置くくぼみのある] 盆, トレイ《=salvilla》

tocata [tokáta]《←伊語 toccata》女 ❶《音楽》トッカータ. ❷《口語》演奏. ❸《口語》ぴんた, 殴打. ❹《メキシコ》家庭内のパーティーで演奏される音楽
―― 男《西. 若者語》レコードプレーヤー

tocateca [tokatéka] 男《ベネズエラ》無知な兵士, 文字が読めない軍人

tocateja [tokatéxa] 女 **a ~**《西》現金で, 現金で: He comprado la tele a ~. 私は現金でテレビを買った

tocatoca [tokatóka] 女《チリ. 遊戯》ボール投げ

tocatorre [tokatóre] 男《アラブ》陣取りゲーム《=marro》

tocay [tokái] 男《コロンビア. 動物》甲高い声を出すサル

tocayo, ya [tokájo, ja]《ラテン語 [ubi] tu Cajus [ibi ego Caja]》名 同名の人, 同名異人: Por cierto coincidencia, él es ~ mío. 何かの偶然で, 彼は私と名前が同じだ. Antonio Cabezas y Antonio López son ~s. アントニオ・カベサスとアントニオ・ロペスは同名である

toche [tótʃe] I 男 ❶《メキシコ. 動物》野ウサギの一種. ❷《コロンビア, ベネズエラ. 鳥》ハグロムクドリモドキ. ❸《コロンビア》タイガーラットスネーク, フミキリヘビ《獲物に飛びかかるという攻撃的な毒蛇》 II 形 名《ベネズエラ. 口語》❶ アンデス山脈 los Andes の[人]. ❷ ばか[な人].❸《=tonto》

tochedad [totʃeða[d]] 女 ❶ 愚かさ; 粗野. ❷ ばか(粗野)な言動

tochi [tótʃi] 男《メキシコ. 動物》アルマジロ《=armadillo》

tochimbo [totʃímbo] 男《ペルー》溶解炉, 溶鉱炉

tocho, cha [tótʃo, tʃa]《←ラテン語 tuscus》形 名 ❶《西. 口語》ばかな[人], 愚かな[人]: Tu hermano es un ~ auténtico. お前の兄は本物のばかだな. ❷ 粗野な, ぶしつけな, がさつな. ❸《口語》[本などが難解で・分量が多くて] 面白くない, うんざりな: ¡Vaya ~ que nos ha tocado leer! それにしても我々はくそ面白くないやつに当たってしまったものだ! ❹《チリ》[雄鶏が] 蹴爪を切られた; [人が] 指を詰められた
―― 男 ❶《西. 軽蔑》[主に退屈な] 厚い本. ❷ [5センチほどの厚さの] 粗雑な丸木. ❸ 鉄の鋳塊(インゴット). ❹《アラゴン, サラマンカ》丸太, 棍棒

tochura [totʃúra] 女《アストゥリアス, カンタブリア, ブルゴス》愚か(粗野)な人の言動

tocía [toθía] 女《化学》不純酸化亜鉛《=atutía》

tócigo [tóθiɣo] 男《コロンビア. 口語》悪い奴, 軽蔑すべき人

tocinera[1] [toθinéra] 女 豚肉[加工品]店員の妻

tocinería [toθinería] 女 豚肉・ハム・ソーセージ店

tocinero, ra[2] [toθinéro, ra] 名 豚肉[加工品]店員
―― 男 ❶ [豚肉を塩漬けに加工する] まな板, 厚板. ❷《隠語》[逮捕移送用の] 警察車両. ❸《地方語. 鳥》ヒガラ

tocineta [toθinéta] 女《プエルトリコ, コロンビア. 料理》ベーコン

tocinillo [toθiníʎo] 男《菓子》トシーノ・デ・シエロ《=tocino de [l] cielo》

tocinito [toθiníto] 男《菓子》トシーノ・デ・シエロ《=tocino de [l] cielo》

tocino[1] [toθíno]《←ラテン語 tuccetum「塩漬けの豚」 < tucca「脂肪分の多い汁」》男 ❶《料理》塩漬けの豚ばら肉. ~ entreverado (veteado) 塩漬けの三枚肉. ~ magro 塩漬けの赤身肉. ~ saladillo 塩を少々足に振った新鮮な豚ばら肉. ❷ 豚の脂身, ラード: gordo 赤身のまじっていない背脂. ❸《菓子》~ de [l] cielo トシーノ・デ・シエロ《フランやカスタードプリンの一種》. ❹ [縄跳びの] 速跳び. ❺《アラゴン》豚
confundir la velocidad con el ~/confundir el ~ con la velocidad《口語》ひどい取り違え(思い違い)をする

tocino[2]**, na** [toθíno, na] 形《軽蔑》頭の回転の遅い[人]: Hijo, no seas ~, apaga primero el gas. あなた, しっかりしてよ, まずガスを消すから

tocio [tóθjo] 男《カンタブリア. 植物》ピレネーオーク《=roble ~. 学名 Quercus pyrenaica, Quercus toza》

toco[1] [tóko] 男 ❶《カリブ》1) [切断された手足の] 付け根. 2)《植物》フウチョウソウ科の木《学名 Crataeva tapia》. ❷《ペルー》[インカの建築で, 聖像を置く] 四角い壁龕, ニッチ. ❸《ボリビア》丸太棒の腰掛け. ❹《チリ, アルゼンチン, ウルグアイ. 口語》costar un ~ 非常に高価である. ❺《アルゼンチン. 植物》ヒマラヤスギの一種

toco[2]**, ca**[2] [tóko, ka]《中米》同名の人, 同名異人《=tocayo》

tocó [tokó] 男《メキシコ. 植物》ハマベブドウの一種《学名 Cocoloba caracassana》

tococo [tokóko] 男《コロンビア, ベネズエラ. 鳥》シロカツオドリ

tocoferol [tokoferól] 男《生化》トコフェロール

tocofobia [tokofóβja] 女 分娩恐怖症

tocoginecología [tokoxinekoloxía] 女 産婦人科学

tocoginecólogo, ga [tokoxinekóloɣo, ga] 名 産婦人科医

tocología [tokoloxía] 女《医学》《=obstetricia》

tocológico, ca [tokolóxiko, ka] 形 産科学の

tocólogo, ga [tokóloɣo, ga] 名 産科医

tocomocho [tokomótʃo]《西》当たらないくじを売る詐欺

tocón[1] [tokón]《←ケルト語 thukk》男 ❶ [木の] 切り株. ❷ 手足を切断した後の残った部分. ❸《ラマンチャ. 口語》粗野で無知な人. ❹《ドミニカ, プエルトリコ》ひげの根元

tocón[2]**, na** [tokón, na] 形《口語》何にでも触りたがる[人]. ❷《プエルトリコ, ベネズエラ》[動物が, あるべきはずの] 角のない. 《コロンビア》尾のない(短い)
―― 男《直径が》大きな切り株

toconal [tokonál] 男 ❶ 切り株だらけの土地. ❷ 切り株の新芽から作ったオリーブ畑

toconera [tokonéra] 女《地方語》切り株の外側部分

tocoquera [tokokéra] 女《ベネズエラ》❶ 破廉恥な人々の集まり.

❷ 賭博場, カジノ. ❸ 売春宿

tocororo [tokoróro] 男《キューバ. 鳥》キューバキヌバネドリ

tocotín [tokotín] 男《メキシコ. 舞踊》トコティン〖古い民俗舞踊・民謡〗

tocotoco [tokotóko] 男《鳥》❶ ホオグロオオハシサイ. ❷《ベネズエラ》ペリカン, カツオドリ

tocoyal [tokojál] 男《グアテマラ》〖先住民が髪飾りに使う〗彩りあざやかな太いひも

tocte [tókte] 男《エクアドル, ペルー. 植物, 果実》ブラックウォルナット

tocto [tókto] 男《ボリビア. 料理》肉と米の煮込み

tocuyo [tokújo] 男《南米》平織りの綿布

todabuena [toðaβwéna] 女《植物》=**todasana**

todasana [toðasána] 女《植物》コボウズオトギリ〖学名 Hypericum androsaemum〗

todavía [toðaβía] 《←toda+vía「すべての道を通って, 四六時中」》副
❶ まだ〖…ない〗《⇔ya. 類義 aún よりも口語的. 肯定文でも使われるが, 否定（未来においてそうでなくなる）の意味を含んでいる》: 1) 〖肯定文で〗Está durmiendo 〜. 彼はまだ寝ている. T〜 vivo en Japón. 私はまだ日本に住んでいる. ¿T〜 la quieres? 君はまだ彼女が好きなのか? T〜 puedes ganar. 君はまだ勝つ可能性がある. T〜 falta un poco para la comida. 食事までまだ少し間がある. 〜 está enfermo. 彼はまだ病気だ. 2) 〖否定文で〗¿Te has dormido ya?—T〜 no. もう寝た?—いやまだ. T〜 no está lista. 彼女はまだ支度ができていない. Cuando yo he salido de casa 〜 mi padre no había llegado. 私が家を出た時, 父はまだ帰ってなかった. 〜 no he visto la película. 私はまだその映画を見ていない. ❷ 〖不当などの意味を含んだ逆接〗しかし, ところが: ¡Le pagan hasta el alquiler y 〜 se queja! 彼は家賃まで払ってもらっているのに, それでも不平を言う! Es malo y 〜 le quiero. 彼は悪い奴だけど, でも好きなの. 〖譲歩〗まだしも, まだ何とか: No puedo leer este libro de filosofía, pero sí 〜 fuera de sociología. こんな哲学の本なんて僕には読めないよ. 社会学ならまだしも. ❸ 〖+比較級〗もっと…, なお一層…〖=aún más〗: Él es rico, pero su primo es 〜 más rico. 彼は金持ちだが, 彼のいとこはさらに金持ちだ. La avalancha había sido 〜 más arrasadora de lo que suponíamos. 雪崩は私たちが想像していたよりさらに破壊的だった. Su primera novela fue interesante, pero las dos posteriores lo son 〜 más. 彼女の最初の小説は面白かったが, 続く2作はなお面白い. ❹ 〖古語〗いつも, 常に

en 〜〖誤用〗=**todavía**

todero, ra [toðéro, ra] 名《コロンビア, ベネズエラ. 口語》何でもできる器用な人, 何でも屋

todito, ta [toðíto, ta] 〖todo の示小語〗形 代《主に中南米. 口語》〖強調〗すべて〖の〗: Se ha pasado 〜ta la noche llorando. 彼は一晩中泣きづめだった. Lo sabe 〜. 彼は何でもかんでも知っている

todo, da [tóðo, ða] 《←ラテン語 totus》形〖不定形容詞. 普通は +定冠詞・所有形容詞・指示形容詞+名詞》❶ すべての: 1) 〖単〗〖全体〗Me duele 〜 el cuerpo. 私は体中が痛い. Le han robado 〜 el dinero. 彼は有り金残らず盗まれた. toda mi vida 私の全生涯. toda esta ciudad この町全体. 〜 el día 一日中. toda la noche 一晩中. toda el agua 水全部〖語法 アクセントのあるa-・ha- で始まる女性単数名詞の直前の el の前では toda が本来正しいが todo も多い: todo el agua〗. 2) 復〖全部〗〖類義 **todos los...** はまとめてその全部, **cada** は各個別々にその全部〗Se salvaron 〜s los pasajeros. 乗客全員が救助された. T〜s mis hermanos nacieron en este pueblo. 私の兄弟はみんなこの村で生まれた〖=Mis hermanos nacieron 〜s en este pueblo. todo は副詞的に位置の関係がある〗. todas sus obras 彼の全作品. 〜s esos árboles それらの木全部. 〜s los meses 毎月. 〜s los domingos 毎週日曜日に. 3)〖+地名. 全域・全住民〗Ha viajado por toda España. 彼はスペイン全土を旅行している. T〜 Quito ha salido al aeropuerto para recibir al presidente. キトの全市民は空港に大統領を出迎えた. 4) 〖+代名詞〗T〜 yo me convertiría en piedra. 私は全身が石になりそうだ. T〜s nosotros estamos de acuerdo. 私たちは全員意見が一致している. Compró muchas flores y adornó la sala con todas ellas. 彼は花をたくさん買って, それを全部部屋に飾った. 5) 〖+関係代名詞. 文語〗todo que le visite será bien recibido. 彼らを訪れる者はみな歓迎されるだろう. Le hice unas preguntas, a todas las cuales contestó bien. 私はいくつか質問したが, 彼はそのすべてにうまく答えた. Hizo

lo que podía. 彼はできる限りのことはした. Bebe 〜 lo que quieras. 飲みたいだけ〖何でも〗飲みなさい. Es el hombre mejor dotado de 〜s cuantos existen. 彼は現存するすべての人のうち最も才能に恵まれた人間だ. 6) 〖主語の修飾〗La casa es toda de piedra. その家はすべて石造りだ. Mis amigas están todas chifladas por Antonio. 私の友だちはみんなアントニオに夢中だ. 7) 〖古語的〗〖定冠詞+名詞+. 強調〗El pueblo 〜 ansía la libertad. 国民はこぞって自由を渇望している. 〖単数名詞+. 強調〗El amor y la felicdad toda están conectados. 愛情とすべての幸福は結びついている. 〖複数名詞+. 文語的〗Las televisiones todas, públicas y privadas, son iguales. 公営であれ民間であれ, テレビはすべて同じだ. 8) 〖否定文中では部分否定〗T〜s los estudiantes no saben eso. 生徒の学生がそれを知らないわけではない〖=No 〜 los estudiantes saben eso〗. No abre la tienda 〜s los domingos. 毎週日曜日店が休みなわけではない. T〜s las nueve noches se rezaba. 9日間毎晩祈られた. ❷〖=無冠詞名詞. 強調〗どんな…も〖それぞれに〗〖類義 ほぼ **todos los...** に等しいが, 望ましくない内容で用いられることが多い〗: 1) 〖+単数名詞〗T〜 hombre tiene puntos flacos. どんな人にも〖それぞれ〗弱点はある. T〜 día trae sus penas. 日々それなりの悩みがある. Han perdido toda esperanza. 彼らはすっかり希望を失った. 〖成句的表現〗〜 tipo (toda clase・toda suerte) de+複数可算名詞・単数不可算名詞 あらゆるタイプ（等級・種類）の... a toda costa 何としても. a toda prisa 大急ぎで. a toda velocidad 全速で. con toda probabilidad きっと, 必ず. con toda seguridad きっと, 必ず. 確信（自信）をもって. con 〜 lujo de detalles くどいほど詳しく. contra 〜 pronóstico 大方の予想に反して. en 〜 caso いずれにせよ. en 〜 momento 絶えず. en toda regla 正規の・に. en 〜 tiempo y lugar いつでもどこでも. 2) 〖主に ser+. 比喩的〗まったく, 全くの: Lola es todo (toda) corazón. ロラは優しい人だ〖女性の場合は toda が可〗. Me hice todo ojos. 私は目をむくようにして見た. 3)〖+複数名詞. 成句的表現〗a todas luces どこから見ても, 明らかに. a todas horas 四六時中. ...de todas clases (suertes) あらゆる種類の…. de todas formas/de 〜s modos/de todas maneras ともかく, いずれにしろ. en todas direcciones 四方八方で・に. en (por) todas partes/en (por) 〜s lados/en (por) 〜s sitios どこでも. ❸〖+不定冠詞+名詞〗1) 〖構成要素の全体〗すべての, 全体の: Toda una ciudad se viste de traje blanco y panuelo. 町中の人が白い服とスカーフを身にまとった. 〜 un equipo médico 医師団の全員. la esperanza de 〜 un pueblo 国民みんなの希望. a lo largo de 〜 un año まる1年にわたって. durante toda una noche 一晩中. 2) 〖強調〗全くの, 完全な: Ya eres 〜 un hombre. お前はもうすっかり一人前だ. Su vida es toda una novela. 彼の人生はまさに一篇の小説だ. Me parece que son 〜 (〜s) unos profesionales. 彼らはまるでプロだ〖+複数名詞. の場合は無変化の方が普通〗. ❹〖+lo+形容詞〗1) 〖強調〗全く、: Mis opiniones son 〜 lo contrario de las tuyas. 私の意見は君とは全く逆だ. 2) 一杯に: Dejó las semillas a 〜 lo largo de camino. 彼はずっと道に沿って種をまいた. ❺ 〖+形容詞・過去分詞（性数一致するのが原則）. 副詞的に強調〗全く, すっかり: La calle está toda llena de coches. 通りは車だらけだ. Estaba toda dormida. 彼女はすっかり眠っていた. Nos miran con los ojos 〜s encendidos. 私たちは燃えるような目で見つめられる. ❻ 〖類似〗…そっくりの: Tiene 〜s los ojos del abuelo. 彼は目もとが祖父とそっくりだ. Tiene toda la belleza de su madre. 彼女は母親に似て美しい
—— 代〖不定代名詞. 無冠詞〗❶ 単 すべての事物: T〜 va bien. すべて〖何もかも〗うまくいっている. ¿Cuánto es 〜?—Es (Son) ocho euros. 全部でいくらですか?—8ユーロです. Esto es 〜. これで全部です. T〜 nos habla de Dios. すべては神について私たちに語っている. T〜 la patria. すべては祖国のために. Gracias por 〜. 色々ありがとう. ❷〖重複用法の人称代名詞 lo(s)・la(s) と組んで直接目的語〗Ya lo he oído 〜. 話はすべて聞きました. Te lo doy 〜. 全部あげる. Se las sabe todas. 彼はすべてを知っている. ❸ 複 1) すべての人, 誰でも: Han llegado 〜s. 全員到着した. Critica a 〜s. 彼は誰でも批判する. Tú responderás por 〜s. 君がみんなの責任をとるのだ. 2) 〖先行する名詞を指して〗No traigo ningún libro. Los tengo 〜s en casa. 本は一冊も持っていない, 全部家にある. 〖語法 todos が主語の時, 動詞が todos ではなく, 隠れた主語と性数一致することがある: T〜s somos ami-

todogrado

gos. 私たちはみんな友達だ (=T~s nosotros somos amigos.)』
── 図［囲］全体の: El ~ es mayor que sus partes. 全体はその部分よりも大きい. el ser humano con un ~ 全体性としての人間存在
── 副 すべて, すっかり, 全く: Este jersey es ~ lana. このセーターは純毛だ. Llegaron ~ borrachos. 彼らはすっかり酔っぱらって来た. Se echó a llorar ~ bruscamente. 彼は全く突然に泣き出した

a todas estas 1) その間［ずっと］; そうこうするうちに, その一方で〚=mientras tanto〛. 2) とはいえ; それはそうと: *A todas estas* todavía no he pagado la cuota de este mes. それはそうと私はまだ今月分の会費を払っていなかった. 3)［大げさな・もったいぶった表現］ところが…なのだ: *Y, a todas estas*, son gente rara; el padre va siempre con el niño a todas partes. ところが彼らは変った人たちで, 父親はどこへ行くにも子供を連れて行くのだ

a ~+名詞 全…, できる限り…: *a toda* página 頁一面の. *a ~* color 全色の. *a ~* volumen 最大音量で

a ~ esto その間［ずっと］: *A ~ esto* seguía lloviendo a mares. その間ずっと土砂降りだった

ante ~ 何よりも［まず］, 何はさておき: Para ganar se impone *ante ~* el entrenamiento. 勝つには練習が第一だ. la seguridad *ante ~* 安全第一

así y ~〔結局〕それにもかかわらず, そうであっても: *Así y ~*, no podemos admitirlo. それはそうだとしても, 我々は容認できない

como un ~ 全体として

con+無冠詞名詞+y ~ 1)［強調］…までも, …でさえも. 2)《口語》…までも, …など: Doña Rosa se volvió, *con* silla *y ~*. ドニャ・ロサは椅子ごと振り返った

con ~+無冠詞単数名詞 きわめて, 全く: *con toda* franqueza きわめて率直に. *con toda* puntualidad 全く時間どおりに

con ~〔*eso·esto***〕=así y ~**

con ~ y... 1)［+不定詞・que+直説法〕…にもかかわらず: Es mejor no mencionar las razones *con ~ y* ser bien públicas. その理由はよく知られているが明らかにしない方がよい. *Con ~ y que* vivía en Madrid, solía aburrirme a menudo. マドリードに住んでいたのに, 私はよく退屈したものだ. 2)《中南米. 口語》［+無冠詞名詞. 強調］…までも, …でさえも: ¿Cuánto es la cuenta *con ~ y* propina? チップ込みで勘定はいくらですか? 3)《中南米. 口語》［+名詞］…にもかかわらず: Me encanta el chocolate *con ~ y* sus calorías. 高カロリーだけど私はチョコレートが大好きだ

con ~ y con (eso)《俗用》**=así y ~**

contra ~ どんなことがあろうとも: Protege a todos *contra ~*. 彼は何があろうとも全員を守る

de todas todas《西》［断定の強調］きっと: Ganará *de todas todas*. 彼は絶対に勝つ

de ~［話者の想定する］すべての事物〚名詞として使われる〛: Aquí se vende *de ~*. ここでは何でも売っている. Ha sucedido *de ~*. あらゆることが起こった. Hay *de ~*. 何でもある/あらゆるものがそろっている. Prueba *de ~*. 彼は何でも食べてみる

de ~ un ~ =del ~

decir a+人 de ~《口語》…をののしる: *A mí me han dicho de ~*［menos bobo y maricón］. 私は［ばかだ, ホモだとまで］のののしられた

del ~ すっかり, 全く: Ya está *del ~* mejorado. 彼はもうすっかり回復している. No lo entendí *del ~*. 私はそれを完全には理解しなかった. dormir *del ~* 眠り込む, 熟睡する

en medio de ~ つまるところ, 結局; いずれにしても: *En medio de ~* aquí hemos comido bien. ともかくここの料理はおいしかった

en ~+名詞 [no]+動詞［否定の強調］. no は最近は省略されることが多い: *En ~* el día [no] ha cesado de llover. 一日中雨が降りやまなかった. No dormí *en toda* la noche. 私は一晩中眠れなかった. *En toda* España [no] hay más que tres. スペイン中でも3つしかない

en ~ y por ~ =del ~: El éxito depende de tu esfuerzo *en ~ y por ~*. 成功するかどうかはすべて君の努力次第だ

en un ~《まれ》全体で

estar en (a) ~ 全責任を引き受けている, すべてに目を配る: ¡Es que no puedo *estar en ~*! すべてに気を配るなんてできません

hablar de ~ un poco あれやこれやと話す

hablarlo ~ 1)［軽率・不用意に, 話すべきでないことまで］すべてしゃべってしまう; すべて暴露する. 2)［幼児が］かなりしゃべることができる

hablárselo todo 1)［他の人に話す機会を与えずに］一人でしゃべりまくる, 会話を一人占めにする. 2)［相手からの答えなどを］先に言ってしまう. 2) 話のかみ合わない議論をする

llamar a+人 de ~ =decir a+人 de ~

o ~ o nada =~ o nada

ser [el] ~［人・事物が, +en の中で］一番立派（大切）である: Quiero ser el ~ en tu vida. 私は君の人生にとってかけがえのないものになりたい. En una casa las cortinas son el ~. 家ではカーテンが最も重要である

ser ~ uno 1) 同時である: Ver al policía y salir huyendo *fue ~ uno*. 警官を見たのと逃げ出したのとが同時だった. 2) 大同小異である

ser ~s unos 1) 同等の人である: Trata a los profesores como si él y ellos *fuesen ~s unos*. 彼は仲間同士であるかのように先生たちに接している. 2) 見下げ果てた連中ばかりである

sistema de ~s contra ~s 総当たり戦

sobre ~［多くの中でも］特に, とりわけ: Me gustan los deportes, *sobre ~* el fútbol. 私はスポーツが, とりわけサッカーが好きだ

~ lo+形容詞・副詞+que... 1)［+直説法］どんなに…か; …であるだけ: Le he contado *~ lo* feliz *que* soy. 私は自分がどれほど幸せか彼に話した. Corrió *~ lo* rápido *que* le fue posible. 彼は精一杯速く走った. 2)［+接続法］…するだけ一杯の・に: Hazlo *~ lo* largo *que* permita la tela. 布の長さが許す限り長く作りなさい

~ lo demás その他すべてのこと: *T~ lo demás* no me importa nada. それ以外のことはどれも私にとって重要でない

~ lo más《西. 口語》多くても: Pienso estar aquí una semana *~ lo más*. 私は長くても1週間ここにいるつもりだ

~ lo que poder できるだけのこと: Voy a ayudarte *~ lo que pueda*. できるだけの援助はしてあげよう

~ lo que sea［理由を問わず］…であれば; いかなるものであれ: Haremos *~ lo que sea* necesario. 必要なことなら何でもしましょう

~ o nada［妥協を排した］オールオアナッシング

~ puede ser さあどうなりやら/どうなることやら: Hay que ver el deseo del jugador, pero *~ puede ser*. 選手が何を望んでいるか分からないし, どうなるかな

~ puede ser que+接続法 せいぜい…である: Si me preparo una buena ensalada de tomate, *~ puede ser que* me manche la camisa y mi mujer me salga con la broma de la "tomatina casera". おいしいトマトサラダを作ろうとすると, ワイシャツを汚して家内に「家でトマトのぶつけ合いね」と言われるのがおちだ

... y ~ 1)［名詞+］…までも, …など: Perdí mis gafas *y ~*. 私は眼鏡をなくした. Compró una finca con una piscina *y ~*. 彼はプールやら何やらのある別荘を買った. 2)［形容詞・副詞+］…ではあるが: Hambriento *y ~* siguió andando. 空腹であったが彼は歩き続けた

todogrado [todoɡráðo] 形［潤滑油が］マルチグレードの
todopoder [todopoðér] 男《まれ》全能〘=omnipotencia〙
todopoderoso, sa [todopoðeróso, sa]〘←todo+poderoso〙形 ❶ 全能の, 全知全能の: Dios *T~* 全能の神. ❷《皮肉》すべてに堪能な, 何でもできる: Aquí está la *~sa* jefa. ここに何でもできる当社のボスがいらっしゃる
── 男 [el *T~*] 全能者, 神
todoterreno [todoteréno] 形〘単複同形〙悪路（オフロード）でも走行できる
── 男《自動車》ジープ, ランドローバー
toesa [toésa] 女 トワズ〘フランスの昔の長さの単位. =約1.9m〙
tofana [tofána] 女《古語》agua ~〘イタリアで使われた〙強い毒薬
tofe [tófe]〘←英語〙男《菓子》タフィー, コーヒー（チョコレート）キャラメル
tofo [tófo] 男 ❶《医学》痛風結節. ❷《チリ, アルゼンチン》耐熱性の白粘土
tofoso, sa [tofóso, sa] 形《医学》痛風結節のある
tofu [tófu]〘←日本語〙男 豆腐

toga [tóga]《←ラテン語 toga < togere「覆う」》囡 ❶《服飾》《古代ローマ》トガ, 長衣. ❷［教授や司法官が着る］法服, ガウン

togado, da [togáđo, đa] 形 名 ❶《文語》toga を着た〔人〕; 司法官. ❷《演劇》comedia 〜da《古代ローマを題材にした》ラテン劇

togolés, sa [togolés, sa] 形 名《国名》トーゴ Togo の〔人〕

toile [twál]《←仏語》囡 単純な織り方の布

toilete [twaléte] 囡 =toilette

toilette [twaléte]《←仏語》囡 ❶ 身繕い, 洗面, 化粧: hacerse la 〜 手を洗う, 身繕いをする. ❷［時に 複］洗面所, トイレ; 化粧台

toisón [toisón]《←仏語 toison》男 ❶《歴史》金羊毛騎士団《15世紀に創設. スペインがブルボン王家に変わると代々国王が騎士団長を務めた. =T〜 de Oro》. ❷《歴史》金羊毛勲章《金羊毛騎士団の記章. =T〜 de Oro》. ❸《ギリシア神話》〜 de oro 金の羊毛皮《イアソン Jasón がアルゴー船 Argos の一行と共に奪い取った》

tojal [toxál] 男 ハリエニシダの群生地

tojino [toxíno] 男 ❶ 止索栓. ❷《船側の》足掛かり材

tojo[1] [tóxo]《←ポルトガル語 tojo < 前ローマ時代語 toju》男 ❶《植物》ハリエニシダ. ❷《ボリビア. 鳥》クロエリコウテンシ

tojo[2], **ja** [tóxo, xa] 形《ボリビア》双生児の

tojosita [toxosíta] 囡《キューバ. 鳥》小型で首の周りが白い野生のハト

tokamak [tokamák] 男《物理》トカマク

tokiota [tokjóta] 形 名《地名》東京 Tokio の; 都民, 東京人, 江戸っ子

tol [tól] 男《グアテマラ》乾燥させたヒョウタンを半分に割った大きな器

tola[1] [tóla] 囡 ❶《アンデス. 植物》キク科の潅木《学名 Baccharis tola》. ❷《エクアドル》［先住民の］丘陵形の墓

tolano [toláno] 男 ❶ うなじのうぶ毛. ❷《獣医》歯肉炎

tolar [tolár] 男《アンデス》キク科の潅木 tola の林

tolda [tólđa] 囡 ❶《中南米. 繊維》［麻・木綿の］テント地, キャンバス地. ❷《プエルトリコ》［穀粒を入れる粗布製・革製の］大袋. ❸《コロンビア》1) 小型船の天幕. 2) テント, 仮設の小屋. 3) 蚊帳. ❹《ベネズエラ》曇り空. ❺《ウルグアイ》［二輪の荷車の帆布製の］幌

toldadura [tolđađúra] 囡 日よけ用の垂れ幕

toldar [tolđár] 他 天幕を張る

toldería [tolđería] 囡《チリ, アルゼンチン, ウルグアイ》先住民の村《野営地》

tolderío [tolđerío] 男《チリ, アルゼンチン, ウルグアイ》=toldería

toldilla [tolđíʎa]《toldo の示小語》囡 ❶《船舶》船尾楼, 船尾楼甲板. ❷ 小型の天幕《日よけ》

toldillo [tolđíʎo] 男 ❶《古語》天蓋付きの輿(ZZ); silla de manos. ❷《コロンビア. 口語》蚊帳(ZZ)

toldo [tólđo]《←古仏語 taud》男 ❶［テラス・店先などの］天幕, 日よけ: extender el 〜 de la terraza テラスの日よけを張る. bajar el 〜 del escaparate ショーウインドの日よけを降ろす. ❷［自動車・馬車などの］幌(ZZ). ❸ 思い上がり, うぬぼれ. ❹《エクアドル》蚊帳(ZZ). ❺《チリ, アルゼンチン, ウルグアイ》［革や木の枝で作られた］先住民の小屋

tole [tóle]《←ラテン語 tolle < tollere「取り除く」》男 ❶《口語》［主に繰り返して］1) 上を下への大騒ぎ; 怒号が飛びかう大混乱: La huelga terminó con el 〜〜. ストライキは騒然とした雰囲気で終わった. ¡Vaya 〜 〜 se armó! ひどい騒ぎだった! levantar 〜 〜 大騒ぎを引き起こす. 2) 悪いうわさ, 嫌なうわさ. ❷ 総スカン, 総反対. ❸《エルサルバドル》=tol. ❹《コロンビア》跡, 手がかり

coger (agarrar・tomar) el 〜 急いで立ち去る: Cuando se cansó de la reunión, agarró su 〜. 彼は集会にうんざりするとそそくさと姿を消した

Toledano [teleđáno]《人名》**Lombardo** 〜 ロンバルド・トレダノ《1894〜1968, メキシコの政治家. 革命後のメキシコにおける労働組合指導者》

toledano, na [teleđáno, na] 形 名《地名》トレド Toledo の〔人〕
noche 〜na《口語》寝苦しい夜, 眠れない夜

Toledo [teléđo] **I**《地名》トレド《カスティーリャ=ラ・マンチャ州の県・県都. 西ゴート王国 reino visigodo の都》
II《人名》**Francisco de** 〜 フランシスコ・デ・トレド《1515〜82, スペインの貴族. ペルー副王《1569〜81》として ミタ制 mita ややレパルティミエント reducción などを断行し, スペインによるアンデス支配を確立》

tolemaico, ca [toleméiko, ka] 形《人名》❶ プトレマイオス〔P〕Tolomeo の《2世紀ごろのギリシアの天文・地理学者》: universo 〜 プトレマイオス体系《天動説》. ❷ エジプト王プトレマイオス〔P〕Tolomeo の《プトレマイオス1世・2世など. プトレマイオス王朝を開いた》

tolerabilidad [tolerabilidá(đ)] 囡 許容可能性, 我慢の限度, 忍耐力

tolerable [toleráble] 形 我慢〔許容〕され得る: El dolor es ahora 〜. 痛みは今では我慢できるほどだ. mantener una vida 〜 どうにか我慢しうるだけの生活を維持する

tolerablemente [toleráblemẽnte] 副 我慢〔許容〕できる範囲で, 耐えられる程度で

tolerado, da [toleráđo, đa] 形 ❶《映画》［成人向きに対して］一般向きの, 家族向きの. ❷《医学》［薬・毒などに対し］耐性のある, 抵抗力のある

tolerancia [tolerãnθja]《←tolerar》囡 ❶［思想・意見・慣行に対する］寛容: Tiene poca 〜 con sus alumnos. 彼は生徒に対して全くと言っていいほど寛容でない. Criticaron su 〜 de los extremistas. 過激派に対する彼の寛容が批判された. 〜 religiosa 宗教的寛容. 〜 y paciencia 寛容さと忍耐. ❷《国教以外の宗教に対する》信仰の容認: 〜 de cultos 国教以外の宗教を信仰する権利. ❸ 忍耐力, 適応力: 〜 a climas fríos 寒冷な気候に対する適応力. ❹《医学》［薬物・毒物に対する］耐性: 〜 a la penicilina ペニシリン耐性. ❺《生物》［環境に対する］耐性. ❻《技術》許容差, 公差;［許容できる］誤差: encontrarse dentro del margen de 〜 許容誤差内である. ❼［貨幣の量目・純分の］公差. ❽《中南米》casa de 〜 売春宿. zona de 〜 売春地区

tolerante [tolerãnte] 形 ❶ 寛容な, 寛大な, 度量のある: Él es 〜 con sus hijos. 彼は息子たちに寛大だ. ❷《医学》〜 con... ...に耐性のある

tolerantismo [tolerantísmo] 男《宗教》寛容主義

tolerar [tolerár]《←ラテン語 tolerare「耐える」< tollere「上げる」》他 ❶ 耐える: Este puente no tolera el paso de camiones. この橋はトラックの通行に耐えない. Mi estómago no tolera la leche. 私の胃は牛乳を受けつけない. ❷［不快・不正などを］許容する, 大目に見る, 黙認する, 我慢する: 1) No tolera la hipocresía. 彼は偽善には我慢ならない. Sus padres le toleran demasiado. 両親は彼に甘すぎる. Toleran las casas de juego. 彼らは賭博場を黙認している. 2)［+que+接続法］No tolerará que le insulten. 彼は侮辱されれば耐えられないだろう. ❸［異なる思想・意見・慣行を］受け入れる, 認める: En los países han tolerado el nepotismo. それらの国では身内びいきが容認されてきた. ❹《医学》［薬物・毒物に対して］耐性がある

toletazo [toletáθo] 男《ベネズエラ. 口語》短い棍棒 tolete による殴打

tolete [toléte] 男 ❶［ボートの］オール受け. ❷《メキシコ, 中米, カリブ》短い棍棒. ❸《キューバ》警棒. ❹《コロンビア》筏. ❺《エクアドル》=toletazo
—— 形 名《キューバ. 軽蔑》愚鈍な〔人〕, 頭の悪い〔人〕

toletear [toleteár] 他《コロンビア》ばらばらにする, 断片に分ける

toletero [toletéro] 男《ベネズエラ》けんか好きな男, 血気盛んな男

toletole [toletóle] 男 ❶ 上を下への大騒ぎ, 怒号が飛びかう大混乱. ❷ 悪いうわさ, 嫌なうわさ《=tole》. ❸《ラマンチャ》1)《馬術》馬の連続だく足. 2) 平静な人. ❹《カリブ》乱痴気騒ぎ. ❺《気楽な》放浪生活. ❺《カリブ》ぜいたくな暮らし, 上流の生活. ❻《コロンビア》固定観念; 固執. ❼《アンデス》頑固, 強情

tolili [tolíli] 形 名《口語》ばかな〔人〕, 頭の悪い〔人〕

tolimense [toliménse] 形 名《地名》トリマ Tolima の〔人〕《コロンビア西部の県》

tolino [tolíno] 男《地方語. 動物》イルカ《=delfín》

tolita [tolíta] 囡《化学》トリット, TNT爆薬

tolla[1] [tóʎa] 囡 ❶［ずぶずぶの］湿地, 沼地. ❷《メキシコ, 中米, カリブ》［家畜に水をやる］桶, 水槽

tolladar [toʎađár] 男 湿地帯, 沼地帯

tolladero [toʎađéro] 男 泥炭地《=turbera》

tolle [tóʎe] 男《地方語. 魚》イコクエイラクブカ《=cazón》

tollina [toʎína] 囡 殴打, めった打ち

tollo[1] [tóʎo]《←?語源》男 ❶［猟師が身を隠す］穴. ❷ 湿地, 沼地. ❸ 鹿の背肉. ❹《魚》アブラツノザメ《=mielga》. ❺《地方語. 料理》イコクエイラクブカ cazón の薄切りの干物. ❻《地方語》［貨幣単位］ドゥーロ《=duro》. ❼《アラゴン》水たまり. ❽

tollo, lla

《カナリア諸島》痩せているがしなやかな体の男
tollo², lla² [tóʎo, ʎa]《プエルトリコ》不器用な; 頭の回転の遅い
tollón [toʎón]男 狭い道, 隘路(ポ)
tolmera [tolméra]女 岩山 tolmo だらけの土地
tolmo [tólmo]男 [巨大な道標のように] 孤立した岩山
tolo¹ [tólo]男《アストゥリアス, レオン》こぶ
tolo², la² [tólo, la]形《地方語》ばかな〔人〕
toloache [toloátʃe]男《メキシコ. 植物》ヨウシュチョウセンアサガオ
tolobojo [tolobóxo]男《グアテマラ. 鳥》ペンギン
tololoche [tololótʃe]男《メキシコ. 音楽》コントラバス〖=contrabajo〗
tolomeico, ca [toloméjko, ka]形《人名》=**tolemaico**
tolón [tolón]擬[主に繰り返して, 鐘などの重い音] ガラン
— 男 ❶《アンダルシア. 獣医》[主に 複] 歯肉炎. ❷《エルサルバドル》鉄の芯のない独楽(ミラ)
toloncho [tolóntʃo]男《コロンビア》木片
tolondro, dra [tolóndro, dra]形《地方語》=**tolondrón**
tolondrón, na [tolondrón, na]形 ❶落ち着きのない〔人〕, そそっかしい〔人〕; 愚かな〔人〕, 思慮が足りない〔人〕
— 男 ❶ [頭にできた] こぶ, たんこぶ: Me ha salido un ~ en la frente. 私は額にこぶができた. ❷《地方語》[丸みを帯びた] 破片, 塊
tolonés, sa [tolonés, sa]形 名《地名》[フランス南部の都市] トゥーロン Tolón の〔人〕
tolonguear [toloŋgeár]他《コスタリカ》愛撫する; 甘やかす
tolosano, na [tolosáno, na]形 名《地名》❶ トロサ Tolosa の〔人〕《ギプスコア県の村》. ❷ [フランス南部の] トゥールーズ Toulouse の〔人〕
tolosarra [tolosářa]形《=tolosano》
tolstoyano, na [tolstojáno, na]形 名《人名》[ロシアの小説家] トルストイ Tolstoy の〔研究者〕
Tolteca [toltéka]形《歴史》トルテカ文明〖10〜12世紀, メキシコ中央高原地帯(トゥラ Tula が中心)でテオティワカン Teotihuacán 崩壊後に栄えた文明. 担い手の民族集団については不明〗
— 名 トルテカ人
tolueno [twéno]《←Tolú (コロンビアの町)》男《化学》トルエン
toluidina [twidína]女《化学》トルイジン
toluol [twól]男《化学》トルオール
toluqueño, ña [tolukéɲo, ɲa]形 名《地名》トルーカ Toluca の〔人〕《メキシコ, メヒコ州の州都》
tolva [tólba]《←ラテン語 tubula「細管」< tuba「トランペット」》女 ❶ [漏斗型の口・容器] ホッパー, シュート, 《鉄道》ホッパー車. ❷ 投票箱・献金箱上部の口. ❸《メキシコ》鉱石置き場
tolvanera [tolbanéra]女 土煙, 砂煙
toma [tóma]《←tomar》女 ❶ 取ること, 採取: ~ de conciencia 意識化, 自覚. ~ de contacto 接触, 連絡. ~ de decisiones 決定を行なうこと. ~ de declaración 証人調べ, 事情聴取. ~ de dichos =**dicho**¹. ~ de hábito 修道院に入ること, 修道士・修道女になること. ~ de muestras 見本抽出. ~ de posesión 就任(式). ~ de postura 態度, 姿勢. ~ de sangre 採血. ~ de sonido 録音. ❷ [薬・食品などの] 服用, 摂取, [一回の] 服用量, 摂取量: La segunda ~ será a las ocho. 2回目の服用は8時になります. ingerir un fármaco en tres ~s al día 一日3回服用する. una ~ de rapé 1つまみ(1服分)の嗅ぎたばこ. ❸ [電気の] コンセント〖=~ de corriente〗; [水・空気などの] 取り込み口, 排出口, 栓: ~ de agua 取水口, 放水口, 蛇口, 水栓; 水門の口. ~ de aire 通風口, 換気口. ~ de gas 元の元栓. ~ de la antena アンテナ線の差込口. ~ de luz 採光窓. ~ de teléfono モジュラージャック. ❹《写真, 映画》撮影, テイク, ショット〖=~ de vista〗: Esta ~ ha salido mal. このテイクは失敗だった. Vamos a sacar una ~. 1枚撮ろう. realizar las ~s de vídeo ビデオ撮影をする. ~ del plató セット撮影. ~ directa 生撮り. ❺ 占拠, 攻略: ~ de Granada por los Reyes Católicos カトリック両王によるグラナダ攻略. T~ de la Bastilla バスティーユ襲撃. ❻《医学》組織試料の採取. ❼《レスリングなど》技, 攻め手. ❽《コロンビア》用水路, 灌漑用の溝

¡T~! →**tomar**

~ **aérea** 1) アンテナ. 2)《映画》空撮

~ **de tierra** 1)《電気》アース〔線〕. 2)《航空》着陸, 着地

— 男 *Más vale un ~ que dos te daré.*《諺》明日の百より今日の五十

~ **y daca** 互譲, ギブアンドテイク; [戦いなどでの] 応酬, 攻防
tomacorriente [tomakořjénte]男《主にペルー, アルゼンチン, ウルグアイ. 電気》コンセント. ❷《チリ》[トロリーバスの] トロリーコンセント
tomada¹ [tomáða]女 ❶ [武力による] 占領, 占拠, 攻略, 奪取. ❷《中南米》1) 取る(採る)こと. 2) [電気の] 差し込み, プラグ, コンセント
tomadera [tomaðéra]女《漁業》柄の長いもの
tomadero [tomaðéro]男 ❶ 灌漑用水路の支路. ❷ 排水口, 放水口. ❸ 取っ手, 握り, 柄. ❹《カナリア諸島》天水溜(タマ゚)
tomado, da² [tomáðo, da]形 [estar+] ❶ [主に風邪で声が] しわがれた, かすれた. ❷ 錆びた. ❸《カナリア諸島;中南米. 口語》酔っぱらった. ❹《ウルグアイ》[人が] 癌の進行した. ❺《プエルトリコ, ボリビア, ラプラタ》多忙な, 暇のない
tomador, ra [tomaðór, ra]形 名 ❶ 取る〔人〕; 捕える〔人〕. ❷《商業》1) [手形・小切手の] 受取人. 2) 保険契約者, 被保険者. ❸ 取り[の], こそどろ[の]: ~ del dos《隠語》2本の指で財布を抜き取るすり. ❹《狩猟》射止めた獲物をくわえて来る〔猟犬〕. ❺《中南米》酒飲み, 酔っぱらい
— 男 ❶《船舶》ガスケット《帆を帆桁にくくりつける小索》. ❷ [印刷機の] インクローラー
tomadura [tomaðúra]《←tomar》女 ❶ [一回の] 摂取量
~ **de pelo**《口語》1) からかい, 冷やかし, 冗談. 2) 思いやりのなさ, 軽視
tomahawk [tomaxók]《←英語》男《北米先住民の》戦闘用斧
tomaína [tomaína]女《生化》プトマイン, プトメイン: envenenamiento por ~ プトマイン中毒, 食中毒
tomajón, na [tomaxón, na]形《口語》手癖の悪い〔人〕
tomante [tománte]男《戯論》女役の同性愛者《⇔dante》
tomar [tomár]《←tomar》他 ❶ 取る, 掴む, つかむ: 1) *Tomó un dulce de la bandeja*. 彼はお盆から菓子を1つ取った. *Tomé una piedra y la lancé*. 私は石を拾って投げた. *La tomé por (de) un brazo*. 私は彼女の腕をつかんだ. ~ *la aguja* 針を持つ, 裁縫をする. ~ *flores del jardín* 庭の花を摘む. 2) 取り出す, 引き出す: *Tomó agua de la fuente con un cubo*. 彼はバケツで泉の水を汲んだ. ~ *la corriente eléctrica* 電気を引く. 3) 受け取る: 1) *Tome usted la vuelta*. お釣りをどうぞ. ❷ 得る, 手に入れる: 1) *Esta frase la he tomado de Lope de Vega*. この句はロペ・デ・ベガから引用しました. ~ *importancia* 重要性を帯びる. ~ *un pedido* 注文をとる. 2) [選択] *Tomaré el que más me gusta*. 一番気に入ったのを取ろう. *Tomó la calle que se dirige al centro*. 彼は町の中心へ向かう道をとった. 3) [名前を] *Tomó el apellido materno*. 彼は母方の姓を名乗った. *Tomó el nombre de Augusto*. 彼はアウグストと名乗った. 4) [購買・借用] *He tomado dos entradas para esta noche*. 私は今日の夜の回の切符を2枚買ってある. *Ha tomado una tienda*. 彼は店を買い取った. *Toma esta corbata para ti*. このネクタイを買いなさい. ~ *un palco* ボックス席の切符を買う. ~ *una casita para veranear* 避暑のために別荘を借りる. 5) [習慣・癖などを] *Tomó malas costumbres*. 彼は悪習に染まった. 6) [模倣] ~ *el estilo de...* …のスタイルを真似る. 7) [+直接目的語+過去分詞] *Le tomé prestados diez euros*. 私は彼から10ユーロ借りた. ❸ [→beber 類義]: ¿A qué hora *toma* usted el desayuno? 朝食は何時にしますか? ¿Qué va a ~? 何を召し上がりますか? Sírvase. ~. どうぞお上がりください. *Vamos a* ~ *algo en un café*. 喫茶店で何か飲もう. ~ *un pastel* ケーキを1つ食べる. ~ *un café* コーヒーを1杯飲む. ~ *dos aspirinas* アスピリンを2錠飲む. ❹ [空気などを] 吸う; [水などに] 浴びる: ~ *el aire fresco* 新鮮な空気を吸う, 涼をとる. ~ *un baño caliente* 熱い風呂に入る. ❺ [主に中南米] [公共の乗り物に] 乗る: *Tomaremos un taxi*. タクシーを拾おう. *Tomó el tren bala para llegar a Tokio*. 彼は東京へ行くのに新幹線に乗った. ~ *el avión* 飛行機に乗る. ❻ [道を] 行く, 進む: *El coche toma la Calle Alcalá*. 車はアルカラ通りを行く. ❼ [場所を] 占める, [席に] 着く: ~ *un palco* ボックス席をとる; ボックス席に座る. ❽ 占領する: *Las fuerzas enemigas tomaron la ciudad*. 敵軍は町を攻略した. ❾ [記録・写真などを] とる: *Tome nota*. 私の言うことをメモして下さい. *Tomé fotografías del palacio*. 私は宮殿の写真を撮った. ~ *un paisaje* 景色を写生する(写す). ~ ... *en cinta magnetofónica* …をテープに録音する. ❿ 計測する: ~ *la altura de la estantería* 戸棚の高さを測る. ~ *la temperatura* 温度を測る. ⓫ [物事を] 受け止める, 解釈する: *Tomó como una ofensa lo que dije*. 彼は私の言葉

を侮辱と受け取った. No lo *tomes* en ese sentido. そんな意味にとらないでくれ. ❿ [人を] 受け入れる; 雇用する: Este tren no *toma* pasajeros. この列車は客を乗せない. *Hemos tomado* una muchacha nueva en la oficina. 私たちは事務所に新しく女の子を採用した. ~ un criado 召使いを雇う. ⓭ [人・事物を, +por と] みなす, 取り違える: Parece que te *tomaba por* tu hermano. 彼は君を君の弟と間違えたらしい. Don Quijote *tomaba* los molinos de viento *por gigantes*. ドン・キホーテは風車を巨人だと思った. Le *toman por* tonto. 彼はばかだと思われている. ⓮ [行動・態度を] とる, 行なう: ~ contacto con+人 …と連絡をとる. ~ medidas preventivas 予防策をとる. ~ resolución 決心する. ~ una satisfacción 償いをする. ⓯ [感情などを] 持つ, 味わう: ~ aborrecimiento 憎む. ~ afecto a... …に愛着を抱く. ~ ánimo 元気づく. ~ frío 寒気がする. 風邪を引く. ⓰ [生理的欲求などが] …に起こる: Le *tomó* el sueño (la risa・un desmayo). 彼は眠気に襲われた (笑いこみ上げた・気絶した). ⓱ [雄か雌と] 交尾する. ⓲ 奪う, 盗む. ⓳ [トランプ] 勝つ. ⓴ [人を] 同行する. ㉑ 引き受ける, 担当する. ㉒ [スポーツ] [試合中にボールを] 止める. ㉓《古語》[動物を] 狩る. ㉔《古語》[犯罪者を] 見つける, 捕える. ㉕《中南米》[酒を] 飲む. ㉖《コロンビア》[人を] からかう, 怒らせる

haberla tomado con... 1) …をいじくり回す: *La ha tomado con* el estuche de mis gafas. 彼は私の眼鏡ケースをいじっていた. 2) [事柄と] 取り組む: *La ha tomado con* el esperanto. 彼はエスペラント語を勉強している
lo toma o lo deja 承諾するかしないかは本人次第だ
tenerla tomada con+人 …につらく当たる
¡Toma! 1) [物を渡す時] はい, ほら!: *¡Toma!* Aquí tienes un lápiz. はい, 鉛筆だよ. 2) [驚き] おや!: *¡Toma!*, no sabía que ya estuviera aquí. おや! もうここに来ていたとは知らなかったよ. ¿No querías engañarle tú? Pues, *¡toma!* 彼をだますつもりはなかったのか? いい加減にしろ! 3) [新味・重要性などない!: *¡Toma!* Eso también lo hago yo. 何だ! そんなことは私だってやってるよ. 4) [理解] なるほど, 分かった!
¡Toma esto! [殴打・発砲] これでも食らえ!/[相手をやりこめて] ざまあみろ!
¡Toma ya!《西》1) [歓迎したい出来事に対して・他人の不幸を喜んで] やった!: He aprobado el examen. *¡Toma ya!* やった! 合格した. *¡Toma ya!* Le han mangado al propio chorizo. 面白い! すりが盗まれた. 2) [驚き] えっ! *¡Toma ya!* No me lo esperaba. えっ! そんなこと予想してなかった
~ *sobre sí* 引き受ける: *He tomado sobre mí* la responsabilidad de toda la empresa. 私は事業の全責任を引き受けた
~ +動詞 突然…する: *Tomó y dijo* lo siguiente. 彼はいきなり次のように切り出した
~*la con*+人・事《西》1) …を責める, 非難する; 毛嫌いする: *La ha tomado con*migo. 彼は私につらく当たった. 2) …にしつこくこだわる

── 自 ❶ [+a・hacia・por の方に] 進む: *Tome a (por)* la izquierda. 左の道を行きなさい. ❷ [主に中南米] 酒を飲む: Le gusta ~. 彼は酒好きだ. *El toma* mucho. 彼は大酒飲みだ. costumbre de ~ 飲酒の習慣. ❸ [植物が] 根づく; [接ぎ木が] 活着する. ❹ [大気が] 曇る, どんよりする

── ~*se* ❶ =他: *Se tomó* las vacaciones. 彼は休暇をとった. Acabo de ~*me* un baño. 風呂浴びたところだ. No te lo *tomes* así. そんな風に受け取ってはいけない. ¿*Nos tomamos* un café? コーヒーでも飲まない? *Tómese* estas pastillas. この薬を飲んで下さい. ❷ 嫌われる, 当たりちらされる: *Se toma* muy malos ratos. 彼はひどい目に遭っている. ❸ 錆びる: El cuchillo *se toma con* el limón. レモンを切ると包丁が錆びる.《医学》*Me tomé* la presión. 私は血圧を測った (測ってもらった). ❹《主に中南米》[写真を] 撮ってもらう: *Se tomó* una foto vestida de novia. 彼女は花嫁衣装で写してもらった. ❺ しわがれ声になる. ❻ 酔っぱらう. ❼ [+con と] 争う, けんかする. ❽《中南米》[工場・大学などを] 占拠する

tomárselas《ラプラタ》[責任などを逃れるために] その場を外す
¡Tómate esa! [殴打] これでも食らえ, ざまを見ろ!

Tomás [tomás]《人名》❶《新約聖書》Santo ~ 聖トマス《12使徒の一人. 理性派で実証派だった》. ❷ Santo ~ de Aquino 聖トマス・アクィナス《13世紀イタリアの哲学者・神学者》. ❸ ~ Moro トマス・モア《イギリスの思想家・政治家.『ユートピア』Utopía の作者》. ❹《ドミニカ》~ Carite トマス・カリーテ《架空の人物でペテン師の典型》

tomata [tomáta] 囡《コロンビア. 口語》からかい, あざけり
tomada [tomáda] 囡 ❶《料理》1) フライドトマト; トマトの炒めもの. 2) トマトサラダ. ❷ [怒り・抗議の印に] トマトを投げつけること
tomatal [tomatál] 男 ❶ トマト畑. ❷《グアテマラ》トマトの苗木
tomatazo [tomatáθo] 男 トマトの投げつけ: dar un ~ a+人 …にトマトを投げつける
tomate [tomáte]《←ナワトル語 tomatl》男 ❶《植物. 果実》トマト《植物としては主に（複）》.《中南米》[小さな] 緑色のトマト: salsa de ~ トマトソース; ケチャップ. ~ arbóreo/~ de árbol《植物》タマリロ, コダチトマト. ~ ミニトマト, チェリートマト. ~ de milpa [南スペイン産の] 小型のトマト. ~ [de] pera プラムトマト. ~ verde グリーントマト. ❷《料理》トマトソース: macarrones con ~ マカロニのトマトソース添え. ❸《口語》[ストッキング・靴下の] 穴, 破れ目: Llevaba un ~ en las medias. 彼女のストッキングは伝線していた. ❹《西. 口語》[仕事上の] 問題点, 厄介な点: Los jefes tienen un ~ impresionante en las cuentas de la empresa. 上司たちは会社の収支計算上の大問題を抱えている. ❺《西. 口語》混乱, 紛糾; けんか, もめごと: ¡Vaya ~! ¡Qué lío hay aquí! Se armó un tremendo ~ en el bar. バルでものすごいけんかが起きた. haber [mucho] ~ 大騒ぎになる. ❻《トランプ》フレペ julepe に似たゲーム

colorado como un ~ [顔が] 真っ赤になって
ponerse como un ~/*ponerse más rojo que un* ~ [顔が] 真っ赤になる, 赤面する: Nosotros le dijimos a Juan un piropo y *se puso como un* ~. 私たちがフアンにピロポを言うと彼はトマトみたいに真っ赤になった
tener ~ ひどく厄介である

tomatera¹ [tomatéra] 囡 ❶《植物》トマト. ❷《口語》[ストッキング・靴下の] 穴, 破れ目: Tienes unas buenas ~s en los calcetines. お前の靴下には立派な穴が開いてるよ. ❸《口語》見栄, うぬぼれ. ❹《口語》知ったかぶり, 知識のひけらかし. ❺《チリ. 口語》1) 酩酊. 2) どんちゃん騒ぎ (をするパーティー)
tomatero, ra² [tomatéro, ra] 形 ❶ トマトの. ❷ [食材として] トマトとの煮込みに適した. ❸ [鶏が] 2度目の羽毛の抜け替わりを終えた
── 名 トマト栽培 (販売) 業者
──《カナリア諸島, 植物》[=tomatera]
tomates [tomátes] 間《キューバ》[驚き] あれまあ, へえー, ふうん; [否定] そんなこと, 嫌だ, だめだ
tomatesa [tomatésa] 囡《メキシコ. 植物》トマトの苗木
tomaticán [tomatikán] 男《チリ, アルゼンチン. 料理》トマト・卵・ジャガイモ・タマネギの煮込み
tomatillo [tomatíʎo] 男 ❶《植物》1) ~[s] del diablo イヌホオズキ. 2)《中南米》オオブドウホオズキ. ❷《サモラ. 果実》[菓子・酒用の] サワー・チェリー. [カクテル用の] マラスキーノ・チェリー
tomatina [tomatína] 囡 トマティーナ《バレンシアの Buñol 村で8月に行なわれるトマトをぶつけ合う祭り》
tomatón [tomatón] 男《チリ. 植物》ゴールデンベリーホオズキ, シマホオズキ
tomavistas [tomaβístas]《単複同形》[8ミリなど小型の] 撮影機《=aparato ~》
── 名《映画》カメラマン, 撮影技師
tomaza [tomáθa] 囡《リオハ. 植物》タイムの一種《タイムほど香りがよくない》
tombía [tombía] 囡《中米》[両側に取っ手が付いた] かご, 背負いかご
tombo [tómbo] 男 ❶《コスタリカ, コロンビア, ペルー, ボリビア. 口語》警官. ❷《コスタリカ》秘密警察. ❸《チリ》野球に似た球戯
tómbola [tómbola]《←伊語 tombola》囡 [主に慈善のために行われる] 福引, 富くじ; その会場 (小屋): En el colegio montamos una ~ para sacar dinero para el viaje de fin de curso. 私たちは修学旅行の資金をひねり出すために学校で福引きを行なった
tómbolo [tómbolo]《←伊語 tombolo》男 [島と陸を結ぶ] 砂州, 陸繋砂州
tome [tóme] 男《チリ. 植物》カヤツリグサ属の一種《学名 Cyperus reflexus, Cyperus vegetus》
tomeguín [tomegín] 男《キューバ. 鳥》キマユクビワスズメ
tomellosero, ra [tomeʎoséro, ra] 形《地名》トメリョソ Tomelloso の [人]《シウダ・レアル県の町》
tomento [toménto] 男 ❶《植物》[葉・茎などの] 繊毛, 綿毛.

tomentoso, sa

❷ [亜麻・麻などの]くず繊維, 麻くず
tomentoso, sa [toméntoso, sa] 形《植物》繊毛(綿毛)の生えた
-tomía 《接尾辞》[切断, 切開] faringo*tomía* 咽頭切開
tomillar [tomiʎár] 男 タイム畑; タイムの自生地. ❷ 荒れ地
tomillero, ra [tomiʎéro, ra] 形《植物, 香辛料》タイムの
tomillo [tomíʎo] 男 ❶《植物, 香辛料》タイム, タチジャコウソウ: ～ blanco マージョラム, セメンシナ. ～ salsero タイム, イブキジャコウソウ. ❷《植物》1) ゴジアオイの一種《学名 Cistus salvifolius》: ～ prieto シスタス《=jara rizada》. 2) ～ borriquero ストエカスラベンダー《=cantueso》
tomín [tomín] 男 ❶《古語》[スペインの重量単位] =約0.596ミリグラム. ❷《古語》中南米で使われた銀貨. ❸《ボリビア》少額のペセタ硬貨
tominejo [tomínexo] 男 =**tominejo**
tominejo [tomínexo] 男《鳥》ハチドリ
tomismo [tomísmo] 男 トミズム, トマス主義《イタリアのトマス・アクィナス Tomás de Aquino の神学説》
tomista [tomísta] 形 トマス主義の(主義者); トマス・アクィナスの
tomístico, ca [tomístiko, ka] 形《まれ》トマス・アクィナスの《=tomista》; トマス・アクィナス的な
tomiza [tomíθa] 女 アフリカハネガヤ製の細綱
tomo [tómo] 男《←ラテン語 tomus < ギリシャ語 tomos「切断」》男 ❶ [全集・叢書などの] 巻: El diccionario de Martín Alonso tiene tres ～s. マルティン・アロンソの辞書は3巻からなっている. obra en cinco ～s 5巻からなる作品. el primer ～ de la enciclopedia 百科事典の第1巻. ❷ 重要性, 価値
de ～ *y lomo* とんでもない, とんでもない: Es un hipócrita *de* ～ *y lomo*. 彼はひどい偽善者だ. ❷ 重要な, 見逃せない: Acabo de dar una conferencia *de* ～ *y lomo*. 彼は重要な講演会を開いたばかりだ
tomografía [tomografía] 女 断層撮影
tomógrafo [tomógrafo] 男 断層撮影装置
tomograma [tomográma] 男 断層写真, 断層画像
tomón, na [tomón, na] 形 ❶《口語》手癖の悪い[人]. ❷《コロンビア》冗談好きな[人]
tompeates [tompeátes] 男 複《メキシコ. 俗語》睾丸
tompiate [tompjáte] 男《メキシコ》籐製のかご
tom-tom [tomtóm] 男《擬 ～》《音楽》タムタム
tomuza [tomúθa] 女《ベネズエラ》ぼさぼさの髪
ton [tón] **I**《下の語句消失形》男 *a qué* ～ どんな動機で, なぜ
sin ～ *ni son* これといった理由もなく: Se enfadó *sin* ～ *ni son*. 彼ははっきりした理由もなく腹を立てた. *hablar sin* ～ *ni son* とりとめのない話をする
II 間 繰り返して, 鐘などの重い音] ガラン
ton.《略記》←tonelada トン
toná [toná]《←tonada》女《フラメンコ》トナ《伴奏なしで歌う》
tonada [tonáda]《←tono》女 ❶ 歌曲用の歌詞, 歌謡; 歌詞につける曲: ～ bonita [歌詞が]美しい歌(曲). ❷ 歌; そのメロディー. ❸《カンタブリア; キューバ》嘘, ごまかし. ❹《中南米》[特徴的な] イントネーション, なまり. ❺《アルゼンチン. 音楽》トナダ《19世紀初頭に始まる民謡》
tonadilla [tonadíʎa]《tonada の示小語》女 ❶ トナディリャ《1) 短い歌曲用の詩, その歌曲. 2) 18世紀後半のサルスエラより小規模な劇音楽》
tonadillero, ra [tonadiʎéro, ra] 名 トナディリャの作曲家(歌手)
tonal [tonál]《←tono》形 ❶ 音調の, 音質の, トーンの. ❷《音楽》調性を有する, 調的な: escala ～ 音階. ❸《言語》lengua ～ 声調言語
tonalidad [tonalidá(d)]《←tonal》女 ❶ 色調, 色合い; 調子: Pintaron las casas con una ～ más clara. 彼らは家々をもっと明るい色合いのペンキで塗った. cuadro de ～ azulada 青い色調の絵. foto de ～ suave 柔らかいトーンの写真.《音楽》1) 調性. 2) …調《=tono》: ～ de do mayor ハ長調. ～ de menor 短調. ❸《音楽》声調, イントネーション: dos enunciados de ～ diferente 異なるイントネーションの2つの発話. ❹《ラジオ, テレビ》音質, トーン: control de ～ トーンコントロール(音色調節)装置
tonalita [tonalíta] 女《鉱物》石英閃緑(ᡞɴ)岩
tonalmente [tonálménte] 副《音楽》調性の面から見て;《音楽》声調の面から見て

tonante [tonánte] 形 ❶《文語》とどろく, 轟音を発する《ユピテル Júpiter などを形容するのに使われる》. ❷《紋章》炎と煙のある
tonar [tonár] 28 自《文語》雷が鳴る, 稲妻が走る
tonario [tonárjo] 男《カトリック》聖務日課聖歌集《=libro antifonario》
tondero [tondéro] 男《ペルー. 舞踊》トンデロ《北部太平洋岸の民衆の踊り》
tondino [tondíno] 男《建築》玉縁《=astrágalo》
tondiz [tondíθ] 男 =**tundizno**
tondo [tóndo] 男 ❶《建築》壁面に埋められた円形の装飾. ❷《美術》円形絵画(彫刻)
tonel [tonél]《←古仏語》男 ❶ 大樽; 大樽1杯分の量: vino en ～ 樽詰めのワイン. un ～ de aceite de oliva 1樽のオリーブ油. ❷《戯論》樽形の体つきの人, ビヤ樽のように太った人: El pobre está como un ～ con problemas de hipertensión y diabetes. その哀れな男はビヤ樽のように太って高血圧と糖尿病という問題を抱えている. ❸《口語》酔っぱらい: Está como un ～, ha bebido mucho. 彼はべろべろに酔っている, よく飲んだからな. ❹《航空》[アクロバット飛行で] 横転. ❺《古語. 船舶》容積トン《=約6分の5トン》. ❻《メキシコ, グアテマラ, コロンビア》ドラム缶
tonelada [toneláda]《←tonel》女 ❶《重量の単位》トン, メートルトン《=～ métrica》: camión de siete ～s 7トン積みトラック. ～s-kilómetro《鉄道》トンキロ. ～ corta (americana) ショートトン, 米トン《=907kg》. ～ larga ロングトン, 英トン《=1016kg》. ～ de arqueo《国際単位の》容積トン《=約2832立方メートル》. ～ de peso 20キンタル の重さ. ❷《船舶》[船の] 排水トン: carguero de cien mil ～s 10万トンの貨物船. ❸《口語》大変な量, すごい重量: Se ha comido una ～ de sardinas. 彼はイワシをどっさり食べた. Esta niña pesa una ～. この女の子はものすごい体重だ. ❹《集名》樽. ❺《古語》[各船が支払う] ガレオン船建造税
tonelaje [tonelaxe]《←tonelada》男 ❶ [船・車両の] トン数, 積量: La escuadra española era superior en ～. スペイン艦隊はトン数において勝っていた. buque (camión) de gran ～ 大型船(トラック). ～ bruto 総トン数. ～ neto 純トン数. ～ de peso muerto 積載重量トン数. ❷《古語》[各船が港で支払う] 貨物積み込み税
tonelería [tonelería] 女 ❶ 樽職人の技術(職). ❷ 樽製造工場; 樽販売店. ❸ 樽製造業. ❹《集名》樽
tonelero, ra [tonelero, ra] 男 樽の
— 名 樽職人, 樽製造(販売)業者
tonelete [tonelete] 男 ❶《服飾》[膝までの] 短いスカート. ❷ [甲冑の] スカート型腰当て; 下ばき. ❸《古語. 演劇》男優用の短いスカート. ❹《古語》[膝までの] スカート
tonema [tonéma] 男《音楽, 音声》音調素, トネーマ
tóner [tóner] 男《コピー機・プリンターの》トナー
tonga [tónga] 女 ❶《まれ》[インド特有の1・2頭だての] 軽馬車. ❷《地方語》山積み《=tongada》. ❸《アラゴン; コロンビア, アルゼンチン》積み重ね. ❹《カナリア諸島》[バナナなど積み上げられた同じ種類の物の] 一並び, 層: sacos en ～ きちんと積み上げられた袋詰め. ❺《コロンビア, ペルー》ダツラ floripondio の果実から作られる飲み物. ❻《コロンビア》眠気; うたた寝. ❼《エクアドル》[労働者の] 弁当
tongada [tongáda] 女 ❶ 積み重ねられた物の層. ❷ 積み重ね, 山積み. ❸ 上に広く伸ばした(塗った)もの. ❹ たくさんの物
tongalés, sa [tongalés, sa] 形 名 =**tongano**
tongano, na [tongáno, na] 形《国名》トンガ Tonga の(人)
tongo [tóngo]《←?語源》男 ❶《チリ》[主に買収による] 八百長[試合]: Se dio cuenta de que había ～. 彼は八百長があったことに気づいた. ❷ [選挙などの] ずる, 軽い不正. ❸ 罠, 策略. ❹《アンデス》山高帽, シルクハット. ❺《ペルー》面積の単位. ❻《チリ》アイスクリームと蒸留酒を2対1の割合で混ぜた飲み物. ❼《アルゼンチン, ウルグアイ. 口語》[他者の損失によって利益を受ける] 不正な活動. ❽《アルゼンチン》[拳骨による] 顔への打打
—— 男《メキシコ》片手のない, 隻腕の
—— 名《パナマ》警官
tongonear [tongoneár] ～se《メキシコ, キューバ, コロンビア, ベネズエラ》肩と腰を振って歩く《=contonearse》
tongorí [tongorí] 男《ボリビア, アルゼンチン》[牛の] レバー; [一般に] 臓物
tonguista [tongísta] 形 名《スポーツ》八百長をする[人]
toni [tóni] 男《チリ》[サーカスの] ピエロ

tónica[1] [tónika]〖←tonico[2]〗囡 ❶ 全体的な傾向(調子): La ~ del partido fue la mediocridad. 党のやり方は凡庸だった. marcar la ~ del vestir 着こなしの手本を示す. ❷《音楽》主音. ❸《飲料》トニックウォーター〖=agua ~〗: ginebra con ~ ジントニック

tonicidad [toniθiðáđ] 囡 ❶《医学》[筋肉組織の] 緊張, 〔筋〕張度. ❷《音声》[言語単位における] アクセントの存在

tónico[1] [tóniko] 男《薬学》強壮剤: recetar un ~ para abrir el apetito 食欲を増進させる薬を処方する. ~ cardíaco 強心剤. ❷《化粧》トニックローション: ~ capilar ヘアトニック. ~ para pieles cansados 疲れ肌ケアローション

tónico[2], **ca**[2] [tóniko, ka]〖←tono〗形 ❶《音声》活力を与える, 強壮にする, 活性化する: loción ~ca para el cabello ヘアトニック. ❷《音楽》主音の, 主音に基づく. ❸《音声》アクセント(強勢)のある《音声》: forma ~ca 強勢形. palabra ~ca 強勢語. sílaba ~ca アクセントのある音節. vocal ~ca 強勢母音. ❹《医学》緊張性の, 強直(性)の, 持続性の. ❺《飲料》トニックの

tonificación [tonifikaθjón] 囡 活力を与えること. 元気(強壮)にすること

tonificador, ra [tonifikaðór, ra] 形 活力を与える, 強壮にする

tonificante [tonifikánte] 形 活力を与える: bebida ~ トニック系飲料. gel ~ de la piel スキンケア用ジェル

tonificar [tonifikár] 他 [器官・神経組織の] 活力を与える, 強壮にする; 引き締める: Un rato de ejercicio tonifica los nervios. しばらく体操をすると神経が活性化する
── **~se** 元気になる, 元気が出る: Se dio una ducha para ~se. 彼はシャワーを浴びて元気を一新した

tonillo [toníʎo]〖tono の示小語〗男 ❶ [時に軽蔑] あざけるような口調; 遠回しな口調. ❷ [会話・朗唱などの] 単調な口調(語気). ❸ [言葉の] なまり, 発音の癖

tonina[1] [tonína] 囡 ❶《地方語. 魚》マグロ〖=atún〗. ❷《アルゼンチン, ウルグアイ. 動物》小型のイルカ

tonino[1] [tonino] 男《地方語. 魚》マグロ〖=atún〗

tonino[2], **na**[2] [tonino, na] 形《メキシコ》[人が] 指が欠けている

tonitrofobia [tonitrofóbja] 囡 雷恐怖症

tonitronante [tonitronánte] 形《文語》[声が] 雷のように響き渡る, どら声の

tonitruante [tonitrwánte] 形《文語》=**tonitronante**

tono [tóno]〖←ラテン語 tonus <ギリシア語 tonos「アクセント」〗男 ❶ [声・音の] 調子, 音調; 音色; 口調, 語調; 音高, ピッチ: Ella me habló en un ~ ancioso. 彼女は心配そうな口調で私に話した. El comerciante reparó en el dinero que yo tenía y cambió de ~. 商人は私の持っている金に気づいて, 言葉づかいを改めた. en un ~ alto 高音で; かん高い口調で. ❷ [文章の] 調子, 文体; [言葉・表現の] 微妙な意味合い, ニュアンス: Esta obra tomó un ~ elevado. この作品は高尚な感じの文体だ. Su consejo tiene ~s de amenaza. 彼の忠告は脅迫めいている. ~ coloquial 口語調. ❸ 色調;《美術》[全体との調和から見た] 基調的色調: El cielo se tiñó de un ~ rosado. 空はピンク色に染まった. ❹ 傾向, 様子. ~ del mercado 市況. ❺ 精力, 活力: perder ~ 活気(元気)をなくす. recuperar ~ 活気(元気)を取り戻す. ❻ [思想・道徳的な] 性格, 色合い: Esa asociación ha perdido su ~ culto. その組織は高尚さを失った. ~ político 政治的色彩. ❼ 品格, 気品, 風格: familia de ~ 上流家庭. ❽《音楽》1) 全音程. 2) ~ mayor (menor) 長(短)調. ~ de sol mayor ト長調. ~ maestro 主調. 3) 音階. 4) 音叉〖=diapasón〗. 5) [金管楽器の] チューニング・スライド, 抜差管. ❾〔歌の〕詞と曲. ❿《電話など》通信音: Este teléfono no da el ~; debe de estar estropeado. この電話は発信音がしない, 壊れているに違いない. ~ de discar/~ de marcar 発信音. ~ de ocupado 話中音. ⓫《ラジオ・テレビなど》音量. ⓬《音声》高低アクセント; 声調: cuatro ~s《中国語の》四声. ⓭《生理》[正常な] 緊張状態: ~ de músculo/ ~ muscular 筋緊張

a ~ 1) [+con と] 調和した・して: Ella lleva los zapatos a ~ con el vestido. 彼女は服にマッチした靴をはいている. Procura comportarte a ~ con las circunstancias. 場にふさわしいふるまいをしなさい. 2) 気分が高揚して, ご機嫌で
bajar el ~ 1) 語調を和らげる. 2) 音量を下げる
dar el ~ 基調をなす
dar ~ 高級である, すてきである
darse ~ 偉そうにする, 得意げにする
de buen (mal) ~ 上品な(品のない): Es un hombre de buen ~. 彼は上品だ. Me parece de mal ~ que te levantes ahora de la mesa. いま席を立つのはエチケットに反すると思うよ
en todos los ~s [主張・要請などで] 手段を尽くして: Se lo he dicho en todos los ~s. 私は彼に何度も手を替え品を替えそのことを言った
estar a ~ 1) 調和している: El papel pintado está a ~ con los muebles. 壁紙(の色)は家具にマッチしている. 2) 気分が高揚している, ご機嫌になっている
fuera de ~ 不適切な, 場違いな: Su respuesta está fuera de ~. 彼の返事は的外れだ. Quedé fuera de ~ preguntarle por su ex-marido. 彼女に元夫のことを尋ねたのはまずかった
ponerse a ~ 1) 調和を取る. 2) 気分が高揚する, ご機嫌になる: Voy a tomarme un whisky doble, a ver si me pongo a ~. ウイスキーをダブルで飲むか, そうすればいい気分になるかな
salida de ~ 不適切, 場違い
sin venir a ~ 不適切に
subido de ~ [estar+. 話しなどが] 下品な, きわどい: Ese chiste me pareció un poco subido de ~. その冗談はちょっと下品に聞こえた
subir el ~ 1) 語気が荒くなる: El debate subió de ~ y acabó en una pelea. 議論が激しくなって, ついにはけんかになった. 2) 傲慢になる. 3) 音量を上げる. 4) より豪奢な暮らしをする

tonó [tonó] 男《古語》[後部から乗る] 二輪の軽馬車. ❷《コスタリカ. 自動車》ボンネット

tonometría [tonometría] 囡 ❶《医学》眼圧測定法. ❷《化学》蒸気圧計

tonómetro [tonómetro] 男《医学》眼圧計

tonoplasto [tonoplásto] 男《生物》トノプラスト, 空胞(液胞)膜

tonsila [tonsíla] 囡《解剖》扁桃

tonsilar [tonsilár] 形《解剖》扁桃の

tonsura [tonsúra]〖←ラテン語 tonsura < tonsus「刈り込まれた」〗囡 ❶《カトリック》❶ 聖職者・修道士になる時の頭頂の, トンスラ《現代では行なわれていない》. ❷ 剃髪式〖聖職者になる式. =prima ~〗. ❸ 剃髪した頭頂部. ❹ [トンスラによって得られる] 聖職者・修道士になる資格

tonsurado [tonsuráđo] 男 剃髪を受けた者, 聖職者

tonsurando [tonsurándo] 男 近々剃髪を受けようとする者, 剃髪式が間近い者

tonsurar [tonsurár]〖←ラテン語 tonsurare〗他 ❶《カトリック》1) 剃髪する, 剃髪式を行なう. 2) 下級叙階(聖品)を授ける. ❷《まれ》[羊の] 毛を刈る; [人の] 髪を切る

tontada [tontáđa] 囡《口語》ばかげた言動〖=tontería〗: Deja de decir ~s. ばかなことを言うのはやめろ. Es una ~ y pésima película. それはくだらない最低の映画だ

tontaina [tontáina]〖←tonto〗形 名《戯語》ばかな〔人〕, 間抜けな〔人〕: A un ~ le dijeron que su mujer le engañaba con su mejor amigo, y mató al perro. あるばかな男に, 奥さんはお前の一番の親友と浮気しているぞと言った. すると男は犬を殺した

tontainas [tontáinas] 形 名《単複同形》=**tontaina**

tontamente [tóntaménte] 副 愚かに: ¡Qué ~ me comporté contigo! 私は君に何てばかなことをしたんだろう! ❷ うっかり: Lo perdí ~. 私はそれをうっかりなくしてしまった. ❸ 無意識に, 気づかずに: ~, me dieron allí las tres de la mañana. 気がつくとあそこで午前3時になっていた. Me he comido todas las patatas fritas ~. 私は知らない間にフライドポテトを全部食べてしまった

tontarra [tontára] 形 名《口語》ばかな〔人〕, 愚かな〔人〕

tontarrón, na [tontařón, na] 形 名 tonto の示大語

tontear [tonteár]〖←tonto〗自 ❶ ばかなことを言う(する). ❷《口語》[+con 異性に] 言い寄る, くどく; [互いに/+con と] つき合う, 軽い恋愛関係を持つ: Con quince años es normal que tonteen unas y otros. 15歳ともなれば男女が互いに相手を求めるのは正常だ

tonteo [tontéo] 男 ❶ 言い寄ること, くどき. ❷ 軽い恋愛関係を持つこと, いちゃつき

tontera [tontéra] 囡 ❶《口語》愚かさ〖=tontería〗. ❷《地方語》頭がぼうっとしていること. ❸《中南米》愚かな言動

tontedad [tonteđáđ] 囡 愚かさ〖=tontería〗

tontería [tontería]〖←tonto〗❶ 愚かさ, ばかなこと; 愚かな

言動: 1) No me gusta hacer ～s. 私はばかげたことはしたくない. decir ～s たわごとを言う. 2) [ser una ～+不定詞・que+接続法] Es una ～ no aprovechar esta cordialidad. こんなもてなしを受けないのは愚かだ. Es una ～ *que* vayamos en taxi. タクシーで行くのはばかげた事. ❸ 取るに足りない〔もの〕: Me echaron de casa solo por una ～ así. そんなつまらないことだけで私は家から放り出された. Su última película es una ～. 彼の最新作の映画はとんだ駄作だ. 彼は～としてつくったものを私に持ってきてくれた. ❸ 甘い言葉, お世辞, おべっか. ❹ 面倒な要求. ❺ 気取り, 上品ぶり

dejarse de ～s 無駄なことに時間を費さない: *Déjate de ～s* y prepárate. くだらないことをしていないで支度しろ

tontez [tontéθ] 囡 《地方語》愚かさ [=tontería].
tontilán [tontilán] 厖 男 《地方語》愚かな〔男〕
tontilindango, ga [tontilindáŋgo, ga] 厖 名 《地方語》愚かな〔人〕
tontillo [tontíʎo] 男《古語.服飾》ファージンゲール
tontiloco, ca [tontilóko, ka] 厖 名 愚かで狂気じみた〔人〕
tontina [tontína] 囡 [←Lorenzo Tonti《イタリアの銀行家》] トンチン年金《制度》
tontito [tontíto] 男《チリ.鳥》ヨーロッパヨタカ [=chotacabras].
tontivano, na [tontibáno, na] 厖 知ったかぶり(見栄っぱり)で愚かな

tonto, ta [tónto, ta] [←擬態《口ごもりの真似》] 厖 ❶ [ser+. 人・言動が] ばかな, 間抜けな〔理解力や理性の乏しい・欠けた〕1) Es un niño ～, no le hagáis caso. ばかな子だ, 取り合わなくていい. No seas ～. ばかなことを言うな(するな). [語法] 定冠詞+軽蔑の形容詞・名詞+de+名詞 で強調的な表現となる: ○el ～ de Juan/×un ～ de Juan フアンのばか. ×el ～ de un amigo. 性数一致する: la ～ta de María, los ～s de tus amigos) 2) お人好しな, ばか正直な: Es ～ si no se aprovecha de su situación. 自分の立場を利用しないなんて彼はお人好しだ. 3) 感じやすい: Soy tan ～ta que lloro por cualquier cosa. 私はばかみたいにちょっとしたことでも泣いてしまう. ❷ 取り乱した; ふざけたことをする, 手に負えない: No seas ～ y deja en paz a las chicas! あたふたしないで娘たちのことは放っておけ! No seas ～ y devuélveme el pañuelo. 冗談はやめろ, ハンカチを返してくれ. ❸ 甘え: Como tenía fiebre, el niño se puso ～ y quería que estuviese todo el rato. 赤ん坊は熱が出たので, むずかり, ずっと一緒に居て欲しがった. ❹ [避けられたはずの失敗など] ばかばかしい: Fue una caída de lo más ～ta pero ya ves, me rompí el tobillo. 全くばかげた話だが私は転んで, ごらんのとおり, くるぶしを骨折した. ❺ [事が] 愚かな: Es ～ abandonar el proyecto después de tantos años. 何年もたってから計画をやめるのは愚かだ. Es una pregunta ～a. それは訊かない質問だ. ❻ [天候が] 不安定な, おかしい: ¡Qué día más ～!, ya no sé qué ropa ponerme. 不安定な天気だ! 何を着たらいいか分からない. ❼ 高慢な, 無礼な. ❽《コロンビア》[子供の] 落ち着きのない

―― 名 ばか, 間抜け, 愚か者; お人好しの人, ばか正直な人: ～ *útil* 何でもいうことをきくばか

a lo ～ [*a lo ～*] 無意識のうちに, いつのまにか: *pasar los días a lo ～* 漫然と暮らす

a ～tas y a locas 《口語》考えなしに, 衝動的に, でたらめに, むちゃくちゃに: *No es coveniente invertir en bolsa a ～tas y a locas*. むやみやたらと株に金を注ぎ込むのは感心しない. *hablar a ～tas y a locas* 口から出まかせを言う

caerse de ～ 間が抜ける, ばかげて見える
dejar ～ a ～ を呆然とさせる
el ～ de Coria [極め付きの] 愚か者 [=el bobo de Coria].
hacer a ～ 何でもする(もらう)用意がある
hacer del ～ ばかなことをする, ふざけたことを言う
hacer el ～ 《口語》1) すべきことをしないで(くだらないことをして)時を過ごす: *La mujer le ha pedido al marido que dejara de hacer el ～ en el jardín de la casa mientras cada día aumenta la deuda en el banco*. 銀行からの借金が日々増えていているのに家の庭でくだらないことをしていないで下さいと妻は夫に頼んでいる. 2) おどけたことをする
hacer a+人 《チリ.口語》…をばかにする, …をだます
hacerse el ～ 《口語》気付かないふりをする, 無知を装う: *Se hace el ～, pero es más astuto que cualquiera de nosotros*. 彼は何も分かっていないふりをしているが, 我々の誰よりもずる賢い

más ～ que Picio (Pichote)《西》大ばか者の, ひどく愚かな
más ～ que un hilo de uvas 大ばか者の, ひどく愚かな
ponerse ～ もったいぶる, 気取る; 強情を張る
ser como ～ para+事《チリ.口語》…に夢中になっている, はまっている
ser ～ del bote (del culo)《西.口語》正真正銘のばかである
～ del haba《俗語》大ばか者, ひどい愚か者
―― *leso*《チリ.口語》うすのろ
―― 男《西》[妊婦・少女の] ゆったりした服. ❷ 道化師 [=payaso]. ❸《地方語.菓子》[聖イシドロ祭特有の甘くない] ドーナツ. ❹《地方語.動物》黄色いりのヨーロッパヘビ [=culebra de agua]. ❺《中南米》[泥棒がドアをこじ開けるのに使う] 短い鉄棒. ❻《コスタリカ, コロンビア.トランプ》ばば抜き [=mona]. ❼《チリ》ボーラ [=boleadoras].

tontódromo [tontódromo] 男《口語》良家の子女がよく行く街(地域)
tontolaba [tontolába] 厖 名《地方語》大ばか者, ひどい愚か者
tontorro, rra [tontóro, ra] 厖 名 =tontorrón
tontorrón, na [tontorón, na] 厖 名《口語》ばか者の. ❷《親愛》おばかさん(の), お人好しな(し): *Isabel es buena chica, aunque algo tontorrona*. イサベルはいい娘だけれどちょっとおばかさんなところがある

tontorronada [tontoronáda] 囡《口語》愚かな言動
tontucio, cia [tontúθjo, θja] 厖 名《軽蔑》ばかな〔奴〕; 半分イカれた〔奴〕
tontuna [tontúna] 囡 ❶《口語》愚かさ [=tontería]. ❷ 愚かな言動: *Lo mejor es que te calles y no digas más ～s*. 一番いいのは君が黙っていてばかなことをそれ以上言わないことだ. ❸《口語》ぼんやりすること: *Me ha entrado una tremenda ～ después de comer*. 私は食後ひどくぼうっとしていた

tontuneco, ca [tontunéko, ka] 厖 名《中米》ばかな〔人〕, 間抜けな〔人〕.
tonudo, da [tonúdo, ða] 厖《アルゼンチン》ぜいたくな, 豪華な
toña [tóɲa] 囡 ❶《西.口語》平手打ち; [こぶしによる] 殴打: *dar a+人 una ～* ～をなぐる. ❷《口語》酔っ払うこと: *Anoche nos pescamos la ～ de anís muy tonta*. 昨夜私たちはアニス酒を飲んでばかげた酔い方をした. *coger una ～* 酔っ払う. ❸《鳥.遊戯》棒打ち; その木球. ❹《西.口語》鼻 [=nariz]. ❺《料理》1)《アラゴン》[ライ麦などの] 大型のパン. 2)《アリカンテ, ムルシア》オリーブ油と蜂蜜入りのパイ

toñazo [toɲáθo] 男《口語》激しい打撃
toñeco, ca [toɲéko, ka] 厖 名《ベネズエラ.口語》甘やかされた〔子供〕
toñequería [toɲekería] 囡《ベネズエラ.口語》子供の気まぐれ
toñil 男《アストゥリアス》リンゴ(洋梨)を熟させるわら(干し草)の巣
toñina [toɲína] 囡《アンダルシア.魚》マグロ [=atún].
top [tóp] I [←英語] 男 囲 ～s〕❶《服飾》ハーフトップ, 短いタンクトップ. ❷ 第1位: ～ *model* トップモデル. ～ *secret* 最高機密
―― 囡 トップモデル
II《←英語 stop》男《船舶など》[作業の開始・終了を正確に決める・記録する声] はい今, ストップ!

topa [tópa] 囡 ❶《船舶》[ガレー船で帆の上げ下げに使う] 滑車. ❷《グアテマラ》闘鶏の練習
topa carnero [tópa karnéro] *a ～*《闘牛》[牛が突進しない・突進力が足りないので] バンデリーリャの見せ場を作れずに
topacio [tópaθjo] 男《←ラテン語 topazius <ギリシア語 topazion》《鉱物》トパーズ, 黄玉: *falso ～* 黄水晶. ～ *ahumado* 煙水晶. ～ *de España* スペイン黄玉. ～ *oriental* オリエンタル・トパーズ, 黄色鋼玉
―― 鮮黄色の, 透明な黄色の

topada [topáda] 囡《牛など》角での突き; 頭突き
topadizo, za [topaðíθo, θa] 厖 [もの・人と] 偶然出くわす
topador, ra [topaðór, ra] 厖 名 ❶ [牛などが] 角で突く. ❷ [ろくに考えもせず] 賭け金を上げる〔人〕, 賭け金の引き上げに応じる〔人〕
―― 男《グアテマラ》闘鶏を仕込むように飼い馴らされた雄鶏
―― 男《ベネズエラ, ペルー, ボリビア, チリ, アルゼンチン, ウルグアイ》ブルドーザー

topamiento [topamjénto] 男《アルゼンチン》[北部でカーニバルの最中に, 友情の絆を強めるため, 難じ合うふりをし] 互いに紙吹雪と粉を掛け合う儀式

topar [topár]【←擬声】⾃ ❶ [+con・contra・en に] ぶつかる, 衝突する: *Toparon los dos trenes.* 2本の列車が衝突した. *El coche topó con la valla.* 車はガードレールにぶつかった. *El toro topó contra la barrera.* 闘牛は防御柵に突き当たった. ❷ [+con という] 見つける: *Topé con un libro antiguo.* 私は1冊の古い本を見つけた. ❸ [+con+人 と, たまたま] 出会う, 出くわす: *Topé con él en el ascensor.* 私はエレベーターで彼と鉢合わせした. ❹ [+con という] 困ったことになる, 障害にぶつかる: *Al pagar topamos con que no teníamos dinero.* 支払う段になって困ったことに私たちは文無しだった. ❺ [ろくに考えもせず] 賭け金を引き上げる, 賭け金の引き上げに応じる. ❻ [+en に] 存する: *La dificultad topa en esto.* 難しいのはこの点である. ❼ うまくゆく, 首尾よく運ぶ. ❽ 遊びで金を賭ける ── 他 ❶ …と偶然に (たまたま) 出会う: *Topé a mi amigo en la calle.* 私は通りで友人とばったり出くわした. ❷《地方語》[賭けに] 応じる, 受ける. ❸《中南米. 俗語》[蹴りに] 覆いをする. ❹ 2羽の雄鶏を練習でけんかさせる, 模擬戦をやらせる. ❺《メキシコ》…とけんかする ── **～se** ❶ [+con+人 と] 偶然に (たまたま) 出会う: *Me he topado con mi amigo en la calle.* 私は通りで友人とばったり出くわした. ❷ [+con という] 困ったことになる, 障害にぶつかる: *No aprobé el curso, porque me topé con las matemáticas.* 私は進級することができなかった, 数学でトラブってしまったからだ.

toparca [topárka] 男《文語》小領主, 小地主

toparquía [toparkía] 女《文語》[小領主の] 領主権, 支配権

topa tolondra [tópa tolóndra] 女《コロンビア. 口語》*a la ～* でたらめに, 無茶苦茶に, 考えなしに

topatopa [topatópa] 女《ペルー, チリ. 植物》ゴマノハグサ科カルセオラリア属の観葉植物

tope [tópe] **I**【←topar】男 ❶ [ドアの] 戸当たり金具, ストッパー; [線路の] 車止め; [車両の] 緩衝装置: *～ del coche* バンパー. ❷ 先端, 端; 出っぱり: *El cerrojo de la puerta hace de ～ y da en la pared.* ドアのかんぬきが出っぱっていて壁に当たる. ❸ 制御装置, 制動機: *No fuerces el ～ de la cuerda del reloj.* 時計のネジ止めに上に巻いてはいけない. ❹ 障害, 問題点: *No nos pusieron ningún ～ a las condiciones que nos exigimos.* 彼らは我々が要求した条件に何の注文もつけなかった. ❺《隠語》[主にかなてこを使って] 入口をこじ開けて侵入する泥棒の手口. ❻《メキシコ》1) 《交通》スピード防止帯. 2)《隠語》頭突き. ❼《コスタリカ》[闘牛のある祭り前夜の] 騎馬行列. ❽《コロンビア》打撃, 衝突 **II**【←古仏語】男 ❶《船舶》檣楼, トップ; その見張り. ❷ [名詞+. 形容詞的に] 〔最大〕限度: *Ella ha conseguido la puntuación ～.* 彼女は最高点を獲得した. *fecha ～* 締切日. *precio ～* 最高価格. ❸《コロンビア》山頂 *a ～*《西》1) 一所懸命勉強する: *vivir a ～* 一杯生きる. 2) 最大限に, ぎりぎりまで: *El coche rodó a ～ por el circuito.* 車はサーキットをトップスピードで走行した. *El autobús va a ～.* バスは超満員だ. *repostar a ～* 満タンにする *al ～*《西》*=a ～* *hasta los ～s/hasta el ～* 限界まで, ぎゅうぎゅう詰めで: *camión cargado hasta los ～s* 荷を満載したトラック *llegar al ～* 限界に達する *poner ～ a...* …に限度を設ける ──《西. 若者語》非常に, すごくいい ──《西. 若者語》非常に, すごく

topeadura [topeadúra] 女《チリ》他の乗り手を押して落馬させる遊び

topear [topeár] 他《チリ》[田舎の遊びで] 他の乗り手を押して落馬させる

tope guay [tópe gwáj] 形 副《西. 若者語》〔強調〕ものすごくいい, とてもきれいな; すごく上手. とてもすばらしい: *He conocido a una chica ～.* 僕はすごくいい女の子と知り合いになった. *Esta película es ～.* この映画はほんとにすばらしい

topera[1] [topéra] 女 モグラの巣穴

topero, ra[2] [topéro, ra] 名《隠語》*=topista*

toperol [toperól] 男《メキシコ》鋲, 頭の平たい短い釘

topetada [topetáda] 女 *=topetazo*

topetar [topetár] 自 ❶《牛・羊などが, +contra を》角 (頭) で突く: *El toro topetó contra la valla.* 牛は柵を角で突いた. ❷ ぶつかる, 衝突する

topetazo [topetáθo] 男 ❶ 角(⌒)での突き; 頭突き. ❷ 衝突: *～ de dos coches* 2台の車の衝突

topetear [topeteár] 自 *=topetar*

topetón [topetón] 男 *=topetazo*

topetudo, da [topetúdo, da] 形 [動物が] 角で突く習性がある

topi [tópi] 男《動物》トピ《ウシ科ブルーバック亜科の一種》

topia [tópja]《ベネズエラ》かまどの石

topiaria [topjárja] 女《造園》トピアリー

tópica[1] [tópika] 女《修辞》トピカ《表現手段として常套句を学ぶ昔の修辞学の一部門》

topicalización [topikaliθaθjón] 女《言語》話題化

topicida [topiθída] 形 モグラ退治用の

topicista [topiθísta] 名《まれ》話題が陳腐な《=topiquero》

tópico[1] [tópiko]【←ギリシア語 topika < topos「場所」】男 ❶ 一般原則, 一般的真理. ❷ 陳腐な話題 (事柄), 常套句, 決まり文句: *Los toros y el flamenco son unos ～s de la cultura española.* スペイン文化と言えば闘牛とフラメンコが話題だ. *El ruido de sable es el ～ que más les molesta a los militares.* 軍人は「武力で威嚇する」と決めつけられるのにはがまんがならない. *Utiliza muchos ～s al hablar.* 彼は話す時陳腐な言葉を使う. ❸ 話題, トピックス: *Ustedes deben dominar los ～s de su asignatura.* あなたがたは科目のテーマをきちんとつかむべきだ. ❹《言語》話題《談話 discurso の中心部分》. ❺《薬学》局所剤, 外用薬《=medicamento de uso ～》

tópico[2], **ca**[2] [tópiko, ka] 形 ❶ [題材・意見などが] 陳腐な, ありきたりの: *observación ～ca* 常識的 (月並み) な意見. ❷《修辞》平凡な. ❸《医学》局所の, 局部的な. ❹《薬学》外用の: *uso ～* 外用薬. ❺《表示》外用薬. ❺ 特定の場所に属する

topificar [topifikár] 7 他《まれ》陳腐化する, ありきたりにする

topil [topíl] 男《メキシコ. 歴史》[先住民の村の] 下級の司直, 警官

topillo [topíʎo] 男 ❶《動物》ユーラシアハタネズミ《モグラに似た齧歯目. 畑を荒らす》: *～ rojo* ヨーロッパヤチネズミ. ❷《メキシコ. 口語》詐欺, ごまかし, ペテン

topinabir [topinabír]《アルゼンチン, ボリビア. 植物》*=topinambur*

topinada [topináda] 女 ❶《口語》へま, どじ. ❷ 間抜けな行ない, 愚行

topinambur [topinambúr] 男《アルゼンチン, ボリビア. 植物》キクイモ《=tipinambo》

topinaria [topinárja] 女《医学》頭皮のほくろ

topinera [topinéra] 女 *=topera*

topino, na [topíno, na] 形《獣医》[足首が短いせいで馬が] 爪先歩きする ──男《エストレマドゥーラ》野ネズミ. ❷《アンダルシア》モグラ《=topo》

topiquería [topikería] 形《軽蔑》陳腐な話題, 常套句

topiquero, ra [topikéro, ra] 形 名 ❶《軽蔑》話題が陳腐な 〔人〕, 常套句の多い〔人〕. ❷《病院で》外用薬を塗る係

topiquismo [topikísmo]《まれ》陳腐化の傾向

topista [topísta] 名《隠語》[主にかなてこを使って] 入口をこじ開けて侵入する泥棒

topless [tóples]【←英語】形《単複同形. *top-less* とも表記》[女性・海岸・ショーなどが] トップレスの ──男 ❶ トップレス姿: *hacer ～* トップレスになる. *en ～* トップレスで. ❷ トップレスのショー; トップレスバー

topo [tópo] **I**【←ラテン語 *talpa*】男 ❶《動物》モグラ: *～ marsupial* フクロモグラ. ❷ 潜入スパイ: *tener un ～ en...* …にスパイを潜入させている. ❸《口語》目のよく見えない人. ❹ へま (どじ) な人. ❺《口語》穴に隠れる人; 地下鉄などトンネルを利用する人・乗り物. ❻《西》圧制下の地下生活者, 内戦後もスペインに隠れ住んだ共和派. ❼《西》[主に 複] 布の] 水玉模様. ❽《コロンビア》[円形の] 1) イヤリング. 2)《口語》鈍い人 *más ciego que un ～* ほとんど目が見えない *menos que un ～* 1) ほとんど目が見えない: *Cuando oscurece veo menos que un ～.* 日が暮れると私はほとんど目が見えない. 2) 物事にうとい ──女 トンネル掘削機 **II**【←アイマラ語 *tupu*】男《ペルー, チリ, アルゼンチン》[先住民がマントを留めるのに使う] 大型の留めピン **III**【←ケチュア語 *topo*「丸い石」】男《歴史》トポ《1) [インカ時代の旅程の距離単位] =1.5レグア. 2) インカ帝国で, 家族を養うために成人男子に分与された土地の区画》

topo- [接頭辞] [場所] *toponimia* 地名学

topocho, cha [topótʃo, tʃa] 形 名 《ベネズエラ. 口語》❶ [人・動物が] ずんぐりした, 太って背の低い. ❷ 子供 〖=niño〗. ❸ 《ベネズエラ. 植物》矮性バナナ

topografía [topografía] 《←ギリシア語 topos「場所」+graphe「記述」》女 ❶ 地形学, 地形測量〔法〕; 地形図作製学. ❷ 地形, 地勢, 地誌: ~ de los Pirineos ピレネー山脈の地形的な特徴

topográficamente [topográfikaménte] 副 ❶ 地形学的に; 地形測量上は. ❷ 地勢から見ると, 地誌学的に

topográfico, ca [topográfiko, ka] 形 ❶ 地形学の, 地形測量の; 地形図作製学の: levantamiento ~ 測図, 地形測量. ❷ 地形の, 地勢の, 地誌学の

topógrafo, fa [topógrafo, fa] 名 地形(地誌)学者, 地形図作成者; 地形測量士

topolino [topolíno] 《←伊語》形 女 《主に単複同形》《古語》[1940年代の] 流行の先端をいく〔女〕
── 女 [1940年代の流行の先端をいく女たちがはく] プラットホームシューズ

topología [topoloxía] 女 ❶ 位相幾何学, トポロジー. ❷ 《情報》トポロジー《ネットワークの接続形態》

topológico, ca [topolóxiko, ka] 形 ❶ 位相幾何学の, トポロジーの; 位相の. ❷ 《情報》トポロジーの

topometría [topometría] 女 地形計測

topón, na [topón, na] 形 《闘牛》[牛が当たるだけで] 角で突いての
── 男 ❶ 《ホンジュラス, コロンビア, チリ》=**topetazo**. ❷ 《コロンビア》殴打

toponear [toponeár] 他 《コロンビア》❶ [牛・羊が] 角で突く. ❷ 衝突する. ❸ 偶然に出会う

toponimia [toponímja] 女 ❶ 地名学, 地名研究. ❷ 《集名》[一国・一時代の] 地名: ~ árabe de España スペインのアラビア語起源の地名

toponímico, ca [toponímiko, ka] 形 ❶ 地名学の. ❷ 地名の
── 男 地名 〖=topónimo〗

toponimista [toponimísta] 名 地名学者, 地名研究者

topónimo [topónimo] 男 《言語》地名: ~s de origen vasco バスク語起源の地名

toponomástica [toponomástika] 女 地名論

topos [tópos] 男 《文学》陳腐な題材

topotaxia [topotáksja] 女 《化学, 生物など》トポタキシー

topotaxis [topotá(k)sis] 女 《生物》指向走性, トポタキシス

toque [tóke] 《←tocar》男 ❶ [一瞬・軽く] 触ること, 接触: Me dio un ~ en el hombro. 彼は私の肩を触った. Se oye un ~ en la cintura con la punta de una mesa. 腰がテーブルの角に軽くふれた. Unos ~s con la varita y saldrá el conejo. ステッキで触れるとウサギが出てくるだろう. Un ~ enciende el aparato. Un ~ lo apaga. この器具はワンタッチでつけたり消したりできる. ❷ [鐘・楽器などの] 音: El ~ del timbre comunica el comienzo de clases. 呼び鈴の音は授業開始を告げる. Se oye un ~ de difuntos. 弔いの鐘が聞こえる. al ~ de corneta ラッパが鳴ると, ラッパを合図に. al ~ de las doce 時計が12時を打つと, 12時の鐘と共に. ~ a muerte 弔鐘. ❸ 警報: ~ de incendio 火災警報. ~ de queda 戒厳. 〔軍事〕~ de alborada 起床ラッパ. ~ de asamblea 集合ラッパ. ~ de diana/~ de silencio 消灯(就寝)ラッパ. ❺ 《口語》警告 〖=~ de atención〗: El jefe le dio un ~ porque siempre llegaba tarde. いつも遅刻するので上司は彼に注意を与えた. ❻ 《西. 口語》呼び鈴. ❼ 感じ, 趣: Su presencia dio un ~ festivo a la reunión. 彼の出席は集まりを陽気にした. ❽ 微妙な点, 重要なポイント: Ahí está el ~ del negocio. それが交渉のポイントだ. ❾ 《美術》1) [絵などの] タッチ, 筆づかい: Se puede percibir en la pintura el ~ de una mano genial. その絵には天才的なタッチが感じられる. dibujar con un ~ ligero 軽いタッチで描く. 2) 〔主に〕他. 色に重ねる〕ほのかな色. ❿ 加筆, 手直し: El ensayo ha salido bien, pero aún faltan algunos ~s. そのエッセーはよくできているが, もう少し手を入れる必要がある. ⓫ [金・銀の] 試金; 《比喩的にも》試金石 〖=piedra de ~〗. ⓬ [人・事物の] 評価試験. ⓭ 《フラメンコ》ギターの演奏. ⓮ 《スポーツ》1) 〔野球〕バント: Dio un ~ perfecto. 彼は完璧なバントをした. 2) 〔ラグビーなど〕línea de ~ タッチライン. ⓯ 《メキシコ》1) 感電. 2) 《口語》マリファナタバコ: darse un ~ マリファナタバコを吸う. ⓰ 《キューバ》1) [サンテリア santería で] 太鼓を打ち鳴らす儀式. 2) 酒を飲むこと. ⓱ 《アンデス》回転 〖=vuelta〗. ⓲ 《ボリビア》順番, 番; 度, 回
 a ~ de campana 1) 鐘の音を合図に. 2) 規律(時間)を厳守して: En la cárcel hay que hacerlo todo a ~ de campana. 刑務所ではすべて規律厳守で行わなくてはならない
 a ~ de corneta 整然と, 規律正しく
 al ~ 《ペルー, チリ, アルゼンチン, ウルグアイ. 口語》ただちに
 dar los primeros ~s a... …をし始める, …にとりかかる
 dar los últimos ~s a.../dar el ~ final a... …に最後の仕上げをする
 dar un ~ a+人 1) …に打診する; …を試す. 2) 《口語》…に電話する
 ~ personal 人間的な接触, 個人の流儀

toqueado [tokeádo] 男 調子の合った音(叩き方)

toquecito [tokeθíto] 《toque の示小語》男 軽く触れること

toquería [tokería] 女 ❶ 《服飾》《集名》女性用のかぶりもの. ❷ かぶりもの製造業

toquero, ra [tokéro, ra] 名 《古語》婦人のかぶり物 toca の製造(販売)者

toquetear [toketeár] 《←toque》他 ❶ [物を] いじる, やたらに触る: Pepe, no toquetees el pan. ペペ, パンをいじるのはよしなさい. ❷ 主に性的に, 人の体を] なで回す, 触りまくる. ❸ 《楽器》いいかげんに弾く

toqueteo [toketéo] 男 いじること; なで回すこと

toqui [tóki] 男 《チリ. 歴史》[アラウコ族の] 戦争時の族長(指導者)

toquilla [tokíʎa] 《←toca》女 ❶ 《服飾》1) [婦人用のニットの] ショール; [田舎のお年寄りがつける三角形の] スカーフ, ネッカチーフ. 2) [赤ん坊用の] おくるみ. 3) 《古語》[帽子の山につける] 薄布製の飾り, リボン. 4) 《口語》泥酔. 5) 《パナマ, エクアドル, ペルー, ボリビア》1) 《植物》パナマソウ《パナマ帽の材料》. 2) パナマ帽

toquillería [tokiʎería] 女 《まれ》何枚ものショール(スカーフ)

toquillón [tokiʎón] 男 《地方語》[婦人用のニットの] 冬用のショール

tor [tór] I 男 《圧力の単位》トル
 II 男 〖Tor〗《北欧神話》トール《雷神, 農耕神. オーディン Odín の息子》

-tor, ra 《接尾辞》[動詞+] ❶ [品質形容詞化] conductor 誘導する, seductor 誘惑する. ❷ [名詞化. 行為者] escritor 作家

tora [tóra] I 《←ラテン語 thora < ヘブライ語 torah》女 ❶ [la T~. モーゼの] 律法〔の巻物〕, トーラー. ❷ 《ユダヤ教》《広義で》教え, 掟. ❸ 《歴史》[ユダヤ人が払う] 家族税. ❹ 《植物》ラナンキュラスの一種 〖=hierba ~. 学名 Ranunculus thora〗
 II 男 《←toro》❶ 骨組みが牛形の仕掛け花火《その骨組みは祭の後焼やされる》. ❷ 《サラマンカ. 植物》オークの虫こぶ

toracentesis [toraθentésis] 女 《医学》胸腔穿刺⟨⟩

torácico, ca [toráθiko, ka] 形 《解剖》胸部 tórax の

toracicoabdominal [toraθikoaβðominál] 形 《解剖》胸と腹の, 胸腹部の

toracicolumbar [toraθikolumbár] 形 《解剖》胸と腰の, 胸腰部の

toraco [toráko] 男 《軽蔑. 闘牛》体[と角]が大きな牛

toracodinia [torakoðínja] 女 《医学》胸部痛

toracoplastia [torakoplástja] 女 《医学》胸郭形成術

toracotomía [torakotomía] 女 《医学》開胸術

torada [toráða] 女 ❶ 雄牛の群れ. ❷ 雄ヤマウズラの群れ. ❸ 《エストレマドゥラ, アンダルシア》角を持つ動物の群れ

toral [torál] 形 《建築》[支えるアーチなどのうち] 最も主要で強度の高い
── 男 ❶ 《金属》銅の延べ棒の鋳型; [それによる] 銅の延べ棒. ❷ 《地方語》小広場 〖=plazoleta〗

torar [torár] 他 《地方語》[雄牛を雌牛に] かける, 交尾させる

tórax [tóra(k)s] 《←ラテン語・ギリシア語 thorax》男 ❶ 《単複同形》《解剖》胸郭; 胸腔; 胸部. ❷ 胸部: El nadador tiene un ~ muy desarrollado. その水泳選手は胸板がとても厚い. ❸ 《昆虫》胸部

torbellino [torβeʎíno] 《←古語 torbellino < ラテン語 turbo, -inis》男 ❶ 竜巻, つむじ風, 旋風, 渦巻き: ~ polar 極渦. ❷ 同時に様々なことが起きること; [事柄の] 急旋回: El ~ de atracos conmueve esta semana a nuestra ciudad. 今週は強盗が相次ぎ, この町の人々は震え上がっている. en el ~ de cambios

変革の渦中の．~ de ideas 渦巻く思考．❸ 動きが活発でじっとしていない人: Ese niño es un ~ en un cuarto de hora me revolvió toda la habitación. その子は活発でよく動き回る，15分ほどで俺の部屋をめちゃくちゃにしてしまった
torbernita [torβerníta] 囡《鉱物》トルバナイト
torca [tórka] 囡《地質》ドリーネ
torcal [torkál] 男《地質》ドリーネ地形
torcaz [torkáθ] 囡《圏 ~ces》《鳥》モリバト〖=paloma ~〗
torcazo, za [torkáθo, θa] 男囡《鳥》モリバトの ── 囡《中南米》=torcaz
torce [tórθe] 男《西》[ネックレスなどの] 首の周りの一周, 連
torcecuello [torθekwéʎo] 男《鳥》アリスイ
torcecuellos [torθekwéʎos] 男《単複同形》=torcecuello
torcedero, ra [torθeðéro, ra] 形 よじれた, ねじれた ── 男 よじり器
torcedor, ra [torθeðór, ra] 形 名 よじる[人]; 糸によりをかける[人]
── 男 ❶ 紡錘(ᵇᵘ). ❷《文語》苦痛, 苦労の種. ❸《スポーツ》ブラジル人のファン
── 囡《昆虫》ヒメハマキの一種〖ブドウにつく. 学名 Eudemis botrana〗
torcedura [torθeðúra] 囡 ❶ ねじること, ねじれ. ❷《医学》捻挫(ᵃⁿˢ): Sufrió una ~ de tobillo. 彼は足首をくじいた. ~ de cuello 首の寝違え. ~ de dedo 突き指. ❸ 水っぽい(質の悪い)ワイン〖=aguapié〗
torcer [torθér] 〖←ラテン語 torquere〗 ① 29 他 ❶ ねじる, よじる, 絞る: Le *torcí* el brazo. 私は彼の腕をねじ上げた. *Torció* la cabeza para verlo. 彼はそれを見ようと振り向いた. ~ la ropa 洗濯物を絞る. ❷ ねじ曲げる, 折り曲げる: El fuerte viento *torció* el tronco del árbol. 強風で木の幹がたわんだ. まっすぐ・垂直・平行なものを〗ゆがめる: El prisma *tuerce* los rayos de luz. プリズムは光線を屈折させる. ❹〖表情を〗ゆがめる: ~ el gesto/~ la cara/~ el rostro 顔をしかめる, 不満な顔をする. ❺〖通常の位置・方向から〗そらす: ~ la mirada 視線をそらす. ~ un ojo/~ los ojos 斜視である. ❻〖方向を〗変える: Al llegar cerca del aeropuerto, el avión *torció* el rumbo. 空港に近づくと飛行機は針路を変えた. ~ el curso de los acontecimientos 事態の流れを変える. ❼〖意志・判断などを〗思いかえさせる: ~ la decisión 決定を変更する. ❽〖言葉などを〗曲解する, 歪曲する: ~ el sentido de una frase 文意を曲(解)する. ❾ 堕落させる: Le han *torcido* las malas compañías. 彼は悪友たちのせいで堕落した. ❿〖裁判官などが〗正義に背く. ⓫〖葉巻を〗巻く
── 圓〖+a に〗曲がる: El coche *torció* a la izquierda. 車は左折した. La carretera *tuerce* hacia el norte. 街道は北の方に曲がる
── **~se** ❶ 捻挫(ᵇᵘ)する, くじく: Me *torcí* un pie. 私は足を捻挫した. ❷ ねじれる, 曲がる: Se ha *torcido* el alambre. 針金がねじれた. ❸〖まっすぐ・垂直・平行なものが〗ゆがむ: Se ha *torcido* el cuadro. 絵が傾いた. ❹〖方向が〗変わる: El coche se *torció* hacia la cuneta. 車は側溝の方に近づいた. ❺〖意志・判断などが〗変わる: Se *torció* su voluntad. 彼は気が変わった. ❻ 挫折する: Creo que las cosas se están *torciendo*. 事態はこじれている(うまくいっていない)ようだ. ❼ 堕落する: Se *torció* el muchacho por culpa de las malas compañías. 彼は悪い仲間のせいで身を持ちくずした. ❽〖八百長で〗わざと負ける. ❾〖裁判官などが〗正義に背く. ❿〖ワイン・牛乳などが〗酸っぱくなる, 変質する. ⓫〖闘牛〗[とどめの一突きの際に闘牛士が] 牛の攻撃から身をそらす

torcer		
直説法現在	命令法	接続法現在
tuerzo		tuerza
tuerces	tuerce	tuerzas
tuerce		tuerza
torcemos		torzamos
torcéis	torced	torzáis
tuercen		tuerzan

torcho [tórtʃo] 男 鉄の鋳塊〖=tocho〗
torcida¹ [torθíða] 囡 ❶《西》[石油ランプやカンテラの] 芯(ᵇⁿ), 灯心〖=mecha〗: Aviva ~ del candil. カンテラの芯の火をかき立てなさい. ❷《アンダルシア》風車小屋でオリーブを圧搾する職人に与えられる] 一日分の肉. ❸《中南米》[サッカーチームの] 熱狂的なサポーター〖=hinchada〗: Como perdió su equipo, la ~ protestó por las calles. 熱狂的なサポーターは街路で不満をあらわにした
torcidamente [torθíðaménte] 副 ❶ ねじれて, 曲がって; ねじ曲げて. ❷ 間違って, 不正に, よこしまに: interpretar ~ un texto 本文を誤読する
torcido, da² [torθíðo, ða] 形 ❶ [estar+] ねじれた, 曲がった; [まっすぐのものが] ゆがんだ, 傾いた: Usted lleva la corbata ~da. ネクタイが曲がっています. El cuadro está ~. 絵が傾いている. piernas ~das 曲がった脚. ❷ [人・態度が] ひねくれた, 下心のある: cabeza ~da 偽善者. ❸《まれ》[人間関係が] 冷えた, 険悪した. ❹《中米》不運続きの, いつも不幸
── 男 ❶《菓子》プラムなどの砂糖漬け果物入りのロールケーキ(リングケーキ). ❷ 水っぽい(質の悪い)ワイン〖=aguapié〗. ❸ [ストッキングなどに用いる] 太くて丈夫な絹のより糸
torcijón [torθixón] 男 ❶ 急激な腹痛, さしこみ〖=retortijón〗. ❷《獣医》腹痛を伴う] 腸炎. ❸ ねじれ, よじれ
torcimiento [torθimjénto] 男 ❶ =torcedura. ❷ 持って回った言い回し
torculado, da [torkuláðo, ða] 形 ネジ tornillo の形の
── 男 刻印機にかける
tórculo [tórkulo] 男〖銅・鉄などへの〗刻印機
torda¹ [tórða] 囡《鳥》雌のツグミ tordo
── 囡《地方語》ばかな[人], 間抜け[な]
tordear [torðeár] 圓《地方語》よろめく
tordella [torðéʎa] 囡《鳥》大型のツグミ
tordesillano, na [torðesiʎáno, na] 形 名《地名》トルデシリャス Tordesillas の[人]〖バリャドリード県の町〗
tórdiga [tórðiɣa] 囡 = **túrdiga**
tordilio [torðíljo] 男《植物》セリ科の一種〖学名 Tordylium maximum〗
tordillo, lla [torðíʎo, ʎa] 形 名 葦毛の[馬]〖=tordo〗
tordo¹ [tórðo] 男〖←ラテン語 turdus〗 男 ❶《鳥》1) ツグミ: ~ de Molokai ハワイツグミの一種〖学名 Phaeornis obscurus rutha〗. ~ mayor ヤドリギツグミ〖=zorzal charlo〗. 2) ~ de agua カワセミ, カワガラス. ~ de Honduras コウウチョウ, ~ mejicano cabecigualdo キガシラムクドリモドキ. 3)《中米, コロンビア, アルゼンチン》ホシムクドリ. 4)《チリ》クロムクドリモドキ. ❷《魚》ベラの一種〖学名 Symphodus tinca〗; ウバウオ
tordo², da² [tórðo, ða] 形 名 葦毛の[馬], 白と黒の混じった毛並みの[馬]
toreador, ra [toreaðór, ra] 名《主に戯語》闘牛士〖=torero〗
torear [toreár] 他 ❶《闘牛》[~ toro] 牛と闘う, あしらう: *Toreó* magistralmente su toro. 彼は見事に牛と戦った. ❷ [人・困難などを] 避ける, かわす: Desde que tiene deudas *torea* a los acreedores. 彼は借金を背負って以来, 債権者に会うのを避けている. ~ los coches 車をひらりひらりとかわす. ❸《口語》だまして希望を持たせる: El administrador *está toreando* a los vecinos. 行政官は住民に嘘をついて希望を抱かせている. ❹《西》からかう, もてあそぶ, 笑う: Estos niños *torean* a su abuela y no le hacen ni caso. この子たちは祖母をばかにして, 少しも言うことを聞かない. ❺《エクアドル》[攻撃を] かわす
── 圓 ❶ 闘牛をする, 牛と戦う: Hoy *torean* las mejores espadas del país. 今日は全国で一流の闘牛士たちが技を披露する. ❷ [牡牛が牝牛と] 交尾する. ❸《メキシコ, コロンビア, チリ, アルゼンチン, ウルグアイ》挑発をする, しつこくいやがらせをする. ❹《ボリビア, アルゼンチン》[犬が人・動物に] 吠える
toreo [toréo] 男 闘牛, 闘牛術: ~ a pie [馬上の闘牛士に対して] 徒歩の闘牛. ~ de salón [牛を使わない] 闘牛の練習(真似)
¡*Se acabó el* ~! 冗談はもうたくさんだ!
torera¹ [toréra] 囡 [闘牛士の着る] 短い上衣, ボレロ
saltar [*se*] + 事物 *a la* ~《口語》…を無視する
torería [toreria] 囡 ❶ 闘牛士の勇気と技を備えた資質. ❷《集合》闘牛士; 闘牛界, 闘牛関係者. ❸《中南米》[子供の] いたずら, 悪ふざけ. ❹《ペルー》騒ぎ, 喧噪(ᵏᵉⁿ)
toreril [toreríl] 形 闘牛の, 闘牛士の
torerismo [torerísmo] 男 ❶ すぐれた闘牛士の資質. ❷ 闘牛への愛好
torerista [torerísta] 名《ペルー》[闘牛よりも闘牛士の方に関心がある] 闘牛ファン〖⇔torista〗
torero, ra² [toréro, ra] 形 ❶ 闘牛の, 闘牛士の: aire ~ 闘牛士気取り. sangre ~ra 闘牛士の血筋. ❷《口語》闘牛好きの

torés 名 闘牛士《特に正式のマタドール matador を指す》
que no se lo salta un ~《西．口語》非常にすばらしい《大きい》
―― 間《西》[集団で1人を賞賛して] かっこいい!
torés [torés] 男《建築》大玉縁, トーラス
toresano, na [toresáno, na] 形 名《地名》トロ Toro の[人]《サモラ県の町。ワインの産地》
torete [toréte] 男 《まれ》❶ 難問, 難題. ❷《会話での》話題, ニュース. ❸ 非常に丈夫で力持ちの子供
torgo [tórɣo] 男《地方語》ヒースの根. ❷《ガリシア, エストレマドゥラ》切り株, 刈り株; 枝の太い部分
toricantano, na [torikantáno, na] 形《闘牛》[闘牛士が] 正闘牛士に昇格する; デビューしたばかりの人
toricida [toriθíða] 形 名《闘牛》牛を殺す[人]
toril [toríl] 男《闘牛》[牛が闘牛場に出る前に入れておかれる] 囲い場, トリル
torilero [toriléro] 男《闘牛》囲い場の扉を開ける係員
torilio [toríljo] 男《植物》セリ科の一種《学名 Torilis arvensis》
torillo [toríʎo] 男 ❶《魚》イソギンポの一種《学名 Blennius ocellaris》. ❷《鳥》ヒメミフウズラ. ❸ 合い釘, ドエルピン, だぼ, ジベル
torina [torína] 女《化学》酸化トリウム
torio [tórjo] 男《元素》トリウム
-torio, ria [接尾辞] ❶ [動詞の形容詞化. 可能, 適性] imprecatorio 呪いの. ❷ [動詞の男性名詞化. 場所] dormitorio 寝室
toriondez [torjonðéθ] 女 [雌牛の] 発情状態
toriondo, da [torjóndo, da] 形 [主に雌牛が] 発情期の, 盛りのついた
torista [torísta] 名《闘牛》[闘牛士より牛に関心がある] 闘牛ファン《⇔torerista》
torita [toríta] 女《鉱物》トーライト
torito [toríto] 男 ❶《メキシコ, 中米》先住民の踊りの一種. ❷《メキシコ, キューバ. 魚》ハコフグに似た魚類の一種. ❸《中米, アンデス. 植物》ラン科の一種《学名 Anguloa grandiflora》. ❹《キューバ》[気分転換のために賭け事の間に行なう] 別種の賭け事. ❺《ペルー, ボリビア, アルゼンチン, ウルグアイ》[牛を象った牛の踊り. ❻《ペルー, チリ, アルゼンチン, ウルグアイ. 昆虫》黒色のカブトムシ. ❼《チリ》1) [円錐形の] 日よけ. 2)《鳥》シラギクタイランチョウ
torloroto [torloróto] 男《音楽》オーボエに似た素朴な木管楽器
tormagal [tormaɣál] 男 岩山だらけの土地《=tolmera》
tormellera [tormeʎéra] 女 岩山だらけの土地《=tolmera》
tormenta [torménta] 女《←ラテン語 tormenta < tormentum「悪天候による災難」》 ❶ [雷・強風・雨などを伴った] 荒天, 嵐: Cae una ~ tropical. スコールが来る. La ~ provocó cuantiosos daños en las cosechas. 嵐は農作物の収穫に大きな被害をもたらした. ~ de arena/~ de polvo 砂嵐. ~ de nieve 雪嵐. ~ eléctrica 激しい雷雨. ❷ [社会状況などの] 激変, 波乱; [株価などの] 乱高下: Su vida es una auténtica ~. 彼の人生はまさしく波乱に満ちている. La prensa anunció una ~ monetaria. 新聞は為替相場の乱高下を報じた. ❸ [感情の] 爆発: levantar una ~ de protestas 抗議の嵐を引き起こす. ~ de celos 嫉妬の嵐. ❹ 侃侃諤諤《ﾈﾈ》の議論: La reunión familiar acabó en ~. 家族会議は激論を戦わして終わった. ❺ 逆境, 災難. ❻《南米》boca de ~ 排水桝, 下水口
~ *de ideas* ブレーンストーミング
~ *de verano* 夕立ち
~ *en un vaso de agua* 内輪もめ; 小波乱, コップの中の嵐
tormentar [tormentár] 自《廃語》嵐にあう
tormentario, rja [tormentárjo, rja] 形《古語》攻城(防衛)兵器の
―― 女《集合・古語》大砲《=artillería》
tormentera [tormentéra] 女《プエルトリコ》階段下のすみ(部屋)
tormentila [tormentíla] 女《植物》=**tormentilla**
tormentilla [tormentíʎa] 女《植物》キジムシロの一種《学名 Potentilla erecta》
tormentín [tormentín] 男《船舶》船首第2斜檣, ジブブーム
tormento [torménto] 男《←ラテン語 tormentum》 ❶ [肉体的・精神的な激しい] 苦しみ《⇔placer》: Pasa un verdadero ~ cuando tiene los exámenes. 彼は試験のある時は苦しみ抜く. Está pasando unos días de ~ al recibir esa noticia. その知らせを受け取ってから彼はつらい日々をおくっている. ❷ 拷問《=tortura》: Se usaba el ~ para arrancar la confesión de los acusados. かつては被疑者にむりやり自白させるために拷問が行われた. dar ~ a+人 …を拷問する; さいなむ. ❸ 苦しめるもの(人): Este trabajo es un ~ para mí. 私にとってこの仕事は頭痛の種だ. ❹ 悩む(苦しむ)こと: El ~ es una actividad típicamente humana. 悩むのはきわめて人間らしい行動である. ❺《口語》《親愛の呼びかけ》ねえ君. ❻《古語》[弾丸・砲弾などの] 発射機
tormentón [tormentón] 男 大きな苦しみ
tormentoso, sa [tormentóso, sa]《←tormenta》形 ❶ [天気が] 雷・強風・雨などを伴って] 荒れ模様の, 嵐の, 時化(ｼｹ)の; 嵐をもたらす: El tiempo está ~, no creo que podamos ir al mar. 天気は荒れ模様なので海に行けないと思う. borrasca ~sa 雷雨を伴った嵐. ❷ 嵐のような, 波乱ぶくみの: La pareja tuvo una ~sa relación durante algunos años. カップルは数年間, 険悪な仲だった. ~sas sesiones de la Bolsa 株式市場の波乱ぶくみの立ち会い. ❸《船》[潮流と風に逆らって] 進む
tormera [torméra] 女 岩山だらけの土地《=tolmera》
tormo [tórmo] 男《←?語源》 ❶ 土くれ. ❷ 小さな塊: ~ de azúcar 角砂糖. ~ de sal 塩の塊. ❸ 孤立した岩山《=tolmo》
torna [tórna] 女《←tornar》 ❶《文語》戻ること, 帰属. ❷ [用水路の流れの方向を変える, 主に土と芝生でできた] 堰(ｾｷ), 仕切り. ❸《レオン, リオハ》麦束のくり返し. ❹《バレンシア》献溝2本または4本ごとに種をまいた土地. ❺《サモラ, サラマンカ》[製粉機の] 穀粒を入れる木箱. ❻《アラゴン》川のよどみ. ❼《アンダルシア》[牛たちが食べ残し, 他の家畜に与えられる] わら束
volver (cambiar) las ~s a+人《西》…の様子を一変させる, 状況をがらりと変える
volverse (cambiarse) las ~s《西》様子が一変する, 状況がらりと変わる: Se han vuelto las ~s y su amigo es ahora el enemigo. 事態は一変し, 今では彼の友達が敵になっている
tornaboda [tornaβóða] 女《西》[田舎で] 結婚式の翌日; そのお祝い
tornachile [tornatʃíle] 男《メキシコ. 植物》円錐形の太いトウガラシ
tornada [tornáða] 女 ❶《文語》戻ること, 帰属. ❷ [ある場所に] 何度も出かけること. ❸《詩法》[プロバンス詩の] 最後に置かれる連. ❹《獣医》[羊の] 回旋病
tornadera [tornaðéra] 女《農業》二股フォーク
tornadiscos [tornaðískos] 男 =**giradiscos**
tornadizo, za [tornaðíθo, θa] 形 [意見・信条などが] くるくる変わる; 気まぐれな
tornado [tornáðo] 男《←英語 tornado < 西語 tronada「激しい雷雨」》《気象》[米国などの] 大竜巻
tornadura [tornaðúra] 女 ❶ 戻ること, 帰属. ❷ [ある場所に] 何度も出かけること. ❸ [農地の長さの単位] =約2.7メートル
tornagallos [tornaɣáʎos] 男《単複同形》《アラゴン. 植物》トウダイグサ
tornaguía [tornaɣía] 女 [貨物が受取人に届いたことを発送人に知らせる] 受領証, 受取証
tornajuma [tornaxúma] 女《ドミニカ》二日酔い
tornalecho [tornalétʃo] 男 [ベッドの] 天蓋
tornamenta [tornaménta] 女《中米, コロンビア》戻ること, 帰属
tornamesa [tornaména] 男/女《メキシコ, グアテマラ, エルサルバドル, ペルー, チリ》ターンテーブル;《チリ》レコードプレーヤー
tornamiento [tornamjénto] 男 [人・事物の] 変化, 変更; 移動
tornante [tornánte] 形《文語》戻る, 帰る
tornapunta [tornapúnta] 女 ❶《建築》方杖(ｶﾀ), 枝束. ❷ 支柱, つっかい
tornar [tornár] 《←ラテン語 tornare「旋回する」》 自《古語的》 ❶ 戻る, 帰る《=regresar, volver》: Después de ese tiempo ha tornado a la Granja. 彼はその後ラ・グランハに帰って来た. ❷ [+a+不定詞] 再び…する: El delincuente *torna a* decir las mismas cosas. 犯人はまた同じことを言っている
~ *en sí* 意識を取り戻す
―― 他《古語的》 ❶ 返却する, 元に戻す《=devolver》: ~ la fotografía a su sitio 写真を元の場所に戻す. ❷ [性質・気持ちなどを] 変える: La cárcel lo *tornó* aún más rebelde. 彼は刑務所に入ったせいでいっそう反抗的になった
―― ~*se* 《古語的》 ❶ 変わる: *Se tornó* antipática desde que volvió del extranjero. 彼女は外国から戻って以来, 嫌な女になった. ❷ Se lo dije al oído, y la niña *se tornó* risueña y emocionada. 私が耳元でそれを教えてやると, 少女はぱっと明るい表

情になった

tornarratas [tornarátas]《ガリシア, アストゥリアス》[ネズミよけのために] 穀物倉 hórreo の支柱から突き出た石

tornasol [tornasól]《←伊語 tornasole》男 ❶《文語》繻子などの] 玉虫色のきらめき;［光が生み出す］出し色合い. ❷《植物》ヒマワリ [=girasol]. ❸《化学》リトマス: papel [de] 〜 リトマス試験紙. ❹《コロンビア, 鳥》ハチドリ

tornasolado, da [tornasoládo, da] 形 玉虫色に光る, 光の具合で色合いが変わる
── 男 玉虫色
── 女《昆虫》イリスコムラサキ《蝶》

tornasolar [tornasolár] 他《文語》玉虫色に光らせる, 光の具合で色合いを変化させる

tornátil [tornátil] ❶ 旋盤（ろくろ）で作られた. ❷《詩法》多弁な, テーマが次々に変わる. ❸《まれ》[意見・信条などが] くるくる変わる [=tornadizo]

tornatrás [tornatrás] 名《単複同形/女 tornatrases》《古語》❶ [隔世遺伝によって] 片方の人種の特徴だけが表われたメスティーソの子孫;［植民地の民族で］肌の色が母親よりも黒い子供. ❷ tercerón とムラートとの混血の人; モリスコと白人との混血の人. ❸《メキシコ》白人と白子との混血の人; 黒人と先住民の混血した人 chino と先住民の女性との混血の女性との混血の人; tentenelaire の男性とムラートの女性との混血の人: 〜 cuarterón 黒人男性と tercerón の女性との混血の人. 〜 quinterón =quinterón saltatrás. ❹《コロンビア》cuarterón または quinterón とムラートとの混血の人. ❺《ベネズエラ》メスティーソの男性と先住民の女性との混血の人

tornavía [tornabía] 女《鉄道》転轍機

tornaviaje [tornabjáxe] 男《文語》❶ 帰途, 帰路. ❷ 旅から持ち帰ったもの, みやげもの

tornavirón [tornabirón] 男《まれ》手の甲による殴打 [=tornis-cón]

tornavoz [tornabóθ] 男（複 〜ces）❶ [声の] 反響板, 反響装置. ❷ 反響
hacer 〜 メガホンのように口に両手を添える

torneado, da [torneádo, da] 形 ❶ [主に女性の体が丸みを帯びて] 格好のいい: piernas bien 〜 das y largas 長く形のよい脚
── 男 ろくろにかけること

torneador, ra [torneaðór, ra] 名 ❶ 旋盤工. ろくろで物作りをする人
── 女《技術》中ぐりボール盤

torneadura [torneaðúra] 女 ❶ 旋盤などの] 削り屑

torneante [torneánte] 名 旋盤（ろくろ）で仕事をする〔人〕

tornear [torneár]《←torno》他 ❶ 旋盤（ろくろ）で加工する. ❷《料理》[野菜を] 一定の形に切る. ❸《リオプ》[干してある] 麦束をひっくり返す
── 自 ❶ ぐるぐる回る, 旋回する. ❷ トーナメントで戦う. ❸《まれ》考え（想い）をめぐらす

torneo [tornéo]《←tornear》男 ❶《スポーツ》トーナメント, 勝抜き戦: 〜 de golf ゴルフ・トーナメント. ❷ [中世の] 馬上槍試合 [=〜 a caballo]. ❸《古語》[槍の代わりに棒を使う] 馬上槍試合を真似た踊り; 武装した騎士同士の戦闘として見せる催し. ❹ [広義で] コンクール, 競技会. ❺《獣医》[羊などの] 量倒（(2y)病

tornera[1] [tornéra] 女 回転式受付台 torno 担当の修道女 [=hermana 〜]

tornería [tornería] 女 ❶ torno の製造工場（販売店）; torno の製造業. ❷ 旋盤工の仕事

tornero, ra[2] [tornéro, ra] 名 ❶ 旋盤工. ❷ torno を作る人
── 男《アンダルシア》修道女の使い走りをする男

tornés, sa [tornés, sa] 形 ❶ [昔の貨幣が] フランスのトゥール Tours で鋳造された;［その貨幣が］ヨーロッパ各国で鋳造された銀貨

tornillazo [torniʎáθo] 男 ❶《馬術》半回転. ❷《口語》離党, 脱会. ❸《闘牛》角の突き上げ

tornillería [torniʎería] 女 ❶《集合》ねじ, ボルト. ❷ ねじの製造［技術］. ❸ ねじ製造工場

tornillero, ra [torniʎéro, ra] 名 ❶ ねじの〔製造業者〕
── 男《廃語》脱走兵

tornillo [torníʎo]《←torno》男 ❶ ねじ, ボルト; ねじ釘: Se han salido los 〜s. ねじが取れた. fijar con un 〜 ねじでとめる. girar el 〜 ねじを回す. 〜 de ajuste 調整ねじ. 〜 de Arquíme-des アルキメデスのらせん揚水機, ねじポンプ. 〜 de cabeza redonda (plana) 丸頭（平頭）ねじ. 〜 de cabeza ranurada マイナスねじ. 〜 de estrella / 〜 americano プラスねじ. 〜 sin fin ウォーム〔歯車〕. ❷《技術》万力, バイス [=〜 de banco]. ❸《廃語》兵士の脱走. ❹《メキシコ》[プルケ pulque の容量単位] =約1リットル. ❺《キューバ, 舞踊》男性が左右の女性2人を同時に回転させる型. ❻《ラプラタ, 口語》厳しい冷えこみ, 厳寒: hacer 〜 ひどく寒い
apretar los ~s a+人《口語》…をせき立てる, 催促する; 厳しくする: Tenemos que *apretarle los* 〜s para que apruebe el curso. 及第できるように彼を締めつける必要がある
de ~《口語》beso *de* 〜 ディープキス, 舌を入れるキス
faltar a+人 *un* ~《戯談》…はちょっと頭が変である, 脳みそが足りない: Chico, a ti te *falta un* 〜, ¿cómo haces tales tonterías? おい, 君は頭のねじが緩んでいるようだな, 何でこんなばかげた
tener flojos los ~s《戯談》頭が少しおかしい

torniquete [tornikéte]《←仏語 tourniquet》男 ❶《医学》止血帯, 止血器: hacer un 〜 a+人 *en el brazo* …の腕に止血帯をする. ❷ [1人ずつ通すための] 回転式出札口, 回転ゲート. ❸ [鐘を鳴らす綱のついた] ベルクランク. ❹《ベネズエラ, 野球》シュート

tornisón [torniskón] 男《口語》❶ [顔・頭への] 手の甲による殴打. ❷ つねること

torno [tórno]《←ラテン語 tornus < ギリシア語 tornos「回転」》男 ❶ 巻上げ機, ウインチ. ❷ 旋盤; 回転装置のある機械. ❸ [歯科の] ドリル. ❹《製陶》ろくろ [=〜 de alfarero]: a 〜 ろくろで作った《a mano 手びねりでの》. ❺ 回転式窓. ❻ [修道院などで談話中の他人との接触を避けるための] 回転式受付台. ❼ [厨房から食堂に] 料理を出す回転台. ❽ 回転式ゲート [=tornique-te]. ❾ 締め具: 〜 *de banco* 万力. ❿《馬車の》手動式フットブレーキ. ⓫ 川の湾曲部;［渓谷の］早瀬, 急流
en ~ *a*... ❶ …の周囲で: Pasearon *en* 〜 *a* la catedral. 彼らは大聖堂のまわりを散歩した. Los fotógrafos se agolparon *en* 〜 *al* ministro. カメラマンたちが大臣のまわりに殺到した. 2) …に関して, …について: Va a hablar *en* 〜 *a* la obra de Ramón. 彼はラモンの作品について話すだろう. 3)《概数》ぐらい: Esta casa cuesta *en* 〜 *a* veinte mil euros. この家は2万ユーロぐらいする

toro [tóro] I《←ラテン語 taurus》男 ❶ [去勢されていない] 雄牛《⇔buey 去勢牛, vaca 雌牛》: bravo 猛々しい雄牛; 闘牛用の牛. 〜 de lidia 闘牛用の牛. 〜 de muerte 闘牛で殺される牛: Luis es un 〜, no se constipa. ルイスは体の頑丈な男で風邪一つひかない. estar hecho un 〜 体格ががっしりしている. ❸ 闘牛《試合. =corrida de 〜s》: Los 〜s empezarán a las cinco de la tarde. 闘牛は午後5時に始まる予定だ. ir a los 〜s 闘牛を見物に行く. Plaza de T〜s de Real Maestranza レアル・マエストランサ闘牛場《セビリア闘牛場の正式名称》. ❹《動物》almizclado ジャコウウシ. 〜 mexicano《生活》=bisonte). ❺《天文, 占星》=**Tauro**: Ojo del T〜［牡牛座の赤い一等星］アルデバラン
a ~ *pasado* 今さら, 後の祭りで
a ~ *suelto*《狩猟》[ウサギ狩りで] フェレットを使って網は使わずに
agarrar el ~ *por las astas* (*los cachos·los cuernos*) 1)《口語》困難に対し勇気を持って〔決然と・逃げずに〕立ち向かう: Tengo que hablar con el jefe: voy a *agarrar el* 〜 *por los cuernos* y a decirle lo que pienso. 私は上司と話をしなければならない, 思い切って立ち向かう自分の考えていることを言うつもりだ. 2)《南米, 口語》角をつかんで牛を捕える
ciertos son los ~s《口語》[主に悪い予想が的中して] やっぱりそうだった, 恐れていたことが起きた
coger el ~ *a*+人《口語》=**pillar el** 〜 **a**+人
coger el ~ *por los cuernos* 困難に対し勇気を持って〔決然と・逃げずに〕立ち向かう
echar el ~ *a*+人《口語》…を厳しく叱る（罰する）
haber ~s *y cañas* 騒ぎ（もめごと）が起こる
ir [*directamente*] *al* ~ 困難に正面から立ち向かう
mirar los ~s *desde la barrera* (*el andamio·el balcón*) =**ver los** 〜**s desde la barrera** (**el andamio·el balcón**)
¡Otro ~*!* 話題を変えよう!
pillar el ~ *a*+人《西》…が追い詰められる; 時間に追われる:

Toro

Creo que nos va a *pillar el* ~. 私たちには期限が間近に迫っているように思う
soltar el ~ a+人《西》=**echar el ~ a**+人
tomar el ~ por las astas (los cachos・los cuernos) 《南米. 口語》=**agarrar el ~ por las astas (los cachos・los cuernos)**
~ corrido《西》したたかな男, ずる賢い男
~ de fuego 牛形の仕掛け花火
ver los ~s desde la barrera (el andamio・el balcón)《西》高みの見物をする: Es muy fácil decir cómo hay que hacer las cosas cuando se *ven los* ~s *desde la barrera*. 高みの見物をしていて物事はどうあるべきか言うのは簡単な
II [男] ［←ラテン語 torus「かさばり」］ ❶《建築》トルス, 玉縁. ❷《幾何》円環面, トーラス. ❸《技術》トーラス, トーラス格子
III [男] ［サモラ県の］トーロ Toro 地域産のワイン
IV [男] ［←日本語］《料理》トロ: ~ de atún マグロのトロ
Toro [tóro]《人名》**David ~** ダビド・トロ《1898~1977, ボリビアの軍人, 大統領 (1936~1937). クーデターで政権を奪取するが, 短命に終わる》
torohuaco [torowáko] [男]《メキシコ》トロワコ《ケツァルコアトル神 Quetzalcoatl に捧げる踊り》
toroidal [torojðál] [形]《幾何》円錐曲線回転面の, トロイドの
toroide [torójðe] [男]《幾何》円錐曲線回転面, トロイド
torón [torón] [男]《化学》トロン
toronja [torónxa] [女]《←アラビア語 turunya》《主に中南米. 果実》グレープフルーツ《=pomelo》; ブンタン, ザボン
toronjil [toronxíl] [男]《←toronja》《植物》レモンバーム, セイヨウヤマハッカ《=melisa》: ~ silvestre バスタードバーム《学名 Melittis melissophyllum》
toronjina [toronxína] [女]《植物》=**toronjil**
toronjo [torónxo] [男]《←toronja》《主に中南米. 植物》グレープフルーツ《=pomelo》; ブンタン, ザボン
toroso, sa [toróso, sa] [形]《まれ》たくましい, がっしりした
torovenado [torobenáðo] [男]《南米》聖ヘロニモに捧げる先住民の踊り
torovisco [torobísko] [男]《地方語. 植物》=**torvisco**
torozón [torotsón] [男] ❶《獣医》1) ［馬の］疝痛を伴う］腸炎. 2) ［疝痛に襲われた時の］激しい身動き. ❷《戯語》［人の］腹痛. ❸《地方語》落ち着きのなさ, 不安. ❹《中南米》破片, かけら, 切れ端
torpe [tórpe]《←ラテン語 turpis》[形] ❶ ［動き・反応が］鈍い, 遅い, のろい《⇔ágil》: Es un animal de movimientos ~. それは動きの鈍い動物だ. ~ de oído ［＝婉曲］耳の不自由な《=sordo》. ❷ ［手先が］不器用な, ぎこちない: Yo soy siempre muy ~ con las manos. 私はずっと手先が不器用だ. Soy ~ para cocinar. 私は料理が苦手だ. ❸ ［頭の回転が］遅い, ばかな: Este niño es un poco ~. この子はちょっとおつむが弱い. ❹ ［生き方が］不器用な, つきあい下手な. ❺ がさつ, ぶしつけな: gesto ~ ぶしつけな仕草. ❻ 下品な, みだらな: palabras muy ~s ひどくみだらな言葉. ❼ 忌まわしい, 嫌悪すべき: comportamiento ~ 嫌悪すべき態度
torpear [torpeár] [自]《チリ》行動が鈍い, 不器用に行なう ❷ ［手先が］不器用さ, ぎこちなさ. ❸ ［頭の回転の］遅さ, 愚かさ. ❹ ［生き方の］不器用さ, つきあい下手. ❺ がさつ, ぶしつけ. ❻ 下品さ, みだらさ. ❼ 忌まわしさ
torpedad [torpeðáð] [女] ❶ ［動き・反応の］鈍さ, のろさ.
torpedeamiento [torpeðeamjénto] [男] =**torpedeo**
torpedear [torpeðeár] [他] ❶《軍事》魚雷攻撃する: Un submarino *torpedeó* a un barco de pasajeros. 潜水艦は客船に魚雷攻撃を行なった. ❷《政治》［計画などを］粉砕する. ❸ ［口語］失敗させる, 妨げる: No sé por qué *torpedeas* todas mis iniciativas. 君がなぜ私が発案することすべてに邪魔をするのか分からない
torpedeo [torpeðéo] [男] 魚雷攻撃
torpedero, ra [torpeðéro, ra] [形] 魚雷を搭載した
―― [男] 魚雷艇《=lancha ~》; 雷撃機《やぐら》《=avión ~》
―― [男] ❶ 魚雷（水中兵器）担当兵. ❷《野球》ショート
torpedista [torpeðísta] [男]《軍事》魚雷（水中兵器）担当兵
torpedo [torpéðo]《←ラテン語 topedo < torpere「凍える, 痺れる」》[男] ❶《魚》シビレエイ《=pez ~》. ❷《自動車》オープンカー. ❹《チリ. 口語》カンニングペーパー
torpemente [tórpemente] [副] ❶ 鈍く, 不器用に. ❷ ばかみたい

torpeza [torpéθa]《←torpe》 ❶ ［動き・反応の］鈍さ; 不器用さ: El viejo subía las escaleras con ~. 老人は階段をゆっくり上がった. ❷ 愚かさ, ヘま, どじ: Cometió muchas ~s. 彼はばかなことをたくさんやった. 招待を受けないのは間違いだ. ❸ ［生き方の］不器用さ. ❹ がさつ, ぶしつけ. ❺ 下品さ, 淫らさ. ❻ 忌まわしさ
tórpido, da [tórpiðo, ða] [形]《医学》不活発な, 麻痺した. ❷《文語》鈍い, 不器用な; 愚かな
torpón, na [torpón, na] [形] ❶ 少し鈍い. ❷ 少し不器用な (ぎこちない): ¡Qué ~ estoy; todo lo que toco se me cae! それにしても私は不器用だ, 触るものすべてを落としとは!
torponazo, za [torponáθo, θa] [形] ひどく鈍い, とても不器用な
torpor [torpór] [男] ［睡眠・飲食などによる精神的・肉体的の］活動停止, 麻痺; 遅鈍: moverse con ~ 身のこなしが鈍い
Torquemada [torkemáða]《人名》**Juan de ~** フアン・デ・トルケマダ《1557?~1624, スペイン生まれの聖職者・年代記作者. ヌエバ・エスパーニャに布教活動, スペイン外のメキシコ文化に関する著述. 『インディアス君主国史』*Monarquía indiana*》
Tomás de ~ トマス・デ・トルケマダ《1420~98, カスティーリャ出身のドミニコ会士. 初代異端審問所裁判長 inquisidor general の地位から1492年のユダヤ人追放令 decreto de expulsión contra los judíos を起草》
torques [tórkes] [男]《単複同形》《考古》トルク《ケルト人・ローマ人が記章・飾りとして使った首輪》
torr [tór] [男]《物理》圧力の単位》トール
torrado [torráðo] ❶ 炒ったヒヨコ豆. ❷《口語》頭《=cabeza》
torrar [torrár]《←ラテン語 torrere》[他] ［過度に］炒（い）る, あぶる, ［きつね色に］焦がす: La tostadora está ~tostándose: garbanzos torrados 炒ったヒヨコ豆. A San Lorenzo le *torraron* en una parrilla. 聖ロレンソは焼き網でじっくりと焼かれた
―― **se** 日光浴をしすぎる, 日焼けしすぎる: Te has *torrado* hoy en la playa. 君は今日浜辺で体を焼きすぎた
torre [tórre] [女]《←ラテン語 turris》 ❶ 塔; やぐら: 1) **T**~ Eiffel ［パリの］エッフェル塔. **T**~ de Hércules ヘラクレスのローマ時代の灯台. **T**~ de Tokio 東京タワー. **T**~ ［inclinada］de Pisa ピサの斜塔. 2) ［各種の］ ~ de control 管制塔. ~ de farol 灯台. ~ de fraccionamiento ［化学］分留精塔, 精留塔. ~ de iglesia ［教会の］鐘楼. ~ de mando ［潜水艦の］司令塔. ~ de televisión テレビ塔. 3)《築城》 ~ de ángulo 隅塔. ~ del homenaje 主塔. ~ flanqueante 壁塔. ❷ 高層ビル, 高層マンション: **T**~ Picasso ［マドリードの］ピカソ・ビル. ❸ ［送電用の］鉄塔. ❹《軍艦の》砲塔. ❺《チェス》ルーク. ❻ 高く積み上げられたもの: ~ de libros 本の山. ❼ 背の高い人, のっぽ. ❽ ［情報］筐体《=CPU》. ❾《アラゴン, カルニーニャ, バルムルシア》［野菜畑のある］別荘. ❿《メキシコ, キューバ, プエルトリコ》［製糖工場の］煉瓦煙突
dar en la ~ a+人 ［口語］［人の］泣きどころを攻める
¡Qué ~! 《メキシコ. 口語》［失望・不快］やれやれ!
torreada[1] [torreáða] [女]《植物》ハタザオ
torreado, da[2] [torreáðo, ða] [形]《紋章》［紋地に］塔を散りばめた
torrear [torreár] [他]《西》塔を築く〔やぐらを〕立てる
torrecilla [torreθíʎa] [女]《貝》キリギィダマシ科の一種《学名 *Turritella communis*》
torrefacción [torrefak(θ)jón] [女]《西》焙（ほう）じること, 炒ること; ［特にコーヒー豆などの］焙煎（せん）
torrefactar [torrefaktár] [他]《西》焙じる, 炒る
torrefacto, ta [torrefák(t)to, ta] [形]《西》焙じた: café ~ 焙煎されたコーヒー豆
torrefactor, ra [torrefaktór, ra] [形][名]《西》焙じる〔人〕, 炒る〔人〕
torreja [torréxa] [女] ❶《ログローニョ; 中南米. 料理》トリハ《=torrija》. ❷《ペルー. 菓子》ブニュエロ《=buñuelo》. ❸《チリ》［果実の］輪切り; ［ハム・チーズなどの］薄切り
torrejimenudo, da [torrexjmenúðo, ða] [形][名]《地名》トレドヒメノ Torredonjimeno の〔人〕《ハエン県の町》
torrejón [torrexón] [男] 低い塔, 不格好な塔
torrejonense [torrexonénse] [形][名]=**torrejonero**
torrejonero, ra [torrexonéro, ra] [形][名]《地名》トレホン・デ・アルドス Torrejón de Ardoz の〔人〕《マドリード県の村》
torrelagunense [torrelaɣunénse] [形][名]《地名》トレラグナ Torrelaguna の〔人〕《マドリード県の村》
torrelavegano, na [torrelaβeɣáno, na] [形][名]=**torrelave-**

guense

torrelaveguense [torelaβeɣénse] 形 名 《地名》トレラベガ Torrelavega の〔人〕《カンタブリア県の村》

torremolinense [toremolinénse] 形 名 《地名》トレモリノス Torremolinos の〔人〕《マラガ県の町》

torrencial [torenθjál] 形 ❶〔流れ・雨などが〕激しい、ほとばしるような: Ayer cayó la lluvia ～. 昨日豪雨だった/滝のような雨が降る。❷ 奔流のような、ほとばしり出る

torrencialmente [torenθjálmente] 副 llover ～ 滝のような雨が降る

torrentada [torentáða] 女 急流 [=torrente]

torrente [torénte] 男〔←ラテン語 torrens -entis < torrere「焼ける、乾燥する」〕男 ❶ 急流、早瀬、激流: Bajan ～s de la montaña. 山から急流が下っている。❷《比喩》ほとばしり、奔流; 殺到: Llegó un ～ de peticiones. 申請書が殺到した。～ de espectadores 観客の押し寄せ。❸〔体内の〕血流 [=～ sanguíneo, ～ circulatorio]

a ～s〔雨が〕土砂降りに、バケツをひっくり返したように

～ de palabras 止めどなくまくし立てること

～ de voz〔歌手などの〕力強く高らかな声、朗々たる声: tener un ～ de voz 声量がある

Torrente Ballester [torénte baʎestér]〔人名〕Gonzalo ～ ゴンサロ・トレンテ・バリェステール〖1910～99, スペインの小説家・評論家・劇作家. セルバンテス賞受賞〗

torrentera [torentéra] 女 ❶〔急流の〕川床。❷ 急流 [=torrente]

torrentino, na [toréntino, na] 形 名《地名》トレンテ Torrente の〔人〕《バレンシア州の町》

torrentoso, sa [toréntoso, sa] 形《中南米》〔川の流れが〕激しい、激流の

torreón [toreón] 男 ❶《築城》〔防備を施した〕高い塔; 天守閣。❷《ベネズエラ》工場の煙突

torrero, ra [toréro, ra] 名 ❶ 灯台守; 〔監視塔の〕監視員

Torres [tóres]〔人名〕**Camilo** ～ カミロ・トレス〖1929～66, コロンビア生まれの聖職者・革命家. 解放の神学 Teología de la liberación の先駆者. ゲリラ闘争中に死亡〗

Juan José ～ フアン・ホセ・トレス〖1920～76, ボリビアの軍人・政治家. JJ（ホタホタ）と呼ばれる. 大統領〖1970～71〗〗

Torres Bodet [tóres boðé(t)]〔人名〕**Jaime** ～ ハイメ・トレス・ボデー〖1902～74, メキシコの詩人・教育者・エッセイスト・政治家. 前衛詩の影響を受けて創作を始めるが、その後自らの内面を見つめた作品を書くようになり、難解深遠な詩風に変わった〗

Torres Naharro [tóres n(a)áro]〔人名〕**Bartolomé de** ～ バルトロメ・デ・トレス・ナアロ〖1485～1540, スペインの詩人・劇作家. イタリア・ルネサンスの影響を受け、スペイン初の演劇理論を著した. 喜劇と悲劇の融合に挑戦し、生き生きとした会話を用い、登場人物の心理描写の重要性に着目するなど黄金世紀スペイン演劇の礎を築いた. 戯曲『プロプリャディア』*Propalladia*〗

Torres Villarroel [tóres biʎaroél]〔人名〕**Diego de** ～ ディエゴ・デ・トレス・ビリャロエル〖1693～1770, スペインの作家・天文学者・数学者. 詩・戯曲・散文など多数の作品がある〗

torreta [toréta] 女 ❶〔←torre〕❶〔潜水艦の〕司令塔; 〔軍艦の〕砲塔; 〔戦車の〕砲塔; 〔爆撃機の〕銃座。❷〔通信用の〕鉄塔。❸〔建物の最上部の〕小塔。❹《技術》タレット

torrevejense [torebexénse] 形 名《地名》トレビエハ Torrevieja の〔人〕《アリカンテ県の町》

torreznada [toreθnáða] 女《西. 料理》torrezno をたくさん入れた揚げもの

torreznero, ra [toreθnéro, ra] 名《口語》ぐうたらな〔人〕、ずぼらな〔人〕

torrezno [toréθno] 男《西. 料理》小さく切って炒めた豚のばら肉

tórrido, da [tóriðo, da]〔←ラテン語 torridus〕形 大変熱い、焼けつくような: sol ～ 灼熱の太陽. verano ～ 猛暑の夏

torrificar [torifikár] 他《メキシコ》焙煎する

torrija [toríxa] 女〔←torrar〕❶《料理》パンを牛乳に浸し、衣をつけて揚げ、砂糖または蜂蜜をかけるスペイン風フレンチトースト。❷《西. 口語》酔い。❸《俗語》目やに

torrijero, ra [torixéro, ra] 形《料理》トリハの

torroco [toróko] 男《アラゴン》土くれ; 農地

torrontero [toroɲtéro] 男〔洪水・増水の後に残る〕大量の土砂

torrontés [toroɲtés] → **uva** torrontés

torrotito [torotíto] 男《船舶》〔停泊中の軍艦が日曜祭日や外国の港で艦首に掲げる〕小旗

torruca [torúka] 女《地方語》日干し煉瓦; こねた土

tórsalo [tórsalo] 男《中米》人間・動物の皮膚の下に寄生するうじ虫《腫れ・痛みを引き起こす》

torsiómetro [torsjómetro] 男 ねじり動力計

torsión [torsjón]〔←ラテン語 torsio, -onis〕女 ❶ ねじり、ねじれ: ～ intestinal《医学》腸捻転。❷《技術》トーション、ねじり力、撚率 (きん): balanza de ～《自動車》ねじり棒、トーションバー。❸《繊維》撚 ((*) り)

torsional [torsjonál] 形《技術》トーションの

torsionar [torsjonár] 他《技術》ねじる

torso[1] [tórso]〔←伊語〕男 ❶ 上半身: con el ～ desnudo 上半身裸で。❷《美術》トルソー

torso[2]**, sa** [tórso, sa]《文語》ねじ曲がった [=retorcido]

torta [tórta]〔←ラテン語 torta < ギリシア語 tortidion「プチパン」〕女 ❶《料理、菓子》1)《主に中南米》トルテ、ケーキ [=tarta]; パン: ～ de aceite オリーブ油を使ったパン. ～ de anís アニス酒入りのパン。2)《西》〔粗末な〕スポンジケーキ. 3)《メキシコ》ボカディージョ [=bocadillo]. 4)《メキシコ, 中米》トルティージャ、ジャガイモ入りのオムレツ [=～ de huevos, tortilla]. 5)《アルゼンチン, ウルグアイ》スポンジケーキ [=bizcocho]. 6)《アルゼンチン》～ frita 蜂蜜を塗った厚いクレープ。❷《口語》平手打ち [=bofetada]: dar a+人 una ～ en la cara 人の顔に往復ビンタを食わす. una mano de ～s 何発ものビンタ。❸《口語》〔転倒・衝突などによる〕激しい打撃: Se dio una ～ con la bicicleta. 彼は自転車をぶつけた。❹《西. 卑語》酔い、酩酊: agarrar (coger) una ～ 酔っぱらう。❺《印刷》フォント; 活字箱。❻《エクアドル》〔子供が遊びに使う〕大粒のインゲン豆

a ～s〔殴打〕ボカスカと

comer la ～ antes del recreo《メキシコ. 口語》できちゃった結婚をする

cortar la ～《チリ, アルゼンチン, ウルグアイ. 口語》最終(最高)決定権を持っている

costar la ～ un pan《西. 口語》努力(犠牲)のわりに成果がお粗末である: El coche de importación me *costó la ～ un pan*. 私にとって輸入車は結局高くついた

darse de ～s かみ合わない、調和しない [=darse de bofetadas]

estar con la ～〔人が〕ぼんやりしている

ni ～《口語》全く何も（…ない）: De noche no conduzco porque no veo ni ～. 私は夜は車の運転をしない、目が全然見えないから

no tener [ni] media ～ 弱々しい [=no tener [ni] media bofetada]

ser ～s y pan pintado 児戯に類する

tortada [tortáða]〔←torta〕女 ❶《料理》〔肉や甘いものが入った大型の〕パイ。❷《建築》〔その上に煉瓦などを載せる〕モルタルの層

tortazo [tortáθo]〔←torta〕男《口語》❶ 平手打ち [=bofetada]: De un ～ lo tiró al suelo. 彼はいきなり往復ビンタを張り倒した。❷〔衝突などによる〕激しい打撃: Se ha pegado un ～ impresionante con la moto. 彼はオートバイでひどい事故を起こした

tortear [torteár] 他《メキシコ（グアテマラ》1)〔両手で交互に叩いて〕トルティーヤを作る. 2) 拍手喝采する。❷《メキシコ. 口語》愛撫する。❸《チリ》〔パン生地を〕伸ばして、形作る

tortedad [torteðáð] 女 片目の視力がないこと、隻眼 (_{がん})

tortel [tortél] 男《西. 料理》〔主にパイ生地の〕リング状ケーキ、ドーナツ

tortellini [tortelíni]〔←伊語〕男《料理》トルテリーニ

tortera[1] [tortéra]〔←torta〕女《陶器・焼き物》陶製の皿。II〔←ラテン語 tortum〕女 紡錘の下にある回転盤

tortero[1] [tortéro] I 男 パイを入れるかご（ケース）[=tortera]. ❷《医学》皮脂嚢腫。❸《アラブ、植物》イネ科の一種《円盤型の球根がつく》

tortero[2]**, ra** [tortéro, ra] 名 パイ職人（売り）
—— 形《パラグアイ、ボリビア》円盤型の

torteruelo [torterwélo] 男《植物》アルファルファの一種

torti [tórti] 男《口語》レスビアン〔の〕

torticeramente [tortiθéramente] 副 不正に、非合法的に

torticero, ra [tortiθéro, ra] 形《法律》〔金もうけの方法などが〕不正な、非合法の

tortícolis[1] [tortikólis] 女《まれ》= **torticolis**

tortícolis [tortikólis]〔←仏語 torticolis〕女《医学》寝違え、

tortículis 首筋の痛み;《医学》斜頸
tortículis [tortikúlis] 男《俗用》=**tortícolis**
tortilla [tortíʎa] 【*torta* の示小語】 囡 ❶《料理》1) トルティージャ, スペイン風オムレツ《ジャガイモ入りのオムレツ. = ~ española/~ a la española, ~ de patatas, ~ de papas》: ~ francesa/~ a la francesa《西》プレーンオムレツ. ~ paisana ジャガイモのほかにピーマン・ハムなどの入ったオムレツ. 2)《米国, メキシコ, 中米, カリブ》トルティーヤ《小麦粉またはトウモロコシ粉製の, 薄く円形状に伸ばして焼いたもの. タコスの包み皮になる. 柔らかいのと固いのがある》: ~ de harina《メキシコ》小麦粉のトルティーヤ. 3)《チリ, アルゼンチン》[燠で焼いた小麦粉またはトウモロコシ粉製の] イースト菌なしのパン. ❷《俗語》女性の同性愛の関係
cambiarse la ~《口語》=**volverse la** ~
dar la vuelta a la ~《口語》運命(人生)を大きく変える, 立場があべこべになる: En la oficina le han dado la vuelta a la ~ y los enchufados de antes se llevan mal con el nuevo jefe. 会社では様子が一変して以前お気に召さない連中は新しい上司とあまり合わなくなっている. 2) 予想をくつがえす
dar la vuelta la ~《口語》=**volverse la** ~
hacer una ~《口語》[+a+人] を押しつぶす; [+a+物 を] めちゃくちゃに壊す
hacerse una ~《口語》[人が] つぶれる; [物が] めちゃくちゃになる: El ciclista *se hizo una* ~ contra el camión. 自転車に乗っていた人はトラックに押しつぶされた
tirarse una ~《キューバ, プエルトリコ. 口語》運命(人生)が大きく変わる
volver la ~《口語》=**volverse la** ~
volverse la ~《口語》1) 予想外の結果になる: Al final *se volvió la* ~ y ganó el equipo que no se esperaba. 最後には予想外なことになって思いがけないチームが勝った. 2) 運命(人生)が大きく変わる
tortillera[1] [tortiʎéra] 囡《軽蔑》レスビアン
tortillería [tortiʎería] 囡 ❶ トルティージャ店. ❷《メキシコ, グアテマラ》トルティーヤ店
tortillero, ra[2] [tortiʎéro, ra] 形 トルティージャの.《軽蔑》レスビアンの
── 名《メキシコ》トルティーヤの製造(販売)業者
tortillo [tortíʎo] 男《紋章》小円形 [=roel]
tortita [tortíta] 囡 ❶《料理》[詰め物をした] パイ torta. ❷ 複 歌に合わせて手を叩く幼児の遊び
tórtola [tórtola] 囡《鳥》キジバト: ~ común コキジバト. ❷《アルゼンチン》インカバト
── 形《俗語》無邪気な, 純心な
tortolear [tortoleár] 他 ❶ ほめそやす, お世辞を言う; [女を] 口説く, ❷《コロンビア》殺す, 暗殺する
tortoleo [tortoléo] 男《メキシコ》恋人同士の親密さ, いちゃつき
tortolera[1] [tortoléra] 囡《エストレマドゥラ》[壺用の] コルクの蓋
tortolero, ra[2] [tortoléro, ra] 名 キジバト猟師
tortolina [tortolína] 囡《キューバ》風の空中での回転
tortolito, ta [tortolíto, ta] 形 未熟な, 経験の浅い
── 名《口語》恋人
── 複《口語》恋人同士, カップル
tórtolo, la[2] [tórtolo, la] 名 名《ベタベタしている》恋人
── 男 ❶《鳥》雄のキジバト. ❷《口語》恋に焦がれている男. ❸《複》恋人同士, カップル [=tortolitos]. ❹《コロンビア. 軽蔑》無邪気な奴, ばかな奴
tortor [tortór] 男 ❶ [荷物にかけたひもを締め上げるための] ねじ棒. ❷《船舶》[索の] つむ
dar ~《キューバ, プエルトリコ》[人を] ぐるぐる回す
tortosino, na [tortosíno, na] 形《地名》トルトサ Tortosa の〔人〕《タラゴナ県の町. 大聖堂で有名》
tortozón [torto0ón] 男《農業》uva ~ 大粒のブドウの品種
tortuga [tortúγa] 囡《?ギリシア語 tartaruchus "悪魔"》囡 ❶《動物》カメ(亀): ~ boba アカウミガメ. ~ estrellado ホシガメ. ~ de reeves クサガメ. ~ de las Galápagos ガラパゴスゾウガメ. ~ de mar ウミガメ. ~ laúd オサガメ. ~ marina/~ de mar ウミガメ. ~ mora ギリシャリクガメ. ~ terrestre/~ de tierra リクガメ. ~ verde アオウミガメ. ❷《口語》動きののろい人, いろまな人; のろのろ動く乗物: a paso de ~ [歩みで] のろのろと. ❸《古代ローマ》亀甲(ごう)型掩蓋(えんがい)車; 亀甲状に連ねた盾. ❹《ウルグアイ. 料理》プチパン
tortugo [tortúγo] 男《プエルトリコ. 植物》アカテツ科ブメリア属の一種《果実は食用, 木は堅く家具や建築用. 学名 Bumelia palli-

tortuguismo [tortuγísmo] 囡《メキシコ》サボタージュ, 違法闘争
tortuosamente [tortwósamente] 副 ❶ 曲がりくねって, くねくねと. ❷ 陰険に
tortuosidad [tortwosiðá(ð)] 囡 ❶ 曲がりくねり. ❷ 陰険さ
tortuoso, sa [tortwóso, sa]《←ラテン語 tortuosus》形 ❶ 曲がりくねった, 九十九(つづら)折りの, 入りくんだ: ~ camino《主に比喩》曲がりくねった道; 紆余曲折. ❷ 陰険な, 悪賢い
tortura [tortúra]《←ラテン語》囡 ❶ 拷問: aplicar la ~ a+人 … を拷問にかける. ❷ [肉体的・精神的な, 激しく長い] 苦しみ: Ha sido una ~ no saber noticias de su hija. 娘の消息が分からないのは苦痛だった
torturador, ra [torturaðór, ra] 形 名 拷問する〔人〕
torturar [torturár]《←tortura》他 ❶《←ラテン語》Durante la guerra los guardias *torturaron* a los prisioneros. 戦争中, 看守たちは捕虜を拷問にかけた. ❷ [肉体的・精神的に] ひどく苦しめる
── *se* 苦痛を受ける, 苦悩する: Se *torturaba* pensando en las consecuencias de su conducta. 彼は自分の行動がどんな結果を生み出すか考えながら苦しんだ
tórula [tórula] 囡 トルラ《酵母菌》
torunda [torúnda] 囡《医学》綿球
toruno [torúno] 男 ❶《中米》種牛. ❷《ベネズエラ, チリ》3歳以後に去勢された牛. ❸《ラプラタ》睾丸が1つしかない雄
torva[1] [tórβa] 囡《←ラテン語 turba》囡 吹雪, 暴風雨
torvisca [torβíska] 囡 =**torvisco**
torviscal [torβiskál] 男 ジンチョウゲの群生地
torvisco [torβísko] 男《植物》ジンチョウゲ(沈丁花): ~ macho ジンチョウゲ科の一種《学名 Daphne laureola》
torvo, va[2] [tórβo, βa]《←ラテン語 torvus》形《顔つきなどが》すごみのある, 恐ろしげな: mirada ~va《獰猛(どうもう)なまなざし
tory [tóri]《←英語》男《英国の》保守党の〔党員〕; 保守主義者
torzadillo [torθaðíʎo] 男 普通より細い絹糸
torzal [torθál]《←torcer》男 ❶ [より合わせた] 絹糸, 刺繍糸. ❷ より合わせたもの. ❸《チリ, アルゼンチン, ウルグアイ》よじった革製の投げ縄
torzalillo [torθalíʎo] 男《古語》普通より細い絹糸
torzón [torθón] 男《獣医》❶ [馬の] 疝痛 [=torozón]. ❷《エクアドル》鼓腸
torzonado, da [torθonáðo, ða] 形《獣医》[馬が] 疝痛を起こした
torzuelo [torθwélo] 男《鷹狩り》雄のタカ [=terzuelo]
tos [tós] 囡《ラテン語 tussis》囡 咳(せき) ❶《行為》: Tienes ~ por la noche. 君は夜に咳をしている. No se le quita la ~. 彼は咳が止まらない. ataque (golpe) de ~ 咳の発作, 咳き込み. medicina contra la ~ 咳止めの薬. ~ agarrada しつこい咳. ~ ferina (convulsa・convulsiva) 百日咳. ~ perruna/~ de perro《口語》激しい咳こみ. ~ seca (hueca)《口語》から咳, 咳ばらい
tosa [tósa] 囡 ❶《植物》ボウズムギ [=trigo chamorro]. ❷《カナリア諸島》腫れ, むくみ
tosca[1] [tóska] 囡 ❶《地質》石灰華, 凝灰岩, カルクリート. ❷ 歯石 [=sarro]
toscamente [tóskaménte] 副 ぶしつけにも, 下品にも
toscano, na [toskáno, na] 形《地名》[イタリアの] トスカーナ Toscana 地方の〔人〕
── 男 ❶《建築》トスカーナ式オーダー [=orden ~]. ❷ イタリア語のトスカーナ方言. ❸《まれ》イタリア語. ❹《ラプラタ》葉巻 [=puro]
tener un ~ *en la oreja*《ラプラタ. 口語》耳が半ば聞こえない
tosco, ca[2] [tósko, ka]《←ラテン語 tuscus "卑しい"》形 ❶ [事物が] 洗練されていない, あかぬけない; 粗末な, 粗雑な: Este es un acabado ~. これは粗雑な仕上げになっている. Tiene un estilo ~ pero muy eficaz. 彼の文体は洗練されていないが味がある. mueble ~ ひなびた(粗末な)家具. ❷ [人が] 粗野な, ぶしつけな, 教養のない: Es un hombre ~. 彼はがさつな男だ. modales ~s 下品な, 淫らな
── 男 アルバニア語のトスク方言, アルバニア南部方言
toscón [toskón] 男《カナリア諸島》大きな石
tosedera [toseðéra] 囡《南米》咳がしつこく続くこと, 咳きこみ
tosedor, ra [toseðór, ra] 形 慢性的に咳が出る〔人〕, 咳きこみがちな〔人〕
tosegoso, sa [toseγóso, sa] 形 咳きこむ〔人〕 [=tosigoso]

toser [tosér] 《←tos》 自 ❶ 咳をする, 咳が出る, 咳きこむ: *Toso mucho al levantarme*. 私は起き抜けによく咳きこむ. ❷ 咳ばらいをする: *Tosí un poco para llamar su atención*. 私は彼の注意をひくために軽く咳ばらいをした
 no hay quien tosa *a*+人/no tose nadie *a*+人《西》誰も…にかなわない; 誰も…を批判しようとしない: *A mí no hay quien me tosa en coches*. 車のことにかけては私の右に出る者はいない. *Miguel ha ganado el "tour de France", al campeón no hay quien le tosa*. ミゲルはツール・ド・フランスで優勝した, チャンピオンの彼にかなう者はいない
 ～*le a*+人《口語》…に横柄(不遜)な態度を取る
toseta [toséta] 女《ナバラ. 植物》ボウムギ《=trigo chamorro》
tosferina [tosferína] 女 **=tos ferina**
tosida [tosída] 女 咳《行為》; 咳払い
tosido [tosído] 男 **=tosida**
tosidura [tosidúra] 女 **=tosida**
tosigar [tosigár] 8 他《文語》毒 tósigo を入れる
tósigo [tósigo] 男《文語》❶ 毒, 毒物: *beberse un ～* 毒をあおる ❷ 悩み, 心配
tosigoso, sa [tosigóso, sa] I 《←tósigo》形 ❶ 服毒した〔人〕 II 《←tos》形 ❶ 咳が出て胸が痛む〔人〕
tosiguera [tosigéra] 女 しつこく続く咳
tosón, na [tosón, na] 形《口語》ひどく咳をする
tosquedad [toskeðáð]《←tosco》女 ❶ 洗練されていないこと, 粗雑. ❷ ぶしつけ, がさつ
tostación [tostaθjón] 女《金属》焙焼
tostada[1] [tostáða]《←tostar》女 ❶《料理》トースト〔パン〕: *una ～ de pan con mantequilla* バターを塗ったトースト. ❷《口語》面倒, 退屈さ, くどさ: *En el trabajo Enrique le pasa la ～ a otro en cuanto puede*. エンリケは厄介な仕事はすぐ人に回してしまう. *La película era una ～ insoportable*. その映画は我慢できないほど退屈だった. ❸《口語》混乱, 一騒動: *Se armó una buena ～ en el otro día en la clase*. 先日教室で一悶着あった. ❹《米国, メキシコ》揚げたトルティーヤ. ❺《ベネズエラ》揚げたトウモロコシパン. ❻《アルゼンチン》長居, 長話
 dar (pegar) a*+人 *la ～ …をだます, ぺてんにかける; 不利にすることをする
 no ver la ～ 面白さが理解できない
 olerse la ～《口語》危険(罠)に気づく: *En cuanto se huele la ～, desaparece y no ayuda*. 彼は身の危険を嗅ぎつけるとすぐ姿をくらまして, 君を助けたりなんかしない
tostadero [tostaðéro] 男 ❶〔コーヒー豆の〕焙煎場; 焙煎器. ❷ ひどく暑い場所: *Esta sala es un ～*. この部屋は蒸し風呂だ. ❸《戯語》うんちゃらする場所: *Entremos en el ～, es hora del examen*. さあ試験の時間だ, 七転八倒の苦しみの部屋に入ろうぜ
tostadillo [tostaðíʎo] 男 ❶〔サンタンデルなど〕スペイン北部産の弱いワイン. ❷ 反射炉《=horno de ～》
tostado[1] [tostáðo] ❶ 焼くこと, トースト; 焙煎. ❷《料理》トーストサンド. ❸ きつね色, 小麦色. ❹〔el T～〕アロンソ・デ・マドリガル Alonso del Madrigal のあだ名《1400～55, アビラ司教》. ❺《中南米》黒褐色の馬. ❻《エクアドル》焼きトウモロコシ
 escribir más que el T～〔アロンソ・デ・マドリガルよりも〕非常にたくさん書く
tostado[2], **da** [tostáðo, ða] 形 ❶ きつね色の, 小麦色の: *tez ～da* 日焼けした肌. ❷ 栗色の, marrón ～ 黒みを帯びた栗色. *rosa ～* 黒っぽいバラ色. ❸《メキシコ, チリ. 口語》1)嫌気がさした, むっとした. 2)侮辱するような
tostador[1] [tostaðór] 男 ❶ トースター《=～ eléctrico, ～ de pan》; ～ *horno* オーブントースター. ❷ コーヒーロースター
tostador[2], **ra** [tostaðór, ra] 名 トーストする〔人〕; 焙煎する〔人〕
 女 トースター《=tostador》
tostadura [tostaðúra] 女 焼くこと, トースト; 焙煎
tostar [tostár] 《←ラテン語 tostare》28 他 ❶〔きつね色になるまで〕焼く, 炒る(°)る: *el pan* パンを焼く. *el pescado* 魚を焼く. ❷〔コーヒー豆を〕焙煎(ばいせん)する. ❸〔日射し・風が〕皮膚を焼く, 日焼けさせる: *El sol y el viento del Mediterráneo me tostó la cara*. 私は地中海の日差しと風で顔が焼けた. ❹《口語》熱くさせる, やけどさせる: *La estufa me está tostando este lado de la cara*. ストーブのせいで私の顔のこちら側が熱くほてっている. ❺《化学》炭化させる, 酸化する. ❻《プエルトリコ, チリ》殴る,

罰する. ❼《チリ》〔やり始めた仕事などを〕熱心に続ける
 — **～se** 焼ける: *No dejes que se tueste mucho el pan*. パンを焼きすぎてはいけないよ. ❷ 日焼けする, 小麦色になる《= ～ *se al sol*》: *Ya se te ha tostado la espalda*. もう君の背中は日焼けしてしまった. ❸《口語》熱くほてる; やけどする: *Baja la calefacción, me estoy tostando*. 暖房を下げてくれ, 体がかっかしてるから. ❹《チリ. 口語》怒る
tostel [tostél] 男《コスタリカ》カステラ, スポンジケーキ
tostelería [tostelería] 女《コスタリカ》ケーキ店
tostón [tostón] I《←tostar》男 ❶《料理》1)《西》〔主に 複〕クルトン. 2)子豚の丸焼き. 3)《地方語》〔主に 複〕炒った木の実《ヒヨコ豆》. 4)《ムルシア》揚げたトウモロコシ粒. ❷《西. 口語》退屈な人(もの), しつこい人(もの): *Mi primo es un auténtico ～*. 俺のいとこはうんざりさせる奴だ. ❸《口語》とりとめもなくしゃべる人. ❹ 焼きすぎたもの. ❺《メキシコ. 口語》50ペソ貨. ❻《キューバ, プエルトリコ. 植物》オシロイバナ科の薬草《学名 Boerhaavea diffusa》
 dar el ～ うんざりさせる, しつこくなる
 II《←testón》男 ❶《古語》〔ポルトガルの〕トスタオ銀貨. ❷《古語》カナリア諸島で使われた硬貨《新大陸で鋳造され, 2本の柱と plus ultra「さらに前へ」という言葉が刻印された. 当時のペセタ硬貨 peseta columnaria と同価値》. ❸《地方語. 遊戯》カエルが蛙 rana の口に入れるコイン. ❹《メキシコ, コロンビア, ボリビア. 古語》トストン銀貨. ❺《ドミニカ, ベネズエラ》揚げた青いバナナの輪切り
tostonear [tostoneár] 他《メキシコ》大安売りする, たたき売る.
tota [tóta] 女 ❶《動物》サバンナモンキー. ❷《チリ》イカ釣り用の針
 a ～《チリ》1)抱っこして, 抱き上げて. 2)背負って; 〔問題などを〕抱えて
total [totál]《←ラテン語 totalis「すべての」》形 ❶ 全体の, 全部の; 総計の, 完全な: *El peso ～ es de una tonelada*. 全重量は1トンになる. *Sentí una ～ tranquilidad*. 私はすっかり安心した. *cambio (revisión) ～* 全面的な変革〔見直し〕. *guerra ～* 総力戦, 全面戦争. *novela ～* 全体小説. *suma ～* 総額. ❷《口語》完璧の, すばらしい
 — 男 ❶ 総計, 合計: *El ～ de los gastos del mes es ocho mil euros*. その月の費用の総計は8千ユーロだ. ❷ 全体, 全部《=totalidad》: *El ～ de la población es dieciséis mil habitantes*. 人口の全体(総数)は1万6千人である
 en ～ 1)合計で: *¿Cuánto es en ～?* 全部でいくらになりますか？ 2)結局, つまるところ: *En ～, no sabemos a qué atenernos*. 結局, 我々は何に従えばいいのか分からない
 — 副 ❶ 結局, 結局のところ: *Estuve todo el día ocupado; ～, que no pude llamarle*. 私は一日中忙しかった. それで結局, 彼に電話できなかった. ❷〔無関心・無価値を表わして〕どうせ, いずれにせよ: *T～, que no vienes*. いずれにせよ君は来ないのだ. *Hoy me salto el régimen; ～, por una vez no pasa nada*. 今日はダイエットを休む. どのみち一回でどうということはない. ❸《口語》完全に: *Me lo ofrecían gratis ～*. 彼らは私にそれを全くただでくれた
totalidad [totaliðáð] 女 ❶〔集合体としての〕全体, 全部, 総体: *La ～ de los vecinos votó a favor*. 住民全員が賛成票を投じた. *criticar la ～ de las obras de*+人 …の作品のすべてを批判する. ❷《哲学》全体性, 総体性. ❸〔法案などの〕総括質疑
totalitario, ria [totalitárjo, rja]《←total》形 ❶ 包括的な, 総括的な: *estudio ～* 包括的な研究. ❷ 全体主義の: *país ～* 全体主義国家
totalitarismo [totalitarísmo] 男 全体主義
totalitarista [totalitarísta] 形 名 全体主義の(主義者)
totalización [totaliθaθjón] 女 合計, 総計《行為》
totalizador, ra [totaliθaðór, ra] 形 合計する, 総計する
 — 男《賭博》掛け率〔払戻金〕表示器. ❷ トータライザー
totalizar [totaliθár]《←total》9 他 ❶ 総計する. ❷ 総計…に達する: *La exportación de madera totaliza 53 millones de dólares*. 木材輸出は総額5300万ドルに達する. ❸ 包括する
 — 自 **～se** 〔+en〕総計…に達する: *El coste de la obra puede ～se en cien mil euros*. 作品の制作費は総額10万ユーロに達するだろう
totalmente [totálménte] 副 全く, 完全に, 全面的に: *Me sorprendí con un regalo ～ inesperado*. 私は全く予期していなかった贈り物にびっくりした. *Esa interpretación es ～ errónea*.

その解釈は全面的に間違っている. transformar la tienda ~ 店を全面的に改装する. ~ diferente 全く別物の
totay [totái] 男《ボリビア. 植物》ヤシの一種《果実は食用. 学名 Cocos tota》
totazo [totáθo] 男 ❶《キューバ, コロンビア》頭部の強打. ❷《キューバ》失敗, 挫折. ❸《コロンビア》[タイヤの] パンク, パースト
tote [tóte] 男《コロンビア》❶ [紙を折った] 三角鉄砲, 紙鉄砲. ❷ ねずみ花火
totear [toteár] **~se**《コロンビア》爆発する, 破裂する; [包んだもの が] 破れる, 裂ける
tótem [tóten] 男〚←北米先住民語〛男《儀》~[e]s《民俗》トーテム; トーテム像
totémico, ca [totémiko, ka] 形 トーテムの: animal ~ トーテム動物. culto ~ トーテム崇拝
totemismo [totemísmo] 男《民俗》トーテミズム, トーテム崇拝, トーテム制度
totemista [totemísta] 形 名《民俗》トーテミズムの; トーテム崇拝 をする[人]
totí [totí] 男《キューバ. 鳥》クロムクドリモドキ
totilimundi [totilimúndi] 男〚儀〛~s 世界風物ののぞき眼鏡《= mundonuevo》
totizo [totíθo] 男《カナリア諸島》後頭部
totogol [totogól] 男《コロンビア》サッカーくじ
totol [totól] 男《メキシコ》七面鳥《=pavo》
totolate [totoláte] 男《ニカラグア, コスタリカ. 昆虫》[鶏などにつく] ハジラミ
totolear [totoleár] 他《コスタリカ. 口語》[子供を] 甘やかす
totoloque [totolóke] 男《メキシコ. 歴史》[先住民の] 石けり tejo に似た遊び
totomoxtle [totomó(k)stle] 男《メキシコ》トウモロコシの包
totona [totóna] 女《ベネズエラ. 俗語》女性性器, 膣
totonaco, ca [totonáko, ka] 形 名《メキシコ》❶ トトナカ族《メキシコ, ベラクルス州の先住民. 紀元600年ころエル・タヒン El Tajín を中心に古典的な文化を開花させた後, 12世紀以降, 他民族の侵略を受け, スペイン人到来期にはアステカ王国に服属していた》: cultura ~ca トトナカ文明
—— 男 トトナカ語
totonicapa [totonikápa] 形 名《地名》トトニカパン Totonicapán の[人]《グアテマラ南西部の州・県都》
totonicapanés, sa [totonikapanés, sa] 形 名 = totonicapa
totonicapense [totonikapénse] 形 名 = totonicapa
totopo [totópo] 男《メキシコ. 料理》トトポ, トトポス《塩を加えカリカリに焼いた保存性のよいトルティーヤ》; [地域によって] トルティーヤチップス
totoposte [totopóste] 男《中米. 料理》= totopo
totora [totóra] 女《南米. 植物》トトラ《ガマ科. 屋根などに用いられる》: caballito de ~《アンデス》トトラを編んで作った舟, 葦舟
totoral [totorál] 男《南米》 トトラの群生地
totorecada [totorekáda] 女《中米》つまらないこと, ばかげたこと
totoreco, ca [totoréko, ka] 形《中米》とんま, ぼうっとした
totoreño, ña [totoréno, ɲa] 形 名《地名》トトラ Totora の[人] 《ボリビア, コチャバンバ県》
totorero [totoréro] 男《チリ. 鳥》セッカマドリ
totovía [totobía] 女《鳥》❶ モリヒバリ. ❷ カンムリヒバリ《=cogujada》
tótum [tótun] 男《文語》[冠詞+] すべて
totuma [totúma] 女 ❶《中南米》ヒョウタンノキの実; それで作った器. ❷《ベネズエラ, ペルー. 口語》頭. ❸《チリ》[頭にできる] こぶ
totumo [totúmo] 男《中南米. 植物》ヒョウタンノキ
totum revolutum [tótun řebolútun] 〚←ラテン語〛男 混乱, 乱雑: Su habitación era un ~. 彼の部屋は乱雑そのものだった
tour [túr] 〚←仏語〛男 ❶《観光》旅行; ~ operador 団体旅行会社, ツアー企画会社. ❷ 地方公演《=gira》. ❸《自転車》T~ de Francia ツールドフランス. ❹《バレエ》旋回
~ de force《文語》力わざ, 離れわざ, 神わざ
tournedos [turnedós] 〚←仏語〛男《料理》トゥルヌドー
tournée [turné] 〚←仏語〛女〚儀〛~s] あちこち回る旅, 周遊旅行: Hizo un ~ por las principales ciudades asiáticas. 彼はアジアの主要都市を周遊した. ❷[歌手・劇団などの] 巡業, 公演《=gira》
touroperador, ra [turoperaðór, ra] 形 名 団体旅行業者
—— 男 団体旅行会社《=tour operator》
tova [tóba] 女《地方語. 鳥》= **totovía**

township [taunʃíp] 〚←英語〛男《南アフリカ共和国の》黒人居住区
toxemia [to(k)sémja] 女《医学》毒〔素〕血症: ~ gravídica 妊娠中毒症
toxicar [to(k)sikár] 7 他 毒を盛る
toxicidad [to(k)siθiðá(d)] 女 毒性, 有毒性
tóxico, ca [tó(k)siko, ka]〚←ラテン語 toxicum < ギリシア語 toxikon〛形 ❶ 有毒な, 毒性のある: gas ~ 有毒ガス. sustancia ~ca 有毒物質, 毒物. ❷ 有毒物質による, 中毒性の: psicosis ~ 中毒性精神病
—— 男 毒物, 毒素: Aquella sustancia resultó ser un potente ~. あの物質は強い毒性があることが分かった
toxicodependiente [to(k)sikoðependjénte] 形 名 = **toxicómano**
toxicofilia [to(k)sikofílja] 女《医学》毒物嗜癖〔.〕, 毒物愛好
toxicofílico, ca [to(k)sikofíliko, ka] 形《医学》毒物嗜癖の [人]
toxicogénesis [to(k)sikoxénesis] 女《単複同形》《生物》毒物発生過程
toxicología [to(k)sikoloxía] 女 毒物学, 毒物検査
toxicológico, ca [to(k)sikolóxiko, ka] 形 毒物学の
toxicólogo, ga [to(k)sikólogo, ga] 名 毒物学者
toxicomanía [to(k)sikomanía] 女《医学》麻薬中毒, 麻薬常用癖
toxicómano, na [to(k)sikómano, na] 形 名 麻薬中毒の[人], 麻薬常用癖の[人]
toxicosis [to(k)sikósis] 女《医学》中毒
toxígeno, na [to(k)síxeno, na] 形《生物》毒素発生の, 毒の生じる
toxiinfección [to(k)s(i)infe(k)θjón] 女《医学》感染と中毒の同時発症
toxina [to(k)sína] 女《医学》毒素
toxocara [to(k)sokára] 女《医学》トキソカラ症
toxoide [to(k)sójðe] 男《医学》類毒素, トキソイド
toxoplasma [to(k)soplásma] 男《生物》トキソプラズマ
toxoplasmosis [to(k)soplasmósis] 女《医学》トキソプラズマ症
toya [tója] 女《ボリビア》[先住民が踊りでつける] 鈴の付いた足輪
toyotismo [tojotísmo] 男 トヨタシステム《労働者が意見を出し合って品質管理・生産性を高めていく労務管理法》
toz [tθ] 男《メキシコ, グアテマラ. 鳥》[ユカタン半島に多く生息する] 彩りあざやかな鳥
toza[1] [tóθa] 女 ❶ [街角で木に彫られている] 大きな作品. ❷《地方語》松の樹皮の切れはし. ❸《アラゴン》木の切り株. ❹《シウダレアル, アンダルシア》[ラバを犂につなぐ] くびき
tozal [toθál] 男《アラゴン》低い丘, 丘の頂上
tozar [toθár] 9 自《動物が》角〔頭〕で突く
tozo[1] [tóθo] 男《植物》コナラの一種《=meloj o》
tozo[2]**, za**[2] [tóθo, θa] 形 背の低い, 小人の
tozolada [toθoláða] 女 ❶《アラゴン》うなじへの一撃. ❷《アラゴン》あお向けに倒れた時の打撃
tozolón [toθolón] 男 うなじへの一撃《=tozolada》
tozudez [toθuðéθ] 女 頑固, 強情
tozudo, da [toθúðo, ða]《←カタルーニャ語 tossut「頑固な」<「首筋」》形 ❶[けなして] 頑固な, 強情な《→terco 類義》: Hoy estás muy ~. 今日の君は強情だね. ❷[動物が] 扱いにくい, 言うことを聞かない: Este burro es muy ~. このロバは手に負えない
tozuelo [toθwélo] 男《動物の》うなじ
tpo.《略語》←tiempo tpo
traba [trába]〚←ラテン語 trabs, trabis「材木」〛女 ❶ かいもの, 輪止め: poner una ~ en la rueda 車輪にかいものをする. ❷[馬などの] 足かせ, 束縛, 桎梏. ❸ 障害, 束縛, 枷: Le pusieron muchas ~s para concederle el permiso de residencia. 彼は滞在許可証をもらうために色々と条件を付けられた. ~ fiscal 財政障害, フィスカルドラッグ《自動安定化装置がうまく機能せず, 累進課税が需要の伸びを抑えて経済成長を阻害する》. ❹《メキシコ, チリ, アルゼンチン, ウルグアイ》くさび《=cuña》. ❺ [2つのものを] つなぐもの, 結びつけるもの. ❻ [法衣の] スカプラリオ escapulario をとめる紐. ❼ [法律] 財産の差し押さえ. ❽《メキシコ, チリ》[家畜が囲いを越えるのを防ぐための] 角〔s〕に結ぶ板〔棒〕. ❾《メキシコ. 闘鶏》[縛った時に] 鶏の脚を保護する板. ❿《コロンビア, ベネズエラ. 隠語》マリファナ, トリップ, ラリっていること. ⓫《チリ》バレッタ, 髪留め. ⓬《ラプラタ》ネクタイピン《=~

de corbata】
poner ～s [+a が] 邪魔する: Han puesto varias ～s a la producción de arroz desde el Gobierno. 政府は様々な手段で米の生産に歯止めをかけた

trabacuenta [trabakwénta] 囡 ❶《西》計算間違い. ❷ 論争, 言い争い

trabadero [trabaðéro] 男《獣医》つなぎ【=cuartilla】

trabado, da [trabáðo, ða] 形 ❶《言語》造語成分としてのみの. ❷《音声》[音節が] 閉じた, 閉音節の. ❸ [馬が] 両前脚が白毛の, 右前脚と左後脚が白毛の, 左前脚と右後脚が白毛の. ❹ 頑丈な, たくましい. ❺《紋章》両足の間に足かせのある. ❻《メキシコ》吃音(紀)の, どもる. ❼《コロンビア》斜視の

trabador [traβaðór] 男《アンダルシア; チリ》[のこぎりの] あさり出し【=triscador】

trabadura [trabaðúra] 囡 接ぎ

trabajadamente [trabaxáðamente] 副《まれ》**=trabajosamente**

trabajadera [trabaxaðéra] 囡《アンダルシア》《聖週間の山車を支える》横木

trabajado, da [trabaxáðo, ða] 形 ❶ [主に muy などの副詞+.製品・作品が] 手の込んだ, 入念な: jarrón de plata muy ～ 細かい細工の施された銀の壺. masa de pan bien ～da よく練ったパン生地. estilo ～ 練りに練った文体. ❷ [estar+. 仕事などで] 疲れ果てた, 疲れた様子の. ❸ 苦難に満ちた
—— 男 加工, 細工

trabajador, ra [trabaxaðór, ra] 形 ❶ [賃金と引き替えに] 働く; 労働者の: pareja ～ra 共働きのカップル. ❷ 働き者の, 勤勉な: Mi padre es un hombre muy ～. 私の父は大変働き者だ. día de la mujer ～ra 女性の日《3月8日》. alumno ～ 勤勉な生徒
—— 名 ❶ 労働者 類義 **trabajador** は経済学的に見た労働者, **obrero** は手作業・肉体労働の労働者, **empleado** は事務職員.: empresa de 2.000 ～es 従業員2000人の会社. ～ de la construcción 建設労働者. ～ de minas 炭坑労働者. ～ estacional 季節労働者. ～ autónomo/～ independiente/～ por cuenta propia 自家営業労働者. ～ industrial 工場労働者. ～ mental 頭脳労働者. ～ por cuenta ajena 被雇用労働者. ～ desanimado 労働意欲喪失者. ～es normales que al tiempo supervisan a otros グレーカラー《オートメーションの監視労働者など》. ❷ ～ social ソーシャルワーカー

mal ～ 怠け者
—— 男《チリ, 鳥》セッカカマドドリ【=totorero】

trabajar [trabaxár] [←俗ラテン語 tripaliare「拷問にかける」] 自 ❶ 働く, 仕事をする: 1) Hay que ～ para vivir. 生きていくためには働かねばならない. Trabaja poco y mal. 彼はあまり働かないし, ずさんだ. El que no trabaja, no come. 働かざる者食うべからず. ¿Trabajas o estudias? 君は会社員ですか, 学生ですか? Un inspector fiscal debe ～ con rectitud y honradez. 検察官は公正かつ誠実に職務を果たさねばならない. 2) [+de・como+職種] Trabaja diez años de camionero. 彼は10年トラック運転手の仕事をしている. Cuando sea grande, voy a ～ de enfermera. 私は大きくなったら看護師になる. Su sueño es ～ como actor. 彼の夢は俳優になることだ. 3) [+en で] 勤める, 勤務する: Trabajaba como programador en una empresa de informática. 彼はコンピュタ会社でプログラマーとして働いていた. En esta fábrica trabajan tres mil personas. この工場では3千人が働いている. ～ en una tienda como dependiente 店員として働く. Trabajaba en una organización que profesa el humanismo. 私は人道主義を旨とする団体で働いている. Sus estudiantes trabajan con los refugiados recién llegados. 彼の学生たちは到着したばかりの難民たちの支援活動をしている. ～ 勉強する: Esos estudiantes trabajan en la tesis doctoral. その学生たちは博士論文の研究をしている. ❹ [俳優が] 演じる: Trabaja muy bien esa actriz. あの女優はとても演技がうまい. ～ de Don Quijote ドン・キホーテの役を演じる. ～ en el teatro (el cine) 芝居(映画)に出演する. ❺ [+con と] 取引関係にある: Siempre trabajamos con la misma agencia de viajes. うちはいつも同じ旅行会社を使う. ❻ [肉体的・精神的に], +por を遂行しようと・得ようと] 務める, 努力する: ～ por la paz 平和のために尽くす. ❼ [家畜が] 働く: Estos bueyes trabajan mucho. これらの牛はよく

働く. ❽ [機械・工場などが] 動く, 稼働する; [施設・機関が] 活動する: La polea no trabaja. 滑車が動かない. El ordenador trabaja según un programa determinado. コンピュータは一定のプログラムに従って作業する. La fábrica está trabajando a pleno rendimiento. 工場はフル操業している. Su imaginación trabaja continuamente. 彼の想像力は絶え間なく働いている. ❾ [土地・植物などが] 成果を生む: Los perales tardan más en ～ que los manzanos. ナシはリンゴよりも実がなるのに時間がかかる. Hay que abonar la tierra para que trabaje. 土地の生産性を上げるには肥料を与えねばならない. hacer ～ el dinero 資金を運用する. ❿ [建築, 技術] [+a の力・負荷に] 耐える: Esta viga trabaja a flexión. この梁はしなる重みに耐えている. Esta cuerda trabaja mucho. このロープは丈夫だ. ⓫ 作用する, 効く: La naturaleza trabaja para vencer la enfermedad. 自然治癒力というものがある. El tiempo trabaja a nuestro favor. 天気が私たちに味方する
—— 他 ❶ 加工する, 細工する: El hierro debe estar al rojo para que se pueda ～. 鉄を加工するには真っ赤に焼かねばならない. ～ la madera 木工をする. ～ la masa del pan パン生地をこねる. ～ la tierra 土地を耕す, 畑仕事をする. ❷ 勉強する: Estoy trabajando el alemán para irme a Colonia este verano. 私は今年の夏にケルンに行くためドイツ語を勉強している. ❸ 処理する: Los trámites precisos 必要な手続きをする. ～ conversación con+人 …と話し始める. ❹ [人に] 働きかける: Trabajar a su marido para hacerle cambiar de opinión. 彼女は夫の意見を変えさせようと働きかけた. ❺ 商う, 扱う: Solo trabajamos los géneros de seda. 私どもではシルク類しか扱っておりません. ❻ 鍛える: Deberías ～ los abdominales. 君は腹筋を鍛えるべきだ. ❼ 損害を与える: Los años la han trabajado ya bastante. 寄る年波で彼女はもう体がかなり傷んでいる. ❽ 苦しめる, さいなむ: Lo trabajaba la idea de la muerte. 彼は死という考えにとりつかれていた. ❾ [作品の細部などに] 念を入れる, 細心の注意を払う: Trabaja mucho el pelo de las figuras. 彼は像の髪に非常に細かい細工を施す. ❿ [調合薬を] 練る. ⓫《まれ》[馬を] 訓練する, 調教する. ⓬《地方訛》邪魔する, 迷惑をかける. ⓭《ベネズエラ》[まじない師が] 術を施す
—— **～se** ❶ [目的があって] …に親切にする: ～se a un cliente 客に親切にする. ❷ 当たって, 励む, 専心する: Se ha trabajado el ascenso. 彼は昇進を目指してきた

trabajera [trabaxéra] 囡《西. 口語》❶ 重労働, 不快な労働. ❷ 責任, 義務

trabajillo [trabaxíʎo] 男《口語》アルバイト: hacer ～ アルバイトをする

trabajina [trabaxína] 囡《口語》重労働

trabajo [trabáxo] 男 [←trabajar] ❶ 仕事, 労働: No me gusta que me interrumpan en el ～. 私は仕事の邪魔をされるのが嫌いだ. Nunca falta al ～. 彼は決して仕事を休まない. Su ～ consiste en redactar un diccionario. 彼の仕事は辞書の編集だ. ir al ～ 仕事に出かける. ponerse al ～ 仕事にとりかかる. usar el español en el ～ 仕事でスペイン語を使う. vivir de su ～ 働いて生計を立てる. comida de ～ ワーキングランチ, 仕事の話を兼ねた昼食会. contrato de ～ 雇用契約. día de ～ 就業日, 平日. día del T～ メーデー. horas de ～ 労働時間, 勤務時間, 就業時間. Ministerio del T～ 労働省. ～ a domicilio [零細下請けや内職のような] 家内労働. ～ doméstico [炊事・洗濯・掃除・育児などの] 家事労働. ～ en el campo 農作業. Ha sido ～ perdido (inútil). 骨折り損のくたびれもうけだった. ❷ [生産要素としての] 労働: luchas entre el capital y el ～ 資本と労働の闘い. demanda de ～ 労働需要. ～ humano 人間労働. ❸ 職, 職業 [→profesión 類義]: ¿Cuál es su ～? お仕事/お職業は何ですか? tener ～ regular (fijo) 定職についている. estar sin ～ 失業している. perder su ～ 職を失う. ～ bien pagado 給料のいい職. ❹ 回 作業, 活動: Dirige los ～s de rescate 彼は救助作業を指揮している. ～s de investigación 調査活動. ～s forzados (forzosos) 強制労働; 徴役. ❺ [機械などの] 稼働, 作業. ❻ 勉強, 研究; 論文, 報告書, レポート; 業績: Ha escrito un buen ～ sobre arte moderno. 彼は現代美術に関する良い論文を書いた. ～ de campo フィールドワーク, 実地調査. ❼ 仕事場: Vivo muy lejos de mi ～. 私は職場から非常に遠いところに住んでいる. No llegues tarde al ～. 職場に遅刻するな. llamar al ～ 職場に電話する. ❽ 造作, 細工; 作品: Este jarrón es un ～

trabajoadicto, ta

bien acabado. この壺はいい出来だ. exposición de ~s 作品展. ~ a mano 手工芸品. ~ de defensa 防御工事. ❾ 複 苦労, 骨折り, 困窮: He tenido muchos ~s para llegar hasta aquí. 私はここまで来るのにひどく苦労した. Ella ha pasado muchos ~s en su viudez. 彼女は夫に先立たれてから大変苦労している. ~s de Hércules [不死を得るための] ヘラクレスの労苦. ❿ 機能, 作用. ~ de la fermentación 発酵作用. ⓫ 困難, 支障. ⓬《物理》仕事[量];《情報》ジョブ. ⓭《スポーツ》ワーク: pulsaciones durante el ~ 運動時の脈拍数. ⓮《キューバ, ベネズエラ, ウルグアイ》《超自然力による》呪い, お守り

centro de ~ 職場, 仕事場: prevenir los accidentes y enfermedades en los *centros de* ~ 職場での事故と病気を予防する

cercar a ⟨*de*⟩ ~ *a*+人 …をひどく苦しめる(悩ます)

con ~ 苦労して, 努力して

costar ~ [*s*] [事柄が]手間がかかる, 骨が折れる: Me costó mucho ~ conseguirlo. それを手に入れるのに大変苦労した. Me *cuesta* ~ creerlo. それは信じがたい

dar ~ 面倒である; 手間がかかる: *T*~ te *doy* si quieres poner en claro esa cuestión. その問題をはっきりしようとしたら厄介になる/簡単にはいかないぞ. Este niño apenas *da* ~. この子はほとんど手がかからない

mandar ~ =*dar* ~

pasar ~ [*s*] 難儀する

sin ~ 容易に, わけなく

tomarse el ~ *de*+不定詞 …の労をとる, 労を惜しまず…する: Le agradezco que *se haya tomado el* ~ *de* venir a visitarme. わざわざ訪ねて下さりありがとうございます

trabajoadicto, ta [traβaxoadíkto, ta] 名 仕事中毒の人, ワーカホリックの人

trabajosamente [traβaxósaménte] 副 苦労して, 骨を折って: Conseguí ~ su confianza. 私はやっとの事で彼の信頼を得た. El viejo se levantó ~. 老人はよっこらしょと立ち上がった. Después de la carrera respiraba ~. 彼は競走の後, 苦しそうな息をしていた

trabajoso, sa [traβaxóso, sa] [←*trabajo*] 形 ❶ [主に ser+]困難な, 骨の折れる: A los jóvenes les resultó muy ~ tener principios. 若者たちにとって主義主張を持つのは大変難しいことだった. ¡Qué ~ eres! 君はうんざりさせる奴だ. estudio ~ 面倒な研究. marcha ~*sa* 難行軍. vida ~*sa* 困難な生活. ❷《医学》顔色の悪い, 具合の悪そうな. ❸《メキシコ, アルゼンチン》非常につきあいづらい; 感じが悪い; 不毛な. ❹《アンデス》[人が]愛想の悪い, 頑固な; 不機嫌な. ❺《チリ, アルゼンチン, ウルグアイ》横着な, やる気のない; 悪賢い; 迷惑な

trabalenguas [traβaléŋgwas] [←*trabar*+*lengua*] 男 [単複同形] 早口言葉, 発音しにくい語句 [例 Un tigre, dos tigres, tres tigres triscan trigo en un trigal. 虎が1匹, 虎が2匹, 虎が3匹麦畑で麦踏みつける]

trabamiento [traβamjénto] 男 接合

trabanca [traβáŋka] 女 ❶ 作業台. ❷《地方語》堰や擁壁用の木材

trabanco [traβáŋko] 男《狩猟》[猟犬が獲物に襲いかからないように]首につける棒 trangallo

trabar [traβár] [←*traba*] 他 ❶ 接合する, 継ぎ合わせる: ~ las patas de la mesa テーブルの脚を付ける. Hay que ~ bien las ideas para hacer un discurso. 演説をするには考えをよくまとめなければならない. ❷ …にかいものをする; 固定する: Trabó la puerta con una tranca. 彼は扉にかんぬきをかけた. ❸ [動物に]足かせをはめる. ❹ [会話・関係などを]始める: Trabaron amistad en seguida. 彼らはすぐに友情を結んだ. ~ batalla 戦争を始める. ~ conversación 口をきく. ❺ 妨害する, 障害となる: La falta de consenso *traba* los negocios. 意見の一致が見られないので商談がうまくいかない. ❻《西》[液状のものを]濃くする, とろみをつける; [練ったものに]粘りを与える: ~ las claras de huevo 卵白を固く泡立てる. ❼ 捕まえる: Cuando el ratero huía, un señor lo *trabó* de la chaqueta. こそ泥が逃げ出すと, 一人の紳士がそいつの上着をつかんだ. ❽ [のこぎりの]あさりを出す, 目立てをする. ❾《法律》差し押さえをする. ❿《建築》漆喰などで]くっ付ける

— 自 ❶ つかむ, 引っ掛かる: El ancla no *ha trabado* bien. 錨がうまくかかっていない. ❷《西》とろみがつく

— *se* ❶ [引っ掛かって]もつれる, うまく動かなくなる: Se

le *trabaron* los pies en las escaleras mecánicas. 彼はエスカレーターで足がもつれた. ❷ [舌が]もつれる, ろれつが回らなくなる: *Me trabé* y no acertaba con la respuesta. 私は舌がもつれ, うまく返事ができなかった. ❸《液状のものが》濃くなる, とろみがつく; [練ったものに] 粘りが出る: Bate las claras hasta que *se traben*. 卵白に粘りが出るまで泡立てなさい. ❹ 言い争う, 口げんかをする. ❺ [+*en* 厄介事に] 巻き込まれる. ❻《コロンビア, ベネズエラ. 隠語》麻薬でハイになる

trabazón [traβaθón] 女 ❶ 接合, 組合わせ: La ~ de los maderos parece resistente. 材木を接合すれば強度が増すようだ. ~ de las piezas 部品の組立て. ~ de conceptos 概念の組立て. ❷ [考えなどの] まとまり, 一貫性: La ~ entre los distintos episodios es evidente. さまざまな挿話がうまくまとまっていることは明らかだ. ❸《西. 料理》[ソースなどの] つなぎ, とろみ; [練ったものの] 粘り: Se continúa revolviendo la mayonesa hasta conseguir la ~ de todos los ingredientes. 材料にとろみがつくまでマヨネーズをかき混ぜてください

trabe [tráβe] 女《建築》梁(ハリ), 桁(ケタ) [=*viga*]

trábea [tráβea] 女《古代ローマ. 服飾》トラベア 『下級神官などのトーガ』

trabécula [traβékula] 女《解剖》小柱

trabilla [traβíʎa] 女 ❶《traba の示小語》(traba). ❷《西. 服飾》❶ [ズボンなどの] ベルト通し. ❷ [足の裏に掛ける, ズボンなどの] ストラップ. ❸ [上着などの背につける] ハーフベルト

trabina [traβína] 女《アンダルシア》ビャクシンの果実

trabo [tráβo] 男 ❶《ドミニカ》《俗語》結びつき, 組み合わせ. ❷《医学》[新生児がかかる] 破傷風

trabón [traβón] 男 ❶ [犬の] 陰茎基部のふくらみ. ❷ [馬の片脚をつなぐ] 鉄の輪. ❸ [オリーブなどの] 圧搾機の板. ❹《カナリア諸島》[衣類の] かぎ裂き. ❺《グアテマラ》刀傷

trabuca [traβúka] 女 [消える前に破裂する] ねずみ花火

trabucación [traβukaθjón] 女 [綴り・言葉などを] 間違えること

trabucador, ra [traβukaðór, ra] 形 名 [綴り・言葉などを] 間違える[人]

trabucaire [traβukáire] 男《歴史》[18〜19世紀のカタルーニャで] らっぱ銃で武装した反徒(山賊)
— 形《廃語》強がりの, 空いばりの

trabucamiento [traβukamjénto] 男 間違い, 混同

trabucante [traβukánte] 形 *moneda* ~ 法定重量より少し重い硬貨

trabucar [traβukár] [←カタルーニャ語 trabucar「倒れる, つまずく」] 7 他 ❶ [綴り・言葉などを] 間違える, 混同する: Trabucó "cocer" por "coser". 彼は「煮る」と「縫う」を言い(書き)間違えた. *He trabucado* todas las fechas en el examen de Historia. 私は歴史の試験ですべての年号を取り違えた. ❷ [秩序・順序を] 乱す, ごちゃごちゃにする
— *se* ❶ [綴り・言葉などを] 間違える: Me trabuco mucho con el inglés. 私はよく英語のスペルを間違える. ❷ 間違われている: En estas fichas *se han trabucado* los títulos de los libros. この図書カードは本の題名が間違っている. ❸ [秩序・順序が] 混乱する, めちゃくちゃになる: Con el traslado los papeles *se trabucaron*. 移動で書類が入り乱れてしまった

trabucazo [traβukáθo] 男 ❶ らっぱ銃の発射; それによる負傷. ❷ 思いがけない悪い知らせなどの] 衝撃, 驚き, 苦しみ

trabuco [traβúko] 男 [←古語 trabuco「ずるさ」] ❶ [昔の] らっぱ銃: bandolero andaluz con ~ y manta al hombro らっぱ銃をかつぎ肩に毛布をかけたアンダルシア人の山賊. ~ *naranjero* 銃口の広がった大口径のラッパ銃. ❷《古語》投石器 [=*catapulta*]. ❸《アンダルシア. 玩具》[空気圧で弾を飛ばす] 木製の筒の鉄砲. ❹《ウルグアイ, ペルー》陰茎
— 形《メキシコ》狭い, 小さい

trabuquete [traβukéte] 男 ❶《古語》小型の投石器. ❷《漁業》小型の引き網

traca [tráka] 女 ❶ [長くつなげた] 爆竹; その最後の大きな破裂音. ❷《船舶》条板, 張り板
de ~ [口語] 1) 滑稽な; ひどく目立つ, 異様な. 2) くだらない: Todas las ocurrencias de tu amigo son *de* ~. 君の友達の思いつきはすべてくだらない

tracal [trakál] 男《チリ》[ブドウを圧搾場に運ぶ] 牛革製の大型の容器

trácala [trákala] 女 ❶《メキシコ, プエルトリコ. 口語》ぺてん, いかさま; 罠. ❷《キューバ, エクアドル》人だかり, 群集
— 形 名《メキシコ》ぺてん師[の], いかさま師[の]

tracalada [trakaláða]〖←擬声〗囡 ❶《中南米. 口語》群衆, 雑踏; 山積み. ❷《メキシコ》ぺてん, いかさま

tracalear [trakaleár] 他《メキシコ, プエルトリコ》だます, 詐欺する

tracalero, ra [trakaléro, ra] 形 名《メキシコ, プエルトリコ》ぺてん師〔の〕, いかさま師〔の〕

tracamandaca [trakamandáka] 囡《プエルトリコ》❶ 迷惑(面倒)をかけること. ❷ あざけり, からかい

tracamandanga [trakamandáŋga] 囡《コロンビア》=**tracamundana**

tracamundana [trakamundána] 囡《コロンビア》❶ 交換, 取り替え. ❷ 騒ぎ, 悶着

tracamundeo [trakamundéo] 男《コロンビア》=**tracamundana**

tracatrá [trakatrá] 間 男《口語》❶ [時に繰り返して. 振動音] カタカタ. ❷《婉曲》性交

tracatraca [trakatráka] 間 男《口語》=**tracatrá**

tracayá [trakajá] 囡《ボリビア. 動物》[水棲の] 亀の一種

tracción [tra(k)θjón]〖←ラテン語 tractio, -onis〗囡 ❶ 引っぱること;〔乗り物の〕牽引(㊟): ~ animal 動物による牽引. ❷《自動車》駆動: vehículo con doble ~/vehículo con ~ a las cuatro ruedas/vehículo con (de) ~ total 四輪駆動車. ~ delantera (trasera) 前輪(後輪)駆動. ❸《物理》牽引力: resistencia (prueba) a la ~ 引っぱり強さ(試験). ❹《医学》牽引

trace [tráθe] 名《地名》=**tracio**

tracería [traθería] 囡《建築》[ゴシック様式の] はざま飾り, トレサリー, 幾何学模様の羽目板彫刻: ~ trifoliada 葉が小さく3つに分かれたはざま飾り

traciano, na [traθjáno, na] 形 名《地名》=**tracio**

tracias [tráθjas] 男《単複同形》北風と北風の中間を吹く風

tracio, cia [tráθjo, θja] 形 名《古代ギリシア. 地名》トラキア Tracia の(人)
── 男 トラキア語

traciofrigio, gia [traθjofríxjo, xja] 形 男 トラキア語とフリュギア語〔の〕

tracista [traθísta] 形 ❶ 設計家〔の〕, 製図家〔の〕〖=diseñador〗. ❷《文語》策略家〔の〕, 策士〔の〕

tracofrigio, gia [trakofríxjo, xja] 形 名《歴史. 地名》トラキア Tracia とフリュギア Frigia の〔人〕

tracoma [trakóma] 男《医学》トラコーマ

tracomatoso, sa [trakomatóso, sa] 形 名 トラコーマの; トラコーマ患者

tracto [trákto]〖←ラテン語 tractus〗男 ❶《解剖》1) 管: ~ digestivo 消化管. ~ intestinal 腸管. ~ respiratorio 気管. ~ urinal 尿管. ~ vocal 声道. 2) [神経線維の] 束, 束路: ~ trigeminotalámico 三叉神経視床路. ❷《カトリック》詠誦〔四旬節や死者ミサで福音書の朗読の前に歌われる聖歌〕. ❸《法律》~ sucesivo [不動産登記の] 合筆. ❹《まれ》空間・時間的な〕間隔

tractocamión [traktokamjón] 男《自動車》セミトレーラー; セミトレーラーを連結したトラック

tractocarril [traktokaříl] 男《古語》トラックなどによって牽引される軽便鉄道〔時にレール上を走らない〕

tractor¹ [traktór]〖←ラテン語 tractus「引かれる」< trahere「引く」〗男 [農業用・牽引用の] トラクター: ~ 〔de〕 oruga キャタピラー式トラクター. ~ de remolque 牽引用トラクター; 《航空》トーイングトラクター. ~ forestal 伐採用トラクター

tractor², ra [traktór, ra] 形 牽引する, 駆動する: ruedas ~es 駆動輪
── 名 牽引用のトラクター

tractorable [traktoráβle] 形 トラクターで耕作され得る

tractoración [traktoraθjón] 囡 トラクターによる耕作

tractorada [traktoráða] 囡 トラクターによるデモ行進

tractorear [traktoreár] 他 =**tractorear**

tractorear [traktoreár] 他 [トラクターで] 耕作する

tractorista [traktorísta] 名 トラクター操縦者

tractorizar [traktoriθár] 他 トラクターで機械化する

tractus [tráktus] 男《解剖》管〖=tracto〗

trader [tréjðer]〖←英語〗名 仲介業者

tradescantia [traðeskántja] 囡《植物》トラディスカンティア, オオムラサキツユクサ

tradición [traðiθjón]〖←ラテン語 traditio, -onis〗囡 ❶ 伝統, 慣習; 因習, しきたり: El culto mariano es una ~ católica. マリア信仰はカトリックの伝統である. El relativismo filosófico tiene una larga ~. 哲学における相対主義には長い伝統がある. mantener (romper con) la ~ 伝統を守る(破る). ~ de la casa その家のならわし. ❷ 伝承, 口承; ~ oral 口伝. ~ popular 民間伝承. ❸《法律》移転, 譲渡: ~ de las mercancías depositadas 保管商品の移転

tradicional [traðiθjonál] 形 ❶ 伝統的な, 伝統にのっとった, 慣習に従った, 従来どおりの; 因習的な: Mariachi es la música ~ de México. マリアッチはメキシコの伝統音楽である. ❷ 伝承の; 伝説的な

tradicionalidad [traðiθjonaliðá(ð)] 囡 伝統性

tradicionalismo [traðiθjonalísmo] 男 伝統主義〔伝統墨守, 慣習尊重〕;《宗教》真理に到達するための理性ではなく信仰や啓示に求めるべきだとする主張;《政治》君主制擁護主義: En España el partido carlista era partidario del ~. スペインではカルロス党が伝統主義に与(㊟)していた

tradicionalista [traðiθjonalísta] 形 名 伝統主義的の; 伝統主義者

tradicionalización [traðiθjonaliθaθjón] 囡《まれ》伝統化

tradicionalmente [traðiθjonálménte] 副 伝統的に

tradicionista [traðiθjonísta] 名 伝説蒐集家, 民俗学者; 伝承家

trading [tréjðin]〖←英語〗男 商売, 取り引き

traducción [traðu(k)θjón]〖←ラテン語 ~ducir〗囡 ❶ 翻訳; 訳書, 訳文; 通訳: ~ del Quijote 『ドン・キホーテ』の翻訳〔書〕. ~ japonesa 日本語訳. ~ automática (mecánica) 自動(機械)翻訳. ~ directa 外国語から自国語への翻訳. ~ inversa 自国語から外国語への翻訳. ~ interlineal 行間への書き込み訳. ~ libre (literaria) 自由訳, 意訳. ~ literal 逐語訳, 直訳. ~ simultánea 同時通訳. ~ yuxtalineal 対訳. ❷ [テキストの] 解釈. ❸《情報》変換, 翻訳.《生物》〔遺伝情報の〕翻訳. ❺《修辞》同語異形反復, 変形反復

traducianismo [traðuθjanísmo] 男 霊魂伝遺説〖霊魂の罪も肉体と同じようにアダムから代々受け継がれてきたとする説〗

traducibilidad [traðuθiβiliðá(ð)] 囡 翻訳可能性

traducible [traðuθíβle] 形 翻訳され得る

traducir [traðuθír]〖←ラテン語 traducere「別の場所に移す」〗41 他 ❶ [+a+言語 へ/+en に] 翻訳する, 訳す; 通訳する: Tradujo el texto del ruso al español. 彼はロシア語の原文をスペイン語に訳した. Tradujo las Odas en buen castellano (en buenos versos castellanos). 彼はオードをいいスペイン語(スペイン語の優れた詩句)に訳した. Esta parte está mal traducida. この部分は誤訳だ. ~ directamente/ ~ simultáneamente/ ~ de corrida 同時通訳する. ~ literalmente/ ~ al pie de la letra 逐語訳する, 直訳する. ❷ 表現する; 解釈する: Tradujo sus sentimientos con frase conmovedora. 彼は自分の感情を感動的な言葉で表現した. Esta carta traduce fielmente su estado de ánimo. この手紙は彼の精神状態を忠実に表わしている. No tradujo bien mi gesto. 彼は私の身振りを誤解した. ❸ [+de から, +en に] 変える. ❹《情報》[別の形式に] 変換する, 翻訳する. ❺《生物》〔遺伝情報を〕翻訳する
── ~se ❶ 変わる: Se ha traducido de cruel en benigno. 彼は残虐だったのが温和になった. Su alegría se tradujo en lloros. 彼の喜びは悲しみに変わった. ❷《生物》〔遺伝情報が〕翻訳される

traducir	
直説法現在	点過去
traduzco	traduje
traduces	tradujiste
traduce	tradujo
traducimos	tradujimos
traducís	tradujisteis
traducen	tradujeron
接続法現在	接続法過去
traduzca	tradujera, -se
traduzcas	tradujeras, -ses
traduzca	tradujera, -se
traduzcamos	tradujéramos, -semos
traduzcáis	tradujerais, -seis
traduzcan	tradujeran, -sen

traductor, ra [traḍuktór, ra] 男 翻訳する
── 图 ❶ 翻訳者, 翻訳家: nota del ～ 訳者注. ～ infiel 原文に忠実でない訳者. T～, traidor.《イタリアの諺》翻訳は原文の味わいを損ねるものだ. Escuela de T～es de Toledo トレドの翻訳活動《12～13世紀, トレドで行われたアラビア語文献を主にラテン語に翻訳する共同作業》. ❷ 通訳: ～ jurado/《チリ》～ oficial/《ラプラタ》～ público 宣誓した通訳
── 男《情報》トランスレーター
── 女 翻訳機

traductorado [traḍuktoráḍo] 图《チリ, アルゼンチン, ウルグアイ》通訳の試験（資格）

traedizo, za [traeḍíθo, θa] 形 [他所から] 運ばれた; 運ぶことのできる: Esa no es agua de pie, sino ～za. それはわき水ではなく他所から運ばれたのだ

traedor, ra [traeḍór, ra] 形 图 運ぶ, 持ってくる [人]

traer [traér]《←ラテン語 trahere》45 他 ❶ [話者のいる場所に] 持って来る《⇔llevar》: 1) Te he traído un regalo. プレゼントを持って来てあげたよ. ¿Puede ～me un café, por favor? コーヒー1杯お願いします. Tráeme el abrigo al recibidor. 玄関まで私のコートを持って来てくれないか. 2) [時に相手のいる場所に] Le trajo las zapatillas y se las puso. 私は彼のところへ運動靴を持って行って履かせてやった. 3) 連れて来る: Mi hijo ha traído al gatito abandonado a casa. 息子が捨て猫を拾ってきた. ¡Hola! ¿Qué te trae por aquí? やぁ! [ここに来るとは] どういう風の吹き回しだい? ❷ 引き寄せる《=atraer》: El imán trae las limaduras. 磁石はやすりけずりを引き寄せる. La madre patria trae a sus hijos en el extranjero. 母なる祖国は異郷の子を引き寄せる. ❸ もたらす, 生じさせる: Tengo un amuleto que me trae buena suerte. 私は幸運をもたらすお守りを持っている. Ese rumor nos trajo muchos disgustos. そのうわさのせいで私たちに不愉快なことが起きた. ❹ [+目的格補語] の精神状態にさせる: La enfermedad de la hija trae preocupados a los padres. 娘の病気で両親は心配している. ❺ [人が肉体的・精神的に]…の状態である: Anoche traía una borrachera increíble. 昨夜彼は信じられないくらい酔っていた. ～ una depresión 気が滅入っている. ❻ 身につける, 着る《=llevar》: Traía una falda arriba de las rodillas. 彼女は膝上までのスカートをはいていた. ❼ [新聞などが] 掲載（記載）している: El periódico de hoy trae un artículo sobre Japón. 今日の新聞には日本に関する記事が載っている. Esta revista trae muchas ofertas de empleo. この雑誌は求人広告をたくさん載せている. ❽ 強いる, 強制する; [見解などに] 従うよう説得する. ❾《まれ》操ることができる, 上手に扱う: Trae bien la espada. 彼は剣の達人である

llevar (tener) a+人 a mal ～…をつらい目に遭わせる, 苦しめる; 振り回す, 翻弄する
～ consigo[結果として]…につながる: Tanto vicio trae consigo la enfermedad. 悪習にふければ病気になる
～ y llevar 1) うわさ話をする, 陰口をたたく. 2) 翻弄する, てんてこ舞いさせる
～las (～la) con+人《メキシコ. 口語》…につらく当たる
──**se** 他 ❶…を持って来る, 連れて来る: Tráete la caja que está allí. そこにある箱を持って来てくれ. Debiste ～te a los niños. 君は子供たちを連れてくるべきだった. ❷ [こっそり]…をたくらむ, 策なる: ¿Qué se traerá Paco con tantas visitas? 何度もおかつパコは何をたくらんでいるのだろう
～se bien (mal)《まれ》着こなしが上手 (下手) である; 態度が良い (悪い)
traérselas 1) 何か裏がある: ¡El comentario se las traía, desde luego! やっぱり, その論評には裏があった! 2) [厳しさなど] 見かけ以上である: Hace un calor que se las trae. 予想以上の暑さだ

traer	
現在分詞	過去分詞
trayendo	traído
直説法現在	直説法点過去
traigo	traje
traes	trajiste
trae	trajo
traemos	trajimos
traéis	trajisteis
traen	trajeron

接続法現在	接続法過去
traiga	trajera, -se
traigas	trajeras, -ses
traiga	trajera, -se
traigamos	trajéramos, -semos
traigáis	trajerais, -seis
traigan	trajeran, -sen

traeres [traéres] 男 複 衣装, 装身具

trafagador, ra [trafagaḍór, ra] 图 ❶ [主に怪しげな商売の] ブローカー, 仲買人. ❷ 多事多端な人

trafagante [trafagánte] 图 忙しく動き回る [人], 多事多端な人

trafagar [trafagár] 8 自 ❶ 忙しく動き回る, 働く: Ando todo el día trafagando en la casa. 私は一日中, 家の中で忙しく立ち働いている. ❷ 世界を巡る, 巡業する. ❸ 取引する; 密売する

tráfago [tráfago]《←カタルーニャ語 trafegar < 俗ラテン語 transfricare「こする, いじる」》 ❶ 忙しく動き回ること, 多忙. ❷ 取引; 交通《=tráfico》

trafagón, na [trafagón, na] 形 图《口語》忙しく動き回る [商人], 熱心な [商人]

trafagoso, sa [trafagóso, sa] 形 忙しく動き回る

trafalgar [trafalgár] 男《繊維》綿ローン

trafalmeja [trafalméxa] 形 图 =**trafalmejas**

trafalmejas [trafalméxas] 形 图《単複同形》騒々しく頭が空っぽの [人]

trafallón, na [trafaʎón, na] 形 事態を紛糾させる, もめごと屋

traficación [trafikaθjón] 女《まれ》取引; 密売

traficante [trafikánte]《←traficar》形 图《禁止された商品の》取引をする, 取引業者; [特に麻薬の] 密売人: ～ de armas 武器商人. ～ de drogas 麻薬の密売人. ～ de esclavos 奴隷商人

traficar [trafikár]《←伊語 trafficare》7 自 ❶ [+con・en 禁止された商品の] 取引をする: ～ con (en) drogas 麻薬の密売をする. ❷ [一般に] 取引をする, 商う: ～ con su crédito 信用取引をする. ❸ 巡歴する

tráfico [tráfiko]《←traficar》 ❶ [車・船などの] 交通, 往来; 運輸, 輸送: Hay mucho ～ en esta calle. この通りは交通量が多い. ～ de la calle de Alcalá アルカラ通りの人通り. ～ del puerto 船の行き来. ～ ferroviario 鉄道交通. ❷ [禁止された商品の・不正な] 取引, 密売: ～ de drogas 麻薬の密売. ～ de información privilegiada/～ de iniciados インサイダー取引. ～ de negros 黒人奴隷売買
～ de influencias 1) [役人の] 口利き, 斡旋収賄, 不正地位利用, 利益誘導. 2) インサイダー取引

trafulcar [trafulkár] 7 他 取り違える, 混同する

trafulla [trafúʎa] 女《地方語》いかさま, 罠
── 图《地方語》いかさま師

trafullero, ra [trafuʎéro, ra] 形 图《地方語》いかさまの; いかさま師

traga [trága] 形 图《ラプラタ》ガリ勉の [学生]; 勤勉な [人]
estar en una ～《コロンビア. 口語》恋している

tragaavemarías [traga|a|bemarías] 图《単複同形》《←tragar+avemaría》始終祈禱文を唱えている人, 信心家

tragable [tragáble] 形 飲み込められ得る

tragabolas [tragabólas] 图《単複同形》《玩具》口の中に玉を投げ入れて遊ぶ人形

tragacanto [tragakánto] 男 トラガカントゴム;《植物》トラガカントゴムノキ

tragacete [tragaθéte] 男《古語》投げ矢の一種

tragaderas [tragaḍéras]《←tragador》女 複《西. 口語》❶ 喉, 咽頭: Se le alojó un hueso en las ～. 彼は喉に骨が刺さってしまった. ❷ 信じ易さ: Su padre tiene buenas ～, se creerá cualquier excusa. 彼の父親は信じやすい, どんな言い訳でも信じてしまうだろう. ❸ 寛容さ: Hay que tener buenas ～ para la solidaridad. 団結には寛容の精神が必要だ. ❹ 大食: Tiene buenas ～ y come de todo. 彼は食いしん坊で何でも食べる

tragadero [tragaḍéro] 男 ❶ [液体などの] 吸い込み口, 排水口. ❷《口語》喉, 咽頭. ❸ 罠

tragador, ra [tragaḍór, ra] 形 图《まれ》飲み込む [人]; 大食の [人]

tragafuegos [tragafwégos] 图《単複同形》火を食べる曲芸師

tragagigantes [tragaxigántes] 图《単複同形》=**tragahom-**

bres
tragahombres [tragaómbres] 男【単複同形】《まれ》虚勢を張る人, 空いばりする人
tragahumos [tragaúmos] 男【単複同形】[台所などの] 換気扇, 排煙装置
trágala [trágala] 男 ❶ トラガラ [19世紀初頭, スペインの自由主義者が絶対王制を諷刺した歌. Trágala tú, servilón で始まる]. ❷ 無理強い, 押しつけ
 a la ~ 無理やりに
 cantar el ~《西》[相手のいやがることをして] いじめる
tragaldabas [tragaldábas]《←tragar+aldaba》名【単複同形】《西. 口語》大食漢, 食いしん坊
tragaleguas [tragalégwas] 男【単複同形】《西. 口語》健脚家, 歩くのが好きな人
tragalotodo [tragalotóđo] 名【単複同形】《口語》大食漢, 食いしん坊
tragaluz [tragalúθ]《←tragar+luz》男 [腹] ~ces] 明かり取り窓, 天窓
── 女 [建築] [尖塔などの] マンサード屋根の窓
tragamillas [tragamíƛas] [tragamíyas] 名【単複同形】《西. 口語》❶ [海峡横断などの] 長距離泳者; [マラソンなどの] 長距離走者. ❷《自動車》coche ~ グランツーリスモ
traganíqueles [traganíkeles] 男【単複同形】《コロンビア》スロットマシン
tragantada [tragantáđa] 女 丸飲み
tragante [tragánte] 男 ❶ [冶金] 高炉上部の開口部. ❷《アンダルシア》[川から水車への] 導水路. ❸《グアテマラ》[道路などの] 下水口
tragantón, na[1] [tragantón, na] 名《口語》大食らいの [人]
tragantona[2] [tragantóna] 女《口語》❶ すごいごちそう. ❷ 無理やり飲み込むこと. ❸ [とっぴなことなどを] 無理やり信じ込ませること
traganudos [traganúđos] 男【単複同形】《ラマンチャ》[互いに品を内蔵にした] 物々交換
tragapán [tragapán] 男《植物》クチベニズイセン, 白色スイセン
tragaperras [tragapéras]《←tragar+perra》名【単複同形】《西》[お金を入れる] ゲーム機械, スロットマシン [=máquina ~]
tragar [tragár]《←?ラテン語 draco, -onis「むさぼり食う怪物」》[8] 他 **~se** [多くは ~se] ❶ 飲み込む: *Se tragó* la carne sin masticarla. 彼は肉を噛まずに丸飲みした. Me obligó a ~ la pastilla. 私は錠剤を飲まされた. ❷ たくさん (がつがつ) 食べる (飲む): *Se ha tragado* una docena de pasteles. 彼はケーキを12個も食べてしまった. ❸ [土地・海などが] 飲み込む, 吸い込む: El mar *se tragó* los restos del barco naufragado. 海は難破船の残骸を飲み込んだ. ❹ [液体を] 吸う: El secante *se traga* la tinta. 吸取紙がインクを吸う. ¡*Trágame*, tierra! 穴があったら入りたい! ❺ 我慢して受け入れる, 甘受する; 隠す: No *trago* más tonterías de ese tipo. あいつのばかまねにはもう我慢できない. ~ *sus lágrimas* 涙を隠す. ❺ [嘘などを] 簡単に信じる, うのみにする: *Se traga* todo lo que le digan. 彼は言われたことをすべて信じ込む. ❻ 消費する: Este coche *traga* mucha gasolina. この車はガソリンをたくさん食う. *Se ha tragado* todos nuestros ahorros. 工事で私たちの貯金は全部なくなった. ❼《西》[+人] にほれこむ. ❽ [闘牛] [闘牛士が] 牛の攻撃にひるまずにすれすれの姿勢で牛を仕留める. ❾《アルゼンチン, ウルグアイ. 学生語》[試験などに備えて] 猛勉強する
 hacer ~ 無理やり聴かせる (納得させる); [だまして] 信じさせる
 no [*poder*] ~ [人・事物を]…をひどく嫌う: No puedo ~ al novio de mi hermana. 私は姉の恋人には我慢できない
 ── 自 ❶ [+con を] 我慢して受け入れる, 甘受する: Tuvo que ~ *con* los insultos. 彼は侮辱に耐えなければならなかった. ❷《口語》提案をうのみにして受け入れる. ❸《口語》[女性が] 性的要求に容易に応じる
 ~**se** ❶《口語》[人が障害物と] ぶつかる: Estaba medio dormido y *me tragué* la puerta. 私は寝ぼけていてドアにぶつかった. ❷《口語》[注意などを] 無視する, 気に止めない: ~*se* un semáforo rojo 信号無視をする. ❸《コロンビア》[人] に恋をする
 haberse tragado+事 [良くない・嫌なことが] 起こる予感がする
 ~*se lo dicho* / ~*se las palabras* [脅し文句で] 言ったことを取り消す

tragasables [tragasábles] 名【単複同形】剣 (ナイフ) を飲み込む曲芸師
tragasantos [tragasántos] 名《軽蔑》《単複同形》聖人信仰の篤い人; 教会に頻繁に通う人
tragavino [tragaβíno] 男 漏斗 (ろうと)
tragavirotes [tragaβirótes] 名【単複同形】《口語》堅物, 石部金吉
tragazón [tragaθón] 女《口語》大食, 暴飲暴食
tragedia [traxédja]《←ラテン語 tragoedia < ギリシア語 tragoidia < tragos「雄ヤギ」+aeido「私は歌う」》女 ❶ 悲劇 [⇔comedia]; 悲劇作品: 1) las ~s de Sófocles ソフォクレス作の悲劇. ~ griega ギリシア悲劇. ~ grotesca 悲劇的要素を取り入れた喜劇. 2) [文学ジャンル] Prefiero la ~ a la comedia. 私は喜劇よりも悲劇が好きだ. ❷ 悲劇創作 (演出) 法. ❸ 悲劇的な事件, 惨事: Este matrimonio es una ~ para muchas familias. この事故は多くの家族にとって悲しい出来事だった. Quiso sacar provecho aun de una ~ de sus vecinos. 彼は隣人の不幸に乗じてまで金もうけしようとした. ❹ 悲劇性, 悲劇的要素: parar (terminar) en ~ 悲劇的な結果に終わる. ❺ ディテュランボス, バッカス神讃歌
 hacer (*montar*) *una* ~《口語》[+de·con+事を] 悲劇的にする, 悲劇性を帯びさせる
tragediante [traxedjánte] 名 悲劇作家; 悲劇俳優
trágicamente [tráxikaménte] 副 悲劇的にも, 痛ましいことに
trágico, ca [tráxiko, ka]《←ラテン語 tragicus < ギリシア語 tragikos》形 ❶ 悲劇の, 悲劇的な. ❷ 悲劇的な, 痛ましい: accidente ~ 悲惨な事故. ❸ 悲劇の [⇔cómico]
── 名 悲劇作家 [=autor ~]; 悲劇俳優 [=actor ~]
tragicomedia [traxikomédja] 女 ❶ 悲喜劇: la ~ de Calisto y Melibea『カリストとメリベアの悲喜劇』. ❷ 悲喜こもごもの出来事 (状況)
tragicómico, ca [traxikómiko, ka] 形 ❶ 悲喜劇の. ❷ 悲喜こもごもの, まじめとも冗談ともつかない
trago [trágo] I《←tragar》男 ❶ 一回に飲み込む分量: Se bebió la leche de un ~. 彼はミルクを一息に飲んでしまった. Ha tomado un ~ de vino y ya está borracho. 彼はワインを一口飲んだだけなのにもう酔っ払っている. ❷《主に中南米》酒; 飲酒: ser aficionado al ~ 辛党である. salir a tomar un ~ 一杯飲みに出かける. Vamos a echarnos un ~. 一杯やろう. ❸《口語》つらさ, 不快さ; 不幸: pasar un mal ~ / pasar un amargo つらい目に遭う, 嫌な思いをする. ❹《まれ》飲酒の悪習
 a ~*s* 少しずつ, ゆっくりと: beber *a* ~*s* ちびちび飲む
 a patas de ~《方言》確信して, 少しも疑わずに
 de un ~ 一気に, 一度に: Se bebió la cerveza *de un* ~. 彼はビールを一息に飲んでしまった
 pasar la vida a ~*s* 人生の辛酸をなめる
 ~ *corto* ショートドリンク, カクテル
 ~ *largo* [背の高いグラスで飲む, 炭酸水で割った] 強い酒, ロングドリンク
 II《←ギリシア語 tragos》男《解剖》耳珠 (じしゅ)
tragón, na [tragón, na] 形《口語》大食する [人], がつがつ食べる [人]; = ~*na*
── 女 すぐ男の誘いに乗る女, 尻軽女 [=mujer ~*na*]
tragonear [tragoneár] 他《口語》大食する, 多食する: Mi hermano está grueso porque *tragonea* todo lo que encuentra en casa. 私の兄は家の中にあるものを何でも食べてしまうので体重過多だ
tragonería [tragonería] 女《口語》暴食, 大喰い
tragonía [tragonía] 女《口語》=tragonería
tragontina [tragontína] 女《植物》アラム [=aro]
traguear [trageár] 自《方言》酒を一杯やる
traguilla [trajíƛa] [trajíya] 形 食い意地のはった
traición [trajθjón]《←ラテン語 traditio, -onis < tradere「引き渡す」》女 ❶ 裏切り, 背信; 不貞: hacer ~ a+人…を裏切る. ❷ 反逆罪: cometer ~ contra su país 反逆罪を犯す. alta ~ [国家に対する] 大逆罪
 a ~ 裏切って, 計画的に, 謀って: Me disparó por la espalda *a* ~. 彼は卑劣にも背後から私を撃った
traicionar [trajθjonár] 他 ❶ 裏切る, 背く: *Traicionó* a sus compañeros delatándolos. 彼は密告して仲間を裏切った. ~ a su mujer [夫が] 不倫をする. ❷…に失敗をもたらす, 足枷になる: Le *traicionó* su falta de experiencia. 経験不足が彼に仇となった. ❸《口語》[無意識に] 暴露してしまう, ばらす: La

traicionero, ra

mirada *traicionó* sus intenciones. 彼が何をしようとしているのか目つきで分かってしまった

traicionero, ra [traiθjonéro, ra]《形》《名》❶ 裏切りの; 裏切り者〔の〕, 謀反人〔の〕: amor ～ 不実な愛情. golpe ～ 不意打ち. ❷《口語》〔安全そうで〕危険な, 油断のならない: corriente ～ra 危険な潮流

traída [traíða]《女》[水・電気などを]持って来ること: canal de ～ 導水路. ～ de aguas 送水, 水利. ～ de la luz 送電

traído, da² [traído, ða]《[←traer]形》《西》[estar+. 衣服などが] 使い古した, 着古した: ropa ～da 古着. **bien (mal) ～** うまい(まずい)言い方の, 言い得ている(いない). **～ y llevado** たらい回しにされた; 陳腐な, 言い古された: Es un problema ～ *y llevado*. それはすでに盛んに論議された問題だ

traidor, ra [traiðór, ra]《[←ラテン語 traditor, -oris]形》《名》❶ [+a への]裏切り者[の], 反逆者, 逆賊; 不実な[人]: El ～ entregó las llaves de la ciudad al enemigo a cambio de dinero. 裏切り者は金と引き換えに町の鍵を敵に渡した. ～ **a la patria** 祖国への裏切り者. ❷ [動物が]言うことを聞かない, 性の悪い: perro ～ 性悪な犬. ❸ 反逆的な, 背信的な. ❹《口語》見かけに反して有害な, 人をだます: sonrisa ～ 偽りの微笑. ❺《口語》[無意識に]暴露する: canas ～ras 実年齢を暴露する白髪

traidoramente [traiðoraménte]《副》謀って, 計画的に

trail [tréil]《男》《趣》[～s]《バイク》トレールバイク

trailer [tráiler]《男》《趣》[～(e)s] =**tráiler**. ❷《メキシコ》1) セミトレーラー. 2) ～ **park** オートキャンプ場. ❸《アンデス》キャンピングカー

tráiler [tráiler]《[←英語 trailer]男》《趣》[～(e)s]《西》❶ [大型の]トレーラー; トレーラートラック. ❷《西. 映画》予告編

trailero, ra [trailéro, ra]《名》《メキシコ》トラック運転手〘=camionero〙

traílla [traíʎa]《[←俗ラテン語 tragella]女》❶《狩猟》[猟犬の]引き綱; 〘集合〙引き綱で結んだ猟犬: montero de ～ 猟犬の勢子. ❷《農業》[馬に引かせる]地ならし器. ❸ [鞭の先端の]革ひもでできた房; その鞭. ❹《狩猟》巣穴に飛び込んだフェレットを引き出すための綱

traillar [trajʎár]《15》《農業》[traílla で]地ならしする

traína [traína]《女》《主にイワシ漁の》引き網

trainera [trainéra]《女》❶《主にイワシ漁の》引き網漁船, トロール船. ❷ トライネラ《北スペインなどの櫂で漕ぐ競技艇》

training [tréinin]《[←英語]男》❶ 練習, 訓練. ❷ 養成コース, 訓練コース

traíña [traíɲa]《女》《主にイワシ漁の大規模な》引き網

traite [trájte]《男》《繊維》起毛

trajano, na [traxáno, na]《形》《人名》トライアヌス Trajano の《52～117, ヒスパニア出身の古代ローマ皇帝. 五賢帝の一人》: colonia ～*na* トライアヌス帝の征服植民地. columna ～*na* トライアヌス記念柱

traje [tráxe]《[←ポルトガル語]男》❶ 服, 衣服: Se puso de prisa un ～ y salió a la oficina. 彼は急いで服を着て会社に出かけた. No tengo un ～ adecuado para asistir a la fiesta. 私はパーティーに着ていく服がない. ～ **acuático (seco)** [潜水の]ウエット(ドライ)スーツ. ～ **corto** [フラメンコダンサー・闘牛士の着る]ボレロとトレアドールパンツの組合せの服. ～ **de agua** 防水服[《自動車》ウォータージャケット]. ～ **de baño** 水着. ～ **de etiqueta** 礼服, 正装. ～ **de luces** 闘牛士の盛装《絹製で金糸・銀糸の刺繍がある》. ～ **de playa** 日光浴・水遊び用の水着. ～ **de pierrot** 宇宙服. ❷ [男性・女性用の]背広, スーツ: ～ **de calle** 外出着, タウンウェア; 私服. ～ **[de] chaqueta/～ sastre** [ジャケットとスカートの]女性用スーツ. ～ **de oficina/～ serio** ビジネススーツ. ～ **[de] pantalón** パンツスーツ. ❸ [女性用の]ドレス〘=vestido〙: ～ **de noche/～ de gala** イブニングドレス, 夜会服. ～ **de novia/～ nupcial** ウエディングドレス. ～ **de sevillana/～ de flamenca**《西》フラメンコドレス. ～ **de tarde** イブニングドレス. ～ **largo** ロングドレス. ❹ 民族衣装〘=～ regional〙: ～ **andaluz** アンダルシア風の衣装. ～ **chino** チャイナドレス. ～ **de gitana** ジプシーの民族衣装.
cortar (hacer) un ～ a+人 …を中傷する, 陰口をたたく
en ～ de… 姿で・の: policía en ～ de calle 私服警官
～ de madera/～ de pino《戯謔》棺

trajeado, da [traxeáðo, ða]《形》身なりを整えた, 盛装した〘=**bien ～, muy ～**〙: mal ～ 身なりの悪い, だらしない

trajear [traxeár]《他》…に衣類を供給する; 身支度させる

trajelar [traxelár]《他》《隠語》食べる

trajín [traxín]《[←trajinar]男》❶《口語》大忙し, てんてこ舞い. ❷《口語》売春; 姦淫. ❸《隠語》麻薬取引. ❹《アルゼンチン, ウルグアイ》通常より大きな努力を必要とする仕事(活動)

trajinador, ra [traxinaðór, ra]《名》運搬する, 配送する

trajinante [traxinánte]《形》《名》運搬する, 配送する; 運送業者

trajinar [traxinár]《[←カタルーニャ語 traginar < 俗ラテン語 traginare 「引きずる」]自》❶ 忙しく動き回る, あくせく働く: Su madre *trajinaba* en la cocina. 彼の母は台所で忙しく動き回っていた. ❷《俗. 軽蔑》性交する. ❸《アルゼンチン, ウルグアイ》通常より大きな努力を必要とする仕事(活動)をする
―――《他》❶ 運搬する, 配送する: El peón *trajinaba* los materiales del camión a la obra. 見習い職人はトラックから建築現場まで資材を運んでいた. ❷《口語》[人などを]操る. ❸《地方語》《南米》… los platos 皿洗いで忙しい. ❹《チリ》1) だます. 2) かき回す; 捜索する

trajinera¹ [traxinéra]《女》《メキシコ》[ソチミルコ Xochimilco の水路地帯で使われる花で飾られた]運搬用のカヌー(小型船)

trajinería [traxinería]《女》《まれ》運送業, 配送業

trajinero, ra² [traxinéro, ra]《形》《名》運搬する, 配送する; 運送業者

tralla [tráʎa]《[←カタルーニャ語 tralla < 俗ラテン語 tragella]女》❶ 先が房になった鞭; その房. ❷《釣り》フライライン
dar ～《西. 口語》厳しく批判する

trallazo [traʎáθo]《男》❶ [tralla による]鞭打ち; その音: dar un ～ al caballo 馬に一鞭入れる. ❷《西. サッカーなど》力強いキック(シュート): marcar de un ～ 強烈なシュートを決める. ❸ 激しい打撃: ～ **eléctrico** 電気ショック. ❹《西》厳しい叱責: recibir un ～ de su madre 母親から厳しく叱られる

trama [tráma]《[←ラテン語]女》❶ たくらみ, 陰謀: Se ha descubierto una ～ del delito. 犯罪計画が露見した. ❷ [小説などの]筋立て, プロット: Esa novela tiene una ～ policíaca. それは推理小説仕立てだ. ❸《繊維》〘集合〙横糸〘⇔urdimbre〙; [横糸にするための]絹糸. ❹ [樹木, 特にオリーブの]開花, 花. ❺《生物》網状組織. ❻《印刷》網目; 網をかけた強調部分. ❼《情報》imágenes de ～ ラスター画像. ❽《魚》黒色の斑点《学名 Notothenia microlepidota》

tramado [tramáðo]《男》横糸を通すこと, 織り

tramador, ra [tramaðór, ra]《形》《名》❶ 横糸を通す, 織る. ❷ 悪事をたくらむ(人), 腹黒い(人)

tramar [tramár]《他》❶ たくらむ, 策謀する: ～ **un golpe de estado** クーデターを企てる. ❷ [複雑な・難しいものを]組み立てる, 組織する. ❸ 横糸を通す, 織る. ❹ 網目スクリーンをかけて撮影する
―――《自》[樹木, 特にオリーブが]花を咲かす
―――《自》…をたくらむ

tramilla [tramíʎa]《女》❶ 細く丈夫な麻糸. ❷ オリーブにつく害虫〘=algodón〙; その害

tramitación [tramitaθjón]《女》手続きをとること; 一連の手続き: La ～ para obtener esa beca era muy complicada. その奨学金をもらうための手続きは大変複雑だった

tramitador, ra [tramitaðór, ra]《名》手続きをする人

tramitar [tramitár]《[←trámite]他》…の手続きをとる, 処理する: Se exige más rapidez a la Administración para ～ las reclamaciones. 当局がクレームにもっと迅速に対応することが望まれる. ～ **el pasaporte** パスポートの申請手続きをする. ～ **el de la indemnización** 補償金の受取手続きをする

trámite [trámite]《[←ラテン語 trames, -itis「道」]男》❶《主に行政上の》手続き: **hacer unos ～s** 手続きをする. **patente en ～** 特許出願中. **～s aduaneros** 通関手続き. **～s del divorcio** 離婚手続き. ❷《法律》〘複〙訴訟手続き〘=～s procesales〙
de ～ 形式上の, 形式だけの

tramo [trámo]《[←trama]男》❶ [道路などの]区間: ～ **de la carretera en obras** 高速道路の工事中の区間. ❷ [踊り場と踊り場の間の]階段: Cada ～ tiene diez escalones. 各段の階段は10段ある. ❸ [内容・継続を分割した]一区切り: El curso se divide en tres ～s. 講習は3期に分かれている. ❹《建築》4本の柱の間のスペース. ❺ 段落, 時代

tramojo [tramóxo]《男》❶ 収穫した穀類を縛る縄. ❷《主に〘複〙》辛苦, 困難: pasar unos ～s 辛酸をなめる. ❸《メキシコ》囲いから抜けられないように豚の首に付ける棒

tramontana¹ [tramontána]《女》❶ トラモンタナ《アンプルダン

Ampurdán 地方やバレアレス Baleares 諸島に吹く北風. ❷ 虚栄; うぬぼれ

tramontano, na[2] [tramontáno, na] 形 山の反対側の, 山向こうの

tramontar [tramontár] 自《文語》山越えする; 山向こうに消える: El sol ha tramontado. 太陽が山の陰に隠れた. ❷ [人・事が] 衰える, 終わりに近づく
—— 他《人を》危険から逃がす

tramonto [tramónto]《文語》日の入り《=ocaso》

tramoya [tramója] 《←ラテン語 tremodia < tremere「震える」+ modium「ファネガ」》 囡 ❶《演劇》[時に集名] 場面転換用の舞台装置, 仕掛け, からくり. ❷ [事件などの] 秘密の部分, 裏: Me gustaría conocer la ~ del este negocio. 私はこの計画の裏側を知りたいものだ. ❸ 奸策, 奸計: Han preparado una ~ para engañar a Don Quijote. 彼らはドン・キホーテをだます計画を準備した. ~ política 政治的陰謀.《地方語》水車の漏斗型の口

tramoyista [tramojísta] 形 名 ❶《演劇》道具方. ❷ ペテン師 [の], 嘘つき [の]

tramoyón, na [tramojón, na] 形 ペテン師の, 嘘つきの

tramp [trámp]《←英語》男[複 ~s《船舶》不定期貨物船

trampa [trámpa] 囡 ❶《狩猟》罠, 落とし穴: armar (disponer) una ~ 罠を仕掛ける. ハニートラップ, 色仕掛け. ❷ 策略: tender una ~ a+人 …に罠をしかける. caer en la ~ 罠にはまる. ❸《賭博》いかさま: Siempre él hace ~s. 奴はいつもいかさまをする. ❹ [法律・協定などの] 違反, 抜け穴: Siempre hace ~s en la declaración de Hacienda. 彼はいつも確定申告をごまかす. ❺ [床・天井の] 揚げ戸, 落とし戸, [カウンターの] 上げ板: La ~ que hay en la cocina conduce a la bodega. 台所にある揚げ戸は酒倉に通じている. ❻《口語》[主に 複] 返済が遅れた] 借金: Está lleno de ~s. 彼は借金で首が回らない. ❼《技術》[微粒子などの] 遮蔽装置, フィルター; 防臭弁. ❽《経済》~ de la liquidez 流動性の罠《金利がある水準まで低下すると人々は預金よりも貨幣保有を選択するので, この時, 流動性 (貨幣) を増やしても金利はそれより下がらない》. ❾《古語》[ズボンの] 比翼, フライフロント,《地方語》シャッター
coger a+人 *en la* ~ …の悪事の現場を押さえる
llevarse la ~《口語》[事が] 失敗する, 悪くなる
sin ~ *ni cartón*《西》正直に, 間違いもなく

trampal [trampál] 男 ぬかるみ, 沼沢地

trampantojo [trampantójo]《←trampa+ante+ojo》男 ❶ だまし絵, トリックアート, トロンプ・ルイユ. ❷ いかさま, ごまかし

trampazo [trampáθo] 男 締付け式拷問具の最後の一巻き

trampeador, ra [trampeaðór, ra] 形 名 ❶ だます (人), 嘘つきの [人]

trampear [trampeár] 《←trampa》自 ❶《口語》だまし取る; いかさまをする: Trampea en todas las tiendas y así vive sin trabajar. 彼はあらゆる店でつけをごまかし, 働きもせず暮らしている. ❷ ~ en un juego de cartas トランプゲームでいかさまをする. ❸《口語》[主に 貧分] 経済面・健康面で問題を抱えつつ] どうにか暮らしていく: Mi abuela va trampeando, unas veces con salud y otras sin ella. 私の祖母は体調が良かったり悪かったりしながらも, 何とかやっている. ❹ [服・靴などが] 持ちこたえる, まだ使える. ❹《まれ》罠を仕掛ける; 策略を設ける
—— 他《口語》だます; 返すつもりがないのに借りる

trampera[1] [trampéra] 囡《中南米》[鳥などを捕える] 箱形の罠

trampería [trampería] 囡 いかさま

trampero, ra[2] [trampéro, ra] 形 名《狩猟》罠師

trampilla [trampíʎa] 囡《trampa の 示小語》❶ [床・天井の] 揚げ戸; [床に開けた] のぞき窓: bajar por una ~ al sótano 揚げ戸から地下室に降りる. ❷ [かまどの] 炭投入口の蓋. ❸ [ズボンの] 比翼, フライフロント《=portañuela》

trampista [trampísta] 形 名 いかさまをする [人], いかさま師

trampolín [trampolín]《←伊語 trampolino》男 ❶《体操》跳躍板, 踏み切り台, スプリングボード. ❷ トランポリン. ❸《水泳》飛び板, 板飛び込み. ❹《スキー》ジャンプ台, シャンツェ: ~ largo ラージヒル. ~ corto ノーマルヒル. ❺《目的達成の》踏み台, ステップ

tramposo, sa [trampóso, sa] 《←trampa》形 名 ❶ だます (人), いかさま師. ❷ 罠の. ❸ 借金をしている

tramuzo [tramúθo] 男《地方語》ルピナス《=altramuz》

tran [trán] *al* ~ ~ 《口語》1) いいかげんに, ちゃらんぽらんに: Pon más atención y no lo hagas al ~ ~. もっと注意して, なげやりに

にやらないようにしなさい. 2) ゆっくりと丁寧に: Haz *al* ~ ~ para terminarlo bien. 丹精こめて, 立派に仕上げなさい

tranca [tráŋka]《←語源》囡 ❶ 杖, 棍棒: golpe dado con una ~ 杖による打撃. ❷ 閂 (かんぬき): poner (echar) la ~ a la puerta 戸に閂をかける. ❸《口語》酔い《=borrachera》: llevar una ~ 酔っぱらう. ❹《中南米》錠前《=cerradura》; くさび《=cuña》. ❺《メキシコ》[柵状の] 木戸. ❻《ベネズエラ.口語》交通渋滞
a ~*s y barrancas* 苦労して, 困難にも負けず: Acabó la carrera *a* ~*s y barrancas*. 彼は何とか大学を出た

trancada [traŋkáða] 囡 [広い] 歩幅
en dos ~*s* 間もなく, すぐに

trancador [traŋkaðór] 男《コロンビア, アルゼンチン》くさび《=cuña》

trancahílo [traŋkaílo] 男 [糸・綱の] 玉結び, 玉止め

trancanil [traŋkaníl] 男《船舶》梁五材, ウォーターウェー

trancar [traŋkár] 他 ❶《地方語》=atrancar. ❷《ベネズエラ.口語》閉じる
—— ~*se*《メキシコ, チリ, アルゼンチン, ウルグアイ》便秘する. ❷《チリ, アルゼンチン》=trabarse

trancazo [traŋkáθo] 男 ❶ 杖 (棍棒) による一撃. ❷《西. 口語》流感《=gripe》: coger un ~ インフルエンザにかかる. ❸《メキシコ》[人への] 強打. ❹《キューバ. 口語》[酒の] 飲み干し

trance [tránθe]《←英語》男 ❶ 危機, 苦境: No comprendo su manera de hacer en este ~. 私にはこの危機のぞんでの彼のやり方が理解できない. estar en un ~ apurado 窮地に立つ. pasar por un ~ 難局にある. ❷ [霊媒などの] 神がかり; 恍惚, 法悦: Él entró en ~ profundo. 彼は深いトランス状態に入った. ~ hipnóstico 催眠術による昏睡. ❸《法律》差し押さえ
a todo ~ 断固として, 何としても: El anciano se resiste *a* ~ *a dejar su pueblo*. その老人は故郷を離れることを頑として承知しない
en ~ *de*+名詞・不定詞《文語》1) …しかけの: Su gloria está *en* ~ *de* desaparición. 彼の栄光は風前の灯だった. 2) …と明示された
último ~/~ *postrero*/~ *mortal* 死に際: estar en el *último* ~ 死に瀕している

trancelín [tranθelín] 男 =trencellín

trancha [tránt∫a] 囡 [ブリキの縁細工用の] 金敷

tranche [tránʃ]《←仏語》囡《経済》割り当て分, 数量枠

tranchete [trantʃéte] 男《靴職人の》革切りナイフ

trancho [trántʃo] 男《魚》ニシンダマシ属の一種《=saboga》

tranco [tráŋko]《←tranca》男 ❶ 広い歩幅. ❷ 敷居. ❸《口語》粗い縫い目. ❹《地方語》1) 土鍋を火の上に固定する半円形の支え. 2) 棒打ち遊び《=tala》
a grandes ~*s* 1) 大股で: ir y venir *a grandes* ~*s* 大股で行ったり来たりする. 2) ざっと; やっつけ仕事で: examinar *a grandes* ~*s* ざっと調べる
a ~*s*《口語》急いで, あわてて
al ~《チリ, アルゼンチン, ウルグアイ》[馬・人の歩き方が] 大股で
en dos ~*s* [到着が] 間もなく, すぐに

trangallo [traŋgáʎo] 男 =tarangallo

tranque [tráŋke] 男《キューバ》錠前

tranquear [traŋkeár] 自 ❶《口語》=atrancar. ❷ [棒をてこにしたりして] 動かす, どける

tranquera [traŋkéra] 囡 ❶《地方語》柵. ❷《中南米》[柵状の] 木戸

tranquero [traŋkéro] 男 ❶《建築》戸枠 (窓枠) の石材. ❷《地方語》棍棒《=tranca》. ❸《コロンビア, ベネズエラ, エクアドル》柵

tranqui [tráŋki] 間《主に西. 若者語》落ち着いて/我慢して!

tranquil [traŋkíl] 男 soy por tranquil

tranquilamente [traŋkilaménte] 副 ❶ 平静で; 落ち着いて, ゆっくりと: Vamos ~. ゆっくり行こう. Se iba ~ sin pagar. 彼は金も払わずに平然としていた. ❷ 安心して: Puedes pasar ~ con un presupuesto de 15 a 20 euros diarios. 一日15〜20ユーロの予算でゆとりをもってすごしていけるよ

tranquilar [traŋkilár] 他《簿記》[貸方・借方の項目を帳尻が合うように] 二本線で消す. ❷《古》=tranquilizar

tranquilidad [traŋkiliðá(ð)] 囡 ❶ 静けさ, 静寂, 平穏: ~ de la noche 夜の静けさ (しじま). ~ del paisaje 風景ののどかさ. ~ del mar 海の穏やかさ. Necesitas un poco de ~. 君は1カ月の安静が必要だ. ❷ 安寧, 秩序: recobrar la ~ 秩序を取り戻す. ❸ 平静, 安心: Tiene ~ de conciencia. 彼は良心に恥じるところがない/心穏やかだ. afectar ~

tranquilización

平静を装う. perder la ～ 平静さを失う; いらいらする. con ～ 平静に, 落ち着いて; 安心して; 平然と. ❹《プエルトリコ. 俗語》友情
tranquilización [trankiliθajón] 囡 鎮静化
tranquilizador, ra [trankiliðaðór, ra] 形 安心させる, ほっとさせる
tranquilizante [trankiliánte] 形 男 ❶ 精神安定剤[の], 鎮静剤[の]. ❷ …の心を鎮める, 安心させる: efecto ～ 鎮静効果. noticia ～ 安心させる知らせ
tranquilizar [trankiliθár] 他 ←tranquilo 9 他 …の心を鎮める, 安心させる: La noticia me *tranquilizó*. その知らせを聞いて私はほっとした
── **se** 平静になる, 安心する: ¡*Tranquilízate*! 安心しなさい/落ち着いて!
tranquilla [trankíʎa] 囡《tranca の示小語》話をそらすこと
tranquillo [trankíʎo] 男 ❶《口語》こつ, 要領: coger (tomar) el ～ a... …のこつを覚える. ❷《アラゴン, アンダルシア, ムルシア》敷居 [=tranco]
tranquillón [trankiʎón] 男 ❶ [パンの] 小麦とライ麦の混合; ロッゲンコンブシュプロート. ❷ 小麦とライ麦の混合栽培
tranquilo, la [trankílo, la] 形《←ラテン語 tranquillus》❶[estar+. 場所・天気などが] 静かな, 穏やかな: Es un hotel ～. そのホテルは静かだ. El mar está ～. 海は穏やかだ. zona ～ 閑静な地区. ❷ [estar+. 人が] 落ち着いた, 平静な, 平然とした; 平穏な: Hoy mis hijos están ～s. 今日は息子たちはおとなしい. Estáte ～. 落ち着きなさい. No me siento ～. 私は心穏やかでない/どうも落ち着かない. Quiero pasar un mes ～ en la montaña. 私は山の中で1か月静かに過ごしたい. Vive ～, ni envidioso ni envidiado. 彼はねたみもせず, ねたまれもせず, 平穏な生活 (心安らかな日々) をおくっている. sueño ～ 安らかな眠り. ❸ [ser+. 人・性格が] 物静かな, おとなしい; のんびりした, おっとりした: Ese joven es ～. その青年は物静かだ(おっとりしている). mostrarse ～ おっとりと構える. ❹ 安心した: Me quedé ～ al escuchar estos comentarios. 私はその論評を聞いてほっとした. Saldremos a las siete para llegar ～s al aeropuerto. ゆとりをもって空港に着けるよう7時に出よう. tener la conciencia ～《a la》心にやましいところがない. ❺ [間投詞的]¡*T*～! No pasa nada. 大丈夫! 何ともないよ. ❻ [ワインが] 非発泡性の
respirar ～ 〔危険などが去って〕ほっとする: Por fin Eva y Pepe *respiraron* ～s. ようやくエバとペペはふっと息をついた
图 無頓着な人: Es un ～; si se le ocurre, nos tendrá esperándole una hora. 彼は物事を気にしない, 何かあっても彼が現われるのに1時間は待たねばならない
副《メキシコ》容易に
tranquilón, na [trankilón, na] 形 图 無頓着な〔人〕, 太平楽の〔人〕
男 =tranquillón
tranquiza [trankíθa] 囡《メキシコ》殴打, 鞭打ち
trans [tráns]《化学》ácido graso ～ トランス脂肪酸
trans-《接頭辞》❶ 「越えて, 向こう側の」*trans*atlántico 大西洋横断の. ❷ 「抜けて」*trans*parente 透明な
transa [tránsa] 囡 ❶《メキシコ》だまし, ペテン. ❷《ラプラタ》[不法な] 取引, 麻薬売買
transacción [transakθjón] 囡《←ラテン語 transactio, -onis》❶ 商取引, 売買 [契約]; [=～ comercial]: Han sido numerosas las *transacciones* en la sesión de bolsa de hoy. 今日の株式市場は取引が活発だった. *transacciones* ilegales 違法取引. *transacciones* internas インサイダー取引. *transacciones* inmobiliarias 不動産取引. *transacciones* invisibles [運輸・旅行などに見えない] 貿易外取引, サービス取引. ❷《法律》和解, 示談: llegar a una ～ 和解に達する. ❸《文語》妥協, 互譲. ❹《情報》トランザクション, まとまりの作業処理
transaccional [transa(k)θjonál] 形 商取引の, 売買の
transahariano, na [transa(a)rjáno, na] 形 サハラ砂漠横断の
transalpino, na [transalpíno, na] 形 アルプス山脈の向こう側の [⇔cisalpino]; アルプス横断の
transamazónico, ca [transamaθóniko, ka] 形 アマゾン川流域横断の
transaminasa [transamináse] 囡《生化》アミノ基移転酵素, トランスアミナーゼ
transandino, na [transandíno, na] 形 アンデス山脈の向こう側の (西側の) [⇔cisandino]; アンデス横断の
── 男 アンデス横断鉄道 [=～ ferrocarril ～]

transar [transár] 自・~se ❶《主に中南米》1) 妥協する [=transigir]. 2) 取引する, 売買契約を結ぶ. ❷《ラプラタ. 隠語》麻薬取引をする, 麻薬を買う
── 他 ❶《メキシコ》ペテンにかける, だます. ❷《チリ》[訴訟を] あきらめる
transatlántico, ca [transatlántiko, ka] 形 ❶ 大西洋横断の: tráfico ～ 大西洋横断航路. vuelo ～ 大西洋便. ❷ 大西洋の向こう側 (西側) の
── 男 大西洋横断定期船; 大型船
transbisabuelo, la [transbisaβwélo, la] 图 =tatarabuelo
transbordador, ra [transborðaðór, ra] 形 [向こう岸に] 渡す, 運ぶ
── 男 ❶ [船舶] フェリー, 連絡船. ❷《宇宙》スペースシャトル [=～ espacial]. ❸ ケーブルカー [=puente ～]
transbordar [transborðár]《←trans-+borde》❶ [積み荷を] 積み換える: ～ los equipajes del barco a la chalupa 積み荷を船からはしけに積み換える. ❷《主に鉄道》乗り換えさせる
── 自《主に鉄道》乗り換える: *Transbordaremos* en la próxima estación. 私たちは次の駅で乗り換えます
transbordo [transbórðo]《←transbordar》男 ❶ 積み換え. ❷《主に鉄道》乗り換え: hacer dos ～s en el metro 地下鉄を2回乗り換える
transcantábrico, ca [transkantáβriko, ka] 形 カンタブリア地方横断の
transcaucásico, ca [transkaukásiko, ka] 形 トランスコーカサス Transcaucasia 地方の
transcendencia [transθendénθja] 囡 =trascendencia
transcendental [transθendentál] 形 =trascendental
transcendentalismo [transθendentalísmo] 男 =trascendentalismo
transcendente [transθendénte] 形 =trascendente
transcender [transθendér] 24 自 =trascender
transcontinental [transkontinentál] 形 大陸横断の: avión ～《航空》長距離機
transcribir [transkriβír]《←ラテン語 transcribere < trans- (変化)+scribere「書く」》[過分 *transcrito*] ❶ 書き写す, 転写する: Es muy difícil ～ fielmente un manuscrito. 手書き原稿を忠実に書き写すのは大変難しい. ❷ [他の字母などに] 書き替える, 翻字する: ～ un texto griego en caracteres latinos ギリシア語の文章をラテン文字に書き替える. ❸ 文字化する: ～ un discurso 講演を口述筆記する, 講演の文字起こしをする. ❹ [音声学・音韻論・語彙論・形態論的要素を] 記号表記する. ❺《音楽》[他の楽器用に] 編曲する: ～ para piano una partitura de violín バイオリン曲をピアノ用にアレンジする. ❻《生物》転写する. ❼ [印章などを] 書く
transcripción [transkripθjón] 囡《←ラテン語 transcriptio, -onis》❶ 転写, 筆写; 転写したもの: ～ total del libro 本全体を書き写すこと. ～ fonética (fonológica)《言語》音声 (音韻) 転写. ❷ 口述筆記. ❸《音楽》編曲, アレンジ; 編曲された楽曲. ❹《正式》の写し, 謄本, 抄本; 成績証明書. ❺《生物》~ genética 転写物
transcriptivo, va [transkri(p)tíβo, ba] 形 転写の
transcripto, ta [transkrí(p)to, ta] =transcrito
transcriptor, ra [transkri(p)tór, ra] 形 图 書き写す[人]
transcrito, ta [transkríto, ta] transcribir の 過分
transculturación [transkulturaθjón] 囡《異文化からの》文化移植, 文化受容
transcultural [transkulturál] 形 あらゆる文化に共通の, 異文化間の
transculturización [transkulturiθaθjón] 囡 =transculturación
transcurrir [transkuřír]《←ラテン語 transcurrere》自 [時間が] 経過する, 推移する: La rueda de prensa *transcurrió* con toda normalidad. 記者会見は何の波乱もなく進んだ. Su vida *transcurría* tranquila y apacible. 彼は平穏無事な生活をおくっていた. Han *transcurrido* muchos años desde entonces. それから長い年月が流れた. Le reconocí a pesar del tiempo *transcurrido*. 年月がたっていたが私は彼が誰だか分かった. La acción de la obra *transcurre* en Sevilla. その作品のストーリーはセビーリャで展開される
── 他《文語》[時間を] 過ごす
transcurso [transkúrso] 男 経過, 推移: Se construyó la catedral en ～ de casi un siglo. 大聖堂は100年近くの歳月を

けて建てられた. con el ~ del tiempo 時がたつにつれ
transcutáneo, a [transkutáneo, a] 形《医学》経皮的な, 皮膚を通しての
transdérmico, ca [transdérmiko, ka] 形《医学》経皮的な
transducción [transduk θjón] 囡《生物》形質導入
transductor [transduktór] 男 ❶《物理》変換器;《生物》生物学的変換器. ❷《医学》プローブ, 超音波振動子〖=~ ultrasónico〗
transección [transe(k)θjón] 囡 横断面
transepto [transé(p)to] 〖←ラテン語 transeptum〗男《建築》[教会の] 交差廊, 袖廊
transeúnte [transeúnte] 〖←ラテン語 transiens, -euntis < transire 「移る」〗名 ❶ 通行人〔の〕: Los ~s deben ir por la pasarela. 通行人は歩道橋を渡らなければならない. ❷[都市・国を] 通過するだけの〔人〕, 一時旅行者 (寄港) の〔旅客〕: viajero ~ トランジット客, 通過乗客. ❸ 過渡的な, 一時的な, 暫定的な. ❹《哲学》超越する, 超出する
transexual [transe(k)swál] 形 囡《医学》性転換の, 性転換者; 性同一性障害者〔の〕, 異性化願望の〔持ち主〕
transexualidad [transe(k)swalidá(d)] 囡 性転換; 性同一性障害
transexualismo [transe(k)swalísmo] 男 性転換
transfer [tránsfer] 〖←英語〗男 [~s]《スポーツ》トレード
transferencia [transferénθja] 〖←ラテン語 transferens, -entis〗囡 ❶ 移動, 移転, 移譲. ~ bancaria 銀行振替. ~ telegráfica 電信為替. ❷[役職・権力などの] 移譲: ~ de poderes 権限の委譲. ❸《経済》[通常の経済取引とは異なり対価を伴わない] 賠償や贈与など, 価値の一方的な〔移転〕. ~ de acciones 記名株の名義書換. ~ de activo スピンオフ. ~ de crédito クレジット・トランスファー. ~ de emigrantes 移民からの送金. ~ de nombre 名義変更. ~ de tecnología 技術移転. ❹《言語》[語義の] 転移. ❺《医学》移植. ~ de embriones 胚移植. ~ nuclear 核移植. ❻《心理》[感情の] 転移
transferencial [transferenθjál] 形《まれ》振替の; 譲渡の
transferibilidad [transferibilidá(d)] 囡 譲渡可能性; 移動 (移転) 可能性
transferible [transferíble] 形 譲渡可能な; 移動 (移転) できる
transferidor, ra [transferidór, ra] 形 囡 移動させる〔人〕; 譲渡する〔人〕
transferir [transferír] 〖←ラテン語 transferre〗33 他 ❶ 他の口座に移す; 口座振替をする: Me ha transferido ya el dinero que me debía. 彼は私から借りていた金をもう振り込んできた. ❷ 譲渡する: El profesor transfirió su biblioteca particular a la universidad. 教授は自分の蔵書を大学に寄贈した. ❸ 移動させる: Han transferido a los prisioneros a la base norteamericana. 捕虜たちは米軍基地に移送された. ❹ [語義を] 転移させる, 比喩によって拡大 (変化) させる
transferrina [transferína] 囡《生化》トランスフェリン
transfigurable [transfiguráble] 形 変貌し得る
transfiguración [transfiguraθjón] 〖←ラテン語 transfiguratio, -onis〗囡 変貌, 変化: La T~ キリストの変容; 御変容の祝日〖8月6日〗. Subir a la montaña representa la ~ del pregrino. 山に登る図は巡礼者の変容を表わす
transfigurador, ra [transfiguradór, ra] 形 変貌させる
transfigurar [transfigurár] 〖←ラテン語 transfigurare〗他 変貌させる: El dolor le transfiguró la cara. 彼の顔は苦痛にゆがんだ. ── ~se 変貌する: Con la revolución industrial, la sociedad se transfiguró. 産業革命によって社会は変貌した
transfijo, ja [transfíxo, xa] 形 [鋭い武器などで] 刺し貫かれた, 突き刺された
transfixión [transfi(k)sjón] 囡 ❶《医学》穿刺. ❷[聖母マリアの悲しみの] 刺し貫き
transflor [transflór] 男《美術》金・銀・錫などの上に主に緑色で描いた絵
transflorar [transflorár] 自 透ける, 透けて見える. ── 他 ❶ [金属製品を] エナメル画で飾る. ❷ 透写する, トレースする
transflorear [transfloreár] 他 [金属製品を] transflor で飾る
transfluencia [transflwénθja] 囡《地理》貫流
transfobia [transfóbja] 囡 トランスフォビア, 性同一性障害者やトランスジェンダーに対する嫌悪
transfondo [transfóndo] 男 =**trasfondo**
transformable [transformáble] 形 変形され得, 形を変えら

transformación [transformaθjón] 〖←transformar〗囡 ❶ 変形; 加工; [大きな・構造的な] 変化: El gusano se convierte en mariposa durante su periodo de ~. 毛虫は変態の時期を経て蝶に変わる. En las últimas décadas, la región ha vivido una ~ social y económica absoluta. この数十年で地域は社会的・経済的大変化を経験した. industria de ~ 加工業. ~ de materia en energia 物質のエネルギー化. ❷《電気》変圧〖=~ del voltaje〗. ❸《数学》変換: ~ afin アフィン変換. ❹《生物》形質転換, 型変換. ❺《ラグビー》コンバート. ❻《スポーツ》ペナルティによる得点機会. ❼《言語》変形
transformacional [transformaθjonál] 形《言語》変形の: gramática generativa 〔y〕 ~ 変形生成文法
transformacionalismo [transformaθjonalísmo] 男 変形文法理論
transformacionalista [transformaθjonalísta] 形 名 変形文法理論の; 変形文法学者
transformador, ra [transformadór, ra] 形 変える, 変形させる: industria ~ra 加工産業. estación ~ra 変電所. ── 男《電気》変圧器, トランス
transformamiento [transformamjénto] 男 =**transformación**
transformar [transformár] 〖←ラテン語 transformare〗他 ❶ [形・性質などを, +en に] 変える, 変形する; 加工する: El tiempo no transformó nada. 時間は何も変化をもたらさなかった. El matrimonio le ha transformado. 結婚は彼を別人にした. ~ en oro 金に変える. ~ la harina en pan 粉からパンを作る. ❷ 改良する, 改善する: Las vacaciones le han transformado. 休暇で彼は元気になった. ❸《数学》変換する. ❹ [サッカーなど] ペナルティによる機会を生かして得点する: Raúl transformó un penalti. ラウルはペナルティキックによって得点をあげた. ── ❺《ラグビー》コンバートする. ── ~se 変わる〔別のものへの無意志で思いがけない変化. → cambiar〕. ❷〔類義〕: La aldea se transformó en un mar de barro. 村は泥の海と化した
transformativo, va [transformatíβo, βa] 形 変形させる: gramática ~va 変形文法
transformismo [transformísmo] 男 ❶ 生物変移説〖新しい種の発生原因を環境の影響とする古い進化論〗. ❷ [芸人の] 早変わり
transformista [transformísta] 形 名 ❶ 生物変移説の〔支持者〕. ❷ 早変わり芸人. ❸《軽蔑》[政治家などが] 変わり身の早い
transfregar [transfregár] 8 23 〖→negar〗他 こすり合わせる
transfretano, na [transfretáno, na] 形《まれ》[海峡などの] 対岸の
transfretar [transfretár] 他《まれ》[海を] 渡る. ── 自《まれ》広がる, 広がっていく
transfronterizo, za [transfronteríθo, θa] 形 国境を越えた, 国際的な
tránsfuga [tránsfuga] 〖←ラテン語 transfuga〗名《男性形 **tránsfugo** もある》❶ 離反者; 投降者, 脱走兵. ❷《西. 政治》転向者, 変節漢; 離党者: Es un ~ del partido de la oposición. 彼は野党からの離反者だ
tránsfugo [tránsfugo] 男 →**tránsfuga**
transfuguismo [transfugísmo] 男《西. 政治》転向, 変節
transfundición [transfundiθjón] 囡 =**transfusión**
transfundir [transfundír] 他 ❶《医学》輸血する, 輸注する: Al enfermo le han transfundido dos litros de sangre. 患者に2リットルの輸血がなされた. ❷ [液体を少しずつ別の容器に] 移し変える. ❸ [ニュースなどを人から人へ] 伝える, 広める
transfusible [transfusíble] 形 ❶ 輸血可能な. ❷ [液体が] 移し替え可能
transfusión [transfusjón] 〖←trans+fusión〗囡《医学》1) 輸血〖=~ de sangre〗: hacer una ~ a un herido 負傷者に輸血する. 2) 輸注, 輸液. ❷ [液体の] 移し替え
transfusional [transfusjonál] 形 輸血の
transfusionista [transfusjonísta] 囡 輸血の専門家
transfusor, ra [transfusór, ra] 形 輸血を行なう〔人〕: aparato ~ 輸血用器具
transgangético, ca [transganxétiko, ka] 形 ガンジス川 Ganges 流域北部の
transgénero [transxénero] 男 トランスジェンダー

transgénesis [transxénesis] 囡《生物》組換え遺伝子
transgénico, ca [transxéniko, ka] 形《生物》遺伝形質を転換した, 遺伝子組換えの: alimento ～ 遺伝子組換え食品
transgredible [transgređíble] 形《文語》違反され得る
transgredir [transgređír]《←ラテン語 transgredi》他《欠如動詞: 語尾に i の残る活用形のみ. →**abolir**》《文語》…に違反する, 背く: ～ un precepto 戒律に反する. ～ una ley 法を犯す
transgresión [transgresjón] 囡 ❶ 違反. ❷《地質》海進《= ～ marina. ⇔regresión》
transgresivo, va [transgresíβo, βa] 形 違反する
transgresor, ra [transgresór, ra] 形 名 違反する; 違反者
transiberiano, na [transiβerjáno, na] 形 シベリア横断の ── 男《T～》シベリア横断鉄道
transición [transiθjón]《←ラテン語 transitio, -onis》囡 ❶ [+a ～の] 推移, 移り変わり: gobierno de ～ 臨時政府. ～ a la democracia 民主主義への移行. ～ del verano a otoño 夏から秋への変わり目. ～ política en España スペインにおける政治的移行期《1975〜78年の民主主義への移行期》. ❸ [曲・語りなどの] 転調. ❹《バスケットボール》相手エリアにボールを運ぶプレイ. ❺《量子力学上の》遷移, 転移: ～ electrónica 電子遷移. ❻《社会学》～ demográfica 人口転換《多産多死から多産少死を経て少産少死に移行する》
transicional [transiθjonál] 形 移行[期]の, 移行する
transido, da [transíđo, đa]《←古語 transir < ラテン語 transire》形《文語》❶ [estar+. 肉体的・精神的苦痛で] 憔悴した, 動揺した, 煩悶する: La viuda, ～da de dolor, lloraba la muerte de su ser querido. 未亡人は愛する人の死を悲しんで打ちひしがれ, 涙を流していた. ❷ 思慮の足りない, 浅はかな
transigencia [transixénθja] 囡 ❶ 弱腰, 寛容. ❷ 譲歩, 妥協, 折り合い
transigente [transixénte] 形 妥協的な, 歩み寄る; 弱腰な, 腰の引けた
transigible [transixíβle] 形 我慢され得る
transigir [transixír]《←ラテン語 transigere》[4] 自 ❶ [+con を] 我慢する, 受忍する: No puedo ～ con el desorden. 私は無秩序には耐えられない. ❷ [+en の点で] 和解する, 妥協する: ～ en los principios 原則を曲げる
transilvano, na [transilβáno, na] 形《地名》[ルーマニアの] トランシルバニア Transilvania の[人]
transir [transír] 他《文語》[主に 過分] 強く影響する, 動揺させる
── **～se**《文語》うとうとする
transistor [transistór]《←英語》男 ❶《電気》トランジスター. ❷ トランジスターラジオ《=radio a (de) ～》
transistorizado, da [transistoriθáđo, đa] 形 トランジスター式の
transitable [transitáβle] 形《場所が》通行可能な
transitado, da [transitáđo, đa] 形 人通りの多い
transitar [transitár]《←ラテン語》自 ❶ [+por を] 通行する: Transita la gente por la avenida. 人々が大通りを行く. ❷ [短期逗留しながら] 旅行する, 旅歩きする
transitario, ria [transitárjo, rja] 形 名 貨物利用運送業の(業者), フォワーダー; 通関業の(業者)
transitividad [transitiβiđá[đ]] 囡《文法》他動性
transitivo, va [transitíβo, βa] 形《文法》❶《文法》他動詞[の], ❷《文語》通行する, 行きかう, 往来の. ❸《数学》推移的な
tránsito [tránsito]《←ラテン語 transitus》男 ❶ 通行;《主に中南米》交通[ライフライン] (=tráfico): El ～ por esta carretera se hace difícil. この国道は通行が困難になっている. El fin de semana hay mucho ～ en la autopista. 週末は高速道路の交通量が多い. ～ aduanero [EU 以外を移動する貨物の] 通関手続[に関する措置]. ～ pesado 大型車の通行. ～ rodado 車両通行. ～ al otro mundo あの世へ行くこと, 死出の旅. ❷ 逗留地, 滞在先, 宿泊地. ❸ [鳥の] 渡り. ❹ 経過, 経緯, 移り変わり. ❺ 通過; 配送経路; [郵送・配送の] サービス拠点. ❻ [修道院などの] 廊下, 回廊. ❼《文語》[聖人・有徳者の] 死. 聖母被昇天祭《8月15日. =T～ de la Virgen》. ❽《急行・特急列車の》ホーム通過.《天文》《天体の》子午線通過, 天体面通過
de ～ 一時滞在の: Solo estoy aquí de ～. Mañana me voy. 私はここに一時滞在で, 明日には出ます. mercancías de ～ 通過貨物. pasajero de ～ トランジット客, 通過客. sala de

～ トランジットルーム. tarjeta de ～ トランジットカード
en ～ 乗り継ぎで: Los pasajeros en ～ para Canarias no necesitan pasar por la ventanilla de pasaportes. カナリア諸島への乗継客はパスポート審査窓口を通る必要はありません
hacer ～ 1) 逗留する. 2)《法律》段階を経る
transitoriamente [transitorjaménte] 副 一時的に, 過渡的に
transitoriedad [transitorjeđá[đ]] 囡 過渡性, 一時性; 無常
transitorio, ria [transitórjo, rja]《←ラテン語 transitorius》形 ❶ 過渡的な; 一時的な, 暫定的な: período ～ 移行期間, 過渡期. instalación ～ria 仮の施設. ❷ はかない, 束の間の, 無常の; 長持ちしない. ❸《電気》corriente ～ 過渡電流
translación [translaθjón] 囡《まれ》**=traslación**
translaticiamente [translatiθjaménte] 副《まれ》**=traslaticiamente**
translaticio, cia [translatíθjo, θja] 形《まれ》**=traslaticio**
translativo, va [translatíβo, βa] 形《まれ》**=traslativo**
translimitación [translimitaθjón] 囡 ❶《道徳的・物理的な》逸脱, 脱線. ❷《近隣諸国への侵略を意図しない》派兵, 軍事的越境
translimitar [translimitár] 他《侵略を意図せず》越境する
── **～se** [限界を] 越える, 度を過ごす
translinear [translineár] 自《法律》継嗣限定を別の相続者に移す
transliteración [transliteraθjón] 囡《言語》[異なる文字体系への] 書き直し, 字訳, 翻字; 字訳されたもの
transliterar [transliterár] 他《言語》字訳する, 翻字する: ～ del ruso al español ロシア語からスペイン語に字訳する
transliterativo, va [transliteratíβo, βa] 形《言語》字訳の, 翻字の
translucidez [transluθiđéθ] 囡 **=traslucidez**
translúcido, da [translúθiđo, đa] 形 **=traslúcido**
transluciente [transluθjénte] 形 **=traslúcido**
translucir [transluθír] [40] 他 自 **=traslucir**
transluminal [transluminál] 形《医学》経管的な
transmarino, na [transmaríno, na] 形 海の向こうの
transmediterráneo, a [transmeđiterráneo, a] 形 地中海横断の: comercio ～ 地中海貿易
transmigración [transmigraθjón] 囡 ❶ 移住. ❷《宗教》輪廻《⚜》転生《=～ de las almas》
transmigrar [transmigrár]《←ラテン語 transmigrare》自 ❶ [特に民族が] 移住する. ❷《宗教》輪廻する
transmigratorio, ria [transmigratórjo, rja] 形 ❶ 移住の. ❷《宗教》輪廻転生の
transmisibilidad [transmisiβiliđá[đ]] 囡 伝達(伝染・遺伝)可能性; 譲渡可能性
transmisible [transmisíβle] 形 伝達(伝染・遺伝)され得る; 譲渡可能
transmisión [transmisjón] 囡 ❶《文語》伝染: enfermedad de ～ sexual 性病. ❷《文語》伝達: ～ de pensamiento 直覚的思考伝達, 以心伝心. ❸《文語》移転, 譲渡: ～ de dominio / ～ de la propiedad 所有権の移転. ～ de poderes 権力の移譲. ❹《文語》放送: derechos de ～ 放送権. ～ de televisión (radio) テレビ(ラジオ)放送. ～ en directo 生放送. ～ en diferido 録画中継. ～ en exterior スタジオ外放送. ❺《技術》伝動(装置); 変速機, ギア, トランスミッション: ～ delantera (trasera)《自動車》前輪(後輪)駆動. ～ manual《自動車》マニュアルトランスミッション. ❻《情報》～ de datos データ通信. ❼《物理》透過: ～ de calor 熱の伝達. ❽《軍事》[複] 通信隊. ❾《社会学》～ demográfica 人口転換《=transición demográfica》
transmisor, ra [transmisór, ra] 形 ❶ 伝える: agente ～ de enfermedades 病気感染の媒体. ❷ 送信する
── 男 送信機, 送話器, 発信器: ～-receptor トランシーバー
transmitancia [transmitánθja] 囡《物理》透過率
transmitente [transmiténte] 形《法律》譲渡する[人]
transmitir [transmitír]《←ラテン語 transmittere < trans-+mittere 「送る」》他 ❶ [+a に] 伝える: 1) [連絡・伝達] Transmítale mis respetos a su esposa. 奥様によろしくお伝えください. Le dijo que la transmitiera sus saludos. 彼らによろしくのことでした. ～ una noticia a+人 …に知らせを伝える. ～ un telegrama 電報を打つ. 2) [ラジオ・テレビで] 放送する: ～ un concierto en directo (en diferido) コンサートを生放送(録画

中継)する. 3)《物理》[運動・熱などの伝導] La cúpula es recibida por los arcos torales, que *transmiten* el peso *a* las columnas. 丸天井はメインアーチによって支えられ,その重量は柱へと伝わっていく. El aire *transmite* el sonido. 空気は音を伝える. ~ la fuerza del motor *a* las ruedas エンジンの力を車輪に伝える. ❷[病気を]伝染させる: Los mosquitos *transmiten* la malaria. 蚊はマラリアを媒介する. Nos *transmitió* su desesperación. 彼の絶望が私たちにもうつった. ❸ 譲渡する: ~ sus bienes *a* su hijo 財産を息子に譲る. Los españoles han *transmitido* los romances de generación en generación. スペイン人は代々ロマンセを語り継いできた
── *se* ❶ 伝染する; 遺伝する: El carácter *se transmite* de padres *a* hijos. 性格は親から子へ伝わる. ❷ 伝わる: La vibración *se transmite* por la estructura del edificio. 振動は建物の構造を伝わる. En su rostro *se transmitía* el dolor que sufría. 彼の表情からは彼の受けている苦しみがつたわってきた

transmontano, na [transmontáno, na] 形 山の向こう側の
transmontar [transmontár] 他 自・~*se* 山越えする
transmortal [transmortál] 形 死の向こう側にある, あの世の
transmudación [transmuðaθjón] 女 **=transmutación**
transmudamiento [transmuðamjénto] 男 **=transmutación**
transmudar [transmuðár] 他 ❶ [人・物を] 移す, 移動させる. ❷ 変質させる; 変換する. ❸ [論理・説得を通じて感情などで] 穏やかにする, 諭す
transmundano, na [transmundáno, na] 形 あの世の, 夢(幻想)の世界の
transmutable [transmutáble] 形 変質(変換)され得る
transmutación [transmutaθjón] 女 ❶《文語》変質; 変換. ❷《生物》[種の] 変移. ❸《錬金術》卑金属から貴金属への変成. ❹《物理》[原子核の] 変換: ~ radiactiva 放射性変換
transmutador, ra [transmutaðór, ra] 形 変質させる[人]
transmutar [transmutár]《←ラテン語 transmutare》他 ❶ [+en 金に] 変質させる. ❷《物理》変換する: ~ el uranio *en* plutonio ウランをプルトニウムに変換する
── *se* 変質する; 変換される
transmutativo, va [transmutatíbo, ba] 形 **=transmutatorio**
transmutatorio, ria [transmutatórjo, rja] 形 変質(変換)させる
transnacional [transnaθjonál] 形 ❶ 国家(民族)の枠を越えた, 超国家的な, 国境を越えた
── 女 多国籍企業[=empresa ~]
transoceánico, ca [transoθeániko, ka] 形 海の向こうの; 大洋横断の
transpacífico, ca [transpaθífiko, ka] 形 太平洋の向こう側の; 太平洋横断の: buque ~ 太平洋横断客船
transpadano, na [transpaðáno, na] 形 [イタリアの] ポー川の向こうの[人]
transpaleta [transpaléta] 女 フォークリフト
transparecer [transpareθér] 自《文語》透けて見える
transparencia [transparénθja] 女 ❶ 透明性; 透明度: 1) ~ de la cortina カーテンが透けて見えること. ~ del agua 水の透明度. 2)《比喩》~ de la actuación 行動の分かりやすさ. ~ política 政治的透明性. ❷《写真》スライド; [OHP用の] 透明フィルム. ❸《映画》[背景を合成する] スクリーンプロセス. ❹《美術》透かし絵, 透明画. ❺《服飾》透けて見える衣服(生地)
transparentar [transparentár]《←transparente》他 [透けて] 見せる: Su rostro *transparentaba* la felicidad. 彼の顔は幸せを隠し切れなかった
── *se* ❶ 透けて見える, 物越しに映る: A través de los visillos *se transparentaba* la habitación. 薄いカーテン越しに部屋の中が透けて見えた. ❷ 透明である, 透ける: vestido que *se transparenta* シースルーのドレス. ❸ あらさまである, 明白である: Procuraba que no *se transparentase* su irritación. 彼は自分のいらだちを表さないようにしていた
transparente [transparénte]《←trans-+ラテン語 parere「現われる」》形 ❶ 透明な, 透き通った[⇔opaco]: cristal ~ 透明ガラス. ❷ 半透明の[=traslúcido]: tejido ~ 透ける生地. ❸ 見え透いた, 見え見えの: intención ~ 見え透いた意図. ❹ 明白な, 明快な: lenguaje ~ 明解な言語
── 男 ❶ [窓などの] シェード. ❷《美術》1)《祭壇奥の》ステンドグラス. 2)[el T~] トランスパレンテ《トレド大聖堂にあるチュリゲラ様式の祭壇装飾. 後方からさしこむ光で彫刻が躍動するように見える》. ❸ [裏から光で照らす] 広告灯, 看板灯. ❹ 透けて見える布(紙など)
transparentemente [transparéntemente] 副《文語》明白に
transpirable [transpiráble] 形 発汗(蒸散)し得る
transpiración [transpiraθjón] 女 ❶ 発汗. ❷《植物》蒸散; 蒸散孔
transpirante [transpiránte] 形 汗をかく
transpirar [transpirár]《←trans-+ラテン語 spirare「発散する」》自 ❶ 汗をかく, 発汗する[=sudar]: Hace mucho calor y estoy *transpirando*. とても暑くて私は汗をかいている. ❷《植物》蒸散する. ❸《衣服》汗などを通す: Esta camisa no *transpira*. このシャツは汗が通さない
── 他 滲出(しみだ)させる, 滲ませる
transpirenaico, ca [transpirenáiko, ka] 形 ❶ ピレネー山脈の向こう側の. ❷ ピレネー(南側)を越える, 極地横断の; 貿易. trenes ~*s* ピレネー越えの列車
transplantable [transplantáble] 形 **=trasplantable**
transplantación [transplantaθjón] 女 **=trasplantación**
transplantador [transplantaðór] 女 **=trasplantador**
transplantar [transplantár] **=trasplantar**
transplante [transplánte] 男 **=trasplante**
transpolar [transpolár] 形 ❶ 北極(南極)を越える, 極地横断の
transpondedor [transpondeðór] 男《通信》トランスポンダー
transponedor, ra [transponeðór, ra] 形 男 移し変える[人]
transponer [transponér]《←ラテン語 trans-+ponere「置く」》60《活用》transpuesto. 命令法単数 transpón》他 ❶ [人・物を, 他の物の後ろで] 見えなくする: Dejamos de verla en cuanto *transpuso* la esquina. 角を曲がると彼女の姿は見えなくなった. ❷《文語》[障害・限界などを] 越える: El ladrón *transpuso* la valla de un salto. 泥棒は塀を一跳びで越えた. ❸《文語》[人・物を] 移動させる, 移し替える; 変える. ❹《文語》植え替える, 移植する. ❺《音楽》移調させる. ❻《数学》移項する
── *se* ❶《文語》日が沈む; [天体が] 地平線(水平線)の向こうに隠れる: El sol se *transpuso* tras la montaña. 太陽は山の向こうに沈んだ. ❷ うつらうつらする, うとうとする: Me he *transpuesto* media hora después de comer. 私は食後30分うとうとした
transportabilidad [transportabiliðá(ð)] 形 運送(運搬)可能性
transportable [transportáble] 形 運送(運搬)可能な; 持ち運びのできる
transportación [transportaθjón] 女 運搬, 運送
transportador, ra [transportaðór, ra] ❶ 運ぶ, 運搬する: cinta ~*a* ベルトコンベヤー. compañía ~*ra* 運送会社. ❷《医学》gas ~ [麻酔の] キャリアガス
── 女 運送者, 運送業者
── 男 ❶《幾何》分度器. ❷ コンベヤー, 運搬装置: ~ aéreo 架空コンベヤー. ~ de correa/~ de cinta ベルトコンベヤー
transportamiento [transportamjénto] 男 運搬, 運送[=transporte]
transportar [transportár]《←trans-+portar》他 ❶ 運ぶ, 運搬する, 輸送する: El tren *transporta* mercancías de Albacete a Alicante. その列車はアルバセテからアリカンテに運ぶ. ~ los muebles desde el comedor a la sala 家具を食堂から居間に移す. ❷ electricidad 送電する. Este libro nos *transporta* al pasado. この本は私たちを過去の世界に連れて行く. ❸《音楽》移調する. ❹ うっとりさせる, 恍惚とさせる: La música de Tárrega me *transporta*. タレガの曲には私はうっとりさせられる
── *se*《文語》うっとりする, 恍惚となる
transporte [transpórte]《←transportar》男 ❶ 運搬, 輸送: gastos de ~ 運送費. ~ de mercancías 運搬. ~ marítimo・terrestre・ferroviario 空輸(海運・陸上輸送・鉄道輸送). ❷ 輸送機関: ~ público 公共輸送機関. ❸《軍事》輸送船, 輸送トラック, 輸送機: ~ de tropas 兵員輸送船(車・機). ❹ 運送契約; 運送料, 運賃: ~ por menos de un vagón completo LCL貨物, 小口貨物. ❺《文語》[強烈な感情による] 理性の喪失. ❻《生理》滲出(しみだ). ❼《美術》[石版刷りの] 移行. ❽《地質》tierras de ~ 沖積土. ❾《中米》~ escolar スクールバス. ❿《プエルトリコ》5弦の楽器. ⓫《ラプラタ, 簿記》次期繰り越し剰余

transportín [transportín] 男 **❶**《自転車》荷台. **❷**《自動車》補助席

transportista [transportísta] 形 名 運送業の(業者); トラック運転手

transposición [transposiθjón]【←transponer】女 **❶** 移し替え, 移動, 移転. **❷**〔物陰に〕姿を隠すこと. **❸**《音楽》移調. **❹**《数学》移項. **❺**《音声》音位転換. **❻**《修辞》転換法, 転用法. **❼**《化学》〔分子内〕転位. **❽**《解剖》転位. **❾**〔印刷〕〔活字・ページなどの〕反転, 逆転. **❿**《電気》〔マルチコネクターの〕ライン位置転換

transpositivo, va [transpositíbo, ba] 形 移し替え可能な; 移し替えの

transpositor, ra [transpositór, ra] 形《音楽》instrumento ~ 移調楽器

transpuesto, ta [transpwésto, ta]【transponer の過分】形 うつらうつら(うとうと)している
—— 女 =traspuesta

transrenano, na [tran(s)r̃enáno, na] 形《地名》〔ドイツの〕ライン川 el Rin の対岸の〔人〕

transterminante [transterminánte] 形 =trasterminante

transterrar [transter̃ár] 他《文語》〔主に政治的理由で他国に〕移住させる
—— ~se 移住する

transtiberino, na [transtiberíno, na] 形 名〔ローマの〕テベレ川 el Tíber の対岸の〔人〕

transubstanciación [transu(b)stanθjaθjón]【←ラテン語 transubstantiatio, -onis】女《カトリック》全質変化, 化体(けたい)〖聖餐のパンとワインはキリストの肉と血であるとする〗. **❷**〔物質の〕変質

transubstancial [transu(b)stanθjál] 形 他の物質に変化する

transubstanciar [transu(b)stanθjár] 10 他《カトリック》化体させる: ~ el pan y el vino en cuerpo y sangre de Cristo パンとワインをキリストの肉と血に変える. **❷**〔他の物質に〕変質させる

transuránico, ca [transurániko, ka] 形 男 =transuranio

transuránido, da [transuránido, da] 形 男 =transuranio

transuranio, nia [transuránjo, nja] 形 男《化学》超ウランの; 超ウラン元素

transustanciación [transustanθjaθjón] 女 =transubstanciación

transustanciar [transustanθjár] 10 他 =transubstanciar

transvasación [transbasaθjón] 女《まれ》=trasvase

transvasado [transbasáđo] 男 =trasvase

transvasar [transbasár] 他 =trasvasar

transvase [transbáse] 男 =trasvase

transverberación [transberberaθjón] 女 **❶**《カトリック》~ del corazón de Santa Teresa 聖テレサのトランスベルベラシオン〖心臓を天使の矢で突き通され恍惚状態になった神秘体験〗. **❷**《文語》突き通して傷つけること

transverberar [transberberár] 他《文語》突き通して傷つける

transversal [transbersál] 形 **❶** 横切る, 横断の: tejido con listas ~es 横縞の布. **❷**〔より広い道路と〕交差する: camino ~ de (a) la calle Alcalá アルカラ通りと交差する道. **❸**〔家系が〕傍系の
—— 女 **❶** 交差する通り〖=calle ~〗. **❷**《幾何》横断線〖=línea ~〗

transversalmente [transbersalménte] 副 横向きに; 横断して, 交差して

transverso, sa [transbérso, sa]【←ラテン語 transversus】形 =transversal: eje (diámetro) ~〔双曲線の〕交軸, 横軸

transvestismo [transbestísmo] 男 =travestismo

tranvía [trambía] 男【←英語 tramway】 **❶** 路面電車, 市電〖車両, 軌道〗: ir en ~ 市電で行く. **❷**《西》〔短距離で1両だけの〕各駅停車の列車, 普通列車〖2以上は tren de cercanías〗. **❸**《鉱山》空中ケーブルによる運搬装置

tranviario, ria [trambjárjo, rja] 形 路面電車の
—— 名 市電の従業員

tranviero, ra [trambjéro, ra] 名《まれ》市電の従業員〖=tranviario〗

tranza [tránθa] 女《メキシコ》だまし, ペテン, 詐欺

tranzadera [tranθadéra] 女 組みひも

tranzar [tranθár] 9 他 **❶** 切り倒す; 割る. **❷**〔髪を〕編む, 三編みにする. **❸**《アラゴン》〔公的な販売などで〕落札する. **❹**《メキシコ》詐欺をはたらく, だまし取る

tranzón [tranθón] 男 **❶**〔山林・農園の〕区画. **❷**〔田舎の古い農園から分かれ, 独立した〕地所, 土地

trapa [trápa] 男/女《西》〔主に繰り返して, 大勢の人声・足音など〕ガヤガヤ, ドタドタ: Desde lejos se oyó un ~, ~. 遠くからざわめきが聞こえた
—— 女《船舶》1) 絞り綱〖荒天時に帆を収める補助綱〗. 2) 複 ボート固定用の綱. **❷**《カトリック》La T~ トラピスト修道会. **❸**《地方語》〔床の〕揚げ戸;〔床に開けた〕のぞき窓. **❹**《アラバ》鋭い歯の馬鍬

trapacear [trapaθeár]【←ポルトガル語 trapaça】自《西》詐欺をはたらく

trapáceo, a [trapáθeo, a] 形《植物》ヒシ科の

trapaceramente [trapaθeraménte] 副《西》詐欺で, いかさまで

trapacería [trapaθería] 女《西》不正取引, 詐欺商法, いかさま商売, ぺてん

trapacero, ra [trapaθéro, ra] 形 名《西》詐欺をはたらく〔人〕

trapacete [trapaθéte] 男《商業》取引日記帳

trapacista [trapaθísta] 形 名《西》詐欺商売をする〔人〕, 詐欺師

trapajo [trapáxo] 男《軽蔑》ぼろきれ

trapajoso, sa [trapaxóso, sa] 形 **❶** ぼろをまとった; 身なりに無頓着な: Es un mujer sucia y ~sa. その女は薄汚れてだらしない身なりをしている. **❷** 発音の不明瞭な〔人〕, 滑舌の悪い〔人〕: Habla de un modo ~. 彼は聞き取りにくい話し方をする. **❸**《料理》筋の多い

trápala [trápala] 女 **❶**《口語》〔見え透いた〕嘘, 欺瞞. **❷**〔人々の〕騒音, 喧騒. **❸**〔トロットやギャロップする馬の足音〕パカパカ
—— 男/女《口語》**❶**〔つまらないことばかり〕よくしゃべる〔人〕, おしゃべり. **❷** 嘘つき〔の〕, いいかげんな〔人〕

trapalear [trapaleár] 自 **❶**〔行ったり来たりして〕足音をたてる, ドタバタと行き来する. **❷**《口語》無駄口をたたく, 他愛のないおしゃべりをする. **❸**《口語》嘘をつく

trapalón, na [trapalón, na] 名 嘘つき, いいかげんな人

trapatiesta [trapatjésta] 女 けんか騒ぎ; 轟音, 大騒音

trapaza [trapáθa] 女《西》=trapacería

trapazar [trapaθár] 9 自《西》=trapacear

trapazo [trapáθo] 男《闘牛》下手な切り pase

trape [trápe] 男 **❶**《古語, 服飾》〔ひだを補強する〕芯地(しんじ). **❷**《チリ》毛糸

trapeador [trapeadór] 男《メキシコ, チリ》モップ〖=fregona〗

trapeadora [trapeadóra] 女〔ドミニカ, コロンビア, ペルー, ボリビア〕掃除を担当する家政婦

trapear [trapeár] 自《カンタブリア》雪が降る〖=nevar〗
—— 他 **❶**《中南米》… にモップをかける, 雑布でふく. **❷**《中米》ポカポカ殴る

trapecial [trapeθjál] 形《幾何》台形の

trapecio [trapéθjo] 男【←ラテン語 trapezium <ギリシャ語 trapezion < trapeza「4脚の机」】 **❶**《幾何》台形: ~ isósceles 等脚台形. **❷**〔サーカスの〕空中ブランコ. **❸**《解剖》1) 僧帽筋 2) 大菱形骨, 大多角骨. **❹**《船舶》トラピーズ〖ヨットで艇外に身を乗り出すための命綱と吊り具〗. **❺**〔ハンググライダーの〕フレーム. **❻**《服飾》línea ~ トラペーズライン〖裾に向かって徐々に広がっていくシルエット〗

trapecista [trapeθísta] 名 空中ブランコ乗り

trapelacucha [trapelakútʃa] 女〔アラウコ族の女性が着ける〕銀の首飾り

trapense [trapénse] 形《カトリック》トラピスト修道会 la Trapa の〖修道士・修道女〗

trapería [trapería] 女 **❶**〖集合〗くず, ぼろ; 古着. **❷** 中古品店, 中古衣料店. **❸**《アンダルシア》布地店〖=pañería〗

traperil [traperíl] 形 くず物商の, 古着商の

trapero, ra [trapéro, ra]【←trapo】名 **❶** くず物商, 古着商, 廃品回収業者. **❷**《古語》布地製造(販売)業者〖=pañero〗. **❸**《チリ, アルゼンチン, ウルグアイ》古着道楽の人
—— 男《中南米》床用の雑布

trapezoedro [trapeθoédro] 男《結晶》偏方多面体

trapezoidal [trapeθoidál] 形《幾何》台形の

trapezoide [trapeθóide] 男 **❶**《幾何》台形, 不等辺四辺形. **❷**《解剖》小多角骨
—— 形 台形の〖=trapezoidal〗

trapi [trápi] 男《軽蔑》=**trapicheo**
trapiche [trapítʃe] 男 ❶ [サトウキビ・オリーブなどの] 搾汁機, 圧搾機. ❷《古語》サトウキビの挽き臼〖18世紀から19世紀初頭にキューバなどで使われ, 奴隷・家畜・初期の蒸気機関を動力とした〗. 製糖工場《サトウキビ農園に併設された》. ❸《メキシコ, チリ, アルゼンチン》〖鉱石の〗粉砕用水車
trapichear [trapitʃeár]《←古語 trapiche <ラテン語 trapetus「オリーブの挽き臼」》自 ❶《軽蔑》不正な手段をとる; 抜け道を探す. ❷ [主に違法に] 小売をする: ~ con droga 麻薬の密売をする. ❸《中南米》《秘密に》情事（不倫）をする
—— **se**《まれ》❶ 衣類を身に付ける; 衣類を脱ぐ. ❷ 不正取引をする
trapicheo [trapitʃéo] 男《軽蔑》[主に 複] 不正取引, 詐欺, いかさま; 麻薬の密売
trapichería [trapitʃería] 女《まれ》=**trapicheo**
trapichero, ra [trapitʃéro, ra] 名 [サトウキビ・オリーブなどの] 搾汁作業員
trapiento, ta [trapjénto, ta] 形《軽蔑》ぼろぼろの服を着た; [服が] ぼろぼろの〖=andrajoso〗
trapillo [trapíʎo] 男 ❶ [貯めた] 小金. ❷ 零落した人
de ~《西. 口語》普段着で, くつろいだ姿で
trapío [trapío]《←trapo》男 ❶《女性のふるまいの》優雅さ. ❷《西. 闘牛》[牛の] 総合的な良さ. ❸《廃語》集名 [一隻の船の] 帆
trapisonda [trapisónda]《←Trapisonda（古代小アジアの都市）》女 ❶《西》1) [叫び合う] けんか騒ぎ; もめごと, トラブル: Brava ~ ha habido. ひどいけんか騒ぎが起きた. ❷ 嘘, だまし. ❸《廃語》[色々な方向に波立つ海から波の音が聞こえる] さざなみ
—— 形 名 =**trapisondista**
trapisondear [trapisondeár] 自《西. 口語》けんか騒ぎをする, もめごとを起こす
trapisondeo [trapisondéo] 男《西. 口語》けんか騒ぎ
trapisondista [trapisondísta] 形 名 ❶《西. 口語》けんか騒ぎをする〔人〕, トラブルメーカー〔の〕: lenguas alocadas y ~s 思慮に欠けたトラブルのもとになる舌. ❷ 嘘つき〔の〕
trapitos [trapítos]〖trapo の示小語〗男 複《口語》[主に女性用の] 衣服
~ de cristianar／~ de acristianar《西. 口語》[女性用の, 洗礼式・日曜日などの] 晴れ着, 一張羅
trapo [trápo]《←ラテン語 drappus》男 ❶ ぼろきれ, 古ぎれ: Los ~s sucios se lavan en casa.《諺》内輪の恥を他人の目にさらすな. ❷ 布巾〖= ~ de cocina〗, 雑巾〖= ~ del polvo, ~ de sacudir〗: limpiar con un ~ 布巾（雑巾）で拭く. ~ de piso《ラプラタ》床用の雑巾. ❸《戯語》複 [女性用の] 服, ドレス: gastar una barbaridad en ~s 服に大金を使う. hablar de ~s《女性同士が》おしゃれの話をする. ❹《闘牛》ケープ 〖=capote〗, ムレータ〖=muleta〗. ❺ 船舶 集名 [一隻の船の] 帆. ❻ [衣服・上張り用の] 布. ❼《地方語》雪片. ❽《チリ》[女性服の] 布地, 生地
a todo ~ 1)《船舶》帆を張って. 2)《口語》大急ぎで: Comí a todo ~ para no perder el tren. 列車に乗り遅れないように, 私はあわただしく食事をした. 3) 有り余るほど, 激しく. 4)《南米》節約せずに
acabar como (hecho) un ~《口語》[身も心も] ぼろぼろになる
de ~《口語》[主に子供の話し方について] 舌足らずの
dejar a+人 como (hecho) un ~《口語》[口論などで] …をこてんぱんにやっつける
entrar a(l) ~ 攻撃を始める, 挑発にのる
estar como (hecho) un ~《口語》[身も心も] ぼろぼろになっている: Después del trabajo estoy hecho un ~. 仕事の後, 私は疲れ果てている
ir como (hecho) un ~《口語》粗末な身なりをしている, ひどい服装でいる
lavar los ~s sucios《口語》内輪の恥を外にさらけ出す
poner a+人 como un ~ [sucio]《口語》…を侮辱する, のの しる; 叱りつける: La prensa puso al equipo como un ~. 新聞はそのチームをひどく叩いた
quedar como (hecho) un ~ =**estar como (hecho) un ~**
sacar (salir) [todos] los ~s sucios [a relucir・a la colada]《口語》内輪の恥を外にさらけ出す: Se decidió a sacar los ~s sucios de la familia delante de la gente. 彼は

家族の汚い内情を人々の前にぶちまける決心をした
soltar el ~《口語》急に笑い（泣き）出す
tener manos de ~ 不注意である, 不器用である
tratar a+人 como a un ~ [sucio・viejo] …をひどい仕打ちをする, 虐げる: Trata a su marido como a un ~. 彼女は夫を虐げている
traposo, sa [trapóso, sa] 形《まれ》ぼろぼろの, みすぼらしい; ぼろを着た
traque [tráke]《擬声》男 ❶ ロケットの爆発; 打ち上げ花火の破裂. ❷ 花火の導火線. ❸《まれ》大きな音の屁. ❹《隠語》強奪
a ~ barraque《西》いつでもどんな動機でも: hablar a ~ barraque 始終おしゃべりしている
tráquea [trákea] 女 ❶《解剖》気管. ❷《植物》導管
traqueal [trakeál] 形 ❶《解剖》気管の ~ mucosa 気管粘膜. tubo ~ 気管チューブ. ❷《動物》気管で呼吸する. ❸《植物》導管の
traquear [trakeár] 自 [銃の発射音] パラパラいう. ❷《コロンビア》きしむ, ギシギシいう
—— 他《メキシコ, コスタリカ, アルゼンチン》通る, …に通う〖=traquetear〗
traquearteria [trakeartérja] 女《廃語》気管
traqueida [trakéjda] 女《植物》仮(?)導管
traqueítis [trakeítis] 女《医学》気管炎
traqueo [trakéo] 男《銃の発射音》パラパラいうこと
traqueobronquial [trakeobroŋkjál] 形 [気管] 気管支の
traqueostoma [trakeostóma] 男《医学》気管開口（形成）術
traqueotomía [trakeotomía] 女《医学》気管切開
traqueteante [traketeánte] 形 揺れる, ガタガタする
traquetear [traketeár]《←traque》自 [乗り物などがリズミカルに音を立てて] 揺れる, ガタゴトいう: El tren corría traqueteando con un ruido monótono. 列車はガタゴトと単調な音を立てて走っていた
—— 他 ❶ ガタゴト動かす: Los vecinos de arriba hacen ~ las sillas y las mesas. 上の階の住人が椅子とテーブルをガタゴトいわせる. ❷ [主に液体を] 振り動かす, 揺らす. ❸ 繰り返す, たびたび行なう. ❹《メキシコ, コスタリカ, アルゼンチン》[跡を残してしばしば] 通る
traqueteo [trakotéo] 男 ❶ [連続した] 打ち上げ花火の音. ❷ [移動する] ガタゴトいう動き, 振動: ~ del carro 荷車のガタゴト走る音
traquiandesita [trakjandesíta] 女《鉱物》粗面安山岩
traquibasalto [trakibasálto] 男《鉱物》粗面玄武岩
traquidazo [trakiðáθo] 男《メキシコ》発射音
traquido [trakíðo] 男 ❶《まれ》銃声. ❷《地方語》[物が] 割れる音
traquínido [trakínido] 男《魚》トラキヌス
traquita [trakíta] 女《鉱物》粗面岩
trarilonco [trarilóŋko] 男 [アラウコ arauco 族が着ける] 飾り付き鉢巻
traripel [traripél] 男 銀の珠のネックレス
tras[1] [tras]《←ラテン語 trans「の向こう側へ」》前 [時に +de] ❶《文語》[時間] …の後に: 1) T~ el verano viene el invierno. 夏の後には冬が来る. T~ los años viene el juicio. 年季を入れれば（年をとれば）判断力がつく. 2) [+不定詞] T~ descansar una hora, reanudamos el trabajo. 1時間休んだら, 私たちはまた仕事を始める. ❷ [空間. 見えない・隠されているが] …の後ろに〖→**detrás** 類語〗: La ventana quedaba ~ el biombo. 窓はついたての後ろにあった. T~ esa sonrisa oculta una gran crueldad. 彼は微笑の陰にひどい残虐さを隠している. Llevaba ~ 〔de〕 sí más de doscientas personas. 彼は背後に200人以上の人を従えていた. ~ una puerta ドアの陰に. ❸ ~ を追って; 追い求めて: Los perros corren ~ la liebre. 犬たちは走ってウサギを追いかけた. Estamos ~ un piso del que nos han hablado. 私たちはうわさのマンションを探している. Anda ~ 〔de〕 una colocación. 彼は職探しをしている. Se fue deslumbrado ~ los honores. 彼は名誉心にかられて目がくらんだ. ❹《口語》[+〔de〕+不定詞・名詞, 強調] …の上に, …に加えて: T~ venir tarde, regaña. 彼は遅刻した上にぶつぶつ文句を言っている. T~ de ser malo, es caro. それは品質が悪い上に値段が高い. ❺ [名詞+~+同一名詞] día ~ día 来る日も来る日も
echar [se] ~+人 …の追跡を始める
tras[2] [trás] 男《西. 口語》《婉曲》お尻

tras-

―― 擬［ドアをノックする音］トントン
tras-［接頭辞］=**trans-**: *trasnochar* 徹夜をする
trasabuelo, la [trasaβwélo, la] 名《古語》=**tatarabuelo**
trasalcoba [trasalkóβa] 女 寝室に続く小部屋, 奥室
trasalpino, na [trasalpíno, na] 形 =**transalpino**
trasaltar [trasaltár] 男［教会の］祭壇の後ろ, 奥内陣
trasandino, na [trasandíno, na] 形 =**transandino**
trasandosco, ca [trasandósko, ka] 形 名 2歳を少し越えた〔小型家畜〕
trasantaño [trasantáɲo] 副《まれ》昔
trasanteanoche [trasanteanótʃe] 副 一昨昨日の夜, 3日前の夜
trasanteayer [trasanteaʎér] 副 さきおととい, 一昨昨日, 3日前
trasantier [trasantjér] 副《地方語》=**trasanteayer**
trasañejo, ja [trasaɲéxo, xa] 形《まれ》❶ 非常に古い. ❷ =**tresañejo**
trasatlántico, ca [trasatlántiko, ka] 形 =**transatlántico**
trasbarrás [trasβařás] 男［物の］落下音
trasbisabuelo, la [trasβisaβwélo, la] 名《まれ》=**tatarabuelo**
trasbocar [trasβokár] 7 他《中南米》嘔吐する
trasbordador, ra [trasβorðaðór, ra] 形 =**transbordador**
trasbordar [trasβorðár] 他 =**transbordar**
trasbordo [trasβórðo] 男 =**transbordo**
trasbotica [trasβotíka] 女［薬局などの］奥の部屋
trasca [tráska] 女 ❶［軛の環 barzón をくびきにつなぐ］牛革のひも.《アラゴン》［鋤の柄に刃をはめる］くさび〔=**pescuño**〕. ❷《リオハ》［畜殺前に太らされた］雌豚
trascabo [traskáβo] 男［人を倒す］足掛け
trascacho [traskátʃo] 男 遮蔽された場所
trascantón [traskantón] 男 ❶ 車よけの石柱, 隅石. ❷《古語》［街角で客待ちをしている］人足
trascantonada [traskantonáða] 女 集合 車よけの石柱
trascartar [traskartár] ～se［トランプ］［切り札などが］期待されていた時より後に出る; 間違った捨て札をする
trascartón [traskartón] 男［トランプ］［切り札などを］期待されていた時より後に（負けが決まってから）出すこと; 間違った捨て札
trascendencia [trasθenðénθja]《←**trascender**》女 ❶［結果の］重要性; 深刻さ: No doy mayor ～ a la cuestión. 私はその問題はたいして重要だとは思わない. acontecimiento de gran ～ 重大な出来事. ～ de la violencia doméstica 家庭内暴力の深刻さ. ❷《哲学》超越性; 超越的現実の存在. ❸ 洞察力
trascendental [trasθenðentál]《←**trascender**》形 ❶ きわめて重要(重大)な, 深刻な: problema ～ para la economía de Asia アジア経済の重要課題. ❷《哲学》超越的な, 先験的な. ❸《数学》número ～ 超越数
trascendentalidad [trasθenðentaliðá(ð)] 女《文語》大きな重要性
trascendentalismo [trasθenðentalísmo] 男《哲学》先駆論, 先験論, 先験哲学; 超越主義
trascendentalizar [trasθenðentaliθár] 9 他 大きな重要性を与える
trascendente [trasθenðénte] 形 =**trascendental**: justicia inmanente y justicia ～ 内在的正義と超越的正義. número ～ 超越数
trascender [trasθenðér]《←ラテン語 *trascendere*「乗り越える」》24 自 ❶［情報が］もれ広がる, 知れ渡る: Ha trascendido el secreto de estado. 国家機密が漏洩した. Ha trascendido que+直説法 …によると…だ. según ha trascendido のうわさによると. ❷［影響等が, +a に］広がる, 波及する: El aburrimiento *trascendió* al ámbito familiar. 倦怠感が家族に広がった. Su sentimiento religioso *trasciende* a todos los actos de su vida. 彼の宗教的感情は生活の全活動に及んでいる. ❸［+de 限界・枠を］越える: Esta crisis *trasciende* del ámbito nacional. この危機は一国の枠を越えている. ❹《哲学》超越する. ❺ 強烈な臭いを発する, きつい香りがする
―― 他 ❶［秘密などを］嗅ぎつける, 突き止める: Es difícil ～ sus intenciones. 彼の意図は測りがたい. ❷ …に影響を及ぼす. ❸ 越える: La revolución *trascendió* las fronteras. 革命の火は国境を越えた.
trascendible [trasθenðíβle] 形《まれ》越えられ得る; 影響を及ぼされ得る
trascendido, da [trasθenðíðo, ða] 形 耳ざとい

―― 男《チリ, アルゼンチン, ウルグアイ》情報の漏洩, 内部情報
trascocina [traskoθína] 女 台所横の小部屋（納戸）
trascoda [traskóða] 男 弓奏弦楽器の弦を締めボタンに固定する] 弦の切れ端
trascodificar [traskoðifikár] 7 他［別のコード体系に］書き替える: ～ señal analógica a digital アナログ信号をデジタル化する
trascolar [traskolár] 28 他《まれ》❶［布・皮で］濾(こ)す. ❷［山などを］越す
―― ～se 通り過ぎる
trasconejar [traskonexár] ～se ❶［獲物, 特にウサギが］狩猟犬をやり過ごす. ❷［フェレットが, 仕留めたウサギの］巣穴から出られなくなる. ❸［物が］失せる, なくなる: *Se me ha trasconejado tu libro.* 私は君の本を失くしてしまった
trascontinental [traskontinentál] 形 =**transcontinental**
trascordar [traskorðár] 28 ～se ❶［主に 過分. 頭の中が混乱して］記憶を失う, 忘れる: si no estoy *trascordado* 私の記憶が正しければ. ❷ 分別を失う
trascoro [traskóro] 男［教会の］聖歌隊席の後ろ, 奥内陣
trascorral [traskořál] 男［囲い場 corral に付属する農家の］裏庭
trascorvo, va [traskórβo, βa] 形［馬が］脚が後方に曲がっている
trascribir [traskriβír] 他 =**transcribir**
trascripción [traskripθjón] 女 =**transcripción**
trascripto, ta [traskrí(p)to, ta] =**trascrito**
trascrito, ta [traskríto, ta] *trascribir* の 過分
trascuarto [traskwárto] 男 奥の部屋, 次の間; 離れ
trascuenta [traskwénta] 女 計算間違い
trasculturación [traskulturaθjón] 女 =**transculturación**
trascurrir [traskuřír] 自 =**transcurrir**
trascurso [traskúrso] 男 =**transcurso**
trasdobladura [trasðoβlaðúra] 女 ❶ 3倍. ❷ 3つ折り
trasdoblar [trasðoβlár] 他 ❶ 3倍する. ❷ 3つ折りにする
trasdoblo [trasðóβlo] 男 3倍数
trasdós [trasðós] 男《建築》❶［アーチなどの］外輪(がいりん). ❷［円柱の背後の］付け柱
trasdosear [trasðoseár] 他《建築》…の背後を補強する
trasechador, ra [trasetʃaðór, ra] 形 名 悪だくみをする〔人〕
trasechar [trasetʃár] 他 …に悪だくみをする
trasegador, ra [trasegaðór, ra] 形 名 移し替える〔人〕
trasegadura [trasegaðúra] 女 移し替え
trasegar [trasegár]《＜俗ラテン語 *transicare* ＜ラテン語 *transire*「渡る」》8 23《→**negar**》他 ❶［主に液体を, +de から, +a に］移し替える, 入れ替える; ［ワインを］デキャンタする, ラッキングする: ～ el vino a otra barrica ワインを別の樽に移す. ❷［酒を過度に］飲む: Está sentado tranquilamente a la barra de un bar, *trasegando* güisquis. 彼はウイスキーをぐいぐい飲みながらバルのカウンターにゆったりと座っている. ❸［書類などを］ひっかき回す, ちらかす
―― 自［場所・状況が］変わる
traseñalador, ra [traseɲalaðór, ra] 形 名［記号・印を］付け替える〔人〕
traseñalar [traseɲalár] 他［記号・印を］付け替える
trasera[1] [traséra]《←**trasero**》女 ❶［家の］裏. ❷ 裏の建物, 納屋: En la ～ de la casa hay una piscina. 家の裏手にプールがある. ❷［車などの］後部: acomodarse en la ～ del coche 車の後部座席に落ち着く
trasero, ra[2] [traséro, ra]《←**tras**》形 ❶ 後ろの, 後部の〔⇔**delantero**〕: En la parte ～*ra* de la casa hay un patio. 家の裏側には中庭がある. motor ～ リアエンジン. puerta ～*ra* 裏口, 裏門; 裏口のドア. rueda ～*ra* 後輪. ❷［荷車などが］後部に荷重のかかった
―― 男 ❶《婉曲》尻〔=**nalgas**〕: A los niños los golpeaban en el ～. 男の子たちは尻を叩かれていた. ❷ 尾部, 後ろ. ❸ 複 先祖
trasferencia [trasferénθja] 女 =**transferencia**
trasferible [trasferíβle] 形 =**transferible**
trasferidor, ra [trasferiðór, ra] 形 =**transferidor**
trasferir [trasferír] 33 他 =**transferir**
trasfigurable [trasfiguráβle] 形 =**transfigurable**
trasfiguración [trasfiguraθjón] 女 =**transfiguración**
trasfigurar [trasfigurár] 他 =**transfigurar**

trasfijo, ja [trasfíxo, xa] 形 =**transfijo**
trasfixión [trasfi(k)sjón] 女 =**transfixión**
trasflor [trasflór] 男 =**transflor**
trasflorar [trasflorár] 自 =**transflorar**
tranflorear [trasfloreár] 他 =**transflorear**
trasfollado, da [trasfoʎáðo, ða] 形 [獣医] [馬などが] 球髄軟腫を患った
trasfollo [trasfóʎo] 男 [獣医] [馬などの] 球髄軟腫
trasfondo [trasfóndo] 男 [23] 【←tras-+fondo】[外見・意図の] 背後にあるもの，底流，底意: ~ histórico 歴史的な背景．~ social 社会的な背景
trasformable [trasformáble] 形 =**transformable**
trasformación [trasformaθjón] 女 =**transformación**
trasformacional [trasformaθjonál] 形 =**transformacional**
trasformador, ra [trasformaðór, ra] 形 男 =**transformador**
trasformamiento [trasformamjénto] 男 =**transformación**
trasformar [trasformár] 他 =**transformar**
trasformativo, va [trasformatíβo, ba] 形 =**transformativo**
trasformismo [trasformísmo] 男 =**transformismo**
trasformista [trasformísta] 名 =**transformista**
trasfregar [trasfreɣár] 他 [23] 【→negar】=**transfregar**
trasfretano, na [trasfretáno, na] 形 《まれ》=**transfretano**
tranfretar [trasfretár] 他 自 《まれ》=**transfretar**
trásfuga [trásfuɣa] 名 =**tránsfuga**
trásfugo [trásfuɣo] 男 =**tránsfuga**
trasfuguismo [trasfuɣísmo] 男 =**transfuguismo**
trasfundición [trasfundiθjón] 女 =**transfusión**
trasfundir [trasfundír] 他 =**transfundir**
trasfusión [trasfusjón] 女 =**transfusión**
trasfusor, ra [trasfusór, ra] 形 男 =**transfusor**
trasga [trásɣa] 女 荷車のながえ
trasgo [trásɣo] 【←語源】男 ❶ [いたずら好きの] 小妖精, 小鬼. ❷ いたずらっ子
trasgredir [trasɣreðír] 他 =**transgredir**
trasgresión [trasɣresjón] 女 =**transgresión**
trasgresivo, va [trasɣresíβo, ba] 形 =**transgresivo**
trasgresor, ra [trasɣresór, ra] 形 名 =**transgresor**
trasguear [trasɣeár] 自《古語》[小妖精 trasgo を真似て] いたずら(悪ふざけ)をする
trasguero, ra [trasɣéro, ra] 名 [小妖精 trasgo のするような] いたずら好きな人
trashoguero, ra [trasoɣéro, ra] 形 [外に出て働こうとしない] 不精者の, 甲斐性なしの ── ❶ [暖炉の] 背壁. ❷ [背壁に立て掛けられて, 炉の炎を保つ] 太い薪
trashoja [trasóxa] 女《地方語》休耕地への種まき
trashojar [trasoxár] 他《まれ》…のページをパラパラ繰る; 斜め読みしながらページをめくる
trashumación [trasumaθjón] 女 =**trashumancia**
trashumancia [trasumánθja] 女【←tras-+ラテン語 humus「土地」】《季節ごとの》移動放牧, 移動牧羊, 移牧《スペインでは16世紀前半が最も盛んで, 数百万頭もの羊が春と秋に約1か月かけて半島を縦断した》
trashumante [trasumánte] 形 移牧する, 放牧地を変える: ganadería ~ 移牧形態の家畜
trashumar [trasumár] 【←tras-+ラテン語 humare「土に埋める」】自 ❶ 牧草地を移動する, 移牧する: Los rebaños de ovejas castellanas *trashuman* desde hace siglos. はるか昔からカスティーリャの羊の群れは牧草地を移動して行く. ❷《ロゴローニョ》[別の川・用水路に] 水を引く
trasiego [trasjéɣo] 【←**trasegar**】男 ❶ [主に液体の] 移し替え: ~ del vino ワインのデカンタ(ラッキング). ❷ [人・物の] 激しい行き来: ~ de coches y transeúntes 車と人の洪水. ❸ [書類などを] ひっかけ回すこと
trasijado, da [trasixáðo, ða] 形 ❶ [馬などが長時間飲食していないで] あばら骨の浮き出た. ❷ 痩せ衰えた
traslación [traslaθjón] 【←**trasladar**】女 ❶《文語》移動: ~ de un cuerpo 物体の移動. ❷《天文》[天体の] 公転: ~ de la Tierra 地球の公転. ❸《文法》1) [時制などの] 転用 [例] 現在時制で未来を表すに: Mañana *será* mi cumpleaños. →Mañana *es* mi cumpleaños. 明日は私の誕生日だ]. 2) 品詞転換 [例] *español* スペイン人 →*un es-*

pañol スペイン人]. ❹《修辞》隠喩, 暗喩. ❺《文語》翻訳. ❻《幾何》平行移動. ❼《技術》並進. ❽《通信》中継器. ❾《経済》~ de beneficios トランスファー・プライシング, 振替(移転)価格操作. ~ de dominio 不動産の譲渡. ~ del impuesto/~ tributaria [見かけの納税者から真の担税者に移る] 租税の転嫁. ❿《まれ》[人の] 配置転換; [行事の] 予定変更, 延期
trasladable [traslaðáble] 形 移動され得る, 動かせる
trasladación [traslaðaθjón] 女《まれ》=**traslación**
trasladador, ra [traslaðaðór, ra] 形 男 ❶ 移動させる[人], 移動用の; 運搬人. ❷ 翻訳者; 翻訳者
trasladar [traslaðár]【←ラテン語 translatum < transferre「運搬する」】他 ❶ [+a に] 移動させる, 移し替える: *Trasladé* la cama *a* otra habitación. 私はベッドを別の部屋に移した. ~ a+人 *al* hospital …を病院に運び込む. ❷ [人を] 配置転換する: Ella solicitó que le *trasladaran* de la secretaría a la sección de negocios. 彼女は秘書課から営業部への配置転換を望んだ. ~ a un funcionario de Sevilla *a* Cádiz 役人をセビーリャからカディスへ転勤させる. ❸ [行事を] 予定変更する: Han trasladado la fiesta a la semana que viene. パーティーを来週に延ばした. ❹《文語》翻訳する: Los alumnos *trasladaron* el texto del español *al* japonés. 生徒たちはスペイン語の原文を日本語に訳した. ❺《文語》[考えなどを別の形で] 表現する: *Trasladó* sus emociones en una carta. 彼は感動を手紙に表わした. ❻《文書》写す, コピーする. ❼ [命令・通知などを] 送達する. ❽ [他人に代わって] 伝達する: Le *trasladaré* al jefe sus inquietudes. 私は彼の不安を上司に伝えよう
── ~se ❶ 移動する, 引っ越す: *Se trasladaron* de casa. 彼らは転居した. *Se trasladan* al trabajo en coche. 彼らは車で移動して仕事する. ❷ [人が] 配置転換になる
traslado [traslaðo] 男 ❶ 移動, 移転; 配置転換: ~ de casa 転居.《文語》[送付用の] 文書の写し.《法律》[訴訟の相手方に送達される] 弁論書の写し
traslapar [traslapár] 他 ❶ [全部・一部を] 重ねる, 重ね合わす. ❷《映画》オーバーラップさせる
traslapo [traslápo] 男 ❶ 重なり, 重なった部分. ❷《映画》オーバーラップ
traslaticiamente [traslatiθjámente] 副 比喩的に
traslaticio, cia [traslatíθjo, θja]【←ラテン語 translatius】《言語》転義の, 比喩的な: sentido ~ 転義
traslativo, va [traslatíβo, ba] 形 委譲する, 譲渡する: título ~ de dominio 所有権の委譲証書
traslato, ta [trasláto, ta] 形《まれ》=**traslaticio**
traslimitar [traslimitár] 他 =**translimitar**
traslinear [traslineár] 他 =**translinear**
trasliteración [traslitteraθjón] 女 =**transliteración**
trasliterar [traslitterár] 他 =**transliterar**
trasloar [trasloár] 他《まれ》過度に褒める, 過賞する
trasluchada [traslutʃáða] 女《船舶》ジャイブ
trasluchar [traslutʃár] 自《船舶》ジャイブする
traslucidez [trasluθiðéθ] 女 半透明
traslúcido, da [traslúθiðo, ða] 形 ❶ 半透明の: cristal ~ 半透明のガラス
trasluciente [trasluθjénte] 形 半透明の[=**traslúcido**]
traslucimiento [trasluθimjénto] 男 透けて見えること, 透過
traslucir [trasluθír]【←tras-+lucir】[40] 自 ❶ 透けて見える, かいま見える: Detrás de las cortinas *se traslucía* una silueta. カーテンの背後に人影が見えた. ❷ [兆候などを通して] 感じ取れる, 察知される, うかがい知れる: En sus palabras *se trasluce* su idea. 言葉から彼の考えがかいま見える
── 自 =~se
── 他 かいま見せる: Su ensayo *trasluce* su conocimiento profundo de la poesía. 彼のエッセイには詩についての深い知識がかいま見える. Su cara *trasluce* la verdad. 彼の顔には真実が見て取れる. Dejó ~ sus sentimientos. 彼は思わず感情を表に出してしまった
── ~se [物体が] 不意に横切る; 不意に消える
trasluminal [trasluminál] 形 =**transluminal**
trasluz [traslúθ]【←tras-+luz】男《まれ》❶ 透過光, 透写光. ❷ 反射光, 間接光
al ~ 透かして: Al mirar un billete *al* ~, se aprecia una fili-

trasmallar

grana. 紙幣を透過して見ると透かしが入っているのが分かる
trasmallar [trasmaʎár] 他《まれ》網目に縫う
trasmalle [trasmáʎe] 男《地方語》=**trasmallo**
trasmallero [trasmaʎéro] 男《漁業》刺し網漁船
trasmallo [trasmáʎo] 男 ❶《漁業》刺し網. ❷[ペルメル球技 mallo の] 槌のヘッド部分の固定金具
trasmano [trasmáno] 男《←tras-+mano》《トランプ》2番目のプレーヤー
a ~ 1) 手が届かない: La verdad nos queda *a* ~. 真実は我々の手の届かないところにある. 2) 離れた: La nueva urbanización está muy *a* ~. そのニュータウンはかなり辺鄙なところにある
trasmañana [trasmaɲána] 副《まれ》明後日《=pasado mañana》
trasmañanar [trasmaɲanár] 他《まれ》別の日に延期する
trasmarino, na [trasmaríno, na] 形 =**transmarino**
trasmatar [trasmatár] 他 …より長生きしなくてはならないと思う
trasmediterráneo, a [trasmeðiteráneo, a] 形 =**transmediterráneo**
trasmigración [trasmiɣraθjón] 女 =**transmigración**
trasmigrar [trasmiɣrár] 自 =**transmigrar**
trasminante [trasmináte] 形《チリ》[寒さが] 身にしみる, 突き刺すような
trasminar [trasminár] 他《文語》❶ 地面の下を掘る. ❷ [におい・液体を] 浸透させる
—— ~**se**《文語》[におい・液体が] 浸透する
trasmisibilidad [trasmisibiliðáð] 女 =**transmisibilidad**
trasmisible [trasmisíble] 形 =**transmisible**
trasmisión [trasmisjón] 女 =**transmisión**
trasmisor, ra [trasmisór, ra] 形 =**transmisor**
trasmitir [trasmitír] 他 =**transmitir**
trasmochar [trasmotʃár] 他 [木を] 枝打ちする, 剪定する
trasmocho, cha [trasmótʃo, tʃa] 形 [木が] 剪定された; [山林が] 枝打ちされた
trasmontana[1] [trasmontána] 女 =**tramontana**[1]
trasmontano, na[2] [trasmontáno, na] 形 =**transmontano**
trasmontar [trasmontár] 他 =**transmontar**
trasmudación [trasmuðaθjón] 女 =**transmutación**
trasmudamiento [trasmuðamjénto] 男 =**transmudamiento**
trasmudar [trasmuðár] 他 =**transmudar**
trasmundano, na [trasmundáno, na] 形 ❶ 想像の世界の. ❷ 死後の世界の, この世の向こうにある
trasmundo [trasmúndo] 男 ❶ 想像(空想)の世界. ❷ 死後の世界
trasmutable [trasmutáble] 形 =**transmutable**
trasmutación [trasmutaθjón] 女 =**transmutación**
trasmutar [trasmutár] 他 =**transmutar**
trasmutativo, va [trasmutatíβo, βa] 形 =**transmutatorio**
trasmutatorio, ria [trasmutatórjo, rja] 形 =**transmutatorio**
trasnacional [trasnaθjonál] 形 =**transnacional**
trasno [trásno] 男《地方語》=**trasgo**
trasnochada[1] [trasnotʃáða] 女 ❶ 徹夜, 夜ふかし; 不寝番. ❷ 前夜. ❸《軍事》夜襲, 夜討ち
trasnochado, da[2] [trasnotʃáðo, ða] 形 [estar+] ❶ 古くさくなった, 流行遅れの: chiste ~ 陳腐な冗談. noticia ~*da* 新鮮味のないニュース. ~ debate 散々重ねられた論議. ❷ 古ぼけた, 色あせた: ~*da* corbata よれよれのネクタイ. ❸ [一夜おいて] 変質した: lechuga ~*da* しなびたレタス. pescado ~ 活きの悪い魚
trasnochador, ra [trasnotʃaðór, ra] 形 宵っぱりの〔人〕, 徹夜をする〔人〕; 夜遊びをする〔人〕
trasnochar [trasnotʃár]《←tras-+noche》自 ❶ [仕事・遊びなどで] 夜ふかしする; 徹夜する: Los sábados *trasnocho* porque salgo de juerga. 私は毎土曜日は遊び歩くので夜ふかしする. Manuel es telefonista y *trasnocha* toda la semana. マヌエルは電話交換手で一週間を通して夜が遅い. ❷ 外泊する
—— 他 [問題などを] 翌日に持ち越す: *Trasnochamos* la solución. 私たちは解決を翌日送りにした
—— ~**se** ❶《メキシコ, コスタリカ, コロンビア, ペルー, アルゼンチン》=自
trasnoche [trasnótʃe] 男《口語》夜ふかし; 徹夜: cine de ~《映画》オールナイト興行. programa de ~ 深夜番組

trasnocheo [trasnotʃéo] 男 =**trasnochada**[1]
trasnombrar [trasnombrár] 他 …の名前を取り違える, 別の名前で呼ぶ
trasnominación [trasnominaθjón] 女《修辞》隠喩《=metonimia》
trasoceánico, ca [trasoθeániko, ka] 形 =**transoceánico**
trasoír [trasoír] 47 他《まれ》聞き誤る, 聞き違いをする
trasojado, da [trasoxáðo, ða] 形 やつれた; 目の落ちくぼんだ
trasoñar [trasoɲár] 28 他《まれ》思い違いをする; 夢想する
trasordinario, ria [trasorðinárjo, rja] 形《廃語》=**extraordinario**
trasovado, da [trasoβáðo, ða] 形《植物》hoja ~*da* 倒卵形葉
traspacífico, ca [traspaθífiko, ka] 形 =**transpacífico**
traspadano, na [traspaðáno, na] 形 =**transpadano**
traspaís [traspaís] 男《地理》《港湾都市の》後背地
traspalar [traspalár] 他 ❶ [スコップで] 移動させる: ~ trigo 小麦をシャベルですくい移す. ❷ 移す, 動かす. ❸《アンダルシア》[鋤・azadón でブドウ畑の] ギョウギシバを刈る
traspalear [traspaleár] 他 =**traspalar**
traspaleo [traspaléo] 男 [シャベルでの] 移動
traspanar [traspanár] 他《メキシコ》[種まきのために畑の] 雑草を刈るなどの準備をする
traspapelar [traspapelár]《←tras-+papel》他 [書類を所定の場所以外に入れて] 行方不明にする, 紛失する: He traspapelado el recibo y no lo encuentro. 私は領収書をどこかに入れ忘れて見つからない
—— ~**se** [書類が] 所在が分からなくなる, あるべき場所にない: Se me ha traspapelado el documento. 資料の所在が分からなくなる
traspapeleo [traspapeléo] 男《まれ》紛失
trasparecer [traspareθér] 39 自《文語》=**transparecer**
trasparencia [trasparénθja] 女 =**transparencia**
trasparentar [trasparentár] 他 =**transparentar**
trasparente [trasparénte] 形 =**transparente**
traspasable [traspasáble] 形 移され得る, 移動可能
traspasación [traspasaθjón] 女《権利の》委譲
traspasador, ra [traspasaðór, ra] 形 違反する; 違反者
traspasamiento [traspasamjénto] 男 移動
traspasante [traspasánte] 形 移動する
traspasar [traspasár]《←tras-+pasar》他 ❶ [+de から, +a に] 移す, 運ぶ: *Traspasó* la mesa *de* la sala *al* comedor. テーブルを広間から食堂に移した. ❷ 越える, 横切る《=atravesar》: ~ un río 川を渡る. ~ un bosque 森を通り抜ける. ~ los Alpes アルプスを越える. ❸ [範囲などを] 超える: Es un sufrimiento que *traspasa* la capacidad de resistencia humana. その苦しみは人間が耐えられる限度を超えている. ❹ [弾丸などが] 貫通する: La flecha *traspasó* la manzana. 矢はリンゴを射抜いた. ❺ [液体が] しみ通る: La lluvia me *traspasa* los zapatos. 雨が私の靴にしみ通る. ❻ 譲渡する, 売り渡す; [権利を] 移転する; 《スポーツ》トレードする: *Traspasó* la tienda *a* un amigo. 彼は店を友人に売った. *He traspasado* todos los bienes *a* mi hijo. 彼は全財産を息子に譲った. Se *traspasa* [negocio].《表示》売り店舗. ❼ [肉体的・精神的に] 鋭い痛みを与える; 深い影響を与える: Me *traspasó* el pinchazo de una espina. 私はとげが刺さって鋭い痛みを感じた. El silbido de alarma le *traspasó* el oído. 警笛の音が彼の耳をつんざいた. La escena nos *traspasó* el alma. その芝居は私たちの魂をえぐった. ❽ [法律などに] 違反する
—— 自《まれ》再び通り過ぎる: Pasó y *traspasó* la calle muchas veces. 彼は通りを何度も行ったり来たりした
—— ~**se** ❶ [弾丸などが] 貫通する, 貫く; [液体が] しみ通る. ❷《まれ》痛みのあまり身がこわばる
traspaso [traspáso]《←traspasar》男 ❶ 移動, 移転; 横断. ❷ 譲渡, 売り渡し; 《スポーツ》移籍, トレード: ~ de clientela 営業権 (のれん) の譲渡. ❸ 譲渡料, 譲渡価格; トレードマネー. ❹《集名》譲渡物件. ❺ 苦痛, 苦悩; 苦悩の種 [となる人]. ❻ 策略, 計略. ❼《まれ》違反. ❽《まれ》再び通り過ぎること
traspatio [traspátjo] 男《中南米》[中心となるパティオに続く] 小パティオ, 裏庭
traspecho [traspétʃo] 弩 ballesta の下部に嵌める骨片
traspeinar [traspeinár] 他 [格好をつけて] 櫛 ($) を当てる
traspellado, da [traspeʎáðo, ða] 形《まれ, 軽蔑》飢え死に

した; 餓死者

traspellar [traspeʎár] 佃 [ドア・窓・本などを] 閉じる

traspié [traspjé] 〖←tras-+pie〗 男 ❶ つまずき, よろめき: Di un ～ con el escalón. 私は階段でつまずいた. ❷ 足をすくうこと, 足払い. ❸ 誤り, しくじり, 失敗: Tuvo un ～ haciendo unos cálculos. 彼は計算で間違えた. Fue solo un ～ sin importancia en su carrera. それは彼の経歴上のささいなつまずきに過ぎない

traspiés [traspjés] 〖←traspié〗 男 =**traspié**: dar un ～ 失策をする

traspilastra [traspiástra] 女 《建築》壁の付け柱

traspillado, da [traspiʎáðo, ða] 形 名 《まれ》虚弱な [人]; 極貧の [人]

traspillar [traspiʎár] 佃 =**traspellar**
—— ～**se** 憔悴する, 疲労困憊する

traspintar [traspintár] 佃 《トランプ》 [組札をちらっと見せ] 別の札を出す
—— ～**se** ❶ [結果が] 裏目に出る. ❷ [紙・布などの裏が] 透けて見える

traspirable [traspiráble] 形 =**transpirable**
traspiración [traspiraθjón] 女 =**transpiración**
traspirar [traspirár] 自 =**transpirar**

traspirenaico, ca [traspirenáiko, ka] 形 =**transpirenaico**

trasplantable [trasplantáble] 形 移植され得る, 植え替え可能な

trasplantación [trasplantaθjón] 女 植え替え; 《医学》移植

trasplantador, ra [trasplantaðór, ra] 形 名 植え替える [人], 移植する [人]
—— 男 移植ごて, シャベル
—— 女 苗植機

trasplantar [trasplantár] 〖←tras-+plantar〗 佃 ❶ [+a に] 植え替える: Trasplantaron las azaleas al otro jardín. 彼らはツツジを別の庭に移し替えた. ❷ [思想・慣習・技術などを] 移転する: ～ el sistema parlamentario議会制度を導入する. ❸ 《医学》[提供者から] 移植する: ～ un riñón a+人 …に腎臓を移植する. ❹ [人を] 移住させる
—— ～**se** 移住する

trasplante [trasplánte] 〖←trasplantar〗 男 ❶ 植え替え: Hice el ～ de las margaritas a otra maceta. 彼はマーガレットを別の植木鉢に植え替えた. ❷ 移転; 移入. ❸ 《医学》移植: ～ de corazón 心臓移植. ～ de médula ósea 骨髄移植. ～ de hígado de donantes vivos 生体肝移植. ～ renal procendente de cadáver 死体腎移植

trasponedor [trasponeðór] 男 =**transponedor**
trasponer [trasponér] 60 《活用》 traspuesto. 命令法単数 traspón) 佃 =**transponer**

traspontín [traspontín] 男 =**traspuntín**
trasportación [trasportaθjón] 女 =**transportación**
trasportador, ra [trasportaðór, ra] 形 名 =**transportador**

trasportamiento [trasportamjénto] 男 =**transportamiento**

trasportar [trasportár] 佃 =**transportar**
trasporte [traspórte] 男 =**transporte**
trasportín [trasportín] 男 =**traspuntín**
trasportista [trasportísta] 形 名 =**transportista**
trasposición [trasposiθjón] 女 =**transposición**
traspositivo, va [traspositíβo, βa] 形 =**transpositivo**
traspositor, ra [traspositór, ra] 形 名 =**transpositor**

traspuesta¹ [traspwésta] 女 ❶ 移し替え, 移動 [=transposición]. ❷ [視界をさえぎる] 丘, 高台. ❸ [人の] 逃亡, 潜伏. ❹ 母屋の納屋; 裏庭; 裏門

traspuesto, ta² [traspwésto, ta] trasponer の 過分

traspunte [traspúnte] 〖←tras-+apunte〗 名 《演劇》❶ プロンプター. ❷ [舞台の袖で役者に出番を指示する] 呼び出し係

traspuntín [traspuntín] 男 ❶ [乗り物などの] 補助いす. ❷ 《婉曲》尻. ❸ 《廃語》 [敷き布団の下に置く] 小クッション 〖主に3個〗

trasquero, ra [traskéro, ra] 名 くびき用のひも trasca 売り

trasquila [traskíla] 女 =**trasquiladura**
trasquilador, ra [traskilaðór, ra] 名 [羊などの] 毛を刈る人

trasquiladura [traskilaðúra] 女 ❶ [羊などの] 剪毛 (ぎ); [人間の髪の] 毛刈り

trasquilar [traskilár] 〖←tras-+esquilar〗 佃 ❶ [羊などの] 毛を刈る. ❷ 《主に戯語》[人間の髪を] 虎刈りにする, ふぞろいに刈る. ❸ 減らす, 削減する

salir trasquilado 期待を裏切る
trasquileo [traskiléo] 男 =**trasquiladura**
trasquilimocho, cha [traskilimótʃo, tʃa] 形 丸坊主の
—— 男 《廃語》減少, 損失

trasquilo [traskílo] 男 =**trasquiladura**

trasquilón [traskilón] 〖←trasquilar〗 男 《口語》❶ 虎刈り; 虎刈りにされた髪, 不ぞろいな髪: dar a+人 … を虎刈りにする. ❷ 巧みに詐取された金

a trasquilones 1) [散髪が] 不ぞろいに, ざんばらに. 2) めちゃくちゃに, でたらめに, いい加減に

trasroscar [tra(s)roskár] 7 ～**se** ねじが外れる
trastabillado, da [trastaβiʎáðo, ða] 形 困惑した, 恐縮した
trastabillante [trastaβiʎánte] 形 つまずく, よろめく

trastabillar [trastaβiʎár] 〖←古語 trastabar〗 自 ❶ つまずく, よろめく. ❷ ためらう. ❸ 口ごもる, どもる. ❹ [物が] 左右に揺れる: Dio un golpe en la mesa y el jarrón se quedó *trastabillando*. 彼が机を叩いたので, 水差しがカタコト揺れていた
—— ～**se** ❶ 口ごもる, どもる. ❷ [物が] 左右に揺れる

trastabilleante [trastaβiʎeánte] 形 =**trastabillante**
trastabillear [trastaβiʎeár] 自 =**trastabillar**
trastabilleo [trastaβiʎéo] 男 つまずき, よろめき
trastabillón [trastaβiʎón] 男 《主に中南米》つまずき, よろめき

trastada [trastáða] 〖←trasto〗 女 《口語》❶ ひどい仕打ち, 大迷惑; 卑劣な行ない: hacer (jugar) a+人 una ～ …に不正 (卑怯) なことをする. ❷ [子供の] 悪さ, いたずら [=travesura]: Este niño hace ～s a los animales. この子は動物をいじめる

trastazo [trastáθo] 〖←trasto〗 男 《口語》[転倒・衝突などによる] 強打: pegarse (darse) un ～ contra... …に強くぶつかる

traste [tráste] 〖←カタルーニャ語 trast 「漕ぎ手座」〗 男 ❶ 《音楽》 [ギターなどの] フレット; フレットとフレットの間. ❷ 《アンダルシア》 [ワインの] テイスティング用の小グラス. ❸ 《アンダルシア; 中南米》 [主に複] がらくた; 家具, 家庭用品. ❹ 《メキシコ》調理器具. ❺ 《ラプラタ. 口語》1) 尻. 2) 幸運

dar al ～ con+事物 《西, メキシコ》…を消滅させる, だいなしにする: Su actitud negativa *dio al ～ con* todas las posibilidades. 彼の消極的な姿勢が可能性をすべて失わせた. Pedro *dio al ～ con* la radio. ペドロはラジオを壊してしまった

ir fuera de ～s 1) 協調性に欠けた態度をとる. 2) とんでもないことを言う

irse al ～ だいなしになる, 失敗に帰する: Todo se me ha ido al ～. 私はすべてを失った

sin ～s でたらめに, 無秩序に

trasteado [trasteáðo] 男 集名 《音楽》[1本のギターなどの] フレット

trasteador, ra [trasteaðór, ra] 形 ひっかき回す, ひっくり返す
trasteante [trasteánte] 形 《音楽》フレットワークが巧みな, 早弾きの

trastear [trasteár] I 〖←trasto〗 佃 ❶ ひっかき回す, ひっくり返す: El ladrón *trasteó* toda la casa buscando el dinero. 泥棒が金を捜して家中をひっかき回した. ❷ 《口語》[人・事物を上手に] 操る, 使いこなす, [商売などに] 切り盛りする: Sabe cómo ～ a sus empleados. 彼は使用人の扱い方を心得ている. ❸ 《闘牛》[ムレータで牛を] かわす. ❹ 《コロンビア》動かす; [家具の] 場所を移す
—— 自 ❶ [+en を] いじる, ひっかき回す; いたずらをする: El niño está *trasteando en* el bolso de su madre. 子供が母親のハンドバッグの中をひっかき回している. ～ *en* la mesa 机の上をごちゃごちゃにする. ❷ 《口語》[家具の配置を変えたりして] ひっかき回す: Me he pasado la mañana *trasteando en* mi habitación. 私は午前中, 部屋の模様替えをした. ❸ 《主に中米, コロンビア》移動する

II 〖←traste〗 佃 《音楽》❶ [ギターなどに] フレットを付ける. ❷ [ギターなどの] 弦を押さえる

trastejador, ra [trastexaðór, ra] 形 名 屋根瓦を修理する [職人]

trastejadura [trastexaðúra] 女 屋根瓦の修理

trastejar [trastexár] 佃 ❶ 屋根瓦の修理をする [=retejar]. ❷ 《地方語》下見をする; 事前準備を整える

por aquí trastejan [主に借金に追われて] 雲隠れする

trastejo [trastéxo] 男 ❶ 屋根瓦の修理. ❷ ただ闇雲に動き回ること

trasteo [trastéo] 男 ❶ 上手な人使い; 手際よい仕事さばき. ❷ 《闘牛》[ムレータでの] かわし

trastería [trastería] 囡 ❶ がらくたの山. ❷ いたずら, 悪ふざけ
trasterminante [trasterminánte] 形 司法の管轄区域を越える
trasterminar [trasterminár] 他 管轄区域を越える
trastero, ra [trastéro, ra]《←trasto》形 ❶ 物置きの, 納戸の; 屋根裏の: Tengo la mesa del abuelo en el 〜. 祖父の机は物置にしまってある.
trastesado, da [trastesáđo, đa] 形 [動物が] 乳房の張った; 硬い, こわばった
trastesar [trastesár] 他 [乳房が張るように] 雌羊の搾乳の間隔をあける
trastesón [trastesón] 男 [家畜の] 乳の豊富さ; 乳房の張り
trastiberino, na [trastiβeríno, na] 形 =**transtiberino**
trastienda [trastjénda]《←tras-+tienda》囡 ❶ 店の奥の(部屋), バックルーム, バックヤード: local comercial con 〜 バックルーム付きの店舗. ❷ 用心, 慎重; portarse con 〜 用心深くふるまう. ❸ 抜け目なさ, ずる賢さ: Ten cuidado con ese, que tiene mucha 〜. あいつには気をつけろ, とてもずる賢い奴だから. ❹《メキシコ, 中米》尻
obtener+事物 *por la* 〜 …をこっそり手に入れる
trasto [trásto]《←ラテン語 transtrum「ベンチ」》男 ❶ [主に壊れた・不要な] 古い家具, 古道具, がらくた: Tiré todos los 〜s viejos. 私は不用品をすべて処分した. ❷ 大きすぎるだけで 《口語》 不必要な人, いたずらっ子; 役立たず: Este chico es un 〜. この子は悪ガキだ!; ¡Eres un 〜! お前は厄介者だ! ❸ 《複》 道具, 用具: 〜s de la cocina 台所用品. 〜s de pescar 釣り道具. ❹《西》《複》[sus+] 所有物, 持ち物. ❺ 《剣・短剣など の》武器: Salieron los 〜s a relucir. 剣が抜かれた. ❻ 《闘牛》《複》[マタドールの] ムレータと剣 estoque. ❼ 《演劇》 [主に舞台袖の] 背景装置, 大道具, 書割り
entregar los 〜*s* お墨付きを与える, 一人前と認める
liar los 〜*s* 荷物をまとめて出て行く
tirar los 〜*s* 《西, 口語》口説く, 言い寄る: El jefe le *tira los* 〜*s* a su secretaria. その上司は秘書に言い寄っている
tirarse los 〜*s* [*a la cabeza*] 《西, 口語》激しく口論する, けんかする: Siempre que se ven, *se tiran los* 〜*s a la cabeza*. 彼らは顔を合わせるといつも激しくやり合う
trastocación [trastokaθjón] 囡 《まれ》 =**trastoque**
trastocamiento [trastokamjénto] 男 《まれ》=**trastoque**
trastocar [trastokár]《←古語 trastrocar》[7] [28] {→**trocar**} 他 《まれ》ごちゃごちゃにする, ひっかき回す{=**trastornar**}
—— 〜*se* [精神的に] おかしくなる, 錯乱する, 取り乱す: *Se ha trastocado* desde la muerte de su hijo. 彼は息子の死以来, 頭がおかしくなった
trastoque [trastóke] 男 《まれ》 ごちゃごちゃにすること; 錯乱
trastornable [trastornáβle] 形 錯乱しやすい, 取り乱しがちな
trastornador, ra [trastornađór, ra] 形 名 動揺させる[人]; ごちゃごちゃにする[人]
trastornadura [trastornađúra] 囡 =**trastorno**
trastornamiento [trastornamjénto] 男 =**trastorno**
trastornar [trastornár]《←tras-+ラテン語 tornare「回す」》他 ❶ [精神的に] 動揺させる, 不安にする, ろうばいさせる; 錯乱させる: Me *trastorna* mucho pensar en el futuro. 私は将来を考えるとひどく不安になる. ❷ ごちゃごちゃにする, ひっかき回す: Los niños *han trastornado* todo el cuarto. 子供たちは部屋中ひっくり返した. ❸ [秩序などを] 乱す: La anarquía *trastornó* la sociedad. 無政府状態が社会を混乱に陥れた. ❹ [均衡を] 揺るがす: 〜 el viaje proyectado 予定していた旅行をだいなしにする. 〜 la digestión 消化を損ねる. 〜 la vida de otros 他人の人生をかき乱す. 〜 el juicio 判断を狂わせる. ❺ ひどく…の気に入る: A Ana la *trastornan* las joyas. アナは宝石に目がない. ❻ 恋心を抱かせる: Conoció a una mujer que lo *trastornaría*. 彼はその後夢中になることになる女性と知り合った. ❼ 翻意させる. ❽ [肉体的・精神的に] おかしくさせる: El vino la *trastorna* en seguida. 彼は酒を飲むとすぐに調子が悪くなる
—— 〜*se* 錯乱する: A raíz del accidente *se trastornó*. 事故のせいで彼はおかしくなった
trastorno [trastórno]《←trastornar》男 ❶ 動揺, 混乱, 変動: La disminución de la capa de ozono provoca 〜s en el clima. オゾン層の減少は気候の異変をもたらす. Menos mal que el verano ha pasado sin mucho 〜 en el suministro de energías eléctricas. 電力供給に大した混乱もなく, 夏が過ぎてよかった. *causar* 〜 *mental* 精神錯乱を引き起こす. ❷ 体の不調; 障害: sentir un 〜 en su salud 体調に異変を感じる. Sufre un 〜 en la memoria. 彼は記憶に障害がある. 〜 de pánico パニック障害. 〜 de personalidad パーソナリティ障害
trastrabado, da [trastraβáđo, đa] 形 [馬が] 左前脚と右後脚が白い, 右前脚と左後脚が白い
trastrabar [trastraβár] 〜*se* 《まれ》[舌が] もつれる, どもる
trastrabillar [trastraβiʎár] 自 =**trastabillar**
trastrabillear [trastraβiʎeár] 自 =**trastabillar**
trastrás [trastrás] 男 [子供の遊びで] 終わりから2番目
trastrocamiento [trastrokamjénto] 男 変動, 変更; 取り違え{=**trastrueque**}
trastrocar [trastrokár]《←tras-+trocar》[7] [28] {→**trocar**} 他 ❶ [順番などを] 変える: Han *trastrocado* los valores que teníamos como sociedad. 私たちの持ってきた社会的価値観が変動した. ❷ [意味・綴り・音などを] 取り違える
trastrueco [trastrwéko] 男 =**trastrueque**
trastrueque [trastrwéke] 男 ❶ 変動, 変更: 〜 de valores 価値観の変動. ❷ 取り違え
trastueque [trastwéke] 男 《文語》=**trastrueque**
trastulo [trastúlo] 男 娯楽, 慰み物
trastumbar [trastumbár] 他 落とす, 転がす
trasudación [trasuđaθjón] 囡 ❶ 発汗. ❷ 《医学》滲出
trasudadamente [trasuđađámente] 副 額に汗して, 苦労して; 冷や汗をかいて
trasudado [trasuđáđo] 男 《医学》漿液
trasudar [trasuđár] 自 ❶ [恐怖・苦悩で] うっすら汗をかく, 冷や汗をかく
—— 他 ❶ [毛穴から] 分泌させる. ❷ 《医学》滲出（しんしゅつ）する
trasudor [trasuđór] 男 ❶ [恐怖・苦悩による] 軽い発汗, 冷や汗
trasuntar [trasuntár] 他 《文語》 ❶ 書き写す, 筆写する. ❷ 要約する, まとめる
trasuntivamente [trasuntiβámente] 副 ❶ 要約して, 簡潔に. ❷ 《まれ》書き写しによって
trasunto [trasúnto]《←ラテン語 trassumptus》男 《文語》[忠実な] 写し, 写本, 模写: Esta réplica es un 〜 exacto del original. この複製はオリジナルの正確な写しである. Es un 〜 de la sociedad en la que vivimos. 彼の作品は私たちの生きている社会の縮図である. El hijo es un 〜 de su madre. その息子は母親の写しを取ったかのようである
trasvasación [trasβasaθjón] 囡 《まれ》=**trasvase**
trasvasado [trasβasáđo] 男 =**trasvase**
trasvasar [trasβasár] 他 ❶ [液体を他の容器に] 移し変える: 〜 el vino al decantador ワインをデカンターに移す. ❷ [別の流域に] 水を引く
trasvase [trasβáse] 男 ❶ [液体の] 移し替え; デカンティング. ❷ [ある川から] 別の流域に水を引くこと
trasvasijar [trasβasixár] 他 《チリ》=**trasvasar**
trasvasijo [trasβasíxo] 男 《チリ》=**trasvase**
trasvenar [trasβenár] 〜*se* 《まれ》❶ 出血する. ❷ こぼれる, 散らばる
trasver [trasβér] [50] 他 《まれ》 ❶ 透かして見る. ❷ 見誤る
trasverberación [trasβerβeraθjón] 囡 =**transverberación**
trasversal [trasβersál] 形 =**transversal**
trasverso, sa [trasβerso, sa] 形 =**transverso**
trasverter [trasβertér] [24] 自 [液体が] あふれる
trasvinar [trasβinár] 〜*se* 《まれ》❶ [ワインが容器から] 滲出する. ❷ 透けて見える; 推察される. ❸ 越える, 広がる
trasvolar [trasβolár] [28] 他 飛び越える
trata [tráta]《←tratar》囡 人身売買: 〜 de esclavos 奴隷売買. 〜 de negros 黒人奴隷取引. 〜 de blancas 白人女性の売買
tratable [tratáβle]《←ラテン語 tractabilis》形 ❶ 人づきあいのよい, 愛想のよい. ❷ 扱いやすい, 処理しやすい. ❸ 治療し得る. ❹ [合意のための] 交渉相手となり得る. ❺ 《チリ》 [場所が] 通行可能な
tratadista [tratađísta] 名 [専門書などの] 著述家, 著者; 論文執筆者: 〜 de derecho internacional 国際法の専門家
tratadística [tratađístika] 囡 《集合》[一つの分野・時代に関する] 専門書, 論文
tratado [tratáđo]《←ラテン語 tractatus》男 ❶ 《外交》条約, 協定; 《商業》条約, 協定: concertar (ratificar・denunciar) un 〜 条約を締結（批准・破棄）する. firmar un 〜 de paz 平和条約に調印する. 〜 de comercio 通商条約. T〜 de Aquisgrán アーヘンの和約《1748年締結, オーストリア継承戦争 Guerra de

Sucesión Austríaca の講和条約. スペインはパルマ公国 Ducado de Palma などの領地を得た]. T~ de Cazorla カソルラ条約《1179年カスティーリャ王アルフォンソ8世とアラゴン王アルフォンソ2世との間で締結. カスティーリャがアンダルシアとムルシア, アラゴン連合王国 Corona de Aragón がバレンシアを征服するとして南仏に関わる諸権利を放棄し, フランスとの国境線を画定した]. T~ de Corbeil コルベイユ条約《1258年アラゴン連合王国のハイメ1世がフランス王ルイ9世と締結した条約. ルイ9世はバルセロナ伯領に対する封建的宗主権を放棄, ハイメ1世はバルセロナ伯として南仏に関わる諸権利を放棄し, フランスとの国境線を画定した]. T~ de Libre Comercio 自由貿易協定. T~ de Maastricht マーストリヒト条約, 欧州連合条約《1992年, EUの創設を定めた条約]. T~ de Roma ローマ条約《1957年, 欧州経済共同体が発足]. T~ de Tordesillas トルデシーリャス条約《1494年スペイン=ポルトガル間で南米の領有権を定めた]. T~s de Versalles ベルサイユ条約. 2)《専門書, 論文: escribir un ~ de astronomía 天文学の研究書を書く

tratador, ra [tratadór, ra] 形 图 仲介する; 仲介者
tratamiento [tratamjénto] 男 ❶ 処理, 加工: 1) ~ de las aguas residuales 汚水処理. ~ metalúrgico 冶金加工. ~ térmico 熱処理. 2)《情報》~ de la información 情報処理. ~ de datos データ処理. ~ de texto[s] 文書処理. ❷ 治療, 手当て, 施術《=~ médico]: Sigue un fuerte ~ para evitar el rechazo del trasplante de hígado. 肝臓移植の拒絶反応が起こらないよう手厚いケアが続いている. poner (dar) a+un ~ moderno 新式の治療法を…に施す. enfermo en ~ 治療中の患者. ❸ 待遇, 取り扱い: recibir un ~ magnífico すばらしい待遇を受ける. malos ~ 虐待, 冷遇. Los empleados dan al director el ~ de usted. 社員たちは社長を usted (敬称)で呼ぶ. ❹ 敬称: Los sacerdotes tienen el ~ de reverendo. 司祭は「…師」の敬称で呼ばれる. ❺ 呼格, 呼びかけ
apear un ~ 敬称を抜かで話しかける, 敬称で(肩書きを)略す
tratante [tratánte] 形《化粧品など》トリートメントの: champú ~ トリートメントシャンプー. tinte ~ トリートメントヘアカラー
—— 名 [+de・en 主に家畜の]商人, ディーラー: ~ de esclavos 奴隷商人. ~ de ganado 家畜商. ~ en granos 穀物商
tratar [tratár]《←ラテン語 tractare》 他 ❶ 取り扱う: 1)[人を] Me trata como a (como si fuera) un niño. 彼は私を子供扱いする. Así que en todo traten ustedes a los demás tal y como quieren que ellos los traten a ustedes.《新約聖書》人にしてもらいたいと思うことは, 汝らも人にしなさい. 2)[物を] Trate estos libros con delicadeza. これらの本は丁寧に扱って下さい. 3)[題材を] Trataremos este tema en la reunión de la semana próxima. このテーマは来週の会議で扱おう. ❷[人を, +de で]呼ぶ, 形容する: No me trates de usted, trátame de tú. usted (敬称)で呼ばないで, tú (親称)で呼んで下さい/他人行儀はやめてくれ. Le trataron de señoría. 彼は閣下と呼ばれた. En la oficina le tratan de vago. 会社で彼はなまけ者呼ばわりされている. ❸ 交渉する, 談判する: ~ las condiciones de pago 支払い条件の交渉をする. ~ la paz 和平交渉をする. ❹…つきあう, 親交がある: Le trato hace mucho tiempo. 私は彼とは長年のつきあいだ. ❺《科学》[薬品などで]処理する, 加工する: ~ el hierro con el ácido sulfúrico 鉄を硫酸と反応させる. ~ el mineral 鉱石を加工する. ❻ 治療する: Le está tratando el Dr. Ramos. ラモス博士が彼を治療している. ~ la pulmonía con penicilina ペニシリンで肺炎の治療をする. ❼《情報》処理する. ❽[商売を] 営む, 経営する: ~ la venta de una casa 住宅販売の仕事をしている. ❾《エルサルバドル》侮辱する. ❿《ニカラグア》叱る
~ **bien (mal)** ……よい(悪い)扱いをする: Tratan bien a los extranjeros en esa empresa. その会社では外国人を厚遇する. La vida le ha tratado muy bien. 彼女にとって幸せな人生だった. ~ bien a los clientes 客あしらいがよい. ~ mal la bicicleta 自転車を乱暴に扱う
—— 自 ❶ [+de・sobre・acerca de について]論じる, 扱う: Se reúnen para ~ del programa de festejos. 彼らは祝賀行事の式目について話し合うために集まった. El siguiente capítulo trata sobre Einstein y la relatividad. 次の章はアインシュタインと相対性理論を扱っている. ❷[+de+不定詞・que+接続法]…しようとする, 試みる: 1) Yo trato de vivir bien. 私は裕福な暮らしをしようとしている. No trato de convencerle. 私は何も君を説得しようとしているのではない. 2) [過去のことでは, 達成

されなかったことを表わす] Traté de verle varias veces, pero me resultó imposible. 私は何回か彼に会おうと試みたが不可能だった. He tratado de olvidarme del suceso. 私は事件を忘れようと努力した. Traté de que mis padres vivieran bien. 両親には楽な暮らしをしてもらいたくて努力した. ❸ [+en・con を]商う, 商売をする: Se dedicaba a ~ en ganado (en vinos). 彼は家畜(ワイン)商だった. ❹ [+con を]操作する, 動かす: En la fábrica trata con máquinas. 彼は工場で機械を動かしている. ❺ [+con と]つきあう, 親交がある; 恋愛関係にある: No quiere ~ con los vecinos. 彼は近所づきあいをしたがらない. Trato con él desde hace diez años. 私は彼とは10年来のつきあいだ
—— ~**se** ❶ 自分で自分の面倒をみる; 自分を大切にする: No se trata nada mal el chico.《皮肉》その若者は一人でちゃんとやれる. ❷ つきあう: Se tratan con José. 彼らはホセと親交がある. ❸ 呼び合う: Nos tratamos de tú. 私たちは君・俺の仲だ. ❹ [3人称のみ. +de]話(問題)は…である: ¿De qué se trata? 何の話ですか? Se trataba de un viaje. 話はある旅行についてだった. Se trata de encontrar una solución. 要は解決法を見い出すことだ. Si solo se trata de eso, no hay peligro. それだけのことなら危険はない. Desde lejos no pude adivinar que se trataba de Juan. 私は遠くからではそれがフアンかどうか見分けがつかなった
tratativa [tratatíba] 女《ペルー, ラプラタ》[主に 複. 予備的な] 交渉, 取引
trato [tráto]《←tratar》 男 ❶ 待遇, 取り扱い《=tratamiento]: Está contento con el ~ que recibe. 彼は今受けている待遇に満足している. Si le das ese ~ a la bicicleta, no te va a durar mucho. 自転車をそんな風に扱っていると長持ちしないぞ. Es una persona de ~ muy amable. 彼は大変親切な人だ. afable 厚遇. ~ de nación más favorecida《経済》最恵国待遇. ❷ 交友関係: Mi ~ con ella se reduce a unas palabras en el ascensor. 私と彼女は(乗り合わせた)エレベーターで二言三言言葉を交わすだけの間柄に過ぎない. no querer ~[s] con+人 …との交際(関係)を嫌う. romper el ~ con+人 …と絶交する. El ~ engendra cariño.《諺》交際しているうちに愛は生まれる. ❸[時に 複. 商売上の] 協定, 契約《=acuerdo]; 取引, 商談: Hicieron un ~ conveniente para los dos. 両者に都合のよい契約が結ばれた. Te propongo un ~. 私は君にある取引を提案する. ❹ 商人 tratante の仕事. ❺《まれ》敬称, 称号. ❻《古語》[国家間の] 協定, 条約
cerrar un ~ 契約を決める, 合意に達する
hacer buenos ~s …に有利な条件を出す
malos ~s 主に家庭内での] 虐待, 家庭内暴力: Le acusan malos ~s. 彼は家庭内暴力で訴えられている
~ **carnal** 肉体関係: Él no ha tenido ~ carnal con nadie antes de su matrimonio. 彼は結婚以前には誰とも性的関係を持ったことがない
~ **de gentes** 人の扱い; 社交性, 人づきあいのよさ: Tiene ~ de gentes. 彼は人の扱いがうまい/社交性がある
~ **doble** 二心, 陰日向, 裏表のある言行
¡T~ **hecho!** いいな(約束したぞ)/話は決まった!
trattoria [tratoría]《←伊語》 女《小規模な》イタリアンレストラン
trauma [tráuma]《←ギリシア語 trauma「傷」》 男 ❶《医学》1) 心理的外傷, トラウマ: Tras un accidente de tráfico, le quedó un ~. 交通事故の後, 彼にトラウマが残った. 2) 外傷, 損傷: Sufrió graves ~s con el golpe recibido al caer. 彼は転んだ際に受けた衝撃で重傷を負った. ~ positivo ポジティブ・トラウマ, 良い外傷. ❷《口語》[主に悪いことの] 強い印象, ショック, 心の痛手
traumático, ca [traumátiko, ka]《←ギリシア語 traumatikos》 形 ❶《医学》 ❶ 心理的外傷の, トラウマの: experiencia ~ca 外傷的体験, 忘れられない(ショッキングな)経験. ❷ 外傷[性]の: lesión ~ca 外傷. pancreatitis ~ca 外傷性膵炎
traumatismo [traumatísmo] 男 ❶ 外傷性障害: ~ cervical むち打ち症. ❷ 心理的外傷 [=trauma]
traumatizante [traumatiθánte] 形 外傷を引き起こす, トラウマを与える
traumatizar [traumatiθár] 9 他 …に外傷を与える; 心に痛手を与える, トラウマをもたらす
traumatología [traumatoloxía] 女 外傷学, 災害外科学
traumatológico, ca [traumatolóxiko, ka] 形 外傷学の, 災害外科学の

traumatólogo, ga [tra͡umatólogo, ga] 图 外傷の専門医
travelín [trabelín] 图 **=travelling**
travelling [trábelin]《←英語》男《圏 ~s》《映画》移動撮影; 移動撮影装置
travelo [trabélo] 男《俗語》ニューハーフ《=travestí》
traversa [trabérsa] 女 ❶ 横材, 横木; [荷車の] 側板を支える横材. ❷《船舶》支柱, ステー
travertino [trabertíno] 男《鉱物》湧泉沈殿物, 石灰華《=mármol ~》
través [trabés]《←ラテン語 transversus》男 ❶ 傾斜, ねじれ, 偏向. ❷ 不幸, 不運. ❸《建築》真束(しんづか)の支柱. ❹《築城》横牆(おうしょう). ❺《船舶》船首尾と直角方向
 a ~ de... 1) …を通して, …の間(中)から; …を横切って: No se ve nada *a ~ del* visillo. カーテン越しには何も見えない. Hay un atajo que va *a ~ del* bosque. 森を抜けていく近道がある. colocar un puente *a ~ del* río 川に橋をかける. 2) …を介して: Consiguió el trabajo *a ~ de* un amigo. 彼は友達を介して仕事にありついた. pagar el gas *a ~ del* banco ガス料金を銀行振込みにする
 al ~《まれ》横切って《=de ~》
 al ~ de...《まれ》*=a ~ de...*
 dar al ~ con... …を終わらせる; 台なしにする: Su poca experiencia *dio al ~ con* el negocio. 彼の経験不足が事業を潰してしまった
 de ~ 1) 横目で: mirar *de ~* 横目で見る. 2) 横方向に; 横切って: El sofá está puesto *de ~* en la habitación. ソファは部屋に横に置かれている. 3)《メキシコ》斜めに
travesaña [trabesáɲa] 女 ❶《グアダラハラ》横丁, 路地. ❷《アルバセテ》荷車のかじ棒をつなげる横木
travesaño [trabesáɲo]《←través》男 ❶ 横材, 横木. ❷ [はしごの] 段. ❸ [ベッドの幅一杯の] 長枕. ❹《スポーツ》[ゴールの] クロスバー. ❺《メキシコ, キューバ, 鉄道》枕木
travesar [trabesár] 23 他《まれ》横切る
travesear [trabeseár] 自 ❶ ゴソゴソ動き回る, うろつく; いたずらをする: Los chicos no dejan de ~. 子供たちは片時もじっとしていない. ❷ 考えがめぐる, 知恵が働く. ❸《まれ》自堕落に生きる, 不道徳な暮らしをする
travesero, ra [trabeséro, ra]《←través》形 横に(横切って)置かれた, 横に渡した
 —— 男 長枕《=travesaño》
 —— 女《地方語》横町《=travesía》
travesía [trabesía]《←través》女 ❶ [船・飛行機による] 横断, 渡航: ~ del Atlántico 大西洋横断. ❷《西》1) [幹線道路をつなぐ] 支道, 横道. 2) 幹線道路の市街地を通る部分. 3) なだらかな山道. ❸《気象》1) 海岸に吹き下ろす風. 2)《チリ, アルゼンチン, ウルグアイ》西風. ❹ 距離, 隔たり. ❺《スポーツ》1) 点差. 2) 遠泳. ❻《築城》横牆(おうしょう). ❼《船舶》[一航海ごとの] 船員への給料. ❽《アンデス, アルゼンチン, ウルグアイ》広大な砂漠(乾燥)地帯
 ~ del desierto 未開時代
travesío, a[2] [trabesío, a] 形 ❶ [家畜が] 集落外に出る. ❷ [風が] 横から吹く, 横風の
 —— 男 横切る場所
travestí [trabestí] 图 **=travestí**
travestí [trabestí]《←伊語 travestido》图《圏 ~s》異性の衣服を着た人, 女装(男装)趣味の人;《医学》服装倒錯者
 —— 男《俗語》ニューハーフ
travestido, da [trabestído, ða] 形 男 ❶ 服装倒錯の; ニューハーフ《の》. ❷ 見せかけの, ごまかしの
travestir [trabestír] 35 他 異性の服を着させる
 —— ~se 異性の衣服を着る
travestismo [trabestísmo] 男 服装倒錯, 女装(男装)趣味
travestista [trabestísta] 图 服装倒錯者
travesura [trabesúɾa]《←travieso》女 ❶ [子供の] 悪さ, いたずら: decir con ~ いたずらっぽく言う. ❷ 機知, 才知のひらめき. ❸《廃語》悪行
traviesa[1] [trabjésa]《←ラテン語 transversa》女 ❶《鉄道》1) 枕木. 2) [車両の] シャーシーの横材. ❷《建築》1) 梁, 桁. 2) 飾り砲塔, トラス. 3) 正面壁・壁面壁に対する直角の内壁. ❸《鉱山》1) [坑道の] 支道. 2) 距離. ❹《まれ, 賭博》見物人が張る賭け金
travieso, sa[2] [trabjéso, sa]《←ラテン語 transversus》形 ❶ いたずらな; じっとしていない, 落ち着きのない: niño ~ いたずらっ子. ❷ 悪賢い, 抜け目のない. ❸ 横向きに置いた, 横に渡した. ❹ 淫

蕩な, 淫蕩にふける. ❺《法律》傍系の
trayecto [trajékto]《←ラテン語 trajectus「横断」< trajicere「向こうへ投げる, 横断する」》男 ❶ 道のり, 行程, 旅程: Todavía falta un largo ~ para llegar al destino. 目的地までまだ道のりは遠い. Siempre voy por el mismo ~. 私はいつも同じ道を行く. ¿Qué ~ llevaremos en nuestra excursión por España? 私たちのスペイン旅行はどんなコースをとりますか? Me mareé durante el ~ en autobús. バスに乗っているうちに私は気分が悪くなった. ❷ [道路・鉄道・バスの] 区間: final del ~ 終点. ❸ 踏破, 走破. ❹《解剖》[管・神経の] 系
trayectoria [trajektórja]《←trayecto》女 ❶ 軌道: El proyectil describe una ~ ascendente. 発射物は上昇軌道を描いている. ~ de una bala 弾道. ~ de un misil ミサイルの軌道. ~ de un planeta 惑星軌道. Es una empresa de dilatada y reconocida ~. この会社はどんどん発展しる歴史が知られてきている. ❷《幾何》軌線: ~ ortogonal 直交軌線. ❸《気象》[台風・ハリケーンなどの] 進路. ❹ 経歴, キャリア《=~ profesional》: Su carrera ha tenido una ~ muy brillante. 彼の経歴は大変輝かしいものだった
traza [tráθa]《←trazar》女 ❶ [時に 圏. 人・物の] 容貌(ようぼう), 外観, 外見: No me gusta la ~ de ese muchacho. 私はその少年の人相が気に入らない. Nunca conseguirás trabajo con esas ~s. そんななりをしていると絶対に仕事は見つからないよ. ❷ [時に 圏] 徴候: Esto lleva (tiene) ~s de no acabar nunca. これはいつまでたっても終わりそうにない. ❸ [時に 圏] 跡: seguir las ~s del carro 荷車の跡をたどる. ❹ [目的達成のための] 計画, 構想. ❺ 手段, 方策: Se valió de una ~ muy ingeniosa. 彼は非常に巧妙な策を講じた. ❻ [主に 圏] buena-mala+/mucha-poca+] 腕前, 才能, 能力: Ella no tiene mala ~ para coser. 彼女の裁縫の腕は悪くない. Tiene ~ para pianista. 彼はピアノの才能がある. ❼《幾何》跡(けん), トレース. ❽《建築など》図面, 設計図: ~ de El Escorial エル・エスコリアルの図面. ❾《道路・鉄道など》路線, ルート. ❿《技術》1) [陰極線管のスクリーン上に出る] 掃引線(点), トレース. 2) análisis de ~s 微量成分分析, 痕跡分析. ⓫ 線を引くこと, 図を描くこと《=trazado》. ⓬《昆虫》1)《エストレマドゥラ》塩漬け豚肉 chacina に湧く虫. 2)《ベネズエラ》イガ(衣蛾)の一種. ⓭《メキシコ》[建物の] 平面図, 見取り図
 darse ~〔s〕 技能を発揮する: *Se dio ~s* para reanimar a su marido. 彼女は巧みに夫を励ました
 gente de ~ 慎重な人
 por las ~s 1) 見たところ, 外見から判断すると. 2) 図面によると
trazable [traθáble] 形 線描(描写・図面化)され得る
trazado[1] [traθáðo] 男 ❶《道路・鉄道》路線: El ~ de esta autovía es muy sinuoso. この自動車道はひどく曲がりくねっている. ❷ [建物などの] 図面, 設計図; [道路・鉄道などの] 路線図, ルート図: realizar el ~ de... …の設計をする. ❸ 線を引くこと, 図を描くこと《=trazado》. ❹《ボリビア》山刀
trazado[2]**, da** [traθáðo, ða] 形 [bien-/mal-+. 人が] 外見のよい・悪い
trazador, ra [traθaðór, ra] 形 ❶ 描く; 設計する, 作図する; 立案する. ❷ 痕跡(光跡)を残す: bala ~*ra* 曳光弾. ❸《化学, 生理》トレーサーの
 —— 图 作図者; トレーサー; 立案者
 —— 男《化学, 生理》トレーサー, 追跡標識, 追跡子: ~ radiactivo 放射性トレーサー
trazar [traθár]《←俗ラテン語 tractiare「線を引く」< trahere「引く」》9 他 ❶ [線を] 引く; [特に図形などを] 描く: *Trazó* unos signos extraños. 彼は奇妙な印を描いた. ~ una raya 線を1本引く. ~ un círculo 円を描く. ~ un bosquejo 素描する. ~ las letras 文字を書く. ❷ [簡潔に] 描写する: ~ el esquema general de un plan 計画の概要を描く. El profesor nos *trazó* la semblanza del poeta. 先生はその詩人の横顔を語った. ❸ [計画を] 立てる, 立案する. ❹《建築》線引きする: ~ los planos de un edificio ビルの図面を引く
trazo [tráθo]《←trazar》男 ❶ [書く・描く] 線; [図面などの] 輪郭: Los ~s del dibujo quedan poco claros. 図の線が消えかかっている. caracteres con ~s gruesos 太い線で書く. ❷ [文字の] 線, 画: carácter chino de ocho ~s 8画の漢字. línea a ~s 破線, 折れ線. ~ magistral [文字の] 主部の太い線. ❸ 容貌, 顔つき. ❹《美術》衣文(えもん), ドラペリー. ❺《ベネズエラ》過失, 失敗

comerse el ~《ホンジュラス．口語》失敗する

trazumar [traθumár]〘自〙~**se** しみ出る，にじみ出る〖=rezumar〗

TRB〘女〙《略語》←tonelada de registro bruto 総登簿トン数

trébede [tréβeðe]《←ラテン語 tripedes》〘女〙❶〘複〙〘こんろ〙五徳．❷ 床暖房のある部屋

trebejar [treβexár]〘自〙はしゃぐ，戯れる

trebejo [treβéxo]〘男〙❶〘主に複〙道具，用具：~s de cocina 台所用品．~s de labranza 農器具．❷《まれ》玩具，おもちゃ．❸《チェス》駒

trebeliánica [treβeljánika]〘女〙《法律》[受託者に配分される]遺産の4分の1〖=cuarta〗

trébol [tréβol]《←カタルーニャ語 trévol <ギリシア語 triphyllon < treis「3」+phyllon「葉」》〘男〙❶《植物》1) シロツメクサ，クローバー：~ de cuatro hojas 四つ葉のクローバー．2) ~ de carretilla/~ de carretón モンツキウマゴヤシ．~ hediondo ヒヨのー種〖= higuereula〗．~ oloroso シナガワハギ〖=meliloto〗．❷《西，メキシコ，ベネズエラ．交通》[四つ葉のクローバー状の]立体交差路．❸《トランプ》クラブ〖→carta 参考〗．❹《建築》[3葉からなる]花弁型切り込み装飾

trebolado, da [treβoláðo, ða]〘形〙cruz ~da クローバー十字．hoja ~da《植物》三中裂の葉

trebolar [treβolár]〘男〙シロツメクサの原

trebolina [treβolína]〘男〙《カナリア諸島．植物》コミヤマカタバミ〖= aleluya〗

trece [tréθe]《←ラテン語 tredecim < tres+decem》〘形〙〘男〙❶《基数詞》13〔の〕．❷ 13番目の．❸ サンティアゴ騎士団の13名の参事．❹《歴史》[全部で13名いる]市会議員
mantenerse (seguir・estar [se]) en sus ~**s** 自分の考えに固執する，人の意見に耳を貸さない，一歩も譲らない；態度を変えようとしない，強情を張る: El barco se iba a pique, pero el capitán *se mantuvo en sus* ~*s*. 船は沈没しかけていたが，船長は自分の意見を変えようとしなかった

treceañero, ra [treθeaɲéro, ra]〘形〙〘名〙13歳の〔人〕

treceavo, va [treθeáβo, βa]〘形〙《分数詞》13分の1〔の〕

trecemesino, na [treθemesíno, na]〘形〙13か月の

trecén [treθén]〘男〙《歴史》[販売価格の]13分の1税

trecenario [treθenárjo]〘男〙〘連続・断続する同一の事柄の〙13日間

trecenato [treθenáto]〘男〙=**trecenazgo**

trecenazgo [treθenáθɣo]〘男〙サンティアゴ騎士団 orden militar de caballería de Santiago の指導部〖13人の騎士で構成される〗

treceno, na [treθéno, na]〘形〙=**tredécimo**

trecentista [treθentísta]〘形〙《主に美術》14世紀の

trecésimo, ma [treθésimo, ma]〘形〙〘男〙=**trigésimo**

trecha [trétʃa]❶策略，計略〖=treta〗．❷《地方語》宙返り，とんぼ返り〖=voltereta〗

trechar [tretʃár]〘他〙《古語》[魚を]干物にする

trecheador [tretʃeaðór]〘男〙《鉱山》運搬係

trechear [tretʃeár]〘他〙《鉱山》運搬する

trechel [tretʃél]〘形〙trigo ~春まき小麦

trecheo [tretʃéo]〘男〙《鉱山》運搬

trecho [trétʃo]《←ラテン語 tractus < trahere「引く」》〘男〙❶〘不定の〙距離，時間: Para llegar a la estación aún nos queda un buen ~. 駅まではまだ大分ある．Me esperó largo ~. 彼は長い間私を待っていた．❷〘土地・畑の〙一画．❸《メキシコ》小道
a ~**s** = *de* ~ *en* ~
de ~ *a* ~ = *de* ~ *en* ~
de ~ *en* ~ 間隔をおいて，断続的に：Paraba *de* ~ *en* ~ *para descansar*. 彼は時々立ち止まって休んだ．Me escribe muy *de* ~ *en* ~. 彼はたまにしか手紙をよこさない

trechor [tretʃór]〘男〙《紋章》盾の縁に沿った帯状の紋

trecientos, tas [treθjéntos, tas]〘形〙〘男〙=**trescientos**

tredécimo, ma [treðéθimo, ma]〘形〙13番目の〖=decimotercero〗

trefe [tréfe]〘形〙❶ もろい，壊れやすい；虚弱な．❷ 偽の；不法の．❸《古語》肺結核を患った

trefilado [trefiláðo]〘男〙針金製造，針金の延伸

trefilador, ra [trefilaðór, ra]〘形〙〘名〙針金を延伸する；延伸工 ── 〘女〙延伸機

trefilar [trefilár]〘他〙針金を製造する，引き伸ばす

trefilería [trefilería]〘女〙針金製造，延伸；延伸工場

trefilero, ra [trefiléro, ra]〘形〙〘名〙《まれ》=**trefilador**

tregua [tréɣwa]《←ゴート語 triggwa》〘女〙❶ 休戦，停戦：pedir una ~ 休戦を申し入れる．~ de Dios《歴史》神の休戦〖11世紀，領主間の争いを水曜から次の月曜まで・クリスマス・四旬節などに中止された〗．❷ 休止，休息：Trabajó sin ~ para vivir. 彼は生きていくために休みなく働いた．hacer una ~ para comer 食事のために休憩する *dar* ~[*s*]〘痛みが〙一時おさまる；余裕を与える: Su enfermedad no le *da* ~. 彼の病気は小康状態にならない

treílla [treíʎa]〘女〙=**traílla**

treinta [tréjnta]《←ラテン語 triginta「30」》〘形〙〘男〙❶《基数詞》30〔の〕：~ y uno (dos...) 31(32...)．❷ 30番目の．❸ [los+] 1930年代，30歳代．❹《トランプ》~ y una トランテ・ア・ン，31．~ y cuarenta トラント・エ・カラント

treintaidosavo, va [trejntaiðosáβo, βa]〘形〙《分数詞》32分の1〔の〕
en ~《印刷》32折版

treintaidoseno, na [trejntaiðoséno, na]〘形〙❶《序数詞》32番目の．❷〘織物〙paño ~ 縦糸が3200本の布

treintaitresino, na [trejntaitresíno, na]〘形〙〘名〙《地名》トレインタ・イ・トレス Treinta y Tres の〔人〕〖ウルグアイ東部の州・州都〗

treintanario [trejntanárjo]〘男〙〘連続・断続する同一の事柄の〙30日間

treintanudos [trejntanúðos]〘男〙《単複同形》《カナリア諸島．植物》タデ属の一種〖学名 Polygonum balansae〗

treintañal [trejntaɲál]〘形〙=**treintañero**

treintañero, ra [trejntaɲéro, ra]〘形〙〘名〙30歳代の〔人〕

treintavo, va [trejntáβo, βa]〘形〙《分数詞》30分の1〔の〕

treintena[1] [trejnténa]〘女〙❶〘集名〙30〔のまとまり〕: una ~ de personas 約30人．❷ 30歳；30歳代

treintenio [trejnténjo]〘男〙30年間

treinteno, na[2] [trejnténo, na]〘形〙=**trigésimo**

treintón, na [trejntón, na]〘形〙〘名〙《口語》=**treintañero**

treja [tréxa]〘女〙《ビリヤード》空クッション

Trejos Fernández [tréxos fernándeθ]《人名》**José Joaquín** ~ ホセ・ホアキン・トレホス・フェルナンデス〖1916～2010，コスタリカの学者・外交官．大統領(1966～70)〗

trekking [trékiŋ]《←英語》〘男〙《単複同形》《スポーツ》トレッキング

tremadal [tremaðál]〘男〙=**tremedal**

tremante [tremánte]〘形〙震える

trematodo [trematóðo]〘男〙吸虫綱の ── 〘男〙《動物》吸虫綱

tremble [trémble]〘男〙《印刷》波罫

tremebundo, da [tremebúndo, da]《←ラテン語 tremebundus < tremere「震える」》〘形〙❶ 身震いさせるような，恐ろしい，ぞっとするような: Se oyó un ruido ~. ぞっとするような物音が聞こえた．❷《口語》巨大な，すごい，激しい: ~ *das* fuerzas del huracán ハリケーンの巨大な力

tremedal [tremeðál]〘男〙[足元がゆらゆらする]沼沢地，湿地

tremendamente [treméndaménte]〘副〙すごく，ひどく

tremendear [tremendeár]〘自〙《ベネズエラ．口語》行儀が悪い

tremendismo [treméndísmo]〘男〙❶《文学》凄絶主義，トレメンディスモ〖20世紀スペイン，現実の過酷な面を強調して表現する手法〗．❷ デマを流す（信じる）傾向．❸《闘牛》派手なスリルを追求する傾向

tremendista [tremendísta]〘形〙〘名〙❶ 凄絶主義の，トレメンディスモの〔作家〕．❷ デマを流す〔人〕，話を大げさにしがちな〔人〕: El medio es muy ~ y cualquier fracaso parece significar el fin del mundo. メディアはとても大げさで，どんな失敗もこの世の終わりを意味するかのようだ

tremendo, da [treméndo, da]《←ラテン語 tremendus「恐るべき」》〘形〙❶ 途方もなく大きい: hombre de estatura ~da ばかでかい男．❷《口語》〘想像できないほど〙すごい，驚くべき；《主に中南米》ひどい: Hoy me he levantado con un ~ dolor de cabeza. 今日起きた時私はものすごく頭が痛かった．Es un disparate ~. それはひどすぎる．tipo ~ すごい男．niño ~ いたずらっ子．frío ~ ひどい寒さ．❸ 恐ろしい: incendio ~ 恐ろしい火事
a la ~*da*《口語》重要に，大げさに；深刻に，否定的に: No hay que tomárselo tan *a la* ~*da*. そんなに大げさに考える必要はない
echar por la ~*da* 平静を失う；けんか腰になる，かっとなる
por la ~*da* 1) [解決方法として] 乱暴に，徹底的に: Rom-

tremente

pió su relación *por la ~da*. 彼は乱暴に関係を断った. 2) 深刻に, 否定的に: Todo se lo toma *por la ~da*. 彼は何でも悪い方に考える
por lo ~《まれ》=**por la ~da**

tremente [treménte]《印刷》[装飾輪郭用の] 波線
trementina [trementína]《女》松やに, テレビン油: aceite (esencia) de ~ テレビン油
tremer [tremér]《自》震える
tremés [tremés]《形》=**tremesino**
tremesino, na [tremesíno, na]《形》3か月の
tremielga [tremjélga]《女》《魚》シビレエイ《=torpedo》
tremís [tremís]《男》❶ カスティーリャの昔の貨幣《=3分の1スウェルド sueldo》. ❷ 古代ローマの貨幣《=3分の1ソリドゥス sólido》
tremó [tremó]《←仏語 trumeau》《男》《建》~s》[壁掛け鏡の] 装飾枠
tremol [tremól]《男》=**tremó**
tremolante [tremolánte]《形》《文語》はためく
tremolar [tremolár]《←俗ラテン語 tremulare》《他》《文語》[旗など を] 揭げる, 振る: Al paso de la comitiva real la multitud *tremolaba* las banderas. 王様の一行が通り過ぎるなか, 群集は旗を振っていた
—《自》❶《文語》はためく: Las banderas *tremolan* al viento. 旗が風にはためく. ❷《音楽》トレモロで弾く(歌う)
tremolina [tremolína]《女》❶《口語》騒ぎ, 騒動. ❷ 風のざわめき, ヒューヒューいう音. ❸《魚》シビレエイ《=torpedo》
tremolita [tremolíta]《女》《鉱物》透角閃石
trémolo [trémolo]《←伊語》《男》❶《音楽》トレモロ, 震音. ❷ [故意の] 震え声
tremor [tremór]《男》《まれ》❶ 震え. ❷ 震えの始まり, 初期振動
tremoso, sa [tremóso, sa]《形》震える, 揺れる《=tembloroso》
trempar [trempár]《他》《地方語》[主に男性的が] 性的に興奮する
trémulamente [trémulaménte]《副》《文語》震えを伴って
tremulento, ta [tremulénto, ta]《形》《まれ》=**trémulo**
trémulo, la [trémulo, la]《←ラテン語 tremulus「震える」》《形》《文語》震える: Está ~ de ira. 彼は怒りに震えている. luz ~ 明滅する灯り
tremuloso, sa [tremulóso, sa]《形》《廃語》=**trémulo**
tren [trén]《←仏語 train「引きずること」》《男》❶ 列車, 汽車, 電車《= ~ eléctrico》: Este ~ va a Lisboa. この列車はリスボンに行く. tomar el ~ para Madrid マドリード行きの列車に乗る. subir al ~ 乗車する. bajar del ~ 列車から降りる. viajar en ~ 汽車で旅行する. ~ ligero ライトレール, LRT. ❷《集合》[連動する機械の]一組, 装置: ~ de aterrizaje《航空》着陸装置, 車輪. ~ de embalaje 梱包ライン. ~ de engranajes 歯車(伝導)装置. ~ de laminación 圧延機. ~ de lavado 洗車機. ~ de montaje 組立ライン. ❸ [ぜいたくな] 暮らしぶり《= ~ de vida》: Su ~ de vida es alto. 彼の暮らしぶりは派手だ. llevar un ~ de vida 豪勢な暮らしをする. ❹《物理》波列《= ~ de ondas》. ❺《主にスポーツ》速さ. ❻《まれ》軍隊. ❼《古語》歯車装置. ❼《古語》《集合》[旅行・遠征用の] 荷物. ❽《メキシコ, グアテマラ》忙しく動き回ること. ❾《メキシコ》路面電車. ❿《キューバ》1)工場; 代理店. 2)《集合》製糖工場の器具
*a todo ~*❶ 金に糸目をつけずに, ぜいたくに: Hicieron un viaje de novios *a todo ~*. 彼らは豪華な新婚旅行をした. 2) 全速力で: Iba *a todo ~* por la autopista con su coche nuevo. 彼は新車でハイウェイを全速力で走っていた
coger el ~ 好機を捉える
como para parar un ~《西. 口語》=**para parar un ~**
como un ~《西. 口語》=**para parar un ~**
dejar a+人 *el ~*《ホンジュラス, ニカラグア, チリ. 口語》[女性が] ずっと独身のままでいる
estar como un ~《西. 口語》美男(美女)である, 魅力的である
estar en otro ~《ボリビア. 口語》世の中のことに疎い, 浮世離れしている
llevar el ~ a+人《メキシコ. 口語》…が激怒する
llevarse el ~ a+人《メキシコ. 口語》…がくたばる, 死ぬ
para parar un ~《西. 口語》大量の・に, たっぷりと; ものすごく: Aquí hay suciedad *para parar un ~*. ここはひどく汚れている
perder el ~[+de の] チャンスを逃す: El país aplicará las reformas para no *perder el del* desarrollo. その国は発展に乗り遅れまいと改革に乗り出すだろう
perder el último ~ ラストチャンスを逃す
subirse al ~[+de 計画などに] 参加する, 乗り遅れまいとする

trena [tréna]《女》❶《西. 俗語》刑務所, ブタ箱《=cárcel》. ❷[兵士の] 編みベルト, 肩帯. ❸ いぶし銀. ❹《アラゴン. 料理》編みパン
trenado, da [trenádo, ða]《形》細かい網目(格子)状の
trenazo [trenáθo]《男》《メキシコ》列車の衝突
trenca [trénka]《←-?語源》《女》《西. 服飾》ダッフルコート
trencellín [trenθeʎín]《男》[金・銀に宝石をあしらった] 帽子の飾りリボン
trench [trént ʃ]《←英語》《男》《服飾》トレンチコート《=trinchera》
trencha [tréntʃa]《女》《船舶》大型の鑿(?)
trencilla [trenθíʎa]《女》飾りひも
—《男》《サッカー. 口語》審判
trencillar [trenθiʎár]《他》[ドレスなどに] 飾りひも trencilla を付ける
trencillo [trenθíʎo]《男》《まれ》=**trencilla**; **trencellín**
trenero, ra [trenéro, ra]《形》《まれ》列車の
trenhotel [trenotél]《男》《鉄道》[スペインとフランス・イタリア・スイスを結ぶ] 寝台列車
treno [tréno]《男》❶《古代ギリシア》哀歌, 追悼歌. ❷ 預言者エレミヤの哀歌. ❸《まれ》呪い
trente [trénte]《女》《サンタンデル. 農業》三つ歯のフォーク, 熊手
trentino, na [trentíno, na]《形》トレント公会議の《=tridentino》
—《男》[イタリア語の] トレント方言
trenza [trénθa]《←ラテン語 treça+trena < ラテン語 trina「3重」》《女》❶ 三つ編み髪: Era una niña mona, muy lista y de ~s rubias. それはかわいくて, 利発で, 金髪を三つ編みにした女の子だった. ~ africana cosida アフリカ風の細かい編み込み髪. ❷ 三つ編みの組みひも. ❸《建築》平縁. ❹《馬術》de ~[歩みが] 前脚を搔くような. ❺《アルゼンチン》1)派閥. 2) 肉弾戦
trenzadera [trenθaðéra]《女》=**tranzadera**
trenzado, da [trenθáðo, ða]《形》《馬術》[歩みが] 前脚を搔くような. ❷《まれ》三つ編みの
—《男》❶ 三つ編み, 組みひも《行為》. ❷《バレエ》アントルシャ
trenzadora [trenθaðóra]《女》ひも編み機, 糸撚り機
trenzar [trenθár]《←trenza》《他》三つ編みにする: ~ sus cabellos 髪を三つ編みにする. ~ los juncos イグサを編む
—《自》❶《バレエ》アントルシャをする. ❷《馬術》前脚を搔くように歩む
—*~se*《中南米》口論する, けんかする
treo [tréo]《男》《船舶》[ラテン帆装船で強風の追い風を受けて帆走するための] 四角または円形の帆
trepa [trépa]《←trepar》❶ よじ登ること: ~ a los árboles 木登り. ❷ でんぐり返し, 前転. ❸《染色などに使う》テンプレート.《エストレマドゥラ》[木の] 股, 節
—《形》《西. 軽蔑》立身出世主義的(主義者), 野心家[の]
—《男》❶ 穿孔.《木材の》木目. ❷ 狡知, 奸計; 詐欺.《鞭打ちなどの》懲罰. ❹《絵画の》原版; [布地プリントの] 原版, プランチャ. ❺《古語. 服飾》縁飾り
trepada [trepáða]《女》よじ登ること
trepado[1] [trepáðo]《男》❶ 穴を開けること, 穿孔. ❷ [切り取り用の] ミシン目. ❸《古語. 服飾》テンプレート《=trepa》
trepado[2], **da**[2] [trepáðo, ða]《形》❶ のけぞった, そっくり返った. ❷《動物が》たくましい, どっしりした
trepador, ra [trepaðór, ra]《形》❶ よじ登る. ❷《植物》(?)性の: rosal ~ 蔓バラ. ❸《鳥》攀禽類の. ❹《自転車》登りに強い. ❺《コロンビア, チリ, アルゼンチン, ウルグアイ》出世主義の(主義者)
—《男》❶《鳥》ゴジュウカラ. ❷《複》昇柱器. ❸ よじ登りやすい場所, 這い登れるところ
—《女》《複》❶《植物》蔓植物. ❷《鳥》攀禽(?)類. ❸《印刷》ミシン目カッター
trepajuncos [trepaxúŋkos]《男》《単複同形》《鳥》ヨシキリの一種《=arandillo》
trepanación [trepanaθjón]《女》《医学》[頭蓋などの] 穿孔, 開孔術
trepanar [trepanár]《他》《医学》穿孔する
trépano [trépano]《男》❶《医学》トレパン, 管鋸. ❷ [穿孔機・削岩機の] 先金, ビット

trepante [trepánte] 形 ❶ よじ登る, 這い上がる. ❷ 悪知恵の働く, 奸計をめぐらす

trepar [trepár] **I** 自 ❶ [+a に, +por を] よじ登る, 這い上がる: ~ *a un árbol* 木によじ登る. ❷ [蔓植物が] 這う, 巻きつく: *La hiedra trepa por el muro*. つたが塀を這っている. ❸《西. 口語》立身出世する, 成り上がる
—— ~**se** そっくり返る. ❷《中南米》出世する
II 他《←カタルーニャ語 trepar》 ❶ …に穴を開ける, 穿孔する. ❷《古語. 服飾》縁飾り(縁取り)をする

treparriscos [treparrískos] 男《単複同形》《鳥》カベバシリ

trepatroncos [trepatrónkos] 男《単複同形》《鳥》アオガラ〖=herrerillo〗

trepe [trépe] 男 ❶《口語》叱責: *Me han echado un* ~. 私はこっぴどく叱られた. ❷《地方語》どんちゃん騒ぎ

trepidación [trepiðaθjón]《←ラテン語 trepidatio, -onis》女 ❶ 震え, 振動. ❷《天文》[星の] 揺らぎ

trepidante [trepiðánte] 形 ❶ 急調子の, 激しい. ❷ 震える

trepidar [trepiðár]《←ラテン語 trepidare「動く, 震える」》自 ❶ [物が] 震える, 振動する: *Su casa trepida cada vez que un tren pasa*. 彼の家は列車が通るたびに揺れる. ❷《中南米》迷う, ためらう, 確信が揺らぐ

trépido, da [trépiðo, ða] 形《まれ》震える〖=trémulo〗

treponema [treponéma] 男《生物》トレポネーマ

treponematosis [treponematósis] 女《医学》トレポネーマ症

tres [trés]《←ラテン語 tres》 形 自 ❶《基数詞》3(の): *No hay dos sin* ~. 「悪いことについて」二度あることは三度ある. ❷ 3番目の. ❸《ゲーム》 ~ *en raya* / ~ *en línea* 三目並べ. ❹《音楽》1) 三重奏; 三重唱. 2)《古語》三弦楽器の一種. ❺《歴史》[全部で3heる] 市会議員. ❻《コロンビア》民俗舞踊の一種
a las ~ [励ましなどで] さあ急いで(!)
como ~ *y dos son cinco* きわめて明白(確実)に
de ~ *al cuarto* 安物の, 品質の悪い: *Es un hotel de* ~ *al cuarto*. そこは安ホテルだ
de ~ *cuartos*《美術》スリークォーターの, 側面向きと正面向きの中間の
ni a la de ~《口語》決して(…ない);¡*Vaya plan, no resulta ni a la de* ~! 何という計画に. 絶対うまくいくはずがない!
~ *cuartos* 1) 男 単《服飾》七分丈のコート. 2) 名《ラグビー》 スリークォーター
~ *cuartos de lo mismo* (*de lo propio*)《口語》似たりよったりの人・もの: *Él es malo, y su hermano,* ~ *cuartos de lo mismo*. 彼は悪だが, その弟も似たりよったりだ

tresalbo, ba [tresálβo, βa] 形《馬が》3本の足の白い. ❷《ペルー. 古語》先住民とメスティーソとの混血の

tresañal [tresaɲál] 形 **=tresañejo**

tresañejo, ja [tresaɲéxo, xa] 形 3歳の; 3年物の

tresbolillo [tresβolíʎo] 男 *al* ~/*a* ~ 五の目型に, 五点型に〖正方形の四隅とその中心に植樹するやり方〗

trescientos, tas [tresθjéntos, tas] 形 男 ❶《基数詞》300(の). ❷ 300番目の

tresdoblar [tresðoβlár] 他 ❶ 3倍にする; 3度繰り返す. ❷ 3つ折にする

tresdoble [tresðóβle] 形 **=triple**

tresechón [tresetʃón] 男《地方語》[山腹の] 雪盤, 氷盤

tres erre [trés ére] 形《映画. 古語的》成人向け[の]

tresillista [tresiʎísta] 名 オンブル tresillo の競技者

tresillo [tresíʎo]《←tres》 男 ❶《西》応接3点セット〖ソファと椅子2つ〗; 3人掛けのソファ. ❷ 石が3個の指輪. ❸《トランプ》オンブル. ❹《音楽》3連音符. ❺《アンダルシア》[引き馬の] 3頭立て

tresmallo [tresmáʎo] 男《地方語》**=trasmallo**

tresmesino, na [tresmesíno, na] 形 3か月の

tresnal [tresnál] 男《畑の》刈り束の山, いなむら

trestanto [trestánto] 形 ❶ 3番目の
—— 男《まれ》3倍の量

tresviso [tresβíso] 男《料理》カブラレス〖=cabrales〗

treta [tréta]《←仏語 traite》女 策略, 計略: *Es una* ~ *para sacarle dinero*. それは彼らから金を取る策略だ. ❷《フェンシング》フェイント

tretero, ra [tretéro, ra] 形《廃語》ずるい, 悪賢い

trevira [treβíra]《←商標》女《繊維》トレビラ〖ポリエステルの一種〗

trezavo, va [treθáβo, βa] 形 **=treceavo**

trezna [tréθna] 女《狩猟》[大型の獲物 caza mayor の] 足跡, 痕跡

tri-《接頭辞》《三》*triángulo* 三角形, *trinidad* 三位一体

tría [tría] 女 ❶ 選別, 選り分け; 区分け. ❷《養蜂》[ミツバチの巣箱からの~への] 出入り. ❸《地方語》わだち

triac [trják] 男《電気》トライアック

triaca [trjáka] 女 ❶ [アヘンを主成分とした, 昔の] 解毒剤, 毒消し, 万能薬. ❷ [悪癖などの] 薬, 治療法. ❸《植物》クワガタソウ〖=verónica〗

triacal [trjakál] 形 解毒剤 triaca の; 解毒作用のある

triache [trjátʃe]《←仏語 triage》男 選外のコーヒー豆

triácido [trjáθiðo] 男《化学》三塩基酸

tríada [tríaða]《←ラテン語 trias, -adis》女 ❶《集名》《文語》3つ(3人)で1つのもの, 3つぞろい, 3つ組, 3人組: *la* ~ *de dioses* 三尊像. ❷ [麻薬関与団体をする] 中国の秘密結社. ❸《音楽》三和音. ❹《医学》[病気の] 3主徴, 3兆候. ❺《化学》3組元素; 3価元素

tríade [tríaðe] 女 **=tríada**

triádico, ca [trjáðiko, ka] 形《文語》3つ組の, 3人組の

triaje [trjáxe] 男《←仏語 triage》《医学》トリアージ, 識別救急: *tarjeta de* ~ トリアージタグ

trial [trjál] 男 ❶《自転車, バイク》トライアル. ❷《文法》三数

triangulación [trjanguloθjón] 女 ❶ 三角測量; 集名 三角測量で得られた数値. ❷《サッカーなど》トライアングル・パス

triangulado, da [trjangulaðo, ða] 形 三角形に配置された

triangular [trjangulár]《←ラテン語 triangularis》形 三角形の: *vela* ~ 三角帆. *comercio* ~ 三角貿易. *músculo* ~ 三角筋
—— 男《スポーツ》三者対抗戦, 3か国対抗試合
—— 他 ❶《測量》三角に配置する. ❷ 三角測量をする. ❸《サッカーなど》三角パスをする; [3人以上で] パスを回す

triangularidad [trjangularidáð] 女 三角形であること

triangularmente [trjangulárménte] 副 三角形に

triángulo [trjángulo]《←tri-+ラテン語 angulus「角」》男《幾何》三角形: ~ *equilátero* (*regular*) 正三角形. ~ *rectángulo* (*ortogonio*) 直角三角形. ~ *de cabeza* [ひもで結ぶ三角形の] バンダナ. ~ *de la muerte* 鼻柱と口の両端を結ぶ三角形. ~ *de las Bermudas* バミューダトライアングル. ~ *amoroso*〖= ~ *amoroso*〗: *formar un* ~ 三角関係になる. ❸《音楽》トライアングル. ❹《天文》 ~ *austral* みなみのさんかく(南の三角)座. ~ *boreal* さんかく座. ❺《音声》母音三角形〖= ~ *vocálico*〗
—— 形 三角形の〖=triangular〗

triaquero, ra [trjakéro, ra] 名《廃語》[毒消し triaca などの] 薬売り
—— 女 薬箱, 薬瓶

triaquisoctaedro [trjakisɔktaéðro] 男《幾何》三方八面体

triar [trjár] 11 他《地方語》選別する, 選り分ける; 区分けする
—— 自《養蜂》[ミツバチが] 巣箱を出入りする
—— ~**se** ❶ [布が] 透ける, 薄くなる. ❷《アラゴン》[牛乳が] 分離する

triarios [trjárjos] 男 複《古代ローマ》トリアーリ〖軍団内の古参兵士〗

trías [tríás] 男《地質》三畳紀層

triásico, ca [trjásiko, ka] 形 男《地質》三畳紀(の)

triatleta [trjatléta] 名《スポーツ》トライアスリート

triatlón [trjatlón] 男《スポーツ》トライアスロン

triatómico, ca [trjatómiko, ka] 形《化学》三価の

tríbade [tríβaðe] 女《文語》女性の同性愛者

tribadismo [triβaðísmo] 男《文語》女性の同性愛

tribal [triβál] 形 部族 tribu の, 種族の: *luchas* ~*es* 部族間の争い. *sociedad* ~ 部族社会

tribalidad [triβalidáð] 女《まれ》部族性, 種族性

tribalismo [triβalísmo] 男 ❶ 部族制, 部族組織. ❷《軽度》同族的忠誠心

tribásico, ca [triβásiko, ka] 形《化学》三塩基の

triboelectricidad [triβoelektriθiðáð] 女《物理》摩擦電気

tribolio [triβóljo] 男《植物》オドリコソウ属モドキ

tribología [triβoloxía] 女《物理》摩擦学

triboluminiscencia [triβoluminisθénθja] 女《物理》摩擦ルミネセンス

tribómetro [triβómetro] 男 摩擦計

tribraquio [triβrákjo] 男《詩法》三短格, 短短短格

tribu [tríβu]《←ラテン語 tribus (市民集会の投票単位)》女 ❶ 部族,

tribual [triβwál] 形 部族の, 種族の

tribuir [triβwír] 48 他 [結果・性格を, +a] 帰する

tribulación [triβulaθjón]【←ラテン語 tribulatio, -onis】女《文語》[主に 複] 苦悩, 悲痛, 苦難, 辛苦, 逆境: pasar sus *tribulaciones* 何度もつらい目に遭う

tríbulo [tríβulo] 男《植物》ハマビシ

tribuna [triβúna]【←俗ラテン語 tribuna「護民官の演台」】女 ❶ [議会などの] 演壇, 演台, 高座; [教会の] 説教台: subir a la ~ 壇上に上がる, 登壇する. ❷ [法廷・議会の] 席: ~ del acusado 被告席. ~ del jurado 陪審員席. ~ pública/~ para el público 傍聴席.【集合】[競技場などの一段と高い所にある] 特等席, 特別席: ~ de la prensa 記者席. ~ de los jueces 審判スタンド. ❸《建築》[教会の, ガラスのはまった出窓式の] 正面回廊, バルコニー席. ❹《新聞》他の雑誌などの記事紹介欄: ~ libre 投書欄, 寄稿欄. ❺ [主に政治的な] 雄弁術

tribunado [triβunáðo] 男 ❶《古代ローマ》護民官の職（任期）. ❷ フランス第一帝政以前の）法政審議院

tribunal [triβunál]【←ラテン語】男 ❶ 裁判所, 法廷 [機関, 場所]: 1) El ~ le condenó. 法廷は彼に有罪を宣告した. pasar el caso a un ~ superior (inferior) 案件を上級審（下級審へ差し戻す）. presentarse al ~ 法廷に立つ. ~ civil 陪審員法廷. ~ colegiado 3人以上の判事で審理される法廷. ~ de apelación 高等裁判所, 控訴審, 控訴院. ~ de casación 破毀院. ~ de comercio 商事裁判所. ~ de lo contencioso administrativo 行政不服審判所. ~ eclesiástico 教会裁判所. ~ militar 軍事法廷. ~ supremo/alto ~ 最高裁判所. ~ [tutelar] de menores/~ juvenil 少年裁判所. 2) T~ Constitucional 憲法裁判所. T~ de Cuentas 会計検査院. T~ de Justicia Europeo [EU の] 欧州裁判所. T~ de las Aguas 水（水利）裁判所. T~ Internacional de Justicia 国際司法裁判所. T~ Penal Internacional 国際刑事裁判所. T~ Superior de Justicia《西》[州の] 高等裁判所. ❷【複】法の裁き: acudir a los ~es 法的手段に訴える. llevar... a los ~es ...を裁判ざたにする. ❸【集合】裁判官, 判事, 司法官; 審査員, 試験官: En las oposiciones a catedrático el ~ está formado por cinco miembros. 教授職試験の審査会は5人のメンバーから成る. ❹ 裁き. ❺ [比喩] 裁き, 審判: ~ de Dios 神の裁き. ~ de la conciencia 良心の裁き. ~ de la penitencia 悔悛（告解）の秘蹟

tribunicio, cia [triβuníθjo, θja] 形《古代ローマ》護民官の. ❷ 演説家の: elocuencia ~ 演説家の雄弁

tribúnico, ca [triβúniko, ka]《古代ローマ》護民官の

tribuno [triβúno]【←ラテン語 tribunus】男 ❶《古代ローマ》護民官 [= ~ de la plebe]. 2) 大隊長 [= ~ militar]. ❷ 雄弁な演説家, 弁舌家

tributación [triβutaθjón] 女 ❶ 納税. ❷ 税; 貢ぎ物. ❸ 税制

tributante [triβutánte] 共 貢ぐ, 貢納者; 納税者, 納税者

tributar [triβutár]【←tributo】他 ❶ 税金・年貢・貢ぎ物を）納める, 貢納する, 納税する: Todos los ciudadanos tienen la obligación de ~ sus impuestos. 市民は全員税金を納める義務を負っている. ❷ [賛辞などを] 与える, 贈る, [敬意を] 表する: Le *tributan* una gran admiración por la obra realizada. 人々は彼の成し遂げた仕事に対し大きな賛辞を贈っている ── 自 納税する

tributario, ria [triβutárjo, rja]【←ラテン語 tributarius】形 ❶ 租税の, 貢ぎ物の; 納税する, 納税義務のある: administración ~ria 税務署 [機関]. derecho ~ 税法. deuda ~ria 税金. reforma ~ria 税制改革. ❷ 《川の》[+de 本流・湖に] 注ぐ, 支流の. ❸ [+de に] 起因する ── 名 納税者

tributo [triβúto]【←ラテン語 tributum】男 ❶ 税金, 租税, 年貢, 貢租, 貢ぎ物: pagar los ~s al estado 国に税を納める. ~ feudal 封建的貢租. ❷ [感謝・賞賛・尊敬・愛情の] あかし, 捧げもの: rendir ~ a+人 ...に敬意を表する. ~ de amor 愛情の印, 愛の言葉. ❸ [便宜などを享受するための] 代価, 犠牲. ❹ 地代, 借地料. ❺ 納税義務, 貢賃の義務. ❻《歴史》[スペインの支配下でアメリカ先住民の成人男性に課された] 人頭税

《原則として年2回（6月と12月）徴収された. 都市部では物納から金納へと移行》

pagar ~ a la naturaleza 死ぬ

tricahue [trikáwe] 男《鳥》イワインコ

tricampeón, na [trikampeón, na] 名《スポーツ》3度の優勝者

tricéfalo, la [triθéfalo, la] 形 3つの頭を持つ

tricenal [triθenál]【←ラテン語 tricena】形 30年ごとの, 30周年の; 30年続く

tricentenario, ria [triθentenárjo, rja] 形 300年続く ── 男 300年; 300周年［祭］

tricentésimo, ma [triθentésimo, ma] 形 男《序数詞》300番目の;《分数詞》300分の1［の］

tríceps [tríθe[p]s]【←ラテン語 triceps】男《単複同形》《解剖》三頭筋 [=músculo ~]: ~ braquial 上腕三頭筋. ~ femoral (sural) 下腿三頭筋. ~ espinal 傍脊柱筋, 背筋

triceratops [triθeratό[p]s] 男《単複同形》《古生物》トリケラトプス, 三角竜

tricésimo, ma [triθésimo, ma] 形《まれ》=**trigésimo**

trichina [tritʃína] 女 =**triquina**

tricíclico, ca [triθíkliko, ka] 形《化学》三環の;《薬学》三環系抗うつ剤

triciclo [triθíklo] 男 三輪車; 三輪自転車, 自動三輪

tricípite [triθípite] 形《文語》=**tricéfalo**

trickster [tríkster]【←英語】名《複 ~s》《神話など》トリックスター

triclínico, ca [triklíniko, ka] 形《鉱物》三斜［晶系］の

triclinio [triklínjo] 男《古代ローマ》食事用の寝椅子, 横臥椅子; [それが置かれた] 食堂, トリクリニウム

tricloroetileno [tricloroetiléno]《化学》トリクロロエチレン

tricloruro [triklorúro]《化学》三塩化物

tricocéfalo [trikoθéfalo] 男《動物》鞭虫《寄生虫》

tricocefalosis [trikoθefalósis] 女《医学》鞭虫症

tricofítico, ca [trikofítiko, ka] 形《医学》白癬の

tricofitosis [trikofitósis] 女《医学》白癬

tricología [trikoloxía] 女 毛髪学

tricólogo, ga [trikóloɣo, ɣa] 名 毛髪学者

tricoloma [trikolóma] 男《植物》キノメジ [食用のキノコ]

tricolor [trikolór] 形 三色の: bandera ~ 三色旗

tricomona [trikomóna] 女《動物》トリコモナス

tricomoniasis [trikomonjásis] 女《医学》トリコモナス症

tricono [trikóno] 男 トリコーン『岩盤穿孔の先端ビット』

tricónquido [trikóŋkiðo] 男《教会の》3つの小後陣からなる後陣

trióptero, ra [trikóptero, ra] 形 毛翅目の ── 男《昆虫》トビケラ;【複】毛翅目

tricorne [trikórne] 形《文語》3本の角(ⁿ)のある, 3角の

tricornio [trikórnjo] 男【←tri-+cornu「角」】《西》❶[治安警備隊員がかぶる] 三角帽;《時に軽蔑》治安警備隊員. ❷ [18世紀に使われた3つの角がある] 三角帽子 [=sombrero ~]

tricot [trikó(t)]【←仏語】男《複 ~s》❶ 編み物. ❷《繊維》トリコット, ニット生地; ニットの衣料

tricota [trikóta] 女《ラプラタ, 服飾》カーディガン

tricotadora [trikotaðóra] 女 =**tricotosa**

tricotar [trikotár]【←仏語 tricoter】他 編む ── 自 編み物をする

tricotilomanía [trikotilomanía] 女《医学》抜毛狂

tricotina [trikotína] 女《繊維》トリコティン

tricotomía [trikotomía] 女 ❶《植物》[枝葉・茎の] 三分岐. ❷《論理》三分法

tricotómico, ca [trikotómiko, ka] 形 ❶ 三分岐の. ❷ 三分法の

tricótomo, ma [trikótomo, ma] 形 ❶ 三分岐する. ❷ 三分される

tricotosa [trikotósa] 女 ❶ 編み機 [=máquina ~]. ❷ 編み機を操作する女工

tricromía [trikromía] 女《印刷》三色版

trictrac [triktrák] 男《ゲーム》トリックトラック『バックギャモンの一種』

tricúspide [trikúspiðe]《解剖》[心臓の] 三尖弁 [=válvula ~]

tridacio [triðáθjo] 男《薬学》ラクツカリウムの一種『鎮痛剤, 鎮静剤』

tridacna [triðákna] 女《貝》オオシャコガイ

tridáctilo, la [triðáktilo, la] 形《動物》三指の

tridecasílabo, ba [triðekasílaβo, βa] 形 男《詩法》13音節の〔詩〕

tridente [triðénte]《←ラテン語 tridens, -entis》形《道具が》みつまた の —— 男 ❶《ローマ神話》〔ネプチューン Neptuno の持つ〕みつま たの矛(ほこ). ❷《みつまたの》やす, 鋤

tridentífero, ra [triðentífero, ra] 形 みつまたの矛を持つ

tridentino, na [triðentíno, na]《←ラテン語 tridentinus》形 名 ❶《地名》〔イタリアの〕トレント Trento の〔人〕. ❷《16世紀の》ト レント公会議の

tridimensional [triðimensjonál] 形 三次元の; 立体的な

tridimensionalidad [triðimensjonaliðáð] 女 三次元性; 立 体性

tridiona [triðjóna]《←商標》女《薬学》トリジオン

triduano, na [triðwáno, na] 形 3日間の

triduo [tríðwo] 男《カトリック》三日黙祷《大祝日, 初聖体前 などに行なう》. ❷ 聖3か日〔の勤行〕《聖週間の木・金・土曜 日》

triédrico, ca [trjéðriko, ka] 形《幾何》三面角の

triedro, dra [trjéðro, ðra] 形《幾何》三面〔角〕の —— 男 三面角《=ángulo ~》

trienal [trjenál]《←trienio》形 3年ごとの; 3年間の: plan ~ 3か 年計画

trienio [trjénjo]《←tri-+ラテン語 annus「年」》男 ❶ 3年間: T~ Liberal《歴史》自由主義の3年《1820〜23年, スペイン・ブルボ ン王朝 Casa de Borbón en España の絶対君主制に対する自 由主義運動》. ❷ 3年ごとの昇給

triente [trjénte] 男 ❶《古代ローマ》青銅貨の一種《=3分の1アス as》. ❷《西ゴート族の》金貨の一種

trieñal [trjenál] 形《まれ》=trienal

triera [trjéra] 女 三段層のガレー船《=trirreme》

triestino, na [trjestíno, na] 形 名《地名》〔イタリアの〕トリエス テ Trieste の〔人〕

trifásico, ca [trifásiko, ka] 形《電気》三相〔交流〕の: corrien- te ~ca 三相交流 —— 男《口語》こね, 縁故《=enchufe》

trifauce [trifáuθe]《詩語》喉が3つある《地獄の番犬ケルベロス Cerbero について》

trifenilmetano [trifenilmetáno] 男《化学》トリフェニルメタン

trífido, da [trífiðo, ða] 形《植物》三裂の

trifinio [trifínjo] 男 3つの地域〔管轄区域〕が接する点

trifloro, ra [triflóro, ra] 形《植物》三花の

trifoliado, da [trifoljáðo, ða] 形《植物》三小葉の

trifolio [trifóljo] 男《植物》=trébol

trifoliolado, da [trifoljoláðo, ða] 形《植物》=trifoliado

trifora [trífora] 女《建築》細い柱で3つの部分に分かれた窓

triforio [trifórjo] 男《建築》トリフォリウム

triforme [trifórme] 形《文語》三体ある, 形が3つある

trifulca [trifúlka] 女《←ラテン語 trifurca「みつまた」》❶《口語》激 しい口論; 乱闘, 騒動. ❷《鋳物工場の炉の》ふいごを動かす仕 組み

trifurcación [trifurkaθjón] 女 ❶ 3分岐. ❷《みつまたの》分岐した 場所

trifurcar [trifurkár] 自 ~se みつまたに分かれる: La carretera se trifurca aquí. 道はここで3つに分かれる

triga [tríɣa] 女 ❶ 三頭立ての馬車. ❷《集名》〔馬車を引く〕三 頭の馬

trigal [triɣál]《←trigo》形 小麦の —— 男 小麦畑: El campo castellano está lleno de ~es. カ スティーリャの野には小麦畑が一杯ある

trigarante [triɣaránte] 形《歴史》トリガランテ軍《1821年メキシ コ. 独立派の軍隊. 3つの保証 tres garantías (Religión, Inde- pendencia, Unión)を表わす. =ejército ~》

trigaza [triɣáθa] 形 paja ~ 小麦のわら

trigémino [triximino] 男《解剖》三叉神経《=nervio ~》

trigésimo, ma [trixésimo, ma] 形《序数詞》30番目の《分 数詞》30分の1の

trigla [tríɣla] 女《魚》ホウボウ《=trilla》

triglicérido [triɣliθériðo] 男《生化》トリグリセリド: ~s altos 《医学》高トリグリセリド血症

triglifo [triɣlifo] 男《建築》トリグリュポス

tríglifo [tríɣlifo] 男 =triglifo

trigo [tríɣo] 男《←ラテン語 triticum》❶《植物》1) 小麦; 小麦 種, 小麦粒: harina de ~ entero 全粒小麦粉. pan de ~ 小 麦粉のパン. No es mismo predicar que dar ~./Una cosa es predicar y otra dar ~.《諺》助言するのは簡単だが, それを実行 するのは難しい. ~ aristado (raspudo) 有芒(ぼう)小麦. ~ azul (azulejo・azulenco・moreno) 黄色がかった長粒のデュラ ム小麦. ~ bastardo エギロプス. ~ blando 軟質小麦. ~ berrendo もみに青斑のある小麦. ~ cañihueco (cañiva- no) 飼料向けの小麦. ~ carraón ヒトツブコムギ. ~ cascalbo 軸の白いデュラム小麦. ~ chamorro (desraspado) ボウズム ギ. ~ común〔優良種の〕パン小麦. ~ duro (durillo・fan- farrón) デュラム小麦, 硬質小麦. ~ lampiño 穎(えい)が無毛の 小麦. ~ mocho 無芒(ぼう)小麦. ~ racimal/~ del milagro イギリス小麦, リベット小麦. ~ trechel (tremés・tremesino・ marzal)/~ de marzo 春小麦. 2) ~ de Guinea モロコシ. ~ sarraceno (negro) サラセン小麦, ソバ. ~ silvestre 野生コム ギ《学名 Triticum vulgare》. ~ vacuno ママコナ属の一種《学 名 Melampyrum arvense》. ❷〔主に 複〕小麦畑《=trigal》: Los ~s se extienden por toda la provincia. その地方一帯に 小麦畑が広がっている. ❸ 金, 財産, 資産

echar por esos ~s/echar por los ~s de Dios〔人が〕 道を踏み外す

meterse en ~s ajenos 他人のことに口を出す, お節介をする

no ser ~ limpio《口語》〔外見からも, 人・事が〕いかがわしい, まっとうでない: Aquel hombre no es ~ limpio. あの男はまっ たくない. Este negocio no es ~ limpio. この商売はまっとう でない

trigón [triɣón] 男《古代ギリシャ・ローマ. 音楽》三角琴

trigonal [triɣonál] 形《結晶》三方晶系の

trígono [tríɣono] 形《占星》〔等間隔にある〕3つの星座. ❷ 三角形《=triángulo》

trigonometría [triɣonometría] 女《幾何》三角法: ~ esférica 球面三角法

trigonométrico, ca [triɣonométriko, ka] 形《幾何》三角法 の: función ~ca 三角関数. polinomio ~ 三角多項式

trigrama [triɣráma] 男 3文字から成る語・略語《例 ave 鳥; AVE スペインの高速鉄道》

trigueño, ña [triɣéɲo, ɲa]《←trigo》形 男 ❶〔主に肌が〕小麦 色〔の〕, オリーブ色の, 黄褐色の, 淡褐色の. ❷〔頭髪が〕金茶 色の. ❸《中南米. 蜘蛛》肌が黒い《混血の, メスティーソの》

triguero, ra [triɣéro, ra]《←trigo》形 ❶ 小麦の: buena cose- cha ~ra 小麦の豊作. ❷ 小麦の間で栽培される. ❸〔土地 が〕小麦栽培に適した —— 名 ❶ 小麦商人. ❷《コロンビア》小麦栽培者 —— 男 ❶《鳥》ハタホオジロ. ❷〔小麦用の〕ふるい. ❸《植物》イネ科の一種《学名 Aegilops ovata, Triti- cum ovatum》; クサヨシの一種《=~ra caballuna. 学名 Phala- ris bulbosa, Phalaris coerulescens》. ❹《カンタブリア》小麦の 栽培に適した土地. ❺《サラマンカ. 鳥》アトリ

trihalometano [trjalometáno] 男《化学》トリハロメタン

trihíbrido, da [tr(i)íβriðo, ða] 形《生物》三遺伝子雑種の

trikilitari [trikilitári] 男〔バスクの伝統音楽の〕デュエット

trilateral [trilaterál] 形 ❶《政治など》三者間の: diálogo ~ 三 者対談. ❷ 3辺ある

trilateralismo [trilateralísmo] 男《政治など》三者提携主義, ト ライラテラリズム

trilátero, ra [triláter, ra] 形 =trilateral

trile [tríle] 男 ❶ =triles. ❷《チリ. 鳥》ツグミの一種《学名 Tur- dus thilius》

trilero, ra [triléro, ra] 名《西. 口語》triles の賭博師

triles [tríles] 男《複》《西》3つのカップやカードで早く動かして中の 1つを当てる路上賭博

trilingüe [trilíŋgwe] 形 名 ❶ 3か国語を話す〔人〕: país ~ 3言 語併用国. 3か国語の; 3か国語で書かれた: diccionario ~ 3か国語辞典

trilingüismo [trilingwísmo] 男〔一国での〕3言語併用

trilita [trilíta] 女 TNT 火薬. ❷ =trinitrotolueno

triliteral [triliterál] 形 =trilítero

trilítero, ra [triliter, ra] 形 3字〔3子音〕から成る

trilito [trilíto] 男《考古》トリリトン《直立した2つの石の上に1つ の石を渡したドルメン》

trilla [tríʎa] 女《←trillar》❶ 脱穀: La ~ suele efectuarse cuando empieza el verano. 脱穀は普通夏の初めに行なわれる. ❷ 脱穀期. ❸ 脱穀機. ❹《魚》ホウボウの一種《=rubio》. ❺

《メキシコ》［畑の中の］小道; 踏み分け道. ❻《プエルトリコ, アンデス》めった打ち. ❼《プエルトリコ》品質の悪いコーヒー

trilladera [triʎađéra] [女] ❶ 脱穀機. ❷《アラバ, ナバラ, リオハ, ソリア》脱穀機を馬につなぐ綱

trillado, da [triʎáđo, đa] [形] ❶《主に軽蔑》［話題などが］ありふれた, 陳腐な: Es una ～*da* metáfora. その隠喩はありふれている. ❷［道が］人通りの多い, 往来の激しい

—— [男]《キューバ, プエルトリコ》［草間の］小道, 通った跡

trillador, ra[1] [triʎađór, ra] [形] [名] 脱穀する［人］

trilladora[2] [triʎađóra] [女] 脱穀機: ～ segadora コンバイン

trilladura [triʎađúra] [女] 脱穀, 脱穀作業

trillar [triʎár] 〖←ラテン語 tribulare〗 [他] ❶ 脱穀する: ～ el arroz 稲を脱穀する. ❷《口語》［話題などを］飽きるほど繰り返す, いつも同じネタを使う: *Han trillado* tanto este tema que ha perdido todo su interés. 彼らはそのテーマを飽きずに繰り返すので, 全く興味をひかない話になってしまった. ❸《まれ》［人を］手ひどく痛めつける. ❹《プエルトリコ》［道を］踏みならす

trillero, ra [triʎéro, ra] [名]《地方語》=**trillador**

—— [男]《地方語》脱穀用の器具 trillo を作る人

—— [女]《アンダルシア》脱穀時の民謡〖ギターの伴奏のないセギディーリャ seguidilla〗

trillizo, za [triʎíθo, θa] [形] [名] 三つ子の〔1人〕: tres hermanos ～*s* 三つ子の兄弟. tener ～*s* 三つ子を生む

trillo [tríʎo] 〖←ラテン語 tribulum〗 [男] ❶［原始的な］脱穀用の器具. ❷《中米, カリブ》踏み分け道, 獣道

trillón [triʎón] [男] 100京〖10^{18}〗

trillonésimo, ma [triʎonésimo, ma] [形] [男] 100京番目の; 100京分の1〔の〕

trilobal [trilobál] [男] 合成繊維の一種

trilobites [trilobítes] [男]〖単複同形〗《古生物》三葉虫

trilobulado, da [trilobuláđo, đa] [形] 裂片 lóbulo が3つある: arcos ～*s*《建築》三葉アーチ

trilocurar [trilokurár] [形]《生物》三室(三房)を持つ

trilogía [trilɔxía] [女] ❶《文学, 映画など》三部作: «Yerma», «Bodas de sangre» y «La casa de Bernarda Alba» componen la ～ trágica de García Lorca.『イェルマ』,『血の婚礼』,『ベルナルダ・アルバの家』はガルシア・ロルカの悲劇三部作を構成する. ❷《古代ギリシア》三悲劇

trilógico, ca [trilɔ́xiko, ka] [形] 三部作の

trimarán [trimarán] [男]《船舶》三胴船

trimembre [trimémbre] [形] 三者の; 三部構成の

trimensual [trimenswál] [形] 月に3回ある

trimensuario [trimenswárjo] [男] 季刊〔誌〕

trímero, ra [trímero, ra] [形] ❶《植物》［輪生体が］3部分から成る; 各輪生体に3花をもつ: flores ～*ras* 三数花. ❷《昆虫》3節の. ❸《化学》3量体の

trimestral [trimestrál] 〖←trimestre〗 [形] 3か月間の; 3か月ごとの: nota ～ 学期［末］の成績. revista ～ 季刊雑誌

trimestralmente [trimestrálménte] [副] 3か月ごとに

trimestre [triméstre] 〖←ラテン語 trimestris〗 [男] ❶ 3か月間; ［3学期制の学校の］一学期: por ～ 3か月ごとに. el segundo ～ 第2四半期; 2学期. ❷［家賃・年金などの］3か月分. ❸［定期刊行物の］3か月分

trimetadiona [trimetađjóna] [女] =**tridiona**

trimétrico [trimétriko] [男] 三斜晶系

trímetro [trímetro] [男]《詩法》三歩格

trimielga [trimjélga] [男]《魚》シビレエイ〖=torpedo〗

trimilenario, ria [trimilenárjo, rja] [形]《まれ》300年の

trimorfo, fa [trimɔ́rfo, fa] [形] 三形態を取り得る, 三態の

—— [男] 同質三像物質

trimotor [trimotɔ́r] [男]《航空》三発機

trimurti [trimúrti] [女]《ヒンズー教》三神一体

trinación [trinaθjón] [女]《カトリック》三重祭〖一日に同じ司祭が3回ミサをあげること〗

trinacrio, cria [trinákrjo, rja] [形] [名] ❶《歴史. 地名》トゥリナクリア Trinacria の〔人〕〖現在のシチリア〗. ❷《詩語》シチリアの

trinado [trináđo] [男] ❶《音楽》トレモロ, ビブラート, 顫音(せんおん). ❷［鳥の］鳴き声を震わせるさえずり

trinador [trinađór] [形] →**zarapito** trinador

trinante [trinánte] [形]［鳥が］鳴き声を震わせてさえずる

trinar [trinár] 〖←擬声〗 [自] ❶［鳥が］鳴き声を震わせてさえずる. ❷ 激怒する. ❸《音楽》トレモロで演奏する; ビブラートで歌う. ❹《カトリック》［一日に同じ司祭が］3回ミサをあげる

estar que trina 激怒している, ひどくいらだっている: El jefe *está que trina* porque has llegado tarde. 君が遅刻したので課長はカンカンに怒っている

trinca [tríŋka] [女] ❶［同種のものの］三つ組;《トランプ》三枚組; 三人組. ❷ 遊び仲間, 友人グループ. ❸《西》［大学教員採用試験での］3人の受験者同士の討論; [集名] その討論をする3人の受験者. ❹《船舶》綱; 固定索. ❺《メキシコ》酔い

estar a la ～《船舶》時化の海を航行する

trincado [triŋkáđo] [男]《船舶》［昔のガリシア地方の］マストが船尾方向に傾斜し帆は台形の小型船

trincadura [triŋkađúra] [女]《船舶》［二檣の］台形の帆の小型船

trincaesquinas [triŋkaeskínas] [男]〖単複同形〗錐(きり), ドリル〖=parahúso〗

trincafía [triŋkafía] [女]《船舶》［割れた円材などに］綱を巻き付けて縛ること

trincapiñones [triŋkapiɲónes] [男]〖単複同形〗《口語》間抜けな若者, おっちょこちょい

trincar [triŋkár] I 〖←?古仏語 tringler〗 [7] [他] ❶《西. 口語》捕える, 逮捕する: La policía los *trincó* al salir del banco. 警察は彼らが銀行から出たところを逮捕した. ❷《西. 口語》盗む, 奪い去る: Me *han trincado* el mechero bonito en el bar. 私はバルでいいライターを盗まれた. ❸ 割る, 砕く, 壊す. ❹ 殺す. ❺《船舶》綱で固定する; 固く縛る. ❻《メキシコ, 中米, アルゼンチン》抑えつける. ❼《メキシコ. 口語》だます, ペテンにかける

—— [自] ❶《口語》性交する. ❷《船舶》［帆を上げたままで］停船する〖=pairar〗. ❸《メキシコ. 口語》詐欺をはたらく

—— **～se**《西. 俗語》…と性交する: Dicen que ella *se ha trincado* a todo el barrio. 彼女は町内の男全員と関係をもったというわさだ

II 〖←独語 trinken〗 [7] [他]《西. 口語》［酒を］飲む

—— [自]《口語》酒を飲む

—— **～se**《西. 口語》［酒を］飲み干す: *Se trincó* tres cervezas. 彼はビールを3本飲み干した

trincarro [triŋkár̄ɔ] [男]《地方語》三目並べ〖=tres en raya〗

trincha [tríntʃa] [女]《服飾》［ベスト・ズボンなどの］サイズ調節タブ, アジャスター

trinchador, ra [trintʃađór, ra] [形] [名]［食卓で肉などを］切り分ける〔人〕

—— [男]《メキシコ》［配膳・切り分け用の］ワゴン〖=trinchero〗

trinchamiento [trintʃamjénto] [男]［肉などの］切り分け

trinchante [trintʃánte] 〖←trinchar〗 [男] ❶［主に食卓で］肉の切り分け用の大型のナイフ; 切り分け用のフォーク. ❷ 肉を切り分ける人; 肉料理の給仕人. ❸《アンダルシア》フォーク〖=tenedor〗. ❹《グアテマラ, ラプラタ》［配膳・切り分け用の］ワゴン〖=trinchero〗

trinchar [trintʃár] 〖←古仏語 trenchier〗 [他] ❶［食卓で肉などを］切り分ける: *Trincharon* el pavo en la mesa. 食卓で七面鳥が取り分けられた. ❷ 裁量する; 取り仕切る

trinche [tríntʃe] [男] ❶《地方語》［3本以上の刃の付いた］鋤の一種. ❷《メキシコ, コロンビア, エクアドル》フォーク〖=tenedor〗. ❸《メキシコ, エクアドル, チリ》［配膳・切り分け用の］ワゴン〖=trinchero〗

trinchera [trintʃéra] 〖←古語 trinchea < 仏語 tranchée〗 [女] ❶《軍事》塹壕(ざんごう): guerra de ～*s* 塹壕戦. ❷《交通》切り通し. ❸ 長い溝. ❹《服飾》トレンチコート. ❺《メキシコ》1) 土塀. 2)［リュウゼツランの芯を切る］反ったナイフ

trincherón [trintʃerón] [男] ❶ 広い塹壕. ❷ 広い切り通し. ❸ 大きな溝

trinchero [trintʃéro] 〖←trinchar〗 [男] ❶［配膳・切り分け用の］ワゴン, サービステーブル, サイドテーブル. ❷［切り分け用の］大皿

trincheta [trintʃéta] [女]《ウルグアイ》カッターナイフ;《アルゼンチン》=**trinchete**

trinchete [trintʃéte] [男]［靴屋の］厚皮用ナイフ

trincón, na [triŋkón, na] [名]《口語》泥棒; ［特に］置き引き, すり

trineo [trinéo] 〖←仏語 traineau〗 [男]［犬・馬などの引く・斜面を滑り降りる］そり: Papá Noel llegará en su ～. サンタクロースがそりに乗ってやって来るよ. subir en el ～ そりに乗る. ir en ～ そりで行く

trinidad [triniđá(đ)] 〖←ラテン語 trinitas, -atis〗 [女] ❶《カトリック》［主に *T*～］三位一体〖=Santísima *T*～. 三位とは父なる神(el

T

Padre), その子キリスト (el Hijo), 聖霊 (el Espíritu Santo)］；三位一体説: Orden de la *T* ～ 三位一体会. ❷《国名》*T* ～ y Tobago トリニダード・トバゴ. ❸《軽蔑》三人組

trinitano, na [trinitáno, na] 形 名 =trinitense
trinitaria[1] [trinitárja] 女《植物》❶ パンジー、三色スミレ《通称は pensamiento］. ❷《プエルトリコ》ブーゲンビリア《=buganvilla].
trinitario, ria[2] [trinitárjo, rja] 形《カトリック》❶ 三位一体会 Orden de la Trinidad の［修道士・修道女］. ❷ 三位一体の.
trinitarismo [trinitarísmo] 男《カトリック》三位一体説
trinitense [trinitḗnse] 形 名 ❶《地名》トリニダード Trinidad の〔人〕《キューバ・ポリビア・ウルグアイにある都市》. ❷《国名》トリニダードトバゴ Trinidad y Tobago の（人）
triniteño, ña [trinitéɲo, ɲa] 形 名 =trinitense
trinitroglicerina [trinitroɡliθerína] 女《化学》トリニトログリセリン
trinitrotolueno [trinitrotolwéno] 男《化学》トリニトロトルエン
trino[1] [tríno] 男［←trinar］男 ❶［鳥の］さえずり: El canario tiene un ～ muy bonito. カナリアはとてもきれいな声をしている. ❷《音楽》トリル、顫音
trino[2]**, na** [tríno, na] 形 ❶《文語》3つの部分からなる. ❷《カトリック》三位一体の; Dios es ～ y uno. 神は三位にして唯一である
trinomio [trinómjo] 男 ❶《数学》三項式. ❷《文語》三人組; 三個組
trinque [tríŋke] 男 ❶《西. 口語》［過度の］飲酒癖: Le da al ～ muchísimo. 彼は酒にはまり込んでいる. ❷《口語》泥棒; 不法な（まっとうでない）収入
trinquetada [triŋketáda] 女 ❶《船舶》［悪天候下の］前檣帆だけでの航行. ❷《メキシコ》［人が出会う］一連の困難・悪運
trinquete [triŋkéte] 男 ❶《船舶》1）フォアマスト、前檣; フォアヤード. 2）船首三角帆. ❷［歯車の］つめ、歯止め. ❸《地方語》ペロタ pelota の屋内コート; そこでの競技. ❹《アンダルシア》［扉の］掛け金. ❺《メキシコ. 口語》1）汚職、収賄, 役人の汚れた仕事. 2）ペテン、だまし
trinquetilla [triŋketíʎa] 女《船舶》[悪天候用の］前檣ステースル
trinqui [tríŋki] 男《西. 口語》飲酒《=trinque]
trinquis [tríŋkis] 男《単複同形》❶《西. 口語》飲酒《=trinque].❷《古語的》［ワイン・リキュールの］一杯
trintre [tríntre] 形《チリ》［家禽が］羽の縮れた
trío [trío] I 男［←伊語 trio］男 ❶《音楽》1）三重奏（唱）団; 三重奏（唱）曲; ～ para piano, violín y violoncelo ピアノ三重奏. 2)［メヌエットなどで］主要部分をなすトリオ. ❷ 3人一組、トリオ; 三個組. ❸《トランプ》スリーカード. ❹ 3人による性交 II ［←triar］男《養蜂》［ミツバチの巣箱の］出入り口《=tría)
trióbolo [trjóbolo] 男 古代ギリシアの貨幣《=3オボロス óbolos]
triodo [trjóðo] 男《電気》三極管
tríodo [tríoðo] 男 =triodo
Triones [trjónes] 男 複《天文》北斗七星
trionix [trjoní[k]s] 男《単複同形》《動物》スッポン
triosa [trjósa] 女《化学》三炭糖、トリオース
trióxido [trjó[k]siðo] 男《化学》三酸化物
trip [tríp] 男［←英語］男 ❶ LSD などによる］幻覚症状、トリップ. ❷ LSD の一服分《=tripi]
tripa [trípa] 女［←?後期ラテン語 trippa] ❶《西. 口語》［人間の］腹,［特に］大きな腹、太鼓腹: ir muy bien de ～ おなかの調子がよい. tener [un poco de] ～［少し］腹が出ている. tener mucha ～ 太鼓腹をしている;［妊娠して］腹が大きい. rebajar ～ 腹のぜい肉を取る. ～ del cagalar 直腸. ～ plana 平らな腹. *T* ～s llevan corazón que no corazón ～s./*T* ～s llevan pies.《諺》腹がへってはいくさはできぬ. ❷［主に］動物の］内臓《人間の腸は intestino］; quitar las ～s a un pez 魚のはらわたを取る. embutido de cerdo 豚の臓物ソーセージ. cuerda de ～ 腸線, ガット弦. ❸《口語》妊娠《=embarazo]. ❹《西》［壺などの］腹, ふくらんだ部分. ❺《口語》［物の］中, 中身: sacar las ～ al reloj 時計の内部を取り出す. ❻ 葉巻の中身. ❼《複》［羽根の軸の］芯. ❽［果実の］芯、わた. ❾［行政審判の］関係書類. ❿《コロンビア、ベネズエラ》［タイヤの］チューブ
　cantar a+人 *las* ～*s* =*gruñir* a+人 *las* ～*s*
　devanar a+人 *las* ～*s* =*revolver* a+人 *las* ～*s*
　echar las ～*s*《激しく》嘔吐する: Bebió en exceso y acabó por *echar las* ～*s*. 彼は酒を飲みすぎて結局もどしてしまった ～ ［裕福な生活で］腹が出ている: Tiene la presión alta y está *echando* ～. 彼は血圧が高く腹が出ている
　encogerse a+人 *las* ～*s* 恐怖を感じる、怯える
　gruñir a+人 *las* ～*s*《空腹で》…のおなかが鳴る
　hacer de ～*s corazón* 恐怖心（不快感）を抑える、勇気を奮い起こし、平静を装う: *Haciendo de* ～*s corazón* bebió el jarabe asqueroso. 彼は勇気を出して気味の悪いシロップを飲んだ
　¿Qué ～ *se le ha roto?*《口語》［急な要求・都合の悪い呼び出しにうんざりして］一体どうしたのだ?: Me ha vuelto a llamar, *¿qué* ～ *se le habrá roto ahora*? また彼から電話が来て、今度は一体何の用だろう?
　rallar a+人 *las* ～*s* =*revolver* a+人 *las* ～*s*
　rascarse la ～ 役に立つことは何もしない、無為に過ごす
　reírse a ～*s* 腹を抱えて笑う、大笑いする
　revolver a+人 *las* ～*s*《口語》…を不快にする
　revolverse a+人 *las* ～*s*《口語》不快になる: *Se me revolvían las* ～*s* sólo de pensarlo. そのことを考えただけで私は胸くそ悪くなった
　romperse a+人 *una* ～ …が助けが必要になる、窮地に陥る
　sacar la ～ *(las* ～*s) de mal año*［食べつべつにごちそうを］たらふく食べる
　sacar las ～*s* *a* +人 …を殺す; 痛めつける
　sin ～*s ni cuajar* 痩せこけた、憔悴した
　tener malas ～*s* 残忍である
　volver a+人 *las* ～*s* =*revolver* a+人 *las* ～*s*

tripada [tripáða] 女 ❶《口語》満腹、飽食: darse una ～ de... …を腹一杯食べる. ❷ 腹への一撃
tripal [tripál] 形《チリ. 口語》❶ 腸. ❷《集名》ケーブル、ワイヤー
tripanosoma [tripanosóma] 男《動物》トリパノソーマ
tripanosomiasis [tripanosomjásis] 女《医学》トリパノソーマ症: ～ *africana* アフリカ睡眠病
tripartición [tripartiθjón] 女 三分割: ～ *de una herencia* 遺産の三分割
tripartidismo [tripartiðísmo] 男《政治》三大政党制
tripartidista [tripartiðísta] 形《政治》三大政党制の
tripartir [tripartír] 他 三分割する
tripartito, ta [tripartíto, ta] 形［←ラテン語 tripartitus］❶ 3つに分かれた, 3部分の. ❷ 三者間の: *acuerdo* ～ 三者協定; ～ *conferencia* 三者協議; 三国間協議
tripasái [tripasái] 男《地方語》美食家
tripastos [tripástos] 男《複》三重滑車
tripaúndi [tripaúndi] 男《地方語》=tripasái
tripazo [tripáθo] 男［水に飛び込んだ時などに］腹を打つこと
tripe [trípe] 男《繊維》［主にじゅうたん用の羊毛・エスパルトの］ビロード状の織り物
tripear [tripeár] 自 ❶《口語》がつがつ食べる、むさぼり食う、大食いする. ❷《西. 隠語》幻覚剤を服用する; トリップする
tripería [tripería] 女《集名》❶《集名》臓物店. ❷《不可算》臓物, もつ
tripero, ra [tripéro, ra] 形 名 ❶《口語》大食いもの（人）、大食漢: Te estás haciendo un ～, comes mucho. 君は大食いになってしまったね、よく食べるよ. ❷《まれ》臓物売り
tripi [trípi] 男［←英語］男《西. 俗語》LSD の一服分
tripicallero, ra [tripikaʎéro, ra] 男 名 カジョス callos の; カジョス売り
tripicallos [tripikáʎos] 男 複《料理》カジョス《=callos]
tripié [tripjé] 男《メキシコ》三脚《=trípode]
trípili [trípili] 男《音楽》［18世紀末に流行した］トナディリャ tonadilla
tripinnado, da [tripinnáðo, ða] 形《植物》hoja ～ *da* 三回羽状葉
trípis [trípis] 男《単複同形》《西. 俗語》LSD の一服分《=tripi]
tripita [trípita] 女 ❶ tripa の示小語. ❷《メキシコ》《複》もつ料理
　tomar ～《まれ》我慢する
triplano [tripláno] 男《航空》三葉機、三複葉
triple [tríple] 形［←ラテン語 triplus] ❶《倍数詞》3倍［の］: He efectuado un gasto ～ *del previsto*. 私は予定の3倍もお金を使ってしまった. Doce es el ～ *de cuatro*. 12は4の3倍である. Tu casa es [el] ～ *de grande que la mía*. 君の家は私の家より3倍広い. ❷ 三重の: ～ *muralla* 三重の城壁、～ *puerta* 三重扉. ❸ 三者からなる: ～ *alianza* 三国（三者）同盟. ❹《バスケ》

triple axel トボール]3ポイント[の]: lanzamiento ～ 3ポイントシュート. ❺《野球》3塁打. ❻《電気》三つ口コンセント. ❼《酒》～ seco トリプル・セック, ホワイト・キュラソー. ❽《物理》punto ～ 三重点. ❾《ラプラタ》2層のサンドイッチ. ―― 副［時に el+]3倍: Esta piedra pesa ～ más que esa. この石はその石より3倍重い. El sábado trabajé el ～. 土曜日私は3倍働いた

triple axel [tríple a[k]sél]男《スケート》トリプルアクセル
tripleta [tripléta]女 ❶《主に スポーツ》3人組. ❷ 3個組
triplete [triplέte]男 ❶《主に スポーツ》[短期間の] 3連勝, 3連覇. ❷《写真》3連レンズ. ❸《生物》[核酸, 特にRNAで]3個のヌクレオチドの連続. ❹《物理》3色光線
tríplex [tríplε[k]s]男《単複同形》3階建て住宅
tríplica [tríplika]女《法律》第2訴答(再答弁) dúplica に対する反証
triplicación [triplikaθjón]女 3倍にする(なる)こと
triplicado, da [triplikáðo, ða]形 ❶ [3つあるもののうち] 3番目の[もの]. ❷ 第3副本
por ～ 1) [同じ書類を]3通作成して: Hay que entregar el documento por ～. その書類は3部提出する必要がある. 2) 3回
triplicar [triplikár]【←ラテン語 triplicare】他 ❶ 3倍にする, 3重にする: ～ una cantidad 量を3倍に増やす. ～ las ventas 売上げを3倍に伸ばす. ❷ [同じことを]3回繰り返す. ❸《法律》第2訴答 dúplica に反証する
―― ～se 3倍になる: Se ha triplicado la población. 人口が3倍になった
tríplice [trípliθe]形《文語》=triple
triplicidad [tripliθidá(d)]女 3倍(3重)であること
triplista [triplísta]共《バスケット》3得点シュートの［者］=triple
triplo, pla [tríplo, pla]形 3倍[の]=triple
triploide [triplóide]形 男《生物》染色体が3倍性の; 三倍体
tripoca [tripóka]女《チリ. 鳥》ツバメの一種
trípode［【←ギリシャ語 pus, podos「足」】男 ❶ [カメラなどの] 三脚［台・架］. ❷ 三脚の机(椅子). ❸《古代ギリシア》[デルフォイ Delfos の神殿で巫女が座ってアポロの神託を告げた] 三脚の床机(ꨠ)
trípol [trípol]男 = **trípoli**
tripolar [tripolár]形《電気》三極の《比喩的にも》
tripolaridad [tripolaridá(d)]女 三極性
trípoli [trípoli]男《鉱物》トリポリ石
tripolino, na [tripolíno, na]形 = **tripolitano**
tripolitano, na [tripolitáno, na]形 名《地名》[リビアの] トリポリ Tripoli の［人］
tripollas [tripóʎas]女複 メルサの腹わた
tripón, na [tripón, na]形 ❶《口語》= **tripudo**. ❷《メキシコ, ベネズエラ》子供［＝niño］
―― 男《口語》大きな腹: echar un ～ 太鼓腹をしている
triporio [tripórjo]男《集名》《地方語》腸; 内臓
triposo, sa [tripóso, sa]形《地方語》大食いの
tripotera [tripotéra]女《地方語》腹痺
trips [trí[p]s]男《昆虫》アザミウマの一種《小麦・ライ麦の害虫. 学名 Thrips cerealium, Thrips decora》
tripsina [trí[p]sína]女《生化》トリプシン
tripsinógeno [trí[p]sinóxeno]男《生化》トリプシノーゲン
tríptico [trí[p]tiko]男 ❶ [折り畳み式の]3枚続きの絵画(版画・レリーフ), 三連祭壇画. ❷ 3部からなる本《論文・映画》, 三部作. ❸ 3ページから成る書類(パンフレット). ❹《集名》三要素から構成されるもの. ❺ [三つ折りの] 書字版
triptófano [trí[p]tófano]男《生化》トリプトファン
triptongación [trí[p]toŋgaθjón]女《音声》三重母音で発音すること, 三重母音化
triptongar [trí[p]toŋgár]自《音声》[3個の母音を] 三重母音で発音する
triptongo [trí[p]tóŋgo]男《音声》三重母音
tripudiar [tripuðjár]自《まれ》踊る
tripudio [tripúðjo]男《まれ》踊り
tripudo, da [tripúðo, ða]形《軽蔑》太鼓腹の[人], 腹のつき出た[人]
tripulación [tripulaθjón]女《集名》乗組員, 搭乗員, クルー: Ła está en sus puestos. 搭乗員は配置についている
tripulante [tripulánte]名《船舶, 航空》乗組員, 搭乗員: Es un ～ de este avión. 彼はこの飛行機のクルーだ

tripular [tripulár]【←ラテン語 interpolare「構成する, 新しくする」】他 ❶ [船・飛行機などを] 操縦する, 動かす: Tripula un Boeing 747. 彼はボーイング747を操縦している. ❷ [船・飛行機に] 乗務する, 乗り組む: Veinte hombres tripulaban el barco. 20人の男がその船に乗り組んでいた. Es una mujer que tripula un satélite espacial por primera vez. 彼女は最初に人工衛星に乗り組んだ女性だ. ❸ [船・飛行機に] 乗務員をおく: nave espacial tripulada 有人宇宙船. vehículo no tripulado 無人機
tripulina [tripulína]女《チリ》混乱, 騒ぎ
trique [tríke]男 ❶《軽い破裂音》パシッ, ピシッ. ❷ 清涼飲料. ❸《中南米. 植物》アヤメ科の一種《学名 Libertia caerulensis, Libertia ixoides》. ❹《メキシコ, 中米. ゲーム》三目並べ. ❺《メキシコ, アンデス》トリック, からくり [=truco]. ❻《メキシコ》複 1) [賭け事での] いかさま. 2) がらくた, はんぱ物; 鍋, 器
a cada ～ 何度も, 何度も繰り返し
triquiasis [trikjásis]女《医学》さか[さ]まつげ, 睫毛乱生
triquina [trikína]女《動物》センモウチュウ(旋毛虫)
triquinado, da [trikináðo, ða]形 = **triquinoso**
triquinoscopio [trikinoskópjo]男《医学》旋毛虫検査鏡
triquinosis [trikinósis]女《医学》旋毛虫病
triquinoso, sa [trikinóso, sa]形《医学》旋毛虫を媒介する
triquiñuela [trikiɲwéla]女《←擬音》《口語》策略; [特に] 言い逃れ, 逃げ口上: inventarse una ～ 言い訳を考え出す
triquis [tríkis]形 名 I 男 複《メキシコ》[賭け事での] いかさま; がらくた, はんぱ物 [=triques]
II トリキス族[の]《メキシコ, オアハカ州西部の先住民》
triquitraque [trikitráke]【←擬音》男 ❶ [連続する] ガタガタいう音(振動): ～ del tren 列車のガタゴト走る音. ❷《西》連続して鳴る爆竹; ねずみ花火
a cada ～ そのたびに, 何度も, 何度も繰り返し
triquitraqui [trikitráki]男《ベネズエラ》[主にクリスマスに子供たちが鳴らす] 爆竹
trirreactor [triřeaktór]男《航空》三発のジェット機
trirrectángulo, la [triřektáŋgulo, la]形《幾何》直角を3つ持つ
trirreme [triřéme]【←ラテン語 triremis】男《船舶》《古代の》三段層のガレー船
tris [trís]【←擬音》男《単複同形》❶ [ガラスなどが割れる音] パリン, カチャン. ❷ [気付かないほど] わずかな時間(空間など), ささいな原因(きっかけ). ❸《プエルトリコ, コロンビア》少量
estar en un ～ de+不定詞・(de) que+接続法《口語》…する直前である, もう少しで…するところである: He estado en un ～ de perder el avión. 私はもう少しで飛行機に乗り遅れるところだった
por un ～ もう少しで, 危ういところで: No me ha tocado el premio gordo de la lotería por un ～. 宝くじの特賞が惜しいところで私に当たらなかった
trisa [trísa]女《魚》ニシンダマシ [=sábalo]
trisacárido [trisakáriðo]男《化学》三糖［類］
trisagio [trisáxjo]男《カトリック》[三位一体を讃える] 三聖唱
trisar [trisár]【←擬音》自 [ツメなどが] 鳴く
―― 他 ❶《まれ》[曲[の一部]を]3回繰り返す. ❷《チリ》[ガラス・陶器に] ひびを入らせる
trisca [tríska]女 ❶ [踏み潰す音] グシャ. ❷ 大騒ぎ, 騒動
triscado [triskáðo]男 [のこぎりの] あさり出し [行為]
triscador, ra [triskaðór, ra]形 男 楽しがる; はしゃぎ回る
―― 男 [のこぎりの] あさり出し [道具]
triscar [triskár]【←ゴート語 thriskan】自 ❶ ❶ [人・動物が] 飛びはねる; ふざける, はしゃぎ回る: Los corderos triscan en el campo. 子羊たちが野原ではねている. ❷ 足を踏み鳴らす. ❸《キューバ, コロンビア》うわさ話をする; [+de+人を] からかう
―― 他 ❶ [のこぎりの] あさりを出す(大きくする). ❷ もつれさせる, からませる
triscón, na [triskón, na]形 名 ❶《ドミニカ》よく笑う人, 笑い上戸. ❷《コロンビア》うるさ型の[人], 不平屋[の]
trisecar [trisekár]他《幾何》[角度などを] 三等分する
trisección [trisekθjón]女《幾何》三等分
trisector, ra [trisektór, ra]形《幾何》三等分する; 三等分器
trisemanal [tríemanál]形 ❶ 週3回の. ❷《まれ》3週間に1度の, 3週間ごとの
trisépalo, la [trisépalo, la]形《植物》三萼片の
trishaw [tráiθo]男《←英語》《複 ～s》三輪自転車

trisilábico, ca [trisilábiko, ka] 形 =**trisílabo**
trisilabismo [trisilabísmo] 男《音声》3音節であること
trisílabo, ba [trisílabo, ba] 男 形《音声》3音節の〔語〕
trismo [trísmo] 男《医学》牙関(がかん)緊急, 開口障害
trismus [trísmus] 男 =**trismo**
trisomía [trisomía] 女《医学》トリソミー, 三染色体性
trispasto [trispásto] 男 =**tripastos**
trisque [tríske] 男 =**triscado**
Tristán [tristán] 男《アーサー王伝説など》トリスタン, トリストラム《イゾルデ Iseo (Isolda) との悲劇的な恋で名高い騎士》
triste [tríste] 形《←ラテン語 tristis》形 ❶ 悲しい《⇔alegre》: 1) [estar+. 悲しんでいる] Cuando pienso en ese accidente me pongo ～. その事故のことを考えると私は悲しくなる. 2) [悲しげな] Juan se fue ～. フアンは悲しげに去っていった. cara ～ 悲しそうな顔, 浮かぬ顔. 3) [悲しませる, 悲惨な] historia ～ 悲しい物語. noticia ～ 悲しい知らせ. ～ verdad 悲しい真実, 悲惨な事実. ❷ [ser+] 寂しい; 陰気な, くすんだ: Antonia es una mujer muy ～. アントニアはひどくメランコリックな性格の女性だ. Este vestido es muy ～. このドレスはひどく寂しい色だ. casa ～ 陰気な家. color ～ くすんだ色. paisaje ～ 寂しい景色. vida ～ わびしい暮らし. ❸ [+名詞] 取るに足りない; ひどい状態の; 単純には喜べない: Tiene un ～ sueldo. 彼の給料は雀の涙ほどだ. Mi padre es un ～ empleado. 私の父はしがないサラリーマンだ. Se conforma con un ～ pedazo de pan. 彼はほんのひとかけらのパンで我慢する. ～ victoria 喜べない勝利. ❹ 不幸な, 哀れな: Todos le habíamos pronosticado su ～ fin. 全員が彼の哀れな結末を予想していた. Sacrificarán la gallina ponedora en un caldo ～. その雌鶏は卵をよく産むが, やがて哀れにもスープのだしにされてしまうだろう. ❺ しおれた: Estas flores están ya ～s. これらの花はもうしおれている
ni un ～+名詞 ～さえも[ない]: No ha escrito *ni una* ～ postal desde que se fue. 彼は出て行ってから葉書一枚よこさない
ser ～+不定詞*-que*+接続法 残念である, 嘆かわしい, 不当である: *Es* ～ encontrarse a la vejez sin tener con qué vivir. 年老いて生活の糧がないのは情けない. *Es* ～ *que* no puedas viajar con nosotros. 君が私たちと一緒に旅行できないのは寂しい
— 男《音楽》[アンデス地方の民俗でギターによる伴奏の]物悲しい恋歌
tristemente [trístemente] 副 ❶ 悲しみに沈んで, 悲しげに. ❷ 悲しい〔残念な〕ことに
tristeza [tristéθa] 女《←ラテン語 tristitia》女 ❶ 悲しみ, 悲嘆, 悲哀《⇔alegría》: Lágrimas de ～ inundaron sus ojos. 彼の目は悲しみの涙で濡れていた. estar sumido en la ～ 悲しみに沈んでいる. ❷ 寂しさ, 陰気さ: Las noches en soledad lo llenaban de ～. 彼は一人だけの夜には寂しさで一杯になっていた. ❸ 複 悲しい知らせ(出来事): contar sus ～s 自分の悲しみを語る. ❹ 柑橘類の病気の一種. ❺《獣医》[家畜などの]水腫, 水症. ❻《隠語》死刑判決
tristón, na [tristón, na] 《口語》[少し]悲しげな, 陰気な, 寂しがり屋の
tris tras [tris trás] 男 副 ❶ [ドアをノックする音] トントン《=tras, tras》; [はさみの音] チョキチョキ. ❷ [怒って同じことを]くどくど: ～ 明日: en un ～ たちまち, 即座に
tristura [tristúra] 女《文語》悲しみ, 寂しさ
trisulco, ca [trisúlko, ka] 形 ❶ 3つの溝 (畝) がある. ❷ 3点が突き出した
tritagonista [tritagonísta] 名[ギリシア悲劇で]準々主役
triteísmo [triteísmo] 男《キリスト教》[父と子と聖霊とはそれぞれ別の神であるとする]三神論, 三位異体論
triteísta [triteísta] 形 名《キリスト教》三神論の(論者)
tritical [tritikál] 男 ライ小麦
tritíceo, a [tritíθeo, a] 形 小麦の
tritio [trítjo] 男《化学》三重水素, トリチウム
tritón [tritón] 男 ❶《動物》イモリ. ❷《貝》ホラガイ. ❸《ギリシア神話》[T～] トリトン《ポセイドンの息子で半人半魚の海神》. ❹《物理》三重子, トリトン
tritono [tritóno] 男《音楽》三全音
tritóxido [tritó(k)sido] 男 =**trióxido**
triturable [triturábɾle] 形 すり潰され得る
trituración [trituraθjón] 女 すり潰すこと
triturado [triturádo] 男 =**trituración**
triturador, ra [triturað̞ór, ɾa] すり潰す
— 男 ❶ ～ de ajos ニンニクマッシャー. ❷ シュレッダー《=

trituradora》
— 女 ❶ 粉砕機: ～*ra* de basura [ごみ処理の]ディスポーザ ～. ❷ シュレッダー
triturar [triturár]《←ラテン語 triturare》他 ❶ すり潰す, 粉砕する: ～ *las almendras en el mortero* アーモンドをすり鉢ですり潰す. ❷《食物》咀嚼(そしゃく)する, かみ砕く. ❸ [人を, 肉体的・精神的に] 痛めつける, さいなむ, 抜く: *Este sujeto me tritura.* この男は私をひどく苦しめる. ❹ 難癖をつける, 酷評する: ～ *un argumento* 論駁する
triunfador, ra [trjunfaðór, ɾa] 形 戦勝の; 凱旋した
— 名 勝者, 成功者
triunfal [trjunfál]《←ラテン語 triumphalis》形 勝利の, 凱旋の; 勝利の, 凱旋行進. *carro* ～ [祭りの]山車(だし);《古代ギリシア》凱旋車
triunfalismo [trjunfalísmo] 男《軽蔑》自信過剰, うぬぼれ, 自画自賛
triunfalista [trjunfalísta] 形 名《軽蔑》自信過剰の, うぬぼれの強い; 自信家, うぬぼれ屋
triunfalístico, ca [trjunfalístiko, ka] 形 [態度などが] 自信過剰の, うぬぼれた
triunfalmente [trjunfálménte] 副 ❶ 勝ち誇って, 意気揚々と; 熱狂的に. ❷ これ見よがしに
triunfante [trjunfánte]《←ラテン語 triumphans, -antis》形 勝利 (成功) を収めた, 勝利者の: *salir* ～ [+*en* で]成功する. *ejército* ～ 戦勝軍
triunfantemente [trjunfánteménte] 副 =**triunfalmente**
triunfar [trjunfár]《←ラテン語 triumphare》自 ❶ [+*en* で] 勝利 (成功) を収める, 優勝する; [+*sobre* に] 打ち勝つ: *Triunfó en la olimpiada*. 彼はオリンピックで優勝した. *Los aliados triunfaron sobre los países del Eje.* 連合国は枢軸諸国を打ち負かした. *Triunfa como presentadora estrella de la temporada.* 彼女は今をときめくスター司会者として成功している. ～ *en el estreno* 初演で大当たりを取る. ～ *en la vida* 人生で成功する, 出世する. ❷ [+*de* を] 克服する: *Por fin Jorge triunfó de dificultades.* ホルへはついに困難に打ち勝った. ❸《トランプ》1) 切り札である: *Triunfan espadas.* 切り札はスペードだ. 2) 切り札を出す. ❹《古代ローマ》凱旋する. ❺ 派手に消費する
triunfo [trjúnfo]《←ラテン語 triumphus》男 ❶《華々しい》勝利, 大勝: *Fue el cuarto* ～ *consecutivo del equipo.* チームの4連勝だった. *Han pasado las elecciones generales con el* ～ *de los partidos de la oposición.* 野党の勝利で総選挙が終了した. *ganar un* ～ 勝利 (成功) を収める. ～ *de la justicia* 正義の勝利. ❷ トロフィー《=trofeo》. ❸《トランプ》1) 切り札: *palo de* ～ 切り札の組. 2) 戦争に似たゲーム《=burro》. ❹《古代ローマ》凱旋. ❺《ペルー, アルゼンチン》トリウンフォ《足を踏み鳴らしながら踊る民俗舞踊; その歌》
costar un ～《口語》非常な努力を要する: *Eso me ha costado un* ～. 私はそれには非常な努力が必要だった
en ～ =**triunfalmente**
sin ～*s* もう手段がない
tener todos los ～*s en la mano* 圧倒的に有利な立場にある
triunviral [trjumbirál] 形《古代ローマ》三頭政治における執政官の
triunvirato [trjumbiráto] 男 ❶《古代ローマ》三頭政治. ❷ [権勢を振るう] 三巨頭
triunviro [trjumbíro] 男《古代ローマ》[三頭政治における] 執政官
trivalencia [tribaléɲθja] 女《化学, 生物》三価性
trivalente [tribalénte] 形 ❶ 3つの効力を持つ. ❷《化学, 生物》三価の
— 男《医学》三種混合ワクチン《=vacuna ～》
—《生物》三価染色体
trivalvo, va [tribálbo, ba] 形《動物》[貝などが] 三弁の, 三鰓(さい)弁の
trivial [tribjál]《←ラテン語 trivialis < trivium「三叉路」< tri-+via「道」》形 ❶ ささいな, 取るに足りない: *Todo ha resultado* ～. すべて大したことない結果だった. *Siempre habla de temas* ～*es*. 彼はいつもつまらない話ばかりする. ❷ 月並みな, ありきたりの, 平凡な: *expresión* ～ 陳腐な表現. ❸ *camino* ～ 三叉路
trivialidad [tribjaliðá(d)] 女 ❶ 取るに足りないこと, 些事: *Comentó cuatro* ～*es sobre el tiempo.* 彼は二言三言, どうでもいい天気の話をした. ❷ 平凡さ, 陳腐; つまらない考え, 凡慮

trivialización [triβjaliθaθjón] 囡 矮小化, 軽視
trivializar [triβjaliθár] 9 他 [事柄を] 矮小化する, 小さく扱う, 軽視する: No puedes hablar nunca en serio con él porque todo lo *trivializa*. 彼は何でも軽く扱うから, まじめな話はできないよ
trivialmente [triβjálménte] 副 月並みに, 平凡に; くだらないことに
trivio [tríβjo] 男 ❶ [中世の大学の] 三科《自由七科 artes liberales のうち, 雄弁術に必要な文法, 修辞, 論理》. ❷ 三叉路
trivium [triβjún] 男 三科《=trivio》
-triz《接尾辞》[-tor・-dor で終わる形容詞・名詞の女性形] ac*triz* 女優, empera*triz* 女帝
triza [tríθa]《←ラテン語 tritus》囡 ❶ 細片, 断片. ❷ =driza
 estar hecho ~s 1) 悲しんでいる, がっかりしている: Estoy hecho *~s* por la muerte de mi amigo. 私は友人の死に打ちひしがれている. 2) 疲れ果てている: Está hecha *~s* después de la excursión. 彼女は遠足の後でたっへただ
 hacer ~s 1) [物を] 粉々にする; [衣服などを] ずたずたにする: El perro me hizo *~s* mi camiseta. 犬は私のTシャツをずたずたにした. 2) [人を] 手ひどくやっつける: En el debate *ha hecho ~s* a su oponente. 彼は討論で相手をこっぴどくやっつけた
 hacerse ~s 粉々になる: Se cayó el vaso al suelo y *se hizo ~s*. コップが床に落ちて粉々に割れた
trizamiento [triθamjénto] 男 粉々(ずたずた)にすること
trizar [triθár] 9 他 粉々にする, 細かく切り裂く
 ── *~se* 粉々になる; ずたずたになる
troca [tróka] 囡《米国, メキシコ》《軽》トラック
trocable [trokáβle] 形 物々交換され得る
trocada [trokáða] 囡 *a la ~* 反対に, 逆に
trocadamente [trokaðaménte] 副 取り違えて, 勘違いして
trocadilla [trokaðíʎa] 囡 *a la ~* 反対に, 逆に《=a la trocada》
trocador, ra [trokaðór, ra] 男囡 物々交換する〔人〕
trocaico, ca [trokáiko, ka] 形 ❶ 長短格(強弱格) troqueo の. ❷《まれ》最後から2番目の音節にアクセントのある〔=llano〕
trocamiento [trokamjénto] 男 ❶ 物々交換. ❷ 正反対なもの(への) 変化
trocánter [trokánter] 男《解剖》転子;《昆虫》転節
trocantina [trokantína] 囡《ベネズエラ, アルゼンチン》=trocatinta
trocar [trokár] I《←?語源》7 28 他 ❶ [+por と] 物々交換する: ~ un caballo por un fusil 馬を銃と取り換える. dinero *trocado* [細かく] くずした金. ❷《文語》[+en 正反対なものに] 変える, 変化させる: ~ el amor en odio 愛を憎しみに変える. ❸ 取り違える, 間違える: Este chico todo lo *trueca*. この子は何でも勘違いする. ❹ 吐く, もどす
 ── *~se* ❶《文語》変わる: La risa *se trocó en* llanto. 笑いが涙に変わった. ❷ 生活を変える. ❸ [他の人と] 席を替える

trocar	
直説法現在	点過去
trueco	troqué
truecas	trocaste
trueca	trocó
trocamos	trocamos
trocáis	trocasteis
truecan	trocaron
命令法	接続法現在
	trueque
trueca	trueques
	trueque
	troquemos
trocad	troquéis
	truequen

 II《←仏語 trocart》男《医学》套管〔穿〕針
trocatinta [trokatínta] 囡《口語》誤った交換, 不明瞭な交換
trocatinte [trokatínte] 囡 光線によって色合いの変わる色, 玉虫色
troceado [troθeáðo] 男 細かく切ること《=troceo》
troceador, ra [troθeaðór, ra] 形囡 細かく切る, 粉砕機のチッパー

trocear [troθeár] 他《←trozo》❶ 細かく切る, 刻む: ~ la carne 肉をぶつ切りにする. ❷ [不発弾などを] 爆発させて処理する
troceo [troθéo] 男 ❶ 細かく切ること. ❷《船舶》主帆桁をマストに縛り付ける太綱
trocha [trótʃa] 囡 ❶ 近道, 抜け道. ❷ [茂みの中を通る] 小道. ❸《コロンビア, チリ, アルゼンチン, ウルグアイ. 鉄道》軌間
troche [trótʃe] →a troche y **moche**
trochemoche [trotʃemótʃe] *a ~* でたらめに《=a troche y moche》
trociscar [troθiskár] 7 他《古語. 薬学》薬剤を細かくする
trocisco [troθísko] 男《古語. 薬学》細かくした薬剤
trocito [troθíto] 男《trozo の示小語》cortar en *~s* 細かく(さいの目に) 切る
trocla [trókla] 囡 滑車《=polea》
tróclea [tróklea] 囡《解剖》滑車: ~ femoral 大腿骨滑車
troclear [trokleár] 形《解剖》滑車の: 滑車神経
trocófora [trokófora] 囡《動物》担輪子幼生, トロコフォア
trocoide [trokóiðe] 形《数学》トロコイドの, 余擺(ばい)線の
 ── 男《解剖》車軸関節
trócola [trókola] 囡 滑車《=polea》
trocolear [trokoleár] 自《エストレマドゥラ》[液体の表面が] 揺れる
trofeo [troféo] 男《←俗ラテン語 trophaeum < ギリシア語 tropaion》男 ❶ [勝利などの] 記念品, トロフィー. ❷ 戦利品; 戦勝記念碑. ❸ [壁などを装飾する] 1) [猟の獲物の] 頭部の剝製. 2)《猟の獲物》《=pieza de caza》. ❹ 勝利, 優勝; 大成功
-trofia《接尾辞》《栄養補給》oligo*trofia* 貧栄養
trófico, ca [trófiko, ka] 形《生物》栄養の: cadena *~ca* 食物連鎖
trofoblasto [trofoβlásto] 男《生物》栄養膜, 栄養芽層
trofología [trofoloxía] 囡 栄養学
trofólogo, ga [trofólogo, ga] 男囡 栄養学者
trofoneurosis [trofoneurósis] 囡《医》栄養神経症
trofosoma [trofosóma] 男《生物》[ヒドロ虫の] 栄養体部
troglodita [trogloðíta] 形《←ギリシア語 troglodytes》形《人類学》穴居人〔の〕: vivienda ~ 岩窟住居. ❷《口語》野蛮な〔人, 粗野な〔人〕: Es un ~ que no tiene un detalle con nadie. 彼は誰にも優しい思いやりなどかけない蛮人だ. ❸ 大食の〔人〕
troglodítico, ca [trogloðítiko, ka] 形 穴居人の
troglotismo [trogloðítísmo] 男 穴居生活
trogoniforme [trogoniforme] 男 キヌバネドリ目の
 ── 男《複》《鳥》キヌバネドリ目
troica [trójka] 囡 =troika
troika [trójka] 囡《←露語》囡 ❶ トロイカ. ❷ 三頭支配, トロイカ体制; 三巨頭
Troilo [trójlo]《人名》Anibal ~ アニバル・トロイロ《1914~75, アルゼンチンタンゴの作曲家, バンドネオン奏者》
troilita [trojlíta] 囡《鉱物》単硫鉄鉱
troj [tróx] 囡 ❶ [仕切りのある] 穀物倉. ❷ オリーブ貯蔵場《=algorín》
troja [tróxa] 囡《中南米》=troj
troje [tróxe] 囡 =troj
trojero, ra [troxéro, ra] 男囡 穀物倉番
trol [tról] 男《北欧神話》トロル《森の中・土の中などに住む妖精》
trola [tróla] 囡《←仏語 drôle「面白い」》❶《西. 口語》嘘, 偽り《=mentira》: contar *~s* 嘘をつく. ❷《コロンビア》ハムのスライス. ❸《チリ》剝がれかけた樹皮; 動物の皮から垂れ下がる薄片
 meter un ~《西. 口語》嘘を言ってだます
trole [tróle] 男《←英語 trolley[pole]》男 ❶《鉄道》トロリーポール. ❷《まれ》路面電車《=tranvía》
trolebús [troleβús]《←trole+bus》男 トロリーバス
trolero, ra [troléro, ra] 形囡《西. 口語》嘘つき〔の〕《=mentiroso》
trolla [tróʎa] 囡 ❶《アンダルシア》[石工の] こね板. ❷《エストレマドゥラ》[雨・雹などが降り出しそうな] 怪しげな雲行き. ❸《チリ》ビー玉遊びの一種
trolley [troléj] 男《中南米》トロリーバス
trolo, la² [trólo, la] 男囡《ラプラタ. 軽蔑》同性愛の; 同性愛者
tromba [trómba] 囡《←伊語》❶ ❶ [強風を伴った] どしゃ降りの雨, スコール; 集中豪雨《~ *de agua*》. ❷ [主に海上の] 竜巻: Se levantó una *~*. 竜巻が発生した. ~ marina 水上竜巻

como una ～ すさまじい勢いで: Los niños entraron *como una* ～ en la cocina pidiendo de comer. 子供たちはすごい勢いで台所になだれ込み, 食べるものをねだった

en ～ 大量に; 激しく, どっと: Se tiraron *en* ～ a la piscina. 彼らはプールにどっと飛び込んだ

trombastenia [trɔmbasténja] [女]《医学》血小板無力症

trombina [trɔmbína] [女]《生化》トロンビン

trombo [trɔ́mbo] [男]《医学》血栓

tromboangitis [trɔmboaŋxítis] [女]《医学》血栓血管炎: ～ obliterante 閉塞性血栓血管炎

trombocinasa [trɔmboθinása] [女]《生化》トロンボキナーゼ

trombocito [trɔmboθíto] [男]《解剖》血小板

trombocitopenia [trɔmboθitopénja] [女]《医学》血小板減少〔症〕

tromboembolia [trɔmboembólja] [女]《医学》血栓塞栓(そくせん)症

tromboembólico, ca [trɔmboembóliko, ka] [形] 血栓塞栓性の, 血栓塞栓症の

trombofilia [trɔmbofílja] [女]《医学》血栓形成傾向

tromboflebítico, ca [trɔmboflebítiko, ka] [形] 血栓性静脈炎の

tromboflebitis [trɔmboflebítis] [女]《医学》血栓性静脈炎〖=～ superficial〗

trombógeno [trɔmbɔ́xeno] [男]《生化》トロンボゲン

trombón [trɔmbɔ́n]〖←伊語 trombone〗[男]《音楽》トロンボーン: ～ de varas スライドトロンボーン. ～ de pistones バルブトロンボーン

—— [名] トロンボーン奏者

trombonista [trɔmbonísta] [名] トロンボーン奏者

tromboplastina [trɔmboplastína] [女]《生化》トロンボプラスチン

trombosar [trɔmbosár] **～se** 血栓症になる

trombosis [trɔmbósis] [女]《医学》血栓症: ～ venosa profunda 深部静脈血栓症

trombótico, ca [trɔmbótiko, ka] [形] 血栓症の

trómel [trómɛl] [男]《技術》トロンメル, 回転式のふるい

trompa [trɔ́mpa]〖←擬声〗[女] ❶《音楽》1) ホルン〖=corno〗: ～ de los Alpes アルプホルン. ～ natural/～ de caza 狩猟ホルン, 狩りのラッパ. 2) ～ gallega ジューズハープ〖=birimbao〗. ❷ [象・バクなどの] 鼻; [昆虫の] 吻管(ふんかん). ❸《解剖》～ de Eustaquio エウスタキオ管, 耳管. ～ de Falopio ファロピウス管, 輪卵管. ❹《建築》スキンチ, 隅迫り持ち. ❺《技術》1) ～ de agua 水流ポンプ. ～ de mercurio 水銀ポンプ. 2) [炉の] 水流を利用した送風装置. ❻《玩具》大型の独楽(こま), うなり独楽. ❼《西. 口語》酔い: coger una ～ 酔っぱらう. tener una ～ 酔っぱらっている. ❽《まれ》=**tromba**. ❾ タマネギの花茎〖子供が遊びで吹いて鳴らす〗. ❿《古語》[叙事詩人が詩を吟ずる時に鳴らさせた] ラッパ. ⓫《メキシコ》[機関車の] カウキャッチャー. ⓬《南米. 口語》1) 口〖=boca〗. 2) 不快の仕草, 不機嫌な顔

a ～ y talega《まれ》考えなしに, 衝動的に

—— [名] ホルン奏者, ホルニスト

—— [形]《西. 口語》[estar+] 酔っぱらっている

trompada [trɔmpáđa] [女] ❶《口語》打撃, 打撲〖=trompazo〗: darse una ～ 打撲傷を負う. ❷ [人同士の] 正面衝突. ❸《船舶》[船舶同士の] 衝突; 座礁. ❹ [大麻などを] 深く吸い込むこと. ❺《メキシコ》[複] 豆板, ピーナッツ菓子. ❻《南米》[顔への] 殴打

trompar [trɔmpár] [自]《まれ》独楽(こま)回しをする, 独楽で遊ぶ

trompazo [trɔmpáθo]〖←trompa〗[男] ❶《口語》[転倒などによる不意の強い] 打撃, 打撲, 強打: darse una ～ 打撲傷を負う. ❷ [独楽の] 衝突. ❸ [象の鼻による] 一撃

trompeadera [trɔmpeađéra] [女]《ペルー. 口語》殴り合いのけんか

trompear [trɔmpeár] [自]《船舶》[船・浅瀬と] ぶつかる

—— [他]《中南米》[人・物を] 殴る;《ホンジュラス》[人を] 棒で叩く

—— **～se** ❶ 酔う. ❷《中南米》殴り合う

trompe-l'oeil [trɔmplɔ́j]〖←仏語〗[男]〖[複] ～s-～〗❶ だまし絵, トリックアート. ❷《文語》幻, 幻視

trompero, ra [trɔmpéro, ra] [名] 独楽の製作者

—— [形]《廃語》だます, 嘘つきの: Amor ～ cuantas veo tantas quiero. 愛情なんていい加減で移り気なものだ〖←偽りの愛, 女性を見れば誰でも好きになる〗

trompeta[1] [trɔmpéta]〖←仏語 trompette〗[女] ❶《音楽》トランペット; [軍隊の] ラッパ. ❷《植物》1) ～ de los muertos クロラッパタケ〖食用のキノコ〗. 2) [複] エンゼルトランペット, キダチチョウセンアサガオ. ❸《自動車》[車軸を覆う] フレア付きチューブ. ❹《隠語》円錐形の大麻たばこ. ❺《ボリビア》子牛の口輪

—— [名] ❶ トランペット奏者;《軍事》ラッパ手. ❷《古語》特使〖=emisario〗. ❸《南米》役立たず; おしゃべりな人

—— [形]《西. 口語》[estar+] 酔っぱらっている

trompetada [trɔmpetáđa] [女]《口語》場違いなこと, 的外れ

trompetazo [trɔmpetáθo] [男] ❶ ラッパなどの耳ざわり(調子外れ)な音. ❷ ラッパによる一撃

trompetear [trɔmpeteár] [自]《口語》トランペット(ラッパ)を吹く

—— [他]《まれ》[騒がしく・大げさに] 告げる, 知らせる

trompeteo [trɔmpetéo] [男] トランペット(ラッパ)を吹くこと

trompetería [trɔmpetería] [女] [集名] ❶ [楽団の] トランペットセクション. ❷ [オルガンの] トランペット音栓

trompeteril [trɔmpeteríl] [形]《まれ》トランペットの

trompetero, ra [trɔmpetéro, ra] [名] ❶《軍事》ラッパ手. ❷ トランペット奏者, トランペッター. ❸ トランペット(ラッパ)製造者

—— [男] ❶ [吹く時などに使う] 頬筋と口輪筋. ❷ 円錐形の大麻たばこ. ❸《魚》1) サギフエ〖=chocha de mar〗. 2)《キューバ》ヤガラ属の一種〖学名 Fistularia tabaccaria〗. ❹《鳥》ラッパチョウ〖=agamí〗

trompetilla [trɔmpetíʎa]〖trompeta の示小語〗[女] ❶ [昔の円錐形の] 補聴器. ❷ [円錐形に巻いた] フィリピンのたばこ. ❸《植物》[複] オミナエシ科の一種〖学名 Fedia cornucopiae〗. ❹《メキシコ》[舌を両唇ではさんで出す] ブーというからかいの音

trompetista [trɔmpetísta] [名] トランペット奏者, トランペッター

trompeto, ta[2] [trɔmpéto, ta] [形] [名]《メキシコ. 口語》酔っぱらった; 酔っぱらい

trompicadero [trɔmpikađéro] [男] つまずきやすい場所

trompicar [trɔmpikár] [7] [自]《西》[歩きながら繰り返し] つまずく, ぶつかる; よろめく

—— [他] ❶《西》[繰り返し] つまずかせる: Subió las escaleras *trompicando*. 彼はよろめきながら階段を上った. ❷ [順序を無視して] 昇進させる

trompicón [trɔmpikɔ́n]〖←ポルトガル語 tropicar〗[男]《西》❶ つまずき〖=tropezón〗; よろめき: dar un ～ つまずかせる; よろめかせる. ❷ [乗り物の] 激しい揺れ(振動). ❸ 強打

a trompicones《西》1) つまずきながら; よろめきながら: avanzar *a trompicones* よろよろと前に進む. 2) とぎれとぎれに: leer el texto *a trompicones* 教科書をつっかえつっかえ読む. 3) 苦労して: Acabó el trabajo *a trompicones*. 彼は苦労した末に仕事を終えた

trompilladura [trɔmpiʎađúra] [女] つまずかせる(つまずく)こと

trompillar [trɔmpiʎár] [他]《廃語》つまずかせる

—— [自]《廃語》つまずく

trompillo [trɔmpíʎo] [男] ❶《コルドバ》ゴジアオイの切り株. ❷《中南米. 植物》ヤナギ科の灌木〖学名 Laetia guazumaefolia〗

trompillón [trɔmpiʎɔ́n] [男]《建築》[隅迫持ち・穹窿の] かなめ石, 迫石

trompis [trɔ́mpis] [男]〖単複同形〗《口語》殴打, パンチ

trompito [trɔmpíto] [男]《アンダルシア. 口語》ヒヨコマメ〖=garbanzo〗

trompiza [trɔmpíθa] [女]《南米》殴り合いのけんか

trompo [trɔ́mpo]〖←trompa〗[男] ❶《玩具》こま, 独楽: hacer bailar el ～ こまを回す. ❷《自動車》スピン: El coche hizo un ～. 車がスピンした. ❸《貝》ニシキウズガイ. ❹ 無知な輩. ❺《古語. 俗語》1000ペセタ札

dar más vueltas que un ～/andar (dar vueltas) como un ～ 忙しくあちこち歩き回る: Estoy *dando más vueltas que un* ～ para formalizar los trámites de la herencia. 私は遺産相続を正式に済ませるためにあちこち回っている

ponerse como (hecho) un ～ たらふく食べる(飲む)

trompón [trɔmpɔ́n] [男] ❶ ぶん殴ること, 手ひどいパンチ. ❷ スイセン〖=narciso〗

al ～/a ～/de ～ でたらめに, 無秩序に

trompudo, da [trɔmpúđo, đa] [形] ❶《ムルシア; 中南米. 口語》[主に黒人について] 唇の厚い, 口の突き出た. ❷《南米. 口語》機嫌の悪い

trona [tróna] [女] ❶ [脚が長くテーブル付きの] ベビーチェア. ❷《鉱物》トロナ

tronada[1] [tronáđa] [女] ❶ [激しい] 雷雨: Hace un par de horas hubo una ～ aquí. 2時間ほど前こちらは雷雨だった. ❷

T

tronadera 名 雷鳴. ❸ 名 花火の炸裂

tronadera [tronadéra] 女《メキシコ》鳴り続く雷鳴

tronado, da² [tronádo, da] 形 ❶《口語》頭のおかしい, 錯乱した, 正気を失った. ❷ 使い古した, 古びた: coche ~ ぽんこつ車. pantalones ~s 酷く古したズボン. ❸ 落ちぶれた: aristócrata ~ 没落貴族. ❹《中南米》一文なしの

tronador, ra [tronadór, ra] 形 雷鳴を響く; さわぎわたる

tronar [tronár]《←ラテン語 tonare》28 自 ❶ [単人称] 雷が鳴る: Ha tronado muy cerca. 雷はとても近かった. ❷ [激しく, +contra を] ののしる, けなす, 誹謗中傷する; 冒瀆する: El profeta tronaba contra los impíos. 予言者は不信心な人々をひどくののしった. ❸ 轟音(ごう)を発する, とどろく: Truena el cañón. 大砲が鳴り響く. Tronó la voz temible del entrenador. コーチの恐ろしい声が響き渡った. ❹ 破産する. ❺《メキシコ》[人間関係について] 別れる
por lo que pueda ~ 万一に備えて, 用心のために
── 他 ❶《メキシコ, 中米》銃殺する, 射殺する. 2) [生徒が科目を] 落とす; [先生が生徒を] 落第させる. ❷《キューバ》解雇する
── ~se ❶ 破産する: Mi tío se ha tronado. 叔父は破産した. ❷ [+con+人 と] 気まずくなる, 疎遠になる. ❸《メキシコ, 中米》銃殺する, 処刑する. ❹《メキシコ》[+a+人 を] 1) 殺す. 2)《口語》[女性と] 性的関係を結ぶ
tronárselas《メキシコ. 口語》麻薬を使用する

tronazón [tronaθón] 男《メキシコ, 中米》雷雨 [=tronada]

tronca¹ [trónka] 女 ❶ 一端の] 切断. ❷ 切り株

troncal [tronkál] 形 ❶ 主要な: carretera ~ 幹線道路. vía férrea ~ [鉄道の] 本線. ❷《教育》[科目が] 必修の. ❸《法律》[遺書も継嗣もない遺産が] 本家のものとなる. ❹《木の》幹の
── 男《メキシコ, グアテマラ. 鉄道》幹線

troncalidad [tronkalidád] 女《法律》[遺書も継嗣もない場合] 遺産を本家のものとする制度

troncar [tronkár] 7 他 =truncar

troncha¹ [tróntʃa] 女《ペルー, チリ, アルゼンチン》一片, 一切れ

tronchado [trontʃádo] 男 ❶《紋章》escudo ~ 右斜め2分割の盾形紋地. ❷《アンダルシア》背骨の湾曲した. ❸《メキシコ》1)《闘鶏》2対1の賭け. 2) 非常にもうかる商売

tronchante [trontʃánte] 形《西. 口語》笑わせる, 面白い, おかしい

tronchar [trontʃár] [←troncho] 他 ❶ [幹などを刃物を使わずに] 割る, 折る: El fuerte viento tronchó las ramas. 強風で枝が折れた. ~ un bastón 杖をへし折る. ❷ 挫折させる: Le troncharon el plan. 彼の計画はくじかれた. ~ sus ilusiones 夢をうち砕く. ❸ ひどく疲れさせる, へばらせる
── ~se ❶ [木の幹・枝が] 折れる. ❷《西. 口語》我慢できず, 大笑いする, 笑い転げる [=~se de risa]. ❸《コロンビア》脱臼する

tronchazo [trontʃáθo] 男 茎で叩くこと

troncho¹ [tróntʃo]《←ラテン語 trunculus》男 ❶《野菜・果物の》芯. ~ de la lechuga レタスの芯. ❷《ニカラグア, キューバ》=troncha

troncho², cha² [tróntʃo, tʃa]《俗語》不器用な, のろまな

tronchón [trontʃón] 男 [テルエル県の町 Tronchón 産などの] 羊とヤギの乳のチーズ

tronchudo, da [trontʃúdo, da] 形 [野菜が] 芯の太い: col ~da ポルトガルキャベツ

tronco¹ [trónko]《←ラテン語 truncus》男 ❶ [木の] 幹; 丸太《=leño》: ~ de un pino 松の幹. ~ de Navidad《菓子》ブッシュドノエル. ❷ [人・動物の] 胴, 胴体: eje del ~ 体幹軸. ❸ 祖先《← 本初, 本線. ❹ [車を引く] 2頭のラバ(馬). ❻《植物》 ~ del Brasil ドラセナ. ❼《解剖》幹; ~ arterial 総動脈幹. ~ braquiocefálico 腕頭動脈幹. ~ celíaco 腹腔動脈幹. ~ encefálico 脳幹. ❽《幾何》錐台形: ~ de cono 円錐台. ~ de pirámide 角錐台. ❾《教育》集名 ~ común [各専攻・学年に共通の] 必修科目. ❿《隠語》チップ入れ [=bote]. ⓫《口語》陰茎. ⓬《主に中南米. 口語》無神経な人, 役に立たず, 不適格な人
dormir (quedarse·estar) como un ~《口語》ぐっすり眠っている: Nada puede despertarme los domingos. Usualmente *duermo como un* ~. 私は日曜日が何があっても目が覚めない. いつもぐっすり眠っている

estar hecho un ~ 四肢の自由が利かない(感覚がない); ぐっすり眠る(眠っている)
── ❶《口語》友人, 仲間: ¿Qué pasa, ~? どうした? 相棒
── 間《ベネズエラ. 口語》すばらしい!

tronco², ca² [trónko, ka] 名《西. 若者語》友達, 仲間, [呼びかけ] お前

troncocónico, ca [tronkokóniko, ka] 形《幾何》円錐台形の

troncón [tronkón] 男 ❶ 太い茎. ❷ [人の] 胴. ❸ 切り株

troncopiramidal [tronkopiramidál] 形《幾何》角錐台形の

troncular [tronkulár] 形《解剖》幹の

tronera [tronéra]《←trueno》女 ❶ [幅の狭い] 小窓: Una ~ pequeña da luz a la escalera. 小窓から階段に光が入ってくる. ❷《築城》銃眼, 狭間(はざま). ❸《船舶》砲門. ❹《勢いよく振ると鳴るように紙を折り畳んだ》紙鉄砲. ❺《ビリヤード》ポケット. ❻《コロンビア, ベネズエラ》穴 [=agujero]
── 共《メキシコ》ふしだらな人, 放蕩者, 遊び人; 無鉄砲な人: El ~ de su hijo ha dilapidado toda la fortuna familiar. 放蕩者の彼の息子は家の財産を食いつぶした

tronerar [tronerár] 他 =atronerar

tronga [trónga] 女《隠語》内縁の妻; 情婦, 愛人, 妾

trónica [trónika] 女《廃語》根も葉もないうわさ, ゴシップ

tronido [tronído]《←ラテン語 tonitrus》男《まれ》❶ 轟音, 大音響. ❷ 雷鳴. ❸ 破産

tronío [tronío]《口語》❶ [金づかいの] 見栄, 気前のよさ. ❷ [ジプシーなどの] 粋(いき), 優雅さ, 品格: cantaora de ~ 小粋な歌手

tronitoso, sa [tronitóso, sa] 形《口語》とどろく, 大音響の

trono [tróno]《←ラテン語 thronus < ギリシア語 thronos》男 ❶ 玉座, 王座. ❷ 王位: subir al ~ 王座に登る, 王位につく. estar en el ~ 王位にある. ❸《カトリック》1) [祭壇上の] 聖櫃. 2) 聖像を置く祭壇, 聖堂. ❹《キリスト教》座天使 [→ángel 参考]. ❺《口語》便所, トイレ

tronquear [tronkeár] 自《メキシコ》ペアを作る, いつも一緒にいる

tronquero, ra [tronkéro, ra] 名《地方語. 法律》本家の(人)

tronquillo [tronkíʎo] 男《隠語》チップ入れ [=bote]

tronquista [tronkísta] 共 [2頭 tronco の引く車の] 御者

tronzadera [tronθadéra] 女 両引き鋸 [=tronzador]

tronzado, ra [tronθádo, ra] 形《木材・金属管などの》切断

tronzador, ra [tronθadór, ra] 名 ❶ 両引き鋸, 両端に取っ手がある長い鋸. ❷ 製材機. ❸ 石材切断機
── 女 製材機; 石材切断機《=tronzador》

tronzar [tronθár]《←ラテン語 truncare》9 他 ❶《木材・金属管などを》切断する. ❷ [スカートに] 細かいプリーツをつける. ❸《地方語》ひどく疲れさせる, 疲労困憊させる
── 自《地方語》[植物・骨などが] 折れる

tronzo, za [trónθo, θa] 形《廃用の印に馬の》耳を切った

tronzudo, da [tronθúdo, da] 形《プエルトリコ》人知れない理由で憎悪を抱いた, 訳もなく怒った

tropa [trópa]《←仏語 troupe「動物・人の群れ」》女 集名 ❶ 部隊: 1) acometer las tropas enemigas 敵軍を攻撃する. ~ de tierra 地上軍, 地上部隊. 2) [隊形] ~ de línea 横隊, 密集部隊. ~ ligera 散兵, 散開部隊. 3) 軍《軍を構成する》~ en (de la) primera línea 前線部隊. ❷ [陸軍・空軍の, 士官に対する階級として, 伍長以下の] 兵隊, 下士官兵: pertenecer a la ~ 兵隊に入る. ❸ [民間人に対し] 軍隊, 軍人. ❹ [人の, 主にあまり重要でない] 集団, 一団: Una ~ de niños acudió a la comida. 子供たちの一団が食べ物に群がった. ❺《軍事》集合ラッパ. ❻《中南米》[移動中の] 家畜の群れ. ❼《メキシコ》不作法な連中. ❽《チリ, アルゼンチン, ウルグアイ》[車などの] 列
de ~ [民間人に対して] 軍人の: Su marido es *de* ~. 彼女の夫は軍人だ
en ~ 一団をなして: Todos salen *en* ~ del salón. 全員がまとまってホールを出た
── 形《メキシコ, キューバ. 口語》大胆で粗野な(人)

tropario [tropárjo] 男《文学》進行 tropo 集

tropear [tropeár] 自《ラプラタ》[家畜の] 群れを追う(導く)

tropecientos, tas [tropeθjéntos, tas]《口語. 戯語》数百の

tropel [tropél]《←古仏語》男 ❶《騒々しい》群衆, 雑踏: Un ~ de chicos corrían por la calle. 少年たちの一団が通りを走り抜けていった. ❷ [乱雑な] 山積み: un ~ de libros 本の山. ❸《ラプラタ》[移動中の] 家畜の群れ

en ～/de ～ 殺到して, どっと, ひしめき合って
tropelía [tropelía]《←ギリシア語 eutrapelia「冗談」(tropel, atropellarの影響)》囡 ❶《文語.軽蔑》「権力を乱用した」不法行為, 暴挙; 暴力行為: En 1808 el pueblo de Madrid planea sublevarse contra las ～s de Napoleón. 1808年マドリード市民はナポレオンの暴虐に対する蜂起を計画した. ❷《文語》あわてふためくこと, 大急ぎ. ❸《廃語》物の姿を変える魔法, 変身魔法. ❹《廃語》見せかけ, ごまかし
tropelista [tropelísta] 男女《廃語》[物の姿を変える]魔法使い
tropeoláceo, a [tropeoláθeo, a] 形 ノウゼンハレン科の
—— 囡 圑《植物》ノウゼンハレン科
tropeoleo, a [tropeoléo, a] 形 =**tropeoláceo**
tropero [tropéro] 男《ラプラタ》牧童
tropezadero [tropeθaðéro] 男《まれ》つまずきやすい場所
tropezador, ra [tropeθaðór, ra] 名《まれ》よくつまずく[人], 足元のおぼつかない[人]
tropezadura [tropeθaðúra] 囡《まれ》つまずくこと
tropezar [tropeθár]《←古語 entrepeçar <俗ラテン語 interpediare <ラテン語 impedire》❾ 23 [→**empezar**] 自 ❶ [+en·con と] つまずく; [人, が, +contra と] 衝突する: 1) Tropecé con (en) una piedra. 私は石につまずいた. Tropezó al bajar corriendo las escaleras. 彼は階段をかけ降りて転びそうになった. 2)[障害に] Tropezamos con grandes obstáculos. 我々は大きな障害に突き当たった. El proyecto tropezó con dificultades. 計画は困難にぶちあたった. ❷ [+con と] 偶然出会う: Tropecé con Julio en la estación. 私は駅でフリオに出くわした. ❸ 過ちを犯す (犯しそうになる): Los jóvenes suelen ～ mucho. 若者は過ちはつきものだ. ❹ 言い争う, 口げんかする: Ya ha tropezado varias veces con su casero. 彼はもう何度も家主と言い争った
—— ～se ❶《互いに》偶然出会う: Nos tropezamos a la salida del cine. 私たちは映画館の出口でばったり会った. ❷[馬などが]脚と脚をぶつけて傷つく

tropezón¹ [tropeθón]《←tropezar》男 ❶ つまずき, 衝突: Me di un ～ con una piedra. 私は石につまずいた. ❷ 過ち, しくじり. ❸《西.料理》[主に 圑. スープなどに入れる] 具, 実: sopa (paella) con muchos tropezones 具だくさんのスープ(パエーリャ). ❹ 障害
a tropezones《口語》途中休み休みして, 断続的に, つっかえながら; やっとのことで: Hizo la carrera a tropezones. 彼は苦労して大学で学んだ
tropezón², na [tropeθón, na] 形 [馬が] よくつまずく
tropezoso, sa [tropeθóso, sa] 形《まれ》つまずく, とまどいがちの, まごついた
tropical [tropikál]《←trópico》形 ❶ 熱帯[性]の: clima ～ 熱帯性気候. frutas ～es トロピカルフルーツ. pez ～ 熱帯魚. planta ～ 熱帯植物. región (zona) ～ 熱帯地方. tempestad ～ 熱帯性暴風雨. ❷ 大げさな, 誇張された
tropicalizar [tropikaliθár] ❾ 他 熱帯で使用できるようにする, 熱帯仕様にする
trópico¹ [trópiko]《←ギリシア語 tropikos「地球を取り巻く」》男《天文》回帰線, 至線: ～ de Cáncer 北回帰線, 夏至線. ～ de Capricornio 南回帰線, 冬至線. ❷ [時に 圑] 熱帯地方
trópico², ca [trópiko, ka] 形《修辞》転義の, 比喩の
tropiezo [tropjéθo]《←tropezar》男 ❶ 障害, 困難; 不運, 災難: La obra se detuvo por un serio ～ en su planificación. 工事の設計に重大な障害にぶつかってストップした. ❷ 過ち, しくじり [行為]: Cometió un ～ al hacer un cálculo. 彼は計算ミスを犯した. ❸ つまずくこと, 衝突: Sufrió un ～ en el bordillo de la acera. 私は歩道の縁でつまずいた. ❹[意見の]衝突, いさかい: Tuvimos un ～, pero ya nos reconciliamos. 私たちは意見が対立したが, もう和解した. ❺《まれ.料理》圑 具, 実:～=tropezón; paella con pocos ～s 具の少ないパエーリャ
sin ～ ni dificultad 難なく
tropilla [tropíʎa] 囡《集名》《ラプラタ》母馬に率いられた馬の群れ
tropismo [tropísmo] 男《生物》屈性
tropo [trópo] 男《修辞》転義, 比喩. ❷《文学》[中世教会礼楽の]進句, トロープス
tropófilo, la [tropófilo, la] 形《植物》天候の変化に順応する
tropófito, ta [tropófito, ta] 形 囡 天候の変化に順応する[植物]
tropología [tropoloxía] 囡 ❶ 比喩的語法; 比喩的解釈. ❷ [演説などの] 説教臭さ

tropológico, ca [tropolóxiko, ka] 形《修辞》比喩的の
—— 囡 習慣の改革を目指す道徳運動
tropopausa [tropopáusa] 囡《気象》圏界面
troposfera [troposféra] 囡《気象》対流圏
troposférico, ca [troposfériko, ka] 形 対流圏の
troque [tróke] 男《西》染色で一部が染まらず布の元の色が分かるようにするための〕結び目
troquel [trokél] 男 ❶[貨幣・メダルの]押し型, 打ち型. ❷[皮革・ボール紙などの]打ち抜き型, 型抜き刃
troquelado [trokeláðo] 男 刻印を打つこと; 打ち抜き
troquelar [trokelár] 他 ❶[貨幣・メダルに]刻印を打つ, 鋳造する. ❷[皮革・ボール紙などを型で]打ち抜く
troqueo [trokéo] 男《詩法》[ギリシア・ラテン詩の]長短格; [スペイン詩の]強弱格
troquilo [trokílo] 男《建築》凹面刳形 (くりがた)
trotacalles [trotakáʎes] 男女《軽蔑》[ぶらぶら]している人, 遊び人 =azotacalles
trotaconventos [trotakombéntos]《←イタの大僧正 Arcipreste de Hita の「よき恋の書」Libro de buen amor の登場人物》囡《単複同形》《文語》やり手ばばあ, 売春宿の女将; 男女の仲のとりもち役
trotada [trotáða] 囡《馬術》速歩 =trote
trotador, ra [trotaðór, ra] 形《馬術》速歩の得意な: yegua ～ra 走りの軽快な雌馬
trotamundos [trotamúndos] 男女《単複同形》世界旅行者, 世界を駆け巡る人
trotante [trotánte] 形 速歩で駆ける
trotar [trotár]《←独語 trotton「走る」》自 ❶《馬術》[馬が]速歩 (はやあし)で駆ける; [騎手が]馬を速歩で駆けさせる. ❷[人が急いで]歩き回る: He trotado mucho para conseguir el visado. 私はビザをとるために駆けずり回った. ❸《ラプラタ》[トレーニングで]走る
trote [tróte]《←trotar》男《馬術》速歩, トロット: ～ cochinero《西》クイックトロット. ～ inglés 軽速歩; 騎手が馬の歩みに合わせて腰を浮かせる速歩. ❷《口語》忙しい・疲れる骨の折れる仕事 (活動): Su edad no es para andar en estos ～s. 彼はもうこんなにせわしく働く歳ではない. ❸ 厄介事, 面倒事. ❹ 激しい (継続的)使用: aguantar muchos ～s 酷使に耐える. Este pantalón es de (para) mucho ～. このズボンは丈夫で長持ちする
al ～/a ～ 1) 速歩で. 2) 大急ぎで: Se fue al ～ desde el lugar. 彼はすぐにその場を立ち去った
amansar al ～ 中庸を守る, 度を越さない
de todo ～ =**para todo ～**
no estar para muchos (estos·esos) ～s [人・物が] 激しい動き (仕事)は無理である, 無理がきかない: Este coche no está ya para esos ～s. この車ではもう大仕事はもう無理だ
para todo ～ [衣類などが] 日常用の, 普段着の: Estos zapatos son para todo ～. この靴は普段用だ
tomar el ～ 慌てて去る
trotear [troteár] 自 =**trotar**
trotera [trotéra] 囡《文語》売春婦
trotinar [trotinár] 自《中米》=**trotar**
trotón, na [trotón, na]《←trotar》形 男 速歩馬, 速歩向きの[馬]; トロッター種の[馬]: carrera de trotones 繁駕 (はんが)競走
—— 男 ❶ 付き添い婦 =señora de compañía. ❷《口語》売春婦
trotonería [trotonería] 囡《馬術》速歩[行為]
trotskismo [tro(t)skísmo]《←ロシアの革命家 Trotski》男 トロツキズム
trotskista [tro(t)skísta] 形 名 トロツキズムの; トロツキスト[の]
trotsko, ka [trótsko, ka] 形《口語》=**trotskista**
troupe [trúp]《←仏語》囡 ❶《サーカス・芝居などの》旅芸人の一座, 巡業する一座. ❷《口語》一緒に行動する仲間
trousseau [trusó]《←仏語》男 嫁入り道具一式 《特に下着類》
trova [tróba] 囡 ❶ 詩 [=verso]. ❷ 模倣詩, 替え歌. ❸ 歌詞. ❹《中世》trovador が歌った〕恋愛詩. ❺《西》大嘘
trovador, ra [trobaðór, ra]《←trovar》形《文語》大衆詩人
—— 男 [中世の] 宮廷詩人, 吟遊詩人, トルバドゥール [=～ambulante]
trovadoresco, ca [trobaðorésko, ka] 形 宮廷詩人の: lírica ～ca トルバドゥールの抒情詩
trovar [trobár]《←俗ラテン語 tropare <ラテン語 tropus「旋律」》自 詩作する; 模倣詩 trova を作る

—— [他] ❶ [既成の詩を] もじる, 替え歌にする. ❷ 歪曲する, 意味を曲げる

trovería [troƀería] [女] 大衆詩人の活動

trovero, ra [troƀéro, ra] [名] [即興で] 恋愛詩を歌う人; 大衆詩人

—— [男] トルヴェール〖11〜14世紀フランスの宮廷詩人〗

trovista [troƀísta] [名] 大衆詩人〖=trovador〗

trovo [tróƀo] [男] [大衆的な] 恋愛詩

trox [trɔ́(k)s] [女]〖単複同形〗=**troj**

troya [trója] **I** [女]《歴史, 地名》[*T*〜] トロイ, トロイア

allí (***aquí·ahí***) ***fue T***〜 それが不幸(もめごと)の始まりだ: Justo cuando iba a darle un beso a su amante, apareció el marido y *allí fue T*〜. 彼が愛人にキスしようとしたまさにその時にその夫が現われ, あとは大騒ぎになった

arda T〜 あとは野となれ山となれ: Siempre están peleándose como brutos, pero por mí que *arda T*〜; no pienso separarlos ni aunque se hagan daño. いつも彼らは派手なけんかをしているが, あとはどうなろうと私は知らない. たとえけがをしても彼らの間に入るつもりはない

II [女] ❶《メキシコ, ベネズエラ, ボリビア, アルゼンチン》円に投げ入れて他のこまをはじき飛ばすこま遊び. ❷《ペルー, チリ, アルゼンチン》円からピンをはじき飛ばす九柱戯

troyano, na [trojáno, na] [形] [名]《歴史, 地名》トロイ Troya の(人)

troza [trɔ́θa] [女] ❶ [製材用の] 丸太. ❷《船舶》トラス, ヤード昇降用環

trozar [troθár] [9] [他] ❶ [製材所で] 丸太に切る. ❷ 壊す; ばらばらにする. ❸《中南米》ぶつ切りにする

trozo [tróθo]〖←?語源〗[男] ❶ [主に一人分に切り分けられた] 一切れ; [全体の中の] 一片, 断片; [残り物の] 切れ端: De postre voy a tomar un 〜 de tarta de chocolate. デザートにはチョコレートケーキを一切れ食べるとしよう. Este 〜 del parque es el más frondoso. 公園のこの部分が一番緑が濃い. un 〜 de jamón ハム一切れ; ハムのワンブロック. 〜 de papel 紙切れ. 〜 de tela 布切れ, 端切れ, 余り布. un 〜 de cielo despejado 一片の青空. ❷ [文章の] 一節; 楽節: leer un 〜 del texto 教科書の一部を読む. 〜*s* escogidos 抜粋. ❸《船舶》[一海区の] 担当班, 海区所属の船員グループ;《海軍》分隊

a 〜***s*** 一様でなく, むらになって; ところどころ: ver la película *a* 〜*s* 映画をところどころ見る. cortar *a* 〜*s* ぶつ切りにする

ser un 〜 ***de pan*** 大切な人である, いとしい

trúbila [trúƀila] [女]《エストレマドゥラ》嵐, 荒天

truca [trúka] [女]《映画》特殊撮影装置, 特撮用カメラ

—— [名] 特殊撮影のカメラマン

trucaje [trukáxe]〖←仏語 trucage〗[男] ❶ [集名] 仕掛け, からくり, トリック;《賭博など》いかさま, 不正. ❷《映画》特殊効果, 特殊撮影, トリック撮影

trucar [trukár]〖←truco〗[7] [他] ❶ …に仕掛けをする, 仕組む; トリックをする: 〜 el motor de un automóvil 車のエンジンに細工をする. 〜 una fotografía トリック写真を撮る. ❷《アラゴン》ノックする

—— [自] ❶ 特殊(トリック)撮影をする. ❷《トランプ》[truque で] 賭け金に最初の上乗せをする

—— 〜**se**《ドミニカ》逃げ出す

trucha[1] [trútʃa] **I**〖←ラテン語 tructa〗[女] ❶《魚》マス(鱒): 〜 alpina〖学名 Salvelinus alpinus〗. 〜 arco iris ニジマス. 〜 común/〜 de río/〜 asalmonada/〜 fario 淡水型のブラウントラウト〖学名 Salmo trutta fario〗. 〜 marisca/〜 de mar ウミマス〖学名 Salmo trutta trutta〗. No se cogen (pescan) 〜*s* a bragas enjutas.《諺》目的を達成するためには何らかの犠牲を払わなくてはならない. ❷《ラプラタ. 口語》[人の] 口, 顔

ser una 〜《メキシコ》ずる賢い

—— [名]《まれ》抜け目のない人, 図太い奴

II [女]《中米》屋台

truchero, ra [trutʃéro, ra] [形] ❶ マスの. ❷ [川・湖が] マスの豊富な

—— [名] ❶ マス漁師; マス販売業者. ❷《コスタリカ》屋台の主人

truchimán, na [trutʃimán, na] [名]《文語》❶ 通訳〖=trujamán〗. ❷ [商売で] 抜け目のない人

trucho, cha[2] [trútʃo, tʃa] [形]《ラプラタ. 口語》偽造の; 違法の: pasaporte 〜 偽造(不法)パスポート. taxi 〜 無認可のタクシー

truchuela [trutʃwéla] [女]《料理》塩ダラ

trucidar [truθiđár] [他]《古語》残酷に殺す

truco [trúko]〖←伊語 trucco〗[男] ❶ トリック, からくり; [撮影の] 特殊効果: hacer 〜*s* トリックを使う. ❷ [時に [複]] 秘訣, こつ, うまいやり方: Javier domina todos los 〜*s* de la cocina. ハビエルは料理のあらゆるこつを知っている. ❸ 策略, たくらみ; いかさま. ❹《口語》殴打. ❺《ビリヤード》[複] 1) プール. 2) 自分の球をぶつけて相手の球をポケットに落とすショット. ❻《アラゴン》[口の狭い] 大型のカウベル. ❼《アンダルシア》食器. ❽《ラプラタ. トランプ》ムス mus に似たゲーム

coger (***agarrar***) ***el*** 〜《口語》こつを覚える

como si dijera 〜《まれ》馬耳東風で

tener 〜 [事柄が] 容易でない

〜 ***del almendruco***《軽蔑》単純な(ばかばかしい)解決策

truculencia [trukulénθja] [女] 残酷, 残忍

truculento, ta [trukulénto, ta]〖←ラテン語 truculentus〗[形] [物語・場面などが] 残酷な, 残忍な, ぞっとさせる: cuadro 〜 恐ろしい絵

trué [trwé] [男]《繊維》白い薄手の布

Trueba [trwéƀa]《人名》**Fernando** 〜 フェルナンド・トルエバ〖1955〜, スペインの映画監督.『ベルエポック』*Belle Époque*, 音楽アニメーション『チコとリタ』*Chico & Rita*〗

trueco [trwéko] [男]《繊維》=**trueque**

a 〜 ***de...*** …するなら〖=con tal que〗

truel [trwél] [男]《釣り》大型のたも

trueno [trwéno]〖←tronar〗[男] ❶ 雷鳴: Anoche había muchos 〜*s*. 昨夜は雷がひどく鳴った. fragor del 〜 落雷の轟音. ❷ [雷鳴のような] 轟音(ごうおん), とどろき, 破裂音: 〜*s* de los cañones 大砲のとどろき. 〜 gordo 花火の終わりの華々しい炸裂. voz de 〜 どら声, 響き渡る声. ❸ 騒々しい若者, 悪さをする若者. ❹《コロンビア, ベネズエラ》爆竹, 音を出す花火. ❺《ベネズエラ》1) 騒がしいパーティー, 乱痴気騒ぎ. 2) [複] どた靴

abrir (***destapar***) ***la caja de los*** 〜***s*** [重大問題なので] 厳しい対応策をとる

trueque [trwéke]〖←trocar〗[男] ❶ 物々交換; [+por との] 交換: comercio de 〜 バーター貿易(取引). ❷《メキシコ, コロンビア》[複] 釣り銭

a (***en***) 〜 その代わり

a (***en***) 〜 ***de...*** …と交換で, …の代わりに: Se ha opuesto a la violencia *a* 〜 *de* su vida. 彼は命と引き換えに暴力に反対した

trufa [trúfa]〖←オック語 trufa < ラテン語 tuber〗[女] ❶《植物》トリュフ, セイヨウショウロ: 〜 negra/〜 de Périgord 黒トリュフ. 〜 blanca 白トリュフ. ❷《菓子》チョコレートクリーム; [チョコレートの] トリュフ. ❸ [犬の] 鼻. ❹ ほら話, 大嘘

trufador, ra [trufađór, ra] [形] [名] ほら吹きの〔人〕, 大嘘つきの〔人〕

trufar [trufár] [他] ❶《料理》…にトリュフを添える(詰める): pavo *trufado* 七面鳥のトリュフ詰め. ❷ [話などに, +con·de を] 添える, 織り込む: En su recital *trufó con* anécdotas sus interpretaciones. 彼はリサイタルで演奏の合間に逸話を語った

—— [自] ほら話をする, 大嘘をつく

trufero, ra [truféro, ra] [形] トリュフの

truhán, na [trwán, na]〖←仏語 truand〗[形] [名] ❶《文語》やくざ〔の〕, ごろつき〔の〕; いかさま師〔の〕. ❷《古語》おどけ者〔の〕, ひょうきんな〔人〕

truhanada [trwanáđa] [女]《文語》=**truhanería**

truhanamente [trwánaménte] [副]《古語》滑稽に, ひょうきんに

truhanear [trwaneár] [自] ❶《文語》だます, 詐取する. ❷《古語》おどける, 滑稽な話をする

truhanería [trwanería] [女]《文語》❶ いかさま, ペテン. ❷ [集名] いかさま師

truhanesco, ca [trwanésko, ka] [形]《古語》滑稽な, ひょうきんな

truimán, na [trwimán, na] [名]《古語》=**trujamán**

truismo [trwísmo] [男]《文語》明白な(周知の)事実

truja [trúxa] [男]《隠語》紙巻きたばこ

—— [女] オリーブ貯蔵場〖=algorín〗

trujal [truxál] [男] ❶ [ブドウ・オリーブの] 圧搾器. ❷ [石けん製造用の] 海藻灰 barrilla を寝かす瓶(かめ). ❸《アラゴン》1) [軸も一緒に搾汁を発酵させる] 石製のワイン醸造槽. 2) ブドウの踏み桶

trujamán, na [truxamán, na] [名]《文語》❶ [種族の] 通訳. ❷ [売買の] 助言者, 仲介者

trujamanear [truxamaneár] [自]《文語》❶ 通訳する; 助言する. ❷ 物々交換をする

trujamanía [truxamanía] [女]《文語》通訳(助言者)の職務

trujano, na [truxáno, na] [形] [名]《パナマ》=**truhán**

trujillano, na [truxiʎáno, na] [形] [名]《地名》トルヒーリョ Trujillo の〔人〕〖カセレス県の町; ペルー, La Libertad 県の県都〗

trujillense [truxiʎénse] [形] [名]《地名》トルヒーリョ Trujillo の〔人〕〖ベネズエラ西部の州・州都〗

Trujillo Molina [truxíʎo molína]《人名》**Rafael Leónidas** ～ ラファエル・レオニダス・トルヒーヨ・モリーナ〖1891～1961, ドミニカ共和国の軍人・政治家, 大統領(1930～38, 42～52). 長期独裁体制を敷き, 暗殺される〗

trujimán, na [truximán, na] [名]《文語》=**trujamán**

trulla [trúʎa] [女]《まれ》❶ 大騒ぎ, 喧騒. ❷ 群集. ❸ [左官の] こて

trullo [trúʎo] [男] ❶《鳥》コガモ. ❷ [ブドウの] 搾り桶. ❸《西. 俗語》刑務所

trumao [trumáo] [男]《チリ》[元は火山岩の] 非常に細かい砂地

truncadamente [truŋkáđaménte] [副] 話(言葉)をはしょりながら, 途切れ途切れに

truncado, da [truŋkáđo, đa] [形] ❶《建築》[柱身が] 先の欠けた. ❷《幾何》錐台形の: cono ～ 円錐台. pirámide ～*da* 角錐台

truncamiento [truŋkamjénto] [男] ❶ 削除. ❷ 挫折

truncar [truŋkár]〖←ラテン語 truncare〗[7] [他] ❶ 一部を切り取る: ～ las espigas de trigo 小麦の穂を刈り取る. El accidente *truncó* la vida de 10 personas. その事故は10人の命を奪った. ❷ [文章などの] 一部を削除(省略)する; 言葉足らずな書き方をする; 意味を完全に理解しないまま読む: La muerte temprana del autor *truncó* la obra. 著者の早すぎる死が作品を未完に終わらせた. ～ un discurso 演説の一部をはしょる. ❸ 挫折させる: El suceso *truncó* sus sueños. その出来事が彼の夢をくじいた. ～ las ilusiones 夢の実現をはばむ

—— **～se** 挫折する: Mis esperanzas *se truncaron*. 私の希望はうち砕かれた. *Se ha truncado* el plan. 計画は頓挫している

trunco, ca [trúŋko, ka] [形] 省略された, 不完全な

trupial [trupjál] [男]《鳥》オレンジムクドリモドキ〖ベネズエラの国鳥〗

truque [trúke]〖←カタルーニャ語 truc〗[男] ❶《遊戯》石けり. ❷《西式トランプ》トゥルケ〖賭け事の一種. 各人にカードを3枚ずつ配る〗

truquero [trukéro] [男] ❶ ビリヤード場(プールバー)の主人. ❷《ボリビア》ビリヤード場のスコアボード係

truquiflor [trukiflɔ́r] [男]《西式トランプ》トゥルケ truque に似たゲーム

truquista [trukísta] [名]《まれ》からくり truco を作る(考案する)人

trusa [trúsa] [女] ❶ [よそ行き用の] ハンドバッグ. ❷《古語. 服飾》[複] [スリットのある] 半ズボン. ❸《服飾》[主に [複]] 1)《メキシコ, コロンビア》パンティー. 2)《メキシコ, ペルー》[男性用下着の] パンツ: ～ de baño [男性用の] 水着, 海水パンツ. 3)《キューバ》[男性・女性用の] 水着. 4)《ペルー, ラプラタ》ガードル

trusó [trusó] [男] =**trousseau**

trust [trúst]〖←英語〗[男]〖単複同形〗《経済》トラスト, 企業合同

truste [trúste]〖←英語〗[男] =**trust**

trustee [trústi]〖←英語〗[男]《経済》受託者, 被信託人

trutro [trútro] [男]《チリ》❶《料理》ローストチキンのもも. ❷《戯語》[女性の] 太もも

trutruca [trutrúka] [女] [マプーチェ族の] 角笛

tse-tsé [tsetsé/sesé] [女]《昆虫》ツェツェバエ〖=mosca ～〗

tsigano [tsigáno] [男]《まれ》ジプシー語〖=gitano〗

tsunami [tsunámi]〖←日本語〗[男]〖[複] ～s〗津波: El ～ tocó tierra en el litoral nipón. 津波が日本の沿岸に到達した

tswana [tswána]〖←英語〗[形] [名] [南アフリカの] ツワナ族〔の〕

—— [男] ツワナ語

tu [tu]〖tuyo の語尾脱落形〗[形]〖所有形容詞2人称単数短縮形. 数変化のみ. →**su**〗[+名詞] ❶ 君の, お前の: Míralo con *tus* propios ojos. 自分の目で見たまえ. Si tú lo dices, tendrás *tus* razones. 君がそう言うからには君なりの理由があるのだろう. *tu* casa 君の家. *tus* hermanos 君の兄弟たち. ❷ [総称的な文で] 人の: Cuando bebes, *tus* emociones se intensifican. 酒を飲むと感情はたかぶるものだ. ❸ [神に対して] 御身の

tú [tú]〖←ラテン語 tu〗[代]〖主語人称代名詞2人称単数. usted と違い, 家族・友人などの親しい間柄や子供に対して使う. voseo の地域でも tú が用いられることがある〗❶ 君, お前: 〔*Tú*〕 Lo has dicho. 君がそう言ったんだ. ¡Oye, *tú*! ねえ〔聞いてよ〕!〖命令文の tú は対比の意味がある〗 ¿Cuántos años tienes 〔*tú*〕, niño? 坊や, 年はいくつ? *Tú* misma lo dijiste. 君自身がそう言った〖tú が女性を指す場合, 修飾語は女性形〗. ❷ [総称的に] 人: Cuando *tú* viajas, aprendes muchas cosas. 人は旅行をすると多くのことを学ぶものだ

a tú por tú 無遠慮に, 無礼な言葉づかいで

de tú [usted ではなく]「君」で, 親称で: Es una persona ya de edad; no debes hablarle *de tú*. 彼はもう年配なのだから「君」で話すべきではないよ. Si quiere usted, podemos ser amigos. Mejor dicho, si quieres. Voy a llamar *de tú*. もしあなたがよろしければ, 私たち友人になれますよね. よければ, ということですが. これからは「君」と呼びましょう

de tú a tú 対等に: Me tratan *de tú a tú*. 彼らは私を対等に扱ってくれる

más eres tú 1) [反論] お前の方こそ. 2) [名詞的に] 口論: Andan a *más eres tú*. 彼らはいつもののしり合っている

Tú la llevas《遊戯》鬼ごっこ

tú mismo《口語》[肯定・同意] そのとおりだ

tú por tú「君-僕」の間柄で, うちとけて

tú y tus...《口語》[強調的] 君が…: *Tú y tus* amigos hacéis mucho ruido por la noche. 君が毎晩大きな音を立てるんだね

tú y yo [男] [茶器などの] 2人用セット

tualé [twalé] [男]《チリ, アルゼンチン, ウルグアイ》トイレ, 洗面所;《ラプラタ》化粧台

tuareg [twárɛg] [形] [名]〖単複同形/～s〗トゥアレグ族〔の〕〖北アフリカ, サハラ砂漠西部の遊牧民〗

—— [男] トゥアレグ語

tuatara [twatára] [男]《動物》ムカシトカゲ

tuatúa [twatúa] [女]《キューバ, プエルトリコ, チリ. 植物》アカバヤトロファ

tuáutem [twáu̯ten] [男]《文語》[ある目的に] 必要な人(物)

tuba [túba] [女] ❶《音楽》チューバ. ❷《メキシコ; フィリピン》ヤシなどの発酵した果汁から作る蒸留酒

túbano [túbano] [男]《古語》葉巻

tubárico, ca [tubáriko, ka] [形]《解剖》管の; [特に] 輸卵管の

tubazo [tubáθo] [男]《ベネズエラ. 新聞》スクープ

tuberáceo, a [tuberáθeo, a] [形] セイヨウショウロ科の

—— [女] [複]《植物》セイヨウショウロ科

tuberales [tuberáles] [男] [複]《植物》カイキン目

tuberculado, da [tubɛrkuláđo, đa] [形]《解剖》隆起のある

tubercúlide [tubɛrkúliđe] [男]《医学》ツベルクリン痕

tuberculina [tubɛrkulína] [女]《医学》ツベルクリン: prueba de ～ ツベルクリン検査. reacción de ～ ツベルクリン反応

tuberculización [tubɛrkuliθaθjɔ́n] [女]《医学》結核感染

tubérculo [tubɛ́rkulo]〖←ラテン語 tuberculum〗[男] ❶《植物》塊茎, 塊根. ❷《解剖》隆起. ❸《医学》結節

tuberculoide [tubɛrkulɔ́i̯đe] [形]《医学》結核のような

tuberculosis [tubɛrkulósis] [女]《医学》結核; [特に] 肺結核〖=～ pulmonar〗

tuberculoso, sa [tubɛrkulóso, sa] [形] ❶ 結核〔性〕の: bacilo ～ 結核菌. ❷ 結節状の, 結節のある. ❸ 塊茎状の: planta ～*sa* 塊茎(塊根)植物

—— [名] 結核患者

tubería [tubería]〖←tubo〗[女] ❶ [時に [集名]] 配管, 管路: cambiar la ～ del gas ガスの配管を取り替える. ❷ 金属管製造工場

tuberiforme [tuberifɔ́rme] [形] [動植物の生成が] トリュフ型の

tuberización [tuberiθaθjɔ́n] [女]《植物》塊根化, 塊茎化

tubero [tubéro] [男] 管 tubo の製造(組立)作業員

tuberosa[1] [tuberósa] [女]《植物》チューベローズ〖=nardo〗

tuberosidad [tuberosiđá〔đ〕] [女] ❶《植物》塊茎状態. ❷《医学》1) 結節状. 2) 腫瘍, 腫脹. ❸《解剖》1) [骨の] 隆起, 粗面. 2) [胃の] 基底

tuberoso, sa[2] [tuberóso, sa]〖←ラテン語 tuberosus〗[形] ❶《植物》塊茎の, 塊根の; 塊根状の. ❷《医学》結節のある

tubiano, na [tubjáno, na] [形]《ウルグアイ》[馬が] 白い大きな斑点のある

tubícine [tubíθine] [男]《まれ》トランペット奏者

tubícola [tubíkola] [形]《動物》管生の

tubifex [tubifé〔k〕s] [男]〖単複同形〗《動物》イトミミズ

tubifloras [tubiflóras] 囡 匫《植物》管状花目
tubímetro [tubímetro] 男《管の》内径測定器
tubo [túbo]《←ラテン語 tubus》男 ❶ 管, 筒, パイプ: ～ de acero 鋼管. ～ de vidrio (goma) ガラス(ゴム)管. ～ de aspiración [ポンプの] 吸水管, 吸込み管; L字継ぎ手. ～ de desagüe 排水管. ～ de escape 排気管, エキゾーストパイプ. ～ de respiración [潜水用の] シュノーケル. ❷《容器》1)《化学など》～ de ensayo 試験管. 2) チューブ: ～ de pintura 絵の具のチューブ. ❸《解剖》～ auditivo 耳管《=trompa de Eustaquio》. ～ de Malpighi (Malpigio)《動物》マルピーギ管. ～ digestivo 消化管. ～ intestinal 腸管. ❹《技術》～ de Crookes《物理》クルックス管. ～ de Geissler ガイスラー管. ～ de imagen [テレビ・モニターの] 受像管. ～ [de] Pitot ピトー管. ～ de rayos catódicos 陰極線管, ブラウン管, CRT. ❺《口語》地下鉄《=metro》. ❻《チリ》ヘアカーラー《=rulo》. ❼《主にラプラタ》受話器《=auricular》
como un ～ =por un ～
mandar a+人 **por un ～**《メキシコ. 口語》追い出す
meter a+人 **un ～**《俗語》…を折檻する
pasar por el ～《口語》不自由(窮屈)な思いをする, 枠にはめられる
pegar por un ～《メキシコ. 口語》[難事などで] 成功する
por entre un ～ すばやく, 手早く; すばやい, 手早い
por un ～ 1) すばやく, 手早く; すばやい, 手早い: tapas por un ～ 手軽なおつまみ. 2)《西. 口語》たくさん, 大量に: Al llegar a la orilla del río bebí agua por un ～. 私は川岸にたどり着くと, 水を大量に飲んだ. Gana dinero por un ～. 彼はガッポガッポもうけている
tubolux [tubolú[k]s]《←商標》男《ラプラタ》蛍光灯《=fluorescente》
tuboplastia [tuboplástja] 囡《医学》卵管形成[術]
tubu [túbu] 男《サハラ砂漠・チャド北東部の》ツブ語
tubulado, da [tubuláðo, ða] 形 管形の, 筒状の
tubular [tubulár] 形 ❶ 管の; 管状の, 筒状の: caldera ～ 煙管式ボイラー. conducción ～ 導管
―― 男《自転車》チューブレスタイヤ
tubulidentado, da [tubuliðentáðo, ða] 形 管歯目の
―― 男 匫《動物》管歯目
tubulina [tubulína] 囡《生化》チューブリン
túbulo [túbulo] 男《解剖》細管, 小管: ～ renal 尿細管
tubuloso, sa [tubulóso, sa] 形《植物》管状の
tucada [tukáða] 囡《チリ. 口語》富, 大金
tucán [tukán] 男 ❶《鳥》オオハシ. ❷《天文》巨嘴鳥座
tucano, na [tukáno, na] 形 名 トゥカノ族[の]《アマゾン川流域の先住民》
―― 男 トゥカノ語
tuche [tútʃe]《メキシコ》❶《口語》女性性器官, 膣. ❷ [鳥の] 砂囊
tuchir [tutʃír] 自《地方語》[ラクダが] かがむ
tucho, cha [tútʃo, tʃa] 名《メキシコ. 口語》[一般に] 猿
tucía [tuθía] 囡 **=atucía**
tucinte [tuθínte]《中米. 植物》**=teosinte**
tuciorismo [tuθjorísmo] 男《神学》安全採用説
tuciorista [tuθjorísta] 形 名《神学》安全採用説[の支持者]
tuco, ca [túko, ka] I《←ガリシア語 toco》形《プエルトリコ, エクアドル, ボリビア》[人が] 手足の一部に欠損のある
―― 男《エクアドル》[切断された手足の] 付け根
―― 男 ❶《アストゥリアス》[トウモロコシの穂軸の] 芯. ❷《ベネズエラ》切れ端; たばこの吸い殻
II《←伊語》男《ペルー, ボリビア, チリ, アルゼンチン, ウルグアイ. 料理》トマトソース
III《アルゼンチン. 昆虫》ホタルコメツキ《=cocuyo》
tuco-tuco [tukotúko] 男《南米. 動物》ツコツコ《齧歯類. 学名 Ctenomys magellanicus》
tucucho [tukútʃo] 男《ボリビア》空気で膨らんだ球体; 風船
tucumano, na [tukumáno, na] 形 名 トゥクマン Tucumán の[人]《アルゼンチン北西部の州・州都》
tucupense [tukupénse] 形 名 トゥクピタ Tucupita の[人]《ベネズエラ, デルタアマクロ州の州都》
tucupita [tukupíta] 形 名 **=tucupense**
tucúquere [tukúkere] 男《チリ. 鳥》マゼランワシミミズク
tucura [tukúra] 囡《南米. 昆虫》バッタ, イナゴ
tucuso [tukúso] 男《ベネズエラ. 鳥》ハチドリ

tucutuco [tukutúko] 男《南米. 動物》**=tuco-tuco**
tucu-tucu [tukutúku] 男 ❶《アルゼンチン》[tucutucu とも表記] **=tuco-tuco**. ❷《アルゼンチン. 昆虫》ホタルコメツキ《=cocuyo》
tucuyo [tukújo] 男《ボリビア, チリ》木綿の粗布
-tud《接尾辞》[形容詞+. 名詞化. 性状] multitud 多数
tuda [túða]《サモラ》[人と家畜が雨宿りするための山腹の洞穴
tudel [tuðél] 男《音楽》[ファゴットなどの] ボーカル, 吹口部
tudelano, na [tuðeláno, na] 形 名《地名》❶ トゥデラ Tudela の[人]《ナバラ県の町》. ❷ トゥデラ・デ・ドゥエロ Tudela de Duero の[人]《バリャドリード県の村》
tudense [tuðénse] 形 名《地名》トゥイ Túy の[人]《ポンテベドラ県の町》
tudesco, ca [tuðésko, ka] 形 名 ❶《ゲルマン民族の》チュートンの[人], ザクセンの[人]; ドイツの[人]. ❷《18世紀初頭のスペイン王位継承戦争で》ハプスブルク家のカール大公 Carlos de Austria 支持派の
―― 男《古語. 服飾》[胴着 jubón などの上に着る] ドイツ風の外套 capote
tudor [tuðór] 形《イギリスの》チューダー朝の: arco ～ チューダー式アーチ
TUE 男《略語》←Tratado de la Unión Europea 欧州連合条約
tueca [twéka] 囡《木の》切り株
tueco [twéko] 男 ❶《木食い虫による》木のうろ. ❷《木の》切り株
tuera [twéra] 囡《アルバセテ, ムルシア. 植物, 果実》コロシント《=coloquíntida》
tuerca [twérka]《←俗ラテン語 torca < ラテン語 torquere「ねじる」》囡《技術》ナット, 雌ねじ
apretar las ～s a+人 ～への締めつけを厳しくする, 規律に従わせる, 義務を果たさせる
ser ～《ラプラタ》非常に自動車(メカニック)好きである
tuerce [twérθe] 男 ❶《まれ》ねじること, ねじれ. ❷《中米》不運, 逆境, 不遇時代
tuercebotas [twerθeβótas] 男《単複同形》《口語》❶ 凡人, 凡夫. ❷ 不器用な人
tuero [twéro] 男 ❶《暖炉の》背壁. ❷ 薪, たきぎ
tuerto, ta [twérto, ta]《←ラテン語 tortus「ねじれた」》形 [ser・estar+. 人・動物が] 片方の視力がない, 隻眼の: Se quedó ～. 彼は片方の目が見えなくなった[片目を失った. Es ～ del ojo derecho. 彼は右目が見えない
―― 名 片目の人
―― 男 ❶ 侮辱, 侮蔑. ❷ 匫 不正, 悪. ❸ 匫 後陣痛《=entuertos》
a ～tas 逆に, 反対に, さかさまに; 斜めに
a ～tas o a derechas 良かれ悪しかれ; 軽はずみに, でたらめに
a ～ 一道理にそむいて, 不正に
este ～/el ～《口語》[気取って] 私, 我が輩, 俺様《=yo. 動詞は3人称》: ¿Quién lo ha dicho?—Este ～. 誰がそんなことを言ったんだ?―この俺だよ
parece que ha mirado a+人 **un ～/ni que hubiera mirado** a+人 **un ～** …は運がないようだ
tueste [twéste] 男《←tostar》[コーヒーなどを] 焼くこと《=tostadura》
tuétano [twétano] 男 ❶《骨の》髄, 骨髄《=médula》; [植物の] 髄. ❷《物の》真髄, 根底; [人の] 本質, 内奥: Logró llegar al ～ del asunto. 彼は本質に迫ることができた
hasta los ～s (el ～) 骨の髄まで: Se calaron hasta los ～s. 彼らはびしょぬれになった. Se enamora hasta los ～s de su prima. 彼はいとこに心底ほれている
sacar los ～s a+人 …を痛めつける, 苦しめる
tufarada [tufaráða] 囡《漂ってくる強烈で不快な》におい, 異臭: ～s del mercado de pescado 魚市場のにおい. ～ a quemado こげ臭さ
tufarrina [tufařína] 囡《地方語》強烈な悪臭
tufillas [tufíʎas] 男《単複同形》《口語》怒りっぽい人, 短気な人
tufillo [tufíʎo] 男 ❶《主に不快な》刺激臭. ❷ 喚起性, 想起性
tufo [túfo] I《←ラテン語 typhus < ギリシャ語 typhos「有害な蒸気」》男 ❶ 悪臭, 臭気: ～ de alcantarilla 下水の悪臭. ❷ 発蒸《不完全燃焼》によって発生するガス. ❸《詐欺・罠などの》疑念, 不審: Eso me da el ～ de una mentira. それは嘘っぽい気がする. ❹ 匫 思い上がり, 傲慢: No se dé ～s. 思い上がるな
tener ～s うぬぼれている. ❺《エクアドル》不快な後味

II 〘←仏語 touffe〙〖男〗❶[耳にかかる]鬢(^{びん}); ❷[額に垂れる]前髪
III 〘←仏語 tuf〙〖男〗凝灰岩〘=toba〙
tugurio [tuɣúrjo]〘←ラテン語 tugurium〙〖男〗❶みすぼらしい家(部屋・施設), あばら家. ❷羊番小屋, 牧童小屋. ❸〘複〙貧民街, スラム. ❹[主に評価の悪い・みすぼらしい]低級なバル(店・歓楽街)
tuición [twiθjón]〖女〗❶〘法律〙保護, 後見. ❷〘←英語〙教授, 授業; 授業料
tuina [twína]〖女〗[長くゆったりとした]上着, ショートコート
tuitear [twiteár]〖男他〙〘情報〙ツイートする
tuiteo [twitéo]〖男〗〘情報〙ツイート
tuitivo, va [twitíβo, βa]〖形〗〘法律〙保護する, 後見の
tul [túl]〖男〗❶〘←仏語 tulle〙❶〘繊維〙チュール. ❷〘プエルトリコ, コロンビア, ペルー〙薄地のカーテン
tula [túle]〖女〗❶〘遊戯〙鬼ごっこ. ❷〘コロンビア〙帆布製のリュックサック
tulcaneño, ña [tulkanéɲo, ɲa]〖形〗〘地名〙トゥルカン Tulcán の〔人〕〘エクアドル, カルチ州の県都〙
tule [túle] I [T~. 人が住まう]極北の地; 世界の果て
II 〖男〗❶〘メキシコ, エルサルバドル, 植物〙カヤツリグサの一種〘「ござ」椅子の座部などを作るのに使われる. 学名 Cyperus densiflora〙. ❷〘コスタリカ〙古いぼろぼろの帽子
tulenco, ca [tulénko, ka]〖形〗〘中米〙[四肢に]障害のある
tulífero [tulífero]〖男〗〘植物〙トルーバルサム
tulio [túljo]〖男〗〘元素〙ツリウム
tulipa [tulípa]〖女〗❶〘←仏語 tulipe〙〖女〗❶[電灯の]チューリップ型のシェード. ❷〘まれ. 植物〙[小型の]チューリップ
tulipamanía [tulipamanía]〖女〗[17世紀初頭オランダで発生した]チューリップ栽培(投機)熱
tulipán [tulipán]〘←トルコ語 tulipant〙〖男〗〘植物〙チューリップ
tulipanero [tulipanéro]〖男〗〘植物〙モクレン
tulipero [tulipéro]〖男〗❶ユリノキ, チューリップツリー. ❷~ del Gabón カエンボク(火炎木)
tullecer [tuʎeθér] 39 〖他〗〘廃語〙麻痺させる〘=tulli〙
—— 〖自〙〘廃語〙麻痺する
tullidez [tuʎiðéθ]〖女〗〘廃語〙=tullimiento
tullido, da [tuʎíðo, ða]〘←古語 tollido < toller < ラテン語 tollere「取り去る」〙〖形〗〘軽蔑〙[体が]不随の, 身体に障害のある; [手足が]麻痺した〘人・動物〙: María está ~ de las piernas desde el accidente. マリアは事故がもとで両脚に障害がある
tullidura [tuʎiðúra]〖女〗〘鷹狩り〙[主に〘複〙. 猛禽類の]糞
tullimiento [tuʎimjénto]〖男〗麻痺, 不随
tullir [tuʎíɾ]〘←古語 toller〙 21 〖他〗❶[体を]不随にさせる, 障害を負わせる; [手足を]麻痺させる. ❷疲労困憊させる
—— 〖自〙〘鷹狩り〙〖猛禽類が〙糞を落とす
—— **~se**[体が]不随になる; [手足が]麻痺する, 利かなくなる: Mi hermano se tulló en un accidente de moto. 彼の兄はバイク事故で体が動かなくなった
tulpa [túlpa]〖女〗〘中米, コロンビア, エクアドル, ペルー〙[田舎の台所の]炉を組んでいる石
tumba [túmba] I 〘←ラテン語 tumba <ギリシャ語 tymbos「墳墓」〙〖女〗
❶墓, 墓所〘頭微〙**tumba** は「地中に埋葬された形の墓」および「地上に積み上げた形の墓」で, 「墓」の意味ではもっとも一般的な語. **sepulcro** はこれを地上に築き上げた〔立派な〕墓, **mausoleo** はこれをより立派に荘厳にした墓. **enterramiento** は「地中に埋葬された形の墓」および「地上に積み上げた形の墓」の両方を指す. **fosa** は死体を埋葬する穴そのもの, あるいはそのような形の墓, 「墓穴」の意味ではもっとも一般的な語. **hoyo・hoya** は fosa よりもっとあけすけで直接的な感じのする「墓穴」で, hoyo は一人用のこともある. **sepultura** は fosa よりやや教義的な「墓穴」: En la ~ que tiene encima una cruz de mármol está enterrado mi abuelo. 上に大理石の十字架が立っている墓の下には私の祖父が埋められている. visitar la ~ 墓参りする. ❷〘葬儀〙葬儀の上に置く[棺の形の枠組み. ❸〘馬車などの〙幌. ❹〘古語〙〘葬儀用馬車の〙棺台. ❺〘メキシコ, カリブ〙[開発のための]樹木の伐採
a ~ abierta 1) 猛スピードで・の, 全速力で・の: El ciclista se lanzó *a ~ abierta* en el descenso del puerto. 自転車選手は峠の下り坂を猛スピードで下った. 2) 果敢に・な, 捨て身で・の, 猪突猛進して: *amor a ~ abierta* 捨て身の恋. 3) 遠慮なく, 率直に・な: conversar *a ~ abierta* 歯に衣着せず語り合う

cavar su [propia] ~ 自ら墓穴を掘る
llevar a la ~ 死なせる, 死に追いやる
revolverse en su ~ 〘口語〙[死者が生きている者の行状に憤慨して]墓の中でのたうち回る, 草葉の陰で泣く
ser una / ser como [una] ~ 〘口語〙〖人が〗口が堅い: Puedes contarme lo que quieras que *seré una ~*. 何でも話しなさい, 秘密は絶対守るから
II 〘←**tumbar**〙〖女〗❶〘激しい〙揺れ, 激震. ❷回転, 宙返り; 転覆
III 〖女〗〘音楽〙トゥンバ〘アフリカの太鼓の一種〙
tumbaburros [tumbaβúros]〖男〗〘単複同形〙〘メキシコ. 口語〙辞書
tumbacuartillos [tumbakwartíʎos]〖名〗〘単複同形〙〘口語〙酒飲み, のんべえ
tumbada [tumbáða]〖女〗倒す(倒れる)こと
tumbadero [tumbaðéro]〖男〗〘メキシコ〙伐採した木を川に流す場所
tumbadillo [tumbaðíʎo]〖男〗❶〘船舶〙[小型船の]船尾楼後部の船室. ❷〘コロンビア, ボリビア. 服飾〙[スリップなどの縁に]刺繍. ❸〘ボリビア〙天井
tumbado, da[2] [tumbaðo, ða]〖形〗❶墓のような形の, 盛り上がった. ❷〘印刷〙[組み版が]きちんと収まっていない
—— 〖男〗〘コロンビア, エクアドル〙天井
tumbaga [tumbáɣa]〖女〗❶〘安物の装飾品用の〙金と銅の合金; その合金製の指輪 sortija
tumbagobierno [tumbaɣoβjérno]〖名〗〘ベネズエラ. 口語〙革命家
tumbagón [tumbaɣón]〖男〗[金と銅の合金 tumbaga 製の]ブレスレット
tumbal [tumbál]〖形〗〘まれ〙墓の: piedra ~ 墓石
tumbaollas [tumbaóʎas]〖名〗〘単複同形〙〘口語〙大食いの人, 大食漢
tumbapolvo [tumbapólβo]〖形〗〘名〗〘ドミニカ〙おべっか使い〔の〕
tumbar [tumbáɾ]〘←擬声〙〖他〗❶倒す, なぎ倒す: Le *tumbé* de un golpe. 私は彼を1発で殴り倒した. El vendaval *tumbó* un árbol. 突風で木が倒れた. El vino nos *tumbó*. 私たちはワインで酔いつぶれた. ❷〘西. 口語〙[+en の試験で]落第させる, 不合格にする: Me *tumbaron* en física. 私は物理で落第した. ❸[成句的. 精神的・感覚的に]呆然とさせる, 辟易させる: Actúa siempre con una desfachatez que *tumba*. 彼はいつもあきれるほど図々しくふるまう. ❹〘船舶〙転覆させる: Una racha de viento *tumbó* el barco. 突風で船が転覆した. ❺〘口語〙殺す. ❻〘メキシコ〙1)[土地をならして種をまくために, 木を]切り倒す. 2)〘口語〙[女性を夢中にさせて]性的関係を結ぶ. ❼〘コロンビア. 口語〙殺す; だまし取る
—— 〖自〙倒れる, 転がる
estar que tumba[人・事物が, 美しさ・すばらしさで]圧倒する, 感服させる: La hija de José *está que tumba*. ホセの娘はすごい美人だ
—— **~se** ❶[寝るために]横になる, 寝そべる; 倒れる: Me *tumbé* debajo de un árbol. 私は木の下に寝ころがった. Las espigas del trigo *se tumban* humildemente. 麦の穂が慎ましく垂れている. ❷仕事をサボる, 努力を怠る
tumbesino, na [tumbesíno, na]〖形〗〘名〗〘地名〙トゥンベス Tumbes の〔人〕〘ペルー北部の県・県都〙
tumbilla [tumbíʎa]〖女〗[ベッド用の, 枠に火鉢を収めた]あんか
tumbillo [tumbíʎo]〖男〗❶〘地方語〙=**tumbilla**. ❷〘コロンビア〙[田舎の]ヒョウタン製の器
tumbo [túmbo]〖男〗〘←tumbar〙〖男〗❶激しい揺れ: El coche dio un ~ al arrancar. 車は発進する時ガクンと揺れた. ❷転覆, 回転. ❸〘船舶〙波立つこと, うねり. ❹[土地の]起伏. ❺反響, とどろき. ❻〘歴史〙特許状台帳, 地券台帳〘=cartulario〙. ❼〘ボリビア. 果実〙パッションフルーツ
dar ~s 1) つまずきながら歩く, よたよたと歩く: El joven borracho *daba ~s* por la calle. 酔った若者は通りを千鳥足で歩いた. 2) どうにかこうにか過ごす, 色々と苦労する: pasar una vida *dando ~s* その日暮らしをする
~ *de olla* シチューの3材料〘出し汁 caldo, 豆・野菜 legumbre, 肉 carne〙
II 〘←ギリシャ語 tymbos「墓」〙〖男〗〘教会などの〙記録簿, 公簿
tumbón[1] [tumbón]〖男〗❶丸形屋根の馬車. ❷蓋がかまぼこ型のチェスト(大箱)
tumbón[2]**, na** [tumbón, na]〖形〗〘名〗〘口語〙❶怠け者〔の〕. ❷陰でこそこそする〔人〕, 陰険な〔人〕

tumefacción

―― 囡《西》デッキチェア，寝椅子
tumefacción [tumefa(k)θjón]《←ラテン語 tumefactum》囡《医学》[体の部位の]腫れ，腫脹
tumefacto, ta [tumefákto, ta]《←ラテン語 tumefactus》形《医学》[体の部位が]腫れた，腫れ上がった
tumescencia [tumesθénθja] 囡 ❶ 膨張，肥大．❷ [性交直前の] 興奮状態
tumescente [tumesθénte] 形 ❶ 膨張した，肥大した．❷ [性的に] 興奮した
túmido, da [túmiđo, da]《←ラテン語 tumidus》形 ❶《医学》腫れた．❷《建築》[アーチなどが] 上部が幅広の．❸《文体などが》仰々しい，大げさな
tumor [tumór]《←ラテン語 tumor, -oris》男《医学》腫瘍，腫瘤: Tiene un ～ en la cabeza. 彼は頭部に腫瘍ができている．～ benigno (maligno) 良性(悪性)の腫瘍
tumoración [tumoraθjón] 囡《医学》❶ [腫瘍による]腫れ．❷ 腫瘍 [=tumor]
tumoral [tumorál] 形 腫瘍の
tumoroso, sa [tumoróso, sa] 形 ❶ いくつか腫瘍のある．❷ 腫瘍の，腫瘍状の
tumular [tumulár] 形 墓の，墳墓の
tumulario, ria [tumulárjo, rja] 形 墓の，墳墓の: inscripción ～ 墓碑銘
túmulo [túmulo]《←ラテン語 tumulus》男 ❶ 土塁．❷《考古》墳墓，墳丘．❸ [自然・人工の] 小山．❹ 棺台．❺《グアテマラ》[道路の] スピード防止帯
tumulto [tumúlto]《←ラテン語 tumultus》男 ❶ 騒動，暴動: Tuvieron lugar violentos ～s cuando se anunció la subida de precio del pan. パンの値上げが伝えられると激しい暴動が起きた．❷ 混乱，喧騒: Cuando sonó la alarma en el interior de la sala se produjo un gran ～. 警報が鳴り，場内は騒然となった．Aprovechó el ～ para huir. 彼はどさくさまぎれに逃亡した．～ de las pasiones 情熱の高ぶり．～ de los negocios 商売上のごたごた (わずらわしさ)
tumultuar [tumultwár] 14 他《まれ》反乱を起こさせる
―― se《まれ》反乱を起こす
tumultuariamente [tumultwárjaménte] 副 =**tumultuosamente**
tumultuario, ria [tumultwárjo, rja] 形 =**tumultuoso**
tumultuosamente [tumultwósaménte] 副 混乱して，騒々しく: Los chicos salieron ～ de la clase. 子供たちはガヤガヤと教室を出た
tumultuoso, sa [tumultwóso, sa] 形 ❶ 暴動の; 騒ぎ(混乱)を引き起こす: protestas ～sas contra las injusticias 不正に対する騒然とした抗議．❷ 騒々しい，混乱した: matrimonio ～ もめごとの多い夫婦．～sa vida sentimental ごたごたの多い恋愛生活．mar ～ 荒海
tumulus [túmulus]《←ラテン語》男 墳墓，墳丘; [自然・人工の] 小山 [=túmulo]
tuna¹ [túna] I《←古仏語 tune「乞食の無料宿泊施設, 施し物」》囡《西》トゥナ《学生の流しの小楽団. 伝統的な服装で, 様々な弦楽器の伴奏で歌う》．❷ 放逸，放埒
correr la ～ 気ままな暮らしをする，ぶらぶらして(遊んで)暮らす
II《植物, 果実》ノパルサボテン [=nopal]: ～ brava タンシウチワ
tunal [tunál] 男 ノパルサボテン農園
tunanta [tunánta] 囡《西. まれ》売春婦
tunantada [tunantáđa] 囡 いたずら，悪さ; 下劣な行為
tunante, ta² [tunánte, ta] 形《古語的. 親愛, 軽蔑》ずる賢い[人]，抜け目のない[人]; 小悪党(の)，ごろつき[の]
tunantear [tunanteár] 自 =**tunear**
tunantería [tunantería] 囡 ずる賢い行為，狡猾
tunantesco, ca [tunantésko, ka] 形 小悪党の，ごろつきの; 放蕩者の
tunar [tunár] 自《まれ》さすらう，放浪する
tunco, ca [túŋko, ka] 形《メキシコ，グアテマラ，ホンジュラス》手足を失った[人]，手足が動かなくなった[人]
―― 男《メキシコ, ホンジュラス》豚
tuncul [túŋkul] 男《メキシコ》[マヤ族が祭りなどで使う] 小型の太鼓
tunda [túnda] I《←tundir I》囡［織物の］けば落とし: hacer la ～ けばを落とす
II《←tundir II》囡《口語》[棒・鞭での] めった打ち: El padre le dio una buena ～. 父親は彼をひどく叩いた．❷《口語》[へとへとになるほどの] がんばり，努力; [努力による] 疲労困憊: Ella se dio una ～ de estudiar latín. 彼女はラテン語を猛勉強した
tundear [tundeár] 他 [棒・鞭で] めった打ちする
tundente [tundénte] 形 打撲傷を与える [=contundente]
tundición [tundiθjón] 囡 [織物の] けば落とし
tundido [tundíđo] 男 けば落とし [=tunda]
tundidor, ra [tundiđór, ra] 囡 ❶ けばを落とす[人]．❷ めった打ちする者
―― 囡 けばを落とす機械
tundidura [tundiđúra] 囡［織物の］けば落とし
tundir [tundír] I《←ラテン語 tondere「毛を刈る」》他［織物の］けばを落とす
II《←ラテン語 tundere「潰す」》他 ❶《口語》[棒・鞭で] めった打ちする．❷ 疲労困憊させる，へとへとにする
tundizno [tundíθno] 男［織物のけば落としで残った］繊維くず
tundra [túndra] 囡《←フィンランド語》囡《地理》ツンドラ，[永久]凍土帯
tunduque [tundúke] 男《動物》チリッコツコ
tunear [tuneár] 自 ❶ 無頼な生活をおくる，放蕩する．❷ 悪ぶる
tunecí [tuneθí] 形 =**tunecino**
tunecino, na [tuneθíno, na] 形《国名》チュニジア Tunicia の(人)．❷《地名》チュニス Túnez の[人]
túnel [túnel]《←英語 tunnel》男 ❶ トンネル，地下道: perforar (abrir) un ～ トンネルを掘る．～ aerodinámico 風洞．～ de aire(aviento 風洞．～ de lavado カーウォッシュ，洗車機．～ del tiempo タイムトンネル．～ vertical 垂直坑．❷《サッカー》[ボールで] 相手選手の足の間を通す技, 股抜き: hacer un ～ [相手選手の] 足元を抜く
tuneladora [tuneladóra] 囡 トンネル掘削機
tuner [túner]《←英語》男《複》～s《まれ》チューナー
tunera [tunéra] 囡《パナマ, コロンビア》ノパルサボテン [=nopal]
tunería [tunería] 囡 放埒，無頼
túngaro [túŋgaro] 男《コロンビア. 動物》オオヒキガエル
tungro, gra [túŋgro, gra] 形《歴史》[紀元前, ライン川とスケルデ川との間に定住したゲルマン系の民族] トゥングリ族[の]
tungstato [tuŋgstáto] 男 =**tungsteno**
tungsteno [tuŋgsténo] 男《元素》タングステン
tungurahuense [tuŋgurawénse] 形《地名》トゥングラワ Tungurahua の[人]《エクアドル中央部の県》
tungús [tuŋgús] 形《単複同形》《複 tunguses》ツングース族[の]，ツングース語族の
tungúsico, ca [tuŋgúsiko, ka] 形 ツングース族の [=tungús]
túnica [túnika] 囡《←ラテン語 tunica》❶《服飾》1)《古代ギリシア・ローマ》チュニカ《頭からかぶる筒状の服》．2) [婦人用の] チュニック《ブラウス》．3)《聖職者の》修道服の下に着る》．4)《ウルグアイ》上っぱり [=guardapolvo]．❷《解剖》膜，皮膜: ～ úvea [目の] ぶどう膜．❸《植物》1) 外衣，種皮．2) ～ de Cristo チョウセンアサガオ．❹《生物》被嚢
tunicado, da [tunikáđo, da] 形 ❶《植物》外衣のある，鱗葉に覆われた
―― 男《複》《動物》尾索類
tunicela [tuniθéla] 囡《服飾》❶《古代ギリシア・ローマ》[下着としての] チュニカ．❷ [副助祭・司祭の] チュニック《祭礼用の軽衣》
tunicina [tuniθína] 囡《生化》チュニシン
túnico [tuníko] 男《服飾》[中世の] チュニック
túnidos [túniđos] 男《複》《魚》マグロ属
tunjano, na [tuŋxáno, na] 形《地名》トゥンハ Tunja の[人]《コロンビア, ボヤカ Boyacá 県の県都》
tuno¹ [túno] 男《アンダルシア; キューバ, コロンビア》ヒラウチワサボテンの実
tuno², na² [túno, na] 形 囡 ❶ やくざ[な]，ろくでなし[の]．❷《西》トゥナ tuna を構成する学生
tuntún [tuntún] [―擬声] *al* [*buen*] ～ 不用意に，やみくもに，十分な裏付けもなく: El presentó oposición *al* ～. 彼は断固反対を表明した．Nadie pesca *al* ～; hay técnicos especializados que saben dónde y cuándo se debe echar las redes. やみくもに漁をするものはいない, いつどこに網を入れるべきか知っている専門家がいるのだ
tuñeco, ca [tuɲéko, ka] 形《ベネズエラ. 口語》手足が不自由な
tupa [túpa] 囡 ❶ 密にすること, 詰め込み．❷ 飽食, 満腹．❸《コロンビア》困惑．❹《チリ. 植物》ロベリア・チュパ《キキョウ科の

Túpac Amaru [túpak amáru]《人名》～ **I** トゥパク・アマル1世《1545～72、アンデス山中のビルカバンバ Vilcabamba にたてこもってスペイン支配に抵抗した最後のインカ王》～ **II** =**Condorcanqui**

tupamaro, ra [tupamáro, ra] 形 名 ツパマロス Tupamaros の〔構成員〕

Tupamaros [tupamáros] 男 複 ツパマロス《ウルグアイの極左組織、Movimiento de Liberación Nacional-Tupamaros ツパマロス国民解放運動の略、Tupamaros はトゥパク・アマル Túpac Amaru にちなんだ名称、1960年代から70年代初頭にかけて、主として都市でゲリラ活動を展開した》

tupaya [tupája] 女《動物》ツパイ

tupé [tupé]《←仏語 toupet》男 複 ~s ❶《西》前髪、額にかかる髪: hacerse un ～ 前髪を作る. ❷ [頭の上の]部分かつら: peinado con ～ 付け毛をした. ❸《口語》厚かましさ、大胆さ、ずうずうしさ、ふてぶてしさ: Pablo tiene mucho ～. パブロはひどく厚かましい. ¡Ya hay que tener ～ para robar en presencia de tanta gente! こんなにたくさんの人がいる中で盗みを働くなんて何て大胆なんだろう!

tener el ～ de+不定詞 図々しくも…する: Jairo ha tenido el ～ de pedirme la mano de Crucita. ハイロは図々しくも私にクルシータとの結婚を許してほしいと言ってきた

tomar a+人 **el ～**《口語》…をからかう

tupelo [tupélo] 男《植物》ヌマミズキ

tupi [túpi] 男《古語的》[うらぶれた]喫茶店

tupí [tupí] **I** 形 名 複 ~s トゥピ[族]の《ブラジルとギアナの先住民》
—— 男 ❶ トゥピ語. ❷《木工》面取り盤

tupición [tupiθjón] 女《中南米》当惑、困惑、気恥ずかしさ. ❷《ボリビア》茂み. ❸《チリ》豊富、大量

tupidez [tupiðéθ] 女 密なこと

tupido, da [tupíðo, ða] 形 ❶ 密な、濃い: tela ~da 目の細かい織物. ～ bosque うっそうとした森. ❷ [感覚・反応などが] 鈍い; 馬鹿な: Hoy estoy un poco ～ y no entiendo nada. 今日は少し頭の働きが鈍くて、何も理解できない. entendimiento ～ 遅鈍. ❸《メキシコ、ラプラタ》大量の、豊富な. ❹《南米》[管が] 詰まった、ふさがった

tupidor, ra [tupiðór, ra] 名 =**tupista**

tupí-guaraní [tupí gwaraní] 形 名 トゥピ=グアラニー族〔の〕《南米に現住、プラグアイ、ウルグアイ、ブラジルに居住する先住民. イエズス会のレドゥクシオン reducción の対象となる》
—— 男 トゥピ・グアラニー語《例 jaguar「ジャガー」、tapioca「タピオカ」》

tupiguaranismo [tupigwaranísmo] 男 トゥピ=グアラニー語

tupinamba [tupinámba] 男《古語的》=**tupi**

tupinambo [tupinámbo] 男《植物》キクイモ

tupir [tupír]《←擬声》他 ❶ 密にする、詰め込む、[織物の]目を詰める. ❷《アンダルシア》罵声を浴びせる
—— **~se** ❶ 密になる、ぎっしり詰まる: No laves el jersey con agua caliente porque se puede ～. 《まれ》飽食する、満腹になる; 痛飲する. ❸《まれ》[疲労で] 理性が鈍る. ❹《コロンビア》恥入る、困惑する

tupista [tupísta] 名《木工》面取り盤の作業員

tupitaina [tupitájna] 女《サラマンカ、エストレマドゥラ》満腹

tupitina [tupitína] 女《アンダルシア》満腹

tupizeño, ña [tupiθéɲo, ɲa] 形 名《地名》トゥピサ Tupiza の〔人〕《ボリビア、ポトシ州の町》

tuqueque [tukéke] 男《ベネズエラ. 動物》[総称] 小型の食虫性のトカゲ《学名 Thecadactylus rapicauda, Gonatodes albogularis、など》

tuquio, quia [túkjo, kja]《コロンビア. 口語》縁まで一杯の

Tu quoque, fili mii [tu kwóke fíli mí(i)]《←ラテン語》息子よ、お前もか《カエサルが暗殺者たちの中にブルータス Bruto を見た時に叫んだ言葉.「ブルータス、お前もか」として知られる》

tur [túr] 男 =**tour**

turanio, nia [turánjo, nja] 形 名《歴史、地名》《中央アジアの》トゥラン低地 Turán の〔人〕

turba [túrba] **I**《←仏語 tourbe》❶ 泥炭、ピート. ❷ [石炭を混ぜた] 糞燃料
II《←ラテン語》女《軽蔑》騒ぎ立てる〕群衆、暴徒: Las ～s asaltaron las tiendas. 暴徒が商店を襲った. ～ furiosa 怒れる群衆

una ～ de... 大勢の…: Una ～ de gente corría enloquecidamente en todas las direcciones. 大勢の人が狂ったように四方八方に走っていた

turbación [turbaθjón]《←ラテン語 turbatio, -onis》女《文語》❶ 困惑、当惑. ❷ 混乱、騒動、無秩序

turbadamente [turbáðaménte] 副 動揺して、混乱して

turbador, ra [turbaðór, ra] 形 動揺させる、当惑させる、取り乱させる; [肉体的魅力などが] どぎまぎさせる

turbal [turbál] 男 泥炭地《=**turbera**》

turbamiento [turbamjénto] 男 困惑; 混乱

turbamulta [turbamúlta]《←ラテン語 turba multa「大混乱」》女《軽蔑》[無秩序な] 群衆、烏合の衆: La manifestación era una ～. デモ隊は無秩序な人々の群れとなった

turbante [turbánte]《←伊語 turbante < トルコ語 tülbant》男 ❶《服飾》1) ターバン: El turco llevaba un ～ en la cabeza. そのトルコ人は頭にターバンを巻いていた. 2) ターバン型の婦人帽. ❷《メキシコ》カボチャの一種《先住民時代から栽培され、食用》

turbar [turbár]《←ラテン語 turbare》他《文語》❶ 困惑させる、動転させる、動揺させる: Sus palabras de amor me turbaron. 彼の愛の言葉に私はどぎまぎした. La noticia del accidente nos ha turbado mucho. 事故のニュースは私たちをひどく動揺させた. ❷ 混乱させる、乱す: Nada turbaba la paz del lugar. その場の平穏を乱すものは何もなかった. La pregunta del profesor turbó la marcha de mis pensamientos. 先生の質問は私の思考の流れを乱した. ❸ 妨害する、中断させる
—— **~se** ❶ 困惑する; 動揺する: Se turbó de tal modo que no pudo responder. 彼はあまりに動揺して返事ができないほどだった. ❷ 混乱する、乱れる; 妨害される、中断する

turbativo, va [turbatíbo, ba] 形《まれ》困惑させる; 不安にする

turbelario, ria [turbelárjo, rja] 形 渦虫類の
—— 男《動物》渦虫類

turbero, ra [turbéro, ra] 形 泥炭の
—— 女 ❶ 泥炭の炭田、泥炭地. ❷ 泥炭置き場. ❸ 浸水地での植生

turbia[1] [túrbja] 男《まれ》[流水の] 濁り

turbiamente [túrbjaménte] 副 あいまいに、漠然と

turbidez [turbiðéθ] 女《文語》濁り[度]

turbido, da [turbíðo, ða] 形《文語》濁った

turbiedad [turbjeðá(ð)] 女 濁り: Hay una leve ～ en la piscina. プールが少し汚れている

turbieza [turbjéθa] 女 ❶ 濁り、汚濁. ❷ 眩惑. ❸ 混乱

turbina [turbína]《←仏語 turbine》女 タービン: ～ de gases ガスタービン. ～ de vapor 蒸気タービン. ～ hidráulica 水力タービン、水車

turbinación [turbinaθjón] 女 水力発電

turbinar [turbinár] 他 …を利用してタービンを回す: Turbinar el agua del río. 川の流れでタービンを回す

turbino [turbíno] 男 フウセンサガオの根の粉末

turbinto [turbínto] 男《植物》コショウボク《果実は飲料用》

turbio, bia[2] [túrbjo, bja]《←ラテン語 turbidus》形 ❶《液体が》濁った、混濁した; 不透明な: Han revuelto el fondo del río y el agua se ha puesto ～bia. 川の底がかき回されて、水が濁った. vino ～ [発酵途上の] 濁りワイン. ❷ あいまいな、不鮮明な、はっきりしない: Su papel es muy ～. 彼の役割はきわめてあいまいである. expresión ～bia あいまいな表現. época ～bia 騒然とした時代. ojos ～s とろんと濁った目つき. vista ～bia 煙で煙った視界. ❸ 合法性の疑わしい、道義上の疑念のある、怪しげな、うさん臭い: Allá vosotros si os metéis en negocios tan ～s. そんないかがわしい商売に手を出すなら、後は知らないよ. ❹《コロンビア》茫然自失した
pescar en agua ～bia どさくさまぎれにうまいことをする
—— 男 ❶ [オリーブ油などの] 沈殿物、澱. ❷《ベネズエラ》[海面の] 混濁
—— 副 混乱して、不鮮明に: Veo ～. 私の目は目がかすむ

turbión [turbjón]《←ラテン語 turbo, -inis「渦巻」》男 ❶ [風を伴った] 激しいにわか雨、スコール. ❷ 多量、多数: Ha pasado un ～ de sucesos en una semana. 一週間で多くの事件があった. ～ de desgracia 度重なる不幸. ❸ すさまじい勢いの事物: en el ～ del vicio 悪徳の渦の中で. ❹《地方語》川の増水、洪水

turbit [turbí(t)] 男 ❶《植物》フウセンサガオ. ❷ ～ mineral 塩基性硫酸第二水銀

turbo [túrbo] 形 男 ターボチャージャー〔付きの〕;《自動車》ターボエンジン搭載車: motor ~ ターボエンジン
turbo-《接頭辞》[タービン] *turbo*compresor ターボコンプレッサー
turboalimentado, da [turboalimentáđo, đa] 形 ターボチャージャーで過給される
turboalternador [turboalternađór] 男 タービン発電装置
turbobomba [turboḅómba] 女 ターボポンプ
turbocompresor [turboḳompresór] 男 ターボコンプレッサー, ターボチャージャー
turbodiésel [turboďjésel] 男/女 ターボ付きディーゼルエンジン《=motor ~》
turbogenerador [turboxenerađór] 男 タービン発電機
turbohélice [turboéliθe] 形 男 ターボプロップエンジン〔の〕: avión ~ ターボプロップ機
turboleta [turboléta] 女《歴史》=**turdetano**
turbomotor [turbomotór] 男 ターボモーター
turbonada [turbonáđa] 女《主にチリ, アルゼンチン, ウルグアイ》スコール, 激しい雷雨
turbonave [turbonáḅe] 女《船舶》タービン船
turbopropulsión [turbopropulsjón] 女 ターボ推進装置
turbopropulsor [turbopropulsór] 男 ターボプロップエンジン
turborreactor [turboreaktór] 男 ターボジェット〔エンジン〕
turbotrén [turbotrén] 男《鉄道》ターボトレイン
turboventilador [turboḅentilađór] 男 ターボ式排気装置, ターボ型ファン
turbulencia [turbulénθja] 女 ❶《気象, 航空》乱気流: El avión entró en la ~. 飛行機は乱気流の中に入った. ~ de aire claro 晴天乱気流. ❷《物理》乱流, 撹流; 擾乱運動. ❸ 混乱, 無秩序, 騒がしさ; 騒動. ❹ 濁り; 不鮮明, あいまいさ
turbulento, ta [turbulénto, ta]《←ラテン語 turbulentus》形 ❶ 大荒れの, 荒れ狂う; 混乱した, 騒がしい: aguas ~*tas* 濁流. mar ~ 荒海. río ~ 暴れ川. sociedad ~*ta* 騒然とした社会. ~*ta* vida 起伏の多い人生. ❷《物理》〔流れの〕乱れた: flujo ~ 乱流. ❸ 騒動を起こす, 騒乱を好む, 論争好きの: masa ~*ta* 不穏な群衆
turca[1] [túrka] 女 ❶《口語》酔い: Anoche cogió (agarró・tuvo・pilló) una ~. 昨夜, 彼は酔っぱらった. ❷ 脚付きの台と敷き布団だけのベッド《=cama ~》
turcazo [turkáθo] 男《中米. 口語》打撃, 殴打
turco, ca[2] [túrko, ka] 形 ❶《国名》トルコ Turquía〔人・語〕の; トルコ人. ❷《歴史》オスマントルコの〔人〕《=osmanlí》. ❸《地名》[中央アジアの] トゥルケスタン (トルケスタン) Turkestán〔の〕. ❹《政党内の》改革派の青年たち《=jóvenes ~*s*》. ❺《中南米. 主に軽蔑》アラブ系移民〔の〕, 中東での〔人〕. ❻《ベネズエラ. 口語》けちな, 欲深な
── 男 ❶ トルコ人. ❷ el gran ~ スルタン, トルコ皇帝. ❸ [水で薄めていない] ワイン
celoso como un ~ ひどく嫉妬深い
turcochipriota [turkotʃiprjóta] 形 名 トルコ系キプロス人〔の〕
turcomano, na [turkománo, na] 形 名 [旧ソ連・アフガニスタン・イランなどの]トルコ系住民, トルクメンの〔人〕, トルコマンの〔人〕
── 男 トルクメン語
turcople [turkóple] 形 名 トルコ人男性とギリシア人女性との混血の〔人〕
turcumano, na [turkumáno, na] 形 名 =**turcomano**
turdetano, na [turđetáno, na]《歴史》トゥルデタニー族〔の〕《前ローマ時代のスペイン南部の先住民》;《地名》トゥルデタニア Turdetania の《前ローマ時代のスペイン南部の地方》
túrdiga [túrđiɣa] 女 革ひも, 革帯
turdión [turđjón] 男《音楽, 舞踊》トゥルディオン
túrdulo, la [túrđulo, la] 形 名 前ローマ時代のアンダルシア中央部・北部の先住民〔の〕
turf [túrf]《←英語》男《闘 ~*s*》❶《主に中南米》競馬場. ❷《アルゼンチン, ウルグアイ》競馬
turfista [turfísta] 形 名 競馬好きの〔人〕; 競馬の
turfístico, ca [turfístiko, ka] 形《ペルー, チリ, アルゼンチン, ウルグアイ》競馬好きの
turgaliense [turɣaljénse] 形《地名》トルヒーリョ Trujillo の〔人, =trujillano〕
turgencia [turxénθja] 女《生理》[鬱血による] 膨満〔状態〕, 勃起〔の〕: ~ de senos 乳房の張り

turgente [turxénte]《←ラテン語 turgens, -entis》形 ❶《生理》膨満〔状態〕の, ふくらんだ: mujer con ~*s* urbes 乳の張った女性. ❷ [文体が] 仰々しい, たかぶった. ❸《医学》[体液が] 腫れを作る
turgescencia [turxesθénθja] 女 =**turgencia**
turgescente [turxesθénte] 形 =**turgente**
túrgido, da [túrxiđo, đa] 形《文語》=**turgente**
turgor [turɣór] 男 =**turgencia**
turiasonense [turjasonénse] 形《地名》タラソナ Tarazona の〔人〕《サラゴサ県の町》
turibular [turibulár] 他 撒香《香》する〔=incensar〕
turibulario [turibulárjo] 男 香炉持ち〔=turiferario〕
turíbulo [turíbulo] 男《文語》吊り香炉〔=incensario〕
turiferario, ria [turiferárjo, rja] 名《文語》❶ おべっか使い〔の〕: El director iba a todas partes con su corte de ~*s*. 社長はどこへもおべっか使いたちに囲まれていた. ❷ 香炉持ち〔の〕
turífero, ra [turífero, ra] 形《文語》香炉持ちの
turificación [turifikaθjón] 女 撒香
turificar [turifikár] 他 撒香《香》する〔=incensar〕
Turina [turína]《人名》Joaquín ~ ホアキン・トゥリーナ《1882~1949, セビーリャ出身の作曲家. アンダルシアの民俗音楽の伝統を取り入れた》
turinés, sa [turinés, sa] 形 名《地名》[イタリアの] トリノ Turín の〔人〕
turión [turjón] 男 [アスパラガスなど, 根茎から伸びる] 若芽, 若茎
turismo [turísmo]《←英語 tourism》男 ❶ 観光, 行楽; 観光旅行〔=viaje de ~〕: Ahora estoy en Madrid de ~. 私は観光でマドリードに来ている. hacer ~ a... …を観光〔旅行〕する. ~ blanco スキーツアー. ~ cultural 文化観光. ~ de calidad 質の高い観光. ~ interior 国内旅行. ~ sexual 売春ツアー. ~ verde グリーンツーリズム. ❷ 観光業, 観光事業: agencia de ~ 旅行代理店. oficina de ~ 観光案内所, 観光協会. ❸ 〖集合〗観光客. ❹《自動車》[5~9人乗りの] 自家用車; リムジン, 貸切送迎車〔=coche de ~〕: gran ~ 長距離・高速走行用車, GT
~ *rural* 田園観光: casas de ~ *rural* 貸し別荘
turista [turísta]《←英語 tourist》名 観光客: ~ japonés 日本人観光客
──《主に航空》ツーリストクラス〔=clase ~〕: viajar en ~ ツーリストクラス〔二等車〕で旅する
turistear [turisteár] 自《アンデス》観光旅行をする
turístico, ca [turístiko, ka] 形 ❶ 観光の: mapa (plano) ~ 観光地図. viaje ~ 観光旅行. ❷ 観光客に魅力的な, 観光向きの: ciudad ~*ca* 観光都市. ❸ clase ~*ca* ツーリストクラス
turkmenio, nia [turkménjo, nja] 形 名《国名》トルクメニスタン Turkmenistán の〔人〕
turma [túrma] 女 ❶ トリュフ〔=~ de tierra, trufa〕. ❷《まれ》睾丸〔=testículo〕. ❸《コロンビア》ばか, 愚か者
turmalina [turmalína]《←仏語 tourmaline》女《鉱物》電気石, トルマリン
turmenio, nia [turménjo, nja] 形 名《国名》=**turkmenio**
turmequé [turmeké] 男《コロンビア》[先住民が起源の] 瓦や円盤を的に向かって投げる遊び
túrmix [túrmi[k]s]《商標》男《単複同形》《西》ミキサー
turmódigo, ga [turmóđiɣo, ɣa] 形《歴史》トゥルモディゴ族〔の〕《現在のブルゴス Burgos 近辺に居住していた民族》
turnante [turnánte] 形 交替する, 輪番の
turnar [turnár]《←仏語 tourner》~*se* [互いに] 交替する: Nos *turnamos* en el cuidado del enfermo entre los tres. 私たちは3人でかわるがわる病人の看病をする. Los dos partidos *se turnan* en el poder. 2つの政党がかわるがわる政権を担当している
── 自 ❶ 自分の番である. ❷《まれ》交替する
── 他《メキシコ》[+a 他の法廷・官庁などに, 通達として] 送る, 手続きをとる: La secretaria *turnó* los papeles *a* la comisión. 事務局は委員会に書類を送付した
turné [turné] 女 =**tournée**
turnedó [turneđó]《←仏語 tournedos》男《西. 料理》トゥルネード, 牛ヒレ肉のステーキ
turnio, nia [túrnjo, nja] 形 ❶ 斜視の〔人〕: ojos ~*s* 斜視〔の〕人; 厳しい見方をする人. ❷ しかめ面の
turno [túrno]《←turnar》男 ❶ 順番, 番; シフト, 交代制: Espe-

re su ~, por favor. 順番をお待ち下さい. Ahora me toca el ~ de hablar. さあ、私が話す番だ. Por fin ha llegado mi ~. とうとう私の番が来た. Hoy es mi ~, pago yo. 今日は私の番だ. 私が払う. Están trabajando a doble ~. 彼らは2交代制で働いている. establecer el ~ 順番を決める. guardar el ~ 順番を守る.〔trabajar en〕~ de día (noche) 日勤 (夜勤)〔する〕. ~ de oficio/~ de abogados 当番弁護士制度. ~ de partido〔スペイン、19世紀の終わりに Cánovas と Sagasta 間で繰り返された〕二大政党政治. ~ de preguntas 質疑応答. ~ rotativo 交代制, 輪番制. ❷ 当番の人
a ~s =**por ~s**
de ~ 1) 当番の: farmacia *de ~* 夜間 (休日) 当番薬局. 2)《主に軽蔑》いつもの、くだんの、例の: Entonces llegó el pesado *de ~* y no nos dejó hablar. その時いつものうっとうしい男がやって来て、私たちにしゃべらせてくれなかった
en ~ 当番中の《=de ~》
por ~ 交替で: limpiar la casa *por ~* 交替で家の掃除をする
por ~s 次々に、代わる代わる: trabajar *por ~s* 輪番制で働く

turolense [turolénse]〖形〗〖名〗《地名》テルエル Teruel の〔人〕〖アラゴン州の県・県都〗
turón [turón]〖男〗《動物》ケナガイタチ《=~ común》
turoperador [turoperaðór]〖男〗パック旅行専門の旅行会社、ツアー企画会社
turpial [turpjál]〖男〗《ベネズエラ. 鳥》ムクドリモドキ
turqué [turké]〖男〗→**paloma** turqué
turquear [turkeár]〖他〗《中米》打つ
turquesa [turkésa]〖女〗❶《鉱物》トルコ石、トルコ玉、ターコイズ. ❷〔砲丸・弾丸の〕型;〔一般に〕型、鋳型
── 〖形〗〖男〗青緑色〔の〕、ターコイズブルー〔の〕
turquesado, da [turkesáðo, ða]〖形〗《文語》青緑色の、ターコイブルーの
turquesco, ca [turkésko, ka]〖形〗《国名》トルコ Turquía の
a la ~ トルコ風の
turquí [turkí]〖形〗〖圏〗~es〗❶《文語》濃青色〔の〕. ❷《廃語》トルコの
turquino, na [turkíno, na]〖形〗濃青色の《=turquí》
turquismo [turkísmo]〖男〗トルコ語独特の単語・表現
turrada [turráða]〖女〗《俗語》重苦しさ
turrar [turrár]〖他〗《地方語》❶ 焼く、トーストする. ❷〔動物が〕襲いかかる
turriforme [turrifórme]〖形〗塔の形の
turril [turríl]〖男〗《ボリビア》大型容器、ドラム缶《=bidón》
turro, rra [túrro, rra]〖形〗❶《アルゼンチン. 軽蔑》下劣な〔人〕, 邪悪な〔人〕. ❷《エクアドル. 口語》役立たずの, 醜い, 不快な
──〖女〗《アルゼンチン. 卑語》売春婦
turrón [turrón]〖男〗《←?turrar》❶《菓子》1) トゥロン《アーモンドなどの堅果またはナッツ粉を蜂蜜で固めたもの. 主に長方形. 特にクリスマスに食べる》: ~ de Alicante/~ duro 粒状のアーモンド入りの固いトゥロン. ~ de Jijona/~ blando 粉状のアーモンド入りの柔らかいトゥロン. 2) 鶏卵に似せた卵黄《マジパン・チョコレート》の菓子. ❷《口語》政府関係の楽な仕事
turronada [turronáða]〖女〗《建築》石灰と砂利の混合物
turronería [turronería]〖女〗トゥロンの販売店
turronero, ra [turronéro, ra]〖形〗トゥロン turrón の
── 〖名〗❶ トゥロンの製造(販売)業者. ❷《隠語》郵便局のクリスマスアルバイト
tursio [túrsjo]〖男〗《動物》ハンドウイルカ
turubí [turubí]〖男〗《アルゼンチン. 植物》トウダイグサ科の一種《学名 Julocroton stipularis》
turulato, ta [turuláto, ta]《←擬態》❶〖形〗《口語》[estar+]呆然とした、唖然とした: Aquella escena me ha dejado ~. その光景を前に私はあっけにとられた. ❷《チリ. 口語》弱い
turullo [turúʎo]〖男〗〔牧童が家畜の群れを呼ぶ〕角笛
turumbón [turumbón]〖男〗《頭の》こぶ
tururú [tururú]〖男〗《西. 戯語》〔否定・拒絶・嘲笑〕とんでもない, 冗談じゃない, そんなばかな!: Le pedí dinero, pero me dijo que ¡~! 私は彼に金を貸してと頼んだが,「ご冗談でしょう」と言われた
──〖形〗《西. 戯語》[estar+]頭のおかしい, 気のふれた
──〖男〗《トランプ》等価の札3枚を集めること; スリーカード
turuta [turúta]〖男〗《西. 戯語》軍隊ラッパ; ラッパ手

──〖形〗《西. 戯語》頭のおかしい, 気のふれた
tus [tús]〖間〗《犬を呼ぶ》おいで!: ¡*Tus*, ~! よし、来い!
no decir [ni] *~ ni mus* うんともすんとも言わない, だんまりを決め込む; 文句一つ言わない
sin decir [ni] *~ ni mus* うんともすんとも言わずに, だんまりを決め込んで; 文句一つ言わずに
tusa[1] [túsa]〖女〗❶《中南米》トウモロコシの穂軸の皮. ❷《中南米. 軽蔑》取るに足りない人, 社会的地位の低い人. ❸《キューバ, プエルトリコ, コロンビア, ベネズエラ, ボリビア》トウモロコシの穂軸の芯. ❹《キューバ》トウモロコシの葉で巻いたたばこ. ❺《コロンビア》あばた. ❻《チリ, アルゼンチン》馬のたてがみ. ❼《チリ》トウモロコシの穂軸のひげ
mandar a freír ~《ドミニカ. 口語》きっぱり拒絶する
──〖間〗《犬を呼ぶ》おいで!《=tus》
tusar [tusár]〖他〗《チリ, アルゼンチン》〔ある形に馬のたてがみを〕刈り込む
tusca[1] [túska]〖女〗《アルゼンチン. 植物》アカシアの一種《実から飲料 aloja を作る. 学名 Acacia aroma》
tusco, ca[2] [túsko, ka]〖形〗《地名》=**etrusco, toscano**
tusculano, na [tuskuláno, na]〖形〗《歴史, 地名》〔イタリア, ラティウム Lacio 地方の古代都市〕トゥスクルム Túsculo の〔人〕
tusígeno, na [tusíxeno, na]〖形〗《医学》咳を引き起こす
tusilago [tusiláɣo]〖男〗《植物》フキタンポポ
tuso, sa[1] [túso, sa]〖形〗❶《プエルトリコ, コロンビア》髪をぎりぎりまで短く刈った. ❷《プエルトリコ, コロンビア》尾のない; 尾の短い. ❸《コロンビア, ベネズエラ》あばたのある
──〖名〗〔間投詞的に呼ぶ時など〕犬
tusón[1] [tusón]〖男〗《文語》❶〔刈り取った〕羊毛. ❷ 羊の毛皮
tusón[2], **na** [tusón]〖男〗〖女〗2歳未満の子馬
──〖女〗《まれ》売春婦
tusor [tusór]〖男〗《繊維》〔綿の〕タッサー
tuta [túta]〖女〗《地方語》地面に立てた棒を石ではじき飛ばす遊び; その棒《=chito》
tútano [tútano]〖男〗《古語》=**tuétano**
tute [túte]〖男〗❶《西・イ伊語 tutti》〖男〗《西式トランプ》トゥテ〔ゲームの一種〕; その上がり手《王または馬が4枚》. ❷《似た者同士の》四人組. ❸《口語》骨の折れる仕事
dar ~ a...《口語》…を消耗するまで使う: He dado un ~ al coche de 10.000 kilómetros solo una semana. 私は車をわずか1週間で1万キロ走らせた
darse (pegarse) un ~《口語》〔長時間休まずに〕がんばる、がんばる: Nos pegamos un buen ~ repasando el libro de matemáticas hasta las cuatro de la mañana. 私たちは大いにがんばって、明け方4時まで数学の教科書の復習をした
tutear [tuteár]〖←*tú*〗〖他〗…に *tú* を使って話しかける, 君-僕で話す: *Tuteo* al jefe. 私は上司と親しい口のきき方をする
── *~se* 互いに *tú* を使って話す: *Nos tuteamos* en el trato personal. 私的な付き合いでは, 私たちは俺お前の仲だ
tutela [tutéla]〖←ラテン語 tutela〗〖女〗❶《法律》後見: tener a+人 bajo su ~ …を後見する. ~ dativa (legítima・testamentaria) 選任 (法定・遺言) 後見. ❷ 例刑 制限行為能力者への後見. ❸ 後見人の責務: Su padrino ejerce la ~. 代父が後見役を果たす. ❸ 保護, 庇護, 監督: encargar la ~ de los niños a+人《口語》子供たちの面倒を見てもらう. estar bajo la ~ del gobierno 政府の監督下にある. ❹ 指導教官の職; 家庭教師の職. ❺《国連》の信託統治
tutelado, da [tuteláðo, ða]〖形〗❶ 被後見人. ❷ 指導教官についている生徒
tutelaje [tuteláxe]〖男〗《主に中南米》=**tutela**
tutelar [tutelár]〖形〗❶《法律》後見の: gestión ~ 後見. ❷ 守護の: dios ~ 守護神. santo ~ 守護聖人
── 〖他〗〖+de+人〗後見人を務める, 後見する. ❷ 保護監督する, 後援する, 庇護する
tuteo [tutéo]〖男〗*tú* を使って話すこと
tutía [tutía]〖女〗=**atutía**
tutifruti [tutifrúti]〖←伊語 tutti frutti〗〖男〗《菓子》トゥッティフルッティ, 数種類の砂糖漬けの果物入りのアイスクリーム
tutilimundi [tutilimúndi]〖←伊語 tutti li mondi〗〖男〗〖圏〗~s〗❶ コズモラマ《=mundonuevo》. ❷《メキシコ, プエルトリコ, ペルー, チリ, アルゼンチン》みんな, 全員
tutiplé [tutiplé]〖男〗=**tutiplén**
tutiplén [tutiplén]〖←カタルーニャ語 tutiplé〗〖男〗*a ~*《西. 口語》1)

たっぷりと, 大量に: Había todo tipo de manjares y comimos *a* ~ hasta hartarnos. あらゆる種類のごちそうが並べられていて私たちはたらふく食べた. 2) 満足しきって, 満ち足りて

tuto [túto] 男《チリ. 幼児語》*hacer* ~ 眠る

tutor, ra [tutór, ra]【←ラテン語 tutor, -oris < tueri「保護する」】名 ❶《法律》後見人: servir de ~ a+人 …の後見人をつとめる. constituir a+人 en ~ de+人 …の後見人に指名する. ~ dativo 選任後見人. ~ legítimo 法定後見人. ~ testamentario 遺言後見人. ❷ 保護者, 守護者: La Virgen es la ~*ra* de este lugar. 聖母マリアがこの土地の守護聖人だ. ❸ [全教科の] 家庭教師: poner a su hijo un ~ 息子に家庭教師をつける. ❹ 指導教官, チューター; 担任の教師
── 男 [植え木などの] 支柱, 添え木

tutorar [tutorár] 他 [植え木などに] 支柱を立てる, 添え木をする

tutoría [tutoría]【←tutor】女 ❶ 後見職; 後見. ❷ 指導教官の職務

tutorial [tutorjál] 形 ❶ 後見職の, 後見役の. ❷ 指導教官の, チューターの

tutriz [tutríθ] 女《廃語》=tutora

tutsi [tútʃi] 形 名 《単複同形》[ルワンダ・ブルンジの] ツチ族〔の〕

tutti [túti]【←伊語】男《音楽》トゥッティ, 全音声(楽器・楽員)のパート

tutti-frutti [tutifrúti] 男 ❶ =tutifruti. ❷ 雑多な寄せ集め

tuttista [tutísta] 名《音楽》[ソリストに対して] 総奏者, 合唱者

tutú [tutú]【←仏語】男《服》~s ❶《服飾》[バレリーナの] チュチュ. ❷《ドミニカ. 菓子》トウモロコシ粉・ココナッツミルク・砂糖・ペニバナインゲンのクッキー. ❸《アルゼンチン. 鳥》猛禽の一種〔学名 Prionites momota〕

tutuma [tutúma] 女 ❶《ペルー》1) ヒョウタンノキの実〔で作った器〕[=totuma]. 2)《口語》[人の] 頭; 知能, 頭脳. ❷《チリ》こぶ

tutumo [tutúmo] 男《ペルー. 植物》=totumo

tuturuto, ta [tuturúto, ta] 形 ❶《中南米》呆然とした. ❷《中米》ほろ酔い機嫌の

tuturutú [tuturutú] 男 コルネットなど金管楽器の音

tuxleño, ña [tu(k)sléɲo, ɲa] 形 名 [地名] トゥストラ・グティエレス Tuxtla Gutiérrez の〔人〕【メキシコ, チアパス州の州都】

tuxpaneco, ca [tu(k)spanéko, ka] 形 名 [地名] トゥスパン Tuxpán の〔人〕【メキシコ, ベラクルス州の町】

tuxpeño, ña [tu(k)spéɲo, ɲa] 形 名 =tuxpaneco

tuya[1] [túja] 女《植物》❶ ベイスギ, アメリカンレッドシダー【~ gigante》; コノテガシワ, ニオイヒバ. ❷ ~ articulada サンダラック〔=alerce africano〕

tuyo, ya[2] [tújo, ja]【←ラテン語 tuus】形 《所有形容詞2人称単数完全形.→suyo》君の, お前の: 1)《名詞+》He usado una corbata *tuya*. 君のネクタイを借りたよ. 2)《主格補語》Este balón no es ~. このボールは君のではない. Esas palabras son muy *tuyas*. いかにも君らしい言い方だ. 3)《口語》[alrededor・cerca・delante・detrás・encima など場所の副詞+》Está sentada cerca ~. 彼女は君のそばに座っている〔=... cerca de ti〕
── 代 〔定冠詞+〕君のそれ: Presento a mis amigos a *los* ~*s*. 僕の友達を君の友人たちに紹介するよ
la tuya 1)《口語》[ser+. 相手を激励して] 君の好機(都合のいい時): Ahora es la *tuya*, seguro que lo consigues. 今こそチャンスだ. きっとそれが手に入るよ. 2) 君の本心(言い分): Tienes que soltar la *tuya*. 本音を言えよ
lo ~ 1) 君のこと(もの): De lo ~, ya hablaremos. 君のことはそのうち話そう. 2) 君の得意(本分): *Lo* ~ es el dibujo. 君の得意なのは絵だ. 3)《副詞的》かなり, とても: De radios sabes *lo* ~. ラジオについて君はかなり詳しい
los ~*s* 君の家族(仲間・味方): Dales saludos a *los* ~*s* de mi parte. ご家族によろしく
[*una*] *de las tuyas* 君のいつもの悪ふざけ(失敗): Has llegado tarde; has hecho *una de las tuyas*. 君は遅刻だ. またいつもの癖を出したな
Ya es ~. よくやった

tuyuyú [tujujú] 男《アルゼンチン. 鳥》アメリカトキコウ

tuza [túθa] 女 ❶《動物》ホリネズミの一種〔学名 Geomys mexicanus〕. ❷《キューバ, コロンビア, ベネズエラ, ボリビア》トウモロコシの穂軸の芯

TV. [tébe] 略 ←Televisión テレビジョン

TVE [tebeé] 略 ←Televisión Española テレビシオン・エスパニョーラ《スペインの国営テレビ局》

tweed [twíd]【←英語】男《服》~s《繊維》ツイード

tweet [twít]【←英語】男《情報》ツイート

twill [twíl]【←英語】男《服》~s《繊維》綾織り, ツイル

twinset [twinsét]【←英語】男《服》~s《西. 服飾》カーディガンとセーターのセット(アンサンブル)

twist [twís]【←英語】男《服》~s《舞踊》ツイスト

twistear [twisteár] 自 ツイストを踊る

Twitter [twitér]【←英語】男《情報》ツイッター

txacolí [tsakolí]【←バスク語】男 =txakolí

txakolí [tsakolí]【←バスク語】男 バスク産の弱いワイン

txapela [tsapéla]【←バスク語】女 ベレー帽

txikito [tsikíto]【←バスク語】男 小型のワイングラス

txistu [tsístu]【←バスク語】男 フルート

txistulari [tsistuláry]【←バスク語】名 フルート奏者

txoco [tsóko] 男 =txoko

txoko [tsóko]【←バスク語】男〔男性中心の〕グルメクラブ, 美食会

tzantza [tsántsa] 女 干し首【エクアドルとペルーの先住民ヒバロ族 jíbaro などには, かつて首狩りにより得た首級を干し首にする風習があった】

tzeltal [tseltál] 形 名 ツェルタル族〔の〕【メキシコ, チアパス州の先住民】

tzotzil [tsotsíl] 形 名 ツォツィル族〔の〕【メキシコ, チアパス州の先住民】

tzutujil [tsutuxíl] 形 名 =zutujil

U

u[1] [u] 男 または 《→o》
u[2] [ú] 女 《複 úes, us》❶ アルファベットの第22字; その名称: u consonante《まれ》=**uve**. **u doble**《コロンビア》=**uve doble**. ❷ U 字形の部品
U. [usté(d)]《略語》=**usted**
ua《略語》←unidad astronómica 天文単位
uad [wá(d)] 男《単複同形》《地理》ワジ, 雨期だけの川
uadi [wádi] 男 =**uad**
ualabi [walábi] 男《動物》ワラビー
ualarú [walarú] 男《動物》ワラルー
uapití [wapití] 男 =**wapití**
-uar《接尾辞》[動詞化] except*uar* 除外する, sit*uar* 位置づけ
ubago [ubáɣo] 男《ウエスカ》[谷底など] 常に日陰の場所
ubajay [ubaxái] 男《アルゼンチン. 植物, 果実》フトモモ科の一種《学名 Eugenia myrciantes, Hexachlamys edulis》
ubangui [ubáŋgi] 形 男《中央アフリカ共和国およびザイール北部の》ウバンギ語〔の〕
ube [úbe] 男《フィリピン. 植物》ダイジョ (大薯)
ubérrimo, ma [ubérimo, ma]《←ラテン語 uberrimus》形《文語》[土地などが] 非常に肥沃な; [植物が] 繁茂した: campos 〜s 実りの豊かな畑. cosecha 〜ma 豊作
ubetense [ubeténse] 形 名《地名》ウベダ Úbeda の〔人〕《ハエン県の町》
ubi [úbi] 男《フィリピン. 植物》ダイジョ (大薯) 〔食用〕
ubí [ubí] 男《キューバ. 植物》ブドウ属の一種《かごの材料. 学名 Vitis sicoides》
Ubi bene ibi patria [úbi béne íbi pátrja]《←ラテン語》住めば都
ubicable [ubikáble] 形《文語》位置し得る
ubicación [ubikaθjón] 女《文語》❶ 置くこと, 設置. ❷ 位置
ubicar [ubikár]《←ラテン語 ubi「そこに」》[7] 他《文語》[+en に] 置く, 設置する, 配置する: Ubiqué los libros devueltos en la estantería. 私は本を本棚に戻した. ❷《中南米》捜し当てる, 見つける. ❸《キューバ, ベネズエラ, チリ, アルゼンチン, ウルグアイ》認識する《=reconocer》. ❹《ペルー》1) 盗む. 2)《政党が, 議員候補に》指名する
── 〜**se** ❶ ある, いる, 位置する: Mi casa *se ubica* cerca del río. 私の家は川のそばにある. ❷ [自分の (いる) 位置が分かる: ¿*Te ubicas* ahora? 君が今どこにいるか分かるかい? ❸《経済》参入する. ❹《中南米》職を見つける
estar bien ubicado《南米》いい職についている, いい生活をしている
Ubico [ubíko]《人名》Jorge 〜 ホルヘ・ウビコ《1878〜1946, グアテマラの軍人, 大統領 (1931〜44). 専制体制を敷く》
ubicuidad [ubikwiðá(d)] 女 ❶《文語》同時に至る所にいること; [神の] 遍在: El hombre no tiene el don de la 〜. 人間には同時に至る所にいる能力はない. ❷《情報》ユビキタス
ubicuo, cua [ubíkwo, kwa]《←ラテン語 ubique「あらゆる場所に」》形 ❶《文語》同時に至る所にいる; [特に, 神が] 遍在する: Solo Dios es 〜. 神のみが偏在する. ❷《文語》[人が] 神出鬼没の, どこにでも顔を出す. ❸《情報》ユビキタスの: computación 〜*cua* ユビキタスコンピューティング. sociedad 〜*cua* ユビキタス社会
ubio [úbjo] 男《パレンシア, セゴビア, ラマンチャ, アンダルシア》[去勢牛・ラバをつなぐ] くびき
ubiquidad [ubikitáɾjo] 女 =**ubicuidad**
ubiquitario, ria [ubikitárjo, rja] 形 名 キリスト教遍在論者〔の〕
ubita [ubíta] 女《アンダルシア. 鳥》ヤツガシラ
ubre [úbre]《←ラテン語 uber, -eris》女 [時に《集名》] ❶ [哺乳動物の雌の] 乳房. ❷《軽蔑, 戯語》[人間の女性の] 大きな乳房
ubrera [ubréɾa]《医学》口腔カンジダ症, 鵞口〔瘡〕瘡
u.c.《略語》←*urbe condita* ローマ建国起源: el año 532*u.c.* ローマ建国532年
ucase [ukáse] 男 ❶《歴史》ロシア皇帝の勅令. ❷《文語》不当〔専制的〕な命令 (布告)

UCD [uθeðé] 女《西. 略語》←Unión de Centro Democrático 民主中道連合《フランコ没後の政党, 1977〜82》
ucedista [uθeðísta] 形 UCD の〔党員〕
ucha [útʃa] 女《コロンビア》[攻撃への駆り立て] それっ!
-ucho, cha《軽蔑接尾辞》animal*ucho* 醜い動物, cas*ucha* あばらや, cald*ucho* 薄いスープ
uchú [utʃú] 男《ペルー産の》激辛のトウガラシ
uchuva [utʃúβa] 女《コロンビア. 植物, 果実》ブドウホオズキ《果実は利尿効果がある》
uchuvito, ta [utʃuβíto, ta] 形 名《南米》酔っ払い
uchuvo [utʃúβo] 男《コロンビア. 植物》=**uchuva**
UCI [úsi/úθi] 女《略語》←unidad de cuidados intensivos 集中治療室, ICU: meter en la 〜 集中治療室に入れる
-uco, ca《軽蔑接尾辞》frail*uco* 生ぐさ坊主, cas*uca* あばらや
UCP《略語. 情報》←unidad central de proceso 中央演算装置, CPU
UCR《アルゼンチン. 略語》←Unión Cívica Radical del Pueblo 急進市民同盟〔政党〕
ucraniano, na [ukranjáno, na] 形 名《国名》ウクライナ Ucrania の (人)
── 男 ウクライナ語
ucranio, na [ukránjo, nja] 形 名《まれ》=**ucraniano**
ucronía [ukronía] 女《文語》[仮定に基づく] 歴史の論理的再構築, 歴史改変
ucrónico, ca [ukróniko, ka]《文語》歴史の論理的再構築の, 歴史改変の
ucubitano, na [ukuβitáno, na] 形 名《古代ローマ. 地名》ウクビÚcubi の〔人〕《現在のコルドバ県 Espejo》
ucumari [ukumári] 男《動物》メガネグマ
Ud. [usté(d)]《略語》=**usted**
-udo, da《接尾辞》[名詞+. 品質形容詞化. 多, 過剰] barrig*udo* 腹の出た
udómetro [uðómetro] 男 雨量計〔=pluviómetro〕
udri [uðrí] 形《文語》雨量計〔=pluviómetro〕
Uds. [ustéðes]《略語》=**ustedes**
UE [úe] 女《略語》←Unión Europea ヨーロッパ連合, EU: países de la *UE* EU諸国
UEBL《略語》←Unión Económica Belgo-Luxemburguesa ベルギー・ルクセンブルク経済同盟
UEFA [uéfa] 女《略語》←Unión Europea de Fútbol Asociación ヨーロッパサッカー協会
-uelo, la《示小接尾辞》pañ*uelo* ハンカチ
UEM 女《略語》←Unión Económica y Monetaria 経済・通貨同盟, EMU
UEO《略語. 歴史》←Unión Europea Occidental 西欧連合
UEP 女《略語》←Unión Europea de Pagos ヨーロッパ決済同盟, EPU
uessudueste [wes(s)uðwéste] 男 =**oesudoeste**
ueste [wéste] 男 =**oeste**
uesudueste [wesuðwéste] 男 =**oesudoeste**
uf [úf] 間 [疲労・退屈・不快など] あーあ: *¡Uf!* ¡Qué calor! ああ暑い
ufa [úfa] 女《ラプラタ. 口語》[不快・怒り] フン!
ufanamente [ufánamẽnte] 副 思い上がって; 鼻高々で
ufanar [ufanár]《←動》〜**se** 思い上がる; [+con・de と] 誇る, 鼻にかける: *Se ufana* de su éxito. 彼は成功して得意になっている
ufanía [ufanía] 女 思い上がり, 高慢
ufanidad [ufaniðá(d)] 女《廃語》=**ufanía**
ufano, na [ufáno, na]《←ゴート語 ufjo「余分な」》形 ❶ [estar+] 思い上がった, 高慢な; [+con と] 誇っている, 満足している: Va 〜 con su nuevo coche. 彼は新車に乗って鼻高々だ. ❷《植物が》繁茂した, 青々とした
ufo [úfo] I《←英語》男 未確認飛行物体, UFO〔=ovni〕
II《←伊語》***a*** 〜《まれ》ただで, 他人の払いで; 招かれないのに
ufología [ufoloxía] 女 UFO研究

ufológico, ca [ufolóxiko, ka] 形 UFO研究の
ufólogo, ga [ufólogo, ga] 名 UFO研究家
ugandeño, ña [ugandéɲo, ɲa] 形 名 =**ugandés**
ugandés, sa [ugandés, sa] 形 名《国名》ウガンダ Uganda の〔人〕
ugarítico, ca [ugarítiko, ka] 形《歴史,地名》〔シリア西部の〕ウガリット Ugarit の〔人〕
—— 男 ウガリット語
ugetista [uxetísta] 形 名 労働総同盟 UGT の〔組合員〕; 労働総同盟員
ugre [úgre] 男《コスタリカ. 植物》イイギリ科の木〔学名 Oncoba laurina〕
ugro, gra [úgro, gra] 形 男 ウゴル諸語〔の〕
ugrofinés, sa [ugrofinés, sa] 形 男 フィン=ウゴル語派〔の〕
UGT 女《西. 略記》←Unión General de Trabajadores 労働〔者〕総同盟
uguilla [ugíʎa] 女《アンダルシア. 鳥》ヤツガシラ
uguz [ugúθ] 男 名〔トルコの〕オグズ族〔の〕
—— 男 オグズ語
uh [ú] 間 ❶〔幻滅・軽蔑など〕やれやれ、おやおや! ❷〔次に続く言葉の強調〕¡Uh! Está desconocido. 全く、信じ難いよ! ❸〔動物の鳴き声を真似て〕うぉー!
U.I.《略記》=unidad internacional 国際単位
uictli [wíkli]《アンデス. 農業》掘棒 (ぼう)
uigur [wigúr] 形 名 ウイグル族〔の〕
—— 男 ウイグル語
ujier [uxjér]〔←仏語 huissier〕男 ❶〔宮廷・法廷の〕門衛, 廷吏. ❷〔役所などの〕事務官, 下級官吏
ujujuy [uxuxúj] 間《メキシコ》〔喜び・賞賛・驚き〕ワーイ; すごーい!
újule [úxule] 間《メキシコ》〔奇異・からかい〕おやおや!
ukelele [ukeléle] 男《音楽》ウクレレ
ulaga [ulága] 女《植物》ハリエニシダ
ulala [ulála] 女《ボリビア. 植物》キンヒモサボテン
ulama [ulám a] 女《メキシコ北部. 古語》先住民の球技の一種
ulano [uláno] 男《歴史》〔ドイツ・ロシアなどの〕槍騎兵
úlcera [úlθera] 女〔←ラテン語 ulcera < ulcus, -eris「腫れ物」〕❶《医学》潰瘍 (かいよう); ~ de estómago 胃潰瘍. ~ duodenal 十二指腸潰瘍. ~ de decúbito 褥瘡 (じょくそう), 床ずれ. ❷《植物》〔木部の〕腐れ
ulceración [ulθeraθjón] 女 潰瘍化, 潰瘍形成;〔主に表層部の〕潰瘍
ulcerante [ulθeránte] 形 =**ulcerativo**
ulcerar [ulθerár] 他 ❶ 潰瘍を生じさせる. ❷《文語》傷つける, 害する
—— ~se 潰瘍形成する: La lesión se ha ulcerado en los últimos 2 meses. 傷はこの2か月で潰瘍化した
ulcerativo, va [ulθeratíβo, ba] 形 潰瘍性の, 潰瘍形成性の
ulcerogénico, ca [ulθeroxéniko, ka] 形 =**ulcerativo**
ulceroso, sa [ulθeróso, sa] 形 名 ❶ 潰瘍の. ❷ 潰瘍のある; 潰瘍患者
ulcoate [ulkoáte] 男《メキシコ. 動物》毒蛇の一種
ulcus [úlkus] 男 潰瘍 [=**úlcera**]
ulema [uléma]〔←アラビア語 ulama〕男〔複 ~s〕ウラマー〔イスラム教国の法学者・神学者〕
-ulento, ta〔接尾辞〕形 =**-iento**
ulfilano, na [ulfiláno, na]〔←Ulfila (人名)〕形 ゴート文字の
uliginoso, sa [ulixinóso, sa]〔←ラテン語 uliginosus〕形 ❶ 湿地の. ❷〔植物が〕湿地に生育する
Ulises [ulíses] 男《ギリシア神話》オデュッセウス, ユリシーズ
ullastre [uʎástre] 男《植物》〔野生の〕オリーブ [=**acebuche**]
ullmannita [ulmanníta] 女 硫化ニッケル鉱
ulluco [uʎúko] 男《アンデス. 植物》オジュウコ [=**melloco**]
ullucu [uʎúku] 男《アンデス. 植物》オジュウコ [=**melloco**]
ulmáceo, a [ulmáθeo, a] 形 ニレ科の
—— 女 ニレ科
ulmaria [ulmárja] 女《植物》セイヨウナツユキソウ [=reina de los prados]
ulmén [ulmén] 男《チリ》〔先住民の間で〕金持ち, 有力者
úlmico, ca [úlmiko, ka] 形《化学》ácido ~ ウルミン酸
ulmo [úlmo] 男《チリ》〔白い花をつける大木. 樹皮は皮をなめすのに使われる. 学名 Eucryphia cordifolia〕
ulna [úlna] 女 尺骨 [=**cúbito**]
ulotricales [ulotrikáles] 女〔複〕《植物》ヒビミドロ目

ulpada [ulpáda] 女《アルゼンチン》トウモロコシ粉を水で溶き砂糖を加えた飲み物
ulpo [úlpo] 男《ペルー, チリ》炒めた小麦粉に砂糖を入れ煮てから冷やした粥 (かゆ) 状の飲み物
ulsterización [ulsteriθaθjón] 女《政治》アルスター Ulster 化〔地域を《北アイルランド》的なテロ活動の場と化すこと〕
ulte [últe] 男《チリ》ウルテ〔海藻の一種. 食用〕
ulterior [ulterjór]〔←ラテン語〕形 ❶ 向こう側の〔⇔citerior〕: Europa ~ 《古代ローマ》ピレネー山脈より向こう側のヨーロッパ. Hispania ~《古代ローマ》遠イスパニア〔ローマから遠い側. イベリア半島南部の属州〕. ❷《文語》その後の
ulterioridad [ulterjoriðá(ð)] 女 ❶ con ~ その後. ❷《チリ. 口語》〔思いがけない〕危険な状況
ulteriormente [ulterjórménte] 副 その後〔=después〕
ulticante [ultikánte] 形〔イラクサや蕁麻疹のような〕かゆみをもたらす
ultílogo [ultílogo] 男《文語》〔書物の〕跋文 (ばつぶん), 後書き
ultimación [ultimaθjón] 女 完了, 完成
ultimadamente [ultimaðaménte] 副《メキシコ》結局
ultimador, ra [ultimaðór, ra] 形 名 ❶ 完成する〔人〕; 仕上げをする〔人〕. ❷《中南米》殺人者, 犯罪者
últimamente [últimaménte] 副 最近, 近ごろ: ¿Has tenido noticias de Ana ~? 最近アナの消息を聞いているかい?
ultimar [ultimár]〔←último〕他 ❶〔工事などを〕終える, 完成する; 仕上げをする: Están ultimando los preparativos para el congreso. 彼らは大会準備の仕上げにかかっている. ~ unos detalles 細部の詰めをする. ❷《中南米. 文語》殺す〔負傷者に〕とどめを刺す
ultima ratio [última r̄átjo]〔←ラテン語〕女《文語》最終的手段, 最後の議論
ultimato [ultimáto] 男《まれ》〔主に 複〕最後通牒 [=**ultimátum**]
ultimátum [ultimátun]〔←ラテン語 ultimatum〕男〔単複同形/複 ~s〕〔主に 単〕❶ 最後通牒: dirigir un ~ a... …に最後通牒を突きつける. ❷ 最終的な要求〔提案〕; 最終決定
ultimidad [ultimiðá(ð)] 女《まれ》最終的であること, 究極性; 人間の終末の状態. ❷《カトリック》四終 [=postrimerías]
último, ma [último, ma]〔←ラテン語 ultimus〕形〔序数詞の一種〕❶〔順序. 定冠詞+. 名詞〕最後の, 最終の〔⇔primero〕: No se ven bien los escalones y nunca se está seguro de cuál es el ~. 階段がよく見えず, どれが最後の段なのか全く分からない. Fue el ~ verano de mi madre. それが母の最後の夏だった. Nicolás II fue el ~ zar ruso. ニコライ2世は最後のロシア皇帝となった. hacer el ~ esfuerzo 最後の努力をする. en el ~ cajón 一番下の引き出しに. ~ piso 最上階. ~ día 最後の日 el mes 月の終わりの日, みそか. ~ma fila 最後尾の列. ~mas palabras 臨終の言葉. ~ tren 終電車. ❷ 決定的な, 最終的な, 究極の: ~ma causa 一番の原因. fin ~ 究極の目的. Le acabo de decir mi ~ precio. これがぎりぎりの値段です. ❸〔強調的に, 場所が〕最も遠い, 辺鄙な: Se vive incluso en el ~ rincón del mundo. どんな地の果てにも人は住んでいる. ❹ 最近の, 最新の: ¿Cuál es el ~ libro que estás leyendo? 一番最近に読んだ本は何ですか? en la ~ma carta この前の〔最近の〕手紙に. en estos ~s años この2・3年, 近年. en los ~ cinco años ここ5年間に. ~ma moda 最新流行の. ~ma noticia 最新ニュース. ❺〔芸術家・政治家などの〕晩年の: Es una obra del ~ Picasso. それは晩年のピカソの作品だ. ❻ 最も重要でない: noticia de ~ma clase 最も重要度の低い知らせ. ❼〔estar+〕最低の, 最悪の
—— 名 最後の人, 最後尾の人: He sido la ~ma en llegar. 着いたのは私が最後だった. ¿Quién es el ~?〔列の〕最後は誰ですか?
a la ~*ma* 1) 最新流行の: Ella viste *a la* ~*ma*. 彼女は最新流行の服を着ている. ir *a la* ~*ma* 流行の先端を行く. 2)〔知識などが〕最新の: Aquel profesor está *a la* ~*ma*. あの先生は研究の先端を行っている
a lo ~ 最後に: Estoy *a lo* ~ *del libro*. 私は本の最後まで〔読み進んで〕来ている
a los ~*s* =*a lo* ~
de lo ~《キューバ, ベネズエラ, アルゼンチン, ウルグアイ. 軽蔑》最低の, 最悪の
de ~*ma*《アルゼンチン, ウルグアイ》1)《口語》最後の手段として,

2) 《軽蔑》最低の, 最悪の
de ~ mas 《まれ》=**a lo ~**
en ~s 《コロンビア》最後の手段として
marcar el ~ 《キューバ. 口語》列の最後に並ぶ
por ~ 1) 最後に: Primero... Segundo... Tercero... Y *por* ~ *les hablaré sobre...* 第1に… 第2に… 第3に… そして最後に…についてお話ししましょう. 2) 結局: *No quería regresar, pero por* ~ *le convencieron.* 彼は帰りたくなかったが, 結局説得された
ser lo ~ [物事が] 極端である, 最悪である: *Vender la casa sería lo* ~; *antes intentaremos encontrar otras soluciones.* 家を売るのは本当にどうしようもなくなってから. その前に他の解決策を見つける努力をしよう. *Que le pida dinero es lo* ~. 彼に金をせびるなんて最低だ
~ma palabra [議論・譲歩などの, 決定的な] 最終判断, 最終提案: *decir la* ~*ma palabra* 最終判断を下す; 議論をしめくくる. *tener la* ~*ma palabra* 最終的な決定権を持っている. *Esta es mi* ~*ma palabra.* これが最後だ/これ以上一歩も譲れない
~, pero no menos importante [列挙して] 最後だが重要な[ことに]
── 複 [月・年などの] 終わり, 末: *Los* ~*s de mes son terribles.* [経済状態・忙しさなどが] 月末はひどい
a ~s de... …の末に: *Se llevarían a cabo a* ~*s de mes.* 月末(下旬)には終えられるでしょう. *a* ~*s de año* 年末に
── 複 《口語》 [las+] 臨終の時: *Estarán a su lado cuando lleguen las* ~*mas.* 臨終が訪れた時, 彼らは彼のそばにいるだろう
estar en las ~mas 《口語》1) 死に(終わり)かけている: *Mi abuelo está en las* ~*mas.* 私の祖父は死にかけている. 2) 金(貯え)が尽きかけている

últmo 《略語》←**último** 最後の, 最近の
últo 《略語》=**últmo**
ultra [últra] **I** 形 名 ❶ 過激な右翼[の], 極右[の]: *Ayer hubo una manifestación de* ~*s.* 昨日極右のデモがあった. ❷ [イデオロギーが] 極端な, 過激な. ❸ 《サッカー》フーリガン. ❹ 《文学》=**ultraísta**
II [←ラテン語] 副 …である上に, そのほかに
ultra- [接頭辞] ❶ [超] *ultra*mar 海外. ❷ [極] *ultra*derecha 極右派
ultrabásico, ca [ultraβásiko, ka] 形 《化学》超塩基性の
ultracentrifuga[1] [ultraθentrifúγa] 女 超高速遠心[分離]機
ultracentrifugación [ultraθentrifuγaθjón] 女 超高速遠心分離
ultracentrifugadora [ultraθentrifuγaðóra] 女 =**ultracentrífuga**
ultracentrífugo, ga[2] [ultraθentrífuγo, γa] 形 超高速遠心[分離]の
ultraconfidencial [ultrakonfiðenθjál] 形 重要機密の
ultracongelación [ultrakoŋxelaθjón] 女 《西》急速冷凍
ultracongelador [ultrakoŋxelaðór] 男 急速冷凍冷蔵庫
ultracongelar [ultrakoŋxelár] 他 急速冷凍する
ultraconservador, ra [ultrakonserβaðór, ra] 形 名 超保守的な[人], 超保守派[の], 超保守主義の(主義者)
ultracorrección [ultrakořek(θ)jón] 女 《言語》過剰訂正, 直しすぎ 〇 *espontáneo* → × *expontáneo*
ultracorrecto, ta [ultrakořékto, ta] 形 《言語》過剰訂正された
ultracorto, ta [ultrakórto, ta] 形 《電気》*onda* ~*ta* 超短波
ultraderecha [ultraðerétʃa] 女 [la+] 極右
ultraderechista [ultraðeretʃísta] 形 名 極右の(人)
ultrafiltración [ultrafiltraθjón] 女 《化学》限外濾過
ultrafino, na [ultrafíno, na] 形 超微細な
ultraísmo [ultraísmo] 男 《文学》ウルトライスモ《1919～23年スペイン, 詩の前衛主義的改革運動. 第一次世界大戦後の社会価値観の変化を契機として, 華やかなモデルニスモ的手法や詩壇における既存の価値観を否定し, 隠喩を中心とした自律的な芸術表現を標榜した》
ultraísta [ultraísta] 形 名 ウルトライスモの(詩人)
ultraizquierda [ultraiθkjérða] 女 [la+] 極左
ultraizquierdista [ultraiθkjerðísta] 形 名 極左の[人]
ultrajador, ra [ultraxaðór, ra] 形 名 侮辱する[人]
ultrajante [ultraxánte] 形 侮辱的な
ultrajar [ultraxár] [←*ultraje*] 他 [+con で, ひどく侮辱する,

侮辱する: ~ *con palabras* 口汚くののしる
ultraje [ultráxe] [←古仏語 outrage < ラテン語 *ultraticum* < *ultra*「もっと向こう」] 男 [ひどい] はずかしめ, 侮辱: ~ *a las buenas costumbres* 猥褻物陳列罪. ~ [*público*] *al pudor* 公然猥褻罪
ultrajoso, sa [ultraxóso, sa] 形 《まれ》侮辱的な
ultraligero, ra [ultralixéro, ra] [←*ultra*-+*ligero*] 形 超軽量の[飛行機], ウルトラライト
ultramar [ultramár] [←*ultra*-+*mar*] 男 ❶ [通常, 無冠詞] 1) 海外《特にヨーロッパの旧植民地》: *No he viajado nunca a* ~. 私は一度も海外へ行ったことがない. 2) 海外領土, 海外県. ❷ 群青色, ウルトラマリン《=*azul de* ~》
ultramarinero, ra [ultramarinéro, ra] 形 《まれ》[輸入物の]食料品商
ultramarino, na [ultramaríno, na] 形 海外の: *territorios* ~*s* 海外領土
ultramarinos [ultramarínos] 男 《古語》❶ [単複同形] [輸入物の] 食料品店《=*tienda de* ~》. ❷ 複 [保存のきく] 食料品
ultramaro [ultramáro] 形 azul ~ 群青[色], ウルトラマリン
ultramicrobio [ultramikróβjo] 男 《生物》超極微生物
ultramicroscopia [ultramikroskópja] 女 超顕微法
ultramicroscópico, ca [ultramikrɔskópiko, ka] 形 極微の, 限外顕微鏡の, 超顕微鏡的な
ultramicroscopio [ultramikroskópjo] 男 限外顕微鏡
ultramoderno, na [ultramoðérno, na] 形 超現代的な
ultramontanismo [ultramontanísmo] 男 ❶ 教皇権至上主義; [集名] 教皇権至上主義者. ❷ 神政主義
ultramontano, na [ultramontáno, na] 形 ❶ 教皇権至上主義の(主義者). ❷ 山の向こうの
ultramundano, na [ultramundáno, na] 形 現世を超えた, あの世の
ultramundo [ultramúndo] 男 来世, あの世
ultranza [ultránθa] [←仏語 outrance] 女 *a* ~ 断固とした・して, 妥協しない・せずに: *defender a* ~ 死守する. *familia católica a* ~ きわめて頑なカトリックの家族
ultrapasar [ultrapasár] 他 [限度などを] 超える, 超過する
ultrapirenaico, ca [ultrapirenáiko, ka] 形 ピレネー山脈の向こう側の
ultrapuertos [ultrapwértos] 男 [単複同形] [無冠詞] 峠(山)の向こう側: *camino de* ~ 峠越えの道
ultrarrápido, da [ultrařápiðo, ða] 形 超高速の
ultrarrojo, ja [ultrařóxo, xa] 形 赤外線の《=*infrarrojo*》
ultrasecreto, ta [ultrasekréto, ta] 形 最高機密の
ultrasensible [ultrasensíβle] 形 超高感度の
ultrasensitivo, va [ultrasensitíβo, βa] 形 =**ultrasensible**
ultrasofisticado, da [ultrasofistikáðo, ða] 形 超高性能の
ultrasónico, ca [ultrasóniko, ka] 形 ❶ 超音波の: *diagnóstico* ~ 超音波診断[法], エコー. ❷ 超音速の
── 女 超音波学
ultrasonido [ultrasoníðo] 男 超音波
ultrasonoro, ra [ultrasonóro, ra] 形 超音波の
ultrasonoterapia [ultrasonoterápja] 女 《医学》超音波療法
ultrasur [ultrasúr] 男 [単複同形] 《サッカー》レアルマドリード Real Madrid Club de Fútbol のファンクラブの会員
ultraterrenal [ultratereˈ(k)θjonal] 形 =**ultraterreno**
ultraterreno, na [ultratereˈno, na] 形 死後の, あの世の, 現世を超えた
ultratumba [ultratúmba] 女 死後の世界, あの世
de ~ 死後の: *voces de* ~ あの世からの声
── 副 死後に, あの世で
ultraviolado, da [ultraβjoláðo, ða] 形 紫外線の《=*ultravioleta*》
ultravioleta [ultraβjoléta] [←*ultra*-+*violeta*] 形 [単複同形/複 ~s] 紫外線の: *corte* ~ UVカット
── 男 紫外線《=*rayos* ~[*s*]》: ~ *A (B)* 長(短)波長紫外線, UVA (UVB)
úlula [úlula] 女 《鳥》コノハズク《=*autillo*》
ululación [ululaθjón] 女 ❶ 《文語》ホーホーと鳴くこと; [風の] うなり; [人の] 泣き叫び. ❷ [猛獣の] うなり
ulular [ululár] [←ラテン語 *ululare*] 自 《文語》❶ ホーホーと鳴く. ❷ [風で] うなる. ❸ [人が] 泣き叫ぶ. ❹ [猛獣が] うなる
ululato [ululáto] 男 《文語》❶ ホーホー[という鳴き声]. ❷ [風の] うなり. ❸ [人の] 泣き叫ぶ声. ❹ [猛獣の] うなり声

ulva [úlba] 女《植物》アオサ《海草》
umbela [umbéla] 女 ❶《植物》散形花序. ❷［バルコニー・窓の］ひさし
umbelales [umbeláles] 女 複《植物》セリ目
umbelífero, ra [umbelífero, ra] 形 セリ科の
―― 女 複《植物》セリ科
umbeliforme [umbelifórme] 形《植物》散形花序の
umbilicación [umbilikaθjón] 女《医学》臍窩(さいか)形成
umbilicado, da [umbilikáđo, da] 形 へそ状の;［杯・果実など］へそ状のくぼみのある
umbilical [umbilikál] 形《解剖》へその
umbo [úmbo] 男《まれ》［中央部の］突起〔物〕;［二枚貝などの］殻頂
umbráculo [umbrákulo] 男《農業》日よけ
umbral [umbrál]《←古語 lumbral < ラテン語 liminaris < limen「敷居」》男 ❶《名詞+で形容詞的にも使われる》❶ 敷居; 戸口, 入り口: El novio lleva a la novia en brazos atravesando el 〜. 新郎は新婦を抱き上げて敷居をまたぐ. ❷ 始まり, 端緒; 限界: el 〜 del español スペイン語の第一歩(初歩). en el 〜 de la vida 誕生期に; 青春期に. en el 〜 de la guerra civil 内戦の瀬戸際に. ❸《建築》まぐさ. ❹《経済など》最小限界値: 〜 de rentabilidad 損益分岐点. compañía 〜 限界企業.《心理, 生理》閾(いき): 閾値［=dosis 〜］: 〜 de audición 聴覚閾. estímulo 〜 閾値［刺激. ❺《物理》しきい値: elemento 〜 しきい値素子. ❼《地理》［陸・海の谷や盆地の間の］なだらかな盛り上がり, 丘
estar en los 〜es de... …寸前である; ほとんど…同然である
pisar (atravesar) los 〜es ［+de 建物の］中に入る, 敷居をまたぐ
umbralado [umbraláđo] 男 ❶《建築》まぐさを渡した開口部. ❷《南米》=umbral
umbralar [umbralár] 他《建築》壁の開口部に］まぐさを渡す
umbrático, ca [umbrátiko, ka] 形 日陰の; 日陰を作る
umbrátil [umbrátil] 形 =umbroso. ❷［様子・性格などの］影を帯びた
-umbre《接尾辞》［女性名詞化］❶［全体, 蓄積］tech*umbre* 屋根組み. ❷［特質］pesad*umbre* 重苦しさ
umbrela [umbréla] 女《動物》［クラゲの］傘
umbría¹ [umbría]《←抽象名詞》女［ほとんど常に］日陰の所: Hace mucho frío en esta 〜. この日陰の所は大変寒い
úmbrico, ca [úmbriko, ka] 形 名 =umbro
umbrío, a² [umbrío]《←ラテン語 umbra》形 ❶《文語》日陰の, 陰になった: bosques 〜s 日陰の森. ❷ =umbro
umbro, bra [úmbro, bra] 形 名 ❶《歴史》［古代イタリアの］ウンブリア Umbría［人・語］の; ウンブリア人. ❷《美術》ウンブリア派の
―― 男 ウンブリア語
umbrófilo, la [umbrófilo, la] 形《植物》嫌光性の; 陰性植物［の］《⇔heliófilo】
umbroso, sa [umbróso, sa] 形《文語》❶ 日陰の: valle 〜 日陰の谷. ❷ 陰をなす: sentarse bajo los árboles 〜s 木陰に座る
umiak [umják] 男《船舶》［エスキモーの］ウミアック, 大型の皮舟
un, una [ún, úna]《←ラテン語 unus, -a, -um》冠《不定冠詞単数形, 複 **unos, unas**.《語形》アクセントのある a-・ha- で始まる女性単数名詞の直前では **un** とする: *un* alma, *un* hada; *un* arma nueva.《語法》1) 不定冠詞は名詞の直前に置くが, 名詞に修飾語があればその修飾語の前に置く: *una* mañana ある朝, *una* hermosa mañana ある美しい朝. 2) 不定冠詞の働き: Siempre va vestido de *hombre*, pero es *mujer*.「いつも男の服装をしているが, あの人は女だ」で無定冠詞で用いられているhombre, mujer は, 名詞としての概念的な意味「男, 女」を表わすだけの働きしかしていない. しかし En la calle había *un hombre* y *una mujer*.「通りには男と女がいた」では, 話し手は「不定冠詞+名詞」un hombre, una mujer で同定言及される女一人の男と女」を新たに発話の場で提示している. この un hombre, una mujer の指示対象は「聞き手には知られていないが, 話し手が特定される女と女」である. 従って, この後 Eran vendedores ambulantes.「2人は行商人だった」のような展開も可能になる》I [+可算名詞. 可算名詞は数量化されやすいので, 不定冠詞を伴って発話の場に提示されることが多い］❶［話し手が, 初出の人・事物を未知のものとして, 少なくとも聞き手が知らないものとして発話の場に提示する］ある…: Hay *una* persona esperando abajo. 下で待っている人がいる. Esta mañana me he encontrado a *un* viejo amigo en el metro. 今朝地下鉄で私は偶然昔の友達に会った. Mañana te presentaré a *un* profesor de español. 明日ある スペイン語の先生を君に紹介しよう. En la nevera hay *una* botella de vino. 冷蔵庫にはワインが入っている. ¿Qué es eso?―*Un* teléfono móvil. それは何だ?―携帯電話だ. ❷ 1)［聞き手だけでなく, 話し手にとっても不確実な対象を提示する］どれでもいい一つの;［漠然と］どれか一つの《→alguno 類義》: Déjame *un* bolígrafo. ボールペンを貸してくれ. ¿Puedes traerme *un* periódico de hoy? 今日の新聞を持ってきてくれないか. 2)［基数詞 uno に近いが,「一つの」の意味をそれほど明確には示さない］Tengo *un* hermano. 私には兄が〔1人〕いる. Hay *una* cama en la habitación. 部屋にはベッドが〔1つ〕ある. *Un* extranjero me preguntó el camino.［1人の］外国人が私に道を尋ねた. Quiero *una* tarjeta postal. 私は絵葉書が〔1枚〕欲しい. No me acuerdo de *una* palabra de lo que ha dicho. 私は彼の言ったことを一言も覚えていない.《対照》基数詞 uno: Roma no fue construida en *un* día. ローマは一日にして成らず. *Un* chico en la ciudad es muy costoso. 子供一人を都会に出すととても金がかかる》❸［個別化. 人・事物がある種類に属することを表わす］一人の, 一つの: Su abuelo fue *un* militar famoso. 彼の祖父は有名な軍人だった. Tengo *un* gato en casa. 私は家で猫を飼っている. Comí *una* manzana y bebí *un* refresco. 私はリンゴを食べ清涼飲料水を飲んだ. ❹［総称化. ある種から一個体を取り出し, それをその種全体の代表として扱う. この用法は主語に限られる］…というもの: *Un* hombre no llora. 男〔というもの〕は泣かぬものだ. *Un* gato era venerado en el antiguo Egipto. ネコ〔というもの〕は古代エジプトで敬われていた. Hay cosas que *una* señorita no debe hacerlas. お嬢さん〔たる者〕がしてはいけないことがある. ❺［比喩. 人や事物を, 類似した事物の名詞を使って, 印象強く表現する］…みたいな: 1) Es *un* zorro, ten cuidado con él. あいつは〔キツネみたいに〕ずるい男だ, 気をつけるんだぞ. Es *un* sol vuestra tía, es como madre.〔母のいない娘たちに向かって〕あなた方の叔母さんは〔太陽のように〕優しい人ね, お母さん代わりね. 2)［直喩］…のような: dormir como *un* tronco ぐっすりと眠る. ponerse colorado como *un* tomate 顔が真っ赤になる. ser fiel a su amo como *un* perro 犬のように主人に忠実である. ❻［強調. +抽象名詞で人・事物の特性を顕著に表現する］Su mujer es *una* belleza. 彼の奥さんはすごい美人だ. Es *una* nulidad para la música. No tiene oído. 彼は音楽がからきし駄目だ. 音痴だ. Este paisaje es *una* preciosidad. この景色はすばらしい. ❼［誇張. +人の特性を表わす形容詞派生名詞. 悪い意味の場合が多い］No le hagas caso, es *un* idiota. あいつを相手にするな, ばかだから. Eres *un* grosero y no tienes delicadeza. お前は無神経な男で, 細やかな心づかいができない. ❽［唯一物の一時的な様相］Hace *un* sol que quema. 焼けつくような太陽が照っている. Esta noche hay *una* luna llena. 今夜は満月だ. Sopla *un* viento refrescante. さわやかな風が吹いている. ❾［否定表現. ni などの否定詞と組んで否定の意味を強調する］一つの…も, 全く: Por aquí no pasa *un* taxi en todo el día. ここは一日中一台のタクシーも通らない. No tengo ni *un* interés en esa chica. 私はその女の子に何の関心もない. No hay ni siquiera *una* farola en esta calle. この通りには一本の街灯すらない.《対照》No dijo [ni] *una* palabra. 彼は一言も言わなかった. No dijo palabra. 彼は言葉を発しなかった》❿［固有名詞の普通名詞化］+固有名詞でその名の人物, +作家名でその作品, など］Entre mis amigos hay *un* Antonio y dos Carlos. 私の友達にはアントニオが1人とカルロスが2人いる. Este museo tiene *un* Goya y varios Grecos. この美術館にはゴヤが1点とグレコが数点ある. En la habitación hay *un* escritorio en forma de media luna, con *un* Apple portátil encima. 部屋には半月形の事務机があって, その上にポータブルのアップルが置いてある. En ese momento creí que había escuchado a *un* Carreras resucitado. 私はその時甦ったカレーラスを聴いた思いがした. ⓫［+句や文でそれらを名詞化. 熟語的表現］Tiene *un* no sé que muy interesante. 彼はなんだかわからないが大変興味をそそられるものを持っている. Toda su vida ha sido *un* quiero y no puedo. 彼はこれまでの生涯を自分を偽って生きてきた.《語法》同格表現では無定冠詞が普通: Este autor, *hijo* de padre español y madre italiana, nació en 1927 en Roma. この作家はスペイン人を父, イタリア人を母として, 1927

年ローマに生まれた. Madrid, *capital* de España, está en el centro de la Península. スペインの首都マドリードはイベリア半島の中央にある》 ⑫ [+程度の副詞. 虚辞的] Es un poco o *un* bastante ligero hablando sobre la guerra civil. 彼は内戦について少し軽い, いやかなり軽い調子で語る. Hace *un* mucho calor pegajoso en Tokio. 東京はとても蒸し暑い

II [+不可算名詞. 不可算名詞は意味が抽象的であるため不定冠詞を伴いにくい] ❶ [不可算名詞に修飾語句が付け加えられ, 特定化されると不定冠詞が付加される] Tengo *un* hambre canina. 私は腹ぺこだ. No vengas conmigo. Tengo *una* prisa horrible. 私と一緒に来ないで. 私はとても急いでいるので. Soplaba *un* viento rasurante. 肌を切るような風が吹いていた. Es *un* vicio muy frecuente. それはよくある悪い癖だ. Tiene *una* memoria envidiable. 彼はすばらしい記憶力を持っている. 《語法》 1) 不特定な量・程度の場合は無冠詞: Vamos a pasear, a ver si nos entra *hambre*. 散歩しよう, 腹がへればと. Tengo *prisa* para acabar pronto. 私は早く仕事を終えるために急いでいる. Este niño siempre quiere *agua*. この子はいつも水を欲しがる. 2) 修飾語句を伴っていても不定冠詞が用いられない場合がある: Tiene *vocación* de médico. 彼は医者に向いている. Fue pura *coincidencia*. それは全くの偶然の一致だった. 3) 修飾語句を伴っていても不定冠詞が用いられる場合がある: Su visita es *un* honor para mí. ご来訪いただき光栄です》 ❷ [不可算名詞のうち, 抽象名詞・物質名詞が一回限りの動作, まとまりの時間, 一定量の物質などを表わす時, 不定冠詞を伴う] No estoy seguro, es solo *una* suposición. 私は自信がない, 単なる推測なのだ. ¿Podría preguntarle su edad, si no es *una* indiscreción? 失礼でなければ, お歳を教えて下さいますか? Vas a descansar un rato. ちょっとの間休みなさい. Póngame *un* té con leche, por favor. ミルクティーを1杯下さい

III [文の要素と不定冠詞] ❶ [可算名詞単数形が動詞の直接目的語や 動詞+前置詞 の補語として使われ, 主語の習慣的動作・属性的状況などを表わす場合は無冠詞で用いられることが多いが, 名詞が修飾語句を伴い個別化されると通常は不定冠詞が付加される] Tiene *un* sobrino que es director de orquesta. 彼にはオーケストラ指揮者の甥がいる. Hoy lleva *una* corbata de seda. 今日彼は絹のネクタイをしている. Me dijo que estaba pensando en buscar *un* empleo de maestra. 彼女は教師の仕事でも探そうかと思っていると私に言った. 《語法》可算名詞が次のような動詞の直接目的語となる時に無冠詞. 1) 所有・着用の動詞 (tener・llevar・gastar・usar・vestir など): El jefe tiene *secretaria*. 課長には秘書がいる. Tú tienes *coche*, pero yo no. 君には車があるが, 私にはない. Lleva *corbata* cuando sale. 彼は外出する時ネクタイをする. Siempre uso *sombrero* y *guantes* en invierno. 私は冬にはいつも帽子をかぶり, 手袋をする. 2) 獲得・探索・供与の動詞 (comprar・conseguir・sacar・buscar・dar・facilitar など): Quiero comprar *piso* en esta vecindad. 私はこの近所でマンションを買いたい. Hace medio año que busca *trabajo*. 彼はこの半年間仕事を探している. Busca *pareja* con quien vivir. 彼は一緒に住むパートナーを求めている. En la Secretaría me han facilitado *información* sobre la beca. 事務局で奨学金の情報を教えてもらってきた. 3) 癖・慣習・傾向・持続など常習的動作の動詞: Tiene *hábito* de cuidar ancianos enfermos. 彼は病気の老人を世話するのに慣れている. ¿Tienes *oficio*? —Oficial disecador. 君は何か仕事を持っているのか? —剝製職人だ. En esta esquina los alumnos toman *autobús* para ir al colegio. この街角で生徒たちは登校するためにバスに乗る. Estos días los ejecutivos utilizan *jet* privado para sus viajes de negocios. 最近では重役たちは出張に自家用ジェット機を使う. Ese novelista sigue usando *pluma* estilográfica para preparar los manuscritos. その作家は原稿を書くのにずっと万年筆を使い続けている》 ❷ [名詞が ser などの主格補語・叙述補語として使われる場合は無冠詞で用いられることが多いが, 名詞が修飾語句を伴い特定化されると通常は不定冠詞が付加される] Es *una* persona excelente. 彼は実に立派な人だ. Dimas es *un* mal hombre. ディマスは悪い男だ. Es *un* hombre perverso y cruel. 悪辣で残酷な男だ. El director era *un* hombre progresista. 校長は進歩主義的な教育者だった. Era don Zana *un* hombre guapo y risueño. ドン・サナはちょっとした男前で, 陽気な男だった. Julia se hizo *una* conocida modista. フリアはとても有名なデザイナーになった. Lo consideramos *un* hombre capaz e inteligente. 私たちは彼を有能で聡明な人物と考えている.

名詞が ser の主格補語として, 主語の職業・国籍・身分・信条・性別・家族関係などを表わす場合は無冠詞で用いられる: Es pediatra. 彼は小児科医だ. Es *padre* de siete hijos. 彼は7人の子供の父親だ. Usted, que es *mujer*, tiene que saberlo. あなたは女性なのだから, そのことを知っていないといけない. 2) 名詞が主格補語になる慣用表現的な文で無冠詞: Es *cosa* de ver. それは見るべきことだ. Es *cuestión* de palabras. それは言葉づかいの問題だ. Es *parte* del todo. それは全体の一部だ. Ella es *víctima* de violencia doméstica. 彼女は家庭内暴力の犠牲者だ. Es *testigo* de policía. 彼は警察側の証人だ. 3) hacerse・convertirse en・transformarse en・creer・considerar などの叙述補語の場合は無冠詞: Julia se hizo *modista*. フリアはデザイナーになった. El príncipe se convirtió en *rana*. 王子はカエルに姿が変わってしまった. Sus padres ya lo creían *sacerdote*. 彼の両親は彼がもう司祭になったと思っていた. 4) 修飾語句を伴っていても不定冠詞が用いられない場合がある: Tiene curiosa *costumbre* de tomar café muy cargado antes de acostarse. 彼には寝る前にとても濃いコーヒーを飲む変わった癖がある. 5) 修飾語句を伴っていても不定冠詞が用いられる場合がある: Este es *un* hombre. この人物こそまさに男の鑑なのだ. Daniel espiaba las conversaciones desde allí. Era en él *una* costumbre. ダニエルはそこから会話をこっそり聞いていた. そうするのは彼には習慣になっていた. 6) 無冠詞名詞の主語が動詞に先行するのは《誤用》: ×*Temporeros* trabajan en la vendimia./〇Trabajan *temporeros* en la vendimia. ブドウの収穫期には季節労働者が働く. 7) 無冠詞名詞が間接補語になるのは《まれ》. 8) 諺では無冠詞の単数名詞が文頭にくることがある: *Mujer* enferma, mujer eterna. 病身の妻は長生きをする. *Hijo* envidador, no nazca en casa. 賭け事の好きな子など, 我が家に生まれてくるな》

IV [複数形] ❶ [+双数名詞. 2個の要素から成る一対の事物を意味する] Quiere comprarse *unas* botas. 彼女はブーツを1足買いたいと思っている. Julia vestía *unos* vaqueros y un jersey de lana. フリアはジーンズをはき, ウールのセーターを着ていた. ❷ [+可算名詞複数形] いくつかの, 若干の: Me ha traído *unos* libros. 彼は何冊かの本を持ってきてくれた. Me tumbé allí y empecé a mirar *unas* nubes que se movían. 私はそこに寝ころんで, いくつかの雲が流れていくのを眺め始めた. Su madre lloriqueaba *unas* horas. 彼の母は何時間か, しくしく泣いていた. ❸ [+数詞. 概数を表わす] ほぼ, 約: El terremoto duró *unos* treinta segundos. 地震は約30秒続いた. La reparación del túnel costó *unos* cincuenta millones de yenes. トンネルの補修には約5千万円かかった. 《語法》 1) 発話の場への提示「ある…」は複数形では通常, 無冠詞で表わされる: ¿Qué es eso? —Son *sandías*. それは何ですか? —それらは西瓜です. Son *médicos*. 彼らは医者です. Son *personas* adultas y tienen derecho al voto. 彼らは大人だから選挙権がある. 2) 動詞の直接目的語や 動詞+前置詞 の補語として使われ, 複数形で表わしたい場合は無冠詞: El presidente tiene *secretarias*. 社長には秘書が何人かいる. Es una familia con solera; tiene también *tierras* y *granjas* rurales. あそこは旧家で, 地方に土地や大農場も持っている. Sus hijos se hicieron *arquitectos* como su padre. 彼の息子たちは父と同様, 建築家になった. Colecciona *monedas* y *sellos* de correo con mucho entusiasmo. 彼は熱心に貨幣と切手を蒐集している. Estos días tomo *fresas* de postre. 私はこのごろデザートにイチゴを食べている. Su padre comercia con *especias*. 彼の父親は香辛料の商売をしている. 3) **I** の ❺ ～ ❼ は複数形でも用いられる: Los soldados eran *unos* leones y conquistaron la plaza en un día. 兵士たちは〔獅子のように〕勇猛で, 要塞を1日で落とした. Esas playitas son *unas* preciosidades. それらの浜辺は実にすてきな場所だ. No hagas caso de ellos, son *unos* idiotas. あいつらを相手にするな, ばかな奴らだから》

《語法》不定冠詞が用いられない場合. 1) a manera de・a modo de・como が「として, に代えて」の意味で用いられる時: Anduvo utilizando el paraguas a manera de *bastón*. 彼は傘をステッ

una

キ代わりにして歩いた. El soldado se comportó como *patriota*. その兵士は愛国者として行動した. **2)** por を「に代えて・の代わりに, として」の意味で使う時: La tomó por *esposa*. 彼女を妻に迎えた. Lo ha aceptado en su compañía por excelente *analista* de inversión. 彼はその人を優秀な投資アナリストとして自分の会社に迎えた. **3)** con を手段・道具「で, を使って」や服飾「着て, 付けて」の意味で使う時, sin を「なしに」で使う時: Puede abrir la cerradura de la puerta con *clavo*. 彼はドアの鍵を釘で開けることができる. Vivían sin *criada* en un hotel. 彼らは家政婦を雇わずホテル住まいしていた. Estamos sin *empleo*. 我々は失業中だ. **4)** 感嘆文で感嘆詞 qué などの直後で: Me llamo Ignacio.—¡Qué *casualidad*! Tocayo mío. 私はイグナシオといいます.一何という偶然だ! 私と同じ名だ. —Extraño *lenguaje*! No me hagas reír. 変な話し方をして! 笑わさないでくれよ. ¡Menudo *edificio* se ha construido! すごく大きな建物が建った!

un es no es + 形容詞 (*de* + 名詞) ほんの少しの, ごくわずかの: La sopa estaba *un es no es* salada. スープはほんのちょっと塩辛かった

una² [úna] 女 [→**un, uno**] ❶ [la+. 時刻]1時: Era la ~ de la mañana (del mediodía). 午後(昼)の1時だった. Era la ~ de la noche (de la medianoche). 午前(真夜中)の1時だった. ❷ [に関して] ひどいこと, いやがらせに: Le hicieron ~ en el trabajo. 彼は仕事で意地悪をされた. ❸ [口語][+形容詞 などで強調] Nos va a caer *una* buena. ひどく悪いことが起きそうだ ¡A la ~, a las dos, a las tres! 1)《競売》ありませんか, ありませんか, はい売れました. 2)《号令》1, 2, の3 a ~ 一斉に; 協力して: Vamos a tirar a ~ de la cuerda. 同時に(力を合わせて)綱を引こう de ~ 一度に [=de una vez] hacerse a ~ [意見などが]一つにまとまる ir a ~ [人々が]心を一つにして行動する, 願いを一つにする: Todo el partido *fue a* ~ para que fuera aprobado el proyecto de ley sobre el impuesto de consumo. 消費税法案が可決されるよう党全体が一致して行動した. *ir todos a* ~ 全員が力を合わせる(団結する) no dar (*acertar·coger·tocar*) [*ni*] ~ 《口語》次々と失敗する, 一問もできない: *No ha dado* ~ en el examen. 彼は試験ができなかった ~ *de* + 複数名詞《口語》大量の…, 多数の…; ¡Tiene ~ *de amigos*! 彼は大勢の友人がいるなあ! Le han salido ~ *de granos* que no deja de rascarse. 彼は吹き出物がたくさんできて, しょっちゅう掻いている ~ *de dos* 2つに1つ, 二者択一: *Una de dos*: o me persiguen ellos o los persigo yo. 彼らが私を追いかけるか, 私が彼らを追いかけるか, 2つに1つ ~ *y no más* [*santo Tomás*]《口語》次はどうかわからない, 2度目は許さない

unalbo, ba [unálbo, ba] 形《馬が》一本の脚だけ脚先の毛が白い

unamuniano, na [unamunjáno, na]《人名》ウナムノ Unamuno の

Unamuno y Jugo [unamúno y xúgo]《人名》**Miguel de ~** ミゲル・デ・ウナムノ・イ・フゴ『1864～1936, スペインの哲学者・作家. 98年世代 generación del 98 の指導的作家. 哲学的論考のほか, 信仰と理性的なものがはざまに立って苦悩する人間のテーマにした小説・詩・戯曲を残した. 小説『霧』La niebla やエッセー『ドン・キホーテとサンチョの生涯』*Vida de Don Quijote y Sancho*,『生の悲劇的感情』*Del sentimiento trágico de la vida en los hombres y en los pueblos*,『殉教者マヌエル・ブエノ』*San Manuel Bueno, mártir*』

unánime [unánime]《←ラテン語 unanimis < unus「1」+animus「魂」》形 ❶ [決定・意見が] 全員一致の: aprobación ~ 満場一致の賛成. ❷ [全員が] 同じ意見(感情)の: estar ~ en+不定詞 …することで意見が一致している. grupo ~ 一体感のあるグループ

unánimemente [unánimeménte] 副 満場一致で, 異口同音に

unanimidad [unanimidáđ]《←ラテン語 unanimitas, -atis》女 満場一致, 一体感 *por* ~ 満場一致で: La propuesta de ley fue aprobada *por* ~. 法案は満場一致で可決された

Unánue [unánwe]《人名》**José Hipólito ~** ホセ・イポリト・ウナヌエ『1755～1833, ペルーの博物学者・政治家. ペルー独立の

先駆者』

uncia [únθja] 女《古代ローマ》❶ 12分の1アス as の銅貨. ❷《法律》相続遺産の12分の1

uncial [unθjál] 女 アンシャル字体(の)『中世前期の字体』

uncidero, ra [unθiđéro, ra] 形 くびきにつなぐ(のに用いる)

uncidor, ra [unθiđór, ra] 形 くびきにつなぐ人

unciforme [unθifórme] 形 鉤(を)状の; 《解剖》有鉤(を)骨

uncinado, da [unθináđo, đa] 形《解剖》鉤状の: apófisis ~ da 鉤状突起

uncinariasis [unθinarjásis] 女《医学》鉤虫(を)症

uncineño, ña [unθinéɲo, ɲa] 形 名《地名》ウンシア Uncía の〔人〕『ボリビア, ポトシ県の町』

unción [unθjón]《←ラテン語 unctio, -onis》女 ❶《カトリック》塗油(式); 終油の秘跡 [=extremaunción]: administrar la ~ al agonizante 臨終の秘跡を授ける. ~ de los enfermos 病者の塗油〔*sacramento*〕; ❷《宗教》聖油を授けること, 聖別で ~ *sacerdotal*. ❸ [一般に]芳香油などを塗ること, 塗布. ❹《船舶》緊急時に他の帆を下ろして揚げる, 漁船の〕船首の小帆. ❺《文語》信心, 敬虔. ❻《文語》熱心さ, 熱中: escuchar la lección con ~ 熱心に授業を聞く. trabajar con ~ 仕事を精出す. ❼《廃語》《嫌》『梅毒治療のための』水銀軟膏の塗布

uncionario, ria [unθjonárjo, rja] 形《廃語》水銀軟膏を塗布される(患者) —— 男《廃語》水銀軟膏の塗布が行われる部屋

uncir [unθír]《←ラテン語 jungere》[2] 他 ❶ 軛(を)につなぐ: ~ los bueyes al carro 牛を荷車につなぐ. ❷ [+a 負担で] …に負わせる

uncu [únku] 男《宗教》『先住民の』袖なしの長衣

undante [undánte]《詩語》波打つ, うねる

undecágono, na [undekágono, na] 形 11角形(の)

undécimo, ma [undéθimo, ma] 形 ❶《序数詞》11番目の. ❷ 11分の1(の)

undécuplo, pla [undékuplo, pla] 男《文語》11倍(の)

underground [andergráun]《←英語》形《嫌》～s/単複同形》体制批判(の); アングラ(の), 実験的な, 非商業的な: revista ~ アングラ雑誌

undisonante [undisonánte] 形《詩語》=**undísono**

undísono, na [undísono, na] 形《詩語》波音を立てる

undívago, ga [undíbago, ga] 形《詩語》波打つ, うねる

undoso, sa [undóso, sa] 形《文語》波打つ, うねる

unds.《略語》←unidades …個: 300 yens 10 ~ 10個入り300円

undulación [undulaθjón] 女 =**ondulación**

undulante [undulánte] 形 =**ondulante**

undular [undulár]《←ラテン語 undula「小波」》他《文語》波打たせる —— 自《文語》波打つ [=ondular]

undulatorio, ria [undulatórjo, rja] 形 =**ondulatorio**

undulipodio [undulipóđjo] 男《生物》鞭毛

UNED [unéđ] 《西. 略語》←Universidad Nacional de Educación a Distancia スペイン国立通信大学

UNESCO [unésko] 女《機関名》国連教育科学文化機関, ユネスコ

ungido [unxíđo] 男《宗教》塗油され聖別された者『聖職者, 昔の王など』: el ~ del Señor 主に油を注がれた者『キリストのこと』

ungimiento [unximjénto] 男 塗油

ungir [unxír]《←ラテン語 ungere》[4] 他 ❶《宗教》聖油を塗る, 塗油で聖別する: David fue *ungido* por el profeta como rey de Israel. ダビデは予言者によりイスラエルの王として聖別された. ❷ ~ al moribundo 臨終の秘跡を授ける. ❸ [+con 芳香油など]…に塗る, 塗布する

ungueal [uŋgeál] 形《解剖》爪の

ungüentario, ria [uŋgwentárjo, rja] 形 軟膏の; 軟膏を含んだ —— 男 ❶ 軟膏を入れる容器. ❷ 軟膏作り職人

ungüento [uŋgwénto]《←ラテン語 unguentum < ungere「塗る」》男 ❶ 軟膏, 塗り薬: Se frotaba cuidadosamente el cuerpo con un ~ a propósito para repeler los insectos. 彼は虫よけのため軟膏を体に丁寧に塗った. aplicar ~ a la herida 傷口に薬を塗る. ❷《比》気持ちを和らげるもの〔主に複〕無用(不適切)の緩和策, 一時しのぎ. ❸《古語》〔死の防腐処置に用いられる〕香草の合成物 ~ *amarillo*《皮肉》万能の解決策

unguiculado, da [uŋgikuláđo, đa] 形 ❶《動物》爪のある,

有爪(ゆうそう)の〔哺乳動物〕. ❷［花弁が］爪〔部〕のある

unguis [úŋgis] [男]〘単複同形〙《解剖》涙骨

ungulado, da [uŋguláđo, đa] [形] ひづめのある, 有蹄類の
—— [男] [複]《動物》有蹄(ゆうてい)類

ungular [uŋgulár]〘←ラテン語 ungula〙[形]《文語》爪の

unguligrado, da [uŋguligráđo, đa] [形]《動物》ひづめで歩く

uni [úni] [女]《口語》=**universidad**

uni-《接頭辞》［一］*uni*cornio 一角獣, *uni*forme 制服

uniata[1] [unjáta] [形] [名] =**uniato**

uniato, ta[2] [unjáto, ta] [形] [名] 東方帰一教会の〔信者〕〘ビザンチン・カトリック, 東方カトリックとも呼ばれる〙

uniáxico, ca [unjá[k]siko, ka] [形]［結晶が］単軸の

unible [uníble] [形] 結合(合体・団結)し得る

únicamente [únikaménte] [副] 単に, もっぱら: He comprado ~ lo necesario. 私は必要なものだけ買った. Se dedica ~ al estudio. 彼はひたすら勉学に励む
~ *que...* 1)［+直説法. 制限］ただ…だけである〘=solamente que〙: Mi nueva bicicleta es como la tuya, ~ *que* tiene un colorido más llamativo. 僕の新しい自転車は君のと同じだ, ただ色合いがちょっと派手だけど. 2)［+接続法］…という条件がそろわない限りは〘=con solo que〙: Nadie trabajaría con ese vago, ~ *que* estuviera bien pagado. 誰もあんな怠け者とは一緒に仕事しないだろう, ただし給料が良ければ話は別だろうが

unicameral [unikamerál] [形]《政治》一院制の

unicameralismo [unikameralísmo] [男] 一院制〔議会〕

unicarpelar [unikarpelár] [形] =**monocarpelar**

unicaule [unikáu̯le] [形]《植物》単茎の

UNICEF [uniθéf] [女]［機関名］国連児童基金, ユニセフ

unicelular [uniθelulár] [形]《生物》単細胞の

uniciclo [uniθíklo] [男] =**monociclo**

unicidad [uniθiđá[đ]]〘←ラテン語 unicitas, -atis〙[女] ❶ 唯一であること: la ~ de Dios 神の唯一性. ❷ 独自性, 特異さ: La ~ de este modelo está asegurada. このモデルの独自性は保証済みだ

único, ca [úniko, ka]〘←ラテン語 unicus〙[形] ❶ 唯一の, ただ一つ(一人)の: Fue mi ~*ca* preocupación en ese momento. さしあたってそれが私の唯一の気がかりだった. Es hijo ~. 彼は一人っ子だ〘[対照] Es el ~ hijo. 彼は一人息子だ〙. Somos sus ~*s* amigos. 私たちだけが彼の友達だ. Lo ~ que no le gusta es trabajar. 彼が嫌いなのは働くことだけだ. Cada mujer es ~*ca*. 女性といっても様々である. ❷［名詞+］特異な, ユニークな: Miguel es ~. ミゲルは変わっている. Es un libro ~ en su género. その本は異色だ
~ *entre mil* 千に一つの, たぐいまれな: Tenemos que reconocer que su caso es ~ *entre mil*. 彼のようなケースはごくまれだということを認識しなければならない

unicolor [unikolɔ́r] [形] 単色の

unicornio [unikɔ́rnjo] [男] ❶ 一角獣, ユニコーン〘伝説上の動物〙. ❷《動物》1) サイ〘=rinoceronte ~〙. 2) ~ de mar/~ marino イッカク(一角)〘=narval〙. ❸ マストドンの牙の化石〘一角獣のものと信じられた〙. ❹《天文》一角獣座

unidáctilo, la [uniđáktilo, la] [形] [男]《動物》単指の〔動物〕

unidad [uniđá[đ]]〘←ラテン語 unitas, -atis〙[女] ❶ 単位: El segundo es la ~ de tiempo. 秒は時間の単位である. ~ de longitud 長さの単位. ~ astronómica 天文単位. ~ monetaria 貨幣単位. ~ monetaria europea ヨーロッパ統一通貨. ~ de cuenta ニューメレール. ❷《教育》1)［取得すべき］単位〘=~ de valor〙: Le faltan ~*es*. 彼は単位が足りない. 2)［学習の］単元. ❸ 構成単位, …個: En este año el número de productos ha superado 5000 ~*es*. 今年の生産は5千個を上回った. Se vende 800 yens/~. それは一個800円で売られている. caja de seis ~*es* 6個入りの箱. ❹ 統一性, 一体性; 単一性〘⇔pluralidad〙: No hay ~ de opiniones. 意見のまとまりがない. La ~ sindical es imprescindible para hacer frente a los empresarios. 労働組合の統一は企業側との対決に不可欠である. España es una ~ de destino. スペインは運命共同体である.〔gobierno〕de ~ nacional 挙国一致〔内閣〕. ❺《数学》1)［la+. 最小の自然数としての］1. 2) [複] 1の位の数: En el número 2015, el 5 representa las ~*s*. 2015という数で5は1の位の数である. ❻ 設備(器具)一式, 装置: ~ de cuidados intensivos/~ de vigilancia intensiva［病院の］集中治療室(病棟・部). ~ de prematuros 未熟児室. ~ móvil スタジオ外放送装置. ~ piloto 自動操縦装置. ❼ 編成単位: 1) *U*~ de Delincuencia y Crimen Organizado［警察の］組織犯罪課. ~ estratégica de negocio 戦略事業単位, SBU〘事業部制の枠を超えて全社的戦略的な意思決定を行なう〙. 2)《軍事》戦闘単位〘部隊, 艦艇など. =~ de combate〙. ❽《情報》~ de almacenamiento 記憶装置. ~ de procesamiento central/~ central de proceso 中央演算装置, CPU. ❾《言語》言語単位〘=~ lingüística〙. ❿《演劇》regla de la tres ~*es*/~ de acción, lugar y tiempo 三一致の法則〘古典劇の規則で筋・場所・時間の統一性〙. respetar las tres ~*es* 三一致の法則を尊重する

unidamente [uníđaménte] [副] 一緒に, 団結して, 協調して

unidimensional [uniđimensjonál] [形] 一次元の

unidireccional [uniđirɛ[k]θjonál] [形]《物理》一方向の: antena ~ 単指向性アンテナ. corriente ~ 単向(一方向)電流

unido, da [uníđo, đa] [形] ❶［互いに/+a+人 と］緊密な仲の: Madre e hijo están muy ~*s*. 母親と息子は大変仲がいい. ❷ 団結した. ❸［色が］無地の, 単色の

unidor, ra [uniđɔ́r, ra] [形]《まれ》結びつける, 結合させる; 団結させる; 連合(合併)させる

unifamiliar [unifamiljár] [形] ❶ 1家族で構成される: empresa ~ 家族企業. ❷ 1家族用の: vivienda ~ 一戸建て住宅

unificación [unifikaθjɔ́n] [女] 統一, 統合

unificador, ra [unifikađɔ́r, ra] [形] 統一化する

unificante [unifikánte] [形]《文語》=**unificador**

unificar [unifikár]〘←ラテン語 unus「1」+facere「する」〙[7] [他]［多数・多様のものを］1つにする, 統一する, 統合する: ~ ambos estados 2つの国家を統合する. ~ esfuerzos 努力を結集する. ~ los sueldos 賃金を一本化する
—— **~se** 1つになる, 統一される, 統合される: Las dos regiones *se unificaron*. 2つの地域が統合された. El precio *se unificó* en todas las provincias. 価格はすべての県で統一された

unifilar [unifilár] [形] 単糸の, 単線の

unifoliado, da [unifoljáđo, đa] [形]《植物》単葉の

uniformación [unifɔrmaθjɔ́n] [女] 一様にする(なる)こと; 画一化

uniformado, da [unifɔrmáđo, đa] [名] 制服警官〘=policía ~〙

uniformador, ra [unifɔrmađɔ́r, ra] [形] 一様にする

uniformante [unifɔrmánte] [形]《文語》=**uniformador**

uniformar [unifɔrmár]〘←uniforme〙[他] ❶ 一様にする, 一定にする, 画一化する: Las tecnologías *uniforman* el mundo. テクノロジーは世界を画一化する. ~ opiniones 意見を統一する. ❷ 制服を着せる: En ese colegio *han uniformado* a los niños. その小学校では子供たちに制服を着せることにした. ~ a todos de negro 全員一様に黒い服を着せる
—— **~se** 一様になる

uniforme [unifɔ́rme]〘←ラテン語 uniformis〙[形] ❶ 一様な, 一定不変の: casas ~*s* 同じ形の家々. movimiento ~ 等速度運動. ❷ 画一的な, 単調な: vida ~ 変化のない生活. ❸［他と］同形の
—— [男] 制服, ユニホーム; 軍服〘=~ militar〙: llevar ~/estar de ~ 制服(軍服)を着ている. guarda de ~ 制服警備員

uniformemente [unifɔ́rmeménte] [副] 一様に; 画一的に, 単調に

uniformidad [unifɔrmiđá[đ]]〘←ラテン語 uniformitas, -atis〙[女] 一様, 均一性; 単調さ

uniformismo [unifɔrmísmo] [男] ❶《主に政治》均一(画一)化傾向. ❷ =**uniformidad**

uniformista [unifɔrmísta] [形]《主に政治》均一(画一)化傾向の

uniformizar [unifɔrmiθár] [9] [女] 一様にする, 均一(画一・均質)化する

unigénito, ta [unixénito, ta]〘←ラテン語 unigenitus〙[形] [名]《文語》一人っ子〔の〕: hijo ~ 一人息子
—— [男]［el *U*~］神の子キリスト

unigrafía [unigrafía] [女] 単式簿記

unilateral [unilaterál]〘←uni-+lateral〙[形] ❶ 片方だけの, 一方的な: por razones ~*es* de la empresa 企業の一方的な理由で. contrato ~《法律》片務契約. decisión ~ 一方的な決定. desarme ~ 一方的軍縮. ❷《植物》偏側性の: flor ~ 側生花. ❸《音声》口の片側だけで調音された, 片側(へんそく)の

unilateralidad [unilateraliđá[đ]] [女] 一方的であること

unilateralismo [unilateralísmo] [男] 一方的な軍備撤廃(縮小)論

unilateralmente [unilaterálménte] 副 一方的に、一面的に
unilineal [unilineál] 形 単性系譜の、単系の
unilingüismo [unilingwísmo] 男 =**monolingüismo**
unilocular [unilokulár] 形《生物》一室（単室・単房）の
unimembre [unimémbre] 形《文法》oración ～ 単項目文《主語と述語のどちらかが欠けている文》
unimismar [unimismár] 他（れ）同一視する、一体化する
uninervio, via [uninérβjo, bja] 形《植物》[葉が] 単一脈系の
uninucleado, da [uninukleáðo, ða] 形《生物》一核性の、単核の
unión [unjón]《←ラテン語 unio, -onis》女 ❶ 結合：～ de las piezas 部品の組み立て．～ 団結：consolidar la ～ 団結を強める、結束を固める．~ familiar 家族の結びつき．La ～ hace la fuerza.《諺》団結は力なり．❸ 結婚〔＝～ matrimonial〕．❹ 対応、一致：buscar la ～ de los intereses 利害の一致点を捜す．~ 連合、同盟；組合：1) ～ aduanera 関税同盟．～ agrícola 農業組合．~ crediticia [米国で普及している] クレジット・ユニオン．~ de empresas ジョイントベンチャー、期間限定企業連合．2) U～ Americana《メキシコ》アメリカ合衆国．U～ Económica Belgo-Luxemburguesa ベルギー・ルクセンブルク経済同盟．U～ Económica y Monetaria 経済・通貨同盟，EMU．U～ Europea ヨーロッパ連合，欧州連合，EU．U～ Europea de Pagos 欧州決済同盟，EPU．U～ General de Trabajadores《西》労働〔者〕総同盟《1888年に結成された社会労働党系の労働組合ナショナルセンター．フランコ時代は弾圧され、民主化後、社会労働党政権実現の支持基盤となった》．U～ Liberal《西》連合自由党《1858年オドネル O'Donnell が急進派と穏健派を統合してできた政党》［19世紀後半フランス・イタリア・ベルギー・スイスおよびスペインが結成し、金銀複本位制度を採用．第1次大戦によって実質的に解体された〕．U～ Postal Universal 万国郵便連合．❺ 結合部、接合個所：No se ven las *uniones* de los hilos. 糸の結び目が見えない．❼ 2つの輪を組み合わせた指輪、ダブリング．❽《チリ》細長い刺繡（レース）
en ～ de (con)... …と一緒に、協力して
unionense [unjonénse] 形《地名》ラ・ウニオン La Unión の〔人〕《エル・サルバドル西部の県・県都；フィリピン、ルソン島西部の州》
unionismo [unjonísmo] 男〔政党・国家の〕統一主義
unionista [unjonísta] 形 名 ❶ 統一主義の〔主義者〕．❷ カタルーニャ民主統一党 Unión Democrática de Cataluña の〔党員〕．❸《歴史》〔19世紀の〕連合自由党 Unión Liberal の〔党員〕
uniovular [unjoβulár] 形《動物》一卵〔性〕の
uníparo, ra [uníparo, ra] 形 ❶《植物》単花梗の．❷《動物》一度に一子（一卵）を産む
unipartidista [unipartiðísta] 形《政治》一党の：gobierno ～ 単独政府，単独内閣
unípede [unípeðe] 形 一本足の
unipersonal [unipersonál] 形《←uni-+personal》❶ 一人だけから成る：sociedad ～ 一人会社．❷ 一人用の：vivienda ～ 単身者用住宅．❸《文法》verbo ～ 単人称動詞〔活用形が3人称単数のみ使われる動詞：llover, nevar など〕．❹《キューバ，ラプラタ》ソロコンサート，一人芝居
unipolar [unipolár] 形《生物，電気》単極の
unir [unír]《←ラテン語 unire》他 ❶ 結合させる、結びつける：1) [いくつかのものを] He unido todas las piezas de la maqueta. 私は模型のすべての部品をつなぎ合わせた．Una autopista *une* las dos ciudades. 1本の高速道路が2つの都市をつないでいる．La desgracia los *unió*. 不幸が彼らを結びつけた．con las manos *unidas* 手をつないで．～ las voces 声を合わせる．～ a diversos partidos políticos いくつかの政党を合併させる．2) [+con と／+a に] ～ la hoja del cuchillo *con* el mango ナイフの刃と柄をつなぐ．❷ 結合させる：El cura los *unió* en santo matrimonio. 司祭が彼らを聖なる結婚で結ばせた．❸〔結合するよう に〕混ぜる：1) ～ el oxígeno *con* el hidrógeno 酸素を水素と結合させる．2)《料理》～ las claras *con* el batido 泡立てて卵白と混ぜる．❹《医学》〔傷口を〕閉じる、縫う：～ una salsa ソースをつなげる．❺《医学》〔傷口を〕閉じる、縫う
～se ❶ ［人が目的のために］結びつく：Los hombres *se unieron* para evitar el aislamiento. 男たちは孤立を避けるために仲間になった．❷ [+a に] 加わる：Se *unió* a

un equipo de fútbol. 彼はサッカーチームに入った．❸〔一点に〕集まる、交わる．❹〔正式に〕結婚する、一緒になる《=～*se* en matrimonio》
unirradicular [uniraðikulár] 形《歯学》歯根の
unisex [uniséks] 形《単複同形》《服飾》ユニセックスの
unisexo [unisékso] 男《服飾》ユニセックス
unisexuado, da [uniseks̯wáðo, ða] 形《生物》単性の
unisexual [unisekswál] 形《生物》単性の：flor ～ 単性花
unísón [unisón] 形 同音の
unisonancia [unisonánθja] 女《音楽》同音、同度；音調の一致．❷〔演説の〕単調さ、一本調子
unisonar [unisonár] 自 斉奏する、斉唱する
unísono, na [unísono, na]《←ラテン語 unisonus》形《音楽》同音、同度の
— 男《音楽》ユニゾン〔合唱、演奏〕；同音、同度
al ～ 1) 声をそろえて：hablar *al* ～ 一斉にしゃべる．cantar *al* ～ 斉唱する．2) 全員一致で：actuar *al* ～ 力を合わせる、協力する
marchar al ~ 1) [多くのものが] 同時に進行する；一定速度で進む．2) 心を一つにして行動する
unitariamente [unitárjaménte] 副 統一的に
unitariedad [unitarjeðáð] 女（れ）統一性；単一性
unitario, ria [unitárjo, rja]《←ラテン語 unitas, -atis》形 ❶ 一個で構成された、単一の；統一的な：vivienda ～*ria* 一戸建て住宅．escuela ～*ria* 一学級だけの学校．*estado* ～ 単一国家．precio ～ 単一（統一）価格．*campo* ～《物理》統一場理論．❷《政治》単一政府の〔支持者〕、中央集権の〔支持者〕．❸《プロテスタント》ユニテリアン派の〔キリストの神性や三位一体を否認する〕
unitarismo [unitarísmo] 男 ❶ 単一政府主義〔政党〕、中央集権主義〔政党〕、統一主義．❷ ユニテリアン派の教義
unitarista [unitarísta] 形 ❶ 単一政府主義の、中央集権主義の．❷ ユニテリアン派の教義の
unitivo, va [unitíβo, ba] 形 ❶ 結合させる、結合力のある：tejido ～ 結合組織．❷〔神秘神学で〕合一の
univalencia [uniβalénθja] 女《化学，生物》一価性
univalente [uniβalénte] 形《化学，生物》一価の
univalvo, va [uniβálβo, ba] 形《動物》単殻の、単弁の
— 男 殻軟体動物
universal [uniβersál]《←ラテン語 universalis》形 ❶ 全世界的な、万国の、すべての人の：fama ～ 世界的名声．historia ～ 世界史．paz ～ 世界平和．❷ 普遍的な：El amor es un principio ～. 愛は普遍的な原理である．costumbre ～ どこにでもある習慣．ideas ～*es* 普遍的な概念．opinión ～ 世間一般の声．❸ 汎用（型）の：instrumento ～ 色々に使える道具．❹ 宇宙の；万物の．❺《文語》万能の：hombre ～ 万能人〔レオナルド・ダ・ヴィンチに代表される〕．❻《論理》全称の：*particular*〕：proposición ～ 全称命題．~ afirmativa (negativa) 全称肯定（否定）．❼《法律》包括の：sucesor ～ 包括受遺者．❽〔言語〕普遍的特性．~ ❽〔哲学〕一般概念
universalidad [uniβersaliðáð] 女 ❶ 普遍性、一般性、世界性：～ de Shakespeare シェークスピアの普遍性．~ del pensamiento 思想の普遍性．❷ 全体性〔＝totalidad〕
universalismo [uniβersalísmo] 男 ❶《神学》ユニバーサリズム、万人救済主義、普遍救済説《人類はすべて救われるとする》．❷ 普遍主義．❸ 普遍性、一般性〔＝universalidad〕
universalista [uniβersalísta] 形 名 ❶《神学》ユニバーサリズムの．❷ 普遍主義の（主義者）
universalización [uniβersaliθaθjón] 女 普遍化
universalizar [uniβersaliθár] 9 他 普遍化する、一般化する：El cine *ha universalizado* la mafia siciliana. 映画によってシチリア・マフィアは世界的に有名になった
universalmente [uniβersálménte] 副 全世界的に、普遍的に：Su novela es conocida ～. 彼女の小説は世界中で（広く）知られている
universiada [uniβersjáða] 女《スポーツ》ユニバーシアード
universidad [uniβersiðáð] 女《←ラテン語 universitas, -atis「全体、共同体」》❶ 大学、総合大学《スペインには単科大学 *escuela superior* はない》：estudiar en la *U*～ de Salamanca サラマンカ大学で学ぶ．~ a distancia 通信制大学、公開大学．~ laboral 科学技術専門学校．❷ 大学の施設〔建物、敷地〕．

❸ 普遍性, 一般性《=universalidad》

universitario, ria [unibersitárjo, rja] 《←ラテン語 universitas, -atis》[形] ❶ 大学の; 大学生の: Eva ha ejercido el profesorado ～ en Chile muchos años. エバは長年チリの大学で教壇に立っている. centro ～ 学部《=facultad》; 大学. curso de orientación ～ria 大学準備コース《スペインでは中等教育を終えた後, 1年間の大学準備コースを経て大学に進む》. educación (enseñanza) ～ria 大学教育. escuela ～ria 大学付属の教育機関. profesor ～ 大学教授. vida ～ria 大学生活. ❷ 大学を卒業した: Sus hermanos son ～s. 彼の兄弟たちは大学を出ている
── [名] ❶ 大学の教員; 大学生: Los ～s de Derecho estudian aquí. 法学部の学生たちはここで学んでいる. ❷ 大学を卒業した人, 大卒者

universo[2] [unibérso]《←ラテン語 universus》[男] ❶ [集名][時にU～] 宇宙《=∼ mundo》; 万物: El U～ es infinito. 宇宙は無限である. inmensidad del ～ 宇宙の広大さ. ley del ～ 宇宙(万有)の法則. viaje por el ～ 宇宙旅行. ～ distante 遠方宇宙. ❷ [集名] 世界, 領域, 分野: ～ poético de Bécquer ベッケルの詩的世界. ❸ [el+] 地球《=la Tierra》. ❹《統計》母集団《=∼ poblacional》

universo[2], **sa** [unibérso, sa] [形]《まれ》=universal
univitelino, na [unibitelíno, na]《生物》一卵性の
univocación [unibokaθjón] [女] 同義性; 同質化
unívocamente [uníbokaménte] [副] 一義的に; 同質で, 等価で; 一対一 〔の対応〕で
univocar [unibokár] [7] ～se 同義である, 同質である
univocidad [uniboθidá(d)] [女] [語・表現などの] 一義性
unívoco, ca [uníboko, ka] 《←uni-+ラテン語 vox, vocis》[形] ❶ [語・表現などが] 一つの意味しか持たない, 単一義の: proposición ～ca 一義的命題. ❷《数学》一対一の: correspondencia ～ca 一対一の対応, 単射
unnilcuadio [unnilkwádjo] [男]《化学》ウンニルクアジウム
unnilpentio [unnilpéntjo] [男]《化学》ウンニルペンチウム
uno[1] [úno] [男] [カードゲームの一種] ウノ
uno[2], **una**[3] [úno, úna]《←ラテン語 unus》[形][男]《語形》+男性名詞では un》❶《基数詞》1つ〔の〕: un euro 1ユーロ. una manzana リンゴ1個. treinta y un días 31日. Déme un (una taza de) café. コーヒーを1杯下さい. Allí no hay más que un señor. あそこには男は1人しかいない. Uno y dos son tres. 1足す2は3. Ha sacado muy mala nota: solo le han puesto un uno. 彼はひどい点を取った. たった1点しかもらえなかった. ❷《序数の代用》página cuarenta y una 第41ページ, 41ページ目. sentarse en la fila uno 1列目に座る. ❸《西》1日《=primero》: el uno de abril 4月1日. ❹《主格補語で》一体の, 同一の: ～ es Asia: Asia es una. アジアは一つである. Es uno con su coche. 彼は車と一体になっている. Su razón y la que digo es una. 彼の言い分と私の言い分とは同一である. Dios es Uno; no puede haber dos distintos. 神は1つである. 2つの神など存在し得ない. ❺《ボクシング》uno dos ワンツー
── [代]《不定代名詞》❶ [一般的に] 人; [不特定] ある人: 1) En España uno se acuesta muy tarde. スペインでは一般に寝るのが遅い. Una se debe. 女は弱いものだ. Llamó uno preguntando por ti. ある人から電話があって君のことを尋ねていた. 2)《+再帰動詞. 不特定主語のse では se が重複するため》Nunca se puede uno sentir seguro. 人は決して自分に自信が持てないものだ. 3) [暗に自分・相手などを指して] No está uno siempre de buen humor. 人はいつも機嫌がいいとは限らないのだぞ. ❷ [複数の中の] 1人, 1つ: Entre los profesores Lola es una de las mejores. 先生の中ではロラは一番いい先生だ. Aquí hay unos cuadernos. Toma uno cualquiera. ここに何冊かノートがある. どれでも1冊取りなさい. ❸ [otro と共に. 時に 定冠詞+uno, 定冠詞+otro で] 1) Unos dicen que sí, y otros que no. ある人たちは肯定し, また別の人たちは否定する. Hay dos casas: una es vieja y la otra nueva. 家が2軒ある. 1軒は古く, もう1軒は新しい. ¿Es médico o abogado?—No, no es ni uno ni otro; es pintor. 彼は医者か, それとも弁護士か?—No, どちらでもない, 画家だ. No lo sabían ni el uno ni el otro. 2人のどちらもそのことを知らなかった. ... el uno... el otro... 前者, 後者 Hay un ambiente exterior y un ambiente interior. Nadie puede decir dónde acaba el uno y el otro empieza. 外界と内界(精神界)がある. どこで前者が終わり, どこで後者が始まるか, 誰も言うことはできない.《語法》otros との対比

❸ 普遍性, 一般性《=universalidad》以外は複数形で用いられる: ¿Cuántos libros hay en la mesa?—Hay algunos (unos cuantos). テーブルの上には何冊の本がありますか?—数冊あります《x ... —Hay unos.》

de uno en uno [順々に] 1つ(1人)ずつ: Tuvieron que marchar *de uno en uno* en fila india. 彼らは縦に1人ずつ並んで進まなければならなかった

del uno《チリ. 口語》すばらしく

hacer del uno《メキシコ, ペルー. 口語》小便をする

lo uno... lo otro... 一つには…また一つには…: Cayó enfermo, *lo uno*, por exceso de trabajo, y *lo otro*, por descuido de salud. 一つには過労, また一つには不摂生のため, 彼は病気になった

lo uno por lo otro うまく相殺している, 損得なしになっている: Este año me han dado menos horas de trabajo que el año pasado, pero la paga por hora ha subido. —Menos mal, *lo uno por lo otro*. 今年は去年よりも私の担当時間数は少なくなったが, 時当たりの時間単価は引き上げられた. —やれやれ, つじつまが合ったというわけだ. Gané algo en las carreras de caballos, pero me forzaron a pagar la cena. —*Lo uno por lo otro*. 競馬で少し勝ったけれど, 晩飯代を払わされてしまった. —何をしていることやら

más de uno 一つ(一人)ならず, 多く〔の人〕: *Más de uno* lo va a sentir. これを残念に思うのは一人だけではあるまい

ser todo uno/ser uno (y lo mismo) 1) 同じ一つのものである, 代わりばえしない. 2) 同時である: Llegar el invierno y empezar a coger resfriado *es todo uno*. 冬になると同時に風邪をひき始める

uno a otro 互いに〔相手を・に〕: Nos ayudaremos *uno a otro*. 互いに助け合おう. Pablo y Molly se aman *la una a la otra*. パブロとモリーは愛し合っている. Se acercaron *uno a otro*. 彼らは互いに近づいた

uno a uno [別々に] 1つ(1人)ずつ: Responderé las preguntas *una a una*. 質問に1つずつ答えよう

uno con otro 互いに[相手と]: Disputaron *unos con otros*. 彼らは互いに言い争った

uno de montón《口語》=uno de tantos

uno de otro《互いに[相手・相手のことを]》: Se burlaron *uno de otro*. 彼らは互いにからかい合った. Los países dependen *uno de otro*. 国々は互いに依存し合っている

uno de tantos《口語》取り立ててどうということもない人・物, 普通の人・物: Ese sitio de veraneo es *uno de tantos*. それはこれでもあるような避暑地だ

uno detrás de otro 次から次へと: Entraron en el salón *uno detrás de otro*. ホールに次々と人が入っていった

uno más《口語》普通の人《=uno de tantos》: El jefe siempre procura ser *uno más*. 部長はお高くとまらないようにつとめている

uno por uno =uno a uno

uno que otro いくつかの, わずかな: Hay *uno que otro* coche aparcado en la calle. 通りには駐車している車が数台ある

uno tras otro 次々に, 順々に: Los invitados fueron llegando *unos tras otros*. 招待客は続々と到着していた. Arrojó *una tras otra* las botellas al suelo. 彼は次々に瓶を床に放り投げた

uno tras uno =uno tras otro

uno u otro どちらか〔一方〕: Los nombres se usan en *uno u otro* género. 名詞はどちらかの性(男性か女性か)で用いられる

uno y otro どちらも: *Uno y otro* tienen motivos para estar contentos. 2人とも満足するに足る理由がある. Cien habitaciones están distribuidas en *una y otra* ala del edificio. 100室が建物の両翼に配されている

unos... con otros 平均して: *Unos libros con otros* me han costado a unos 30. 本は平均約30ユーロだった

unos... y otros 全員, ある集団の人々と別の集団の人々: La guerra perjudicó a unos beligerantes y a otros. 戦争は戦闘員にもそうでない人にもすべて損害を与えた. *Unos cantan y otros bailan*. 歌う者がいれば踊る者がいる

unos más y otros menos《文語》誰でも多かれ少なかれ《=cuál más cuál menos》

-uno《接尾辞》[名詞+. 品質形容詞化] vacuno 牛の

untada [untáda] [女] ❶《方言》塗布; 注油《=untadura》. ❷《アラパ, ナバラ, リオハ, アラゴン》ラードや蜂蜜を塗ったパン

untador, ra [untadór, ra] [形] 油を塗る[人]; 注油する[人]

untadura

―― 男 塗油器; 注油器
untadura [untadúra] 女 ❶ 塗布; 注油, グリースアップ. ❷ グリース, 潤滑油 《=untura》. ❸ 軟膏. ❹ 汚れ, しみ
untamiento [untamjénto] 男 塗布; 注油《=untadura》
untar [untár]《←俗ラテン語 unctare < ラテン語 ungere》他 ❶ [+con・de 油脂・クリーム状のものを] …に塗る: ~ la tostada con mantequilla トーストにバターを塗る. ~ el cuerpo con bálsamo 体に香油を塗る. ❷ [+en 油脂状のものに] 浸す: ~ sardinas en el aceite イワシを油に浸す. ~ pan en la salsa パンをソースにつける. ❸ 汚す, しみをつける. ❹《口語》買収する, 賄賂をつかう: Le untaron para que lo pasara por alto. 見逃すように彼は賄賂をつかまされた
―― se ❶ [自分の体に, +de・con を] 塗る: Se untó de colonia. 彼はオーデコロンを塗りたくった. ❷ [油などで] 汚れる; 自分の…を汚す: Al reparar la bicicleta, se untó las manos de aceite. 彼は自転車を修理していて手を油で汚した. ❸ [公金などに] 手をつける, 私腹を肥やす
untaza [untáθa] 女 [動物の] 脂肪, 脂肉
unte [únte] 男《口語》=**unto**
unto [únto] 男 ❶ 軟膏, 塗り薬; [皮革に塗る] 油脂. ❷ [動物の] 脂肪, 脂肉;《料理》ラード, 脂身. ❸《メキシコ, アルゼンチン, ウルグアイ. 口語》賄賂. ❹《チリ》靴墨
quedar (dejar) a la altura del ~《チリ, アルゼンチン, ウルグアイ》最低になる(する), 格好がつかない結果になる(する)
~ de rana / ~ de México《俗語》口止め料, 内済金
untoso, sa [untóso, sa] 形 =**untuoso**
untuosidad [untwosiðáð] 女 ぬるぬる(つるつる・ぺとぺと)していること
untuoso, sa [untwóso, sa]《←ラテン語 unctum》形 ❶ ぬるぬるした, つるつるした; ぺとぺとした, 油状の: líquido ~ ねとねとした液体. ❷《軽蔑》優しすぎる, 愛想のよすぎる; ねちっこい; [声が] 甘ったるい, ねばつくような
untura [untúra] 女 ❶ 軟膏. ❷ グリース, 潤滑油; [皮革に塗る] 油脂. ❸ 塗布; 注油《=untadura》
uña [úɲa]《←ラテン語 ungula < unguis》女 ❶ [人・動物の] 爪: Tienes las ~s largas. / Te han crecido las ~s. 爪が伸びてるよ. Se come (Se muerde) las ~s. 彼は爪を噛む. cortarse las ~s 爪を切る. ❷ 爪状の突起; [器具の] 爪; [折畳みナイフなどの] 爪がかり. ❸ [馬などの] ひづめ《=pezuña》; [昆虫の爪]. ❹ [サソリの] 毒針; [植物の] とげ. ❺ [枝を剪定した後の] 幹のこぶ. ❻《料理》~ de vaca 牛の足. ❼ [葉巻作り用の] 先の尖った指サック. ❽《船舶》錨爪. ❾《動物》ヨーロッパシザリハシ《=dátil de mar》. ❿《植物》1) ~ de caballo =fárfara. 2) [花弁の] 爪 [部]. ⓫《メキシコ》[ギターなどの] 爪, ピック
a [la] ~《地方語》全速力で, 大急ぎで
a ~ de caballo《西》1) 全速力で, 大急ぎで: Me lancé a ~ de caballo a escribir el último capítulo del libro. 私は本の最終章の執筆に大急ぎでとりかかった. 2) 馬を走らせて《逃げるなど》
afilar[se] las ~s 知恵を働かせる
con ~s y dientes《口語》必死に, あらゆる手段を尽くして〘守る, 戦うなど〙: La leona protegía con ~s y dientes a sus cachorros. 雌ライオンは必死になって子供たちを守ろうとした
de ~s《西. 口語》腹を立てて, 仲違いして: Está de ~s conmigo. 彼は私に対して腹を立てている〘とげとげしい〙
dejar [se] las ~s en ...《口語》…に精一杯努力する: Me he dejado las ~s en restaurar el edificio antiguo. 私は古い建物の修復に精一杯努めた
enseñar las ~s《口語》脅す, 敵意(本心)を見せる: Los abogados de la acusación han enseñado las ~s. 告発側の弁護士たちは牙をむいた
estar de partirlo con la ~《チリ. 口語》美味である
hacer las ~s《口語》爪のマニキュアをする
largo de ~s《口語》盗癖のある, 手癖の悪い
mostrar las ~s《口語》=**enseñar las ~s**
no tener ~s para gaitero (para guitarrero)《ラプラタ》最後までやり遂げられない, 粘り強さが足りない
rascarse con las propias ~s《メキシコ. 口語》自立する
sacar las ~s《口語》=**enseñar las ~s**
ser ~ y carne《口語》[主語 複] 切っても切れない仲である,

非常に親密である: Alberto y yo somos ~ y carne y jamás discutimos ni nos enfadamos. アルベルトと私は一心同体で, 決して口論しないし腹を立てることもない
ser ~ y mugre《メキシコ, ホンジュラス, パナマ, アンデス. 口語》非常に親密である
tener en la ~ [+事を] 熟知している, 精通している
tener las ~s afiladas 盗癖がある, 手癖が悪い
~s arriba《西. 口語》敵意をもって; 腹を立てて
uñada[1] [uɲáða]《←uña》女 ❶ 爪の跡; ひっかき傷. ❷ 爪で弾くこと
uñado, da[2] [uɲáðo, ða] 形 [四足獣が] ひづめの色が体の色と異なる
uñagata [uɲagáta] 女《地方語. 植物》ハリモクシュ《=gatuña》
uñalarga [uɲalárga] 名《ペルー. 口語》泥棒, すり
uñarada [uɲaráða] 女 爪痕, ひっかき傷
uñate [uɲáte] 男 ❶ 爪を押しつけること. ❷《遊戯》ピンを爪で弾いて相手のピンに載せるゲーム
uñazo [uɲáθo] 男《地方語》=**uñarada**
uñero [uɲéro] 男《医学》❶ ひょう疽. ❷ 爪が肉に食い込むこと, 陥入爪
uñeta [uɲéta] 女 ❶ [石工用の] のみ, たがね. ❷《チリ, アルゼンチン, ウルグアイ》[ギターなどの] 爪, ピック
uñetas [uɲétas] 名《単複同形》《コロンビア. 口語》こそ泥, すり
uñetazo [uɲetáðo] 男《地方語》=**uñarada**
uñidura [uɲiðúra] 女 軛につなぐこと
uñir [uɲír] 他《移行 uñendo》《レオン, バリャドリード, サモラ, サラマンカ; アルゼンチン, ウルグアイ》軛(くびき)につなぐ《=uncir》
uñoperquén [uɲoperkén] 男《チリ. 植物》ヒナギキョウ属の一種〘学名 Wahlenbergia linarioides〙
uñoso, sa [uɲóso, sa] 形 爪の長い
uombat [wómbat] 男《動物》ヒメウォンバット
upa [úpa] 間 ❶ =**aúpa**. ❷ [幼児が] 抱っこして!
a ~ 抱いて
UPA 女《略語》←Unión Panamericana 汎米同盟
UPAE 女《略語》←Unión Postal de las Américas y de España アメリカ・スペイン郵便連合
upar [upár]《口語》=**aupar**
UPEB 女《略語》←Unión de Países Exportadores de Banano バナナ輸出国連合
uperisación [uperisaθjón] 女 =**uperización**
uperisar [uperisár] 他 =**uperizar**
uperización [uperiθaθjón] 女 [牛乳の長期保存用の] 超高温処理
uperizar [uperiθár] 他 [長期保存用に牛乳を] 超高温処理する
uppercut [aperkút]《←英語》男 [複 ~s]《ボクシング》アッパーカット
upupa [upúpa] 女《鳥》ヤツガシラ《=abubilla》
ura[1] [úra] 女《アルゼンチン. 昆虫》ウシバエ
-ura《接尾辞》[女性名詞化] ❶ [形容詞+. 性状] hermosura 美しさ. ❷ [動詞+. 結果] envoltura 包装
urajear [uraxeár] 自《カラス》が鳴き声を上げる
uralaltaico, ca [uralaltáiko, ka] 形 =**uraloaltaico**
urálico, ca [urálico, ka] 形《言語》ウラル語族〘の〙
uralita [uralíta] 女 〘一商標〙石綿セメント, アスベスト
uraloaltaico, ca [uraloaltáiko, ka] 形 ❶《言語》ウラル・アルタイ語族〘の〙. ❷ ウラル・アルタイ地方の
Urania [uránja] 女《ギリシア神話》ウラニア《天文を司るミューズ》
uraniano, na [uranjáno, na] 形《天文》天王星の
uránico, ca [uránico, ka] 形《化学》ウランの
uránidos [uránicos] 男《化学》ウラン系列
uranífero, ra [uraníferо, ra] 形《化学》ウランの, ウランを含む
uraninita [uraniníta] 女《鉱物》閃(せん)ウラン鉱
uranio[1] [uránjo] 男《元素》ウラン: ~ natural (enriquecido・empobrecido) 天然(濃縮・劣化)ウラン
uranio[2], **nia** [uránjo, nja] 形 ウラノスの, 天界の
uranismo [uranísmo] 男《文語》[主に男性の] 同性愛
uranista [uranísta] 形 名《文語》[主に男性の] 同性愛愛者
uranita [uraníta] 女《鉱物》ウラナイト
urano [uráno] 男 ❶《ギリシア神話》[U~] ウラノス《天空神》. ❷《天文》[U~] 天王星. ❸《化学》天然ウラン
uranografía [uranografía] 女 恒星図表学, 天体学; 天体誌

uranógrafo, fa [uranógrafo, fa] [名] 恒星図表学の専門家
uranolito [uranolíto] [男] 隕石〘=aerolito〙
uranometría [uranometría] [女] 天体測量
uranoplastia [uranoplástja] [女]《医学》口蓋形成術
urao [uráo] [男]《化学》トロナ: sal de ～ トロナ塩
urape [urápe] [男]《ベネズエラ. 植物》マメ科ハマカズラ属の灌木〘キノコの栽培に使われる. 学名 Bauhinia multinervia〙
urato [uráto] [男]《化学》尿酸塩
urbanamente [urƀánaménte] [副] 丁重に, 上品に
urbanícola [urƀaníkola] [形] [名] =**urbanita**
urbanidad [urƀaniđá(đ)]〘←ラテン語 urbanitas, -atis〙[女] 礼儀正しさ, 上品なふるまい: enseñar las normas de ～ 礼儀作法を教える. manual de ～ エチケットブック, 作法書
urbanificación [urƀanifikaθjɔ́n] [女] [都市計画に基づく] 土地区画整理
urbanismo [urƀanísmo] [男] ❶ 都市計画〘=plan de ～〙; 都市工学. ❷ 都市への人口集中, 都市化
urbanista [urƀanísta] [形] [名] 都市計画の〔専門家〕; 都市工学の(工学者)
urbanístico, ca [urƀanístiko, ka] [形] [女] 都市計画〔の〕; 都市工学〔の〕
urbanita [urƀaníta] [形] [名]《戯語》都会人〔の〕, 都市生活者
urbanizable [urƀaniθáƀle] [形] [土地・区域などが] 都市化(都市開発・市街化)され得る
urbanización [urƀaniθaθjɔ́n] [女] ❶ 都市化, 都市開発. ❷ 新興住宅地, 分譲地, 団地: nueva ～ ニュータウン. ❸ 洗練, しつけ
urbanizador, ra [urƀaniθađɔ́r, ra] [形] [名] [土地を] 開発(市街化)する〔人〕
—— [女] 都市開発会社, デベロッパー
urbanizar [urƀaniθár]〘←urbe〙[9] [他] ❶ [街路・電気・水道などを通して, 土地を] 開発する, 市街化する; 都市化する: zona *urbanizada* 市街地. ❷ 洗練する
—— **～se** 洗練される, あか抜ける
urbano, na [urƀáno, na]〘←urbe〙[形] ❶ 都市の, 都会の: población ～*na* 都市人口. tren ～ 近郊電車. vida ～*na* 都会生活. zona ～*na* 市街地. ❷ 都会風の, 洗練された; 礼儀正しい
—— [名] [都市の, 主に交通整理をする] 警官〘=guardia ～〙
—— [男]《歴史》国民軍の兵士
urbe [úrƀe]〘←ラテン語 urbs, -urbis〙[女]《文語》都会; [特に] 大都会
urbi et orbi [úrƀi et ɔ́rƀi]〘←ラテン語〙[形] すべての人に届きますように〘教皇の祝福・演説の後に付け加える決まり文句で「ローマと全世界へ向けて」の意〙
—— [副] どこにでも, あらゆるところに
urca [úrka] [女] ❶ [穀物などを運ぶ] 船体中央部が広い船. ❷《動物》シャチ〘=orca〙
urce [úrθe] [男]《地方語. 植物》ギョリュウモドキ〘=brezo blanco〙
urcia [úrθja] [女]《地方語. 植物》ギョリュウモドキ〘=brezo blanco〙
urceolado, da [urθeoláđo, đa] [形]《植物》[器官が] 壺状の
urceolaria [urθeolárja] [女]《植物》地衣類の一種
urcéolo [urθéolo] [男]《植物》壺状の器官
urchilla [urtʃíʎa] [女]《植物》リトマスゴケ; [それからとる紫色の染料] リトマス
urcitano, na [urθitáno, na] [形] [名]《地名》❶《歴史》ウルキ Urci の〔人〕〘フェニキア人が作った町. 現在のアルメリア Almería〙. ❷ アルメリアの〔人〕〘=almeriense〙
urdemalas [urđemálas]〘←Pedro de Urdemalas (諺中の人物)〙[男] 抜け目のない人; 面倒を起こす人; 悪賢い人
urdidera [urđiđéra] [女]《繊維》整経機
urdido [urđíđo] [男]《繊維》[製織準備の] 整経
urdidor, ra [urđiđɔ́r, ra] [形] [名] 整経の; 整経工
—— [男] =**urdidera**
urdidura [urđiđúra] [女] ❶ たくらみ, 陰謀. ❷ 整経
urdimbre [urđímbre]〘←urdir〙[女] [集名] ❶ [整経済みの] 縦糸〘⇔trama〙. ❷ 筋立て. ❸ たくらみ, 陰謀
urdir [urđír]〘←ラテン語 ordiri「始める」〙[他] ❶ [計画・陰謀を] めぐらす: *Urdió* un plan para atracar un banco. 彼は銀行強盗をくわだてた. ❷《繊維》縦糸をそろえる, 整経する
urdu [úrđu] [男] =**urdú**
urdú [urđú] [男] ウルドゥー語
urea [uréa] [女]《化学》尿素: resina de ～ 尿素(ユリア)樹脂
ureasa [ureása] [女]《生化》ウレアーゼ
uredal [uređál] [形] サビキン目の
—— [女] [複]《生物》サビキン目
ureico, ca [uréi̯ko, ka] [形]《化学》尿素の
ureido [uréi̯đo] [男]《生化》ウレイド
uremia [urémja] [女]《医学》尿毒症
urémico, ca [urémiko, ka] [形] 尿毒症の
urente [urénte] [形]《医学》ひりひりする, 燃えるような, 焼けつくような
ureopoyético, ca [ureopojétiko, ka] [形]《生理》尿素生成の
uretano [uretáno] [男]《化学》ウレタン
uréter [urétɛr] [男]《解剖》尿管
urétera [urétera] [女] =**uretra**
ureteritis [ureterítis] [女]《医学》尿管炎
ureterostomía [ureterɔstomía] [女]《医学》尿管瘻術
urético, ca [urétiko, ka] [形] =**uretral**
uretra [urétra] [女]《解剖》尿道
uretral [uretrál] [形] 尿道の
uretritis [uretrítis] [女]《医学》❶ 尿道炎. ❷ 淋病, 淋菌感染症
uretrografía [uretrografía] [女]《医学》尿道造影〔法〕
uretrorragia [uretrɔr̄áxja] [女]《医学》尿道出血
uretroscopia [uretrɔskópja] [女]《医学》尿道鏡検査〔法〕
uretroscopio [uretrɔskópjo] [男]《医学》尿道鏡
uretrotomía [uretrotomía] [女]《医学》尿道切開〔術〕
ureus [uréu̯s] [男]《考古》ウラエウス〘古代エジプトで権力の象徴とされる聖なる蛇〙
urgelense [urxelénse] [形] [名]《地名》ラ・セオ・デ・ウルヘル La Seo de Urgel の〔人〕〘レリダ県の町〙
urgelés, sa [urxelés, sa] [形] [名] =**urgelense**
urgellenco, ca [urxeʎéŋko, ka] [形] [名] =**urgelense**
urgencia [urxénθja]〘←ラテン語 urgentia〙[女] ❶ 緊急, 切迫: 1) En caso de ～ aprieta este botón. 緊急の場合はこのボタンを押しなさい. con ～ 緊急に, 大至急. moción de ～ 緊急動議. ～ fecal《婉曲》急な便意, 下痢. 2) 緊急事態: declaración de ～ 緊急事態宣言. ❷ 緊急の必要性: Fui a la biblioteca en una ～ de consultar un libro. 私は急いで本を調べる必要があって図書館へ行った. Tengo una ～ de dinero. 私はすぐに金が必要だ. ❸ 救急〔の治療〕: clínica de ～ 救急病院. servicio de ～ 救急医療サービス. llamar a ～*s* 救急車を呼ぶ. ❹ [複] [病院の] 救急センター: ¿Cuándo ir a ～*s*? どの時点で救急センターに行くべきか? ❺ 救急患者
de **～** 緊急に: Fue hospitalizado *de* ～. 彼は緊急入院した
urgente [urxénte]〘←ラテン語 urgens, -entis < urgere「緊急である」〙[形] ❶ 緊急の, 切迫した: 1) La reparación de la impresora es ～. プリンターを急いで修理しなければならない. En primer lugar deben resolver los problemas más ～*s*. 彼らはまず火急の諸問題を解決しなければならない. No es ～. それは急を要しない. negocio ～ 急ぎの商用, 急用. 2) [ser ～+不定詞・que+接続法] Es ～ *que* despachemos el asunto. 早急にその件を片付ける必要がある. ❷ 速達の; 至急電報の: carta ～ 速達郵便. ❸《まれ》[人が] 緊急にさせる, 急がせる
urgentemente [urxénteménte] [副] 緊急に, 大急ぎで
urgir [urxír]〘←ラテン語 urgere〙[4] [自] ❶ [+a+人 にとって] 緊急である, 差し迫っている: 1) Me *urge* ese libro. 私はその本が至急必要だ. *Urge* una renovación de la plantilla. メンバーの一新が急務だ. El tiempo *urge*. 時間がない. 2) [+不定詞・que+接続法] Nos *urge* terminar el trabajo. 私たちは急いで仕事を終える必要がある. *Urge que* vayas a verle. 君は早急に彼に会いに行くべきだ. ❷ [規則・法などが] 義務づける, 強制する: En caso de enfermedad, no *urge* la misa. 病気の場合はミサに行かなくてもよい
—— [他] ❶ [+a+不定詞・que+接続法] …に緊急に…させる, …するのを急がせる: El Gobierno *urgió* a la población *a* permanecer en calma. 政府はただちに国民に平静を保つよう求めた. ❷ [緊急を要することとして] 要請する: Los vecinos *urgen* al Ayuntamiento el comienzo de las obras. 住民たちは工事を早急に始めるよう市役所に求めている
-uria《接尾辞》[女性名詞化. 尿] glucos*uria* 糖尿
uriana [urjána] [女]《ベネズエラ》[シュロ製の] ふるい
uribiense [uriƀjénse] [形] [名]《地名》ウリビア Uribia の〔人〕〘コロンビア, La Guajira 県の町〙
Uriburu [uriƀúru]《人名》**José Félix ～** ホセ・フェリックス・ウリブル〘1868～1932, アルゼンチンの軍人. クーデターでイリゴイェン

Yrigoyen 政権を倒し, 事実上大統領職に就き, 独裁体制を敷く (1930～32)》

uricemia [uriθémja] 囡《医学》血中尿酸値
úrico, ca [úriko, ka] 形 ácido ～《化学》尿酸
uridrosis [uridrósis] 囡《医学》尿汗〔症〕
urinal [urinál] 形 =**urinario**
urinario, ria [urinárjo, rja] 形 尿の: aparato ～《解剖》泌尿器. infección ～ria alta《医学》腎盂腎炎〔=**pielonefritis**〕━━ ～ria 男《主に公衆用の》男性用トイレ, 小便所
urinífero, ra [urinífero, ra] 形《解剖》輸尿の
urinocultivo [urinokultíβo] 男《医学》尿培養
urinoso, sa [urinóso, sa] 形《医学》尿の
urna [úrna] 《←ラテン語》囡 ❶ 投票箱: Muchos ciudadanos acudieron a las ～s. 多くの市民が投票に行った. Pronto seremos llamados a las ～s. もうすぐ選挙 (国民投票) がある. sondeos (encuestas) a pie de ～ 投票所の出口調査. ❷ くじびきの箱. ❸〔貴重な展示物の〕ガラスケース. ❹ 骨壺, 骨箱〔=～ cineraria〕. ❺《古語》〔金銭を保管する〕箱, 壺. ❻《古代ギリシア・ローマ》液量単位〔=約12リットル〕. ❼《ベネズエラ, チリ》棺
uro¹ [úro] 男《動物》オーロックス, 原牛〔17世紀に絶滅した野牛〕
uro², **ra**² [úro, ra] 形 囡 ウロ族の《チチカカ湖畔の先住民》: islas de los Uros ウロス島《ウロ族の住む, トトラ totora で作られた浮島》
uro-《接頭辞》❶〔尾〕urodelos 有尾目. ❷〔尿〕urología 泌尿器科学
urobilina [uroβilína] 囡《生化》ウロビリン
uróboros [uróβoros] 男《単複同形》〔図案〕ウロボロス
uroción [uroθjón] 囡《チリ》ハイイロギツネ
urocistitis [uroθistítis] 囡《医学》膀胱炎
urocordado, da [urokorðáðo, ða] 形 尾索類の ━━ 男 複《動物》尾索類
urocromo [urokrómo] 男《生化》ウロクロム
urodelo, la [uroðélo, la] 形 有尾目の ━━ 男 複《動物》有尾目
urogallo [uroɣáʎo] 男《鳥》ヨーロッパオオライチョウ〔=～ común〕
urogenital [uroxenitál] 形 尿生殖〔器〕の
urografía [uroɣrafía] 囡《医学》尿路造影〔法〕
urograma [uroɣráma] 男《医学》尿路造影図
urolitiasis [urolitjásis] 囡《医学》尿路結石症
urología [uroloxía] 囡 泌尿器科学
urológico, ca [urolóxiko, ka] 形 泌尿器科学の
urólogo, ga [urólogo, ga] 名 泌尿器科〔専門〕医
uromancia [urománθja] 囡 尿占い
urómetro [urómetro] 男《医学》尿比重計
uropatagio [uropatáxjo] 男 コウモリの尾膜 (飛膜)
uropigiano, na [uropixjáno, na] 形《鳥》glándula ～na 尾腺
uropigios [uropíxjos] 男 複《動物》〔クモ綱の〕サソリモドキ目
uroscopia [uroskópja] 囡《医学》尿検査
urotropina [urotropína] 囡《化学》ウロトロピン
urpia [úrpja] 間《ベネズエラ》しっかり, がんばれ!
urpila [urpíla] 囡《ボリビア, エクアドル, アルゼンチン. 鳥》インカバト
urque [úrke] 男《チリ》品質の悪いジャガイモ
Urquiza [urkíθa]《人名》**Justo José de** ～ フスト・ホセ・デ・ウルキサ《1801～70, アルゼンチンの将軍, 連邦主義派の政治家. ロサス Rosas と対立》
urraca [uráka] 囡 ❶《鳥》1) カササギ. 2)《中南米》アオカケス; ルリサンジャク属の一種. ❷《戯語》何でも集めてしまいそうな, がらくたの集めが好きな人. ❸《戯語》〔内容のないことばかり言う, わずらわしい〕おしゃべりな人
Urraca [uráka]《人名》《1080～1126, カスティーリャ・レオン女王. アビラ, セゴビア, サラマンカの再植民に従事. アラゴン王アルフォンソ1世と結婚するも両国間の戦争により婚姻解消》
urrar [urár] 自《カナリア諸島》〔牛が〕鳴く
urrecha [uréʧa] 囡《地方語. 植物》カプリハツ〔=**carbonera**〕
-urrón, na《軽蔑接尾辞》santurrón 偽善者
Urrutia Lleó [urútja ʎeó]《人名》**Manuel** ～ マヌエル・ウルティア・リェオー《1908～81, キューバの政治家. 革命後バティスタ Batista が辞任後, 大統領職に就任 (1959) が, カストロ Castro と対立し米国へ亡命》
Ursa¹ [úrsa] 囡《天文》大熊座〔=～ major〕; 小熊座〔=～ minor〕

ursaonense [ursaonénse] 形 名《歴史, 地名》ウルサオ Ursao の〔人〕《現在のセビリャ県の町 Osuna の》
úrsido, da [úrsiðo, ða] 形 クマ科の ━━ 男 複《動物》クマ科
ursino, na [ursíno, na] 形《文語》クマの
urso, sa² [úrso, sa] 名《アルゼンチン, ウルグアイ. 口語》巨大な人, 大男
ursón [ursón] 男《動物》カナダヤマアラシ
ursonense [ursonénse] 形 名《地名》オスーナ Osuna の〔人〕《セビーリャ県の村》
URSS [úrs] 囡《歴史. 略語》←Unión de Repúblicas Socialistas Soviéticas ソ連
ursulina [ursulína] 形 囡 ❶《カトリック》聖ウルスラ修道会の〔修道女〕; 複〔U～s〕聖ウルスラ修道会. ❷《軽蔑》貞淑ぶった女, 猫かぶりの女; 異常に内気で慎しみ深い女
urta [úrta] 囡《地方語. 魚》ヨーロッパヘダイ〔=**dentón**〕
urticáceo, a [urtikáθeo, a] 形 イラクサ科の ━━ 囡 複《植物》イラクサ科
urticales [urtikáles] 囡 複《植物》イラクサ目
urticante [urtikánte]《←ラテン語 urtica》形〔イラクサに刺されたように〕ちくちくする, かゆい
urticaria [urtikárja] 囡《医学》蕁麻疹(じんましん)
urticarial [urtikarjál] 形 蕁麻疹の
urticárico, ca [urtikáriko, ka] 形 名 蕁麻疹にかかった; 蕁麻疹患者
uru [úru] 男 囡 ウロ族の〔人〕〔=**uro**〕━━ 男 ウロ語
urú [urú] 男《アルゼンチン, パラグアイ. 鳥》ジャネイロウズラ
urubú [uruβú] 男《チリ, アルゼンチン, ウルグアイ. 鳥》クロコンドル
urucu [urukú] 男 =**urucú**
urucú [urukú] 男《ボリビア, アルゼンチン, パラグアイ. 植物》ベニノキ〔=**bija**〕
Uruguay [uruɣwáj] 男《国名》ウルグアイ《南米の共和国. 正式にはウルグアイ東方共和国 República Oriental del Uruguay. 首都はモンテビデオ》
uruguayismo [uruɣwajísmo] 男 ❶ ウルグアイ特有の言葉や言い回し. ❷ ウルグアイ特有のものへの愛着
uruguayo, ya [uruɣwájo, ja] 形 名《国名》ウルグアイ〔人〕の; ウルグアイ人
urunday [urundáj] 男《ボリビア, アルゼンチン, パラグアイ. 植物》ウルンダイ《ウルシ科の大木. 学名 Astronium balansae》
urundey [urundéj] 男《アルゼンチン》=**urunday**
urutaú [urutaú] 男《ラプラタ. 鳥》タチヨタカ
urz [úrθ] 男《地方語. 植物》ツリーヒース〔=**brezo blanco**〕
urzal [urθál] 男《地方語》ツリーヒースの群生地
usadamente [usáðaménte] 副 習慣 (慣例) に従って, いつものごとに
usado, da [usáðo, ða] 形 ❶〔estar+〕使い古した, すり切れた; 使用済みの: ¿No tienes otro billete que no esté tan ～? そんなに使い古したお札しか持ってないの? traje muy ～ 着古した服. palabra poco ～da ほとんど使われない語. papel ～ 古紙. ❷〔ser+〕中古の〔=de segunda mano. ⇔**nuevo**〕: ropa ～da 古着. venta de los coches ～s 中古車販売. ❸ 慣れた
usador, ra [usaðór, ra]《まれ》使う, 用いる
usagre [usáɣre] 男 ❶〔乳歯期の幼児の顔などにできる〕膿痂疹(のうかしん). ❷〔犬・馬などの首にできる〕疥癬(かいせん). ❸ 猟銃の銃身に付く錆
usanza [usánθa]《←**uso**》囡《文語》慣習, 習俗〔=**uso**〕: a la antigua ～ 昔風の. a la ～ de los años 70 70年代風の
usapuca [usapúka] 囡《アルゼンチン. 昆虫》ハダニの一種《刺されるとかゆい. 学名 Tetranychus molestissimus》
usar [usár]《←**uso**》他 ❶ 使う, 用いる〔→**emplear**.〖類義〗: Antes yo usaba mucho la calculadora. 以前は私は計算機をよく使っていた. Los escritores hispano-godos usan el bajo latín. スペイン・ゴート人作家は低ラテン語を使っていた. ～ un lápiz de labios 口紅を塗る. ❷《口語》〔習慣的に〕身につける: Normalmente usa sombrero. 彼はふだん帽子をかぶっている. ❸〔+不定詞 する〕習慣がある: Uso salir de paseo. 私はよく散歩に出かける. ❹《中南米》〔人を〕食い物にする, 操る ━━ 自《文語》〔最大限に + de を〕利用する: El director usa de su influencia para el negocio. 部長は取引に自分の影響力を使っている. ❷〔+de+不定詞 する〕習慣がある
de ～ y tirar 使い捨ての

—— **~se ❶**［習慣・流行として］使われる: Estas palabras ya no *se usan*. これらの単語はもう使われていない. **❷**［まれ］使い古される, すり切れる
usarcé [usaɾθé]《代》《古語》=**vuesarced**
usarced [usaɾθéd]《代》《古語》=**vuesarced**
Usatges [usá(t)xes]《歴史》~ de Barcelona ウサッジス《中世バルセロナの慣習法. 11世紀に編纂が始められ, ハイメ1世以来カタルーニャ公国 Principado de Cataluña の法規範として成文化される》
usbekistano, na [usbekistáno, na]《形》《名》《国名》ウズベキスタン(の) (人)《=**usbeko**》
usbeko, ka [usbéko, ka]《形》《名》**❶**《国名》ウズベキスタンの(人). **❷**ウズベク族(の)
—— 《男》ウズベク語
uscoque [uskóke]《形》《名》［イリリア Iliria・クロアチア Croacia・ダルマチア Dalmacia に居住したスラブ系部族の］ウスコク Uscoque 族(の)
usencia [usénθja]《名》《古語》尊師《=**vuestra reverencia**》
useñoría [useɲoɾía]《名》《古語》=**vueseñoría**
userón [useɾón]《男》1歳の子鹿
usgo [úsɣo]《男》嫌悪, 反感
ushanka [uʃáŋka]《名》《服飾》ロシア帽
ushuaiense [uswajénse]《形》《名》《地名》ウスワイア Ushuaia の(人)《アルゼンチン, Tierra de Fuego 州の州都》
usía [usía]《←ラテン語 vusiría (vuestra señoría の縮約語)》《名》《3人称単数扱いで, 相手への敬称》**❶**《古語》閣下《=**vuestra señoría**》: ¿Da ~ su permiso? よろしいでしょうか, 閣下? **❷**《軍》大佐への敬称
tener ~ 1)［人が］閣下と呼ばれる権利がある: Los procuradores tienen ~. 法廷代理人は閣下と呼ばれる資格がある. 2)［人・事物が］尊敬(尊重)されるにふさわしい
usier [usjéɾ]《男》=**ujier**
Usigli [usíɣli]《人名》**Rodolfo** ~ ロドルフォ・ウシグリ《1905~79, メキシコの劇作家. メキシコ演劇の牽引役を果たし, 自国の現実を取り上げた作品を数多く残した.『ジェスチャーをする男』*El gesticulador*, 歴史的人物を取り上げた三部作『影の王冠』*Corona de sombra*,『火の王冠』*Corona de fuego*,『光の王冠』*Corona de luz*》
usillo [usíʎo]《男》《アラゴン.植物》［野生の］チコリ, キクニガナ
usina [usína]《名》《ニカラグア, チリ, アルゼンチン, ウルグアイ》発電所《= ~ eléctrica》;［大きな］工場
—— **de rumores**《アルゼンチン, パラグアイ》一連のうわさ
Uslar Pietri [usláɾ pjétɾi]《人名》**Arturo** ~ アルトゥロ・ウスラル・ピエトリ《1906~2001, ベネズエラの作家・政治家. 独立戦争時代の内紛を描いた小説『赤い槍』*Las lanzas coloradas*,『エル・ドラドへの道』*El camino de El Dorado*》
uslero [usléɾo]《男》《チリ》こね棒, のし棒
uso [úso]《←ラテン語 usus》《男》**❶** 使用; 用途: 1) Aquí está prohibido el ~ del móvil. ここでは携帯電話の使用は禁止されている. Este aparato tiene muchos ~s. この道具は色々に使える. Es una conclusión a la que se llega con el simple ~ de la razón. それはちょっと理性を使えば誰でも到達する明らかな結論だ. con el ~ de ~を使用して. personal 個人用の. producto de ~ diario 日用品. ~ de las armas 武力の行使. ~ pacífico de la energía nuclear 原子力の平和利用. 2)［表示］~ obligatorio del casco ヘルメット着用のこと. de ~ externo 外用薬. **❷** 使用法: aprender el ~ de... …の使い方を覚える. **❸** 慣例, 慣習; 習俗: Eso es el ~ del país. それがこの国のならわしだ. ~ comercial 商慣習. ~s funerarios 葬儀の慣習. los Seis Malos *Usos*《歴史》6つの悪習《中世の領主が領民に要求した隷属的貢租の代表的なもの. アラゴン・カタルーニャ地方では, 無遺言税, 子無し税, 姦通税, 出火税, 結婚税, 移住税》.【法律】使用権者(の); 水利(用水)権者(の)》
al ~ 1)《西》慣例に従って, しきたりどおりに: En el pasado, las faldas al ~ eran muy largas. 昔スカートは慣習として非常に長かった. 2) 通常の
en buen ~ 壊れて(すり切れて)いない: Esta chaqueta todavía está *en buen* ~. この上着はまだ十分着られる
en el ~ de la palabra 発言中に
en mal ~ 壊れている, すり切れている
en ~ 使用中の: Las expresiones están *en* ~ entre los jóvenes. その表現は若い人の間で使われている
en ~ de su derecho 自分の権利を［最大限に］行使して

fuera de ~ 使われていない: Esta máquina está ya *fuera de* ~. この機械はもう使われていない
hacer ~ de... …を使用する, 利用する: hacer mal ~ de las leyes 法律を悪用する. hacer buen ~ del dinero 金を上手に使う
todo ~《男》万能型, 汎用タイプ: máquina de coser de *todo* ~ 万能型のミシン
~ de razón 物心［のつく年ごろ］, 道理をわきまえること: Mi hijo ya tiene ~. 私の息子はもう物心がついている. He empezado a bailar desde que tenía ~ *de razón*. 私は物心ついた時から踊り始めた.   Según muchos estudiosos, los niños no deben ser instruidos religiosamente hasta que adquieran ~ *de razón*. 多くの研究者の意見では, 物心がつくまでは子供に宗教教育をしてはならないという
USO [úso]《名》《西.略語》←Unión Sindical Obrera 労働者組合同盟
ustaga [ustáɣa]《名》=**ostaga**
uste [úste]《間》=**oxte**
sin decir ~ ni muste 何も言わずに《=sin decir oxte ni moxte》
usted [usté(d)]《←古語 vusted (vuestra merced「閣下」の縮約語)》《代》《人称代名詞 3人称単数形》**❶** あなた: 1)［主語］¿Quiere ~ ayudarme? 手伝っていただけますか? ¡Es ~ muy amable! ご親切に［ありがとうございます］! 2)［前置詞格］Contamos con ~. あなたを頼りにしています.［a+. 目的代名詞と重複させて目的語を明示］No le conozco a ~. あなたのことを知らない. 3)［呼びかけ］¡U~! Venga aquí. ちょっと! ここへ来て下さい. 4)［本来 tú を使う相手に対し, よそよそしさ・怒りなどを表わして］Niño, es ~ un pesado. 坊や, あなたはしつこいです. **❷** 貴店: Si［~］tiene el libro, quisiera que me mandase el precio. その本の在庫がありましたら, 値段をお知らせ下さい. **❸**《口語》［無人称的］¡Tiene ~ que oír cada cosa! 話はすべて聞かなくてはならない
de ~《君 tú ではなく》あなた usted で, 敬称で: A las personas mayores que no conocemos debemos tratarlas *de* ~. 見知らぬ目上の人には私たちは usted で話さなければならない. Quería que su personal le llamara *de* ~. 彼は部下に自分になれなれしくしないことを望んだ
de ~ para mí 内密に, ここだけの話ですが
entre ~ y yo ここだけの話ですが
ustedes [ustédes]《代》《人称代名詞 3人称複数形. 主語, 前置詞格》**❶** あなたがた: U~ los españoles son muy amables. あなたがたスペイン人はとても親切です. **❷**《西, 貴店体: Siento no poder visitarles a ~. 貴社を訪問できず申し訳ありません. **❸**《中南米》君たち《→**vosotros**》: ¿Vienen ~ mañana a nuestra casa? 明日うちに来る?
ustible [ustíble]《形》《文語》可燃性の
ustilagales [ustilaɣáles]《名》《複》=**ustilaginales**
ustilaginales [ustilaxináles]《名》《複》《植物》クロボキン目
ustión [ustjón]《名》《文語》燃焼
ustorio [ustóɾjo]《形》→**espejo** ustorio
usual [uswál]《←ラテン語 usualis》《形》**❶** 日常の, 常用の: llegar a la hora ~ いつもの時間に着く. nombre poco ~ 珍しい名前. términos ~es 日常語. **❷**［人が］人づきあいのよい, 愛想のよい. **❸**［物が］使いやすい
usualmente [uswálménte]《副》通常, ふつう
usuario, ria [uswáɾjo, ɾja]《←ラテン語 usuarius < usus「使用」》《形》《名》**❶** 利用者(の), ユーザー(の): ~s del metro 地下鉄の利用者. ~ calificado《情報》パワーユーザー. ~ de un servicio sin pagar/~ gratuito フリー・ライダー. ~ forzoso フォースト・ライダー. ~ final 末端消費者;《情報》エンドユーザー. **❷**《法律》使用権者(の); 水利(用水)権者(の)
usucapión [usukapjón]《名》《法律》［一定期間継続して所有したことによる］所有権取得, 時効取得
usucapir [usukapíɾ]《他》《不定詞・現在分詞・過去分詞のみ》《法律》時効取得する
usufructo [usufɾúkto]《←ラテン語 usus fructus「果実の使用」》《男》**❶**《法律》用益権, 使用権, 利用権: Aunque las tierras no eran suyas, tenía su ~. その土地は彼のものではないが, 用益権は持っていた. **❷** 利得, 利益
usufructuar [usufɾuktwáɾ]《14》《他》《法律》…の用益権を所有(享受)する
—— 《自》結実する, 収穫をもたらす

usufructuario, ria [usufruktwárjo, rja] [形] [名]《法律》用益権の; 用益権者

usuluteco, ca [usulutéko, ka] [形] [名]《地名》ウスルタン Usulután の〔人〕〖エルサルバドル南部の県・県都〗

usupuca [usupúka] [女]《アルゼンチン. 昆虫》=**usapuca**

usura [usúra]〖←ラテン語〗[女] ❶ 高利貸し〖行為〗; [法外な] 高利: dar a ～ 高利で貸す. ❷《主に医学》損耗. ❸ 不当に大きな利益, 暴利. ❹《アルゼンチン》商売(賭け事)のもうけ

pagar con ～ 何倍にもして恩返しをする

usurar [usurár] [自] =**usurear**

usurariamente [usurárjaménte] [副] 高利で; 暴利で

usurario, ria [usurárjo, rja] [形] 高利の; 暴利の

usurear [usureár] [自] ❶ 高利で貸す(借りる). ❷ 暴利をむさぼる, 金もうけで手段を選ばない

usurero, ra [usuréro, ra]〖←ラテン語 usurarius〗[名] ❶ 高利貸し〖人〗. ❷《軽蔑》暴利をむさぼる人, 金もうけで手段を選ばない人

—— [形]《まれ》高利貸しの

usurpación [usurpaθjɔ́n]〖←ラテン語 usurpatio, -onis〗[女] ❶《文語》不当な取得, 横取り; 簒奪(さんだつ). ❷《法律》侵害; 横領. ❸ 横領物; [特に] 横領された土地

usurpador, ra [usurpađɔ́r, ra]〖←ラテン語 usurpator, -oris〗[形] [名] ❶《文語》横取りする〔人〕; 簒奪する〔人〕. ❷《法律》侵害する〔人〕; 横領する〔人〕

usurpar [usurpár]〖←ラテン語 usurpare〗[他] ❶《文語》[地位・財産などを] 不当に手に入れる, 横取りする: Los soldados *usurparon* las posesiones de los habitantes del pueblo. 兵士たちは村人の所有物を奪った. ～ la corona 王位を簒奪する. ❷《法律》[権利などを] 侵害する; 横領する

usurpatorio, ria [usurpatórjo, rja] [形] 横領的な, 侵害的な

usuta [usúta] [女]《南米》[先住民の] サンダル

ut [út] [男]《古語. 音楽》ド〖=do〗

uta [úta] [女] ❶《動物》ユタトカゲ. ❷《ログローニョ》賭け金を載せた棒を瓦(石片)を投げて倒すゲーム〖=chito〗. ❸《エクアドル, ペルー. 医学》リーシュマニア症, 住血鞭毛虫疾患

utensilio [utensíljo]〖←ラテン語 utensilia < utensile「適した道具」< uti「使う」〗[男] [主に [複]] ❶ [日常よく使う] 用具, 什具: ～*s* de cocina 台所用品. ～*s* de limpieza 掃除用具. ❷ [仕事・作業用の] 道具, 器具: ～*s* de cirujano 手術器具. ～*s* de un herrero 鍛冶屋の道具. ❸《軍事》1) [宿営場所の民家が供与義務を負った] 支援物資, 便宜〖ベッド, 水, 塩, 酢, 灯り, 火のそばの席〗. 2) [兵舎の寝具・燃料など軍からの] 支給備品(物資)

uterino, na [uteríno, na] [形] ❶ 子宮の: cavidad ～*na* 子宮腔. ❷ 同腹の, 同母の: hermano ～ 同腹の兄弟

útero [útero]〖←ラテン語 uterus〗[男]《解剖》子宮: paredes del ～ 子宮壁. ～ doble (bicorne) 重複子宮. alquiler de ～*s* 代理母〖行為〗

uticense [utiθénse] [形] [名]《歴史, 地名》[北アフリカの古代都市] ウティカ Útica の〔人〕

utiel [utjél] [男] [バレンシア県の] ウティエル Utiel 産のワイン

utielano, na [utjeláno, na] [形] [名]《地名》ウティエル Utiel の〔人〕〖バレンシア県の町〗

útil [útil] **I**〖←ラテン語 utilis〗[形] ❶ 役立つ, 有用な, 有益な: 1) [+para+名詞・不定詞 のために] Quiero inventar algo ～ *para* la humanidad. 私は何か人類に役立つものを発明したい. 2) [+a にとって] Sus consejos me resultaron muy ～*es*. 彼の忠告は私に大変役立った. ¿En qué puedo serle ～? 何かお手伝いしましょうか/何のご用でしょうか? ❷《技術》有効な: abertura ～ 有効口径. ❸《経済》cálculo ～ 効用計算. ❹《法律》días ～*es* 有効期間

—— [男] 有用性

II〖←仏語 outil「工具」〗[男] ❶ [主に [複]] 道具, 工具: ～*es* de labranza 農器具. ～*es* de piedra 石器. ❷《中南米》[複] 学用品

utilería [utilería] [女] [集名] ❶《映画, 演劇》小道具. ❷《まれ》道具, 用具

utilero, ra [utiléro, ra] [名]《映画, 演劇》小道具係

utilidad [utiliđá(đ)]〖←ラテン語 utilitas, -atis〗[女] ❶ 役立ち, 有用性; 使用可能性; 効用: La energía solar tiene muchas ～*es*. 太陽エネルギーは大変役立つ. Este aparato tiene varias ～*es*. この器具にはいくつかの用途がある. ～ política 政治的効用. ❷ 利得, 利益; 成果: sacar la máxima ～ a... …から最大限の利益をあげる. ❸《中南米》[複] 利益

de ～ 役立つ, 有用な: Los cómics pueden ser *de* ～ por varias razones. 漫画もいくつかの理由で役立ち得る

utilitario, ria [utilitárjo, rja]〖←útil I〗[形] ❶ 功利的な, 功利主義の: Las razones de su decisión son puramente ～*rias*. 彼の決定の理由は全く功利主義的なものだった. ❷ 実用本位の: arquitectura ～*ria* 実用本位の建築物

—— [男] ❶《西》軽自動車〖=coche ～〗. ❷《情報》ユーティリティ

utilitarismo [utilitarísmo] [男] ❶ [最大多数の最大幸福という] 功利主義, 実利主義. ❷ 実用性

utilitarista [utilitarísta] [形] [名] ❶ 功利主義の(主義者), 実利主義の(主義者): política ～ 功利主義の政治. ❷ 実用性

utilizable [utiliθáƀle] [形] ❶ 使用(利用)され得る: Este ordenador ya no es ～. このコンピュータはもう使えない. energía ～ 利用可能なエネルギー. ❷ 使用(利用)されるべき

utilización [utiliθaθjɔ́n] [女] 利用; 使用可能性

utilizador, ra [utiliθađɔ́r, ra] [形] [名] 利用(使用)する〔人〕

utilizar [utiliθár]〖←útil I〗⑨ [他] [+para に] 利用する, 使用する; 役立てる: *Utilizó* el ascensor *para* subir al primer piso. 彼は2階に上がるのにエレベーターを使った. ～ puro castellano 生っ粋のカスティーリャ語を使う

utillaje [utiʎáxe]〖←仏語 outillage〗[男] [集名] 用具, 道具, 器具: El fontanero dejó todo su ～ en el baño. 水道屋は道具をすべて風呂場に置きっぱなしにした. ～ de cocina 台所用具

utillar [utiʎár] [他]《まれ》[人・事物に] 道具を付与する: poco *utillado* ほとんど役に立たない

utillería [utiʎería] [女] =**utilería**

utillero, ra [utiʎéro, ra] [名] ❶《サッカー, バスケなど》用具係. ❷ =**utilero**

útilmente [útilménte] [副] 有効に; 有益に: emplear ～ el tiempo 時間を有効に使う

Uti, non abuti [úti nɔn aƀúti]〖←ラテン語〗使用すれども乱用せず

utoazteca [utoaθtéka] [形] [名]《言語》ユト・アステク語族〔の〕

utopia [utópja] [女] =**utopía**

utopía [utopía]〖←ギリシア語 ou (否定)+ topos「場所」〗[女] 理想郷, ユートピア: No pasa de ser una ～. それは夢物語にすぎない

utópico, ca [utópiko, ka]〖←utopía〗[形] [名] ❶ 空想的な, ユートピアの: socialismo ～ 空想的社会主義. proyecto ～ 非現実的な計画. ❷ 理想家〔の〕, 夢想家〔の〕: No hay un ～ más grande que Don Quijote. ドン・キホーテほど偉大な夢想家はいない

utopismo [utopísmo] [男]《文語》夢想傾向

utopista [utopísta] [形] [名] 理想家〔の〕, 夢想家〔の〕

utrerano, na [utreráno, na] [形] [名]《地名》ウトレラ Utrera の〔人〕〖セビーリャ県の町〗

utrero, ra [utréro, ra] [名] 2歳の子牛

utricularia [utrikulárja] [女]《植物》ミミカキグサ, タヌキモ

utrículo [utríkulo] [男]《解剖》[内耳の] 卵形嚢

ut supra [ut súpra]〖←ラテン語〗[形] [副]《文語》[主に文書で日付について] 上記の〔ように〕: fecha ～ 上記の日

UU. [ustéđes]《略語》=**ustedes**

uva [úƀa]〖←ラテン語〗[女] ❶《果実》1) ブドウ: comer un racimo de ～*s* 1房のブドウを食べる. ～ abejar [蜂が好む] 白色で皮が固く大粒のブドウ. ～ albarazada 皮に模様のあるブドウ. ～ blanca (negra) 黄緑色(紫黒色)のブドウ. ～ de Corinto [中近東産の] 小粒の種なし干しブドウ. ～ de mesa [ワイン用ではない] 食用のブドウ. ～ ligeruela 早生ブドウ. ～ moscatel マスカット. ～ palomina 房が長く粗い黒ブドウ. ～ tinta 汁の黒いブドウ〖搾り汁 mosto の色付け用〗. ～ torrontés 小粒の白ブドウ〖ワイン用〗. ～*s* de la felicidad 大みそかの夜の12時に食べるブドウ. ～*s* pasas 乾しブドウ. 2) セイヨウメギ(バーベリー)の漿果. 3)《中米, カリブ》～ de playa ハマベブドウ, ウミブドウ. ❷《植物》～ caleta《キューバ》ハマベブドウ〖=uvero〗. ～ cana (canilla)/～ de gato/～ de perro/～ de pájaro シロバナマンネングサ〖=siempreviva menor〗. ～ de mar/～ marina マオウ科の一種〖学名 Ephedra fragilis〗. ～ de Oregón ヒイラギメギ, オレゴングレープ. ～ de oso クマコケモモ〖=gayuba〗. ～ de raposa/～ de zorro ツクバネソウ. ～ espina 野生のスグリ. ～ tamínea (taminia) ヒエンソウの一種. ～ verga (lupina) トリカブト〖=acónito〗. ❸《ナバラ, リオハ, アラゴン, ラマンチャ》ブドウの房. ❹《隠語》ワイン; [一般に] 飲み物, 酒. ❺《医学》口蓋垂腫瘍; まぶたの小さないぼ. ❻《チリ, アルゼンチン, ウルグアイ》キス

〖=beso〗
a la ~《地方語》一致して; ぐるで
conocer las ~*s de su majuelo* 自分の仕事を完全に心得ている
dar las ~*s*《西. 口語》［主に条件文で］遅いと指摘する: Como no te des prisa, nos darán las ~s. 君が急がないと, 我々が遅いと言われるんだ
de ~*s a peras* (*a brevas*)《口語》ごくまれに, 時々思い出したように; めったに［…ない］: No tiene importancia tomar unas copas de vino *de* ~*s a peras*. ごくたまにワインを飲むくらいは大したことではない
entrar por ~*s*《口語》あえて介入する, 危険をおかして厄介事に関わる
estar como una ~ 酔ってふらふらしている, 泥酔状態である
hecho una ~ 酔っ払った
ir a vendimiar y llevar ~*s de postre* 屋上屋を架す
mala ~《西. 口語》1) 不機嫌; 悪意: Está hoy de *mala* ~. 彼は今日機嫌が悪い. La noticia lo puso de *mala* ~. 彼は知らせを聞いて不機嫌になった. con *mala* ~ 悪意で; 不機嫌に. tener *mala* ~ 怒りっぽい; 悪意がある. 2) 名 Es un *mala* ~. 彼は性格が悪い
pedir ~*s a la higuera*《コロンビア. 口語》無理なことを望む
UVA [úba] 形《略語》←ultravioleta A: rayos ~ 長波長紫外線
uvada [ubáda] 女 大量（豊作）のブドウ
uvaduz [ubaðúθ] 男《植物》クマコケモモ〖=gayuba〗
uvaguemaestre [ubagemaéstre] 男 =**vaguemaestre**
uval [ubál] 形 ブドウに似た
úvala [úbala] 女《地理》［カルスト地形の］ウバーレ
uvate [ubáte] 男［搾り汁 mosto でシロップ状に煮詰めた］ブドウの甘味保存食
uvayema [ubajéma] 女《植物》［木にからみつく］野生ブドウの一種
uve [úbe] 女《西》文字 v の名称: ~ doble《西》文字 w の名称
úvea [úbea] 女《解剖》ぶどう膜〖=túnica ~〗

uveal [ubeál] 形《解剖》ぶどう膜の
uveítis [ubeítis] 女《医学》ぶどう膜炎
uvero, ra [ubéro, ra] 形 ブドウの: exportación ~*ra* ブドウの輸出
—— 名 ブドウ販売業者
—— 男《中米, カリブ. 植物》ハマベブドウ, ウミブドウ
UVI [úbi] 女《西. 略語》←unidad de vigilancia intensiva 集中治療室（病棟・部）: ~ móvil 救急医療士チーム
uviforme [ubifórme] 形 ブドウの形をした, ブドウ状の
uvillo [ubíʎo] 男《チリ. 植物》ヤマゴボウ科のつる植物の一種〖学名 Ercilla volubilis〗
úvula [úbula]〖←ラテン語 uvula < uva「ブドウ」〗女《解剖》口蓋（こう）垂, のどひこ
uvular [ubulár] 形 ❶ 口蓋垂の. ❷《音声》口蓋垂音［の］
uvularia [ubulárja] 女《植物》ウブラリア〖学名 Uvularia grandiflora〗
uvuliforme [ubulifórme] 形《解剖》《構造の》口蓋垂状の
Uxmal [usmál] 女《考古》ウシュマル〖メキシコ, ユカタン州にあるマヤ文明の遺跡〗
uxoricida [u(k)soriθíða] 共《文語》妻殺しの［夫］
uxoricidio [u(k)soriθíðjo] 男《文語》妻殺し
uy [új]《←擬態》間《驚き》おや/［不快］おえっ/［苦痛］いてっ/［喜び］おお!
uyanza [ujánθa] 女《コロンビア, エクアドル》=**uyunza**
uyuneño, ña [ujunéno, ɲa] 形 名《地名》ウユニ Uyuni の［人］〖ボリビア, ポトシ県の町〗
uyunza [ujúnθa] 女《コロンビア, エクアドル》［新しい服などを着てきた人への］賞賛, お世辞
uz [úθ] 男《地方語. 植物》ツリーヒース〖=brezo blanco〗
uzbeco, ca [uzβéko, ka] 形 名 =**usbeko**
uzbego, ga [uzβégo, ga] 形 名 =**usbeko**
uzbeko, ka [uzβéko, ka] 形 名 =**usbeko**
-uzco, ca《示小接尾辞》pard*uzco* ねずみ色がかった
-uzo, za《軽蔑接尾辞》gent*uza* くだらない連中

V

v [úbe] 囡 ❶ アルファベットの第23字〖参考〗中南米では [bé] と呼ばれ, b と区別したい時は b be alta, v be baja という〗. ❷ [主に大文字で] ローマ数字の5
v.《略語》←véase 参照のこと; verso [詩の] 行
V.《略語》❶ =usted. ❷ ←voltio ボルト
v/《略語》←vista 一覧
va [bá] 間《地方語》[応援・催促]さあ!
VAB 男《略語》←valor añadido bruto 粗付加価値
vaca¹ [báka] 〖←ラテン語 vacca〗 囡 ❶ 雌牛《⇔toro》: ~ lechera/~ de leche 乳牛. 〔enfermedad de las・mal de las〗~s locas 狂牛病. ❷《料理》牛肉 〖=carne de ~, 類義 vaca は成牛の固い肉, 普通の牛肉は **ternera** である〗: filete de ~ 牛ヒレ. ❸ 牛革 〖=piel de ~〗: billetera de ~ 牛革の札入れ. ❹《動物》~ marina マナティー. ❺《船舶》[船員の飲料用の] 真水のタンク. ❻《軽蔑》でぶ《主に女性》: Estas hecha una ~. 君は太ったね. ❼《飲料》 verde ペパーミント入りミルク. ❽ 共同で金を出すこと: Hicieron una ~ para comprarle a su amigo un buen regalo de casamiento. 彼らは友人への結婚祝いを買うのに金を出し合った. ❾《中南米》共同購入; 出資額に応じて利益を分配する共同経営. ❿《メキシコ. 賭博》[勝者が出なくて] 次回に積み増される賭け金. ⓫《アルゼンチン》~ de San Antón テントウムシ〖=mariquita〗.
comer como una ~ 大食する
hacer la ~ a+人《口語》[いじめで] …の陰部をむき出しにして土または唾液・糞便などで汚す
~ sagrada〖[インドの] 聖牛. 2) [批判されるべきでない] 重要人物: Clint Eastwood es una ~ *sagrada* de Hollywood. クリント・イーストウッドはアメリカ映画界の大御所である
~s flacas 窮乏の年 (時期): No es fácil acostumbrarse a las ~s *flacas*. 窮乏生活に慣れるのは容易でない
~s gordas 豊穣・繁栄の年 (時期): No abandonó la costumbre del ahorro aún en tiempos de ~s *gordas*. 彼は生活にゆとりのできた時でも節約の習慣を捨てなかった
—— 形《チリ. 軽蔑》ばかな, 間抜けな
vacabuey [kakabwéi] 男《キューバ. 植物》ビワモドキ科の一種《学名 Curatella americana》
vacaburra [bakabúra] 囡《西. 口語》❶ 大きすぎる人 (物). ❷《軽蔑》粗野な人, 不快な人
vacación [bakaθjón] 〖←ラテン語 vacatio, -onis < vacare「からっぽ・自由である」〗囡 ❶ [主に 複] 休暇 [期間], バカンス, 長い休み〖参考 スペインの長い休みは夏休み, クリスマス休み, 聖週間の休み〗: 1) Muchos españoles van de *vacaciones* a Portugal. 多くのスペイン人がバカンスでポルトガルに行く. Estoy a punto de salir de *vacaciones*. 私はちょうど休暇で出かけるところだ. Muchos empleados solicitan *vacaciones* en este mes de agosto. 多くの社員がこの8月に休暇を申請する. Estamos de *vacaciones*. 私たちは休暇中だ. Los estudiantes tienen unos cuatro meses de *vacaciones* al año. 学生たちは一年に約4ヵ月の休みがある. Han empezado las *vacaciones* de verano. 夏休みが始まった. tomar las *vacaciones* 休暇をとる. pagar las *vacaciones* 休暇を有給にする. 2) [sus+] 有給休暇: tomar cinco días de sus *vacaciones* 5日間の有給休暇を取る. *vacaciones* anuales pagadas (remuneradas) 年次有給休暇. ❷《まれ》職務を空けること; 欠員
vacacional [bakaθjonál] 形 休暇の: actividad ~ 休暇中の活動. período ~ 休暇期間
vacacionar [bakaθjonár] 自《メキシコ》休暇で出かける, 休暇である, 休暇を取る
vacacionero, ra [bakaθjonéro, ra] 形名 休暇の; 休暇中の人
vacacionista [bakaθjonísta] 共《メキシコ》休暇中の人
vacada [bakáða]〖←vaca〗囡 牛の群れ
Vaca de Castro [báka de kástro]《人名》**Cristóbal** ~ クリストバル・バカ・デ・カストロ〖1492~1566, スペイン出身でペルー総督. ピサロ Pizarro 対アルマグロ Almagro の内乱収拾に努める〗
vacaje [bakáxe] 男《主に南米》=vacada
vacancia [bakánθja] 囡 欠員《まれ》空席

vacante [bakánte]〖←vacar〗形 ❶ [地位・職などが] 空席の, 欠員の: Está ~ la cátedra de latín de la universidad. 大学のラテン語教授のポストが空いている. cama ~ en el hospital 病院の空きベッド. ❷《文語》[視線などが] 放心した, [表現が] 空虚な
—— 囡 ❶ 欠員 〖=puesto ~, plaza ~〗: Se produjo una ~ en el ministerio. その省で1人欠員が生じた. cubrir la ~ 欠員を埋める. ❷《中南米》空席
vacar [bakár] 自《←vacar》vacare 「からっぽ・自由・暇である」〗[7] 自 ❶《西. 行政》欠員になる: Vacará el puesto de inspector. 検査官の職が空くだろう. ❷ [部屋などが] 空く: Va a ~ el local de la tienda. 店舗が空く予定である. ❸《西》[+a ~] 専念する, 従事する: Le faltaba medios para ~ al estudio. 研究に専念するには彼は金がなかった. ❹《文語》仕事を休む, 休暇を取る. ❺ [+de+無冠詞名詞 を] 欠く, …がない
vacaraí [bakaraí] 男《チリ, アルゼンチン, ウルグアイ》=vacaray
vacaray [bakarái]《チリ, アルゼンチン, ウルグアイ》畜殺された雌牛の腹から採取した子牛 〖食用〗
vacarí [bakarí] 形 牛革製の, 牛革で覆われた
vacatura [bakatúra] 囡《まれ》欠員期間
vacceo, a [ba(k)θéo, a] 形名《バクセオ族》〖前ローマ時代にドゥエロ川流域に居住していた〗
vaccíneo, a [ba(k)θíneo, a] 形 ワクチンの; 牛痘の
vaccínico, ca [ba(k)θíniko, ka] 形 =vaccíneo
vaccinífero, ra [ba(k)θinífero, ra] 形 ワクチンの働きをする
vaccinioideo, a [ba(k)θinjoiðéo, a] 形 スノキ科の
—— 囡 複《植物》スノキ亜科
vacíabarjas [baθíabarxas] 名《単複同形》《ラマンチャ》[他人のおごりで] 大食漢
vaciadero [baθjaðéro] 男 [+de ~] 捨て場所: ~ *del* arena 砂の捨て場
vaciado¹ [baθjáðo] 男 ❶ から (中空) にすること; 排水: ~ de la caldera ボイラーの水抜き. ❷ 型入れ, 鋳造 〖=~ en molde〗. ❸ 鋳造物: ~ de yeso 石膏像. ❹ 発掘調査. ❺ [言語など] 採集調査: hacer un ~ de las palabras coloquiales que aparecen en la prensa 新聞に出てくる話し言葉を採集する. ❻ 研ぎ. ❼《船舶》~ rápido《緊急時の》投げ荷, 打ち荷
vaciado², da [baθjáðo, ða] 形《メキシコ. 口語》[人・形が] かわいい, 面白い ~ bebé かわいい赤ん坊
vaciador, ra [baθjaðór, ra] 名 鋳物職人, 鋳物工
—— 男 ❶ 鋳造用具. ❷ 砥石 〖=afilador〗
vaciamiento [baθjamjénto] 男 からにする (なる) こと; からの状態; ~ industrial 産業の空洞化
vaciante [baθjánte] 囡 引き潮 (の続く時間)
vaciar [baθjár]〖←vacío〗[11] 他 ❶ [容器を] からにする; [中身を, en に] あける; [+de ~] から取り除く; 取り出す: He *vaciado* la botella de vino. 私はワインの瓶をからにした (飲み干した). ~ el agua *en* la pila 水を水槽にあける. ~ la habitación *de* trastos viejos 部屋からがらくたを運び出して立ち退く. ❷ 中空にする: ~ un tronco de árbol 木の幹をくり抜く. ❸ [本などから] 情報を引き出す. ❹ [刃物を] 研ぐ. ❺ 型に入れて作る: ~ una estatua 像を鋳造する. ❻《闘牛》[ムレータで~ を] 脇へ抜けさせる
—— 自 ❶《文語》[川が海などに] 注ぐ. ❷《船舶》[川・海などの水が] 減る, 水位が下がる
~se 自再 ❶ からになる: La botella *se vació* en pocos minutos. 瓶は数分でからになった. ❷《口語》[秘密などを] 話してしまう, ぶちまける. ❸《西. 口語》[+en に/+para のために] 精一杯努力する, 精力を注ぎ込む. ❹《まれ》[人・動物が] 生理的欲求を解放する, 用を足す; 性交する
vaciedad [baθjeðá(ð)]〖←俗ラテン語 vacivitas, -atis〗囡 内容のなさ; 愚かさ: decir ~*es* くだらないことを言う
vaciero [baθjéro] 男 子を産まない雌の家畜の牧者
vacilación [baθilaθjón]〖←ラテン語 vacillatio, -onis〗囡 ❶ ぐらつき; 揺らめき: El borracho va caminando con *vacilaciones*. 酔っぱらいがよろよろ歩いている. ~ de una llama 炎の揺れ. ❷

ためらい, 優柔不断: Frenó el coche tras unos segundos de ~. 彼は数秒ためらってから車のブレーキを踏んだ. con ~ ためらって, 優柔不断に. ❸ 当惑
sin vacilaciones きっぱりと, ためらわずに: Tienes que declararte a ella *sin vacilaciones*. 君はぐずぐずしていないで彼女に愛を告白しなければならない

vacilada [baθiláda] 囡 ❶ 詐欺, ぺてん. ❷《メキシコ. 口語》どんちゃん騒ぎ; 冗談

vacilante [baθilánte]《←ラテン語 vacillans, -antis》形 ❶ よろよろした; 揺れる: paso ~ よろよろした足どり. mano ~ 震える手. luz ~ ちらちらする光. ❷ 優柔不断な, ためらいがちな, ちゅうちょした: actitud ~ はっきりしない(ぐずぐずした)態度

vacilar [baθilár]《←ラテン語 vacillare》自 ❶ 揺れる, ぐらつく; 揺らぐ: *Vaciló* la mesa. 机がぐらぐらした. *Vaciló*, pero no llegó a caer. 彼はよろめいたが倒れなかった. *Vacilaba* la luz. 明かりがちらちらしていた. ❷ ためらう, 迷う: 1)［+en を］El acusado *vacilaba en* sus respuestas. 容疑者は返事をためらしていた. *Vacila en* comprar esa casa. 彼はその家を買おうか思案している. 2)［+entre の間で］*Vacilaba entre* viajar a las montañas o a la playa. 彼は山に行こうか海に行こうか迷っていた. ❸《西. 若者語》［まじめな口調で］からかう: Deja de ~me, porque me tienes harto. からかわないでよ, 僕はうんざりしているんだ. ❹《西. 若者語》［+con を］自慢する, 見せびらかす: ¡Cómo *vacila con* su coche nuevo! 彼が新車を自慢することといったらすごい! ❺《西. 若者語》楽しむ. ❻［状況などが］揺れ動く, 不安定である: *Vacilan* las bases económicas. 経済基盤が揺らいでいる. ❼ 中間にある, どっちつかずである: El sabor de la fruta *vacilaba entre* dulce y agrio. その果物の味は甘いとも酸っぱいともいえない味だった. ❽《メキシコ, グアテマラ》酔う. ❾《メキシコ》飲み歩いてはめを外す. ❿《中米, キューバ, 口語》どんちゃん騒ぎをする. ⓫《プエルトリコ》ほろ酔い機嫌になる
sin ― 他 きっぱりと, ためらわずに
― 自 ❶《西. 若者語》からかう. ❷《キューバ. 口語》好色な目で見る

vacile [baθíle]《←vacilar》男 ❶《口語》からかい, 悪ふざけ, 冗談. ❷《西. 若者語》すばらしい物(事). ❸《西. 若者語》からかい(冗談)好きな人

vacilón, na [baθilón, na]《←vacilar》形 名 ❶《口語》好きな〔人〕: Como es muy *vacilona*, nadie la toma en serio. 彼女はとてもふざけるので, 彼女のことを誰も本気にしない. ❷《西. 軽蔑》虚勢を張る〔人〕; ごろつき. ❸〔隠語〕〔麻薬の〕常用者. ❹《メキシコ, 中米, コロンビア》どんちゃん騒ぎの好きな〔人〕. ❺《プエルトリコ》ほろ酔い; もうろくした
― 男 ❶ 大な影響. ❷《メキシコ, 中米, コロンビア》1) どんちゃん騒ぎ. 2) からかい, 冗談. ❸《キューバ》配때

vacinostilo [baθinostílo] 男《医学》ワクチン接種器, 管針

vacío[1] [baθío] 男 ❶ 真空で: propagarse en el ~ 真空を伝わる. bomba de ~ 真空ポンプ. descarga en el ~ 真空放電. freno al ~ 真空ブレーキ. ultra alto ~ 超高真空. ❷《主に比喩》すき間, 空白, 穴: Su muerte dejó un gran ~ en la casa un gran ~ 彼が死んで家にぽっかり穴があいたようだった. ~ impositivo 税務署が捕捉不能な課税対象〔=laguna fiscal〕. ~ legal 法律の抜け穴. ~ político/~ de poder 政治的空白. ❸ 虚空: Mi grito resonó en el ~. 私の叫び声は虚しく消えた. aferrar al ~ 虚空をつかむ. lanzarse al ~ 虚空に身を投げる. mirar al ~ あらぬ方を見やる. ❹《解剖》〔仮肋骨下の〕わき腹. ❺〔隠語〕〔気体の〕希薄化, 減圧. ❻《ラプラタ. 料理》〔牛の〕リブロース
al ~〔内部が〕真空の・で: envasado *al* ~ 真空パック〔の〕
caer en el ~ = *quedar en el* ~
de ~《西》1) から荷で: El camión volvió *de* ~. トラックが荷無しで戻った. 2) 成果なく
en ［el］ ~ 空転して; 成果なく: dar un golpe *en el* ~ から振り
hacer el ~ *a* +人 ~ を村八分(のけ者)にする: Nadie me dirigía la palabra y todos me *hacían el* ~. 誰も私に言葉をかけず, みんな私を避けるようだった
quedar en el ~ 1) 効果がない, よい反応がない: Sus propuestas *quedaron en el* ~. 彼の提案は聞き入れられなかった. 2) 足元が落ち込む

vacío[2], a [baθío, a]《←俗ラテン語 vacivus < ラテン語 vacuus》形 ❶〔estar+〕からの《⇔lleno》: 1)〔中身がない〕El solar ahora está ~. その土地は今空き地だ. botella ~*a* 空き瓶. Tengo el estómago ~. 私は腹ペコだ. 2)〔強調, 人いない〕calle ~*a* 人けのない通り. vivienda ~ 空き家. 3)〔席が〕asiento ~ 空席. ❷ 内容のない, 空虚な, 人物: Piensa que el éxito está ~. 成功などむなしいと彼は思っている. Es un muchacho guapo, pero ~. 彼は美男子だが, 頭はからっぽだ. Me siento ~. 私はむなしさを感じている. discusión ~*a* 空疎な議論. expresión ~*a* うつろな表情. palabras ~*as*《言語》ストップワード. vida ~*a* 空漠とした人生. ❸〔家畜の雌が〕子を産まない. ❹《中南米》〔食物について〕…だけ: pan ~ パンだけ. queso ~ チーズだけ
volver con las manos ~*as* 手ぶらで(成果なく)戻る

vaco[1] [báko] 男《口語》去勢した雄牛〔=buey〕
vaco, ca[2] [báko, ka] 形 欠員の〔=vacante〕
vacuidad [bakwiđá(d)] 囡《文語》❶ 内容のなさ. ❷ からっぽさ, 空虚. ❸ からっぽなもの

vacuna[1] [bakúna]《←vacuno》囡《医学》1) ワクチン: poner a+人 ~ contra la viruela …に天然痘の予防接種をする. ~ antigripal インフルエンザ予防ワクチン. ~ de refuerzo/《西》~ de recuerdo 追加抗原刺激ワクチン. ~ viva 生ワクチン. 2) 牛痘, 馬痘. ❷《情報》アンチウィルスソフト

vacunación [bakunaθjón] 囡 予防接種(注射)〔行為〕: ~ の投与

vacunada [bakunáđa] 囡《メキシコ》=**vacunación**

vacunador, ra [bakunađór, ra] 形 名 予防接種(注射)をする〔人〕

vacunal [bakunál] 形 予防接種の, ワクチンの: calendario ~ 予防接種スケジュール

vacunar [bakunár]《←vacuna》他 ❶〔+contra の〕予防接種(注射)を…にする, ワクチンを投与する: El médico lo *vacunó contra* la rabia con motivo de una mordedura de perro. 彼は犬に噛まれたので, 医者は狂犬病予防接種を投与した. hacerse ~ *contra* el sarampión はしかの予防接種を受ける. ❷《比喩》免疫する: Está *vacunado contra* las adversidades. 彼は逆境には慣れている. ❸ 保護する. ❹《米国》…に掃除機をかける
― ~*se*〔受け身〕 ~*se contra* la influenza インフルエンザ予防注射を受ける

vacunatorio [bakunatórjo] 男 予防接種をする機関(場所)

vacuno, na[2] [bakúno, na]《←vaca》形 ❶ 牛の: carne ~*na* 牛肉. ❷〔まれ〕牛革の
― 男〔主に集合〕牛

vacunoso, sa [bakunóso, sa] 形 ワクチンの

vacunoterapia [bakunoterápja] 囡 ワクチンによる伝染病予防

vacuo, cua [bákwo, kwa]《←ラテン語 vacuus》形《文語》❶ 内容のない, 表面的な: discurso ~ 内容のない演説. ❷ からっぽの. ❸ 空席の
― 男 ❶ 真空, 空洞〔=vacío〕

vacuola [bakwóla] 囡《生物》空胞, 液胞
vacuolar [bakwolár] 形 空胞(状)の, 液胞(状)の
vade [báđe] 男 ❶ 紙ばさみ, フォルダー; デスクマット〔=carpeta〕. ❷ 蓋つきのライティングデスク
vadeable [bađeáble] 形〔川などが〕歩いて渡れる
vadeador [bađeađór] 男 浅瀬の案内人
vadear [bađeár]《←vado》他 ❶〔川などを〕歩いて渡る, 徒渉する: Tenemos que ~ el río en dos ocasiones. 私たちは2回川を歩いて渡らねばならない. ❷《文語》〔困難を〕克服する, 乗り越える: *Vadea* los problemas fácilmente. 彼は楽々と諸問題を克服する. ❸〔まれ〕〔気持ちを〕打診する, 探りを入れる
― ~*se*〔どうにか〕やっていく; ふるまう

vademécum [bađemékun]《←ラテン語 vade mecum》男〔単複同形〕❶ 便覧, 手引書〔=manual〕. ❷〔まれ〕書類かばん

vadeo [bađéo] 男 徒渉
vadera [bađéra] 囡 家畜や乗り物の通れる広い浅瀬, 徒渉点
vade retro [báđe rétro] 間 立ち去れ
vado [báđo]《←ラテン語 vadum》男 ❶ 浅瀬, 徒渉点: atravesar el arroyo por un ~ 浅瀬のところで流れを渡る. ❷〔建物の前などで, 車両出入口〕縁を低くした歩道;〔歩道に面した〕車両出入口: Subió con su bicicleta a la vereda por un ~. 彼は縁を低くしたから歩道に自転車を乗り上げた. La grúa se llevó un coche del ~. レッカー車が出入り口に停車した車を運んで行った. ~ permanente〔表示で〕出入口につき駐車禁止. ❸〔まれ〕手立て, 術(ペ).❹《廃語》休戦; 休止
al ~ *o a la puerta* どちらかに決めなければならない

vadoso, sa [bađóso, sa] 形 浅瀬のある

¡Vae victis! [báe bíktis]《←ラテン語》敗者の哀れさよ!
vaga¹ [bága]女《地方語》[海の]うねり《=～ de mar》
vagabundaje [baɣabundáxe] 男 ぶらぶら歩き; 放浪《=vagabundeo》
vagabundeaje [baɣabundeáxe]《チリ, パラグアイ》怠惰
vagabundear [baɣabundeár]《←vagabundo》自 ❶ [目的もなく] ぶらぶら歩く; 当てのない旅をする: *Vagabundeó por la calle toda la tarde.* 彼は午後ずっと街をぶらぶらした. ❷ 放浪する, さまよい歩く: Los goliardos *vagabundeaban* por Europa en la Edad Media de corte en corte. 遊歴書生たちは中世ヨーロッパで王都から王都への放浪生活をおくった
vagabundeo [baɣabundéo] 男 ぶらぶら歩き; 放浪
vagabundería [baɣabundería] 女 ❶ ぶらぶら歩き, 放浪《=vagabundeo》. ❷ 放浪癖. ❸《中米》怠け癖; 怠惰. ❹《ベネズエラ》複 不品行, 慎みのない行ない
vagabundez [baɣabundéθ] 女 =vagabundeo
vagabundo, da [baɣabúndo, da]《←ラテン語 vagabundus》形 放浪の: vida ～*da* 放浪生活. perro ～ のら犬
—— 名 放浪者, 浮浪者
vagal [baɣál] 形《解剖》迷走神経の
vagamar [baɣamár] 女《地方語》[海の]うねり
vagamente [báɣaménte] 副 ぼんやりと, 漠然と
vagamundear [baɣamundeár]《=vagabundear
vagamundo, da [baɣamúndo, da]《まれ》=vagabundo
vagancia [baɣánθja] 女 ❶ 怠け癖. ❷ 暇; 無為. ❸《社会学》住所不定無職;《法律》放浪罪. ❹《まれ》放浪
vagante [baɣánte] 形 ❶ ぶらぶらする; 放浪する. ❷《古語》欠員の《=vacante》. ❸《技術》緩い, ぐらぐらする
—— 男《ボリビア》荒地, 未開墾地
vagar [baɣár] I《←ラテン語 vagari < vagus "定職のない"》自 ❶ [+por] ぶらぶら歩き回る; 放浪する, さまよう: Los turistas *vagaban por* las calles. 観光客たちは街をぶらついていた. ～ de un pueblo a otro 村から村へと放浪する. ❷《技術》緩む, ぐらぐらする
II《←ラテン語 vacare "からっぽ・自由・暇である"》自《文語》怠ける. ❷《まれ》[時間・場所の] 余裕がある
—— 男 ❶ 暇: No tengo tanto ～ como para ir al cine. 私は映画を見に行く暇さえない. ❷ 悠長さ: La abuela hace las cosas con mucho ～. 祖母は何をするにものんびりしている
andar de ～ 暇な時間がある
vagarosamente [baɣarósaménte] 副《文語》漠然と
vagarosidad [baɣarosiðáð] 女《文語》漠然としていること, 方向性のないこと
vagaroso, sa [baɣaróso, sa] 形《文語》漠然とした, 方向性のない: céfiro ～ どこからともなく吹いてくるそよ風
vagido [baxíðo]《←ラテン語 vagitus》男 [新生児の] 泣き声: el primer ～ 産声
vágil [báxil] 形《生物》移動性の, 自由運動性の《⇔sésil》
vagina [baxína] 女 ❶《解剖》膣（ちつ）. ❷《植物》葉鞘（ようしょう）
vaginal [baxinál] 形《解剖》膣の
vaginera [baxinéra] 女 [大麻などの] 麻薬を膣に隠し運ぶ屋
vaginiforme [baxinifórme] 形 鞘の形をした
vaginismo [baxinísmo] 男《医学》膣痙
vaginitis [baxinítis] 女《医学》膣炎
vagneriano, na [baɣnerjáno, na] 形 =wagneriano
vago, ga² [báɣo, ga] I《←ラテン語 vagus "一定しない, 不定の"》形 ❶ [主に +名詞] あいまいな, 漠然とした: Tenemos una *vaga* idea del proyecto. その計画について私たちは漠然としか考えていない. *vaga* impresión 漠然とした印象. ❷ [目的が] はっきりしない, 不明瞭な. ❸ [色などが] 淡い, あいまいな: ～ aroma そこはかとない芳香. ❹《医学》ojo ～ 怠け目, 弱視
—— 男《解剖》迷走神経《=nervio ～》
II《←ラテン語 vacuus "からの"》形 ❶ 暇な, 定職のない; 怠け者の: Es bastante ～ en matemáticas. 彼は数学の勉強のない怠け者だ
—— 名 ❶《軽蔑》怠け者; 浮浪者: No le gusta trabajar, es un ～. 彼は働くのが嫌いだ. 怠け者なのだ. ❷ 定職のない人
en ～《西》1) 確固としていない, 一貫性のない. 2) むなしく, 無駄に
vagón [baɣón]《←英語 waggon》男《鉄道》車両; 貨車《=～ de mercancías》: ～ cubierto (descubierto) 有蓋（無蓋）貨車.

～ de cola 車掌車. ～ de ganado/～ cuadra 家畜車. ～ de pasajeros 客車. ～ de primera (segunda)(clase) 一等(二等)車. ～ frigorífico 冷凍車. ～ mirador 展望車. ～ restaurante (comedor) 食堂車. ～ tolva ホッパー車
vagoneta [baɣonéta]《←vagón》女 [鉱山など] トロッコ. ❷《メキシコ, コスタリカ, ドミニカ. 自動車》ワゴン車
—— 名《アルゼンチン. 口語》怠け者
vagorosidad [baɣorosiðáð] 女《文語》=vagarosidad
vagoroso, sa [baɣoróso, sa] 形《文語》=vagaroso
vagotomía [baɣotomía] 女《医学》迷走神経切断手術
vagotonía [baɣotonía] 女《医学》迷走神経緊張[症]
vagotónico, ca [baɣotóniko, ka] 形 迷走神経緊張症の
vaguada [baɣwáða] 女 ❶《地理》凹線, 谷線. ❷《気象》低気圧の中心, 気圧の谷《=～ barométrica》. ❸《西》商店街
vagueación [baɣeaθjón] 女 ❶ 空想, 夢想. ❷《軽蔑》ぶらぶら歩き, 怠けること
vaguear [baɣeár] 自 ❶《軽蔑》怠ける. ❷ 放浪する, さすらう
vaguedad [baɣeðáð] 女 あいまいさ; あいまいな表現(言葉): decir ～*es* あいまいなことを言う. hablar sin ～*es* はっきりと言う
vaguemaestre [baɣemaéstre] 男《古語. 軍事》輜重兵（しちょうへい）士官
vaguería [baɣería] 女 怠惰, ぐうたらさ: Sacúdete la ～ y ponte a estudiar. 怠け心は振り捨てて, 勉強を始めなさい
vaguido, da [baɣíðo, ða] 男《←まれ》[一瞬] 気が遠くなる[こと], 目まい[がする]
váguido, da [báɣiðo, ða] 男《中南米. 西では廃語》=vaguido
vaguitis [baɣítis] 男《単複同形》《西. 口語》怠惰, 不精
vahaje [b[a]áxe] 男《船舶》微風
vahar [b[a]ár] 自 息を吐く; 湯気を放つ
vaharada [ba[a]ráða] 女《文語》❶ 息, vaho を吐くこと. ❷ [臭気・香気の] 発散: envolverse en una ～ de denso perfume 濃厚な香水のにおいに包まれる
vaharera [ba[a]réra] 女 口角糜爛（びらん）《=boquera》
vaharina [ba[a]rína] 女 息; 湯気; 霧
vahear [baeár] 自 息を吐く; 湯気を出す
vahído [baíðo]《←古語 váguido < vago》男 [一瞬] 気が遠くなること, 目まい: La visión de la sangre le produjo ～*s*. 彼は血を見て目まいがした
vaho [báo]《←擬声》男 ❶ [目に見える] 息, 呼気: lanzar ～ sobre el espejo 鏡に息を吹きかける. ❷ 湯気, 水蒸気: Al entrar en la sala un ～ caliente me dio en la cara. 会場に入ると熱気が私の顔にあたって来た. Los cristales se empañan de ～. 窓ガラスは湯気で曇っている. ❸ 悪臭. ❹《医学》吸入[法]: tomar ～*s* 吸入をする. ❺《中米》肉・蒸したバナナ・ヤマノイモの料理
vaída [baíða] 形《→bóveda》vaída
vaina [bájna]《←ラテン語 vagina》女 ❶ [刀剣などの] 鞘（さや）: sacar la espada de su ～ 剣を鞘から抜く, 鞘を払う. ❷《植物》1) [quitar las ～*s* a los guisantes エンドウマメの莢をむく. 2) サヤインゲン. 3) 葉鞘. ❸《解剖》鞘（しょう）. ❹《船舶》[帆の縁を補強する] 折り返し, 索布; [旗の掲揚綱を通す] 縦の縁の折り返し. ❺《口語》面倒, 障害; ささいなこと. ❻《まれ》愚か者. ❼《グアテマラ, ボリビア. 開鉱》鶏の爪を覆う皮製のカバー. ❽《コスタリカ, キューバ, コロンビア, ベネズエラ, チリ》名前を知らない(言いたくない)もの. ❾《コスタリカ, コロンビア, ベネズエラ, チリ》不快, 迷惑: ¡Qué ～!, salir a esta hora. こんな時間に出かけるなんて嫌だなあ!
hacerse el ～《キューバ. 口語》見えない(分からない)ふりをする
saber de que va la ～《まれ》事情を知っている
salirse de la ～《ニカラグア, ボリビア, アルゼンチン, ウルグアイ. 口語》怒りに我を忘れる, いらいらする
—— 名《口語》不まじめな人, 無責任な人;《軽蔑》見下げ果てた奴
vainada [bajnáða] 女《地方語》愚かさ
vainazas [bajnáθas] 男《単複同形》《まれ》だらしない人, 不精者
vainero, ra [bajnéro, ra] 名 鞘(什)職人
vaineta [bajnéta] 女《ナバラ, ウエスカ》サヤインゲン
vainetilla [bajnetíʎa] 女《ペルー》迷惑, 面倒
vainica [bajníka] 女《←vaina》❶《手芸》ドロンワーク, 糸抜きかがり飾り. ❷《コスタリカ》サヤインゲン: ～ ciega 糸を抜かないかがり飾り
vainilla [bajníʎa]《vaina の示小語》女 ❶《植物. 果実, 香料》バニラ: semilla[s] de ～ バニラビーンズ. helado de ～ バニラアイス

クリーム. ❷《地方語》サヤインゲン. ❸《中南米. 植物》ヘリオトロープ. ❹《チリ, アルゼンチン, ウルグアイ. 手芸》ドロンワーク〖=vainica〗. ❺《アルゼンチン. 料理》蜂蜜のかかった揚げパン(フリッター)〖=melindro〗
── 形 薄い黄色の
vainillado, da [bainiʎádo, ða] 形 バニラの香りの
vainillera [bainiʎéra] 女《植物》バニラ
vainillina [bainiʎína] 女《化学》バニリン
vainillismo [bainiʎísmo] 男《医学》バニラ症
vainiquera [bainikéra] 女 ドロンワーク vainica の縫い子
vainita [bainíta] 女《中南米》インゲンマメ
vaivén [baiβén] 男〖←va+y+ven〗 ❶ [前後・左右の] 往復運動, 揺れ; ~ del péndulo 振り子の振動. ~ del barco 船の揺れ. puerta de ~ スイングドア, 自在ドア. ❷ 変遷, 盛衰, 浮沈; vaivenes de la vida 人生の浮き沈み. vaivenes de la fortuna 運不運. ❸ 失敗の可能性. ❹ 揺さぶり, 急な動き. ❺ 荷物を積んだトロッコと空のトロッコが反対方向に交互に動くケーブル牽引システム. ❻《船舶》(繰り合わせ用の) 細索. ❼《遊具》シーソー
vaivenear [baiβeneár] 他《廃語》[前後・左右に] 揺らせる
vaiveneo [baiβenéo] 男《まれ》[前後・左右の] 揺れ
vaivoda [baiβóða, na] 男《歴史》モルドバ Moldavia・ワラキア Valaquia・トランシルバニア Transilvania の君主の称号; ポーランドの町の司令長官 voivoda の称号
vajear [baxeár] 他《メキシコ, グアテマラ, コスタリカ, キューバ》❶ [ある種の爬虫類が獲物に] 息を吹きかけて眠らせる. ❷ 錯乱させる, 頭を混乱させる
vajilla [baxíʎa] 女〖←カタルーニャ語 vaixelle <俗ラテン語 vascella < vascellum「小型の器」〗 女《集合》食器: una ~ de plata 銀の食器一そろい
vajillería [baxiʎería] 女 食器の製作技術
val [bál] 男《ムルシア》下水溝, 下水路
valaco, ca [baláko, ka] 形《歴史, 地名》[現在のルーマニアにあった国国] ワラキア Valaquia の [人]
── 男 ワラキア語
válaco, ca [bálako, ka] 形 名 =valaco
valar [balár] 形 囲いの, 柵の, 塀の
Valdelomar [baldelomár]《人名》**Abraham** ~ アブラム・バルデロマール〖1886～1919, ペルーの作家. マラルメなどヨーロッパの詩人・作家を紹介する一方, 若い作家を発掘し, 地方文化を視野に入れたペルー文学の近代化に貢献した〗
valdemoreño, ña [baldemoréɲo, ɲa] 形《地名》バルデモロ Valdemoro の〖人〗〖マドリード県の村〗
valdense [baldénse] 形 名《キリスト教》〖12世紀南フランスで起こった〗ワルド派 Pedro de Valdo 派〖の人〗
valdepeñas [baldepéɲas] 男《単複同形》バルデペーニャスワイン〖シウダー・レアル県の Valdepeñas 産のワイン〗
valdepeñero, ra [baldepéɲero, ra] 形 名《地名》バルデペーニャス Valdepeñas の〖人〗〖シウダー・レアル県の町〗
Valdés [baldés]《人名》**Alfonso de** ~ アルフォンソ・デ・バルデス〖1490～1532, スペインの風刺作家. 秘書官としてカルロス1世に仕え, 当時の代表的なエラスムス主義者 erasmista として知られた. 教会や貴族階級の腐敗を痛烈に批判したために異端裁判所に追われ, 国外に逃れた.『メルクリウスとカロンの対話』*Diálogo de Mercurio y Carón*〗
Juan de ~ フアン・デ・バルデス〖1500～41, スペインの神学者・言語学者. 兄であるアルフォンソ・デ・バルデスと共にエラスムスの強い影響を受けて宗教改革に関与する対話形式の作品を著わし, 母国語論も残している〗
Valdés Leal [baldés leál]《人名》**Juan de** ~ フアン・デ・バルデス・レアル〖1622～90, バロック期スペインの画家. テネブリズム tenebrismo の名手. 連作『束の間の命』*En un abrir y cerrar de ojos*,『世の栄光の終り』*El fin de las glorias mundanas*〗
valdeteja [baldetéxa] 男 [レオン県の] Valdeteja 産のヤギ乳チーズ
valdivia [baldíβja] 女《コロンビア. 植物》有毒成分があり薬剤に用いられる植物〖学名 Picrammia valdiviana〗
Valdivia [baldíβja] 《人名》**Pedro de** ~ ペドロ・デ・バルディビア〖1497～1553, スペイン人コンキスタドール. 1535年, 新大陸へ渡り, ピサロ Pizarro の命令でチリに遠征. チリの建設者. 先住民アラウコ arauco 族とのトゥカペルの戦い Batalla de Tucapel で死去〗

valdiviano, na [baldiβjáno, na] 形《地名》バルディビア Valdivia の〖人〗〖チリ南部の県・郡名〗
── 男《チリ. 料理》ニンニク・干し肉・炒めた玉ネギの煮込み
vale [bále] I〖←valer〗男 ❶ 引換券: Se regala una muñeca por diez ~s. 券10枚で人形をプレゼントします. Hay que comprar ~s de descuento 割引券を. ~ de este restaurante. この食堂では食券を買わなければならない. ~ de descuento 割引券. ~ -regalo ギフト券, 商品券. ❷ 無料入場券, 優待券: Tengo un ~ para el cine. 私は映画館の無料入場券を1枚持っている. ❸《歴史》~ real 王室借用証〖1780年カルロス3世によって発行された. 裏書によりスペイン初の政府紙幣として1818年まで高額取引に利用された〗. ❹《主に中南米》借用書; 約束手形〖=pagaré〗
── 男 →**valer**
── 名《メキシコ, コロンビア, ベネズエラ. 口語》仲間, 親友
II〖←ラテン語 vale (別れの挨拶)〗〖← valere「健康である」〗間《古語》[別れの挨拶] さらば, さようなら
── 男《廃語》~ último (postrero) [死者などとの] 別れ, 決別
valedero, ra [baleðéro, ra] 形《文語》❶ [+para・por の期間・価値で] 有効な, 使用できる: billete ~ por dos meses 2か月間有効の切符. ❷ 妥当な: sin razón ~ra 正当な理由なしに
valedor, ra [baleðór, ra] 名《文語》保護者, 庇護者, 後援者: Isabel I fue ~ra del Descubrimiento de América. イサベル1世はアメリカ大陸発見の後援者だった. ~ de los pobres 貧しい人々の庇護者. ❷《メキシコ. 口語》仲間, 親友
valedor do pobo galego [baleðór ðo póbo galéɣo]〖←ガリシア語〗ガリシア州のオンブズマン
valedura [baleðúra] 女《メキシコ》[人への] 援助, 恩恵
valencia [balénθja] 女〖←valer〗❶《化学》原子価: tener ~ 4 四価である. ❷《生物》結合価, 数価. ❸《言語》結合価. ❹《文語》価値, 長所
Valencia [balénθja] 女《地名》バレンシア〖1) スペイン東部の自治州, 正式名称は Comunidad Valenciana; その州都・県. 2) ベネズエラ, カラボボ州の州都〗
valencianía [balenθjanía] 女《文語》バレンシアらしさ
valencianidad [balenθjaniðá(ð)] 女《文語》バレンシア人気質
valencianismo [balenθjanísmo] 男 ❶ バレンシアの地方主義. ❷ バレンシアらしさ. ❸ バレンシアびいき. ❹ バレンシア方言
valencianista [balenθjanísta] 形 ❶ バレンシアびいきの. ❷ [サッカーチームの] Valencia Club de Fútbol の〖ファン〗
valencianizar [balenθjaniθár] 9 他 ❶ バレンシア的にする; バレンシア人らしくする
── **~se** バレンシア的になる; バレンシア人らしくなる
valenciano, na [balenθjáno, na] 形 名《地名》バレンシア Valencia の〖人〗
── 男 バレンシア方言
── 女 ❶《メキシコ》[ズボンなどの] 折り返し. ❷《チリ, アルゼンチン, ウルグアイ》木綿の細かいレース
Valente [balénte]《人名》**José Ángel** ~ ホセ・アンヘル・バレンテ〖1929～2000, スペインの詩人. 亡命・権利の剥奪・死を中心テーマに, 抽象性の高い洗練された文体の詩を多く残している〗
-valente〖接尾辞〗〖原子価, 基〗bi*valente* 二価の
valentía [balentía]〖←バスク語 valens, -entis「勇敢な」〗女 ❶ 勇敢さ, 勇気, 度胸〖→**valer** 類義〗; 大胆さ, 度胸: Tuvo ~ para reconocer sus fallos. 彼は勇敢にも自分の失敗を認めた. Su ~ rayaba en la imprudencia. 彼の勇敢さは無鉄砲に近いものだった. probar su ~ 勇気を証明する. pelear con gran ~ 非常に勇敢に戦う. ❷ 勇敢な行為: hacer ~s 勇敢な行動をする
valentiniano, na [balentinjáno, na] 形 名《キリスト教》ワレンティヌス Valentín 派〖の〗〖2世紀の異端〗
valentinita [balentiníta] 女《鉱物》バレンチン鉱
valentino, na [balentíno, na] 形《文語》バレンシアの〖=valenciano〗
valentísimo, ma [balentísimo, ma] 形 ❶ valiente の絶対最上級. ❷ [芸術・学問において] 非の打ち所がない, 完璧な
valentón, na [balentón, na]〖←ラテン語 valens, -entis〗形《軽蔑》勇敢ぶる〖人〗, 空いばり屋〖の人〗, 粋がる〖者の〗: Este chico se hace el ~ con sus amigos. この子は友達の前では空いばりしてみせる
valentonada [balentonáða] 女《軽蔑》強がり, 空いばり, 虚勢: Es molesto tener que aguantar sus ~s. 彼の空いばりを我慢しなければならないのは迷惑だ
valentonería [balentonería] 女《軽蔑》空いばり, ほら

valer [balér]〖←ラテン語 valere〗 61 他 ❶ …の値段である: La entrada *vale* diez euros. 入場料は10ユーロだ. ¿Cuánto *vale* mi coche usado? 私の中古の車はいくらになりますか? ❷ …と同じ価値がある: 1) 値する, 値打ちがある: Tu nuevo puesto *vale* una buena celebración. 君の今度のポストは大いに祝うに値する. 2) 相当する: En este juego un gol *vale* dos tantos. この競技では1ゴールが2点である. Una nota negra *vale* dos corcheas. 4分音符は8分音符2つに相当する. 3)〔計算の答・未知数が〕…となる, …である: La suma *vale* ocho. 和は8である. X *vale* 3. X は3である. ❸〔+a+人 に〕結果として…をもたらす: Su retraso le *valió* una dura reprimenda del jefe. 彼は遅刻して上司にこっぴどく叱られた. Su buena acción le *ha valido* un premio. 彼の善行に賞が与えられた. ❹〔神などが〕助ける, 加護を与える: ¡Que Dios nos *valga*! 神のご加護がありますように. ❺〔地方語〕…できる〖主に否定文で〗: No *valgo* moverme. 私は動けない

~ **lo que pesa**〔人・物が〕高い評価を受ける, 大変価値がある, 尊敬に値する: Se ha casado con una mujer que *vale lo que pesa*. 彼は大変立派な女性と結婚した

¡Válgame [*Dios*・*el cielo*]*!*〔不快なことに対するあきらめ〕おやおや/何ともはや!

── 自 ❶ 役に立つ, 利用価値がある: 1) Ya no *valen* los mapas de hace 20 años. 20年前の地図はもう役に立たない. La primera impresión es la que *vale*. 第一印象が大切だ. 2)〔+a+人 にとって〕Estas botas me *valen* todavía. このブーツはまだはける. Me *valió* el casco al caerme de la moto. バイクで転倒した時ヘルメットが役立った. No les *valió* pedir perdón. 彼らは謝っても無駄だった. 3)〔+para のために〕Este cuero no *vale para* bolsos. この皮はハンドバッグには使えない. Este tipo de tierra *vale para* hacer cerámicas. この種の土は陶器を作るのに使われる. Es demasiado grande, no *vale para* lo que yo quiero. それは大きすぎて私が思っていることの役には立たない.〔人が〕No *valgo para* este trabajo. 私はこの仕事には向かない. Aquel ministro *vale para* este fin. この目的のためにはあの大臣は力がある〔役に立つ〕. ❷ 価値がある: Este sello no *vale* mucho. この切手は大した価値がない. ❸ 有効である, 効力を持つ: 1) El documento, si no está firmado, no *vale*. 署名がなければ書類は無効だ. No *vale* este gol porque no estábamos en el juego. タイムがかかっていたので, このゴールは認められない. 2)〔主な時制〕Este dos es el que *vale* pasar hasta dos veces. パスは2回までできる. En el boxeo no *vale* golpear debajo de la cintura. ボクシングではベルトから下を打ってはいけない. ❹〔主に+副詞〕相当する: 1) Su última obra no *vale* nada. 彼の最新作は駄作だ. La primera sinfonía *vale* más que la segunda. 第一交響曲は第二よりよい. 2)〔人が〕立派である, 有能である: Su marido *vale* mucho. 彼女の夫は大変立派な人だ. Este año hay muchos alumnos que *valen*. 今年はよくできる生徒が多い. 3)〔否定文で美醜〕Su hermana no *vale* mucho. 彼の妹は大したことない. ❺〔一定の単位・効力. +por と〕相当する: Cada cupón *vale por* un litro de gasolina. クーポン券1枚でガソリン1リットルと換えられる. Un acto ejemplar *vale por* cien amonestaciones. 一回のお手本は百回のお説教と同じ効果がある. ❻〔一定量の価格. +a で〕値段である: Las patatas *valen a* un euro el kilo. ジャガイモは1キロ1ユーロだ. ❼〔+con+人 に〕影響力がある: ¡Díselo tú, que *vales* más que yo *con* él! 彼には君から言ってくれ! 私より君の方が効き目があるよ. ❽〔メキシコ. 口語〕1) 大したことがない; 無駄である, 役に立たない. 2)〔道具・車が〕壊れる

en lo que vale... 価値ある…に対して: Le agradecemos *en lo que valen* sus advertencias. 貴重なご忠告をありがとうございます

hacer ~ 1)〔権利などを〕行使する: Para ocupar el puesto *hizo* ~ su antigüedad. 彼はその地位を手に入れるために彼は勤続年数に物を言わせた. 2)〔性質などを〕生かす

hacerse ~〔当然の権利として〕優位に立つ, 重きをなす: Se *hace* ~ en la empresa. 彼は会社で高い地位にある

más vale ~ 〔主に+不定詞・*que*+接続法〕…の方がよい, …の方がましである: *Más vale* callar. 黙っている方がよい. *Más vale* no hacerlo. やらない方がよい

más valiera +不定詞〔皮肉〕…する方がよいだろう: Si vais a volver a discutir, *más valiera* no hacer las paces. またけんかするつもりなら, 仲直りなんてしない方がよいか

mejor vale +不定詞・*que*+接続法〔俗用〕=**más vale** +不定詞・

que+接続法

no hay +冠詞+名詞 *que valga*《口語》…もへちまもあるものか: *No hay* pero *que valga*. しかしもくそもない

no ~ **para nada** 何の役にも立たない; 無能である

¡Vale! 1)《西. 口語》〔承諾・同意〕よろしい, オーケー!: ¿Vienes al cine?—*Vale*. 映画を見に行くかい?—うん. ¿*Vale*?—Sí *vale*. いいかい?—いいよ/いいですか?—いいですよ. *todo vale* すべてオーケー, 何でもあり. 2) もうたくさんだ!

valga +冠詞+名詞〔自分の表現の不適切さ・あいまいさの言い訳〕…は承知の上で言うのだが, …は許してもらいたいのだが: *valga* la redundancia 重複は許してもらいたいのだが

──**se** ❶〔+de を〕利用する, うまく使う: *Se valió de* su amigo para conseguir el premio. 彼はその賞を手に入れるのに友人を利用した. ❷〔老人・病人などが〕一人で身の回りの用を足す: Teniendo cien años, tiene la cabeza muy clara, y puede ~*se* perfectamente dentro de casa. 彼は100歳だが, 頭ははっきりしているし, 家の中では身の回りのことは自分でできる. ❸《メキシコ》許されている

~**se por sí mismo** 自立する, 独立する

valer		
直説法現在	直説法未来	直説法過去未来
val**go**	val**dré**	val**dría**
val**es**	val**drás**	val**drías**
val**e**	val**drá**	val**dría**
val**emos**	val**dremos**	val**dríamos**
val**éis**	val**dréis**	val**dríais**
val**en**	val**drán**	val**drían**
命令法	接続法現在	
	val**ga**	
val, val**e**	val**gas**	
	val**ga**	
	val**gamos**	
val**ed**	val**gáis**	
	val**gan**	

── 男 能力, 偉さ: Es lástima que un hombre de tu ~ se pierda por el alcohol. 君ほどの才能の持ち主が酒で身を滅ぼすとは残念だ

valerano, na [baleráno, na] 形 名〔地名〕バレラ Valera の〔人〕〖ベネズエラ, Trujillo 州の州都〗

Valera y Alcalá Galiano [baléra i alkalá galjáno]〔人名〕**Juan** ~ フアン・バレラ・イ・アルカラ・ガリアノ〔1824～1905, スペインの小説家・批評家・外交官. 当時主流だったロマン主義・自然主義に背を向け, 小説の使命は美の追求にあると論じた. 文体・手法に技巧を凝らした作品は19世紀スペイン最高の散文と評される. 日本の民話にも興味を持ち,『浦島太郎』,『松山鏡』などのスペイン語版を残している〗

valeriana [balerjána] 女〔植物〕❶ バレリアン, セイヨウカノコソウ〖= ~ común〗;〔薬学〕吉草根. ❷ ~ **griega** ハナシノブ, ポレモニウム

valerianáceo, a [balerjanáθeo, a] 形 オミナエシ科の
── 女〔植物〕オミナエシ科

valerianato [balerjanáto] 男《化学》吉草酸塩

valeriánico, ca [balerjániko, ka] 形《化学》ácido ~ 吉草酸

valerosamente [balerósaménte] 副 ❶ 勇敢に, 勇ましく. ❷ 力強く効果的に

valerosidad [balerosidá(d)] 女 勇敢さ

valeroso, sa [baleróso, sa]〖←valer〗形 ❶〔人・事が, 美徳として〕勇敢な, 勇気のある: Este niño ~ lucha por mantener la familia. このけなげな子は家族を養うために奮闘している. comportamiento ~ 勇気ある行動. soldado ~ 勇敢な兵士. ❷ 有能な, 立派な

valesia [balésja] 男〔植物〕キョウチクトウ科の高木〔学名 Vallesia inedita〗

valet [balé(t)] 男〔←仏語〕〔 ~s〕❶〔トランプ〕ジャック. ❷ 従者, 従僕

valetudinario, ria [baletuđinárjo, rja]〖←ラテン語 valetudinarius〗形 名〔文語〕〔主に加齢のために〕病弱な〔人〕, 体の弱い〔人〕; anciano ~ 体の弱いお年寄り

valeverguista [baleberɣísta] 名《中米. 口語》無頓着な人

valgo, ga [bálɣo, ɣa] 形《医学》外反の, 外反した: pie ~ 外反足

valí [balí] 男《歴》~[e]s]〖オスマン帝国の〗州総督
valía [balía]〖←valer〗女 ❶〖人の〗真価, 評価;〖事物の〗価値, 値打ち: Su ~ como empresario es reconocido por todos. 企業家としての彼の能力はみんなに評価されている. Hallé unos objetos de gran ~. 私は非常に高価なものをいくつか見つけた. ❷ 寵愛(ちょうあい). ❸ 派閥, 党派
valiato [baljáto] 男 州総督 valí の統治〔領〕
Valichu [balítʃu]《チリ, ラプラタ》〖アラウコ族の〗悪霊, 悪魔
validación [balidaθjón] 女 ❶ 有効にすること. ❷ 確実さ
validadora [balidadóra] 女〖大量の文書に法的効力を持たせるための〗自動押印機
válidamente [bálidaménte] 副 有効に, 正当に
validar [balidár] 他〖法的に〗有効とする: El Tribunal Supremo *validó* los resultados de las elecciones presidenciales. 最高裁は大統領選挙の結果を有効とした
validez [balidéθ]〖←válido〗女 ❶〖法的な〗有効性, 効力: dar ~ a... …を有効とする(認める). plazo de ~ 有効期間. ❷《まれ》強さ, たくましさ
valido, da [balído, da]〖〖←valer〗形〗《一般に》評価の高い
—— 男〖王の〗寵臣, お気に入り: El ~ del rey es una figura típica del siglo XVII español. その国王の寵臣は17世紀スペインの典型的な人物像である
válido, da [bálido, da]〖←ラテン語 validus〗形 ❶〖法的に〗有効な, 通用する: El pasaporte es ~ por cinco años. そのパスポートは5年間有効だ. No fue ~ el gol. そのゴールは無効だった. ❷《医学》強い; たくましい
valiente [baljénte]〖←ラテン語 valens, -entis < valere 強い, たくましい〗形 ❶ 勇敢な, 勇気のある〖⇔cobarde〗: Fue ~ al hacer público que iba a desengancharse de las drogas. 彼は麻薬と縁を切ることを公言した. ~ guerrero 勇敢な戦士. ❷〖人が〗頑丈な, たくましい. ❸《皮肉, 軽蔑》〖主に感嘆文で, +形容詞・名詞〗ひどい, 見事に: ¡~! motorista estás tú hecho si no puedes gobernar la máquina! マシンを操作できないとは君はあきれたバイク乗りだね! ~ bobada ひどくつまらないこと. ❹《西》〖食べ物が〗においがきつい. ❺ carne ~ 〖牛などの〗首と臀甲(でんこう)をつなぐ腱
más ~ que el Cid 非常に勇敢な
—— 名 勇敢な人
valientemente [baljénteménte] 副 ❶ 勇敢に, 大胆に: Nuestros ejércitos lucharon ~. 我が軍は勇敢に戦った. ❷《文語》力を込めて; 精力的に
valija [balíxa]〖←伊語 valigia〗女 ❶《主に中南米》スーツケース〖=maleta〗: hacer (deshacer) la ~ 旅行の支度をする(解く). ❷〖郵便配達人の〗郵便かばん; その中の郵便物: ~ diplomática 外交公文書袋. ❸《中南米. 自動車》トランク
valijero, ra [balixéro, ra] 名 ❶ 外交公文書伝達官. ❷〖中央郵便局から所轄の町村への〗郵便移送係
—— 男《パラグアイ. 自動車》トランク
valimiento [balimjénto]〖←valer〗男 ❶ 寵愛, 引き立て; 庇護, 信任. ❷《歴史》寵臣政治(体制). ❸ 価値があること; 利用
valioso, sa [baljóso, sa]〖←valía〗形 ❶ 高価な; 貴重な, 有益な: joya ~sa 高価な宝石. ❷ 力になる強い味方で: Su ~ ayuda 彼の力強い援助. ❸〖特に+acto〗立派な行為. ❷ 金持ちの
valisneria [balisnérja] 女《植物》セイヨウセキショウモ〖水草. 学名 Vallisneria spiralis〗
valisoletano, na [balisoletáno, na] 形 名 =**vallisoletano**
valkiria [balkírja] 女 =**valquiria**
valla [báʎa]〖←ラテン語 valla < vallum「柵, 土壁・石塁」〗女 ❶〖板・金網などの〗柵, 囲い: La parcela está rodeada por una ~ metálica. その区画は金網のフェンスで囲われている. ~ de seguridad / ~ de protección ガードレール. ❷ 障害〖《スポーツ》ハードル: carrera de ~s 障害物競走;《競馬》~ (=~s) publicitaria, ~ de publicidad. ❹《メキシコ, カリブ, アンデス》闘鶏場. ❺《コロンビア》ペロタ *pelota* のゴール
romper (saltar [se]) la [s] ~[s] 習慣や道徳を無視する
valladar [baʎadár]〖←ラテン語 vallatus〗男 ❶ 囲い, 柵〖=valla〗. ❷《比喩》障害物: Se ha levantado un ~ entre nosotros. 私たちの間には溝ができた
valladear [baʎadeár] 他 …に囲いを(柵)をする

vallado [baʎáðo]〖←ラテン語 vallatus〗男 ❶ 囲い, 柵〖=valla〗; 生け垣, 土塀. ❷《プエルトリコ. 軽蔑》〖町に出てきた〗身なりの悪い田舎者
Valladolid [baʎaðolíð] 女《地名》バリャドリード〖カスティーリャ・イ・レオン州の州都・県・県都〗
vallar [baʎár]〖←ラテン語 vallare〗他 …に囲いをする, 柵をする: *Han vallado* las obras para impedir accidentes. 彼らは事故を防ぐために工事現場に囲いをした
—— 形 囲いの, 柵の
—— 男 囲い, 柵〖=valla〗
valldeuxense [baldeu(k)sénse] 形 名《地名》バル・デ・ウクソ Vall de Uxó の〖人〗〖カステリョン県の町〗
valle [báʎe]〖←ラテン語 vallis〗男 ❶ 谷: pueblo en un ~ 谷間の村. V~ del Jordán ヨルダン谷. V~ de Kiso 木曾谷. Gran V~ del Rift〖アフリカの〗グレートリフトバレー, 大地溝帯. ~ en forma de U (V) U(V)字谷. ❷ 流域; 盆地. ❸《集名》谷間(にあ)の家々(集落). ❹《活動・現象の》最悪期, 底〖⇔pico〗. ❺〖波動の〗谷〖⇔cresta〗. ❻《西》energía de ~ オフピーク電力量. 〜 最閑散時間帯. tarifa 〜〖時間帯による〗最安料金
¡Hasta el ~ de Josafat! 最後の審判の日が来るまで〖もう二度と会わないだろう, など〗
~ de lágrimas この世, 浮き世
vallecaucano, na [baʎekaukáno, na] 形《地名》バジェ・デル・カウカ Valle del Cauca の〖人〗〖コロンビア南部の県〗
vallegrandino, na [baʎeɣɾandíno, na] 形《地名》バジェ・グランデ Valle Grande の〖人〗〖ボリビア, サンタ・クルス県の郡および郡都〗
Valle Inclán [báʎe iŋklán]《人名》**Ramón María del ~** ラモン・マリア・デル・バリェ・インクラン〖1866～1936, スペインの小説家・劇作家. 前期では絵画的・音楽的効果を重視していたが, その後, エスペルペント esperpento と呼ばれる独自のスタイルでスペイン社会を痛烈に風刺した. 四部作の『ソナタ』*Sonatas*, 『ボヘミアの光』*Luces de Bohemia*, 『暴君バンデラス』*Tirano Banderas*〗
valle-inclanesco, ca [báʎe iŋklanésko, ka] 形《人名》バリェ・インクラン Valle Inclán の
valleja [baʎéxa] 女《地方語》=**vallejo**
vallejo [baʎéxo] 男 =**vallejo**
Vallejo [baʎéxo]《人名》**César ~** セサル・バリェホ〖1892～1938, ペルーの詩人. モデルニスモの影響を受けた詩集『黒い使者たち』*Los Heraldos negros*, 無実の罪で投獄された時の衝撃的な体験をもとにシュルレアリスムを思わせる鮮烈なイメージを散りばめた詩集『トリルセ』*Trilce*. 小説『タングステン』*Tungsteno*〗
vallejón [baʎexón] 男 =**vallejo**
vallenato [baʎenáto] 男《主にコロンビア》バジェナト〖アコーディオンで伴奏する民俗舞踊, その音楽〗
vallense [baʎénse] 形 名《地名》バルス Valls の〖人〗〖タラゴナ県の町〗
valleño, ña [baʎéɲo, ɲa] 形 名《地名》バジェ Valle の〖人〗〖ホンジュラス南部の県〗
vallesano, na [baʎesáno, na] 形《地名》バリェス Vallès の〖人〗〖バルセロナ北方の地域〗
Valle y Caviedes [báʎe i kaβjéðes]《人名》**Juan del ~** フアン・デル・バリェ・イ・カビエデス〖1645～98, 植民地期ペルーの詩人・劇作家. 風刺的な詩や戯曲を多作〗
vallico [baʎíko] 男 ❶《植物》=**ballico**. ❷《チリ》〖一度に生まれた中で〗一番小さく弱い子豚;《口語》〖多くの兄弟の中で, 特に小さく体の弱い〗末っ子
vallina[1] [baʎína] 女《地方語》小さな谷
vallino, na[2] [baʎíno, na]《ペルー》谷間の, 盆地の; 谷間に住む
vallisoletanismo [baʎisoletanísmo] 男 バリャドリード好き(びいき)
vallisoletano, na [baʎisoletáno, na] 形 名《地名》バリャドリード Valladolid の〖人〗
vallista [baʎísta] 形 谷間の, 盆地の; 谷間に住む
—— 名《スポーツ》ハードル競走の選手
vallonada [baʎonáða] 女《地方語》大きな谷
valluco, ca [baʎúko, ka] 形 名《地名》レイノサ Reinosa の〖人〗〖カンタブリア県の町〗
valluno, na [baʎúno, na] 形 名 =**vallecaucano**

valmasedano, na [balmaseðáno, na] 形 名《地名》バルマセダ Valmaseda の〔人〕《ビスカヤ県の村》

valón, na [balón, na] 形 名《地名》〔ベルギーの〕ワロン地方 Valonia の, ワロン人〔の〕
── 男 ❶ ワロン語. ❷ 複〔カルロス1世の宮廷でワロン人が着用していた〕ゆったりした半ズボン
── 女 ❶《服飾》バンダイク襟《17～18世紀に流行した広い襟》. ❷《メキシコ》1) フラメンコが起源とされる民謡. 2) 援助, 恩恵. ❸《南米》《馬の》刈り込んだたてがみ

valor [balór] [←ラテン語 valor, -oris] 男 ❶ 価値, 値打ち; 額, 価格: 1) ¿Cuánto es el ~ de este solar? この土地はいくらぐらいですか? 2) estimar el ~ de un cuadro 絵の価値を鑑定する. ~ collar de mucho ~ 高価な首飾り. ~ establecido [競りの] 設定金額. ~ recibido 受領額. ~es declarados [現金書留の] 表記価額. 2)《経済》actual neto 正味現在価値, NPV. ~ adquisitivo 貨幣価値, 購買力. ~ agregado/~ añadido 付加価値. ~ añadido bruto 粗付加価値. ~ contable/~ en libros 帳簿価額, 簿価. ~ constante [基準時価格で表示した] 不変価. ~ corriente 当期価値, 時価. ~ de cambio 交換価値. ~ de recuperación/~ residual 残存価額. ~ de una opción オプションの市場価値. ~ de (en) uso 使用価値. ~ intrínseco [オプションの] 本質価値. ~ del yen en el mercado de divisas 為替市場における円の価値. ~ nominal [当期価格で表示した] 名目価. ~ real 実質価. ~es temporal [オプションの] 時間価値. ~ unitario 単価. ~es brutos de producción 粗生産額. ❷《主に 中南米》考慮に値する] 重要性, 意義: Sus recomendaciones tienen un gran ~ para mí. 彼の勧めは私にとって非常に重要だ. ❸《主に 中南米》有効性, 効力: Este pasaporte ya no tiene ~. このパスポートはもう効力がない. ❹《主に 中南米》意味: Esta repetición tiene un ~ enfático. この繰り返しは強調の働きをしている. No sabemos qué ~ dar a su negativa. 彼の拒絶をどう解釈したらいいかわからない. ~ simbólico 象徴的な意味. ❺《主に 中南米》勇気, 勇敢さ =〔類語〕**valor・valentía** は危険・困難に立ち向かう時の決断力だが, **coraje** はそのほかに敵を攻撃したりする時の勇気も表わす》: 1) Yo no he tenido ~ para denunciarte. 君を告発する勇気は私にはなかった. Por ideales luchad con ~. 理想のために勇気をもって戦え. ~ cívico 市民としての義務をはたす勇気. 2) [集中投問的] 勇気を出して, がんばれ! ❻《主に 中南米》不愉快なことに対する] 忍耐力. ❼《皮肉》厚かましさ, ずうずうしさ: Ha tenido el ~ de pedirme dinero. 彼はずうずうしくも私に金をせがんだ. ❽《口語》才能のある人, 有望な人, スター: Es un joven ~ del mundo de la música. 彼は音楽界の若きスターだ. ❾ 複 価値観, 価値基準: Ya se han perdido esos ~es tradicionales. それらの伝統的な価値基準はすでに失われた. escala (jerarquía) de ~es 価値の階梯 (階層). ❿ 複《商業》1) 複 有価証券: agencia de ~es 証券ブローカー《顧客の委託による取引だけを行なう》. sociedad de ~es 証券会社《顧客の委託による自己勘定の取引も行なう》. ~es al portador 無記名証券. ~es [no] cotizables [非] 上場証券. 2) 集名 動産 {=~ mobiliario}. ⓫《数学》数値, 値 {=~ numérico}: El ~ de x es 23. xの値は23である. ~ absoluto 絶対値. ⓬《複》alimenticio (nutritivo) 栄養値. ⓭《音楽》[音符・休符の] 拍数, 長さ, 音価. ⓮《美術》色 (光) の強さ, 明度の度合い. ⓯《口語》健康: ¿Cómo va ese ~?—Vale. 元気ですか?—元気です
armarse de ~ 勇気をふるい起こす
con ~ de... …として, …の機能 (意味) の
conceder ~ a+事物 …を尊重する, 価値を認める
de ~ 1) 価値の高い, 貴重な: Es una joya de ~. それは高価な宝石だ. 2) 評価に値する: juicio de ~ 高い評価. 3)《商業》fecha de ~ 利息起算日, 手形決済日
poner... en ~ …を高く評価する
por ~ de... 金額…の: sello por ~ de un euro 1ユーロ切手
quitar ~ a+事物 …を過少評価する, 価値を認めない
~es en caja 手持ち現金

valorable [balorábla] 形 評価され得る

valoración [baloraθjón] 女 ❶ 評価, 見積り; 査定: ~ de méritos/~ de gestión personal [企業の] 人事考課, 業績考課. 〔公務員の〕勤務評定. ~ inmobiliaria 不動産の査定. ❷《文語》考慮. ❸ 価値の上昇. ❹《化学》滴定

valorador, ra [baloraðór, ra] 形 名 評価 (査定) する; 査定人, 鑑定士

valorar [balorár] [←valor] ❶ 他 [人・事物を] 高く評価する, 尊重する: Los críticos valoran a esta actriz. 評論家たちはこの女優を高く買っている. A los niños hay que ~los. 子供は大事にしなければならない. No sabemos ~ su esfuerzo. 彼の努力は評価されていない. ❷ [+en 価格に] 評価する, 見積もる, 査定する: Valoraron el cuadro en un precio muy alto. その絵は大変高い評価額がつけられた. ~ las pérdidas del incendio 火事の被害額を査定する. ❸《文語》考慮する: Primero valora las posibles consecuencias de tu actitud. 自分のしたことの結果がどうなるかまず考えなさい. ❹《まれ》…の価値を高める: El regadío ha valorado esta región. 灌漑によってこのあたりの土地の価値が上がった. ❺《化学》滴定する
── **~se** 評価される: Ese pintor se valora en mucho. その画家は高く評価されている

valorativo, va [baloratíβo, ba] 形 評価する, 評価の

valorear [baloreár] 他 =**valorar**

valoría [baloría] 女 ❶ 価値, 評価. ❷ 原子価 {=valencia}

valorización [baloriθaθjón] 女 ❶ 価値を高めること, 値上げ. ❷《主に 中南米》評価, 見積もり {=valoración}

valorizar [baloriθár] [←valor] 9 他 ❶ …の価値を高める, 値上げする. ❷《主に 中南米》高く評価する {=valorar}
── **~se** 価値が高まる, 値上がりする

valquiria [balkírja] 女 ❶《北欧神話》ワルキューレ. ❷《北欧諸国の》金髪で背が高くがっしりした若い女性

vals [báls] [←独語 walz < walzen 「回る」] 男 ❶《舞踊, 音楽》ワルツ: bailar el ~ ワルツを踊る. ~ vienés ウィンナワルツ

valsar [balsár] 自 ❶ ワルツを踊る. ❷《一般に》踊る

valse [bálse] 男/女《中南米》=**vals**

valsones [balsónes] 男 複《地方語》目的もなく来たりすること

valuable [balwáβle] 形《主に 中南米》=**valorable**

valuación [balwaθjón] 女《主に 中南米》=**valoración**

valuador, ra [balwaðór, ra] 形 名《主に 中南米》=**valorador**

valuar [balwár] 14 他《主に 中南米》評価する, 見積もる {=valorar}

valuta [balúta] 女《経済》基本通貨

valuto [balúto] 男《カナリア諸島》未開墾の土地, 荒れ地

valva [bálβa] 女 [←ラテン語 valva「扉」] 男 ❶《動物》殻, 弁; 〔フジツボなどの〕殻板. ❷《植物》萌(?)片, 萌(?)片; 〔珪藻の〕背殻

valvasor [balβasór] 男 小郷士 {=infanzón}

valverdeño, ña [balβerðéɲo, ɲa] 形《地名》バルベルデ・デル・カミノ Valverde del Camino の〔人〕《ウエルバ県の町》

válvula [bálβula] [←ラテン語 valvula < valva「扉」] 女 ❶《技術》弁, バルブ: abrir (cerrar) ~ バルブを開ける (閉める). ~ de admisión 吸込み弁. ~ de escape 排気弁; 趣味, 息抜き. ~ de un neumático [タイヤの] チューブバルブ. ~ de seguridad 安全弁. La taberna es la ~ de los obreros. 居酒屋は労働者たちの息抜きの弁である. ❷《解剖》〔心臓などの〕弁: enfermedad de la ~ cardíaca 心臓弁膜症. ❸《音楽》音栓 {=pistón}. ❹《電気》1) 電子管 {=~ electrónica}: ~ rectificadora 整流管. ~ termoiónica 熱電子管. 2) [整流器・増幅器などの] 回路装置. 3)《古語》[ラジオの] 真空管

valvular [balβulár] 形《解剖》弁の: enfermedad ~ cardíaca 心臓弁膜症

valvulería [balβulería] 集名《技術》弁, バルブ

valvulina [balβulína] 女《技術》[シリンダーやギア用の] 粘度の高い潤滑油

valvulitis [balβulítis] 女《医学》弁膜炎

valvulopatía [balβulopatía] 女《医学》弁疾患

vamos [bámos] [←ir] 男 dar el ~ a+事《チリ》…を開始する {=inaugurar}
desde el ~《南米, 口語》最初から

vamp [bámp] [←英語] 女 ❶《複》~s =**vampiresa**

vampiresa [bampirésa] 女 ❶《軽蔑》妖婦, 男たらし, バンプ. ❷《映画など》妖婦役の女優

vampírico, ca [bampíriko, ka] 形 ❶ 吸血鬼の. ❷ 人間性 (個性) を奪う; あくどく搾取する, 人を食い物にする

vampirismo [bampirísmo] 男 ❶ 吸血鬼伝説 (迷信). ❷ 人間性 (個性) を奪うこと; あくどい搾取

vampirización [bampiriθaθjón] 女 人間性 (個性) を奪うこと, あくどい搾取

vampirizar [bampiriθár] 9 他 人間性 (個性) を奪う; あくどく

搾取する
vampiro, ra [bampíro, ra]『←ハンガリー語 vampir』 名 ❶ 吸血鬼, バンパイア. ❷《軽蔑》あくどく搾取する人, 情け容赦なく人を食いものにする人: Son los ～s de Hacienda. 彼らは国家財政を食いものにする連中だ
mujer ～ 妖婦, 男たらし
visita del ～ 月経, 生理
—— 男《動物》チスイコウモリ, 吸血コウモリ: ～ *común* ナミチスイコウモリ. ～ *espectro* チスイコウモリモドキ
vanadato [banadáto] 男《化学》バナジウム酸塩
vanádico, ca [banádiko, ka] 形《化学》ácido ～ バナジン酸
vanadinita [banadiníta] 女《鉱物》褐鉛鉱
vanadio [banádjo] 男《元素》バナジウム, バナジン
vanagloria [banaglórja]『←vano+gloria』女 自慢, 思い上がり
vanagloriar [banaglorjár]『←vanagloria』10 ～*se* [+de・por を] 自慢する, うぬぼれる: *Se vanagloria de (por) su estirpe*. 彼は家柄を鼻にかけている
vanaglorioso, sa [banaglorjóso, sa] 形 名 ❶ 得意げな, 自慢する[人]. ❷ 虚栄心の強い[人], 見栄っぱり[の]
vanamente [bánaménte] 副 ❶ むなしく, 無駄に. ❷ 傲慢に; うぬぼれて, 得意気に. ❸ 迷信的に, 根拠なく
vanar [banár] ～*se*《南米》❶〔果実が〕熟す前に傷む. ❷ 挫折する
vandalaje [bandaláxe] 男《中南米. 口語》山賊行為
vandálico, ca [bandáliko, ka] 形《←vándalo
vandalismo [bandalísmo]『←仏語 vandalisme』男 ❶ 公共物・文化財などの破壊: *Unos gamberros cometieron actos de* ～ *rompiendo cabinas telefónicas*. 数名の不逞の輩が公衆電話ボックスをたたき壊すという破壊行為を行なった. ❷《歴史》バンダル人特有の蛮行
vandalizar [bandaliθár] 9 他 破壊行為をする
vándalo, la [bándalo, la] 形 名 ❶《歴史》ヴァンダル族[の], バンダル人[の]《中央ヨーロッパのゲルマン系部族とされる. 5世紀イベリア半島を経由して北アフリカに渡った》. ❷《軽蔑》破壊を好む, 乱暴な[人]
vandeano, na [bandeáno, na] 形 名 ❶《地名》[フランス西部の] ヴァンデ *Vendée* の[人]. ❷《歴史》[フランス革命期に] ヴァンデの反乱を起こした王党派[の]; ヴァンデの反乱をする人
vanear [baneár] 自 無駄な[くだらない話]をする
vanesa [banésa] 女《昆虫》アカタテハ〔蝶〕
vanguardia [baŋgwárdja]『←古語 avanguardia < カタルニャ語 avant-guarda』女 ❶《軍事, 芸術》前衛〔⇔*retaguardia*〕: *Los ejércitos antiguos disponían en la* ～ *a sus hombres más valientes*. 昔の軍隊では最も勇敢な者を前衛に配置していた. ～ *de la civilización* 文明の最先端. ❷ [川岸などの] 橋・ダムの建設工事の起点
a (la) ～ [+de の] 先頭に, 最先端に: *Este automóvil está a la* ～ *del diseño*. この車はデザインの最先端を行っている
de ～ [芸術・政治・思想などが] 前衛の, 先端的な: *literatura de* ～ 前衛文学. *tecnología de* ～ 先端技術
en ～ =*a (la)* ～
vanguardismo [baŋgwardísmo] 男 前衛主義
vanguardista [baŋgwardísta] 形 名 アバンギャルド[の], 前衛芸術の, 前衛芸術家
vanidad [banidá(đ)]『←ラテン語 vanitas, -atis』女 ❶ 虚栄心, 見栄; うぬぼれ: *halagar (herir) a+人 la* ～ の虚栄心をくすぐる（傷つける）. *por pura* ～ 純然たる虚栄心から. ❷ 虚飾; 空虚, むなしさ: ～ *del mundo* この世のはかなさ. ～ *de* ～*es*『旧約聖書』空の空なるかな. ❸ 内容のないこと, 無駄な言葉. ❹ 幻想, 空想. ❺複《グアテマラ. 化粧》コンパクト
vanidoso, sa [baniđóso, sa]『←vanidad』形 名《軽蔑》虚栄心の強い[人]
vanilocuencia [banilokwénθja] 女《文語》無用の饒舌
vanilocuente [banilokwénte] 形《文語》=**vanílocuo**
vanílocuo, cua [banílokwo, kwa] 形 名《文語》無駄話をする[人]
vaniloquio [banilókjo] 男《文語》内容のないスピーチ
vanistorio [banistórjo] 男 ❶《まれ》滑稽なまでの虚栄心. ❷《廃語》虚栄心の強い人
Vanitas vanitatum, et omnia vanitas [bánitas bánitatun et ómnja baníitas]『←ラテン語. 旧約聖書『伝道の書』にある言葉』空（くう）の空（くう）, 一切は空である
vanité [banité] 女《キューバ. 化粧》コンパクト

vanity [baníti] 女《パナマ, キューバ, プエルトリコ. 化粧》コンパクト
vano, na [báno, na]『←ラテン語 vanus「空き, から」』形 ❶ むなしい, 存在理由のない: *gloria vana* むなしい栄光. *vana ilusión* はかない夢. *vanas esperanzas* はかない期待. ❷ [結果が] 無駄に: *Todos sus esfuerzos fueron* ～*s*. 彼の努力はすべてむなしかった. ❸ 内容のない, 表面的な: *adornos* ～*s*〔虚栄のための〕くだらない飾り物. *alabanzas vanas* そらぞらしいお世辞. *palabra vana* 空虚な言葉. ❹ 根拠のない: *Eso es una vana superstición*. それは意味のない迷信だ. ❺ 根拠のない. ❻ 尊大な, うぬぼれの強い. ❼ [*estar*+. 果実が] 中空の. ❽《文語》非現実的な
—— 男《建築》[戸口・窓など] 壁の開口部: *Los grandes* ～*s con hermosas cristaleras llenan la catedral de luz y de color*. 美しいガラスのはまった大きな開口部が大聖堂を光と色彩で満たす
en ～ 1)[結果] むなしく, 無駄に: *Se lo pedí en* ～. 彼に頼んだが無駄だった. *Todo fue en* ～. すべて無駄だった. *resultar en* ～ 無駄になる. 2) 不当に, 根拠なく; 必要なく: *No usarás el nombre de Dios en* ～. 神の名をみだりに唱えてはならない.
No en ～ *se dice eso*. そう言われるのにはそれなりの理由がある
vánova [bánoba] 女 [縁飾りと模様のあるバスク風の] ベッドカバー
vapor [bapór]『←ラテン語 vapor, -oris』男 ❶ 不可算 蒸気, 湯気: *Cuando se hierve el agua, sale* ～. 湯が沸くと湯気が出る. *calefacción de* ～ スチーム暖房. ～ *de agua* 水蒸気. ～ *saturado* 飽和蒸気. ❷ 汽船 [=*buque de* ～, *varco de* ～]. ❸《医学》1) めまい; 失神. 2) 吸入剤. 3)《まれ》複 [ヒステリー・心気症などの] 発作. ❹複 おくび, げっぷ. ❺《キューバ. 口語》いらだち, 不機嫌
a todo ～ 全速力で
al ～ 1)《料理》蒸した, 蒸して: *cocer al* ～ 蒸す. *patatas al* ～ ふかしたジャガイモ. 2) 急いで, 手っとり早く
vapora [bapóra] 女《西. 口語》蒸気艇
vaporable [baporáble] 形 蒸発し得る
vaporación [baporaθjón] 女 =**evaporación**
vaporar [bapoár] 他 =**evaporar**
vaporario [baporárjo] 男 [サウナ風呂の] 蒸気発生装置
vaporear [baporeár] 他 蒸気に変える
—— 自 蒸気を発する
vaporera [bapoéra] 女《料理》蒸し器
vaporeta [bapoéta] 女 スチームクリーナー, 蒸気掃除機
vaporetto [bapoéto]『←伊語』男 [ベネチアの運河を走る] 機関の連絡船
vaporium [baporjún] 男 蒸気治療所
vaporización [baporiθaθjón] 女 ❶ 蒸発, 気化: *calor de* ～ 気化熱. ❷《医学》蒸気療法
vaporizado [baporiθáđo] 男 =**vaporización**
vaporizador [baporiθađór] 男 ❶ 噴霧器. ❷ 加湿器 [=*humidificador*]; 蒸発器, 気化器
vaporizar [baporiθár]『←vapor』9 他 ❶ 蒸発させる, 気化させる. ❷ 噴霧する
—— ～*se* 蒸発する, 気化する
vaporoso, sa [baporóso, sa]『←vapor』形 ❶ [布地が] ごく薄手の, 透き通って軽い. ❷ ふんわりして軽い. ❸ 蒸気を出す; 蒸気を含む
vapulación [bapulaθjón] 女 =**vapuleo**
vapulamiento [bapulamjénto] 男 =**vapuleo**
vapular [bapulár] 他 =**vapulear**
vapuleador, ra [bapuleađor, ra] 形 名 強く打つ[人]; 厳しく叱責する[人]
vapuleamiento [bapuleamjénto] 男 =**vapuleo**
vapulear [bapuleár]『←ラテン語 vapulare』他 ❶ [人・じゅうたんなどを] 強く打つ[たたく]: *El vapuleó al atracador hasta dejarle inconsciente*. 強盗は気絶するまで彼を殴りつけた. ❷ 厳しく叱る, 激しく非難する, バッシングする: *En el debate televisado, la oposición vapuleó al ministro*. テレビ討論で野党は大臣を厳しく攻め立てた
vapuleo [bapuleó] 男 ❶ 叩くこと, 殴打. ❷ 叱責, 非難, バッシング
vaquear [bakeár] 他 ❶〔雄牛が〕頻繁に交尾する. ❷《エクアドル, ボリビア, ラプラタ》[家畜の] 世話をする, 集めをする
vaquera[1] [bakéra] 女《コロンビア, ベネズエラ》牛飼い用の鞍
vaquería [bakería] 女 ❶ 搾乳所, 酪農場; [乳牛の] 牛舎;

vaqueril 《西》牛乳販売所. ❷ 牛の群れ. ❸ 《メキシコ, ニカラグア, コロンビア, ベネズエラ》牧畜の仕事. ❹ 《メキシコ》[田舎の祭りで, 主に牧童の服装をした] 農民の踊り. ❺ 《ラプラタ. 古語》[19世紀初頭まで行なわれた, 野生馬などの] 狩り立て
vaqueril [bakeríl] 男 《地方語》雌牛用の牧草地
vaquerillo [bakeríʎo] 男 《メキシコ. 馬具》鞍後部の広い部分《鞍かばんを載せる》
vaquerizo, za [bakeríθo, θa] 形 [+名詞] 畜牛の
—— 名 牛飼い, カウボーイ
—— 名 [冬用の] 牛舎, 牧場
vaquero, ra [bakéro, ra] 《←vaca》形 名 ❶ 牛飼いの, カウボーイの; película de 〜s 西部劇. ❷ [服飾] デニムの, ジーンズの: cazadora 〜ra ジージャン. ❸ 《中南米》牛乳売り, 牛乳配達員. ❹ 《アンデス. 口語》ずる休みする生徒
—— 男 ❶ 《服飾》[主に 複] ジーパン [=pantalón 〜]. ❷ 《カリブ》[生皮製の] 鞭
vaquerosa [bakerósa] 女 《地方語》a la 〜 アンダルシア風に, 牛飼い風に
vaqueta [bakéta] 女 ❶ [なめした] 子牛の革. ❷ 《魚》ベラ科の小型の海魚 [学名 Symphodus mediterraneus]. ❸ 《プエルトリコ》[剃刀用の] 革砥
—— 男 《キューバ》不まじめな人間, 詐欺師
vaquetilla [baketíʎa] 女 [vaqueta より薄い] 子牛の皮
vaquetón, na [baketón, na] 形 《メキシコ. 口語》無礼な[人], 恥知らずな[人]
vaquilla [bakíʎa] 女 《vaca の示小語》❶ 《西》複 [素人闘牛用・牛追い祭り用い] 若牛; その闘牛: Los mozos corren delante de las 〜s en las fiestas. 祭りでは若者たちは若牛の前を走る. ❷ 《昆虫》〜 de San Antón テントウムシ [=〜 de San Antonio, mariquita]. ❸ 《ニカラグア, チリ》[1歳半〜2歳の] 子牛
vaquillona [bakiʎóna] 女 《ニカラグア, ペルー, チリ, アルゼンチン, ウルグアイ》[2〜3歳の] 子牛
váquira [bákira] 女 《コロンビア, ベネズエラ. 動物》ペッカリー
váquiro [bákiro] 男 《コロンビア, ベネズエラ》=váquira
vaquita [bakíta] 女 ❶ テントウムシ [=mariquita]. ❷ 《動物》〜 suiza ペルトドーリス属のウミウシ [学名 Peltodoris atromaculata]
V.A.R. 《略語》←Vuestra Alteza Real 殿下
vara [bára] 《←ラテン語 vara「横材」》女 ❶ [細長い] 棒: agitar las ramas con una 〜 para que caigan los frutos 果実を落とすために棒で枝を揺らす. 〜 de [las] virtudes/〜 mágica 魔法の杖 [=varita mágica]. ❷ [細長く葉の付いていない, 棒として用いる] 小枝. ❸ [市長・裁判官などの職権を示す] 官杖; 権威: recibir (empuñar) la 〜 de la alcaldía 市長の地位につく. 〜 de alcalde 市長の官杖. ❹ 《植物》1) [ユリ・スイセンなどの] 花茎. 2) 〜 de oro/〜 de San José ミヤマアキノキリンソウ. ❺ [昔の長さの単位] バラ [=83.59cm]: media 〜 半バラ. 〜 cuadrada 1平方バラ. ❻ [馬車の] ながえ, かじ棒 [=〜 alcándara]: de 〜s [馬が] 馬車(荷車)を引いて. ❼ [=pica]; その突き: poner 〜s al toro 牛に槍を突き刺す. 〜 larga 槍の一種. ❽ 《西》[放牧場で一人の男がどんぐりを叩き落として食べさせる] 40〜50頭の豚. ❾ 《音楽》複 [トロンボーンの] スライド. ❿ 《古語》手の甲での殴打. ⓫ 《古語》嫌悪. ⓬ 《メキシコ, ペルー. 口語》コネ, 縁故: tener buena 〜 いいコネがある
admitir 〜s 《まれ》=**tomar** 〜**s**
aguantar la 〜 《メキシコ. 口語》もめごと(厳しい叱責)に耐える
doblar la 〜 **de la justicia** [裁判官が] 一方の味方をする, 公平を欠く
ir con 〜**s** [馬が] 馬車(荷車)を引いて行く
medir las cosas con la misma 〜 同じ基準で物事を判断する
tener tres 〜**s de hambre** 《キューバ. 口語》[家族などが] 不安定な経済状態にある
tomar 〜**s** 《まれ》[女性が口説かれて] 好意を示す
〜 **alta** 《口語》権威, 支配力: tener 〜 alta 人を意のままに支配できる, 権威(支配力)がある
〜 **consistorial** スタッフ, 職員
varactor [baraktór] 男 《電気》バラクター
varada [baráda] 女 ❶ =**varadura**. ❷ 《鉱山》1) [一定労働期間後の] 実績測定. 2) [通常3か月の] 労働期間; その労働賃金. ❸ 《集名》《アンダルシア》日雇い農業労働者; その労働期間
varadera [baraðéra] 女 《船舶》防舷材

varadero [baraðéro] 男 《船舶》❶ 乾ドック. ❷ アンカーレスセ (錨の引き込み口)の保護板
varado, da² [baráðo, ða] 形 ❶ 《古語》縞のある. ❷ 《メキシコ》収入源のない. ❸ 《コロンビア》[人・物が] 動けない, 移動できない; [道具・車が] 故障した. ❹ 《チリ, アルゼンチン, ウルグアイ》定職のない
—— 男 《まれ》=**varada**¹
varadura [baraðúra] 女 ❶ 《船舶》座礁. ❷ [船を] 浜に引き上げること
varal [barál] 男 ❶ 長くて太い棒. ❷ [荷馬車の] ながえ, かじ棒. ❸ [舞台横の] 照明器具取り付け柱. ❹ 背の高い人, のっぽ. ❺ 《地方語》[鞦の] 柱. ❻ 《アンダルシア》聖像をのせる御輿の担ぎ棒. ❼ 《アルゼンチン, ウルグアイ》[肉を干すための] 棚
varamiento [baramjénto] 男 =**varadura**
varano [baráno] 男 《動物》オオトカゲ: 〜 de Komodo コモドオオトカゲ
varapalo [barapálo] 《←vara+palo》男 ❶ 《西》[棒での繰り返しの] 殴打; [厳しい] 叱責: El maestro nos dio un buen 〜 por no hacer los deberes. 僕たちは宿題をしてこなかったので先生にものすごく叱られた. ❷ 《西》不都合, 不快, 損害. ❸ 長い棒
varar [barár] 《←vara (竿を使って船を浜に乗り上げさせる)》自 ❶ 座礁する: El buque varó en un arrecife. 船は岩礁に乗り上げた. ❷ [事業が] 行き詰まる, 頓挫する. ❸ 《中南米》[車が] 故障で動かなくなる
—— 他 ❶ [傾船修理のために船を] 浜に引き上げる. ❷ 《廃語》=**parar**
—— 〜**se** 座礁する: ballena varada en una playa 浜に乗り上げたクジラ
varaseto [baraséto] 男 [庭などの] 竹垣, 垣根
varayoc [barajók] 男 《南米》先住民族の長(おさ)
varazo [baráθo] 男 [棒での] 殴打
varazón [baraθón] 男 ❶ 《中南米》[クジラなどの] 海岸に打ち上げられること. ❷ 《メキシコ》《集名》一握りの棒. ❸ 《チリ》魚群
varbasco [barbásko] 男 =**verbascum**
vardasca [barðáska] 女 細長い枝
vardascazo [barðaskáθo] 男 細長い枝で打つこと
várdulo, la [bárðulo, la] 形 名 《歴史》バルドゥロ族[の]《前ローマ時代に現在のギプスコア付近に住んでいたケルト系民族》
varea [baréa] 女 =**vareo**
vareado [bareáðo] 男 棒で叩くこと
vareador, ra [bareaðór, ra] 形 名 オリーブ・アーモンドを収穫する[労働者]
—— 男 ❶ 《カナリア諸島》[アーモンドなどを叩き落とす] 長い棒. ❷ 《ラプラタ. 競馬》厩務員
vareaje [bareáxe] 男 ❶ バーラ vara の単位で測る(売る)こと. ❷ =**vareo**
varear [bareár] 《←vara》他 ❶ [棒で] 打つ, 叩く. ❷ 《オリーブ・アーモンドを棒で》叩き落とす. ❸ 《闘牛》[牛を] 槍で突く. ❹ [風通し・虫除けのために穀物を] 棒でかき回す. ❺ バーラ vara の単位で測る(売る). ❻ 《地方語》…に釣り糸を垂らす; 釣る. ❼ 《ラプラタ. 競馬》調教する
—— 〜**se** 痩せる, やつれる. ❷ 《ラプラタ》見せびらかすように歩く
varejón, na [barexón, na] 形 名 《コロンビア》痩せて背の高い[人]
—— 男 ❶ 長くて太い棒, 丸太. ❷ 《ニカラグア, 南米》細長い棒 (枝). ❸ 《コロンビア. 植物》キク科ショウジョウハグマ属の一種《薬用. 学名 Vernonia odoratissima》
varejonazo [barexonáθo] 男 長くて太い棒による殴打
varenga [baréŋga] 女 《船舶》船底床板, 肋板(ろくはん). ❷ 舷材 [=brazal]
varengaje [bareŋgáxe] 男 《集名》《船舶》肋板
vareo [baréo] 男 ❶ 《西》オリーブ・アーモンドなどを棒で叩き落とすこと
vareta [baréta] 女 《vara の示小語》❶ 《西》[鳥を捕える] 鳥竿 (とりざお). ❷ 縞模様. ❸ とげのある言葉, 皮肉. ❹ ほのめかし. ❺ 若鹿 varetón のごぼう角. ❻ 短い枝 (棒)
irse (estar) de 〜[**s**] 《口語》[下痢をしている人が] 急に便したくなる
varetazo [baretáθo] 男 ❶ 《闘牛》角(つの)の横側による打撃; その打撲傷. ❷ =**varazo**
varetear [bareteár] 他 [織物に] 縞模様を付ける
vareto [baréto] 男 《地方語》❶ 短い枝 (棒). ❷ ごぼう角の若鹿 [=**varetón**]

varetón [baretón] 男 ❶ [枝角のない] ごぼう角の若鹿. ❷ 長い枝(棒)
varga [bárga] 女 坂の最も急勾配な個所
varganal [barganál] 男 [várganos でできた] 垣根
várgano [bárgano] 男 [柵用の] 棒
Vargas [bárgas]《←人名》*averíguelo ~*《俗語》解明困難なり
Vargas Llosa [bárgas ʎósa]《人名》Mario ~ マリオ・バルガス・リョサ 1936〜, ペルーの小説家. 軍人を養成する全寮制の名門校で起こった殺人事件に題材をとり独特の手法で学校内の腐敗とペルー社会の歪みを描き出した小説『都会と犬ども』*La ciudad y los perros*, アマゾン川源流地帯を舞台に狩猟採取の原始的な時代から中世を経て現代に至る人類史がそのま同時的に共存している世界を鮮やかに浮かび上がらせた『緑の家』*La casa verde*, 実験的手法を駆使してペルー政界の実態を描いた『ラ・カテドラルでの対話』*Conversación en La Catedral*, 19世紀末にブラジルで起こった宗教的狂信者の反乱をテーマに壮大な物語を展開させた『世界終末戦争』*La guerra del fin del mundo*. ノーベル文学賞受賞】
vargueño [bargéɲo] 男 =**bargueño**
varí [barí] 男《ペルー, チリ. 鳥》アンデスチュウヒ
varia[1] [bárja] 女 ❶ [分類項目の] 雑《=varios》. ❷ 様々なテーマの作品を一つにまとめたもの
variabilidad [barjabilidá(d)] 女 変わりやすさ, 可変性; 移り気《*~ del tiempo* 天候の変わりやすさ》
variable [barjáble]《←ラテン語 variabilis》形 ❶ 変化し得る, 可変の: *El horario del desayuno es ~*. 朝食の時間は変わることがある. *capital ~* 可変資本. *palabra ~*《言語》変化語《語尾変化する語: 名詞, 形容詞, 動詞など》. ❷ 変わりやすい; 移り気な: *El tiempo está ~*. 天気が不安定だ. *Este niño tiene un carácter ~*. この子は気まぐれな性格だ(むら気がある). ❸《数学など》変数の
── 女 ❶《数学など》変数; 指標: *~ cualitativa (cuantitativa)*《統計》質(量)的変数. *~ independiente (explicativa)* 独立(説明)変数. *~ dependiente* 従属(被説明)変数. *~ instrumental* [中央銀行が直接コントロール可能な] 操作変数
variablemente [barjáblemente] 副 変わりやすく; 移り気に; 不安定に
variación [barjaθjón] 女 ❶ 変化, 変動: *Se ha producido una cierta ~ en el mercado*. 市場にある変化があった. *variaciones del tiempo* 天候の変化. ❷《音楽》変奏〔曲〕: *Las Variaciones de Goldberg* ゴルトベルク変奏曲. *~ I* 第1変奏. ❸《言語》[語形の]《数学》*cálculo de variaciones* 変分法. ❹《地学》磁気偏差(偏角)《*= ~ magnética*》,《船舶》[羅針盤の] 偏差. ❺《生物》[個体の] 変異
variaciones sobre el mismo tema 同じことの執拗で面白みのない繰り返し: *Sus comentarios no han pasado de ser variaciones sobre el mismo tema*. 彼の論評は既に言われていることの繰り返しでしかなかった
variado, da [barjáðo, ða] 形 ❶ 変化に富んだ, 種々の: *El paisaje es ~*. そこの風景は変化に富んでいる. *entremeses ~s* オードブル盛り合わせ. ❷ 色とりどりの. ❸《物理》*movimiento ~* 速度が一定でない運動
variador, ra [barjaðór, ra] 形 変化させる《器具・装置》: *~ de velocidad* 変速装置
variamente [bárjamente] 副 様々に, 多様に
variancia [barjánθja] 女《統計》=**varianza**
variante [barjánte] 形 ❶ 変形, 変種: *La historia se repitió, con pocas ~s*. 歴史はほとんど同じ形で繰り返した. *Esa técnica no es más que una ~ de la nuestra*. 彼の技術は我々の技術の一変形にすぎない. ❷ [文献の] 異本, 異文, 文書の相違. ❸《西》[幹線道路からの] 分岐: *Tenemos que seguir la ~ de la autopista a la carretera nacional*. 高速道路の分岐から国道に出なければならない. ❹《西》《サッカーなど》アウェイチーム引き分けまたは勝利. ❺《言語》異形, 変異体. ❻《西. 料理》[主に] 複 ピクルス. ❼《アンデス》小道; 近道
── 男 複《西. 料理》ピクルス〖女 の方が多い〗. ❷《医学》*angina ~ de pecho* 異型狭心症
varianza [barjánθa] 女《統計》分散, 平方偏差
variar [barjár]《←ラテン語 variare <「色とりどりの」》[11] 他 ❶ [今までと] 変える: *Mi padre varió la colocación de los muebles*. 父は家具の配置を変えた. *Hemos variado los planes de mañana: visitaremos los museos*. 私たち明日の計画を変更して, 美術館巡りをすることにした. ❷ 変化をつける, 多彩にする: *~ el menú* 定食に変化を持たせる. ❸《音楽》変奏する, 変曲する
── 自 ❶ [様々に] 変わる《→*cambiar* 自 ❶ 類義》: *La noción de felicidad varía según los tiempos*. 幸福の概念は時代によって変化する. ❷ 異なる: ¿*Cuánto cuestan estos cuadros?—Varían*. これらの絵はいくらですか?—色々です. ❸ [+*de*・*en* 形・状態などを] 変える: *Le gusta ~ de peinado*. 彼女は髪型を変えるのが好きだ. *~ de color* 色を変える. *~ en los deseos* 気が変わる. ❹《船舶》[羅針盤の] 偏差が生じる. ❺《軍事》[行進の] 方向を変える
para ~《皮肉》いつものように, あいかわらず: *Para ~, ha llegado tarde*. いつものように彼は遅刻した
── *~se*《ラプラタ. 口語》互いに訪問する, 交際する
varice [baríθe] 女 =**variz**
várice [báriθe] 女 =**variz**
varicela [bariθéla] 女《医学》水痘, 水疱瘡
varicocele [barikoθéle] 男《医学》精索静脈瘤, 静脈節瘤
varicosidad [barikosidá(d)] 女 =**variz**
varicoso, sa [barikóso, sa] 形《医学》❶ 静脈瘤の: *úlcera ~sa* 静脈瘤性潰瘍. ❷ 静脈瘤の〔患者〕
variedad [barjedá(d)]《←ラテン語 varietas, -atis》女 ❶ 変化に富むこと, 多様性《=diversidad》: *Tras el plato principal, disfrutaron del postre con ~ de frutas*. 彼らはメインディッシュの後, 色々な果物を使ったデザートを食べた. *Del mismo modelo de coche hay muchas ~es en colores*. 同じ車のモデルでもかなりたくさんある. *En la ~ está el gusto*.《諺》変化があるから人生は面白い. ❷ 品種,《生物》変種: *~ nueva de naranja* オレンジの新種. ❸ 複 バラエティーショー, 寄席演芸《=espectáculo de ~es》: *artista de ~es* 芸人
de ~《メキシコ. 口語》ひょうきんで楽しい, 滑稽な
una ~ de... 色々な種類の, 多様な: *En este tema hay una gran ~ de opiniones*. このテーマについては種々様々な意見がある
variegado, da [barjegáðo, ða] 形《植物》多色の
varietal [barjetál] 形《植物》変種の. ❷ [ワインの] 単一品種のブドウから作られる
varieté [barjeté] 男《まれ》バラエティーショーの劇場, 寄席
varietés [barjetés]《←仏語 variété》女 複 バラエティーショー《=variedades》
varilarguero [barilargéro] 男《闘牛》ピカドール《=picador》
varilla [baríʎa]《*vara* の示小語》女 ❶ [主に金属製の] 細長い棒: *~ indicadora*《自動車など》オイルゲージ. *~ empujadora* [エンジンの] 押し棒. ❷ [傘・扇の] 骨: *Se ha roto una ~ del paraguas*. 傘の骨が折れた. ❸《服飾》[コルセットなどの] 芯. ❹《口語》[あご]の骨. ❺《口語》「複」ふるいの枠. ❻《メキシコ. 口語》安物雑貨. ❼《コロンビア》複 [幼児の] 破傷風. ❽《ベネズエラ》1) 競走馬の試走. 2) 迷惑, 障害. ❾《チリ. 植物》マメ科の灌木
varillaje [bariʎáxe] 男 集名 ❶ [傘・扇の] 骨. ❷ [鉄筋コンクリートの] 骨組み. ❸ [地質調査のボーリング用の] 金属棒
varillero, ra [bariʎéro, ra]《メキシコ》[安物を売る] 行商人
varillo [baríʎo]《コロンビア. 隠語》マリファナのタバコ
vario, ria[2] [bárjo, rja]《←ラテン語 varius「色とりどりの, 変化に富んだ, 多様な」》形 ❶ [主に 複. 主に+名詞] 様々の, 色々な: *flores de ~s colores* 色とりどりの花. *asuntos ~s* 色々なこと.《言語》*día ~* 諸経費, 雑費. ❸ 複 [+名詞] いくつかの: *Compré varias revistas*. 私は何冊か雑誌を買った. *Han pasado ~s años*. 数年たった. ❹ 複《言語》[不定代名詞として] 数人, いくつかの物〔事〕: *V~s piensan que...* ...と考える人もいる
── 男 複 ❶ [分類項目の] 雑; [記事などの] 雑報. ❷ [本・書類などの] 複 種々の寄せ集め
variólico, ca [barjóliko, ka] 形 名《医学》天然痘の〔患者〕
variolita [barjolíta] 女《地質》球顆(きゅうか)玄武岩, あばた石
varioloide [barjolóiðe] 女《医学》仮痘, 軽症性天然痘
varioloso, sa [barjolóso, sa] 形 名 =**variólico**
variopinto, ta [barjopínto, ta]《←伊語 variopinto》形《文語》❶ [色・形などの] 様々な: 色とりどりのプリント地. ❷ 多様な, 雑多な: *En la sala había un público ~, desde niños a ancianos*. 会場には子供から老人まで雑多な観客がいた
varita [baríta]《*vara* の示小語》女 ❶ [魔法使いなどの] 細長い

杖: ～ mágica/～ de virtudes 自由人, 戦士の杖; [手品師の] 魔法の棒. ❷《ホンジュラス. 植物》～ de San José タチアオイ《=malva real》. ❸《ラプラタ. 口語》交通警官

varitero [baritéro] 男 [餌にするどんぐりを叩き落とす] 豚飼い
variz [baríθ] 女《医》静脈瘤
varja [bárxa] 女《地方語》木製の大箱
varo [báro] 形《医学》内側に湾曲した《=en ～》
—— 男《メキシコ. 口語》［少しの］金（ ）
varón [barón] 名《←ゲルマン語 baro「自由人, 戦士」》男 ❶ 男性《性別の記入などで男性であることを示す. ⇔hembra》. ❷ 成人男子. ❸ 立派な男. ❹《船舶》[舵柄の代用をする] 操舵綱（鎖）. ❺《建築》長く太く堅い材木; 木製の梁.
    santo ～ 善人, 生き仏: Mi marido es un santo ～, todo bondad y comprensión. 私の夫は心優しく理解があり, 本当にいい人です
    —— 形 男性の: Tengo tres hijos, todos son varones. 私には子供が3人いるが, みんな男だ. hermanos varones 男だけの兄弟
varona [baróna] 女《まれ》❶ 女, 女性. ❷ 男まさりの女
varonera [baronéra] 女《アルゼンチン. 口語》女らしくない女, 男性的な女
varonesa [baronésa] 女《まれ》女, 女性
varonía [baronía] 女 ❶ 男系. ❷ 男性であること
varonil [baroníl] 形《←varón》❶ 男の: colonia ～ 男性用コロン. ❷ [伝統的価値観から見て] 男らしい《⇔afeminado》: semblante ～ 男らしい顔. mujer ～ 男まさりの女
varonilidad [baronilidáđ] 女《まれ》男らしさ
varonilmente [baroníλménte] 副 男らしく
varraco [bařáko] 男《=puerco》
varraquear [bařakeár] 自 [腹を立てて] ぶつぶつ言う; [子供が] 泣きわめく
varraquera [bařakéra] 女 [子供の] 泣きわめき
varrionda [bařjónda] 形《地方語》=verriondo
varsoviano, na [barsobjáno, na] 形《地名》ワルシャワ Varsovia の《人》
—— 《舞踊》バルソビエンヌ《マズルカを模した社交ダンス; その曲》
varvas [bárbas] 女 複《地質》年層, バーブ
varve [bárbe] 女《地質》年層, バーブ
vasa [bása] 女 集合《地方語》陶器の食器
vasal [basál] 形《医学》血管の
vasallaje [basaλáxe] 男《←vasallo》《歴史》❶ 封臣の身分. ❷ 臣従関係; 隷属, 服従: rendir ～ a... ...に仕える. ❸ 臣下税《臣下が領主に支払う税》; 封臣としての義務, 貢ぎ物
vasallático, ca [basaλátiko, ka]《歴史》封臣の, 臣下の; 臣従関係の
vasallo, lla [basáλo, λa]《←ケルト語 vassallos < vassos「召使」》形 名 ❶《歴史》封臣《の》, 臣下: un señor y sus ～s 領主とその家臣たち. ❷ 支配を受ける《人》, 隷属する《人》: estado (país) ～ 属国
vasar [basár] 男《西. 古語》[煉瓦などで壁に作られた] 食器棚
vasco, ca [básko, ka] 形 名《地名》バスク País Vasco 《人・語》の《スペイン北部の自治州で, 正式名称は Comunidad Autónoma del País Vasco》; バスク人. ❷ フランスバスクの《=vascofrancés》
—— 男 バスク語《=vascuence》
vascófilo, la [baskófilo, la] 形 名 バスク《語・文化》好きの《人》
vascófono, na [baskófono, na] 形 名 バスク語を話す《人》: zona ～na francesa バスク語を話すフランス領地域
vascofrancés, sa [baskofranθés, sa] 形 名《地名》フランスバスク País vasco francés の《人》《フランス南西部のバスク人居住地域》
vascohablante [baskoablánte] 形 名 バスク語を母国語とする《人》
vascólogo, ga [baskóloǥo, ǥa] 名 バスク《語》研究者
vascón, na [baskón, na] 形 名《歴史》バスコニア Vasconia の《人》《バスクの古名》
Vasconcelos [baskonθélos]《人名》**José** ～ ホセ・バスコンセロス《1882～1959, メキシコの思想家・政治家. 革命後に文部大臣を務め, 教育の普及・近代化に尽力. 壁画運動 muralismo を推進. 混血人種メスティソの文化的優秀性を主張した『普遍的人種』La raza cósmica》
vascongado, da [baskoŋǥáđo, đa] 形 バスコンガダス Vascon-

gadas の《バスクの別名》
—— 男 バスク語《=vascuence》
vascónico, ca [baskóniko, ka] 形 バスコニア人の
vasconidad [baskoniđáđ] 女 バスコニア《バスク》らしさ
vascoparlante [baskoparlánte] 形 名 バスク語を話す
vascuence [baskwénθe] 形 男 ❶ バスク語《の》. ❷ [混沌として] 理解し難いもの
vascular [baskulár] 形《動物》血管の;《植物》脈管の, 導管の: sistema ～ 脈管系
vascularización [baskulariθaθjón] 女 血管《脈管》分布
vascularizar [baskulariθár] 他《医学》血管を配する
vasculitis [baskulítis] 女《医学》血管炎
vasculonervioso, sa [baskulonerbjóso, sa] 形 血管と神経のある
vasculopatía [baskulopatía] 女 血管疾患
vasculoso, sa [baskulóso, sa] 形 =**vascular**
vasectomía [basektomía] 女《医学》精管切除《術》, パイプカット
vasectomizar [basektomiθár] 他《医学》…にパイプカットをする
vaselina [baselína]《←英語 vaseline》❶《化学》ワセリン. ❷《口語》細かい気配り, デリケートな対応: decir con ～ オブラートに包んだ言い方をする. poner ～ 細かい気配りをする. ❸《サッカー》ループシュート: hacer una ～ ループシュートをする
vasera [baséra] 女 ❶ コップを置く棚. ❷ コップを保管する箱. ❸ [コップを運ぶ] 取っ手付きの大盆
vasero [baséro] 男《地方語》=**vasar**
vasija [basíxa] 女 ❶《←vaso》[総称. 料理用の] 器, 容器: ～ de barro 土器. ❷ 集合《酒蔵の》樽, かめ. ❸《パナマ, コロンビア》弁当箱《=fiambrera》
vasijero [basixéro] 男 食器戸棚
vasillo [basíλo] 男 ❶《ハチの巣の》蜜房. ❷《エストレマドゥラ, アンダルシア》小麦と大麦の殻. ❸《アンダルシア》ヒヨコマメのさや
vaso [báso]《←俗ラテン語 vasum < ラテン語 vas, -is「器」》❶ コップ; [脚付きでない] グラス《脚付きは copa》: Yo iba por el cuarto ～ de vino. 私はワインの4杯目を飲んでいた. beber vino en ～ ワインをコップで飲む. un ～ de agua コップ1杯の水. ～ de papel (de plástico) 紙《プラスチック》コップ. ～ litúrgico (sagrado)《キリスト教》聖杯. ～ medidor 計量カップ. ❷ 容器: ～ de flores 花瓶. ❸《主に古》壷: fuente con ～s y figuras 壷や彫像のある泉. ❹《解剖》管, 脈管. ❺《生物》管: ～s leñosos 木質の. ❻《植物》導管. ❼《化学, 物理》～ de reencuentro 二連フラスコ. ～s comunicantes 連通管. ❽《船舶》1) 船《=barco》. 2) ～ flotante 船体. ❽《天文》コップ座. ❾《まれ》[馬などの] 蹄. ❿《古》便器《＝ de noche》. ⓫《廃語》空洞, くぼみ. ⓬《ログローニョ》蜂の巣. ⓭《アンデス》1) 小カップ, 茶碗, ひょうたん《容器》. 2)《自動車》ハブキャップ
    ahogarse en un ～ de agua《口語》ささいなことでくよくよする, 必要もないのに深刻に考える
    colmar el ～ もう限界である, やりすぎ《いきすぎ》である
    como quien se bebe un ～ de agua 容易に, たやすく: Esto es *como quien se bebe un ～ de agua*. こんなことはいとも簡単だ
vasoconstricción [basokonstri(k)θjón] 女《医学》血管収縮
vasoconstrictor, ra [basokonstri(k)tór, ra] 形《薬学》血管収縮《性》の; 血管収縮薬
vasodepresor, ra [basođepresór, ra] 形《医学》血管抑制《性》の
vasodilatación [basođilataθjón] 女《医学》血管拡張
vasodilatador, ra [basođilatađór, ra] 形《薬学》血管拡張《性》の; 血管拡張薬
vasoespástico, ca [basoespástiko, ka] 形《医学》血管痙攣を引き起こす
vasomotor, ra [basomotór, ra] 形《生理》血管の大きさを調節する, 血管運動神経の: nervios ～es 血管運動神経
vasoparálisis [basoparálisis] 女《医学》血管神経麻痺
vasopresina [basopresína] 女《生化》バソプレシン
vasquismo [baskísmo] 男 ❶ バスク人であること. ❷ バスク語特有の言葉, バスク語らしさ
vasquizar [baskiθár] 他 バスク《人》的にする
vástago [bástaǥo]《←?ラテン語 bastum「棒」》男 ❶ 新芽, 若枝: Ya empiezan a aparecer los ～s. もう新芽が出始めている. ❷《文語》子供; 子孫, 後裔: dejar en herencia una fortuna a

sus ~s 富を子供に遺産として残す。❸［ワイングラスなどの］脚。❹《技術》軸、棒: ~ del émbolo ピストン棒。❺《中南米》バナナの幹

vastamente [bástaménte] 副 大変広く
vastedad [bastedá[d]] 女 広大さ
vástiga [bástiga] 女 新芽, 若芽《=vástago》
vasto, ta [básto, ta]《←ラテン語 vastus < vastare「荒廃させる, 壊滅させる」》形［主に +名詞］大変広い, 広大な: ~ta llanura 大平原。~ s conocimientos 広範な知識
—— 男《解剖》~ interno 内側広筋
vate [báte] 男 ❶《文語》詩人《=poeta》。❷《古語》占い師, 予言者
váter [báter] 男 =**wáter**
vaticanista [batikanísta] 形 ❶ 教皇庁の政治の〔支持者〕; 教皇権至上主義の〔主義者〕。❷ 教皇庁専門研究家の
vaticano, na [batikáno, na]《←ラテン語 vaticanus》形 ❶ バチカン〔市国・宮殿〕の: concilio ~ バチカン公会議, バチカン宗教会議，［特に］第2バチカン公会議《1962~65. =Concilio V~ II》。❷ 教皇の; 教皇庁の, 法王庁の: postura ~na バチカンの態度〔姿勢〕。❸ バチカン丘の: monte ~ バチカン丘
—— 男［V~］バチカン〔宮殿〕, 教皇庁, 法王庁: El V~ no autoriza el aborto. バチカンは妊娠中絶を認めていない。Ciudad del V~《国名》バチカン市国
vaticinador, ra [batiθinaðór, ra]《←ラテン語 vaticinator, -oris》形 名 予言する〔の〕
vaticinar [batiθinár]《←ラテン語 vaticinari》他 予言する: Ha vaticinado que España ganará el Mundial. 彼はスペインはワールドカップで優勝すると予言した。Las nubes redondas vaticinan lluvia. 丸い雲は雨の予兆である
vaticinio [batiθínjo]《←ラテン語 vaticinium》男 予言
vatídico, ca [batíðiko, ka] 形 名 予言の; 予言する, 予言者
vatímetro [batímetro] 男 電力計
vatio [bátjo] 男《電力の単位》ワット: bombilla de cien ~s 100ワットの電球。~ por hora ワット時
vato¹ [báto] 男《解剖》股間〔ね〕《= ~ interno》
vato², ta [báto, ta]《米国》やつ《=tío, tipo》
vatro [bátro] 男《チリ, 植物》ヒメガマ
vaudeville [boðebíl]《←仏語》男 =**vodevil**
vaupense [baμpénse] 形 名《地名》バウペス Vaupés の〔人〕《コロンビア東部の県》
vaya [bája] I《←伊語 baia》女 からかい, 嘲笑
II 間 →**ir**
Vázquez de Coronado [báskeθ de koronáðo]《人名》
Francisco ~ フランシスコ・バスケス・デ・コロナド《1510~54, スペイン人コンキスタドール。1540~42年, シボラの七都 siete ciudades de Cibola を探検》
Juan ~ フアン・バスケス・デ・コロナド《1523~65, スペイン人コンキスタドール。コスタリカを征服》
V.B.《略語》←visto bueno 可, 検査済, OK
v/c《略語》←vuelta de correo 折返し便
Vd. [usté[ð]]《略語》=**usted**
vda《略語》←viuda 未亡人
Vds. [ustéðes]《略語》=**ustedes**
ve [bé] 女《中南米》文字 v の名称《=~ corta, ~ chica, ~ pequeña》: ~ doble/doble ~ 文字 w の名称
V.E.《略語》←Vuestra Excelencia 閣下
vecera¹ [beθéra] 女［近隣住民の所有する］一群の家畜《特に豚》
vecería [beθería] 女《地方語》❶ 一群の家畜《=vecera》。❷ 果樹の豊凶サイクル《年によって豊作・不作が変わること。スペインのオリーブはオイル換算で年産15~75万トンの変動幅がある》
vecero, ra² [beθéro, ra] 形 名 ❶［作物が］年によって豊作・不作が変わる。❷［店の］顧客, 常連。❸ 順番を待つ人。❹《地方語》1）［共同体の仕事の］当番の〔人〕。2）家畜 vecera の牧者
vecinal [beθinál]《←ラテン語 vicinalis》形 ❶ 近所の人たちの; 地域住民の: edificio ~ 集合住宅。protesta ~ 住民たちの抗議。❷ 市〔町・村〕の: camino ~ 市〔町・村〕道。consejo ~ 市〔町・村〕議会。❸《中南米》隣の, 隣の
vecindad [beθindá[ð]]《←ラテン語 vicinitas, -atis》女 ❶ 近所, 近隣: Prefiero comprar artículos de la tienda de ~. 私は近所の店で買い物する方がいい。Vive en esta ~. 彼はこの近くに住んでいる。en la ~ 近所に。política de buena ~ 近隣友

好政策。❷ 集名 隣人, 同じ建物の居住者, 近所の人;［地域の］住民, 住人《=vecindario》: Sufrió la injusta incomprensión de la ~. 彼は近所の人たちから不当な無理解を受けた。❸ 同じ建物〔近所・同じ街区〕に住んでいること: La única relación que tengo con él es de ~. 彼と私は近所に住んでいるというだけの関係だ。❹［人・事物の］類似性: La ~ nos hace sentirnos acompañados. 私たちは似ているので仲間意識が感じられる。❺ carta de ~ 居住許可証。❻《メキシコ》［貧しい人が大勢住んでいる, 古い］アパート
hacer mala ~ 厄介な隣人である
vecindaje [beθindáxe] 男 近所, 近隣《=vecindad》
vecindario [beθindárjo]《←vecindad》男 ❶ 集名 隣人たち, 同じ建物の人たち, 近所の人たち;［地域の］住民: llamar la atención del ~ 近所の人々の注目を集める。❷ 住民簿。❸《まれ》同じ建物〔近所・同じ街区〕に住んでいること; 近所《=vecindad》
vecindona [beθindóna] 女《軽蔑》［近所の］井戸端会議好きの女
vecino, na [beθíno, na]《←ラテン語 vicinus < vicus「地区, 場所」》形 ❶ 隣の, 隣接する; 近くの, 近所の: Vive en un pueblo ~ del tuyo. 彼は君の隣村に住んでいる。semáforo ~ a El Retiro レティロ公園の横の信号。casa ~na 隣家。habitación ~na 隣室。país ~ 隣国。❷ 類似の, 似た: dos ideas ~nas 似たような2つの考え
—— 男 ❶ 隣人, 同じ建物の人, 近所の人, 同じ街区の人: Esa mujer es ~na mía. その女性は私のお隣〔ご近所〕さんだ。Él es el ~ de arriba. 彼は上の階の住人だ。Es sociable [para] con los ~s. 彼は近所づきあいがいい。Tengo unos portugueses como ~s. 私の町内にはポルトガル人が何人か住んでいる。［地域の］住民: En esta villa todos los ~s se conocen. この村では住民全員が知り合いだ。Asesinaron a un ~ del municipio. 町の人が殺された
vectación [bektaθjón] 女《まれ》乗り物での移動
vector¹ [bektór]《←ラテン語 vector, -oris》男 ❶《幾何》ベクトル: radio ~ 動径〔位置〕ベクトル。❷《生物》〔天文〕動径。❸《生物》［病菌の］媒介動物［受粉の］媒介昆虫〔動物〕。❹《心理》影響力, 衝動。❹《軍事》核運搬手段, ミサイル。❺《航空》航路
vector², ra [bektór, ra] 形《生物》［病菌・受粉を］媒介する
vectorial [bektorjál] 形 ベクトルの: cálculo ~ ベクトル計算
veda [béða] I《←vedar》女 ❶ 禁止, 禁漁;［禁漁〔猟〕期間］: Se ha levantado la ~ de la trucha. マス漁が解禁になった。❷《法律用語》禁止
II《←サンスクリット語》男［V~, 主に 複］ベーダ《バラモン教の聖典》
vedado [beðáðo] 男 立入禁止区域: ~ de caza 鳥獣保護区域, 禁猟区
vedamiento [beðamjénto] 男 禁止
vedar [beðár]《←ラテン語 vetare「禁止する」》他 ❶［法律・命令で］禁止する: En este país la ley *veda* el aborto. この国では法律で堕胎を禁じている。Tenemos *vedado* el paso por este camino. 私たちはこの道の通行を禁じられている。*vedado* Paraíso 禁じられた楽園。❷ 妨げる, 阻む。❸《サラマンカ》動物の赤ん坊を乳離れさせる
vedegambre [beðegámbre] 男《植物》バイケイソウ《= ~ blanco》: ~ azul セイヨウトリカブト《学名 Aconitum napellus》。 ~ fétido コダクリアンスローズ《学名 Helleborus foetidus》。 ~ negro クリスマスローズ《学名 Helleborus niger》
vedeja [beðéxa] 女 長い髪;［ライオンなどの］たてがみ
vedete [beðéte] 女 =**vedette**
vedetismo [beðetísmo] =**vedettismo**
vedette [beðét]《←仏語》女 ❶［バラエティーショー・映画・演劇・催しなどの］女性スター, 人気女優, 主演女優: Se comentan los amores de las ~s del cine. 人気映画女優たちの恋愛沙汰が話題になっている。❷［男女を問わず］有名人: Cristiano Ronaldo es la ~ de los futbolistas. クリスティアーノ・ロナウドは有名なサッカー選手である。❸ 高速モーターボート, パワーボート, スピードボート。❹《メキシコ, チリ》合唱団員。❺《キューバ》目立ちたがり屋
vedettismo [beðetísmo] 男 ❶ スターであること。❷ スター志向, 有名人願望
védico, ca [béðiko, ka] 形 ベーダ Vedas の; 古サンスクリット語の
vedija [beðíxa] I 女 ❶《文語》［羊毛の］房; ［動物の］もつれ

た毛. ❷［もつれてカールした］長く豊かな髪
II 囡 =verija
vedijero, ra [beđixéro, ra］图［刈り取り時に落ちる］羊毛を集める人
vedijoso, sa [beđixóso, sa] 形［羊毛が］房の多い
vedijudo, da [beđixúđo, đa] 形［羊毛·髪が］もつれた
vedismo [beđísmo] 男 ベーダ宗教, 原始バラモン教
vedrío [beđrío] 男《地方語》釉薬がけ《=vidriado》
veduño [beđúpo] 男 =viduño
veedor, ra [be[e]đór, ra] 形名 監視する〔人〕; 詮索好きの〔人〕
── 男 ❶《西, 歴史》1)〔王家の〕大膳職. ❷［ギルドの］検査役. ❸《歴史》度量衡検査官『植民地時代, スペイン領アメリカに置かれた役人. 公正な商取引が行なわれるよう, 秤などに不正な工作が施されていないかを調査』
veeduría [be[e]đuría] 囡 監察官（検査役）の職務（執務室）
vega [béga]《←古バスク語 baika「灌漑地」<ibai「川」》图 ❶［主に河川流域の］沃野: En la ～ del Guadalquivir se cultiva arroz. グアダルキビル河流域の沃野では米が栽培されている. ❷《天文》［V～］ヴェガ, 織女星. ❸《メキシコ, キューバ》タバコ農園. ❹［エクアドル］［川の曲がり角にできた］移動する洲. ❺《チリ》1) 湿地. 2)［サンティアゴの］中央市場
Vega [béga]《人名》el Inca Garcilaso de la ～ →Garcilaso de la Vega
Vega Carpio [béga kárpjo]《人名》Félix Lope de ～ フェリクス·ロペ·デ·ベガ·カルピオ『1562〜1635, スペインの劇作家·詩人·小説家. 通称. ロペ·デ·ベガ. 戯曲, ロマンス, 社会の変化と共に演劇が大衆化する中で, 観客の心をとらえるために旧来の作法にこだわらず新しい演劇 comedia nueva の創出を目指した. 時代の好みに合わせて愛·冒険·信仰など多くの作品を書き, 黄金世紀演劇の絶頂期を築いた. 『ペリバニェスとオカーニャの太守』Peribáñez y el comendador de Ocaña, 『フエンテ·オベフーナ』Fuente Ovejuna, 『オルメードの騎士』El caballero de Olmedo』
vegada [begáđa] 囡《地方語》度, 回《=vez》
vegano, na [begáno, na] 形名 ビーガン〔の〕, 牛乳·卵も採らない》菜食主義者
vegetabilidad [bexetabiliđá[đ]] 囡 植物性
vegetable [bexetáble] 形《まれ》=vegetal
vegetación [bexetaθjón]《←ラテン語 vegetatio, -onis》囡 ❶《集合》［一地域の］植物, 植生: abundante ～ 豊かな植生. límite de ～ 植生限界. ～ alpina 高山植物〔の群落〕. ～ propia de la orilla del río 河岸特有植物. ❷ 発芽;［植物に］成長. ❸《医学》1)［皮膚·粘膜の］増殖肥大. 2)《複》扁桃腺肥大, アデノイド《=vegetaciones adenoideas》.
vegetal [bexetál]《←ラテン語 vegetare「活気づける」<vegetus「活発な」》形 ❶ 植物〔性〕の《⇔animal》: aceite ～ 植物性油. ❷［植物が］成長する
── 男 ❶ 植物《=planta》: quedarse como un ～ 植物人間になる. ❷《複》植物界. ❸《←英語》《複》野菜《=verduras》
vegetalismo [bexetalísmo] 男《動物性の食品は一切摂らない》菜食主義
vegetalista [bexetalísta] 形名 菜食主義の（主義者）
vegetante [bexetánte] 形《医学》［皮膚·粘膜の］増殖肥大を引き起こす
vegetar [bexetár]《←ラテン語 vegetare》自 ❶［植物が］成長する: Las cactáceas vegetan bien en zonas secas. サボテン科の植物は乾燥地帯でよく成長する. ❷［人が］無為な生活を送る;［活動が］沈滞する: Desde que le tocó la lotería se pasa el día vegetando. 彼は宝くじが当たってから無為な生活をおくっている. ❸ 植物的生活
vegetarianismo [bexetarjanísmo] 男《卵·牛乳など生きている動物の製品は摂る》菜食主義
vegetariano, na [bexetarjáno, na]《←仏語 végétarien》形 名 菜食主義の（主義者）, ベジタリアン〔の〕
vegetativo, va [bexetatíbo, ba]《←vegetar》形 ❶《生物》1)［生殖機能に対し］生長機能の, 栄養機能の: aparato ～ 植物の栄養器官. 2)［生殖］無性の. ❷《医学など》植物性の, 自律神経の: complejo (cortejo) ～ 自律神経症状.［trastornos del] sistema nervioso ～ 自律神経〔失調症〕. ❸［植物的（単価）な生活の: permanecer en estado ～ 植物人間状態になる. ❹《統計》［人口増が］出生率と死亡率の差による incremento ～ [人口の］自然増加
vegoso, sa [begóso, sa] 形《チリ》［土地が］湿っぽい, じめじめ

した
veguer [begér] 男 ❶ フランス大統領およびスペインのウルヘル司教からアンドラ公国へ派遣される代理者. ❷《歴史》ベゲール『中世アラゴン·カタルーニャ·マジョルカの地方代官』
vegueria [begería] 囡 ❶《歴史》veguer の職（管轄区域）. ❷［カタルーニャ］地域 comarca の境界区分
veguerío [begerío] 男 ❶ = veguería. ❷《キューバ》タバコ農園がたくさんある場所; タバコ栽培者の村
veguero, ra [begéro, ra] 形名 ❶ 沃野 vega の〔農民〕. ❷《キューバ》タバコ栽培者
── 男［葉1枚の細い］葉巻たばこ
veguino, na [begíno, na]《チリ》［市場の］露天商
vehemencia [be[e]ménθja]《←ラテン語 vehementia》囡《感情·表現の》激しさ: desear con ～ 強く欲する, 切望する; 恋しこがれる
vehemente [be[e]ménte]《←ラテン語 vehemens, -entis》形 ❶［感情·表現の］激しい, 熱烈な: discurso ～ 熱弁. mujer ～ 気性の激しい女性. ～ admirador 熱烈な崇拝者. ❷ よく考えずに行動する, 衝動的な
vehementemente [be[e]méntemênte] 副 激しく
vehicular [beikulár] 形 ❶ 乗り物の. ❷《言語》lengua ～ 媒介語
── 他 交通（運搬）手段として使う; 伝達手段にする, 媒介する
vehiculizar [beikuliθár] 9 他 =vehicular
vehículo [beíkulo]《←ラテン語 vehiculum<vehere「背負う, 運ぶ」》男 ❶ 乗り物, 交通手段, 運搬の; 車, 車両: espacio para ～ 駐車スペース. ～ 4×4 四輪駆動車. ❷ 伝達手段, 媒介〔者）: La lengua es el ～ de la cultura. 言葉は文化の伝達手段である. ❸《医学》感染源: Los mosquitos son ～s de enfermedades. 蚊は病気の感染源である. ❹《薬学》賦形剤. ❺《仏教》gran (pequeño) ～ 大乗（小乗）
veimarés, sa [bejmarés, sa] 形名 =weimarés
veintavo, va [bejntáβo, ba] 形名 =veinteavo
veinte [béjnte]《←古語 veinte<ラテン語 viginti》形 男《基数詞》20〔の］: tener ～ años 20歳である. ～ personas 20人. ❷ 20番目の: el capítulo ～ 第20章. ❸ [los+] 1920年代《=los años ～》: crisis económica de finales de los ～ 20年代終わりの経済危機. ❹ 20歳代. ❺《メキシコ, チリ》20センターボ貨
caer el ～ a+人《メキシコ, 口語》…が気付く
~ ❶《口》1) 午後8時. ❷《西式トランプ》las ～［トゥーテ tute で］同じ組み札の王と馬が1枚ずつの上がり手
a las ～ 常識外れの時刻に, 非常に遅く
veinteañero, ra [bejnteapéro, ra] 形名 20歳代〔の人〕
veinteañista [bejnteapísta] 形名《歴史》20年派『自由主義の3年 Trienio Liberal で過激な自由主義を主張した. →exaltado』
veinteavo, va [bejnteáβo, ba] 形名《分数詞》20分の1〔の〕
veintén [bejntén] 男 スペインの昔の金貨《=20レアル》
veintena[1] [bejnténa] 囡 ❶《集合》20（のまとまり）; 約20: En esta caja hay una ～ de chocolates. この箱にはチョコレートが20個入っている. una ～ de días 約20日. ❷ 20歳代. ❸《歴史》ベインテナ地区『セスマ sesma を20等分した各地区. 村落共同体に相当』
veintenar [bejntenár] 男 =veintena[1]
veintenario, ria [bejntenárjo, rja] 形 20年の, 20周年の
veintenero [bejntenéro] 男《聖歌隊の》先唱者
veinteno, na[2] [bejnténo, na] 形 ❶ 20番目の. ❷《分数詞》20分の1〔の〕《=veinteavo》
veinteñal [bejntepál] 形 20年間の
veinteocheno, na [bejnteotséno, na] 形 =veintiocheno
veintiseiseno, na [bejntiséjséno, na] 形 =veintiseiseno
veintésimo, ma [bejntésimo, ma] 形 =vigésimo
veinticinco [bejntiθíŋko] 形《基数詞》25〔の〕
veinticuatreno, na [bejntikwatréno, na] 形 24の; 24番目の
── 男 ～ de capa 最上等のマント地
veinticuatría [bejntikwatría] 囡《歴史》レヒドール veinticuatro の職務
veinticuatro [bejntikwátro] 形 男 ❶《基数詞》24〔の〕. ❷《歴史》〔アンダルシアの都市自治会の〕レヒドール regidor; その職; 市参事会

veintidós [beintidós] 形 男《基数詞》22〔の〕
veintidoseno, na [beintidoséno, na] 形《序数詞》22番目の
── 男 〜 de capa 二流のマント地
veintinueve [beintinwébe] 形 男《基数詞》29〔の〕
veintiocheno, na [beintjotʃéno, na] 形《序数詞》28番目の
veintiocho [beintjótʃo] 形 男《基数詞》28〔の〕
veintipocos, cas [beintipókos, kas] 形 名 =**veintitantos**
veintiséis [beintiséis] 形 男《基数詞》26〔の〕
veintiseiseno, na [beintiseiséno, na] 形《序数詞》26〔の〕; 26番目の
veintisiete [beintisjéte] 形 男《基数詞》27〔の〕
veintitantos, tas [beintitántos, tas] 形 名 20いくつか〔の〕, 20あまり〔の〕
veintitrés [beintitrés] 形 男《基数詞》23〔の〕
veintiún [beintjún] 〖veintiuno の語尾消失形〗形 →**veintiuno**: 〜 libros 21冊の本
veintiuno, na [beintjúno, na] 形 男〘語尾〙+男性名詞 では **veintiún**《基数詞》21〔の〕: tener *veintiún* años 21歳である. 〜*na* personas 21人
── 男《トランプ, ダイス》21, トゥエンティワン, ブラックジャック〘ゲームの一種〙
vejación [bexaθjón] 〘←ラテン語 vexatio, -onis〙女 いじめ, 虐待; ばずかしめ: Fue sometida a diversas *vejaciones* sexuales. 彼女は様々な性的虐待を受けた
vejador, ra [bexaðór, ra] 形 名 いじめる〔人〕
vejamen [bexámen] 〘←ラテン語 vexamen〙男 ❶ いじめ〔=vejación〕. ❷《まれ》あざけり, 嘲笑. ❸〔大学などでの〕相手を揶揄(⎮)する演説(詩)
vejaminista [bexaminísta] 名 相手を揶揄する演説役の者
vejaminoso, sa [bexaminóso, sa] 形《プエルトリコ, ペルー》=**vejatorio**
vejancón, na [bexaŋkón, na] 形 名《軽蔑》老いぼれ〔の〕
vejar [bexár] 〘←ラテン語 vexare「乱暴に揺する, 虐待する」〙他 ❶〔精神的に・陰湿に〕いじめる: Su jefe la *veja* constantemente. 上司は彼女をいつもいびる. ❷《まれ》あざける
vejatorio, ria [bexatórjo, rja] 形 いじめる, 心を傷つける; 屈辱的な: Es 〜 para él tener que pedírselo a su cuñado. 自分の義兄にそれを頼まなければならないのが彼にとって屈辱だった. trato 〜 いじめ, 虐待
vejecer [bexeθér] 自動《古語》 〜**se**《古語》〔人・事物が〕老化する
vejera [bexéra] 女《軽蔑》老齢〔=vejez〕
vejeriego, ga [bexerjégo, ɡa] 形 名《地名》ベヘル・デ・ラ・フロンテラ Vejer de la Frontera の〔人〕〘カディス県の町〙
vejestorio, ria [bexestórjo, rja] 形〘←vejez〙《まれ, 軽蔑》 老いぼれ
── 男《軽蔑》❶ 老いぼれ, じじい: Su novio es un 〜. 彼女の恋人は老いぼれだ. Ana calificaba a la reina Isabel de 〜. アナはイサベル女王を老いぼれ女と形容していた. ❷ 古ぼけた物
── 女《まれ, 軽蔑》老いぼれた女, 老婆, ばばあ
vejeta[1] [bexéta] 女《地方語. 鳥》カンムリヒバリ〔=cogujada〕
vejete, ta[2] [bexéte, ta] 〘viejo の示小語〙形 名《親愛》〔感じのいい・ひょうきんな〕年寄り〔の〕;《軽蔑》老いぼれ〔の〕
vejez [bexéθ] 〘←ラテン語 vetus, -eris〙女〘複 〜*ces*〙 ❶ 年老いていること, 老い, 老年, 老体; 耄碌(⎮): 1) morir de 〜 老衰で死ぬ. disimular su 〜 老いを隠す. enfermedad propia de la 〜 老人特有の病気. 2)〘諺〙A la 〜, viruelas. 年寄りの冷や水/老らくの恋/時季外れである. El que tuvo y retuvo, guardó para la 〜. 節制が若さの秘訣である.〔壮年期 madurez に続く〕老年: ahorrar para la 〜 老後のために貯金する. entrar en la 〜 老年期に入る. vivir una 〜 tranquila 老後を穏やかに暮らす. pasatiempo de la 〜 老後の楽しみ. ❸ 〜 económica〔技術進歩や需要変化などへの不適応による〕経年劣化, 経済的摩滅. ❹《まれ》古い家屋. 2) 決まり文句, 陳腐な言い方. 3)《古》古い習慣, 廃れたもの
vejiga [bexíɣa] 〘←ラテン語 vesica〙女 ❶〘解剖〙1) 膀胱(⎮): Tenía la 〜 llena y necesitaba encontrar un baño con urgencia. 私は膀胱がいっぱいで急いでトイレを見つける必要があった. 2) 〜 de la bilis 胆嚢〔=vesícula biliar〕. ❷〔皮膚の〕水ぶくれ, 水疱〔=ampolla〕; 膿瘍. ❸〔気体・液体で満たされた小さな袋〕〜 de perro〘植物〙ホオズキ〔=alquequenje〕. 〜 natatoria〔魚の〕浮き袋. ❹《古語. 美術》羊の腸製の小袋〘油絵具の容器〙
── 形《ウルグアイ. 軽蔑》=**vejigón**
vejigatorio, ria [bexiɣatórjo, rja] 形《薬学》発泡性の;〔水

疱治療用の〕発泡膏薬
vejigazo [bexiɣáθo] 男〔豚・牛などの〕膨らませた膀胱による殴打
vejigón, na [bexiɣón, na] 形 名 ❶《ベネズエラ》太った, ふくらんだ. ❷《ウルグアイ. 軽蔑》頭の回転の遅い〔人〕, 愚かな〔人〕
── 男《コロンビア. 獣医》気腫症
vejigoso, sa [bexiɣóso, sa] 形 水疱だらけの
vejiguilla [bexiɣíʎa] 女 ❶ 小水疱, 水疱疹. ❷《植物》ホオズキ〔=alquequenje〕
vejucón [bexukón] 男《ベネズエラ. 軽蔑》すけべおやじ
vejucona [bexukóna] 女《ベネズエラ. 口語》中年女性
vela[1] [béla] I 〘←velar I〙女 ❶ ろうそく: encender (apagar) una 〜 ろうそくをつける (消す). Se derrite la 〜. ろうそくのろうがたれる. ❷《口語》複 鼻水: El niño iba con las 〜*s* colgando. その子は洟をたらしていた. ❸ 徹夜. ❹ 夜なべの時間. ❺〔聖体の前の〕徹夜の礼拝. ❻ 不寝番の人. ❼《まれ》巡礼の旅. ❽《中米》通夜
a dos 〜*s* 1)〔ほとんど〕無一文で: Como es final de mes, estoy *a dos* 〜*s*. 私は月末で金がない. 2) 何も分からずに, 何も知らずに
dar 〜 *en el* (*este*・*ese*) *entierro*《口語》介入〔口出し〕を許す〔主に否定文・疑問文で〕: ¿Y a ti quién te *ha dado* 〜 *en este entierro*? 誰が君にはさんでいいと言ったの?
〔*derecho*〕*como una* 〜 1) きわめてまっすぐな. 2)〔首・背筋などが〕ぴんと伸びた. 3)〔行動の〕きちんとした, まともな
en 〜 眠らずに: pasar la noche〔entera〕*en* 〜 徹夜する
encender una 〜 *a Dios* (*a San Miguel*) *y otra al diablo*〔対立する〕両方の肩を持つ, 二方にいい顔をする
hasta que las 〜*s no ardan*《チリ. 口語》永遠に
más derecho (*tieso*) *que una* 〜 =〔*derecho*〕*como una* 〜
poner una 〜 *a Dios* (*a San Miguel*) *y otra al diablo* =*encender una* 〜 *a Dios* (*a San Miguel*) *y otra al diablo*
tener 〜 *en un entierro*《口語》〔人が事柄に〕関わっている〔主に否定文で〕
II 〘←ラテン語 vela「布, 篷」〙女 ❶〘船舶〙〔時に 集合〕帆: alzar 〜*s* 帆を上げる; 出帆する; 立ち去る. bajar 〜*s* 帆を下ろす. acortar 〜 縮帆する. desplegar 〜*s* 帆を張る. navegar a 〜 帆走する. al tercio ラグスル. 〜 cangreja 縦帆. 〜 de abanico 扇形帆. 〜 de cruz〔=cuadrada〕横帆. 〜 de estay/〜 de cuchillo ステイスル. 〜 de gavia トップスル. 〜 latina 大三角帆, ラテンセール. 〜 mayor 大檣帆; メンスル. 〜*s mayores* 前檣中・中檣・後檣の主帆. 〜 solar《天文》太陽帆. ❷《文語》ヨット; 帆船. ❸ セーリング, ヨット競技: hacer 〜 セーリングをする. ❹〔テラス・店先などの〕天幕, 日よけ. ❺《聞》〔牛の〕角. ❻《馬の, 疑いなどによる〕立てた耳
a toda 〜/*a* 〜*s desplegadas* 1) 総帆を張って. 2) 急いで, あわてて; 全力を尽くして
a 〜 *es* ですって〔の〕: travesía del Atlántico *a* 〜 ヨットによる大西洋横断
aguantar la 〜《口語》〔恋人たちが2人きりにならないよう〕デートに付き添う
arriar 〜 =*recoger* 〜*s*
hacer〔*se*〕*a la* 〜/*darse a la* 〜 出帆する, 出航する
recoger 〜*s* 1) 帆を下ろす. 2) 前言を撤回する, 引き下がる
sujetar (*sostener*) *la* 〜 =**aguantar la** 〜
III 女《アンダルシア》宙返り, とんぼ返り
velacho [beláʧo] 男 ❶《船舶》フォアトップスル. ❷《中米》みすぼらしい店
velación [belaθjón] 女 ❶《カトリック》〔主に 複〕昔の結婚式で新郎新婦がベールをかぶる儀式. ❷ 徹夜; 通夜〔=velatorio〕
velada[1] [beláða] 〘←velar I〙女 ❶ 夜会, 夜のパーティー. ❷ 夜の催し〔公演〕, 夜間興業〔一般に9時ごろから始まる〕. ❸ 夕食から就寝までの時間. ❹ 徹夜; 不寝番
veladamente [beláðamente] 副 あからさまでなく, 間接的に
velado, da[2] [beláðo, ða] 形 ❶ ベールのかかった: novia 〜*da* ベールをかけた花嫁. ❷〔音が〕鈍い, こもった; かすかな. ❸ 偽り隠された; 隠れた: ironía 〜*da* それとない皮肉. ❹《写真》〔光量過多で〕かぶった. ❺〔ワインの特性が〕アルコールとグリセリンで隠れた
── 名《まれ》〔正式の〕夫, 妻
── 男《写真》〔光量過多による〕かぶり
velador, ra [belaðór, ra] 形 ❶ 気を配る人, 担当者. ❷ 徹

veladura

夜する〔人〕；不寝番の〔人〕
── ❸《西》〔1本脚で最下部が3つに分かれた，小型の〕丸テーブル，円卓．❹《航空》グライダー〖=planeador〗. ❺〔木製の〕燭台. ❻《地方語》ロバ・牛の世話をする作男. ❼《メキシコ》ランプの火屋. ❽《コスタリカ，アンデス》ナイトテーブル. ❾《メキシコ，コロンビア，ボリビア，ラプラタ》〔ナイトテーブルに置く〕電気スタンド. ❿《メキシコ》〔聖人像の前に灯される逆円錐形の〕ろうそく.

veladura [beladúra]《女》❶《美術》グラッシ，透明絵の具の上塗り. ❷《映画》照明による色調のコントロール. ❸ 婉曲表現
velahí [belaí]《副》=velay
velaje [beláxe]《男》=velamen
velamen [belámen]《男》〖複 velámenes〗❶〖集名〗〔一隻の船の〕帆. ❷〖複〗〔スカイダイビングの〕キャノピー: manejo de velámenes キャノピーパイロッティング，スウーピング
velar [belár] I 〖←ラテン語 vigilare「気をつけている」〗《自》❶ 眠らずに過し，徹夜する: Ha velado para preparar el examen. 彼は試験勉強のために徹夜した. ❷〔+por・sobre〕に注意する, 気をつける: ～ por la salud de la familia 家族の健康に気を配る. ～ por su niño 子供から目を離さない. ❸〔風が〕夜どおし吹く. ❹《船舶》〔水面上に暗礁が〕現れる. ❺〔聖体の前で〕徹夜の礼拝をする
── 《他》❶ ～ la guardia 不寝番をする. ～ a un enfermo 夜通し病人の看護をする. ～ a un muerto 通夜をする. ❷〔+por 憲法などで, 権利・義務の遂行を〕チェックする, 監視する. ❸ 凝視する: ～ el paso de las estrellas 星の運行を見つめる. ❹《中南米》…に飲欲しそうな目をする. ❺《グアテマラ》〔呼ばれもしないのに〕食事時に現れる
II 《他》❶〖←velo〗〔…に〕ベールをかける; 覆い隠す: La niebla vela el horizonte. 霧で地平線がかすんでいる. ～ la verdad 真実を覆い隠す. ❷《美術》グラッシをする, 透明絵の具を上塗りする. ❸〔写真〕1)〔フィルムを〕感光させてしまう. 2)〔光量過多で〕かぶらせる
── ～ se ❶ ベールをかぶる: Las moras se velaban el rostro. モーロ人の女性は顔をベールで覆っていた. ❷〔昔の結婚式で〕新郎新婦がベールをかぶる儀式をする. ❸〔写真〕〔フィルムが〕感光してしまう: Se ha velado todo rollo porque la cámara no estaba bien cerrado. カメラがきちんと閉まっていなかったのでフィルム全部が感光してしまった. 2)〔光量過多で〕かぶる
velarización [belariθaθjón]《女》軟口蓋音化
velarizar [belariθár] 《他》《音声》軟口蓋音化する
velarte [belárte]《男》《古語》〔防寒服用の〕目の詰んだ光沢のある黒い布地
Velasco [belásko]《人名》**Luis de** ～ 1) ルイス・デ・ベラスコ（父）〖1511～64, スペイン出身の第2代ヌエバ・エスパーニャ副王〗. 2) ルイス・デ・ベラスコ（子）〖1539～1617, スペイン生まれ, ヌエバ・エスパーニャ副王, ペルー副王を歴任. マルティン・コルテス Martín Cortés の反乱を収束, テスココ Texcoco の埋め立てを開始〗
velatorio [belatórjo]〖←velar I〗《男》❶ 通夜の行なわれる, 病院などの〕霊安室. ❷ 通夜
velay [beláj]《副》《まれ》それ見たことか; 〔確認〕もちろん; 〔諦め・無関心〕さあね
velazqueño, ña [belaθkéɲo, ɲa]《形》《人名》ベラスケス Diego Velázquez の〔ような〕
Velázquez [beláθkeθ]《人名》**Diego** ～ ディエゴ・ベラスケス〖1599～1660, バロック期スペインの宮廷画家 pintor de cámara.『ブレダの開城』La rendición de Breda,『ラス・メニーナス』Las Meninas,『鏡の前のヴィーナス』Venus del espejo〗
Velázquez de Cuéllar [beláθkeθ de kwéʎar]《人名》**Diego** ～ ディエゴ・ベラスケス・デ・クエリャル〖1465～1524, スペインのコンキスタドール. キューバ島初代総督として数多くの町を建設. コルテス Cortés と対立〗
velcro [bélkro]《←商標》《男》〔時に V～〕マジックテープ
veleidad [belejdá(d)]〖←ラテン語 veleitas, -atis < velle「欲する」〗《女》❶ 移り気, むら気, 気まぐれ: Ridiculizaba las ～es izquierdosas de muchos intelectuales. 彼は多くの左翼知識人たちの移り気をからかった. Déjate de ～es y ponte a trabajar seriamente. むら気を出すのはやめてまじめに働き出せ. No soporto su ～ con los hombres. 彼女の男性に対する移り気には我慢ならない. ❷ 移り気な人. ❸《ラプラタ》大物気取り

Ella tiene unas ～es. 彼女は大物気取りだ
veleidoso, sa [belejdóso, sa]〖←veleidad〗《形》〔好み・思想などが〕移り気な, 気まぐれな: Era un hombre ～ y frívolo. 彼は気が変わりやすく軽薄で. carácter ～ 移り気な性格
velejar [belexár]《自》《航海》で帆を利用する
velería [belería]《女》I 〖←vela II〗❶ 帆の製造法. ❷ 帆（船具）の製造所
II 〖←vela I〗《女》ろうそく店
velero, ra [beléro, ra] I 〖←vela II〗《形》〔帆船が〕軽快な
── 《名》帆の製造業者
── 《男》❶ 帆船〖=buque ～〗; ヨット, セーリングボート. ❷《航空》グライダー〖=avión ～〗. ❸《動物》カツオノエボシ〖クラゲの一種〗
II 〖←vela I〗《名》❶〔聖体の前での〕徹夜の礼拝者; 巡礼者. ❷ ろうそく製造（販売）業者
── 《男》《アンダルシア》〔真鍮・ガラス製の〕手燭
veleta[1] [beléta]〖←アラビア語 beleta〗《女》❶ 風見, 風向計: La ～ señala hacia el Sureste. 風見は南東を指している. ❷ 風見鶏. ❸〔釣り〕羽根の浮き. ❹〔騎兵の〕槍旗. ❺《地方語》凧〖=cometa〗. ❻《パナマ, プエルトリコ, ペルー, ボリビア, パラグアイ. 玩具》風車（ﾙﾋ）
── ❼ 意見（趣味）がよく変わる人; すぐ強いにつく人: Ese político es un ～. あの政治家は風見鶏だ
velete [beléte]《男》〔髪飾り・帽子飾りなどの〕薄いベール
veleto, ta[2] [beléto, ta]《形》《闘牛》〔牛が〕大きな角を持った
veley [beléj]《副》《チリ》=velay
Vélez de Guevara [béleθ de gebára]《人名》**Luis** ～ ルイス・ベレス・デ・ゲバラ〖1579～1644, スペインの劇作家・小説家. 聖書や歴史上の人物に題材をとった数多くの幕間狂言 entremés を書いた. ケベード Quevedo を思わせる痛烈な風刺を込めたピカレスク風の小説『びっこの小悪魔』El diablo cojuelo. 戯曲『死後の戯曲』Reinar después de morir〗
velicación [belikaθjón]《女》穿刺
velicar [belikár] 《他》《医学》穿刺する
vélico, ca [béliko, ka]《形》《船舶》帆の: superficie ～ca 帆面積
velicomen [belikómen]《男》《まれ》乾杯用の大グラス
velífero, ra [belífero, ra]《形》《動物》面盤を持つ
velilla [belíʎa]《女》《レオン, アルバセテ, アンダルシア》マッチ〖=cerilla〗
velillense [beliʎénse]《形》《地名》ベリリャ Velilla の〔人〕〖Velilla の名の付く町・村〗
velillo [belíʎo]《男》❶ 小型の帆. ❷〔銀糸で織った〕薄布. ❸《アンダルシア》マッチ〖=cerilla〗
velintonia [belintónja]《女》《植物》セコイア〖=secuoya〗
velís [belís]《男》《メキシコ》=**veliz**
velis nolis [bélis nólis]〖←ラテン語〗《副》否応（ﾉﾋ）なしに, 好むと好まざるとにかかわらず
velista [belísta]《名》ヨットマン
velístico, ca [belístiko, ka]《形》《スポーツ》帆走の, セーリングの
vélite [bélite]《男》《古代ローマ》軽装歩兵
velívolo, la [belíβolo, la]《形》《詩語》〔帆船が〕総帆を張った, 全速で進む
veliz [béliθ]《男》《メキシコ》スーツケース
vellera [beʎéra]《女》《古語》〔女性の脱毛・髭剃りなど〕体毛処理を仕事にする女性
vellido, da [beʎído, ða]《形》=**velloso**
vello [béʎo]〖←ラテン語 villus「動物・布の毛」〗《男》〔時に〖集名〗〕❶〔人の, 頭髪・ひげ以外の〕体毛: eliminar el ～ superfluo むだ毛を取り除く. ～ en el pubis 陰毛. ～ en las axilas 腋毛. ～ fino 産毛. ❷《植物》綿毛: ～ de la piel de melocotón モモの皮の軟毛
vellocino [beʎoθíno]〖←俗ラテン語 velluscinum〗《男》❶〖集名〗毛, 羊毛〖=vellón〗. ❷〔羊の〕毛皮. ❸《ギリシア神話》～ de oro 金羊毛〖2人の子を乗せて飛んだ金の羊毛の毛皮〗
vellón [beʎón] I 〖vellocino の示大語〗《男》❶〖集名〗〔羊など一頭分の〕毛, 羊毛. ❷ 羊皮. ❸ 羊毛の房. ❹《ペルー, ボリビア》アルパカの毛の計量単位
II 〖←古語 billon < 仏語 billon〗《男》❶《古語》銀と銅の合金〖銅貨の材料〗. ❷ 銅貨; ベリョン貨幣〖=moneda de ～〗. ❸《中米, カリブ》5セント硬貨
vellonero, ra [beʎonéro, ra]《名》〔剪毛時に〕羊の毛を集める人
véllora [béʎora]《女》〔布裏の〕節玉, 織りむら
vellorí [beʎorí]《男》〖複 ～es〗〔中ぐらいの粗さの〕褐色の布, 染色

vellorín [beʎorín]〖男〗=**vellorí**

vellorio, ria [beʎórjo, rja]〖形〗［馬などが，白い毛が混じって］ネズミのような褐色がかった毛色の

vellorita [beʎoríta]〖女〗《植物》❶ ヒナギク，デージー《=maya》．❷ サクラソウ《=primavera》．❸ イヌサフラン《=cólquico》

vellosidad [beʎosiðáð]《←vello》〖女〗❶ 体毛が生える（生えている）こと；毛深いこと: Se dice que la ~ en el hombre es signo de virilidad. 毛深さは男らしさのしるしだと言われている．❷《解剖》絨毛: ~ intestinal 腸絨毛

vellosilla [beʎosíʎa]〖女〗《植物》ヤナギタンポポ属の一種《学名 Hieracium pilosela》

velloso, sa [beʎóso, sa]〖形〗❶ 体毛の生えた《= ~ de cuerpo》．❷《植物》綿毛のある

velludillo [beʎuðíʎo]〖男〗《繊維》［毛足の短い］木綿のフラシ天

velludo, da [beʎúðo, ða]〖形〗毛深い: brazo ~ 毛もくじゃらの腕
——〖男〗《繊維》フラシ天，プラッシュ，ベルベット

vellutero, ra [beʎutéro, ra]〖名〗［特にフラシ天の］絹織物職人

velmez [belméθ]〖男〗甲冑の下に着る服

velo [bélo]《←ラテン語 velum「布，幕」》〖男〗❶《服飾》［花嫁・服喪の女性・イスラム教の女性・修道女などの］ベール，覆い: 1) La novia lleva un ~ en la cabeza. 花嫁はベールをかぶっている．danza de los siete ~s《サロメの》7つのベールの踊り．2)《比喩》Un ~ de niebla nos impide ver la carretera. ベールのような霧で道路が見えない．ver la realidad a través de un ~ de mentiras y engaños 嘘と欺瞞のベールを透かして現実を見る．quitar el ~ del misterio a... …から神秘のベールを剥ぐ．~ de la noche 夜のとばり．3)［昔の結婚式で新郎新婦がかぶった］白いベール．4) マンティーリャ mantilla の上部を飾る薄布．5)《カトリック》［司祭がミサで用いる］肩衣（略）．❷《写真》［光量過多による］かぶり．❸《経済》monetario 貨幣ヴェール観《貨幣の増減は単に物価水準を上下させるだけで経済の実体には影響しないとする》．❹《航空》~ negro［加速時の］ブラックアウト．❺《生理》~ del paladar →**paladar**．❻《動物》面盤．❼《漁業》棒に付けたすくい網．❽［メキシコ，チリ，アルゼンチン，ウルグアイ］薄地のカーテン

correr el ~ =*descorrer el* ~

correr (echar) un {tupido} ~ sobre... …を隠す，秘密にする；忘れてしまう: No es bueno que *corramos un tupido ~ sobre* fraudes. 不正を隠すのは良くない

descorrer el ~［+sobre を］明るみに出す，秘密を明かす，ベールを剥がす

tomar el ~ 修道女になる: Las novicias *toman el* ~ hoy. 見習い修道女たちは今日正式に修道女になる

velocidad [beloθiðáð]《←ラテン語 velocitas, -atis》〖女〗❶ 速さ，速度，速力: ¿A qué ~ corría él (la coche)? 彼（車）はどのくらいのスピードで走っていましたか？La ~ máxima permitida es de 50 kilómetros. 制限速度は50キロだ．alcanzar una ~ de 300 kilómetros por (a la) hora 時速300キロに達する．aumentar la ~ スピードを上げる．reducir (disminuir) la ~ 速度を落とす．perder ~ 失速する．a gran (poca) ~ 高速（低速）で．a ~ máxima (tope・punta) 最高速度で．a toda ~ = 全速力で．tren de alta (gran) ~ 超高速列車．~ absoluta (relativa) 絶対（相対）速度．~《航空》対地（対気）速度．~ (de circulación) del dinero 貨幣の流通速度．~ de escape《天文》脱出速度，宇宙速度．~ del sonido (de la luz) 音速（光速）．~ del viento 風速．❷［車などの］変速装置: cambiar de (la) ~ ギヤチェンジする．meter una ~ ギヤを入れる．de cinco ~es 5段変速の．en primera ~ ローで．❸《スポーツ》スプリント: carrera de ~ 短距離競走．❹ 迅速性，敏速性: exigir ~ en el cumplimiento de las órdenes 命令を迅速に遂行するよう要求する

velocímetro [beloθímetro]《←veloci[dad]+metro》〖男〗速度計，スピードメーター

velocipédico, ca [beloθipéðiko, ka]〖形〗ベロシペードの，《古語》自転車の

velocipedismo [beloθipeðísmo]〖男〗ベロシペード velocípedo に乗ること

velocipedista [beloθipeðísta]〖名〗ベロシペードに乗る人

velocípedo [beloθípeðo]〖男〗ベロシペード，初期の自転車

velocirráptor [beloθirrá(p)tor]〖男〗《古生物》ヴェロキラプトル

velocista [beloθísta]《←veloz》〖名〗《スポーツ》スプリンター，短距

velocístico, ca [beloθístiko, ka]〖形〗スプリンターの，短距離走者の

velódromo [belóðromo]《←仏語 vélodrome》〖男〗自転車競技場，競輪場

velomotor [belomotór]〖男〗小型オートバイ，原動機付き自転車

velón [belón]〖男〗❶［火口が1つ以上で，金属製の］ランプ．❷ 大ろうそく

velonería [bolonería]〖女〗ランプ製造業

velonero, ra [belonéro, ra]〖名〗ランプ製造（販売）業者
——〖女〗［壁から突き出た］ランプを置く棚

velorio [belórjo]《←velar I》〖男〗❶［豚の解体など，家での仕事が終わった後などの］夜の娯楽の集い．❷［主に中南米］［主に子供の］通夜《=velatorio》．❸［病院などの］霊安室
II《←velo》〖男〗《修道女の》誓願式

velorta [belórta]〖女〗=**vilorta**

velorto [belórto]〖男〗=**vilorto**

velote [belóte]〖男〗《地方語》ろうそくの残り

velours [belúr]《←仏語》〖男〗《繊維》ベロア

veloz [beloθ]《←ラテン語 velox, -ocis》〖形〗《廉》~es》❶ 速い《=rápido》: 1) El guepardo es un animal muy ~. チーターはとても速い動物である．movimiento ~ 速い動き．2)［副詞的］El corazón late ~. 脈が速い．Huyó ~. 彼は逃げ足が速かった．❷ すばやい，軽快な: Dio una respuesta ~ a la pregunta del profesor. 彼は先生の質問にすばやく答えた

velozmente [beloθménte]〖副〗速く

veludillo [beluðíʎo]〖男〗=**velludillo**

veludo [belúðo]〖男〗=**velludo**

velux [bélu(k)s]〖一商標〗〖男〗《単複同形》天井の回転窓

velvetón [belbetón]〖男〗《繊維》ビロードに似せた綿布

vena [béna]《←》〖女〗❶《解剖》静脈《⇔arteria》: inyectar en ~ 静脈注射する．~ basílica 尺側皮静脈．~ cava 大静脈．~s ácigos 奇静脈．❷［一般に］血管: Arden las ~s. 血が沸き立つ．cortarse las ~s 自分の血管を切る，リストカットする．retirar la ~ de las gambas エビの背から取る．❸ 木目，石目；葉脈．❹ 鉱脈，水脈: Aquí pasa una ~ de agua. ここに水脈が通っている．❺［芸術的な］感興；才能: tener la ~ インスピレーションがある．❻《西.口語》衝動: Le ha dado la ~ de cantar. 彼は突然歌いたくなった．~ de locura 狂気の連続．❼ 良い気分，上機嫌: coger a+人 de ~ …の機嫌のいい時を利用する．❽ 無節操，気まぐれ

estar en ~《口語》［執筆・演技などについて］気分が乗っている: Hoy no *estoy en* ~ para escribir. 今日は筆が乗らない

llevar en las ~s［性質・能力などを］生まれつき持っている

tener ~ *de...* …の才能（素質）がある: Este niño *tiene* ~ *de* músico. この子には音楽の才能がある．*tener* ~ *de* loco 少し頭がおかしい

venable [benáble]〖形〗《古語》売られ得る《=vendible》

venablo [benáblo]〖男〗［短い］投げ槍

echar ~s 怒ってわめき立てる

venación [benaθjón]〖女〗❶《古語》狩猟．❷《植物》葉脈の型；《昆虫》翅脈の型

venada[1] [benáða]〖女〗❶《西.口語》衝動《=vena》．❷ 雌のシカ

venadero [benaðéro]〖男〗シカがよく集まる場所

venado[1] [benáðo]《←ラテン語 venatus, -us「狩り」》〖男〗❶《動物》シカ《=ciervo》；《料理》鹿肉《=carne de ~》；《カリブ》鹿皮．❷《婉曲》妻に浮気された夫《=cornudo》．❸《カリブ》売春婦．❹《エクアドル》密輸，密売

correr como un ~《メキシコ，ニカラグア.口語》急いでいらいらと走る

pintar ~《メキシコ.口語》ずる休みする

venado[2], **da**[2] [benáðo, ða]〖形〗《口語》［estar+］狂った，気のふれた

venador [benaðór]〖男〗《文語》猟師《=cazador》

venaje [benáxe]〖男〗《集名》［川の源となる］水脈と泉

venal [benál] I《←ラテン語 venalis「売られ得る」》〖形〗《文語》❶［人が］金で動く（買える）: testigo codicioso y ~ 貪欲で買収可能な証人．❷［物が］売り物の: Todos los cuadros son ~es. 絵はすべて売り物です
II《←vena》〖形〗静脈の

venalidad [benaliðáð]〖女〗《文語》買収されやすいこと

venático, ca [benátiko, ka]〖形〗《文語》狂気じみた，偏執的な

venatorio, ria [benatórjo, rja]《←ラテン語 venatorius》形《文語》狩猟の: arte ～ 狩猟術

vencedero, ra [benθeðéro, ra] 形 期限の来る: letra ～ ra el día diez de mayo 5月10日に期限が切れる手形

vencedor, ra [benθeðór, ra] 形 勝つ: El equipo japonés resultó ～ en el torneo. 日本チームがトーナメントに勝った. país ～ 戦勝国
—— 名 勝利者, 勝者

vencejo [benθéxo] I 男 ❶《鳥》ヨーロッパアマツバメ《＝～común》: ～ culiblanco ニシヒメアマツバメ. ～ pálido ウスアマツバメ. ～ real シロハラアマツバメ
II《←ラテン語 vinciculum》男［麦束などを］縛るもの, ひも

vencer [benθér]《←ラテン語 vincere》① 他 ❶ 打ち破る, 負かす: 1) Los romanos vencieron a los cartagineses. ローマ軍はカルタゴ軍に勝った. Me venció en inteligencia. 彼は頭のよさで私に勝った. ～ al enemigo 敵に勝つ. país vencido 敗戦国. A la tercera (A las tres・A la de tres) va la vencida.《諺》三度目の正直／二度失敗したらあきらめろ／仏の顔も三度. 2)［+直接目的語を明示する］La dificultad venció a la paciencia. 困難さが忍耐に打ち勝った. ❷ 克服する; 征服する: Le venció el sueño. 彼は眠気に負けた. ～ un obstáculo 障害を乗り越える. ～ la enfermedad 病魔に打ち勝つ. ～ la depresión económica 不況を乗り切る. ～ el miedo 恐怖を克服する. ～ la cumbre 頂上を征服する. ❸［重みで］傾斜させる, そらせる; 壊す: El peso venció las patas de la mesa. 重みでテーブルの脚がゆがんだ(折れた). La pesada maleta le vencía. 重いスーツケースのために彼の体は傾いていた. ❹《コロンビア》叱る
darse por vencido《口語》無能力を認める, 断念する: Me doy por vencido, dime la solución. 私の負けだ, 答えを教えてくれ. No se dará por vencido hasta que lo consiga. 彼女は達成するまであきらめないだろう
—— 自 ❶［期限が］来る;［効力が］なくなる: Mañana vence el plazo para pagar el impuesto. 明日納税期限が切れる. La letra ha vencido. その手形は期限が来た. pagar los intereses por trimestres vencidos 3か月［経過する］ごとに利子を払う. ❷［+en で］勝つ: Nuestro ejército venció en la batalla. 我が軍が戦闘で勝利を収めた. ～ en la carrera 競走で勝つ. ¡Venceremos! 勝つぞ!
de vencida 終わりそうな: El verano va de vencida. 夏が終わりかけている
—— ～se ❶ 自分に打ち勝つ. ❷［重みで］傾く, そる; 壊れる: El equilibrista se venció hacia un lado y estuvo a punto de caerse. 綱渡りの人はぐらっと傾いて落ちそうだった. ❸ 期限が来る(切れる). ❹《チリ》すり減る

vencer	
直説法現在	接続法現在
venzo	venza
vences	venzas
vence	venza
vencemos	venzamos
vencéis	venzáis
vencen	venzan

vencetósigo [benθetósiɣo] 男《植物》ヤクヨウカモメヅル

vencible [benθíβle] 形 打ち勝ち得る; 克服され得る: rival ～ 勝てる相手. error ～ 回復可能な失敗

vencimiento [benθimjénto]《←vencer》男 ❶［支払いなどの］期限切れ, 満期: Hoy es el ～ de este giro. 今日為替の満期日です. No podemos cobrar el cheque antes de su ～. 満期日以前には小切手を現金化できない. pagadero a ～ 満期払いの. ❷ 打ち勝つこと, 勝利; 克服: ❸［主に 圏］重みによる板などの］ゆがみ

venda [bénda]《←ゲルマン語 binda》女 ❶ 包帯: Lleva una ～ en la cabeza. 彼は頭に包帯をしている. poner a+人 una ～ …に包帯をする. ❷《主に比喩》目隠し. ❸［馬の脚を包む］布で. ❹《古語》王権を象徴する鉢巻き
caerse a+人 la ～ de los ojos［迷いなどから］…が覚める
poner a+人 antes de la herida (antes de que haya herida) 石橋を叩いて渡らない, 慎重にすぎる
quitar a+人 una ～ de los ojos［迷いなどから］…の目を覚めさせる, 真実を知らせる
tener (llevar・poner) una ～ en los ojos［迷いなどから］

目が見えない, 真実を見ようとしない

vendaje [bendáxe] I《←venda》男 ❶《医学》 集名 包帯, 帯具: ～ de hernia 脱腸帯. ❷ 包帯をすること
II《←vender》男 ❶《まれ》販売手数料. ❷《中南米》おまけ, チップ

vendar [bendár]《←venda》他 ❶［体の一部に］包帯をする: El enfermero vendó la cabeza del herido. 看護師はけが人の頭に包帯をした. ❷ 目を見えなくさせる: La pasión le vendaba los ojos. 彼は熱情のあまり真実が見えなかった

vendaval [bendaβál]《←仏語 vent d'aval》男 暴風, 嵐;［特にイベリア半島南西部での］湿った強い南西風

vendedera [bendeðéra] 女 女性販売業

vendedor, ra [bendeðór, ra] 形 売る; 売り手の: tipo ～ 売り相場
—— 名 ❶［主に職業としての］売り子, 店員; 販売員: Es un buen ～. 彼は売るのがうまい. ～ de periódicos 新聞売り. ❷《商業》売り手, 売り主: mercado de ～es／mercado favorable para los ～es 売り手市場

vendehúmos [bendeúmos] 名《単複同形》権力者との親密な関係を装う人

vendeja [bendéxa] 女 ❶《廃語》集名 販売対象商品. ❷《アンダルシア》［果物・野菜の］街頭販売, 産直販売

vendema [bendéma] 女《ロゴーニョ》=vendimia

vendemar [bendemár] 他《ロゴーニョ》=vendimiar

vendepatria [bendepátrja] 名 売国奴

vendepatrias [bendepátrjas] 名《単複同形》=vendepatria

vender [bendér]《←ラテン語 vendere》他 ❶［+a に, +por 代価で］売る, 販売する, 売却する《⇔comprar》: Le vendió su reloj a un amigo por cincuenta euros. 彼は自分の時計を50ユーロで友人に売った. En esta librería venden también CD y DVD. この本屋ではCDやDVDも売っている. Ella vende frutas en el mercado. 彼女は市場で果物を売っている. Anda vendiendo su idea. 彼は私たちにその考えを売り込んでいる. ❷《軽蔑》［良心などを］売り渡す; 裏切る: Vendió su honra. 彼は利益と引き換えに名誉を失った. ～ a su amigo 友人を売る. ❸［…の秘密などを］暴露する: El acento lo vende. アクセントで彼の正体がばれた
estar sin ～ 売れ残っている
estar (ir) vendido《西》身があやうい: Para un viaje con este coche tan viejo vas vendido. こんな古い車でドライブは危険だよ
—— ～se ❶ 売られる: 1) En esta tienda se venden bolsas. この店ではバッグが売られている. 2)《表示》Se vende coche. 自動車売ります. Todo se vende a mil yenes. 千円均一セール. No se vende. 非売品. 3)［能動と受動の中間］Este libro se vende bien. この本はよく売れる. ❷ 自分の身を売る: El hombre se vendió por una condecoración. 彼は勲章のために自分を売り渡した. ❸《軽蔑》裏切る; 買収される: Ese policía no se vendió nunca. その警官は決して買収されない. ❹ うっかり本性(秘密)をさらけ出す. ❺［事実と異なって, +por であるとの］評判である

vendetta [bendéta]《←伊語》女 血の復讐, 家族のかたき討ち

vendí [bendí] 男《圏》～es［売り主・仲買人などが発行する］販売証明書

vendible [bendíβle] 形 売られ得る; 売り物になる, 売れ口がある

vendimia [bendímja]《←ラテン語 vindemia < vinum「ワイン」+demere「果実の摘み取り」》女 ❶ ブドウの取り入れ. ❷ ブドウの収穫期, ブドウの収穫年, ビンテージ: la ～ de 1993 1993年もの［のワイン］. ❸ 大もうけ

vendimiador, ra [bendimjaðór, ra] 名 ブドウを摘む人

vendimiar [bendimjár]《←ラテン語 vindemiare》⑩ 自 他 ❶［ブドウを］摘む. ❷［暴力・不正などによって］利用する, つけ込む. ❸《まれ》殺す

vendimiario [bendimjárjo] 男 ヴァンデミエール, ぶどう月《フランス共和暦の第1月》

vending [béndin]《←英語》女 自動販売機による販売

vendo [béndo] 男 ❶ 布の縁. ❷《クエンカ, アルバセテ, アンダルシア》腹 はたき

vendrellense [bendreʎénse] 形 名《地名》エル・ベンドレル Vendrell の［人］《タラゴナ県の村》

venduta [bendúta] 女《キューバ, コスタリカ, 南米》競売《=subasta》;《コロンビア》［家具什器の］競売, 公売

vendutero, ra [bendutéro, ra] 名《キューバ, コスタリカ, 南米》競

売人

veneciano, na [beneθjáno, na] 形 名 《地名》ヴェネツィア Venecia の〔人〕, ベニスの: vidrio ~ ベネチアングラス
── 女 ベネチアン・ブラインド『=persiana ~』

venectasia [benektásja] 女 《医学》静脈拡張症

venencia [benénθja] 女［ワインの樽から試飲するための］長い柄の付いたカップ

venenciador, ra [benenθjaðór, ra] 名 試飲用の長い柄の付いたカップでワインをつぐ人

venenciar [benenθjár] 10 他 [ワインを] 試飲用の長い柄の付いたカップでつぐ

venenífero, ra [benenífero, ra] 形 《詩語》=venenoso

veneno [benéno] 男 《←ラテン語 venenum「麻薬」》❶ 毒, 毒物: beber ~ 毒を飲む. matar con ~ 毒殺する. poner ~ en vino ワインに毒を入れる. ~ fulminante (lento) 即効(遅効)性の毒物. ~ violento 猛毒. ❷［心身に］有害な物: El tabaco es un ~ para la salud. たばこは健康に害がある. Esta película es un ~ para los niños. この映画は子供によくない. ❸ 悪意. ❹ 激怒; 恨み. ❺［闘牛］角の先端: quitar el ~ 角の先端を切り落とす. ❻《アンダルシア, カナリア諸島》悪童

venenosidad [benenosiðáð] 女 毒性

venenoso, sa [benenóso, sa] 形 《←ラテン語 venenosus》❶ 有毒の: gas ~ 有毒ガス, 毒ガス. serpiente ~sa 毒蛇. libro ~ 有害な本. ❷ 悪意のある, 意地の悪い: frases ~sas 悪意のある文章. lengua ~sa 毒舌

venera [benéra] 女 《←ラテン語 veneria「ビーナスの貝」》❶ 帆立貝の貝殻: Los peregrinos a Santiago de Compostela traían cosidas ~s en sus esclavinas. サンティアゴ・デ・コンポステーラへの巡礼者たちはマントに帆立貝の貝殻印を縫い付けていた. ❷［騎士団員が胸につけた］巡礼の貝殻印. ❸《料理》貝柱 〖=ojos de ~〗. ❹《建築》帆立貝型の装飾. ❺ 泉, 湧水〖=venero〗

venerabilidad [benerabiliðáð] 女 尊敬すべきであること

venerable [benerábleb] 形 《←ラテン語 venerabilis》❶［高齢で］尊敬すべき. ❷［高位聖職者に対する敬称］…師. ❸《カトリック》尊者の〔《福者 beato の次の位の敬称》〕
── 男〖フリーメーソンの〗支部長

veneración [beneraθjón] 女 《←ラテン語 veneratio, -onis》女 敬愛, 尊敬; 《宗教的な》崇拝

venerador, ra [beneraðór, ra] 名 敬愛する〔人〕; 崇拝する, 崇拝者

venerando, da [benerándo, da] 形 《文語》尊敬すべき, 尊敬に値する

venerante [beneránte] 形 《文語》敬愛する

venerar [benerár] 《←ラテン語 venerari》他 ❶ 敬う, 尊ぶ: Ella venera la memoria de sus padres. 彼女は両親の思い出を大切にしている. ❷［神などを］あがめる, 崇拝する: Los musulmanes veneran a Alá. イスラム教徒はアラーをあがめる. ~ la imagen de la Virgen 聖母マリア像を崇拝する

venéreo, a [benéreo, a] 《←ラテン語 venerius「ビーナスの」》形 ❶ 性病の: enfermedad ~a 性病. ❷《文語》性愛の

venereología [benereoloxía] 女 性病学

venereológico, ca [benereolóxiko, ka] 形 性病学の

venereólogo, ga [benereólogo, ga] 名 性病科医

venero [benéro] 男 《←vena》❶ 鉱脈, 鉱床. ❷ 泉, 湧水. 《文語. 比喩》源泉: Este libro es un ~ de información. この本は情報の泉だ. ❸［日時計の］示時線

véneto, ta [béneto, ta] 形 名 《地名》《イタリアの》ヴェネツィア Venecia の〔人〕, ベニスの〔人〕. ❷《歴史》ベネト人の〔の〕
── 男 ベネト語

venezolanismo [beneθolanísmo] 男 ❶ ベネズエラ特有の言葉や言い回し. ❷ ベネズエラ的特質への愛着; ベネズエラ人気質

venezolano, na [beneθoláno, na] 形 ベネズエラ(人)の; 名 ベネズエラ人

Venezuela [beneθwéla] 固《国名》ベネズエラ［南米の連邦共和制社会主義国. 正式名称はベネズエラ・ボリバル共和国 República Bolivariana de Venezuela. 首都はカラカス］

vengable [beŋgáble] 形 復讐得る; 復讐されるべき

vengador, ra [beŋgaðór, ra] 形 復讐する, 報復の; 復讐者の: instinto ~ 復讐本能. mano ~ra 復讐の手; 復讐者

venganza [beŋgánθa] 女 《←vengar》❶ 復讐, 報復: tomar ~ en+人 …に仕返しする. gritar por ~ 報復(償)いを求める.

deseos (sed・espíritu) de ~ 復讐心. ❷《廃語》罰, 刑罰
~ de Moztezuma/~ de Cuauhtémoc《メキシコ》下痢

vengar [beŋgár] 《←ラテン語 vindicare》8 他 ［+事, +人+de+事］…の復讐をする: Dijo que vengaría la ofensa. 彼は侮辱に対して仕返しをすると言った. Vengaré a mi amigo del trato que le dieron. 私は友人の受けた仕打ちの復讐をするつもりだ
── ~se [+de・en に, +de・por の］復讐をする: Se vengó de su padre. 彼は父親の仇を討った. Me vengaré de él por haberme engañado. 彼にだまされた仕返しをしてやるぞ

vengativamente [beŋgatíbamente] 副 恨み深く

vengativo, va [beŋgatíbo, ba] 《←vengar》形 ❶ 復讐心の強い, 恨み深い: carácter ~ 復讐心の強い性格. ❷ 復讐の: plan ~ 復讐計画

venia [bénja] 《←ラテン語》女 ❶《文語》［主に公的機関・上司・先生などの］許可, 裁可: solicitar la ~ para las vacaciones 休暇願いを出す. con la ~ de su jefe 上司の許可を得て. ❷《まれ》［罪の］許し. ❸《中南米, 軍事》敬礼. ❹《コロンビア, チリ, アルゼンチン, ウルグアイ》軽い会釈

venial [benjál] 《←ラテン語 venialis》形［罪が］軽い, 許される: pecado ~《宗教》［恩寵を全く失うには至らない］小罪

venialidad [benjaliðáð] 女 罪の軽さ

venialmente [benjalménte] 副［罪が］軽く

venida [beníða] 女 《←venir》❶ 来ること, 来訪 《⇔ida》: Tuve noticia de su ~ a Japón. 私は彼の訪日の知らせを受け取った. cerebrar la ~ al mundo de... …の誕生を祝う. la segunda ~ de Cristo キリストの再来. ❷ 帰り, 戻り 《⇔vuelta》. ❸《フェンシング》［試合開始から終了までの］互いの攻撃. ❹［突然の］出水, 氾濫. ❺ 勢い

venidero, ra [beniðéro, ra] 《←venir》形 来たるべき: los tiempos ~s 未来, 将来. el mundo ~ 来たるべき〔神の〕世. los ~s 子孫, 後代. máquina ~ra 未来の機械

venilla [beníʎa] 女 《←vena》❶《鉱山》薄い鉱脈

venimécum [benimékun] 男 =vademécum

venir [beníɾ] 《←ラテン語 venire》59 自 ❶ 来る, やって来る 《⇔ir》: 1) Mira, viene un autobús. ほらバスが来たよ. Viene en coche. 彼は車でやって来る. Ya han venido los huéspedes. もう客たちは来ている(到着した). Mi padre todavía no ha venido. 父はまだ帰宅していない. Di a los niños que vengan. 子供たちに来るように言って. Bueno, vengo. じゃあ, またね. Siempre vengo al olor del ambiente acogedor y la buena comida de esta casa. 私はいつもこの家の温かい雰囲気とおいしい食事が魅力でお邪魔するのです. 2) [これから行く場所・話し相手のいる場所を表して][+a+不定詞 するために] Voy a tomar café, ¿quieres ~ conmigo? コーヒーを飲みに行くけど, 君も一緒に行かない? ¿Vienes?─Vengo. 来るかい?─行くよ. 3) [+a+不定詞 するために] Vino a buscarme. 彼が私を迎えに来た. ¿Cuándo vengas a verme? いつ会いに来てくれるの? Las limpiadoras vienen a trabajar por las noches. 掃除婦たちは夜, 仕事に来る. 4) [+a+に] Venga usted a Japón. 日本においで下さい. 5) [+de から] ¿De dónde vienes?─Vengo de Japón. どこから来ましたか?─日本から来ました. ¿De dónde vienes?─Vengo del dentista. どこへ行って来たのですか?─歯医者に行って来たところで. 6) [出身・出所] Viene de una familia pobre. 彼は貧しい家の出だ. Esta postal ha venido de España. この葉書はスペインから来た. Este chocolate viene de Bélgica. このチョコレートはベルギー産だ. Esa palabra viene del inglés. その単語は英語が語源だ. ¿De dónde vendrá ese ruido? あの物音はどこから聞こえてくるのだろう? 7) [時などが] Ha venido el verano. 夏がやって来た. El mes (el año) que viene 来月(来年). 8) [順序として] Después del día viene la noche. 昼の後には夜が来る. Viene de la página anterior. 前ページより続く. 9) [元の論点に] 戻る: Vengamos al punto de partida de este tema. もう一度この問題の出発点に戻ろう. 10) 出勤する, 出社する. ❷ 生じる, 起こる: 1) [+a に] Le vino una desgracia. 彼に不幸が起きた. 2) [感覚・感情などが] Me vino sueño. 私は眠い. Les vinieron de repente ganas de reír. 彼らは急におかしさがこみ上げてきた. Me vienen al pensamiento nuestros juegos infantiles. 子供時代の遊びが思い出される. Te veo ~. 君の気持ちはお見通しだ. 3) [+de に] 起因する: Su enemistad viene de un malentendido. 彼らの対立は誤解が原因だ. Su resfriado viene de la falta de descanso. 彼の風邪は疲労から来ている. ❸ [+en に] 記載されている: Su nombre viene en el formulario. 彼の名前は用

紙に書いてある. *En* ese diccionario no *viene* lo que estoy buscando. その辞書には私の探していることは載っていない. ❹ [+a にとって, +主格補詞] …である: 1) El pantalón me *venía* ancho. そのズボンは私には大きすぎた. 2) [+bien・mal] 適合する・適合しない, 似合う・似合わない, ふさわしい・ふさわしくない: Esa camiseta te *viene* mal. そのシャツは君に似合わない. Esta tarde me *viene* mal salir de paseo. 今日の午後は散歩に出かけるのは都合が悪い. Si te *viene* bien, a las cuatro voy a verte. よければ4時に君の所へ行くよ. Una bebida no me *viene* mal. 一杯やるのも悪くない. ❺ [+en+名詞] …するに至る: Cuando *vino en* conocimiento de lo que había pasado, ya era demasiado tarde. 何が起きたか彼が知った時にはもう手遅れだった. ❻ [+a+不定詞] 1) [接近・完了]…するようになる: *Vienes a* ocupar el vacío que dejó él. 彼の後釜には君が座ることになるよ. Han *venido a* cambiar de ideas. 彼らは考えを変えてしまった. 2) [近似, 不定詞は ser・tener・decir など]…と同様である: Esto *viene a* ser un aviso. これは警告と考えてよい. 3) [推測・他人の意志]…らしい: *Viene a* tener la misma altura que yo. 彼の身長は私と同じくらいらしい. ❼ [+過去分詞]…の状態で来る; …している: *Vine* sentado en el metro. 私は地下鉄で座って来た. Este moho *viene* producido por el exceso de humedad. このかびは湿気がひどいために発生したものだ. ❽ [+現在分詞. ある時点で徐々に展開してきていることを表わす進行形] ずっと…してきている: Lo *vengo* diciendo desde hace un mes. 私は1か月前からそのことを言い続けてきた. Los alumnos *vienen* adelantando mucho. 生徒たちは非常に上達してきている. ❾ [植物が] 生える, 成長する: Los espárragos *vienen* bien en tierras arenosas. アスパラガスは砂地でよく育つ. ❿ [+文語] [当局が, +en を] 決定する: *Vengo en* decretar la celebración de elecciones. 総選挙の実施を布告することにしました. ⓫ 妥協する, 同意する: Por mucho que porfíes, no *vendré* en lo que has pedido. 君がどんなにしつこく言っても, 頼みは聞けないよ. ⓬ [+con 普通でないこと・思いがけないことを] 言い出す: ¡Mira *con* lo que [me] *viene* ahora! 今度は何を言い出すやら! ⓭ [+sobre が] 思いがけず起こる; 襲う: *Vino sobre él* un cúmulo de desgracias. 不幸が一度に彼を襲った. El enemigo *vino sobre* la ciudad. 敵が町を襲った. ⓮ [+de+不定詞] …してきたところである: *Vengo de* estudiar de la biblioteca. 私は図書館で勉強して帰ってきたところだ. ⓯ [法律] [+en+不定詞] これによって (ここにおいて) …する

Bien venidas sean, vengan de donde vengan. どこから来たか分からないが, いいものだから受け取っておこう/どこの産物であろうと歓迎だ
en lo que por ~ 将来において
lo que venga 〘口語〙生まれてくる子供
lo que viene 〘口語〙=**lo que venga**
Nada le ha venido dado. すべて彼の努力で得たものだ
no ~ a+人 de... [単人称] にとって…は大した迷惑 (費用) でない: *No me viene de* una hora o dos. 1, 2時間なら構いやしない. *No le viene de* diez mil euros más o menos. 彼にとって1万ユーロぐらいどうということはない
por ~ 〘文語〙まだ起こっていない, 未来の: un mundo *por ~* 来たるべき世界. un día *por ~* [未来の] ある日. Lo peor está *por ~*. さらに悪いことが待っている
venga 何度も繰り返す 〖=venga y venga〗
¡Venga! 〘西〙1) [激励・催促] さあ!: ¡*Venga*, date prisa! さあ, 急げ! ¡Devuélveme el carnet! ¡*Venga*! さあ証明書を返してくれ! 2) [+不定詞] …をよこせ(返せ)!
venga a (de) +不定詞 〘西〙しつこく(繰り返し)…する: Continuaba riendo. Y todo el mundo *venga a* reír. 彼は笑い続けた. そしてみんなも笑いが止まらなかった
venga de +名詞 〘西〙[過剰である]: Ellas parecen ser blancas y rubias, *venga de* pintura para la cara. 彼女たちは金髪の人のように見え, 顔は厚塗りだ
venga lo que venga (viniere) 何が起ころうとも, どんなことがあっても
venga y venga [前述のことを] 何度も繰り返す
¡Venga ya! 〘西〙[不信・拒絶] よせよ!: ¡*Venga ya*, no me lo creo! やめろよ, そんなことが信じられるか!
~ dado 来た時には片付いている: *Vienes dado*. 今ごろ来ては君のすることは何もない
~ mal dadas 〘口語〙状況が悪くなっている: Al líder le han *venido mal dadas*. その指導者は落ち目になっている
—— ~se ❶ [強調] やって来た: *Se han venido de* su país. 彼らは祖国を捨てて来た. ❷ 妥協する: Después de mucho discutir *se vino a* las nuestras. 長い議論の末, 彼は我々の意見を受け入れた. ❸ 〘卑語〙エクスタシーに達する, いく. ❹ 〘まれ〙[ワインなどが] 発酵する

venir	
現在分詞	過去分詞
viniendo	venido
直説法現在	点過去
vengo	vine
vienes	viniste
viene	vino
venimos	vinimos
venís	vinisteis
vienen	vinieron
直説法未来	過去未来	命令法
vendré	vendría	
vendrás	vendrías	ven
vendrá	vendría	
vendremos	vendríamos	
vendréis	vendríais	venid
vendrán	vendrían	
接続法現在	接続法過去	
venga	viniera, -se	
vengas	vinieras, -ses	
venga	viniera, -se	
vengamos	viniéramos, -semos	
vengáis	vinierais, -seis	
vengan	vinieran, -sen	

Veni, vidi, vinci [béni bídi bínθi] 〖←ラテン語〗来た, 見た, 勝った

venoclisis [benoklísis] 〘女〙〘医学〙静脈注射
venosclerosis [benɔsklerósis] 〘女〙〘医学〙静脈硬化症
venosidad [benosidá(d)] 〘女〙静脈が透けて見えること
venoso, sa [benóso, sa] [←**vena**] 〘形〙❶ 静脈の: inyección *~sa* 静脈注射. sangre *~sa* 静脈血. sistema *~* 静脈系. ❷ 静脈の多い: mano *~* 静脈の浮き出た手. ❸ 〘植物〙葉脈が盛り上がった
venpermuta [bempermúta] 〘女〙〘コロンビア〙下取り
v/en pza. 〘略語〙←**valor en plaza** 市場価格
venta [bénta] [←ラテン語 *vendita < vendere*「売る」] 〘女〙❶ 売ること, 販売, 売却 〖⇔**compra**〗: Se dedica a la *~* de pisos. 彼はマンション販売の仕事をしている. Los accionistas han pensado que era el momento de realizar beneficios y se han producido muchas *~s*. 投資家たちは利益を確定するチャンスだと考え, 大量の売り注文が出た. *~* precio de *~* 販売価格, 売り値. punto de *~* 販路, 小売店. red de *~* 販売網. *~* a bajo precio 安売り. *~* al por menor 小売り. ❷ 売上げ [高], 売行き: Han aumentado las *~s*. 売上げが伸びた. *~ y* oferta 大売り出し. impuesto sobre *~s* 売上げ税. ❸ 〘街道沿いの〙食堂, 飲み屋. ❹ 〘古語〙〘人里離れた所の〙小ホテル, 旅館. ❺ 〘チリ〙〘祭りの〙食べ物・飲み物の屋台
a la ~ **=en ~**: *A la ~* en toda España スペイン全土で発売中
de ~ **=en ~**
en ~ 発売中の, 売りに出された: Este artículo no está *en ~*. この商品は市販されていない/これは非売品だ. Tiene la casa *en ~*. 彼は家を売りに出している
poner... en ~ **=sacar... a la ~**
sacar... a la ~ 売り出す: La firma Apple *sacó a la ~* una nueva línea de computadores portátiles. アップル社はノートPCの新製品ラインの販売を始めた
ventada [bentáda] 〘女〙=**ventolera**
ventaja [bentáxa] 〖←古語 *aventaja* < フランス語 *avantage*〗 〘女〙〖⇔**desventaja**〗❶ 優位, 優勢, 有利, 利点, 強み, 長所: Para jugar al baloncesto, tiene la *~* de ser más alto que yo. バスケットボールをする上では私より背が高くて有利だ. Eso tiene sus *~s*, pero también sus inconvenientes. それには利点もあるが, また不都合な点もある. llevar *~ a*... …より優位に立つ. *~ absoluta (comparativa)* 〘経済など〙絶対(比較)優

位. ❷《スポーツなど》先行, 上位; ハンディキャップ[=handicap]. [《テニス》アドバンテージ: Llegó a la meta con una ～ de veinte segundos sobre el segundo. 彼は2着を20秒引き離してゴールインした. ley de la ～《サッカーなど》アドバンテージルール. ❸《トランプ》de ～ いさまをする ❹《古値的》[その人だけの] 割増手当. ❺《南米など》《商による》利益: Si inviertes en este negocio, conseguirás grandes ～s. この事業に投資すれば大きな利益を得ることになりますよ. ❻《プエルトリコ》小麦粉と蜂蜜または砂糖でできた菓子

dar a+人 ... de ～ ...に…のハンディを与える: Mi hermano y yo hicimos una carrera; me *dio* cinco metros *de* ～ en la salida. 兄と僕は駆けっこをした. 兄は僕に5メートルのハンディをもらった. **Me *da* una torre *de* ～**.《チェス》彼はルーク1つ落としてくれた

sacar ～ de... …で得をする, 利用する

ventajear [bentaxeár]《グアテマラ, コロンビア, ラプラタ》恩恵を受ける; 不当な利益を得る

ventajero, ra [bentaxéro, ra] 形 名《プエルトリコ, ドミニカ, ラプラタ》あくどい[人][=ventajista]

ventajismo [bentaxísmo] 男 あくどさ

ventajista [bentaxísta]《←ventaja》形 名《主に軽蔑》❶[商売など]あくどい[人], 利にさとい[人]: Esa profesión está llena de aprovechados y ～s. その職業は利にさといあくどい人ばかり, 人が一杯いる. ❷ いかさまをする[人], いかさま賭博師, ぺてん師

ventajosamente [bentaxosaménte] 副 有利に, 得になるように: estar ～ colocado いかさまをする職についている. ganar ～ a un partido あるチームに大勝する

ventajoso, sa [bentaxóso, sa]《←ventaja》形 名 ❶有利な, 得な: Este contrato será ～ para ambas partes. この契約は双方にとって有利になるだろう. Eso es más ～ para usted. その方がお得ですよ. Se presentaron varias propuestas y se eligió la más ～sa. いろいろな提案が出され, 一番条件のいい提案が選ばれた. encontrarse en una situación ～sa 有利な状況にいる. ❷《メキシコ, 中米, コロンビア, ベネズエラ》あくどい[人], 利己的な[人], ずる賢い[人]

ventalla [bentáʎa] 女 ❶《技術》バルブ, 弁[=válvula]. ❷《植物》[英・苞・さくの]一片

ventalle [bentáʎe] 男 ❶《西》扇子[=abanico]. ❷《兜の》面頬, バイザー

ventana [bentána]《←ラテン語 ventus「風」》女 ❶窓: Por la ～ se ve a varias personas jugando al fútbol. 何人かサッカーをしているのが窓から見える. abrir (cerrar) la ～ 窓を開ける(閉める). asomarse a la ～ 窓の所に姿を見せる; 窓から顔を出す. asiento junto a la ～ 窓側の席. teoría de la ～ rota 割れ窓理論, ブロークンウィンドウズ. ❷[壁などの, 主に四角い] 開口部. ❸鼻孔;《解剖》鼻[=～ de la nariz]: ～ oval (redonda) 前庭(窓)窓. ❹《情報》1) ウインドー: abrir la ～ de... …のウインドーを開く. 2) 画面, 表示. ❺《印刷》窓

echar (**tirar·arrojar**)... **por la** ～ …を窓から投げる; 無駄づかいする; …のチャンスを棒に振る

echar (**tirar·arrojar**) **la casa por la** ～ 金を湯水のように使う, 金に糸目をつけない

～ **frailera** シャッター付きの窓

—— 形《服飾》cuadro ～ 大きな格子じま

ventanaje [bentanáxe] 男 ❶ 集合 [一つの建物の]窓. ❷ 窓の配置, 集合 窓の構造

ventanal [bentanál] 男 [主に扉দ্দくつかある] 大窓

ventanazo [bentanáθo] 男 ❶ 窓をガシャンと閉める時の衝撃, 窓をガシャンと閉めること

ventanear [bentaneár] 自 しばしば窓から外をのぞく

ventaneo [bentanéo] 男 しばしば窓から外をのぞくこと

ventanero, ra [bentanéro, ra] 形 名 ❶[見られたいために]しばしば窓から外をのぞく[女性];[女性のいる]窓の方をじろじろ見る[男性]. ❷ 窓造り職人

—— 男《カナリア諸島》大暴風

ventanico [bentaníko] 男 =**ventanillo**

ventanilla [bentaníʎa]《ventana の示小語》女 ❶[列車・飛行機などの乗り物の小さな]窓;[その] 窓ガラス: ver por la ～ del autobús バスの窓から見る. bajar (subir) el cristal de la ～ 車の窓を開ける(閉める). ❷[銀行・切符売り場などの]窓口: La quinta ～ es la de reclamaciones. 5番は苦情受付け窓口だ. comprar en la ～ 窓口で買う. ～ automática《グアテマラ, プエルトリコ》現金自動預け払い機, ATM. ～ de pasaportes パ

スポート審査窓口. ❷ 鼻の穴: tener atascadas las ～s 鼻が詰まっている. ❹[封筒の]窓, 透かし. ❺[カメラなどの]ファインダー[=visor]. ❻《情報》ウインドー[=ventana]

ventanillero, ra [bentaniʎéro, ra] 名 窓口係

ventanillo [bentaníʎo] 男 ❶[ドアなどの]小窓; のぞき窓. ❷揚げ戸[=trampa]. ❸[窓の]よろい戸

ventano [bentáno] 男 ❶[採光・換気用の]小窓. ❷《アラゴン》[窓の]よろい戸, 雨戸

ventanuco [bentanúko]《ventanaの示小語》男 ごく小さい窓

ventar [bentár] 23 自《船舶》[単人称] 風が吹く

—— 他《犬などがにおいを》かぎ回る

ventarrón [bentarrón]《←ラテン語 ventus》男 強風: Hace un ～ y no se puede salir a la calle. 強風が吹いていて外出はできない

venteado, da [benteádo, da] 形 風の強い

venteador, ra [benteadór, ra] 形 名 風を嗅ぎ回る[人]

venteadura [benteadúra] 女 ❶ 外気に当たること;[物の表面が] 乾いてひびが入ること. ❷[鋳造・窯焼などの際に] 気泡が入る材料欠陥

venteamiento [benteamjénto] 男[空気の作用による]ワインの変質

ventear [benteár]《←ラテン語 ventus「風」》自[単人称, 主に強い] 風が吹く: Antes de la tormenta estuvo *venteando* un buen rato. 夕立の前にしばらく強風が吹いていた

—— 他 ❶[犬などが臭いを] かぎ回る;[かぎ回って] 見つける: El animal *ventea* un territorio. 動物はテリトリーの臭いをかぎ回る. ❷ 詮索する: Hay mujeres que siempre *ventean*. 詮索ばかりしている女たちがいる. ❸[衣類・布団などを] 風にあてる, 干す: ～ una manta 毛布を干す. ❹追い払う. ❺《メキシコ》[買った家畜に]焼き印を押す. ❻《カリブ, コロンビア》扇であおぐ. ❼《南米》[競走・ゲームで相手を] 引き離す

—— ～**se** ❶[熱・乾燥などで]ひびが入る. ❷[瓦・煉瓦などを焼く時に] 気泡が入る. ❸[たばこなどが空気にあたって] 変質する, 傷む. ❹ 放屁する[=ventosear]. ❺《カリブ, アンデス, アルゼンチン, ウルグアイ》長い間家を留守にする; 外の空気を吸いに出かける. ❻《プエルトリコ, コロンビア, エクアドル, ペルー》高慢になる

ventenio [benténjo]《文語》男 =**veintenio**

venteo [bentéo] 男 においを嗅ぎ回ること

venteril [benteríl] 形 旅館 venta[の主人]の

ventero, ra [bentéro, ra] I 男 女 旅館 venta の主人

—— II《←ventear》形《犬などが》においを嗅ぎ分ける, 嗅覚の鋭い

venticuatrino, na [bentikwatríno, na] 形《ペルー》頻繁に物をなくす; 金銭・財産忘れに[どうしようもない] 放蕩者, ならず者

ventila [bentíla] 女《メキシコ》❶《自動車》三角窓. ❷《建築》風抜き窓

ventilación [bentilaθjón]《←ラテン語 ventilatio, -onis》女 ❶ 風通し, 空気の流れ, 換気, 通風: A esta oficina le hace falta un poco de ～. このオフィスは換気が悪い. Hay poca ～ en este jardín. この庭は風通しがよくない. conducto de ～ 送風ダクト. ❷ 換気口, 通風口, 換気装置. ❸《医学》[肺における] 換気, ガス交換: ～ mecánica no invasiva 非侵襲的換気療法

ventilador [bentilaðór]《←ラテン語 ventilator, -oris》男 ❶ 扇風機[=～ de aspas]. ❷ 換気装置, 通風設備, ファン, ベンチレーター; 通風ダクト, 換気口. ❸《エンジンの》ファン

ventilar [bentilár]《←ラテン語 ventilare < ventus「風」》他 ❶[自然に・機械的に] 換気する: Esta habitación está bien *ventilada*. この部屋は風通しがいい. ～ la casa 家の空気を入れ替える. ❷ 風にあてる: ～ una manta 毛布を干す. ❸《口語》[話し合って, 問題などを] 早急に解決する: *Ventilaré* el asunto en la próxima reunión. 私はその件は次の会合で片を付けるつもりだ. ❹[私的なことを] 公表する: No *ventiles* lo que te digo. 君に話したことはここだけにしておいてくれ. ❺《口語》…と性的関係を持つ

—— 自 換気する, 風を入れる

—— ～**se** ❶風を入れる: Para que se *ventila* la habitación, abre la ventana. 部屋の換気をするために窓を開けてくれ. ❷ 風が当たる, 干される. ❸[人が] 外気に当たる: Vamos a ～*nos* un poco. ちょっと外の空気を吸ってこよう. ❹《西. 口語》1)[仕事などを] 終わらせる, 片付ける. 2)[料理を] たいらげる;[酒を] 飲み干す: Se ha *ventilado* los platos él solo. 彼は一人で料理をたいらげてしまった. 3)[+a+人 を] 殺す. ❺《西. 単語》[+a+人 と] 性交する, 寝る

ventilatorio, ria [bentilatórjo, rja] 形《医学》[肺における] 換気の

ventilete [bentiléte] 男《アルゼンチン》換気口

ventiloconvector [bentilokombektór] 男 ファンヒーター

ventiloterapia [bentiloterápja] 女《医学》換気療法

ventisca [bentíska] 女《←ラテン語 ventus「風」》❶ 吹雪 [= ~ de nieve]: Fuimos sorprendidos por una fuerte ~. 私たちは突然猛烈な吹雪に襲われた. ❷ 強風

ventiscar [bentiskár] 7 自 [単人称] 吹雪く. ❷ [雪が主語] 強風で舞い上がる, 地吹雪を起こす

ventisco [bentísko] 男 =ventisca

ventiscoso, sa [bentiskóso, sa] 形 [時期・場所が] 吹雪 (強風) の多い

ventisquear [bentiskeár] 自 =ventiscar

ventisquero [bentiskéro] 男 ❶ 吹きさらしの場所; [山の] 吹きだまり, 根雪. ❷ 雪原, 氷原. ❸ =ventisca

vento [bénto] 男《南米》金 [=dinero]

ventola [bentóla] 女《船舶》[障害物に当たる] 風の力

ventolada [bentoláda] 女《地方語》突風

ventolera[1] [bentoléra] 女《←ラテン語 ventus「風」》女 ❶ 突風: Se ha levantado una ~. 突風が吹いた. ❷《西. 口語》気まぐれな決定: Le dio la ~ de marcharse a América. 彼は突如としてアメリカへ行く気になった. ❸《玩具》風車 (かざぐるま). ❹ 見栄, 尊大

ventolero, ra[2] [bentoléro, ra] 形《まれ》気まぐれな

ventolín [bentolín] 男《コロンビア》屋根裏部屋の窓

ventolina [bentolína] 女 ❶《気象》至軽風 [風力1]. ❷《メキシコ, チリ, アルゼンチン》突風

ventolinero, ra [bentolinéro, ra] 形 微風の

ventón [bentón] 男 =ventarrón

ventor, ra [bentór, ra] 形 ❶《猟犬が》においで獲物を追う. ❷ [動物が] においで獲物を追う; 猟師からの追跡から逃げる

ventorrero, ra [bentořéro, ra] 名 場末の飲食店の主人 —— 男 [高所の広々とした] 吹きさらしの場所

ventorrillo [bentořílo] 男 ❶ 場末の飲食店. ❷《中南米》みすぼらしい店. ❸《メキシコ, カリブ, コロンビア》屋台

ventorro [bentóřo] 男《←venta》❶ 場末の飲食店 [=ventorrillo]. ❷《プエルトリコ》みすぼらしい店

ventosa [bentósa] 女《技術》❶ 吸着盤, 吸盤: gancho con ~ 吸盤フック. ❷ [タコなどの] 吸盤. ❸ 換気口, 通風口; [ストーブなどの] 空気取入れ口; [塀などの] 排水口. ❹《医学》カッピング, 吸い玉

ventosear [bentoseár] 自《婉曲》放屁する: No está bien visto ~ en público. 公の場での放屁はよくないとされている

ventosidad [bentosiðá(d)] 女《←ventoso》❶《婉曲》[集名] 腸内ガス, 屁 (へ) [→pedo 類義]. ❷ [胃腸内に] ガスがたまりやすいこと

ventoso, sa[2] [bentóso, sa]《←ラテン語 ventus「風」》形 ❶ 風がよく吹く: día ~ 風の強い日. lugar ~ 吹きさらしの場所. ❷《医学》鼓腸の, ガスのたまりやすい. ❸ においを嗅ぎ分ける [=ventero] —— 男 風月 (ふうげつ)《フランス革命暦の第6月》

ventral [bentrál]《←ラテン語 ventralis》形 腹の, 腹部の: aleta ~ 腹びれ

ventralmente [bentrálménte] 副 腹部に・で

ventrecha [bentrétʃa] 女《魚の》腹部, 腹

ventrechado, da [bentretʃáðo, ða] 形《魚の腹のような》暗い銀色の

ventregada [bentregáða] 女 [集名] ❶ [一度に産まれた] 動物の子. ❷ [一度に生じた] 多くの物事

ventrera [bentréra] 女 腹帯, 腹巻き;《馬具》腹帯

ventresca [bentréska] 女 =ventrecha

ventricular [bentrikulár] 形《解剖》室の, 心室の; 脳室の

ventriculitis [bentrikulítis] 女《医学》心室炎; 脳室炎

ventrículo [bentríkulo] 男《解剖》室, 心室 [= ~ cardíaco]; 脳室. ~ ~ derecho (izquierdo) 右 (左) 心室. ~ de Morgagni モルガーニ室

ventril [bentríl] 男《地方語》[搾油機の梃子の] 釣り合いおもり

ventrilocuo, cua [bentríloko, kwa]《←ラテン語 ventriloquus < venter, -tris「腹」+loqui「話す」》形 腹話術師の [の]

ventriloquia [bentrilókja] 女 腹話術

ventriloquismo [bentrilokísmo] 男 =ventriloquia

ventrisca [bentríska] 女《料理》[魚の] 腹の部分 [⇔lomo]

ventrón [bentrón] 男 [反芻動物の] 胃袋を包む筋肉皮膜

ventroso, sa [bentróso, sa] 形 =ventrudo

ventrudo, da [bentrúðo, ða] 形 太鼓腹の, 腹が大きい

ventura[1] [bentúra]《←ラテン語 ventura「これから来るもの」》女《文語》❶ 幸運 [=dicha]: Le deseo mucha ~ en su nuevo trabajo. 新しい仕事でのご幸運をお祈りします. Le deseo la mayor de las ~s. あなたにとってすべてうまくいきますように. La ~ de la fea, la bonita la desea.《諺》醜い女の方が美人より幸せに恵まれることが多い. ❷ 運, なりゆき; 偶然: mala ~ 不運. ❸ 危険

a la buena ~《古語的》=a la ~
a la ~ 行き当たりばったりに, 計画を立てずに: salir de viaje a la ~ 当てどもない旅に出る
echar la buena ~ a+人 …の運命を占う
por ~《文語》1) たぶん, おそらく: ¿Dudas, por ~, de mi palabra? もしかして私の言葉を疑っているのですか? 2) たまたま, 幸運にも: Por ~, nadie resultó herido en el accidente. 幸運にも誰も事故でけがをしなかった
probar la ~ 運を試す, 一か八かやってみる

venturado, da [benturáðo, ða] 幸運な; 幸福な

venturanza [benturánθa] 女 幸運, 幸福

venturero, ra [benturéro, ra] 形 ❶ ぶらぶらした, 定職のない. ❷ 幸運な, 幸福な. ❸ 冒険好きの. ❹《地名》=majorero. ❺《メキシコ》時期外れに収穫した

venturi [bentúri] 男《技術》ベンチュリ管 [=tubo [de] ~]

venturina [benturína] 女《鉱物》砂金石

venturo, ra[2] [bentúro, ra] 形《まれ》来たるべき, 未来の

venturosamente [benturosaménte] 副《文語》幸運にも, 幸福に

venturoso, sa [benturóso, sa] 形《←ventura[1]》《文語》幸運な, 幸福な: Se celebra el ~ nacimiento de su primer hijo. 彼のめでたい長子の誕生が祝われる. Tu hija hermosa y la mía ~sa.《諺》美人薄命/美より運が勝る

ventuta [bentúta] 女《コロンビア》ガレージセール

vénula [bénula] 女《解剖》小 (細) 静脈

venus [bénus] 女《単複同形》❶《文語》絶世の美女. ❷《ローマ神話》[V~] ビーナス. ❸ ビーナスの彫像;[石・象牙・骨製などの, 有史以前の] 小さな女性像. ❹《貝》マルスダレガイ. ❺《まれ》性的喜び —— 男《天文》[V~] 金星

venusiano, na [benusjáno, na]《天文》金星の

venusino, na [benusíno, na]《文語》❶ ビーナス Venus の; 金星の. ❷《歴史, 地名》ベヌシア Venusia の [人]《イタリア, 現在の Venosa》

venustez [benustéθ] 女《まれ》=venustidad

venustidad [benustiðá(d)] 女《まれ》[女性の] 完璧な美しさ, 絶世の美女であること

venusto, ta [benústo, ta] 形《文語》❶ 美しい, 優美な. ❷ ビーナス Venus の

veoveo [beobéo] 男 言葉当て遊び《見える物の最初と最後の一文字から名称を当てる. —— Veo, veo.—¿Qué ver?—Una cosa que empieza con 'd' y termina con 'o'.》

ver [bér]《←ラテン語 videre》50 他 ❶ 見る, 見える [類義] mirar《「意識して・努力して見る, 見ようとする」, ver は「意識しては見るのではなく対象が自然に視覚に映る, 目に入ってくる, 見える」》: Miro al avión, pero no lo veo. 私は飛行機を《音のする》方を見るが, 見えない》: 1) Me entró arena en los ojos y no veía nada. 私は砂が目に入って何も見えなかった. Lo vi con mis propios ojos. 私はこの目でそれを見た. La vi a usted en la estación. あなたを駅でお見かけました. Ven aquí, quiero ~te de cerca. ここへおいで, お前を近くで見たい. ¡Qué guapo vas, hijo! Que te veamos. 坊や, かわいくなったね! お前の姿を見せておくれ. 2) [+直接目的語+不定詞・現在分詞] …が~するのが見える: La vi llorar (llorando) amargamente. 私は彼女がさめざめと泣く(泣いている)のを見た. ❷ [テレビ・映画・演劇などを] 見る, 観る, 見物する: Estuve viendo la televisión (una película・una obra de teatro・el carnaval). 私はテレビ (映画・芝居・カーニバル) を見ていた. ❸ 見い出す; 分かる, 理解する: Ella solo ve en mí un amigo, pero este amigo ve en ella un gran amor. 彼女は私に友人しか見ないが, この友人は彼女の中に恋人を見ている. El analista explica por qué ve claros síntomas de regresión social. 評論家はなぜ社会的退潮の明らかな兆しが見てとれるかについて説明した. No veo

solución a tu problema. 私は君の悩みの解決策が分からない. Ya *veo* lo que me quieres decir. 私にはもう君の言いたいことが分かった. 2）［+que+直説法］…であると分かる: He visto en la prensa *que* se prepara una huelga general. 私はゼネストが計画されていることを新聞で知った. ［否定文では + 直説法・接続法］なぜ（どんなに）…か忙しいのか? 私が忙しいのが，君には分からないのか? No *veo que* exista ninguna relación entre los dos acontecimientos. 私はその2つの事件の間に何か関係があるとは思えない. 3）［+間接疑問文］なぜ（どんなに）…か分かる: No *veo* por qué debo hacerlo. なぜ私はしなければならないのか分からない. ¿*Ves* qué amarga es la vida? 人生がどんなにつらいものか君に分かるかい? 4）［+目的補語］…の状態を見い出す: La *veo* muy contenta. 彼女はとても満足そうだ. Yo no *veo* tan difícil la pregunta. 私にはその質問はそう難しいようには思えない. ❹［+間接疑問文］…か調べる，確認する: Ve a ~ quién llama a la puerta. 誰がドアをノックしているか見てくれ. Telefoneé para ~ si había salido de su casa. 私は彼が家を出たのかどうかを知るために電話をかけた. ❺ 診察する: ¿Por qué no te haces ~ por un especialista? 専門医に診察してもらったらどうだい. Fui al médico para que me *viera* por rayos. 私はレントゲン検査を受けに医者に行った. ❻ 考慮する，問題にする: Solo *ve* sus propios intereses. 彼は自分の利害しか顧みない. Este año *veremos* el código penal―dijo el profesor. 「今年度は刑法を論じることにしよう」と先生が言った. Ya *vimos* este tema en el capítulo anterior. この問題は前の章で扱ったとおりです. ❼［人に］会う，面会する: Si *ves* a Paula, dale muchos recuerdos de mi parte. パウラに会ったら，私からよろしくと伝えてくれ. Hace tiempo que no las *veo*. 私は彼女たちに長い間会っていない. ❽ 目に浮かぶ，想像する，思い描く: No lo *veo* como novelista. 彼はとても小説家には見えない. Yo no la *veo* viviendo en el campo. 彼女が田舎で暮らしている様子なんて私には想像できない. ❾［主に estar+現在分詞. 悪い事態などを］予見する，気がする: Lo estaba *viendo*. 恐れていたとおりだ. *Veo* que me va a tocar limpiar el baño. 私に浴室掃除の当番が当たりそうな気がする. ❿ 体験する: Nunca he *visto* una guerra. 私は全く戦争を知らない. Ha estudiado mucho y ha *visto* mucho. 彼は学問もあり，世間のこともよく知っている. ⓫［場所が主語. 事件を］目撃する; ［ある場所で事件が］起きる: Estos muros de la ciudad *han visto* muchas escenas históricas. この都市の城壁は数々の歴史的な情景を目のあたりにしてきた. ⓬［法律］審理する. ⓭［トランプ］相手の賭けに応じる: Está bien, *veo* tu jugada. いいとも, 勝負に乗ろう
── 自 ❶ 見る, 調べる; 会う: *Ver* es creer. 百聞は一見にしかず. ❷［+de+不定詞・que+接続法］…のつもりである, …しようとする: *Veré* de conseguir una entrada del concierto. 君にコンサートの切符を取ってみるよ. *Vean de que* ella no se dé cuenta. 皆さん, 彼女に気づかれないようにして下さい

¡A más ~!《口語》［別れの挨拶］さようなら!

a mi modo de ~ 私の意見では: A mi modo de ~, no hay otra explicación. 私の思うに, それ以外に説明がつきません

a ~ 1)［時に繰り返して, 好奇心］どれどれ, 見てみよう: A ~, cuéntame qué pasa. さあ, どうしたのか言ってごらん. ¡A ~［~!］¿Qué hay dentro? どれどれ, 中に何が入っているかな. ¡A ~! 2)《俗用》［返答で強意の肯定］もちろん, そのとおり: ¿Puedo invitar a Pedro?―¡A ~! Naturalmente. ペドロを招待してもいい?―もちろん, いいとも! 3)［命令の予告］注目!: ¡A ~! Pónganse todos en fila. 注目, 全員整列!

a ~ si 疑問詞+直説法《口語》［提案・関心・恐れ］…はどうだろうか; …かも知れない: A ~ si aclaramos este asunto. さあ, この問題の解決方法を考えようじゃないか. A ~ si tú lo entiendes. 君にも分かってほしいんだ. A ~ si le pasa a usted lo que a mí. あなたも私と同じ目にあうかも知れない. A ~ qué les digo ahora a mis hijos. こうなったら子供たちに何と言えばいいか

allá veremos［不信］さあ, どうだか!: ¿Quién podía figurarse esto?―¡Allá veremos! こんなことになると想像できただろう?―いや, まだどうなるか分からないぞ!

aquí donde le ve 言うもおこがましいが（はばかりながら）, この…は: *Aquí donde* usted *me ve*, soy noble por los cuatro costados. こう言っては何ですが, 私は生粋の貴族だ

echar de ~ 気付く: Pronto eché de ~ que me faltaba dinero. 私はすぐお金が足りないのに気が付いた

estar en veremos《中南米. 俗語》疑わしい: Todavía eso *está en veremos*. まだそれはどうなるか分からない

estar por ~ 疑わしい: *Está por* ~ que ganes el partido. 君が今の試合に勝つか, あやしいものだ

habrá (habría) que ~ 疑わしい: *Habrá que* ~ cómo serán esos aspirantes. それらの志願者がどんな連中か知れたものではない. *Habría que* ~ si logra hacerlo. 彼にそれができるかどうか疑問だ

hacer a+人 ~ …に分からせる, 思い知らせる: Traté de *hacerle* ~ que no era muy sencillo. 私は彼に大した事ではないということを納得させようとした

¡Hasta más ~!《口語》［別れの挨拶］また近いうちに!: Hoy ya me tengo que ir, ¡*hasta más* ~! 今日はぼくはもう行かなくちゃ. じゃ, さようなら

¡Hay que ~!［驚き・不快・不信］いやや!/何ということだ!: ¡*Hay que* ~ qué bien se porta esta niña! この女の子の行儀のいいことといったら! ¡*Hay que* ~ lo guapa que estás hoy! 今日の君は何てきれいなんだ!

Hay que ~lo para creerlo.［懐疑］どうだかな

hubieras visto 見ものだったぞ: ¡*Hubieras visto* su vestido! その時の彼女のドレスを君に見せたかったよ

lo no (nunca) visto 驚くべきことに: Esto es *lo nunca visto*, ¿cómo se te ocurre hacer una cosa así? これは驚いた. どうして君はそんなことをしようと思いついたんだ

mirar a ~ 見てみる, 検討する: *Mira a* ~ lo que hay dentro de la caja. 箱の中に何が入っているか見てごらん

no poder ~ (ni en pintura) 嫌悪する, 我慢がならない: No puedo ~ a esa señora *ni en pintura*. 私はその婦人の顔も見たくない

no veas《口語》非常に, ものすごく: ¡*No veas* cómo se puso de nervioso cuando le vi! 私に会うと彼はものすごく緊張した

para que veas 1) ざまを見ろ. 2)［相手の判断の誤りを指摘して］分かったかね?: *Para que veas* quién es el inocente y quién es el culpable. 誰が正しくて誰が悪いか, これで分かるだろう. He conseguido un trabajo mejor, *para que veas*. それ見てみろ, 私はもっといい仕事を見つけたぞ

¿Pero has visto?［驚き・怒り］何だと?

por lo que se ve = **por lo visto**

por lo que veo 私の見たところでは

por lo visto 見たところでは: *Por lo visto*, los agricultores no la pasan mal. どうやら農家の暮らし向きも悪くなさそうだ

que no veas《口語》ものすごい: ¡Hoy hace un frío *que no veas*! 今日はたまらないほど寒い. Tenía un sueño *que no veía*. 私は眠くて仕方がなかった

ser de (para) ~ すばらしい, 賞賛に値する: *Es de* ~ lo tranquilo que es este niño. この子のおとなしさには感心する

si te vi, [ya] no me acuerdo 何という恩知らずな奴め

tener ~ con (en)... …と関係がある: ¿Qué *tiene* eso *que ~ con* lo que estamos discutiendo? それが今議論している問題と何の関係があるというのだ? ¿Qué *tienes que ~ con* Sergio? 君はセルヒオとどんな関係があるのだ?

¡Vamos a ~! 1)［調べたり実行する前］どれどれ［見てみよう］, さて［やってみよう］. 2)［言いよどみ］えーと, それはですね. 3)［命令の予告］注目!

~ para creer = **~ y creer**

~ venir/~las venir 意図（成り行き）を見抜く, 見透かす: Te *veo venir*. 君の考えはお見通しだ

~ y creer 見るまでは信じられない, まさか!

verás［説明］いいですか, 実は: Pues *verá* usted, no es eso. 実を言うとそうではないのです. Si no es nada, *verás*. 何でもないんだってば

verás cómo+直説法 きっと~するぞ: Ya *verás cómo* pronto llegas a quererla. きっと君はすぐ彼女が好きになるよ

veremos [si]［断言・明言を避けて］どうかな: Ya *veremos si* cumple lo que ha prometido. 果たして彼は約束を守るだろうか. Te aseguro que vendrá.―*Veremos*, *ya veremos*. 彼は必ず来る.―さあ, どうだろう

vieras 見ものだったぞ [=hubieras visto]: ¡*Vieras* cómo impresionó al ministro! 彼が大臣の注目を引いた時のありさまを君にも見せたかったよ

visto y no visto《口語》あっと言う間に: Fue *visto y no visto*, cuando me quise dar cuenta había desaparecido. はっと思った時にはもう彼は姿を消していた

ya [lo] veo［了解］分かった, オーケー: Necesito que me

acompañes.—*Ya lo veo.* 君について来てほしいんだ.—いいとも
ya ves: [了解を求める] 分かるだろう?/ごらんのとおり: *Ya ves:* yo prefiero estar en casa. このとおり,私は家にいる方が好きなんだ
―― **~se** ❶ 見える,見受けられる: 1) [受身] A lo lejos *se ven* las palmeras y el mar. 遠くにヤシの並木と海が見える. 2) [不特定人称] *Se ve* el tren (a un niño) corriendo. 列車(1人の子供)が走っているのが見える. 3) 《口語》[+主格補語] …のように見える *te ve* ridícula *te ves* con ese vestido con tantos vuelitos! そんなフレアーが付いたドレスを着ると,君はとても変に見えるよ. 4) [+que+直説法] …であると見受けられる,認められる: *Se ve que* no es usted madrileño. お見受けしたところ,あなたはマドリードのご出身ではありませんね. [否定文では+直説法・接続法] No *se ve que* sea un sabio. 彼はあまり物知りのようには見えない. 5) [+間接疑問文] なぜ(どんなに…)…かが認められる: En la oscuridad *se ve* cómo va de aquí para allá una pequeña luz. 暗闇の中に小さな明かりが1つ行ったり来たりするのが見える. ❷ [+形容詞・過去分詞など という状態で] ある (=estar): Sobre la mesa *se veía* un libro abierto. 机の上に本が開いて置かれていた. El paro *se verá* disminuido al final del año. 年末には失業者数が減少するだろう. *Se veía* pobre y sin amigos. 彼は貧しく友人もなかった. *Se vio* en un apuro. 彼は窮地に陥った. El periodista *se ha visto* obligado a rectificar la noticia. その記者はニュースの訂正を余儀なくされた. ❸ 自分の姿を見る,自分の…を見る; 自分の姿を想像する: ¿Quieres *~ te* en el espejo? 君は鏡を見たいかい? *Se vio* la cara reflejada en el agua. 彼女は水面に映った自分の顔を見た. ¿*Te ves* viviendo allí? 君は自分がそんな所に住むなんて考えられるかい? ❹ [互いに/+con と] 会う,つきあう: *Nos vemos* esta tarde, ¿de acuerdo? 今日の午後,会いましょう. いいですか? Ya no *me veo* con Pepe. もう私はペペとはつきあってない. Mantiene una relación con una periodista, *con* la que *se ve* en secreto. 彼はある女性ジャーナリストと関係があり,こっそりつきあっている. ❺ [3人称の命令文で] …を参照せよ: *Véase* el capítulo siguiente. 次の章を見られたい. *Véanse* las páginas 2 y 3. 2～3ページを参照のこと. ❻ 《法律》*Se vio* ya la causa. その訴訟はもう結審した
¡Adiós, y veámonos! [別れの挨拶] さようなら,また今度!
darse a ~ 目立つ: sin *darse a ~* こっそり. 2) 出席する
echarse de ~ 目につく,明らかである: *Se echa de ~* que está muy contenta. 彼女はいかにも幸せそうだ
¡Habráse visto! [嫌悪・驚き] 何ということだ!: ¡*Habráse visto* el informal! あんないいかげんな男は見たことがない!
no poderse ~ 互いに嫌う,憎み合う
vérselas con... …と争う,対立する: Tendrás que *vértelas con*migo como te atrevas a hacerlo. 君がそんなことをするなら,私も黙ってはいないぞ
vérselas venir 意図(成り行き)を見抜く,見透かす《=~ venir》: *Me las veía venir*; por eso tomé precauciones. 私は事態を予測していたので用心していた
vérselas y deseárselas 《口語》大変な苦労をする,骨を折る: *Me las vi y me las deseé* para aprobar. 私は合格するのに非常な努力をした
ya se ve [了解] わかった,オーケー《=ya [lo] veo》

ver		
現在分詞	過去分詞	
viendo	**visto**	
直説法現在	直説法点過去	直説法線過去
veo	**vi**	veía
ves	**viste**	veías
ve	**vio**	veía
vemos	vimos	veíamos
veis	**visteis**	veíais
ven	**vieron**	veían
命令法	接続法現在	
	vea	
ve	veas	
	vea	
	veamos	
ved	veáis	
	vean	

―― 男 ❶ 外見,様子,容貌: Es mayor, pero todavía está de buen ~. 彼女は年をとっているが,まだ容色が衰えていない. No es de mal ~. 彼女は美人だ. Sale con un chico de muy buen ~. 彼女はかっこいい青年とデートしている. ❷ 視覚,視力: Ha recuperado el ~. 彼は視力が回復した. El ~ de cerca no es un problema para ella, sino el ~ de lejos. 彼女は近くを見るのはさしつかえないが,遠くのものがよく見えない. ❸ 意見,考え
a mi ~ 私の考えでは: *A mi ~* creo que deberíamos dejarlo para otro día. 私の意見ではそれは延期した方がいいと思う

vera[1] [béra] 女 ❶ 《古語》岸《=orilla》: a la ~ 岸辺で. ❷ 《植物》ハマビシ科の木《学名 Zygophyllum arboreum》
a la ~ de... …のそばに・で

veracidad [beraθiða(ð)] 《←ラテン語 veracitas, -atis》女 真実であること

Vera Cruz [béra krúθ] 《人名》**Alonso de ~** アロンソ・デ・ベラクルス『1507～84. スペイン人聖職者・神学者. サラマンカ大学でビトリア Vitoria に師事した後,ヌエバ・エスパーニャへ渡り,先住民語を習得,布教活動に尽くす. ローマ教皇庁立メキシコ大学で神学・哲学を講じる一方,文筆活動に従事. 『インディオに対する支配と正当戦争論』』

veracruzano, na [berakruθáno, na] 形 名 《地名》ベラクルス Veracruz の[人]《メキシコ東部の州;その港市》

verada [beráda] 女 《ベネズエラ》ユリ科の草 caña brava の花序の軸

veragüense [beragwénse] 形 名 《地名》ベラグアス Veraguas の[人]《パナマ中部の県》

veranada [beranáda] 女 ❶ 《牧畜》夏期. ❷ 《アルゼンチン》夏の放牧場

veranadero [beranadéro] 男 夏の放牧場

veranar [beranár] 自 =veranear

veranda [beránda] 女 《←イタリア語》[日本・インドなどの建物の]縁側,[ガラス張りの]ベランダ

veraneante [beraneánte] 形 名 夏を過ごす[人],避暑客

veranear [beraneár] 《←verano》自 夏〔の休暇〕を過ごす,避暑をする: Todos los años *veraneamos* en la costa. 私たちは毎年夏には海へ行く

veraneo [beranéo] 男 ❶ 避暑: ir de ~ 避暑に行く. estar de ~ 避暑中(に来ている). lugar de ~ 避暑地,リゾート地. ❷ [動物が] 夏を過ごす場所

veranero, ra [beranéro, ra] 名 《地方語》夏期の従業員
―― 男 [動物が] 夏を過ごしに移動する場所

veraniego, ga [beranjégo, ga] 《←verano》形 ❶ 夏の: calor ~ 夏の暑さ. traje ~ 夏服. *vacaciones* ~gas 夏休み. Estás (Vas) muy ~ hoy. 今日はずいぶん夏向きの格好をしているね. ❷ [人が] 夏を過ごす,夏ばてする. ❸ 軽い,重要でない

veranillo [beraníλo] 《verano の示小語》男 ❶ 秋の暑い(暖かい)一時期: ~ de San Miguel《主に西》9月下旬の残暑. ~ de San Martín《主に西》11月中旬の小春日和. ~ de San Juan《主に南米》6月の小春日和. 《中米》雨期中の数日の晴天続き

verano [beráno] 《←俗ラテン語 veranum「春の」<ラテン語 veris「春」》男 ❶ 夏《参考》黄金世紀までは,primavera「初春,仲春」, verano は「晩春,初夏」, estío は「仲夏,晩夏」だった》: Estamos en el ~. 今は夏だ. en ~ 夏に. en el ~ de 2015 2015年の夏に. hora (horario) de ~ 夏時間,サマータイム. traje de ~ 夏服. vestirse de ~ 夏服を着る. ❷ 《バリャドリード,パレンシア》[果実の] 収穫. ❸ 《中南米》[熱帯地方で,暑い]乾期
¿De ~! 《まれ》そんなつもりは全然ない!

verapacense [berapaθénse] 形 名 《地名》アルタ・ベラパス Alta Verapaz の[人]《グアテマラ中央部の県》/ バハ・ベラパス Baja Verapaz の[人]《グアテマラ中央部の県》

veras [béras] 《←古語 vero<ラテン語 verus「真実の」》女 複 ❶ [言行における] 真実. ❷ [言葉・行為の] 本気
de ~ 1) 本当に; 心から: Lo siento de ~. 本当にお気の毒です. ¿De ~? 本当か/本気か? 2) 非常に: Ha llegado cansado de ~. 彼は疲れ切って到着した. 3) 真実の,本物の
ir de ~ [言葉・行為が] 本気である: Ahora *va de ~* que me voy de casa. 今度は本当に家を出ていくつもりだ. Sus amenazas esta vez *iban de ~*. 彼の脅しは今回は本気だった

verascopio [beraskópjo] 男 ステレオスコープ,立体鏡,実体鏡;立体写真機

veratrina [beratrína] 囡《生化》ベラトリン
veratro [berátro] 男《植物》バイケイソウ《=vedegambre》
veraz [beráθ]《←ラテン語 verax, -acis》形《圏 ～ces》❶［人が］真実を語る, 正直な. ❷［話・報告などが］真実の, 正確な
verba [bérba] 囡《軽蔑》口達者なこと, 饒舌: Tiene mucha ～. 彼はよくしゃべる
verbal [berbál]《←verbo》形 ❶ 言葉による, 口頭の: promesa (compromiso) ～ 口約束. ❷ 言葉の, 言語の: facilidad ～ 言語能力. comunicación no ～ 非言語コミュニケーション. ❸《文法》1) 動詞の: frase ～ 動詞句. 2) 動詞から派生した
verbalismo [berbalísmo] 男［論法・教育などで, 内容より］言葉を偏重すること: En su discurso hay excesivo ～. 彼の演説は言葉に頼りすぎている
verbalista [berbalísta] 形 男 言葉を偏重する〔人〕
verbalización [berbaliθaθjón] 囡 言語に表わすこと
verbalizar [berbaliθár] 自 他 言語に表わす, 言葉にする
verbalmente [berbálménte] 副 口頭で, 言葉で
verbasco [berbásko] 男 =**verbascum**
verbascum [berbáskun] 囡《植物》ビロードモウズイカ《薬用》
Verba volant, scripta manent [bérba bolánt skrípta manént]《←ラテン語》口で言ったことは飛び去るが書いたものは残る
verbena [berbéna] 囡《←ラテン語》囡 ❶《西》夜祭り;［主に夜の］戸外でのダンスパーティー. ❷《植物》クマツヅラ, バーベナ
  coger la ～ 早起きする
verbenaca [berbenáka] 囡《植物》サルビア・ベルベナカ《=gallocresta》
verbenáceo, a [berbenáθeo, a] 形 クマツヅラ科の
  ── 囡《植物》クマツヅラ科
verbenear [berbeneár]《まれ》自 ❶ 群がる, うようよする. ❷［人・物が一箇所に］多くいる(ある), 増加する
verbeneo [berbenéo] 男《まれ》群がること
verbenero, ra [berbenéro, ra] 形《西》夜祭りの, 祭りの; 夜祭り(お祭り騒ぎ)の好きな
  ── 图 夜祭りの露店や出し物で働く人
verberación [berberaθjón] 囡 ❶ 鞭打ち. ❷［風雨・波などが］激しく叩きつけること
verberar [berberár] 他 ❶ 鞭で打つ. ❷［風雨・波などが］激しく打つ, 叩きつける
verbigracia [berbigráθja]《←ラテン語 verbi gratia》副 たとえば《=por ejemplo》
verbo [bérbo]《←ラテン語 verbum》男 ❶《文法》動詞: ～ transitivo 他動詞. ～ intransitivo (neutro) 自動詞. ❷〔古〕言葉《=palabra》; 言葉づかい. ❸ののしり, 悪態. ❹《カトリック》［el V～］み言葉《三位一体の第2位格(キリストのこと)》: El V～ se hizo carne.《新約聖書》み言葉は肉となった
  en un ～《口語》すぐ, たちまち
  ～ divino おお, ああ!《=dios mío》
verborragia [berboráxja] 囡《軽蔑》=**verborrea**
verborrea [berboréa] 囡《←verbo+ギリシア語 rheo「流れる」》囡《軽蔑》おしゃべり, 多弁: Nos agotamos mentalmente la ～ de los políticos. 政治家たちのおしゃべりには精神的に消耗させられる. Sufre de ～. 彼は饒舌病にかかっている
verborreico, ca [berboréiko, ka] 形《軽蔑》おしゃべりな
verbosidad [berbosiðáð] 囡 饒舌, 冗長さ: Su ～ disimula sus sentimientos. 彼の饒舌は感情を覆い隠している
verboso, sa [berbóso, sa] 形《軽蔑》❶［人が］言葉数の多い, 多弁な: Es ～ en sus explicaciones. 彼は説明が長い. ❷［表現が］冗長な《⇔lacónico》
verdacho [berðátʃo] 男［テンペラ画に使われる］薄緑色の顔料
verdad [berðáð]《←ラテン語 veritas, -atis < verus「真実の」》囡
❶ 事実, 真相《言われていることと信じられ・思われていることの一致》: Sus palabras no respetan la ～. 彼の言葉は事実を尊重していない. una ～ como un puño (un templo) =*es como puños (templos)* 火を見るより明らかな事実. ❷ 真実, 現実: Es ～ lo que dijo él. 彼の言ったことは真実の. *decir la ～* 真実を述べる, 本当のことを言う. Las *～es amargan.*《諺》真実(現実)は厳しいものだ. ❸ 真理: Esto *es una ～ que no se falta demostrar.* これは証明する必要のない真理だ. *buscar la ～* 真理を探究する. ～ científica 科学的真実. ❹ (formal) (material) 形式(実質)の真理. ❺［付加疑問］Te has levantado tarde, ¿～?—Sí. 寝坊したんだろうね?—うん. Vienes mañana, ¿～?明日来るよね《念押し, 命令》
  a decir ～/a la ～ 実のところ, 本当は: A decir ～ no tengo

ningún ánimo de trabajar. 実は私は全然働く気がない
  bien es ～ que+直説法 …はもちろん本当だ/もっとも…ではあるが: Bien es ～ que apenas había comido, pero este trago me hizo revivir. ほとんど食事していなかったのは確かだが, この一杯で私は生き返った
  cantar a+人 las ～es …に直言する, はっきりと叱る
  con la ～ por delante［言動が］誠実かつ率直に
  de ～ 1) そうあるべき: Es un amigo de ～. 彼こそ本当の友人だ. Es mío de ～. 本気で. ❷ ～ he tocado la lotería. 本当に私は宝くじに当たった. *De ～ que* pasó como se lo cuento. 今話しているとおり, 本当にそれが起こったのだ. Te ofrezco de ～ mi domicilio. 本当に僕の家に泊まっていいよ. *¿De ～?* 本気(本当)かい? Ahora sí que llueve de ～. とうとう本降りになった. 3) 本物の: coche de ～ 本物の自動車. 4)［念押し］=*la ～*
  de ～ de la buena 本当に, 間違いなく
  decir a+人 las cuatro ～es (las ～es del barquero) …の悪いところをはっきり言ってやる
  el momento de la ～ =*la hora de la ～*
  en ～《文語》1) 本当に: Creo que, en ～, he visto un ovni. 私は本当にUFOを見たと思う. 2) 本当は: En ～ nadie nace de nuevo. 本当は誰も生まれ変わったりはしない
  ¿Es ～? 本当かい?
  faltar a la ～《婉曲》嘘をつく, 事実と反対のことを言う: El partido *falta a la ～ en sus declaraciones.* その政党は声明の中で嘘をついている
  la hora de la ～ 1) 決定的瞬間, いざという時. 2)《闘牛》牛に剣を刺す瞬間
  la ～ es que+直説法 本当のところは: La ～, no esperaba este recibimiento. 実を言うと私はこんなに歓迎されるとは思っていなかった. 2)［念押し］本当だよ: Una ciudad a las cinco de la mañana resulta algo rara, la ～. 朝5時の町なんてちょっと奇妙だね, 本当に
  la ～ es que+直説法 本当は…: La ～ es que ese hombre fue el autor. 実はその男が犯人だった. La ～ es que no quiero hablar con él. 正直なところは彼と話をしたくない
  la ～ sea dicha... 本当を言うと…
  las ～es del barquero 耳に痛いこと
  no es ～ 嘘でしょう/まさか
  plantar a+人 las cuatro ～es (las ～es del barquero) =*decir a+人 las cuatro ～es (las ～es del barquero)*
  pues también es ～ まあ, そもそうだ
  ser ～ que+直説法 …は真実である: Es ～ (V～ es) que el tren está retrasado. 本当に列車は遅れている. No es ～ que lo quieres. 君は本当はそれを望んでいないのだ
  si bien es ～ que+直説法 1)［強調］確かに…である: Si bien es ～ que es amiga mía, no lo es tanto como tú. 確かに彼女は私と親しいが, 君ほどではないよ. 2) =*bien es ～ que+直説法*
  ～ a medias 半面の真理
  ¿V～ que+直説法? 本当に…なのか?: ¿V～ que irás? 君は行くのだろうね?

verdaderamente [berðaðeraménte] 副 ❶ 本当に, 確かに: V～ tienes razón. 確かに君の言うとおりだ. ❷［強調］Es un campo de estudio ～ actual. それは本当に現代的な研究分野だ
verdadero, ra [berðaðéro, ra]《←verdad》形 ❶［+名詞］真実の, 本当の《⇔falso》: Eso que dijo él no es completamente ～. 彼の言ったことは全部が全部真実ではない. *～ra causa* 本当の理由. ～ amigo 真実の友. ～ nombre 本名. ❷ 現実の: ～ responsable 実際の責任者. ❸ 誠実な: cariño ～ 心からの愛. ❹ 正真正銘の: diamante ～ 本物のダイヤ. ❺［強調］Es un ～ héroe. 彼は本当の英雄だ. *Tengo ～ pánico a las abejas.* 私は蜂が本当にひどく怖い. ❻《天文》方位が磁極ではなく地軸に従った: norte ～ 真北. ❼《解剖》［肋骨が］真性の
Verdaguer [berðaɣér]《人名》Jacinto ～ ハシント・ベルダゲル《1845～1902, カタルーニャの叙事詩人》
verdagueriano, na [berðaɣerjáno, na] 形《人名》ハシント・ベルダゲル Jacinto Verdaguer の
verdal [berðál] 形 ❶［果実が熟しても］青い: ciruela (aceituna) ～ 青スモモ(オリーブ). ❷［木が］熟しても青い果実を付ける

verdasca [berdáska] 囡 =**vardasca**
verdascazo [berdaskáso] 男 =**vardascazo**
verde [bérde]《←ラテン語 viridis「力強い, 生き生きとした, 若い」》形
❶ [ser+] 緑色の: 1) espacio (zona・cordón) ~ 緑地帯. hoja ~ 青葉. 2)［+形容詞 では数変化しない］rayas ~ esmeralda エメラルドグリーンの縞模様. ❷［信号が］青い: El semáforo está ~. 信号は青だ. ❸ [estar+] 熟していない, 未熟な; [計画などが] 完成していない: fruta ~ 青い果実. Ese jugador está ~. あの選手は未熟だ. ❹［薪などが］よく乾かず. ❺ 卑猥な: chiste (cuento) ~ 猥談. cine ~ ブルーフィルム. viejo ~《軽蔑》すけべおやじ. ❻《政治》環境保護派の, 緑の党の: los ~ 緑の党. ❼《政治》無公害の, 汚染度の少ない. ❽［熟していないブドウを混ぜたために, ワインが］酸っぱい
dejar ~ a+人 =*poner ~ a+人*
[*las uvas*] *están ~s*［欲しいものが手に入らなかった時の負け惜しみ］どうせ大したものではない
poner ~ a+人 …を厳しく叱る; …の悪口を言う
ponerse ~ [+de+事物に] 飽きる, 嫌になる
~ *y con asas*《戯》もう何のことかお分かりでしょうか
~*s las han segado* 何もすることがない
── 图 ❶《政治》環境保護派, エコロジスト. ❷《ボリビア》警官
── 男 ❶ 緑色: ~ agua 薄緑. ~ botella［瓶の色の］濃（暗）緑色. ~ de montaña／~ de tierra マラカイトグリーン. ~ hoja リーフグリーン, 黄緑色, 草色. ~ manzana アップルグリーン, 明るい緑. ~ mar 濃い青緑色. ~ musgo モスグリーン. ~ oliva オリーブグリーン. ❷ 青草, 芝, 青葉: sentarse en el ~ 草の上に座る. ❸［集合］［飼料として与える］新鮮な草. ❹《口語》野菜《=hortaliza》. ❺［año=］2歳の, 3歳の若駒. ❻《西. 口語》治安警察《=guardia civil》; 刑務官. ❼《西. 古語》千ペセタ紙幣《=billete ~》. ❽《メキシコ, カリブ》田舎. ❾《南米》マテ茶《=mate》. ❿《アンデス》バナナ［木］.《エクアドル. 口語》青いバナナ《料理用の品種》
darse un ~［主にわいせつな意味で］大いに楽しむ
en ~［植物が］熟していない（まだ青い）状態で: cebada segada *en ~* 青いまま刈り取られた大麦
hilar en ~ カイコの生きている繭から生糸を紡ぐ
verdea [berdéa] 囡 緑がかった色のワイン
verdeante [berdeánte] 形 緑色がかる
verdear [berdeár]《←verde》❶［物が］緑色がかる;［色が］緑色を帯びる, 緑色になる: En la llanura inacabable *verdea* el trigo y amarilla el rastrojo. 果てしない平原が小麦で緑色になり, その切り株で黄色になる. ❷［草木が新緑で］青々とする. ❸《口語》卑猥になる. ❹《ラプラタ》1)［動物が］牧草を食べる. 2) マテ茶を飲む
── 他 ❶ 緑色がかせる. ❷《地方語》［ブドウ・オリーブの果実を］摘む, 収穫する. ❸《ムルシア》熟していないトウガラシを収穫する
verdeceladón [berdeθeladón] 形 男 =**verdeceledón**
verdeceledón [berdeθeledón] 形 男《布の》青磁色［の］
verdecer [berdeθér] 39 自《文語》=**verdear**
verdecillo [berdeθíʎo] 男《鳥》セリン《=serín》
verdegal [berdeɣál] 男 青々とした野原（畑）
verdegambre [berdeɣámbre] 男《植物》❶ バイケイソウ. ❷ ~ azul トリカブト《=acónito》
verdegay [berdeɣái]《←仏語 vert gai》形 男 目の覚めるような緑色［の］, 若草色［の］
verdeguear [berdeɣeár] 自 =**verdear**
verdejo, ja [berdého, ha] 形 =**verdal**: uva ~*ja* 緑色のブドウ. ❷《チリ. 口語》［人が］下層階級の;［服が］ぼろぼろの
verdel [berdél] 男《地方語. 魚》サバ《=caballa》
verdelita [berdelíta] 囡《鉱物》緑色のトルマリン
verdemar [berdemár] 形 男《文語》《海のように》濃い青緑色［の］
verdemontaña [berdemontáɲa] 男《鉱物》くじゃく石, マラカイト;［顔料］マラカイトグリーン《=verde de montaña》
verdeo [berdéo] 男 ❶ 熟する前の果実の摘み取り《料理・酢漬け用》. ❷《地方語》豚の鮮肉の販売
verderín [berderín] 男《地方語. 鳥》セリン《=serín》
verderol [berderól] 男《鳥》アオカワラヒワ《=~》;《貝》ザルガイ《=verderón》
verderón[1] [berderón] 男 ❶《鳥》1) アオカワラヒワ《=~ común》. 2) ~ serrano シトリンヒワ. ❷《貝》ザルガイ, スジザルガイ

❸《古語. 戯語》千ペセタ紙幣
verderón[2], **na** [berderón, na] 形 明るい緑色の; 緑色がかった
verdete [berdéte] 男 ❶ 青緑《=verdín》. ❷《顔料の》緑青色
verdevejiga [berdebehíɣa] 形 男 ❶［雌牛の胆汁と硫化鉄から合成した］暗緑色の顔料. ❷ 暗緑色［の］
verdezuelo [berdeθwélo] 男《鳥》アオカワラヒワ《=verderón》
verdial [berdiál] 囡《地方語. 果実》青オリーブ《=aceituna ~》
── 男 覆《音楽, 舞踊》ベルディアレス《マラガ地方のファンダンゴ》
verdiblanco, ca [berdiblánko, ka] 形 图《スポーツ》緑と白のユニホームのチームの（人）
verdigón [berdiɣón] 男《地方語. 貝》ザルガイ《=berberecho》
verdín [berdín]《←verde》男 ❶《緑色の》こけ;《植物》アオミドロ: La piscina se llenarón de ~. プールはアオミドロで覆われた. ❷ 青緑, 新緑; 新緑の植物. ❸［果実が腐った時の］緑色のかび. ❹［植物による］緑色の汚れ. ❺《メキシコ, グアテマラ. 鳥》アメリカツリスガラ《食虫性の渡り鳥. 農業にとって良い兆しとされる》
verdina [berdína] 囡 新緑《=verdín》
verdinal [berdinál] 男［夏枯れした牧草地で］湿気のために緑が残っている場所
verdinegro, gra [berdinéɣro, ɣra] 形 暗緑色［の］
verdino, na [berdíno, na] 形 緑色がかった;［犬が］くすんだ緑色の
── 男《グアテマラ. 鳥》アメリカツリスガラ
verdinoso, sa [berdinóso, sa] 形 緑色のこけ（緑青）で覆われた; 緑色がかった
verdiñal [berdiɲál]［洋梨が］熟しても青い
verdiseco, ca [berdiséko, ka] 形［植物などが］半分枯れた
verdó [berdó] 男［集合］《西》《ナイトテーブルの上に載せる》瓶とコップのセット
verdolaga [berdoláɣa] 囡《植物》❶ スベリヒユ. ❷ ~ marina アカザ科の一種《海岸の砂地に生える. 学名 Halimione portulacoides》
verdón [berdón] 男《鳥》❶ アオカワラヒワ. ❷《キューバ》ゴシキノジコ
verdor [berdór]《←verde》男 ❶［草木の］緑, 青葉: El puente unía dos lados de un bosque frondoso, el riachuelo circulaba bajo un túnel de ~. 橋は密生した森の両岸を結び, 小川は緑のトンネルの下を巡っていた. ❷［一般に］緑色. ❸ 生気, みずみずしさ: Se mostraban los arbustos en todo su ~. 灌木は青々と生い茂っていた. ❹ 青春, 青年期; 若さ. ❺ サフランの開花時期
verdoso, sa [berdóso, sa] 形 緑色がかった
── 男《アンダルシア. 鳥》アオカワラヒワ
verdoyo, ya [berdóyo, ya]《まれ》新緑［の］
verdugada [berduɣáda] 囡 煉瓦を積んだ層《=verdugo》
verdugado [berduɣáðo] 男《服飾》ファージンゲル
verdugal [berduɣál] 男［山焼き・伐採の後の］新芽（若枝）で覆われた丘
verdugazo [berduɣáθo] 男 若枝（鞭）で打つこと
verdugo [berduɣo]《←verde（緑の枝で鞭打つことから）》男 ❶ 死刑執行人: El ~ le cortó la cabeza al rey. 死刑執行人は国王の首を切り落とした. ❷《軽蔑》冷血漢, 血も涙もない残忍な人: Los soldados temían al general porque era un ~. 将軍は冷酷で血も涙もなかったので兵士たちから恐れられていた. ❸［防寒または身元を隠すために目・鼻・口だけを出し］頭からすっぽりかぶる帽子. ❹ 新芽, 若枝; 細身の剣. ❺ 鞭; 鞭打ち［刑］; 鞭打ちの跡. ❻《鳥》モズ《=alcaudón》. ❼《建築》煉瓦を積んだ層. ❽ 指輪《=aro de sortija》. ❾ フープスカート《=verdugado》
verdugón [berduɣón] 男 ❶ 鞭打ちの跡. ❷ 新芽, 若枝
verduguear [berduɣeár] 他《アルゼンチン, ウルグアイ. 口語》［軽蔑したりからかったりして］いやがらせをする
verduguillo [berduɣíʎo]《verdugo の示小語》男 ❶《闘牛》［とどめ用の］細身の剣. ❷［ひげ剃り用の］細身の剃刀. ❸［葉にできる］しみ, ふくれ. ❹ 輪状のイヤリング. ❺《船舶》《船側の》装飾用などの細長い板
verdulería [berdulería] 囡 ❶ 八百屋, 青果店. ❷《口語》卑猥, 下品
verdulero, ra [berduléro, ra]《←古語 verdurero》图 ❶ 八百屋の主人（店員）, 青果商. ❷《西. 軽蔑》［言葉づかいの］がさつ

人, 粗野な人, 恥知らずな人
hablar peor que 〔***una***〕 ~***ra*** 粗野な言葉づかいをする
―― 男 野菜庫, 野菜入れ

verdura [berðúra] 《←*verde*》 女 ❶ 〔主に 複. 時に 単 で 集合〕 野菜 〔類義 **verduras** は主に葉や茎など緑色の野菜. **hortalizas** は原義が「huerto で作られるもの」なので, verduras や legumbres (豆類) のほかタネつき・トマト・メロンなども含むが, ただし patatas (芋類) は含まない〕: Toma más ~*s*. もっと野菜を食べなさい. ensalada de ~ 野菜サラダ. plato de ~ 野菜料理. ❷ 《文語》〔草木の〕緑, 青葉〔=verdor〕. ❸ 葉むら模様. ❹ 《口語》卑猥, 下品

verdusco, ca [berðúsko, ka] 形 =**verduzco**
verduzco, ca [berðúθko, ka] 形 くすんだ緑色の
vereco, ca [beréko, ka] 形 《グアテマラ》斜視の
verecundia [berekúndja] 女 《まれ》=**vergüenza**
verecundo [berekúndo] 形 《まれ》=**vergonzoso**
vereda [beréða] 《←俗ラテン語 vereda < ラテン語 veredus「駅馬」》 女 ❶ 〔主に動物の通る〕小道, 踏み分け道: Esta ~ se prolonga hasta la falda de la montaña. この小道は山のふもとまで続いている. ❷ 〔移動牧業者組合 mesta が定めた, cañada より小規模な〕牧羊移動路, ベレダ. ❸ 〔同じ道沿いの近隣に伝達される〕命令, 通達. ❹ 修道会所属聖職者が町・村で説教に通う道筋. ❺ 《ログローニョ, アラゴン》〔町・村の〕夫役. ❻ 《メキシコ》〔女性の髪の〕分け目. ❼ 《キューバ, 南米》歩道. ❽ 《コロンビア》〔市町村・教区の〕行政区画
cruzarse de ~ 《アルゼンチン. 口語》〔利益目的に〕別の党に移る, 転向する
entrar en ~ 正道に戻る; 義務を果たす
hacer entrar a+人 ***en*** 〔***por***〕 〔***meter*** 〔***poner***〕 ***a***+人 ***en*** 〔***por***〕〕 …を正道に戻す: La película nos hace entrar en ~ de manera rápida y eficiente. 映画はすばやく効果的に私たちを正しい道に導く

veredero [bereðéro] 男 《古語》〔同じ道沿いの近隣への〕命令・通達の使者
veredicto [bereðíkto] 男 《←英語 verdict》 ❶ 《法律》〔陪審員の〕評決: El ~ condenó al acusado a diez años de prisión. 被告に対する評決は懲役10年だった. ~ de culpabilidad (inculpabilidad) 有罪(無罪)判決. ❷ 〔権威者の〕判定, 判断: El ~ de la crítica ha sido poco favorable. 批評家たちの意見はあまり好意的でなかった
veredón [bereðón] 男 《アルゼンチン》広い歩道
verga [bérga] 《←ラテン語 virga「棒」》 女 ❶ 《船舶》帆桁, ヤード. ❷ 《俗語》〔動物・人間の〕陰茎. ❸ 細い棒. ❹ 〔弩の〕鉄製の弓. ❺ 〔ガラスを固定する溝付きの〕鉛製の窓枠
mandar a la ~ 《エルサルバドル. 口語》きっぱりと拒絶する
ponerse a ~ 《エルサルバドル. 口語》酔っぱらう, 酩酊する
vergajazo [bergaxáðo] 男 〔vergajo による〕鞭打ち
vergajo [bergáxo] 男 ❶ 〔牛の陰茎で作った〕鞭(ざ). ❷ 〔弾力性による〕短い鞭. ❸ 《コロンビア》私生児
vergara [bergára] 形 azul ~ 〔つなぎ服などの〕濃紺色の
vergarés, sa [bergarés, sa] 名 《地名》ベルガラ Vergara の〔人〕《ギプスコア県の村》
vergé [berxé] 男 papel ~ 簀(す)の目紙 〔=papel verjurado〕
vergel [berxél] 《←古オック語 vergier》 男 《文語》〔美しい〕花園, 果樹園
vergelero [berxeléro] 男 《まれ》花畑 vergel の庭師
vergeta [berxéta] 女 ❶ 細い棒 〔=**vergueta**〕. ❷ 《紋章》細いペイル palo
vergeteado, da [berxeteáðo, ða] 形 《紋章》10本以上のペイル palo の入った
verglás [berglás] 男 〔地面などを覆う〕薄い透明な氷
vergonzante [bergonθánte] 《←*vergüenza*》形 ❶ 恥ずかしがりの, 内気な: tomar una actitud ~ おどおどする, 恥じ入る. justificación ~ 遠慮がちな釈明. ❷ 〔恥ずかしくて〕隠そうとする: pobre ~ 貧乏を隠している人. ❸ 《文語》恥ずべき 〔=vergonzoso〕: Es un acto ~. それは恥ずべき行いだ
vergonzosa[1] [bergonθósa] 女 《植物》オジギソウ
vergonzosamente [bergonθósamente] 副 恥ずかしそうに
vergonzoso, sa[2] [bergonθóso, sa] 《←*vergüenza*》形 ❶ 恥ずかしい, 恥ずべき: La Biblia habla de la desnudez como cosa ~*sa*. 聖書では裸は恥ずかしいことのように語られている. El ministro calificó de ~ ese acuerdo. 大臣はその協定を恥ずべきものだと述べた. partes ~*sas* 陰部. ❷ 恥ずかしがりの, はにかみ屋の: mostrarse ~ はにかむ. niña ~*sa* はにかみ屋の少女
―― 男 《動物》アルマジロ 〔=armadillo〕
verguear [bergeár] 他 《まれ》〔人・物を〕細い棒で打つ
vergüenza [berɣwénθa] 女 《←ラテン語 verecundia》 ❶ 恥ずかしさ, 羞恥心: Siento ~. 私は恥ずかしい. ruborizarse por ~ 恥ずかしくて赤くなる. con ~ はにかんで. ❷ 恥, 恥辱: 1) 〔人・事物〕Es la ~ de la familia. 彼は一家の恥さらしだ. 2) 〔ser una ~ que+接続法〕Es una ~ que esté la habitación tan sucia. 部屋をあんなに汚くしているのは恥だ. ❸ 恥を知る心: hombre sin ~. はれんちな男. ❹ 恥ずかしくさせる状況: dejar en ~ 恥ずかしくさせる. dejarse en ~ 恥ずかしくなる. ❺ 〔婉曲〕 複 恥部, 陰部: enseñar sus ~*s* 陰部をさらけ出す. ❻ 萎縮, 臆病. ❼ 《歴史》さらし刑〔= ~ pública〕
caerse a+人 ***la cara de*** ~ …でひどく恥入る: Se le cayó la cara a ~. 彼はとても恥じ入った
dar a+人 ~ …に恥ずかしい思いをさせる: Me da ~ hablar en público. 私は人前で話をするのは恥ずかしい
de ~ 恥ずべき, 非常にひどい: Es de ~ y luego intenta engañar al barrio. 彼はひどい奴で, そのうち近所の人たちをだまそうとする. muro de ~ 《メキシコ》恥の壁 《米国との国境に設けられたフェンス》
perder la ~ 厚かましい(図々しい)ふるまいをする; 無礼な態度をとる
poca ~ 1) 《口語》はれんちな人: El poca ~ sigue mintiendo. あのはれんちな奴は嘘をつき続けている. 2) はれんちさ
poner a+人 ***en*** ~ 《西. 口語》=***sacar a***+人 ***a la*** 〔***pública ca***〕
¡Qué ~! 何たることだ! / まあ恥ずかしい!
sacar a+人 ***a la*** 〔***pública***〕 ~ 1) 《西. 口語》…を恥をかかせる. 2) 《歴史》…をさらし刑にする
tener poca ~ 恥知らずである: ¡Qué poca ~ tienes! お前は何てはれんちな奴なんだ!
tener ~ 1) 恥ずかしい思いをする: Tiene ~ de ti, porque no te conoce. 君は知らない人なので彼女は恥ずかしがっている. 2) 恥を知る心
~ ***ajena*** 他人の言動を自分のことのように恥ずかしく思う気持ち: Sentí ~ ajena al ver sus malos modales. 彼の行儀の悪さを見ると他人事とはいえ恥ずかしい

vergueta [bergéta] 《verga の示小語》女 細い棒
vergueteado [bergeteáðo] 形 papel ~ 簀(す)の目紙 〔=papel verjurado〕
verguío, a [bergío, a] 形 〔木材が〕しなやかな, 弾力性のある
vericueto [berikwéto] 《←古語 pericueto》 男 ❶ 〔主に 複〕道の難所, 難路. ❷ 〔複〕〔物事の〕難解(複雑)な部分, 隠れた側面: ~*s* de la cuestión 問題の裏側. sin ~*s* 単純明快な
verídico, ca [beríðiko, ka] 《←ラテン語 veridicus》 形 ❶ 真実の, 事実と符合する: historia ~*ca* 実話. ❷ 信憑(性)のある. ❸ 真実を語る, 正直な, 誠実な
verificabilidad [berifikaβiliðá(ð)] 女 《まれ》❶ 検証可能性. ❷ 《哲学》証明
verificación [berifikaθjón] 女 ❶ 検証; 実証. ❷ 検査, 点検: ~ de frenos ブレーキの点検. ❸ 《数学》検算: hacer la ~ 検算をする. ❹ 《文語》実現, 実行
verificador, ra [berifikaðór, ra] 形 検査の
―― 男 ❶ 検査器 〔=aparato ~〕. ❷ 《情報》 de ortografía スペルチェッカー. ~ gramatical 文法チェッカー
verificar [berifikár] 《←ラテン語 verificare < verum facere「真実にする」》 7 他 ❶ 検証する; 実証する: El experimento verificó la hipótesis. 実験は仮説の正しさを証明した. ~ la declaración 陳述の裏付けをとる. ❷ 〔機械などを〕検査する, 点検する: ~ un motor エンジンを点検する. ~ la calidad 品質を検査する. ❸ 《数学》検算する: ~ la suma 合計が合っているかを検算する. ❹ 《文語》実現する, 実行する, 実施する
―― ~*se* ❶ 《文語》起こる, 行われる: El pago se verifica el fin de mes. 支払いは月末に行われる. ❷ 実証される: Sus predicciones se verificaron. 彼の予言が正しかったことが証明された
verificativo, va [berifikatíβo, βa] 形 証明となる; 検査用の
―― 男 《メキシコ. 文語》tener ~ 行なわれる
verigüeto [beriɣwéto] 男 《貝》カブトノシコロ《食用》
verija [beríxa] 女 ❶ 恥丘; 恥骨 〔=pubis〕. ❷ 《アストゥリアス》

腿, 大腿部
veril [beríl] [男] ❶《船舶》[浅瀬などの] 岸, 縁. ❷ 等深線〖=curva de nivel submarino〗. ❸《サモラ》道路沿いの細長い土地
verilear [bercileár] [自] 浅瀬の縁を航行する
verisímil [berisímil] [形] =**verosímil**
verisimilitud [berisimilitú(đ)] [女] =**verosimilitud**
verismo [berísmo] [男] ❶ 真実主義, ベリズモ〖19世紀末イタリアに起こった写実主義的傾向の文学運動〗. ❷ 真実性, 迫真性: Su pintura es de un gran ～. 彼の絵画はすごい迫真性を有している
verista [berísta] [形] [名] ❶ 真実主義の(主義者), ベリズモの. ❷ 真に迫った, 迫真の
Veritas odium parit [berítas óđjun parít]〖←ラテン語〗真実は憎しみを孕(はら)む
verja [bérxa]〖←仏語 verge〗[女] ❶ [囲いの] 鉄柵: ～ de Gibraltar スペインとジブラルタルとの国境. ❷《まれ》[扉・窓の] 鉄柵
verjurado [bɛrxuráđo] [形] papel ～ 簀(す)の目紙
verme [bérme]〖←ラテン語 vermis〗[男]《動物》[主に [複]] 回虫〖=lombriz intestinal〗
vermeil [bɛrméi̯l] [男] 金めっきした銀
vermicida [bɛrmiθíđa] [形] [男] =**vermífugo**
vermiculado, da [bɛrmikuláđo, đa] [形]《建築》[装飾が虫食い跡のように] 不規則な形の
vermicular [bɛrmikulár] [形] ❶ 虫のような形の, 虫状の. ❷ 回虫のいる
vermicularia [bɛrmikulárja] [女]《植物》シロベンケイソウ
vermiculita [bɛrmikulíta] [女]《鉱物》バーミキュライト, 蛭石(ひるいし)
vermifobia [bɛrmifóbja] [女] =**helmintofobia**
vermiforme [bɛrmifɔ́rme] [形] 虫のような形の, 虫状の
vermífugo, ga [bɛrmífugo, ga] [形] [男]《薬学》駆虫の; 駆虫剤, 虫下し
verminoso, sa [bɛrminóso, sa] [形]《医学》寄生虫性の
vermis [bérmis] [男]〖単複同形〗《解剖》[小脳の] 虫部
vermívoro, ra [bɛrmíƀoro, ra] [形] 食虫の
vermouth [bɛrmú]〖←仏語〗[男]〖[複] ～s〗=**vermut**
vermú [bɛrmú] [男]〖[複] ～s〗=**vermut**
vermut [bɛrmú(t)]〖←独語〗[男]〖[複] ～s〗❶《酒》ベルモット. ❷ [集名] 食前酒と前菜. ❸《アンデス, アルゼンチン, ウルグアイ》昼興行〖=matinée〗
vernación [bɛrnaθjɔ́n] [女]《植物》芽型, 芽内形態
vernacular [bɛrnakulár] [形] =**vernáculo**
vernáculo, la [bɛrnákulo, la]〖←ラテン語 vernaculus〗[形] その国(地方)に特有の
—— [女] 土地言葉, 土着言語〖=lengua ～*la*〗
vernal [bɛrnál]〖←ラテン語 vernalis〗[形]《文語》春の: punto ～《天文》春分点
vernalizar [bɛrnaliθár] [9] [他] 開花結実を促進する, 春化処理する
vernier [bɛrnjér] [男]《技術》副尺, バーニヤ〖=nonio〗
vernissage [bɛrnisáxe]〖←仏語〗[男] [絵画展の] 開催式典
vero[1] [béro] [男] ❶《紋章》ヴェア, ヴェール〖銀色と青色の鐘形を交互に何段も並べた模様〗. ❷ クロテンの毛皮
vero[2]**, ra**[2] [béro, ra] [形]《文語》=**verdadero**: *vera* efigie 生き写し
verode [beróđe] [男]《植物》エオニウム, センペルビブム
veronal [beronál] [男]《薬学》ベロナール〖催眠薬の一種〗
veronense [beronénse] [形] [名] =**veronés**
veronés, sa [beronés, sa] [形] [名]《地名》[イタリアの] ヴェローナ Verona の〔人〕
verónica [berónika] [女] ❶《植物》クワガタソウ〖=～ macho〗: ～ hembra ベロニカ・ヌムラリア. ～ pérsica/～ de Persia オオイヌノフグリ. ❷《闘牛》ベロニカ〖ケープを両手で持って行なう基本的なパセ〗: media ～ メディアベロニカ〖ケープを両手で持ち片手を腰に付けて行なうパセ〗. ❸《キリスト教》paño de la *V*～ 聖顔布. ❹《チリ》[女性用の] 黒いマント
veroniquear [beronikeár] [自]《闘牛》ベロニカ〔の技〕をする
verosímil [berosímil]〖←ラテン語 verisimilis〗[形] 本当らしい, 真実味のある; ありそうな: Su historia es ～ hasta cierto punto. 彼の話はある程度信憑性がある
verosimilitud [berosimilitú(đ)]〖←ラテン語 verisimilitudo, -inis〗[女] 真実らしさ, 信憑(しんぴょう)性, ありそうなこと: dar ～ a su relato 物語に迫真力をもたせる. método de máxima ～《統計》最尤(さいゆう)法
verosímilmente [berosímilménte] [副] 真実らしく; おそらく, たぶん
verraco[1] [bɛr̄áko]〖←ラテン語 verres〗[男] ❶ 種豚. ❷ 牛・豚・猪の石造彫刻〖紀元前2世紀ごろスペイン内陸部・ポルトガル北部のケルト系先住民がトーテム的な意味合いで立てた. サラマンカのローマ橋入口の豚が有名〗. ❸《中南米. 動物》ペッカリー
verraco[2]**, ca** [bɛr̄áko, ka] [形] [名] ❶《メキシコ, キューバ》下品な〔人〕; しつこい〔人〕; 愚かな〔人〕. ❷《コロンビア》たくましい〔人〕, 勇敢な〔人〕; 有能な〔人〕
verraquear [bɛr̄akeár]〖←verraco〗[自]《口語》[腹を立てて] ぶつぶつ言う; [子供が] 泣きわめく
verraquera [bɛr̄akéra] [女]《口語》[子供が] 泣きわめくこと
verriondez [bɛr̄jɔndéθ] [女] 発情〔期〕
verriondo, da [bɛr̄jɔ́ndo, da] [形] ❶ [豚などが] 発情している. ❷ [野菜などが] しなびている; 生煮えの
verroja [bɛr̄ɔ́xa] [女]《アンダルシア》イノシシの牙
verrojazo [bɛr̄ɔxáθo] [男] イノシシの牙による打撃
verrón [bɛr̄ɔ́n] [男] 種豚〖=verraco〗
verrucaria [bɛr̄ukárja] [女]《植物》ヘリオトロープ, キダチルリソウ
verruga [bɛr̄úga]〖←ラテン語 verruca〗[女] ❶《医学》いぼ, 疣贅(ゆうぜい): Me ha nacido una ～ en el pie. 私は足にいぼができた. Tiene una ～ en la nariz. 彼は鼻にいぼがある. ❷《植物》木のいぼ. ❸《西. 口語》[なかなか離れられない・取り除けない] わずらわしい人(事物). ❹ 汚点, 欠点
verrugato [bɛr̄ugáto] [男]《魚》=**berrugato**
verrugo [bɛr̄úgo] [男] 貪欲な人, けちな人
verrugosidad [bɛr̄ugosiđá(đ)] [女] ❶ いぼが多いこと. ❷ [皮膚の] いぼ
verrugoso, sa [bɛr̄ugóso, sa] [形] いぼのある; いぼの
versación [bɛrsaθjɔ́n] [女]《メキシコ, チリ, アルゼンチン, ウルグアイ》専門知識
versado, da [bɛrsáđo, đa] [形] [ser+. +en に] 精通した, 堪能な: Es ～ *en* griego. 彼はギリシア語がよくできる
versal [bɛrsál]〖←verso〗[形] [女]《印刷》大文字〔の〕: ir de ～*es* 大文字で表わされる
versalilla [bɛrsalíʎa] [形] [女] =**versalita**
versalita [bɛrsalíta] [形] [女]《印刷》スモールキャピタル〔の〕
versallesco, ca [bɛrsaʎésko, ka] [形] ❶ ベルサイユ宮殿 Versalles の. ❷ ベルサイユ風の〖18世紀フランス宮廷〗: jardín ～ ベルサイユ式庭園. ❸《口語》[非常に・大げさなくらい] 礼儀正しい
versallismo [bɛrsaʎísmo] [男] ベルサイユ風のぜいたく
versar [bɛrsár]〖←ラテン語 versari「習慣的にある場所にいる」〗[自] ❶《文語》[本・講演などが, +sobre を] 主題(話題)とする: La conferencia *versa sobre* la educación. 講演は教育に関してである. ❷ [周囲を] 回る, 巡る. ❸《キューバ, プエルトリコ》詩を書く, 詩作する
—— **～se** [物事に] 精通する
versátil [bɛrsátil]〖←ラテン語 versatilis < vertere「回転する」〗[形] ❶ 意見の変わりやすい; 気まぐれな: Es un político ～. あの政治家は節操がない. sentimiento ～ 移り気. ❷ 用途の広い: mueble ～ 多用途の家具. ❸ [人が] 多才な, 多芸な. ❹ [容易に] 向きが変わる, 向きを変える. ❺《鳥》[指が] 可転(反転)性の
versatilidad [bɛrsatiliđá(đ)] [女] 意見の変わりやすさ, かわり身の早さ
versear [bɛrseár] [自]《軽蔑》詩を書く, 詩作する
versería [bɛrsería] [女] [集名] 軽砲 verso
versicolor [bɛrsikolɔ́r] [形]《文語》色が変わる; 多色の
versícula [bɛrsíkula] [女] [教会の] 聖歌集の保管場所
versiculario [bɛrsikulárjo] [男] ❶ 聖句を唱える人. ❷ 聖歌集の管理者
versículo [bɛrsíkulo]〖←verso〗[男] ❶ [聖書・コーランなどの] 節, 聖句: el ～ 14 del primer capítulo del Libro de Job ヨブ記第1章第14節. ❷《詩法》脚韻や決まった韻律のない詩句: poema escrito en ～*s* 不定形詩. ❸《まれ》小詩, 短詩
versificación [bɛrsifikaθjɔ́n]〖←ラテン語 versificatio, -onis〗[女] ❶ 韻文で書くこと. ❷ 詩作: arte de ～ 詩法
versificador, ra [bɛrsifikađɔ́r, ra] [名] 韻文で書く人, 詩作家, 詩人
versificar [bɛrsifikár]〖←ラテン語 versificare〗[7] [自] 詩を書く, 詩作する

──㊀詩にする、韻文で書く
versión [bersjón]【←ラテン語 versum < vertere「回転する、訳す」】㊛ ❶ 翻訳 [=traducción]; [特に学校での] 訳読: ~ japonesa del Quijote『ドン・キホーテ』の日本語訳. ❷ 異本; [映画など] …版; 《音楽, 情報》バージョン: en ~ original [吹き替え版でなく] オリジナル版の・で. ~ subtitulada 字幕版. ~ íntegra ノーカット版. ~ modificada 修正バージョン. ~ regional《新聞》地方版. ❸ [事件などの] 解釈, 説明: La policía duda de su ~. 警察は彼の説明を信じていない. según la ~ oficial del gobierno 政府の公式見解によれば. ❹《医学》[胎位異常に対する] 外回転術
versionar [bersjonár] ㊂ …の新しい版(バージョン)を作る
versista [bersísta]《まれ. 軽蔑》❶ 韻文で書く人, 詩人. ❷ 詩人を気取る人
verso[1] [bérso] I【←ラテン語 versus「回転による溝, 筆跡」< vertere「回転する」】㊚ ❶ 詩句; [詩の] 1行: ~ libre 自由詩. ~ silábico 音節数に基づいた詩句. ~ suelto (blanco) 無韻詩. ❷ 韻文 [⇔prosa]; 《口語》詩: escribir en ~ 韻文でつづる. escribir ~s 詩を書く. comedia en ~ 韻文のせりふによる劇, 詩劇. ❸[聖書・コーランなど] 節 [=versículo]. ❹ 裏ページ [=folio verso]. ❺《古語》compañía de ~ 朗誦劇団. ❻《ラプラタ口語》嘘, 詩張: hacer el ~ a+人 …に作り話をする
contar bien (mal) el ~ 詩の朗読が上手(下手)である
II ㊚ [カルバリン砲の半分の大きさ・口径の] 軽砲
verso[2], sa [bérso, sa] ㊟ [聖書などの, ページ・紙の] 裏の: plana ~sa 裏面
versolari [bersolári]【バスク・アラゴン地方の】即興詩人
versolibrismo [bersolibrísmo] ㊚ 自由詩の使用
versolibrista [bersolibrísta] ㊟ 自由詩の
versta [bérsta] ㊛ [昔のロシアの距離単位] ヴェルスタ, 露里 [=1067km]
versus [bérsus]【←ラテン語】㊉ 対…, …に対する: Kicillof ~ Fábrega, combate a tres rounds 3回戦キシロフ対ファブレガ
vértebra [bértebra]【←ラテン語 vertebra < vertere「回転する」】㊛《解剖》椎骨(㊟), 椎骨: [primera] ~ cervical [第一] 頸椎. ~ dorsal 胸椎. [quinta] ~ lumbar [第五] 腰椎
vertebración [bertebraθjón] ㊛ 緊密さ, 堅固さ
vertebrado, da [bertebráðo, ða] ㊟ 脊椎を持つ; 脊椎動物門の
── ㊚㊷《動物》脊椎動物門
vertebral [bertebrál] ㊟ 椎骨の
vertebrar [bertebrár]【←vértebra】㊂ …の骨格(中核)をなす: Este jugador *vertebra* el juego del equipo. この選手はチームプレーの要だ
vertedera [berteðéra] ㊛《農業》犂(㊟)べら, 撥(㊟) 板
vertedero [berteðéro]【←verter】㊚ ❶ ごみ処分場, 廃棄物処分場. ❷ [ダムなどの] 余水吐き, スピルウェイ. ❸ 排水口 [=desagüe]
vertedor, ra [berteðór, ra] ㊟ 注ぐ[ための]
── ㊚ ❶ 放水路; [ダムの] 余水路. ❷ [計り売りの商品をすくう] 小型スコップ. ❸《船舶》淦(㊟)汲みひしゃく
vertello [bertéλo] ㊚《船舶》パーレル racamento の環
verter [bertér]【←ラテン語 vertere「回す, 取り壊す」】㊃ ㊂ ❶ [液体・粒状の物を, +sobre・en・a に] こぼす, 注ぐ; 投棄する: Revolvió el azúcar en el café, *vertiendo* parte de este *en* el plato. 彼はコーヒーの砂糖をかき混ぜていて受け皿に少しこぼした. *Vertió* la tinta *sobre* la alfombra. 彼はじゅうたんにインクをこぼした. ~ residuos radiactivos *en el mar* 放射性廃棄物を海に投棄する. ❷ [+en に, +de から] 注ぐ, つぐ: [中身を] ~ *agua* en un vaso コップに水を注ぐ. ~ *aceite de la botella* hasta llenarlo 油を注ぐ. ❸ [容器と] *Vierte* la botella para que caiga un poco de agua. 水が少しこぼれるように瓶を傾けなさい. ~ el cazo *en* un plato sopero スープ皿にお玉でそそぐ. ~ [+a に, +al に] [=traducir]; [文字などに] 表わす: ~ *una obra al francés* 作品をフランス語に翻訳する. ❹《文語》[意見などを] 表明する: La prensa *ha vertido* muchos infundios. 新聞はあることないことを書き立てた
── ❶ [川が] 流れ込む, 注ぎ込む: El Ebro *vierte* al mar Mediterráneo. エブロ川は地中海に注ぐ
── *~se* ❶ こぼれる: Di un golpe al vaso y *se vertió* el vino. 私はグラスを倒し, ワインがこぼれた. Al ir a beber *se me vertió* la taza de té *sobre (en)* las sábanas. 私は紅茶を飲もうとしてシーツにこぼしてしまった. ❷《文語》[+a・en+人・事 に] 傾倒する. ❸《婉曲》射精する

vértex [bérte(k)s] ㊚《解剖》頭頂
vertibilidad [bertibiliðáð] ㊛ 変わり得ること
vertible [bertíβle] ㊟ 変わり得る
vertical [bertikál]【←ラテン語 verticalis「頂点に上る」】㊟ ❶ 垂直の, 鉛直の [⇔horizontal]: plano ~ 鉛直面. caída ~ de los precios 価格の暴落. ❷ [線・配置・方向などが] 縦の; [文字が] 縦構造の: escritura ~ 縦書き. relación ~ 縦の関係. El ejército tiene una organización ~. 軍隊は縦社会である. ❸《クロスワードパズル》縦の列の
── ㊛ ❶《天文》鉛直圏, 垂直圏. ❷《スポーツ》[高飛びの] 支柱
── ㊛ ❶《幾何》垂直線, 鉛直線 [=línea ~]. ❷《スポーツ》逆立ち, 倒立: hacer la ~ 逆立ちする
verticalidad [bertikaliðáð] ㊛ 垂直, 鉛直性: Al ceder el terreno el muro ha perdido la ~. 土地が傾くと壁は鉛直でなくなった
verticalismo [bertikalísmo] ㊚ ❶ [権力の] 縦構造, 階級組織. ❷ 垂直
verticalista [bertikalísta] ㊟ ㊛ ❶ 縦構造の, 縦社会の[支持者]. ❷《南米》垂直の, 縦の
verticalización [bertikaliθaθjón] ㊛ [権力・組織の] 縦化, 階層化
verticalizar [bertikaliθár] ㊈ ㊂ 縦にする; [権力・組織を] 縦構造化する, 階層化する
verticalmente [bertikálménte] ㊉ 垂直に, 縦に: escribir ~ 縦書きにする
vértice [bértiθe]【←ラテン語 vertex, -icis】㊚ ❶《幾何》頂点: ~ de un triángulo (un cono) 三角形(円錐) の頂点. ❷《解剖》脳天, 頭頂 [=coronilla]
verticidad [bertiθiðáð] ㊛ 可動性, 回転可能性
verticilado, da [bertiθiláðo, ða] ㊟《植物》輪生の: hojas ~das 輪生葉序
verticilo [bertiθílo] ㊚《植物》輪生体
vertido [bertíðo] ㊚ ❶ こぼす(ばらまく)こと; 投棄 [液体がこぼれる(流れる)こと. ❷ 不可 [主に複] 投棄物: ~s tóxicos 有毒廃棄物; 有毒物質の投棄. ~ ilegal 不法廃棄物
vertiente [bertjénte]【←verter】㊛ ❶ 斜面: ~ sur de una montaña 山の南斜面. ❷《建築》[屋根の] 勾配: ~s del tejado 屋根の傾斜面. ❸ [問題を考える] 側面: otra ~ del tema 問題の別の側面. ❹《メキシコ, アルゼンチン》泉 [=manantial]
vertiginosidad [bertixinosiðáð] ㊛ 目のくらむほどのすごさ
vertiginoso, sa [bertixinóso, sa]【←vértigo】㊟ めまいを伴う, 目が回る; 目が回るほどの, 気が遠くなるような: altura (velocidad) ~sa 目もくらむような高さ(速さ)
vértigo [bértigo]【←ラテン語 vertigo, -inis「自転運動」< vertere「回る」】㊚ ❶ めまい, 目が回ること: Mirar desde esta torre me produce ~. この塔から見ると私はめまいを起こす. tener ~ めまいがする, 目が回る. dar+a+人 ~ …にめまいを起こさせる. ❷《比喩》[気の遠くなるほどの] 驚き: Las cifras de la pérdida me dan ~. 気の遠くなるほどの損害金額だ. ❸ 錯乱, 狂乱: Se dejó llevar por un ~ pasional. 彼は激情に我を忘れた. ❹ 目まぐるしさ: ~ de la vida urbana 都会生活の目まぐるしさ. ❺《航空》空間識失調
de ~ 目がくらむほどの, 気が遠くなるような: velocidad *de* ~ 目が回るような速さ
vertigoso, sa [bertigóso, sa] ㊟《まれ》めまいを起こさせる
vertimiento [bertimjénto] ㊚ 注ぐこと; こぼれること
vertir [bertír] ㉕ ㊂《文語》=**verter**
Vértiz y Salcedo [bértiθ i salθéðo]《人名》**Juan José de ~** フアン・ホセ・デ・ベルティス・イ・サルセド [1719〜99, メキシコ生まれのクリオーリョ criollo. リオ・デ・ラ・プラタ副王 (1778〜84)]
vervet [berbét] ㊚《単複同形》《動物》ベルベットモンキー
vesania [besánja]【←ラテン語】㊛《文語》[激しい] 狂気, 狂乱
vesánico, ca [besániko, ka] ㊟ ㊚《文語》狂気の[人]: risa ~*ca* 狂気の笑い
vesical [besikál] ㊟【←vejiga】膀胱の: ruptura ~ 膀胱破裂
vesicante [besikánte] ㊟ ㊚《薬学》発疱(㊟)性の; 発疱薬
vesicatorio, ria [besikatórjo, rja] ㊟ ㊚=**vesicante**
vesícula [besíkula] ㊛ ❶《解剖》1) 小胞, 小嚢: ~ seminal 精嚢[腺]. 2) 胆嚢 [=~ biliar]. ❷《医学》小水疱, 水疱疹. ❸《植物》液胞, 小胞

vesicular [besikulár] 形《解剖》小胞(小囊)状の; 小胞の, 小囊の; 胆囊の

vesiculoso, sa [besikulóso, sa] 形 小水疱(水疱疹)だらけの

vesivilo [besibílo] 男《クエンカ, ムルシア》怪物, 幽霊, 幻

veso [béso] 男《技術》[仕上げ用の] ケナガイタチの毛の筆

vesor [besór] 男《メキシコ, 中米》[サポジラ農園の労働者がかかる] 耳だれ

vespa [béspa] 囡《←商標》スクーター[=escúter]

vespasiana [bespasjána] 囡《チリ》[男性用の] 公衆便所

vesperal [besperál] 形《詩語》夕方の, たそがれ時の
── 男《キリスト教》晩課集

véspero [béspero] 男《詩語》❶ 宵の明星. ❷ 夕方, たそがれ時

vespertiliónido, da [bespertiljónido, da] 形 ヒナコウモリ科の
── 男《動物》ヒナコウモリ科

vespertillo [bespertíʎo] 男 コウモリ[=murciélago]

vespertino, na [bespertíno, na] 形《←ラテン語 vespertinus》❶ 夕方の[⇔matutino]: luz ~na 夕方の光. ❷ [星が] 日没後に沈む
── 男 ❶ 夕刊[=diario ~]. ❷《宗教》午後の説教[=verpertina]. ❸《チリ》夜間学校
── 囡 ❶ [昔の大学での] 午後の授業. ❷《宗教》午後の説教. ❸《コロンビア. 映画, 演劇》マチネー[=matinée]

véspido, da [béspido, da] 形 スズメバチ科の
── 男《昆虫》スズメバチ科

vespino [bespíno] 男《←商標》ミニバイク

vesre [bé(s)re] 男《中南米. 口語》逆さ言葉[例 revés→vesre]

vesta [bésta] 囡《文語》=**vestidura**. ❷《ローマ神話》[V~] ウェスタ《かまどの女神》
── 男《天文》《小惑星》ベスタ

vestal [bestál] 形 囡《古代ローマ》女神ウェスタ Vesta の; ウェスタに仕える巫女(ⓒ)

veste [béste] 囡《詩語》衣, 衣服

vestfaliano, na [bestfaljáno, na] 形 囡《地名》[ドイツの] ヴェストファーレン Vestfalia の[人]

vestibular [bestibulár] 形《解剖》前庭の: nervio ~ 前庭神経

vestíbulo [bestíbulo] 男《←ラテン語 vestibulum》❶ 玄関. ❷ [入り口の] ホール; [ホテル・劇場の] ロビー; [駅などの] コンコース: Espere usted en el ~. ホールでお待ち下さい. ❸《解剖》前庭; [特に内耳の] 迷路前庭

vestición [bestiθjón] 囡《宗教》[修道服などの] 着衣式

vestidero [bestidéro] 男《エクアドル》=**vestuario**

vestido [bestído] 男《←vestir》❶ [女性用の] ドレス, ワンピース: Elena lleva un ~ de maternidad. エレナはマタニティドレスを着ている. ~ camisero シャツドレス. ~ de fiesta パーティードレス. ~ de novia ウエディングドレス. ~ envolvente (cruzado) ラップドレス. ~ largo ロングドレス. ❷ [時に 集名] 一般に] 衣服, 衣類, 服装; [下着の上に着る] 衣服: Los primeros hombres no tenían ~. 最初の人類は衣服を着ていなかった. historia del ~ 服飾の歴史. industria del ~ アパレル産業. ~s de los astronautas 宇宙服. ❸《アンダルシア》小麦の殻. ❹《中米, アンデス, チリ, アルゼンチン, ウルグアイ》背広. ❺《コロンビア》~ de baño 水着

~ de corte 1) 宮中服, 大礼服. 2) ~ de corte recto ストレートカットドレス

vestidor, ra [bestiðór, ra] 形《アンデス. 服飾》正装向きの, ドレッシーな
── 囡 遺体の着付け係, 納棺師
── 男 ❶ [家の] ドレッシングルーム, ウォークインクロゼット. ❷《メキシコ, チリ》更衣室[=vestuario]
── 囡 姿見, 全身鏡

vestidura [bestidúra] 囡《←vestido》囡 [主に 複]《文語》[下着の上に着る] 衣服: Viene adornada con joyas y ricas ~s. 彼女は宝石と豪華な衣装で飾り立てて来る. ❷ 礼服, 式服; [特に聖職者の儀式用の] 祭服[=~s sacerdotales]. ❸《まれ》[飾り・保護のための] 覆い

rasgarse las ~s 善人ぶって騒ぎ立てる, 目くじらを立てる

vestier [bestjér] 男《コロンビア》❶ 試着室. ❷ 更衣室[=vestuario]

vestigial [bestixjál] 形《生物》退化した

vestigio [bestíxjo] 男《←ラテン語 vestigium》「足裏, 靴底, 足跡」 ❶ 足跡: dejar los ~s 足跡を残す. seguir los ~s 足跡をたどる. ❷ 残存物, 名残; [主に 複] 遺跡[=restos, ruinas]: No hay ningún ~ de drogas en su facultad. 彼の機能に麻薬の影響は全く残っていない. ~s de la civilización antigua 古代文明の遺物(遺跡). ❸《生物》痕跡器官. ❹ [手がかり: Buscaba algún ~ que diera pie a su investigación. 彼は自分の研究のヒントとなるような手がかりを探し求めていた

vestiglo [bestíglo] 男《文語》[恐ろしい] 怪物

vestimenta [bestiménta] 囡《←vestir》35 集 ❶ …に衣服を着せる: Para detectar al terrorista, fíjate en su ~: ropa holgada para portar un arma. テロリストを発見するには服装に注目しなさい; 武器を携帯するためのゆったりした服. ❷《口語》奇妙な服: ¿De dónde has sacado esa ~? どこからそんな変わった服を持ち出して来たんだ? ❸ 集名 [司祭の] 祭服

vestir [bestír]《←ラテン語 vestire》35 他 ❶ …に衣服を着せる: Ya he vestido al niño. 私はもう子供に服を着せた. ~ a+人 de blanco (con un abrigo) …に白い服(オーバー)を着せる. ~ una muñeca 人形に服を着せる. ❷ 衣服を支給する: alimentar y ~ a la familia 家族に食べる物と着る物を与える. ❸《語》着る: 1) El autor viste pantalón vaquero. 犯人はジーンズ姿だ. 2) [修道服を] ~ la toca monjil 修道女になる. ❹ …の服を作る: Este sastre viste a mi padre. この仕立屋が父の服を作っている. ❺ [+de・con で] 覆う; 飾りつける: ~ las paredes con madera 壁に板を張る. ❻ 包み隠す, 装う: ~ el rostro de severidad わざと厳しい顔をする. ❼ [ものを] 優雅にする
── 自 ❶ [しかるべき] 服を着る(着ている): Tan tarde y todavía sin ~. 遅れているのにまだ服を着ていない. ~ bien (mal) 着こなしが上手(下手)である, 服装センスがいい(悪い). ❷ [布・服が] 品がいい, 正装用である: Me pondré la chaqueta negra para la fiesta porque viste mucho. 私はパーティーに黒の上着を着て行こう, とても上品だから. ❸ 見栄えがする: Antes, vestía llevar a sus hijos a colegios religiosos. 以前は子供をミッションスクールにやるのが格好よかった

── **se** ❶ [服を] 着る: 1) Este niño no sabe ~se solo. この子は一人では服が着れない. Se viste con estos pantalones. 私はこのズボンをはく. Se viste con demasiada negligencia. 彼の服装はだらしなさすぎる. estar (ir) bien vestido おしゃれをしている, いい服を着ている. 2) [+de] Ella se viste de negro (de largo). 彼女は黒い服(ロングドレス)を着ている. Rosaura va vestida de hombre. ロサウラは男の格好をしている. ❷ 服を仕立てもらう: Se viste en una buena modista. 彼女はいいドレスメーカーで仕立ててもらっている. ❸ 覆われる: Los árboles se visten de hojas al llegar la primavera. 春が来ると木々は葉に覆われる. El cielo se vistió de nubes. 空は雲に覆われた. ❹《まれ》[病人が] ベッドから起きられるようになる. ❺《まれ》…に見える: ~se de humildad 質素に見える
── 男 服飾, 服装, 着ること

a medio ~ 半裸で, 下着姿で

de ~ 正装用の, ドレッシーな; おしゃれな: traje de ~ フォーマルウェア. zapatos de ~ フォーマルな靴

el mismo que viste y calza《口語》まさに(他ならぬ)その当人である: ¿Sabes quién?—El de anoche, El mismo que viste y calza. 誰だか知っているかい?—昨夜の奴だ. まさにその男だ

quedar vestido y alborotado《メキシコ, ホンジュラス, パナマ. 口語》ぼんやりして周囲のことに気づかない, うわの空である

vestir		
現在分詞	過去分詞	
vistiendo	vestido	
直説法現在	直説法点過去	命令法
visto	vestí	
vistes	vestiste	viste
viste	vistió	
vestimos	vestimos	
vestís	vestisteis	vestid
visten	vistieron	
接続法現在	接続法過去	
vista	vistiera, -se	
vistas	vistieras, -ses	
vista	vistiera, -se	
vistamos	vistiéramos, -semos	
vistáis	vistierais, -seis	
vistan	vistieran, -sen	

vestón [bestón] 〖男〗《チリ》上着, ジャケット
vestuario [bestwárjo] 〖←ラテン語 vestiarium < vestire「着せる」〗〖男〗❶ 〖集名〗〖個人の〗持ち衣装: Tiene un ~ muy completo. 彼はあらゆる服をそろえてある。❷ 〖映画, 演劇など〗〖集名〗〖撮影・上演に必要な〗衣装; encargado del ~ 衣装係. premio al mejor ~〖アカデミー賞の〗衣装賞。❸〖時に 複〗更衣室, ロッカールーム; 楽屋: Salió por la puerta de ~s donde una turba de periodistas lo esperaba. 彼がロッカールームのドアから出てくると, そこには大勢の記者たちが待ちかまえていた。❹《スポーツ》〖集名〗〖プロチームの〗選手。❺ 制服, 軍服;〖警官・消防署員などへの〗服装手当, 制服の現物支給。❻〖教会の〗聖職者が祭式用の服を着替える部屋
vestugo [bestúɣo] 〖男〗オリーブの若枝
vesubiano, na [besubjáno, na] 〖形〗❶〖地名〗〖イタリアの〗ベスビオ山 Vesubio の。❷〖一般に〗火山の
veta [béta] 〖←ラテン語 vitta「リボン, 帯」〗〖女〗❶ 帯(縞)状の層; 鉱脈, 鉱層: El mejor toro es rosado y tiene ~s de grasa. 最上のトロはピンク色で脂の縞が入っている. Confirmaron nuevas ~s de oro. 新しい金鉱脈が確認された。❷〖時に〗石目, 木目。❸ リボン, 紐, 糸。❹ 性癖, 傾向; 素質: Tomás tiene una ~ de loco. トマスは狂気の傾向がある. Descubrió su ~ de actor. 彼は自分の俳優の素質があるのに気付いた。❺《エクアドル. 口語》牛革全体を使ってつなげて作ったベルト
descubrir la ~ de+人 …の本心を見抜く
vetado, da [betáðo, ða] 〖形〗=**veteado**
vetar [betár] 〖←ラテン語 vetare「禁じる」〗〖他〗❶ …に拒否権を行使する; 破棄する, 無効にする: El proyecto de ley fue vetado por el Senado. その法案は上院で否決された。❷ 禁止する: Le han vetado la salida del país. 彼は出国を禁じられた
vetarro, rra [betářo, řa] 〖名〗《メキシコ. 戯語》年をとった; 老人
vetazo [betáθo] 〖男〗《エクアドル》〖ベルト veta による〗鞭打ち
veteado, da [beteáðo, ða] 〖形〗帯(縞)状の層の; 木目(石目)のある: mármol ~ 縞大理石
vetear [beteár] 〖他〗❶ …に木目(模様)をつける。❷《メキシコ》〖洗濯〗色落ちさせる
veteranía [beteranía] 〖女〗老練, 先任(古参)であること: La ~ es un grado. 経験がものをいう/軍隊では階級より入隊年次で
veterano, na [beteráno, na] 〖←ラテン語 veteranus < vetus, -eris「年老いた」〗〖形〗〖名〗❶ 古参兵, 帰還兵; 老兵, 退役軍人〖= ~ de guerra〗: Los ~s no mueren, solo se desvanecen. 老兵は死なず, ただ消え去るのみ。❷ 老練な〖人〗, ベテラン〖の〗: periodista ~ ベテラン記者。❸《サッカーなど》ベテランの〖選手〗〖sénior の上の年齢層〗。❹《チリ, アルゼンチン, ウルグアイ》老齢の; 老人
veterinario, ria [beterinárjo, rja] 〖←ラテン語 veterinarius < veterinae「駄獣」〗〖形〗獣医学の: clínica ~ria 動物病院
 ── 〖名〗獣医, 獣医学者
 ── 〖女〗獣医学
vetisesgado, da [betisesɣáðo, ða] 〖形〗斜め縞模様の
vetiver [betibér] 〖男〗〖植物〗ベチベルソウ; その根
vetiza [betíθa] 〖女〗《エクアドル》鞭打ち〖=**azotaina**〗
veto [béto] 〖←ラテン語 veto「禁止」〗〖男〗❶〖大統領などの, +a に対する〗拒否権, 拒否(権)の行使〖= derecho de ~〗= lo ostentan solo los permanentes. 拒否権は〖国連の〗常任理事国だけが持っている. tener derecho a ~ 拒否権を持っている. usar el ~ 拒否権を行使する。❷ 禁止
poner 〔el〕 ~ *a*... …に反対する, 拒絶する: El jefe ha puesto el ~ a nuestro proyecto. 上司は我々の計画を却下した
vetón, na [betón, na] 〖形〗〖名〗ベトン族〖の〗〖前ローマ時代, イベリア半島中央部の先住民〗
Vetus latina [bétus latína] 〖←ラテン語〗〖女〗古ラテン語聖書
vetustez [betustéθ] 〖女〗〖文語〗老朽
vetusto, ta [betústo, ta] 〖←ラテン語 vetustus〗〖形〗〖文語. 時に戯語〗非常に古い, 昔の, 時代物の: mansión ~ta 古色蒼然とした邸宅
vexilología [be(k)silolojía] 〖女〗❶ 旗学。❷ 旗収集〖法・癖〗
vexilólogo, ga [be(k)silóloɣo, ɣa] 〖形〗〖名〗旗学者
vez [béθ] 〖←ラテン語 vicis「回, 交互」〗〖女〗〖 複 veces〗❶ 度, 回: 1) 〖頻度〗Voy a la piscina dos veces a la (por・una) semana. 私は週に2回プールに行く. Faltó a la clase tres veces seguidas. 彼は続けて3回欠席した. ¿Cuántas veces ha montado a caballo? 馬に乗ったことが何回ありますか？ No lo he visto ninguna ~. 私は一度も彼に会ったことがない. Pocas ve*ces* protesta. 彼はめったに文句を言ったことがない. Hay *veces* que le entran ganas de fumar. 彼は時々たばこを吸いたくなる時がある. muchas (repetidas) *veces* 何度も, 何度となく; しばしば. unas (cuantas) *veces* 何度か, 2・3回。2)〖時・機会〗Cuando lo reñí por el robo, me dijo que no era la primera ~. 彼が盗みをはたらいたことで私が叱ると, 彼は初めてではないと言った. Es la primera ~ que visito este país. 私はこの国を訪れるのは今回が初めて. Pude saltar la barrera a la tercera ~. 私は3度目で柵を飛び越えることができた。❷《西》〖行列などでの〗順番: ¿Quién tiene la ~? 誰の番ですか/列の最後は誰ですか？ Tengo que esperar a que llegue mi ~. 私の番が来るのを待たなくてはならない。❸ 倍: Argentina es siete *veces* más grande que Japón. アルゼンチンは広さが日本の7倍ある

a la ~ 一度に; 同時に, 一斉に: resolver dos problemas *a la* ~ 一度に2つの問題を解決する. Todos hablan *a la* ~ y no les entiendo. 皆が一斉に話すのでわけが分からない
a su ~ 一方(へ)は, …の方は: Él me ayuda en la casa, y yo, *a mi* ~, le ayudo en su trabajo. 彼は家事を手伝ってくれ, 私は私で彼の仕事を手伝ってあげる
a veces 時々〖疑問文・命令文では使わない〗: *A veces* duermo demasiado. 彼は時々寝坊をする
alguna que otra ~ たまに
alguna ~ 1) 時に, 時として, たまに: Todo el mundo tiene *alguna* ~ tropiezos en su trabajo. 誰でも一度や二度は仕事で失敗することがある. *Alguna* ~ voy al cine. 私はたまに映画を見に行く. 2)〖疑問文で〗かつて: ¿Ha leído usted *alguna* ~ ese libro? その本を読んだことがありますか？
algunas veces 時々
cada ~+比較級 1) ますます, そのたびに一層…: El avión ganó *cada* ~ más altura. 飛行機はだんだん高度を上げた. Van trabajando *cada* ~ más. 彼らはだんだん仕事の能率が上がっていく. 2) El Lejano Oriente parece *cada* ~ menos lejano. 極東はますます近くなるようだ。2)《中南米》日ごとに…
cada ~ *que*+直説法 …するたびにいつも: *Cada* ~ *que* sale deja la puerta abierta. 彼はいつもドアを開け放しにしたまま出て行く
cien veces/cien mil veces/cientos de veces 〖強調〗1) 何度も何度も, ひんぱんに: Te lo he dicho *cien veces*. そのことは君に何度も何度も言った。2) はるかに: Esta chaqueta es *cien veces* más elegante. この上着の方がはるかに上品だ
cincuenta veces =**cien veces**
coger la ~《地方語》機先を制する, 出し抜く
de una sola ~ =**de una** ~
de una ~ 1) 一挙に, 一度に: beberse un vaso de vino *de una* ~ グラス一杯のワインを一気に飲み干す。2)〖いらだちの表明〗Dilo *de una* ~. 〖持って回った言い方をしないで〗はっきり言いなさい. ¡Acaba *de una* (maldita) ~! いい加減にしなさい！
de una ~ *para siempre* 1)〖いらだちの表明〗=**de una** ~。2)〖一度で〗決定的に, きっぱりと
de una ~ *para todas*〖まれ〗=**de una** ~
de una ~ *por todas* =**de una** ~: Resolvió el asunto *de una* ~ *por todas*. 彼はその件を一気に解決した
de ~ *en cuando* 〖間隔を置いて〗時々: ¿Vuelve usted tarde *de* ~ *en cuando*? 時には遅く帰ることがありますか？
de ~ *en* ~〖文語〗=**de** ~ *en cuando*
en veces 間を置いて, 何回かに分けて
en ~ *de*... 1) …の代わりに〖→**en lugar** de...〗〖類義〗: beber cerveza *en* ~ *de* agua 水代わりにビールを飲む。〖不定詞〗Si, *en* ~ *de* dar un paso atrás, doy un paso adelante me atropella el coche. もし私が一歩後でなく, 前へ出ていたら車にひかれるところだった。2)…どころか: *En* ~ *de* enojarse, te lo agradece. 彼は怒るどころか君に感謝している
era una ~ 〔*que se era*〕... =**érase una** ~ 〔*que se era*〕...
érase una ~ 〔*que se era*〕... 〖おとぎ話の冒頭〗昔々あるところに…がおったとさ: *Érase una* ~ una pata que puso huevos. あるところにお母さんアヒルがいて, 卵を産みました
esta ~ 今回, 今度: *Esta* ~ tendré éxito. 今度は成功するだろう
ganar la ~《地方語》=**coger la** ~
había una ~ 〔*que se era*〕... =**érase una** ~ 〔*que se*

era)...
hacer las veces de+人・事物 …の代わりをする: Su hermana le *hizo las veces de* madre. 姉が彼の母親代わりだった
la próxima ～ 次回、この次に
la ～ anterior 前回、この前に: Te vi en Madrid *la ～ anterior*, ¿verdad? この前はマドリードでお目にかかりましたね
la ～ siguiente =la próxima ～
las más de las veces たいていの場合
las menos veces めったに[…ない]: Llegaba puntual *las menos veces*. 彼が時間どおり来ることはほとんどなかった
mil veces =cien veces
no pensar[**se**] **dos veces** 《口語》[事柄を]疑わない; [熟慮せず]すぐに行動する
otra ～ もう一度、また; 次回: Dímelo *otra ～*. もう一度言って下さい. *Otra ～* será. また今度があるよ. ¡*Otra ～*! アンコール!
pedir la ～ 列(順番)の最後は誰か尋ねる
pensarse dos veces [物事の解決まで]とくと考える、考え抜く
por primera (segunda・última) ～ 初めて(2度目に・最後に): Fue en Madrid cuando la vi *por segunda ～*. 私が再び彼女に会ったのはマドリードでだった.《語法》時に por が省略される. 特に動詞が不定詞の場合: No se permite entrar *segunda ～*. 再入場は認められない]
rara ～/raras veces めったに[…ない]: *Rara ～* la veo. 私はめったに彼女に会わない. *Raras veces* se equivoca. 彼はめったにミスをしない
sin pensárselo dos veces [熟慮せず]すぐに、一も二もなく
tal ～ たぶん; 1)《疑念が強い時は+接続法》*Tal ～* no vendrá (venga) él. たぶん彼は来ないだろう(もしかすると彼は来るかも知れない). 2) [動詞の後では 直説法+] Vendrá, *tal ～*, mañana. 彼はたぶん明日来るだろう
tener la ～《口語》機会がある
toda ～ que+直説法《文語》[原因・理由]というのは…: Se trata de un riesgo potencial, *toda ～ que* la mayoría de estos virus no están implantados en España. 問題は潜在的な危険である、というのはこれらのウイルスの大部分はスペインに持ち込まれていないからである
todas las veces que+直説法 …するたびにいつも: *Todas las veces que* la veo, me pregunta por ti. 彼女に会うたびに私は君のことを聞かれる
tomar a+人 **la ～** …に先んじる: Iba a decir yo, pero él me *tomó la ～*. 私が言おうとしたのに彼に先を越されてしまった
una ～ 1) [話の冒頭]ある時…. 2) [+過去分詞/[+que]+直説法] 一度…したら; …した後で: *Una ～* terminados los quehaceres, se sientan a tomar café. 仕事が終わると彼らは座ってコーヒーを飲む. Sentémonos, *una ～ que* no hay gente. 誰もいないから座ろう. [仮定の意味が強いと+接続法] *Una ～ que* se quede dormido, es difícil despertarlo. 彼がいったん寝ついたら起こすのは難しい. 3)《文語》以前に、かつて
una ～ más もう一度
una ～... y otra... ある時は…またある時は…: *Una ～* lloró *y otra* rió. 彼は泣いたり笑ったりした
una y mil veces =cien veces
una y otra 長々と、しつこく: reprender *una y otra ～* ねちねちと叱る
unas veces... y otras [*veces*]... ある時は…また時は…: *Unas veces* van a la discoteca *y otras* al cine. 彼らはディスコに行ったり映画を見に行ったりする
veza [béθa] 囡《植物》ヤハズエンドウ《=arveja》
vezar [beθár] 9 他 慣れさせる《=avezar》
—— **se** 慣れる
v.g.(略語)**=v.gr.**
v.gr.(略語) 〈←verbi gracia〉たとえば
vi-(接頭辞)[副]〈←vice-〉*virrey* 副王
vía [bía] 囡 1)道; 大通り; 街道: seguir la ～ de Santiago サンティアゴ・デ・コンポステーラへの道を行く. ～ de servicio [幹線道路と並行する]側道. ～ pública《文語》公道. ～ rápida 1車線の自動車道【2003年に名称廃止. 現在は vía para automóviles】. Gran *Vía* [固有名詞で]大通り. ～ Apia《古代ローマ》アッピア街道. ～ romana ローマ街道. *Vía* Láctea《天文》天の川、銀河《系》. ❷ 経路《＝ de co-

municación. 道路、鉄道、航路など》: ¿Cuál es la ～ más rápida para ir allí? どれがそこへ行く一番早い行き方ですか? por ～ aérea 空路で; 航空便で. ～ marítima 海路; 船便. ～ terrestre 陸路. ～ fluvial [河川の]水路. ❸ 線路、レール、軌間《文語》鉄道〖=～ férrea〗; [del ferrocarril]: Pasa el tren por la ～ férrea elevada. 列車は高架を通る. cruzar la ～ 線路を渡る. red de ～s férreas 鉄道網. ～ única (doble) 単(複)線. ～ ancha 広軌. ～ [メキシコ] estrecha/[メキシコ] angosta 狭軌. ～ muerta 引込線、待避線. ❹ 手段、方法: recurrir a la ～ judicial 法的手段に訴える. seguir la ～ burocrática お役所的な方法をとる. ～s de hecho 殴り合い、暴力行為. ❺《法律》措置: ～ ejecutiva 強制執行. ～ sumaria 略式処分. ❻《解剖》 ～ aérea 気道. ～s digestivas 消化管. ～s respiratorias 気管. ～s urinarias 尿路. ❼《自動車》[ホイール]ゲージ. ❽《キリスト教》1) Mostradnos, Señor, vuestras ～s. 神様、あなたの道をお示し下さい. Las ～s del Señor son impenetrables. 神の示された道(思し召し)は計り知れない. 2)《カトリック》～ purgativa (iluminativa・unitiva) 浄化(照明・一致)の道『完徳 perfección de la virtud に至る3段階』. ❾《化学》処理: ～ húmeda (seca) 湿式(乾式)処理. ❿《詩法》cuaderna ～ 一連4行単韻詩
de ～ estrecha《軽蔑》[人が]凡庸な、平凡な: Le consideran un Maquiavelo *de ～ estrecha*. 彼はマキャベリを凡庸にしたような人と考えられている
en ～s de... ～の途中にある: Los problemas están *en ～s de* solución. 問題は解決の方向に向かっている. país *en ～s de* desarrollo 開発(発展)途上国
entrar en ～ muerta [事柄が]行き詰まる
estar en ～s〈メキシコ, ボリビア, チリ, アルゼンチン, ウルグアイ. 口語〉健康(経済)状態がひどく悪い; ひどく元気がない
estar ～ muerta [事柄が]行き詰まっている
por ～《文語》[+de の]方法で: *por ～ de* sufragio 投票で. 2) *por ～ interna* 経口の・で
— **～ crucis** 男 **=viacrucis**
— **～ de agua** (船舶)浸水口: Se ha hecho muchas ～s *de agua*. 浸水個所がたくさんできた
～ libre [表示]通行可. 2) 許可: Esa ley da *～ libre* a la arbitrariedad del poder. その法律は権力の専横を許してしまう
～ ordinaria 1)《郵便》普通便. 2) 正式な(普通の)方法
—— 前 ❶ …経由で: Salimos para Madrid ～ París. 私たちはパリ経由でマドリードへ出発する. ❷ [伝達手段で]…で《=por》: ～ e-mail Eメールで. ～ satélite 衛星を介して

viabilidad [bjabilidá(d)] 囡 ❶ 実現可能性、フィージビリティー: Vuestro plan carece de ～. 君たちの計画は実現可能性に欠ける. plan de ～《企業などの》再建計画. ❷ 生育力
viabilizar [bjabiliθár] 9 他 実現可能にする; 通行可能にする
viable [bjáble] 《←仏語 viable < vie 「生命」》形 ❶ [計画などが] 実現可能、現実性のある: Ese proyecto no es ～. その計画は実現不可能だ. alternativa ～ 実行可能な代替案. solución ～ 手頃な解決策. ❷ [道が]通行可能. ❸ [新生児などが]生育力のある、生存可能な: feto no ～ 流産児
viacheñuo, ñua [bjat∫éɲwo, ɲwa] 形《地名》ビアチャ Viacha の[人]《ボリビア, ラ・パス県インガビ郡の町》
viacrucis [bjakrúθis] 《←ラテン語 via crucis「十字架の道」》男《単複同形》❶《キリスト教》[キリストの受難を再現する]十字架の道行き; [14枚からなる]その絵(像)、キリスト受難図: rezar el ～ 14の十字架の絵を礼拝して回る(持って祈る). ❷ 十字架の道行きの修行; その道行きの祈祷書. ❸ [連続する]受難、苦難. ❹《口語》順々に寄っていくこと《特に》はしご酒
vía-crucis [bía krúθis] 男 **=viacrucis**
viada [bjáða] 囡 ❶《船舶》急発進; [航行中の]急激な加速. ❷《アンデス. 口語》速度
viadera [bjaðéra] 囡 [昔の織機の]綜絖(そうこう)枠
viador, ra [bjaðór, ra] 図《文語》[道 vía を行く]旅人. ——《キリスト教》[この世にあって]来世への道を志す人
viaducto [bjaðúkto]《←英語 viaduct》男 [谷などに架けた、道路・線路の]高架橋、陸橋: Pasa el tren por el ～. 電車は高架を通る
viagra [bjáɣra] 囡《薬学》バイアグラ
viajado, da [bjaxáðo, ða] 形《南米》たくさん旅をした
viajador, ra [bjaxaðór, ra] 図 旅行者《=viajero》
viajante [bjaxánte]《←viajar》名 セールスマン、訪問(出張)販売

員《= ～ de comercio》: Ella trabaja de ～ para una firma de cosméticos. 彼女は化粧品会社のセールスレディをしている
── 他 旅をする

viajar [bjaxár]《←*viaje*》自 ❶ 旅行する: *Viajaremos por Europa en tren.* 私たちは列車でヨーロッパを旅行する予定だ. *Mi trabajo requiere un viaje mucho.* 私の仕事は出張が多い. ～ a España スペインに旅行する. ～ en coche 車で旅行する; ドライブする. ～ por negocios 商用で旅行する, 出張する. ❷ [乗り物で] 行く, 通う: *Viajo diariamente en autobús.* 私はバスで通勤している. ❸《交通機関が》運行する: *El barco viaja tres veces por semana.* その船は週に3便運航する. ❹《貨物が》輸送される: *Los vagones fabricados viajan de noche.* 生産された車両は夜間に輸送される. ❺《隠語》《麻薬で》幻覚を見る, トリップする
── 他 ❶ [セールスマンが担当地域を] 巡回する. ❷《文語》[領地を] 回る

viajata [bxáta] 女《まれ》苦難の旅

viajazo [bxaáθo] 男 ❶《コスタリカ》叱責; マチェテ *machete* での一撃. ❷《ベネズエラ》鞭打ち

viaje [bxáxe] I《←カタルーニャ語 *viatge* < ラテン語 *viaticum*「旅費」》男 ❶ 旅行, 旅: *Se fue de ～ a Perú.* 彼はペルーに旅行に行った. *hacer un ～* 旅行する. *salir de ～* 旅に出る. *estar de ～* 旅行中である. *en el ～* 旅行中に. *gastos de ～* 旅費, 交通費. *～ aéreo* or *por aire* 空の旅. *～ de estado* [国家首脳による] 公式訪問. *～ inaugural* 処女航海. *～ organizado* パックツアー, パッケージツアー. *～ redondo*《中南米》往復旅行. ❷ [乗り物・歩行などによる] 移動: *Este autobús hace el ～ diez veces al día.* このバスは日に10便運行している. *Te llevaré un día a hacer un ～ en mi coche.* いつか私の車で君を長距離ドライブに連れて行ってあげるよ. *Hice cinco ～s para transportar los ladrillos.* 彼は煉瓦を運ぶのに5回往復した. *～ por la autopista* 高速道路のドライブ. ❸《隠語》《麻薬による》幻覚体験, トリップ: *pegarse un ～ con heroína* ヘロインでトリップする. ❹ 旅行記: *leer un ～* 旅行記を読む. ❺ [一回の] 運搬量. ❻ 水道《= ～ *de agua*》[水道の] 水. ❼ [動物の通る] 道. ❽《闘牛》*suerte* で, 牛・闘牛士の進む方向. ❾《中米》叱責. ❿《カリブ》回, 度: *Repitió lo mismo cuatro ～s.* 彼は何度も同じことを繰り返した

agarrar ～《ペルー, チリ, アルゼンチン, ウルグアイ》申し出 (招待) を受諾する

¡Buen ～! 1) [旅立つ人への挨拶] ご無事で/いってらっしゃい! 2) 勝手にしろ!: *Si no quieres beber, pues... ¡buen ～!* 飲みたくないなら, ご勝手に. *Si habla mal de mí, ¡buen ～!* 彼が私の悪口を言うのなら, 勝手に言わせておこう

dar ～《ニカラグア》行動を開始する

de un ～《中南米》一度に, 一発で, 一気に

de ～《ドミニカ》すぐに, じきに

¡Feliz ～! [旅立つ人へ] ご無事で! (=¡buen ～!): *Deseo que tengan un feliz ～.* ご無事でいってらっしゃい

para ese (ese·semejante) ～ no se necesitan (necesitaban·son menester) alforjas《口語》思ったほどのことはない, 期待外れもいいところである

rendir ～《船が, その目的地に》到着する

último ～《文語》*emprender el último ～* 死出の旅に出る, 死ぬ

II《←カタルーニャ語 *biaix*「バイアス」》男 ❶《西. 口語》[ナイフなどによる] 不意の攻撃; 殴打, 突き: *El hombre le tiró un ～ con la navaja.* 男は彼をナイフで突きさした. *arrear un ～ con el bastón* ステッキで殴る. ❷《口語》料理を口に運ぶ手の動き. ❸《建築》傾き, ゆがみ《=*esviaje*》. ❹《闘牛》牛の角による一撃

viajero, ra [bxaéro, ra]《←*viaje* I》名 ❶ 旅行者, 旅人: *～s en grupo* 団体旅行客. ❷ [列車・バスなどの] 乗客, 旅客: *Señores ～s, está prohibido bajar del autobús en marcha.* 乗客の皆様, バスの飛び降りは禁じられております. ❸ 旅行作家, 紀行作家. ❹《隠語》麻薬常用者. ❺《チリ》[小農場 *chacra* で] 走り使いをする人
── 形 ❶ 旅をする, 渡りの: *aves ～ras* 渡り鳥. ❷ 旅行好きの: *Él es muy ～.* 彼は非常に旅行が好きだ. ❸ 旅行の

vial [bjál] I《←ラテン語 *vialis*》形 交通路 *vía* の, 道路の: *seguridad ～* 交通安全
── 男 両側に街路樹などの植わった通り
II《←英語》男《西》[注射液・飲み薬の] 瓶

vialidad [bjaliðáð] 女 ❶《文語》《集名》[公道の] 道路サービス: *mantenimiento de la ～* 道路の補修維持. ❷ 通行可能であること

vianda [bjánda]《←仏語 *viande*「食べ物」< 俗ラテン語 *vivenda*「生活手段, 生きる場所」》女 ❶《文語》《主に 西》食べ物, 料理《特に肉, 魚》: *Ella nos servía las apetitosas ～s sobre la mesa.* 彼女は私たちのテーブルの上においしそうな料理を並べた. ❷《パナマ, ボリビア, アルゼンチン, ウルグアイ》弁当箱《=*fiambrera*》. ❸《カリブ》[煮たり焼いたりして料理のつけ合わせにする] 野菜や果実

viandante [bjandánte]《←*vía*+*andante*》名 ❶ 通行人《=*transeúnte*》; 歩行者《=*peatón*》: *Los ～s caminan encogidos de frío.* 通行人は寒さに身を縮めて歩いている. ❷ [徒歩での] 旅人; 放浪者

viandera [bjandéra] 女《ボリビア》弁当箱《=*fiambrera*》

vianés, sa [bjanés, sa] 形 名《地名》ビアナ Viana の [人]《ナバラ県の町》

viaraza [bjaráθa] 女 ❶ 下痢《=*diarrea*》. ❷《グアテマラ, コロンビア, ラプラタ》1) 突発的な行動. 2) 突然の怒り: *estar con la ～* 虫の居所が悪い. *dar a+人 la ～* …が向かっ腹を立てる

viario, ria [bjárjo, rja] 形《文語》[公共の] 道路の: *limpieza ～ria* 道路清掃
── 男 道路網《=*red ～ria*》

viaticar [bjatikár] [7] 他《病人に》臨終の聖体を与える

viático [bjátiko]《←ラテン語 *viaticum*》男 ❶《カトリック》[主に *V～*] 臨終の聖体拝領: *recibir el V～* 臨終の聖体を受ける. ❷《主に中南米》外交官などが受け取る, 金銭・現物による] 旅行用給付, 旅費, 交通費, 車代

víbora [bíβora]《←ラテン語 *vipera*》女 ❶《動物》1) クサリヘビ《毒蛇》: *～ áspid* アスプクサリヘビ. ～ *bufadora* プアダー, ～ *común (europea·péliade)* ヨーロッパクサリヘビ. ～ *cornuda* ハナダカクサリヘビ. ～ *de la cruz*《ラプラタ》ジャララカ. 2)《メキシコ, ラプラタ》[一般に] 蛇. ❷《魚》マムシミシマ《背びれに毒がある》. ❸《軽蔑》他人の悪口を言う人, 毒舌家《=*lengua de ～*》; 陰険 [な人], 意地の悪い人: *Esas tías son unas ～s.* あの女たちは [毒ヘビのように] 口さがない連中だ. *la ～ de María* 腹黒いマリア. ❹《アンダルシア. 昆虫》～ *volante* ヤマカマキリの一種《学名 Cerambyx cerdo》. ❺《メキシコ》マネーベルト

viborán [biβorán] 男《中米. 植物》灌木の一種《樹液が薬用. 学名 Asclepias curassavica》

viborana [biβorána] 女《中米. 植物》=**viborán**

viborear [biβoreár] 自 ❶《メキシコ, ウルグアイ》陰口を言う. ❷《南米》蛇行する

viborera [biβoréra] 女《植物》シベナガムラサキ

viborero [biβoréro] 男《古語》治療用の毒蛇の入れ物

viborezno, na [biβoréθno, na] 形 クサリヘビの
── 男 クサリヘビの子

viborillo [biβoríλo] 男《植物》エキウム

vibración [biβraθjón]《←ラテン語 *vibratio, -onis*》女 ❶ 振動, 揺れ: *vibraciones solares*《天文》太陽震. *vibraciones sonoras* 音の振動. ❷《建築》振動によるコンクリートの締め固め. ❸《音声》顫動 (せんどう) 音. ❹ 感じ, 印象: *dar a+人 buenas (malas) vibraciones* …に好感 (反感) を与える. *vibraciones negativas* しっくりしない感じ

vibrado, da [biβráðo, ða] 形 *hormigón ～* 振動で締め固められたコンクリート

vibrador, ra [biβraðór, ra] 形 [機器が] 振動する (させる)
── 男 ❶《電気》振動子. ❷《技術》加振機. ❸ [携帯電話の着信を知らせる] バイブ. ❹《俗語》[女性の自慰用の] バイブレーター. ❺《グアテマラ. 交通》スピード防止帯《=*badén*》

vibrafonista [biβrafonísta] 名 ビブラフォン奏者

vibráfono [biβráfono] 男《音楽》ビブラフォン

vibrante [biβránte]《←ラテン語 *vibrans, -antis*》形 ❶ 振動する; 震える, よく響く: *voz ～* 震え声. ❷ [会議などが] 熱のこもった, 活気のある. ❸《音声》*consonante ～ simple* はじき音, 単顫動音《[r]》, *consonante ～ múltiple* 震え音,《多》顫動音《[r̄]》
── 女《音声》震え音, 顫動 (せんどう) 音《=*sonido ～*》

vibrar [biβrár]《←ラテン語 *vibrare*》自 ❶ 振動する, 揺れる: *hacer ～ la espada* 剣を小刻みに動かす. *Vibra el puente.* 橋が揺れる. ❷ [声・体などが] 震える: *La voz le vibraba por la emoción.* 彼の声は感動で震えていた. *La afición vibró mucho viendo ese partido.* ファンはこの試合に大変興奮した

vibrátil ― 他 ❶ 振動させる, 揺らす. ❷ [発声を] 震わせる. ❸ [槍などを] ぶんぶん振り回す; [震動するものを] 激しく噴出させる: Júpiter *vibra* los rayos. ジュピターは稲妻を発する. ❹ [液体を] 沸騰させず表面が軽く揺れる程度に熱する

vibrátil [bibrátil] 形 ❶《生物》振動性の; 顫動(%)性の: pestaña ~ 繊毛. ❷ 振動できる, 揺れる

vibrato [bibráto]《音楽》ビブラート: cantar con un ~ ビブラートをきかせて歌う

vibrátor [bibrátór] 男 バイブレーター

vibratorio, ria [bibratórjo, rja]《←ラテン語 vibratum》形 ❶ 振動性の, 振動による: movimiento ~ 振動運動. masaje ~ 振動マッサージ. ❷ 振動する, 震動できる

vibrio [bíbrjo]《←仏語 vibrion》《生物》ビブリオ: ~ cholerae コレラ菌

vibrión [bibrjón] 男 =vibrio

vibrisa [bibrísa] 女 [主に 複]《解剖, 動物》震毛;《植物》[食虫植物の] 感覚毛

vibromasaje [bibromasáxe] 男 振動マッサージ

vibromasajista [bibromasaxísta] 形 振動マッサージの

vibroscopio [bibroskópjo] 男 振動計

vibrosecretario [bibrosekretárjo] 男

vibroterapia [bibroterápja] 女 振動療法

viburno [bibúrno] 男《植物》ガマズミ

vicalvarada [bikalbaráða]《歴史》ビカルバロ Vicálvaro の蜂起 [1854年スペイン, O'Donnell 将軍が起こした]

vicaria[1] [bikárja] 女《植物》ニチニチソウ

vicaría [bikaría] 女 総代理司祭の職(管区); その司祭館
llevar a+人 a la ~《口語》…との結婚を実現する
pasar por la ~《口語》[カトリック教徒として正式に] 結婚する

vicarial [bikarjál] 形 総代理司祭の

vicariato [bikarjáto] 男 総代理司祭の職(管区) 〔=vicaría〕; 総代理司祭の任期

vicario, ria[2] [bikárjo, rja]《←ラテン語 vibrarius「代理」< vicis「回, 交互」》形 名 ❶ 代理の, 代行する(人): El Papa es el ~ de Dios en la tierra. 教皇はこの世における神の代理人である. ~ de Jesucristo 教皇, ローマ法王. ❷《カトリック》[修道院などの] 副院長
――《カトリック》[教皇・司教の代理をする] 総代理(司祭); [司教座で教会法を担当する] 法務担当司祭: ~ apostólico 代牧, 司教代理. ~ capitular 空位司教座参事会長. ~ de la parroquia 小教区主任司祭. ~ del Imperio [ローマ帝国と神聖ローマ帝国における] 摂政. ~ general 司教総代理

vice- [接頭辞] 副 *vice*presidente 副大統領

vicealcalde, desa [biθealkálde, kaldésa] 名 [市の] 助役

vicealmiranta [biθealmiránta] 女 [ガレー船艦隊の] 第2旗艦

vicealmirantazgo [biθealmirantáθgo] 男 海軍中将の地位

vicealmirante [biθealmiránte] 男 海軍中将; [艦隊の] 副司令長官

vicecampeón, na [biθekampeón, na] 名 第2位の人, 準優勝者

vicecanciller [biθekanθiʎér] 名 ❶ [ドイツなどの] 副首相. ❷ [大学の] 副学長. ❸《中南米》外務次官

vicecancillería [biθekanθiʎería] 女 vicecanciller の職(執務室)

viceconsiliario, ria [biθekonsiljárjo, rja] 名 副顧問

vicecónsul [biθekónsul] 男 副領事

viceconsulado [biθekonsuláðo] 男 副領事の職; 副領事館

vicecristo [biθekrísto] 男《廃語》=vicediós

vicedecanato [biθeðekanáto] 男 副学部長の職

vicedecano, na [biθeðekáno, na] 名 副学部長

vicediós [biθeðjós] 男《廃語》神の代理者(ローマ教皇のこと)

vicedirector, ra [biθeðirektór, ra] 名 副社長; 次長; 教頭; 助監督

vicegerencia [biθexerénθja] 女 副支配人の職

vicegerente [biθexerénte] 名 副支配人

vicegobernador, ra [biθeɣobernaðór, ra] 名 副知事

vicegol [biθegól] 男《サッカー》惜しいゴール失敗

vicejefe, fa [biθexéfe, fa] 名 副部長, 次長

viceministro, tra [biθeminístro, tra] 名 副大臣, 政務次官

vicenal [biθenál] 形 20年ごとの; 20年続く, 20年間の

vicense [biθénse] 形《地名》ビク Vic の〔人〕《バルセロナ県の町》

Vicens Vives [biθéns bíbes]《人名》**Jaume** ~ ハウメ・ビセンス・ビベス《1910～60, スペインの経済史家》

Vicente [biθénte] ¿A *dónde vas* ~?―*Donde va la gente.* みんなと同じことをする/平凡である

vicentino, na [biθentíno, na] 形 名《地名》サン・ビセンテ San Vicente の〔人〕《エルサルバドル中部の県・県都》

viceóptimo [biθeó(p)timo] 男 次善の策, セカンド・ベスト

vicepresidencia [biθepresiðénθja] 女 副大統領(副会長・副社長・副議長・副総裁)の職

vicepresidente, ta [biθepresiðénte, ta] 名 副大統領; 副会長; 副社長; 副議長; 副総裁: ~ del gobierno 副首相

viceprimer, ra [biθeprimér, ra] 形 ~ ministro 副首相

viceprovincia [biθeproβínθja] 女《宗教》準管区

viceprovincial [biθeproβinθjál] 形 準管区の; 準管区長

vicerrector, ra [biθer̃ektór, ra] 名 副学長, [神学校の] 副校長
――男 副教区司祭

vicerrectorado [biθer̃ektoráðo] 男 副学長の職位(執務室)

vicerrectoría [biθer̃ektoría] 女 =vicerrectorado

vicesecretaría [biθesekretaría] 女 副書記官の職(執務室)

vicesecretario, ria [biθesekretárjo, rja] 名 副書記官

vicésima [biθésima]《古代ローマ》20分の1税

vicesimario, ria [biθesimárjo, rja] 形 20分の1税の

vicésimo, ma [biθésimo, ma] 形 名 =**vigésimo**

vicetesorero, ra [biθetesoréro, ra] 名 副財務官

vicetiple [biθetíple] 名 ❶ [オペレッタ・サルスエラなどの] コーラス・ガール. ❷《音楽》メゾソプラノの歌手

viceversa [biθeβérsa]《←ラテン語 vice versa》副 逆に, 反対に: Los ancianos hablan mal de los jóvenes, y ~. 老人は若者を悪く言い, 若者は老人を悪く言う
――男《まれ》とりちがえ, あべこべ

vichadense [bitʃaðénse] 形 名《地名》ビチャダ Vichada の〔人〕《コロンビア東部の県》

vichaense [bitʃaénse] 形 名 =vichadense

vichar [bitʃár] 自 他《ラプラタ. 口語》=vichear

vichear [bitʃeár] 自 他《ラプラタ. 口語》のぞき見する

vichy [bitʃí] 男《繊維》ヴィシー織り: a cuadros ~ ギンガムチェックの

vichyssoise [biʃiswás] 女《仏語》《料理》ビシソワーズ

vicia [bíθja] 女《植物, 種子》アレチノエンドウ 〔=algarroba〕; ヤハズエンドウ, カラスノエンドウ 〔=arveja〕

viciación [biθjaθjón] 女《まれ》堕落

viciamiento [biθjamjénto] 男《まれ》堕落

viciar [biθjár]《←vicio》10 他 ❶ 堕落させる; 悪い癖をつける: ~ las buenas costumbres よい習慣をだめにする. ❷《商品を》偽造する; [書類を] 改竄する; [意味を] 歪曲する. ❸《法律》無効にする: ~ un contrato 契約を無効にする. ❹ [大気・血液などを] 汚染する: aire *viciado* 汚れた空気. ❺《西》[長く放置したせいで] 変形させる, 歪ませる
――~*se* ❶ 堕落する, 悪習に染まる. ❷ 歪む

vicio [bíθjo]《←ラテン語 vitium「欠陥, 欠点」》男 ❶ 悪習, 悪癖: Tengo el ~ de comerme las uñas. 私は爪をかむ癖がある. Comer cacahuetes es un ~. ピーナッツは食べ出すとやめられない. ❷ 悪徳《⇔virtud》: mancharse en ~ 悪(悪習)に染まる. abandonar (entregarse) a ~s 悪にふける. ❸ contra natura 変態性欲, 同性愛. Contra el ~ de pedir [hay] la virtud de no dar.《諺》いつも物をねだる人には与えないことも美徳になる. ❹《文法》~ de dicción 発音の間違い《例》güeno―bueno, juerte―fuerte〕. ❺《西》[長く放置したことによる] 変形, 歪み: La puerta ha cogido el ~. ドアが歪んだ. ❻ [本製的な] 欠陥: ~*s de fabricación* 製造ミス. ❼ [書式などの] 不備, 瑕疵(\(^{#}\)): ~ de fondo (de forma) 重要(些細)な誤り. ❼ [子供の] 甘やかしすぎ. ❽ [植物の] 伸びすぎ, 茂りすぎ: El trigo tiene mucho ~ y da poco grano. 小麦は生育しすぎると粒の入りが悪い

bajarse de ~ 悪習(悪癖)をやめる

darse a los ~*s* 放蕩にふける

de ~ 1)《口語》非常に良く・よく: viaje *de* ~ すばらしい旅. pasarlo *de* ~ 大いに楽しむ. 2) 理由(必要)もなしに, 癖で: No le hagas caso a Eva. Se queja siempre *de* ~. エバの言うことは気にするな. いつも文句ばかり言ってるんだ

estar de ~《中南米》働かずにいる, 怠けている

meterse en los ~*s* 悪弊の虜になってしまう

viciosamente [biθjósaménte] 副 悪癖(欠陥)を持って; 誤って

vicioso, sa [biθjóso, sa]《←ラテン語 vitiosus「欠陥のある」》形 ❶ 悪徳の;《軽蔑》放埒(らつ)な, 悪癖のある: hombre ~ 悪い男. juego ~ よくない遊び. ❷《制度・文章などが》欠陥(不備)のある: locución ~ 誤用的表現. ❸《口語》甘やかされすぎた, しつけの悪い. ❹《繁殖力が》旺盛な;《植物が》繁茂した. ❺ 豊富な; 楽しい
── 名《軽蔑》放蕩者; 悪癖のある人: No soy un ~ del tabaco. 私には喫煙の悪習はない

vicisitud [biθisitú(đ)]《←ラテン語 vicissitudo》女《主に複》❶ 変遷: ~ es de clima 気候の移り変わり. ~ es de la vida 人生の浮き沈みに会う. ~ es de la historia 歴史の栄枯盛衰. ❸ 逆境, 困難

vicisitudinario, ria [biθisituđinárjo, rja] 形 次々と(交互に)起こる

víctima [bíktima]《←ラテン語 victima「いけにえの人・動物」》女《男性であることを特に示す時は ~ masculina (varón) で表現》❶ 犠牲者, 被害者, 被災者: Hubo muchas ~ s del terremoto. 地震で多くの犠牲者が出た. El atentado no se ha cobrado ninguna ~. そのテロ行為では一人も犠牲者が出なかった. El chico es ~ del egoísmo de sus padres. その子は両親のエゴイズムの犠牲者だ. ❷《神にささげられる》犠牲, いけにえ: ofrecer... como ~ …をいけにえにささげる. ❸《自ら》犠牲になる人
hacerse la ~ 自分を被害者だと思い込み, 被害者づらをする

victimar [biktimár] 他《主に中南米》傷つける, 殺す

victimario, ria [biktimárjo, rja] 名 ❶《歴史》いけにえを殺す係. ❷《主に中南米. 文語》殺人者

victimismo [biktimísmo] 男 被害者意識

victimista [biktimísta] 形 名 被害者意識の[持ち主]

victimización [biktimiθaθjón] 女 =**victimismo**

victimología [biktimoloxía] 女《犯罪》被害者学

victimológico, ca [biktimolóxiko, ka]《まれ》形 被害者学の

victo [bíkto]《文》男 日々の糧
día y ~ その日暮らし

víctor [biktór] 間《賞賛・喝采》万歳!
── 男 =**vítor**

victorear [biktoreár] 他 =**vitorear**

victoria [biktórja] I《←ラテン語 victoria < victor, -oris「勝者」》女 ❶ 勝利《⇔derrota》: La ~ es nuestra. 我々(味方)の勝利だ. conseguir una ~ brillante 輝かしい勝利を収める. ~ moral 事実上の(精神的)勝利. ❷《悪習・激情に》克服. ❸《植物》オオオニバス《= ~ amazónica, ~ regia》
cantar ~ 勝ち鬨(どき)をあげる, 勝利を喜ぶ; [苦戦の末] 凱歌をあげる: Hasta el final de la competición no *cantáis* ~. コンペが終わるまでは万歳を叫ぶのは早いぞ. *No cantar* ~ *antes de tiempo*. 捕らぬ狸の皮算用
── 間《勝利への歓喜》万歳!
II《←Victoria (19世紀英国の女王)》女 折畳み式屋根の二人乗り四輪馬車

Victoria [biktórja]《人名》**Guadalupe** ~ グアダルペ・ビクトリア《1786~1843, 本名は Manuel Félix Fernández. メキシコの軍人・政治家. メキシコ独立戦争の英雄. 初代大統領(1824~29)》
Tomás Luis de ~ トマス・ルイス・デ・ビクトリア《1548~1611, ルネサンス後期のスペインの作曲家.『レクイエム』*Réquiem*》

Victoria de los Ángeles [biktórja đe los ánxeles]《人名》ビクトリア・デ・ロス・アンヘレス《1923~2005, バルセロナ出身のソプラノ声楽家》

victorial [biktorjál] 女《植物》ギョウジャニンニク

victoriano, na [biktorjáno, na] 形《歴史》《英国》ビクトリア女王 reina Victoria の; ビクトリア時代の《1837~1901年》

victorino [biktoríno] 男《闘牛》[マドリード州の] Victorino Martín 牧場の牛

victoriosamente [biktorjósaménte] 副 勝ち誇って; 成[...]

victorioso, sa [biktorjóso, sa]《←ラテン語 victoriosus[...]した; 勝利をもたらした: ejército ~ 凱旋軍. [...] 国. ~ sa batalla 勝ち戦(いくさ)
── 名 勝利者

victrola [biktróla] 女《中南米. 古語》=**vitr[...]**

vicuña [bikúɲa]《←ケチュア語 vicunna》女《[...]毛, その毛織物

vid [bíđ]《←ラテン語 vitis》女《植物》ブド[...]~ *es* ブドウの葉. ~ *americana* アメリ[...]

vid.《略語》←**vide** 参照のこと

vida [bíđa]《←ラテン語 vita》女 ❶ 生命, 命, 生: 1) Las plantas tienen la ~. 植物は生きている. No hay ~ en la Luna. 月には生命は存在しない. No hay peligro de su ~. 彼は命に別条ない. Le debo la ~. 彼は私の命の恩人だ. perder la ~ [事故・戦いなどで] 命を落とす, 死ぬ. ~ animal (vegetativa) 動物(植物)的生命. ~ probable《統計》平均余命《=esperanza de ~》. Donde (Mientras) hay ~, hay esperanza.《諺》命あってのものだね《←生きている限り希望ある》. 2)《比喩》La música es toda su ~. 音楽が彼の命(生活のすべて)だ. La pesca es la ~ de este pueblo. 漁業がこの村の命だ. La publicidad es la ~ del comercio. 宣伝が商売の命だ. 3)《宗教》la ~ eterna《キリスト教》天国の至福《=bienaventuranza》. libro de la ~《宗教》命の書《神に救われて天国に入る人々の記録》. ❷ 生気, 活気: Es un chico lleno de ~. この子は元気一杯だ. Sus ojos están llenos de ~. 彼の目は生気にあふれている. La ciudad estaba llena de ~. 町は活気にあふれていた. Este cuadro tiene mucha ~. この絵は生き生きとしている. ❸ 一生, 生涯, 人生; 伝記: Es una oportunidad única en la ~. 一生に一度のチャンスだ. Su ~ fue muy breve pero intensa. 彼の生涯は大変短かったが激しかった. Escribió la ~ de Goya. 彼はゴヤの伝記を書いた. leer la ~ de los santos 聖人の伝記を読む. La ~ es sueño『人生は夢』《1636, カルデロン・デ・ラ・バルカ Calderón de la Barca の戯曲. 不吉な星の下に生まれ幽閉されて成長した王子セヒスムンド Segismundo が自己の運命や父王との軋轢を自らの意志力による乗り越え, 良きキリスト者 buen cristiano としての認識に目覚めていく哲学劇 teatro filosófico. スペイン・バロック演劇の最高傑作と評される》. ❹《製品などの》耐用年数《=hora de ~》: Este coche es de larga ~. この車は長持ちする. ~ técnica (útil)［固定資産・固定資本の］耐用年数. ❺ 人生: Lleva una ~ feliz. 彼は幸せな人生(生活)をおくっている. ❻ 生活, 暮らし: El paro abarca toda la ~ nacional. 失業が国民生活のすべてに影響を与えている. ¿Cómo te va la ~?/¿Qué ~ llevas? 調子はどうだい? modo de ~ 生活様式. ~ escolar 学校生活. ~ sensitiva 感覚(内面)生活. ~ política 政治生活. ❼ 生計, 暮らし: Aquí la ~ es muy cara. ここでは生活費がとても高い. carestía de la ~ 高い生活費. ❽ 活動: ~ industrial del país 国の産業活動. ~ corporal 身体活動. ❾ 知的生活. ❿《愛》《呼びかけ》いとしい人《¡~!/¡~ mía!/¡mi ~!の形で》. ⓫《娼女》[職業としての]売春: chica (mujer) de la ~ 売春婦. ⓬ 聖画《=aleluya》
a ver qué ~《俗用》《返答で強意の肯定》もちろん, そのとおり
a ~《まれ》生きて; 生きている
a ~ *o muerte* 生きるか死ぬかの, 生死を分けるような: operación *a* ~ *o muerte* 生死をかけた手術
abrirse a la ~ 生まれる
amargar la ~ *a*+人 …に精神的苦痛を与える: Me amarga la ~ sin ti. 君がいないと私は精神的につらい
arrancar la ~ *a*+人 =quitar la ~ a+人
Así es la ~. これが人生というものだ《仕方を守ってくれる, Y que Dios[独力で]》
buscar[se] la ~《口語》1) 生活[...]*Así que cobra*[...]te ampare. だから元気な[...]気づく, 生き生きす[...]草原が緑色になり生[...]
cobrar ~ 1) 命[...]ずな事にして, pia. 映画では *Así*. 余計なことをして: El ce[...]話に僕を巻き込まな[...]s comienzan a complicar la[...]ている. ブドウ状球菌は医者と患者を厄[...]
en ~ 存命中, 非常に危険な
[...] *hilo/con la* ~ *pendiente de un hilo*
[...] *la* ~ *a*+人 …をひどくいらいらさせる, 憔悴させる: [...] *consume la* ~. この子には私はひどくいらいらさせ[...]

vida

contar su ~ 1) 自分の人生について語る，身の上話をする．2) 退屈な(面白みのない)話をする: No me *cuentes tu* ~. つまらない話はやめてくれ
costar la ~ *a*+人 …の命を奪う: La imprudencia le *costó la* ~. 軽はずみな行動が彼の命取りになった
dar la ~ *a*+人 1) …を産む，生命を与える． 2) [事柄が] 元気づける: Un baño te *daría la* ~. 一風呂浴びれば生き返った気分になるよ．3) 楽しませる: Me *dan* ustedes *la* ~. あなたがたのおかげで楽しいです
dar la ~ por... …に命をささげる: *dar la* ~ *por* su patria 祖国のために命を投げ出す
dar mala ~ *a*+人 …を不幸にする; [特に夫が妻を] 虐待する，苦しめる
dar media ~ *a*+人 …を楽しませる
dar ~ a... 1) …を創造する: *dar* ~ *a* sus personajes 登場人物に命を吹き込む．2) [役者が] 役を演じる．3) [人・事物を] 生き生きとさせる，活気づける: El buen tiempo me *da* ~. いい天気だと私は元気になる
darse buena ~ =**darse la gran ~**
darse la gran ~/**darse la ~ padre** 裕福に暮らす，遊び暮らす: Si me toca la lotería, *me daré la gran* ~. 宝くじが当たったら，私は遊び暮らす
de mi ~ 《親愛》[人名など+. 時に腹立ちを抑えて] 私の大好きな…: Pero, hijo *de mi* ~, ¿qué has hecho? 坊や，一体何をしたの？
de por ~ 一生ずっと(の): El accidente lo ha dejado paralítico *de por* ~. 事故で彼は生涯体が麻痺してしまった．estudio *de por* ~ 生涯学習
de su ~ [人・事物が] 理想的な…，完璧な…: Es la casa *de su* ~. それは君の理想の家だ．Pilló una borrachera *de su* ~. 彼は完全に酔っぱらった．ocasión *de su* ~ 絶好の機会
de toda la ~ ずっと前から(の): La conozco *de toda la* ~. 私は彼女をずっと以前から知っている．Ese grupo es mi favorito *de toda la* ~. そのグループは以前からの私のお気に入りだ．Es un amigo *de toda la* ~. 彼は終生の友人だ
de ~ [四足獣が犠牲用でなく] 飼育用の
de ~ alegre 売春婦の
dejarse la ~ [+en で] 死ぬ; 老いる; 精根を使い果たす: Se dejó *la* ~ *en* esa oficina. 彼はその会社に骨を埋めた
echarse a la ~ 《婉曲》売春をする
en la (su) ~ 決して(…ない)《+動詞 では no は不用》: No he fumado *en mi* ~./En mi ~ he fumado. 私は一度もたばこを吸ったことがない
en ~ 生存中に，存命中に
enterrarse en ~ 隠棲する
entre la ~ y la muerte [主に estar+] 生きるか死ぬかの，生か死か: Estuve *entre la* ~ *y la muerte*. 私は生死の境をさまよっていた．Se debatía *entre la* ~ *y la muerte*. それは彼にとって死活問題だった
~ la ~ =**Así es la ~**.
estar con ~ =**salir con ~**
Esto de la ~ 《チリ，アルゼンチン，ウルグアイ．口語》ひどく陽気な
~ vida 《幸福感の強調》極楽だ
hombre 生計を立てる，生活費を稼ぐ: Se gana la ~. ソウルで生活費を稼いでいる．Soy un **hacer la ~** 迫害する，苦しめる
Su madre le 〜uras penas *la* ~. 私はかろうじて mo sermón.
hacer por la ~ 〜《口語》…を迫害する，苦しめる
hacer ~ [+de+人 …todo el día con el mismo] いや時代 no *hacíam* 〜を言って彼を苦しめていた
hacer ~ común [夫婦・] いるを別居している
común 彼らは別居している
ir a+人 ~ en... …にとって: En aquel+人 la ~ en... 〜私たちは **ir por la ~ de...** 《口語》…のような
La ~. =**Así es la ~**.

—*La* ~. どうしてこんなことが起こるのだろう？—それが人生というものだ
mala ~ 1) 《婉曲》売春; ふしだらな生活．2) 犯罪: El alterne con los rateros le llevó a la *mala* ~. こそどろたちと付き合って彼は悪の道に導かれた
meterse en ~s ajenas 他人の生活に干渉する
mi ~ = **~ mía**
mudar de (la) ~ 生活を変える，素行を改める
nacer de ~ [+en で] 生まれる: Luis Cernuda *nació a la* ~ *en* Sevilla *en* 1902. ルイス・セルヌダは1902年セビーリャに生まれた．*Nací a la* ~ política sucediendo a mi padre. 私は父の後継ぎとして政治家を目指すべく生まれた．Con esta novela *nació a la* ~ literaria *en* Madrid. 彼はこの小説をひっさげてマドリードの文壇に登場した
para toda la ~ 一生涯
partir de esta ~ この世からおさらばする，死ぬ
pasar a mejor ~ 《婉曲》あの世へ行く，死ぬ
pasar de ~ a muerte 死ぬ，他界する
pasar la ~ ぎりぎりの暮らしをする，どうにかこうにかやっていく
pasarse la ~+現在分詞 始終…している: *Se pasa la* ~ quejándose. 彼はしょっちゅう不平を言っている
perdonar a+人 la ~ 《口語》[見下すような態度で・反感で] …を勘弁してやる: No es necesario que me devuelvas ese dinero, te *perdono la vida*. お前はその金を返さなくてもいい，勘弁してやる．A vosotros os *perdono la vida*, pero tú tendrás que trabajar el turno de la noche. 君たちは勘弁してやる．でも，お前は夜勤の仕事をしないといけないぞ
por [su] ~ 1) [断言・脅しの強調] 何としても: Te juro *por mi* ~ que no cederé. 絶対に譲るものか．2) [誓言] 命にかけて: El ministro prometió *por su* ~. 大臣は命にかけて約束した
¡Por ~ mía! [呪い・怒り] こんちくしょうめ！
¿Qué es de tu ~?《口語》[久しぶりに会った時の挨拶] やあ，どうしてる？/[答えを期待しない単なる挨拶] やあ！
quitar la ~ *a*+人《文語》…の命を奪う，殺す
quitarse la ~ 自殺する
salir con ~ [+de から] 生還する，危うく助かる: Salió *con* ~ *del* atentado. 彼は襲撃を危うく逃れた
ser de ~ alegre 《婉曲》調子がよい
ser la ~ =**ser media ~**
ser media ~ 大きな楽しみである，娯楽である: Las vacaciones *son media* ~ *para mí*. 休暇は私にとって大切な息抜きだ
Son las cosas de la ~. =**Así es la ~**.
tener siete ~s [como los gatos·como un gato]/tener más ~s que un gato《口語》[人が] 根強い生命力がある，不死身である
tirarse a la ~ =**echarse a la ~**
tirarse una buena ~ 《婉曲》のんびり暮らす，幸せに過ごす
toda la ~ 一生ずっと: Ha trabajado *toda la* ~. 彼は一生働き続けた．No voy a quedarme aquí *toda la* ~. 私は生涯ずっとここにいるつもりはない
toda la ~ de Dios =**toda la ~**
vender cara su (la) ~ 《文語》多くの敵を道連れにして死ぬ，死ぬまで戦う
~ airada 放蕩生活，放埒な生活
~ de perros = **~ perra**
~ de rosas 安楽な暮らし《=**lecho de rosas**》
~ mía 《親愛》[恋人同士・母親から子供への呼びかけ] ねえ，お前: ¿Quién te quiere a ti, ~ *mía*? ねえ，一体誰が君を愛しているの？『僕に決まっているではないか』
~ perra 苦労ばかりの(最悪の・ひどい)生活: La señorita Elvira lleva una ~ *perra*, una vida que ni merecería la pena vivirla. エルビラ嬢は悲惨な生活，とても生きるに値しない生活をおくっている
~ pública 1) 公的生活．2) 公生涯: ~ *pública* de Jesús イエス・キリストの公生涯《30歳で荒野でサタンの誘惑に打ち勝ち公の活動を始めてから十字架にかかるまでの約3年半の期間》
~ social 1) 社会生活．2) 社交生活: No hace mucha ~ *social*. 彼はつきあいが悪い
~ milagros 《口語》こまごまとした経歴: Conozco toda su ~ *milagros*. 私は彼の経歴なら何でも知っている
楽しむ，享受する